Alphabetische Schnellübersicht Sartorius II

Stand Oktober 2020

Eingeordnete Lieferungen	Stand der Lieferung	eingeordnet am	von
68 Ergänzungslieferung	4.12.2021	11.01.2022	1
____ Ergänzungslieferung			
____ Ergänzungslieferung			
____ Ergänzungslieferung			
____ Ergänzungslieferung			
____ Ergänzungslieferung			
____ Ergänzungslieferung			
____ Ergänzungslieferung			
____ Ergänzungslieferung			
____ Ergänzungslieferung			
____ Ergänzungslieferung			
____ Ergänzungslieferung			
____ Ergänzungslieferung			
____ Ergänzungslieferung			
____ Ergänzungslieferung			
____ Ergänzungslieferung			

Eingeordnete Lieferungen	Stand der Lieferung	eingeordnet am	von
____ Ergänzungslieferung			
____ Ergänzungslieferung			
____ Ergänzungslieferung			
____ Ergänzungslieferung			
____ Ergänzungslieferung			
____ Ergänzungslieferung			
____ Ergänzungslieferung			
____ Ergänzungslieferung			
____ Ergänzungslieferung			
____ Ergänzungslieferung			
____ Ergänzungslieferung			
____ Ergänzungslieferung			
____ Ergänzungslieferung			
____ Ergänzungslieferung			
____ Ergänzungslieferung			
____ Ergänzungslieferung			
____ Ergänzungslieferung			

Hinweise zur Einsortierung der Ergänzungslieferungen

1. Prüfen Sie bitte vor dem Einordnen einer Lieferung anhand des Titelblatts Ihres Grundwerks, ob die vorangehende Lieferung einsortiert wurde. Nur bei lückenlosem Einordnen aller Lieferungen haben die Blätter den jeweils richtigen Anschluss. Jede Lieferung enthält zur weiteren Kontrolle auf dem Deckblatt und dem neuen Titelblatt zudem einen Hinweis, an welche frühere sie anschließt.

2. Nehmen Sie den oberen Teil der Steckmechanik heraus und stellen Sie diesen nebenan auf.

3. Ordnen Sie danach die oberen Blätter des sich im Ordner befindlichen Buchblocks (im Folgenden Buchblock alt) bis zu dem Blatt, das nach der Einordnungsanweisung herauszunehmen ist, in die Steckmechanik ein (im Folgenden Buchblock neu).

4. Sortieren Sie dann die herauszunehmenden Blätter des Buchblocks alt zum späteren Entsorgen aus.

5. Ordnen Sie die stattdessen neu einzufügenden Blätter der Ergänzungslieferung auf die Blätter, die sich bereits in der Steckmechanik befinden (Buchblock neu).

6. Sortieren Sie die weiteren Blätter des Buchblocks alt in den Buchblock neu, wiederum bis zu dem Blatt, das nach der Einordnungsanweisung als nächstes herauszunehmen ist.

7. Das weitere Einsortieren gestaltet sich so, wie dies oben unter 3. bis 5. beschrieben ist.

8. Sind alle Blätter ein- bzw. aussortiert, nehmen Sie den gesamten Buchblock neu mit der Steckmechanik und stecken Sie diesen in die Röhren des Ordners zurück.

9. Zur Sicherheit vergewissern Sie sich bitte, dass keines der aussortierten Blätter unten in der Fußzeile das Kennzeichen der neuen Lieferung trägt.

10. Zur späteren Kontrolle tragen Sie auf der vorne eingehefteten Tabelle die soeben eingeordnete Lieferung ein.

11. Für den seltenen Fall des Fehlens einzelner Blätter wenden Sie sich bitte an unsere Loseblatt-Reklamation im Internet unter http://www.becksche.de/de/Loseblatt_Service.html.

Ihre Verlage C.H.BECK und Vahlen

SARTORIUS II

Internationale Verträge – Europarecht

SARTORIUS

SARTORIUS I

Verfassungs- und Verwaltungsgesetze
der Bundesrepublik Deutschland

SARTORIUS II

Internationale Verträge – Europarecht

SARTORIUS III

Verwaltungsgesetze
Ergänzungsband für die neuen Bundesländer

Verlag C.H. Beck München

SARTORIUS II

Internationale Verträge – Europarecht

Textausgabe
mit Anmerkungen und Verweisungen
sowie einem systematischen und einem alphabetischen
Inhaltsverzeichnis

Bearbeitet von
Prof. Dr. jur. Daniel-Erasmus Khan
Universität der Bundeswehr München

Stand: 1. April 2021

C.H.BECK

Dieses Titelblatt entstammt der 68. Ergänzungslieferung
April 2021,
die an die Ergänzungslieferung Oktober 2020 anschließt.

ISBN 978 3 406 77085 2

Redaktioneller Hinweis: Paragraphenüberschriften in eckigen Klammern sind nichtamtlich. Sie sind ebenso wie die Fußnoten, die redaktionellen Hinweisblätter und die Zusammenstellung als solche urheber- und wettbewerbsrechtlich geschützt.
Die Angaben zum Stand der Sammlung auf dem Titelblatt beziehen sich auf das Verkündungsdatum der maßgeblichen Gesetz-, Verordnungs- und Amtsblätter.

Verlag C. H. Beck oHG
Wilhelmstr. 9, 80801 München

www.beck.de

Grundwerk 978 3 406 45219 2 ergänzt bis 978 3 406 77085 2

Druck: Druckerei C. H. Beck Nördlingen
(Adresse wie Verlag)

Gedruckt auf säurefreiem, alterungsbeständigem Papier
(hergestellt aus chlorfrei gebleichtem Zellstoff)

Sartorius Band II
Internationale Verträge – Europarecht

68. Ergänzungslieferung April 2021

Stand: April 2021

Verlag C. H. Beck München

Geleitwort

Mit der vorliegenden Ergänzungslieferung wird die Sammlung *Sartorius II* auf den Stand vom 1.4.2021 gebracht.

Änderungen erfuhren unter anderem

- die Europäische Sozialcharta (Nr. **115**);
- der Vertrag über die Europäischen Union (Nr. **145**);
- der Vertrag über die Arbeitsweise der Europäischen Union (Nr. **146**);
- Protokolle, die dem Vertrag über die Europäischen Union, dem Vertrag über die Arbeitsweise der Europäischen Union und gegebenenfalls dem Vertrag zur Gründung der Europäischen Atomgemeinschaft beizufügen sind (Nr. **147**);
- die Datenschutz-Grundverordnung (Nr. **198**);
- Beschluss des Rates (2014/335/EU, Euratom) über das Eigenmittelsystem der Europäischen Union (Nr. **225**);
- die Verordnung (EU) 2019/788 des Europäischen Parlaments und des Rates über die Europäische Bürgerinitiative (Nr. **230**);
- die Geschäftsordnung des Rates (Nr. **237**);
- der Vertrag zur Einrichtung des Europäischen Stabilitätsmechanismus (Nr. **270**);
- das AKP-EG-Abkommen von Lomé/Cotonou (Nr. **315**);
- das Übereinkommen der Vereinten Nationen über Verträge über den internationalen Warenkauf (CISG) (Nr. **465**).

München, im April 2021 VERLAG C. H. BECK

I. Inhaltsverzeichnis

Systematisch geordnet[1)]

Teil 1. Die Vereinten Nationen

---

1) Ein nach Stichworten alphabetisch geordnetes Inhaltsverzeichnis findet sich auf den Seiten XIX ff.

Internationales Strafrecht

Teil 3. Regionale Organisationen und Europarecht

I. Die NATO

II. Die OECD

III. Der Europarat

4. Organisationsrechtliche Grundfragen und Vorschriften betreffend die Organe

Organisationsrechtliche Grundfragen

Die Kommission der Europäischen Union

Der Rat der Europäischen Union

Der Europäische Gerichtshof

VI. Internationales Wirtschaftsrecht (ohne WTO)

VII. Internationales Verfahrensrecht

VIII. Welthandelsorganisation

Teil 5. Dokumente zur Rechtslage Deutschlands

Teil 6. Freundschafts-, Handels- und Nachbarschaftsverträge

Inhalt I

II. Inhaltsverzeichnis

Alphabetisch geordnet

Abkürzungsverzeichnis

Abk.	Abkommen
ABl.	Amtsblatt der Europäischen Union (bis 1958: Amtsblatt der Europäischen Gemeinschaft für Kohle und Stahl – bis 2002: Amtsblatt der Europäischen Gemeinschaften) – Reihe L „Rechtsvorschriften" und Reihe C „Mitteilungen und Bekanntmachungen"
Abs.	Absatz
AEUV	Vertrag über die Arbeitsweise der Europäischen Union (früher: EG-Vertrag)
AKP	Gruppe afrikanischer, karibischer und pazifischer Staaten, mit der die EG das Lomé-/Cotonou Abkommen geschlossen hat
Anh.	Anhang
Anm.	Anmerkung
Art.	Artikel
AVAG	Anerkennungs- und Vollstreckungsausführungsgesetz
BANK	Internationale Bank für Wiederaufbau und Entwicklung
BAnz.	Bundesanzeiger
Bek.	Bekanntmachung
ber.	berichtigt
Beschl.	Beschluss
betr.	betrifft
BGBl. I, II	Bundesgesetzblatt (Teil I, Teil II)
Brüsseler Vertrag	Vertrag über die wirtschaftliche, soziale und kulturelle Zusammenarbeit und über kollektive Selbstverteidigung zwischen Belgien, Luxemburg, den Niederlanden und dem Vereinigten Königreich
BRD	Bundesrepublik Deutschland
Chicago Convention ..	Abkommen über die Internationale Zivilluftfahrt
CISG	United Nations Convention on Contracts for the International Sale of Goods – Übereinkommen der Vereinten Nationen über Verträge über den internationalen Warenkauf
DDR	Deutsche Demokratische Republik
DSB	Dispute Settlement Body – Streitbeilegungsgremium (WTO)
DSU	Dispute Settlement Understanding – Vereinbarung über Regeln und Verfahren zur Beilegung von Streitigkeiten (WTO)

DurchfVO	Durchführungsverordnung
EAG	Europäische Atomgemeinschaft
ECOSOC	Wirtschafts- und Sozialrat der EG
ECU	European Currency Unit (Europäische Währungseinheit)
EEA	Einheitliche Europäische Akte
EFTA	Europäische Freihandelsassoziation (European Free Trade Association)
EG	Europäische Gemeinschaft; Europäische Gemeinschaften
EGKS	Europäische Gemeinschaft für Kohle und Stahl
EGMR	Europäischer Gerichtshof für Menschenrechte
EGV	Vertrag zur Gründung der Europäischen Gemeinschaft (jetzt: AEUV)
EMRK	Europäische Menschenrechtskonvention
Entschl.	Entschließung
Erl.	Erlass
ESM	Europäischer Stabilitätsmechanismus
ESZB	Europäisches System der Zentralbanken
ETS	European Treaty Series (Europarat)
EU	Europäische Union
EuG	Gericht erster Instanz der Europäischen Gemeinschaft
EuGH	Gerichtshof der Europäischen Gemeinschaft
EuGVÜ	Europäisches Gerichtsstands- und Vollstreckungsübereinkommen
Euratom	Europäische Atomgemeinschaft
EUV	Vertrag über die Europäische Union
EVS	Euratom-Verschlußsachen
EWA	Europäisches Währungsabkommen
EWI	Europäisches Währungsinstitut
EWIV	Europäische Wirtschaftliche Interessenvereinigung
EWG	Europäische Wirtschaftsgemeinschaft
EWR	Europäischer Wirtschaftsraum
EWS	Europäisches Währungssystem
EZB	Europäische Zentralbank
EZU	Europäische Zahlungsunion
F.	Fassung
FAO	Ernährungs- und Landwirtschaftsorganisation der UNO
Fn.	Fußnote
FUND	Internationaler Währungsfonds
G	Gesetz
GA	General Assembly (UN-Generalversammlung)
GAOR	General Assembly – Official Records

GASP	Gemeinsame Außen- und Sicherheitspolitik (der EU-Staaten)
GATS	General Agreement on Trade in Services – Allgemeines Übereinkommen über den Handel mit Dienstleistungen (WTO)
GATT	General Agreement on Tariffs and Trade
geänd.	geändert
GBl.	Gesetzblatt
G., Ges.	Gesetz
GO	Geschäftsordnung
GS	Gesetz-Sammlung für die Königlich Preußischen Staaten
GV	Generalversammlung
HLKO	Haager Landkriegsordnung
ICAO	Internationale Zivilluftfahrt-Organisation
ICC	Internationaler Strafgerichtshof
IDA	Internationale Entwicklungsorganisation
idF	in der Fassung
IFC	Internationale Finanz-Corporation
IGH	Internationaler Gerichtshof
ILO	Internationale Arbeitsorganisation
IMO	Internationale Seeschifffahrts-Organisation (International Maritime Organization)
IMF	International Monetary Fund
insbes.	insbesondere
IStGH	Internationaler Strafgerichtshof
ITU	Internationale Fernmelde-Union
IWF	Internationaler Währungsfonds
Komm.	Kommission
KSZE	Konferenz für Sicherheit und Zusammenarbeit in Europa
LNTS	League of Nations Treaty Series
Mannheimer Akte	Revidierte Rheinschifffahrtsakte von 1868
MIGA	Multilaterale Investitions-Garantie-Agentur
mWv	mit Wirkung vom
NATO	Nordatlantikpakt-Organisation (North Atlantic Treaty Organisation)
NATO-Truppenstatut	Abkommen zwischen den Parteien des Nordatlantikpaktes über die Rechtsstellung ihrer Truppen
Nr.	Nummer
NTS	NATO-Truppenstatut
öBGBl.	Bundesgesetzblatt für die Republik Österreich
OECD	Organisation für die wirtschaftliche Zusammenarbeit und Entwicklung (Organization for Economic Cooperation and Development)
OEEC	Organization for European Economic Cooperation

OSZE	Organisation für Sicherheit und Zusammenarbeit in Europa
Prot.	Protokoll
Res	Resolution
RGBl.	Reichsgesetzblatt
Richtl.	Richtlinie
RL	Richtlinie
Rom-Statut	Statut des Internationalen Strafgerichtshofs (1998)
S.	Seite
s.	siehe
s. a.	siehe auch
SRÜ	Seerechtsübereinkommen der Vereinten Nationen (1982)
TRIPS	Agreement on Trade Related Aspects of Intellectual Property Rights – Übereinkommen über handelsbezogene Aspekte der Rechte am geistigen Eigentum (WTO)
Übk.	Übereinkommen
UN	Vereinte Nationen (United Nations)
UNCLOS III	United Nations Conference on the Law of the Sea (Seerechtsübereinkommen von 1982)
UNESCO	United Nations Educational, Scientific and Cultural Organization – Organisation der Vereinten Nationen für Erziehung, Wissenschaft und Kultur
UNO	Organisation der Vereinten Nationen
UNTS	United Nations Treaty Series
UPU	Weltpostverein
v.	vom
VerfO	Verfahrensordnung
vgl.	vergleiche
VN	Vereinte Nationen
VO	Verordnung
WEU	Westeuropäische Union (siehe auch Brüsseler Vertrag)
WHO	Weltgesundheitsorganisation
WMO	Weltorganisation für Meteorologie
WSA	Wirtschafts- und Sozialausschus (der EU)
WTO	Welthandelsorganisation
WWU	Wirtschafts- und Währungsunion (in der EU)
ZA	Zusatzabkommen

1. Charta der Vereinten Nationen

Vom 26. Juni 1945[1]

in der durch Beschl. der UN-Generalversammlung v. 17. 12. 1963 – in Kraft getr. am 31. 8. 1965 (UNTS Bd. 557 S. 143) –, v. 20. 12. 1965 – in Kraft getr. am 12. 6. 1968 (UNTS Bd. 638 S. 308; BGBl. 1973 II S. 431)[2] – und v. 20. 12. 1971 – in Kraft getr. am 24. 9. 1973 (BGBl. 1974 II S. 769) – geänd. und durch Bek. v. 28. 8. 1980 (BGBl. 1980 II S. 1252) ber. Fassung

(Übersetzung)

WIR, DIE VÖLKER DER VEREINTEN NATIONEN – FEST ENTSCHLOSSEN,

künftige Geschlechter vor der Geißel des Krieges zu bewahren, die zweimal zu unseren Lebzeiten unsagbares Leid über die Menschheit gebracht hat,

unseren Glauben an die Grundrechte des Menschen, an Würde und Wert der menschlichen Persönlichkeit, an die Gleichberechtigung von Mann und Frau sowie von allen Nationen, ob groß oder klein, erneut zu bekräftigen,

Bedingungen zu schaffen, unter denen Gerechtigkeit und die Achtung vor den Verpflichtungen aus Verträgen und anderen Quellen des Völkerrechts gewahrt werden können,

den sozialen Fortschritt und einen besseren Lebensstandard in größerer Freiheit zu fördern,

UND FÜR DIESE ZWECKE

Duldsamkeit zu üben und als gute Nachbarn in Frieden miteinander zu leben,

unsere Kräfte zu vereinen, um den Weltfrieden und die internationale Sicherheit zu wahren,

Grundsätze anzunehmen und Verfahren einzuführen, die gewährleisten, daß Waffengewalt nur noch im gemeinsamen Interesse angewendet wird, und

internationale Einrichtungen in Anspruch zu nehmen, um den wirtschaftlichen und sozialen Fortschritt aller Völker zu fördern –

HABEN BESCHLOSSEN, IN UNSEREM BEMÜHEN UM DIE ERREICHUNG DIESER ZIELE ZUSAMMENZUWIRKEN.

Dementsprechend haben unsere Regierungen durch ihre in der Stadt San Franzisko versammelten Vertreter, deren Vollmachten vorgelegt

---

[1] Internationale Quelle: United Nations Conference on International Organization Documents, Bd. XV (1945), S. 335 ff.

[2] S. auch das Ges. zum Beitritt der Bundesrepublik Deutschland zur Charta der Vereinten Nationen v. 6. 6. 1973 (BGBl. II S. 430). Die Charta der Vereinten Nationen ist für die Bundesrepublik mit deren Aufnahme am 18. 9. 1973 in Kraft getreten (s. die Bek. v. 27. 11. 1974, BGBl. II S. 1397); ein Verzeichnis aller Mitglieder der Vereinten Nationen mit Beitrittsdaten ist im Anhang zu Nr. **1** abgedruckt.

Am 5. 11. 1980 ist das Übereinkommen über die Vorrechte und Immunitäten der Vereinten Nationen v. 13. 2. 1946 für die Bundesrepublik Deutschland in Kraft getreten (vgl. Bek. v. 30. 12. 1980, BGBl. 1981 II S. 34).

und in guter und gehöriger Form befunden wurden, diese Charta der Vereinten Nationen angenommen und errichten hiermit eine internationale Organisation, die den Namen „Vereinte Nationen" führen soll.

Kapitel I. Ziele und Grundsätze

Art. 1 [Ziele der Vereinten Nationen] Die Vereinten Nationen setzen sich folgende Ziele:

1. den Weltfrieden und die internationale Sicherheit zu wahren und zu diesem Zweck wirksame Kollektivmaßnahmen zu treffen, um Bedrohungen des Friedens zu verhüten und zu beseitigen, Angriffshandlungen und andere Friedensbrüche zu unterdrücken und internationale Streitigkeiten oder Situationen, die zu einem Friedensbruch führen könnten, durch friedliche Mittel nach den Grundsätzen der Gerechtigkeit und des Völkerrechts zu bereinigen oder beizulegen;

2. freundschaftliche, auf der Achtung vor dem Grundsatz der Gleichberechtigung und Selbstbestimmung der Völker beruhende Beziehungen zwischen den Nationen zu entwickeln und andere geeignete Maßnahmen zur Festigung des Weltfriedens zu treffen;

3. eine internationale Zusammenarbeit herbeizuführen, um internationale Probleme wirtschaftlicher, sozialer, kultureller und humanitärer Art zu lösen und die Achtung vor den Menschenrechten und Grundfreiheiten für alle ohne Unterschied der Rasse, des Geschlechts, der Sprache oder der Religion zu fördern und zu festigen;

4. ein Mittelpunkt zu sein, in dem die Bemühungen der Nationen zur Verwirklichung dieser gemeinsamen Ziele aufeinander abgestimmt werden.

Art. 2 [Grundsätze] Die Organisation und ihre Mitglieder handeln im Verfolg der in Artikel 1 dargelegten Ziele nach folgenden Grundsätzen:[1]

1. Die Organisation beruht auf dem Grundsatz der souveränen Gleichheit aller ihrer Mitglieder.

2. Alle Mitglieder erfüllen, um ihnen allen die aus der Mitgliedschaft erwachsenden Rechte und Vorteile zu sichern, nach Treu und Glauben die Verpflichtungen, die sie mit dieser Charta übernehmen.

3. Alle Mitglieder legen ihre internationalen Streitigkeiten durch friedliche Mittel so bei, daß der Weltfriede, die internationale Sicherheit und die Gerechtigkeit nicht gefährdet werden.

4. Alle Mitglieder unterlassen in ihren internationalen Beziehungen jede gegen die territoriale Unversehrtheit oder die politische Unabhängigkeit eines Staates gerichtete oder sonst mit den Zielen der Vereinten Nationen unvereinbare Androhung oder Anwendung von Gewalt.

5. Alle Mitglieder leisten den Vereinten Nationen jeglichen Beistand bei jeder Maßnahme, welche die Organisation im Einklang mit dieser

[1] Vgl. hierzu auch die „Friendly Relations Declaration" v. 24. 10. 1970 (Anhang der GV-Res. 2625 [XXV]), abgedruckt unter **Nr. 4**.

Charta ergreift; sie leisten einem Staat, gegen den die Organisation Vorbeugungs- oder Zwangsmaßnahmen ergreift, keinen Beistand.

6. Die Organisation trägt dafür Sorge, daß Staaten, die nicht Mitglieder der Vereinten Nationen sind, insoweit nach diesen Grundsätzen handeln, als dies zur Wahrung des Weltfriedens und der internationalen Sicherheit erforderlich ist.

7. Aus dieser Charta kann eine Befugnis der Vereinten Nationen zum Eingreifen in Angelegenheiten, die ihrem Wesen nach zur inneren Zuständigkeit eines Staates gehören, oder eine Verpflichtung der Mitglieder, solche Angelegenheiten einer Regelung auf Grund dieser Charta zu unterwerfen, nicht abgeleitet werden; die Anwendung von Zwangsmaßnahmen nach Kapitel VII wird durch diesen Grundsatz nicht berührt.

Kapitel II. Mitgliedschaft

Art. 3 [Ursprüngliche Mitglieder] Ursprüngliche Mitglieder der Vereinten Nationen sind die Staaten, welche an der Konferenz der Vereinten Nationen über eine Internationale Organisation in San Franzisko teilgenommen oder bereits vorher die Erklärung der Vereinten Nationen vom 1. Januar 1942 unterzeichnet haben und nunmehr diese Charta unterzeichnen und nach Artikel 110 ratifizieren.[1]

Art. 4 [Aufnahme neuer Mitglieder] (1) Mitglied der Vereinten Nationen können alle sonstigen friedliebenden Staaten werden, welche die Verpflichtungen aus dieser Charta übernehmen und nach dem Urteil der Organisation fähig und willens sind, diese Verpflichtungen zu erfüllen.[1]

(2) Die Aufnahme eines solchen Staates als Mitglied der Vereinten Nationen erfolgt auf Empfehlung des Sicherheitsrats durch Beschluß der Generalversammlung.

Art. 5 [Zeitweiliger Entzug der Mitgliedschaft] Einem Mitglied der Vereinten Nationen, gegen das der Sicherheitsrat Vorbeugungs- oder Zwangsmaßnahmen getroffen hat, kann die Generalversammlung auf Empfehlung des Sicherheitsrats die Ausübung der Rechte und Vorrechte aus seiner Mitgliedschaft zeitweilig entziehen. Der Sicherheitsrat kann die Ausübung dieser Rechte und Vorrechte wieder zulassen.

Art. 6 [Ausschluß] Ein Mitglied der Vereinten Nationen, das die Grundsätze dieser Charta beharrlich verletzt, kann auf Empfehlung des

[1] Eine Liste aller Mitgliedstaaten (mit Beitrittsdatum) ist als Anhang I zu dieser Charta (S. 32) abgedruckt.

Sicherheitsrats durch die Generalversammlung aus der Organisation ausgeschlossen werden.

Kapitel III. Organe

Art. 7 [Haupt- und Nebenorgane] (1) Als Hauptorgane der Vereinten Nationen werden eine Generalversammlung, ein Sicherheitsrat, ein Wirtschafts- und Sozialrat, ein Treuhandrat, ein Internationaler Gerichtshof und ein Sekretariat eingesetzt.

(2) Je nach Bedarf können in Übereinstimmung mit dieser Charta Nebenorgane eingesetzt werden.

Art. 8 [Gleichberechtigung von Mann und Frau bei Ämtervergabe] Die Vereinten Nationen schränken hinsichtlich der Anwartschaft auf alle Stellen in ihren Haupt- und Nebenorganen die Gleichberechtigung von Männern und Frauen nicht ein.

Kapitel IV. Die Generalversammlung

Zusammensetzung

Art. 9 [Mitglieder] (1) Die Generalversammlung besteht aus allen Mitgliedern der Vereinten Nationen.

(2) Jedes Mitglied hat höchstens fünf Vertreter in der Generalversammlung.

Aufgaben und Befugnisse

Art. 10 [Umfassendes Erörterungsrecht; Empfehlungsbefugnis] Die Generalversammlung kann alle Fragen und Angelegenheiten erörtern, die in den Rahmen dieser Charta fallen oder Befugnisse und Aufgaben eines in dieser Charta vorgesehenen Organs betreffen; vorbehaltlich des Artikels 12 kann sie zu diesen Fragen und Angelegenheiten Empfehlungen an die Mitglieder der Vereinten Nationen oder den Sicherheitsrat oder an beide richten.

Art. 11 [Wahrung von Weltfrieden und -sicherheit] (1) Die Generalversammlung kann sich mit den allgemeinen Grundsätzen der Zusammenarbeit zur Wahrung des Weltfriedens und der internationalen Sicherheit einschließlich der Grundsätze für die Abrüstung und Rüstungsregelung befassen und in bezug auf diese Grundsätze Empfehlungen an die Mitglieder oder den Sicherheitsrat oder an beide richten.

(2) Die Generalversammlung kann alle die Wahrung des Weltfriedens und der internationalen Sicherheit betreffenden Fragen erörtern, die ihr ein Mitglied der Vereinten Nationen oder der Sicherheitsrat oder nach Artikel 35 Absatz 2 ein Nichtmitgliedstaat der Vereinten Nationen vorlegt; vorbehaltlich des Artikels 12 kann sie zu diesen Fragen

Empfehlungen an den oder die betreffenden Staaten oder den Sicherheitsrat oder an beide richten. Macht eine derartige Frage Maßnahmen erforderlich, so wird sie von der Generalversammlung vor oder nach der Erörterung an den Sicherheitsrat überwiesen.

(3) Die Generalversammlung kann die Aufmerksamkeit des Sicherheitsrats auf Situationen lenken, die geeignet sind, den Weltfrieden und die internationale Sicherheit zu gefährden.

(4) Die in diesem Artikel aufgeführten Befugnisse der Generalversammlung schränken die allgemeine Tragweite des Artikels 10 nicht ein.

Art. 12 [Vorrecht des Sicherheitsrates]

(1) Solange der Sicherheitsrat in einer Streitigkeit oder einer Situation die ihm in dieser Charta zugewiesenen Aufgaben wahrnimmt, darf die Generalversammlung zu dieser Streitigkeit oder Situation keine Empfehlung abgeben, es sei denn auf Ersuchen des Sicherheitsrats.

(2) Der Generalsekretär unterrichtet mit Zustimmung des Sicherheitsrats die Generalversammlung bei jeder Tagung über alle die Wahrung des Weltfriedens und der internationalen Sicherheit betreffenden Angelegenheiten, die der Sicherheitsrat behandelt; desgleichen unterrichtet er unverzüglich die Generalversammlung oder, wenn diese nicht tagt, die Mitglieder der Vereinten Nationen, sobald der Sicherheitsrat die Behandlung einer solchen Angelegenheit einstellt.

Art. 13 [Internationale Zusammenarbeit und Völkerrecht]

(1) Die Generalversammlung veranlaßt Untersuchungen und gibt Empfehlungen ab,

a) um die internationale Zusammenarbeit auf politischem Gebiet zu fördern und die fortschreitende Entwicklung des Völkerrechts sowie seine Kodifizierung zu begünstigen;

b) um die internationale Zusammenarbeit auf den Gebieten der Wirtschaft, des Sozialwesens, der Kultur, der Erziehung und der Gesundheit zu fördern und zur Verwirklichung der Menschenrechte und Grundfreiheiten für alle ohne Unterschied der Rasse, des Geschlechts, der Sprache oder der Religion beizutragen.

(2) Die weiteren Verantwortlichkeiten, Aufgaben und Befugnisse der Generalversammlung in bezug auf die in Absatz 1 Buchstabe b genannten Angelegenheiten sind in den Kapiteln IX und X dargelegt.

Art. 14 [Empfehlung von Maßnahmen]

Vorbehaltlich des Artikels 12 kann die Generalversammlung Maßnahmen zur friedlichen Bereinigung jeder Situation empfehlen, gleichviel wie sie entstanden ist, wenn diese Situation nach ihrer Auffassung geeignet ist, das allgemeine Wohl oder die freundschaftlichen Beziehungen zwischen Nationen zu beeinträchtigen; dies gilt auch für Situationen, die aus einer Verletzung der Bestimmungen dieser Charta über die Ziele und Grundsätze der Vereinten Nationen entstehen.

Art. 15 [Prüfung der Berichte anderer Organe]

(1) Die Generalversammlung erhält und prüft Jahresberichte und Sonderberichte des Sicherheitsrats; diese Berichte enthalten auch eine Darstellung der Maßnahmen, die der Sicherheitsrat zur Wahrung des Weltfriedens und der internationalen Sicherheit beschlossen oder getroffen hat.

(2) Die Generalversammlung erhält und prüft Berichte der anderen Organe der Vereinten Nationen.

Art. 16 [Aufsicht im Rahmen des Treuhandsystems]

Die Generalversammlung nimmt die ihr bezüglich des internationalen Treuhandsystems in den Kapiteln XII und XIII zugewiesenen Aufgaben wahr; hierzu gehört die Genehmigung der Treuhandabkommen für Gebiete, die nicht als strategische Zonen bezeichnet sind.

Art. 17 [Haushaltsrecht]

(1) Die Generalversammlung prüft und genehmigt den Haushaltsplan der Organisation.

(2) Die Ausgaben der Organisation werden von den Mitgliedern nach einem von der Generalversammlung festzusetzenden Verteilungsschlüssel getragen.

(3) Die Generalversammlung prüft und genehmigt alle Finanz- und Haushaltsabmachungen mit den in Artikel 57 bezeichneten Sonderorganisationen; sie prüft deren Verwaltungshaushalt mit dem Ziel, Empfehlungen an sie zu richten.

Abstimmung

Art. 18 [Erforderliche Mehrheiten]

(1) Jedes Mitglied der Generalversammlung hat eine Stimme.

(2) Beschlüsse der Generalversammlung über wichtige Fragen bedürfen einer Zweidrittelmehrheit der anwesenden und abstimmenden Mitglieder. Zu diesen Fragen gehören: Empfehlungen hinsichtlich der Wahrung des Weltfriedens und der internationalen Sicherheit, die Wahl der nichtständigen Mitglieder des Sicherheitsrats, die Wahl der Mitglieder des Wirtschafts- und Sozialrats, die Wahl von Mitgliedern des Treuhandrats nach Artikel 86 Absatz 1 Buchstabe c, die Aufnahme neuer Mitglieder in die Vereinten Nationen, der zeitweilige Entzug der Rechte und Vorrechte aus der Mitgliedschaft, der Ausschluß von Mitgliedern, Fragen betreffend die Wirkungsweise des Treuhandsystems sowie Haushaltsfragen.

(3) Beschlüsse über andere Fragen, einschließlich der Bestimmung weiterer Gruppen von Fragen, über die mit Zweidrittelmehrheit zu beschließen ist, bedürfen der Mehrheit der anwesenden und abstimmenden Mitglieder.

Art. 19 [Stimmrecht bei Beitragsrückstand] Ein Mitglied der Vereinten Nationen, das mit der Zahlung seiner finanziellen Beiträge an die Organisation im Rückstand ist, hat in der Generalversammlung kein Stimmrecht, wenn der rückständige Betrag die Höhe der Beiträge erreicht oder übersteigt, die dieses Mitglied für die vorausgegangenen zwei vollen Jahre schuldet. Die Generalversammlung kann ihm jedoch die Ausübung des Stimmrechts gestatten, wenn nach ihrer Überzeugung der Zahlungsverzug auf Umständen beruht, die dieses Mitglied nicht zu vertreten hat.

Verfahren

Art. 20 [Ordentliche und außerordentliche Tagungen] Die Generalversammlung tritt zu ordentlichen Jahrestagungen und, wenn die Umstände es erfordern, zu außerordentlichen Tagungen zusammen. Außerordentliche Tagungen hat der Generalsekretär auf Antrag des Sicherheitsrats oder der Mehrheit der Mitglieder der Vereinten Nationen einzuberufen.

Art. 21 [Geschäftsordnung, Präsident] Die Generalversammlung gibt sich eine Geschäftsordnung.[1] Sie wählt für jede Tagung ihren Präsidenten.

Art. 22[2] [Nebenorgane] Die Generalversammlung kann Nebenorgane einsetzen, soweit sie dies zur Wahrnehmung ihrer Aufgaben für erforderlich hält.

Kapitel V. Der Sicherheitsrat

Zusammensetzung

Art. 23[3] [Mitglieder] (1) Der Sicherheitsrat besteht aus fünfzehn Mitgliedern der Vereinten Nationen. Die Republik China, Frankreich, die Union der Sozialistischen Sowjetrepubliken, das Vereinigte Königreich Großbritannien und Nordirland sowie die Vereinigten Staaten von Amerika sind ständige Mitglieder des Sicherheitsrats. Die Generalversammlung wählt zehn weitere Mitglieder der Vereinten Nationen zu

---

[1] Vgl. die (zuletzt im September 2020 geänderten) „Rules of Procedure of the General Assembly" (UN DOC A/520/Rev. 19: http://undocs.org/en/A/520/Rev.19).

[2] Vgl. die Auflistung unter: http://www.un.org/en/ga/about/subsidiary.

[3] Art. 23 geändert durch Beschl. der UN-Generalversammlung vom 17.12.1963 (Resolution 1991 A, B [XVIII], UNTS Bd. 557 S. 143), in Kraft getr. am 31.8.1965.

nichtständigen Mitgliedern des Sicherheitsrats; hierbei sind folgende Gesichtspunkte besonders zu berücksichtigen: in erster Linie der Beitrag von Mitgliedern der Vereinten Nationen zur Wahrung des Weltfriedens und der internationalen Sicherheit und zur Verwirklichung der sonstigen Ziele der Organisation sowie ferner eine angemessen geographische Verteilung der Sitze.

(2) Die nichtständigen Mitglieder des Sicherheitsrats werden für zwei Jahre gewählt. Bei der ersten Wahl der nichtständigen Mitglieder, die nach Erhöhung der Zahl der Ratsmitglieder von elf auf fünfzehn stattfindet, werden zwei der vier zusätzlichen Mitglieder für ein Jahr gewählt. Ausscheidende Mitglieder können nicht unmittelbar wiedergewählt werden.

(3) Jedes Mitglied des Sicherheitsrats hat in diesem einen Vertreter.

Aufgaben und Befugnisse

Art. 24 [Aufgaben] (1) Um ein schnelles und wirksames Handeln der Vereinten Nationen zu gewährleisten, übertragen ihre Mitglieder dem Sicherheitsrat die Hauptverantwortung für die Wahrung des Weltfriedens und der internationalen Sicherheit und erkennen an, daß der Sicherheitsrat bei der Wahrnehmung der sich aus dieser Verantwortung ergebenden Pflichten in ihrem Namen handelt.

(2) Bei der Erfüllung dieser Pflichten handelt der Sicherheitsrat im Einklang mit den Zielen und Grundsätzen der Vereinten Nationen. Die ihm hierfür eingeräumten besonderen Befugnisse sind in den Kapiteln VI, VII, VIII und XII aufgeführt.

(3) Der Sicherheitsrat legt der Generalversammlung Jahresberichte und erforderlichenfalls Sonderberichte zur Prüfung vor.

Art. 25 [Bindende Wirkung der Beschlüsse] Die Mitglieder der Vereinten Nationen kommen überein, die Beschlüsse des Sicherheitsrats im Einklang mit dieser Charta anzunehmen und durchzuführen.

Art. 26 [System einer Rüstungsregelung] Um die Herstellung und Wahrung des Weltfriedens und der internationalen Sicherheit so zu fördern, daß von den menschlichen und wirtschaftlichen Hilfsquellen der Welt möglichst wenig für Rüstungszwecke abgezweigt wird, ist der Sicherheitsrat beauftragt, mit Unterstützung des in Artikel 47 vorgesehenen Generalstabsausschusses Pläne auszuarbeiten, die den Mitgliedern der Vereinten Nationen zwecks Errichtung eines Systems der Rüstungsregelung vorzulegen sind.

Abstimmung

Art. 27 [Stimmrecht, Vetorecht] (1) Jedes Mitglied des Sicherheitsrats hat eine Stimme.

(2)[1] Beschlüsse des Sicherheitsrats über Verfahrensfragen bedürfen der Zustimmung von neun Mitgliedern.

(3)[1] Beschlüsse des Sicherheitsrats über alle sonstigen Fragen bedürfen der Zustimmung von neun Mitgliedern einschließlich sämtlicher ständigen Mitglieder, jedoch mit der Maßgabe, daß sich bei Beschlüssen auf Grund des Kapitels VI und des Artikels 52 Absatz 3 die Streitparteien der Stimme enthalten.

Verfahren

Art. 28 [Ständige Wahrnehmung der Aufgaben] (1) Der Sicherheitsrat wird so organisiert, daß er seine Aufgaben ständig wahrnehmen kann. Jedes seiner Mitglieder muß zu diesem Zweck jederzeit am Sitz der Organisation vertreten sein.

(2) Der Sicherheitsrat tritt regelmäßig zu Sitzungen zusammen; bei diesen kann jedes seiner Mitglieder nach Wunsch durch ein Regierungsmitglied oder durch einen anderen eigens hierfür bestellten Delegierten vertreten sein.

(3) Der Sicherheitsrat kann außer am Sitz der Organisation auch an anderen Orten zusammentreten, wenn dies nach seinem Urteil seiner Arbeit am dienlichsten ist.

Art. 29[2] [Nebenorgane] Der Sicherheitsrat kann Nebenorgane einsetzen, soweit er dies zur Wahrnehmung seiner Aufgaben für erforderlich hält.

Art. 30[3] [Geschäftsordnung, Präsident] Der Sicherheitsrat gibt sich eine Geschäftsordnung; in dieser regelt er auch das Verfahren für die Wahl seines Präsidenten.

Art. 31 [Teilnahme anderer Mitglieder der Vereinten Nationen] Ein Mitglied der Vereinten Nationen, das nicht Mitglied des Sicherheitsrats ist, kann ohne Stimmrecht an der Erörterung jeder vor den Sicherheitsrat gebrachten Frage teilnehmen, wenn dieser der Auffassung ist, daß die Interessen dieses Mitglieds besonders betroffen sind.

Art. 32 [Teilnahme der Streitparteien] Mitglieder der Vereinten Nationen, die nicht Mitglied des Sicherheitsrats sind, sowie Nicht-

---

[1] Art. 27 Abs. 2 u. Abs. 3 geändert durch Beschl. der UN-Generalversammlung vom 17.12.1963 (Resolution 1991 A, B [XVIII], UNTS Bd. 557 S. 143), in Kraft getr. am 31.8.1965.

[2] Vgl. die Auflistung unter: http://www.un.org/en/sc/about/rules/

[3] Vgl. die „Provisional Rules of Procedure of the Security Council" von 1946 (S/96), zuletzt geänd. am 21.12.1982, S 96/Rev. 7 (Hinzufügung von Arabisch als 6. offizielle Sprache): https://www.un.org/securitycouncil/content/provisional-rules-procedure) sowie auch die „Note on Security Council Practice" (S/2017/507: https://undocs.org/en/S/2017/507), die nunmehr konsolidierende an die Stelle alle anderen vorangegangenen, die Rules interpretierenden und konkretisierenden Dokumente getreten ist.

mitgliedstaaten der Vereinten Nationen werden eingeladen, an den Erörterungen des Sicherheitsrats über eine Streitigkeit, mit der dieser befaßt ist, ohne Stimmrecht teilzunehmen, wenn sie Streitpartei sind. Für die Teilnahme eines Nichtmitgliedstaats der Vereinten Nationen setzt der Sicherheitsrat die Bedingungen fest, die er für gerecht hält.

Kapitel VI. Die friedliche Beilegung von Streitigkeiten

Art. 33 [Verpflichtung zur friedlichen Streiterledigung] (1) Die Parteien einer Streitigkeit, deren Fortdauer geeignet ist, die Wahrung des Weltfriedens und der internationalen Sicherheit zu gefährden, bemühen sich zunächst um eine Beilegung durch Verhandlung, Untersuchung, Vermittlung, Vergleich, Schiedsspruch, gerichtliche Entscheidung, Inanspruchnahme regionaler Einrichtungen oder Abmachungen oder durch andere friedliche Mittel eigener Wahl.

(2) Der Sicherheitsrat fordert die Parteien auf, wenn er dies für notwendig hält, ihre Streitigkeit durch solche Mittel beizulegen.

Art. 34 [Untersuchungsrecht des Sicherheitsrates] Der Sicherheitsrat kann jede Streitigkeit sowie jede Situation, die zu internationalen Reibungen führen oder eine Streitigkeit hervorrufen könnte, untersuchen, um festzustellen, ob die Fortdauer der Streitigkeit oder der Situation die Wahrung des Weltfriedens und der internationalen Sicherheit gefährden könnte.

Art. 35 [Zuständigkeit bei Friedensgefährdung] (1) Jedes Mitglied der Vereinten Nationen kann die Aufmerksamkeit des Sicherheitsrats oder der Generalversammlung auf jede Streitigkeit sowie auf jede Situation der in Artikel 34 bezeichneten Art lenken.

(2) Ein Nichtmitgliedstaat der Vereinten Nationen kann die Aufmerksamkeit des Sicherheitsrats oder der Generalversammlung auf jede Streitigkeit lenken, in der er Partei ist, wenn er im voraus hinsichtlich dieser Streitigkeit die in dieser Charta für eine friedliche Beilegung festgelegten Verpflichtungen annimmt.

(3) Das Verfahren der Generalversammlung in Angelegenheiten, auf die ihre Aufmerksamkeit gemäß diesem Artikel gelenkt wird, bestimmt sich nach den Artikeln 11 und 12.

Art. 36 [Empfehlungen zur Bereinigung von Streitigkeiten]

(1) Der Sicherheitsrat kann in jedem Stadium einer Streitigkeit im Sinne des Artikels 33 oder einer Situation gleicher Art geeignete Verfahren oder Methoden für deren Bereinigung empfehlen.

(2) Der Sicherheitsrat soll alle Verfahren in Betracht ziehen, welche die Parteien zur Beilegung der Streitigkeit bereits angenommen haben.

(3) Bei seinen Empfehlungen auf Grund dieses Artikels soll der Sicherheitsrat ferner berücksichtigen, daß Rechtsstreitigkeiten im allgemeinen von den Parteien dem Internationalen Gerichtshof im Einklang mit dessen Statut zu unterbreiten sind.

Art. 37 [Letzte Zuständigkeit des Sicherheitsrates] (1) Gelingt es den Parteien einer Streitigkeit der in Artikel 33 bezeichneten Art nicht, diese mit den dort angegebenen Mitteln beizulegen, so legen sie die Streitigkeit dem Sicherheitsrat vor.

(2) Könnte nach Auffassung des Sicherheitsrats die Fortdauer der Streitigkeit tatsächlich die Wahrung des Weltfriedens und der internationalen Sicherheit gefährden, so beschließt er, ob er nach Artikel 36 tätig werden oder die ihm angemessen erscheinenden Empfehlungen für eine Beilegung abgeben will.

Art. 38 [Vermittlungskompetenz] Unbeschadet der Artikel 33 bis 37 kann der Sicherheitsrat, wenn alle Parteien einer Streitigkeit dies beantragen, Empfehlungen zu deren friedlicher Beilegung an die Streitparteien richten.

Kapitel VII. Maßnahmen bei Bedrohung oder Bruch des Friedens und bei Angriffshandlungen

Art. 39 [Feststellung der Gefahrsituation] Der Sicherheitsrat stellt fest, ob eine Bedrohung oder ein Bruch des Friedens oder eine Angriffshandlung[1] vorliegt; er gibt Empfehlungen ab oder beschließt, welche Maßnahmen auf Grund der Artikel 41 und 42 zu treffen sind, um den Weltfrieden und die internationale Sicherheit zu wahren oder wiederherzustellen.

Art. 40[2] [Vorläufige Maßnahmen] Um einer Verschärfung der Lage vorzubeugen, kann der Sicherheitsrat, bevor er nach Artikel 39 Empfehlungen abgibt oder Maßnahmen beschließt, die beteiligten Parteien auffordern, den von ihm für notwendig oder erwünscht erachteten vorläufigen Maßnahmen Folge zu leisten. Diese vorläufigen Maßnahmen lassen die Rechte, die Ansprüche und die Stellung der beteiligten Parteien unberührt. Wird den vorläufigen Maßnahmen nicht Folge geleistet, so trägt der Sicherheitsrat diesem Versagen gebührend Rechnung.

---

[1] Vgl. hierzu auch die „Aggressionsdefinition" v. 14. 12. 1974 (Anhang der GV-Res. 3314 [XXIX]), abgedruckt unter **Nr. 5.**

[2] Ber. durch Bek. v. 28. 8. 1980 (BGBl. 1980 II S. 1252).

Art. 41 [Gewaltlose Sanktionen] Der Sicherheitsrat kann beschließen, welche Maßnahmen – unter Ausschluß von Waffengewalt – zu ergreifen sind, um seinen Beschlüssen Wirksamkeit zu verleihen; er kann die Mitglieder der Vereinten Nationen auffordern, diese Maßnahmen durchzuführen. Sie können die vollständige oder teilweise Unterbrechung der Wirtschaftsbeziehungen, des Eisenbahn-, See- und Luftverkehrs, der Post-, Telegraphen- und Funkverbindungen sowie sonstiger Verkehrsmöglichkeiten und den Abbruch der diplomatischen Beziehungen einschließen.

Art. 42 [Militärische Sanktionen] Ist der Sicherheitsrat der Auffassung, daß die in Artikel 41 vorgesehenen Maßnahmen unzulänglich sein würden oder sich als unzulänglich erwiesen haben, so kann er mit Luft-, See- oder Landstreitkräften die zur Wahrung oder Wiederherstellung des Weltfriedens und der internationalen Sicherheit erforderlichen Maßnahmen durchführen. Sie können Demonstrationen, Blockaden und sonstige Einsätze der Luft-, See- oder Landstreitkräfte von Mitgliedern der Vereinten Nationen einschließen.

Art. 43 [Allgemeine Beistandspflicht der UN-Mitglieder] (1) Alle Mitglieder der Vereinten Nationen verpflichten sich, zur Wahrung des Weltfriedens und der internationalen Sicherheit dadurch beizutragen, daß sie nach Maßgabe eines oder mehrerer Sonderabkommen dem Sicherheitsrat auf sein Ersuchen Streitkräfte zur Verfügung stellen, Beistand leisten und Erleichterungen einschließlich des Durchmarschrechts gewähren, soweit dies zur Wahrung des Weltfriedens und der internationalen Sicherheit erforderlich ist.

(2) Diese Abkommen haben die Zahl und Art der Streitkräfte, ihren Bereitschaftsgrad, ihren allgemeinen Standort sowie die Art der Erleichterungen und des Beistands vorzusehen.

(3) Die Abkommen werden auf Veranlassung des Sicherheitsrats so bald wie möglich im Verhandlungswege ausgearbeitet. Sie werden zwischen dem Sicherheitsrat einerseits und Einzelmitgliedern oder Mitgliedergruppen andererseits geschlossen und von den Unterzeichnerstaaten nach Maßgabe ihres Verfassungsrechts ratifiziert.

Art. 44 [Beiladung eines Helfer-Staates] Hat der Sicherheitsrat die Anwendung von Gewalt beschlossen, so lädt er ein in ihm nicht vertretenes Mitglied, bevor er es zur Stellung von Streitkräften auf Grund der nach Artikel 43 übernommenen Verpflichtungen auffordert, auf dessen Wunsch ein, an seinen Beschlüssen über den Einsatz von Kontingenten der Streitkräfte dieses Mitglieds teilzunehmen.

Art. 45 [Bereithaltung von Luftstreitkräften]

Um die Vereinten Nationen zur Durchführung dringender militärischer Maßnahmen zu befähigen, halten Mitglieder der Organisation Kontingente ihrer Luftstreitkräfte zum sofortigen Einsatz bei gemeinsamen internationalen Zwangsmaßnahmen bereit. Stärke und Bereitschaftsgrad dieser Kontingente sowie die Pläne für ihre gemeinsamen Maßnahmen legt der Sicherheitsrat mit Unterstützung des Generalstabsausschusses im Rahmen der in Artikel 43 erwähnten Sonderabkommen fest.

Art. 46 [Pläne für den Waffengebrauch]

Die Pläne für die Anwendung von Waffengewalt werden vom Sicherheitsrat mit Unterstützung des Generalstabsausschusses aufgestellt.

Art. 47 [Generalstabsausschuß]

(1) Es wird ein Generalstabsausschuß eingesetzt, um den Sicherheitsrat in allen Fragen zu beraten und zu unterstützen, die dessen militärische Bedürfnisse zur Wahrung des Weltfriedens und der internationalen Sicherheit, den Einsatz und die Führung der dem Sicherheitsrat zur Verfügung gestellten Streitkräfte, die Rüstungsregelung und eine etwaige Abrüstung betreffen.

(2) Der Generalstabsausschuß besteht aus den Generalstabschefs der ständigen Mitglieder des Sicherheitsrats oder ihren Vertretern. Ein nicht ständig im Ausschuß vertretenes Mitglied der Vereinten Nationen wird vom Ausschuß eingeladen, sich ihm zu assoziieren, wenn die Mitarbeit dieses Mitglieds für die wirksame Durchführung der Aufgaben des Ausschusses erforderlich ist.

(3) Der Generalstabsausschuß ist unter der Autorität des Sicherheitsrats für die strategische Leitung aller dem Sicherheitsrat zur Verfügung gestellten Streitkräfte verantwortlich. Die Fragen bezüglich der Führung dieser Streitkräfte werden später geregelt.

(4) Der Generalstabsausschuß kann mit Ermächtigung des Sicherheitsrats nach Konsultation mit geeigneten regionalen Einrichtungen regionale Unterausschüsse einsetzen.

Art. 48 [Durchführung der Beschlüsse]

(1) Die Maßnahmen, die für die Durchführung der Beschlüsse des Sicherheitsrats zur Wahrung des Weltfriedens und der internationalen Sicherheit erforderlich sind, werden je nach dem Ermessen des Sicherheitsrats von allen oder von einigen Mitgliedern der Vereinten Nationen getroffen.

(2) Diese Beschlüsse werden von den Mitgliedern der Vereinten Nationen unmittelbar sowie durch Maßnahmen in den geeigneten internationalen Einrichtungen durchgeführt, deren Mitglieder sie sind.

Art. 49 [Gegenseitige Beistandspflicht]

Bei der Durchführung der vom Sicherheitsrat beschlossenen Maßnahmen leisten die Mitglieder der Vereinten Nationen einander gemeinsam handelnd Beistand.

Art. 50 [Anhörungsrecht mitbetroffener Staaten]

Ergreift der Sicherheitsrat gegen einen Staat Vorbeugungs- oder Zwangsmaßnahmen, so kann jeder andere Staat, ob Mitglied der Vereinten Nationen oder nicht, den die Durchführung dieser Maßnahmen vor besondere wirtschaftliche Probleme stellt, den Sicherheitsrat zwecks Lösung dieser Probleme konsultieren.

Art. 51 [Selbstverteidigungsrecht bis zum Eingreifen des Sicherheitsrates]

Diese Charta beeinträchtigt im Falle eines bewaffneten Angriffs gegen ein Mitglied der Vereinten Nationen keineswegs das naturgegebene Recht zur individuellen oder kollektiven Selbstverteidigung, bis der Sicherheitsrat die zur Wahrung des Weltfriedens und der internationalen Sicherheit erforderlichen Maßnahmen getroffen hat. Maßnahmen, die ein Mitglied in Ausübung dieses Selbstverteidigungsrechts trifft, sind dem Sicherheitsrat sofort anzuzeigen; sie berühren in keiner Weise dessen auf dieser Charta beruhende Befugnis und Pflicht, jederzeit die Maßnahmen zu treffen, die er zur Wahrung oder Wiederherstellung des Weltfriedens und der internationalen Sicherheit für erforderlich hält.

Kapitel VIII. Regionale Abmachungen

Art. 52 [Regionale Wahrung von Frieden und Sicherheit]

(1) Diese Charta schließt das Bestehen regionaler Abmachungen oder Einrichtungen zur Behandlung derjenigen die Wahrung des Weltfriedens und der internationalen Sicherheit betreffenden Angelegenheiten nicht aus, bei denen Maßnahmen regionaler Art angebracht sind; Voraussetzung hierfür ist, daß diese Abmachungen oder Einrichtungen und ihr Wirken mit den Zielen und Grundsätzen der Vereinten Nationen vereinbar sind.

(2) Mitglieder der Vereinten Nationen, die solche Abmachungen treffen oder solche Einrichtungen schaffen, werden sich nach besten Kräften bemühen, durch Inanspruchnahme dieser Abmachungen oder Einrichtungen örtlich begrenzte Streitigkeiten friedlich beizulegen, bevor sie den Sicherheitsrat damit befassen.

(3) Der Sicherheitsrat wird die Entwicklung des Verfahrens fördern, örtlich begrenzte Streitigkeiten durch Inanspruchnahme dieser regionalen Abmachungen oder Einrichtungen friedlich beizulegen, sei es auf Veranlassung der beteiligten Staaten oder auf Grund von Überweisungen durch ihn selbst.

(4) Die Anwendung der Artikel 34 und 35 wird durch diesen Artikel nicht beeinträchtigt.

Art. 53 [Regionalabmachung als Grundlage von Zwangsmaßnahmen – Ausnahme für „Feindstaaten"] (1) Der Sicherheitsrat nimmt gegebenenfalls diese regionalen Abmachungen oder Einrichtungen zur Durchführung von Zwangsmaßnahmen unter seiner Autorität in Anspruch. Ohne Ermächtigung des Sicherheitsrats dürfen Zwangsmaßnahmen auf Grund regionaler Abmachungen oder seitens regionaler Einrichtungen nicht ergriffen werden; ausgenommen sind Maßnahmen gegen einen Feindstaat im Sinne des Absatzes 2, soweit sie in Artikel 107 oder in regionalen, gegen die Wiederaufnahme der Angriffspolitik eines solchen Staates gerichteten Abmachungen vorgesehen sind; die Ausnahme gilt, bis der Organisation auf Ersuchen der beteiligten Regierungen die Aufgabe zugewiesen wird, neue Angriffe eines solchen Staates zu verhüten.

(2) Der Ausdruck „Feindstaat" in Absatz 1 bezeichnet jeden Staat, der während des zweiten Weltkriegs Feind eines Unterzeichners dieser Charta war.

Art. 54 [Benachrichtigung des Sicherheitsrates] Der Sicherheitsrat ist jederzeit vollständig über die Maßnahmen auf dem laufenden zu halten, die zur Wahrung des Weltfriedens und der internationalen Sicherheit auf Grund regionaler Abmachungen oder seitens regionaler Einrichtungen getroffen oder in Aussicht genommen werden.

Kapitel IX. Internationale Zusammenarbeit auf wirtschaftlichem und sozialem Gebiet

Art. 55 [Wirtschaftliche und soziale Ziele] Um jenen Zustand der Stabilität und Wohlfahrt herbeizuführen, der erforderlich ist, damit zwischen den Nationen friedliche und freundschaftliche, auf der Achtung vor dem Grundsatz der Gleichberechtigung und Selbstbestimmung der Völker beruhende Beziehungen herrschen, fördern die Vereinten Nationen

a) die Verbesserung des Lebensstandards, die Vollbeschäftigung und die Voraussetzungen für wirtschaftlichen und sozialen Fortschritt und Aufstieg;

b) die Lösung internationaler Probleme wirtschaftlicher, sozialer, gesundheitlicher und verwandter Art sowie die internationale Zusammenarbeit auf den Gebieten der Kultur und der Erziehung;

c) die allgemeine Achtung und Verwirklichung der Menschenrechte und Grundfreiheiten für alle ohne Unterschied der Rasse, des Geschlechts, der Sprache oder der Religion.

Art. 56 [Zusammenarbeit der Mitglieder] Alle Mitgliedstaaten verpflichten sich, gemeinsam und jeder für sich mit der Organisation zusammenzuarbeiten, um die in Artikel 55 dargelegten Ziele zu erreichen.

Art. 57 [Sonderorganisationen] (1) Die verschiedenen durch zwischenstaatliche Übereinkünfte errichteten Sonderorganisationen, die auf den Gebieten der Wirtschaft, des Sozialwesens, der Kultur, der Erziehung, der Gesundheit und auf verwandten Gebieten weitreichende, in ihren maßgebenden Urkunden umschriebene internationale Aufgaben zu erfüllen haben, werden gemäß Artikel 63 mit den Vereinten Nationen in Beziehung gebracht.

(2) Diese mit den Vereinten Nationen in Beziehung gebrachten Organisationen sind im folgenden als „Sonderorganisationen" bezeichnet.[1]

Art. 58 [Empfehlungen für die Sonderorganisationen] Die Organisation gibt Empfehlungen ab, um die Bestrebungen und Tätigkeiten dieser Sonderorganisationen zu koordinieren.

Art. 59 [Errichtung neuer Sonderorganisationen] Die Organisation veranlaßt gegebenenfalls zwischen den in Betracht kommenden Staaten Verhandlungen zur Errichtung neuer Sonderorganisationen, soweit solche zur Verwirklichung der in Artikel 55 dargelegten Ziele erforderlich sind.

Art. 60 [Verantwortung der Generalversammlung] Für die Wahrnehmung der in diesem Kapitel genannten Aufgaben der Organisation sind die Generalversammlung und unter ihrer Autorität der Wirtschafts- und Sozialrat verantwortlich; dieser besitzt zu diesem Zweck die ihm in Kapitel X zugewiesenen Befugnisse.

Kapitel X. Der Wirtschafts- und Sozialrat

Zusammensetzung

Art. 61[2] [Mitglieder] (1) Der Wirtschafts- und Sozialrat besteht aus vierundfünfzig von der Generalversammlung gewählten Mitgliedern der Vereinten Nationen.

---

[1] Eine Auflistung der z. Zt. 17 Sonderorganisationen findet sich im **Anhang** zur Charta abgedruckt.

[2] Art. 61 geändert durch die Beschl. der UN-Generalversammlung vom 17. 12. 1963 (Resolution 1991 A, B [XVIII], UNTS Bd. 557 S. 143), in Kraft getr. am 31. 8. 1965 und vom 20. 12. 1971 (Resolution 2847 [XXVI], BGBl. 1974 II S. 769), in Kraft getr. am 24. 9. 1973).

(2) Vorbehaltlich des Absatzes 3 werden alljährlich achtzehn Mitglieder des Wirtschafts- und Sozialrats für drei Jahre gewählt. Ein ausscheidendes Mitglied kann unmittelbar wiedergewählt werden.

(3) Bei der ersten Wahl, die nach Erhöhung der Zahl der Ratsmitglieder von siebenundzwanzig auf vierundfünfzig stattfindet, werden zusätzlich zu den Mitgliedern, die anstelle der neun Mitglieder gewählt werden, deren Amtszeit mit dem betreffenden Jahr endet, siebenundzwanzig weitere Mitglieder des Wirtschafts- und Sozialrats gewählt. Die Amtszeit von neun dieser siebenundzwanzig zusätzlichen Mitglieder endet nach einem Jahr, diejenige von neun weiteren Mitgliedern nach zwei Jahren; das Nähere regelt die Generalversammlung.

(4) Jedes Mitglied des Wirtschafts- und Sozialrats hat in diesem einen Vertreter.

Aufgaben und Befugnisse

Art. 62[1] **[Zuständigkeit für Empfehlungen, Übereinkommen, Konferenzen]**

(1) Der Wirtschafts- und Sozialrat kann über internationale Angelegenheiten auf den Gebieten der Wirtschaft, des Sozialwesens, der Kultur, der Erziehung, der Gesundheit und auf verwandten Gebieten Untersuchungen durchführen oder bewirken sowie Berichte abfassen oder veranlassen; er kann zu jeder derartigen Angelegenheit an die Generalversammlung, die Mitglieder der Vereinten Nationen und die in Betracht kommenden Sonderorganisationen Empfehlungen richten.

(2) Er kann Empfehlungen abgeben, um die Achtung und Verwirklichung der Menschenrechte und Grundfreiheiten für alle zu fördern.

(3) Er kann über Angelegenheiten, für die er zuständig ist, Übereinkommen entwerfen und der Generalversammlung vorlegen.

(4) Er kann nach den von den Vereinten Nationen festgesetzten Regeln internationale Konferenzen über Angelegenheiten einberufen, für die er zuständig ist.

Art. 63 [Befugnisse gegenüber Sonderorganisationen]

(1) Der Wirtschafts- und Sozialrat kann mit jeder der in Artikel 57 bezeichneten Organisationen Abkommen schließen, in denen die Beziehungen der betreffenden Organisation zu den Vereinten Nationen geregelt werden. Diese Abkommen bedürfen der Genehmigung durch die Generalversammlung.

(2) Er kann die Tätigkeit der Sonderorganisationen koordinieren, indem er Konsultationen mit ihnen führt und an sie, an die Generalversammlung und die Mitglieder der Vereinten Nationen Empfehlungen richtet.

---

[1] Abs. 2 ber. durch Bek. v. 28. 8. 1980 (BGBl. 1980 II S. 1252).

Art. 64 [Anspruch auf Berichterstattung]

(1) Der Wirtschafts- und Sozialrat kann geeignete Schritte unternehmen, um von den Sonderorganisationen regelmäßig Berichte zu erhalten. Er kann mit den Mitgliedern der Vereinten Nationen und mit den Sonderorganisationen Abmachungen treffen, um Berichte über die Maßnahmen zu erhalten, die zur Durchführung seiner Empfehlungen und der Empfehlungen der Generalversammlung über Angelegenheiten getroffen werden, für die er zuständig ist.

(2) Er kann der Generalversammlung seine Bemerkungen zu diesen Berichten mitteilen.

Art. 65 [Verhältnis zum Sicherheitsrat]

Der Wirtschafts- und Sozialrat kann dem Sicherheitsrat Auskünfte erteilen und ihn auf dessen Ersuchen unterstützen.

Art. 66 [Sonstige Zuständigkeit]

(1) Der Wirtschafts- und Sozialrat nimmt alle Aufgaben wahr, für die er im Zusammenhang mit der Durchführung von Empfehlungen der Generalversammlung zuständig ist.

(2) Er kann mit Genehmigung der Generalversammlung alle Dienste leisten, um die ihn Mitglieder der Vereinten Nationen oder Sonderorganisationen ersuchen.

(3) Er nimmt alle sonstigen Aufgaben wahr, die ihm in dieser Charta oder durch die Generalversammlung zugewiesen werden.

Abstimmung

Art. 67 [Stimmenmehrheit]

(1) Jedes Mitglied des Wirtschafts- und Sozialrats hat eine Stimme.

(2) Beschlüsse des Wirtschafts- und Sozialrats bedürfen der Mehrheit der anwesenden und abstimmenden Mitglieder.

Verfahren

Art. 68 [Einsetzung von Kommissionen]

Der Wirtschafts- und Sozialrat setzt Kommissionen für wirtschaftliche und soziale Fragen und für die Förderung der Menschenrechte sowie alle sonstigen zur Wahrnehmung seiner Aufgaben erforderlichen Kommissionen ein.

Art. 69 [Mitberatung betroffener Mitgliedstaaten]

Behandelt der Wirtschafts- und Sozialrat eine Angelegenheit, die für ein Mitglied der Vereinten Nationen von besonderem Belang ist, so lädt er es ein, ohne Stimmrecht an seinen Beratungen teilzunehmen.

Art. 70 [Gegenseitige Mitberatung mit Sonderorganisationen]

Der Wirtschafts- und Sozialrat kann Abmachungen dahingehend treffen, daß Vertreter der Sonderorganisationen ohne Stimmrecht an seinen Beratungen und an den Beratungen der von ihm eingesetzten Kommissionen teilnehmen, und daß seine eigenen Vertreter an den Beratungen der Sonderorganisationen teilnehmen.

Art. 71 [Mitwirkung nichtstaatlicher Organisationen]

Der Wirtschafts- und Sozialrat kann geeignete Abmachungen zwecks Konsultation mit nichtstaatlichen Organisationen treffen, die sich mit Angelegenheiten seiner Zuständigkeit befassen. Solche Abmachungen können mit internationalen Organisationen und, soweit angebracht, nach Konsultation des betreffenden Mitglieds der Vereinten Nationen auch mit nationalen Organisationen getroffen werden.

Art. 72 [Geschäftsordnung]

(1) Der Wirtschafts- und Sozialrat gibt sich eine Geschäftsordnung; in dieser regelt er auch das Verfahren für die Wahl seines Präsidenten.

(2) Der Wirtschafts- und Sozialrat tritt nach Bedarf gemäß seiner Geschäftsordnung zusammen; in dieser ist auch die Einberufung von Sitzungen auf Antrag der Mehrheit seiner Mitglieder vorzusehen.

Kapitel XI. Erklärung über Hoheitsgebiete ohne Selbstregierung

Art. 73 [Förderung des Wohls der Einwohner]

Mitglieder der Vereinten Nationen, welche die Verantwortung für die Verwaltung von Hoheitsgebieten haben oder übernehmen, deren Völker noch nicht die volle Selbstregierung erreicht haben, bekennen sich zu dem Grundsatz, daß die Interessen der Einwohner dieser Hoheitsgebiete Vorrang haben; sie übernehmen als heiligen Auftrag die Verpflichtung, im Rahmen des durch diese Charta errichteten Systems des Weltfriedens und der internationalen Sicherheit das Wohl dieser Einwohner aufs äußerste zu fördern; zu diesem Zweck verpflichten sie sich,

a) den politischen, wirtschaftlichen, sozialen und erzieherischen Fortschritt, die gerechte Behandlung und den Schutz dieser Völker gegen Mißbräuche unter gebührender Achtung vor ihrer Kultur zu gewährleisten;

b) die Selbstregierung zu entwickeln, die politischen Bestrebungen dieser Völker gebührend zu berücksichtigen und sie bei der fortschreitenden Entwicklung ihrer freien politischen Einrichtungen zu unterstützen, und zwar je nach den besonderen Verhältnissen jedes Hoheitsgebiets, seiner Bevölkerung und deren jeweiliger Entwicklungsstufe;

c) den Weltfrieden und die internationale Sicherheit zu festigen;

d) Aufbau- und Entwicklungsmaßnahmen zu fördern, die Forschungstätigkeit zu unterstützen sowie miteinander und gegebenenfalls mit internationalen Fachorganisationen zusammenzuarbeiten, um die in diesem Artikel dargelegten sozialen, wirtschaftlichen und wissenschaftlichen Ziele zu verwirklichen;

e) dem Generalsekretär mit der durch die Rücksichtnahme auf Sicherheit und Verfassung gebotenen Einschränkung zu seiner Unterrichtung regelmäßig statistische und sonstige Informationen technischer Art über das Wirtschafts-, Sozial- und Erziehungswesen in den nicht unter die Kapitel XII und XIII fallenden Hoheitsgebieten zu übermitteln, für die sie verantwortlich sind.

Art. 74 [Grundsatz der guten Nachbarschaft]

Die Mitglieder der Vereinten Nationen sind sich ferner darin einig, daß die Politik, die sie für die unter dieses Kapitel fallenden Hoheitsgebiete verfolgen, nicht minder auf dem allgemeinen Grundsatz der guten Nachbarschaft in sozialen, wirtschaftlichen und Handelsangelegenheiten beruhen muß als die Politik, die sie für ihr Mutterland verfolgen; hierbei sind die Interessen und das Wohl der übrigen Welt gebührend zu berücksichtigen.

Kapitel XII. Das internationale Treuhandsystem

Art. 75 [Bezeichnung „Treuhandgebiete"]

Die Vereinten Nationen errichten unter ihrer Autorität ein internationales Treuhandsystem für die Verwaltung und Beaufsichtigung der Hoheitsgebiete, die auf Grund späterer Einzelabkommen in dieses System einbezogen werden. Diese Hoheitsgebiete werden im folgenden als Treuhandgebiete bezeichnet.

Art. 76 [Zweck des Treuhandsystems]

Im Einklang mit den in Artikel 1 dieser Charta dargelegten Zielen der Vereinten Nationen dient das Treuhandsystem hauptsächlich folgenden Zwecken:

a) den Weltfrieden und die internationale Sicherheit zu festigen;

b) den politischen, wirtschaftlichen, sozialen und erzieherischen Fortschritt der Einwohner der Treuhandgebiete und ihre fortschreitende Entwicklung zur Selbstregierung oder Unabhängigkeit so zu fördern, wie es den besonderen Verhältnissen eines jeden dieser Hoheitsgebiete und seiner Bevölkerung sowie deren frei geäußerten Wünschen entspricht und in dem diesbezüglichen Treuhandabkommen vorgesehen ist;

c) die Achtung vor den Menschenrechten und Grundfreiheiten für alle ohne Unterschied der Rasse, des Geschlechts, der Sprache oder der Religion zu fördern und das Bewußtsein der gegenseitigen Abhängigkeit der Völker der Welt zu stärken;

d) die Gleichbehandlung aller Mitglieder der Vereinten Nationen und ihrer Staatsangehörigen in sozialen, wirtschaftlichen und Handelsangelegenheiten sowie die Gleichbehandlung dieser Staatsangehörigen in der Rechtspflege sicherzustellen, ohne jedoch die Verwirklichung der vorgenannten Zwecke zu beeinträchtigen; Artikel 80 bleibt unberührt.

Art. 77 [Anwendungsbereich]

(1) Das Treuhandsystem findet auf die zu den folgenden Gruppen gehörenden Hoheitsgebiete Anwendung, soweit sie auf Grund von Treuhandabkommen in dieses System einbezogen werden:

a) gegenwärtig bestehende Mandatsgebiete;

b) Hoheitsgebiete, die infolge des zweiten Weltkriegs von Feindstaaten abgetrennt werden;

c) Hoheitsgebiete, die von den für ihre Verwaltung verantwortlichen Staaten freiwillig in das System einbezogen werden.

(2) Die Feststellung, welche Hoheitsgebiete aus den genannten Gruppen in das Treuhandsystem einbezogen werden und welche Bestimmungen hierfür gelten, bleibt einer späteren Übereinkunft vorbehalten.

Art. 78 [Keine Anwendung auf UN-Mitglieder]

Das Treuhandsystem findet keine Anwendung auf Hoheitsgebiete, die Mitglied der Vereinten Nationen geworden sind; die Beziehungen zwischen Mitgliedern beruhen auf der Achtung des Grundsatzes der souveränen Gleichheit.

Art. 79 [Individuelle Treuhandabkommen]

Für jedes in das Treuhandsystem einzubeziehende Hoheitsgebiet werden die Treuhandbestimmungen einschließlich aller ihrer Änderungen und Ergänzungen von den unmittelbar beteiligten Staaten, zu denen bei Mandatsgebieten eines Mitglieds der Vereinten Nationen auch die Mandatsmacht zählt, in Form eines Abkommens vereinbart; sie bedürfen der Genehmigung nach den Artikeln 83 und 85.

Art. 80 [Auslegung zugunsten bestehender Rechte]

(1) Soweit in einzelnen, auf Grund der Artikel 77, 79 und 81 geschlossenen Treuhandabkommen zur Einbeziehung eines Treuhandgebiets in

das Treuhandsystem nichts anderes vereinbart wird und solange derartige Abkommen noch nicht geschlossen sind, ist dieses Kapitel nicht so auszulegen, als ändere es unmittelbar oder mittelbar die Rechte von Staaten oder Völkern oder in Kraft befindliche internationale Übereinkünfte, deren Vertragsparteien Mitglieder der Vereinten Nationen sind.

(2) Aus Absatz 1 kann keine Rechtfertigung dafür abgeleitet werden, Verhandlungen über Abkommen zu der in Artikel 77 vorgesehenen Einbeziehung von Mandatsgebieten und sonstigen Hoheitsgebieten in das Treuhandsystem oder den Abschluß solcher Abkommen zu verzögern oder aufzuschieben.

Art. 81 [Verwaltungs-Bestimmungen]

Jedes Treuhandabkommen enthält die Bestimmungen, nach denen das Treuhandgebiet zu verwalten ist, und bezeichnet die verwaltende Obrigkeit. Diese, im folgenden als „Verwaltungsmacht" bezeichnet, kann ein Staat oder eine Staatengruppe oder die Organisation selbst sein.

Art. 82 [Strategische Zonen]

Jedes Treuhandabkommen kann eine oder mehrere strategische Zonen bezeichnen, die das ganze Treuhandgebiet, für welches das Abkommen gilt, oder einen Teil davon umfassen; Sonderabkommen nach Artikel 43 bleiben unberührt.

Art. 83 [Aufgaben des Sicherheitsrates]

(1) Alle Aufgaben der Vereinten Nationen in bezug auf strategische Zonen, einschließlich der Genehmigung der Treuhandabkommen sowie ihrer Änderungen und Ergänzungen, nimmt der Sicherheitsrat wahr.

(2) Die in Artikel 76 dargelegten Hauptzwecke gelten auch für die Bevölkerung jeder strategischen Zone.

(3) Unter Beachtung der Treuhandabkommen nimmt der Sicherheitsrat vorbehaltlich der Sicherheitserfordernisse die Unterstützung des Treuhandrats in Anspruch, um im Rahmen des Treuhandsystems diejenigen Aufgaben der Vereinten Nationen wahrzunehmen, die politische, wirtschaftliche, soziale und erzieherische Angelegenheiten in den strategischen Zonen betreffen.

Art. 84 [Beitrag des Treuhandgebiets zu Frieden und Sicherheit]

Die Verwaltungsmacht hat die Pflicht, dafür zu sorgen, daß das Treuhandgebiet seinen Beitrag zur Wahrung des Weltfriedens und der internationalen Sicherheit leistet. Zu diesem Zweck kann sie freiwillige Streitkräfte, Erleichterungen und Beistand von dem Treuhandgebiet in Anspruch nehmen, um die Verpflichtungen zu erfüllen, die sie in dieser

Hinsicht gegenüber dem Sicherheitsrat übernommen hat, und um die örtliche Verteidigung und die Aufrechterhaltung von Recht und Ordnung innerhalb des Treuhandgebiets sicherzustellen.

Art. 85 [Aufgaben der Generalversammlung] (1) Die Aufgaben der Vereinten Nationen in bezug auf Treuhandabkommen für alle nicht als strategische Zonen bezeichneten Gebiete, einschließlich der Genehmigung der Treuhandabkommen sowie ihrer Änderungen und Ergänzungen, werden von der Generalversammlung wahrgenommen.

(2) Bei der Durchführung dieser Aufgaben wird die Generalversammlung von dem unter ihrer Autorität handelnden Treuhandrat unterstützt.

Kapitel XIII. Der Treuhandrat[1)]

Zusammensetzung

Art. 86 [Mitglieder] (1) Der Treuhandrat besteht aus folgenden Mitgliedern der Vereinten Nationen:

a) den Mitgliedern, die Treuhandgebiete verwalten;

b) den in Artikel 23 namentlich aufgeführten Mitgliedern, soweit sie keine Treuhandgebiete verwalten;

c) so vielen weiteren von der Generalversammlung für je drei Jahre gewählten Mitgliedern, wie erforderlich sind, damit der Treuhandrat insgesamt zur Hälfte aus Mitgliedern der Vereinten Nationen besteht, die Treuhandgebiete verwalten, und zur Hälfte aus solchen, die keine verwalten.

(2) Jedes Mitglied des Treuhandrats bestellt eine besonders geeignete Person zu seinem Vertreter im Treuhandrat.

Aufgaben und Befugnisse

Art. 87 [Befugnisse] Die Generalversammlung und unter ihrer Autorität der Treuhandrat können bei der Wahrnehmung ihrer Aufgaben

a) von der Verwaltungsmacht vorgelegte Berichte prüfen;

b) Gesuche entgegennehmen und sie in Konsultation mit der Verwaltungsmacht prüfen;

c) regelmäßige Bereisungen der einzelnen Treuhandgebiete veranlassen, deren Zeitpunkt mit der Verwaltungsmacht vereinbart wird;

d) diese und sonstige Maßnahmen in Übereinstimmung mit den Treuhandabkommen treffen.

---

1) Der Treuhandrat besteht seit 1975 nur noch aus den 5 Vetomächten im Sicherheitsrat (vgl. Art. 86 Abs. 1 b)). Nach der Entlassung des letzten Treuhandgebietes in die Unabhängigkeit (Palau – 1. 10. 1994) hat der Treuhandrat seine Arbeit aber am 1. 11. 1994 suspendiert.

Art. 88 [Jährlicher Bericht] Der Treuhandrat arbeitet einen Fragebogen über den politischen, wirtschaftlichen, sozialen und erzieherischen Fortschritt der Einwohner jedes Treuhandgebiets aus; die Verwaltungsmacht jedes Treuhandgebiets, für das die Generalversammlung zuständig ist, erstattet dieser auf Grund des Fragebogens alljährlich Bericht.

Abstimmung

Art. 89 [Stimmrecht; Stimmenmehrheit] (1) Jedes Mitglied des Treuhandrats hat eine Stimme.

(2) Beschlüsse des Treuhandrats bedürfen der Mehrheit der anwesenden und abstimmenden Mitglieder.

Verfahren

Art. 90 [Geschäftsordnung; Präsident; Zusammentritt] (1) Der Treuhandrat gibt sich eine Geschäftsordnung; in dieser regelt er auch das Verfahren für die Wahl seines Präsidenten.

(2) Der Treuhandrat tritt nach Bedarf gemäß seiner Geschäftsordnung zusammen; in dieser ist auch die Einberufung von Sitzungen auf Antrag der Mehrheit seiner Mitglieder vorzusehen.

Art. 91 [Unterstützung durch den Wirtschafts- und Sozialrat] Der Treuhandrat nimmt gegebenenfalls die Unterstützung des Wirtschafts- und Sozialrats und der Sonderorganisationen in Angelegenheiten in Anspruch, für die sie zuständig sind.

Kapitel XIV. Der Internationale Gerichtshof[1]

Art. 92 [Aufgaben] Der Internationale Gerichtshof ist das Hauptrechtsprechungsorgan der Vereinten Nationen. Er nimmt seine Aufgaben nach Maßgabe des beigefügten Statuts wahr, das auf dem Statut des Ständigen Internationalen Gerichtshofs beruht und Bestandteil dieser Charta ist.

Art. 93 [Vertragsparteien des Statuts] (1) Alle Mitglieder der Vereinten Nationen sind ohne weiteres Vertragsparteien des Statuts des Internationalen Gerichtshofs.

---

[1] Siehe hierzu auch Statut und Verfahrensordnung des Internationalen Gerichtshofs (Nr. 2 und 3).

(2) Ein Staat, der nicht Mitglied der Vereinten Nationen ist, kann zu Bedingungen, welche die Generalversammlung jeweils auf Empfehlung des Sicherheitsrats festsetzt, Vertragspartei des Statuts des Internationalen Gerichtshofs werden.

Art. 94 [Wirksamkeit der Entscheidungen] (1) Jedes Mitglied der Vereinten Nationen verpflichtet sich, bei jeder Streitigkeit, in der es Partei ist, die Entscheidung des Internationalen Gerichtshofs zu befolgen.

(2) Kommt eine Streitpartei ihren Verpflichtungen aus einem Urteil des Gerichtshofs nicht nach, so kann sich die andere Partei an den Sicherheitsrat wenden; dieser kann, wenn er es für erforderlich hält, Empfehlungen abgeben oder Maßnahmen beschließen, um dem Urteil Wirksamkeit zu verschaffen.

Art. 95 [Andere Gerichte] Diese Charta schließt nicht aus, daß Mitglieder der Vereinten Nationen auf Grund bestehender oder künftiger Abkommen die Beilegung ihrer Streitigkeiten anderen Gerichten zuweisen.

Art. 96 [Gutachten des Gerichtshofs] (1) Die Generalversammlung oder der Sicherheitsrat kann über jede Rechtsfrage ein Gutachten des Internationalen Gerichtshofs anfordern.

(2) Andere Organe der Vereinten Nationen und Sonderorganisationen können mit jeweiliger Ermächtigung durch die Generalversammlung ebenfalls Gutachten des Gerichtshofs über Rechtsfragen anfordern, die sich in ihrem Tätigkeitsbereich stellen.

Kapitel XV. Das Sekretariat

Art. 97 [Zusammensetzung] Das Sekretariat besteht aus einem Generalsekretär und den sonstigen von der Organisation benötigten Bediensteten. Der Generalsekretär wird auf Empfehlung des Sicherheitsrats von der Generalversammlung ernannt.[1] Er ist der höchste Verwaltungsbeamte der Organisation.

Art. 98 [Aufgaben des Generalsekretärs] Der Generalsekretär ist in dieser Eigenschaft bei allen Sitzungen der Generalversammlung, des Sicherheitsrats, des Wirtschafts- und Sozialrats und des Treuhandrats tätig und nimmt alle sonstigen ihm von diesen Organen zugewiesenen Aufgaben wahr. Er erstattet der Generalversammlung alljährlich über die Tätigkeit der Organisation Bericht.

---

[1] Eine Liste der bisherigen Generalsekretäre ist als Anhang II zu dieser Charta (S. 33) abgedruckt.

Art. 99 [Hinweise an den Sicherheitsrat] Der Generalsekretär kann die Aufmerksamkeit des Sicherheitsrats auf jede Angelegenheit lenken, die nach seinem Dafürhalten geeignet ist, die Wahrung des Weltfriedens und der Internationalen Sicherheit zu gefährden.

Art. 100 [Unabhängigkeit und internationale Verantwortung]
(1) Der Generalsekretär und die sonstigen Bediensteten dürfen bei der Wahrnehmung ihrer Pflichten von einer Regierung oder von einer Autorität außerhalb der Organisation Weisungen weder erbitten noch entgegennehmen. Sie haben jede Handlung zu unterlassen, die ihrer Stellung als internationale, nur der Organisation verantwortliche Bedienstete abträglich sein könnte.

(2) Jedes Mitglied der Vereinten Nationen verpflichtet sich, den ausschließlich internationalen Charakter der Verantwortung des Generalsekretärs und der sonstigen Bediensteten zu achten und nicht zu versuchen, sie bei der Wahrnehmung ihrer Aufgaben zu beeinflussen.

Art. 101 [Ernennung und Zuteilung der Bediensteten] (1) Die Bediensteten werden vom Generalsekretär im Einklang mit Regelungen ernannt, welche die Generalversammlung erläßt.

(2) Dem Wirtschafts- und Sozialrat, dem Treuhandrat und erforderlichenfalls anderen Organen der Vereinten Nationen werden geeignete ständige Bedienstete zugeteilt. Sie gehören dem Sekretariat an.

(3) Bei der Einstellung der Bediensteten und der Regelung ihres Dienstverhältnisses gilt als ausschlaggebend der Gesichtspunkt, daß es notwendig ist, ein Höchstmaß an Leistungsfähigkeit, fachlicher Eignung und Ehrenhaftigkeit zu gewährleisten. Der Umstand, daß es wichtig ist, die Auswahl der Bediensteten auf möglichst breiter geographischer Grundlage vorzunehmen, ist gebührend zu berücksichtigen.

Kapitel XVI. Verschiedenes

Art. 102 [Registrierung von Übereinkommen] (1) Alle Verträge und sonstigen internationalen Übereinkünfte, die ein Mitglied der Vereinten Nationen nach dem Inkrafttreten dieser Charta schließt, werden so bald wie möglich beim Sekretariat registriert und von ihm veröffentlicht.

(2) Werden solche Verträge oder internationalen Übereinkünfte nicht nach Absatz 1 registriert, so können sich ihre Vertragsparteien bei einem Organ der Vereinten Nationen nicht auf sie berufen.

(Fortsetzung nächste Seite)

Art. 103 [Vorrang der Charta vor anderen Verpflichtungen] Widersprechen sich die Verpflichtungen von Mitgliedern der Vereinten Nationen aus dieser Charta und ihre Verpflichtungen aus anderen internationalen Übereinkünften, so haben die Verpflichtungen aus dieser Charta Vorrang.

Art. 104 [Stellung der Vereinten Nationen in individuellem Hoheitsgebiet] Die Organisation genießt im Hoheitsgebiet jedes Mitglieds die Rechts- und Geschäftsfähigkeit, die zur Wahrnehmung ihrer Aufgaben und zur Verwirklichung ihrer Ziele erforderlich ist.

Art. 105 [Vorrechte und Immunitäten] (1) Die Organisation genießt im Hoheitsgebiet jedes Mitglieds die Vorrechte und Immunitäten, die zur Verwirklichung ihrer Ziele erforderlich sind.

(2) Vertreter der Mitglieder der Vereinten Nationen und Bedienstete der Organisation genießen ebenfalls die Vorrechte und Immunitäten, deren sie bedürfen, um ihre mit der Organisation zusammenhängenden Aufgaben in voller Unabhängigkeit wahrnehmen zu können.

(3) Die Generalversammlung kann Empfehlungen abgeben, um die Anwendung der Absätze 1 und 2 im einzelnen zu regeln, oder sie kann den Mitgliedern der Vereinten Nationen zu diesem Zweck Übereinkommen vorschlagen.[1)]

Kapitel XVII. Übergangsbestimmungen betreffend die Sicherheit

Art. 106 [Vorbehalt aus dem Abkommen von Moskau von 1943] Bis das Inkrafttreten von Sonderabkommen der in Artikel 43 bezeichneten Art den Sicherheitsrat nach seiner Auffassung befähigt, mit der Ausübung der ihm in Artikel 42 zugewiesenen Verantwortlichkeiten zu beginnen, konsultieren die Parteien der am 30. Oktober 1943 in Moskau unterzeichneten Viermächte-Erklärung und Frankreich nach Absatz 5 dieser Erklärung einander und gegebenenfalls andere Mitglieder der Vereinten Nationen, um gemeinsam alle etwa erforderlichen Maßnahmen zur Wahrung des Weltfriedens und der internationalen Sicherheit im Namen der Organisation zu treffen.

Art. 107 [Vorbehalt gegenüber Feindstaaten des 2. Weltkrieges] Maßnahmen, welche die hierfür verantwortlichen Regierungen

---

1) Vgl. hierzu insbes. das Übereinkommen v. 13. 2. 1946 über die Vorrechte und Immunitäten der Vereinten Nationen (BGBl. 1980 II S. 941), sowie eine Reihe bilateraler Sitzstaatsabkommen, insbes. diejenigen mit den USA v. 26. 6. 1947 (UNTS 2 S. 11), der Schweiz v. 11. 6. /1. 7. 1947 (UNTS 1 S. 163) und nun auch mit Deutschland (betr. das UN-Freiwilligenprogramm, Abk. v. 10. 11. 1995, BGBl. 1996 II S. 903, in Kraft am 21. 6. 1996 gem. Bek. v. 9. 7. 1996, BGBl. II S. 1207), mit weiteren Zusatzvereinbarungen, zuletzt erstreckt auf das Büro des Welternährungsprogramms, Abk. v. 17. 5. 2011, BGBl. 2013 II S. 295, in Kraft am 22. 10. 2013, gem. Bek. v. 13. 12. 2013, BGBl. 2014 II S. 89.

als Folge des Zweiten Weltkriegs in bezug auf einen Staat ergreifen oder genehmigen, der während dieses Krieges Feind eines Unterzeichnerstaats dieser Charta war, werden durch diese Charta weder außer Kraft gesetzt noch untersagt.

Kapitel XVIII. Änderungen

Art. 108 [Änderungen der Charta] Änderungen dieser Charta treten für alle Mitglieder der Vereinten Nationen in Kraft, wenn sie mit Zweidrittelmehrheit der Mitglieder der Generalversammlung angenommen und von zwei Dritteln der Mitglieder der Vereinten Nationen einschließlich aller ständigen Mitglieder des Sicherheitsrats nach Maßgabe ihres Verfassungsrechts ratifiziert worden sind.

Art. 109[1] **[Revision der Charta]** (1) Zur Revision dieser Charta kann eine Allgemeine Konferenz der Mitglieder der Vereinten Nationen zusammentreten; Zeitpunkt und Ort werden durch Beschluß einer Zweidrittelmehrheit der Mitglieder der Generalversammlung und durch Beschluß von neun beliebigen Mitgliedern des Sicherheitsrats bestimmt. Jedes Mitglied der Vereinten Nationen hat auf der Konferenz eine Stimme.

(2) Jede Änderung dieser Charta, die von der Konferenz mit Zweidrittelmehrheit empfohlen wird, tritt in Kraft, sobald sie von zwei Dritteln der Mitglieder der Vereinten Nationen einschließlich aller ständigen Mitglieder des Sicherheitsrats nach Maßgabe ihres Verfassungsrechts ratifiziert worden ist.

(3) Ist eine solche Konferenz nicht vor der zehnten Jahrestagung der Generalversammlung nach Inkrafttreten dieser Charta zusammengetreten, so wird der Vorschlag, eine solche Konferenz einzuberufen, auf die Tagesordnung jener Tagung gesetzt; die Konferenz findet statt, wenn dies durch Beschluß der Mehrheit der Mitglieder der Generalversammlung und durch Beschluß von sieben beliebigen Mitgliedern des Sicherheitsrats bestimmt wird.

Kapitel XIX. Ratifizierung und Unterzeichnung

Art. 110 [Ratifizierung] (1) Diese Charta bedarf der Ratifizierung durch die Unterzeichnerstaaten nach Maßgabe ihres Verfassungsrechts.

(2) Die Ratifikationsurkunden werden bei der Regierung der Vereinigten Staaten von Amerika hinterlegt; diese notifiziert jede Hinterlegung allen Unterzeichnerstaaten sowie dem Generalsekretär der Organisation, sobald er ernannt ist.

---

[1] Art. 109 geändert durch Beschl. der UN-Generalversammlung v. 20 12. 1965 (Resolution 2101 [XX], UNTS Bd 638 S 308), in Kraft getr. am 12 6. 1968.

(3) Diese Charta tritt in Kraft, sobald die Republik China, Frankreich, die Union der Sozialistischen Sowjetrepubliken, das Vereinigte Königreich Großbritannien und Nordirland und die Vereinigten Staaten von Amerika sowie die Mehrheit der anderen Unterzeichnerstaaten ihre Ratifikationsurkunden hinterlegt haben. Die Regierung der Vereinigten Staaten von Amerika errichtet sodann über die Hinterlegung der Ratifikationsurkunden ein Protokoll, von dem sie allen Unterzeichnerstaaten Abschriften übermittelt.

(4) Die Unterzeichnerstaaten dieser Charta, die sie nach ihrem Inkrafttreten ratifizieren, werden mit dem Tag der Hinterlegung ihrer Ratifizierungsurkunde ursprüngliche Mitglieder der Vereinten Nationen.

Art. 111 [Authentischer Text, Hinterlegung] Diese Charta, deren chinesischer, französischer, russischer, englischer und spanischer Wortlaut gleichermaßen verbindlich ist, wird im Archiv der Regierung der Vereinigten Staaten von Amerika hinterlegt. Diese übermittelt den Regierungen der anderen Unterzeichnerstaaten gehörig beglaubigte Abschriften.

ZU URKUND DESSEN haben die Vertreter der Regierungen der Vereinten Nationen diese Charta unterzeichnet.

GESCHEHEN in der Stadt San Franzisko am 26. Juni 1945.

Anhang I: Verzeichnis der Mitglieder der Vereinten Nationen[1]

mit Beitrittsdaten (193 Mitglieder: Stand 14.7.2011)

Ägypten 24.10.1945
Äquatorialguinea 12.11.1968
Äthiopien 13.11.1945
Afghanistan 19.11.1946
Albanien 14.12.1955
Algerien 8.10.1962
Andorra 28.7.1993
Angola 1.12.1976
Antigua und Barbuda 11.11.1981
Argentinien 24.10.1945
Armenien 2.3.1992
Aserbaidschan 2.3.1992
Australien 1.11.1945
Bahamas 18.9.1973
Bahrain 21.9.1971
Bangladesch 17.9.1974
Barbados 9.12.1966
Belarus 24.10.1945
Belgien 27.12.1945
Belize 25.9.1981
Benin 20.9.1960
Bhutan 21.9.1971
Birma s. Myanmar
Bolivien 14.11.1945
Bosnien und Herzegowina 22.5.1992
Botsuana 17.10.1966
Brasilien 24.10.1945
Brunei Darussalam 21.9.1984
Bulgarien 14.12.1955
Burkina Faso 20.9.1960
Burundi 18.9.1962
Chile 24.10.1945
China[2] 24.10.1945
Costa Rica 2.11.1945
Côte d'Ivoire 20.9.1960
Dänemark 24.10.1945
Deutschland[3] 18.9.1973
Dominica 18.12.1978
Dominikanische Republik 24.10.1945
Dschibuti 20.9.1977
Ecuador 21.12.1945
Elfenbeinküste s. Côte d'Ivoire
El Salvador 24.10.1945
Eritrea 28.5.1993
Estland 17.9.1991
Eswatini 24.9.1968[4]
Fidschi 13.10.1970
Finnland 14.12.1955
Frankreich 24.10.1945
Gabun 20.9.1960
Gambia 21.9.1965
Georgien 31.7.1992
Ghana 8.3.1957
Grenada 17.9.1974
Griechenland 25.10.1945
Guatemala 21.11.1945
Guinea 12.12.1958
Guinea-Bissau 17.9.1974
Guyana 20.9.1966

---

[1] Die Länderbezeichnungen folgen dem „Verzeichnis der Staatennamen für den amtlichen Gebrauch in der Bundesrepublik Deutschland" des Auswärtigen Amtes (Stand: 18.2.2019). Verwendung findet die sog. „Kurzform". Für die Vollform vgl. https://www.auswaertiges-amt.de/blob/199312/d472e0efe115296cbc8f90e00a33359b/staatennamen-data.pdf.

[2] Nach der „Teilung" Chinas bis 25.10.1971 vertreten durch die Regierung von Nationalchina (Taiwan), seither vertreten durch die Regierung der Volksrepublik China.

[3] Die Bundesrepublik Deutschland und die ehemalige DDR waren am 18.9.1973 in die Vereinten Nationen aufgenommen worden. Nach der Wiedervereinigung beider deutscher Staaten am 3.10.1990 und dem damit verbundenen Untergang des Völkerrechtssubjekts DDR ist nur mehr die Bundesrepublik Deutschland – unter der Bezeichnung „Deutschland" – in den Vereinten Nationen vertreten.

[4] Mit Wirkung vom 14. April 2018 hat das Land seinen bisherigen Namen „Swasiland" in die nunmehrige Staatsbezeichnung geändert.

Haiti 24.10.1945
Honduras 17.12.1945
Indien 30.10.1945
Indonesien[1] 28.9.1950
Irak 21.12.1945
Iran, Islamische Republik 24.10.1945
Irland 14.12.1955
Island 19.11.1946
Israel 11.5.1949
Italien 14.12.1955
Jamaika 18.9.1962
Japan 18.12.1956
Jemen[2] 30.9.1947
Jordanien 14.12.1955
Jugoslawien[3]
Kambodscha 14.12.1955
Kamerun 20.9.1960
Kanada 9.11.1945
Kap Verde 16.9.1975
Kasachstan 2.3.1992
Katar 21.9.1971
Kenia 16.12.1963
Kirgisistan 2.3.1992
Kiribati 14.9.1999
Kolumbien 5.11.1945
Komoren 12.11.1975
Kongo, Demokratische Republik[4] 20.9.1960
Kongo 20.9.1960
Korea, Demokratische Volksrepublik 17.9.1991
Korea, Republik 17.9.1991
Kroatien 22.5.1992
Kuba 24.10.1945
Kuwait 14.5.1963
Laos, Demokratische Volksrepublik 14.12.1955
Lesotho 17.10.1966
Lettland 17.9.1991
Libanon 24.10.1945
Liberia 2.11.1945
Libysch-Arabische Dschamahirija 14.12.1955
Liechtenstein 18.9.1990
Litauen 17.9.1991
Luxemburg 24.10.1945
Madagaskar 20.9.1960
Malawi 1.12.1964
Malaysia 17.9.1957
Malediven 21.9.1965
Mali 28.9.1960
Malta 1.12.1964
Marokko 12.11.1956
Marshallinseln 17.9.1991
Mauretanien 27.10.1961
Mauritius 24.4.1968
Mazedonien, ehemalige jugoslawische Republik s. Nordmazedonien
Mexiko 7.11.1945
Mikronesien, Föderierte Staaten von 17.9.1991
Moldau, Republik 2.3.1992
Monaco 28.5.1993
Mongolei 27.10.1961

[1] Am 20.1.1965 erklärte Indonesien seinen „Austritt" aus den Vereinten Nationen. Dieser Schritt wurde anläßlich des „Wiedereintritts" am 19.9.1966 so interpretiert, daß Indonesien damals nur seine Mitarbeit, nicht aber seine Mitgliedschaft in den Vereinten Nationen beendigt habe.

[2] Die Arabische Republik Jemen wurde am 30.9.1947, die Demokratische Republik Jemen am 14.12.1967 in die Vereinten Nationen aufgenommen. Beide Staaten vereinigten sich am 22.5.1990 zur Republik Jemen.

[3] Die Sozialistische Föderation Republik Jugoslawien gehörte zu den UN-Gründungsmitgliedern. Nach ihrer Dismembration sind die auf dem Boden dieses Staates entstandenen Staaten neu in die UN aufgenommen worden, darunter mit Wirkung vom 1.11.2000 auch die Bundesrepublik Jugoslawien (= Serbien und Montenegro), GV-Res. 55/12, vgl. auch Bek. vom 14.2.2001, BGBl. II S. 290. Damit ist endgültig geklärt, dass dieser Staat nicht in die Rechtsstellung der SFR Jugoslawien einrückt. Inzwischen ist auch dieser „Restbundesstaat" aufgelöst worden.

[4] Die Botschaft der Demokratischen Republik Kongo (ehemaliges Zaire) in Bonn hat dem Auswärtigen Amt mit Verbalnote vom 21.5.1997 mitgeteilt: „Le Pays a repris, le 17 mai 1997, son ancienne appellation: REPUBLIQUE DEMOCRATIQUE DU CONGO."

Montenegro[1] 28.6.2006
Mosambik 16.9.1975
Myanmar 19.4.1948
Namibia 23.4.1990
Nauru 14.9.1999
Nepal 14.12.1955
Neuseeland 24.10.1945
Nicaragua 24.10.1945
Niederlande 10.12.1945
Niger 20.9.1960
Nigeria 7.10.1960
Nordmazedonien 8.4.1993[2]
Norwegen 27.11.1945
Oman 7.10.1971
Österreich 14.12.1955
Pakistan 30.9.1947
Palau 15.12.1994
Panama 13.11.1945
Papua-Neuguinea 10.10.1975
Paraguay 24.10.1945
Peru 31.10.1945
Philippinen 24.10.1945
Polen 24.10.1945
Portugal 14.12.1955
Ruanda 18.9.1962
Rumänien 14.12.1955
Russische Föderation[3] 24.10.1945
Salomonen 19.9.1978
Sambia 1.12.1964
Samoa 15.12.1976
San Marino 2.3.1992
São Tomé und Principe 16.9.1975
Saudi-Arabien 24.10.1945
Schweden 19.11.1946
Schweiz[4] 10.9.2002
Senegal 28.9.1960
Serbien[5] 1.11.2000
Seychellen 21.9.1976
Sierra Leone 27.9.1961
Simbabwe 25.8.1980
Singapur 21.9.1965
Slowakei[6] 19.1.1993
Slowenien 22.5.1992
Somalia 20.9.1960
Spanien 14.12.1955
Sri Lanka 14.12.1955
St. Kitts und Nevis 23.9.1983
St. Lucia 18.9.1979
St. Vincent und die Grenadinen 16.9.1980
Südafrika 7.11.1945
Südsudan[7] 14.7.2011
Sudan 12.11.1956
Suriname 4.12.1975
Swasiland s. Eswatini

---

[1] Die Republik Montenegro ist durch GV-Res. 60/264 v. 28.6.2006 mit Wirkung vom selben Tag in die Vereinten Nationen aufgenommen worden.

[2] Mit Wirkung vom 14. Februar 2019 hat das Land seinen bisherigen Namen „Mazedonien, ehemalige jugoslawische Republik" in die nunmehrige Staatsbezeichnung geändert.

[3] Die UdSSR war Gründungsmitglied der Vereinten Nationen. In einem Brief vom 24.12.1991 informierte der Präsident der Russischen Föderation, Boris Jeltsin, den VN-Generalsekretär darüber, daß die Russische Föderation mit Zustimmung aller elf Mitglieder der Gemeinschaft Unabhängiger Staaten die Mitgliedschaftsrechte der ehemaligen UdSSR in den Vereinten Nationen fortsetzen werde.

[4] Anläßlich ihres Beitritts hat die Schweiz eine „Neutralitätserklärung" abgegeben (vgl. BGBl. 2003 II, 208).

[5] Nach der Auflösung Serbien-Montenegros am 3.6.2006 setzt Serbien in Übereinstimmung mit Art. 60 der Verfassung des bisherigen Bundesstaats dessen Mitgliedschaft in den Vereinten Nationen fort.

[6] Die Tschechoslowakei war Gründungsmitglied der Vereinten Nationen. In einem Schreiben vom 10.12.1992 informierte ihr Ständiger Vertreter den UN-Generalsekretär darüber, daß der Staat mit Wirkung vom 31.12.1992 aufhören würde zu existieren und daß die Nachfolgestaaten – die Tschechische Republik und die Slowakei – ihre Aufnahme in die Vereinten Nationen (neu) beantragen würden. Auf ihren Antrag vom 8.1.1993 hin wurden die Tschechische Republik und die Slowakei daraufhin am 19.1.1993 in die Vereinten Nationen aufgenommen.

[7] Nach einem international überwachten Referendum im Januar 2011 erfolgte am 9.7.2011 die formelle Sezession vom Sudan und bereits 5 Tage später die Aufnahme in die Vereinten Nationen (vgl. SR-Res 1999 (2011) und GV-Res. 65/308).

Syrien, Arabische Republik 24.10.1945
Tadschikistan 2.3.1992
Tansania, Vereinigte Republik[1)] 14.12.1961
Thailand 16.12.1946
Timor-Leste 27.9.2002
Togo 20.9.1960
Tonga 14.9.1999
Trinidad und Tobago 18.9.1962
Tschad 20.9.1960
Tschechische Republik[2)] 19.1.1993
Tunesien 12.11.1956
Tuvalu 5.9.2000
Türkei 24.10.1945
Turkmenistan 2.3.1992
Uganda 25.10.1962
Ukraine 24.10.1945
Ungarn 14.12.1955
Uruguay 18.12.1945
Usbekistan 2.3.1992
Vanuatu 15.9.1981
Venezuela 15.11.1945
Vereinigte Arabische Emirate 9.12.1971
Vereinigtes Königreich 24.10.1945
Vereinigte Staaten 24.10.1945
Vietnam 20.9.1977
Weißrußland s. Belarus
Zaire s. Kongo, Demokratische Republik
Zentralafrikanische Republik 20.9.1960
Zypern 20.9.1960

Anhang II: Generalsekretäre

1946–1953	Trygve Lie (Norwegen)
1953–1961	Dag Hammarskjöld (Schweden)
1961–1971	U Thant (Birma)
1971–1981	Kurt Waldheim (Österreich)
1982–1991	Javier Pérez de Cuéllar (Peru)
1992–1996	Boutros Boutros Ghali (Ägypten)
1997–2006	Kofi Annan (Ghana)
2007–2016	Ban Ki-moon (Republik Korea/Südkorea)
seit 2017	António Guterres (Portugal)[3)]

[1)] Entstanden durch den am 26.4.1964 erfolgten Zusammenschluß der Staaten Tanganyika (UN-Mitglied seit 14.12.1961) und Sansibar (UN-Mitglied seit 16.12.1963). Die Mitgliedschaften bei der Staaten wurden daraufhin zu einer zusammengezogen.

[2)] Die Tschechoslowakei war Gründungsmitglied der Vereinten Nationen. In einem Schreiben vom 10.12.1992 informierte ihr Ständiger Vertreter den UN-Generalsekretär darüber, daß der Staat mit Wirkung vom 31.12.1992 aufhören würde zu existieren und daß die Nachfolgestaaten – die Tschechische Republik und die Slowakei – ihre Aufnahme in die Vereinten Nationen (neu) beantragen würden. Auf ihren Antrag vom 8.1.1993 hin wurden die Tschechische Republik und die Slowakei daraufhin am 19.1.1993 in die Vereinten Nationen aufgenommen.

[3)] Am 13. Oktober 2016 von der Generalversammlung per Akklamation zum 9. Generalsekretär ernannt (vgl. Art. 97 S. 2 UN-Charta).

Internationale Organisationen im System der Vereinten Nationen

I. Sonderorganisationen

	Kurzbezeichnung	Name	(Haupt-)Sitz	Gründung[1]	Fundstellen[2]	Internet
1	FAO	Food and Agriculture Organization of the United Nations/Ernährungs- und Landwirtschaftsorganisation der Vereinten Nationen	Rom	16.10.1945	— BGBl. 1971 II, 1033	www.fao.org
2	ICAO	International Civil Aviation Organization/Internationale Zivilluftfahrt-Organisation	Montreal	7.12.1944	UNTS 15, 295 BGBl. 1971 II, 984 (Neuverkündung)	www.icao.int
3	IFAD	International Fund for Agricultural Development/Internationaler Fonds für landwirtschaftliche Entwicklung	Rom	13.6.1976	— BGBl. 1978 II, 1405	www.ifad.org
4	ILO	International Labour Organization/Internationale Arbeitsorganisation	Genf	28.6.1919/ 9.10.1946	UNTS 15, 35 BGBl. 1957 II, 317 (Neuverkündung)	www.ilo.org

[1] Angegeben ist jeweils das Datum der Unterzeichnung des Gründungsvertrages, nicht dasjenige des Inkrafttretens des Vertrages.

[2] Die nachfolgenden Angaben beschränken sich – *soweit vorhanden – auf die UNTS und BGBl.* Fundstellen des ursprünglichen Vertragstextes. Der *aktuelle (engl.) Text ist regelmäßig über die Website* der Organisation abrufbar. Eine Ausnahme wird dort gemacht, wo der Vertragstext im BGBl. zu einem *späteren Zeitpunkt* in konsolidierter Fassung neu verkündet worden ist. Im übrigen sei auch auf die – nicht immer zuverlässigen und vollständigen – Nachweise im Fundstellennachweis B verwiesen.

	Kurzbezeichnung	Name	(Haupt-)Sitz	Gründung[1]	Fundstellen[2]	Internet
5	IMF	International Monetary Fund/ Internationaler Währungsfonds	Washington	22. 7. 1944	UNTS 2, 39 BGBl. 1978 II, 13 (Neufassung) (s. Nr. **44**)	www.imf.org
6	IMO	International Maritime Organization/ Internationale Seeschiffahrtsorganisation	London	6. 3. 1948	UNTS 289, 3 BGBl. 1982 II, 854, 956	www.imo.org
7	ITU	International Telecommunication Union/Internationale Fernmeldeunion	Genf	17. 5. 1865/ 22. 12. 1992[3]	UNTS 1825, 330 BGBl. 2001 II, 365	www.itu.int
8	UNESCO	United Nations Educational, Scientific and Cultural Organization/Organisation der Vereinten Nationen für Bildung, Wissenschaft und Kultur	Paris	16. 11. 1945	UNTS 4, 275 BGBl. 1971 II, 471 (Neuverkündung)	www.unesco.org

[1] Angegeben ist jeweils das Datum der Unterzeichnung des Gründungsvertrages, nicht dasjenige des Inkrafttretens des Vertrages.

[2] Die nachfolgenden Angaben beschränken sich – soweit vorhanden – auf die UNTS und BGBl. Fundstellen des ursprünglichen Vertragstextes. Der aktuelle (engl.) Text ist regelmäßig über die Website der Organisation abrufbar. Eine Ausnahme wird dort gemacht, wo der Vertragstext im BGBl. zu einem späteren Zeitpunkt in konsolidierter Fassung neu verkündet worden ist. Im übrigen sei auch auf die – nicht immer zuverlässigen und vollständigen – Nachweise im Fundstellennachweis B verwiesen.

[3] 1865 mit dem Namen „Internationaler Telegraphenverein" gegründet, nahm die Organisation 1934 den heutigen Namen an und gab sich mit der Konstitution und Konvention v. 22. 12. 1992 eine neue (völker-)rechtliche Grundordnung.

	Kurzbezeichnung	Name	(Haupt-)Sitz	Gründung[1)]	Fundstellen[2)]	Internet
9	UNIDO	United Nations Industrial Development Organization/Organisation der Vereinten Nationen für industrielle Entwicklung	Wien	8. 4. 1979	— BGBl. 1985 II, 1215	www.unido.org
10	UPU	Universal Postal Union/Weltpostverein	Bern	9. 10. 1874/ 10. 7. 1964	UNTS 611–613 BGBl. 1965 II, 1633 (Neufassung)	www.upu.int
	Weltbank-Gruppe		Washington			
11	a) IBRD (Weltbank)	International Bank for Reconstruction and Development/Internationale Bank für Wiederaufbau und Entwicklung		22. 7. 1944	UNTS 2, 134 BGBl. 1952 II, 664 (s. Nr. **45**)	www. worldbank.org
	b) MIGA	Multilateral Investment Guarantee Agency/Multilaterale Investitions-Garantie-Agentur		11. 10. 1985	UNTS 1508, 99 BGBl. 1987 II, 454 (s. Nr. **462**)	www.miga.org
	c) ICSID	International Centre for Settlement of Investment Disputes/Internationales Zentrum zur Beilegung von Investitionsstreitigkeiten		18. 3. 1965	UNTS 575, 159 BGBl. 1969 II, 1191 (s. Nr. **475**)	www.icsid. worldbank.org
	d) IDA	International Development Association/Internationale Entwicklungsorganisation		26. 1. 1960	UNTS 439, 249 BGBl. 1960 II, 2137	www.world-bank.org/ida

1) Angegeben ist jeweils das Datum der Unterzeichnung des Gründungsvertrages, nicht dasjenige des Inkrafttretens des Vertrages.

2) Die nachfolgenden *Angaben beschränken sich – soweit vorhanden – auf die* UNTS und BGBl. Fundstellen des ursprünglichen Vertragstextes. Der *aktuelle (engl.) Text ist regelmäßig über die Website* der Organisation abrufbar. Eine Ausnahme wird dort gemacht, wo der Vertragstext im BGBl. zu einem späteren Zeitpunkt in konsolidierter Fassung neu verkündet worden ist. Im übrigen sei auch auf die – nicht immer zuverlässigen und vollständigen – Nachweise im Fundstellennachweis B verwiesen.

	Kurzbezeichnung	Name	(Haupt-)Sitz	Gründung[1]	Fundstellen[2]	Internet
	e) IFC	International Finance Corporation/ Internationale Finanz-Corporation		11. 4. 1955	UNTS 264, 117 BGBl. 1956 II, 747	www.ifc.org
12	WHO	World Health Organization/ Weltgesundheitsorganisation	Genf	22. 7. 1946	UNTS 14, 186 BGBl. 1974 II, 43	www.who.int
13	WIPO	World Intellectual Property Organisation/Weltorganisation für geistiges Eigentum	Genf	14. 7. 1967	UNTS 828, 3 BGBl. 1970 II, 293	www.wipo.int
14	UNWTO	World Tourism Organization/ Weltorganisation für Tourismus	Madrid	27. 9. 1970	BGBl. 1976 II, 24	www. unwto.org
15	WMO	World Meteorological Organization/ Weltorganisation für Meteorologie	Genf	11. 10. 1947	UNTS 77, 143 BGBl. 1990 II, 171 (Neufassung)	www.wmo.int

II. Autonome Organisationen innerhalb des VN-Verbandes

	Kurzbezeichnung	Name	Sitz	Gründung[1]	Fundstellen[2]	Internet
1	IAEA	International Atomic Energy Agency/ Internationale Atomenergieorganisation	Wien	26. 10. 1956	UNTS 276, 3 BGBl. 1958 II, 4 (Neufassung der dt. Übers.)	www.iaea.org

[1] Angegeben ist jeweils das Datum der Unterzeichnung des Gründungsvertrages, nicht dasjenige des Inkrafttretens des Vertrages.

[2] Die nachfolgenden Angaben beschränken sich – soweit vorhanden – auf die UNTS und BGBl. Fundstellen des ursprünglichen Vertragstextes. Der aktuelle (engl.) Text ist regelmäßig über die Website der Organisation abrufbar. Eine Ausnahme wird dort gemacht, wo der Vertragstext im BGBl. zu einem späteren Zeitpunkt in konsolidierter Fassung neu verkündet worden ist. Im übrigen sei auch auf die – nicht immer zuverlässigen und vollständigen – Nachweise im Fundstellennachweis B verwiesen.

	Kurzbezeichnung	Name	Sitz	Gründung[1)]	Fundstellen[2)]	Internet
2	WTO	World Trade Organisation/ Welthandelsorganisation	Genf	15. 4. 1994	— BGBl. 1994 II, 1438, 1625 (s. Nr. **500**)	www.wto.org
3	OPCW[3)]	Organisation for the Prohibition of Chemical Weapons/ Organisation für das Verbot chemischer Waffen	Den Haag	29. 4. 1997	UNTS 1974, 45 BGBl. 1994 II, 807 (s. Nr. **63**)	www.opcw.org
4	CTBTO PrepCom[4)]	Comprehensive Nuclear-Test-Ban Treaty Organization Preparatory Commission/Vorbereitungskommission für die Organisation des Vertrags über das umfassende Verbot von Nuklearversuchen	Wien	19. 11. 1996	— BGBl. 1998 II, 1211	www.ctbto.org

1) Angegeben ist jeweils das Datum der Unterzeichnung des Gründungsvertrages, nicht dasjenige des Inkrafttretens des Vertrages.

2) Die nachfolgenden Angaben beschränken sich – soweit vorhanden – auf die UNTS und BGBl. Fundstellen des ursprünglichen Vertragstextes. Der aktuelle (engl.) Text ist regelmäßig über die Website der Organisation abrufbar. Eine Ausnahme wird dort gemacht, wo der Vertragstext im BGBl. zu einem späteren Zeitpunkt in konsolidierter Fassung neu verkündet worden ist. Im übrigen sei auch auf die – nicht immer zuverlässigen und vollständigen – Nachweise im Fundstellennachweis B verwiesen.

3) Durch die „Vereinbarung über die Beziehungen zwischen den Vereinten Nationen und der OPCW" v. 17. 10. 2000 (Agreement concerning the relationship between the UN and the OPCW (engl. Text): http://www.opcw.org/about-opcw/un-opcw-relationship/) sind besonders enge vertragliche Beziehungen zwischen den beiden Organisation geknüpft worden.

4) Der Vertrag über das umfassende Verbot von Nuklearversuchen ist noch nicht in Kraft getreten – und damit auch die Organisation des Vertrags über das umfassende Verbot von Nuklearversuchen (engl.: Comprehensive Nuclear-Test-Ban Treaty Organization, CTBTO), die in mehrfacher Hinsicht in einem besonderen Näheverhältnis zu den Vereinten Nationen stehen wird, noch nicht operabel. Die von den Unterzeichnerstaaten gebildete Vorbereitungskommission bereitet das Inkrafttreten *des Vertrages vor. Sie beaufsichtigt und koordiniert den Aufbau des Internationalen Überwachungssystems und des Internationalen Datenzentrums.*

2. Statut des Internationalen Gerichtshofs[1] · [2]

in der Fassung vom 26. Juni 1945
(BGBl. 1973 II S. 505)[3]

(Übersetzung)

Art. 1 [Errichtung] Der durch die Charta der Vereinten Nationen als Hauptrechtsprechungsorgan der Vereinten Nationen eingesetzte Internationale Gerichtshof wird nach Maßgabe dieses Statuts errichtet und nimmt seine Aufgaben nach Maßgabe seiner Bestimmungen wahr.

Kapitel I. Organisation des Gerichtshofs

Art. 2 [Unabhängigkeit der Richter] Der Gerichtshof besteht aus unabhängigen Richtern, die ohne Rücksicht auf ihre Staatsangehörigkeit unter Personen von hohem sittlichen Ansehen ausgewählt werden, welche die in ihrem Staat für die höchsten richterlichen Ämter erforderlichen Voraussetzungen erfüllen oder Völkerrechtsgelehrte von anerkanntem Ruf sind.

Art. 3 [Richter aus verschiedenen Staaten] (1) Der Gerichtshof besteht aus fünfzehn Mitgliedern, von denen nicht mehr als eines Angehöriger desselben Staates sein darf.[4]

(2) Wer im Hinblick auf die Mitgliedschaft beim Gerichtshof als Angehöriger mehr als eines Staates angesehen werden kann, gilt als Angehöriger des Staates, in dem er gewöhnlich seine bürgerlichen und politischen Rechte ausübt.

Art. 4 [Richterwahl] (1) Die Mitglieder des Gerichtshofs werden von der Generalversammlung und vom Sicherheitsrat auf Grund einer Liste von Personen, die von den nationalen Gruppen des Ständigen Schiedshofs benannt worden sind, nach Maßgabe der folgenden Bestimmungen gewählt.[5]

---

[1] Offizielle Bezeichnung: Cour Internationale de Justice, International Court of Justice.
[2] S. a. die Verfahrensordnung des IGH, abgedruckt unter Nr. **3**.
[3] Das IGH-Statut ist für die Bundesrepublik Deutschland mit deren Aufnahme in die Vereinten Nationen am 18. 9. 1973 in Kraft getreten. S. ferner das G. zum Beitritt der Bundesrepublik Deutschland zur Charta der Vereinten Nationen v. 6. 6. 1973 (BGBl. II S. 430).
[4] Aktuelle Liste abgedruckt im Anhang zu Nr. **3**.
[5] Zur Beteiligung an der Richterwahl von Staaten, die Mitglieder des Statuts aber nicht der Vereinten Nationen sind, vgl. GA Res. 264 (III) v. 8. 10. 1948.

(2) Im Falle der im Ständigen Schiedshof nicht vertretenen Mitglieder der Vereinten Nationen werden die Bewerber von nationalen Gruppen benannt, die zu diesem Zweck von ihren Regierungen unter den gleichen Bedingungen bestimmt werden, wie sie Artikel 44 des Haager Abkommens von 1907 zur friedlichen Erledigung internationaler Streitfälle für die Mitglieder des Ständigen Schiedshofs[1] vorschreibt.

(3) Die Bedingungen, unter denen ein Staat, der Vertragspartei dieses Statuts, aber nicht Mitglied der Vereinten Nationen ist, an der Wahl der Mitglieder des Gerichtshofs teilnehmen kann, werden in Ermangelung einer besonderen Übereinkunft auf Empfehlung des Sicherheitsrats von der Generalversammlung festgelegt.

Art. 5 [Vorschläge] (1) Mindestens drei Monate vor dem Tag der Wahl fordert der Generalsekretär der Vereinten Nationen die Mitglieder des Ständigen Schiedshofs, die den Vertragsstaaten dieses Statuts angehören, sowie die Mitglieder der nach Artikel 4 Absatz 2 bestimmten nationalen Gruppen auf, innerhalb einer bestimmten Frist nach nationalen Gruppen Personen zu benennen, die in der Lage sind, das Amt eines Mitglieds des Gerichtshofs wahrzunehmen.

(2) Eine Gruppe darf nicht mehr als vier Personen benennen, davon höchstens zwei ihrer eigenen Staatsangehörigkeit. Die Zahl der von einer Gruppe benannten Bewerber darf nicht größer sein als die doppelte Zahl der zu besetzenden Sitze.

Art. 6 [Einholung von Referenzen] Jeder nationalen Gruppe wird empfohlen, vor diesen Benennungen ihren obersten Gerichtshof, ihre rechtswissenschaftlichen Fakultäten und Rechtsschulen sowie ihre dem Rechtsstudium gewidmeten nationalen Akademien und nationalen Abteilungen internationaler Akademien zu konsultieren.

Art. 7 [Kandidatenliste] (1) Der Generalsekretär stellt eine alphabetische Liste aller so benannten Personen auf. Sofern nicht in Artikel 12 Absatz 2 etwas anderes bestimmt ist, sind nur diese Personen wählbar.

(2) Der Generalsekretär legt diese Liste der Generalversammlung und dem Sicherheitsrat vor.

Art. 8 [Wahl durch Generalversammlung und Sicherheitsrat] Die Generalversammlung und der Sicherheitsrat nehmen unabhängig voneinander die Wahl der Mitglieder des Gerichtshofs vor.

Art. 9 [Wahrhaft internationale Zusammensetzung] Bei jeder Wahl haben die Wähler darauf zu achten, daß jede einzelne der zu wählenden Personen die erforderliche Befähigung besitzt und daß diese Personen in ihrer Gesamtheit eine Vertretung der großen Kulturkreise und der hauptsächlichen Rechtssysteme der Welt gewährleisten.

[1] RBGl. 1910, S. 5.

Art. 10 [Wahlverfahren]. (1) Diejenigen Bewerber, die in der Generalversammlung und im Sicherheitsrat die absolute Mehrheit der Stimmen erhalten, sind gewählt.

(2) Abstimmungen im Sicherheitsrat bei der Wahl der Richter und bei der Benennung der Mitglieder der in Artikel 12 vorgesehenen Kommission erfolgen ohne Unterscheidung zwischen ständigen und nichtständigen Mitgliedern des Sicherheitsrats.

(3) Erhält mehr als ein Angehöriger desselben Staates sowohl in der Generalversammlung als auch im Sicherheitsrat die absolute Mehrheit der Stimmen, so gilt nur der älteste von ihnen als gewählt.

Art. 11 [Weitere Wahlgänge]. Bleiben nach dem ersten Wahlgang noch Sitze frei, so findet in derselben Weise ein zweiter und erforderlichenfalls ein dritter Wahlgang statt.

Art. 12 [Vermittlungsausschuß]. (1) Bleiben nach dem dritten Wahlgang noch Sitze frei, so kann jederzeit auf Antrag der Generalversammlung oder des Sicherheitsrats eine aus sechs Mitgliedern bestehende Vermittlungskommission gebildet werden, wobei drei Mitglieder von der Generalversammlung und drei vom Sicherheitsrat ernannt werden; die Kommission hat mit absoluter Stimmenmehrheit für jeden noch freien Sitz einen Namen auszuwählen, welcher der Generalversammlung und dem Sicherheitsrat getrennt zur Annahme vorgelegt wird.

(2) Die Vermittlungskommission kann auf ihre Liste den Namen jeder Person setzen, auf welche sie sich einstimmig geeinigt hat und welche die erforderlichen Voraussetzungen erfüllt, auch wenn sie nicht in der in Artikel 7 genannten Vorschlagsliste aufgeführt war.

(3) Stellt die Vermittlungskommission fest, daß es ihr nicht gelingt, die Wahl durchzuführen, so besetzen die bereits gewählten Mitglieder des Gerichtshofs innerhalb einer vom Sicherheitsrat festzusetzenden Frist die freien Sitze durch eine Auswahl unter denjenigen Bewerbern, die in der Generalversammlung oder im Sicherheitsrat Stimmen erhalten haben.

(4) Bei Stimmengleichheit unter den Richtern gibt die Stimme des ältesten Richters den Ausschlag.

Art. 13 [Neunjährige Amtsdauer]. (1) Die Mitglieder des Gerichtshofs werden für die Dauer von neun Jahren gewählt und sind wiederwählbar; jedoch endet für fünf bei der ersten Wahl gewählte Richter die Amtszeit nach drei Jahren und für weitere fünf nach sechs Jahren.

(2) Die Richter, deren Amtszeit nach Ablauf der genannten Anfangszeit von drei und sechs Jahren endet, werden vom Generalsekretär unmittelbar nach Abschluß der ersten Wahl durch das Los bestimmt.

(3) Die Mitglieder des Gerichtshofs bleiben bis zu ihrer Ablösung im Amt. Danach erledigen sie alle Fälle, mit denen sie bereits befaßt sind.

(4) Bei Rücktritt eines Mitglieds des Gerichtshofs ist das Rücktrittsschreiben an den Präsidenten des Gerichtshofs zur Weiterleitung an den Generalsekretär zu richten. Mit der Benachrichtigung des letzteren wird der Sitz frei.

Art. 14 [Nachwahl]. Freigewordene Sitze werden nach dem für die erste Wahl vorgesehenen Verfahren besetzt, vorbehaltlich folgender Bestimmung: Der Generalsekretär läßt binnen einem Monat nach Freiwerden des Sitzes die in Artikel 5 vorgesehenen Aufforderungen ergehen, und der Zeitpunkt der Wahl wird vom Sicherheitsrat festgesetzt.

Art. 15 [Nachwahl nur für die Amtsperiode des Vorgängers]. Ein Mitglied des Gerichtshofs, das an Stelle eines Mitglieds gewählt ist, dessen Amtszeit noch nicht abgelaufen ist, beendet die Amtszeit seines Vorgängers.

Art. 16 [Keine Nebenbeschäftigung der Richter]. (1) Ein Mitglied des Gerichtshofs darf weder ein politisches Amt noch ein Amt in der Verwaltung ausüben noch sich einer anderen Beschäftigung beruflicher Art widmen.

(2) Im Zweifelsfall entscheidet der Gerichtshof.

Art. 17 [Keine Rechtsberatung durch Richter]. (1) Ein Mitglied des Gerichtshofs darf nicht als Bevollmächtigter, Beistand oder Anwalt in irgendeiner Sache tätig werden.

(2) Ein Mitglied darf nicht an der Erledigung einer Sache teilnehmen, in der es vorher als Bevollmächtigter, Beistand oder Anwalt einer der Parteien, als Mitglied eines nationalen oder internationalen Gerichts, einer Untersuchungskommission oder in anderer Eigenschaft berufen war.

(3) Im Zweifelsfall entscheidet der Gerichtshof.

Art. 18 [Richter grundsätzlich unabsetzbar]. (1) Ein Mitglied des Gerichtshofs kann seines Amtes nur dann enthoben werden, wenn es nach einstimmiger Auffassung der übrigen Mitglieder nicht mehr die erforderlichen Voraussetzungen erfüllt.

(2) Dies wird dem Generalsekretär förmlich durch den Kanzler notifiziert.

(3) Mit dieser Notifikation wird der Sitz frei.

Art. 19 [Diplomatische Vorrechte] Die Mitglieder des Gerichtshofs genießen bei der Wahrnehmung ihres Amtes diplomatische Vorrechte und Immunitäten.

Art. 20 [Feierliche Verpflichtung] Jedes Mitglied des Gerichtshofs hat vor Antritt seines Amtes in öffentlicher Sitzung die feierliche Erklärung abzugeben, daß es seine Befugnisse unparteiisch und gewissenhaft ausüben wird.

Art. 21 [Präsident, Kanzler] (1) Der Gerichtshof wählt seinen Präsidenten und seinen Vizepräsidenten für die Dauer von drei Jahren; Wiederwahl ist zulässig.

(2) Der Gerichtshof ernennt seinen Kanzler und kann für die Ernennung der erforderlichen sonstigen Bediensteten sorgen.

Art. 22 [Sitz] (1) Sitz des Gerichtshofs ist Den Haag. Der Gerichtshof kann jedoch anderswo tagen und seine Tätigkeit ausüben, wenn er es für wünschenswert hält.

(2) Der Präsident und der Kanzler wohnen am Sitz des Gerichtshofs.

Art. 23 [Tagungen, Urlaub, Krankheit] (1) Der Gerichtshof tagt ständig außer während der Gerichtsferien, deren Zeitpunkt und Dauer er festsetzt.

(2) Die Mitglieder des Gerichtshofs haben Anspruch auf regelmäßigen Urlaub, dessen Zeitpunkt und Dauer der Gerichtshof unter Berücksichtigung der Entfernung zwischen Den Haag und dem Heimatort der einzelnen Richter festsetzt.

(3) Die Mitglieder des Gerichtshofs sind verpflichtet, dem Gerichtshof jederzeit zur Verfügung zu stehen, sofern sie sich nicht im Urlaub befinden oder durch Krankheit oder sonstige dem Präsidenten ordnungsgemäß darzulegende schwerwiegende Gründe verhindert sind.

Art. 24 [Befangenheit] (1) Glaubt ein Mitglied des Gerichtshofs, bei der Entscheidung einer bestimmten Sache aus einem besonderen Grund nicht mitwirken zu sollen, so macht es davon dem Präsidenten Mitteilung.

(2) Hält der Präsident die Teilnahme eines Mitglieds des Gerichtshofs an der Verhandlung einer bestimmten Sache aus einem besonderen Grund für unangebracht, so setzt er das Mitglied hiervon in Kenntnis.

(3) Besteht in einem solchen Fall Unstimmigkeit zwischen dem Mitglied des Gerichtshofs und dem Präsidenten, so entscheidet der Gerichtshof.

Art. 25 [Plenarsitzungen; Quorum 9 Richter] (1) Sofern nicht in diesem Statut ausdrücklich etwas anderes vorgesehen ist, tagt der Gerichtshof in Vollsitzungen.

(2) Die Verfahrensordnung des Gerichtshofs kann vorsehen, daß je nach den Umständen abwechselnd ein oder mehrere Richter von der Teilnahme an der Verhandlung befreit werden können, jedoch mit der Maßgabe, daß die Zahl der Richter, die zur Bildung des Gerichtshofs zur Verfügung stehen, nicht unter elf sinkt.

(3) Der Gerichtshof ist beschlußfähig, wenn neun Richter anwesend sind.

Art. 26 [Bildung von Kammern] (1) Der Gerichtshof kann jederzeit eine oder mehrere Kammern bilden, die je nach Beschluß des Gerichtshofs aus drei oder mehr Richtern bestehen, um bestimmte Arten von Rechtssachen zu entscheiden, beispielsweise Fälle aus dem Bereich des Arbeitsrechts, des Durchfuhr- und des Verkehrsrechts.

(2) Der Gerichtshof kann jederzeit eine Kammer zur Entscheidung einer bestimmten Sache bilden. Die Anzahl der Richter dieser Kammer wird vom Gerichtshof mit Zustimmung der Parteien festgesetzt.

(3) Die in diesem Artikel vorgesehenen Kammern verhandeln und entscheiden[1], wenn die Parteien dies beantragen.

Art. 27 [Kammerentscheidungen] Jedes Urteil, das von einer der in den Artikeln 26 und 29 vorgesehenen Kammern erlassen wird, gilt als Urteil des Gerichtshofs.

Art. 28 [Kammertagungen außerhalb von Den Haag] Die in den Artikeln 26 und 29 vorgesehenen Kammern können mit Zustimmung der Parteien anderswo als in Den Haag tagen und ihre Tätigkeit ausüben.

Art. 29 [Kammer für abgekürztes Verfahren] Zur raschen Erledigung der Fälle bildet der Gerichtshof jährlich eine Kammer aus fünf Richtern, die auf Antrag der Parteien im abgekürzten Verfahren verhandeln und entscheiden können. Zusätzlich werden zwei Richter ausgewählt, um diejenigen Richter zu ersetzen, die an den Sitzungen nicht teilnehmen können.

Art. 30 [Verfahrensordnung] (1) Der Gerichtshof erläßt Vorschriften für die Wahrnehmung seiner Aufgaben. Er legt insbesondere seine Verfahrensordnung fest.[2]

[1] Englisch: heard and determined; französisch: statueront.

[2] Abgedruckt unter Nr. 3.

(2) Die Verfahrensordnung des Gerichtshofs kann Beisitzer vorsehen, die ohne Stimmrecht an den Sitzungen des Gerichtshofs oder seiner Kammern teilnehmen.

Art. 31 [Richter ad hoc] (1) Richter, die Staatsangehörige der Parteien sind, behalten des Recht, an den Sitzungen über die vor dem Gerichtshof anhängige Sache teilzunehmen.

(2) Gehört dem Gerichtshof ein Richter an, der Staatsangehöriger einer der Parteien ist, so kann jede andere Partei eine Person ihrer Wahl bestimmen, die als Richter an den Sitzungen teilnimmt. Sie ist vorzugsweise unter den Personen auszuwählen, die nach den Artikeln 4 und 5 als Bewerber benannt worden sind.

(3) Gehört dem Gerichtshof kein Richter an, der Staatsangehöriger einer der Parteien ist, so kann jede der Parteien auf die in Absatz 2 vorgesehene Weise einen Richter bestimmen.

(4) Dieser Artikel findet auf die in den Artikeln 26 und 29 vorgesehenen Fälle Anwendung. In diesen Fällen ersucht der Präsident ein oder erforderlichenfalls zwei Mitglieder des Gerichtshofs, welche die Kammer bilden, ihren Platz an die Mitglieder des Gerichtshofs, welche Staatsangehörige der beteiligten Parteien sind, oder, in Ermangelung oder bei Verhinderung solcher Mitglieder, an die von den Parteien besonders bestimmten Richter abzutreten.

(5) Bilden mehrere Parteien eine Streitgenossenschaft, so gelten sie für die Zwecke der vorstehenden Bestimmungen als eine Partei. Im Zweifelsfall entscheidet der Gerichtshof.

(6) Die nach den Absätzen 2, 3 und 4 bestimmten Richter müssen die Voraussetzungen der Artikel 2, 17 Absatz 2, 20 und 24 erfüllen. Sie wirken völlig gleichberechtigt mit ihren Kollegen an der Entscheidung mit.

Art. 32 [Gehälter] (1) Die Mitglieder des Gerichtshofs erhalten ein Jahresgehalt.

(2) Der Präsident erhält eine besondere Jahreszulage.

(3) Der Vizepräsident erhält eine Sonderzulage für jeden Tag, an dem er das Amt des Präsidenten wahrnimmt.

(4) Die nach Artikel 31 bestimmten Richter mit Ausnahme der Mitglieder des Gerichtshofs erhalten eine Entschädigung für jeden Tag, an dem sie ihre Tätigkeit ausüben.

(5) Die Gehälter, Zulagen und Entschädigungen werden von der Generalversammlung festgesetzt. Sie dürfen während der Amtszeit nicht herabgesetzt werden.

(6) Das Gehalt des Kanzlers wird auf Vorschlag des Gerichtshofs von der Generalversammlung festgesetzt.

(7) Eine von der Generalversammlung beschlossene Regelung setzt die Voraussetzungen fest, unter denen den Mitgliedern des Gerichts-

hofs und dem Kanzler ein Ruhegehalt gewährt wird, sowie die Voraussetzungen, unter denen den Mitgliedern des Gerichtshofs und dem Kanzler Reisekosten erstattet werden.

(8) Die Gehälter, Zulagen und Entschädigungen sind von jeder Besteuerung befreit.

Art. 33 [Gerichtskosten] Die Kosten des Gerichtshofs werden in der von der Generalversammlung bestimmten Weise von den Vereinten Nationen getragen.

Kapitel II. Zuständigkeit des Gerichtshofs

Art. 34 [Parteifähigkeit] (1) Nur Staaten sind berechtigt, als Parteien vor dem Gerichtshof aufzutreten.

(2) Der Gerichtshof kann nach Maßgabe seiner Verfahrensordnung öffentlich-rechtliche internationale Organisationen um Auskünfte betreffend bei ihm anhängige Rechtssachen ersuchen; er nimmt auch derartige Auskünfte entgegen, wenn diese Organisationen sie ihm von sich aus erteilen.

(3) Steht die Auslegung der Gründungsurkunde einer öffentlich-rechtlichen internationalen Organisation oder die Auslegung einer auf Grund dieser Urkunde angenommenen internationalen Übereinkunft in einer vor dem Gerichtshof anhängigen Rechtssache in Frage, so notifiziert der Kanzler dies der betreffenden Organisation und übermittelt ihr Abschriften des gesamten schriftlichen Verfahrens.

Art. 35 [Mitglieder und Nichtmitglieder der VN] (1) Der Zugang zum Gerichtshof steht den Staaten offen, die Vertragsparteien dieses Statuts sind.

(2) Die Bedingungen, unter denen der Zugang zum Gerichtshof anderen Staaten offensteht, werden vorbehaltlich der besonderen Bestimmungen geltender Verträge vom Sicherheitsrat festgelegt[1]; daraus darf für die Parteien keine Ungleichheit vor dem Gerichtshof entstehen.

(3) Ist ein Staat, der nicht Mitglied der Vereinten Nationen ist, Streitpartei, so setzt der Gerichtshof den Beitrag dieser Partei zu den Kosten des Gerichtshofs fest. Dies gilt nicht, wenn sich der Staat an den Kosten des Gerichtshofs beteiligt.

[1] Vgl. Res. 9 (1946) des Sicherheitsrates v. 15. 10. 1946.

Art. 36 [Zuständigkeit, Fakultativklausel] (1) Die Zuständigkeit des Gerichtshofs erstreckt sich auf alle ihm von den Parteien unterbreiteten Rechtssachen sowie auf alle in der Charta der Vereinten Nationen oder in geltenden Verträgen und Übereinkommen besonders vorgesehenen Angelegenheiten.[1]

(2) Die Vertragsstaaten dieses Statuts können jederzeit erklären,[2] dass sie die Zuständigkeit des Gerichtshofs von Rechts wegen und ohne besondere Übereinkunft gegenüber jedem anderen Staat, der dieselbe Verpflichtung übernimmt, für alle Rechtsstreitigkeiten über folgende Gegenstände als obligatorisch anerkennen:

a) die Auslegung eines Vertrags;
b) jede Frage des Völkerrechts;
c) das Bestehen jeder Tatsache, die, wäre sie bewiesen, die Verletzung einer internationalen Verpflichtung darstellt;
d) Art und Umfang der wegen Verletzung einer internationalen Verpflichtung geschuldeten Wiedergutmachung.

(3) Die oben bezeichnete Erklärung kann vorbehaltlos oder vorbehaltlich einer entsprechenden Verpflichtung mehrerer oder einzelner Staaten oder für einen bestimmten Zeitabschnitt angegeben werden.

(4) Die Erklärungen sind beim Generalsekretär der Vereinten Nationen zu hinterlegen; dieser übermittelt den Vertragsparteien dieses Statuts und dem Kanzler des Gerichtshofs eine Abschrift.

(5) Nach Artikel 36 des Statuts des Ständigen Internationalen Gerichtshofs abgegebene Erklärungen, deren Geltungsdauer noch nicht abgelaufen ist, gelten nach Maßgabe ihrer Bedingungen für ihre restliche Geltungsdauer im Verhältnis zwischen den Vertragsparteien dieses Statuts als Annahme der obligatorischen Gerichtsbarkeit des Internationalen Gerichtshofs.

(6) Wird die Zuständigkeit des Gerichtshofs bestritten, so entscheidet dieser.

Art. 37 [Eintritt in die Zuständigkeit des Ständigen Internationalen Gerichtshofes] Ist in einem geltenden Vertrag oder Übereinkommen die Verweisung einer Sache an ein vom Völkerbund einzusetzendes Gericht oder an den Ständigen Internationalen Gerichtshof vorgesehen, so wird die Sache im Verhältnis zwischen den Vertragsparteien dieses Statuts an den Internationalen Gerichtshof verwiesen.

---

[1] S. etwa das Europäische Streitbeilegungsübereinkommen vom 29. 4. 1957 (Nr. **112** dieser Textsammlung).

[2] Sämtliche Unterwerfungserklärungen gemäß Art. 36 II IGH-Statut – von den Staaten teilweise mit weitreichenden Vorbehalten und Einschränkungen versehen – sind im jährlich vom Internationalen Gerichtshof herausgegebenen „Yearbook" wiedergegeben. Die Unterwerfungserklärungen Deutschlands (1. 5. 2008), Liechtensteins (29. 3. 1950), Österreichs (28. 4. 1971) und der Schweiz (28. 7. 1948) sind im Anhang zu diesem Statut abgedruckt.

Art. 38 [Anzuwendende Rechtssätze] (1) Der Gerichtshof, dessen Aufgabe es ist, die ihm unterbreiteten Streitigkeiten nach dem Völkerrecht zu entscheiden, wendet an

a) internationale Übereinkünfte allgemeiner oder besonderer Natur, in denen von den streitenden Staaten ausdrücklich anerkannte Regeln festgelegt sind;

b) das internationale Gewohnheitsrecht als Ausdruck einer allgemeinen, als Recht anerkannten Übung;

c) die von den Kulturvölkern anerkannten allgemeinen Rechtsgrundsätze;

d) vorbehaltlich des Artikels 59 richterliche Entscheidungen und die Lehrmeinung der fähigsten Völkerrechtler der verschiedenen Nationen als Hilfsmittel zur Feststellung von Rechtsnormen.

(2) Diese Bestimmung lässt die Befugnis des Gerichtshofs unberührt, mit Zustimmung der Parteien ex aequo et bono zu entscheiden.

Kapitel III. Verfahren

Art. 39 [Gerichtssprache] (1) Die Amtssprachen des Gerichtshofs sind Französisch und Englisch. Kommen die Parteien überein, das gesamte Verfahren in französischer Sprache zu führen, so wird das Urteil in dieser Sprache gefällt. Kommen die Parteien überein, das gesamte Verfahren in englischer Sprache zu führen, so wird das Urteil in dieser Sprache gefällt.

(2) In Ermangelung einer Vereinbarung über die anzuwendende Sprache kann sich jede Partei bei ihren Vorträgen nach Belieben einer der beiden Sprachen bedienen; das Urteil des Gerichtshofs ergeht alsdann in französischer und englischer Sprache. In diesem Fall hat der Gerichtshof gleichzeitig zu bestimmen, welcher der beiden Wortlaute maßgebend ist.

(3) Auf Antrag einer Partei gestattet ihr der Gerichtshof die Benutzung einer anderen Sprache als der französischen oder englischen.

Art. 40 [Klageerhebung] (1) Die Rechtssachen werden beim Gerichtshof je nach Art des Falles durch Notifizierung des Schiedsvertrags oder durch eine Klageschrift anhängig gemacht, die an den Kanzler zu richten sind. In beiden Fällen sind der Streitgegenstand und die Parteien anzugeben.

(2) Der Kanzler übermittelt die Klageschrift umgehend allen Beteiligten.

(3) Er unterrichtet auch die Mitglieder der Vereinten Nationen über den Generalsekretär sowie alle sonstigen zum Gerichtshof zugelassenen Staaten.

Art. 41 [Vorsorgliche Maßnahmen]. (1) Der Gerichtshof ist befugt, wenn er es nach den Umständen für erforderlich hält, diejenigen vorsorglichen Maßnahmen zu bezeichnen, die zur Sicherung der Rechte der Parteien getroffen werden müssen.

(2) Vorbehaltlich der endgültigen Entscheidung werden diese Maßnahmen den Parteien und dem Sicherheitsrat umgehend angezeigt.

Art. 42 [Prozeßbevollmächtigte und Rechtsbeistände]. (1) Die Parteien werden durch Bevollmächtigte vertreten.

(2) Sie können sich vor dem Gerichtshof der Hilfe von Beiständen oder Anwälten bedienen.

(3) Die Bevollmächtigten, Beistände und Anwälte der Parteien vor dem Gerichtshof genießen die zur unabhängigen Wahrnehmung ihrer Aufgaben erforderlichen Vorrechte und Immunitäten.

Art. 43 [Verfahren]. (1) Das Verfahren gliedert sich in ein schriftliches und ein mündliches Verfahren.

(2) Das schriftliche Verfahren umfaßt die Übermittlung der Schriftsätze, Gegenschriftsätze und gegebenenfalls der Repliken sowie aller zur Unterstützung vorgelegten Schriftstücke und Urkunden an die Richter und die Parteien.

(3) Die Übermittlung erfolgt durch den Kanzler in der Reihenfolge und innerhalb der Fristen, die der Gerichtshof bestimmt.

(4) Jedes von einer Partei vorgelegte Schriftstück ist der anderen Partei in beglaubigter Abschrift zu übermitteln.

(5) Das mündliche Verfahren besteht in der Anhörung der Zeugen, Sachverständigen, Bevollmächtigten, Beistände und Anwälte durch den Gerichtshof.

Art. 44 [Zustellungen]. (1) Für alle Zustellungen an andere Personen als die Bevollmächtigten, Beistände und Anwälte wendet sich der Gerichtshof unmittelbar an die Regierung des Staates, in dessen Hoheitsgebiet die Zustellung erfolgen soll.

(2) Das gleiche gilt, wenn an Ort und Stelle Beweis erhoben werden soll.

Art. 45 [Mündliche Verhandlung]. Die Verhandlungen werden vom Präsidenten oder, wenn dieser verhindert ist, vom Vizepräsidenten geleitet; sind beide verhindert, so übernimmt der dienstälteste anwesende Richter den Vorsitz.

Art. 46 [Öffentlichkeit]. Die mündliche Verhandlung ist öffentlich, sofern nicht der Gerichtshof etwas anderes beschließt oder die Parteien den Ausschluß der Öffentlichkeit beantragen.

Art. 47 [Protokoll]. (1) Über jede mündliche Verhandlung wird ein Protokoll aufgenommen, das vom Kanzler und vom Präsidenten unterschrieben wird.

(2) Dieses Protokoll allein ist maßgebend.

Art. 48 [Prozeßleitende Verfügungen]. Der Gerichtshof erläßt Verfügungen für die Führung des Verfahrens, bestimmt die Form und die Fristen für die Einbringung der Schlußanträge durch jede Partei und trifft alle auf die Beweisaufnahme bezüglichen Maßnahmen.

Art. 49 [Dokumente und Auskünfte]. Der Gerichtshof kann schon vor Beginn der Verhandlung von den Bevollmächtigten die Vorlage aller Urkunden und die Erteilung aller Auskünfte verlangen. Im Fall einer Weigerung stellt der Gerichtshof diese ausdrücklich fest.

Art. 50 [Gutachten]. Der Gerichtshof kann jederzeit Personen, Personengemeinschaften, Dienststellen, Kommissionen oder sonstige Einrichtungen seiner Wahl mit der Vornahme einer Untersuchung oder der Abgabe eines Gutachtens beauftragen.

Art. 51 [Zeugen und Sachverständige]. Während der Verhandlung werden den Zeugen und Sachverständigen alle zweckdienlichen Fragen unter den Bedingungen vorgelegt, die der Gerichtshof in der in Artikel 30 vorgesehenen Verfahrensordnung festsetzt.

Art. 52 [Zurückweisung von Beweismitteln]. Nachdem der Gerichtshof innerhalb der hierfür festgesetzten Fristen die Beweismittel und Zeugenaussagen erhalten hat, kann er alle weiteren mündlichen oder schriftlichen Beweismittel zurückweisen, die ihm eine Partei ohne Zustimmung der anderen vorzulegen wünscht.

Art. 53 [Nichterscheinen einer Partei]. (1) Erscheint eine der Parteien nicht vor dem Gerichtshof oder verzichtet sie darauf, sich zur Sache zu äußern, so kann die andere Partei den Gerichtshof ersuchen, im Sinne ihrer Anträge zu entscheiden.

(2) Bevor der Gerichtshof diesem Ersuchen stattgibt, muß er sich nicht nur vergewissern, daß er nach den Artikeln 36 und 37 zuständig ist, sondern auch, daß die Anträge tatsächlich und rechtlich begründet sind.

Art. 54 [Beratung]. (1) Sobald die Bevollmächtigten, Beistände und Anwälte unter Aufsicht des Gerichtshofs ihr Vorbringen abgeschlossen haben, erklärt der Präsident die Verhandlung für geschlossen.

(2) Der Gerichtshof zieht sich zur Beratung zurück.

(3) Die Beratungen des Gerichtshofs sind und bleiben geheim.

Art. 55 [Abstimmung]. (1) Die Entscheidungen des Gerichtshofs werden mit Stimmenmehrheit der anwesenden Richter gefaßt.

(2) Bei Stimmengleichheit gibt die Stimme des Präsidenten oder des ihn vertretenden Richters den Ausschlag.

Art. 56 [Gründe]. (1) Das Urteil ist mit Gründen zu versehen.

(2) Es enthält die Namen der Richter, die bei der Entscheidung mitgewirkt haben.

Art. 57 [Sondervotum]. Bringt das Urteil im ganzen oder in einzelnen Teilen nicht die übereinstimmende Ansicht der Richter zum Ausdruck, so ist jeder Richter berechtigt, ihm eine Darlegung seiner persönlichen Ansicht beizufügen.

Art. 58 [Unterzeichnung, Verkündigung]. Das Urteil wird vom Präsidenten und vom Kanzler unterschrieben. Nach ordnungsgemäßer Benachrichtigung der Bevollmächtigten wird es in öffentlicher Sitzung verlesen.

Art. 59 [Wirkung inter partes]. Die Entscheidung des Gerichtshofs ist nur für die Streitparteien und nur in bezug auf die Sache bindend, in der entschieden wurde.

Art. 60 [Formelle Rechtskraft]. Das Urteil ist endgültig und unterliegt keinem Rechtsmittel. Bestehen Meinungsverschiedenheiten über Sinn oder Tragweite des Urteils, so obliegt es dem Gerichtshof, es auf Antrag einer Partei auszulegen.

Art. 61 [Wiederaufnahme des Verfahrens]. (1) Die Wiederaufnahme des Verfahrens kann nur beantragt werden, wenn eine Tatsache von entscheidender Bedeutung bekannt wird, die vor Verkündung des Urteils dem Gerichtshof und auch der die Wiederaufnahme beantragenden Partei unbekannt war, sofern diese Unkenntnis nicht schuldhaft war.

(2) Das Wiederaufnahmeverfahren wird durch einen Beschluß des Gerichtshofs eröffnet, der das Vorliegen der neuen Tatsache ausdrücklich feststellt, ihr die für die Eröffnung des Wiederaufnahmeverfahrens erforderlichen Merkmale zuerkennt und deshalb den Antrag für zulässig erklärt.

(3) Der Gerichtshof kann die Eröffnung des Wiederaufnahmeverfahrens von der vorherigen Vollstreckung des Urteils abhängig machen.

(4) Der Wiederaufnahmeantrag ist binnen sechs Monaten nach Bekanntwerden der neuen Tatsache zu stellen.

(5) Nach Ablauf von zehn Jahren nach Erlaß des Urteils kann kein Wiederaufnahmeantrag mehr gestellt werden.

Art. 62 [Nebenintervention]. (1) Glaubt ein Staat, ein rechtliches Interesse zu haben, das durch die Entscheidung der Sache berührt werden könnte, so kann er beim Gerichtshof einen Antrag auf Beitritt zu dem Verfahren stellen.

(2) Der Gerichtshof entscheidet über diesen Antrag.

Art. 63 [Beiladung, Beitritt]. (1) Handelt es sich um die Auslegung einer Übereinkunft, an der andere Staaten als die Streitparteien beteiligt sind, so unterrichtet der Kanzler unverzüglich diese Staaten.

(2) Jeder dieser Staaten ist berechtigt, dem Verfahren beizutreten; macht er von diesem Recht Gebrauch, so ist die in dem Urteil enthaltene Auslegung auch für ihn bindend.

Art. 64 [Parteikosten]. Sofern der Gerichtshof nicht etwas anderes beschließt, trägt jede Partei ihre eigenen Kosten.

Kapitel IV. Gutachten

Art. 65 [Antrag]. (1) Der Gerichtshof kann ein Gutachten zu jeder Rechtsfrage auf Antrag jeder Einrichtung abgeben, die durch die Charta der Vereinten Nationen oder im Einklang mit ihren Bestimmungen zur Einholung eines solchen Gutachtens ermächtigt ist.

(2) Die Fragen, zu denen das Gutachten des Gerichtshofs eingeholt wird, werden diesem in einem schriftlichen Antrag vorgelegt, der eine genaue Darstellung der Frage enthält, zu der das Gutachten angefordert wird, und dem alle Urkunden beigefügt werden, die zur Klärung der Frage dienen können.

Art. 66 [Verfahren]. (1) Der Kanzler setzt alle Staaten, die vor dem Gerichtshof auftreten können, umgehend von dem Antrag auf ein Gutachten in Kenntnis.

(2) Der Kanzler setzt ferner jeden Staat, der vor dem Gerichtshof auftreten kann, und jede internationale Organisation, die nach Ansicht des Gerichtshofs oder, wenn dieser nicht tagt, nach Ansicht seines Präsidenten über die Frage Auskunft geben können, durch eine besondere und direkte Mitteilung davon in Kenntnis, daß der Gerichtshof bereit ist, innerhalb einer vom Präsidenten festzusetzenden Frist schriftliche Dar-

stellungen entgegenzunehmen oder während einer zu diesem Zweck anberaumten öffentlichen Sitzung mündliche Darstellungen zu hören.

(3) Hat einer der Staaten, die vor dem Gerichtshof auftreten können, die in Absatz 2 vorgesehene besondere Mitteilung nicht erhalten, so kann er den Wunsch äußern, eine schriftliche Darstellung vorzulegen oder gehört zu werden; der Gerichtshof entscheidet darüber.

(4) Staaten und Organisationen, die schriftliche oder mündliche Darstellungen abgegeben haben, sind berechtigt, zu den von anderen Staaten oder Organisationen abgegebenen Darstellungen in der Form, in dem Umfang und innerhalb der Fristen Stellung zu nehmen, die der Gerichtshof oder, wenn er nicht tagt, der Präsident im Einzelfall festsetzt. Dazu übermittelt der Kanzler die schriftlichen Darstellungen zu gegebener Zeit den Staaten und Organisationen, die selbst solche Darstellungen vorgelegt haben.

Art. 67 [Verkündung] Der Gerichtshof gibt seine Gutachten in öffentlicher Sitzung ab, nachdem der Generalsekretär und die Vertreter der Mitglieder der Vereinten Nationen sowie der sonstigen Staaten und internationalen Organisationen, die unmittelbar beteiligt sind, benachrichtigt wurden.

Art. 68 [Anwendbarkeit der Vorschriften für das Streitverfahren] Bei der Ausübung seiner gutachterlichen Tätigkeit lässt sich der Gerichtshof außerdem von den Bestimmungen dieses Statuts leiten, die auf Streitsachen Anwendung finden, soweit er sie für anwendbar hält.

Kapitel V. Änderungen

Art. 69 [Abänderungen wie Satzungsänderungen der VN] Änderungen dieses Statuts werden nach dem gleichen Verfahren durchgeführt, das für Änderungen der Charta der Vereinten Nationen vorgesehen ist, jedoch vorbehaltlich der Bestimmungen, welche die Generalversammlung auf Empfehlung des Sicherheitsrats für die Beteiligung der Staaten beschließt, die Vertragsparteien dieses Statuts, aber nicht Mitglieder der Vereinten Nationen sind.[1]

Art. 70 [Vorschlagsrecht des Gerichtshofes] Der Gerichtshof kann Änderungen dieses Statuts, die er für nötig erachtet, durch schriftliche Mitteilungen an den Generalsekretär zur Prüfung nach Artikel 69 vorschlagen.

---

[1] Gem. Resolution 2520 (XXIV) der Generalversammlung der VN vom 4. 12. 1969 (United Nations General Assembly Official Records, 24th Session, Supplement No. 30, S. 4) kann ein Staat, der Partei dieses Statuts, nicht aber der Vereinten Nationen ist, an Sitzungen der Generalversammlungen über Statutsänderungen teilnehmen wie ein Mitglied der Vereinten Nationen. Änderungen des Statuts treten nach dieser Resolution für alle Parteien des Statuts in Kraft, wenn sie von zwei Dritteln angenommen und ratifiziert worden sind. Mit dem VN-Beitritt der Schweiz am 10. 9. 2002, die bereits seit dem 28. 7. 1948 Vertragspartei des Statuts war (vgl. auch GV-Res. 91 I v. 11. 12. 1946), besteht hinsichtlich der Vertragsparteien nunmehr vollständige Identität zur VN-Mitgliedschaft (**Nr. 1**, Anhang, vgl. Art. 93 I VN-Charta).

Erklärung der Bundesrepublik Deutschland nach Art. 36 Abs. 2 IGH-Statut

Vom 1. Mai 2008

(Bek. v. 29. Mai 2008, BGBl 2008 II 713 [UN-Reg. Nr. A-33 914])

1. Die Regierung der Bundesrepublik Deutschland erkennt im Einklang mit Artikel 36 Absatz 2 des Statuts des Gerichtshofs die Zuständigkeit des Internationalen Gerichtshofs von Rechts wegen und ohne besondere Übereinkunft gegenüber jedem anderen Staat, der dieselbe Verpflichtung übernimmt, bis zu einem an den Generalsekretär der Vereinten Nationen gerichteten Widerruf, der vom Zeitpunkt der Notifikation sofortige Wirkung entfaltet, für alle Streitigkeiten, die nach dem Datum dieser Erklärung entstehen, in Bezug auf Situationen oder Tatsachen, die auf das genannte Datum folgen, an, mit Ausnahme von:

(i) Streitigkeiten, hinsichtlich derer sich die Streitparteien geeinigt haben oder einigen, sie durch ein anderes Mittel der friedlichen Streitbeilegung beizulegen, oder hinsichtlich derer sie übereinstimmend ein anderes Mittel der friedlichen Streitbeilegung gewählt haben;

(ii) Streitigkeiten, welche

a) die Verwendung von Streitkräften im Ausland, die Mitwirkung hieran oder die Entscheidung hierüber betreffen, daraus herrühren oder damit in Zusammenhang stehen, oder

b) die Nutzung des Hoheitsgebietes der Bundesrepublik Deutschland einschließlich des dazugehörenden Luftraumessowie von deutschen souveränen Rechten und Hoheitsbefugnissen unterliegenden Seegebieten für militärische Zwecke betreffen, daraus herrühren oder damit in Zusammenhang stehen;

(iii) Streitigkeiten, bezüglich derer eine andere Streitpartei die obligatorische Gerichtsbarkeit des Internationalen Gerichtshofs nur im Zusammenhang mit oder für die Zwecke der Streitigkeit angenommen hat, oder in Fällen, in denen die Annahme der obligatorischen Gerichtsbarkeit des Gerichtshofs im Namen einer anderen Streitpartei weniger als zwölf Monate vor der Einreichung der Klageschrift, mit der die Streitigkeit beim Gerichtshof anhängig gemacht wird, hinterlegt oder ratifiziert wurde.

2. Die Regierung der Bundesrepublik Deutschland behält sich ferner das Recht vor, einen der vorstehenden Vorbehalte oder einen späteren Vorbehalt jederzeit durch eine an den Generalsekretär der Vereinten Nationen gerichtete Notifikation mit Wirkung vom Zeitpunkt dieser Notifikation zu erweitern, zu ändern oder zu widerrufen.

Erklärung des Fürstentums Liechtenstein nach Art. 36 Abs. 2 IGH-Statut

Vom 10. März 1950
(inoffizielle Übersetzung des französischen Originaltextes[1])

Inoffizielle Übersetzung des französischen Originaltexts

Die Regierung des Fürstentums Liechtenstein, ordnungsgemäss durch Seine Durchlaucht den Landesfürsten hierzu ermächtigt, auf Grund des Beschlusses des Landtages des Fürstentums Liechtenstein vom 9. März 1950 in Kraft getreten am 10. März 1950,

erklärt hiermit, dass das Fürstentum Liechtenstein von Rechts wegen und ohne besonderes Abkommen gegenüber jedem in gleicher Weise sich verpflichtenden Staat die Gerichtsbarkeit des Internationalen Gerichtshofes in allen nachfolgenden Arten von Streitigkeiten rechtlicher Natur als obligatorisch anerkennt:

a) die Auslegung eines Staatsvertrages;

b) irgendwelche Fragen des internationalen Rechts;

c) die Existenz einer Tatsache, die wenn sie bewiesen wäre, der Verletzung einer internationalen Verpflichtung gleichkommen würde;

d) die Art oder der Umfang einer wegen Verletzung einer internationalen Verpflichtung geschuldeten Wiedergutmachung.

Diese Erklärung, welche nach Artikel 36 des Statutes des Internationalen Gerichtshofes erfolgt, geschieht mit Wirkung von dem Zeitpunkt an, an dem das Fürstentum Liechtenstein Mitglied jenes Statutes wird, und soll in Wirksamkeit bleiben, solange sie nicht mit einjähriger Kündigungsfrist außer Kraft gesetzt ist.

Geschehen in Vaduz, den 10. März 1950

Für die Regierung des
Fürstentums Liechtenstein
Der Regierungschef
(gez. Alexander Frick)

---

1) Dank an Frau Esther Schindler (Amt für Auswärtige Angelegenheiten des Fürstentums Liechtenstein).

Erklärung der Republik Österreich nach Art. 36 Abs. Abs. 2 IGH-Statut

Vom 28. April 1971
(öBGBl. 1971/24)

Ich erkläre hiermit, dass die Republik Österreich ipso facto und ohne besonderes Abkommen gegenüber jedem anderen Staat, der die gleiche Verpflichtung übernimmt oder übernommen hat, die Gerichtsbarkeit des Internationalen Gerichtshofes in allen in Artikel 36 Absatz 2 des Statuts des Internationalen Gerichtshofes genannten Rechtsstreitigkeiten als obligatorisch anerkannt.

Diese Erklärung findet keine Anwendung auf Streitigkeiten, für die die Streitteile zur endgültigen und bindenden Entscheidung andere Mittel der friedlichen Regelung vereinbart haben oder vereinbaren werden.

Diese Erklärung gilt für einen Zeitraum von fünf Jahren. Nach diesem Zeitraum kann sie durch eine schriftliche Erklärung aufgehoben oder abgeändert werden.

Erklärung der Schweizerischen Eidgenossenschaft nach Art. 36 Abs. Abs. 2 IGH-Statut

Vom 28. Juli 1948
(AS 0.193.501)

Der Schweizerische Bundesrat, zu diesem Zwecke durch einen am 12. März 1948 von der Bundesversammlung der Schweizerischen Eidgenossenschaft gefassten Bundesbeschluss, der am 17. Juni 1948 in Kraft getreten ist, gehörig ermächtigt,

erklärt hiermit, dass die Schweizerische Eidgenossenschaft von Rechts wegen und ohne besonderes Abkommen gegenüber jedem in gleicher Weise sich verpflichtenden Staat die Gerichtsbarkeit des Internationalen Gerichtshofes in allen nachfolgenden Arten von Streitigkeiten rechtlicher Natur als obligatorisch anerkennt:

a) die Auslegung eines Staatsvertrags;

b) irgendwelche Fragen des internationalen Rechts;

c) die Existenz einer Tatsache, die, wenn sie bewiesen wäre, der Verletzung einer internationalen Verpflichtung gleichkommen würde;

d) die Art oder der Umfang einer wegen Verletzung einer internationalen Verpflichtung geschuldeten Wiedergutmachung.

Diese Erklärung, die auf Artikel 36 des Statuts des Internationalen Gerichtshofes beruht, ist vom Tage an gültig, an dem die Schweizerische Eidgenossenschaft Teilnehmerin dieses Statutes wird, und bleibt so lange in Kraft, als sie nicht durch eine ein Jahr im voraus erfolgte Kündigung aufgehoben wird.

Unterwerfungserklärungen nach Art. 36 Abs. 2 IGH-Statut Gesamtliste

(Stand 1. Oktober 2019)

Ägypten (22. Juli 1957)
Äquatorialguinea (11. August 2017)
Australien (22. März 2002)
Barbados (1. August 1980)
Belgien (17. Juni 1958)
Botswana (16. März 1970)
Bulgarien (27. November 2015)
Costa Rica (20. Februar 1973)
Dänemark (10. Dezember 1956)
Deutschland (30. April 2008)
Djibouti (2. September 2005)
Dominica (24. März 2006)
Dominikanische Republik (30. September 1924)[1]
Elfenbeinküste (29. August 2001)
Estland (21. Oktober 1991)
Eswatini/früher: Swasiland (26. Mai 1969)
Finnland (25. Juni 1958)
Gambia (22. Juni 1966)
Georgien (20. Juni 1995)
Griechenland (14. Januar 2015)
Guinea (4. Dezember 1998)
Guinea-Bissau (7. August 1989)
Haiti (4. Oktober 1921)[1]
Honduras (6. Juni 1986)
Indien (27. September 2019)
Irland (15. Dezember 2011)
Italien (25. November 2014)
Japan (6. Oktober 2015)
Kambodscha (19. September 1957)
Kamerun (3. März 1994)
Kanada (10. Mai 1994)
Kenia (19. April 1965)
Kongo (Demokratische Republik) (8. Februar 1989)
Lesotho (6. September 2000)
Liberia (20. März 1952)
Liechtenstein (29. März 1950)
Litauen (24. September 2019)
Luxemburg (15. September 1930)[1]
Madagaskar (2. Juli 1992)
Malawi (12. Dezember 1966)
Malta (2. September 1983)
Marshallinseln (24. April 2013)
Mauritius (23. September 1968)
Mexiko (28. Oktober 1947)
Niederlande (21. Februar 2017)
Neuseeland (22. September 1977)
Nicaragua (24. September 1929)[1]
Nigeria (30. April 1998)
Norwegen (24. Juni 1996)
Österreich (19. Mai 1971)
Pakistan (29. März 2017)
Panama (25. Oktober 1921)[1]
Paraguay (25. September 1996)
Peru (7. Juli 2003)
Philippinen (18. Januar 1972)
Polen (25. März 1996)
Portugal (25. Februar 2005)
Rumänien (23. Juni 2015)
Schweden (6. April 1957)
Schweiz (28. Juli 1948)
Senegal (2. Dezember 1985)
Slowakei (28. Mai 2004)
Somalia (11. April 1963)
Spanien (29. Oktober 1990)
Sudan (2. Januar 1958)
Suriname (31. August 1987)
Timor-Leste (21. September 2012)
Togo (25. Oktober 1979)
Uganda (3. Oktober 1963)[1]

[1] Die noch unter dem Statut des Ständigen Internationalen Gerichtshofs abgegebene Erklärung gilt gemäß Art. 36 Abs. 5 IGH-Statut fort.

Ungarn (22. Oktober 1992)
Uruguay (28. Januar 1921)[1]
Vereinigtes Königreich
(22. Februar 2017)
Zypern (3. September 2002)

[1] Die noch unter dem Statut des Ständigen Internationalen Gerichtshofs abgegebene Erklärung gilt gemäß Art. 36 Abs. 5 IGH-Statut fort.

3. Verfahrensordnung des Internationalen Gerichtshofs[1)]

vom 14. April 1978[2)]

(zuletzt geändert mit Wirkung vom 21. Oktober 2019)[3)]

(Übersetzung)[4)]

Präambel

DER GERICHTSHOF,

IM HINBLICK auf Kapitel XIV der Charta der Vereinten Nationen;

IM HINBLICK auf das dieser Charta beigefügte Statut des Gerichtshofs;

GESTÜTZT auf Art. 30 des Statuts;

NIMMT die folgende Verfahrensordnung AN.

Teil I. Der Gerichtshof

Abschnitt A. Richter und Beisitzer

Unterabschnitt 1. Die Mitglieder des Gerichtshofs

Art. 1. (1) Mitglieder des Gerichtshofs sind die gemäß Art. 2 bis 15 des Statuts gewählten Richter.[4)]

(2) Dem Gerichtshof können daneben für eine bestimmte Rechtssache eine oder mehrere nach Art. 31 des Statuts zu Ad-hoc-Richtern bestellte Personen angehören.

---

1) S. auch das unter Nr. 2 abgedruckte Statut. Eine Verkündung in dt. Sprache hat nicht stattgefunden. Eine konsolidierte Fassung der zuletzt m.W.v. 21.10.2019 geänd. VerfO findet sich in franz. und engl. Sprache unter https://www.icj-cij.org/en/rules bzw. https://www.icj-cij.org/fr/reglement. Prozedurale Hinweise für die Streitparteien finden sich auch in den zuletzt am 20.1.2021 geänd. „Practice Directions" (https://www.icj-cij.org/en/practice-directions) sowie in der „Note for the parties concerning the preparation of pleadings" v. 1.6.2010 (https://www.icj-cij.org/en/other-texts/note-for-the-parties). Die derzeitige Besetzung des Gerichtshofs findet sich in einer als Anhang zu dieser VerfO abgedruckten Tabelle.

2) In Kraft getreten am 1.7.1978 (Acts and Documents concerning the Organization ofthe Court, No. 5).

3) Die (neuesten) Änderungen betreffen die Art. 22, 23, 29, 76 und 79 der VerfO (s. auch Press Release No.2019/42).

4) Übers. (im Auftrag des IGH) von Karin Oellers-Frahm und Norbert Wühler; Abdruck mit freundl. Genehmigung der Übersetzer. Die später modifizierten Art. 22, 23, 29, 43 Abs. 2 und 3, 76 sowie 79 Abs. 1–3 sind vom Bearbeiter übersetzt worden. Die jüngste (2019) erneute und umfassende Änderung des Art. 79 ist in engl. Sprache abgedruckt – eine Übers. folgt mit der nächsten Nachlieferung.

(3) „Mitglied des Gerichtshofs" nach dieser Verfahrensordnung ist jeder gewählte Richter; „Richter" ist jedes Mitglied des Gerichtshofs sowie jeder Ad-hoc-Richter.

Art. 2. (1) Die Amtszeit der alle drei Jahre gewählten Mitglieder des Gerichtshofs beginnt am 6. Februar[1] des Jahres, in dem die zu besetzenden Sitze frei werden.

(2) Die Amtszeit eines Mitglieds des Gerichtshofs, das an Stelle eines Mitglieds gewählt ist, dessen Amtszeit noch nicht abgelaufen ist, beginnt mit dem Tag der Wahl.

Art. 3. (1) Die Mitglieder des Gerichtshofs haben in Ausübung ihres Amtes, unabhängig von ihrem Alter, dem Tag ihrer Wahl oder der Dauer ihrer Amtszeit die gleiche Stellung.

(2) Die Rangordnung der Mitglieder des Gerichtshofs richtet sich vorbehaltlich der Bestimmungen in Abs. 4 und 5 dieses Artikels nach dem Tag, an dem ihre Amtszeit nach Maßgabe von Art. 2 dieser Verfahrensordnung beginnt.

(3) Die Rangordnung der Mitglieder des Gerichtshofs, deren Amtszeit an demselben Tag beginnt, richtet sich nach ihrem Lebensalter.

(4) Ein für eine weitere, sich unmittelbar anschließende Amtszeit wiedergewähltes Mitglied des Gerichtshofs behält seinen früheren Rang.

(5) Während ihrer Amtszeit gehen der Präsident und der Vizepräsident des Gerichtshofs allen anderen Mitgliedern des Gerichtshofs im Rang vor.

(6) Dasjenige Mitglied des Gerichtshofs, das nach Maßgabe der vorhergehenden Absätze dem Präsidenten und Vizepräsidenten im Rang unmittelbar folgt, wird in dieser Verfahrensordnung als „dienstältester Richter" bezeichnet. Ist dieses Mitglied an der Amtsausübung verhindert, so gilt das Mitglied des Gerichtshofs, das ihm im Rang unmittelbar folgt und an der Amtsausübung nicht verhindert ist, als dienstältester Richter.

Art. 4. (1) Die von jedem Mitglied des Gerichtshofs gemäß Art. 20 des Statuts abzugebende Erklärung hat folgenden Wortlaut:
„Ich erkläre feierlich, daß ich meine Pflichten und Befugnisse als Richter ehrenhaft, getreulich, unparteiisch und gewissenhaft wahrnehmen werde."

(Fortsetzung nächste Seite)

---

[1] Bezieht sich auf die 1946 durchgeführte erste Wahl.

(2) Diese Erklärung wird in der ersten öffentlichen Sitzung abgegeben, an der das Mitglied des Gerichtshofs teilnimmt. Diese Sitzung findet baldmöglichst nach Amtsantritt statt; erforderlichenfalls wird zu diesem Zweck eine Sondersitzung abgehalten.

(3) Ein wiedergewähltes Mitglied des Gerichtshofs erneuert seine Erklärung nur, wenn seine neue Amtszeit unmittelbar an die vorhergehende anschließt.

(Fortsetzung nächstes Blatt)

Art. 5. (1) Entschließt sich ein Mitglied des Gerichtshofs zum Rücktritt, so teilt es seinen Entschluß dem Präsidenten mit; der Rücktritt wird gemäß Art. 13 Abs. 4 des Statuts wirksam.

(2) Ist das Mitglied des Gerichtshofs, das sich zum Rücktritt entschließt, der Präsident, so teilt er seinen Entschluß dem Gerichtshof mit; der Rücktritt wird gemäß Art. 13 Abs. 4 des Statuts wirksam.

Art. 6. Wird die Anwendung von Art. 18 des Statuts erwogen, so wird das betreffende Mitglied des Gerichtshofs vom Präsidenten oder, gegebenenfalls vom Vizepräsidenten, durch eine schriftliche Mitteilung davon unterrichtet, die die Gründe sowie alle zweckdienlichen Beweise enthält. Das Mitglied erhält daraufhin in einer zu diesem Zweck einberufenen nichtöffentlichen Sitzung des Gerichtshofs Gelegenheit, eine Erklärung abzugeben, die von ihm gewünschten Auskünfte oder Erläuterungen zu geben, sowie schriftlich oder mündlich auf ihm gestellte Fragen zu antworten. In einer weiteren nichtöffentlichen Sitzung, an der das betreffende Mitglied des Gerichtshofs nicht teilnimmt, wird die Angelegenheit erörtert; jedes Mitglied des Gerichtshofs äußert seine Meinung; auf Antrag wird abgestimmt.

Unterabschnitt 2. Ad-hoc-Richter

Art. 7. (1) Die gemäß Art. 31 des Statuts für eine bestimmte Rechtssache bestellten Ad-hoc-Richter werden unter den Bedingungen und nach Maßgabe des in Art. 17 Abs. 2, Art. 35, 36, 37, Art. 91 Abs. 2 und Art. 102 Abs. 3 der Verfahrensordnung vorgesehenen Verfahren zum Gerichtshof zugelassen.

(2) Sie nehmen an der Rechtssache, für die sie bestellt sind, gleichberechtigt mit den anderen Richtern teil.

(3) Ad-hoc-Richter folgen im Rang den Mitgliedern des Gerichtshofs; untereinander bestimmt sich ihr Rang nach dem Lebensalter.

Art. 8. (1) Die von jedem Ad-hoc-Richter gemäß Art. 20 und 31 Abs. 6 des Statuts abzugebende feierliche Erklärung hat den in Art. 4 Abs. 1 der Verfahrensordnung wiedergegebenen Wortlaut.

(2) Diese Erklärung wird in einer öffentlichen Sitzung in der Rechtssache, an der der Ad-hoc-Richter teilnimmt, abgegeben. Kommt die Rechtssache vor einer Kammer des Gerichtshofs zur Verhandlung, so wird die Erklärung in derselbem Form vor dieser Kammer abgegeben.

(3) Ad-hoc-Richter geben die Erklärung für jede Rechtssache ab, an der sie teilnehmen, auch wenn sie bereits anläßlich einer früheren Rechtssache eine Erklärung abgegeben haben; sie geben die Erklärung jedoch nicht erneut für einen späteren Verfahrensabschnitt ab.

Unterabschnitt 3. Beisitzer

Art. 9. (1) Der Gerichtshof kann entweder *proprio motu* oder aufgrund eines vor Abschluß des schriftlichen Verfahrens gestellten Antrags beschließen, für ein streitiges Verfahren oder ein Gutachtenverfahren Beisitzer ohne Stimmrecht zu bestellen.

(2) Nach dem Beschluß des Gerichtshofs über die Teilnahme holt der Präsident alle für die Wahl der Beisitzer erforderlichen Auskünfte ein.

(3) Die Beisitzer werden in geheimer Abstimmung mit Stimmenmehrheit der Richter gewählt, die in der betreffenden Sache den Gerichtshof bilden.

(4) Gleiche Befugnisse stehen den in Art. 26 und 29 des Statuts vorgesehenen Kammern und ihren Präsidenten zu. Sie werden in gleicher Weise ausgeübt.

(5) Beisitzer geben vor Aufnahme ihrer Tätigkeit in einer öffentlichen Sitzung folgende Erklärung ab:
„Ich erkläre feierlich, daß ich meine Pflichten als Beisitzer ehrenhaft, unparteiisch und gewissenhaft erfüllen und alle Vorschriften getreulich beachten werde."

Abschnitt B. Der Präsident

Art. 10. (1) Die Amtszeit des Präsidenten und des Vizepräsidenten beginnt an dem Tag, an dem die Amtszeit der alle drei Jahre gewählten Mitglieder des Gerichtshofs gemäß Art. 2 dieser Verfahrensordnung beginnt.

(2) Die Wahl des Präsidenten und Vizepräsidenten erfolgt an diesem Tag oder wenig später. Bleibt der scheidende Präsident Mitglied des Gerichtshofs, so nimmt er sein Amt bis zur Wahl des neuen Präsidenten wahr.

Art. 11. (1) Ist der scheidende Präsident zum Zeitpunkt der Wahl des neuen Präsidenten noch Mitglied des Gerichtshofs, so leitet er die Wahl. Ist er nicht mehr Mitglied des Gerichtshofs oder ist er an der Amtsausübung verhindert, so wird die Wahl von dem Mitglied des Gerichtshofs geleitet, das gemäß Art. 13 Abs. 1 dieser Verfahrensordnung das Amt des Präsidenten wahrnimmt.

(2) Die Wahl erfolgt in geheimer Abstimmung, nachdem das den Vorsitz führende Mitglied des Gerichtshofs die für die Wahl erforderliche Anzahl von Stimmen bekanntgegeben hat; Bewerber werden nicht benannt. Das Mitglied des Gerichtshofs, das die Stimmen der Mehrheit der den Gerichtshof zum Zeitpunkt der Wahl bildenden Mitglieder erhält, ist gewählt und tritt unverzüglich sein Amt an.

(3) Der neue Präsident leitet die Wahl des Vizepräsidenten in derselben oder folgenden Sitzung. Abs. 2 dieses Artikels findet auch auf diese Wahl Anwendung.

Art. 12. Der Präsident führt den Vorsitz in allen Sitzungen des Gerichtshofs; er leitet die Arbeit und überwacht die Verwaltung des Gerichtshofs.

Art. 13. (1) Ist das Amt des Präsidenten nicht besetzt oder ist der Präsident an der Ausübung seines Amtes verhindert, so wird es vom Vizepräsidenten oder, bei dessen Verhinderung, vom dienstältesten Richter wahrgenommen.

(2) Ist der Präsident durch eine Bestimmung des Statuts oder dieser Verfahrensordnung verhindert, an einer bestimmten Rechtssache teilzunehmen oder ihr vorzusitzen, so nimmt er außer in dieser Rechtssache sein Amt als Präsident weiter wahr.

(3) Der Präsident trifft die erforderlichen Maßnahmen dafür, daß das Amt des Präsidenten ständig am Sitz des Gerichtshofs wahrgenommen wird. Für den Fall seiner Abwesenheit kann er, soweit dies mit dem Statut und dieser Verfahrensordnung vereinbar ist, dafür Vorsorge treffen, daß der Vizepräsident oder gegebenenfalls der dienstälteste Richter ihn in seinem Amt vertritt.

(4) Beschließt der Präsident, von seinem Amt zurückzutreten, so teilt er dies dem Gerichtshof schriftlich durch den Vizepräsidenten oder, bei dessen Verhinderung, durch den dienstältesten Richter mit. Beschließt der Vizepräsident, von seinem Amt zurückzutreten, so teilt er dies dem Präsidenten mit.

Art. 14. Wird das Amt des Präsidenten oder Vizepräsidenten vor dem Tag frei, an dem die laufende Amtszeit gemäß Art. 21 Abs. 1 des Statuts und Art. 10 Abs. 1 dieser Verfahrensordnung endet, so entscheidet der Gerichtshof, ob das Amt für die verbleibende Amtszeit besetzt werden soll.

Abschnitt C. Kammern

Art. 15. (1) Die gemäß Art. 29 des Statuts jährlich zu bildende Kammer für das abgekürzte Verfahren besteht aus fünf Mitgliedern des Gerichtshofs; ihr gehören der Präsident und Vizepräsident des Gerichtshofs von Amts wegen sowie drei weitere gemäß Art. 18 Abs. 1 dieser Verfahrensordnung gewählte Richter an. Zusätzlich werden jährlich zwei Mitglieder des Gerichtshofs als Ersatzrichter gewählt.

(2) Die Wahlen nach Abs. 1 dieses Artikel werden jedes Jahr so bald wie möglich nach dem 6. Februar durchgeführt. Die Mitglieder der Kammer treten ihr Amt mit der Wahl an und bleiben bis zur nächsten Wahl im Amt; sie können wiedergewählt werden.

(3) Ist ein Mitglied der Kammer aus irgendeinem Grund verhindert, an einer bestimmten Rechtssache teilzunehmen, so wird es für diese Sache vor dem dienstälteren der beiden Ersatzrichter vertreten.

(4) Tritt ein Mitglied der Kammer zurück oder endet seine Mitgliedschaft auf andere Weise, so tritt an seine Stelle der dienstältere der beiden Ersatzrichter, der damit Vollmitglied der Kammer wird und durch die Wahl eines anderen Ersatzrichters ersetzt wird. Übersteigt die Zahl der freien Sitze die der verfügbaren Ersatzrichter, so werden baldmöglichst Wahlen für die Ämter durchgeführt, die auch nach Einsetzung der Ersatzrichter als Vollmitglieder noch frei sind sowie für die freien Ämter der Ersatzrichter.

Art. 16. (1) Beschließt der Gerichtshof die Bildung einer oder mehrerer der in Art. 26 Abs. 1 des Statuts vorgesehenen Kammern, so bestimmt er, für welche Art von Rechtssachen jede Kammer gebildet wird, sowie die Anzahl ihrer Mitglieder, deren Amtszeit und den Zeitpunkt, zu dem sie ihr Amt antreten.

(2) Die Mitglieder der Kammer werden gemäß Art. 18 Abs. 1 dieser Verfahrensordnung aus den Mitgliedern des Gerichtshofs mit Rücksicht auf besondere Kenntnisse, fachliche Eignung oder Erfahrungen gewählt, über die sie im Bereich der Art von Rechtssachen, für die die Kammer zuständig ist, verfügen.

(3) Der Gerichtshof kann die Auflösung einer Kammer beschließen; die Pflicht der betreffenden Kammer, alle anhängigen Rechtssachen zu Ende zu führen, wird davon nicht berührt.

Art. 17. (1) Der in Art. 26 Abs. 2 des Status vorgesehene Antrag, eine Kammer zur Entscheidung einer bestimmten Sache zu bilden, kann jederzeit bis zum Abschluß des schriftlichen Verfahrens gestellt werden. Nach Eingang eines von einer Partei gestellten Antrags holt der Präsident die Zustimmung der anderen Partei ein.

(2) Haben die Parteien ihre Zustimmung erteilt, so holt der Präsident ihre Ansicht über die Zusammensetzung der Kammer ein und macht dem Gerichtshof entsprechende Mitteilung. Er unternimmt gleichfalls die erforderlichen Schritte zur Anwendung des Art. 31 Abs. 4 des Statuts.

(3) Hat der Gerichtshof mit Zustimmung der Parteien die Zahl seiner Mitglieder festgesetzt, die die Kammer bilden sollen, so nimmt er nach Maßgabe des Art. 18 Abs. 1 dieser Verfahrensordnung deren Wahl vor. Das gleiche Verfahren wird gegebenenfalls zur Besetzung von in der Kammer frei gewordenen Sitzen angewandt.

(4) Mitglieder einer nach diesem Artikel gebildeten Kammer, die gemäß Art. 13 des Statuts nach Ablauf ihrer Amtszeit ersetzt worden sind, nehmen weiter an allen Abschnitten des Verfahrens der Rechtssache teil, unabhängig vom Stadium der Sache bei ihrer Ersetzung.

Art. 18. (1) Die Wahlen zu allen Kammern finden in geheimer Abstimmung statt. Gewählt sind die Mitglieder des Gerichtshofs, die die meisten Stimmen erhalten und für die die Mehrheit der den Gerichtshof zur Zeit der Wahl bildenden Mitglieder gestimmt hat. Sind freie Sitze zu besetzen, so findet gegebenenfalls mehr als ein Wahlgang statt, jedoch nur so viele, wie Ämter zu besetzen sind.

(2) Gehören einer Kammer nach ihrer Bildung der Präsident oder Vizepräsident des Gerichtshofs oder beide an, so übernimmt je nach dem der Präsident oder Vizepräsident den Vorsitz in dieser Kammer. Andernfalls wählt die Kammer in geheimer Abstimmung mit der Mehrheit der Stimmen ihrer Mitglieder ihren eigenen Präsidenten. Dasjenige Mitglied des Gerichtshofs, das der Kammer im Zeitpunkt ihrer Konstituierung nach Maßgabe dieses Absatzes vorsitzt, führt so lange den Vorsitz, wie es Mitglied der Kammer ist.

(3) Der Präsident einer Kammer nimmt im Hinblick auf die von dieser Kammer zu entscheidenden Rechtssachen dieselben Aufgaben wahr wie der Präsident des Gerichtshofs im Hinblick auf die bei diesem anhängigen Rechtssachen.

(4) Ist der Präsident einer Kammer an der Teilnahme am Verfahren oder an der Wahrnehmung seines Amtes verhindert, so wird sein Amt von dem dienstältesten, an der Amtsausübung nicht verhinderten Mitglied der Kammer wahrgenommen.

Abschnitt D. Interne Arbeitsweise des Gerichtshofs

Art. 19. Die interne Praxis des Gerichtshofs in Rechtssachen untersteht den Vorschriften des Statuts und der Verfahrensordnung und wird durch die vom Gerichtshof diesbezüglich verabschiedeten Resolutionen[1] geregelt.

Art. 20. (1) Das in Art. 25 Abs. 3 des Statuts vorgeschriebene Quorum gilt für alle Sitzungen des Gerichtshofs.

(2) Die den Mitgliedern des Gerichtshofs in Art. 23 Abs. 3 des Statuts auferlegte Pflicht, dem Gerichtshof jederzeit zur Verfügung zu stehen, umfaßt ihre Teilnahme an allen Sitzungen des Gerichtshofs, außer bei Verhinderung durch Krankheit oder sonstige dem Präsidenten ordnungsgemäß darzulegende schwerwiegende Gründe; der Präsident informiert den Gerichtshof.

(3) Ad-hoc-Richtern obliegt es gleichfalls, dem Gerichtshof zur Verfügung zu stehen und an allen Sitzungen bei der Rechtssache, an der sie beteiligt sind, teilzunehmen. Sie bleiben bei Feststellung des Quorum außer Betracht.

---

[1] IGH-Resolution vom 12. April 1976.

(4) Der Gerichtshof bestimmt Zeitpunkt und Dauer der Gerichtsferien sowie Dauer und Bedingungen des den einzelnen Mitgliedern des Gerichtshofs gemäß Art. 23 Abs. 2 des Statuts zu gewährenden Urlaubs jeweils unter Berücksichtigung des Standes des allgemeinen Registers und der Erfordernisse seiner laufenden Arbeit.

(5) Unter denselben Gesichtspunkten beachtet der Gerichtshof die am Ort seines Sitzes üblichen Feiertage.

(6) In dringenden Fällen kann der Präsident den Gerichtshof jederzeit einberufen.

Art. 21. (1) Die Beratungen des Gerichtshofs sind nicht öffentlich und bleiben geheim. Der Gerichtshof kann jedoch jederzeit beschließen, seine Beratungen über andere als Rechtsfragen ganz oder teilweise zu veröffentlichen oder die Veröffentlichung zu gestatten.

(2) Nur Richter und gegebenenfalls die Beisitzer nehmen an den rechtlichen Beratungen des Gerichtshofs teil. Der Kanzler oder sein Stellvertreter sowie nach Bedarf andere Bedienstete der Kanzlei sind bei der Beratung zugegen. Andere Personen dürfen außer mit Genehmigung des Gerichtshofs nicht zugegen sein.

(3) Die Protokolle der rechtlichen Beratungen des Gerichtshofs enthalten nur Bezeichnungen oder Art der Gegenstände oder Angelegenheiten der Aussprache sowie die Abstimmungsergebnisse. Sie geben keine Einzelheiten der Aussprache oder Meiungsäußerungen wieder; jeder Richter hat jedoch das Recht zu verlangen, daß eine von ihm abgehaltene Erklärung in das Protokoll aufgenommen wird.

Teil II. Die Kanzlei

Art. 22. (1) Der Gerichtshof wählt seinen Kanzler in geheimer Abstimmung. Der Kanzler wird für eine Amtszeit von sieben Jahren gewählt. Seine Wiederwahl ist zulässig.

(2) Der Gerichtshof gibt eine eingetretene oder bevorstehende Vakanz öffentlich bekannt, und zwar entweder unverzüglich nach dem Entstehen der Vakanz oder, wenn die Vakanz mit Ablauf der Amtszeit des Kanzlers eintreten wird, mindestens sechs Monate zuvor. Der Gerichtshof setzt einen Termin für die Schließung der Kandidatenliste fest, damit Informationen über die Kandidaten rechtzeitig eingeholt werden können. Interessierte Personen werden aufgefordert, ihre Bewerbungen bis zu dem vom Gerichtshof festgesetzten Termin einzureichen.

(3) Die Vorschläge müssen die erforderlichen Auskünfte über den Bewerber enthalten, insbesondere Angaben über Alter, Staatsangehörigkeit, gegenwärtigen Beruf, akademische Grade, Sprachkenntnisse sowie Erfahrungen im juristischen Bereich, im diplomatischen Dienst oder in der Arbeit internationaler Organisationen.

(4) Der Bewerber, der die Stimmen der Mehrheit der den Gerichtshof zur Zeit der Wahl bildenden Mitglieder auf sich vereinigt, ist gewählt.

Art. 23. Der Gerichtshof wählt einen Stellvertretenden Kanzler; Art. 22 dieser Verfahrensordnung findet auf seine Wahl und Amtszeit Anwendung.

Art. 24. (1) Vor Antritt seines Amtes gibt der Kanzler vor dem Gerichtshof folgende Erklärung ab:
„Ich erkläre feierlich, daß ich meine Pflichten als Kanzler des Internationalen Gerichtshofs mit größter Pflichttreue, Verschwiegenheit und Gewissenhaftigkeit erfüllen werde und daß ich getreulich alle Bestimmungen des Statuts und der Verfahrensordnung des Gerichtshofs beachten werde."

(2) Der Stellvertretende Kanzler gibt vor Antritt seines Amtes vor dem Gerichtshof eine entsprechende Erklärung ab.

Art. 25. (1) Die Bediensteten der Kanzlei werden auf Vorschlag des Kanzlers vom Gerichtshof ernannt. Der Kanzler kann jedoch mit Zustimmung des Präsidenten Ernennungen für bestimmte vom Gerichtshof bezeichnete Stellen vornehmen.

(2) Vor Antritt seines Amtes gibt jeder Bedienstete in Abwesenheit des Kanzlers vor dem Präsidenten folgende Erklärung ab:
„Ich erkläre feierlich, daß ich meine Pflicht als Bediensteter des Internationalen Gerichtshofs mit größter Pflichttreue, Verschwiegenheit und Gewissenhaftigkeit erfüllen werde und daß ich getreulich alle Bestimmungen des Statuts und der Verfahrensordnung des Gerichtshofs beachten werde."

Art. 26. (1) In Wahrnehmung seines Amtes erfüllt der Kanzler folgende Aufgaben:

a) Der gesamte ein- und ausgehende Schriftverkehr des Gerichtshofs wird über den Kanzler geleitet, insbesondere bewirkt er alle im Statut und in dieser Verfahrensordnung vorgesehenen Mitteilungen, Notifizierungen und Übermittlungen von Schriftstücken; er stellt sicher, daß der Tag ihres Ein- und Ausgangs jederzeit nachgewiesen werden kann;

b) er führt unter Aufsicht des Präsidenten in der vom Gerichtshof zu bestimmenden Form ein allgemeines Register aller Rechtssachen, die in der Reihenfolge eingetragen und numeriert werden, in der die das Verfahren einleitenden Schriftstücke oder die Gutachtenanträge in der Kanzlei eingehen;

c) er verwahrt die Unterwerfungserklärungen von Nichtvertragsstaaten des Statuts unter die Zuständigkeit des Gerichtshofs, die nach Maßgabe einer vom Sicherheitsrat gemäß Art. 35 Abs. 2 des Statuts angenommenen Resolution[1)] abgegeben worden sind, und übermittelt allen Vertragsstaaten des Statuts, allen anderen Staaten, die ihre Unterwerfung erklärt haben sowie dem Generalsekretär der Vereinten Nationen beglaubigte Abschriften;

d) er übermittelt den Parteien Abschriften aller Schriftsätze und beigefügten Unterlagen nach deren Eingang in der Kanzlei;

e) er übermittelt der Regierung des Staates, in dem der Gerichtshof oder eine Kammer tagt sowie allen anderen betroffenen Regierungen, die erforderlichen Auskünfte über die Personen, denen nach dem Statut und anderen einschlägigen Abkommen das Recht auf Privilegien, Immunitäten oder andere Erleichterungen zusteht;

f) bei den Sitzungen des Gerichtshofs und der Kammer ist er selbst oder sein Stellvertreter zugegen und trägt die Verantwortung für die Aufnahme der Sitzungsprotokolle;

g) er trifft, soweit erforderlich, Vorkehrungen für die Anfertigung oder Überprüfung von Übersetzungen und Simultanübersetzungen in die Amtssprachen des Gerichtshofs;

h) er unterzeichnet alle Urteile, Gutachten und Beschlüsse des Gerichtshofs sowie die oben unter f) genannten Protokolle;

i) er ist verantwortlich für den Druck und die Veröffentlichung der Urteile, Gutachten und Verfügungen des Gerichtshofs, der Schriftsätze und Erklärungen sowie der Protokolle öffentlicher Sitzungen in Rechtssachen und jedes anderen Schriftstücks, dessen Veröffentlichung der Gerichtshof anordnet;

j) er ist verantwortlich für alle Verwaltungsgeschäfte, insbesondere für das Rechnungs- und Finanzwesen in Übereinstimmung mit den entsprechenden Verfahren der Vereinten Nationen;

k) er bearbeitet Anfrage, die den Gerichtshof und seine Arbeit betreffen;

l) er trägt zur Aufrechterhaltung der Beziehungen zwischen dem Gerichtshof und anderen Organen der Vereinten Nationen, den Sonderorganisationen, sowie internationalen Gremien und Konferenzen bei, die sich mit der Kodifizierung und fortschreitenden Entwicklung des Völkerrechts befassen;

m) er sorgt dafür, daß Informationen über den Gerichtshof und seine Arbeit den Regierungen, höchstens nationalen Gerichten, Berufsverbänden, wissenschaftlichen Vereinigungen, Rechtsfakultäten und -schulen sowie den öffentlichen Informationsmedien zugänglich gemacht werden.

---

1) Resolution vom 15. Oktober 1946.

n) er verwahrt die Stempel und Siegel des Gerichtshofs, die Archive des Gerichtshofs und die Archive, die dem Gerichtshof gegebenenfalls anvertraut werden.[1])

(2) Der Gerichtshof kann dem Kanzler jederzeit weitere Aufgaben übertragen.

(3) Bei der Erfüllung seiner Aufgaben ist der Kanzler dem Gerichtshof verantwortlich.

Art. 27. (1) Der Stellvertretende Kanzler unterstützt den Kanzler, vertritt ihn bei seiner Abwesenheit und übt bei Freiwerden des Amtes die Amtspflichten des Kanzlers bis zur Besetzung des Amtes aus.

(2) Sind sowohl der Kanzler als auch der Stellvertretende Kanzler an der Ausübung der Amtspflichten des Kanzlers gehindert, so beauftragt der Präsident einen Bediensteten der Kanzlei für den erforderlichen Zeitraum mit der Wahrnehmung dieser Pflichten. Sind beide Ämter gleichzeitig unbesetzt, so beauftragt der Präsident nach Beratung mit den Mitgliedern des Gerichtshofes einen Bediensteten der Kanzlei mit der Wahrnehmung der Geschäfte des Kanzlers bis zur Wahl für das Amt.

Art. 28. (1) Die Kanzlei besteht aus dem Kanzler, dem Stellvertretenden Kanzler und den Bediensteten, die der Kanzler für die wirksame Erledigung seiner Aufgaben benötigt.

(2) Dem Gerichtshof obliegt die Organisation der Kanzlei; er fordert den Kanzler zur Abgabe entsprechender Vorschläge auf.

(3) Der Kanzler arbeitet Dienstanweisungen für die Kanzlei aus; sie bedürfen der Genehmigung durch den Gerichtshof.

(4) Für die Bediensteten der Kanzlei gilt ein vom Kanzler ausgearbeitetes ersonalstatut, das nach Möglichkeit mit dem Personalstatut und der Personalordnung der Vereinten Nationen übereinstimmt; es bedarf der Genehmigung durch den Gerichtshof.

Art. 29. (1) Der Kanzler kann nur dann seines Amtes enthoben werden, wenn der Amtsinhaber nach Ansicht von zwei Dritteln der Mitglieder des Gerichtshofs, aus denen dieser zum Zeitpunkt der zu treffenden Entscheidung besteht, entweder dauerhaft an der Ausübung seines Amtes gehindert ist oder sich einer schweren Pflichtverletzung schuldig gemacht hat. Diese Entscheidung wird in geheimer Abstimmung getroffen.

(2) Bevor eine Entscheidung nach Maßgabe dieses Artikels getroffen wird, unterrichtet der Präsident den Kanzler von dem beabsichtigten Vorgehen im Wege einer schriftlichen Mitteilung, die die Gründe hierfür sowie alle zweckdienlichen Beweise enthält. Der Kanzler erhält daraufhin in einer nichtöffentlichen Sitzung des Gerichtshofs Gelegenheit,

---

[1]) Anvertraut wurden dem IGH die Archive des ehemaligen Ständigen Internationalen Gerichtshofs sowie diejenigen des Prozesses vor dem Internationalen Militärgerichtshof Nürnberg, letztere durch Beschluß v. 1.10.1946.

eine Erklärung abzugeben und die von ihm gewünschten Auskünfte und Erläuterungen zu geben und schriftlich oder mündlich auf ihm gestellte Fragen zu antworten.

(3) Der Stellvertretenden Kanzler kann seines Amtes nur aus denselben Gründen und nach demselben Verfahren enthoben werden.

Teil III. Streitiges Verfahren

Abschnitt A. Mitteilungen an den Gerichtshof und Beratungen

Art. 30. Jede gemäß dieser Verfahrensordnung für den Gerichtshof bestimmte Mitteilung wird, wenn nichts anderes bestimmt ist, an den Kanzler gerichtet. Jeder von einer Partei gestellte Antrag wird gleichfalls an den Kanzler gerichtet, sofern er nicht anläßlich einer Verhandlung vor dem Gerichtshof während des mündlichen Verfahrens gestellt wird.

Art. 31. In jeder beim Gerichtshof anhängigen Rechtssache ermittelt der Präsident die Ansichten der Parteien über Verfahrensfragen. Zu diesem Zweck lädt er die Prozeßbevollmächtigten der Parteien zum frühestmöglichen Termin nach ihrer Bestellung, gegebenenfalls auch später zu einer Besprechung.

Abschnitt B. Zusammensetzung des Gerichtshofs in bestimmten Rechtssachen

Art. 32. (1) Ist der Präsident des Gerichtshofs Staatsangehöriger einer der an einer Rechtsache beteiligten Parteien, so nimmt er in dieser Sache das Amt des Präsidenten nicht wahr. Gleiches gilt für den Vizepräsidenten oder den dienstältesten Richter, wenn einer von beiden das Amt des Präsidenten wahrzunehmen hat.

(2) Dasjenige Mitglied des Gerichtshofs, das in einer Rechtssache zu dem Zeitpunkt den Vorsitz führt, zu dem der Gerichtshof zum mündlichen Verfahren zusammentritt, behält den Vorsitz in dieser Rechtssache bis zur Beendigung des laufenden Verfahrensabschnitts, selbst wenn zwischenzeitlich ein neuer Präsident oder Vizepräsident gewählt worden ist. Kann das Mitglied sein Amt nicht mehr wahrnehmen, so wird der Vorsitz in dieser Rechtssache gemäß Art. 13 dieser Verfahrensordnung und der Zusammensetzung des Gerichtshofs bei Eröffnung der mündlichen Verhandlung bestimmt.

Art. 33. Außer in dem in Art. 17 dieser Verfahrensordnung vorgesehenen Fall kommen die Mitglieder des Gerichtshofs, die gemäß Art. 13 Abs. 3 des Statuts nach Ablauf ihrer Amtszeit ersetzt wurden, der Verpflichtung aus diesem Absatz nach, indem sie bis zur Beendigung aller Verfahrensabschnitte der Rechtssache im Amt bleiben, in der das mündliche Verfahren vor dem Zeitpunkt ihrer Ersetzung eröffnet wurde.

Art. 34. (1) Bei Zweifeln über die Anwendung von Art. 17 Abs. 2 des Statuts oder Meinungsverschiedenheiten über die Anwendung von Art. 24 des Statuts unterrichtet der Präsident die Mitglieder des Gerichtshofs, bei denen die Entscheidung liegt.

(2) Beabsichtigt eine Partei, den Gerichtshof auf Tatsachen hinzuweisen, die nach ihrer Meinung für die Anwendung der im vorhergehenden Absatz genannten Bestimmungen des Statuts erheblich sein könnten und die dem Gerichtshof nach ihrer Meinung nicht bekannt sind, so unterrichtet sie den Präsidenten vertraulich und schriflich von diesen Tatsachen.

Art. 35. (1) Beabsichtigt eine Partei, die ihr in Art. 31 des Statuts gewährte Befugnis wahrzunehmen, in einer Rechtssache einen Ad-hoc-Richter zu bestellen, so teilt sie dies dem Gerichtshof baldmöglichst mit. Gibt sie nicht gleichzeitig Namen und Staatsangehörigkeit des ausgewählten Richters an, so hat sie dem Gerichtshof spätestens zwei Monate vor Ablauf der für die Einreichung der Antragserwiderung festgesetzten Frist Namen und Staatsangehörigkeit der benannten Person unter Beifügung eines kurzen Lebenslaufs mitzuteilen. Der Ad-hoc-Richter kann eine andere Staatsangehörigkeit haben als die ihn bestellende Partei.

(2) Beabsichtigt eine Partei, von der Bestellung eines Ad-hoc-Richters unter der Bedingung abzusehen, daß die andere Partei ebenfalls davon absieht, so teilt sie dies dem Gerichtshof mit, der die andere Partei davon in Kenntnis setzt. Teilt die andere Partei daraufhin ihre Absicht mit, einen Ad-hoc-Richter zu bestellen oder bestellt sie ihn, so kann die Frist für die Partei, die zunächst von der Bestellung eines Ad-hoc-Richters abgesehen hat, vom Präsidenten verlängert werden.

(3) Eine Abschrift jeder Mitteilung über die Bestellung eines Ad-hoc-Richters wird der anderen Partei durch den Kanzler mit der Aufforderung übermittelt, innerhalb einer vom Präsidenten festzusetzenden Frist die von ihr gewünschten Bemerkungen vorzubringen. Werden innerhalb dieser Frist von der anderen Partei keine Einwände erhoben und erhebt das Gericht ebenfalls keine, so werden die Parteien benachrichtigt.

(4) Bei Einwänden oder Zweifeln entscheidet der Gerichtshof, gegebenenfalls nach Anhörung der Parteien.

(5) Ein Ad-hoc-Richter, der seine Bestellung angenommen hat, aber nicht mehr in der Lage ist, sein Amt wahrzunehmen, kann ersetzt werden.

(6) Wird festgestellt, daß die Gründe, die zur Teilnahme eines Ad-hoc-Richters geführt haben, nicht mehr gegeben sind, so scheidet der Ad-hoc-Richter aus.

Art. 36. (1) Stellt der Gerichtshof fest, daß zwei oder mehr Parteien ein gemeinsames Interesse an der Sache haben und deshalb nur als eine Partei anzusehen sind und hat kein Mitglied des Gerichtshofs die Staatsangehörigkeit einer dieser Parteien, so setzt der Gerichtshof eine Frist zur gemeinsamen Bestellung eines Ad-hoc-Richters.

(2) Bringt eine der Parteien, für die der Gerichtshof ein gemeinsames Interesse an der Sache festgestellt hat, das Bestehen eines eigenen Interesses oder einen anderen Einwand vor, so entscheidet der Gerichtshof, gegebenenfalls nach Anhörung der Parteien.

Art. 37. (1) Kann ein Mitglied des Gerichtshofs, das die Staatsangehörigkeit einer der Parteien hat, in einem Verfahrensabschnitt der Rechtssache seine Amtspflichten nicht oder nicht mehr ausüben, so ist diese Partei berechtigt, innerhalb einer vom Gerichtshof oder, wenn dieser nicht tagt, vom Präsidenten festzusetzenden Frist einen Ad-hoc-Richter zu bestellen.

(2) Parteien, die ein gemeinsames Interesse an der Sache haben, gelten als nicht durch einen Richter ihrer Staatsangehörigkeit vertreten, wenn das Mitglied des Gerichtshofs mit der Staatsangehörigkeit einer der Parteien sein Amt in einem Verfahrensabschnitt nicht oder nicht mehr wahrnehmen kann.

(3) Ist das Mitglied des Gerichtshofs mit der Staatsangehörigkeit einer der Parteien vor Abschluß des schriftlichen Verfahrens in dem entsprechenden Verfahrensabschnitt nicht mehr an der Amtsausübung verhindert, so nimmt dieses Mitglied des Gerichtshofs seinen Platz als Richter wieder ein.

Abschnitt C. Verfahren vor dem Gerichtshof

Unterabschnitt 1. Einleitung des Verfahrens

Art. 38. (1) Wird eine Rechtssache im Wege einer gemäß Art. 40 Abs. 1 des Statuts eingereichten Klageschrift beim Gerichtshof anhängig gemacht, so gibt diese die einreichende Partei, den Staat, gegen den die Klage gerichtet ist, und den Streitgegenstand an.

(2) In der Klageschrift werden nach Möglichkeit die rechtlichen Grundlagen angeführt, auf denen die Zuständigkeit des Gerichtshofs nach Ansicht des Klägers beruht; gleichfalls enthält die Klageschrift genaue Angaben über die Natur des Anspruchs sowie eine kurze Darstellung der Tatsachen und Gründe, auf die der Anspruch gestützt wird.

(3) Das Original der Klageschrift wird entweder vom Prozeßbevollmächtigten der einreichenden Partei unterzeichnet oder vom diploma-

tischen Vertreter dieser Partei in dem Staat, in dem sich der Sitz des Gerichtshofs befindet, oder von einer anderen ordnungsgemäß ermächtigten Person. Trägt die Klageschrift die Unterschrift einer anderen Person als des genannten diplomatischen Vertreters, so muß diese Unterschrift von letzterem oder der zuständigen Dienststelle des Außenministeriums des Klägers beglaubigt sein.

(4) Der Kanzler übermittelt dem Beklagten umgehend eine beglaubigte Abschrift der Klageschrift.

(5) Beabsichtigt der klagende Staat, die Zuständigkeit des Gerichtshofs auf die noch nicht erteilte oder bekundete Zustimmung des Staates zu stützen, gegen den die Klage gerichtet ist, so wird diesem Staat die Klageschrift übermittelt. Sie wird jedoch weder in das allgemeine Register aufgenommen, noch wird irgendeine Prozeßhandlung vorgenommen, bis der Staat, gegen den die Klage gerichtet ist, die Zuständigkeit des Gerichtshofs für die Belange der Rechtssache anerkennt.

Art. 39. (1) Wird ein Verfahren gemäß Art. 40 Abs. 1 des Statuts durch Notifizierung eines Kompromisses beim Gerichtshof anhängig gemacht, so kann die Notifizierung von den Parteien gemeinsam oder von einer oder mehreren von ihnen erfolgen. Erfolgt die Notifizierung nicht gemeinsam, so wird der anderen Partei durch den Kanzler umgehend eine beglaubigte Abschrift übermittelt.

(2) In jedem Fall wird der Notifikation ein Original oder eine beglaubigte Abschrift des Kompromisses beigefügt. Die Notifikation enthält daneben, soweit sich dies nicht bereits aus dem Kompromiß ergibt, Angaben über den genauen Streitgegenstand und die Parteien.

Art. 40. (1) Außer unter den in Art. 38 Abs. 5 dieser Verfahrensordnung genannten Umständen werden nach Einleitung des Verfahrens alle Prozeßhandlungen namens der Parteien von Prozeßbevollmächtigten vorgenommen. Die Prozeßbevollmächtigten müssen über eine Zustellungsanschrift am Sitz des Gerichtshofs verfügen, über die der gesamte die Rechtssache betreffende Schriftverkehr geleitet wird. An die Prozeßbevollmächtigten der Parteien gerichtete Mitteilungen gelten als an die Parteien selbst gerichtet.

(2) Wird ein Verfahren im Wege einer Klageschrift eingeleitet, so gibt diese den Namen des Prozeßbevollmächtigten des Klägers an. Der Beklagte gibt dem Gerichtshof bei Empfang der beglaubigten Abschrift der Klageschrift oder sobald als möglich danach den Namen seines Prozeßbevollmächtigten bekannt.

(3) Wird ein Verfahren durch Notifizierung eines Kompromisses eingeleitet, so gibt die notifizierende Partei den Namen ihres Prozeßbevollmächtigten an. Jede andere Partei des Kompromisses gibt dem Gerichtshof bei Empfang einer beglaubigten Abschrift dieser Notifikation durch den Kanzler oder sobald als möglich danach den Namen ihres Prozeßbevollmächtigten bekannt, sofern dies nicht bereits geschehen ist.

Art. 41. Mit der Einleitung eines Verfahrens durch einen Staat, der nicht Vertragspartei des Statuts ist, jedoch gemäß Art. 35 Abs. 2 des Statuts die Zuständigkeit des Gerichtshofs im Wege einer in Übereinstimmung mit einer vom Sicherheitsrat nach diesem Artikel[1]) verabschiedeten Resolution abgegebenen Erklärung anerkannt hat, geht die Hinterlegung der genannten Erklärung einher, sofern sie nicht bereits vorher beim Kanzler hinterlegt wurde. Bei Auftreten von Fragen über Gültigkeit oder Wirkung derartiger Erklärungen entscheidet der Gerichtshof.

Art. 42. Der Kanzler übermittelt Abschriften der Klageschriften oder Notifizierungen eines Kompromisses an: (a) den Generalsekretär der Vereinten Nationen; (b) die Mitglieder der Vereinten Nationen; (c) andere zum Gerichtshof zugelassene Staaten.

Art. 43.[*]) (1) Handelt es sich gemäß Art. 63 Abs. 1 des Statuts um die Auslegung einer Übereinkunft, an der andere Staaten als die Streitparteien beteiligt sind, so prüft der Gerichtshof, welche Weisungen dem Kanzler in der Sache zu erteilen sind.

(2) Steht im Rahmen eines vor dem Gerichtshof anhängigen Verfahrens die Auslegung einer Übereinkunft in Frage, der eine völkerrechtliche internationale Organisation als Partei angehört, so prüft der Gerichtshof, ob der Kanzler die betreffende Organisation hierüber verständigen soll. Jede völkerrechtliche internationale Organisation, die in dieser Weise verständigt worden ist, kann Bemerkungen über diejenigen Bestimmungen der Übereinkunft einreichen, deren Auslegung in diesem konkreten Fall in Frage steht.

(3) Hält es eine völkerrechtliche internationale Organisation für geboten, Bemerkungen nach Absatz 2 einzureichen, so bestimmt sich das Verfahren nach Artikel 69 Absatz 2 dieser Verfahrensordnung.

Unterabschnitt 2. Schriftliches Verfahren

Art. 44. (1) Aufgrund der Ermittlungen des Präsidenten nach Art. 31 der Verfahrensordnung erläßt der Gerichtshof die erforderlichen Verfügungen, um insbesondere Zahl und Reihenfolge der Schriftsätze sowie die Fristen für ihre Einreichung zu bestimmen.

(2) Bei den Verfügungen nach Abs. 1 werden Vereinbarungen zwischen den Parteien, soweit sie nicht ungerechtfertigte Verzögerungen mit sich bringen, berücksichtigt.

(3) Der Gerichtshof kann auf Antrag der betreffenden Partei jede Frist verlängern oder entscheiden, daß auch eine nach Ablauf einer festgesetzten Frist vorgenommene Prozeßhandlung als wirksam zu betrachten ist, wenn er der Überzeugung ist, daß der Antrag hinreichend

---

[1]) Resolution vom 15. Oktober 1946.

[*]) **Amtl. Anm.:** Geändert mit Wirkung vom 29. September 2005.

gerechtfertigt ist. In jedem Fall erhält die andere Partei Gelegenheit, ihre Ansicht darzutun.

(4) Tagt der Gerichtshof nicht, so werden die in diesem Artikel genannten Befugnisse vom Präsidenten vorbehaltlich späterer Entscheidungen des Gerichtshofs wahrgenommen. Ergeben die nach Art. 31 durchgeführten Ermittlungen fortbestehende Meinungsverschiedenheiten zwischen den Parteien über die Anwendung von Art. 45 Abs. 2 oder Art. 46 Abs. 2 dieser Verfahrensordnung, so wird der Gerichtshof zur Entscheidung darüber einberufen.

(Fortsetzung nächstes Blatt)

Art. 45. (1) In einer durch Klageschrift eingeleiteten Rechtssache bestehen die Schriftsätze in der folgenden Reihenfolge aus: einer Antragsbegründung des Klägers; einer Antragserwiderung des Beklagten.

(2) Der Gerichtshof kann die Vorlage einer Replik durch den Kläger und einer Duplik durch den Beklagten zulassen oder vorschreiben, wenn die Parteien in diesem Sinne übereingekommen sind oder wenn der Gerichtshof *proprio motu* oder auf Antrag einer der Parteien entscheidet, daß diese Schriftsätze erforderlich sind.

Art. 46. (1) In einer durch Notifizierung eines Kompromisses eingeleiteten Rechtssache werden Zahl und Reihenfolge der Schriftsätze durch die Bestimmungen des Kompromisses festgelegt, sofern der Gerichtshof nicht nach Rücksprache mit den Parteien anders entscheidet.

(2) Enthält der Kompromiß keine derartige Bestimmung und sind die Parteien nicht später über Zahl und Reihenfolge der Schriftsätze übereingekommen, so reicht jede Partei eine Antragsbegründung und eine Antragserwiderung innerhalb derselben Fristen ein. Der Gerichtshof genehmigt die Vorlage einer Replik und einer Duplik nur, wenn er sie für erforderlich hält.

Art. 47. Der Gerichtshof kann jederzeit bestimmen, daß die Verfahren in zwei oder mehr Rechtssachen miteinander verbunden werden. Er kann gleichfalls bestimmen, daß schriftliches oder mündliches Verfahren einschließlich der Benennung von Zeugen gemeinsam erfolgen; der Gerichtshof kann, auch ohne eine förmliche Verbindung vorzunehmen, für jede Prozeßhandlung ein gemeinsames Vorgehen der Parteien anordnen.

Art. 48. Fristen für die Vornahme von Prozeßhandlungen können durch Angabe eines bestimmten Zeitraums festgesetzt werden, müssen jedoch stets genaue Daten angeben. Die Fristen müssen dem Charakter der Rechtssache entsprechend so kurz wie möglich sein.

Art. 49. (1) Die Antragsbegründung enthält eine Darstellung des wesentlichen Sachverhalts, Rechtsausführungen und die Anträge.

(2) Die Antragserwiderung enthält: die Anerkennung oder das Bestreiten des in der Antragsbegründung dargelegten Sachverhalts, gegebenenfalls weitere Angaben zum Sachverhalt, eine Stellungnahme zu den Rechtsausführungen in der Antragsbegründung, Rechtsausführungen zur Erwiderung und die Anträge.

(3) Die Replik und die Duplik wiederholen, sofern sie vom Gerichtshof genehmigt werden, nicht lediglich das Vorbringen der Parteien, sondern sind auf die Hervorhebung noch streitiger Punkte gerichtet.

(4) Jeder Schriftsatz legt die Anträge der Parteien zum jeweiligen Stand der Rechtssache dar, die sich von den vorgebrachten Argumenten abheben, oder bestätigt die vorher gestellten Anträge.

Art. 50. (1) Dem Original jedes Schriftsatzes werden beglaubigte Abschriften von allen zweckdienlichen Urkunden zur Unterstützung des in dem Schriftsatz enthaltenen Vorbringens beigefügt.

(2) Sind nur Teile einer Urkunde erheblich, so brauchen nur die für den betreffenden Schriftsatz erheblichen Auszüge beigefügt zu werden. Eine Abschrift der gesamten Urkunde ist bei der Kanzlei zu hinterlegen, sofern sie nicht veröffentlicht und leicht zugänglich ist.

(3) Eine Aufstellung aller einem Schriftsatz beigefügten Urkunden wird mit Einreichung des Schriftsatzes vorgelegt.

Art. 51. (1) Sind die Parteien übereingekommen, das schriftliche Verfahren ausschließlich in einer der beiden Amtssprachen des Gerichtshofs zu führen, so sind die Schriftsätze ausschließlich in dieser Sprache einzureichen. Mangels einer derartigen Übereinkunft sind die Schriftsätze oder Teile derselben in einer der Amtssprachen einzureichen.

(2) Wird nach Art. 39 Abs. 3 des Statuts eine andere Sprache als die französische oder englische gebraucht, so ist dem Original jedes Schriftsatzes eine von der einreichenden Partei beglaubigte Übersetzung in die englische oder französische Sprache beizufügen.

(3) Ist eine einem Schriftsatz beigefügte Urkunde nicht in einer der Amtssprachen des Gerichtshofs abgefaßt, so ist eine von der einreichenden Partei beglaubigte Übersetzung in eine dieser Sprachen beizufügen. Die Übersetzungen können auf einen Teil eines Anhangs oder Auszüge daraus beschränkt werden; in diesem Fall muß jedoch eine Erklärung mit der Angabe der übersetzten Auszüge beigefügt werden. Der Gerichtshof kann jedoch die Vorlage einer weitergehenden oder vollständigen Übersetzung verlangen.

Art. 52.[1], * (1) Das Original jedes Schriftsatzes wird von dem Prozeßbevollmächtigten unterzeichnet und bei der Kanzlei eingereicht. Eine beglaubigte Abschrift des Schriftsatzes, der beigefügten Urkunden und der Übersetzungen werden ihm zum Zweck der Übermittlung an die andere Partei nach Art. 43 Abs. 4 des Statuts beigefügt sowie die vom Kanzler benötigten zusätzlichen Abschriften; die Anforderung weiterer später etwa notwendig werdender Abschriften bleibt vorbehalten.

(2) Alle Schriftsätze werden mit einem Datum versehen. Ist ein Schriftsatz bis zu einem bestimmten Zeitpunkt einzureichen, so ist der Tag seines Eingangs in der Kanzlei für den Gerichtshof maßgebend.

* **Amtl. Anm.:** Geändert mit Wirkung vom 14. April 2005.

[1] **Amtl. Anm.:** Die Prozeßbevollmächtigten der Parteien werden gebeten, sich beim Kanzler über das übliche Format der Schriftsätze zu informieren.

(3) Versehentlich entstandene Fehler in einem eingereichten Schriftsatz können mit Zustimmung der anderen Partei oder mit Genehmigung des Präsidenten jederzeit berichtigt werden. Jede derartige Berichtigung wird der anderen Partei in derselben Weise wie der Schriftsatz, auf den sie sich bezieht, übermittelt.

Art. 53. (1) Der Gerichtshof oder, wenn er nicht tagt, der Präsident, kann jederzeit nach Einholung der Ansichten der Parteien bestimmen, daß Abschriften der Schriftsätze und beigefügten Urkunden einem zum Gerichtshof zugelassenen Staat, der um die Übermittlung der genannten Abschriften nachgesucht hat, zugänglich gemacht werden.

(2) Der Gerichtshof kann nach Einholung der Ansichten der Parteien bestimmen, daß Abschriften der Schriftsätze und beigefügten Urkunden bei oder nach Eröffnung des mündlichen Verfahrens der Öffentlichkeit zugänglich gemacht werden.

Unterabschnitt 3. Mündliches Verfahren

Art. 54. (1) Nach Abschluß des schriftlichen Verfahrens findet das mündliche Verfahren statt. Der Termin für den Beginn des mündlichen Verfahrens wird vom Gerichtshof festgesetzt, der gegebenenfalls auch die Vertagung des Beginns oder der Fortsetzung des mündlichen Verfahrens bestimmen kann.

(2) Bei der Festsetzung oder Vertagung des Termins für den Beginn des mündlichen Verfahrens berücksichtigt der Gerichtshof die in Art. 74 dieser Verfahrensordnung vorgeschriebene Priorität sowie jeden weiteren besonderen Umstand einschließlich der Dringlichkeit einer anderen Rechtssache.

(3) Tagt der Gerichtshof nicht, so werden die ihm in diesem Artikel übertragenen Befugnisse vom Präsidenten ausgeübt.

Art. 55. Hält der Gerichtshof es für wünschenswert, so kann er gemäß Art. 22 Abs. 1 des Statuts bestimmen, daß das weitere Verfahren in einer Rechtssache ganz oder teilweise an einem anderen Ort als dem Sitz des Gerichtshofs stattfinden soll. Vor einer solchen Entscheidung holt der Gerichtshof die Ansichten der Parteien ein.

Art. 56. (1) Nach Abschluß des schriftlichen Verfahrens dürfen dem Gerichtshof von keiner Partei neue Schriftstücke vorgelegt werden, es sei denn mit Zustimmung der anderen Partei oder nach Maßgabe von Absatz 2 dieses Artikels. Die Partei, die ein neues Schriftstück vorzulegen beabsichtigt, reicht das Original oder eine beglaubigte Abschrift zusammen mit der von der Kanzlei benötigten Anzahl von Abschriften ein. Die Kanzlei sorgt für die Übermittlung an die andere Partei und setzt den Gerichtshof in Kenntnis. Die andere Partei gilt als einverstanden, wenn sie keinen Einspruch gegen die Vorlage des Schriftstücks erhebt.

(2) Mangels Zustimmung kann der Gerichtshof nach Anhörung der Parteien die Vorlage des Schriftstückes genehmigen, wenn er es für erforderlich hält.

(3) Wird ein neues Schriftstück gemäß Abs. 1 oder Abs. 2 dieses Artikels vorgelegt, so erhält die andere Partei Gelegenheit, dazu Stellung zu nehmen und ihrerseits durch die Vorlage von Schriftstücken ihre Stellungnahme zu belegen.

(4) Während des mündlichen Verfahrens darf auf den Inhalt von Schriftstücken, die nicht gemäß Art. 43 des Statuts oder dem vorliegenden Artikel vorgelegt worden sind, kein Bezug genommen werden, sofern das Schriftstück nicht Teil einer leicht zugänglichen Veröffentlichung ist.

(5) Die Anwendung dieses Artikels stellt an sich noch keinen Grund für eine Verzögerung des Beginns oder des Fortgangs des mündlichen Verfahrens dar.

Art. 57. Unbeschadet der Vorschriften der Verfahrensordnung über die Vorlage von Schriftstücken macht jede Partei der Kanzlei rechtzeitig vor Beginn des mündlichen Verfahrens Mitteilung darüber, welche Beweise sie selbst zu erbringen beabsichtigt, oder welche Beweiserhebung durch den Gerichtshof sie beantragen will. Diese Mitteilung enthält eine Liste mit den Vor- und Zunamen, der Staatsangehörigkeit, Angaben über Stand und Beruf und über den Wohnsitz aller Zeugen und Sachverständigen, die auf Antrag über die Fragen, die durch die Aussagen der Zeugen bewiesen werden sollten. Eine Abschrift dieser Mitteilung ist zur Übermittlung an die andere Partei gleichfalls beizufügen.

Art. 58. (1) Der Gerichtshof bestimmt, ob die Parteien ihre Vorträge vor oder nach der Beweisaufnahme halten sollen. Die Parteien behalten jedoch auf alle Fälle das Recht, zum Ergebnis der Beweisaufnahme Stellung zu nehmen.

(2) Die Reihenfolge, in der die Parteien gehört werden, die Art der Vorlage der Beweismittel und der Vernehmung der Zeugen und Sachverständigen sowie die Anzahl von Beiständen und Anwälten, die im Namen jeder Partei das Wort ergreifen, werden vom Gerichtshof nach Einholung der Ansichten der Parteien gemäß Art. 31 dieser Verfahrensordnung festgesetzt.

Art. 59. Die mündliche Verhandlung ist öffentlich, sofern nicht der Gerichtshof etwas anderes beschließt oder die Parteien den Ausschluß der Öffentlichkeit beantragen. Eine derartige Entscheidung oder ein

(Fortsetzung nächste Seite)

derartiger Antrag können die Verhandlung entweder ganz oder teilweise betreffen und jederzeit erfolgen.

Art. 60. (1) Die mündlichen Parteivorträge beschränken sich auf das, was für die angemessene Darlegung des Vorbringens der betreffenden Partei bei der mündlichen Verhandlung erforderlich ist. Demgemäß beziehen sie sich auf die Fragen, die zwischen den Parteien noch streitig sind und nehmen nicht all das wieder auf, was in den Schriftsätzen vorgebracht worden ist und wiederholen nicht die dort dargelegten Tatsachen und Rechtsausführungen.

(2) Nach Beendigung des letzten Vortrages einer Partei in der mündlichen Verhandlung verliest ihr Prozeßbevollmächtigter ohne Wiederholung der Rechtsausführungen die Schlußanträge dieser Partei. Eine Abschrift des schriftlichen Textes dieser Anträge unterzeichnet vom Prozeßbevollmächtigten wird dem Gerichtshof übergeben und der anderen Partei übermittelt.

Art. 61. (1) Der Gerichtshof kann jederzeit vor oder während der mündlichen Verhandlung die Punkte oder Fragen angeben, zu denen er vor allem Äußerungen der Parteien zu hören wünscht oder zu denen sich die Parteien seiner Ansicht nach bereits hinreichend geäußert haben.

(2) Der Gerichtshof kann während der mündlichen Verhandlung Fragen an die Prozeßbevollmächtigten, Beistände und Anwälte richten und sie um Erläuterungen ersuchen.

(3) Jeder Richter kann Fragen stellen, doch hat er zuvor seine Absicht dem Präsidenten mitzuteilen, der nach Art. 45 des Statuts die mündliche Verhandlung leitet.

(4) Die Prozeßbevollmächtigten, Beistände und Anwälte können entweder umgehend oder innerhalb einer vom Präsidenten festgesetzten Frist antworten.

Art. 62. (1) Der Gerichtshof kann die Parteien jederzeit auffordern, die Beweise zu erbringen oder die Erläuterungen abzugeben, die er zur Aufklärung eines Aspekts der anstehenden Rechtsfrage für erforderlich hält; der Gerichtshof kann sich auch selbst um entsprechende Aufklärung bemühen.

(2) Der Gerichtshof kann gegebenenfalls die Aussagen eines Zeugen oder Sachverständigen während der Verhandlung veranlassen.

Art. 63. (1) Die Parteien können alle Zeugen oder Sachverständigen aus der dem Gerichtshof gemäß Art. 57 dieser Verfahrensordnung übermittelten Liste vernehmen lassen. Will eine Partei während der mündlichen Verhandlung einen Zeugen oder Sachverständigen vernehmen lassen, dessen Name nicht auf der Liste angeführt ist, so setzt sie den Gerichtshof und die andere Partei davon in Kenntnis und bringt die in Art. 57 vorgeschriebenen Angaben bei. Der Zeuge oder Sachverständige kann vernommen werden, wenn die andere Partei keine Einwände erhebt oder wenn der Gerichtshof der Meinung ist, daß seine Aussage voraussichtlich erheblich sein wird.

(2) Der Gerichtshof oder, wenn er nicht tagt, der Präsident veranlaßt auf Antrag einer der Parteien oder *proprio motu* die auswärtige Vernehmung von Zeugen.

Art. 64. Sofern der Gerichtshof nicht aufgrund besonderer Umstände eine andere Formulierung bestimmt,

a) gibt jeder Zeuge vor seiner Aussage folgende Erklärung ab:

„Ich erkläre feierlich auf Ehre und Gewissen, daß ich die Wahrheit, die volle Wahrheit und nichts als die Wahrheit sagen werde,"

b) gibt jeder Sachverständige, bevor er sein Gutachten erstattet, folgende Erklärung ab:

„Ich erkläre feierlich auf Ehre und Gewissen, daß ich die Wahrheit, die volle Wahrheit und nichts als die Wahrheit sagen werde und daß mein Gutachten meiner festen Überzeugung entspricht."

Art. 65. Zeugen und Sachverständige werden von den Prozeßbevollmächtigten, Beiständen oder Anwälten der Parteien unter Aufsicht des Präsidenten vernommen. Der Präsident und die Richter können Fragen an die Zeugen und Sachverständigen richten. Vor ihrer Aussage müssen die Zeugen sich außerhalb des Gerichtssaals aufhalten.

Art. 66. Der Gerichtshof kann jederzeit *proprio motu* oder auf Antrag einer Partei beschließen, die Beweise an einem mit der Rechtssache in Zusammenhang stehenden Ort unter den Bedingungen zu erheben, die er nach Einholung der Ansichten der Parteien festlegt. Die erforderlichen Vorkehrungen werden gemäß Art 44 des Statuts getroffen.

Art. 67. (1) Hält der Gerichtshof eine Untersuchung oder die Einholung eines Gutachtens für erforderlich, so erläßt er nach Anhörung der Parteien einen entsprechenden Beschluß, der den Gegenstand der Untersuchung oder des Gutachtens bestimmt und die mit der Vornahme der Untersuchung beauftragten Personen oder die Sachverständigen nach Zahl und Art der Benennung sowie das zu befolgende Verfahren festlegt. Gegebenenfalls fordert der Gerichtshof die mit der Vornahme einer Untersuchung oder mit der Erstattung eines Gutachtens beauftragten Personen zur Abgabe einer feierlichen Erklärung auf.

(2) Alle Berichte oder Protokolle über die Untersuchungen sowie alle Gutachten werden den Parteien übermittelt, die Gelegenheit zur Stellungnahme erhalten.

Art. 68. Zeugen und Sachverständige, die auf Veranlassung des Gerichtshofs gemäß Art. 62 Abs. 2 erscheinen, sowie gemäß Art. 67

Abs. 1 dieser Verfahrensordnung mit der Vornahme einer Untersuchung oder der Erstattung eines Gutachtens beauftragte Personen erhalten gegebenenfalls ihre Gebühren aus den Mitteln des Gerichtshofs.

Art. 69. (1) Der Gerichtshof kann jederzeit vor Beendigung des mündlichen Verfahrens *proprio motu* oder aufgrund eines nach Art. 57 dieser Verfahrensordnung übermittelten Antrags einer der Parteien eine völkerrechtliche internationale Organisation auffordern, nach Art. 34 des Statuts in einer bei ihm anhängigen Rechtssache zweckdienliche Auskünfte zu erteilen. Der Gerichtshof entscheidet nach Befragung des höchsten Bediensteten der betreffenden Organisation, ob ihm derartige Auskünfte mündlich oder schriftlich zu unterbreiten sind und setzt hierfür Fristen fest.

(2) Hält eine völkerrechtliche internationale Organisation es für angebracht, von sich aus zu einer beim Gerichtshof anhängigen Rechtssache zweckdienliche Auskünfte zu erteilen, so geschieht dies in Form eines Schriftsatzes, der vor Abschluß des schriftlichen Verfahrens bei der Kanzlei eingereicht wird. Der Gerichtshof kann in diesem Fall zusätzliche mündliche oder schriftliche Auskünfte verlangen, und zwar durch Beantwortung etwaiger von ihm gestellter Fragen; er kann die Parteien ermächtigen, zu den erteilten Auskünften mündlich oder schriftlich Stellung zu nehmen.

(3) Tritt der in Art. 34 Abs. 3 des Statuts vorgesehene Fall ein, so verfährt der Kanzler auf Weisung des Gerichtshofs oder, wenn er nicht tagt, des Präsidenten nach Maßgabe der Vorschriften des erwähnten Absatzes. Der Gerichtshof oder, wenn er nicht tagt, der Präsident kann eine Frist festsetzen, die mit dem Tag der Übersendung von Abschriften des schriftlichen Verfahrens durch den Kanzler und nach Anhörung des höchsten Bediensteten der betreffenden völkerrechtlichen internationalen Organisation zu laufen beginnt, innerhalb derer die betreffende Organisation dem Gerichtshof schriftlich ihre Stellungnahme unterbreiten kann. Diese Stellungnahme wird den Parteien zugeleitet und kann von ihnen sowie von dem Vertreter der betreffenden Organisation im Laufe der mündlichen Verhandlung erörtert werden.

(4) In den vorhergehenden Absätzen bezeichnet der Ausdruck „völkerrechtliche internationale Organisation" eine internationale Organisation von Staaten.

Art. 70. (1) Ordnet der Gerichtshof nichts anderes an, so werden alle während der mündlichen Verhandlung in einer der Amtssprachen des Gerichtshofs vorgebrachten Vorträge, Erklärungen und Aussagen in die andere Amtssprache simultan übersetzt. Werden sie in einer anderen Sprache vorgebracht, so werden sie in die beiden Amtssprachen des Gerichtshofs simultan übersetzt.

(2) Wird nach Art. 39 Abs. 3 des Statuts eine andere Sprache als Französisch oder Englisch benutzt, so hat die betreffende Partei für die Simultanübersetzung in einer der beiden Amtssprachen des Gerichts-

hofs zu sorgen; der Kanzler trifft jedoch Vorkehrungen für die Überprüfung der von einer Partei besorgten Simultanübersetzung von Aussagen, die in ihrem Namen gemacht werden. Bei den auf Veranlassung des Gerichtshofs erscheinenden Zeugen oder Sachverständigen sorgt die Kanzlei für die Simultanübersetzung.

(3) Soll bei Vorträgen, Erklärungen oder Aussagen einer Partei eine andere als eine der Amtssprachen des Gerichtshofs benutzt werden, so benachrichtigt die betreffende Partei so rechtzeitig den Kanzler, daß dieser die erforderlichen Vorkehrungen treffen kann.

(4) Die von einer Partei bestellten Dolmetscher geben, bevor sie zum ersten Mal in der Rechtssache tätig werden, folgende Erklärungen vor dem Gerichtshof ab:
„Ich erkläre feierlich auf Ehre und Gewissen, daß meine Simultanübersetzung getreu und vollständig sein wird."

Art. 71. (1) Der Kanzler nimmt von jeder mündlichen Verhandlung ein Protokoll in der Amtssprache des Gerichtshofs auf, in der verhandelt worden ist. Ist die Verhandlungssprache keine der beiden Amtssprachen des Gerichtshofs, so wird das Protokoll in einer der beiden Amtssprachen des Gerichtshofs abgefaßt.

(2) Werden Vorträge oder Erklärungen in einer anderen als einer der Amtssprachen des Gerichtshofs vorgebracht, so legt die Partei, in deren Namen sie vorgebracht werden, der Kanzlei im voraus den Text in einer der Amtssprachen vor; dieser Text bildet den entsprechenden Teil des Protokolls.

(3) Dem Text des Protokolls werden die Namen der anwesenden Richter sowie der Prozeßbevollmächtigten, Beistände und Anwälte der Parteien vorangestellt.

(4) Den an der Rechtssache beteiligten Richtern und den Parteien wird eine Abschrift des Protokolls übermittelt. Die Parteien können unter Aufsicht des Gerichtshofs die Niederschrift ihrer Vorträge und Erklärungen korrigieren; diese Korrekturen dürfen jedoch keinesfalls deren Sinn und Tragweite ändern. Ebenso können Richter in der Niederschrift Korrekturen an ihren Äußerungen anbringen.

(5) Zeugen und Sachverständigen wird der Teil der Niederschrift vorgelegt, der sich auf ihre Aussagen bzw. ihr Gutachten bezieht; sie können ebenso wie die Parteien Korrekturen anbringen.

(6) Eine vom Präsidenten und vom Kanzler unterzeichnete beglaubigte Abschrift der endgültigen korrigierten Niederschrift bildet das authentische Sitzungsprotokoll im Sinne von Art. 47 des Status. Die Protokolle der mündlichen Verhandlungen werden vom Gerichtshof gedruckt und veröffentlicht.

Art. 72. Jede schriftliche Antwort einer Partei auf eine nach Art. 61 dieser Verfahrensordnung gestellte Frage oder alle von einer Partei nach Art. 62 dieser Verfahrensordnung erbrachten Beweise oder abgegebenen Erklärungen, die beim Gerichtshof nach Abschluß des mündlichen Verfahrens eingehen, werden der anderen Partei übermittelt, die Gelegenheit erhält, dazu Stellung zu nehmen. Gegebenenfalls kann das mündliche Verfahren zu diesem Zweck wiedereröffnet werden.

Abschnitt D. Verfahren in besonderen Fällen

Unterabschnitt 1. Vorsorgliche Maßnahmen

Art. 73. (1) Ein schriftlicher Antrag auf Erlaß vorsorglicher Maßnahmen kann von einer Partei jederzeit während des Verfahrens in der Sache, auf die sich der Antrag bezieht, gestellt werden.

(2) Der Antrag wird begründet, er gibt die möglichen Folgen für den Fall seiner Ablehnung sowie die beantragten Maßnahmen an. Der Kanzler übermittelt der anderen Partei unverzüglich eine beglaubigte Abschrift.

Art. 74. (1) Ein Antrag auf Erlaß vorsorglicher Maßnahmen geht allen anderen Sachen vor.

(2) Tagt der Gerichtshof zur Zeit der Antragstellung nicht, so wird er unverzüglich einberufen, um vordringlich über den Antrag zu entscheiden.

(3) Der Gerichtshof oder, wenn er nicht tagt, der Präsident, bestimmt den Termin für das mündliche Verfahren so, daß es den Parteien ermöglicht wird, vertreten zu sein. Jede vor Abschluß des mündlichen Verfahrens abgegebene Stellungnahme wird vom Gerichtshof entgegengenommen und berücksichtigt.

(4) Bis zum Zusammentreten des Gerichtshofs kann der Präsident die Parteien auffordern, sich so zu verhalten, daß jede Verfügung, die der Gerichtshof aufgrund des Antrags auf vorsorgliche Maßnahmen erläßt, die gewünschte Wirkung hat.

Art. 75. (1) Der Gerichtshof kann jederzeit beschließen, *proprio motu* zu prüfen, ob die Umstände der Sache den Erlaß vorsorglicher Maßnahmen erfordern, die von einer oder allen Parteien zu treffen oder zu befolgen sind.

(2) Ist ein Antrag auf Erlaß vorsorglicher Maßnahmen gestellt, so kann der Gerichtshof Maßnahmen anordnen, die ganz oder teilweise von den beantragten abweichen, oder die von der antragstellenden Partei zu treffen oder zu befolgen sind.

(3) Die Ablehnung eines Antrags auf Erlaß vorsorglicher Maßnahmen hindert die antragstellende Partei nicht, in der gleichen Sache einen neuen, auf neue Tatsachen gestützten Antrag zu stellen.

Art. 76. (1) Auf Antrag einer Partei oder *proprio motu* kann der Gerichtshof jederzeit vor dem Endurteil in der Rechtssache jede Entscheidung über vorsorgliche Maßnahmen aufheben oder ändern, sofern nach seiner Auffassung eine Änderung der Umstände eine solche Aufhebung oder Änderung rechtfertigt.

(2) Jeder Antrag einer Partei auf Aufhebung oder Änderung gibt die als erheblich angesehene Änderung der Umstände an.

(3) Vor jeder Verfügung nach Abs. 1 gibt der Gerichtshof den Parteien Gelegenheit zur Stellungnahme.

Art. 77. Der Erlaß aller Maßnahmen des Gerichtshofs nach Art. 73 und 74 dieser Verfahrensordnung und jede Entscheidung des Gerichtshofs nach Art. 76 Abs. 1 dieser Verfahrensordnung werden unverzüglich dem Generalsekretär der Vereinten Nationen zur Weiterleitung an den Sicherheitsrat gemäß Art. 41 Abs. 2 des Statuts übermittelt.

Art. 78. Der Gerichtshof kann die Parteien um Auskunft über jede Frage ersuchen, die mit der Durchführung der von ihm erlassenen vorsorglichen Maßnahmen zusammenhängt.

Unterabschnitt 2. Vorgängige prozessuale Einreden[1]

Art. 79. (1) Following the submission of the application and after the President has met and consulted with the parties, the Court may decide, if the circumstances so warrant, that questions conceming its jurisdiction or the admissibility of the application shall be determined separately.

(2) Where the Court so decides, the parties shall submit pleadings concerning jurisdiction or admissibility within the time-limits fixed, and in the order determined, by the Court. Each pleading shall contain; the part's observations and submissions, including any evidence on which it relies, and shall attach copies of supporting documents.

Art. 79bis. (1) When the Court has not taken any decision under Article 79, an obj ection by the respondent to the jurisdiction of the Court or to the admissibility of the application, or other objection the decision upon which is requested before any further proceedings on the merits, shall be made in writing as soon as possible, and not later than three months after the delivery of the Memorial. Any such objection made by a party other than the respondent shall be filed within the time-limit fixed for the delivery of that party's first pleading.

(2) The preliminary objection shall set out the facts and the law on which the objection is based, the submissions and a list of the documents in support; it shall include any evidence on which the party relies. Copies ofthe supporting documents shall be attached.

[1] Der bisherige Artikel 79 ist m. W. v. 21.10.2019 durch 3 Artikel ersetzt worden (Art. 79, Art. 79bis und Art. 79ter), die nachfolgend in der engl. Originalfassung wiedergegeben werden. Eine dt. Übers. folgt mit der nächsten Nachlieferung.

(3) Upon receipt by the Registry of a preliminary objection, the proceedings on the merits shall be suspended and the Court, or the President if the Court is not sitting, shall fix the time-limit for the presentation by the other party of a written statement of its observations and submissions, which shall include any evidence on which the party relies. Copies of the supporting documents shall be attached.

(4) The Court shall give effect to any agreement between the parties that an objection submitted under paragraph 1 be heard and determined within the framework ofthe merits.

Art. 79ter. (1) Pleadings with respect to preliminary questions, or objections filed pursuant to Article 79, paragraph 2, or Article 79bis, paragraphs 1 and 3, shall be confined to those matters that are relevant to the preliminary questions or objections.

(2) Unless otherwise decided by the Court, the further proceedings shall be oral.

(3) The Court, whenever necessary, may request the parties to argue all questions of law and fact, and to adduce all evidence, which bear on the preliminary questions or objections.

(4) After hearing the parties, the Court shall decide upon a preliminary question or uphold or reject a preliminary objection. The Court may however declare that, in the circumstances of the case, a question or objection does not possess an exclusively preliminary character.

(5) The Court shall give its decision in the form of a judgment. If the judgment does not dispose of the case, the Court shall fix time-limits for the further proceedings.

Unterabschnitt 3. Widerklagen

Art. 80. (1) Eine Widerklage kann nur erhoben werden, sofern sie in die Zuständigkeit des Gerichtshofs fällt und mit dem Gegenstand der Klage der anderen Partei in unmittelbarem Zusammenhang steht.

(2) Eine Widerklage ist in der Antragserwiderung zu erheben und bildet einen Teil der darin enthaltenen Anträge. Das Recht der anderen Partei in einem besonderen Schriftsatz eine schriftliche Stellungnahme zu der Widerklage abzugeben bleibt unberührt, ungeachtet einer in Übereinstimmung mit Artikel 45 Absatz 2 getroffenen Entscheidung des Gerichtshofes über die Einreichung weiterer Schriftsätze.

(3) Im Falle der Erhebung einer Einwendung im Hinblick auf die Anwendung des Absatzes 1 oder wenn immer dies der Gerichtshof für geboten hält, fällt der Gerichtshof seine Entscheidung darüber nach Anhörung der Parteien.

Unterabschnitt 4. Intervention

Art. 81. (1) Ein nach Art. 38 Abs. 3 dieser Verfahrensordnung unterzeichneter Antrag auf Intervention nach Art. 62 des Statuts ist baldmöglichst, jedoch spätestens bis zum Abschluß des schriftlichen Verfahrens einzureichen. Unter besonderen Umständen kann auch ein später gestellter Antrag zugelassen werden.

(2) Der Antrag gibt den Namen des Prozeßbevollmächtigten an. Er bezeichnet die Rechtssache, auf die er sich bezieht, und legt dar:

a) das rechtliche Interesse, das nach Meinung des intervenierenden Staates durch die Entscheidung in dieser Sache berührt werden kann;

b) den genauen Gegenstand der Intervention;

c) jede Zuständigkeitsgrundlage, die nach Meinung des intervenierenden Staates zwischen ihm und den Parteien der Rechtssache besteht.

(3) Der Antrag enthält eine Liste der beigefügten Unterlagen.

Art. 82. (1) Will ein Staat von dem Interventionsrecht nach Art. 63 des Statuts Gebrauch machen, so reicht er eine entsprechende Erklärung mit der in Art. 38 Abs. 3 der Verfahrensordnung vorgesehenen Unterschrift ein. Diese Erklärung wird baldmöglichst, jedoch spätestens bis zu dem für die Eröffnung des mündlichen Verfahrens festgesetzten Termin eingereicht. Unter besonderen Umständen kann auch eine später eingereichte Erklärung zugelassen werden.

(2) Die Erklärung gibt den Namen des Prozeßbevollmächtigten an. Sie bezeichnet die Rechtssache und den Vertrag, auf die sie sich bezieht und enthält:

a) Einzelheiten über die Gründe, weshalb sich der erklärende Staat als Vertragspartei betrachtet;

b) die Angabe der einzelnen Vertragsbestimmungen, um deren Auslegung es sich seiner Meinung nach handelt;

c) die Auslegung, die er diesen Bestimmungen gibt;

d) eine Liste der beigefügten Unterlagen.

(3) Eine solche Erklärung kann auch von einem Staat eingereicht werden, der sich als Partei des Vertrages betrachtet, um dessen Auslegung es sich handelt, der jedoch nicht gemäß Art. 63 des Statuts unterrichtet worden ist.

Art. 83. (1) Beglaubigte Abschriften des Interventionsantrages nach Art. 62 des Statuts oder der Interventionserklärung nach Art. 63 des Statuts werden unverzüglich den Streitparteien übermittelt, die aufgefordert werden, ihre schriftlichen Bemerkungen innerhalb einer vom Gerichtshof oder, wenn er nicht tagt, vom Präsidenten festgesetzten Frist abzugeben.

(2) Der Kanzler übermittelt Abschriften ebenfalls an:

a) den Generalsekretär der Vereinten Nationen;

b) die Mitglieder der Vereinten Nationen;

c) andere zum Gerichtshof zugelassene Staaten;

d) alle anderen nach Art. 63 des Statuts unterrichteten Staaten.

Art. 84. (1) Der Gerichtshof entscheidet vordringlich über die Zulassung eines Interventionsantrages nach Art. 62 des Statuts und über die Zulässigkeit einer Interventionserklärung nach Art. 63 des Statuts, sofern er nicht in Anbetracht der Umstände des Falles anderes entscheidet.

(2) Wird innerhalb der nach Art. 83 dieser Verfahrensordnung festgesetzten Frist Einspruch gegen einen Interventionsantrag oder gegen

(Fortsetzung nächstes Blatt)

die Zulässigkeit einer Interventionserklärung erhoben, so hört der Gerichtshof den Staat, der intervenieren will, sowie die Parteien vor seiner Entscheidung an.

Art. 85. (1) Wird ein Interventionsantrag nach Art. 62 des Statuts zugelassen, so erhält der intervenierende Staat Abschriften der Schriftsätze und der beigefügten Unterlagen; er hat das Recht, innerhalb einer vom Gerichtshof festgesetzten Frist eine schriftliche Erklärung abzugeben. Eine weitere Frist wird festgesetzt, innerhalb derer die Parteien, falls sie es wünschen, vor dem mündlichen Verfahren schriftlich zu dieser Erklärung Stellung nehmen können. Tagt der Gerichtshof nicht, so werden diese Fristen vom Präsidenten festgesetzt.

(2) Die gemäß dem vorhergehenden Absatz festgesetzten Fristen stimmen soweit wie möglich mit den bereits für die Vorlage der Schriftsätze in der Sache festgesetzten Fristen überein.

(3) Der intervenierende Staat hat das Recht, während des mündlichen Verfahrens Stellung zum Gegenstand der Intervention zu nehmen.

Art. 86. (1) Wird eine Intervention nach Art. 63 des Statuts für zulässig erklärt, so erhält der intervenierende Staat Abschriften der Schriftsätze und der beigefügten Unterlagen; er hat das Recht, innerhalb einer vom Gerichtshof oder, wenn er nicht tagt, vom Präsidenten festgesetzten Frist schriftlich zum Gegenstand der Intervention Stellung zu nehmen.

(2) Diese Stellungnahme wird den Parteien und jedem anderen Staat, der zur Intervention berechtigt ist, übermittelt. Der intervenierende Staat hat das Recht, während des mündlichen Verfahrens zum Gegenstand der Intervention Stellung zu nehmen.

Unterabschnitt 5. Besondere Verweisung an den Gerichtshof

Art. 87. (1) Wird gemäß einem in Kraft befindlichen Vertrag oder einer in Kraft befindlichen Übereinkunft ein streitiges Verfahren in bezug auf eine Sache, die bereits Gegenstand eines Verfahrens vor einem anderen internationalen Organ war, beim Gerichtshof anhängig gemacht, so finden die Bestimmungen des Statuts und dieser Verfahrensordnung über das streitige Verfahren Anwendung.

(2) Die das Verfahren einleitende Klageschrift gibt die Entscheidung oder den sonstigen amtlichen Akt des betreffenden internationalen Organs an; eine Abschrift hiervon wird beigefügt. Die Klageschrift enthält eine genaue Darlegung der im Hinblick auf die Entscheidung oder Verfügung aufgeworfenen Fragen, die den Gegenstand der dem Gerichtshof unterbreiteten Streitigkeit bilden.

Unterabschnitt 6. Einstellung des Verfahrens

Art. 88. (1) Zeigen die Parteien zu irgendeinem Zeitpunkt vor Verkündung des Endurteils in der Hauptsache dem Gerichtshof schriftlich gemeinsam oder einzeln an, daß sie übereingekommen sind, das Verfahren nicht fortzuführen, so erläßt der Gerichthof eine Verfügung, durch die die Einstellung des Verfahrens festgestellt und die Löschung der Sache im Register angeordnet wird.

(2) Sind die Parteien aufgrund einer gütlichen Beilegung der Streitigkeiten übereingekommen, das Verfahren nicht fortzuführen, so kann der Gerichtshof, wenn die Parteien dies wünschen, diese Tatsache in der Verfügung zur Löschung der Sache im Register feststellen, oder er kann in der Verfügung oder als Anlage dazu die Bestimmungen der Übereinkunft angeben.

(3) Tagt der Gerichtshof nicht, so kann jede Verfügung nach diesem Artikel vom Präsidenten erlassen werden.

Art. 89. (1) Zeigt der Kläger im Verlauf eines durch eine Klageschrift eingeleiteten Verfahrens dem Gerichtshof schriftlich an, daß er das Verfahren nicht fortführen will, und hat der Beklagte zum Zeitpunkt des Eingangs dieser Mitteilung bei der Kanzlei noch keine Prozeßbehandlung vorgenommen, erläßt der Gerichtshof eine Verfügung, durch welche die Einstellung des Verfahrens festgestellt und die Löschung der Sache im Register angeordnet wird. Eine Abschrift dieser Verfügung wird dem Beklagten vom Kanzler übersandt.

(2) Hat der Beklagte zu dem Zeitpunkt, in dem ihm die Mitteilung über die Einstellung des Verfahrens zugeht, bereits eine Prozeßhandlung vorgenommen, so setzt der Gerichtshof eine Frist fest, innerhalb derer der Beklagte erklären kann, ob er der Einstellung des Verfahrens widerspricht. Erhebt er vor Ablauf dieser Frist keinen Widerspruch, so gilt dies als Einwilligung. Der Gerichtshof erläßt daraufhin eine Verfügung, durch die die Einstellung des Verfahrens festgestellt und die Löschung der Sache im Register angeordnet wird. Wird Widerspruch erhoben, so wird das Verfahren fortgesetzt.

(3) Tagt der Gerichtshof nicht, so kann der Präsident dessen Befugnisse nach diesem Artikel ausüben.

Abschnitt E. Verfahren vor den Kammern

Art. 90. Das Verfahren vor den in Art. 26 und 29 des Statuts vorgesehenen Kammern richtet sich nach den Bestimmungen der Teile I bis III dieser Verfahrensordnung, die in streitigen Verfahren vor dem Gerichtshof anzuwenden sind, vorbehaltlich derjenigen Bestimmungen des Statuts und dieser Verfahrensordnung, die sich ausdrücklich auf die Kammern beziehen.

Art. 91. (1) Ein Antrag auf Behandlung einer Rechtssache durch eine nach Art. 26 Abs. 1 oder Art. 29 des Statuts gebildete Kammer ist in den das Verfahren einleitenden Schriftsatz aufzunehmen oder ihm beizufügen. Einem übereinstimmenden Antrag der Parteien wird stattgegeben.

(2) Der Präsident des Gerichtshofs übermittelt den Antrag nach Eingang in der Kanzlei den Mitgliedern der betreffenden Kammer. Er unternimmt die erforderlichen Schritte zur Anwendung des Art. 31 Abs. 4 des Statuts.

(3) Der Präsident des Gerichtshofs beruft die Kammer so bald ein, wie dies mit den Erfordernissen des Verfahrens vereinbar ist.

Art. 92. (1) Das schriftliche Verfahren in einer Rechtssache vor einer Kammer besteht aus einem einzigen Schriftsatz jeder Partei. Wird ein Verfahren durch eine Klageschrift eingeleitet, so werden die Schriftsätze innerhalb aufeinanderfolgender Fristen eingereicht. Wird ein Verfahren durch Notifizierung eines Kompromisses eingeleitet, so werden die Schriftsätze innerhalb derselben Frist eingereicht, sofern die Parteien nicht übereingekommen sind, ihre Schriftsätze nacheinander einzureichen. Die in diesem Absatz genannten Fristen werden vom Gerichtshof oder, wenn er nicht tagt, vom Präsidenten im Benehmen mit der betreffenden Kammer, wenn sie bereits gebildet ist, festgesetzt.

(2) Die Kammer kann zulassen oder bestimmen, daß weitere Schriftsätze eingereicht werden, wenn die Parteien übereingekommen sind, oder wenn die Kammer proprio motu oder auf Antrag einer Partei beschließt, daß solche Schriftsätze erforderlich sind.

(3) Ein mündliches Verfahren findet statt, sofern die Parteien nicht einvernehmlich darauf verzichten und die Kammer zustimmt. Selbst wenn kein mündliches Verfahren stattfindet, kann die Kammer die Parteien zur Abgabe mündlicher Auskünfte oder Erläuterungen auffordern.

Art. 93. Die von einer Kammer erlassenen Urteile werden in öffentlicher Sitzung der Kammer verkündet.

Abschnitt F. Urteile, Auslegung und Wiederaufnahme

Unterabschnitt 1. Urteile

Art. 94. (1) Hat der Gerichtshof seine Beratungen abgeschlossen und ein Urteil gefällt, so wird den Parteien der Termin der Verkündung mitgeteilt.

(2) Das Urteil wird in öffentlicher Sitzung des Gerichtshofs verlesen und wird mit dem Tag der Verkündung für die Parteien verbindlich.

Art. 95. (1) Im Urteil wird angegeben, ob es vom Gerichtshof oder von einer Kammer erlassen worden ist; es enthält:

den Tag der Verkündung;
die Namen der mitwirkenden Richter;
die Namen der Parteien;
die Namen der Prozeßbevollmächtigten, Beistände und Anwälte der Parteien;
eine Zusammenfassung des Verfahrens;
die Anträge der Parteien;
eine Darstellung des Sachverhalts;
die Entscheidungsgründe;
den Urteilstenor;
die Entscheidung über die Kosten, sofern eine solche ergeht;
die Zahl und die Namen der Richter, die die Mehrheit gebildet haben;
die Angabe des maßgeblichen Textes.

(2) Auf Wunsch kann jeder Richter seine individuelle oder dissentierende Meinung dem Urteil beifügen; ein Richter, der seine Zustimmung oder Ablehnung ohne Begründung abgeben will, kann dies in Form einer Erklärung tun. Das gleiche gilt für Verfügungen des Gerichtshofs.

(3) Eine unterzeichnete und gesiegelte Ausfertigung des Urteils wird im Archiv des Gerichtshofs hinterlegt, und jeder Partei wird eine Ausfertigung übermittelt. Der Kanzler übermittelt Abschriften an:

a) den Generalsekretär der Vereinten Nationen;

b) die Mitglieder der Vereinten Nationen;

c) andere zum Gerichtshof zugelassene Staaten.

Art. 96. Sind schriftliches und mündliches Verfahren aufgrund einer Vereinbarung der Parteien in einer der beiden Amtssprachen des Gerichtshofs geführt worden und ist das Urteil gemäß Art. 39 Abs. 1 des Statuts in dieser Sprache zu verkünden, so ist der Text des Urteils in dieser Sprache maßgebend.

Art. 97. Entscheidet der Gerichtshof nach Art. 64 des Statuts, daß die Kosten einer Partei ganz oder teilweise von der anderen Partei zu tragen sind, so kann er eine entsprechende Verfügung erlassen.

Unterabschnitt 2. Anträge auf Auslegung eines Urteils oder Wiederaufnahme des Verfahrens

Art. 98. (1) Bestehen Meinungsverschiedenheiten über Sinn oder Tragweite eines Urteils, so kann jede Partei einen Antrag auf Auslegung stellen, unabhängig davon, ob das ursprüngliche Verfahren durch eine Klageschrift oder durch Notifizierung eines Kompromisses eingeleitet worden ist.

(2) Die Auslegung eines Urteils kann entweder durch einen Antrag oder die Notifizierung eines zu diesem Zweck zwischen den Parteien geschlossenen Kompromisses verlangt werden; der oder die strittigen

Punkte bezüglich Sinn oder Tragweite des Urteils sind genau anzugeben.

(3) Wird die Auslegung durch einen Antrag verlangt, so werden die Behauptungen der antragstellenden Partei darin angegeben; die andere Partei hat das Recht, dazu innerhalb einer vom Gerichtshof oder, wenn er nicht tagt, vom Präsidenten festgesetzten Frist schriftlich Stellung zu nehmen.

(4) Ungeachtet der Art und Weise der Einleitung des Verfahrens kann der Gerichtshof den Parteien erforderlichenfalls Gelegenheit zur Abgabe weiterer schriftlicher oder mündlicher Erläuterungen geben.

Art. 99. (1) Durch Antrag kann die Wiederaufnahme eines durch Urteil abgeschlossenen Verfahrens verlangt werden; er muß die Angaben enthalten, aus denen sich das Vorliegen der Voraussetzungen von Art. 61 des Statuts ergibt. Schriftstücke zur Unterstützung des Antrags werden beigefügt.

(2) Die andere Partei hat das Recht, innerhalb einer vom Gerichtshof oder, wenn er nicht tagt, vom Präsidenten festgesetzten Frist schriftlich zur Zulässigkeit des Antrags Stellung zu nehmen. Diese Stellungnahme wird der antragstellenden Partei mitgeteilt.

(3) Bevor der Gerichtshof sein Urteil über die Zulässigkeit des Antrags erläßt, kann er den Parteien erneut Gelegenheit zur Stellungnahme geben.

(4) Hält der Gerichtshof den Antrag für zulässig, so setzt er nach Einholung der Ansichten der Parteien Fristen für das weitere von ihm für erforderlich gehaltene Verfahren zur Hauptsache fest.

(5) Beschließt der Gerichtshof, die Zulassung des Wiederaufnahmeverfahrens von der vorherigen Vollstreckung des Urteils abhängig zu machen, so erläßt er eine entsprechende Verfügung.

Art. 100. (1) Ist das Urteil, dessen Aufhebung im Wiederaufnahmeverfahren oder dessen Auslegung verlangt wird, vom Gerichtshof erlassen worden, so wird der Antrag auf Wiederaufnahme oder Auslegung vom Gerichtshof entschieden. Ist das Urteil von einer Kammer erlassen worden, so wird der Antrag auf Wiederaufnahme oder Auslegung von dieser Kammer entschieden.

(2) Die Entscheidung des Gerichtshofs oder der Kammer über einen Antrag auf Auslegung eines Urteils oder Wiederaufnahme des Verfahrens ergeht in Form eines Urteils.

Abschnitt G. Von den Parteien vorgeschlagene Abweichungen

Art. 101. Die Streitparteien können einvernehmlich besondere Abweichungen oder Zusatzbestimmungen zu den Bestimmungen dieses Teils dieser Verfahrensordnung (mit Ausnahme der Art. 93 bis 97 einschließlich) vorschlagen, die der Gerichtshof oder eine Kammer anwenden können, wenn der Gerichtshof oder die Kammer sie als den Umständen des Falles angemessen erachten.

Teil IV. Gutachtenverfahren

Art. 102. (1) Bei Ausübung seiner Gutachtertätigkeit nach Art. 65 des Statuts wendet der Gerichtshof zusätzlich zu den Bestimmungen des Art. 96 der Charta und des Kapitels IV des Statuts die Bestimmungen des vorliegenden Teils dieser Verfahrensordnung an.

(2) Der Gerichtshof läßt sich darüberhinaus von den Bestimmungen des Statuts und dieser Verfahrensordnung für das streitige Verfahren leiten, soweit er sie für anwendbar hält. Hierzu ermittelt er vor allem, ob der Antrag auf Erstattung eines Gutachtens sich auf eine Rechtsfrage bezieht, die gegenwärtig zwischen zwei oder mehr Staaten anhängig ist.

(3) Wird ein Gutachten zu einer Rechtsfrage eingeholt, die gegenwärtig zwischen zwei oder mehr Staaten anhängig ist, so finden Art. 31 des Statuts sowie die seine Anwendung betreffenden Bestimmungen dieser Verfahrensordnung Anwendung.

Art. 103. Teilt das Organ oder die Institution, das bzw. die gemäß der Charta der Vereinten Nationen oder in Übereinstimmung mit ihren Bestimmungen zur Einholung eines Gutachtens ermächtigt ist, dem Gerichtshof mit, daß sein bzw. ihr Antrag dringend eine Antwort erfordert, oder hält der Gerichtshof eine baldige Antwort für wünschenswert, so ergreift er alle Maßnahmen zur Beschleunigung des Verfahrens und tritt baldmöglichst zu einer Sitzung und zur mündlichen Verhandlung über den Antrag zusammen.

Art. 104. Alle Anträge auf Erstattung eines Gutachtens werden dem Gerichtshof vom Generalsekretär der Vereinten Nationen oder gegebenenfalls von dem höchsten Bediensteten des antragsberechtigten Organs oder der antragsberechtigten Institution übermittelt. Die in Art. 65 Abs. 2 des Statuts genannten Urkunden werden dem Gerichtshof gleichzeitig mit dem Antrag oder baldmöglichst danach in der von der Kanzlei benötigten Anzahl von Abschriften übermittelt.

Art. 105. (1) Der Kanzler übermittelt schriftliche Ausführungen, die gegenüber dem Gerichtshof abgegeben werden, den Staaten und Organisationen, die selbst solche Ausführungen abgegeben haben.

(2) Der Gerichtshof oder, wenn er nicht tagt, der Präsident:

a) bestimmt, in welcher Form und in welchem Umfang Ausführungen, wie sie Art. 66 Abs. 4 des Statuts zuläßt, entgegengenommen werden und setzt eine Frist für die schriftliche Abgabe dieser Ausführung fest;

b) entscheidet, ob ein mündliches Verfahren stattfindet, in dessen Verlauf dem Gerichtshof Erklärungen und Ausführungen nach Art. 66 des Statuts vorgelegt werden können und setzt den Termin für seinen Beginn fest.

Art. 106. Der Gerichtshof oder, wenn er nicht tagt, der Präsident kann beschließen, daß die schriftlichen Ausführungen und die beigefügten Unterlagen der Öffentlichkeit bei oder nach Beginn des mündlichen Verfahrens zugänglich gemacht werden. Bezieht sich der Gutachtenantrag auf eine Rechtsfrage, die gegenwärtig zwischen zwei oder mehr Staaten anhängig ist, so werden zunächst die Ansichten dieser Staaten ermittelt.

Art. 107. (1) Hat der Gerichtshof seine Beratungen abgeschlossen und sein Gutachten abgegeben, so wird dieses in öffentlicher Sitzung des Gerichtshofs verkündet.

(2) Das Gutachten enthält:
den Tag der Verkündung;
die Namen der mitwirkenden Richter;
eine kurze Darstellung des Verfahrens;
eine Darstellung des Sachverhalts;
die Entscheidungsgründe;
die Beantwortung der dem Gerichthof vorgelegten Fragen;
Zahl und Namen der Richter, die die Mehrheit gebildet haben;
die Angabe des maßgebenden Gutachtentextes.

(3) Auf Wunsch kann jeder Richter seine individuelle oder dissentierende Meinung dem Gutachten des Gerichthofs beifügen; ein Richter, der seine Zustimmung oder Ablehnung ohne Begründung abgeben will, kann dies in Form einer Erklärung tun.

Art. 108. Der Kanzler teilt dem Generalsekretär der Vereinten Nationen und gegebenenfalls dem höchsten Bediensteten des antragsstellenden Organs oder der antragstellenden Institution Tag und Uhrzeit der zur Verkündung des Gutachtens anberaumten öffentlichen Sitzung mit. Er benachrichtigt auch die Vertreter der Mitglieder der Vereinten Nationen und der anderen unmittelbar betroffenen Saaten, Sonderorganisationen und völkerrechtlichen internationalen Organisationen.

Art. 109. Eine unterzeichnete und gesiegelte Ausfertigung des Gutachtens wird im Archiv des Gerichtshofs hinterlegt; eine weitere wird dem Generalsekretär der Vereinten Nation und gegebenenfalls eine dritte dem höchsten Bediensteten des antragstellenden Organs oder der antragstellenden Institution übermittelt. Der Kanzler übersendet den Mitgliedern der Vereinten Nationen sowie den anderen unmittelbar betroffen Staaten, Sonderorganisationen und völkerrechtlichen internationalen Organisationen Abschriften.

Anhang

Zusammensetzung des Gerichtshofs[1]

(Stand 8. Februar 2021)

Name	**Nationalität**	**Funktion**	**Mitglied seit**
Joan E. Donoghue	Vereinigte Staaten von Amerika	Präsidentin	9.9.2010
Kirill Gevorgian	Russische Föderation	Vizepräsident	6.2.2015
Peter Tomka	Slowakei	Richter	6.2.2003
Ronny Abraham	Frankreich	Richter	15.2.2005
Mohamed Bennouna	Marokko	Richter	6.2.2006
Antônio Augusto Cançado Trindade	Brasilien	Richter	6.2.2009
Abdulqawi Ahmed Yusuf	Somalia	Richter	6.2.2009
Xue Hanqin	China	Richterin	29.6.2010
Julia Sebutinde	Uganda	Richterin	6.2.2012
Dalveer Bhandari	Indien	Richter	27.4.2012
Patrick Lipton Robinson	Jamaika	Richter	6.2.2015
James Richard Crawford	Australien	Richter	6.2.2015
Nawaf Salam	Libanon	Richter	6.2.2018
Iwasawa Yuji	Japan	Richter	22.6.2018
Georg Nolte	Deutschland	Richter	6.2.2021
Philippe Gautier	Belgien	Kanzler	1.8.2019

[1] Eine Liste aller bisherigen Richter(innen) findet sich unter: https://www.icj-cij.org/en/all-members

4. Erklärung über Grundsätze des Völkerrechts betreffend freundschaftliche Beziehungen und Zusammenarbeit zwischen den Staaten im Einklang mit der Charta der Vereinten Nationen („Friendly Relations Declaration“)[1]

vom 24. Oktober 1970

(Übersetzung[2])

Die Generalversammlung,

– 18. Dezember 1962, 1966 (XVIII) vom 16. Dezember 1963, 2103 (XX) vom 20. Dezember 1965, 2181 (XXI) vom 12. Dezember 1966, 2327 (XXII) vom 18. Dezember 1967, 2463 (XXIII) vom 20. Dezember 1968 und 2533 (XXIV) vom 8. Dezember 1969, in denen sie die Bedeutung der fortschreitenden Entwicklung und Kodifizierung der Grundsätze des Völkerrechts betreffend freundschaftliche Beziehungen und Zusammenarbeit zwischen den Staaten bekräftigt hat,
– *nach Behandlung* des Berichts des Sonderausschusses über Grundsätze des Völkerrechts betreffend freundschaftliche Beziehungen und Zusammenarbeit zwischen den Staaten[3] der vom 31. März bis zum 1. Mai 1970 in Genf zusammentrat,
– *unter Hervorhebung* der überragenden Bedeutung der Charta der Vereinten Nationen für die Wahrung des Weltfriedens und der internationalen Sicherheit sowie für die Entwicklung freundschaftlicher Beziehungen und der Zusammenarbeit zwischen den Staaten,
– *zutiefst davon überzeugt,* dass die Annahme der Erklärung über Grundsätze des Völkerrechts betreffend freundschaftliche Beziehungen und Zusammenarbeit zwischen den Staaten im Einklang mit der Charta der Vereinten Nationen anlässlich des fünfundzwanzigsten Jahrestags der Vereinten Nationen einen Beitrag zur Festigung des Weltfriedens leisten und einen Markstein in der Entwicklung des Völkerrechts und der Beziehungen zwischen den Staaten darstellen kann, indem sie die Herrschaft des Rechts in den Beziehungen zwischen den Nationen und insbesondere die universale Anwendung der in der Charta verankerten Grundsätze fördert,
– *in der Erwägung,* dass die weite Verbreitung des Wortlauts der Erklärung wünschenswert ist,

1. *billigt* die Erklärung über Grundsätze des Völkerrechts betreffend freundschaftliche Beziehungen und Zusammenarbeit zwischen

---

[1] Anlage der Resolution Nr. 2625 (XXV) de VN-Generalversammlung v. 24.10.1970.
[2] Dt. Übersetzungsdienst, Vereinte Nationen, New York, April 2003.
[3] *Official Records of the General Assembly, Twenty-fifth Session, Supplement No. 18* (A/8018).

den Staaten im Einklang mit der Charta der Vereinten Nationen, deren Wortlaut dieser Resolution als Anlage beigefügt ist;

2. *dankt* dem Sonderausschuss über Grundsätze des Völkerrechts betreffend freundschaftliche Beziehungen und Zusammenarbeit zwischen den Staaten für seine Arbeit, die zur Ausarbeitung der Erklärung geführt hat;

3. *empfiehlt,* alles zu tun, um die Erklärung allgemein bekannt zu machen.

Anlage

Erklärung über Grundsätze des Völkerrechts betreffend freundschaftliche Beziehungen und Zusammenarbeit zwischen den Staaten im Einklang mit der Charta der Vereinten Nationen

PRÄAMBEL

Die Generalversammlung,

– im Sinne der Charta der Vereinten Nationen *bekräftigend,* dass die Wahrung des Weltfriedens und der internationalen Sicherheit sowie die Entwicklung freundschaftlicher Beziehungen und der Zusammenarbeit zwischen den Nationen zu den Grundzielen der Vereinten Nationen gehören,

– *unter Hinweis* darauf, dass die Völker der Vereinten Nationen entschlossen sind, Toleranz zu üben und als gute Nachbarn in Frieden miteinander zu leben,

– *eingedenk* der Bedeutung der Wahrung und Festigung des Weltfriedens auf der Grundlage der Freiheit, der Gleichheit, der Gerechtigkeit und der Achtung der grundlegenden Menschenrechte sowie der Entwicklung freundschaftlicher Beziehungen zwischen den Nationen unabhängig von ihrem politischen, wirtschaftlichen und gesellschaftlichen System oder von ihrem Entwicklungsstand,

– *sowie eingedenk* der überragenden Bedeutung der Charta der Vereinten Nationen für die Förderung der Herrschaft des Rechts in den Beziehungen zwischen den Nationen,

– *in der Erwägung,* dass die getreue Beachtung der Grundsätze des Völkerrechts betreffend freundschaftliche Beziehungen und Zusammenarbeit zwischen den Staaten und die redliche Erfüllung der von den Staaten gemäß der Charta übernommenen Verpflichtungen von größter Bedeutung für die Wahrung des Weltfriedens und der internationalen Sicherheit sowie für die Verwirklichung der anderen Ziele der Vereinten Nationen ist,

– *feststellend,* dass die großen politischen, wirtschaftlichen und sozialen Veränderungen und die wissenschaftlichen Fortschritte, die sich seit der Annahme der Charta in der Welt vollzogen haben, diesen Grundsätzen und der Notwendigkeit ihrer wirksameren Anwendung im Verhalten der Staaten, wo immer sich dieses entfaltet, erhöhte Bedeutung verleihen,

- *unter Hinweis* auf den anerkannten Grundsatz, dass der Weltraum, einschließlich des Mondes und anderer Himmelskörper, keiner nationalen Aneignung durch Beanspruchung der Hoheitsgewalt, durch Benutzung oder Okkupation oder durch andere Mittel unterliegt, und eingedenk der Tatsache, dass die Vereinten Nationen gegenwärtig die Erarbeitung anderer geeigneter Bestimmungen erwägen, die vom gleichen Geist getragen sind,
- *in der Überzeugung,* dass die strikte Einhaltung der Verpflichtung der Staaten, nicht in die Angelegenheiten eines anderen Staates einzugreifen, eine wesentliche Voraussetzung für das friedliche Zusammenleben der Nationen ist, da jede Form der Intervention nicht nur Geist und Buchstaben der Charta verletzt, sondern auch zur Entstehung von Situationen führt, die den Weltfrieden und die internationale Sicherheit bedrohen,
- *unter Hinweis* auf die Pflicht der Staaten, in ihren internationalen Beziehungen jeden gegen die politische Unabhängigkeit oder die territoriale Unversehrtheit eines Staates gerichteten militärischen, politischen, wirtschaftlichen oder sonstigen Zwang zu unterlassen,
- *in der Erwägung,* dass es wesentlich ist, dass alle Staaten in ihren internationalen Beziehungen jede gegen die territoriale Unversehrtheit oder die politische Unabhängigkeit eines Staates gerichtete oder sonst mit den Zielen der Vereinten Nationen unvereinbare Androhung oder Anwendung von Gewalt unterlassen,
- *in der Erwägung,* dass es gleichermaßen wesentlich ist, dass alle Staaten ihre internationalen Streitigkeiten durch friedliche Mittel im Einklang mit der Charta beilegen,

im Einklang mit der Charta die grundlegende Bedeutung der souveränen Gleichheit *bekräftigend* und betonend, dass die Ziele der Vereinten Nationen nur verwirklicht werden können, wenn die Staaten souveräne Gleichheit genießen und sich in ihren internationalen Beziehungen uneingeschränkt an die Erfordernisse dieses Grundsatzes halten,

- *überzeugt,* dass die Unterwerfung von Völkern unter fremde Unterjochung, Herrschaft und Ausbeutung eines der Haupthindernisse für die Förderung des Weltfriedens und der internationalen Sicherheit darstellt,
- *überzeugt,* dass der Grundsatz der Gleichberechtigung und Selbstbestimmung der Völker einen bedeutsamen Beitrag zum heutigen Völkerrecht darstellt und dass seine wirksame Anwendung von größter Bedeutung für die Förderung freundschaftlicher Beziehungen zwischen den Staaten auf der Grundlage der Achtung des Grundsatzes der souveränen Gleichheit ist,
- daher *in der Überzeugung,* dass jeder Versuch, die nationale Einheit und territoriale Unversehrtheit eines Staates oder Landes teilweise oder gänzlich zu zerstören oder seine politische Unabhängigkeit zu beeinträchtigen, mit den Zielen und Grundsätzen der Charta unvereinbar ist,

– *in Anbetracht* der Bestimmungen der Charta in ihrer Gesamtheit und unter Berücksichtigung der Bedeutung der einschlägigen Resolutionen, die von den zuständigen Organen der Vereinten Nationen verabschiedet worden sind und die sich auf den Inhalt dieser Grundsätze beziehen,
– *in der Erwägung,* dass die fortschreitende Entwicklung und Kodifizierung der folgenden Grundsätze:
  a) des Grundsatzes, dass die Staaten in ihren internationalen Beziehungen jede gegen die territoriale Unversehrtheit oder die politische Unabhängigkeit eines Staates gerichtete oder sonst mit den Zielen der Vereinten Nationen unvereinbare Androhung oder Anwendung von Gewalt unterlassen;
  b) des Grundsatzes, dass die Staaten ihre internationalen Streitigkeiten durch friedliche Mittel so beilegen, dass der Weltfriede, die internationale Sicherheit und die Gerechtigkeit nicht gefährdet werden;
  c) der Pflicht, im Einklang mit der Charta nicht in Angelegenheiten einzugreifen, die zur inneren Zuständigkeit eines Staates gehören;
  d) der Pflicht der Staaten, im Einklang mit der Charta miteinander zusammenzuarbeiten;
  e) des Grundsatzes der Gleichberechtigung und Selbstbestimmung der Völker;
  f) des Grundsatzes der souveränen Gleichheit der Staaten;
  g) des Grundsatzes, dass die Staaten die Verpflichtungen, die sie gemäß der Charta übernommen haben, nach Treu und Glauben erfüllen,

mit dem Ziel, die wirksamere Anwendung dieser Grundsätze im Rahmen der internationalen Gemeinschaft sicherzustellen, die Verwirklichung der Ziele der Vereinten Nationen fördern würde,
– *nach Prüfung* der Grundsätze des Völkerrechts betreffend freundschaftliche Beziehungen und Zusammenarbeit zwischen den Saaten,

1. *verkündet feierlich* die nachstehenden Grundsätze:

Der Grundsatz, dass die Staaten in ihren internationalen Beziehungen jede gegen die territoriale Unversehrtheit oder die politische Unabhängigkeit eines Staates gerichtete oder sonst mit den Zielen der Vereinten Nationen unvereinbare Androhung oder Anwendung von Gewalt unterlassen

Jeder Staat hat die Pflicht, in seinen internationalen Beziehungen jede gegen die territoriale Unversehrtheit oder die politische Unabhängigkeit eines Staates gerichtete oder sonst mit den Zielen der Vereinten Nationen unvereinbare Androhung oder Anwendung von Gewalt zu unterlassen. Eine solche Androhung oder Anwendung von Gewalt stellt eine Verletzung des Völkerrechts und der Charta der Vereinten Nationen dar und darf niemals als Mittel zur Regelung internationaler Fragen angewandt werden.

Ein Angriffskrieg stellt ein Verbrechen gegen den Frieden dar, für das Verantwortlichkeit nach dem Völkerrecht besteht.

Im Einklang mit den Zielen und Grundsätzen der Vereinten Nationen haben die Staaten die Pflicht, jede Propaganda für Angriffskriege zu unterlassen.

Jeder Staat hat die Pflicht, die Androhung oder Anwendung von Gewalt zum Zweck der Verletzung bestehender internationaler Grenzen eines anderen Staates oder als Mittel zur Lösung internationaler Streitigkeiten, einschließlich Gebietsstreitigkeiten und Probleme betreffend Staatsgrenzen, zu unterlassen.

Jeder Staat hat ebenso die Pflicht, jede Androhung oder Anwendung von Gewalt zum Zweck der Verletzung internationaler Demarkationslinien, wie Waffenstillstandslinien, zu unterlassen, die durch eine internationale Vereinbarung oder auf Grund einer solchen Vereinbarung errichtet wurden, deren Vertragspartei er ist oder die er aus anderen Gründen zu achten verpflichtet ist. Dies ist nicht so auszulegen, dass dadurch die Haltung der Parteien in Bezug auf den Status und die Auswirkungen solcher Linien nach den für sie geltenden speziellen Regelungen beeinträchtigt oder ihr vorübergehender Charakter betroffen wird.

Die Staaten haben die Pflicht, Vergeltungsmaßnahmen, die mit der Anwendung von Gewalt verbunden sind, zu unterlassen.

Jeder Staat hat die Pflicht, jede Gewaltmaßnahme zu unterlassen, welche die Völker, auf die sich die Erläuterung des Grundsatzes der Gleichberechtigung und Selbstbestimmung bezieht, ihres Rechts auf Selbstbestimmung, Freiheit und Unabhängigkeit beraubt.

Jeder Staat hat die Pflicht, die Aufstellung oder die Förderung der Aufstellung irregulärer Streitkräfte oder bewaffneter Banden, namentlich von Söldnern, zu unterlassen, die für Einfälle in das Hoheitsgebiet eines anderen Staates bestimmt sind.

Jeder Staat hat die Pflicht, die Organisierung, Anstiftung oder Unterstützung von Bürgerkriegs- oder Terrorhandlungen in einem anderen Staat und die Teilnahme daran oder die Duldung organisierter Aktivitäten in seinem Hoheitsgebiet, die auf die Begehung solcher Handlungen gerichtet sind, zu unterlassen, wenn die in diesem Absatz genannten Handlungen die Androhung oder Anwendung von Gewalt einschließen.

Das Hoheitsgebiet eines Staates darf nicht zum Gegenstand einer militärischen Besetzung als Ergebnis der Anwendung von Gewalt unter Verletzung der Bestimmungen der Charta gemacht werden. Das Hoheitsgebiet eines Staates darf nicht zum Gegenstand der Aneignung durch einen anderen Staat als Ergebnis der Androhung oder Anwendung von Gewalt gemacht werden. Kein durch Androhung oder Anwendung von Gewalt erreichter Gebietserwerb wird als rechtmäßig anerkannt werden. Die vorstehenden Bestimmungen sind nicht so auszulegen, als beeinträchtigten sie

a) die Bestimmungen der Charta oder einer vor den Regelungen der Charta geschlossenen und nach dem Völkerrecht gültigen internationalen Übereinkunft oder *b)* die Befugnisse des Sicherheitsrats nach der Charta.

Alle Staaten werden in redlicher Absicht Verhandlungen zum baldigen Abschluss eines universalen Vertrags über die allgemeine und vollständige Abrüstung unter wirksamer internationaler Kontrolle führen und die Annahme geeigneter Maßnahmen zum Abbau der internationalen Spannungen und zur Stärkung des Vertrauens zwischen den Staaten anstreben.

Alle Staaten werden ihre Verpflichtungen auf Grund der allgemein anerkannten Grundsätze und Regeln des Völkerrechts hinsichtlich der Wahrung des Weltfriedens und der internationalen Sicherheit nach Treu und Glauben erfüllen und werden bestrebt sein, das auf der Charta beruhende Sicherheitssystem der Vereinten Nationen wirksamer zu machen.

Die vorstehenden Absätze sind nicht so auszulegen, als erweiterten oder beschränkten sie in irgendeiner Weise den Geltungsbereich der Bestimmungen der Charta über Fälle, in denen die Anwendung von Gewalt rechtmäßig ist.

Der *Grundsatz, dass die Staaten ihre internationalen Streitigkeiten durch friedliche Mittel so beilegen, dass der Weltfriede, die internationale Sicherheit und die Gerechtigkeit nicht gefährdet werden*

Jeder Staat legt seine internationalen Streitigkeiten mit anderen Staaten durch friedliche Mittel so bei, dass der Weltfriede, die internationale Sicherheit und die Gerechtigkeit nicht gefährdet werden.

Die Staaten bemühen sich daher um eine rasche und gerechte Beilegung ihrer internationalen Streitigkeiten durch Verhandlung, Untersuchung, Vermittlung, Vergleich, Schiedsspruch, gerichtliche Entscheidung, Inanspruchnahme regionaler Einrichtungen oder Abmachungen oder durch andere friedliche Mittel ihrer Wahl. Beim Bemühen um eine solche Beilegung einigen sich die Parteien auf friedliche Mittel, die den Umständen und der Natur der Streitigkeit angemessen sind.

Gelingt es ihnen nicht, eine Lösung durch eines der genannten friedlichen Mittel herbeizuführen, haben die Parteien einer Streitigkeit die Pflicht, ihre Bemühungen zur Beilegung der Streitigkeit mit anderen zwischen ihnen vereinbarten friedlichen Mitteln fortzusetzen.

Die an einer internationalen Streitigkeit beteiligten Staaten sowie andere Staaten unterlassen jede Handlung, welche die Lage verschärfen und dadurch die Wahrung des Weltfriedens und der internationalen Sicherheit gefährden kann, und handeln im Einklang mit den Zielen und Grundsätzen der Vereinten Nationen.

Internationale Streitigkeiten werden auf der Grundlage der souveränen Gleichheit der Staaten und nach dem Grundsatz der freien Wahl der Mittel beigelegt. Die Inanspruchnahme oder die Annahme eines von den Staaten frei vereinbarten Verfahrens zur Beilegung bestehender oder künftiger Streitigkeiten, an denen sie beteiligt sind, wird nicht als unvereinbar mit der souveränen Gleichheit angesehen.

Die vorstehenden Absätze berühren oder beeinträchtigen nicht die geltenden Bestimmungen der Charta, insbesondere diejenigen, die sich auf die friedliche Beilegung internationaler Streitigkeiten beziehen.

Der Grundsatz betreffend die Pflicht, im Einklang mit der Charta nicht in Angelegenheiten einzugreifen, die zur inneren Zuständigkeit eines Staates gehören

Kein Staat und keine Staatengruppe hat das Recht, unmittelbar oder mittelbar, gleichviel aus welchem Grund, in die inneren oder äußeren Angelegenheiten eines anderen Staates einzugreifen. Folglich sind die bewaffnete Intervention und alle anderen Formen der Einmischung oder Drohversuche gegen die Rechtspersönlichkeit eines Staates oder gegen seine politischen, wirtschaftlichen und kulturellen Teilelemente völkerrechtswidrig.

Ein Staat darf keine wirtschaftlichen, politischen oder sonstigen Maßnahmen gegen einen anderen Staat anwenden oder ihre Anwendung begünstigen, um von ihm die Unterordnung bei der Ausübung seiner souveränen Rechte zu erlangen oder von ihm Vorteile irgendwelcher Art zu erwirken. Auch darf ein Staat keine auf den gewaltsamen Umsturz des Regimes eines anderen Staates gerichteten subversiven, terroristischen oder bewaffneten Aktivitäten organisieren, unterstützen, schüren, finanzieren, anstiften oder dulden und nicht in interne Konflikte in einem anderen Staat eingreifen.

Die Anwendung von Gewalt mit dem Ziel, Völker ihrer nationalen Identität zu berauben, stellt eine Verletzung ihrer unveräußerlichen Rechte und des Grundsatzes der Nichtintervention dar.

Jeder Staat hat das unveräußerliche Recht, sein politisches, wirtschaftliches, soziales und kulturelles System ohne Einmischung irgendwelcher Art durch einen anderen Staat zu wählen.

Die vorstehenden Absätze sind nicht so auszulegen, als beeinträchtigten sie die Bestimmungen der Charta, die sich auf die Wahrung des Weltfriedens und der internationalen Sicherheit beziehen.

Die Pflicht der Staaten, im Einklang mit der Charta miteinander zusammenzuarbeiten

Die Staaten haben die Pflicht, ungeachtet der Unterschiede ihrer politischen, wirtschaftlichen und sozialen Systeme in den verschiedenen Bereichen der internationalen Beziehungen miteinander zusammenzuarbeiten, um den Weltfrieden und die internationale Sicherheit zu wahren und internationale wirtschaftliche Stabilität und Fortschritt, das allgemeine Wohl der Nationen und eine internationale Zusammenarbeit zu fördern, die von jeder Diskriminierung auf Grund dieser Unterschiede frei ist.

Zu diesem Zweck

a) arbeiten die Staaten mit den anderen Staaten bei der Wahrung des Weltfriedens und der internationalen Sicherheit zusammen;

b) arbeiten die Staaten bei der Förderung der allgemeinen Achtung und Einhaltung der Menschenrechte und Grundfreiheiten für alle sowie bei der Beseitigung aller Formen der Rassendiskriminierung und aller Formen der religiösen Intoleranz zusammen;

c) gestalten die Staaten ihre internationalen Beziehungen auf wirtschaftlichem, sozialem, kulturellem und technischem Gebiet und auf dem Gebiet des Handels im Einklang mit den Grundsätzen der souveränen Gleichheit und der Nichtintervention;

d) haben die Mitgliedstaaten der Vereinten Nationen die Pflicht, im Einklang mit den einschlägigen Bestimmungen der Charta, gemeinsam und jeder für sich mit den Vereinten Nationen zusammenzuarbeiten.

Die Staaten sollen auf wirtschaftlichem, sozialem und kulturellem Gebiet sowie auf dem Gebiet der Wissenschaft und Technologie und zur Förderung des weltweiten Fortschritts auf dem Gebiet der Kultur und der Bildung zusammenarbeiten. Die Staaten sollen zur Förderung des wirtschaftlichen Wachstums in der ganzen Welt, insbesondere in den Entwicklungsländern, zusammenarbeiten.

Der Grundsatz der Gleichberechtigung und Selbstbestimmung der Völker

Kraft des in der Charta der Vereinten Nationen verankerten Grundsatzes der Gleichberechtigung und Selbstbestimmung der Völker haben alle Völker das Recht, frei und ohne Einmischung von außen über ihren politischen Status zu entscheiden und ihre wirtschaftliche, soziale und kulturelle Entwicklung zu gestalten, und jeder Staat ist verpflichtet, dieses Recht im Einklang mit den Bestimmungen der Charta zu achten.

Jeder Staat hat die Pflicht, sowohl gemeinsam mit anderen Staaten als auch jeder für sich, die Verwirklichung des Grundsatzes der Gleichberechtigung und Selbstbestimmung der Völker im Einklang mit den Bestimmungen der Charta zu fördern und die Vereinten Nationen bei der Erfüllung der ihnen mit der Charta übertragenen Aufgaben hinsichtlich der Anwendung dieses Grundsatzes zu unterstützen,

a) um freundschaftliche Beziehungen und Zusammenarbeit zwischen den Staaten zu fördern und

b) um dem Kolonialismus unter gebührender Berücksichtigung des frei geäußerten Willens der betroffenen Völker ein rasches Ende zu bereiten,

eingedenk dessen, dass die Unterwerfung von Völkern unter fremde Unterjochung, Herrschaft und Ausbeutung eine Verletzung dieses Grundsatzes und eine Verweigerung grundlegender Menschenrechte darstellt und im Widerspruch zur Charta steht.

Jeder Staat hat die Pflicht, sowohl gemeinsam mit anderen Staaten als auch jeder für sich die allgemeine Achtung und Einhaltung der Menschenrechte und Grundfreiheiten im Einklang mit der Charta zu fördern.

Die Gründung eines souveränen und unabhängigen Staates, die freie Assoziation mit einem unabhängigen Staat, die freie Eingliederung in einen solchen Staat oder der Eintritt in einen anderen, durch ein Volk frei bestimmten politischen Status sind Möglichkeiten der Verwirklichung des Selbstbestimmungsrechts durch das betreffende Volk.

Jeder Staat hat die Pflicht, jede Gewaltmaßnahme zu unterlassen, welche die Völker, auf die sich die Erläuterung dieses Grundsatzes bezieht, ihres Rechts auf Selbstbestimmung, Freiheit und Unabhängigkeit beraubt. Bei ihren Maßnahmen und ihrem Widerstand gegen solche Gewaltmaßnahmen im Bemühen um die Ausübung ihres Selbstbestimmungsrechts sind diese Völker berechtigt, im Einklang mit den Zielen und Grundsätzen der Charta Unterstützung zu suchen und zu erhalten.

Das Gebiet einer Kolonie oder eines anderen Hoheitsgebiets ohne Selbstregierung hat nach der Charta einen vom Hoheitsgebiet des Staates, von dem es verwaltet wird, gesonderten und unterschiedlichen Status; dieser gesonderte und unterschiedliche Status nach der Charta bleibt so lange bestehen, bis das Volk der Kolonie oder des Hoheitsgebiets ohne Selbstregierung sein Recht auf Selbstbestimmung im Einklang mit der Charta und insbesondere mit ihren Zielen und Grundsätzen ausgeübt hat.

Die vorstehenden Absätze sind nicht so auszulegen, als ermächtigten oder ermunterten sie zu Maßnahmen, welche die territoriale Unversehrtheit oder die politische Einheit souveräner und unabhängiger Staaten, die sich gemäß dem oben beschriebenen Grundsatz der Gleichberechtigung und Selbstbestimmung der Völker verhalten und die daher eine Regierung besitzen, welche die gesamte Bevölkerung des Gebiets ohne Unterschied der Rasse, des Glaubens oder der Hautfarbe vertritt, ganz oder teilweise auflösen oder beeinträchtigen würden.

Alle Staaten unterlassen jede Handlung, die auf die teilweise oder vollständige Zerstörung der nationalen Einheit und der territorialen Unversehrtheit eines anderen Staates oder Landes gerichtet ist.

Der Grundsatz der souveränen Gleichheit der Staaten

Alle Staaten genießen souveräne Gleichheit. Sie haben gleiche Rechte und Pflichten und sind ungeachtet wirtschaftlicher, sozialer, politischer oder anderer Unterschiede gleichberechtigte Mitglieder der internationalen Gemeinschaft.

Die souveräne Gleichheit umfasst insbesondere die folgenden Elemente:

a) die Staaten sind juristisch gleich;

b) jeder Staat genießt die der vollen Souveränität innewohnenden Rechte;

c) jeder Staat hat die Pflicht, die Rechtspersönlichkeit der anderen Staaten zu achten;

d) die territoriale Unversehrtheit und die politische Unabhängigkeit eines Staates sind unverletzlich;

e) jeder Staat hat das Recht, sein politisches, soziales, wirtschaftliches und kulturelles System frei zu wählen und zu entwickeln;

f) jeder Staat hat die Pflicht, seine internationalen Verpflichtungen uneingeschränkt und nach Treu und Glauben zu erfüllen und mit anderen Staaten in Frieden zu leben.

Der Grundsatz, dass die Staaten die Verpflichtungen, die sie gemäß der Charta übernommen haben, nach Treu und Glauben erfüllen

Jeder Staat hat die Pflicht, die Verpflichtungen, die er gemäß der Charta der Vereinten Nationen übernommen hat, nach Treu und Glauben zu erfüllen.

4 Friendly Relations Declaration

Jeder Staat hat die Pflicht, seine Verpflichtungen aus den allgemein anerkannten Grundsätzen und Regeln des Völkerrechts nach Treu und Glauben zu erfüllen.

Jeder Staat hat die Pflicht, seine Verpflichtungen aus internationalen Übereinkünften, die nach den allgemein anerkannten Grundsätzen und Regeln des Völkerrechts Gültigkeit besitzen, nach Treu und Glauben zu erfüllen.

Stehen Verpflichtungen aus internationalen Übereinkünften im Widerspruch zu Verpflichtungen der Mitglieder der Vereinten Nationen aus der Charta der Vereinten Nationen, so haben die Verpflichtungen aus der Charta Vorrang.

ALLGEMEINER TEIL

2. *erklärt:*

bei ihrer Auslegung und Anwendung sind die vorstehenden Grundsätze voneinander abhängig; jeder Grundsatz ist im Zusammenhang mit den anderen Grundsätzen zu verstehen;

diese Erklärung ist nicht so auszulegen, als beeinträchtige sie in irgendeiner Weise die Bestimmungen der Charta oder die Rechte und Pflichten der Mitgliedstaaten nach der Charta oder die Rechte der Völker nach der Charta, wobei die Erläuterung dieser Rechte in dieser Erklärung zu berücksichtigen ist.

3. *erklärt ferner:*

dass die Grundsätze der Charta, die in diese Erklärung eingegangen sind, Grundprinzipien des Völkerrechts darstellen, und ruft daher alle Staaten auf, sich in ihrem internationalen Verhalten von diesen Grundsätzen leiten zu lassen und ihre gegenseitigen Beziehungen auf der Grundlage der strikten Einhaltung dieser Grundsätze zu gestalten.

5. Definition der Aggression[1]

vom 14. Dezember 1974

(Übersetzung[2])

Die Generalversammlung,

– *nach Behandlung* des Berichts des gemäß ihrer Resolution 2330 (XXII) vom 18. Dezember 1967 eingesetzten Sonderausschusses zur Frage der Definition der Aggression über die Arbeit seiner siebenten Tagung vom 11. März bis 12. April 1974, der den vom Sonderausschuss im Konsens angenommenen und zur Verabschiedung durch die Generalversammlung empfohlenen Entwurf der Definition der Aggression enthält[3]

– *zutiefst davon überzeugt,* dass die Annahme der Definition der Aggression zur Stärkung des Weltfriedens und der internationalen Sicherheit beiträgt,

1. *billigt* die Definition der Aggression, deren Wortlaut dieser Resolution als Anlage beigefügt ist;
2. *dankt* dem Sonderausschuss zur Frage der Definition der Aggression für seine Arbeit, die zur Ausarbeitung der Definition der Aggression geführt hat;
3. *fordert* alle Staaten *auf,* sich aller Angriffshandlungen und jeder anderen Anwendung von Gewalt zu enthalten, die im Widerspruch zu der Charta der Vereinten Nationen und der Erklärung über Grundsätze des Völkerrechts betreffend freundschaftliche Beziehungen und Zusammenarbeit zwischen den Staaten im Einklang mit der Charta der Vereinten Nationen[4] stehen;
4. *lenkt die Aufmerksamkeit* des Sicherheitsrats auf die nachstehende Definition der Aggression und empfiehlt dem Rat, sich gegebenenfalls von dieser Definition leiten zu lassen, wenn er im Einklang mit der Charta feststellt, ob eine Angriffshandlung vorliegt.

ANLAGE

Definition der Aggression

Die Generalversammlung,

– *gestützt* auf die Tatsache, dass eines der grundlegenden Ziele der Vereinten Nationen darin besteht, den Weltfrieden und die internationa-

---

[1] Anlage der Resolution Nr. 3314 (XXIX) der VN-Generalversammlung v. 14.12.1974.

[2] Dt. Übersetzungsdienst, Vereinte Nationen, New York, April 2003.

[3] *Official Records of the General Assembly, Twenty-ninth Session, Supplement No. 19* (A/9619 und Corr.1).

[4] Resolution 2625 (XXV), Anlage.

le Sicherheit zu wahren und wirksame Kollektivmaßnahmen zu treffen, um Bedrohungen des Friedens zu verhüten und zu beseitigen sowie Angriffshandlungen und andere Friedensbrüche zu unterdrücken,

– *unter Hinweis* darauf, dass der Sicherheitsrat nach Artikel 39 der Charta der Vereinten Nationen feststellt, ob eine Bedrohung oder ein Bruch des Friedens oder eine Angriffshandlung vorliegt, und dass er Empfehlungen abgibt oder beschließt, welche Maßnahmen auf Grund der Artikel 41 und 42 zu treffen sind, um den Weltfrieden und die internationale Sicherheit zu wahren oder wiederherzustellen,
– *sowie unter Hinweis* darauf, dass die Staaten nach der Charta verpflichtet sind, ihre internationalen Streitigkeiten durch friedliche Mittel beizulegen, um nicht den Weltfrieden und die internationale Sicherheit und Gerechtigkeit zu gefährden,
– *eingedenk* dessen, dass diese Definition nicht so auszulegen ist, als beeinträchtige sie in irgendeiner Weise den Geltungsbereich der Bestimmungen der Charta über die Aufgaben und Befugnisse der Organe der Vereinten Nationen,
– *sowie in der Erwägung,* dass die Aggression die schwerste und gefährlichste Form der rechtswidrigen Anwendung von Gewalt ist, die unter den Bedingungen, die durch die Existenz von Massenvernichtungswaffen aller Art geschaffen wurden, die mögliche Gefahr eines weltweiten Konflikts mit all seinen verheerenden Folgen mit sich bringt, und dass daher der Begriff der Aggression nunmehr definiert werden sollte,
– *in Bekräftigung* der Pflicht der Staaten, keine Waffengewalt einzusetzen, um Völker ihres Rechtes auf Selbstbestimmung, Freiheit und Unabhängigkeit zu berauben oder die territoriale Integrität zu verletzen,
– *erneut erklärend,* dass das Hoheitsgebiet eines Staates nicht dadurch verletzt werden darf, dass es, und sei es nur vorübergehend, Gegenstand militärischer Besetzung oder sonstiger Gewaltmaßnahmen wird, die ein anderer Staat unter Verletzung der Charta ergreift, und dass es nicht durch Anwendung oder Androhung derartiger Maßnahmen Gegenstand der Aneignung durch einen anderen Staat werden darf,
– *sowie in Bekräftigung* der Bestimmungen der Erklärung über Grundsätze des Völkerrechts betreffend freundschaftliche Beziehungen und Zusammenarbeit zwischen den Staaten im Einklang mit der Charta der Vereinten Nationen,
– *davon überzeugt,* dass die Annahme einer Definition der Aggression eine abschreckende Wirkung auf einen potenziellen Angreifer haben wird, dass sie die Feststellung von Angriffshandlungen und die Durchführung von Maßnahmen zu ihrer Unterdrückung vereinfacht und dass sie ferner den Schutz der Rechte und rechtmäßigen Interessen des Angegriffenen und die Hilfeleistung an diesen erleichtern wird,
– *in der Auffassung,* dass die Frage, ob eine Angriffshandlung begangen worden ist, zwar unter Berücksichtigung aller Umstände des jeweili-

gen Einzelfalles geprüft werden muss, dass es aber trotzdem wünschenswert ist, Grundprinzipien zu formulieren, die für eine solche Feststellung als Orientierung dienen können,

nimmt die folgende Definition der Aggression *an:*[1]

Art. 1 Aggression ist die Anwendung von Waffengewalt durch einen Staat, die gegen die Souveränität, die territoriale Unversehrtheit oder die politische Unabhängigkeit eines anderen Staates gerichtet oder sonst mit der Charta der Vereinten Nationen unvereinbar ist, wie in dieser Definition ausgeführt.

Erläuterung: Der Begriff „Staat"

a) wird in dieser Definition unabhängig von der Frage der Anerkennung und unabhängig davon verwendet, ob ein Staat Mitglied der Vereinten Nationen ist;

b) schließt in dieser Definition gegebenenfalls auch den Begriff „Gruppe von Staaten" ein.

Art. 2. Wenn ein Staat als erster Waffengewalt unter Verletzung der Charta anwendet, so stellt dies einen Beweis des ersten Anscheins für eine Angriffshandlung dar, wiewohl der Sicherheitsrat im Einklang mit der Charta zu dem Schluss gelangen kann, dass die Feststellung, es sei eine Angriffshandlung begangen worden, angesichts anderer erheblicher Umstände nicht gerechtfertigt wäre, wie unter anderem in dem Fall, dass die betreffenden Handlungen oder ihre Folgen nicht schwerwiegend genug sind.

Art. 3. Vorbehaltlich und nach Maßgabe der Bestimmungen des Artikels 2 gilt, ohne Rücksicht auf das Vorliegen einer Kriegserklärung, jede der folgenden Handlungen als Angriffshandlung:

a) die Invasion oder der Angriff der Streitkräfte eines Staates auf das Hoheitsgebiet eines anderen Staates oder jede, wenn auch vorübergehende, militärische Besetzung, die sich aus einer solchen Invasion oder einem solchen Angriff ergibt, oder jede gewaltsame Annexion des Hoheitsgebiets eines anderen Staates oder eines Teiles desselben;

b) die Beschießung oder Bombardierung des Hoheitsgebietes eines Staates durch die Streitkräfte eines anderen Staates oder der Einsatz von Waffen jeder Art durch einen Staat gegen das Hoheitsgebiet eines anderen Staates;

c) die Blockade der Häfen oder Küsten eines Staates durch die Streitkräfte eines anderen Staates;

---

[1] Erläuterungen zu den Artikeln 3 und 5 finden sich in Ziffer 20 des Berichts des Sonderausschusses zur Frage der Definition der Aggression (Official Records of the General Assembly, Twenty-ninth Session, Supplement No. 19 (A/9619 mit Corr.1)). Stellungnahmen zur Definition sind in den Ziffern 9 und 10 des Berichts des Sechsten Ausschusses (A/9890) enthalten.

d) der Angriff der Streitkräfte eines Staates auf die Land-, See- oder Luftstreitkräfte oder auf die See- und Luftflotte eines anderen Staates;

e) der Einsatz von Streitkräften eines Staates, die sich mit Zustimmung eines anderen Staates auf dessen Hoheitsgebiet befinden, unter Verstoß gegen die in dem entsprechenden Abkommen vorgesehenen Bedingungen oder jede Verlängerung ihrer Anwesenheit in diesem Gebiet über den Ablauf des Abkommens hinaus;

f) die Tatsache, dass ein Staat, der sein Hoheitsgebiet einem anderen Staat zur Verfügung gestellt hat, zulässt, dass dieses Hoheitsgebiet von dem anderen Staat dazu benutzt wird, eine Angriffshandlung gegen einen dritten Staat zu begehen;

g) das Entsenden bewaffneter Banden, Gruppen, Freischärler oder Söldner durch einen Staat oder in seinem Namen, wenn diese mit Waffengewalt Handlungen gegen einen anderen Staat ausführen, die auf Grund ihrer Schwere den oben aufgeführten Handlungen gleichkommen, oder die wesentliche Beteiligung daran.

Art. 4. Dies ist keine erschöpfende Aufzählung von Handlungen; der Sicherheitsrat kann feststellen, dass andere Handlungen nach den Bestimmungen der Charta eine Aggression darstellen.

Art. 5. 1. Keine Überlegung irgendwelcher Art, sei sie politischer, wirtschaftlicher, militärischer oder sonstiger Natur, kann als Rechtfertigung für eine Aggression dienen.

2. Ein Angriffskrieg ist ein Verbrechen gegen den Weltfrieden. Eine Aggression führt zu völkerrechtlicher Verantwortlichkeit.

3. Ein sich aus einer Aggression ergebender Gebietserwerb oder besonderer Vorteil ist nicht rechtmäßig und darf nicht als rechtmäßig anerkannt werden.

Art. 6. Diese Definition ist nicht so auszulegen, als erweitere oder beschränke sie in irgendeiner Weise den Geltungsbereich der Charta, einschließlich ihrer Bestimmungen über Fälle, in denen die Anwendung von Gewalt rechtmäßig ist.

Art. 7. Diese Definition, insbesondere ihr Artikel 3, kann in keiner Weise das sich aus der Charta herleitende Recht auf Selbstbestimmung, Freiheit und Unabhängigkeit von Völkern beeinträchtigen, die dieses Rechts gewaltsam beraubt wurden und auf die in der Erklärung über Grundsätze des Völkerrechts betreffend freundschaftliche Beziehungen und Zusammenarbeit zwischen den Staaten im Einklang mit der Charta der Vereinten Nationen Bezug genommen wird, insbesondere nicht von Völkern unter kolonialen oder rassistischen Regimen oder anderen Formen der Fremdherrschaft; noch das Recht dieser Völker, im Einklang mit den Grundsätzen der Charta und in Übereinstimmung mit der genannten Erklärung für dieses Ziel zu kämpfen und Unterstützung zu suchen und zu erhalten.

Art. 8. Bei ihrer Auslegung und Anwendung sind die vorstehenden Bestimmungen aufeinander bezogen, und jede Bestimmung ist im Kontext der anderen Bestimmungen auszulegen.

5 Aggressionsdefinition

6. Verantwortlichkeit der Staaten für völkerrechtswidrige Handlungen[1)]

Vom 12. Dezember 2001

Erster Teil. Die völkerrechtswidrige Handlung eines Staates

Kapitel I. Allgemeine Grundsätze

Art. 1 Verantwortlichkeit eines Staates für seine völkerrechtswidrigen Handlungen. Jede völkerrechtswidrige Handlung eines Staates hat die völkerrechtliche Verantwortlichkeit dieses Staates zur Folge.

Art. 2 Elemente der völkerrechtswidrigen Handlung eines Staates. Eine völkerrechtswidrige Handlung eines Staates liegt vor, wenn ein Verhalten in Form eines Tuns oder eines Unterlassens

a) dem Staat nach dem Völkerrecht zurechenbar ist und
b) eine Verletzung einer völkerrechtlichen Verpflichtung des Staates darstellt.

Art. 3 Beurteilung der Handlung eines Staates als völkerrechtswidrig. Die Beurteilung der Handlung eines Staates als völkerrechtswidrig bestimmt sich nach dem Völkerrecht. Diese Beurteilung bleibt davon unberührt, dass die gleiche Handlung nach innerstaatlichem Recht als rechtmäßig beurteilt wird.

Kapitel II. Zurechnung eines Verhaltens zu einem Staat

Art. 4 Verhalten von Staatsorganen.

1. Das Verhalten eines jeden Staatsorgans ist als Handlung des Staates im Sinne des Völkerrechts zu werten, gleichviel ob das Organ Aufgaben der Gesetzgebung, der vollziehenden Gewalt, der Rechtsprechung oder andere Aufgaben wahrnimmt, welche Stellung es innerhalb des Staatsaufbaus einnimmt und ob es sich um ein Organ der Zentralregierung oder einer Gebietseinheit des Staates handelt.
2. Ein Organ schließt jede Person oder Stelle ein, die diesen Status nach dem innerstaatlichen Recht des Staates innehat.

[1)] Anlage der Resolution der VN-Generalversammlung Nr. 56/83 vom 12. 12. 2001. Eingehende Erläuterungen hierzu im Bericht der ILC über seine 53. Sitzung (GAOR 56th Session, Suppl. No. 10 [A/56/10], 29 ff). Übers. des deutschen Übersetzungsdienstes bei den VN.

Art. 5 Verhalten von Personen oder Stellen, die hoheitliche Befugnisse ausüben. Das Verhalten einer Person oder Stelle, die kein Staatsorgan im Sinne von Artikel 4 ist, die jedoch nach dem Recht des betreffenden Staates ermächtigt ist, hoheitliche Befugnisse auszuüben, ist als Handlung des Staates im Sinne des Völkerrechts zu werten, sofern die Person oder Stelle im Einzelfall in dieser Eigenschaft handelt.

Art. 6 Verhalten von Organen, die einem Staat von einem anderen Staat zur Verfügung gestellt werden. Das Verhalten eines Organs, das einem Staat von einem anderen Staat zur Verfügung gestellt wird, ist als eine Handlung des ersteren Staates im Sinne des Völkerrechts zu werten, wenn das Organ in Ausübung hoheitlicher Befugnisse des Staates handelt, dem es zur Verfügung gestellt wird.

Art. 7 Kompetenzüberschreitung oder weisungswidriges Handeln. Das Verhalten eines Staatsorgans oder einer zur Ausübung hoheitlicher Befugnisse ermächtigten Person oder Stelle ist als Handlung des Staates im Sinne des Völkerrechts zu werten, wenn das Organ, die Person oder die Stelle in dieser Eigenschaft handelt, selbst wenn sie ihre Kompetenzen überschreiten oder Weisungen zuwiderhandeln.

Art. 8 Von einem Staat geleitetes oder kontrolliertes Verhalten. Das Verhalten einer Person oder Personengruppe ist als Handlung eines Staates im Sinne des Völkerrechts zu werten, wenn die Person oder Personengruppe dabei faktisch im Auftrag oder unter der Leitung oder Kontrolle dieses Staates handelt.

Art. 9 Verhalten im Falle der Abwesenheit oder des Ausfalls der staatlichen Stellen. Das Verhalten einer Person oder Personengruppe ist als Handlung eines Staates im Sinne des Völkerrechts zu werten, wenn die Person oder Personengruppe im Falle der Abwesenheit oder des Ausfalls der staatlichen Stellen faktisch hoheitliche Befugnisse ausübt und die Umstände die Ausübung dieser Befugnisse erfordern.

Art. 10 Verhalten einer aufständischen oder sonstigen Bewegung.

1. Das Verhalten einer aufständischen Bewegung, die zur neuen Regierung eines Staates wird, ist als Handlung des Staates im Sinne des Völkerrechts zu werten.
2. Das Verhalten einer aufständischen oder sonstigen Bewegung, der es gelingt, in einem Teil des Hoheitsgebiets eines bestehenden Staates oder in einem seiner Verwaltung unterstehenden Gebiet einen neuen Staat zu gründen, ist als Handlung des neuen Staates im Sinne des Völkerrechts zu werten.
3. Dieser Artikel berührt nicht die Zurechnung eines Verhaltens zu einem Staat, gleichviel in welcher Beziehung es zu dem der betref-

fenden Bewegung steht, wenn dieses Verhalten auf Grund der Artikel 4 bis 9 als Handlung dieses Staates zu gelten hat.

Art. 11 Verhalten, das ein Staat als sein eigenes anerkennt und annimmt. Ein Verhalten, das einem Staat nach den vorstehenden Artikeln nicht zugerechnet werden kann, ist gleichwohl als Handlung des Staates im Sinne des Völkerrechts zu werten, wenn und soweit der Staat dieses Verhalten als sein eigenes anerkennt und annimmt.

Kapitel III. Verletzung einer völkerrechtlichen Verpflichtung

Art. 12 Vorliegen der Verletzung einer völkerrechtlichen Verpflichtung. Eine Verletzung einer völkerrechtlichen Verpflichtung seitens eines Staates liegt vor, wenn eine Handlung dieses Staates nicht im Einklang mit dem steht, was die Verpflichtung, unabhängig von ihrem Ursprung oder ihrem Wesen, von ihm verlangt.

Art. 13 Gültige völkerrechtliche Verpflichtung eines Staates. Eine Handlung eines Staates stellt nur dann eine Verletzung einer völkerrechtlichen Verpflichtung dar, wenn die Verpflichtung zum Zeitpunkt der Handlung für den Staat bindend war.

Art. 14 Dauer der Verletzung einer völkerrechtlichen Verpflichtung.

1. Die Verletzung einer völkerrechtlichen Verpflichtung durch eine nicht fortdauernde Handlung eines Staates tritt in dem Zeitpunkt ein, in dem die Handlung stattfindet, selbst wenn ihre Auswirkungen andauern.
2. Die Verletzung einer völkerrechtlichen Verpflichtung durch eine fortdauernde Handlung eines Staates erstreckt sich über den gesamten Zeitraum, während dessen die Handlung andauert und nicht im Einklang mit dieser völkerrechtlichen Verpflichtung steht.
3. Die Verletzung einer völkerrechtlichen Verpflichtung eines Staates, ein bestimmtes Ereignis zu verhindern, tritt ein, wenn das Ereignis stattfindet, und erstreckt sich über den gesamten Zeitraum, während dessen das Ereignis andauert und nicht im Einklang mit dieser Verpflichtung steht.

Art. 15 Verletzung durch eine zusammengesetzte Handlung.

1. Die Verletzung einer völkerrechtlichen Verpflichtung eines Staates durch eine Reihe von Handlungen oder Unterlassungen, die in ihrer Gesamtheit als rechtswidrig definiert werden, tritt ein, wenn die Handlung oder Unterlassung stattfindet, die zusammen mit den anderen Handlungen oder Unterlassungen ausreicht, um den deliktischen Tatbestand zu erfüllen.

2. In einem solchen Fall erstreckt sich die Verletzung über den gesamten Zeitraum, der mit der ersten Handlung oder Unterlassung beginnt, und dauert so lange an, wie diese Handlungen oder Unterlassungen wiederholt werden und nicht im Einklang mit der völkerrechtlichen Verpflichtung stehen.

Kapitel IV. Verantwortlichkeit eines Staates im Zusammenhang mit der Handlung eines anderen Staates

Art. 16 Beihilfe oder Unterstützung bei der Begehung einer völkerrechtswidrigen Handlung. Ein Staat, der einem anderen Staat bei der Begehung einer völkerrechtswidrigen Handlung Beihilfe leistet oder Unterstützung gewährt, ist dafür völkerrechtlich verantwortlich,

a) wenn er dies in Kenntnis der Umstände der völkerrechtswidrigen Handlung tut und

b) wenn die Handlung völkerrechtswidrig wäre, wenn er sie selbst beginge.

Art. 17 Leitung und Kontrolle bei der Begehung einer völkerrechtswidrigen Handlung. Ein Staat, der einen anderen Staat bei der Begehung einer völkerrechtswidrigen Handlung leitet und ihn kontrolliert, ist dafür völkerrechtlich verantwortlich,

a) wenn er dies in Kenntnis der Umstände der völkerrechtswidrigen Handlung tut und

b) wenn die Handlung völkerrechtswidrig wäre, wenn er sie selbst beginge.

Art. 18 Nötigung eines anderen Staates. Ein Staat, der einen anderen Staat nötigt, eine Handlung zu begehen, ist für diese Handlung völkerrechtlich verantwortlich,

a) wenn die Handlung bei Abwesenheit von Nötigung eine völkerrechtswidrige Handlung des gezwungenen Staates wäre und

b) wenn der nötigende Staat dies in Kenntnis der Umstände der Handlung tut.

Art. 19 Wirkung dieses Kapitels. Dieses Kapitel lässt die nach anderen Bestimmungen dieser Artikel bestehende völkerrechtliche Verantwortlichkeit des Staates, der die betreffende Handlung begeht, oder jedes anderen Staates unberührt.

Kapitel V. Umstände, welche die Rechtswidrigkeit ausschließen

Art. 20 Einwilligung. Die gültige Einwilligung eines Staates in die Begehung einer bestimmten Handlung durch einen anderen Staat schließt die Rechtswidrigkeit dieser Handlung in Bezug auf den ersteren Staat aus, soweit die Handlung im Rahmen dieser Einwilligung bleibt.

Art. 21 Selbstverteidigung. Die Rechtswidrigkeit der Handlung eines Staates ist ausgeschlossen, wenn es sich bei der Handlung um eine rechtmäßige Maßnahme der Selbstverteidigung handelt, die im Einklang mit der Charta der Vereinten Nationen ergriffen wird.

Art. 22 Gegenmaßnahmen auf Grund einer völkerrechtswidrigen Handlung. Die Rechtswidrigkeit der Handlung eines Staates, die mit einer völkerrechtlichen Verpflichtung gegenüber einem anderen Staat nicht im Einklang steht, ist ausgeschlossen, wenn und soweit die Handlung eine Gegenmaßnahme gegen den anderen Staat nach Kapitel II des Dritten Teils darstellt.

Art. 23 Höhere Gewalt.

1. Die Rechtswidrigkeit der Handlung eines Staates, die mit einer völkerrechtlichen Verpflichtung dieses Staates nicht im Einklang steht, ist ausgeschlossen, wenn die Handlung auf höhere Gewalt, das heißt das Auftreten einer unwiderstehlichen Gewalt oder eines unvorhergesehenen Ereignisses, zurückzuführen ist, die außerhalb des Einflussbereichs des Staates liegt und die Erfüllung der Verpflichtung unter den gegebenen Umständen tatsächlich unmöglich macht.
2. Absatz 1 findet keine Anwendung,
   a) wenn die Situation höherer Gewalt entweder ausschließlich oder zusammen mit anderen Umständen auf das Verhalten des Staates zurückzuführen ist, der höhere Gewalt geltend macht, oder
   b) wenn der Staat die Gefahr des Eintretens dieser Situation in Kauf genommen hat.

Art. 24 Notlage.

1. Die Rechtswidrigkeit der Handlung eines Staates, die mit einer völkerrechtlichen Verpflichtung dieses Staates nicht im Einklang steht, ist ausgeschlossen, wenn der Urheber der Handlung in einer Notlage keine andere geeignete Möglichkeit hat, sein eigenes Leben oder das Leben anderer Personen, die seiner Obhut anvertraut sind, zu retten.
2. Absatz 1 findet keine Anwendung,
   a) wenn die Notlage entweder ausschließlich oder zusammen mit anderen Umständen auf das Verhalten des Staates zurückzuführen ist, der sich auf die Notlage beruft, oder
   b) wenn die Handlung geeignet ist, eine vergleichbare oder größere Gefahr herbeizuführen.

Art. 25 Notstand.

1. Ein Staat kann sich nur dann auf einen Notstand als Grund für den Ausschluss der Rechtswidrigkeit einer Handlung, die mit einer völkerrechtlichen Verpflichtung dieses Staates nicht im Einklang steht, berufen, wenn die Handlung
   a) die einzige Möglichkeit für den Staat ist, ein wesentliches Interesse vor einer schweren und unmittelbar drohenden Gefahr zu schützen, und
   b) kein wesentliches Interesse des Staates oder der Staaten, gegenüber denen die Verpflichtung besteht, oder der gesamten internationalen Gemeinschaft ernsthaft beeinträchtigt.
2. In keinem Fall kann ein Staat sich auf einen Notstand als Grund für den Ausschluss der Rechtswidrigkeit berufen,
   a) wenn die betreffende völkerrechtliche Verpflichtung die Möglichkeit der Berufung auf einen Notstand ausschließt oder
   b) wenn der Staat zu der Notstandssituation beigetragen hat.

Art. 26 Einhaltung zwingender Normen. Dieses Kapitel schließt die Rechtswidrigkeit der Handlung eines Staates nicht aus, die mit einer Verpflichtung, die sich aus einer zwingenden Norm des allgemeinen Völkerrechts ergibt, nicht im Einklang steht.

Art. 27 Folgen der Geltendmachung von Umständen, welche die Rechtswidrigkeit ausschließen. Die Geltendmachung eines Umstands, der die Rechtswidrigkeit nach diesem Kapitel ausschließt, berührt nicht

a) die Erfüllung der betreffenden Verpflichtung, wenn und soweit der die Rechtswidrigkeit ausschließende Umstand nicht weiter besteht;
b) die Frage der Entschädigung für jeden durch die betreffende Handlung verursachten erheblichen Schaden.

Zweiter Teil. Inhalt der völkerrechtlichen Verantwortlichkeit eines Staates

Kapitel I. Allgemeine Grundsätze

Art. 28 Rechtsfolgen einer völkerrechtswidrigen Handlung. Die völkerrechtliche Verantwortlichkeit eines Staates, die sich aus einer völkerrechtswidrigen Handlung nach den Bestimmungen des Ersten Teils ergibt, zieht die in diesem Teil beschriebenen Rechtsfolgen nach sich.

Art. 29 Fortbestehen der Erfüllungspflicht. Die Rechtsfolgen einer völkerrechtswidrigen Handlung nach diesem Teil berühren nicht die fortbestehende Verpflichtung des verantwortlichen Staates zur Erfüllung der verletzten Verpflichtung.

Art. 30 Beendigung und Nichtwiederholung. Der für die völkerrechtswidrige Handlung verantwortliche Staat ist verpflichtet,

a) die Handlung, falls sie andauert, zu beenden;

b) angemessene Zusagen und Garantien der Nichtwiederholung zu geben, falls die Umstände dies erfordern.

Art. 31 Wiedergutmachung.

1. Der verantwortliche Staat ist verpflichtet, volle Wiedergutmachung für den durch die völkerrechtswidrige Handlung verursachten Schaden zu leisten.
2. Der Schaden umfasst jeden materiellen oder immateriellen Schaden, der durch die völkerrechtswidrige Handlung eines Staates verursacht worden ist.

Art. 32 Unerheblichkeit des innerstaatlichen Rechts. Der verantwortliche Staat kann sich nicht auf sein innerstaatliches Recht berufen, um die Nichterfüllung der ihm nach diesem Teil obliegenden Verpflichtungen zu rechtfertigen.

Art. 33 Umfang der in diesem Teil aufgeführten völkerrechtlichen Verpflichtungen.

1. Die in diesem Teil aufgeführten Verpflichtungen des verantwortlichen Staates können gegenüber einem anderen Staat, mehreren Staaten oder der gesamten internationalen Gemeinschaft bestehen, insbesondere je nach Wesen und Inhalt der völkerrechtlichen Verpflichtung sowie den Umständen ihrer Verletzung.
2. Dieser Teil berührt kein sich aus der völkerrechtlichen Verantwortlichkeit eines Staates ergebendes Recht, das einer Person oder einer Stelle, die kein Staat ist, unmittelbar erwächst.

Kapitel II. Wiedergutmachung des Schadens

Art. 34 Formen der Wiedergutmachung. Die volle Wiedergutmachung des durch eine völkerrechtswidrige Handlung verursachten Schadens erfolgt durch Restitution, Schadenersatz und Genugtuung, entweder einzeln oder in Verbindung miteinander, in Übereinstimmung mit diesem Kapitel.

Art. 35 Restitution. Ein für eine völkerrechtswidrige Handlung verantwortlicher Staat ist verpflichtet, Restitution zu leisten, das heißt den vor der Begehung der Handlung herrschenden Zustand wiederherzustellen, sofern und soweit die Restitution

a) nicht tatsächlich unmöglich ist;

b) nicht mit einer Belastung verbunden ist, die außer allem Verhältnis zu dem Nutzen steht, der durch Restitution anstelle von Schadenersatz entsteht.

Art. 36 Schadenersatz.

1. Der für eine völkerrechtswidrige Handlung verantwortliche Staat ist verpflichtet, den durch die Handlung verursachten Schaden zu ersetzen, soweit dieser Schaden nicht durch Restitution wiedergutgemacht wird.
2. Der Schadenersatz umfasst jeden finanziell messbaren Schaden, einschließlich des entgangenen Gewinns, soweit ein solcher ermittelt wird.

Art. 37 Genugtuung.

1. Der für eine völkerrechtswidrige Handlung verantwortliche Staat ist verpflichtet, für den durch die Handlung verursachten Schaden Genugtuung zu leisten, soweit er nicht durch Restitution oder Schadenersatz wiedergutzumachen ist.
2. Die Genugtuung kann in Form des Geständnisses der Verletzung, eines Ausdrucks des Bedauerns, einer förmlichen Entschuldigung oder auf andere geeignete Weise geleistet werden.
3. Die Genugtuung darf nicht außer Verhältnis zu dem Schaden stehen und darf keine für den verantwortlichen Staat erniedrigende Form annehmen.

Art. 38 Zinsen.

1. Zinsen auf jede nach diesem Kapitel geschuldete Hauptforderung sind zahlbar, soweit dies notwendig ist, um eine vollständige Wiedergutmachung zu gewährleisten. Der Zinssatz und die Berechnungsmethode sind so festzusetzen, dass dieses Ergebnis erreicht wird.
2. Die Zinsen laufen von dem Tag, an dem der Kapitalbetrag hätte gezahlt werden sollen, bis zu dem Tag, an dem die Zahlungsverpflichtung erfüllt wird.

Art. 39 Mitverschulden am Schaden. Bei der Festsetzung der Wiedergutmachung ist zu berücksichtigen, inwieweit der verletzte Staat oder eine Person oder Stelle, bezüglich deren Wiedergutmachung verlangt wird, den Schaden durch vorsätzliches oder fahrlässiges Tun oder Unterlassen mitverschuldet hat.

Kapitel III. Schwerwiegende Verletzungen von Verpflichtungen, die sich aus zwingenden Normen des allgemeinen Völkerrechts ergeben

Art. 40 Anwendungsbereich dieses Kapitels.

1. Dieses Kapitel findet Anwendung auf die völkerrechtliche Verantwortlichkeit, die begründet wird, wenn ein Staat eine sich aus einer

zwingenden Norm des allgemeinen Völkerrechts ergebende Verpflichtung in schwerwiegender Weise verletzt.

2. Die Verletzung einer solchen Verpflichtung ist schwerwiegend, wenn sie eine grobe oder systematische Nichterfüllung der Verpflichtung durch den verantwortlichen Staat bedeutet.

Art. 41 Besondere Folgen der schwerwiegenden Verletzung einer Verpflichtung nach diesem Kapitel.

1. Die Staaten arbeiten zusammen, um jeder schwerwiegenden Verletzung im Sinne des Artikels 40 mit rechtmäßigen Mitteln ein Ende zu setzen.
2. Kein Staat erkennt einen Zustand, der durch eine schwerwiegende Verletzung im Sinne des Artikels 40 herbeigeführt wurde, als rechtmäßig an oder leistet Beihilfe oder Unterstützung zur Aufrechterhaltung dieses Zustands.
3. Dieser Artikel berührt nicht die anderen in diesem Teil genannten Folgen und alle weiteren Folgen, die eine Verletzung, auf die dieses Kapitel Anwendung findet, nach dem Völkerrecht nach sich ziehen kann.

Dritter Teil. Durchsetzung der völkerrechtlichen Verantwortlichkeit eines Staates

Kapitel I. Geltendmachung der Verantwortlichkeit eines Staates

Art. 42 Geltendmachung der Verantwortlichkeit durch einen verletzten Staat. Ein Staat ist berechtigt, als verletzter Staat die Verantwortlichkeit eines anderen Staates geltend zu machen, wenn die Verpflichtung, die verletzt wurde,

a) allein diesem Staat gegenüber besteht oder

b) gegenüber einer Gruppe von Staaten, die diesen Staat einschließt, oder gegenüber der gesamten internationalen Gemeinschaft, und die Verletzung der Verpflichtung

  i) speziell diesen Staat betrifft oder

  ii) so beschaffen ist, dass sie die Lage aller anderen Staaten, gegenüber denen die Verpflichtung besteht, hinsichtlich der weiteren Erfüllung der Verpflichtung grundlegend ändert.

Art. 43 Anzeige des Anspruchs durch den verletzten Staat.

1. Macht der verletzte Staat die Verantwortlichkeit eines anderen Staates geltend, so zeigt er diesem Staat seinen Anspruch an.
2. Der verletzte Staat kann insbesondere angeben,

  a) welches Verhalten der verantwortliche Staat befolgen soll, um die völkerrechtswidrige Handlung, sofern sie andauert, zu beenden;

b) in welcher Form die Wiedergutmachung nach den Bestimmungen des Zweiten Teils erfolgen soll.

Art. 44 Zulässigkeit von Ansprüchen. Die Verantwortlichkeit eines Staates kann nicht geltend gemacht werden,

a) wenn der Anspruch nicht im Einklang mit den anwendbaren Regeln über die Nationalität von Ansprüchen geltend gemacht wird;

b) wenn auf den Anspruch die Regel über die Erschöpfung der innerstaatlichen Rechtsmittel Anwendung findet und nicht alle verfügbaren und wirksamen innerstaatlichen Rechtsmittel erschöpft wurden.

Art. 45 Verlust des Rechts, die Verantwortlichkeit eines Staates geltend zu machen. Die Verantwortlichkeit eines Staates kann nicht geltend gemacht werden,

a) wenn der verletzte Staat wirksam auf den Anspruch verzichtet hat;

b) wenn auf Grund des Verhaltens des verletzten Staates anzunehmen ist, dass er wirksam in das Erlöschen seines Anspruchs eingewilligt hat.

Art. 46 Mehrheit verletzter Staaten. Werden mehrere Staaten durch dieselbe völkerrechtswidrige Handlung verletzt, so kann jeder verletzte Staat gesondert die Verantwortlichkeit des Staates geltend machen, der die völkerrechtswidrige Handlung begangen hat.

Art. 47 Mehrheit verantwortlicher Staaten.

1. Sind mehrere Staaten für dieselbe völkerrechtswidrige Handlung verantwortlich, so kann in Bezug auf diese Handlung die Verantwortlichkeit eines jeden Staates geltend gemacht werden.

2. Absatz 1

   a) gestattet einem verletzten Staat nicht, einen Schadenersatz zu erlangen, der den von ihm erlittenen Schaden übersteigt;

   b) berührt nicht das Recht, bei den anderen verantwortlichen Staaten Rückgriff zu nehmen.

Art. 48 Geltendmachung der Verantwortlichkeit eines Staates durch einen anderen Staat als den verletzten Staat.

1. Jeder andere Staat als der verletzte Staat ist berechtigt, nach Absatz 2 die Verantwortlichkeit eines anderen Staates geltend zu machen,

   a) wenn die Verpflichtung, die verletzt wurde, gegenüber einer Gruppe von Staaten besteht, die diesen Staat einschließt, und zum Schutz eines gemeinschaftlichen Interesses der Gruppe begründet wurde, oder

   b) wenn die Verpflichtung, die verletzt wurde, gegenüber der gesamten internationalen Gemeinschaft besteht.

2. Jeder Staat, der nach Absatz 1 berechtigt ist, die Verantwortlichkeit eines Staates geltend zu machen, kann von dem verantwortlichen Staat verlangen,
   a) im Einklang mit Artikel 30 die völkerrechtswidrige Handlung zu beenden sowie Zusagen und Garantien der Nichtwiederholung zu geben und
   b) die Verpflichtung zur Wiedergutmachung nach den vorstehenden Artikeln zu Gunsten des verletzten Staates oder der Begünstigten der Verpflichtung, die verletzt wurde, zu erfüllen.
3. Die in den Artikeln 43, 44 und 45 genannten Bedingungen für die Geltendmachung der Verantwortlichkeit durch einen verletzten Staat finden Anwendung auf die Geltendmachung der Verantwortlichkeit durch einen Staat, der nach Absatz 1 dazu berechtigt ist.

Kapitel II. Gegenmaßnahmen

Art. 49 Zweck und Begrenzung von Gegenmaßnahmen.

1. Der verletzte Staat darf gegen den für die völkerrechtswidrige Handlung verantwortlichen Staat Gegenmaßnahmen nur zu dem Zweck ergreifen, ihn zur Erfüllung seiner Verpflichtungen nach dem Zweiten Teil zu veranlassen.
2. Gegenmaßnahmen sind auf die vorübergehende Nichterfüllung völkerrechtlicher Verpflichtungen begrenzt, die der die Maßnahmen ergreifende Staat gegenüber dem verantwortlichen Staat hat.
3. Gegenmaßnahmen sind möglichst in einer Weise zu ergreifen, die die Wiederaufnahme der Erfüllung der betreffenden Verpflichtungen zulässt.

Art. 50 Verpflichtungen, die von Gegenmaßnahmen nicht berührt werden.

1. Gegenmaßnahmen lassen folgende Verpflichtungen unberührt:
   a) die in der Charta der Vereinten Nationen verankerte Verpflichtung, die Androhung oder Anwendung von Gewalt zu unterlassen;
   b) die Verpflichtungen zum Schutz der grundlegenden Menschenrechte;
   c) die Verpflichtungen humanitärer Art, die Repressalien verbieten;
   d) andere Verpflichtungen, die sich aus zwingenden Normen des allgemeinen Völkerrechts ergeben.
2. Der Staat, der Gegenmaßnahmen ergreift, ist nicht von seinen Verpflichtungen entbunden,
   a) die ihm nach einem Streitbeilegungsverfahren obliegen, das zwischen ihm und dem verantwortlichen Staat Anwendung findet;
   b) die Unverletzlichkeit der diplomatischen und konsularischen Vertreter, Räumlichkeiten, Archive und Dokumente zu achten.

Art. 51 Verhältnismäßigkeit. Gegenmaßnahmen müssen in einem angemessenen Verhältnis zu dem erlittenen Schaden stehen, wobei die Schwere der völkerrechtswidrigen Handlung und die betreffenden Rechte zu berücksichtigen sind.

Art. 52 Bedingungen für die Anwendung von Gegenmaßnahmen.

1. Bevor der verletzte Staat Gegenmaßnahmen ergreift,
   a) hat er den verantwortlichen Staat im Einklang mit Artikel 43 aufzufordern, die ihm nach dem Zweiten Teil obliegenden Verpflichtungen zu erfüllen;
   b) hat er dem verantwortlichen Staat jeden Beschluss, Gegenmaßnahmen zu ergreifen, zu notifizieren und ihm Verhandlungen anzubieten.
2. Ungeachtet des Absatzes 1 Buchstabe b kann der verletzte Staat die dringlichen Gegenmaßnahmen ergreifen, die zur Wahrung seiner Rechte erforderlich sind.
3. Gegenmaßnahmen dürfen nicht ergriffen werden, und bereits ergriffene Gegenmaßnahmen müssen ohne schuldhaftes Zögern suspendiert werden,
   a) wenn die völkerrechtswidrige Handlung nicht länger andauert und
   b) wenn die Streitigkeit vor einem Gericht anhängig ist, das befugt ist, für die Parteien bindende Entscheidungen zu fällen.
4. Absatz 3 findet keine Anwendung, wenn der verantwortliche Staat die Streitbeilegungsverfahren nicht nach Treu und Glauben anwendet.

Art. 53 Beendigung der Gegenmaßnahmen. Gegenmaßnahmen sind zu beenden, sobald der verantwortliche Staat die ihm nach dem Zweiten Teil obliegenden Verpflichtungen in Bezug auf die völkerrechtswidrige Handlung erfüllt hat.

Art. 54 Ergreifung von Maßnahmen durch andere Staaten als den verletzten Staat. Dieses Kapitel berührt nicht das Recht eines Staates, der nach Artikel 48 Absatz 1 berechtigt ist, die Verantwortlichkeit eines anderen Staates geltend zu machen, rechtmäßige Maßnahmen gegen diesen Staat zu ergreifen, um die Beendigung der Verletzung und die Wiedergutmachung zu Gunsten des verletzten Staates oder der Begünstigten der Verpflichtung, die verletzt wurde, sicherzustellen.

Vierter Teil. Allgemeine Bestimmungen

Art. 55 Lex specialis. Diese Artikel finden keine Anwendung, wenn und soweit die Voraussetzungen für das Vorliegen einer völkerrechtswidrigen Handlung oder der Inhalt oder die Durchsetzung der völkerrechtlichen Verantwortlichkeit eines Staates speziellen Regeln des Völkerrechts unterliegen.

Art. 56 Fragen der Staatenverantwortlichkeit, die nicht durch diese Artikel geregelt sind. Soweit Fragen der Verantwortlichkeit eines Staates für eine völkerrechtswidrige Handlung durch diese Artikel nicht geregelt werden, unterliegen sie weiterhin den anwendbaren Regeln des Völkerrechts.

Art. 57 Verantwortlichkeit internationaler Organisationen. Diese Artikel lassen Fragen der völkerrechtlichen Verantwortlichkeit einer internationalen Organisation oder eines Staates für das Verhalten einer internationalen Organisation unberührt.

Art. 58 Individuelle Verantwortlichkeit. Diese Artikel lassen Fragen der individuellen völkerrechtlichen Verantwortlichkeit von Personen, die im Namen eines Staates handeln, unberührt.

Art. 59 Charta der Vereinten Nationen. Diese Artikel lassen die Charta der Vereinten Nationen unberührt.

15. Allgemeine Erklärung der Menschenrechte

Vom 10. Dezember 1948[1), 2)]

(Übersetzung)[3)]

PRÄAMBEL

Weil die Anerkennung der angeborenen Würde und der gleichen und unveräußerlichen Rechte aller Mitglieder der menschlichen Familie die Grundlage für Freiheit, Gerechtigkeit und Frieden in der Welt ist,

weil die Verachtung und Verletzung der Menschenrechte zu barbarischen Akten geführt haben, die das Gewissen der Menschheit empören, und weil der Anbruch einer Welt, in der Meinungs- und Glaubensfreiheit herrschen und in der niemand in Angst oder Not leben muss, zum höchsten Ziel aller Menschen erklärt worden ist,

weil es notwendig ist, die Menschenrechte durch die Herrschaft des Rechts zu schützen, damit der Mensch nicht als letztes Mittel zur Rebellion gegen Tyrannei und Unterdrückung greifen muss,

weil es notwendig ist, die Entwicklung freundschaftlicher Beziehungen zwischen den Völkern zu fördern,

weil die Völker der Vereinten Nationen in ihrer Charta ihren Glauben an die grundlegenden Menschenrechte, an die Würde und den Wert des Menschen sowie an die Gleichberechtigung von Mann und Frau bekräftigt

und weil sie beschlossen haben, gesellschaftlichen Fortschritt und bessere Lebensbedingungen in größerer Freiheit zu fördern,

weil die Mitgliedstaaten feierlich versprochen haben, in Zusammenarbeit mit den Vereinten Nationen auf die allgemeine Achtung und Einhaltung der Menschenrechte und Grundfreiheiten hinzuwirken,

weil ein allgemeines Verständnis dieser Rechte und Freiheiten für die Verwirklichung dieses feierlichen Versprechens von größter Bedeutung ist,

verkündet deswegen nunmehr

die *Generalversammlung*

diese *Allgemeine Erklärung der Menschenrechte*

als gemeinsames, von allen Völkern und Nationen anzustrebendes Ziel, damit jeder Mensch und jedes Organ der Gesellschaft, indem sie

---

1) Res. 217 A (III) der UN-Generalversammlung. Internationale Quelle: Yearbook of the United Nations 1948-49, S. 535–537.

2) Zu den zentralen Instrumente des universellen Menschenrechtsschutzes vgl. sogleich Nr. **20 ff.**, zum Menschenrechtsschutz in Europa (Europarat und EU) vgl. ferner die Europäische Konvention zum Schutz der Menschenrechte und Grundfreiheiten (EMRK) mit Zusatzprotokollen (Nr. **130 ff.**) sowie die Charta der Grundrechte der Europäischen Union (Nr. **150**).

3) Übersetzung aus dem Englischen von Dirk van Gunsteren und Bardo Fassbender. Der Text folgt mit freundlicher Genehmigung des Herausgebers der Ausgabe: Bardo Fassbender (Hrsg.), Menschenrechteerklärung – Neuübersetzung, Synopse, Erläuterung, Materialien, München: sellier.european law publishers, 2009.

stets an diese Erklärung denken, danach streben, durch Unterricht und Bildung die Achtung dieser Rechte und Freiheiten zu stärken und durch fortschreitende nationale und internationale Maßnahmen für ihre universelle und wirkliche Anerkennung und Einhaltung zu sorgen, und zwar sowohl in den Völkern der Mitgliedstaaten als auch in den Völkern der Gebiete, die der Hoheitsgewalt der Mitgliedstaaten unterstehen.

Art. 1 [Menschenwürde; Freiheit und Gleichheit; Brüderlichkeit] Alle Menschen sind frei geboren und gleich an Würde und Rechten. Alle haben Vernunft und Gewissen und sollten untereinander im Sinne der Brüderlichkeit handeln.

Art. 2 [Diskriminierungsverbote] (1) Jeder hat Anspruch auf alle in dieser Erklärung verkündeten Rechte und Freiheiten, ohne jede Unterscheidung, wie die nach Rasse, Hautfarbe, Geschlecht, Sprache, Religion, politischer oder anderer Meinung, nationaler oder sozialer Herkunft, Besitz, Geburt oder sonstigem Status.

(2) Es darf auch kein Unterschied gemacht werden nach der politischen, rechtlichen oder internationalen Stellung des Landes oder Gebiets, dem eine Person angehört, gleichgültig ob es unabhängig ist, unter Treuhandverwaltung steht, sich nicht selbst regiert oder in irgendeiner anderen Weise in seiner Souveränität beschränkt ist.

Art. 3 [Recht auf Leben, Freiheit und Sicherheit] Jeder hat das Recht auf Leben, Freiheit und Sicherheit der Person.

Art. 4 [Verbot der Sklaverei, Knechtschaft und des Sklavenhandels] Niemand darf in Sklaverei oder Knechtschaft gehalten werden. Alle Formen von Sklaverei und Sklavenhandel sind verboten.

Art. 5 [Folterverbot] Niemand darf der Folter oder einer grausamen, unmenschlichen oder entwürdigenden Behandlung oder Strafe unterworfen werden.

Art. 6 [Recht auf Anerkennung als Rechtsperson] Jeder hat das Recht, überall als Rechtsperson anerkannt zu werden.

Art. 7 [Gleichheit vor dem Gesetz; gleicher Schutz durch das Gesetz; Schutz vor Diskriminierung]
Alle Menschen sind vor dem Gesetz gleich und haben ohne Unterschied ein Recht auf gleichen Schutz durch das Gesetz. Alle Menschen haben ein Recht auf gleichen Schutz vor jeder Diskriminierung, die gegen diese Erklärung verstößt, sowie vor jedwedem Aufruf zu einer solchen Diskriminierung.

Art. 8 [Rechtsschutz gegen Grundrechtsverletzungen] Jeder hat das Recht auf wirksamen Rechtsschutz durch die zuständigen Gerichte seines Landes gegen Handlungen, die seine durch Verfassung oder Gesetz geschützten Grundrechte verletzen.

Art. 9 [Schutz vor willkürlicher Verhaftung, Gefangenschaft und Ausweisung] Niemand darf willkürlich verhaftet, gefangen gehalten oder des Landes verwiesen werden.

Art. 10 [Recht auf gerichtlichen Rechtsschutz in Zivil- und Strafsachen] Jeder hat bei der Feststellung seiner bürgerlichen Rechte und Pflichten sowie bei der Verhandlung strafrechtlicher Anklagen gegen ihn in voller Gleichheit ein Recht auf ein faires und öffentliches Verfahren vor einem unabhängigen und unparteilichen Gericht.

Art. 11 [Unschuldsvermutung; Rückwirkungsverbot] (1) Jeder, der wegen einer strafbaren Handlung angeklagt wird, hat das Recht, als unschuldig zu gelten, bis er in einem öffentlichen Prozess, in dem er alle Möglichkeiten der Verteidigung hatte, nach dem Gesetz schuldig gesprochen worden ist.

(2) Niemand darf wegen einer strafbaren Handlung oder Unterlassung schuldig gesprochen werden, die zur Zeit ihrer Begehung nach nationalem oder Völkerrecht nicht strafbar war. Auch darf keine höhere Strafe verhängt werden als die, welche zur Zeit der Handlung oder Unterlassung galt.

Art. 12 [Recht auf Schutz der Privatsphäre; Ehrenschutz] Niemand darf willkürlichen Eingriffen in seine Privatsphäre, in seine Familie, in seine Wohnung und in seinen Briefverkehr ausgesetzt werden oder Angriffen auf seine Ehre und sein Ansehen. Jeder hat das Recht auf Rechtsschutz vor solchen Eingriffen oder Angriffen.

Art. 13 [Freizügigkeit, Ausreise- und Rückkehrfreiheit] (1) Jeder hat das Recht der freien Bewegung und der Niederlassung innerhalb der Grenzen eines jeden Staates.

(2) Jeder hat das Recht, jedes Land, einschließlich seines eigenen, zu verlassen und in sein Land zurückzukehren.

Art. 14 [Asylrecht] (1) Jeder hat das Recht, in anderen Ländern Asyl vor Verfolgung zu suchen und zu genießen.

(2) Auf dieses Recht kann sich niemand berufen, der wegen eines nichtpolitischen Verbrechens oder wegen Handlungen strafrechtlich verfolgt wird, die gegen die Ziele und Grundsätze der Vereinten Nationen verstoßen.

Art. 15 [Recht auf Staatsangehörigkeit] (1) Jeder hat das Recht auf eine Staatsangehörigkeit.

(2) Niemandem darf willkürlich seine Staatsangehörigkeit entzogen oder das Recht verweigert werden, seine Staatsangehörigkeit zu wechseln.

Art. 16 [Recht auf Heirat und Familiengründung; Schutz der Familie] (1) Volljährige Männer und Frauen haben ohne jede Einschränkung nach Rasse, Staatsangehörigkeit oder Religion das Recht, zu heiraten und eine Familie zu gründen. Sie haben gleiche Rechte bei der Eheschließung, während der Ehe und bei deren Auflösung.

(2) Eine Ehe darf nur mit dem freien und vollen Einverständnis der künftigen Ehepartner geschlossen werden.

(3) Die Familie ist die natürliche und allererste Einheit der Gesellschaft und hat Anspruch auf den Schutz der Gesellschaft und des Staates.

Art. 17 [Recht auf Eigentum] (1) Jeder hat das Recht, Eigentum zu haben, sei es allein oder zusammen mit anderen.

(2) Niemandem darf willkürlich sein Eigentum entzogen werden.

Art. 18 [Gedanken-, Gewissens- und Religionsfreiheit] Jeder hat das Recht auf Freiheit der Gedanken, des Gewissens und der Religion; dieses Recht schließt die Freiheit ein, seine Religion oder seine Überzeugung zu wechseln sowie die Freiheit, seine Religion oder seine Überzeugung durch Lehre, Ausübung, Gottesdienst und Beachtung der Gebote zu bekennen, sei es allein oder in Gemeinschaft mit anderen, sei es öffentlich oder privat.

Art. 19 [Meinungs- und Informationsfreiheit] Jeder hat das Recht auf Meinungsfreiheit und freie Meinungsäußerung; dieses Recht schließt die Freiheit ein, seine Meinungen unbehindert zu vertreten und Informationen und Ideen durch Medien jeder Art und über alle Grenzen hinweg zu suchen, zu empfangen und zu verbreiten.

Art. 20 [Versammlungs- und Vereinigungsfreiheit] (1) Jeder hat das Recht, sich friedlich mit anderen zu versammeln und zu einer Vereinigung zusammenzuschließen.

(2) Niemand darf gezwungen werden, einer Vereinigung anzugehören.

Art. 21 [Recht auf demokratische Mitwirkung; Recht auf gleichen Zugang zum öffentlichen Dienst; freie Wahlen] (1) Jeder hat das Recht, an der Verwaltung der Angelegenheiten seines Landes unmittelbar oder durch frei gewählte Vertreter mitzuwirken.

(2) Jeder hat das Recht auf gleichen Zugang zum öffentlichen Dienst seines Landes.

(3) Der Wille des Volkes soll Grundlage der Staatsgewalt sein; dieser Wille soll in regelmäßigen und echten Wahlen ausgedrückt werden, in denen das allgemeine und gleiche Wahlrecht gilt und in denen geheim abgestimmt wird oder gleichwertige freie Wahlverfahren gelten.

Art. 22 [Recht auf soziale Sicherheit] Jeder hat als Mitglied der Gesellschaft das Recht auf soziale Sicherheit und die Verwirklichung der wirtschaftlichen, sozialen und kulturellen Rechte, die für seine Würde und die freie Entfaltung seiner Persönlichkeit unverzichtbar sind; diese Rechte sind durch nationale Anstrengung und internationale Zusammenarbeit sowie in Übereinstimmung mit der Organisation eines jeden Staates und den ihm zur Verfügung stehenden Mitteln zu verwirklichen.

Art. 23 [Recht auf Arbeit, auf gleichen Lohn für gleiche Arbeit und auf gerechte Entlohnung; Gewerkschaftsfreiheit]

(1) Jeder hat das Recht auf Arbeit, auf freie Wahl des Arbeitsplatzes, auf gerechte und günstige Arbeitsbedingungen und auf Schutz vor Arbeitslosigkeit.

(2) Jeder hat ohne jede Diskriminierung das Recht auf gleichen Lohn für gleiche Arbeit.

(3) Jeder, der arbeitet, hat das Recht auf gerechte und angemessene Entlohnung, die ihm und seiner Familie ein Leben in Würde sichert; diese Entlohnung soll nötigenfalls durch öffentliche Sozialleistungen ergänzt werden.

(4) Jeder hat das Recht, zum Schutz seiner Interessen Gewerkschaften zu gründen oder ihnen beizutreten.

Art. 24 [Recht auf Ruhe und Erholung] Jeder hat das Recht auf Ruhe und Erholung einschließlich einer vernünftigen Beschränkung der Arbeitszeit sowie eines regelmäßigen bezahlten Urlaubs.

Art. 25 [Recht auf ausreichenden Lebensstandard; Recht auf Sicherheit im Falle der Not; Rechte der Mütter und Kinder]

(1) Jeder hat das Recht auf einen Lebensstandard, der ihm und seiner Familie Gesundheit und Wohlergehen ausreichend sichert, insbesondere Nahrung, Kleidung, Unterkunft und medizinische Versorgung sowie die erforderlichen Sozialeinrichtungen. Jeder hat das Recht auf Sicherheit im Falle von Arbeitslosigkeit, Krankheit, Invalidität, Verlust des Ehegatten, Alter oder in anderen Fällen unverschuldeter existenzieller Not.

(2) Mütter und Kinder haben Anspruch auf besondere Fürsorge und Unterstützung. Alle Kinder, seien sie ehelich oder nichtehelich geboren, sollen denselben sozialen Schutz genießen.

Art. 26 [Recht auf Bildung und Ausbildung; Elternrecht]

(1) Jeder hat das Recht auf Bildung. Diese soll kostenlos sein, zumindest der Grundschulunterricht, für den Schulpflicht bestehen soll. Fach- und Berufsschulen sollen frei zugänglich sein, und die höheren Bildungseinrichtungen haben allen gleichermaßen nach ihren Leistungen offen zu stehen.

(2) Die Bildung soll auf die volle Entfaltung der menschlichen Persönlichkeit ausgerichtet sein und die Achtung der Menschenrechte und der Grundfreiheiten stärken. Sie soll Verständnis, Toleranz und Freundschaft zwischen allen Völkern, rassischen und religiösen Gruppen fördern und die Arbeit der Vereinten Nationen zur Wahrung des Friedens unterstützen.

(3) Eltern haben ein Vorrecht, die Art der Bildung zu wählen, die ihren Kindern zuteilwerden soll.

Art. 27 [Recht auf Teilnahme am kulturellen Leben; Urheberrecht] (1) Jeder hat das Recht, am kulturellen Leben der Gemeinschaft frei teilzunehmen, sich an den Künsten zu erfreuen und am wissenschaftlichen Fortschritt und seinem Nutzen teilzuhaben.

(2) Jeder hat Anspruch auf Schutz der ideellen oder materiellen Rechte, die auf seiner Urheberschaft wissenschaftlicher, literarischer oder künstlerischer Werke beruhen.

Art. 28 [Gesellschaftliche und internationale Ordnung] Jeder hat Anspruch auf eine gesellschaftliche und internationale Ordnung, in der die Rechte und Freiheiten dieser Erklärung voll verwirklicht werden können.

Art. 29 [Pflichten des Einzelnen; Beschränkungen der Rechte]
(1) Jeder hat Pflichten gegenüber der Gemeinschaft, in der allein die freie und vollständige Entfaltung seiner Persönlichkeit möglich ist.

(2) Jeder soll bei der Ausübung seiner Rechte und Freiheiten nur Beschränkungen unterworfen werden, die gesetzlich vorgesehen sind und bestimmten Zwecken dienen, nämlich der Anerkennung und Achtung der Rechte und Freiheiten anderer sowie der gerechten Anforderungen der Moral, der öffentlichen Ordnung und des Allgemeinwohls in einer demokratischen Gesellschaft.

(3) Diese Rechte und Freiheiten dürfen in keinem Fall entgegen den Zielen und Grundsätzen der Vereinten Nationen ausgeübt werden.

Art. 30 [Verbot des Rechtsmißbrauchs] Keine Bestimmung dieser Erklärung darf dahingehend ausgelegt werden, als begründe sie für irgendeinen Staat, irgendeine Gruppe oder irgendeine Person ein Recht, sich an irgendeiner Tätigkeit zu beteiligen oder irgendeine Handlung zu begehen, die auf die Beseitigung irgendeines der in dieser Erklärung niedergelegten Rechte oder Freiheiten abzielt.

18. Konvention über die Verhütung und Bestrafung des Völkermordes[1), 2)]

Vom 9. Dezember 1948

(BGBl. 1954 II S. 730)

(Übersetzung)

NACH ERWÄGUNG DER ERKLÄRUNG, die von der Generalversammlung der Vereinten Nationen in ihrer Resolution 96 (I) vom 11. Dezember 1946 abgegeben wurde, daß Völkermord ein Verbrechen gemäß internationalem Recht ist, das dem Geist und den Zielen der Vereinten Nationen zuwiderläuft und von der zivilisierten Welt verurteilt wird,

IN ANERKENNUNG DER TATSACHE, daß der Völkermord der Menschheit in allen Zeiten der Geschichte große Verluste zugefügt hat, und

IN DER ÜBERZEUGUNG, daß zur Befreiung der Menschheit von einer solch verabscheuungswürdigen Geißel internationale Zusammenarbeit erforderlich ist,

SIND DIE VERTRAGSCHLIESSENDEN PARTEIEN HIERMIT WIE FOLGT ÜBEREINGEKOMMEN:

Art. I [Verbrechen] Die Vertragschließenden Parteien bestätigen, daß Völkermord, ob im Frieden oder im Krieg begangen, ein Verbrechen gemäß internationalem Recht ist, zu dessen Verhütung und Bestrafung sie sich verpflichten.

Art. II [Begriff][3)] In dieser Konvention bedeutet Völkermord eine der folgenden Handlungen, die in der Absicht begangen wird, eine nationale, ethnische, rassische oder religiöse Gruppe als solche ganz oder teilweise zu zerstören:

(a) Tötung von Mitgliedern der Gruppe;

(b) Verursachung von schwerem körperlichen oder seelischem Schaden an Mitgliedern der Gruppe;

(c) vorsätzliche Auferlegung von Lebensbedingungen für die Gruppe, die geeignet sind, ihre körperliche Zerstörung ganz oder teilweise herbeizuführen;

---

1) Die Konvention (internationale Quelle: UNTS Bd. 78 S. 277) ist am 12. 1. 1951 in Kraft getreten, für die **Bundesrepublik** jedoch am 22. 2. 1955 (Bek. v. 14. 3. 1955, BGBl. II S. 210).

2) Siehe auch das Ges. zur Konvention v. 9. 8. 1954 (BGBl. II S. 729), geänd. durch Art. 111 Ges. v. 2. 3. 1974 (BGBl. I S. 469) und Ges. v. 23. 12. 1982 (BGBl. I S. 2071) sowie die Bek. v. 6. 7. 1956 zu Art. IX der Konvention (BGBl. II S. 809).

3) Vgl. auch Art. 6 des Statuts des Internationalen Strafgerichtshofs v. 17. 7. 1998 (Nr. **35**).

(d) Verhängung von Maßnahmen, die auf die Geburtenverhinderung innerhalb der Gruppe gerichtet sind;
(e) gewaltsame Überführung von Kindern der Gruppe in eine andere Gruppe.

Art. III [Strafbare Handlungen] Die folgenden Handlungen sind zu bestrafen:
(a) Völkermord,
(b) Verschwörung zur Begehung von Völkermord,
(c) unmittelbare und öffentliche Anreizung zur Begehung von Völkermord,
(d) Versuch, Völkermord zu begehen,
(e) Teilnahme am Völkermord.

Art. IV [Strafbare Personen] Personen, die Völkermord oder eine der sonstigen in Artikel III aufgeführten Handlungen begehen, sind zu bestrafen, gleichviel ob sie regierende Personen, öffentliche Beamte oder private Einzelpersonen sind.

Art. V [Verpflichtung zu gesetzgeberischen Maßnahmen] Die Vertragschließenden Parteien verpflichten sich, in Übereinstimmung mit ihren jeweiligen Verfassungen die notwendigen gesetzgeberischen Maßnahmen zu ergreifen, um die Anwendung der Bestimmungen dieser Konvention sicherzustellen und insbesondere wirksame Strafen für Personen vorzusehen, die sich des Völkermordes oder einer der sonstigen in Artikel III aufgeführten Handlungen schuldig machen.

Art. VI [Gerichtliche Zuständigkeit] Personen, denen Völkermord oder eine der sonstigen in Artikel III aufgeführten Handlungen zur Last gelegt wird, werden vor ein zuständiges Gericht des Staates, in dessen Gebiet die Handlung begangen worden ist, oder vor das internationale Strafgericht gestellt, das für die Vertragschließenden Parteien, die seine Gerichtsbarkeit anerkannt haben, zuständig ist.

Art. VII [Auslieferung; politische Straftaten] Völkermord und die sonstigen in Artikel III aufgeführten Handlungen gelten für Auslieferungszwecke nicht als politische Straftaten.

Die Vertragschließenden Parteien verpflichten sich, in derartigen Fällen die Auslieferung gemäß ihren geltenden Gesetzen und Verträgen zu bewilligen.

Art. VIII [Organe der Vereinten Nationen] Eine Vertragschließende Partei kann die zuständigen Organe der Vereinten Nationen damit befassen, gemäß der Charta der Vereinten Nationen die Maßnahmen zu ergreifen, die sie für die Verhütung und Bekämpfung von Völkermordhandlungen oder einer der sonstigen in Artikel III aufgeführten Handlungen für geeignet erachten.

Art. IX [Zuständigkeit des Internationalen Gerichtshofs] Streitfälle zwischen den Vertragschließenden Parteien hinsichtlich der Auslegung, Anwendung oder Durchführung dieser Konvention einschließlich derjenigen, die sich auf die Verantwortlichkeit eines Staates für Völkermord oder eine der sonstigen in Artikel III aufgeführten Handlungen beziehen, werden auf Antrag einer der an dem Streitfall beteiligten Parteien dem Internationalen Gerichtshof unterbreitet.[1]

Art. X [Verbindlicher Wortlaut; Datierung] Diese Konvention, deren chinesischer, englischer, französischer, russischer und spanischer Text gleicherweise maßgebend ist, trägt das Datum des 9. Dezember 1948.

Art. XI [Unterzeichnung; Ratifikation, Beitritt] Diese Konvention steht bis zum 31. Dezember 1949 jedem Mitglied der Vereinten Nationen und jedem Nicht-Mitgliedstaat, an den die Generalversammlung eine Aufforderung zur Unterzeichnung gerichtet hat, zur Unterzeichnung offen.

Diese Konvention bedarf der Ratifizierung; die Ratifikationsurkunden sind bei dem Generalsekretär der Vereinten Nationen zu hinterlegen.

Nach dem 1. Januar 1950 kann jedes Mitglied der Vereinten Nationen und jeder Nicht-Mitgliedstaat, der eine Aufforderung gemäß Absatz 1 erhalten hat, der Konvention beitreten.

Die Beitrittsurkunden sind bei dem Generalsekrekär der Vereinten Nationen zu hinterlegen.

Art. XII [Räumlicher Geltungsbereich] Eine vertragschließende Partei kann jederzeit durch Mitteilung an den Generalsekretär der Vereinten Nationen die Anwendung dieser Konvention auf alle oder eines der Gebiete erstrecken, für deren auswärtige Angelegenheiten diese vertragschließende Partei verantwortlich ist.

Art. XIII [Inkrafttreten] An dem Tag, an dem die ersten zwanzig Ratifikations- oder Beitrittsurkunden hinterlegt sind, erstellt der Generalsekretär ein Protokoll und übermittelt jedem Mitglied der Vereinten Nationen und jedem der in Artikel XI in Betracht gezogenen Nicht-Mitgliedstaaten eine Abschrift desselben.

Diese Konvention tritt am neunzigsten Tage nach dem Zeitpunkt der Hinterlegung der zwanzigsten Ratifikations- oder Beitrittsurkunde in Kraft.[2]

Eine Ratifikation oder ein Beitritt, der nach dem letzteren Zeitpunkt erfolgt, wird am neunzigsten Tage nach der Hinterlegung der Ratifikations- oder Beitrittsurkunde wirksam.

---

[1] Vgl. die Bek. v. 6. 7. 1956 (BGBl. II S. 809) zu Art. IX der Konvention (Unterwerfung der Bundesrepublik unter die Gerichtsbarkeit des Internationalen Gerichtshofes). Vgl. zu dieser Bestimmung auch das Gutachten des IGH v. 28. 5. 1951 (Reservations to the Convention on the Prevention and Punishment of the Crime of Genocide), ICJ Reports 1951, 15.

[2] Zum Inkrafttreten siehe die Anm. beim Titel der Konvention.

Art. XIV [Zeitlicher Geltungsbereich] Diese Konvention bleibt für die Dauer von zehn Jahren vom Zeitpunkt ihres Inkrafttretens an in Kraft.

Danach bleibt sie für die Dauer von jeweils weiteren fünf Jahren für diejenigen vertragschließenden Parteien in Kraft, die sie nicht mindestens sechs Monate vor Ablauf der laufenden Frist gekündigt haben.

Die Kündigung erfolgt durch schriftliche Mitteilung an den Generalsekretär der Vereinten Nationen.

Art. XV [Mindestanzahl von Vertragsstaaten] Wenn als Ergebnis von Kündigungen die Zahl der Parteien der vorliegenden Konvention auf weniger als sechzehn sinkt, tritt die Konvention mit dem Zeitpunkt außer Kraft, in dem die letzte dieser Kündigungen rechtswirksam wird.

Art. XVI [Vertragsrevision] Ein Antrag auf Revision dieser Konvention kann jederzeit von einer Vertragschließenden Partei durch eine schriftliche Mitteilung an den Generalsekretär gestellt werden.

Die Generalversammlung entscheidet über die Schritte, die gegebenenfalls auf einen solchen Antrag hin zu unternehmen sind.

Art. XVII [Aufgaben des Depositars] Der Generalsekretär der Vereinten Nationen macht allen Mitgliedern der Vereinten Nationen und den in Artikel XI in Betracht gezogenen Nicht-Mitgliedstaaten über die folgenden Angelegenheiten Mitteilung:

(a) Unterzeichnungen, Ratifikationen und Beitritte, die gemäß Artikel XI eingegangen sind;

(b) Mitteilungen, die gemäß Artikel XII eingegangen sind;

(c) den Zeitpunkt, zu dem diese Konvention gemäß Artikel XIII in Kraft tritt;

(d) Kündigungen, die gemäß Artikel XIV eingegangen sind;

(e) Außerkrafttreten der Konvention gemäß Artikel XV;

(f) Mitteilungen, die gemäß Artikel XVI eingegangen sind.

Art. XVIII [Hinterlegung] Das Original der vorliegenden Konvention wird in den Archiven der Vereinten Nationen hinterlegt.

Eine beglaubigte Abschrift der Konvention wird jedem Mitglied der Vereinten Nationen und jedem der in Artikel XI in Betracht gezogenen Nicht-Mitgliedstaaten übermittelt.

Art. XIX [Registrierung] Diese Konvention wird am Tage ihres Inkrafttretens[1] von dem Generalsekretär der Vereinten Nationen registriert.

(Es folgen die Unterschriften für 59 Staaten, teilweise versehen mit einem Vorbehalt).

---

[1] 12. 1. 1951.

20. Internationaler Pakt über bürgerliche und politische Rechte[1)]

Vom 19. Dezember 1966

(BGBl. 1973 II S. 1534)[2)]

(Übersetzung)

Präambel

DIE VERTRAGSSTAATEN DIESES PAKTES,

IN DER ERWÄGUNG, dass nach den in der Charta der Vereinten Nationen verkündeten Grundsätzen die Anerkennung der allen Mitgliedern der menschlichen Gesellschaft innewohnenden Würde und der Gleichheit und Unveräußerlichkeit ihrer Rechte die Grundlage von Freiheit, Gerechtigkeit und Frieden in der Welt bildet,

IN DER ERKENNTNIS, dass sich diese Rechte aus der dem Menschen innewohnenden Würde herleiten,

IN DER ERKENNTNIS, dass nach der Allgemeinen Erklärung der Menschenrechte das Ideal vom freien Menschen, der bürgerliche und politische Freiheit genießt und frei von Furcht und Not lebt, nur verwirklicht werden kann, wenn Verhältnisse geschaffen werden, in denen jeder seine bürgerlichen und politischen Rechte ebenso wie seine wirtschaftlichen, sozialen und kulturellen Rechte genießen kann,

IN DER ERWÄGUNG, dass die Charta der Vereinten Nationen die Staaten verpflichtet, die allgemeine und wirksame Achtung der Rechte und Freiheiten des Menschen zu fördern,

IM HINBLICK DARAUF, dass der einzelne gegenüber seinen Mitmenschen und der Gemeinschaft, der er angehört, Pflichten hat und gehalten ist, für die Förderung und Achtung der in diesem Pakt anerkannten Rechte einzutreten,

VEREINBAREN folgende Artikel:

Teil I

Art. 1. (1) Alle Völker haben das Recht auf Selbstbestimmung. Kraft dieses Rechts entscheiden sie frei über ihren politischen Status und gestalten in Freiheit ihre wirtschaftliche, soziale und kulturelle Entwicklung.

---

1) Der Internationale Pakt über bürgerliche und politische Rechte ist mit Ausnahme seines Art. 41 am 23. 3. 1976 – auch für die Bundesrepublik (gem. Bek. v. 14. 6. 1976, BGBl. 1976 II S. 1068) – in Kraft getreten (zum In-Kraft-Treten des Art. 41 vgl. Fn. 1 zu Art. 41 Abs. 2). Wortlaut der dt. Vorbehalte (zu Art. 19, 21 und 22 in Verb. mit Art. 2 Abs. 1, Art. 14 Abs. 3, Art. 14 Abs. 5 und Art. 15 Abs. 2) in BGBl. 1976 II S. 1068.

2) Internationale Quelle: UNTS Bd. 999, S. 171.

(2) Alle Völker können für ihre eigenen Zwecke frei über ihre natürlichen Reichtümer und Mittel verfügen, unbeschadet aller Verpflichtungen, die aus der internationalen wirtschaftlichen Zusammenarbeit auf der Grundlage des gegenseitigen Wohles sowie aus dem Völkerrecht erwachsen. In keinem Falle darf ein Volk seiner eigenen Existenzmittel beraubt werden.

(3) Die Vertragsstaaten, einschließlich der Staaten, die für die Verwaltung von Gebieten ohne Selbstregierung und von Treuhandgebieten verantwortlich sind, haben entsprechend den Bestimmungen der Charta der Vereinten Nationen die Verwirklichung des Rechts auf Selbstbestimmung zu fördern und dieses Recht zu achten.

Teil II

Art. 2. (1) Jeder Vertragsstaat verpflichtet sich, die in diesem Pakt anerkannten Rechte zu achten und sie allen in seinem Gebiet befindlichen und seiner Herrschaftsgewalt unterstehenden Personen ohne Unterschied wie insbesondere der Rasse, der Hautfarbe, des Geschlechts, der Sprache, der Religion, der politischen oder sonstigen Anschauung, der nationalen oder sozialen Herkunft, des Vermögens, der Geburt oder des sonstigen Status zu gewährleisten.

(2) Jeder Vertragsstaat verpflichtet sich, im Einklang mit seinem verfassungsmäßigen Verfahren und mit den Bestimmungen dieses Paktes die erforderlichen Schritte zu unternehmen, um die gesetzgeberischen oder sonstigen Vorkehrungen zu treffen, die notwendig sind, um den in diesem Pakt anerkannten Rechten Wirksamkeit zu verleihen, soweit solche Vorkehrungen nicht bereits getroffen worden sind.

(3) Jeder Vertragsstaat verpflichtet sich,

a) dafür Sorge zu tragen, dass jeder, der in seinen in diesem Pakt anerkannten Rechten oder Freiheiten verletzt worden ist, das Recht hat, eine wirksame Beschwerde einzulegen, selbst wenn die Verletzung von Personen begangen worden ist, die in amtlicher Eigenschaft gehandelt haben;

b) dafür Sorge zu tragen, dass jeder, der eine solche Beschwerde erhebt, sein Recht durch das zuständige Gerichts-, Verwaltungs- oder Gesetzgebungsorgan oder durch eine andere, nach den Rechtsvorschriften des Staates zuständige Stelle feststellen lassen kann, und den gerichtlichen Rechtsschutz auszubauen;

c) dafür Sorge zu tragen, dass die zuständigen Stellen Beschwerden, denen stattgegeben wurde, Geltung verschaffen.

Art. 3. Die Vertragsstaaten verpflichten sich, die Gleichberechtigung von Mann und Frau bei der Ausübung aller in diesem Pakt festgelegten bürgerlichen und politischen Rechte sicherzustellen.

Art. 4 (1) Im Falle eines öffentlichen Notstandes, der das Leben der Nation bedroht und der amtlich verkündet ist, können die Vertragsstaaten Maßnahmen ergreifen, die ihre Verpflichtungen aus diesem Pakt in dem Umfang, den die Lage unbedingt erfordert, außer Kraft setzen, vorausgesetzt, daß diese Maßnahmen ihren sonstigen völkerrechtlichen Verpflichtungen nicht zuwiderlaufen und keine Diskriminierung allein wegen der Rasse, der Hautfarbe, des Geschlechts, der Sprache, der Religion oder der sozialen Herkunft enthalten.

(2) Auf Grund der vorstehenden Bestimmung dürfen die Artikel 6, 7, 8 (Absätze 1 und 2), 11, 15, 16 und 18 nicht außer Kraft gesetzt werden.

(3) Jeder Vertragsstaat, der das Recht, Verpflichtungen außer Kraft zu setzen, ausübt, hat den übrigen Vertragsstaaten durch Vermittlung des Generalsekretärs der Vereinten Nationen unverzüglich mitzuteilen, welche Bestimmungen er außer Kraft gesetzt hat und welche Gründe ihn dazu veranlaßt haben. Auf demselben Wege ist durch eine weitere Mitteilung der Zeitpunkt anzugeben, in dem eine solche Maßnahme endet.

Art. 5 (1) Keine Bestimmung dieses Paktes darf dahin ausgelegt werden, daß sie für einen Staat, eine Gruppe oder eine Person das Recht begründet, eine Tätigkeit auszuüben oder eine Handlung zu begehen, die auf die Abschaffung der in diesem Pakt anerkannten Rechte und Freiheiten oder auf weitergehende Beschränkungen dieser Rechte und Freiheiten, als in dem Pakt vorgesehen, hinzielt.

(2) Die in einem Vertragsstaat durch Gesetze, Übereinkommen, Verordnungen oder durch Gewohnheitsrecht anerkannten oder bestehenden grundlegenden Menschenrechte dürfen nicht unter dem Vorwand beschränkt oder außer Kraft gesetzt werden, daß dieser Pakt derartige Rechte nicht oder nur in einem geringeren Ausmaße anerkenne.

Teil III

Art. 6 (1) Jeder Mensch hat ein angeborenes Recht auf Leben. Dieses Recht ist gesetzlich zu schützen. Niemand darf willkürlich seines Lebens beraubt werden.

(2) In Staaten, in denen die Todesstrafe nicht abgeschafft worden ist, darf ein Todesurteil nur für schwerste Verbrechen auf Grund von Gesetzen verhängt werden, die zur Zeit der Begehung der Tat in Kraft waren und die den Bestimmungen dieses Paktes und der Konvention über die Verhütung und Bestrafung des Völkermordes nicht widersprechen. Diese Strafe darf nur auf Grund eines von einem zuständigen Gericht erlassenen rechtskräftigen Urteils vollstreckt werden.

(3) Erfüllt die Tötung den Tatbestand des Völkermordes, so ermächtigt dieser Artikel die Vertragsstaaten nicht, sich in irgendeiner Weise einer

Verpflichtung zu entziehen, die sie nach den Bestimmungen der Konvention über die Verhütung und Bestrafung des Völkermordes übernommen haben.

(4) Jeder zum Tode Verurteilte hat das Recht, um Begnadigung oder Umwandlung der Strafe zu bitten. Amnestie, Begnadigung oder Umwandlung der Todesstrafe kann in allen Fällen gewährt werden.

(5) Die Todesstrafe darf für strafbare Handlungen, die von Jugendlichen unter 18 Jahren begangen worden sind, nicht verhängt und an schwangeren Frauen nicht vollstreckt werden.

(6) Keine Bestimmung dieses Artikels darf herangezogen werden, um die Abschaffung der Todesstrafe durch einen Vertragsstaat zu verzögern oder zu verhindern.

Art. 7 Niemand darf der Folter oder grausamer, unmenschlicher oder erniedrigender Behandlung oder Strafe unterworfen werden. Insbesondere darf niemand ohne seine freiwillige Zustimmung medizinischen oder wissenschaftlichen Versuchen unterworfen werden.

Art. 8 (1) Niemand darf in Sklaverei gehalten werden; Sklaverei und Sklavenhandel in allen ihren Formen sind verboten.

(2) Niemand darf in Leibeigenschaft gehalten werden.

(3) a) Niemand darf gezwungen werden, Zwangs- oder Pflichtarbeit zu verrichten;

b) Buchstabe a ist nicht so auszulegen, daß er in Staaten, in denen bestimmte Straftaten mit einem mit Zwangsarbeit verbundenen Freiheitsentzug geahndet werden können, die Leistung von Zwangsarbeit auf Grund einer Verurteilung durch ein zuständiges Gericht ausschließt;

c) als „Zwangs- oder Pflichtarbeit" im Sinne dieses Absatzes gilt nicht

i) jede nicht unter Buchstabe b genannte Arbeit oder Dienstleistung, die normalerweise von einer Person verlangt wird, der auf Grund einer rechtmäßigen Gerichtsentscheidung die Freiheit entzogen oder die aus einem solchen Freiheitsentzug bedingt entlassen worden ist;

ii) jede Dienstleistung militärischer Art sowie in Staaten, in denen die Wehrdienstverweigerung aus Gewissensgründen anerkannt wird, jede für Wehrdienstverweigerer gesetzlich vorgeschriebene nationale Dienstleistung;

iii) jede Dienstleistung im Falle von Notständen oder Katastrophen, die das Leben oder das Wohl der Gemeinschaft bedrohen;

iv) jede Arbeit oder Dienstleistung, die zu den normalen Bürgerpflichten gehört.

Art. 9 (1) Jedermann hat ein Recht auf persönliche Freiheit und Sicherheit. Niemand darf willkürlich festgenommen oder in Haft gehalten werden. Niemand darf seine Freiheit entzogen werden, es sei denn aus gesetzlich bestimmten Gründen und unter Beachtung des im Gesetz vorgeschriebenen Verfahrens.

(2) Jeder Festgenommene ist bei seiner Festnahme über die Gründe der Festnahme zu unterrichten und die gegen ihn erhobenen Beschuldigungen sind ihm unverzüglich mitzuteilen.

(3) Jeder, der unter dem Vorwurf einer strafbaren Handlung festgenommen worden ist oder in Haft gehalten wird, muß unverzüglich einem Richter oder einer anderen gesetzlich zur Ausübung richterlicher Funktionen ermächtigten Amtsperson vorgeführt werden und hat Anspruch auf ein Gerichtsverfahren innerhalb angemessener Frist oder auf Entlassung aus der Haft. Es darf nicht die allgemeine Regel sein, daß Personen, die eine gerichtliche Aburteilung erwarten, in Haft gehalten werden, doch kann die Freilassung davon abhängig gemacht werden, daß für das Erscheinen zur Hauptverhandlung oder zu jeder anderen Verfahrenshandlung und gegebenenfalls zur Vollstreckung des Urteils Sicherheit geleistet wird.

(4) Jeder, dem seine Freiheit durch Festnahme oder Haft entzogen ist, hat das Recht, ein Verfahren vor einem Gericht zu beantragen, damit dieses unverzüglich über die Rechtmäßigkeit der Freiheitsentziehung entscheiden und seine Entlassung anordnen kann, falls die Freiheitsentziehung nicht rechtmäßig ist.

(5) Jeder, der unrechtmäßig festgenommen oder in Haft gehalten worden ist, hat einen Anspruch auf Entschädigung.

Art. 10 (1) Jeder, dem seine Freiheit entzogen ist, muß menschlich und mit Achtung vor der dem Menschen innewohnenden Würde behandelt werden.

(2) a) Beschuldigte sind, abgesehen von außergewöhnlichen Umständen, von Verurteilten getrennt unterzubringen und so zu behandeln, wie es ihrer Stellung als Nichtverurteilte entspricht;

b) jugendliche Beschuldigte sind von Erwachsenen zu trennen, und es hat so schnell wie möglich ein Urteil zu ergehen.

(3) Der Strafvollzug schließt eine Behandlung der Gefangenen ein, die vornehmlich auf ihre Besserung und gesellschaftliche Wiedereingliederung hinzielt. Jugendliche Straffällige sind von Erwachsenen zu trennen und ihrem Alter und ihrer Rechtsstellung entsprechend zu behandeln.

Art. 11 Niemand darf nur deswegen in Haft genommen werden, weil er nicht in der Lage ist, eine vertragliche Verpflichtung zu erfüllen.

Art. 12 (1) Jedermann, der sich rechtmäßig im Hoheitsgebiet eines Staates aufhält, hat das Recht, sich dort frei zu bewegen und seinen Wohnsitz frei zu wählen.

(2) Jedermann steht es frei, jedes Land einschließlich seines eigenen zu verlassen.

(3) Die oben erwähnten Rechte dürfen nur eingeschränkt werden, wenn

dies gesetzlich vorgesehen und zum Schutz der nationalen Sicherheit, der öffentlichen Ordnung (ordre public), der Volksgesundheit, der öffentlichen Sittlichkeit oder der Rechte und Freiheiten anderer notwendig ist und die Einschränkungen mit den übrigen in diesem Pakt anerkannten Rechten vereinbar sind.

(4) Niemand darf willkürlich das Recht entzogen werden, in sein eigenes Land einzureisen.

Art. 13 Ein Ausländer, der sich rechtmäßig im Hoheitsgebiet eines Vertragsstaates aufhält, kann aus diesem nur auf Grund einer rechtmäßig ergangenen Entscheidung ausgewiesen werden, und es ist ihm, sofern nicht zwingende Gründe der nationalen Sicherheit entgegenstehen, Gelegenheit zu geben, die gegen seine Ausweisung sprechenden Gründe vorzubringen und diese Entscheidung durch die zuständige Behörde oder durch eine oder mehrere von dieser Behörde besonders bestimmte Personen nachprüfen und sich dabei vertreten zu lassen.

Art. 14 (1) Alle Menschen sind vor Gericht gleich. Jedermann hat Anspruch darauf, daß über eine gegen ihn erhobene strafrechtliche Anklage oder seine zivilrechtlichen Ansprüche und Verpflichtungen durch ein zuständiges, unabhängiges, unparteiisches und auf Gesetz beruhendes Gericht in billiger Weise und öffentlich verhandelt wird. Aus Gründen der Sittlichkeit, der öffentlichen Ordnung (ordre public) oder der nationalen Sicherheit in einer demokratischen Gesellschaft oder wenn es im Interesse des Privatlebens der Parteien erforderlich ist oder – soweit dies nach Auffassung des Gerichts unbedingt erforderlich ist – unter besonderen Umständen, in denen die Öffentlichkeit des Verfahrens die Interessen der Gerechtigkeit beeinträchtigen würde, können Presse und Öffentlichkeit während der ganzen oder eines Teils der Verhandlung ausgeschlossen werden; jedes Urteil in einer Straf- oder Zivilsache ist jedoch öffentlich zu verkünden, sofern nicht die Interessen Jugendlicher dem entgegenstehen oder das Verfahren Ehestreitigkeiten oder die Vormundschaft über Kinder betrifft.

(2) Jeder wegen einer strafbaren Handlung Angeklagte hat Anspruch darauf, bis zu dem im gesetzlichen Verfahren erbrachten Nachweis seiner Schuld als unschuldig zu gelten.

(3) Jeder wegen einer strafbaren Handlung Angeklagte hat in gleicher Weise im Verfahren Anspruch auf folgende Mindestgarantien:

a) Er ist unverzüglich und im einzelnen in einer ihm verständlichen Sprache über Art und Grund der gegen ihn erhobenen Anklage zu unterrichten;
b) er muß hinreichend Zeit und Gelegenheit zur Vorbereitung seiner Verteidigung und zum Verkehr mit einem Verteidiger seiner Wahl haben;
c) es muß ohne unangemessene Verzögerung ein Urteil gegen ihn ergehen;
d) er hat das Recht, bei der Verhandlung anwesend zu sein und sich selbst zu verteidigen oder durch einen Verteidiger seiner Wahl verteidigen zu

lassen; falls er keinen Verteidiger hat, ist er über das Recht, einen Verteidiger in Anspruch zu nehmen, zu unterrichten; fehlen ihm die Mittel zur Bezahlung eines Verteidigers, so ist ihm ein Verteidiger unentgeltlich zu bestellen, wenn dies im Interesse der Rechtspflege erforderlich ist;

e) er darf Fragen an die Belastungszeugen stellen oder stellen lassen und das Erscheinen und die Vernehmung der Entlastungszeugen unter den für die Belastungszeugen geltenden Bedingungen erwirken;

f) er kann die unentgeltliche Beiziehung eines Dolmetschers verlangen, wenn er die Verhandlungssprache des Gerichts nicht versteht oder spricht;

g) er darf nicht gezwungen werden, gegen sich selbst als Zeuge auszusagen oder sich schuldig zu bekennen.

(4) Gegen Jugendliche ist das Verfahren in einer Weise zu führen, die ihrem Alter entspricht und ihre Wiedereingliederung in die Gesellschaft fördert.

(5) Jeder, der wegen einer strafbaren Handlung verurteilt worden ist, hat das Recht, das Urteil entsprechend dem Gesetz durch ein höheres Gericht nachprüfen zu lassen.

(6) Ist jemand wegen einer strafbaren Handlung rechtskräftig verurteilt und ist das Urteil später aufgehoben oder der Verurteilte begnadigt worden, weil eine neue oder eine neu bekannt gewordene Tatsache schlüssig beweist, daß ein Fehlurteil vorlag, so ist derjenige, der auf Grund eines solchen Urteils eine Strafe verbüßt hat, entsprechend dem Gesetz zu entschädigen, sofern nicht nachgewiesen wird, daß das nicht rechtzeitige Bekanntwerden der betreffenden Tatsache ganz oder teilweise ihm zuzuschreiben ist.

(7) Niemand darf wegen einer strafbaren Handlung, wegen der er bereits nach dem Gesetz und dem Strafverfahrensrecht des jeweiligen Landes rechtskräftig verurteilt oder freigesprochen worden ist, erneut verfolgt oder bestraft werden.

Art. 15 (1) Niemand darf wegen einer Handlung oder Unterlassung verurteilt werden, die zur Zeit ihrer Begehung nach inländischem oder nach internationalem Recht nicht strafbar war. Ebenso darf keine schwerere Strafe als die im Zeitpunkt der Begehung der strafbaren Handlung angedrohte Strafe verhängt werden. Wird nach Begehung einer strafbaren Handlung durch Gesetz eine mildere Strafe eingeführt, so ist das mildere Gesetz anzuwenden.

(2) Dieser Artikel schließt die Verurteilung oder Bestrafung einer Person wegen einer Handlung oder Unterlassung nicht aus, die im Zeitpunkt ihrer Begehung nach den von der Völkergemeinschaft anerkannten allgemeinen Rechtsgrundsätzen strafbar war.

Art. 16 Jedermann hat das Recht, überall als rechtsfähig anerkannt zu werden.

Art. 17 (1) Niemand darf willkürlichen oder rechtswidrigen Eingriffen in sein Privatleben, seine Familie, seine Wohnung und seinen Schriftverkehr oder rechtswidrigen Beeinträchtigungen seiner Ehre und seines Rufes ausgesetzt werden.

(2) Jedermann hat Anspruch auf rechtlichen Schutz gegen solche Eingriffe oder Beeinträchtigungen.

Art. 18 (1) Jedermann hat das Recht auf Gedanken-, Gewissens- und Religionsfreiheit. Dieses Recht umfaßt die Freiheit, eine Religion oder eine Weltanschauung eigener Wahl zu haben oder anzunehmen, und die Freiheit, seine Religion oder Weltanschauung allein oder in Gemeinschaft mit anderen, öffentlich oder privat durch Gottesdienst, Beachtung religiöser Bräuche, Ausübung und Unterricht zu bekunden.

(2) Niemand darf einem Zwang ausgesetzt werden, der seine Freiheit, eine Religion oder eine Weltanschauung seiner Wahl zu haben oder anzunehmen, beeinträchtigen würde.

(3) Die Freiheit, seine Religion oder Weltanschauung zu bekunden, darf nur den gesetzlich vorgesehenen Einschränkungen unterworfen werden, die zum Schutz der öffentlichen Sicherheit, Ordnung, Gesundheit, Sittlichkeit oder der Grundrechte und -freiheiten anderer erforderlich sind.

(4) Die Vertragsstaaten verpflichten sich, die Freiheit der Eltern und gegebenenfalls des Vormunds oder Pflegers zu achten, die religiöse und sittliche Erziehung ihrer Kinder in Übereinstimmung mit ihren eigenen Überzeugungen sicherzustellen.

Art. 19 (1) Jedermann hat das Recht auf unbehinderte Meinungsfreiheit.

(2) Jedermann hat das Recht auf freie Meinungsäußerung; dieses Recht schließt die Freiheit ein, ohne Rücksicht auf Staatsgrenzen Informationen und Gedankengut jeder Art in Wort, Schrift oder Druck, durch Kunstwerke oder andere Mittel eigener Wahl sich zu beschaffen, zu empfangen und weiterzugeben.

(3) Die Ausübung der in Absatz 2 vorgesehenen Rechte ist mit besonderen Pflichten und einer besonderen Verantwortung verbunden. Sie kann daher bestimmten, gesetzlich vorgesehenen Einschränkungen unterworfen werden, die erforderlich sind

a) für die Achtung der Rechte oder des Rufs anderer;

b) für den Schutz der nationalen Sicherheit, der öffentlichen Ordnung (ordre public), der Volksgesundheit oder der öffentlichen Sittlichkeit.

Art. 20 (1) Jede Kriegspropaganda wird durch Gesetz verboten.

(2) Jedes Eintreten für nationalen, rassischen oder religiösen Haß, durch das zu Diskriminierung, Feindseligkeit oder Gewalt aufgestachelt wird, wird durch Gesetz verboten.

Art. 21 Das Recht, sich friedlich zu versammeln, wird anerkannt. Die Ausübung dieses Rechts darf keinen anderen als den gesetzlich vorgesehenen Einschränkungen unterworfen werden, die in einer demokratischen Gesellschaft im Interesse der nationalen oder der öffentlichen Sicherheit, der öffentlichen Ordnung (ordre public), zum Schutz der Volksgesundheit, der öffentlichen Sittlichkeit oder zum Schutz der Rechte und Freiheiten anderer notwendig sind.

Art. 22 (1) Jedermann hat das Recht, sich frei mit anderen zusammenzuschließen sowie zum Schutz seiner Interessen Gewerkschaften zu bilden und ihnen beizutreten.

(2) Die Ausübung dieses Rechts darf keinen anderen als den gesetzlich vorgesehenen Einschränkungen unterworfen werden, die in einer demokratischen Gesellschaft im Interesse der nationalen oder der öffentlichen Sicherheit, der öffentlichen Ordnung (ordre public), zum Schutz der Volksgesundheit, der öffentlichen Sittlichkeit oder zum Schutz der Rechte und Freiheiten anderer notwendig sind. Dieser Artikel steht gesetzlichen Einschränkungen der Ausübung dieses Rechts für Angehörige der Streitkräfte oder der Polizei nicht entgegen.

(3) Keine Bestimmung dieses Artikels ermächtigt die Vertragsstaaten des Übereinkommens der Internationalen Arbeitsorganisation von 1948 über die Vereinigungsfreiheit und den Schutz des Vereinigungsrechts, gesetzgeberische Maßnahmen zu treffen oder Gesetze so anzuwenden, daß die Garantien des oben genannten Übereinkommens beeinträchtigt werden.

Art. 23 (1) Die Familie ist die natürliche Kernzelle der Gesellschaft und hat Anspruch auf Schutz durch Gesellschaft und Staat.

(2) Das Recht von Mann und Frau, im heiratsfähigen Alter eine Ehe einzugehen und eine Familie zu gründen, wird anerkannt.

(3) Eine Ehe darf nur im freien und vollen Einverständnis der künftigen Ehegatten geschlossen werden.

(4) Die Vertragsstaaten werden durch geeignete Maßnahmen sicherstellen, daß die Ehegatten gleiche Rechte und Pflichten bei der Eheschließung, während der Ehe und bei Auflösung der Ehe haben. Für den nötigen Schutz der Kinder im Falle einer Auflösung der Ehe ist Sorge zu tragen.

Art. 24 (1) Jedes Kind hat ohne Diskriminierung hinsichtlich der Rasse, der Hautfarbe, des Geschlechts, der Sprache, der Religion, der nationalen oder sozialen Herkunft, des Vermögens oder der Geburt das Recht auf diejenigen Schutzmaßnahmen durch seine Familie, die Gesellschaft und den Staat, die seine Rechtsstellung als Minderjähriger erfordert.

(2) Jedes Kind muß unverzüglich nach seiner Geburt in ein Register eingetragen werden und einen Namen erhalten.

(3) Jedes Kind hat das Recht, eine Staatsangehörigkeit zu erwerben.

Art. 25 Jeder Staatsbürger hat das Recht und die Möglichkeit, ohne Unterschied nach den in Artikel 2 genannten Merkmalen und ohne unangemessene Einschränkungen

a) an der Gestaltung der öffentlichen Angelegenheiten unmittelbar oder durch frei gewählte Vertreter teilzunehmen;

b) bei echten, wiederkehrenden, allgemeinen, gleichen und geheimen Wahlen, bei denen die freie Äußerung des Wählerwillens gewährleistet ist, zu wählen und gewählt zu werden;

c) unter allgemeinen Gesichtspunkten der Gleichheit zu öffentlichen Ämtern seines Landes Zugang zu haben.

Art. 26 Alle Menschen sind vor dem Gesetz gleich und haben ohne Diskriminierung Anspruch auf gleichen Schutz durch das Gesetz. In dieser Hinsicht hat das Gesetz jede Diskriminierung zu verbieten und allen Menschen gegen jede Diskriminierung, wie insbesondere wegen der Rasse, der Hautfarbe, des Geschlechts, der Sprache, der Religion, der politischen oder sonstigen Anschauung, der nationalen oder sozialen Herkunft, des Vermögens, der Geburt oder des sonstigen Status, gleichen und wirksamen Schutz zu gewährleisten.

Art. 27 In Staaten mit ethnischen, religiösen oder sprachlichen Minderheiten darf Angehörigen solcher Minderheiten nicht das Recht vorenthalten werden, gemeinsam mit anderen Angehörigen ihrer Gruppe ihr eigenes kulturelles Leben zu pflegen, ihre eigene Religion zu bekennen und auszuüben oder sich ihrer eigenen Sprache zu bedienen.

Teil IV

Art. 28 (1) Es wird ein Ausschuß für Menschenrechte (im folgenden als „Ausschuß" bezeichnet) errichtet. Er besteht aus achtzehn Mitgliedern und nimmt die nachstehend festgelegten Aufgaben wahr.

(2) Der Ausschuß setzt sich aus Staatsangehörigen der Vertragsstaaten zusammen, die Persönlichkeiten von hohem sittlichen Ansehen und anerkannter Sachkenntnis auf dem Gebiet der Menschenrechte sind, wobei die Zweckmäßigkeit der Beteiligung von Personen mit juristischer Erfahrung zu berücksichtigen ist.

(3) Die Mitglieder des Ausschusses werden in ihrer persönlichen Eigenschaft gewählt und sind in dieser Eigenschaft tätig.

Art. 29 (1) Die Mitglieder des Ausschusses werden in geheimer Wahl aus einer Liste von Personen gewählt, die die in Artikel 28 vorgeschriebenen Anforderungen erfüllen und von den Vertragsstaaten dafür vorgeschlagen worden sind.

(2) Jeder Vertragsstaat darf höchstens zwei Personen vorschlagen. Diese müssen Staatsangehörige des sie vorschlagenden Staates sein.

(3) Eine Person kann wieder vorgeschlagen werden.

Art. 30. (1) Die erste Wahl findet spätestens sechs Monate nach Inkrafttreten dieses Paktes statt.

(2) Spätestens vier Monate vor jeder Wahl zum Ausschuß – außer bei einer Wahl zur Besetzung eines gemäß Artikel 34 für frei geworden erklärten Sitzes – fordert der Generalsekretär der Vereinten Nationen die Vertragsstaaten schriftlich auf, ihre Kandidaten für den Ausschuß innerhalb von drei Monaten vorzuschlagen.

(3) Der Generalsekretär der Vereinten Nationen fertigt eine alphabetische Liste aller auf diese Weise vorgeschlagenen Personen unter Angabe der Vertragsstaaten, die sie vorgeschlagen haben, an und übermittelt sie den Vertragsstaaten spätestens einen Monat vor jeder Wahl.

(4) Die Wahl der Ausschußmitglieder findet in einer vom Generalsekretär der Vereinten Nationen am Sitz dieser Organisation einberufenen Versammlung der Vertragsstaaten statt. In dieser Versammlung, die beschlußfähig ist, wenn zwei Drittel der Vertragsstaaten vertreten sind, gelten diejenigen Kandidaten als in den Ausschuß gewählt, die die höchste Stimmenzahl und die absolute Stimmenmehrheit der anwesenden und abstimmenden Vertreter der Vertragsstaaten auf sich vereinigen.

Art. 31. (1) Dem Ausschuß darf nicht mehr als ein Angehöriger desselben Staates angehören.

(2) Bei den Wahlen zum Ausschuß ist auf eine gerechte geographische Verteilung der Sitze und auf die Vertretung der verschiedenen Zivilisationsformen sowie der hauptsächlichen Rechtssysteme zu achten.

Art. 32. (1) Die Ausschußmitglieder werden für vier Jahre gewählt. Auf erneuten Vorschlag können sie wiedergewählt werden. Die Amtszeit von neun der bei der ersten Wahl gewählten Mitglieder läuft jedoch nach zwei Jahren ab; unmittelbar nach der ersten Wahl werden die Namen dieser neun Mitglieder vom Vorsitzenden der in Artikel 30 Absatz 4 genannten Versammlung durch das Los bestimmt.

(2) Für Wahlen nach Ablauf einer Amtszeit gelten die vorstehenden Artikel dieses Teils des Paktes.

Art. 33. (1) Nimmt ein Ausschußmitglied nach einstimmiger Feststellung der anderen Mitglieder seine Aufgaben aus einem anderen Grund als wegen vorübergehender Abwesenheit nicht mehr wahr, so teilt der Vorsitzende des Ausschusses dies dem Generalsekretär der Vereinten Nationen mit, der daraufhin den Sitz des betreffenden Mitglieds für frei geworden erklärt.

(2) Der Vorsitzende teilt den Tod oder Rücktritt eines Ausschußmitglieds unverzüglich dem Generalsekretär der Vereinten Nationen mit, der den Sitz vom Tag des Todes oder vom Wirksamwerden des Rücktritts an für frei geworden erklärt.

Art. 34. (1) Wird ein Sitz nach Artikel 33 für frei geworden erklärt und läuft die Amtszeit des zu ersetzenden Mitglieds nicht innerhalb von sechs Monaten nach dieser Erklärung ab, so teilt der Generalsekretär der Vereinten Nationen dies allen Vertragsstaaten mit, die innerhalb von zwei Monaten nach Maßgabe des Artikels 29 Kandidaten zur Besetzung des frei gewordenen Sitzes vorschlagen können.

(2) Der Generalsekretär der Vereinten Nationen fertigt eine alphabetische Liste der auf diese Weise vorgeschlagenen Personen an und übermittelt sie den Vertragsstaaten. Sodann findet die Wahl zur Besetzung des frei gewordenen Sitzes entsprechend den einschlägigen Bestimmungen dieses Teils des Paktes statt.

(3) Die Amtszeit eines Ausschußmitglieds, das auf einen nach Artikel 33 für frei geworden erklärten Sitz gewählt worden ist, dauert bis zum Ende der Amtszeit des Mitglieds, dessen Sitz im Ausschuß nach Maßgabe des genannten Artikels frei geworden ist.

Art. 35. Die Ausschußmitglieder erhalten mit Zustimmung der Generalversammlung der Vereinten Nationen aus Mitteln der Vereinten Nationen Bezüge, wobei die Einzelheiten von der Generalversammlung unter Berücksichtigung der Bedeutung der Aufgaben des Ausschusses festgesetzt werden.

Art. 36. Der Generalsekretär der Vereinten Nationen stellt dem Ausschuß das Personal und die Einrichtungen zur Verfügung, die dieser zur wirksamen Durchführung der ihm nach diesem Pakt obliegenden Aufgaben benötigt.

Art. 37. (1) Der Generalsekretär der Vereinten Nationen beruft die erste Sitzung des Ausschusses am Sitz der Vereinten Nationen ein.

(2) Nach seiner ersten Sitzung tritt der Ausschuß zu den in seiner Geschäftsordnung vorgesehenen Zeiten zusammen.

(3) Die Sitzungen des Ausschusses finden in der Regel am Sitz der Vereinten Nationen oder beim Büro der Vereinten Nationen in Genf statt.

Art. 38. Jedes Ausschußmitglied hat vor Aufnahme seiner Amtstätigkeit in öffentlicher Sitzung des Ausschusses feierlich zu erklären, daß es sein Amt unparteiisch und gewissenhaft ausüben werde.

Art. 39. (1) Der Ausschuß wählt seinen Vorstand für zwei Jahre. Eine Wiederwahl der Mitglieder des Vorstands ist zulässig.

(2) Der Ausschuß gibt sich eine Geschäftsordnung[1]), die unter anderem folgende Bestimmungen enthalten muß:

a) Der Ausschuß ist bei Anwesenheit von zwölf Mitgliedern beschlußfähig;

b) der Ausschuß faßt seine Beschlüsse mit der Mehrheit der anwesenden Mitglieder.

---

1) Fassung v. 24. 4. 2001, abgedruckt bei Simma/Fastenrath, Menschenrechte, Beck-Texte im dtv (6. Aufl. 2010), Nr. 12; zuletzt geänd. am 11. 1. 2012 (CCPR/C/3/Rev. 10).

Art. 40. (1) Die Vertragsstaaten verpflichten sich, über die Maßnahmen, die sie zur Verwirklichung der in diesem Pakt anerkannten Rechte getroffen haben, und über die dabei erzielten Fortschritte Berichte vorzulegen, und zwar

a) innerhalb eines Jahres nach Inkrafttreten dieses Paktes für den betreffenden Vertragsstaat,

b) danach jeweils auf Anforderungen des Ausschusses.

(2) Alle Berichte sind dem Generalsekretär der Vereinten Nationen zu übermitteln, der sie dem Ausschuß zur Prüfung zuleitet. In den Berichten ist auf etwa bestehende Umstände und Schwierigkeiten hinzuweisen, die die Durchführung dieses Paktes behindern.

(3) Der Generalsekretär der Vereinten Nationen kann nach Beratung mit dem Ausschuß den Sonderorganisationen Abschriften der in ihren Zuständigkeitsbereich fallenden Teile der Berichte zuleiten.

(4) Der Ausschuß prüft die von den Vertragsstaaten eingereichten Berichte. Er übersendet den Vertragsstaaten seine eigenen Berichte sowie ihm geeignet erscheinende allgemeine Bemerkungen. Der Ausschuß kann diese Bemerkungen zusammen mit Abschriften der von den Vertragsstaaten empfangenen Berichte auch dem Wirtschafts- und Sozialrat zuleiten.

(5) Die Vertragsstaaten können dem Ausschuß Stellungnahmen zu den nach Absatz 4 abgegebenen Bemerkungen übermitteln.

Art. 41.[1] (1) Ein Vertragsstaat kann auf Grund dieses Artikels jederzeit erklären, daß er die Zuständigkeit des Ausschusses zur Entgegennahme und Prüfung von Mitteilungen anerkennt, in denen ein Vertragsstaat geltend macht, ein anderer Vertragsstaat komme seinen Verpflichtungen aus diesem Pakt nicht nach. Mitteilungen auf Grund dieses Artikels können nur entgegengenommen und geprüft werden, wenn sie von einem Vertragsstaat eingereicht werden, der für sich selbst die Zuständigkeit des Ausschusses durch eine Erklärung anerkannt hat. Der Ausschuß darf keine Mitteilung entgegennehmen, die einen Vertragsstaat betrifft, der keine derartige Erklärung abgegeben hat. Auf Mitteilungen, die auf Grund dieses Artikels eingehen, ist folgendes Verfahren anzuwenden:

a) Ist ein Vertragsstaat der Auffassung, daß ein anderer Vertragsstaat die Bestimmungen dieses Paktes nicht durchführt, so kann er den anderen Staat durch eine schriftliche Mitteilung darauf hinweisen. Innerhalb von drei Monaten nach Zugang der Mitteilung hat der Empfangsstaat dem Staat, der die Mitteilung übersandt hat, in bezug auf die Sache eine schriftliche Erklärung oder sonstige Stellungnahme zukommen zu lassen, die, soweit es möglich und angebracht ist, einen Hinweis auf die in der Sache durchgeführten, anhängigen oder

[1] Deutschland hat erstmals am 22.4.1976 eine zunächst auf 2 und später auf 5 Jahre befristete und am 27.12.2001 schließlich eine unbefristete Erklärung nach dieser Bestimmung abgegeben. Für letztere ist eine Bek. im BGBl. nicht erfolgt.

zur Verfügung stehenden innerstaatlichen Verfahren und Rechtsbehelfe enthalten soll.

b) Wird die Sache nicht innerhalb von sechs Monaten nach Eingang der einleitenden Mitteilung bei dem Empfangsstaat zur Zufriedenheit der beiden beteiligten Vertragsstaaten geregelt, so hat jeder der beiden Staaten das Recht, die Sache dem Ausschuß zu unterbreiten, indem er diesem und dem anderen Staat eine entsprechende Mitteilung macht.

c) Der Ausschuß befaßt sich mit einer ihm unterbreiteten Sache erst dann, wenn er sich Gewißheit verschafft hat, daß alle in der Sache zur Verfügung stehenden innerstaatlichen Rechtsbehelfe in Übereinstimmung mit den allgemein anerkannten Grundsätzen des Völkerrechts eingelegt und erschöpft worden sind. Dies gilt nicht, wenn das Verfahren bei der Anwendung der Rechtsbehelfe unangemessen lange gedauert hat.

d) Der Ausschuß berät über Mitteilungen auf Grund dieses Artikels in nichtöffentlicher Sitzung.

e) Sofern die Voraussetzungen des Buchstaben c erfüllt sind, stellt der Ausschuß den beteiligten Vertragsstaaten seine guten Dienste zur Verfügung, um eine gütliche Regelung der Sache auf der Grundlage der Achtung der in diesem Pakt anerkannten Menschenrechte und Grundfreiheiten herbeizuführen.

f) Der Ausschuß kann in jeder ihm unterbreiteten Sache die unter Buchstabe b genannten beteiligten Vertragsstaaten auffordern, alle erheblichen Angaben beizubringen.

g) Die unter Buchstabe b genannten beteiligten Vertragsstaaten haben das Recht, sich vertreten zu lassen sowie mündlich und/oder schriftlich Stellung zu nehmen, wenn die Sache vom Ausschuß verhandelt wird.

h) Der Ausschuß legt innerhalb von zwölf Monaten nach Eingang der unter Buchstabe b vorgesehenen Mitteilung einen Bericht vor:

i) Wenn eine Regelung im Sinne von Buchstabe e zustandegekommen ist, beschränkt der Ausschuß seinen Bericht auf eine kurze Darstellung des Sachverhalts und der erzielten Regelung;

ii) wenn eine Regelung im Sinne von Buchstabe e nicht zustandegekommen ist, beschränkt der Ausschuß seinen Bericht auf eine kurze Darstellung des Sachverhalts; die schriftlichen Stellungnahmen und das Protokoll über die mündlichen Stellungnahmen der beteiligten Vertragsparteien sind dem Bericht beizufügen.

In jedem Falle wird der Bericht den beteiligten Vertragsstaaten übermittelt.

(2) Die Bestimmungen dieses Artikels treten in Kraft, wenn zehn Vertragsstaaten Erklärungen nach Absatz 1 abgegeben haben.[1] Diese Erklärungen werden von den Vertragsstaaten beim Generalsekretär der Vereinten Nationen hinterlegt, der den anderen Vertragsstaaten Abschriften davon übermittelt. Eine Erklärung kann jederzeit durch eine an den Generalsekretär gerichtete Notifikation zurückgenommen wer-

[1] Art. 41 ist gem. Bek. v. 20.11.1979 (BGBl. 1979 II S. 1224) am 28.3.1979 in Kraft getreten.

den. Eine solche Zurücknahme berührt nicht die Prüfung einer Sache, die Gegenstand einer auf Grund dieses Artikels bereits vorgenommenen Mitteilung ist; nach Eingang der Notifikation über die Zurücknahme der Erklärung beim Generalsekretär wird keine weitere Mitteilung eines Vertragsstaates entgegengenommen, es sei denn, daß der betroffene Vertragsstaat eine neue Erklärung abgegeben hat.

Art. 42. (1) a) Wird eine nach Artikel 41 dem Ausschuß unterbreitete Sache nicht zur Zufriedenheit der beteiligten Vertragsstaaten geregelt, so kann der Ausschuß mit vorheriger Zustimmung der beteiligten Vertragsstaaten eine ad hoc-Vergleichskommission (im folgenden als „Kommission" bezeichnet) einsetzen. Die Kommission stellt den beteiligten Vertragsstaaten ihre guten Dienste zur Verfügung, um auf der Grundlage der Achtung dieses Paktes eine gütliche Regelung der Sache herbeizuführen.

b) Die Kommission besteht aus fünf mit Einverständnis der beteiligten Vertragsstaaten ernannten Personen. Können sich die beteiligten Vertragsstaaten nicht innerhalb von drei Monaten über die vollständige oder teilweise Zusammensetzung der Kommission einigen, so wählt der Ausschuß aus seiner Mitte die Kommissionsmitglieder, über die keine Einigung erzielt worden ist, in geheimer Abstimmung mit einer Mehrheit von zwei Dritteln seiner Mitglieder.

(2) Die Mitglieder der Kommission sind in ihrer persönlichen Eigenschaft tätig. Sie dürfen nicht Staatsangehörige der beteiligten Vertragsstaaten, eines Nichtvertragsstaates oder eines Vertragsstaates sein, der eine Erklärung gemäß Artikel 41 nicht abgegeben hat.

(3) Die Kommission wählt ihren Vorsitzenden und gibt sich eine Geschäftsodnung.

(4) Die Sitzungen der Kommission finden in der Regel am Sitz der Vereinten Nationen oder beim Büro der Vereinten Nationen in Genf statt. Sie können jedoch auch an jedem anderen geeigneten Ort stattfinden, den die Kommission im Benehmen mit dem Generalsekretär der Vereinten Nationen und den beteiligten Vertragsstaaten bestimmt.

(5) Das in Artikel 36 vorgesehene Sekretariat steht auch den auf Grund dieses Artikels eingesetzten Kommissionen zur Verfügung.

(6) Die dem Ausschuß zugegangenen und von ihm zusammengestellten Angaben sind der Kommission zugänglich zu machen, und die Kommission kann die beteiligten Vertragsstaaten um weitere erhebliche Angaben ersuchen.

(7) Die Kommission legt, sobald sie die Sache vollständig geprüft hat, keinesfalls jedoch später als zwölf Monate, nachdem sie damit befaßt worden ist, dem Vorsitzenden des Ausschusses einen Bericht zur Übermittlung an die beteiligten Vertragsstaaten vor:

a) Wenn die Kommission die Prüfung der Sache nicht innerhalb von zwölf Monaten abschließen kann, beschränkt sie ihren Bericht auf eine kurze Darstellung des Standes ihrer Prüfung;

b) wenn die Sache auf der Grundlage der Achtung der in diesem Pakt anerkannten Menschenrechte gütlich geregelt worden ist, beschränkt die Kommission ihren Bericht auf eine kurze Darstellung des Sachverhalts und der erzielten Regelung;

c) wenn eine Regelung im Sinne von Buchstabe b nicht erzielt worden ist, nimmt die Kommission in ihren Bericht ihre Feststellungen zu allen für den Streit zwischen den beteiligten Vertragsstaaten erheblichen Sachfragen sowie ihre Ansichten über Möglichkeiten einer gütlichen Regelung auf. Der Bericht enthält auch die schriftlichen Stellungnahmen der beteiligten Vertragsstaaten und ein Protokoll über ihre mündlichen Stellungnahmen;

d) wenn der Bericht der Kommission gemäß Buchstabe c vorgelegt wird, teilen die beteiligten Vertragsstaaten dem Vorsitzenden des Ausschusses innerhalb von drei Monaten nach Erhalt des Berichts mit, ob sie mit dem Inhalt des Kommissionsberichts einverstanden sind.

(8) Die Bestimmungen dieses Artikels lassen die in Artikel 41 vorgesehenen Aufgaben des Ausschusses unberührt.

(9) Die beteiligten Vertragsstaaten tragen gleichermaßen alle Ausgaben der Kommissionsmitglieder auf der Grundlage von Voranschlägen, die der Generalsekretär der Vereinten Nationen erstellt.

(10) Der Generalsekretär der Vereinten Nationen ist befugt, erforderlichenfalls für die Ausgaben der Kommissionsmitglieder aufzukommen, bevor die beteiligten Vertragsstaaten sie nach Absatz 9 erstattet haben.

Art. 43. Die Mitglieder des Ausschusses und der ad hoc-Vergleichskommissionen, die nach Artikel 42 bestimmt werden können, haben Anspruch auf die Erleichterungen, Vorrechte und Befreiungen, die in den einschlägigen Abschnitten des Übereinkommens über die Vorrechte und Befreiungen der Vereinten Nationen für die im Auftrag der Vereinten Nationen tätigen Sachverständigen vorgesehen sind.

Art. 44. Die Bestimmungen über die Durchführung dieses Paktes sind unbeschadet der Verfahren anzuwenden, die auf dem Gebiet der Menschenrechte durch oder auf Grund der Satzungen und Übereinkommen der Vereinten Nationen und der Sonderorganisationen vorgeschrieben sind und hindern die Vertragsstaaten nicht, in Übereinstimmung mit den zwischen ihnen in Kraft befindlichen allgemeinen oder besonderen internationalen Übereinkünften andere Verfahren zur Beilegung von Streitigkeiten anzuwenden.

Art. 45. Der Ausschuß legt der Generalversammlung der Vereinten Nationen auf dem Wege über den Wirtschafts- und Sozialrat einen Jahresbericht über seine Tätigkeit vor.

Teil V

Art. 46. Keine Bestimmung dieses Paktes ist so auszulegen, daß sie die Bestimmungen der Charta der Vereinten Nationen und der Satzungen der Sonderorganisationen beschränkt, in denen die jeweiligen Aufgaben der verschiedenen Organe der Vereinten Nationen und der Sonderorganisationen hinsichtlich der in diesem Pakt behandelten Fragen geregelt sind.

Art. 47. Keine Bestimmung dieses Paktes ist so auszulegen, daß sie das allen Völkern innewohnende Recht auf den Genuß und die volle und freie Nutzung ihrer natürlichen Reichtümer und Mittel beeinträchtigt.

Teil VI

Art. 48. (1) Dieser Pakt liegt für alle Mitgliedstaaten der Vereinten Nationen, für alle Mitglieder einer ihrer Sonderorganisationen, für alle Vertragsstaaten der Satzung des Internationalen Gerichtshofs und für jeden anderen Staat, den die Generalversammlung der Vereinten Nationen einlädt, Vertragspartei dieses Paktes zu werden, zur Unterzeichnung auf.

(2) Dieser Pakt bedarf der Ratifikation. Die Ratifikationsurkunden sind beim Generalsekretär der Vereinten Nationen zu hinterlegen.

(3) Dieser Pakt liegt für jeden in Absatz 1 bezeichneten Staat zum Beitritt auf.

(4) Der Beitritt erfolgt durch Hinterlegung einer Beitrittsurkunde beim Generalsekretär der Vereinten Nationen.

(5) Der Generalsekretär der Vereinten Nationen unterrichtet alle Staaten, die diesen Pakt unterzeichnet haben oder ihm beigetreten sind, von der Hinterlegung jeder Ratifikations- oder Beitrittsurkunde.

Art. 49. (1) Dieser Pakt tritt drei Monate nach Hinterlegung der fünfunddreißigsten Ratifikations- oder Beitrittsurkunde beim Generalsekretär der Vereinten Nationen in Kraft.

(2) Für jeden Staat, der nach Hinterlegung der fünfunddreißigsten Ratifikations- oder Beitrittsurkunde diesen Pakt ratifiziert oder ihm beitritt, tritt er drei Monate nach Hinterlegung seiner eigenen Ratifikations- oder Beitrittsurkunde in Kraft.

Art. 50. Die Bestimmungen dieses Paktes gelten ohne Einschränkung oder Ausnahme für alle Teile eines Bundesstaates.

Art. 51. (1) Jeder Vertragsstaat kann eine Änderung des Paktes vorschlagen und ihren Wortlaut beim Generalsekretär der Vereinten Nationen einreichen. Der Generalsekretär übermittelt sodann alle Änderungsvorschläge den Vertragsstaaten mit der Aufforderung, ihm mitzuteilen, ob sie eine Konferenz der Vertragsstaaten zur Beratung und Abstimmung über die Vorschläge befürworten. Befürwortet wenigstens ein Drittel der Vertragsstaaten eine solche Konferenz, so beruft der Generalsekretär die Konferenz unter der Schirmherrschaft der Vereinten Nationen ein. Jede Änderung, die von der Mehrheit der auf der Konferenz anwesenden und abstimmenden Vertragsstaaten angenommen wird, ist der Generalversammlung der Vereinten Nationen zur Billigung vorzulegen.

(2) Die Änderungen treten in Kraft, wenn sie von der Generalversammlung der Vereinten Nationen gebilligt und von einer Zweidrittelmehrheit der Vertragsstaaten nach Maßgabe der in ihrer Verfassung vorgesehenen Verfahren angenommen worden sind.

(3) Treten die Änderungen in Kraft, so sind sie für die Vertragsstaaten, die sie angenommen haben, verbindlich, während für die anderen Vertragsstaaten weiterhin die Bestimmungen dieses Paktes und alle früher von ihnen angenommenen Änderungen gelten.

Art. 52. Unabhängig von den Notifikationen nach Artikel 48 Absatz 5 unterrichtet der Generalsekretär der Vereinten Nationen alle in Absatz 1 jenes Artikels bezeichneten Staaten

a) von den Unterzeichnungen, Ratifikationen und Beitritten nach Artikel 48;
b) vom Zeitpunkt des Inkrafttretens dieses Paktes nach Artikel 49 und vom Zeitpunkt des Inkrafttretens von Änderungen nach Artikel 51.

Art. 53. (1) Dieser Pakt, dessen chinesischer, englischer, französischer, russischer und spanischer Wortlaut gleichermaßen verbindlich ist, wird im Archiv der vereinten Nationen hinterlegt.

(2) Der Generalsekretär der vereinten Nationen übermittelt allen in Artikel 48 bezeichneten Staaten beglaubigte Abschriften dieses Paktes.

20a. Fakultativprotokoll zu dem Internationalen Pakt über bürgerliche und politische Rechte[1),2)]

Vom 19. Dezember 1966

(BGBl. 1992 II S. 1247)

(Übersetzung)

DIE VERTRAGSSTAATEN DIESES PROTOKOLLS,

IN DER ERWÄGUNG, daß es zur weiteren Verwirklichung der Ziele des Paktes über bürgerliche und politische Rechte (im folgenden als „Pakt" bezeichnet) und zur Durchführung seiner Bestimmungen angebracht wäre, den nach Teil IV des Paktes errichteten Ausschuß für Menschenrechte (im folgenden als „Ausschuß" bezeichnet) zu ermächtigen, nach Maßgabe dieses Protokolls Mitteilungen von Einzelpersonen, die behaupten, Opfer einer Verletzung eines in dem Pakt niedergelegten Rechts zu sein, entgegenzunehmen und zu prüfen.

HABEN FOLGENDES VEREINBART:

Art. 1 [Individualbeschwerde] Jeder Vertragsstaat des Paktes, der Vertragspartei dieses Protokolls wird, erkennt die Zuständigkeit des Ausschusses für die Entgegennahme und Prüfung von Mitteilungen seiner Herrschaftsgewalt unterstehender Einzelpersonen an, die behaupten, Opfer einer Verletzung eines in dem Pakt niedergelegten Rechts durch diesen Vertragsstaat zu sein. Der Ausschuß nimmt keine Mitteilung entgegen, die einen Vertragsstaat des Paktes betrifft, der nicht Vertragspartei dieses Protokolls ist.

Art. 2 [Aktivlegitimation; Subsidiarität] Vorbehaltlich des Artikels 1 können Einzelpersonen, die behaupten, in einem ihrer im Pakt niedergelegten Rechte verletzt zu sein, und die alle zur Verfügung stehenden innerstaatlichen Rechtsbehelfe erschöpft haben, dem Ausschuß eine schriftliche Mitteilung zur Prüfung einreichen.

Art. 3 [Zulässigkeit] Der Ausschuß erklärt jede nach diesem Protokoll eingereichte Mitteilung für unzulässig, die anonym ist oder die er

---

1) Internationale Quelle: UNTS Bd. 999, S. 302. Das Fakultativprotokoll ist für Deutschland gem. Bek. v. 30. 12. 1993 (BGBl. 1994 II S. 311) am 25. 11. 1993 in Kraft getreten. Bei Hinterlegung der Beitrittsurkunde hat Deutschland den folgenden Vorbehalt angebracht:

„Die Bundesrepublik Deutschland bringt einen Vorbehalt im Hinblick auf Artikel 5 Absatz 2 Buchstabe a dahingehend an, daß die Zuständigkeit des Ausschusses nicht für Mitteilungen gilt,

a) die bereits in einem anderen internationalen Untersuchungs- oder Streitregelungsverfahren geprüft wurden,

b) mit denen eine Rechtsverletzung gerügt wird, die in Ereignissen vor dem Inkrafttreten des Fakultativprotokolls für die Bundesrepublik Deutschland ihren Ursprung hat, oder

c) mit denen eine Verletzung des Artikels 26 des Internationalen Paktes über bürgerliche und politische Rechte gerügt wird, wenn und soweit sich die gerügte Verletzung auf andere als im vorgenannten Pakt garantierte Rechte bezieht."

2) Zum Geltungsbereich des Fakultativprotokolls vgl. BGB. Fundstellennachweis B, abgeschlossen am 31. 12. jedes Jahres.

für einen Mißbrauch des Rechts auf Einreichung solcher Mitteilungen oder für unvereinbar mit den Bestimmungen des Paktes hält.

Art. 4 [Mitteilung an betroffenen Staat] (1) Vorbehaltlich des Artikels 3 bringt der Ausschuß jede ihm nach diesem Protokoll eingereichte Mitteilung dem Vertragsstaat dieses Protokolls zur Kenntnis, dem vorgeworfen wird, eine Bestimmung des Paktes verletzt zu haben.

(2) Der betroffene Staat hat dem Ausschuß innerhalb von sechs Monaten schriftliche Erläuterungen oder Stellungnahmen zur Klärung der Sache zu übermitteln und die gegebenenfalls von ihm getroffenen Abhilfemaßnahmen mitzuteilen.

Art. 5 [Prüfungsverfahren] (1) Der Ausschuß prüft die ihm nach diesem Protokoll zugegangenen Mitteilungen unter Berücksichtigung aller ihm von der Einzelperson und dem betroffenen Vertragsstaat unterbreiteten schriftlichen Angaben.

(2) Der Ausschuß prüft die Mitteilung einer Einzelperson nur, wenn er sich vergewissert hat,

a) daß dieselbe Sache nicht bereits in einem anderen internationalen Untersuchungs- oder Streitregelungsverfahren geprüft wird;

b) daß die Einzelperson alle zur Verfügung stehenden innerstaatlichen Rechtsbehelfe erschöpft hat. Dies gilt jedoch nicht, wenn das Verfahren bei der Anwendung der Rechtsbehelfe unangemessen lange gedauert hat.

(3) Der Ausschuß berät über Mitteilungen auf Grund dieses Protokolls in nichtöffentlicher Sitzung.

(4) Der Ausschuß teilt seine Auffassungen dem betroffenen Vertragsstaat und der Einzelperson mit.

Art. 6 [Jahresbericht] Der Ausschuß nimmt in seinen Jahresbericht nach Artikel 45 des Paktes eine Übersicht über seine Tätigkeit auf Grund dieses Protokolls auf.

Art. 7 [Verhältnis zur Res. GA 1514 XV] Bis zur Verwirklichung der Ziele der Entschließung 1514 (XV) der Generalversammlung der Vereinten Nationen vom 14. Dezember 1960 betreffend die Erklärung über die Gewährung der Unabhängigkeit an Kolonialgebiete und Kolonialvölker wird das diesen Völkern durch die Charta der Vereinten Nationen und andere internationale Übereinkommen und Vereinbarungen im Rahmen der Vereinten Nationen und ihrer Sonderorganisation gewährte Petitionsrecht durch dieses Protokoll in keiner Weise eingeschränkt.

Art. 8 [Beitritt und Ratifikation] (1) Dieses Protokoll liegt für jeden Staat, der den Pakt unterzeichnet hat, zur Unterzeichnung auf.

(2) Dieses Protokoll bedarf der Ratifikation, die von allen Staaten vorgenommen werden kann, die den Pakt ratifiziert haben oder ihm beigetreten sind. Die Ratifikationsurkunden sind beim Generalsekretär der Vereinten Nationen zu hinterlegen.

(3) Dieses Protokoll liegt für jeden Staat, der den Pakt ratifiziert hat oder ihm beigetreten ist, zum Beitritt auf.

(4) Der Beitritt erfolgt durch Hinterlegung einer Beitrittsurkunde beim Generalsekretär der Vereinten Nationen.

(5) Der Generalsekretär der Vereinten Nationen unterrichtet alle Staaten, die dieses Protokoll unterzeichnet haben oder ihm beigetreten sind, von der Hinterlegung jeder Ratifikations- oder Beitrittsurkunde.

Art. 9 [Inkrafttreten] (1) Vorbehaltlich des Inkrafttretens des Paktes tritt dieses Protokoll drei Monate nach Hinterlegung der zehnten Ratifikations- oder Beitrittsurkunde beim Generalsekretär der Vereinten Nationen in Kraft.

(2) Für jeden Staat, der nach Hinterlegung der zehnten Ratifikations- oder Beitrittsurkunde dieses Protokoll ratifiziert oder ihm beitritt, tritt es drei Monate nach Hinterlegung seiner eigenen Ratifikations- oder Beitrittsurkunde in Kraft.

Art. 10 [Bundesstaaten] Die Bestimmungen dieses Protokolls gelten ohne Einschränkung oder Ausnahme für alle Teile eines Bundesstaates.

Art. 11 [Änderungsverfahren] (1) Jeder Vertragsstaat dieses Protokolls kann eine Änderung vorschlagen und ihren Wortlaut beim Generalsekretär der Vereinten Nationen einreichen. Der Generalsekretär übermittelt sodann alle Änderungsvorschläge den Vertragsstaaten dieses Protokolls mit der Aufforderung, ihm mitzuteilen, ob sie eine Konferenz der Vertragsstaaten zur Beratung und Abstimmung über die Vorschläge befürworten. Befürwortet wenigstens ein Drittel der Vertragsstaaten eine solche Konferenz, so beruft der Generalsekretär die Konferenz unter der Schirmherrschaft der Vereinten Nationen ein. Jede Änderung, die von der Mehrheit der auf der Konferenz anwesenden und abstimmenden Vertragsstaaten angenommen wird, ist der Generalversammlung der Vereinten Nationen zur Billigung vorzulegen.

(2) Die Änderungen treten in Kraft, wenn sie von der Generalversammlung der Vereinten Nationen gebilligt und von einer Zweidrittelmehrheit der Vertragsstaaten dieses Protokolls nach Maßgabe der in ihrer Verfassung vorgesehenen Verfahren angenommen worden sind.

(3) Treten die Änderungen in Kraft, so sind sie für die Vertragsstaaten, die sie angenommen haben, verbindlich, während für die anderen Vertragsstaaten weiterhin die Bestimmungen dieses Protokolls und alle früher von ihnen angenommenen Änderungen gelten.

Art. 12 [Kündigung] (1) Jeder Vertragsstaat kann dieses Protokoll jederzeit durch schriftliche Notifikation an den Generalsekretär der Vereinten Nationen kündigen. Die Kündigung wird drei Monate nach Eingang der Notifikation beim Generalsekretär wirksam.

(2) Die Kündigung berührt nicht die weitere Anwendung dieses Protokolls auf Mitteilungen nach Artikel 2, die vor dem Wirksamwerden der Kündigung eingegangen sind.

Art. 13 [Information der Staaten] Unabhängig von den Notifikationen nach Artikel 8 Absatz 5 dieses Protokolls unterrichtet der Generalsekretär der Vereinten Nationen alle in Artikel 48 Absatz 1 des Paktes bezeichneten Staaten

a) von den Unterzeichnungen, Ratifikationen und Beitritten nach Artikel 8;

b) vom Zeitpunkt des Inkrafttretens dieses Protokolls nach Artikel 9 und vom Zeitpunkt des Inkrafttretens von Änderungen nach Artikel 11;

c) von Kündigungen nach Artikel 12.

Art. 14 [Hinterlegung; Bekanntmachung] (1) Dieses Protokoll, dessen chinesischer, englischer, französischer, russischer und spanischer Wortlaut gleichermaßen verbindlich ist, wird im Archiv der Vereinten Nationen hinterlegt.

(2) Der Generalsekretär der Vereinten Nationen übermittelt allen in Artikel 48 des Paktes bezeichneten Staaten beglaubigte Abschriften dieses Protokolls.

20b. Zweites Fakultativprotokoll zu dem Internationalen Pakt über bürgerliche und politische Rechte zur Abschaffung der Todesstrafe[1)]

Vom 15. Dezember 1989

(BGBl. 1992 II S. 391)

(Übersetzung)

DIE VERTRAGSSTAATEN DIESES PROTOKOLLS,

im Vertrauen darauf, daß die Abschaffung der Todesstrafe zur Förderung der Menschenwürde und zur fortschreitenden Entwicklung der Menschenrechte beiträgt,

unter Hinweis auf Artikel 3 der am 10. Dezember 1948 angenommenen Allgemeinen Erklärung der Menschenrechte und auf Artikel 6 des am 16. Dezember 1966 angenommenen Internationalen Paktes über bürgerliche und politische Rechte,

in Anbetracht, daß Artikel 6 des Internationalen Paktes über bürgerliche und politische Rechte auf die Abschaffung der Todesstrafe in einer Weise Bezug nimmt, die eindeutig zu verstehen gibt, daß die Abschaffung wünschenswert ist,

überzeugt, daß alle Maßnahmen zur Abschaffung der Todesstrafe im Hinblick auf die Wahrung des Rechtes auf Leben einen Fortschritt bedeuten,

in dem Wunsch, hiermit eine internationale Verpflichtung zur Abschaffung der Todesstrafe einzugehen –

HABEN FOLGENDES VEREINBART:

Art. 1 [Hinrichtungsverbot, Abschaffung der Todesstrafe]

(1) Niemand, der der Hoheitsgewalt eines Vertragsstaats dieses Fakultativprotokolls untersteht, darf hingerichtet werden.

(2) Jeder Vertragsstaat ergreift alle erforderlichen Maßnahmen, um die Todesstrafe in seinem Hoheitsgebiet abzuschaffen.

Art. 2[2)] [Vorbehalte] (1) Vorbehalte zu diesem Protokoll sind nicht zulässig, ausgenommen ein im Zeitpunkt der Ratifikation oder des Beitritts angebrachter Vorbehalt, der die Anwendung der Todesstrafe in Kriegszeiten aufgrund einer Verurteilung wegen eines in Kriegszeiten begangenen besonders schweren Verbrechens militärischer Art vorsieht.

[1)] Anhang der Resolution der VN-Generalversammlung 44/128 v. 15. Dezember 1989. Das Protokoll ist gem. Bek. v. 20. 4. 1993, BGBl. 1993 II S. 880 am 18. 11. 1992 auch für die Bundesrepublik Deutschland in Kraft getreten.

[2)] Folgende Staaten haben eine entsprechende Erklärung abgegeben: Aserbaidschan, Brasilien, Chile, El Salvador und Griechenland. Der Vorbehalt des letzteren Staates scheint in Widerspruch zu stehen zur vorbehaltlosen Ratifizierung des Prot. Nr. 13 zur EMRK (Nr. **136**); der Vorbehalt El Salvadors wird von einer Reihe von Staaten – darunter Deutschland, Österreich und die Schweiz – als unvereinbar mit Ziel und Zweck des Protokolls und damit als unzulässig angesehen (BGBl. 2015 II S. 835).

(2) Ein Vertragsstaat, der einen solchen Vorbehalt anbringt, wird dem Generalsekretär der Vereinten Nationen im Zeitpunkt der Ratifikation oder des Beitritts die in Kriegszeiten anzuwendenden einschlägigen Bestimmungen seiner innerstaatlichen Rechtsvorschriften mitteilen.

(3) Ein Vertragsstaat, der einen solchen Vorbehalt angebracht hat, wird dem Generalsekretär der Vereinten Nationen Beginn und Ende eines für sein Hoheitsgebiet geltenden Kriegszustands notifzieren.

Art. 3 [Berichte] Die Vertragsstaaten dieses Protokolls nehmen in die Berichte, die sie nach Artikel 40 des Paktes dem Ausschluß für Menschenrechte vorlegen, Angaben über die von ihnen zur Verwirklichung dieses Protokolls getroffenen Maßnahmen auf.

Art. 4 [Staatenbeschwerde] Für die Vertragsstaaten des Paktes, die eine Erklärung nach Artikel 41 abgegeben haben, erstreckt sich die Zuständigkeit des Ausschusses für Menschenrechte zur Entgegennahme und Prüfung von Mitteilungen, in denen ein Vertragsstaat geltend macht, ein anderer Vertragsstaat komme seinen Verpflichtungen nicht nach, auf dieses Protokoll, sofern nicht der betreffende Vertragsstaat im Zeitpunkt der Ratifikation oder des Beitritts eine gegenteilige Erklärung abgegeben hat.[1]

Art. 5 [Individualbeschwerde] Für die Vertragsstaaten des am 16. Dezember 1966 angenommenen (Ersten) Fakultativprotokolls zu dem Internationalen Pakt über bürgerliche und politische Rechte erstreckt sich die Zuständigkeit des Ausschusses für Menschenrechte zur Entgegennahme und Prüfung von Mitteilungen ihrer Hoheitsgewalt unterstehender Personen auf dieses Protokoll, sofern nicht der betreffende Vertragsstaat im Zeitpunkt der Ratifikation oder des Beitritts eine gegenteilige Erklärung abgegeben hat.[1]

Art. 6 [Verhältnis zum Pakt] (1) Die Bestimmungen dieses Protokolls werden als Zusatzbestimmungen zu dem Pakt angewendet.

(2) Unbeschadet der Möglichkeit eines Vorbehalts nach Artikel 2 dieses Protokolls darf das in Artikel 1 Absatz 1 des Protokolls gewährleistete Recht nicht nach Artikel 4 des Paktes außer Kraft gesetzt werden.

Art. 7 [Beitritt] (1) Dieses Protokoll liegt für jeden Staat, der den Pakt unterzeichnet hat, zur Unterzeichnung auf.

(2) Dieses Protokoll bedarf der Ratifikation, die von allen Staaten vorgenommen werden kann, die den Pakt ratifiziert haben oder ihm beigetreten sind. Die Ratifikationsurkunden werden beim Generalsekretär der Vereinten Nationen hinterlegt.

(3) Dieses Protokoll steht jedem Staat, der den Pakt ratifiziert hat oder ihm beigetreten ist, zum Beitritt offen.

[1] Eine entsprechende Erklärung ist abgegeben worden von Guinea-Bissau.

(4) Der Beitritt erfolgt durch Hinterlegung einer Beitrittsurkunde beim Generalsekretär der Vereinten Nationen.

(5) Der Generalsekretär der Vereinten Nationen unterrichtet alle Staaten, die dieses Protokoll unterzeichnet haben oder ihm beigetreten sind, von der Hinterlegung jeder Ratifikations- oder Beitrittsurkunde.

Art. 8 [Inkrafttreten] (1) Dieses Protokoll tritt drei Monate nach Hinterlegung der zehnten Ratifikations- oder Beitrittsurkunde beim Generalsekretär der Vereinten Nationen in Kraft.

(2) Für jeden Staat, der nach Hinterlegung der zehnten Ratifikations- oder Beitrittsurkunde dieses Protokoll ratifiziert oder ihm beitritt, tritt es drei Monate nach Hinterlegung seiner eigenen Ratifikations- oder Beitrittsurkunde in Kraft.

Art. 9 [Bundesstaaten] Die Bestimmungen dieses Protokolls gelten ohne Einschränkung oder Ausnahme für alle Teile eines Bundesstaates.

Art. 10 [Information der Staaten] Der Generalsekretär der Vereinten Nationen unterrichtet alle in Artikel 48 Absatz 1 des Paktes bezeichneten Staaten

a) von Vorbehalten, Mitteilungen und Notifikationen nach Artikel 2 dieses Protokolls;

b) von Erklärungen nach Artikel 4 oder 5 dieses Protokolls;

c) von Unterzeichnungen, Ratifikationen und Beitritten nach Artikel 7 dieses Protokolls;

d) vom Zeitpunkt des Inkrafttretens dieses Protokolls nach seinem Artikel 8.

Art. 11 [Hinterlegung, Bekanntmachung] (1) Dieses Protokoll, dessen arabischer, chinesischer, englischer, französischer, russischer und spanischer Wortlaut gleichermaßen verbindlich ist, wird im Archiv der Vereinten Nationen hinterlegt.

(2) Der Generalsekretär der Vereinten Nationen übermittelt allen in Artikel 48 des Paktes bezeichneten Staaten beglaubigte Abschriften dieses Protokolls.

(4) Der Beitritt erfolgt durch Hinterlegung einer Beitrittsurkunde beim Generalsekretär der Vereinten Nationen.

(5) Der Generalsekretär der Vereinten Nationen unterrichtet alle Staaten, die dieses Protokoll unterzeichnet haben oder ihm beigetreten sind, von der Hinterlegung jeder Ratifikations- oder Beitrittsurkunde.

Art. 8 [Inkrafttreten] (1) Dieses Protokoll tritt drei Monate nach Hinterlegung der zehnten Ratifikations- oder Beitrittsurkunde beim Generalsekretär der Vereinten Nationen in Kraft.

(2) Für jeden Staat, der nach Hinterlegung der zehnten Ratifikations- oder Beitrittsurkunde dieses Protokoll ratifiziert oder ihm beitritt, tritt es drei Monate nach Hinterlegung seiner eigenen Ratifikations- oder Beitrittsurkunde in Kraft.

Art. 9 [Bundesstaaten] Die Bestimmungen dieses Protokolls gelten ohne Einschränkung oder Ausnahme für alle Teile eines Bundesstaates.

Art. 10 [Information der Staaten] Der Generalsekretär der Vereinten Nationen unterrichtet alle in Artikel 48 Absatz 1 des Paktes bezeichneten Staaten

a) von Vorbehalten, Mitteilungen und Notifikationen nach Artikel 2 dieses Protokolls;

b) von Erklärungen nach Artikel 4 oder 5 dieses Protokolls;

c) von Unterzeichnungen, Ratifikationen und Beitritten nach Artikel 7 dieses Protokolls;

d) vom Zeitpunkt des Inkrafttretens dieses Protokolls nach seinem Artikel 8.

Art. 11 [Hinterlegung, Bekanntmachung] (1) Dieses Protokoll, dessen arabischer, chinesischer, englischer, französischer, russischer und spanischer Wortlaut gleichermaßen verbindlich ist, wird im Archiv der Vereinten Nationen hinterlegt.

(2) Der Generalsekretär der Vereinten Nationen übermittelt allen in Artikel 48 des Paktes bezeichneten Staaten beglaubigte Abschriften dieses Protokolls.

21. Internationaler Pakt über wirtschaftliche, soziale und kulturelle Rechte[1]

Vom 19. Dezember 1966

(BGBl. 1973 II S. 1570)[2]

DIE VERTRAGSSTAATEN DIESES PAKTES –

IN DER ERWÄGUNG, daß nach den in der Charta der Vereinten Nationen verkündeten Grundsätzen die Anerkennung der allen Mitgliedern der menschlichen Gesellschaft innewohnenden Würde und der Gleichheit und Unveräußerlichkeit ihrer Rechte die Grundlage von Freiheit, Gerechtigkeit und Frieden in der Welt bildet,

IN DER ERKENNTIS, daß sich diese Rechte aus der dem Menschen innewohnenden Würde herleiten,

IN DER ERKENNTNIS, daß nach der Allgemeinen Erklärung der Menschenrechte das Ideal vom freien Menschen, der frei von Furcht und Not lebt, nur verwirklicht werden kann, wenn Verhältnisse geschaffen werden, in denen jeder seine wirtschaftlichen, sozialen und kulturellen Rechte ebenso wie seine bürgerlichen und politischen Rechte genießen kann,

IN DER ERWÄGUNG, daß die Charta der Vereinten Nationen die Staaten verpflichtet, die allgemeine und wirksame Achtung der Rechte und Freiheiten der Menschen zu fördern,

IM HINBLICK DARAUF, daß der einzelne gegenüber seinen Mitmenschen und der Gemeinschaft, der er angehört, Pflichten hat und gehalten ist, für die Förderung und Achtung der in diesem Pakt anerkannten Rechte einzutreten –

VEREINBAREN folgende Artikel:

Teil I

Art. 1. (1) Alle Völker haben das Recht auf Selbstbestimmung. Kraft dieses Rechts entscheiden sie frei über ihren politischen Status und gestalten in Freiheit ihre wirtschaftliche, soziale und kulturelle Entwicklung.

(2) Alle Völker können für ihre eigenen Zwecke frei über ihre natürlichen Reichtümer und Mittel verfügen, unbeschadet aller Verpflichtungen, die aus der internationalen wirtschaftlichen Zusammenarbeit

---

[1] Der Internationale Pakt über wirtschaftliche, soziale und kulturelle Rechte ist am 3. 1. 1976 – u. a. auch für die Bundesrepublik gemäß Bek. v. 9. 3. 1976 (BGBl. II S. 428) – in Kraft getreten. Das am 10. 12. 2008 von der UN-Generalversammlung angenommene und am 24. 9. 2009 zur Unterzeichnung aufgelegte Zusatzprotokoll (Individualbeschwerde) vom 10. 12. 2008 (UN Doc. A/63/435) ist am 5. 5. 2013 in Kraft getreten, nicht jedoch für Deutschland, Österreich, Liechtenstein oder die Schweiz.

[2] Internationale Quelle: UNTS Bd. 993, S. 3.

auf der Grundlage des gegenseitigen Wohles sowie aus dem Völkerrecht erwachsen. In keinem Fall darf ein Volk seiner eigenen Existenzmittel beraubt werden.

(3) Die Vertragsstaaten, einschließlich der Staaten, die für die Verwaltung von Gebieten ohne Selbstregierung und von Treuhandgebieten verantwortlich sind, haben entsprechend der Charta der Vereinten Nationen die Verwirklichung des Rechts auf Selbstbestimmung zu fördern und dieses Recht zu achten.

Teil II

Art. 2. (1) Jeder Vertragsstaat verpflichtet sich, einzeln und durch internationale Hilfe und Zusammenarbeit, insbesondere wirtschaftlicher und technischer Art, unter Ausschöpfung aller seiner Möglichkeiten Maßnahmen zu treffen, um nach und nach mit allen geeigneten Mitteln, vor allem durch gesetzgeberische Maßnahmen, die volle Verwirklichung der in diesem Pakt anerkannten Rechte zu erreichen.

(2) Die Vertragsstaaten verpflichten sich, zu gewährleisten, daß die in diesem Pakt verkündeten Rechte ohne Diskriminierung hinsichtlich der Rasse, der Hautfarbe, des Geschlechts, der Sprache, der Religion, der politischen oder sonstigen Anschauung, der nationalen oder sozialen Herkunft, des Vermögens, der Geburt oder des sonstigen Status ausgeübt werden.

(3) Entwicklungsländer können unter gebührender Berücksichtigung der Menschenrechte und der Erfordernisse ihrer Volkswirtschaft entscheiden, inwieweit sie Personen, die nicht ihre Staatsangehörigkeit besitzen, die in diesem Pakt anerkannten wirtschaftlichen Rechte gewährleisten wollen.

Art. 3. Die Vertragsstaaten verpflichten sich, die Gleichberechtigung von Mann und Frau bei der Ausübung aller in diesem Pakt festgelegten wirtschaftlichen, sozialen und kulturellen Rechte sicherzustellen.

Art. 4. Die Vertragsstaaten erkennen an, daß ein Staat die Ausübung der von ihm gemäß diesem Pakt gewährleisteten Rechte nur solchen Einschränkungen unterwerfen darf, die gesetzlich vorgesehen und mit der Natur dieser Rechte vereinbar sind und deren ausschließlicher Zweck es ist, das allgemeine Wohl in einer demokratischen Gesellschaft zu fördern.

Art. 5. (1) Keine Bestimmung dieses Paktes darf dahin ausgelegt werden, daß sie für einen Staat, eine Gruppe oder eine Person das Recht begründet, eine Tätigkeit auszuüben oder eine Handlung zu begehen, die auf die Abschaffung der in diesem Pakt anerkannten Rechte und Freiheiten oder auf weitergehende Beschränkungen dieser Rechte und Freiheiten, als in dem Pakt vorgesehen, hinzielt.

(2) Die in einem Land durch Gesetze, Übereinkommen, Verordnungen oder durch Gewohnheitsrecht anerkannten oder bestehenden grundlegen-

den Menschenrechte dürfen nicht unter dem Vorwand beschränkt oder außer Kraft gesetzt werden, daß dieser Pakt derartige Rechte nicht oder nur in einem geringen Ausmaße anerkenne.

Teil III

Art. 6 (1) Die Vertragsstaaten erkennen das Recht auf Arbeit an, welches das Recht jedes einzelnen auf die Möglichkeit, seinen Lebensunterhalt durch frei gewählte oder angenommene Arbeit zu verdienen, umfaßt, und unternehmen geeignete Schritte zum Schutz dieses Rechts.

(2) Die von einem Vertragsstaat zur vollen Verwirklichung dieses Rechts zu unternehmenden Schritte umfassen fachliche und berufliche Beratung und Ausbildungsprogramme sowie die Festlegung von Grundsätzen und Verfahren zur Erzielung einer stetigen wirtschaftlichen, sozialen und kulturellen Entwicklung und einer produktiven Vollbeschäftigung unter Bedingungen, welche die politischen und wirtschaftlichen Grundfreiheiten des einzelnen schützen.

Art. 7 Die Vertragsstaaten erkennen das Recht eines jeden auf gerechte und günstige Arbeitsbedingungen an, durch die insbesondere gewährleistet wird

a) ein Arbeitsentgelt, das allen Arbeitnehmern mindestens sichert
   i) angemessenen Lohn und gleiches Entgelt für gleichwertige Arbeit ohne Unterschied; insbesondere wird gewährleistet, daß Frauen keine ungünstigeren Arbeitsbedingungen als Männer haben und daß sie für gleiche Arbeit gleiches Entgelt erhalten,
   ii) einen angemessenen Lebensunterhalt für sie und ihre Familien in Übereinstimmung mit diesem Pakt;
b) sichere und gesunde Arbeitsbedingungen;
c) gleiche Möglichkeiten für jedermann, in seiner beruflichen Tätigkeit entsprechend aufzusteigen, wobei keine anderen Gesichtspunkte als Beschäftigungsdauer und Befähigung ausschlaggebend sein dürfen;
d) Arbeitspausen, Freizeit, eine angemessene Begrenzung der Arbeitszeit, regelmäßiger bezahlter Urlaub sowie Vergütung gesetzlicher Feiertage.

Art. 8 (1) Die Vertragsstaaten verpflichten sich, folgende Rechte zu gewährleisten:

a) das Recht eines jeden, zur Förderung und zum Schutz seiner wirtschaftlichen und sozialen Interessen Gewerkschaften zu bilden oder einer Gewerkschaft eigener Wahl allein nach Maßgabe ihrer Vorschriften beizutreten. Die Ausübung dieses Rechts darf nur solchen Einschränkungen unterworfen werden, die gesetzlich vorgesehen und in einer demokratischen Gesellschaft im Interesse der nationalen Sicherheit oder der öffentlichen Ordnung oder zum Schutz der Rechte und Freiheiten anderer erforderlich sind;

b) das Recht der Gewerkschaften, nationale Vereinigungen oder Verbände zu gründen, sowie deren Recht, internationale Gewerkschaftsorganisationen zu bilden oder solchen beizutreten;

c) das Recht der Gewerkschaften, sich frei zu betätigen, wobei nur solche Einschränkungen zulässig sind, die gesetzlich vorgesehen und in einer demokratischen Gesellschaft im Interesse der nationalen Sicherheit oder der öffentlichen Ordnung oder zum Schutz der Rechte und Freiheiten anderer erforderlich sind;

d) das Streikrecht, soweit es in Übereinstimmung mit der innerstaatlichen Rechtsordnung ausgeübt wird.

(2) Dieser Artikel schließt nicht aus, daß die Ausübung dieser Rechte durch Angehörige der Streitkräfte, der Polizei oder der öffentlichen Verwaltung rechtlichen Einschränkungen unterworfen wird.

(3) Keine Bestimmung dieses Artikels ermächtigt die Vertragsstaaten des Übereinkommens der Internationalen Arbeitsorganisation von 1948 über die Vereinigungsfreiheit und den Schutz des Vereinigungsrechts, gesetzgeberische Maßnahmen zu treffen oder Gesetze so anzuwenden, daß die Garantien des oben genannten Übereinkommens beeinträchtigt werden.

Art. 9 Die Vertragsstaaten erkennen das Recht eines jeden auf Soziale Sicherheit an; diese schließt die Sozialversicherung ein.

Art. 10 Die Vertragsstaaten erkennen an,

1. daß die Familie als die natürliche Kernzelle der Gesellschaft größtmöglichen Schutz und Beistand genießen soll, insbesondere im Hinblick auf ihre Gründung und solange sie für die Betreuung und Erziehung unterhaltsberechtigter Kinder verantwortlich ist. Eine Ehe darf nur im freien Einverständnis der künftigen Ehegatten geschlossen werden;
2. daß Mütter während einer angemessenen Zeit vor und nach der Niederkunft besonderen Schutz genießen sollen. Während dieser Zeit sollen berufstätige Mütter bezahlten Urlaub oder Urlaub mit angemessenen Leistungen aus der Sozialen Sicherheit erhalten;
3. daß Sondermaßnahmen zum Schutz und Beistand für alle Kinder und Jugendlichen ohne Diskriminierung aufgrund der Abstammung oder aus sonstigen Gründen getroffen werden sollen. Kinder und Jugendliche sollen vor wirtschaftlicher und sozialer Ausbeutung geschützt werden. Ihre Beschäftigung mit Arbeiten, die ihrer Moral oder Gesundheit schaden, ihr Leben gefährden oder voraussichtlich ihre normale Entwicklung behindern, soll gesetzlich strafbar sein. Die Staaten sollen ferner Altersgrenzen festsetzen, unterhalb derer die entgeltliche Beschäftigung von Kindern gesetzlich verboten und strafbar ist.

Art. 11 (1) Die Vertragsstaaten erkennen das Recht eines jeden auf einen angemessenen Lebensstandard für sich und seine Familie an, einschließlich ausreichender Ernährung, Bekleidung und Unterbringung, sowie auf eine stetige Verbesserung der Lebensbedingungen. Die Vertragsstaaten unternehmen geeignete Schritte, um die Verwirklichung dieses Rechts zu gewährleisten, und erkennen zu diesem Zweck die entscheidende Bedeutung einer internationalen, auf freier Zustimmung beruhenden Zusammenarbeit an.

(2) In Anerkennung des grundlegenden Rechts eines jeden, vor Hunger geschützt zu sein, werden die Vertragsstaaten einzeln und im Wege internationaler Zusammenarbeit die erforderlichen Maßnahmen, einschließlich besonderer Programme, durchführen

a) zur Verbesserung der Methoden der Erzeugung, Haltbarmachung und Verteilung von Nahrungsmitteln durch volle Nutzung der technischen und wissenschaftlichen Erkenntnisse, durch Verbreitung der ernährungswissenschaftlichen Grundsätze sowie durch die Entwicklung oder Reform landwirtschaftlicher Systeme mit dem Ziel einer möglichst wirksamen Erschließung und Nutzung der natürlichen Hilfsquellen;

b) zur Sicherung einer dem Bedarf entsprechenden gerechten Verteilung der Nahrungsmittelvorräte der Welt unter Berücksichtigung der Probleme der Nahrungsmittel einführenden und ausführenden Länder.

Art. 12 (1) Die Vertragsstaaten erkennen das Recht eines jeden auf das für ihn erreichbare Höchstmaß an körperlicher und geistiger Gesundheit an.

(2) Die von den Vertragsstaaten zu unternehmenden Schritte zur vollen Verwirklichung dieses Rechts umfassen die erforderlichen Maßnahmen

a) zur Senkung der Zahl der Totgeburten und der Kindersterblichkeit sowie zur gesunden Entwicklung des Kindes;

b) zur Verbesserung aller Aspekte der Umwelt- und der Arbeitshygiene;

c) zur Vorbeugung, Behandlung und Bekämpfung epidemischer, endemischer, Berufs- und sonstiger Krankheiten;

d) zur Schaffung der Voraussetzungen, die für jedermann im Krankheitsfall den Genuß medizinischer Einrichtungen und ärztlicher Betreuung sicherstellen.

Art. 13 (1) Die Vertragsstaaten erkennen das Recht eines jeden auf Bildung an. Sie stimmen überein, daß die Bildung auf die volle Entfaltung der menschlichen Persönlichkeit und des Bewußtseins ihrer Würde gerichtet sein und die Achtung vor den Menschenrechten und Grundfreiheiten stärken muß. Sie stimmen ferner überein, daß die Bildung es jedermann ermöglichen muß, eine nützliche Rolle in einer freien Gesellschaft zu spielen, daß sie Verständnis, Toleranz und Freundschaft unter allen Völkern und allen rassischen, ethnischen und religiösen Gruppen fördern sowie die Tätigkeit der Vereinten Nationen zur Erhaltung des Friedens unterstützen muß.

(2) Die Vertragsstaaten erkennen an, daß im Hinblick auf die volle Verwirklichung dieses Rechts

a) der Grundschulunterricht für jedermann Pflicht und allen unentgeltlich zugänglich sein muß;

b) die verschiedenen Formen des höheren Schulwesens einschließlich des höheren Fach- und Berufsschulwesens auf jede geeignete Weise, insbesondere durch allmähliche Einführung der Unentgeltlichkeit, allgemein verfügbar und jedermann zugänglich gemacht werden müssen;

c) der Hochschulunterricht auf jede geeignete Weise, insbesondere durch allmähliche Einführung der Unentgeltlichkeit, jedermann gleichermaßen entsprechend seinen Fähigkeiten zugänglich gemacht werden muß;

d) eine grundlegende Bildung für Personen, die eine Grundschule nicht besucht oder nicht beendet haben, so weit wie möglich zu fördern oder zu vertiefen ist;

e) die Entwicklung eines Schulsystems auf allen Stufen aktiv voranzutreiben, ein angemessenes Stipendiensystem einzurichten und die wirtschaftliche Lage der Lehrerschaft fortlaufend zu verbessern ist.

(3) Die Vertragsstaaten verpflichten sich, die Freiheit der Eltern und gegebenenfalls des Vormunds oder Pflegers zu achten, für ihre Kinder andere als öffentliche Schulen zu wählen, die den vom Staat gegebenenfalls festgesetzten oder gebilligten bildungspolitischen Mindestnormen entsprechen, sowie die religiöse und sittliche Erziehung ihrer Kinder in Übereinstimmung mit ihren eigenen Überzeugungen sicherzustellen.

(4) Keine Bestimmung dieses Artikels darf dahin ausgelegt werden, daß sie die Freiheit natürlicher oder juristischer Personen beeinträchtigt, Bildungseinrichtungen zu schaffen und zu leiten, sofern die in Absatz 1 niedergelegten Grundsätze beachtet werden und die in solchen Einrichtungen vermittelte Bildung den vom Staat gegebenenfalls festgesetzten Mindestnormen entspricht.

Art. 14 Jeder Vertragsstaat, der zu dem Zeitpunkt, da er Vertragspartei wird, im Mutterland oder in sonstigen seiner Hoheitsgewalt unterstehenden Gebieten noch nicht die Grundschulpflicht auf der Grundlage der Unentgeltlichkeit einführen konnte, verpflichtet sich, binnen zwei Jahren einen ausführlichen Aktionsplan auszuarbeiten und anzunehmen, der die schrittweise Verwirklichung des Grundsatzes der unentgeltlichen allgemeinen Schulpflicht innerhalb einer angemessenen, in dem Plan festzulegenden Zahl von Jahren vorsieht.

Art. 15 (1) Die Vertragsstaaten erkennen das Recht eines jeden an,

a) am kulturellen Leben teilzunehmen;

b) an den Errungenschaften des wissenschaftlichen Fortschritts und seiner Anwendung teilzuhaben;

c) den Schutz der geistigen und materiellen Interessen zu genießen, die ihm als Urheber von Werken der Wissenschaft, Literatur oder Kunst erwachsen.

(2) Die von den Vertragsstaaten zu unternehmenden Schritte zur vollen Verwirklichung dieses Rechts umfassen die zur Erhaltung, Entwicklung und Verbreitung von Wissenschaft und Kultur erforderlichen Maßnahmen.

(3) Die Vertragsstaaten verpflichten sich, die zu wissenschaftlicher Forschung und schöpferischer Tätigkeit unerläßliche Freiheit zu achten.

(4) Die Vertragsstaaten erkennen die Vorteile an, die sich aus der Förderung und Entwicklung internationaler Kontakte und Zusammenarbeit auf wissenschaftlichem und kulturellem Gebiet ergeben.

Teil IV

Art. 16. (1) Die Vertragsstaaten verpflichten sich, nach Maßgabe dieses Teiles Berichte über die von ihnen getroffenen Maßnahmen und über die Fortschritte vorzulegen, die hinsichtlich der Beachtung der in dem Pakt anerkannten Rechte erzielt wurden.

(2) a) Alle Berichte werden dem Generalsekretär der Vereinten Nationen vorgelegt, der sie abschriftlich dem Wirtschafts- und Sozialrat übermittelt, damit dieser sie nach Maßgabe dieses Paktes prüft.[1]

b) Sind Vertragsstaaten gleichzeitig Mitglieder von Sonderorganisationen, so übermittelt der Generalsekretär der Vereinten Nationen ihre Berichte oder einschlägige Teile solcher Berichte abschriftlich auch den Sonderorganisationen, soweit diese Berichte oder Teile sich auf Angelegenheiten beziehen, die nach den Satzungen dieser Organisationen in deren Aufgabenbereich fallen.

Art. 17. (1) Die Vertragsstaaten legen ihre Berichte abschnittsweise nach Maßgabe eines Programms vor, das vom Wirtschafts- und Sozialrat binnen eines Jahres nach Inkrafttreten dieses Paktes nach Konsultation der Vertragsstaaten und der betroffenen Sonderorganisationen aufzustellen ist.

(2) Die Berichte können Hinweise auf Umstände und Schwierigkeiten enthalten, die das Ausmaß der Erfüllung der Verpflichtungen aus diesem Pakt beeinflussen.

(3) Hat ein Vertragsstaat den Vereinten Nationen oder einer Sonderorganisation bereits sachdienliche Angaben gemacht, so brauchen diese nicht wiederholt zu werden; vielmehr genügt eine genaue Bezugnahme auf diese Angaben.

Art. 18. Im Rahmen des ihm durch die Charta der Vereinten Nationen auf dem Gebiet der Menschenrechte und Grundfreiheiten zuge-

[1] Der Wirtschafts- und Sozialrat bedient sich hierfür des Ausschusses für wirtschaftliche, soziale und kulturelle Rechte (CESCR), der (nach wie vor) auf der Grundlage einer vorläufigen Verfahrensordnung arbeitet, nunmehr allerdings in einer Neufassung v. 15. 1. 2013 (E/C.12/49/3).

wiesenen Aufgabenbereichs kann der Wirtschafts- und Sozialrat mit den Sonderorganisationen Vereinbarungen bezüglich ihrer Berichterstattung über die Fortschritte treffen, die bei der Beachtung der in ihren Tätigkeitsbereich fallenden Bestimmungen dieses Paktes erzielt wurden. Diese Berichte können Einzelheiten der von ihren zuständigen Organen angenommenen Beschlüsse und Empfehlungen über Maßnahmen zur Erfüllung dieser Bestimmungen enthalten.

Art. 19. Der Wirtschafts- und Sozialrat kann die von Staaten nach den Artikeln 16 und 17 und die von Sonderorganisationen nach Artikel 18 vorgelegten Berichte über Menschenrechte der Menschenrechtskommission zur Prüfung und allgemeinen Empfehlung oder gegebenenfalls zur Kenntnisnahme übermitteln.

Art. 20. Die Vertragsstaaten und die betroffenen Sonderorganisationen können dem Wirtschafts- und Sozialrat Bemerkungen zu jeder allgemeinen Empfehlung nach Artikel 19 oder zu jeder Bezugnahme auf eine solche Empfehlung vorlegen, die in einem Bericht der Menschenrechtskommission oder einem darin erwähnten Schriftstück enthalten ist.

Art. 21. Der Wirtschafts- und Sozialrat kann der Generalversammlung von Zeit zu Zeit Berichte mit Empfehlungen allgemeiner Art und einer Zusammenfassung der Angaben vorlegen, die er von den Vertragsstaaten und den Sonderorganisationen über Maßnahmen und Fortschritte hinsichtlich der allgemeinen Beachtung der in diesem Pakt anerkannten Rechte erhalten hat.

Art. 22. Der Wirtschafts- und Sozialrat kann anderen Organen der Vereinten Nationen, ihren Unterorganen und denjenigen Sonderorganisationen, die sich mit technischer Hilfe befassen, alles aus den in diesem Teil erwähnten Berichten mitteilen, was diesen Stellen helfen kann, in ihrem jeweiligen Zuständigkeitsbereich über die Zweckmäßigkeit internationaler Maßnahmen zur wirksamen schrittweisen Durchführung dieses Paktes zu entscheiden.

Art. 23. Die Vertragsstaaten stimmen überein, daß internationale Maßnahmen zur Verwirklichung der in diesem Pakt anerkannten Rechte u. a. folgendes einschließen: den Abschluß von Übereinkommen, die Annahme von Empfehlungen, die Gewährung technischer Hilfe sowie die Abhaltung von regionalen und Fachtagungen zu Konsultations- und Studienzwecken in Verbindung mit den betroffenen Regierungen.

Art. 24. Keine Bestimmung dieses Paktes ist so auszulegen, daß sie die Bestimmungen der Charta der Vereinten Nationen und der Satzungen der Sonderorganisationen beschränkt, in denen die jeweiligen Aufgaben der verschiedenen Organe der Vereinten Nationen und der Sonderorganisationen hinsichtlich der in diesem Pakt behandelten Fragen geregelt sind.

Art. 25 Keine Bestimmung dieses Paktes ist so auszulegen, daß sie das allen Völkern innewohnende Recht auf den Genuß und die volle und freie Nutzung ihrer natürlichen Reichtümer und Mittel beeinträchtigt.

Teil V

Art. 26 (1) Dieser Pakt liegt für alle Mitgliedstaaten der Vereinten Nationen, für alle Mitglieder einer ihrer Sonderorganisationen, für alle Vertragsstaaten der Satzung des Internationalen Gerichtshofs und für jeden anderen Staat, den die Generalversammlung der Vereinten Nationen einlädt, Vertragspartei dieses Paktes zu werden, zur Unterzeichnung auf.

(2) Dieser Pakt bedarf der Ratifikation. Die Ratifikationsurkunden sind beim Generalsekretär der Vereinten Nationen zu hinterlegen.

(3) Dieser Pakt liegt für jeden in Absatz 1 bezeichneten Staat zum Beitritt auf.

(4) Der Beitritt erfolgt durch Hinterlegung einer Beitrittsurkunde beim Generalsekretär der Vereinten Nationen.

(5) Der Generalsekretär der Vereinten Nationen unterrichtet alle Staaten, die diesen Pakt unterzeichnet haben oder ihm beigetreten sind, von der Hinterlegung jeder Ratifikations- oder Beitrittsurkunde.

Art. 27 (1) Dieser Pakt tritt drei Monate nach Hinterlegung der fünfunddreißigsten Ratifikations- oder Beitrittsurkunde beim Generalsekretär der Vereinten Nationen in Kraft.

(2) Für jeden Staat, der nach Hinterlegung der fünfunddreißigsten Ratifikations- oder Beitrittsurkunde diesen Pakt ratifiziert oder ihm beitritt, tritt er drei Monate nach Hinterlegung seiner eigenen Ratifikations- oder Beitrittsurkunde in Kraft.

Art. 28 Die Bestimmungen dieses Paktes gelten ohne Einschränkung oder Ausnahme für alle Teile eines Bundesstaates.

Art. 29 (1) Jeder Vertragsstaat kann eine Änderung des Paktes vorschlagen und ihren Wortlaut beim Generalsekretär der Vereinten Nationen einreichen. Der Generalsekretär übermittelt sodann alle Änderungsvorschläge den Vertragsstaaten mit der Aufforderung, ihm mitzuteilen, ob sie eine Konferenz der Vertragsstaaten zur Beratung und Abstimmung über die Vorschläge befürworten. Befürwortet wenigstens ein Drittel der Vertragsstaaten eine solche Konferenz, so beruft der Generalsekretär die Konferenz unter der Schirmherrschaft der Vereinten Nationen ein. Jede Änderung, die von der Mehrheit der auf der Konferenz anwesenden und abstimmenden Vertragsstaaten angenommen wird, ist der Generalversammlung der Vereinten Nationen zur Genehmigung vorzulegen.

(2) Die Änderungen treten in Kraft, wenn sie von der Generalversammlung der Vereinten Nationen genehmigt und von einer Zweidrittelmehrheit der Vertragsstaaten nach Maßgabe der in ihrer Verfassung vorgesehenen Verfahren angenommen worden sind.

(3) Treten die Änderungen in Kraft, so sind sie für die Vertragsstaaten, die sie angenommen haben, verbindlich, während für die anderen Vertragsstaaten weiterhin die Bestimmungen dieses Paktes und alle früher von ihnen angenommenen Änderungen gelten.

Art. 30 Unabhängig von den Notifikationen nach Artikel 26 Absatz 5 unterrichtet der Generalsekretär der Vereinten Nationen alle in Absatz 1 jenes Artikels bezeichneten Staaten

a) von den Unterzeichnungen, Ratifikationen und Beitritten nach Artikel 26;

b) vom Zeitpunkt des Inkrafttretens dieses Paktes nach Artikel 27 und vom Zeitpunkt des Inkrafttretens von Änderungen nach Artikel 29.

Art. 31 (1) Dieser Pakt, dessen chinesischer, englischer, französischer, russischer und spanischer Wortlaut gleichermaßen verbindlich ist, wird im Archiv der Vereinten Nationen hinterlegt.

(2) Der Generalsekretär der Vereinten Nationen übermittelt allen in Artikel 26 bezeichneten Staaten beglaubigte Abschriften dieses Paktes.

22. Übereinkommen gegen Folter und andere grausame, unmenschliche oder erniedrigende Behandlung oder Strafe

Vom 10. Dezember 1984 [1), 2), 3)]

(BGBl. 1990 II S. 246)

(Übersetzung)

DIE VERTRAGSSTAATEN DIESES ÜBEREINKOMMENS –

IN DER ERWÄGUNG, dass nach den in der Charta der Vereinten Nationen verkündeten Grundsätzen die Anerkennung der Gleichheit und Unveräußerlichkeit der Rechte aller Mitglieder der menschlichen Gesellschaft die Grundlage von Freiheit, Gerechtigkeit und Frieden in der Welt bildet,

IN DER ERKENNTNIS, dass sich diese Rechte aus der dem Menschen innewohnenden Würde herleiten,

IN DER ERWÄGUNG, dass die Charta, insbesondere Artikel 55, die Staaten verpflichtet, die allgemeine Achtung und Verwirklichung der Menschenrechte und Grundfreiheiten zu fördern,

IM HINBLICK auf Artikel 5 der Allgemeinen Erklärung der Menschenrechte und Artikel 7 des Internationalen Paktes über bürgerliche und politische Rechte, die beide vorsehen, dass niemand der Folter oder grausamer, unmenschlicher oder erniedrigender Behandlung oder Strafe unterworfen werden darf,

SOWIE IM HINBLICK auf die von der Generalversammlung am 9. Dezember 1975 angenommene Erklärung über den Schutz aller Personen vor Folter und anderer grausamer, unmenschlicher oder erniedrigender Behandlung oder Strafe,

IN DEM WUNSCH, dem Kampf gegen Folter oder andere grausame, unmenschliche oder erniedrigende Behandlung oder Strafe in der ganzen Welt größere Wirksamkeit zu verleihen –

SIND WIE FOLGT ÜBEREINGEKOMMEN:

---

1) Das Übereinkommen ist gem. Bek. v. 9. 2. 1993, BGBl. II S. 715 am 31. 10. 1990 auch für die Bundesrepublik Deutschland in Kraft getreten. Deutschland hat sich mit Wirkung vom 19. 10. 2001 sowohl dem Staatenbeschwerdeverfahren (Art. 21) als auch dem Individualbeschwerdeverfahren (Art. 22) unterworfen (BGBl. 2002 II S. 1014). Ein Fakultativprotokoll vom 18. 12. 2002 (A/RES/57/199) ist am 22. 6. 2006 in Kraft getreten, für Deutschland am 3. 1. 2009 (Bek. v. 29. 4. 2009, BGBl. II S. 536; vgl. hierzu auch Fn. 1 zu Nr. **22 a**). Eine durch Resolution vom 8. 9. 1992 beschlossene Änderung der Art. 17 Abs. 7 und Art. 18 Abs. 5 des Übereinkommens (Doc. CAT/SP/1992/L.1) ist von Deutschland, Liechtenstein, der Schweiz und anderen Staaten bereits angenommen worden, aber noch nicht in Kraft getreten (vgl. Art. 29 Abs. 2 des Übereinkommens.

2) Int. Quelle: UNTS Vol. 1465 p. 85.

3) Vgl. auch das Fakultativprotokoll v. 18. 12. 2002 (Nr. **22 a**).

Teil I

Art. 1 [Definition der Folter; gesetzlich zulässige Sanktionen]

(1) Im Sinne dieses Übereinkommens bezeichnet der Ausdruck „Folter" jede Handlung, durch die eine Person vorsätzlich große körperliche oder seelische Schmerzen oder Leiden zugefügt werden, zum Beispiel um von ihr oder einem Dritten eine Aussage oder ein Geständnis zu erlangen, um sie für eine tatsächlich oder mutmaßlich von ihr oder einem Dritten begangene Tat zu bestrafen oder um sie oder einen Dritten einzuschüchtern oder zu nötigen, oder aus einem anderen, auf irgendeiner Art von Diskriminierung beruhenden Grund, wenn diese Schmerzen oder Leiden von einem Angehörigen des öffentlichen Dienstes oder einer anderen in amtlicher Eigenschaft handelnden Person, auf deren Veranlassung oder mit deren ausdrücklichem oder stillschweigenden Einverständnis verursacht werden. Der Ausdruck umfasst nicht Schmerzen oder Leiden, die sich lediglich aus gesetzlich zulässigen Sanktionen ergeben, dazu gehören oder damit verbunden sind.

(2) Dieser Artikel lässt alle internationalen Übereinkünfte oder innerstaatlichen Rechtsvorschriften unberührt, die weitergehende Bestimmungen enthalten.

Art. 2 [Pflichten der Vertragsstaaten; keine Rechtfertigung durch Notstand oder Befehl] (1) Jeder Vertragsstaat trifft wirksame gesetzgeberische, verwaltungsmäßige, gerichtliche oder sonstige Maßnahmen, um Folterungen in allen seiner Hoheitsgewalt unterstehenden Gebieten zu verhindern.

(2) Außergewöhnliche Umstände gleich welcher Art, sei es Krieg oder Kriegsgefahr, innenpolitische Instabilität oder ein sonstiger öffentlicher Notstand, dürfen nicht als Rechtfertigung für Folter geltend gemacht werden.

(3) Eine von einem Vorgesetzten oder einem Träger öffentlicher Gewalt erteilte Weisung darf nicht als Rechtfertigung für Folter geltend gemacht werden.

Art. 3 [Non-Refoulement-Prinzip] (1) Ein Vertragsstaat darf eine Person nicht in einen anderen Staat ausweisen, abschieben oder an diesen ausliefern, wenn stichhaltige Gründe für die Annahme bestehen, dass sie dort Gefahr liefe, gefoltert zu werden.[1)]

[1)] Die Regierung der Bundesrepublik Deutschland hat zu diesem Artikel bei der Hinterlegung der Ratifikationsurkunde folgende Erklärung abgegeben:

„Diese Bestimmung regelt das Verbot, eine Person unmittelbar in einen Staat zu überstellen, in dem diese Person der konkreten Gefahr einer Folter ausgesetzt ist. Nach Auffassung der Bundesrepublik Deutschland begründet Artikel 3 ebenso wie die anderen Bestimmungen des Übereinkommens ausschließlich Staatenverpflichtungen, die die Bundesrepublik Deutschland nach näherer Bestimmung ihres mit dem Übereinkommen übereinstimmenden innerstaatlichen Rechts erfüllt."

(2) Bei der Feststellung, ob solche Gründe vorliegen, berücksichtigen die zuständigen Behörden alle maßgeblichen Erwägungen einschließlich des Umstands, dass in dem betreffenden Staat eine ständige Praxis grober, offenkundiger oder massenhafter Verletzungen der Menschenrechte herrscht.

Art. 4 [Obligatorische Strafandrohung] (1) Jeder Vertragsstaat trägt dafür Sorge, dass nach seinem Strafrecht alle Folterhandlungen als Straftaten gelten. Das gleiche gilt für versuchte Folterung und für von irgendeiner

(Fortsetzung nächstes Blatt)

Person begangene Handlungen, die eine Mittäterschaft oder Teilnahme an einer Folterung darstellen.

(2) Jeder Vertragsstaat bedroht diese Straftaten mit angemessenen Strafen, welche die Schwere der Tat berücksichtigen.

Art. 5 [Obligatorische Gerichtsbarkeit – no safe haven]. (1) Jeder Vertragsstaat trifft die notwendigen Maßnahmen, um seine Gerichtsbarkeit über die in Artikel 4 genannten Straftaten in folgenden Fällen zu begründen:

a) wenn die Straftat in einem der Hoheitsgewalt des betreffenden Staates unterstehenden Gebiet oder an Bord eines in diesem Staat eingetragenen Schiffes oder Luftfahrzeugs begangen wird;
b) wenn der Verdächtige Angehöriger des betreffenden Staates ist;
c) wenn das Opfer Angehöriger des betreffenden Staates ist, sofern dieser Staat es für angebracht hält.

(2) Ebenso trifft jeder Vertragsstaat die notwendigen Maßnahmen, um seine Gerichtsbarkeit über diese Straftaten für den Fall zu begründen, daß der Verdächtige sich in einem der Hoheitsgewalt des betreffenden Staates unterstehenden Gebiet befindet und er ihn nicht nach Artikel 8 an einen der in Absatz 1 des vorliegenden Artikels bezeichneten Staaten ausliefert.

(3) Dieses Übereinkommen schließt eine Strafgerichtsbarkeit, die nach innerstaatlichem Recht ausgeübt wird, nicht aus.

Art. 6 [Verhaftung Verdächtiger, Ermittlungen, Mitteilungen]. (1) Hält ein Vertragsstaat, in dessen Hoheitsgebiet sich ein der Begehung einer in Artikel 4 genannten Straftat Verdächtiger befindet, es nach Prüfung der ihm vorliegenden Informationen in Anbetracht der Umstände für gerechtfertigt, so nimmt er ihn in Haft oder trifft andere rechtliche Maßnahmen, um seine Anwesenheit sicherzustellen. Die Haft und die anderen rechtlichen Maßnahmen müssen mit dem Recht dieses Staates übereinstimmen; sie dürfen nur so lange aufrechterhalten werden, wie es notwendig ist, um die Einleitung eines Straf- oder Auslieferungsverfahrens zu ermöglichen.

(2) Dieser Staat führt unverzüglich eine vorläufige Untersuchung zur Feststellung des Sachverhalts durch.

(3) Einer auf Grund des Absatzes 1 in Haft befindlichen Person wird jede Erleichterung gewährt, damit sie mit dem nächsten zuständigen Vertreter des Staates, dessen Staatsangehörigkeit sie besitzt, oder, wenn sie staatenlos ist, mit dem Vertreter des Staates, in dem sie sich gewöhnlich aufhält, unmittelbar verkehren kann.

(4) Hat ein Staat eine Person auf Grund dieses Artikels in Haft genommen, so zeigt er unverzüglich den in Artikel 5 Absatz 1 genannten Staaten

die Tatsache, daß diese Person in Haft ist, sowie die Umstände an, welche die Haft rechtfertigen. Der Staat, der die vorläufige Untersuchung nach Absatz 2 durchführt, unterrichtet die genannten Staaten unverzüglich über das Ergebnis der Untersuchung und teilt ihnen mit, ob er seine Gerichtsbarkeit auszuüben beabsichtigt.

Art. 7 [Strafverfolgung und Verurteilung]. (1) Der Vertragsstaat, der die Hoheitsgewalt über das Gebiet ausübt, in dem der einer in Artikel 4 genannten Straftat Verdächtige aufgefunden wird, unterbreitet den Fall, wenn er den Betreffenden nicht ausliefert, in den in Artikel 5 genannten Fällen seinen zuständigen Behörden zum Zweck der Strafverfolgung.

(2) Diese Behörden treffen ihre Entscheidung in der gleichen Weise wie im Fall einer gemeinrechtlichen Straftat schwerer Art nach dem Recht dieses Staates. In den in Artikel 5 Absatz 2 genannten Fällen dürfen für die Strafverfolgung und Verurteilung keine weniger strengen Maßstäbe bei der Beweisführung angelegt werden als in den in Artikel 5 Absatz 1 genannten Fällen.

(3) Jedem, gegen den ein Verfahren wegen einer der in Artikel 4 genannten Straftaten durchgeführt wird, ist während des gesamten Verfahrens eine gerechte Behandlung zu gewährleisten.

Art. 8 [Auslieferung]. (1) Die in Artikel 4 genannten Straftaten gelten als in jeden zwischen Vertragsstaaten bestehenden Auslieferungsvertrag einbezogene, der Auslieferung unterliegende Straftaten. Die Vertragsstaaten verpflichten sich, diese Straftaten als der Auslieferung unterliegende Straftaten in jeden zwischen ihnen zu schließenden Auslieferungsvertrag aufzunehmen.

(2) Erhält ein Vertragsstaat, der die Auslieferung vom Bestehen eines Vertrags abhängig macht, ein Auslieferungsersuchen von einem anderen Vertragsstaat, mit dem er keinen Auslieferungsvertrag hat, so kann er dieses Übereinkommen als Rechtsgrundlage für die Auslieferung in bezug auf solche Straftaten ansehen. Die Auslieferung unterliegt im übrigen den im Recht des ersuchten Staates vorgesehenen Bedingungen.

(3) Vertragsstaaten, welche die Auslieferung nicht vom Bestehen eines Vertrags abhängig machen, erkennen unter sich solche Straftaten als der Auslieferung unterliegende Straftaten vorbehaltlich der im Recht des ersuchten Staates vorgesehenen Bedingungen an.

(4) Solche Straftaten werden für die Zwecke der Auslieferung zwischen Vertragsstaaten so behandelt, als seien sie nicht nur an dem Ort, an dem sie sich ereignet haben, sondern auch in den Hoheitsgebieten der Staaten begangen worden, die verpflichtet sind, ihre Gerichtsbarkeit nach Artikel 5 Absatz 1 zu begründen.

Art. 9 [Amtshilfe, Rechtshilfe] (1) Die Vertragsstaaten gewähren einander die weitestgehende Hilfe im Zusammenhang mit Strafverfahren, die in bezug auf eine der in Artikel 4 genannten Straftaten eingeleitet werden, einschließlich der Überlassung aller ihnen zur Verfügung stehenden und für das Verfahren erforderlichen Beweismittel.

(2) Die Vertragsstaaten kommen ihren Verpflichtungen aus Absatz 1 im Einklang mit allen möglicherweise zwischen ihnen bestehenden Verträgen über gegenseitige Rechtshilfe nach.

Art. 10 [Unterrichtung des Vollzugspersonals] (1) Jeder Vertragsstaat trägt dafür Sorge, daß die Erteilung von Unterricht und die Aufklärung über das Verbot der Folter als vollgültiger Bestandteil in die Ausbildung des mit dem Gesetzesvollzug betrauten zivilen und militärischen Personals, des medizinischen Personals, der Angehörigen des öffentlichen Dienstes und anderer Personen aufgenommen wird, die mit dem Gewahrsam, der Vernehmung oder der Behandlung einer Person befaßt werden können, die der Festnahme, der Haft, dem Strafvollzug oder irgendeiner anderen Form der Freiheitsentziehung unterworfen ist.

(2) Jeder Vertragsstaat nimmt dieses Verbot in die Vorschriften oder Anweisungen über die Pflichten und Aufgaben aller dieser Personen auf.

Art. 11 [Regelmäßige Prüfung der Vorkehrungen gegen Folter] Jeder Vertragsstaat unterzieht die für Vernehmungen geltenden Vorschriften, Anweisungen, Methoden und Praktiken sowie die Vorkehrungen für den Gewahrsam und die Behandlung von Personen, die der Festnahme, der Haft, dem Strafvollzug oder irgendeiner anderen Form der Freiheitsentziehung unterworfen sind, in allen seiner Hoheitsgewalt unterstehenden Gebieten einer regelmäßigen systematischen Überprüfung, um jeden Fall von Folter zu verhüten.

Art. 12 [Ermittlungsgebot] Jeder Vertragsstaat trägt dafür Sorge, daß seine zuständigen Behörden umgehend eine unparteiische Untersuchung durchführen, sobald ein hinreichender Grund für die Annahme besteht, daß in einem seiner Hoheitsgewalt unterstehenden Gebiet eine Folterhandlung begangen wurde.

Art. 13 [Ermöglichung von Anzeigen, Schutz der Betroffenen und Zeugen] Jeder Vertragsstaat trägt dafür Sorge, daß jeder, der behauptet, er sei in einem der Hoheitsgewalt des betreffenden Staates unterstehenden Gebiet gefoltert worden, das Recht auf Anrufung der zuständigen Behörden und auf umgehende unparteiische Prüfung seines Falles durch diese Behörden hat. Es sind Vorkehrungen zu treffen, um sicherzustellen, daß der Beschwerdeführer und die Zeugen vor jeder Mißhandlung oder Einschüchterung wegen ihrer Beschwerde oder ihrer Aussagen geschützt sind.

Art. 14 [Wiedergutmachung, Schadenersatz, Schmerzensgeld]

(1) Jeder Vertragsstaat stellt in seiner Rechtsordnung sicher, daß das Opfer einer Folterhandlung Wiedergutmachung erhält und ein ein-

klagbares Recht auf gerechte und angemessene Entschädigung einschließlich der Mittel für eine möglichst vollständige Rehabilitation hat. Stirbt das Opfer infolge der Folterhandlung, so haben seine Hinterbliebenen Anspruch auf Entschädigung.

(2) Dieser Artikel berührt nicht einen nach innerstaatlichem Recht bestehenden Anspruch des Opfers oder anderer Personen auf Entschädigung.

Art. 15 [Verwertungsverbot] Jeder Vertragsstaat trägt dafür Sorge, daß Aussagen, die nachweislich durch Folter herbeigeführt worden sind, nicht als Beweis in einem Verfahren verwendet werden, es sei denn gegen eine der Folter angeklagte Person als Beweis dafür, daß die Aussage gemacht wurde.

Art. 16 [Grausame, unmenschliche oder erniedrigende Behandlung oder Strafe] (1) Jeder Vertragsstaat verpflichtet sich, in jedem seiner Hoheitsgewalt unterstehenden Gebiet andere Handlungen zu verhindern, die eine grausame, unmenschliche oder erniedrigende Behandlung oder Strafe darstellen, ohne der Folter im Sinne des Artikels 1 gleichzukommen, wenn diese Handlungen von einem Angehörigen des öffentlichen Dienstes oder einer anderen in amtlicher Eigenschaft handelnden Person, auf deren Veranlassung oder mit deren ausdrücklichem oder stillschweigendem Einverständnis begangen werden. Die in den Artikeln 10, 11, 12 und 13 aufgeführten Verpflichtungen bezüglich der Folter gelten auch entsprechend für andere Formen grausamer, unmenschlicher oder erniedrigender Behandlung oder Strafe.

(2) Dieses Übereinkommen berührt nicht die Bestimmungen anderer internationaler Übereinkünfte oder innerstaatlicher Rechtsvorschriften, die grausame, unmenschliche oder erniedrigende Behandlung oder Strafe verbieten oder die sich auf die Auslieferung oder Ausweisung beziehen.

Teil II

Art. 17 [Ausschuß gegen Folter] (1) Es wird ein Ausschuß gegen Folter (im folgenden als „Ausschuß" bezeichnet) errichtet, der die nachstehend festgelegten Aufgaben wahrnimmt. Der Ausschuß besteht aus zehn Sachverständigen von hohem sittlichen Ansehen und anerkannter Sachkenntnis auf dem Gebiet der Menschenrechte, die in ihrer persönlichen Eigenschaft tätig sind. Die Sachverständigen werden von den Vertragsstaaten gewählt, wobei eine ausgewogene geographische Verteilung und die Zweckmäßigkeit der Beteiligung von Personen mit juristischer Erfahrung zu berücksichtigen sind.

(2) Die Mitglieder des Ausschusses werden in geheimer Wahl aus einer Liste von Personen gewählt, die von den Vertragsstaaten vorge-

schlagen worden sind. Jeder Vertragsstaat darf einen seiner Staatsangehörigen vorschlagen. Die Vertragsstaaten berücksichtigen dabei, daß es zweckmäßig ist, Personen vorzuschlagen, die auch Mitglieder des aufgrund des Internationalen Paktes über bürgerliche und politische Rechte eingesetzten Ausschusses für Menschenrechte sind und die bereit sind, dem Ausschuß gegen Folter anzugehören.

(3) Die Wahl der Ausschußmitglieder findet alle zwei Jahre in vom Generalsekretär der Vereinten Nationen einberufenen Versammlungen der Vertragsstaaten statt. In diesen Versammlungen, die beschlußfähig sind, wenn zwei Drittel der Vertragsstaaten vertreten sind, gelten diejenigen Kandidaten als in den Ausschuß gewählt, welche die höchste Stimmenzahl und die absolute Stimmenmehrheit der anwesenden und abstimmenden Vertreter der Vertragsstaaten auf sich vereinigen.

(4) Die erste Wahl findet spätestens sechs Monate nach Inkrafttreten dieses Übereinkommens statt. Spätestens vier Monate vor jeder Wahl fordert der Generalsekretär der Vereinten Nationen die Vertragsstaaten schriftlich auf, innerhalb von drei Monaten ihre Kandidaten vorzuschlagen. Der Generalsekretär fertigt eine alphabetische Liste aller auf diese Weise vorgeschlagenen Personen unter Angabe der Vertragsstaaten an, die sie vorgeschlagen haben, und übermittelt sie den Vertragsstaaten.

(5) Die Ausschußmitglieder werden für vier Jahre gewählt. Auf erneuten Vorschlag können sie wiedergewählt werden. Die Amtszeit von fünf der bei der ersten Wahl gewählten Mitglieder läuft jedoch nach zwei Jahren ab; unmittelbar nach der ersten Wahl werden die Namen dieser fünf Mitglieder vom Vorsitzenden der in Absatz 3 genannten Versammlung durch das Los bestimmt.

(6) Stirbt ein Ausschußmitglied, tritt es zurück oder kann es aus irgendeinem anderen Grund seine Aufgaben im Ausschuß nicht mehr wahrnehmen, so ernennt der Vertragsstaat, der es vorgeschlagen hat, vorbehaltlich der Zustimmung der Mehrheit der Vertragsstaaten einen anderen Sachverständigen seiner Staatsangehörigkeit, der dem Ausschuß während der restlichen Amtszeit angehört. Die Zustimmung gilt als erteilt, sofern sich nicht mindestens die Hälfte der Vertragsstaaten binnen sechs Wochen, nachdem sie vom Generalsekretär der Vereinten Nationen von der vorgeschlagenen Ernennung unterrichtet wurde, dagegen ausspricht.

(7) Die Vertragsstaaten kommen für die Ausgaben auf, die den Ausschußmitgliedern bei der Wahrnehmung von Aufgaben des Ausschusses entstehen.

Art. 18 [Vorstand, Personal, Kosten] (1) Der Ausschuß wählt seinen Vorstand für zwei Jahre. Eine Wiederwahl der Mitglieder des Vorstands ist zulässig.

(2) Der Ausschuß gibt sich eine Geschäftsordnung[1]), die unter anderem folgende Bestimmungen enthalten muß:

a) Der Ausschuß ist bei Anwesenheit von sechs Mitgliedern beschlußfähig;

b) der Ausschuß faßt seine Beschlüsse mit der Mehrheit der anwesenden Mitglieder.

(3) Der Generalsekretär der Vereinten Nationen stellt dem Ausschuß das Personal und die Einrichtungen zur Verfügung, die dieser zur wirksamen Durchführung der ihm nach diesem Übereinkommen obliegenden Aufgaben benötigt.

(4) Der Generalsekretär der Vereinten Nationen beruft die erste Sitzung des Ausschusses ein. Nach seiner ersten Sitzung tritt der Ausschuß zu den in seiner Geschäftsordnung vorgesehenen Zeiten zusammen.

(5) Die Vertragsstaaten kommen für die Ausgaben auf, die im Zusammenhang mit der Abhaltung von Versammlungen der Vertragsstaaten und Sitzungen des Ausschusses entstehen; dazu gehört auch die Erstattung aller Ausgaben, wie beispielsweise der Kosten für Personal und Einrichtungen, die den Vereinten Nationen nach Absatz 3 entstanden sind.

Art. 19 [Berichtsverfahren] (1) Die Vertragsstaaten legen dem Ausschuß über den Generalsekretär der Vereinten Nationen innerhalb eines Jahres nach Inkrafttreten dieses Übereinkommens für den betreffenden Vertragsstaat Berichte über die Maßnahmen vor, die sie zur Erfüllung ihrer Verpflichtungen aus dem Übereinkommen getroffen haben. Danach legen die Vertragsstaaten alle vier Jahre ergänzende Berichte über alle weiteren Maßnahmen sowie alle sonstigen Berichte vor, die der Ausschuß anfordert.

(2) Der Generalsekretär der Vereinten Nationen leitet die Berichte allen Vertragsstaaten zu.

(3) Der Ausschuß prüft jeden Bericht; er kann ihn mit den ihm geeignet erscheinenden allgemeinen Bemerkungen versehen und leitet diese dem betreffenden Vertragsstaat zu. Dieser kann dem Ausschuß hierzu jede Stellungnahme übermitteln, die er abzugeben wünscht.

(4) Der Ausschuß kann nach eigenem Ermessen beschließen, seine Bemerkungen nach Absatz 3 zusammen mit den hierauf eingegangenen Stellungnahmen des betreffenden Vertragsstaats in seinen gemäß Artikel 24 erstellten Jahresbericht aufzunehmen. Auf Ersuchen des betreffenden Vertragsstaats kann der Ausschuß auch eine Abschrift des nach Absatz 1 vorgelegten Berichts beifügen.

---

[1]) In der zuletzt auf der 50. Sitzung geänderten Fassung v. 13. 8. 2013 (CAT/C/3/Rev.6).

Art. 20 [Vertrauliches Prüfungsverfahren] (1) Erhält der Ausschuß zuverlässige Informationen, die nach seiner Meinung wohlbegründete Hinweise darauf enthalten, daß im Hoheitsgebiet eines Vertragsstaats systematisch Folterungen stattfinden, so fordert der Ausschuß diesen Vertragsstaat auf, bei der Prüfung der Informationen mitzuwirken und zu diesem Zweck Stellungnahmen zu den Informationen abzugeben.

(2) Wenn es der Ausschuß unter Berücksichtigung der von dem betreffenden Vertragsstaat abgegebenen Stellungnahmen sowie aller sonstigen ihm zur Verfügung stehenden einschlägigen Informationen für gerechtfertigt hält, kann er eines oder mehrere seiner Mitglieder beauftragen, eine vertrauliche Untersuchung durchzuführen und ihm sofort zu berichten.

(3) Wird eine Untersuchung nach Absatz 2 durchgeführt, so bemüht sich der Ausschuß um die Mitwirkung des betreffenden Vertragsstaats. Im Einvernehmen mit diesem Vertragsstaat kann eine solche Untersuchung einen Besuch in dessen Hoheitsgebiet einschließen.

(4) Nachdem der Ausschuß die von seinem Mitglied oder seinen Mitgliedern nach Absatz 2 vorgelegten Untersuchungsergebnisse geprüft hat, übermittelt er sie zusammen mit allen angesichts der Situation geeignet erscheinenden Bemerkungen oder Vorschlägen dem betreffenden Vertragsstaat.

(5) Das gesamte in den Absätzen 1 bis 4 bezeichnete Verfahren des Ausschusses ist vertraulich; in jedem Stadium des Verfahrens wird die Mitwirkung des betreffenden Vertragsstaats angestrebt. Nachdem das mit einer Untersuchung gemäß Absatz 2 zusammenhängende Verfahren abgeschlossen ist, kann der Ausschuß nach Konsultation des betreffenden Vertragsstaats beschließen, eine Zusammenfassung der Ergebnisse des Verfahrens in seinen nach Artikel 24 erstellten Jahresbericht aufzunehmen.

Art. 21 [Staatenbeschwerde, Fakultativ] (1) Ein Vertragsstaat kann auf Grund dieses Artikels jederzeit erklären, daß er die Zuständigkeit des Ausschusses zur Entgegennahme und Prüfung von Mitteilungen anerkennt, in denen ein Vertragsstaat geltend macht, ein anderer Vertragsstaat komme seinen Verpflichtungen aus diesem Übereinkommen nicht nach.[1] Diese Mitteilungen können nur dann nach den in diesem Artikel festgelegten Verfahren entgegengenommen und geprüft werden, wenn sie von einem Vertragsstaat eingereicht werden, der für sich selbst die Zuständigkeit des Ausschusses durch eine Erklärung anerkannt hat. Der Ausschuß darf keine Mitteilung auf Grund dieses Artikels behandeln, die einen Vertragsstaat betrifft, der keine derartige Erklärung abgegeben hat. Auf Mitteilungen, die auf Grund dieses Artikels eingehen, ist folgendes Verfahren anzuwenden:

---

[1] Neben einer Vielzahl anderer Staaten haben auch Liechtenstein (am 2. 11. 1990), Österreich (am 29. 7. 1987) und die Schweiz (am 2. 12. 1986) anlässlich der Ratifikation des Übereinkommens, sowie Deutschland (nachträglich am 19. 10. 2001) eine entsprechende Erklärung abgegeben.

a) Ist ein Vertragsstaat der Auffassung, daß ein anderer Vertragsstaat die Bestimmungen dieses Übereinkommens nicht durchführt, so kann er den anderen Staat durch eine schriftliche Mitteilung darauf hinweisen. Innerhalb von drei Monaten nach Zugang der Mitteilung hat der Empfangsstaat dem Staat, der die Mitteilung übersandt hat, in bezug auf die Sache eine schriftliche Erklärung oder sonstige Stellungnahme zukommen zu lassen, die, soweit es möglich und angebracht ist, einen Hinweis auf die in der Sache durchgeführten, anhängigen oder zur Verfügung stehenden innerstaatlichen Verfahren und Rechtsbehelfe enthalten soll;

b) wird die Sache nicht innerhalb von sechs Monaten nach Eingang der einleitenden Mitteilung bei dem Empfangsstaat zur Zufriedenheit der beiden beteiligten Vertragsstaaten geregelt, so hat jeder der beiden Staaten das Recht, die Sache dem Ausschuß zu unterbreiten, indem er diesem und dem anderen Staat eine entsprechende Mitteilung macht;

c) der Ausschuß befaßt sich mit einer ihm auf Grund dieses Artikels unterbreiteten Sache erst dann, wenn er sich Gewißheit verschafft hat, daß in der Sache alle innerstaatlichen Rechtsbehelfe in Übereinstimmung mit den allgemein anerkannten Grundsätzen des Völkerrechts eingelegt und erschöpft worden sind. Dies gilt nicht, wenn das Verfahren bei der Anwendung der Rechtsbehelfe unangemessen lange gedauert hat oder für die Person, die das Opfer einer Verletzung dieses Übereinkommens geworden ist, keine wirksame Abhilfe erwarten läßt;

d) der Ausschuß berät über Mitteilungen auf Grund dieses Artikels in nichtöffentlicher Sitzung;

e) sofern die Voraussetzungen des Buchstabens c erfüllt sind, stellt der Ausschuß den beteiligten Vertragsstaaten seine guten Dienste zur Verfügung, um eine gütliche Regelung der Sache auf der Grundlage der Einhaltung der in diesem Übereinkommen vorgesehenen Verpflichtungen herbeizuführen. Zu diesem Zweck kann der Ausschuß gegebenenfalls eine Ad-hoc-Vergleichskommission einsetzen;

f) der Ausschuß kann in jeder ihm auf Grund dieses Artikels unterbreiteten Sache die unter Buchstabe b genannten beteiligten Vertragsstaaten auffordern, alle erheblichen Angaben beizubringen;

g) die unter Buchstabe b genannten beteiligten Vertragsstaaten haben das Recht, sich vertreten zu lassen sowie mündlich und/oder schriftlich Stellung zu nehmen, wenn die Sache vom Ausschuß verhandelt wird;

h) der Ausschuß legt innerhalb von zwölf Monaten nach Eingang der unter Buchstabe b vorgesehenen Mitteilung einen Bericht vor:

   i) Wenn eine Regelung im Sinne des Buchstabens e zustande gekommen ist, beschränkt der Ausschuß seinen Bericht auf eine kurze Darstellung des Sachverhalts und der erzielten Regelung;

   ii) wenn eine Regelung im Sinne des Buchstabens e nicht zustandegekommen ist, beschränkt der Ausschuß seinen Bericht auf eine kurze Darstellung des Sachverhalts: die schriftlichen Stellungnahmen und das Protokoll über die mündlichen Stellungnahmen der beteiligten Vertragsstaaten sind dem Bericht beizufügen.

In jedem Fall wird der Bericht den beteiligten Vertragsstaaten übermittelt.

(2) Die Bestimmungen dieses Artikels treten in Kraft, wenn fünf Vertragsstaaten Erklärungen nach Absatz 1 abgegeben haben. Diese Erklärungen werden von den Vertragsstaaten beim Generalsekretär der Vereinten Nationen hinterlegt, der den anderen Vertragsstaaten Abschriften davon übermittelt. Eine Erklärung kann jederzeit durch eine an den Generalsekretär gerichtete Notifikation zurückgenommen werden. Eine solche Zurücknahme berührt nicht die Prüfung einer Sache, die Gegenstand einer auf Grund dieses Artikels bereits vorgenommenen Mitteilung ist; nach Eingang der Notifikation über die Zurücknahme der Erklärung beim Generalsekretär wird keine weitere Mitteilung eines Vertragsstaats auf Grund dieses Artikels entgegengenommen, es sei denn, daß der betroffene Vertragsstaat eine neue Erklärung abgegeben hat.

Art. 22 [Individualbeschwerde, Fakultativ] (1) Ein Vertragsstaat kann auf Grund dieses Artikels jederzeit erklären, daß er die Zuständigkeit des Ausschusses zur Entgegennahme und Prüfung von Mitteilungen einzelner Personen oder im Namen einzelner Personen anerkennt, die der Hoheitsgewalt des betreffenden Staates unterstehen und die geltend machen, Opfer einer Verletzung dieses Übereinkommens durch einen Vertragsstaat zu sein.[1] Der Ausschuß darf keine Mitteilung entgegennehmen, die einen Vertragsstaat betrifft, der keine derartige Erklärung abgegeben hat.

(2) Der Ausschuß erklärt jede nach diesem Artikel eingereichte Mitteilung für unzulässig, die anonym ist oder die er für einen Mißbrauch des Rechts auf Einreichung solcher Mitteilungen oder für unvereinbar mit den Bestimmungen dieses Übereinkommens hält.

(3) Vorbehaltlich des Absatzes 2 bringt der Ausschuß jede ihm nach diesem Artikel eingereichte Mitteilung dem Vertragsstaat zur Kenntnis, der eine Erklärung nach Absatz 1 abgegeben hat und dem vorgeworfen wird, eine Bestimmung dieses Übereinkommens verletzt zu haben. Der Empfangsstaat hat dem Ausschuß innerhalb von sechs Monaten schriftliche Erläuterungen oder Stellungnahmen zur Klärung der Sache zu übermitteln und die gegebenenfalls von ihm getroffenen Abhilfemaßnahmen mitzuteilen.

(4) Der Ausschuß prüft die ihm nach diesem Artikel zugegangenen Mitteilungen unter Berücksichtigung aller ihm von der Einzelperson oder in deren Namen und von dem betroffenen Vertragsstaat unterbreiteten Informationen.

---

[1] Neben einer Vielzahl anderer Staaten haben auch Liechtenstein (am 2. 11. 1990), Österreich (am 29. 7. 1987) und die Schweiz (am 2. 12. 1986) anlässlich der Ratifikation des Übereinkommens, sowie Deutschland (nachträglich am 19. 10. 2001) eine entsprechende Erklärung abgegeben.

(5) Der Ausschuß prüft Mitteilungen einer Einzelperson auf Grund dieses Artikels erst dann, wenn er sich Gewißheit verschafft hat,

a) daß dieselbe Sache nicht bereits in einem anderen internationalen Untersuchungs- oder Streitregelungsverfahren geprüft wurde oder wird;

b) daß die Einzelperson alle zur Verfügung stehenden innerstaatlichen Rechtsbehelfe erschöpft hat; dies gilt nicht, wenn das Verfahren bei der Anwendung der Rechtsbehelfe unangemessen lange gedauert hat oder für die Person, die das Opfer einer Verletzung dieses Übereinkommens geworden ist, keine wirksame Abhilfe erwarten läßt.

(6) Der Ausschuß berät über Mitteilungen auf Grund dieses Artikels in nichtöffentlicher Sitzung.

(7) Der Ausschuß teilt seine Auffassungen dem betroffenen Vertragsstaat und der Einzelperson mit.

(8) Die Bestimmungen dieses Artikels treten in Kraft, wenn fünf Vertragsstaaten Erklärungen nach Absatz 1 abgegeben haben. Diese Erklärungen werden von den Vertragsstaaten beim Generalsekretär der Vereinten Nationen hinterlegt, der den anderen Vertragsstaaten Abschriften davon übermittelt. Eine Erklärung kann jederzeit durch eine an den Generalsekretär gerichtete Notifikation zurückgenommen werden. Eine solche Zurücknahme berührt nicht die Prüfung einer Sache, die Gegenstand einer auf Grund dieses Artikels bereits vorgenommenen Mitteilung ist; nach Eingang der Notifikation über die Zurücknahme der Erklärung beim Generalsekretär wird keine weitere von einer Einzelperson oder in deren Namen gemachte Mitteilung auf Grund dieses Artikels entgegengenommen, es sei denn, daß der betroffene Vertragsstaat eine neue Erklärung abgegeben hat.

Art. 23 [Vorrechte und Immunitäten] Die Mitglieder des Ausschusses und der Ad-hoc-Vergleichskommissionen, die nach Artikel 21 Absatz 1 Buchstabe e bestimmt werden können, haben Anspruch auf die Erleichterungen, Vorrechte und Immunitäten, die in den einschlägigen Abschnitten des Übereinkommens über die Vorrechte und Immunitäten der Vereinten Nationen für die im Auftrag der Vereinten Nationen tätigen Sachverständigen vorgesehen sind.

Art. 24 [Jahresbericht] Der Ausschuß legt den Vertragsstaaten und der Generalversammlung der Vereinten Nationen einen Jahresbericht über seine Tätigkeit auf Grund dieses Übereinkommens vor.

Teil III

Art. 25 [Unterzeichnung] (1) Dieses Übereinkommen liegt für alle Staaten zur Unterzeichnung auf.

(2) Dieses Übereinkommen bedarf der Ratifikation. Die Ratifikationsurkunden werden beim Generalsekretär der Vereinten Nationen hinterlegt.

Art. 26 [Beitritt] Dieses Übereinkommen steht allen Staaten zum Beitritt offen. Der Beitritt erfolgt durch Hinterlegung einer Beitrittsurkunde beim Generalsekretär der Vereinten Nationen.

Art. 27 [Inkrafttreten] (1) Dieses Übereinkommen tritt am dreißigsten Tag nach Hinterlegung der zwanzigsten Ratifikations- oder Beitrittsurkunde beim Generalsekretär der Vereinten Nationen in Kraft.

(2) Für jeden Staat, der nach Hinterlegung der zwanzigsten Ratifikations- oder Beitrittsurkunde dieses Übereinkommen ratifiziert oder ihm beitritt, tritt es am dreißigsten Tag nach Hinterlegung seiner eigenen Ratifikations- oder Beitrittsurkunde in Kraft.

Art 28 [Ausschluß des vertraulichen Prüfungsverfahrens durch Vorbehalt] (1) Jeder Staat kann bei der Unterzeichnung oder der Ratifikation dieses Übereinkommens oder dem Beitritt zu diesem erklären, daß er die in Artikel 20 vorgesehene Zuständigkeit des Ausschusses nicht anerkennt.

(2) Jeder Vertragsstaat, der einen Vorbehalt nach Absatz 1 gemacht hat, kann diesen Vorbehalt jederzeit durch eine an den Generalsekretär der Vereinten Nationen gerichtete Notifikation zurücknehmen.

Art. 29 [Änderung] (1) Jeder Vertragsstaat kann eine Änderung dieses Übereinkommens vorschlagen und seinen Vorschlag beim Generalsekretär der Vereinten Nationen einreichen. Der Generalsekretär übermittelt sodann den Änderungsvorschlag den Vertragsstaaten mit der Aufforderung, ihm mitzuteilen, ob sie eine Konferenz der Vertragsstaaten zur Beratung und Abstimmung über den Vorschlag befürworten. Befürwortet innerhalb von vier Monaten nach dem Datum der Übermittlung wenigstens ein Drittel der Vertragsstaaten eine solche Konferenz, so beruft der Generalsekretär die Konferenz unter der Schirmherrschaft der Vereinten Nationen ein. Jede Änderung, die von der Mehrheit der auf der Konferenz anwesenden und abstimmenden Vertragsstaaten beschlossen wird, wird vom Generalsekretär allen Vertragsstaaten zur Annahme vorgelegt.

(2) Eine nach Absatz 1 beschlossene Änderung tritt in Kraft, wenn zwei Drittel der Vertragsstaaten dem Generalsekretär der Vereinten Nationen notifiziert haben, daß sie die Änderung nach Maßgabe der in ihrer Verfassung vorgesehenen Verfahren angenommen haben.

(3) Treten die Änderungen in Kraft, so sind sie für die Vertragsstaaten, die sie angenommen haben, verbindlich, während für die anderen Vertragsstaaten weiterhin die Bestimmungen dieses Übereinkommens und alle früher von ihnen angenommenen Änderungen gelten.

Art. 30 [Schiedsverfahren, Internationaler Gerichtshof] (1) Jede Streitigkeit zwischen zwei oder mehr Vertragsstaaten über die Auslegung oder Anwendung dieses Übereinkommens, die nicht durch Verhandlungen beigelegt werden kann, ist auf Verlangen eines dieser Staaten einem Schiedsverfahren zu unterwerfen. Können sich die Parteien binnen sechs Monaten nach dem Zeitpunkt, zu dem das Schiedsverfahren verlangt worden ist, über seine Ausgestaltung nicht einigen, so kann jede dieser Parteien die Streitigkeit dem Internationalen Gerichtshof unterbreiten, indem sie einen seinem Statut entsprechenden Antrag stellt.

(2) Jeder Staat kann bei der Unterzeichnung oder der Ratifikation dieses Übereinkommens oder dem Beitritt zu diesem erklären, daß er sich durch Absatz 1 nicht als gebunden betrachtet. Die anderen Vertragsstaaten sind gegenüber einem Vertragsstaat, der einen solchen Vorbehalt gemacht hat, durch Absatz 1 nicht gebunden.

(3) Ein Vertragsstaat, der einen Vorbehalt nach Absatz 2 gemacht hat, kann diesen Vorbehalt jederzeit durch eine an den Generalsekretär der Vereinten Nationen gerichtete Notifikation zurücknehmen.

Art. 31 [Kündigung] (1) Ein Vertragsstaat kann dieses Übereinkommen durch eine an den Generalsekretär der Vereinten Nationen gerichtete schriftliche Notifikation kündigen. Die Kündigung wird ein Jahr nach Eingang der Notifikation beim Generalsekretär wirksam.

(2) Eine solche Kündigung enthebt den Vertragsstaat nicht der Verpflichtungen, die er auf Grund dieses Übereinkommens in bezug auf vor dem Wirksamwerden der Kündigung begangene Handlungen oder Unterlassungen hat; die Kündigung berührt auch nicht die weitere Prüfung einer Sache, mit welcher der Ausschuß bereits vor dem Wirksamwerden der Kündigung befaßt war.

(3) Nach dem Tag, an dem die Kündigung eines Vertragsstaats wirksam wird, darf der Ausschuß nicht mit der Prüfung einer neuen diesen Staat betreffenden Sache beginnen.

Art. 32 [Information der Staaten] Der Generalsekretär der Vereinten Nationen unterrichtet alle Mitgliedstaaten der Vereinten Nationen und alle Staaten, die dieses Übereinkommen unterzeichnet haben oder ihm beigetreten sind,

a) von den Unterzeichnungen, Ratifikationen und Beitritten nach den Artikeln 25 und 26,
b) vom Zeitpunkt des Inkrafttretens dieses Übereinkommens nach Artikel 27 und vom Zeitpunkt des Inkrafttretens von Änderungen nach Artikel 29;
c) von den Kündigungen nach Artikel 31.

Art. 33 [Hinterlegung]. (1) Dieses Übereinkommen, dessen arabischer, chinesischer, englischer, französischer, russischer und spanischer Wortlaut gleichermaßen verbindlich ist, wird beim Generalsekretär der Vereinten Nationen hinterlegt.

(2) Der Generalsekretär der Vereinten Nationen übermittelt allen Staaten beglaubigte Abschriften dieses Übereinkommens.

22 a. Fakultativprotokoll zum Übereinkommen gegen Folter und andere grausame, unmenschliche oder erniedrigende Behandlung oder Strafe

Vom 18. Dezember 2002[1) · 2)]
(BGBl. 2008 II S. 855)

(Übersetzung)

Präambel

DIE VERTRAGSSTAATEN DIESES PROTOKOLLS –

IN BEKRÄFTIGUNG DER TATSACHE, dass Folter und andere grausame, unmenschliche oder erniedrigende Behandlung oder Strafe verboten sind und schwere Verletzungen der Menschenrechte darstellen,

IN DER ÜBERZEUGUNG, dass weitere Maßnahmen erforderlich sind, um die Ziele des Übereinkommens gegen Folter und andere grausame, unmenschliche oder erniedrigende Behandlung oder Strafe (im Folgenden als „Übereinkommen" bezeichnet) zu erreichen und den Schutz von Personen, denen die Freiheit entzogen ist, vor Folter und anderer grausamer, unmenschlicher oder erniedrigender Behandlung oder Strafe zu verstärken,

EINGEDENK DESSEN, dass jeder Vertragsstaat nach den Artikeln 2 und 16 des Übereinkommens verpflichtet ist, wirksame Maßnahmen zu treffen, um Folterungen und andere grausame, unmenschliche oder erniedrigende Behandlung oder Strafe in allen seiner Hoheitsgewalt unterstehenden Gebieten zu verhindern,

IN DER ERKENNTNIS, dass für die Durchführung dieser Artikel in erster Linie die Staaten verantwortlich sind, dass die Verstärkung des Schutzes von Personen, denen die Freiheit entzogen ist, und die volle

---

1) In Kraft getreten am 22. 6. 2006; für Deutschland am 3. 1. 2009 (Bek. v. 29. 4. 2009, BGBl. II S. 536). Deutschland hat bei Hinterlegung der Ratifikationsurkunde folgende Erklärung abgegeben:

„Die Zuständigkeitsverteilung innerhalb der Bundesrepublik Deutschland erfordert für die Einrichtung des Nationalen Präventionsmechanismus auf Länderebene einen Staatsvertrag zwischen den Ländern, der der parlamentarischen Zustimmung bedarf. Aufgrund dieser Notwendigkeit schiebt Deutschland seine Verpflichtungen nach Teil IV des Fakultativprotokolls auf. Der Zeitpunkt der Arbeitsaufnahme des Nationalen Präventionsmechanismus wird dem Unterausschuss so bald wie möglich mitgeteilt werden."

2) Die Länderkommission zur Verhütung von Folter wurde mit Staatsvertrag über die Einrichtung eines nationalen Mechanismus aller Länder nach Artikel 3 des Fakultativprotokolls v. 25. Juni 2009 (u.a. abgedruckt in GBl. BW vom 7. 12. 2009, 681) eingerichtet. Am 24. 9. 2010 hat die aus 4 Mitgliedern bestehende Kommission offiziell ihre Arbeit aufgenommen. Eine vollständige Liste der bisher von den Vertragsstaaten benannten Präventionsmechanismen findet sich unter: http://www2.ohchr.org/english/bodies/cat/opcat/mechanisms.htm

Achtung ihrer Menschenrechte eine gemeinsame Verpflichtung aller sind und dass internationale Durchführungsorgane innerstaatliche Maßnahmen ergänzen und verstärken,

EINGEDENK DESSEN, dass für die wirksame Verhütung von Folter und anderer grausamer, unmenschlicher oder erniedrigender Behandlung oder Strafe Bildungsmaßnahmen und eine Kombination verschiedener gesetzgeberischer, verwaltungsrechtlicher, gerichtlicher und sonstiger Maßnahmen erforderlich sind,

FERNER IM HINBLICK darauf, dass die Weltkonferenz über Menschenrechte mit Entschlossenheit erklärte, dass sich die Bemühungen zur vollständigen Beseitigung der Folter in erster Linie auf deren Verhütung konzentrieren sollen, und dazu aufrief, ein Fakultativprotokoll zum Übereinkommen zu beschließen, um ein auf die Verhütung von Folter ausgerichtetes System regelmäßiger Besuche von Orten der Freiheitsentziehung einzurichten,

IN DER ÜBERZEUGUNG, dass der Schutz von Personen, denen die Freiheit entzogen ist, vor Folter und anderer grausamer, unmenschlicher oder erniedrigender Behandlung oder Strafe durch nichtgerichtliche Maßnahmen vorbeugender Art, die auf regelmäßigen Besuchen von Orten der Freiheitsentziehung beruhen, verstärkt werden kann –

SIND WIE FOLGT ÜBEREINGEKOMMEN:

Teil I Allgemeine Grundsätze

Art. 1 [Ziel des Protokolls] Ziel dieses Protokolls ist es, ein System regelmäßiger Besuche einzurichten, die von unabhängigen internationalen und nationalen Stellen an Orten, an denen Personen die Freiheit entzogen ist, durchgeführt werden, um Folter und andere grausame, unmenschliche oder erniedrigende Behandlung oder Strafe zu verhindern.

Art. 2 [Unterausschuss zur Verhütung von Folter] (1) Zum Ausschuss gegen Folter wird ein Unterausschuss zur Verhütung von Folter und anderer grausamer, unmenschlicher oder erniedrigender Behandlung oder Strafe (im Folgenden als „Unterausschuss zur Verhütung von Folter“ bezeichnet) errichtet, der die in diesem Protokoll festgelegten Aufgaben wahrnimmt.

(2) Der Unterausschuss zur Verhütung von Folter nimmt seine Aufgaben im Rahmen der Charta der Vereinten Nationen wahr und lässt sich von deren Zielen und Grundsätzen sowie den Normen der Vereinten Nationen für die Behandlung von Personen, denen die Freiheit entzogen ist, leiten.

(3) Der Unterausschuss zur Verhütung von Folter lässt sich ferner von den Grundsätzen der Vertraulichkeit, Unparteilichkeit, Nichtselektivität, Universalität und Objektivität leiten.

(4) Der Unterausschuss zur Verhütung von Folter und die Vertragsstaaten arbeiten bei der Durchführung dieses Protokolls zusammen.

Art. 3[1] **[Nationaler Präventionsmechanismus]** Jeder Vertragsstaat errichtet, bestimmt oder unterhält auf innerstaatlicher Ebene eine oder mehrere Stellen, die zur Verhütung von Folter und anderer grausamer, unmenschlicher oder erniedrigender Behandlung oder Strafe Besuche durchführen (im Folgenden als „nationaler Mechanismus zur Verhütung von Folter" bezeichnet).

Art. 4 [Besuchsrecht] (1) Jeder Vertragsstaat gestattet Besuche nach diesem Protokoll durch die in den Artikeln 2 und 3 bezeichneten Mecha-

(Fortsetzung nächstes Blatt)

---

[1] Die Aufgaben des Nationalen Präventionsmechanismus nach Artikel 3 des Protokolls werden im Zuständigkeitsbereich der Länder durch eine von diesen einzurichtende Kommission und im Zuständigkeitsbereich des Bundes durch eine vom Bundesministerium der Justiz einzurichtende Bundesstelle wahrgenommen. (Vgl. Art. 2 des Vertragsgesetzes v. 26. 8. 2008, BGBl. II S. 854). Mit Organisationserlass des Bundesministeriums der Justiz vom 20. 11. 2008 (BAnz Nr. 182, 4277) wurde die Bundesstelle zur Verhütung von Folter geschaffen. Die Bundesstelle hat am 1. Mai 2009 ihre Arbeit aufgenommen (vgl. auch www.antifolterstelle.de).

nismen an allen seiner Hoheitsgewalt und Kontrolle unterstehenden Orten, an denen Personen entweder aufgrund einer Entscheidung einer Behörde oder auf deren Veranlassung oder mit deren ausdrücklichem oder stillschweigendem Einverständnis die Freiheit entzogen ist oder entzogen werden kann (im Folgenden als „Orte der Freiheitsentziehung" bezeichnet). Diese Besuche werden durchgeführt, um erforderlichenfalls den Schutz dieser Personen vor Folter und anderer grausamer, unmenschlicher oder erniedrigender Behandlung oder Strafe zu verstärken.

(2) Im Sinne dieses Protokolls bedeutet Freiheitsentziehung jede Form des Festhaltens oder der Haft oder die durch eine Justiz-, Verwaltungs- oder sonstige Behörde angeordnete Unterbringung einer Person in einer öffentlichen oder privaten Gewahrsamseinrichtung, die diese Person nicht nach Belieben verlassen darf.

Teil II Unterausschuss zur Verhütung von Folter

Art. 5 [Zusammensetzung] (1) Der Unterausschuss zur Verhütung von Folter besteht aus zehn Mitgliedern. Nach der fünfzigsten Ratifikation dieses Protokolls oder dem fünfzigsten Beitritt zu ihm erhöht sich die Zahl der Mitglieder des Unterausschusses zur Verhütung von Folter auf fünfundzwanzig.

(2) Die Mitglieder des Unterausschusses zur Verhütung von Folter werden unter Persönlichkeiten von hohem sittlichen Ansehen ausgewählt, die nachweislich über berufliche Erfahrung auf dem Gebiet der Rechtspflege, insbesondere des Strafrechts, des Strafvollzugs oder der Polizeiverwaltung, oder auf den verschiedenen für die Behandlung von Personen, denen die Freiheit entzogen ist, einschlägigen Gebieten verfügen.

(3) Bei der Zusammensetzung des Unterausschusses zur Verhütung von Folter sind eine ausgewogene geographische Verteilung und die Vertretung der verschiedenen Kulturkreise und Rechtsordnungen der Vertragsstaaten gebührend zu berücksichtigen.

(4) Bei der Zusammensetzung ist ferner eine ausgewogene Vertretung der Geschlechter auf der Grundlage der Grundsätze der Gleichstellung und Nichtdiskriminierung zu berücksichtigen.

(5) Dem Unterausschuss zur Verhütung von Folter darf jeweils nur ein Angehöriger desselben Staates angehören.

(6) Die Mitglieder des Unterausschusses zur Verhütung von Folter sind in persönlicher Eigenschaft tätig; sie müssen unabhängig und unparteiisch sein und dem Unterausschuss zur Verhütung von Folter zur wirksamen Mitarbeit zur Verfügung stehen.

Art. 6 [Kandidatenvorschläge] (1) Jeder Vertragsstaat darf nach Absatz 2 bis zu zwei Kandidaten vorschlagen, die über die Befähigungen verfügen und die Voraussetzungen erfüllen, die in Artikel 5 beschrieben sind; mit seinem Vorschlag übermittelt er genauere Angaben zu den Befähigungen der Kandidaten.

(2)

a) Die Kandidaten müssen die Staatsangehörigkeit eines Vertragsstaats dieses Protokolls haben;

b) mindestens einer der beiden Kandidaten muss die Staatsangehörigkeit des vorschlagenden Vertragsstaats haben;

c) es dürfen nicht mehr als zwei Angehörige eines Vertragsstaats vorgeschlagen werden;

d) bevor ein Vertragsstaat einen Angehörigen eines anderen Vertragsstaats vorschlägt, hat er die Zustimmung des betreffenden Vertragsstaats einzuholen.

(3) Spätestens fünf Monate vor der Versammlung der Vertragsstaaten, bei der die Wahl stattfindet, fordert der Generalsekretär der Vereinten Nationen die Vertragsstaaten schriftlich auf, innerhalb von drei Monaten ihre Kandidaten vorzuschlagen. Der Generalsekretär übermittelt eine alphabetische Liste aller auf diese Weise vorgeschlagenen Personen unter Angabe der Vertragsstaaten, die sie vorgeschlagen haben.

Art. 7 [Wahlmodus] (1) Die Mitglieder des Unterausschusses zur Verhütung von Folter werden auf folgende Weise gewählt:

a) In erster Linie wird darauf geachtet, dass die Voraussetzungen und Kriterien nach Artikel 5 dieses Protokolls erfüllt sind;

b) die erste Wahl findet spätestens sechs Monate nach Inkrafttreten dieses Protokolls statt;

c) die Vertragsstaaten wählen die Mitglieder des Unterausschusses zur Verhütung von Folter in geheimer Wahl;

d) die Wahl der Mitglieder des Unterausschusses zur Verhütung von Folter findet alle zwei Jahre in vom Generalsekretär der Vereinten Nationen einberufenen Versammlungen der Vertragsstaaten statt. In diesen Versammlungen, die beschlussfähig sind, wenn zwei Drittel der Vertragsstaaten vertreten sind, gelten diejenigen Kandidaten als in den Unterausschuss zur Verhütung von Folter gewählt, welche die höchste Stimmenzahl und die absolute Stimmenmehrheit der anwesenden und abstimmenden Vertreter der Vertragsstaaten auf sich vereinigen.

(2) Sind in dem Wahlverfahren zwei Angehörige eines Vertragsstaats in den Unterausschuss zur Verhütung von Folter gewählt worden, so wird der Kandidat mit der höheren Stimmenzahl Mitglied des Unterausschusses zur Verhütung von Folter. Haben zwei Angehörige eines Vertragsstaats dieselbe Stimmenzahl erhalten, so wird folgendes Verfahren angewendet:

a) Wurde nur einer der beiden von dem Vertragsstaat, dessen Staatsangehörige sie sind, als Kandidat vorgeschlagen, so wird er Mitglied des Unterausschusses zur Verhütung von Folter;

b) wurden beide Kandidaten von dem Vertragsstaat vorgeschlagen, dessen Staatsangehörige sie sind, so wird in geheimer Wahl gesondert darüber abgestimmt, welcher Staatsangehörige Mitglied wird;

c) wurde keiner der Kandidaten von dem Vertragsstaat vorgeschlagen, dessen Staatsangehörige sie sind, so wird in geheimer Wahl gesondert darüber abgestimmt, welcher Kandidat Mitglied wird.

Art. 8 [Nachwahl] Stirbt ein Mitglied des Unterausschusses zur Verhütung von Folter, tritt es zurück oder kann es aus irgendeinem anderen Grund seine Aufgaben nicht mehr wahrnehmen, so schlägt der Vertragsstaat, der das Mitglied vorgeschlagen hat, unter Berücksichtigung eines ausgewogenen Verhältnisses zwischen den verschiedenen Fachgebieten eine andere geeignete Person vor, die über die Befähigungen verfügt und die Voraussetzungen erfüllt, die in Artikel 5 bezeichnet sind, und die bis zur nächsten Versammlung der Vertragsstaaten dem Unterausschuss zur Verhütung von Folter vorbehaltlich der Zustimmung der Mehrheit der Vertragsstaaten angehört. Die Zustimmung gilt als erteilt, sofern sich nicht mindestens die Hälfte der Vertragsstaaten binnen sechs Wochen, nachdem sie vom Generalsekretär der Vereinten Nationen von der vorgeschlagenen Ernennung unterrichtet wurden, dagegen ausspricht.

Art. 9 [Amtszeit] Die Mitglieder des Unterausschusses zur Verhütung von Folter werden für vier Jahre gewählt. Auf erneuten Vorschlag können sie einmal wiedergewählt werden. Die Amtszeit der Hälfte der bei der ersten Wahl gewählten Mitglieder läuft nach zwei Jahren ab; unmittelbar nach der ersten Wahl werden die Namen dieser Mitglieder vom Vorsitzenden der in Artikel 7 Absatz 1 Buchstabe d genannten Versammlung durch das Los bestimmt.

Art. 10 [Vorstand; Geschäftsordnung] (1) Der Unterausschuss zur Verhütung von Folter wählt seinen Vorstand für zwei Jahre. Eine Wiederwahl der Mitglieder des Vorstands ist zulässig.

(2) Der Unterausschuss zur Verhütung von Folter gibt sich eine Geschäftsordnung.[1] Diese Geschäftsordnung muss unter anderem folgende Bestimmungen enthalten:

a) Der Unterausschuss zur Verhütung von Folter ist bei Anwesenheit der Hälfte plus eines seiner Mitglieder beschlussfähig;

b) der Unterausschuss zur Verhütung von Folter fasst seine Beschlüsse mit der Mehrheit der anwesenden Mitglieder;

c) die Sitzungen des Unterausschusses zur Verhütung von Folter finden unter Ausschluss der Öffentlichkeit statt.

(3) Der Generalsekretär der Vereinten Nationen beruft die erste Sitzung des Unterausschusses zur Verhütung von Folter ein. Nach seiner ersten Sitzung tritt der Unterausschuss zur Verhütung von Folter zu den in seiner Geschäftsordnung vorgesehenen Zeiten zusammen. Der Unteraus-

---

1) Vgl. die zuletzt am 15.1.2019 geänderten „Rules of Procedure" (CAT/OP/3/Rev. 2). Vgl. auch die „Guidelines in relation to visits to States parties under article 11 (a)" v. 4.12. 2015 (CAT/OP/5) und die „Guidelines against Intimidation or Reprisals (San José Guidelines) v. 30.7.2015 (HRI/MC/2015/6).

schuss zur Verhütung von Folter und der Ausschuss gegen Folter halten ihre Tagungen mindestens einmal im Jahr gleichzeitig ab.

Teil III. Mandat des Unterausschusses zur Verhütung von Folter

Art. 11 [Umfang des Mandats] Der Unterausschuss zur Verhütung von Folter wird

a) die in Artikel 4 bezeichneten Orte besuchen und den Vertragsstaaten Empfehlungen hinsichtlich des Schutzes von Personen, denen die Freiheit entzogen ist, vor Folter und anderer grausamer, unmenschlicher oder erniedrigender Behandlung oder Strafe unterbreiten;

b) in Bezug auf die nationalen Mechanismen zur Verhütung von Folter
   i) die Vertragsstaaten erforderlichenfalls bei deren Einrichtung beraten und unterstützen;
   ii) unmittelbare und erforderlichenfalls vertrauliche Kontakte zu den nationalen Mechanismen zur Verhütung von Folter pflegen und ihnen Ausbildungshilfe und technische Hilfe zur Stärkung ihrer Leistungsfähigkeit anbieten;
   iii) sie bei der Beurteilung der Erfordernisse und der Mittel, die zur Verstärkung des Schutzes von Personen, denen die Freiheit entzogen ist, vor Folter und anderer grausamer, unmenschlicher oder erniedrigender Behandlung oder Strafe notwendig sind, beraten und unterstützen;
   iv) den Vertragsstaaten Empfehlungen und Beobachtungen mit dem Ziel der Stärkung der Leistungsfähigkeit und des Mandats der nationalen Mechanismen zur Verhütung von Folter und anderer grausamer, unmenschlicher oder erniedrigender Behandlung oder Strafe unterbreiten;

c) zur Verhütung von Folter im Allgemeinen mit den zuständigen Organen und Mechanismen der Vereinten Nationen sowie mit den internationalen, regionalen und nationalen Einrichtungen und Organisationen zusammenarbeiten, die auf die Verstärkung des Schutzes aller Personen vor Folter und anderer grausamer, unmenschlicher oder erniedrigender Behandlung oder Strafe hinwirken.

Art. 12 [Allgemeine Kooperationspflichten der Vertragsstaaten] Um dem Unterausschuss zur Verhütung von Folter die Erfüllung seines in Artikel 11 festgelegten Mandats zu ermöglichen, verpflichten sich die Vertragsstaaten,

a) den Unterausschuss zur Verhütung von Folter in ihr Hoheitsgebiet einreisen zu lassen und ihm Zugang zu allen in Artikel 4 bezeichneten Orten der Freiheitsentziehung zu gewähren;

b) dem Unterausschuss zur Verhütung von Folter alle einschlägigen Informationen zur Verfügung zu stellen, die dieser möglicherweise anfordert, um die Erfordernisse und die Maßnahmen beurteilen zu können, die zur Verstärkung des Schutzes von Personen, denen die Freiheit entzogen ist, vor Folter und anderer grausamer, unmenschlicher oder erniedrigender Behandlung oder Strafe ergriffen werden sollen;

c) Kontakte zwischen dem Unterausschuss zur Verhütung von Folter und den nationalen Mechanismen zur Verhütung von Folter zu fördern und zu erleichtern;

d) die Empfehlungen des Unterausschusses zur Verhütung von Folter zu prüfen und mit ihm in einen Dialog über mögliche Maßnahmen zu ihrer Umsetzung einzutreten.

Art. 13 [Besuchsprogramm und -durchführung] (1) Der Unterausschuss zur Verhütung von Folter erstellt, zunächst durch das Los, ein Programm regelmäßiger Besuche in den Vertragsstaaten, um sein in Artikel 11 festgelegtes Mandat zu erfüllen.

(2) Nach Beratungen teilt der Unterausschuss zur Verhütung von Folter den Vertragsstaaten sein Programm mit, damit diese unverzüglich die erforderlichen praktischen Vorkehrungen für die durchzuführenden Besuche treffen können.

(3) Die Besuche werden von mindestens zwei Mitgliedern des Unterausschusses zur Verhütung von Folter durchgeführt. Diese Mitglieder können sich erforderlichenfalls von Sachverständigen mit nachgewiesener beruflicher Erfahrung und Kenntnissen auf den von diesem Protokoll erfassten Gebieten begleiten lassen, die aus einer Liste von Sachverständigen ausgewählt werden, die auf der Grundlage von Vorschlägen der Vertragsstaaten, des Amtes des Hohen Kommissars der Vereinten Nationen für Menschenrechte und des Zentrums für internationale Verbrechensverhütung der Vereinten Nationen erstellt wird. Zur Erstellung dieser Liste schlagen die betreffenden Vertragsstaaten nicht mehr als fünf nationale Sachverständige vor. Der betreffende Vertragsstaat kann die Beteiligung eines bestimmten Sachverständigen an dem Besuch ablehnen, woraufhin der Unterausschuss zur Verhütung von Folter einen anderen Sachverständigen vorschlägt.

(4) Hält es der Unterausschuss zur Verhütung von Folter für angebracht, so kann er nach einem regelmäßigen Besuch einen kurzen Anschlussbesuch vorschlagen.

Art. 14 [Unbeschränktes Zugangs- und Informationsrecht] (1) Um dem Unterausschuss zur Verhütung von Folter die Erfüllung seines Mandats zu ermöglichen, verpflichten sich die Vertragsstaaten dieses Protokolls,

a) ihm unbeschränkten Zugang zu allen Informationen zu gewähren, welche die Anzahl der Personen, denen an Orten der Freiheitsentziehung im Sinne des Artikels 4 die Freiheit entzogen ist, sowie die Anzahl dieser Orte und ihre Lage betreffen;

b) ihm unbeschränkten Zugang zu allen Informationen zu gewähren, welche die Behandlung dieser Personen und die Bedingungen ihrer Freiheitsentziehung betreffen;

c) ihm vorbehaltlich des Absatzes 2 unbeschränkten Zugang zu allen Orten der Freiheitsentziehung und ihren Anlagen und Einrichtungen zu gewähren;

d) ihm die Möglichkeit zu geben, mit Personen, denen die Freiheit entzogen ist, entweder direkt oder, soweit dies erforderlich erscheint, über einen Dolmetscher sowie mit jeder anderen Person, von welcher der Unterausschuss zur Verhütung von Folter annimmt, dass sie sachdienliche Auskünfte geben kann, ohne Zeugen Gespräche zu führen;

e) ihm die Entscheidung darüber zu überlassen, welche Orte er besuchen und mit welchen Personen er Gespräche führen möchte.

(2) Einwände gegen einen Besuch an einem bestimmten Ort der Freiheitsentziehung können nur aus dringenden und zwingenden Gründen der nationalen Verteidigung oder der öffentlichen Sicherheit, wegen Naturkatastrophen oder schwerer Störungen der Ordnung an dem zu besuchenden Ort, die vorübergehend die Durchführung eines solchen Besuchs verhindern, erhoben werden. Das Vorliegen eines erklärten Notstands allein darf von einem Vertragsstaat nicht als Grund für einen Einwand gegen einen Besuch geltend gemacht werden.

Art. 15 [Verbot von Sanktionen gegen Informanten] Behörden oder Amtsträger dürfen keine Sanktionen gegen eine Person oder Organisation anordnen, anwenden, erlauben oder dulden, weil diese dem Unterausschuss zur Verhütung von Folter oder seinen Mitgliedern Auskünfte erteilt hat, unabhängig davon, ob diese Auskünfte richtig oder falsch waren; eine solche Person oder Organisation darf auch sonst in keiner Weise benachteiligt werden.

Art. 16 [Vertrauliches Berichtsverfahren; Ausnahmen] (1) Der Unterausschuss zur Verhütung von Folter teilt dem Vertragsstaat und gegebenenfalls dem nationalen Mechanismus zur Verhütung von Folter seine Empfehlungen und Beobachtungen vertraulich mit.

(2) Der Unterausschuss zur Verhütung von Folter veröffentlicht seinen Bericht zusammen mit einer etwaigen Stellungnahme des betreffenden Vertragsstaats, wenn dieser darum ersucht. Macht der Vertragsstaat einen Teil des Berichts öffentlich zugänglich, so kann der Unterausschuss zur Verhütung von Folter den Bericht ganz oder teilweise veröffentlichen. Personenbezogene Daten dürfen jedoch nicht ohne ausdrückliche Zustimmung der betroffenen Person veröffentlicht werden.

(3) Der Unterausschuss zur Verhütung von Folter legt dem Ausschuss gegen Folter einen öffentlichen Jahresbericht über seine Tätigkeit vor.

(4) Weigert sich ein Vertragsstaat, mit dem Unterausschuss zur Verhütung von Folter nach den Artikeln 12 und 14 zusammenzuarbeiten oder Maßnahmen zu treffen, um die Lage im Sinne der Empfehlungen

des Unterausschusses zur Verhütung von Folter zu verbessern, so kann der Ausschuss gegen Folter auf Antrag des Unterausschusses zur Verhütung von Folter mit der Mehrheit seiner Mitglieder beschließen, eine öffentliche Erklärung in der Sache abzugeben oder den Bericht des Unterausschusses zur Verhütung von Folter zu veröffentlichen, nachdem der Vertragsstaat Gelegenheit hatte, sich zu äußern.

Teil IV. Nationale Mechanismen zur Verhütung von Folter[1)]

Art. 17 [Nationale Überwachungskörper] Jeder Vertragsstaat unterhält, bestimmt oder errichtet auf innerstaatlicher Ebene spätestens ein Jahr nach Inkrafttreten dieses Protokolls oder nach seiner Ratifikation oder dem Beitritt zu ihm einen oder mehrere unabhängige nationale Mechanismen zur Verhütung von Folter. Durch dezentralisierte Einheiten errichtete Mechanismen können als nationale Mechanismen zur Verhütung von Folter im Sinne dieses Protokolls bestimmt werden, wenn sie im Einklang mit dessen Bestimmungen stehen.

Art. 18 [Zusammensetzung] (1) Die Vertragsstaaten garantieren die funktionale Unabhängigkeit der nationalen Mechanismen zur Verhütung von Folter sowie die Unabhängigkeit deren Personals.

(2) Die Vertragsstaaten treffen die erforderlichen Maßnahmen, um sicherzustellen, dass die Sachverständigen der nationalen Mechanismen zur Verhütung von Folter über die erforderlichen Fähigkeiten und Fachkenntnisse verfügen. Sie bemühen sich um eine ausgewogene Vertretung der Geschlechter und um eine angemessene Vertretung der ethnischen Gruppen und der Minderheiten des Landes.

(3) Die Vertragsstaaten verpflichten sich, die erforderlichen Mittel für die Arbeit der nationalen Mechanismen zur Verhütung von Folter zur Verfügung zu stellen.

(4) Bei der Errichtung der nationalen Mechanismen zur Verhütung von Folter berücksichtigen die Vertragsstaaten die Grundsätze, welche die Stellung nationaler Einrichtungen zur Förderung und zum Schutz der Menschenrechte betreffen.

Art. 19 [Befugnisse] Den nationalen Mechanismen zur Verhütung von Folter wird zumindest die Befugnis erteilt,

a) regelmäßig die Behandlung von Personen, denen an Orten der Freiheitsentziehung im Sinne des Artikels 4 die Freiheit entzogen ist, mit dem Ziel zu prüfen, erforderlichenfalls den Schutz dieser Personen vor Folter und anderer grausamer, unmenschlicher oder erniedrigender Behandlung oder Strafe zu verstärken;

b) den zuständigen Behörden Empfehlungen mit dem Ziel zu unterbreiten, die Behandlung und die Bedingungen der Personen, denen die Freiheit entzogen ist, zu verbessern und Folter und andere grau-

---

1) S. hierzu auch die von Deutschland bei der Hinterlegung der Ratifikationsurkunde abgegebene Erklärung (vgl. oben S. 1 Fn. 1).

same, unmenschliche oder erniedrigende Behandlung oder Strafe unter Berücksichtigung der einschlägigen Normen der Vereinten Nationen zu verhüten;

c) Vorschläge und Beobachtungen zu bestehenden oder im Entwurf befindlichen Rechtsvorschriften zu unterbreiten.

Art. 20 [Unbeschränktes Zugangs- und Informationsrecht] Um den nationalen Mechanismen zur Verhütung von Folter die Erfüllung ihres Mandats zu ermöglichen, verpflichten sich die Vertragsstaaten dieses Protokolls,

a) ihnen Zugang zu allen Informationen zu gewähren, welche die Anzahl der Personen, denen an Orten der Freiheitsentziehung im Sinne des Artikels 4 die Freiheit entzogen ist, sowie die Anzahl dieser Orte und ihre Lage betreffen;

b) ihnen Zugang zu allen Informationen zu gewähren, welche die Behandlung dieser Personen und die Bedingungen ihrer Freiheitsentziehung betreffen;

c) ihnen Zugang zu allen Orten der Freiheitsentziehung und ihren Anlagen und Einrichtungen zu gewähren;

d) ihnen die Möglichkeit zu geben, mit Personen, denen die Freiheit entzogen ist, entweder direkt oder, soweit dies erforderlich erscheint, über einen Dolmetscher sowie mit jeder anderen Person, von welcher der nationale Mechanismus zur Verhütung von Folter annimmt, dass sie sachdienliche Auskünfte geben kann, ohne Zeugen Gespräche zu führen;

e) ihnen die Entscheidung darüber zu überlassen, welche Orte sie besuchen und mit welchen Personen sie Gespräche führen möchten;

f) ihnen das Recht einzuräumen, in Kontakt mit dem Unterausschuss zur Verhütung von Folter zu stehen, ihm Informationen zu übermitteln und mit ihm zusammenzutreffen.

Art. 21 [Verbot von Sanktionen gegen Informanten] (1) Behörden oder Amtsträger dürfen keine Sanktionen gegen eine Person oder Organisation anordnen, anwenden, erlauben oder dulden, weil diese dem nationalen Mechanismus zur Verhütung von Folter Auskünfte erteilt hat, unabhängig davon, ob diese richtig oder falsch waren; eine solche Person oder Organisation darf auch sonst in keiner Weise benachteiligt werden.

(2) Vertrauliche Informationen, die vom nationalen Mechanismus zur Verhütung von Folter gesammelt werden, sind geschützt. Personenbezogene Daten dürfen nicht ohne ausdrückliche Zustimmung der betroffenen Person veröffentlicht werden.

Art. 22 [Nationaler Dialog, Verpflichtung] Die zuständigen Behörden des betreffenden Vertragsstaats prüfen die Empfehlungen des nationalen Mechanismus zur Verhütung von Folter und treten mit ihm in einen Dialog über mögliche Maßnahmen zu ihrer Umsetzung ein.

Art. 23 [Jahresberichte, Publikationspflicht] Die Vertragsstaaten dieses Protokolls verpflichten sich, die Jahresberichte der nationalen Mechanismen zur Verhütung von Folter zu veröffentlichen und zu verbreiten.

Teil V. Erklärung

Art. 24 [Aufschubserklärungen] (1) Die Vertragsstaaten können bei der Ratifikation eine Erklärung abgeben, durch die sie die Erfüllung ihrer Verpflichtungen nach Teil III oder Teil IV dieses Protokolls aufschieben.

(2) Dieser Aufschub gilt höchstens für drei Jahre. Aufgrund hinreichender Ausführungen durch den Vertragsstaat und Konsultation des Unterausschusses zur Verhütung von Folter kann der Ausschuss gegen Folter diesen Zeitraum um weitere zwei Jahre verlängern.

Teil VI. Finanzielle Bestimmungen

Art. 25 [Kostentragung durch die VN] (1) Die Kosten, die durch den Unterausschuss zur Verhütung von Folter bei der Durchführung dieses Protokolls entstehen, werden von den Vereinten Nationen getragen.

(2) Der Generalsekretär der Vereinten Nationen stellt das Personal und die Einrichtungen zur Verfügung, die der Unterausschuss zur Verhütung von Folter für die wirksame Erfüllung der von ihm nach diesem Protokoll wahrzunehmenden Aufgaben benötigt.

Art. 26 [Sonderfonds] (1) In Übereinstimmung mit den einschlägigen Verfahren der Generalversammlung wird ein nach der Finanzordnung und den Finanzvorschriften der Vereinten Nationen zu verwaltender Sonderfonds eingerichtet, der dazu beitragen soll, die Umsetzung der Empfehlungen, die der Unterausschuss zur Verhütung von Folter nach einem Besuch in einem Vertragsstaat unterbreitet, sowie Bildungsprogramme der nationalen Mechanismen zur Verhütung von Folter zu finanzieren.

(2) Der Sonderfonds kann durch freiwillige Beiträge von Regierungen, zwischenstaatlichen sowie nichtstaatlichen Organisationen und anderen privaten oder öffentlichen Stellen finanziert werden.

Teil VII. Schlussbestimmungen

Art. 27 [Unterzeichnung; Ratifikation; Beitritt] (1) Dieses Protokoll liegt für jeden Staat, der das Übereinkommen unterzeichnet hat, zur Unterzeichnung auf.

(2) Dieses Protokoll bedarf der Ratifikation, die von allen Staaten vorgenommen werden kann, die das Übereinkommen ratifiziert haben oder ihm beigetreten sind. Die Ratifikationsurkunden werden beim Generalsekretär der Vereinten Nationen hinterlegt.

(3) Dieses Protokoll steht jedem Staat, der das Übereinkommen ratifiziert hat oder ihm beigetreten ist, zum Beitritt offen.

(4) Der Beitritt erfolgt durch Hinterlegung einer Beitrittsurkunde beim Generalsekretär der Vereinten Nationen.

(5) Der Generalsekretär der Vereinten Nationen unterrichtet alle Staaten, die dieses Protokoll unterzeichnet haben oder ihm beigetreten sind, von der Hinterlegung jeder Ratifikations- oder Beitrittsurkunde.

Art. 28 [Inkrafttreten] (1) Dieses Protokoll tritt am dreißigsten Tag nach Hinterlegung der zwanzigsten Ratifikations- oder Beitrittsurkunde beim Generalsekretär der Vereinten Nationen in Kraft.

(2) Für jeden Staat, der nach Hinterlegung der zwanzigsten Ratifikations- oder Beitrittsurkunde beim Generalsekretär der Vereinten Nationen dieses Protokoll ratifiziert oder ihm beitritt, tritt es am dreißigsten Tag nach Hinterlegung seiner eigenen Ratifikations- oder Beitrittsurkunde in Kraft.

Art. 29 [Bundesstaatsklausel] Dieses Protokoll gilt ohne Einschränkung oder Ausnahme für alle Teile eines Bundesstaats.

Art. 30 [Unzulässigkeit von Vorbehalten] Vorbehalte zu diesem Protokoll sind nicht zulässig.

Art. 31 [Unberührtheit regionaler Kontrollmechanismen] Dieses Protokoll lässt die Verpflichtungen von Vertragsstaaten aus regionalen Übereinkünften, durch die ein System von Besuchen an Orten der Freiheitsentziehung eingerichtet wird, unberührt. Der Unterausschuss zur Verhütung von Folter und die nach solchen regionalen Übereinkünften eingerichteten Stellen werden aufgefordert, sich zu konsultieren und zusammenzuarbeiten, um Doppelarbeit zu vermeiden und die Ziele dieses Protokolls wirksam zu fördern.

Art. 32 [Unberührtheit des humanitären Völkerrechts und der Stellung des IKRK] Dieses Protokoll lässt die Verpflichtungen der Vertragsstaaten der vier Genfer Abkommen vom 12. August 1949 und ihrer Zusatzprotokolle vom 8. Juni 1977 sowie die Möglichkeit jedes Vertragsstaats, dem Internationalen Komitee vom Roten Kreuz in Situationen, die nicht unter das humanitäre Völkerrecht fallen, den Besuch an Orten der Freiheitsentziehung zu erlauben, unberührt.

Art. 33 [Kündigung] (1) Jeder Vertragsstaat kann dieses Protokoll jederzeit durch eine an den Generalsekretär der Vereinten Nationen gerichtete schriftliche Notifikation kündigen; dieser unterrichtet sodann die anderen Vertragsstaaten dieses Protokolls und des Übereinkommens. Die Kündigung wird ein Jahr nach Eingang der Notifikation beim Generalsekretär wirksam.

(2) Eine solche Kündigung enthebt den Vertragsstaat nicht der Verpflichtungen, die er aufgrund dieses Protokolls in Bezug auf Handlungen oder Situationen hat, die sich vor dem Wirksamwerden der Kündigung ereignet haben, oder der Verpflichtungen in Bezug auf die Maßnahmen, die der Unterausschuss zur Verhütung von Folter hinsichtlich des betreffenden Vertragsstaats beschlossen hat oder beschließen kann; die Kündigung berührt auch nicht die weitere Prüfung einer Sache, mit welcher der Unterausschuss zur Verhütung von Folter bereits vor dem Wirksamwerden der Kündigung befasst war.

(3) Nach dem Tag, an dem die Kündigung des Vertragsstaats wirksam wird, darf der Unterausschuss zur Verhütung von Folter nicht mit der Prüfung einer neuen diesen Staat betreffenden Sache beginnen.

Art. 34 [Änderung] (1) Jeder Vertragsstaat dieses Protokolls kann eine Änderung des Protokolls vorschlagen und seinen Vorschlag beim Generalsekretär der Vereinten Nationen einreichen. Der Generalsekretär übermittelt sodann den Änderungsvorschlag den Vertragsstaaten dieses Protokolls mit der Aufforderung, ihm mitzuteilen, ob sie eine Konferenz der Vertragsstaaten zur Beratung und Abstimmung über den Vorschlag befürworten. Befürwortet innerhalb von vier Monaten nach dem Datum der Übermittlung wenigstens ein Drittel der Vertragsstaaten eine solche Konferenz, so beruft der Generalsekretär die Konferenz unter der Schirmherrschaft der Vereinten Nationen ein. Jede Änderung, die mit Zweidrittelmehrheit der auf der Konferenz anwesenden und abstimmenden Vertragsstaaten beschlossen wird, wird vom Generalsekretär der Vereinten Nationen allen Vertragsstaaten zur Annahme vorgelegt.

(2) Eine nach Absatz 1 beschlossene Änderung tritt in Kraft, wenn sie von einer Zweidrittelmehrheit der Vertragsstaaten dieses Protokolls nach Maßgabe der in ihrer Verfassung vorgesehenen Verfahren angenommen worden ist.

(3) Treten die Änderungen in Kraft, so sind sie für die Vertragsstaaten, die sie angenommen haben, verbindlich, während für die anderen Vertragsstaaten weiterhin die Bestimmungen dieses Protokolls und alle früher von ihnen angenommenen Änderungen gelten.

Art. 35 [Vorrechte und Immunitäten] Mitglieder des Unterausschusses zur Verhütung von Folter und der nationalen Mechanismen zur Verhütung von Folter genießen die zur unabhängigen Wahrnehmung ihrer Aufgaben erforderlichen Vorrechte und Immunitäten. Mitglieder des Unterausschusses zur Verhütung von Folter genießen die in Abschnitt 22 des Übereinkommens vom 13. Februar 1946 über die Vorrechte und Immunitäten der Vereinten Nationen festgelegten Vorrechte und Immunitäten vorbehaltlich des Abschnitts 23 dieses Übereinkommens.

Art. 36 [Respektierung nationalen Rechts; Wahrung der Unparteilichkeit] Besuchen die Mitglieder des Unterausschusses zur Verhütung von Folter einen Vertragsstaat, so haben sie unbeschadet der Bestimmungen und Ziele dieses Protokolls sowie der Vorrechte und Immunitäten, die sie genießen,

a) die Gesetze und sonstigen Vorschriften des besuchten Staates zu achten;

b) jede Maßnahme oder Handlung zu unterlassen, die mit der Unparteilichkeit und dem internationalen Charakter ihrer Pflichten unvereinbar ist.

Art. 37 [Verbindlicher Wortlaut; Hinterlegung] (1) Dieses Protokoll, dessen arabischer, chinesischer, englischer, französischer, russischer und spanischer Wortlaut gleichermaßen verbindlich ist, wird beim Generalsekretär der Vereinten Nationen hinterlegt.

(2) Der Generalsekretär der Vereinten Nationen übermittelt allen Staaten beglaubigte Abschriften dieses Protokolls.

23. Übereinkommen zur Beseitigung jeder Form von Diskriminierung der Frau[1),2),3)]

Vom 18. Dezember 1979
(BGBl. 1985 II S. 648)

(Übersetzung)

DIE VERTRAGSSTAATEN DIESES ÜBEREINKOMMENS –

IM HINBLICK darauf, daß die Charta der Vereinten Nationen den Glauben an die Grundrechte des Menschen, an Würde und Wert der menschlichen Persönlichkeit und an die Gleichberechtigung von Mann und Frau erneut bekräftigt;

IM HINBLICK darauf, daß die Allgemeine Erklärung der Menschenrechte den Grundsatz der Unzulässigkeit der Diskriminierung bekräftigt und feierlich feststellt, daß alle Menschen frei und an Würde und Rechten gleich geboren sind und daß jeder ohne irgendeinen Unterschied, einschließlich eines Unterschieds aufgrund des Geschlechts, Anspruch hat auf alle in der genannten Erklärung aufgeführten Rechte und Freiheiten;

IM HINBLICK darauf, daß die Vertragsstaaten der Internationalen Menschenrechtspakte verpflichtet sind, die Gleichberechtigung von Mann und Frau bei der Ausübung aller wirtschaftlichen, sozialen, kulturellen, bürgerlichen und politischen Rechte sicherzustellen;

IN ANBETRACHT der unter der Schirmherrschaft der Vereinten Nationen und der Sonderorganisationen geschlossenen internationalen Übereinkommen zur Förderung der Gleichberechtigung von Mann und Frau;

IM HINBLICK ferner auf die Entschließungen, Erklärungen und Empfehlungen der Vereinten Nationen und der Sonderorganisationen zur Förderung der Gleichberechtigung von Mann und Frau;

JEDOCH besorgt darüber, daß die Frau trotz dieser verschiedenen Urkunden noch immer weitgehend diskriminiert wird;

UNTER HINWEIS darauf, daß die Diskriminierung der Frau die Grundsätze der Gleichberechtigung und der Achtung der Menschenwürde verletzt, die Frauen daran hindert, unter den gleichen Voraussetzungen wie Männer am politischen, sozialen, wirtschaftlichen und kulturellen Leben ihres Landes teilzunehmen, das Wachstum des Wohlstands von Gesellschaft und Familie hemmt und der Frau die volle Entfaltung ihrer Fähigkeiten im Dienste ihres Landes und der Menschen erschwert;

BESORGT darüber, daß dort, wo Armut herrscht, Frauen beim Zugang zu Nahrungsmitteln, Gesundheitseinrichtungen, Bildung, Ausbildung und Beschäftigungsmöglichkeiten sowie bei der Befriedigung sonstiger Bedürfnisse am ehesten benachteiligt werden;

---

1) Für die Bundesrepublik Deutschland in Kraft getreten am 9.8.1985 (Bek. v. 13.11.1985, BGBl. II S. 1234).

2) Internationale Quelle: UNTS 1249, 13.

3) Mit Wirkung vom 10.12.2001 hat Deutschland seinen Vorbehalt zu Art. 7b) (Beschäftigung von Frauen bei der Bundeswehr, BGBl. 1985 II S. 647) zurückgezogen (BGBl. 2001 II S. 1234).

IN DER ÜBERZEUGUNG, daß die Errichtung der neuen Weltwirtschaftsordnung auf der Grundlage von Gleichheit und Gerechtigkeit wesentlich zur Förderung der Gleichberechtigung von Mann und Frau beitragen wird;

NACHDRÜCKLICH darauf hinweisend, daß die Beseitigung der Apartheit, jeder Form von Rassismus, Rassendiskriminierung, Kolonialismus, Neokolonialismus, Aggression, ausländischer Besetzung und Fremdherrschaft sowie von Einmischung in die inneren Angelegenheiten der Staaten für die volle Ausübung der Rechte von Mann und Frau unerläßlich ist;

IN BEKRÄFTIGUNG dessen, daß die Festigung des Weltfriedens und der internationalen Sicherheit, die internationale Entspannung, die Zusammenarbeit zwischen allen Staaten ungeachtet ihrer Gesellschafts- und Wirtschaftsordnung, die allgemeine und vollständige Abrüstung – insbesondere die nukleare Abrüstung unter strenger und wirksamer internationaler Kontrolle –, die Durchsetzung der Grundsätze der Gerechtigkeit, der Gleichberechtigung und des beiderseitigen Nutzens in den zwischenstaatlichen Beziehungen und die Verwirklichung des Rechts der unter Fremd- und Kolonialherrschaft sowie ausländischer Besetzung lebenden Völker auf Selbstbestimmung und Unabhängigkeit sowie die Achtung der nationalen Souveränität und der territorialen Unversehrtheit den sozialen Fortschritt und die soziale Entwicklung fördern und somit zur Verwirklichung der vollen Gleichberechtigung von Mann und Frau beitragen werden;[1)]

ÜBERZEUGT, daß die größtmögliche und gleichberechtigte Mitwirkung der Frau in allen Bereichen Voraussetzung für die vollständige Entwicklung eines Landes, für das Wohlergehen der Welt und für die Sache des Friedens ist;

EINGEDENK des bisher noch nicht voll anerkannten bedeutenden Beitrags der Frau zum Wohlergehen der Familie und zur Entwicklung der Gesellschaft, der sozialen Bedeutung der Mutterschaft und der Rolle beider Elternteile in der Familie und bei der Kindererziehung sowie in dem Bewußtsein, daß die Rolle der Frau bei der Fortpflanzung kein Grund zur Diskriminierung sein darf und daß die Kindererziehung eine Aufgabe ist, die sich Mann und Frau sowie die Gesellschaft insgesamt teilen müssen;

IN DEM BEWUSSTSEIN, daß sich die traditionelle Rolle des Mannes und die Rolle der Frau in der Gesellschaft und in der Familie wandeln müssen, wenn die volle Gleichberechtigung von Mann und Frau erreicht werden soll;

ENTSCHLOSSEN, die in der Erklärung über die Beseitigung der Diskriminierung der Frau niedergelegten Grundsätze zu verwirklichen und zu diesem Zweck die zur Beseitigung jeder Form und Erscheinungsweise einer solchen Diskriminierung erforderlichen Maßnahmen zu ergreifen –

SIND WIE FOLGT ÜBEREINGEKOMMEN:

[1)] Die Bundesrepublik Deutschland hat hierzu bei der Hinterlegung der Ratifikationsurkunde eine (interpretative) Erklärung abgegeben (BGBl. 1985 II S. 1234).

Teil I

Art. 1 [Begriff der Diskriminierung] In diesem Übereinkommen bezeichnet der Ausdruck „Diskriminierung der Frau" jede mit dem Geschlecht begründete Unterscheidung, Ausschließung oder Beschränkung, die zur Folge oder zum Ziel hat, daß die auf die Gleichberechtigung von Mann und Frau gegründete Anerkennung, Inanspruchnahme oder Ausübung der Menschenrechte und Grundfreiheiten durch die Frau – ungeachtet ihres Familienstands – im politischen, wirtschaftlichen, sozialen, kulturellen, staatsbürgerlichen oder jedem sonstigen Bereich beeinträchtigt oder vereitelt wird.

Art. 2 [Allgemeine Verpflichtungen] Die Vertragsstaaten verurteilen jede Form von Diskriminierung der Frau; sie kommen überein, mit allen geeigneten Mitteln unverzüglich eine Politik zur Beseitigung der Diskriminierung der Frau zu verfolgen, und verpflichten sich zu diesem Zweck,

a) den Grundsatz der Gleichberechtigung von Mann und Frau in ihre Staatsverfassung oder in andere geeignete Rechtsvorschriften aufzunehmen, sofern sie dies noch nicht getan haben, und durch gesetzgeberische und sonstige Maßnahmen für die tatsächliche Verwirklichung dieses Grundsatzes zu sorgen;

b) durch geeignete gesetzgeberische und sonstige Maßnahmen, gegebenenfalls auch Sanktionen, jede Diskriminierung der Frau zu verbieten;

c) den gesetzlichen Schutz der Rechte der Frau auf der Grundlage der Gleichberechtigung mit dem Mann zu gewährleisten und die Frau durch die zuständigen nationalen Gerichte und sonstigen öffentlichen Einrichtungen wirksam vor jeder diskriminierenden Handlung zu schützen;

d) Handlungen oder Praktiken zu unterlassen, welche die Frau diskriminieren, und dafür zu sorgen, daß alle staatlichen Behörden und öffentlichen Einrichtungen im Einklang mit dieser Verpflichtung handeln;

e) alle geeigneten Maßnahmen zur Beseitigung der Diskriminierung der Frau durch Personen, Organisationen und Unternehmen zu ergreifen;

f) alle geeigneten Maßnahmen einschließlich gesetzgeberischer Maßnahmen zur Änderung oder Aufhebung aller bestehenden Gesetze, Verordnungen, Gepflogenheiten und Praktiken zu treffen, die eine Diskriminierung der Frau darstellen;

g) alle innerstaatlichen strafrechtlichen Vorschriften aufzuheben, die eine Diskriminierung der Frau darstellen.

Art. 3 [Menschenrechte und Grundfreiheiten] Die Vertragsstaaten treffen auf allen Gebieten, insbesondere auf politischem, sozialem, wirtschaftlichem und kulturellen Gebiet, alle geeigneten Maßnahmen einschließlich gesetzgeberischer Maßnahmen zur Sicherung der vollen Entfaltung und Förderung der Frau, damit gewährleistet wird, daß sie die Menschenrechte und Grundfreiheiten gleichberechtigt mit dem Mann ausüben und genießen kann.

Art. 4 [Sondermaßnahmen] (1) Zeitweilige Sondermaßnahmen der Vertragsstaaten zur beschleunigten Herbeiführung der De-facto-Gleichberechtigung von Mann und Frau gelten nicht als Diskriminierung im Sinne dieses Übereinkommens, dürfen aber keinesfalls die Beibehaltung ungleicher oder gesonderter Maßstäbe zur Folge haben; diese Maßnahmen sind aufzuheben, sobald die Ziele der Chancengleichheit und Gleichbehandlung erreicht sind.

(2) Sondermaßnahmen der Vertragsstaaten – einschließlich der in diesem Übereinkommen genannten Maßnahmen – zum Schutz der Mutterschaft gelten nicht als Diskriminierung.

Art. 5 [Überwindung von Verhaltensmustern] Die Vertragsstaaten treffen alle geeigneten Maßnahmen,

a) um einen Wandel in den sozialen und kulturellen Verhaltensmustern von Man und Frau zu bewirken, um so zur Beseitigung von Vorurteilen sowie von herkömmlichen und allen sonstigen auf der Vorstellung von der Unterlegenheit oder Überlegenheit des einen oder anderen Geschlechts oder der stereotypen Rollenverteilung von Mann und Frau beruhenden Praktiken zu gelangen;

b) um sicherzustellen, daß die Erziehung in der Familie zu einem richtigen Verständnis der Mutterschaft als einer sozialen Aufgabe und zur Anerkennung der gemeinsamen Verantwortung von Mann und Frau für die Erziehung und Entwicklung ihrer Kinder beiträgt, wobei davon ausgegangen wird, daß das Interesse der Kinder in allen Fällen vorrangig zu berücksichtigen ist.

Art. 6 [Frauenhandel. Prostitution] Die Vertragsstaaten treffen alle geeigneten Maßnahmen einschließlich gesetzgeberischer Maßnahmen zur Abschaffung jeder Form des Frauenhandels und der Ausbeutung der Prostitution von Frauen.

Teil II

Art. 7 [Politische Rechte] Die Vertragsstaaten treffen alle geeigneten Maßnahmen zur Beseitigung der Diskriminierung der Frau im politischen und öffentlichen Leben ihres Landes und gewährleisten insbesondere allen Frauen in gleicher Weise wie den Männern

a) das Stimmrecht bei allen Wahlen und Volksabstimmungen sowie das passive Wahlrecht für alle öffentlich gewählten Gremien;

b) das Recht auf Mitwirkung an der Ausarbeitung der Regierungspolitik und deren Durchführung sowie auf Bekleidung öffentlicher Ämter und auf Wahrnehmung aller öffentlichen Aufgaben auf allen Ebenen staatlicher Tätigkeit;

c) das Recht auf Mitarbeit in nichtstaatlichen Organisationen und Vereinigungen, die sich mit dem öffentlichen und politischen Leben ihres Landes befassen.

Art. 8 [Internationale Repräsentation] Die Vertragsstaaten treffen alle geeigneten Maßnahmen, um sicherzustellen, daß Frauen unter den gleichen Bedingungen wie Männer und ohne Diskriminierung die Möglichkeit haben, ihre Regierung auf internationaler Ebene zu vertreten und an der Arbeit internationaler Organisationen mitzuwirken.

Art. 9 [Staatsangehörigkeit] (1) Die Vertragsstaaten gewähren Frauen die gleichen Rechte wie Männern hinsichtlich des Erwerbs, des Wechsels oder der Beibehaltung der Staatsangehörigkeit. Insbesondere stellen die Vertragsstaaten sicher, daß weder durch Eheschließung mit einem Ausländer noch durch Wechsel der Staatsangehörigkeit des Ehemanns im Laufe der Ehe ohne weiteres sich die Staatsangehörigkeit der Frau ändert, diese staatenlos wird oder ihr die Staatsangehörigkeit ihres Mannes aufgezwungen wird.

(2) Die Vertragsstaaten gewähren Frauen die gleichen Rechte wie Männern im Hinblick auf die Staatsangehörigkeit ihrer Kinder.

Teil III

Art. 10 [Bildungsbereich] Die Vertragsstaaten treffen alle geeigneten Maßnahmen zur Beseitigung der Diskriminierung der Frau, um ihr im Bildungsbereich die gleichen Rechte wie dem Mann zu gewährleisten und auf der Grundlage der Gleichberechtigung von Mann und Frau insbesondere folgendes sicherzustellen:

a) gleiche Bedingungen bei der Berufsberatung, bei der Zulassung zum Unterricht und beim Erwerb von Zeugnissen an Bildungseinrichtungen jeder Art sowohl in ländlichen als auch in städtischen Gebieten; diese Gleichberechtigung gilt im Hinblick auf Vorschulen, allgemeinbildende Schulen, Fachschulen, allgemeine und technische Bildungseinrichtungen im tertiären Bereich sowie jede Art der Berufsausbildung;

b) Zulassung zu denselben Bildungsprogrammen und Prüfungen sowie Lehrkräften mit gleichwertigen Qualifikationen und zu Schulanlagen und Schulausstattungen derselben Qualität;

c) Beseitigung jeder stereotypen Auffassung in bezug auf die Rolle von Mann und Frau auf allen Bildungsebenen und in allen Unterrichtsformen durch Förderung der Koedukation und sonstiger Erziehungsformen, die zur Erreichung dieses Zieles beitragen, insbesondere auch durch Überarbeitung von Lehrbüchern und Lehrplänen und durch Anpassung der Lehrmethoden;

d) Chancengleichheit bei der Erlangung von Stipendien und sonstigen Ausbildungsbeihilfen;

e) gleiche Möglichkeiten des Zugans zu Weiterbildungsprogrammen, darunter Programme für erwachsene Analphabeten und zur funktionellen Alphabetisierung, insbesondere zur möglichst baldigen Verringerung jeden Bildungsgefälles zwischen Mann und Frau;

f) Verringerung des Prozentsatzes von Frauen, die ihre Ausbildung abbrechen, sowie Veranstaltung von Programmen für Mädchen und Frauen, die vorzeitig von der Schule abgegangen sind;

g) gleiche Möglichkeiten zur aktiven Teilnahme an Sport und Leibesübungen;

h) Zugang zu spezifischen Bildungsinformationen, die zur Grunderhaltung und zum Wohlergehen der Familie beitragen, einschließlich Aufklärung und Beratung in bezug auf die Familienplanung.

Art. 11 [Arbeitsleben] (1) Die Vertragsstaaten treffen alle geeigneten Maßnahmen zur Beseitigung der Diskriminierung der Frau im Berufsleben, um ihr auf der Grundlage der Gleichberechtigung von Mann und Frau gleiche Rechte zu gewährleisten, insbesondere

a) das Recht auf Arbeit als unveräußerliches Recht jedes Menschen;

b) das Rechte auf dieselben Arbeitsmöglichkeiten einschließlich der Anwendung derselben Auswahlkriterien bei der Einstellung;

c) das Recht auf freie Berufswahl und freie Wahl des Arbeitsplatzes, das Recht auf beruflichen Aufstieg, Arbeitsplatzsicherheit und alle Leistungen und Arbeitsbedingungen sowie das Recht auf Berufsausbildung und Umschulung, einschließlich einer Lehre, der Berufsfortbildung und der ständigen Weiterbildung;

d) das Recht auf gleiches Entgelt, einschließlich sonstiger Leistungen, und auf Gleichbehandlung bei gleichwertiger Arbeit sowie Gleichbehandlung bei der Bewertung der Arbeitsqualität;

e) das Recht auf soziale Sicherheit, insbesondere auf Leistungen bei Eintritt in den Ruhestand, bei Arbeitslosigkeit, Krankheit, Invalidität und im Alter oder bei sonstiger Arbeitsunfähigkeit sowie das Recht auf bezahlten Urlaub;

f) das Recht auf Schutz der Gesundheit und auf Sicherheit am Arbeitsplatz, einschließlich des Schutzes der Fortpflanzungsfähigkeit.

(2) Um eine Diskriminierung der Frau wegen Eheschließung oder Mutterschaft zu verhindern und ihr ein wirksames Recht auf Arbeit zu gewährleisten, treffen die Vertragsstaaten geeignete Maßnahmen

a) zum – mit der Androhung von Sanktionen verbundenen – Verbot der Entlassung wegen Schwangerschaft oder Mutterschaftsurlaubs sowie der Diskriminierung aufgrund des Familienstands bei Entlassungen;

b) zur Einführung des bezahlten oder mit vergleichbaren sozialen Vorteilen verbundenen Mutterschaftsurlaubs ohne Verlust des bisherigen Arbeitsplatzes, des Dienstalters oder sozialer Zulagen;
c) zur Förderung der Bereitstellung der erforderlichen unterstützenden Sozialdienste, die es Eltern ermöglichen, ihre Familienpflichten mit ihren beruflichen Aufgaben und mit der Teilnahme am öffentlichen Leben zu vereinbaren, insbesondere durch Förderung der Errichtung und des Ausbaus eines Netzes von Einrichtungen zur Kinderbetreuung;
d) zur Gewährung besonderen Schutzes für Frauen während der Schwangerschaft bei Beschäftigungsarten, die sich als schädlich für Schwangere erwiesen haben.

(3) Die Gesetze zum Schutz der Frau in den in diesem Artikel genannten Bereichen werden in regelmäßigen Abständen anhand der wissenschaftlichen und technischen Erkenntnisse überprüft und erforderlichenfalls geändert, aufgehoben oder erweitert.

Art. 12 [Gesundheitswesen. Familienplanung] (1) Die Vertragsstaaten treffen alle geeigneten Maßnahmen zur Beseitigung der Diskriminierung der Frau im Bereich des Gesundheitswesens, um der Frau gleichberechtigt mit dem Mann Zugang zu den Gesundheitsdiensten, einschließlich derjenigen im Zusammenhang mit der Familienplanung, zu gewährleisten.

(2) Unbeschadet des Absatzes 1 sorgen die Vertragsstaaten für angemessene und erforderlichenfalls unentgeltliche Betreuung der Frau während der Schwangerschaft sowie während und nach der Entbindung und für eine ausreichende Ernährung während der Schwangerschaft und der Stillzeit.

Art. 13 [Wirtschafts- und Sozialleben] Die Vertragsstaaten treffen alle geeigneten Maßnahmen zur Beseitigung der Diskriminierung der Frau in anderen Bereichen des wirtschaftlichen und sozialen Lebens, um der Frau nach dem Gleichheitsgrundsatz die gleichen Rechte wie dem Mann zu gewährleisten, insbesondere
a) das Recht auf Familienbeihilfen;
b) das Recht, Bankdarlehen, Hypotheken und andere Finanzkredite aufzunehmen;
c) das Recht auf Teilnahme an Freizeitbeschäftigungen, Sport und allen Aspekten des kulturellen Lebens.

Art. 14 [Frauen auf dem Lande] (1) Die Vertragsstaaten berücksichtigen die besonderen Probleme der Frauen auf dem Lande und die wichtige Rolle dieser Frauen für das wirtschaftliche Überleben ihrer Familien, einschließlich ihrer Arbeit in nichtmonetären Wirtschaftsbereichen und treffen alle geeigneten Maßnahmen, um dafür zu sorgen, daß die Bestimmungen dieses Übereinkommens auch auf Frauen in ländlichen Gebieten Anwendung finden.

(2) Die Vertragsstaaten treffen alle geeigneten Maßnahmen zur Beseitigung der Diskriminierung der Frau in ländlichen Gebieten, um dafür zu sorgen, daß sie gleichberechtigt mit dem Mann an der ländlichen Entwicklung und an den sich daraus ergebenden Vorteilen teilhaben kann, und gewährleisten ihr insbesondere das Recht auf

a) Mitwirkung – auf allen Ebenen – an der Aufstellung und Durchführung von Entwicklungsplänen;

b) Zugang zu angemessenen Gesundheitsdiensten, einschließlich Aufklärungs- und Beratungsdiensten und sonstigen Einrichtungen auf dem Gebiet der Familienplanung;

c) unmittelbare Leistungen aus Programmen der sozialen Sicherheit;

d) schulische und außerschulische Ausbildung und Bildung jeder Art, einschließlich funktioneller Alphabetisierung, sowie die Nutzung aller Gemeinschafts- und Volksbildungseinrichtungen, insbesondere zur Erweiterung ihres Fachwissens;

e) Organisierung von Selbsthilfegruppen und Genossenschaften zur Erlangung wirtschaftlicher Chancengleichheit durch selbständige oder unselbständige Arbeit;

f) Teilnahme an allen Gemeinschaftsbetätigungen;

g) Zugang zu landwirtschaftlichen Krediten und Darlehen, Vermarktungseinrichtungen und geeigneten Technologien sowie Gleichbehandlung im Rahmen von Boden- und Agrarreformen und ländlichen Umsiedlungsaktionen;

h) angemessene Lebensbedingungen, insbesondere im Hinblick auf Wohnung, sanitäre Einrichtungen, Elektrizitäts- und Wasserversorgungen sowie Verkehrs- und Nachrichtenverbindungen.

Teil IV

Art. 15 [Gleichheit vor dem Gesetz] (1) Die Vertragsstaaten stellen die Frau dem Mann vor dem Gesetz gleich.

(2) Die Vertragsstaaten gewähren der Frau in zivilrechtlichen Fragen dieselbe Rechtsfähigkeit wie dem Mann und dieselben Möglichkeiten zur Ausübung dieser Rechtsfähigkeit. Insbesondere räumen sie der Frau gleiche Rechte in bezug auf den Abschluß von Verträgen und die Verwaltung von Vermögen ein und gewähren ihre Gleichbehandlung in allen Stadien gerichtlicher Verfahren.

(3) Die Vertragsstaaten kommen überein, daß alle Verträge und alle sonstigen Privaturkunden, deren Rechtswirkung auf die Einschränkung der Rechtsfähigkeit der Frau gerichtet ist, nichtig sind.

(4) Die Vertragsstaaten gewähren Männern und Frauen die gleichen Rechte hinsichtlich der Rechtsvorschriften über die Freizügigkeit und die freie Wahl ihres Aufenthaltsorts und ihres Wohnsitzes.

Art. 16 [Ehe- und Familienrecht] (1) Die Vertragsstaaten treffen alle geeigneten Maßnahmen zur Beseitigung der Diskriminierung der Frau in Ehe- und Familienfragen und gewährleisten auf der Grundlage der Gleichberechtigung von Mann und Frau insbesondere folgende Rechte:

a) gleiches Recht auf Eheschließung;

b) gleiches Recht auf freie Wahl des Ehegatten sowie auf Eheschließung nur mit freier und voller Zustimmung;

c) gleiche Rechte und Pflichten in der Ehe und bei deren Auflösung;

d) gleiche Rechte und Pflichten als Eltern, ungeachtet ihres Familienstands, in allen ihre Kinder betreffenden Fragen; in jedem Fall sind die Interessen der Kinder vorrangig zu berücksichtigen;

e) gleiches Recht auf freie und verantwortungsbewußte Entscheidung über Anzahl und Altersunterschied ihrer Kinder sowie auf Zugang zu den zur Ausübung dieser Rechte erforderlichen Informationen, Bildungseinrichtungen und Mitteln;

f) gleiche Rechte und Pflichten in Fragen der Vormundschaft, Pflegschaft, Personen- und Vermögenssorge, Adoption von Kindern oder ähnlichen Rechtseinrichtungen, soweit das innerstaatliche Recht derartige Rechtsinstitute kennt; in jedem Fall sind die Interessen der Kinder vorrangig zu berücksichtigen;

g) die gleichen persönlichen Rechte als Ehegatten, einschließlich des Rechts auf Wahl des Familiennamens, eines Berufs und einer Beschäftigung;

h) gleiche Rechte beider Ehegatten hinsichtlich des Eigentums an Vermögen und dessen Erwerb, Bewirtschaftung, Verwaltung und Nutzung sowie der Verfügung darüber, gleichviel ob unentgeltlich oder gegen Entgelt.

(2) Die Verlobung und Eheschließung eines Kindes haben keine Rechtswirksamkeit; es werden alle erforderlichen Maßnahmen einschließlich gesetzgeberischer Maßnahmen ergriffen, um ein Mindestalter für die Eheschließung festzulegen und die Eintragung der Eheschließung in ein amtliches Register zur Pflicht zu machen.

Teil V

Art. 17 [Ausschuß gegen Frauendiskriminierung] (1) Zur Prüfung der Fortschritte bei der Durchführung dieses Übereinkommens wird ein (im folgenden als „Ausschuß" bezeichneter) Ausschuß für die Beseitigung der Diskriminierung der Frau eingesetzt; er besteht zum Zeitpunkt des Inkrafttretens des Übereinkommens aus achtzehn, nach Ratifikation oder Beitritt des fünfunddreißigsten Vertragsstaats aus dreiundzwanzig Sachverständigen von hohem sittlichem Rang und großer Sachkenntnis auf dem von dem Übereinkommen erfaßten Gebiet. Die Sachverständigen werden von den Vertragsstaaten unter ihren Staatsangehörigen ausgewählt und sind in persönlicher Eigenschaft tätig; dabei ist auf eine gerechte geographische Verteilung und auf Vertretung der verschiedenen Zivilisationsformen sowie der wichtigsten Rechtssysteme zu achten.

(2) Die Mitglieder des Ausschusses werden in geheimer Wahl aus einer Liste von Personen gewählt, die von den Vertragsstaaten benannt worden sind. Jeder Vertragsstaat kann einen seiner eigenen Staatsangehörigen benennen.

(3) Die erste Wahl findet sechs Monate nach Inkrafttreten dieses Übereinkommens statt. Spätestens drei Monate vor jeder Wahl fordert der Generalsekretär der Vereinten Nationen die Vertragsstaaten schriftlich auf, binnen zwei Monaten ihre Benennung einzureichen. Er stellt sodann eine alphabetische Liste aller demgemäß benannten Personen unter Angabe der sie benennenden Vertragsstaaten auf und legt sie den Vertragsstaaten vor.

(4) Die Wahl der Ausschußmitglieder findet auf einer vom Generalsekretär am Sitz der Vereinten Nationen anberaumten Sitzung der Vertragsstaaten statt. Auf dieser Sitzung, die beschlußfähig ist, wenn zwei Drittel der Vertragsstaaten vertreten sind, gelten diejenigen Bewerber als in den Ausschuß gewählt, welche die höchste Stimmenzahl und die absolute Stimmenmehrheit der anwesenden und abstimmenden Vertreter der Vertragsstaaten auf sich vereinigen.

(5) Die Ausschußmitglieder werden für vier Jahre gewählt. Jedoch läuft die Amtszeit von neun der bei der ersten Wahl gewählten Mitglieder nach zwei Jahren ab; unmittelbar nach der ersten Wahl werden die Namen dieser neun Mitglieder vom Vorsitzenden des Ausschusses durch das Los bestimmt.

(6) Die Wahl der fünf zusätzlichen Ausschußmitglieder findet gemäß den Absätzen 2, 3 und 4 nach Ratifikation oder Beitritt des fünfunddreißigsten Vertragsstaats statt. Die Amtszeit zweier der bei dieser Gelegenheit gewählten zusätzlichen Mitglieder läuft nach zwei Jahren ab; die Namen dieser beiden Mitglieder werden vom Ausschußvorsitzenden durch das Los bestimmt.

(7) Zur Besetzung eines unerwartet verwaisten Sitzes ernennt der Vertragsstaat, dessen Sachverständiger aufgehört, hat, Mitglied des Ausschusses zu sein, mit Zustimmung des Ausschusses einen anderen Sachverständigen unter seinen Staatsangehörigen.

(8) Die Ausschußmitglieder erhalten mit Zustimmung der Generalversammlung Bezüge aus Mitteln der Vereinten Nationen; die näheren Einzelheiten werden von der Generalversammlung unter Berücksichtigung der Bedeutung der Aufgaben des Ausschusses festgesetzt.

(9) Der Generalsekretär der Vereinten Nationen stellt dem Ausschuß das Personal und die Einrichtungen zur Verfügung, deren dieser zur wirksamen Wahrnehmung seiner Aufgaben nach diesem Übereinkommen bedarf.

Art. 18 [Berichte der Vertragsstaaten] (1) Die Vertragsstaaten verpflichten sich, dem Generalsekretär der Vereinten Nationen zur Beratung durch den Ausschuß einen Bericht über die zur Durchführung dieses Übereinkommens getroffenen Gesetzgebungs-, Gerichts-, Verwaltungs- und sonstigen Maßnahmen und die diesbezüglichen Fortschritte vorzulegen, und zwar

a) innerhalb eines Jahres nach Inkrafttreten des Übereinkommens für den betreffenden Staat und

b) danach mindestens alle vier Jahre und so oft es der Ausschuß verlangt.

(2) In den Berichten kann auf Faktoren und Schwierigkeiten hingewiesen werden, die das Ausmaß der Erfüllung der in diesem Übereinkommen vorgesehenen Verpflichtungen beeinflussen.

Art. 19 [Geschäftsordnung] (1) Der Ausschuß gibt sich eine Geschäftsordnung.[1)]

(2) Der Ausschuß wählt seinen Vorstand für zwei Jahre.

Art. 20 [Berichtsprüfung][2)] (1) Der Ausschuß tritt in der Regel jährlich für höchstens zwei Wochen zur Prüfung der nach Artikel 18 vorgelegten Berichte zusammen.

(2) Die Sitzungen des Ausschusses finden in der Regel am Sitz der Vereinten Nationen oder an einem anderen vom Ausschuß bestimmten geeigneten Ort statt.

Art. 21 [Ausschußbericht] (1) Der Ausschuß berichtet der Generalversammlung der Vereinten Nationen jährlich durch den Wirtschafts- und Sozialrat über seine Tätigkeit und kann aufgrund der Prüfung der von den Vertragsstaaten eingegangenen Berichte und Auskünfte Vorschläge machen und allgemeine Empfehlungen abgeben. Diese werden zusammen mit etwaigen Stellungnahmen der Vertragsstaaten in den Ausschußbericht aufgenommen.

(2) Der Generalsekretär übermittelt die Ausschußberichte der Kommission für die Rechtsstellung der Frau zur Kenntnisnahme.

Art. 22 [Rolle der Sonderorganisationen] Die Sonderorganisationen haben das Recht, bei Beratung der Durchführung derjenigen

---

1) Vgl. A/56/38 Report of the Committee on the Elimination for Discrimination against Women (2001), Annex I (S. 86); ergänzt in A/62/38 SUPP (2007).

2) Die Vertragsstaaten haben durch Entschließung vom 22. 5. 1995 (CEDAW/SP/1995/2) folgende Änderung des Art. 20 Abs. 1 beschlossen: „Der Ausschuss tritt in der Regel jährlich zur Prüfung der nach Artikel 18 vorgelegten Berichte zusammen. Die Dauer der Sitzungen des Ausschusses wird auf einer Sitzung der Vertragsstaaten dieses Übereinkommens vorbehaltlich der Zustimmung der Generalversammlung festgelegt." Durch Gesetz vom 3. 12. 2001 hat Deutschland dieser Änderung zugestimmt (BGBl. 2001 II S. 1235); sie ist aber noch nicht in Kraft getreten (vgl. GV – Res. 50/202 v. 23. 2. 1996: Erfordernis einer Zustimmung von $^2/_3$ der Vertragsstaaten). Als vorläufige Maßnahme hat die Generalversammlung am 23. 12. 2005 (A/RES/60/30 Para. 14) eine in 3 Abschnitte geteilte, insgesamt 12-wöchige Sitzungsperiode pro Jahr autorisiert (incl. 3 Wochen Arbeitsgruppentreffen).

Bestimmungen dieses Übereinkommens vertreten zu sein, die in ihren Tätigkeitsbereich fallen. Der Ausschuß kann die Sonderorganisationen bitten, Berichte über die Durchführung des Übereinkommens auf Gebieten vorzulegen, die in ihren Tätigkeitsbereich fallen.

Teil VI

Art. 23 [Höhere nationale Schutzstandards] Dieses Übereinkommen läßt zur Herbeiführung der Gleichberechtigung von Mann und Frau besser geeignete Bestimmungen unberührt, die enthalten sind

a) in den Rechtsvorschriften eines Vertragsstaats oder
b) in sonstigen für diesen Staat geltenden internationalen Übereinkommen, Verträgen oder Abkommen.

Art. 24 [Pflichten der Vertragsstaaten] Die Vertragsstaaten verpflichten sich, alle Maßnahmen zu treffen, die auf nationaler Ebene zur vollen Verwirklichung der in diesem Übereinkommen anerkannten Rechte erforderlich sind.

Art. 25 [Unterzeichnung. Ratifikation] (1) Dieses Übereinkommen liegt für alle Staaten zur Unterzeichnung auf.

(2) Der Generalsekretär der Vereinten Nationen wird zum Verwahrer dieses Übereinkommens bestimmt.

(3) Dieses Übereinkommen bedarf der Ratifikation. Die Ratifikationsurkunden werden beim Generalsekretär der Vereinten Nationen hinterlegt.

(4) Dieses Übereinkommen liegt für alle Staaten zum Beitritt auf. Der Beitritt erfolgt durch Hinterlegung einer Beitrittsurkunde beim Generalsekretär der Vereinten Nationen.

Art. 26 [Antrag auf Revision] (1) Ein Vertragsstaat kann jederzeit durch eine an den Generalsekretär der Vereinten Nationen gerichtete schriftliche Notifikation eine Revision dieses Übereinkommens beantragen.

(2) Die Generalversammlung der Vereinten Nationen beschließt über etwaige hinsichtlich eines derartigen Antrags zu unternehmende Schritte.

Art. 27 [Inkrafttreten. Beitritt] (1) Dieses Übereinkommen tritt am dreißigsten Tag nach Hinterlegung der zwanzigsten Ratifikations- oder Beitrittsurkunde beim Generalsekretär der Vereinten Nationen in Kraft.

(2) Für jeden Staat, der nach Hinterlegung der zwanzigsten Ratifikations- oder Beitrittsurkunde dieses Übereinkommen ratifiziert oder ihm beitritt, tritt es am dreißigsten Tag nach Hinterlegung seiner Ratifikations- oder Beitrittsurkunde in Kraft.

Art. 28 [Vorbehalte] (1) Der Generalsekretär der Vereinten Nationen nimmt den Wortlaut von Vorbehalten, die ein Staat bei der Ratifikation oder beim Beitritt anbringt, entgegen und leitet ihn allen Staaten zu.

(2) Mit Ziel und Zweck dieses Übereinkommens unvereinbare Vorbehalte sind nicht zulässig.

(3) Vorbehalte können jederzeit durch eine diesbezügliche Notifikation an den Generalsekretär der Vereinten Nationen zurückgenommen werden, der sodann alle Staaten davon in Kenntnis setzt. Die Notifikation wird mit dem Tag ihres Eingangs wirksam.

Art. 29 [Schiedsverfahren] (1) Entsteht zwischen zwei oder mehr Vertragsstaaten über die Auslegung oder Anwendung dieses Übereinkommens eine Streitigkeit, die nicht auf dem Verhandlungsweg beigelegt werden kann, so wird sie auf Verlangen einer Partei zum Gegenstand eines Schiedsverfahrens gemacht. Können sich die Parteien innerhalb von sechs Monaten vom Zeitpunkt des Antrags auf ein Schiedsverfahren über dessen Ausgestaltung nicht einigen, so kann eine Partei die Streitigkeit dem Internationalen Gerichtshof vorlegen, indem sie einen Antrag im Einklang mit dessen Statut stellt.

(2) Jeder Vertragsstaat kann zum Zeitpunkt der Unterzeichnung oder Ratifikation des Übereinkommens oder seines Beitritts dazu erklären, daß er sich durch Absatz 1 nicht als gebunden ansieht. Die anderen Vertragsstaaten sind gegenüber einem Vertragsstaat, der einen derartigen Vorbehalt angebracht hat, durch Absatz 1 nicht gebunden.

(3) Ein Vertragsstaat, der einen Vorbehalt nach Absatz 2 angebracht hat, kann diesen jederzeit durch eine an den Generalsekretär der Vereinten Nationen gerichtete Notifikation zurücknehmen.

Art. 30 [Verbindliche Wortlaute] Dieses Übereinkommen, dessen arabischer, chinesischer, englischer, französischer, russischer und spanischer Wortlaut gleichermaßen verbindlich ist, wird beim Generalsekretär der Vereinten Nationen hinterlegt.

fikation oder beim Beitritt anbringt, entgegen und leitet ihn allen Staaten zu.

(2) Mit Ziel und Zweck dieses Übereinkommens unvereinbare Vorbehalte sind nicht zulässig.

(3) Vorbehalte können jederzeit durch eine diesbezügliche Notifikation an den Generalsekretär der Vereinten Nationen zurückgenommen werden, der sodann alle Staaten davon in Kenntnis setzt. Die Notifikation wird mit dem Tag ihres Eingangs wirksam.

Art. 29 [Schiedsverfahren] (1) Entsteht zwischen zwei oder mehr Vertragsstaaten über die Auslegung oder Anwendung dieses Übereinkommens eine Streitigkeit, die nicht auf dem Verhandlungsweg beigelegt werden kann, so wird sie auf Verlangen einer Partei zum Gegenstand eines Schiedsverfahrens gemacht. Können sich die Parteien innerhalb von sechs Monaten vom Zeitpunkt des Antrags auf ein Schiedsverfahren über dessen Ausgestaltung nicht einigen, so kann eine Partei die Streitigkeit dem Internationalen Gerichtshof vorlegen, indem sie einen Antrag im Einklang mit dessen Statut stellt.

(2) Jeder Vertragsstaat kann zum Zeitpunkt der Unterzeichnung oder Ratifikation des Übereinkommens oder seines Beitritts dazu erklären, daß er sich durch Absatz 1 nicht als gebunden ansieht. Die anderen Vertragsstaaten sind gegenüber einem Vertragsstaat, der einen derartigen Vorbehalt angebracht hat, durch Absatz 1 nicht gebunden.

(3) Ein Vertragsstaat, der einen Vorbehalt nach Absatz 2 angebracht hat, kann diesen jederzeit durch eine an den Generalsekretär der Vereinten Nationen gerichtete Notifikation zurücknehmen.

Art. 30 [Verbindliche Wortlaute] Dieses Übereinkommen, dessen arabischer, chinesischer, englischer, französischer, russischer und spanischer Wortlaut gleichermaßen verbindlich ist, wird beim Generalsekretär der Vereinten Nationen hinterlegt.

23 a. Fakultativprotokoll zum Übereinkommen zur Beseitigung jeder Form von Diskriminierung der Frau[1)]

Vom 6. Oktober 1999
(BGBl. 2001 II S. 1238)

(Übersetzung)

DIE VERTRAGSSTAATEN DIESES PROTOKOLLS –

IM HINBLICK DARAUF, dass die Charta der Vereinten Nationen den Glauben an die Grundrechte des Menschen, an Würde und Wert der menschlichen Persönlichkeit und an die Gleichberechtigung von Mann und Frau erneut bekräftigt,

FERNER IM HINBLICK DARAUF, dass die Allgemeine Erklärung der Menschenrechte feierlich feststellt, dass alle Menschen frei und an Würde und Rechten gleich geboren sind und dass jeder ohne irgendeinen Unterschied, einschließlich eines Unterschieds auf Grund des Geschlechts, Anspruch hat auf alle in der genannten Erklärung aufgeführten Rechte und Freiheiten,

UNTER HINWEIS DARAUF, dass die Internationalen Menschenrechtspakte und andere internationale Menschenrechtsübereinkünfte die Diskriminierung auf Grund des Geschlechts verbieten,

FERNER UNTER HINWEIS auf das Übereinkommen zur Beseitigung jeder Form von Diskriminierung der Frau („Übereinkommen"), in dem die Vertragsstaaten jede Form von Diskriminierung der Frau verurteilen und übereinkommen, mit allen geeigneten Mitteln unverzüglich eine Politik zur Beseitigung der Diskriminierung der Frau zu verfolgen,

IN ERNEUTER BEKRÄFTIGUNG ihrer Entschlossenheit, die volle Gleichberechtigung der Frau bei der Ausübung aller Menschenrechte und Grundfreiheiten zu gewährleisten und wirksame Maßnahmen zu treffen, um Verletzungen dieser Rechte und Freiheiten zu verhindern –

SIND WIE FOLGT ÜBEREINGEKOMMEN:

Art. 1 [Individualbeschwerde] Jeder Vertragsstaat dieses Protokolls („Vertragsstaat") erkennt die Zuständigkeit des Ausschusses für die Beseitigung der Diskriminierung der Frau („Ausschuss") für die Entgegennahme und Prüfung von nach Artikel 2 eingereichten Mitteilungen an.

---

1) Nach Hinterlegung der Beitrittsurkunde am 15. 1. 2002 ist das Protokoll gem. seinem Art. 16 Abs. 2 am 15. 4. 2002 für Deutschland in Kraft getreten (vgl. Bek. v. 4. 3. 2002, BGBl. II S. 1197).

Art. 2 [Aktivlegitimation] Mitteilungen können von oder im Namen von der Hoheitsgewalt eines Vertragsstaats unterstehenden Einzelpersonen oder Personengruppen eingereicht werden, die behaupten, Opfer einer Verletzung eines im Übereinkommen niedergelegten Rechts durch diesen Vertragsstaat zu sein. Wird eine Mitteilung im Namen von Einzelpersonen oder Personengruppen eingereicht, so hat dies mit ihrer Zustimmung zu geschehen, es sei denn, der Verfasser kann rechtfertigen, ohne eine solche Zustimmung in ihrem Namen zu handeln.

Art. 3 [Zulässigkeit] Mitteilungen sind schriftlich abzufassen und dürfen nicht anonym sein. Der Ausschuss nimmt keine Mitteilung entgegen, die einen Vertragsstaat des Übereinkommens betrifft, der nicht Vertragspartei dieses Protokolls ist.

Art. 4 [Zulässigkeitsprüfung] (1) Der Ausschuss prüft eine Mitteilung nur, wenn er sich vergewissert hat, dass alle zur Verfügung stehenden innerstaatlichen Rechtsbehelfe erschöpft worden sind, sofern nicht das Verfahren bei der Anwendung solcher Rechtsbehelfe unangemessen lange dauert oder keine wirksame Abhilfe erwarten lässt.

(2) Der Ausschuss erklärt eine Mitteilung für unzulässig, wenn

a) dieselbe Sache bereits vom Ausschuss untersucht worden ist oder in einem anderen internationalen Untersuchungs- oder Streitregelungsverfahren geprüft worden ist oder geprüft wird;

b) sie unvereinbar mit den Bestimmungen des Übereinkommens ist;

c) sie offensichtlich unbegründet ist oder nicht hinreichend begründet wird;

d) sie einen Missbrauch des Rechts auf Einreichung einer Mitteilung darstellt;

e) sich die der Mitteilung zu Grunde liegenden Tatsachen vor dem Inkrafttreten des Protokolls für den betreffenden Vertragsstaat ereignet haben, sofern sie nicht auch nach diesem Zeitpunkt weiterbestehen.

Art. 5 [Vorläufige Maßnahmen des betroffenen Staates]

(1) Der Ausschuss kann jederzeit nach Eingang einer Mitteilung und bevor eine Entscheidung in der Sache selbst getroffen worden ist dem betreffenden Vertragsstaat ein Gesuch zur sofortigen Prüfung übermitteln, in dem er aufgefordert wird, die vorläufigen Maßnahmen zu treffen, die gegebenenfalls erforderlich sind, um einen möglichen, nicht wieder gut zu machenden Schaden für das oder die Opfer der behaupteten Verletzung abzuwenden.

(2) Übt der Ausschuss sein Ermessen nach Absatz 1 aus, so bedeutet das keine Entscheidung über die Zulässigkeit der Mitteilung oder in der Sache selbst.

Art. 6 [Kommunikation zwischen Ausschuss und betroffenem Staat] (1) Sofern nicht der Ausschuss eine Miteilung für unzulässig erachtet, ohne sich dabei an den betreffenden Vertragsstaat zu wenden, und sofern die Person oder Personen in die Offenlegung ihrer Identität gegenüber diesem Vertragsstaat einwilligen, bringt der Ausschuss jede ihm nach diesem Protokoll zugegangene Mitteilung dem Vertragsstaat vertraulich zur Kenntnis.

(2) Der betreffende Vertragsstaat übermittelt dem Ausschuss innerhalb von sechs Monaten schriftliche Erklärungen oder Darlegungen zur Klärung der Sache und der gegebenenfalls von ihm getroffenen Abhilfemaßnahmen.

Art. 7 [Prüfungsverfahren] (1) Der Ausschuss prüft die ihm nach diesem Protokoll zugegangenen Mitteilungen unter Berücksichtigung aller ihm von oder im Namen von Einzelpersonen oder Personengruppen und von dem betreffenden Vertragsstaat unterbreiteten Angaben, wobei diese Angaben den betreffenden Parteien zuzuleiten sind.

(2) Der Ausschuss berät über Mitteilungen auf Grund dieses Protokolls in nicht öffentlicher Sitzung.

(3) Nach Prüfung einer Mitteilung übermittelt der Ausschuss den betreffenden Parteien seine Auffassungen zusammen mit etwaigen Empfehlungen.

(4) Der Vertragsstaat zieht die Auffassungen des Ausschusses zusammen mit etwaigen Empfehlungen gebührend in Erwägung und unterbreitet dem Ausschuss innerhalb von sechs Monaten eine schriftliche Antwort, einschließlich Angaben über alle unter Berücksichtigung der Auffassungen und Empfehlungen des Ausschusses getroffenen Maßnahmen.

(5) Der Ausschuss kann den Vertragsstaat auffordern, weitere Angaben über alle Maßnahmen, die der Vertragsstaat als Reaktion auf die Auffassungen oder etwaigen Empfehlungen des Ausschusses getroffen hat, vorzulegen, einschließlich, soweit dies vom Ausschuss als geeignet erachtet wird, in den folgenden Berichten des Vertragsstaats nach Artikel 18 des Übereinkommens.

Art. 8 [Verfahren bei schwerwiegenden und systematischen Rechtsverletzungen] (1) Erhält der Ausschuss zuverlässige Angaben, die auf schwerwiegende oder systematische Verletzungen der im Übereinkommen niedergelegten Rechte durch einen Vertragsstaat hinweisen, so fordert der Ausschuss diesen Vertragsstaat auf, bei der Prüfung dieser Angaben mitzuwirken und zu diesen Angaben Stellung zu nehmen.

(2) Der Ausschuss kann unter Berücksichtigung der von dem betreffenden Vertragsstaat abgegebenen Stellungnahmen sowie aller sonstigen ihm zur Verfügung stehenden zuverlässigen Angaben eines oder mehrere seiner Mitglieder beauftragen, eine Untersuchung durchzu-

führen und ihm sofort zu berichten. Sofern geboten, kann die Untersuchung mit Zustimmung des Vertragsstaats einen Besuch in seinem Hoheitsgebiet einschließen.

(3) Nachdem der Ausschuss die Ergebnisse einer solchen Untersuchung geprüft hat, übermittelt er sie zusammen mit etwaigen Bemerkungen und Empfehlungen dem betreffenden Vertragsstaat.

(4) Der Vertragsstaat unterbreitet innerhalb von sechs Monaten nach Eingang der vom Ausschuss übermittelten Ergebnisse, Bemerkungen und Empfehlungen dem Ausschuss seine Stellungnahmen.

(5) Eine solche Untersuchung ist vertraulich durchzuführen; die Mitwirkung des Vertragsstaats ist auf allen Verfahrensstufen anzustreben.

Art. 9 [Berichtspflicht des betroffenen Staates] (1) Der Ausschuss kann den betreffenden Vertragsstaat auffordern, in seinen Bericht nach Artikel 18 des Übereinkommens Einzelheiten über Maßnahmen aufzunehmen, die als Reaktion auf eine nach Artikel 8 dieses Protokolls durchgeführte Untersuchung getroffen wurden.

(2) Sofern erforderlich, kann der Ausschuss nach Ablauf des in Artikel 8 Absatz 4 genannten Zeitraums von sechs Monaten den betreffenden Vertragsstaat auffordern, ihn über die als Reaktion auf eine solche Untersuchung getroffenen Maßnahmen zu unterrichten.

Art. 10 [Opting-out-Klausel] (1) Jeder Vertragsstaat kann zum Zeitpunkt der Unterzeichnung oder Ratifikation dieses Protokolls oder seines Beitritts dazu erklären, dass er die in den Artikeln 8 und 9 vorgesehene Zuständigkeit des Ausschusses nicht anerkennt.

(2) Jeder Vertragsstaat, der eine Erklärung nach Absatz 1 abgegeben hat, kann diese Erklärung jederzeit durch eine an den Generalsekretär gerichtete Notifikation zurücknehmen.

Art. 11 [Schutz der Petentinnen] Ein Vertragsstaat trifft alle geeigneten Maßnahmen, um sicherzustellen, dass seiner Hoheitsgewalt unterstehende Personen nicht deshalb einer Misshandlung oder Einschüchterung ausgesetzt werden, weil sie sich auf Grund dieses Protokolls an den Ausschuss gewandt haben.

Art. 12 [Aufnahme in den Jahresbericht] Der Ausschuss nimmt in seinen Jahresbericht nach Artikel 21 des Übereinkommens eine Zusammenfassung seiner Tätigkeit nach diesem Protokoll auf.

Art. 13 [Diffusionsverpflichtung der Staaten] Jeder Vertragsstaat verpflichtet sich, das Übereinkommen und dieses Protokoll weithin bekannt zu machen und zu verbreiten und den Zugang zu Angaben über die Auffassungen und Empfehlungen des Ausschusses, insbesondere in diesen Vertragsstaat betreffenden Sachen, zu erleichtern.

Art. 14 [Geschäftsordnung] Der Ausschuss gibt sich eine Geschäftsordnung, die bei der Erfüllung der ihm durch dieses Protokoll übertragenen Aufgaben zu beachten ist.[1)]

Art. 15 [Beitritt und Ratifikation] (1) Dieses Protokoll liegt für jeden Staat, der das Übereinkommen unterzeichnet oder ratifiziert hat oder ihm beigetreten ist, zur Unterzeichnung auf.

(2) Dieses Protokoll bedarf der Ratifikation, die von allen Staaten vorgenommen werden kann, die das Übereinkommen ratifiziert haben oder ihm beigetreten sind. Die Ratifikationsurkunden werden beim Generalsekretär der Vereinten Nationen hinterlegt.

(3) Dieses Protokoll steht jedem Staat, der das Übereinkommen ratifiziert hat oder ihm beigetreten ist, zum Beitritt offen.

(4) Der Beitritt erfolgt durch Hinterlegung einer Beitrittsurkunde beim Generalsekretär der Vereinenten Nationen.

Art. 16 [Inkrafttreten] (1) Dieses Protokoll tritt drei Monate nach Hinterlegung der zehnten Ratifikations- oder Beitrittsurkunde beim Generalsekretär der Vereinten Nationen in Kraft.

(2) Für jeden Staat, der dieses Protokoll nach seinem Inkrafttreten ratifiziert oder ihm nach seinem Inkrafttreten beitritt, tritt es drei Monate nach Hinterlegung seiner Ratifikations- oder Beitrittsurkunde in Kraft.

Art. 17 [Unzulässigkeit von Vorbehalten] Vorbehalte zu diesem Protokoll sind nicht zulässig.

Art. 18 [Änderungsvorschläge] (1) Jeder Vertragsstaat kann eine Änderung dieses Protokolls vorschlagen und ihren Wortlaut beim Generalsekretär der Vereinten Nationen einreichen. Der Generalsekretär übermittelt sodann alle Änderungsvorschläge den Vertragsstaaten mit der Aufforderung, ihm mitzuteilen, ob sie eine Konferenz der Vertragsstaaten zur Beratung und Abstimmung über die Vorschläge befürworten. Befürwortet wenigstens ein Drittel der Vertragsstaaten eine solche Konferenz, so beruft der Generalsekretär die Konferenz unter der Schirmherrschaft der Vereinten Nationen ein. Jede Änderung, die von der Mehrheit der auf der Konferenz anwesenden und abstimmenden Vertragsstaaten angenommen wird, ist der Generalversammlung der Vereinten Nationen zur Billigung vorzulegen.

(2) Die Änderungen treten in Kraft, wenn sie von der Generalversammlung der Vereinten Nationen gebilligt und von einer Zweidrittelmehrheit der Vertragsstaaten dieses Protokolls nach Maßgabe ihrer verfassungsrechtlichen Verfahren angenommen worden sind.

[1)] Vgl. Fn. 1 zu Art. 19 CEDAW-Übereinkommen (Nr. **23**).

(3) Treten die Änderungen in Kraft, so sind sie für die Vertragsstaaten, die sie angenommen haben, verbindlich, während für die anderen Vertragsstaaten weiterhin dieses Protokoll und alle früher von ihnen angenommenen Änderungen gelten.

Art. 19 [Kündigung] (1) Jeder Vertragsstaat kann dieses Protokoll jederzeit durch schriftliche Notifikation an den Generalsekretär der Vereinten Nationen kündigen. Die Kündigung wird sechs Monate nach Eingang der Notifikation beim Generalsekretär wirksam.

(2) Die Kündigung berührt nicht die weitere Anwendung dieses Protokolls auf Mitteilungen nach Artikel 2 oder Untersuchungen nach Artikel 8, die vor dem Wirksamwerden der Kündigung eingegangen oder begonnen worden sind.

Art. 20 [Information über den Vertragsstatus] Der Generalsekretär der Vereinten Nationen unterrichtet alle Staaten von

a) den Unterzeichnungen, Ratifikationen und Beitritten nach diesem Protokoll;

b) dem Zeitpunkt des Inkrafttretens dieses Protokolls und der Änderungen nach Artikel 18;

c) Kündigungen nach Artikel 19.

Art. 21 [Sprachen; Hinterlegung, Pflichten des Depositars] (1) Dieses Protokoll, dessen arabischer, chinesischer, englischer, französischer, russischer und spanischer Wortlaut gleichermaßen verbindlich ist, wird im Archiv der Vereinten Nationen hinterlegt.

(2) Der Generalsekretär der Vereinten Nationen übermittelt allen in Artikel 25 des Übereinkommens bezeichneten Staaten beglaubigte Abschriften dieses Protokolls.

25. Menschenrechtsrat-Resolution[1), 2)]

Vom 15. März 2006

(Übersetzung)[3)]

Die Generalversammlung,

in Bekräftigung der in der Charta der Vereinten Nationen verankerten Ziele und Grundsätze, die unter anderem darin bestehen, freundschaftliche, auf der Achtung vor dem Grundsatz der Gleichberechtigung und Selbstbestimmung der Völker beruhende Beziehungen zwischen den Nationen zu entwickeln und eine internationale Zusammenarbeit herbeizuführen, um internationale Probleme wirtschaftlicher, sozialer, kultureller oder humanitärer Art zu lösen und die Achtung vor den Menschenrechten und Grundfreiheiten für alle zu fördern und zu festigen,

sowie in Bekräftigung der Allgemeinen Erklärung der Menschenrechte[4)] sowie der Erklärung und des Aktionsprogramms von Wien[5)] und unter Hinweis auf den Internationalen Pakt über bürgerliche und politische Rechte[6)], den Internationalen Pakt über wirtschaftliche, soziale und kulturelle Rechte[7)] und die anderen Menschenrechtsübereinkünfte,

bekräftigend, dass alle Menschenrechte allgemein gültig, unteilbar und miteinander verknüpft sind und einander bedingen und gegenseitig verstärken und dass alle Menschenrechte in fairer und gleicher Weise, gleichberechtigt und gleichgewichtig behandelt werden müssen,

sowie bekräftigend, dass zwar die Bedeutung nationaler und regionaler Besonderheiten und unterschiedlicher historischer, kultureller und religiöser Voraussetzungen im Auge zu behalten ist, dass aber alle Staaten die Pflicht haben, ungeachtet ihres jeweiligen politischen, wirtschaftlichen und kulturellen Systems, alle Menschenrechte und Grundfreiheiten zu fördern und zu schützen,

betonend, dass es im Einklang mit der Charta Aufgabe aller Staaten ist, die Menschenrechte und Grundfreiheiten für alle ohne irgendeinen Unterschied, etwa nach Rasse, Hautfarbe, Geschlecht, Sprache oder Religion, politischer oder sonstiger Anschauung, nationaler oder sozialer Herkunft, Vermögen, Geburt oder sonstigem Stand, zu achten,

anerkennend, dass Frieden und Sicherheit, Entwicklung und die Menschenrechte die Säulen des Systems der Vereinten Nationen und die Grundlagen der kollektiven Sicherheit und des Allgemeinwohls sind und dass Entwicklung, Frieden und Sicherheit sowie die Men-

---

1) Resolution der UN-Generalversammlung Nr. 60/251 v. 15. 3. 2006; verabschiedet mit 170 Stimmen und 4 Gegenstimmen (Israel, Marshallinseln, Palau, Vereinigte Staaten von Amerika) sowie 3 Enthaltungen (Belarus, Iran, Venezuela).

2) Vgl. auch Fn. 8 zu Ziff. 6 des operativen Teils der Resolution sowie Nr. **26**.

3) Übersetzung des Deutschen Übersetzungsdienstes bei den Vereinten Nationen.

4) Nr. **15**.

5) A/CONF.157/24 (Part I), Kap. III.

6) Nr. **20**.

7) Nr. **21**.

schenrechte miteinander verflochten sind und einander gegenseitig verstärken,

erklärend, dass alle Staaten weitere internationale Anstrengungen zur Förderung des Dialogs und zur Vertiefung des Verständnisses zwischen den Zivilisationen, Kulturen und Religionen unternehmen müssen, und betonend, dass den Staaten, den Regionalorganisationen, nichtstaatlichen Organisationen, religiösen Organisationen und den Medien eine wichtige Rolle bei der Förderung der Toleranz sowie der Achtung und der Freiheit der Religion und der Weltanschauung zukommt,

in Anerkennung der von der Menschenrechtskommission geleisteten Arbeit sowie der Notwendigkeit, das von ihr Erreichte zu bewahren, darauf aufzubauen und ihre Schwächen zu beseitigen,

anerkennend, wie wichtig es ist, die Universalität, Objektivität und Nichtselektivität der Behandlung von Menschenrechtsfragen sicherzustellen und dem Messen mit zweierlei Maß und der Politisierung ein Ende zu setzen,

sowie anerkennend, dass die Förderung und der Schutz der Menschenrechte auf den Grundsätzen der Zusammenarbeit und eines echten Dialogs beruhen und darauf gerichtet sein sollen, die Mitgliedstaaten verstärkt in die Lage zu versetzen, ihren Menschenrechtsverpflichtungen zum Wohle aller Menschen nachzukommen,

in der Erkenntnis, dass den nichtstaatlichen Organisationen auf nationaler, regionaler und internationaler Ebene eine wichtige Rolle bei der Förderung und dem Schutz der Menschenrechte zukommt,

in Bekräftigung der Entschlossenheit, das Instrumentarium der Vereinten Nationen auf dem Gebiet der Menschenrechte zu stärken, um die effektive Ausübung aller Menschenrechte, der bürgerlichen, politischen, wirtschaftlichen, sozialen und kulturellen Rechte, einschließlich des Rechts auf Entwicklung, durch alle Menschen zu gewährleisten, und zu diesem Zweck einen Menschenrechtsrat einzurichten,

1. *beschließt,* als Ersatz für die Menschenrechtskommission den Menschenrechtsrat als ein Nebenorgan der Generalversammlung mit Sitz in Genf einzurichten; die Versammlung wird den Status des Rates binnen fünf Jahren überprüfen;
2. *beschließt außerdem,* dass der Rat für die Förderung der allgemeinen Achtung des Schutzes aller Menschenrechte und Grundfreiheiten für alle, ohne irgendeinen Unterschied und auf faire und gleiche Weise, verantwortlich sein wird;
3. *beschließt ferner,* dass sich der Rat mit Situationen von Verletzungen der Menschenrechte, namentlich groben und systematischen Verletzungen, befassen und diesbezügliche Empfehlungen abgeben sowie außerdem die wirksame Koordinierung und die durchgängige Integration von Menschenrechtsfragen in allen Bereichen des Systems der Vereinten Nationen fördern soll;
4. *beschließt,* dass die Tätigkeit des Rates von den Grundsätzen der Universalität, der Unparteilichkeit, der Objektivität und der Nichtselektivität, eines konstruktiven internationalen Dialogs und der

konstruktiven internationalen Zusammenarbeit geleitet sein soll, mit dem Ziel, die Förderung und den Schutz aller Menschenrechte der bürgerlichen, politischen, wirtschaftlichen, sozialen und kulturellen Rechte, einschließlich des Rechts auf Entwicklung, zu verstärken;

5. *beschließt außerdem,* dass der Rat unter anderem den Auftrag haben wird,

a) die Menschenrechtsbildung und -erziehung sowie die Bereitstellung von Beratenden Diensten, technischer Hilfe und Kapazitätsaufbau in Absprache mit den betreffenden Mitgliedstaaten und mit deren Zustimmung zu fördern;

b) als Forum für den Dialog über thematische Fragen zu allen Menschenrechten zu dienen;

c) der Generalversammlung Empfehlungen zur Weiterentwicklung des Völkerrechts auf dem Gebiet der Menschenrechte vorzulegen;

d) die volle Einhaltung der von den Staaten eingegangenen Menschenrechtsverpflichtungen und die Weiterverfolgung der auf den Konferenzen und Gipfeltreffen der Vereinten Nationen festgelegten Ziele und Verpflichtungen in Bezug auf die Förderung und den Schutz der Menschenrechte zu fördern;

e) in einer Weise, die die Erfassung aller Staaten und ihre gleiche Behandlung gewährleistet, eine auf objektiven und zuverlässigen Angaben beruhende universelle, regelmäßige Überprüfung der Erfüllung der jedem Staat obliegenden und von ihm eingegangenen Verpflichtungen auf dem Gebiet der Menschenrechte durchzuführen; diese Überprüfung wird im Wege eines kooperativen, auf einem interaktiven Dialog beruhenden Mechanismus mit voller Beteiligung des betreffenden Landes und unter Berücksichtigung seines Bedarfs an Kapazitätsaufbau erfolgen; dieser Mechanismus wird die Tätigkeit der Vertragsorgane ergänzen und keine Doppelarbeit leisten; der Rat wird innerhalb eines Jahres nach der Abhaltung seiner ersten Tagung die Modalitäten und den erforderlichen Zeitrahmen für die universelle regelmäßige Überprüfung festlegen;

f) mittels Dialog und Zusammenarbeit zur Verhütung von Menschenrechtsverletzungen beizutragen und in Menschenrechts-Notlagen rasch zu reagieren;

g) die Rolle und die Verantwortlichkeiten der Menschenrechtskommission in Bezug auf die von der Generalversammlung in ihrer Resolution 48/141 vom 20. Dezember 1993 festgelegten Aufgaben des Amtes des Hohen Kommissars der Vereinten Nationen für Menschenrechte zu übernehmen;

h) auf dem Gebiet der Menschenrechte eng mit den Regierungen, den Regionalorganisationen, den nationalen Menschenrechtsinstitutionen und der Zivilgesellschaft zusammenzuarbeiten;

i) Empfehlungen zur Förderung und zum Schutz der Menschenrechte abzugeben;

j) der Generalversammlung einen Jahresbericht vorzulegen;

6. beschließt ferner, dass der Rat alle Mandate, Mechanismen, Aufgaben und Verantwortlichkeiten der Menschenrechtskommission übernehmen, sie überprüfen und erforderlichenfalls verbessern und straffen wird, mit dem Ziel, ein System der besonderen Verfahren, der sachverständigen Beratung und ein Beschwerdeverfahren aufrechtzuerhalten; der Rat wird diese Überprüfung innerhalb eines Jahres nach der Abhaltung seiner ersten Tagung abschließen[1];

7. *beschließt,* dass sich der Rat aus siebenundvierzig Mitgliedstaaten zusammensetzt, die unmittelbar und einzeln in geheimer Abstimmung von der Mehrheit der Mitglieder der Generalversammlung gewählt werden; die Zusammensetzung beruht auf dem Grundsatz der ausgewogenen geografischen Verteilung, wobei sich die Sitze wie folgt auf die Regionalgruppen verteilen: dreizehn für die Gruppe der afrikanischen Staaten, dreizehn für die Gruppe der asiatischen Staaten, sechs für die Gruppe der osteuropäischen Staaten, acht für die Gruppe der lateinamerikanischen und karibischen Staaten und sieben für die Gruppe der westeuropäischen und anderen Staaten; die Ratsmitglieder werden für eine Amtszeit von drei Jahren gewählt und können nach zwei aufeinander folgenden Amtszeiten nicht unmittelbar wiedergewählt werden;

8. *beschließt außerdem,* dass die Mitgliedschaft im Rat allen Mitgliedstaaten der Vereinten Nationen offen steht; bei der Wahl der Mitglieder des Rates werden die Mitgliedstaaten den Beitrag der Kandidaten zur Förderung und zum Schutz der Menschenrechte und die zu diesem Zweck von ihnen eingegangenen freiwilligen Zusagen und Verpflichtungen berücksichtigen; die Generalversammlung kann die Mitgliedschaftsrechte eines Mitglieds des Rates, das schwere und systematische Menschenrechtsverletzungen begeht, mit einer Zweidrittelmehrheit der anwesenden und abstimmenden Mitglieder aussetzen;

9. *beschließt ferner,* dass die in den Rat gewählten Mitglieder den höchsten Ansprüchen auf dem Gebiet der Förderung und des Schutzes der Menschenrechte gerecht werden müssen, dass sie mit dem Rat uneingeschränkt zusammenarbeiten werden und dass sie während ihrer Mitgliedschaft dem Verfahren der universellen regelmäßigen Überprüfung unterzogen werden;

10. *beschließt,* dass der Rat während des gesamten Jahres regelmäßig zusammentritt und in jedem Jahr mindestens drei Tagungen, darunter eine Haupttagung, mit einer Gesamtdauer von mindestens zehn Wochen abhalten wird und bei Bedarf Sondertagungen abhalten kann, sofern ein Mitglied des Rates mit Unterstützung eines Drittels der Ratsmitglieder dies beantragt;

---

[1] Eine Anpassung der Überwachungsmechanismen ist durch Res. 5/1 des Menschenrechtsrates v. 18. 6. 2007 und des zu ihrer Implementierung ergangenen Beschlusses 6/102 des Menschenrechtsrates v. 27. 9. 2007 erfolgt (vgl. Nr. **26, 26 a**).

11. *beschließt außerdem,* dass der Rat die Bestimmungen der Geschäftsordnung für die Ausschüsse der Generalversammlung anwenden wird, soweit diese anwendbar sind, es sei denn, die Versammlung oder der Rat beschließt später etwas anderes, und beschließt außerdem, dass Beobachter, darunter Staaten, die nicht Ratsmitglied sind, die Sonderorganisationen, sonstige zwischenstaatliche Organisationen und nationale Menschenrechtsinstitutionen sowie nichtstaatlich Organisationen, auf der Grundlage der von der Menschenrechtskommission befolgten Regelungen, namentlich der Resolution 1996/31 des Wirtschafts- und Sozialrats vom 25. Juli 1996, und Verfahrensweisen an der Arbeit des Rates mitwirken und von diesem konsultiert werden können, wobei zu gewährleisten ist, dass sie einen möglichst wirksamen Beitrag leisten können;

12. *beschließt ferner,* dass die Arbeitsmethoden des Rates transparent, fair und unparteilich sein und einen echten Dialog ermöglichen sollen, dass sie ergebnisorientiert sein und anschließende Erörterungen über die Weiterverfolgung und Umsetzung von Empfehlungen sowie ein sachbezogenes Zusammenwirken mit den besonderen Verfahren und Mechanismen ermöglichen sollen;

13. *empfiehlt* dem Wirtschafts- und Sozialrat, die Menschenrechtskommission zu ersuchen, ihre Tätigkeit auf ihrer zweiundsechzigsten Tagung abzuschließen, und ihr Mandat mit Wirkung vom 16. Juni 2006 zu beenden;

14. *beschließt,* die neuen Mitglieder des Rates zu wählen, deren Mandate gestaffelt sein werden; diese Entscheidung wird für die erste Wahl durch das Los getroffen, wobei die ausgewogene geografische Verteilung zu berücksichtigen ist;

15. *beschließt außerdem,* dass die Wahl der ersten Mitglieder des Rates am 9. Mai 2006 stattfindet und dass der Rat am 19. Juni 2006 zu seiner ersten Sitzung zusammentreten wird;

16.[1] *beschließt ferner,* dass der Rat seine Tätigkeit und seine Funktionsweise fünf Jahre nach seiner Einrichtung überprüfen und der Generalversammlung Bericht erstatten wird.

---

[1] Vgl. hierzu „Report of the open-ended intergovernmental working group on the review of the work and functioning of the Human Rights Council (A/HRC/WG.8/2/1)" v. 4. 5. 2011.

26. Errichtung der Institutionen des Menschenrechtsrats der Vereinten Nationen[1]

Vom 18. Juni 2007

(Übersetzung)[2]

I. Mechanismus der allgemeinen regelmäßigen Überprüfung

A. Grundlage der Überprüfung

1. Als Grundlage der Überprüfung dienen:
   a) die Charta der Vereinten Nationen;
   b) die Allgemeine Erklärung der Menschenrechte;
   c) die Menschenrechtsübereinkünfte, deren Vertragspartei ein Staat ist;
   d) die freiwilligen Versprechen und Zusagen der Staaten, namentlich diejenigen, die sie anlässlich ihrer Bewerbung für die Wahl in den Menschenrechtsrat (im Folgenden „der Rat") abgegeben haben.
2. In Anbetracht der Komplementarität und der Wechselbeziehung zwischen dem völkerrechtlichen Menschenrechtsschutz und dem humanitären Völkerrecht wird bei der Überprüfung außerdem das anwendbare humanitäre Völkerrecht berücksichtigt.

B. Grundsätze und Ziele

1. Grundsätze

3. Die allgemeine regelmäßige Überprüfung soll
   a) die Universalität, die Interdependenz, die Unteilbarkeit und den wechselseitigen Zusammenhang aller Menschenrechte fördern;
   b) ein kooperativer Mechanismus auf der Grundlage objektiver und verlässlicher Informationen und eines interaktiven Dialogs sein;
   c) die Erfassung und Gleichbehandlung aller Staaten gewährleisten;
   d) ein zwischenstaatlicher, von den Mitgliedern der Vereinten Nationen gesteuerter und maßnahmenorientierter Prozess sein;

---

[1] Anlage zu Resolution 5/1 des Menschenrechtsrates (s. A/HRC/5/21, Kap. III, Ziff. 60–62); s. auch Nr. **26 a**. Die Effektivität der Verfahren befindet sich derzeit in einem umfassenden Überprüfungsprozess (vgl. etwa "Report of the open-ended intergovernmental working group on the review of the work and functioning of the Human Rights Council (A/HRC/WG.8/2/1)).

[2] Übersetzung des Deutschen Übersetzungsdienstes bei den Vereinten Nationen.

e) das überprüfte Land voll einbeziehen;

f) andere Menschenrechtsmechanismen unter Vermeidung von Doppelarbeit ergänzen und somit einen zusätzlichen Nutzen bringen;

g) in objektiver, transparenter, nicht selektiver, konstruktiver, nicht konfrontativer und nicht politisierter Weise durchgeführt werden;

h) keine übermäßige Belastung für den betroffenen Staat oder für die Tagesordnung des Rates darstellen;

i) nicht übermäßig lange dauern; sie soll wirklichkeitsnah sein und nicht unverhältnismäßig viel Zeit und menschliche und finanzielle Ressourcen in Anspruch nehmen;

j) die Fähigkeit des Rates zur Reaktion auf dringende Menschenrechtssituationen nicht vermindern;

k) auf umfassende Weise die Geschlechterperspektive integrieren;

l) unbeschadet der Verpflichtungen in den als Grundlage der Überprüfung genannten Elementen dem Entwicklungsstand und den besonderen Gegebenheiten der Länder Rechnung tragen;

m) gemäß Resolution 60/251 der Generalversammlung vom 15. März 2006 und Resolution 1996/31 des Wirtschafts- und Sozialrat vom 25. Juli 1996 sowie allen künftigen diesbezüglichen Beschlüssen des Rates die Mitwirkung aller maßgeblichen Interessenvertreter einschließlich nichtstaatlicher Organisationen und nationaler Menschenrechtsinstitutionen gewährleisten.

2. Ziele

4. Die Ziele der Überprüfung sind

a) die Verbesserung der Menschenrechtslage vor Ort;

b) die Erfüllung der Verpflichtungen und Zusagen des Staates auf dem Gebiet der Menschenrechte und die Bewertung der positiven Entwicklungen und der Herausforderungen, denen sich der Staat gegenübersieht;

c) die Verbesserung der Kapazitäten des Staates und die Verstärkung der technischen Hilfe in Absprache mit dem betroffenen Staat und mit seiner Zustimmung;

d) der Informationsaustausch über bewährte Verfahren zwischen den Staaten und sonstigen Interessenvertretern;

e) die Unterstützung der Zusammenarbeit bei der Förderung und dem Schutz der Menschenrechte;

f) die Ermutigung zur vollen Zusammenarbeit und zum uneingeschränkten Zusammenwirken mit dem Rat, den anderen Menschenrechtsorganen und dem Amt des Hohen Kommissars der Vereinten Nationen für Menschenrechte.

C. Zeiträume und Reihenfolge der Überprüfung

5. Die Überprüfung beginnt nach der Annahme des Mechanismus der allgemeinen regelmäßigen Überprüfung durch den Rat.
6. Die Reihenfolge der Überprüfung soll die Grundsätze der Universalität und der Gleichbehandlung widerspiegeln.
7. Die Reihenfolge der Überprüfung soll so bald wie möglich festgelegt werden, um den Staaten eine angemessene Vorbereitung zu ermöglichen.
8. Alle Mitgliedstaaten des Rates werden während ihrer Mitgliedschaft überprüft.
9. Die ersten in den Rat gewählten Mitglieder, insbesondere diejenigen, die für ein oder zwei Jahre gewählt werden, sollen zuerst überprüft werden.
10. Eine Mischung aus Mitgliedstaaten und Beobachterstaaten des Rates soll überprüft werden.
11. Bei der Auswahl der zu überprüfenden Länder soll auf eine ausgewogene geografische Verteilung geachtet werden.
12. Der erste Mitgliedstaat und der erste Beobachterstaat, die zu überprüfen sind, werden aus jeder Regionalgruppe in einer Weise, die die volle Achtung der ausgewogenen geografischen Verteilung gewährleistet, durch das Los bestimmt. Danach gilt die alphabetische Reihenfolge, beginnend mit den auf diese Weise bestimmten Ländern, sofern sich nicht andere Länder freiwillig einer Überprüfung unterziehen.
13. Zwischen den Überprüfungen soll ein angemessener Zeitabstand liegen, der der Fähigkeit der Staaten zur Vorbereitung und der Fähigkeit der anderen Interessenvertreter zur Reaktion auf die sich aus der Überprüfung ergebenden Anforderungen Rechnung trägt.
14. Der erste Überprüfungszyklus erstreckt sich über einen Zeitraum von vier Jahren. Das bedeutet, dass in jedem Jahr 48 Staaten auf drei Tagungen der Arbeitsgruppe von jeweils zweiwöchiger Dauer überprüft werden.[1)]

D. Verfahren und Modalitäten der Überprüfung

1. Dokumentation

15. Die Überprüfung stützt sich auf die folgenden Dokumente:
   a) Informationen, die der betroffene Staat zusammenstellt und die auf der Grundlage allgemeiner Leitlinien, die der Rat auf seiner

---

1) Die allgemeine regelmäßige Überprüfung ist ein sich erst herausbildender Prozess; der Rat kann nach dem Abschluss des ersten Überprüfungszyklus die Modalitäten und die Periodizität dieses Mechanismus auf der Grundlage der bewährten Verfahren und der gewonnenen Erkenntnisse überprüfen.

sechsten Tagung (der ersten Tagung des zweiten Zyklus) beschließt, in Form eines Staatenberichts vorgelegt werden können, sowie alle anderen von dem Staat für sachdienlich erachteten Informationen, die mündlich oder schriftlich präsentiert werden können, wobei die schriftliche Zusammenfassung der Informationen nicht mehr als 20 Seiten umfassen darf, damit die Gleichbehandlung aller Staaten gewährleistet und der Mechanismus nicht überlastet wird. Den Staaten wird nahegelegt, die Informationen im Rahmen eines breiten Konsultationsprozesses auf nationaler Ebene mit allen maßgeblichen Interessenvertretern zu erstellen;

b) zusätzlich eine vom Amt des Hohen Kommissars für Menschenrechte erarbeitete, nicht mehr als zehn Seiten umfassende Zusammenstellung der Informationen aus den Berichten der Vertragsorgane und der Sonderverfahren einschließlich der Bemerkungen und Stellungnahmen des betroffenen Staates, und aus anderen einschlägigen offiziellen Dokumenten der Vereinten Nationen;

c) zusätzliche, glaubwürdige und verlässliche Informationen, die von anderen maßgeblichen Interessenvertretern für die allgemeine regelmäßige Überprüfung zur Verfügung gestellt werden und die der Rat bei der Überprüfung ebenfalls berücksichtigen soll. Das Amt des Hohen Kommissars für Menschenrechte wird eine Zusammenfassung dieser Informationen erstellen, die nicht mehr als zehn Seiten umfasst.

16. Die vom Amt des Hohen Kommissars für Menschenrechte erstellten Dokumente sollen in ihrer Gliederung den vom Rat verabschiedeten allgemeinen Leitlinien für die Erstellung von Informationen durch den betroffenen Staat folgen.

17. Sowohl die schriftlichen Ausführungen des Staates als auch die vom Amt des Hohen Kommissars für Menschenrechte erstellten Zusammenfassungen müssen sechs Wochen vor der Überprüfung durch die Arbeitsgruppe fertig gestellt sein, damit die Dokumente gemäß Resolution 53/208 der Generalversammlung vom 14. Januar 1999 gleichzeitig in den sechs Amtssprachen der Vereinten Nationen verteilt werden können.

2. Modalitäten

18. Für die Überprüfung gelten die folgenden Modalitäten:

a) Die Überprüfung wird in einer Arbeitsgruppe unter dem Vorsitz des Präsidenten des Rates vorgenommen, der die 47 Mitgliedstaaten des Rates angehören. Jeder Mitgliedstaat entscheidet über die Zusammensetzung seiner Delegation;[1]

---

[1] Ein freiwilliger Treuhandfonds für die allgemeine regelmäßige Überprüfung soll eingerichtet werden, um die Beteiligung der Entwicklungsländer, insbesondere der am wenigsten entwickelten Länder, an dem Mechanismus der allgemeinen regelmäßigen Überprüfung zu erleichtern.

b) die Beobachterstaaten können an der Überprüfung, einschließlich des interaktiven Dialogs, teilnehmen;

c) andere maßgebliche Interessenvertreter können bei der Überprüfung in der Arbeitsgruppe zugegen sein;

d) um die Überprüfung einschließlich der Erstellung des Berichts der Arbeitsgruppe zu erleichtern, wird eine Gruppe von drei Berichterstattern (Troika) gebildet, die aus dem Kreis der Mitglieder des Rates und aus verschiedenen Regionalgruppen durch das Los bestimmt werden. Das Amt des Hohen Kommissars für Menschenrechte wird den Berichterstattern die erforderliche Hilfestellung leisten und seinen Sachverstand zur Verfügung stellen.

19. Das betroffene Land kann beantragen, dass einer der Berichterstatter aus seiner Regionalgruppe kommt, und darf außerdem einmal den Antrag auf Ersetzung des Berichterstatters durch einen anderen stellen.

20. Ein Berichterstatter kann beantragen, von der Mitwirkung an einem bestimmten Überprüfungsverfahren freigestellt zu werden.

21. Der interaktive Dialog zwischen dem überprüften Land und dem Rat findet in der Arbeitsgruppe statt. Die Berichterstatter können Fragen oder Themen zusammenstellen, die dem überprüften Staat übermittelt werden, um ihm die Vorbereitung zu erleichtern und einen konzentrierten interaktiven Dialog zu ermöglichen, bei dem Fairness und Transparenz gewährleistet sind.

22. Die Dauer der Überprüfung in der Arbeitsgruppe beträgt für jedes Land drei Stunden. Bis zu eine zusätzliche Stunde wird für die Behandlung des Ergebnisses durch das Plenum des Rates vorgesehen.

23. Für die Annahme des Berichts jedes überprüften Landes in der Arbeitsgruppe wird eine halbe Stunde vorgesehen.

24. Die Überprüfung eines jeden Staates und die Annahme des dazugehörigen Berichts in der Arbeitsgruppe sollen in einem angemessenen Zeitabstand stattfinden.

25. Das endgültige Ergebnis wird vom Plenum des Rates verabschiedet.

E. Ergebnis der Überprüfung

1. Art der Präsentation des Ergebnisses

26. Das Ergebnis der Überprüfung wird in Form eines Berichts festgehalten, der aus einer Zusammenfassung der Beratungen, den Schlussfolgerungen und/oder Empfehlungen und den freiwilligen Zusagen des betroffenen Staates besteht.

2. Inhalt des Ergebnisses

27. Die allgemeine regelmäßige Überprüfung ist ein kooperativer Mechanismus. Ihr Ergebnis kann unter anderem Folgendes beinhalten:

a) eine in objektiver und transparenter Weise vorgenommene Bewertung der Menschenrechtslage in dem überprüften Land, einschließlich der positiven Entwicklungen und der Herausforderungen, denen sich das Land gegenübersieht;

b) die Übernahme bewährter Verfahren;

c) Nachdruck auf einer stärkeren Zusammenarbeit zur Förderung und zum Schutz der Menschenrechte;

d) die Gewährung von technischer Hilfe und von Unterstützung beim Kapazitätsaufbau in Absprache mit dem betroffenen Land und mit dessen Zustimmung;[1])

e) die freiwilligen Zusagen und Versprechen des überprüften Landes.

3. Annahme des Ergebnisses

28. Das überprüfte Land soll an der Ergebnisfindung in vollem Umfang beteiligt werden.

29. Vor der Annahme des Ergebnisses durch das Plenum des Rates soll dem betroffenen Staat die Möglichkeit geboten werden, Antworten auf Fragen oder Themen zu geben, die während des interaktiven Dialogs nicht ausreichend behandelt wurden.

30. Der betroffene Staat und die Mitgliedstaaten des Rates sowie die Beobachterstaaten erhalten Gelegenheit, ihre Auffassungen zum Ergebnis der Überprüfung zum Ausdruck zu bringen, bevor das Plenum darüber einen Beschluss fasst.

31. Andere maßgebliche Interessenvertreter erhalten Gelegenheit zur Abgabe allgemeiner Stellungnahmen, bevor das Ergebnis durch das Plenum angenommen wird.

32. Die Empfehlungen, die der betroffene Staat akzeptiert, werden entsprechend gekennzeichnet. Die anderen Empfehlungen werden zusammen mit den diesbezüglichen Stellungnahmen des betroffenen Staates vermerkt. Beide Arten von Empfehlungen werden in den vom Rat zu verabschiedenden Ergebnisbericht aufgenommen.

F. Folgemaßnahmen zu der Überprüfung

33. Das Ergebnis der allgemeinen regelmäßigen Überprüfung als eines kooperativen Mechanismus soll in erster Linie von dem betroffenen Staat und gegebenenfalls von anderen maßgeblichen Interessenvertretern umgesetzt werden.

34. Die darauffolgende Überprüfung soll sich unter anderem auf die Umsetzung des vorhergehenden Ergebnisses konzentrieren.

---

[1]) Der Rat soll beschließen, ob bestehende Finanzierungsmechanismen in Anspruch genommen werden oder ein neuer Mechanismus geschaffen wird.

35. Die allgemeine regelmäßige Überprüfung soll ein ständiger Punkt der Tagesordnung des Rates sein.

36. Die internationale Gemeinschaft wird bei der Umsetzung der Empfehlungen und Schlussfolgerungen in Bezug auf Kapazitätsaufbau und technische Hilfe in Absprache mit dem betroffenen Land und mit dessen Zustimmung behilflich sein.

37. Bei der Behandlung des Ergebnisses der allgemeinen regelmäßigen Überprüfung wird der Rat beschließen, ob und wann bestimmte Folgemaßnahmen erforderlich sind.

38. Nachdem der Rat alle Möglichkeiten ausgeschöpft hat, um einen Staat zur Zusammenarbeit mit dem Mechanismus der allgemeinen regelmäßigen Überprüfung zu bewegen, wird er in Fällen beharrlicher Verweigerung der Zusammenarbeit in geeigneter Weise vorgehen.

II. Sonderverfahren[1)]

A. Auswahl und Ernennung der Mandatsträger

39. Die folgenden allgemeinen Kriterien werden bei der Benennung, Auswahl und Ernennung von Mandatsträgern von ausschlaggebender Bedeutung sein:

a) Sachverstand,

b) Erfahrung auf dem Gebiet des Mandats,

c) Unabhängigkeit,

d) Unparteilichkeit,

e) persönliche Integrität und

f) Objektivität.

40. Der ausgewogenen Vertretung der Geschlechter und der ausgewogenen geografischen Vertretung sowie einer angemessenen Vertretung unterschiedlicher Rechtssysteme soll gebührend Rechnung getragen werden.

41. Der Rat nimmt auf seiner sechsten Tagung (der ersten Tagung des zweiten Zyklus) die fachlichen und objektiven Anforderungen an die Kandidaten an, die als Mandatsträger in Betracht kommen, um sicherzustellen, dass es sich um hochqualifizierte Personen handelt, die über nachweisliche fachliche Eignung, einschlägigen Sachverstand und umfangreiche Berufserfahrung auf dem Gebiet der Menschenrechte verfügen.

---

1) Umfassende und aktuelle Informationen zu den „Special Procedures" (thematische Mandate und Ländermandate): https://www.ohchr.org/EN/HRBodies/SP/Pages/Welcomepage.aspx

42. Die folgenden Stellen können Kandidaten für die Wahrnehmung von Mandaten im Rahmen der Sonderverfahren benennen:

a) Regierungen,

b) Regionalgruppen, die im Rahmen des Menschenrechtssystems der Vereinten Nationen tätig sind,

c) internationale Organisationen oder ihre Ämter (zum Beispiel das Amt des Hohen Kommissars für Menschenrechte),

d) nichtstaatliche Organisationen,

e) andere Menschenrechtsorgane,

f) Einzelpersonen.

43. Das Amt des Hohen Kommissars für Menschenrechte erstellt umgehend eine öffentliche Liste der in Betracht kommenden Kandidaten in einem einheitlichen Format, die Angaben zur Person, zu den jeweiligen Fachgebieten und zur Berufserfahrung enthält, führt diese Liste und aktualisiert sie regelmäßig. Das Freiwerden von Mandaten ist öffentlich bekanntzugeben.

44. Der Grundsatz der Vermeidung der Ämterhäufung auf dem Gebiet der Menschrechte ist zu achten.

45. Die Amtszeit eines Mandatsträgers in einer bestimmten Funktion beträgt unabhängig davon, ob es sich um ein thematisches oder ein Ländermandat handelt, höchstens sechs Jahre (bei thematischen Mandaten zwei dreijährige Amtszeiten).

46. Staatliche Amtsträger in Entscheidungspositionen oder Inhaber von Entscheidungspositionen in anderen Organisationen oder Einrichtungen, bei denen ein Interessenkonflikt im Hinblick auf die mit dem Mandat verbundenen Verantwortlichkeiten entstehen könnte, sind von der Kandidatur ausgeschlossen. Die Mandatsträger sind in persönlicher Eigenschaft tätig.

47. Es wird eine Beratungsgruppe eingesetzt, die dem Präsidenten spätestens einen Monat vor Beginn der Tagung, auf der der Rat die Auswahl der Mandatsträger behandelt, eine Liste der Kandidaten vorschlägt, die für die jeweiligen Mandate am besten qualifiziert sind und die allgemeinen Kriterien und besonderen Anforderungen erfüllen.

48. Die Beratungsgruppe berücksichtigt außerdem gebührend einen ihr zur Kenntnis gebrachten Ausschluss benannter Kandidaten von der öffentlichen Kandidatenliste.

49. Zu Beginn der jährlichen Tagungsperiode des Rates werden die Regionalgruppen gebeten, ein Mitglied der Beratungsgruppe zu ernennen, das in persönlicher Eigenschaft tätig sein wird. Die Gruppe wird durch das Amt des Hohen Kommissars für Menschenrechte unterstützt.

50. Die Beratungsgruppe prüft die auf der öffentlichen Liste stehenden Kandidaten; unter außergewöhnlichen Umständen und wenn ein

bestimmtes Amt dies rechtfertigt, kann die Gruppe jedoch zusätzlich benannte Kandidaten mit gleichen oder passenderen Qualifikationen für das Amt in Betracht ziehen. Die Empfehlungen an den Präsidenten sind öffentlich und werden begründet.

51. Die Beratungsgruppe soll bei der Festlegung der für jedes Mandat erforderlichen Fachkenntnisse, Erfahrungen, Fähigkeiten und der

(Fortsetzung nächstes Blatt)

sonstigen wichtigen Anforderungen nach Bedarf die Auffassungen der Interessenvertreter, einschließlich der derzeitigen oder scheidenden Mandatsträger, berücksichtigen.

52. Auf der Grundlage der Empfehlungen der Beratungsgruppe und im Anschluss an umfassende Konsultationen, insbesondere über die regionalen Koordinatoren, benennt der Präsident des Rates für jedes zu besetzende Mandat einen geeigneten Kandidaten. Der Präsident legt den Mitgliedstaaten und den Beobachtern spätestens zwei Wochen vor Beginn der Tagung, auf der der Rat die Ernennungen behandelt, eine Liste der Kandidaten vor.

53. Falls erforderlich, führt der Präsident weitere Konsultationen, um sicherzustellen, dass die vorgeschlagenen Kandidaten unterstützt werden. Das Ernennungsverfahren für die Mandatsträger in Sonderverfahren wird mit der darauffolgenden Billigung durch den Rat abgeschlossen. Die Mandatsträger sind vor dem Ende der Tagung zu ernennen.

B. Überprüfung, Rationalisierung und Verbesserung der Mandate

54. Die Überprüfung, Rationalisierung und Verbesserung der Mandate sowie die Schaffung neuer Mandate folgen den Grundsätzen der Universalität, der Unparteilichkeit, der Objektivität und der Nichtselektivität, eines konstruktiven internationalen Dialogs und der konstruktiven internationalen Zusammenarbeit und dienen dem Ziel, die Förderung und den Schutz aller Menschenrechte, der bürgerlichen, politischen, wirtschaftlichen, sozialen und kulturellen Rechte einschließlich des Rechts auf Entwicklung, zu verstärken.

55. Die Überprüfung, Rationalisierung und Verbesserung eines jeden Mandats erfolgen im Rahmen der Aushandlung der einschlägigen Resolutionen. Eine Bewertung des Mandats kann in einem gesonderten Teil des interaktiven Dialogs zwischen dem Rat und den Mandatsträgern der Sonderverfahren stattfinden.

56. Die Überprüfung, Rationalisierung und Verbesserung der Mandate sollen sich auf die Relevanz, den Umfang und den Inhalt der Mandate konzentrieren und im Rahmen der international anerkannten Menschenrechtsnormen, des Systems der Sonderverfahren und der Resolution 60/251 der Generalversammlung erfolgen.

57. Jeder Beschluss, Mandate zu straffen, zusammenzulegen oder möglicherweise zu beenden, soll stets mit Blick auf die Notwendigkeit gefasst werden, den Genuss und den Schutz der Menschenrechte zu verbessern.

58. Der Rat soll sich ständig um Verbesserungen bemühen, indem
   a) die Mandate stets klare Aussichten auf einen erhöhten Schutz und eine stärkere Förderung der Menschenrechte eröffnen sowie innerhalb des Menschenrechtssystems kohärent sind;

b) allen Menschenrechten gleiche Aufmerksamkeit gewidmet wird. Die Ausgewogenheit der thematischen Mandate soll die anerkannte Gleichwertigkeit der bürgerlichen, politischen, wirtschaftlichen, sozialen und kulturellen Rechte einschließlich des Rechts auf Entwicklung umfassend widerspiegeln;
c) alles getan wird, um unnötige Doppelarbeit zu vermeiden;
d) bislang unberücksichtigte Themenbereiche benannt und aufgegriffen werden, auch durch andere Mittel als die Schaffung von Mandaten für Sonderverfahren, etwa indem ein bestehendes Mandat erweitert wird, die Aufmerksamkeit der Mandatsträger auf eine themenübergreifende Frage gelenkt wird oder die zuständigen Mandatsträger um gemeinsames Handeln ersucht werden;
e) Überlegungen zur Zusammenlegung von Mandaten den Inhalt und die Hauptfunktionen eines jeden Mandats sowie die Arbeitsbelastung der einzelnen Mandatsträger berücksichtigen;
f) bei der Schaffung oder Überprüfung von Mandaten Anstrengungen unternommen werden, um festzustellen, ob der Mechanismus die für einen verstärkten Schutz der Menschenrechte wirksamste Struktur (Sachverständiger, Berichterstatter oder Arbeitsgruppe) besitzt;
g) neue Mandate so klar und so präzise wie möglich gefasst werden, um Unklarheiten zu vermeiden.

59. Es sollte angestrebt werden, einheitliche Bezeichnungen für die Mandatsträger und die Mandate sowie ein einheitliches Auswahl- und Ernennungsverfahren zu haben, damit das gesamte System verständlicher wird.

60. Die Dauer der thematischen Mandate beträgt drei Jahre. Die Dauer der Ländermandate beträgt ein Jahr.

61. Die in Anhang I enthaltenen Mandate werden gegebenenfalls bis zu dem Datum verlängert, an dem sie vom Rat gemäß dem Arbeitsprogramm behandelt werden.[1]

62. Die derzeitigen Mandatsträger können ihr Amt weiter ausüben, sofern die Höchstdauer von sechs Jahren nicht überschritten wird (Anhang II). Ausnahmsweise kann die Amtszeit der Mandatsträger, die ihr Amt seit mehr als sechs Jahren ausüben, verlängert werden, bis das entsprechende Mandat vom Rat behandelt wird und das Auswahl- und Ernennungsverfahren abgeschlossen ist.

63. Beschlüsse zur Schaffung, Überprüfung oder Beendigung von Ländermandaten sollen außerdem den Grundsätzen der Zusammenarbeit und eines echten Dialogs Rechnung tragen mit dem Ziel, die Fähigkeit der Mitgliedstaaten zur Erfüllung ihrer Verpflichtungen auf dem Gebiet der Menschenrechte zu stärken.

---

[1] Die Ländermandate erfüllen die folgenden Kriterien:
– Es gibt ein noch nicht erfülltes Mandat des Rates, oder
– es gibt ein noch nicht erfülltes Mandat der Generalversammlung, oder
– das Mandat bezieht sich auf beratende Dienste und technische Hilfe.

64. Bei Situationen von Menschenrechtsverletzungen oder mangelnder Zusammenarbeit, die die Aufmerksamkeit des Rates erfordern, sollen die Grundsätze der Objektivität, der Nichtselektivität und der Vermeidung des Messens mit zweierlei Maß und der Politisierung Anwendung finden.

III. Beratender Ausschuss des Menschenrechtsrats

65. Der Beratende Ausschuss des Menschenrechtsrats (im Folgenden „der Beratende Ausschuss"), dem 18 in persönlicher Eigenschaft tätige Sachverständige angehören, fungiert als Reflexionsgruppe des Rates und arbeitet unter seiner Leitung. Die Einrichtung dieses Nebenorgans und seine Arbeitsweise unterliegen den nachstehenden Leitlinien.

A. Benennung

66. Alle Mitgliedstaaten der Vereinten Nationen können Kandidaten aus ihrer eigenen Region vorschlagen oder unterstützen. Bei der Auswahl ihrer Kandidaten sollen die Staaten ihre nationalen Menschenrechtsinstitutionen und Organisationen der Zivilgesellschaft konsultieren und diesbezüglich die Namen derjenigen angeben, die ihre Kandidaten unterstützen.
67. Ziel ist es, zu gewährleisten, dass dem Rat der bestmögliche Sachverstand zur Verfügung gestellt wird. Zu diesem Zweck legt der Rat auf seiner sechsten Tagung (der ersten Tagung des zweiten Zyklus) die fachlichen und objektiven Voraussetzungen für die Benennung von Kandidaten fest und beschließt sie. Zu den Voraussetzungen sollen unter anderem zählen:
    a) anerkannte Sachkenntnis und Erfahrung auf dem Gebiet der Menschenrechte;
    b) hohes sittliches Ansehen;
    c) Unabhängigkeit und Unparteilichkeit.
68. Staatliche Amtsträger in Entscheidungspositionen oder Inhaber von Entscheidungspositionen in anderen Organisationen oder Einrichtungen, bei denen ein Interessenkonflikt im Hinblick auf die mit dem Mandat verbundenen Verantwortlichkeiten entstehen könnte, sind von der Kandidatur ausgeschlossen. Die gewählten Mitglieder des Ausschusses sind in persönlicher Eigenschaft tätig.
69. Der Grundsatz der Vermeidung der Ämterhäufung auf dem Gebiet der Menschenrechte ist zu achten.

B. Wahl

70. Der Rat wählt die Mitglieder des Beratenden Ausschusses in geheimer Wahl aus der Liste der Kandidaten, die entsprechend den vereinbarten Voraussetzungen benannt worden sind.

71. Die Liste der Kandidaten wird zwei Monate vor dem Wahltermin geschlossen. Das Sekretariat stellt die Liste der Kandidaten und die einschlägigen Informationen den Mitgliedstaaten und der Öffentlichkeit spätestens einen Monat vor ihrer Wahl zur Verfügung.

72. Der ausgewogenen Vertretung der Geschlechter und der angemessenen Vertretung verschiedener Kulturkreise und Rechtssysteme soll gebührend Rechnung getragen werden.

73. Die geografische Verteilung ist wie folgt:
Afrikanische Staaten: 5
Asiatische Staaten: 5
Osteuropäische Staaten: 2
Lateinamerikanische und karibische Staaten: 3
Westeuropäische und andere Staaten: 3

74. Die Mitglieder des Beratenden Ausschusses üben ihr Amt für die Dauer von drei Jahren aus. Sie können einmal wiedergewählt werden. Während der ersten Mandatsperiode beträgt die Amtszeit eines Drittels der Sachverständigen ein Jahr und die eines weiteren Drittels zwei Jahre. Die Staffelung der Amtszeiten wird durch das Los festgelegt.

C. Aufgaben

75. Aufgabe des Beratenden Ausschusses ist es, dem Rat in der von diesem erbetenen Art und Form Sachverstand mit dem Schwerpunkt auf Studien und forschungsgestützter Beratung zur Verfügung zu stellen. Dieser Sachverstand wird nur auf Ersuchen des Rates, in Befolgung seiner Resolutionen und unter seiner Anleitung bereitgestellt.

76. Der Beratende Ausschuss soll anwendungsorientiert arbeiten und sein Beratungsspektrum auf die Themenbereiche begrenzen, die zum Mandat des Rates gehören, nämlich die Förderung und der Schutz aller Menschenrechte.

77. Der Beratende Ausschuss verabschiedet keine Resolutionen oder Beschlüsse. Er kann im Rahmen seines vom Rat festgelegten Tätigkeitsbereichs zur Behandlung und Billigung durch den Rat Vorschläge für die weitere Verbesserung der Effizienz seiner Verfahren sowie weitere Forschungsvorschläge im Rahmen des vom Rat festgelegten Tätigkeitsbereichs unterbreiten.

78. Der Rat erlässt spezifische Leitlinien für den Beratenden Ausschuss, wenn er diesen um einen Sachbeitrag bittet, und überprüft alle oder einen Teil dieser Leitlinien, wenn er dies in Zukunft für notwendig erachtet.

D. Arbeitsmethoden

79. Der Beratende Ausschuss hält in jedem Jahr höchstens zwei Tagungen mit einer Höchstdauer von zehn Arbeitstagen ab. Zusätz-

liche Tagungen können mit vorheriger Zustimmung des Rates auf Ad-hoc-Basis angesetzt werden.

80. Der Rat kann den Beratenden Ausschuss auffordern, bestimmte Aufgaben, die kollektiv wahrgenommen werden könnten, durch eine kleinere Gruppe oder eine Einzelperson auszuführen. Der Beratende Ausschuss wird dem Rat über diese Tätigkeiten Bericht erstatten.

81. Die Mitglieder des Beratenden Ausschusses werden ermutigt, sich zwischen den Tagungen einzeln oder in Gruppen auszutauschen. Der Beratende Ausschuss darf jedoch nicht Nebenorgane einsetzen, sofern nicht der Rat ihn dazu ermächtigt.

82. Der Beratende Ausschuss ist nachdrücklich aufgefordert, bei der Durchführung seines Mandats gemäß den Modalitäten des Rates mit den Staaten, nationalen Menschenrechtsinstitutionen, nichtstaatlichen Organisationen und anderen Einrichtungen der Zivilgesellschaft zusammenzuwirken.

83. Die Mitgliedstaaten und Beobachter einschließlich der Staaten, die nicht Mitglied des Rates sind, die Sonderorganisationen, sonstigen zwischenstaatlichen Organisationen und nationalen Menschenrechtsinstitutionen sowie nichtstaatlichen Organisationen sind berechtigt, auf der Grundlage der von der Menschenrechtskommission und dem Rat befolgten Regelungen, namentlich der Resolution 1996/31 des Wirtschafts- und Sozialrats, und Verfahrensweisen an der Arbeit des Beratenden Ausschusses mitzuwirken, wobei zu gewährleisten ist, dass sie einen möglichst wirksamen Beitrag leisten.

84. Der Rat beschließt auf seiner sechsten Tagung (der ersten Tagung des zweiten Zyklus), welche Mechanismen am besten geeignet sind, um die Tätigkeit der Arbeitsgruppen für indigene Bevölkerungsgruppen, über moderne Formen der Sklaverei und für Minderheiten und die des Sozialforums fortzuführen.

IV. Beschwerdeverfahren

A. Ziel und Geltungsbereich

85. Es wird ein Beschwerdeverfahren eingerichtet, um durchgängige Muster von schweren und zuverlässig bestätigten Verletzungen sämtlicher Menschenrechte und Grundfreiheiten unabhängig davon zu behandeln, in welchem Teil der Welt und unter welchen Umständen sie sich ereignen.

86. Die Resolution 1503 (XLVIII) des Wirtschafts- und Sozialrats vom 27. Mai 1970, geändert durch Resolution 2000/3 vom 19. Juni 2000, diente als Ausgangsgrundlage, unter Aufnahme notwendiger Verbesserungen, um sicherzustellen, dass das Beschwerdeverfahren unparteiisch, objektiv, effizient und opferorientiert ist und zeitnah durchgeführt wird. Der vertrauliche Charakter des Verfahrens wird im Hinblick auf eine bessere Zusammenarbeit mit dem betroffenen Staat erhalten bleiben.

B. Zulässigkeitskriterien für Mitteilungen

87. Eine Mitteilung über eine Verletzung von Menschenrechten und Grundfreiheiten ist im Rahmen dieses Verfahrens zulässig, wenn
   a) sie nicht offensichtlich politisch motiviert ist und ihr Gegenstand mit der Charta der Vereinten Nationen, der Allgemeinen Erklärung der Menschenrechte und den anderen anwendbaren Übereinkünften auf dem Gebiet der Menschenrechte vereinbar ist;
   b) sie eine sachliche Beschreibung der behaupteten Verletzungen gibt unter Angabe der Rechte, deren Verletzung geltend gemacht wird;
   c) sie nicht ausfällig formuliert ist. Eine solche Mitteilung kann jedoch geprüft werden, wenn sie nach Streichung der ausfälligen Formulierungen die anderen Zulässigkeitskriterien erfüllt;
   d) sie von einer Person oder einer Personengruppe eingereicht wird, die behauptet, Opfer von Verletzungen der Menschenrechte und Grundfreiheiten zu sein, oder von einer Person oder einer Personengruppe einschließlich nichtstaatlicher Organisationen, die in gutem Glauben im Einklang mit den Grundsätzen der Menschenrechte handelt, die keine politisch motivierten Standpunkte im Widerspruch zur Charta der Vereinten Nationen einnimmt und die behauptet, unmittelbare und verlässliche Kenntnis der betreffenden Verletzungen zu haben. Mitteilungen, die zuverlässig bestätigt sind, sind jedoch nicht allein deswegen unzulässig, weil die Kenntnis der jeweiligen Verfasser aus zweiter Hand stammt, sofern ihnen klare Beweise beigefügt sind;
   e) sie nicht ausschließlich auf von Massenmedien verbreiteten Meldungen beruht;
   f) sie sich nicht auf einen Fall bezieht, der ein durchgängiges Muster von schweren und zuverlässig bestätigten Menschenrechtsverletzungen erkennen lässt, mit dem sich bereits ein Sonderverfahren, ein Vertragsorgan, ein anderes Beschwerdeverfahren der Vereinten Nationen oder ein vergleichbares regionales Beschwerdeverfahren auf dem Gebiet der Menschenrechte befasst;
   g) die innerstaatlichen Rechtsbehelfe erschöpft sind, sofern es nicht den Anschein hat, dass sie unwirksam wären oder ihre Anwendung unangemessen lange dauern würde.
88. Nationale Menschenrechtsinstitutionen, die nach den „Grundsätzen betreffend die Stellung nationaler Institutionen (Pariser Grundsätze)“ eingerichtet wurden und tätig sind, insbesondere solche mit quasi-gerichtlicher Zuständigkeit, können als wirksame Instrumente angesehen werden, um bei einzelnen Menschenrechtsverletzungen Abhilfe zu schaffen.

C. Arbeitsgruppen

89. Zwei gesonderte Arbeitsgruppen werden eingesetzt mit dem Auftrag, die Mitteilungen zu prüfen und dem Rat durchgängige Muster von schweren und zuverlässig bestätigten Verletzungen der Menschenrechte und Grundfreiheiten zur Kenntnis zu bringen.
90. Beide Arbeitsgruppen arbeiten nach Möglichkeit im Konsens. Kommt ein Konsens nicht zustande, werden Beschlüsse mit einfacher Mehrheit der Stimmen gefasst. Die Arbeitsgruppen können sich eine Geschäftsordnung geben.

1. Arbeitsgruppe für Mitteilungen: Zusammensetzung, Mandat und Befugnisse

91. Der Beratende Ausschuss des Menschenrechtsrats benennt unter gebührender Berücksichtigung der ausgewogenen Vertretung der Geschlechter fünf seiner Mitglieder, eines aus jeder Regionalgruppe, die die Arbeitsgruppe für Mitteilungen bilden.
92. Ist ein freier Sitz zu besetzen, benennt der Beratende Ausschuss einen unabhängigen und hochqualifizierten Sachverständigen aus dem Kreis der Mitglieder derselben Regionalgruppe.
93. Im Hinblick auf den für die Prüfung und Bewertung der eingegangenen Mitteilungen notwendigen unabhängigen Sachverstand und um Kontinuität zu gewährleisten, werden die unabhängigen und hochqualifizierten Sachverständigen der Arbeitsgruppe für Mitteilungen auf drei Jahre ernannt. Ihr Mandat kann nur einmal verlängert werden.
94. Der Vorsitzende der Arbeitsgruppe für Mitteilungen ist gehalten, in Zusammenarbeit mit dem Sekretariat eine erste Prüfung der eingegangenen Mitteilungen auf der Grundlage der Zulässigkeitskriterien vorzunehmen, bevor sie an die betroffenen Staaten weitergeleitet werden. Offensichtlich unbegründete oder anonyme Mitteilungen werden vom Vorsitzenden ausgesondert und daher nicht an den betroffenen Staat weitergeleitet. Zwecks Rechenschaftslegung und Transparenz übermittelt der Vorsitzende der Arbeitsgruppe für Mitteilungen allen ihren Mitgliedern eine Liste aller nach der ersten Prüfung zurückgewiesenen Mitteilungen. Diese Liste soll die Gründe für alle Beschlüsse enthalten, mit denen eine Mitteilung zurückgewiesen wurde. Alle anderen Mitteilungen, die nicht ausgesondert wurden, werden an den betroffenen Staat weitergeleitet, um seine Auffassungen zu den behaupteten Verletzungen einzuholen.
95. Die Mitglieder der Arbeitsgruppe für Mitteilungen entscheiden über die Zulässigkeit einer Mitteilung und prüfen die Begründetheit der Behauptungen von Rechtsverletzungen auch im Hinblick darauf, ob die Mitteilung für sich genommen oder zusammen mit anderen Mitteilungen ein durchgängiges Muster von schweren und

zuverlässig bestätigten Verletzungen der Menschenrechte und Grundfreiheiten erkennen lässt. Die Arbeitsgruppe für Mitteilungen erstellt für die Arbeitsgruppe für Situationen eine Akte mit allen zulässigen Mitteilungen sowie den diesbezüglichen Empfehlungen. Hält die Arbeitsgruppe für Mitteilungen eine weitergehende Prüfung oder zusätzliche Informationen für erforderlich, kann sie mit einem Fall bis zu ihrer nächsten Tagung befasst bleiben und von dem betroffenen Staat die entsprechenden Informationen anfordern. Die Arbeitsgruppe für Mitteilungen kann beschließen, einen Fall abzuweisen. Alle Beschlüsse der Arbeitsgruppe für Mitteilungen sind unter strenger Anwendung der Zulässigkeitskriterien zu fassen und ordnungsgemäß zu begründen.

2. Arbeitsgruppe für Situationen: Zusammensetzung, Mandat und Befugnisse

96. Jede Regionalgruppe benennt unter gebührender Berücksichtigung der ausgewogenen Vertretung der Geschlechter einen Vertreter eines Mitgliedstaats des Rates für die Arbeitsgruppe für Situationen. Die Mitglieder werden für ein Jahr ernannt. Ihr Mandat kann einmal verlängert werden, wenn der betroffene Staat ein Mitglied des Rates ist.

97. Die Mitglieder der Arbeitsgruppe für Situationen sind in persönlicher Eigenschaft tätig. Ist ein freier Sitz zu besetzen, benennt die jeweilige Regionalgruppe, auf die der Sitz entfällt, einen Vertreter aus dem Kreis der Mitgliedstaaten dieser Regionalgruppe.

98. Die Arbeitsgruppe für Situationen ist gehalten, dem Rat auf der Grundlage der von der Arbeitsgruppe für Mitteilungen bereitgestellten Informationen und Empfehlungen einen Bericht über durchgängige Muster von schweren und zuverlässig bestätigten Verletzungen der Menschenrechte und Grundfreiheiten vorzulegen und ihm Empfehlungen über die zu ergreifenden Maßnahmen zu geben, in der Regel in Form eines Resolutions- oder Beschlussentwurfs zu den ihm unterbreiteten Situationen. Hält die Arbeitsgruppe für Situationen eine weitergehende Prüfung oder zusätzliche Informationen für erforderlich, können ihre Mitglieder mit einem Fall bis zu ihrer nächsten Tagung befasst bleiben. Die Arbeitsgruppe für Situationen kann ebenfalls beschließen, einen Fall abzuweisen.

99. Alle Beschlüsse der Arbeitsgruppe für Situationen sind ordnungsgemäß zu begründen und haben Aufschluss darüber zu geben, warum die Prüfung einer Situation eingestellt wurde oder Maßnahmen in Bezug auf die Situation empfohlen wurden. Beschlüsse, die Prüfung einer Situation einzustellen, sollen im Konsens oder, wenn das nicht möglich ist, mit einfacher Stimmenmehrheit gefasst werden.

D. Arbeitsmodalitäten und Vertraulichkeit

100. Da das Beschwerdeverfahren unter anderem opferorientiert und so vertraulich wie zeitnah durchzuführen ist, treten die beiden

beitsgruppen mindestens zweimal im Jahr zu Tagungen mit einer Dauer von jeweils fünf Arbeitstagen zusammen, um die eingegangenen Mitteilungen, einschließlich der Antworten der Staaten, und die Situationen, mit denen der Rat im Rahmen des Beschwerdeverfahrens bereits befasst ist, umgehend zu prüfen.

101. Der betroffene Staat ist zur Mitarbeit im Beschwerdeverfahren verpflichtet und hat sich nach besten Kräften zu bemühen, auf alle Anfragen der Arbeitsgruppen oder des Rates sachbezogene Antworten in einer der Amtssprachen der Vereinten Nationen zu geben. Der betroffene Staat hat sich außerdem nach Kräften zu bemühen, ihm gestellte Fragen spätestens nach drei Monaten zu beantworten. Falls erforderlich, kann diese Frist auf Antrag des betroffenen Staates verlängert werden.

102. Das Sekretariat ist gehalten, die vertraulichen Akten spätestens zwei Wochen im Voraus allen Mitgliedern des Rates zur Verfügung zu stellen, damit diese genügend Zeit zur Prüfung der Akten haben.

103. Der Rat prüft durchgängige Muster von schweren und zuverlässig bestätigten Verletzungen der Menschenrechte und Grundfreiheiten, die ihm die Arbeitsgruppe für Situationen zur Kenntnis bringt, so oft wie nötig, mindestens jedoch einmal im Jahr.

104. Die an den Rat überwiesenen Berichte der Arbeitsgruppe für Situationen werden vertraulich geprüft, sofern der Rat nichts anderes beschließt. Empfiehlt die Arbeitsgruppe für Situationen dem Rat, insbesondere im Fall eines offensichtlichen und eindeutigen Mangels an Kooperation, eine Situation in öffentlicher Sitzung zu prüfen, so prüft der Rat diese Empfehlung mit Vorrang auf seiner nächsten Tagung.

105. Um zu gewährleisten, dass das Beschwerdeverfahren opferorientiert und effizient ist und zeitnah durchgeführt wird, darf die Zeitspanne zwischen der Übermittlung der Beschwerde an den betroffenen Staat und der Prüfung durch den Rat grundsätzlich 24 Monate nicht überschreiten.

E. Einbeziehung des Beschwerdeführers und des betroffenen Staates

106. Während des Beschwerdeverfahrens wird sichergestellt, dass sowohl der Urheber der Mitteilung als auch der betroffene Staat über die folgenden wichtigen Verfahrensabschnitte unterrichtet werden:

a) wenn eine Mitteilung von der Arbeitsgruppe für Mitteilungen für unzulässig erklärt wird oder wenn sie von der Arbeitsgruppe für Situationen zur Prüfung aufgegriffen wird oder wenn eine der Arbeitsgruppen oder der Rat beschließt, mit der Mitteilung befasst zu bleiben;

b) wenn das Endergebnis vorliegt.

107. Darüber hinaus wird der Beschwerdeführer unterrichtet, wenn seine Mitteilung im Rahmen des Beschwerdeverfahrens registriert wird.

108. Ersucht der Beschwerdeführer um die vertrauliche Behandlung seiner Identität, wird diese dem betroffenen Staat nicht bekanntgegeben.

F. Maßnahmen

109. Entsprechend der bisherigen Praxis soll in Bezug auf eine bestimmte Situation eine der folgenden Entscheidungen getroffen werden:
   a) Einstellung der Prüfung einer Situation, wenn eine weitere Prüfung oder andere Maßnahme nicht gerechtfertigt ist;
   b) weitere Prüfung der Situation mit dem an den betroffenen Staat gerichteten Ersuchen, innerhalb eines angemessenen Zeitraums weitere Informationen bereitzustellen;
   c) weitere Prüfung der Situation unter Ernennung eines unabhängigen und hochqualifizierten Sachverständigen zur Überwachung der Situation und Berichterstattung an den Rat;
   d) Einstellung der Prüfung im Rahmen des vertraulichen Beschwerdeverfahrens, um die Sache anschließend öffentlich zu prüfen;
   e) Empfehlung an das Amt des Hohen Kommissars für Menschenrechte, dem betroffenen Staat technische Zusammenarbeit, Hilfe zum Kapazitätsaufbau oder Beratende Dienste zur Verfügung zu stellen.

V. Tagesordnung und Rahmen für das Arbeitsprogramm

A. Grundsätze

Universalität
Unparteilichkeit
Objektivität
Nichtselektivität
Konstruktiver Dialog und Zusammenarbeit
Berechenbarkeit
Flexibilität
Transparenz
Rechenschaftslegung
Ausgewogenheit
Umfassende Einbindung
Geschlechterperspektive
Umsetzung der Beschlüsse und ihre Kontrolle

B. Tagesordnung

Punkt 1. Organisations- und Verfahrensfragen

Punkt 2. Jahresbericht des Hohen Kommissars der Vereinten Nationen für Menschenrechte und Berichte des Amtes des Hohen Kommissars und des Generalsekretärs

Punkt 3. Förderung und Schutz aller Menschenrechte, der bürgerlichen, politischen, wirtschaftlichen, sozialen und kulturellen Rechte, einschließlich des Rechts auf Entwicklung

Punkt 4. Menschenrechtssituationen, die die Aufmerksamkeit des Rates erfordern

Punkt 5. Menschenrechtsorgane und -mechanismen

Punkt 6. Allgemeine regelmäßige Überprüfung

Punkt 7. Menschenrechtssituation in Palästina und den anderen besetzten arabischen Gebieten

Punkt 8. Weiterverfolgung und Umsetzung der Erklärung und des Aktionsprogramms von Wien

Punkt 9. Rassismus, Rassendiskriminierung, Fremdenfeindlichkeit und damit zusammenhängende Formen der Intoleranz – Weiterverfolgung und Umsetzung der Erklärung und des Aktionsprogramms von Durban

Punkt 10. Technische Hilfe und Kapazitätsaufbau

C. Rahmen für das Arbeitsprogramm

Punkt 1. Organisations- und Verfahrensfragen
Wahl des Präsidiums
Annahme des Jahresarbeitsprogramms
Annahme des Arbeitsprogramms der Tagung, einschließlich sonstiger Fragen
Auswahl und Ernennung der Mandatsträger
Wahl der Mitglieder des Beratenden Ausschusses des Menschenrechtsrats
Annahme des Tagungsberichts
Annahme des Jahresberichts

Punkt 2. Jahresbericht des Hohen Kommissars der Vereinten Nationen für Menschenrechte und Berichte des Amtes des Hohen Kommissars und des Generalsekretärs
Vorlage des Jahresberichts und Aktualisierungen

Punkt 3. Förderung und Schutz aller Menschenrechte, der bürgerlichen, politischen, wirtschaftlichen, sozialen und kulturellen Rechte, einschließlich des Rechts auf Entwicklung
Wirtschaftliche, soziale und kulturelle Rechte
Bürgerliche und politische Rechte
Rechte der Völker, bestimmter Gruppen und des Einzelnen
Recht auf Entwicklung
Wechselbeziehung von Menschenrechten und thematischen menschenrechtlichen Fragen

Punkt 4. Menschenrechtssituationen, die die Aufmerksamkeit des Rates erfordern

Punkt 5. Menschenrechtsorgane und -mechanismen
Bericht des Beratenden Ausschusses des Menschenrechtsrats
Bericht des Beschwerdeverfahrens

Punkt 6. Allgemeine regelmäßige Überprüfung

Punkt 7. Menschenrechtssituation in Palästina und den anderen besetzten arabischen Gebieten
Menschenrechtsverletzungen und Auswirkungen der israelischen Besetzung Palästinas und der anderen besetzten arabischen Gebiete
Recht des palästinensischen Volkes auf Selbstbestimmung

Punkt 8. Weiterverfolgung und Umsetzung der Erklärung und des Aktionsprogramms von Wien

Punkt 9. Rassismus, Rassendiskriminierung, Fremdenfeindlichkeit und damit zusammenhängende Formen der Intoleranz – Weiterverfolgung und Umsetzung der Erklärung und des Aktionsprogramms von Durban

Punkt 10. Technische Hilfe und Kapazitätsaufbau

VI. Arbeitsmethoden

110. Die Arbeitsmethoden sollen nach Resolution 60/251 der Generalversammlung transparent, unparteiisch, ausgewogen, fair und pragmatisch sein und zu Klarheit, Berechenbarkeit und umfassender Einbindung führen. Sie können im Lauf der Zeit auch aktualisiert und angepasst werden.

A. Institutionelle Regelungen

1. Unterrichtungen über vorgesehene Resolutionen oder Beschlüsse

111. Unterrichtungen über vorgesehene Resolutionen oder Beschlüsse haben ausschließlich informativen Charakter und dienen dazu, die Delegationen von Resolutionen und/oder Beschlüssen in Kenntnis zu setzen, die vorgelegt werden oder deren Vorlegung beabsichtigt ist. Diese Unterrichtungen werden von den interessierten Delegationen organisiert.

2. Offene Informationssitzungen des Präsidenten über Resolutionen, Beschlüsse und sonstige damit zusammenhängende Fragen

112. Die offenen Informationssitzungen des Präsidenten über Resolutionen, Beschlüsse und sonstige damit zusammenhängende Fragen dienen der Unterrichtung über den Stand der Verhandlungen über Resolutions- und/oder Beschlussentwürfe, damit sich die Delegationen einen allgemeinen Überblick über den Stand dieser Entwürfe verschaffen können. Die Konsultationen dienen lediglich Informationszwecken neben den auf dem Extranet verfügbaren In-

formationen und werden transparent und unter Einbindung aller Seiten geführt. Sie dienen nicht als Verhandlungsforum.

3. Von den Haupteinbringern einberufene informelle Konsultationen über Vorschläge

113. Informelle Konsultationen sind das wichtigste Instrument zur Aushandlung von Resolutions- und/oder Beschlussentwürfen; ihre Einberufung ist Aufgabe des Einbringers (der Einbringer). Zu jedem Resolutions- und/oder Beschlussentwurf soll mindestens eine informelle offene Konsultation abgehalten werden, bevor er vom Rat im Hinblick auf eine Beschlussfassung geprüft wird. Soweit es möglich ist, sollen die Konsultationen frühzeitig, transparent und unter Einbindung aller Seiten geplant werden und den Zwängen Rechnung tragen, denen die Delegationen, insbesondere kleinere, unterliegen.

4. Rolle des Präsidiums

114. Das Präsidium befasst sich mit Verfahrens- und Organisationsfragen. Es informiert regelmäßig in einem zeitnahen zusammenfassenden Bericht über den Inhalt seiner Sitzungen.

5. Andere mögliche Arbeitsformen: Podiumsgespräche, Seminare und Runde Tische

115. Über die Nutzung dieser anderen Arbeitsformen einschließlich der Themen und Modalitäten entscheidet der Rat von Fall zu Fall. Sie können als Instrumente des Rates zur Verbesserung des Dialogs und des gegenseitigen Verständnisses in bestimmten Fragen dienen. Sie sollen im Rahmen der Tagesordnung und des Jahresarbeitsprogramms des Rates genutzt werden und seinen zwischenstaatlichen Charakter stärken und/oder ergänzen. Sie dürfen nicht verwendet werden, um bestehende Menschenrechtsmechanismen und eingeführte Arbeitsmethoden zu ersetzen oder abzulösen.

6. Tagungsteil auf hoher Ebene

116. Der Tagungsteil auf hoher Ebene wird einmal jährlich während der Haupttagung des Rates abgehalten. Ihm folgt ein allgemeiner Tagungsteil, auf dem die Delegationen, die an dem Tagungsteil auf hoher Ebene nicht teilgenommen haben, allgemeine Erklärungen abgeben können.

B. Arbeitskultur

117. Notwendige Elemente sind:

a) die frühzeitige Bekanntgabe der Vorschläge;

b) die frühzeitige Vorlage der Resolutions- und Beschlussentwürfe, vorzugsweise bis zum Ende der vorletzten Woche einer Tagung;

c) die frühzeitige Verteilung aller Berichte, insbesondere der Berichte der Sonderverfahren, zur rechtzeitigen Übermittlung an die Delegationen, in allen Amtssprachen der Vereinten Nationen und spätestens 15 Tage vor ihrer Prüfung durch den Rat;

d) die Verantwortung der Einbringer einer landesbezogenen Resolution, möglichst breite Unterstützung (vorzugsweise 15 Mitglieder) für ihre Initiativen sicherzustellen, bevor ein Beschluss gefasst wird;

e) das maßvolle Einbringen von Resolutionen, um ihre Zahl in Grenzen zu halten, unbeschadet des Rechts der Staaten, darüber zu entscheiden, mit welcher Regelmäßigkeit sie Vorschlagsentwürfe vorlegen, durch
   i) die möglichst weitgehende Vermeidung unnötiger Überschneidungen mit Initiativen der Generalversammlung/des Dritten Ausschusses;
   ii) die Bündelung von Tagesordnungspunkten;
   iii) die Staffelung der Einbringung von Beschlüssen und/oder Resolutionen und der Prüfung von Maßnahmen in Bezug auf Tagesordnungspunkte/Fragen.

C. Andere Ergebnisse als Resolutionen und Beschlüsse

118. Dazu können Empfehlungen, Schlussfolgerungen, Zusammenfassungen von Erörterungen und Erklärungen des Präsidenten gehören. Da solche Ergebnisse andere rechtliche Auswirkungen haben, sollen sie Resolutionen und Beschlüsse ergänzen und nicht ersetzen.

D. Sondertagungen des Rates

119. Die nachstehenden Bestimmungen ergänzen den durch Resolution 60/251 der Generalversammlung und die Geschäftsordnung des Menschenrechtsrats vorgegebenen allgemeinen Rahmen.

120. Für Sondertagungen gelten die Regeln der Geschäftsordnung des Rates, die auf die ordentlichen Tagungen des Rates anzuwenden sind.

121. Entsprechend dem Erfordernis in Ziffer 10 der Resolution 60/251 der Generalversammlung wird der Antrag auf Abhaltung einer Sondertagung dem Präsidenten und dem Sekretariat des Rates vorgelegt. Der Antrag nennt den zur Behandlung vorgeschlagenen Punkt und enthält alle anderen sachdienlichen Informationen, die die Einbringer beifügen möchten.

122. Die Sondertagung wird so bald wie möglich nach Übermittlung des förmlichen Antrags, grundsätzlich jedoch nicht früher als zwei Arbeitstage und nicht später als fünf Arbeitstage nach dem offiziellen Eingang des Antrags einberufen. Die Dauer der Sondertagung darf drei Tage (sechs Arbeitssitzungen) nicht überschreiten, sofern der Rat nichts anderes beschließt.

123. Das Sekretariat des Rates übermittelt den Antrag auf Abhaltung einer Sondertagung und alle von den Einbringern beigefügten Zusatzinformationen sowie das Datum für die Abhaltung der Sondertagung umgehend allen Mitgliedstaaten der Vereinten Nationen und stellt diese Informationen auf dem zweckmäßigsten und schnellsten Kommunikationsweg den Sonderorganisationen, anderen zwischenstaatlichen Organisationen und nationalen Menschenrechtsinstitutionen sowie nichtstaatlichen Organisationen mit Konsultativstatus zur Verfügung. Die Dokumentation der Sondertagung, insbesondere die Resolutions- und Beschlussentwürfe, soll allen Staaten in allen Amtssprachen der Vereinten Nationen zeitnah und auf ausgewogene und transparente Weise zugänglich gemacht werden.

124. Der Präsident des Rates soll vor der Sondertagung offene Konsultationen zu Informationszwecken über die Durchführung und Organisation der Tagung abhalten. In dieser Hinsicht kann das Sekretariat auch ersucht werden, zusätzliche Informationen bereitzustellen, namentlich über die Arbeitsmethoden früherer Sondertagungen.

125. Die Mitglieder des Rates, die betroffenen Staaten, Beobachterstaaten, Sonderorganisationen, sonstige zwischenstaatliche Organisationen und nationale Menschenrechtsinstitutionen sowie nichtstaatliche Organisationen mit Konsultativstatus können zu der Sondertagung im Einklang mit der Geschäftsordnung des Rates beitragen.

126. Wenn die die Sondertagung beantragenden oder andere Staaten beabsichtigen, auf der Sondertagung Resolutions- oder Beschlussentwürfe einzubringen, soll deren Wortlaut nach den einschlägigen Regeln der Geschäftsordnung des Rates zur Verfügung gestellt werden. Den Einbringern wird jedoch dringend nahegelegt, den Wortlaut so früh wie möglich vorzulegen.

127. Die Einbringer eines Resolutions- oder Beschlussentwurfs sollen offene Konsultationen über den Wortlaut des Entwurfs abhalten mit dem Ziel, eine möglichst breite Beteiligung an seiner Prüfung zu erreichen und, wenn möglich, einen Konsens herbeizuführen.

128. Eine Sondertagung soll eine partizipative Aussprache ermöglichen, ergebnisorientiert und darauf ausgerichtet sein, praktische Ergebnisse zu erzielen, deren Umsetzung überwacht werden kann und worüber auf der folgenden ordentlichen Tagung des Rates im Hinblick auf mögliche Folgebeschlüsse Bericht erstattet werden kann.

VII. Geschäftsordnung[1]

Tagungen

Geschäftsordnung

Regel 1

Der Menschenrechtsrat wendet die für die Tätigkeit der Hauptausschüsse der Generalversammlung geltenden Regeln der Geschäftsordnung der Generalversammlung an, soweit diese anwendbar sind, es sei denn, die Versammlung oder der Rat beschließt später etwas anderes.

Ordentliche Tagungen

Zahl der Tagungen

Regel 2

Der Menschenrechtsrat tritt während des Jahres regelmäßig zusammen und hält in jeder jährlichen Tagungsperiode mindestens drei Tagungen, darunter eine Haupttagung, mit einer Gesamtdauer von mindestens zehn Wochen ab.

Aufnahme der Mitgliedschaft

Regel 3

Die neu gewählten Mitgliedstaaten des Menschenrechtsrats nehmen ihre Mitgliedschaft ab dem ersten Tag der jährlichen Tagungsperiode wahr und lösen die Mitgliedstaaten ab, deren Mandat abgelaufen ist.

Tagungsort

Regel 4

Der Menschenrechtsrat hat seinen Sitz in Genf.

Sondertagungen

Einberufung von Sondertagungen

Regel 5

Für die Sondertagungen des Menschenrechtsrats gelten dieselben Regeln wie für seine ordentlichen Tagungen.

---

[1] Zahlen in eckigen Klammern verweisen auf gleichlautende oder entsprechende Regeln der Geschäftsordnung der Generalversammlung oder ihrer Hauptausschüsse (A/520/Rev. 16).

Regel 6

Der Menschenrechtsrat hält bei Bedarf Sondertagungen ab, wenn ein Mitglied des Rates mit Unterstützung eines Drittels der Ratsmitglieder dies beantragt.

Mitwirkung und Konsultation der Beobachter des Rates

Regel 7

a) Der Rat wendet die für die Tätigkeit der Ausschüsse der Generalversammlung geltenden Regeln der Geschäftsordnung der Generalversammlung an, soweit diese anwendbar sind, es sei denn, die Versammlung oder der Rat beschließt später etwas anderes, und Beobachter einschließlich der Staaten, die nicht Mitglied des Rates sind, Sonderorganisationen, sonstige zwischenstaatliche Organisationen und nationale Menschenrechtsinstitutionen sowie nichtstaatliche Organisationen können auf der Grundlage der von der Menschenrechtskommission befolgten Regelungen, namentlich der Resolution 1996/31 des Wirtschafts- und Sozialrats vom 25. Juli 1996, und Verfahrensweisen an der Arbeit des Rates mitwirken und von diesem konsultiert werden, wobei zu gewährleisten ist, dass sie einen möglichst wirksamen Beitrag leisten.

b) Die Mitwirkung nationaler Menschenrechtsinstitutionen erfolgt auf der Grundlage der von der Menschenrechtskommission vereinbarten Regelungen und Verfahrensweisen, namentlich der Resolution 2005/74 vom 20. April 2005, wobei zu gewährleisten ist, dass sie einen möglichst wirksamen Beitrag leisten.

Arbeitsplan und Tagesordnung für ordentliche Tagungen

Organisationssitzungen

Regel 8

a) Zu Beginn jeder jährlichen Tagungsperiode hält der Rat eine Organisationssitzung zur Wahl seines Präsidiums und zur Behandlung und Annahme der Tagesordnung, des Arbeitsprogramms und der Termine der ordentlichen Tagungen für die Tagungsperiode ab, nach Möglichkeit mit Angabe eines Zieldatums für den Abschluss seiner Arbeiten, der ungefähren Zeitpunkte der Behandlung der Tagesordnungspunkte und der Zahl der jedem Punkt zu widmenden Sitzungen.

b) Der Präsident des Rates beruft außerdem zwei Wochen vor Beginn jeder Tagung und, falls erforderlich, während der Ratstagungen Organisationssitzungen ein, um die Tagung betreffende Organisations- und Verfahrensfragen zu erörtern.

Präsident und Vizepräsidenten

Wahlen

Regel 9

a) Zu Beginn jeder jährlichen Tagungsperiode wählt der Rat auf seiner Organisationssitzung aus dem Kreis der Vertreter seiner Mitglieder einen Präsidenten und vier Vizepräsidenten. Der Präsident und die Vizepräsidenten bilden das Präsidium. Einer der Vizepräsidenten ist Berichterstatter.

b) Bei der Wahl des Präsidenten des Rates ist auf eine ausgewogene geografische Rotation des Amtes zwischen den nachstehenden Regionalgruppen zu achten: afrikanische Staaten, asiatische Staaten, osteuropäische Staaten, lateinamerikanische und karibische Staaten sowie westeuropäische und andere Staaten. Die vier Vizepräsidenten des Rates werden auf der Grundlage der ausgewogenen geografischen Verteilung aus den Regionalgruppen gewählt, denen der Präsident nicht angehört. Die Auswahl des Berichterstatters erfolgt auf der Grundlage der geografischen Rotation.

Präsidium

Regel 10

Das Präsidium befasst sich mit Verfahrens- und Organisationsfragen.

Amtszeit

Regel 11

Der Präsident und die Vizepräsidenten üben, vorbehaltlich der Regel 13, ihr Amt für die Dauer eines Jahres aus. Sie können nicht unmittelbar in das gleiche Amt wiedergewählt werden.

Abwesenheit von Amtsträgern

Regel 12 [105]

Kann der Präsident während einer Sitzung oder eines Teils derselben nicht anwesend sein, so bestimmt er einen der Vizepräsidenten zu seinem Stellvertreter. Ein als Präsident amtierender Vizepräsident hat dieselben Befugnisse und Pflichten wie der Präsident. Scheidet der Präsident nach Regel 13 aus dem Amt, so bestimmen die verbleibenden Mitglieder des Präsidiums einen der Vizepräsidenten zu seinem Stellvertreter für die Zeit bis zur Wahl eines neuen Präsidenten.

Ersetzung des Präsidenten oder eines Vizepräsidenten

Regel 13

Ist der Präsident oder ein Vizepräsident nicht mehr in der Lage, seine Aufgaben wahrzunehmen, oder scheidet er als Vertreter eines Mitglieds des Rates aus oder scheidet das Mitglied der Vereinten Nationen, dessen Vertreter er ist, als Mitglied des Rates aus, so scheidet er aus dem Amt, und für die restliche Amtszeit wird ein neuer Präsident oder Vizepräsident gewählt.

Sekretariat

Pflichten des Sekretariats

Regel 14 [47]

Das Amt des Hohen Kommissars der Vereinten Nationen für Menschenrechte fungiert als Sekretariat für den Rat. In dieser Hinsicht erhält, übersetzt, druckt und verteilt es die Dokumente, Berichte und Resolutionen des Rates, seiner Ausschüsse und seiner Organe in allen Amtssprachen der Vereinten Nationen, besorgt die Dolmetschung der Reden, die in den Sitzungen gehalten werden, erstellt, druckt und verteilt die Protokolle der Tagungen, sorgt für die Aufbewahrung und ordnungsgemäße Erhaltung der Dokumente im Archiv des Rates, verteilt alle Dokumente des Rates an die Mitglieder des Rates und die Beobachter und verrichtet ganz allgemein alle sonstigen Unterstützungsaufgaben, die der Rat ihm aufträgt.

Protokolle und Bericht

Bericht an die Generalversammlung

Regel 15

Der Rat legt der Generalversammlung einen Jahresbericht vor.

Öffentliche und nichtöffentliche Sitzungen des Menschenrechtsrats

Allgemeine Grundsätze

Regel 16 [60]

Die Sitzungen des Rates sind öffentlich, sofern der Rat nicht wegen außergewöhnlicher Umstände die Abhaltung einer nichtöffentlichen Sitzung beschließt.

Nichtöffentliche Sitzungen

Regel 17 [61]

Alle in einer nichtöffentlichen Sitzung des Rates gefassten Beschlüsse werden in einer seiner nächsten öffentlichen Sitzungen bekanntgegeben.

Führung der Geschäfte

Arbeitsgruppen und andere Regelungen

Regel 18

Der Rat kann Arbeitsgruppen einsetzen und andere Regelungen treffen. Über die Mitwirkung an diesen Organen entscheiden die Mitglieder nach Maßgabe der Regel 7. Für diese Organe gelten die Regeln der Geschäftsordnung des Rates, soweit anwendbar, es sei denn, der Rat beschließt etwas anderes.

Verhandlungs- und Beschlussfähigkeit

Regel 19 [67]

Der Präsident kann eine Sitzung und die Aussprache eröffnen, wenn mindestens ein Drittel der Mitglieder des Rates anwesend ist. Für die Beschlussfähigkeit ist die Anwesenheit der Mehrheit der Mitglieder erforderlich.

Erforderliche Mehrheit

Regel 20 [125]

Beschlüsse des Rates bedürfen, vorbehaltlich der Regel 19, der einfachen Mehrheit der anwesenden und abstimmenden Mitglieder.

Anhang I

Mandate, die verlängert werden, bis der Menschenrechtsrat sie gemäss seinem Jahresarbeitsprogramm behandeln kann

(hier nicht abgedruckt, für aktuelle Informationen: http://www2.ohchr.org/english/bodies/chr/special/index.htm)

Anhang II

Mandatsträger und Amtsdauer

(hier nicht abgedruckt, für aktuelle Informationen: http://www2.ohchr.org/english/bodies/chr/special/index.htm)

26 a. Weiterverfolgung der Resolution 5/1 des Menschenrechtsrats[1)]

Vom 27. September 2007

(Übersetzung)[2)]

I. Allgemeine Leitlinien für die Erstellung von Informationen im Rahmen der allgemeinen regelmäßigen Überprüfung

In Bekräftigung der die allgemeine regelmäßige Überprüfung betreffenden einschlägigen Bestimmungen der Resolution 60/251 der Generalversammlung vom 15. März 2006 und der Resolution 5/1 des Menschenrechtsrats vom 18. Juni 2007 mit dem Regelungspaket betreffend die Errichtung der Institutionen verabschiedet der Rat die folgenden Allgemeinen Leitlinien:

A. Beschreibung der Methoden und des umfassenden Konsultationsprozesses zur Erstellung der im Rahmen der allgemeinen regelmäßigen Überprüfung vorgelegten Informationen;

B. Hintergrundinformationen über das Land, das überprüft wird, sowie der Rahmen, insbesondere der normative und institutionelle Rahmen, zur Förderung und zum Schutz der Menschenrechte: Verfassung, Rechtsvorschriften, grundsatzpolitische Maßnahmen, nationale Rechtsprechung, Menschenrechtsinfrastruktur einschließlich der nationalen Menschenrechtsinstitutionen sowie Umfang der völkerrechtlichen Verpflichtungen, die in Abschnitt I A der Anlage zu Resolution 5/1 unter ‚Grundlage der Überprüfung' aufgeführt sind;

C. Förderung und Schutz der Menschenrechte vor Ort: Umsetzung der in Abschnitt I A der Anlage zu Resolution 5/1 unter ‚Grundlage der Überprüfung' aufgeführten völkerrechtlichen Verpflichtungen auf dem Gebiet der Menschenrechte, der innerstaatlichen Rechtsvorschriften und der freiwillig eingegangenen Verpflichtungen, Aktivitäten der nationalen Menschenrechtsinstitutionen, Menschenrechtsbewusstsein in der Öffentlichkeit, Zusammenarbeit mit Menschenrechtsmechanismen usw.;

D. Zusammenstellung der erreichten Fortschritte, bester Praktiken, der Herausforderungen und der Zwänge;

E. die wichtigsten nationalen Prioritäten, vorgesehenen Initiativen und Verpflichtungen, die der betreffende Staat einzugehen beabsichtigt, um diese Herausforderungen und Zwänge zu überwinden und die Menschenrechtssituation vor Ort zu verbessern;

---

1) Beschluss 6/102 des Menschenrechtsrates.

2) Übersetzung des Deutschen Übersetzungsdienstes bei den Vereinten Nationen.

F. Erwartungen des betreffenden Staates im Hinblick auf Kapazitätsaufbau sowie etwaige Ersuchen um technische Hilfe;

G. Vorstellung der Folgemaßnahmen zu der vorangegangenen Überprüfung durch den betreffenden Staat.

II. Fachliche und objektive Anforderungen an Mandatsbewerber

A. Hintergrund

Gemäß Resolution 5/1 werden ‚die folgenden allgemeinen Kriterien bei der Benennung, Auswahl und Ernennung von Mandatsträgern von ausschlaggebender Bedeutung [sein]: *a)* Sachverstand, *b)* einschlägige Erfahrung auf dem Gebiet des Mandats, *c)* Unabhängigkeit, *d)* Unparteilichkeit, *e)* persönliche Integrität und *f)* Objektivität.' Der ausgewogenen Vertretung der Geschlechter sowie unterschiedlicher Rechtssysteme soll gebührend Rechnung getragen werden. ‚Berücksichtungsfähig sind hoch qualifizierte Kandidaten, die über nachweisliche Sachkenntnis, einschlägige Fachkenntnisse und umfangreiche Berufserfahrung auf dem Gebiet der Menschenrechte verfügen' (Ziff. 39–41).

B. Allgemeine Gesichtspunkte

1. Das Amt des Hohen Kommissars der Vereinten Nationen für Menschenrechte hat die Aufgabe, ‚umgehend eine öffentliche Liste der Kandidaten, die die Voraussetzungen erfüllen, in einem einheitlichen Format zu erstellen, zu führen und regelmäßig zu aktualisieren.' Die Liste muss ‚Angaben zur Person, zu den jeweiligen Fachgebieten und zur Berufserfahrung' enthalten (Resolution 5/1, Ziff. 43).
2. Das Sekretariat kann unter Zugrundelegung der nachstehend festgelegten fachlichen und objektiven Anforderungen ein Standardformular bereitstellen, in dem die Kandidaten auf ihre Fachkenntnisse auf bestimmten Gebieten hinweisen können, um die Auswahl geeigneter Kandidaten aus der Liste zu erleichtern, sobald ein Mandat zu besetzen ist.
3. Die von den Kandidaten bereitgestellten Daten und Angaben sind durch geeignete dem Lebenslauf beizufügende schriftliche Nachweise zu belegen.
4. ‚Eine noch einzusetzende Beratungsgruppe schlägt dem Präsidenten spätestens einen Monat vor Beginn der Tagung, auf der der Rat die Auswahl der Mandatsträger behandelt, eine Liste der Kandidaten vor, die für die jeweiligen Mandate am besten qualifiziert sind und die allgemeinen Kriterien und praktischen Anforderungen erfüllen' (Resolution 5/1, Ziff. 47).

C. Fachliche und objektive Anforderungen

Folgendes ist zu berücksichtigen:

1. Qualifikationen: einschlägige Bildungsabschlüsse oder entsprechende Berufserfahrung auf dem Gebiet der Menschenrechte sowie gute Kommunikationskompetenz in einer der Amtssprachen der Vereinten Nationen.
2. Einschlägige Fachkenntnisse: Kenntnis der internationalen Menschenrechtsübereinkünfte, -normen und -grundsätze sowie Kenntnis der institutionellen Mandate im Zusammenhang mit der Tätigkeit der Vereinten Nationen oder anderer internationaler oder regionaler Organisationen auf dem Gebiet der Menschenrechte und nachweisliche Berufserfahrung auf dem Gebiet der Menschenrechte.
3. Nachweisliche Sachkenntnis: national, regional oder international anerkannte Sachkenntnis auf dem Gebiet der Menschenrechte.
4. Flexibilität, Bereitschaft und zeitliche Verfügbarkeit für die wirksame Wahrnehmung der mit dem Mandat verbundenen Aufgaben und zur Erfüllung der entsprechenden Anforderungen, einschließlich der Teilnahme an Tagungen des Menschenrechtsrats.

III. Beratender Ausschuss der Menschenrechtsrat

Fachliche und objektive Voraussetzungen für die Benennung von Kandidaten

Mandat: Gemäß Resolution 5/1 werden die fachlichen und objektiven Voraussetzungen für die Benennung von Kandidaten vom Menschenrechtsrat auf seiner sechsten Tagung (erste Tagung des zweiten Zyklus) festgelegt und gebilligt werden. Sie sollen Folgendes umfassen:

- anerkannte Sachkenntnis und Erfahrung auf dem Gebiet der Menschenrechte;
- hohes sittliches Ansehen;
- Unabhängigkeit und Unparteilichkeit.

Bei der Auswahl ihrer Kandidaten sollen die Staaten ihre nationalen Menschenrechtsinstitutionen und Organisationen der Zivilgesellschaft konsultieren und die nachstehenden Leitlinien für die fachlichen und objektiven Voraussetzungen für die Benennung ihrer Kandidaten befolgen:

A. Sachkenntnis und Erfahrung

- Universitätsstudium auf dem Gebiet der Menschenrechte oder verwandten Gebieten und/oder Erfahrung in Führungspositionen auf dem Gebiet der Menschenrechte auf einzelstaatlicher, regionaler oder internationaler Ebene;
- umfangreiche Erfahrung (mindestens fünf Jahre) und persönliche Beiträge auf dem Gebiet der Menschenrechte;

– Kenntnis des Systems der Vereinten Nationen und der institutionellen Mandate und Politiken auf dem Gebiet der Menschenrechte sowie Kenntnis der internationalen Menschenrechtsübereinkünfte, -normen und -disziplinen sowie Vertrautheit mit unterschiedlichen Rechtssystemen und Kulturkreisen bevorzugt;
– vollkommene Beherrschung mindestens einer Amtssprache der Vereinten Nationen;
– zeitliche Verfügbarkeit, um im Beratenden Ausschuss wirksame Arbeit leisten zu können, sowohl für die Teilnahme an seinen Tagungen als auch für die Wahrnehmung mandatsmäßiger Tätigkeiten zwischen den Tagungen.

B. Hohes sittliches Ansehen

C. Unabhängigkeit und Unparteilichkeit

Inhaber von Entscheidungspositionen in einer Regierung oder einer anderen Organisation oder Einrichtung, bei denen ein Interessenkonflikt im Hinblick auf die mit dem Mandat verbundenen Verantwortlichkeiten entstehen könnte, sind von einer Kandidatur ausgeschlossen. Die gewählten Mitglieder des Beratenden Ausschusses werden in persönlicher Eigenschaft tätig.

D. Sonstige Erwägungen

Der Grundsatz der Nicht-Kumulation von Ämtern auf dem Gebiet der Menschenrechte ist zu achten.

Bei der Wahl der Mitglieder des Beratenden Ausschusses soll der Rat der ausgewogenen Vertretung der Geschlechter sowie unterschiedlicher Kulturkreise und Rechtssysteme gebührend Rechnung tragen.

27. Internationales Übereinkommen zur Beseitigung jeder Form von Rassendiskriminierung[1), 2), 3)]

Vom 7. März 1966

(BGBl. 1969 II S. 962)[4)]

(Übersetzung)

DIE VERTRAGSSTAATEN DIESES ÜBEREINKOMMENS –

EINGEDENK der Tatsache, daß die Charta der Vereinten Nationen auf dem Grundsatz der angeborenen Würde und Gleichheit aller Menschen beruht und daß alle Mitgliedstaaten gelobt haben, gemeinsam und einzeln mit der Organisation zusammenzuwirken, um eines der Ziele der Vereinten Nationen zu erreichen, das darin besteht, die allgemeine Achtung und Beachtung der Menschenrechte und Grundfreiheiten für alle ohne Unterschied der Rasse, des Geschlechts, der Sprache oder der Religion zu fördern und zu festigen;

EINGEDENK der in der Allgemeinen Erklärung der Menschenrechte enthaltenen feierlichen Feststellung, daß alle Menschen frei und an Würde und Rechten gleich geboren sind und daß jeder ohne irgendeinen Unterschied, insbesondere der Rasse, der Hautfarbe oder der nationalen Abstammung, Anspruch hat auf alle in der genannten Erklärung aufgeführten Rechte und Freiheiten;

IN DER ERWÄGUNG, daß alle Menschen vor dem Gesetz gleich sind und ein Recht auf gleichen Schutz des Gesetzes gegen jede Diskriminierung und jedes Aufreizen zur Diskriminierung haben;

IN DER ERWÄGUNG, daß die Vereinten Nationen den Kolonialismus und alle damit verbundenen Praktiken der Rassentrennung und der Diskriminierung verurteilt haben, gleichviel in welcher Form und wo sie vorkommen, und daß die Erklärung vom 14. Dezember 1960 [Entschließung 1514 (XV) der Generalversammlung] über die Gewährung der Unabhängigkeit an Kolonialgebiete und Kolonialvölker die Notwendigkeit einer raschen und bedingungslosen Beendigung derartiger Praktiken bejaht und feierlich verkündet hat;

EINGEDENK der Erklärung der Vereinten Nationen vom 20. November 1963 [Entschließung 1904 (XVIII) der Generalversammlung] über die Beseitigung jeder Form von Rassendiskriminierung – einer Erklärung, die feierlich bekräftigt, daß es notwendig ist, jede Form und jedes Anzeichen von Rassendiskriminierung überall in der Welt rasch

---

1) Internationale Quelle: UNTS 660, 195.

2) Für Deutschland in Kraft getreten am 15. 6. 1969 (Bek. v. 16. 10. 1969, BGBl. II S. 2211).

3) Zu Erklärungen, Vorbehalten u. ä. vgl. die Nachw. im Fundstellennachweis B.

4) Die Änderung des Art. 8 des Übereinkommens durch Resolution v. 15. 1. 1992 (BGBl. 1996 II 283) ist noch nicht in Kraft getreten.

zu beseitigen sowie Verständnis und Achtung zu wecken für die Würde der menschlichen Person;

IN DER ÜBERZEUGUNG, daß jede Lehre von einer auf Rassenunterschiede gegründeten Überlegenheit wissenschaftlich falsch, moralisch verwerflich sowie sozial ungerecht und gefährlich ist und daß eine Rassendiskriminierung, gleichviel ob in Theorie oder in Praxis, nirgends gerechtfertigt ist;

IN ERNEUTER BEKRÄFTIGUNG der Tatsache, daß eine Diskriminierung zwischen Menschen auf Grund ihrer Rasse, ihrer Hautfarbe oder ihres Volkstums freundschaftlichen und friedlichen Beziehungen zwischen den Völkern im Wege steht und daß sie geeignet ist, den Frieden und die Sicherheit unter den Völkern wie das harmonische Zusammenleben der Menschen sogar innerhalb eines Staates zu stören;

IN DER ÜBERZEUGUNG, daß das Bestehen von Rassenschranken mit den Idealen jeder menschlichen Gesellschaft unvereinbar ist;

BEUNRUHIGT durch die in einigen Gebieten der Welt immer noch bestehende Rassendiskriminierung und durch die auf rassische Überlegenheit oder auf Rassenhaß gegründete Apartheids-, Segregations- oder sonstige Rassentrennungspolitik einiger Regierungen;

ENTSCHLOSSEN, alle erforderlichen Maßnahmen zur raschen Beseitigung aller Formen und Anzeichen von Rassendiskriminierung zu treffen sowie rassenkämpferische Doktrinen und Praktiken zu verhindern und zu bekämpfen, um das gegenseitige Verständnis zwischen den Rassen zu fördern und eine internationale Gemeinschaft zu schaffen, die frei ist von jeder Form der Rassentrennung und Rassendiskriminierung;

EINGEDENK des 1958 von der Internationalen Arbeitsorganisation angenommenen Übereinkommens über Diskriminierung in Beschäftigung und Beruf und des 1960 von der Organisation der Vereinten Nationen für Erziehung, Wissenschaft und Kultur angenommenen Übereinkommens gegen Diskriminierung im Unterrichtswesen;

IN DEM WUNSCH, die in der Erklärung der Vereinten Nationen über die Beseitigung jeder Form von Rassendiskriminierung niedergelegten Grundsätze zu verwirklichen und die möglichst rasche Annahme praktischer Maßregeln in diesem Sinne sicherzustellen –

SIND WIE FOLGT ÜBEREINGEKOMMEN:

Teil I

Art. 1 [Umfang und Grenzen des Anwendungsbereichs] (1) In diesem Übereinkommen bezeichnet der Ausdruck „Rassendiskriminierung" jede auf der Rasse, der Hautfarbe, der Abstammung, dem nationalen Ursprung oder dem Volkstum beruhende Unterscheidung, Ausschließung, Beschränkung oder Bevorzugung, die zum Ziel oder zur Folge hat, daß dadurch ein gleichberechtigtes Anerkennen, Genießen oder Ausüben von Menschenrechten und Grundfreiheiten im politischen, wirtschaftlichen, sozialen, kulturellen oder jedem sonstigen Bereich des öffentlichen Lebens vereitelt oder beeinträchtigt wird.

(2) Dieses Übereinkommen findet keine Anwendung auf Unterscheidungen, Ausschließungen, Beschränkungen oder Bevorzugungen, die ein Vertragsstaat zwischen eigenen und fremden Staatsangehörigen vornimmt.

(3) Dieses Übereinkommen ist nicht so auszulegen, als berühre es die Rechtsvorschriften der Vertragsstaaten über Staatsangehörigkeit, Staatsbürgerschaft oder Einbürgerung, sofern diese Vorschriften nicht Angehörige eines bestimmten Staates diskriminieren.

(4) Sondermaßnahmen, die einzig zu dem Zweck getroffen werden, eine angemessene Entwicklung bestimmter Rassengruppen, Volksgruppen oder Personen zu gewährleisten, die Schutz benötigen, soweit ein solcher erforderlich ist, damit sie die Menschenrechte und Grundfreiheiten gleichberechtigt genießen und ausüben können, gelten nicht als Rassendiskriminierung, sofern diese Maßnahmen nicht die Beibehaltung getrennter Rechte für verschiedene Rassengruppen zur Folge haben und sofern sie nicht fortgeführt werden, nachdem die Ziele, um derentwillen sie getroffen wurden, erreicht sind.

Art. 2 [Allgemeine Verpflichtungen] (1) Die Vertragsstaaten verurteilen die Rassendiskriminierung und verpflichten sich, mit allen geeigneten Mitteln unverzüglich eine Politik der Beseitigung der Rassendiskriminierung in jeder Form und der Förderung des Verständnisses unter allen Rassen zu verfolgen; zu diesem Zweck

a) verpflichtet sich jeder Vertragsstaat, Handlungen oder Praktiken der Rassendiskriminierung gegenüber Personen, Personengruppen oder Einrichtungen zu unterlassen und dafür zu sorgen, daß alle staatlichen und örtlichen Behörden und öffentlichen Einrichtungen im Einklang mit dieser Verpflichtung handeln,

b) verpflichtet sich jeder Vertragsstaat, eine Rassendiskriminierung durch Personen oder Organisationen weder zu fördern noch zu schützen noch zu unterstützen,

c) trifft jeder Vertragsstaat wirksame Maßnahmen, um das Vorgehen seiner staatlichen und örtlichen Behörden zu überprüfen und alle Gesetze und sonstigen Vorschriften zu ändern, aufzuheben oder für nichtig zu erklären, die eine Rassendiskriminierung – oder dort, wo eine solche bereits besteht, ihre Fortsetzung – bewirken,

d) verbietet und beendigt jeder Vertragsstaat jede durch Personen, Gruppen oder Organisationen ausgeübte Rassendiskriminierung mit allen geeigneten Mitteln einschließlich der durch die Umstände erforderlichen Rechtsvorschriften,

e) verpflichtet sich jeder Vertragsstaat, wo immer es angebracht ist, alle eine Rassenintegrierung anstrebenden vielrassischen Organisationen und Bewegungen zu unterstützen, sonstige Mittel zur Beseitigung der Rassenschranken zu fördern und allem entgegenzuwirken, was zur Rassentrennung beiträgt.

(2) Die Vertragsstaaten treffen, wenn die Umstände es rechtfertigen, auf sozialem, wirtschaftlichem, kulturellem und sonstigem Gebiet besondere und konkrete Maßnahmen, um die angemessene Entwicklung und einen hinreichenden Schutz bestimmter Rassengruppen oder ihnen angehörender Einzelpersonen sicherzustellen, damit gewährleistet wird, daß sie in vollem Umfang und gleichberechtigt in den Genuß der Menschenrechte und Grundfreiheiten gelangen. Diese Maßnahmen dürfen in keinem Fall die Beibehaltung ungleicher oder getrennter Rechte für verschiedene Rassengruppen zur Folge haben, nachdem die Ziele, um derentwillen sie getroffen wurden, erreicht sind.

Art. 3 [Apartheid] Die Vertragsstaaten verurteilen insbesondere die Segregation und die Apartheid und verpflichten sich, alle derartigen Praktiken in ihren Hoheitsgebieten zu verhindern, zu verbieten und auszumerzen.

Art. 4 [Rassenideologie] Die Vertragsstaaten verurteilen jede Propaganda und alle Organisationen, die auf Ideen oder Theorien hinsichtlich der Überlegenheit einer Rasse oder einer Personengruppe bestimmter Hautfarbe oder Volkszugehörigkeit beruhen oder die irgendeine Form von Rassenhaß und Rassendiskriminierung zu rechtfertigen oder zu fördern suchen; sie verpflichten sich, unmittelbare und positive Maßnahmen zu treffen, um jedes Aufreizen zur Rassendiskriminierung und alle rassisch diskriminierenden Handlungen auszumerzen; zu diesem Zweck übernehmen sie unter gebührender Berücksichtigung der in der Allgemeinen Erklärung der Menschenrechte niedergelegten Grundsätze und der ausdrücklich in Artikel 5 des vorliegenden Übereinkommens genannten Rechte unter anderem folgende Verpflichtungen:

a) jede Verbreitung von Ideen, die sich auf die Überlegenheit einer Rasse oder den Rassenhaß gründen, jedes Aufreizen zur Rassendiskriminierung und jede Gewalttätigkeit oder Aufreizung dazu gegen eine Rasse oder eine Personengruppe anderer Hautfarbe oder Volkszugehörigkeit sowie jede Unterstützung rassenkämpferischer Betätigung zu einer nach dem Gesetz strafbaren Handlung zu erklären,

b) alle Organisationen und alle organisierten oder sonstigen Propagandatätigkeiten, welche die Rassendiskriminierung fördern und dazu aufreizen, als gesetzwidrig zu erklären und zu verbieten und die Beteiligung an derartigen Organisationen oder Tätigkeiten als eine nach dem Gesetz strafbare Handlung anzuerkennen,

c) nicht zuzulassen, daß staatliche oder örtliche Behörden oder öffentliche Einrichtungen die Rassendiskriminierung fördern oder dazu aufreizen.

Art. 5 [Spezielle Verpflichtungen] Im Einklang mit den in Artikel 2 niedergelegten grundsätzlichen Verpflichtungen werden die Vertragsstaaten die Rassendiskriminierung in jeder Form verbieten und beseitigen und das Recht jedes einzelnen, ohne Unterschied der Rasse, der Hautfarbe, des nationalen Ursprungs oder des Volkstums, auf Gleichheit vor dem Gesetz gewährleisten; dies gilt insbesondere für folgende Rechte:

a) das Recht auf Gleichbehandlung vor den Gerichten und allen sonstigen Organen der Rechtspflege,

b) das Recht auf Sicherheit der Person und auf staatlichen Schutz gegen Gewalttätigkeit oder Körperverletzung, gleichviel ob sie von Staatsbediensteten oder von irgendeiner Person, Gruppe oder Einrichtung verübt werden,

c) die politischen Rechte, insbesondere das aktive und passive Wahlrecht auf der Grundlage allgemeiner und gleicher Wahlen, das Recht auf Beteiligung an der Regierung und an der Führung der öffentlichen Angelegenheiten auf jeder Ebene sowie das Recht auf gleichberechtigten Zugang zum öffentlichen Dienst,

d) sonstige Bürgerrechte, insbesondere
   i) das Recht auf Bewegungsfreiheit und freie Wahl des Aufenthaltsortes innerhalb der Staatsgrenzen,
   ii) das Recht, jedes Land einschließlich des eigenen zu verlassen und in das eigene Land zurückzukehren,
   iii) das Recht auf die Staatsangehörigkeit,
   iv) das Recht auf Ehe und auf freie Wahl des Ehegatten,
   v) das Recht, allein oder in Verbindung mit anderen Vermögen als Eigentum zu besitzen,
   vi) das Recht zu erben,
   vii) das Recht auf Gedanken-, Gewissens- und Religionsfreiheit,
   viii) das Recht auf Meinungsfreiheit und freie Meinungsäußerung,
   ix) das Recht, sich friedlich zu versammeln und friedliche Vereinigungen zu bilden,

e) wirtschaftliche, soziale und kulturelle Rechte, insbesondere
   i) das Recht auf Arbeit, auf die freie Wahl des Arbeitsplatzes, auf gerechte und befriedigende Arbeitsbedingungen, auf Schutz gegen Arbeitslosigkeit, auf gleiches Entgelt für gleiche Arbeit, auf gerechte und befriedigende Entlohnung,
   ii) das Recht, Gewerkschaften zu bilden und ihnen beizutreten,
   iii) das Recht auf Wohnung,
   iv) das Recht auf öffentliche Gesundheitsfürsorge, ärztliche Betreuung, soziale Sicherheit und soziale Dienstleistungen,
   v) das Recht auf Erziehung und Ausbildung,
   i) das Recht auf eine gleichberechtigte Teilnahme an kulturellen Tätigkeiten,

f) das Recht auf Zugang zu jedem Ort oder Dienst, der für die Benutzung durch die Öffentlichkeit vorgesehen ist, wie Verkehrsmittel, Hotels, Gaststätten, Cafés, Theater und Parks.

Art. 6 [Rechtsschutzgarantie; Schadensersatzanspruch] Die Vertragsstaaten gewährleisten jeder Person in ihrem Hoheitsbereich einen wirksamen Schutz und wirksame Rechtsbehelfe durch die zuständigen nationalen Gerichte und sonstigen staatlichen Einrichtungen gegen alle rassisch diskriminierenden Handlungen, welche ihre Menschenrechte und Grundfreiheiten im Widerspruch zu diesem Übereinkommen verletzen, sowie das Recht, bei diesen Gerichten eine gerechte und angemessene Entschädigung oder Genugtuung für jeden infolge von Rassendiskriminierung erlittenen Schaden zu verlangen.

Art. 7 [Maßnahmen zur Überwindung von Vorurteilen] Die Vertragsstaaten verpflichten sich, unmittelbare und wirksame Maßnahmen, insbesondere auf dem Gebiet des Unterrichts, der Erziehung, Kultur und Information, zu treffen, um Vorurteile zu bekämpfen, die zu Rassendiskriminierung führen, zwischen den Völkern und Rassen- oder Volksgruppen Verständnis, Duldsamkeit und Freundschaft zu fördern sowie die Ziele und Grundsätze der Charta der Vereinten Nationen, der Allgemeinen Erklärung der Menschenrechte, der Erklärung der Vereinten Nationen über die Beseitigung jeder Form von Rassendiskriminierung und dieses Übereinkommens zu verbreiten.

Teil II

Art. 8 [Ausschuss gegen Rassendiskriminierung] (1) Es wird ein (im folgenden als „Ausschuß“ bezeichneter) Ausschuß für die Beseitigung der Rassendiskriminierung errichtet; er besteht aus achtzehn in persönlicher Eigenschaft tätigen Sachverständigen von hohem sittlichen Rang und anerkannter Unparteilichkeit, die von den Vertragsstaaten unter ihren Staatsangehörigen ausgewählt werden; dabei ist auf eine gerechte geographische Verteilung und auf die Vertretung der verschiedenen Zivilisationsformen sowie der hauptsächlichen Rechtssysteme zu achten.

(2) Die Mitglieder des Ausschusses werden in geheimer Wahl aus einer Liste von Personen gewählt, die von den Vertragsstaaten benannt worden sind. Jeder Vertragsstaat kann einen seiner eigenen Staatsangehörigen benennen.

(3) Die erste Wahl findet sechs Monate nach Inkrafttreten dieses Übereinkommens statt. Spätestens drei Monate vor jeder Wahl fordert der Generalsekretär der Vereinten Nationen die Vertragsstaaten schriftlich auf, binnen zwei Monaten ihre Benennungen einzureichen. Er stellt sodann eine alphabetische Liste aller demgemäß benannten Personen unter Angabe der sie benennenden Vertragsstaaten auf und legt sie den Vertragsstaaten vor.

(4) Die Wahl der Ausschußmitglieder findet auf einer vom Generalsekretär am Sitz der Vereinten Nationen anberaumten Sitzung der Vertragsstaaten statt. Auf dieser Sitzung, die verhandlungs- und beschlußfähig ist, wenn zwei Drittel der Vertragsstaaten vertreten sind, gelten diejenigen Bewerber als in den Ausschuß gewählt, welche die höchste

Stimmenzahl und die absolute Stimmenmehrheit der anwesenden und abstimmenden Vertreter der Vertragsstaaten auf sich vereinigen.

(5) a) Die Ausschußmitglieder werden für vier Jahre gewählt. Jedoch läuft die Amtszeit von neun der bei der ersten Wahl gewählten Mitglieder nach zwei Jahren ab; unmittelbar nach der ersten Wahl werden die Namen dieser neun Mitglieder vom Vorsitzenden des Ausschusses durch das Los bestimmt.

b) Zur Besetzung eines unerwartet verwaisten Sitzes ernennt der Vertragsstaat, dessen Sachverständiger aufgehört hat, Mitglied des Ausschusses zu sein, mit Zustimmung des Ausschusses einen anderen Sachverständigen unter seinen Staatsangehörigen.

(6)[1] Die Vertragsstaaten kommen für die Ausgaben der Ausschußmitglieder auf, solange sie Ausschußaufgaben wahrnehmen.

Art. 9 [Berichtspflicht] (1) Die Vertragsstaaten verpflichten sich, dem Generalsekretär der Vereinten Nationen zur Beratung durch den Ausschuß einen Bericht über die zur Durchführung dieses Übereinkommens getroffenen Gesetzgebungs-, Gerichts-, Verwaltungs- und sonstigen Maßnahmen vorzulegen, und zwar a) binnen einem Jahr nach Inkrafttreten des Übereinkommens für den betreffenden Staat und b) danach alle zwei Jahre und sooft es der Ausschuß verlangt. Der Ausschuß kann von den Vertragsstaaten weitere Auskünfte verlangen.

(2) Der Ausschuß berichtet der Generalversammlung der Vereinten Nationen jährlich durch den Generalsekretär über seine Tätigkeit und kann auf Grund der Prüfung der von den Vertragsstaaten eingegangenen Berichte und Auskünfte Vorschläge machen und allgemeine Empfehlungen abgeben. Diese werden der Generalversammlung zusammen mit etwaigen Stellungnahmen der Vertragsstaaten zugeleitet.

Art. 10 [Geschäftsordnung] (1) Der Ausschuß gibt sich eine Geschäftsordnung.

(2) Der Ausschuß wählt seinen Vorstand für zwei Jahre.

(3) Das Sekretariat des Ausschusses wird vom Generalsekretär der Vereinten Nationen gestellt.

(4) Die Sitzungen des Ausschusses finden in der Regel am Sitz der Vereinten Nationen statt.

Art. 11 [Staatenbeschwerde] (1) Führt ein Vertragsstaat nach Ansicht eines anderen Vertragsstaats die Bestimmungen dieses Übereinkom-

[1] Am 15. 1. 1992 haben die Vertragsstaaten folgende, bisher nicht in Kraft getretene Änderung des Art. 8 beschlossen (BGBl. 1996 II S. 283):
Art. 8 (6): „Der Generalsekretär der Vereinten Nationen stellt das erforderliche Personal und die erforderlichen Einrichtungen für die wirksame Wahrnehmung des Ausschusses im Rahmen des Übereinkommens bereit."
Art. 8 (7): „Die Mitglieder des nach diesem Übereinkommen errichteten Ausschusses erhalten mit Genehmigung der Generalversammlung Bezüge aus Mitteln der Vereinten Nationen zu den von der Generalversammlung beschlossenen Bedingungen."

mens nicht durch, so kann dieser die Sache dem Ausschuß zur Kenntnis bringen. Der Ausschuß leitet die Mitteilung an den betreffenden Vertragsstaat weiter. Binnen drei Monaten hat der Empfangsstaat dem Ausschuß eine schriftliche Erläuterung oder Erklärung zu der Sache und über die etwa von diesem Staat geschaffene Abhilfe zu übermitteln.

(2) Wird die Sache nicht binnen sechs Monaten nach Eingang der ersten Mitteilung bei dem Empfangsstaat entweder durch zweiseitige Verhandlungen oder durch ein anderes den Parteien zur Verfügung stehendes Verfahren zur Zufriedenheit beider Parteien beigelegt, so hat jeder der beiden Staaten das Recht, die Sache erneut an den Ausschuß zu verweisen, indem er diesem und dem anderen Staat eine entsprechende Notifizierung zugehen läßt.

(3) Im Einklang mit den allgemein anerkannten Grundsätzen des Völkerrechts befaßt sich der Ausschuß mit einer nach Absatz 2 an ihn verwiesenen Sache erst dann, wenn er sich Gewißheit verschafft hat, daß alle innerstaatlichen Rechtsbehelfe eingelegt und erschöpft worden sind. Dies gilt nicht, wenn das Verfahren über Gebühr in die Länge gezogen wird.

(4) Der Ausschuß kann in jeder an ihn verwiesenen Sache von den beteiligten Vertragsstaaten alle sonstigen sachdienlichen Angaben verlangen.

(5) Berät der Ausschuß über eine Sache auf Grund dieses Artikels, so können die beteiligten Vertragsstaaten einen Vertreter entsenden, der während der Beratung dieser Sache ohne Stimmrecht an den Verhandlungen des Ausschusses teilnimmt.

Art. 12 [Ad-hoc-Vergleichskommission] (1) a) Nachdem der Ausschuß alle von ihm für erforderlich erachteten Angaben erhalten und ausgewertet hat, ernennt der Vorsitzende eine (im folgenden als „Kommission" bezeichnete) ad-hoc-Vergleichskommission; sie besteht aus fünf Personen, die dem Ausschuß angehören können, aber nicht müssen. Die Mitglieder der Kommission werden mit einmütiger Zustimmung der Streitparteien ernannt; sie bietet den beteiligten Staaten ihre guten Dienste an, um auf der Grundlage der Achtung dieses Übereinkommens eine gütliche Beilegung herbeizuführen.

b) Können sich die an dem Streit beteiligten Staaten nicht binnen drei Monaten über die vollständige oder teilweise Zusammensetzung der Kommission einigen, so wählt der Ausschuß die von den am Streit beteiligten Staaten noch nicht einvernehmlich ernannten Kommissionsmitglieder aus seinen eigenen Reihen in geheimer Abstimmung mit Zweidrittelmehrheit seiner Mitglieder.

(2) Die Kommissionsmitglieder sind in persönlicher Eigenschaft tätig. Sie dürfen nicht Staatsangehörige der am Streit beteiligten Staaten oder eines Nichtvertragsstaats sein.

(3) Die Kommission wählt ihren Vorsitzenden und gibt sich eine Verfahrensordnung.

(4) Die Sitzungen der Kommission finden in der Regel am Sitz der Vereinten Nationen oder an einem anderen von der Kommission bestimmten geeigneten Ort statt.

(5) Das nach Artikel 10 Absatz 3 gestellte Sekretariat arbeitet auch für die Kommission, sobald ein Streit zwischen Vertragsstaaten die Kommission ins Leben ruft.

(6) Die an dem Streit beteiligten Staaten tragen zu gleichen Teilen alle Ausgaben der Kommissionsmitglieder nach Voranschlägen, die der Generalsekretär der Vereinten Nationen erstellt.

(7) Der Generalsekretär ist befugt, die Ausgaben der Kommissionsmitglieder erforderlichenfalls vor der Erstattung der Beträge durch die am Streit beteiligten Staaten nach Absatz 6 zu bezahlen.

(8) Die dem Ausschuß zugegangenen und von ihm ausgewerteten Angaben werden der Kommission zur Verfügung gestellt; diese kann die beteiligten Staaten auffordern, weitere sachdienliche Angaben beizubringen.

Art. 13 [Bericht der Vergleichskommission] (1) Sobald die Kommission die Sache eingehend beraten hat, verfaßt sie einen Bericht, den sie dem Vorsitzenden des Ausschusses vorlegt und der ihre Feststellung über alle auf den Streit zwischen den Parteien bezüglichen Sachfragen sowie die Empfehlungen enthält, die sie zwecks gütlicher Beilegung des Streits für angebracht hält.

(2) Der Ausschußvorsitzende leitet den Bericht der Kommission jedem am Streit beteiligten Staat zu. Diese Staaten teilen ihm binnen drei Monaten mit, ob sie die in dem Bericht der Kommission enthaltenen Empfehlungen annehmen.

(3) Nach Ablauf der in Absatz 2 gesetzten Frist übermittelt der Ausschußvorsitzende den anderen Vertragsstaaten den Bericht der Kommission und die Erklärungen der beteiligten Vertragsstaaten.

Art. 14 [Individualbeschwerden; Fakultativklausel] (1) Ein Vertragsstaat kann jederzeit erklären, daß er die Zuständigkeit des Ausschusses für die Entgegennahme und Erörterung von Mitteilungen einzelner seiner Hoheitsgewalt unterstehender Personen oder Personengruppen anerkennt, die vorgeben, Opfer einer Verletzung eines in diesem Übereinkommen vorgesehenen Rechts durch diesen Vertragsstaat zu sein.[1]

---

[1] Deutschland hat am 30. 8. 2001 folgende Erklärung nach Art. 14 abgegeben (BGBl. 2001 II S. 1278):

„Die Bundesrepublik Deutschland erklärt nach Artikel 14 Absatz 1 des Übereinkommens, dass sie die Zuständigkeit des Ausschusses für die Beseitigung der Rassendiskriminierung für die Entgegennahme und Erörterung von Mitteilungen einzelner ihrer Hoheitsgewalt unterstehender Personen und Personengruppen anerkennt, die vorgeben, Opfer einer Verletzung eines in diesem Übereinkommen vorgesehenen Rechts durch die Bundesrepublik Deutschland zu sein. Dies gilt allerdings nur insoweit, als der Ausschuss zuvor festgestellt hat, dass dieselbe Angelegenheit nicht bereits in einem anderen internationalen Untersuchungs- oder Streitregelungsverfahren geprüft wurde oder geprüft wird."

Zu weiteren Erklärungen nach dieser Bestimmung vgl. die Nachw. im Fundstellennachweis B zum BGBl.

Der Ausschuß nimmt keine Mitteilung entgegen, die einen Vertragsstaat betrifft, der keine derartige Erklärung abgegeben hat.

(2) Gibt ein Vertragsstaat eine Erklärung nach Absatz 1 ab, so kann er eine Stelle innerhalb seiner nationalen Rechtsordnung errichten oder bezeichnen, die zuständig ist für die Entgegennahme und Erörterung der Petitionen einzelner seiner Hoheitsgewalt unterstehender Personen oder Personengruppen, die vorgeben, Opfer einer Verletzung eines in diesem Übereinkommen vorgesehenen Rechts zu sein, und die alle sonstigen verfügbaren örtlichen Rechtsbehelfe erschöpft haben.

(3) Eine nach Absatz 1 abgegebene Erklärung und der Name einer nach Absatz 2 errichteten oder bezeichneten Stelle werden von dem betreffenden Vertragsstaat beim Generalsekretär der Vereinten Nationen hinterlegt; dieser übermittelt den anderen Vertragsstaaten Abschriften derselben. Eine Erklärung kann jederzeit durch Notifizierung an den Generalsekretär zurückgenommen werden; dies läßt jedoch die dem Ausschuß bereits vorliegenden Mitteilungen unberührt.

(4) Die nach Absatz 2 errichtete oder bezeichnete Stelle führt ein Petitionsregister; beglaubigte Abschriften des Registers werden alljährlich auf geeignetem Wege dem Generalsekretär zu den Akten gegeben; jedoch darf der Inhalt nicht öffentlich bekanntgemacht werden.

(5) Gelingt es dem Einsender der Petition nicht, von der nach Absatz 2 errichteten oder bezeichneten Stelle Genugtuung zu erlangen, so kann er die Sache binnen sechs Monaten dem Ausschuß mitteilen.

(6) a) Der Ausschuß bringt dem Vertragsstaat, der beschuldigt wird, eine Bestimmung dieses Übereinkommens zu verletzen, jede ihm zugegangene Mitteilung vertraulich zur Kenntnis, ohne jedoch die Identität der betreffenden Person oder Personengruppe preiszugeben, sofern diese dem nicht ausdrücklich zustimmt. Der Ausschuß nimmt keine anonymen Mitteilungen entgegen.

b) Binnen drei Monaten hat der Empfangsstaat dem Ausschuß eine schriftliche Erläuterung oder Erklärung zu der Sache und über die etwa von diesem Staat geschaffene Abhilfe zu übermitteln.

(7) a) Der Ausschuß berät über die Mitteilungen unter Berücksichtigung aller ihm von dem betreffenden Vertragsstaat und von dem Einsender der Petition zugegangenen Angaben. Der Ausschuß befaßt sich mit einer Mitteilung eines Einsenders nur dann, wenn er sich Gewißheit verschafft hat, daß dieser alle verfügbaren innerstaatlichen Rechtsbehelfe erschöpft hat. Dies gilt jedoch nicht, wenn das Verfahren über Gebühr in die Länge gezogen wird.

b) Der Ausschuß übermittelt seine etwaigen Vorschläge und Empfehlungen dem betreffenden Vertragsstaat und dem Einsender der Petition.

(8) Der Ausschuß nimmt in seinen Jahresbericht eine Kurzdarstellung der Mitteilungen und gegebenenfalls der Erläuterungen und Er-

klärungen der betroffenen Vertragsstaaten und seiner eigenen Vorschläge und Empfehlungen auf.

(9) Der Ausschuß ist nur dann befugt, die in diesem Artikel vorgesehenen Aufgaben wahrzunehmen, wenn sich mindestens zehn Vertragsstaaten durch Erklärungen nach Absatz 1 gebunden haben.

Art. 15 [Verhältnis zur GV-Res. 1514 (XV)] (1) Bis zur Verwirklichung der in der Entschließung 1514 (XV) der Generalversammlung vom 14. Dezember 1960 dargelegten Ziele der Erklärung über die Gewährung der Unabhängigkeit an Kolonialgebiete und Kolonialvölker wird das diesen Völkern in anderen internationalen Übereinkünften oder von den Vereinten Nationen und ihren Sonderorganisationen gewährte Petitionsrecht durch dieses Übereinkommen nicht eingeschränkt.

(2) a) Der nach Artikel 8 Absatz 1 errichtete Ausschuß erhält von den Stellen der Vereinten Nationen, die sich bei der Beratung von Petitionen der Einwohner von Treuhandgebieten, Hoheitsgebieten ohne Selbstregierung und allen sonstigen unter Entschließung 1514 (XV) der Generalversammlung fallenden Hoheitsgebieten mit den unmittelbar mit den Grundsätzen und Zielen dieses Übereinkommens zusammenhängenden Angelegenheiten befassen, Abschriften der Petitionen, die sich auf die in diesem Übereinkommen behandelten Fragen beziehen und diesen Stellen vorliegen, und richtet an sie Stellungnahmen und Empfehlungen zu diesen Petitionen.

b) Der Ausschuß erhält von den zuständigen Stellen der Vereinten Nationen Abschriften der Berichte über die unmittelbar mit den Grundsätzen und Zielen dieses Übereinkommens zusammenhängenden Gesetzgebungs-, Gerichts-, Verwaltungs- und sonstigen Maßnahmen, die in den unter Buchstabe a bezeichneten Hoheitsgebieten von der Verwaltungsmacht getroffen worden sind, und richtet Stellungnahmen und Empfehlungen an diese Stellen.

(3) Der Ausschuß nimmt in seinen Bericht an die Generalversammlung eine Kurzdarstellung der ihm von den Stellen der Vereinten Nationen zugeleiteten Petitionen und Berichte sowie seine eigenen diesbezüglichen Stellungnahmen und Empfehlungen auf.

(4) Der Ausschuß verlangt vom Generalsekretär der Vereinten Nationen alle mit den Zielen dieses Übereinkommens zusammenhängenden und dem Generalsekretär zugänglichen Angaben über die in Absatz 2 Buchstabe a bezeichneten Hoheitsgebiete.

Art. 16 [Unberührtheit anderer Streitbeilegungsmechanismen] Die Bestimmungen dieses Übereinkommens über die Beilegung von Streitigkeiten oder Beschwerden werden unbeschadet anderer in den Gründungsurkunden oder den Übereinkünften der Vereinten Nationen und ihrer Sonderorganisationen vorgesehener Verfahren zur Beilegung von Streitigkeiten oder Beschwerden auf dem Gebiet der Diskriminierung angewendet und hindern die Vertragsstaaten nicht daran, nach den zwischen ihnen in Kraft befindlichen allgemeinen oder besonderen internationalen Übereinkünften andere Verfahren zur Beilegung einer Streitigkeit in Anspruch zu nehmen.

Teil III

Art. 17 [„Wiener Klausel"; Hinterlegung] (1) Dieses Übereinkommen liegt für alle Mitgliedstaaten der Vereinten Nationen, für alle Mitglieder einer ihrer Sonderorganisationen, für alle Vertragsstaaten der Satzung des Internationalen Gerichtshofs und für jeden anderen Staat zur Unterzeichnung auf, den die Generalversammlung der Vereinten Nationen einlädt, Vertragspartei dieses Übereinkommens zu werden.

(2) Dieses Übereinkommen bedarf der Ratifizierung. Die Ratifikationsurkunden sind beim Generalsekretär der Vereinten Nationen zu hinterlegen.

Art. 18 [Beitritt] (1) Dieses Übereinkommen liegt für jeden in Artikel 17 Absatz 1 bezeichneten Staat zum Beitritt auf.

(2) Der Beitritt erfolgt durch Hinterlegung einer Beitrittsurkunde beim Generalsekretär der Vereinten Nationen.

Art. 19 [In-Kraft-Treten] (1) Dieses Übereinkommen tritt am dreißigsten Tag nach Hinterlegung der siebenundzwanzigsten Ratifikations- oder Beitrittsurkunde beim Generalsekretär der Vereinten Nationen in Kraft.

(2) Für jeden Staat, der nach Hinterlegung der siebenundzwanzigsten Ratifikations- oder Beitrittsurkunde dieses Übereinkommen ratifiziert oder ihm beitritt, tritt es am dreißigsten Tag nach Hinterlegung seiner eigenen Ratifikations- oder Beitrittsurkunde in Kraft.

Art. 20 [Vorbehalte] (1) Der Generalsekretär der Vereinten Nationen nimmt Vorbehalte, die ein Staat bei der Ratifikation oder beim Beitritt macht, entgegen und leitet sie allen Staaten zu, die Vertragsparteien dieses Übereinkommens sind oder werden können. Erhebt ein Staat Einspruch gegen den Vorbehalt, so notifiziert er dem Generalsekretär binnen neunzig Tagen nach dem Datum der genannten Mitteilung, daß er ihn nicht annimmt.

(2) Mit dem Ziel und Zweck dieses Übereinkommens unvereinbare Vorbehalte sind nicht zulässig; dasselbe gilt für Vorbehalte, welche die Wirkung hätten, die Arbeit einer auf Grund dieses Übereinkommens errichteten Stelle zu behindern. Ein Vorbehalt gilt als unvereinbar oder hinderlich, wenn mindestens zwei Drittel der Vertragsstaaten Einspruch dagegen erheben.

(3) Vorbehalte können jederzeit durch eine diesbezügliche Notifikation an den Generalsekretär zurückgenommen werden. Diese Notifikationen werden mit dem Tage ihres Eingangs wirksam.

Art. 21 [Kündigung] Ein Vertragsstaat kann dieses Übereinkommen durch eine schriftliche Notifikation an den Generalsekretär der Vereinten Nationen kündigen. Die Kündigung wird ein Jahr nach dem Datum des Eingangs der Notifikation beim Generalsekretär wirksam.

Art. 22 [Zuständigkeit des IGH] Entsteht zwischen zwei oder mehr Vertragsstaaten über die Auslegung oder Anwendung dieses Übereinkommens eine Streitigkeit, die nicht auf dem Verhandlungsweg oder nach den in diesem Übereinkommen ausdrücklich vorgesehenen Verfahren beigelegt werden kann, so wird sie auf Verlangen einer Streitpartei dem Internationalen Gerichtshof zur Entscheidung vorgelegt, sofern nicht die Streitparteien einer anderen Art der Beilegung zustimmen.

Art. 23 [Revision des Übereinkommens] (1) Ein Vertragsstaat kann jederzeit durch eine an den Generalsekretär der Vereinten Nationen gerichtete schriftliche Notifikation eine Revision dieses Übereinkommens beantragen.

(2) Die Generalversammlung der Vereinten Nationen beschließt über etwaige hinsichtlich eines derartigen Antrags zu unternehmende Schritte.

Art. 24 [Aufgaben des Depositars] Der Generalsekretär der Vereinten Nationen unterrichtet alle in Artikel 17 Absatz 1 bezeichneten Staaten von

a) den Unterzeichnungen, Ratifikationen und Beitritten nach den Artikeln 17 und 18,

b) dem Datum des Inkrafttretens dieses Übereinkommens nach Artikel 19,

c) den nach den Artikeln 14, 20 und 23 eingegangenen Mitteilungen und Erklärungen,

d) den Kündigungen nach Artikel 21.

Art. 25 [Verbindliche Wortlaute] (1) Dieses Übereinkommen, dessen chinesischer, englischer, französischer, russischer und spanischer Wortlaut gleichermaßen verbindlich ist, wird im Archiv der Vereinten Nationen hinterlegt.

(2) Der Generalsekretär der Vereinten Nationen übermittelt allen Staaten, die einer der in Artikel 17 Absatz 1 bezeichneten Kategorien angehören, beglaubigte Abschriften dieses Übereinkommens.

28. Abkommen über die Rechtsstellung der Flüchtlinge[1)·2)·3)·4)]

(Genfer Flüchtlingskonvention)[5)]

Vom 28. Juli 1951

(BGBl. 1953 II S. 560)

Präambel

DIE HOHEN VERTRAGSCHLIESSENDEN TEILE,

IN DER ERWÄGUNG, daß die Satzung der Vereinten Nationen und die am 10. Dezember 1948 von der Generalversammlung angenommene Allgemeine Erklärung der Menschenrechte den Grundsatz bestätigt haben, daß die Menschen ohne Unterschied die Menschenrechte und Grundfreiheiten genießen sollen,

IN DER ERWÄGUNG, daß die Organisationen der Vereinten Nationen wiederholt die tiefe Verantwortung zum Ausdruck gebracht hat, die sie für die Flüchtlinge empfindet, und sich bemüht hat, diesen in möglichst großem Umfange die Ausübung der Menschenrechte und der Grundfreiheiten zu sichern,

IN DER ERWÄGUNG, daß es wünschenswert ist, frühere internationale Vereinbarungen über die Rechtsstellung der Flüchtlinge zu revidieren und zusammenzufassen und den Anwendungsbereich dieser Regelungen sowie den dadurch gewährleisteten Schutz durch eine neue Vereinbarung zu erweitern,

IN DER ERWÄGUNG, daß sich aus der Gewährung des Asylrechts nicht zumutbare schwere Belastungen für einzelne Länder ergeben können und daß eine befriedigende Lösung des Problems, dessen internationalen Umfang und Charakter die Organisation der Vereinten Nationen anerkannt hat, ohne internationale Zusammenarbeit unter diesen Umständen nicht erreicht werden kann,

IN DEM WUNSCHE, daß alle Staaten in Anerkennung der sozialen und humanitären Charakters des Flüchtlingsproblems alles in ihrer Macht Stehende tun, um zu vermeinden, daß dieses Problem zwischenstaatliche Spannungen verursacht,

IN ANERKENNTNIS DESSEN, daß dem Hohen Kommissar der Vereinten Nationen für Flüchtlinge die Aufgabe obliegt, die Durchfüh-

---

1) Für die Bundesrepublik Deutschland in Kraft getreten am 22. 4. 1954 (Bek. v. 25. 5. 1954, BGBl. II S. 619), innerstaatlich bereits am 24. 12. 1953 (G. v. 1. 9. 1953, BGBl. II S. 559). Zum Stand der Vertragsparteien s. BGBl., Fundstellennachweis B, abgeschlossen am 31. 12. jedes Jahres.

2) Internationale Quelle: UNTS Vol. 189 p. 150.

3) Vgl. a. das Übk. v. 28. 9. 1954 über die Rechtsstellung der Staatenlosen (BGBl. 1976 II S. 473), die Vereinbarung v. 23. 11. 1957 über Flüchtlingsseeleute (BGBl. 1961 II S. 828) und das Europäische Übk. v. 16. 10. 1980 über den Übergang der Verantwortung für Flüchtlinge (BGBl. 1994 II S. 2646), abgedruckt unter Nr. **28 b.**

4) Siehe auch das Prot. über die Rechtsstellung der Flüchtlinge vom 31. Januar 1967 (Nr. **28 a**).

5) Der Klammerzusatz ist nicht amtlich.

rung der internationalen Abkommen zum Schutz der Flüchtlinge zu überwachen, und daß eine wirksame Koordinierung der zur Lösung dieses Problems getroffenen Maßnahmen von der Zusammenarbeit der Staaten mit dem Hohen Kommissar abhängen wird, –

HABEN FOLGENDES VEREINBART: –

Kapitel I. Allgemeine Bestimmungen

Art. 1 Definition des Begriffs „Flüchtling"

A.

Im Sinne dieses Abkommens findet der Ausdruck „Flüchtling" auf jede Person Anwendung:

1. Die in Anwendung der Vereinbarungen vom 12. Mai 1926 und 30. Juni 1928 oder in Anwendung des Abkommens vom 28. Oktober 1933 und 10. Februar 1938 und des Protokolls vom 14. September 1939 oder in Anwendung der Verfassung der Internationalen Flüchtlingsorganisation als Flüchtling gilt.

Die von der Internationalen Flüchtlingsorganisation während der Dauer ihrer Tätigkeit getroffenen Entscheidungen darüber, daß jemand nicht als Flüchtling im Sinne ihres Statuts anzusehen ist, stehen dem Umstand nicht entgegen, daß die Flüchtlingseigenschaft Personen zuerkannt wird, die die Voraussetzungen der Ziffer 2 dieses Artikels erfüllen.

2. Die infolge von Ereignissen, die vor dem 1. Januar 1951 eingetreten sind[1], und aus der begründeten Furcht vor Verfolgung wegen ihrer Rasse, Religion, Nationalität, Zugehörigkeit zu einer bestimmten sozialen Gruppe oder wegen ihrer politischen Überzeugung sich außerhalb des Landes befindet, dessen Staatsangehörigkeit sie besitzt, und den Schutz dieses Landes nicht in Anspruch nehmen kann oder wegen dieser Befürchtungen nicht in Anspruch nehmen will; oder die sich als Staatenlose infolge solcher Ereignisse außerhalb des Landes befindet, in welchem sie ihren gewöhnlichen Aufenthalt hatte, und nicht dorthin zurückkehren kann oder wegen der erwähnten Befürchtungen nicht dorthin zurückkehren will.[2]

Für den Fall, daß eine Person mehr als eine Staatsangehörigkeit hat, bezieht sich der Ausdruck „das Land, dessen Staatsangehörigkeit sie besitzt" auf jedes der Länder, dessen Staatsangehörigkeit diese Person hat. Als des Schutzes des Landes, dessen Staatsangehörigkeit sie hat, beraubt gilt nicht eine Person, die ohne einen stichhaltigen, auf eine begründete Befürchtung gestützten Grund den Schutz eines der Länder nicht in Anspruch genommen hat, deren Staatsangehörigkeit sie besitzt.

---

[1] Vgl. aber das Prot. v. 31. 1. 1967 (Nr. **28 a**) Art. I Abs. 2).

[2] Gestützt auf Art. 35 des Abkommens hat das UN-Flüchtlingshochkommissariat (UNHCR) am 7. 5. 2002 eine Richtlinie „Geschlechtsspezifische Verfolgung im Zusammenhang mit Artikel 1 A (2) des Abkommens" vorgelegt (HCR/GIP/02/01).

B.

1. Im Sinne dieses Abkommens können die im Artikel 1 Abschnitt A enthaltenen Worte „Ereignisse, die vor dem 1. Januar 1951 eingetreten sind" in dem Sinne verstanden werden, daß es sich entweder um

a) „Ereignisse, die vor dem 1. Januar 1951 in Europa eingetreten sind" oder
b) „Ereignisse, die vor dem 1. Januar 1951 in Europa oder anderswo eingetreten sind"

handelt. Jeder vertragschließende Staat wird zugleich mit der Unterzeichnung, der Ratifikation oder dem Beitritt eine Erklärung abgeben, welche Bedeutung er diesem Ausdruck vom Standpunkt der von ihm auf Grund dieses Abkommens übernommenen Verpflichtungen zu geben beabsichtigt.

2. Jeder vertragschließende Staat, der die Formulierung zu a) angenommen hat, kann jederzeit durch eine an den Generalsekretär der Vereinten Nationen gerichtete Notifikation seine Verpflichtungen durch Annahme der Formulierung b) erweitern.

C.

Eine Person, auf die die Bestimmungen des Absatzes A zutreffen, fällt nicht mehr unter dieses Abkommen,

1. wenn sie sich freiwillig erneut dem Schutz des Landes, dessen Staatsangehörigkeit sie besitzt, unterstellt; oder

2. wenn sie nach dem Verlust ihrer Staatsangehörigkeit diese freiwillig wiedererlangt hat; oder

3. wenn sie eine neue Staatsangehörigkeit erworben hat und den Schutz des Landes, dessen Staatsangehörigkeit sie erworben hat, genießt; oder

4. wenn sie freiwllig in das Land, das sie aus Furcht vor Verfolgung verlassen hat oder außerhalb dessen sie sich befindet, zurückgekehrt ist und sich dort niedergelassen hat; oder

5. wenn sie nach Wegfall der Umstände, auf Grund deren sie als Flüchtling anerkannt worden ist, es nicht mehr ablehnen kann, den Schutz des Landes in Anspruch zu nehmen, dessen Staatsangehörigkeit sie besitzt.

Hierbei wird jedoch unterstellt, daß die Bestimmung dieser Ziffer auf keinen Flüchtling im Sinne der Ziffer 1 des Abschnittes A dieses Artikels Anwendung findet, der sich auf zwingende, auf früheren Verfolgungen beruhende Gründe berufen kann, um die Inanspruchnahme des Schutzes des Landes abzulehnen, dessen Staatsangehörigkeit er besitzt;

6. wenn es sich um eine Person handelt, die keine Staatsangehörigkeit besitzt, falls sie nach Wegfall der Umstände, auf Grund deren sie als Flüchtling anerkannt worden ist, in der Lage ist, in das Land zurückzukehren, in dem sie ihren gewöhnlichen Wohnsitz hat.

Dabei wird jedoch unterstellt, daß die Bestimmung dieser Ziffer auf keinen Flüchtling im Sinne der Ziffer 1 des Abschnittes A dieses Artikels Anwendung findet, der sich auf zwingende, auf früheren Verfolgungen beruhende Gründe berufen kann, um die Rückkehr in das Land abzulehnen, in dem er seinen gewöhnlichen Aufenthalt hatte.

D.

Dieses Abkommen findet keine Anwendung auf Personen, die zur Zeit den Schutz oder Beistand einer Organisation oder einer Institution der Vereinten Nationen mit Ausnahme des Hohen Kommissars der Vereinten Nationen für Flüchtlinge genießen.

Ist dieser Schutz oder diese Unterstützung aus irgendeinem Grunde weggefallen, ohne daß das Schicksal dieser Personen endgültig gemäß den hierauf bezüglichen Entschließungen der Generalversammlung der Vereinten Nationen geregelt worden ist, so fallen diese Personen ipso facto unter die Bestimmungen dieses Abkommens.

E.

Dieses Abkommen findet keine Anwendung auf eine Person, die von den zuständigen Behörden des Landes, in dem sie ihren Aufenthalt genommen hat, als eine Person anerkannt wird, welche die Rechte und Pflichten hat, die mit dem Besitz der Staatsangehörigkeit dieses Landes verknüpft sind.

F.

Die Bestimmungen dieses Abkommens finden keine Anwendung auf Personen, in bezug auf die aus schwerwiegenden Gründen die Annahme gerechtfertigt ist,

a) daß sie ein Verbrechen gegen den Frieden, ein Kriegsverbrechen oder ein Verbrechen gegen die Menschlichkeit im Sinne der internationalen Vertragswerke begangen haben, die ausgearbeitet worden sind, um Bestimmungen bezüglich dieser Verbrechen zu treffen;

b) daß sie ein schweres nichtpolitisches Verbrechen außerhalb des Aufnahmelandes begangen haben, bevor sie dort als Flüchtling aufgenommen wurden;

c) daß sie sich Handlungen zuschulden kommen ließen, die den Zielen und Grundsätzen der Vereinten Nationen zuwiderlaufen.

Art. 2 Allgemeine Verpflichtungen. Jeder Flüchtling hat gegenüber dem Land, in dem er sich befindet, Pflichten, zu denen insbesondere die Verpflichtung gehört, die Gesetze und sonstigen Rechtsvorschriften sowie die zur Aufrechterhaltung der öffentlichen Ordnung getroffenen Maßnahmen zu beachten.

Art. 3 Verbot unterschiedlicher Behandlung. Die vertragschließenden Staaten werden die Bestimmungen dieses Abkommens auf Flüchtlinge ohne unterschiedliche Behandlung aus Gründen der Rasse, der Religion oder des Herkunftslandes anwenden.

Art. 4 Religion. Die vertragschließenden Staaten werden den in ihrem Gebiet befindlichen Flüchtlingen in bezug auf die Freiheit der Religionsausübung und die Freiheit des Religionsunterrichts ihrer Kinder eine mindestens ebenso günstige Behandlung wie ihren eigenen Staatsangehörigen gewähren.

Art. 5 Unabhängig von diesem Abkommen gewährte Rechte. Rechte und Vergünstigungen, die unabhängig von diesem Abkommen den Flüchtlingen gewährt werden, bleiben von den Bestimmungen dieses Abkommens unberührt.

Art. 6 Der Ausdruck „unter den gleichen Umständen". Im Sinne dieses Abkommens ist der Ausdruck „unter den gleichen Umständen" dahingehend zu verstehen, daß die betreffende Person alle Bedingungen erfüllen muß (einschließlich derjenigen, die sich auf die Dauer und die Bedingungen des vorübergehenden oder des dauernden Aufenthalts beziehen), die sie erfüllen müßte, wenn sie nicht Flüchtling wäre, um das in Betracht kommende Recht in Anspruch zu nehmen, mit Ausnahme der Bedingungen, die ihrer Natur nach ein Flüchtling nicht erfüllen kann.

Art. 7 Befreiung von der Gegenseitigkeit. 1. Vorbehaltlich der in diesem Abkommen vorgesehenen günstigeren Bestimmungen wird jeder vertragschließende Staat den Flüchtlingen die Behandlung gewähren, die er Ausländern im allgemeinen gewährt.

2. Nach dreijährigem Aufenthalt werden alle Flüchtlinge in dem Gebiet der vertragschließenden Staaten Befreiung von dem Erfordernis der gesetzlichen Gegenseitigkeit genießen.

3. Jeder vertragschließende Staat wird den Flüchtlingen weiterhin die Rechte und Vergünstigungen gewähren, auf die sie auch bei fehlender Gegenseitigkeit beim Inkrafttreten dieses Abkommens für diesen Staat bereits Anspruch hatten.

4. Die vertragschließenden Staaten werden die Möglichkeit wohlwollend in Erwägung ziehen, bei fehlender Gegenseitigkeit den Flüchtlingen Rechte und Vergünstigungen außer denen, auf die sie nach Ziffer 2 und 3 Anspruch haben, sowie Befreiung von dem Erfordernis der Gegenseitigkeit den Flüchtlingen zu gewähren, welche die Bedingungen von Ziffer 2 und 3 nicht erfüllen.

5. Die Bestimmungen der Ziffern 2 und 3 finden nicht nur auf die in den Artikeln 13, 18, 19, 21 und 22 dieses Abkommens genannten Rechte und Vergünstigungen Anwendung, sondern auch auf die in diesem Abkommen nicht vorgesehenen Rechte und Vergünstigungen.

Art. 8 Befreiung von außergewöhnlichen Maßnahmen. Außergewöhnliche Maßnahmen, die gegen die Person, das Eigentum oder die Interessen der Staatsangehörigen eines bestimmten Staates ergriffen werden können, werden von den vertragschließenden Staaten auf einen Flüchtling, der formell ein Staatsangehöriger dieses Staates ist, allein wegen seiner Staatsangehörigkeit nicht angewendet. Die vertragschließenden Staaten, die nach dem bei ihnen geltenden Recht den in diesem Artikel aufgestellten allgemeinen Grundsatz nicht anwenden können, werden in geeigneten Fällen Befreiungen zugunsten solcher Flüchtlinge gewähren.

Art. 9 Vorläufige Maßnahmen. Keine der Bestimmungen dieses Abkommens hindert einen vertragschließenden Staat in Kriegszeiten oder bei Vorliegen sonstiger schwerwiegender und außergewöhnlicher Umstände daran, gegen eine bestimmte Person vorläufig die Maßnahmen zu ergreifen, die dieser Staat für seine Sicherheit für erforderlich hält, bis dieser vertragschließende Staat eine Entscheidung darüber getroffen hat, ob diese Person tatsächlich ein Flüchtling ist und die Aufrechterhaltung dieser Maßnahmen im vorliegenden Falle im Interesse der Sicherheit des Staates notwendig ist.

Art. 10 Fortdauer des Aufenthaltes. 1. Ist ein Flüchtling während des zweiten Weltkrieges zwangsverschickt und in das Gebiet eines der Vertragsstaaten verbracht worden und hält er sich dort auf, so wird die Dauer dieses Zwangsaufenthaltes als rechtmäßiger Aufenthalt in diesem Gebiet gelten.

2. Ist ein Flüchtling während des zweiten Weltkrieges aus dem Gebiet eines Vertragsstaates zwangsverschickt worden und vor Inkrafttreten dieses Abkommens dorthin zurückgekehrt, um dort seinen dauernden Aufenthalt zu nehmen, so wird die Zeit vor und nach dieser Zwangsverschickung für alle Zwecke, für die ein ununterbrochener Aufenthalt erforderlich ist, als ein ununterbrochener Aufenthalt gelten.

Art. 11[1] Geflüchtete Seeleute. Bei Flüchtlingen, die ordnungsgemäß als Besatzungsangehörige eines Schiffes angeheuert sind, das die Flagge eines Vertragsstaates führt, wird dieser Staat die Möglichkeit wohlwollend in Erwägung ziehen, diesen Flüchtlingen die Genehmigung zur Niederlassung in seinem Gebiet zu erteilen und ihnen Reiseausweise auszustellen oder ihnen vorläufig den Aufenthalt in seinem Gebiete zu gestatten, insbesondere um ihre Niederlassung in einem anderen Lande zu erleichtern.

[1] Siehe die Vereinbarung v. 23. 11. 1957 über Flüchtlingsseeleute (BGBl. 1961 II S. 828).

Kapitel II. Rechtsstellung

Art. 12 Personalstatut. 1. Das Personalstatut jedes Flüchtlings bestimmt sich nach dem Recht des Landes seines Wohnsitzes oder, in Ermangelung eines Wohnsitzes, nach dem Recht seines Aufenthaltslandes.

2. Die von einem Flüchtling vorher erworbenen und sich aus seinem Personalstatut ergebenden Rechte, insbesondere die aus der Eheschließung, werden von jedem vertragschließenden Staat geachtet, gegebenenfalls vorbehaltlich der Formalitäten, die nach dem in diesem Staat geltenden Recht vorgesehen sind. Hierbei wird jedoch unterstellt, daß das betreffende Recht zu demjenigen gehört, das nach den Gesetzen dieses Staates anerkannt worden wäre, wenn die in Betracht kommende Person kein Flüchtling geworden wäre.

Art. 13 Bewegliches und unbewegliches Eigentum. Die vertragschließenden Staaten werden jedem Flüchtling hinsichtlich des Erwerbs von beweglichem und unbeweglichem Eigentum und sonstiger diesbezüglicher Rechte sowie hinsichtlich von Miet-, Pacht- und sonstigen Verträgen über bewegliches und unbewegliches Eigentum eine möglichst günstige und jedenfalls nicht weniger günstige Behandlung gewähren, als sie Ausländern im allgemeinen unter den gleichen Umständen gewährt wird.

Art. 14 Urheberrecht und gewerbliche Schutzrechte. Hinsichtlich des Schutzes von gewerblichen Rechten, insbesondere an Erfindungen, Mustern und Modellen, Warenzeichen und Handelsnamen, sowie des Schutzes von Rechten an Werken der Literatur, Kunst und Wissenschaft genießt jeder Flüchtling in dem Land, in dem er seinen gewöhnlichen Aufenthalt hat, den Schutz, der den Staatsangehörigen dieses Landes gewährt wird. Im Gebiete jedes anderen vertragschließenden Staates genießt er den Schutz, der in diesem Gebiet den Staatsangehörigen des Landes gewährt wird, in dem er seinen gewöhnlichen Aufenthalt hat.

Art. 15 Vereinigungsrecht. Die vertragschließenden Staaten werden den Flüchtlingen, die sich rechtmäßig in ihrem Gebiet aufhalten, hinsichtlich der Vereinigungen, die nicht politischen und nicht Erwerbszwecken dienen, und den Berufsverbänden die günstigste Behandlung wie den Staatsangehörigen eines fremden Landes unter den gleichen Umständen gewähren.

Art. 16 Zugang zu den Gerichten. 1. Jeder Flüchtling hat in dem Gebiet der vertragschließenden Staaten freien und ungehinderten Zugang zu den Gerichten.

2. In dem vertragschließenden Staat, in dem ein Flüchtling seinen gewöhnlichen Aufenthalt hat, genießt er hinsichtlich des Zugangs zu den Gerichten einschließlich des Armenrechts und der Befreiung von der Si-

cherheitsleistung für Prozeßkosten dieselbe Behandlung wie ein eigener Staatsangehöriger.

3. In den vertragschließenden Staaten, in denen ein Flüchtling nicht seinen gewöhnlichen Aufenthalt hat, genießt er hinsichtlich der in Ziffer 2 erwähnten Angelegenheit dieselbe Behandlung wie ein Staatsangehöriger des Landes, in dem er seinen gewöhnlichen Aufenthalt hat.

Kapitel III. Erwerbstätigkeit

Art. 17 Nichtselbständige Arbeit. 1. Die vertragschließenden Staaten werden hinsichtlich der Ausübung nichtselbständiger Arbeit jedem Flüchtling, der sich rechtmäßig in ihrem Gebiet aufhält, die günstigste Behandlung gewähren, die den Staatsangehörigen eines fremden Landes unter den gleichen Umständen gewährt wird.

2. In keinem Falle werden die einschränkenden Maßnahmen, die für Ausländer oder für die Beschäftigung von Ausländern zum Schutze des eigenen Arbeitsmarktes bestehen, Anwendung auf Flüchtlinge finden, die beim Inkrafttreten dieses Abkommens durch den betreffenden Vertragsstaat bereits davon befreit waren oder eine der folgenden Bedingungen erfüllen:

a) wenn sie sich drei Jahre im Lande aufgehalten haben;

b) wenn sie mit einer Person, die die Staatsangehörigkeit des Aufenthaltslandes besitzt, die Ehe geschlossen haben. Ein Flüchtling kann sich nicht auf die Vergünstigung dieser Bestimmung berufen, wenn er seinen Ehegatten verlassen hat;

c) wenn sie ein oder mehrere Kinder haben, die die Staatsangehörigkeit des Aufenthaltslandes besitzen.

3. Die vertragschließenden Staaten werden hinsichtlich der Ausübung nichtselbständiger Arbeit Maßnahmen wohlwollend in Erwägung ziehen, um alle Flüchtlinge, insbesondere diejenigen, die im Rahmen eines Programmes zur Anwerbung von Arbeitskräften oder eines Einwanderungsplanes in ihr Gebiet gekommen sind, den eigenen Staatsangehörigen rechtlich gleichzustellen.

Art. 18 Selbständige Tätigkeit. Die vertragschließenden Staaten werden den Flüchtlingen, die sich rechtmäßig in ihrem Gebiet befinden, hinsichtlich der Ausübung einer selbständigen Tätigkeit in Landwirtschaft, Industrie, Handwerk und Handel sowie der Errichtung von Handels- und industriellen Unternehmen eine möglichst günstige und jedenfalls nicht weniger günstige Behandlung gewähren, als sie Ausländern im allgemeinen unter den gleichen Umständen gewährt wird.

Art. 19 Freie Berufe. 1. Jeder vertragschließende Staat wird den Flüchtlingen, die sich rechtmäßig in seinem Gebeit aufhalten, Inhaber von durch die zuständigen Behörden dieses Staates anerkannten Diplomen sind und einen freien Beruf auszuüben wünschen, eine möglichst günstige und jedenfalls nicht weniger günstige Behandlung gewähren, als sie Ausländern im allgemeinen unter den gleichen Umständen gewährt wird.

2. Die vertragschließenden Staaten werden alles in ihrer Macht Stehende tun, um im Einklang mit ihren Gesetzen und Verfassungen die Niederlassung solcher Flüchtlinge in den außerhalb des Mutterlandes gelegenen Gebieten sicherzustellen, für deren internationale Beziehungen sie verantwortlich sind.

Kapitel IV. Wohlfahrt

Art. 20 Rationierung. Falls ein Rationierungssystem besteht, dem die Bevölkerung insgesamt unterworfen ist und das die allgemeine Verteilung von Erzeugnissen regelt, an denen Mangel herrscht, werden Flüchtlinge wie Staatsangehörige behandelt.

Art. 21 Wohnungswesen. Hinsichtlich des Wohnungswesens werden die vertragschließenden Staaten insoweit, als diese Angelegenheit durch Gesetze oder sonstige Rechtsvorschriften geregelt ist oder der Überwachung öffentlicher Behörden unterliegt, den sich rechtmäßig in ihrem Gebiet aufhaltenden Flüchtlingen eine möglichst günstige und jedenfalls nicht weniger günstige Behandlung gewähren, als sie Ausländern im allgemeinen unter den gleichen Umständen gewährt wird.

Art. 22 Öffentliche Erziehung. 1. Die vertragschließenden Staaten werden den Flüchtlingen dieselbe Behandlung wie ihren Staatsangehörigen hinsichtlich des Unterrichts in Volksschulen gewähren.

2. Für über die Volksschule hinausgehenden Unterricht, insbesondere die Zulassung zum Studium, die Anerkennung von ausländischen Studienzeugnissen, Diplomen und akademischen Titeln, den Erlaß von Gebühren und Abgaben und die Zuerkennung von Stipendien, werden die vertragschließenden Staaten eine möglichst günstige und in keinem Falle weniger günstige Behandlung gewähren, als sie Ausländern im allgemeinen unter den gleichen Bedingungen gewährt wird.

Art. 23 Öffentliche Fürsorge. Die vertragschließenden Staaten werden den Flüchtlingen, die sich rechtmäßig in ihrem Staatsgebiet aufhalten, auf dem Gebiet der öffentlichen Fürsorge und sonstigen Hilfeleistungen die gleiche Behandlung wie ihren eigenen Staatsangehörigen gewähren.

Art. 24 Arbeitsrecht und soziale Sicherheit. 1. Die vertragschließenden Staaten werden den Flüchtlingen, die sich rechtmäßig in ihrem Gebiet aufhalten, dieselbe Behandlung gewähren wie ihren Staatsangehörigen, wenn es sich um folgende Angelegenheiten handelt:

a) Lohn einschließlich Familienbeihilfen, wenn diese einen Teil des Arbeitsentgelts bilden, Arbeitszeit, Überstunden, bezahlten Urlaub, Einschränkungen der Heimarbeit, Mindestalter für die Beschäftigung, Lehrzeit und Berufsausbildung, Arbeit von Frauen und Jugendlichen und Genuß der durch Tarifverträge gebotenen Vergünstigungen, soweit alle diese Fragen durch das geltende Recht geregelt sind oder in die Zuständigkeit der Verwaltungsbehörden fallen;

b) Soziale Sicherheit (gesetzliche Bestimmungen bezüglich der Arbeitsunfälle, der Berufskrankheiten, der Mutterschaft, der Krankheit, der Arbeitsunfähigkeit, des Alters und des Todes, der Arbeitslosigkeit, des Familienunterhalts sowie jedes anderen Wagnisses, das nach dem im betreffenden Land geltenden Recht durch ein System der sozialen Sicherheit gedeckt wird) vorbehaltlich

(i) geeigneter Abmachungen über die Aufrechterhaltung der erworbenen Rechte und Anwartschaften,

(ii) besonderer Bestimmungen, die nach dem im Aufenthaltsland geltenden Recht vorgeschrieben sind und die Leistungen oder Teilleistungen betreffen, die ausschließlich aus öffentlichen Mitteln bestritten werden, sowie Zuwendungen an Personen, die nicht die für die Gewährung einer normalen Rente geforderten Bedingungen der Beitragsleistung erfüllen.

2. Das Recht auf Leistung, das durch den Tod eines Flüchtlings infolge eines Arbeitsunfalles oder einer Berufskrankheit entsteht, wird nicht dadurch berührt, daß sich der Berechtigte außerhalb des Gebietes des vertragschließenden Staates aufhält.

3. Die vertragschließenden Staaten werden auf die Flüchtlinge die Vorteile der Abkommen erstrecken, die sie hinsichtlich der Aufrechterhaltung der erworbenen Rechte und Anwartschaften auf dem Gebiete der sozialen Sicherheit untereinander abgeschlossen haben oder abschließen werden, soweit die Flüchtlinge die Bedingungen erfüllen, die für Staatsangehörige der Unterzeichnerstaaten der in Betracht kommenden Abkommen vorgesehen sind.

4. Die vertragschließenden Staaten werden wohlwollend die Möglichkeit prüfen, die Vorteile ähnlicher Abkommen, die zwischen diesen vertragschließenden Staaten und Nichtvertragsstaaten in Kraft sind oder sein werden, soweit wie möglich auf Flüchtlinge auszudehnen.

Kapitel V. Verwaltungsmaßnahmen

Art. 25 Verwaltungshilfe. 1. Würde die Ausübung eines Rechts durch einen Flüchtling normalerweise die Mitwirkung ausländischer Behörden erfordern, die er nicht in Anspruch nehmen kann, so werden die vertragschließenden Staaten, in deren Gebiet er sich aufhält, dafür sorgen, daß ihm diese Mitwirkung entweder durch ihre eigenen Behörden oder durch eine internationale Behörde zuteil wird.

2. Die in Ziffer 1 bezeichneten Behörden werden Flüchtlingen diejenigen Urkunden und Bescheinigungen ausstellen oder unter ihrer Aufsicht ausstellen lassen, die Ausländern normalerweise von den Behörden ihres Landes oder durch deren Vermittlung ausgestellt werden.

3. Die so ausgestellten Urkunden oder Bescheinigungen werden die amtlichen Schriftstücke ersetzen, die Ausländern von den Behörden ihres Landes oder durch deren Vermittlung ausgestellt werden; sie werden bis zum Beweis des Gegenteils als gültig angesehen.

4. Vorbehaltlich der Ausnahmen, die zugunsten Bedürftiger zuzulassen wären, können für die in diesem Artikel erwähnten Amtshandlungen Gebühren verlangt werden; diese Gebühren sollen jedoch niedrig sein und müssen denen entsprechen, die von eigenen Staatsangehörigen für ähnliche Amtshandlungen erhoben werden.

5. Die Bestimmungen dieses Artikels berühren nicht die Artikel 27 und 28.

Art. 26 Freizügigkeit. Jeder vertragschließende Staat wird den Flüchtlingen, die sich rechtmäßig in seinem Gebiet befinden, das Recht gewähren, dort ihren Aufenthalt zu wählen und sich frei zu bewegen, vorbehaltlich der Bestimmungen, die allgemein auf Ausländer unter den gleichen Umständen Anwendung finden.

Art. 27 Personalausweise. Die vertragschließenden Staaten werden jedem Flüchtling, der sich in ihrem Gebiet befindet und keinen gültigen Reiseausweis besitzt, einen Personalausweis ausstellen.

Art. 28[1] Reiseausweise. 1. Die vertragschließenden Staaten werden den Flüchtlingen, die sich rechtmäßig in ihrem Gebiet aufhalten, Reiseausweise ausstellen, die ihnen Reisen außerhalb dieses Gebietes gestatten, es sei denn, daß zwingende Gründe der öffentlichen Sicherheit oder Ordnung entgegenstehen; die Bestimmungen des Anhanges zu diesem Abkommen werden auf diese Ausweise Anwendung finden.[2] Die vertragschließenden Staaten können einen solchen Reiseausweis jedem anderen Flüchtling ausstellen, der sich in ihrem Gebiet befindet; sie werden ihre Aufmerksamkeit besonders jenen Flüchtlingen zuwenden, die sich in ihrem Gebiet befinden und nicht in der Lage sind, einen Reiseausweis von dem Staat zu erhalten, in dem sie ihren rechtmäßigen Aufenthalt haben.

2. Reiseausweise, die auf Grund früherer internationaler Abkommen von den Unterzeichnerstaaten ausgestellt worden sind, werden von den

[1] Vgl. hierzu auch das unter Nr. **28 b** dieser Textsammlung abgedruckte Übereinkommen.

[2] Abgedruckt ab S. 17.

vertragschließenden Staaten anerkannt und so behandelt werden, als ob sie den Flüchtlingen auf Grund dieses Artikels ausgestellt worden wären.

Art. 29 Steuerliche Lasten. 1. Die vertragschließenden Staaten werden von den Flüchtlingen keine anderen oder höheren Gebühren, Abgaben oder Steuern, gleichviel unter welcher Bezeichnung, erheben, als unter ähnlichen Verhältnissen von ihren eigenen Staatsangehörigen jetzt oder künftig erhoben werden.

2. Die Bestimmungen der vorstehenden Ziffer schließen nicht aus, die Gesetze und sonstigen Rechtsvorschriften über Gebühren für die Ausstellung von Verwaltungsurkunden, einschließlich Personalausweisen an Ausländer auf Flüchtlinge anzuwenden.

Art. 30 Überführung von Vermögenswerten. 1. Jeder vertragschließende Staat wird in Übereinstimmung mit den Gesetzen und sonstigen Rechtsvorschriften des Landes den Flüchtlingen gestatten, die Vermögenswerte, die sie in sein Gebiet gebracht haben, in das Gebiet eines anderen Landes zu überführen, in dem sie zwecks Wiederansiedlung aufgenommen worden sind.

2. Jeder vertragschließende Staat wird die Anträge von Flüchtlingen wohlwollend in Erwägung ziehen, die auf die Erlaubnis gerichtet sind, alle anderen Vermögenswerte, die zu ihrer Wiederansiedlung erforderlich sind, in ein anderes Land zu überführen, in dem sie zur Wiederansiedlung aufgenommen worden sind.

Art. 31 Flüchtlinge, die sich nicht rechtmäßig im Aufnahmeland aufhalten. 1. Die vertragschließenden Staaten werden wegen unrechtmäßiger Einreise oder Aufenthalts keine Strafen gegen Flüchtlinge verhängen, die unmittelbar aus einem Gebiet kommen, in dem ihr Leben oder ihre Freiheit im Sinne von Artikel 1 bedroht waren und die ohne Erlaubnis in das Gebiet der vertragschließenden Staaten einreisen oder sich dort aufhalten, vorausgesetzt, daß sie sich unverzüglich bei den Behörden melden und Gründe darlegen, die ihre unrechtmäßige Einreise oder ihren unrechtmäßigen Aufenthalt rechtfertigen.

2. Die vertragschließenden Staaten werden den Flüchtlingen beim Wechsel des Aufenthaltsorts keine Beschränkungen auferlegen, außer denen, die notwendig sind; diese Beschränkungen werden jedoch nur solange Anwendung finden, bis die Rechtsstellung dieser Flüchtlinge im Aufnahmeland geregelt oder es ihnen gelungen ist, in einem anderen Land Aufnahme zu erhalten. Die vertragschließenden Staaten werden diesen Flüchtlingen eine angemessene Frist sowie alle notwendigen Erleichterungen zur Aufnahme in einem anderen Land gewähren.

Art. 32 Ausweisung. 1. Die vertragschließenden Staaten werden einen Flüchtling, der sich rechtmäßig in ihrem Gebiet befindet, nur aus Gründen der öffentlichen Sicherheit oder Ordnung ausweisen.

2. Die Ausweisung eines Flüchtlings darf nur in Ausführung einer Entscheidung erfolgen, die in einem durch gesetzliche Bestimmungen geregelten Verfahren ergangen ist. Soweit nicht zwingende Gründe für die öffentliche Sicherheit entgegenstehen, soll dem Flüchtling gestattet werden, Beweise zu seiner Entlastung beizubringen, ein Rechtsmittel einzulegen und sich zu diesem Zweck vor einer zuständigen Behörde oder vor einer oder mehreren Personen, die von der zuständigen Behörde besonders bestimmt sind, vertreten zu lassen.

3. Die vertragschließenden Staaten werden einem solchen Flüchtling eine angemessene Frist gewähren, um ihm die Möglichkeit zu geben, in einem anderen Lande um rechtmäßige Aufnahme nachzusuchen. Die vertragschließenden Staaten behalten sich vor, während dieser Frist diejenigen Maßnahmen anzuwenden, die sie zur Aufrechterhaltung der inneren Ordnung für zweckdienlich erachten.

Art. 33 Verbot der Ausweisung und Zurückweisung. 1. Keiner der vertragschließenden Staaten wird einen Flüchtling auf irgendeine Weise über die Grenzen von Gebieten ausweisen oder zurückweisen, in denen sein Leben oder seine Freiheit wegen seiner Rasse, Religion, Staatsangehörigkeit, seiner Zugehörigkeit zu einer bestimmten sozialen Gruppe oder wegen seiner politischen Überzeugung bedroht sein würde.

2. Auf die Vergünstigung dieser Vorschrift kann sich jedoch ein Flüchtling nicht berufen, der aus schwerwiegenden Gründen als eine Gefahr für die Sicherheit des Landes anzusehen ist, in dem er sich befindet, oder der eine Gefahr für die Allgemeinheit dieses Staates bedeutet, weil er wegen eines Verbrechens oder eines besonders schweren Vergehens rechtskräftig verurteilt wurde.

Art. 34 Einbürgerung. Die vertragschließenden Staaten werden soweit wie möglich die Eingliederung und Einbürgerung der Flüchtlinge erleichtern. Sie werden insbesondere bestrebt sein, Einbürgerungsverfahren zu beschleunigen und die Kosten dieses Verfahrens soweit wie möglich herabzusetzen.

Kapitel VI. Durchführungs- und Übergangsbestimmungen

Art. 35 Zusammenarbeit der Staatlichen Behörden mit den Vereinten Nationen. 1. Die vertragschließenden Staaten verpflichten sich zur Zusammenarbeit mit dem Amt des Hohen Kommissars der Vereinten Nationen für Flüchtlinge oder jeder ihm etwa nachfolgenden anderen Stelle der Vereinten Nationen bei der Ausübung seiner Befugnisse, insbesondere zur Erleichterung seiner Aufgabe, die Durchführung der Bestimmungen dieses Abkommens zu überwachen.

2. Um es dem Amt des Hohen Kommissars oder jeder ihm etwa nachfolgenden anderen Stelle der Vereinten Nationen zu ermöglichen, den zu-

ständigen Organen der Vereinten Nationen Berichte vorzulegen, verpflichten sich die vertragschließenden Staaten, ihm in geeigneter Form die erbetenen Auskünfte und statistischen Angaben zu liefern über
a) die Lage der Flüchtlinge,
b) die Durchführung dieses Abkommens und
c) die Gesetze, Verordnungen und Verwaltungsvorschriften, die in bezug auf Flüchtlinge jetzt oder künftig in Kraft sind.

Art. 36 Auskünfte über innerstaatliche Rechtsvorschriften. Die vertragschließenden Staaten werden dem Generalsekretär der Vereinten Nationen den Wortlaut der Gesetze und sonstiger Rechtsvorschriften mitteilen, die sie etwa erlassen werden, um die Durchführung dieses Abkommens sicherzustellen.

Art. 37 Beziehung zu früher geschlossenen Abkommen. Unbeschadet der Bestimmungen seines Artikels 28 Ziffer 2 tritt dieses Abkommen im Verhältnis zwischen den vertragschließenden Staaten an die Stelle der Vereinbarungen vom 5. Juli 1922, 31. Mai 1924, 12. Mai 1926, 30. Juni 1928 und 30. Juli 1935 sowie der Abkommen vom 28. Oktober 1933, 10. Februar 1938, des Protokolls vom 14. September 1939 und der Vereinbarung vom 15. Oktober 1946.

Kapitel VII. Schlußbestimmungen

Art. 38 Regelung von Streitfällen. Jeder Streitfall zwischen den Parteien dieses Abkommens über dessen Auslegung oder Anwendung, der auf andere Weise nicht beigelegt werden kann, wird auf Antrag einer der an dem Streitfall beteiligten Parteien dem Internationalen Gerichtshof vorgelegt.

Art. 39 Unterzeichnung, Ratifikation und Beitritt. 1. Dieses Abkommen liegt in Genf am 28. Juli 1951 zur Unterzeichnung auf und wird nach diesem Zeitpunkt beim Generalsekretär der Vereinten Nationen hinterlegt. Es liegt vom 28. Juli bis 31. August 1951 im Europäischen Büro der Vereinten Nationen zur Unterzeichnung auf, sodann erneut vom 17. September 1951 bis 31. Dezember 1952 am Sitz der Organisation der Vereinten Nationen.

2. Dieses Abkommen liegt zur Unterzeichnung durch alle Mitgliedstaaten der Organisation der Vereinten Nationen, durch jeden Nicht-Mitgliedstaat, der zur Konferenz der Bevollmächtigten über die Rechtsstellung der Flüchtlinge und Staatenlosen eingeladen war, sowie durch jeden anderen Staat auf, den die Vollversammlung zur Unterzeichnung einlädt. Das Abkommen ist zu ratifizieren; die Ratifikations-Urkunden sind beim Generalsekretär der Vereinten Nationen zu hinterlegen.

3. Die in Ziffer 2 dieses Artikels bezeichneten Staaten können diesem Abkommen vom 28. Juli 1951 an beitreten. Der Beitritt erfolgt durch Hin-

terlegung einer Beitrittsurkunde beim Generalsekretär der Vereinten Nationen.

Art. 40 Klausel zur Anwendung auf andere Gebiete. 1. Jeder Staat kann im Zeitpunkt der Unterzeichnung, der Ratifikation oder des Beitritts erklären, daß sich die Geltung dieses Abkommens auf alle oder mehrere oder eins der Gebiete erstreckt, die er in den internationalen Beziehungen vertritt. Eine solche Erklärung wird zu dem Zeitpunkt wirksam, an dem dieses Abkommen für den betreffenden Staat in Kraft tritt.

2. Eine Ausdehnung des Geltungsbereichs zu einem späteren Zeitpunkt erfolgt durch eine an den Generalsekretär der Vereinten Nationen zu richtende Mitteilung und wird am neunzigsten Tage nach dem Zeitpunkt wirksam, zu dem der Generalsekretär der Vereinten Nationen die Mitteilung erhalten hat, oder zu dem Zeitpunkt, an dem dieses Abkommen für den betreffenden Staat in Kraft tritt, wenn dieser letztgenannte Zeitpunkt später liegt.

3. Bei Gebieten, für die dieses Abkommen im Zeitpunkt der Unterzeichnung, Ratifikation oder des Beitritts nicht gilt, wird jeder beteiligte Staat die Möglichkeit prüfen, sobald wie möglich alle erforderlichen Maßnahmen zu ergreifen, um den Geltungsbereich dieses Abkommens auf diese Gebiete auszudehnen, gegebenenfalls unter dem Vorbehalt der Zustimmung der Regierungen dieser Gebiete, wenn eine solche aus verfassungsmäßigen Gründen erforderlich ist.

Art. 41 Klausel für Bundesstaaten. Im Falle eines Bundes- oder Nichteinheitsstaates werden nachstehende Bestimmungen Anwendung finden:

a) Soweit es sich um die Artikel dieses Abkommens handelt, für die der Bund die Gesetzgebung hat, werden die Verpflichtungen der Bundesregierung dieselben sein wie diejenigen der Unterzeichnerstaaten, die keine Bundesstaaten sind.

b) Soweit es sich um die Artikel dieses Abkommens handelt, für die die einzelnen Länder, Provinzen oder Kantone, die auf Grund der Bundesverfassung zur Ergreifung gesetzgeberischer Maßnahmen nicht verpflichtet sind, die Gesetzgebung haben, wird die Bundesregierung sobald wie möglich diese Artikel den zuständigen Stellen der Länder, Provinzen oder Kantone befürwortend zur Kenntnis bringen.

c) Ein Bundesstaat als Unterzeichner dieses Abkommens wird auf das ihm durch den Generalsekretär der Vereinten Nationen übermittelte Ersuchen eines anderen vertragschließenden Staates hinsichtlich einzelner Bestimmungen des Abkommens eine Darstellung der geltenden Gesetzgebung und ihrer Anwendung innerhalb des Bundes und seiner Glieder übermitteln, aus der hervorgeht, inwieweit diese Bestimmungen durch Gesetzgebung oder sonstige Maßnahmen wirksam geworden sind.

Art. 42 Vorbehalte. 1. Im Zeitpunkt der Unterzeichnung, der Ratifikation oder des Beitritts kann jeder Staat zu den Artikeln des Abkommens, mit Ausnahme der Artikel 1, 3, 4, 16 (1), 33, 36 bis 46 einschließlich, Vorbehalte machen.

2. Jeder vertragschließende Staat, der gemäß Ziffer 1 dieses Artikels einen Vorbehalt gemacht hat, kann ihn jederzeit durch eine diesbezügliche an den Generalsekretär der Vereinten Nationen zu richtende Mitteilung zurücknehmen.

Art. 43 Inkrafttreten. 1. Dieses Abkommen tritt am neunzigsten Tage nach dem Zeitpunkt der Hinterlegung der sechsten Ratifikations- oder Beitrittsurkunde in Kraft.

2. Für jeden der Staaten, die das Abkommen nach Hinterlegung der sechsten Ratifikations- oder Beitrittsurkunde ratifizieren oder ihm beitreten, tritt es am neunzigsten Tage nach dem Zeitpunkt der Hinterlegung der Ratifikations- oder Beitrittsurkunde dieses Staates in Kraft.

Art. 44 Kündigung. 1. Jeder vertragschließende Staat kann das Abkommen jederzeit durch eine an den Generalsekretär der Vereinten Nationen zu richtende Mitteilung kündigen.

2. Die Kündigung wird für den betreffenden Staat ein Jahr nach dem Zeitpunkt wirksam, an dem sie beim Generalsekretär der Vereinten Nationen eingegangen ist.

3. Jeder Staat, der eine Erklärung oder Mitteilung gemäß Artikel 40 gegeben hat, kann jederzeit später dem Generalsekretär der Vereinten Nationen mitteilen, daß das Abkommen auf ein in der Mitteilung bezeichnetes Gebiet nicht mehr Anwendung findet. Das Abkommen findet sodann ein Jahr nach dem Zeitpunkt, an dem diese Mitteilung beim Generalsekretär eingegangen ist, auf das in Betracht kommende Gebiet keine Anwendung mehr.

Art. 45 Revision. 1. Jeder vertragschließende Staat kann jederzeit mittels einer an den Generalsekretär der Vereinten Nationen zu richtenden Mitteilung die Revision dieses Abkommens beantragen.

2. Die Vollversammlung der Vereinten Nationen empfiehlt die Maßnahmen, die gegebenenfalls in bezug auf diesen Antrag zu ergreifen sind.

Art. 46 Mitteilungen des Generalsekretärs der Vereinten Nationen. Der Generalsekretär der Vereinten Nationen macht allen Mitgliedstaaten der Vereinten Nationen und den im Artikel 39 bezeichneten Nicht-Mitgliedstaaten Mitteilung über:

a) Erklärungen und Mitteilungen gemäß Artikel 1, Abschnitt B;
b) Unterzeichnungen, Ratifikationen und Beitrittserklärungen gemäß Artikel 39;

c) Erklärungen und Anzeigen gemäß Artikel 40;

d) gemäß Artikel 42 erklärte oder zurückgenommene Vorbehalte;

e) den Zeitpunkt, an dem dieses Abkommen gemäß Artikel 43 in Kraft tritt;

f) Kündigungen und Mitteilungen gemäß Artikel 44;

g) Revisionsanträge gemäß Artikel 45.

ZU URKUND DESSEN haben die unterzeichneten gehörig beglaubigten Vertreter namens ihrer Regierungen dieses Abkommen unterschrieben.

GESCHEHEN zu Genf, am achtundzwanzigsten Juli neunzehnhundertundeinundfünfzig, in einem einzigen Exemplar, dessen englischer und französischer Wortlaut in gleicher Weise maßgebend ist, das in den Archiven der Organisation der Vereinten Nationen hinterlegt wird, und von dem beglaubigte Ausfertigungen allen Mitgliedstaaten der Vereinten Nationen und den im Artikel 39 bezeichneten Nicht-Mitgliedstaaten übermittelt werden.

Anhang

§ 1 [Muster, Sprachen] (1) Der im Artikel 28 dieses Abkommens vorgesehene Reiseausweis hat dem anliegenden Muster zu entsprechen.[1)]

(2) Der Ausweis ist in mindestens zwei Sprachen abzufassen, von denen eine englisch oder französisch ist.

§ 2 [Kinder] Vorbehaltlich der Bestimmungen des Ausstellungslandes können die Kinder auf dem Ausweis eines der Elternteile, oder unter besonderen Umständen, eines anderen erwachsenen Flüchtlings aufgeführt werden.

§ 3 [Gebühren] Die für die Ausstellung des Ausweises zu erhebenden Gebühren dürfen den für die Ausstellung von nationalen Pässen geltenden Mindestsatz nicht überschreiten.

§ 4 [Räumlicher Geltungsbereich] Soweit es sich nicht um besondere oder Ausnahmefälle handelt, wird der Ausweis für die größtmögliche Anzahl von Ländern ausgestellt.

§ 5 [Gültigkeitsdauer] Die Geltungsdauer des Ausweises beträgt je nach Wahl der ausstellenden Behörde ein oder zwei Jahre.

§ 6 [Erneuerung und Verlängerung][2)] (1) Zur Erneuerung oder Verlängerung der Geltungsdauer des Ausweises ist die ausstellende Behörde zuständig, solange der Inhaber sich rechtmäßig nicht in einem anderen Gebiet niedergelassen hat und rechtmäßig im Gebiet der genannten Behörde wohnhaft ist. Zur Ausstellung eines neuen Ausweises ist unter den gleichen Voraussetzungen die Behörde zuständig, die den früheren Ausweis ausgestellt hat.

(2) Diplomatische oder konsularische Vertreter, die zu diesem Zweck besonders ermächtigt sind, haben das Recht, die Geltungsdauer der von ihren Regierungen ausgestellten Reiseausweise für eine Zeitdauer, die sechs Monate nicht überschreiten darf, zu verlängern.

(3) Die vertragsschließenden Staaten werden die Möglichkeit der Erneuerung oder Verlängerung der Geltungsdauer der Reiseausweise oder der Ausstellung neuer wohl wollend prüfen, wenn es sich um Flüchtlinge handelt, die sich nicht mehr rechtmäßig in ihrem

---

1) Muster hier nicht abgedruckt.

2) S. das unter Nr. **28 b** abgedruckte Übk.

Gebiet aufhalten und nicht in der Lage sind, von dem Lande, in dem sie rechtmäßig wohnhaft sind, einen Reiseausweis zu erhalten.

§ 7 [Gegenseitige Anerkennung] Die vertragsschließenden Staaten werden die Gültigkeit der im Einklang mit den Bestimmungen des Artikels 28 dieses Abkommens ausgestellten Ausweise anerkennen.

§ 8 [Visumserteilung] Die zuständigen Behörden des Landes, in welches der Flüchtling sich zu begeben wünscht, werden, wenn sie zu seinem Aufenthalt bereit sind und ein Sichtvermerk erforderlich ist, einen Sichtvermerk auf seinem Ausweis anbringen.

§ 9 [Transitvisa] (1) Die vertragsschließenden Staaten verpflichten sich, den Flüchtlingen, die den Sichtvermerk ihres endgültigen Bestimmungsgebietes erhalten haben, Durchreisesichtvermerke zu erteilen.

(2) Die Erteilung dieses Sichtvermerks darf aus Gründen verweigert werden, die jedem Ausländer gegenüber Verweigerung eines Sichtvermerks berechtigen würden.

§ 10 [Gebühren] Die Gebühren für die Erteilung von Ausreise-, Einreise- oder Durchreisesichtvermerken dürfen den für ausländische Pässe geltenden Mindestsatz nicht überschreiten.

§ 11 [Übergang der Verantwortung][1] Wechselt ein Flüchtling seinen Wohnort oder lässt er sich rechtmäßig im Gebiet eines anderen vertragsschließenden Staates nieder, so geht gemäß Artikel 28 die Verantwortung für die Ausstellung eines neuen Ausweises auf die zuständige Behörde desjenigen Gebietes über, bei welcher der Flüchtling seinen Antrag zu stellen berechtigt ist.

§ 12 [Einziehung alten Ausweises] Die Behörde, die einen neuen Ausweis ausstellt, hat den alten Ausweis einzuziehen und an das Land zurückzusenden, das ihn ausgestellt hat, wenn in dem alten Ausweis ausdrücklich bestimmt ist, dass er an das Ausstellungsland zurückzusenden ist; im anderen Fall wird die Behörde, die den neuen Ausweis ausstellt, den Alten einziehen und ihn vernichten.

§ 13 [Rückkehrrecht] (1) Jeder der vertragsschließenden Staaten verpflichtet sich, dem Inhaber eines Reiseausweises, der ihm vom Staat gemäß Artikel 28 dieses Abkommens ausgestellt wurde, die Rückkehr in sein Gebiet zu einem beliebigen Zeitpunkt während der Geltungsdauer des Ausweises zu gestatten.

(2) Vorbehaltlich der Bestimmungen der vorstehenden Ziffer kann ein vertragsschließender Staat verlangen, dass sich der Inhaber dieses Ausweises allen Formalitäten unterwirft, die für aus- oder einreisende Personen jeweils vorgeschrieben sind.

(3) Die vertragsschließenden Staaten behalten sich das Recht vor, in Ausnahmefällen oder in Fällen, in denen die Aufenthaltsgenehmigung des Flüchtlings für eine ausdrücklich bestimmte Zeitdauer gültig ist, zum Zeitpunkt der Ausstellung des Ausweises den Zeitabschnitt zu beschränken, während dessen der Flüchtling zurückkehren darf; diese Zeit darf jedoch nicht weniger als drei Monate betragen.

§ 14 [Unberührtheitsklausel] Unter alleinigem Vorbehalt der Bestimmungen des § 13 berühren die Bestimmungen des Anhangs in keiner Weise die Gesetze und Vorschriften, die in den Gebieten der vertragsschließenden Staaten die Voraussetzungen für die Aufnahme, Durchreise, den Aufenthalt, die Niederlassung und Ausreise regeln.

§ 15 [Keine Statusrelevanz] Die Ausstellung des Ausweises und die darin angebrachten Vermerke bestimmen und berühren nicht die Rechtsstellung des Inhabers, insbesondere nicht seine Staatsangehörigkeit.

§ 16 [Kein Recht auf diplomatischen oder konsularischen Schutz] Die Ausstellung des Ausweises gibt dem Inhaber keinen Anspruch auf den Schutz der diplomatischen und konsularischen Vertreter des Ausstellungslandes und verleiht diesen Vertretern kein Schutzrecht.

---

[1] S. das unter Nr. **28 b** abgedruckte Übk.

28a. Protokoll über die Rechtsstellung der Flüchtlinge[1, 2]

Vom 31. Januar 1967

(BGBl. II 1969 S. 1294)

Die Vertragsstaaten dieses Protokolls –

in der Erwägung, daß das am 18. Juli 1951 in Genf beschlossene Abkommen über die Rechtsstellung der Flüchtlinge (im folgenden als das Abkommen bezeichnet) nur auf Personen Anwendung findet, die infolge von vor dem 1. Januar 1951 eingetretenen Ereignissen Flüchtlinge geworden sind,

in der Erwägung, daß seit Annahme des Abkommens neue Kategorien von Flüchtlingen entstanden sind und daß die betreffenden Flüchtlinge daher möglicherweise nicht unter das Abkommen fallen,

in der Erwägung, daß es wünschenswert ist, allen Flüchtlingen im Sinne des Abkommens unabhängig von dem Stichtag des 1. Januar 1951 die gleiche Rechtsstellung zu gewähren –

sind wie folgt übereingekommen:

Art. I Allgemeine Bestimmung. (1) Die Vertragsstaaten dieses Protokolls verpflichten sich, die Artikel 2 bis 34 des Abkommens auf Flüchtlinge im Sinne der nachstehenden Begriffsbestimmung anzuwenden.

(2) Außer für die Anwendung des Absatzes 3 dieses Artikels bezeichnet der Ausdruck „Flüchtling" im Sinne dieses Protokolls jede unter die Begriffsbestimmung des Artikels 1 des Abkommens fallende Person, als seien die Worte „infolge von Ereignissen, die vor dem 1. Januar 1951 eingetreten sind, und ..." sowie die Worte „... infolge solcher Ereignisse" in Artikel I Abschnitt A Absatz 2 nicht enthalten.

(3) Dieses Protokoll wird von seinen Vertragsstaaten ohne jede geographische Begrenzung angewendet; jedoch finden die bereits nach Artikel 1 Abschnitt B Absatz 1 Buchstabe a) des Abkommens abgegebenen Erklärungen von Staaten, die schon Vertragsstaaten des Abkommens sind, auch auf Grund dieses Protokolls Anwendung, sofern nicht die Verpflichtung des betreffenden Staates nach Artikel 1 Abschnitt B Absatz 2 des Abkommens erweitert worden sind.

Art. II Zusammenarbeit der staatlichen Behörden mit den Vereinten Nationen. (1) Die Vertragsstaaten dieses Protokolls verpflichten sich

[1] G. v. 11. 7. 1969 (BGBl. II S. 1293); in Kraft getreten für die Bundesrepublik Deutschland am 5. 11. 1969 (Bek. v. 14. 4. 1970, BGBl. II 1970 S. 194).

[2] Internationale Quelle: UNTS Vol. 606 p. 267.

zur Zusammenarbeit mit dem Amt des Hohen Flüchtlingskommissars der Vereinten Nationen oder jeder ihm etwa nachfolgenden anderen Stelle der Vereinten Nationen bei der Ausübung ihrer Befugnisse, insbesondere zur Erleichterung ihrer Aufgabe, die Anwendung des Protokolls zu überwachen.

(2) Um es dem Amt des Hohen Kommissars oder jeder ihm etwa nachfolgenden anderen Stelle der Vereinten Nationen zu ermöglichen, den zuständigen Organen der Vereinten Nationen Berichte vorzulegen, verpflichten sich die Vertragsstaaten dieses Protokolls, ihnen in geeigneter Form die erbetenen Auskünfte und statistischen Angaben zu liefern über

a) die Lage der Flüchtlinge,
b) die Durchführung dieses Protokolls,
c) die Gesetze, Verordnungen und Verwaltungsvorschriften, die in bezug auf Flüchtlinge jetzt in Kraft sind oder künftig in Kraft sein werden.

Art. III Auskünfte über innerstaatliche Rechtsvorschriften. Die Vertragsstaaten dieses Protokolls teilen dem Generalsekretär der Vereinten Nationen den Wortlaut der Gesetze und sonstigen Rechtsvorschriften mit, die sie gegebenenfalls erlassen werden, um die Anwendung dieses Protokolls sicherzustellen.

Art. IV Beilegung von Streitigkeiten. Jede Streitigkeit zwischen Vertragsstaaten dieses Protokolls über dessen Auslegung oder Anwendung, die nicht auf andere Weise beigelegt werden kann, wird auf Antrag einer der Streitparteien dem Internationalen Gerichtshof unterbreitet.

Art. V Beitritt. Dieses Protokoll liegt für alle Vertragsstaaten des Abkommens und für jeden anderen Mitgliedstaat der Vereinten Nationen oder einer ihrer Sonderorganisationen sowie für jeden Staat zum Beitritt auf, der von der Vollversammlung eingeladen wurde, dem Protokoll beizutreten. Der Beitritt erfolgt durch Hinterlegung einer Beitrittsurkunde beim Generalsekretär der Vereinten Nationen.

Art. VI Bundesstaatsklausel. Für Bundes- oder Nichteinheitsstaaten gelten folgende Bestimmungen:

a) soweit für bestimmte Artikel des Abkommens, die nach Artikel I Absatz 1 dieses Protokolls anzuwenden sind, der Bund die Gesetzgebungszuständigkeit besitzt, hat die Bundesregierung die gleichen Verpflichtungen wie die Vertragsstaaten, die nicht Bundesstaaten sind;
b) soweit für bestimmte Artikel des Abkommens, die nach Artikel I Absatz 1 dieses Protokolls anzuwenden sind, die einzelnen Länder, Provinzen oder Kantone, die Gesetzgebungszuständigkeit besitzen, ohne nach der Verfassungsordnung des Bundes zum Erlaß von Rechtsvorschriften verpflichtet zu sein, bringt die Bundesregierung diese Artikel den zu-

ständigen Stellen der einzelnen Länder, Provinzen oder Kantone so bald wie möglich befürwortend zur Kenntnis;

c) richtet ein Vertragsstaat dieses Protokolls über den Generalsekretär der Vereinten Nationen eine Anfrage hinsichtlich des Rechts und der Praxis des Bundes und seiner Glieder in bezug auf einzelne Bestimmungen des Abkommens, die nach Artikel I Absatz 1 des Protokolls anzuwenden sind, an einen Bundesstaat, der Vertragsstaat des Protokolls ist, so legt dieser eine Darstellung vor, aus der ersichtlich ist, inwieweit diese Bestimmungen durch den Erlaß von Rechtsvorschriften oder durch sonstige Maßnahmen wirksam geworden sind.

Art. VII Vorbehalte und Erklärungen. (1) Im Zeitpunkt seines Beitritts kann jeder Staat zu Artikel IV dieses Protokolls und zur Anwendung jeder Bestimmung des Abkommens – mit Ausnahme der Artikel 1, 3, 4, 16 Absatz 1 und 33 – nach Artikel 1 des Protokolls Vorbehalte machen, jedoch unter der Voraussetzung, daß im Falle eines Vertragsstaats des Abkommens die nach dem vorliegenden Artikel gemachten Vorbehalte sich nicht auf Flüchtlinge erstrecken, für die das Abkommen gilt.

(2) Die von Vertragsstaaten des Abkommens nach dessen Artikel 42 gemachten Vorbehalte finden, sofern sie nicht zurückgezogen werden, hinsichtlich ihrer Verpflichtungen aus diesem Protokoll Anwendung.

(3) Jeder Staat, der einen Vorbehalt nach Absatz 1 dieses Artikels macht, kann ihn jederzeit durch eine an den Generalsekretär der Vereinten Nationen gerichtete diesbezügliche Mitteilung zurückziehen.

(4) Erklärungen, die ein diesem Protokoll beitretender Vertragsstaat des Abkommens nach dessen Artikel 40 Absätze 1 und 2 abgibt, gelten auch in bezug auf das Protokoll, sofern nicht der betreffende Vertragsstaat bei seinem Beitritt eine gegenteilige Notifikation an den Generalsekretär der Vereinten Nationen richtet. Artikel 40 Absätze 2 und 3 und Artikel 44 Absatz 3 des Abkommens gelten entsprechend für dieses Protokoll.

Art. VIII Inkrafttreten. (1) Dieses Protokoll tritt am Tage der Hinterlegung der sechsten Beitrittsurkunde in Kraft.

(2) Für jeden Staat, der dem Protokoll nach Hinterlegung der sechsten Beitrittsurkunde beitritt, tritt es an dem Tage in Kraft, an dem der betreffende Staat eine Beitrittsurkunde hinterlegt.

Art. IX Kündigung. (1) Jeder Vertragsstaat dieses Protokolls kann es jederzeit durch eine an den Generalsekretär der Vereinten Nationen gerichtete Notifikation kündigen.

(2) Die Kündigung wird für den betreffenden Vertragsstaat ein Jahr nach dem Tage wirksam, an dem sie dem Generalsekretär der Vereinten Nationen zugegangen ist.

Art. X Notifikationen durch den Generalsekretär der Vereinten Nationen. Der Generalsekretär der Vereinten Nationen notifiziert allen in Artikel V bezeichneten Staaten den Zeitpunkt des Inkrafttretens dieses Protokolls, des Beitritts sowie der Hinterlegung und Zurücknahme von Vorbehalten zu demselben, der Kündigung sowie der darauf bezüglichen Erklärungen und Notifikationen.

Art. XI Hinterlegung des Protokolls im Archiv des Sekretariats der Vereinten Nationen. Eine Ausfertigung dieses Protokolls, dessen chinesischer, englischer, französischer, russischer und spanischer Wortlaut gleichermaßen verbindlich ist, wird nach Unterzeichnung durch den Präsidenten der Vollversammlung und den Generalsekretär der Vereinten Nationen im Archiv des Sekretariats der Vereinten Nationen hinterlegt. Der Generalsekretär übermittelt allen Mitgliedstaaten der Vereinten Nationen und den anderen in Artikel V bezeichneten Staaten beglaubigte Abschriften.

Gemäß Artikel XI des Protokolls haben wir dasselbe am einunddreißigsten Januar neunzehnhundertsiebenundsechzig unterschrieben.

28 b. Europäisches Übereinkommen über den Übergang der Verantwortung für Flüchtlinge[1)] · [2)]

Vom 16. Oktober 1980
(BGBl. 1994 II S. 2646)

(Übersetzung)

DIE MITGLIEDSTAATEN DES EUROPARATS, die dieses Übereinkommen unterzeichnen –

IN DER ERWÄGUNG, daß es das Ziel des Europarats ist, eine engere Verbindung zwischen seinen Mitgliedern herbeizuführen;

BESTREBT, die Lage der Flüchtlinge in den Mitgliedstaaten des Europarats weiter zu verbessern;

IN DEM WUNSCH, die Anwendung des Artikels 28 des Abkommens vom 28. Juli 1951 über die Rechtsstellung der Flüchtlinge[3)] und der Paragraphen 6 und 11 seines Anhangs insbesondere für den Fall zu erleichtern, daß ein Flüchtling seinen Wohnort wechselt und sich rechtmäßig im Hoheitsgebiet einer anderen Vertragspartei niederläßt;

VORNEHMLICH IN DER ABSICHT, in liberalem und humanitärem Geist die Voraussetzungen zu bestimmen, unter denen die Verantwortung für die Ausstellung eines Reiseausweises von einer Vertragspartei auf die andere übergeht;

IN DER ERWÄGUNG, daß es wünschenswert ist, diese Frage unter den Mitgliedstaaten des Europarats einheitlich zu regeln –

SIND WIE FOLGT ÜBEREINGEKOMMEN:

Art. 1. Im Sinne dieses Übereinkommens

a) bedeutet „Flüchtling" eine Person, auf die das Abkommen vom 28. Juli 1951 über die Rechtsstellung der Flüchtlinge beziehungsweise das Protokoll vom 31. Januar 1967 über die Rechtsstellung der Flüchtlinge Anwendung findet;

b) bedeutet „Reiseausweis" den nach Maßgabe des genannten Abkommens ausgestellten Reiseausweis;

c) bedeutet „Erststaat" einen Vertragsstaat dieses Übereinkommens, der den Reiseausweis ausgestellt hat;

[1)] Das Übk. ist für Deutschland am 1. 3. 1995 in Kraft getreten (Bek. v. 14. 6. 1995, BGBl. II S. 540). Weitere Vertragsparteien sind: Dänemark, Finnland, Italien, die Niederlande (seit 1. 1. 2014 auch für den karibischen Teil des Königreichs (Bonaire, Saba, St. Eustatius), BGBl. 2013 II S. 1593), Norwegen, Polen, Portugal, Rumänien, Schweden, die Schweiz, Spanien und das Vereinigte Königreich (vgl. hierzu auch die Erklärung Spaniens betr. Gibraltar v. 5. 3. 2008, BGBl. 2008 II S. 610).

[2)] S. a. das Gesetz v. 30. 9. 1994 (BGBl. II S. 2645).

[3)] S. Nr. **28**.

d) bedeutet „Zweitstaat“ einen anderen Vertragsstaat dieses Übereinkommens, in dem ein Flüchtling, der einen vom Erststaat ausgestellten Reiseausweis besitzt, anwesend ist.

Art. 2. (1) Die Verantwortung gilt nach Ablauf von zwei Jahren des tatsächlichen und dauernden Aufenthalts im Zweitstaat mit Zustimmung von dessen Behörden oder zu einem früheren Zeitpunkt als übergegangen, wenn der Zweitstaat dem Flüchtling gestattet hat, entweder dauernd oder länger als für die Gültigkeitsdauer des Reiseausweises in seinem Hoheitsgebiet zu bleiben.

Diese Zweijahresfrist beginnt mit der Aufnahme des Flüchtlings im Hoheitsgebiet des Zweitstaats oder, läßt sich dieser Zeitpunkt nicht feststellen, mit dem Tag, an dem er sich bei den Behörden des Zweitstaats meldet.

(2) Bei der Berechnung der in Absatz 1 bezeichneten Frist

a) wird ein ausschließlich zum Zweck des Studiums, der Ausbildung oder der medizinischen Behandlung genehmigter Aufenthalt nicht berücksichtigt;

b) werden im Zusammenhang mit einem Strafverfahren verhängte Haftzeiten des Flüchtlings nicht berücksichtigt;

c) werden Zeiten, in denen der Flüchtling im Hoheitsgebiet des Zweitstaats bleiben darf, solange ein Rechtsmittelverfahren gegen eine Entscheidung der Aufenthaltsverweigerung oder der Ausweisung aus dem Hoheitsgebiet anhängig ist, nur dann berücksichtigt, wenn die Rechtsmittelentscheidung zugunsten des Flüchtlings getroffen wird;

d) werden Zeiten berücksichtigt, in denen der Flüchtling das Hoheitsgebiet des Zweitstaats für höchstens drei Monate hintereinander oder mehrmals für insgesamt höchstens sechs Monate vorübergehend verläßt; diese Abwesenheiten gelten nicht als Unterbrechung oder Aussetzung des Aufenthalts.

(3) Die Verantwortung gilt auch dann als übergegangen, wenn die Wiederaufnahme des Flüchtlings durch den Erststaat nach Artikel 4 nicht mehr beantragt werden kann.

Art. 3. (1) Bis zum Zeitpunkt des Übergangs der Verantwortung wird der Reiseausweis durch den Erststaat verlängert oder erneuert.

(2) Der Flüchtling ist nicht gehalten, den Zweitstaat zu verlassen, um seinen Reiseausweis verlängern oder erneuern zu lassen; er kann sich zu diesem Zweck an die diplomatischen Missionen oder konsularischen Vertretungen des Erststaats wenden.

Art. 4. (1) Solange die Verantwortung nicht nach Artikel 2 Absätze 1 und 2 übergegangen ist, wird der Flüchtling jederzeit im Hoheitsgebiet des Erststaats wieder aufgenommen, selbst nach Ablauf der Gültigkeit des Reiseausweises. In letzterem Fall erfolgt die Wiederaufnahme auf einfachen Antrag des Zweitstaats unter der Bedingung, daß der Antrag innerhalb von sechs Monaten nach Ablauf der Gültigkeit des Reiseausweises gestellt wird.

(2) Ist den Behörden des Zweitstaats der Verbleib des Flüchtlings unbekannt und können sie aus diesem Grund den Antrag nach Absatz 1 nicht innerhalb von sechs Monaten nach Ablauf der Gültigkeit des Reiseausweises stellen, so muß der Antrag innerhalb von sechs Monaten nach dem Zeitpunkt gestellt werden, in dem der Zweitstaat vom Verbleib des Flüchtlings Kenntnis erhält, spätestens jedoch zwei Jahre nach Ablauf der Gültigkeit des Reiseausweises.

Art. 5. (1) Mit dem Übergang der Verantwortung

a) erlischt die Verantwortung des Erststaats für die Verlängerung oder Erneuerung des Reiseausweises des Flüchtlings;

b) ist der Zweitstaat für die Ausstellung eines neuen Reiseausweises für den Flüchtling verantwortlich.

(2) Der Zweitstaat unterrichtet den Erststaat vom erfolgten Übergang der Verantwortung.

Art. 6. Nach dem Übergang der Verantwortung erleichtert der Zweitstaat im Interesse der Familienzusammenführung und aus humanitären Gründen die Aufnahme des Ehegatten sowie der minderjährigen oder abhängigen Kinder des Flüchtlings in seinem Hoheitsgebiet.

Art. 7. Die zuständigen Behörden der Vertragsparteien können wegen der Anwendung dieses Übereinkommens unmittelbar miteinander verkehren. Diese Behörden werden von jedem Staat, wenn er seine Zustimmung ausdrückt, durch das Übereinkommen gebunden zu sein, durch eine an den Generalsekretär des Europarats gerichtete Notifikation bezeichnet.

Art. 8. (1) Dieses Übereinkommen beeinträchtigt nicht die Rechte und Vorteile, die Flüchtlingen unabhängig von diesem Übereinkommen gewährt worden sind oder gewährt werden können.

(2) Dieses Übereinkommen ist nicht so auszulegen, als hindere es eine Vertragspartei, die Vorteile dieses Übereinkommens auf Personen zu erstrecken, welche die festgelegten Voraussetzungen nicht erfüllen.

(3) Zweiseitige Übereinkünfte zwischen Vertragsparteien betreffend den Übergang der Verantwortung für die Ausstellung von Reiseausweisen nach dem Abkommen vom 28. Juli 1951 über die Rechtsstellung der Flüchtlinge oder die Wiederaufnahme von Flüchtlingen ohne einen derartigen Übergang treten außer Kraft, sobald dieses Übereinkommen zwischen jenen Vertragsparteien in Kraft tritt. Aufgrund solcher Übereinkünfte erworbene Rechte und Vorteile der Flüchtlinge oder Anwartschaften darauf werden nicht berührt.

Art. 9. (1) Dieses Übereinkommen liegt für die Mitgliedstaaten des Europarats zur Unterzeichnung auf; sie können ihre Zustimmung, gebunden zu sein, ausdrücken.

a) indem sie es ohne Vorbehalt der Ratifikation, Annahme oder Genehmigung unterzeichnen oder

b) indem sie es vorbehaltlich der Ratifikation, Annahme oder Genehmigung unterzeichnen und später ratifizieren, annehmen oder genehmigen.

(2) Die Ratifikations-, Annahme- oder Genehmigungsurkunden werden beim Generalsekretär des Europarats hinterlegt.

Art. 10. (1) Dieses Übereinkommen tritt am ersten Tag des Monats in Kraft, der auf einen Zeitabschnitt von einem Monat nach dem Tag folgt, an dem zwei Mitgliedstaaten des Europarats nach Artikel 9 ihre Zustimmung ausgedrückt haben, durch das Übereinkommen gebunden zu sein.

(2) Für jeden Mitgliedstaat, der später seine Zustimmung ausdrückt, durch das Übereinkommen gebunden zu sein, tritt es am ersten Tag des Monats in Kraft, der auf einen Zeitabschnitt von einem Monat nach der Unterzeichnung oder der Hinterlegung der Ratifikations-, Annahme- oder Genehmigungsurkunde folgt.

Art. 11. (1) Nach Inkrafttreten dieses Übereinkommens kann das Ministerkomitee des Europarats jeden Nichtmitgliedstaat des Rates, der Vertragspartei des Abkommens vom 28. Juli 1951 über die Rechtsstellung der Flüchtlinge beziehungsweise des Protokolls vom 31. Januar 1967 über die Rechtsstellung der Flüchtlinge ist, einladen, dem Übereinkommen beizutreten. Der Beschluß über die Einladung bedarf der in Artikel 20 Buchstabe d der Satzung vorgesehenen Mehrheit und der einhelligen Zustimmung der Vertreter der Vertragsstaaten, die Anspruch auf einen Sitz im Komitee haben.

(2) Für jeden beitretenden Staat tritt das Übereinkommen am ersten Tag des Monats in Kraft, der auf einen Zeitabschnitt von einem Monat nach Hinterlegung der Beitrittsurkunde beim Generalsekretär des Europarats folgt.

Art. 12. (1) Jeder Staat kann bei der Unterzeichnung oder bei der Hinterlegung seiner Ratifikations-, Annahme-, Genehmigungs- oder Beitrittsurkunde einzelne oder mehrere Hoheitsgebiete bezeichnen, auf die dieses Übereinkommen Anwendung findet.

(2) Jeder Staat kann jederzeit danach durch eine an den Generalsekretär des Europarats gerichtete Erklärung die Anwendung dieses Übereinkommens auf jedes weitere in der Erklärung bezeichnete Hoheitsgebiet erstrecken. Das Übereinkommen tritt für dieses Hoheitsgebiet am ersten Tag des Monats in Kraft, der auf einen Zeitabschnitt von einem Monat nach Eingang der Erklärung beim Generalsekretär folgt.

(3) Jede nach den Absätzen 1 und 2 abgegebene Erklärung kann in bezug auf jedes darin bezeichnete Hoheitsgebiet durch eine an den Generalsekretär gerichtete Notifikation zurückgenommen werden. Die Rücknahme wird am ersten Tag des Monats wirksam, der auf einen Zeitabschnitt von sechs Monaten nach Eingang der Notifikation beim Generalsekretär folgt.

Art. 13. Unbeschadet des Artikels 12 findet dieses Übereinkommen auf jede Vertragspartei unter Beachtung derselben Einschränkungen und Vorbehalte Anwendung, die in bezug auf ihre aufgrund des Abkommens vom 28. Juli 1951 über die Rechtsstellung der Flüchtlinge beziehungsweise des Protokolls vom 31. Januar 1967 über die Rechtsstellung der Flüchtlinge übernommenen Verpflichtungen anwendbar sind.

Art. 14. (1) Jeder Staat kann bei der Unterzeichnung oder bei der Hinterlegung seiner Ratifikations-, Annahme-, Genehmigungs- oder Beitrittsurkunde erklären, daß er von einem oder beiden der in der Anlage dieses Übereinkommens vorgesehenen Vorbehalte Gebrauch macht. Weitere Vorbehalte sind nicht zulässig.

(2) Jeder Vertragsstaat, der einen Vorbehalt nach Absatz 1 angebracht hat, kann ihn durch eine an den Generalsekretär des Europarats gerichtete Notifikation ganz oder teilweise zurücknehmen. Die Rücknahme wird mit dem Eingang der Notifikation beim Generalsekretär wirksam.

(3) Eine Vertragspartei, die einen Vorbehalt zu einer Bestimmung dieses Übereinkommens angebracht hat, kann nicht verlangen, daß eine andere Vertragspartei diese Bestimmung anwendet; sie kann jedoch, wenn es sich um einen Teilvorbehalt oder einen bedingten Vorbehalt handelt, die Anwendung der betreffenden Bestimmung insoweit verlangen, als sie selbst sie angenommen hat.

Art. 15. (1) Schwierigkeiten in bezug auf die Auslegung und Anwendung dieses Übereinkommens werden durch unmittelbare Konsultationen zwischen den zuständigen Verwaltungsbehörden und, falls erforderlich, auf diplomatischem Weg beigelegt.

(2) Jede Streitigkeit zwischen Vertragsparteien über die Auslegung oder Anwendung dieses Übereinkommens, die nicht durch Verhandlungen oder auf andere Weise beigelegt werden konnte, wird auf Verlangen einer Streitpartei einem Schiedsverfahren unterworfen. Jede Partei bestellt einen Schiedsrichter, und die beiden Schiedsrichter bestellen einen Obmann. Hat eine Partei binnen drei Monaten nach dem Zeitpunkt, zu dem das Schiedsverfahren verlangt worden ist, keinen Schiedsrichter bestellt, so wird ein solcher auf Antrag der anderen Partei vom Präsidenten des Europäischen Gerichtshofs für Menschenrech-

te bestellt. Ist der Präsident des Gerichtshofs Staatsangehöriger einer Streitpartei, so obliegt die Bestellung des Schiedsrichters dem Vizepräsidenten des Gerichtshofs oder, falls dieser Staatsangehöriger einer Streitpartei ist, dem dienstältesten Mitglied des Gerichtshofs, das nicht Staatsangehöriger einer Streitpartei ist. Das gleiche Verfahren ist anzuwenden, wenn sich die beiden Schiedsrichter nicht über die Wahl des Obmanns einigen können.

Das Schiedsgericht regelt sein Verfahren selbst. Seine Entscheidungen werden mit Stimmenmehrheit getroffen. Sein Spruch ist endgültig.

Art. 16. (1) Jede Vertragspartei kann dieses Übereinkommen jederzeit durch eine an den Generalsekretär des Europarats gerichtete Notifikation kündigen.

(2) Die Kündigung wird am ersten Tag des Monats wirksam, der auf einen Zeitabschnitt von sechs Monaten nach Eingang der Notifikation beim Generalsekretär folgt.

(3) Aufgrund dieses Übereinkommens erworbene Rechte und Vorteile der Flüchtlinge oder Anwartschaften darauf werden durch die Kündigung des Übereinkommens nicht berührt.

Art. 17. Der Generalsekretär des Europarats notifiziert den Mitgliedstaaten des Rates und jedem Staat, der dem Übereinkommen beigetreten ist,

a) jede Unterzeichnung;

b) jede Hinterlegung einer Ratifikations-, Annahme-, Genehmigungs- oder Beitrittsurkunde;

c) jeden Zeitpunkt des Inkrafttretens dieses Übereinkommens nach den Artikeln 10, 11 und 12;

d) jede andere Handlung, Notifikation oder Mitteilung im Zusammenhang mit diesem Übereinkommen.

ZU URKUND DESSEN haben die hierzu gehörig befugten Unterzeichneten dieses Übereinkommen unterschrieben.

GESCHEHEN ZU Straßburg am 16. Oktober 1980 in englischer und französischer Sprache, wobei jeder Wortlaut gleichermaßen verbindlich ist, in einer Urschrift, die im Archiv des Europarats hinterlegt wird. Der Generalsekretär des Europarats übermittelt allen Mitgliedstaaten des Europarats und allen zum Beitritt zu diesem Übereinkommen eingeladenen Staaten beglaubigte Abschriften.

Vorbehalte

Nach Artikel 14 Absatz 1 dieses Übereinkommens kann jeder Staat erklären,

1. daß, soweit er betroffen ist, der Übergang der Verantwortung nach Artikel 2 Absatz 1 nicht allein deshalb erfolgt, weil er dem Flüchtling erlaubt hat, ausschließlich zu Studien- oder Ausbildungszwekken über die Gültigkeitsdauer des Reiseausweises hinaus in seinem Hoheitsgebiet zu bleiben;

2. daß er einem aufgrund des Artikels 4 Absatz 2 gestellten Antrag auf Wiederaufnahme nicht stattgeben wird.

29. Übereinkommen über die Rechte des Kindes[1) · 2) · 3)]

Vom 20. November 1989
(BGBl. 1992 II S. 122)

(Übersetzung)

Präambel

DIE VERTRAGSSTAATEN DIESES ÜBEREINKOMMENS –

IN DER ERWÄGUNG, daß nach den in der Charta der Vereinten Nationen verkündeten Grundsätzen die Anerkennung der allen Mitgliedern der menschlichen Gesellschaft innewohnenden Würde und der Gleichheit und Unveräußerlichkeit ihrer Rechte die Grundlage von Freiheit, Gerechtigkeit und Frieden in der Welt bildet,

EINGEDENK DESSEN, daß die Völker der Vereinten Nationen in der Charta ihren Glauben an die Grundrechte und an Würde und Wert des Menschen bekräftigt und beschlossen haben, den sozialen Fortschritt und bessere Lebensbedingungen in größerer Freiheit zu fördern,

IN DER ERKENNTNIS, daß die Vereinten Nationen in der Allgemeinen Erklärung der Menschenrechte und in den Internationalen Menschenrechtspakten verkündet haben und übereingekommen sind, daß jeder Mensch Anspruch hat auf alle darin verkündeten Rechte und Freiheiten ohne Unterscheidung, etwa nach der Rasse, der Hautfarbe, dem Geschlecht, der Sprache, der Religion, der politischen oder sonstigen Anschauung, der nationalen oder sozialen Herkunft, dem Vermögen, der Geburt oder dem sonstigen Status,

UNTER HINWEIS DARAUF, daß die Vereinten Nationen in der Allgemeinen Erklärung der Menschenrechte verkündet haben, daß Kinder Anspruch auf besondere Fürsorge und Unterstützung haben,

ÜBERZEUGT, daß der Familie als Grundeinheit der Gesellschaft und natürlicher Umgebung für das Wachsen und Gedeihen aller ihrer Mitglieder, insbesondere der Kinder, der erforderliche Schutz und Beistand gewährt werden sollte, damit sie ihre Aufgaben innerhalb der Gemeinschaft voll erfüllen kann,

---

1) In Kraft getreten am 2. 9. 1990; für Deutschland am 5. 4. 1992 (Bek. v. 10. 7. 1992, BGBl. II S. 990). Seine anlässlich der Ratifikation abgegebenen weitreichenden Erklärungen und Vorbehalte zum Anwendungsbereich des Übereinkommens hat Deutschland inzwischen durch Erklärungen v. 15. 7. 2010 sowie v. 1. 11. 2010 vollumfänglich zurückgenommen (vgl. Bek. v. 18. 4. 2011, BGBl. II S. 600).

2) Internationale Quelle: GAOR 44th Sess., Resolutions, No. 25 v. 5. 12. 1989.

3) Vgl. auch das Fakultativprotokoll betreffend die Beteiligung von Kindern an bewaffneten Konflikten (Nr. **29 a**) sowie das Fakultativprotokoll vom 25. 5. 2000 (A/RES/54263) betreffend den Verkauf von Kindern, die Kinderprostitution und die Kinderpornographie, das für Deutschland am 15. 7. 2009 in Kraft getreten ist (Nr. **29 b**). Am 17. 6. 2011 hat der Menschenrechtsrat einstimmig dem Entwurf für ein (drittes) Fakultativprotokoll zugestimmt (A/HRC/17/L.8), welches sodann am 19. 12. 2011 auch von der UN-Generalversammlung verabschiedet worden ist (A/RES/66/138). Das Protokoll sieht ein Individualbeschwerdeverfahren sowie ein Untersuchungsverfahren bei schwerwiegenden und systematischen Verletzungen der Konventionsrechte vor (Nr. **29 c**). Deutschland hat das Protokoll am 28. 2. 2013 ratifiziert (BGBl. 2012 II S. 1546), es ist am 14. 4. 2014 in Kraft getreten.

IN DER ERKENNTNIS, daß das Kind zur vollen und harmonischen Entfaltung seiner Persönlichkeit in einer Familie und umgeben von Glück, Liebe und Verständnis aufwachsen sollte,

IN DER ERWÄGUNG, daß das Kind umfassend auf ein individuelles Leben in der Gesellschaft vorbereitet und im Geist der in der Charta der Vereinten Nationen verkündeten Ideale und insbesondere im Geist des Friedens, der Würde, der Toleranz, der Freiheit, der Gleichheit und der Solidarität erzogen werden sollte,

EINGEDENK DESSEN, daß die Notwendigkeit, dem Kind besonderen Schutz zu gewähren, in der Genfer Erklärung von 1924 über die Rechte des Kindes und in der von der Generalversammlung am 20. November 1959 angenommenen Erklärung der Rechte des Kindes ausgesprochen und in der Allgemeinen Erklärung der Menschenrechte, im Internationalen Pakt über bürgerliche und politische Rechte (insbesondere in den Artikeln 23 und 24), im Internationalen Pakt über wirtschaftliche, soziale und kulturelle Rechte (insbesondere in Artikel 10) sowie in den Satzungen und den in Betracht kommenden Dokumenten der Sonderorganisationen und anderen internationalen Organisationen, die sich mit dem Wohl des Kindes befassen, anerkannt worden ist,

EINGEDENK DESSEN, daß, wie in der Erklärung der Rechte des Kindes ausgeführt ist, „das Kind wegen seiner mangelnden körperlichen und geistigen Reife besonderen Schutzes und besonderer Fürsorge, insbesondere eines angemessenen rechtlichen Schutzes vor und nach der Geburt, bedarf",

UNTER HINWEIS auf die Bestimmungen der Erklärung über die sozialen und rechtlichen Grundsätze für den Schutz und das Wohl von Kindern unter besonderer Berücksichtigung der Aufnahme in eine Pflegefamilie und der Adoption auf nationaler und internationaler Ebene, der Regeln der Vereinten Nationen über die Mindestnormen für die Jugendgerichtsbarkeit (Beijing-Regeln) und der Erklärung über den Schutz von Frauen und Kindern im Ausnahmezustand und bei bewaffneten Konflikten,

IN DER ERKENNTNIS, daß es in allen Ländern der Welt Kinder gibt, die in außerordentlich schwierigen Verhältnissen leben, und daß diese Kinder der besonderen Berücksichtigung bedürfen,

UNTER GEBÜHRENDER BEACHTUNG der Bedeutung der Traditionen und kulturellen Werte jedes Volkes für den Schutz und die harmonische Entwicklung des Kindes,

IN ANERKENNUNG der Bedeutung der internationalen Zusammenarbeit für die Verbesserung der Lebensbedingungen der Kinder in allen Ländern, insbesondere den Entwicklungsländern –

HABEN FOLGENDES VEREINBART:

Teil I. [Schutz und Rechte des Kindes]

Art. 1 [Begriffsbestimmung] Im Sinne dieses Übereinkommens ist ein Kind jeder Mensch, der das achtzehnte Lebensjahr noch nicht vollendet hat, soweit die Volljährigkeit nach dem auf das Kind anzuwendenden Recht nicht früher eintritt.

Art. 2 [Diskriminierungsverbot; Schutzpflicht] (1) Die Vertragsstaaten achten die in diesem Übereinkommen festgelegten Rechte und gewährleisten sie jedem ihrer Hoheitsgewalt unterstehenden Kind ohne jede Diskriminierung unabhängig von der Rasse, der Hautfarbe, dem Geschlecht, der Sprache, der Religion, der politischen oder sonstigen Anschauung, der nationalen, ethnischen oder sozialen Herkunft, des Vermögens, einer Behinderung, der Geburt oder des sonstigen Status des Kindes, seiner Eltern oder seines Vormunds.

(2) Die Vertragsstaaten treffen alle geeigneten Maßnahmen, um sicherzustellen, daß das Kind vor allen Formen der Diskriminierung oder Bestrafung wegen des Status, der Tätigkeiten, der Meinungsäußerungen oder der Weltanschauung seiner Eltern, seines Vormunds oder seiner Familienangehörigen geschützt wird.

Art. 3 [Garantie des Kindeswohls] (1) Bei allen Maßnahmen, die Kinder betreffen, gleichviel ob sie von öffentlichen oder privaten Einrichtungen der sozialen Fürsorge, Gerichten, Verwaltungsbehörden oder Gesetzgebungsorganen getroffen werden, ist das Wohl des Kindes ein Gesichtspunkt, der vorrangig zu berücksichtigen ist.

(2) Die Vertragsstaaten verpflichten sich, dem Kind unter Berücksichtigung der Rechte und Pflichten seiner Eltern, seines Vormunds oder anderer für das Kind gesetzlich verantwortlicher Personen den Schutz und die Fürsorge zu gewährleisten, die zu seinem Wohlergehen notwendig sind; zu diesem Zweck treffen sie alle geeigneten Gesetzgebungs- und Verwaltungsmaßnahmen.

(3) Die Vertragsstaaten stellen sicher, daß die für die Fürsorge für das Kind oder dessen Schutz verantwortlichen Institutionen, Dienste und Einrichtungen den von den zuständigen Behörden festgelegten Normen entsprechen, insbesondere im Bereich der Sicherheit und der Gesundheit sowie hinsichtlich der Zahl und der fachlichen Eignung des Personals und des Bestehens einer ausreichenden Aufsicht.

Art. 4 [Rechtliche Umsetzung] Die Vertragsstaaten treffen alle geeigneten Gesetzgebungs-, Verwaltungs- und sonstigen Maßnahmen zur Verwirklichung der in diesem Übereinkommen anerkannten Rechte. Hinsichtlich der wirtschaftlichen, sozialen und kulturellen Rechte treffen die Vertragsstaaten derartige Maßnahmen unter Ausschöpfung ihrer verfügbaren Mittel und erforderlichenfalls im Rahmen der internationalen Zusammenarbeit.

Art. 5 [Eltern- und Familienrechte] Die Vertragsstaaten achten die Aufgaben, Rechte und Pflichten der Eltern oder gegebenenfalls, soweit nach Ortsbrauch vorgesehen, der Mitglieder der weiteren Familie oder der Gemeinschaft, des Vormunds oder anderer für das Kind gesetzlich verantwortlicher Personen, das Kind bei der Ausübung der in diesem Übereinkommen anerkannten Rechte in einer seiner Entwicklung entsprechenden Weise angemessen zu leiten und zu führen.

Art. 6 [Recht auf Leben] (1) Die Vertragsstaaten erkennen an, daß jedes Kind ein angeborenes Recht auf Leben hat.

(2) Die Vertragsstaaten gewährleisten in größtmöglichem Umfang das Überleben und die Entwicklung des Kindes.

Art. 7 [Registrierung; Name; Staatsangehörigkeit] (1) Das Kind ist unverzüglich nach seiner Geburt in ein Register einzutragen und hat das Recht auf einen Namen von Geburt an, das Recht, eine Staatsangehörigkeit zu erwerben, und soweit möglich das Recht, seine Eltern zu kennen und von ihnen betreut zu werden.

(2) Die Vertragsstaaten stellen die Verwirklichung dieser Rechte im Einklang mit ihrem innerstaatlichen Recht und mit ihren Verpflichtungen aufgrund der einschlägigen internationalen Übereinkünfte in diesem Bereich sicher, insbesondere für den Fall, daß das Kind sonst staatenlos wäre.

Art. 8 [Staatliche Fürsorgepflicht] (1) Die Vertragsstaaten verpflichten sich, das Recht des Kindes zu achten, seine Identität, einschließlich seiner Staatsangehörigkeit, seines Namens und seiner gesetzlich anerkannten Familienbeziehungen, ohne rechtswidrige Eingriffe zu behalten.

(2) Werden einem Kind widerrechtlich einige oder alle Bestandteile seiner Identität genommen, so gewähren die Vertragsstaaten ihm angemessenen Beistand und Schutz mit dem Ziel, seine Identität so schnell wie möglich wiederherzustellen.

Art. 9 [Trennung von den Eltern] (1) Die Vertragsstaaten stellen sicher, daß ein Kind nicht gegen den Willen seiner Eltern von diesen getrennt wird, es sei denn, daß die zuständigen Behörden in einer gerichtlich nachprüfbaren Entscheidung nach den anzuwendenden Rechtsvorschriften und Verfahren bestimmen, daß diese Trennung zum Wohl des Kindes notwendig ist. Eine solche Entscheidung kann im Einzelfall notwendig werden, wie etwa wenn das Kind durch die Eltern mißhandelt oder vernachlässigt wird oder wenn bei getrennt lebenden Eltern eine Entscheidung über den Aufenthaltsort des Kindes zu treffen ist.

(2) In Verfahren nach Absatz 1 ist allen Beteiligten Gelegenheit zu geben, am Verfahren teilzunehmen und ihre Meinung zu äußern.

(3) Die Vertragsstaaten achten das Recht des Kindes, das von einem oder beiden Elternteilen getrennt ist, regelmäßige persönliche Beziehungen und unmittelbare Kontakte zu beiden Elternteilen zu pflegen, soweit dies nicht dem Wohl des Kindes widerspricht.

(4) Ist die Trennung Folge einer von einem Vertragsstaat eingeleiteten Maßnahme, wie etwa einer Freiheitsentziehung, Freiheitsstrafe, Landesverweisung oder Abschiebung oder des Todes eines oder beider Elternteile oder des Kindes (auch eines Todes, der aus irgendeinem

Grund eintritt, während der Betreffende sich in staatlichem Gewahrsam befindet), so erteilt der Vertragsstaat auf Antrag den Eltern, dem Kind oder gegebenenfalls einem anderen Familienangehörigen die wesentlichen Auskünfte über den Verbleib des oder der abwesenden Familienangehörigen, sofern dies nicht dem Wohl des Kindes abträglich wäre. Die Vertragsstaaten stellen ferner sicher, daß allein die Stellung eines solchen Antrags keine nachteiligen Folgen für den oder die Betroffenen hat.

Art. 10 [Familienzusammenführung] (1) Entsprechend der Verpflichtung der Vertragsstaaten nach Artikel 9 Absatz 1 werden von einem Kind oder seinen Eltern zwecks Familienzusammenführung gestellte Anträge auf Einreise in einen Vertragsstaat oder Ausreise aus einem Vertragsstaat von den Vertragsstaaten wohlwollend, human und beschleunigt bearbeitet. Die Vertragsstaaten stellen ferner sicher, daß die Stellung eines solchen Antrags keine nachteiligen Folgen für die Antragsteller und deren Familienangehörige hat.

(2) Ein Kind, dessen Eltern ihren Aufenthalt in verschiedenen Staaten haben, hat das Recht, regelmäßige persönliche Beziehungen und unmittelbare Kontakte zu beiden Elternteilen zu pflegen, soweit nicht außergewöhnliche Umstände vorliegen. Zu diesem Zweck achten die Vertragsstaaten entsprechend ihrer Verpflichtung nach Artikel 9 Absatz 1 das Recht des Kindes und seiner Eltern, aus jedem Land einschließlich ihres eigenen auszureisen und in ihr eigenes Land einzureisen. Das Recht auf Ausreise aus einem Land unterliegt nur den gesetzlich vorgesehenen Beschränkungen, die zum Schutz der nationalen Sicherheit, der öffentlichen Ordnung (ordre public), der Volksgesundheit, der öffentlichen Sittlichkeit oder der Rechte und Freiheiten anderer notwendig und mit den anderen in diesem Übereinkommen anerkannten Rechten vereinbar sind.

Art. 11 [Internationale Kindesentführung] (1) Die Vertragsstaaten treffen Maßnahmen, um das rechtswidrige Verbringen von Kindern ins Ausland und ihre rechtswidrige Nichtrückgabe zu bekämpfen.

(2) Zu diesem Zweck fördern die Vertragsstaaten den Abschluß zwei- oder mehrseitiger Übereinkünfte oder den Beitritt zu bestehenden Übereinkünften.

Art. 12 [Mitspracherecht; rechtliches Gehör] (1) Die Vertragsstaaten sichern dem Kind, das fähig ist, sich eine eigene Meinung zu bilden, das Recht zu, diese Meinung in allen das Kind berührenden Angelegenheiten frei zu äußern, und berücksichtigen die Meinung des Kindes angemessen und entsprechend seinem Alter und seiner Reife.

(2) Zu diesem Zweck wird dem Kind insbesondere Gelegenheit gegeben, in allen das Kind berührenden Gerichts- oder Verwaltungsverfahren entweder unmittelbar oder durch einen Vertreter oder eine geeignete Stelle im Einklang mit den innerstaatlichen Verfahrensvorschriften gehört zu werden.

Art. 13 [Meinungs-, Informationsfreiheit] (1) Das Kind hat das Recht auf freie Meinungsäußerung; dieses Recht schließt die Freiheit ein, ungeachtet der Staatsgrenzen Informationen und Gedankengut jeder Art in Wort, Schrift oder Druck, durch Kunstwerke oder andere vom Kind gewählte Mittel sich zu beschaffen, zu empfangen und weiterzugeben.

(2) Die Ausübung dieses Rechts kann bestimmten, gesetzlich vorgesehenen Einschränkungen unterworfen werden, die erforderlich sind

a) für die Achtung der Rechte oder des Rufes anderer oder

b) für den Schutz der nationalen Sicherheit, der öffentlichen Ordnung (ordre public), der Volksgesundheit oder der öffentlichen Sittlichkeit.

Art. 14 [Gewissens-, Religionsfreiheit] (1) Die Vertragsstaaten achten das Recht des Kindes auf Gedanken, Gewissens- und Religionsfreiheit.

(2) Die Vertragsstaaten achten die Rechte und Pflichten der Eltern und gegebenenfalls des Vormunds, das Kind bei der Ausübung dieses Rechts in einer seiner Entwicklung entsprechenden Weise zu leiten.

(3) Die Freiheit, seine Religion oder Weltanschauung zu bekunden, darf nur den gesetzlich vorgesehenen Einschränkungen unterworfen werden, die zum Schutz der öffentlichen Sicherheit, Ordnung, Gesundheit oder Sittlichkeit oder der Grundrechte und -freiheiten anderer erforderlich sind.

Art. 15 [Vereinigungs-, Versammlungsfreiheit] (1) Die Vertragsstaaten erkennen das Recht des Kindes an, sich frei mit anderen zusammenzuschließen und sich friedlich zu versammeln.

(2) Die Ausübung dieses Rechts darf keinen anderen als den gesetzlich vorgesehenen Einschränkungen unterworfen werden, die in einer demokratischen Gesellschaft im Interesse der nationalen oder der öffentlichen Sicherheit, der öffentlichen Ordnung (ordre public), zum Schutz der Volksgesundheit oder der öffentlichen Sittlichkeit oder zum Schutz der Rechte und Freiheiten anderer notwendig sind.

Art. 16 [Schutz der Privatsphäre] (1) Kein Kind darf willkürlichen oder rechtswidrigen Eingriffen in sein Privatleben, seine Familie, seine Wohnung oder seinen Schriftverkehr oder rechtswidrigen Beeinträchtigungen seiner Ehre und seines Rufes ausgesetzt werden.

(2) Das Kind hat Anspruch auf rechtlichen Schutz gegen solche Eingriffe oder Beeinträchtigungen.

Art. 17 [Auftrag der Medien] Die Vertragsstaaten erkennen die wichtige Rolle der Massenmedien an und stellen sicher, daß das Kind Zugang hat zu Informationen und Material aus einer Vielfalt nationaler und internationaler Quellen, insbesondere derjenigen, welche die Förderung seines sozialen, seelischen und sittlichen Wohlergehens sowie seiner körperlichen und geistigen Gesundheit zum Ziel haben. Zu diesem Zweck werden die Vertragsstaaten

a) die Massenmedien ermutigen, Informationen und Material zu verbreiten, die für das Kind von sozialem und kulturellem Nutzen sind und dem Geist des Artikels 29 entsprechen;
b) die internationale Zusammenarbeit bei der Herstellung, beim Austausch und bei der Verbreitung dieser Informationen und dieses Materials aus einer Vielfalt nationaler und internationaler kultureller Quellen fördern;
c) die Herstellung und Verbreitung von Kinderbüchern fördern;
d) die Massenmedien ermutigen, den sprachlichen Bedürfnissen eines Kindes, das einer Minderheit angehört oder Ureinwohner ist, besonders Rechnung zu tragen;
e) die Erarbeitung geeigneter Richtlinien zum Schutz des Kindes vor Informationen und Material, die sein Wohlergehen beeinträchtigen, fördern, wobei die Artikel 13 und 18 zu berücksichtigen sind.

Art. 18 [Erziehung durch die Eltern] (1) Die Vertragsstaaten bemühen sich nach besten Kräften, die Anerkennung des Grundsatzes sicherzustellen, daß beide Elternteile gemeinsam für die Erziehung und Entwicklung des Kindes verantwortlich sind. Für die Erziehung und Entwicklung des Kindes sind in erster Linie die Eltern oder gegebenenfalls der Vormund verantwortlich. Dabei ist das Wohl des Kindes ihr Grundanliegen.

(2) Zur Gewährleistung und Förderung der in diesem Übereinkommen festgelegten Rechte unterstützen die Vertragsstaaten die Eltern und den Vormund in angemessener Weise bei der Erfüllung ihrer Aufgabe, das Kind zu erziehen, und sorgen für den Ausbau von Institutionen, Einrichtungen und Diensten für die Betreuung von Kindern.

(3) Die Vertragsstaaten treffen alle geeigneten Maßnahmen, um sicherzustellen, daß Kinder berufstätiger Eltern das Recht haben, die für sie in Betracht kommenden Kinderbetreuungsdienste und -einrichtungen zu nutzen.

Art. 19 [Schutz vor Gewalt] (1) Die Vertragsstaaten treffen alle geeigneten Gesetzgebungs-, Verwaltungs-, Sozial- und Bildungsmaßnahmen, um das Kind vor jeder Form körperlicher oder geistiger Gewaltanwendung, Schadenszufügung oder Mißhandlung, vor Verwahrlosung oder Vernachlässigung, vor schlechter Behandlung oder Ausbeutung einschließlich des sexuellen Mißbrauchs zu schützen, solange es sich in der Obhut der Eltern oder eines Elternteils, eines Vormunds oder anderen gesetzlichen Vertreters oder einer anderen Person befindet, die das Kind betreut.

(2) Diese Schutzmaßnahmen sollen je nach den Gegebenheiten wirksame Verfahren zur Aufstellung von Sozialprogrammen enthalten, die dem Kind und denen, die es betreuen, die erforderliche Unterstützung gewähren und andere Formen der Vorbeugung vorsehen sowie Maßnahmen zur Aufdeckung, Meldung, Weiterverweisung, Untersuchung, Behandlung und Nachbetreuung in den in Absatz 1 beschriebenen Fällen schlechter Behandlung von Kindern und gegebenenfalls für das Einschreiten der Gerichte.

Art. 20 [Betreuung außerhalb der Familie] (1) Ein Kind, das vorübergehend oder dauernd aus seiner familiären Umgebung herausgelöst wird oder dem der Verbleib in dieser Umgebung im eigenen Interesse nicht gestattet werden kann, hat Anspruch auf den besonderen Schutz und Beistand des Staates.

(2) Die Vertragsstaaten stellen nach Maßgabe ihres innerstaatlichen Rechts andere Formen der Betreuung eines solchen Kindes sicher.

(3) Als andere Form der Betreuung kommt unter anderem die Aufnahme in eine Pflegefamilie, die Kafala nach islamischem Recht, die Adoption oder, falls erforderlich, die Unterbringung in einer geeigneten Kinderbetreuungseinrichtung in Betracht. Bei der Wahl zwischen diesen Lösungen sind die erwünschte Kontinuität in der Erziehung des Kindes sowie die ethnische, religiöse, kulturelle und sprachliche Herkunft des Kindes gebührend zu berücksichtigen.

Art. 21 [Adoption] Die Vertragsstaaten, die das System der Adoption anerkennen oder zulassen, gewährleisten, daß dem Wohl des Kindes bei der Adoption die höchste Bedeutung zugemessen wird; die Vertragsstaaten

a) stellen sicher, daß die Adoption eines Kindes nur durch die zuständigen Behörden bewilligt wird, die nach den anzuwendenden Rechtsvorschriften und Verfahren und auf der Grundlage aller verläßlichen einschlägigen Informationen entscheiden, daß die Adoption angesichts des Status des Kindes in bezug auf Eltern, Verwandte und einen Vormund zulässig ist und daß, soweit dies erforderlich ist, die betroffenen Personen in Kenntnis der Sachlage und auf der Grundlage einer gegebenenfalls erforderlichen Beratung der Adoption zugestimmt haben;

b) erkennen an, daß die internationale Adoption als andere Form der Betreuung angesehen werden kann, wenn das Kind nicht in seinem Heimatland in einer Pflege- oder Adoptionsfamilie untergebracht oder wenn es dort nicht in geeigneter Weise betreut werden kann;

c) stellen sicher, daß das Kind im Fall einer internationalen Adoption in den Genuß der für nationale Adoptionen geltenden Schutzvorschriften und Normen kommt;

d) treffen alle geeigneten Maßnahmen, um sicherzustellen, daß bei internationaler Adoption für die Beteiligten keine unstatthaften Vermögensvorteile entstehen;

e) fördern die Ziele dieses Artikels gegebenenfalls durch den Abschluß zwei- oder mehrseitiger Übereinkünfte und bemühen sich, in diesem Rahmen sicherzustellen, daß die Unterbringung des Kindes in einem anderen Land durch die zuständigen Behörden oder Stellen durchgeführt wird.

Art. 22 [Kinder als Flüchtlinge] (1) Die Vertragsstaaten treffen geeignete Maßnahmen, um sicherzustellen, daß ein Kind, das die Rechtsstellung eines Flüchtlings begehrt oder nach Maßgabe der anzuwendenden Regeln und Verfahren des Völkerrechts oder des innerstaatlichen Rechts als Flüchtling angesehen wird, angemessenen Schutz und humanitäre Hilfe bei der Wahrnehmung der Rechte erhält, die in diesem Übereinkommen oder in anderen internationalen Übereinkünften über Menschenrechte oder über humanitäre Fragen, denen die genannten Staaten als Vertragsparteien angehören, festgelegt sind, und zwar unabhängig davon, ob es sich in Begleitung seiner Eltern oder einer anderen Person befindet oder nicht.

(2) Zu diesem Zweck wirken die Vertragsstaaten in der ihnen angemessen erscheinenden Weise bei allen Bemühungen mit, welche die Vereinten Nationen und andere zuständige zwischenstaatliche oder nichtstaatliche Organisationen, die mit den Vereinten Nationen zusammenarbeiten, unternehmen, um ein solches Kind zu schützen, um ihm zu helfen und um die Eltern oder andere Familienangehörige eines Flüchtlingskindes ausfindig zu machen mit dem Ziel, die für eine Familienzusammenführung notwendigen Informationen zu erlangen. Können die Eltern oder andere Familienangehörige nicht ausfindig gemacht werden, so ist dem Kind im Einklang mit den in diesem Übereinkommen enthaltenen Grundsätzen derselbe Schutz zu gewähren wie jedem anderen Kind, das aus irgendeinem Grund dauernd oder vorübergehend aus seiner familiären Umgebung herausgelöst ist.

Art. 23 [Fürsorge für behinderte Kinder] (1) Die Vertragsstaaten erkennen an, daß ein geistig oder körperlich behindertes Kind ein erfülltes und menschenwürdiges Leben unter Bedingungen führen soll, welche die Würde des Kindes wahren, seine Selbständigkeit fördern und seine aktive Teilnahme am Leben der Gemeinschaft erleichtern.

(2) Die Vertragsstaaten erkennen das Recht des behinderten Kindes auf besondere Betreuung an und treten dafür ein und stellen sicher, daß dem behinderten Kind und den für seine Betreuung Verantwortlichen im Rahmen der verfügbaren Mittel auf Antrag die Unterstützung zuteil wird, die dem Zustand des Kindes sowie den Lebensumständen der Eltern oder anderer Personen, die das Kind betreuen, angemessen ist.

(3) In Anerkennung der besonderen Bedürfnisse eines behinderten Kindes ist die nach Absatz 2 gewährte Unterstützung soweit irgend möglich und unter Berücksichtigung der finanziellen Mittel der Eltern oder anderer Personen, die das Kind betreuen, unentgeltlich zu leisten

und so zu gestalten, daß sichergestellt ist, daß Erziehung, Ausbildung, Gesundheitsdienste, Rehabilitationsdienste, Vorbereitung auf das Berufsleben und Erholungsmöglichkeiten dem behinderten Kind tatsächlich in einer Weise zugänglich sind, die der möglichst vollständigen sozialen Integration und individuellen Entfaltung des Kindes einschließlich seiner kulturellen und geistigen Entwicklung förderlich ist.

(4) Die Vertragsstaaten fördern im Geist der internationalen Zusammenarbeit den Austausch sachdienlicher Informationen im Bereich der Gesundheitsvorsorge und der medizinischen, psychologischen und funktionellen Behandlung behinderter Kinder einschließlich der Verbreitung von Informationen über Methoden der Rehabilitation, der Erziehung und der Berufsausbildung und des Zugangs zu solchen Informationen, um es den Vertragsstaaten zu ermöglichen, in diesen Bereichen ihre Fähigkeiten und ihr Fachwissen zu verbessern und weitere Erfahrungen zu sammeln. Dabei sind die Bedürfnisse der Entwicklungsländer besonders zu berücksichtigen.

Art. 24 [Gesundheitsschutz] (1) Die Vertragsstaaten erkennen das Recht des Kindes auf das erreichbare Höchstmaß an Gesundheit an sowie auf Inanspruchnahme von Einrichtungen zur Behandlung von Krankheiten und zur Wiederherstellung der Gesundheit. Die Vertragsstaaten bemühen sich sicherzustellen, daß keinem Kind das Recht auf Zugang zu derartigen Gesundheitsdiensten vorenthalten wird.

(2) Die Vertragsstaaten bemühen sich, die volle Verwirklichung dieses Rechts sicherzustellen, und treffen insbesondere geeignete Maßnahmen, um

a) die Säuglings- und Kindersterblichkeit zu verringern;
b) sicherzustellen, daß alle Kinder die notwendige ärztliche Hilfe und Gesundheitsfürsorge erhalten, wobei besonderer Nachdruck auf den Ausbau der gesundheitlichen Grundversorgung gelegt wird;
c) Krankheiten sowie Unter- und Fehlernährung auch im Rahmen der gesundheitlichen Grundversorgung zu bekämpfen, unter anderem durch den Einsatz leicht zugänglicher Technik und durch die Bereitstellung ausreichender vollwertiger Nahrungsmittel und sauberen Trinkwassers, wobei die Gefahren und Risiken der Umweltverschmutzung zu berücksichtigen sind;
d) eine angemessene Gesundheitsfürsorge für Mütter vor und nach der Entbindung sicherzustellen;
e) sicherzustellen, daß allen Teilen der Gesellschaft, insbesondere Eltern und Kindern, Grundkenntnisse über die Gesundheit und Ernährung des Kindes, die Vorteile des Stillens, die Hygiene und die Sauberhaltung der Umwelt sowie die Unfallverhütung vermittelt werden, daß sie Zugang zu der entsprechenden Schulung haben und daß sie bei der Anwendung dieser Grundkenntnisse Unterstützung erhalten;
f) die Gesundheitsvorsorge, die Elternberatung sowie die Aufklärung und die Dienste auf dem Gebiet der Familienplanung auszubauen.

(3) Die Vertragsstaaten treffen alle wirksamen und geeigneten Maßnahmen, um überlieferte Bräuche, die für die Gesundheit der Kinder schädlich sind, abzuschaffen.

(4) Die Vertragsstaaten verpflichten sich, die internationale Zusammenarbeit zu unterstützen und zu fördern, um fortschreitend die volle Verwirklichung des in diesem Artikel anerkannten Rechts zu erreichen. Dabei sind die Bedürfnisse der Entwicklungsländer besonders zu berücksichtigen.

Art. 25 [Unterbringungsmaßnahmen] Die Vertragsstaaten erkennen an, daß ein Kind, das von den zuständigen Behörden wegen einer körperlichen oder geistigen Erkrankung zur Betreuung, zum Schutz der Gesundheit oder zur Behandlung untergebracht worden ist, das Recht hat auf eine regelmäßige Überprüfung der dem Kind gewährten Behandlung sowie aller anderen Umstände, die für seine Unterbringung von Belang sind.

Art. 26 [Soziale Sicherheit] (1) Die Vertragsstaaten erkennen das Recht jedes Kindes auf Leistungen der sozialen Sicherheit einschließlich der Sozialversicherung an und treffen die erforderlichen Maßnahmen, um die volle Verwirklichung dieses Rechts in Übereinstimmung mit dem innerstaatlichen Recht sicherzustellen.

(2) Die Leistungen sollen gegebenenfalls unter Berücksichtigung der wirtschaftlichen Verhältnisse und der sonstigen Umstände des Kindes und der Unterhaltspflichtigen sowie anderer für die Beantragung von Leistungen durch das Kind oder im Namen des Kindes maßgeblicher Gesichtspunkte gewährt werden.

Art. 27 [Entwicklung des Kindes] (1) Die Vertragsstaaten erkennen das Recht jedes Kindes auf einen seiner körperlichen, geistigen, seelischen, sittlichen und sozialen Entwicklung angemessenen Lebensstandard an.

(2) Es ist in erster Linie Aufgabe der Eltern oder anderer für das Kind verantwortlicher Personen, im Rahmen ihrer Fähigkeiten und finanziellen Möglichkeiten die für die Entwicklung des Kindes notwendigen Lebensbedingungen sicherzustellen.

(3) Die Vertragsstaaten treffen gemäß ihren innerstaatlichen Verhältnissen und im Rahmen ihrer Mittel geeignete Maßnahmen, um den Eltern und anderen für das Kind verantwortlichen Personen bei der Verwirklichung diese Rechts zu helfen, und sehen bei Bedürftigkeit materielle Hilfs- und Unterstützungsprogramme insbesondere im Hinblick auf Ernährung, Bekleidung und Wohnung vor.

(4) Die Vertragsstaaten treffen alle geeigneten Maßnahmen, um die Geltendmachung von Unterhaltsansprüchen des Kindes gegenüber den Eltern oder anderen finanziell für das Kind verantwortlichen Personen sowohl innerhalb des Vertragsstaats als auch im Ausland sicherzustellen.

Insbesondere fördern die Vertragsstaaten, wenn die für das Kind finanziell verantwortliche Person in einem anderen Staat lebt als das Kind, den Beitritt zu internationalen Übereinkünften oder den Abschluß solcher Übereinkünfte sowie andere geeignete Regelungen.

Art. 28 [Recht auf Bildung] (1) Die Vertragsstaaten erkennen das Recht des Kindes auf Bildung an; um die Verwirklichung dieses Rechts auf der Grundlage der Chancengleichheit fortschreitend zu erreichen, werden sie insbesondere

a) den Besuch der Grundschule für alle zur Pflicht und unentgeltlich machen;

b) die Entwicklung verschiedener Formen der weiterführenden Schulen allgemeinbildender und berufsbildender Art fördern, sie allen Kindern verfügbar und zugänglich machen und geeignete Maßnahmen wie die Einführung der Unentgeltlichkeit und die Bereitstellung finanzieller Unterstützung bei Bedürftigkeit treffen;

c) allen entsprechend ihren Fähigkeiten den Zugang zu den Hochschulen mit allen geeigneten Mitteln ermöglichen;

d) Bildungs- und Berufsberatung allen Kindern verfügbar und zugänglich machen;

e) Maßnahmen treffen, die den regelmäßigen Schulbesuch fördern und den Anteil derjenigen, welche die Schule vorzeitig verlassen, verringern.

(2) Die Vertragsstaaten treffen alle geeigneten Maßnahmen, um sicherzustellen, daß die Disziplin in der Schule in einer Weise gewahrt wird, die der Menschenwürde des Kindes entspricht und im Einklang mit diesem Übereinkommen steht.

(3) Die Vertragsstaaten fördern die internationale Zusammenarbeit im Bildungswesen, insbesondere um zur Beseitigung von Unwissenheit und Analphabetentum in der Welt beizutragen und den Zugang zu wissenschaftlichen und technischen Kenntnissen und modernen Unterrichtsmethoden zu erleichtern. Dabei sind die Bedürfnisse der Entwicklungsländer besonders zu berücksichtigen.

Art. 29 [Bildungsziele] (1) Die Vertragsstaaten stimmen darin überein, daß die Bildung des Kindes darauf gerichtet sein muß,

a) die Persönlichkeit, die Begabung und die geistigen und körperlichen Fähigkeiten des Kindes voll zur Entfaltung zu bringen;

b) dem Kind Achtung vor den Menschenrechten und Grundfreiheiten und den in der Charta der Vereinten Nationen verankerten Grundsätzen zu vermitteln;

c) dem Kind Achtung vor seinen Eltern, seiner kulturellen Identität, seiner Sprache und seinen kulturellen Werten, den nationalen Werten des Landes, in dem es lebt, und gegebenenfalls des Landes, aus dem es stammt, sowie vor anderen Kulturen als der eigenen zu vermitteln;

d) das Kind auf ein verantwortungsbewußtes Leben in einer freien Gesellschaft im Geist der Verständigung, des Friedens, der Toleranz, der Gleichberechtigung der Geschlechter und der Freundschaft zwischen allen Völkern und ethnischen, nationalen und religiösen Gruppen sowie zu Ureinwohnern vorzubereiten;

e) dem Kind Achtung vor der natürlichen Umwelt zu vermitteln.

(2) Dieser Artikel und Artikel 28 dürfen nicht so ausgelegt werden, daß sie die Freiheit natürlicher oder juristischer Personen beeinträchtigten, Bildungseinrichtungen zu gründen und zu führen, sofern die in Absatz 1 festgelegten Grundsätze beachtet werden und die in solchen Einrichtungen vermittelte Bildung den von dem Staat gegebenenfalls festgelegten Mindestnormen entspricht.

Art. 30 [Kulturelle Identität] In Staaten, in denen es ethnische, religiöse oder sprachliche Minderheiten oder Ureinwohner gibt, darf einem Kind, das einer solchen Minderheit angehört oder Ureinwohner ist, nicht das Recht vorenthalten werden, in Gemeinschaft mit anderen Angehörigen seiner Gruppe seine eigene Kultur zu pflegen, sich zu seiner eigenen Religion zu bekennen und sie auszuüben oder seine eigene Sprache zu verwenden.

Art. 31 [Erholung und Freizeit] (1) Die Vertragsstaaten erkennen das Recht des Kindes auf Ruhe und Freizeit an, auf Spiel und altersgemäße aktive Erholung sowie auf freie Teilnahme am kulturellen und künstlerischen Leben.

(2) Die Vertragsstaaten achten und fördern das Recht des Kindes auf volle Beteiligung am kulturellen und künstlerischen Leben und fördern die Bereitstellung geeigneter und gleicher Möglichkeiten für die kulturelle und künstlerische Betätigung sowie für aktive Erholung und Freizeitbeschäftigung.

Art. 32 [Arbeitsschutz] (1) Die Vertragsstaaten erkennen das Recht des Kindes an, vor wirtschaftlicher Ausbeutung geschützt und nicht zu einer Arbeit herangezogen zu werden, die Gefahren mit sich bringen, die Erziehung des Kindes behindern oder die Gesundheit des Kindes oder seine körperliche, geistige, seelische, sittliche oder soziale Entwicklung schädigen könnte.

(2) Die Vertragsstaaten treffen Gesetzgebungs-, Verwaltungs-, Sozial- und Bildungsmaßnahmen, um die Durchführung dieses Artikels sicherzustellen. Zu diesem Zweck und unter Berücksichtigung der einschlägigen Bestimmungen anderer internationaler Übereinkünfte werden die Vertragsstaaten insbesondere

a) ein oder mehrere Mindestalter für die Zulassung zur Arbeit festlegen;

b) eine angemessene Regelung der Arbeitszeit und der Arbeitsbedingungen vorsehen;

c) angemessene Strafen oder andere Sanktionen zur wirksamen Durchsetzung dieses Artikels vorsehen.

Art. 33 [Schutz vor Drogen] Die Vertragsstaaten treffen alle geeigneten Maßnahmen einschließlich Gesetzgebungs-, Verwaltungs-, Sozial- und Bildungsmaßnahmen, um Kinder vor dem unerlaubten Gebrauch von Suchtstoffen und psychotropen Stoffen im Sinne der diesbezüglichen internationalen Übereinkünfte zu schützen und den Einsatz von Kindern bei der unerlaubten Herstellung dieser Stoffe und beim unerlaubten Verkehr mit diesen Stoffen zu verhindern.

Art. 34 [Schutz vor sexuellem Mißbrauch] Die Vertragsstaaten verpflichten sich, das Kind vor allen Formen sexueller Ausbeutung und sexuellen Mißbrauchs zu schützen. Zu diesem Zweck treffen die Vertragsstaaten insbesondere alle geeigneten innerstaatlichen, zweiseitigen und mehrseitigen Maßnahmen, um zu verhindern, daß Kinder

a) zur Beteiligung an rechtswidrigen sexuellen Handlungen verleitet oder gezwungen werden;
b) für die Prostitution oder andere rechtswidrige sexuelle Praktiken ausgebeutet werden;
c) für pornographische Darbietungen und Darstellungen ausgebeutet werden.

Art. 35 [Maßnahmen gegen Kinderhandel] Die Vertragsstaaten treffen alle geeigneten innerstaatlichen, zweiseitigen und mehrseitigen Maßnahmen, um die Entführung und den Verkauf von Kindern sowie den Handel mit Kindern zu irgendeinem Zweck und in irgendeiner Form zu verhindern.

Art. 36 [Schutz vor Ausbeutung] Die Vertragsstaaten schützen das Kind vor allen sonstigen Formen der Ausbeutung, die das Wohl des Kindes in irgendeiner Weise beeinträchtigen.

Art. 37 [Schutz vor Folter; Garantien bei Freiheitsentzug] Die Vertragsstaaten stellen sicher,

a) daß kein Kind der Folter oder einer anderen grausamen, unmenschlichen oder erniedrigenden Behandlung oder Strafe unterworfen wird. Für Straftaten, die von Personen vor Vollendung des achtzehnten Lebensjahrs begangen worden sind, darf weder die Todesstrafe noch lebenslange Freiheitsstrafe ohne die Möglichkeit vorzeitiger Entlassung verhängt werden;
b) daß keinem Kind die Freiheit rechtswidrig oder willkürlich entzogen wird. Festnahme, Freiheitsentziehung oder Freiheitsstrafe darf bei einem Kind im Einklang mit dem Gesetz nur als letztes Mittel und für die kürzeste angemessene Zeit angewendet werden;

c) daß jedes Kind, dem die Freiheit entzogen ist, menschlich und mit Achtung vor der dem Menschen innewohnenden Würde und unter Berücksichtigung der Bedürfnisse von Personen seines Alters behandelt wird. Insbesondere ist jedes Kind, dem die Freiheit entzogen ist, von Erwachsenen zu trennen, sofern nicht ein anderes Vorgehen als dem Wohl des Kindes dienlich erachtet wird; jedes Kind hat das Recht, mit seiner Familie durch Briefwechsel und Besuche in Verbindung zu bleiben, sofern nicht außergewöhnliche Umstände vorliegen;

d) daß jedes Kind, dem die Freiheit entzogen ist, das Recht auf umgehenden Zugang zu einem rechtskundigen oder anderen geeigneten Beistand und das Recht hat, die Rechtmäßigkeit der Freiheitsentziehung bei einem Gericht oder einer anderen zuständigen, unabhängigen und unparteiischen Behörde anzufechten, sowie das Recht auf alsbaldige Entscheidung in einem solchen Verfahren.

Art. 38 [Kriegsvölkerrecht; Militärdienst] (1) Die Vertragsstaaten verpflichten sich, die für sie verbindlichen Regeln des in bewaffneten Konflikten anwendbaren humanitären Völkerrechts, die für das Kind Bedeutung haben, zu beachten und für deren Beachtung zu sorgen.

(2) Die Vertragsstaaten treffen alle durchführbaren Maßnahmen, um sicherzustellen, daß Personen, die das fünfzehnte Lebensjahr noch nicht vollendet haben, nicht unmittelbar an Feindseligkeiten teilnehmen.

(3)[1] Die Vertragsstaaten nehmen davon Abstand, Personen, die das fünfzehnte Lebensjahr noch nicht vollendet haben, zu ihren Streitkräften einzuziehen. Werden Personen zu den Streitkräften eingezogen, die zwar das fünfzehnte, nicht aber das achtzehnte Lebensjahr vollendet haben, so bemühen sich die Vertragsstaaten, vorrangig die jeweils ältesten einzuziehen.

(4) Im Einklang mit ihren Verpflichtungen nach dem humanitären Völkerrecht, die Zivilbevölkerung in bewaffneten Konflikten zu schützen, treffen die Vertragsstaaten alle durchführbaren Maßnahmen, um sicherzustellen, daß von einem bewaffneten Konflikt betroffene Kinder geschützt und betreut werden.

Art. 39 [Rehabilitation] Die Vertragsstaaten treffen alle geeigneten Maßnahmen, um die physische und psychische Genesung und die soziale Wiedereingliederung eines Kindes zu fördern, das Opfer irgendeiner Form von Vernachlässigung, Ausbeutung oder Mißhandlung, der Folter oder einer anderen Form grausamer, unmenschlicher oder erniedrigender Behandlung oder Strafe oder aber bewaffneter Konflikte geworden ist. Die Genesung und Wiedereingliederung müssen in einer

---

[1] Vgl. hierzu auch Art. 3 Abs. 1 des (ersten) Fakultativprotokolls (abgedruckt unter Nr. **29 a**).

Umgebung stattfinden, die der Gesundheit, die Selbstachtung und der Würde des Kindes förderlich ist.

Art. 40 [Kinder im Strafrecht und im Strafverfahren] (1) Die Vertragsstaaten erkennen das Recht jedes Kindes an, das der Verletzung der Strafgesetze verdächtigt, beschuldigt oder überführt wird, in einer Weise behandelt zu werden, die das Gefühl des Kindes für die eigene Würde und den eigenen Wert fördert, seine Achtung vor den Menschenrechten und Grundfreiheiten anderer stärkt und das Alter des Kindes sowie die Notwendigkeit berücksichtigt, seine soziale Wiedereingliederung sowie die Übernahme einer konstruktiven Rolle in der Gesellschaft durch das Kind zu fördern.

(2) Zu diesem Zweck stellen die Vertragsstaaten unter Berücksichtigung der einschlägigen Bestimmungen internationaler Übereinkünfte insbesondere sicher,

a) daß kein Kind wegen Handlungen oder Unterlassungen, die zur Zeit ihrer Begehung nach innerstaatlichem Recht oder Völkerrecht nicht verboten waren, der Verletzung der Strafgesetze verdächtigt, beschuldigt oder überführt wird;

b) daß jedes Kind, das einer Verletzung der Strafgesetze verdächtigt oder beschuldigt wird, Anspruch auf folgende Mindestgarantien hat:

i) bis zum gesetzlichen Nachweis der Schuld als unschuldig zu gelten,

ii) unverzüglich und unmittelbar über die gegen das Kind erhobenen Beschuldigungen unterrichtet zu werden, gegebenenfalls durch seine Eltern oder seinen Vormund, und einen rechtskundigen oder anderen geeigneten Beistand zur Vorbereitung und Wahrnehmung seiner Verteidigung zu erhalten,

iii) seine Sache unverzüglich durch eine zuständige Behörde oder ein zuständiges Gericht, die unabhängig und unparteiisch sind, in einem fairen Verfahren entsprechend dem Gesetz entscheiden zu lassen, und zwar in Anwesenheit eines rechtskundigen oder anderen geeigneten Beistands sowie – sofern dies nicht insbesondere in Anbetracht des Alters oder der Lage des Kindes als seinem Wohl widersprechend angesehen wird – in Anwesenheit seiner Eltern oder seines Vormunds,

iv) nicht gezwungen zu werden, als Zeuge auszusagen oder sich schuldig zu bekennen, sowie die Belastungszeugen zu befragen oder befragen zu lassen und das Erscheinen und die Vernehmung der Entlastungszeugen unter gleichen Bedingungen zu erwirken,

v) wenn es einer Verletzung der Strafgesetze überführt ist, diese Entscheidung und alle als Folge davon verhängten Maßnahmen durch eine zuständige übergeordnete Behörde oder ein zuständiges höheres Gericht, die unabhängig und unparteiisch sind, entsprechend dem Gesetz nachprüfen zu lassen,

vi) die unentgeltliche Hinzuziehung eines Dolmetschers zu verlangen, wenn das Kind die Verhandlungssprache nicht versteht oder spricht,

vii) sein Privatleben in allen Verfahrensabschnitten voll geachtet zu sehen.

(3) Die Vertragsstaaten bemühen sich, den Erlaß von Gesetzen sowie die Schaffung von Verfahren, Behörden und Einrichtungen zu fördern, die besonders für Kinder, die einer Verletzung der Strafgesetze verdächtigt, beschuldigt oder überführt werden, gelten oder zuständig sind; insbesondere

a) legen sie ein Mindestalter fest, das ein Kind erreicht haben muß, um als strafmündig angesehen zu werden,

b) treffen sie, soweit dies angemessen und wünschenswert ist, Maßnahmen, um den Fall ohne ein gerichtliches Verfahren zu regeln, wobei jedoch die Menschenrechte und die Rechtsgarantien uneingeschränkt beachtet werden müssen.

(4) Um sicherzustellen, daß Kinder in einer Weise behandelt werden, die ihrem Wohl dienlich ist und ihren Umständen sowie der Straftat entspricht, muß eine Vielzahl von Vorkehrungen zur Verfügung stehen, wie Anordnungen über Betreuung, Anleitung und Aufsicht, wie Beratung, Entlassung auf Bewährung, Aufnahme in eine Pflegefamilie, Bildungs- und Berufsbildungsprogramme und andere Alternativen zur Heimerziehung.

Art. 41 [Andere Schutzvorschriften] Dieses Übereinkommen läßt zur Verwirklichung der Rechte des Kindes besser geeignete Bestimmungen unberührt, die enthalten sind

a) im Recht eines Vertragsstaats oder

b) in dem für diesen Staat geltenden Völkerrecht.

Teil II. [Durchführungsbestimmungen]

Art. 42 [Publikationspflicht] Die Vertragsstaaten verpflichten sich, die Grundsätze und Bestimmungen dieses Übereinkommens durch geeignete und wirksame Maßnahmen bei Erwachsenen und auch bei Kindern allgemein bekannt zu machen.

Art. 43 [Ausschuß für die Rechte des Kindes] (1) Zur Prüfung der Fortschritte, welche die Vertragsstaaten bei der Erfüllung der in diesem Übereinkommen eingegangenen Verpflichtungen gemacht haben, wird ein Ausschuß für die Rechte des Kindes eingesetzt, der die nachstehend festgelegten Aufgaben wahrnimmt.[1]

[1] Vgl. auch die dem Ausschuss nach dem (dritten) Fakultativprotokoll zugewiesenen (zusätzlichen) Aufgaben (Nr. **29 c**).

(2)[1] Der Ausschuß besteht aus achtzehn Sachverständigen von hohem sittlichen Ansehen und anerkannter Sachkenntnis auf dem von diesem Übereinkommen erfaßten Gebiet. Die Mitglieder des Ausschusses werden von den Vertragsstaaten unter ihren Staatsangehörigen ausgewählt und sind in persönlicher Eigenschaft tätig, wobei auf eine gerechte geographische Verteilung zu achten ist sowie die hauptsächlichen Rechtssysteme zu berücksichtigen sind.

(3) Die Mitglieder des Ausschusses werden in geheimer Wahl aus einer Liste von Personen gewählt, die von den Vertragsstaaten vorgeschlagen worden sind. Jeder Vertragsstaat kann einen seiner eigenen Staatsangehörigen vorschlagen.

(4) Die Wahl des Ausschusses findet zum erstenmal spätestens sechs Monate nach Inkrafttreten dieses Übereinkommens und danach alle zwei Jahre statt. Spätestens vier Monate vor jeder Wahl fordert der Generalsekretär der Vereinten Nationen die Vertragsstaaten schriftlich auf, ihre Vorschläge innerhalb von zwei Monaten einzureichen. Der Generalsekretär fertigt sodann eine alphabetische Liste aller auf diese Weise vorgeschlagenen Personen an unter Angabe der Vertragsstaaten, die sie vorgeschlagen haben, und übermittelt sie den Vertragsstaaten.

(5) Die Wahlen finden auf vom Generalsekretär am Sitz der Vereinten Nationen einberufenen Tagungen der Vertragsstaaten statt. Auf diesen Tagungen, die beschlußfähig sind, wenn zwei Drittel der Vertragsstaaten vertreten sind, gelten die Kandidaten als in den Ausschuß gewählt, welche die höchste Stimmenzahl und die absolute Stimmenmehrheit der anwesenden und abstimmenden Vertreter der Vertragsstaaten auf sich vereinigen.

(6) Die Ausschußmitglieder werden für vier Jahre gewählt. Auf erneuten Vorschlag können sie wiedergewählt werden. Die Amtszeit von fünf der bei der ersten Wahl gewählten Mitglieder läuft nach zwei Jahren ab; unmittelbar nach der ersten Wahl werden die Namen dieser fünf Mitglieder vom Vorsitzenden der Tagung durch das Los bestimmt.

(7) Wenn ein Ausschußmitglied stirbt oder zurücktritt oder erklärt, daß er aus anderen Gründen die Aufgaben des Ausschusses nicht mehr wahrnehmen kann, ernennt der Vertragsstaat, der das Mitglied vorgeschlagen hat, für die verbleibende Amtszeit mit Zustimmung des Ausschusses einen anderen unter seinen Staatsangehörigen ausgewählten Sachverständigen.

(8) Der Ausschuß gibt sich eine Geschäftsordnung.

(9) Der Ausschuß wählt seinen Vorstand für zwei Jahre.

(10) Die Tagungen des Ausschusses finden in der Regel am Sitz der Vereinten Nationen oder an einem anderen vom Ausschuß bestimmten geeigneten Ort statt. Der Ausschuß tritt in der Regel einmal jährlich

---

[1] Eine durch Res. 50/155 v. 21. 12. 1995 von der Generalversammlung gebilligte Änderung des Art. 43 Abs. 2 ist in Übereinstimmung mit Art. 50 Abs. 2 am 18. 11. 2002 in Kraft getreten (Bek. im BGBl. ist nicht erfolgt).

zusammen. Die Dauer der Ausschußtagungen wird auf einer Tagung der Vertragsstaaten mit Zustimmung der Generalversammlung festgelegt und wenn nötig geändert.

(11) Der Generalsekretär der Vereinten Nationen stellt dem Ausschuß das Personal und die Einrichtungen zur Verfügung, die diese zur wirksamen Wahrnehmung seiner Aufgaben nach diesem Übereinkommen benötigt.

(12) Die Mitglieder des nach diesem Übereinkommen eingesetzten Ausschusses erhalten mit Zustimmung der Generalversammlung Bezüge aus Mitteln der Vereinten Nationen zu den von der Generalversammlung zu beschließenden Bedingungen.

Art. 44 [Berichte der Vertragsstaaten] (1) Die Vertragsstaaten verpflichten sich, dem Ausschuß über den Generalsekretär der Vereinten Nationen Berichte über die Maßnahmen, die sie zur Verwirklichung der in diesem Übereinkommen anerkannten Rechte getroffen haben, und über die dabei erzielten Fortschritte vorzulegen, und zwar

a) innerhalb von zwei Jahren nach Inkrafttreten des Übereinkommens für den betreffenden Vertragsstaat,

b) danach alle fünf Jahre.

(2) In den nach diesem Artikel erstatteten Berichten ist auf etwa bestehende Umstände und Schwierigkeiten hinzuweisen, welche die Vertragsstaaten daran hindern, die in diesem Übereinkommen vorgesehenen Verpflichtungen voll zu erfüllen. Die Berichte müssen auch ausreichende Angaben enthalten, die dem Ausschuß ein umfassendes Bild von der Durchführung des Übereinkommens in dem betreffenden Land vermitteln.

(3) Ein Vertragsstaat, der dem Ausschuß einen ersten umfassenden Bericht vorgelegt hat, braucht in seinen nach Absatz 1 Buchstabe b vorgelegten späteren Berichten die früher mitgeteilten grundlegenden Angaben nicht zu wiederholen.

(4) Der Ausschuß kann die Vertragsstaaten um weitere Angaben über die Durchführung des Übereinkommens ersuchen.

(5) Der Ausschuß legt der Generalversammlung über den Wirtschafts- und Sozialrat alle zwei Jahre einen Tätigkeitsbericht vor.

(6) Die Vertragsstaaten sorgen für eine weitere Verbreitung ihrer Berichte im eigenen Land.

Art. 45 [Durchführung des Übereinkommens] Um die wirksame Durchführung dieses Übereinkommens und die internationale Zusammenarbeit auf dem von dem Übereinkommen erfaßten Gebiet zu fördern,

a) haben die Sonderorganisationen, das Kinderhilfswerk der Vereinten Nationen und andere Organe der Vereinten Nationen das Recht, bei der Erörterung der Durchführung derjenigen Bestimmungen des Übereinkommens vertreten zu sein, die in ihren Aufgabenbereich fallen. Der Ausschuß kann, wenn er dies für angebracht hält, die Sonderorganisationen, das Kinderhilfswerk der Vereinten Nationen und andere zuständige Stellen einladen, sachkundige Stellungnahmen zur Durchführung des Übereinkommens auf Gebieten abzugeben, die in ihren jeweiligen Aufgabenbereich fallen. Der Ausschuß kann die Sonderorganisationen, das Kinderhilfswerk der Vereinten Nationen und andere Organe der Vereinten Nationen einladen, ihm Berichte über die Durchführung des Übereinkommens auf Gebieten vorzulegen, die in ihren Tätigkeitsbereich fallen;

b) übermittelt der Ausschuß, wenn er dies für angebracht hält, den Sonderorganisationen, dem Kinderhilfswerk der Vereinten Nationen und anderen zuständigen Stellen Berichte der Vertragsstaaten, die ein Ersuchen um fachliche Beratung oder Unterstützung oder einen Hinweis enthalten, daß ein diesbezügliches Bedürfnis besteht; etwaige Bemerkungen und Vorschläge des Ausschusses zu diesen Ersuchen oder Hinweisen werden beigefügt;

c) kann der Ausschuß der Generalversammlung empfehlen, den Generalsekretär zu ersuchen, für den Ausschuß Untersuchungen über Fragen im Zusammenhang mit den Rechten des Kindes durchzuführen;

d) kann der Ausschuß aufgrund der Angaben, die er nach den Artikeln 44 und 45 enthalten hat, Vorschläge und allgemeine Empfehlungen unterbreiten. Diese Vorschläge und allgemeinen Empfehlungen werden den betroffenen Vertragsstaaten übermittelt und der Generalversammlung zusammen mit etwaigen Bemerkungen der Vertragsstaaten vorgelegt.

Teil III. [Schlußbestimmungen]

Art. 46 Dieses Übereinkommen liegt für alle Staaten zur Unterzeichnung auf.

Art. 47 [Ratifikation] Dieses Übereinkommen bedarf der Ratifikation. Die Ratifikationsurkunden werden beim Generalsekretär der Vereinten Nationen hinterlegt.

Art. 48 [Beitritt] Dieses Übereinkommen steht allen Staaten zum Beitritt offen. Die Beitrittsurkunden werden beim Generalsekretär der Vereinten Nationen hinterlegt.

Art. 49 [Inkrafttreten] (1) Dieses Übereinkommen tritt am dreißigsten Tag nach Hinterlegung der zwanzigsten Ratifikations- oder Beitrittsurkunde beim Generalsekretär der Vereinten Nationen in Kraft.[1)]

---

1) Das Übereinkommen ist am 2. 9. 1990 in Kraft getreten, jedoch für die Bundesrepublik Deutschland am 5. 4. 1992 (Bek. vom 10. 7. 1992, BGBl. II S. 990).

(2) Für jeden Staat, der nach Hinterlegung der zwanzigsten Ratifikations- oder Beitrittsurkunde dieses Übereinkommen ratifiziert oder ihm beitritt, tritt es am dreißigsten Tag nach Hinterlegung seiner eigenen Ratifikations- oder Beitrittsurkunde in Kraft.

Art. 50 [Änderung des Übereinkommens] (1) Jeder Vertragsstaat kann eine Änderung vorschlagen und sie beim Generalsekretär der Vereinten Nationen einreichen. Der Generalsekretär übermittelt sodann den Änderungsvorschlag den Vertragsstaaten mit der Aufforderung, ihm mitzuteilen, ob sie eine Konferenz der Vertragsstaaten zur Beratung und Abstimmung über den Vorschlag befürworten. Befürwortet innerhalb von vier Monaten nach dem Datum der Übermittlung wenigstens ein Drittel der Vertragsstaaten eine solche Konferenz, so beruft der Generalsekretär die Konferenz unter der Schirmherrschaft der Vereinten Nationen ein. Jede Änderung, die von der Mehrheit der auf der Konferenz anwesenden und abstimmenden Vertragsstaaten angenommen wird, wird der Generalversammlung zur Billigung vorgelegt.

(2) Eine nach Absatz 1 angenommene Änderung tritt in Kraft, wenn sie von der Generalversammlung der Vereinten Nationen gebilligt und von einer Zweidrittelmehrheit der Vertragsstaaten angenommen worden ist.

(3) Tritt eine Änderung in Kraft, so ist sie für die Vertragsstaaten, die sie angenommen haben, verbindlich, während für die anderen Vertragsstaaten weiterhin die Bestimmungen dieses Übereinkommens und alle früher von ihnen angenommenen Änderungen gelten.

Art. 51 [Vorbehalte] (1) Der Generalsekretär der Vereinten Nationen nimmt den Wortlaut von Vorbehalten, die ein Staat bei der Ratifikation oder beim Beitritt anbringt, entgegen und leitet ihn allen Staaten zu.

(2) Vorbehalte, die mit Ziel und Zweck dieses Übereinkommens unvereinbar sind, sind nicht zulässig.

(3) Vorbehalte können jederzeit durch eine an den Generalsekretär der Vereinten Nationen gerichtete diesbezügliche Notifikation zurückgenommen werden; dieser setzt alle Staaten davon in Kenntnis. Die Notifikation wird mit dem Tag ihres Eingangs beim Generalsekretär wirksam.[1)]

Art. 52 [Kündigung] Ein Vertragsstaat kann dieses Übereinkommen durch eine an den Generalsekretär der Vereinten Nationen gerichtete schriftliche Notifikation kündigen. Die Kündigung wird ein Jahr nach Eingang der Notifikation beim Generalsekretär wirksam.

[1)] Zur Rücknahme der (weitreichenden) deutschen Vorbehalte durch Erklärungen v. 15. 7. 2010 sowie 1. 11. 2010 vgl. Bek. v. 18. 4. 2011, BGBl. II S. 600.

Art. 53 [Verwahrung] Der Generalsekretär der Vereinten Nationen wird zum Verwahrer dieses Übereinkommens bestimmt.

Art. 54 [Verbindlicher Wortlaut] Die Urschrift dieses Übereinkommens, dessen arabischer, chinesischer, englischer, französischer, russischer und spanischer Wortlaut gleichermaßen verbindlich ist, wird beim Generalsekretär der Vereinten Nationen hinterlegt.

29 a. Fakultativprotokoll zum Übereinkommen über die Rechte des Kindes betreffend die Beteiligung von Kindern an bewaffneten Konflikten[1)]

Vom 25. Mai 2000
(BGBl. 2004 II S. 1355)

(Übersetzung)

DIE VERTRAGSSTAATEN DIESES PROTOKOLLS –

ermutigt durch die überwältigende Unterstützung für das Übereinkommen über die Rechte des Kindes, in der die allgemeine Entschlossenheit zum Ausdruck kommt, auf die Förderung und den Schutz der Rechte des Kindes hinzuwirken,

erneut bekräftigend, dass die Rechte des Kindes eines besonderen Schutzes bedürfen, und dazu aufrufend, die Situation der Kinder ohne jeden Unterschied stetig zu verbessern und ihre Entwicklung und Erziehung in Frieden und Sicherheit zu ermöglichen,

beunruhigt über die schädlichen und weitreichenden Auswirkungen bewaffneter Konflikte auf Kinder und über die langfristigen Folgen, die diese auf die Erhaltung des Friedens sowie auf die dauerhafte Sicherheit und Entwicklung haben,

unter Verurteilung der Tatsache, dass Kinder in bewaffneten Konflikten zu Zielen werden und völkerrechtlich geschützte Objekte, darunter Örtlichkeiten, an denen sich gewöhnlich eine bedeutende Zahl von Kindern aufhält, wie Schulen und Krankenhäuser, direkt angegriffen werden,

unter Hinweis auf die Annahme des Statuts des Internationalen Strafgerichtshofs, insbesondere auf die Einstufung der Zwangsverpflichtung oder Eingliederung von Kindern unter 15 Jahren oder ihrer Verwendung zur aktiven Teilnahme an Feindseligkeiten sowohl in internationalen als auch in nicht internationalen bewaffneten Konflikten als Kriegsverbrechen,

daher in der Erwägung, dass zur wirksameren Durchsetzung der im Übereinkommen über die Rechte des Kindes anerkannten Rechte die Notwendigkeit besteht, den Schutz von Kindern vor einer Beteiligung an bewaffneten Konflikten zu verbessern,

---

1) In Kraft getreten am 12. 2. 2002, für Deutschland am 13. 1. 2005 (Bek. v. 16. 10. 2006, BGBl. II S. 1015). Deutschland hat bei Hinterlegung der Ratifikationsurkunde folgende Erklärung abgegeben: „Die Bundesrepublik Deutschland erklärt, dass sie für den Beginn des freiwilligen Dienstes als Soldatin oder Soldat in ihren Streitkräften ein Mindestalter von 17 Jahren als verbindlich im Sinne von Artikel 3 Abs. 2 des Fakultativprotokolls ansieht. Unter 18-Jährige werden ausschließlich in die Streitkräfte aufgenommen, um eine militärische Ausbildung zu beginnen.

Der Schutz der unter 18-jährigen Freiwilligen im Rahmen ihrer Entscheidung über den Eintritt in die Streitkräfte ist u. a. durch die notwendige Zustimmung ihrer gesetzlichen Vertreter und durch das zwingende Erfordernis der Vorlage ihres Personalausweises oder Reisepasses als verlässlichen Nachweis ihres Alters sichergestellt."

unter Hinweis darauf, dass in Artikel 1 des Übereinkommens über die Rechte des Kindes festgelegt ist, dass im Sinne des Übereinkommens ein Kind jeder Mensch ist, der das 18. Lebensjahr noch nicht vollendet hat, soweit die Volljährigkeit nach dem auf das Kind anzuwendenden Recht nicht früher eintritt,

in der Überzeugung, dass ein Fakultativprotokoll zum Übereinkommen, mit dem die Altersgrenze für eine mögliche Einziehung von Personen zu den Streitkräften und ihre Teilnahme an Feindseligkeiten angehoben wird, wirksam zur Umsetzung des Grundsatzes beitragen wird, dass bei allen Maßnahmen, die Kinder betreffen, das Wohl des Kindes ein vorrangig zu berücksichtigender Gesichtspunkt ist,

unter Hinweis darauf, dass die 26. Internationale Konferenz des Roten Kreuzes und des Roten Halbmonds im Dezember 1995 unter anderem die Empfehlung abgegeben hat, dass die an einem Konflikt beteiligten Parteien alle durchführbaren Maßnahmen treffen, um sicherzustellen, dass Kinder unter 18 Jahren nicht an Feindseligkeiten teilnehmen,

erfreut darüber, dass im Juni 1999 das Übereinkommen Nr. 182 der Internationalen Arbeitsorganisation über das Verbot und unverzügliche Maßnahmen zur Beseitigung der schlimmsten Formen der Kinderarbeit einstimmig angenommen wurde, das unter anderem die zwangsweise und die im Rahmen der Wehrpflicht erfolgende Einziehung von Kindern zum Einsatz in bewaffneten Konflikten verbietet,

mit größter Beunruhigung verurteilend, dass bewaffnete Gruppen, die sich von den Streitkräften eines Staates unterscheiden, Kinder einziehen, ausbilden und innerhalb der nationalen Grenzen sowie grenzüberschreitend in Feindseligkeiten einsetzen, und im Bewusstsein der Verantwortung derjeniger, die Kinder in diesem Sinne einziehen, ausbilden und einsetzen,

unter Hinweis darauf, dass jede an einem bewaffneten Konflikt beteiligte Partei verpflichtet ist, die Bestimmungen des humanitären Völkerrechts einzuhalten,

unter Hinweis darauf, dass dieses Protokoll die in der Charta der Vereinten Nationen verankerten Ziele und Grundsätze, einschließlich des Artikels 51, sowie die einschlägigen Normen des humanitären Rechts unberührt lässt,

in dem Bewusstsein, dass Frieden und Sicherheit auf der Grundlage der uneingeschränkten Achtung der in der Charta der Vereinten Nationen enthaltenen Ziele und Grundsätze sowie der Einhaltung der anwendbaren Übereinkünfte auf dem Gebiet der Menschenrechte unabdingbar für den umfassenden Schutz von Kindern sind, insbesondere in bewaffneten Konflikten oder während fremder Besetzung,

in Anerkennung der besonderen Bedürfnisse jener Kinder, die auf Grund ihrer wirtschaftlichen oder sozialen Stellung oder ihres Geschlechts besonders gefährdet sind, im Widerspruch zu diesem Protokoll eingezogen oder in Feindseligkeiten eingesetzt zu werden,

eingedenk der Notwendigkeit, die wirtschaftlichen, sozialen und politischen Ursachen zu berücksichtigen, die der Beteiligung von Kindern an bewaffneten Konflikten zugrunde liegen, überzeugt von der Notwendigkeit, die internationale Zusammenarbeit bei der Durchführung dieses Protokolls sowie die physische und psychosoziale Rehabilitation und die soziale Wiedereingliederung von Kindern, die Opfer bewaffneter Konflikte geworden sind, zu verstärken,

dazu anregend, dass die Gemeinschaft, insbesondere Kinder und kindliche Opfer, an der Verbreitung von Informations- und Aufklärungsprogrammen betreffend die Durchführung des Protokolls mitwirken –

HABEN FOLGENDES VEREINBART:

Art. 1 [Mindestalter für die Teilnahme an Feindseligkeiten] Die Vertragsstaaten treffen alle durchführbaren Maßnahmen um sicherzustellen, dass Angehörige ihrer Streitkräfte, die das 18. Lebensjahr noch nicht vollendet haben, nicht unmittelbar an Feindseligkeiten teilnehmen.

Art. 2 [Mindestalter für Wehrpflicht] Die Vertragsstaaten stellen sicher, dass Personen, die das 18. Lebensjahr noch nicht vollendet haben, nicht obligatorisch zu ihren Streitkräften eingezogen werden.

Art. 3 [Verbindliche Festlegung des Mindestalters] (1) Die Vertragsstaaten heben das in Artikel 38 Absatz 3 des Übereinkommens über die Rechte des Kindes festgelegte Mindestalter für die Einziehung von Freiwilligen zu ihren nationalen Streitkräften in Lebensjahren an; sie berücksichtigen dabei die in jenem Artikel enthaltenen Grundsätze und anerkennen, dass nach dem Übereinkommen Personen unter 18 Jahren Anspruch auf besonderen Schutz haben.

(2) Jeder Vertragsstaat hinterlegt bei der Ratifikation dieses Protokolls oder dem Beitritt dazu eine verbindliche Erklärung, in der das Mindestalter festgelegt ist, ab dem er die Einziehung von Freiwilligen zu seinen nationalen Streitkräften gestattet, sowie eine Beschreibung der von ihm getroffenen Schutzmaßnahmen, mit denen er sicherstellt, dass eine solche Einziehung nicht gewaltsam oder zwangsweise erfolgt.

(3) Vertragsstaaten, welche die Einziehung von Freiwilligen unter 18 Jahren zu ihren nationalen Streitkräften gestatten, treffen Schutzmaßnahmen, durch die mindestens gewährleistet wird, dass

a) die Einziehung tatsächlich freiwillig erfolgt;

b) die Einziehung mit der in Kenntnis der Sachlage abgegebenen Zustimmung der Eltern oder des Vormunds der Person erfolgt;

c) die Person über die mit dem Militärdienst verbundenen Pflichten umfassend aufgeklärt wird;

d) die Person vor Aufnahme in den staatlichen Militärdienst einen verlässlichen Altersnachweis erbringt.

(4) Jeder Vertragsstaat kann seine Erklärung jederzeit verschärfen, indem er eine entsprechende Notifikation an den Generalsekretär der

Vereinten Nationen richtet, der alle Vertragsstaaten davon in Kenntnis setzt. Die Notifikation wird mit dem Tag ihres Eingangs beim Generalsekretär wirksam.

(5) Die in Absatz 1 vorgesehene Verpflichtung zur Anhebung des Mindestalters gilt nicht für Schulen im Sinne der Artikel 28 und 29 des Übereinkommens über die Rechte des Kindes, die von den Streitkräften der Vertragsstaaten betrieben werden oder ihrer Aufsicht unterstehen.

Art. 4 [Nichtreguläre Streitkräfte] (1) Bewaffnete Gruppen, die sich von den Streitkräften eines Staates unterscheiden, sollen unter keinen Umständen Personen unter 18 Jahren einziehen oder in Feindseligkeiten einsetzen.

(2) Die Vertragsstaaten treffen alle durchführbaren Maßnahmen, um eine solche Einziehung und einen solchen Einsatz zu verhindern, einschließlich der notwendigen rechtlichen Maßnahmen für ein Verbot und eine strafrechtliche Ahndung eines solchen Vorgehens.

(3) Die Anwendung dieses Artikels berührt nicht die Rechtsstellung einer an einem bewaffneten Konflikt beteiligten Partei.

Art. 5 [Unberührtheitsklausel] Dieses Protokoll ist nicht so auszulegen, als schlösse es Bestimmungen im Recht eines Vertragsstaats oder in internationalen Übereinkünften und im humanitären Völkerrecht aus, die zur Verwirklichung der Rechte des Kindes besser geeignet sind.

Art. 6 [Implementierung] (1) Jeder Vertragsstaat trifft alle erforderlichen rechtlichen, verwaltungsbezogenen und sonstigen Maßnahmen, um die wirksame Durchführung und Durchsetzung der Bestimmungen dieses Protokolls innerhalb seines Hoheitsbereichs sicherzustellen.

(2) Die Vertragsstaaten verpflichten sich, die Grundsätze und Bestimmungen dieses Protokolls durch geeignete Maßnahmen bei Erwachsenen und auch bei Kindern allgemein bekannt zu machen und zu fördern.

(3) Die Vertragsstaaten treffen alle durchführbaren Maßnahmen um sicherzustellen, dass ihrer Hoheitsgewalt unterstehende Personen, die im Widerspruch zu diesem Protokoll eingezogen oder in Feindseligkeiten eingesetzt worden sind, demobilisiert oder auf andere Weise aus dem Militärdienst entlassen werden. Die Vertragsstaaten gewähren diesen Personen erforderlichenfalls jede geeignete Unterstützung zu ihrer physischen und psychischen Genesung und ihrer sozialen Wiedereingliederung.

Art. 7 [Zusammenarbeit] (1) Die Vertragsstaaten arbeiten bei der Durchführung dieses Protokolls zusammen, so bei der Verhütung von Verstößen gegen das Protokoll sowie bei der Rehabilitation und sozialen Wiedereingliederung von Personen, die Opfer von Verstößen gegen das Protokoll geworden sind, einschließlich technischer Zusammenarbeit und finanzieller Unterstützung. Diese Unterstützung und Zusammenarbeit erfolgt in Absprache zwischen den betreffenden Vertragsstaaten und den zuständigen internationalen Organisationen.

(2) Vertragsstaaten, die hierzu in der Lage sind, leisten diese Unterstützung im Rahmen bestehender mehrseitiger, zweiseitiger oder sonstiger Programme oder, unter anderem, durch einen in Übereinstimmung mit den Regeln der Generalversammlung eingerichteten freiwilligen Fonds.

Art. 8 [Berichtspflicht] (1) Jeder Vertragsstaat legt dem Ausschuss für die Rechte des Kindes innerhalb von zwei Jahren nach dem Inkrafttreten des Protokolls für den betreffenden Vertragsstaat einen Bericht mit umfassenden Angaben über die Maßnahmen vor, die er zur Durchführung der Bestimmungen des Protokolls, einschließlich derjenigen betreffend Teilnahme und Einziehung, ergriffen hat.

(2) Nach Abgabe des umfassenden Berichts nimmt jeder Vertragsstaat in die Berichte, die er dem Ausschuss für die Rechte des Kindes nach Artikel 44 des Übereinkommens vorlegt, alle weiteren Angaben in Bezug auf die Durchführung des Protokolls auf. Die anderen Vertragsstaaten des Protokolls legen alle fünf Jahre einen Bericht vor.

(3) Der Ausschuss für die Rechte des Kindes kann die Vertragsstaaten um weitere Angaben über die Durchführung des Protokolls ersuchen.

Art. 9 [Unterzeichnung; Ratifikation; Aufgaben des Depositars] (1) Dieses Protokoll liegt für alle Staaten, die Vertragsparteien des Übereinkommens sind oder es unterzeichnet haben, zur Unterzeichnung auf.[1)]

(2) Dieses Protokoll bedarf der Ratifikation und steht allen Staaten zum Beitritt offen. Die Ratifikations- oder Beitrittsurkunden werden beim Generalsekretär der Vereinten Nationen hinterlegt.

(3) Der Generalsekretär unterrichtet in seiner Eigenschaft als Verwahrer des Übereinkommens und des Protokolls alle Vertragsstaaten des Übereinkommens sowie alle Staaten, die das Übereinkommen unterzeichnet haben, über jede gemäß Artikel 3 hinterlegte Erklärungsurkunde.

Art. 10 [In-Kraft-Treten][2)] (1) Dieses Protokoll tritt drei Monate nach Hinterlegung der zehnten Ratifikations- oder Beitrittsurkunde in Kraft.

(2) Für jeden Staat, der dieses Protokoll nach seinem Inkrafttreten ratifiziert oder ihm beitritt, tritt es einen Monat nach Hinterlegung seiner eigenen Ratifikations- oder Beitrittsurkunde in Kraft.

[1)] Die USA sind nur Unterzeichnerstaat des Übereinkommens (Nr. **29**) und haben bei der Ratifikation des Fakultativprotokolls noch einmal ausdrücklich klargestellt, sich nicht an den Inhalt des Übereinkommens gebunden zu fühlen.

[2)] Siehe die Fn. auf S. 1.

Art. 11 [Kündigung] (1) Jeder Vertragsstaat kann dieses Protokoll jederzeit durch eine an den Generalsekretär der Vereinten Nationen gerichtete schriftliche Notifikation kündigen; der Generalsekretär unterrichtet sodann die übrigen Vertragsstaaten des Übereinkommens und alle Staaten, die das Übereinkommen unterzeichnet haben. Die Kündigung wird ein Jahr nach Eingang der Notifikation beim Generalsekretär wirksam. Ist jedoch bei Ablauf dieses Jahres der kündigende Vertragsstaat in einen bewaffneten Konflikt verwickelt, so wird die Kündigung erst nach Ende des bewaffneten Konflikts wirksam.

(2) Die Kündigung enthebt den Vertragsstaat in Bezug auf Handlungen, die sich vor dem Wirksamwerden der Kündigung ereignet haben, nicht seiner Verpflichtungen aus diesem Protokoll. Die Kündigung berührt auch nicht die weitere Prüfung einer Angelegenheit, mit welcher der Ausschuss bereits vor dem Wirksamwerden der Kündigung befasst war.

Art. 12 [Änderung] (1) Jeder Vertragsstaat kann eine Änderung vorschlagen und sie beim Generalsekretär der Vereinten Nationen einreichen. Der Generalsekretär übermittelt sodann den Änderungsvorschlag den Vertragsstaaten mit der Aufforderung, ihm mitzuteilen, ob sie eine Konferenz der Vertragsstaaten zur Beratung und Abstimmung über den Vorschlag befürworten. Befürwortet innerhalb von vier Monaten nach dem Datum der Übermittlung wenigstens ein Drittel der Vertragsstaaten eine solche Konferenz, so beruft der Generalsekretär die Konferenz unter der Schirmherrschaft der Vereinten Nationen ein. Jede Änderung, die von der Mehrheit der auf der Konferenz anwesenden und abstimmenden Vertragsstaaten angenommen wird, wird der Generalversammlung zur Billigung vorgelegt.

(2) Eine nach Absatz 1 angenommene Änderung tritt in Kraft, wenn sie von der Generalversammlung gebilligt und von einer Zweidrittelmehrheit der Vertragsstaaten angenommen worden ist.

(3) Tritt eine Änderung in Kraft, so ist sie für die Vertragsstaaten, die sie angenommen haben, verbindlich, während für die anderen Vertragsstaaten weiterhin die Bestimmungen dieses Protokolls und alle früher von ihnen angenommenen Änderungen gelten.

Art. 13 [Verbindlicher Wortlaut] (1) Dieses Protokoll, dessen arabischer, chinesischer, englischer, französischer, russischer und spanischer Wortlaut gleichermaßen verbindlich ist, wird im Archiv der Vereinten Nationen hinterlegt.

(2) Der Generalsekretär der Vereinten Nationen übermittelt allen Vertragsstaaten des Übereinkommens sowie allen Staaten, die das Übereinkommen unterzeichnet haben, beglaubigte Abschriften dieses Protokolls.

29 b. Fakultativprotokoll zu dem Übereinkommen über die Rechte des Kindes, betreffend den Verkauf von Kindern, die Kinderprostitution und die Kinderpornographie

Vom 25. Mai 2000[1]

(BGBl. 2008 II S. 1223)

(Übersetzung)

DIE VERTRAGSSTAATEN DIESES PROTOKOLLS

IN DER ERWÄGUNG, dass es zur weiteren Verwirklichung der Ziele des Übereinkommens über die Rechte des Kindes[2] und zur weiteren Durchführung seiner Bestimmungen, insbesondere der Artikel 1, 11, 21, 32, 33, 34, 35 und 36, angebracht wäre, die Maßnahmen zu erweitern, welche die Vertragsstaaten ergreifen sollen, um den Schutz des Kindes vor Verkauf von Kindern, Kinderprostitution und Kinderpornographie zu gewährleisten,

FERNER IN DER ERWÄGUNG, dass das Übereinkommen über die Rechte des Kindes das Recht des Kindes anerkennt, vor wirtschaftlicher Ausbeutung geschützt und nicht zu einer Arbeit herangezogen zu werden, die Gefahren mit sich bringt, die Erziehung des Kindes behindert oder die Gesundheit des Kindes oder seine körperliche, geistige, seelische, sittliche oder soziale Entwicklung schädigen könnte,

ERNSTHAFT DARÜBER BESORGT, dass der internationale Kinderhandel zum Zweck des Verkaufs von Kindern, der Kinderprostitution und der Kinderpornographie beträchtliche Ausmaße angenommen hat und im Zunehmen begriffen ist,

ZUTIEFST BESORGT über die weit verbreitete und andauernde Praxis des Sextourismus, der Kinder besonders gefährdet, weil er den Verkauf von Kindern, die Kinderprostitution und die Kinderpornographie unmittelbar fördert, in der Erkenntnis, dass eine Reihe besonders gefährdeter Gruppen, namentlich Mädchen, in höherem Maße dem Risiko der sexuellen Ausbeutung ausgesetzt sind

UND DASS Mädchen einen unverhältnismäßig hohen Anteil der Opfer sexueller Ausbeutung ausmachen,

BESORGT über die zunehmende Verfügbarkeit von Kinderpornographie über das Internet und andere neue Technologien und unter Hinweis auf die 1999 in Wien abgehaltene Internationale Konferenz zur Bekämpfung der Kinderpornographie im Internet und insbesondere auf die Schlussfolgerung der Konferenz, in der sie fordert, die Herstellung, den Vertrieb, die Ausfuhr, die Übermittlung, die Einfuhr und

[1] Das Fakultativprotokoll ist am 18. 1. 2002, für Deutschland am 15. 8. 2009 in Kraft getreten (Bek. v. 2. 11. 2011, BGBl. II S. 1288).

[2] Nr. **29**.

den vorsätzlichen Besitz von Kinderpornographie sowie die Werbung dafür weltweit unter Strafe zu stellen, und unter Hinweis auf die Bedeutung einer engeren Zusammenarbeit und Partnerschaft zwischen den Regierungen und der Internetindustrie,

IN DER ÜBERZEUGUNG, dass die Beseitigung des Verkaufs von Kindern, der Kinderprostitution und der Kinderpornographie durch einen ganzheitlichen Ansatz erleichtert werden wird, der die begünstigenden Umstände wie Unterentwicklung, Armut, wirtschaftliche Ungleichheiten, ungerechte sozioökonomische Strukturen, gestörte Familienverhältnisse, fehlende Bildung, Landflucht, Diskriminierung aufgrund des Geschlechts, verantwortungsloses Sexualverhalten Erwachsener, schädliche traditionelle Praktiken, bewaffnete Konflikte und Kinderhandel einbezieht,

SOWIE IN DER ÜBERZEUGUNG, dass Anstrengungen zur Sensibilisierung der Öffentlichkeit unternommen werden müssen, um die Nachfrage, die zum Verkauf von Kindern, zur Kinderprostitution und zur Kinderpornographie führt, zu verringern, und ferner in der Überzeugung, dass es wichtig ist, die weltweite Partnerschaft zwischen allen Handelnden zu fördern und die Rechtsdurchsetzung auf nationaler Ebene zu verbessern,

UNTER HINWEIS auf die internationalen Übereinkünfte betreffend den Schutz von Kindern, einschließlich des Haager Übereinkommens über den Schutz von Kindern und die Zusammenarbeit auf dem Gebiet der internationalen Adoption,[1] des Haager Übereinkommens über die zivilrechtlichen Aspekte internationaler Kindesentführung,[2] des Haager Übereinkommens über die Zuständigkeit, das anzuwendende Recht, die Anerkennung, Vollstreckung und Zusammenarbeit auf dem Gebiet der elterlichen Verantwortung und der Maßnahmen zum Schutz von Kindern[3] sowie des Übereinkommens Nr. 182 der Internationalen Arbeitsorganisation über das Verbot und unverzügliche Maßnahmen zur Beseitigung der schlimmsten Formen der Kinderarbeit,[4]

ERMUTIGT durch die überwältigende Unterstützung für das Übereinkommen über die Rechte des Kindes, in der die allgemeine Entschlossenheit zum Ausdruck kommt, auf die Förderung und den Schutz der Rechte des Kindes hinzuwirken,

IN DER ERKENNTNIS wie wichtig es ist, die Bestimmungen des Aktionsprogramms zur Verhütung von Kinderhandel, Kinderprostitution und Kinderpornographie sowie der Erklärung und des Aktionsplans des vom 27. bis 31. August 1996 in Stockholm abgehaltenen Weltkongresses gegen die gewerbsmäßige sexuelle Ausbeutung von Kindern sowie anderer einschlägiger Beschlüsse und Empfehlungen zuständiger internationaler Organe durchzuführen,

---

[1] BGBl. 2001 II S. 1034 (*Jayme/Hausmann,* Intern. Privat- und Verfahrensrecht Nr. 223).
[2] BGBl. 1990 II S. 206 (*Jayme/Hausmann,* Intern. Privat- und Verfahrensrecht, Nr. 222).
[3] BGBl. 2009 II S. 602 (*Jayme/Hausmann,* Intern. Privat- und Verfahrensrecht, Nr. 53).
[4] BGBl. 2001 II S. 1290.

UNTER GEBÜHRENDER BEACHTUNG der Bedeutung der Traditionen und kulturellen Werte jedes Volkes für den Schutz und die harmonische Entwicklung des Kindes –
HABEN FOLGENDES VEREINBART:

Art. 1 [Verbotstatbestände] Die Vertragsstaaten verbieten den Verkauf von Kindern, die Kinderprostitution und die Kinderpornographie nach Maßgabe dieses Protokolls.

Art. 2 [Begriffsbestimmungen] Im Sinne dieses Protokolls bedeutet

a) „Verkauf von Kindern" jede Handlung oder jedes Geschäft, mit denen ein Kind gegen Bezahlung oder für eine andere Gegenleistung von einer Person oder Personengruppe an eine andere übergeben wird;
b) „Kinderprostitution" die Benutzung eines Kindes bei sexuellen Handlungen gegen Bezahlung oder jede andere Art der Gegenleistung;
c) „Kinderpornographie" jede Darstellung eines Kindes, gleichviel durch welches Mittel, bei wirklichen oder simulierten eindeutigen sexuellen Handlungen oder jede Darstellung der Geschlechtsteile eines Kindes zu vorwiegend sexuellen Zwecken.

Art. 3 [Verpflichtung zur Pönalisierung] (1) Jeder Vertragsstaat stellt sicher, dass mindestens die folgenden Handlungen und Tätigkeiten in vollem Umfang von seinem Strafrecht erfasst werden, gleichviel ob diese Straftaten im Inland oder grenzüberschreitend von einem Einzelnen oder auf organisierte Weise begangen werden:

a) in Bezug auf den Verkauf von Kindern im Sinne des Artikels 2:
   i) das Anbieten, Übergeben oder Annehmen eines Kindes, gleichviel durch welches Mittel, zum Zwecke
      a. der sexuellen Ausbeutung des Kindes;
      b. der Übertragung von Organen des Kindes zur Erzielung von Gewinn;
      c. der Heranziehung des Kindes zur Zwangsarbeit;
   ii) als Vermittler, das unstatthafte Herbeiführen der Zustimmung zur Adoption eines Kindes unter Verstoß gegen die anwendbaren internationalen Übereinkünfte betreffend die Adoption;
b) das Anbieten, Beschaffen, Vermitteln oder Bereitstellen eines Kindes zur Kinderprostitution im Sinne des Artikels 2;
c) das Herstellen, Vertreiben, Verbreiten, Einführen, Ausführen, Anbieten, Verkaufen oder Besitzen von Kinderpornographie im Sinne des Artikels 2 zu den genannten Zwecken.

(2) Vorbehaltlich der innerstaatlichen Rechtsvorschriften eines Vertragsstaats gilt dies auch für den Versuch, eine dieser Handlungen zu

begehen, sowie für die Mittäterschaft oder Teilnahme an einer dieser Handlungen.

(3) Jeder Vertragsstaat bedroht diese Straftaten mit angemessenen Strafen, die der Schwere der Taten Rechnung tragen.

(4) Vorbehaltlich seiner innerstaatlichen Rechtsvorschriften trifft jeder Vertragsstaat gegebenenfalls Maßnahmen, um die Verantwortlichkeit juristischer Personen für die Straftaten nach Absatz 1 zu begründen. Vorbehaltlich der Rechtsgrundsätze des Vertragsstaats kann diese Verantwortlichkeit juristischer Personen straf-, zivil- oder verwaltungsrechtlicher Natur sein.

(5) Die Vertragsstaaten treffen alle geeigneten rechtlichen Maßnahmen und Verwaltungsmaßnahmen, um sicherzustellen, dass alle an der Adoption eines Kindes beteiligten Personen im Einklang mit den anwendbaren internationalen Übereinkünften handeln.

Art. 4 [Gerichtliche Zuständigkeit] (1) Jeder Vertragsstaat trifft die notwendigen Maßnahmen, um seine Gerichtsbarkeit über die in Artikel 3 Absatz 1 bezeichneten Straftaten zu begründen, wenn die Straftaten in seinem Hoheitsgebiet oder an Bord eines in diesem Staat eingetragenen Schiffes oder Luftfahrzeugs begangen worden sind.

(2) Jeder Vertragsstaat kann die notwendigen Maßnahmen treffen, um seine Gerichtsbarkeit über die in Artikel 3 Absatz 1 bezeichneten Straftaten in den folgenden Fällen zu begründen:

a) wenn der Verdächtige ein Angehöriger dieses Staates ist oder seinen gewöhnlichen Aufenthalt im Hoheitsgebiet dieses Staates hat;
b) wenn das Opfer ein Angehöriger dieses Staates ist.

(3) Jeder Vertragsstaat trifft ferner die notwendigen Maßnahmen, um seine Gerichtsbarkeit über die genannten Straftaten zu begründen, wenn der Verdächtige sich in seinem Hoheitsgebiet befindet und er ihn nicht an einen anderen Vertragsstaat ausliefert, weil die Straftat von einem seiner Staatsangehörigen begangen worden ist.

(4) Dieses Protokoll schließt die Ausübung einer Strafgerichtsbarkeit nach innerstaatlichem Recht nicht aus.

Art. 5 [Einbeziehung in den Auslieferungsverkehr] (1) Die in Artikel 3 Absatz 1 bezeichneten Straftaten gelten als in jeden zwischen den Vertragsstaaten bestehenden Auslieferungsvertrag einbezogene auslieferungsfähige Straftaten und werden als auslieferungsfähige Straftaten in jeden später zwischen ihnen geschlossenen Auslieferungsvertrag im Einklang mit den in diesen Verträgen niedergelegten Bedingungen aufgenommen.

(2) Erhält ein Vertragsstaat, der die Auslieferung vom Bestehen eines Vertrags abhängig macht, ein Auslieferungsersuchen von einem anderen Vertragsstaat, mit dem er keinen Auslieferungsvertrag hat, so kann er dieses Protokoll als Rechtsgrundlage für die Auslieferung in Bezug

auf diese Straftaten ansehen. Die Auslieferung unterliegt den im Recht des ersuchten Staates vorgesehenen Bedingungen.

(3) Vertragsstaaten, welche die Auslieferung nicht vom Bestehen eines Vertrags abhängig machen, erkennen unter sich diese Straftaten als auslieferungsfähige Straftaten an, vorbehaltlich der im Recht des ersuchten Staates vorgesehenen Bedingungen.

(4) Diese Straftaten werden für die Zwecke der Auslieferung zwischen Vertragsstaaten so behandelt, als seien sie nicht nur an dem Ort, an dem sie sich ereignet haben, sondern auch in den Hoheitsgebieten der Staaten begangen worden, die in Übereinstimmung mit Artikel 4 ihre Gerichtsbarkeit zu begründen haben.

(5) Wird in Bezug auf eine in Artikel 3 Absatz 1 beschriebene Straftat ein Auslieferungsersuchen gestellt und liefert der ersuchte Vertragsstaat den Täter wegen seiner Staatsangehörigkeit nicht aus oder will ihn deswegen nicht ausliefern, so trifft dieser Staat geeignete Maßnahmen, um den Fall seinen zuständigen Behörden zum Zweck der Strafverfolgung zu unterbreiten.

Art. 6 [Verpflichtung zu umfassender zwischenstaatlicher Zusammenarbeit] (1) Die Vertragsstaaten gewähren einander größtmögliche Hilfe im Zusammenhang mit Ermittlungen oder mit Straf- oder Auslieferungsverfahren, welche die in Artikel 3 Absatz 1 genannten Straftaten zum Gegenstand haben, einschließlich der Hilfe bei der Beschaffung der ihnen zur Verfügung stehenden und für das Verfahren notwendigen Beweismittel.

(2) Die Vertragsstaaten erfüllen ihre Verpflichtungen nach Absatz 1 im Einklang mit den gegebenenfalls zwischen ihnen bestehenden Verträgen oder sonstigen Vereinbarungen über Rechtshilfe. Bestehen solche Verträge oder Vereinbarungen nicht, so leisten die Vertragsstaaten einander Hilfe nach ihrem innerstaatlichen Recht.

Art. 7 [Beschlagnahme, Einziehung, Verfall] Vorbehaltlich ihrer innerstaatlichen Rechtsvorschriften werden die Vertragsstaaten

a) Maßnahmen treffen, um gegebenenfalls die Beschlagnahme und Einziehung in Bezug auf Folgendes vorzusehen:
   i) Gegenstände, wie Material, Vermögenswerte und andere Tatwerkzeuge, die verwendet wurden, um Straftaten nach diesem Protokoll zu begehen oder ihre Begehung zu erleichtern;[1)]
   ii) Erträge aus solchen Straftaten;

b) Ersuchen eines anderen Vertragsstaats um Beschlagnahme oder Einziehung der unter Buchstabe a bezeichneten Sachen oder Erträge nachkommen;

[1)] **Amtl. Anm.**: Für die Schweiz gilt folgende Übersetzung:
„i) Güter, wie Dokumente, Vermögenswerte und andere Hilfsmittel, die verwendet wurden, um Straftaten nach diesem Protokoll zu begehen oder ihre Begehung zu erleichtern".

c) Maßnahmen zur vorübergehenden oder endgültigen Schließung der Räumlichkeiten treffen, die zur Begehung solcher Straftaten benutzt wurden.

Art. 8 [Opferschutz] (1) Die Vertragsstaaten treffen geeignete Maßnahmen, um die Rechte und das Wohl von Kindern, die Opfer von nach diesem Protokoll verbotenen Praktiken wurden, in allen Abschnitten des Strafverfahrens zu schützen, indem sie insbesondere

a) die Verletzlichkeit kindlicher Opfer anerkennen und die Verfahren so anpassen, dass ihren besonderen Bedürfnissen, namentlich in ihrer Eigenschaft als Zeugen, Rechnung getragen wird;

b) kindliche Opfer über ihre Rechte und ihre Rolle, über Umfang, zeitlichen Ablauf und Stand des Verfahrens sowie über die in ihrem Fall getroffene Entscheidung unterrichten;

c) zulassen, dass die Ansichten, Bedürfnisse und Sorgen kindlicher Opfer in Verfahren, die ihre persönlichen Interessen berühren, in Übereinstimmung mit den Verfahrensvorschriften des innerstaatlichen Rechts vorgetragen und geprüft werden;

d) kindlichen Opfern während des gesamten Gerichtsverfahrens geeignete Hilfsdienste zur Verfügung stellen;

e) die Privatsphäre und die Identität kindlicher Opfer erforderlichenfalls schützen und in Übereinstimmung mit dem innerstaatlichen Recht Maßnahmen treffen, um die Verbreitung von Informationen zu verhindern, die zur Identifikation kindlicher Opfer führen könnten;

f) gegebenenfalls dafür Sorge tragen, dass kindliche Opfer und ihre Familien sowie Belastungszeugen vor Einschüchterung und Vergeltung sicher sind;

g) unnötige Verzögerungen bei der Entscheidung von Fällen und der Durchführung von Beschlüssen oder Entscheidungen vermeiden, mit denen kindlichen Opfern eine Entschädigung gewährt wird.

(2) Die Vertragsstaaten stellen sicher, dass Ungewissheit in Bezug auf das tatsächliche Alter des Opfers die Einleitung strafrechtlicher Ermittlungen, einschließlich Ermittlungen zur Feststellung des Alters des Opfers, nicht verhindert.

(3) Die Vertragsstaaten stellen sicher, dass in Strafverfahren mit Beteiligung von Kindern, die Opfer der in diesem Protokoll genannten Straftaten geworden sind, das Wohl des Kindes ein vorrangig zu berücksichtigender Gesichtspunkt ist.

(4) Die Vertragsstaaten treffen Maßnahmen, um eine geeignete, insbesondere juristische und psychologische Ausbildung der Personen sicherzustellen, die mit Opfern von nach diesem Protokoll verbotenen Straftaten arbeiten.

(5) Die Vertragsstaaten treffen gegebenenfalls Maßnahmen, um die Sicherheit und Unversehrtheit der Personen und/oder Organisationen

zu gewährleisten, die an der Verhütung solcher Straftaten und/oder am Schutz und an der Rehabilitation ihrer Opfer beteiligt sind.

(6) Dieser Artikel ist nicht so auszulegen, als beeinträchtige er das Recht des Beschuldigten auf ein faires und unparteiisches Verfahren oder als sei er mit diesem Recht unvereinbar.

Art. 9 [Flankierende Maßnahmen; Prävention, Opferhilfe, Schadensersatz] (1) Die Vertragsstaaten werden Gesetze, Verwaltungsmaßnahmen sowie sozialpolitische Leitlinien und Programme zur Verhütung der in diesem Protokoll bezeichneten Straftaten beschließen oder verstärken, durchführen und bekannt machen. Besondere Beachtung ist dem Schutz von Kindern zu schenken, die durch diese Praktiken besonders gefährdet sind.

(2) Die Vertragsstaaten fördern durch Informationstätigkeit mit allen geeigneten Mitteln sowie durch Aufklärung und Schulung das Bewusstsein der breiten Öffentlichkeit, einschließlich der Kinder, in Bezug auf vorbeugende Maßnahmen und schädliche Folgen der in diesem Protokoll bezeichneten Straftaten. Bei der Erfüllung ihrer Verpflichtungen nach diesem Artikel fördern die Vertragsstaaten die Mitwirkung der Gemeinschaft und insbesondere der Kinder und kindlichen Opfer an solchen Informations-, Aufklärungs- und Schulungsprogrammen, einschließlich auf internationaler Ebene.

(3) Die Vertragsstaaten treffen alle durchführbaren Maßnahmen, um jede geeignete Hilfe für die Opfer solcher Straftaten sicherzustellen, einschließlich ihrer vollständigen sozialen Wiedereingliederung und ihrer vollständigen körperlichen und psychischen Genesung.

(4) Die Vertragsstaaten stellen sicher, dass alle kindlichen Opfer der in diesem Protokoll bezeichneten Straftaten Zugang zu Verfahren haben, die ihnen ermöglichen, ohne Diskriminierung von den gesetzlich Verantwortlichen Schadensersatz zu verlangen.

(5) Die Vertragsstaaten treffen geeignete Maßnahmen, um die Herstellung und Verbreitung von Material, mit dem für die in diesem Protokoll bezeichneten Straftaten geworben wird, wirksam zu verbieten.

Art. 10 [Stärkung der internationalen Zusammenarbeit] (1) Die Vertragsstaaten unternehmen alle notwendigen Schritte zur Stärkung der internationalen Zusammenarbeit, indem sie mehrseitige, regionale und zweiseitige Vereinbarungen schließen, um den Verkauf von Kindern, die Kinderprostitution, die Kinderpornographie und den Kindersextourismus zu verhüten und die für diese Handlungen Verantwortlichen aufzuspüren, gegen sie zu ermitteln, sie strafrechtlich zu verfolgen und zu bestrafen. Die Vertragsstaaten fördern ferner die internationale Zusammenarbeit und Koordinierung zwischen ihren Behörden, den nationalen und internationalen nichtstaatlichen Organisationen sowie den internationalen Organisationen.

(2) Die Vertragsstaaten fördern die internationale Zusammenarbeit zur Unterstützung kindlicher Opfer bei ihrer körperlichen und psychi-

schen Genesung sowie ihrer sozialen Wiedereingliederung und Rückführung in die Heimat.

(3) Die Vertragsstaaten fördern die Stärkung der internationalen Zusammenarbeit, um die tieferen Ursachen, wie Armut und Unterentwicklung, zu beseitigen, die zu der Gefährdung von Kindern durch den Verkauf von Kindern, die Kinderprostitution und den Kindersextourismus beitragen.

(4) Die Vertragsstaaten, die dazu in der Lage sind, stellen im Rahmen bestehender mehrseitiger, regionaler, zweiseitiger oder anderer Programme finanzielle, technische oder andere Hilfe zur Verfügung.

Art. 11 [Unberührtheitsklausel] Dieses Protokoll lässt zur Verwirklichung der Rechte des Kindes besser geeignete Bestimmungen unberührt, die enthalten sind

a) im Recht eines Vertragsstaats oder

b) in dem für diesen Staat geltenden Völkerrecht.

Art. 12 [Berichtspflicht] (1) Jeder Vertragsstaat legt dem Ausschuss für die Rechte des Kindes innerhalb von zwei Jahren nach Inkrafttreten des Protokolls für den betreffenden Vertragsstaat einen Bericht mit umfassenden Angaben über die Maßnahmen vor, die er zur Durchführung des Protokolls getroffen hat.

(2) Nach Vorlegen des umfassenden Berichts nimmt jeder Vertragsstaat in die Berichte, die er dem Ausschuss für die Rechte des Kindes nach Artikel 44 des Übereinkommens vorlegt, alle weiteren Angaben in Bezug auf die Durchführung des Protokolls auf. Die anderen Vertragsstaaten des Protokolls legen alle fünf Jahre einen Bericht vor.

(3) Der Ausschuss für die Rechte des Kindes kann die Vertragsstaaten um weitere Angaben über die Durchführung des Protokolls ersuchen.

Art. 13 [Unterzeichnung, Ratifikation] (1) Dieses Protokoll liegt für alle Staaten, die Vertragsparteien des Übereinkommens sind oder es unterzeichnet haben, zur Unterzeichnung auf.[1]

(2) Dieses Protokoll bedarf der Ratifikation und steht allen Staaten, die Vertragsparteien des Übereinkommens sind oder es unterzeichnet haben, zum Beitritt offen. Die Ratifikations- oder Beitrittsurkunden werden beim Generalsekretär der Vereinten Nationen hinterlegt.

Art. 14 [Inkrafttreten] (1) Dieses Protokoll tritt drei Monate nach Hinterlegung der zehnten Ratifikations- oder Beitrittsurkunde in Kraft.

(2) Für jeden Staat, der dieses Protokoll nach seinem Inkrafttreten ratifiziert oder ihm beitritt, tritt es einen Monat nach Hinterlegung seiner eigenen Ratifikations- oder Beitrittsurkunde in Kraft.

---

[1] Die USA sind nur Unterzeichnerstaat des Übereinkommens (Nr. **29**) und haben bei der Ratifikation des Fakultativprotokolls noch einmal ausdrücklich klargestellt, sich nicht an den Inhalt des Übereinkommens gebunden zu fühlen.

Art. 15 [Kündigung] (1) Jeder Vertragsstaat kann dieses Protokoll jederzeit durch eine an den Generalsekretär der Vereinten Nationen gerichtete schriftliche Notifikation kündigen; der Generalsekretär unterrichtet sodann die übrigen Vertragsstaaten des Übereinkommens und alle Staaten, die das Übereinkommen unterzeichnet haben. Die Kündigung wird ein Jahr nach Eingang der Notifikation beim Generalsekretär wirksam.

(2) Die Kündigung enthebt den Vertragsstaat in Bezug auf Straftaten, die sich vor dem Wirksamwerden der Kündigung ereignet haben, nicht seiner Verpflichtungen aus diesem Protokoll. Die Kündigung berührt auch nicht die weitere Prüfung einer Angelegenheit, mit welcher der Ausschuss bereits vor dem Wirksamwerden der Kündigung befasst war.

Art. 16 [Änderung] (1) Jeder Vertragsstaat kann eine Änderung vorschlagen und sie beim Generalsekretär der Vereinten Nationen einreichen. Der Generalsekretär übermittelt sodann den Änderungsvorschlag den Vertragsstaaten mit der Aufforderung, ihm mitzuteilen, ob sie eine Konferenz der Vertragsstaaten zur Beratung und Abstimmung über den Vorschlag befürworten. Befürwortet innerhalb von vier Monaten nach dem Datum der Übermittlung wenigstens ein Drittel der Vertragsstaaten eine solche Konferenz, so beruft der Generalsekretär die Konferenz unter der Schirmherrschaft der Vereinten Nationen ein. Jede Änderung, die von der Mehrheit der auf der Konferenz anwesenden und abstimmenden Vertragsstaaten angenommen wird, wird der Generalversammlung der Vereinten Nationen zur Billigung vorgelegt.

(2) Eine nach Absatz 1 angenommene Änderung tritt in Kraft, wenn sie von der Generalversammlung gebilligt und von einer Zweidrittelmehrheit der Vertragsstaaten angenommen worden ist.

(3) Tritt eine Änderung in Kraft, so ist sie für die Vertragsstaaten, die sie angenommen haben, verbindlich, während für die anderen Vertragsstaaten weiterhin die Bestimmungen dieses Protokolls und alle früher von ihnen angenommenen Änderungen gelten.

Art. 17 [Verbindlicher Wortlaut] (1) Dieses Protokoll, dessen arabischer, chinesischer, englischer, französischer, russischer und spanischer Wortlaut gleichermaßen verbindlich ist, wird im Archiv der Vereinten Nationen hinterlegt.

(2) Der Generalsekretär der Vereinten Nationen übermittelt allen Vertragsstaaten des Übereinkommens und allen Staaten, die das Übereinkommen unterzeichnet haben, beglaubigte Abschriften dieses Protokolls.

29 c. Fakultativprotokoll zum Übereinkommen über die Rechte des Kindes betreffend ein Mitteilungsverfahren

Vom 19. 12. 2011[1)]

(BGBl. 2012 II S. 1546)

(Übersetzung)

Die Vertragsstaaten dieses Protokolls –

in der Erwägung, dass nach den in der Charta der Vereinten Nationen verkündeten Grundsätzen die Anerkennung der allen Mitgliedern der menschlichen Gesellschaft innewohnenden Würde und der Gleichheit und Unveräußerlichkeit ihrer Rechte die Grundlage von Freiheit, Gerechtigkeit und Frieden in der Welt bildet,

davon Kenntnis nehmend, dass die Vertragsstaaten des Übereinkommens über die Rechte des Kindes (im Folgenden als „Übereinkommen" bezeichnet) die darin festgelegten Rechte für jedes ihrer Hoheitsgewalt unterstehende Kind ohne jede Diskriminierung unabhängig von der Rasse, der Hautfarbe, dem Geschlecht, der Sprache, der Religion, der politischen oder sonstigen Anschauung, der nationalen, ethnischen oder sozialen Herkunft, dem Vermögen, einer Behinderung, der Geburt oder dem sonstigen Status des Kindes, seiner Eltern oder seines Vormunds anerkennen,

bekräftigend, dass alle Menschenrechte und Grundfreiheiten allgemein gültig und unteilbar sind, einander bedingen und miteinander verknüpft sind,

außerdem in Bekräftigung des Status des Kindes als Träger von Rechten und als Mensch mit Würde und sich entwickelnden Fähigkeiten,

in der Erkenntnis, dass die besondere und abhängige Situation von Kindern ihnen beim Einlegen von Rechtsbehelfen wegen einer Verletzung ihrer Rechte erhebliche Schwierigkeiten bereiten kann,

in der Erwägung, dass dieses Protokoll die nationalen und regionalen Mechanismen verstärken und ergänzen wird, die es Kindern ermöglichen, Beschwerden wegen einer Verletzung ihrer Rechte einzulegen,

in der Erkenntnis, dass das Wohl des Kindes beim Einlegen von Rechtsbehelfen wegen einer Verletzung der Rechte des Kindes ein vorrangig zu berücksichtigender Gesichtspunkt sein sollte und dass dabei auf allen Ebenen der Notwendigkeit kindgerechter Verfahren Rechnung getragen werden sollte,

---

1) Deutschland hat das Fakultativprotokoll am 28. 2. 2013 ratifiziert (BGBl. 2012 II S. 1546), es ist gem. Art. 19 Abs. 1 am 14. 4. 2014 in Kraft getreten.

die Vertragsstaaten dazu ermutigend, geeignete nationale Mechanismen einzurichten, um einem Kind, dessen Rechte verletzt wurden, den Zugang zu wirksamen Rechtsbehelfen auf innerstaatlicher Ebene zu ermöglichen,

unter Hinweis auf die wichtige Rolle, die die nationalen Menschenrechtsinstitutionen und andere mit der Förderung und dem Schutz der Rechte des Kindes betraute zuständige Fachinstitutionen in dieser Hinsicht spielen können,

in der Erwägung, dass es zur Verstärkung und Ergänzung dieser nationalen Mechanismen und zur weiteren Verbesserung der Durchführung des Übereinkommens und gegebenenfalls der dazugehörigen Fakultativprotokolle betreffend den Verkauf von Kindern, die Kinderprostitution und die Kinderpornographie sowie betreffend die Beteiligung von Kindern an bewaffneten Konflikten angebracht wäre, dem Ausschuss für die Rechte des Kindes (im Folgenden als „Ausschuss" bezeichnet) die Wahrnehmung der in diesem Protokoll vorgesehenen Aufgaben zu ermöglichen –

haben Folgendes vereinbart:

Teil I. Allgemeine Bestimmungen

Art. 1. Zuständigkeit des Ausschusses für die Rechte des Kindes. (1) Ein Vertragsstaat dieses Protokolls erkennt die in diesem Protokoll vorgesehene Zuständigkeit des Ausschusses an.

(2) Der Ausschuss übt seine Zuständigkeit gegenüber einem Vertragsstaat dieses Protokolls nicht in Angelegenheiten aus, die die Verletzung von Rechten aus einer Übereinkunft betreffen, der dieser Staat nicht als Vertragspartei angehört.

(3) Der Ausschuss nimmt keine Mitteilung entgegen, die einen Staat betrifft, der nicht Vertragspartei dieses Protokolls ist.

Art. 2. Allgemeine Grundsätze für die Wahrnehmung der Aufgaben des Ausschusses. Bei der Erfüllung der ihm durch dieses Protokoll übertragenen Aufgaben lässt sich der Ausschuss vom Grundsatz des Wohls des Kindes leiten. Er trägt außerdem den Rechten sowie der Meinung des Kindes Rechnung, wobei die Meinung des Kindes angemessen und entsprechend dem Alter und der Reife des Kindes zu berücksichtigen ist.

Art. 3. Verfahrensordnung. (1) Der Ausschuss gibt sich eine Verfahrensordnung, die bei der Erfüllung der ihm durch dieses Protokoll übertragenen Aufgaben zu beachten ist. Dabei berücksichtigt er insbesondere Artikel 2, um zu gewährleisten, dass die Verfahren kindgerecht sind.

(2) Der Ausschuss nimmt in seine Verfahrensordnung Schutzbestimmungen auf, um einer Manipulation des Kindes durch diejenigen, die

in seinem Namen handeln, vorzubeugen; er kann die Prüfung jeder Mitteilung ablehnen, die seiner Auffassung nach nicht dem Wohl des Kindes entspricht.

Art. 4. Schutzmaßnahmen. (1) Ein Vertragsstaat trifft alle geeigneten Maßnahmen, um sicherzustellen, dass seiner Hoheitsgewalt unterstehende Einzelpersonen nicht infolge einer Mitteilung an oder einer Zusammenarbeit mit dem Ausschuss einer Menschenrechtsverletzung, Misshandlung oder Einschüchterung ausgesetzt werden.

(2) Die Identität einer betroffenen Einzelperson oder Personengruppe darf ohne deren ausdrückliche Zustimmung nicht öffentlich bekannt gemacht werden.

Teil II. Mitteilungsverfahren

Art. 5. Mitteilungen von Einzelpersonen. (1) Mitteilungen können von oder im Namen einer der Hoheitsgewalt eines Vertragsstaats unterstehenden Einzelperson oder Personengruppe eingereicht werden, die behauptet, Opfer einer Verletzung eines Rechts aus einer der nachstehenden Übereinkünfte, denen der Staat als Vertragspartei angehört, durch diesen Vertragsstaat zu sein:

a) dem Übereinkommen;
b) dem Fakultativprotokoll zum Übereinkommen betreffend den Verkauf von Kindern, die Kinderprostitution und die Kinderpornographie;
c) dem Fakultativprotokoll zum Übereinkommen betreffend die Beteiligung von Kindern an bewaffneten Konflikten.

(2) Wird eine Mitteilung im Namen einer Einzelperson oder Personengruppe eingereicht, so hat dies mit ihrer Zustimmung zu geschehen, es sei denn, der Verfasser kann rechtfertigen, ohne eine solche Zustimmung in ihrem Namen zu handeln.

Art. 6. Vorläufige Maßnahmen. (1) Der Ausschuss kann jederzeit nach Eingang einer Mitteilung und bevor eine Entscheidung in der Sache selbst getroffen worden ist, dem betreffenden Vertragsstaat ein Gesuch zur sofortigen Prüfung übermitteln, in dem er aufgefordert wird, die vorläufigen Maßnahmen zu treffen, die unter außergewöhnlichen Umständen gegebenenfalls erforderlich sind, um einen möglichen nicht wiedergutzumachenden Schaden für das oder die Opfer der behaupteten Verletzung abzuwenden.

(2) Übt der Ausschuss sein Ermessen nach Absatz 1 aus, so bedeutet das keine Entscheidung über die Zulässigkeit der Mitteilung oder in der Sache selbst.

Art. 7. Zulässigkeit. Der Ausschuss erklärt eine Mitteilung für unzulässig,

a) wenn sie anonym ist;

b) wenn sie nicht schriftlich eingereicht wird;

c) wenn sie einen Missbrauch des Rechts auf Einreichung solcher Mitteilungen darstellt oder mit den Bestimmungen des Übereinkommens und/oder der dazugehörigen Fakultativprotokolle unvereinbar ist;

d) wenn dieselbe Sache bereits vom Ausschuss untersucht worden ist oder in einem anderen internationalen Untersuchungs- oder Streitregelungsverfahren geprüft worden ist oder geprüft wird;

e) wenn nicht alle zur Verfügung stehenden innerstaatlichen Rechtsbehelfe erschöpft worden sind. Dies gilt nicht, wenn das Verfahren bei der Anwendung solcher Rechtsbehelfe unangemessen lange dauert oder keine wirksame Abhilfe erwarten lässt;

f) wenn die Mitteilung offensichtlich unbegründet ist oder nicht hinreichend begründet wird;

g) wenn die der Mitteilung zugrunde liegenden Tatsachen vor dem Inkrafttreten dieses Protokolls für den betreffenden Vertragsstaat eingetreten sind, es sei denn, dass sie auch nach diesem Zeitpunkt weiterbestehen;

h) wenn die Mitteilung nicht innerhalb eines Jahres nach der Erschöpfung der innerstaatlichen Rechtsbehelfe eingereicht wird, außer in Fällen, in denen der Verfasser nachweisen kann, dass eine Einreichung innerhalb dieser Frist nicht möglich war.

Art. 8. Übermittlung der Mitteilung. (1) Sofern nicht der Ausschuss eine Mitteilung für unzulässig erachtet, ohne sich dabei an den betreffenden Vertragsstaat zu wenden, bringt er jede ihm nach diesem Protokoll zugegangene Mitteilung dem betreffenden Vertragsstaat so bald wie möglich vertraulich zur Kenntnis.

(2) Der Vertragsstaat übermittelt dem Ausschuss schriftliche Erklärungen oder Darlegungen zur Klärung der Sache und der gegebenenfalls von ihm getroffenen Abhilfemaßnahmen. Der Vertragsstaat übermittelt seine Antwort so bald wie möglich innerhalb von sechs Monaten.

Art. 9. Gütliche Einigung. (1) Der Ausschuss stellt den beteiligten Parteien seine guten Dienste zur Verfügung, um in der Sache eine gütliche Einigung auf der Grundlage der Achtung der in dem Übereinkommen und/oder den dazugehörigen Fakultativprotokollen niedergelegten Verpflichtungen herbeizuführen.

(2) Mit Zustandekommen einer gütlichen Einigung unter der Ägide des Ausschusses wird die Prüfung der Mitteilung nach diesem Protokoll eingestellt.

Art. 10. Prüfung der Mitteilungen. (1) Der Ausschuss prüft die ihm nach diesem Protokoll zugegangenen Mitteilungen so schnell wie möglich unter Berücksichtigung aller ihm unterbreiteten Unterlagen, wobei diese Unterlagen den betreffenden Parteien zuzuleiten sind.

(2) Der Ausschuss berät über die ihm nach diesem Protokoll zugegangenen Mitteilungen in nichtöffentlicher Sitzung.

(3) Hat der Ausschuss um vorläufige Maßnahmen ersucht, führt er die Prüfung der Mitteilung beschleunigt durch.

(4) Bei der Prüfung von Mitteilungen, in denen Verletzungen wirtschaftlicher, sozialer oder kultureller Rechte behauptet werden, prüft der Ausschuss die Angemessenheit der von dem Vertragsstaat im Einklang mit Artikel 4 des Übereinkommens getroffenen Maßnahmen. Dabei berücksichtigt der Ausschuss, dass der Vertragsstaat zur Verwirklichung der in dem Übereinkommen niedergelegten wirtschaftlichen, sozialen und kulturellen Rechte eine Reihe möglicher Maßnahmen treffen kann.

(5) Nachdem der Ausschuss eine Mitteilung geprüft hat, übermittelt er den betreffenden Parteien umgehend seine Auffassungen zusammen mit etwaigen Empfehlungen.

Art. 11. Folgemaßnahmen. (1) Der Vertragsstaat zieht die Auffassungen des Ausschusses zusammen mit etwaigen Empfehlungen gebührend in Erwägung und unterbreitet dem Ausschuss eine schriftliche Antwort, einschließlich Angaben über alle unter Berücksichtigung der Auffassungen und Empfehlungen des Ausschusses getroffenen und ins Auge gefassten Maßnahmen. Der Vertragsstaat übermittelt seine Antwort so bald wie möglich innerhalb von sechs Monaten.

(2) Der Ausschuss kann den Vertragsstaat auffordern, weitere Angaben über alle Maßnahmen vorzulegen, die der Vertragsstaat als Reaktion auf die Auffassungen oder Empfehlungen des Ausschusses getroffen hat, oder gegebenenfalls über die Anwendung einer Vereinbarung zur gütlichen Einigung; soweit es vom Ausschuss als geeignet erachtet wird, schließt dies auch Angaben in den späteren Berichten des Vertragsstaats nach Artikel 44 des Übereinkommens, nach Artikel 12 des Fakultativprotokolls zum Übereinkommen betreffend den Verkauf von Kindern, die Kinderprostitution und die Kinderpornographie oder nach Artikel 8 des Fakultativprotokolls zum Übereinkommen betreffend die Beteiligung von Kindern an bewaffneten Konflikten ein.

Art. 12. Zwischenstaatliche Mitteilungen. (1) Ein Vertragsstaat dieses Protokolls kann jederzeit erklären, dass er die Zuständigkeit des Ausschusses für die Entgegennahme und Prüfung von Mitteilungen anerkennt, in denen ein Vertragsstaat geltend macht, ein anderer Vertragsstaat komme seinen Verpflichtungen aus einer der folgenden Übereinkünfte, deren Vertragspartei er ist, nicht nach:

a) dem Übereinkommen;

b) dem Fakultativprotokoll zum Übereinkommen betreffend den Verkauf von Kindern, die Kinderprostitution und die Kinderpornographie;

c) dem Fakultativprotokoll zum Übereinkommen betreffend die Beteiligung von Kindern an bewaffneten Konflikten.

(2) Der Ausschuss darf keine Mitteilungen entgegennehmen, die einen Vertragsstaat betreffen oder von einem Vertragsstaat ausgehen, der keine derartige Erklärung abgegeben hat.

(3) Der Ausschuss stellt den beteiligten Vertragsstaaten seine guten Dienste zur Verfügung, um in der Sache eine gütliche Regelung auf der Grundlage der Achtung der in dem Übereinkommen und den dazugehörigen Fakultativprotokollen niedergelegten Verpflichtungen herbeizuführen.

(4) Eine Erklärung nach Absatz 1 wird von den Vertragsstaaten beim Generalsekretär der Vereinten Nationen hinterlegt; dieser übermittelt den anderen Vertragsstaaten Abschriften davon. Eine Erklärung kann jederzeit durch eine an den Generalsekretär gerichtete Notifikation zurückgenommen werden. Eine solche Rücknahme berührt nicht die Prüfung einer Sache, die Gegenstand einer nach diesem Artikel bereits übermittelten Mitteilung ist; nach Eingang der Notifikation über die Rücknahme der Erklärung beim Generalsekretär wird keine weitere Mitteilung eines Vertragsstaats entgegengenommen, es sei denn, dass der betroffene Vertragsstaat eine neue Erklärung abgegeben hat.

Teil III. Untersuchungsverfahren

Art. 13. Untersuchungsverfahren im Falle schwerwiegender oder systematischer Verletzungen. (1) Erhält der Ausschuss glaubhafte Angaben, die auf schwerwiegende oder systematische Verletzungen der in dem Übereinkommen oder den dazugehörigen Fakultativprotokollen betreffend den Verkauf von Kindern, die Kinderprostitution und die Kinderpornographie oder betreffend die Beteiligung von Kindern an bewaffneten Konflikten niedergelegten Rechte durch einen Vertragsstaat hinweisen, so fordert der Ausschuss den Vertragsstaat auf, bei der Prüfung dieser Angaben mitzuwirken und zu diesem Zweck umgehend zu den Angaben Stellung zu nehmen.

(2) Der Ausschuss kann unter Berücksichtigung der von dem betreffenden Vertragsstaat abgegebenen Stellungnahmen sowie aller sonstigen ihm zur Verfügung stehenden glaubhaften Angaben eines oder mehrere seiner Mitglieder beauftragen, eine Untersuchung durchzuführen und ihm sofort zu berichten. Sofern geboten, kann die Untersuchung mit Zustimmung des Vertragsstaats einen Besuch in seinem Hoheitsgebiet einschließen.

(3) Eine solche Untersuchung ist vertraulich durchzuführen; die Mitwirkung des Vertragsstaats ist auf allen Verfahrensstufen anzustreben.

(4) Nachdem der Ausschuss die Ergebnisse einer solchen Untersuchung geprüft hat, übermittelt er sie zusammen mit etwaigen Bemerkungen und Empfehlungen umgehend dem betreffenden Vertragsstaat.

(5) Der Vertragsstaat unterbreitet so bald wie möglich innerhalb von sechs Monaten nach Eingang der vom Ausschuss übermittelten Ergeb-

nisse, Bemerkungen und Empfehlungen dem Ausschuss seine Stellungnahmen.

(6) Nachdem das Verfahren hinsichtlich einer Untersuchung gemäß Absatz 2 abgeschlossen ist, kann der Ausschuss nach Konsultation des betreffenden Vertragsstaats beschließen, eine Zusammenfassung der Ergebnisse des Verfahrens in seinen in Artikel 16 vorgesehenen Bericht aufzunehmen.

(7) Jeder Vertragsstaat kann zum Zeitpunkt der Unterzeichnung oder Ratifikation dieses Protokolls oder seines Beitritts dazu erklären, dass er die in diesem Artikel vorgesehene Zuständigkeit des Ausschusses bezüglich der Rechte, die in einigen oder allen der in Absatz 1 genannten Übereinkünfte niedergelegt sind, nicht anerkennt.

(8) Jeder Vertragsstaat, der eine Erklärung nach Absatz 7 abgegeben hat, kann diese Erklärung jederzeit durch eine an den Generalsekretär der Vereinten Nationen gerichtete Notifikation zurücknehmen.

Art. 14. Folgemaßnahmen nach dem Untersuchungsverfahren. (1) Sofern erforderlich, kann der Ausschuss nach Ablauf des in Artikel 13 Absatz 5 genannten Zeitraums von sechs Monaten den betreffenden Vertragsstaat auffordern, ihn über die Maßnahmen zu unterrichten, die als Reaktion auf eine nach Artikel 13 durchgeführte Untersuchung getroffen oder ins Auge gefasst wurden.

(2) Der Ausschuss kann den Vertragsstaat auffordern, weitere Angaben über alle Maßnahmen vorzulegen, die der Vertragsstaat als Reaktion auf eine nach Artikel 13 durchgeführte Untersuchung getroffen hat; soweit es vom Ausschuss als geeignet erachtet wird, schließt dies auch Angaben in den späteren Berichten des Vertragsstaats nach Artikel 44 des Übereinkommens, nach Artikel 12 des Fakultativprotokolls zum Übereinkommen betreffend den Verkauf von Kindern, die Kinderprostitution und die Kinderpornographie oder nach Artikel 8 des Fakultativprotokolls zum Übereinkommen betreffend die Beteiligung von Kindern an bewaffneten Konflikten ein.

Teil IV. Schlussbestimmungen

Art. 15. Internationale Unterstützung und Zusammenarbeit. (1) Der Ausschuss kann mit Zustimmung des betreffenden Vertragsstaats den Sonderorganisationen, Fonds und Programmen der Vereinten Nationen und anderen zuständigen Stellen seine Auffassungen oder Empfehlungen zu Mitteilungen und Untersuchungen, die einen Bedarf an fachlicher Beratung oder Unterstützung erkennen lassen, übermitteln und etwaige Stellungnahmen und Vorschläge des Vertragsstaats zu den Auffassungen oder Empfehlungen beifügen.

(2) Der Ausschuss kann diesen Stellen außerdem mit Zustimmung des betreffenden Vertragsstaats alles aus den nach diesem Protokoll geprüften Mitteilungen zur Kenntnis bringen, was ihnen helfen kann, in

ihrem jeweiligen Zuständigkeitsbereich über die Zweckmäßigkeit internationaler Maßnahmen zu entscheiden, die den Vertragsstaaten dabei behilflich sein können, Fortschritte bei der Verwirklichung der in dem Übereinkommen und/oder den dazugehörigen Fakultativprotokollen anerkannten Rechte zu erzielen.

Art. 16. Bericht an die Generalversammlung. Der Ausschuss nimmt in seinen nach Artikel 44 Absatz 5 des Übereinkommens alle zwei Jahre der Generalversammlung vorzulegenden Bericht eine Zusammenfassung seiner Tätigkeit nach diesem Protokoll auf.

Art. 17. Verbreitung des Fakultativprotokolls und Informationen über das Fakultativprotokoll. Jeder Vertragsstaat verpflichtet sich, dieses Protokoll weithin bekannt zu machen und zu verbreiten und Erwachsenen wie auch Kindern, einschließlich solcher mit Behinderungen, durch geeignete und wirksame Mittel und in barrierefreien Formaten den Zugang zu Informationen über die Auffassungen und Empfehlungen des Ausschusses zu erleichtern, insbesondere in Sachen, die den Vertragsstaat betreffen.

Art. 18. Unterzeichnung, Ratifikation und Beitritt. (1) Dieses Protokoll liegt für jeden Staat, der das Übereinkommen oder eines der ersten beiden dazugehörigen Fakultativprotokolle unterzeichnet oder ratifiziert hat oder ihm beigetreten ist, zur Unterzeichnung auf.

(2) Dieses Protokoll bedarf der Ratifikation, die von allen Staaten vorgenommen werden kann, die das Übereinkommen oder eines der ersten beiden dazugehörigen Fakultativprotokolle ratifiziert haben oder ihm beigetreten sind. Die Ratifikationsurkunden werden beim Generalsekretär der Vereinten Nationen hinterlegt.

(3) Dieses Protokoll steht jedem Staat, der das Übereinkommen oder eines der ersten bei den dazugehörigen Fakultativprotokolle ratifiziert hat oder ihm beigetreten ist, zum Beitritt offen.

(4) Der Beitritt erfolgt durch Hinterlegung einer Beitrittsurkunde beim Generalsekretär der Vereinten Nationen.

Art. 19. Inkrafttreten. (1) Dieses Protokoll tritt drei Monate nach Hinterlegung der zehnten Ratifikations- oder Beitrittsurkunde in Kraft.

(2) Für jeden Staat, der dieses Protokoll nach Hinterlegung der zehnten Ratifikations- oder Beitrittsurkunde ratifiziert oder ihm beitritt, tritt es drei Monate nach Hinterlegung seiner eigenen Ratifikations- oder Beitrittsurkunde in Kraft.

Art. 20. Nach dem Inkrafttreten begangene Verletzungen.
(1) Der Ausschuss ist nur zuständig für Verletzungen eines in dem Übereinkommen und/oder den ersten beiden dazugehörigen Fakultativprotokollen niedergelegten Rechts durch den Vertragsstaat, die nach dem Inkrafttreten dieses Protokolls begangen werden.

(2) Wird ein Staat nach Inkrafttreten dieses Protokolls dessen Vertragspartei, so betreffen seine Verpflichtungen gegenüber dem Ausschuss nur Verletzungen eines in dem Übereinkommen und/oder den ersten beiden dazugehörigen Fakultativprotokollen niedergelegten Rechts, die nach Inkrafttreten dieses Protokolls für den betreffenden Staat begangen wurden.

Art. 21. Änderungen. (1) Jeder Vertragsstaat kann eine Änderung dieses Protokolls vorschlagen und beim Generalsekretär der Vereinten Nationen einreichen. Der Generalsekretär übermittelt jeden Änderungsvorschlag den Vertragsstaaten mit der Aufforderung, ihm zu notifizieren, ob sie die Einberufung eines Treffens der Vertragsstaaten zur Beratung und Entscheidung über den Vorschlag befürworten. Befürwortet innerhalb von vier Monaten nach dem Datum der Übermittlung wenigstens ein Drittel der Vertragsstaaten ein solches Treffen, so beruft der Generalsekretär das Treffen unter der Schirmherrschaft der Vereinten Nationen ein. Jede Änderung, die von einer Mehrheit von zwei Dritteln der anwesenden und abstimmenden Vertragsstaaten beschlossen wird, wird vom Generalsekretär der Generalversammlung zur Genehmigung und danach allen Vertragsstaaten zur Annahme vorgelegt.

(2) Eine nach Absatz 1 beschlossene und genehmigte Änderung tritt am dreißigsten Tag nach dem Zeitpunkt in Kraft, zu dem die Anzahl der hinterlegten Annahmeurkunden zwei Drittel der Anzahl der Vertragsstaaten zum Zeitpunkt der Beschlussfassung über die Änderung erreicht. Danach tritt die Änderung für jeden Vertragsstaat am dreißigsten Tag nach Hinterlegung seiner eigenen Annahmeurkunde in Kraft. Eine Änderung ist nur für die Vertragsstaaten, die sie angenommen haben, verbindlich.

Art. 22. Kündigung. (1) Jeder Vertragsstaat kann dieses Protokoll jederzeit durch eine an den Generalsekretär der Vereinten Nationen gerichtete schriftliche Notifikation kündigen. Die Kündigung wird ein Jahr nach Eingang der Notifikation beim Generalsekretär wirksam.

(2) Die Kündigung berührt nicht die weitere Anwendung dieses Protokolls auf Mitteilungen nach Artikel 5 oder 12 oder Untersuchungen nach Artikel 13, die vor dem Wirksamwerden der Kündigung eingegangen oder begonnen worden sind.

Art. 23. Verwahrer und Unterrichtung durch den Generalsekretär. (1) Der Generalsekretär der Vereinten Nationen ist Verwahrer dieses Protokolls.

(2) Der Generalsekretär unterrichtet alle Staaten von

a) den Unterzeichnungen, Ratifikationen und Beitritten nach diesem Protokoll;

b) dem Zeitpunkt des Inkrafttretens dieses Protokolls und seiner Änderungen nach Artikel 21;

c) Kündigungen nach Artikel 22.

Art. 24. Sprachen. (1) Dieses Protokoll, dessen arabischer, chinesischer, englischer, französischer, russischer und spanischer Wortlaut gleichermaßen verbindlich ist, wird im Archiv der Vereinten Nationen hinterlegt.

(2) Der Generalsekretär der Vereinten Nationen übermittelt allen Staaten beglaubigte Abschriften dieses Protokolls.

30. Übereinkommen über die Rechte von Menschen mit Behinderungen[1)·2)·3)]

Vom 13. Dezember 2006

(BGBl. 2008 II S. 1420)

Präambel

Die Vertragsstaaten dieses Übereinkommens –

a) unter Hinweis auf die in der Charta der Vereinten Nationen verkündeten Grundsätze, denen zufolge die Anerkennung der Würde und des Wertes, die allen Mitgliedern der menschlichen Gesellschaft innewohnen, sowie ihrer gleichen und unveräußerlichen Rechte die Grundlage von Freiheit, Gerechtigkeit und Frieden in der Welt bildet,

b) in der Erkenntnis, dass die Vereinten Nationen in der Allgemeinen Erklärung der Menschenrechte und in den Internationalen Menschenrechtspakten verkündet haben und übereingekommen sind, dass jeder Mensch ohne Unterschied Anspruch auf alle darin aufgeführten Rechte und Freiheiten hat,

c) bekräftigend, dass alle Menschenrechte und Grundfreiheiten allgemein gültig und unteilbar sind, einander bedingen und miteinander verknüpft sind und dass Menschen mit Behinderungen der volle Genuss dieser Rechte und Freiheiten ohne Diskriminierung garantiert werden muss,

d) unter Hinweis auf den Internationalen Pakt über wirtschaftliche, soziale und kulturelle Rechte, den Internationalen Pakt über bürgerliche und politische Rechte, das Internationale Übereinkommen zur Beseitigung jeder Form von Rassendiskriminierung, das Übereinkommen zur Beseitigung jeder Form von Diskriminierung der Frau, das Übereinkommen gegen Folter und andere grausame, unmenschliche oder erniedrigende Behandlung oder Strafe, das Übereinkommen über die Rechte des Kindes und das Internationale Übereinkommen zum Schutz der Rechte aller Wanderarbeitnehmer und ihrer Familienangehörigen,

e) in der Erkenntnis, dass das Verständnis von Behinderung sich ständig weiterentwickelt und dass Behinderung aus der Wechselwirkung zwischen Menschen mit Beeinträchtigungen und einstellungs- und umweltbedingten Barrieren entsteht, die sie an der vollen, wirksamen und gleichberechtigten Teilhabe an der Gesellschaft hindern,

---

1) Internationale Quelle: UNTS Bd. 2515, S. 3.

2) Das Übereinkommen ist am 3. 5. 2008 in Kraft getreten (vgl. Art. 45 Abs. 1); für Deutschland am 26. 3. 2009 (Bek. v. 5. 6. 2009, BGBl. II S. 812). Als „Organisation der regionalen Integration" (Art. 44) ist die Europäische Union dem Übereinkommen mit Wirkung vom 23. 12. 2010 (Beschluss des Rates v. 26. 11. 2009, ABl. Nr. L 23/35 v. 27. 1. 2010) beigetreten und damit erstmals überhaupt Partei eines völkerrechtlichen Vertrages zum Schutz der Menschenrechte geworden.

3) Vgl. auch das Fakultativprotokoll diesem Übereinkommen **(Nr. 30 a)**.

f) in der Erkenntnis, dass die in dem Weltaktionsprogramm für Behinderte und den Rahmenbestimmungen für die Herstellung der Chancengleichheit für Behinderte enthaltenen Grundsätze und Leitlinien einen wichtigen Einfluss auf die Förderung, Ausarbeitung und Bewertung von politischen Konzepten, Plänen, Programmen und Maßnahmen auf einzelstaatlicher, regionaler und internationaler Ebene zur Verbesserung der Chancengleichheit für Menschen mit Behinderungen haben,

g) nachdrücklich darauf hinweisend, wie wichtig es ist, die Behinderungsthematik zu einem festen Bestandteil der einschlägigen Strategien der nachhaltigen Entwicklung zu machen,

h) ebenso in der Erkenntnis, dass jede Diskriminierung aufgrund von Behinderung eine Verletzung der Würde und des Wertes darstellt, die jedem Menschen innewohnen,

i) ferner in der Erkenntnis der Vielfalt der Menschen mit Behinderungen,

j) in Anerkennung der Notwendigkeit, die Menschenrechte aller Menschen mit Behinderungen, einschließlich derjenigen, die intensivere Unterstützung benötigen, zu fördern und zu schützen,

k) besorgt darüber, dass sich Menschen mit Behinderungen trotz dieser verschiedenen Dokumente und Verpflichtungen in allen Teilen der Welt nach wie vor Hindernissen für ihre Teilhabe als gleichberechtigte Mitglieder der Gesellschaft sowie Verletzungen ihrer Menschenrechte gegenübersehen,

l) in Anerkennung der Bedeutung der internationalen Zusammenarbeit für die Verbesserung der Lebensbedingungen der Menschen mit Behinderungen in allen Ländern, insbesondere den Entwicklungsländern,

m) in Anerkennung des wertvollen Beitrags, den Menschen mit Behinderungen zum allgemeinen Wohl und zur Vielfalt ihrer Gemeinschaften leisten und leisten können, und in der Erkenntnis, dass die Förderung des vollen Genusses der Menschenrechte und Grundfreiheiten durch Menschen mit Behinderungen sowie ihrer uneingeschränkten Teilhabe ihr Zugehörigkeitsgefühl verstärken und zu erheblichen Fortschritten in der menschlichen, sozialen und wirtschaftlichen Entwicklung der Gesellschaft und bei der Beseitigung der Armut führen wird,

n) in der Erkenntnis, wie wichtig die individuelle Autonomie und Unabhängigkeit für Menschen mit Behinderungen ist, einschließlich der Freiheit, eigene Entscheidungen zu treffen,

o) in der Erwägung, dass Menschen mit Behinderungen die Möglichkeit haben sollen, aktiv an Entscheidungsprozessen über politische Konzepte und über Programme mitzuwirken, insbesondere wenn diese sie unmittelbar betreffen,

p) besorgt über die schwierigen Bedingungen, denen sich Menschen mit Behinderungen gegenübersehen, die mehrfachen oder verschärften Formen der Diskriminierung aufgrund der Rasse, der Hautfarbe, des Geschlechts, der Sprache, der Religion, der politischen oder sonstigen

Anschauung, der nationalen, ethnischen, indigenen oder sozialen Herkunft, des Vermögens, der Geburt, des Alters oder des sonstigen Status ausgesetzt sind,

q) in der Erkenntnis, dass Frauen und Mädchen mit Behinderungen sowohl innerhalb als auch außerhalb ihres häuslichen Umfelds oft in stärkerem Maße durch Gewalt, Verletzung oder Missbrauch, Nichtbeachtung oder Vernachlässigung, Misshandlung oder Ausbeutung gefährdet sind,

r) in der Erkenntnis, dass Kinder mit Behinderungen gleichberechtigt mit anderen Kindern alle Menschenrechte und Grundfreiheiten in vollem Umfang genießen sollen, und unter Hinweis auf die zu diesem Zweck von den Vertragsstaaten des Übereinkommens über die Rechte des Kindes eingegangenen Verpflichtungen,

s) nachdrücklich darauf hinweisend, dass es notwendig ist, bei allen Anstrengungen zur Förderung des vollen Genusses der Menschenrechte und Grundfreiheiten durch Menschen mit Behinderungen die Geschlechterperspektive einzubeziehen,

t) unter besonderem Hinweis darauf, dass die Mehrzahl der Menschen mit Behinderungen in einem Zustand der Armut lebt, und diesbezüglich in der Erkenntnis, dass die nachteiligen Auswirkungen der Armut auf Menschen mit Behinderungen dringend angegangen werden müssen,

u) in dem Bewusstsein, dass Frieden und Sicherheit auf der Grundlage der uneingeschränkten Achtung der in der Charta der Vereinten Nationen enthaltenen Ziele und Grundsätze sowie der Einhaltung der anwendbaren Übereinkünfte auf dem Gebiet der Menschenrechte unabdingbar sind für den umfassenden Schutz von Menschen mit Behinderungen, insbesondere in bewaffneten Konflikten oder während ausländischer Besetzung,

v) in der Erkenntnis, wie wichtig es ist, dass Menschen mit Behinderungen vollen Zugang zur physischen, sozialen, wirtschaftlichen und kulturellen Umwelt, zu Gesundheit und Bildung sowie zu Information und Kommunikation haben, damit sie alle Menschenrechte und Grundfreiheiten voll genießen können,

w) im Hinblick darauf, dass der Einzelne gegenüber seinen Mitmenschen und der Gemeinschaft, der er angehört, Pflichten hat und gehalten ist, für die Förderung und Achtung der in der Internationalen Menschenrechtscharta anerkannten Rechte einzutreten,

x) in der Überzeugung, dass die Familie die natürliche Kernzelle der Gesellschaft ist und Anspruch auf Schutz durch Gesellschaft und Staat hat und dass Menschen mit Behinderungen und ihre Familienangehörigen den erforderlichen Schutz und die notwendige Unterstützung erhalten sollen, um es den Familien zu ermöglichen, zum vollen und gleichberechtigten Genuss der Rechte der Menschen mit Behinderungen beizutragen,

y) in der Überzeugung, dass ein umfassendes und in sich geschlossenes internationales Übereinkommen zur Förderung und zum Schutz der Rechte und der Würde von Menschen mit Behinderungen sowohl in den Entwicklungsländern als auch in den entwickelten Ländern einen maßgeblichen Beitrag zur Beseitigung der tiefgreifenden sozialen Benachteiligung von Menschen mit Behinderungen leisten und ihre Teilhabe am bürgerlichen, politischen, wirtschaftlichen, sozialen und kulturellen Leben auf der Grundlage der Chancengleichheit fördern wird –

haben Folgendes vereinbart:

Art. 1 Zweck. Zweck dieses Übereinkommens ist es, den vollen und gleichberechtigten Genuss aller Menschenrechte und Grundfreiheiten durch alle Menschen mit Behinderungen zu fördern, zu schützen und zu gewährleisten und die Achtung der ihnen innewohnenden Würde zu fördern.

Zu den Menschen mit Behinderungen zählen Menschen, die langfristige körperliche, seelische, geistige oder Sinnesbeeinträchtigungen haben, welche sie in Wechselwirkung mit verschiedenen Barrieren an der vollen, wirksamen und gleichberechtigten Teilhabe an der Gesellschaft hindern können.

Art. 2 Begriffsbestimmungen. Im Sinne dieses Übereinkommens

schließt „Kommunikation" Sprachen, Textdarstellung, Brailleschrift, taktile Kommunikation, Großdruck, leicht zugängliches Multimedia sowie schriftliche, auditive, in einfache Sprache übersetzte, durch Vorleser zugänglich gemachte sowie ergänzende und alternative Formen, Mittel und Formate der Kommunikation, einschließlich leicht zugänglicher Informations- und Kommunikationstechnologie, ein;

schließt „Sprache" gesprochene Sprachen sowie Gebärdensprachen und andere nicht gesprochene Sprachen ein;

bedeutet „Diskriminierung aufgrund von Behinderung" jede Unterscheidung, Ausschließung oder Beschränkung aufgrund von Behinderung, die zum Ziel oder zur Folge hat, dass das auf die Gleichberechtigung mit anderen gegründete Anerkennen, Genießen oder Ausüben aller Menschenrechte und Grundfreiheiten im politischen, wirtschaftlichen, sozialen, kulturellen, bürgerlichen oder jedem anderen Bereich beeinträchtigt oder vereitelt wird. Sie umfasst alle Formen der Diskriminierung, einschließlich der Versagung angemessener Vorkehrungen;

bedeutet „angemessene Vorkehrungen" notwendige und geeignete Änderungen und Anpassungen, die keine unverhältnismäßige oder unbillige Belastung darstellen und die, wenn sie in einem bestimmten Fall erforderlich sind, vorgenommen werden, um zu gewährleisten, dass Menschen mit Behinderungen gleichberechtigt mit anderen alle Menschenrechte und Grundfreiheiten genießen oder ausüben können;

bedeutet „universelles Design" ein Design von Produkten, Umfeldern, Programmen und Dienstleistungen in der Weise, dass sie von allen Menschen möglichst weitgehend ohne eine Anpassung oder ein spezielles Design genutzt werden können. „Universelles Design" schließt

Hilfsmittel für bestimmte Gruppen von Menschen mit Behinderungen, soweit sie benötigt werden, nicht aus.

Art. 3 Allgemeine Grundsätze. Die Grundsätze dieses Übereinkommens sind:

a) die Achtung der dem Menschen innewohnenden Würde, seiner individuellen Autonomie, einschließlich der Freiheit, eigene Entscheidungen zu treffen, sowie seiner Unabhängigkeit;

b) die Nichtdiskriminierung;

c) die volle und wirksame Teilhabe an der Gesellschaft und Einbeziehung in die Gesellschaft;

d) die Achtung vor der Unterschiedlichkeit von Menschen mit Behinderungen und die Akzeptanz dieser Menschen als Teil der menschlichen Vielfalt und der Menschheit;

e) die Chancengleichheit;

f) die Zugänglichkeit;

g) die Gleichberechtigung von Mann und Frau;

h) die Achtung vor den sich entwickelnden Fähigkeiten von Kindern mit Behinderungen und die Achtung ihres Rechts auf Wahrung ihrer Identität.

Art. 4 Allgemeine Verpflichtungen. (1) Die Vertragsstaaten verpflichten sich, die volle Verwirklichung aller Menschenrechte und Grundfreiheiten für alle Menschen mit Behinderungen ohne jede Diskriminierung aufgrund von Behinderung zu gewährleisten und zu fördern. Zu diesem Zweck verpflichten sich die Vertragsstaaten,

a) alle geeigneten Gesetzgebungs-, Verwaltungs- und sonstigen Maßnahmen zur Umsetzung der in diesem Übereinkommen anerkannten Rechte zu treffen;

b) alle geeigneten Maßnahmen einschließlich gesetzgeberischer Maßnahmen zur Änderung oder Aufhebung bestehender Gesetze, Verordnungen, Gepflogenheiten und Praktiken zu treffen, die eine Diskriminierung von Menschen mit Behinderungen darstellen;

c) den Schutz und die Förderung der Menschenrechte von Menschen mit Behinderungen in allen politischen Konzepten und allen Programmen zu berücksichtigen;

d) Handlungen oder Praktiken, die mit diesem Übereinkommen unvereinbar sind, zu unterlassen und dafür zu sorgen, dass die staatlichen Behörden und öffentlichen Einrichtungen im Einklang mit diesem Übereinkommen handeln;

e) alle geeigneten Maßnahmen zur Beseitigung der Diskriminierung aufgrund von Behinderung durch Personen, Organisationen oder private Unternehmen zu ergreifen;

f) Forschung und Entwicklung für Güter, Dienstleistungen, Geräte und Einrichtungen in universellem Design, wie in Artikel 2 definiert, die den besonderen Bedürfnissen von Menschen mit Behinderungen mit möglichst geringem Anpassungs- und Kostenaufwand gerecht werden, zu betreiben oder zu fördern, ihre Verfügbarkeit und Nutzung zu fördern und sich bei der Entwicklung von Normen und Richtlinien für universelles Design einzusetzen;

g) Forschung und Entwicklung für neue Technologien, die für Menschen mit Behinderungen geeignet sind, einschließlich Informations- und Kommunikationstechnologien, Mobilitätshilfen, Geräten und unterstützenden Technologien, zu betreiben oder zu fördern sowie ihre Verfügbarkeit und Nutzung zu fördern und dabei Technologien zu erschwinglichen Kosten den Vorrang zu geben;

h) für Menschen mit Behinderungen zugängliche Informationen über Mobilitätshilfen, Geräte und unterstützende Technologien, einschließlich neuer Technologien, sowie andere Formen von Hilfe, Unterstützungsdiensten und Einrichtungen zur Verfügung zu stellen;

i) die Schulung von Fachkräften und anderem mit Menschen mit Behinderungen arbeitendem Personal auf dem Gebiet der in diesem Übereinkommen anerkannten Rechte zu fördern, damit die aufgrund dieser Rechte garantierten Hilfen und Dienste besser geleistet werden können.

(2) Hinsichtlich der wirtschaftlichen, sozialen und kulturellen Rechte verpflichtet sich jeder Vertragsstaat, unter Ausschöpfung seiner verfügbaren Mittel und erforderlichenfalls im Rahmen der internationalen Zusammenarbeit Maßnahmen zu treffen, um nach und nach die volle Verwirklichung dieser Rechte zu erreichen, unbeschadet derjenigen Verpflichtungen aus diesem Übereinkommen, die nach dem Völkerrecht sofort anwendbar sind.

(3) Bei der Ausarbeitung und Umsetzung von Rechtsvorschriften und politischen Konzepten zur Durchführung dieses Übereinkommens und bei anderen Entscheidungsprozessen in Fragen, die Menschen mit Behinderungen betreffen, führen die Vertragsstaaten mit den Menschen mit Behinderungen, einschließlich Kindern mit Behinderungen, über die sie vertretenden Organisationen enge Konsultationen und beziehen sie aktiv ein.

(4) Dieses Übereinkommen lässt zur Verwirklichung der Rechte von Menschen mit Behinderungen besser geeignete Bestimmungen, die im Recht eines Vertragsstaats oder in dem für diesen Staat geltenden Völkerrecht enthalten sind, unberührt. Die in einem Vertragsstaat durch Gesetze, Übereinkommen, Verordnungen oder durch Gewohnheitsrecht anerkannten oder bestehenden Menschenrechte und Grundfreiheiten dürfen nicht unter dem Vorwand beschränkt oder außer Kraft gesetzt werden, dass dieses Übereinkommen derartige Rechte oder Freiheiten nicht oder nur in einem geringeren Ausmaß anerkenne.

(5) Die Bestimmungen dieses Übereinkommens gelten ohne Einschränkung oder Ausnahme für alle Teile eines Bundesstaats.

Art. 5 Gleichberechtigung und Nichtdiskriminierung. (1) Die Vertragsstaaten anerkennen, dass alle Menschen vor dem Gesetz gleich sind, vom Gesetz gleich zu behandeln sind und ohne Diskriminierung Anspruch auf gleichen Schutz durch das Gesetz und gleiche Vorteile durch das Gesetz haben.

(2) Die Vertragsstaaten verbieten jede Diskriminierung aufgrund von Behinderung und garantieren Menschen mit Behinderungen gleichen und wirksamen rechtlichen Schutz vor Diskriminierung, gleichviel aus welchen Gründen.

(3) Zur Förderung der Gleichberechtigung und zur Beseitigung von Diskriminierung unternehmen die Vertragsstaaten alle geeigneten Schritte, um die Bereitstellung angemessener Vorkehrungen zu gewährleisten.

(4) Besondere Maßnahmen, die zur Beschleunigung oder Herbeiführung der tatsächlichen Gleichberechtigung von Menschen mit Behinderungen erforderlich sind, gelten nicht als Diskriminierung im Sinne dieses Übereinkommens.

Art. 6 Frauen mit Behinderungen. (1) Die Vertragsstaaten anerkennen, dass Frauen und Mädchen mit Behinderungen mehrfacher Diskriminierung ausgesetzt sind, und ergreifen in dieser Hinsicht Maßnahmen, um zu gewährleisten, dass sie alle Menschenrechte und Grundfreiheiten voll und gleichberechtigt genießen können.

(2) Die Vertragsstaaten treffen alle geeigneten Maßnahmen zur Sicherung der vollen Entfaltung, der Förderung und der Stärkung der Autonomie der Frauen, um zu garantieren, dass sie die in diesem Übereinkommen genannten Menschenrechte und Grundfreiheiten ausüben und genießen können.

Art. 7 Kinder mit Behinderungen. (1) Die Vertragsstaaten treffen alle erforderlichen Maßnahmen, um zu gewährleisten, dass Kinder mit Behinderungen gleichberechtigt mit anderen Kindern alle Menschenrechte und Grundfreiheiten genießen können.

(2) Bei allen Maßnahmen, die Kinder mit Behinderungen betreffen, ist das Wohl des Kindes ein Gesichtspunkt, der vorrangig zu berücksichtigen ist.

(3) Die Vertragsstaaten gewährleisten, dass Kinder mit Behinderungen das Recht haben, ihre Meinung in allen sie berührenden Angelegenheiten gleichberechtigt mit anderen Kindern frei zu äußern, wobei ihre Meinung angemessen und entsprechend ihrem Alter und ihrer Reife berücksichtigt wird, und behinderungsgerechte sowie altersgemäße Hilfe zu erhalten, damit sie dieses Recht verwirklichen können.

Art. 8 Bewusstseinsbildung. (1) Die Vertragsstaaten verpflichten sich, sofortige, wirksame und geeignete Maß nahmen zu ergreifen, um

a) in der gesamten Gesellschaft, einschließlich auf der Ebene der Familien, das Bewusstsein für Menschen mit Behinderungen zu schärfen und die Achtung ihrer Rechte und ihrer Würde zu fördern;
b) Klischees, Vorurteile und schädliche Praktiken gegenüber Menschen mit Behinderungen, einschließlich aufgrund des Geschlechts oder des Alters, in allen Lebensbereichen zu bekämpfen;
c) das Bewusstsein für die Fähigkeiten und den Beitrag von Menschen mit Behinderungen zu fördern.

(2) Zu den diesbezüglichen Maßnahmen gehören

a) die Einleitung und dauerhafte Durchführung wirksamer Kampagnen zur Bewusstseinsbildung in der Öffentlichkeit mit dem Ziel,
   i) die Aufgeschlossenheit gegenüber den Rechten von Menschen mit Behinderungen zu erhöhen,
   ii) eine positive Wahrnehmung von Menschen mit Behinderungen und ein größeres gesellschaftliches Bewusstsein ihnen gegenüber zu fördern,
   iii) die Anerkennung der Fertigkeiten, Verdienste und Fähigkeiten von Menschen mit Behinderungen und ihres Beitrags zur Arbeitswelt und zum Arbeitsmarkt zu fördern;
b) die Förderung einer respektvollen Einstellung gegenüber den Rechten von Menschen mit Behinderungen auf allen Ebenen des Bildungssystems, auch bei allen Kindern von früher Kindheit an;
c) die Aufforderung an alle Medienorgane, Menschen mit Behinderungen in einer dem Zweck dieses Übereinkommens entsprechenden Weise darzustellen;
d) die Förderung von Schulungsprogrammen zur Schärfung des Bewusstseins für Menschen mit Behinderungen und für deren Rechte.

Art. 9 Zugänglichkeit. (1) Um Menschen mit Behinderungen eine unabhängige Lebensführung und die volle Teilhabe in allen Lebensbereichen zu ermöglichen, treffen die Vertragsstaaten geeignete Maßnahmen mit dem Ziel, für Menschen mit Behinderungen den gleichberechtigten Zugang zur physischen Um welt, zu Transportmitteln, Information und Kommunikation, einschließlich Informations- und Kommunikationstechnologien und -systemen, sowie zu anderen Einrichtungen und Diensten, die der Öffentlichkeit in städtischen und ländlichen Gebieten offenstehen oder für sie bereitgestellt werden, zu gewährleisten. Diese Maßnahmen, welche die Feststellung und Beseitigung von Zugangshindernissen und -barrieren einschließen, gelten unter anderem für

a) Gebäude, Straßen, Transportmittel sowie andere Einrichtungen in Gebäuden und im Freien, einschließlich Schulen, Wohnhäusern, medizinischer Einrichtungen und Arbeitsstätten;
b) Informations-, Kommunikations- und andere Dienste, einschließlich elektronischer Dienste und Notdienste.

(2) Die Vertragsstaaten treffen außerdem geeignete Maßnahmen,

a) um Mindeststandards und Leitlinien für die Zugänglichkeit von Einrichtungen und Diensten, die der Öffentlichkeit offenstehen oder für sie bereitgestellt werden, auszuarbeiten und zu erlassen und ihre Anwendung zu überwachen;

b) um sicherzustellen, dass private Rechtsträger, die Einrichtungen und Dienste, die der Öffentlichkeit offenstehen oder für sie bereitgestellt werden, anbieten, alle Aspekte der Zugänglichkeit für Menschen mit Behinderungen berücksichtigen;

c) um betroffenen Kreisen Schulungen zu Fragen der Zugänglichkeit für Menschen mit Behinderungen anzubieten;

d) um in Gebäuden und anderen Einrichtungen, die der Öffentlichkeit offenstehen, Beschilderungen in Brailleschrift und in leicht lesbarer und verständlicher Form anzubringen;

e) um menschliche und tierische Hilfe sowie Mittelspersonen, unter anderem Personen zum Führen und Vorlesen sowie professionelle Gebärdensprachdolmetscher und -dolmetscherinnen, zur Verfügung zu stellen mit dem Ziel, den Zugang zu Gebäuden und anderen Einrichtungen, die der Öffentlichkeit offenstehen, zu erleichtern;

f) um andere geeignete Formen der Hilfe und Unterstützung für Menschen mit Behinderungen zu fördern, damit ihr Zugang zu Informationen gewährleistet wird;

g) um den Zugang von Menschen mit Behinderungen zu den neuen Informations- und Kommunikationstechnologien und -systemen, einschließlich des Internets, zu fördern;

h) um die Gestaltung, die Entwicklung, die Herstellung und den Vertrieb zugänglicher Informations- und Kommunikationstechnologien und -systeme in einem frühen Stadium zu fördern, sodass deren Zugänglichkeit mit möglichst geringem Kostenaufwand erreicht wird.

Art. 10 Recht auf Leben. Die Vertragsstaaten bekräftigen, dass jeder Mensch ein angeborenes Recht auf Leben hat, und treffen alle erforderlichen Maßnahmen, um den wirksamen und gleichberechtigten Genuss dieses Rechts durch Menschen mit Behinderungen zu gewährleisten.

Art. 11 Gefahrensituationen und humanitäre Notlagen. Die Vertragsstaaten ergreifen im Einklang mit ihren Verpflichtungen nach dem Völkerrecht, einschließlich des humanitären Völkerrechts und der internationalen Menschenrechtsnormen, alle erforderlichen Maßnahmen, um in Gefahrensituationen, einschließlich bewaffneter Konflikte, humanitärer Notlagen und Naturkatastrophen, den Schutz und die Sicherheit von Menschen mit Behinderungen zu gewährleisten.

Art. 12 Gleiche Anerkennung vor dem Recht. (1) Die Vertragsstaaten bekräftigen, dass Menschen mit Behinderungen das Recht haben, überall als Rechtssubjekt anerkannt zu werden.

(2) Die Vertragsstaaten anerkennen, dass Menschen mit Behinderungen in allen Lebensbereichen gleichberechtigt mit anderen Rechts- und Handlungsfähigkeit genießen.

(3) Die Vertragsstaaten treffen geeignete Maßnahmen, um Menschen mit Behinderungen Zugang zu der Unterstützung zu verschaffen, die sie bei der Ausübung ihrer Rechts- und Handlungsfähigkeit gegebenenfalls benötigen.

(4) Die Vertragsstaaten stellen sicher, dass zu allen die Ausübung der Rechts- und Handlungsfähigkeit betreffenden Maßnahmen im Einklang mit den internationalen Menschenrechtsnormen geeignete und wirksame Sicherungen vorgesehen werden, um Missbräuche zu verhindern. Diese Sicherungen müssen gewährleisten, dass bei den Maßnahmen betreffend die Ausübung der Rechts- und Handlungsfähigkeit die Rechte, der Wille und die Präferenzen der betreffenden Person geachtet werden, es nicht zu Interessenkonflikten und missbräuchlicher Einflussnahme kommt, dass die Maßnahmen verhältnismäßig und auf die Umstände der Person zugeschnitten sind, dass sie von möglichst kurzer Dauer sind und dass sie einer regelmäßigen Überprüfung durch eine zuständige, unabhängige und unparteiische Behörde oder gerichtliche Stelle unterliegen. Die Sicherungen müssen im Hinblick auf das Ausmaß, in dem diese Maßnahmen die Rechte und Interessen der Person berühren, verhältnismäßig sein.

(5) Vorbehaltlich dieses Artikels treffen die Vertragsstaaten alle geeigneten und wirksamen Maßnahmen, um zu gewährleisten, dass Menschen mit Behinderungen das gleiche Recht wie andere haben, Eigentum zu besitzen oder zu erben, ihre finanziellen Angelegenheiten selbst zu regeln und gleichen Zugang zu Bankdarlehen, Hypotheken und anderen Finanzkrediten zu haben, und gewährleisten, dass Menschen mit Behinderungen nicht willkürlich ihr Eigentum entzogen wird.

Art. 13 Zugang zur Justiz. (1) Die Vertragsstaaten gewährleisten Menschen mit Behinderungen gleichberechtigt mit anderen wirksamen Zugang zur Justiz, unter anderem durch verfahrensbezogene und altersgemäße Vorkehrungen, um ihre wirksame unmittelbare und mittelbare Teilnahme, einschließlich als Zeugen und Zeuginnen, an allen Gerichtsverfahren, auch in der Ermittlungsphase und in anderen Vorverfahrensphasen, zu erleichtern.

(2) Um zur Gewährleistung des wirksamen Zugangs von Menschen mit Behinderungen zur Justiz beizutragen, fördern die Vertragsstaaten geeignete Schulungen für die im Justizwesen tätigen Personen, einschließlich des Personals von Polizei und Strafvollzug.

Art. 14 Freiheit und Sicherheit der Person. (1) Die Vertragsstaaten gewährleisten,

a) dass Menschen mit Behinderungen gleichberechtigt mit anderen das Recht auf persönliche Freiheit und Sicherheit genießen;

b) dass Menschen mit Behinderungen gleichberechtigt mit anderen die Freiheit nicht rechtswidrig oder willkürlich entzogen wird, dass jede Freiheitsentziehung im Einklang mit dem Gesetz erfolgt und dass das Vorliegen einer Behinderung in keinem Fall eine Freiheitsentziehung rechtfertigt.

(2) Die Vertragsstaaten gewährleisten, dass Menschen mit Behinderungen, denen aufgrund eines Verfahrens ihre Freiheit entzogen wird, gleichberechtigten Anspruch auf die in den internationalen Menschenrechtsnormen vorgesehenen Garantien haben und im Einklang mit den Zielen und Grundsätzen dieses Übereinkommens behandelt werden, einschließlich durch die Bereitstellung angemessener Vorkehrungen.

Art. 15 Freiheit von Folter oder grausamer, unmenschlicher oder erniedrigender Behandlung oder Strafe. (1) Niemand darf der Folter oder grausamer, unmenschlicher oder erniedrigender Behandlung oder Strafe unterworfen werden. Insbesondere darf niemand ohne seine freiwillige Zustimmung medizinischen oder wissenschaftlichen Versuchen unterworfen werden.

(2) Die Vertragsstaaten treffen alle wirksamen gesetzgeberischen, verwaltungsmäßigen, gerichtlichen oder sonstigen Maßnahmen, um auf der Grundlage der Gleichberechtigung zu verhindern, dass Menschen mit Behinderungen der Folter oder grausamer, unmenschlicher oder erniedrigender Behandlung oder Strafe unterworfen werden.

Art. 16 Freiheit von Ausbeutung, Gewalt und Missbrauch.

(1) Die Vertragsstaaten treffen alle geeigneten Gesetzgebungs-, Verwaltungs-, Sozial-, Bildungs- und sonstigen Maßnahmen, um Menschen mit Behinderungen sowohl innerhalb als auch außerhalb der Wohnung vor jeder Form von Ausbeutung, Gewalt und Missbrauch, einschließlich ihrer geschlechtsspezifischen Aspekte, zu schützen.

(2) Die Vertragsstaaten treffen außerdem alle geeigneten Maßnahmen, um jede Form von Ausbeutung, Gewalt und Missbrauch zu verhindern, indem sie unter anderem geeignete Formen von das Geschlecht und das Alter berücksichtigender Hilfe und Unterstützung für Menschen mit Behinderungen und ihre Familien und Betreuungspersonen gewährleisten, einschließlich durch die Bereitstellung von Informationen und Aufklärung darüber, wie Fälle von Ausbeutung, Gewalt und Missbrauch verhindert, erkannt und angezeigt werden können. Die Vertragsstaaten sorgen dafür, dass Schutzdienste das Alter, das Geschlecht und die Behinderung der betroffenen Personen berücksichtigen.

(3) Zur Verhinderung jeder Form von Ausbeutung, Gewalt und Missbrauch stellen die Vertragsstaaten sicher, dass alle Einrichtungen und Programme, die für Menschen mit Behinderungen bestimmt sind, wirksam von unabhängigen Behörden überwacht werden.

(4) Die Vertragsstaaten treffen alle geeigneten Maßnahmen, um die körperliche, kognitive und psychische Genesung, die Rehabilitation

und die soziale Wiedereingliederung von Menschen mit Behinderungen, die Opfer irgendeiner Form von Ausbeutung, Gewalt oder Missbrauch werden, zu fördern, auch durch die Bereitstellung von Schutzeinrichtungen. Genesung und Wiedereingliederung müssen in einer Umgebung stattfinden, die der Gesundheit, dem Wohlergehen, der Selbstachtung, der Würde und der Autonomie des Menschen förderlich ist und geschlechts- und altersspezifischen Bedürfnissen Rechnung trägt.

(5) Die Vertragsstaaten schaffen wirksame Rechtsvorschriften und politische Konzepte, einschließlich solcher, die auf Frauen und Kinder ausgerichtet sind, um sicherzustellen, dass Fälle von Ausbeutung, Gewalt und Missbrauch gegenüber Menschen mit Behinderungen erkannt, untersucht und gegebenenfalls strafrechtlich verfolgt werden.

Art. 17 Schutz der Unversehrtheit der Person. Jeder Mensch mit Behinderungen hat gleichberechtigt mit anderen das Recht auf Achtung seiner körperlichen und seelischen Unversehrtheit.

Art. 18 Freizügigkeit und Staatsangehörigkeit. (1) Die Vertragsstaaten anerkennen das gleiche Recht von Menschen mit Behinderungen auf Freizügigkeit, auf freie Wahl ihres Aufenthaltsorts und auf eine Staatsangehörigkeit, indem sie unter anderem gewährleisten, dass

a) Menschen mit Behinderungen das Recht haben, eine Staatsangehörigkeit zu erwerben und ihre Staatsangehörigkeit zu wechseln, und dass ihnen diese nicht willkürlich oder aufgrund von Behinderung entzogen wird;
b) Menschen mit Behinderungen nicht aufgrund von Behinderung die Möglichkeit versagt wird, Dokumente zum Nachweis ihrer Staatsangehörigkeit oder andere Identitätsdokumente zu erhalten, zu besitzen und zu verwenden oder einschlägige Verfahren wie Einwanderungsverfahren in Anspruch zu nehmen, die gegebenenfalls erforderlich sind, um die Ausübung des Rechts auf Freizügigkeit zu erleichtern;
c) Menschen mit Behinderungen die Freiheit haben, jedes Land einschließlich ihres eigenen zu verlassen;
d) Menschen mit Behinderungen nicht willkürlich oder aufgrund von Behinderung das Recht entzogen wird, in ihr eigenes Land einzureisen.

(2) Kinder mit Behinderungen sind unverzüglich nach ihrer Geburt in ein Register einzutragen und haben das Recht auf einen Namen von Geburt an, das Recht, eine Staatsangehörigkeit zu erwerben, und soweit möglich das Recht, ihre Eltern zu kennen und von ihnen betreut zu werden.

Art. 19 Unabhängige Lebensführung und Einbeziehung in die Gemeinschaft. Die Vertragsstaaten dieses Übereinkommens anerkennen das gleiche Recht aller Menschen mit Behinderungen, mit gleichen Wahlmöglichkeiten wie andere Menschen in der Gemeinschaft zu leben, und treffen wirksame und geeignete Maßnahmen, um Menschen mit Behinderungen den vollen Genuss dieses Rechts und ihre volle Einbeziehung in die Gemeinschaft und Teilhabe an der Gemeinschaft zu erleichtern, indem sie unter anderem gewährleisten, dass

a) Menschen mit Behinderungen gleichberechtigt die Möglichkeit haben, ihren Aufenthaltsort zu wählen und zu entscheiden, wo und mit wem sie leben, und nicht verpflichtet sind, in besonderen Wohnformen zu leben;
b) Menschen mit Behinderungen Zugang zu einer Reihe von gemeindenahen Unterstützungsdiensten zu Hause und in Einrichtungen sowie zu sonstigen gemeindenahen Unterstützungsdiensten haben, einschließlich der persönlichen Assistenz, die zur Unterstützung des Lebens in der Gemeinschaft und der Einbeziehung in die Gemeinschaft sowie zur Verhinderung von Isolation und Absonderung von der Gemeinschaft notwendig ist;
c) gemeindenahe Dienstleistungen und Einrichtungen für die Allgemeinheit Menschen mit Behinderungen auf der Grundlage der Gleichberechtigung zur Verfügung stehen und ihren Bedürfnissen Rechnung tragen.

Art. 20 Persönliche Mobilität. Die Vertragsstaaten treffen wirksame Maßnahmen, um für Menschen mit Behinderungen persönliche Mobilität mit größtmöglicher Unabhängigkeit sicherzustellen, indem sie unter anderem

a) die persönliche Mobilität von Menschen mit Behinderungen in der Art und Weise und zum Zeitpunkt ihrer Wahl und zu erschwinglichen Kosten erleichtern;
b) den Zugang von Menschen mit Behinderungen zu hochwertigen Mobilitätshilfen, Geräten, unterstützenden Technologien und menschlicher und tierischer Hilfe sowie Mittelspersonen erleichtern, auch durch deren Bereitstellung zu erschwinglichen Kosten;
c) Menschen mit Behinderungen und Fachkräften, die mit Menschen mit Behinderungen arbeiten, Schulungen in Mobilitätsfertigkeiten anbieten;
d) Hersteller von Mobilitätshilfen, Geräten und unterstützenden Technologien ermutigen, alle Aspekte der Mobilität für Menschen mit Behinderungen zu berücksichtigen.

Art. 21 Recht der freien Meinungsäußerung, Meinungsfreiheit und Zugang zu Informationen. Die Vertragsstaaten treffen alle geeigneten Maßnahmen, um zu gewährleisten, dass Menschen mit Behinderungen das Recht auf freie Meinungsäußerung und Meinungsfreiheit, einschließlich der Freiheit, Informationen und Gedankengut sich zu beschaffen, zu empfangen und weiterzugeben, gleichberechtigt mit anderen und durch alle von ihnen gewählten Formen der Kommunikation im Sinne des Artikels 2 ausüben können, unter anderem indem sie

a) Menschen mit Behinderungen für die Allgemeinheit bestimmte Informationen rechtzeitig und ohne zusätzliche Kosten in zugänglichen Formaten und Technologien, die für unterschiedliche Arten der Behinderung geeignet sind, zur Verfügung stellen;
b) im Umgang mit Behörden die Verwendung von Gebärdensprachen, Brailleschrift, ergänzenden und alternativen Kommunikationsformen und allen sonstigen selbst gewählten zugänglichen Mitteln, Formen und Formaten der Kommunikation durch Menschen mit Behinderungen akzeptieren und erleichtern;
c) private Rechtsträger, die, einschließlich durch das Internet, Dienste für die Allgemeinheit anbieten, dringend dazu auffordern, Informationen und Dienstleistungen in Formaten zur Verfügung zu stellen, die für Menschen mit Behinderungen zugänglich und nutzbar sind;
d) die Massenmedien, einschließlich der Anbieter von Informationen über das Internet, dazu auffordern, ihre Dienstleistungen für Menschen mit Behinderungen zugänglich zu gestalten;
e) die Verwendung von Gebärdensprachen anerkennen und fördern.

Art. 22 Achtung der Privatsphäre. (1) Menschen mit Behinderungen dürfen unabhängig von ihrem Aufenthaltsort oder der Wohnform, in der sie leben, keinen willkürlichen oder rechtswidrigen Eingriffen in ihr Privatleben, ihre Familie, ihre Wohnung oder ihren Schriftverkehr oder andere Arten der Kommunikation oder rechtswidrigen Beeinträchtigungen ihrer Ehre oder ihres Rufes ausgesetzt werden. Menschen mit Behinderungen haben Anspruch auf rechtlichen Schutz gegen solche Eingriffe oder Beeinträchtigungen.

(2) Die Vertragsstaaten schützen auf der Grundlage der Gleichberechtigung mit anderen die Vertraulichkeit von Informationen über die Person, die Gesundheit und die Rehabilitation von Menschen mit Behinderungen.

Art. 23 Achtung der Wohnung und der Familie. (1) Die Vertragsstaaten treffen wirksame und geeignete Maßnahmen zur Beseitigung der Diskriminierung von Menschen mit Behinderungen auf der Grundlage der Gleichberechtigung mit anderen in allen Fragen, die Ehe, Familie, Elternschaft und Partnerschaften betreffen, um zu gewährleisten, dass

a) das Recht aller Menschen mit Behinderungen im heiratsfähigen Alter, auf der Grundlage des freien und vollen Einverständnisses der künftigen Ehegatten eine Ehe zu schließen und eine Familie zu gründen, anerkannt wird;
b) das Recht von Menschen mit Behinderungen auf freie und verantwortungsbewusste Entscheidung über die Anzahl ihrer Kinder und

die Geburtenabstände sowie auf Zugang zu altersgemäßer Information sowie Aufklärung über Fortpflanzung und Familienplanung anerkannt wird und ihnen die notwendigen Mittel zur Ausübung dieser Rechte zur Verfügung gestellt werden;

c) Menschen mit Behinderungen, einschließlich Kindern, gleichberechtigt mit anderen ihre Fruchtbarkeit behalten.

(2) Die Vertragsstaaten gewährleisten die Rechte und Pflichten von Menschen mit Behinderungen in Fragen der Vormundschaft, Pflegschaft, Personen- und Vermögenssorge, Adoption von Kindern oder ähnlichen Rechtsinstituten, soweit das innerstaatliche Recht solche kennt; in allen Fällen ist das Wohl des Kindes ausschlaggebend. Die Vertragsstaaten unterstützen Menschen mit Behinderungen in angemessener Weise bei der Wahrnehmung ihrer elterlichen Verantwortung.

(3) Die Vertragsstaaten gewährleisten, dass Kinder mit Behinderungen gleiche Rechte in Bezug auf das Familienleben haben. Zur Verwirklichung dieser Rechte und mit dem Ziel, das Verbergen, das Aussetzen, die Vernachlässigung und die Absonderung von Kindern mit Behinderungen zu verhindern, verpflichten sich die Vertragsstaaten, Kindern mit Behinderungen und ihren Familien frühzeitig umfassende Informationen, Dienste und Unterstützung zur Verfügung zu stellen.

(4) Die Vertragsstaaten gewährleisten, dass ein Kind nicht gegen den Willen seiner Eltern von diesen getrennt wird, es sei denn, dass die zuständigen Behörden in einer gerichtlich nachprüfbaren Entscheidung nach den anzuwendenden Rechtsvorschriften und Verfahren bestimmen, dass diese Trennung zum Wohl des Kindes notwendig ist. In keinem Fall darf das Kind aufgrund einer Behinderung entweder des Kindes oder eines oder beider Elternteile von den Eltern getrennt werden.

(5) Die Vertragsstaaten verpflichten sich, in Fällen, in denen die nächsten Familienangehörigen nicht in der Lage sind, für ein Kind mit Behinderungen zu sorgen, alle Anstrengungen zu unternehmen, um andere Formen der Betreuung innerhalb der weiteren Familie und, falls dies nicht möglich ist, innerhalb der Gemeinschaft in einem familienähnlichen Umfeld zu gewährleisten.

Art. 24 Bildung. (1) Die Vertragsstaaten anerkennen das Recht von Menschen mit Behinderungen auf Bildung. Um dieses Recht ohne Diskriminierung und auf der Grundlage der Chancengleichheit zu verwirklichen, gewährleisten die Vertragsstaaten ein integratives Bildungssystem auf allen Ebenen und lebenslanges Lernen mit dem Ziel,

a) die menschlichen Möglichkeiten sowie das Bewusstsein der Würde und das Selbstwertgefühl des Menschen voll zur Entfaltung zu bringen und die Achtung vor den Menschenrechten, den Grundfreiheiten und der menschlichen Vielfalt zu stärken;

b) Menschen mit Behinderungen ihre Persönlichkeit, ihre Begabungen und ihre Kreativität sowie ihre geistigen und körperlichen Fähigkeiten voll zur Entfaltung bringen zu lassen;

c) Menschen mit Behinderungen zur wirklichen Teilhabe an einer freien Gesellschaft zu befähigen.

(2) Bei der Verwirklichung dieses Rechts stellen die Vertragsstaaten sicher, dass

a) Menschen mit Behinderungen nicht aufgrund von Behinderung vom allgemeinen Bildungssystem ausgeschlossen werden und dass Kinder mit Behinderungen nicht aufgrund von Behinderung vom unentgeltlichen und obligatorischen Grundschulunterricht oder vom Besuch weiterführender Schulen ausgeschlossen werden;

b) Menschen mit Behinderungen gleichberechtigt mit anderen in der Gemeinschaft, in der sie leben, Zugang zu einem integrativen, hochwertigen und unentgeltlichen Unterricht an Grundschulen und weiterführenden Schulen haben;

c) angemessene Vorkehrungen für die Bedürfnisse des Einzelnen getroffen werden;

d) Menschen mit Behinderungen innerhalb des allgemeinen Bildungssystems die notwendige Unterstützung geleistet wird, um ihre erfolgreiche Bildung zu erleichtern;

e) in Übereinstimmung mit dem Ziel der vollständigen Integration wirksame individuell angepasste Unterstützungsmaßnahmen in einem Umfeld, das die bestmögliche schulische und soziale Entwicklung gestattet, angeboten werden.

(3) Die Vertragsstaaten ermöglichen Menschen mit Behinderungen, lebenspraktische Fertigkeiten und soziale Kompetenzen zu erwerben, um ihre volle und gleichberechtigte Teilhabe an der Bildung und als Mitglieder der Gemeinschaft zu erleichtern. Zu diesem Zweck ergreifen die Vertragsstaaten geeignete Maßnahmen; unter anderem

a) erleichtern sie das Erlernen von Brailleschrift, alternativer Schrift, ergänzenden und alternativen Formen, Mitteln und Formaten der Kommunikation, den Erwerb von Orientierungs- und Mobilitätsfertigkeiten sowie die Unterstützung durch andere Menschen mit Behinderungen und das Mentoring;

b) erleichtern sie das Erlernen der Gebärdensprache und die Förderung der sprachlichen Identität der Gehörlosen;

c) stellen sie sicher, dass blinden, gehörlosen oder taubblinden Menschen, insbesondere Kindern, Bildung in den Sprachen und Kommunikationsformen und mit den Kommunikationsmitteln, die für den Einzelnen am besten geeignet sind, sowie in einem Umfeld vermittelt wird, das die bestmögliche schulische und soziale Entwicklung gestattet.

(4) Um zur Verwirklichung dieses Rechts beizutragen, treffen die Vertragsstaaten geeignete Maßnahmen zur Einstellung von Lehrkräften,

einschließlich solcher mit Behinderungen, die in Gebärdensprache oder Brailleschrift ausgebildet sind, und zur Schulung von Fachkräften sowie Mitarbeitern und Mitarbeiterinnen auf allen Ebenen des Bildungswesens. Diese Schulung schließt die Schärfung des Bewusstseins für Behinderungen und die Verwendung geeigneter ergänzender und alternativer Formen, Mittel und Formate der Kommunikation sowie pädagogische Verfahren und Materialien zur Unterstützung von Menschen mit Behinderungen ein.

(5) Die Vertragsstaaten stellen sicher, dass Menschen mit Behinderungen ohne Diskriminierung und gleichberechtigt mit anderen Zugang zu allgemeiner Hochschulbildung, Berufsausbildung, Erwachsenenbildung und lebenslangem Lernen haben. Zu diesem Zweck stellen die Vertragsstaaten sicher, dass für Menschen mit Behinderungen angemessene Vorkehrungen getroffen werden.

Art. 25 Gesundheit. Die Vertragsstaaten anerkennen das Recht von Menschen mit Behinderungen auf das erreichbare Höchstmaß an Gesundheit ohne Diskriminierung aufgrund von Behinderung. Die Vertragsstaaten treffen alle geeigneten Maßnahmen, um zu gewährleisten, dass Menschen mit Behinderungen Zugang zu geschlechtsspezifischen Gesundheitsdiensten, einschließlich gesundheitlicher Rehabilitation, haben. Insbesondere

a) stellen die Vertragsparteien Menschen mit Behinderungen eine unentgeltliche oder erschwingliche Gesundheitsversorgung in derselben Bandbreite, von derselben Qualität und auf demselben Standard zur Verfügung wie anderen Menschen, einschließlich sexual- und fortpflanzungsmedizinischer Gesundheitsleistungen und der Gesamtbevölkerung zur Verfügung stehender Programme des öffentlichen Gesundheitswesens;

b) bieten die Vertragsstaaten die Gesundheitsleistungen an, die von Menschen mit Behinderungen speziell wegen ihrer Behinderungen benötigt werden, soweit angebracht, einschließlich Früherkennung und Frühintervention, sowie Leistungen, durch die, auch bei Kindern und älteren Menschen, weitere Behinderungen möglichst gering gehalten oder vermieden werden sollen;

c) bieten die Vertragsstaaten diese Gesundheitsleistungen so gemeindenah wie möglich an, auch in ländlichen Gebieten;

d) erlegen die Vertragsstaaten den Angehörigen der Gesundheitsberufe die Verpflichtung auf, Menschen mit Behinderungen eine Versorgung von gleicher Qualität wie anderen Menschen angedeihen zu lassen, namentlich auf der Grundlage der freien Einwilligung nach vorheriger Aufklärung, indem sie unter anderem durch Schulungen und den Erlass ethischer Normen für die staatliche und private Gesundheitsversorgung das Bewusstsein für die Menschenrechte, die Würde, die Autonomie und die Bedürfnisse von Menschen mit Behinderungen schärfen;

e) verbieten die Vertragsstaaten die Diskriminierung von Menschen mit Behinderungen in der Krankenversicherung und in der Lebensversicherung, soweit eine solche Versicherung nach innerstaatlichem Recht zulässig ist; solche Versicherungen sind zu fairen und angemessenen Bedingungen anzubieten;

f) verhindern die Vertragsstaaten die diskriminierende Vorenthaltung von Gesundheitsversorgung oder -leistungen oder von Nahrungsmitteln und Flüssigkeiten aufgrund von Behinderung.

Art. 26 Habilitation und Rehabilitation. (1) Die Vertragsstaaten treffen wirksame und geeignete Maßnahmen, einschließlich durch die Unterstützung durch andere Menschen mit Behinderungen, um Menschen mit Behinderungen in die Lage zu versetzen, ein Höchstmaß an Unabhängigkeit, umfassende körperliche, geistige, soziale und berufliche Fähigkeiten sowie die volle Einbeziehung in alle Aspekte des Lebens und die volle Teilhabe an allen Aspekten des Lebens zu erreichen und zu bewahren. Zu diesem Zweck organisieren, stärken und erweitern die Vertragsstaaten umfassende Habilitations- und Rehabilitationsdienste und -programme, insbesondere auf dem Gebiet der Gesundheit, der Beschäftigung, der Bildung und der Sozialdienste, und zwar so, dass diese Leistungen und Programme

a) im frühestmöglichen Stadium einsetzen und auf einer multidisziplinären Bewertung der individuellen Bedürfnisse und Stärken beruhen;

b) die Einbeziehung in die Gemeinschaft und die Gesellschaft in allen ihren Aspekten sowie die Teilhabe daran unterstützen, freiwillig sind und Menschen mit Behinderungen so gemeindenah wie möglich zur Verfügung stehen, auch in ländlichen Gebieten.

(2) Die Vertragsstaaten fördern die Entwicklung der Aus- und Fortbildung für Fachkräfte und Mitarbeiter und Mitarbeiterinnen in Habilitations- und Rehabilitationsdiensten.

(3) Die Vertragsstaaten fördern die Verfügbarkeit, die Kenntnis und die Verwendung unterstützender Geräte und Technologien, die für Menschen mit Behinderungen bestimmt sind, für die Zwecke der Habilitation und Rehabilitation.

Art. 27[1] Arbeit und Beschäftigung. (1) Die Vertragsstaaten anerkennen das gleiche Recht von Menschen mit Behinderungen auf Ar-

[1] Die Europäische Union hat zu dieser Bestimmung folgenden Vorbehalt angebracht (ABl. Nr. L 23/61 v. 27. 1. 2010): „Die Europäische Gemeinschaft erklärt, dass nach dem Gemeinschaftsrecht (insbesondere der Richtlinie 2000/78/EG des Rates vom 27. November 2000 zur Festlegung eines allgemeinen Rahmens für die Verwirklichung der Gleichbehandlung in Beschäftigung und Beruf) die Mitgliedstaaten gegebenenfalls eigene Vorbehalte zu Artikel 27 Absatz 1 des Übereinkommens über die Rechte von Menschen mit Behinderungen einbringen können, da sie gemäß Artikel 3 Absatz 4 der Richtlinie des Rates vorsehen können, dass diese Richtlinie hinsichtlich Diskriminierungen wegen einer Behinderung nicht für die Beschäftigung in den Streitkräften gilt. Daher erklärt die Gemeinschaft, dass sie das Übereinkommen unbeschadet des obengenannten Rechts, das ihren Mitgliedstaaten nach dem Gemeinschaftsrecht zusteht, abschließt."

beit; dies beinhaltet das Recht auf die Möglichkeit, den Lebensunterhalt durch Arbeit zu verdienen, die in einem offenen, integrativen und für Menschen mit Behinderungen zugänglichen Arbeitsmarkt und Arbeitsumfeld frei gewählt oder angenommen wird. Die Vertragsstaaten sichern und fördern die Verwirklichung des Rechts auf Arbeit, einschließlich für Menschen, die während der Beschäftigung eine Behinderung erwerben, durch geeignete Schritte, einschließlich des Erlasses von Rechtsvorschriften, um unter anderem

a) Diskriminierung aufgrund von Behinderung in allen Angelegenheiten im Zusammenhang mit einer Beschäftigung gleich welcher Art, einschließlich der Auswahl-, Einstellungs- und Beschäftigungsbedingungen, der Weiterbeschäftigung, des beruflichen Aufstiegs sowie sicherer und gesunder Arbeitsbedingungen, zu verbieten;

b) das gleiche Recht von Menschen mit Behinderungen auf gerechte und günstige Arbeitsbedingungen, einschließlich Chancengleichheit und gleichen Entgelts für gleichwertige Arbeit, auf sichere und gesunde Arbeitsbedingungen, einschließlich Schutz vor Belästigungen, und auf Abhilfe bei Missständen zu schützen;

c) zu gewährleisten, dass Menschen mit Behinderungen ihre Arbeitnehmer- und Gewerkschaftsrechte gleichberechtigt mit anderen ausüben können;

d) Menschen mit Behinderungen wirksamen Zugang zu allgemeinen fachlichen und beruflichen Beratungsprogrammen, Stellenvermittlung sowie Berufsausbildung und Weiterbildung zu ermöglichen;

e) für Menschen mit Behinderungen Beschäftigungsmöglichkeiten und beruflichen Aufstieg auf dem Arbeitsmarkt sowie die Unterstützung bei der Arbeitssuche, beim Erhalt und der Beibehaltung eines Arbeitsplatzes und beim beruflichen Wiedereinstieg zu fördern;

f) Möglichkeiten für Selbständigkeit, Unternehmertum, die Bildung von Genossenschaften und die Gründung eines eigenen Geschäfts zu fördern;

g) Menschen mit Behinderungen im öffentlichen Sektor zu beschäftigen;

h) die Beschäftigung von Menschen mit Behinderungen im privaten Sektor durch geeignete Strategien und Maßnahmen zu fördern, wozu auch Programme für positive Maßnahmen, Anreize und andere Maßnahmen gehören können;

i) sicherzustellen, dass am Arbeitsplatz angemessene Vorkehrungen für Menschen mit Behinderungen getroffen werden;

j) das Sammeln von Arbeitserfahrung auf dem allgemeinen Arbeitsmarkt durch Menschen mit Behinderungen zu fördern;

k) Programme für die berufliche Rehabilitation, den Erhalt des Arbeitsplatzes und den beruflichen Wiedereinstieg von Menschen mit Behinderungen zu fördern.

(2) Die Vertragsstaaten stellen sicher, dass Menschen mit Behinderungen nicht in Sklaverei oder Leibeigenschaft gehalten werden und dass sie gleichberechtigt mit anderen vor Zwangs- oder Pflichtarbeit geschützt werden.

Art. 28 Angemessener Lebensstandard und sozialer Schutz. (1) Die Vertragsstaaten anerkennen das Recht von Menschen mit Behinderungen auf einen angemessenen Lebensstandard für sich selbst und ihre Familien, einschließlich angemessener Ernährung, Bekleidung und Wohnung, sowie auf eine stetige Verbesserung der Lebensbedingungen und unternehmen geeignete Schritte zum Schutz und zur Förderung der Verwirklichung dieses Rechts ohne Diskriminierung aufgrund von Behinderung.

(2) Die Vertragsstaaten anerkennen das Recht von Menschen mit Behinderungen auf sozialen Schutz und den Genuss dieses Rechts ohne Diskriminierung aufgrund von Behinderung und unternehmen geeignete Schritte zum Schutz und zur Förderung der Verwirklichung dieses Rechts, einschließlich Maßnahmen, um

a) Menschen mit Behinderungen gleichberechtigten Zugang zur Versorgung mit sauberem Wasser und den Zugang zu geeigneten und erschwinglichen Dienstleistungen, Geräten und anderen Hilfen für Bedürfnisse im Zusammenhang mit ihrer Behinderung zu sichern;
b) Menschen mit Behinderungen, insbesondere Frauen und Mädchen sowie älteren Menschen mit Behinderungen, den Zugang zu Programmen für sozialen Schutz und Programmen zur Armutsbekämpfung zu sichern;
c) in Armut lebenden Menschen mit Behinderungen und ihren Familien den Zugang zu staatlicher Hilfe bei behinderungsbedingten Aufwendungen, einschließlich ausreichender Schulung, Beratung, finanzieller Unterstützung sowie Kurzzeitbetreuung, zu sichern;
d) Menschen mit Behinderungen den Zugang zu Programmen des sozialen Wohnungsbaus zu sichern;
e) Menschen mit Behinderungen gleichberechtigten Zugang zu Leistungen und Programmen der Altersversorgung zu sichern.

Art. 29 Teilhabe am politischen und öffentlichen Leben. Die Vertragsstaaten garantieren Menschen mit Behinderungen die politischen Rechte sowie die Möglichkeit, diese gleichberechtigt mit anderen zu genießen, und verpflichten sich,

a) sicherzustellen, dass Menschen mit Behinderungen gleichberechtigt mit anderen wirksam und umfassend am politischen und öffentlichen Leben teilhaben können, sei es unmittelbar oder durch frei gewählte Vertreter oder Vertreterinnen, was auch das Recht und die Möglichkeit einschließt, zu wählen und gewählt zu werden; unter anderem

i) stellen sie sicher, dass die Wahlverfahren, -einrichtungen und -materialien geeignet, zugänglich und leicht zu verstehen und zu handhaben sind;

ii) schützen sie das Recht von Menschen mit Behinderungen, bei Wahlen und Volksabstimmungen in geheimer Abstimmung ohne Einschüchterung ihre Stimme abzugeben, bei Wahlen zu kandidieren, ein Amt wirksam innezuhaben und alle öffentlichen Aufgaben auf allen Ebenen staatlicher Tätigkeit wahrzunehmen, indem sie gegebenenfalls die Nutzung unterstützender und neuer Technologien erleichtern;

iii) garantieren sie die freie Willensäußerung von Menschen mit Behinderungen als Wähler und Wählerinnen und erlauben zu diesem Zweck im Bedarfsfall auf Wunsch, dass sie sich bei der Stimmabgabe durch eine Person ihrer Wahl unterstützen lassen;

b) aktiv ein Umfeld zu fördern, in dem Menschen mit Behinderungen ohne Diskriminierung und gleichberechtigt mit anderen wirksam und umfassend an der Gestaltung der öffentlichen Angelegenheiten mitwirken können, und ihre Mitwirkung an den öffentlichen Angelegenheiten zu begünstigen, unter anderem

i) die Mitarbeit in nichtstaatlichen Organisationen und Vereinigungen, die sich mit dem öffentlichen und politischen Leben ihres Landes befassen, und an den Tätigkeiten und der Verwaltung politischer Parteien;

ii) die Bildung von Organisationen von Menschen mit Behinderungen, die sie auf internationaler, nationaler, regionaler und lokaler Ebene vertreten, und den Beitritt zu solchen Organisationen.

Art. 30 Teilhabe am kulturellen Leben sowie an Erholung, Freizeit und Sport. (1) Die Vertragsstaaten anerkennen das Recht von Menschen mit Behinderungen, gleichberechtigt mit anderen am kulturellen Leben teilzunehmen, und treffen alle geeigneten Maßnahmen, um sicherzustellen, dass Menschen mit Behinderungen

a) Zugang zu kulturellem Material in zugänglichen Formaten haben;

b) Zugang zu Fernsehprogrammen, Filmen, Theatervorstellungen und anderen kulturellen Aktivitäten in zugänglichen Formaten haben;

c) Zugang zu Orten kultureller Darbietungen oder Dienstleistungen, wie Theatern, Museen, Kinos, Bibliotheken und Tourismusdiensten, sowie, so weit wie möglich, zu Denkmälern und Stätten von nationaler kultureller Bedeutung haben.

(2) Die Vertragsstaaten treffen geeignete Maßnahmen, um Menschen mit Behinderungen die Möglichkeit zu geben, ihr kreatives, künstlerisches und intellektuelles Potenzial zu entfalten und zu nutzen, nicht nur für sich selbst, sondern auch zur Bereicherung der Gesellschaft.

(3) Die Vertragsstaaten unternehmen alle geeigneten Schritte im Einklang mit dem Völkerrecht, um sicherzustellen, dass Gesetze zum Schutz von Rechten des geistigen Eigentums keine ungerechtfertigte

oder diskriminierende Barriere für den Zugang von Menschen mit Behinderungen zu kulturellem Material darstellen.

(4) Menschen mit Behinderungen haben gleichberechtigt mit anderen Anspruch auf Anerkennung und Unterstützung ihrer spezifischen kulturellen und sprachlichen Identität, einschließlich der Gebärdensprachen und der Gehörlosenkultur.

(5) Mit dem Ziel, Menschen mit Behinderungen die gleichberechtigte Teilnahme an Erholungs-, Freizeit- und Sportaktivitäten zu ermöglichen, treffen die Vertragsstaaten geeignete Maßnahmen,

a) um Menschen mit Behinderungen zu ermutigen, so umfassend wie möglich an breitensportlichen Aktivitäten auf allen Ebenen teilzunehmen, und ihre Teilnahme zu fördern;
b) um sicherzustellen, dass Menschen mit Behinderungen die Möglichkeit haben, behinderungsspezifische Sport- und Erholungsaktivitäten zu organisieren, zu entwickeln und an solchen teilzunehmen, und zu diesem Zweck die Bereitstellung eines geeigneten Angebots an Anleitung, Training und Ressourcen auf der Grundlage der Gleichberechtigung mit anderen zu fördern;
c) um sicherzustellen, dass Menschen mit Behinderungen Zugang zu Sport-, Er-holungs- und Tourismusstätten haben;
d) um sicherzustellen, dass Kinder mit Behinderungen gleichberechtigt mit anderen Kindern an Spiel-, Erholungs-, Freizeit- und Sportaktivitäten teilnehmen können, einschließlich im schulischen Bereich;
e) um sicherzustellen, dass Menschen mit Behinderungen Zugang zu Dienstleistungen der Organisatoren von Erholungs-, Tourismus-, Freizeit- und Sportaktivitäten haben.

Art. 31 Statistik und Datensammlung. (1) Die Vertragsstaaten verpflichten sich zur Sammlung geeigneter Informationen, einschließlich statistischer Angaben und Forschungsdaten, die ihnen ermöglichen, politische Konzepte zur Durchführung dieses Übereinkommens auszuarbeiten und umzusetzen. Das Verfahren zur Sammlung und Aufbewahrung dieser Informationen muss

a) mit den gesetzlichen Schutzvorschriften, einschließlich der Rechtsvorschriften über den Datenschutz, zur Sicherung der Vertraulichkeit und der Achtung der Privatsphäre von Menschen mit Behinderungen im Einklang stehen;
b) mit den international anerkannten Normen zum Schutz der Menschenrechte und Grundfreiheiten und den ethischen Grundsätzen für die Sammlung und Nutzung statistischer Daten im Einklang stehen.

(2) Die im Einklang mit diesem Artikel gesammelten Informationen werden, soweit angebracht, aufgeschlüsselt und dazu verwendet, die Umsetzung der Verpflichtungen aus diesem Übereinkommen durch die Vertragsstaaten zu beurteilen und die Hindernisse, denen sich Men-

schen mit Behinderungen bei der Ausübung ihrer Rechte gegenübersehen, zu ermitteln und anzugehen.

(3) Die Vertragsstaaten übernehmen die Verantwortung für die Verbreitung dieser Statistiken und sorgen dafür, dass sie für Menschen mit Behinderungen und andere zugänglich sind.

Art. 32 Internationale Zusammenarbeit. (1) Die Vertragsstaaten anerkennen die Bedeutung der internationalen Zusammenarbeit und deren Förderung zur Unterstützung der einzelstaatlichen Anstrengungen für die Verwirklichung des Zwecks und der Ziele dieses Übereinkommens und treffen diesbezüglich geeignete und wirksame Maßnahmen, zwischenstaatlich sowie, soweit angebracht, in Partnerschaft mit den einschlägigen internationalen und regionalen Organisationen und der Zivilgesellschaft, insbesondere Organisationen von Menschen mit Behinderungen. Unter anderem können sie Maßnahmen ergreifen, um

a) sicherzustellen, dass die internationale Zusammenarbeit, einschließlich internationaler Entwicklungsprogramme, Menschen mit Behinderungen einbezieht und für sie zugänglich ist;

b) den Aufbau von Kapazitäten zu erleichtern und zu unterstützen, unter anderem durch den Austausch und die Weitergabe von Informationen, Erfahrungen, Ausbildungsprogrammen und vorbildlichen Praktiken;

c) die Forschungszusammenarbeit und den Zugang zu wissenschaftlichen und technischen Kenntnissen zu erleichtern;

d) soweit angebracht, technische und wirtschaftliche Hilfe zu leisten, unter anderem durch Erleichterung des Zugangs zu zugänglichen und unterstützenden Technologien und ihres Austauschs sowie durch Weitergabe von Technologien.

(2) Dieser Artikel berührt nicht die Pflicht jedes Vertragsstaats, seine Verpflichtungen aus diesem Übereinkommen zu erfüllen.

Art. 33 Innerstaatliche Durchführung und Überwachung.[1] (1) Die Vertragsstaaten bestimmen nach Maßgabe ihrer staatlichen Organisation eine oder mehrere staatliche Anlaufstellen für Angelegenheiten im Zusammenhang mit der Durchführung dieses Übereinkommens und prüfen sorgfältig die Schaffung oder Bestimmung eines staatlichen Koordinierungsmechanismus, der die Durchführung der entsprechenden Maßnahmen in verschiedenen Bereichen und auf verschiedenen Ebenen erleichtern soll.

---

[1] Die staatliche Anlaufstelle (Focal Point) für die Durchführung des Abkommens iSd. Abs. 1 ist in Deutschland auf der Bundesebene beim Bundesministerium für Arbeit und Soziales angesiedelt. Als staatliche Koordinierungsstelle (staatlicher Koordinierungsmechanismus) fungiert der Beauftragte der Bundesregierung für die Belange behinderter Menschen (http://www.behindertenbeauftragter.de). Als unabhängige Stelle zur Förderung und Überwachung des Übereinkommens im Sinne des Abs. 2 (Monitoring-Stelle) wurde im Jahre 2008 in Deutschland auf nationaler Ebene das Deutsche Institut für Menschenrechte e. V. in Berlin bestimmt (www.institut-fuer-menschenrechte.de/de/monitoring-stelle.html).

(2) Die Vertragsstaaten unterhalten, stärken, bestimmen oder schaffen nach Maßgabe ihres Rechts- und Verwaltungssystems auf einzelstaatlicher Ebene für die Förderung, den Schutz und die Überwachung der Durchführung dieses Übereinkommens eine Struktur, die, je nachdem, was angebracht ist, einen oder mehrere unabhängige Mechanismen einschließt. Bei der Bestimmung oder Schaffung eines solchen Mechanismus berücksichtigen die Vertragsstaaten die Grundsätze betreffend die Rechtsstellung und die Arbeitsweise der einzelstaatlichen Institutionen zum Schutz und zur Förderung der Menschenrechte.

(3) Die Zivilgesellschaft, insbesondere Menschen mit Behinderungen und die sie vertretenden Organisationen, wird in den Überwachungsprozess einbezogen und nimmt in vollem Umfang daran teil.

Art. 34 Ausschuss für die Rechte von Menschen mit Behinderungen. (1) Es wird ein Ausschuss für die Rechte von Menschen mit Behinderungen (im Folgenden als „Ausschuss" bezeichnet) eingesetzt, der die nachstehend festgelegten Aufgaben wahrnimmt.

(2) Der Ausschuss besteht zum Zeitpunkt des Inkrafttretens dieses Übereinkommens aus zwölf Sachverständigen. Nach sechzig weiteren Ratifikationen oder Beitritten zu dem Übereinkommen erhöht sich die Zahl der Ausschussmitglieder um sechs auf die Höchstzahl von achtzehn.

(3) Die Ausschussmitglieder sind in persönlicher Eigenschaft tätig und müssen Persönlichkeiten von hohem sittlichen Ansehen und anerkannter Sachkenntnis und Erfahrung auf dem von diesem Übereinkommen erfassten Gebiet sein. Die Vertragsstaaten sind aufgefordert, bei der Benennung ihrer Kandidaten oder Kandidatinnen Artikel 4 Absatz 3 gebührend zu berücksichtigen.

(4) Die Ausschussmitglieder werden von den Vertragsstaaten gewählt, wobei auf eine gerechte geografische Verteilung, die Vertretung der verschiedenen Kulturkreise und der hauptsächlichen Rechtssysteme, die ausgewogene Vertretung der Geschlechter und die Beteiligung von Sachverständigen mit Behinderungen zu achten ist.

(5) Die Ausschussmitglieder werden auf Sitzungen der Konferenz der Vertragsstaaten in geheimer Wahl aus einer Liste von Personen gewählt, die von den Vertragsstaaten aus dem Kreis ihrer Staatsangehörigen benannt worden sind. Auf diesen Sitzungen, die beschlussfähig sind, wenn zwei Drittel der Vertragsstaaten vertreten sind, gelten diejenigen Kandidaten oder Kandidatinnen als in den Ausschuss gewählt, welche die höchste Stimmenzahl und die absolute Stimmenmehrheit der anwesenden und abstimmenden Vertreter beziehungsweise Vertreterinnen der Vertragsstaaten auf sich vereinigen.

(6) Die erste Wahl findet spätestens sechs Monate nach Inkrafttreten dieses Übereinkommens statt. Spätestens vier Monate vor jeder Wahl

fordert der Generalsekretär der Vereinten Nationen die Vertragsstaaten schriftlich auf, innerhalb von zwei Monaten ihre Benennungen einzureichen. Der Generalsekretär fertigt sodann eine alphabetische Liste aller auf diese Weise benannten Personen an, unter Angabe der Vertragsstaaten, die sie benannt haben, und übermittelt sie den Vertragsstaaten.

(7) Die Ausschussmitglieder werden für vier Jahre gewählt. Ihre einmalige Wiederwahl ist zulässig. Die Amtszeit von sechs der bei der ersten Wahl gewählten Mitglieder läuft jedoch nach zwei Jahren ab; unmittelbar nach der ersten Wahl werden die Namen dieser sechs Mitglieder von dem oder der Vorsitzenden der in Absatz 5 genannten Sitzung durch das Los bestimmt.

(8) Die Wahl der sechs zusätzlichen Ausschussmitglieder findet bei den ordentlichen Wahlen im Einklang mit den einschlägigen Bestimmungen dieses Artikels statt.

(9) Wenn ein Ausschussmitglied stirbt oder zurücktritt oder erklärt, dass es aus anderen Gründen seine Aufgaben nicht mehr wahrnehmen kann, ernennt der Vertragsstaat, der das Mitglied benannt hat, für die verbleibende Amtszeit eine andere sachverständige Person, die über die Befähigungen verfügt und die Voraussetzungen erfüllt, die in den einschlägigen Bestimmungen dieses Artikels beschrieben sind.

(10)[1] Der Ausschuss gibt sich eine Geschäftsordnung.

(11) Der Generalsekretär der Vereinten Nationen stellt dem Ausschuss das Personal und die Einrichtungen zur Verfügung, die dieser zur wirksamen Wahrnehmung seiner Aufgaben nach diesem Übereinkommen benötigt, und beruft seine erste Sitzung ein.

(12) Die Mitglieder des nach diesem Übereinkommen eingesetzten Ausschusses erhalten mit Zustimmung der Generalversammlung der Vereinten Nationen Bezüge aus Mitteln der Vereinten Nationen zu den von der Generalversammlung unter Berücksichtigung der Bedeutung der Aufgaben des Ausschusses zu beschließenden Bedingungen.

(13) Die Ausschussmitglieder haben Anspruch auf die Erleichterungen, Vorrechte und Immunitäten der Sachverständigen im Auftrag der Vereinten Nationen, die in den einschlägigen Abschnitten des Übereinkommens über die Vorrechte und Immunitäten der Vereinten Nationen vorgesehen sind.

Art. 35 Berichte der Vertragsstaaten. (1)[2] Jeder Vertragsstaat legt dem Ausschuss über den Generalsekretär der Vereinten Nationen innerhalb von zwei Jahren nach Inkrafttreten dieses Übereinkommens für den betreffenden Vertragsstaat einen umfassenden Bericht über die Maß-

---

[1] Vgl. Doc. CRPD/C/1/Rev. 1 v. 10.10.2016 (abrufbar unter: http://tbinternet.ohchr.org/layouts/treatybodyexternal/Download.aspx?symbolno=CRPD/C/1/Rev.1&Lang=en).

[2] Der erste periodische Bericht Deutschlands ist vom Bundeskabinett am 3.8.2011 beschlossen, und damit fast fristgerecht beim Ausschuss eingereicht (CRPD/C/DEU/1) worden (dt. Original: http://www.bmas.de/SharedDocs/Downloads/DE/staatenbericht-2011.pdf). Der Bericht ist am 26./27. März vom Ausschuss behandelt worden, der dazu am 17.4.2015 sog. „Abschließende Bemerkungen" verabschiedet hat (CRPD/C/DEU/CO/1).

nahmen, die er zur Erfüllung seiner Verpflichtungen aus dem Übereinkommen getroffen hat, und über die dabei erzielten Fortschritte vor.

(2) Danach legen die Vertragsstaaten mindestens alle vier Jahre und darüber hinaus jeweils auf Anforderung des Ausschusses Folgeberichte vor.

(3) Der Ausschuss beschließt gegebenenfalls Leitlinien für den Inhalt der Berichte.

(4) Ein Vertragsstaat, der dem Ausschuss einen ersten umfassenden Bericht vorgelegt hat, braucht in seinen Folgeberichten die früher mitgeteilten Angaben nicht zu wiederholen. Die Vertragsstaaten sind gebeten, ihre Berichte an den Ausschuss in einem offenen und transparenten Verfahren zu erstellen und dabei Artikel 4 Absatz 3 gebührend zu berücksichtigen.

(5) In den Berichten kann auf Faktoren und Schwierigkeiten hingewiesen werden, die das Ausmaß der Erfüllung der Verpflichtungen aus diesem Übereinkommen beeinflussen.

Art. 36 Prüfung der Berichte. (1) Der Ausschuss prüft jeden Bericht; er kann ihn mit den ihm geeignet erscheinenden Vorschlägen und allgemeinen Empfehlungen versehen und leitet diese dem betreffenden Vertragsstaat zu. Dieser kann dem Ausschuss hierauf jede Information übermitteln, die er zu geben wünscht. Der Ausschuss kann die Vertragsstaaten um weitere Angaben über die Durchführung dieses Übereinkommens ersuchen.

(2) Liegt ein Vertragsstaat mit der Vorlage eines Berichts in erheblichem Rückstand, so kann der Ausschuss dem betreffenden Vertragsstaat notifizieren, dass die Durchführung dieses Übereinkommens im betreffenden Vertragsstaat auf der Grundlage der dem Ausschuss zur Verfügung stehenden zuverlässigen Informationen geprüft werden muss, falls der Bericht nicht innerhalb von drei Monaten nach dieser Notifikation vorgelegt wird. Der Ausschuss fordert den betreffenden Vertragsstaat auf, bei dieser Prüfung mitzuwirken. Falls der Vertragsstaat daraufhin den Bericht vorlegt, findet Absatz 1 Anwendung.

(3) Der Generalsekretär der Vereinten Nationen stellt die Berichte allen Vertragsstaaten zur Verfügung.

(4) Die Vertragsstaaten sorgen für eine weite Verbreitung ihrer Berichte im eigenen Land und erleichtern den Zugang zu den Vorschlägen und allgemeinen Empfehlungen zu diesen Berichten.

(5) Der Ausschuss übermittelt, wenn er dies für angebracht hält, den Sonderorganisationen, Fonds und Programmen der Vereinten Nationen und anderen zuständigen Stellen Berichte der Vertragsstaaten, damit ein darin enthaltenes Ersuchen um fachliche Beratung oder Unterstützung oder ein darin enthaltener Hinweis, dass ein diesbezügliches Bedürfnis besteht, aufgegriffen werden kann; etwaige Bemerkungen und Empfehlungen des Ausschusses zu diesen Ersuchen oder Hinweisen werden beigefügt.

Art. 37 Zusammenarbeit zwischen den Vertragsstaaten und dem Ausschuss. (1) Jeder Vertragsstaat arbeitet mit dem Ausschuss zusammen und ist seinen Mitgliedern bei der Erfüllung ihres Mandats behilflich.

(2) In seinen Beziehungen zu den Vertragsstaaten prüft der Ausschuss gebührend Möglichkeiten zur Stärkung der einzelstaatlichen Fähigkeiten zur Durchführung dieses Übereinkommens, einschließlich durch internationale Zusammenarbeit.

Art. 38 Beziehungen des Ausschusses zu anderen Organen. Um die wirksame Durchführung dieses Übereinkommens und die internationale Zusammenarbeit auf dem von dem Übereinkommen erfassten Gebiet zu fördern,

a) haben die Sonderorganisationen und andere Organe der Vereinten Nationen das Recht, bei der Erörterung der Durchführung derjenigen Bestimmungen des Übereinkommens, die in ihren Aufgabenbereich fallen, vertreten zu sein. Der Ausschuss kann, wenn er dies für angebracht hält, Sonderorganisationen und andere zuständige Stellen einladen, sachkundige Stellungnahmen zur Durchführung des Übereinkommens auf Gebieten abzugeben, die in ihren jeweiligen Aufgabenbereich fallen. Der Ausschuss kann Sonderorganisationen und andere Organe der Vereinten Nationen einladen, ihm Berichte über die Durchführung des Übereinkommens auf den Gebieten vorzulegen, die in ihren Tätigkeitsbereich fallen;

b) konsultiert der Ausschuss bei der Wahrnehmung seines Mandats, soweit angebracht, andere einschlägige Organe, die durch internationale Menschenrechtsverträge geschaffen wurden, mit dem Ziel, die Kohärenz ihrer jeweiligen Berichterstattungsleitlinien, Vorschläge und allgemeinen Empfehlungen zu gewährleisten sowie Doppelungen und Überschneidungen bei der Durchführung ihrer Aufgaben zu vermeiden.

Art. 39 Bericht des Ausschusses. Der Ausschuss berichtet der Generalversammlung und dem Wirtschafts- und Sozialrat alle zwei Jahre über seine Tätigkeit und kann aufgrund der Prüfung der von den Vertragsstaaten eingegangenen Berichte und Auskünfte Vorschläge machen und allgemeine Empfehlungen abgeben. Diese werden zusammen mit etwaigen Stellungnahmen der Vertragsstaaten in den Ausschussbericht aufgenommen.

Art. 40 Konferenz der Vertragsstaaten. (1) Die Vertragsstaaten treten regelmäßig in einer Konferenz der Vertragsstaaten zusammen, um jede Angelegenheit im Zusammenhang mit der Durchführung dieses Übereinkommens zu behandeln.

(2) Die Konferenz der Vertragsstaaten wird vom Generalsekretär der Vereinten Nationen spätestens sechs Monate nach Inkrafttreten dieses Übereinkommens einberufen. Die folgenden Treffen werden vom Ge-

neralsekretär alle zwei Jahre oder auf Beschluss der Konferenz der Vertragsstaaten einberufen.

Art. 41 Verwahrer. Der Generalsekretär der Vereinten Nationen ist Verwahrer dieses Übereinkommens.

Art. 42 Unterzeichnung. Dieses Übereinkommen liegt für alle Staaten und für Organisationen der regionalen Integration ab dem 30. März 2007 am Sitz der Vereinten Nationen in New York zur Unterzeichnung auf.

Art. 43 Zustimmung, gebunden zu sein. Dieses Übereinkommen bedarf der Ratifikation durch die Unterzeichnerstaaten und der förmlichen Bestätigung durch die unterzeichnenden Organisationen der regionalen Integration. Es steht allen Staaten oder Organisationen der regionalen Integration, die das Übereinkommen nicht unterzeichnet haben, zum Beitritt offen.

Art. 44 Organisationen der regionalen Integration. (1) Der Ausdruck „Organisation der regionalen Integration" bezeichnet eine von souveränen Staaten einer bestimmten Region gebildete Organisation, der ihre Mitgliedstaaten die Zuständigkeit für von diesem Übereinkommen erfasste Angelegenheiten übertragen haben. In ihren Urkunden der förmlichen Bestätigung oder Beitrittsurkunden erklären diese Organisationen den Umfang ihrer Zuständigkeiten in Bezug auf die durch dieses Übereinkommen erfassten Angelegenheiten.[1] Danach teilen sie dem Verwahrer jede erhebliche Änderung des Umfangs ihrer Zuständigkeiten mit.

(2) Bezugnahmen auf „Vertragsstaaten" in diesem Übereinkommen finden auf solche Organisationen im Rahmen ihrer Zuständigkeit Anwendung.

(3) Für die Zwecke des Artikels 45 Absatz 1 und des Artikels 47 Absätze 2 und 3 wird eine von einer Organisation der regionalen Integration hinterlegte Urkunde nicht mitgezählt.

(4) Organisationen der regionalen Integration können in Angelegenheiten ihrer Zuständigkeit ihr Stimmrecht in der Konferenz der Vertragsstaaten mit der Anzahl von Stimmen ausüben, die der Anzahl ihrer Mitgliedstaaten entspricht, die Vertragsparteien dieses Übereinkommens sind. Diese Organisationen üben ihr Stimmrecht nicht aus, wenn einer ihrer Mitgliedstaaten sein Stimmrecht ausübt, und umgekehrt.

Art. 45 Inkrafttreten. (1) Dieses Übereinkommen tritt am dreißigsten Tag nach Hinterlegung der zwanzigsten Ratifikations- oder Beitrittsurkunde in Kraft.

---

[1] Die entsprechende (detaillierte) Erklärung der Europäischen Union ist abgedruckt in ABl. Nr. L 23/55 v. 27. 1. 2010.

(2) Für jeden Staat und jede Organisation der regionalen Integration, der beziehungsweise die dieses Übereinkommen nach Hinterlegung der zwanzigsten entsprechenden Urkunde ratifiziert, förmlich bestätigt oder ihm beitritt, tritt das Übereinkommen am dreißigsten Tag nach Hinterlegung der eigenen Urkunde in Kraft.

Art. 46 Vorbehalte. (1) Vorbehalte, die mit Ziel und Zweck dieses Übereinkommens unvereinbar sind, sind nicht zulässig.

(2) Vorbehalte können jederzeit zurückgenommen werden.

Art. 47 Änderungen. (1) Jeder Vertragsstaat kann eine Änderung dieses Übereinkommens vorschlagen und beim Generalsekretär der Vereinten Nationen einreichen. Der Generalsekretär übermittelt jeden Änderungsvorschlag den Vertragsstaaten mit der Aufforderung, ihm zu notifizieren, ob sie eine Konferenz der Vertragsstaaten zur Beratung und Entscheidung über den Vorschlag befürworten. Befürwortet innerhalb von vier Monaten nach dem Datum der Übermittlung wenigstens ein Drittel der Vertragsstaaten eine solche Konferenz, so beruft der Generalsekretär die Konferenz unter der Schirmherrschaft der Vereinten Nationen ein. Jede Änderung, die von einer Mehrheit von zwei Dritteln der anwesenden und abstimmenden Vertragsstaaten beschlossen wird, wird vom Generalsekretär der Generalversammlung der Vereinten Nationen zur Genehmigung und danach allen Vertragsstaaten zur Annahme vorgelegt.

(2) Eine nach Absatz 1 beschlossene und genehmigte Änderung tritt am dreißigsten Tag nach dem Zeitpunkt in Kraft, zu dem die Anzahl der hinterlegten Annahmeurkunden zwei Drittel der Anzahl der Vertragsstaaten zum Zeitpunkt der Beschlussfassung über die Änderung erreicht. Danach tritt die Änderung für jeden Vertragsstaat am dreißigsten Tag nach Hinterlegung seiner eigenen Annahmeurkunde in Kraft. Eine Änderung ist nur für die Vertragsstaaten, die sie angenommen haben, verbindlich.

(3) Wenn die Konferenz der Vertragsstaaten dies im Konsens beschließt, tritt eine nach Absatz 1 beschlossene und genehmigte Änderung, die ausschließlich die Artikel 34, 38, 39 und 40 betrifft, für alle Vertragsstaaten am dreißigsten Tag nach dem Zeitpunkt in Kraft, zu dem die Anzahl der hinterlegten Annahmeurkunden zwei Drittel der Anzahl der Vertragsstaaten zum Zeitpunkt der Beschlussfassung über die Änderung erreicht.

Art. 48 Kündigung. Ein Vertragsstaat kann dieses Übereinkommen durch eine an den Generalsekretär der Vereinten Nationen gerichtete schriftliche Notifikation kündigen. Die Kündigung wird ein Jahr nach Eingang der Notifikation beim Generalsekretär wirksam.

Art. 49 Zugängliches Format. Der Wortlaut dieses Übereinkommens wird in zugänglichen Formaten zur Verfügung gestellt.

Art. 50 Verbindliche Wortlaute. Der arabische, der chinesische, der englische, der französische, der russische und der spanische Wortlaut dieses Übereinkommens sind gleichermaßen verbindlich.

Zu Urkund dessen haben die unterzeichneten, von ihren Regierungen hierzu gehörig befugten Bevollmächtigten dieses Übereinkommen unterschrieben.

30 a. Fakultativprotokoll zum Übereinkommen über die Rechte von Menschen mit Behinderungen[1)·2)]

Vom 13. Dezember 2006
(BGBl. 2008 II S. 1453)

Die Vertragsstaaten dieses Protokolls haben Folgendes vereinbart:

Art. 1. (1) Jeder Vertragsstaat dieses Protokolls („Vertragsstaat") anerkennt die Zuständigkeit des Ausschusses für die Rechte von Menschen mit Behinderungen („Ausschuss") für die Entgegennahme und Prüfung von Mitteilungen, die von oder im Namen von seiner Hoheitsgewalt unterstehenden Einzelpersonen oder Personengruppen eingereicht werden, die behaupten, Opfer einer Verletzung des Übereinkommens durch den betreffenden Vertragsstaat zu sein.

(2) Der Ausschuss nimmt keine Mitteilung entgegen, die einen Vertragsstaat des Übereinkommens betrifft, der nicht Vertragspartei dieses Protokolls ist.

Art. 2. Der Ausschuss erklärt eine Mitteilung für unzulässig,

a) wenn sie anonym ist;

b) wenn sie einen Missbrauch des Rechts auf Einreichung solcher Mitteilungen darstellt oder mit den Bestimmungen des Übereinkommens unvereinbar ist;

c) wenn dieselbe Sache bereits vom Ausschuss untersucht worden ist oder in einem anderen internationalen Untersuchungs- oder Streitregelungsverfahren geprüft worden ist oder geprüft wird;

d) wenn nicht alle zur Verfügung stehenden innerstaatlichen Rechtsbehelfe erschöpft worden sind. Dies gilt nicht, wenn das Verfahren bei der Anwendung solcher Rechtsbehelfe unangemessen lange dauert oder keine wirksame Abhilfe erwarten lässt;

e) wenn sie offensichtlich unbegründet ist oder nicht hinreichend begründet wird oder

f) wenn die der Mitteilung zugrunde liegenden Tatsachen vor dem Inkrafttreten dieses Protokolls für den betreffenden Vertragsstaat eingetreten sind, es sei denn, dass sie auch nach diesem Zeitpunkt weiterbestehen.

Art. 3. Vorbehaltlich des Artikels 2 bringt der Ausschuss jede ihm zugegangene Mitteilung dem Vertragsstaat vertraulich zur Kenntnis. Der

---

1) Internationale Quelle: UNTS Bd. 2515, S. 3.

2) Das Fakultativprotokoll ist am 3. 5. 2008 in Kraft getreten (vgl. Art. 13 Abs. 1); für Deutschland am 26. 3. 2009 (Bek. v. 5. 6. 2009, BGBl. II S. 812). Die Europäische Union ist diesem Fakultativprotokoll (bisher) nicht beigetreten.

betreffende Vertragsstaat übermittelt dem Ausschuss innerhalb von sechs Monaten schriftliche Erklärungen oder Darlegungen zur Klärung der Sache und der gegebenenfalls von ihm getroffenen Abhilfemaßnahmen.

Art. 4. (1) Der Ausschuss kann jederzeit nach Eingang einer Mitteilung und bevor eine Entscheidung in der Sache selbst getroffen worden ist, dem betreffenden Vertragsstaat ein Gesuch zur sofortigen Prüfung übermitteln, in dem er aufgefordert wird, die vorläufigen Maßnahmen zu treffen, die gegebenenfalls erforderlich sind, um einen möglichen nicht wiedergutzumachenden Schaden für das oder die Opfer der behaupteten Verletzung abzuwenden.

(2) Übt der Ausschuss sein Ermessen nach Absatz 1 aus, so bedeutet das keine Entscheidung über die Zulässigkeit der Mitteilung oder in der Sache selbst.

Art. 5. Der Ausschuss berät über Mitteilungen aufgrund dieses Protokolls in nichtöffentlicher Sitzung. Nach Prüfung einer Mitteilung übermittelt der Ausschuss dem betreffenden Vertragsstaat und dem Beschwerdeführer gegebenenfalls seine Vorschläge und Empfehlungen.

Art. 6. (1) Erhält der Ausschuss zuverlässige Angaben, die auf schwerwiegende oder systematische Verletzungen der in dem Übereinkommen niedergelegten Rechte durch einen Vertragsstaat hinweisen, so fordert der Ausschuss diesen Vertragsstaat auf, bei der Prüfung der Angaben mitzuwirken und zu diesen Angaben Stellung zu nehmen.

(2) Der Ausschuss kann unter Berücksichtigung der von dem betreffenden Vertragsstaat abgegebenen Stellungnahmen sowie aller sonstigen ihm zur Verfügung stehenden zuverlässigen Angaben eines oder mehrere seiner Mitglieder beauftragen, eine Untersuchung durchzuführen und ihm sofort zu berichten. Sofern geboten, kann die Untersuchung mit Zustimmung des Vertragsstaats einen Besuch in seinem Hoheitsgebiet einschließen.

(3) Nachdem der Ausschuss die Ergebnisse einer solchen Untersuchung geprüft hat, übermittelt er sie zusammen mit etwaigen Bemerkungen und Empfehlungen dem betreffenden Vertragsstaat.

(4) Der Vertragsstaat unterbreitet innerhalb von sechs Monaten nach Eingang der vom Ausschuss übermittelten Ergebnisse, Bemerkungen und Empfehlungen dem Ausschuss seine Stellungnahmen.

(5) Eine solche Untersuchung ist vertraulich durchzuführen; die Mitwirkung des Vertragsstaats ist auf allen Verfahrensstufen anzustreben.

Art. 7. (1) Der Ausschuss kann den betreffenden Vertragsstaat auffordern, in seinen Bericht nach Artikel 35 des Übereinkommens Einzelheiten über Maßnahmen aufzunehmen, die als Reaktion auf eine nach

Artikel 6 dieses Protokolls durchgeführte Untersuchung getroffen wurden.

(2) Sofern erforderlich, kann der Ausschuss nach Ablauf des in Artikel 6 Absatz 4 genannten Zeitraums von sechs Monaten den betreffenden Vertragsstaat auffordern, ihn über die als Reaktion auf eine solche Untersuchung getroffenen Maßnahmen zu unterrichten.

Art. 8. Jeder Vertragsstaat kann zum Zeitpunkt der Unterzeichnung oder Ratifikation dieses Protokolls oder seines Beitritts dazu erklären, dass er die in den Artikeln 6 und 7 vorgesehene Zuständigkeit des Ausschusses nicht anerkennt.

Art. 9. Der Generalsekretär der Vereinten Nationen ist Verwahrer dieses Protokolls.

Art. 10. Dieses Protokoll liegt für die Staaten und die Organisationen der regionalen Integration, die das Übereinkommen unterzeichnet haben, ab dem 30. März 2007 am Sitz der Vereinten Nationen in New York zur Unterzeichnung auf.

Art. 11. Dieses Protokoll bedarf der Ratifikation durch die Unterzeichnerstaaten des Protokolls, die das Übereinkommen ratifiziert haben oder ihm beigetreten sind. Es bedarf der förmlichen Bestätigung durch die Organisationen der regionalen Integration, die das Protokoll unterzeichnet haben und das Übereinkommen förmlich bestätigt haben oder ihm beigetreten sind. Das Protokoll steht allen Staaten oder Organisationen der regionalen Integration zum Beitritt offen, die das Übereinkommen ratifiziert beziehungsweise förmlich bestätigt haben oder ihm beigetreten sind und die das Protokoll nicht unterzeichnet haben.

Art. 12. (1) Der Ausdruck „Organisation der regionalen Integration" bezeichnet eine von souveränen Staaten einer bestimmten Region gebildete Organisation, der ihre Mitgliedstaaten die Zuständigkeit für von dem Übereinkommen und diesem Protokoll erfasste Angelegenheiten übertragen haben. In ihren Urkunden der förmlichen Bestätigung oder Beitrittsurkunden erklären diese Organisationen den Umfang ihrer Zuständigkeiten in Bezug auf die durch das Übereinkommen und dieses Protokoll erfassten Angelegenheiten. Danach teilen sie dem Verwahrer jede maßgebliche Änderung des Umfangs ihrer Zuständigkeiten mit.

(2) Bezugnahmen auf „Vertragsstaaten" in diesem Protokoll finden auf solche Organisationen im Rahmen ihrer Zuständigkeit Anwendung.

(3) Für die Zwecke des Artikels 13 Absatz 1 und des Artikels 15 Absatz 2 wird eine von einer Organisation der regionalen Integration hinterlegte Urkunde nicht mitgezählt.

(4) Organisationen der regionalen Integration können in Angelegenheiten ihrer Zuständigkeit ihr Stimmrecht bei dem Treffen der Vertragsstaaten mit der Anzahl von Stimmen ausüben, die der Anzahl ihrer Mitgliedstaaten entspricht, die Vertragsparteien dieses Protokolls sind. Diese Organisationen üben ihr Stimmrecht nicht aus, wenn einer ihrer Mitgliedstaaten sein Stimmrecht ausübt, und umgekehrt.

Art. 13. (1) Vorbehaltlich des Inkrafttretens des Übereinkommens tritt dieses Protokoll am dreißigsten Tag nach Hinterlegung der zehnten Ratifikations- oder Beitrittsurkunde in Kraft.

(2) Für jeden Staat und jede Organisation der regionalen Integration, der beziehungsweise die dieses Protokoll nach Hinterlegung der zehnten entsprechenden Urkunde ratifiziert, förmlich bestätigt oder ihm beitritt, tritt das Protokoll am dreißigsten Tag nach Hinterlegung der eigenen Urkunde in Kraft.

Art. 14. (1) Vorbehalte, die mit Ziel und Zweck dieses Protokolls unvereinbar sind, sind nicht zulässig.

(2) Vorbehalte können jederzeit zurückgenommen werden.

Art. 15. (1) Jeder Vertragsstaat kann eine Änderung dieses Protokolls vorschlagen und beim Generalsekretär der Vereinten Nationen einreichen. Der Generalsekretär übermittelt jeden Änderungsvorschlag den Vertragsstaaten mit der Aufforderung, ihm zu notifizieren, ob sie die Einberufung eines Treffens der Vertragsstaaten zur Beratung und Entscheidung über den Vorschlag befürworten. Befürwortet innerhalb von vier Monaten nach dem Datum der Übermittlung wenigstens ein Drittel der Vertragsstaaten die Einberufung eines solchen Treffens, so beruft der Generalsekretär das Treffen unter der Schirmherrschaft der Vereinten Nationen ein. Jede Änderung, die von einer Mehrheit von zwei Dritteln der anwesenden und abstimmenden Vertragsstaaten beschlossen wird, wird vom Generalsekretär der Generalversammlung der Vereinten Nationen zur Genehmigung und danach allen Vertragsstaaten zur Annahme vorgelegt.

(2) Eine nach Absatz 1 beschlossene und genehmigte Änderung tritt am dreißigsten Tag nach dem Zeitpunkt in Kraft, zu dem die Anzahl der hinterlegten Annahmeurkunden zwei Drittel der Anzahl der Vertragsstaaten zum Zeitpunkt der Beschlussfassung über die Änderung erreicht. Danach tritt die Änderung für jeden Vertragsstaat am dreißigsten Tag nach Hinterlegung seiner eigenen Annahmeurkunde in Kraft. Eine Änderung ist nur für die Vertragsstaaten, die sie angenommen haben, verbindlich.

Art. 16. Ein Vertragsstaat kann dieses Protokoll durch eine an den Generalsekretär der Vereinten Nationen gerichtete schriftliche Notifikation kündigen. Die Kündigung wird ein Jahr nach Eingang der Notifikation beim Generalsekretär wirksam.

Art. 17. Der Wortlaut dieses Protokolls wird in zugänglichen Formaten zur Verfügung gestellt.

Art. 18. Der arabische, der chinesische, der englische, der französische, der russische und der spanische Wortlaut dieses Protokolls sind gleichermaßen verbindlich.

Zu Urkund dessen haben die unterzeichneten, von ihren jeweiligen Regierungen hierzu gehörig befugten Bevollmächtigten dieses Protokoll unterschrieben.

Art. 17. Der Wortlaut dieses Protokolls wird in zugänglichen Formaten zur Verfügung gestellt.

Art. 18. Der arabische, der chinesische, der englische, der französische, der russische und der spanische Wortlaut dieses Protokolls sind gleichermaßen verbindlich.

Zu Urkund dessen haben die unterzeichneten, von ihren jeweiligen Regierungen hierzu gehörig befugten Bevollmächtigten dieses Protokoll unterschrieben.

Teil 3. Allgemeine Grundsätze des Strafrechts

Teil 4. Zusammensetzung und Verwaltung des Gerichtshofs

Teil 5. Ermittlungen und Strafverfolgung

[1)] Offensichtlich versehentlich nicht abgedruckt in der amtl. Übersetzung.

35. Römisches Statut des Internationalen Strafgerichtshofs[1)·2)·3)]

Vom 17. Juli 1998

(BGBl. 2000 II S. 1394, UNTS Bd. 2187 S. 3; geänd. durch Resolution/RC Res. 5 und 6 der Vertragsstaatenkonferenz v. 10./11.6.2010, BGBl. 2013 II S. 140)[4)]

Inhaltsübersicht[5)]

---

1) Das Statut ist gem. seinem Art. 126 – auch für Deutschland – am 1.7.2002 in Kraft getreten (vgl. Bek. v. 28.2.2003, BGBl. 2003 II S. 293). Der Anpassung der dt. Rechtsordnung an das Statut dient ein umfangreiches Gesetzespaket, das insbes. die Änderung des Art. 16 II GG (47. ÄndG v. 29.11.2000, BGBl. 2000 I S. 1633), das am 1.7.2002 und damit zeitgleich mit dem Römischen Statut in Kraft getretene Ausführungsgesetz zum Römischen Statut vom 21.6.2002 (Art. 1: Gesetz über die Zusammenarbeit mit dem Internationalen Strafgerichtshof, Art. 2–12: Änderung anderer Rechtsvorschriften, BGBl. 2002 I S. 2144), das Gesetz zur Einführung des Völkerstrafgesetzbuches vom 26.6.2002 (Art. 1: Völkerstrafgesetzbuch, Art. 2–7: Änderung anderer Gesetze, BGBl. 2002 I S. 2254) und das Gesetz zur Änderung des Gerichtsverfassungsgesetzes vom 26.7.2002 (BGBl. 2002 I S. 2914) umfasst. Vgl. auch das Übereinkommen v. 9.9.2002 über die Vorrechte und Immunitäten des Internationalen Strafgerichtshofs (BGBl. 2004 II S. 1139), das für Deutschland am 2.10.2004 in Kraft getreten ist (vgl. Bek. v. 29.11.2004, BGBl. 2004 II S. 1782) Deutschland hat bei der Unterzeichnung dieses Übereinkommens folgende Erklärung abgegeben:

„Deutschland erklärt nach Artikel 23 des Übereinkommens, dass die in den Artikeln 15, 16, 18, 19 und 21 genannten Personen, die Staatsangehörige der Bundesrepublik Deutschland sind oder ihren ständigen Aufenthalt dort haben, während ihres Aufenthaltes in deutschem Hoheitsgebiet Vorrecht und Immunitäten nur in dem Umfang genießen, der für die unabhängige Wahrnehmung ihrer Aufgaben oder für ihr Erscheinen oder ihre Zeugenaussage vor dem Gerichtshof, wie im entsprechenden Artikel niedergelegt, erforderlich ist."

2) Zur personellen Zusammensetzung des Gerichtshofes (Richter, Ankläger, Kanzler) vgl. die imAnhang zum Statut abgedruckte Tabelle.

3) Vgl. auch das Abkommens zwischen der Regierung der Bundesrepublik Deutschland und dem Internationalen Strafgerichtshof über die Beschäftigung von Juniorfachkräften v. 21.10.2020 (BGBl. 2020 II S. 862).

4) Die 2010 beschlossene Ergänzung des Art. 8 Abs. 2e) (neue xiii–xv) ist bisher erst von einer Minderheit der Vertragsstaaten angenommmen worden (Stand 1.4.2021: 41, darunter Deutschland), wird aber – ebenso wie die jüngst (Res. ICC-ASP/16/Res. 4) – 2017) erfolgte weitere Ergänzung der Tatbestände der Art. 8 Abs. 2b) (xxvii–xxix) und Art. 8 Abs. 2e) xxvi–xxviii) – in der vorliegenden Textsammlung bereits nachgewiesen (letztere Ergänzungen noch in Kursivdruck).

5) Obwohl Bestandteil der amtlichen dt. Übers., ist diese Inhaltsübersicht nicht im BGBl. abgedruckt.

Teil 6. Hauptverfahren

(Fortsetzung nächstes Blatt)

Präambel

DIE VERTRAGSSTAATEN DIESES STATUTS –

IM BEWUSSTSEIN, dass alle Völker durch gemeinsame Bande verbunden sind und ihre Kulturen ein gemeinsames Erbe bilden, und besorgt darüber, dass dieses zerbrechliche Mosaik jederzeit zerstört werden kann,

EINGEDENK DESSEN, dass in diesem Jahrhundert Millionen von Kindern, Frauen und Männern Opfer unvorstellbarer Gräueltaten geworden sind, die das Gewissen der Menschheit zutiefst erschüttern,

IN DER ERKENNTNIS, dass solche schweren Verbrechen den Frieden, die Sicherheit und das Wohl der Welt bedrohen,

BEKRÄFTIGEND, dass die schwersten Verbrechen, welche die internationale Gemeinschaft als Ganzes berühren, nicht unbestraft bleiben dürfen und dass ihre wirksame Verfolgung durch Maßnahmen auf einzelstaatlicher Ebene und durch verstärkte internationale Zusammenarbeit gewährleistet werden muss,

ENTSCHLOSSEN, der Straflosigkeit der Täter ein Ende zu setzen und so zur Verhütung solcher Verbrechen beizutragen,

DARAN ERINNERND, dass es die Pflicht eines jedes Staates ist, seine Strafgerichtsbarkeit über die für internationale Verbrechen Verantwortlichen auszuüben,

IN BEKRÄFTIGUNG der Ziele und Grundsätze der Charta der Vereinten Nationen und insbesondere des Grundsatzes, dass alle Staaten jede gegen die territoriale Unversehrtheit oder die politische Unabhängigkeit eines Staates gerichtete oder sonst mit den Zielen der Vereinten Nationen unvereinbare Androhung oder Anwendung von Gewalt zu unterlassen haben,

IN DIESEM ZUSAMMENHANG NACHDRÜCKLICH DARAUF HINWEISEND, dass dieses Statut nicht so auszulegen ist, als ermächtige es einen Vertragsstaat, in einen bewaffneten Konflikt oder in die inneren Angelegenheiten eines Staates einzugreifen,

IM FESTEN WILLEN, zu diesem Zweck und um der heutigen und der künftigen Generationen willen einen mit dem System der Vereinten Nationen in Beziehung stehenden unabhängigen ständigen internationalen Strafgerichtshof zu errichten, der Gerichtsbarkeit über die schwersten Verbrechen hat, welche die internationale Gemeinschaft als Ganzes berühren,

NACHDRÜCKLICH DARAUF HINWEISEND, dass der aufgrund dieses Statuts errichtete Internationale Strafgerichtshof die innerstaatliche Strafgerichtsbarkeit ergänzt,

ENTSCHLOSSEN, die Achtung und die Durchsetzung der internationalen Rechtspflege dauerhaft zu gewährleisten –

SIND WIE FOLGT ÜBEREINGEKOMMEN:

Teil 1. Errichtung des Gerichtshofs

Art. 1 Der Gerichtshof. Hiermit wird der Internationale Strafgerichtshof („Gerichtshof") errichtet. Der Gerichtshof ist eine ständige Einrichtung und ist befugt, seine Gerichtsbarkeit über Personen wegen der in diesem Statut genannten schwersten Verbrechen von internationalem Belang auszuüben; er ergänzt die innerstaatliche Strafgerichtsbarkeit. Die Zuständigkeit und die Arbeitsweise des Gerichtshofs werden durch dieses Statut geregelt.

Art. 2 Verhältnis des Gerichtshofs zu den Vereinten Nationen.[1] Der Gerichtshof wird durch ein Abkommen, das von der Versammlung der Vertragsstaaten dieses Statuts zu genehmigen und danach vom Präsidenten des Gerichtshofs in dessen Namen zu schließen ist, mit den Vereinten Nationen in Beziehung gebracht.

Art. 3 Sitz des Gerichtshofs. (1) Sitz des Gerichtshofs ist Den Haag in den Niederlanden („Gaststaat").

(2) Der Gerichtshof schließt mit dem Gaststaat ein Sitzabkommen, das von der Versammlung der Vertragsstaaten zu genehmigen und danach vom Präsidenten des Gerichtshofs in dessen Namen zu schließen ist.

(3) Der Gerichtshof kann, wie in diesem Statut vorgesehen, an einem anderen Ort tagen, wenn er dies für wünschenswert hält.

Art. 4 Rechtsstellung und Befugnisse des Gerichtshofs. (1) Der Gerichtshof besitzt Völkerrechtspersönlichkeit. Er besitzt außerdem die Rechts- und Geschäftsfähigkeit, die zur Wahrnehmung seiner Aufgaben und zur Verwirklichung seiner Ziele erforderlich ist.

(2) Der Gerichtshof kann seine Aufgaben und Befugnisse, wie in diesem Statut vorgesehen, im Hoheitsgebiet eines jeden Vertragsstaats und nach Maßgabe einer besonderen Übereinkunft im Hoheitsgebiet eines jeden anderen Staates wahrnehmen.

---

[1] Das am 4.10.2004 unterzeichnete „Relationship Agreement between the International Criminal Court and the United Nations" ist mit Wirkung vom selben Tag in Kraft getreten (Text: www.icc-cpi.int/legaltools).

Teil 2. Gerichtsbarkeit, Zulässigkeit und anwendbares Recht

Art. 5[1)] Der Gerichtsbarkeit des Gerichtshofs unterliegende Verbrechen. Die Gerichtsbarkeit des Gerichtshofs ist auf die schwersten Verbrechen beschränkt, welche die internationale Gemeinschaft als Ganzes berühren. Die Gerichtsbarkeit des Gerichtshofs erstreckt sich in Übereinstimmung mit diesem Statut auf folgende Verbrechen:

a) das Verbrechen des Völkermords;

b) Verbrechen gegen die Menschlichkeit;

c) Kriegsverbrechen;

d) das Verbrechen der Aggression.

Art. 6 Völkermord. Im Sinne dieses Statuts bedeutet „Völkermord" jede der folgenden Handlungen, die in der Absicht begangen wird, eine nationale, ethnische, rassische oder religiöse Gruppe als solche ganz oder teilweise zu zerstören[2)]:

a) Tötung von Mitgliedern der Gruppe;

b) Verursachung[3)] von schwerem körperlichem oder seelischem Schaden an Mitgliedern der Gruppe;

c) vorsätzliche Auferlegung von Lebensbedingungen für die Gruppe, die geeignet sind, ihre körperliche Zerstörung[4)] ganz oder teilweise herbeizuführen;[5)]

d) Verhängung von Maßnahmen, die auf die Geburtenverhinderung innerhalb der Gruppe gerichtet sind;

e) gewaltsame Überführung von Kindern der Gruppe in eine andere Gruppe.

Art. 7 Verbrechen gegen die Menschlichkeit. (1) Im Sinne dieses Statuts bedeutet „Verbrechen gegen die Menschlichkeit" jede der folgenden Handlungen, die im Rahmen eines ausgedehnten oder systematischen Angriffs gegen die Zivilbevölkerung und in Kenntnis des Angriffs begangen wird:

a) vorsätzliche Tötung;

b) Ausrottung;

c) Versklavung;

d) Vertreibung oder zwangsweise Überführung der Bevölkerung;

---

1) Art. 5 Abs. 2 aufgeh. mWv 3.6.2014 durch Beschl. v. 11.6.2010 (BGBl. 2013 II S. 139, 144 iVm Bek. v. 12.6.2013, BGBl. II S. 1042).

2) CH: vernichten.

3) A: Zufügung.

4) CH: Vernichtung.

5) A: vorsätzliche Unterwerfung der Gruppe unter Lebensbedingungen mit dem Ziel, ihre körperliche Zerstörung ganz oder teilweise herbeizuführen.

e) Freiheitsentzug oder sonstige schwerwiegende Beraubung der körperlichen Freiheit unter Verstoß gegen die Grundregeln des Völkerrechts;
f) Folter;
g) Vergewaltigung, sexuelle Sklaverei, Nötigung zur Prostitution, erzwungene Schwangerschaft, Zwangssterilisation oder jede andere Form sexueller Gewalt von vergleichbarer Schwere;
h) Verfolgung einer identifizierbaren Gruppe oder Gemeinschaft aus politischen, rassischen, nationalen, ethnischen, kulturellen oder religiösen Gründen, Gründen des Geschlechts im Sinne des Absatzes 3 oder aus anderen nach dem Völkerrecht universell als unzulässig anerkannten Gründen im Zusammenhang mit einer in diesem Absatz genannten Handlung oder einem der Gerichtsbarkeit des Gerichtshofs unterliegenden Verbrechen;
i) zwangsweises Verschwindenlassen von Personen;
j) das Verbrechen der Apartheid;
k) andere unmenschliche Handlungen ähnlicher Art, mit denen vorsätzlich große Leiden oder eine schwere Beeinträchtigung der körperlichen Unversehrtheit oder der geistigen oder körperlichen Gesundheit verursacht werden.

(2) Im Sinne des Absatzes 1

a) bedeutet „Angriff gegen die Zivilbevölkerung" eine Verhaltensweise, die mit der mehrfachen Begehung der in Absatz 1 genannten Handlungen gegen eine Zivilbevölkerung verbunden ist, in Ausführung oder zur Unterstützung der Politik eines Staates oder einer Organisation, die einen solchen Angriff zum Ziel hat;
b) umfasst „Ausrottung" die vorsätzliche Auferlegung von Lebensbedingungen[1] – unter anderem das Vorenthalten des Zugangs zu Nahrungsmitteln und Medikamenten –, die geeignet sind[2], die Vernichtung eines Teiles der Bevölkerung herbeizuführen;
c) bedeutet „Versklavung" die Ausübung aller oder einzelner mit einem Eigentumsrecht an einer Person verbundenen Befugnisse und umfasst die Ausübung dieser Befugnisse im Rahmen des Handels mit Menschen, insbesondere mit Frauen und Kindern;
d) bedeutet „Vertreibung oder zwangsweise Überführung der Bevölkerung" die erzwungene, völkerrechtlich unzulässige Verbringung der betroffenen Personen durch Ausweisung oder andere Zwangsmaßnahmen aus dem Gebiet, in dem sie sich rechtmäßig aufhalten;
e) bedeutet „Folter", dass einer im Gewahrsam oder unter der Kontrolle des Beschuldigten befindlichen Person vorsätzlich große körperliche oder seelische Schmerzen oder Leiden zugefügt werden; Folter umfasst jedoch nicht Schmerzen oder Leiden, die sich lediglich aus gesetzlich zulässigen Sanktionen ergeben, dazu gehören oder damit verbunden sind;

---

[1] A: die vorsätzliche Unterwerfung unter Lebensbedingungen.
[2] A: mit dem Ziel.

f) bedeutet „erzwungene Schwangerschaft" die rechtswidrige Gefangenhaltung einer zwangsweise geschwängerten Frau in der Absicht, die ethnische Zusammensetzung einer Bevölkerung zu beeinflussen oder andere schwere Verstöße gegen das Völkerrecht zu begehen. Diese Begriffsbestimmung ist nicht so auszulegen, als berühre sie innerstaatliche Gesetze in Bezug auf Schwangerschaft;

g) bedeutet „Verfolgung" den völkerrechtswidrigen, vorsätzlichen und schwerwiegenden Entzug von Grundrechen wegen der Identität einer Gruppe oder Gemeinschaft;

h) bedeutet „Verbrechen der Apartheid" unmenschliche Handlungen ähnlicher Art wie die in Absatz 1 genannten, die von einer rassischen Gruppe im Zusammenhang mit einem institutionalisierten Regime der systematischen Unterdrückung und Beherrschung einer oder mehrerer anderer rassischer Gruppen in der Absicht begangen werden, dieses Regime aufrechtzuerhalten;

i) bedeutet „zwangsweises Verschwindenlassen von Personen" die Festnahme, den Entzug der Freiheit oder die Entführung von Personen durch einen Staat oder eine politische Organisation oder mit Ermächtigung, Unterstützung oder Duldung des Staates oder der Organisation, gefolgt von der Weigerung, diese Freiheitsberaubung anzuerkennen oder Auskunft über das Schicksal oder den Verbleib dieser Personen zu erteilen, in der Absicht, sie für längere Zeit dem Schutz des Gesetzes zu entziehen.

(3) Im Sinne dieses Statuts bezieht sich der Ausdruck „Geschlecht" auf beide Geschlechter, das männliche und das weibliche, im gesellschaftlichen Zusammenhang. Er hat keine andere als die vorgenannte Bedeutung.

Art. 8 Kriegsverbrechen.[1] (1) Der Gerichtshof hat Gerichtsbarkeit in Bezug auf Kriegsverbrechen, insbesondere wenn diese als Teil eines Planes oder einer Politik oder als Teil der Begehung solcher Verbrechen in großem Umfang verübt werden.

(2) Im Sinne dieses Statuts bedeutet „Kriegsverbrechen"

a) schwere Verletzungen der Genfer Abkommen vom 12. August 1949, nämlich jeder der folgenden Handlungen gegen die nach dem jeweiligen Genfer Abkommen geschützten Personen oder Güter:
   i) vorsätzliche Tötung;
   ii) Folter oder unmenschliche Behandlung einschließlich biologischer Versuche;
   iii) vorsätzliche Verursachung großer Leiden oder schwere Beeinträchtigung der körperlichen Unversehrtheit oder der Gesundheit;

[1] In Bezug auf den Tatbestand der Kriegsverbrechen hat die Vertragsstaatenkonferenz in Kampala (Uganda) am 11.6.2010 eine Ergänzung des Art. 8 Abs. 2 lit. e) beschlossen (RC/Res. 5 Annex 1), die in der vorliegenden Textausgabe bereits wiedergegeben ist (zu den Modalitäten des Inkrafttretens dieser Änderung vgl. Art. 121 Abs. 5 des Statuts). Die Änderung (Anfügung der Tatbestände (2) e) xiii–xv) ist danach für Deutschland am 3.6.2014 in Kraft getreten und wird am 5.4.2020 für insgesamt 38 Staaten Gültigkeit haben, darunter auch Liechtenstein, Österreich und die Schweiz.

iv) Zerstörung und Aneignung von Eigentum[1] in großem Ausmaß, die durch militärische Erfordernisse nicht gerechtfertigt sind und rechtswidrig und willkürlich vorgenommen werden;
v) Nötigung eines Kriegsgefangenen oder einer anderen geschützten Person zur Dienstleistung in den Streitkräften einer feindlichen Macht;
vi) vorsätzlicher Entzug des Rechts eines Kriegsgefangenen oder einer anderen geschützten Person auf ein unparteiisches ordentliches Gerichtsverfahren;
vii) rechtswidrige Vertreibung oder Überführung[2] oder rechtswidrige Gefangenhaltung;
viii) Geiselnahme;

b) andere schwere Verstöße gegen die innerhalb des feststehenden Rahmens des Völkerrechts im internationalen bewaffneten Konflikt anwendbaren Gesetze und Gebräuche, nämlich jede der folgenden Handlungen:
i) vorsätzliche Angriffe auf die Zivilbevölkerung als solche oder auf einzelne Zivilpersonen, die an den Feindseligkeiten nicht unmittelbar teilnehmen;
ii) vorsätzliche Angriffe auf zivile Objekte, das heißt auf Objekte, die nicht militärische Ziele sind;
iii) vorsätzliche Angriffe auf Personen, Einrichtungen, Material, Einheiten oder Fahrzeuge, die an einer humanitären Hilfsmission oder friedenserhaltenden Mission in Übereinstimmung mit der Charta der Vereinten Nationen beteiligt sind, solange sie Anspruch auf den Schutz haben, der Zivilpersonen oder zivilen Objekten nach dem internationalen Recht des bewaffneten Konflikts gewährt wird;
iv) vorsätzliches Führen eines Angriffs in der Kenntnis, dass dieser auch Verluste an Menschenleben, die Verwundung von Zivilpersonen, die Beschädigung ziviler Objekte oder weit reichende, langfristige und schwere Schäden an der natürlichen Umwelt verursachen wird, die eindeutig in keinem Verhältnis zu dem insgesamt erwarteten konkreten und unmittelbaren militärischen Vorteil stehen;
v) der Angriff auf unverteidigte Städte, Dörfer, Wohnstätten oder Gebäude, die nicht militärische Ziele sind, oder deren Beschießung, gleichviel mit welchen Mitteln;
vi) die Tötung oder Verwundung eines die Waffen streckenden oder wehrlosen Kombattanten, der sich auf Gnade oder Ungnade ergeben hat;
vii) der Missbrauch der Parlamentärflagge, der Flagge oder der militärischen Abzeichen oder der Uniform des Feindes oder der Vereinten Nationen sowie der Schutzzeichen der Genfer Ab-

[1] CH: Gut.
[2] A: Verschleppung oder Versetzung.

kommen, wodurch Tod oder schwere Verletzungen verursacht werden;

viii) die unmittelbare oder mittelbare Überführung durch die Besatzungsmacht eines Teiles ihrer eigenen Zivilbevölkerung in das von ihr besetzte Gebiet oder die Vertreibung oder Überführung der Gesamtheit oder eines Teiles der Bevölkerung des besetzten Gebiets innerhalb desselben oder aus diesem Gebiet;

ix) vorsätzliche Angriffe auf Gebäude, die dem Gottesdienst, der Erziehung, der Kunst, der Wissenschaft oder der Wohltätigkeit gewidmet sind, auf geschichtliche Denkmäler, Krankenhäuser und Sammelplätze für Kranke und Verwundete, sofern es nicht militärische Ziele sind;

x) die körperliche Verstümmelung von Personen, die sich in der Gewalt einer gegnerischen Partei befinden, oder die Vornahme medizinischer oder wissenschaftlicher Versuche jeder Art an diesen Personen, die nicht durch deren ärztliche, zahnärztliche oder Krankenhausbehandlung gerechtfertigt sind oder in ihrem Interesse durchgeführt werden und die zu ihrem Tod führen oder ihre Gesundheit ernsthaft gefährden;

xi) die meuchlerische Tötung oder Verwundung von Angehörigen des feindlichen Volkes oder Heeres;

xii) die Erklärung, dass kein Pardon gegeben wird;

xiii) die Zerstörung oder Beschlagnahme feindlichen Eigentums[1], sofern diese nicht durch die Erfordernisse des Krieges zwingend geboten ist;

xiv) die Erklärung, dass Rechte und Forderungen von Angehörigen der Gegenpartei aufgehoben, zeitweilig ausgesetzt oder vor Gericht nicht einklagbar sind;

xv) der Zwang gegen Angehörige der Gegenpartei, an den Kriegshandlungen gegen ihr eigenes Land teilzunehmen, selbst wenn sie bereits vor Ausbruch des Krieges im Dienst des Kriegführenden standen;

xvi) die Plünderung einer Stadt oder Ansiedlung, selbst wenn sie im Sturm genommen wurde;

xvii) die Verwendung von Gift oder vergifteten Waffen;

xviii) die Verwendung erstickender, giftiger oder gleichartiger Gase sowie aller ähnlichen Flüssigkeiten, Stoffe oder Vorrichtungen;

xix) die Verwendung von Geschossen, die sich im Körper des Menschen leicht ausdehnen oder flachdrücken, beispielsweise Geschosse mit einem harten Mantel, der den Kern nicht ganz umschließt oder mit Einschnitten versehen ist;

xx) die Verwendung von Waffen, Geschossen, Stoffen und Methoden der Kriegführung, die geeignet sind, überflüssige Verletzungen oder unnötige Leiden zu verursachen, oder die unter Verstoß gegen das internationale Recht des bewaffneten Konflikts ihrer Natur nach unterschiedslos wirken, vorausgesetzt,

---

[1] CH: Guts.

dass diese Waffen, Geschosse, Stoffe und Methoden der Kriegführung Gegenstand eines umfassenden Verbots und aufgrund einer Änderung entsprechend den einschlägigen Bestimmungen in den Artikeln 121 und 123 in einer Anlage dieses Statuts enthalten sind;

xxi) die Beeinträchtigung der persönlichen Würde, insbesondere eine entwürdigende und erniedrigende Behandlung;

xxii) Vergewaltigung, sexuelle Sklaverei, Nötigung zur Prostitution, erzwungene Schwangerschaft im Sinne des Artikels 7 Absatz 2 Buchstabe f, Zwangssterilisation oder jede andere Form sexueller Gewalt, die ebenfalls eine schwere Verletzung der Genfer Abkommen darstellt;

xxiii) die Benutzung der Anwesenheit einer Zivilperson oder einer anderen geschützten Person, um Kampfhandlungen von gewissen Punkten, Gebieten oder Streitkräften fernzuhalten;

xxiv) vorsätzliche Angriffe auf Gebäude, Material, Sanitätseinheiten, Sanitätstransportmittel und Personal, die in Übereinstimmung mit dem Völkerrecht mit den Schutzzeichen der Genfer Abkommen versehen sind;

xxv) das vorsätzliche Aushungern von Zivilpersonen als Methode der Kriegführung durch das Vorenthalten der für sie lebensnotwendigen Gegenstände, einschließlich der vorsätzlichen Behinderung von Hilfslieferungen, wie sie nach den Genfer Abkommen vorgesehen sind;

xxvi) die Zwangsverpflichtung oder Eingliederung von Kindern unter fünfzehn Jahren in die nationalen Streitkräfte oder ihre Verwendung zur aktiven Teilnahme an Feindseligkeiten;

xxvii) die Verwendung von Waffen, die mikrobielle oder andere biologische Agenzien oder Toxine verwenden, ungeachtet ihres Ursprungs oder ihrer Herstellungsmethode

xxviii) die Verwendung von Waffen, deren Hauptwirkung darin besteht, durch Splitter zu verletzen, die im menschlichen Körper durch Röntgenstrahlen nicht entdeckt werden können;

xxix) die Verwendung von Laserwaffen, die eigens dazu entworfen sind, sei es als ihre einzige Kampfaufgabe oder als eine ihrer Kampfaufgaben, die dauerhafte Erblindung des unbewehrten Auges, das heisst des blossen Auges oder des Auges mit Sehhilfe, zu verursachen;[1)]

c) im Falle eines bewaffneten Konflikts, der keinen internationalen Charakter hat, schwere Verstöße gegen den gemeinsamen Artikel 3 der vier Genfer Abkommen vom 12. August 1949, nämlich die Verübung jeder der folgenden Handlungen gegen Personen, die nicht unmittelbar an den Feindseligkeiten teilnehmen, einschließlich der Angehörigen der Streitkräfte, welche die Waffen gestreckt haben, und der Personen, die durch Krankheit, Verwundung, Gefangennahme oder eine andere Ursache außer Gefecht befindlich sind:

---

1) Text: Bundesblatt (der Schweiz) 2019, 3923.

i) Angriffe auf Leib und Leben, insbesondere vorsätzliche Tötung jeder Art, Verstümmelung, grausame Behandlung und Folter;
ii) die Beeinträchtigung der persönlichen Würde, insbesondere entwürdigende und erniedrigende Behandlung;
iii) Geiselnahme;
iv) Verurteilungen und Hinrichtungen ohne vorhergehendes Urteil eines ordentlich bestellten Gerichts, das die allgemein als unerlässlich anerkannten Rechtsgarantien bietet;

d) Absatz 2 Buchstabe c findet Anwendung auf bewaffnete Konflikte, die keinen internationalen Charakter haben, und somit nicht auf Fälle innerer Unruhen und Spannungen wie Tumulte, vereinzelt auftretende Gewalttaten oder andere ähnliche Handlungen;
e) andere schwere Verstöße gegen die innerhalb des feststehenden Rahmens des Völkerrechts anwendbaren Gesetze und Gebräuche im bewaffneten Konflikt, der keinen internationalen Charakter hat, nämlich jede der folgenden Handlungen:
i) vorsätzliche Angriffe auf die Zivilbevölkerung als solche oder auf einzelne Zivilpersonen, die an den Feindseligkeiten nicht unmittelbar teilnehmen;
ii) vorsätzliche Angriffe auf Gebäude, Material, Sanitätseinheiten, Sanitätstransportmittel und Personal, die in Übereinstimmung mit dem Völkerrecht mit den Schutzzeichen der Genfer Abkommen versehen sind;
iii) vorsätzliche Angriffe auf Personal, Einrichtungen, Material, Einheiten oder Fahrzeuge, die an einer Humanitäten Hilfsmission oder friedenserhaltenden Mission in Übereinstimmung mit der Charta der Vereinten Nationen beteiligt sind, solange sie Anspruch auf den Schutz haben, der Zivilpersonen oder zivilen Objekten nach dem internationalen Recht des bewaffneten Konflikts gewährt wird;
iv) vorsätzliche Angriffe auf Gebäude, die dem Gottesdienst, der Erziehung, der Kunst, der Wissenschaft oder der Wohltätigkeit gewidmet sind, auf geschichtliche Denkmäler, Krankenhäuser und Sammelplätze für Kranke und Verwundete, sofern es nicht militärische Ziele sind;
v) die Plünderung einer Stadt oder Ansiedlung, selbst wenn sie im Sturm genommen wurde;
vi) Vergewaltigung, sexuelle Sklaverei, Nötigung zur Prostitution, erzwungene Schwangerschaft im Sinne des Artikels 7 Absatz 2 Buchstabe f, Zwangssterilisation und jede andere Form sexueller Gewalt, die ebenfalls einen schweren Verstoß gegen den gemeinsamen Artikel 3 der vier Genfer Abkommen darstellt;
vii) die Zwangsverpflichtung oder Eingliederung von Kindern unter fünfzehn Jahren in Streitkräfte oder bewaffnete Gruppen oder ihre Verwendung zur aktiven Teilnahme an Feindseligkeiten;
viii) die Anordnung der Verlegung der Zivilbevölkerung aus Gründen im Zusammenhang mit dem Konflikt, sofern dies nicht im

Hinblick auf die Sicherheit der betreffenden Zivilpersonen oder aus zwingenden militärischen Gründen geboten ist;

ix) die meuchlerische Tötung oder Verwundung eines gegnerischen Kombattanten;

x) die Erklärung, dass kein Pardon gegeben wird;

xi) die körperliche Verstümmelung von Personen, die sich in der Gewalt einer anderen Konfliktpartei befinden, oder die Vornahme medizinischer oder wissenschaftlicher Versuche jeder Art an diesen Personen, die nicht durch deren ärztliche, zahnärztliche oder Krankenhausbehandlung gerechtfertigt sind oder in ihrem Interesse durchgeführt werden und die zu ihrem Tod führen oder ihre Gesundheit ernsthaft gefährden;

xii) die Zerstörung oder Beschlagnahme gegnerischen Eigentums[1]), sofern diese nicht durch die Erfordernisse des Konflikts zwingend geboten ist;

xiii) die Verwendung von Gift oder vergifteten Waffen;

xiv) die Verwendung erstickender, giftiger oder gleichartiger Gase sowie aller ähnlichen Flüssigkeiten, Stoffe oder Vorrichtungen;

xv) die Verwendung von Geschossen, die sich im Körper des Menschen leicht ausdehnen oder flachdrücken, beispielsweise Geschosse mit einem harten Mantel, der den Kern nicht ganz umschließt oder mit Einschnitten versehen ist;

xxvi) die Verwendung von Waffen, die mikrobielle oder andere biologische Agenzien oder Toxine verwenden, ungeachtet ihres Ursprungs oder ihrer Herstellungsmethode;

xxvii) die Verwendung von Waffen, deren Hauptwirkung darin besteht, durch Splitter zu verletzen, die im menschlichen Körper durch Röntgenstrahlen nicht entdeckt werden können;

xxviii) die Verwendung von Laserwaffen, die eigens dazu entworfen sind, sei es als ihre einzige Kampfaufgabe oder als eine ihrer Kampfaufgaben, die dauerhafte Erblindung des unbewehrten Auges, das heisst des blossen Auges oder des Auges mit Sehhilfe, zu verursachen;[2])

f) Absatz 2 Buchstabe e findet Anwendung auf bewaffnete Konflikte, die keinen internationalen Charakter haben, und somit nicht auf Fälle innerer Unruhen und Spannungen wie Tumulte, vereinzelt auftretende Gewalttaten oder andere ähnliche Handlungen. Er findet Anwendung auf bewaffnete Konflikte, die im Hoheitsgebiet eines Staates stattfinden, wenn zwischen den staatlichen Behörden und organisierten bewaffneten Gruppen oder zwischen solchen Gruppen ein lang anhaltender bewaffneter Konflikt besteht.

(3) Absatz 2 Buchstaben c und e berührt nicht die Verantwortung einer Regierung, die öffentliche Ordnung im Staat aufrechtzuerhalten oder wiederherzustellen oder die Einheit und territoriale Unversehrtheit des Staates mit allen rechtmäßigen Mitteln zu verteidigen.

---

[1]) CH: Gut.
[2]) Text: Bundesblatt (der Schweiz) 2019, 3923.

Art. 8bis Verbrechen der Aggression.[1] (1) Im Sinne dieses Statuts bedeutet „Verbrechen der Aggression" die Planung, Vorbereitung, Auslösung oder Ausführung einer Angriffshandlung, die ihrer Art, ihrer Schwere und ihrem Umfang nach eine offenkundige Verletzung der Charta der Vereinten Nationen darstellt, durch eine Person, die tatsächlich in der Lage ist, das politische oder militärische Handeln eines Staates zu kontrollieren oder zu lenken.

(2) Im Sinne des Absatzes 1 bedeutet „Angriffshandlung" die gegen die Souveränität, die territoriale Unversehrtheit oder die politische Unabhängigkeit eines anderen Staates gerichtete oder sonst mit der Charta der Vereinten Nationen unvereinbare Anwendung von Waffengewalt durch einen Staat. Unabhängig vom Vorliegen einer Kriegserklärung gilt in Übereinstimmung mit der Resolution 3314 (XXIX) der Generalversammlung der Vereinten Nationen vom 14. Dezember 1974 jede der folgenden Handlungen als Angriffshandlung:

a) die durch die Streitkräfte eines Staates erfolgende Invasion oder der durch diese Streitkräfte erfolgende Angriff des Hoheitsgebiets eines anderen Staates oder jede, selbst vorübergehende, militärische Besetzung infolge dieser Invasion oder dieses Angriffs, oder jede gewaltsame Annexion des Hoheitsgebiets eines anderen Staates oder eines Teiles desselben;

b) die durch die Streitkräfte eines Staates erfolgende Beschießung oder Bombardierung des Hoheitsgebiets eines anderen Staates oder der gegen das Hoheitsgebiet eines anderen Staates gerichtete Einsatz von Waffen jeder Art durch einen Staat;

c) die Blockade der Häfen oder Küsten eines Staates durch die Streitkräfte eines anderen Staates;

d) ein Angriff der Streitkräfte eines Staates auf die Land-, See- oder Luftstreitkräfte oder die See- und Luftflotte eines anderen Staates;

e) der Einsatz von Streitkräften eines Staates, die sich mit Zustimmung eines anderen Staates auf dessen Hoheitsgebiet befinden, unter Verstoß gegen die in dem entsprechenden Abkommen vorgesehenen Bedingungen oder jede Verlängerung ihrer Anwesenheit in diesem Hoheitsgebiet über den Ablauf des Abkommens hinaus;

f) das Erlauben eines Staates, dass sein Hoheitsgebiet, das er einem anderen Staat zur Verfügung gestellt hat, von diesem anderen Staat dazu benutzt wird, eine Angriffshandlung gegen einen dritten Staat zu begehen;

---

[1] Diese Vertragsänderung (sowie die Einfügung der Art. 15bis und Art. 15ter sowie der entsprechenden Anpassungen in Art. 9 und Art. 20) sind bislang von 41 Staaten angenommen bzw. ratifiziert worden (Stand: 1.4.2021), darunter auch Deutschland, Liechtenstein, Österreich und die Schweiz. Mit der Ratifikation durch Palästina war am 26.6.2016 die Schwelle nach Art. 15ter Abs. 2 erreicht worden, welche Voraussetzung für einen ab 1.1.2017 möglichen Beschluss nach Art. 15ter Abs. 3 bzgl. der Ausübung der Gerichtsbarkeit über das Verbrechen der Aggression ist. Ein derartiger Beschluss ist am 14.12.2017 im Konsens gefasst (Res. ICC-ASP/16/Res. 5) und die Jurisdiktion des Gerichtshofs über dieses Verbrechen mit Wirkung vom 17.7.2018 aktiviert worden.

g) das durch einen Staat oder in seinem Namen erfolgende Entsenden bewaffneter Banden, Gruppen, Freischärler oder Söldner, die mit Waffengewalt gegen einen anderen Staat gerichtete Handlungen von solcher Schwere durchführen, dass sie den unter den Buchstaben a bis f genannten Handlungen gleichkommen, oder die wesentliche Beteiligung eines Staat daran.

(Fortsetzung nächstes Blatt)

Art. 9 „Verbrechenselemente". (1) Die „Verbrechenselemente" helfen dem Gerichtshof bei der Auslegung und Anwendung der Artikel 6, 7, 8 und 8bis. Sie werden von den Mitgliedern der Versammlung der Vertragsstaaten mit Zweidrittelmehrheit angenommen.[1)]

(2) Änderungen der „Verbrechenselemente" können vorgeschlagen werden von
a) jedem Vertragsstaat;
b) den Richtern mit absoluter Mehrheit;
c) dem Ankläger;

Diese Änderungen werden von den Mitgliedern der Versammlung der Vertragsstaaten mit Zweidrittelmehrheit angenommen.

(3) Die „Verbrechenselemente" und ihre Änderungen müssen mit dem Statut vereinbar sein.

Art. 10 [Verhältnis zum Völkergewohnheitsrecht]. Dieser Teil ist nicht so auszulegen, als beschränke oder berühre er bestehende oder sich entwickelnde Regeln des Völkerrechts für andere Zwecke als diejenigen dieses Statuts.

Art. 11 Gerichtsbarkeit ratione temporis. (1) Die Gerichtsbarkeit des Gerichtshofs erstreckt sich nur auf Verbrechen, die nach Inkrafttreten dieses Statuts begangen werden.

(2) Wird ein Staat nach Inkrafttreten dieses Statuts dessen Vertragspartei, so kann der Gerichtshof seine Gerichtsbarkeit nur in Bezug auf Verbrechen ausüben, die nach Inkrafttreten des Statuts für diesen Staat begangen wurden, es sei denn, der Staat hat eine Erklärung nach Artikel 12 Absatz 3 abgegeben.

Art. 12 Voraussetzungen für die Ausübung der Gerichtsbarkeit. (1) Ein Staat, der Vertragspartei dieses Statuts wird, erkennt damit die Gerichtsbarkeit des Gerichtshofs für die in Artikel 5 bezeichneten Verbrechen an.

(2) Im Fall des Artikels 13 Buchstabe a oder c kann der Gerichtshof seine Gerichtsbarkeit ausüben, wenn einer oder mehrere der folgenden Staaten Vertragspartei dieses Statuts sind oder in Übereinstimmung mit Absatz 3 die Gerichtsbarkeit des Gerichtshofs anerkannt haben:
a) der Staat, in dessen Hoheitsgebiet das fragliche Verhalten stattgefunden hat, oder, sofern das Verbrechen an Bord eines Schiffes oder Luftfahrzeugs begangen wurde, der Staat, in dem dieses registriert ist;
b) der Staat, dessen Staatsangehörigkeit die des Verbrechens beschuldigte Person besitzt.

(3) Ist nach Absatz 2 die Anerkennung der Gerichtsbarkeit durch einen Staat erforderlich, der nicht Vertragspartei dieses Statuts ist, so

---

1) Die sog. „elements of crimes" sind von der Versammlung auf ihrer 1. Sitzung im September 2002 angenommen und am 9.9.2002 in Kraft getreten (Official Records: ICC-ASP/1/3 – verfügbar auch als PDF-Datei unter http://www.icc-cpi.int/legaltools).

kann dieser Staat durch Hinterlegung einer Erklärung beim Kanzler die Ausübung der Gerichtsbarkeit durch den Gerichtshof in Bezug auf das fragliche Verbrechen anerkennen.[1] Der anerkennende Staat arbeitet mit dem Gerichtshof ohne Verzögerung oder Ausnahme in Übereinstimmung mit Teil 9 zusammen.

Art. 13 Ausübung der Gerichtsbarkeit. Der Gerichtshof kann in Übereinstimmung mit diesem Statut seine Gerichtsbarkeit über ein in Artikel 5 bezeichnetes Verbrechen ausüben, wenn

a) eine Situation, in der es den Anschein hat, dass eines oder mehrere dieser Verbrechen begangen wurden, von einem Vertragsstaat nach Artikel 14 dem Ankläger unterbreitet wird,

b) eine Situation, in der es den Anschein hat, dass eines oder mehrere dieser Verbrechen begangen wurden, vom Sicherheitsrat, der nach Kapitel VII der Charta der Vereinten Nationen tätig wird, dem Ankläger unterbreitet wird, oder

c) der Ankläger nach Artikel 15 Ermittlungen in Bezug auf eines dieser Verbrechen eingeleitet hat.

Art. 14 Unterbreitung einer Situation durch einen Vertragsstaat. (1) Ein Vertragsstaat kann eine Situation, in der es den Anschein hat, dass ein oder mehrere der Gerichtsbarkeit des Gerichtshofs unterliegende Verbrechen begangen wurden, dem Ankläger unterbreiten und diesen ersuchen, die Situation zu untersuchen, um festzustellen, ob eine oder mehrere bestimmte Personen angeklagt werden sollen, diese Verbrechen begangen zu haben.

(2) Soweit möglich, sind in der Unterbreitung die maßgeblichen Umstände anzugeben und diejenigen Unterlagen zur Begründung beizufügen, über die der unterbreitende Staat verfügt.

Art. 15 Ankläger. (1) Der Ankläger kann auf der Grundlage von Informationen über der Gerichtsbarkeit des Gerichtshofs unterliegende Verbrechen aus eigener Initiative Ermittlungen einleiten.

(2) Der Ankläger prüft die Stichhaltigkeit der erhaltenen Informationen. Zu diesem Zweck kann er von Staaten, Organen der Vereinten Nationen, zwischenstaatlichen oder nichtstaatlichen Organisationen oder anderen von ihm als geeignet erachteten zuverlässigen Stellen zusätzliche Auskünfte einholen und am Sitz des Gerichtshofs schriftliche oder mündliche Zeugenaussagen entgegennehmen.

(3) Gelangt der Ankläger zu dem Schluss, dass eine hinreichende Grundlage für die Aufnahme von Ermittlungen besteht, so legt er der Vorverfahrenskammer einen Antrag auf Genehmigung von Ermittlungen zusammen mit den gesammelten Unterlagen zu seiner Begründung vor. Opfer können in Übereinstimmung mit der Verfahrens- und Beweisordnung Eingaben an die Vorverfahrenskammer machen.

---

[1] Derartige Erklärungen sind bisher abgegeben worden von der Elfenbeinküste (18.4. 2003 (bestätigt: 14.12.2010 und 3.5.2011), Palästina (31.12.2014) sowie der Ukraine (17.4. 2014 und 8.9.2015).

(4) Ist die Vorverfahrenskammer nach Prüfung des Antrags und der Unterlagen zu seiner Begründung der Auffassung, dass eine hinreichende Grundlage für die Aufnahme von Ermittlungen besteht und dass die Sache unter die Gerichtsbarkeit des Gerichtshofs zu fallen scheint, so erteilt sie die Genehmigung zur Einleitung der Ermittlungen, unbeschadet späterer Entscheidungen des Gerichtshofs betreffend die Gerichtsbarkeit für eine Sache und ihre Zulässigkeit.

(5) Verweigert die Vorverfahrenskammer die Genehmigung zur Aufnahme von Ermittlungen, so schließt dies einen auf neue Tatsachen oder Beweismittel gestützten späteren Antrag des Anklägers in Bezug auf dieselbe Situation nicht aus.

(6) Gelangt der Ankläger nach der in den Absätzen 1 und 2 genannten Vorprüfung zu dem Schluss, dass die zur Verfügung gestellten Informationen keine hinreichende Grundlage für Ermittlungen darstellen, so teilt er dies den Informanten mit. Dies schließt nicht aus, dass der Ankläger im Licht neuer Tatsachen oder Beweismittel weitere Informationen prüft, die ihm in Bezug auf dieselbe Situation zur Verfügung gestellt werden.

Art. 15bis Ausübung der Gerichtsbarkeit über das Verbrechen der Aggression (Unterbreitung durch einen Staat, aus eigener Initiative). (1) Vorbehaltlich dieses Artikels kann der Gerichtshof die Gerichtsbarkeit über das Verbrechen der Aggression in Übereinstimmung mit Artikel 13 Buchstaben a und c ausüben.

(2) Der Gerichtshof kann die Gerichtsbarkeit nur in Bezug auf Verbrechen der Aggression ausüben, die ein Jahr nach der Ratifikation oder Annahme der Änderungen durch dreißig Vertragsstaaten begangen werden.

(3) Der Gerichtshof übt die Gerichtsbarkeit über das Verbrechen der Aggression in Übereinstimmung mit diesem Artikel vorbehaltlich eines nach dem 1. Januar 2017 zu treffenden Beschlusses aus, für den dieselbe Mehrheit von Vertragsstaaten wie für die Annahme einer Änderung des Statuts erforderlich ist.

(4) Der Gerichtshof kann in Übereinstimmung mit Artikel 12 die Gerichtsbarkeit über ein Verbrechen der Aggression ausüben, das sich aus einer Angriffshandlung eines Vertragsstaats ergibt, es sei denn, der Vertragsstaat hat zuvor durch Hinterlegung einer Erklärung beim Kanzler bekundet, dass er diese Gerichtsbarkeit nicht anerkennt.[1] Die Rücknahme dieser Erklärung kann jederzeit erfolgen und wird von dem Vertragsstaat innerhalb von drei Jahren geprüft.

(5) Hinsichtlich eines Staates, der nicht Vertragspartei dieses Statuts ist, übt der Gerichtshof seine Gerichtsbarkeit über das Verbrechen der Aggression nicht aus, wenn das Verbrechen von Staatsangehörigen dieses Staates oder in dessen Hoheitsgebiet begangen wurde.

(6) Gelangt der Ankläger zu dem Schluss, dass eine hinreichende Grundlage für die Aufnahme von Ermittlungen in Bezug auf ein Verbrechen der Aggression besteht, vergewissert er sich zunächst, ob der

[1] Derartige Erklärungen sind bisher abgegeben worden von Kenia (30.11.2015) und Guatemala (2.2.2018).

Sicherheitsrat eine Feststellung getroffen hat, dass eine Angriffshandlung des betreffenden Staates vorliegt. Der Ankläger benachrichtigt den Generalsekretär der Vereinten Nationen über die beim Gerichtshof anhängige Situation unter gleichzeitiger Übermittlung sachdienlicher Informationen und Unterlagen.

(7) Hat der Sicherheitsrat eine entsprechende Feststellung getroffen, so kann der Ankläger die Ermittlungen in Bezug auf ein Verbrechen der Aggression aufnehmen.

(8) Wird innerhalb von sechs Monaten nach dem Zeitpunkt der Benachrichtigung keine entsprechende Feststellung getroffen, so kann der Ankläger die Ermittlungen in Bezug auf ein Verbrechen der Aggression aufnehmen sofern die Vorverfahrensabteilung nach dem in Artikel 15 vorgesehenen Verfahren die Genehmigung zur Einleitung der Ermittlungen in Bezug auf ein Verbrechen der Aggression erteilt und der Sicherheitsrat nicht einen anderweitigen Beschluss nach Artikel 16 gefasst hat.

(9) Die Feststellung des Vorliegens einer Angriffshandlung durch ein Organ außerhalb des Gerichtshofs berührt nicht die Ergebnisse, zu denen der Gerichtshof nach diesem Statut gelangt.

(10) Dieser Artikel lässt die Bestimmungen über die Ausübung der Gerichtsbarkeit über die anderen in Artikel 5 bezeichneten Verbrechen unberührt.

Art. 15ter Ausübung der Gerichtsbarkeit über das Verbrechen der Aggression (Unterbreitung durch den Sicherheitsrat).

(1) Vorbehaltlich dieses Artikels kann der Gerichtshof die Gerichtsbarkeit über das Verbrechen der Aggression in Übereinstimmung mit Artikel 13 Buchstabe b ausüben.

(2) Der Gerichtshof kann die Gerichtsbarkeit nur in Bezug auf Verbrechen der Aggression ausüben, die ein Jahr nach der Ratifikation oder Annahme der Änderungen durch dreißig Vertragsstaaten begangen werden.

(3) Der Gerichtshof übt die Gerichtsbarkeit über das Verbrechen der Aggression in Übereinstimmung mit diesem Artikel vorbehaltlich eines nach dem 1. Januar 2017 zu treffenden Beschlusses aus, für den dieselbe Mehrheit von Vertragsstaaten wie für die Annahme einer Änderung des Statuts erforderlich ist.

(4) Die Feststellung des Vorliegens einer Angriffshandlung durch ein Organ außerhalb des Gerichtshofs berührt nicht die Ergebnisse, zu denen der Gerichtshof nach diesem Statut gelangt.

(5) Dieser Artikel lässt die Bestimmungen über die Ausübung der Gerichtsbarkeit über die anderen in Artikel 5 bezeichneten Verbrechen unberührt.

Art. 16 Aufschub der Ermittlungen oder der Strafverfolgung. Richtet der Sicherheitsrat in einer nach Kapitel VII der Charta der Vereinten Nationen angenommenen Resolution ein entsprechendes Ersuchen an den Gerichtshof, so dürfen für einen Zeitraum von 12 Monaten keine Ermittlungen und keine Strafverfolgung aufgrund dieses

Statuts eingeleitet oder fortgeführt werden; das Ersuchen kann vom Sicherheitsrat unter denselben Bedingungen erneuert werden.

Art. 17 Fragen der Zulässigkeit. (1) Im Hinblick auf Absatz 10 der Präambel und Artikel 1 entscheidet der Gerichtshof, dass eine Sache nicht zulässig ist, wenn

a) in der Sache von einem Staat, der Gerichtsbarkeit darüber hat, Ermittlungen oder eine Strafverfolgung durchgeführt werden, es sei denn, der Staat ist nicht willens oder nicht in der Lage, die Ermittlungen oder die Strafverfolgung ernsthaft durchzuführen;
b) in der Sache von einem Staat, der Gerichtsbarkeit darüber hat, Ermittlungen durchgeführt worden sind, und der Staat entschieden hat, die betreffende Person nicht strafrechtlich zu verfolgen, es sei denn, die Entscheidung war das Ergebnis des mangelnden Willens oder des Unvermögens des Staates, eine Strafverfolgung ernsthaft durchzuführen;
c) die betreffende Person wegen des Verhaltens, das Gegenstand des Tatvorwurfs ist, bereits gerichtlich belangt worden ist und die Sache nach Artikel 20 Absatz 3 nicht beim Gerichtshof anhängig gemacht werden kann;
d) die Sache nicht schwerwiegend genug ist, um weitere Maßnahmen des Gerichtshofs zu rechtfertigen.

(2) Zur Feststellung des mangelnden Willens in einem bestimmten Fall prüft der Gerichtshof unter Berücksichtigung der völkerrechtlich anerkannten Grundsätze eines ordnungsgemäßen Verfahrens, ob gegebenenfalls eine oder mehrere der folgenden Voraussetzungen vorliegen;

a) Das Verfahren wurde oder wird geführt oder die staatliche Entscheidung wurde getroffen, um die betreffende Person vor strafrechtlicher Verantwortlichkeit für die in Artikel 5 bezeichneten, der Gerichtsbarkeit des Gerichtshofs unterliegenden Verbrechen zu schützen;
b) in dem Verfahren gab es eine nicht gerechtfertigte Verzögerung, die unter den gegebenen Umständen mit der Absicht unvereinbar ist, die betreffende Person vor Gericht zu stellen;
c) das Verfahren war oder ist nicht unabhängig oder unparteiisch und wurde oder wird in einer Weise geführt, die unter den gegebenen Umständen mit der Absicht unvereinbar ist, die betreffende Person vor Gericht zu stellen.

(3) Zur Feststellung des Unvermögens in einem bestimmten Fall prüft der Gerichtshof, ob der Staat wegen des völligen oder weitgehenden Zusammenbruchs oder der mangelnden Verfügbarkeit seines innerstaatlichen Justizsystems nicht in der Lage ist, des Beschuldigten habhaft zu werden oder die erforderlichen Beweismittel und Zeugenaussagen zu erlangen, oder aus anderen Gründen nicht in der Lage ist, ein Verfahren durchzuführen.

Art. 18 Vorläufige Entscheidungen betreffend die Zulässigkeit. (1) Wurde eine Situation nach Artikel 13 Buchstabe a dem Gerichtshof unterbreitet und hat der Ankläger festgestellt, dass eine hinreichende Grundlage für die Einleitung von Ermittlungen bestünde, oder leitet der Ankläger Ermittlungen nach Artikel 13 Buchstabe c und Artikel 15 ein, so benachrichtigt der Ankläger förmlich alle Vertragsstaaten und diejenigen Staaten, die unter Berücksichtigung der zur Verfügung stehenden Informationen im Regelfall die Gerichtsbarkeit über die betreffenden Verbrechen ausüben würden. Der Ankläger kann diese Staaten vertraulich benachrichtigen und, sofern er dies für notwendig hält, um Personen zu schützen, die Vernichtung von Beweismitteln oder die Flucht von Personen zu verhindern, den Umfang der den Staaten zur Verfügung gestellten Informationen begrenzen.

(2) Binnen eines Monats nach Eingang dieser förmlichen Benachrichtigung kann ein Staat den Gerichtshof davon in Kenntnis setzen, dass er gegen seine Staatsangehörigen oder andere Personen unter seiner Hoheitsgewalt in Bezug auf Straftaten ermittelt oder ermittelt hat, die möglicherweise den Tatbestand der in Artikel 5 bezeichneten Verbrechen erfüllen und die mit den Informationen in Zusammenhang stehen, welche in der an die Staaten gerichteten Benachrichtigung enthalten sind. Auf Ersuchen des betreffenden Staates stellt der Ankläger die Ermittlungen gegen diese Personen zugunsten der Ermittlungen des Staates zurück, es sei denn, die Vorverfahrenskammer beschließt auf Antrag des Anklägers, diesen zu den Ermittlungen zu ermächtigen.

(3) Die Zurückstellung der Ermittlungen durch den Ankläger zugunsten der Ermittlungen eines Staates kann vom Ankläger sechs Monate nach dem Zeitpunkt der Zurückstellung oder jederzeit überprüft werden, wenn sich aufgrund des mangelnden Willens oder des Unvermögens des betreffenden Staates zur ernsthaften Durchführung von Ermittlungen die Sachlage wesentlich geändert hat.

(4) Der betreffende Staat oder der Ankläger kann nach Artikel 82 gegen eine Entscheidung der Vorverfahrenskammer bei der Berufungskammer Beschwerde einlegen. Die Beschwerde kann beschleunigt behandelt werden.

(5) Hat der Ankläger nach Absatz 2 Ermittlungen zurückgestellt, so kann er den betreffenden Staat ersuchen, ihn regelmäßig über den Fortgang seiner Ermittlungen und jede anschließende Strafverfolgung zu unterrichten. Die Vertragsstaaten kommen einem solchen Ersuchen ohne unangemessene Verzögerung nach.

(6) Bis zu einer Entscheidung der Vorverfahrenskammer oder jederzeit, nachdem der Ankläger nach diesem Artikel Ermittlungen zurückgestellt hat, kann er ausnahmsweise die Vorverfahrenskammer um die Ermächtigung zu notwendigen Ermittlungsmaßnahmen zum Zweck der Sicherung von Beweismitteln ersuchen, wenn eine einmalige Gelegenheit zur Beschaffung wichtiger Beweismittel oder eine erhebliche Gefahr besteht, dass diese Beweismittel später nicht verfügbar sein werden.

(7) Ein Staat, der eine Entscheidung der Vorverfahrenskammer nach diesem Artikel angefochten hat, kann die Zulässigkeit einer Sache nach Artikel 19 aufgrund zusätzlicher wesentlicher Tatsachen oder einer wesentlichen Änderung der Sachlage anfechten.

Art. 19 Anfechtung der Gerichtsbarkeit des Gerichtshofs oder der Zulässigkeit einer Sache. (1) Der Gerichtshof vergewissert sich, dass er in jeder bei ihm anhängig gemachten Sache Gerichtsbarkeit hat. Der Gerichtshof kann aus eigener Initiative über die Zulässigkeit einer Sache nach Artikel 17 entscheiden.

(2) Sowohl die Zulässigkeit einer Sache aus den in Artikel 17 genannten Gründen als auch die Gerichtsbarkeit des Gerichtshofs können angefochten werden von

a) einem Angeklagten oder einer Person, gegen die ein Haftbefehl oder eine Ladung[1] nach Artikel 58 ergangen ist,
b) einem Staat, der Gerichtsbarkeit über eine Sache hat, weil er in der Sache Ermittlungen oder eine Strafverfolgung durchführt oder durchgeführt hat, oder
c) einem Staat, der nach Artikel 12 die Gerichtsbarkeit anerkannt haben muss.

(3) Der Ankläger kann über eine Frage der Gerichtsbarkeit oder der Zulässigkeit eine Entscheidung des Gerichtshofs erwirken. In Verfahren über die Gerichtsbarkeit oder die Zulässigkeit können beim Gerichtshof auch diejenigen, welche ihm die Situation nach Artikel 13 unterbreitet haben, sowie die Opfer Stellungnahmen abgeben.

(4) Die Zulässigkeit einer Sache oder die Gerichtsbarkeit des Gerichtshofs kann von jeder in Absatz 2 bezeichneten Person oder jedem dort bezeichneten Staat nur einmal angefochten werden. Die Anfechtung erfolgt vor oder bei Eröffnung des Hauptverfahrens. Unter außergewöhnlichen Umständen kann der Gerichtshof gestatten, eine Anfechtung mehr als einmal oder erst nach Eröffnung des Hauptverfahrens vorzubringen. Anfechtungen der Zulässigkeit einer Sache, die bei oder, sofern der Gerichtshof dies gestattet, nach Eröffnung des Hauptverfahrens vorgebracht werden, können nur auf Artikel 17 Absatz 1 Buchstabe c gestützt werden.

(5) Ein in Absatz 2 Buchstaben b und c bezeichneter Staat bringt eine Anfechtung bei frühestmöglicher Gelegenheit vor.

(6) Vor Bestätigung der Anklage werden Anfechtungen der Zulässigkeit einer Sache oder Anfechtungen der Gerichtsbarkeit des Gerichtshofs an die Vorverfahrenskammer verwiesen. Nach Bestätigung der Anklage werden sie an die Hauptverfahrenskammer verwiesen. Gegen Entscheidungen über die Gerichtsbarkeit oder die Zulässigkeit kann nach Artikel 82 bei der Berufungskammer Beschwerde eingelegt werden.

(7) Bringt ein in Absatz 2 Buchstabe b oder c bezeichneter Staat eine Anfechtung vor, so setzt der Ankläger die Ermittlungen so lange aus, bis der Gerichtshof eine Entscheidung nach Artikel 17 getroffen hat.

---

[1] CH: Vorladung.

(8) Bis zu einer Entscheidung des Gerichtshofs kann der Ankläger diesen um die Ermächtigung ersuchen,

a) notwendige Ermittlungsmaßnahmen der in Artikel 18 Absatz 6 bezeichneten Art zu ergreifen,

b) schriftliche oder mündliche Zeugenaussagen einzuholen oder die Erhebung und Prüfung von Beweismitteln abzuschießen, mit der vor Erklärung der Anfechtung begonnen worden war, und

c) in Zusammenarbeit mit den in Betracht kommenden Staaten die Flucht von Personen zu verhindern, für die er bereits einen Haftbefehl nach Artikel 58 beantragt hat.

(9) Das Vorbringen einer Anfechtung beeinträchtigt nicht die Gültigkeit einer zuvor vom Ankläger vorgenommenen Handlung oder einer Anordnung oder eines Befehls des Gerichtshofs.

(10) Hat der Gerichtshof entschieden, dass eine Sache nach Artikel 17 unzulässig ist, so kann der Ankläger eine Überprüfung der Entscheidung beantragen, wenn seiner vollen Überzeugung nach infolge neuer Tatsachen die Grundlage entfällt, derentwegen die Sache zuvor nach Artikel 17 für unzulässig befunden worden war.

(11) Stellt der Ankläger unter Berücksichtigung der in Artikel 17 genannten Angelegenheiten Ermittlungen zurück, so kann er den betreffenden Staat ersuchen, ihm Informationen über das Verfahren zur Verfügung zu stellen. Auf Ersuchen des betreffenden Staates sind diese Informationen vertraulich. Beschließt der Ankläger danach die Fortführung der Ermittlungen, so benachrichtigt er den Staat, zu dessen Gunsten das Verfahren zurückgestellt wurde.

Art. 20 Ne bis in idem. (1) Sofern in diesem Statut nichts anderes bestimmt ist, darf niemand wegen eines Verhaltens vor den Gerichtshof gestellt werden, das den Tatbestand der Verbrechen erfüllt, derentwegen er bereits vom Gerichtshof verurteilt oder freigesprochen wurde.

(2) Niemand darf wegen eines in Artikel 5 bezeichneten Verbrechens, dessentwegen er vom Gerichtshof bereits verurteilt oder freigesprochen wurde, vor ein anderes Gericht gestellt werden.

(3) Niemand, der wegen eines auch nach Artikel 6, 7, 8 oder 8bis verbotenen Verhaltens vor ein anderes Gericht gestellt wurde, darf vom Gerichtshof für dasselbe Verhalten belangt werden, es sei denn, das Verfahren vor dem anderen Gericht

a) diente dem Zweck, ihn vor strafrechtlicher Verantwortlichkeit für der Gerichtsbarkeit des Gerichtshofs unterliegende Verbrechen zu schützen oder

b) war in sonstiger Hinsicht nicht unabhängig oder unparteiisch entsprechend den völkerrechtlich anerkannten Grundsätzen eines ordnungsgemäßen Verfahrens und wurde in einer Weise geführt, die unter den gegebenen Umständen mit der Absicht, die betreffende Person vor Gericht zu stellen, unvereinbar war.

Art. 21 Anwendbares Recht. (1) Der Gerichtshof wendet Folgendes an:

a) an erster Stelle dieses Statut, die „Verbrechenselemente" sowie seine Verfahrens- und Beweisordnung;

b) an zweiter Stelle, soweit angebracht, anwendbare Verträge sowie die Grundsätze und Regeln des Völkerrechts, einschließlich der anerkannten Grundsätze des internationalen Rechts des bewaffneten Konflikts;

c) soweit solche fehlen, allgemeine Rechtsgrundsätze, die der Gerichtshof aus einzelstaatlichen Rechtsvorschriften der Rechtssysteme der Welt, einschließlich, soweit angebracht, der innerstaatlichen Rechtsvorschriften der Staaten, die im Regelfall Gerichtsbarkeit über das Verbrechen ausüben würden, abgeleitet hat, sofern diese Grundsätze nicht mit diesem Statut, dem Völkerrecht und den international anerkannten Regeln und Normen unvereinbar sind.

(2) Der Gerichtshof kann Rechtsgrundsätze und Rechtsnormen entsprechend seiner Auslegung in früheren Entscheidungen anwenden.

(3) Die Anwendung und Auslegung des Rechts nach diesem Artikel muss mit den international anerkannten Menschenrechten vereinbar sein und darf keine benachteiligende Unterscheidung etwa aufgrund des Geschlechts im Sinne des Artikels 7 Absatz 3, des Alters, der Rasse, der Hautfarbe, der Sprache, der Religion oder Weltanschauung, der politischen oder sonstigen Anschauung, der nationalen, ethnischen oder sozialen Herkunft, des Vermögens, der Geburt oder des sonstigen Status machen.

Teil 3. Allgemeine Grundsätze des Strafrechts

Art. 22 Nullum crimen sine lege. (1) Eine Person ist nur dann nach diesem Statut strafrechtlich verantwortlich, wenn das fragliche Verhalten zur Zeit der Tat den Tatbestand eines der Gerichtsbarkeit des Gerichtshofs unterliegenden Verbrechens erfüllt.

(2) Die Begriffsbestimmung eines Verbrechens ist eng auszulegen und darf nicht durch Analogie erweitert werden. Im Zweifelsfall ist die Begriffsbestimmung zugunsten der Person auszulegen, gegen die sich die Ermittlungen, die Strafverfolgung oder das Urteil richten.

(3) Dieser Artikel bedeutet nicht, dass ein Verhalten nicht unabhängig von diesem Statut als nach dem Völkerrecht strafbar beurteilt werden kann.

Art. 23 Nulla poena sine lege. Eine vom Gerichtshof für schuldig erklärte Person darf nur nach Maßgabe dieses Statuts bestraft werden.

Art. 24 Rückwirkungsverbot ratione personae. (1) Niemand ist nach diesem Statut für ein Verhalten strafrechtlich verantwortlich, das vor Inkrafttreten des Statuts stattgefunden hat.

(2) Ändert sich das auf einen bestimmten Fall anwendbare Recht vor dem Ergehen des rechtskräftigen Urteils, so ist das für die Person, gegen die sich die Ermittlungen, die Strafverfolgung oder das Urteil richten, mildere Recht anzuwenden.

Art. 25 Individuelle strafrechtliche Verantwortlichkeit. (1) Der Gerichtshof hat aufgrund dieses Statuts Gerichtsbarkeit über natürliche Personen.

(2) Wer ein der Gerichtsbarkeit des Gerichtshofs unterliegendes Verbrechen begeht, ist dafür in Übereinstimmung mit diesem Statut individuell verantwortlich und strafbar.

(3) In Übereinstimmung mit diesem Statut ist für ein der Gerichtsbarkeit des Gerichtshofs unterliegendes Verbrechen strafrechtlich verantwortlich und strafbar, wer

a) ein solches Verbrechen selbst, gemeinschaftlich mit einem anderen oder durch einen anderen begeht, gleichviel ob der andere strafrechtlich verantwortlich ist;
b) die Begehung eines solchen Verbrechens, das tatsächlich vollendet oder versucht wird, anordnet, dazu auffordert oder dazu anstiftet;
c) zur Erleichterung eines solchen Verbrechens Beihilfe oder sonstige Unterstützung bei seiner Begehung oder versuchten Begehung leistet, einschließlich der Bereitstellung der Mittel für die Begehung;
d) auf sonstige Weise zur Begehung oder versuchten Begehung eines solchen Verbrechens durch eine mit einem gemeinsamen Ziel handelnde Gruppe von Personen beiträgt. Ein derartiger Beitrag muss vorsätzlich sein und entweder
   i) mit dem Ziel geleistet werden, die kriminelle Tätigkeit oder die strafbare Absicht der Gruppe zu fördern, soweit sich diese auf die Begehung eines der Gerichtsbarkeit des Gerichtshofs unterliegenden Verbrechens beziehen, oder
   ii) in Kenntnis des Vorsatzes der Gruppe, das Verbrechen zu begehen, geleistet werden;
e) in Bezug auf das Verbrechen des Völkermords andere unmittelbar und öffentlich zur Begehung von Völkermord aufstachelt;
f) versucht, ein solches Verbrechen zu begehen, indem er eine Handlung vornimmt, die einen wesentlichen Schritt zum Beginn seiner Ausführung darstellt, wobei es jedoch aufgrund von Umständen, die vom Willen des Täters unabhängig sind, nicht zur Tatausführung kommt. Wer jedoch die weitere Ausführung des Verbrechens aufgibt oder dessen Vollendung auf andere Weise verhindert, ist aufgrund dieses Statuts für den Versuch des Verbrechens nicht strafbar, wenn er das strafbare Ziel vollständig und freiwillig aufgegeben hat.

(3bis) In Bezug auf das Verbrechen der Aggression findet dieser Artikel nur auf Personen Anwendung, die tatsächlich in der Lage sind, das politische oder militärische Handeln eines Staates zu kontrollieren oder zu lenken.

(4) Die Bestimmungen dieses Statuts betreffend die individuelle strafrechtliche Verantwortlichkeit berühren nicht die Verantwortung der Staaten nach dem Völkerrecht.

Art. 26 Ausschluss der Gerichtsbarkeit über Personen unter achtzehn Jahren. Der Gerichtshof hat keine Gerichtsbarkeit über eine Person, die zum Zeitpunkt der angeblichen Begehung eines Verbrechens noch nicht achtzehn Jahre alt war.

Art. 27 Unerheblichkeit der amtlichen Eigenschaft. (1) Dieses Statut gilt gleichermaßen für alle Personen, ohne jeden Unterschied nach amtlicher Eigenschaft. Insbesondere enthebt die amtliche Eigenschaft als Staats- oder Regierungschef, als Mitglied einer Regierung oder eines Parlaments, als gewählter Vertreter oder als Amtsträger einer Regierung eine Person nicht der strafrechtlichen Verantwortlichkeit nach diesem Statut und stellt für sich genommen keinen Strafmilderungsgrund dar.

(2) Immunitäten oder besondere Verfahrensregeln, die nach innerstaatlichem Recht oder nach dem Völkerrecht mit der amtlichen Eigenschaft einer Person verbunden sind, hindern den Gerichtshof nicht an der Ausübung seiner Gerichtsbarkeit über eine solche Person.

Art. 28 Verantwortlichkeit militärischer Befehlshaber und anderer Vorgesetzter. Neben anderen Gründen für die strafrechtliche Verantwortlichkeit aufgrund dieses Statuts für der Gerichtsbarkeit des Gerichtshofs unterliegende Verbrechen gilt Folgendes:

a) Ein militärischer Befehlshaber oder eine tatsächlich als militärischer Befehlshaber handelnde Person ist strafrechtlich verantwortlich für

(Fortsetzung nächstes Blatt)

der Gerichtsbarkeit des Gerichtshof unterliegende Verbrechen, die von Truppen unter seiner oder ihrer tatsächlichen Befehls- beziehungsweise Führungsgewalt und Kontrolle als Folge seines oder ihres Versäumnisses begangen wurden, eine ordnungsgemäße Kontrolle über diese Truppen auszuüben, wenn

i) der betreffende militärische Befehlshaber oder die betreffende Person wusste oder aufgrund der zu der Zeit gegebenen Umstände hätte wissen müssen, dass die Truppen diese Verbrechen begingen oder zu begehen im Begriff waren, und

ii) der betreffende militärische Befehlshaber oder die betreffende Person nicht alle in seiner oder ihrer Macht stehenden erforderlichen und angemessenen Maßnahmen ergriff, um ihre Begehung zu verhindern oder zu unterbinden oder die Angelegenheit den zuständigen Behörden zur Unterstützung und Strafverfolgung vorzulegen.

b) In Bezug auf unter Buchstabe a nicht beschriebene Vorgesetzten- und Untergebenenverhältnisse ist ein Vorgesetzter strafrechtlich verantwortlich für der Gerichtsbarkeit des Gerichtshofs unterliegende Verbrechen, die von Untergebenen unter seiner tatsächlichen Führungsgewalt und Kontrolle als Folge seines Versäumnisses begangen wurden, eine ordnungsgemäße Kontrolle über diese Untergebenen auszuüben, wenn

i) der Vorgesetzte entweder wusste, dass die Untergebenen solche Verbrechen begingen oder zu begehen im Begriff waren, oder eindeutig darauf hinweisende Informationen bewusst außer Acht ließ;

ii) die Verbrechen Tätigkeiten betrafen, die unter die tatsächliche Verantwortung und Kontrolle des Vorgesetzen fielen, und

iii) der Vorgesetzte nicht alle in seiner Macht stehenden erforderlichen und angemessenen Maßnahmen ergriff, um ihre Begehung zu verhindern oder zu unterbinden oder die Angelegenheit den zuständigen Behörden zur Untersuchung und Strafverfolgung vorzulegen.

(Fortsetzung nächstes Blatt)

Art. 29 Nichtanwendbarkeit von Verjährungsvorschriften. Die der Gerichtsbarkeit des Gerichtshofs unterliegenden Verbrechen verjähren nicht.

Art. 30 Subjektive Tatbestandsmerkmale. (1) Sofern nichts anderes bestimmt ist, ist eine Person für ein der Gerichtsbarkeit des Gerichtshofs unterliegendes Verbrechen nur dann strafrechtlich verantwortlich und strafbar, wenn die objektiven Tatbestandsmerkmale vorsätzlich und wissentlich verwirklicht werden.

(2) „Vorsatz" im Sinne dieses Artikels liegt vor, wenn die betreffende Person

a) im Hinblick auf ein Verhalten dieses Verhalten setzen will;
b) im Hinblick auf die Folgen diese Folgen herbeiführen will oder ihr bewusst ist, dass diese im gewöhnlichen Verlauf der Ereignisse eintreten werden.

(3) „Wissen" im Sinne dieses Artikels bedeutet das Bewusstsein, dass ein Umstand vorliegt oder dass im gewöhnlichen Verlauf der Ereignisse eine Folge eintreten wird. „Wissentlich" und „wissen" sind entsprechend auszulegen.

Art. 31 Gründe für den Ausschluss der strafrechtlichen Verantwortlichkeit. (1) Neben anderen in diesem Statut vorgesehenen Gründen für den Ausschluss der strafrechtlichen Verantwortlichkeit ist strafrechtlich nicht verantwortlich, wer zur Zeit des fraglichen Verhaltens

a) wegen einer seelischen Krankheit oder Störung unfähig ist, die Rechtswidrigkeit oder Art seines Verhaltens zu erkennen oder dieses so zu steuern, dass es den gesetzlichen Anforderungen entspricht;
b) wegen eines Rauschzustands unfähig ist, die Rechtswidrigkeit oder Art seines Verhaltens zu erkennen oder dieses so zu steuern, dass es den gesetzlichen Anforderungen entspricht, sofern er sich nicht freiwillig und unter solchen Umständen berauscht hat, unter denen er wusste oder in Kauf nahm, dass er sich infolge des Rausches wahrscheinlich so verhält, dass der Tatbestand eines der Gerichtsbarkeit des Gerichtshofs unterliegenden Verbrechens erfüllt wird;
c) in angemessener Weise handelt, um sich oder einen anderen oder, im Fall von Kriegsverbrechen, für sich oder einen anderen lebensnotwendiges oder für die Ausführung eines militärischen Einsatzes unverzichtbares Eigentum[1], vor einer unmittelbar drohenden und rechtswidrigen Anwendung von Gewalt in einer Weise zu verteidigen, die in einem angemessenen Verhältnis zum Umfang der ihm, dem anderen oder dem geschützten Eigentum[1] drohenden Gefahr steht. Die Teilnahme an einem von Truppen durchgeführten Verteidigungseinsatz stellt für sich genommen keinen Grund für den

[1] A/CH: Gut.

Ausschluss der strafrechtlichen Verantwortlichkeit nach diesem Buchstaben dar;

d) wegen einer ihm selbst oder einem anderen unmittelbar drohenden Gefahr für das Leben oder einer dauernden oder unmittelbar drohenden Gefahr schweren körperlichen Schadens zu einem Verhalten genötigt ist, das angeblich den Tatbestand eines der Gerichtsbarkeit des Gerichtshofs unterliegenden Verbrechens erfüllt, und in notwendiger und angemessener Weise handelt, um diese Gefahr abzuwenden, sofern er nicht größeren Schaden zuzufügen beabsichtigt als den, den er abzuwenden trachtet. Eine solche Gefahr kann entweder
   i) von anderen Personen ausgehen oder
   ii) durch andere Umstände bedingt sein, die von ihm nicht zu vertreten sind.

(2) Der Gerichtshof entscheidet über die Anwendbarkeit der in diesem Statut vorgesehenen Gründe für den Ausschluss der strafrechtlichen Verantwortlichkeit auf die anhängige Sache.

(3) Bei der Verhandlung kann der Gerichtshof einen anderen als die in Absatz 1 genannten Gründe für den Ausschluss der strafrechtlichen Verantwortlichkeit in Betracht ziehen, sofern dieser aus dem anwendbaren Recht nach Artikel 21 abgeleitet ist. Das entsprechende Verfahren ist in der Verfahrens- und Beweisordnung festzulegen.

Art. 32 Tat- oder Rechtsirrtum. (1) Ein Tatirrtum ist nur dann ein Grund für den Ausschluss der strafrechtlichen Verantwortlichkeit, wenn er die für den Verbrechenstatbestand erforderlichen subjektiven Tatbestandsmerkmale aufhebt.

(2) Ein Rechtsirrtum im Hinblick auf die Frage, ob ein bestimmtes Verhalten den Tatbestand eines der Gerichtsbarkeit des Gerichtshofs unterliegenden Verbrechens erfüllt, ist kein Grund für den Ausschluss der strafrechtlichen Verantwortlichkeit. Ein Rechtsirrtum kann jedoch ein Grund für den Ausschluss der strafrechtlichen Verantwortlichkeit sein, wenn er die für den Verbrechenstatbestand erforderlichen subjektiven Tatbestandsmerkmale aufhebt oder wenn die in Artikel 33 genannten Umstände vorliegen.

Art. 33 Anordnungen Vorgesetzter und gesetzliche Vorschriften. (1) Die Tatsache, dass ein der Gerichtsbarkeit des Gerichtshofs unterliegendes Verbrechen auf Anordnung einer Regierung oder eines militärischen oder zivilen Vorgesetzten begangen wurde, enthebt den Täter nicht der strafrechtlichen Verantwortlichkeit, es sei denn

a) der Täter war gesetzlich verpflichtet, den Anordnungen der betreffenden Regierung oder des betreffenden Vorgesetzten Folge zu leisten,

b) der Täter wusste nicht, dass die Anordnung rechtswidrig ist, und

c) die Anordnung war nicht offensichtlich rechtswidrig.

(2) Anordnungen zur Begehung von Völkermord oder von Verbrechen gegen die Menschlichkeit sind im Sinne dieses Artikels offensichtlich rechtswidrig.

Teil 4. Zusammensetzung und Verwaltung des Gerichtshofs

Art. 34 Organe des Gerichtshofs. Der Gerichtshof setzt sich aus folgenden Organen zusammen:

a) dem Präsidium;

b) einer Berufungsabteilung, einer Hauptverfahrensabteilung und einer Vorverfahrensabteilung;

c) der Anklagebehörde;

d) der Kanzlei.

Art. 35 Richteramt. (1) Alle Richter werden als hauptamtliche Mitglieder des Gerichtshofs gewählt und stehen als solche mit Beginn ihrer Amtszeit zur Ausübung ihres Amtes zur Verfügung.

(2) Die Richter, die das Präsidium bilden, üben ihr Amt hauptamtlich aus, sobald sie gewählt worden sind.

(3) Das Präsidium kann von Zeit zu Zeit auf der Grundlage des Arbeitsanfalls des Gerichtshofs und nach Rücksprache mit seinen Mitgliedern entscheiden, inwieweit die übrigen Richter ihr Amt hauptamtlich auszuüben haben. Eine solche Regelung erfolgt unbeschadet des Artikels 40.

(4) Die finanziellen Regelungen für Richter, die ihr Amt nicht hauptamtlich auszuüben brauchen, werden nach Artikel 49 getroffen.

Art. 36 Befähigung, Benennung und Wahl der Richter. (1) Vorbehaltlich des Absatzes 2 hat der Gerichtshof achtzehn Richter.

(2) a) Das Präsidium kann im Namen des Gerichtshofs unter Angabe der Gründe, aus denen es dies als notwendig und angemessen erachtet, eine Erhöhung der in Absatz 1 genannten Anzahl der Richter vorschlagen. Der Kanzler leitet einen solchen Vorschlag umgehend allen Vertragsstaaten zu.

b) Jeder derartige Vorschlag wird sodann auf einer nach Artikel 112 einberufenen Sitzung der Versammlung der Vertragsstaaten erörtert. Der Vorschlag gilt als angenommen, wenn er auf der Sitzung von zwei Dritteln der Mitglieder der Versammlung der Vertragsstaaten genehmigt wird; er tritt zu dem von der Versammlung der Vertragsstaaten beschlossenen Zeitpunkt in Kraft.

c) i) Ist ein Vorschlag auf Erhöhung der Anzahl der Richter nach Buchstabe b angenommen worden, so findet die Wahl der zusätzlichen Richter nach den Absätzen 3 bis 8 sowie nach Artikel 37 Absatz 2 auf der darauffolgenden Sitzung der Versammlung der Vertragsstaaten statt.

ii) Ist ein Vorschlag auf Erhöhung der Anzahl der Richter nach den Buchstaben b und c Ziffer i angenommen worden und wirksam geworden, so steht es dem Präsidium jederzeit danach frei, wenn der Arbeitsanfall des Gerichtshofs dies rechtfertigt, eine Verringerung der Anzahl der Richter vorzuschlagen; diese darf jedoch die in Absatz 1 festgelegte Anzahl nicht unterschreiten. Der Vorschlag wird nach dem unter den Buchstaben a und b festgelegten Verfahren behandelt. Wird der Vorschlag angenommen, so wird die Anzahl der Richter mit dem Auslaufen der Amtszeiten der amtierenden Richter so lange schrittweise verringert, bis die notwendige Anzahl erreicht ist.

(3) a) Die Richter werden unter Personen von hohem sittlichem Ansehen ausgewählt, die sich durch Unparteilichkeit und Ehrenhaftigkeit auszeichnen und die in ihrem Staat die für die höchsten richterlichen Ämter erforderlichen Voraussetzungen erfüllen.

b) Jeder Kandidat für die Wahl zum Gerichtshof muss

i) über nachweisliche Fachkenntnisse auf dem Gebiet des Straf- und des Strafverfahrensrechts sowie über die notwendige einschlägige Erfahrung als Richter, Ankläger, Anwalt oder in ähnlicher Eigenschaft bei Strafverfahren oder

ii) über nachweisliche Fachkenntnisse in einschlägigen Bereichen des Völkerrechts, wie etwa des humanitären Völkerrechts und der Menschenrechte, sowie über weitreichende Erfahrung in einem Rechtsberuf, der für die richterliche Arbeit des Gerichtshofs von Bedeutung ist, verfügen.

c) Jeder Kandidat für die Wahl zum Gerichtshof muss über ausgezeichnete Kenntnisse mindestens einer der Arbeitssprachen des Gerichtshofs verfügen und diese fließend sprechen.

(4) a) Jeder Vertragsstaat dieses Statuts kann Kandidaten für die Wahl zum Gerichtshof benennen, und zwar entweder

i) nach dem Verfahren für die Benennung von Kandidaten für die höchsten richterlichen Ämter des jeweiligen Staates oder

ii) nach dem Verfahren, das im Statut des internationalen Gerichtshofs für die Benennung von Kandidaten für jenen Gerichtshof vorgesehen ist.

Den Benennungen ist eine hinreichend ausführliche Erklärung beizufügen, aus der hervorgeht, inwiefern der Kandidat die Anforderungen in Absatz 3 erfüllt.

b) Jeder Vertragsstaat kann für jede Wahl einen Kandidaten aufstellen, der zwar nicht unbedingt Staatsangehöriger dieses Vertragsstaats, in jedem Fall jedoch Staatsangehöriger eines Vertragsstaats sein muss.

c) Die Versammlung der Vertragsstaaten kann beschließen, gegebenenfalls einen Beratenden Ausschuss für Benennungen einzusetzen. In diesem Fall bestimmt die Versammlung der Vertragsstaaten die Zusammensetzung und das Mandat des Ausschusses.

(5) Für die Zwecke der Wahl werden zwei Kandidatenlisten aufgestellt:

Liste A enthält die Namen der Kandidaten mit den in Absatz 3 Buchstabe b Ziffer i genannten Voraussetzungen, und
Liste B enthält die Namen der Kandidaten mit den in Absatz 3 Buchstabe b Ziffer ii genannten Voraussetzungen.

Kandidaten, die über hinreichende Voraussetzungen für beide Listen verfügen, können wählen, auf welche Liste sie gesetzt werden möchten. Bei der ersten Wahl zum Gerichtshof werden mindestens neun Richter aus der Liste A und mindestens fünf Richter aus der Liste B gewählt. Darauffolgende Wahlen sind so zu gestalten, dass das zahlenmäßige Verhältnis der Richter im Gerichtshof, welche die Voraussetzungen für die jeweilige Liste erfüllen, gewahrt bleibt.

(6) a) Die Richter werden in geheimer Abstimmung auf einer zu diesem Zweck nach Artikel 112 einberufenen Sitzung der Versammlung der Vertragsstaaten gewählt. Vorbehaltlich des Absatzes 7 werden die achtzehn Kandidaten zum Gerichtshof gewählt, welche die höchste Stimmenzahl und die Zweidrittelmehrheit der anwesenden und abstimmenden Vertragsstaaten auf sich vereinen.

b) Wird im ersten Wahlgang nicht die ausreichende Anzahl der Richter gewählt, so finden so lange weitere Wahlgänge nach dem Verfahren unter Buchstabe a statt, bis die verbleibenden Sitze besetzt sind.

(7) Nicht mehr als ein Richter darf Staatsangehöriger desselben Staates sein. Wer im Hinblick auf die Mitgliedschaft beim Gerichtshof als Staatsangehöriger mehr als eines Staates angesehen werden kann, gilt als Staatsangehöriger des Staates, in dem er gewöhnlich seine bürgerlichen und politischen Rechte ausübt.

(8) a) Bei der Auswahl der Richter berücksichtigen die Vertragsstaaten die Notwendigkeit, in der Mitgliedschaft des Gerichtshofs Folgendes zu gewährleisten:

i) die Vertretung der hauptsächlichen Rechtssysteme der Welt,
ii) eine gerechte geografische Verteilung und
iii) eine ausgewogene Vertretung weiblicher und männlicher Richter.

b) Die Vertragsstaaten berücksichtigen außerdem die Notwendigkeit, Richter mit juristischen Fachkenntnissen auf bestimmten Gebieten einzubeziehen, insbesondere, jedoch nicht ausschließlich auf dem Gebiet der Gewalt gegen Frauen oder Kinder.

(9) a) Vorbehaltlich des Buchstabens b werden die Richter für die Dauer von neun Jahren gewählt; vorbehaltlich des Buchstabens c und des Artikels 37 Absatz 2 ist eine Wiederwahl nicht zulässig.

b) Bei der ersten Wahl wird durch das Los die Amtszeit eines Drittels der gewählten Richter auf drei Jahre und eines weiteren Drittels auf sechs Jahre festgelegt; die Amtszeit der übrigen Richter beträgt neun Jahre.

c) Ein Richter, dessen Amtszeit nach Buchstabe b auf drei Jahre festgelegt wurde, kann für eine volle Amtszeit wiedergewählt werden.

(10) Ungeachtet des Absatzes 9 bleibt ein Richter, der nach Artikel 39 einer Hauptverfahrens- oder einer Berufungskammer zugeteilt wurde, so lange im Amt, bis alle Haupt- oder Rechtsmittelverfahren abgeschlossen sind, deren Verhandlung vor dieser Kammer bereits begonnen hat.

Art. 37 Frei gewordene Sitze. (1) Wird ein Sitz frei, so findet zur Besetzung des frei gewordenen Sitzes eine Wahl nach Artikel 36 statt.

(2) Ein Richter, der auf einen frei gewordenen Sitz gewählt wird, übt sein Amt für die restliche Laufzeit seines Vorgängers aus; beträgt diese drei Jahre oder weniger, so ist seine Wiederwahl für eine volle Amtszeit nach Artikel 36 zulässig.

Art. 38 Präsidium. (1) Der Präsident sowie der Erste und der Zweite Vizepräsident werden von den Richtern mit absoluter Mehrheit gewählt. Sie üben ihr Amt für die Dauer von drei Jahren beziehungsweise bis zum Ende ihrer jeweiligen Amtszeit als Richter aus, sofern dieser Zeitpunkt früher liegt. Ihre einmalige Wiederwahl ist zulässig.

(2) Der Erste Vizepräsident tritt an die Stelle des Präsidenten, wenn dieser verhindert ist oder ausgeschlossen wurde. Der Zweite Vizepräsident tritt an die Stelle des Präsidenten, wenn sowohl der Präsident als auch der Erste Vizepräsident verhindert sind oder ausgeschlossen wurden.

(3) Der Präsident sowie der Erste und der Zweite Vizepräsident bilden das Präsidium, dem Folgendes obliegt:

a) die ordnungsgemäße Verwaltung des Gerichtshofs mit Ausnahme der Anklagebehörde und
b) die sonstigen ihm auf Grund dieses Statuts übertragenen Aufgaben.

(4) Bei der Wahrnehmung seiner Verantwortung nach Absatz 3 Buchstabe a handelt das Präsidium in Abstimmung mit dem Ankläger und sucht dessen Zustimmung in allen Angelegenheiten von gemeinsamem Belang.

Art. 39 Kammern. (1) Nach der Wahl der Richter bildet der Gerichtshof so bald wie möglich die in Artikel 34 Buchstabe b genannten Abteilungen. Die Berufungsabteilung setzt sich aus dem Präsidenten und vier weiteren Richtern, die Hauptverfahrensabteilung aus mindestens sechs Richtern und die Vorverfahrensabteilung aus mindestens sechs Richtern zusammen. Die Zuteilung der Richter zu den Abteilungen richtet sich nach der Art der von jeder Abteilung wahrzunehmenden Aufgaben sowie nach der Befähigung und der Erfahrung der in den Gerichtshof gewählten Richter, so dass in jeder Abteilung eine angemessene Mischung von Fachwissen auf dem Gebiet des Straf- und des Strafverfahrensrechts sowie des Völkerrechts vorhanden ist. Die Hauptverfahrensabteilung und die Vorverfahrensabteilung sollen überwiegend aus Richtern mit Erfahrung auf dem Gebiet der Verhandlung von Strafsachen bestehen.

(2) a) Die richterlichen Aufgaben des Gerichtshofs werden in jeder Abteilung von Kammern wahrgenommen.

b) i) Die Berufungskammer setzt sich aus allen Richtern der Berufungsabteilung zusammen;

ii) die Aufgaben der Hauptverfahrenskammer werden von drei Richtern der Hauptverfahrensabteilung wahrgenommen;

iii) die Aufgaben der Vorverfahrenskammer werden entweder von drei Richtern der Vorverfahrensabteilung oder in Übereinstimmung mit diesem Statut sowie mit der Verfahrens- und Beweisordnung von einem einzelnen Richter dieser Abteilung wahrgenommen.

c) Dieser Absatz schließt die gleichzeitige Bildung von mehr als einer Hauptverfahrenskammer oder Vorverfahrenskammer nicht aus, wenn die wirksame Erledigung der beim Gerichtshof anfallenden Arbeit dies verlangt.

(3) a) Die der Hauptverfahrensabteilung und der Vorverfahrensabteilung zugeteilten Richter üben ihr Amt in diesen Abteilungen für die Dauer von drei Jahren aus und danach so lange, bis jede Sache abgeschlossen ist, deren Verhandlung in der betreffenden Abteilung bereits begonnen hat.

b) Die der Berufungsabteilung zugeteilten Richter üben ihr Amt in dieser Abteilung für die gesamte Dauer ihrer Amtszeit aus.

(4) Die der Berufungsabteilung zugeteilten Richter üben ihr Amt ausschließlich in dieser Abteilung aus. Dieser Artikel schließt jedoch die zeitweilige Zuteilung von Richtern der Hauptverfahrensabteilung zur Vorverfahrensabteilung oder umgekehrt nicht aus, wenn das Präsidium dies im Interesse der wirksamen Erledigung der beim Gerichtshof anfallenden Arbeit für erforderlich hält; allerdings darf ein Richter, der am Vorverfahren in einer Sache mitgewirkt hat, unter keinen Umständen der Hauptverfahrenskammer angehören, die in dieser Sache verhandelt.

Art. 40 Unabhängigkeit der Richter. (1) Die Richter sind bei der Erfüllung ihrer Aufgaben unabhängig.

(2) Die Richter dürfen keine Tätigkeit ausüben, die sich auf ihre richterlichen Aufgaben auswirken oder das Vertrauen in ihre Unabhängigkeit beeinträchtigen könnte.

(3) Die Richter, die ihr Amt hauptamtlich am Sitz des Gerichtshofs auszuüben haben, dürfen sich keiner anderen Beschäftigung beruflicher Art widmen.

(4) Alle Fragen betreffend die Anwendung der Absätze 2 und 3 werden von den Richtern mit absoluter Mehrheit entschieden. Betrifft eine solche Frage einen einzelnen Richter, so nimmt dieser an der Entscheidung nicht teil.

Art. 41 Freistellung und Ausschluss von Richtern. (1) Das Präsidium kann einen Richter auf dessen Ersuchen in Übereinstimmung mit der Verfahrens- und Beweisordnung von der Wahrnehmung einer Aufgabe nach diesem Statut freistellen.

(2) a) Ein Richter nimmt an einer Sache nicht teil, wenn aus irgendeinem Grund berechtigte Zweifel an seiner Unparteilichkeit geltend gemacht werden können. Ein Richter wird unter anderem dann von einer Sache in Übereinstimmung mit diesem Absatz ausgeschlossen, wenn er zuvor in irgendeiner Eigenschaft an dieser beim Gerichtshof anhängigen Sache oder einer damit zusammenhängenden Strafsache auf einzelstaatlicher Ebene beteiligt war, welche die Person betraf, gegen die sich die Ermittlungen oder die Strafverfolgung richten. Ein Richter kann auch aus anderen in der Verfahrens- und Beweisordnung vorgesehenen Gründen ausgeschlossen werden.

b) Der Ankläger oder die Person, gegen die sich die Ermittlungen oder die Strafverfolgung richten, können nach diesem Absatz den Ausschluss eines Richters beantragen.

c) Jede Frage betreffend den Ausschluss eines Richters wird von den Richtern mit absoluter Mehrheit entschieden. Der Richter, dessen Ausschluss beantragt wird, hat Anspruch darauf, zu der Angelegenheit Stellung zu nehmen, nimmt jedoch an der Entscheidung nicht teil.

Art. 42 Anklagebehörde. (1) Die Anklagebehörde handelt unabhängig als selbstständiges Organ des Gerichtshofs. Ihr obliegt es, Unterbreitungen und inhaltlich erhärtete Informationen über der Gerichtsbarkeit des Gerichtshofs unterliegende Verbrechen entgegenzunehmen und zu prüfen sowie die Ermittlungen durchzuführen und vor dem Gerichtshof die Anklage zu vertreten. Ein Mitglied der Anklagebehörde darf Weisungen von einer Stelle außerhalb des Gerichtshofs weder einholen noch befolgen.

(2) Der Ankläger ist Leiter der Anklagebehörde. Er besitzt die volle Dienstaufsicht über Führung und Verwaltung der Behörde einschließlich ihres Personals, ihrer Einrichtungen und sonstigen Mittel. Dem Ankläger stehen ein oder mehrere Stellvertretende Ankläger zur Seite, die zur Ausführung aller Handlungen befugt sind, welche nach diesem Statut dem Ankläger obliegen. Der Ankläger und die Stellvertretenden Ankläger müssen unterschiedliche Staatsangehörigkeit besitzen. Sie üben ihr Amt hauptamtlich aus.

(3) Der Ankläger und die Stellvertretenden Ankläger müssen ein hohes sittliches Ansehen genießen sowie ein Höchstmaß an Sachverstand und umfangreiche praktische Erfahrung in der Strafverfolgung oder der Verhandlung von Strafsachen besitzen. Sie müssen über ausgezeichnete Kenntnisse mindestens einer der Arbeitssprachen des Gerichtshofs verfügen und diese fließend sprechen.

(4) Der Ankläger wird in geheimer Abstimmung von der absoluten Mehrheit der Mitglieder der Versammlung der Vertragsstaaten gewählt.

Die Stellvertretenden Ankläger werden in derselben Weise aus einer vom Ankläger vorgelegten Kandidatenliste gewählt. Der Ankläger benennt drei Kandidaten für jede zu besetzende Stelle eines Stellvertretenden Anklägers. Sofern nicht zum Zeitpunkt ihrer Wahl eine kürzere Amtszeit beschlossen wird, werden der Ankläger und die Stellvertretenden Ankläger für die Dauer von neun Jahren gewählt; ihre Wiederwahl ist nicht zulässig.

(5) Weder der Ankläger noch die Stellvertretenden Ankläger dürfen eine Tätigkeit ausüben, die sich auf ihre Aufgaben bei der Strafverfolgung auswirken oder das Vertrauen in ihre Unabhängigkeit beeinträchtigen könnte. Sie dürfen sich keiner anderen Beschäftigung beruflicher Art widmen.

(6) Das Präsidium kann den Ankläger oder einen Stellvertretenden Ankläger auf dessen Ersuchen von einem Tätigwerden in einer bestimmten Sache freistellen.

(7) Der Ankläger oder ein Stellvertretender Ankläger nimmt an einer Angelegenheit nicht teil, wenn aus irgendeinem Grund berechtigte Zweifel an seiner Unparteilichkeit geltend gemacht werden könnten. Er wird unter anderem dann von einer Sache in Übereinstimmung mit diesem Absatz ausgeschlossen, wenn er zuvor in irgendeiner Eigenschaft an dieser beim Gerichtshof anhängigen Sache oder einer damit zusammenhängenden Strafsache auf einzelstaatlicher Ebene beteiligt war, welche die Person betraf, gegen die sich die Ermittlungen oder die Strafverfolgung richten.

(8) Jede Frage betreffend den Ausschluss des Anklägers oder eines Stellvertretenden Anklägers wird von der Berufungskammer entschieden.

a) Die Person, gegen die sich die Ermittlungen oder die Strafverfolgung richten, kann jederzeit den Ausschluss des Anklägers oder eines Stellvertretenden Anklägers aus den in diesem Artikel festgelegten Gründen beantragen.

b) Der Ankläger beziehungsweise der Stellvertretende Ankläger hat Anspruch darauf, zu der Angelegenheit Stellung zu nehmen.

(9) Der Ankläger ernennt Berater mit juristischen Fachkenntnissen auf bestimmten Gebieten, insbesondere, jedoch nicht ausschließlich, auf dem Gebiet der sexuellen und geschlechtsspezifischen Gewalt sowie der Gewalt gegen Kinder.

Art. 43 Kanzlei. (1) Der Kanzlei obliegen die nicht mit der Rechtsprechung zusammenhängenden Aspekte der Verwaltung und der Betreuung des Gerichtshofs, unbeschadet der Aufgaben und Befugnisse des Anklägers nach Artikel 42.

(2) Der Kanzler ist Leiter der Kanzlei und höchster Verwaltungsbeamter des Gerichtshofs. Er nimmt seine Aufgaben unter der Aufsicht des Präsidenten des Gerichtshofs wahr.

(3) Der Kanzler und der Stellvertretende Kanzler müssen ein hohes sittliches Ansehen genießen sowie ein Höchstmaß an Sachverstand und

ausgezeichnete Kenntnisse mindestens einer der Arbeitssprachen des Gerichtshofs besitzen und diese fließend sprechen.

(4) Die Richter wählen den Kanzler in geheimer Abstimmung mit absoluter Mehrheit unter Berücksichtigung etwaiger Empfehlungen der Versammlung der Vertragsstaaten. Bei Bedarf wählen die Richter auf Empfehlung des Kanzlers in derselben Weise einen Stellvertretenden Kanzler.

(5) Der Kanzler wird für die Dauer von fünf Jahren gewählt; seine einmalige Wiederwahl ist zulässig; er übt sein Amt hauptamtlich aus. Der Stellvertretende Kanzler wird für die Dauer von fünf Jahren oder für eine von den Richtern mit absoluter Mehrheit beschlossene kürzere Zeit gewählt; er kann auch mit der Maßgabe gewählt werden, dass er sein Amt nach Bedarf ausübt.

(6) Der Kanzler richtet innerhalb der Kanzlei eine Abteilung für Opfer und Zeugen ein. Diese Abteilung stellt nach Rücksprache mit der Anklagebehörde Schutzmaßnahmen, Sicherheitsvorkehrungen, Beratung und andere angemessene Hilfe für Zeugen, für die vor dem Gerichtshof erscheinenden Opfer und andere durch die Aussagen dieser Zeugen gefährdete Personen zur Verfügung. Die Abteilung umfasst auch Personal mit Fachkenntnissen über Traumata, einschließlich der Traumata im Zusammenhang mit sexuellen Gewaltverbrechen.

Art. 44 Personal. (1) Der Ankläger und der Kanzler ernennen für ihre jeweilige Behörde das notwendige fachlich befähigte Personal. Im Fall des Anklägers schließt dies die Ernennung von Ermittlern ein.

(2) Bei der Einstellung des Personals stellen der Ankläger und der Kanzler ein Höchstmaß an Leistungsfähigkeit, fachlichem Können und Ehrenhaftigkeit sicher und berücksichtigen sinngemäß die in Artikel 36 Absatz 8 enthaltenen Kriterien.

(3) Der Kanzler schlägt mit Zustimmung des Präsidiums und des Anklägers ein Personalstatut vor, das die Bedingungen für die Ernennung, Besoldung und Entlassung des Personals des Gerichtshofs enthält. Das Personalstatut wird von der Versammlung der Vertragsstaaten genehmigt.[1)]

(4) In Ausnahmefällen kann der Gerichtshof die Fachkenntnisse von Personal heranziehen, das ihm von Vertragsstaaten, von zwischenstaatlichen oder nichtstaatlichen Organisationen unentgeltlich zur Verfügung gestellt wird, um ein Organ des Gerichtshofs bei seiner Arbeit zu unterstützen. Der Ankläger kann ein solches Angebot im Namen der Anklagebehörde annehmen. Dieses Personal wird in Übereinstimmung mit Richtlinien beschäftigt, die von der Versammlung der Vertragsstaaten aufzustellen sind.

Art. 45 Feierliches Versprechen. Bevor die Richter, der Ankläger, die Stellvertretenden Ankläger, der Kanzler und der Stellvertretende

---

1) Vgl. die „Staff Regulations" v. 12. 9. 2003 (Text: www.icc-cpi.int/legaltools).

Kanzler ihr Amt nach diesem Statut antreten, geben sie in öffentlicher Sitzung das feierliche Versprechen ab, ihre Aufgaben unparteiisch und gewissenhaft wahrzunehmen.

Art. 46 Amtsenthebung. (1) Ein Richter, der Ankläger, ein Stellvertretender Ankläger, der Kanzler oder der Stellvertretende Kanzler wird durch einen entsprechenden Beschluss nach Absatz 2 seines Amtes enthoben, wenn er

a) wie in der Verfahrens- und Beweisordnung festgelegt, nachweislich eine schwere Verfehlung oder eine schwere Verletzung seiner Amtspflichten nach diesem Statut begangen hat oder

b) zur Wahrnehmung der ihm nach diesem Statut obliegenden Aufgaben unfähig ist.

(2) Die Amtsenthebung eines Richters, des Anklägers oder eines Stellvertretenden Anklägers nach Absatz 1 wird von der Versammlung der Vertragsstaaten in geheimer Abstimmung beschlossen

a) im Fall eines Richters mit Zweidrittelmehrheit der Vertragsstaaten auf Grund einer von den übrigen Richtern mit Zweidrittelmehrheit beschlossenen Empfehlung;

b) im Fall des Anklägers mit der absoluten Mehrheit der Vertragsstaaten;

c) im Fall eines Stellvertretenden Anklägers mit der absoluten Mehrheit der Vertragsstaaten auf Empfehlung des Anklägers.

(3) Die Amtsenthebung des Kanzlers oder des Stellvertretenden Kanzlers wird von den Richtern mit absoluter Mehrheit beschlossen.

(4) Ein Richter, Ankläger, Stellvertretender Ankläger, Kanzler oder Stellvertretender Kanzler, dessen Verhalten oder Fähigkeit zur Wahrnehmung der ihm nach diesem Statut obliegenden dienstlichen Aufgaben nach diesem Artikel in Frage gestellt wird, erhält uneingeschränkt Gelegenheit, in Übereinstimmung mit der Verfahrens- und Beweisordnung Beweismittel vorzulegen und entgegenzunehmen und Stellungnahmen abzugeben. An der Erörterung der Angelegenheit darf er im Übrigen nicht teilnehmen.

Art. 47 Disziplinarmaßnahmen. Gegen einen Richter, Ankläger, Stellvertretenden Ankläger, Kanzler oder Stellvertretenden Kanzler, der eine weniger schwere Verfehlung als die in Artikel 46 Absatz 1 genannte begangen hat, werden in Übereinstimmung mit der Verfahrens- und Beweisordnung Disziplinarmaßnahmen ergriffen.

Art. 48[1] Vorrechte und Immunitäten. (1) Der Gerichtshof genießt im Hoheitsgebiet jedes Vertragsstaats die für die Erfüllung seiner Ziele notwendigen Vorrechte und Immunitäten.

(2) Die Richter, der Ankläger, die Stellvertretenden Ankläger und der Kanzler genießen bei der Wahrnehmung der Geschäfte des Ge-

[1] Vgl. hierzu nunmehr auch das Übereinkommen über die Vorrechte und Immunitäten des Internationalen Strafgerichtshofes v. 9. 9. 2002 (BGBl. 2004 II S. 1139).

richtshofs oder in Bezug auf diese die gleichen Vorrechte und Immunitäten wie Chefs diplomatischer Missionen; nach Ablauf ihrer Amtszeit wird ihnen weiterhin Immunität von der Gerichtsbarkeit in Bezug auf ihre in amtlicher Eigenschaft vorgenommenen Handlungen, einschließlich ihrer mündlichen oder schriftlichen Äußerungen, gewährt.

(3) Der Stellvertretende Kanzler, das Personal der Anklagebehörde und das Personal der Kanzlei genießen in Übereinstimmung mit dem Übereinkommen über die Vorrechte und Immunitäten des Gerichtshofs die zur Erfüllung ihrer Aufgaben notwendigen Vorrechte, Immunitäten und Erleichterungen.

(4) Beratern, Sachverständigen, Zeugen und allen anderen Personen, deren Anwesenheit im Sitz des Gerichtshofs erforderlich ist, wird in Übereinstimmung mit dem Übereinkommen über die Vorrechte und Immunitäten des Gerichtshof die Stellung eingeräumt, die für die ordnungsgemäße Arbeit des Gerichtshof erforderlich ist.

(5) Die Vorrechte und Immunitäten

a) eines Richters oder des Anklägers können mit absoluter Mehrheit aufgehoben werden;
b) des Kanzlers können vom Präsidium aufgehoben werden;
c) der Stellvertretenden Ankläger und des Personals der Anklagebehörde können vom Ankläger aufgehoben werden;
d) des Stellvertretenden Kanzlers und des Personals der Kanzlei können vom Kanzler aufgehoben werden.

Art. 49 Gehälter, Zulagen und Aufwandsentschädigung. Die Richter, der Ankläger, die Stellvertretenden Ankläger, der Kanzler und der Stellvertretende Kanzler erhalten die von der Versammlung der Vertragsstaaten beschlossenen Gehälter, Zulagen und Aufwandsentschädigungen. Diese Gehälter und Zulagen werden während ihrer Amtszeit nicht herabgesetzt.

Art. 50 Amts- und Arbeitssprachen. (1) Die Amtssprachen des Gerichtshofs sind Arabisch, Chinesisch, Englisch, Französisch, Russisch und Spanisch. Die Urteile des Gerichtshofs sowie sonstige Entscheidungen zur Regelung grundlegender Fragen, die beim Gerichtshof anhängig sind, werden in den Amtssprachen veröffentlicht. Das Präsidium entscheidet in Übereinstimmung mit den durch die Verfahrens- und Beweisordnung festgelegten Kriterien, welche Entscheidungen als Entscheidungen zur Regelung grundlegender Fragen im Sinne dieses Absatzes angesehen werden können.

(2) Die Arbeitssprachen des Gerichtshofs sind Englisch und Französisch. Die Verfahrens- und Beweisordnung bestimmt die Fälle, in denen andere Amtssprachen als Arbeitssprachen benutzt werden können.

(3) Auf Ersuchen einer Partei eines Verfahrens oder eines zur Teilnahme an einem Verfahren zugelassenen Staates gestattet der Gerichtshof die Benutzung einer anderen als der englischen oder französischen Sprache, sofern er dies als ausreichend gerechtfertigt erachtet.

Art. 51 Verfahrens- und Beweisordnung. (1) Die Verfahrens- und Beweisordnung tritt nach ihrer Annahme durch zwei Drittel der Mitglieder der Versammlung der Vertragsstaaten in Kraft.[1)]

(2) Änderungen der Verfahrens- und Beweisordnung können

a) von jedem Vertragsstaat,

b) von den Richtern mit absoluter Mehrheit oder

c) vom Ankläger

vorgeschlagen werden. Die Änderungen treten nach ihrer Annahme durch zwei Drittel der Mitglieder der Versammlung der Vertragsstaaten in Kraft.

(3) Nach Annahme der Verfahrens- und Beweisordnung können die Richter in dringenden Fällen, wenn eine bestimmte beim Gerichtshof anhängige Situation durch die Verfahrens- und Beweisordnung nicht erfasst ist, mit Zweidrittelmehrheit vorläufige Regeln aufstellen, die bis zu ihrer Annahme, Änderung oder Ablehnung auf der nächsten ordentlichen oder außerordentlichen Tagung der Versammlung der Vertragsstaaten Anwendung finden.

(4) Die Verfahrens- und Beweisordnung, ihre Änderungen und jede vorläufige Regel müssen mit diesem Statut vereinbar sein. Änderungen der Verfahrens- und Beweisordnung sowie vorläufige Regeln werden nicht rückwirkend zum Nachteil der Person angewandt, gegen die sich die Ermittlungen, die Strafverfolgung oder das Urteil richten.

(5) Im Fall eines Widerspruchs zwischen dem Statut und der Verfahrens- und Beweisordnung hat das Statut Vorrang.

Art. 52 Geschäftsordnung des Gerichtshofs. (1) Die Richter nehmen in Übereinstimmung mit diesem Statut sowie der Verfahrens- und Beweisordnung die für den normalen Geschäftsgang notwendige Geschäftsordnung des Gerichtshofs mit absoluter Mehrheit an.[2)]

(2) Der Ankläger und der Kanzler sind bei der Ausarbeitung der Geschäftsordnung und aller Änderungen zu konsultieren.

(3) Sofern die Richter nichts anderes beschließen, treten die Geschäftsordnung und alle Änderungen mit ihrer jeweiligen Annahme in Kraft. Unmittelbar nach ihrer Annahme werden sie den Vertragsstaaten zur Stellungnahme zugeleitet. Liegen binnen sechs Monaten keine Einwände seitens der Mehrheit der Vertragsstaaten vor, so bleiben sie in Kraft.

---

1) Die "rules of procedure und evidence" sind von der Versammlung auf ihrer 1. Sitzung im September 2002 angenommen und am 9. 9. 2002 in Kraft getreten (Official Records: ICC-ASP/1/3 – verfügbar auch als PDF-Datei unter http://www.icc-cpi.int/legaltools).

2) Die "regulations of the Court" sind von den Richtern am 26. 5. 2004 angenommen und am selben Tag in Kraft getreten (Official documents: ICC-DB/01-01-04 – verfügbar auch als PDF-Datei unter http://www.icc-cpi.int/legaltools).

Teil 5. Ermittlungen und Strafverfolgung

Art. 53 Einleitung von Ermittlungen. (1) Nach Auswertung der ihm zur Verfügung gestellten Informationen leitet der Ankläger Ermittlungen ein, sofern er nicht feststellt, dass es für die Verfahrenseinleitung nach diesem Statut keine hinreichende Grundlage gibt. Bei seiner Entscheidung über die Einleitung von Ermittlungen prüft der Ankläger,

a) ob die ihm vorliegenden Informationen hinreichende Verdachtsgründe dafür bieten, dass ein der Gerichtsbarkeit des Gerichtshofs unterliegendes Verbrechen begangen wurde oder wird,

b) ob die Sache nach Artikel 17 zulässig ist oder wäre und

c) ob unter Berücksichtigung der Schwere des Verbrechens und der Interessen der Opfer dennoch wesentliche Gründe für die Annahme vorliegen, dass die Durchführung von Ermittlungen nicht im Interesse der Gerechtigkeit läge.

Stellt der Ankläger fest, dass es für die Verfahrenseinleitung keine hinreichende Grundlage gibt, und beruht diese Feststellung ausschließlich auf Buchstabe c, so unterrichtet er die Vorverfahrenskammer.

(2) Gelangt der Ankläger nach den Ermittlungen zu dem Schluss, dass es für eine Strafverfolgung keine hinreichende Grundlage gibt, weil

a) keine hinreichende rechtliche oder sachliche Grundlage für die Beantragung eines Haftbefehls oder einer Ladung[1] nach Artikel 58 besteht,

b) die Sache nach Artikel 17 unzulässig ist oder

c) eine Strafverfolgung unter Berücksichtigung aller Umstände, einschließlich der Schwere des Verbrechens, der Interessen der Opfer, des Alters oder der Gebrechlichkeit des angeblichen Täters sowie seiner Rolle bei dem angeblichen Verbrechen, nicht im Interesse der Gerechtigkeit liegt,

so unterrichtet der Ankläger die Vorverfahrenskammer und den nach Artikel 14 unterbreitenden Staat oder den Sicherheitsrat im Fall des Artikels 13 Buchstabe b von seiner Schlussfolgerung und den Gründen dafür.

(3) a) Auf Ersuchen des nach Artikel 14 unterbreitenden Staates oder des Sicherheitsrats im Fall des Artikels 13 Buchstabe b kann die Vorverfahrenskammer eine Entscheidung des Anklägers nach Absatz 1 oder 2, nicht weiter vorzugehen, nachprüfen und den Ankläger ersuchen, sie zu überprüfen.

b) Darüber hinaus kann die Vorverfahrenskammer aus eigener Initiative eine Entscheidung des Anklägers, nicht weiter vorzugehen,

[1] CH: Vorladung.

nachprüfen, wenn diese ausschließlich auf Absatz 1 Buchstabe c oder Absatz 2 Buchstabe c beruht. In diesem Fall wird die Entscheidung des Anklägers nur dann wirksam, wenn sie von der Vorverfahrenskammer bestätigt wird.

(4) Der Ankläger kann eine Entscheidung über die Einleitung der Ermittlungen oder der Strafverfolgung auf der Grundlage neuer Tatsachen oder Informationen jederzeit überprüfen.

(Fortsetzung nächstes Blatt)

Art. 54 Pflichten und Befugnisse des Anklägers bei Ermittlungen. (1) Der Ankläger

a) dehnt die Ermittlungen zum Zweck der Wahrheitsfindung auf alle Tatsachen und Beweismittel aus, die für die Beurteilung, ob eine strafrechtliche Verantwortlichkeit aufgrund dieses Statuts besteht, erheblich sind, und erforscht dabei gleichermaßen die belastenden wie die entlastenden Umstände,

b) ergreift geeignete Maßnahmen, um die wirksame Ermittlung und Strafverfolgung von der Gerichtsbarkeit des Gerichtshofs unterliegenden Verbrechen zu gewährleisten, wobei er die Interessen und persönlichen Lebensumstände der Opfer und Zeugen, namentlich Alter, Geschlecht im Sinne des Artikels 7 Absatz 3 und Gesundheitszustand, achtet und die Art des Verbrechens berücksichtigt, insbesondere soweit es mit sexueller Gewalt, geschlechtsspezifischer Gewalt oder Gewalt gegen Kinder verbunden ist, und

c) achtet uneingeschränkt die sich aus diesem Statut ergebenden Rechte der Personen.

(2) Der Ankläger kann Ermittlungen im Hoheitsgebiet eines Staates durchführen

a) in Übereinstimmung mit Teil 9 oder

b) aufgrund einer Ermächtigung der Vorverfahrenskammer nach Artikel 57 Absatz 3 Buchstabe d.

(3) Der Ankläger kann

a) Beweismittel sammeln und prüfen,

b) die Anwesenheit von Personen, gegen die ermittelt wird, von Opfern und von Zeugen verlangen und diese vernehmen[1],

c) einen Staat oder eine zwischenstaatliche Organisation oder Stelle entsprechend ihrer jeweiligen Zuständigkeit beziehungsweise ihrem Mandat um Zusammenarbeit ersuchen,

d) alle diesem Statut nicht entgegenstehenden Abmachungen und Übereinkünfte eingehen, die notwendig sind, um einem Staat, einer zwischenstaatlichen Organisation oder einer Person die Zusammenarbeit zu erleichtern,

e) einwilligen, in keiner Phase des Verfahrens Dokumente oder Informationen offenzulegen, die er unter der Bedingung der Vertraulichkeit und ausschließlich zum Zweck der Erlangung neuer Beweismittel erhält, sofern nicht der Informant sein Einverständnis erklärt, und

f) die notwendigen Maßnahmen zur Gewährleistung der Vertraulichkeit von Informationen, des Schutzes einer Person oder der Beweissicherung treffen oder verlangen, dass sie getroffen werden.

---

[1] CH: einvernehmen.

Art. 55 Rechte der Personen während der Ermittlungen. (1) Bei Ermittlungen aufgrund dieses Statuts

a) darf eine Person nicht gezwungen werden, sich selbst zu belasten oder sich schuldig zu bekennen;

b) darf eine Person nicht Zwang, Nötigung oder Drohung, Folter oder einer anderen Form grausamer, unmenschlicher oder erniedrigender Behandlung oder Strafe unterworfen werden;

c) werden einer Person, deren Vernehmung[1] in einer Sprache erfolgt, die sie nicht vollständig versteht und spricht, unentgeltlich ein sachkundiger Dolmetscher und die Übersetzungen zur Verfügung gestellt, die erforderlich sind, um dem Gebot der Fairness Genüge zu tun, und

d) darf eine Person nicht willkürlich festgenommen oder in Haft gehalten werden und darf einer Person die Freiheit nur aus Gründen und in Übereinstimmung mit Verfahren entzogen werden, die in diesem Statut vorgesehen sind.

(2) Bestehen Verdachtsgründe, dass eine Person ein der Gerichtsbarkeit des Gerichtshofs unterliegendes Verbrechen begangen hat, und steht ihre Vernehmung[1] entweder durch den Ankläger oder durch einzelstaatliche Behörden entsprechend einem Ersuchen nach Teil 9 unmittelbar bevor, so hat sie außerdem folgende Rechte, über die sie vor der Vernehmung[1] zu belehren ist:

a) das Recht, vor der Vernehmung[1] darüber belehrt zu werden, dass Verdachtsgründe bestehen, wonach sie ein der Gerichtsbarkeit des Gerichtshofs unterliegendes Verbrechen begangen hat;

b) das Recht, zu schweigen, ohne dass dieses Schweigen bei der Feststellung von Schuld oder Unschuld in Betracht gezogen wird;

c) das Recht, sich durch einen Verteidiger ihrer Wahl verteidigen zu lassen oder, falls sie keinen Verteidiger hat, auf Bestellung eines Verteidigers, wenn dies im Interesse der Rechtspflege erforderlich ist; fehlen ihr die Mittel zur Bezahlung eines Verteidigers, so ist ihr in einem solchen Fall ein Verteidiger unentgeltlich zu bestellen, und

d) das Recht, in Anwesenheit eines Rechtsbeistands vernommen[2] zu werden, sofern sie nicht freiwillig auf ihr Recht auf Rechtsbeistand verzichtet hat.

Art. 56 Rolle der Vorverfahrenskammer bei einer einmaligen Gelegenheit zu Ermittlungsmaßnahmen. (1) a) Ist der Ankläger der Auffassung, dass Ermittlungen eine einmalige Gelegenheit darstellen, mündliche oder schriftliche Zeugenaussagen zu erhalten oder Beweismittel zu prüfen, zu sammeln oder auf ihre Beweiskraft zu untersuchen, die für die Zwecke einer Verhandlung später mögli-

---

[1] CH: Einvernahme.
[2] CH: einvernommen.

cherweise nicht mehr verfügbar sein werden, so unterrichtet er die Vorverfahrenskammer dahin gehend.

b) In diesem Fall kann die Vorverfahrenskammer auf Antrag des Anklägers die notwendigen Maßnahmen ergreifen, um die Wirksamkeit und Ordnungsmäßigkeit des Verfahrens zu gewährleisten und insbesondere die Rechte der Verteidigung zu wahren.

c) Sofern die Vorverfahrenskammer nichts anderes anordnet, stellt der Ankläger der festgenommenen oder der nach Ladung[1] im Zusammenhang mit den unter Buchstabe a genannten Ermittlungen erschienenen Person die sachdienlichen Informationen zur Verfügung, damit sie in der Angelegenheit gehört werden kann.

(2) Die in Absatz 1 Buchstabe b genannten Maßnahmen können Folgendes umfassen:

a) die Abgabe von Empfehlungen oder Anordnungen betreffend die anzuwendenden Verfahren;

b) die Anordnung, ein Verfahrensprotokoll zu führen;

c) die Bestellung eines Sachverständigen zur Unterstützung;

d) die Ermächtigung des Rechtsbeistands einer festgenommenen oder einer nach Ladung[1] vor dem Gerichtshof erschienenen Person zur Teilnahme, oder, falls eine Festnahme noch nicht erfolgt ist, die Person noch nicht erschienen ist oder kein Rechtsbeistand benannt wurde, die Bestellung eines anderen Rechtsbeistands, der die Interessen der Verteidigung wahrnimmt und vertritt;

e) die Benennung eines ihrer Mitglieder oder erforderlichenfalls eines anderen verfügbaren Richters der Vorverfahrensabteilung oder der Hauptverfahrensabteilung, der hinsichtlich der Sammlung und Sicherung von Beweismitteln und der Vernehmung[2] von Personen als Beobachter tätig wird und Empfehlungen abgibt oder Anordnungen erlässt;

f) das Ergreifen etwaiger anderer zur Sammlung oder Sicherung von Beweismitteln erforderlicher Maßnahmen.

(3) a) Hat der Ankläger keine Maßnahmen nach diesem Artikel beantragt, ist die Vorverfahrenskammer jedoch der Auffassung, dass es solcher Maßnamen bedarf, um Beweismittel zu sichern, die sie für die Verteidigung im Hauptverfahren als wesentlich erachtet, so konsultiert sie den Ankläger bezüglich der Frage, ob er diese Maßnahmen aus gutem Grund nicht beantragt hat. Gelangt die Vorverfahrenskammer aufgrund der Konsultation zu dem Schluss, dass die Nichtbeantragung dieser Maßnahmen durch den Ankläger nicht gerechtfertigt ist, so kann die Vorverfahrenskammer diese Maßnahmen aus eigner Initiative ergreifen.

b) Der Ankläger kann gegen die Entscheidung der Vorverfahrenskammer, nach diesem Absatz aus eigener Initiative tätig zu werden, Be-

---

[1] CH: Vorladung.
[2] CH: Einvernahme.

schwerde einlegen. Über die Beschwerde wird beschleunigt verhandelt.

(4) Die Zulässigkeit der nach diesem Artikel für das Hauptverfahren gesicherten oder gesammelten Beweismittel oder des darüber aufgenommenen Protokolls richtet sich im Hauptverfahren nach Artikel 69; die Beweiswürdigung erfolgt durch die Hauptverfahrenskammer.

Art. 57 Aufgaben und Befugnisse der Vorverfahrenskammer. (1) Sofern in diesem Statut nichts anderes bestimmt ist, nimmt die Vorverfahrenskammer ihre Aufgaben in Übereinstimmung mit diesem Artikel wahr.

(2) a) Von der Vorverfahrenskammer erlassene Anordnungen oder Entscheidungen nach den Artikeln 15, 18, 19, 54 Absatz 2, 61 Absatz 7 und 72 bedürfen der Zustimmung der Mehrheit ihrer Richter.

b) In allen anderen Fällen kann ein einzelner Richter der Vorverfahrenskammer die in diesem Statut vorgesehenen Aufgaben wahrnehmen, sofern in der Verfahrens- und Beweisordnung oder durch Stimmenmehrheit der Vorverfahrenskammer nichts anderes bestimmt wird.

(3) Neben ihren anderen Aufgaben aufgrund dieses Statuts kann die Vorverfahrenskammer

a) auf Antrag des Anklägers die für die Zwecke der Ermittlungen erforderlichen Anordnungen und Befehle erlassen;

b) auf Antrag einer festgenommenen oder einer aufgrund einer Ladung[1] nach Artikel 58 erschienenen Person die notwendigen Anordnungen erlassen, einschließlich der in Artikel 56 beschriebenen Maßnahmen, und sich um die notwendige Zusammenarbeit nach Teil 9 bemühen, um ihr bei der Vorbereitung ihrer Verteidigung behilflich zu sein;

c) erforderlichenfalls für den Schutz von Opfern und Zeugen und die Wahrung ihre Privatsphäre, die Sicherung von Beweismitteln, den Schutz der festgenommenen oder aufgrund einer Ladung[1] erschienenen Personen sowie den Schutz von Informationen, welche die nationale Sicherheit betreffen, Sorge tragen;

d) den Ankläger ermächtigen, bestimmte Ermittlungsmaßnahmen im Hoheitsgebiet eines Vertragsstaats vorzunehmen, ohne sich der Zusammenarbeit dieses Staates nach Teil 9 versichert zu haben, wenn die Vorverfahrenskammer, nach Möglichkeit unter Berücksichtigung der Auffassungen des betreffenden Staates, in dieser Sache entschieden hat, dass der Staat eindeutig nicht in der Lage ist, ein Ersuchen um Zusammenarbeit nach Teil 9 zu erledigen, weil keine zuständige Behörde beziehungsweise kein zuständiger Teil seines Justizsystems für die Erledigung eines solchen Ersuchens zur Verfügung steht;

---

[1] CH: Vorladung.

e) die Staaten nach Artikel 93 Absatz 1 Buchstabe k um ihre Zusammenarbeit im Hinblick auf vorsorgliche Maßnahmen für die Zwecke der Einziehung ersuchen, insbesondere zum letztendlichen Nutzen der Opfer, wenn nach Artikel 58 ein Haftbefehl oder eine Ladung[1] ergangen ist und unter gebührender Berücksichtigung der Beweiskraft der Beweismittel und der Rechte der betroffenen Parteien, wie in diesem Statut und der Verfahrens- und Beweisordnung vorgesehen.

Art. 58 Erlass eines Haftbefehls oder einer Ladung[1] durch die Vorverfahrenskammer. (1) Jederzeit nach Einleitung der Ermittlungen erlässt die Vorverfahrenskammer auf Antrag des Anklägers einen Haftbefehl gegen eine Person, wenn sie nach Prüfung des Antrags und der Beweismittel oder anderer vom Ankläger beigebrachter Informationen zu der Überzeugung gelangt ist,

a) dass begründeter Verdacht besteht, dass die Person ein der Gerichtsbarkeit des Gerichtshofs unterliegendes Verbrechen begangen hat, und

b) dass die Festnahme der Person notwendig erscheint,
   i) um sicherzustellen, dass sie zur Verhandlung erscheint,
   ii) um sicherzustellen, dass sie die Ermittlungen oder das Gerichtsverfahren nicht behindert oder gefährdet, oder
   iii) um sie gegebenenfalls an der weiteren Begehung dieses Verbrechens oder eines damit im Zusammenhang stehenden, der Gerichtsbarkeit des Gerichtshofs unterliegenden Verbrechens zu hindern, das sich aus den gleichen Umständen ergibt.

(2) Der Antrag des Anklägers enthält

a) den Namen der Person und alle anderen sachdienlichen Angaben zu ihrer Identifizierung,

b) eine konkrete Bezugnahme auf die der Gerichtsbarkeit des Gerichtshofs unterliegenden Verbrechen, welche die Person begangen haben soll,

c) eine knappe Darstellung des Sachverhalts, der angeblich die Tatbestandsmerkmale dieser Verbrechen erfüllt,

d) eine Zusammenfassung der Beweismittel sowie aller anderen Informationen, die den Verdacht begründen, dass die Person diese Verbrechen begangen hat, und

e) den Grund, aus dem der Ankläger die Festnahme der Person für notwendig hält.

(3) Der Haftbefehl enthält

a) den Namen der Person und alle anderen sachdienlichen Angaben zu ihrer Identifizierung,

---

[1] CH: Vorladung.

b) eine konkrete Bezugnahme auf die der Gerichtsbarkeit des Gerichtshofs unterliegenden Verbrechen, derentwegen die Festnahme der Person beantragt wird, und

c) eine knappe Darstellung des Sachverhalts, der angeblich die Tatbestandsmerkmale dieser Verbrechen erfüllt.

(4) Der Haftbefehl bleibt bis zu einer anderslautenden Anordnung des Gerichtshofs in Kraft.

(5) Auf der Grundlage des Haftbefehls kann der Gerichtshof um die vorläufige Festnahme oder die Festnahme und Überstellung der Person nach Teil 9 ersuchen.

(6) Der Ankläger kann bei der Vorverfahrenskammer die Änderung des Haftbefehls durch Änderung der darin aufgeführten Verbrechen oder Aufnahme zusätzlicher Verbrechen beantragen. Die Vorverfahrenskammer ändert den Haftbefehl entsprechend, wenn ihrer Überzeugung nach begründeter Verdacht besteht, dass die Person diese anderen oder zusätzlichen Verbrechen begangen hat.

(7) Anstelle eines Haftbefehls kann der Ankläger beantragen, dass die Vorverfahrenskammer die Person lädt[1]. Besteht nach Überzeugung der Vorverfahrenskammer begründeter Verdacht, dass die Person das ihr zur Last gelegte Verbrechen begangen hat und dass eine Ladung[2] ausreicht, um ihr Erscheinen vor dem Gerichtshof sicherzustellen, so erlässt sie die Ladung[2], mit der freiheitsbeschränkende Bedingungen (außer Freiheitsentzug) verknüpft sein können, wenn das einzelstaatliche Recht dies vorsieht. Die Ladung[2] enthält

a) den Namen der Person und alle anderen sachdienlichen Angaben zu ihrer Identifizierung,

b) den Termin, an dem die Person zu erscheinen hat,

c) eine konkrete Bezugnahme auf die der Gerichtsbarkeit des Gerichtshofs unterliegenden Verbrechen, welche die Person begangen haben soll, und

d) eine knappe Darstellung des Sachverhalts, der angeblich die Tatbestandsmerkmale des Verbrechens erfüllt.

Die Ladung[2] ist der Person zuzustellen.

Art. 59 Festnahmeverfahren im Gewahrsamsstaat. (1) Ein Vertragsstaat, dem ein Ersuchen um vorläufige Festnahme oder um Festnahme und Überstellung zugegangen ist, ergreift sofort Maßnahmen zur Festnahme der fraglichen Person in Übereinstimmung mit seinen Rechtsvorschriften und mit Teil 9.

(2) Die festgenommene Person wird umgehend der zuständigen Justizbehörde im Gewahrsamsstaat vorgeführt, die in Übereinstimmung mit dem Recht dieses Staates feststellt, dass

[1] CH: vorlädt.
[2] CH: Vorladung.

a) sich der Haftbefehl auf sie bezieht,
b) sie entsprechend einem ordnungsgemäßen Verfahren festgenommen wurde und
c) ihre Rechte geachtet wurden.

(3) Die festgenommene Person hat das Recht, bei der zuständigen Behörde im Gewahrsamsstaat die vorläufige Haftentlassung bis zur Überstellung zu beantragen.

(4) Bei der Entscheidung über einen solchen Antrag prüft die zuständige Behörde im Gewahrsamtsstaat, ob in Anbetracht der Schwere der angeblichen Verbrechen dringende und außergewöhnliche Umstände vorliegen, die eine vorläufige Haftentlassung rechtfertigen, und ob durch die notwendigen Sicherheitsvorkehrungen gewährleistet ist, dass der Gewahrsamsstaat seine Pflicht zur Überstellung der Person an den Gerichtshof erfüllen kann. Der zuständigen Behörde des Gewahrsamsstaats steht es nicht frei, zu prüfen, ob der Haftbefehl nach Artikel 58 Absatz 1 Buchstaben a und b ordnungsgemäß erlassen wurde.

(5) Die Vorverfahrenskammer wird von jedem Antrag auf vorläufige Haftentlassung in Kenntnis gesetzt und erteilt der zuständigen Behörde im Gewahrsamsstaat Empfehlungen. Diese zieht die Empfehlungen, einschließlich etwaiger Empfehlungen betreffend Maßnahmen zur Verhütung der Flucht, vollständig in Betracht, bevor sie ihre Entscheidung fällt.

(6) Wird der Person vorläufige Haftentlassung gewährt, so kann die Vorverfahrenskammer hierzu regelmäßige Berichte verlangen.

(7) Sobald eine Anordnung auf Überstellung der Person getroffen wurde, ist diese vom Gewahrsamsstaat so bald wie möglich an den Gerichtshof zu überstellen.

Art. 60 Einleitende Verfahrensschritte vor dem Gerichtshof. (1) Nach Überstellung einer Person an den Gerichtshof oder ihrem freiwilligen oder aufgrund einer Ladung[1] erfolgten Erscheinen vor dem Gerichtshof überzeugt sich die Vorverfahrenskammer davon, dass die Person über die ihr zur Last gelegten Verbrechen sowie über ihre Rechte aufgrund dieses Statuts belehrt worden ist, einschließlich des Rechts, ihre vorläufige Haftentlassung bis zum Hauptverfahren zu beantragen.

(2) Eine Person, gegen die ein Haftbefehl ergangen ist, kann ihre vorläufige Haftentlassung bis zum Hauptverfahren beantragen. Liegen nach Überzeugung der Vorverfahrenskammer die in Artikel 58 Absatz 1 genannten Voraussetzungen vor, so bleibt die Person weiterhin in Haft. Andernfalls wird sie mit oder ohne Auflagen[2] auf freien Fuß gesetzt.

(3) Die Vorverfahrenskammer überprüft regelmäßig ihre Entscheidung über die Haftentlassung der Person oder die Aufrechterhaltung

[1] CH: Vorladung.
[2] A: Anwendung gelinderer Mittel.

der Haft; sie kann dies jederzeit auf Antrag des Anklägers oder der Person tun. Nach dieser Überprüfung kann sie ihre Entscheidung über die Aufrechterhaltung der Haft, die Haftentlassung oder Auflagen[1] für die Haftentlassung ändern, wenn sie überzeugt ist, dass veränderte Umstände dies erfordern.

(4) Die Vorverfahrenskammer stellt sicher, dass eine Person nicht wegen unentschuldbarer Verzögerungen seitens des Anklägers unangemessen lange in Untersuchungshaft gehalten wird. Tritt eine solche Verzögerung ein, so erwägt der Gerichtshof die Haftentlassung der Person mit oder ohne Auflagen[1].

(5) Bei Bedarf kann die Vorverfahrenskammer einen Haftbefehl erlassen, um die Anwesenheit einer auf freien Fuß gesetzten Person sicherzustellen.

Art. 61 Bestätigung der Anklage vor dem Hauptverfahren. (1) Vorbehaltlich des Absatzes 2 hält die Vorverfahrenskammer innerhalb einer angemessenen Frist nach Überstellung der Person oder ihrem freiwilligen Erscheinen vor dem Gerichtshof eine mündliche Verhandlung ab, um die Anklagepunkte zu bestätigen, die der Ankläger zum Gegenstand des Hauptverfahrens zu machen beabsichtigt. Die mündliche Verhandlung findet in Anwesenheit des Anklägers und des Angeschuldigten[2] sowie seines Rechtsbeistands statt.

(2) Die Vorverfahrenskammer kann auf Ersuchen des Anklägers oder aus eigener Initiative in Abwesenheit des Angeschuldigten[1] eine mündliche Verhandlung abhalten, um die Anklagepunkte zu bestätigen, die der Ankläger zum Gegenstand des Hauptverfahrens zu machen beabsichtigt, wenn der Angeschuldigte[3]

a) auf sein Anwesenheitsrecht verzichtet hat oder

b) flüchtig oder unauffindbar ist und alle angemessenen Maßnahmen ergriffen worden sind, um sein Erscheinen vor dem Gerichtshof sicherzustellen und ihn über die Anklagepunkte sowie über die bevorstehende Verhandlung betreffend deren Bestätigung zu unterrichten.

In diesem Fall wird der Angeschuldigte[3] durch einen Rechtsbeistand vertreten, wenn die Vorverfahrenskammer entscheidet, dass dies im Interesse der Rechtspflege liegt.

(3) Innerhalb einer angemessenen Frist vor der mündlichen Verhandlung

a) erhält der Angeschuldigte[3] eine Abschrift des Schriftstücks, aus dem die Anklagepunkte hervorgehen, die der Ankläger zum Gegenstand des Hauptverfahrens zu machen beabsichtigt, und

---

[1] A: Anwendung gelinderer Mittel.
[2] A: Beschuldigten.
[3] A: Beschuldigte.

b) wird der Angeschuldigte[1] von den Beweismitteln in Kenntnis gesetzt, auf die sich der Ankläger bei der mündlichen Verhandlung zu stützen beabsichtigt.

Die Vorverfahrenskammer kann die Offenlegung von Informationen für die Zwecke der Verhandlung anordnen.

(4) Vor der mündlichen Verhandlung kann der Ankläger die Ermittlungen fortsetzen, und er kann Anklagepunkte ändern oder zurücknehmen. Der Angeschuldigte[1] wird unter Wahrung einer angemessenen Frist vor der mündlichen Verhandlung von der Änderung oder Rücknahme von Anklagepunkten in Kenntnis gesetzt. Werden Anklagepunkte zurückgenommen, so teilt der Ankläger der Vorverfahrenskammer die Gründe dafür mit.

(5) Bei der mündlichen Verhandlung belegt der Ankläger jeden Anklagepunkt durch ausreichende Beweise, um den dringenden Verdacht zu begründen, dass der Angeschuldigte[1] das ihm zur Last gelegte Verbrechen begangen hat. Der Ankläger kann sich auf schriftliche oder summarische Beweise stützen und ist nicht gehalten, die Zeugen aufzurufen, deren Aussage bei dem Verfahren erwartet wird.

(6) Bei der Verhandlung kann der Angeschuldigte[1]

a) Einwendungen gegen die Anklagepunkte vorbringen,

b) die vom Ankläger beigebrachten Beweismittel anfechten und

c) Beweismittel beibringen.

(7) Die Vorverfahrenskammer stellt auf der Grundlage der mündlichen Verhandlung fest, ob ausreichende Beweise für den dringenden Verdacht vorliegen, dass der Angeschuldigte[2] jedes der ihm zur Last gelegten Verbrechen begangen hat. Auf der Grundlage ihrer Feststellungen

a) bestätigt die Vorverfahrenskammer diejenigen Anklagepunkte, bezüglich deren sie entschieden hat, dass ausreichende Beweise vorliegen, und weist den Angeschuldigten[2] einer Hauptverfahrenskammer zu, die das Hauptverfahren hinsichtlich der bestätigten Anklagepunkte durchführt;

b) lehnt die Vorverfahrenskammer die Bestätigung derjenigen Anklagepunkte ab, bezüglich deren sie entschieden hat, dass keine ausreichende Beweise vorliegen;

c) vertagt die Vorverfahrenskammer die mündliche Verhandlung und ersucht den Ankläger zu erwägen,

   i) zu einem bestimmten Anklagepunkt weitere Beweismittel beizubringen oder weitere Ermittlungen durchzuführen oder

   ii) einen Anklagepunkt zu ändern, weil die beigebrachten Beweismittel den Nachweis für die Begehung eines anderen der Gerichtsbarkeit des Gerichtshofs unterliegenden Verbrechens zu erbringen scheinen.

---

[1] A: Beschuldigte.

[2] A: Beschuldigten.

(8) Lehnt die Vorverfahrenskammer die Bestätigung eines Anklagepunkts ab, so schließt dies nicht aus, dass der Ankläger später dessen Bestätigung aufgrund zusätzlicher Beweismittel beantragt.

(9) Nach Bestätigung der Anklagepunkte und vor Beginn der Hauptverhandlung kann der Ankläger mit Genehmigung der Vorverfahrenskammer und nach Benachrichtigung des Angeklagten die Anklagepunkte ändern. Beabsichtigt der Ankläger, weitere Anklagepunkte hinzuzufügen oder bestehende Anklagepunkte durch schwerer wiegende zu ersetzen, so muss zu deren Bestätigung eine mündliche Verhandlung nach diesem Artikel stattfinden. Nach Beginn der Hauptverhandlung kann der Ankläger mit Genehmigung der Hauptverfahrenskammer die Anklagepunkte zurücknehmen.

(10) Jeder zuvor ergangene Befehl tritt bezüglich aller Anklagepunkte außer Kraft, die von der Vorverfahrenskammer nicht bestätigt oder vom Ankläger zurückgenommen worden sind.

(11) Nach Bestätigung der Anklagepunkte in Übereinstimmung mit diesem Artikel setzt das Präsidium eine Hauptverfahrenskammer ein, die vorbehaltlich des Absatzes 9 und des Artikels 64 Absatz 4 für die Durchführung des anschließenden Verfahrens zuständig ist und jede Aufgabe der Vorverfahrenskammer wahrnehmen kann, die in diesem Verfahren von Belang ist und zur Anwendung kommen kann.

Teil 6. Hauptverfahren

Art. 62 Ort des Hauptverfahrens. Sofern nichts anderes beschlossen wird, findet das Hauptverfahren am Sitz des Gerichtshofs statt.

Art. 63 Verhandlung in Anwesenheit des Angeklagten. (1) Der Angeklagte hat während der Verhandlung anwesend zu sein.

(2) Stört der vor dem Gerichtshof anwesende Angeklagte wiederholt den Verlauf der Verhandlung, so kann die Hauptverfahrenskammer ihn entfernen lassen und sorgt dann dafür, dass er von außerhalb des Gerichtssaals die Verhandlung verfolgen und seinem Rechtsbeistand Weisungen erteilen kann, bei Bedarf mit Hilfe von Kommunikationstechnologie. Diese Maßnahmen werden nur in Ausnahmefällen, nachdem sich andere vertretbare Alternativen als unzulänglich erwiesen haben, und nur für die unbedingt notwendige Dauer getroffen.

Art. 64 Aufgaben und Befugnisse der Hauptverfahrenskammer. (1) Die in diesem Artikel genannten Aufgaben und Befugnisse der Hauptverfahrenskammer werden in Übereinstimmung mit diesem Statut sowie der Verfahrens- und Beweisordnung wahrgenommen.

(2) Die Hauptverfahrenskammer stellt sicher, dass das Hauptverfahren fair uns zügig verläuft und unter voller Beachtung der Rechte des Angeklagten und gebührender Berücksichtigung des Schutzes der Opfer und Zeugen geführt wird.

(3) Die Hauptverfahrenskammer, der in Übereinstimmung mit diesem Statut eine Sache für das Hauptverfahren zugewiesen worden ist,

a) berät sich mit den Parteien und beschließt die Verfahren, die erforderlich sind, um eine faire und zügige Durchführung des Hauptverfahrens zu gewährleisten,

b) bestimmt die im Hauptverfahren zu verwendende Sprache oder zu verwendenden Sprachen und

c) sorgt vorbehaltlich anderer einschlägiger Bestimmungen dieses Statuts rechtzeitig vor Beginn der Verhandlung für die Offenlegung zuvor nicht offengelegter Schriftstücke oder Informationen, damit eine hinreichende Vorbereitung auf die Verhandlung möglich ist.

(4) Soweit dies für ihre wirksame und faire Arbeitsweise erforderlich ist, kann die Hauptverfahrenskammer Vorfragen an die Vorverfahrenskammer oder, im Bedarfsfall, an einen anderen verfügbaren Richter in der Vorverfahrensabteilung verweisen.

(5) Nach Benachrichtigung der Parteien kann die Hauptverfahrenskammer gegebenenfalls verfügen, dass Verhandlungen über Anklagen, die gegen mehrere Angeklagte erhoben worden sind, verbunden oder getrennt werden.

(6) In Wahrnehmung ihrer Aufgaben vor oder während der Hauptverhandlung kann die Hauptverfahrenskammer, soweit erforderlich,

a) alle in Artikel 61 Absatz 11 genannten Aufgaben der Vorverfahrenskammer wahrnehmen;

b) die Anwesenheit und Aussage von Zeugen und die Beibringung von Schriftstücken und anderen Beweismitteln verlangen, soweit notwendig mit Hilfe der Staaten, wie in diesem Statut vorgesehen;

c) für den Schutz vertraulicher Informationen sorgen;

d) die Beibringung von Beweismitteln zusätzlich zu den von den Parteien bereits vor dem Hauptverfahren gesammelten oder während des Hauptverfahrens vorgelegten Beweismitteln anordnen;

e) für den Schutz des Angeklagten, der Zeugen und der Opfer sorgen;

f) alle sonstigen Angelegenheiten entscheiden, die von Belang sind.

(7) Die Verhandlung ist öffentlich. Die Hauptverfahrenskammer kann jedoch feststellen, dass aufgrund besonderer Umstände bestimmte Teile der Verhandlung für die in Artikel 68 genannten Zwecke oder zum Schutz vertraulicher oder schutzwürdiger Informationen, die im Zuge der Beweiserhebung vorgelegt werden, unter Ausschluss der Öffentlichkeit stattfinden müssen.

(8) a) Zu Beginn der Verhandlung lässt die Hauptverfahrenskammer dem Angeklagten die zuvor von der Vorverfahrenskammer bestätigte Anklage vorlesen. Die Hauptverfahrenskammer überzeugt sich davon, dass der Angeklagte die Art der gegen ihn erhobenen Anklage versteht. Sie gibt ihm Gelegenheit, ein Geständnis in Übereinstimmung mit Artikel 65 abzulegen oder sich für nicht schuldig zu erklären.

b) In der Verhandlung kann der vorsitzende Richter prozessleitende Verfügungen erlassen, insbesondere auch, um die faire und unparteiische Führung des Verfahrens sicherzustellen. Vorbehaltlich etwaiger Verfügungen des vorsitzenden Richters können die Parteien in Übereinstimmung mit diesem Statut Beweismittel vorlegen.

(9) Die Hauptverfahrenskammer ist unter anderem befugt, auf Antrag einer Partei oder aus eigener Initiative

a) über die Zulässigkeit beziehungsweise Erheblichkeit von Beweismitteln zu entscheiden und

b) alle erforderlichen Maßnahmen zur Aufrechterhaltung der Ordnung während der Verhandlung zu treffen.

(10) Die Hauptverfahrenskammer stellt sicher, dass ein vollständiges Verhandlungsprotokoll, welches das Verfahren korrekt wiedergibt, erstellt und vom Kanzler geführt und aufbewahrt wird.

Art. 65 Verfahren nach einem Geständnis. (1) Legt der Angeklagte ein Geständnis nach Artikel 64 Absatz 8 Buchstabe a ab, so stellt die Hauptverfahrenskammer fest, ob

a) der Angeklagte die Art und die Folgen des Geständnisses versteht,

b) das Geständnis vom Angeklagten nach hinreichender Beratung mit seinem Verteidiger freiwillig abgelegt wird und

c) das Geständnis durch die Tatsachen untermauert wird, die hervorgehen aus

i) den vom Ankläger erhobenen Anklagepunkten, die der Angeklagte zugibt,

ii) allen vom Ankläger vorgelegten Unterlagen, welche die Anklage erhärten und die der Angeklagte anerkennt, und

iii) allen sonstigen Beweismitteln, beispielsweise Zeugenaussagen, die vom Ankläger oder vom Angeklagten beigebracht werden.

(2) Ist die Hauptverfahrenskammer davon überzeugt, dass die in Absatz 1 genannten Umstände erwiesen sind, so erachtet sie den gesamten Tatbestand des Verbrechens, auf das sich das Geständnis bezieht, als durch das Geständnis und etwaige zusätzlich beigebrachte Beweismittel erwiesen; sie kann den Angeklagten wegen dieses Verbrechens verurteilen.

(3) Ist die Hauptverfahrenskammer nicht davon überzeugt, dass die in Absatz 1 genannten Umstände erwiesen sind, so erachtet sie das Geständnis als nicht abgelegt; in diesem Fall ordnet sie die Fortsetzung des Hauptverfahrens nach dem in diesem Statut vorgesehenen gewöhnlichen Verfahren an; sie kann die Sache an eine andere Hauptverfahrenskammer verweisen.

(4) Ist die Hauptverfahrenskammer der Auffassung, dass im Interesse der Gerechtigkeit, insbesondere im Interesse der Opfer, eine vollständigere Tatsachendarstellung erforderlich ist, so kann die Hauptverfahrenskammer

a) den Ankläger ersuchen, zusätzliche Beweismittel, einschließlich Zeugenaussagen, beizubringen oder

b) die Fortsetzung des Hauptverfahrens nach dem in diesem Statut vorgesehenen gewöhnlichen Verfahren anordnen; in diesem Fall erachtet sie das Geständnis als nicht abgelegt; sie kann die Sache an eine andere Hauptverfahrenskammer verweisen.

(5) Erörterungen zwischen dem Ankläger und der Verteidigung in Bezug auf eine Änderung der Anklagepunkte, das Geständnis oder die zu verhängende Strafe sind für den Gerichtshof nicht bindend.

Art. 66 Unschuldsvermutung. (1) Jeder gilt als unschuldig, solange seine Schuld nicht in Übereinstimmung mit dem anwendbaren Recht vor dem Gerichtshof nachgewiesen ist.

(2) Die Beweislast für die Schuld des Angeklagten liegt beim Ankläger.

(3) Für eine Verurteilung des Angeklagten muss der Gerichtshof von der Schuld des Angeklagten so überzeugt sein, dass kein vernünftiger Zweifel besteht.

Art. 67 Rechte des Angeklagten. (1) Der Angeklagte hat Anspruch darauf, dass über die gegen ihn erhobene Anklage öffentlich nach Maßgabe dieses Statuts und in billiger Weise unparteiisch verhandelt wird; außerdem hat er in gleicher Weise Anspruch auf folgende Mindestgarantien:

a) Er ist unverzüglich und im Einzelnen in einer Sprache, die er vollständig versteht und spricht, über Art, Grund und Inhalt der gegen ihn erhobenen Anklage zu unterrichten,

b) er muss hinreichend Zeit und Gelegenheit zur Vorbereitung seiner Verteidigung und zum freien und vertraulichen Verkehr mit einem Verteidiger seiner Wahl haben,

c) es muss ohne unangemessene Verzögerung ein Urteil gegen ihn ergehen,

d) vorbehaltlich des Artikels 63 Absatz 2 muss er bei der Verhandlung anwesend sein und sich selbst verteidigen dürfen oder durch einen Verteidiger seiner Wahl verteidigen lassen; falls er keinen Verteidiger hat, ist er über das Recht, einen Verteidiger in Anspruch zu nehmen, zu unterrichten; ihm ist vom Gerichtshof ein Verteidiger beizuordnen, wenn dies im Interesse der Rechtspflege erforderlich ist, und zwar unentgeltlich, wenn ihm die Mittel zur Bezahlung eines Verteidigers fehlen,

e) er darf Fragen an die Belastungszeugen stellen oder stellen lassen und das Erscheinen und die Vernehmung[1] der Entlastungszeugen unter den für die Belastungszeugen geltenden Bedingungen erwirken. Er darf auch Gründe, welche die Strafbarkeit ausschließen, geltend ma-

[1] CH: Einvernahme.

chen und sonstige aufgrund dieses Statuts zulässige Beweismittel beibringen,

f) er kann die unentgeltliche Beiziehung eines sachkundigen Dolmetschers und die Übersetzungen verlangen, die erforderlich sind, um dem Gebot der Fairness Genüge zu tun, wenn Teile des Verfahrens oder dem Gerichtshof vorgelegte Schriftstücke nicht in einer Sprache gehalten sind, die der Angeklagte vollständig versteht und spricht,

g) er darf nicht gezwungen werden, gegen sich selbst als Zeuge auszusagen oder sich schuldig zu bekennen, und er darf schweigen, ohne dass sein Schweigen bei der Feststellung von Schuld oder Unschuld in Betracht gezogen wird,

h) er kann eine unbeeidigte mündliche oder schriftliche Erklärung zu seiner Verteidigung abgeben, und

i) es darf ihm weder eine Umkehr der Beweislast noch eine Widerlegungspflicht auferlegt werden.

(2) Neben anderen in diesem Statut vorgesehenen Offenlegungen legt der Ankläger, so bald wie möglich, der Verteidigung die in seinem Besitz oder seiner Verfügungsgewalt befindlichen Beweismittel offen, die seiner Überzeugung nach die Unschuld des Angeklagten beweisen oder zu beweisen geeignet sind, dessen Schuld mildern oder die Glaubwürdigkeit der vom Ankläger beigebrachten Beweismittel beeinträchtigen können. Bei Zweifeln hinsichtlich der Anwendung dieses Absatzes entscheidet der Gerichtshof.

Art. 68 Schutz der Opfer und Zeugen und ihre Teilnahme am Verfahren. (1) Der Gerichtshof trifft geeignete Maßnahmen zum Schutz der Sicherheit, des körperlichen und seelischen Wohles, der Würde und der Privatsphäre der Opfer und Zeugen. Dabei zieht der Gerichtshof alle maßgeblichen Umstände in Betracht, namentlich Alter, Geschlecht im Sinne des Artikels 7 Absatz 3 und Gesundheitszustand sowie die Art des Verbrechens, insbesondere, jedoch nicht ausschließlich, soweit es mit sexueller oder geschlechtsspezifischer Gewalt oder Gewalt gegen Kinder zusammenhängt. Der Ankläger trifft diese Maßnahmen insbesondere während der Ermittlungen und der Strafverfolgung solcher Verbrechen. Diese Maßnahmen dürfen die Rechte des Angeklagten sowie die Fairness und Unparteilichkeit des Verfahrens nicht beeinträchtigen oder damit unvereinbar sein.

(2) Als Ausnahme vom Grundsatz der öffentlichen Verhandlung nach Artikel 67 können die Kammern des Gerichtshofs zum Schutz der Opfer und Zeugen oder des Angeklagten einen Teil des Verfahrens unter Ausschluss der Öffentlichkeit führen oder die Vorlage von Beweisen mittels elektronischer oder sonstiger besonderer Mittel gestatten. Diese Maßnahmen werden insbesondere im Fall eines Opfers sexueller Gewalt oder eines Kindes getroffen, das Opfer oder Zeuge ist, es sei denn, der Gerichtshof ordnet unter Berücksichtigung aller Umstände, insbesondere der Auffassungen der Opfer oder Zeugen, etwas anderes an.

(3) Sind die persönlichen Interessen der Opfer betroffen, so gestattet der Gerichtshof, dass ihre Auffassungen und Anliegen in von ihm für geeignet befundenen Verfahrensabschnitten in einer Weise vorgetragen und behandelt werden, welche die Rechte des Angeklagten sowie die Fairness und Unparteilichkeit des Verfahrens nicht beeinträchtigt oder damit unvereinbar ist. Diese Auffassungen und Anliegen können in Übereinstimmung mit der Verfahrens- und Beweisordnung von den gesetzlichen Vertretern der Opfer vorgetragen werden, wenn der Gerichtshof dies für angebracht hält.

(4) Die Abteilung für Opfer und Zeugen kann den Ankläger und den Gerichtshof im Hinblick auf angemessene Schutzmaßnahmen, Sicherheitsvorkehrungen, Beratung und Hilfe nach Artikel 43 Absatz 6 beraten.

(5) Kann die Offenlegung von Beweismitteln oder Informationen aufgrund dieses Statuts zu einer ernsten Gefährdung der Sicherheit eines Zeugen oder seiner Familie führen, so kann der Ankläger diese für die Zwecke jedes vor Eröffnung des Hauptverfahrens geführten Verfahrens zurückhalten und statt dessen eine Zusammenfassung vorlegen. Diese Maßnahmen müssen in einer Weise angewendet werden, welche die Rechte des Angeklagten sowie die Fairness und Unparteilichkeit des Verfahrens nicht beeinträchtigt oder damit unvereinbar ist.

(6) Ein Staat kann darum ersuchen, dass die notwendigen Maßnahmen zum Schutz seiner Bediensteten oder Vertreter sowie vertraulicher oder schutzwürdiger Informationen getroffen werden.

Art. 69 Beweismittel. (1) Vor seiner Aussage verpflichtet sich jeder Zeuge in Übereinstimmung mit der Verfahrens- und Beweisordnung, in seinem Zeugnis die Wahrheit zu sagen.

(2) Ein Zeuge muss für sein Zeugnis in der Verhandlung persönlich erscheinen, vorbehaltlich der in Artikel 68 oder in der Verfahrens- und Beweisordnung vorgesehenen Maßnahmen. Der Gerichtshof kann auch nach Maßgabe dieses Statuts und in Übereinstimmung mit der Verfahrens- und Beweisordnung das mit Hilfe der Video- oder Audiotechnik direktübertragene (mündliche) oder aufgezeichnete Zeugnis eines Zeugen sowie die Vorlage von Schriftstücken oder schriftlichen Wortprotokollen gestatten. Diese Maßnahmen dürfen die Rechte des Angeklagten nicht beeinträchtigen oder mit ihnen unvereinbar sein.

(3) Die Parteien können in Übereinstimmung mit Artikel 64 die Beweismittel beibringen, die für die Sache erheblich sind. Der Gerichtshof ist befugt, die Beibringung sämtlicher Beweismittel zu verlangen, die er für die Wahrheitsfindung für erforderlich hält.

(4) Der Gerichtshof kann in Übereinstimmung mit der Verfahrens- und Beweisordnung über die Erheblichkeit oder Zulässigkeit jedes Beweismittels entscheiden, wobei er unter anderem die Beweiskraft des Beweismittels und alle Nachteile in Betracht zieht, die sich für ein faires Verfahren oder für eine faire Bewertung des Zeugnisses eines Zeugen möglicherweise daraus ergeben.

(5) Der Gerichtshof achtet und wahrt die in der Verfahrens- und Beweisordnung vorgesehenen Rechte in Bezug auf Vertraulichkeit.

(6) Der Gerichtshof verlangt nicht den Nachweis allgemein bekannter Tatsachen, kann sie jedoch als offenkundig anerkennen.

(7) Beweismittel, die durch Verletzung dieses Statuts oder international anerkannter Menschenrechte erlangt wurden, sind nicht zulässig, wenn

a) die Verletzung erhebliche Zweifel an ihrer Glaubwürdigkeit entstehen lässt oder

b) ihre Zulassung im grundsätzlichen Widerspruch zur Ordnungsmäßigkeit des Verfahrens stehen und dieser schweren Schaden zufügen würde.

(8) Bei der Entscheidung über die Erheblichkeit oder Zulässigkeit der von einem Staat gesammelten Beweismittel entscheidet der Gerichtshof nicht über die Anwendung der Rechtsvorschriften dieses Staates.

Art. 70 Straftaten gegen die Rechtspflege. (1) Der Gerichtshof hat Gerichtsbarkeit über folgende Straftaten gegen seine Rechtspflege, wenn diese vorsätzlich verübt werden:

a) Falschaussage[1], wenn nach Artikel 69 Absatz 1 die Verpflichtung bestand, die Wahrheit zu sagen;

b) Vorlage von Beweismitteln, von denen die Partei weiß, dass sie falsch, ge- oder verfälscht sind;

c) Beeinflussung eines Zeugen durch Vorteilsgewährung, Behinderung oder Störung des Erscheinens oder des Zeugnisses eines Zeugen, Vergeltungsmaßnahmen gegen einen Zeugen wegen seines Zeugnisses, Vernichtung oder Fälschung von Beweismitteln oder Störung der Beweisaufnahme;

d) Behinderung oder Einschüchterung eines Bediensteten des Gerichtshofs oder Beeinflussung desselben durch Vorteilsgewährung mit dem Ziel, ihn zu zwingen oder zu veranlassen, seine Pflichten gar nicht oder nicht ordnungsgemäß wahrzunehmen;

e) Vergeltungsmaßnahmen gegen einen Bediensteten des Gerichtshofs wegen von ihm oder einem anderen Bediensteten wahrgenommener Pflichten;

f) Forderung oder Annahme einer Bestechung durch einen Bediensteten des Gerichtshofs im Zusammenhang mit seinen Dienstpflichten.

(2) Der Gerichtshof übt seine Gerichtsbarkeit über Straftaten nach diesem Artikel entsprechend den in der Verfahrens- und Beweisordnung vorgesehenen Grundsätzen und Verfahren aus. Die Bedingungen, unter denen dem Gerichtshof internationale Zusammenarbeit im Hinblick auf seine Verfahren nach diesem Artikel gewährt wird, richten sich nach dem innerstaatlichen Recht des ersuchten Staates.

---

[1] A: falsche Beweisaussage.

(3) Im Fall einer Verurteilung kann der Gerichtshof eine Freiheitsstrafe von höchstens fünf Jahren oder eine Geldstrafe in Übereinstimmung mit der Verfahrens- und Beweisordnung oder beides verhängen.

(4) a) Jeder Vertragsstaat dehnt seine Strafgesetze, durch die Straftaten gegen seine eigenen Ermittlungs- oder Gerichtsverfahren unter Strafe gestellt werden, auf die in diesem Artikel genannten Straftaten gegen die Rechtspflege aus, die in seinem Hoheitsgebiet oder von einem seiner Staatsangehörigen begangen werden.

b) Auf Ersuchen des Gerichtshofs, wenn er dies für angebracht hält, unterbreitet der Vertragsstaat die Sache seinen zuständigen Behörden zwecks Strafverfolgung. Diese Behörden behandeln diese Sachen mit Sorgfalt und stellen ausreichende Mittel zu deren wirksamer Abwicklung bereit.

Art. 71 Strafmaßnahmen wegen ordnungswidrigen Verhaltens vor Gericht. (1) Der Gerichtshof kann vor ihm anwesende Personen, die sich ordnungswidrig verhalten, etwa durch Störung seines Verfahrens oder vorsätzliche Weigerung, seine Anordnungen zu befolgen, durch Ordnungsmittel wie vorübergehende oder dauernde Entfernung aus dem Gerichtssaal, Geldstrafe oder andere ähnliche in der Verfahrens- und Beweisordnung vorgesehene Maßnahmen, nicht jedoch durch Freiheitsstrafe, bestrafen.

(2) Die in Absatz 1 enthaltenen Maßnahmen werden nach den in der Verfahrens- und Beweisordnung vorgesehenen Verfahren verhängt.

Art. 72 Schutz von Informationen betreffend die nationale Sicherheit. (1) Dieser Artikel findet in jedem Fall Anwendung, in dem die Offenlegung von Informationen oder Schriftstücken eines Staates nach dessen Auffassung seine nationalen Sicherheitsinteressen beeinträchtigen würde. Dazu gehören die Fälle, die in den Geltungsbereich des Artikels 56 Absätze 2 und 3, des Artikels 61 Absatz 3, des Artikels 64 Absatz 3, des Artikels 67 Absatz 2, des Artikels 68 Absatz 6, des Artikels 87 Absatz 6 und des Artikels 93 fallen, sowie die Fälle, die in einem sonstigen Verfahrensabschnitt auftreten, in dem sich die Frage einer solchen Offenlegung stellen kann.

(2) Dieser Artikel findet auch Anwendung, wenn eine Person, die zur Beibringung von Informationen oder Beweismitteln aufgefordert wurde, diese verweigert oder die Angelegenheit aus dem Grunde an den Staat verwiesen hat, dass eine Offenlegung die nationalen Sicherheitsinteressen dieses Staates beeinträchtigen würde, und der betreffende Staat bestätigt, dass eine Offenlegung seiner Auffassung nach seine nationalen Sicherheitsinteressen beeinträchtigen würde.

(3) Dieser Artikel lässt die Erfordernisse der Vertraulichkeit nach Artikel 54 Absatz 3 Buchstaben e und f und die Anwendung des Artikels 73 unberührt.

(4) Erfährt ein Staat, dass Informationen oder Unterlagen dieses Staates in irgendeinem Abschnitt des Verfahrens offen gelegt werden oder wahr-

scheinlich offen gelegt werden sollen, und ist er der Auffassung, dass die Offenlegung seine nationalen Sicherheitsinteressen beeinträchtigen würde, so hat er das Recht, dem Verfahren beizutreten, um eine Regelung dieser Frage in Übereinstimmung mit diesem Artikel herbeizuführen.

(5) Würde die Offenlegung von Informationen nach Auffassung eines Staates dessen nationale Sicherheitsinteressen beeinträchtigen, so unternimmt dieser Staat alle angemessenen Schritte, um gemeinsam mit dem Ankläger, der Verteidigung oder der Vorverfahrenskammer beziehungsweise der Hauptverfahrenskammer zu versuchen, die Angelegenheit auf dem Weg der Zusammenarbeit zu regeln. Dabei kann es sich insbesondere um folgende Schritte handeln:

a) Änderung oder Klarstellung des Ersuchens,
b) eine Entscheidung des Gerichtshofs über die Erheblichkeit der verlangten Informationen oder Beweismittel oder eine Entscheidung, ob die Beweismittel, obzwar erheblich, nicht von einer anderen Stelle als dem ersuchten Staat erlangt werden könnten oder wurden,
c) Erlangung der Informationen oder Beweismittel von einer anderen Stelle oder in anderer Form oder
d) Einigung über die Bedingungen, unter denen die verlangte Hilfe gewährt werden könnte, so unter anderem durch die Beibringung von Zusammenfassungen oder redigierten Textfassungen, Beschränkung der Offenlegung, Verfahren unter Ausschluss der Öffentlichkeit oder der Gegenpartei oder sonstige aufgrund des Statuts und der Verfahrens- und Beweisordnung zulässige Schutzmaßnahmen.

(6) Wurden alle angemessenen Schritte unternommen, um die Angelegenheit auf dem Weg der Zusammenarbeit zu regeln, und gibt es nach Auffassung des Staates keine Möglichkeiten oder Voraussetzungen für die Bereitstellung oder Offenlegung der Informationen oder Unterlagen, ohne dass seine nationalen Sicherheitsinteressen beeinträchtigt werden, so teilt er dem Ankläger oder dem Gerichtshof die konkreten Gründe für seine Entscheidung mit, sofern nicht die konkrete Darlegung der Gründe selbst zwangsläufig zu einer Beeinträchtigung der nationalen Sicherheitsinteressen dieses Staates führen würde.

(7) Danach kann der Gerichtshof, sofern er entscheidet, dass die Beweismittel erheblich und für den Nachweis der Schuld oder Unschuld des Angeklagten erforderlich sind, folgende Maßnahmen ergreifen:

a) Wird die Offenlegung der Informationen oder der Unterlage aufgrund eines Ersuchens um Zusammenarbeit nach Teil 9 oder unter den in Absatz 2 beschriebenen Umständen verlangt und hat der Staat den in Artikel 93 Absatz 4 genannten Ablehnungsgrund geltend gemacht, so kann der Gerichtshof,
   i) bevor er zu einem in Absatz 7 Buchstabe a Ziffer ii genannten Schluss gelangt, um weitere Konsultationen zur Prüfung der Darlegungen des Staates zu ersuchen, wozu gegebenenfalls auch Verhandlungen unter Ausschluss der Öffentlichkeit und der Gegenpartei gehören können,

ii) wenn er zu dem Schluss gelangt, dass der ersuchte Staat durch Geltendmachung des Ablehnungsgrunds nach Artikel 93 Absatz 4 unter den gegebenen Umständen nicht in Übereinstimmung mit seinen Verpflichtungen aus dem Statut handelt, die Angelegenheit unter Angabe der Gründe für seinen Schluss in Übereinstimmung mit Artikel 87 Absatz 7 verweisen, und

iii) im Verfahren gegen den Angeklagten hinsichtlich des Erwiesenseins oder Nichterwiesenseins einer Tatsache die Schlüsse ziehen, die unter den Umständen angebracht erscheinen,

oder

b) unter allen anderen Umständen

i) die Offenlegung anordnen, oder

ii) soweit er die Offenlegung nicht anordnet, im Verfahren gegen den Angeklagten hinsichtlich des Erwiesenseins oder Nichterwiesenseins einer Tatsache die Schlüsse ziehen, die unter den Umständen angebracht erscheinen.

Art. 73 Informationen oder Unterlagen von Dritten. Wird ein Vertragsstaat vom Gerichtshof ersucht, Unterlagen oder Informationen zur Verfügung zu stellen, die sich in seinem Gewahrsam, in seinem Besitz oder unter seiner Verfügungsgewalt befinden und die ihm von einem Staat, einer zwischenstaatlichen oder internationalen Organisation unter dem Vorbehalt der Vertraulichkeit offen gelegt worden sind, so ersucht er den Urheber um seine Zustimmung zu deren Offenlegung. Ist der Urheber ein Vertragsstaat, so gibt er entweder die Zustimmung zur Offenlegung der Informationen oder Unterlagen oder verpflichtet sich, vorbehaltlich des Artikels 72 die Frage der Offenlegung mit dem Gerichtshof zu regeln. Ist der Urheber kein Vertragsstaat und verweigert er die Zustimmung zur Offenlegung, so teilt der ersuchte Staat dem Gerichtshof mit, dass er wegen einer gegenüber dem Urheber zuvor eingegangenen Verpflichtung zur Geheimhaltung nicht in der Lage ist, die Unterlagen oder Informationen zur Verfügung zu stellen.

Art. 74 Anforderungen an das Urteil. (1) Alle Richter der Hauptverfahrenskammer sind in jeder Phase der Verhandlung und während der gesamten Dauer ihrer Beratungen anwesend. Das Präsidium kann fallweise, soweit verfügbar, einen oder mehrere Ersatzrichter bestimmen, die der Verhandlung in jeder Phase beiwohnen und an die Stelle eines Mitglieds der Hauptverfahrenskammer treten, wenn dieses nicht in der Lage ist, weiter anwesend zu sein.

(2) Das Urteil der Hauptverfahrenskammer gründet sich auf ihre Beweiswürdigung und das gesamte Verfahren. Das Urteil darf nicht über die in der Anklage dargestellten Tatsachen und Umstände und etwaige Änderungen der Anklage hinausgehen. Der Gerichtshof darf seinem Urteil lediglich die Beweismittel zugrunde legen, die während der Verhandlung beigebracht und vor ihm erörtert wurden.

(3) Die Richter bemühen sich, ihr Urteil einstimmig zu fällen; gelingt dies nicht, so ergeht das Urteil durch die Mehrheit der Richter.

(4) Die Beratungen der Hauptverfahrenskammer bleiben geheim.

(5) Das Urteil ergeht schriftlich und enthält eine vollständige und begründete Darstellung der Ergebnisse der Beweiswürdigung und der Schlussfolgerungen der Hauptverfahrenskammer. Die Hauptverfahrenskammer erlässt ein einheitliches Urteil. Besteht keine Einstimmigkeit, so enthält das Urteil der Hauptverfahrenskammer die Auffassungen der Mehrheit und die der Minderheit. Das Urteil oder eine Zusammenfassung des Urteils wird in öffentlicher Sitzung verkündet.

Art. 75 Wiedergutmachung für die Opfer. (1) Der Gerichtshof stellt Grundsätze für die Wiedergutmachung auf, die an oder in Bezug auf die Opfer zu leisten ist, einschließlich Rückerstattung, Entschädigung und Rehabilitierung. Auf dieser Grundlage kann der Gerichtshof in seiner Entscheidung entweder auf Antrag oder unter außergewöhnlichen Umständen aus eigener Initiative den Umfang und das Ausmaß des Schadens, Verlustes oder Nachteils feststellen, der den Opfern oder in Bezug auf die Opfer entstanden ist, wobei er die Grundsätze nennt, aufgrund deren er tätig wird.

(2) Der Gerichtshof kann eine Anordnung unmittelbar gegen den Verurteilten erlassen, in der er die den Opfern oder in Bezug auf die Opfer zu leistende angemessene Wiedergutmachung, wie Rückerstattung, Entschädigung und Rehabilitierung, im Einzelnen festlegt.

Gegebenenfalls kann der Gerichtshof anordnen, dass die zuerkannte Wiedergutmachung über den in Artikel 79 vorgesehenen Treuhandfonds erfolgt.

(3) Vor Erlass einer Anordnung nach diesem Artikel kann der Gerichtshof zu Eingaben seitens oder zugunsten des Verurteilten, der Opfer, anderer interessierter Personen oder interessierter Staaten auffordern, die er berücksichtigt.

(4) In Wahrnehmung seiner Befugnis nach diesem Artikel kann der Gerichtshof, nachdem eine Person wegen eines der Gerichtsbarkeit des Gerichtshofs unterliegenden Verbrechens verurteilt worden ist, entscheiden, ob es notwendig ist, Maßnahmen nach Artikel 93 Absatz 1 treffen zu lassen, um eine von ihm nach dem vorliegenden Artikel erlassene Anordnung in Kraft zu setzen.

(5) Ein Vertragsstaat setzt eine nach diesem Artikel ergangene Entscheidung in Kraft, als fände Artikel 109 auf diesen Artikel Anwendung.

(6) Dieser Artikel ist nicht so auszulegen, als beeinträchtige er die Rechte der Opfer nach einzelstaatlichem Recht oder nach dem Völkerrecht.

Art. 76 Strafspruch. (1) Im Fall einer Verurteilung prüft die Hauptverfahrenskammer die zu verhängende angemessene Strafe und berücksichtigt dabei die während der Verhandlung beigebrachten Beweismittel und die Anträge, die für den Strafspruch von Bedeutung sind.

(2) Sofern nicht Artikel 65 Anwendung findet und vor Abschluss der Verhandlung kann die Hauptverfahrenskammer aus eigener Initiative beziehungsweise muss sie auf Antrag des Anklägers oder des Angeklagten in Übereinstimmung mit der Verfahrens- und Beweisordnung eine weitere mündliche Verhandlung abhalten, um zusätzliche Beweismittel oder Anträge entgegenzunehmen, die für den Strafspruch von Bedeutung sind.

(3) Findet Absatz 2 Anwendung, so werden Eingaben nach Artikel 75 bei der in Absatz 2 genannten weiteren mündlichen Verhandlung und erforderlichenfalls bei jeder zusätzlichen mündlichen Verhandlung entgegengenommen.

(4) Die Strafe wird in öffentlicher Sitzung und soweit möglich in Anwesenheit des Angeklagten verkündet.

Teil 7. Strafen

Art. 77 Anwendbare Strafen. (1) Vorbehaltlich des Artikels 110 kann der Gerichtshof über eine Person, die wegen eines in Artikel 5 dieses Statuts genannten Verbrechens verurteilt worden ist, eine der folgenden Strafen verhängen:

a) eine zeitlich begrenzte Freiheitsstrafe bis zu einer Höchstdauer von 30 Jahren;

b) eine lebenslange Freiheitsstrafe, wenn dies durch die außergewöhnliche Schwere des Verbrechens und die persönlichen Verhältnisse des Verurteilten gerechtfertigt ist.

(2) Neben der Freiheitsstrafe kann der Gerichtshof folgendes anordnen:

a) eine Geldstrafe nach den in der Verfahrens- und Beweisordnung enthaltenen Kriterien;

b) die Einziehung des Erlöses, des Eigentums und der Vermögensgegenstände, die unmittelbar oder mittelbar aus diesem Verbrechen stammen, unbeschadet der Rechte gutgläubiger Dritter.

Art. 78 Festsetzung der Strafe. (1) Bei der Festsetzung der Strafe berücksichtigt der Gerichtshof in Übereinstimmung mit der Verfahrens- und Beweisordnung Faktoren wie die Schwere des Verbrechens und die persönlichen Verhältnisse des Verurteilten.

(2) Bei der Verhängung einer Freiheitsstrafe rechnet der Gerichtshof die aufgrund seiner Anordnung zuvor in Haft verbrachte Zeit an. Der Gerichtshof kann alle sonst im Zusammenhang mit dem Verhalten, das dem Verbrechen zugrunde liegt, in Haft verbrachten Zeiten anrechnen.

(3) Ist eine Person mehr als eines Verbrechens für schuldig befunden worden, so verhängt der Gerichtshof eine Strafe für jedes Verbrechen und eine Gesamtstrafe unter Angabe der Gesamtlänge der Freiheitsstrafe. Diese darf nicht kürzer sein als die höchste verhängte Einzelstrafe; sie darf 30 Jahre Freiheitsentzug oder eine lebenslange Freiheitsstrafe entsprechend Artikel 77 Absatz 1 Buchstabe b nicht überschreiten.

Art. 79 Treuhandfonds. (1) Auf Beschluss der Versammlung der Vertragsstaaten wird zugunsten der Opfer von Verbrechen, die der Gerichtsbarkeit des Gerichtshofs unterliegen, und der Angehörigen der Opfer ein Treuhandfonds errichtet.

(2) Der Gerichtshof kann anordnen, dass durch Geldstrafen oder Einziehung erlangte Gelder und sonstiges Eigentum auf Anordnung des Gerichtshofs an den Treuhandfonds überwiesen werden.

(3) Der Treuhandfonds wird nach Kriterien verwaltet, die von der Versammlung der Vertragsstaaten festzulegen sind.

Art. 80 Unberührtheit der einzelstaatlichen Anwendung von Strafen und einzelstaatlichen Rechtsvorschriften. Dieser Teil lässt die Anwendung der in den einzelstaatlichen Rechtsvorschriften vorgesehenen Strafen durch die Staaten ebenso unberührt wie die Rechtsvorschriften von Staaten, welche die in diesem Teil vorgesehenen Strafen nicht kennen.

Teil 8. Berufung und Wiederaufnahme

Art. 81 Berufung gegen Frei- oder Schuldspruch oder gegen den Strafspruch. (1) Gegen ein Urteil nach Artikel 74 kann in Übereinstimmung mit der Verfahrens- und Beweisordnung wie folgt Berufung eingelegt werden:

a) Der Ankläger kann aus einem der folgenden Gründe Berufung einlegen:
   i) Verfahrensfehler,
   ii) fehlerhafte Tatsachenfeststellung oder
   iii) fehlerhafte Rechtsanwendung.

b) Der Verurteilte oder zu seinen Gunsten der Ankläger kann aus einem der folgenden Gründe Berufung einlegen:
   i) Verfahrensfehler,
   ii) fehlerhafte Tatsachenfeststellung,
   iii) fehlerhafte Rechtsanwendung oder
   iv) jeder andere Grund, der die Fairness oder Verlässlichkeit des Verfahrens oder des Urteils beeinträchtigt.

(2) a) Gegen den Strafspruch kann der Ankläger oder der Verurteilte in Übereinstimmung mit der Verfahrens- und Beweisordnung wegen der Unverhältnismäßigkeit zwischen Verbrechen und Strafmaß Berufung einlegen.

b) Gelangt der Gerichtshof aus Anlass einer Berufung gegen den Strafspruch zu der Auffassung, dass Gründe für eine vollständige oder teilweise Aufhebung des Schuldspruchs vorliegen, so kann er den Ankläger und den Verurteilten auffordern, Gründe nach Absatz 1 Buchstabe a oder b vorzubringen; er kann in Übereinstimmung mit Artikel 83 eine Entscheidung über den Schuldspruch fällen.

c) Das gleiche Verfahren findet Anwendung, wenn der Gerichtshof aus Anlass einer allein gegen den Schuldspruch gerichteten Berufung zu der Auffassung gelangt, dass Gründe für die Herabsetzung des Strafmaßes nach Absatz 2 Buchstabe a vorliegen.

(3) a) Soweit die Hauptverfahrenskammer nichts anderes anordnet, bleibt ein Verurteilter während des Berufungsverfahrens in Haft.

b) Überschreitet die Haftzeit eines Verurteilten die verhängte Freiheitsstrafe, so wird er freigelassen; hat indessen der Ankläger ebenfalls Berufung eingelegt, so kann die Haftentlassung nach Maßgabe der unter Buchstabe c genannten Bedingungen erfolgen.

c) Im Fall eines Freispruchs wird der Angeklagte vorbehaltlich der folgenden Bestimmungen sofort freigelassen:

i) unter außergewöhnlichen Umständen und mit Rücksicht unter anderem auf die konkrete Fluchtgefahr, die Schwere der zur Last gelegten Straftat und die Wahrscheinlichkeit eines erfolgreichen Ausgangs der Berufung kann die Hauptverfahrenskammer auf Antrag des Anklägers den Freigesprochenen während des Berufungsverfahrens weiterhin in Haft halten;

ii) gegen eine Entscheidung der Hauptverfahrenskammer nach Buchstabe c Ziffer i kann in Übereinstimmung mit der Verfahrens- und Beweisordnung Beschwerde eingelegt werden.

(4) Vorbehaltlich des Absatzes 3 Buchstabe a und b wird die Vollstreckung des Urteils beziehungsweise der Strafe während der zulässigen Berufungsfrist und für die Dauer des Berufungsverfahrens ausgesetzt.

Art. 82 Beschwerde gegen sonstige Entscheidungen. (1) Jede der Parteien kann in Übereinstimmung mit der Verfahrens- und Beweisordnung gegen jede der nachstehenden Entscheidungen Beschwerde einlegen:

a) eine Entscheidung betreffend die Gerichtsbarkeit oder Zulässigkeit;

b) eine Entscheidung, mit der die Haftentlassung der Person, gegen die sich die Ermittlungen oder die Strafverfolgung richten, gewährt beziehungsweise abgelehnt wird;

c) eine Entscheidung der Vorverfahrenskammer, nach Artikel 56 Absatz 3 aus eigener Initiative tätig zu werden;

d) eine Entscheidung betreffend eine Frage, welche die faire und zügige Durchführung des Verfahrens oder das Ergebnis des Hauptverfahrens maßgeblich beeinflussen würde und deren sofortige Regelung durch die Berufungskammer das Verfahren nach Auffassung der

Vorverfahrenskammer oder der Hauptverfahrenskammer wesentlich voranbringen kann.

(2) Gegen eine Entscheidung der Vorverfahrenskammer nach Artikel 57 Absatz 3 Buchstabe d kann der betroffene Staat beziehungsweise der Ankläger mit Zustimmung der Vorverfahrenskammer Beschwerde einlegen. Über die Beschwerde wird beschleunigt verhandelt.

(3) Eine Beschwerde hat nur dann aufschiebende Wirkung, wenn die Berufungskammer dies auf entsprechenden Antrag in Übereinstimmung mit der Verfahrens- und Beweisordnung anordnet.

(4) Der gesetzliche Vertreter der Opfer, der Verurteilte oder ein gutgläubiger Eigentümer von Vermögensgegenständen, auf die sich eine Anordnung nach Artikel 75 nachteilig aufwirkt, kann entsprechend der Verfahrens- und Beweisordnung gegen die Anordnung zur Leistung von Wiedergutmachung Beschwerde einlegen.

Art. 83 Berufungsverfahren. (1) Für die Zwecke eines Verfahrens nach Artikel 81 und diesem Artikel verfügt die Berufungskammer über alle Befugnisse der Hauptverfahrenskammer.

(2) Befindet die Berufungskammer, dass es dem Verfahren, gegen das Berufung eingelegt wurde, in einer Weise an Fairness mangelte, dass die Verlässlichkeit des Urteils oder des Strafspruchs beeinträchtigt wurde, oder dass das Urteil oder der Strafspruch, gegen die Berufung eingelegt wurde, durch fehlerhafte Tatsachenfeststellung, fehlerhafte Rechtsanwendung oder Verfahrensfehler wesentlich beeinträchtigt wurde, so kann sie

a) das Urteil oder den Strafspruch aufheben oder abändern oder

b) eine neue Verhandlung vor einer anderen Hauptverfahrenskammer anordnen.

Zu diesem Zweck kann die Berufungskammer eine Tatsachenfrage an die ursprüngliche Hauptverfahrenskammer zur Entscheidung und entsprechenden Berichterstattung zurückverweisen, oder sie kann selbst Beweis erheben, um die Frage zu entscheiden. Wenn nur der Verurteilte oder zu seinen Gunsten der Ankläger Berufung gegen das Urteil oder den Strafspruch eingelegt hat, kann das Urteil oder der Strafspruch nicht zum Nachteil des Verurteilten abgeändert werden.

(3) Stellt die Berufungskammer bei einer Berufung gegen den Strafspruch fest, dass das Strafmaß in keinem Verhältnis zum Verbrechen steht, so kann sie das Strafmaß in Übereinstimmung mit Teil 7 abändern.

(4) Das Urteil der Berufungskammer ergeht mit der Stimmenmehrheit der Richter; es wird in öffentlicher Sitzung verkündet. Das Urteil enthält eine Urteilsbegründung. Besteht keine Einstimmigkeit, so enthält das Urteil die Auffassung der Mehrheit und die der Minderheit, doch können die Richter auch persönliche oder abweichende Meinungen zu Rechtsfragen abgeben.

(5) Die Berufungskammer kann ihr Urteil in Abwesenheit des Freigesprochenen oder des Verurteilten verkünden.

Art. 84 Wiederaufnahme des Verfahrens hinsichtlich des Schuldspruchs oder des Strafspruchs. (1) Der Verurteilte oder nach seinem Tod sein Ehepartner, seine Kinder, Eltern oder eine zum Zeitpunkt des Todes des Verurteilten lebende Person, die vom Verurteilten ausdrücklich schriftliche Anweisungen erhalten hat, einen solchen Antrag zu stellen, oder zugunsten des Verurteilten der Ankläger können bei der Berufungskammer einen Antrag auf Wiederaufnahme des Verfahrens hinsichtlich des rechtskräftigen Schuldspruchs oder Strafspruchs stellen mit der Begründung, dass

a) neue Beweismittel bekannt geworden sind, die
   i) zum Zeitpunkt der Verhandlung nicht vorlagen, ohne dass dies ganz oder teilweise der antragstellenden Partei zuzuschreiben war, und
   ii) so wichtig ist, dass sie wahrscheinlich zu einem anderen Urteil geführt hätten, wenn sie während der Verhandlung entsprechend gewürdigt worden wären;
b) erst jetzt entdeckt wurde, dass entscheidende Beweismittel, die bei der Verhandlung berücksichtigt wurden und auf denen der Schuldspruch beruht, falsch sind, ge- oder verfälscht wurden;
c) ein oder mehrere an dem Schuldspruch oder der Bestätigung der Anklage beteiligte Richter in dieser Sache eine so schwere Verfehlung oder Amtspflichtverletzung begangen haben, dass ihre Amtsenthebung nach Artikel 46 gerechtfertigt ist.

(2) Die Berufungskammer verwirft den Wiederaufnahmeantrag, wenn sie ihn für unbegründet hält. Erachtet sie den Antrag als begründet, so kann sie je nach Sachlage

a) die ursprüngliche Hauptverfahrenskammer wieder einberufen;
b) eine neue Hauptverfahrenskammer bilden oder
c) selbst die Zuständigkeit für die Angelegenheit behalten,

mit dem Ziel, nach Anhörung der Parteien in einer der Verfahrens- und Beweisordnung entsprechenden Weise zu entscheiden, ob das Urteil revidiert werden soll.

Art. 85 Entschädigung an Festgenommene oder Verurteilte. (1) Jeder, der unrechtmäßig festgenommen oder in Haft gehalten worden ist, hat einen Anspruch auf Entschädigung.

(2) Ist jemand wegen einer strafbaren Handlung rechtskräftig verurteilt und ist das Urteil später aufgehoben worden, weil eine neue oder neu bekannt gewordene Tatsache schlüssig beweist, dass ein Fehlurteil vorlag, so ist derjenige, der aufgrund eines solchen Urteils eine Strafe verbüßt hat, nach rechtlichen Vorschriften zu entschädigen, sofern nicht nachgewiesen wird, dass das nicht rechtzeitige Bekanntwerden der betreffenden Tatsache ganz oder teilweise ihm zuzuschreiben ist.

(3) Unter außergewöhnlichen Umständen kann der Gerichtshof, wenn er schlüssige Tatsachen feststellt, aus denen hervorgeht, dass es zu einem schwerwiegenden und offenkundigen Fehlurteil gekommen ist,

nach eigenem Ermessen in Übereinstimmung mit den in der Verfahrens- und Beweisordnung vorgesehenen Kriterien einer Person Entschädigung zuerkennen, die nach einem rechtskräftigen Freispruch oder einer aus diesem Grund erfolgten Verfahrenseinstellung aus der Haft entlassen worden ist.

Teil 9. Internationale Zusammenarbeit und Rechtshilfe

Art. 86 Allgemeine Verpflichtung zur Zusammenarbeit. Die Vertragsstaaten arbeiten nach Maßgabe dieses Statuts bei den Ermittlungen von der Gerichtsbarkeit des Gerichtshofs unterliegenden Verbrechen und bei deren strafrechtlicher Verfolgung uneingeschränkt mit dem Gerichtshof zusammen.

Art. 87 Ersuchen um Zusammenarbeit: Allgemeine Bestimmungen.[1)]

(1) a) Der Gerichtshof ist befugt, die Vertragsstaaten um Zusammenarbeit zu ersuchen. Diese Ersuchen werden auf diplomatischem oder jedem sonstigen geeigneten Weg übermittelt, den die Vertragsstaaten bei der Ratifikation, Annahme oder Genehmigung des Statuts oder dem Beitritt dazu festlegen.

Spätere Änderungen der Festlegung werden von jedem Vertragsstaat in Übereinstimmung mit der Verfahrens- und Beweisordnung vorgenommen.

b) Gegebenenfalls können unbeschadet des Buchstabens a die Ersuchen auch über die Internationale Kriminalpolizeiliche Organisation oder eine geeignete Regionalorganisation übermittelt werden.

(2) Ersuchen um Zusammenarbeit und alle zu ihrer Begründung beigefügten Unterlagen werden in einer Amtssprache des ersuchten Staates oder einer der Arbeitssprachen des Gerichtshofs abgefasst, oder sie werden von einer Übersetzung in eine dieser Sprachen begleitet, entsprechend der Wahl, die der Staat bei der Ratifikation, Annahme oder Genehmigung des Statuts oder dem Beitritt dazu getroffen hat.

Spätere Änderungen dieser Wahl werden in Übereinstimmung mit der Verfahrens- und Beweisordnung vorgenommen.

(3) Der ersuchte Staat behandelt ein Ersuchen um Zusammenarbeit und alle zu seiner Begründung beigefügten Unterlagen vertraulich, soweit eine Offenlegung nicht für die Erledigung des Ersuchens erforderlich ist.

(4) In Bezug auf die nach diesem Teil gestellten Rechtshilfeersuchen kann der Gerichtshof alle notwendigen Maßnahmen treffen, einschließlich Maßnahmen zum Schutz von Informationen, um die Sicherheit oder das körperliche oder seelische Wohl der Opfer, möglicher Zeugen und deren Angehöriger zu gewährleisten. Der Gerichtshof kann darum ersuchen, dass alle nach diesem Teil zur Verfügung gestellten

---

[1)] (Nachträgliche) Notifikationen zu den Abs. 1 und 2 in BGBl. 2004 II S. 1470 und 2005 II S. 512.

Informationen in einer Weise bereitgestellt und gehandhabt werden, welche die Sicherheit und das körperliche oder seelische Wohl der Opfer, möglicher Zeugen und deren Angehöriger schützt.

(5) a) Der Gerichtshof kann jeden Staat, der nicht Vertragspartei dieses Statuts ist, ersuchen, aufgrund einer Ad-hoc-Vereinbarung, einer Übereinkunft mit diesem Staat oder auf jeder anderen geeigneten Grundlage Unterstützung nach diesem Teil zu leisten.

b) Leistet ein Staat, der nicht Vertragspartei dieses Statuts ist und der eine Ad-hoc-Vereinbarung oder eine Übereinkunft mit dem Gerichtshof getroffen hat, einem aufgrund der Vereinbarung oder einer Übereinkunft gestellten Ersuchen um Zusammenarbeit nicht Folge, so kann der Gerichtshof die Versammlung der Vertragsstaaten oder, wenn der Sicherheitsrat die Angelegenheit dem Gerichtshof unterbreitet hat, den Sicherheitsrat davon unterrichten.

(6) Der Gerichtshof kann jede zwischenstaatliche Organisation ersuchen, Informationen oder Unterlagen beizubringen. Der Gerichtshof kann auch um andere Formen der Zusammenarbeit und Unterstützung bitten, die mit dieser Organisation vereinbart werden und mit ihrer Zuständigkeit oder ihrem Auftrag vereinbar sind.

(7) Leistet ein Vertragsstaat entgegen diesem Statut einem Ersuchen des Gerichtshofs um Zusammenarbeit nicht Folge und hindert er dadurch den Gerichtshof an der Wahrnehmung seiner Aufgaben und Befugnisse aufgrund dieses Statuts, so kann der Gerichtshof eine entsprechende Feststellung treffen und die Angelegenheit der Versammlung der Vertragsstaaten oder, wenn der Sicherheitsrat die Angelegenheit dem Gerichtshof unterbreitet hat, dem Sicherheitsrat übergeben.

Art. 88 Nach innerstaatlichem Recht zur Verfügung stehende Verfahren. Die Vertragsstaaten sorgen dafür, dass in ihrem innerstaatlichen Recht für alle in diesem Teil vorgesehenen Formen der Zusammenarbeit Verfahren zur Verfügung stehen.

Art. 89 Überstellung von Personen an den Gerichtshof. (1) Der Gerichtshof kann jedem Staat, in dessen Hoheitsgebiet sich eine Person vermutlich befindet, ein Ersuchen um Festnahme und Überstellung dieser Person samt den in Artikel 91 genannten zu seiner Begründung beigefügten Unterlagen übermitteln und diesen Staat um Zusammenarbeit bei der Festnahme und Überstellung der Person ersuchen. Die Vertragsstaaten leisten Ersuchen um Festnahme und Überstellung in Übereinstimmung mit diesem Teil und den in ihrem innerstaatlichen Recht vorgesehenen Verfahren Folge.

(2) Ficht die Person, um deren Überstellung ersucht wurde, vor einem innerstaatlichen Gericht auf der Grundlage des in Artikel 20 festgelegten Grundsatzes ne bis in idem die Überstellung an, so konsultiert der ersuchte Staat sofort den Gerichtshof, um festzustellen, ob eine entsprechende Entscheidung über die Zulässigkeit ergangen ist. Ist die

Sache zulässig, so fährt der ersuchte Staat mit der Erledigung des Ersuchens fort. Steht eine Zulässigkeitsentscheidung noch aus, so kann der ersuchte Staat die Erledigung des Ersuchens um Überstellung so lange aufschieben, bis der Gerichtshof eine Entscheidung über die Zulässigkeit fällt.

(3) a) Ein Vertragsstaat genehmigt in Übereinstimmung mit seinem innerstaatlichen Verfahrensrecht die Beförderung einer von einem anderen Staat an den Gerichtshof überstellten Person durch sein Hoheitsgebiet, soweit nicht die Durchbeförderung durch diesen Staat die Überstellung verhindern oder verzögern würde.

b) Ein Durchbeförderungsersuchen des Gerichtshofs wird in Übereinstimmung mit Artikel 87 übermittelt. Das Durchbeförderungsersuchen enthält
   i) eine Beschreibung der zu befördernden Person,
   ii) eine kurze Darlegung des Sachverhalts und dessen rechtliche Würdigung und
   iii) den Haftbefehl und das Überstellungsersuchen.

c) Während der Durchbeförderung ist die beförderte Person in Haft zu halten.

d) Eine Genehmigung ist nicht erforderlich, wenn die Person auf dem Luftweg befördert wird und eine Zwischenlandung im Hoheitsgebiet des Durchbeförderungsstaats nicht vorgesehen ist.

e) Kommt es zu einer unvorhergesehenen Zwischenlandung im Hoheitsgebiet des Durchbeförderungsstaats, so kann dieser Staat den Gerichtshof um ein Durchbeförderungsersuchen nach Buchstabe b ersuchen. Der Durchbeförderungsstaat hält die beförderte Person so lange in Haft, bis das Durchbeförderungsersuchen eingetroffen und die Durchbeförderung erfolgt ist; die Haft im Sinne dieses Buchstabens darf 96 Stunden von der unvorhergesehenen Zwischenlandung an nicht überschreiten, es sei denn, das Ersuchen geht innerhalb dieser Frist ein.

(4) Wird im ersuchten Staat gegen die gesuchte Person gerichtlich vorgegangen oder verbüßt sie dort eine Strafe wegen eines anderen Verbrechens als desjenigen, dessentwegen die Überstellung an den Gerichtshof verlangt wird, so konsultiert der ersuchte Staat den Gerichtshof, nachdem er beschlossen hat, dem Ersuchen stattzugeben.

Art. 90 Konkurrierende Ersuchen. (1) Ein Vertragsstaat, der ein Ersuchen des Gerichtshofs um Überstellung einer Person nach Artikel 89 und außerdem von einem anderen Staat ein Ersuchen um Auslieferung derselben Person wegen desselben Verhaltens erhält, das die Grundlage für das Verbrechen bildet, dessentwegen der Gerichtshof um die Überstellung der Person ersucht, teilt dies dem Gerichtshof und dem ersuchenden Staat mit.

(2) Ist der ersuchende Staat ein Vertragsstaat, so räumt der ersuchte Staat dem Ersuchen des Gerichtshofs Vorrang ein, wenn

a) der Gerichtshof nach Artikel 18 oder 19 entschieden hat, dass die Sache, derentwegen die Überstellung verlangt wird, zulässig ist, und bei seiner Entscheidung die Ermittlungen oder die Strafverfolgung des ersuchenden Staates in Bezug auf dessen Auslieferungsersuchen berücksichtigt hat, oder

b) der Gerichtshof die unter Buchstabe a beschriebene Entscheidung aufgrund der Mitteilung des ersuchten Staates nach Absatz 1 trifft.

(3) Wurde keine Entscheidung nach Absatz 2 Buchstabe a getroffen, so kann der ersuchte Staat nach eigenem Ermessen bis zur Entscheidung des Gerichtshofs nach Absatz 2 Buchstabe b das Auslieferungsersuchen des ersuchenden Staates weiterbehandeln, liefert die Person jedoch nicht aus, bis der Gerichtshof entschieden hat, dass die Sache unzulässig ist. Die Entscheidung des Gerichtshofs wird beschleunigt gefällt.

(4) Handelt es sich beim ersuchenden Staat um einen Staat, der nicht Vertragspartei dieses Statuts ist, so räumt der ersuchte Staat, sofern er nicht völkerrechtlich verpflichtet ist, die Person an den ersuchenden Staat auszuliefern, dem Überstellungsersuchen des Gerichtshofs Vorrang ein, wenn der Gerichtshof entschieden hat, dass die Sache zulässig ist.

(5) Hat der Gerichtshof nicht entschieden, dass eine Sache nach Absatz 4 zulässig ist, so kann der ersuchte Staat nach eigenem Ermessen das Auslieferungsersuchen des ersuchenden Staates weiterbehandeln.

(6) Findet Absatz 4 Anwendung, ist der ersuchte Staat jedoch völkerrechtlich verpflichtet, die Person an den ersuchenden Staat, der nicht Vertragspartei dieses Statuts ist, auszuliefern, so entscheidet der ersuchte Staat, ob er die Person an den Gerichtshof überstellt oder an den ersuchenden Staat ausliefert. Bei seiner Entscheidung berücksichtigt der ersuchte Staat alle maßgeblichen Umstände, insbesondere, jedoch nicht ausschließlich,

a) das jeweilige Datum der Ersuchen,

b) die Interessen des ersuchenden Staates, darunter gegebenenfalls die Frage, ob das Verbrechen in seinem Hoheitsgebiet begangen wurde, und die Staatsangehörigkeit der Opfer und der gesuchten Person und

c) die Möglichkeit einer späteren Überstellung der Person zwischen dem Gerichtshof und dem ersuchenden Staat.

(7) Erhält ein Vertragsstaat vom Gerichtshof ein Ersuchen um Überstellung einer Person und außerdem von einem Staat ein Ersuchen um Auslieferung derselben Person wegen eines anderen Verhaltens als desjenigen, das den Tatbestand des Verbrechens erfüllt, dessentwegen der Gerichtshof die Überstellung der Person verlangt,

a) so räumt der ersuchte Staat, soweit er nicht völkerrechtlich verpflichtet ist, die Person an den ersuchenden Staat auszuliefern, dem Ersuchen des Gerichtshofs Vorrang ein;

b) so entscheidet der ersuchte Staat, sofern er völkerrechtlich verpflichtet ist, die Person an den ersuchenden Staat auszuliefern, ob er die

Person an den Gerichtshof überstellt oder an den ersuchenden Staat ausliefert. Bei seiner Entscheidung berücksichtigt der ersuchte Staat alle maßgeblichen Umstände, insbesondere, jedoch nicht ausschließlich, die in Absatz 6 genannten Umstände; besondere Berücksichtigung finden dabei jedoch das Wesen und die Schwere des fraglichen Verhaltens im jeweiligen Fall.

(8) Hat der Gerichtshof aufgrund einer Mitteilung nach diesem Artikel entschieden, dass eine Sache unzulässig ist, und wird später die Auslieferung an den ersuchenden Staat abgelehnt, so teilt der ersuchte Staat dem Gerichtshof diese Entscheidung mit.

Art. 91 Inhalt des Festnahme- und Überstellungsersuchens.
(1) Ein Festnahme- und Überstellungsersuchen erfolgt schriftlich. In dringenden Fällen kann ein Ersuchen über jedes Medium erfolgen, das in der Lage ist, eine schriftliche Aufzeichnung zu hinterlassen; allerdings muss das Ersuchen auf dem in Artikel 87 Absatz 1 Buchstabe a vorgesehenen Weg bestätigt werden.

(2) Ein Ersuchen um Festnahme und Überstellung einer Person, gegen die von der Vorverfahrenskammer ein Haftbefehl nach Artikel 58 erlassen wurde, enthält beziehungsweise wird begleitet durch

a) eine Beschreibung der gesuchten Person, die ausreicht, um sie zu identifizieren, sowie Angaben über den Ort, an dem sie sich vermutlich aufhält,

b) eine Abschrift des Haftbefehls und

c) die Unterlagen, Erklärungen oder Informationen, die erforderlich sind, um den Vorschriften für das Überstellungsverfahren im ersuchten Staat Genüge zu tun; diese Vorschriften sollen jedoch keine größere Belastung als die auf Auslieferungsersuchen aufgrund von Verträgen oder Vereinbarungen zwischen dem ersuchten Staat und anderen Staaten anwendbaren Vorschriften darstellen; sie sollen vielmehr unter Berücksichtigung des besonderen Charakters des Gerichtshofs möglichst eine geringere Belastung darstellen.

(3) Ein Ersuchen um Festnahme und Überstellung eines bereits Verurteilten enthält beziehungsweise wird begleitet durch

a) eine Abschrift jedes Haftbefehls gegen diese Person,

b) eine Abschrift des Schuldspruchs,

c) Informationen, aus denen hervorgeht, dass es sich bei der gesuchten Person um diejenige handelt, die im Schuldspruch genannt ist, und

d) wenn ein Schuldspruch gegen die gesuchte Person ergangen ist, eine Abschrift des Strafspruchs, und im Fall einer Freiheitsstrafe eine Erklärung über die bereits verbüßte und die noch zu verbüßende Freiheitsstrafe.

(4) Auf Ersuchen des Gerichtshofs konsultiert ein Vertragsstaat den Gerichtshof entweder allgemein oder in Bezug auf eine bestimmte Angelegenheit hinsichtlich aller Vorschriften seines innerstaatlichen Rechts,

die nach Absatz 2 Buchstabe c Anwendung finden können. Dabei setzt der Vertragsstaat den Gerichtshof von den besonderen Vorschriften seines innerstaatlichen Rechts in Kenntnis.

Art. 92 Vorläufige Festnahme. (1) In dringenden Fällen kann der Gerichtshof bis zur Vorlage des Überstellungsersuchens und der in Artikel 91 genannten Unterlagen um vorläufige Festnahme der gesuchten Person ersuchen.

(2) Das Ersuchen um vorläufige Festnahme kann über jedes Medium erfolgen, das in der Lage ist, eine schriftliche Aufzeichnung zu hinterlassen; es enthält

a) eine Beschreibung der gesuchten Person, die ausreicht, um sie zu identifizieren, sowie Angaben über den Ort, an dem sie sich vermutlich aufhält,

b) eine knappe Darstellung der Verbrechen, derentwegen die Festnahme der gesuchten Person verlangt wird, sowie der Tatsachen, die angeblich den Tatbestand dieser Verbrechen erfüllen, einschließlich, soweit möglich, des Datums und des Ortes der Verbrechensbegehung,

c) eine Erklärung über das Vorliegen eines Haftbefehls oder eines Schuldspruchs gegen die gesuchte Person und

d) eine Erklärung, dass ein Überstellungsersuchen nachgereicht werden wird.

(3) Eine vorläufig festgenommene Person kann aus der Haft entlassen werden, wenn der ersuchte Staat das Überstellungsersuchen und die in Artikel 91 genannten Unterlagen nicht innerhalb der in der Verfahrens- und Beweisordnung vorgesehenen Fristen erhalten hat. Die Person kann jedoch vor Ablauf dieser Frist der Überstellung zustimmen, wenn das Recht des ersuchten Staates dies zulässt. In diesem Fall nimmt der ersuchte Staat ihre Überstellung an den Gerichtshof so bald wie möglich vor.

(4) Die Tatsache, dass die gesuchte Person nach Absatz 3 aus der Haft entlassen wurde, schließt ihre spätere Festnahme und Überstellung nicht aus, wenn das Überstellungsersuchen und die beigefügten Unterlagen zu einem späteren Zeitpunkt übermittelt werden.

Art. 93 Andere Formen der Zusammenarbeit. (1) Die Vertragsstaaten entsprechen in Übereinstimmung mit diesem Teil und nach den im innerstaatlichen Recht vorgesehenen Verfahren den Ersuchen des Gerichtshofs um die nachstehenden Formen der Rechtshilfe im Zusammenhang mit Ermittlungen oder Strafverfolgungen:

a) Identifizierung und Feststellung des Verbleibs von Personen oder Lokalisierung von Gegenständen,

b) Beweisaufnahme, einschließlich beeideter Zeugenaussagen, und Beibringung von Beweismitteln, einschließlich Sachverständigengutachten und Berichten, die der Gerichtshof benötigt,

c) Vernehmung[1] von Personen, gegen die ermittelt wird oder die strafrechtlich verfolgt werden,

d) Zustellung von Unterlagen, einschließlich gerichtlicher Schriftstücke,

e) Erleichterung des freiwilligen Erscheinens von Personen als Zeugen oder Sachverständige vor dem Gerichtshof,

f) zeitweilige Übergabe von Personen nach Absatz 7,

g) Untersuchung von Orten oder Stätten, einschließlich Exhumierung und Untersuchung von Grabstätten,

h) Durchführung von Durchsuchungen und Beschlagnahmen,

i) Beibringung von Akten und Unterlagen, einschließlich amtlicher Akten und Unterlagen,

j) Schutz von Opfern und Zeugen und Sicherstellung von Beweismitteln,

k) Identifizierung, Aufspüren und Einfrieren oder Beschlagnahme von Erlösen, Eigentum und Vermögensgegenständen sowie Tatwerkzeugen zum Zweck der späteren Einziehung, unbeschadet der Rechte gutgläubiger Dritter, und

l) jede andere Form der Rechtshilfe, die nach dem Recht des ersuchten Staates nicht verboten ist, mit dem Ziel, die Ermittlungen in Bezug auf Verbrechen, die der Gerichtsbarkeit des Gerichtshofs unterliegen, und deren strafrechtliche Verfolgung zu erleichtern.

(2) Der Gerichtshof ist befugt, einem vor dem Gerichtshof erscheinenden Zeugen oder Sachverständigen die Zusicherung zu geben, dass er wegen einer Handlung oder Unterlassung, die vor seiner Abreise aus dem ersuchten Staat erfolgte, vom Gerichtshof nicht strafrechtlich verfolgt, in Haft genommen oder einer sonstigen Einschränkung seiner persönlichen Freiheit unterworfen wird.

(3) Ist die Durchführung einer in einem Ersuchen nach Absatz 1 genannten besonderen Rechtshilfemaßnahme im ersuchten Staat aufgrund eines bestehenden, allgemein gültigen wesentlichen Rechtsgrundsatzes verboten, so konsultiert der ersuchte Staat umgehend den Gerichtshof, um zu versuchen, die Angelegenheit zu regeln. Dabei sollte geprüft werden, ob die Rechtshilfe auf andere Weise oder unter bestimmten Bedingungen geleistet werden kann. Kann die Angelegenheit auch nach den Konsultationen nicht geregelt werden, so ändert der Gerichtshof das Ersuchen soweit erforderlich ab.

(4) Ein Vertragsstaat kann ein Rechtshilfeersuchen nur dann nach Artikel 72 ganz oder teilweise ablehnen, wenn das Ersuchen die Beibringung von Unterlagen oder die Offenlegung von Beweismitteln betrifft, die seine nationale Sicherheit betreffen.

(5) Vor Ablehnung eines Rechtshilfeersuchens nach Absatz 1 Buchstabe l prüft der ersuchte Staat, ob die Rechtshilfe unter bestimmten Bedingungen oder zu einem späteren Zeitpunkt oder auf andere Art

[1] CH: Einvernahme.

und Weise geleistet werden kann; nimmt der Gerichtshof oder der Ankläger jedoch die Rechtshilfe unter diesen Bedingungen an, so muss sich der Gerichtshof oder der Ankläger an diese Bedingungen halten.

(6) Wird ein Rechtshilfeersuchen abgelehnt, so setzt der ersuchte Vertragsstaat den Gerichtshof oder den Ankläger umgehend von den Gründen für die Ablehnung in Kenntnis.

(7) a) Der Gerichtshof kann um zeitweilige Übergabe eines Häftlings zum Zweck der Identifizierung, der Vernehmung[1] oder einer sonstigen Form der Rechtshilfe ersuchen. Der Häftling kann unter den folgenden Bedingungen übergeben werden:
i) er gibt aus freien Stücken in Kenntnis sämtlicher Umstände seine Zustimmung zur Übergabe, und
ii) der ersuchte Staat stimmt der Übergabe unter den zwischen ihm und dem Gerichtshof vereinbarten Bedingungen zu.

b) Die übergebene Person bleibt in Haft. Sind die Zwecke der Übergabe erfüllt, so sorgt der Gerichtshof für ihre unverzügliche Rücküberstellung an den ersuchten Staat.

(8) a) Der Gerichtshof stellt die Vertraulichkeit der Unterlagen und Informationen sicher, soweit die in dem Ersuchen beschriebenen Ermittlungen und Verfahren nichts anderes erfordern.

b) Der ersuchte Staat kann dem Ankläger, soweit notwendig, Unterlagen oder Informationen vertraulich übermitteln. Diese können vom Ankläger sodann nur zum Zweck der Erlangung neuer Beweismittel benutzt werden.

c) Der ersuchte Staat kann von sich aus oder auf Ersuchen des Anklägers später der Offenlegung dieser Unterlagen oder Informationen zustimmen. Sie können sodann nach den Teilen 5 und 6 und in Übereinstimmung mit der Verfahrens- und Beweisordnung als Beweismittel verwendet werden.

(9) a) i) Erhält ein Vertragsstaat vom Gerichtshof und im Rahmen einer völkerrechtlichen Verpflichtung von einem anderen Staat konkurrierende Ersuchen zu einem anderen Zweck als zur Überstellung oder Auslieferung, so bemüht sich der Vertragsstaat nach Rücksprache mit dem Gerichtshof und dem anderen Staat, beiden Ersuchen nachzukommen, indem er, soweit erforderlich, das eine oder das andere Ersuchen zurückstellt oder Bedingungen damit verknüpft.
ii) Andernfalls werden konkurrierende Ersuchen nach den in Artikel 90 festgelegten Grundsätzen geregelt.

b) Betrifft das Ersuchen des Gerichtshofs jedoch Informationen, Eigentum oder Personen, die aufgrund einer internationalen Übereinkunft der Verfügungsgewalt eines Drittstaats oder einer internationalen Organisation unterliegen, so setzt der ersuchte Staat den Gerichtshof

[1] CH: Einvernahme.

davon in Kenntnis; der Gerichtshof richtet sein Ersuchen dann an den Drittstaat oder die internationale Organisation.

(10) a) Der Gerichtshof kann auf entsprechendes Ersuchen mit einem Vertragsstaat zusammenarbeiten und ihm Rechtshilfe leisten, wenn dieser Staat Ermittlungen oder ein Verfahren durchführt wegen eines Verhaltens, das den Tatbestand eines der Gerichtsbarkeit des Gerichtshofs unterliegenden Verbrechens oder eines schweren Verbrechens nach dem innerstaatlichen Recht des ersuchenden Staates erfüllt.

b) i) Die nach Buchstabe a geleistete Rechtshilfe umfasst unter anderem
a. die Übermittlung von Erklärungen, Unterlagen oder sonstigen Beweismitteln, die im Lauf der Ermittlungen oder des Verfahrens erlangt worden sind, welche der Gerichtshof durchgeführt hat, und
b. die Vernehmung[1] einer auf Anordnung des Gerichtshofs inhaftierten Person;

ii) im Fall der Rechtshilfe nach Ziffer i Unterabsatz a gilt folgendes:
a. Wurden die Unterlagen oder sonstigen Beweismittel mit Hilfe eines Staates erlangt, so bedarf die Übermittlung seiner Zustimmung;
b. wurden die Erklärungen, Unterlagen oder sonstigen Beweismittel durch einen Zeugen oder Sachverständigen beigebracht, so erfolgt die Übermittlung vorbehaltlich des Artikels 68.

c) Der Gerichtshof kann unter den in diesem Absatz genannten Bedingungen einem von einem Staat, der nicht Vertragspartei dieses Statuts ist, gestellten Rechtshilfeersuchen nach diesem Absatz stattgeben.

Art. 94 Aufschub der Erledigung eines Ersuchens wegen laufender Ermittlungen oder laufender Strafverfolgung. (1) Würde die sofortige Erledigung eines Ersuchens die laufenden Ermittlungen oder die laufende Strafverfolgung in einer anderen Sache als derjenigen beeinträchtigen, auf die sich das Ersuchen bezieht, so kann der ersuchte Staat die Erledigung des Ersuchens um eine mit dem Gerichtshof vereinbarte Zeitspanne aufschieben. Der Aufschub darf jedoch nicht länger dauern, als notwenig ist, um die entsprechenden Ermittlungen oder die Strafverfolgung im ersuchten Staat zum Abschluss zu bringen. Vor der Entscheidung über den Aufschub soll der ersuchte Staat prüfen, ob die erbetene Rechtshilfe unter bestimmten Bedingungen sofort geleistet werden kann.

(2) Wird nach Absatz 1 ein Aufschub beschlossen, so kann der Ankläger dennoch nach Artikel 93 Absatz 1 Buchstabe j um Maßnahmen zur Beweissicherung ersuchen.

Art. 95 Aufschub der Erledigung eines Ersuchens wegen Anfechtung der Zulässigkeit. Prüft der Gerichtshof eine Anfechtung

[1] CH: Einvernahme.

der Zulässigkeit nach Artikel 18 oder 19, so kann der ersuchte Staat die Erledigung eines Ersuchens nach diesem Teil bis zu einer Entscheidung durch den Gerichtshof aufschieben, sofern der Gerichtshof nicht ausdrücklich angeordnet hat, dass der Ankläger die Beweisaufnahme nach Artikel 18 oder 19 fortsetzen kann.

Art. 96 Inhalt eines Ersuchens um andere Formen der Rechtshilfe nach Artikel 93. (1) Ein Ersuchen um die in Artikel 93 genannten anderen Formen der Rechtshilfe erfolgt schriftlich. In dringenden Fällen kann ein Ersuchen über jedes Medium erfolgen, das in der Lage ist, eine schriftliche Aufzeichnung zu hinterlassen; allerdings muss das Ersuchen auf dem in Artikel 87 Absatz 1 Buchstabe a vorgesehenen Weg bestätigt werden.

(2) Das Ersuchen enthält beziehungsweise wird begleitet durch, soweit anwendbar,

a) eine knappe Darstellung des Zweckes des Ersuchens und der erbetenen Rechtshilfe, einschließlich der Rechtsgrundlage und der Gründe für das Ersuchen,

b) möglichst ausführliche Informationen über den Aufenthaltsort oder die Identifizierung von Personen oder die Orte, die gefunden oder identifiziert werden müssen, damit die erbetene Rechtshilfe geleistet werden kann,

c) eine knappe Darstellung des wesentlichen Sachverhalts, der dem Ersuchen zugrunde liegt,

d) die Gründe für alle einzuhaltenden Verfahren oder Bedingungen und deren Einzelheiten,

e) alle Informationen, die nach dem Recht des ersuchten Staates erforderlich sind, damit dem Ersuchen entsprochen werden kann, und

f) alle sonstigen Informationen, die von Bedeutung sind, damit die erbetene Rechtshilfe geleistet werden kann.

(3) Auf Ersuchen des Gerichtshofs konsultiert ein Vertragsstaat den Gerichtshof entweder allgemein oder in Bezug auf eine bestimmte Angelegenheit hinsichtlich aller Vorschriften seines innerstaatlichen Rechts, die nach Absatz 2 Buchstabe e Anwendung finden können. Dabei setzt der Vertragsstaat den Gerichtshof von den besonderen Vorschriften seines innerstaatlichen Rechts in Kenntnis.

(4) Dieser Artikel findet gegebenenfalls auch auf ein an den Gerichtshof gerichtetes Rechtshilfeersuchen Anwendung.

Art. 97 Konsultationen. Erhält ein Vertragsstaat ein Ersuchen aufgrund dieses Teiles, in dessen Zusammenhang er Probleme feststellt, welche die Erledigung des Ersuchens be- oder verhindern können, so konsultiert der Vertragsstaat unverzüglich den Gerichtshof, um die Angelegenheit zu regeln. Bei diesen Problemen kann es sich unter anderem um folgendes handeln:

a) unzureichende Informationen für die Erledigung des Ersuchens,

b) im Fall eines Überstellungsersuchens der Umstand, dass die gesuchte Person trotz aller Anstrengungen nicht ausfindig gemacht werden kann oder dass die Ermittlungen ergeben haben, dass die im ersuchten Staat befindliche Person eindeutig nicht die im Haftbefehl genannte Person ist, oder

c) der Umstand, dass die Erledigung des Ersuchens in seiner derzeitigen Form vom ersuchten Staat verlangen würde, eine gegenüber einem anderen Staat bereits bestehende vertragliche Verpflichtung zu verletzen.

Art. 98 Zusammenarbeit im Hinblick auf den Verzicht auf Immunität und die Zustimmung zur Überstellung. (1) Der Gerichtshof darf kein Überstellungs- oder Rechtshilfeersuchen stellen, das vom ersuchten Staat verlangen würde, in Bezug auf die Staatenimmunität oder die diplomatische Immunität einer Person oder des Eigentums eines Drittstaats entgegen seinen völkerrechtlichen Verpflichtungen zu handeln, sofern der Gerichtshof nicht zuvor die Zusammenarbeit des Drittstaats im Hinblick auf den Verzicht auf Immunität erreichen kann.

(2) Der Gerichtshof darf kein Überstellungsersuchen stellen, das vom ersuchten Staat verlangen würde, entgegen seinen Verpflichtungen aus völkerrechtlichen Übereinkünften zu handeln, denen zufolge die Überstellung eines Angehörigen des Entsendestaats an den Gerichtshof der Zustimmung dieses Staates bedarf, sofern der Gerichtshof nicht zuvor die Zusammenarbeit des Entsendestaats im Hinblick auf die Zustimmung zur Überstellung erreichen kann.

Art. 99 Erledigung von Ersuchen nach den Artikeln 93 und 96.

(1) Rechtshilfeersuchen werden nach dem im Recht des ersuchten Staates vorgesehenen Verfahren und, soweit durch dieses Recht nicht verboten, in der in dem Ersuchen angegebenen Weise erledigt; in diesem Sinne hält der ersuchte Staat insbesondere jedes beschriebene Verfahren ein oder gestattet den im Ersuchen genannten Personen, bei der Erledigung anwesend und behilflich zu sein.

(2) Im Fall eines dringenden Ersuchens werden die beigebrachten Unterlagen oder Beweismittel auf Ersuchen des Gerichtshofs beschleunigt versandt.

(3) Antworten des ersuchten Staates werden in ihrer Originalsprache und -form übermittelt.

(4) Unbeschadet anderer Artikel dieses Teiles kann der Ankläger, sofern dies für die erfolgreiche Erledigung eines Ersuchens notwendig ist, das ohne Zwangsmaßnahmen erledigt werden kann – so insbesondere auch die Befragung einer Person oder die Beweiserhebung von ihr auf freiwilliger Grundlage, einschließlich einer solchen Vorgehensweise in Abwesenheit der Behörden des ersuchten Vertragsstaats, falls dies für die Erledigung des Ersuchens entscheidend ist, und die nicht

mit der Vornahme von Veränderungen verbundene Untersuchung einer öffentlichen Stätte oder eines sonstigen öffentlichen Ortes – dieses Ersuchen wie folgt unmittelbar im Hoheitsgebiet eines Staates erledigen:

a) Wenn der ersuchte Vertragsstaat der Staat ist, in dessen Hoheitsgebiet das Verbrechen begangen worden sein soll, und nach Artikel 18 oder 19 eine Entscheidung ergangen ist, dass die Sache zulässig ist, kann der Ankläger das Ersuchen nach sämtlichen möglichen Konsultationen mit dem ersuchten Vertragsstaat unmittelbar erledigen;

b) in anderen Fällen kann der Ankläger das Ersuchen nach Konsultationen mit dem ersuchten Vertragsstaat und unter allen sinnvollen Bedingungen oder Anliegen dieses Vertragsstaats erledigen. Stellt der ersuchte Vertragsstaat Probleme bei der Erledigung eines Ersuchens nach diesem Buchstaben fest, so konsultiert er unverzüglich den Gerichtshof, um die Angelegenheit zu regeln.

(5) Die Bestimmungen, aufgrund deren es einer vom Gerichtshof angehörten oder vernommenen[1] Person nach Artikel 72 gestattet ist, Einschränkungen geltend zu machen, um die Offenlegung vertraulicher Informationen im Zusammenhang mit der nationalen Sicherheit zu verhindern, finden auch auf die Erledigung von Rechtshilfeersuchen nach diesem Artikel Anwendung.

Art. 100 Kosten. (1) Die gewöhnlichen Kosten der Erledigung von Ersuchen im Hoheitsgebiet des ersuchten Staates gehen zu dessen Lasten, mit Ausnahme folgender Kosten, die zu Lasten des Gerichtshofs gehen:

a) Kosten im Zusammenhang mit den Reisen und der Sicherheit von Zeugen und Sachverständigen oder der Übergabe von Häftlingen nach Artikel 93,

b) Übersetzungs-, Dolmetsch- und Transkriptionskosten,

c) Reisekosten und Tagegelder für die Richter, den Ankläger, die Stellvertretenden Ankläger, den Kanzler, den Stellvertretenden Kanzler und das Personal der Organe des Gerichtshofs,

d) Kosten etwaiger vom Gerichtshof angeforderter Sachverständigengutachten oder -berichte,

e) Kosten im Zusammenhang mit der Beförderung einer Person, die vom Gewahrsamsstaat an den Gerichtshof überstellt wird, und

f) nach Konsultationen alle außergewöhnlichen Kosten, die sich aus der Erledigung eines Ersuchens ergeben können.

(2) Absatz 1 gilt entsprechend auch für Ersuchen, die von Vertragsstaaten an den Gerichtshof gerichtet werden. In diesem Fall trägt der Gerichtshof die gewöhnlichen Kosten der Erledigung.

Art. 101 Grundsatz der Spezialität. (1) Eine Person, die aufgrund dieses Statuts an den Gerichtshof überstellt wird, darf nicht wegen

[1] CH: einvernommenen.

eines anderen vor der Überstellung begangenen Verhaltens strafrechtlich verfolgt, bestraft oder in Haft genommen werden, als desjenigen Verhaltens oder derjenigen Verhaltensweise, welche die Grundlage der Verbrechen bildet, derentwegen sie überstellt wird.

(2) Der Gerichtshof kann den Staat, der die Person an den Gerichtshof überstellt hat, darum ersuchen, ihn von den Anforderungen des Absatzes 1 zu befreien; der Gerichtshof bringt bei Bedarf zusätzliche Informationen nach Artikel 91 bei. Die Vertragsstaaten sind befugt und sollen sich bemühen, dem Gerichtshof diese Befreiung zu gewähren.

Art. 102 Begriffsbestimmungen. Im Sinne dieses Statuts

a) bedeutet „Überstellung" die Verbringung einer Person durch einen Staat an den Gerichtshof aufgrund dieses Statuts;

b) bedeutet „Auslieferung" die in einem Vertrag, einem Übereinkommen oder dem innerstaatlichen Recht vorgesehene Verbringung einer Person durch einen Staat in einen anderen Staat.

Teil 10. Vollstreckung

Art. 103 Rolle der Staaten bei der Vollstreckung von Freiheitsstrafen.

(1) a) Eine Freiheitsstrafe wird in einem Staat verbüßt, der vom Gerichtshof anhand einer Liste von Staaten bestimmt wird, die dem Gerichtshof ihre Bereitschaft bekundet haben, Verurteilte zu übernehmen.

b) Zu dem Zeitpunkt, zu dem ein Staat seine Bereitschaft zur Übernahme von Verurteilten bekundet, kann er mit Zustimmung des Gerichtshofs und in Übereinstimmung mit diesem Teil Bedingungen an die Übernahme knüpfen.

c) Ein Staat, der im Einzelfall bestimmt wird, setzt den Gerichtshof umgehend davon in Kenntnis, ob er die vom Gerichtshof vorgenommene Bestimmung anerkennt.

(2) a) Der Vollstreckungsstaat teilt dem Gerichtshof alle Umstände mit, namentlich die Anwendung von nach Absatz 1 vereinbarten Bedingungen, die sich wesentlich auf die Bedingungen oder die Länge der Freiheitsstrafe auswirken könnten. Solche bekannten oder vorhersehbaren Umstände sind dem Gerichtshof mindestens 45 Tage im voraus mitzuteilen. Während dieser Frist ergreift der Vollstreckungsstaat keine Maßnahmen, die zu seinen Verpflichtungen nach Artikel 110 im Widerspruch stehen könnten.

b) Kann sich der Gerichtshof mit den unter Buchstabe a genannten Umständen nicht einverstanden erklären, so teilt er dies dem Vollstreckungsstaat mit und verfährt in Übereinstimmung mit Artikel 104 Absatz 1.

(3) In Ausübung seines Ermessens bei der Bestimmung eines Vollstreckungsstaats nach Absatz 1 berücksichtigt der Gerichtshof

a) den Grundsatz, dass die Vertragsstaaten sich in Übereinstimmung mit den in der Verfahrens- und Beweisordnung vorgesehenen Grundsätzen der ausgewogenen Verteilung die Verantwortung für die Strafvollstreckung teilen sollen,

b) die Anwendung allgemein anerkannter Normen völkerrechtlicher Verträge betreffend die Behandlung von Strafgefangenen,

c) die Auffassung des Verurteilten,

d) die Staatsangehörigkeit des Verurteilten und

e) sonstige Faktoren im Zusammenhang mit den Umständen des Verbrechens, dem Verurteilten oder der wirksamen Strafvollstreckung, die für die Bestimmung des Vollstreckungsstaats in Betracht kommen.

(4) Wird nach Absatz 1 kein Staat bestimmt, so wird die Freiheitsstrafe in einer Vollzugsanstalt verbüßt, die der Gaststaat entsprechend den Bedingungen des in Artikel 3 Absatz 2 genannten Sitzabkommens zur Verfügung gestellt hat. In diesem Fall werden die Kosten der Strafvollstreckung vom Gerichtshof getragen.

Art. 104 Wechsel der Bestimmung des Vollstreckungsstaats. (1) Der Gerichtshof kann jederzeit beschließen, einen Verurteilten in eine Vollzugsanstalt eines anderen Staates zu verlegen.

(2) Ein Verurteilter kann jederzeit beim Gerichtshof eine Verlegung aus dem Vollstreckungsstaat beantragen.

Art. 105 Vollstreckung der Strafe. (1) Vorbehaltlich der von einem Staat in Übereinstimmung mit Artikel 103 Absatz 1 Buchstabe b erklärten Bedingungen ist die verhängte Freiheitsstrafe für die Vertragsstaaten bindend und darf von ihnen nicht geändert werden.

(2) Der Gerichtshof allein hat das Recht, über einen Berufungs- und Wiederaufnahmevertrag zu entscheiden. Der Vollstreckungsstaat hindert einen Verurteilten nicht daran, einen solchen Antrag zu stellen.

Art. 106 Aufsicht über die Strafvollstreckung und Haftbedingungen. (1) Die Vollstreckung einer Freiheitsstrafe unterliegt der Aufsicht des Gerichtshofs; sie steht im Einklang mit den allgemein anerkannten Normen völkerrechtlicher Verträge betreffend die Behandlung von Strafgefangenen.

(2) Die Haftbedingungen werden durch das Recht des Vollstreckungsstaats geregelt; sie stehen im Einklang mit den allgemein anerkannten Normen völkerrechtlicher Verträge betreffend die Behandlung von Strafgefangenen; sie dürfen keinesfalls günstiger oder ungünstiger sein als diejenigen für Strafgefangene, die im Vollstreckungsstaat wegen ähnlicher Straftaten verurteilt wurden.

(3) Der Verkehr zwischen einem Verurteilten und dem Gerichtshof ist ungehindert und vertraulich.

Art. 107 Verbringung einer Person nach verbüßter Strafe. (1) Eine Person, die nicht Staatsangehörige des Vollstreckungsstaats ist, kann nach verbüßter Strafe, sofern der Vollstreckungsstaat der Person nicht den Verbleib in seinem Hoheitsgebiet gestattet, in Übereinstimmung mit dem Recht des Vollstreckungsstaats in einen Staat verbracht werden, der zu ihrer Aufnahme verpflichtet ist, oder in einen anderen Staat, der in ihre Aufnahme einwilligt, wobei die Wünsche der in diesen Staat zu verbringenden Person mitberücksichtigt werden.

(2) Werden die aus der Verbringung der Person in einen anderen Staat nach Absatz 1 entstehenden Kosten nicht von einem Staat getragen, so trägt sie der Gerichtshof.

(3) Vorbehaltlich des Artikels 108 kann der Vollstreckungsstaat in Übereinstimmung mit seinem innerstaatlichen Recht die Person auch an einen Staat ausliefern oder auf andere Weise überstellen, der um ihre Auslieferung oder Überstellung zum Zweck eines Strafverfahrens oder der Strafvollstreckung ersucht hat.

Art. 108 Einschränkung der Strafverfolgung oder Bestrafung wegen anderer Straftaten. (1) Ein Verurteilter im Gewahrsam des Vollstreckungsstaats darf für Handlungen, die er vor seiner Verbringung in den Vollstreckungsstaat vorgenommen hat, nicht strafrechtlich verfolgt, bestraft oder an einen Drittstaat ausgeliefert werden, es sei denn, der Gerichtshof hat diese Maßnahme auf Ersuchen des Vollstreckungsstaats genehmigt.

(2) Der Gerichtshof entscheidet die Angelegenheit nach Anhörung des Verurteilten.

(3) Absatz 1 findet keine Anwendung, wenn der Verurteilte freiwillig länger als 30 Tage im Hoheitsgebiet des Vollstreckungsstaats bleibt, nachdem er die gesamte vom Gerichtshof verhängte Strafe verbüßt hat, oder wenn er in das Hoheitsgebiet dieses Staates zurückkehrt, nachdem er es verlassen hatte.

Art. 109 Vollstreckung von Geldstrafen und Einziehungsanordnungen. (1) Die Vertragsstaaten vollstrecken Geldstrafen oder eine Einziehung, die der Gerichtshof nach Teil 7 angeordnet hat, unbeschadet der Rechte gutgläubiger Dritter und in Übereinstimmung mit dem Verfahren ihres innerstaatlichen Rechts.

(2) Ist ein Vertragsstaat nicht in der Lage, eine angeordnete Einziehung zu vollstrecken, so trifft er Maßnahmen zur Eintreibung des Gegenwerts der Erlöse, des Eigentums oder der Vermögensgegenstände, deren Einziehung der Gerichtshof angeordnet hatte, unbeschadet der Rechte gutgläubiger Dritter.

(3) Eigentum oder die Erlöse aus dem Verkauf von Grundeigentum oder gegebenenfalls dem Verkauf anderen Eigentums, die ein Vertragsstaat durch die Vollstreckung eines Urteils des Gerichtshofs erlangt, werden auf den Gerichtshof übertragen.

Art. 110 Überprüfung einer Herabsetzung des Strafmaßes durch den Gerichtshof. (1) Der Vollstreckungsstaat entlässt den Verurteilten nicht vor Ablauf der vom Gerichtshof verhängten Strafe aus dem Strafvollzug.

(2) Der Gerichtshof allein hat das Recht, über eine Herabsetzung des Strafmaßes zu entscheiden; er trifft seine Entscheidung in der Angelegenheit nach Anhörung des Verurteilten.

(3) Hat der Verurteilte zwei Drittel seiner Strafe oder bei lebenslanger Freiheitsstrafe 25 Jahre verbüßt, so überprüft der Gerichtshof die Strafe, um zu entscheiden, ob sie herabgesetzt werden soll. Diese Überprüfung findet nicht vor dem genannten Zeitpunkt statt.

(4) Bei seiner Überprüfung nach Absatz 3 kann der Gerichtshof das Strafmaß herabsetzen, wenn er feststellt, dass einer oder mehrere der nachstehenden Faktoren gegeben sind:

a) die frühzeitige und fortgesetzte Bereitschaft des Verurteilten, mit dem Gerichtshof bei seinen Ermittlungen und Strafverfolgungen zusammenzuarbeiten,

b) die freiwillige Hilfe des Verurteilten bei der Durchsetzung von Entscheidungen und Anordnung des Gerichtshofs in anderen Sachen, insbesondere die Hilfe bei der Lokalisierung von Vermögensgegenständen, hinsichtlich deren eine Geldstrafe, eine Einziehung oder eine Wiedergutmachung angeordnet wurde und die zugunsten der Opfer verwendet werden können, oder

c) sonstige in der Verfahrens- und Beweisordnung vorgesehene Faktoren, die eine deutliche und beachtliche Änderung der Verhältnisse erkennen lassen, die ausreicht, um eine Herabsetzung des Strafmaßes zu rechtfertigen.

(5) Stellt der Gerichtshof bei seiner ersten Überprüfung nach Absatz 3 fest, dass eine Herabsetzung des Strafmaßes nicht angebracht ist, so überprüft er die Frage einer Herabsetzung des Strafmaßes danach in den Zeitabständen und nach den Kriterien, die in der Verfahrens- und Beweisordnung vorgesehen sind.

Art. 111 Flucht. Entweicht ein Verurteilter aus der Haft und flieht er aus dem Vollstreckungsstaat, so kann dieser Staat nach Rücksprache mit dem Gerichtshof den Staat, in dem sich der Flüchtige aufhält, aufgrund bestehender zweiseitiger oder mehrseitiger Übereinkünfte um dessen Überstellung ersuchen oder den Gerichtshof ersuchen, die Überstellung des Flüchtigen in Übereinstimmung mit Teil 9 zu erwirken. Der Gerichtshof kann verfügen, dass der Flüchtige in den Staat, in dem er die Strafe verbüßte, oder in einen anderen vom Gerichtshof bestimmten Staat verbracht wird.

Teil 11. Versammlung der Vertragsstaaten

Art. 112 Versammlung der Vertragsstaaten. (1) Hiermit wird die Versammlung der Vertragsstaaten dieses Statuts gebildet. Jeder Vertragsstaat hat einen Vertreter in der Versammlung, der von Stellvertretern und Beratern begleitet sein kann. Andere Staaten, die dieses Statut oder die Schlussakte unterzeichnet haben, können als Beobachter an der Versammlung teilnehmen.

(2) Die Versammlung

a) erörtert Empfehlungen der Vorbereitungskommission und nimmt sie gegebenenfalls an;

b) hat die Aufsicht über das Präsidium, den Ankläger und den Kanzler betreffend die Verwaltung des Gerichtshofs;

c) erörtert die Berichte und Tätigkeiten des nach Absatz 3 geschaffenen Büros und trifft diesbezüglich die entsprechenden Maßnahmen;

d) erörtert und beschließt den Haushalt des Gerichtshofs;

e) beschließt, ob in Übereinstimmung mit Artikel 36 die Anzahl der Richter zu ändern ist;

f) erörtert nach Artikel 87 Absätze 5 und 7 jede Frage in Bezug auf fehlende Zusammenarbeit;

g) nimmt alle anderen Aufgaben wahr, die mit diesem Statut oder der Verfahrens- und Beweisordnung vereinbar sind.

(3) a) Die Versammlung hat ein Büro, das aus einem Präsidenten, zwei Vizepräsidenten und achtzehn von der Versammlung für eine dreijährige Amtszeit gewählten Mitgliedern besteht.

b) Das Büro hat repräsentativen Charakter, insbesondere unter Berücksichtigung einer ausgewogenen geografischen Verteilung und einer angemessenen Vertretung der hauptsächlichen Rechtssysteme der Welt.

c) Das Büro tritt so oft wie nötig, mindestens jedoch einmal im Jahr zusammen. Es hilft der Versammlung bei der Wahrnehmung ihrer Aufgaben.

(4) Die Versammlung kann Nebenorgane einsetzen, soweit dies erforderlich ist, einschließlich einer unabhängigen Aufsichtsinstanz für die Inspektion, Bewertung und Überprüfung des Gerichtshofs, mit dem Ziel, seine Leistungsfähigkeit und Wirtschaftlichkeit zu erhöhen.

(5) Der Präsident des Gerichtshofs, der Ankläger und der Kanzler oder ihre Stellvertreter können nach Bedarf an den Sitzungen der Versammlung und des Büros teilnehmen.

(6) Die Versammlung tritt einmal im Jahr am Sitz des Gerichtshofs oder am Sitz der Vereinten Nationen zusammen; wenn die Umstände es erfordern, hält sie außerordentliche Tagungen ab. Soweit dieses Statut nichts anderes bestimmt, beruft das Büro die außerordentlichen Ta-

gungen entweder von sich aus oder auf Ersuchen eines Drittels der Vertragsstaaten ein.

(7) Jeder Vertragsstaat hat eine Stimme. Es werden alle Anstrengungen unternommen, um Entscheidungen in der Versammlung und im Büro durch Konsens zu treffen. Wenn kein Konsens erzielt werden kann und das Statut nichts anderes bestimmt,

a) müssen Beschlüsse über Sachfragen von der Zweidrittelmehrheit der Anwesenden und Abstimmenden angenommen werden, wobei die Versammlung beschlussfähig ist, wenn die absolute Mehrheit der Vertragsstaaten vertreten ist;
b) werden Beschlüsse über Verfahrensfragen von der einfachen Mehrheit der anwesenden und abstimmenden Vertragsstaaten gefasst.

(8) Ein Vertragsstaat, der mit der Zahlung seiner finanziellen Beiträge zur Deckung der Kosten des Gerichtshofs im Rückstand ist, hat in der Versammlung und im Büro kein Stimmrecht, wenn die Höhe seiner Rückstände den Betrag seiner Beiträge für die vorangegangenen zwei vollen Jahre erreicht oder übersteigt. Die Versammlung kann ihm jedoch die Ausübung des Stimmrechts in der Versammlung und im Büro gestatten, wenn nach ihrer Überzeugung der Zahlungsverzug auf Umstände zurückzuführen ist, die der Vertragsstaat nicht zu vertreten hat.

(9) Die Versammlung gibt sich eine Geschäftsordnung.[1)]

(10) Die Amts- und Arbeitssprachen der Versammlung sind diejenigen der Generalversammlung der Vereinten Nationen.

Teil 12. Finanzierung

Art. 113 Finanzvorschriften. Soweit nicht ausdrücklich etwas anderes vorgesehen ist, werden alle finanziellen Angelegenheiten im Zusammenhang mit dem Gerichtshof und den Sitzungen der Versammlung der Vertragsstaaten, einschließlich ihres Büros und ihrer Nebenorgane, durch dieses Statut sowie durch die von der Versammlung der Vertragsstaaten angenommenen Finanzvorschriften und Finanzordnung geregelt.[2)]

Art. 114 Kostenregelung. Die Kosten des Gerichtshofs und der Versammlung der Vertragsstaaten einschließlich ihres Büros und ihrer Nebenorgane werden aus den finanziellen Mitteln des Gerichtshofs bestritten.

Art. 115 Finanzielle Mittel des Gerichtshofs und der Versammlung der Vertragsstaaten. Die Kosten des Gerichtshofs und der Versammlung der Vertragsstaaten einschließlich ihres Büros und ihrer Nebenorgane, die in dem von der Versammlung der Vertragsstaaten beschlossenen Haushalt vorgesehen sind, werden aus folgenden Quellen bestritten:

---

1) Vgl. die „Rules of Procedure of the Assembly of States Parties" v. 3. 9. 2002 (Text: www.icc-cpi.int/legaltools).

2) Vgl. die „Financial Regulations and Rules" v. 3. 9. 2002 (Text:www.ice.int/legaltools).

a) den berechneten Beiträgen der Vertragsstaaten;

b) den von den Vereinten Nationen vorbehaltlich der Zustimmung der Generalversammlung bereitgestellten finanziellen Mitteln, insbesondere im Zusammenhang mit den Kosten, die infolge von durch den Sicherheitsrat unterbreiteten Situationen entstanden sind.

Art. 116 Freiwillige Beiträge. Unbeschadet des Artikels 115 kann der Gerichtshof von Regierungen, internationalen Organisationen, Einzelpersonen, Unternehmen und anderen Rechtsträgern in Übereinstimmung mit den von der Versammlung der Vertragsstaaten angenommenen diesbezüglichen Kriterien freiwillige Beiträge als zusätzliche finanzielle Mittel entgegennehmen und verwenden.

Art. 117 Beitragsberechnung. Die Beiträge der Vertragsstaaten werden nach einem vereinbarten Beitragsschlüssel berechnet, dem der von den Vereinten Nationen für ihren ordentlichen Haushalt beschlossene Beitragsschlüssel zu Grunde liegt und der in Übereinstimmung mit den Grundsätzen angepasst wird, auf denen dieser Beitragsschlüssel beruht.

Art. 118 Jährliche Rechnungsprüfung. Die Unterlagen, Bücher und Konten des Gerichtshofs, einschließlich seiner Jahresabschlüsse, werden alljährlich von einem unabhängigen Rechnungsprüfer geprüft.

Teil 13. Schlussbestimmungen

Art. 119 Beilegung von Streitigkeiten. (1) Streitigkeiten über die richterlichen Aufgaben des Gerichtshofs werden durch eine Entscheidung des Gerichtshofs beigelegt.

(2) Jede andere Streitigkeit zwischen zwei oder mehr Vertragsstaaten über die Auslegung oder Anwendung dieses Statuts, die nicht binnen drei Monaten nach ihrem Beginn durch Verhandlung beigelegt wird, wird der Versammlung der Vertragsstaaten vorgelegt. Die Versammlung selbst kann die Streitigkeit beizulegen versuchen oder weitere Mittel der Streitbeilegung empfehlen, einschließlich der Vorlage an den Internationalen Gerichtshof in Übereinstimmung mit diesem Statut.

Art. 120 Vorbehalte. Vorbehalte zu diesem Statut sind nicht zulässig.

Art. 121 Änderungen. (1) Nach Ablauf von sieben Jahren nach Inkrafttreten dieses Statuts kann jeder Vertragsstaat Änderungen des Statuts vorschlagen. Der Wortlaut jedes Änderungsvorschlags wird dem Generalsekretär der Vereinten Nationen unterbreitet, der ihn umgehend an alle Vertragsstaaten weiterleitet.

(2) Frühestens drei Monate nach dem Zeitpunkt der Notifikation beschließt die nächste Versammlung der Vertragsstaaten auf ihrer nächs-

ten Sitzung mit der Mehrheit der Anwesenden und Abstimmenden, ob der Vorschlag behandelt werden soll. Die Versammlung kann sich mit dem Vorschlag unmittelbar befassen oder eine Überprüfungskonferenz einberufen, wenn die Angelegenheit dies rechtfertigt.

(3) Die Annahme einer Änderung, über die auf einer Sitzung der Versammlung der Vertragsstaaten oder auf einer Überprüfungskonferenz kein Konsens erzielt werden kann, bedarf der Zweidrittelmehrheit der Vertragsstaaten.

(4) Soweit in Absatz 5 nichts anderes vorgesehen ist, tritt eine Änderung für alle Vertragsstaaten ein Jahr nach dem Zeitpunkt in Kraft, zu dem sieben Achtel der Vertragsstaaten ihre Ratifikations- oder Annahmeurkunden beim Generalsekretär der Vereinten Nationen hinterlegt haben.

(5) Eine Änderung der Artikel 5, 6, 7 und 8 dieses Statuts tritt für die Vertragsstaaten, welche die Änderung angenommen haben, ein Jahr nach Hinterlegung ihrer Ratifikations- oder Annahmeurkunde in Kraft. Hinsichtlich eines Vertragsstaats, der die Änderung nicht angenommen hat, übt der Gerichtshof seine Gerichtsbarkeit über ein von der Änderung erfasstes Verbrechen nicht aus, wenn das Verbrechen von Staatsangehörigen des betreffenden Vertragsstaats oder in dessen Hoheitsgebiet begangen wurde.

(6) Ist eine Änderung in Übereinstimmung mit Absatz 4 von sieben Achteln der Vertragsstaaten angenommen worden, so kann ein Vertragsstaat, der die Änderung nicht angenommen hat, ungeachtet des Artikels 127 Absatz 1, jedoch vorbehaltlich des Artikels 127 Absatz 2 durch Kündigung spätestens ein Jahr nach Inkrafttreten der Änderung mit sofortiger Wirkung von dem Statut zurücktreten.

(7) Der Generalsekretär der Vereinten Nationen leitet eine auf einer Sitzung der Versammlung der Vertragsstaaten oder einer Überprüfungskonferenz angenommene Änderung an alle Vertragsstaaten weiter.

Art. 122 Änderungen der institutionellen Bestimmungen.

(1) Änderungen der Bestimmungen des Statuts, die ausschließlich institutioneller Art sind, nämlich Artikel 35, Artikel 36 Absätze 8 und 9, Artikel 37, Artikel 38, Artikel 39 Absätze 1 (Sätze 1 und 2), 2 und 4, Artikel 42 Absätze 4 bis 9, Artikel 43 Absätze 2 und 3 und die Artikel 44, 46, 47 und 49 können ungeachtet des Artikels 121 Absatz 1 jederzeit von einem Vertragsstaat vorgeschlagen werden. Der Wortlaut eines Änderungsvorschlags wird dem Generalsekretär der Vereinten Nationen oder einer von der Versammlung der Vertragsstaaten bestimmten anderen Person unterbreitet; diese oder der Generalsekretär leitet sie umgehend an alle Vertragsstaaten und die anderen Teilnehmer der Versammlung weiter.

(2) Änderungen auf Grund dieses Artikels, über die kein Konsens erzielt werden kann, werden von der Versammlung der Vertragsstaaten oder von einer Überprüfungskonferenz mit Zweidrittelmehrheit der Vertragsstaaten angenommen. Die Änderungen treten für alle Vertrags-

staaten sechs Monate nach ihrer Annahme durch die Versammlung oder durch die Konferenz in Kraft.

Art. 123 Überprüfung des Statuts. (1) Sieben Jahre nach Inkrafttreten dieses Statuts beruft der Generalsekretär der Vereinten Nationen eine Überprüfungskonferenz zur Prüfung etwaiger Änderungen des Statuts ein. Eine solche Überprüfung kann insbesondere, jedoch nicht ausschließlich, die in Artikel 5 enthaltene Liste der Verbrechen umfassen. Die Konferenz steht allen Teilnehmern der Versammlung der Vertragsstaaten zu denselben Bedingungen offen.

(2) Jederzeit danach beruft der Generalsekretär der Vereinten Nationen auf Ersuchen eines Vertragsstaats und für den in Absatz 1 genannten Zweck nach Genehmigung der Mehrheit der Vertragsstaaten eine Überprüfungskonferenz ein.

(3) Artikel 121 Absätze 3 bis 7 findet auf die Annahme und das Inkrafttreten jeder auf einer Überprüfungskonferenz behandelten Änderung des Statuts Anwendung.

Art. 124 Übergangsbestimmung.[1] *Ungeachtet des Artikels 12 Absätze 1 und 2 kann ein Staat, wenn er Vertragspartei dieses Statuts wird, erklären, dass er für einen Zeitraum von sieben Jahren, nachdem das Statut für ihn in Kraft getreten ist, die Gerichtsbarkeit des Gerichtshofs für die Kategorie der in Artikel 8 bezeichneten Verbrechen nicht anerkennt, wenn angeblich ein Verbrechen von seinen Staatsangehörigen oder in seinem Hoheitsgebiet begangen worden ist. Eine Erklärung nach diesem Artikel kann jederzeit zurückgenommen werden. Dieser Artikel wird auf der in Übereinstimmung mit Artikel 123 Absatz 1 einberufenen Überprüfungskonferenz überprüft.*

Art. 125 Unterzeichnung, Ratifikation, Annahme, Genehmigung oder Beitritt. (1) Dieses Statut liegt am 17. Juli 1998 für alle Staaten am Sitz der Ernährungs- und Landwirtschaftsorganisation der Vereinten Nationen in Rom zur Unterzeichnung auf. Danach liegt es bis zum 17. Oktober 1998 im Ministerium für auswärtige Angelegenheiten Italiens in Rom zur Unterzeichnung auf. Nach diesem Zeitpunkt liegt es bis zum 31. Dezember 2000 am Sitz der Vereinten Nationen in New York zur Unterzeichnung auf.

(2) Dieses Statut bedarf der Ratifikation, Annahme oder Genehmigung durch die Unterzeichnerstaaten. Die Ratifikations-, Annahme- oder Genehmigungsurkunden werden beim Generalsekretär der Vereinten Nationen hinterlegt.

(3) Dieses Statut steht allen Staaten zum Beitritt offen. Die Beitrittsurkunden werden beim Generalsekretär der Vereinten Nationen hinterlegt.

Art. 126 Inkrafttreten. (1) Dieses Statut tritt am ersten Tag des Monats in Kraft, der auf den sechzigsten Tag nach Hinterlegung der sech-

[1] Durch Resolution ICC-ASP/14/Res.2 hat die Vertragsstaatenkonferenz am 26.11.2015 beschlossen, diesen Artikel ersatzlos zu streichen. Das Inkrafttreten dieser Änderungen nach Art. 121 Abs. 4 ist angesichts bisher (1.10.2020) erst 14 Ratifikationen noch nicht abzusehen.

zigsten Ratifikations-, Annahme-, Genehmigungs- oder Beitrittsurkunde beim Generalsekretär der Vereinten Nationen folgt.

(2) Für jeden Staat, der das Statut nach Hinterlegung der sechzigsten Ratifikations-, Annahme-, Genehmigungs- oder Beitrittsurkunde ratifiziert, annimmt, genehmigt oder ihm beitritt, tritt es am ersten Tag des Monats in Kraft, der auf den sechzigsten Tag nach Hinterlegung seiner Ratifikations-, Annahme-, Genehmigungs- oder Beitrittsurkunde folgt.

Art. 127 Rücktritt. (1) Ein Vertragsstaat kann durch eine an den Generalsekretär der Vereinten Nationen gerichtete schriftliche Notifikation von diesem Statut zurücktreten. Der Rücktritt wird ein Jahr nach Eingang der Notifikation wirksam, sofern in der Notifikation nicht ein späterer Zeitpunkt angegeben ist.

(2) Der Rücktritt entbindet einen Staat nicht von den Verpflichtungen, einschließlich etwaiger finanzieller Verpflichtungen, die ihm als Vertragspartei dieses Statuts erwachsen sind. Sein Rücktritt berührt nicht eine etwaige Zusammenarbeit mit dem Gerichtshof im Zusammenhang mit strafrechtlichen Ermittlungen und Verfahren, bei denen der zurücktretende Staat zur Zusammenarbeit verpflichtet war und die begonnen wurden, bevor der Rücktritt wirksam wurde; er berührt auch nicht die weitere Behandlung einer Angelegenheit, mit welcher der Gerichtshof bereits befasst war, bevor der Rücktritt wirksam wurde.

Art. 128 Verbindliche Wortlaute. Die Urschrift dieses Statuts, dessen arabischer, chinesischer, englischer, französischer, russischer und spanischer Wortlaut gleichermaßen verbindlich ist, wird beim Generalsekretär der Vereinten Nationen hinterlegt; dieser leitet allen Staaten beglaubigte Abschriften zu.

ZU URKUND DESSEN haben die von ihren Regierungen hierzu gehörig befugten Unterzeichneten dieses Statut unterschrieben.

GESCHEHEN zu Rom am 17. Juli 1998.

Anhang 1
Zusammensetzung des Gerichtshofes

(Stand 1.4.2021)

Name	Nationalität	Funktion	Mitglied seit
Piotr HOFMAŃSKI	Polen	Präsident	11.3.2015
Luz DEL CARMEN IBÁNEZ CARRANZA	Peru	1. Vizepräsidentin	11.3.2018
Antoine Kesia-Mbe MINDUA	Kongo, Demokratische Republik	2. Vizepräsident	11.3.2015
Bertram SCHMITT	Deutschland	Richter	11.3.2015
Marc PERRIN DE BRICHAMBAUT	Frankreich	Richter	11.3.2015
Chang-ho CHUNG	Korea, Republik	Richter	11.3.2015
Raul Cano PANGALANGAN	Philippinen	Richter	13.7.2015
Péter KOVÁCS	Ungarn	Richter	11.3.2015
Kimberly PROST	Kanada	Richterin	11.3.2018
Tomoko AKANE	Japan	Richterin	11.3.2018
Solomy BALUNGI BOSSA	Uganda	Richterin	11.3.2018
Reine ALAPINI-GANSOU	Benin	Richterin	11.3.2018
Rosario Salvatore AITALA	Italien	Richter	11.3.2018
Socorro FLORES LIERA	Mexiko	Richterin	11.3.2021
Sergio Gerardo UGALDE GODINEZ	Costa Rica	Richter	11.3.2021
Gocha LORDKIPANIDZE	Georgien	Richter	11.3.2021
Althea Violet ALEXIS-WINDSOR	Trinidad und Tobago	Richterin	11.3.2021
Miatta Maria SAMBA	Sierra Leone	Richterin	11.3.2021
Joanna KORNER	Vereinigtes Königreich	Richterin	11.3.2021
Fatou BENSOUDA	Gambia	Leiterin der Anklagebehörde	15.6.2012
Peter LEWIS	Vereinigtes Königreich	Kanzler	17.4.2018

44. Übereinkommen über den Internationalen Währungsfonds[1)]

Vom 2. Juli 1944 in der Neufassung vom 30. April 1976

(BGBl. 1952 II S. 638; Neufassung vom 30.4.1976 gemäß Ges. v. 9.1.1978, BGBl. II S. 13; Dritte Änderung vom 28.6.1990 gemäß Ges. v. 22.7.1991, BGBl. II S. 814; Vierte Änderung v. 23.9.1997 gemäß Ges. v. 27.6.2000 (BGBl. II S. 799); Fünfte und Sechste Änderung v. 28.4.2008, v. 5.5.2008 gemäß Ges. v. 7.3.2009 (BGBl. II S. 206) und v. 15.12.2010 gemäß Ges. v. 24.5.2012 (BGBl. 2012 II S. 522)

(Übersetzung)

Inhaltsübersicht

---

1) In Kraft getreten für die Bundesrepublik am 14.8.1952 (s. Bek. v. 26.8.1952, BGBl. II S. 728). Internationale Quelle: UNTS Bd. 2 S. 39, S. 134; Bd. 606 S. 295; Bd. 726 S. 266. Die Neufassung vom 30.4.1976 ist am 1.4.1978 für die Bundesrepublik Deutschland und alle Mitgliedstaaten des Internationalen Währungsfonds in Kraft getreten (vgl. Bek. v. 3.5.1978, BGBl. II S. 838). Die Dritte Änderung des Übereinkommens ist am 11.11.1992 für Deutschland und alle übrigen Vertragsstaaten in Kraft getreten (vgl. Bek. v. 13.1.1994, BGBl. II S. 279). Die vom Gouverneursrat am 23.9.1997 genehmigte Vierte Änderung des Übereinkommens (BGBl. 2000 II S. 800) ist am 10.8.2009 in Kraft getreten (Bek. v. 14.9.2011, BGBl. II S. 951). Die vom Gouverneursrat am 28.4.2008 und 5.5.2008 genehmigten Änderungen des Übereinkommens (BGBl. 2009 II S. 207) sind am 18.2.2011 sowie am 3.3.2011 in Kraft getreten (Bek. v. 14.10.2011, BGBl. II S. 1143 sowie v. 10.11.2011, BGBl. II S. 1361). Die vom Gouverneursrat am 15.12.2010 genehmigte (siebte) Änderung des Übereinkommens (BGBl. 2012 II S. 523) ist am 26.1.2016 in Kraft getreten (Bek. v. 2.3.2016, BGBl. II S. 295).

Die Regierungen, in deren Namen dieses Übereinkommen unterzeichnet wird, kommen wie folgt überein:

Einführungsartikel

i) Es wird der Internationale Währungsfonds errichtet; seine Tätigkeit richtet sich nach den Bestimmungen dieses Übereinkommens in der ursprünglich angenommenen und später geänderten Fassung.

ii) Für die Durchführung seiner Operationen und Transaktionen unterhält der Fonds eine Allgemeine Abteilung und eine Sonderziehungsrechts-Abteilung. Die Mitgliedschaft im Fonds berechtigt zur Teilnahme an der Sonderziehungsrechts-Abteilung.

iii) Die auf Grund dieses Übereinkommens zulässigen Operationen und Transaktionen werden über die Allgemeine Abteilung abgewickelt, die nach diesem Übereinkommen aus dem Allgemeinen Konto, dem Konto für Sonderverwendungen und dem Anlagekonto besteht; ausgenommen sind Operationen und Transaktionen in Sonderziehungsrechten, die über die Sonderziehungsrechts-Abteilung abgewickelt werden.

Artikel I. Ziele

Der Internationale Währungsfonds hat folgende Ziele:

i) die internationale Zusammenarbeit auf dem Gebiet der Währungspolitik durch eine ständige Einrichtung zu fördern, die als Apparat zur Konsultation und Zusammenarbeit bei internationalen Währungsproblemen zur Verfügung steht;

ii) die Ausweitung und ein ausgewogenes Wachstum des Welthandels zu erleichtern und dadurch zur Förderung und Aufrechterhaltung eines hohen Beschäftigungsgrads und Realeinkommens sowie zur Entwicklung des Produktionspotentials aller Mitglieder als oberste Ziele der Wirtschaftspolitik beizutragen;

iii) die Stabilität der Währungen zu fördern, geordnete Währungsbeziehungen unter den Mitgliedern aufrechtzuerhalten und Währungsabwertungen aus Wettbewerbsgründen zu vermeiden;

iv) bei der Errichtung eines multilateralen Zahlungssystems für die laufenden Geschäfte zwischen den Mitgliedern und bei der Beseitigung von Devisenverkehrsbeschränkungen, die das Wachsen des Welthandels hemmen, mitzuwirken;

v) das Vertrauen der Mitglieder dadurch zu stärken, daß ihnen zeitweilig unter angemessenen Sicherungen die allgemeinen Fondsmittel zur Verfügung gestellt werden und ihnen so Gelegenheit gegeben wird, Unausgeglichenheiten in ihrer Zahlungsbilanz zu bereinigen, ohne zu Maßnahmen Zuflucht nehmen zu müssen, die dem nationalen oder internationalen Wohnstand schaden;

vi) in Übereinstimmung mit Vorstehendem die Dauer der Ungleichgewichte der internationalen Zahlungsbilanzen der Mitglieder abzukürzen und den Grad der Ungleichgewichte zu vermindern.

Der Fonds läßt sich in seiner Geschäftspolitik sowie bei allen Beschlüssen von den in diesem Artikel niedergelegten Zielen leiten.

Artikel II. Mitgliedschaft

Abschnitt 1. Ursprüngliche Mitglieder

Ursprüngliche Mitglieder des Fonds sind die auf der Währungs- und Finanzkonferenz der Vereinten Nationen vertretenen Länder, deren Regierungen die Mitgliedschaft vor dem 31. Dezember 1945 erwerben.

Abschnitt 2. Andere Mitglieder

Die Mitgliedschaft steht anderen Ländern zu den Zeitpunkten und unter den Bedingungen offen, die der Gouverneursrat festsetzen kann. Diese Bedingungen einschließlich der Bedingungen für Subskriptionen beruhen auf Grundsätzen, die mit denen vereinbar sind, welche für andere Länder galten, die bereits Mitglieder sind.

Artikel III. Quoten und Subskriptionen

Abschnitt 1. Quoten und Subskriptionszahlungen

Jedem Mitglied wird eine in Sonderziehungsrechten ausgedrückte Quote zugeteilt. Die Quoten der auf der Währungs- und Finanzkonferenz der Vereinten Nationen vertretenen Mitglieder, welche die Mitgliedschaft vor dem 31. Dezember 1945 erwerben, sind in Anhang A aufgeführt. Die Quoten anderer Mitglieder werden vom Gouverneursrat festgesetzt. Die Subskription jedes Mitglieds entspricht seiner Quote und ist in voller Höhe bei der zuständigen Hinterlegungsstelle an den Fonds zu zahlen.

Abschnitt 2. Änderung von Quoten

a) Der Gouverneursrat nimmt in Abständen von höchstens fünf Jahren eine allgemeine Überprüfung der Quoten der Mitglieder vor und schlägt eine Änderung vor, sofern er diese für angebracht hält. Er kann auch, wenn er es für richtig hält, zu jeder anderen Zeit die Änderung einer bestimmten Quote auf Antrag des betreffenden Mitglieds in Erwägung ziehen.[1)]

b) Für Fondsmitglieder, die am 31. August 1975 Mitglied waren, kann der Fonds jederzeit eine den Quotenanteilen zu diesem Zeitpunkt entsprechende Erhöhung ihrer Quoten vorschlagen, höchstens aber bis zur Summe der Beträge, die nach Artikel V Abschnitt 12 Buchstabe f Ziffer i und Buchstabe j vom Konto für Sonderverwendungen an das Allgemeine Konto des Fonds übertragen wurden.

c) Für jede Quotenänderung ist eine Mehrheit von fünfundachtzig Prozent aller Stimmen erforderlich,

d) Die Quote eines Mitglieds darf erst dann geändert werden, wenn das Mitglied zugestimmt hat und die zahlung erfolgt ist, sofern die Zahlung nicht nach Abschnit 3 Buchstabe b als geleistet angesehen wird.

Abschnitt 3. Zahlungen bei Quotenänderungen

a) Jedes Mitglied, das nach Abschnitt 2 Buchstabe a einer Erhöhung seiner Quote zustimmt, hat innerhalb einer vom Fonds bestimmten Frist an den Fonds fünfundzwanzig Prozent der Erhöhung in Sonderziehungsrechten zu zahlen; der Gouverneursrat kann jedoch bestimmen, daß diese Zahlung von allen Mitgliedern auf der gleichen Grundlage ganz oder teilweise in den vom Fonds bezeichneten Währungen anderer Mitglieder mit deren Zustimmung oder in der eigenen Währung des Mitglieds geleistet werden kann. Ein Nichteilnehmer hat den Anteil der Erhöhung, den Teilnehmer in Sonderziehungsrechten zu zahlen haben, in den vom Fonds bezeichneten Währungen anderer Mitglieder mit deren Zustimmung zu zahlen. Den Rest der Erhöhung zahlt das Mitglied in seiner eigenen Währung. Durch Zahlungen anderer Mitglieder nach dieser Bestimmung dürfen die Bestände des Fonds an der Währung eines Mitglieds nicht das Maß übersteigen, ab welchem Gebühren nach Artikel V Abschnitt 8 Buchstabe b Ziffer ii zu zahlen wären.

b) Jedes Mitglied, das einer Erhöhung seiner Quote nach Abschnitt 2 Buchstabe b zustimmt, wird so behandelt, als ob es einen die-

---

1) Deutschland ist mit einem Quotenanteil in Höhe von 5,6% derzeit (2020) nach den USA, Japan und China der viertgrößte Anteilseigner im IWF. Die nächste (16.) allgemeine Quotenüberprüfung soll 2023 abgeschlossen sein.

ser Erhöhung entsprechenden Subskriptionsbetrag an den Fonds gezahlt hätte.

c) Stimmt ein Mitglied einer Herabsetzung seiner Quote zu, so hat der Fonds innerhalb von sechzig Tagen an das Mitglied einen der Herabsetzung entsprechenden Betrag zu zahlen. Die Zahlung erfolgt in der Währung des Mitglieds und insoweit in Sonderziehungsrechten oder den vom Fonds bestimmten Währungen anderer Mitglieder mit deren Zustimmung, wie es nötig ist, um das Absinken der Bestände des Fonds an dieser Währung unter die neue Quote zu verhindern; in Ausnahmefällen kann der Fonds jedoch seine Bestände an dieser Währung durch Zahlung an das Mitglied in dessen Währung auf einen unter der neuen Quote liegenden Stand senken.

d) Für alle Beschlüsse nach Buchstabe a ist eine Mehrheit von siebzig Prozent aller Stimmen erforderlich; hiervon ausgenommen ist die Festlegung einer Frist und die Bestimmung von Währungen nach jenem Buchstaben.

Abschnitt 4. Ersatz der Bareinzahlung durch Schuldurkunden

Anstelle jenes Teils der im Allgemeinen Konto gehaltenen Mitgliederwährung, der nach Ansicht des Fonds für seine Operationen und Transaktionen nicht benötigt wird, nimmt der Fonds von jedem Mitglied Schuld- oder ähnliche Verpflichtungsscheine an, die vom Mitglied oder von der vom Mitglied nach Artikel XIII Abschnitt 2 bezeichneten Hinderlegungsstelle ausgestellt sind; diese Schuldurkunden müssen unübertragbar, unverzinslich und bei Sicht zum Nennwert durch Gutschrift auf dem Konto des Fonds bei der bezeichneten Hinterlegungsstelle zahlbar sein. Dieser Abschnitt findet nicht nur auf die von Mitgliedern als Subskription gezahlten Währungsbeträge Anwendung, sondern auch auf jeden aus anderem Grund dem Fonds geschuldeten oder von ihm erworbenen Währungsbetrag, der dem Allgemeinen Konto zuzuführen ist.

Artikel IV. Verpflichtungen auf dem Gebiet der Wechselkursregelungen

Abschnitt 1. Allgemeine Verpflichtungen der Mitglieder

In der Erkenntnis, daß der eigentliche Zweck des internationalen Währungssystems die Schaffung von Rahmenbedingungen zur Erleichterung des Waren-, Dienstleistungs- und Kapitalverkehrs zwischen den Ländern und zur Aufrechterhaltung eines gesunden Wirtschafts-

(Fortsetzung nächstes Blatt)

wachstums ist und daß ein Hauptziel darin besteht, die geordneten Grundbedingungen ständig weiterzuentwickeln, welche für die Währungs- und Wirtschaftsstabilität notwendig sind, verpflichtet sich jedes Mitglied zur Zusammenarbeit mit dem Fonds und anderen Mitgliedern, um geordnete Wechselkursregelungen zu gewährleisten und ein stabiles Wechselkurssystem zu fördern. Insbesondere wird jedes Mitglied

i) bestrebt sein, seine Wirtschafts- und Währungspolitik unter angemessener Berücksichtigung seiner Situation auf das Ziel eines geordneten Wirtschaftswachstums bei angemessener Preisstabilität auszurichten;

ii) um Stabilität bemüht sein, indem es geordnete Wirtschafts- und Währungsverhältnisse und ein Währungssystem anstrebt, das nicht dazu neigt, erratische Störungen auszulösen;

iii) Manipulationen der Wechselkurse oder des internationalen Währungssystems mit dem Ziel, eine wirksame Zahlungsbilanzanpassung zu verhindern oder einen unfairen Wettbewerbsvorteil gegenüber anderen Mitgliedern zu erlangen, vermeiden und

iv) eine Wechselkurspolitik verfolgen, die mit den Verpflichtungen aus diesem Abschnitt vereinbar ist.

Abschnitt 2. Allgemeine Wechselkursregelungen

a) Jedes Mitglied unterrichtet den Fonds innerhalb von dreißig Tagen nach dem Zeitpunkt der zweiten Änderung dieses Übereinkommens über die Wechselkursregelungen, die es zur Erfüllung seiner Verpflichtungen aus Abschnitt 1 anzuwenden beabsichtigt, und teilt dem Fonds sofort jede Änderung seiner Wechselkursregelungen mit.

b) Im Rahmen eines internationalen Währungssystems der am 1. Januar 1976 bestehenden Art sind unter anderem folgende Wechselkursregelungen zulässig: i) Aufrechterhaltung des Wertes einer Währung durch das betreffende Mitglied in Sonderziehungsrechten oder in einem anderen, vom Mitglied gewählten Maßstab außer Gold, ii) Gemeinschaftsregelungen, nach denen Mitglieder den Wert ihrer Währungen im Verhältnis zum Wert der Währung oder Währungen anderer Mitglieder aufrechterhalten, oder iii) andere Wechselkursregelungen nach Wahl des Mitglieds.

c) Um der Entwicklung des intrenationalen Währungssystems Rechnung zu tragen, kann der Fonds mit einer Mehrheit von fünfundachtzig Prozent aller Stimmen Vorkehrungen für allgemeine Wechselkursregelungen treffen, ohne jedoch das Recht der Mitglieder einzuschränken, Wechselkursregelungen eigener Wahl anzuwenden, die mit den Zielen des Fonds und den Verpflichtungen aus Abschnitt 1 vereinbar sind.

Abschnitt 3. Überwachung der Wechselkursregelungen

a) Der Fonds überwacht das internationale Währungssystem, um sicherzustellen, daß es wirksam funktioniert und überwacht die Einhaltung der Verpflichtungen nach Abschnitt 1 durch jedes Mitglied.

b) Um seine Aufgaben nach Buchstabe a zu erfüllen, unterstellt der Fonds die Wechselkurspolitik der Mitglieder einer strikten Überwachung und stellt besondere Grundsätze auf, von denen sich alle Mitglieder bei ihrer Wechselkurspolitik leiten lassen. Jedes Mitglied liefert dem Fonds die für eine solche Überwachung notwendigen Informationen und konsultiert den Fonds auf dessen Ersuchen über seine Wechselkurspolitik. Die vom Fonds aufgestellten Grundsätze müssen mit den Gemeinschaftsregelungen, nach denen Mitglieder den Wert ihrer Währungen im Verhältnis zum Wert der Währung oder Währungen anderer Mitglieder aufrechterhalten, und mit anderen Wechselkursregelungen in Einklang stehen, für die sich ein Mitglied entschieden hat und die mit den Zielen des Fonds und Abschnitt 1 vereinbar sind. Dieses Grundsätze müssen die innerstaatliche sozial- und allgemeinpolitische Ausrichtung der Mitglieder beachten; bei der Anwendung dieser Grundsätze hat der Fonds die Situation der Mitglieder gebührend zu berücksichtigen.

Abschnitt 4. Paritäten

Der Fonds kann mit einer Mehrheit von fünfundachtzig Prozent aller Stimmen feststellen, daß die internationale Wirtschaftslage die Einführung eines weitverbreiteten Systems von Wechselkursregelungen auf der Grundlage stabiler, aber anpassungsfähiger Paritäten zuläßt. Der Fonds trifft diese Feststellung auf der Grundlage der in der Weltwirtschaft erreichten Stabilität und berücksichtigt dabei Preisbewegungen und Wirtschaftswachstumsraten in den Mitgliedländern. Die Feststellung wird im Lichte der Fortentwicklung des internationalen Währungssystems getroffen; hierbei sind besonders zu beachten die Quellen der Liquidität und, um ein gutes Funktionieren des Paritätensystems zu gewährleisten, Regelungen, nach denen Mitglieder mit Zahlungsbilanzüberschüssen und Mitglieder mit Zahlungsbilanzdefiziten rasche, wirksame und symmetrische Anpassungsmaßnahmen treffen, sowie Regelungen für die Intervention und für die Behandlung von Ungleichgewichten. Nach dieser Feststellung teilt der Fonds den Mitgliedern mit, daß Anhang C gilt.

Abschnitt 5. Verschiedene Währungen innerhalb der Hoheitsgebiete eines Mitglieds

a) Es wird davon ausgegangen, daß jede Maßnahme eines Mitglieds für seine Währung nach diesem Artikel auch für die verschiedenen

Währungen aller Hoheitsgebiete gilt, für die das Mitglied dieses Übereinkommen nach Artikel XXXI Abschnitt 2 Buchstabe g angenommen hat, sofern nicht das Mitglied erklärt, daß sich seine Maßnahme entweder nur auf die Währung des Mutterlands oder nur auf eine oder mehrere besonders bezeichnete Sonderwährungen oder auf die Währung des Mutterlands und eine oder mehrere besonders bezeichnete Sonderwährungen bezieht.

b) Es wird davon ausgegangen, daß jede Maßnahme des Fonds nach diesem Artikel sich auf alle unter Buchstabe a erwähnten Währungen eines Mitglieds bezieht, sofern nicht der Fonds etwas anderes erklärt.

Artikel V. Operationen und Transaktionen des Fonds

Abschnitt 1. Für den Geschäftsverkehr mit dem Fonds zuständige Stellen

Jedes Mitglied wickelt seine Geschäfte mit dem Fonds nur über sein Schatzamt, seine Zentralbank, seinen Stabilisierungsfonds oder eine ähnliche Währungsbehörde ab; der Fonds verkehrt geschäftlich nur mit den gleichen Stellen oder bedient sich ihrer Vermittlung.

Abschnitt 2. Begrenzung der Operationen und Transaktionen des Fonds

a) Vorbehaltlich anderslautender Bestimmungen dieses Übereinkommens beschränken sich Transaktionen für Rechnung des Fonds auf Transaktionen, durch die einem Mitglied auf seinen Antrag gegen Zahlung in seiner Währung Sonderziehungsrechte oder die Währungen anderer Mitglieder aus den allgemeinen Fondsmitteln, die im Allgemeinen Konto zu halten sind, zur Verfügung gestellt werden.

b) Auf Wunsch kann der Fonds beschließen, finanzielle und technische Dienstleistungen zu erbringen, die mit den Zielen des Fonds vereinbar sind; hierzu kann die Verwaltung von Mitteln gehören, die von Mitgliedern zur Verfügung gestellt werden. Operationen im Zusammenhang mit solchen finanziellen Dienstleistungen gehen nicht auf Rechnung der Fonds. Dienstleistungen nach diesem Buchstaben legen einem Mitglied ohne dessen Zustimmung keinerlei Verpflichtung auf.

Abschnitt 3. Bedingungen für die Inanspruchnahme der allgemeinen Fondsmittel

a) Für die Inanspruchnahme seiner allgemeinen Mittel, auch im Rahmen von Bereitschaftskredit- oder ähnlichen Vereinbarungen, beschließt der Fonds Geschäftsgrundsätze, wobei er für besondere Zahlungsbilanzprobleme besondere Geschäftsgrundsätze beschließen kann; diese Geschäftsgrundsätze sind darauf auszurichten, daß sie den Mitgliedern bei der diesem Übereinkommen gemäßen Lösung ihrer Zahlungsbilanzprobleme helfen und ausreichende Sicherungen dafür schaffen, daß die allgemeinen Fondsmittel nur zeitweise in Anspruch genommen werden.

b) Ein Mitglied ist unter folgenden Bedingungen berechtigt, vom Fonds gegen Zahlung eines entsprechenden Betrags in seiner Währung die Währungen anderer Mitglieder zu kaufen:

i) Die Inanspruchnahme der allgemeinen Fondsmittel durch das Mitglied entspricht den Bestimmungen dieses Übereinkommens und den hiernach beschlossenen Geschäftsgrundsätzen;

ii) das Mitglied legt dar, daß dieser Kauf wegen seiner Zahlungsbilanz- oder Reservesituation oder wegen der Entwicklung seiner Reserven erforderlich ist;

iii) der beantragte Kauf stellt einen Kauf in der Reservetranche dar oder bewirkt nicht, daß die Bestände des Fonds an der Währung des kaufenden Mitglieds zweihundert Prozent seiner Quote übersteigen;

iv) der Fonds hat nicht vorher nach Abschnitt 5 dieses Artikels, nach Artikel VI Abschnitt 1 oder nach Artikel XXVI Abschnitt 2 Buchstabe a dem am Kauf interessierten Mitglied die Berechtigung zur Inanspruchnahme der allgemeinen Fondsmittel entzogen.

c) Der Fonds prüft einen Kaufantrag, um festzustellen, ob der beantragte Kauf mit den Bestimmungen dieses Übereinkommens und den hiernach beschlossenen Geschäftsgrundsätzen in Einklang steht; Anträgen auf Käufe in der Reservetranche kann jedoch nicht widersprochen werden.

d) Für die Auswahl der zu verkaufenden Währungen beschließt der Fonds Geschäftsgrundsätze und Verfahren, bei denen in Konsultation mit den Mitgliedern die Zahlungsbilanz- und Reservesituation der Mitglieder sowie die Entwicklung der Devisenmärkte ebenso berücksichtigt werden wie das Ziel des Ausgleichs der Fondspositionen im Zeitverlauf; legt jedoch ein Mitglied dar, daß es den Kauf der Währung eines anderen Mitglieds beantragt, weil es einen entsprechenden Betrag seiner eigenen Währung erwerben möchte, den das andere Mitglied angeboten hat, so ist es zum Kauf der Währung des anderen Mitglieds berechtigt, sofern nicht der Fonds nach Artikel VII Abschnitt 3 mitgeteilt hat, daß seine Bestände an dieser Währung knapp geworden sind.

e) i) Jedes Mitglied gewährleistet, daß die beim Fonds gekauften Beträge seiner Währung entweder Beträge in einer frei verwendbaren Währung sind oder zum Zeitpunkt des Kaufes gegen eine frei verwendbare Währung seiner Wahl zu einem Wechselkurs zwischen diesen zwei Währungen umgetauscht werden können, der dem

Wechselkurs dieser Währungen auf der Grundlage des Artikels XIX Abschnitt 7 Buchstabe a entspricht.

ii) Jedes Mitglied, dessen Währung beim Fonds gekauft oder im Tausch gegen eine beim Fonds gekaufte Währung erworben wird, arbeitet mit dem Fonds und anderen Mitgliedern zusammen, um zu gewährleisten, daß diese Beträge seiner Währung zum Zeitpunkt des Kaufes in die frei verwendbaren Währungen anderer Mitglieder umgetauscht werden können.

iii) Der Umtausch einer nicht frei verwendbaren Währung nach Ziffer i wird von dem Mitglied vorgenommen, dessen Währung gekauft wurde, sofern sich nicht dieses Mitglied und das kaufende Mitglied auf ein anderes Verfahren einigen.

iv) Ein Mitglied, das beim Fonds die frei verwendbare Währung eines anderen Mitglieds kauft und sie zum Zeitpunkt des Kaufes gegen eine andere frei verwendbare Währung umzutauschen wünscht, hat den Umtausch bei dem anderen Mitglied vorzunehmen, wenn dieses Mitglied es verlangt. Der Umtausch erfolgt in eine vom anderen Mitglied gewählte frei verwendbare Währung zu dem unter Ziffer i genannten Wechselkurs.

f) Der Fonds kann sich dazu bereitfinden, einem nach diesem Abschnitt kaufenden Teilnehmer anstelle der Währungen anderer Mitglieder Sonderziehungsrechte zur Verfügung zu stellen; hierfür beschließt er Geschäftsgrundsätze und Verfahren.

Abschnitt 4. Verzicht auf Bedingungen

Der Fonds kann nach seinem Ermessen und unter Wahrung seiner Interessen auf jede der in Abschnitt 3 Buchstabe b Ziffern iii und iv genannten Bedingungen verzichten, und zwar insbesondere bei Mitgliedern, die nachgewiesenermaßen die allgemeinen Fondsmittel nicht stark oder fortgesetzt in Anspruch genommen haben. Er wird dabei einen periodischen oder außerordentlichen Bedarf des Mitglieds, das den Verzicht beantragt, berücksichtigen. Der Fonds wird auch die Bereitwilligkeit eines Mitglieds in Betracht ziehen, als Sicherheit annehmbare Vermögenswerte zu verpfänden, die nach Ansicht des Fonds einen ausreichenden Wert haben, um seine Interessen zu schützen, und er kann die Verpfändung einer solchen Sicherheit zur Voraussetzung des Verzichts machen.

Abschnitt 5. Entzug der Berechtigung zur Inanspruchnahme der allgemeinen Fondsmittel

Ist der Fonds der Meinung, daß ein Mitglied die allgemeinen Fondsmittel in einer Weise verwendet, die den Zielen des Fonds zuwiderläuft, so legt er dem Mitglied einen Bericht vor, in dem er seine Auffassung darlegt und eine angemessene Frist für eine Stellungnahme setzt. Nach Übergabe eines solchen Berichts an ein Mitglied kann der Fonds die Inanspruchnahme seiner allgemeinen Mittel durch das Mitglied beschränken. Geht von dem Mitglied innerhalb der gesetzten Frist keine Stellungnahme zu dem Bericht ein oder ist die Stellungnahme nicht zufriedenstellend, so kann der Fonds die Inanspruchnahme seiner allgemeinen Mittel durch das Mitglied weiterhin beschränken oder, nachdem er dem Mitglied eine angemessene Frist gesetzt hat, ihm die Berechtigung zur Inanspruchnahme der allgemeinen Fondsmittel entziehen.

Abschnitt 6. Sonstige Käufe und Verkäufe von Sonderziehungsrechten durch den Fonds

a) Der Fonds kann Sonderziehungsrechte, die ihm ein Teilnehmer anbietet, gegen einen entsprechenden Betrag in den Währungen anderer Mitglieder annehmen.

b) Der Fonds kann einem Teilnehmer auf dessen Wunsch Sonderziehungsrechte gegen einen entsprechenden Betrag in den Währungen anderer Mitglieder zur Verfügung stellen. Die Bestände des Fonds an der Währung eines Mitglieds dürfen als Folge solcher Transaktionen nicht das Maß übersteigen, ab welchem Gebühren nach Abschnitt 8 Buchstabe b Ziffer ii zu zahlen wären.

c) Die vom Fonds nach diesem Abschnitt abgegebenen oder angenommenen Währungen werden nach Geschäftsgrundsätzen ausgewählt, die den Grundsätzen des Abschnitts 3 Buchstabe d oder 7 Buchstabe i Rechnung tragen. Transaktionen nach diesem Abschnitt darf der Fonds nur dann vornehmen, wenn das Mitglied, dessen Währung abgegeben oder angenommen wird, dem zustimmt.

Abschnitt 7. Rückkauf eigener Währung aus Beständen des Fonds durch ein Mitglied

a) Ein Mitglied kann jederzeit diejenigen Fondsbestände an seiner Währung zurückkaufen, auf die Gebühren nach Abschnitt 8 Buchstabe b zu zahlen sind.

b) Von einem Mitglied, das einen Kauf nach Abschnitt 3 vorgenommen hat, wird grundsätzlich erwartet, daß es entsprechend der Verbesserung seiner Zahlungsbilanz- und Reservesituation diejenigen Bestände des Fonds an seiner Währung zurückkauft, die aus dem Kauf stammen und der Gebührenpflicht nach Abschnitt 8 Buchstabe b unterliegen. Ein Mitglied hat diese Bestände dann zurückzukaufen, wenn der Fonds in Einklang mit den von ihm zu beschließenden Geschäftsgrundsätzen für Rückkäufe und nach Konsultation mit dem Mitglied diesem mitteilt, daß es wegen einer Verbesserung seiner Zahlungsbilanz- und Reservesituation zurückkaufen soll.

c) Ein Mitglied, das einen Kauf nach Abschnitt 3 vorgenommen hat, hat spätestens fünf Jahre nach dem Zeitpunkt des Kaufes diejenigen Bestände des Fonds an seiner Währung zurückzukaufen, die aus dem Kauf stammen und auf die Gebühren nach Abschnitt 8 Buchstabe b zu zahlen sind. Der Fonds kann bestimmen, daß der Rückkauf von einem Mitglied in Raten innerhalb eines Zeitraums zu leisten ist, der drei Jahre nach dem Zeitpunkt des Kaufes beginnt und fünf Jahre nach diesem Zeitpunkt endet. Mit einer Mehrheit von fünfundachtzig Prozent aller Stimmen kann der Fonds die Rückkaufsfristen nach diesem Buchstaben ändern; derart beschlossene Fristen gelten für alle Mitglieder.

d) Für den Rückkauf von Währungsbeständen, die der Fonds nach besonderen Geschäftsgrundsätzen für die Verwendung seiner allgemeinen Mittel erworben hat, kann er mit einer Mehrheit von fünfundachtzig Prozent aller Stimmen andere Fristen als die nach Buchstabe c beschließen, die für alle Mitglieder einheitlich sein müssen.

e) Ein Mitglied hat in Einklang mit Geschäftsgrundsätzen, die der Fonds mit einer Mehrheit von siebzig Prozent aller Stimmen beschließt, diejenigen Bestände des Fonds an seiner Währung zurückzukaufen, die nicht als Folge von Käufen erworben wurden und auf die Gebühren nach Abschnitt 8 Buchstabe b Ziffer ii zu zahlen sind.

f) Ein Beschluß, daß nach Geschäftsgrundsätzen für die Verwendung der allgemeinen Fondsmittel die Rückkaufsfrist nach Buchstabe c oder d gegenüber der nach diesen Geschäftsgrundsätzen geltenden Frist verkürzt wird, gilt nur für Bestände, die der Fonds nach dem Inkrafttreten des Beschlusses erwirbt.

g) Auf Antrag eines Mitglieds kann der Fonds den Zeitpunkt für die Erfüllung einer Rückkaufsverpflichtung hinausschieben, jedoch nicht über die Höchstlaufzeit hinaus, die sich nach Buchstabe c oder d oder nach Geschäftsgrundsätzen ergibt, die der Fonds nach Buchstabe e beschließt; der Fonds kann jedoch mit einer Mehrheit von siebzig Prozent aller Stimmen beschließen, daß eine längere, mit dem Grundsatz der vorübergehenden Inanspruchnahme der allgemeinen Fondsmittel zu vereinbarende Rückkaufsfrist gerechtfertigt ist, weil die fristgemäße Erfüllung für das Mitglied eine außergewöhnliche Härte bedeuten würde.

h) Die Geschäftsgrundsätze des Fonds nach Abschnitt 3 Buchstabe d können durch Geschäftsgrundsätze ergänzt werden, nach denen der Fonds nach Konsultation mit einem Mitglied beschließen kann, nach Abschnitt 3 Buchstabe b denjenigen Teil seiner Bestände an der Währung des Mitglieds zu verkaufen, der nach dem vorliegenden Abschnitt nicht zurückgekauft worden ist; andere Maßnahmen, die der Fonds nach anderen Bestimmungen dieses Übereinkommens ergreifen darf, werden davon nicht berührt.

i) Alle Rückkäufe nach diesem Abschnitt sind mit Sonderziehungsrechten oder mit den vom Fonds bestimmten Währungen anderer Mitglieder zu leisten. Der Fonds beschließt Geschäftsgrundsätze und Verfahren für die bei Rückkäufen von den Mitgliedern zu verwendenden Währungen, wobei er die Grundsätze des Abschnitts 3 Buchstabe d beachtet. Die Bestände des Fonds an einer bei Rückkäufen verwendeten Währung eines Mitglieds dürfen durch den Rückkauf nicht das Maß übersteigen, ab welchem Gebühren nach Abschnitt 8 Buchstabe b Ziffer ii zu zahlen wären.

j) i) Ist die vom Fonds nach Buchstabe i bestimmte Währung eines Mitglieds keine frei verwendbare Währung, so hat das Mitglied zu gewährleisten, daß das rückkaufende Mitglied sie sich zum Zeitpunkt des Rückkaufs gegen eine frei verwendbare Währung beschaffen kann, die das Mitglied auswählt, dessen Währung bestimmt worden ist. Der Umtausch der Währung nach dieser Bestimmung erfolgt zu einem Wechselkurs zwischen den beiden Währungen, der dem Wechselkurs dieser beiden Währungen auf der Grundlage des Artikels XIX Abschnitt 7 Buchstabe a entspricht.

ii) Jedes Mitglied, dessen Währung vom Fonds für Rückkäufe bestimmt wird, arbeitet mit dem Fonds und anderen Mitgliedern zusammen, um rückkaufende Mitglieder zum Zeitpunkt des Rückkaufs in die Lage zu versetzen, die bestimmte Währung gegen die frei verwendbaren Währungen anderer Mitglieder zu erwerben.

iii) Ein Umtausch nach Ziffer i ist bei dem Mitglied vorzunehmen, dessen Währung bestimmt worden ist, sofern sich nicht dieses Mitglied und das rückkaufende Mitglied auf ein anderes Verfahren einigen.

iv) Wünscht ein rückkaufendes Mitglied zum Zeitpunkt des Rückkaufs eine vom Fonds nach Buchstabe i bestimmte frei verwendbare Währung eines anderen Mitglieds zu erwerben, so hat es die Währung auf Verlangen des anderen Mitglieds gegen eine frei verwendbare Währung zu dem unter Ziffer i des vorliegenden Buchstabens genannten Wechselkurs zu erwerben. Der Fonds kann Regelungen erlassen, welche frei verwendbare Währung dafür zur Verfügung zu stellen ist.

Abschnitt 8. Gebühren

a) i) Kauft ein Mitglied vom Allgemeinen Konto mit seiner eigenen Währung Sonderziehungsrechte oder die Währung eines anderen Mitglieds, so erhebt der Fonds darauf eine Bearbeitungsgebühr; für Käufe in der Reservetranche kann er jedoch eine niedrigere Bearbeitungsgebühr als für sonstige Käufe erheben. Für Käufe in der Reservetranche darf die Bearbeitungsgebühr nicht über einem halben Prozent liegen.

ii) Der Fonds kann eine Gebühr für Bereitschaftskredit- oder ähnliche Vereinbarungen erheben. Er kann beschließen, daß die Gebühr für eine solche Vereinbarung mit der Bearbeitungsgebühr verrechnet wird, die nach Ziffer i auf Käufe auf Grund der Vereinbarung erhoben wird.

b) Der Fonds erhebt Gebühren auf seine durchschnittlichen Tagesbestände an der Währung eines Mitglieds im Allgemeinen Konto, soweit sie

i) nach Geschäftsgrundsätzen erworben wurden, die eine Ausklammerung nach Artikel XXX Buchstabe c vorsehen, oder

ii) die Quote des Mitglieds nach Abzug der Bestände, auf die unter Ziffer i Bezug genommen ist, übersteigen.

Normalerweise steigen die Gebührensätze periodisch an, solange diese Bestände vorhanden sind.

c) Leistet ein Mitglied einen nach Abschnitt 7 vorschriebenen Rückkauf nicht, so kann der Fonds nach Konsultation mit dem Mitglied über die Rückführung der Bestände des Fonds an dessen Währung auf jene Bestände an der Währung des Mitglieds, die hätten zurückgekauft werden sollen, Gebühren erheben, die er für angemessen hält.

d) Für die Festlegung der Gebührensätze nach den Buchstaben a und b, die für alle Mitglieder einheitlich sein müssen, sowie nach Buchstabe c ist eine Mehrheit von siebzig Prozent aller Stimmen erforderlich.

e) Ein Mitglied hat alle Gebühren in Sonderziehungsrechten zu entrichten; unter außergewöhnlichen Umständen kann der Fonds einem Mitglied gestatten, Gebühren in den vom Fonds bestimmten Währungen anderer Mitglieder, die der Fonds vorher konsultiert, oder in seiner eigenen Währung zu zahlen. Die Bestände des Fonds an der Währung eines Mitglieds dürfen als Folge von Zahlungen anderer Mitglieder nach dieser Bestimmung nicht das Maß übersteigen, ab welchem Gebühren nach Buchstabe b Ziffer ii zu zahlen wären.

Abschnitt 9. Vergütung

a) Der Fonds zahlt Vergütung auf denjenigen Betrag, um den der Prozentsatz der Quote nach Buchstabe b oder c die im Allgemeinen Konto gehaltenen durchschnittlichen Tagesbestände des Fonds an der Währung des Mitglieds übersteigt; dabei bleiben diejenigen Bestände unberücksichtigt, die nach Geschäftsgrundsätzen erworben wurden, welche eine Ausklammerung nach Artikel XXX Buchstabe c vorsehen.

Der Vergütungssatz, der vom Fonds mit einer Mehrheit von siebzig Prozent aller Stimmen festgesetzt wird, muß für alle Mitglieder einheitlich sein und darf nicht höher sein als der Zinssatz nach Artikel XX Abschnitt 3 und nicht niedriger als vier Fünftel dieses Zinssatzes. Bei der Festsetzung des Vergütungssatzes hat der Fonds die Gebührensätze nach Artikel V Abschnitt 8 Buchstabe b in Betracht zu ziehen.

b) Der für die Zwecke des Buchstabens a anzuwendende Prozentsatz der Quote ergibt sich wie folgt:

i) Für jedes Mitglied, das vor Inkrafttreten der zweiten Änderung dieses Übereinkommens Mitglied wurde, ein Prozentsatz der Quote, der fünfundsiebzig Prozent seiner Quote bei Inkrafttreten dieser Änderung entspricht, und für jedes Mitglied, das nach Inkrafttreten dieser Änderung Mitglied wurde, ein Prozentsatz der Quote, der sich errechnet als Summe derjenigen Beträge, die den Quotenprozentsätzen für die anderen Mitglieder am Tag des Beginns der Mitgliedschaft des Mitglieds entsprechen, geteilt durch die Summe der am gleichen Tag geltenden Quoten der anderen Mitglieder,
zuzüglich

ii) der Beträge, die das Mitglied seit dem Zeitpunkt, der nach Ziffer i zugrunde zu legen ist, in Währung oder Sonderziehungsrechten nach Artikel III Abschnitt 3 Buchstabe a an den Fonds gezahlt hat, und abzüglich

iii) der Beträge, die das Mitglied seit dem Zeitpunkt, der nach Ziffer i zugrunde zu legen ist, in Währung oder Sonderziehungsrechten nach Artikel III Abschnitt 3 Buchstabe c vom Fonds erhalten hat.

c) Der Fonds kann mit einer Mehrheit von siebzig Prozent aller Stimmen den für die Zwecke des Buchstabens a für jedes Mitglied zuletzt geltenden Prozentsatz der Quote wie folgt heraufsetzen:

i) auf einen Prozentsatz von höchstens hundert Prozent, der für jedes Mitglied nach für alle Mitglieder einheitlichen Kriterien festgesetzt wird, oder

ii) auf hundert Prozent für alle Mitglieder.

d) Die Vergütung wird in Sonderziehungsrechten gezahlt, wenn nicht der Fonds oder das Mitglied bestimmt, daß die Zahlung an das Mitglied in dessen eigener Währung erfolgt.

Abschnitt 10. Berechnungen

a) Der Wert der vom Fonds in den Konten der Allgemeinen Abteilung gehaltenen Vermögenswerte wird in Sonderziehungsrechten ausgedrückt.

b) Allen Berechnungen in Mitgliedswährungen zum Zweck der Anwendung dieses Übereinkommens, ausgenommen Artikel IV und Anhang C, werden diejenigen Kurse zugrunde gelegt, zu denen der Fonds diese Währungen nach Abschnitt 11 in seinen Büchern führt.

c) Bei den Berechnungen zur Feststellung der Währungsbeträge im Verhältnis zur Quote zum Zweck der Anwendung dieses Übereinkommens bleiben Währungsbeträge außer Betracht, die im Konto für Sonderverwendungen oder im Anlagekonto gehalten werden.

Abschnitt 11. Werterhaltung

a) Der Wert der im Allgemeinen Konto gehaltenen Währungen von Mitgliedern ist im Verhältnis zum Sonderziehungsrecht entsprechend den Wechselkursen nach Artikel XIX Abschnitt 7 Buchstabe a aufrechtzuerhalten.

b) Eine Anpassung der Bestände des Fonds an der Währung eines Mitglieds nach diesem Abschnitt erfolgt anläßlich der Verwendung dieser Währung bei einer Operation oder Transaktion zwischen dem Fonds und einem anderen Mitglied und zu jedem anderen Zeitpunkt, den der Fonds bestimmen oder das Mitglied verlangen kann. Zahlungen des Fonds oder an den Fonds in Zusammenhang mit einer Anpassung sind innerhalb einer vom Fonds bestimmten angemessenen Frist nach dem Zeitpunkt der Anpassung und zu jedem anderen vom Mitglied verlangten Zeitpunkt zu leisten.

Abschnitt 12. Sonstige Operationen und Transaktionen

a) In seinen Geschäftsgrundsätzen und bei seinen Beschlüssen nach diesem Abschnitt läßt sich der Fonds von den in Artikel VIII Abschnitt 7 genannten Zielen leiten sowie von dem Ziel, die Steuerung der Preisbildung oder die Einführung eines festen Preises auf dem Goldmarkt zu vermeiden.

b) Beschlüsse des Fonds über die Durchführung von Operationen und Transaktionen nach den Buchstaben c, d und e bedürfen einer Mehrheit von fünfundachtzig Prozent aller Stimmen.

c) Der Fonds kann Gold gegen die Währung eines jeden Mitglieds nach Konsultation mit ihm verkaufen, jedoch dürfen die Bestände der Währung eines Mitglieds, die der Fonds im Allgemeinen Konto hält, durch den Verkauf ohne Zustimmung des Mitglieds nicht das Maß übersteigen, ab welchem Gebühren nach Abschnitt 8 Buchstabe b Ziffer ii zu zahlen wären; ferner hat der Fonds auf Verlangen des Mitglieds zum Zeitpunkt des Verkaufs so viel der empfangenen Währung in die Währung eines anderen Mitglieds umzutauschen, daß ein solcher Anstieg verhindert wird. Dem Umtausch einer Währung in die Währung eines anderen Mitglieds geht eine Konsultation mit diesem Mitglied voraus; durch den Umtausch dürfen die Bestände des Fonds an der Währung dieses Mitglieds nicht über das Maß hinaus erhöht werden, ab welchem Gebühren nach Abschnitt 8 Buchstabe b Ziffer ii zu zahlen wären. Der Fonds beschließt Geschäftsgrundsätze und Verfahren für die Umtauschoperationen und trägt dabei den Grundsätzen des Abschnitts 7 Buchstabe i Rechnung. Für Verkäufe an ein Mitglied nach dieser Bestimmung gilt ein Preis, der für jede Transaktion auf der Grundlage von Marktpreisen vereinbart wird.

d) Bei allen Operationen und Transaktionen nach diesem Übereinkommen kann der Fonds von einem Mitglied anstelle von Sonderziehungsrechten oder Währung Zahlungen in Gold annehmen. Für Zahlungen an den Fonds nach dieser Bestimmung gilt ein Preis, der für jede Operation oder Transaktion auf der Grundlage von Marktpreisen vereinbart wird.

e) Der Fonds darf Gold, das er zum Zeitpunkt der zweiten Änderung dieses Übereinkommens in seinem Bestand hat, an diejenigen Mitglieder verkaufen, die am 31. August 1975 Mitglieder waren und zum Kauf bereit sind, und zwar im Verhältnis zu ihren Quoten zu diesem Zeitpunkt. Beabsichtigt der Fonds, nach Buchstabe c Gold für die Zwecke des Buchstabens f Ziffer ii zu verkaufen, so kann er jedem kaufwilligen Entwicklungsland denjenigen Teil des Goldes verkaufen, der, wäre er nach Buchstabe c verkauft worden, einen Mehrerlös erbracht hätte, der an dieses Land nach Buchstabe f Ziffer iii hätte ausgeschüttet werden können. Gold, das nach dieser Bestimmung an ein Mitglied verkauft werden könnte, dem die Berechtigung zur Inanspruchnahme der allgemeinen Fondsmittel nach Abschnitt 5 entzogen worden ist, wird ihm nach Aufhebung dieses Entzugs verkauft, sofern nicht der Fonds einen früheren Verkauf beschließt. Der Verkauf von Gold an ein Mitglied nach dem vorliegenden Buchstaben erfolgt gegen seine Währung und zu einem Preis, der zum Zeitpunkt des Verkaufs einem Sonderziehungsrecht für 0,888 671 Gramm Feingold entspricht.

f) Verkauft der Fonds nach Buchstabe c Gold, das er zum Zeitpunkt der zweiten Änderung dieses Übereinkommens in seinem Bestand hat, so wird der Teil des Erlöses, der zur Zeit des Verkaufs einem Sonderziehungsrecht für 0,888 671 Gramm Feingold entspricht, dem Allgemeinen Konto zugeführt; soweit der Fonds nach Buchstabe g nichts anderes beschließt, wird ein Überschuß im Konto für Sonderverwendungen gehalten. Die Vermögenswerte im Konto für Sonderverwendungen werden von den anderen Konten der Allgemeinen Abteilung getrennt geführt und dürfen jederzeit für folgende Zwecke verwendet werden:

i) Übertragungen an das Allgemeine Konto zur unmittelbaren Verwendung bei Operationen und Transaktionen, die nach anderen als in diesem Abschnitt aufgeführten Bestimmungen dieses Übereinkommens zulässig sind;

ii) Operationen und Transaktionen, die durch andere Bestimmungen dieses Übereinkommens nicht gedeckt sind, aber mit den Zielen des Fonds in Einklang stehen. Nach Buchstabe f Ziffer ii kann zu Sonderbedingungen Zahlungsbilanzhilfe an Mitglieder gegeben werden, die Entwicklungsländer und in schwierigen Verhältnissen sind; hierbei zieht der Fonds die Höhe des Pro-Kopf-Einkommens in Betracht;

iii) Verteilung desjenigen Teiles der Vermögenswerte, dessen Einsatz der Fonds für die Zwecke der Ziffer ii beschließt und der dem Quotenanteil der Entwicklungsländer, die am 31. August 1975 Mitglieder waren, an der Gesamtsumme der Quoten aller Mitglieder zum Zeitpunkt der Verteilung entspricht, an die erstgenannten Mitglieder, und zwar im Verhältnis zu ihren Quoten zu diesem Zeitpunkt; eine Verteilung nach dieser Bestimmung an ein Mitglied, dem die Berechtigung zur Inanspruchnahme der allgemeinen Fondsmittel nach Abschnitt 5 entzogen ist, soll aber erst dann erfolgen, wenn dieser Entzug aufgehoben wird, sofern nicht der Fonds eine frühere Verteilung beschließt.

Beschlüsse zur Verwendung von Vermögenswerten nach Ziffer i werden mit einer Mehrheit von siebzig Prozent aller Stimmen gefaßt, Beschlüsse nach den Ziffern ii und iii mit einer Mehrheit von fünfundachtzig Prozent aller Stimmen.

g) Mit einer Mehrheit von fünfundachtzig Prozent aller Stimmen kann der Fonds beschließen, einen Teil des unter Buchstabe f erwähnten Überschusses an das Anlagekonto zwecks Verwendung nach Artikel XII Abschnitt 6 Buchstabe f zu übertragen.

h) Bis zur Verwendung nach Buchstabe f kann der Fonds die im Konto für Sonderverwendungen gehaltenen Beträge in der Währung eines Mitglieds in einer von ihm bestimmten Weise und in Übereinstimmung mit den mit einer Mehrheit von siebzig Prozent aller Stimmen vom Fonds beschlossenen Geschäftsbestimmungen für Anlagen verwenden. Die Erträge der Anlagen und die nach Buchstabe f Ziffer ii eingegangenen Zinsen werden dem Konto für Sonderverwendungen zugeführt.

i) Kosten für die Verwaltung des Kontos für Sonderverwendungen, die das Allgemeine Konto bestreitet, werden ihm auf der Grundlage einer angemessenen Schätzung dieser Kosten von Zeit zu Zeit durch Übertragung vom Konto für Sonderverwendungen erstattet.

j) Das Konto für Sonderverwendungen wird im Fall der Liquidation des Fonds geschlossen; mit einer Mehrheit von siebzig Prozent aller Stimmen kann es vor der Liquidation des Fonds geschlossen werden. Bei Schließung des Kontos wegen Liquidation des Fonds werden die Vermögenswerte dieses Kontos nach Maßgabe des Anhangs K verteilt. Bei Schließung vor der Liquidation des Fonds werden vorhandene Vermögenswerte dieses Kontos an das Allgemeine Konto zur unmittelbaren Verwendung bei Operationen und Transaktionen übertragen. Mit einer Mehrheit von siebzig Prozent aller Stimmen beschließt der Fonds Geschäftsbestimmungen für die Verwaltung des Kontos für Sonderverwendungen.

k) Verkauft der fonds nach Buchstabe c Gold, das er nach dem Zeitpunkt der zweiten Änderung dieses Übereinkommens erworben hat, so wird der dem Erwerbspreis des Goldes entsprechende Teil des Erlöses dem Allgemeinen Konto zugeführt; ein etwaiger Überschuss wird dem Anlagekonto zur Verwendung nach Artikel XII Abschnitt 6 Buchstabe f zugeführt. Wird Gold, das der Fonds nach dem Zeitpunkt der zweiten Änderung dieses Übereinkommens erworben hat, nach dem 7. April 2008, jedoch vor dem Zeitpunkt des Inkrafttretens dieser Bestimmung verkauft, so überträgt der Fonds mit Inkrafttreten dieser Bestimmung und ungeachtet der in Artikel XII Abschnitt 6 Buchstabe f Ziffer ii festgesetzten Grenze einen den Erlösen aus diesem Verkauf entsprechenden Betrag vom allgemeinen Konto auf das Anlagekonto abzüglich

i) des Erwerbspreises des verkauften Goldes und

ii) etwaiger den Erwerbspreis des Goldes übersteigender Erlöse, die gegebenenfalls bereits vor dem Zeitpunkt des Inkrafttretens dieser Bestimmung auf das Anlagekonto übertragen wurden.

Artikel VI. Kapitalübertragungen

Abschnitt 1. Verwendung der allgemeinen Fondsmittel für Kapitalübertragungen

a) Soweit nicht in Abschnitt 2 etwas anderes bestimmt ist, darf ein Mitglied die allgemeinen Fondsmittel nicht dazu verwenden, einen beträchtlichen oder anhaltenden Kapitalabfluß zu decken; der Fonds kann ein Mitglied auffordern, Kontrollen auszuüben, um eine solche Verwendung der allgemeinen Fondsmittel zu verhindern. Wenn es ein Mitglied nach Erhalt einer solchen Aufforderung unterläßt, geeignete Kontrollen auszuüben, kann der Fonds dem Mitglied die Berechtigung zur Inanspruchnahme der allgemeinen Fondsmittel entziehen.

b) Dieser Abschnitt ist nicht so auszulegen,

i) als solle er die Verwendung der allgemeinen Fondsmittel für Kapitalübertragungen angemessenen Umfangs verhindern, soweit sie für die Ausweitung der Ausfuhr oder im gewöhnlichen Handels-, Bank- oder Geschäftsverkehr notwendig sind, oder

ii) als solle er Kapitalbewegungen beeinträchtigen, die das Mitglied selbst finanziert;

die Mitglieder werden jedoch dafür sorgen, daß solche Kapitalbewegungen mit den Zielen des Fonds in Einklang stehen.

Abschnitt 2. Sonderbestimmungen für Kapitalübertragungen

Ein Mitglied ist berechtigt, zur Deckung von Kapitalübertragungen Käufe in der Reservetranche vorzunehmen.

Abschnitt 3. Kontrolle von Kapitalübertragungen

Die Mitglieder dürfen die zur Kontrolle internationaler Kapitalbewegungen notwendigen Maßnahmen treffen; kein Mitglied darf jedoch diese Kontrollen in einer Weise handhaben, daß, abgesehen von den Bestimmungen des Artikels VII Abschnitt 3 Buchstabe b und des Artikels XIV Abschnitt 2, Zahlungen für laufende Geschäfte eingeschränkt oder Übertragungen von Mitteln zur Erfüllung von Verbindlichkeiten ungebührlich verzögert werden.

Artikel VII. Wiederauffüllung und knappe Währungen

Abschnitt 1. Maßnahmen zur Wiederauffüllung der Währungsbestände des Fonds

Hält es der Fonds für angebracht, seine Bestände an der Währung eines Mitglieds im Allgemeinen Konto, die er im Zusammenhang mit seinen Transaktionen braucht, wiederaufzufüllen, so kann er von einer oder von beiden der folgenden Möglichkeiten Gebrauch machen:

i) Er kann dem Mitglied vorschlagen, daß es zu den zwischen dem Fonds und dem Mitglied vereinbarten Bedingungen seine Währung dem Fonds leiht oder daß der Fonds mit Zustimmung des Mitglieds diese Währung bei einer anderen Stelle innerhalb oder außerhalb der Hoheitsgebiete des Mitglieds borgt; ein Mitglied ist jedoch nicht verpflichtet, dem Fonds solche Kredite zu gewähren oder der Kreditaufnahme in seiner Währung durch den Fonds bei einer anderen Stelle zuzustimmen.

ii) Er kann von dem Mitglied, falls es Teilnehmer ist, verlangen, dem Fonds vorbehaltlich des Artikels XIX Abschnitt 4 seine Währung gegen Sonderziehungsrechte zu verkaufen, die im Allgemeinen Konto gehalten werden. Bei der Wiederauffüllung mit Sonderziehungsrechten nimmt der Fonds gebührend Rücksicht auf die Designierungsgrundsätze des Artikels XIX Abschnitt 5.

Abschnitt 2. Allgemeine Knappheit von Währungen

Stellt der Fonds fest, daß sich in einer bestimmten Währung eine allgemeine Knappheit entwickelt, so kann er die Mitglieder davon unterrichten und einen Bericht vorlegen, in dem die Ursachen der Knappheit dargelegt und Empfehlungen zu ihrer Behebung enthalten sind. An der Abfassung des Berichts nimmt ein Vertreter des Mitglieds teil, um dessen Währung es sich handelt.

Abschnitt 3. Knappheit der Fondsbestände

a) Wird es für den Fonds deutlich erkennbar, daß die Nachfrage nach einer Mitgliedswährung seine Fähigkeit, diese Währung zur Verfügung zu stellen, ernstlich gefährdet, so erklärt er unabhängig davon, ob er einen Bericht nach Abschnitt 2 vorgelegt hat, diese Währung in aller Form für knapp und teilt von diesem Zeitpunkt an die vorhandenen

Bestände und Zuflüsse in der knappen Währung unter gebührender Berücksichtigung des verhältnismäßigen Bedarfs der Mitglieder, der allgemeinen internationalen Wirtschaftslage und anderer in Betracht kommender Gesichtspunkte auf. Der Fonds legt ferner über seine Maßnahmen einen Bericht vor.

b) Eine förmliche Erklärung nach Buchstabe a gilt für jedes Mitglied als Ermächtigung, nach Konsultation mit dem Fonds den freien Devisenverkehr in der knappen Währung zeitweilig zu beschränken. Vorbehaltlich des Artikels IV und des Anhangs C hat das Mitglied volle Handlungsfreiheit in der Bestimmung der Art dieser Beschränkungen; sie dürfen aber nicht einschneidender sein, als es notwendig ist, um die Nachfrage nach der knappen Währung auf die bei dem betreffenden Mitglied vorhandenen oder ihm zufließenden Mittel zu beschränken, und sie müssen gelockert und beseitigt werden, sobald es die Umstände erlauben.

c) Die Ermächtigung nach Buchstabe b erlischt, wenn der Fonds in aller Form erklärt, daß die fragliche Währung nicht mehr knapp ist.

Abschnitt 4. Handhabung der Beschränkungen

Ein Mitglied, das nach Abschnitt 3 Buchstabe b für die Währung eines anderen Mitglieds Beschränkungen einführt, hat etwaige Vorstellungen des anderen Mitglieds über die Handhabung solcher Beschränkungen wohlwollend zu prüfen.

Abschnitt 5. Auswirkung anderer internationaler Übereinkünfte auf die Beschränkungen

Die Mitglieder kommen überein, sich auf Verpflichtungen aus Bindungen, die anderen Mitgliedern gegenüber vor dem Abschluß dieses Übereinkommens eingegangen wurden, nicht in einer Weise zu berufen, welche die Durchsetzung dieses Artikels verhindern würde.

Artikel VIII. Allgemeine Verpflichtungen der Mitglieder

Abschnitt 1. Einleitung

Außer den Verpflichtungen aus anderen Artikeln dieses Übereinkommens übernimmt jedes Mitglied die in diesem Artikel niedergelegten Verpflichtungen.

Abschnitt 2. Vermeidung von Beschränkungen laufender Zahlungen

a) Vorbehaltlich des Artikels VII Abschnitt 3 Buchstabe b und des Artikels XIV Abschnitt 2 darf ein Mitglied nicht ohne Zustimmung des Fonds Zahlungen und Übertragungen für laufende internationale Geschäfte Beschränkungen unterwerfen.

b) Aus Devisenkontrakten, welche die Währung eines Mitglieds berühren und den von diesem Mitglied in Übereinstimmung mit diesem Übereinkommen aufrechterhaltenen oder eingeführten Devisenkontrollbestimmungen zuwiderlaufen, kann in den Hoheitsgebieten der Mitglieder nicht geklagt werden. Außerdem können Mitglieder in gegenseitigem Einverständnis bei der Durchführung von Maßnahmen zusammenarbeiten, um die Devisenkontrollbestimmungen der beteiligten Mitglieder wirksamer zu gestalten, vorausgesetzt, daß diese Maßnahmen und Bestimmungen mit diesem Übereinkommen vereinbar sind.

Abschnitt 3. Vermeidung diskriminierender Währungspraktiken

Ein Mitglied darf sich nicht auf diskriminierende Währungsregelungen oder auf multiple Kurspraktiken einlassen, und zwar weder innerhalb noch außerhalb der Bandbreiten nach Artikel IV oder Anhang C, und dies auch nicht seinen in Artikel V Abschnitt 1 genannten Währungsbehörden erlauben, sofern nicht solche Regelungen oder Praktiken nach diesem Übereinkommen zulässig oder vom Fonds genehmigt sind. Bestehen solche Regelungen und Praktiken zu dem Zeitpunkt, in dem dieses Übereinkommen in Kraft tritt, so hat das betreffende Mitglied den Fonds über ihre allmähliche Aufhebung zu konsultieren, sofern sie nicht nach Artikel XIV Abschnitt 2 aufrechterhalten oder eingeführt werden und somit unter die Bestimmungen des Abschnitts 3 jenes Artikels fallen.

Abschnitt 4. Konvertibilität von Guthaben des Auslands

a) Jedes Mitglied hat auf seine Währung lautende Guthaben eines anderen Mitglieds zu kaufen, wenn das Mitglied darum ersucht und dabei geltend macht,

i) daß die zu kaufenden Guthaben kürzlich aus laufenden Geschäften angefallen sind oder

ii) daß ihr Umtausch zwecks Zahlungen für laufende Geschäfte erforderlich ist.

Das kaufende Land hat die Wahl, entweder in Sonderziehungsrechten nach Maßgabe des Artikels XIX Abschnitt 4 oder in der Währung des ersuchenden Landes zu zahlen.

b) Die Verpflichtung nach Buchstabe a entfällt,

i) wenn die Konvertibilität der Guthaben in Einklang mit Abschnitt 2 dieses Artikels oder Artikel VI Abschnitt 3 beschränkt worden ist;

ii) wenn die Guthaben aus Geschäften aufgelaufen sind, die vor dem Zeitpunkt geschlossen wurden, zu dem ein Mitglied die nach Artikel XIV Abschnitt 2 aufrechterhaltenen oder eingeführten Beschränkungen aufgehoben hat;

iii) wenn die Guthaben entgegen den Devisenvorschriften des Mitglieds erworben worden sind, das zum Kauf aufgefordert wird;

iv) wenn die Währung des um Ankauf ersuchenden Mitglieds nach Artikel VII Abschnitt 3 Buchstabe a für knapp erklärt worden ist oder

v) wenn das um Ankauf ersuchte Mitglied aus irgendeinem Grund nicht berechtigt ist, vom Fonds Währungen anderer Mitglieder gegen seine eigene Währung zu kaufen.

Abschnitt 5. Erteilung von Informationen

a) Der Fonds kann von den Mitgliedern alle jene Informationen verlangen, die er für seine Tätigkeit für erforderlich hält, darunter mindestens die für die Erfüllung seiner Aufgaben notwendigen Angaben der Mitglieder in folgenden Angelegenheiten:

i) offizielle Bestände im Inland und im Ausland an (1) Gold und (2) Devisen;

ii) Bestände im Inland und im Ausland an (1) Gold und (2) Devisen von Bank- und Finanzinstituten, die keinen offiziellen Charakter haben;

iii) Goldproduktion;

iv) Goldausfuhren und -einfuhren nach Bestimmungs- und Ursprungsländern;

v) gesamte Warenausfuhr und -einfuhr in Landeswährung nach Bestimmungs- und Ursprungsländern;

vi) internationale Zahlungsbilanz, darunter (1) Waren- und Dienstleistungsverkehr, (2) Goldgeschäfte, (3) erfaßte Kapitalgeschäfte und (4) andere Posten;

vii) internationale Kapitalanlagen, d. h. Kapitalanlagen in den Hoheitsgebieten des Mitglieds von Ausländern und Kapitalanlagen von Inländern im Ausland, soweit die Erteilung dieser Informationen möglich ist;

viii) Volkseinkommen;

ix) Preisindizes, d. h. Indizes der Groß- und Einzelhandelspreise und der Ausfuhr- und Einfuhrpreise;

x) Ankaufs- und Verkaufskurse für fremde Währungen;

xi) Devisenkontrollen, d. h. eine umfassende Zusammenstellung aller Devisenkontrollen, die zur Zeit des Erwerbs der Mitgliedschaft beim Fonds in Kraft sind, und Einzelangaben bei etwaigen späteren Änderungen;

xii) bei bestehenden offiziellen Verrechnungsabkommen Einzelangaben über die noch zu verrechnenden Beträge aus kommerziellen und finanziellen Geschäften sowie darüber, seit wann diese Rückstände bereits bestehen.

b) Bei der Anforderung von Informationen nimmt der Fonds auf die unterschiedliche Fähigkeit der Mitglieder zur Lieferung der verlangten Angaben Rücksicht. Die Mitglieder sind nicht verpflichtet, so detaillierte Informationen zu erteilen, daß die Geschäfte von Einzelpersonen oder von Körperschaften offengelegt werden. Die Mitglieder verpflichten sich jedoch, die gewünschten Informationen möglichst ausführlich und genau zu erteilen und bloße Schätzungen tunlichst zu vermeiden.

c) Der Fonds kann mit den Mitgliedern Vereinbarungen über die Erteilung weiterer Informationen treffen. Er hat die Aufgabe einer Zentralstelle für die Sammlung und den Austausch von Informationen über Währungs- und Finanzprobleme und erleichtert auf diese Weise die Durchführung von Untersuchungen zur Unterstützung der Mitglieder bei der Verfolgung einer die Ziele des Fonds fördernden Politik.

Abschnitt 6. Konsultation zwischen Mitgliedern über bestehende internationale Übereinkünfte

Ist ein Mitglied nach diesem Übereinkommen unter den darin genannten besonderen oder vorübergehenden Umständen berechtigt, Devisenbeschränkungen aufrechtzuerhalten oder einzuführen, und bestehen zwischen Mitgliedern andere Verpflichtungen, die vor diesem Übereinkommen eingegangen wurden und mit der Anwendung solcher Beschränkungen im Widerspruch stehen, so haben die durch solche Verpflichtungen gebundenen Vertragsparteien einander mit dem Ziel zu konsultieren, in beiderseitigem Einvernehmen die notwendigen Anpassungen vorzunehmen. Artikel VII Abschnitt 5 wird von den Bestimmungen des vorliegenden Artikels nicht berührt.

Abschnitt 7. Verpflichtung zur Zusammenarbeit bei der Reservepolitik

Jedes Mitglied verpflichtet sich zur Zusammenarbeit mit dem Fonds und mit anderen Mitgliedern, um zu gewährleisten, daß die Politik des Mitglieds in bezug auf die Reservemedien mit den Zielen vereinbar ist, eine bessere internationale Kontrolle der internationalen Liquidität zu fördern und das Sonderziehungsrecht zum Hauptreservemedium des internationalen Währungssystems zu machen.

Artikel IX. Rechtsstellung, Immunitäten und Vorrechte

Abschnitt 1. Zweck des Artikels

Um dem Fonds die Erfüllung der ihm übertragenen Aufgaben zu ermöglichen, werden ihm in den Hoheitsgebieten eines jeden Mitglieds die Rechtsstellung, Immunitäten und Vorrechte gewährt, die in diesem Artikel vorgesehen sind.

Abschnitt 2. Rechtsstellung des Fonds

Der Fonds besitzt volle Rechtspersönlichkeit und insbesondere die Fähigkeit,

i) Verträge zu schließen;
ii) unbewegliches und bewegliches Vermögen zu erwerben und darüber zu verfügen;
iii) vor Gericht zu stehen.

Abschnitt 3. Immunität von der Gerichtsbarkeit

Der Fonds und seine Vermögenswerte, gleichviel wo und in wessen Besitz sie sich befinden, genießen Immunität von jeder Gerichtsbarkeit, soweit er nicht im Einzelfall oder auf Grund vertraglicher Bestimmungen ausdrücklich darauf verzichtet.

Abschnitt 4. Immunität von anderen Maßnahmen

Die Vermögenswerte des Fonds, gleichviel wo und in wessen Besitz sie sich befinden, genießen Immunität von jeder Durchsuchung, Beschlagnahme, Einziehung, Enteignung oder sonstigen Form des Zugriffs durch Regierungs- oder Gesetzgebungsmaßnahmen.

Abschnitt 5. Unverletzlichkeit der Archive

Die Archive des Fonds sind unverletzlich.

Abschnitt 6. Befreiung der Vermögenswerte von Beschränkungen

Soweit es für die Durchführung der in diesem Übereinkommen vorgesehenen Tätigkeiten erforderlich ist, unterliegen die Vermögenswerte des Fonds keinen Beschränkungen, Regelungen, Kontrollen und Stillhaltevereinbarungen irgendwelcher Art.

Abschnitt 7. Vorrecht im Nachrichtenverkehr

Die Mitglieder gewähren dem amtlichen Nachrichtenverkehr des Fonds dieselbe Behandlung wie dem amtlichen Nachrichtenverkehr anderer Mitglieder.

Abschnitt 8. Immunitäten und Vorrechte der Amtsträger und Angestellten

Alle Gouverneure, Exekutivdirektoren, Stellvertreter, Mitglieder von Ausschüssen, nach Artikel XII Abschnitt 3 Buchstabe j ernannten Vertreter, Berater der Vorgenannten und Angestellten des Fonds

i) genießen Immunität von der Gerichtsbarkeit hinsichtlich der von ihnen in ihrer amtlichen Eigenschaft vorgenommenen Handlungen, sofern nicht der Fonds diese Immunität aufhebt;

ii) genießen, wenn sie nicht Staatsangehörige des Gastlands sind, die gleiche Befreiung von Einwanderungsbeschränkungen, von der Ausländermeldepflicht und von den Verpflichtungen zur nationalen Dienstleistung sowie die gleichen Erleichterungen in bezug auf Devisenbeschränkungen, wie sie die Mitglieder den Vertretern, Amtsträgern und Angestellten vergleichbaren Ranges anderer Mitglieder gewähren;

iii) genießen in bezug auf Reiseerleichterungen die gleiche Behandlung, wie sie die Mitglieder den Vertretern, Amtsträgern und Angestellten vergleichbaren Ranges anderer Mitglieder gewähren.

Abschnitt 9. Befreiung von der Besteuerung

a) Der Fonds, seine Vermögenswerte und Einkünfte sowie seine nach diesem Übereinkommen zugelassenen Operationen und Transaktionen sind von jeder Besteuerung und von allen Zollabgaben befreit. Der Fonds ist ferner von der Verpflichtung zur Einziehung oder Entrichtung von Steuern oder sonstigen Abgaben jeder Art befreit.

b) Auf Gehälter und andere Bezüge, die der Fonds an Exekutivdirektoren, Stellvertreter, Amtsträger oder Angestellte des Fonds zahlt, die nicht Staatsbürger, Untertanen oder sonstige Staatsangehörige des Gastlands sind, oder im Zusammenhang mit solchen Gehältern und Bezügen dürfen keine Steuern erhoben werden.

c) Auf vom Fonds ausgegebene Schuldverschreibungen oder sonstige Wertpapiere, gleichviel in wessen Besitz sie sich befinden, sowie auf die dafür gezahlten Dividenden oder Zinsen werden keine Steuern irgendwelcher Art erhoben,

i) welche diese Schuldverschreibungen oder Wertpapiere lediglich auf Grund ihrer Herkunft benachteiligen oder

ii) wenn der einzige Anknüpfungspunkt bezüglich der Zuständigkeit für eine solche Besteuerung im Ort liegt, an dem sie ausgegeben, zahlbar gestellt oder bezahlt werden, oder in der Währung, in der dies geschieht, oder im Ort, an dem der Fonds ein Büro oder eine Geschäftsstelle unterhält.

Abschnitt 10. Anwendung des Artikels

Jedes Mitglied trifft diejenigen Maßnahmen, die in seinen Hoheitsgebieten erforderlich sind, um entsprechend seinen eigenen Rechtsvorschriften den in diesem Artikel niedergelegten Grundsätzen Wirksamkeit zu verleihen; es hat den Fonds über die einzelnen von ihm getroffenen Maßnahmen in Kenntnis zu setzen.

Artikel X. Beziehungen zu anderen internationalen Organisationen

Der Fonds arbeitet im Rahmen der Bestimmungen dieses Übereinkommens mit allen allgemeinen internationalen Organisationen und mit öffentlichen internationalen Organisationen zusammen, die auf verwandten Gebieten besondere Aufgaben haben. Soweit die einer solchen Zusammenarbeit dienenden Regelungen eine Änderung einer Bestimmung dieses Übereinkommens mit sich bringen würden, können sie erst nach Änderung des Übereinkommens nach Artikel XXVIII getroffen werden.

Artikel XI. Beziehungen zu Nichtmitgliedländern

Abschnitt 1. Verpflichtungen bezüglich der Beziehungen zu Nichtmitgliedländern

Jedes Mitglied verpflichtet sich,

i) Geschäfte mit einem Nichtmitglied oder mit Personen in den Hoheitsgebieten eines Nichtmitglieds, die den Bestimmungen dieses Übereinkommens oder den Zielen des Fonds zuwiderlaufen würden, weder selbst vorzunehmen, noch sie einer seiner in Artikel V Abschnitt 1 genannten Währungsbehörden zu gestatten;

ii) mit einem Nichtmitglied oder mit Personen in den Hoheitsgebieten eines Nichtmitglieds nicht bei der Anwendung von Praktiken zusammenzuarbeiten, die den Bestimmungen dieses Übereinkommens oder den Zielen des Fonds zuwiderlaufen würden, und

iii) mit dem Fonds in der Absicht zusammenzuarbeiten, in seinen Hoheitsgebieten geeignete Maßnahmen zu treffen, um Transaktionen mit Nichtmitgliedern oder mit Personen in deren Hoheitsgebieten zu verhindern, die den Bestimmungen dieses Übereinkommens oder den Zielen des Fonds zuwiderlaufen würden.

Abschnitt 2. Beschränkung von Transaktionen mit Nichtmitgliedländern

Das Recht eines Mitglieds, Devisengeschäfte mit Nichtmitgliedern oder mit Personen in deren Hoheitsgebieten Beschränkungen zu unterwerfen, wird durch dieses Übereinkommen nicht berührt, sofern nicht solche Beschränkungen nach Ansicht des Fonds die Interessen von Mitgliedern schädigen und den Zielen des Fonds zuwiderlaufen.

Artikel XII. Organisation und Geschäftsführung

Abschnitt 1. Aufbau des Fonds

Der Fonds hat einen Gouverneursrat, ein Exekutivdirektiorium, einen Geschäftsführenden Direktor und Personal sowie, falls der Gouverneursrat mit einer Mehrheit von fünfundachtzig Prozent aller Stimmen die Anwendung des Anhangs D beschließt, einen Rat auf Ministerebene.

Abschnitt 2. Gouverneursrat

a) Alle Befugnisse aus diesem Übereinkommen, die weder dem Gouverneursrat noch dem Exekutivdirektorium oder dem Geschäftsführenden Direktor unmittelbar übertragen sind, liegen beim Gouverneursrat. Der Gouverneursrat besteht aus je einem Gouverneur und je einem Stellvertreter, die von jedem Mitglied in einer von ihm bestimmten Weise bestellt werden. Jeder Gouverneur und jeder Stellvertreter übt sein Amt bis zu einer Neubestellung aus. Ein Stellvertreter darf nur bei Abwesenheit des Vertretenen mitstimmen. Der Gouverneursrat wählt einen der Gouverneure zum Vorsitzenden.

b) Der Gouverneursrat kann das Recht zur Ausübung jeder Befugnis dem Exekutivdirektorium übertragen, ausgenommen Befugnisse, die durch dieses Übereinkommen dem Gouverneursrat unmittelbar übertragen sind.

c) Der Gouverneursrat tritt zu Sitzungen zusammen, wenn sie von ihm anberaumt sind oder vom Exekutivdirektorium einberufen werden. Sitzungen des Gouverneursrats werden einberufen, wenn dies von fünfzehn Mitgliedern oder von Mitgliedern mit einem Viertel aller Stimmen beantragt wird.

d) Bei Sitzungen ist der Gouverneursrat beschlußfähig, wenn eine Mehrheit der Gouverneure, die mindestens zwei Drittel aller Stimmen umfaßt, anwesend ist.

e) Jeder Gouverneur ist berechtigt, diejenige Anzahl von Stimmen abzugeben, die dem Mitglied, das ihn bestellt, nach Abschnitt 5 zusteht.

f) Der Gouverneursrat kann durch Verfügung ein Verfahren festlegen, das es dem Exekutivdirektorium ermöglicht, ein Votum der Gouverneure über eine bestimmte Frage ohne Anberaumung einer Sitzung des Gouverneursrats einzuholen, wenn dies nach seiner Ansicht den Interessen des Fonds dienlich ist.

g) Der Gouverneursrat und – soweit ermächtigt – das Exekutivdirektorium können die für die Führung der Geschäfte des Fonds notwendigen oder zweckmäßigen Geschäftsbestimmungen erlassen.

h) Für ihre Tätigkeit erhalten die Gouverneure und ihre Stellvertreter vom Fonds kein Entgelt; der Fonds kann ihnen jedoch angemessene Auslagen für die Teilnahme an Sitzungen ersetzen.

i) Der Gouverneursrat setzt die an die Exekutivdirektoren und an deren Stellvertreter zu zahlende Vergütung sowie das Gehalt des Geschäftsführenden Direktors und die Einzelheiten seines Dienstvertrags fest.

j) Der Gouverneursrat und das Exekutivdirektorium können Ausschüsse einsetzen, wie sie es für ratsam halten. Die Besetzung der Ausschüsse braucht nicht auf Gouverneure oder Exekutivdirektoren oder deren Stellvertreter beschränkt zu sein.

Abschnitt 3. Exekutivdirektorium

a) Das Exekutivdirektorium ist für die Geschäftsführung des Fonds verantwortlich und übt zu diesem Zweck alle ihm vom Gouverneursrat übertragenen Befugnisse aus.

b) Vorbehaltlich des Buchstabens c setzt sich das Exekutivdirektorium aus zwanzig von den Mitgliedern gewählten Exekutivdirektoren und dem Geschäftsführenden Direktor als Vorsitzendem zusammen.

c) Bei jeder ordentlichen Wahl von Exekutivdirektoren kann der Gouverneursrat mit einer Mehrheit von fünfundachtzig Prozent aller Stimmen die unter Buchstabe b genannte Anzahl der Exekutivdirektoren herauf- oder herabsetzen.

d) Wahlen der Exekutivdirektoren werden in Zeitabständen von zwei Jahren nach vom Gouverneursrat zu beschließenden Regelungen vorgenommen. Diese Regelungen enthalten eine Höchstgrenze für die Gesamtanzahl von Stimmen, die mehrere Mitglieder für denselben Kandidaten abgeben können.

e) Jeder Exekutivdirektor ernennt einen Stellvertreter, der in seiner Abwesenheit für ihn uneingeschränkt handeln kann, wobei jedoch der Gouverneursrat Bestimmungen beschließen kann, denen zufolge ein

Exekutivdirektor, der von mehr als einer bestimmten Anzahl von Mitgliedern gewählt wurde, zwei Stellvertreter ernennen kann. Werden solche Bestimmungen beschlossen, so können sie nur im Rahmen der ordentlichen Wahl von Exekutivdirektoren geändert werden; ferner verpflichten diese Bestimmungen einen Exekutivdirektor, der zwei Stellvertreter ernennt, zur Bestimmung

i) des Stellvertreters, der bei Abwesenheit des Exekutivdirektors und Anwesenheit beider Stellvertreter für ihn handelt, und

ii) des Stellvertreters, der die Befugnisse des Exekutivdirektors nach Buchstabe f ausübt. Sind die Exekutivdirektoren, die sie ernennen, anwesend, so können die Stellvertreter an Sitzungen teilnehmen; sie dürfen jedoch nicht abstimmen.

f) Die Exekutivdirektoren bleiben so lange im Amt, bis ihre Nachfolger gewählt sind. Wird das Amt eines Exekutivdirektors früher als neunzig Tage vor dem Ende seiner Amtszeit frei, so wird für die restliche Amtszeit von den Mitgliedern, die den früheren Exekutivdirektor gewählt haben, ein anderer Exekutivdirektor gewählt. Für die Wahl ist die Mehrheit der abgegebenen Stimmen erforderlich. Solange das Amt unbesetzt bleibt, übt der Stellvertreter des früheren Exekutivdirektors dessen Befugnisse aus, mit Ausnahme der Befugnis, einen Stellvertreter zu ernennen.

g) Das Exekutivdirektorium amtiert ständig am Hauptsitz des Fonds und tritt so oft zusammen, wie es die Geschäfte des Fonds erfordern.

h) Bei Sitzungen ist das Exekutivdirektorium beschlußfähig, wenn eine Mehrheit der Exekutivdirektoren anwesend ist, die mindestens die Hälfte aller Stimmen umfaßt.

i) Jeder Exekutivdirektor ist zur Abgabe derjenigen Anzahl von Stimmen berechtigt, mit der er gewählt wurde.

ii) Ist Abschnitt 5 Buchstabe b anzuwenden, so werden die Stimmen, zu deren Abgabe ein Exekutivdirektor sonst berechtigt wäre, entsprechend vermehrt bzw. vermindert. Alle Stimmen, zu deren Abgabe ein Exekutivdirektor berechtigt ist, müssen als Einheit abgegeben werden.

iii) Wenn die Aussetzung der Stimmrechte eines Mitglieds nach Artikel XXVI Abschnitt 2 Buchstabe b aufgehoben wird, kann das Mitglied mit allen Mitgliedern, die einen Exekutivdirektor gewählt haben, vereinbaren, dass die dem Mitglied zugeteilten Stimmen von diesem Exekutivdirektor abgegeben werden, mit der Maßgabe, dass, wenn keine ordentliche Wahl von Exekutivdirektoren während der Aussetzung stattgefunden hat, derjenige Exekutivdirektor, an dessen Wahl sich das Mitglied vor der Aussetzung beteiligt hatte, oder sein nach Abschnitt 3 Buchstabe c Ziffer i von Anhang L oder nach vorstehendem Buchstaben f gewählter Nachfolger berechtigt ist, die dem Mitglied zugeteilten Stimmen abzugeben. Das Mitglied wird hierbei so gestellt, als ob es sich an der Wahl desjenigen Exekutivdirektors beteiligt hätte, der berechtigt ist, die dem Mitglied zugeteilten Stimmen abzugeben.

j) Der Gouverneursrat beschließt Regelungen, wonach ein Mitglied einen Vertreter zu den Sitzungen des Exekutivdirektoriums entsenden kann, wenn ein von dem Mitglied gestellter Antrag oder eine dieses Mitglied besonders berührende Angelegenheit behandelt wird.

Abschnitt 4. Geschäftsführender Direktor und Personal

a) Das Exekutivdirektorium wählt einen Geschäftsführenden Direktor, der weder Gouverneur noch Exekutivdirektor sein darf.[1] Der Geschäftsführende Direktor ist Vorsitzender des Exekutivdirektoriums, hat aber kein Stimmrecht außer einer entscheidenden Stimme bei Stimmengleichheit. Er kann an den Sitzungen des Gouverneursrats teilnehmen, hat aber bei solchen Sitzungen kein Stimmrecht. Der Geschäftsführende Direktor verliert sein Amt, wenn das Exekutivdirektorium dies beschließt.

b) Der Geschäftsführende Direktor ist Leiter des diensttuenden Personals des Fonds und führt nach Weisung des Exekutivdirektoriums die gewöhnlichen Geschäfte des Fonds. Unter der allgemeinen Kontrolle des Exekutivdirektoriums ist er für den Einsatz, die Einstellung und die Entlassung des Personals verantwortlich.

c) Der Geschäftsführende Direktor und das Personal des Fonds sind bei der Wahrnehmung ihrer Aufgaben ausschließlich dem Fonds und keiner anderen Stelle verantwortlich. Jedes Mitglied des Fonds hat den internationalen Charakter dieser Verantwortung zu beachten und jeden Versuch zu unterlassen, ein Mitglied des Personals bei der Wahrnehmung seiner Aufgaben zu beeinflussen.

d) Bei der Einstellung des Personals hat der Geschäftsführende Direktor gebührend darauf zu achten, daß die Auswahl auf möglichst breiter geographischer Grundlage erfolgt, wobei jedoch einem Höchstmaß an Leistungsfähigkeit und Sachkunde vorrangige Bedeutung zukommt.

Abschnitt 5. Abstimmung

a) Die Gesamtstimmen jedes Mitglieds entsprechen der Summe seiner Grundstimmen und seiner quotenbasierten Stimmen

i) Die Grundstimmen jedes Mitglieds entsprechen der Anzahl der Stimmen, die sich aus der gleichberechtigten Verteilung unter allen Mitgliedern von 5,502 Prozent der Gesamtsumme aller Stimmen sämtlicher Mitglieder ergibt; es gibt keine Teilstimmen.

ii) Die quotenbasierten Stimmen jedes Mitglieds entsprechen der Anzahl der Stimmen, die sich aus der Zuteilung von einer Stimme für jeden Teil seiner Quote ergibt, der einhunderttausend Sonderziehungsrechten entspricht.

b) In Fällen, in denen nach Artikel V Abschnitt 4 oder 5 eine Abstimmung erforderlich ist, wird die Anzahl der Stimmen, auf die jedes Mitglied nach Buchstabe a Anspruch hat, so geändert, daß sie

[1] Auf den Posten der geschäftsführenden Direktorin ist m. W. v. 1.10.2019 Kristalina Georgiewa (Bulgarien) gewählt worden.

i) für jeden Betrag seiner Währung im Gegenwert von vierhunderttausend Sonderziehungsrechten, der bis zum Zeitpunkt der Abstimmung netto aus den allgemeinen Fondsmitteln verkauft wurde, um eine Stimme erhöht wird, oder

ii) für jeden von ihm vor dem Zeitpunkt der Abstimmung nach Artikel V Abschnitt 3 Buchstaben b und f netto gekauften Betrag im Gegenwert von vierhunderttausend Sonderziehungsrechten um eine Stimme vermindert wird,

wobei jedoch die per Saldo getätigten Käufe und Verkäufe immer nur insoweit berücksichtigt werden, als sie einen der Quote des Mitglieds entsprechenden Betrag nicht übersteigen.

c) Sofern nicht ausdrücklich etwas anderes bestimmt ist, werden alle Beschlüsse des Fonds mit der Mehrheit der abgegebenen Stimmen gefaßt.

Abschnitt 6. Rücklagen, Verteilung des Nettoeinkommens und Anlagen

a) Der Fonds bestimmt jährlich, welcher Teil seines Nettoeinkommens der allgemeinen Rücklage oder der Sonderrücklage zugeführt und welcher Teil gegebenenfalls verteilt wird.

b) Der Fonds kann die Sonderrücklage für jeden Zweck verwenden, für den er die allgemeine Rücklage verwenden darf, ausgenommen eine Verteilung.

c) Wird das Nettoeinkommen eines Jahres verteilt, so werden alle Mitglieder im Verhältnis ihrer Quoten berücksichtigt.

d) Der Fonds kann jederzeit mit einer Mehrheit von siebzig Prozent aller Stimmen beschließen, einen beliebigen Teil der allgemeinen Rücklage zu verteilen. Bei jeder Verteilung dieser Art werden alle Mitglieder im Verhältnis ihrer Quoten berücksichtigt.

e) Zahlungen nach den Buchstaben c und b werden in Sonderziehungsrechten geleistet, jedoch kann entweder der Fonds oder das Mitglied bestimmen, daß die Zahlung an das Mitglied in dessen Währung geleistet wird.

f) i) Für die Zwecke dieses Buchstabens kann der Fonds ein Anlagekonto einrichten. Die Vermögenswerte des Anlagekontos werden von den übrigen Konten der Allgemeinen Abteilung getrennt gehalten.

ii) Der Fonds kann beschließen, einen Teil der Erlöse aus dem Verkauf von Gold nach Artikel V Abschnitt 12 Buchstabe g an das Anlagekonto zu übertragen; mit einer Mehrheit von siebzig Prozent aller Stimmen kann er beschließen, Währungsbeträge im Allgemeinen Konto an das Anlagekonto zwecks sofortiger Anlage zu übertragen. Die Summe dieser Übertragungen darf den Gesamtbetrag der allgemeinen Rücklage und der Sonderrücklage zum Zeitpunkt des Beschlusses nicht übersteigen.

iii) Der Fonds kann die im Anlagekonto gehaltenen Beträge in der Währung eines Mitglieds in einer von ihm bestimmten Weise und in Übereinstimmung mit den mit einer Mehrheit von siebzig Prozent aller Stimmen vom Fonds beschlossenen Geschäftsbestimmungen für Anlagen verwenden. Die nach dieser Bestimmung beschlossenen Geschäftsbestimmungen müssen mit den Ziffern vii, viii und ix in Einklang stehen.

iv) Der Ertrag aus Anlagen kann im Einklang mit diesem Buchstaben angelegt werden. Nicht angelegte Erträge werden im Anlagekonto gehalten oder können zur Bestreitung der Kosten verwendet werden, die bei den Geschäften des Fonds entstehen.

v) Der Fonds kann die im Anlagekonto gehaltenen Beträge in der Währung eines Mitglieds dazu verwenden, diejenigen Währungen zu beschaffen, die gebraucht werden, um die bei den Geschäften des Fonds entstehenden Kosten zu bestreiten.

vi) Das Anlagekonto wird im fall der Liquidation des Fonds geschlossen; mit einer Mehrheit von siebzig Prozent aller Stimmen kann das Konto bereits vor der Liquidation des Fonds geschlossen oder der Umfang der Anlagen vermindert werden.

vii) Bei Schließung des Anlagekontos wegen Liquidation des Fonds werden die Vermögenswerte dieses Kontos nach Anhang K mit der Maßgabe verteilt, daß derjenige Teil der Vermögenswerte, der dem Anteil der nach Artikel V Abschnitt 12 Buchstabe g an dieses Konto übertragenen Vermögenswerte an dem Gesamtbetrag der an dieses Konto übertragenen Vermögenswerte entspricht, als Vermögenswert des Kontos für Sonderverwendungen angesehen und nach Anhang K Absatz 2 Buchstabe a Ziffer ii verteilt wird.

viii) Bei Schließung des Anlagekontos vor der Liquidation des Fonds wird derjenige Teil der Vermögenswerte dieses Kontos, der dem Anteil der nach Artikel V Abschnitt 12 Buchstabe g an dieses Konto übertragenen Vermögenswerte an dem Gesamtbetrag der an dieses Konto übertragenen Vermögenswerte entspricht, an das Konto für Sonderverwendungen übertragen, falls dieses nicht bereits geschlossen wurde; die verbleibenden Vermögenswerte des Anlagekontos werden an das Allgemeine Konto zur sofortigen Verwendung bei Operationen und Transaktionen übertragen.

ix) Vermindert der Fonds den angelegten Betrag, so wird derjenige Teil der Verminderung, der dem Anteil der nach Artikel V Abschnitt 12 Buchstabe g an das Anlagekonto übertragenen Vermögenswerte an dem Gesamtbetrag der an dieses Konto übertragenen Vermögenswerte entspricht, an das Konto für Sonderverwendungen übertragen, falls dieses nicht bereits geschlossen wurde; der Rest der Verminderung wird an das Allgemeine Konto zur sofortigen Verwendung bei Operationen und Transaktionen übertragen.

Abschnitt 7. Veröffentlichung von Berichten

a) Der Fonds veröffentlicht einen Jahresbericht mit einem geprüften Jahresausweis und gibt alle drei Monate oder öfter eine zusammengefaßte Übersicht seiner Operationen und Transaktionen und seiner Bestände an Sonderziehungsrechten, Gold und Mitgliedswährungen heraus.

b) Der Fonds kann weitere Berichte veröffentlichen, soweit ihm dies für die Durchführung seiner Aufgaben erwünscht erscheint.

Abschnitt 8. Mitteilung von Ansichten an Mitglieder

Der Fonds hat jederzeit das Recht, seine Ansichten über jede mit diesem Übereinkommen zusammenhängende Frage jedem Mitglied informell mitzuteilen. Ist einem Mitglied ein Bericht zugeleitet worden, in dem diejenigen Aspekte seiner monetären oder wirtschaftlichen Lage und Entwicklung behandelt werden, die unmittelbar ein ernsthaftes Ungleichgewicht der internationalen Zahlungsbilanz von Mitgliedern herbeizuführen drohen, so kann der Fonds mit einer Mehrheit von siebzig Prozent aller Stimmen die Veröffentlichung dieses Berichts beschließen. Das betreffende Mitglied hat Anspruch auf Vertretung nach Abschnitt 3 Buchstabe j. Der Fonds darf keinen Bericht veröffentlichen, der sich auf Strukturveränderungen grundlegender Art im Wirtschaftsgefüge von Mitgliedern erstreckt.

Artikel XIII. Geschäfts- und Hinterlegungsstellen

Abschnitt 1. Sitz der Geschäftsstellen

Der Fonds hat seine Zentrale im Hoheitsgebiet des Mitglieds mit der größten Quote;[1] in den Hoheitsgebieten anderer Mitglieder können Vertretungen oder Geschäftsstellen errichtet werden.

Abschnitt 2. Hinterlegungsstellen

a) Jedes Mitglied bestimmt seine Zentralbank oder, wenn es keine Zentralbank hat, eine andere dem Fonds genehme Institution als Hinterlegungsstelle für alle Fondsbestände in seiner Währung.

b) Der Fonds kann andere Vermögenswerte einschließlich Gold bei den von den fünf Mitgliedern mit den größten Quoten bestimmten Hinterlegungsstellen und bei anderen ihm genannten Hinterlegungsstellen halten, die er auswählt. Anfänglich ist mindestens die Hälfte der Bestände des Fonds bei derjenigen Hinterlegungsstelle zu halten, die von dem Mitglied bestimmt wird, in dessen Hoheitsgebiet der Fonds

[1] Mit einer Quote von derzeit (2020) 17,45% sind dies die USA, wo der IWF damit auch seinen (Haupt-)sitz hat (Washington).

seine Zentrale hat; mindestens vierzig Prozent sind bei den Hinterlegungsstellen zu halten, die von den übrigen vier obenerwähnten Mitgliedern bestimmt werden. Bei allen Goldübertragungen durch den Fonds ist jedoch gebührend auf die Transportkosten und auf den voraussichtlichen Bedarf des Fonds zu achten. In einem Notfall kann das Exekutivdirektorium die Goldbestände des Fonds ganz oder teilweise an irgendeinen anderen Ort schaffen lassen, an dem sie ausreichend geschützt sind.

(Fortsetzung nächste Seite)

Abschnitt 3. Haftung für die Vermögenswerte des Fonds

Jedes Mitglied haftet hinsichtlich aller Vermögenswerte des Fonds für Verluste, die dadurch entstehen, daß die von ihm bestimmte Hinterlegungsstelle ihre Zahlungen einstellt oder in Verzug gerät.

Artikel XIV. Übergangsregelungen

Abschnitt 1. Unterrichtung des Fonds

Jedes Mitglied unterrichtet den Fonds darüber, ob es beabsichtigt, von den Übergangsregelungen des Abschnitts 2 Gebrauch zu machen, oder ob es bereit ist, die Verpflichtungen aus Artikel VIII Abschnitte 2, 3 und 4 zu übernehmen. Ein Mitglied, das von den Übergangsregelungen Gebrauch macht, hat den Fonds zu unterrichten, sobald es später bereit ist, die obenerwähnten Verpflichtungen zu übernehmen.

Abschnitt 2. Devisenbeschränkungen

Ungeachtet anderer Artikel dieses Übereinkommens darf ein Mitglied, das den Fonds von seiner Absicht unterrichtet hat, von den Übergangsregelungen nach dieser Bestimmung Gebrauch zu machen, diejenigen Zahlungs- und Überweisungsbeschränkungen für laufende internationale Transaktionen aufrechterhalten und wechselnden Umständen anpassen, die zum Zeitpunkt seines Beitritts in Kraft waren. In ihrer Devisenpolitik haben die Mitglieder jedoch ständig die Ziele des Fonds im Auge zu behalten und, sobald es die Umstände erlauben, alle möglichen Maßnahmen zu treffen, um mit anderen Mitgliedern Handels- und Finanzvereinbarungen zur Erleichterung des internationalen Zahlungsverkehrs und zur Förderung eines stabilen Wechselkurssystems auszuarbeiten. Insbesondere haben die Mitglieder die nach diesem Abschnitt aufrechterhaltenen Beschränkungen aufzuheben, sobald es davon überzeugt sind, daß sie auch ohne diese Beschränkungen in der Lage sein werden, ihre Zahlungsbilanz derart auszugleichen, daß sie ihre Zugriffsmöglichkeiten auf die allgemeinen Fondsmittel nicht übermäßig stark in Anspruch nehmen müssen.

Abschnitt 3. Maßnahmen des Fonds in bezug auf Beschränkungen

Der Fonds erstattet Jahresberichte über die nach Abschnitt 2 geltenden Beschränkungen. Ein Mitglied, das noch Beschränkungen beibehält, die mit Artikel VIII Abschnitte 2, 3 oder 4 unvereinbar sind, konsultiert alljährlich den Fonds über deren weitere Beibehaltung. Wenn es der Fonds unter außergewöhnlichen Umständen für notwendig hält, kann er einem Mitglied gegenüber Vorstellungen erheben, daß die Umstände dafür günstig sind, bestimmte oder alle Beschränkungen aufzuheben, die einem anderen Artikel dieses Übereinkommens entgegenstehen. Dem Mitglied ist eine angemessene Frist zur Beantwortung dieser Vorstellungen zu geben. Stellt der Fonds fest, daß das Mitglied auf der Beibehaltung von Beschränkungen beharrt, die mit den Zielen des Fonds unvereinbar sind, so findet Artikel XXVI Abschnitt 2 Buchstabe a auf das Mitglied Anwendung.

Artikel XV. Sonderziehungsrechte

Abschnitt 1. Befugnis zur Zuteilung von Sonderziehungsrechten

a) Der Fonds ist befugt, den Mitgliedern, die Teilnehmer der Sonderziehungsrechts-Abteilung sind, Sonderziehungsrechte gemäß den Bestimmungen des Artikels XVIII zuzuteilen, um im Bedarfsfall die bestehenden Währungsreserven ergänzen zu können.

b) Zusätzlich teilt der Fonds den Mitgliedern, die Teilnehmer der Sonderziehungsrechts-Abteilung sind, Sonderziehungsrechte gemäß den Bestimmungen des Anhangs M zu.

Abschnitt 2. Bewertung des Sonderziehungsrechts

Die Methode der Bewertung des Sonderziehungsrechts wird vom Fonds mit einer Mehrheit von siebzig Prozent aller Stimmen mit der Maßgabe festgelegt, daß für eine Änderung der Bewertungsgrundsätze oder eine grundlegende Änderung in der Anwendung der geltenden Grundsätze eine Mehrheit von fünfundachtzig Prozent aller Stimmen erforderlich ist.

Artikel XVI. Allgemeine Abteilung und Sonderziehungsrechts-Abteilung

Abschnitt 1. Trennung von Operationen und Transaktionen

Alle Operationen und Transaktionen in Sonderziehungsrechten werden über die Sonderziehungsrechts-Abteilung abgewickelt. Alle anderen Operationen und Transaktionen für Rechnung des Fonds, die nach diesem Übereinkommen oder auf Grund dieses Übereinkommens zulässig sind, werden über die Allgemeine Abteilung abgewickelt. Operationen und Transaktionen nach Artikel XVII Abschnitt 2 werden sowohl über die Allgemeine Abteilung als auch über die Sonderziehungsrechts-Abteilung abgewickelt.

Abschnitt 2. Trennung der Vermögenswerte

Alle Vermögenswerte des Fonds mit Ausnahme der nach Artikel V Abschnitt 2 Buchstabe b verwalteten Mittel werden in der Allgemeinen Abteilung geführt; Vermögenswerte, die nach Artikel XX Abschnitt 2 sowie nach den Artikeln XXIV und XXV und nach den Anhängen H und I erworben werden, sind jedoch in der Sonderziehungsrechts-Abteilung zu führen. Die in einer der beiden Abteilungen geführten Vermögenswerte stehen nicht zur Verfügung, um Verbindlichkeiten zu erfüllen oder Verluste zu decken, die dem Fonds bei Operationen und Transaktionen der anderen Abteilungen entstanden sind; jedoch werden vom Fonds die Kosten für die Geschäftsführung der Sonderziehungsrechts-Abteilung zu Lasten der Allgemeinen Abteilung bestritten und von Zeit zu Zeit durch Umlagen nach Artikel XX Abschnitt 4 auf der Grundlage einer angemessenen Schätzung dieser Kosten in Sonderziehungsrechten erstattet.

Abschnitt 3. Verbuchung und Unterrichtung

Veränderungen in den Beständen an Sonderziehungsrechten werden nur dann wirksam, wenn sie vom Fonds in der Sonderziehungsrechts-

(Fortsetzung nächstes Blatt)

Abteilung verbucht sind. Die Teilnehmer haben den Fonds zu unterrichten, auf Grund welcher Bestimmungen dieses Übereinkommens Sonderziehungsrechte verwendet werden. Der Fonds kann von den Teilnehmern alle weiteren Auskünfte verlangen, die er für seine Aufgaben als erforderlich erachtet.

Artikel XVII. Teilnehmer und sonstige Inhaber von Sonderziehungsrechten

Abschnitt 1. Teilnehmer

Jedes Mitglied des Fonds, das beim Fonds eine Urkunde des Inhalts hinterlegt, daß es nach seinem Recht alle Pflichten eines Teilnehmers der Sonderziehungsrechts-Abteilung übernimmt und daß es alle erforderlichen Schritte unternommen hat, um alle diese Pflichten erfüllen zu können, wird zum Zeitpunkt der Hinterlegung der Urkunde Teilnehmer der Sonderziehungsrechts-Abteilung; ein Mitglied wird jedoch erst dann Teilnehmer, wenn die Bestimmungen dieses Übereinkommens, die sich ausschließlich auf die Sonderziehungsrechts-Abteilung beziehen, in Kraft getreten sind und wenn Mitglieder mit mindestens fünfundsiebzig Prozent der gesamten Quoten Urkunden nach diesem Abschnitt hinterlegt haben.

Abschnitt 2. Der Fonds als Inhaber

Der Fonds kann Sonderziehungsrechte im Allgemeinen Konto halten und sie bei solchen Operationen und Transaktionen des Allgemeinen Kontos entgegennehmen und verwenden, die er mit Teilnehmern in Einklang mit diesem Übereinkommen oder mit zugelassenen Inhabern nach Maßgabe des Abschnitts 3 vornimmt.

Abschnitt 3. Sonstige Inhaber

Der Fonds kann bestimmen,

i) daß Nichtmitglieder, Mitglieder, die nicht Teilnehmer sind, Institutionen, die Zentralbankaufgaben für mehr als ein Mitglied erfüllen, und andere amtliche Stellen Inhaber sein dürfen;

ii) zu welchen Bedingungen es den zugelassenen Inhabern gestattet werden kann, Sonderziehungsrechte zu halten und sie in Operationen und Transaktionen mit Teilnehmern und anderen zugelassenen Inhabern entgegenzunehmen und zu verwenden, und

iii) zu welchen Bedingungen Teilnehmer und der Fonds über das Allgemeine Konto mit zugelassenen Inhabern Operationen und Transaktionen in Sonderziehungsrechten durchführen können.

Für die Zulassung nach Ziffer i ist eine Mehrheit von fünfundachtzig Prozent aller Stimmen erforderlich. Die vom Fonds festgesetzten Bedingungen müssen mit diesem Übereinkommen und dem wirksamen Funktionieren der Sonderziehungsrechts-Abteilung vereinbar sein.

Artikel XVIII. Zuteilung und Einziehung von Sonderziehungsrechten

Abschnitt 1. Grundsätze und Erwägungen für die Zuteilung und Einziehung

a) Bei allen Beschlüssen über die Zuteilung und Einziehung von Sonderziehungsrechten sucht der Fonds dem in Zukunft etwa entstehenden langfristigen weltweiten Bedarf nach Ergänzung der vorhandenen Währungsreserven so zu entsprechen, daß die Verwirklichung der Ziele des Fonds gefördert wird und wirtschaftliche Stagnation und Deflation in der Welt ebenso vermieden werden wie Übernachfrage und Inflation.

b) Beim ersten Beschluß über die Zuteilung von Sonderziehungsrechten sind als besondere Erwägungen in Betracht zu ziehen, daß nach gemeinsamer Beurteilung ein weltweiter Bedarf nach Ergänzung der Währungsreserven besteht, daß ein besseres Gleichgewicht der Zahlungsbilanzen erreicht ist und daß ein besseres Funktionieren des Anpassungsprozesses in der Zukunft wahrscheinlich ist.

Abschnitt 2. Zuteilung und Einziehung

a) Beschlüsse des Fonds, Sonderziehungsrechte zuzuteilen oder einzuziehen, werden für aufeinanderfolgende Basisperioden von fünf Jahren gefaßt. Die erste Basisperiode beginnt zum Zeitpunkt des ersten Beschlusses über die Zuteilung von Sonderziehungsrechten oder zu einem in diesem Beschluß festgesetzten späteren Zeitpunkt. Zuteilungen oder Einziehungen erfolgen in jährlichen Abständen.

b) Die Zuteilungen werden in Hundertsätzen der Quoten ausgedrückt, die zum Zeitpunkt des jeweiligen Zuteilungsbeschlusses gelten. Die Einziehungen werden in Hundertsätzen der kumulativen Nettozuteilungen von Sonderziehungsrechten zum Zeitpunkt des jeweiligen Einziehungsbeschlusses ausgedrückt. Die Hundertsätze sind für alle Teilnehmer gleich.

c) Ungeachtet der Buchstaben a und b kann der Fonds in seinem Beschluß für eine Basisperiode bestimmen,

i) daß die Basisperiode eine andere Dauer als fünf Jahre hat;

ii) daß die Zuteilungen oder Einziehungen in anderen als jährlichen Abständen erfolgen oder

iii) daß den Zuteilungen oder Einziehungen die Quoten oder kumulativen Nettozuteilungen zu anderen Zeitpunkten als denjenigen der Zuteilungs- oder Einziehungsbeschlüsse zugrunde gelegt werden.

d) Ein Mitglied, das nach Beginn einer Basisperiode Teilnehmer wird, nimmt ab Beginn der darauffolgenden Basisperiode an Zuteilungen teil, sofern nicht der Fonds beschließt, daß der neue Teilnehmer Zuteilungen schon von der nächstfolgenden Zuteilung an erhält. Beschließt der Fonds, daß ein Mitglied, das während einer Basisperiode Teilnehmer wird, für den Rest dieser Basisperiode Zuteilungen erhält, und war der Teilnehmer zu den nach Buchstabe b oder c festgesetzten Zeitpunkten nicht Mitglied, so bestimmt der Fonds, auf welcher Grundlage diese Zuteilungen an den Teilnehmer erfolgen.

e) Ein Teilnehmer nimmt an jeder Zuteilung von Sonderziehungsrechten nach einem Zuteilungsbeschluß teil, es sei denn,

i) der den Teilnehmer vertretende Gouverneur hat nicht für den Beschluß gestimmt und

ii) der Teilnehmer hat dem Fonds gegenüber vor der ersten Zuteilung von Sonderziehungsrechten nach diesem Beschluß schriftlich mitgeteilt, daß er keine Sonderziehungsrechte nach diesem Beschluß zugeteilt erhalten möchte. Auf Ersuchen eines Teilnehmers kann der Fonds beschließen, die Wirkung dieser Mitteilung für diejenigen Zuteilungen von Sonderziehungsrechten aufzuheben, die nach dem Aufhebungsbeschluß erfolgen.

f) Ist zum Zeitpunkt der Fälligkeit einer Einziehung der Bestand eines Teilnehmers an Sonderziehungsrechten kleiner als sein Anteil an den einzuziehenden Sonderziehungsrechten, so beseitigt der Teilnehmer seinen Fehlbetrag, so schnell es seine Brutto-Reservesituation erlaubt, und bleibt zu diesem Zweck in Konsultation mit dem Fonds. Sonderziehungsrechte, die der Teilnehmer nach dem Zeitpunkt der Fälligkeit einer Einziehung erwirbt, werden auf seinen Fehlbetrag angerechnet und eingezogen.

Abschnitt 3. Unerwartete wichtige Entwicklungen

Der Fonds kann jederzeit die Sätze oder die Abstände der Zuteilungen oder Einziehungen für den Rest einer Basisperiode oder die Dauer einer Basisperiode ändern oder eine neue Basisperiode beginnen, wenn er es wegen unerwarteter wichtiger Entwicklungen für erwünscht hält.

Abschnitt 4. Beschlüsse über Zuteilungen und Einziehungen

a) Beschlüsse nach Abschnitt 2 Buchstaben a, b und c oder Abschnitt 3 fast der Gouverneursrat auf Grund von Vorschlägen des Geschäftsführenden Direktors, denen das Exekutivdirektorium zugestimmt hat.

b) Bevor der Geschäftsführende Direktor einen Vorschlag unterbreitet, überzeugt er sich zunächst, daß dieser mit Abschnitt 1 Buchstabe a vereinbar ist, und führt sodann die erforderlichen Konsultationen, um sich zu vergewissern, daß sein Vorschlag die Unterstützung einer großen Mehrheit der Teilnehmer findet. Bevor der Geschäftsführende Direktor einen Vorschlag für die erste Zuteilung unterbreitet, überzeugt er sich außerdem, daß Abschnitt 1 Buchstabe b entsprochen worden ist und daß eine große Mehrheit der Teilnehmer den Beginn von Zuteilungen unterstützt; er unterbreitet einen Vorschlag für die erste Zuteilung, sobald er nach der Errichtung der Sonderziehungsrechts-Abteilung diese Überzeugung gewonnen hat.

c) Der Geschäftsführende Direktor unterbreitet Vorschläge

i) spätestens sechs Monate vor Ablauf einer jeden Basisperiode;

ii) sofern für eine Basisperiode kein Zuteilungs- oder Einziehungsbeschluß gefaßt worden ist, wann immer er überzeugt ist, daß die Bestimmungen des Buchstabens b erfüllt sind;

iii) wenn er es nach Abschnitt 3 für erwünscht hält, die Sätze oder Abstände von Zuteilungen oder Einziehungen oder die Dauer einer Basisperiode zu ändern oder eine neue Basisperiode zu beginnen, oder

iv) innerhalb von sechs Monaten nach einer Aufforderung durch den Gouverneursrat oder das Exekutivdirektorium;

stellt jedoch der Geschäftsführende Direktor in den Fällen der Ziffern i, iii oder iv fest, daß kein Vorschlag, den er mit Abschnitt 1 für vereinbar hält, Unterstützung durch eine große Mehrheit der Teilnehmer nach Buchstabe b findet, so berichtet er dem Gouverneursrat und dem Exekutivdirektorium.

d) Für Beschlüsse nach Abschnitt 2 Buchstaben a, b und c oder Abschnitt 3 ist eine Mehrheit von fünfundachtzig Prozent aller Stimmen erforderlich; dies gilt nicht für Beschlüsse nach Abschnitt 3 über eine Herabsetzung der Zuteilungssätze.

Artikel XIX. Operationen und Transaktionen in Sonderziehungsrechten

Abschnitt 1. Verwendung von Sonderziehungsrechten

Sonderziehungsrechte können bei Operationen und Transaktionen verwendet werden, die in diesem Übereinkommen oder auf Grund dieses Übereinkommens für zulässig erklärt sind.

Abschnitt 2. Operationen und Transaktionen zwischen Teilnehmern

a) Ein Teilnehmer ist berechtigt, seine Sonderziehungsrechte zum Erwerb eines entsprechenden Währungsbetrags von einem nach Abschnitt 5 designierten Teilnehmer zu verwenden.

b) Ein Teilnehmer kann im Einvernehmen mit einem anderen Teilnehmer seine Sonderziehungsrechte dazu verwenden, einen entsprechenden Währungsbetrag von dem anderen Teilnehmer zu erwerben.

c) Mit einer Mehrheit von siebzig Prozent aller Stimmen kann der Fonds Operationen bestimmen, die ein Teilnehmer im Einvernehmen mit einem anderen Teilnehmer zu Bedingungen vornehmen darf, die der Fonds für angemessen hält. Die Bedingungen müssen mit dem wirksamen Funktionieren der Sonderziehungsrechts-Abteilung und der ordnungsgemäßen Verwendung von Sonderziehungsrechten entsprechend diesem Übereinkommen vereinbar sein.

d) Der Fonds kann einem Teilnehmer gegenüber Vorstellungen erheben, der Operationen oder Transaktionen nach Buchstabe b oder c tätigt, wenn diese nach Ansicht des Fonds das Designierungsverfahren nach den Grundsätzen des Abschnitts 5 beeinträchtigen könnten oder auf sonstige Weise mit Artikel XXII unvereinbar sind. Beharrt ein Teilnehmer auf solchen Operationen oder Transaktionen, so findet Artikel XXIII Abschnitt 2 Buchstabe b auf ihn Anwendung.

Abschnitt 3. Erfordernis des Bedarfs

a) Soweit nicht unter Buchstabe c etwas anderes bestimmt ist, wird von einem Teilnehmer erwartet, daß er seine Sonderziehungsrechte bei Transaktionen nach Abschnitt 2 Buchstabe a nur dann verwendet, wenn hierfür wegen seiner Zahlungsbilanz- oder Reservesituation oder wegen der Entwicklung seiner Reserven ein Bedarf besteht, sie aber nicht zu dem alleinigen Zweck verwendet, die Zusammensetzung seiner Reserven zu verändern.

b) Der Verwendung von Sonderziehungsrechten kann nicht unter Berufung auf die unter Buchstabe a genannte Erwartung widersprochen werden; der Fonds kann jedoch einem Teilnehmer gegenüber, der diese Erwartung nicht erfüllt, Vorstellungen erheben. Auf einen Teilnehmer, der daraufhin diese Erwartung auch weiterhin nicht erfüllt, findet Artikel XXIII Abschnitt 2 Buchstabe b Anwendung.

c) Der Fonds kann darauf verzichten, daß ein Teilnehmer der unter Buchstabe a ausgesprochenen Erwartung nachkommt, wenn es sich um Transaktionen handelt, bei denen der Teilnehmer Sonderziehungsrechte zum Erwerb eines entsprechenden Währungsbetrags von einem nach Abschnitt 5 designierten Teilnehmer verwendet und dadurch eine Rekonstitution nach Abschnitt 6 Buchstabe a durch den anderen Teilnehmer fördert, einen Fehlbetrag bei dem anderen Teilnehmer verhindert oder ihn vermindert oder die Folgen einer Nichterfüllung der Erwartung nach Buchstabe a durch den anderen Teilnehmer aufhebt.

Abschnitt 4. Verpflichtung, Währungsbeträge zur Verfügung zu stellen

a) Ein vom Fonds nach Abschnitt 5 designierter Teilnehmer hat auf Verlangen einem Teilnehmer, der Sonderziehungsrechte nach Abschnitt 2 Buchstabe a verwendet, Beträge in einer frei verwendbaren Währung zur Verfügung zu stellen. Die Verpflichtung eines Teilnehmers, Währungsbeträge zur Verfügung zu stellen, besteht nur insoweit, als seine die kumulative Nettozuteilung übersteigenden Bestände an Sonderziehungsrechten das Zweifache der kumulativen Nettozuteilung oder eine zwischen dem Teilnehmer und dem Fonds etwa vereinbarte höhere Grenze nicht überschreiten.

b) Ein Teilnehmer darf über diese obligatorische Annahmegrenze oder über eine etwa vereinbarte höhere Grenze hinaus Währungsbeträge zur Verfügung stellen.

Abschnitt 5. Designierung von Teilnehmern zur Abgabe von Währungsbeträgen

a) Der Fonds stellt sicher, daß ein Teilnehmer zur Verwendung seiner Sonderziehungsrechte in der Lage ist, indem er Teilnehmer designiert, die Währungsbeträge gegen bestimmte Beträge an Sonderziehungsrechten für die in Abschnitt 2 Buchstabe a und Abschnitt 4 genannten Zwecke zur Verfügung zu stellen haben. Die Designierungen richten sich nach folgenden allgemeinen Grundsätzen, die je nach Bedarf vom Fonds durch weitere Grundsätze ergänzt werden können:

i) Ein Teilnehmer unterliegt der Designierung, wenn die Situation seiner Zahlungsbilanz und seiner Bruttoreserven ausreichend stark ist; dies schließt jedoch nicht aus, daß ein Teilnehmer in günstiger Reservesituation trotz eines geringen Zahlungsbilanzdefizits designiert wird. Teilnehmer werden in der Weise designiert, daß unter ihnen im Zeitverlauf eine ausgewogene Verteilung der Bestände an Sonderziehungsrechten gefördert wird.

ii) Teilnehmer unterliegen der Designierung, um eine Rekonstruktion nach Abschnitt 6 Buchstabe a zu fördern, um Fehlbeträge an Sonderziehungsrechten zu vermindern oder um die Folgen einer Nichterfüllung der Erwartung nach Abschnitt 3 Buchstabe a aufzuheben.

iii) Der Fonds designiert normalerweise solche Teilnehmer vorrangig, die für die unter Ziffer ii genannten Zwecke der Designierung Sonderziehungsrechte erwerben müssen.

b) Zur Förderung einer im Zeitverlauf ausgewogenen Verteilung der Bestände an Sonderziehungsrechten nach Buchstabe a Ziffer i wendet der Fonds die in Anhang F niedergelegten Designierungsregeln oder sonstige Regeln an, die nach Buchstabe c beschlossen werden können.

c) Die Designierungsregeln können jederzeit überprüft werden; erforderlichenfalls werden neue Regeln beschlossen. Werden keine neuen Regeln beschlossen, so gelten die zur Zeit der Überprüfung geltenden Regeln fort.

Abschnitt 6. Rekonstitution

a) Teilnehmer, die ihre Sonderziehungsrechte verwenden, haben ihre Bestände an Sonderziehungsrechten nach den Rekonstitutionsregeln des Anhangs G oder nach sonstigen Regeln zu rekonstituieren, die nach Buchstabe b beschlossen werden können.

b) Die Rekonstitutionsregeln können jederzeit überprüft werden; erforderlichenfalls werden neue Regeln beschlossen. Werden keine neuen Regeln beschlossen oder wird kein Beschluß zur Aufhebung von Rekonstitutionsregeln gefaßt, so gelten die zur Zeit der Überprüfung geltenden Regeln fort. Für die Annahme, Änderung oder Aufhebung der Rekonstitutionsregeln ist eine Mehrheit von siebzig Prozent aller Stimmen erforderlich.

Abschnitt 7. Wechselkurse

a) Soweit unter Buchstabe b nichts anderes bestimmt ist, sind bei Transaktionen zwischen Teilnehmern nach Abschnitt 2 Buchstaben a und b solche Wechselkurse anzuwenden, die den Teilnehmern bei der Verwendung von Sonderziehungsrechten stets den gleichen Gegenwert sichern, unabhängig davon, welche Währungen zur Verfügung gestellt werden und welche Teilnehmer diese Währungen zur Verfügung stellen; der Fonds legt die hierfür erforderlichen Regelungen fest.

b) Mit einer Mehrheit von fünfundachtzig Prozent aller Stimmen kann der Fonds Geschäftsgrundsätze beschließen, nach denen der Fonds unter außergewöhnlichen Umständen mit einer Mehrheit von siebzig Prozent aller Stimmen Teilnehmer, die nach Abschnitt 2 Buchstabe b Transaktionen tätigen, ermächtigen kann, andere als die nach Buchstabe a anzuwendenden Wechselkurse zu vereinbaren.

c) Der Fonds konsultiert den Teilnehmer über das Verfahren zur Bestimmung von Wechselkursen für seine Währung.

d) Im Sinne dieser Bestimmung schließt der Begriff Teilnehmer auch einen seine Teilnahme beendenden Teilnehmer ein.

Artikel XX. Sonderziehungsrechts-Abteilung, Zinsen und Gebühren

Abschnitt 1. Zinsen

Der Fonds zahlt jedem Inhaber von Sonderziehungsrechten auf dessen Bestände an Sonderziehungsrechten Zinsen zu einem für alle Inhaber gleichen Satz. Der Fonds zahlt den jedem Inhaber zustehenden Betrag, gleichviel, ob die Gebühreneingänge für die Zahlung von Zinsen ausreichen oder nicht.

Abschnitt 2. Gebühren

Jeder Teilnehmer zahlt zu einem für alle Teilnehmer gleichen Satz an den Fonds Gebühren für den Betrag seiner kumulativen Nettozuteilung an Sonderziehungsrechten sowie für einen etwaigen Fehlbetrag des Teilnehmers oder für rückständige Gebühren.

Abschnitt 3. Zins- und Gebührensätze

Der Fonds bestimmt den Zinssatz mit einer Mehrheit von siebzig Prozent aller Stimmen. Der Gebührensatz ist gleich dem Zinssatz.

Abschnitt 4. Umlagen

Wird nach Artikel XVI Abschnitt 2 eine Erstattung beschlossen, so erhebt der Fonds für diesen Zweck eine Umlage zu einem für alle Teilnehmer gleichen Satz auf ihre kumulativen Nettozuteilungen.

Abschnitt 5. Zahlung von Zinsen, Gebühren und Umlagen

Zinsen, Gebühren und Umlagen sind in Sonderziehungsrechten zu zahlen. Ein Teilnehmer, der zur Zahlung von Gebühren oder Umlagen Sonderziehungsrechte benötigt, ist verpflichtet und berechtigt, sie beim Fonds im Wege einer Transaktion mit dem Allgemeinen Konto gegen eine für den Fonds annehmbare Währung zu erwerben. Können auf diese Weise nicht genügend Sonderziehungsrechte beschafft werden, so ist der Teilnehmer verpflichtet und berechtigt, sie gegen eine frei verwendbare Währung bei einem vom Fonds zu bestimmenden Teilnehmer zu erwerben. Sonderziehungsrechte, die ein Teilnehmer nach Fälligkeit der Zahlung erwirbt, werden auf seine unbezahlten Gebühren angerechnet und eingezogen.

Artikel XXI. Verwaltung der Allgemeinen Abteilung und der Sonderziehungsrechts-Abteilung

a) Die Allgemeine Abteilung und die Sonderziehungsrechts-Abteilung sind nach Artikel XII vorbehaltlich folgender Bestimmungen zu verwalten:

i) Soweit Versammlungen oder Beschlüsse des Gouverneursrats ausschließlich Angelegenheiten der Sonderziehungsrechts-Abteilung betreffen, werden zum Zweck der Einberufung von Versammlungen und der Feststellung der Beschlußfähigkeit oder der für einen Beschluß erforderlichen Mehrheit nur Anträge oder die Anwesenheit und die Stimmen derjenigen Gouverneure berücksichtigt, die von Mitgliedern ernannt sind, welche Teilnehmer sind.

ii) Soweit Beschlüsse des Exekutivdirektoriums ausschließlich Angelegenheiten der Sonderziehungsrechts-Abteilung betreffen, sind nur diejenigen Exekutivdirektoren stimmberechtigt, die von mindestens einem Mitglied gewählt worden sind, das Teilnehmer ist. Jeder dieser Exekutivdirektoren hat so viele Stimmen wie die Mitglieder, die Teilnehmer sind und mit deren Stimmen er gewählt wurde. Bei der Feststellung der Beschlussfähigkeit oder der für einen Beschluss erforderlichen Mehrheit wird nur die Anwesenheit derjenigen Exekutivdirektoren berücksichtigt, die von Mitgliedern gewählt wurden, welche Teilnehmer sind; es werden auch nur die Stimmen derjenigen Mitglieder gezählt, die Teilnehmer sind.

iii) Fragen der allgemeinen Verwaltung des Fonds einschließlich Erstattungen nach Artikel XVI Abschnitt 2 und jede Frage darüber, ob eine Angelegenheit beide Abteilungen oder ausschließlich die Sonderziehungsrechts-Abteilung betrifft, werden so entschieden, als ob sich diese Fragen ausschließlich auf die Allgemeine Abteilung bezögen. Beschlüsse zur Bewertungsmethode des Sonderziehungsrechts über die Entgegennahme und das Halten von Sonderziehungsrechten im Allgemeinen Konto der Allgemeinen Abteilung und über die Verwendung dieser Sonderziehungsrechte sowie sonstige Beschlüsse, die Operationen und Transaktionen betreffen, welche sowohl über das Allgemeine Konto der Allgemeinen Abteilung als auch über die Sonderziehungsrechts-Abteilung abgewickelt werden, sind mit denjenigen Mehrheiten zu fassen, die jeweils für die Angelegenheiten der einen oder der anderen der beiden Abteilungen erforderlich sind. Ein Beschluß in einer Angelegenheit der Sonderziehungsrechts-Abteilung ist als solcher zu bezeichnen.

b) Zusätzlich zu den nach Artikel IX gewährten Vorrechten und Immunitäten sind Sonderziehungsrechte sowie Operationen und Transaktionen in Sonderziehungsrechten von Steuern jeder Art befreit.

c) Fragen der Auslegung dieses Übereinkommens, die ausschließlich Angelegenheiten der Sonderziehungsrechts-Abteilung betreffen, werden dem Exekutivdirektorium nach Artikel XXIX Buchstabe a nur auf Verlangen eines Teilnehmers unterbreitet. Hat das Exekutivdirektorium in einer ausschließlich die Sonderziehungsrechts-Abteilung betreffenden Auslegungsfrage einen Beschluß gefaßt, so kann nur ein Teilnehmer verlangen, daß die Frage nach Artikel XXIX Buchstabe b an den Gouverneursrat verwiesen wird. Der Gouverneursrat beschließt, ob ein Gouverneur, der von einem Mitglied ernannt ist, das nicht Teilnehmer ist, im Auslegungsausschuß berechtigt sein soll, über Fragen abzustimmen, die ausschließlich die Sonderziehungsrechts-Abteilung betreffen.

d) Entsteht zwischen dem Fonds und einem Teilnehmer, der die Teilnahme an der Sonderziehungsrechts-Abteilung beendet hat, oder zwischen dem Fonds und einem Teilnehmer während der Liquidation der Sonderziehungsrechts-Abteilung eine Meinungsverschiedenheit, die sich ausschließlich aus der Teilnahme an der Sonderziehungsrechts-Abteilung ergibt, so wird sie einem Schiedsverfahren nach Artikel XXIX Buchstabe c unterworfen.

Artikel XXII. Allgemeine Verpflichtungen der Teilnehmer

Über die Verpflichtungen hinaus, die in bezug auf Sonderziehungsrechte nach anderen Artikeln dieses Übereinkommens übernommen werden, verpflichtet sich jeder Teilnehmer, mit dem Fonds und mit anderen Teilnehmern zusammenzuarbeiten, um das wirksame Funktionieren der Sonderziehungsrechts-Abteilung und die zweckentsprechende Verwendung von Sonderziehungsrechten nach diesem Übereinkommen zu erleichtern und um das Sonderziehungsrecht zum Hauptreservemedium des internationalen Währungssystems zu machen.

Artikel XXIII. Aussetzung von Operationen und Transaktionen in Sonderziehungsrechten

Abschnitt 1. Bestimmungen für den Notstand

Im Fall eines Notstands oder der Entwicklung unvorhergesehener Umstände, welche die Tätigkeit des Fonds bezüglich der Sonderziehungsrechts-Abteilung gefährden, kann das Exekutivdirektorium mit einer Mehrheit von fünfundachtzig Prozent aller Stimmen für einen Zeitraum von höchstens einem Jahr jede sich auf Operationen und Transaktionen in Sonderziehungsrechten beziehende Bestimmung außer Kraft setzen; in diesem Fall findet Artikel XXVII Abschnitt 1 Buchstaben b, c und d Anwendung.

(Fortsetzung nächste Seite)

Abschnitt 2. Nichterfüllung von Verpflichtungen

a) Stellt der Fonds fest, daß ein Teilnehmer seine Verpflichtungen aus Artikel XIX Abschnitt 4 nicht erfüllt hat, so wird das Recht des Teilnehmers auf Verwendung seiner Sonderziehungsrechte ausgesetzt, sofern der Fonds nichts anderes beschließt.

b) Stellt der Fonds fest, daß ein Teilnehmer eine andere mit Sonderziehungsrechten zusammenhängende Verpflichtung nicht erfüllt hat, so kann er das Recht des Teilnehmers auf Verwendung derjenigen Sonderziehungsrechte aussetzen, die der Teilnehmer nach dem Aussetzungsbeschluß erwirbt.

c) Durch Regelungen ist sicherzustellen, daß ein Teilnehmer sofort von der gegen ihn vorgebrachten Beschwerde unterrichtet wird, bevor gegen ihn nach Buchstabe a oder b vorgegangen wird, und daß ihm ausreichend Gelegenheit gegeben wird, seinen Fall mündlich und schriftlich darzulegen. Wird ein Teilnehmer von einer sich auf Buchstabe a beziehenden Beschwerde unterrichtet, so darf er bis zur Erledigung der Beschwerde keine Sonderziehungsrechte verwenden.

d) Eine Aussetzung nach Buchstabe a oder b oder eine Beschränkung nach Buchstabe c berührt nicht die Verpflichtung des Teilnehmers, Währungsbeträge nach Artikel XIX Abschnitt 4 zur Verfügung zu stellen.

e) Der Fonds kann jederzeit eine Aussetzung nach Buchstabe a oder b beenden; jedoch darf eine Aussetzung, die gegen einen Teilnehmer nach Buchstabe b wegen Nichterfüllung der Verpflichtungen nach Artikel XIX Abschnitt 6 Buchstabe a verfügt worden ist, frühestens hundertachtzig Tage nach dem Ende des ersten Kalendervierteljahrs beendet werden, in dem der Teilnehmer den Rekonstitutionsregeln wieder nachkommt.

f) Das Recht eines Teilnehmers, seine Sonderziehungsrechte zu verwenden, darf nicht deswegen ausgesetzt werden, weil ihm die Berechtigung zur Verwendung der allgemeinen Fondsmittel nach Artikel V Abschnitt 5, Artikel VI Abschnitt 1 oder Artikel XXVI Abschnitt 2 Buchstabe a entzogen worden ist. Artikel XXVI Abschnitt 2 darf nicht deswegen angewandt werden, weil ein Teilnehmer eine mit Sonderziehungsrechte zusammenhängende Verpflichtung nicht erfüllt hat.

Artikel XXIV. Beendigung der Teilnahme

Abschnitt 1. Recht zur Beendigung der Teilnahme

a) Ein Teilnehmer kann jederzeit durch eine an die Zentrale des Fonds gerichtete schriftliche Mitteilung seine Teilnahme an der Sonderziehungsrechts-Abteilung beenden. Die Beendigung wird bei Eingang der Mitteilung wirksam.

b) Der Austritt eines Teilnehmers aus dem Fonds gilt als gleichzeitige Beendigung seiner Teilnahme an der Sonderziehungsrechts-Abteilung.

Abschnitt 2. Ausgleich bei der Beendigung

a) Beendet ein Teilnehmer seine Teilnahme an der Sonderziehungsrechts-Abteilung, so werden alle Operationen und Transaktionen dieses Teilnehmers mit Sonderziehungsrechten eingestellt, soweit sie nicht durch eine Vereinbarung nach Buchstabe c gestattet werden, um den Ausgleich zu erleichtern, oder soweit nicht in den Abschnitten 3, 5 und 6 oder in Anhang H etwas anderes bestimmt ist. Zinsen und Gebühren, die bis zum Zeitpunkt der Beendigung aufgelaufen sind, sowie Umlagen, die vor diesem Zeitpunkt erhoben, aber noch nicht bezahlt wurden, sind in Sonderziehungsrechten zu zahlen.

b) Der Fonds ist verpflichtet, alle vom ausscheidenden Teilnehmer gehaltenen Sonderziehungsrechte zurückzuerwerben; der ausscheidende Teilnehmer ist verpflichtet, dem Fonds den Gegenwert seiner kumulativen Nettozuteilung zuzüglich derjenigen Beträge zu zahlen, die auf Grund seiner Teilnahme an der Sonderziehungsrechts-Abteilung zur Zahlung fällig sind. Diese Verpflichtungen werden gegeneinander aufgerechnet; der bei der Aufrechnung zur Tilgung der Verpflichtung gegenüber dem Fonds verwendete Teil der Bestände des ausscheidenden Teilnehmers an Sonderziehungsrechten wird eingezogen.

c) Durch Vereinbarung zwischen dem ausscheidenden Teilnehmer und dem Fonds wird so schnell wie möglich der Ausgleich hinsichtlich der Verpflichtung dieses Teilnehmers oder des Fonds hergestellt, die nach der unter Buchstabe b genannten Aufrechnung verbleibt. Kommt eine Vereinbarung über den Ausgleich nicht alsbald zustande, so findet Anhang H Anwendung.

Abschnitt 3. Zinsen und Gebühren

Nach Beendigung der Teilnahme zahlt der Fonds auf einen vom ausscheidenden Teilnehmer gehaltenen Bestand an Sonderziehungsrechten Zinsen, und der ausscheidende Teilnehmer zahlt für eine offene Verpflichtung gegenüber dem Fonds Gebühren; dabei gelten die nach Artikel XX bestimmten Fälligkeiten und Sätze. Die Zahlungen werden in Sonderziehungsrechten geleistet. Ein ausscheidender Teilnehmer ist berechtigt, für die Zahlung von Gebühren oder Umlagen Sonderziehungsrechte gegen eine frei verwendbare Währung im Wege einer Transaktion mit einem vom Fonds bestimmten Teilnehmer oder nach Vereinbarung von einem anderen Inhaber von Sonderziehungsrechten zu erwerben, oder Sonderziehungsrechte, die er als Zinsen erhalten hat, im

Wege einer Transaktion mit einem nach Artikel XIX Abschnitt 5 designierten Teilnehmer oder nach Vereinbarung an einen anderen Inhaber abzugeben.

Abschnitt 4.
Ausgleich von Verpflichtungen gegenüber dem Fonds

Währungsbeträge, die der Fonds von einem ausscheidenden Teilnehmer erhält, verwendet er dazu, proportional gleiche Teile derjenigen Bestände der Teilnehmer an Sonderziehungsrechten zurückzuerwerben, welche die kumulative Nettozuteilung jedes Teilnehmers zum Zeitpunkt des Währungseingangs beim Fonds übersteigen. Derart zurückerworbene Sonderziehungsrechte sowie Sonderziehungsrechte, die ein ausscheidender Teilnehmer nach diesem Übereinkommen erworben hat, um eine nach einer Ausgleichsvereinbarung oder nach Anhang H fällige Tilgungsrate zu zahlen, und die auf diese Tilgung angerechnet werden, sind einzuziehen.

Abschnitt 5. Ausgleich von Verpflichtungen gegenüber ausscheidenden Teilnehmern

Hat der Fonds Sonderziehungsrechte zurückzuerwerben, die ein ausscheidender Teilnehmer hält, so geschieht dies mit Währungsbeträgen, die durch vom Fonds bestimmte Teilnehmer zur Verfügung gestellt werden. Diese Teilnehmer werden nach den Grundsätzen des Artikels XIX Abschnitt 5 bestimmt. Jeder so bestimmte Teilnehmer stellt dem Fonds nach seiner Wahl Beträge in der Währung des ausscheidenden Teilnehmers oder in einer frei verwendbaren Währung zur Verfügung und erhält den Gegenwert in Sonderziehungsrechten. Ein ausscheidender Teilnehmer kann jedoch seine Sonderziehungsrechte auch dazu verwenden, Beträge in seiner eigenen Währung, einer frei verwendbaren Währung oder jeden anderen Vermögenswert von einem beliebigen Inhaber zu erwerben, wenn der Fonds dies gestattet.

Abschnitt 6. Transaktionen des Allgemeinen Kontos

Um den Ausgleich mit einem ausscheidenden Teilnehmer zu erleichtern, kann der Fonds beschließen, daß ein ausscheidender Teilnehmer

i) Sonderziehungsrechte, die er nach der Aufrechnung nach Abschnitt 2 Buchstabe b hält und die zurückzuerwerben sind, dazu verwendet, im Wege einer Transaktion mit dem Allgemeinen Konto beim Fonds nach dessen Wahl Beträge in seiner eigenen Währung oder einer frei verwendbaren Währung zu erwerben, oder

ii) Sonderziehungsrechte im Wege einer Transaktion mit dem Allgemeinen Konto beim Fonds gegen eine für diesen annehmbare Währung erwirbt, um Gebühren oder Tilgungsraten zu zahlen, die auf Grund einer Vereinbarung oder nach Anhang H fällig sind.

Artikel XXV.
Liquidation der Sonderziehungsrechts-Abteilung

a) Die Sonderziehungsrechts-Abteilung kann nur auf Beschluß des Gouverneursrats liquidiert werden. Kommt das Exekutivdirektorium in einem Notstand zu dem Schluß, daß die Liquidation der Sonderziehungsrechts-Abteilung erforderlich sein könnte, so kann es bis zum Beschluß des Gouverneursrats Zuteilungen oder Einziehungen sowie alle Operationen und Transaktionen in Sonderziehungsrechten vorübergehend aussetzen. Ein Beschluß des Gouverneursrats, den Fonds zu liquidieren, bedeutet, daß sowohl die Allgemeine Abteilung als auch die Sonderziehungsrechts-Abteilung zu liquidieren sind.

b) Beschließt der Gouverneursrat, die Sonderziehungsrechts-Abteilung zu liquidieren, so werden alle Zuteilungen oder Einziehungen und alle Operationen und Transaktionen in Sonderziehungsrechten sowie alle Tätigkeiten des Fonds bezüglich der Sonderziehungsrechts-Abteilung eingestellt, soweit sie nicht zur ordnungsgemäßen Erfüllung der Verpflichtungen der Teilnehmer und des Fonds im Zusammenhang mit Sonderziehungsrechten gehören; alle nach diesem Übereinkommen bestehenden Verpflichtungen des Fonds und der Teilnehmer im Zusammenhang mit Sonderziehungsrechten erlöschen mit Ausnahme der Verpflichtungen aus diesem Artikel, Artikel XX, Artikel XXI Buchstabe d, Artikel XXIV, Artikel XXIX Buchstabe c und Anhang H oder einer Vereinbarung auf Grund des Artikels XXIV nach Maßgabe von Absatz 4 des Anhangs H sowie Anhang I.

c) Bei der Liquidation der Sonderziehungsrechts-Abteilung werden Zinsen und Gebühren, die bis zum Zeitpunkt der Liquidation aufgelaufen sind, sowie Umlagen, die vor diesem Zeitpunkt erhoben, aber noch nicht bezahlt waren, in Sonderziehungsrechten bezahlt. Der Fonds ist verpflichtet, alle von Inhabern gehaltenen Sonderziehungsrechte zurückzuerwerben; jeder Teilnehmer ist verpflichtet, an den Fonds den Gegenwert seiner kumulativen Nettozuteilung an Sonderziehungsrechten zuzüglich derjenigen Beträge zu zahlen, die auf Grund seiner Teilnahme an der Sonderziehungsrechts-Abteilung zur Zahlung fällig sind.

d) Die Liquidation der Sonderziehungsrechts-Abteilung wird nach Anhang I vorgenommen.

Artikel XXVI. Austritt

Abschnitt 1. Austrittsrecht der Mitglieder

Ein Mitglied kann jederzeit durch eine an die Zentrale des Fonds gerichtete schriftliche Mitteilung seinen Austritt aus dem Fonds erklären. Der Austritt wird bei Eingang der Mitteilung wirksam.

Abschnitt 2. Zwangsweises Ausscheiden

a) Erfüllt ein Mitglied eine seiner Verpflichtungen nach diesem Übereinkommen nicht, so kann der Fonds dem Mitglied die Berechtigung zur Inanspruchnahme der allgemeinen Fondsmittel entziehen. Artikel V Abschnitt 5 oder Artikel VI Abschnitt 1 wird durch diesen Abschnitt nicht berührt.

b) Wenn das Mitglied nach Ablauf einer angemessenen Frist im Anschluß an einen Berechtigungsentzug gemäß Buchstabe a weiterhin Verpflichtungen nach diesem Übereinkommen nicht erfüllt, kann der Fonds mit einer Mehrheit von siebzig Prozent aller Stimmen die Stimmrechte des Mitglieds aussetzen. Für die Dauer der Aussetzung findet Anhang L Anwendung. Der Fonds kann mit einer Mehrheit von siebzig Prozent aller Stimmen die Aussetzung jederzeit aufheben.

c) Wenn das Mitglied nach Ablauf einer angemessenen Frist im Anschluß an einen Beschluß über die Aussetzung der Stimmrechte gemäß Buchstabe b weiterhin Verpflichtungen nach diesem Übereinkommen nicht erfüllt, kann es durch einen Beschluß des Gouverneursrats, der einer fünfundachtzig Prozent aller Stimmen umfassenden Mehrheit der Gouverneure bedarf, zum Austritt aus dem Fonds veranlaßt werden.

d) Durch Regelungen ist sicherzustellen, daß das Mitglied innerhalb einer angemessenen Frist von der gegen es erhobenen Beschwerde unterrichtet wird und daß ihm ausreichend Gelegenheit gegeben wird, seinen Fall mündlich und schriftlich vorzutragen, bevor gegen das Mitglied nach Buchstabe a, b oder c vorgegangen wird.

Abschnitt 3. Abrechnung mit ausscheidenden Mitgliedern

Mit dem Ausscheiden eines Mitglieds aus dem Fonds enden die normalen Operationen und Transaktionen des Fonds in dessen Währung, und die Abrechnung aller zwischen ihm und dem Fonds bestehenden Konten wird im Einvernehmen zwischen ihm und dem Fonds so schnell wie möglich vorgenommen. Wird dieses Einvernehmen nicht alsbald erzielt, so findet Anhang J auf die Abrechnung der Konten Anwendung.

Artikel XXVII. Bestimmungen für den Notstand

Abschnitt 1. Zeitweilige Außerkraftsetzung

a) Im Fall eines Notstands oder der Entwicklung unvorhergesehener Umstände, welche die Tätigkeit des Fonds gefährden, kann das Exekutivdirektorium mit einer Mehrheit von fünfundachtzig Prozent aller Stimmen für einen Zeitraum von höchstens einem Jahr jede der folgenden Bestimmungen außer Kraft setzen:

i) Artikel V Abschnitte 2, 3, 7, 8 Buchstabe a Ziffer i und Buchstabe e;
ii) Artikel VI Abschnitt 2;
iii) Artikel XI Abschnitt 1;
iv) Anhang C Absatz 5.

b) Die Außerkraftsetzung einer Bestimmung nach Buchstabe a kann über den Zeitraum von einem Jahr hinaus nur vom Gouverneursrat verlängert werden, der mit einer Mehrheit von fünfundachtzig Prozent aller Stimmen die Außerkraftsetzung um einen zusätzlichen Zeitraum von höchstens zwei Jahren verlängern kann, wenn er der Ansicht ist, daß der Notstand oder die unter Buchstabe a erwähnten unvorhergesehenen Umstände fortbestehen.

c) Das Exekutivdirektorium kann mit Mehrheit aller Stimmen eine Außerkraftsetzung jederzeit beenden.

d) Für die Zeit der Außerkraftsetzung einer Bestimmung kann der Fonds zu ihrem Inhalt Regeln beschließen.

Abschnitt 2. Liquidation des Fonds

a) Der Fonds kann nur auf Beschluß des Gouverneursrats liquidiert werden. Kommt das Exekutivdirektorium bei Vorliegen eines Notstands zu dem Schluß, daß die Liquidation des Fonds erforderlich sein könnte, so kann es bis zum Beschluß des Gouverneutsrats alle Operationen und Transaktionen vorübergehend aussetzen.

b) Beschließt der Gouverneursrat, den Fonds zu liquidieren, so hat der Fonds von diesem Zeitpunkt an alle Tätigkeiten einzustellen, soweit sie nicht zur ordnungsgemäßen Eintreibung und Liquidation seiner Vermögenswerte und zum Ausgleich seiner Verbindlichkeiten gehören; alle Verpflichtungen der Mitglieder aus diesem Übereinkommen erlöschen mit Ausnahme derjenigen, die in diesem Artikel, in Artikel XXIX Buchstabe c, in Anhang J Absatz 7 und in Anhang K genannt sind.

c) Die Liquidation wird nach Anhang K vorgenommen.

Artikel XXVIII. Änderungen

a) Jeder Vorschlag zur Änderung dieses Übereinkommens, gleichviel, ob er von einem Mitglied, einem Gouverneur oder dem Exekutivdirektorium ausgeht, ist dem Vorsitzenden des Gouverneursrats zuzuleiten, der ihn dem Gouverneursrat vorlegt. Wird die vorgeschlagene Änderung vom Gouverneursrat genehmigt, so befragt der Fonds durch Rundschreiben oder Telegramm alle Mitglieder, ob sie der vorgeschlagenen Änderung zustimmen. Haben drei Fünftel der Mitglieder, die über fünfundachtzig Prozent aller Stimmen verfügen, der vorgeschlagenen

Änderung zugestimmt, so bestätigt dies der Fonds durch eine förmliche Mitteilung an alle Mitglieder.

b) Ungeachtet des Buchstabens a ist die Zustimmung aller Mitglieder erforderlich zur Änderung

i) des Rechts zum Austritt aus dem Fonds (Artikel XXVI Abschnitt 1);

ii) der Bestimmung, wonach die Quote eines Mitglieds ohne seine Zustimmung nicht geändert werden darf (Artikel III Abschnitt 2 Buchstabe d) sowie

iii) der Bestimmung, wonach die Parität der Währung eines Mitglieds nur auf Vorschlag dieses Mitglieds geändert werden darf (Anhang C Absatz 6).

c) Änderungen treten für alle Mitglieder drei Monate nach dem Zeitpunkt der förmlichen Mitteilung in Kraft, wenn nicht im Rundschreiben oder Telegramm eine kürzere Frist festgesetzt ist.

Artikel XXIX. Auslegung

a) Alle Fragen der Auslegung dieses Übereinkommens, die sich zwischen einem Mitglied und dem Fonds oder zwischen Mitgliedern des Fonds ergeben, werden dem Exekutivdirektorium zur Entscheidung unterbreitet. Betrifft die Frage ein Mitglied besonders, so hat dieses Mitglied nach Artikel XII Abschnitt 3 Buchstabe j das Recht, vertreten zu sein.

b) Hat das Exekutivdirektorium nach Buchstabe a eine Entscheidung getroffen, so kann jedes Mitglied innerhalb von drei Monaten nach dem Zeitpunkt der Entscheidung verlangen, daß die Frage dem Gouverneursrat vorgelegt wird; seine Entscheidung ist endgültig. Jede dem Gouverneursrat vorgelegte Frage wird von einem Auslegungsausschuß des Gouverneursrats geprüft. Jedes Ausschußmitglied hat eine Stimme. Der Gouverneursrat bestimmt die Mitgliedschaft, die Verfahrensregeln und die Abstimmungsmehrheiten des Ausschusses. Eine Entscheidung des Ausschusses gilt als Entscheidung des Gouverneursrats, sofern nicht der Gouverneursrat mit einer Mehrheit von fünfundachtzig Prozent aller Stimmen anders entscheidet. Bis zur Entscheidung durch den Gouverneursrat kann der Fonds, soweit er es für nötig hält, auf der Grundlage der Entscheidung des Exekutivdirektoriums handeln.

c) Entsteht zwischen dem Fonds und einem ausgeschiedenen Mitglied oder zwischen dem Fonds und einem Mitglied während der Liquidation des Fonds eine Meinungsverschiedenheit, so ist diese zur Entscheidung einem Schiedsgericht zu unterbreiten, das aus drei Schiedsrichtern besteht, von denen einer vom Fonds, ein weiterer von dem Mitglied oder dem ausgeschiedenen Mitglied ernannt wird und der Obmann, wenn die Parteien nichts anderes vereinbaren, vom Präsidenten des Internationalen Gerichtshofs oder einer anderen durch Verfügung des Fonds bestimmten Stelle ernannt wird. Der Obmann hat unbegrenzte Befugnis, alle Verfahrensfragen zu regeln, über die sich die Parteien nicht einigen können.

Artikel XXX. Erläuterung von Begriffen

Bei der Auslegung dieses Übereinkommens lassen sich der Fonds und seine Mitglieder von folgenden Bestimmungen leiten:

a) Die Bestände des Fonds an der Währung eines Mitglieds im Allgemeinen Konto schließen Schuldurkunden ein, die der Fonds nach Artikel III Abschnitt 4 entgegengenommen hat.

b) Unter Bereitschaftskredit-Vereinbarung ist ein Beschluß des Fonds zu verstehen, durch den einem Mitglied zugesichert wird, daß es Käufe vom Allgemeinen Konto nach Maßgabe des Beschlusses innerhalb eines bestimmten Zeitraums und bis zu einem bestimmen Betrag vornehmen kann.

c) Unter Kauf in der Reservetranche ist der Kauf von Sonderziehungsrechten oder der Währung eines anderen Mitglieds durch ein Mitglied gegen seine eigene Währung zu verstehen, der nicht dazu führt, daß die im Allgemeinen Konto gehaltenen Bestände des Fonds an der Währung des Mitglieds dessen Quote übersteigen; für die Zwecke dieser Begriffsbestimmung kann der Fonds jedoch Käufe und Bestände ausklammern, die unter die Geschäftsgrundsätze für folgende Vorgänge fallen:

i) Verwendung seiner allgemeinen Mittel für die kompensierende Finanzierung von Ausfuhrschwankungen;

ii) Verwendung seiner allgemeinen Mittel im Zusammenhang mit der Finanzierung von Beiträgen zu internationalen Rohstoff-Ausgleichslagern sowie

iii) Verwendung seiner allgemeinen Mittel, für die der Fonds mit einer Mehrheit von fünfundachtzig Prozent aller Stimmen eine Ausklammerung beschließt.

d) Unter Zahlungen für laufende Transaktionen sind Zahlungen zu verstehen, die nicht der Übertragung von Kapital dienen; sie schließen ohne Einschränkung folgendes ein:

1. alle Zahlungen, die im Zusammenhang mit dem Außenhandel, anderen laufenden Geschäften einschließlich Dienstleistungen sowie normalen kurzfristigen Bank- und Kreditgeschäften geschuldet werden;
2. Zahlungen von Beträgen, die als Kreditzinsen sowie als Nettoerträge aus anderen Anlagen geschuldet werden;

(Fortsetzung nächste Seite)

3. Zahlungen in mäßiger Höhe für die Tilgung von Krediten oder für die Abschreibung von Direktinvestitionen und
4. Überweisungen in mäßiger Höhe zur Bestreitung des Familienunterhalts.

Nach Konsultationen mit den betreffenden Mitgliedern kann der Fonds bestimmen, ob gewisse besondere Transaktionen als laufende Transaktionen oder als Kapitaltransaktionen anzusehen sind.

e) Unter kumulativer Nettozuteilung von Sonderziehungsrechten ist der Gesamtbetrag der einem Teilnehmer zugeteilten Sonderziehungsrechte abzüglich seines Anteils an den nach Artikel XVIII Abschnitt 2 Buchstabe a eingezogenen Sonderziehungsrechten zu verstehen.

f) Unter frei verwendbarer Währung ist die Währung eines Mitglieds zu verstehen, die nach Feststellung des Fonds i) bei Zahlungen für internationale Geschäfte verbreitet Verwendung findet und ii) auf den wichtigsten Devisenmärkten stark gehandelt wird.

g) Zu den Mitgliedern, die am 31. August 1975 Mitglieder waren, wird auch ein Mitglied gerechnet, das die Mitgliedschaft nach diesem Zeitpunkt auf Grund einer vor diesem Zeitpunkt vom Gouverneursrat angenommenen Entschließung annahm.

h) Unter Transaktionen des Fonds ist der Tausch von monetären Vermögenswerten durch den Fonds gegen andere monetäre Vermögenswerte zu verstehen. Unter Operationen des Fonds sind andere Arten der Verwendung oder der Entgegennahme von monetären Vermögenswerten durch den Fonds zu verstehen.

i) Unter Transaktionen in Sonderziehungsrechten ist der Tausch von Sonderziehungsrechten gegen andere monetäre Vermögenswerte zu verstehen. Unter Operationen in Sonderziehungsrechten sind andere Arten der Verwendung von Sonderziehungsrechten zu verstehen.

Artikel XXXI. Schlußbestimmungen

Abschnitt 1. Inkrafttreten

Dieses Übereinkommen tritt in Kraft, sobald es im Namen von Regierungen unterzeichnet worden ist, die über fünfundsechzig Prozent der Summe der in Anhang A aufgeführten Quoten verfügen, und sobald in deren Namen die in Abschnitt 2 Buchstabe a bezeichneten Urkunden hinterlegt worden sind; das Übereinkommen tritt jedoch nicht vor dem 1. Mai 1945 in Kraft.

Abschnitt 2. Unterzeichnung

a) Jede Regierung, in deren Namen dieses Übereinkommen unterzeichnet wird, hinterlegt bei der Regierung der Vereinigten Staaten von Amerika eine Urkunde, aus der hervorgeht, daß sie das Übereinkommen in Übereinstimmung mit ihrem innerstaatlichen Recht angenommen und alle erforderlichen Schritte unternommen hat, um alle ihr aus dem Übereinkommen erwachsenden Verpflichtungen erfüllen zu können.

b) Jedes Land wird an dem Tag Mitglied des Fonds, an dem in seinem Namen die unter Buchstabe a genannte Urkunde hinterlegt wird; kein Land kann jedoch Mitglied werden, bevor dieses Übereinkommen nach Abschnitt 1 in Kraft tritt.

c) Die Regierung der Vereinigten Staaten von Amerika unterrichtet die Regierungen aller Länder, die in Anhang A aufgeführt sind, und die Regierungen aller Länder, deren Mitgliedschaft nach Artikel II Abschnitt 2 genehmigt wird, von jeder Unterzeichnung dieses Übereinkommens und von der Hinterlegung jeder unter Buchstabe a genannten Urkunde.

d) Jede Regierung überweist in dem Zeitpunkt, zu dem dieses Übereinkommen in ihrem Namen unterzeichnet wird, zur Deckung der Verwaltungsausgaben des Fonds der Regierung der Vereinigten Staaten von Amerika ein hundertstel Prozent seiner Gesamtsubskription in Gold oder US-Dollar. Die Regierung der Vereinigten Staaten von Amerika hält diese Mittel auf einem besonderen Depositenkonto und überweist sie dem Gouverneursrat des Fonds, sobald die Eröffnungssitzung einberufen worden ist. Ist dieses Übereinkommen bis zum 31. Dezember 1945 nicht in Kraft geteten, so erstattet die Regierung der Vereinigten Staaten von Amerika diese Mittel den Regierungen zurück, die sie ihr überwiesen haben.

e) Dieses Übereinkommen liegt für die Regierungen der in Anhang A aufgeführten Länder bis zum 31. Dezember 1945 in Washington zur Unterzeichnung auf.

f) Nach dem 31. Dezember 1945 liegt dieses Übereinkommen für die Regierung jedes Landes zur Unterzeichnung auf, dessen Mitgliedschaft nach Artikel II Abschnitt 2 gebilligt worden ist.

g) Durch die Unterzeichnung dieses Übereinkommens nehmen es alle Regierungen sowohl für sich selbst als auch für alle ihre Kolonien, überseeischen Hoheitsgebiete, alle ihrem Schutz, ihrer Oberherrschaft oder ihrer obrigkeitlichen Gewalt unterstehenden Gebiete sowie alle Gebiete an, über die sie ein Mandat ausüben.

h) Buchstabe d tritt für jede Unterzeichnerregierung mit dem Zeitpunkt ihrer Unterzeichnung in Kraft.

(Die im folgenden wiedergegebene Unterzeichnungs- und Hinterlegungsklausel entspricht dem Wortlaut des Artikels XX der ursprünglichen Artikel des Übereinkommens.)

Geschehen zu Washington in einer Urschrift, die im Archiv der Regierung der Vereinigten Staaten von Amerika hinterlegt wird; diese übermittelt allen in Anhang A aufgeführten Regierungen sowie allen Regierungen, deren Mitgliedschaft nach Artikel II Abschnitt 2 genehmigt wird, beglaubigte Abschriften.

Anhänge

(nicht abgedruckt, vgl. BGBl. 1978 II S. 65, BGBl. 1991 II S. 815, BGBl. 2000 II S. 800, BGBl. 2009 II S. 207 und BGBl. 2012 II S. 525)

A. Quoten
B. Übergangsbestimmungen für Rückkäufe, die Zahlung zusätzlicher Subskriptionen, Gold sowie bestimmte Angelegenheiten der Geschäftsabwicklung
C. Paritäten
D. Rat auf Ministerebene
E. Wahl von Exekutivdirektoren
F. Designierung
G. Rekonstitution
H. Beendigung der Teilnahme
I. Durchführung der Liquidation der Sonderziehungsrechts-Abteilung
J. Abrechnung mit ausscheidenden Mitgliedern
K. Durchführung der Liquidation
L. Aussetzung von Stimmrechten
M. Einmalige Sonderzuteilung von Sonderziehungsrechten

45. Abkommen über die Internationale Bank für Wiederaufbau und Entwicklung[1), 2)] *(Weltbank)*[3)]

Vom 1./22. Juli 1944

(BGBl. 1952 II S. 664, geänd. gemäß Ges. v. 30.7.1965, BGBl. II S. 1089, Bek. v. 16. 9. 1992, BGBl. II S. 1134, Bek. v. 12.6.2013, BGBl. II S. 1039)

Die Regierungen, in deren Namen das vorliegende Abkommen unterzeichnet ist, kommen wie folgt überein:

Einführungsartikel

Es wird die Internationale Bank für Wiederaufbau und Entwicklung errichtet, die nach Maßgabe der nachfolgenden Bestimmungen tätig wird:

Artikel I. Aufgaben

Die Aufgaben der Bank sind:

(i) Den Wiederaufbau und die Entwicklung der Gebiete der Mitglieder zu unterstützen durch Erleichterung der Kapitalanlage für produktive Zwecke, einschließlich der Wiederherstellung durch den Krieg zerstörter oder zerrütteter Volkswirtschaften, der Umstellung der Produktionsanlagen auf den Friedensbedarf und der Förderung der Entwicklung von Produktionsanlagen und Hilfsquellen in weniger entwickelten Ländern.

(ii) Die private ausländische Investitionstätigkeit durch die Übernahme von Garantien oder durch Beteiligung an Darlehen und anderen von privaten Geldgebern durchgeführten Investitionen zu fördern, und wenn privates Kapital nicht zu annehmbaren Bedingungen erhältlich ist, die private Investitionstätigkeit dadurch zu ergänzen, daß sie aus ihrem eigenen Kapital, aus von ihr aufgebrachten Geldern oder aus ihren anderen Mitteln zu geeigneten Bedingungen Kapital für produktive Zwecke bereitstellt.

(iii) Eine auf lange Sicht ausgewogene Ausdehnung des internationalen Handels und die Aufrechterhaltung des Gleichgewichts der Zah-

---

1) In Kraft getreten für die Bundesrepublik am 14.8.1952 (s. Bek. v. 26.8.1952, BGBl. II S. 728); vgl. ferner die Angaben oben in Nr. **44**, S. 1 mit Anm. 1 bis 3. Die Änderung gem. G. v. 30.7.1965 ist für alle Parteien gem. Bek. v. 8.2.1966 (BGBl. II S. 97) am 17.12.1965 in Kraft getreten. Die Änderung v. 30.6.1987 (Entschließung des Gouverneursrat Nr. 417) ist für alle Parteien am 16.2.1989 in Kraft getreten (Bek. v. 16.9.1992, BGBl. II S. 1134). Die Änderung v. 30.1.2009 (Entschließung des Gouverneursrat Nr. 596) ist für alle Parteien am 26.3.2012 in Kraft getreten (Bek. v. 12.6.2013, BGBl. II S. 1039).

2) Das Abk. über die Vorrechte und Befreiungen der Sonderorganisationen der Vereinten Nationen v. 21.11.1947 (BGBl. 1954 II S. 640) ist gem. VO v. 18.3.1971 (BGBl. II S. 129) mit der dort niedergelegten Maßgabe auf die Internationale Bank für Wiederaufbau und Entwicklung anwendbar.

3) Die Bezeichnung „Weltbank" ist nicht amtlich. Zu den weiteren Mitgliedern der Weltbankgruppe (IDA, IFC, MIGA, ICSID) vgl. Anhang Int. Organisationen zu Nr. **1** dieser Textsammlung.

lungsbilanzen durch die Anregung internationaler Investitionen zwecks Entwicklung der Produktionsquellen von Mitgliedern zu fördern und damit zu einer Hebung der Produktivität, des Lebensstandards und der Arbeitsbedingungen in deren Gebieten beizutragen.

(iv) Die von ihr gewährten oder garantierten Anleihen mit auf anderem Wege gewährten internationalen Anleihen abzustimmen, so daß die nützlicheren und dringlicheren Projekte, große und kleine in gleicher Weise, zuerst bearbeitet werden.

(v) Ihre Geschäfte unter gebührender Berücksichtigung der Wirkung internationaler Investitionen auf die Geschäftsbedingungen in den Gebieten von Mitgliedern zu führen und dazu beizutragen, daß in den ersten Nachkriegsjahren ein reibungsloser Übergang von der Kriegswirtschaft zur Friedenswirtschaft erfolgt.

Die Bank wird sich in all ihren Entscheidungen von den oben niedergelegten Zielen leiten lassen.

Artikel II.
Mitgliedschaft bei der Bank und Kapital der Bank

Abschnitt 1. Mitgliedschaft

(a) Stammitglieder der Bank sind diejenigen Mitglieder des Internationalen Währungsfonds, die vor dem in Artikel XI Abschnitt 2 (e) angegebenen Zeitpunkt die Mitgliedschaft bei der Bank annehmen.

(b) Die Mitgliedschaft wird anderen Mitgliedern des Fonds zu den von der Bank festgelegten Zeitpunkten und gemäß den von ihr festgesetzten Bedingungen offenstehen.

Abschnitt 2. Genehmigtes Kapital

(a) Das genehmigte Grundkapital der Bank beträgt 10 000 000 000 amerikanische Dollar im Gewicht und in der Feinheit vom 1. Juli 1944. Das Grundkapital ist in 100 000 Anteile[1] mit einem Nennwert von je $ 100 000 aufgeteilt, welche nur von Mitgliedern gezeichnet werden können.

(b) Das Grundkapital kann, wenn es die Bank für ratsam hält, mit einer Dreiviertelmehrheit der Gesamtstimmenzahl erhöht werden.

Abschnitt 3. Zeichnung von Anteilen

(a) Jedes Mitglied hat Anteile des Grundkapitals der Bank zu zeichnen. Die Mindestzahl der von den Stammitgliedern zu zeichnenden Anteile ist im Anhang A aufgeführt. Die Mindestzahl der von anderen Mitgliedern zu zeichnenden Anteile wird von der Bank bestimmt, die einen ausreichenden Teil des Grundkapitals für die Zeichnung durch diese Mitglieder reserviert.

[1] Das genehmigte Grundkapital wurde zuletzt mWv 27.6.2012 auf 2 307 600 Anteile erhöht.

(b) Die Bank erläßt Richtlinien über die Bedingungen, unter denen die Mitglieder zusätzlich zu ihren Mindestzeichnungen Anteile des genehmigten Grundkapitals der Bank zeichnen können.

(c) Wird das genehmigte Grundkapital der Bank erhöht, so ist jedem Mitglied hinreichend Gelegenheit zu geben, zu den von der Bank festgesetzten Bedingungen einen dem von ihm bereits gezeichneten Anteil am Gesamtgrundkapital der Bank entsprechenden Teil des Betrags, um den das Grundkapital erhöht wird, zu zeichnen. Kein Mitglied ist jedoch verpflichtet, irgendeinen Teil des erhöhten Kapitals zu zeichnen.

Abschnitt 4. Ausgabepreis der Anteile

Mindestzeichnungsanteile von Stammgliedern werden zum Nennwert ausgegeben. Andere Anteile werden ebenfalls zum Nennwert ausgegeben, es sei denn, daß die Bank in besonderen Fällen mit einer Mehrheit der gesamten Stimmenzahl beschließt, daß sie zu anderen Bedingungen ausgegeben werden.

Abschnitt 5. Aufgliederung und Aufforderung zur Einzahlung des gezeichneten Kapitals

Der von einem jeden Mitglied gezeichnete Betrag gliedert sich in zwei Teile:

(i) zwanzig Prozent sind zu zahlen oder unterliegen einem Abruf gemäß Abschnitt 7 (i) dieses Artikels in dem von der Bank zur Durchführung ihrer Operationen benötigten Umfang;

(ii) die verbleibenden achtzig Prozent unterliegen einem Abruf durch die Bank nur, wenn sie zur Erfüllung der gemäß Artikel IV Abschnitt 1 (a) (ii) und (iii) begründeten Verpflichtungen der Bank benötigt werden.

Abrufe auf nicht einbezahlte Zeichnungen erfolgen einheitlich für alle Anteile.

Abschnitt 6. Beschränkung der Haftung

Die Haftung aus den Anteilen beschränkt sich auf den nicht eingezahlten Teil des Ausgabepreises der Anteile.

Abschnitt 7. Modus der Einzahlung auf Anteilszeichnungen

Die Einzahlung auf Anteilszeichnungen ist in Gold oder US-Dollar und in den Währungen der Mitglieder wie folgt vorzunehmen:

(i) Gemäß Abschnitt 5 (i) dieses Artikels sind zwei Prozent des Preises eines jeden Anteils in Gold oder US-Dollar zahlbar, und wenn ein Abruf erfolgt, so sind die verbleibenden achtzehn Prozent in der Währung des Mitglieds einzuzahlen;

(ii) wenn ein Abruf gemäß Abschnitt 5 (ii) dieses Artikels erfolgt, so kann die Zahlung nach Belieben des Mitglieds entweder in Gold, in US-Dollar oder in derjenigen Währung geleistet werden, die zur Erfüllung der Verbindlichkeiten der Bank für den Zweck benötigt wird, für den der Abruf erfolgt;

(iii) wenn ein Mitglied Zahlungen in irgendeiner Währung gemäß (i) und (ii) leistet, so müssen diese Zahlungen in Beträgen erfolgen, die wertmäßig der Verpflichtung des Mitglieds aus dem Abruf entsprechen. Diese Verpflichtung stellt einen entsprechenden Teil des gezeichneten Grundkapitals der Bank, wie es in Abschnitt 2 dieses Artikels genehmigt und festgelegt ist, dar.

Abschnitt 8. Einzahlungstermine

(a) Die gemäß Abschnitt 7 (i) dieses Artikels auf jeden Anteil in Gold oder US-Dollar zahlbaren zwei Prozent sind innerhalb von sechzig Tagen nach Aufnahme der Geschäftstätigkeit der Bank einzuzahlen mit der Maßgabe, daß

(i) jedem Stammitglied der Bank, dessen Mutterland unter Feindbesetzung oder Kampfhandlungen während des gegenwärtigen Krieges gelitten hat, das Recht eingeräumt wird, die Zahlung von einem halben Prozent bis fünf Jahre nach diesem Zeitpunkt aufzuschieben;

(ii) ein Stammitglied, das eine solche Zahlung nicht leisten kann, weil es noch nicht wieder in den Besitz seiner infolge des Krieges noch beschlagnahmten oder gesperrten Goldreserven gelangt ist, alle Zahlungen bis zu einem durch die Bank zu bestimmenden Zeitpunkt aufschieben kann.

(b) Der Rest des Preises eines jeden gemäß Abschnitt 7 (i) dieses Artikels zu zahlenden Anteils ist gemäß und nach Aufforderung durch die Bank einzuzahlen mit der Maßgabe, daß

(i) die Bank innerhalb eines Jahres nach Beginn ihrer Geschäftstätigkeit zusätzlich zu der unter (a) erwähnten Zahlung von zwei Prozent mindestens acht Prozent des Preises des Anteils abruft;

(ii) in Zeiträumen von drei Monaten jeweils höchstens fünf Prozent des Anteilpreises eingefordert werden.

Abschnitt 9. Aufrechterhaltung des Wertes gewisser Währungsbestände der Bank

(a) Wird (i) der paritätische Wert der Währung eines Mitglieds herabgesetzt oder (ii) ist der Devisenwert der Währung eines Mitglieds innerhalb seiner Gebiete nach Auffassung der Bank in beträchtlichem Maße gesunken, so hat das Mitglied der Bank innerhalb einer angemessenen Frist in seiner eigenen Währung eine zusätzliche Zahlung zu leisten, die ausreicht, um den auf den Zeitpunkt der ursprünglichen Subskriptionszahlung bezogenen Wert desjenigen Betrags der Währung dieses Mitglieds aufrechtzuerhalten, der sich im Besitz der Bank befindet und der aus ursprünglich von dem Mitglied gemäß Artikel II Abschnitt 7 (i) an die Bank geleisteten Währungszahlungen oder aus Währungstransaktionen, wie sie in Artikel IV Abschnitt 2 (b) erwähnt werden, oder aus irgendeiner gemäß den Bestimmungen des vorliegenden Abschnitts geleisteten zusätzlichen Währungszahlung herstammt, sofern der Währungsbetrag im Besitz der Bank nicht durch das Mitglied gegen Gold oder gegen die für die Bank annehmbare Währung igendeines Mitglieds zurückgekauft worden ist.

(b) Wird der paritätische Wert der Währung eines Mitglieds heraufgesetzt, so hat die Bank diesem Mitglied innerhalb einer angemessenen Frist einen Betrag in dessen Währung zurückzuzahlen, welcher der Werterhöhung dieses unter (a) bezeichneten Währungsbetrags entspricht.

(c) Die Bank kann auf die Durchführung der Bestimmungen der vorhergehenden Absätze verzichten, wenn der Internationale Währungsfonds die Paritäten der Währungen aller ihrer Mitglieder in einem einheitlichen Verhältnis ändert.

Abschnitt 10. Beschränkungen der Verfügungsbefugnis über Anteile

Die Anteile dürfen in keiner Weise verpfändet oder belastet werden und sind nur auf die Bank übertragbar.

Artikel III. Allgemeine Bestimmungen in bezug auf Darlehen und Garantien

Abschnitt 1. Verwendung der Mittel

(a) Die Mittel und die Fazilitäten der Bank sind ausschließlich im Interesse von Mitgliedern unter gerechter Berücksichtigung sowohl von Entwicklungs- als auch von Wiederaufbauvorhaben zu verwenden.

(b) Um die Wiederherstellung und den Wiederaufbau der Wirtschaft von Mitgliedern zu erleichtern, deren Mutterland große Verwüstungen durch Feindbesetzung oder Kampfhandlungen erlitten hat, hat die Bank bei der Festsetzung der Darlehensbedingungen für diese Mitglieder besondere Rücksicht auf die Erleichterung der finanziellen Lasten und die beschleunigte Vollendung solcher Wiederherstellungs- und Wiederaufbauarbeiten zu nehmen.

Abschnitt 2. Geschäftsverkehr zwischen den Mitgliedern und der Bank

Jedes Mitglied verkehrt mit der Bank nur durch sein Schatzamt (Finanzministerium), seine Zentralbank, seinen Stabilisierungsfonds oder eine andere ähnliche Finanzstelle, und die Bank verkehrt mit den Mitgliedern nur durch oder über die gleichen Stellen.

Abschnitt 3. Begrenzung der Garantien und Darlehensaufnahmen der Bank

Der ausstehende Gesamtbetrag an Garantien, Darlehensbeteiligungen und direkten von der Bank gewährten Darlehen darf zu keiner Zeit erhöht werden, wenn durch eine solche Erhöhung der Gesamtbetrag hundert Prozent des unverminderten gezeichneten Kapitals, der Reserven und der außerordentlichen Reserven der Bank übersteigen würde.

Abschnitt 4. Bedingungen, unter denen die Bank Darlehen garantieren oder geben kann

Die Bank kann unter folgenden Voraussetzungen in bezug auf Darlehen an ein Mitglied oder an eine Gebietskörperschaft desselben oder an einen Handels-, Industrie- und Landwirtschaftsbetrieb im Gebiet eines Mitglieds Garantien übernehmen, sich an solchen Darlehen beteiligen oder sie geben:

(i) Wenn das Mitglied, auf dessen Gebiet das Vorhaben durchgeführt werden soll, nicht selbst Darlehensnehmer ist, so hat das Mitglied oder die Zentralbank oder eine ihr vergleichbare, der Bank genehme Stelle des Mitglieds die Zurückzahlung des Kapitals, die Zahlung der Zinsen sowie anderer auf dem Darlehen ruhenden Spesen voll zu garantieren.

(ii) Die Bank muß überzeugt sein, daß bei den herrschenden Marktverhältnissen der Darlehensnehmer andernfalls nicht im Stande wäre, das Darlehen zu Bedingungen zu erhalten, die nach Auffassung der Bank für den Darlehensnehmer tragbar sind.

(iii) Ein Ausschuß, wie er in Artikel V Abschnitt 7 vorgesehen ist, muß nach sorgfältiger Prüfung der Vorzüge des Projekts in einem schriftlichen Gutachten den Vorschlag empfohlen haben.

(iv) Die Bank muß der Auffassung sein, daß der Zinssatz und die anderen Spesen angemessen und der Zinssatz, die Spesen und der Tilgungsplan dem Vorhaben angepaßt sind.

(v) Bei der Gewährung eines Darlehens oder bei der Garantieübernahme für ein Darlehen hat die Bank gebührend darauf zu achten, daß der Darlehensnehmer und, wenn dieser kein Mitglied ist, der Bürge, voraussichtlich in der Lage sein wird, seinen aus dem Darlehen herrührenden Verpflichtungen nachzukommen; die Bank hat dabei die Interessen sowohl des Mitglieds, auf dessen Gebiet das Projekt zur Durchführung gelangt, als auch die der Gesamtheit aller Mitglieder mit Umsicht wahrzunehmen.

(vi) Für die Übernahme der Garantie für ein durch andere Darlehensgeber gewährtes Darlehen muß die Bank eine angemessene Entschädigung für ihr Risiko erhalten.

(vii) Von der Bank gewährte oder garantierte Darlehen dürfen, außer in besonderen Umständen, nur für bestimmte Wiederaufbau- und Entwicklungsvorhaben verwendet werden.

Abschnitt 5. Verwendung von Darlehen, die durch die Bank garantiert werden, an denen sie beteiligt ist oder die von ihr gewährt werden

(a) Die Bank darf keine Bedingungen auferlegen, wonach die Darlehensbeträge in den Gebieten eines bestimmten Mitglieds oder bestimmter Mitglieder zu verwenden sind.

(b) Die Bank hat dafür zu sorgen, daß Darlehensbeträge nur für diejenigen Zwecke verwendet werden, für die das Darlehen gewährt worden ist, wobei Gesichtspunkte der Wirtschaftlichkeit und des Nutzeffekts gebührend zu berücksichtigen und politische oder andere nicht wirtschaftliche Momente oder Überlegungen außer Acht zu lassen sind.

(c) Wird von der Bank ein Darlehen gewährt, so eröffnet sie ein Konto auf den Namen des Darlehensnehmers. Diesem Konto wird der Darlehensbetrag in der Währung oder in den Währungen, in denen dieses Darlehen gewährt wird, gutgeschrieben. Dem Darlehensnehmer wird durch die Bank gestattet, lediglich zur Bestreitung der im Zusammenhang mit dem Vorhaben tatsächlich erwachsenen Ausgaben auf dieses Konto zu ziehen.

Abschnitt 6.[1]

(a) Die Bank darf der Internationalen Finanz-Corporation, einem der Bank verbundenen Institut, zur Verwendung für Ausleihungen der Corporation Darlehen geben, sich an solchen beteiligen oder sie garantieren. Der ausstehende Gesamtbetrag derartiger Darlehen, Beteiligungen und Garantien darf nicht erhöht werden, wenn zu dem Zeitpunkt der Gewährung der Darlehen oder als Folge hiervon der Gesamtbetrag aller Verpflichtungen (einschließlich der Garantien für irgendwelche Verpflichtungen), die besagte Corporation gegenüber irgendeiner Stelle eingegangen ist und die noch offenstehen, das Vierfache ihres unverminderten gezeichneten Kapitals sowie des Gewinns übersteigt.

(b) Die Bestimmungen des Artikels III Abschnitt 4 und 5 (c) und des Artikels IV Abschnitt 3 gelten nicht für Darlehen, Beteiligungen und Garantien, die auf Grund dieses Abschnittes zugelassen sind.

---

[1] Eingef. gem. G. v. 30. 7. 1965 (BGBl. II S. 1089). Diese Änderung ist gem. Bek. v. 8. 2. 1966 (BGBl. II S. 97) am 17. 12. 1965 in Kraft getreten.

Artikel IV. Geschäftstätigkeit

Abschnitt 1. Verfahren bei der Gewährung oder der Erleichterung der Aufnahme von Darlehen

(a) Die Bank kann Darlehen, die den allgemeinen Bedingungen des Artikels III entsprechen, in folgender Weise gewähren oder die Aufnahme solcher Darlehen in der angegebenen Weise erleichtern:

(i) Durch Gewährung von oder Beteiligung an direkten Darlehen aus ihren eigenen Mitteln entsprechend ihrem unverminderten eingezahlten Kapital und dem Gewinn sowie, vorbehaltlich des Abschnitts 6 dieses Artikels, ihrer Reserven.

(ii) Durch Gewährung von oder Beteiligung an direkten Darlehen aus Mitteln, die auf dem Markt eines Mitglieds aufgebracht oder von der Bank auf dem Kreditwege auf andere Weise beschafft werden.

(iii) Durch die volle oder teilweise Übernahme der Bürgschaft für Darlehen, die durch private Darlehensgeber auf den üblichen Kapitalbeschaffungswegen gewährt werden.

(b) Die Bank kann Gelder gemäß (a) (ii) nur aufnehmen oder Darlehen gemäß (a) (iii) nur garantieren, wenn das Mitglied, auf dessen Markt das Kapital aufgebracht wird, und das Mitglied, auf dessen Währung das Darlehen lautet, hierzu ihre Zustimmung erteilen, und wenn diese Mitglieder sich damit einverstanden erklären, daß die Darlehensbeträge uneingeschränkt in die Währung eines jeden anderen Mitglieds umgewechselt werden können.

Abschnitt 2. Verfügbarkeit und Übertragbarkeit von Währungsbeträgen

(a) Gemäß Artikel II Abschnitt 7 (i) an die Bank eingezahlte Währungsbeträge dürfen nur mit der in jedem Einzelfall zu erteilenden Zustimmung des Mitglieds, um dessen Währung es sich handelt, ausgeliehen werden; notfalls können sie jedoch, sobald das gezeichnete Kapital der Bank gänzlich eingefordert worden ist, ohne Einschränkung seitens der Mitglieder, deren Währungen angeboten werden, zur Erfüllung vertraglich begründeter Zins-, Spesen- oder Amortisationszahlungen auf die eigenen Darlehensschulden der Bank oder zur Erfüllung der Verpflichtungen der Bank hinsichtlich solcher vertraglicher Zahlungen auf von der Bank garantierte Darlehen verwendet oder in die hierfür erforderlichen Währungen umgewechselt werden.

(b) Währungsbeträge, die die Bank von Darlehensnehmern oder Bürgen als Kapitalrückzahlungen auf direkte, in den unter (a) erwähnten Währungen gewährte Darlehen erhält, dürfen nur dann in Währungen anderer Mitglieder umgewechselt oder erneut ausgeliehen werden, wenn die Mitglieder, um deren Währungen es sich handelt, in jedem Einzelfall damit einverstanden sind; notfalls können jedoch solche Währungsbeträge, sobald das gezeichnete Kapital der Bank gänzlich eingefordert worden ist, ohne Einschränkung seitens der Mitglieder, deren Währungen angeboten werden, zur Erfüllung vertraglich begründeter Zins-, Spesen- oder Amortisationszahlungen auf die eigenen Anleiheschulden der Bank oder zur Erfüllung der Verpflichtungen der Bank hinsichtlich solcher vertraglicher Zahlungen auf von der Bank garantierte Darlehen verwendet oder in die hierfür erforderlichen Währungen umgewechselt werden.

(c) Währungsbeträge, die die Bank von Darlehensnehmern oder Bürgen als Kapitalrückzahlung auf durch die Bank gemäß Abschnitt 1 (a) (ii) dieses Artikels gewährte direkte Anleihen erhält, werden von ihr verwaltet und ohne Einschränkung seitens der Mitglieder für Amortisationszahlungen oder für die vorzeitige Rückzahlung oder die teilweise oder gänzliche Ablösung der eigenen Verpflichtungen der Bank verwendet.

(d) Alle anderen der Bank zur Verfügung stehenden Währungsbeträge, einschließlich derjenigen, die gemäß Abschnitt 1 (a) (ii) dieses Artikels auf dem Kapitalmarkt aufgebracht oder auf andere Weise entliehen wurden und derjenigen, die durch den Verkauf von Gold erworben wurden, sowie derjenigen, die als Zinsen oder sonstige Spesen für gemäß Abschnitt 1 (a) (i) und (ii) gewährte direkte Anleihen sowie als Provisions- und andere Spesenzahlungen gemäß Abschnitt 1 (a) (iii) angefallen sind, werden ohne Einschränkung seitens der Mitglieder, deren Währungen angeboten werden, für die Durchführung der Geschäfte der Bank verwendet oder gegen andere hierfür erforderliche Währungen oder gegen Gold umgewechselt.

(e) Währungsbeträge, welche auf den Märkten von Mitgliedern durch Nehmer von Darlehen aufgebracht wurden, die von der Bank gemäß Abschnitt 1 (a) (iii) dieses Artikels garantiert worden sind, werden ebenfalls ohne Einschränkung seitens dieser Mitglieder verwendet oder gegen andere Währungen umgewechselt.

Abschnitt 3. Bereitstellung von Währungsbeträgen für direkte Darlehen

Die nachfolgenden Bestimmungen finden auf gemäß Abschnitt 1 (a) (i) und (ii) dieses Artikels gewährte direkte Darlehen Anwendung:

(a) Die Bank stellt dem Darlehensnehmer diejenigen Mitgliederwährungen, außer der Währung des Mitglieds, auf dessen Gebieten das Projekt zur Durchführung gelangt, zur Verfügung, die von dem Darlehensnehmer für die in den Gebieten dieser anderen Mitglieder zur Durchführung des Darlehenszwecks entstehenden Ausgaben benötigt werden.

(b) In Ausnahmefällen, wenn die für die Durchführung des Darlehenszwecks benötigte Landeswährung von dem Darlehensnehmer zu annehmbaren Bedingungen nicht aufgebracht werden kann, kann die Bank dem Darlehensnehmer einen angemessenen Betrag dieser Währung als Teil des Darlehens zur Verfügung stellen.

(c) Wenn das Projekt indirekt einen gesteigerten Devisenbedarf des Mitglieds verursacht, in dessen Gebiet das Projekt zur Durchführung gelangt, so kann die Bank in Ausnahmefällen dem Darlehensnehmer einen angemessenen Gold- oder Devisenbetrag als Teil des Darlehens zur Verfügung stellen; dieser darf die in Zusammenhang mit dem Darlehenszweck stehenden örtlichen Ausgaben des Darlehensnehmers nicht übersteigen.

(d) Auf Antrag eines Mitglieds, in dessen Gebieten ein Teil des Darlehens verbraucht wird, kann die Bank in Ausnahmefällen einen Teil der auf diese Weise verbrauchten Währung dieses Mitglieds gegen Gold oder Devisen zurückkaufen, jedoch darf der so zurückgekaufte Anteil in keinem Fall den durch die Verwendung des Darlehens in diesen Gebieten verursachten zusätzlichen Devisenbedarf übersteigen.

Abschnitt 4. Zahlungsbestimmungen für direkte Darlehen

Darlehensverträge gemäß Abschnitt 1 (a) (i) oder (ii) dieses Artikels sind in Übereinstimmung mit den nachfolgenden Zahlungsbestimmungen abzuschließen:

(a) Die Verzinsungs- und Tilgungsbestimmungen und -bedingungen, die Fälligkeit und die Zahlungstermine eines jeden Darlehens werden durch die Bank bestimmt. Die Bank setzt ferner die Höhe und alle anderen Bestimmungen und Bedingungen für die im Zusammenhang mit einem solchen Darlehen zu belastende Provision fest.

Bei Darlehen gemäß Abschnitt 1 (a) (ii) dieses Artikels beträgt dieser Provisionssatz für die während der ersten zehn Jahre der Tätigkeit der Bank gewährten Darlehen mindestens ein Prozent und höchstens eineinhalb Prozent jährlich; er wird auf den ausstehenden Teil des Darlehens belastet. Nach Ablauf dieser zehn Jahre kann die Bank den Provisionssatz sowohl für die ausstehenden Teile bereits gegebener Darlehen als auch für künftige Darlehen ermäßigen, wenn die Höhe der von der Bank gemäß Abschnitt 6 dieses Artikels und aus anderen Einnahmen angesammelten Reserven ihrer Auffassung nach eine Ermäßigung rechtfertigt. Bei künftigen Darlehen bleibt es ebenfalls dem Ermessen der Bank überlassen, den Provisionssatz über die obenerwähnte Grenze hinaus zu erhöhen, wenn die Erfahrung eine Erhöhung ratsam erscheinen läßt.

(b) In allen Darlehensverträgen ist die Währung bzw. sind die Währungen festzulegen, in denen die vertragsmäßigen Zahlungen an die

Bank zu erfolgen haben. Nach Wahl des Darlehensnehmers können diese Zahlungen indessen in Gold oder, vorbehaltlich der Zustimmung der Bank, in einer anderen als der im Anleihevertrag vorgeschriebenen Währung eines Mitglieds erfolgen.

(i) Bei Darlehen gemäß Abschnitt 1 (a) (i) dieses Artikels ist in den Darlehensverträgen niederzulegen, daß Zinszahlungen, die Zahlung anderer Spesen und Amortisationszahlungen an die Bank in der Währung zu erfolgen haben, in der das Darlehen gewährt wird, es sei denn, daß das Mitglied, in dessen Währung das Darlehen gegeben wird, sich mit Zahlungen dieser Art in einer anderen oder in anderen näher bezeichneten Währungen einverstanden erklärt. Diese Zahlungen haben vorbehaltlich der Bestimmungen des Artikels II Abschnitt 9 (c) dem Wert dieser vertragsmäßigen Zahlungen im Zeitpunkt der Darlehensgewährung, ausgedrückt in einer von der Bank mit Dreiviertelmehrheit der gesamten Stimmenzahl hierfür bestimmten Währung, zu entsprechen.

(ii) Bei Darlehen gemäß Abschnitt 1 (a) (ii) dieses Artikels darf der gesamte in einer Währung ausstehende und an die Bank zahlbare Betrag niemals den Gesamtbetrag der gemäß Abschnitt 1 (a) (ii) von der Bank aufgenommen und in der gleichen Währung zahlbaren ausstehenden Darlehen übersteigen.

(c) Wenn ein Mitglied unter einer akuten Devisenknappheit leidet, so daß die Bedienung eines von ihm aufgenommenen oder von ihm oder einer seiner Stellen garantierten Darlehens nicht in der festgelegten Weise erfolgen kann, so kann das betreffende Mitglied wegen einer Erleichterung der Zahlungsbedingungen an die Bank herantreten. Kommt die Bank zu der Überzeugung, daß eine Erleichterung im Interesse des betreffenden Mitglieds und der Geschäfte der Bank sowie der Gesamtheit ihrer Mitglieder liegt, so kann sie bezüglich der Gesamtheit oder eines Teils des jährlichen Darlehensdienstes gemäß einem oder beiden der folgenden Absätze vorgehen:

(i) Die Bank kann nach ihrem Ermessen mit dem betreffenden Mitglied Vereinbarungen treffen, daß sie während eines Zeitraums bis zu drei Jahren Zahlungen zur Bedienung des Darlehens in der Währung des Mitglieds annimmt, und zwar unter angemessenen Bedingungen bezüglich der Verwendung dieser Währung und der Aufrechterhaltung ihres Devisenkurses; ferner kann sie Vereinbarungen treffen über den Rückkauf dieser Währung zu angemessenen Bedingungen.

(ii) Die Bank kann die Rückzahlungsbedingungen ändern oder/und die Laufzeit des Darlehens verlängern.

Abschnitt 5. Garantien

(a) Bei der Übernahme der Garantie für ein auf den üblichen Kapitalbeschaffungswegen gegebenes Darlehen belastet die Bank eine periodisch zahlbare Garantie-Provision auf den ausstehenden Darlehensbetrag zu einem von der Bank festgelegten Satz. Während der ersten zehn Jahre der Tätigkeit der Bank beträgt dieser Provisionssatz mindestens ein Prozent und höchstens eineinhalb Prozent jährlich. Nach Ablauf dieser zehn Jahre kann die Bank den Provisionssatz sowohl für die ausstehenden Teile bereits garantierter Darlehen als auch für künftige Darlehen ermäßigen, wenn die Höhe der von der Bank gemäß Abschnitt 6 dieses Artikels oder aus anderen Einnahmen angesammelten Reserven ihrer Auffassung nach eine Ermäßigung rechtfertigt. Bei künftigen Darlehen bleibt es ebenfalls dem Ermessen der Bank überlassen, den Provisionssatz über die obenerwähnte Grenze hinaus zu erhöhen, wenn die Erfahrung eine Erhöhung ratsam erscheinen läßt.

(b) Die Garantie-Provisionen sind durch die Darlehensnehmer unmittelbar an die Bank zu zahlen.

(c) In den von der Bank gegebenen Garantien ist niederzulegen, daß die Bank ihrer Haftung hinsichtlich der Zinszahlungen ein Ende setzen kann, wenn bei Nichtzahlung durch den Darlehensnehmer und den etwaigen Bürgen die Bank das Angebot macht, die garantierten Anleihestücke oder andere garantierte Obligationen zum Nennwert zuzüglich der Zinsen bis zu einem in dem Angebot bezeichneten Zeitpunkt zu kaufen.

(d) Die Bank ist zur Festsetzung beliebiger anderer Garantiebestimmungen und -bedingungen ermächtigt.

Abschnitt 6. Sonderreserve

Der Betrag der von der Bank gemäß Abschnitt 4 und 5 dieses Artikels eingenommenen Provisionsbeträge wird als Sonderreserve beiseite gestellt, die für die Deckung von Verbindlichkeiten der Bank gemäß Abschnitt 7 dieses Artikels bereitgehalten wird. Die Sonderreserve wird im Rahmen dieses Abkommens in der von den Direktoren bestimmten flüssigen Form gehalten.

Abschnitt 7. Methoden zur Erfüllung der Bankverpflichtungen in Verzugsfällen

Für Verzugsfälle bei Darlehen, die durch die Bank gewährt wurden, an denen sie beteiligt ist oder die durch sie garantiert werden, gelten die folgenden Bestimmungen:

(a) Die Bank trifft geeignete Vorkehrungen zur Bereinigung der aus den Darlehen herrührenden Verpflichtungen, einschließlich der oder ähnlich den in Abschnitt 4 (c) dieses Artikels vorgesehenen Maßnahmen.

(b) Mit den Zahlungen zur Erfüllung der Verpflichtungen der Bank aus Darlehen, die gemäß Abschnitt 1 (a) (ii) und (iii) dieses Artikels aufgenommen oder garantiert wurden, werden belastet:

(i) erstens die in Abschnitt 6 dieses Artikels vorgesehene Sonderreserve,

(ii) sodann, soweit notwendig und nach dem Ermessen der Bank, die ihr zur Verfügung stehenden anderen Reserven, der Gewinnvortrag und das Kapital.

(c) Wenn vertragsmäßige Zins-, Spesen- oder Amortisationszahlungen auf die eigenen Anleihen der Bank zu leisten oder ähnliche Zahlungsverpflichtungen der Bank im Zusammenhang mit von ihr garantierten Darlehen zu erfüllen sind, so kann die Bank gemäß Artikel II Abschnitt 5 und 7 einen entsprechenden Betrag der nicht eingezahlten Mitgliederanteile einfordern. Darüber hinaus kann die Bank, wenn sie annimmt, daß ein Verzug von langer Dauer sein kann, einen zusätzlichen Betrag auf diese nicht eingezahlten Anteile, der jährlich höchstens ein Prozent der gesamten Anteile der Mitglieder betragen darf, für die folgenden Zwecke einfordern:

(i) um den ausstehenden Teil eines von der Bank garantierten Darlehens, hinsichtlich dessen der Darlehensnehmer in Verzug ist, vor der Fälligkeit ganz oder teilweise zurückzuzahlen oder die Verpflichtungen der Bank daraus in anderer Weise zu erfüllen;

(ii) um ihre eigenen noch ausstehenden Anleihen ganz oder teilweise einzulösen oder ihre Verpflichtungen daraus in anderer Weise zu erfüllen.

Abschnitt 8. Verschiedene Geschäfte

Neben den an anderer Stelle in diesem Abkommen aufgeführten Geschäften ist die Bank befugt,

(i) von ihr ausgegebene oder garantierte Wertpapiere oder Wertpapiere, in denen sie Gelder angelegt hat, zu kaufen und zu verkaufen, vorausgesetzt, daß die Bank hierzu die Zustimmung des Mitglieds erhält, in dessen Gebieten die Wertpapiere gekauft oder verkauft werden sollen;

(ii) Wertpapiere, in denen sie Gelder angelegt hat, zu garantieren, um ihre Unterbringung zu erleichtern;

(iii) mit Zustimmung eines Mitglieds dessen Währung zu entleihen;

(iv) andere Wertpapiere zu kaufen und zu verkaufen, die das Direktorium mit Dreiviertelmehrheit der gesamten Stimmenzahl für die

Anlage der Gesamtheit oder eines Teils der in Abschnitt 6 dieses Artikels genannten Sonderreserve für geeignet hält.

Bei der Ausübung der in diesem Abschnitt erteilten Befugnisse kann die Bank mit jeder Privatperson, Gesellschaft, Vereinigung, Körperschaft oder jeder anderen juristischen Person in den Gebieten eines jeden Mitglieds geschäftlich verkehren.

Abschnitt 9. Auf Wertpapiere zu setzender Warnvermerk

Jedes durch die Bank garantierte oder ausgegebene Wertpapier hat auf seiner Vorderseite einen deutlich sichtbaren Vermerk des Inhalts zu tragen, daß es sich nicht um eine Schuldverschreibung einer Regierung handelt, es sei denn, daß dies ausdrücklich auf diesem Wertpapier vermerkt ist.

Abschnitt 10. Verbot politischer Betätigung

Die Bank und ihre Beamten sollen sich nicht in die politischen Angelegenheiten eines Mitglieds einmischen; sie dürfen sich in ihren Entscheidungen auch nicht von dem politischen Charakter des betreffenden Mitglieds oder der betreffenden Mitglieder beeinflussen lassen. Für ihre Beschlüsse müssen ausschließlich wirtschaftliche Gesichtspunkte maßgebend sein und diese sind unparteiisch zu wägen, damit die in Artikel I genannten Zwecke erreicht werden.

Artikel V. Organisation und Geschäftsführung

Abschnitt 1. Organisation der Bank

Die Bank besitzt einen Gouverneursrat, ein Direktorium, einen Präsidenten und einen Beamten- und Personalstab, der zur Durchführung der von der Bank bestimmten Aufgaben erforderlich ist.

Abschnitt 2. Gouverneursrat

(a) Alle Befugnisse der Bank liegen beim Gouverneursrat, dieser besteht aus je einem Gouverneur und je einem Stellvertreter, die von jedem Mitglied in der von ihm bestimmten Weise bestellt werden. Die Amtsdauer jedes Gouverneurs und jedes Stellvertreters, die wiederbestellt werden können, beläuft sich auf fünf Jahre, ist jedoch dem Ermessen des bestellenden Mitglieds unterworfen. Kein Stellvertreter ist zur Stimmabgabe berechtigt, es sei denn in Abwesenheit des Vertretenen. Der Rat wählt einen der Gouverneure zum Vorsitzenden.

(b) Der Gouverneursrat kann auf das Direktorium die Ausübung jeder seiner Vollmachten übertragen, mit Ausnahme der Vollmacht:

(i) neue Mitglieder aufzunehmen und die Bedingungen ihrer Aufnahme zu bestimmen;
(ii) das Grundkapital zu erhöhen oder herabzusetzen;
(iii) ein Mitglied zum Ausscheiden aufzufordern;
(iv) über Berufungen gegen Auslegungen dieses Abkommens durch die Direktoren zu entscheiden;
(v) Abmachungen zu treffen über die Zusammenarbeit mit anderen internationalen Organisationen (ausgenommen formlos Abmachungen zeitweiligen oder administrativen Charakters);
(vi) die dauernde Einstellung der Geschäftstätigkeit der Bank und die Verteilung ihrer Aktiven zu beschließen;
(vii) die Verteilung des Nettoeinkommens der Bank zu bestimmen.

(c) Der Gouverneursrat hält eine Jahresversammlung und diejenigen anderen Versammlungen ab, die von ihm vorgesehen oder von den Direktoren einberufen werden. Versammlungen des Rats werden von den Direktoren einberufen, wenn es von fünf Mitgliedern oder von Mitgliedern, die über ein Viertel der Gesamtstimmenzahl verfügen, verlangt wird.

(d) Der Gouverneursrat ist jeweils beschlußfähig bei Anwesenheit einer Mehrheit der Gouverneure, die mindestens zwei Drittel der gesamten Stimmenzahl vertritt.

(e) Der Gouverneursrat kann durch Reglement ein Verfahren festlegen, wodurch die Direktoren, wenn sie eine solche Maßnahme als im besten Interesse der Bank liegend erachten, ein Votum der Gouverneure über eine bestimmte Frage erhalten können, ohne den Rat einzuberufen.

(f) Der Gouverneursrat und – soweit ermächtigt – die Direktoren können die für die Führung der Bankgeschäfte notwendigen oder geeigneten Richtlinien und Anordnungen erlassen.

(g) Die Gouverneure und ihre Stellvertreter erhalten als solche für ihre Tätigkeit von der Bank kein Entgelt. Die Bank ersetzt ihnen jedoch die infolge ihrer Teilnahme an Sitzungen entstehenden angemessenen Ausgaben.

(h) Der Gouverneursrat setzt die an die Direktoren zu bezahlende Vergütung sowie das Gehalt und die Bedingungen des Dienstvertrags des Präsidenten fest.

Abschnitt 3. Abstimmung

Die Stimmenzahl jedes Mitglieds entspricht der Summe seiner Basisstimmen und seiner Anteilsstimmen.[1)]

(i) Die Basisstimmen jedes Mitglieds umfassen die Anzahl der Stimmen, die sich aus einer gleichmäßigen Verteilung von 5,55 Prozent

[1)] Nach der sog. „Voice Reform – Phase 2" (2010) haben gewisse Schwellenländer (insbes. China) signifikant an Einfluss gewonnen. Der Stimmenanteil Deutschlands beträgt derzeit (2019) 4,09%.

der Gesamtsumme der Stimmenzahl aller Mitglieder auf alle Mitglieder ergibt, vorausgesetzt, es gibt bei den Basisstimmen keine Teilstimmen.

(ii) Die Anteilsstimmen jedes Mitglieds umfassen die Anzahl von Stimmen, die sich aus der Zuteilung einer Stimme für jeden Anteil, den das Mitglied besitzt, ergibt.

Abschnitt 4. Direktoren

(a) Die Direktoren sind für die Führung der allgemeinen Geschäfte der Bank verantwortlich und üben zu diesem Zweck alle ihnen vom Gouverneursrat übertragenen Vollmachten aus.

(b) Die Zahl der Direktoren beträgt zwölf. Sie brauchen nicht Gouverneure zu sein.

(i) Fünf werden von den fünf Mitgliedern ernannt, die die größte Zahl von Anteilen besitzen;

(ii) sieben werden gemäß Anhang B von allen Gouverneuren mit Ausnahme derjenigen gewählt, die durch die unter (i) erwähnten fünf Mitglieder ernannt werden.

Unter "Mitgliedern" im Sinne dieses Absatzes sind die Regierungen von Ländern zu verstehen, deren Namen im Anhang A aufgeführt sind, gleichgültig, ob sie Stammitglieder sind oder die Mitgliedschaft gemäß Artikel II Abschnitt 1 (b) erworben haben. Wenn Regierungen anderer Länder die Mitgliedschaft erwerben, kann der Gouverneursrat mit einer Mehrheit von vier Fünfteln der Gesamtstimmenzahl die Gesamtzahl der Direktoren durch Erhöhung der Anzahl der zu wählenden Direktoren heraufsetzen.

Die Direktoren werden alle zwei Jahre ernannt oder gewählt

(c) Jeder Direktor ernennt einen Stellvertreter, der befugt ist, für ihn zu handeln, wenn er nicht anwesend ist. Wenn die Direktoren, die sie ernennen, anwesend sind, können die Stellvertreter an Sitzungen teilnehmen, dürfen jedoch nicht ihre Stimme abgeben.

(d) Die Direktoren bleiben im Amt, bis ihre Nachfolger ernannt oder gewählt sind. Wird die Stelle eines gewählten Direktors mehr als neunzig Tage vor Ablauf seiner Amtszeit frei, so wird für den Rest der Amtszeit von den Gouverneuren, die den früheren Direktor gewählt haben, ein anderer Direktor gewählt. Für die Wahl ist die Mehrheit der abgegebenen Stimmen erforderlich. Solange der Posten unbesetzt bleibt, übt der Stellvertreter des früheren Direktors dessen Befugnisse aus, ist jedoch nicht ermächtigt, einen Stellvertreter zu ernennen.

(e) Die Direktoren amtieren kontinuierlich am Hauptsitz der Bank und treten so oft zusammen, wie die Geschäfte der Bank es erfordern.

(f) Für die Beschlußfähigkeit einer Sitzung der Direktoren ist die Anwesenheit einer Mehrheit der Direktoren, durch die mindestens die Hälfte aller Stimmen vertreten wird, erforderlich.

(g) Jeder ernannte Direktor ist zur Abgabe von soviel Stimmen berechtigt, wie dem Mitglied, das ihn ernannt hat, gemäß Abschnitt 3 dieses Artikels zuerkannt wurden. Jeder gewählte Direktor ist zur Abgabe derjenigen Zahl von Stimmen berechtigt, mit der er gewählt wurde. Alle Stimmen, zu deren Abgabe ein Direktor berechtigt ist, müssen als Einheit abgegeben werden.

(h) Der Gouverneursrat erläßt Vorschriften, wonach ein gemäß (b) nicht zur Ernennung eines Direktors berechtigtes Mitglied einen Vertreter zu den Sitzungen der Direktoren entsenden kann, wenn ein von dem Mitglied gestellter Antrag oder eine dieses Mitglied besonders betreffende Angelegenheit behandelt wird.

(i) Die Direktoren können die ihnen geeignet erscheinenden Ausschüsse bestellen. Die Zugehörigkeit zu solchen Ausschüssen braucht nicht auf Gouverneure oder Direktoren oder ihre Vertreter beschränkt zu sein.

Abschnitt 5. Präsident und Personal

(a) Die Direktoren wählen einen Präsidenten, der weder Gouverneur noch Direktor noch Vertreter eines Gouverneurs oder Direktors sein darf. Der Präsident ist Vorsitzer der Direktoren, hat aber, abgesehen von einer entscheidenden Stimme im Falle von Stimmengleichheit, kein Stimmrecht. Er kann an den Sitzungen des Gouverneursrats teilnehmen, hat aber bei solchen Sitzungen kein Stimmrecht. Der Präsident hat auf Beschluß der Direktoren sein Amt niederzulegen.

(b) Der Präsident ist Vorgesetzter des Bankpersonals und führt gemäß den Weisungen der Direktoren die laufenden Geschäfte der Bank. Vorbehaltlich der allgemeinen Kontrolle durch die Direktoren ist er für die Organisation sowie für die Anstellung und Entlassung der Beamten und Angestellten verantwortlich.

(c) Der Präsident und die Beamten und Angestellten der Bank sind bei der Ausübung ihrer Dienstgeschäfte ausschließlich der Bank und keiner anderen Behörde verantwortlich. Jedes Mitglied der Bank hat den internationalen Charakter dieser Verpflichtung zu respektieren und sich aller Versuche zu enthalten, das Personal in der Ausübung seiner Dienstgeschäfte zu beeinflussen.

(d) Bei der Ernennung der Beamten und Angestellten hat der Präsident, vorausgesetzt, daß ein Höchstmaß an Leistungsfähigkeit und technischem Können gewährleistet ist, gebührend darauf zu achten, daß die Personalauswahl auf möglichst breiter geographischer Grundlage erfolgt.

Abschnitt 6. Beirat

(a) Es wird ein Beirat von mindestens sieben Personen gebildet, die vom Gouverneursrat unter weitestgehender nationaler Aufgliederung aus Bank-, Handels-, Industrie-, Arbeitnehmer- und Landwirtschaftskreisen ausgewählt werden. Auf den Gebieten, auf denen besondere internationale Organisationen bestehen, werden die für die betreffenden Wirtschaftszweige zuständigen Vertreter des Beirats im Einverständnis mit diesen Organisationen gewählt. Der Beirat berät die Bank in Angelegenheiten der allgemeinen Bankpolitik. Er tritt jährlich einmal sowie jeweils auf Ersuchen der Bank zusammen.

(b) Die Amtsdauer der Mitglieder des Beirats beträgt zwei Jahre. Eine Wiederernennung ist zulässig. Angemessene Auslagen, die ihnen im Zusammenhang mit ihrer Tätigkeit für die Bank erwachsen, werden ihnen vergütet.

Abschnitt 7. Darlehensausschüsse

Die Ausschüsse, die gemäß Artikel II Abschnitt 4 Gutachten über Darlehen auszuarbeiten haben, werden von der Bank eingesetzt. Jedem solchen Ausschuß gehört ein Sachverständiger an, der von demjenigen Gouverneur ausgewählt wird, der das Mitglied vertritt, in dessen Gebieten das Projekt durchgeführt werden soll; ferner gehören ihm ein Mitglied oder mehrere Mitglieder des technischen Personals der Bank an.

Abschnitt 8. Beziehungen zu anderen internationalen Organisationen

(a) Die Bank arbeitet im Rahmen der Bestimmungen dieses Abkommens mit jeder allgemeinen internationalen Organisation sowie mit öffentlichen internationalen Organisationen zusammen, die auf verwandten Gebieten besondere Aufgaben haben. Alle Übereinkommen über eine solche Zusammenarbeit, die die Änderung irgendeiner Bestimmung dieses Abkommens bedingen würden, können erst nach Abänderung dieses Abkommens gemäß Artikel VIII getroffen werden.

(b) Bei Entscheidungen über die Gewährung von Darlehen oder Garantien in Angelegenheiten, die unmittelbar in den Aufgabenbereich einer internationalen Organisation von der Art, wie sie im vorhergehenden Absatz beschrieben wurde, fallen und an denen vor allem Mitglieder der Bank beteiligt sind, hat die Bank die Auffassungen und Empfehlungen dieser Organisation zu berücksichtigen.

Abschnitt 9. Sitz der Geschäftsstellen

(a) Die Bank hat ihren Hauptsitz im Gebiet des Mitglieds, das die größte Zahl von Anteilen besitzt.

(b) Die Bank kann Agenturen oder Zweigstellen in den Gebieten jedes Mitglieds der Bank errichten.

Abschnitt 10. Regionale Geschäftsstellen und Beiräte

(a) Die Bank kann regionale Geschäftsstellen errichten und deren Sitz sowie die von ihnen zu bearbeitenden Gebiete bestimmen.

(b) Jede regionale Geschäftsstelle wird von einem regionalen Beirat beraten, der die Interessen des ganzen Gebiets vertreten muß und nach einem von der Bank festzusetzenden Verfahren ausgewählt wird.

Abschnitt 11. Hinterlegungsstellen

(a) Jedes Mitglied bestimmt seine Zentralbank als Hinterlegungsstelle für die gesamten Bestände der Bank in seiner Währung; wenn es keine Zentralbank hat, so bestimmt es ein anderes der Bank genehmes Institut.

(b) Die Bank kann andere Vermögenswerte, einschließlich Gold, in von den fünf Mitgliedern mit dem größten Anteilbesitz bestimmten Hinterlegungsstellen sowie in anderen von der Bank bestimmten Hinterlegungsstellen hinterlegen. Anfänglich muß mindestens die Hälfte der Goldbestände der Bank bei derjenigen Hinterlegungsstelle hinterlegt werden, die von dem Mitglied bestimmt wird, in dessen Gebiet die Bank ihren Hauptsitz hat, und mindestens vierzig Prozent müssen in den von den übrigen vier obenerwähnten Mitgliedern bestimmten Hinterlegungsstellen gehalten werden; bei jeder dieser Hinterlegungsstellen muß zunächst mindestens derjenige Goldbetrag liegen, der auf die Anteile des betreffenden Mitglieds eingezahlt worden ist. Alle von der Bank vorgenommenen Goldüberführungen haben indessen unter gebührender Berücksichtigung der Transportkosten und des voraussichtlichen Bedarfs der Bank zu erfolgen. Im Notfalle können die Direktoren die Goldbestände der Bank in ihrer Gesamtheit oder teilweise an jeden beliebigen Ort überführen, an dem sie hinreichend gesichert werden können.

Abschnitt 12. Art der Währungsbestände

Die Bank hat von jedem Mitglied statt irgendeines Teils der Währungsbeträge dieses Mitglieds, die gemäß Artikel II Abschnitt 7 (i) an die Bank eingezahlt werden oder als Amortisationszahlungen auf in einer solchen Währung gewährte Darlehen dienen, und von der Bank zur Durchführung ihrer Operationen nicht benötigt werden, Schuldscheine oder ähnliche Obligationen anzunehmen, welche von der Regierung des Mitglieds oder von der durch ein solches Mitglied bezeichneten Hinterlegungsstelle ausgegeben worden sind. Diese Papiere sind unübertragbar, unverzinslich und bei Sicht zum Nennwert durch Gutschrift auf das Konto der Bank in der bezeichneten Hinterlegungsstelle zahlbar.

Abschnitt 13. Veröffentlichungen von Berichten und Erteilung von Auskünften

(a) Die Bank veröffentlicht einen Jahresbericht mit einer geprüften Bilanz und übermittelt den Mitgliedern in Abständen von drei Monaten oder weniger eine kurze Übersicht über ihre finanzielle Lage sowie eine

Gewinn- und Verlustrechnung, aus der die Ergebnisse ihrer Geschäftstätigkeit ersichtlich sind.

(b) Die Bank kann auch andere Berichte veröffentlichen, soweit sie ihr zur Durchführung ihrer Ziele wünschenswert erscheinen.

(c) Alle gemäß diesem Paragraphen angefertigten Berichte, Aufstellungen und Veröffentlichungen sind an die Mitglieder zu verteilen.

Abschnitt 14. Verteilung des Nettoeinkommens

(a) Der Gouverneursrat bestimmt jährlich, welcher Teil des Nettoeinkommens der Bank nach Abzug der Rücklagen den außerordentlichen Reserven zugewiesen und welcher Teil gegebenenfalls ausgeschüttet wird.

(b) Wenn ein Teil ausgeschüttet wird, so werden als erste Ausschüttung auf die Verteilung jedes Jahres an jedes Mitglied bis zu zwei Prozent nichtkumulativ aus der seiner Zeichnung entsprechenden Währung auf der Grundlage des Durchschnittsbetrages der während des betreffenden Jahres ausstehenden, gemäß Artikel IV Abschnitt 1 (a) (i) gewährten Darlehen gezahlt. Werden zwei Prozent als erste Ausschüttung gezahlt, so wird der etwaige noch zu verteilende Rest auf alle Mitglieder im Verhältnis ihrer Anteile verteilt. Die Zahlungen an die einzelnen Mitglieder erfolgen in ihrer eigenen Währung oder, wenn diese Währung nicht verfügbar ist, in einer anderen für das betreffende Mitglied annehmbaren Währung. Erfolgen solche Zahlungen in anderen Währungen als in der eigenen Währung des Mitglieds, so unterliegen der Transfer dieser Währung und ihre Verwendung durch das empfangende Mitglied nach erfolgter Zahlung keiner Beschränkung durch die Mitglieder.

Artikel VI. Austritt und Suspendierung von der Mitgliedschaft, Einstellung der Geschäftstätigkeit

Abschnitt 1. Austrittsrecht der Mitglieder

Durch Übermittlung einer schriftlichen Anzeige an die Hauptgeschäftsstelle kann ein Mitglied jederzeit aus der Bank ausscheiden. Der Austritt wird mit dem Zeitpunkt des Eingangs dieser Anzeige wirksam.

Abschnitt 2. Suspendierung von der Mitgliedschaft

Wenn ein Mitglied eine seiner Verpflichtungen gegenüber der Bank nicht erfüllt, so kann diese es auf Beschluß einer Mehrheit der Gouverneure, die eine Mehrheit der gesamten Stimmenzahl vertreten, von der Mitgliedschaft suspendieren. Das auf diese Art suspendierte Mitglied verliert seine Mitgliedschaft automatisch ein Jahr nach dem Zeitpunkt seiner Suspendierung, es sei denn, daß mit derselben Mehrheit beschlossen wird, es wieder in seine Mitgliedschaft einzusetzen.

Während der Suspendierung ist das Mitglied nicht berechtigt, irgendeines der Rechte aus diesem Abkommen, mit Ausnahme des Austrittsrechts, auszuüben; es bleibt jedoch allen ihm daraus obliegenden Verpflichtungen unterworfen.

Abschnitt 3. Erlöschen der Mitgliedschaft beim Internationalen Währungsfonds

Ein Mitglied, dessen Mitgliedschaft beim Internationalen Währungsfonds erlischt, verliert automatisch nach Ablauf von drei Monaten seine Mitgliedschaft bei der Bank, es sei denn, daß die Bank mit Dreiviertelmehrheit der gesamten Stimmenzahl seinem Verbleiben als Mitglied zustimmt.

Abschnitt 4. Abrechnung mit ausscheidenden Mitgliedern

(a) Erlischt die Mitgliedschaft einer Regierung, so bleibt sie gegenüber der Bank für ihre direkten Verpflichtungen und für ihre Eventualverbindlichkeiten so lange haftbar, als irgendein Teil der vor ihrem Ausscheiden kontrahierten Darlehen oder Garantien noch aussteht; es entstehen ihr jedoch keine Verbindlichkeiten aus solchen Darlehen und Garantien, die von der Bank nach diesem Zeitpunkt gewährt werden, und sie ist auch an den Einnahmen oder Ausgaben der Bank nicht mehr beteiligt.

(b) Zur Zeit des Ausscheidens einer Regierung trifft die Bank Maßnahmen für den Rückkauf ihrer Anteile im Rahmen der Abrechnung mit dieser Regierung gemäß den Bestimmungen der Absätze (c) und (d). Dabei gilt als Rückkaufspreis der Anteile der Wert, den die Bücher der Bank am Tage des Erlöschens der Mitgliedschaft der Regierung ausweisen.

(c) Die Bezahlung der durch die Bank gemäß diesem Abschnitt zurückgekauften Anteile unterliegt den nachstehenden Bedingungen:

(i) Jeder der Regierung für ihre Anteile geschuldete Betrag wird so lange zurückbehalten, als die Regierung, ihre Zentralbank oder eine ihrer Behörden als Darlehensnehmer oder als Garant der Bank gegenüber haften. Er kann nach dem Ermessen der Bank zur Deckung einer jeden solchen Verpflichtung bei Fälligkeit herangezogen werden; jedoch wird kein Betrag wegen der Verbindlichkeit der Regierung aus ihrer Anteilszeichnung gemäß Artikel II Abschnitt 5 (ii) zurückbehalten. Auf keinen Fall darf an ein Mitglied ein für dessen Anteile geschuldeter Betrag vor Ablauf von sechs Monaten nach dem Zeitpunkt, an welchem die Mitgliedschaft der Regierung erlischt, ausbezahlt werden.

(ii) Soweit der als Rückkaufpreis gemäß (b) geschuldete Betrag die Gesamtverpflichtungen aus Darlehen und Garantien gemäß (c) (i) übersteigt, kann die Bezahlung von Anteilen von Fall zu Fall gegen deren Übergabe durch die Regierung erfolgen, bis das frühere Mitglied den vollen Rückkaufspreis erhalten hat.

(iii) Zahlungen werden in der Währung des die Zahlung empfangenden Landes geleistet oder, nach Wahl der Bank, in Gold.

(iv) Hat die Bank aus Garantien, Beteiligungen an Darlehen oder Darlehen, die zum Zeitpunkt des Erlöschens der Mitgliedschaft der Regierung nach ausstanden, Verluste erlitten, und übersteigen diese Verluste die für solche Verluste zum Zeitpunkt des Erlöschens der Mitgliedschaft der Regierung vorgesehene Reserve, so ist die Regierung verpflichtet, auf Verlangen den Betrag zurückzuzahlen, um welchen sich der Rückkaufpreis ihrer Anteile vermindert hätte, wenn der Verlust zum Zeitpunkt der Bestimmung des Rückkaufpreises in Rechnung gestellt worden wäre. Darüber hinaus bleibt die frühere Mitgliedsregierung hinsichtlich jeder Einforderung unbezahlter Anteile gemäß Artikel II Abschnitt 5 (ii) soweit haftbar, als dies der Fall gewesen wäre, wenn die Verminderung des Kapitals und die Einforderung zum Zeitpunkt der Bestimmung des Rückkaufpreises seiner Anteile erfolgt wäre.

(d) Stellt die Bank ihre Geschäftstätigkeit gemäß Abschnitt 5 (b) dieses Artikels innerhalb von sechs Monaten nach Erlöschen der Mitgliedschaft einer Regierung endgültig ein, so bestimmen sich alle Rechte dieser Regierung nach den Bestimmungen des Abschnitts 5 dieses Artikels.

Abschnitt 5. Einstellung der Geschäftstätigkeit und Regelung der Verbindlichkeiten

(a) In einem Notfall können die Direktoren vorübergehend die Geschäftstätigkeit in bezug auf die Gewährung neuer Darlehen und Garantien einstellen, bis sich eine Gelegenheit für weitere Beratungen und Maßnahmen des Gouverneursrats ergeben hat.

(b) Die Bank kann ihre Geschäftstätigkeit in bezug auf die Gewährung neuer Darlehen und Garantien auf Beschluß einer Mehrheit der Gouverneure, die die Mehrheit der Gesamtstimmenzahl vertreten, endgültig einstellen. In einem solchen Falle stellt die Bank unverzüglich alle ihre Operationen ein, außerdenjenigen, die sich auf die ordnungsgemäße Realisierung, Sicherstellung und Erhaltung ihrer Vermögenswerte und die Regelung ihrer Verbindlichkeiten beziehen.

(c) Die Haftung aller Mitglieder für nicht eingeforderte Subskriptionszahlungen auf das Grundkapital der Bank und in bezug auf die Entwertung ihrer eigenen Währungen besteht so lange, bis alle Ansprüche von Gläubigern einschließlich aller Eventualforderungen erfüllt worden sind.

(d) Alle Gläubiger mit direkten Forderungen werden aus den Vermögenswerten der Bank und sodann aus den Zahlungen befriedigt, die bei der Bank auf Abrufe von nicht geleisteten Subskriptionszahlungen eingehen. Bevor irgendwelche Zahlungen an Gläubiger mit direkten Forderungen geleistet werden, haben die Direktoren die ihnen nötig erscheinenden Maßnahmen zu treffen, um sicherzustellen, daß Gläubiger mit Eventualforderungen und Gläubiger mit direkten Forderungen bei der Verteilung im gleichen Verhältnis berücksichtigt werden.

(e) An Mitglieder wird eine Verteilung auf Grund ihrer Zeichnungen auf das Grundkapital der Bank erst dann vorgenommen, wenn

(i) alle Verbindlichkeiten gegenüber den Gläubigern erfüllt oder gedeckt worden sind und

(ii) eine Mehrheit der Gouverneure, die die Mehrheit der Gesamtstimmenzahl vertreten, die Vornahme einer Verteilung beschlossen hat.

(f) Nachdem ein Beschluß zur Vornahme einer Verteilung gemäß (e) gefaßt worden ist, können die Direktoren mit Zweidrittelmehrheit nacheinander Verteilungen der Vermögensmasse der Bank an die Mitglieder vornehmen, bis sämtliche Vermögenswerte verteilt sind. Voraussetzung für eine solche Verteilung ist die vorherige Erfüllung aller ausstehenden Forderungen der Bank gegen jedes Mitglied.

(g) Bevor eine Verteilung der Vermögenswerte erfolgt, haben die Direktoren den anteiligen Anspruch eines jeden Mitglieds gemäß dem Verhältnis seines Anteilbesitzes zu den insgesamt ausstehenden Anteilen der Bank festzusetzen.

(h) Die Direktoren haben die zur Verteilung kommenden Vermögenswerte für den Zeitpunkt der Verteilung zu bewerten und sodann die Verteilung in folgender Weise vorzunehmen:

(i) Jedem Mitglied wird in seinen eigenen Obligationen oder denen seiner amtlichen Stellen oder juristischen Personen innerhalb seiner Territorien, insoweit diese Obligationen für die Verteilung verfügbar sind, ein Betrag bezahlt, der wertmäßig seinem Verhältnisanteil an dem zu verteilenden Gesamtbetrag entspricht.

(ii) Jeder einem Mitglied nach der unter (i) geleisteten Zahlung geschuldete Restbetrag wird in der Währung des Mitglieds bezahlt, insoweit die Bank diese besitzt, und zwar bis zu einem diesem Restbetrag wertmäßig gleichkommenden Betrag.

(iii) Jeder einem Mitglied nach Leistung der Zahlungen gemäß (i) und (ii) geschuldeten Restbetrag wird, soweit die Bank Bestände davon besitzt, in Gold oder einer für das Mitglied annehmbaren Währung bezahlt, und zwar bis zu einem diesem Restbetrag wertmäßig gleichkommenden Betrag.

(iv) Verbleiben nach den Zahlungen an die Mitglieder gemäß (i) (ii) und (iii) noch Vermögenswerte im Besitz der Bank, so werden sie anteilig unter die Mitglieder verteilt.

(i) Jedes Mitglied, welches von der Bank gemäß (h) verteilte Vermögenswerte enthält, genießt hinsichtlich solcher Vermögenswerte dieselben Rechte, wie sie die Bank vor deren Verteilung genossen hat.

Artikel VII. Rechtsstellung, Immunitätsrechte und Privilegien

Abschnitt 1. Zweck des Artikels

Um der Bank die Erfüllung der ihr übertragenen Aufgaben zu ermöglichen, sind ihr in den Territorien eines jeden Mitglieds die Rechtsstellung, die Immunitätsrechte und die Privilegien, wie sie in diesem Artikel näher bezeichnet sind, einzuräumen.

Abschnitt 2. Rechtsstellung der Bank

Die Bank besitzt die vollen Rechte einer juristischen Person und insbesondere die Fähigkeit:

(i) Verträge abzuschließen;

(ii) unbewegliches und bewegliches Eigentum zu erwerben und darüber zu verfügen;

(iii) Prozesse zu führen.

Abschnitt 3. Stellung der Bank in bezug auf gerichtliche Verfahren

Klagen gegen die Bank können nur vor einem zuständigen Gericht im Gebiet eines Mitglieds erhoben werden, in dem die Bank eine Geschäftsstelle hat, einen Prozeßbevollmächtigten ernannt oder Schuldtitel ausgegeben oder garantiert hat. Es dürfen jedoch keine Klagen von Mitgliedern oder von Personen erhoben werden, die Mitglieder vertreten oder Forderungen von Mitgliedern ableiten. Das Eigentum und die Aktiva der Bank sind, gleichgültig wo und in wessen Händen sie sich befinden, gegen jegliche Form von Beschlagnahme, Pfändung oder Zwangsvollstreckung geschützt, solange nicht ein rechtskräftiges Urteil gegen die Bank ergangen ist.

Abschnitt 4. Immunität des Bankvermögens gegen Beschlagnahme

Das Eigentum und die Aktiva der Bank sind, gleichgültig wo und in wessen Händen sie sich befinden, vor Durchsuchung, Requisition, Konfiskation, Enteignung oder jeder anderen Form von Beschlagnahme auf dem Verwaltungs- oder Gesetzgebungswege geschützt.

Abschnitt 5. Unverletzlichkeit der Archive

Die Archive der Bank sind unverletzlich.

Abschnitt 6. Befreiung des Bankvermögens von Beschränkungen

Soweit es die Durchführung der in diesem Abkommen vorgesehenen Operationen erfordert und vorbehaltlich der Bestimmungen dieses Abkommens ist alles Eigentum und Vermögen der Bank von allen Beschränkungen, Vorschriften, Kontrollen und Moratorien jeder Art befreit.

Abschnitt 7. Nachrichtenprivileg

Jedes Mitglied hat den amtlichen Nachrichtenverkehr der Bank in derselben Weise zu behandeln wie den amtlichen Nachrichtenverkehr anderer Mitgliedstaaten.

Abschnitt 8. Immunitätsrechte und Privilegien von Beamten und Angestellten

Alle Gouverneure, Direktoren, Stellvertreter, Beamten und Angestellten der Bank

(i) genießen gegenüber gerichtlichen Verfahren, die sich auf Handlungen beziehen, die sie in ihrer offiziellen Stellung vorgenommen haben, Immunität, es sei denn, daß die Bank auf diese Immunität verzichtet;

(ii) genießen, wenn sie nicht einheimische Staatsangehörige sind, die gleiche Befreiung von Einwanderungsbeschränkungen, von der Registrierungspflicht für Ausländer und von staatlichen Dienstverpflichtungen und die gleichen Erleichterungen bezüglich Devisenbeschränkungen, wie sie die Mitglieder den Vertretern, Beamten und Angestellten vergleichbaren Rangs anderer Mitglieder einräumen;

(iii) genießen bezüglich Reiseerleichterungen die gleiche Behandlung wie sie die Mitglieder den Vertretern, Beamten und Angestellten vergleichbaren Rangs anderer Mitglieder gewähren.

Abschnitt 9. Abgabenbefreiung

(a) Die Bank, ihre Vermögenswerte, ihr Eigentum, ihr Einkommen und ihre durch dieses Abkommen erlaubten Operationen und Transaktionen sind von jeder Besteuerung und von allen Zollabgaben befreit. Die Bank ist ferner von der Verpflichtung zur Einziehung oder Entrichtung von Steuern oder Abgaben befreit.

(b) Auf oder im Hinblick auf Gehälter und andere Bezüge, die von der Bank an Direktoren, Stellvertreter, Beamte oder Angestellte der Bank gezahlt werden, die nicht einheimische Staatsbürger oder andere einheimische Staatsangehörige (local citizens, local subjects, or other local nationals) sind, dürfen keine Steuern erhoben werden.

(c) Von der Bank ausgegebene Schuldverschreibungen oder Wertpapiere (einschließlich der Dividenden oder Zinsen hierauf), in wessen Händen sie sich auch befinden mögen, dürfen mit keiner Steuer, gleich welcher Art, belegt werden,

(i) wenn die Steuer eine solche Schuldverschreibung oder ein solches Wertpapier nur deshalb schlechter stellt, weil das Papier von der Bank ausgegeben ist,

(ii) wenn die einzige rechtliche Grundlage für diese Besteuerung der Ausgabeort oder die Währung, in der diese Papiere ausgegeben oder zahlbar sind oder bezahlt werden, oder der Sitz einer von der Bank unterhaltenen Niederlassung oder Geschäftsstelle ist.

(d) Von der Bank garantierte Schuldverschreibungen oder Wertpapiere (einschließlich der Dividenden oder Zinsen hierauf), in wessen Händen sie sich auch befinden mögen, dürfen mit keiner Steuer, gleich welcher Art, belegt werden,

(i) wenn die Steuer eine solche Schuldverschreibung oder ein solches Wertpapier nur deshalb diskriminiert, weil das Papier von der Bank garantiert ist, oder

(ii) wenn die einzige rechtliche Grundlage für diese Besteuerung der Sitz einer von der Bank unterhaltenen Niederlassung oder Geschäftsstelle ist.

Abschnitt 10. Anwendung des Artikels

Jedes Mitglied hat diejenigen Maßnahmen zu treffen, die in seinen eigenen Gebieten erforderlich sind, um durch eigene Gesetze die in diesem Artikel niedergelegten Grundsätze in Kraft zu setzen, es hat die Bank über die einzelnen von ihr getroffenen Maßnahmen zu unterrichten.

Artikel VIII. Änderungen des Abkommens

(a) Alle Vorschläge zur Änderung dieses Abkommens, gleichgültig, ob sie von einem Mitglied, einem Gouverneur oder den Direktoren ausgehen, sind dem Vorsitzenden des Gouverneursrats zuzuleiten, der sie dem Rat vorlegt. Wird die vorgeschlagene Änderung vom Rat genehmigt, so hat die Bank durch Rundschreiben oder Telegramm alle Mitglieder zu befragen, ob sie die vorgeschlagene Änderung annehmen. Haben drei Fünftel der Mitglieder, die fünfundachtzig Prozent der Gesamtstimmenzahl vertreten, die vorgeschlagene Änderung angenommen, so hat die Bank diese Tatsache durch eine an alle Mitglieder gerichtete formelle Mitteilung zu bestätigen.

(b) Unbeschadet der Bestimmung des vorstehenden Absatzes (a) ist die Annahme durch alle Mitglieder erforderlich für den Fall einer Änderung

(i) des Rechts zum Austritt aus der Bank gemäß Artikel VI Abschnitt 1;

(ii) des durch Artikel II Abschnitt 3 (c) begründeten Rechts;

(iii) der in Artikel II Abschnitt 6 vorgesehenen Haftungsbeschränkung.

(c) Änderungen treten für alle Mitglieder drei Monate nach dem Zeitpunkt der formellen Mitteilung in Kraft, es sei denn, daß in dem Rundschreiben oder Telegramm eine kürzere Frist genannt ist.

Artikel IX. Auslegung

(a) Alle Zweifelsfragen bezüglich der Auslegung der Bestimmungen dieses Abkommens, die sich zwischen einem Mitglied und der Bank oder zwischen Mitgliedern der Bank ergeben, sind den Direktoren zur Entscheidung zu unterbreiten. Wenn die Frage ein nicht zur Ernennung eines Direktors berechtigtes Mitglied besonders betrifft, so ist dieses Mitglied zur Bestellung einer Vertretung gemäß Artikel V Abschnitt 4 (h) berechtigt.

(b) In den Fällen, in denen die Direktoren eine Entscheidung gemäß vorstehendem Absatz (a) getroffen haben, kann jedes Mitglied verlangen, daß die Frage dem Gouverneursrat überwiesen wird, dessen Entscheidung endgültig ist. Bis ein Ergebnis der Überweisung an den Gouverneursrat vorliegt, kann die Bank, soweit sie es für nötig erachtet, auf der Grundlage der Entscheidung der Direktoren handeln.

(c) Kommt es zwischen der Bank und einem Mitglied, das ausgeschieden ist, oder zwischen der Bank und einem Mitglied nach der endgültigen Einstellung der Geschäftstätigkeit der Bank zu einer Meinungsverschiedenheit, so ist diese zur Entscheidung einem aus drei Schiedsrichtern bestehenden Schiedsgericht zu unterbreiten. Ein Schiedsrichter wird von der Bank und der zweite von dem beteiligten Land ernannt, der Obmann des Schiedsgerichts wird, sofern die Parteien nicht anders übereinkommen, von dem Präsidenten des Ständigen Internationalen Gerichtshofes oder einer anderen durch Verfügung der Bank bestimmten Instanz ernannt. Der Obmann hat Vollmacht, alle Verfahrensfragen zu regeln, über die die Parteien sich nicht zu einigen vermögen.

Artikel X. Stillschweigende Zustimmung

Ist für eine Maßnahme der Bank, mit Ausnahme der in Artikel VIII vorgesehenen Maßnahmen, die vorherige Zustimmung eines Mitglieds erforderlich, so gilt die Zustimmung als erteilt, es sei denn, daß das Mitglied innerhalb einer angemessenen, von der Bank in ihrer Mitteilung an das Mitglied über die vorgeschlagene Maßnahme festgesetzten Frist Einspruch erhebt.

Artikel XI. Schlußbestimmungen

Abschnitt 1. Inkrafttreten

Dieses Abkommen tritt in Kraft, sobald es im Namen von Regierungen unterzeichnet worden ist, deren Mindestzeichnungen nicht weniger als fünfundsechzig Prozent der Summe der im Anhang A[1] aufgeführten Zeichnungen umfassen und sobald die im Abschnitt 2 (a) dieses Artikels bezeichneten Urkunden in ihrem Namen hinterlegt worden sind. Keinesfalls jedoch tritt dieses Abkommen vor dem 1. Mai 1945 in Kraft.

Abschnitt 2. Unterzeichnung

(a) Jede Regierung, in deren Namen dieses Abkommen unterzeichnet wird, hat bei der Regierung der Vereinigten Staaten von Amerika eine Urkunde zu hinterlegen, aus der hervorgeht, daß sie dieses Abkommen in Übereinstimmung mit ihrem innerstaatlichen Recht angenommen und alle notwendigen Schritte unternommen hat, um alle ihre gemäß diesem Abkommen obliegenden Verpflichtungen erfüllen zu können.

(b)[2] Jede Regierung wird zu dem Zeitpunkt Mitglied der Bank, in dem für sie die im vorstehenden Absatz (a) bezeichnete Urkunde hinterlegt wird; jedoch kann keine Regierung Mitglied werden, solange dieses Abkommen nicht gemäß Abschnitt 1 dieses Artikels in Kraft getreten ist.

(c) Die Regierung der Vereinigten Staaten von Amerika hat die Regierung aller Länder, die im Anhang A aufgeführt sind, um alle Regierungen, deren Mitgliedschaft gemäß Artikel II Abschnitt 1 (b), genehmigt wird, von allen Unterzeichnungen dieses Abkommens und von der Hinterlegung aller im vorstehenden Absatz (a) genannten Urkunden zu verständigen.

(d) Jede Regierung hat zu dem Zeitpunkt, in dem dieses Abkommen für sie unterzeichnet wird, zur Deckung der Verwaltungsausgaben der Bank der Regierung der Vereinigten Staaten von Amerika ein Hundertstel Prozent des Preises jedes ihrer Anteile in Gold oder US-Dollar zu

(Fortsetzung auf S. 29)

---

[1] Anhänge hier nicht abgedruckt.

[2] Für die Bundesrepublik Deutschland in Kraft getreten am 14. 8. 1952 gemäß Bek. v. 26. 8. 1952 (BGBl. II S. 728).

überweisen. Diese Überweisung wird auf die gemäß Artikel II Abschnitt 8 (a) zu leistende Zahlung angerechnet. Die Regierung der Vereinigten Staaten von Amerika hat diese Beträge auf einem besonderen Depositenkonto zu vereinnahmen und dem Gouverneursrat der Bank zu überweisen, sobald die Eröffnungssitzung gemäß Abschnitt 3 dieses Artikels einberufen worden ist. Ist dieses Abkommen nicht bis zum 31. Dezember 1945 in Kraft getreten, so hat die Regierung der Vereinigten Staaten von Amerika diese Beträge den Regierungen, die sie überwiesen haben, zurückzuerstatten.

(e) Die Unterzeichnung dieses Abkommens steht bis zum 31. Dezember 1945 in Washington den Regierungen der im Anhang A angeführten Länder offen.

(f) Nach dem 31. Dezember 1945 steht die Unterzeichnung dieses Abkommens der Regierung jedes Landes offen, dessen Mitgliedschaft gemäß Artikel II Abschnitt 1 (b) genehmigt worden ist.

(g) Durch die Unterzeichnung dieses Abkommens erkennen es alle Regierungen sowohl für sich selbst an als auch für alle ihre Kolonien, überseeischen Gebiete, alle Gebiete unter ihrer Schutzherrschaft, Suzeränität oder obrigkeitlichen Gewalt und alle Gebiete, über die sie ein Mandat ausüben.

(h) Regierungen, deren Mutterland unter feindlicher Besetzung gestanden hat, können die Hinterlegung der in Absatz (a) genannten Urkunde bis zu hundertachtzig Tagen vom Zeitpunkt der Befreiung dieser Gebiete an aufschieben. Wenn indessen von einer solchen Regierung die Urkunde nicht bis zum Ablauf dieser Frist hinterlegt worden ist, so wird die für diese Regierung geleistete Unterschrift nichtig und der gemäß Absatz (d) eingezahlte Teilbetrag ihrer Subskription wird ihr zurückgegeben.

(i) Die Absätze (d) und (h) treten für jede Unterzeichnerregierung mit dem Zeitpunkt ihrer Unterzeichnung in Kraft.

Abschnitt 3. Eröffnung der Bank

(a) Sobald dieses Abkommen gemäß Abschnitt 1 dieses Artikels in Kraft tritt, ernennt jedes Mitglied einen Gouverneur und dasjenige Mitglied, dem gemäß Anhang A die meisten Anteile zugeteilt sind, beruft die erste Sitzung des Gouverneursrats ein.

(b) Bei der ersten Sitzung des Gouverneursrats sind Vorkehrungen für die Wahl vorläufiger Direktoren zu treffen. Die Regierungen der fünf Länder, denen gemäß Anhang A die meisten Anteile zugeteilt sind, ernennen vorläufige Direktoren. Wenn eine oder mehrere dieser Regierungen nicht Mitglieder geworden sind, so bleiben die Direktorenstellen, zu deren Besetzung sie berechtigt wären, unbesetzt, bis sie Mitglieder werden, jedoch nicht länger als bis zum 1. Januar 1946. Sieben vorläufige Direktoren werden gemäß den Bestimmungen des Anhangs B gewählt und bleiben im Amt bis zum Zeitpunkt der ersten ordentlichen Wahl der Direktoren, die sobald wie möglich nach dem 1. Januar 1946 vorgenommen wird.

(c) Der Gouverneursrat kann auf die vorläufigen Direktoren alle Vollmachten übertragen mit Ausnahme derjenigen, die auf die Direktoren nicht übertragen werden dürfen.

(d) Die Bank unterrichtet die Mitglieder, sobald sie zur Aufnahme ihrer Geschäftstätigkeit bereit ist.

Ausgefertigt in Washington in einem einzigen Exemplar, das in den Archiven der Regierung der Vereinigten Staaten von Amerika hinterlegt bleibt; letztere übermittelt allen Regierungen, die im Anhang A aufgeführt sind, sowie allen Regierungen, deren Mitgliedschaft gemäß Artikel II Abschnitt 1 (b) genehmigt wird, beglaubigte Abschriften.

46. Abkommen, betreffend die Gesetze und Gebräuche des Landkriegs[1), 2)]

Vom 18. Oktober 1907 (RGBl. 1910 S. 107)

Seine Majestät der Deutsche Kaiser, König von Preußen,

(es folgen die Namen der weiteren Staatsoberhäupter)

in der Erwägung, daß bei allem Bemühen, Mittel zu suchen, um den Frieden zu sichern und bewaffnete Streitigkeiten zwischen den Völkern zu verhüten, es doch von Wichtigkeit ist, auch den Fall ins Auge zu fassen, wo ein Ruf zu den Waffen durch Ereignisse herbeigeführt wird, die ihre Fürsorge nicht hat abwenden können,

von dem Wunsche beseelt, selbst in diesem äußersten Falle den Interessen der Menschlichkeit und den sich immer steigernden Forderungen der Zivilisation zu dienen,

in der Meinung, daß es zu diesem Zwecke von Bedeutung ist, die allgemeinen Gesetze und Gebräuche des Krieges einer Durchsicht zu unterziehen, sei es, um sie näher zu bestimmen, sei es, um ihnen gewisse Grenzen zu ziehen, damit sie soviel wie möglich von ihrer Schärfe verlieren,

haben eine Vervollständigung und in gewissen Punkten eine bestimmtere Fassung des Werkes der Ersten Friedenskonferenz für nötig befunden, die im Anschluß an die Brüsseler Konferenz von 1874, ausgehend von den durch eine weise und hochherzige Fürsorge eingegebenen Gedanken, Bestimmungen zur Feststellung und Regelung der Gebräuche des Landkriegs angenommen hat.

Nach der Auffassung der hohen vertragschließenden Teile sollen diese Bestimmungen, deren Abfassung durch den Wunsch angeregt wurde, die Leiden des Krieges zu mildern, soweit es die militärischen Inte-

---

1) Für das Deutsche Reich in Kraft getr. am 26. 1. 1910 (Bek. v. 25. 1. 1910, RGBl. II S. 375). Neben diesem „IV. Haager Abkommen" sind von der Zweiten Internationalen Friedenskonferenz in Den Haag 1907 folgende weitere kriegsrechtlich relevante und zwischen den Vertragsparteien (darunter Deutschland) bis heute in Kraft befindliche Abkommen angenommen worden (veröffentlicht in RGBl. 1910 S. 82ff): III. Haager Abkommen betreffend den Beginn der Feindseligkeiten – V. Haager Abkommen betreffend die Rechte und Pflichten der neutralen Mächte und Personen im Falle eines Landkriegs – VI. Haager Abkommen über die Behandlung der feindlichen Kauffahrteischiffe beim Ausbruche der Feindseligkeiten (dt. Vorbehalte zu Art. 3, 4 Abs. 2) – VII. Haager Abkommen betreffend die Umwandlung von Kauffahrteischiffen in Kriegsschiffe – VIII. Haager Abkommen betreffend die Legung von unterseeischen selbsttätigen Kontaktminen (dt. Vorbehalt zu Art. 2) – IX. Haager Abkommen betreffend die Beschießung durch Seestreitkräfte in Kriegszeiten (dt. Vorbehalt zu Art. 1 Abs. 2) – X. Haager Abkommen betreffend die Anwendung der Grundsätze des Genfer Abkommens auf den Seekrieg (heute durch das 2. Genfer Abkommen (1949) – BGBl. 1954 II S. 813 – praktisch obsolet) – XI. Haager Abkommen über gewisse Beschränkungen des Beuterechts im Seekriege – XIII. aager Abkommen betreffend die Rechte und Pflichten der Neutralen im Falle eines Seekriegs (dt. Vorbehalte zu Art. 11, 12, 13, 20).

2) Intern. Quelle: Martens, NRG (3e série), Bd. 3, S. 461.

ressen gestatten, den Kriegführenden als allgemeine Richtschnur für ihr Verhalten in den Beziehungen untereinander und mit der Bevölkerung dienen.

Es war indessen nicht möglich, sich schon jetzt über Bestimmungen zu einigen, die sich auf alle in der Praxis vorkommenden Fälle erstrecken.

Andererseits konnte es nicht in der Absicht der hohen vertragschließenden Teile liegen, daß die nicht vorgesehenen Fälle in Ermangelung einer schriftlichen Abrede der willkürlichen Beurteilung der militärischen Befehlshaber überlassen bleiben.

Solange, bis ein vollständigeres Kriegsgesetzbuch festgestellt werden kann, halten es die hohen vertragschließenden Teile für zweckmäßig, festzusetzen, daß in den Fällen, die in den Bestimmungen der von ihnen angenommenen Ordnung nicht einbegriffen sind, die Bevölkerung und die Kriegführenden unter dem Schutze und der Herrschaft der Grundsätze des Völkerrechts bleiben, wie sie sich ergeben aus den unter gesitteten Völkern feststehenden Gebräuchen, aus den Gesetzen der Menschlichkeit und aus den Forderungen des öffentlichen Gewissens.

Sie erklären, daß namentlich die Artikel 1 und 2 der angenommenen Ordnung in diesem Sinne zu verstehen sind.

Die hohen vertragschließenden Teile, die hierüber ein neues Abkommen abzuschließen wünschen, haben zu Ihren Bevollmächtigten ernannt:

(Es folgen die Namen der einzelnen Bevollmächtigten)

....

welche, nachdem sie ihre Vollmachten hinterlegt und diese in guter und gehöriger Form gefunden haben, über folgende Bestimmungen übereingekommen sind:

Art. 1 [Beachtung der Haager Landkriegsordnung] Die Vertragsmächte werden ihren Landheeren Verhaltensmaßregeln geben, welche der dem vorliegenden Abkommen beigefügten Ordnung der Gesetze und Gebräuche des Landkriegs entsprechen.

Art. 2 [Anwendung nur unter Vertragsparteien] Die Bestimmungen der im Artikel 1 angeführten Ordnung sowie des vorliegenden Abkommens finden nur zwischen den Vertragsmächten Anwendung und nur dann, wenn die Kriegsführenden sämtlich Vertragsparteien sind.

Art. 3 [Verantwortlichkeit der Kriegspartei] Die Kriegspartei, welche die Bestimmungen der bezeichneten Ordnung verletzen sollte, ist gegebenen Falles zum Schadensersatze verpflichtet. Sie ist für alle Handlungen verantwortlich, die von den zu ihrer bewaffneten Macht gehörenden Personen begangen werden.

Art. 4 [Ersetzung des früheren Abkommens] Dieses Abkommen tritt an seiner Ratifikation für die Beziehungen zwischen den Vertragsmächten an die Stelle des Abkommens vom 29. Juli 1899, betreffend die Gesetze und Gebräuche des Landkriegs.

Das Abkommen von 1899 bleibt in Kraft für die Beziehungen zwischen den Mächten, die es unterzeichnet haben, die aber das vorliegende Abkommen nicht gleichermaßen ratifizieren sollten.

Art. 5 [Ratifikation; Hinterlegung der Urkunden] Dieses Abkommen soll möglichst bald ratifiziert werden.

(Fortsetzung nächstes Blatt)

Die Ratifikationsurkunden sollen im Haag hinterlegt werden.

Die erste Hinterlegung von Ratifikationsurkunden wird durch ein Protokoll festgestellt, das von den Vertretern der daran teilnehmenden Mächte und von dem Niederländischen Minister der auswärtigen Angelegenheiten unterzeichnet wird.

Die späteren Hinterlegungen von Ratifikationsurkunden erfolgen mittels einer schriftlichen, an die Regierung der Niederlande gerichteten Anzeige, der die Ratifikationsurkunde beizufügen ist.

Beglaubigte Abschrift des Protokolls über die erste Hinterlegung von Ratifikationsurkunden, der im vorstehenden Absatz erwähnten Anzeigen sowie der Ratifikationsurkunden wird durch die Regierung der Niederlande den zur Zweiten Friedenskonferenz eingeladenen Mächten sowie den anderen Mächten, die dem Abkommen beigetreten sind, auf diplomatischem Wege mitgeteilt werden. In den Fällen des vorstehenden Absatzes wird die bezeichnete Regierung ihnen zugleich bekanntgeben, an welchem Tage sie die Anzeige erhalten hat.

Art. 6 [Beitritt anderer Mächte]. Die Mächte, die nicht unterzeichnet haben, können diesem Abkommen später beitreten.

Die Macht, die beizutreten wünscht, hat ihre Absicht der Regierung der Niederlande schriftlich anzuzeigen und ihr dabei die Beitrittsurkunde zu übersenden, die im Archive der bezeichneten Regierung hinterlegt werden wird.

Diese Regierung wird unverzüglich allen anderen Mächten beglaubigte Abschrift der Anzeige wie der Beitrittsurkunde übersenden und zugleich angeben, an welchem Tage sie die Anzeige erhalten hat.

Art. 7 [Inkrafttreten]. Dieses Abkommen wird wirksam für die Mächte, die an der ersten Hinterlegung von Ratifikationsurkunden teilgenommen haben, sechzig Tage nach dem Tage, an dem das Protokoll über diese Hinterlegung aufgenommen ist, und für die später ratifizierenden oder beitretenden Mächte sechzig Tage, nachdem die Regierung der Niederlande die Anzeige von ihrer Ratifikation oder von ihrem Beitritt erhalten hat.[1]

Art. 8 [Kündigung]. Sollte eine der Vertragsmächte dieses Abkommen kündigen wollen, so soll die Kündigung schriftlich der Regierung der Niederlande erklärt werden, die unverzüglich beglaubigte Abschrift der Erklärung allen anderen Mächten mitteilt und ihnen zugleich bekanntgibt, an welchem Tage sie die Erklärung erhalten hat.

Die Kündigung soll nur in Ansehung der Macht wirksam sein, die sie erklärt hat, und erst ein Jahr, nachdem die Erklärung bei der Regierung der Niederlande eingegangen ist.

---

[1] Für das Dt. Reich in Kraft getr. am 26. 1. 1910 (Bek. v. 25. 1. 1910, RGBl. II S. 375).

Art. 9 [Register über Vertragsmächte]. Ein im Niederländischen Ministerium der auswärtigen Angelegenheiten geführtes Register soll den Tag der gemäß Artikel 5 Abs. 3, 4 erfolgten Hinterlegung von Ratifikationsurkunden angeben sowie den Tag, an dem die Anzeigen von dem Beitritt (Artikel 6 Abs. 2) oder von der Kündigung (Artikel 8 Abs. 1) eingegangen sind.

Jede Vertragsmacht hat das Recht, von diesem Register Kenntnis zu nehmen und beglaubigte Auszüge daraus zu verlangen.

Zu Urkund dessen haben die Bevollmächtigten dieses Abkommen mit ihren Unterschriften versehen.

Geschehen im Haag am achtzehnten Oktober neunzehnhundertsieben in einer einzigen Ausfertigung, die im Archive der Regierung der Niederlande hinterlegt bleiben soll und wovon beglaubigte Abschriften den zu der Zweiten Friedenskonferenz eingeladenen Mächten auf diplomatischem Wege übergeben werden sollen.

(Es folgen die Unterschriften der Bevollmächtigten)

Anlage zum Abkommen

Ordnung der Gesetze und Gebräuche des Landkriegs (Haager Landkriegsordnung)[1]

Inhaltsübersicht

Erster Abschnitt. Kriegführende

Erstes Kapitel. Begriff des Kriegführenden

Art. 1 [Begriff des „Heeres"]. Die Gesetze, die Rechte und die Pflichten des Krieges gelten nicht nur für das Heer, sondern auch für die Milizen und Freiwilligen-Korps, wenn sie folgende Bedingungen in sich vereinigen:

[1] Der Zusatz in Klammern ist nicht amtlich.

1. daß jemand an ihrer Spitze steht, der für seine Untergebenen verantwortlich ist,
2. daß sie ein bestimmtes aus der Ferne erkennbares Abzeichen tragen,
3. daß sie die Waffen offen führen und
4. daß sie bei ihren Unternehmungen die Gesetze und Gebräuche des Krieges beobachten.

In den Ländern, in denen Milizen oder Freiwilligen-Korps das Heer oder einen Bestandteil des Heeres bilden, sind diese unter der Bezeichnung „Heer" einbegriffen.

Art. 2 [Kämpfende Bevölkerung] Die Bevölkerung eines nicht besetzten Gebiets, die beim Herannahen des Feindes aus eigenem Antriebe zu den Waffen greift, um die eindringenden Truppen zu bekämpfen, ohne Zeit gehabt zu haben, sich nach Artikel 1 zu organisieren, wird als kriegführend betrachtet, wenn sie die Waffen offen führt und die Gesetze und Gebräuche des Krieges beobachtet.

Art. 3 [Kombattanten und Nichtkombattanten] Die bewaffnete Macht der Kriegsparteien kann sich zusammensetzen aus Kombattanten und Nichtkombattanten. Im Falle der Gefangennahme durch den Feind haben die einen wie die anderen Anspruch auf Behandlung als Kriegsgefangene.

Zweites Kapitel. Kriegsgefangene[1)]

Art. 4 [Gewalthaber] Die Kriegsgefangenen unterstehen der Gewalt der feindlichen Regierung, aber nicht der Gewalt der Personen oder der Abteilungen, die sie gefangen genommen haben.

Sie sollen mit Menschlichkeit behandelt werden.

Alles, was ihnen persönlich gehört, verbleibt ihr Eigentum mit Ausnahme von Waffen, Pferden und Schriftstücken militärischen Inhalts.

Art. 5 [Unterbringung] Die Kriegsgefangenen können in Städten, Festungen, Lagern oder an anderen Orten untergebracht werden mit der Verpflichtung, sich nicht über eine bestimmte Grenze hinaus zu entfernen; dagegen ist ihre Einschließung nur statthaft als unerläßliche Sicherungsmaßregel und nur während der Dauer der diese Maßregel notwendig machenden Umstände.

Art. 6 [Arbeitspflicht] Der Staat ist befugt, die Kriegsgefangenen mit Ausnahme der Offiziere nach ihrem Dienstgrad und nach ihren Fähigkeiten als Arbeiter zu verwenden. Diese Arbeiten dürfen nicht

---

1) Das Zweite Kapitel „Kriegsgefangene" wird ergänzt durch das III. Genfer Abkommen vom 12. 8. 1949 über die Behandlung der Kriegsgefangenen (BGBl. 1954 II S. 838); abgedruckt unter Nr. 53. Vgl. ferner Art. 43 ff. des I. Zusatzprotokolls vom 8. 6. 1977 zu den Genfer Abk. vom 12. 8. 1949 (BGBl. 1990 II S. 1551); abgedruckt unter Nr. **54 a**.

übermäßig sein und in keiner Beziehung zu den Kriegsunternehmungen stehen.

Den Kriegsgefangenen kann gestattet werden, Arbeiten für öffentliche Verwaltungen oder für Privatpersonen oder für ihre eigene Rechnung auszuführen.

Arbeiten für den Staat werden nach den Sätzen bezahlt, die für Militärpersonen des eigenen Heeres bei Ausführung der gleichen Arbeiten gelten, oder, falls solche Sätze nicht bestehen, nach einem Satze, wie er den geleisteten Arbeiten entspricht.

Werden die Arbeiten für Rechnung anderer öffentlicher Verwaltungen oder für Privatpersonen ausgeführt, so werden die Bedingungen im Einverständnisse mit der Militärbehörde festgestellt.

Der Verdienst der Kriegsgefangenen soll zur Besserung ihrer Lage verwendet und der Überschuß nach Abzug der Unterhaltungskosten ihnen bei der Freilassung ausgezahlt werden.

Art. 7 [Unterhaltspflicht] Die Regierung, in deren Gewalt sich die Kriegsgefangenen befinden, hat für ihren Unterhalt zu sorgen.

In Ermangelung einer besonderen Verständigung zwischen den Kriegführenden sind die Kriegsgefangenen in Beziehung auf Nahrung, Unterkunft und Kleidung auf demselben Fuße zu behandeln wie die Truppen der Regierung, die sie gefangen genommen hat.

Art. 8 [Geltendes Recht; Entweichen aus Gefangenschaft] Die Kriegsgefangenen unterstehen den Gesetzen, Vorschriften und Befehlen, die in dem Heere des Staates gelten, in dessen Gewalt sie sich befinden. Jede Unbotmäßigkeit kann mit der erforderlichen Strenge geahndet werden.

Entwichende Kriegsgefangene, die wieder ergriffen werden, bevor es ihnen gelungen ist, ihr Heer zu erreichen, oder bevor sie das Gebiet verlassen haben, das von den Truppen, welche sie gefangen genommen hatte, besetzt ist, unterliegen disziplinarischer Bestrafung.

Kriegsgefangene, die nach gelungener Flucht von neuem gefangen genommen werden, können für die frühere Flucht nicht bestraft werden.

Art. 9 [Namens- und Dienstgradangabe] Jeder Kriegsgefangene ist verpflichtet, auf Befragen seinen wahren Namen und Dienstgrad anzugeben; handelt er gegen diese Vorschrift, so können ihm die Vergünstigungen, die den Kriegsgefangenen seiner Klasse zustehen, entzogen werden.

Art. 10 [Freilassung gegen Ehrenwort] Kriegsgefangene können gegen Ehrenwort freigelassen werden, wenn die Gesetze ihres Landes sie dazu ermächtigen; sie sind alsdann bei ihrer persönlichen Ehre verbunden, die übernommenen Verpflichtungen sowohl ihrer eigenen Regierung als auch dem Staate gegenüber, der sie zu Kriegsgefangenen gemacht hat, gewissenhaft zu erfüllen.

Ihre Regierung ist in solchem Falle verpflichtet, keinerlei Dienste zu verlangen oder anzunehmen, die dem gegebenen Ehrenworte widersprechen.

Art. 11 Ein Kriegsgefangener kann nicht gezwungen werden, seine Freilassung gegen Ehrenwort anzunehmen; ebensowenig ist die feindliche Regierung verpflichtet, dem Antrag eines Kriegsgefangenen auf Entlassung gegen Ehrenwort zu entsprechen.

Art. 12 Jeder gegen Ehrenwort entlassene Kriegsgefangene, der gegen den Staat, dem gegenüber er die Ehrenverpflichtung eingegangen ist, oder gegen dessen Verbündete die Waffen trägt und wieder ergriffen wird, verliert das Recht der Behandlung als Kriegsgefangener und kann vor Gericht gestellt werden.

Art. 13 [Heeresgefolge]. Personen, die einem Heere folgen, ohne ihm unmittelbar anzugehören, wie Kriegskorrespondenten, Zeitungsberichterstatter, Marketender und Lieferanten, haben, wenn sie in die Hand des Feindes geraten und diesem ihre Festhaltung zweckmäßig erscheint, das Recht auf Behandlung als Kriegsgefangene, vorausgesetzt, daß sie sich im Besitz eines Ausweises der Militärbehörde des Heeres befinden, das sie begleiteten.

Art. 14 [Auskunftstelle über die Kriegsgefangenen]. Beim Ausbruche der Feindseligkeiten wird in jedem der kriegführenden Staaten und eintretenden Falles in den neutralen Staaten, die Angehörige eines der Kriegführenden in ihr Gebiet aufgenommen haben, eine Auskunftsstelle über die Kriegsgefangenen errichtet. Diese ist berufen, alle die Kriegsgefangenen betreffenden Anfragen zu beantworten, und erhält von den zuständigen Dienststellen alle Angaben über die Unterbringung und deren Wechsel, über Freilassungen gegen Ehrenwort, über Austausch, über Entweichungen, über Aufnahme in die Hospitäler und über Sterbefälle sowie sonstige Auskünfte, die nötig sind, um über jeden Kriegsgefangenen ein Personalblatt anzulegen und auf dem laufenden zu erhalten. Die Auskunftstelle verzeichnet auf diesem Personalblatte die Matrikelnummer, den Vor- und Zunamen, das Alter, den Heimatsort, den Dienstgrad, den Truppenteil, die Verwundungen, den Tag und Ort der Gefangennahme, der Unterbringung, der Verwundungen und des Todes sowie alle besonderen Bemerkungen. Das Personalblatt wird nach dem Friedensschlusse der Regierung des anderen Kriegführenden übermittelt.

Die Auskunftstelle sammelt ferner alle zum persönlichen Gebrauche dienenden Gegenstände, Wertsachen, Briefe usw., die auf den Schlachtfeldern gefunden oder von den gegen Ehrenwort entlassenen, ausgetauschten, entwichenen oder in Hospitälern oder Feldlazaretten gestorbenen Kriegsgefangenen hinterlassen werden, und stellt sie den Berechtigten zu.

Art. 15 [Hilfsgesellschaften für Kriegsgefangene]. Die Hilfsgesellschaften für Kriegsgefangene, die ordnungsmäßig nach den Gesetzen ihres Landes gebildet worden sind und den Zweck verfolgen, die Vermittler der mildtätigen Nächstenhilfe zu sein, erhalten von den Kriegführenden für sich und ihre ordnungsmäßig beglaubigten Agenten jede Erleichterung innerhalb der durch die militärischen Erfordernisse und die Verwaltungsvorschriften gezogenen Grenzen, um ihre menschenfreundlichen Bestrebungen wirksam ausführen zu können. Den Delegierten dieser Gesellschaften kann auf Grund einer ihnen persönlich von der Militärbehörde erteilten Erlaubnis und gegen die schriftliche Verpflichtung, sich allen von dieser etwa erlassenen Ordnungs- und Polizeivorschriften zu fügen, gestattet werden, Beihilfen an den Unterbringungsstellen sowie an den Rastorten der in die Heimat zurückkehrenden Gefangenen zu verteilen.

Art. 16 [Portofreiheit von Postsendungen]. Die Auskunftstellen genießen Portofreiheit. Briefe, Postanweisungen, Geldsendungen und Postpakete, die für die Kriegsgefangenen bestimmt sind oder von ihnen abgesandt werden, sind sowohl im Lande der Aufgabe, als auch im Bestimmungsland und in den Zwischenländern von allen Postgebühren befreit.

Die als Liebesgaben und Beihilfen für Kriegsgefangene bestimmten Gegenstände sind von allen Eingangszöllen und anderen Gebühren sowie von den Frachtkosten auf Staatseisenbahnen befreit.

Art. 17 [Besoldung der Offiziere]. Die gefangenen Offiziere erhalten dieselbe Besoldung, wie sie den Offizieren gleichen Dienstgrads in dem Lande zusteht, wo sie gefangen gehalten werden; ihre Regierung ist zur Erstattung verpflichtet.

Art. 18 [Religionsausübung]. Den Kriegsgefangenen wird in der Ausübung ihrer Religion mit Einschluß der Teilnahme am Gottesdienste volle Freiheit gelassen unter der einzigen Bedingung, daß sie sich den Ordnungs- und Polizeivorschriften der Militärbehörde fügen.

Art. 19 [Testamente; Sterbeurkunden; Beerdigung]. Die Testamente der Kriegsgefangenen werden unter denselben Bedingungen entgegengenommen oder errichtet wie die der Militärpersonen des eigenen Heeres.

Das gleiche gilt für die Sterbeurkunden sowie für die Beerdigung von Kriegsgefangenen, wobei deren Dienstgrad und Rang zu berücksichtigen ist.

Art. 20 [Entlassung nach Friedensschluß]. Nach dem Friedensschlusse sollen die Kriegsgefangenen binnen kürzester Frist in ihre Heimat entlassen werden.

Drittes Kapitel. Kranke und Verwundete

Art. 21. Die Pflichten der Kriegführenden in Ansehung der Behandlung von Kranken und Verwundeten bestimmen sich nach dem Genfer Abkommen.[1)]

Zweiter Abschnitt. Feindseligkeiten[2)]

Erstes Kapitel. Mittel zur Schädigung des Feindes, Belagerungen und Beschießungen

Art. 22 [Mittel zur Schädigung des Feindes] Die Kriegführenden haben kein unbeschränktes Recht in der Wahl der Mittel zur Schädigung des Feindes.

Art. 23 [Verbote] Abgesehen von den durch Sonderverträge aufgestellten Verboten, ist namentlich untersagt:

a) die Verwendung von Gift oder vergifteten Waffen,

b) die meuchlerische Tötung oder Verwundung von Angehörigen des feindlichen Volkes oder Heeres,

c) die Tötung oder Verwundung eines die Waffen streckenden oder wehrlosen Feindes, der sich auf Gnade oder Ungnade ergeben hat,

d) die Erklärung, daß kein Pardon gegeben wird,

e) der Gebrauch von Waffen, Geschossen oder Stoffen, die geeignet sind, unnötig Leiden zu verursachen,

f) der Mißbrauch der Parlamentärflagge, der Nationalflagge oder der militärischen Abzeichen oder der Uniform des Feindes sowie der besonderen Abzeichen des Genfer Abkommens,

g) die Zerstörung oder Wegnahme feindlichen Eigentums außer in den Fällen, wo diese Zerstörung oder Wegnahme durch die Erfordernisse des Krieges dringend erheischt wird,

h) die Aufhebung oder zeitweilige Außerkraftsetzung der Rechte und Forderungen von Angehörigen der Gegenpartei oder die Ausschließung ihrer Klagbarkeit.

Den Kriegführenden ist ebenfalls untersagt, Angehörige der Gegenpartei zur Teilnahme an den Kriegsunternehmungen gegen ihr Land zu

---

1) Beachte hierzu I. Genfer Abkommen vom 12. 8. 1949 zur Verbesserung des Loses der Verwundeten und Kranken der Streitkräfte im Felde (BGBl. 1954 II S. 783) und II. Genfer Abkommen vom 12. 8. 1949 zur Verbesserung des Loses der Verwundeten, Kranken und Schiffbrüchigen der Streitkräfte zur See (BGBl. 1954 II S. 813), vgl. ferner Teil II des I. Zusatzprotokolls v. 8. 6. 1977 (BGBl. 1990 II S. 1551).

2) Der Zweite und Dritte Abschnitt der Haager Landkriegsordnung wird ergänzt durch das IV. Genfer Abkommen vom 12. 8. 1949 zum Schutze von Zivilpersonen in Kriegszeiten (BGBl. 1954 II S. 917); abgedruckt unter Nr. **54**. Vgl. ferner Teile III und IV des I. Zusatzprotokolls v. 8. 6. 1977 (BGBl. 1990 II S. 1551); abgedruckt unter Nr. **54 a**.

zwingen; dies gilt auch für den Fall, daß sie vor Ausbruch des Krieges angeworben waren.

Art. 24 [Kriegslisten; Nachrichtenverschaffung] Kriegslisten und die Anwendung der notwendigen Mittel, um sich Nachrichten über den Gegner und das Gelände zu verschaffen, sind erlaubt.

Art. 25 [Unverteidigte Stätten] Es ist untersagt, unverteidigte Städte, Dörfer, Wohnstätten oder Gebäude, mit welchen Mitteln es auch sei, anzugreifen oder zu beschießen.

Art. 26 [Warnung vor Beschießungen] Der Befehlshaber einer angreifenden Truppe soll vor Beginn der Beschießung, den Fall eines Sturmangriffs ausgenommen, alles, was an ihm liegt, tun, um die Behörden davon zu benachrichtigen.

Art. 27 [Belagerungen und Beschießungen] Bei Belagerungen und Beschießungen sollen alle erforderlichen Vorkehrungen getroffen werden, um die dem Gottesdienste, der Kunst, der Wissenschaft und der Wohltätigkeit gewidmeten Gebäude, die geschichtlichen Denkmäler, die Hospitäler und Sammelplätze für Kranke und Verwundete soviel wie möglich zu schonen, vorausgesetzt, daß sie nicht gleichzeitig zu einem militärischen Zwecke Verwendung finden.

Pflicht der Belagerten ist es, diese Gebäude oder Sammelplätze mit deutlichen besonderen Zeichen zu versehen und diese dem Belagerer vorher bekanntzugeben.

Art. 28 [Plünderungsverbot] Es ist untersagt, Städte oder Ansiedlungen, selbst wenn sie im Sturme genommen sind, der Plünderung preiszugeben.

Zweites Kapitel. Spione

Art. 29 [Begriff des Spions] Als Spion gilt nur, wer heimlich oder unter falschem Vorwand in dem Operationsgebiet eines Kriegführenden Nachrichten einzieht oder einzuziehen sucht in der Absicht, sie der Gegenpartei mitzuteilen.

Demgemäß sind Militärpersonen in Uniform, die in das Operationsgebiet des feindlichen Heeres eingedrungen sind, um sich Nachrichten zu verschaffen, nicht als Spione zu betrachten. Desgleichen gelten nicht als Spione: Militärpersonen und Nichtmilitärpersonen, die den ihnen erteilten Auftrag, Mitteilungen an ihr eigenes oder an das feindliche Heer zu überbringen, offen ausführen. Dahin gehören ebenfalls Personen, die in Luftschiffen befördert werden, um Mitteilungen zu überbringen oder um überhaupt Verbindungen zwischen den verschiedenen Teilen eines Heeres oder eines Gebiets aufrechtzuerhalten.

Art. 30 [Bestrafung nur nach Urteil] Der auf der Tat ertappte Spion kann nicht ohne vorausgegangenes Urteil bestraft werden.

Art. 31 [Früherer Spion in Kriegsgefangenschaft] Ein Spion, welcher zu dem Heere, dem er angehört, zurückgekehrt ist und später vom Feinde gefangengenommen wird, ist als Kriegsgefangener zu behandeln und kann für früher begangene Spionage nicht verantwortlich gemacht werden.

Drittes Kapitel. Parlamentäre

Art. 32 [Begriff und Stellung des Parlamentärs] Als Parlamentär gilt, wer von einem der Kriegführenden bevollmächtigt ist, mit dem anderen in Unterhandlungen zu treten, und sich mit der weißen Fahne zeigt. Er hat Anspruch auf Unverletzlichkeit, ebenso der ihn begleitende Trompeter, Hornist oder Trommler, Fahnenträger und Dolmetscher.

Art. 33 [Empfang und Maßnahmen des Gegners] Der Befehlshaber, zu dem ein Parlamentär gesandt wird, ist nicht verpflichtet, ihn unter allen Umständen zu empfangen.

Er kann alle erforderlichen Maßregeln ergreifen, um den Parlamentär zu verhindern, seine Sendung zur Einziehung von Nachrichten zu benutzen.

Er ist berechtigt, bei vorkommendem Mißbrauche den Parlamentär zeitweilig zurückzuhalten.

Art. 34 [Verrat des Parlamentärs] Der Parlamentär verliert seinen Anspruch auf Unverletzlichkeit, wenn der bestimmte, unwiderlegbare Beweis vorliegt, daß er seine bevorrechtigte Stellung dazu benutzt hat, um Verrat zu üben oder dazu anzustiften.

Viertes Kapitel. Kapitulationen

Art. 35. Die zwischen den abschließenden Parteien vereinbarten Kapitulationen sollen den Forderungen der militärischen Ehre Rechnung tragen.

Einmal abgeschlossen, sollen sie von beiden Parteien gewissenhaft beobachtet werden.

Fünftes Kapitel. Waffenstillstand

Art. 36 [Folgen des Waffenstillstandes; Aufnahme der Kampfhandlungen] Der Waffenstillstand unterbricht die Kriegsunternehmungen kraft eines wechselseitigen Übereinkommens der Kriegsparteien. Ist eine bestimmte Dauer nicht vereinbart worden, so können die Kriegsparteien jederzeit die Feindseligkeiten wieder aufnehmen, doch nur unter der Voraussetzung, daß der Feind, gemäß den Bedingungen des Waffenstillstandes, rechtzeitig benachrichtigt wird.

Art. 37 [Allgemeiner und örtlicher Waffenstillstand] Der Waffenstillstand kann ein allgemeiner oder ein örtlich begrenzter sein. Der erstere unterbricht die Kriegsunternehmungen der kriegführenden Staaten allenthalben, der letztere nur für bestimmte Teile der kriegsführenden Heere und innerhalb eines bestimmten Bereichs.

Art. 38 [Bekanntmachung] Der Waffenstillstand muß in aller Form und rechtzeitig den zuständigen Behörden und den Truppen bekanntgemacht werden. Die Feindseligkeiten sind sofort nach der Bekanntmachung oder zu dem festgesetzten Zeitpunkt einzustellen.

Art. 39 [Beziehungen zur Bevölkerung und zum Gegner] Es ist Sache der abschließenden Parteien, in den Bedingungen des Waffenstillstandes festzusetzen, welche Beziehungen etwa auf dem Kriegsschauplatze mit der Bevölkerung und untereinander statthaft sind.

Art. 40 [Verletzung des Waffenstillstandes] Jede schwere Verletzung des Waffenstillstandes durch eine der Parteien gibt der anderen das Recht, ihn zu kündigen und in dringenden Fällen sogar die Feindseligkeiten unverzüglich wieder aufzunehmen.

Art. 41 [Verletzung durch Privatpersonen] Die Verletzung der Bedingungen des Waffenstillstandes durch Privatpersonen, die aus eigenem Antriebe handeln, gibt nur das Recht, die Bestrafung der Schuldigen und gegebenen Falles einen Ersatz für den erlittenen Schaden zu fordern.

Dritter Abschnitt.
Militärische Gewalt auf besetztem feindlichen Gebiete[1]

Art. 42 [Begriff der „Besetzung"] Ein Gebiet gilt als besetzt, wenn es sich tatsächlich in der Gewalt des feindlichen Heeres befindet.

Die Besetzung erstreckt sich nur auf die Gebiete, wo diese Gewalt hergestellt ist und ausgeübt werden kann.

---

[1] Der Zweite und Dritte Abschnitt der Haager Landkriegsordnung wird ergänzt durch das IV. Genfer Abkommen vom 12. 8. 1949 zum Schutz von Zivilpersonen in Kriegszeiten (BGBl. 1954 II S. 917), abgedruckt unter Nr. **54.** Vgl. ferner Teile III und IV des I. Zusatzprotokolls v. 8. 6. 1977 (BGBl. 1990 II S. 1551); abgedruckt unter Nr. **54 a.**

Art. 43 [Wiederherstellung der öffentlichen Ordnung]. Nachdem die gesetzmäßige Gewalt tatsächlich in die Hände des Besetzenden übergegangen ist, hat dieser alle von ihm abhängenden Vorkehrungen zu treffen, um nach Möglichkeit die öffentliche Ordnung und das öffentliche Leben wiederherzustellen und aufrechtzuerhalten, und zwar, soweit kein zwingendes Hindernis besteht, unter Beachtung der Landesgesetze.

Art. 44 [Verbot des Auskunftzwanges]. Einem Kriegführenden ist es untersagt, die Bevölkerung eines besetzten Gebiets zu zwingen, Auskünfte über das Heer des anderen Kriegführenden oder über dessen Verteidigungsmittel zu geben.

Art. 45 [Verbot des Zwanges zum Treueid]. Es ist untersagt, die Bevölkerung eines besetzten Gebiets zu zwingen, der feindlichen Macht den Treueid zu leisten.

Art. 46 [Schutz des Einzelnen und des Privateigentums]. Die Ehre und die Rechte der Familie, das Leben der Bürger und das Privateigentum sowie die religiösen Überzeugungen und gottesdienstlichen Handlungen sollen geachtet werden.

Das Privateigentum darf nicht eingezogen werden.

Art. 47 [Plünderungsverbot]. Die Plünderung ist ausdrücklich untersagt.

Art. 48 [Erhebung von Abgaben]. Erhebt der Besetzende in dem besetzten Gebiete die zugunsten des Staates bestehenden Abgaben, Zölle und Gebühren, so soll er es möglichst nach Maßgabe der für die Ansetzung und Verteilung geltenden Vorschriften tun; es erwächst damit für ihn die Verpflichtung, die Kosten der Verwaltung des besetzten Gebiets in dem Umfange zu tragen, wie die gesetzmäßige Regierung hierzu verpflichtet war.

Art. 49 [Erhebung von anderen Auflagen]. Erhebt der Besetzende in dem besetzten Gebiet außer den im vorstehenden Artikel bezeichneten Abgaben andere Auflagen in Geld, so darf dies nur zur Deckung der Bedürfnisse des Heeres oder der Verwaltung dieses Gebiets geschehen.

Art. 50 [Strafen wegen Handlungen einzelner]. Keine Strafe in Geld oder anderer Art darf über eine ganze Bevölkerung wegen der Handlungen einzelner verhängt werden, für welche die Bevölkerung nicht als mitverantwortlich angesehen werden kann.

Art. 51 [Zwangsauflagen]. Zwangsauflagen können nur auf Grund eines schriftlichen Befehls und unter Verantwortlichkeit eines selbständig kommandierenden Generals erhoben werden.

Die Erhebung soll so viel wie möglich nach den Vorschriften über die Ansetzung und Verteilung der bestehenden Abgaben erfolgen.

Über jede auferlegte Leistung wird den Leistungspflichtigen eine Empfangsbestätigung erteilt.

Art. 52 [Natural- und Dienstleistungen]. Naturalleistungen und Dienstleistungen können von Gemeinden oder Einwohnern nur für die Bedürfnisse des Besetzungsheers gefordert werden. Sie müssen im Verhältnisse zu den Hilfsquellen des Landes stehen und solcher Art sein, daß sie nicht für die Bevölkerung die Verpflichtung enthalten, an Kriegsunternehmungen gegen ihr Vaterland teilzunehmen.

Derartige Natural- und Dienstleistungen können nur mit Ermächtigung des Befehlshabers der besetzten Örtlichkeit gefordert werden.

Die Naturalleistungen sind so viel wie mögich bar zu bezahlen. Anderenfalls sind dafür Empfangsbestätigungen auszustellen; die Zahlung der geschuldeten Summen soll möglichst bald bewirkt werden.

Art. 53 [Sachen, die der Beschlagnahme unterliegen können]. Das ein Gebiet besetzende Heer kann nur mit Beschlag belegen: das bare Geld und die Wertbestände des Staates sowie die dem Staate zustehenden eintreibbaren Forderungen, die Waffenniederlagen, Beförderungsmittel, Vorratshäuser und Lebensmittelvorräte sowie überhaupt alles bewegliche Eigentum des Staates, das geeignet ist, den Kriegsunternehmungen zu dienen.

Alle Mittel, die zu Lande, zu Wasser und in der Luft zur Weitergabe von Nachrichten und zur Beförderung von Personen oder Sachen dienen, mit Ausnahme der durch das Seerecht geregelten Fälle, sowie die Waffenniederlagen und überhaupt jede Art von Kriegsvorräten können, selbst wenn sie Privatpersonen gehören, mit Beschlag belegt werden. Beim Friedensschlusse müssen sie aber zurückgegeben und die Entschädigungen geregelt werden.

Art. 54 [Seekabel]. Die unterseeischen Kabel, die ein besetztes Gebiet mit einem neutralen Gebiete verbinden, dürfen nur im Falle unbedingter Notwendigkeit mit Beschlag belegt oder zerstört werden. Beim Friedensschlusse müssen sie gleichfalls zurückgegeben und die Entschädigungen geregelt werden.

Art. 55 [Besetzerstaat als Verwalter und Nutznießer]. Der besetzende Staat hat sich nur als Verwalter und Nutznießer der öffentlichen Gebäude, Liegenschaften, Wälder und landwirtschaftlichen Betriebe zu betrachten, die dem feindlichen Staate gehören und sich in dem besetzten Gebiete befinden. Er soll den Bestand dieser Güter erhalten und sie nach den Regeln des Nießbrauchs verwalten.

Art. 56 [Gemeindeeigentum; öffentliche Anstalten] Das Eigentum der Gemeinden und der dem Gottesdienste, der Wohltätigkeit, dem Unterrichte, der Kunst und der Wissenschaft gewidmeten Anstalten, auch wenn diese dem Staate gehören, ist als Privateigentum zu behandeln.

Jede Beschlagnahme, jede absichtliche Zerstörung oder Beschädigung von derartigen Anlagen, von geschichtlichen Denkmälern oder von Werken der Kunst und Wissenschaft ist untersagt und soll geahndet werden.[1]

[1] Vgl. hierzu auch die Konvention zum Schutz von Kulturgut bei bewaffneten Konflikten (1954) nebst zwei Zusatzprotokollen (1954 und 1999), abgedruckt unter Nr. **56, 56 a** und **56 b.**

46 a. Protokoll über das Verbot der Verwendung von erstickenden, giftigen oder ähnlichen Gasen sowie von bakteriologischen Mitteln im Kriege

Vom 17. Juni 1925

(RGBl. 1929 II S. 174)[1), 2)]

(Übersetzung)

IN DER ERWÄGUNG, daß die Verwendung von erstickenden, giftigen oder gleichartigen Gasen sowie allen ähnlichen Flüssigkeiten, Stoffen oder Verfahrensarten im Kriege mit Recht in der allgemeinen Meinung der zivilisierten Welt verurteilt worden ist,

IN DER ERWÄGUNG, daß das Verbot dieser Verwendung in den Verträgen ausgesprochen worden ist, an denen die meisten Mächte der Welt beteiligt sind,

IN DER ABSICHT, eine allgemeine Anerkennung dieses Verbots, das in gleicher Weise eine Auflage für das Gewissen wie für das Handeln der Völker bildet, als eines Bestandteils des internationalen Rechts zu erreichen,

ERKLÄREN DIE UNTERZEICHNETEN BEVOLLMÄCHTIGTEN IM NAMEN IHRER REGIERUNGEN:

DIE HOHEN VERTRAGSCHLIESSENDEN PARTEIEN erkennen, soweit sie nicht schon Verträge geschlossen haben, die diese Verwendung untersagen, dieses Verbot an. Sie sind damit einverstanden, daß dieses Verbot auch auf die bakteriologischen Kriegsmittel ausgedehnt wird, und kommen überein, sich untereinander an die Bestimmungen dieser Erklärung gebunden zu betrachten.

DIE HOHEN VERTRAGSCHLIESSENDEN PARTEIEN werden sich nach besten Kräften bemühen, die anderen Staaten zum Beitritt zu dem vorliegenden Protokoll zu veranlassen. Dieser Beitritt wird der Regierung der Französischen Republik und sodann durch diese allen Signatar- und beitretenden Mächten angezeigt werden. Er erlangt mit dem Tage Wirksamkeit, an dem er durch die Regierung der Französischen Republik angezeigt wird.

---

1) Internationale Quelle: LNTS Bd. 94 S. 65.

2) Das Prot. ist mit der Ratifikation durch Frankreich am 9. 5. 1926 in Kraft getreten. Für das Deutsche Reich ist es gem. Bek. v. 14. 6. 1929 (RGBl. 1929 II S. 405) am 25. 4. 1929 in Kraft getreten. Durch den am 10. 4. 1975 erfolgten Beitritt der USA ist die Bedeutung dieses Prot. erneut unterstrichen worden. Zum Geltungsbereich dieses Prot. s. BGBl., Fundstellennachweis B, abgeschlossen am 31. 12. jedes Jahres. S. a. das Biotoxinwaffen-Übk. v. 10. 4. 1972 (BGBl. 1983 II S. 132), abgedruckt unter Nr. **64**, das Übk. v. 13. 1. 1993 über das Verbot der Entwicklung, Herstellung, Lagerung und des Einsatzes chemischer Waffen und über die Vernichtung solcher Waffen (BGBl. 1994 II S. 806), abgedruckt unter **Nr. 63,** sowie das Umweltkriegsübk. v. 18. 5. 1977 (BGBl. 1983 II S. 125, 564).

46 a Giftgasprotokoll

Das vorliegende Protokoll, dessen französischer und englischer Text maßgebend sind, soll so bald wie möglich ratifiziert werden. Es trägt das Datum des heutigen Tages.

Die Ratifikationsurkunden des vorliegenden Protokolls werden der Regierung der Französischen Republik übermittelt; diese teilt die Hinterlegung jeder der Signatar- und beitretenden Mächte mit.

Die Ratifikations- oder Beitrittsurkunden bleiben in den Archiven der Regierung der Französischen Republik hinterlegt.

Das vorliegende Protokoll tritt für jede Signatarmacht mit dem Tage der Hinterlegung ihrer Ratifikationsurkunde in Kraft; von diesem Zeitpunkt an ist diese Macht gegenüber den anderen Mächten, die bereits Ratifikationsurkunden hinterlegt haben, gebunden.

ZU URKUND DESSEN haben die Bevollmächtigten das vorliegende Protokoll unterzeichnet.

GESCHEHEN ZU Genf, in einer einzigen Ausfertigung, am siebzehnten Juni neunzehnhundertfünfundzwanzig.

(Es folgen die Unterschriften der 38 Signatarstaaten)

47. Vertrag über die Ächtung des Krieges[1), 2)]

(*Briand-Kellogg-Pakt*[3)])

Vom 27. August 1928
(RGBl. 1929 II S. 97)

(Übersetzung)

Der Deutsche Reichspräsident, der Präsident der Vereinigten Staaten von Amerika, Seine Majestät der König der Belgier, der Präsident der Französischen Republik, Seine Majestät der König von Großbritannien, Irland und den Britischen Dominions in Übersee, Kaiser von Indien, Seine Majestät der König von Italien, Seine Majestät der Kaiser von Japan, der Präsident der Republik Polen, der Präsident der Tschechoslowakischen Republik,

tief durchdrungen von ihrer erhabenen Pflicht, die Wohlfahrt der Menscheit zu fördern,

in der Überzeugung, daß die Zeit gekommen ist, einen offenen Verzicht auf den Krieg als Werkzeug nationaler Politik auszusprechen, um die jetzt zwischen ihren Völkern bestehenden friedlichen und freundschaftlichen Beziehungen dauernd aufrechtzuerhalten,

in der Überzeugung, daß jede Veränderung in ihren gegenseitigen

---

1) Der Vertrag ist gem. Bek. v. 1. 8. 1929 (RGBl. II S. 631) am 24. 7. 1929 – auch für das Deutsche Reich – in Kraft getreten; im übrigen sind folgende Staaten Parteien dieses Vertrages (* = Erklärung über die Weiteranwendung):

Afghanistan	Haiti	Panama
Ägypten	Honduras	Paraguay
Albanien	Indien	Peru
Äthiopien	Irak	Polen
Australien	Iran	Portugal
Barbados*	Irland	Rumänien
Belgien	Island	Russische Föderation*
Brasilien	Italien	Saudi-Arabien
Bulgarien	Japan	Schweden
Chile	Jugoslawien, ehemaliges	Schweiz
China	Kanada	Slowenien*
Costa Rica	Kolumbien	Sowjetunion, ehemalige
Dänemark	Kuba	Spanien
Dominica*	Liberia	Südafrika
Dominikanische Rep.	Luxemburg	Thailand
Ecuador	Mexiko	Tschechoslowakei, ehemalige
Fidschi*	Neuseeland	Türkei
Finnland	Nicaragua	Ungarn
Frankreich	Niederlande	Venezuela
Griechenland	Norwegen	Vereinigtes Königreich
Guatemala	Österreich	Vereinigte Staaten

2) Internationale Quelle: LNTS Bd. 94 S. 57; siehe auch das Ges. v. 9. 2. 1929 (RGBl. II S. 97).

3) Die Bezeichnung „Briand-Kellogg-Pakt" ist nicht amtlich.

Beziehungen nur durch friedliche Mittel angestrebt werden und nur das Ergebnis eines friedlichen und geordneten Verfahrens sein sollte, und daß jede Signatarmacht, die in Zukunft danach strebt, ihre nationalen Interessen dadurch zu fördern, daß sie zum Kriege schreitet, dadurch der Vorteile, die dieser Vertrag gewährt, verlustig erklärt werden sollte,

in der Hoffnung, daß, durch ihr Beispiel ermutigt, alle anderen Nationen der Welt sich diesem im Interesse der Menschheit gelegenen Bestreben anschließen werden und durch ihren Beitritt zu diesem Vertrage, sobald er in Kraft tritt, ihre Völker an seinen segensreichen Bestimmungen teilnehmen lassen werden, und daß sich so die zivilisierten Nationen der Welt in dem gemeinsamen Verzicht auf den Krieg als Werkzeug ihrer nationalen Politik zusammenfinden werden,

haben beschlossen, einen Vertrag zu schließen, und zu diesem Zweck zu ihren Bevollmächtigten ernannt:

Der Deutsche Reichspräsident:

Herrn Dr. Gustav *Stresemann,* Reichsminister des Auswärtigen;

Der Präsident der Vereinigten Staaten von Amerika:

Den Ehrenwerten Frank B. *Kellogg,* Staatssekretär;

Seine Majestät der König der Belgier:

Herrn Paul *Hymans,* Minister der auswärtigen Angelegenheiten, Staatsminister;

Der Präsident der Französischen Republik:

Herrn Aristide *Briand,* Minister der auswärtigen Angelegenheiten;

Seine Majestät der König von Großbritannien, Irland und den Britischen Dominions in Übersee, Kaiser von Indien:

Für Großbritannien und Nordirland und alle Teile des Britischen Reichs, die nicht für sich Mitglieder des Völkerbundes sind:

den Sehr Ehrenwerten Lord *Cushendun,* Kanzler des Herzogtums Lancaster, Stellvertretenden Staatssekretär für die auswärtigen Angelegenheiten;

Für das Dominion Kanada:

den Sehr Ehrenwerten William Lyon Meckenzie *King,* Ministerpräsidenten und Minister der auswärtigen Angelegenheiten;

Für den Australischen Bund:

den Ehrenwerten Alexander John Mc *Lachlan,* Mitglied des Bundesvollzugsrats;

Für das Dominion Neuseeland:

den Ehrenwerten Sir Christopher James Parr, Hohen Kommissar von Neuseeland in Großbritannien;

Für die Südafrikanische Union:

den Ehrenwerten Jacobus Stephanus Smit, Hohen Kommissar der Südafrikanischen Union in Großbritannien;

Für den Irischen Freistaat:

Herrn William Thomas Cosgrave, Präsidenten des Vollzugsrats;

Für Indien:

den Sehr Ehrenwerten Lord Cushendun, Kanzler des Herzogtums Lancaster, Stellvertretenden Staatssekretär für die auswärtigen Angelegenheiten;

Seine Majestät der König von Italien:

den Grafen Gaetano Manzoni, Seinen Außerordentlichen und Bevollmächtigten Botschafter in Paris;

Seine Majestät der Kaiser von Japan:

den Grafen Uchida, Geheimen Rat;

Der Präsident der Republik Polen:

Herrn A. Zaleski, Minister der auswärtigen Angelegenheiten;

Der Präsident der Tschechoslowakischen Republik:

Herrn Dr. Eduard Beneŝ, Minister der auswärtigen Angelegenheiten;

die nach Austausch ihrer in guter und gehöriger Form befundenen Vollmachten die folgenden Artikel vereinbart haben:

Art. I

Die Hohen Vertragschließenden Parteien erklären feierlich im Namen ihrer Völker, daß sie den Krieg als Mittel für die Lösung internationaler Streitfälle verurteilen und auf ihn als Werkzeug nationaler Politik in ihren gegenseitigen Beziehungen verzichten.

Art. II

Die Hohen Vertragschließenden Parteien vereinbaren, daß die Regelung und Entscheidung aller Streitigkeiten oder Konflikte, die zwischen ihnen entstehen könnten, welcher Art oder welchen Ursprungs sie auch sein mögen, niemals anders als durch friedliche Mittel angestrebt werden soll.

Art. III

Dieser Vertrag soll durch die in der Präambel genannten Hohen Vertragschließenden Parteien gemäß den Vorschriften ihrer Verfassungen ratifiziert werden und soll zwischen ihnen in Kraft treten, sobald alle Ratifikationsurkunden in Washington hinterlegt worden sind.[1]

Dieser Vertrag soll, nachdem er gemäß dem vorhergehenden Absatz in Kraft getreten ist, solange als notwendig für den Beitritt aller anderen Mächte der Welt offenstehen. Jede Urkunde über den Beitritt einer Macht soll in Washington hinterlegt werden, und der Vertrag soll sofort nach der Hinterlegung zwischen der so beigetretenen Macht und den anderen an ihm beteiligten Mächten in Kraft treten.

Die Regierung der Vereinigten Staaten ist verpflichtet, jeder in der Präambel genannten und jeder später diesem Vertrage beitretenden Regierung eine beglaubigte Abschrift des Vertrages und jeder Ratifikationsurkunde oder Beitrittserklärung zu übermitteln. Die Regierung der Vereinigten Staaten ist ferner verpflichtet, diese Regierungen sofort telegraphisch von der bei ihr erfolgten Hinterlegung jeder Ratifikationsurkunde oder Beitrittserklärung in Kenntnis zu setzen.

Zu Urkund dessen haben die Bevollmächtigten diesen Vertrag in französischer und englischer Sprache, wobei beide Texte gleichwertig sind, unterzeichnet und ihre Siegel darunter gesetzt.

Geschehen in Paris, am siebenundzwanzigsten August im Jahre Eintausendneunhundertachtundzwanzig.

(Siegel) Gustav Stresemann
(Siegel) Frank B. Kellogg
(Siegel) Paul Hymans
(Siegel) Ari Briand
(Siegel) Cushendun
(Siegel) W. L. Mackenzie King
(Siegel) A J Mc Lachlan
(Siegel) C. J. Parr
(Siegel) J. S. Smit
(Siegel) Liam T. MacCosgair
(Siegel) Cushendun
(Siegel) G. Manzoni
(Siegel) Uchida
(Siegel) August Zaleski
(Siegel) Dr. Eduard Benes

[1] Zum Inkrafttreten siehe die Anm. beim Titel des Vertrages.

53. III. Genfer Abkommen über die Behandlung der Kriegsgefangenen

Vom 12. August 1949

(BGBl. 1954 II S. 838)[1)·2)]

Inhaltsübersicht
(nicht amtlich)

---

1) In Kraft getreten am 21. 10. 1950, für die Bundesrepublik jedoch am 3. 3. 1955 gemäß Bek. v. 4. 11. 1954 (BGBl. II S. 1133); die Anhänge und Vorbehaltserklärungen sind nicht abgedruckt. Siehe auch unten Nr. **54** mit weiteren Hinweisen. Die Zusatzprotokolle Nr. I und II vom 8. 6. 1977 sind unter Nr. **54 a** und **54 b** abgedruckt. Am 8. 12. 2005 hat die Konferenz der Vertragsstaaten in Genf ein 3. Zusatzprotokoll angenommen, durch das die Verwendung eines neuen Schutzzeichens („Roter Kristall") ermöglicht wird (abgedruckt unter Nr. **54 c**).

2) Internationale Quelle: UNTS Bd. 75 S. 135.

(Übersetzung)

Die unterzeichneten Bevollmächtigten der Regierungen, die auf der vom 21. April bis 12. August 1949 in Genf versammelten diplomatischen Konferenz zur Revision des Genfer Abkommens vom 27. Juli 1929 über die Behandlung der Kriegsgefangenen vertreten waren, haben folgendes vereinbart:

Teil I. Allgemeine Bestimmungen

Art. 1. Die Hohen Vertragsparteien verpflichten sich, das vorliegende Abkommen unter allen Umständen einzuhalten und seine Einhaltung durchzusetzen.

Art. 2. Außer den Bestimmungen, die bereits in Friedenszeiten durchzuführen sind, findet das vorliegende Abkommen Anwendung in allen Fällen eines erklärten Krieges oder eines anderen bewaffneten Konflikts, der zwischen zwei oder mehreren der Hohen Vertragsparteien entsteht, auch wenn der Kriegszustand von einer dieser Parteien nicht anerkannt wird.

Das Abkommen findet auch in allen Fällen vollständiger oder teilweiser Besetzung des Gebietes einer Hohen Vertragspartei Anwendung, selbst, wenn diese Besetzung auf keinen bewaffneten Widerstand stößt.

Ist eine der am Konflikt beteiligten Mächte nicht Vertragspartei des vorliegenden Abkommens, so bleiben die Vertragsparteien in ihren gegenseitigen Beziehungen gleichwohl durch das Abkommen gebunden. Sind sie ferner durch das Abkommen auch gegenüber dieser Macht gebunden, wenn diese dessen Bestimmungen annimmt und anwendet.

Art. 3. Im Falle eines bewaffneten Konflikts, der keinen internationalen Charakter hat und auf dem Gebiet einer der Hohen Vertragsparteien entsteht, ist jede der am Konflikt beteiligten Parteien gehalten, mindestens die folgenden Bestimmungen anzuwenden:

1. Personen, die nicht unmittelbar an den Feindseligkeiten teilnehmen[1]), einschließlich der Mitglieder der Streitkräfte, welche die Waffen gestreckt haben, und der Personen, die durch Krankheit, Verwundung, Gefangennahme oder irgendeine andere Ursache außer Kampf gesetzt sind, werden unter allen Umständen mit Menschlichkeit behandelt, ohne jede auf Rasse, Farbe, Religion oder Glauben, Geschlecht, Geburt oder Vermögen oder auf irgendeinem anderen ähnlichen Unterscheidungsmerkmal beruhenden Benachteiligung.

Zu diesem Zweck sind und bleiben in bezug auf die oben erwähnten Personen jederzeit und überall verboten

a) Angriffe auf das Leben und die Person, namentlich Tötung jeder Art, Verstümmelung, grausame Behandlung und Folterung;

b) das Festnehmen von Geiseln;

---

1) Vgl. hierzu auch die IKRK-Studie (N. Melzer) "Direct Participation in Hostilities" (2009 – auch zum Download: http://www.icrc.org/eng/war-and-law).

c) Beeinträchtigung der persönlichen Würde, namentlich erniedrigende und entwürdigende Behandlung;

d) Verurteilungen und Hinrichtungen ohne vorhergehendes Urteil eines ordentlich bestellten Gerichtes, das die von den zivilisierten Völkern als unerläßlich anerkannten Rechtsgarantien bietet.

2. Die Verwundeten und Kranken werden geborgen und gepflegt.

Eine unparteiische humanitäre Organisation, wie das internationale Komitee vom Roten Kreuz, kann den am Konflikt beteiligten Parteien ihre Dienste anbieten.

Die am Konflikt beteiligten Parteien werden sich andererseits bemühen, durch Sondervereinbarungen auch die anderen Bestimmungen des vorliegenden Abkommens ganz oder teilweise in Kraft zu setzen.

Die Anwendung der vorstehenden Bestimmungen hat auf die Rechtsstellung der am Konflikt beteiligten Parteien keinen Einfluß.

Art. 4. A. Kriegsgefangene im Sinne des vorliegenden Abkommens sind die in Feindeshand gefallenen Personen, die einer der nachstehenden Kategorien angehören:

1. Mitglieder von Streitkräften einer am Konflikt beteiligten Partei, sowie Mitglieder von Milizen und Freiwilligenkorps, die in diese Streitkräfte eingegliedert sind;

2. Mitglieder anderer Milizen und Freiwilligenkorps, einschließlich solcher von organisierten Widerstandsbewegungen, die zu einer am Konflikt beteiligten Partei gehören und außerhalb oder innerhalb ihres eigenen Gebietes, auch wenn dasselbe besetzt ist, tätig sind, sofern diese Milizen oder Freiwilligenkorps einschließlich der organisierten Widerstandsbewegungen

a) eine für ihre Untergebenen verantwortliche Person an ihrer Spitze haben;

b) ein bleibendes und von weitem erkennbares Unterscheidungszeichen führen;

c) die Waffen offen tragen;

(Fortsetzung nächstes Blatt)

d) bei ihren Kampfhandlungen die Gesetze und Gebräuche des Krieges einhalten;

3. Mitglieder regulärer Streitkräfte, die sich zu einer von der Gewahrsamsmacht nicht anerkannten Regierung oder Autorität bekennen;

4. Personen, die den Streitkräften folgen, ohne in sie eingegliedert zu sein,[1] wie zivile Besatzungsmitglieder von Militärflugzeugen, Kriegsberichterstatter, Heereslieferanten, Mitglieder von Arbeitseinheiten oder von Diensten, die für die Betreuung der Militärpersonen verantwortlich sind, sofern dieselben von den Streitkräften, die sie begleiten, zu ihrer Tätigkeit ermächtigt sind, wobei diese ihnen zu diesem Zweck eine dem beigefügten Muster entsprechende Ausweiskarte auszuhändigen haben;

5. Die Besatzungen der Handelsschiffe, einschließlich der Kapitäne, Lotsen und Schiffsjungen sowie Besatzungen der Zivilluftfahrzeuge der am Konflikt beteiligten Parteien, die keine günstigere Behandlung auf Grund anderer Bestimmungen des internationalen Rechts genießen;

6. die Bevölkerung eines unbesetzten Gebietes, die beim Herannahen des Feindes aus eigenem Antrieb zu den Waffen greift, um die eindringenden Truppen zu bekämpfen, ohne zur Bildung regulärer Streitkräfte Zeit gehabt zu haben, sofern sie die Waffen offen trägt und die Gesetze und Gebräuche des Krieges einhält.

B. Die gemäß dem vorliegenden Abkommen den Kriegsgefangenen zugesicherte Behandlung genießen ebenfalls

1. Personen, die den Streitkräften des besetzten Landes angehören oder angehört haben, sofern die Besatzungsmacht es als nötig erachtet, sie auf Grund dieser Zugehörigkeit zu internieren, selbst wenn sie sie ursprünglich, während die Feindseligkeiten außerhalb des besetzten Gebietes weitergingen, freigelassen hatte; dies gilt namentlich nach einem mißglückten Versuch dieser Personen, sich den eigenen im Kampf stehenden Streitkräften wieder anzuschließen, oder wenn sie einer Aufforderung, sich internieren zu lassen, nicht Folge leisten;

2. die einer der in diesem Artikel aufgezählten Kategorien angehörenden Personen, die von neutralen oder nichtkriegführenden Staaten in ihr Gebiet aufgenommen werden und auf Grund des Völkerrechts von ihnen interniert werden müssen, unter dem Vorbehalt jeder günstigeren Behandlung, die diese ihnen zu gewähren wünschen, und mit Ausnahme der Bestimmungen der Artikel 8, 10, 15, 30 Absatz 5, 58 bis 67 einschließlich 92, 126 und für den Fall, daß zwischen den am Konflikt beteiligten Parteien und der betreffenden neutralen oder nichtkriegführenden Macht diplomatischer Beziehungen bestehen, auch mit

[1] Vgl. u. a. zu dieser Bestimmung auch das gemeinsam von der Schweizer Bundesregierung und dem IKRK initiierte und von zahlreichen staatlichen (darunter Deutschland) und nichtstaatlichen Akteure mitgetragene „Montreux Document on private military and security companies" vom 17. 9. 2008 (http://www.icrc.org/eng/resources/documents/misc/montreux-document-170908.htm). Auch die EU (27. 7. 2012) und die OSZE (21. 11. 2013) haben jüngst ihre Unterstützung zu den in diesem Dokument enthaltenen Prinzipien erklärt.

Ausnahme der die Schutzmacht betreffenden Bestimmungen. Bestehen solche diplomatische Beziehungen, so sind die am Konflikt beteiligten Parteien, denen diese Personen angehören, ermächtigt, diesen gegenüber die gemäß dem vorliegenden Abkommen den Schutzmächten zufallenden Funktionen auszuüben, ohne daß dadurch die von diesen Parteien auf Grund der diplomatischen oder konsularischen Gebräuche und Verträge ausgeübten Funktionen beeinträchtigt werden.

C. Die Bestimmungen dieses Artikels berühren in keiner Weise die Rechtsstellung des Sanitäts- und Seelsorgepersonals, wie sie in Artikel 33 des vorliegenden Abkommens vorgesehen ist.

Art. 5. Das vorliegende Abkommen findet auf die in Artikel 4 bezeichneten Personen Anwendung, sobald sie in Feindeshand fallen, und zwar bis zu ihrer endgültigen Freilassung und Heimschaffung.

Bestehen Zweifel, ob eine Person, die eine kriegerische Handlung begangen hat und in Feindeshand gefallen ist, einer der in Artikel 4 aufgezählten Kategorien angehört, so genießt diese Person den Schutz des vorliegenden Abkommens, bis ihre Rechtsstellung durch ein zuständiges Gericht festgestellt worden ist.

Art. 6. Außer den in den Artikeln 10, 23, 28, 33, 60, 65, 66, 67, 72, 73, 75, 109, 110, 118, 119, 122 und 132 ausdrücklich vorgesehenen Vereinbarungen können die Hohen Vertragsparteien andere Sondervereinbarungen über jede Frage treffen, deren besondere Regelung ihnen zweckmäßig erscheint. Eine Sondervereinbarung darf weder die Lage der Kriegsgefangenen, wie sie durch das vorliegende Abkommen geregelt ist, beeinträchtigen noch die Rechte beschränken, die ihnen das Abkommen verleiht.

Die Kriegsgefangenen genießen die Vorteile dieser Vereinbarungen, solange das Abkommen auf sie anwendbar ist, es sei denn, daß in den oben genannten oder in späteren Vereinbarungen ausdrücklich etwas anderes festgelegt wird, oder daß durch die eine oder andere der am Konflikt beteiligten Parteien vorteilhafter Maßnahmen zu ihren Gunsten ergriffen werden.

Art. 7. Die Kriegsgefangenen können in keinem Falle, weder teilweise noch vollständig, auf die Rechte verzichten, die ihnen das vorliegende Abkommen und gegebenenfalls die im vorstehenden Artikel genannten Sondervereinbarungen verleihen.

Art. 8. Das vorliegende Abkommen wird unter der Mitwirkung und Aufsicht der Schutzmächte angewendet, die mit der Wahrnehmung der Interessen der am Konflikt beteiligten Parteien betraut sind. Zu diesem Zwecke können die Schutzmächte außer ihren diplomatischen oder konsularischen Vertretern Delegierte unter Angehörigen ihres eigenen Landes oder unter Angehörigen anderer neutraler Mächte ernennen. Diese Delegierten müssen von der Macht genehmigt werden, bei der sie ihre Aufgabe durchzuführen haben.

Die am Konflikt beteiligten Parteien erleichtern die Aufgabe der Vertreter oder Delegierten der Schutzmächte in größtmöglichem Maße.

Die Vertreter oder Delegierten der Schutzmächte dürfen keinesfalls die Grenzen ihrer Aufgabe, wie sie aus dem vorliegenden Abkommen hervorgeht, überschreiten; insbesondere haben sie die zwingenden Sicherheitsbedürfnisse des Staates, bei dem sie ihre Aufgabe durchführen, zu berücksichtigen.

Art. 9 Die Bestimmungen des vorliegenden Abkommens bilden kein Hindernis für die humanitäre Tätigkeit, die das Internationale Komitee vom Roten Kreuz oder irgendeine andere unparteiische humanitäre Organisation mit Genehmigung der betreffenden am Konflikt beteiligten Parteien ausübt, um die Kriegsgefangenen zu schützen und ihnen Hilfe zu bringen.

Art. 10 Die Hohen Vertragsparteien können jederzeit vereinbaren, die durch das vorliegende Abkommen den Schutzmächten übertragenen Aufgaben einer Organisation anzuvertrauen, die alle Garantien für Unparteilichkeit und Wirksamkeit bietet.

Werden Kriegsgefangene aus irgendeinem Grund nicht oder nicht mehr von einer Schutzmacht oder einer gemäß Absatz 1 bezeichneten Organisation betreut, so ersucht der Gewahrsamsstaat einen neutralen Staat oder eine solche Organisation, die Aufgaben zu übernehmen, die das vorliegende Abkommen den durch die am Konflikt beteiligten Parteien bezeichneten Schutzmächten überträgt.

Kann der Schutz auf diese Weise nicht gewährleistet werden, so ersucht der Gewahrsamsstaat entweder eine humanitäre Organisation, wie das Internationale Komitee vom Roten Kreuz, die durch das vorliegende Abkommen den Schutzmächten zufallenden humanitären Aufgaben zu übernehmen, oder er nimmt unter Vorbehalt der Bestimmungen dieses Artikels die Dienste an, die ihm eine solche Organisation anbietet.

Jede neutrale Macht oder jede Organisation, die von der betreffenden Macht eingeladen wird oder sich zu diesem Zweck zur Verfügung stellt, hat sich in ihrer Tätigkeit ihrer Verantwortung gegenüber der am Konflikt beteiligten Partei, welcher die durch das vorliegende Abkommen geschützten Personen angehören, bewußt zu bleiben und ausreichende Garantien dafür zu bieten, daß sie in der Lage ist, die betreffenden Aufgaben zu übernehmen und mit Unparteilichkeit zu erfüllen.

Von den vorstehenden Bestimmungen kann nicht durch eine Sondervereinbarung zwischen Mächten abgewichen werden, von denen die eine, wenn auch nur vorübergehend, gegenüber der anderen oder deren Verbündeten infolge militärischer Ereignisse und besonders infolge einer Besetzung ihres gesamten Gebietes oder eines wichtigen Teils davon in ihrer Verhandlungsfreiheit beschränkt ist.

Jedesmal, wenn im vorliegenden Abkommen die Schutzmacht erwähnt wird, bezieht sich diese Erwähnung ebenfalls auf die Organisationen, die sie im Sinne dieses Artikels ersetzen.

Art. 11 In allen Fällen, in denen die Schutzmächte dies im Interesse der geschützten Personen als angezeigt erachten, insbesondere in Fällen von Meinungsverschiedenheiten zwischen den am Konflikt beteiligten Parteien über die Anwendung oder Auslegung der Bestimmungen des vorliegenden Abkommens, leihen sie ihre guten Dienste zur Beilegung des Streitfalles.

Zu diesem Zweck kann jede der Schutzmächte, entweder auf Einladung einer Partei oder von sich aus, den am Konflikt beteiligten Parteien eine Zusammenkunft ihrer Vertreter und insbesondere der für das Schicksal der Kriegsgefangenen verantwortlichen Behörden vorschlagen, gegebenenfalls auf einem passend gewählten neutralen Gebiet. Die am Konflikt beteiligten Parteien sind gehalten, den ihnen zu diesem Zweck gemachten Vorschlägen Folge zu leisten. Die Schutzmächte können gegebenenfalls den am Konflikt beteiligten Parteien eine einer neutralen Macht angehörende oder vom Internationalen Komitee vom Roten Kreuz delegierte Persönlichkeit zur Genehmigung vorschlagen, die zu ersuchen wäre, an dieser Zusammenkunft teilzunehmen.

Teil II. Allgemeiner Schutz der Kriegsgefangenen

Art. 12 Die Kriegsgefangenen unterstehen der Gewalt der feindlichen Macht, nicht jedoch der Gewalt der Personen oder Truppenteile, die sie gefangen genommen haben. Der Gewahrsamsstaat ist, unabhängig von etwa bestehenden persönlichen Verantwortlichkeiten, für die Behandlung der Kriegsgefangenen verantwortlich.

Die Kriegsgefangenen dürfen vom Gewahrsamsstaat nur einer Macht übergeben werden, die Vertragspartei des vorliegenden Abkommens ist, und dies nur, wenn er sich vergewissert hat, daß die fragliche Macht willens und in der Lage ist, das Abkommen anzuwenden. Werden Kriegsgefangene unter diesen Umständen übergeben, so übernimmt die sie aufnehmende Macht die Verantwortung für die Anwendung des Abkommens, solange sie ihr anvertraut sind.

Sollte diese Macht indessen die Bestimmungen des Abkommens nicht in allen wichtigen Punkten einhalten, so ergreift die Macht, die die Kriegsgefangenen übergeben hat, auf Notifizierung der Schutzmacht hin wirksame Maßnahmen, um Abhilfe zu schaffen, oder ersucht um Rückgabe der Kriegsgefangenen. Einem solchen Ersuchen muß stattgegeben werden.

Art. 13 Die Kriegsgefangenen müssen jederzeit mit Menschlichkeit behandelt werden. Jede rechtswidrige Handlung oder Unterlassung seitens des Gewahrsamsstaates, die den Tod oder eine schwere Gefährdung der Gesundheit eines in seinen Händen befindlichen Kriegsgefangenen zur Folge hat, ist untersagt und gilt als schwere Verletzung des vorliegenden Abkommens. Insbesondere dürfen an den Kriegsgefangenen keine Verstümmelungen oder medizinischen oder wissenschaftlichen Versuche irgendwelcher Art vorgenommen werden, die nicht durch die ärztliche Behandlung des betreffenden Kriegsgefangenen gerechtfertigt sind und nicht in seinem Interesse liegen.

Die Kriegsgefangenen werden ferner jederzeit geschützt, insbesondere auch vor Gewalttätigkeit oder Einschüchterung, Beleidigungen und öffentlicher Neugier.

Vergeltungsmaßnahmen gegen Kriegsgefangene sind untersagt.

Art. 14. Die Kriegsgefangenen haben unter allen Umständen Anspruch auf Achtung ihrer Person und ihrer Ehre.

Frauen werden mit aller ihrem Geschlecht gebührenden Rücksicht behandelt und erfahren auf jeden Fall eine ebenso günstige Behandlung wie die Männer.

Die Kriegsgefangenen behalten ihre volle bürgerliche Rechtsfähigkeit, wie sie im Augenblick ihrer Gefangennahme bestand. Der Gewahrsamsstaat darf deren Ausübung innerhalb oder außerhalb seines Gebietes nur insofern einschränken, als es die Gefangenschaft erfordert.

Art. 15. Der Gewahrsamsstaat ist verpflichtet, unentgeltlich für den Unterhalt der Kriegsgefangenen aufzukommen und ihnen unentgeltlich die ärztliche Behandlung angedeihen zu lassen, die ihr Gesundheitszustand erfordert.

Art. 16. Unter Berücksichtigung der Bestimmungen des vorliegenden Abkommens hinsichtlich Dienstgrad und Geschlecht und vorbehaltlich der den Kriegsgefangenen auf Grund ihres Gesundheitszustandes, ihres Alters oder ihrer beruflichen Eignung gewährten Vergünstigungen sind alle Kriegsgefangenen durch den Gewahrsamsstaat gleich zu behandeln, ohne jede auf Rasse, Nationalität, Religion, politischer Meinung oder irgendeinem anderen ähnlichen Unterscheidungsmerkmal beruhende Benachteiligung.

Teil III. Gefangenschaft

Abschnitt I. Beginn der Gefangenschaft

Art. 17. Jeder Kriegsgefangene ist auf Befragen nur verpflichtet, seinen Namen, seinen Vornamen, seinen Dienstgrad, sein Geburtsdatum und seine Matrikelnummer zu nennen oder, wenn diese fehlt, eine andere gleichwertige Angabe zu machen.

Handelt er wissentlich gegen diese Vorschrift, so setzt er sich einer Beschränkung der Vergünstigungen aus, die den Kriegsgefangenen seines Dienstgrades oder seiner Stellung zustehen.

Jede der am Konflikt beteiligten Parteien ist verpflichtet, allen Personen, die unter ihrer Hoheit stehen und in Kriegsgefangenschaft geraten könnten, eine Ausweiskarte auszuhändigen, auf der Name, Vornamen und Dienstgrad, Matrikelnummer oder eine gleichwertige Angabe und das Geburtsdatum verzeichnet sind. Diese Karte kann außerdem mit der Unterschrift oder den Fingerabdrücken oder mit beidem sowie mit allen sonstigen den am Konflikt beteiligten Parteien für die Mitglieder ihrer Streitkräfte wünschenswert erscheinenden Angaben versehen sein. Soweit möglich mißt diese Karte 6,5 × 10 cm und wird in zwei Exemplaren ausgestellt. Der Kriegsgefangene hat diese Ausweiskarte auf jedes Verlangen hin vorzuweisen; sie darf ihm jedoch keinesfalls abgenommen werden.

Zur Erlangung irgendwelcher Auskünfte dürfen die Kriegsgefangenen weder körperlichen noch seelischen Folterungen ausgesetzt, noch darf irgendein anderer Zwang auf sie ausgeübt werden. Die Kriegsgefangenen, die eine Auskunft verweigern, dürfen weder bedroht noch beleidigt noch Unannehmlichkeiten oder Nachteilen irgendwelcher Art ausgesetzt werden.

Kriegsgefangene, die infolge ihres körperlichen oder geistigen Zustandes nicht fähig sind, sich über ihre Person auszuweisen, werden dem Sanitätsdienst anvertraut. Die Identität dieser Kriegsgefangenen wird, vorbehaltlich der Bestimmungen des vorstehenden Absatzes, mit allen zur Verfügung stehenden Mitteln festgestellt.

Die Kriegsgefangenen werden in einer für sie verständlichen Sprache vernommen.

Art. 18. Alle persönlichen Sachen und Gebrauchsgegenstände – außer Waffen, Pferden, militärischer Ausrüstung und Schriftstücken militärischen Inhalts – verbleiben, ebenso wie die Stahlhelme, die Gasmasken und alle anderen zum persönlichen Schutz dienenden Gegenstände, im Besitz der Kriegsgefangenen. Sämtliche Sachen und Gegenstände, die zu ihrer Bekleidung und Verpflegung dienen, verbleiben ebenfalls in ihrem Besitz, auch wenn sie zu ihrer vorschriftsmäßigen militärischen Ausrüstung gehören.

Die Kriegsgefangenen müssen stets im Besitz eines Ausweispapiers sein. Der Gewahrsamsstaat stellt denen, die keinen Ausweis besitzen, einen solchen aus.

Dienstgrad- und Nationalitätsabzeichen, Ehrenzeichen sowie Gegenstände, die hauptsächlich persönlichen oder gefühlsmäßigen Wert haben, dürfen den Kriegsgefangenen nicht abgenommen werden.

Geldbeträge, die die Kriegsgefangenen bei sich tragen, dürfen ihnen nur auf Befehl eines Offiziers abgenommen werden, und dies erst nach Eintragung der Summe und der Bezeichnung des Besitzers in ein besonderes Register sowie nach Aushändigung einer ins einzelne gehenden Empfangsbestätigung, auf der Name, Dienstgrad und Einheit des Ausstellers lesbar aufgeführt sind. Die Beträge in der Währung des Gewahrsamsstaates sowie diejenigen, die auf Verlangen des Kriegsgefangenen in diese Währung umgewechselt werden, werden gemäß Artikel 64 dem Konto des Kriegsgefangenen gutgeschrieben.

Wertgegenstände dürfen den Kriegsgefangenen durch den Gewahrsamsstaat nur aus Gründen der Sicherheit abgenommen werden. In diesem Falle wird das gleiche Verfahren angewendet wie bei der Abnahme der Geldbeträge.

Diese Wertgegenstände sowie die abgenommenen Geldbeträge in jeder anderen Währung als derjenigen des Gewahrsamsstaates, deren Umwechslung vom Besitzer nicht verlangt wird, werden vom Gewahrsamsstaat aufbewahrt und dem Kriegsgefangenen bei Beendigung der Gefangenschaft in ihrer ursprünglichen Form zurückerstattet.

Art. 19 Die Kriegsgefangenen werden nach ihrer Gefangennahme möglichst bald in Lager geschafft, die von der Kampfzone so weit entfernt sind, daß sie sich außer Gefahr befinden.

In einer Gefahrenzone dürfen nur solche Gefangene vorübergehend zurückbehalten werden, die infolge ihrer Verwundungen oder Krankheiten bei der Wegschaffung in ein Lager größeren Gefahren ausgesetzt wären als beim Verbleiben an Ort und Stelle.

Die Kriegsgefangenen werden bis zu ihrer Wegschaffung aus der Kampfzone nicht unnötig Gefahren ausgesetzt.

Art. 20 Das Wegschaffen der Kriegsgefangenen erfolgt immer mit Menschlichkeit und unter ähnlichen Bedingungen wie bei der Verlegung der Truppen des Gewahrsamsstaates.

Der Gewahrsamsstaat versieht die wegzuschaffenden Kriegsgefangenen mit Trinkwasser und Verpflegung in genügender Menge sowie mit der notwendigen Bekleidung und ärztlichen Pflege; er trifft ferner alle zweckdienlichen Vorkehrungen, um die Sicherheit der Gefangenen während der Wegschaffung zu gewährleisten und erstellt so bald wie möglich ein Verzeichnis der weggeschafften Gefangenen.

Müssen die Kriegsgefangenen während der Wegschaffung in Durchgangslagern untergebracht werden, so wird ihr Aufenthalt in diesen Lagern so kurz wie möglich bemessen.

Abschnitt II. Internierung der Kriegsgefangenen

Kapitel I. Allgemeines

Art. 21 Der Gewahrsamsstaat kann die Kriegsgefangenen internieren. Er kann ihnen die Verpflichtung auferlegen, sich nicht über eine gewisse Grenze vom Lager, in dem sie interniert sind, zu entfernen oder, wenn das Lager eingezäunt ist, nicht über diese Umzäunung hinauszugehen. Vorbehaltlich der Bestimmungen des vorliegenden Abkommens betreffend Straf- und disziplinarische Maßnahmen ist ihre Einschließung oder Beschränkung auf einen Raum nur als unerläßliche Maßnahme zum Schutze ihrer Gesundheit zulässig und zwar nur, solange die Umstände, die diese Maßnahme nötig machten, andauern.

Die Kriegsgefangenen können auf Ehrenwort oder Versprechen teilweise oder ganz freigelassen werden, sofern die Gesetze der Macht, von der sie abhängen, dies gestatten. Diese Maßnahme wird namentlich dann getroffen, wenn sie zur Besserung des Gesundheitszustandes der Gefangenen beizutragen vermag. Es darf kein Gefangener gezwungen werden, seine Freilassung auf Ehrenwort oder Versprechen anzunehmen.

Bei Eröffnung der Feindseligkeiten notifiziert jede am Konflikt beteiligte Partei der Gegenpartei ihre Rechtsvorschriften, die den Angehörigen ihres eigenen Landes die Annahme der Freilassung auf Ehrenwort oder Versprechen gestatten oder verbieten. Die gemäß diesen Rechtsvorschriften auf Ehrenwort oder Versprechen in Freiheit gesetzten Gefangenen sind bei ihrer persönlichen Ehre verpflichtet, die eingegangenen Verpflichtungen sowohl gegenüber der Macht, von der sie abhängen, wie auch gegenüber dem Gewahrsamsstaat gewissenhaft einzuhalten. In derartigen Fällen darf die Macht, von der die Kriegsgefangenen abhängen, keine Dienstleistung von ihnen verlangen oder annehmen, die gegen das eingegangene Ehrenwort oder Versprechen verstoßen würde.

Art. 22 Die Kriegsgefangenen werden nur in Einrichtungen interniert, die auf festem Lande liegen und jede mögliche Gewähr für Hygiene und gesundheitliche Zuträglichkeit bieten; abgesehen von besonderen Fällen, in denen dies ihr eigenes Interesse rechtfertigt, werden Kriegsgefangene nicht in Strafanstalten interniert.

Kriegsgefangene, die in ungesunden Gegenden oder in Gebieten, deren Klima für sie schädlich ist, interniert sind, werden so bald wie möglich in ein günstigeres Klima geschafft.

Der Gewahrsamsstaat faßt die Kriegsgefangenen in den Lagern oder in Teilen derselben unter Berücksichtigung ihrer Nationalität, ihrer Sprache und ihrer Gebräuche zusammen, unter dem Vorbehalt, daß diese Gefangenen nicht von den Kriegsgefangenen der Streitkräfte getrennt werden, in denen sie im Augenblick ihrer Gefangennahme dienten, es sei denn, sie wären damit einverstanden.

Art. 23 Kein Kriegsgefangener darf jemals in ein Gebiet gebracht oder dort zurückgehalten werden, wo er dem Feuer der Kampfzone ausgesetzt wäre; er darf auch nicht dazu verwendet werden, um durch seine Anwesenheit die Kampfhandlungen von gewissen Punkten oder Gebieten fernzuhalten.

Den Kriegsgefangenen werden in gleichem Maße wie der ortsansässigen Zivilbevölkerung Schutzräume gegen Fliegerangriffe und andere Kriegsgefahren zur Verfügung gestellt; im Falle eines Alarms dürfen sie sich so rasch wie möglich dorthin begeben, mit Ausnahme derjenigen unter ihnen, die am Schutz ihrer Unterkünfte gegen diese Gefahren teilnehmen. Jede andere zugunsten der Bevölkerung getroffene Schutzmaßnahme kommt auch ihnen zugute.

Die Gewahrsamsstaaten lassen einander durch Vermittlung der Schutzmächte alle zweckdienlichen Angaben über die geographische Lage der Kriegsgefangenenlager zugehen.

Soweit die militärischen Erwägungen es erlauben, werden die Kriegsgefangenenlager tagsüber mit den Buchstaben PG oder PW so gekennzeichnet, daß sie aus der Luft deutlich erkennbar sind; es ist den betreffenden Mächten jedoch unbenommen, sich über ein anderes Mittel zur Kennzeichnung zu einigen. Einzig die Kriegsgefangenenlager dürfen auf diese Weise gekennzeichnet werden.

Art. 24 Die ständigen Durchgangs- und Sonderungslager werden nach ähnlichen Gesichtspunkten eingerichtet wie die in diesem Abschnitt vorgesehenen, und den dort befindlichen Kriegsgefangenen kommt die gleiche Behandlung zu wie in den anderen Lagern.

Kapitel II. Unterkunft, Verpflegung und Bekleidung der Kriegsgefangenen

Art. 25 Die Unterkunftsbedingungen der Kriegsgefangenen müssen ebenso günstig sein wie diejenigen der in der gleichen Gegend untergebrachten Truppen des Gewahrsamsstaates. Diese Bedingungen haben den Sitten und Gebräuchen der Gefangenen Rechnung zu tragen und dürfen ihrer Gesundheit keinesfalls abträglich sein.

Die vorstehenden Bestimmungen beziehen sich namentlich auf die Schlafräume der Kriegsgefangenen, und zwar sowohl hinsichtlich des gesamten Belegraumes und des Mindestluftraumes wie auch hinsichtlich der Einrichtung und des Bettzeuges mit Einschluß der Decken.

Sowohl die für die persönliche wie die für die gemeinschaftliche Benützung durch die Kriegsgefangenen bestimmten Räume müssen vollkommen vor Feuchtigkeit geschützt und, namentlich zwischen dem Einbruch der Dunkelheit und dem Beginn der Nachtruhe, genügend geheizt und beleuchtet sein. Gegen Feuersgefahr sind alle Vorsichtsmaßnahmen zu treffen.

In allen Lagern, in denen gleichzeitig weibliche und männliche Gefangene untergebracht sind, muß für getrennte Schlafräume gesorgt sein.

Art. 26 Die tägliche Verpflegungs-Grundration muß in bezug auf Menge, Güte und Abwechslung ausreichend sein, um einen guten Gesundheitszustand der Gefangenen zu gewährleisten und Gewichtsverluste und Mangelerscheinungen zu verhindern. Den Ernährungsgewohnheiten der Gefangenen wird ebenfalls Rechnung getragen.

Der Gewahrsamsstaat liefert den arbeitenden Kriegsgefangenen die zur Verrichtung der Arbeit, zu der sie verwendet werden, notwendige Zusatzverpflegung.

Trinkwasser wird den Kriegsgefangenen in genügender Menge geliefert. Tabakgenuß ist gestattet.

Die Kriegsgefangenen werden so häufig wie möglich bei der Zubereitung der Mahlzeiten herangezogen; sie können zu diesem Zweck in den Küchen beschäftigt werden. Außerdem erhalten sie die Hilfsmittel zur Zubereitung der Zusatzverpflegung, über die sie verfügen.

Als Eßräume und Messen sind geeignete Räumlichkeiten zur Verfügung zu stellen.

Alle kollektiven Disziplinarmaßregeln hinsichtlich der Ernährung sind verboten.

Art. 27 Kleidung, Wäsche und Schuhwerk werden den Kriegsgefangenen vom Gewahrsamsstaat in genügender Menge geliefert, wobei dem Klima der Gegend, in der sich die Gefangenen befinden, Rechnung getragen wird. Die durch den Gewahrsamsstaat den feindlichen Streitkräften abgenommenen Uniformen werden, wenn sie den klimatischen Verhältnissen des Landes entsprechen, für die Bekleidung der Kriegsgefangenen verwendet.

Der Gewahrsamsstaat sorgt regelmäßig für Ersatz und Ausbesserung dieser Gegenstände. Außerdem erhalten arbeitende Kriegsgefangene einen geeigneten Arbeitsanzug, wenn immer die Art der Arbeit dies erfordert.

Art. 28 In allen Lagern werden Kantinen eingerichtet, in denen sich die Kriegsgefangenen zu Preisen, die keinesfalls jene des örtlichen Handels übersteigen dürfen, Lebensmittel, Gebrauchsgegenstände, Seife und Tabak beschaffen können.

Die Überschüsse dieser Kantinen werden zugunsten der Kriegsgefangenen verwendet; zu diesem Zweck wird ein besonderer Fonds geschaffen. Dem Vertrauensmann steht das Recht zu, bei der Verwaltung der Kantine und des Fonds mitzuwirken.

Bei der Auflösung eines Lagers wird der Überschuß dieses besonderen Fonds einer internationalen humanitären Organisation übergeben, um zugunsten von Kriegsgefangenen verwendet zu werden, die die gleiche Nationalität besitzen, wie die, welche den Fonds mit geschaffen haben. Im Falle allgemeiner Heimschaffung werden diese Überschüsse vom Gewahrsamsstaat aufbewahrt, sofern nicht eine Vereinbarung zwischen den betreffenden Mächten etwas anderes vorsieht.

Kapitel III. Gesundheitspflege und ärztliche Betreuung

Art. 29 Der Gewahrsamsstaat ist verpflichtet, alle nötigen Hygienemaßnahmen zu treffen, um die Sauberkeit und gesundheitliche Zuträglichkeit der Lager zu gewährleisten und Massenerkrankungen vorzubeugen.

Den Kriegsgefangenen stehen Tag und Nacht sanitäre Einrichtungen zur Verfügung, die den Erfordernissen der Hygiene entsprechen und dauernd sauber gehalten werden. In den Lagern, in denen sich auch weibliche Kriegsgefangene aufhalten, werden diesen getrennte sanitäre Einrichtungen zur Verfügung gestellt.

Unbeschadet der Bade- und Duschanlagen, die in den Lagern einzurichten sind, werden den Kriegsgefangenen für ihre tägliche Körperpflege und die Reinigung ihrer Wäsche genügend Wasser und Seife geliefert; die hierfür notwendigen Einrichtungen und Hilfsmittel sowie die notwendige Zeit werden ihnen gewährt.

Art. 30 Jedes Lager besitzt eine zweckentsprechende Krankenabteilung, wo die Kriegsgefangenen die erforderliche Pflege und eine geeignete Diät erhalten können. Für die von ansteckenden oder Geisteskrankheiten befallenen Kranken werden gegebenenfalls Isolierräume bereitgestellt.

Kriegsgefangenen, die von einer schweren Krankheit befallen sind oder deren Zustand eine besondere Behandlung, einen chirurgischen Eingriff oder Lazarettpflege nötig macht, werden in jeder für ihre Behandlung geeigneten militärischen oder zivilen Anstalt zugelassen, selbst wenn ihre Heimschaffung für die nächste Zeit vorgesehen ist. Für die Behandlung der Versehrten, vor allem der Blinden, sowie für ihre Umschulung bis zum Zeitpunkt ihrer Heimschaffung werden besondere Erleichterungen gewährt.

Die Kriegsgefangenen werden vorzugsweise durch ärztliches Personal der Macht, von der sie abhängen, wenn möglich durch eigene Landsleute, behandelt.

Die Kriegsgefangenen dürfen nicht daran gehindert werden, sich von den ärztlichen Stellen untersuchen zu lassen. Die Behörden des Gewahrsamsstaates händigen auf Ersuchen jedem behandelten Gefangenen eine amtliche Bescheinigung aus, die die Art seiner Verletzungen oder seiner Krankheit, die Dauer der Behandlung und die erhaltene Pflege bezeichnet. Ein Doppel dieser Bescheinigung ist der Zentralstelle für Kriegsgefangene zu übermitteln.

Die Kosten der Behandlung einschließlich der Kosten aller für die Aufrechterhaltung eines guten Gesundheitszustandes der Kriegsgefangenen benötigten Geräte, insbesondere künstlicher Zähne und anderer Prothesen sowie Brillen, gehen zu Lasten des Gewahrsamsstaates.

Art. 31 Mindestens einmal monatlich werden die Kriegsgefangenen ärztlich untersucht. Diese Untersuchung umfaßt die Kontrolle und Aufzeichnung des Gewichtes jedes Kriegsgefangenen. Ihr Zweck ist insbesondere, den allgemeinen Gesundheits-, Ernährungs- und Sauberkeitszustand zu überwachen sowie ansteckende Krankheiten, namentlich Tuberkulose, Malaria und Geschlechtskrankheiten, festzustellen. Dazu gelangen die wirksamsten zur Verfügung stehenden Methoden zur Anwendung, zum Beispiel die periodische Reihenröntgenaufnahme auf Mikrofilm zur frühzeitigen Entdeckung von Tuberkulosefällen.

Art. 32 Kriegsgefangene, die, ohne dem Sanitätsdienst ihrer Streitkräfte angehört zu haben, Ärzte, Zahnärzte, Pfleger oder Pflegerinnen sind, können vom Gewahrsamsstaat zur Ausübung ihrer sanitätsdienstlichen Funktionen im Interesse ihrer der gleichen Macht angehörenden Mitgefangenen herangezogen werden. Sie bleiben in diesem Falle weiterhin Kriegsgefangene, werden jedoch wie die entsprechenden Angehörigen des vom Gewahrsamsstaat zurückgehaltenen Sanitätspersonals behandelt. Sie sind von jeder anderen Arbeit, die ihnen gemäß Artikel 49 übertragen werden könnte, befreit.

Kapitel IV. Zur Betreuung der Kriegsgefangenen zurückgehaltenes Sanitäts- und Seelsorgepersonal

Art. 33 Die vom Gewahrsamsstaat zum Zwecke der Betreuung der Kriegsgefangenen zurückgehaltenen Mitglieder des Sanitäts- und Seelsorgepersonals gelten nicht als Kriegsgefangene. Sie genießen jedoch zumindest alle in dem vorliegenden Abkommen vorgesehenen Vergünstigungen und den Schutz desselben sowie alle nötigen Erleichterungen, um den Kriegsgefangenen ärztliche Pflege und geistlichen Beistand geben zu können.

Sie setzen im Rahmen der militärischen Gesetze und Verordnungen des Gewahrsamsstaates unter der Leitung seiner zuständigen Dienststellen und in Übereinstimmung mit ihrem beruflichen Verantwortungsbewußtsein ihre ärztliche und seelsorgerische Tätigkeit zugunsten der Kriegsgefangenen, vorzugsweise der ihren eigenen Streitkräften angehörenden, fort. Für die Ausübung ihrer ärztlichen oder seelsorgerischen Tätigkeit stehen ihnen ferner folgende Erleichterungen zu:

a) Sie sind berechtigt, die Kriegsgefangenen, die sich in Arbeitsgruppen oder in außerhalb des Lagers liegenden Lazaretten befinden, regelmäßig zu besuchen. Die Gewahrsamsmacht stellt ihnen zu diesem Zweck die nötigen Beförderungsmittel zur Verfügung.

b) In jedem Lager ist der dienstälteste Militärarzt des höchsten Dienstgrades den militärischen Behörden des Lagers für die gesamte Tätigkeit des zurückgehaltenen Sanitätspersonals verantwortlich. Zu diesem Zweck verständigen sich die am Konflikt beteiligten Parteien schon bei Beginn der Feindseligkeiten über die vergleichbaren Dienstgrade ihres Sanitätspersonals, einschließlich desjenigen, der in Artikel 26 des Genfer Abkommens vom 12. August 1949 zur Verbesserung des Loses der Verwundeten und Kranken der Streitkräfte im Felde bezeichneten Gesellschaften. Für alle ihre Aufgaben betreffenden Fragen haben dieser Arzt sowie die Feldgeistlichen unmittelbaren Zutritt zu den zuständigen Lagerbehörden. Diese gewähren ihnen alle Erleichterungen, die für den mit diesen Fragen zusammenhängenden Schriftwechsel erforderlich sind.

c) Obwohl das zurückgehaltene Personal der Disziplin des Aufenthaltslagers unterstellt ist, kann es zu keiner mit seiner ärztlichen oder seelsorgerischen Tätigkeit nicht im Zusammenhang stehenden Arbeit gezwungen werden.

Im Verlauf der Feindseligkeiten verständigen sich die am Konflikt beteiligten Parteien über eine etwaige Ablösung des zurückgehaltenen Personals und legen die Art ihrer Durchführung fest.

Die vorstehenden Bestimmungen entheben die Gewahrsamsmacht keineswegs der Pflichten, die sie in gesundheitlicher und geistiger Hinsicht gegenüber den Kriegsgefangenen hat.

Kapitel V. Religion, geistige und körperliche Betätigung

Art. 34 Den Kriegsgefangenen wird in der Ausübung ihrer Religion, einschließlich der Teilnahme an Gottesdiensten ihres Glaubensbekenntnisses, volle Freiheit gewährt, vorausgesetzt, daß sie die Ordnungsvorschriften der Militärbehörde befolgen.

Für die Abhaltung der Gottesdienste werden geeignete Räume zur Verfügung gestellt.

Art. 35 Die der feindlichen Macht in die Hände gefallenen Feldgeistlichen, die zur Betreuung der Kriegsgefangenen zurückgeblieben sind oder zurückgehalten werden, sind berechtigt, ihnen geistlichen Beistand zukommen zu lassen und ihr Amt unter ihren Glaubensgenossen im Einklang mit ihrem religiösen Gewissen uneingeschränkt auszuüben. Sie werden auf die verschiedenen Lager und Arbeitsgruppen verteilt, in denen sich den gleichen Streitkräften angehörende Kriegsgefangene befinden, die die gleiche Sprache sprechen oder sich zum gleichen Glauben bekennen. Es werden ihnen die nötigen Erleichterungen gewährt und insbesondere die in Artikel 33 vorgesehenen Beförderungsmittel zur Verfügung gestellt, damit sie die außerhalb ihres Lagers befindlichen Kriegsgefangenen besuchen können. Sie genießen unter Vorbehalt der Zensur zur Ausübung ihres religiösen Amtes volle Freiheit im Schriftwechsel mit den kirchlichen Behörden des Gewahrsamsstaates und den internationalen religiösen Organisationen. Zu diesem Zweck können Briefe und Karten zusätzlich zu der in Artikel 71 vorgesehenen Anzahl versandt werden.

Art. 36 Diejenigen Kriegsgefangenen, die geistlichen Standes sind, ohne in der eigenen Armee Feldgeistliche gewesen zu sein, werden, gleich welchem Glaubensbekenntnis sie angehören, ermächtigt, ihr geistliches Amt unter ihren Glaubensgenossen uneingeschränkt auszuüben. Sie genießen zu diesem Zweck die gleiche Behandlung wie die durch den Gewahrsamsstaat zurückgehaltenen Feldgeistlichen. Sie dürfen zu keiner anderen Arbeit gezwungen werden.

Art. 37 Sofern Kriegsgefangenen der Beistand eines zurückgehaltenen Feldgeistlichen oder eines kriegsgefangenen Geistlichen ihres Glaubensbekenntnisses nicht zur Verfügung steht, wird auf Verlangen der betreffenden Kriegsgefangenen ein Geistlicher ihres oder eines ähnlichen Bekenntnisses oder, in Ermangelung eines solchen und wenn dies vom konfessionellen Gesichtspunkt aus möglich ist, ein befähigter Laie zur Ausübung des geistlichen Amtes namhaft gemacht. Diese der Zustimmung des Gewahrsamsstaates unterliegende Ernennung erfolgt im Einvernehmen mit der Gemeinschaft der betreffenden Kriegsgefangenen und, wo es nötig ist, mit Zustimmung der örtlichen geistlichen Behörde des gleichen Bekenntnisses. Die so ernannte Person hat alle vom Gewahrsamsstaat im Interesse der Disziplin und der militärischen Sicherheit erlassenen Vorschriften zu befolgen.

Art. 38 Der Gewahrsamsstaat fördert unter Achtung der persönlichen Vorliebe der einzelnen Gefangenen die geistige, erzieherische, sportliche und die der Erholung dienende Betätigung der Kriegsgefangenen; er trifft die nötigen Maßnahmen, um diese Betätigung zu gewährleisten, indem er ihnen geeignete Räume sowie die nötige Ausrüstung zur Verfügung stellt.

Den Kriegsgefangenen muß die Möglichkeit zu körperlichen Übungen, einschließlich Sport und Spiele, und zum Aufenthalt im Freien geboten werden. Zu diesem Zwecke sind in allen Lagern genügend offene Plätze zur Verfügung zu stellen.

Kapitel VI. Disziplin

Art. 39 Jedes Kriegsgefangenenlager wird der unmittelbaren Leitung eines den regulären Streitkräften des Gewahrsamsstaates angehörenden verantwortlichen Offiziers unterstellt. Dieser Offizier muß den Wortlaut des vorliegenden Abkommens besitzen und darüber wachen, daß dessen Bestimmungen dem unter seinem Befehl stehenden Personal bekannt sind; er ist, unter der Kontrolle seiner Regierung, für dessen Anwendung verantwortlich.

Mit Ausnahme der Offiziere schulden die Kriegsgefangenen allen Offizieren des Gewahrsamsstaates den Gruß und die in den Vorschriften der eigenen Armee vorgesehenen Ehrenbezeugungen.

Die kriegsgefangenen Offiziere haben nur die Offiziere höheren Dienstgrades des Gewahrsamsstaates zu grüßen; auf jeden Fall schulden sie dem Lagerkommandanten, ohne Rücksicht auf dessen Dienstgrad, den Gruß.

Art. 40 Das Tragen der Dienstgrad- und Nationalitätsabzeichen sowie der Auszeichnungen ist gestattet.

Art. 41 In jedem Lager wird der Wortlaut des vorliegenden Abkommens und seiner Anhänge sowie der Inhalt aller in Artikel 6 vorgesehenen Sondervereinbarungen in der Sprache der Kriegsgefangenen an Stellen angeschlagen, wo sie von sämtlichen Gefangenen eingesehen werden können. Auf Verlangen werden sie denjenigen Gefangenen, die nicht in der Lage sind, vom angeschlagenen Wortlaut Kenntnis zu nehmen, bekanntgegeben.

Vorschriften, Anordnungen, Ankündigungen und Bekanntmachungen jeder Art, die sich auf das Verhalten der Kriegsgefangenen beziehen, werden diesen in einer für sie verständlichen Sprache bekanntgegeben; sie werden in der oben beschriebenen Weise angeschlagen, und dem Vertrauensmann werden weitere Exemplare ausgehändigt. Auch alle an einzelne Gefangene gerichteten Befehle und Anordnungen werden in einer ihnen verständlichen Sprache erteilt.

Art. 42 Der Waffengebrauch gegen Kriegsgefangene, besonders gegen solche, die flüchten oder zu flüchten versuchen, darf nur ein äußerstes Mittel darstellen, dem stets den Umständen entsprechende Warnungen voranzugehen haben.

Kapitel VII. Dienstgrade der Kriegsgefangenen

Art. 43 Bei Eröffnung der Feindseligkeiten geben sich die im Konflikt beteiligten Parteien gegenseitig die Rangbezeichnungen und Dienstgrade aller in Artikel 4 des vorliegenden Abkommens aufgeführten Personen bekannt, um die Gleichmäßigkeit in der Behandlung der Gefangenen gleichen Dienstgrades zu gewährleisten; werden Rangbezeichnungen oder Dienstgrade erst nachträglich geschaffen, so werden sie in gleicher Weise bekanntgegeben.

Der Gewahrsamsstaat erkennt die Beförderungen von Kriegsgefangenen an, wenn sie ihm von der Macht, von der diese Gefangenen abhängen, ordnungsgemäß mitgeteilt werden.

Art. 44 Offiziere und ihnen gleichgestellte Kriegsgefangene werden mit der ihrem Dienstgrad und ihrem Alter zukommenden Rücksicht behandelt.

Zur Sicherstellung des Dienstbetriebes in den Offizierslagern werden diesen Lagern kriegsgefangene Mannschaften derselben Streitkräfte, die möglichst die gleiche Sprache wie die Offiziere sprechen, in ausreichender, dem Dienstgrad der Offiziere und der ihnen gleichgestellten Kriegsgefangenen entsprechender Zahl zugeteilt; sie dürfen zu keiner anderen Arbeit gezwungen werden.

Bei der Beköstigung wird die Selbstverwaltung durch die Offiziere auf jede Art gefördert.

Art. 45 Alle nicht zu den Offizieren und den ihnen Gleichgestellten zählenden Kriegsgefangenen werden mit der ihrem Dienstgrad und ihrem Alter zukommenden Rücksicht behandelt.

Bei der Beköstigung wird die Selbstverwaltung durch die Kriegsgefangenen auf jede Art gefördert.

Kapitel VIII. Verlegung von Kriegsgefangenen nach ihrer Ankunft im Lager

Art. 46 Beim Entscheid über eine Verlegung von Kriegsgefangenen berücksichtigt der Gewahrsamsstaat die Interessen derselben; insbesondere unternimmt er nichts, was die Schwierigkeiten bei ihrer Heimschaffung vergrößern könnte.

Verlegungen von Kriegsgefangenen werden stets mit Menschlichkeit und unter nicht minder günstigen Bedingungen als Verlegungen der Truppen des Gewahrsamsstaates durchgeführt. Auf die klimatischen Verhältnisse, an die die Kriegsgefangenen gewohnt sind, ist immer Rücksicht zu nehmen; die Bedingungen der Verlegung dürfen ihrer Gesundheit keinesfalls abträglich sein.

Der Gewahrsamsstaat versorgt die Kriegsgefangenen während der Verlegung mit Trinkwasser und Nahrungsmitteln in genügender Menge, um sie bei guter Gesundheit zu erhalten; er sorgt ebenfalls für die notwendige Bekleidung und Unterkunft sowie die erforderliche ärztliche Pflege. Er trifft alle zweckdienlichen Vorsichtsmaßnahmen, namentlich im Falle der Beförderung zur See oder in der Luft, um ihre Sicherheit während der Verlegung zu gewährleisten; vor der Abreise stellt er eine vollständige Liste der zu verlegenden Gefangenen auf.

Art. 47 Kranke oder verwundete Kriegsgefangene werden nicht verlegt, wenn die Reise ihre Genesung beeinträchtigen könnte; es sei denn, daß ihre Sicherheit es zwingend erfordert.

Nähert sich die Front einem Lager, so dürfen die dort befindlichen Kriegsgefangenen nur verlegt werden, wenn dies unter ausreichenden Sicherheitsbedingungen geschehen kann oder wenn sie durch Verbleib an Ort und Stelle größeren Gefahren ausgesetzt sind, als dies bei einer Verlegung der Fall wäre.

Art. 48 In Verlegungsfällen werden die Kriegsgefangenen amtlich von ihrem Abtransport und ihrer neuen Postanschrift in Kenntnis gesetzt; diese Mitteilung wird ihnen so frühzeitig gemacht, daß sie ihr Gepäck vorbereiten und ihre Familien benachrichtigen können.

Es wird ihnen gestattet, ihre persönlichen Sachen, ihre Briefschaften und die für sie eingetroffenen Pakete mitzunehmen; das Gewicht dieses Gepäcks kann, falls die Umstände der Verlegung es erfordern, auf das beschränkt werden, was der Kriegsgefangene vernünftigerweise tragen kann, keinesfalls jedoch darf das erlaubte Gewicht 25 kg überschreiten.

Die Briefschaften und Pakete, die an ihr ehemaliges Lager gerichtet werden, werden ihnen ohne Verzug nachgeschickt. Der Lagerkommandant ergreift gemeinsam mit dem Vertrauensmann die notwendigen Maßnahmen, um die Überführung des Gemeinschaftseigentums der Gefangenen und des Gepäcks sicherzustellen, das die Gefangenen infolge einer auf Grund von Absatz 2 dieses Artikels verordneten Beschränkung nicht mit sich nehmen können.

Die Kosten der Verlegung gehen zu Lasten des Gewahrsamsstaates.

Abschnitt III. Arbeit der Kriegsgefangenen

Art. 49 Der Gewahrsamsstaat kann die gesunden Kriegsgefangenen unter Berücksichtigung ihres Alters, ihres Geschlechts, ihres Dienstgrades sowie ihrer körperlichen Fähigkeiten zu Arbeiten heranziehen, besonders um sie in gutem körperlichen und moralischen Gesundheitszustand zu erhalten.

Die kriegsgefangenen Unteroffiziere dürfen nur zu Aufsichtsdiensten herangezogen werden. Diejenigen, die nicht dazu benötigt werden, können um eine andere ihnen zusagende Arbeit nachsuchen, die ihnen nach Möglichkeit zu verschaffen ist.

Falls Offiziere oder ihnen Gleichgestellte um eine ihnen zusagende Arbeit nachsuchen, ist sie ihnen nach Möglichkeit zu verschaffen. Auf keinen Fall dürfen sie jedoch zur Arbeit gezwungen werden.

Art. 50 Außer den Arbeiten, die mit der Verwaltung, der Einrichtung und der Instandhaltung ihres Lagers in Zusammenhang stehen, dürfen die Kriegsgefangenen nur zu Arbeiten angehalten werden, die unter eine der nachfolgend angeführten Kategorien fallen:

a) Landwirtschaft;

b) Industrien, die sich mit dem Abbau oder der Erzeugung von Rohstoffen oder der Herstellung von Gütern befassen, mit Ausnahme der metallurgischen, der chemischen und der Maschinenindustrie; öffentliche Arbeiten und Bauarbeiten, sofern sie nicht militärischen Charakter oder eine militärische Bestimmung haben;

c) Transport- und Lager-Arbeiten ohne militärischen Charakter oder militärische Bestimmung;

d) kommerzielle, künstlerische oder handwerkliche Betätigung;

e) häusliche Dienste;

f) öffentliche Dienste ohne militärischen Charakter oder militärische Bestimmung.

Im Falle einer Verletzung dieser vorgenannten Bestimmungen steht den Kriegsgefangenen gemäß Artikel 78 das Recht zu, Beschwerde zu führen.

Art. 51 Den Kriegsgefangenen müssen angemessene Arbeitsbedingungen gewährt werden, insbesondere hinsichtlich Unterkunft, Verpflegung, Bekleidung und Material; diese Bedingungen dürfen nicht schlechter sein als diejenigen, die den Angehörigen des Gewahrsamsstaates für gleiche Arbeit gewährt werden; dabei werden die klimatischen Verhältnisse ebenfalls berücksichtigt.

Der Gewahrsamsstaat, der die Arbeit der Kriegsgefangenen in Anspruch nimmt, wacht darüber, daß in den Gebieten, wo diese Gefangenen arbeiten, die Landesgesetze über den Arbeitsschutz und insbesondere die Vorschriften über die Sicherheit der Arbeiter eingehalten werden.

Die Kriegsgefangenen werden angelernt und mit Schutzmitteln versehen, die der ihnen zugewiesenen Arbeit angepaßt sind und den für die Angehörigen des Gewahrsamsstaates vorgesehenen entsprechen. Vorbehaltlich der Bestimmungen des Artikels 52 dürfen die Kriegsgefangenen den normalen Gefahren, die auch Zivilarbeiter auf sich nehmen müssen, ausgesetzt werden.

Auf keinen Fall werden die Arbeitsbedingungen durch Disziplinarmaßnahmen verschärft.

Art. 52 Kein Kriegsgefangener wird für ungesunde oder gefährliche Arbeiten verwendet, es sei denn, er melde sich freiwillig.

Kein Kriegsgefangener wird zu Arbeiten herangezogen, die für ein Mitglied der Streitkräfte des Gewahrsamsstaates als erniedrigend angesehen würden.

Das Entfernen von Minen oder anderen ähnlichen Vorrichtungen gilt als gefährliche Arbeit.

Art. 53 Die tägliche Arbeitszeit der Kriegsgefangenen, einschließlich des Hin- und Rückweges, darf nicht übermäßig sein; sie darf auf keinen Fall die Arbeitszeit überschreiten, die für einen dem Gewahrsamsstaat angehörenden und für die gleiche Arbeit verwendeten Zivilarbeiter in der Gegend zulässig ist.

Den Kriegsgefangenen wird nach halber Tagesarbeit eine Ruhepause von mindestens einer Stunde eingeräumt; ist die für die Arbeiter des Gewahrsamsstaates vorgesehene Ruhepause von längerer Dauer, so gilt dies auch für die Kriegsgefangenen. Außerdem wird ihnen wöchentlich eine ununterbrochene vierundzwanzigstündige Ruhezeit gewährt, und zwar vorzugsweise am Sonntag oder an dem in ihrem Heimatlande üblichen Ruhetag. Zusätzlich wird jedem Kriegsgefangenen, der während eines ganzen Jahres gearbeitet hat, eine ununterbrochene achttägige Ruhezeit eingeräumt, für die ihm der Arbeitsentgelt ausgezahlt wird.

Werden Arbeitsmethoden wie zum Beispiel Akkordarbeit angewendet, so darf dadurch die Arbeitszeit nicht übermäßig ausgedehnt werden.

Art. 54 Der den Kriegsgefangenen zustehende Arbeitsentgelt wird gemäß den Bestimmungen von Artikel 62 des vorliegenden Abkommens festgesetzt.

Den Kriegsgefangenen, die einen Arbeitsunfall erlitten haben oder die während oder infolge ihrer Arbeit erkrankt sind, wird jegliche ihrem Zustand entsprechende Pflege gewährt. Außerdem händigt ihnen der Gewahrsamsstaat ein ärztliches Zeugnis aus, mit dem sie gegenüber der Macht, von der sie abhängen, ihre Rechte geltend machen können; ein Doppel dieses Zeugnisses wird durch den Gewahrsamsstaat der in Artikel 123 vorgesehenen Zentralstelle für Kriegsgefangene übermittelt.

Art. 55 Die Arbeitsfähigkeit der Kriegsgefangenen wird periodisch, mindestens einmal im Monat, einer ärztlichen Kontrolle unterzogen. Bei diesen Untersuchungen wird insbesondere die Art der Arbeiten berücksichtigt, zu denen die Kriegsgefangenen herangezogen sind.

Glaubt ein Kriegsgefangener, nicht arbeitsfähig zu sein, so ist er berechtigt, sich den ärztlichen Instanzen seines Lagers zur Untersuchung zu stellen; die Ärzte können Kriegsgefangene, die ihrer Ansicht nach nicht arbeitsfähig sind, für Arbeitsbefreiung empfehlen.

Art. 56 Die Arbeitsgruppen werden in ähnlicher Weise organisiert und verwaltet wie die Kriegsgefangenenlager.

Jede Arbeitsgruppe verbleibt unter der Kontrolle eines Kriegsgefangenenlagers und hängt verwaltungsmäßig weiter von ihm ab. Die Militärbehörden und der Lagerkommandant sind unter der Kontrolle ihrer Regierung dafür verantwortlich, daß die Bestimmungen des vorliegenden Abkommens in den Arbeitsgruppen beachtet werden.

Der Lagerkommandant führt ein stets auf dem neuesten Stand gehaltenes Verzeichnis der seinem Lager unterstellten Arbeitsgruppen und legt es den Delegierten der Schutzmacht, des Internationalen Komitees vom Roten Kreuz und anderer Hilfsorganisationen für Kriegsgefangene vor, die das Lager besuchen.

Art. 57 Die Behandlung der Kriegsgefangenen, die für Privatpersonen arbeiten, entspricht, selbst wenn letztere für die Bewachung und den Schutz die Verantwortung tragen, mindestens der durch das vorliegende Abkommen vorgesehenen Behandlung; der Gewahrsamsstaat, die militärischen Behörden und der Kommandant des Lagers, zu dem diese Gefangenen gehören, tragen die gesamte Verantwortung für den Unterhalt, die Betreuung, die Behandlung und die Auszahlung des Arbeitsentgelts dieser Kriegsgefangenen.

Diese Kriegsgefangenen haben das Recht, mit den Vertrauensleuten der Lager, denen sie unterstellt sind, in Verbindung zu bleiben.

Abschnitt IV. Geldmittel der Kriegsgefangenen

Art. 58 Der Gewahrsamsstaat kann von Beginn der Feindseligkeiten an und in Erwartung einer entsprechenden Regelung mit der Schutzmacht den Höchstbetrag an Bargeld oder ähnlichen Zahlungsmitteln festsetzen, den die Kriegsgefangenen bei sich tragen dürfen. Die rechtmäßig in ihrem Besitz befindlichen, ihnen abgenommenen oder zurückbehaltenen Mehrbeträge sowie die von ihnen hinterlegten Geldbeträge werden ihrem Konto gutgeschrieben und dürfen ohne ihre Einwilligung nicht in eine andere Währung umgewechselt werden.

Sind die Kriegsgefangenen ermächtigt, außerhalb des Lagers gegen Barzahlung Käufe zu tätigen oder Dienstleistungen entgegenzunehmen, so werden diese Zahlungen durch die Kriegsgefangenen selbst oder durch die Lagerverwaltung vorgenommen, die sie zu Lasten der Gefangenen verbucht. Der Gewahrsamsstaat erläßt die nötigen diesbezüglichen Bestimmungen.

Art. 59 Die gemäß Artikel 18 den Kriegsgefangenen bei ihrer Gefangennahme abgenommenen Geldbeträge in der Währung des Gewahrsamsstaates werden entsprechend den Bestimmungen von Artikel 64 dieses Abschnittes den einzelnen Konten der Gefangenen gutgeschrieben.

Das gleiche gilt für die den Kriegsgefangenen gleichzeitig abgenommenen und in die Währung des Gewahrsamsstaates umgewechselten Beträge fremder Währung.

Art. 60 Der Gewahrsamsstaat zahlt den Kriegsgefangenen einen monatlichen Soldvorschuß aus, dessen Höhe, in Geld des Gewahrsamsstaates umgewandelt, folgenden Beträgen entspricht:

Kategorie I: Kriegsgefangene unter dem Dienstgrad eines Feldwebels: acht Schweizer Franken;

Kategorie II: Feldwebel und andere Unteroffiziere oder Kriegsgefangene mit entsprechendem Dienstgrad: zwölf Schweizer Franken;

Kategorie III: Offiziere unter dem Rang eines Majors oder Kriegsgefangene mit entsprechendem Dienstgrad: fünfzig Schweizer Franken;

Kategorie IV: Majore, Oberstleutnante, Oberste oder Kriegsgefangene mit entsprechendem Dienstgrad: sechzig Schweizer Franken;

Kategorie V: Offiziere im Generalsrang oder Kriegsgefangene mit entsprechendem Dienstgrad: fünfundsiebzig Schweizer Franken.

Jedoch ist es den am Konflikt beteiligten Parteien freigestellt, die Höhe dieser den Kriegsgefangenen der oben angeführten Kategorien zustehenden Soldvorschüsse durch Sondervereinbarung abzuändern.

Sind ferner die im ersten Absatz dieses Artikels vorgesehenen Beträge im Vergleich zu dem den Mitgliedern der Streitkräfte des Gewahrsamsstaates ausbezahlten Sold zu hoch oder bereiten sie aus irgendeinem andern Grunde diesem Staat ernsthafte Schwierigkeiten, so wird der Gewahrsamsstaat bis zum Abschluß einer Sondervereinbarung über die Abänderung dieser Beträge mit der Macht, von der die Kriegsgefangenen abhängen,

a) die im ersten Absatz vorgesehenen Beträge weiterhin den Konten der Kriegsgefangenen gutschreiben;

b) die Beträge, die er aus den Soldvorschüssen den Kriegsgefangenen für ihre persönliche Verwendung zur Verfügung stellt, vorübergehend auf ein vernünftiges Maß beschränken können; jedoch dürfen diese Beträge für die Gefangenen der Kategorie I keinesfalls niedriger sein als die den Mitgliedern der eigenen Streitkräfte des Gewahrsamsstaates gezahlten Beträge.

Die Gründe einer solchen Beschränkung werden der Schutzmacht ohne Verzug bekanntgegeben.

Art. 61 Der Gewahrsamsstaat nimmt Geldsendungen, die die Macht, von der die Kriegsgefangenen abhängen, diesen als Soldzulage überweist, unter der Bedingung an, daß diese Beträge für jeden Gefangenen derselben Kategorie gleich hoch sind, daß sie an sämtliche dieser Macht angehörende Gefangene dieser Kategorie überwiesen werden, und daß sie so bald wie möglich gemäß den Bestimmungen von Artikel 64 den persönlichen Konten der Gefangenen gutgeschrieben werden. Diese Soldzulagen befreien den Gewahrsamsstaat von keiner der ihm durch das vorliegende Abkommen auferlegten Verpflichtungen.

Art. 62 Die Kriegsgefangenen erhalten unmittelbar durch die Behörden des Gewahrsamsstaates einen angemessenen Arbeitsentgelt, dessen Höhe durch diese Behörden festgesetzt wird, jedoch keinesfalls niedriger sein darf als ein Viertel eines Schweizer Franken für den ganzen Arbeitstag. Der Gewahrsamsstaat gibt den Gefangenen und durch Vermittlung der Schutzmacht der Macht, von der sie abhängen, die von ihm festgesetzte Höhe des täglichen Arbeitsentgelts bekannt.

Die Behörden des Gewahrsamsstaates zahlen auch denjenigen Kriegsgefangenen einen Arbeitsentgelt, die im Zusammenhang mit der Verwaltung, der inneren Einrichtung oder der Instandhaltung des Lagers ständige Funktionen ausüben oder handwerkliche Arbeit leisten; dasselbe gilt für Kriegsgefangene, die zur Ausübung geistlicher oder ärztlicher Funktionen für ihre Kameraden benötigt werden.

Der Arbeitsentgelt des Vertrauensmannes, seiner Gehilfen und etwaigen Berater wird dem aus den Überschüssen der Kantine gebildeten Fonds entnommen; die Höhe dieses Entgelts wird vom Vertrauensmann festgesetzt und vom Lagerkommandanten genehmigt. Besteht kein derartiger Fonds, so zahlen die Behörden des Gewahrsamsstaates diesen Gefangenen einen angemessenen Entgelt.

Art. 63 Die Kriegsgefangenen sind berechtigt, Geldsendungen zu empfangen, die ihnen einzeln oder gemeinsam zugehen.

Jeder Kriegsgefangene kann über das Guthaben seines im nachfolgenden Artikel vorgesehenen Kontos innerhalb der vom Gewahrsamsstaat, der die verlangten Zahlungen vornimmt, festgelegten Grenzen verfügen. Unter Vorbehalt der vom Gewahrsamsstaat als wesentlich erachteten Einschränkungen finanzieller oder währungstechnischer Art sind die Kriegsgefangenen berechtigt, Zahlungen nach dem Ausland zu tätigen. In diesen Fällen begünstigt der Gewahrsamsstaat vor allem solche Zahlungen, die die Gefangenen an Personen anweisen, für deren Unterhalt sie aufzukommen haben.

Auf jeden Fall können die Kriegsgefangenen mit dem Einverständnis der Macht, von der sie abhängen, Zahlungen in ihr eigenes Land nach folgendem Verfahren vornehmen lassen: der Gewahrsamsstaat läßt besagtem Staat durch Vermittlung der Schutzmacht eine Anzeige zukommen, die alle zweckdienlichen Angaben über den Anweiser und den

Empfänger sowie über die Höhe des auszuzahlenden Betrages, in der Währung des Gewahrsamsstaates ausgedrückt, enthält; diese Anzeige wird von dem betreffenden Kriegsgefangenen unterzeichnet und vom Lagerkommandanten gegengezeichnet. Der Gewahrsamsstaat belastet das Konto des Gefangenen mit diesem Betrag; die so abgebuchten Beträge schreibt er der Macht gut, von der die Gefangenen abhängen.

Für die Anwendung der vorstehenden Bestimmungen kann der Gewahrsamsstaat zweckmäßigerweise die in Anhang V des vorliegenden Abkommens enthaltene Muster-Regelung zu Rate ziehen.

Art. 64 Der Gewahrsamsstaat führt für jeden Kriegsgefangenen ein Konto, das zumindest folgende Angaben enthält:

1. Die dem Gefangenen geschuldeten oder von ihm als Soldvorschuß, als Arbeitsentgelt oder auf Grund einer anderen Forderung bezogenen Beträge; die dem Gefangenen abgenommenen Beträge in der Währung des Gewahrsamsstaates; die dem Gefangenen abgenommenen und auf sein Verlangen in die Währung des Gewahrsamsstaates umgewechselten Beträge;

2. die dem Gefangenen in Bargeld oder ähnlicher Form ausbezahlten Beträge; die auf seine Rechnung und sein Verlangen hin geleisteten Zahlungen; die gemäß Absatz 3 des vorstehenden Artikels überwiesenen Beträge.

Art. 65 Alle auf dem Konto eines Kriegsgefangenen getätigten Buchungen sind durch ihn oder durch den in seinem Namen handelnden Vertrauensmann gegenzuzeichnen oder zu paraphieren.

Den Kriegsgefangenen werden jederzeit angemessene Erleichterungen gewährt, um in ihr Konto Einsicht zu nehmen und eine Abschrift desselben zu erhalten; das Konto kann anläßlich von Lagerbesuchen auch durch die Vertreter der Schutzmacht geprüft werden.

Bei einer Verlegung der Kriegsgefangenen in ein anderes Lager wird ihr persönliches Konto mitverlegt. Im Falle der Übergabe an einen anderen Gewahrsamsstaat werden ihre nicht auf die Währung des Gewahrsamsstaates lautenden Beträge mitübergeben; für alle ihre übrigen Guthaben wird ihnen eine Bestätigung ausgestellt.

Die betreffenden am Konflikt beteiligten Parteien können vereinbaren, sich gegenseitig durch Vermittlung der Schutzmacht in bestimmten Zeitabständen die Kontenauszüge der Kriegsgefangenen mitzuteilen.

Art. 66 Wird die Gefangenschaft durch Freilassung oder Heimschaffung des Kriegsgefangenen beendigt, so händigt ihm der Gewahrsamsstaat eine durch einen zuständigen Offizier unterzeichnete Bescheinigung über das Guthaben aus, das ihm bei Beendigung der Gefangenschaft noch zusteht. Andererseits übermittelt der Gewahrsamsstaat der Macht, von der die Kriegsgefangenen abhängen, durch Vermittlung der Schutzmacht Verzeichnisse, die alle Angaben über die Gefangenen enthalten, deren Gefangenschaft durch Heimschaffung, Freilassung, Flucht, Tod oder aus irgendeinem anderen Grund ihr Ende gefunden hat, und auf denen insbesondere die Guthaben ihrer Konten bescheinigt sind. Jedes einzelne Blatt dieser Verzeichnisse wird durch einen bevollmächtigten Vertreter des Gewahrsamsstaates beglaubigt.

Den beteiligten Mächten ist es freigestellt, die oben angeführten Bestimmungen durch Sondervereinbarungen ganz oder teilweise abzuändern.

Für die Auszahlung des dem Kriegsgefangenen nach Beendigung der Gefangenschaft vom Gewahrsamsstaat geschuldeten Guthabens ist die Macht, von der er abhängt, verantwortlich.

Art. 67 Die den Kriegsgefangenen gemäß Artikel 60 ausgezahlten Soldvorschüsse gelten als von der Macht, von der sie abhängen, getätigt; diese Soldvorschüsse sowie alle von dieser Macht auf Grund von Artikel 63 Absatz 3 und Artikel 68 ausgeführten Zahlungen sind bei Beendigung der Feindseligkeiten Gegenstand von Abmachungen zwischen den beteiligten Mächten.

Art. 68 Jeder von einem Kriegsgefangenen wegen eines Arbeitsunfalles oder wegen einer durch Arbeit verursachten Invalidität erhobene Schadenersatzanspruch wird der Macht, von der er abhängt, durch Vermittlung der Schutzmacht bekanntgegeben. In allen diesen Fällen stellt der Gewahrsamsstaat dem Kriegsgefangenen gemäß den Bestimmungen von Artikel 54 eine Bescheinigung aus, in der die Art der Verletzung oder der Invalidität, die Umstände, unter denen sie zustande gekommen ist, und die erhaltene ärztliche oder Lazarettpflege vermerkt sind. Diese Bescheinigung wird von einem verantwortlichen Offizier des Gewahrsamsstaates unterzeichnet; die Angaben ärztlicher Natur werden von einem Arzte des Sanitätsdienstes beglaubigt.

Der Gewahrsamsstaat bringt der Macht, von der die Kriegsgefangenen abhängen, ebenfalls jeden Schadenersatzanspruch zur Kenntnis, der von einem Gefangenen hinsichtlich der im gemäß Artikel 18 abgenommenen und anläßlich der Heimschaffung nicht zurückerstatteten persönlichen Sachen, Geldbeträge oder Wertsachen geltend gemacht wird; das gleiche gilt hinsichtlich jedes Schadenersatzanspruches wegen eines Verlustes, für den der Gefangene den Gewahrsamsstaat oder einen von dessen Bediensteten verantwortlich macht. Dagegen ersetzt der Gewahrsamsstaat auf seine Kosten alle vom Gefangenen während der Gefangenschaft zum Gebrauch benötigten persönlichen Sachen. Auf jeden Fall händigt der Gewahrsamsstaat dem Gefangenen eine von einem verantwortlichen Offizier unterzeichnete Bescheinigung aus, die alle zweckdienlichen Angaben über die Gründe enthält, weshalb ihm diese Sachen, Beträge oder Wertsachen nicht zurückerstattet worden sind. Ein Doppel dieser Bescheinigung wird durch Vermittlung der in Artikel 123 vorgesehenen Zentralstelle für Kriegsgefangene der Macht zugestellt, von der der Gefangene abhängt.

Abschnitt V. Beziehung der Kriegsgefangenen zur Außenwelt

Art. 69 Sobald der Gewahrsamsstaat Kriegsgefangene in seiner Gewalt hat, bringt er ihnen sowie der Macht, von der sie abhängen, durch Vermittlung der Schutzmacht die zur Ausführung der Bestimmungen dieses Abschnittes getroffenen Maßnahmen zur Kenntnis. Überdies macht er den Erwähnten von jeder Änderung dieser Maßnahmen Mitteilung.

Art. 70 Jedem Kriegsgefangenen wird unmittelbar nach seiner Gefangennahme, spätestens aber eine Woche nach seiner Ankunft in einem Lager, Gelegenheit gegeben, unmittelbar an seine Familie und an die in Artikel 123 vorgesehene Zentralstelle für Kriegsgefangene je eine Karte zu senden, die möglichst dem diesem Abkommen beigefügten Muster entspricht und die Empfänger von seiner Gefangenschaft, seiner Anschrift und seinem Gesundheitszustand in Kenntnis setzt; dies gilt auch, wenn es sich um ein Durchgangslager handelt, sowie in allen Fällen von Krankheit oder Verlegung in ein Lazarett oder ein anderes Lager. Die Beförderung dieser Karten erfolgt so schnell wie möglich und darf in keiner Weise verzögert werden.

Art. 71 Die Kriegsgefangenen sind ermächtigt, Briefe und Postkarten abzuschicken und zu empfangen. Erachtet es der Gewahrsamsstaat für notwendig, die Zahl der von jedem Kriegsgefangenen abgesandten Briefe und Postkarten zu beschränken, so darf die zugelassene monatliche Anzahl nicht geringer sein als zwei Briefe und vier Postkarten (ohne Anrechnung der in Artikel 70 vorgesehenen Karten), die soweit wie möglich den dem vorliegenden Abkommen beigefügten Mustern entsprechen. Sonstige Beschränkungen dürfen nur auferlegt werden, wenn die Schutzmacht überzeugt ist, daß angesichts der Schwierigkeiten, die dem Gewahrsamsstaat in der Beschaffung einer genügenden Anzahl qualifizierter Übersetzer zur Erledigung der Zensuraufgaben erwachsen, diese Beschränkungen im Interesse der Gefangenen selbst liegen. Müssen die an die Gefangenen gerichteten Briefschaften eingeschränkt werden, so darf dies nur durch Entscheid der Macht, von der die Kriegsgefangenen abhängen, gegebenenfalls auf Ersuchen des Gewahrsamsstaates, angeordnet werden. Diese Karten und Briefe sind mit den schnellsten Mitteln zu befördern, über die der Gewahrsamsstaat verfügt; sie dürfen aus disziplinarischen Gründen weder auf- noch zurückgehalten werden.

Denjenigen Kriegsgefangenen, die seit längerer Zeit ohne Nachrichten von ihrer Familie sind oder denen es nicht möglich ist, von ihr solche zu erhalten oder ihr auf normalem Wege zugehen zu lassen, sowie denjenigen, die durch beträchtliche Entfernungen von den Ihren getrennt sind, muß gestattet werden, Telegramme zu senden, deren Gebühren ihrem Konto beim Gewahrsamsstaat zur Last geschrieben oder mit dem ihnen zur Verfügung stehenden Geld beglichen werden. Auch in Dringlichkeitsfällen gelangen sie in den Genuß einer solchen Maßnahme.

In der Regel ist der Schriftwechsel der Gefangenen in ihrer Muttersprache abzufassen. Die am Konflikt beteiligten Parteien können jedoch Schriftwechsel auch in anderen Sprachen zulassen.

Die Säcke mit der Post der Gefangenen werden sorgfältig versiegelt, mit einer ihren Inhalt klar ersichtlich machenden Aufschrift versehen und an die Bestimmungspoststellen adressiert.

Art. 72 Den Kriegsgefangenen wird gestattet, auf dem Postweg oder auf jede andere Weise Einzel- und Sammelsendungen zu empfangen, die namentlich Lebensmittel, Kleidung, Arzneimittel und Gegenstände enthalten, die für ihre religiösen Bedürfnisse, ihre Studien und ihre Zerstreuung bestimmt sind, einschließlich von Büchern, religiösen Gegenständen, wissenschaftlichem Material, Examensformularen, Musikinstrumenten, Sportgeräten und Sachen, die den Gefangenen die Fortsetzung ihrer Studien oder eine künstlerische Betätigung ermöglichen.

Diese Sendungen befreien den Gewahrsamsstaat in keiner Weise von den Verpflichtungen, die ihm das vorliegende Abkommen auferlegt.

Diese Sendungen können nur denjenigen Einschränkungen unterliegen, die von der Schutzmacht im Interesse der Kriegsgefangenen selbst vorgeschlagen oder durch das Internationale Komitee vom Roten Kreuz oder andere Hilfsorganisationen für Kriegsgefangene in bezug auf ihre eigenen Sendungen wegen außerordentlicher Beanspruchung der Beförderungs- und Verbindungsmittel beantragt werden.

Wenn nötig, sind die Bedingungen der Beförderung von Einzel- und Sammelsendungen Gegenstand von Sondervereinbarungen zwischen den betreffenden Mächten, die jedoch den Empfang solcher Hilfssendungen durch die Kriegsgefangenen auf keinen Fall verzögern dürfen. Lebensmittel- und Kleidersendungen dürfen keine Bücher enthalten; ärztliche Hilfslieferungen sind in der Regel in Sammelpaketen zu senden.

Art. 73 In Ermangelung von Sondervereinbarungen zwischen den beteiligten Mächten über das beim Empfang und bei der Verteilung von Sammel-Hilfssendungen zu befolgende Verfahren findet die dem vorliegenden Abkommen beigefügte Regelung über Sammel-Hilfssendungen Anwendung.

Die oben erwähnten Sondervereinbarungen dürfen auf keinen Fall das Recht der Vertrauensleute beschränken, die für die Kriegsgefangenen bestimmten Sammel-Hilfssendungen in Empfang zu nehmen, zu verteilen und darüber im Interesse der Gefangenen zu verfügen.

Ebensowenig dürfen sie das Recht der Vertreter der Schutzmacht, des Internationalen Komitees vom Roten Kreuz und jeder sonstigen mit der Weiterleitung dieser Sammelsendungen beauftragten Hilfsorganisation für Kriegsgefangene beschränken, ihre Verteilung unter die Empfänger zu überwachen.

Art. 74 Alle für die Kriegsgefangenen bestimmten Hilfssendungen werden von sämtlichen Einfuhr-, Zoll- und anderen Gebühren befreit.

Der Schriftwechsel, die Hilfssendungen und die genehmigten Geldsendungen, die an die Kriegsgefangenen gerichtet oder von ihnen auf dem Postweg entweder unmittelbar oder durch Vermittlung der in Artikel 122 vorgesehenen Auskunftsbüros und der in Artikel 123 vorgesehenen Zentralstelle für Kriegsgefangene abgeschickt werden, sind sowohl in den Ursprungs- und Bestimmungs- als auch in den Durchgangsländern von allen Postgebühren befreit.

Die Kosten für die Beförderung der für die Kriegsgefangenen bestimmten Hilfssendungen, die ihres Gewichtes oder irgendeines andern Grundes wegen nicht auf dem Postweg befördert werden können, fallen in allen im Herrschaftsbereich des Gewahrsamsstaates liegenden Gebieten zu dessen Lasten. Die anderen Vertragsparteien des vorliegenden Abkommens tragen die Beförderungskosten auf ihren Gebieten.

In Ermangelung von Sondervereinbarungen zwischen den beteiligten Mächten gehen die aus der Beförderung dieser Sendungen erwachsenden Kosten, die durch die oben vorgesehenen Befreiungen nicht gedeckt sind, zu Lasten des Absenders.

Die Hohen Vertragsparteien werden sich bemühen, die Gebühren für von den Kriegsgefangenen aufgegebene oder an sie gerichtete Telegramme im Rahmen des Möglichen zu ermäßigen.

Art. 75 Sollten Kampfhandlungen die in Frage kommenden Mächte daran hindern, ihre Verpflichtung zur Gewährleistung der Beförderung der in den Artikeln 70, 71, 72 und 77 vorgesehenen Sendungen zu erfüllen, so können die betreffenden Schutzmächte, das Internationale Komitee vom Roten Kreuz oder jede sonstige von den am Konflikt beteiligten Parteien anerkannte Organisation es übernehmen, die Beförderung dieser Sendungen mit passenden Mitteln (Eisenbahnen, Lastwagen, Schiffen oder Flugzeugen usw.) zu gewährleisten. Zu diesem Zwecke werden sich die Hohen Vertragsparteien bemühen, ihnen diese Beförderungsmittel zu verschaffen und sie zum Verkehr zuzulassen, insbesondere durch Ausstellung der notwendigen Geleitbriefe.

Diese Beförderungsmittel können ebenfalls verwendet werden zur Beförderung von

a) Briefschaften, Listen und Berichten, die zwischen der im Artikel 123 vorgesehenen zentralen Auskunftsstelle und den in Artikel 122 vorgesehenen nationalen Büros ausgetauscht werden;

b) Briefschaften und Berichten betreffend die Kriegsgefangenen, die von den Schutzmächten, dem Internationalen Komitee vom Roten Kreuz und jeder sonstigen Hilfsorganisation für Kriegsgefangene entweder mit ihren eigenen Delegierten oder mit den am Konflikt beteiligten Parteien ausgetauscht werden.

Diese Bestimmungen beschränken keinesfalls das Recht jeder am Konflikt beteiligten Partei, wenn sie es vorzieht, andere Transporte zu organisieren und Geleitbriefe zu gegenseitig vereinbarten Bedingungen auszustellen.

In Ermangelung von Sondervereinbarungen werden die aus der Verwendung dieser Beförderungsmittel erwachsenden Kosten proportional von den am Konflikt beteiligten Parteien, deren Staatsangehörigen diese Dienste zugute kommen, getragen.

Art. 76 Die Zensur des an die Kriegsgefangenen gerichteten und von ihnen abgeschickten Schriftwechsels wird so schnell wie möglich vorgenommen. Sie darf nur von den Absende- und den Empfangsstaaten durchgeführt werden, und zwar von jedem nur einmal.

Die Durchsicht der für die Kriegsgefangenen bestimmten Sendungen darf nicht unter Bedingungen erfolgen, welche die darin enthaltenen Lebensmittel dem Verderb aussetzen, und wird, außer wenn es sich um Schriftstücke oder Drucksachen handelt, in Gegenwart des Empfängers oder eines von ihm ordnungsgemäß beauftragten Kameraden vorgenommen. Die Aushändigung der Einzel- oder Sammelsendungen an die Kriegsgefangenen darf nicht unter dem Vorwand von Zensurschwierigkeiten verzögert werden.

Ein von einer am Konflikt beteiligten Partei aus militärischen oder politischen Gründen erlassenes Schriftwechselverbot darf nur vorübergehender Art sein und wird so kurz wie möglich befristet.

Art. 77 Die Gewahrsamsstaaten gewähren jede Erleichterung zur Weiterleitung – sei es durch Vermittlung der Schutzmacht oder der in Artikel 123 vorgesehenen Zentralstelle für Kriegsgefangene – von Akten, Schriftstücken oder Urkunden, insbesondere von Vollmachten und Testamenten, die für die Kriegsgefangenen bestimmt sind oder von ihnen abgesandt werden.

In allen Fällen erleichtern die Gewahrsamsmächte den Kriegsgefangenen die Erstellung dieser Dokumente; sie gestatten ihnen insbesondere den Verkehr mit einem Rechtsanwalt und veranlassen das Nötige, um die Echtheit ihrer Unterschrift beglaubigen zu lassen.

Abschnitt VI. Beziehungen der Kriegsgefangenen zu den Behörden

Kapitel I. Beschwerden der Kriegsgefangenen über die Gefangenschaftsbedingungen

Art. 78 Die Kriegsgefangenen haben das Recht, den militärischen Behörden, in deren Gewalt sie sich befinden, ihre Anliegen betreffend die Gefangenschaftsbedingungen, denen sie unterstellt sind, vorzubringen.

Sie haben ferner das unbeschränkte Recht, sich entweder durch Vermittlung des Vertrauensmannes oder, wenn sie es für notwendig erachten, unmittelbar an die Vertreter der Schutzmächte zu wenden, um ihnen die Punkte zur Kenntnis zu bringen, über welche sie Beschwerden hinsichtlich der Gefangenschaftsbedingungen vorzubringen haben.

Diese Anliegen und Beschwerden unterliegen keiner Beschränkung und werden nicht auf die in Artikel 71 genannte Anzahl von Postsendungen angerechnet. Sie werden beschleunigt weitergeleitet. Selbst wenn sie sich als unbegründet erweisen, dürfen sie nicht Anlaß zu irgendeiner Bestrafung geben.

Die Vertrauensleute können den Vertretern der Schutzmächte regelmäßig Berichte über die Lage in den Lagern und über die Bedürfnisse der Kriegsgefangenen zustellen.

Kapitel II. Vertreter der Kriegsgefangenen

Art. 79 In allen Orten, in denen sich Kriegsgefangene befinden, mit Ausnahme derjenigen, wo Offiziere sind, wählen die Gefangenen alle sechs Monate und gleicherweise bei Vakanzen in freier und geheimer Wahl Vertrauensleute, die mit ihrer Vertretung bei den militärischen Behörden, den Schutzmächten, dem Internationalen Komitee vom Roten Kreuz und jeder sonstigen Hilfsorganisation für Kriegsgefangene beauftragt sind. Diese Vertrauensleute sind wiederwählbar.

In den Lagern der Offiziere und der ihnen Gleichgestellten oder in den gemischten Lagern wird der älteste kriegsgefangene Offizier des höchsten Dienstgrades als Vertrauensmann anerkannt. In den Offizierslagern wird er durch einen oder mehrere von den Offizieren gewählte Berater unterstützt; in den gemischten Lagern werden diese Gehilfen den Kriegsgefangenen, die nicht Offiziere sind, entnommen und von diesen gewählt.

Den Arbeitslagern für Kriegsgefangene werden kriegsgefangene Offiziere der gleichen Nationalität zugeteilt, um die den Kriegsgefangenen obliegenden Verwaltungsaufgaben der Lager zu übernehmen. Im übrigen können diese Offiziere gemäß den Bestimmungen des ersten Absatzes dieses Artikels zu Vertrauensleuten gewählt werden. In diesem Falle werden die Gehilfen des Vertrauensmannes den Kriegsgefangenen, die nicht Offiziere sind, entnommen.

Jeder Vertrauensmann muß, bevor er seine Funktionen ausüben kann, vom Gewahrsamsstaat genehmigt werden. Lehnt der Gewahrsamsstaat die Genehmigung eines durch seine Kameraden gewählten Kriegsgefangenen ab, so gibt er der Schutzmacht die Gründe seiner Ablehnung bekannt.

Auf jeden Fall muß der Vertrauensmann die gleiche Nationalität besitzen, die gleiche Sprache sprechen und dieselben Gebräuche pflegen wie die Kriegsgefangenen, die er vertritt. So erhalten die nach Nationalität, Sprache und Gebräuchen auf die verschiedenen Abteilungen eines Lagers verteilten Kriegsgefangenen für jede Abteilung einen eigenen Vertrauensmann gemäß den Bestimmungen der vorstehenden Absätze.

Art. 80 Die Vertrauensleute haben das körperliche, sittliche und geistige Wohl der Kriegsgefangenen zu fördern.

Sollten insbesondere die Kriegsgefangenen beschließen, untereinander ein Unterstützungssystem auf Gegenseitigkeit zu organisieren, so sind die Vertrauensleute für diese Organisation zuständig, unbeschadet der besonderen Aufgaben, die ihnen durch andere Bestimmungen des vorliegenden Abkommens übertragen sind.

Die Vertrauensleute können nicht lediglich auf Grund ihres Amtes für die von den Kriegsgefangenen begangenen strafbaren Handlungen verantwortlich gemacht werden.

Art. 81 Die Vertrauensleute werden zu keiner anderen Arbeit gezwungen, wenn dies die Erfüllung ihrer Aufgaben erschweren könnte.

Die Vertrauensleute können unter den Gefangenen die von ihnen benötigten Hilfskräfte bezeichnen. Alle materiellen Erleichterungen, vor allem eine gewisse für die Erfüllung ihrer Aufgaben (Besuche der Arbeitsgruppen, Inempfangnahme von Versorgungsgütern usw.) notwendige Freizügigkeit, werden ihnen gewährt.

Die Vertrauensleute sind ermächtigt, die Räume zu besichtigen, in denen die Kriegsgefangenen untergebracht sind; die Kriegsgefangenen haben das Recht, ihren Vertrauensmann frei zu Rate zu ziehen.

Für ihren postalischen und telegraphischen Verkehr mit den Gewahrsamsbehörden, den Schutzmächten, dem Internationalen Komitee vom Roten Kreuz und deren Delegierten, den gemischten ärztlichen Ausschüssen sowie mit den Hilfsorganisationen für Kriegsgefangene wird den Vertrauensleuten gleicherweise jegliche Erleichterung gewährt. Die

Vertrauensleute der Arbeitsgruppen genießen die gleichen Erleichterungen für den schriftlichen Verkehr mit dem Vertrauensmann des Hauptlagers. Dieser Verkehr darf weder beschränkt noch auf die in Artikel 71 erwähnte Anzahl von Postsachen angerechnet werden.

Ein Vertrauensmann darf nicht versetzt werden, ohne daß ihm die billigerweise notwendige Zeit eingeräumt wird, um seinen Nachfolger mit den laufenden Geschäften vertraut zu machen.

Im Falle einer Absetzung werden die Gründe, die zu diesem Entscheid geführt haben, der Schutzmacht bekanntgegeben.

Kapitel III. Straf- und Disziplinarmaßnahmen

I. Allgemeine Bestimmungen

Art. 82 Die Kriegsgefangenen unterstehen den für die Streitkräfte des Gewahrsamsstaates geltenden allgemeinen Gesetzen, Verordnungen und Anordnungen. Der Gewahrsamsstaat ist ermächtigt, gegen jeden Kriegsgefangenen, der sich eine Übertretung dieser allgemeinen Gesetze, Verordnungen und Anordnungen zuschulden kommen läßt, gerichtliche oder disziplinarische Maßnahmen zu treffen. Jedoch ist keine Strafverfolgung oder Bestrafung gestattet, die den Bestimmungen dieses Kapitels zuwiderläuft.

Erklären allgemeine Gesetze, Verordnungen oder Anordnungen des Gewahrsamsstaates die von einem Kriegsgefangenen begangenen Handlungen als strafbar, während die gleichen Handlungen nicht strafbar sind, sofern sie durch Mitglieder der Streitkräfte des Gewahrsamsstaates begangen werden, so dürfen diese Handlungen lediglich eine disziplinarische Bestrafung nach sich ziehen.

Art. 83 Handelt es sich darum, festzustellen, ob eine durch einen Kriegsgefangenen begangene strafbare Handlung disziplinarisch oder gerichtlich zu bestrafen ist, so wacht der Gewahrsamsstaat darüber, daß die zuständigen Behörden bei der Prüfung dieser Frage größte Nachsicht walten lassen und, wenn immer möglich, eher zu disziplinarischen Maßnahmen als zu gerichtlicher Verfolgung greifen.

Art. 84 Ein Kriegsgefangener darf nur vor ein Militärgericht gestellt werden, außer wenn die Rechtsvorschriften des Gewahrsamsstaates ausdrücklich die Zivilgerichte zur Aburteilung eines Mitglieds der Streitkräfte des Gewahrsamsstaates für die gleiche strafbare Handlung wie die von dem Kriegsgefangenen begangene als zuständig erklären.

Auf keinen Fall darf ein Kriegsgefangener vor ein Gericht gestellt werden, das nicht die allgemein anerkannten wesentlichen Garantien der Unabhängigkeit und der Unparteilichkeit bietet und dessen Verfahren ihm insbesondere nicht die in Artikel 105 vorgesehenen Rechte und Mittel der Verteidigung gewährleistet.

Art. 85 Die Kriegsgefangenen, die auf Grund der Rechtsvorschriften des Gewahrsamsstaates für Handlungen, die sie vor ihrer Gefangennahme begangen haben, verfolgt werden, bleiben, auch wenn sie verurteilt werden, im Genuß der im vorliegenden Abkommen vorgesehenen Vergünstigungen.

Art. 86 Ein Kriegsgefangener darf nicht mehr als einmal für dieselbe Handlung oder auf Grund derselben Anklage bestraft werden.

Art. 87 Über die Kriegsgefangenen können von den Militärbehörden und den Gerichten des Gewahrsamsstaates nur solche Strafen verhängt werden, die bei den gleichen Tatbeständen für die Mitglieder der Streitkräfte dieses Staates vorgesehen sind.

Bei der Strafzumessung haben die Gerichte oder Behörden des Gewahrsamsstaates soweit wie möglich die Tatsache zu berücksichtigen, daß der Angeklagte, da er nicht Angehöriger des Gewahrsamsstaates ist, durch keinerlei Treuepflicht ihm gegenüber gebunden ist und sich infolge von Umständen, die nicht von seinem eigenen Willen abhängen, in seiner Gewalt befindet. Es bleibt ihnen anheimgestellt, das Strafmaß nach freiem Ermessen zu verringern, das für die dem Gefangenen zur Last gelegte strafbare Handlung vorgesehen ist; sie sind zu diesem Zwecke nicht an die vorgeschriebene Mindeststrafe gebunden.

Sämtliche Kollektivstrafen für Handlungen Einzelner, sämtliche Körperstrafen, jede Einkerkerung in Räumen ohne Tageslicht und ganz allgemein jede Art von Folter und Grausamkeit sind untersagt.

Im übrigen darf der Gewahrsamsstaat keinen Kriegsgefangenen seines Dienstgrades entheben oder am Tragen seiner Dienstgradabzeichen hindern.

Art. 88 Kriegsgefangene Offiziere, Unteroffiziere und Soldaten, die eine disziplinarische oder gerichtliche Strafe verbüßen, werden keiner strengeren Behandlung unterworfen, als bei gleichem Dienstgrad und gleicher Strafe für die Mitglieder der Streitkräfte des Gewahrsamsstaates vorgesehen ist.

Weibliche Kriegsgefangene werden nicht strenger bestraft und während ihrer Strafverbüßung nicht strenger behandelt als die wegen der gleichen strafbaren Handlung bestraften, den Streitkräften des Gewahrsamsstaates angehörenden Frauen.

Auf keinen Fall dürfen weibliche Kriegsgefangene strenger bestraft und während der Strafverbüßung strenger behandelt werden als ein wegen der gleichen strafbaren Handlung bestrafter, den Streitkräften des Gewahrsamsstaates angehörender Mann.

Kriegsgefangene, die eine Disziplinar- oder Gerichtsstrafe verbüßt haben, werden nicht anders behandelt als die übrigen Kriegsgefangenen.

II. Disziplinarstrafen

Art. 89 Die auf Kriegsgefangene anwendbaren Disziplinarstrafen sind die folgenden:

1. Buße bis zu 50 v. H. des Soldvorschusses und des Arbeitsentgelts, wie sie in Artikel 60 und 62 vorgesehen sind, und zwar nur während einer Zeitspanne von höchstens dreißig Tagen;

2. Entzug von Vorteilen, welche über die im vorliegenden Abkommen vorgesehene Behandlung hinausgehend gewährt wurden;

3. Arbeitsdienst von höchstens zwei Stunden täglich;

4. Arrest.

Die unter Ziffer 3 vorgesehene Strafe darf jedoch nicht auf Offiziere angewendet werden.

Keinesfalls dürfen Disziplinarstrafen unmenschlich, grausam oder für die Gesundheit der Kriegsgefangenen gefährlich sein.

Art. 90 Die Dauer einer einzigen Strafe darf dreißig Tage nicht überschreiten. In Disziplinarfällen wird die vor der Verhandlung oder der Verhängung der Strafe in Untersuchungshaft verbrachte Zeit von der verhängten Strafe abgezogen.

Die oben erwähnte Höchstdauer der Strafe von dreißig Tagen darf auch dann nicht überschritten werden, wenn ein Kriegsgefangener im Zeitpunkt der Entscheidung über seinen Fall sich wegen verschiedener Disziplinarvergehen zu verantworten hat, gleichgültig, ob diese Handlungen miteinander in Zusammenhang stehen oder nicht.

Zwischen dem Disziplinarentscheid und seinem Vollzug darf nicht mehr als ein Monat verstreichen.

Wird über einen Kriegsgefangenen eine weitere Disziplinarstrafe verhängt, so muß zwischen dem Vollzug jeder der Strafen ein Zeitraum von mindestens drei Tagen liegen, sobald eine von ihnen neun Tage überschreitet.

Art. 91 Die Flucht eines Kriegsgefangenen gilt als gelungen,

1. wenn er die Streitkräfte der Macht, von der er abhängt, oder einer verbündeten Macht erreicht hat;

2. wenn er das in der Gewalt des Gewahrsamsstaates oder einer mit diesem verbündeten Macht befindliche Gebiet verlassen hat;

3. wenn er ein die Flagge der Macht, von der er abhängt, oder einer verbündeten Macht führendes, in den Territorialgewässern des Gewahrsamsstaates befindliches Schiff erreicht hat, vorausgesetzt, daß dieses Schiff nicht unter der Befehlsgewalt des Gewahrsamsstaates steht.

Kriegsgefangene, denen im Sinne dieses Artikels die Flucht gelungen ist, die aber neuerdings in Gefangenschaft geraten, dürfen wegen ihrer früheren Flucht nicht bestraft werden.

Art. 92 Ein Kriegsgefangener, der einen Fluchtversuch unternimmt und wieder ergriffen wird, bevor seine Flucht im Sinne von Artikel 91 gelungen ist, darf für diese Handlung, selbst im Wiederholungsfalle, lediglich disziplinarisch bestraft werden.

Der wieder ergriffene Gefangene wird den zuständigen militärischen Behörden so schnell wie möglich übergeben.

Ungeachtet von Artikel 88 Absatz 4 können wegen eines mißlungenen Fluchtversuches bestrafte Kriegsgefangene einer besonderen Aufsicht unterstellt werden, jedoch nur unter der Bedingung, daß diese Überwachung ihren Gesundheitszustand nicht beeinträchtigt, in einem Kriegsgefangenenlager durchgeführt wird und keinen Entzug irgendwelcher ihnen durch das vorliegende Abkommen verbürgter Rechte umfaßt.

Art. 93 Flucht oder Fluchtversuch, auch im Wiederholungsfall, dürfen nicht als erschwerende Umstände in Fällen betrachtet werden, in denen ein Kriegsgefangener wegen einer während seiner Flucht oder seines Fluchtversuches begangenen strafbaren Handlung gerichtlich verfolgt wird.

Kriegsgefangene, die sich einzig und allein in der Absicht, ihre Flucht zu erleichtern, einer strafbaren Handlung schuldig machen, ohne dabei gegen Personen Gewalt anzuwenden, wie etwa einer strafbaren Handlung gegen das öffentliche Eigentum, des Diebstahls ohne Bereicherungsabsicht, der Herstellung und Verwendung falscher Papiere, des Tragens von Zivilkleidern, dürfen, entsprechend dem in Artikel 83 aufgestellten Grundsatz, nur disziplinarisch bestraft werden.

Kriegsgefangene, die an einer Flucht oder an einem Fluchtversuch mitgewirkt haben, dürfen deswegen nur disziplinarisch bestraft werden.

Art. 94 Wird ein geflüchteter Kriegsgefangener wieder ergriffen, so ist dies, vorausgesetzt, daß auch die Flucht notifiziert worden ist, in der in Artikel 122 vorgesehenen Weise der Macht, von der er abhängt, zu notifizieren.

Art. 95 Kriegsgefangene, die eines Verstoßes gegen die Disziplin angeschuldigt sind, werden bis zur Fällung des Entscheides nicht in Untersuchungshaft behalten, es sei denn, daß diese Maßnahme auch auf Mitglieder der Streitkräfte des Gewahrsamsstaates, die sich der gleichen strafbaren Handlung schuldig gemacht haben, Anwendung findet, oder daß das höhere Interesse der Aufrechterhaltung von Ordnung und Disziplin im Lager dies verlange.

Für alle Kriegsgefangenen wird die Untersuchungshaft in Disziplinarfällen auf das unbedingt notwendige Mindestmaß beschränkt; sie darf vierzehn Tage nicht überschreiten.

Die Bestimmungen der Artikel 97 und 98 dieses Kapitels finden auf Kriegsgefangene Anwendung, die sich wegen eines Disziplinarvergehens in Untersuchungshaft befinden.

Art. 96 Handlungen, die einen Verstoß gegen die Disziplin darstellen, werden unverzüglich untersucht.

Unbeschadet der Zuständigkeit der Gerichte und höheren militärischen Behörden können Disziplinarstrafen nur von einem Offizier, der in seiner Eigenschaft als Lagerkommandant mit der Disziplinarstrafgewalt ausgestattet ist, oder von einem verantwortlichen Offizier, der ihn vertritt oder dem er seine Disziplinarstrafgewalt übertragen hat, verhängt werden.

Auf keinen Fall darf diese Disziplinarstrafgewalt einem Kriegsgefangenen übertragen oder durch einen Kriegsgefangenen ausgeübt werden.

Bevor eine Disziplinarstrafe verhängt wird, wird der angeklagte Kriegsgefangene genau über die Tatsachen ins Bild gesetzt, die ihm vorgeworfen werden. Es wird ihm gestattet, sein Verhalten zu rechtfertigen und sich zu verteidigen. Er ist berechtigt, Zeugen vernehmen zu lassen und, falls notwendig, die Hilfe eines befähigten Dolmetschers in Anspruch zu nehmen. Der Entscheid wird dem Kriegsgefangenen und dem Vertrauensmann bekanntgegeben.

Der Lagerkommandant hat ein Disziplinarstrafregister zu führen, das von Vertretern der Schutzmacht eingesehen werden kann.

Art. 97 Auf keinen Fall dürfen Kriegsgefangene in Strafanstalten (Kerker, Zuchthäuser, Gefängnisse usw.) überführt werden, um dort Disziplinarstrafen zu verbüßen.

Die Örtlichkeiten, in denen Disziplinarstrafen zu verbüßen sind, müssen den in Artikel 25 vorgesehenen hygienischen Anforderungen entsprechen. Den die Strafe verbüßenden Kriegsgefangenen muß gemäß den Bestimmungen von Artikel 29 ermöglicht werden, sich sauber zu halten.

Offiziere und ihnen Gleichgestellte verbüßen ihre Strafen nicht in den gleichen Räumlichkeiten wie Unteroffiziere und Mannschaften.

Weibliche Kriegsgefangene, die eine Disziplinarstrafe verbüßen, werden in von den Männerabteilungen getrennten Räumen in Haft gehalten und unter die unmittelbare Überwachung von Frauen gestellt.

Art. 98 Die ihre Disziplinarstrafe verbüßenden Kriegsgefangenen bleiben weiterhin im Genuß der Bestimmungen des vorliegenden Abkommens, soweit dessen Anwendung nicht durch die Tatsache ihrer Haft selbst unmöglich gemacht wird. In keinem Fall dürfen ihnen jedoch die Vergünstigungen der Artikel 78 und 126 entzogen werden.

Den disziplinarisch bestraften Kriegsgefangenen dürfen die ihnen auf Grund ihres Dienstgrades zustehenden Vorrechte nicht entzogen werden.

Disziplinarisch bestrafte Kriegsgefangene können sich täglich mindestens zwei Stunden im Freien bewegen und aufhalten.

Es wird ihnen gestattet, sich auf Verlangen bei der täglichen Arztvisite zu melden; sie erhalten die Pflege, die ihr Gesundheitszustand erfordert, und werden gegebenenfalls in die Krankenabteilung des Lagers oder ein Lazarett überführt.

Sie erhalten die Erlaubnis, zu lesen und zu schreiben, Briefe abzusenden und zu empfangen. Pakete und Geldsendungen dagegen können ihnen bis nach Verbüßung der Strafe vorenthalten werden; in der Zwischenzeit werden diese dem Vertrauensmann anvertraut, der die in den Paketen befindlichen verderblichen Lebensmittel der Krankenabteilung übergibt.

III. Gerichtliche Verfolgung

Art. 99 Kein Kriegsgefangener darf wegen einer Handlung gerichtlich verfolgt oder verurteilt werden, die zur Zeit ihrer Begehung nicht ausdrücklich durch in Kraft befindliche Gesetze des Gewahrsamsstaates oder geltendes Völkerrecht verboten war.

Auf einen Kriegsgefangenen darf keinerlei körperlicher oder seelischer Zwang ausgeübt werden, um ihn dazu zu bringen, sich der Handlung, deren er angeklagt ist, schuldig zu bekennen.

Kein Kriegsgefangener darf verurteilt werden, ohne die Möglichkeit zu seiner Verteidigung und den Beistand eines geeigneten Verteidigers gehabt zu haben.

Art. 100 Den Kriegsgefangenen und den Schutzmächten ist so früh wie möglich mitzuteilen, für welche strafbaren Handlungen die Rechtsvorschriften des Gewahrsamsstaates die Todesstrafe vorsehen.

Nachträglich kann ohne Einwilligung der Macht, von der die Gefangenen abhängen, die Todesstrafe auf keine weitere strafbare Handlung mehr erstreckt werden.

Die Todesstrafe kann gegen einen Kriegsgefangenen nur ausgesprochen werden, wenn gemäß Artikel 87 Absatz 2 das Gericht besonders auf die Tatsache aufmerksam gemacht wurde, daß der Angeklagte, da er nicht Angehöriger des Gewahrsamsstaates ist, durch keinerlei Treuepflicht ihm gegenüber gebunden ist und sich auf Grund von Umständen in seiner Gewalt befindet, die nicht von seinem eigenen Willen abhängen.

Art. 101 Wird gegen einen Kriegsgefangenen die Todesstrafe ausgesprochen, so wird das Urteil nicht vollstreckt vor Ablauf einer Frist von mindestens sechs Monaten, von dem Zeitpunkt an gerechnet, in dem die Schutzmacht unter der angegebenen Anschrift die in Artikel 107 vorgesehene ausführliche Mitteilung erhalten hat.

Art. 102 Ein Urteil gegen einen Kriegsgefangenen kann nur dann rechtsgültig gefällt werden, wenn es durch die gleichen Gerichte und nach dem gleichen Verfahren, wie sie für die Angehörigen der Streitkräfte des Gewahrsamsstaates vorgesehen sind, ausgesprochen wird und im übrigen die Bestimmungen dieses Kapitals eingehalten werden.

Art. 103 Gerichtliche Untersuchungen gegen Kriegsgefangene werden so schnell durchgeführt, wie die Umstände es gestatten, und zwar so, daß die Gerichtsverhandlung möglichst frühzeitig stattfinden kann. Ein Kriegsgefangener darf nur dann in Untersuchungshaft gehalten werden, wenn diese Maßnahme bei gleichen strafbaren Handlungen auch für die Mitglieder der Streitkräfte des Gewahrsamsstaates vorgesehen ist, oder wenn es die nationale Sicherheit erfordert. Die Untersuchungshaft darf auf keinen Fall länger als drei Monate dauern.

Die Dauer der Untersuchungshaft ist auf die über den Kriegsgefangenen verhängte Freiheitsstrafe anzurechnen; dies ist bereits bei der Festsetzung der Strafe zu berücksichtigen.

Die Bestimmungen der Artikel 97 und 98 dieses Kapitels bleiben für die Kriegsgefangenen auch während der Untersuchungshaft in Geltung.

Art. 104 In allen Fällen, in denen sich der Gewahrsamsstaat für die Einleitung der gerichtlichen Verfolgung eines Kriegsgefangenen entschieden hat, hat er dies der Schutzmacht so schnell wie möglich, mindestens jedoch drei Wochen vor Verhandlungsbeginn, bekanntzugeben. Diese Frist von drei Wochen läuft erst von dem Augenblick an, in dem die Schutzmacht unter der von ihr dem Gewahrsamsstaat vorher bekanntgegebenen Anschrift die Mitteilung erhalten hat.

Diese Mitteilung hat folgende Angaben zu enthalten:

1. Name, Vornamen, Dienstgrad, Matrikelnummer, Geburtsdatum und etwaigen Beruf des Kriegsgefangenen;
2. Ort der Internierung oder der Haft;
3. genaue Bezeichnung des oder der Anklagepunkte unter Erwähnung der anwendbaren gesetzlichen Bestimmungen;
4. das den Fall behandelnde Gericht sowie Zeitpunkt und Ort der Eröffnung der Verhandlung.

Die gleiche Mitteilung läßt der Gewahrsamsstaat dem Vertrauensmann des Kriegsgefangenen zugehen.

Kann bei der Eröffnung der Verhandlung der Beweis nicht erbracht werden, daß die Schutzmacht, der Kriegsgefangene selbst und sein Vertrauensmann die genannte Mitteilung mindestens drei Wochen vor Verhandlungsbeginn erhalten haben, so findet die Verhandlung nicht statt und wird vertagt.

Art. 105 Dem Kriegsgefangenen steht das Recht zu, einen seiner kriegsgefangenen Kameraden zur Unterstützung beizuziehen, sich durch einen geeigneten Anwalt seiner Wahl verteidigen zu lassen, Zeugen vorladen zu lassen und, wenn er es für nötig erachtet, die Dienste eines befähigten Dolmetschers in Anspruch zu nehmen. Der Gewahrsamsstaat setzt ihn rechtzeitig vor Verhandlungsbeginn von diesen Rechten in Kenntnis.

Hat der Kriegsgefangene keinen Verteidiger gewählt, so stellt ihm die Schutzmacht einen solchen zur Verfügung; dafür steht ihr eine Frist von mindestens einer Woche zu. Auf Verlangen der Schutzmacht läßt ihr der Gewahrsamsstaat ein Verzeichnis von für die Übernahme der Verteidigung geeigneten Personen zukommen. Für den Fall, daß weder der Kriegsgefangene noch die Schutzmacht einen Verteidiger bestellen, bezeichnet der Gewahrsamsstaat einen für die Verteidigung des Angeklagten geeigneten Anwalt.

Dem Verteidiger stehen zur Vorbereitung der Verteidigung des Angeklagten mindestens zwei Wochen bis zur Eröffnung der Verhandlung zur Verfügung; ihm werden die dafür erforderlichen Erleichterungen gewährt, insbesondere kann er den Angeklagten ungehindert besuchen und ohne Zeugen mit ihm sprechen. Er kann mit allen Entlastungszeugen einschließlich der Kriegsgefangenen sprechen. Diese Erleichterungen werden ihm bis zum Ablauf der Rechtsmittelfristen gewährt.

Dem angeklagten Kriegsgefangenen werden die Anklageschrift sowie diejenigen Dokumente, die im allgemeinen den Angeklagten gemäß den bei den Streitkräften des Gewahrsamsstaates geltenden Gesetzen bekanntgegeben werden, in einer ihm verständlichen Sprache und rechtzeitig vor Verhandlungseröffnung zugestellt. Seinem Verteidiger werden dieselben Schriftstücke unter den gleichen Bedingungen zugestellt.

Die Vertreter der Schutzmacht haben das Recht, den Verhandlungen beizuwohnen, sofern diese nicht ausnahmsweise im Interesse der Staatssicherheit unter Ausschluß der Öffentlichkeit stattfinden müssen; in diesem Falle teilt der Gewahrsamsstaat dies der Schutzmacht mit.

Art. 106 Jeder Kriegsgefangene hat das Recht, unter den gleichen Bedingungen, die auch für die Mitglieder der Streitkräfte des Gewahrsamsstaates gelten, gegen das gegen ihn ergangene Urteil Berufung oder Revision einzulegen. Über die ihm diesbezüglich zustehenden Rechte sowie über die zu deren Ausübung festgesetzten Fristen ist er voll und ganz aufzuklären.

Art. 107 Jedes gegen einen Kriegsgefangenen ergangene Urteil wird der Schutzmacht unverzüglich in Form einer Zusammenfassung bekanntgegeben, die auch angibt, ob dem Gefangenen das Recht zur Berufung oder zur Revision zusteht. Diese Mitteilung wird auch dem betreffenden Vertrauensmann zugestellt. Ist das Urteil in Abwesenheit des Angeklagten gefällt worden, so ergeht diese Mitteilung auch an den Kriegsgefangenen selbst und zwar in einer ihm verständlichen Sprache. Außerdem teilt der Gewahrsamsstaat der Schutzmacht unverzüglich mit, ob der Kriegsgefangene von Rechtsmitteln Gebrauch machen will oder nicht.

Handelt es sich um ein rechtskräftiges Urteil oder um ein in erster Instanz gefälltes Todesurteil, so richtet der Gewahrsamsstaat ferner an die Schutzmacht so bald wie möglich eine ausführliche Mitteilung, die folgende Angaben enthält:

1. Den genauen Wortlaut des Urteils;

2. einen zusammenfassenden Bericht über die Untersuchung und die Verhandlung, der besonders die Grundzüge der Anklage und der Verteidigung hervorhebt;

3. gegebenenfalls die Angabe der Anstalt, wo die Strafe zu verbüßen ist.

Die in den vorstehenden Absätzen genannten Mitteilungen werden der Schutzmacht vom Gewahrsamsstaat unter der ihm vorher bekanntgegebenen Anschrift zugestellt.

Art. 108 Die auf Grund eines ordnungsgemäß vollstreckbar gewordenen Urteils über einen Kriegsgefangenen verhängten Strafen werden in den gleichen Anstalten und unter den gleichen Bedingungen verbüßt, wie dies bei Mitgliedern der Streitkräfte des Gewahrsamsstaates der Fall ist. Diese Bedingungen entsprechen auf alle Fälle den Erfordernissen der Hygiene und der Menschlichkeit.

Weibliche Kriegsgefangene, über die eine derartige Strafe verhängt wird, werden in gesonderten Räumen untergebracht und unter die Überwachung von Frauen gestellt.

Auf jeden Fall gelten die Bestimmungen der Artikel 78 und 126 des vorliegenden Abkommens weiterhin für die zu einer Freiheitsstrafe verurteilten Kriegsgefangenen. Es wird ihnen außerdem gestattet, Briefschaften zu empfangen und zu versenden, monatlich mindestens ein Hilfspaket zu empfangen und sich regelmäßig im Freien zu bewegen; entsprechend ihrem Gesundheitszustand haben sie Anrecht auf die notwendige ärztliche Pflege und auf Wunsch auch auf gesitlichen Beistand. Ihnen auferlegte Strafen haben den Bestimmungen von Artikel 87 Absatz 3 zu entsprechen.

Teil IV. Beendigung der Gefangenschaft

Abschnitt I. Direkte Heimschaffung und Hospitalisierung in neutralen Ländern

Art. 109 Die am Konflikt beteiligten Parteien sind unter Vorbehalt der Bestimmungen von Absatz 3 dieses Artikels gehalten, die schwerkranken und schwerverwundeten Kriegsgefangenen, ohne Rücksicht auf Anzahl und Dienstgrad und nach Herbeiführung ihrer Transportfähigkeit gemäß den Bestimmungen von Absatz 1 des nachstehenden Artikels in ihre Heimat zurückzusenden.

Die am Konflikt beteiligten Parteien werden sich während der Dauer der Feindseligkeiten in Zusammenarbeit mit den in Betracht kommenden neutralen Mächten bemühen, die Hospitalisierung der in Absatz 2 des nachstehenden Artikels erwähnten verwundeten oder kranken Kriegsgefangenen in neutralen Ländern in die Wege zu leiten; im übrigen können sie auch Vereinbarungen zur direkten Heimschaffung von gesunden, schon seit langer Zeit in Gefangenschaft befindlichen Kriegsgefangenen oder zu deren Internierung in einem neutralen Lande treffen.

Während der Feindseligkeiten kann kein gemäß Absatz 1 dieses Artikels für die Heimschaffung vorgesehener kranker oder verwundeter Kriegsgefangener gegen seinen Willen heimgeschafft werden.

Art. 110 Es sind direkt heimzuschaffen

1. die unheilbar Verwundeten und Kranken, deren geistige oder körperliche Fähigkeiten beträchtlich herabgemindert zu sein scheinen;

2. die Verwundeten und Kranken, die nach ärztlicher Voraussicht im Verlaufe eines Jahres nicht geheilt werden können, wenn ihr Zustand eine Behandlung erfordert und ihre geistigen und körperlichen Fähigkeiten beträchtlich herabgemindert zu sein scheinen;

3. die geheilten Verwundeten und Kranken, deren geistige oder körperliche Fähigkeiten dauernd und beträchtlich herabgemindert zu sein scheinen;

Es können in neutralen Ländern hospitalisiert werden:

1. die Verwundeten und Kranken, deren Heilung innerhalb eines Jahres nach der Verletzung oder Erkrankung zu erwarten ist, wenn die Behandlung in einem neutralen Lande eine sichere und schnellere Heilung voraussehen läßt;

2. die Kriegsgefangenen, deren geistige und körperliche Gesundheit nach ärztlicher Voraussicht durch die Fortsetzung der Gefangenschaft ernstlich bedroht ist, bei denen jedoch durch die Hospitalisierung in einem neutralen Lande diese Bedrohung vermieden werden könnte.

Die Bedingungen, welche die in einem neutralen Lande hospitalisierten Kriegsgefangenen erfüllen müssen, um heimgeschafft zu werden, wie auch ihre Rechtsstellung werden durch Vereinbarung unter den beteiligten Mächten geregelt. Im allgemeinen werden diejenigen in einem neutralen Lande hospitalisierten Kriegsgefangenen heimgeschafft, die folgenden Kategorien angehören:

1. diejenigen, deren Gesundheitszustand sich derart verschlimmert hat, daß die für die direkte Heimschaffung vorgesehenen Bedingungen erfüllt sind;

2. diejenigen, deren geistige oder körperliche Fähigkeiten auch nach erfolgter Behandlung beträchtlich herabgemindert bleiben.

In Ermangelung von Sondervereinbarungen zwischen den betreffenden am Konflikt beteiligten Parteien über die Bestimmung der Invaliditäts- oder Krankheitsfälle, die die direkte Heimschaffung oder die Hospitalisierung in einem neutralen Lande zur Folge haben, werden diese Fälle gemäß der Muster-Vereinbarung über die direkte Heimschaffung und die Hospitalisierung in einem neutralen Lande und der Regelung über die gemischten ärztlichen Ausschüsse bestimmt, die dem vorliegenden Abkommen beiliegen.

Art. 111 Der Gewahrsamsstaat, die Macht, von der die Kriegsgefangenen abhängen, und eine von diesen beiden Mächten genehmigte neutrale Macht werden sich um den Abschluß von Vereinbarungen bemühen, die die Internierung von Kriegsgefangenen auf dem Gebiete der genannten neutralen Macht bis zur Einstellung der Feindseligkeiten gestatten.

Art. 112 Bei Beginn der Feindseligkeiten sind gemischte ärztliche Ausschüsse zu bestellen, die die kranken und verletzten Gefangenen untersuchen und alle zweckdienlichen Entscheidungen über sie treffen. Für die Bestellung, die Pflichten und die Tätigkeit dieser Ausschüsse sind die Bestimmungen der dem vorliegenden Abkommen beiliegenden Regelung maßgebend.

Jedoch können Gefangene, die nach Ansicht der ärztlichen Behörden des Gewahrsamsstaates offenkundig Schwerverletzte oder Schwerkranke sind, ohne Untersuchung durch einen gemischten ärztlichen Ausschuß heimgeschafft werden.

Art. 113 Außer den durch die ärztlichen Behörden der Gewahrsamsmacht bezeichneten verwundeten oder kranken Kriegsgefangenen haben diejenigen, die einer der nachstehend aufgeführten Kategorien angehören, das Recht, sich von dem im vorstehenden Artikel genannten gemischten ärztlichen Ausschüssen untersuchen zu lassen:

1. Die Verwundeten und Kranken, die von einem im Lager tätigen Arzt vorgeschlagen werden, der ihr Landsmann ist oder einer am Konflikt beteiligten Partei angehört, die mit der Macht, von der sie abhängen, verbündet ist;

2. die von ihrem Vertrauensmann vorgeschlagenen Verwundeten und Kranken;

3. die von der Macht, von der sie abhängen, oder von einer von dieser Macht anerkannten Hilfsorganisation für Kriegsgefangene vorgeschlagenen Verwundeten und Kranken.

Die Kriegsgefangenen, die keiner dieser drei Kategorien angehören, können sich diesen gemischten ärztlichen Ausschüssen gleichwohl zur Untersuchung stellen, werden jedoch erst nach den Gefangenen der erwähnten Kategorien untersucht.

Dem Arzt, der ein Landsmann der von dem gemischten ärztlichen Ausschuß untersuchten Kriegsgefangenen ist, sowie ihrem Vertrauensmann ist es erlaubt, dieser Untersuchung beizuwohnen.

Art. 114 Kriegsgefangene, die einen Unfall erlitten haben, kommen, außer wenn es sich um Selbstverstümmelung handelt, in den Genuß der Bestimmungen des vorliegenden Abkommens in bezug auf ihre Heimschaffung oder etwaige Hospitalisierung in einem neutralen Lande.

Art. 115 Ein disziplinarisch bestrafter Kriegsgefangener, der die für die Heimschaffung oder die Hospitalisierung in einem neutralen Lande vorgesehenen Bedingungen erfüllt, darf nicht zurückgehalten werden, weil er seine Strafe noch nicht verbüßt hat.

Die gerichtlich verfolgten oder verurteilten Kriegsgefangenen, die für die Heimschaffung oder Hospitalisierung in einem neutralen Lande vorgesehen sind, können vor Beendigung des Verfahrens oder der Verbüßung der Strafe in den Genuß dieser Maßnahmen gelangen, wenn der Gewahrsamsstaat seine Einwilligung dazu gibt.

Die am Konflikt beteiligten Parteien geben sich gegenseitig die Namen derjenigen bekannt, die bis zur Beendigung des Verfahrens oder der Verbüßung der Strafe zurückbehalten werden.

Art. 116 Die Kosten der Heimschaffung oder der Überführung von Kriegsgefangenen in ein neutrales Land gehen von der Grenze des Gewahrsamsstaates an zu Lasten derjenigen Macht, von der diese Kriegsgefangenen abhängen.

Art. 117 Ein Heimgeschaffter darf im aktiven Militärdienst nicht mehr verwendet werden.

Abschnitt II. Freilassung und Heimschaffung der Kriegsgefangenen bei Beendigung der Feindseligkeiten

Art. 118 Die Kriegsgefangenen werden nach Beendigung der aktiven Feindseligkeiten ohne Verzug freigelassen und heimgeschafft.

Enthält das zwischen den am Konflikt beteiligten Parteien abgeschlossene Abkommen zur Beendigung der Feindseligkeiten keine diesbezüglichen Bestimmungen oder wird kein solches Abkommen abgeschlossen, so stellt jeder Gewahrsamsstaat gemäß dem im vorstehenden Absatz aufgestellten Grundsatz ohne Verzug selbst einen Heimschaffungsplan auf und führt ihn aus.

In beiden Fällen werden die beschlossenen Maßnahmen den Kriegsgefangenen zur Kenntnis gebracht.

Die Kosten der Heimschaffung der Kriegsgefangenen werden auf jeden Fall in billiger Weise zwischen der Gewahrsamsmacht und der Macht, von der die Kriegsgefangenen abhängen, geteilt. Zu diesem Zweck werden folgende Grundsätze beachtet:

a) Wenn es sich um Nachbarstaaten handelt, übernimmt der Staat, von dem die Kriegsgefangenen abhängen, die Kosten der Heimschaffung von der Grenze des Gewahrsamsstaates an;

b) wenn es sich nicht um Nachbarstaaten handelt, übernimmt der Gewahrsamsstaat die Kosten der Beförderung der Kriegsgefangenen auf seinem Gebiet, und zwar bis zu seiner Grenze oder bis zu seinem Einschiffungshafen, der dem Staat, von dem die Gefangenen abhängen am nächsten liegt. Was den Rest der Heimschaffungskosten betrifft, so einigen sich die beteiligten Mächte über eine gerechte Aufteilung. Auf keinen Fall darf wegen des Abschlusses einer solchen Vereinbarung die Heimschaffung der Kriegsgefangenen auch nur im geringsten verzögert werden.

Art. 119 Die Heimschaffung erfolgt unter ähnlichen Bedingungen, wie sie in den Artikeln 46 bis 48 einschließlich des vorliegenden Abkommens für die Verlegung von Kriegsgefangenen vorgesehen sind, und unter Berücksichtigung der Bestimmungen von Artikel 118 sowie der nachfolgenden Bestimmungen.

Bei der Heimschaffung werden den Kriegsgefangenen die ihnen gemäß Artikel 18 abgenommenen Wertgegenstände und die Geldbeträge in ausländischer Währung, die nicht in die Währung des Gewahrsamsstaates umgewechselt wurden, zurückerstattet. Die Wertgegenstände und die Geldbeträge in ausländischer Währung, die aus irgendeinem Grunde den Kriegsgefangenen bei ihrer Heimschaffung nicht zurückerstattet werden, werden dem in Artikel 122 vorgesehenen Auskunftsbüro übergeben.

Die Kriegsgefangenen sind berechtigt, ihre persönlichen Sachen, ihre Briefschaften und die erhaltenen Pakete mitzunehmen; das Gewicht dieses Gepäcks kann, falls die Umstände der Heimschaffung es erfordern, auf das beschränkt werden, was der Gefangene vernünftigerweise tragen kann, auf jeden Fall ist jeder Kriegsgefangene berechtigt, mindestens 25 kg mitzunehmen.

Die anderen persönlichen Sachen des heimgeschafften Kriegsgefangenen werden von der Gewahrsamsmacht aufbewahrt; diese läßt sie dem

Gefangenen zukommen, sobald sie mit der Macht, von der er abhängt, eine Vereinbarung über die Einzelheiten der Beförderung und die Bezahlung der dadurch entstehenden Kosten getroffen hat.

Die Kriegsgefangenen, gegen die wegen eines Verbrechens oder Vergehens eine Strafverfolgung anhängig ist, können bis zum Abschluß des Gerichtsverfahrens und gegebenenfalls bis zur Verbüßung der Strafe zurückgehalten werden. Das gleiche gilt für Kriegsgefangene, die wegen eines strafrechtlichen Verbrechens oder Vergehens verurteilt sind.

Die am Konflikt beteiligten Parteien teilen sich gegenseitig die Namen der Kriegsgefangenen mit, die bis zum Abschluß des Gerichtsverfahrens oder bis zur Verbüßung der Strafe zurückgehalten werden.

Die am Konflikt beteiligten Parteien vereinbaren die Einsetzung von Ausschüssen, um verstreute Kriegsgefangene zu suchen und ihre möglichst schnelle Heimschaffung zu gewährleisten.

Abschnitt III. Todesfälle von Kriegsgefangenen

Art. 120 Die Testamente der Kriegsgefangenen werden so aufgesetzt, daß sie den in den Rechtsvorschriften ihres Heimatstaates aufgestellten Gültigkeitsbedingungen entsprechen; diese Bedingungen werden vom Heimatstaat dem Gewahrsamsstaat zur Kenntnis gebracht. Auf Verlangen des Kriegsgefangenen und auf jeden Fall nach seinem Tod wird das Testament unverzüglich der Schutzmacht übermittelt und eine beglaubigte Abschrift davon der Zentralstelle für Kriegsgefangene zugestellt.

Die gemäß dem diesem Abkommen beiliegenden Muster erstellten Todesurkunden oder die von einem verantwortlichen Offizier beglaubigten Listen aller in der Gefangenschaft verstorbenen Kriegsgefangenen werden so schnell wie möglich dem in Artikel 122 vorgesehenen Auskunftsbüros für Kriegsgefangene zugestellt. Die in Artikel 17 Absatz 3 aufgezählten Angaben über Identität, Ort und Zeitpunkt des Todes, Todesursache, Ort und Zeitpunkt der Bestattung sowie alle zur Auffindung der Gräber notwendigen Angaben müssen in diesen Urkunden oder Listen enthalten sein.

Der Beerdigung oder Einäscherung muß eine ärztliche Leichenschau vorangehen, die den Tod feststellt, die Abfassung eines Berichts ermöglicht und, wenn nötig, die Identität des Verstorbenen feststellt.

Die Gewahrsamsbehörden sorgen dafür, daß in der Gefangenschaft verstorbene Kriegsgefangene mit allen Ehren, wenn möglich gemäß den Riten der Religion, der sie angehörten, bestattet werden, daß ihre Gräber geachtet, angemessen instandgehalten und so gekennzeichnet werden, daß sie jederzeit wieder aufgefunden werden können. Wenn immer möglich, werden die verstorbenen Kriegsgefangenen, die von der gleichen Macht abhingen, am gleichen Ort bestattet.

Die verstorbenen Kriegsgefangenen werden einzeln bestattet, sofern nicht die Beisetzung in einem Gemeinschaftsgrab infolge höherer Gewalt unumgänglich ist. Die Leichen dürfen nur aus zwingenden hygienischen Gründen oder gemäß der Religion des Verstorbenen oder auf seinen eigenen Wunsch eingeäschert werden. Im Falle einer Einäscherung wird diese Tatsache unter Angabe der Gründe auf der Todesurkunde des Verstorbenen vermerkt.

Damit die Gräber jederzeit wieder aufgefunden werden können, werden alle Angaben über die Bestattungen und die Gräber durch einen vom Gewahrsamsstaat geschaffenen Gräberdienst aufgezeichnet. Die Verzeichnisse der Gräber und die Angaben über die auf den Friedhöfen oder anderswo bestatteten Kriegsgefangenen werden der Macht, von der diese Kriegsgefangenen abhingen, übermittelt. Ist die Macht, in deren Gewalt ein Gebiet steht, Vertragspartei des vorliegenden Abkommens, so obliegt es ihr, für die Pflege der darin befindlichen Gräber und für die Eintragung jeder nachträglichen Überführung einer Leiche besorgt zu sein. Dieselben Bestimmungen gelten auch für die Asche, die vom Gräberdienst aufbewahrt wird, bis der Heimatstaat seine endgültigen Verfügungen in dieser Hinsicht bekanntgibt.

Art. 121 Nach jedem Todesfall oder jeder schweren Verletzung eines Kriegsgefangenen, die durch einen Posten, einen anderen Kriegsgefangenen oder irgendeine andere Person verursacht wurde oder versucht sein könnte, sowie nach jedem Todesfall, dessen Ursache unbekannt ist, wird vom Gewahrsamsstaat unverzüglich eine amtliche Untersuchung eingeleitet.

Der Schutzmacht wird darüber sofort Mitteilung gemacht. Die Aussagen der Zeugen, besonders der Kriegsgefangenen, werden aufgenommen; ein diese Aussagen enthaltender Bericht wird der genannten Macht übersandt.

Erweist die Untersuchung die Schuld einer oder mehrerer Personen, so ergreift der Gewahrsamsstaat alle Maßnahmen zur gerichtlichen Verfolgung der verantwortlichen Person oder Personen.

Teil V. Auskunftsstellen und Hilfsorganisationen für Kriegsgefangene

Art. 122 Bei Ausbruch eines Konflikts und in allen Fällen einer Besetzung richtet jede der am Konflikt beteiligten Parteien ein amtliches Auskunftsbüro für die in ihrer Hand befindlichen Kriegsgefangenen ein; das gleiche gilt für die neutralen oder nicht-kriegführenden Mächte hinsichtlich derjenigen Personen, die einer der in Artikel 4 aufgeführten Kategorien angehören und die sie in ihr Gebiet aufgenommen haben.

Die betreffende Macht trägt dafür Sorge, daß dem Auskunftsbüro die Räumlichkeiten, das Material und das Personal zur Verfügung stehen, die notwendig sind, damit es wirksam arbeiten kann. Es steht ihr frei, unter Beachtung der im Abschnitt des vorliegenden Abkommens über die Arbeit der Kriegsgefangenen festgelegten Bedingungen Kriegsgefangene hierfür zu verwenden.

Jede der am Konflikt beteiligten Parteien läßt ihrem Büro in kürzestmöglicher Frist die im vierten, fünften und sechsten Absatz dieses Artikels erwähnten Auskünfte über jede feindliche, zu einer der in Artikel 4 aufgeführten Kategorien gehörende und in ihre Hände gefallene Person zukommen. Das gleiche gilt für die neutralen oder nicht-kriegführenden Mächte hinsichtlich jener Personen, die diesen Kategorien angehören und die sie in ihr Gebiet aufgenommen haben.

Das Auskunftsbüro leitet diese Auskünfte durch Vermittlung der Schutzmächte einerseits und der in Artikel 123 vorgesehenen Zentralstelle andererseits unverzüglich auf schnellstem Wege an die betreffenden Mächte weiter.

Diese Auskünfte sollen eine schnelle Benachrichtigung der betreffenden Familien ermöglichen. Vorbehaltlich der Bestimmungen des Artikels 17 enthalten diese Angaben für jeden Kriegsgefangenen Namen, Vornamen, Dienstgrad, Matrikelnummer, Ort und vollständiges Datum der Geburt, Bezeichnung der Macht, von der er abhängt, Vornamen des Vaters und Mädchennamen der Mutter, Namen und Anschrift der zu benachrichtigenden Person sowie die Anschrift, unter der dem Gefangenen Briefschaften zugestellt werden können, soweit das Auskunftsbüro diese Angaben besitzt.

Das Auskunftsbüro erhält von den verschiedenen zuständigen Dienststellen die Angaben über Verlegung, Freilassung, Heimschaffung, Flucht, Hospitalisierung, Tod und leitet sie auf die im dritten Absatz dieses Artikels vorgesehene Weise weiter.

Ebenso werden regelmäßig, und zwar wenn möglich wöchentlich, Auskünfte über den Gesundheitszustand schwerkranker oder schwerverletzter Kriegsgefangener weitergeleitet.

Das Auskunftsbüro ist ebenfalls verantwortlich für die Beantwortung aller Anfragen über die Kriegsgefangenen, einschließlich der in der Gefangenschaft verstorbenen; um sich die verlangten Auskünfte, die ihm fehlen sollten, zu beschaffen, nimmt es die nötigen Erhebungen vor.

Alle schriftlichen Mitteilungen des Auskunftsbüros werden durch Unterschrift oder Siegel beglaubigt.

Das Auskunftsbüro wird ferner beauftragt, alle persönlichen Wertgegenstände, einschließlich der Geldbeträge in anderer Währung als der des Gewahrsamsstaates, sowie die für die nächsten Angehörigen wichtigen Schriftstücke zu sammeln, die die Kriegsgefangenen bei ihrer Heimschaffung, ihrer Freilassung, ihrer Flucht oder ihrem Tod zurückgelassen haben, und sie an die betreffenden Mächte zu übermitteln. Diese Gegenstände werden vom Büro in versiegelten Paketen versandt; es wird ihnen eine Erklärung, welche die Identität der Person, der die Gegenstände gehörten, genau feststellt, sowie ein vollständiges Verzeichnis des Paketinhaltes beigefügt. Die sonstigen persönlichen Sachen der in Frage kommenden Kriegsgefangenen werden gemäß den zwischen den betreffenden am Konflikt beteiligten Parteien getroffenen Abmachungen zurückgesandt.

Art. 123 Eine Zentralauskunftsstelle für Kriegsgefangene wird in einem neutralen Land geschaffen. Das Internationale Komitee vom Roten Kreuz wird den in Frage kommenden Mächten, sofern es ihm notwendig erscheint, die Organisation dieser Zentralstelle vorschlagen.

Diese Zentralstelle wird beauftragt, alle Auskünfte betreffend Kriegsgefangene, die sie auf amtlichem oder privatem Wege beschaffen kann, zu sammeln; sie leitet sie so schnell wie möglich an das Herkunftsland der Kriegsgefangenen oder an die Macht, von der sie abhängen, weiter. Seitens der am Konflikt beteiligten Parteien erhält diese Zentralstelle alle Erleichterungen zur Durchführung dieser Weiterleitungen.

Die Hohen Vertragsparteien und im besonderen diejenigen, deren Angehörigen die Dienste der Zentralstelle zugute kommen, werden aufgefordert, ihr die finanzielle Hilfe angedeihen zu lassen, deren sie bedarf.

Die vorstehenden Bestimmungen dürfen nicht als eine Beschränkung der humanitären Tätigkeit des Internationalen Komitees vom Roten Kreuz und der in Artikel 125 erwähnten Hilfsgesellschaften ausgelegt werden.

Art. 124 Die nationalen Auskunftsbüros und die Zentralauskunftsstelle genießen für alle Postsendungen Gebührenfreiheit; auch werden ihnen alle in Artikel 74 vorgesehenen Befreiungen sowie im Rahmen des Möglichen Gebührenfreiheit oder zumindest bedeutende Gebührenermäßigungen für telegraphische Mitteilungen gewährt.

Art. 125 Unter Vorbehalt der Maßnahmen, die die Gewahrsamsstaaten für unerläßlich erachten, um ihre Sicherheit zu gewährleisten oder jedem anderen vernünftigen Erfordernis zu entsprechen, lassen sie religiösen Organisationen, Hilfsgesellschaften oder jeder anderen den Kriegsgefangenen Hilfe bringenden Organisation gute Aufnahme zuteil werden. Sie gewähren ihnen sowie ihren gebührend beglaubigten Delegierten alle notwendigen Erleichterungen, damit diese die Kriegsgefangenen besuchen, Hilfssendungen und für Erziehungs-, Erholungs- oder Religionszwecke bestimmte Gegenstände, gleich welcher Herkunft, an sie verteilen und ihnen bei der Gestaltung ihrer Freizeit innerhalb der Lager helfen können. Die genannten Gesellschaften oder Organisationen können auf dem Gebiet des Gewahrsamsstaates oder in einem anderen Land gegründet sein oder aber internationalen Charakter haben.

Der Gewahrsamsstaat kann die Anzahl der Gesellschaften und Organisationen begrenzen, deren Delegierte ermächtigt sind, ihre Tätigkeit auf seinem Gebiet und unter seiner Aufsicht auszuüben, vorausgesetzt, daß eine solche Begrenzung die wirksame und ausreichende Hilfeleistung an alle Kriegsgefangenen nicht hindert.

Die besondere Stellung des Internationalen Komitees vom Roten Kreuz auf diesem Gebiete ist jederzeit anzuerkennen und zu beachten.

Sobald Hilfssendungen oder Gegenstände, die den oben genannten Zwecken dienen, den Kriegsgefangenen übergeben werden, oder kurze Zeit danach wird den Hilfsgesellschaften oder Organisationen für jede von ihnen abgeschickte Sendung eine vom Vertrauensmann unterzeichnete Empfangsbestätigung zugestellt. Gleichzeitig werden von den Verwaltungsbehörden, die die Kriegsgefangenen überwachen, Empfangsbestätigungen für diese Sendungen ausgestellt.

Teil VI. Durchführung des Abkommens

Abschnitt I. Allgemeine Bestimmungen

Art. 126 Die Vertreter oder Delegierten der Schutzmächte sind ermächtigt, sich an alle Orte zu begeben, wo sich Kriegsgefangene aufhalten, namentlich an alle Internierungs-, Gefangenhaltungs- und Arbeitsorte; sie haben zu allen von Kriegsgefangenen benutzten Räumlichkeiten Zutritt. Sie sind ebenfalls ermächtigt, sich an die Abfahrts-, Durchfahrts- und Ankunftsorte von verlegten Kriegsgefangenen zu begeben. Sie können sich ohne Zeugen mit den Gefangenen und besonders mit ihrem Vertrauensmann unterhalten, wenn nötig durch Vermittlung eines Dolmetschers.

Den Vertretern und Delegierten der Schutzmächte wird in der Wahl der Orte, die sie zu besuchen wünschen, jede Freiheit gelassen. Dauer und Zahl dieser Besuche werden nicht eingeschränkt. Diese Besuche dürfen nur aus zwingenden militärischen Gründen und nur ausnahmsweise und vorübergehend untersagt werden.

Der Gewahrsamsstaat und die Macht, von der die Kriegsgefangenen abhängen, können gegebenenfalls übereinkommen, Mitbürger dieser Kriegsgefangenen zur Teilnahme an solchen Besuchen zuzulassen.

Die Delegierten des Internationalen Komitees vom Roten Kreuz genießen die gleichen Vorrechte. Die Ernennung dieser Delegierten bedarf der Genehmigung der Macht, in deren Hand sich die zu besuchenden Kriegsgefangenen befinden.

Art. 127 Die Hohen Vertragsparteien verpflichten sich, in Friedens- und Kriegszeiten den Wortlaut des vorliegenden Abkommens in ihren Ländern im weitestmöglichen Ausmaß zu verbreiten und insbesondere sein Studium in die militärischen und, wenn möglich, zivilen Ausbildungsprogramme aufzunehmen, so daß die Gesamtheit ihrer Streitkräfte und der Bevölkerung seine Grundsätze kennenlernen kann.

Die militärischen oder anderen Behörden, die in Kriegszeiten Verantwortlichkeiten in bezug auf Kriegsgefangene zu übernehmen haben, müssen den Wortlaut des Abkommens besitzen und über dessen Bestimmungen besonders unterrichtet werden.

Art. 128 Die Hohen Vertragsparteien stellen sich gegenseitig durch Vermittlung des Schweizerischen Bundesrates und während der Feindseligkeiten durch Vermittlung der Schutzmächte die amtlichen Übersetzungen des vorliegenden Abkommens sowie die Gesetze und Verordnungen zu, die sie gegebenenfalls zur Gewährleistung seiner Anwendung erlassen.

Art. 129 Die Hohen Vertragsparteien verpflichten sich, alle notwendigen gesetzgeberischen Maßnahmen zur Festsetzung von angemessenen Strafbestimmungen für solche Personen zu treffen, die irgendeine der im folgenden Artikel umschriebenen schweren Verletzungen des vorliegenden Abkommens begehen oder zu einer solchen Verletzung den Befehl erteilen.

Jede Vertragspartei ist zur Ermittlung der Personen verpflichtet, die der Begehung oder der Erteilung eines Befehls zur Begehung einer dieser schweren Verletzungen beschuldigt sind; sie stellt sie ungeachtet ihrer Nationalität vor ihre eigenen Gerichte. Wenn sie es vorzieht, kann sie sie auch gemäß den in ihrem eigenen Recht vorgesehenen Bedingungen einer anderen an der gerichtlichen Verfolgung interessierten Vertragspartei zur Aburteilung übergeben, sofern diese gegen die erwähnten Personen ein ausreichendes Belastungsmaterial vorbringt.

Jede Vertragspartei ergreift die notwendigen Maßnahmen, um auch diejenigen Zuwiderhandlungen gegen die Bestimmungen des vorliegenden Abkommens zu unterbinden, die nicht zu den im folgenden Artikel umschriebenen schweren Verletzungen zählen.

Unter allen Umständen genießen die Angeklagten nicht geringere Sicherheiten in bezug auf Gerichtsverfahren und freie Verteidigung, als in Artikel 105 und den folgenden Artikeln des vorliegenden Abkommens vorgesehen sind.

Art. 130 Als schwere Verletzung im Sinne des vorstehenden Artikels gilt jede der folgenden Handlungen, sofern sie gegen durch das Abkommen geschützte Personen oder Güter begangen wird; vorsätzliche Tötung, Folterung oder unmenschliche Behandlung einschließlich biologischer Versuche, vorsätzliche Verursachung großer Leiden oder schwere Beeinträchtigung der körperlichen Unversehrtheit oder der Gesundheit, Nötigung eines Kriegsgefangenen zur Dienstleistung in den Streitkräften der feindlichen Macht oder Entzug seines Anrechts auf ein ordentliches und unparteiisches, den Vorschriften des vorliegenden Abkommens entsprechendes Gerichtsverfahren.

Art. 131 Eine Hohe Vertragspartei kann weder sich selbst noch eine andere Vertragspartei von den Verantwortlichkeiten befreien, die ihr selbst oder einer anderen Vertragspartei auf Grund von Verletzungen im Sinne des vorstehenden Artikels zufallen.

Art. 132 Auf Begehren einer am Konflikt beteiligten Partei wird gemäß einem zwischen den beteiligten Parteien festzusetzenden Verfahren über jede behauptete Verletzung des Abkommens eine Untersuchung eingeleitet.

Kann über das Untersuchungsverfahren keine Übereinstimmung erzielt werden, so kommen die Parteien überein, einen Schiedsrichter zu wählen, der über das zu befolgende Verfahren entscheidet.

Sobald die Verletzung festgestellt ist, setzen ihr die am Konflikt beteiligten Parteien ein Ende und ahnden sie so schnell wie möglich.

Abschnitt II. Schlußbestimmungen

Art. 133 Das vorliegende Abkommen ist in französischer und englischer Sprache abgefaßt. Beide Texte sind gleicherweise maßgeblich.

Der Schweizerische Bundesrat läßt amtliche Übersetzungen des Abkommens in die russische und die spanische Sprache herstellen.

Art. 134 Das vorliegende Abkommen ersetzt in den Beziehungen zwischen den Hohen Vertragsparteien das Abkommen vom 27. Juli 1929.

Art. 135 In den Beziehungen zwischen Mächten, die durch das Haager Abkommen betreffend die Gesetze und Gebräuche des Landkrieges gebunden sind, sei es das vom 29. Juli 1899 oder das vom 18. Oktober 1907, und die Vertragsparteien des vorliegenden Abkommens werden, ergänzt dieses letztere das Zweite Kapitel der dem erwähnten Haager Abkommen anliegenden Kriegsordnung.

Art. 136 Das vorliegende Abkommen, welches das Datum des heutigen Tages trägt, kann bis zum 12. Februar 1950 im Namen der Mächte unterzeichnet werden, die auf der am 21. April 1949 in Genf eröffneten

Konferenz vertreten waren, sowie im Namen der Mächte, die auf dieser Konferenz nicht vertreten waren, aber Vertragsparteien des Abkommens vom 27. Juli 1929 sind.

Art. 137 Das vorliegende Abkommen soll so bald wie möglich ratifiziert werden; die Ratifikationsurkunden werden in Bern hinterlegt.

Über die Hinterlegung jeder Ratifikationsurkunde wird ein Protokoll aufgenommen; von diesem wird eine beglaubigte Abschrift durch den Schweizerischen Bundesrat allen Mächten übersandt, in deren Namen das Abkommen unterzeichnet oder der Beitritt erklärt worden ist.

Art. 138 Das vorliegende Abkommen tritt sechs Monate nach Hinterlegung von mindestens zwei Ratifikationsurkunden in Kraft.

Späterhin tritt es für jede Hohe Vertragspartei sechs Monate nach Hinterlegung ihrer Ratifikationsurkunde in Kraft.

Art. 139 Vom Zeitpunkt seines Inkrafttretens an steht das vorliegende Abkommen jeder Macht zum Beitritt offen, in deren Namen es nicht unterzeichnet worden ist.

Art. 140 Der Beitritt wird dem Schweizerischen Bundesrat schriftlich notifiziert und wird sechs Monate nach dem Zeitpunkt, an dem diesem die Notifikation zugegangen ist, wirksam.

Der Schweizerische Bundesrat bringt die Beitritte allen Mächten zur Kenntnis, in deren Namen das Abkommen unterzeichnet oder der Beitritt notifiziert worden ist.

Art. 141 Der Eintritt der in Artikel 2 und 3 vorgesehenen Lage verleiht den vor oder nach Beginn der Feindseligkeiten oder der Besetzung hinterlegten Ratifikationsurkunden und notifizierten Beitritten von am Konflikt beteiligten Parteien sofortige Wirkung. Der Schweizerische Bundesrat gibt die eingegangenen Ratifikationen oder Beitrittserklärungen von Parteien, die am Konflikt beteiligt sind, auf dem schnellsten Wege bekannt.

Art. 142 Jeder Hohen Vertragspartei steht es frei, das vorliegende Abkommen zu kündigen.

Die Kündigung wird dem Schweizerischen Bundesrat schriftlich notifiziert. Dieser bringt sie den Regierungen aller Hohen Vertragsparteien zur Kenntnis.

Die Kündigung wird ein Jahr nach ihrer Notifizierung an den Schweizerischen Bundesrat wirksam. Jedoch bleibt eine Kündigung, die notifiziert wird, während die kündigende Macht in einen Konflikt verwickelt ist, unwirksam, solange nicht Friede geschlossen ist und auf alle Fälle, solange die mit der Freilassung und Heimschaffung der durch das vorliegende Abkommen geschützten Personen in Zusammenhang stehenden Handlungen nicht abgeschlossen sind.

Die Kündigung gilt nur in bezug auf die kündigende Macht. Sie hat keinerlei Wirkung auf die Verpflichtungen, welche die am Konflikt beteiligten Parteien gemäß den Grundsätzen des Völkerrechts zu erfüllen gehalten sind, wie sie sich aus den unter zivilisierten Völkern feststehenden Gebräuchen, aus den Gesetzen der Menschlichkeit und aus den Forderungen des öffentlichen Gewissens ergeben.

Art. 143 Der Schweizerische Bundesrat läßt das vorliegende Abkommen beim Sekretariat der Vereinten Nationen eintragen. Er setzt das Sekretariat der Vereinten Nationen ebenfalls von allen Ratifikationen, Beitritten und Kündigungen in Kenntnis, die er in bezug auf das vorliegende Abkommen erhält.

Zu Urkund dessen haben die Unterzeichneten nach Hinterlegung ihrer entsprechenden Vollmachten das vorliegende Abkommen unterschrieben.

Geschehen zu Genf am 12. August 1949 in französischer und englischer Sprache. Das Original wird im Archiv der Schweizerischen Eidgenossenschaft hinterlegt. Der Schweizerische Bundesrat übermittelt jedem unterzeichnenden und beitretenden Staat eine beglaubigte Ausfertigung des vorliegenden Abkommens.

(Es folgen die Unterschriften der Signatarstaaten)

54. Genfer Abkommen zum Schutze von Zivilpersonen in Kriegszeiten[1) · 2)]

Vom 12. August 1949

(BGBl. 1954 II S. 917, ber. 1956 II S. 1586)

Inhaltsübersicht
(nicht amtlich)

(Übersetzung)

Die unterzeichneten Bevollmächtigten der Regierungen, die auf der vom 21. April bis 12. August 1949 in Genf versammelten diplomatischen Konferenz zur Ausarbeitung eines Abkommens zum Schutze von Zivilpersonen in Kriegszeiten vertreten waren, haben folgendes vereinbart.

---

1) Das IV. Genfer Abk. – in Kraft seit 21. 10. 1950 – ist für die Bundesrepublik gemäß Bek. v. 4. 11. 1954 (BGBl. II S. 1133) am 3. 3. 1955 in Kraft getreten. Intern. Quelle: UNTS Bd. 75 S. 287. S. a. das III. Genfer Abk. v. 12. 8. 1949 (BGBl. 1954 II S. 838), abgedr. unter Nr. **53**, und die Zusatzprotokolle I und II v. 8. 6. 1977 (BGBl. 1990 II S. 1551, 1637), abgedr. unter Nr. **54 a** und **54 b**. Am 8. 12. 2005 hat die Konferenz der Vertragsstaaten in Genf ein 3. Zusatzprotokoll angenommen, durch das die Verwendung eines neuen Schutzzeichens („Roter Kristall") ermöglicht wird (abgedruckt unter Nr. **54 c**).

2) Anhänge und Vorbehaltserklärungen zu den Genfer Abkommen sind nicht abgedruckt. Sie und die Genfer Abk. I und II v. 12. 8. 1949 (BGBl. II S. 783, 813) sind enthalten in der Textsammlung **Wehrrecht** unter Nr. 2008 ff.

Teil I. Allgemeine Bestimmungen

Art. 1. Die Hohen Vertragsparteien verpflichten sich, das vorliegende Abkommen unter allen Umständen einzuhalten und seine Einhaltung durchzusetzen.

Art. 2. Außer den Bestimmungen, die bereits in Friedenszeiten durchzuführen sind, findet das vorliegende Abkommen Anwendung in allen Fällen eines erklärten Krieges oder eines anderen bewaffneten Konflikts, der zwischen zwei oder mehreren der Hohen Vertragsparteien entsteht, auch wenn der Kriegszustand von einer dieser Parteien nicht anerkannt wird.

Das Abkommen findet auch in allen Fällen vollständiger oder teilweiser Besetzung des Gebietes einer Hohen Vertragspartei Anwendung, selbst wenn diese Besetzung auf keinen bewaffneten Widerstand stößt.

Ist eine der am Konflikt beteiligten Mächte nicht Vertragspartei des vorliegenden Abkommens, so bleiben die Vertragsparteien in ihren gegenseitigen Beziehungen gleichwohl durch das Abkommen gebunden. Sie sind ferner durch das Abkommen auch gegenüber dieser Macht gebunden, wenn diese dessen Bestimmungen annimmt und anwendet.

Art. 3. Im Falle eines bewaffneten Konflikts, der keinen internationalen Charakter hat und auf dem Gebiet einer der Hohen Vertragsparteien entsteht, ist jede der am Konflikt beteiligten Parteien gehalten, mindestens die folgenden Bestimmungen anzuwenden:

1. Personen, die nicht unmittelbar an den Feindseligkeiten teilnehmen[1)], einschließlich der Mitglieder der Streitkräfte, welche die Waffen gestreckt haben, und der Personen, die durch Krankheit, Verwundung, Gefangennahme oder irgendeine andere Ursache außer Kampf gesetzt sind, werden unter allen Umständen mit Menschlichkeit behandelt, ohne jede auf Rasse, Farbe, Religion oder Glauben, Geschlecht, Geburt oder Vermögen oder auf irgendeinem anderen ähnlichen Unterscheidungsmerkmal beruhende Benachteiligung.
   Zu diesem Zweck sind und bleiben in bezug auf die oben erwähnten Personen jederzeit und überall verboten
   a) Angriffe auf das Leben und die Person, namentlich Tötung jeder Art, Verstümmelung, grausame Behandlung und Folterung,
   b) das Festnehmen von Geiseln,
   c) Beeinträchtigung der persönlichen Würde, namentlich erniedrigende und entwürdigende Behandlung,
   d) Verurteilungen und Hinrichtungen ohne vorhergehendes Urteil eines ordentlich bestellten Gerichts, das die von den zivilisierten Völkern als unerläßlich anerkannten Rechtsgarantien bietet.
2. Die Verwundeten und Kranken werden geborgen und gepflegt.

---

1) Vgl. hierzu auch die IKRK-Studie (N. Melzer) "Direct Participation in Hostilities" (2009 – auch zum Download: http://www.icrc.org/eng/war-and-law).

Eine unparteiische humanitäre Organisation, wie das Internationale Komitee vom Roten Kreuz, kann den am Konflikt beteiligten Parteien ihre Dienste anbieten.

Die am Konflikt beteiligten Parteien werden sich andererseits bemühen, durch Sondervereinbarungen auch die anderen Bestimmungen des vorliegenden Abkommens ganz oder teilweise in Kraft zu setzen.

Die Anwendung der vorstehenden Bestimmungen hat auf die Rechtsstellung der am Konflikt beteiligten Parteien keinen Einfluß.

Art. 4. Durch das Abkommen werden die Personen geschützt, die sich im Falle eines Konflikts oder einer Besetzung zu irgendeinem Zeitpunkt und gleichgültig auf welche Weise im Machtbereich einer am Konflikt beteiligten Partei oder einer Besatzungsmacht befinden, deren Angehörige sie nicht sind.

Die Angehörigen eines Staates, der durch das Abkommen nicht gebunden ist, werden durch das Abkommen nicht geschützt. die Angehörigen eines neutralen Staates, die sich auf dem Gebiete eines kriegführenden Staates befinden, und die Angehörigen eines mitkriegführenden Staates werden nicht als geschützte Personen betrachtet, so lange der Staat, dem sie angehören, eine normale diplomatische Vertretung bei dem Staate unterhält, in dessen Machtbereich sie sich befinden.

Die Bestimmungen des zweiten Teils haben hingegen einen ausgedehnteren, im Artikel 13 umschriebenen Anwendungsbereich.

(Fortsetzung nächstes Blatt)

Personen, die durch das Genfer Abkommen vom 12. August 1949 zur Verbesserung des Loses der Verwundeten und Kranken der Streitkräfte im Felde oder durch das Genfer Abkommen vom 12. August 1949 zur Verbesserung des Loses der Verwundeten, Kranken und Schiffbrüchigen der Streitkräfte zur See oder durch das Genfer Abkommen vom 12. August 1949 über die Behandlung der Kriegsgefangenen geschützt sind, gelten nicht als geschützte Personen im Sinne des vorliegenden Abkommens.

Art. 5[1] Hat eine am Konflikt beteiligte Partei wichtige Gründe anzunehmen, daß eine auf ihrem Gebiete befindliche und durch das vorliegende Abkommen geschützte Einzelperson unter dem begründeten Verdacht steht, eine der Sicherheit des Staates abträgliche Tätigkeit zu betreiben, oder ist festgestellt, daß sie sich tatsächlich einer derartigen Tätigkeit widmet, so kann sich die betreffende Person nicht auf durch das vorliegende Abkommen eingeräumte Rechte und Vorrechte berufen, die, würden sie zugunsten dieser Person angewendet, der Sicherheit des Staates abträglich wären.

Wird in einem besetzten Gebiet eine durch das Abkommen geschützte Person als Spion oder Saboteur oder unter dem begründeten Verdacht festgenommen, eine der Sicherheit der Besatzungsmacht abträgliche Tätigkeit zu betreiben, so kann eine solche Person in Fällen, in denen dies aus militärischen Sicherheitsgründen unbedingt erforderlich ist, der Rechte auf Benutzung der im vorliegenden Abkommen vorgesehenen Mitteilungswege für verlustig erklärt werden.

In jedem dieser Fälle werden derartige Personen jedoch mit Menschlichkeit behandelt und im Falle einer gerichtlichen Verfolgung nicht des Anspruchs auf ein gerechtes und ordentliches Verfahren, wie es das vorliegende Abkommen vorsieht, für verlustig erklärt. Sie werden gleichfalls wieder in den vollen Besitz der Rechte und Vorrechte einer durch das vorliegende Abkommen geschützten Person eingesetzt, sobald dies die Sicherheit des Staates oder der Besatzungsmacht irgendwie gestattet.

Art. 6 Das vorliegende Abkommen findet mit Beginn jedes Konflikts oder jeder Besetzung, wie sie im Artikel 2 erwähnt sind, Anwendung.

Auf dem Gebiete der am Konflikt beteiligten Parteien findet die Anwendung des Abkommens mit der allgemeinen Einstellung der Kampfhandlungen ihr Ende.

In besetzten Gebieten findet die Anwendung des vorliegenden Abkommens ein Jahr nach der allgemeinen Einstellung der Kampfhand-

[1] Vgl. Art. 18 Abs. 3 des I. Genfer Abk. v. 12. 8. 1949 (BGBl. 1954 S. 783)

lungen ihr Ende. Die Besatzungsmacht ist jedoch während der Dauer der Besetzung – soweit sie die Funktion einer Regierung in dem in Frage stehenden Gebiet ausübt – durch die Bestimmungen der folgenden Artikel des vorliegenden Abkommens gebunden: 1 bis 12, 27, 29 bis 34, 47, 49, 51, 52, 53, 59, 61 bis 77 und 143.

Geschützte Personen, deren Freilassung, Heimschaffung oder Niederlassung nach diesen Fristen stattfindet, bleiben in der Zwischenzeit im Genusse des vorliegenden Abkommens.

Art. 7 Außer den in den Artikeln 11, 14, 15, 17, 36, 108, 109, 132, 133 und 149 ausdrücklich vorgesehenen Vereinbarungen können die Hohen Vertragsparteien andere Sondervereinbarungen über jede Frage treffen, deren besondere Regelung ihnen zweckmäßig erscheint. Eine Sondervereinbarung darf weder die Lage der geschützten Personen, wie sie durch das vorliegende Abkommen geregelt ist, beeinträchtigen noch die Rechte beschränken, die ihnen das Abkommen verleiht.

Geschützte Personen genießen die Vorteile dieser Vereinbarungen, solange das Abkommen auf sie anwendbar ist, es sei denn, daß in den obengenannten oder in späteren Vereinbarungen ausdrücklich etwas anderes festgelegt wird, oder daß durch die eine oder andere der am Konflikt beteiligten Parteien vorteilhaftere Maßnahmen zu ihren Gunsten ergriffen werden.

Art. 8 Die geschützten Personen können in keinem Falle, weder teilweise noch vollständig, auf die Rechte verzichten, die ihnen das vorliegende Abkommen und gegebenenfalls die im vorstehenden Artikel genannten Sondervereinbarungen verleihen.

Art. 9 Das vorliegende Abkommen wird unter der Mitwirkung und Aufsicht der Schutzmächte angewendet, die mit der Wahrnehmung der Interessen der am Konflikt beteiligten Parteien betraut sind. Zu diesem Zwecke können die Schutzmächte außer ihren diplomatischen oder konsularischen Vertretern Delegierte unter Angehörigen ihres eigenen Landes oder unter Angehörigen anderer neutraler Mächte ernennen. Diese Delegierten müssen von der Macht genehmigt werden, bei der sie ihre Aufgabe durchzuführen haben.

Die am Konflikt beteiligten Parteien erleichtern die Aufgabe der Vertreter oder Delegierten der Schutzmächte in größtmöglichem Maße.

Die Vertreter oder Delegierten der Schutzmächte dürfen keinesfalls die Grenzen ihrer Aufgabe, wie sie aus dem vorliegenden Abkommen hervorgeht, überschreiten; insbesondere haben sie die zwingenden Sicherheitsbedürfnisse des Staates, bei dem sie ihre Aufgabe durchführen, zu berücksichtigen.

Art. 10 Die Bestimmungen des vorliegenden Abkommens bilden kein Hindernis für die humanitäre Tätigkeit, die das Internationale

Komitee vom Roten Kreuz oder irgendeine andere unparteiische humanitäre Organisation mit Genehmigung der betreffenden am Konflikt beteiligten Parteien ausübt, um die Zivilpersonen zu schützen und ihnen Hilfe zu bringen.

Art. 11 Die Hohen Vertragsparteien können jederzeit vereinbaren, die durch das vorliegende Abkommen den Schutzmächten übertragenen Aufgaben einer Organisation anzuvertrauen, die alle Garantien für Unparteilichkeit und Wirksamkeit bietet.

Werden geschützte Personen aus irgendeinem Grunde nicht oder nicht mehr von einer Schutzmacht oder einer gemäß Absatz 1 bezeichneten Organisation betreut, so ersucht der Gewahrsamsstaat einen neutralen Staat oder eine solche Organisation, die Aufgaben zu übernehmen, die das vorliegende Abkommen den durch die am Konflikt beteiligten Parteien bezeichneten Schutzmächten überträgt.

Kann der Schutz auf diese Weise nicht gewährleistet werden, so ersucht der Gewahrsamsstaat entweder eine humanitäre Organisation, wie das Internationale Komitee vom Roten Kreuz, die durch das vorliegende Abkommen den Schutzmächten zufallenden humanitären Aufgaben zu übernehmen, oder er nimmt unter Vorbehalt der Bestimmungen dieses Artikels die Dienste an, die ihm eine solche Organisation anbietet.

Jede neutrale Macht oder jede Organisation, die von der betreffenden Macht eingeladen wird oder sich zu diesem Zweck zur Verfügung stellt, hat sich in ihrer Tätigkeit ihrer Verantwortung gegenüber der am Konflikt beteiligten Partei, welcher die durch das vorliegende Abkommen geschützten Personen angehören, bewußt zu bleiben und ausreichende Garantien dafür zu bieten, daß sie in der Lage ist, die betreffenden Aufgaben zu übernehmen und mit Unparteilichkeit zu erfüllen.

Von den vorstehenden Bestimmungen kann nicht durch eine Sondervereinbarung zwischen Mächten abgewichen werden, von denen die eine wenn auch nur vorübergehend, gegenüber der anderen oder deren Verbündeten infolge militärischer Ereignisse und besonders infolge einer Besetzung ihres gesamten Gebietes oder eines wichtigen Teils davon in ihrer Verhandlungsfreiheit beschränkt ist.

Jedesmal, wenn im vorliegenden Abkommen die Schutzmacht erwähnt wird, bezieht sich diese Erwähnung ebenfalls auf die Organisationen, die sie im Sinne dieses Artikels ersetzen.

Die Bestimmungen dieses Artikels erstrecken sich und werden angewendet auf Fälle von Angehörigen eines neutralen Staates, die sich auf besetztem Gebiete oder auf dem Gebiete eines kriegführenden Staates befinden, bei dem der Staat, dessen Angehörige sie sind, keine normale diplomatische Vertretung unterhält.

Art. 12 In allen Fällen, in denen die Schutzmächte dies im Interesse der geschützten Personen als angezeigt erachten, insbesondere in Fällen von Meinungsverschiedenheiten zwischen den am Konflikt beteiligten Parteien über die Anwendung oder Auslegung der Bestimmungen des vorliegenden Abkommens, leihen sie ihre guten Dienste zur Beilegung des Streitfalles.

Zu diesem Zweck kann jede der Schutzmächte, entweder auf Einladung einer Partei oder von sich aus, den am Konflikt beteiligten Parteien eine Zusammenkunft ihrer Vertreter und insbesondere der für das Schicksal der geschützten Personen verantwortlichen Behörden vorschlagen, gegebenenfalls auf einem passend gewählten neutralen Gebiet. Die am Konflikt beteiligten Parteien sind gehalten, den ihnen zu diesem Zweck gemachten Vorschläge Folge zu leisten. Die Schutzmächte können gegebenenfalls den am Konflikt beteiligten Parteien eine einer neutralen Macht angehörende oder vom Internationalen Komitee vom Roten Kreuz delegierte Persönlichkeit zur Genehmigung vorschlagen, die zu ersuchen wäre, an dieser Zusammenkunft teilzunehmen.

Teil II. Allgemeiner Schutz der Bevölkerung vor gewissen Kriegsfolgen

Art. 13 Die Bestimmungen dieses Teiles beziehen sich auf die Gesamtheit der Bevölkerung von Ländern, die in einen Konflikt verwickelt sind, ohne jede namentlich auf Rasse, Nationalität, Religion oder politischer Meinung beruhende Benachteiligung, und zielen darauf ab, die durch den Krieg verursachten Leiden zu mildern.

Art. 14 Schon in Friedenszeiten können die Hohen Vertragsparteien und nach Eröffnung der Feindseligkeiten die am Konflikt beteiligten Parteien, auf ihrem eigenen und, wenn nötig, auf besetztem Gebiet Sanitäts- und Sicherheitszonen und -orte errichten, die so eingerichtet sind, daß sie Verwundeten und Kranken, Gebrechlichen und betagten Personen, Kindern unter 15 Jahren, schwangeren Frauen und Müttern von Kindern unter 7 Jahren Schutz vor den Folgen des Krieges bieten.

Vom Ausbruch eines Konflikts an und während seiner Dauer können die beteiligten Parteien unter sich Vereinbarungen zur Anerkennung der von ihnen etwa errichteten Sanitäts- und Sicherheitszonen und -orte treffen. Sie können zu diesem Zweck die Bestimmungen des dem vorliegenden Abkommen beigefügten Vereinbarungsentwurfs in Kraft setzen, indem sie gegebenenfalls die für notwendig erachteten Abänderungen darin vornehmen.

Die Schutzmächte und das Internationale Komitee vom Roten Kreuz werden eingeladen, ihre guten Dienste zu leihen, um die Errichtung und

Anerkennung dieser Sanitäts- und Sicherheitszonen und -orte zu erleichtern.

Art. 15 Jede an einem Konflikt beteiligte Partei kann entweder unmittelbar oder durch Vermittlung eines neutralen Staates oder einer humanitären Organisation der gegnerischen Partei vorschlagen, in den Kampfgebieten neutralisierte Zonen zu errichten, die dazu bestimmt sind, den folgenden Personen ohne jegliche Unterscheidung Schutz vor den Gefahren des Krieges zu gewähren:

a) Den verwundeten und kranken Kombattanten und Nichtkombattanten;

b) den Zivilpersonen, die nicht an den Feindseligkeiten teilnehmen und sich während ihres Aufenthalts in diesen Zonen keiner Arbeit militärischer Art widmen.

Sobald sich die am Konflikt beteiligten Parteien über die geographische Lage, Verwaltung, Versorgung und Kontrolle der in Aussicht genommenen neutralisierten Zone verständigt haben, wird eine schriftliche und von den Vertretern der am Konflikt beteiligten Parteien unterzeichnete Vereinbarung getroffen. Diese setzt den Anfang und die Dauer der Neutralisierung der Zone fest.

Art. 16 Die Verwundeten und Kranken sowie die Gebrechlichen und die schwangeren Frauen sind Gegenstand eines besonderen Schutzes und besonderer Rücksichtnahme.

Soweit es die militärischen Erfordernisse erlauben, fördert jede am Konflikt beteiligte Partei die Maßnahmen, die ergriffen werden, um die Toten und Verwundeten aufzufinden, den Schiffbrüchigen sowie anderen einer ernsten Gefahr ausgesetzten Personen zu Hilfe zu kommen und sie vor Beraubung und Mißhandlung zu schützen.

Art. 17 Die am Konflikt beteiligten Parteien werden sich bemühen, örtlich begrenzte Übereinkünfte zur Evakuierung der Verwundeten, Kranken, Gebrechlichen, Greise, Kinder und Wöchnerinnen aus einer belagerten oder eingeschlossenen Zone und zum Durchlaß der Geistlichen aller Bekenntnisse sowie des Sanitätspersonals und -materials zu treffen, die sich auf dem Wege nach dieser Zone befinden.

Art. 18 Zivilkrankenhäuser, die zur Pflege von Verwundeten, Kranken, Gebrechlichen und Wöchnerinnen eingerichtet sind, dürfen unter keinen Umständen das Ziel von Angriffen sein; sie werden von den am Konflikt beteiligten Parteien jederzeit geschont und geschützt.

Die an einem Konflikt beteiligten Staaten stellen allen Zivilkrankenhäusern eine Urkunde aus, die ihre Eigenschaft als Zivilkrankenhaus bezeugt und feststellt, daß die von ihnen benutzten Gebäude nicht zu

Zwecken gebraucht werden, welche sie im Sinne von Artikel 19 des Schutzes berauben könnten.

Die Zivilkrankenhäuser müssen, sofern sie vom Staate dazu ermächtigt sind, mittels des Schutzzeichens, wie es Artikel 38 des Genfer Abkommens vom 12. August 1949 zur Verbesserung des Loses der Verwundeten und Kranken der Streitkräfte im Felde[1] vorsieht, gekennzeichnet sein.

Die am Konflikt beteiligten Parteien ergreifen, soweit es die militärischen Erfordernisse gestatten, die notwendigen Maßnahmen, um die die Zivilkrankenhäuser kennzeichnenden Schutzzeichen den feindlichen Land-, Luft- und Seestreitkräften deutlich sichtbar zu machen und auf diese Weise die Möglichkeit jeder Angriffshandlung auszuschalten.

Im Hinblick auf die Gefahren, denen Krankenhäuser durch in der Nähe liegende militärische Ziele ausgesetzt sein könnten, ist es angezeigt, darüber zu wachen, daß sie von solchen Zielen so weit wie möglich entfernt sind.

Art. 19 Der den Zivilkrankenhäusern gebührende Schutz darf ihnen nur dann entzogen werden, wenn sie außerhalb ihrer humanitären Bestimmung dazu verwendet werden, den Feind schädigende Handlungen zu begehen. Jedoch darf ihnen der Schutz erst entzogen werden, nachdem eine Warnung, die in allen Fällen, soweit angängig, eine angemessene Frist setzen muß, unbeachtet geblieben ist.

Die Pflege von verwundeten oder kranken Militärpersonen oder die Aufbewahrung von Handwaffen und von Munition, die diesen Personen abgenommen und der zuständigen Dienststelle noch nicht übergeben wurden, darf nicht als eine den Feind schädigende Handlung betrachtet werden.

Art. 20 Das ordentliche und ausschließlich für den Betrieb und die Verwaltung der Zivilkrankenhäuser bestimmte Personal, einschließlich des mit der Aufsuchung, Bergung, Beförderung und Behandlung von zivilen Verwundeten und Kranken, Gebrechlichen und Wöchnerinnen befaßten, wird geschont und geschützt.

In besetzten Gebieten und in Kampfgebieten wird das Personal mittels einer Ausweiskarte kenntlich gemacht, die die Eigenschaft des Trägers bescheinigt und mit seinem Lichtbild und dem Stempel der verantwortlichen Behörde versehen ist, sowie mittels einer während des Dienstes am linken Arm zu tragenden gestempelten und feuchtigkeitsbeständigen Armbinde. Diese Armbinde wird vom Staat geliefert und mit dem in Artikel 38 des Genfer Abkommens vom 12. August 1949 zur Verbesserung des Loses der Verwundeten und Kranken der Streitkräfte im Felde vorgesehenen Schutzzeichen versehen.

---

[1] Siehe das I. Genfer Abk. v. 12. 8. 1949 (BGBl. 1954 II S. 783)

Jedes andere den Zivilkrankenhäusern zum Betrieb oder zur Verwaltung beigegebene Personal wird geschont und geschützt und hat unter den im vorliegenden Artikel umschriebenen Bedingungen während des Dienstes das Recht auf Tragen der Armbinde, wie sie oben vorgesehen ist. Die Ausweiskarte hat die Pflichten zu bezeichnen, die dem Träger übertragen sind.

Die Leitung jedes Zivilkrankenhauses hat jederzeit die auf den Tag nachgeführte Liste ihres Personals zur Verfügung der zuständigen einheimischen oder Besatzungsbehörden zu halten.

Art. 21 Fahrzeugkolonnen oder Lazarettzüge zu Lande oder besonders ausgerüstete Schiffe zur See mit verwundeten und kranken Zivilpersonen, Gebrechlichen und Wöchnerinnen werden auf gleiche Weise geschont und geschützt wie die in Artikel 18 erwähnten Krankenhäuser; sie kennzeichnen sich, indem sie mit Ermächtigung des Staates das in Artikel 38 des Genfer Abkommens vom 12. August 1949 zur Verbesserung des Loses der Verwundeten und Kranken der Streitkräfte im Felde vorgesehene Schutzzeichen anbringen.

Art. 22 Die ausschließlich für die Beförderung von verwundeten und kranken Zivilpersonen, von Gebrechlichen und Wöchnerinnen oder für die Beförderung von Sanitätspersonal und -material verwendeten Luftfahrzeuge dürfen nicht angegriffen, sondern müssen geschont werden, wenn sie in Höhen, zu Stunden und auf Strecken fliegen, die durch eine Vereinbarung unter allen in Betracht kommenden am Konflikt beteiligten Parteien besonders festgelegt wurden.

Sie können mit dem in Artikel 38 des Genfer Abkommens vom 12. August 1949 zur Verbesserung des Loses der Verwundeten und Kranken der Streitkräfte im Felde vorgesehenen Schutzzeichen versehen sein.

Wenn keine andere Abmachung besteht, ist die Überfliegung feindlichen oder vom Feind besetzten Gebiets verboten.

Diese Flugzeuge haben jedem Landebefehl Folge zu leisten. Im Falle einer so befohlenen Landung können das Flugzeug und seine Insassen den Flug nach einer etwaigen Untersuchung fortsetzen.

Art. 23 Jede Vertragspartei gewährt allen Sendungen von Arzneimitteln und Sanitätsmaterial sowie allen für den Gottesdienst notwendigen Gegenständen, die ausschließlich für die Zivilbevölkerung einer anderen Vertragspartei, selbst einer feindlichen, bestimmt sind, freien Durchlaß. Auch allen Sendungen von unentbehrlichen Lebensmitteln, von Kleidung und von Stärkungsmitteln, die Kindern unter 15 Jahren, schwangeren Frauen und Wöchnerinnen vorbehalten sind, wird freier Durchlaß gewährt.

Eine Vertragspartei ist nur dann verpflichtet, die im vorstehenden Absatz erwähnten Sendungen ungehindert durchzulassen, wenn sie die Gewißheit besitzt, keinen triftigen Grund zur Befürchtung haben zu müssen,

a) die Sendungen könnten ihrer Bestimmung entfremdet werden, oder
b) die Kontrolle könnte nicht wirksam sein, oder
c) der Feind könnte daraus einen offensichtlichen Vorteil für seine militärischen Anstrengungen und seine Wirtschaft ziehen, indem er diese Sendungen an die Stelle von Gütern treten läßt, die er sonst selbst hätte beschaffen oder herstellen müssen, oder indem er Material, Erzeugnisse und Dienste freimacht, die er sonst selbst zur Herstellung solcher Güter benötigt hätte.

Die Macht, die den Durchlaß der in Absatz 1 dieses Artikels erwähnten Sendungen genehmigt, kann ihre Genehmigung von der Bedingung abhängig machen, daß die Verteilung an die Nutznießer an Ort und Stelle von den Schutzmächten überwacht werde.

Diese Sendungen müssen so schnell wie möglich befördert werden, und der Staat, der ihren ungehinderten Durchlaß genehmigt, besitzt das Recht, die technischen Bedingungen festzusetzen, unter denen diese Genehmigung gewährt wird.

Art. 24 Die am Konflikt beteiligten Parteien ergreifen die notwendigen Maßnahmen, damit infolge des Krieges verwaiste oder von ihren Familien getrennte Kinder unter 15 Jahren nicht sich selbst überlassen bleiben und unter allen Umständen ihr Unterhalt, die Ausübung ihres Glaubensbekenntnisses und ihre Erziehung erleichtert werden. Letztere wird, wenn möglich, Personen der gleichen kulturellen Überlieferung anvertraut.

Mit Zustimmung der etwaigen Schutzmacht begünstigen die am Konflikt beteiligten Parteien die Aufnahme dieser Kinder in neutralen Ländern während der Dauer des Konflikts, wenn sie die Gewähr dafür haben, daß die in Absatz 1 erwähnten Grundsätze berücksichtigt werden.

Außerdem bemühen sie sich, die notwendigen Maßnahmen zu ergreifen, damit alle Kinder unter 12 Jahren durch das Tragen einer Erkennungsmarke oder auf irgendeine andere Weise identifiziert werden können.

Art. 25 Jede auf dem Gebiet einer am Konflikt beteiligten Partei oder auf einem von ihr besetzten Gebiete befindliche Person kann ihren Familienmitgliedern, wo immer sie sich befinden, Nachrichten streng persönlicher Natur geben und von ihnen erhalten. Diese Briefschaften sind schnell und ohne ungerechtfertigte Verzögerung zu befördern.

Ist auf Grund der Verhältnisse der Familienschriftwechsel auf dem normalen Postwege schwierig oder unmöglich geworden, so wenden sich die betreffenden am Konflikt beteiligten Parteien an einen neutralen Vermittler, wie die in Artikel 140 vorgesehene Zentralstelle, um mit ihm die Mittel zu finden, die Erfüllung ihrer Verpflichtungen unter den besten

Bedingungen zu gewährleisten, insbesondere unter Mitwirkung der nationalen Gesellschaften vom Roten Kreuz (vom Roten Halbmond, vom Roten Löwen mit roter Sonne).

Wenn die am Konflikt beteiligten Parteien es für nötig erachten, diesen Familienschriftwechsel einzuschränken, können sie höchstens die Anwendung von einheitlichen Formblättern vorschreiben, die 25 frei gewählte Wörter enthalten, und den Gebrauch dieser Formblätter auf eine einmalige Sendung je Monat begrenzen.

Art. 26 Jede am Konflikt beteiligte Partei erleichtert die Nachforschungen, die vom Kriege zerstreute Familien anstellen, um wieder Verbindung miteinander aufzunehmen und sich, wenn möglich, wieder zu vereinigen. Sie fördert insbesondere die Tätigkeit von Organisationen, die sich dieser Aufgabe widmen, unter der Voraussetzung, daß sie von ihr genehmigt sind und sich den von ihr ergriffenen Sicherheitsmaßnahmen fügen.

Teil III. Rechtsstellung und Behandlung der geschützten Personen

Abschnitt I. Gemeinsame Bestimmungen für die Gebiete der am Konflikt beteiligten Parteien und die besetzten Gebiete

Art. 27 Die geschützten Personen haben unter allen Umständen Anspruch auf Achtung ihrer Person, ihrer Ehre, ihrer Familienrechte, ihrer religiösen Überzeugungen und Gepflogenheiten, ihrer Gewohnheiten und Gebräuche. Sie werden jederzeit mit Menschlichkeit behandelt und insbesondere vor Gewalttätigkeit oder Einschüchterung, vor Beleidigungen und der öffentlichen Neugier geschützt.

Die Frauen werden besonders vor jedem Angriff auf ihre Ehre und namentlich vor Vergewaltigung, Nötigung zur gewerbsmäßigen Unzucht und jeder unzüchtigen Handlung geschützt.

Unbeschadet der bezüglich des Gesundheitszustandes, des Alters und des Geschlechts getroffenen Vorkehrungen werden sämtliche geschützten Personen von den am Konflikt beteiligten Parteien, in deren Machtbereich sie sich befinden, mit der gleichen Rücksicht und ohne jede insbesondere auf Rasse, Religion oder der politischen Meinung beruhende Benachteiligung behandelt.

Jedoch können die am Konflikt beteiligten Parteien in bezug auf die geschützten Personen diejenigen Kontroll- und Sicherheitsmaßnahmen ergreifen, die sich infolge des Krieges als notwendig erweisen.

Art. 28 Die Anwesenheit einer geschützten Person darf nicht dazu benutzt werden, Kampfhandlungen von gewissen Punkten oder Gebieten fernzuhalten.

Art. 29 Die am Konflikt beteiligte Partei, in deren Machtbereich sich geschützte Personen befinden, ist verantwortlich für die Behandlung, die diese durch ihre Beauftragten erfahren, unbeschadet der individuellen Verantwortlichkeiten, die gegebenenfalls bestehen.

Art. 30 Die geschützten Personen genießen jede Erleichterung, um sich an die Schutzmächte, an das Internationale Komitee vom Roten Kreuz, an die nationale Gesellschaft vom Roten Kreuz (vom Roten Halbmond, vom Roten Löwen mit roter Sonne) des Landes, in dem sie sich befinden, sowie an jede andere Organisation, die ihnen behilflich sein könnte, zu wenden.

Diesen verschiedenen Organisationen wird zu diesem Zwecke innerhalb der durch militärische oder Sicherheitserfordernisse gezogenen Grenzen von den Behörden jede Erleichterung gewährt.

Außer den Besuchen der Delegierten der Schutzmächte und des Internationalen Komitees vom Roten Kreuz, wie in Artikel 143 vorgesehen, erleichtern die Gewahrsamsstaaten oder Besatzungsmächte soweit wie möglich die Besuche, die Vertreter anderer Organisationen den geschützten Personen mit dem Ziel zu machen wünschen, diesen Personen geistig und materiell Hilfe zu bringen.

Art. 31 Auf die geschützten Personen darf keinerlei körperlicher oder seelischer Zwang ausgeübt werden, namentlich nicht, um von ihnen oder dritten Personen Auskünfte zu erlangen.

Art. 32 Den Hohen Vertragsparteien ist jede Maßnahme, die körperliche Leiden oder den Tod der in ihrem Machtbereich befindlichen geschützten Personen zur Folge haben könnte, ausdrücklich untersagt. Dieses Verbot betrifft nicht nur Tötung, Folterung, körperliche Strafen, Verstümmelungen und medizinische oder wissenschaftliche, nicht durch ärztliche Behandlung einer geschützten Person gerechtfertigte biologische Versuche, sondern auch alle anderen Grausamkeiten, gleichgültig, ob sie durch zivile Bedienstete oder Militärpersonen begangen werden.

Art. 33 Keine geschützte Person darf wegen einer Tat bestraft werden, die sie nicht persönlich begangen hat. Kollektivstrafen sowie jede Maßnahme zur Einschüchterung oder Terrorisierung sind untersagt.

Plünderungen sind untersagt.

Vergeltungsmaßnahmen gegen geschützte Personen und ihr Eigentum sind untersagt.

Art. 34 Das Festnehmen von Geiseln ist untersagt.

Abschnitt II. Ausländer im Gebiet einer am Konflikt beteiligten Partei

Art. 35 Jede geschützte Person, die zu Beginn oder im Verlaufe eines Konflikts das Gebiet zu verlassen wünscht, hat das Recht dazu, soweit ihre Ausreise den nationalen Interessen des Staates nicht zuwiderläuft. Über Ausreisegesuche solcher Personen wird in einem ordentlichen Verfahren befunden; der Entscheid wird so schnell wie möglich getroffen. Zur Ausreise ermächtigte Personen dürfen sich mit dem notwendigen Reisegeld versehen und eine ausreichende Menge Sachen und persönliche Gebrauchsgegenstände mit sich nehmen.

Die Personen, denen die Erlaubnis zum Verlassen des Gebietes verweigert wird, haben Anspruch auf schnellstmögliche Überprüfung dieser Verweigerung durch ein Gericht oder einen zu diesem Zweck vom Gewahrsamsstaat geschaffenen zuständigen Verwaltungsausschuß.

Auf Ersuchen werden den Vertretern der Schutzmacht, sofern dem keine Sicherheitsgründe entgegenstehen oder die Betroffenen keine Einwände erheben, die Gründe mitgeteilt, aus denen Personen, die ein diesbezügliches Gesuch eingereicht hatten, die Erlaubnis zum Verlassen des Gebietes verweigert wurde, und überdies so schnell wie möglich die Namen aller von dieser Verweigerung Betroffenen.

Art. 36 Die gemäß dem vorstehenden Artikel bewilligten Ausreisen werden unter zufriedenstellenden Bedingungen in bezug auf Sicherheit, Hygiene, Sauberkeit und Ernährung durchgeführt. Alle damit im Zusammenhang stehenden Kosten gehen vom Verlassen des Gebietes des Gewahrsamsstaates an zu Lasten des Bestimmungslandes oder, im Falle der Aufnahme in einem neutralen Land, zu Lasten der Macht, der die Begünstigten angehören. Die praktische Durchführung dieser Reisen wird, wenn nötig, durch Sondervereinbarungen unter den betroffenen Mächten geregelt.

Vorbehalten sind Sondervereinbarungen die gegebenenfalls zwischen den am Konflikt beteiligten Parteien bezüglich Austausch und Heimschaffung ihrer in die Hände des Feindes gefallenen Angehörigen getroffen werden.

Art. 37 Geschützte Personen, die sich in Untersuchungshaft befinden oder eine Freiheitsstrafe verbüßen, werden während ihrer Gefangenschaft mit Menschlichkeit behandelt.

Sie können nach ihrer Freilassung gemäß den vorstehenden Artikeln um Erlaubnis zum Verlassen des Gebietes nachsuchen.

Art. 38 Mit Ausnahme der besonderen Maßnahmen, die auf Grund des vorliegenden Abkommens, insbesondere seiner Artikel 27 und 41, getroffen werden können, finden auf die Lage der geschützten Personen grundsätzlich die für die Behandlung von Ausländern in Friedenszeiten geltenden Bestimmungen Anwendung. Auf jeden Fall werden ihnen folgende Rechte gewährleistet:

1. Sie erhalten die Einzel- und Sammel-Hilfssendungen, die ihnen zugehen;

2. wenn ihr Gesundheitszustand es erfordert, erhalten sie ärztliche Behandlung und Krankenhauspflege im gleichen Ausmaß wie die Angehörigen des betreffenden Staates;
3. sie dürfen ihre Religion ausüben und den seelsorgerischen Beistand der Geistlichen ihres Glaubensbekenntnisses erhalten;
4. wenn sie in einer den Kriegsgefahren besonders ausgesetzten Gegend wohnen, werden sie im gleichen Ausmaß wie die Angehörigen des betreffenden Staates ermächtigt, diese Gegend zu verlassen;
5. Kinder unter fünfzehn Jahren, schwangere Frauen und Mütter von Kindern unter sieben Jahren genießen jede Art Vorzugsbehandlung im gleichen Ausmaß wie die Angehörigen des betreffenden Staates.

Art. 39 Geschützten Personen, die infolge des Konflikts ihren Broterwerb verloren haben, wird die Möglichkeit geboten, eine bezahlte Arbeit zu finden; sie genießen zu diesem Zwecke, unter Vorbehalt der Sicherheitserwägungen und der Bestimmungen des Artikels 40, dieselben Vorteile wie die Angehörigen der Macht, auf deren Gebiet sie sich befinden.

Unterwirft eine am Konflikt beteiligte Partei eine geschützte Person Kontrollmaßnahmen, die ihr den eigenen Unterhalt unmöglich machen, zumal wenn diese Person aus Gründen der Sicherheit keine bezahlte Arbeit zu angemessenen Bedingungen finden kann, so kommt die erwähnte am Konflikt beteiligte Partei für ihren Unterhalt und denjenigen der von ihr abhängigen Personen auf.

Die geschützten Personen können in allen Fällen Beihilfen aus ihrem Herkunftsland, von der Schutzmacht oder den in Artikel 30 erwähnten Wohltätigkeitsgesellschaften erhalten.

Art. 40 Geschützte Personen dürfen nur im gleichen Ausmaß wie die Angehörigen der am Konflikt beteiligten Partei, auf deren Gebiet sie sich befinden, zur Arbeit gezwungen werden.

Sind die geschützten Personen feindlicher Nationalität, so dürfen sie nur zu Arbeiten gezwungen werden, die normalerweise zur Sicherstellung der Ernährung, der Unterbringung, der Bekleidung, der Beförderung und der Gesundheit von Menschen nötig sind und die nicht in unmittelbarem Zusammenhang mit der Durchführung der Kampfhandlungen stehen.

In allen in den vorstehenden Absätzen erwähnten Fällen genießen die zur Arbeit gezwungenen geschützten Personen die gleichen Arbeitsbedingungen und dieselben Schutzmaßnahmen wie die einheimischen Arbeiter, namentlich was die Entlohnung, die Arbeitsdauer, die Ausrüstung, die Vorbildung und die Entschädigung für Arbeitsunfälle und Berufskrankheiten betrifft.

Im Falle der Verletzung der oben erwähnten Vorschriften sind die geschützten Personen ermächtigt, entsprechend Artikel 30 ihr Beschwerderecht auszuüben.

Art. 41 Erachtet die Macht, in deren Machtbereich die geschützten Personen sich befinden, die im vorliegenden Abkommen erwähnten Kontrollmaßnahmen als ungenügend, so bilden Zuweisung eines Zwangsaufenthalts oder Internierung gemäß den Bestimmungen der Artikel 42 und 43 die strengsten Kontrollmaßnahmen, die sie ergreifen darf.

Bei der Anwendung von Artikel 39 Absatz 2 auf Personen, die zur Aufgabe ihres gewöhnlichen Aufenthaltsortes auf Grund eines Entscheides gezwungen sind, der sie zu einem Zwangsaufenthalt in einem anderen Orte nötigt, hält sich der Gewahrsamsstaat so peinlich wie möglich an die Bestimmungen für die Behandlung von Internierten (Teil III Abschnitt IV des vorliegenden Abkommens).

Art. 42 Die Internierung oder die Zuweisung eines Zwangsaufenthalts darf bei geschützten Personen nur angeordnet werden, wenn es die Sicherheit der Macht, in deren Machtbereich sie sich befinden, unbedingt erfordert.

Wenn eine Person durch Vermittlung von Vertretern der Schutzmacht ihre freiwillige Internierung verlangt und ihre Lage dies erfordert, wird die Internierung durch die Macht vorgenommen, in deren Machtbereich sie sich befindet.

Art. 43 Jede geschützte Person, die interniert oder der ein Zwangsaufenthalt zugewiesen worden ist, hat ein Anrecht darauf, daß ein Gericht oder ein zuständiger, zu diesem Zwecke vom Gewahrsamsstaat geschaffener Verwaltungsausschuß innerhalb kürzester Frist die betreffende Entscheidung überprüft. Wird die Internierung oder die Zuweisung eines Zwangsaufenthalts aufrechterhalten, so prüft das Gericht oder der Verwaltungsausschuß in regelmäßigen Zeitabständen, zumindest zweimal jährlich, den Fall dieser Person im Hinblick auf eine Änderung des ersten Entscheids zu ihren Gunsten, falls es die Umstände erlauben.

Sofern sich die betreffenden geschützten Personen dem nicht widersetzen, bringt der Gewahrsamsstaat die Namen der geschützten Personen, die interniert oder einem Zwangsaufenthalt unterworfen, und derjenigen, die aus der Internierung oder dem Zwangsaufenthalt entlassen worden sind, so schnell wie möglich der Schutzmacht zur Kenntnis. Unter dem gleichen Vorbehalt werden auch die Entscheidungen der in Absatz 1 dieses Artikels erwähnten Gerichte oder Verwaltungsausschüsse so schnell wie möglich der Schutzmacht mitgeteilt.

Art. 44 Bei der Anwendung der durch das vorliegende Abkommen vorgesehenen Kontrollmaßnahmen behandelt der Gewahrsamsstaat die Flüchtlinge, die in Wirklichkeit den Schutz keiner Regierung genießen, nicht lediglich auf Grund ihrer rechtlichen Zugehörigkeit zu einem feindlichen Staat als feindliche Ausländer.

Art. 45 Geschützte Personen dürfen nicht einer Macht übergeben werden, die nicht Vertragspartei des vorliegenden Abkommens ist.

Diese Bestimmung darf jedoch der Heimschaffung von geschützten Personen oder ihrer Rückkehr in ihren Niederlassungsstaat nach dem Ende der Feindseligkeiten nicht im Wege stehen.

Geschützte Personen dürfen von einem Gewahrsamsstaat nur einer Macht übergeben werden, die Vertragspartei des vorliegenden Abkommens ist, und dies nur, wenn er sich vergewissert hat, daß die fragliche Macht willens und in der Lage ist, das Abkommen anzuwenden. Werden geschützte Personen unter diesen Umständen übergeben, so übernimmt die sie aufnehmende Macht die Verantwortung für die Anwendung des Abkommens, solange sie ihr anvertraut sind. Sollte diese Macht indessen die Bestimmungen des Abkommens nicht in allen wichtigen Punkten einhalten, so ergreift die Macht, die die geschützten Personen übergeben hat, auf Benachrichtigung durch die Schutzmacht hin wirksame Maßnahmen, um Abhilfe zu schaffen, oder ersucht um Rückgabe der geschützten Personen. Einem solchen Ersuchen muß stattgegeben werden.

Eine geschützte Person kann auf keinen Fall einem Land übergeben werden, wo sie fürchten muß, ihrer politischen oder religiösen Überzeugungen wegen verfolgt zu werden.

Die Bestimmungen dieses Artikels bilden kein Hindernis für die Auslieferung von geschützten Personen, die eines gemeinen Verbrechens angeklagt sind, auf Grund von Auslieferungsverträgen, die vor Ausbruch der Feindseligkeiten abgeschlossen wurden.

Art. 46 Sofern einschränkende Maßnahmen in bezug auf geschützte Personen nicht bereits früher rückgängig gemacht worden sind, werden sie nach Abschluß der Feindseligkeiten so bald wie möglich aufgehoben.

Einschränkende Maßnahmen in bezug auf ihr Vermögen werden nach Abschluß der Feindseligkeiten entsprechend den Rechtsvorschriften des Gewahrsamsstaates so bald wie möglich aufgehoben.

Abschnitt III. Besetzte Gebiete

Art. 47 Geschützten Personen, die sich in besetztem Gebiet befinden, werden in keinem Falle und auf keine Weise die Vorteile des vorliegenden Abkommens entzogen, weder wegen irgendeiner Veränderung, die sich aus der Tatsache der Besetzung bei den Einrichtungen oder der Regierung des in Frage stehenden Gebietes ergibt, noch auf Grund einer zwischen den Behörden des besetzten Gebietes und der Besatzungsmacht abgeschlossenen Vereinbarung, noch auf Grund der Einverleibung des ganzen besetzten Gebietes oder eines Teils davon durch die Besatzungsmacht.

Art. 48 Geschützte Personen, die nicht Angehörige der Macht sind, deren Gebiet besetzt ist, können unter den in Artikel 35 vorgesehenen Bedingungen das Recht zum Verlassen des Gebietes geltend machen; Entscheidungen darüber werden auf Grund des Verfahrens getroffen, das die Besatzungsmacht entsprechend dem erwähnten Artikel einzurichten hat.

Art. 49 Einzel- oder Massenzwangsverschickungen sowie Verschleppungen von geschützten Personen aus besetztem Gebiet nach dem Gebiet der Besatzungsmacht oder dem irgendeines anderen besetzten oder unbesetzten Staates sind ohne Rücksicht auf deren Beweggrund untersagt.

Jedoch kann die Besatzungsmacht eine vollständige oder teilweise Räumung einer bestimmten besetzten Gegend durchführen, wenn die Sicherheit der Bevölkerung oder zwingende militärische Gründe es erfordern. Solche Räumungen dürfen keinesfalls die Verschleppung von geschützten Personen in Gegenden außerhalb des besetzten Gebietes zur Folge haben, es sei denn, dies ließe sich aus materiellen Gründen nicht vermeiden. Unmittelbar nach Beendigung der Feindseligkeiten in der betreffenden Gegend wird die so verschickte Bevölkerung in ihre Heimat zurückgeführt.

Die Besatzungsmacht sorgt bei der Durchführung derartiger Verschickungen oder Räumungen im Rahmen des Möglichen dafür, daß angemessene Unterkunft für die Aufnahme der geschützten Personen vorgesehen wird, daß die Verlegung in bezug auf Sauberkeit, Hygiene, Sicherheit und Verpflegung unter befriedigenden Bedingungen durchgeführt wird, und daß Mitglieder derselben Familie nicht voneinander getrennt werden.

Die Schutzmacht wird von Verschickungen und Räumungen verständigt, sobald sie stattgefunden haben.

Die Besatzungsmacht kann geschützte Personen nicht in einer besonders den Kriegsgefahren ausgesetzten Gegend zurückhalten, sofern nicht die Sicherheit der Bevölkerung oder zwingende militärische Gründe dies erfordern.

Die Besatzungsmacht darf nicht Teile ihrer eigenen Zivilbevölkerung in das von ihr besetzte Gebiet verschleppen oder verschicken.

Art. 50 Die Besatzungsmacht erleichtert im Benehmen mit den Landes- und Ortsbehörden den geordneten Betrieb der Einrichtungen, die zur Pflege und Erziehung der Kinder dienen.

Sie ergreift alle notwendigen Maßnahmen, um die Identifizierung der Kinder und die Eintragung ihrer Familienzugehörigkeit zu erleichtern. Keinesfalls darf sie ihren Personalstand ändern oder sie in von ihr abhängige Formationen oder Organisationen einreihen.

Sollten die örtlichen Einrichtungen unzulänglich sein, so trifft die Besatzungsmacht die notwendigen Vorkehrungen, um den Unterhalt und die Erziehung der Waisen und der von ihren Eltern im Krieg getrennten Kinder sicherzustellen, und zwar wenn möglich durch Personen gleicher Nationalität, Sprache und Religion, sofern nicht ein naher Verwandter oder Freund für sie sorgen kann.

Eine besondere Abteilung des auf Grund der Bestimmungen von Artikel 136 geschaffenen Büros wird beauftragt, alle notwendigen Schritte zu unternehmen, um diejenigen Kinder zu identifizieren, deren Identität ungewiß ist. Angaben, die man über ihre Eltern oder andere nahe Verwandte etwa besitzt, werden ausnahmslos aufgezeichnet.

Die Besatzungsmacht darf die Anwendung irgendwelcher Vorzugsmaßnahmen in bezug auf Ernährung, ärztliche Pflege und Schutz vor Kriegsfolgen nicht behindern, die etwa bereits vor der Besetzung zu Gunsten von Kindern unter 15 Jahren, schwangeren Frauen und Müttern von Kindern unter 7 Jahren in Kraft waren.

Art. 51 Die Besatzungsmacht kann geschützte Personen nicht zwingen, in ihren Streitkräften oder Hilfskräften zu dienen. Jeder Druck und jede Propaganda, die auf freiwilligen Eintritt in diese abzielt, ist untersagt.

Sie kann geschützte Personen nur dann zur Arbeit zwingen, wenn sie über 18 Jahre alt sind und es sich lediglich um Arbeiten handelt, die zur Befriedigung der Bedürfnisse der Besatzungsarmee oder für die öffentlichen Dienste, die Ernährung, Unterbringung, Bekleidung, das Verkehrs- oder Gesundheitswesen der Bevölkerung des besetzten Landes notwendig sind. Geschützte Personen dürfen nicht zu irgendwelcher Arbeit gezwungen werden, die sie verpflichten würde, an Kampfhandlungen teilzunehmen. Die Besatzungsmacht kann geschützte Personen nicht zwingen, Einrichtungen, in denen sie Zwangsarbeit verrichten, unter Anwendung von Gewalt zu sichern.

Die Arbeit darf nur innerhalb des besetzten Gebietes geleistet werden, in dem sich die betreffenden Personen befinden. Jede solche Person wird soweit wie möglich auf ihrem gewohnten Arbeitsplatz verwendet. Die Arbeit ist angemessen zu bezahlen und muß den körperlichen und geistigen Fähigkeiten der Arbeitenden angepaßt sein. Die im besetzten Lande geltenden Rechtsvorschriften betreffend die Arbeitsbedingungen und Schutzmaßnahmen, insbesondere in bezug auf Löhne, Arbeitsdauer, Ausrüstung, Vorbildung und Entschädigungen für Arbeitsunfälle und Berufskrankheiten, werden auf die geschützten Personen angewendet, die Arbeiten der in diesem Artikel bezeichneten Art verrichten.

In keinem Falle darf die Einziehung von Arbeitskräften zu einer Mobilisation von Arbeitern für Organisationen militärischen oder halbmilitärischen Charakters führen.

Art. 52 Kein zivilrechtlicher Vertrag, keine Vereinbarung und keine Vorschrift können das Recht irgendeines freiwilligen oder unfreiwilligen Arbeiters beeinträchtigen, sich, wo immer er sich befindet, an die Vertreter der Schutzmacht zu wenden, um deren Einschreiten zu verlangen.

Alle Maßnahmen, die darauf abzielen, Arbeitslosigkeit zu schaffen oder die Arbeitsmöglichkeiten der Arbeiter eines besetzten Gebietes zu beschränken, um sie auf diese Weise zur Arbeit für die Besatzungsmacht zu gewinnen, sind untersagt.

Art. 53[1] Es ist der Besatzungsmacht untersagt, bewegliches oder unbewegliches Vermögen zu zerstören, das individuell oder kollektiv Privatpersonen oder dem Staat oder öffentlichen Körperschaften, sozialen oder genossenschaftlichen Organisationen gehört, außer in Fällen, in denen die Kampfhandlungen solche Zerstörungen unbedingt erforderlich machen.

Art. 54 Es ist der Besatzungsmacht untersagt, die Rechtsstellung der Beamten oder Gerichtspersonen des besetzten Gebietes zu ändern oder ihnen gegenüber Sanktionen oder irgendwelche Zwangsmaßnahmen zu treffen oder sie zu benachteiligen, weil sie sich aus Gewissensgründen enthalten, ihre Funktionen zu erfüllen.

Dieses Verbot verhindert nicht die Anwendung von Artikel 51 Absatz 2. Es berührt nicht das Recht der Besatzungsmacht, öffentliche Beamte ihrer Posten zu entheben.

Art. 55 Die Besatzungsmacht hat die Pflicht, die Versorgung der Bevölkerung mit Lebens- und Arzneimitteln im Rahmen aller ihr zur Verfügung stehenden Mittel sicherzustellen; insbesondere führt sie Lebensmittel, medizinische Ausrüstungen und alle anderen notwendigen Artikel ein, falls die Hilfsquellen des besetzten Gebietes nicht ausreichen.

Die Besatzungsmacht darf keine im besetzten Gebiete befindlichen Lebensmittel, Waren oder medizinischen Ausrüstungen beschlagnahmen, es sei denn für die Besatzungsstreitkräfte und -verwaltung, und auch dann nur unter Berücksichtigung der Bedürfnisse der Zivilbevölkerung. Unter Vorbehalt der Bestimmungen anderer internationaler Abkommen trifft die Besatzungsmacht die notwendigen Vorkehrungen, damit für die beschlagnahmten Güter ein angemessenes Entgelt bezahlt wird.

Die Schutzmächte können jederzeit ohne Behinderung den Stand der Versorgung mit Lebens- und Arzneimitteln in den besetzten Gebieten untersuchen, unter Vorbehalt von vorübergehenden Beschränkungen, die auf zwingenden militärischen Erfordernissen beruhen.

---

[1] Siehe das Haager Abk. für den Schutz von Kulturgut bei bewaffneten Konflikten v. 14. 5. 1954 (BGBl. 1967 II S. 1233).

Art. 56 Die Besatzungsmacht ist im Rahmen aller ihr zur Verfügung stehenden Mittel verpflichtet, im Benehmen mit den Landes- und Ortsbehörden die Einrichtungen und Dienste der Krankenhauspflege und ärztlichen Behandlung sowie das öffentliche Gesundheitswesen im besetzten Gebiet sicherzustellen und weiterzuführen, insbesondere durch Einführung und Anwendung der notwendigen Vorbeugungs- und Vorsichtsmaßnahmen zur Bekämpfung der Ausbreitung von ansteckenden Krankheiten und Seuchen. Das ärztliche Personal aller Kategorien ist ermächtigt, seine Aufgaben zu erfüllen.

Werden neue Krankenhäuser im besetzten Gebiet geschaffen und erfüllen die zuständigen Organe des besetzten Staates ihre Funktionen nicht mehr, so nehmen die Besatzungsbehörden erforderlichenfalls die in Artikel 18 vorgesehene Anerkennung vor. Unter ähnlichen Umständen nehmen die Besatzungsbehörden ebenfalls die Anerkennung des Krankenhauspersonals und der Krankenfahrzeuge gemäß Artikel 20 und 21 vor.

Beim Erlaß von Gesundheits- und Hygienemaßnahmen sowie bei deren Inkraftsetzung berücksichtigt die Besatzungsmacht die sittlichen und ethischen Auffassungen der Bevölkerung des besetzten Gebietes.

Art. 57 Die Besatzungsmacht darf Zivilkrankenhäuser nur vorübergehend und nur im Falle dringender Notwendigkeit beschlagnahmen, um verwundete und kranke Militärpersonen zu pflegen, und nur unter der Bedingung, daß in angemessener Frist geeignete Maßnahmen getroffen werden, um die Pflege und Behandlung der Patienten sicherzustellen und den Bedarf der Zivilbevölkerung zu befriedigen.

Das Material und die Vorräte der Zivilkrankenhäuser dürfen nicht beschlagnahmt werden, solange sie für den Bedarf der Zivilbevölkerung notwendig sind.

Art. 58 Die Besatzungsmacht gestattet den Geistlichen, den Mitgliedern ihrer religiösen Gemeinschaften seelsorgerischen Beistand zu leisten.

Die Besatzungsmacht nimmt ebenfalls Sendungen von Büchern und Gegenständen an, die zur Befriedigung religiöser Bedürfnisse notwendig sind, und erleichtert deren Verteilung im besetzten Gebiet.

Art. 59 Ist die Bevölkerung eines besetzten Gebietes oder ein Teil derselben ungenügend versorgt, so gestattet die Besatzungsmacht Hilfsaktionen zu Gunsten dieser Bevölkerung und erleichtert sie im vollen Umfange der ihr zur Verfügung stehenden Mittel.

Solche Hilfsaktionen, die entweder durch Staaten oder durch eine unparteiische humanitäre Organisation, wie das Internationale Komitee vom Roten Kreuz, unternommen werden können, bestehen insbesondere aus Lebensmittel-, Arznei- und Kleidungssendungen.

Alle Vertragsstaaten gewähren diesen Sendungen freien Durchlaß und gewährleisten ihren Schutz.

Die Macht, die den freien Durchlaß von Sendungen gewährt, die für ein von einer feindlichen Partei besetztes Gebiet bestimmt sind, hat jedoch das Recht, die Sendungen zu prüfen, ihren Durchlaß nach vorgeschriebenen Fahrplänen und Wegen zu regeln und von der Schutzmacht ausreichende Zusicherungen zu verlangen, daß diese Sendungen zur Hilfeleistung an die notleidende Bevölkerung bestimmt sind und nicht zu Gunsten der Besatzungsmacht verwendet werden.

Art. 60 Die Hilfssendungen entbinden die Besatzungsmacht in keiner Weise von den ihr durch Artikel 55, 56 und 59 auferlegten Verpflichtungen. Sie kann die Hilfssendungen auf keine Weise für einen anderen als den vorbestimmten Zweck verwenden, ausgenommen in Fällen dringender Notwendigkeit im Interesse der Bevölkerung des besetzten Gebietes und mit Zustimmung der Schutzmacht.

Art. 61 Die Verteilung der in den vorstehenden Artikeln erwähnten Hilfssendungen wird im Benehmen mit der Schutzmacht und unter ihrer Aufsicht durchgeführt. Diese Aufgabe kann, nach einer Vereinbarung zwischen Besatzungs- und Schutzmacht, auch einem neutralen Staat, dem Internationalen Komitee vom Roten Kreuz oder irgendeiner anderen unparteiischen humanitären Organisation übertragen werden.

Solche Hilfssendungen sind von allen Abgaben, Steuern oder Zöllen im besetzten Gebiete befreit, es sei denn, eine derartige Abgabe liege im Interesse der Wirtschaft des betreffenden Gebietes. Die Besatzungsmacht erleichtert die schnelle Verteilung dieser Sendungen.

Alle Vertragsparteien werden sich bemühen, die unentgeltliche Durchfuhr und Beförderung dieser für besetzte Gebiete bestimmten Sendungen zu gestatten.

Art. 62 Unter Vorbehalt von zwingenden Sicherheitsgründen können auf besetztem Gebiet befindliche geschützte Personen an sie gerichtete Einzel-Hilfssendungen empfangen.

Art. 63 Unter Vorbehalt von vorübergehenden von der Besatzungsmacht ausnahmsweise aus zwingenden Sicherheitsgründen auferlegten Maßnahmen

a) können die anerkannten nationalen Gesellschaften vom Roten Kreuz (vom Roten Halbmond, vom Roten Löwen mit roter Sonne) ihre Tätigkeit gemäß den Grundsätzen des Roten Kreuzes fortsetzen, wie sie von den internationalen Rotkreuzkonferenzen festgelegt worden sind. Die anderen Hilfsgesellschaften können ihre humanitäre Tätigkeit unter ähnlichen Bedingungen fortsetzen;

b) darf die Besatzungsmacht keine Veränderungen im Personal oder in der Zusammensetzung dieser Gesellschaften verlangen, die der oben erwähnten Tätigkeit zum Nachteil gereichen könnten.

Die gleichen Regeln finden auf die Tätigkeit und das Personal von besonderen Organisationen nicht-militärischen Charakters Anwendung, welche bereits bestehen oder geschaffen werden, um die Lebensbedingungen der Zivilbevölkerung durch Aufrechterhaltung der lebenswichtigen öffentlichen Dienste, durch Verteilung von Hilfssendungen und durch Organisierung von Rettungsaktionen zu sichern.

Art. 64 Das Strafrecht des besetzten Gebietes bleibt in Kraft, soweit es nicht durch die Besatzungsmacht außer Kraft gesetzt oder suspendiert werden darf, wenn es eine Gefahr für die Sicherheit dieser Macht oder ein Hindernis bei der Anwendung des vorliegenden Abkommens darstellt. Vorbehaltlich dieser Ausnahme und der Notwendigkeit, eine arbeitsfähige Justizverwaltung zu gewährleisten, setzen die Gerichte des besetzten Gebietes ihre Tätigkeit hinsichtlich aller durch die erwähnten Rechtsvorschriften erfaßten strafbaren Handlungen fort.

Jedoch kann die Besatzungsmacht die Bevölkerung des besetzten Gebietes Bestimmungen unterwerfen, die ihr unerläßlich erscheinen zur Erfüllung der ihr durch das vorliegende Abkommen auferlegten Verpflichtungen, zur Aufrechterhaltung einer ordentlichen Verwaltung des Gebietes und zur Gewährleistung der Sicherheit sowohl der Besatzungsmacht wie auch der Mitglieder und des Eigentums der Besatzungsstreitkräfte oder -verwaltung sowie der von der Besatzungsmacht benutzten Anlagen und Verbindungslinien.

Art. 65 Die durch die Besatzungsmacht erlassenen Strafbestimmungen erhalten erst dann Rechtskraft, wenn sie veröffentlicht und der Bevölkerung in ihrer Sprache zur Kenntnis gebracht worden sind. Sie können keine rückwirkende Kraft haben.

Art. 66 Im Falle eines Verstoßes gegen die gemäß Artikel 64 Absatz 2 erlassenen Strafbestimmungen kann die Besatzungsmacht die Angeklagten an ihre nichtpolitischen und ordentlich bestellten Militärgerichte überweisen, unter der Bedingung, daß diese im besetzten Lande tagen. Die Berufungsgerichte tagen vorzugsweise im besetzten Lande.

Art. 67 Die Gerichte dürfen nur Gesetzesbestimmungen anwenden, die vor der Begehung der strafbaren Handlung bestanden und in Übereinstimmung mit den allgemein anerkannten Rechtsgrundsätzen stehen, insbesondere dem Grundsatz, daß die Strafe der Schwere der strafbaren Handlung entsprechen muß. Sie ziehen in Betracht, daß der Angeklagte kein Angehöriger der Besatzungsmacht ist.

Art. 68 Wenn eine geschützte Person eine strafbare Handlung begeht, die ausschließlich den Zweck verfolgt, der Besatzungsmacht Schaden zuzufügen, und wenn diese strafbare Handlung keinen Angriff auf das Leben oder die körperliche Unversehrtheit der Mitglieder der Besatzungsstreitkräfte oder -behörden darstellt, ferner weder eine ernste Gefahr für die Gemeinschaft bedeutet noch dem Eigentum der Besatzungsmacht oder der Besatzungsbehörden, noch den durch sie benutzten Einrichtungen wesentlichen Schaden zufügt, so wird diese Person mit Internierung oder Gefängnis bestraft, vorausgesetzt, daß die Dauer dieser Internierung oder Gefängnisstrafe der Schwere der begangenen strafbaren Handlung entspricht. Des weiteren sind Internierung oder Gefängnis für solche strafbaren Handlungen die einzigen freiheitsentziehenden Maßnahmen, die in bezug auf geschützte Personen getroffen werden können. Die in Artikel 66 des vorliegenden Abkommens vorgesehenen Gerichte können ohne weiteres die Gefängnisstrafe in eine Internierung von gleicher Dauer umwandeln.

Die von der Besatzungsmacht gemäß Artikel 64 und 65 in Kraft gesetzten Strafbestimmungen können die Todesstrafe für geschützte Personen nur dann vorsehen, wenn diese Personen der Spionage, schwerer Sabotageakte an militärischen Einrichtungen der Besatzungsmacht oder vorsätzlicher strafbarer Handlungen schuldig befunden werden, die den Tod einer oder mehrerer Personen verursacht haben, und wenn gemäß den bereits vor der Besetzung in Kraft befindlichen Rechtsvorschriften des besetzten Gebietes für solche Fälle die Todesstrafe vorgesehen war.

Die Todesstrafe kann gegen eine geschützte Person nur dann ausgesprochen werden, wenn die Aufmerksamkeit des Gerichts besonders auf den Umstand gelenkt wurde, daß der Angeklagte, weil er nicht Angehöriger der Besatzungsmacht ist, durch keinerlei Treueverpflichtung ihr gegenüber gebunden ist.

Keinesfalls darf die Todesstrafe gegen eine geschützte Person ausgesprochen werden, die bei der Begehung der strafbaren Handlung weniger als 18 Jahre alt war.

Art. 69 In allen Fällen wird einer angeklagten geschützten Person die Dauer der Untersuchungshaft von der Gefängnisstrafe abgezogen.

Art. 70 Geschützte Personen werden von der Besatzungsmacht nicht verhaftet, gerichtlich verfolgt oder verurteilt wegen vor der Besetzung oder während einer vorübergehenden Unterbrechung derselben begangener Handlungen oder geäußerter Meinungen, mit Ausnahme von Verstößen gegen die Gesetze und Gebräuche des Krieges.

Angehörige der Besatzungsmacht, die vor Ausbruch des Konflikts im Gebiete des besetzten Staates Zuflucht gesucht haben, werden nicht verhaftet, gerichtlich verfolgt, verurteilt oder aus dem besetzten Gebiete verschleppt, es sei denn wegen nach Ausbruch der Feindseligkeiten begangener strafbarer Handlungen oder vor Ausbruch der Feindseligkeiten begangener gemeinrechtlicher strafbarer Handlungen, die nach dem Recht des besetzten Staates die Auslieferung auch in Friedenszeiten gerechtfertigt hätten.

Art. 71 Die zuständigen Gerichte der Besatzungsmacht fällen kein Urteil ohne ein vorhergehendes ordentliches Verfahren.

Jeder von der Besatzungsmacht Angeklagte wird ohne Verzug schriftlich in einer ihm verständlichen Sprache von den gegen ihn erhobenen Anschuldigungen eingehend in Kenntnis gesetzt, und sein Fall wird so schnell wie möglich vor Gericht gebracht. Die Schutzmacht wird von jedem durch die Besatzungsmacht gegen geschützte Personen eingeleiteten Verfahren in Kenntnis gesetzt, wenn die Anklage zu einem Todesurteil oder zur Verhängung einer Gefängnisstrafe von zwei oder mehr Jahren führen könnte; sie kann sich jederzeit über den Stand des Verfahrens informieren. Des weiteren hat die Schutzmacht das Recht, auf Verlangen alle Auskünfte über derartige und alle anderen durch die Besatzungsmacht gegen geschützte Personen eingeleiteten Verfahren zu erhalten.

Die Notifizierung an die Schutzmacht, wie in Absatz 2 dieses Artikels vorgesehen, erfolgt unverzüglich und geht, in jedem Falle der Schutzmacht drei Wochen vor dem Zeitpunkt der ersten Verhandlung zu. Die Verhandlung kann nicht stattfinden, wenn nicht bei ihrer Eröffnung der Beweis erbracht wird, daß die Bestimmungen dieses Artikels voll eingehalten wurden. Die Notifizierung hat insbesondere Auskunft über folgende Punkte zu geben:

a) Personalbeschreibung des Angeklagten;

b) Aufenthalts- oder Gewahrsamsort;

c) Aufzählung des oder der Anklagepunkte (mit Erwähnung der Strafbestimmungen, auf die sie sich stützen);

d) Angabe des Gerichtes, das den Fall behandeln wird;

e) Ort und Zeitpunkt der ersten Verhandlung.

Art. 72 Jeder Angeklagte hat das Recht, die zu seiner Verteidigung notwendigen Beweismittel geltend zu machen; insbesondere kann er Zeugen vernehmen lassen. Er hat Anspruch darauf, daß ihm ein geeigneter Anwalt seiner Wahl beisteht, der ihn ungehindert besuchen kann und sich aller Erleichterungen erfreut, die zur Vorbereitung der Verteidigung notwendig sind.

Falls der Angeklagte selbst keinen Verteidiger bezeichnet, stellt ihm die Schutzmacht einen zur Verfügung. Steht der Angeschuldigte einer schweren Anklage gegenüber und entbehrt er einer Schutzmacht, so stellt ihm die Besatzungsmacht unter Vorbehalt seiner Zustimmung einen Verteidiger.

Jeder Angeklagte wird, sofern er nicht von sich aus darauf verzichtet, sowohl während der Untersuchung wie auch bei der Gerichtsverhandlung von einem Dolmetscher unterstützt. Er kann den Dolmetscher jederzeit ablehnen und dessen Ersetzung verlangen.

Art. 73 Jeder Verurteilte hat das Recht, diejenigen Rechtsmittel zu ergreifen, die in dem vom Gericht angewendeten Recht vorgesehen sind. Er wird vollständig über sein Recht, Rechtsmittel einzulegen sowie über die hierfür festgesetzten Fristen aufgeklärt.

Das in diesem Abschnitt vorgesehene Strafverfahren findet auch bei Rechtsmitteln entsprechend Anwendung. Sehen die durch das Gericht angewendeten Rechtsvorschriften keine Rechtsmittel vor, so hat der Verurteilte das Recht, gegen das Urteil und die Verurteilung bei der zuständigen Behörde der Besatzungsmacht Berufung einzulegen.

Art. 74 Die Vertreter der Schutzmacht haben das Recht, an der Hauptverhandlung jedes Gerichts teilzunehmen, das über eine geschützte Person befindet, sofern nicht die Verhandlungen ausnahmsweise im Interesse der Sicherheit der Besatzungsmacht unter Ausschluß der Öffentlichkeit stattfinden müssen; in diesem Falle verständigt die Besatzungsmacht die Schutzmacht entsprechend. Ort und Zeitpunkt des Beginns der Verhandlungen werden der Schutzmacht notifiziert.

Alle Verurteilungen zum Tode oder zu Freiheitsstrafen von zwei oder mehr Jahren werden unter Angabe der Gründe so schnell wie möglich der Schutzmacht mitgeteilt; diese Mitteilung hat Bezug zu nehmen auf die gemäß Artikel 71 erfolgte Notifizierung und im Falle einer Freiheitsstrafe den Namen des Ortes zu enthalten, wo das Urteil vollzogen wird. Die übrigen Urteile werden in den Gerichtsakten festgehalten und können durch Vertreter der Schutzmacht eingesehen werden. Im Falle einer Verurteilung zum Tode oder einer Freiheitsstrafe von zwei oder mehr Jahren beginnen die Rechtsmittelfristen erst von dem Augenblick an zu laufen, in welchem die Schutzmacht vom Urteil in Kenntnis gesetzt worden ist.

Art. 75 In keinem Fall werden zum Tode Verurteilte des Rechtes beraubt, ein Gnadengesuch einzureichen.

Keine Todesstrafe wird vollstreckt, bevor nicht eine Frist von wenigstens sechs Monaten abgelaufen ist; diese Frist beginnt erst von dem Augenblick an zu laufen, in welchem die Schutzmacht die Mitteilung über das endgültige Urteil, das die Todesstrafe bestätigt, oder über den Entscheid, mit welchem das Gnadengesuch abgewiesen wird, erhält.

Dieser Aufschub von sechs Monaten kann in bestimmten Einzelfällen gekürzt werden, nämlich dann, wenn sich infolge einer schwierigen und kritischen Lage ergibt, daß die Sicherheit der Besatzungsmacht oder ihrer Streitkräfte einer organisierten Bedrohung ausgesetzt ist; der Schutzmacht wird jedoch eine derartige Kürzung der vorgesehenen Frist stets notifiziert; es ist ihr genügend Zeit zu lassen, um bei den zuständigen Besatzungsbehörden wegen dieser Todesstrafe vorstellig zu werden.

Art. 76 Einer strafbaren Handlung angeklagte geschützte Personen werden im besetzten Gebiet gefangengehalten und verbüßen, falls sie verurteilt werden, dort ihre Strafe. Sie werden wenn möglich von den anderen Gefangenen getrennt; die für sie maßgeblichen Bedingungen der Ernährung und Hygiene müssen genügen, um sie in einem guten Gesundheitszustand zu erhalten, und mindestens den Bedingungen der Strafanstalten des besetzten Landes entsprechen.

Sie erhalten die ärztliche Betreuung, die ihr Gesundheitszustand erfordert.

Sie haben ebenfalls das Recht, den geistlichen Beistand zu empfangen, um den sie etwa ersuchen.

Frauen werden in getrennten Räumlichkeiten untergebracht und unterstehen der unmittelbaren Überwachung durch Frauen.

Besondere Aufmerksamkeit wird der den Minderjährigen zukommenden Behandlung geschenkt.

Gefangengehaltene geschützte Personen haben das Recht, den Besuch von Delegierten der Schutzmacht und des Internationalen Komitees vom Roten Kreuz gemäß den Bestimmungen von Artikel 143 zu empfangen.

Ferner sind sie berechtigt, monatlich mindestens ein Hilfspaket zu erhalten.

Art. 77 Durch Gerichte im besetzten Gebiet angeklagte oder verurteilte geschützte Personen werden beim Abschluß der Besetzung den Behörden des befreiten Gebietes mit den sie betreffenden Akten übergeben.

Art. 78 Erachtet die Besatzungsmacht es aus zwingenden Sicherheitsgründen als notwendig, Sicherheitsmaßnahmen in bezug auf geschützte Personen zu ergreifen, so kann sie ihnen höchstens einen Zwangsaufenthalt auferlegen oder sie internieren.

Entscheide in bezug auf solche Zwangsaufenthalte oder Internierungen werden in einem ordentlichen Verfahren getroffen, das durch die Besatzungsmacht entsprechend den Bestimmungen des vorliegenden Abkommens festzulegen ist. Dieses Verfahren hat für die betroffenen Personen Rechtsmittel vorzusehen. Über diese wird so schnell wie möglich entschieden. Werden Entscheide aufrechterhalten, so werden sie einer regelmäßigen, wenn möglich halbjährlichen Überprüfung durch eine zuständige, von der erwähnten Macht bestellte Behörde unterzogen.

Geschützte Personen, denen ein Zwangsaufenthalt zugewiesen wird und die infolgedessen zum Verlassen ihres Wohnsitzes gezwungen sind, gelangen in den vollen Genuß der Bestimmungen von Artikel 39 des vorliegenden Abkommens.

Abschnitt IV. Bestimmungen über die Behandlung von Internierten

Kapitel I. Allgemeine Bestimmungen

Art. 79 Die am Konflikt beteiligten Parteien internieren geschützte Personen nur gemäß den Bestimmungen der Artikel 41, 42, 43, 68 und 78.

Art. 80 Die Internierten behalten ihre volle zivile Rechtspersönlichkeit und üben die ihnen daraus erwachsenden Rechte in dem mit ihrer Rechtsstellung als Internierte zu vereinbarenden Ausmaß aus.

Art. 81 Die am Konflikt beteiligten Parteien, die geschützte Personen internieren, sind gehalten, unentgeltlich für ihren Unterhalt aufzukommen und ihnen ebenfalls die ärztliche Pflege angedeihen zu lassen, die ihr Gesundheitszustand erfordert.

Von den Bezügen, Entlohnungen und Guthaben der Internierten darf zur Begleichung dieser Kosten keinerlei Abzug gemacht werden.

Der Gewahrsamsstaat kommt für den Unterhalt der von den Internierten abhängigen Personen auf, wenn sie ohne ausreichende Unterhaltsmittel und unfähig sind, ihren Lebensunterhalt selbst zu verdienen.

Art. 82 Der Gewahrsamsstaat teilt die Internierten im Rahmen des Möglichen nach ihrer Nationalität, ihrer Sprache und ihren Gebräuchen ein. Die Internierten, die Angehörige desselben Landes sind, dürfen nicht lediglich wegen der Verschiedenheit ihrer Sprache getrennt werden.

Während der ganzen Dauer ihrer Internierung werden die Mitglieder derselben Familie und namentlich die Eltern und ihre Kinder am gleichen Internierungsort vereinigt, mit Ausnahme jener Fälle, wo die Erfordernisse der Arbeit, Gesundheitsgründe oder die Anwendung der im Kapitel IX dieses Abschnitts vorgesehenen Bestimmungen eine vorübergehende Trennung notwendig machen. Die Internierten können verlangen, daß ihre in Freiheit gelassenen Kinder, die der elterlichen Überwachung ermangeln, mit ihnen interniert werden.

Wo immer möglich, werden die internierten Mitglieder derselben Familie in den gleichen Räumen zusammen und von den übrigen Internierten getrennt untergebracht; die notwendigen Erleichterungen zur Führung eines Familienlebens werden ihnen gewährt.

Kapitel II. Internierungsorte

Art. 83 Der Gewahrsamsstaat darf die Internierungsorte nicht in Gegenden anlegen, die den Kriegsgefahren besonders ausgesetzt sind.

Der Gewahrsamsstaat macht durch Vermittlung der Schutzmächte den feindlichen Mächten alle zweckdienlichen Angaben über die geographische Lage der Internierungsorte.

Soweit die militärischen Erwägungen es erlauben, werden die Internierungslager so mit den Buchstaben I C gekennzeichnet, daß sie tagsüber aus der Luft deutlich erkennbar sind; es ist den betreffenden Mächten jedoch unbenommen, sich über ein anderes Mittel zur Kennzeichnung zu einigen. Keine andere Örtlichkeit darf auf die gleiche Weise wie ein Internierungslager gekennzeichnet werden.

Art. 84 Internierte werden getrennt von Kriegsgefangenen und von aus irgendeinem anderen Grund der Freiheit beraubten Personen untergebracht und betreut.

Art. 85 Der Gewahrsamsstaat ist verpflichtet, alle notwendigen und ihm möglichen Maßnahmen zu ergreifen, damit die geschützten Personen vom Beginn ihrer Internierung an in Gebäuden und Unterkünften untergebracht werden, die jegliche Gewähr in bezug auf Hygiene und Sauberkeit sowie wirksamen Schutz vor den Unbilden der Witterung und den Folgen des Krieges bieten. Auf keinen Fall dürfen ständige Internierungsorte in Gegenden angelegt werden, die ungesund sind oder deren Klima für die Internierten abträglich sein könnte. In allen Fällen, in denen sie vorübergehend in einer Gegend interniert werden, die ungesund ist oder deren Klima ihrer Gesundheit abträglich sein könnte, werden die geschützten Personen, so schnell wie es die Umstände erlauben, an einen zuträglichen Internierungsort verbracht.

Die Räume müssen vollkommen vor Feuchtigkeit geschützt und, namentlich zwischen dem Einbruch der Dunkelheit und dem Beginn der Nachtruhe, genügend geheizt und beleuchtet sein. Die Schlafräume müssen ausreichend geräumig und gut gelüftet sein; den Internierten sind passendes Bettzeug und Decken in genügender Zahl zu stellen, wobei der Witterung und dem Alter, dem Geschlecht und dem Gesundheitszustand der Internierten Rechnung zu tragen ist.

Den Internierten stehen Tag und Nacht sanitäre Einrichtungen zur Verfügung, die den Erfordernissen der Hygiene entsprechen und dauernd sauber gehalten werden. Wasser und Seife für ihre tägliche Körperpflege und die Reinigung ihrer Wäsche werden ihnen in genügender Menge geliefert; die hierfür notwendigen Einrichtungen und Erleichterungen werden ihnen gewährt. Außerdem müssen ihnen Brausen und Badeeinrichtungen zur Verfügung stehen. Für ihre Körperpflege und die Reinigungsarbeiten ist ihnen die nötige Zeit einzuräumen.

Wenn immer es nötig ist, ausnahmsweise und vorübergehend internierte Frauen, die nicht einer Familiengruppe angehören, zusammen mit Männern am gleichen Internierungsort unterzubringen, müssen sie unbedingt über getrennte Schlafräume und sanitäre Einrichtungen verfügen.

Art. 86 Der Gewahrsamsstaat stellt den Internierten jeglichen Bekenntnisses passende Räume zur Abhaltung ihrer Gottesdienste zur Verfügung.

Art. 87 Sofern die Internierten nicht über ähnliche andere Erleichterungen verfügen, werden an allen Internierungsorten Kantinen eingerichtet, damit die Internierten in der Lage sind, sich zu Preisen, die keinesfalls jene des lokalen Handels übersteigen dürfen, Lebensmittel und Gebrauchsgegenstände, einschließlich Seife und Tabak, zu beschaffen, die dazu beitragen, ihr Wohlbefinden und ihre persönliche Annehmlichkeit zu steigern.

Überschüsse der Kantinen werden auf einen besonderen Unterstützungsfonds überwiesen, der an jedem Internierungsort eingerichtet und zum Nutzen der Internierten des betreffenden Internierungsortes verwaltet wird. Der in Artikel 102 vorgesehene Interniertenausschuß hat das Recht auf Einblick in die Verwaltung der Kantine und dieses Fonds.

Wird ein Internierungsort aufgelöst, so wird der Guthaben-Saldo des Unterstützungsfonds auf den Unterstützungsfonds eines anderen Internierungsortes für Internierte der gleichen Nationalität oder, wenn ein solcher nicht besteht, auf einen zentralen Unterstützungsfonds überschrieben, der zum Nutzen aller in der Hand des Gewahrsamsstaates verbleibenden Internierten verwaltet wird. Im Falle allgemeiner Freilassung werden diese Überschüsse vom Gewahrsamsstaat einbehalten, sofern nicht eine Übereinkunft zwischen den betreffenden Mächten etwas anderes vorsieht.

Art. 88 In allen Internierungsorten, die Luftangriffen und anderen Kriegsgefahren ausgesetzt sind, werden passende Schutzräume in genügender Zahl eingerichtet, um den notwendigen Schutz zu gewährleisten. Im Falle eines Alarms dürfen sich die Internierten so schnell wie möglich dorthin begeben, mit Ausnahme derjenigen unter ihnen, die am Schutze ihrer eigenen Unterkünfte gegen diese Gefahren teilnehmen. Jede zu Gunsten der Bevölkerung ergriffene Schutzmaßnahme kommt auch ihnen zugute.

In den Internierungsorten werden ausreichende Vorsichtsmaßregeln gegen Feuergefahr getroffen.

Kapitel III. Ernährung und Bekleidung

Art. 89 Die tägliche Lebensmittelzuteilung an die Internierten muß in bezug auf Menge, Güte und Abwechslung ausreichend sein, um einen normalen Gesundheitszustand zu gewährleisten und Mangelerscheinungen zu verhindern; den Ernährungsgewohnheiten der Internierten wird ebenfalls Rechnung getragen.

Überdies wird den Internierten die Möglichkeit zur Zubereitung der Ergänzungsnahrung gegeben, über die sie etwa verfügen.

Trinkwasser wird ihnen in genügender Menge geliefert. Tabakgenuß ist gestattet.

Arbeitende Internierte erhalten eine der Natur ihrer Arbeit entsprechende Zusatzverpflegung.

Schwangere Frauen und Wöchnerinnen sowie Kinder unter 15 Jahren erhalten eine ihren physiologischen Bedürfnissen entsprechende Zusatzverpflegung.

Art. 90 Den Internierten werden bei ihrer Festnahme alle Erleichterungen gewährt, damit sie sich mit Kleidung, Schuhen und Leibwäsche ausstatten und auch späterhin nach Bedarf damit eindecken können. Besitzen die Internierten nicht genügend der Witterung angepaßte Kleidung und können sie sich solche auch nicht beschaffen, so wird sie ihnen vom Gewahrsamsstaat unentgeltlich geliefert.

Die den Internierten vom Gewahrsamsstaat gelieferte Kleidung und die darauf etwa angebrachten äußeren Kennzeichen dürfen nicht so beschaffen sein, daß sie die Internierten entehren oder der Lächerlichkeit preisgeben.

Die arbeitenden Internierten erhalten Arbeitskleidung, einschließlich geeigneter Schutzkleidung, wo immer die Art ihrer Arbeit dies erfordert.

Kapitel IV. Gesundheitspflege und ärztliche Betreuung

Art. 91 Jeder Internierungsort weist einen geeigneten unter der Leitung eines befähigten Arztes stehenden Krankenraum auf, wo die Internierten die Pflege mit entsprechender Diät erhalten können, deren sie bedürfen. Für die von ansteckenden oder Geisteskrankheiten befallenen Kranken werden Absonderungsräume bereitgestellt.

Schwangere Frauen sowie Internierte, die von einer schweren Krankheit befallen sind oder deren Zustand eine besondere Behandlung, einen chirurgischen Eingriff oder Krankenhauspflege nötig macht, werden in jedem für ihre Behandlung geeigneten Krankenhaus zugelassen; sie erhalten dort keine schlechtere Pflege als die Bevölkerung im allgemeinen.

Die Internierten werden vorzugsweise durch ärztliches Personal ihrer eigenen Nationalität behandelt.

Die Internierten dürfen nicht daran gehindert werden, sich den ärztlichen Behörden zur Untersuchung zu stellen. Die ärztlichen Behörden des Gewahrsamsstaates händigen auf Ersuchen jedem behandelten

Internierten eine amtliche Bescheinigung aus, die die Art seiner Krankheit oder seiner Verletzung, die Dauer der Behandlung und die erhaltene Pflege bezeichnet. Ein Doppel dieser Bescheinigung ist der in Artikel 140 vorgesehenen Zentralstelle zu übermitteln.

Die Behandlung sowie die Lieferung aller für die Aufrechterhaltung eines guten Gesundheitszustandes der Internierten benötigten Geräte, insbesondere künstlicher Zähne und anderer Prothesen sowie Brillen, werden den Internierten unentgeltlich gewährt.

Art. 92 Mindestens einmal monatlich werden die Internierten ärztlich untersucht. Diese Untersuchung dient der Kontrolle des allgemeinen Gesundheits-, Ernährungs- und Sauberkeitszustands sowie der Aufdeckung von ansteckenden Krankheiten, namentlich von Tuberkulose, Geschlechtskrankheiten und Malaria. Sie umfaßt insbesondere auch die Kontrolle des Gewichts jedes Internierten und mindestens einmal jährlich eine Durchleuchtung.

Kapitel V. Religion, geistige und körperliche Betätigung

Art. 93 Den Internierten wird in der Ausübung ihrer Religion, unter Einschluß der Teilnahme an Gottesdiensten ihres Glaubensbekenntnisses, volle Freiheit gewährt, vorausgesetzt, daß sie die Ordnungsvorschriften der Gewahrsamsbehörden befolgen.

Den internierten Geistlichen ist es gestattet, ihr Amt unter ihren Glaubensgenossen uneingeschränkt auszuüben. Zu diesem Zwecke wacht der Gewahrsamsstaat darüber, daß sie gleichmäßig auf die verschiedenen Internierungsorte verteilt werden, wo sich die gleiche Sprache sprechende und dem gleichen Bekenntnis angehörende Internierte aufhalten. Sind nicht genügend Geistliche vorhanden, so werden ihnen die notwendigen Erleichterungen, unter anderem die Benutzung von Beförderungsmitteln gewährt, um sich von einem Internierungsort zum anderen zu begeben; sie werden ermächtigt, die in Krankenhäusern befindlichen Internierten zu besuchen. Die Geistlichen genießen zur Ausübung ihres Amtes volle Freiheit im Schriftwechsel mit den religiösen Behörden des Gewahrsamsstaates und, soweit möglich, mit den internationalen religiösen Organisationen ihres Glaubensbekenntnisses. Dieser Schriftwechsel fällt nicht unter das in Artikel 107 erwähnte Kontingent, unterliegt jedoch den Bestimmungen des Artikels 112.

Sofern Internierte nicht über den Beistand von Geistlichen ihres Glaubensbekenntnisses verfügen oder deren Zahl nicht genügend ist, können die örtlichen Kirchenbehörden desselben Bekenntnisses im Einverständnis mit dem Gewahrsamsstaat einen Geistlichen des Bekenntnisses der betreffenden Internierten oder, wenn dies vom konfessionellen Gesichtspunkt aus möglich ist, einen Geistlichen eines ähnlichen Glaubensbekenntnisses oder einen befähigten Laien namhaft machen. Letzterer genießt die Vorteile, die mit der übernommenen Aufgabe verbunden sind. Die so bezeichneten Personen haben alle vom Gewahrsamsstaat im Interesse der Disziplin und der Sicherheit aufgestellten Vorschriften zu befolgen.

Art. 94 Der Gewahrsamsstaat fördert die geistige, erzieherische, sportliche und die der Erholung dienende Betätigung der Internierten, wobei ihnen volle Freiheit zu lassen ist, daran teilzunehmen oder nicht. Er trifft alle irgend möglichen Maßnahmen, um diese Betätigung zu gewährleisten und insbesondere den Internierten passende Räume zur Verfügung zu stellen.

Alle irgend möglichen Erleichterungen werden den Internierten gewährt, um sie in die Lage zu versetzen, ihre Studien fortzuführen oder solche zu beginnen. Die Unterrichtung der Kinder und der heranwachsenden Jugend wird gewährleistet; sie können Schulen entweder innerhalb oder außerhalb des Internierungsortes besuchen.

Den Internierten wird Gelegenheit gegeben, sich turnerischen Übungen, dem Sport und Spielen im Freien zu widmen. Zu diesem Zwecke werden in allen Internierungsorten ausreichende offene Plätze zur Verfügung gestellt. Kindern und Jugendlichen werden besondere Spielplätze vorbehalten.

Art. 95 Der Gewahrsamsstaat kann Internierte nur auf ihren Wunsch als Arbeiter beschäftigen. Auf jeden Fall sind untersagt: die Verwendung, welche, einer nicht internierten geschützten Person auferlegt, eine Verletzung von Artikel 40 oder 51 des vorliegenden Abkommens bedeuten würde, sowie die Verwendung zu allen Arbeiten erniedrigender oder entehrender Art.

Nach einer Arbeitszeit von 6 Wochen können die Internierten die Arbeit jederzeit einstellen, vorausgesetzt, daß sie dies acht Tage vorher ankündigen.

Diese Bestimmungen beschränken nicht das Recht des Gewahrsamsstaates, internierte Ärzte, Zahnärzte und andere im Gesundheitswesen Tätige zur Ausübung ihres Berufes zum Wohle ihrer Mitinternierten zu veranlassen, Internierte zu Verwaltungsarbeiten und zur Instandhaltung des Internierungsortes heranzuziehen, diese Personen mit Küchen- und anderen Hausarbeiten zu beauftragen und sie zu Arbeiten heranzuziehen, die dazu bestimmt sind, die Internierten vor Luftangriffen und andern aus dem Kriege erwachsenden Gefahren zu schützen. Jedoch darf kein Internierter zur Ausführung von Arbeiten benötigt werden, zu denen ein Arzt der Verwaltung ihn als körperlich unfähig erklärt hat.

Der Gewahrsamsstaat übernimmt die volle Verantwortung für alle Arbeitsbedingungen, für die ärztliche Pflege, für die Zahlung der Entlohnung und der Entschädigung für Arbeitsunfälle und Berufskrankheiten. Die Arbeitsbedingungen sowie die Entschädigungen für Arbeitsunfälle und Berufskrankheiten entsprechen den nationalen Rechtsvorschriften und Gepflogenheiten; sie stehen denjenigen, die auf Arbeit der gleichen Art in derselben Gegend Anwendung finden, auf keinen Fall nach. Die Entlohnungen werden durch Vereinbarung zwischen der Gewahrsamsmacht, den Internierten und gegebenenfalls andern Arbeitgebern angemessen festgesetzt, wobei der Verpflichtung des Gewahrsamsstaates Rechnung zu tragen ist, unentgeltlich zum Unterhalt des Internierten beizutragen und ihm unentgeltlich die ärztliche Pflege, die sein Gesundheitszustand erfordert, angedeihen zu lassen. Die dauernd zu Arbeiten, wie sie in Absatz 3 umschrieben sind, herangezogenen Internierten erhalten vom Gewahrsamsstaat eine angemessene Entlohnung; die Arbeitsbedingungen und die Entschädigungen für Arbeitsunfälle und Berufskrankheiten stehen denjenigen, die auf Arbeit der gleichen Art in derselben Gegend Anwendung finden, nicht nach.

Art. 96 Jede einzelne Arbeitsgruppe untersteht nur einem einzigen Internierungsort. Die zuständigen Behörden des Gewahrsamsstaates und der Kommandant des betreffenden Internierungsortes sind für die Einhaltung der Bestimmungen des vorliegenden Abkommens in den Arbeitsgruppen verantwortlich. Der Kommandant führt eine Liste der ihm unterstehenden Arbeitsgruppen auf den Tag nach und legt sie den Delegierten der Schutzmacht, des Internationalen Komitees vom Roten Kreuz oder anderer humanitärer Organisationen vor, welche die Internierungsorte besuchen.

Kapitel VI. Persönliches Eigentum und Geldmittel

Art. 97 Die Internierten dürfen ihre persönlichen Gebrauchsgegenstände behalten. Geldbeträge, Schecks, Wertpapiere usw. sowie die Wertgegenstände, die sie besitzen, können ihnen nur auf Grund bestehender Verfahrensvorschriften entzogen werden. In einem solchen Falle werden ihnen ins einzelne gehende Quittungen ausgestellt.

Die Geldbeträge werden dem gemäß Artikel 98 geführten Konto jedes Internierten gutgeschrieben; sie dürfen nicht in eine andere Währung umgewechselt werden, sofern nicht die Rechtsvorschriften des Gebietes, in dem ihr Eigentümer interniert ist, dies erfordern oder der Internierte einer solchen Maßnahme zustimmt.

Gegenstände, die vor allem persönlichen oder gefühlsmäßigen Wert besitzen, dürfen ihnen nicht abgenommen werden.

Eine internierte Frau darf nur von einer Frau durchsucht werden.

Bei ihrer Freilassung oder Heimschaffung erhalten die Internierten den Guthabensaldo ihres gemäß Artikel 98 geführten Kontos in Geld, sowie alle Gegenstände, Geldbeträge, Schecks, Wertpapiere usw., die ihnen etwa während ihrer Internierung abgenommen wurden, mit Ausnahme derjenigen Gegenstände oder Werte, die der Gewahrsamsstaat nach Maßgabe seiner in Kraft befindlichen Rechtsvorschriften zurückbehalten darf. Wird Eigentum eines Internierten auf Grund solcher Rechtsvorschriften zurückbehalten, so erhält der Betreffende eine ins einzelne gehende Bescheinigung.

Familien- und Ausweispapiere im Besitze der Internierten können ihnen nur gegen Quittung abgenommen werden. Zu keinem Zeitpunkt dürfen die Internierten ohne Personalausweis belassen werden. Besitzen sie einen solchen nicht, so erhalten sie besondere Ausweise, die von den Gewahrsamsbehörden ausgestellt werden und ihnen bis zum Abschluß der Internierung die Personalausweise ersetzen.

Die Internierten dürfen einen gewissen Betrag in bar oder in Form von Gutscheinen bei sich tragen, um Einkäufe zu tätigen.

Art. 98 Allen Internierten werden regelmäßig Beträge zur Verfügung gestellt, die sie in die Lage versetzen, Lebensmittel, Tabakwaren, Toilettenartikel usw. zu kaufen. Diese Beträge können in Form von Krediten oder Einkaufsgutscheinen zur Verfügung gestellt werden.

Überdies können die Internierten Beihilfen der Macht, deren Staatsangehörige sie sind, der Schutzmächte, aller sonstigen Hilfsorganisationen oder ihrer Familien sowie, entsprechend den Rechtsvorschriften des Gewahrsamsstaates, die Erträgnisse ihres Eigentums ausbezahlt erhalten. Die Höhe der vom Herkunftsstaat gewährten Beihilfen muß innerhalb jeder Interniertenkategorie (Gebrechliche, Kranke, schwangere Frauen usw.) die gleiche sein; die Festsetzung dieser Beihilfen durch den Herkunftsstaat und die Auszahlung durch den Gewahrsamsstaat dürfen nicht auf in Artikel 27 des vorliegenden Abkommens untersagten Benachteiligungen beruhen.

Für jeden Internierten unterhält der Gewahrsamsstaat ein ordentliches Konto, welchem die in diesem Artikel erwähnten Beträge, die durch den Internierten verdienten Entlohnungen sowie die ihm zugehenden Geldsendungen gutgeschrieben werden. Die ihm abgenommenen Beträge, über die er auf Grund der in diesem Gebiete in Kraft befindlichen Rechtsvorschriften verfügen kann, werden ebenfalls auf sein Guthaben überwiesen. Dem Internierten wird jede Erleichterung gewährt, die mit den im betreffenden Gebiet in Kraft befindlichen Rechtsvorschriften vereinbar ist, um seiner Familie und von ihm wirtschaftlich abhängigen Personen Unterstützungsgelder zuzusenden. Er kann von diesem Konto die für seine persönlichen Ausgaben notwendigen Beträge innerhalb der vom Gewahrsamsstaat festgelegten Grenzen abheben. Ferner werden ihm jederzeit angemessene Erleichterungen gewährt, damit er Einblick in sein Konto nehmen oder sich Auszüge davon beschaffen kann. Über dieses Konto wird der Schutzmacht auf Ersuchen Auskunft erteilt; es begleitet den Internierten im Falle seiner Verlegung.

Kapitel VII. Verwaltung und Disziplin

Art. 99 Jeder Internierungsort wird der Leitung eines verantwortlichen Offiziers oder Beamten unterstellt, der den ordentlichen Militärstreitkräften oder dem ordentlichen Verwaltungskörper des Gewahrsamsstaates entnommen wird. Der den Internierungsort befehligende Offizier oder Beamte muß den Wortlaut des vorliegenden Abkommens in der Amtssprache oder einer der Amtssprachen seines Landes besitzen und ist für dessen Anwendung verantwortlich. Das Überwachungspersonal wird von den Bestimmungen des vorliegenden Abkommens sowie den zu seiner Anwendung erlassenen Vorschriften in Kenntnis gesetzt.

Der Wortlaut des vorliegenden Abkommens sowie der in Übereinstimmung mit dem vorliegenden Abkommen getroffenen Sondervereinbarungen wird innerhalb des Internierungsortes in einer den Internierten verständlichen Sprache angeschlagen oder aber muß sich im Besitze des Interniertenausschusses befinden.

Vorschriften, Anordnungen, Ankündigungen und Bekanntmachungen jeder Art werden den Internierten mitgeteilt und innerhalb der Internierungsorte in einer ihnen verständlichen Sprache angeschlagen.

Auch alle an einzelne Internierte gerichteten Befehle und Anordnungen werden in einer ihnen verständlichen Sprache erteilt.

Art. 100 Die Disziplin in den Internierungsorten muß mit den Grundsätzen der Menschlichkeit vereinbar sein und darf auf keinen Fall Vorschriften enthalten, die den Internierten ihrer Gesundheit abträgliche körperliche Ermüdung oder Schikanen körperlicher oder seelischer Art auferlegen. Tätowierungen oder Anbringung von Erkennungsmerkmalen oder Kennzeichen auf dem Körper sind untersagt.

Insbesondere untersagt sind andauerndes Stehenlassen oder verlängerte Appelle, körperliche Strafübungen, militärischer Drill und militärische Übungen sowie Nahrungsbeschränkungen.

Art. 101 Die Internierten haben das Recht, den Behörden, in deren Händen sie sich befinden, ihre Anliegen betreffend die Internierungsbedingungen, denen sie unterstellt sind, vorzubringen.

Sie haben ferner das Recht, sich unbeschränkt, entweder durch Vermittlung des Interniertenausschusses oder wenn sie es für notwendig erachten, unmittelbar, an die Vertreter der Schutzmacht zu wenden, um ihnen die Punkte zur Kenntnis zu bringen, über welche sie Beschwerden hinsichtlich der Internierungsbedingungen vorzubringen haben.

Diese Anliegen und Beschwerden werden unverändert und beschleunigt weitergeleitet. Selbst wenn sie sich als unbegründet erweisen, dürfen sie nicht Anlaß zu irgendeiner Bestrafung geben.

Die Interniertenausschüsse können den Vertretern der Schutzmacht regelmäßig Berichte über die Lage in den Internierungsorten und über die Bedürfnisse der Internierten zustellen.

Art. 102 In jedem Internierungsort wählen die Internierten alle sechs Monate in freier und geheimer Wahl die Mitglieder eines Ausschusses, der mit ihrer Vertretung bei den Behörden des Gewahrsamsstaates, den Schutzmächten, dem Internationalen Komitee vom Roten Kreuz und bei jeder sonstigen Hilfsorganisation beauftragt ist. Die Mitglieder dieses Ausschusses sind wieder wählbar.

Die gewählten Internierten übernehmen ihre Funktionen, sobald ihre Wahl die Zustimmung der Gewahrsamsbehörden erhalten hat. Die Gründe für eine etwaige Weigerung oder Absetzung werden den in Betracht kommenden Schutzmächten mitgeteilt.

Art. 103 Die Interniertenausschüsse haben das körperliche, sittliche und geistige Wohl der Internierten zu fördern.

Sollten insbesondere die Internierten beschließen, untereinander ein Unterstützungssystem auf Gegenseitigkeit zu organisieren, so sind die Ausschüsse für diese Organisation zuständig, unbeschadet der besonderen Aufgaben, die ihnen durch andere Bestimmungen des vorliegenden Abkommens übertragen sind.

Art. 104 Die Mitglieder des Interniertenausschusses werden zu keiner anderen Arbeit gezwungen, wenn dies die Erfüllung ihrer Aufgaben erschweren könnte.

Die Ausschußmitglieder können unter den Internierten die von ihnen benötigten Hilfskräfte bezeichnen. Alle materiellen Erleichterungen, vor allem eine gewisse für die Erfüllung ihrer Aufgaben (Besuche der Arbeitsgruppen, Inempfangnahme von Versorgungsgütern usw.) notwendige Freizügigkeit, werden ihnen gewährt.

Für ihren postalischen und telegraphischen Schriftwechsel mit den Gewahrsamsbehörden, den Schutzmächten, dem Internationalen Komitee vom Roten Kreuz und deren Delegierten sowie mit den Hilfsorganisationen für Internierte, wird den Ausschußmitgliedern gleicherweise jede Erleichterung gewährt. Ausschußmitglieder in Arbeitsgruppen genießen die gleichen Erleichterungen für ihren Schriftwechsel mit ihrem Ausschuß am Hauptinterniertenort. Dieser Schriftwechsel darf weder beschränkt noch als Teil des in Artikel 107 erwähnten Kontingents betrachtet werden.

Ein Ausschußmitglied darf nicht versetzt werden, ohne daß ihm die billigerweise notwendige Zeit eingeräumt wird, um seinen Nachfolger mit den laufenden Geschäften vertraut zu machen.

Kapitel VIII. Beziehungen zur Außenwelt

Art. 105 Unmittelbar nach der Internierung von geschützten Personen bringen die Gewahrsamsstaaten diesen Personen, der Macht, deren Staatsangehörige sie sind, und der Schutzmacht die zur Ausführung der Bestimmungen dieses Kapitels getroffenen Maßnahmen zur Kenntnis. Überdies machen sie den Erwähnten von jeder Änderung dieser Maßnahmen Mitteilung.

Art. 106 Jedem Internierten wird unmittelbar nach seiner Internierung, spätestens aber eine Woche nach seiner Ankunft am Internierungsort, sowie bei Krankheit oder Verlegung an einen anderen Internierungsort oder in ein Krankenhaus, Gelegenheit gegeben, unmittelbar an seine Familie und an die in Artikel 140 vorgesehene Zentralstelle je eine Karte zu senden, die möglichst dem diesem Abkommen beigefügten Muster entspricht und die Empfänger von seiner Internierung, seiner Anschrift und seinem Gesundheitszustand in Kenntnis setzt. Die Beförderung dieser Karten erfolgt so schnell wie möglich und darf in keiner Weise verzögert werden.

Art. 107 Die Internierten sind ermächtigt, Briefe und Postkarten abzuschicken und zu empfangen. Erachtet es der Gewahrsamsstaat für notwendig, die Zahl der von jedem Internierten abgesandten Briefe und Postkarten zu beschränken, so darf die zugelassene monatliche Anzahl nicht geringer sein als zwei Briefe und vier Postkarten, die soweit wie möglich den dem vorliegenden Abkommen beigefügten Mustern entsprechen. Müssen die an die Internierten gerichteten Briefschaften eingeschränkt werden, so darf dies nur durch Entscheid der Herkunftsmacht, gegebenenfalls auf Ersuchen des Gewahrsamstaates, angeordnet werden. Diese Briefe und Postkarten sind in angemessener Frist zu befördern; sie dürfen aus disziplinarischen Gründen weder auf- noch zurückgehalten werden.

Denjenigen Internierten, die seit längerer Zeit ohne Nachrichten von ihrer Familie sind oder denen es nicht möglich ist, von ihr solche zu erhalten oder ihr auf normalem Wege zugehen zu lassen, sowie denjenigen, die durch beträchtliche Entfernungen von den Ihren getrennt sind, muß gestattet werden, gegen Entrichtung der entsprechenden Gebühren in dem Geld, über das sie verfügen, Telegramme zu senden. Auch in anerkannten Dringlichkeitsfällen gelangen sie in den Genuß einer solchen Maßnahme.

In der Regel ist der Schriftwechsel der Internierten in ihrer Muttersprache abzufassen. Die am Konflikt beteiligten Parteien können jedoch Schriftwechsel auch in anderen Sprachen zulassen.

Art. 108 Den Internierten wird gestattet, auf dem Postweg oder auf jede andere Weise Einzel- und Sammelsendungen zu empfangen, die namentlich Lebensmittel, Kleidung, Arzneimittel sowie für ihre religiösen Bedürfnisse, ihre Studien und ihre Zerstreuung bestimmte Bücher und Gegenstände enthalten. Diese Sendungen befreien den Gewahrsamsstaat in keiner Weise von den Verpflichtungen, die ihm das vorliegende Abkommen auferlegt.

Sollten militärische Gründe eine Begrenzung der Anzahl dieser Sendungen erforderlich machen, so werden die Schutzmacht, das Internationale Komitee vom Roten Kreuz oder jede sonstige Hilfsorganisation für Internierte, die gegebenenfalls mit der Weiterleitung dieser Sendungen beauftragt sind, gebührend davon verständigt.

Wenn nötig, sind die Modalitäten der Beförderung von Einzel- und Sammelsendungen Gegenstand von Sondervereinbarungen zwischen den betreffenden Mächten, die jedoch den Empfang solcher Hilfssendungen durch die Internierten auf keinen Fall verzögern dürfen. Lebensmittel- und Kleidersendungen dürfen keine Bücher enthalten; ärztliche Hilfslieferungen sind in der Regel in Sammelpaketen zu senden.

Art. 109 In Ermangelung von Sondervereinbarungen zwischen den am Konflikt beteiligten Parteien über das beim Empfang und bei der Verteilung von Sammel-Hilfssendungen zu befolgende Verfahren findet die dem vorliegenden Abkommen beigefügte Regelung über Sammel-Hilfssendungen Anwendung.

Die oben erwähnten Sondervereinbarungen dürfen auf keinen Fall das Recht der Interniertenausschüsse beschränken, die für die Internierten bestimmten Sammel-Hilfssendungen in Empfang zu nehmen, zu verteilen und darüber im Interesse der Empfänger zu verfügen.

Ebensowenig dürfen sie das Recht der Vertreter der Schutzmacht, des Internationalen Komitees vom Roten Kreuz und jeder sonstigen mit der Weiterleitung dieser Sammelsendungen beauftragten Hilfsorganisation für Internierte beschränken, ihre Verteilung unter die Empfänger zu überwachen.

Art. 110 Alle für die Internierten bestimmten Hilfssendungen werden von sämtlichen Einfuhr-, Zoll- und anderen Gebühren befreit.

Einschließlich der Hilfspakete und Geldsendungen aus anderen Ländern sind alle Sendungen, die an die Internierten gerichtet oder von ihnen auf dem Postweg entweder unmittelbar oder durch Vermittlung der in Artikel 136 vorgesehenen Auskunftsbüros und der in Artikel 140 vorgesehenen zentralen Auskunftsstelle abgeschickt werden, sowohl in den Ursprungs- und Bestimmungs- wie auch in den Durchfuhrländern von allen Postgebühren befreit. Zu diesem Zwecke werden insbesondere die im Weltpostvertrag von 1947 und in den Vereinbarungen des Weltpostvereins zu Gunsten der in Lagern oder Zivilgefängnissen zurückgehaltenen Zivilpersonen feindlicher Nationalität vorgesehenen Ausnahmen auf die anderen unter dem Regime des vorliegenden Abkommens internierten geschützten Personen erstreckt. Länder, die an diesen Abmachungen nicht teilnehmen, sind gehalten, die vorgesehenen Gebührenerlasse unter den gleichen Bedingungen zu gewähren.

Die Kosten für die Beförderung der für die Internierten bestimmten Hilfssendungen, die ihres Gewichtes oder irgendeines anderen Grundes wegen nicht auf dem Postweg befördert werden können, gehen in allen im Herrschaftsbereich des Gewahrsamsstaates liegenden Gebieten zu dessen Lasten. Die anderen Vertragsparteien des vorliegenden Abkommens tragen die Beförderungskosten auf ihren Gebieten.

Die aus der Beförderung dieser Sendungen erwachsenden Kosten, die nach den Bestimmungen des vorstehenden Absatzes nicht gedeckt sind, gehen zu Lasten des Absenders.

Die Hohen Vertragsparteien werden sich bemühen, die Gebühren für von den Internierten aufgegebene oder an sie gerichtete Telegramme im Rahmen des Möglichen zu ermäßigen.

Art. 111 Sollten Kampfhandlungen die in Frage kommenden Mächte daran hindern, die ihnen zufallende Verpflichtung zur Gewährleistung der Beförderung der in Artikel 106, 107, 108 und 113 vorgesehenen Sendungen zu erfüllen, so können die betreffenden Schutzmächte das Internationale Komitee vom Roten Kreuz oder jede sonstige von den am Konflikt beteiligten Parteien anerkannte Organisation es übernehmen, die Beförderung dieser Sendungen mit passenden Mitteln (Eisenbahnen, Lastwagen, Schiffen oder Flugzeugen usw.) zu gewährleisten. Zu diesem Zwecke werden sich die Hohen Vertragsparteien bemühen, ihnen diese Beförderungsmittel zu verschaffen und sie zum Verkehr zuzulassen, insbesondere durch Ausstellung der notwendigen Geleitbriefe.

Diese Beförderungsmittel können ebenfalls verwendet werden zur Beförderung von

a) Briefschaften, Listen und Berichten, die zwischen der im Artikel 140 vorgesehenen zentralen Auskunftsstelle und den in Artikel 136 vorgesehenen nationalen Büros ausgetauscht werden;
b) Briefschaften und Berichten betreffend die Internierten, die von den Schutzmächten, dem Internationalen Komitee vom Roten Kreuz und jeder sonstigen Hilfsorganisation für Internierte entweder mit ihren eigenen Delegierten oder mit den am Konflikt beteiligten Parteien ausgetauscht werden.

Diese Bestimmungen beschränken keinesfalls das Recht jeder am Konflikt beteiligten Partei, wenn sie es vorzieht, andere Transporte zu organisieren und Geleitbriefe zu gegenseitig vereinbarten Bedingungen auszustellen.

Die aus der Verwendung dieser Beförderungsmittel erwachsenden Kosten werden im Verhältnis der Wichtigkeit der Sendungen von den am Konflikt beteiligten Parteien, deren Angehörigen diese Dienste zugute kommen, getragen.

Art. 112 Die Zensur des an die Internierten gerichteten und von ihnen abgeschickten Schriftwechsels wird so schnell wie möglich vorgenommen.

Die Durchsicht der für die Internierten bestimmten Sendungen darf nicht unter Bedingungen erfolgen, welche die darin enthaltenen Lebensmittel dem Verderb aussetzen, und wird in Gegenwart des Empfängers oder eines von diesem beauftragten Kameraden vorgenommen. Die Abgabe der Einzel- oder Sammelsendungen an die Internierten darf nicht unter dem Vorwand von Zensurschwierigkeiten verzögert werden.

Ein von einer am Konflikt beteiligten Partei aus militärischen oder politischen Gründen erlassenes Schriftwechselverbot darf nur vorübergehender Art sein und wird so kurz wie möglich befristet.

Art. 113 Die Gewahrsamsstaaten gewähren jede angemessene Erleichterung zur Weiterleitung – sei es durch Vermittlung der Schutzmacht oder der in Artikel 140 vorgesehenen Zentralstelle, sei es durch andere erforderliche Mittel – von Testamenten, Vollmachten oder allen anderen für die Internierten bestimmten oder von ihnen ausgehenden Urkunden.

In allen Fällen erleichtern die Gewahrsamsmächte den Internierten die formgerechte Erstellung und die amtliche Beglaubigung dieser Urkunden; insbesondere wird den Internierten der Verkehr mit einem Rechtsanwalt gestattet.

Art. 114 Der Gewahrsamsstaat gewährt den Internierten alle mit den Internierungsbedingungen und den in Kraft befindlichen Rechtsvorschriften zu vereinbarenden Erleichterungen zur Verwaltung ihres Eigentums. Er kann ihnen zu diesem Zwecke gestatten, den Internierungsort in dringenden Fällen, und wenn es die Umstände erlauben, zu verlassen.

Art. 115 In allen Fällen, in denen ein Internierter Partei in einem Prozeß vor irgendeinem Gericht ist, setzt der Gewahrsamsstaat auf Ersuchen des Betreffenden das Gericht von seiner Internierung in Kenntnis und wacht innerhalb der rechtlichen Grenzen darüber, daß alle notwendigen Maßnahmen ergriffen werden, damit er seiner Internierung wegen keinerlei Nachteile in bezug auf die Vorbereitung und Durchführung seines Prozesses oder die Vollziehung jedes vom Gericht gefällten Urteils erleidet.

Art. 116 Jeder Internierte wird ermächtigt, in regelmäßigen Abständen und so oft wie möglich Besuche, vor allem seiner nächsten Angehörigen, zu empfangen.

In dringlichen Fällen und soweit möglich, zumal in Todesfällen und bei ernstlichen Erkrankungen von Verwandten, wird dem Internierten gestattet, sich zu seiner Familie zu begeben.

Kapitel IX. Straf- und Disziplinarmaßnahmen

Art. 117 Unter Vorbehalt der Bestimmungen dieses Kapitels gelten für Internierte, die während der Internierung eine strafbare Handlung begehen, die in dem Gebiet, in dem sie sich befinden, in Kraft befindlichen Rechtsvorschriften weiter.

Erklären allgemeine Gesetze, Verordnungen oder Anordnungen von Internierten begangene Handlungen als strafbar, während die gleichen Handlungen nicht strafbar sind, sofern sie durch nicht internierte Personen begangen werden, so dürfen diese Handlungen lediglich eine disziplinarische Bestrafung nach sich ziehen.

Ein Internierter darf nicht mehr als einmal für dieselbe Handlung oder auf Grund derselben Anklage bestraft werden.

Art. 118 Bei der Strafzumessung haben die Gerichte oder Behörden soweit wie möglich die Tatsache zu berücksichtigen, daß der Angeklagte kein Angehöriger der Gewahrsamsmacht ist. Es bleibt ihnen anheimgestellt, das Strafmaß nach freiem Ermessen zu verringern, das für die dem Internierten zur Last gelegte strafbare Handlung vorgesehen ist; sie sind zu diesem Zwecke nicht an die vorgeschriebene Mindeststrafe gebunden.

Einkerkerungen in Räumen ohne Tageslicht und ganz allgemein alle Formen von Grausamkeit sind untersagt.

Internierte, die eine Disziplinar- oder Gerichtsstrafe verbüßt haben, werden nicht anders behandelt als die übrigen Internierten.

Die von einem Internierten erlittene Untersuchungshaft wird von jeder Freiheitsstrafe abgezogen, zu der er disziplinarisch oder gerichtlich verurteilt wird.

Die Interniertenausschüsse werden von allen gerichtlichen Verfahren und deren Ergebnis in Kenntnis gesetzt, die gegen durch sie vertretene Internierte durchgeführt werden.

Art. 119 Die auf Internierte anwendbaren Disziplinarstrafen sind die folgenden:

1. Buße bis zu 50 v. H. der in Artikel 95 vorgesehenen Entlohnung, und zwar nur während einer Zeitspanne von höchstens dreißig Tagen;
2. Entzug von Vorteilen, welche über die im vorliegenden Abkommen vorgesehene Behandlung hinausgehend gewährt wurden;

3. Arbeitsdienst von höchstens zwei Stunden täglich, der im Interesse der Instandhaltung des Internierungsortes zu leisten ist;
4. Arrest.

Keinesfalls dürfen Disziplinarstrafen unmenschlich, grausam oder der Gesundheit der Internierten abträglich sein; Alter, Geschlecht und Gesundheitszustand sind zu berücksichtigen.

Die Dauer einer einzigen Strafe darf ein Höchstmaß von dreißig aufeinanderfolgenden Tagen nicht überschreiten, auch dann nicht, wenn ein Internierter im Zeitpunkt der Behandlung seines Falles sich wegen verschiedener Disziplinarvergehen zu verantworten hat, gleichgültig, ob diese Handlungen miteinander in Zusammenhang stehen oder nicht.

Art. 120 Auf der Flucht oder bei Fluchtversuchen wieder ergriffene Internierte dürfen für diese Handlung, selbst im Wiederholungsfalle, lediglich disziplinarisch bestraft werden.

Ungeachtet von Artikel 118 Absatz 3 können wegen Flucht oder Fluchtversuches bestrafte Internierte einer besonderen Aufsicht unterstellt werden, jedoch nur unter der Bedingung, daß diese Überwachung ihren Gesundheitszustand nicht beeinträchtigt, an einem Internierungsort durchgeführt wird und keinen Entzug irgendwelcher ihnen durch das vorliegende Abkommen verbürgten Rechte umfaßt.

Internierte, die an einer Flucht oder an einem Fluchtversuch mitgewirkt haben, dürfen deswegen nur disziplinarisch bestraft werden.

Art. 121 Flucht oder Fluchtversuch, auch im Wiederholungsfall, dürfen nicht als erschwerende Umstände in Fällen betrachtet werden, in denen ein Internierter wegen einer während seiner Flucht begangenen strafbaren Handlung gerichtlich verfolgt wird.

Die am Konflikt beteiligten Parteien wachen darüber, daß die zuständigen Behörden bei der Prüfung der Frage, ob eine durch einen Internierten begangene Verfehlung disziplinarisch oder gerichtlich zu bestrafen ist, Nachsicht walten lassen, zumal in bezug auf Handlungen, die mit einer Flucht oder einem Fluchtversuch im Zusammenhang stehen.

Art. 122 Handlungen, die einen Verstoß gegen die Disziplin darstellen, werden unverzüglich untersucht. Dies gilt namentlich in Fällen von Flucht oder Fluchtversuch; wiederergriffene Internierte werden so schnell wie möglich den zuständigen Behörden übergeben.

Für alle Internierten wird die Untersuchungshaft in Disziplinarfällen auf das unbedingt notwendige Mindestmaß beschränkt; sie darf vierzehn Tage nicht überschreiten; in allen Fällen wird ihre Dauer von der unter Umständen verhängten Freiheitsstrafe abgezogen.

Die Bestimmungen der Artikel 124 und 125 finden auf Internierte Anwendung, die sich wegen eines Disziplinarvergehens in Untersuchungshaft befinden.

Art. 123 Unbeschadet der Zuständigkeit der Gerichte und höheren Behörden können Disziplinarstrafen nur vom Kommandanten des Internierungsortes oder von einem verantwortlichen Offizier oder Beamten, dem er seine Disziplinarstrafgewalt übertragen hat, verhängt werden.

Bevor eine Disziplinarstrafe verhängt wird, wird der angeklagte Internierte genau über die Tatsachen ins Bild gesetzt, die ihm vorgeworfen werden. Es wird ihm gestattet, sein Verhalten zu rechtfertigen, sich zu verteidigen, Zeugen vernehmen zu lassen, und, falls notwendig, die Hilfe eines befähigten Dolmetschers in Anspruch zu nehmen. Der Entscheid wird in Gegenwart des Angeklagten und eines Mitglieds des Interniertenausschusses gefällt.

Zwischen dem Disziplinarentscheid und seinem Vollzug darf nicht mehr als ein Monat verstreichen.

Erhält ein Internierter eine weitere Disziplinarstrafe, so muß zwischen dem Vollzug jeder der Strafen ein Zeitraum von mindestens drei Tagen liegen, sobald eine von ihnen neun Tage überschreitet.

Der Kommandant des Interniertenortes hat ein Disziplinarstrafregister zu führen, das von Vertretern der Schutzmacht eingesehen werden kann.

Art. 124 Auf keinen Fall dürfen Internierte in Strafanstalten (Kerker, Zuchthäuser, Gefängnisse) überführt werden, um dort Disziplinarstrafen zu verbüßen.

Die Örtlichkeiten, in denen Disziplinarstrafen zu verbüßen sind, müssen den hygienischen Anforderungen genügen und namentlich mit einer ausreichenden Schlafgelegenheit versehen sein; den bestraften Internierten muß ermöglicht werden, sich sauber zu halten.

Internierte Frauen, die eine Disziplinarstrafe verbüßen, werden in von den Männerabteilungen getrennten Räumen in Haft gehalten und unter die unmittelbare Überwachung durch Frauen gestellt.

Art. 125 Disziplinarisch bestrafte Internierte können sich täglich mindestens zwei Stunden im Freien bewegen und aufhalten.

Es wird ihnen gestattet, sich auf Verlangen bei der täglichen Arztvisite zu melden; sie erhalten die Pflege, die ihr Gesundheitszustand erfordert, und werden gegebenenfalls in die Krankenstation des Internierungsortes oder ein Krankenhaus überführt.

Sie erhalten die Erlaubnis zu lesen und zu schreiben, Briefe abzusenden und zu empfangen. Pakete und Geldsendungen dagegen können ihnen bis nach Verbüßung der Strafe vorenthalten werden; in der Zwischenzeit werden diese dem Interniertenausschuß anvertraut, der die in den Paketen befindlichen verderblichen Lebensmittel der Krankenstation übergibt.

Kein disziplinarisch bestrafter Internierter darf des Genusses der Bestimmungen von Artikel 107 und 143 beraubt werden.

Art. 126 Die Artikel 71 bis 76 (einschließlich) finden entsprechend auf Verfahren Anwendung, welche gegen Internierte durchgeführt werden, die sich auf dem eigenen Gebiete des Gewahrsamsstaates befinden.

Kapitel X. Verlegung von Internierten

Art. 127 Verlegungen von Internierten werden stets mit Menschlichkeit durchgeführt. In der Regel erfolgen sie mit der Eisenbahn oder anderen Beförderungsmitteln und mindestens unter den gleichen Bedingungen, deren die Truppen der Gewahrsamsmacht bei ihren Verlegungen teilhaftig werden. Müssen derartige Verlegungen ausnahmsweise zu Fuß durchgeführt werden, so dürfen sie nur stattfinden, wenn der Gesundheitszustand der Internierten es erlaubt; auf keinen Fall dürfen diese dadurch übermäßigen Anstrengungen ausgesetzt sein.

Der Gewahrsamsstaat versorgt die Internierten während der Verlegung mit Trinkwasser und Nahrungsmitteln in genügender Menge, Güte und Abwechslung, um sie bei guter Gesundheit zu erhalten; er sorgt ebenfalls für die notwendige Bekleidung, angemessene Unterkunft und die erforderliche ärztliche Pflege. Ferner trifft er alle zweckdienlichen Vorsichtsmaßnahmen, um die Sicherheit der Internierten während der Verlegung zu gewährleisten; vor der Abreise stellt er eine vollständige Liste der zu verlegenden Internierten auf.

Kranke, verwundete oder gebrechliche Internierte sowie Wöchnerinnen werden nicht verlegt, wenn die Reise ihre Gesundheit beeinträchtigen könnte, es sei denn, daß ihre Sicherheit es unbedingt erfordert.

Nähert sich die Front dem Internierungsort, so dürfen die dort befindlichen Internierten nur verlegt werden, wenn dies unter ausreichenden Sicherheitsbedingungen geschehen kann oder wenn sie durch Verbleib an Ort und Stelle größeren Gefahren ausgesetzt sind, als dies bei einer Verlegung der Fall wäre.

Beim Entscheid über die etwaige Verlegung von Internierten berücksichtigt der Gewahrsamsstaat die Interessen derselben; insbesondere unternimmt er nichts, was die Schwierigkeiten bei ihrer Heimschaffung oder ihrer Heimkehr in ihren Wohnort vergrößern könnte.

Art. 128 In Verlegungsfällen werden die Internierten amtlich von ihrer Abreise und ihrer neuen Postanschrift in Kenntnis gesetzt; diese Mitteilung wird ihnen so frühzeitig gemacht, daß sie ihr Gepäck vorbereiten und ihre Familien benachrichtigen können.

Es wird ihnen gestattet, ihre persönlichen Sachen, ihre Briefschaften und die für sie eingetroffenen Pakete mitzunehmen; das Gewicht dieses Gepäcks kann, falls die Umstände der Verlegung es erfordern, beschränkt werden, jedoch keinesfalls auf weniger als 25 kg für jeden Internierten.

Die Briefschaften und Pakete, die an ihren ehemaligen Internierungsort gerichtet werden, werden ihnen ohne Verzug nachgeschickt.

Der Kommandant des Internierungsortes ergreift gemeinsam mit dem Interniertenausschuß die notwendigen Maßnahmen, um die Überführung des Gemeinschaftseigentums der Internierten und des Gepäcks sicherzustellen, das die Internierten infolge einer auf Grund von Absatz 2 dieses Artikels verordneten Beschränkung nicht mit sich nehmen können.

Kapitel XI. Todesfälle

Art. 129 Die Internierten können ihre Testamente den verantwortlichen Behörden übergeben; diese gewährleisten deren sichere Aufbewahrung. Im Falle des Ablebens eines Internierten wird sein Testament ohne Verzug den durch ihn bezeichneten Personen zugestellt.

Der Tod eines Internierten muß durch einen Arzt festgestellt werden; über die Todesursachen und die Umstände, unter welchen der Tod eintrat, wird eine Bescheinigung ausgestellt.

Gemäß den im Staatsgebiet des betreffenden Internierungsortes geltenden Vorschriften wird eine ordnungsmäßig registrierte amtliche Todesurkunde ausgefertigt; eine beglaubigte Abschrift davon wird ohne Verzug der Schutzmacht sowie der in Artikel 140 vorgesehenen Zentralstelle übermittelt.

Art. 130 Die Gewahrsamsbehörden sorgen dafür, daß in der Gefangenschaft verstorbene Internierte mit allen Ehren wenn möglich gemäß den Riten der Religion, der sie angehörten, bestattet werden, daß ihre Gräber geachtet, angemessen instandgehalten und so gekennzeichnet werden, daß sie jederzeit wieder aufgefunden werden können.

Die verstorbenen Internierten werden einzeln bestattet, sofern nicht die Beisetzung in einem Gemeinschaftsgrab infolge höherer Gewalt unumgänglich ist. Leichen dürfen nur aus zwingenden hygyenischen Gründen oder gemäß der Religion des Verstorbenen oder auf seinen eigenen Wunsch eingeäschert werden. Im Falle einer Einäscherung wird diese Tatsache unter Angabe der Gründe auf der Todesurkunde des Verstorbenen vermerkt. Die Asche wird von den Gewahrsamsbehörden sorgfältig aufbewahrt und den nahen Verwandten auf Verlangen so schnell wie möglich ausgehändigt.

Sobald die Umstände es gestatten, spätestens aber bei Beendigung der Feindseligkeiten, übersendet der Gewahrsamsstaat durch Vermittlung des in Artikel 136 vorgesehenen Auskunftsbüros den Mächten, denen die verstorbenen Internierten angehörten, deren Gräberlisten. Diese Listen enthalten alle Einzelheiten, die zur Identifizierung der verstorbenen Internierten und zur Feststellung ihrer Gräber notwendig sind.

Art. 131 Nach jedem Todesfall oder jeder schweren Verletzung eines Internierten, die durch einen Posten, einen anderen Internierten oder irgendeine andere Person verursacht wurden oder verursacht sein könnten, sowie nach jedem Todesfall, dessen Ursache unbekannt ist, wird von dem Gewahrsamsstaat unverzüglich eine amtliche Untersuchung eingeleitet.

Der Schutzmacht wird darüber sofort Mitteilung gemacht. Die Aussagen aller Zeugen werden aufgenommen; ein diese Aussagen enthaltender Bericht wird abgefaßt und der genannten Macht übersandt.

Erweist die Untersuchung die Schuld einer oder mehrerer Personen, so ergreift der Gewahrsamsstaat alle Maßnahmen zur gerichtlichen Verfolgung der verantwortlichen Person oder Personen.

Kapitel XII. Freilassung, Heimschaffung und Hospitalisierung in neutralen Ländern

Art. 132 Jede internierte Person wird vom Gewahrsamsstaat freigelassen, sobald die Gründe, welche ihre Internierung verursacht haben, nicht mehr bestehen.

Außerdem werden sich die am Konflikt beteiligten Parteien bemühen, während der Dauer der Feindseligkeiten Vereinbarungen über die Freilassung, die Heimschaffung, die Rückkehr an den Wohnort oder die Hospitalisierung gewisser Interniertenkategorien in neutralen Ländern, insbesondere von Kindern, schwangeren Frauen und Müttern mit Säuglingen und kleinen Kindern, Verwundeten und Kranken oder seit längerer Zeit festgehaltenen Internierten, zu treffen.

Art. 133 Die Internierung wird nach Beendigung der Feindseligkeiten so schnell wie möglich aufgehoben.

Jedoch können auf dem Gebiete einer am Konflikt beteiligten Partei befindliche Internierte, gegen die wegen einer strafbaren Handlung, die nicht ausschließlich disziplinarische Maßregelung nach sich zieht, eine Strafverfolgung eingeleitet ist, bis zum Abschluß des Gerichtsverfahrens und gegebenenfalls bis zur völligen Verbüßung der Strafe zurückgehalten werden. Das gleiche gilt für Internierte, die vorher zu einer Freiheitsstrafe verurteilt wurden.

Nach Beendigung der Feindseligkeiten oder der Besetzung eines Gebietes werden durch Vereinbarung zwischen dem Gewahrsamsstaat und den betroffenen Mächten Ausschüsse zur Suche nach verstreuten Internierten eingesetzt.

Art. 134 Die Hohen Vertragsparteien werden sich bemühen, bei Abschluß der Feindseligkeiten oder der Besetzung die Rückkehr aller Internierten an ihren letzten Aufenthaltsort zu gewährleisten oder ihre Heimschaffung zu erleichtern.

Art. 135 Der Gewahrsamsstaat übernimmt die Kosten für die Rückkehr der freigelassenen Internierten an die Orte, wo sie sich im Augenblick ihrer Internierung aufhielten, oder, falls sie im Verlaufe einer Reise oder auf hoher See festgenommen wurden, für die Beendigung der Reise oder die Rückkehr an den Ausgangsort.

Verweigert der Gewahrsamsstaat die Genehmigung, sich auf seinem Gebiet aufzuhalten, einem freigelassenen Internierten, der vorher dort seinen gewöhnlichen Wohnsitz hatte, so muß dieser Staat die Kosten für seine Heimschaffung übernehmen. Zieht es hingegen der Internierte vor, auf eigene Verantwortung oder um der Regierung, welcher er Gehorsam schuldet, Folge zu leisten, in sein Land zurückzukehren, so ist der Gewahrsamsstaat nicht verpflichtet, die Ausgaben außerhalb seines Gebietes zu übernehmen. Er ist auch nicht verpflichtet, die Kosten für die Heimschaffung eines Internierten, der auf eigenen Wunsch interniert wurde, zu tragen.

Werden Internierte gemäß Artikel 45 einer anderen Macht übergeben, so einigen sich die übergebende und die aufnehmende Macht über den Anteil der Kosten, welche jede von ihnen übernimmt.

Diese Bestimmungen beeinträchtigen nicht irgendwelche Sondervereinbarungen, die etwa zwischen den am Konflikt beteiligten Parteien in bezug auf den Austausch und die Heimschaffung ihrer in feindlicher Hand befindlichen Angehörigen getroffen werden.

Abschnitt V. Auskunftsbüros und Zentralauskunftsstelle

Art. 136 Bei Ausbruch eines Konflikts und in allen Fällen einer Besetzung richtet jede der am Konflikt beteiligten Parteien ein amtliches Auskunftsbüro ein, das beauftragt ist, Auskunft über die in ihrem Herrschaftsbereich befindlichen geschützten Personen zu empfangen und weiterzugeben.

Jede der am Konflikt beteiligten Parteien läßt ihrem Büro in kürzestmöglicher Frist Mitteilungen über die Maßnahmen zugehen, die sie gegen irgendeine seit über zwei Wochen festgenommene, einem Zwangsaufenthalt unterworfene oder internierte geschützte Person ergriffen hat. Außerdem beauftragt sie ihre verschiedenen zuständigen Dienststellen, dem genannten Büro umgehend Angaben über etwaige Änderungen in den Verhältnissen dieser geschützten Personen zu machen, wie Verlegungen, Freilassungen, Heimschaffungen, Entweichungen, Hospitalisierungen, Geburten und Todesfälle.

Art. 137 Das nationale Auskunftsbüro läßt unverzüglich und durch Vermittlung der Schutzmächte einerseits und der in Artikel 140 vorgesehenen Zentralstelle andererseits der Macht, deren Angehörige die erwähnten Personen sind, oder der Macht, auf deren Gebiet sie sich aufhielten, Auskünfte über die geschützte Person zugehen. Die Büros beantworten ihrerseits alle Anfragen die ihnen in bezug auf geschützte Personen zugehen.

Die Auskunftsbüros leiten die eine geschützte Person betreffenden Auskünfte weiter, außer wenn diese Weiterleitung der betreffenden Person oder ihrer Familie nachteilig sein könnte. Der Zentralstelle dürfen selbst in einem solchen Falle Auskünfte nicht verweigert werden; sie wird, von den Umständen verständigt, die in Artikel 140 bezeichneten notwendigen Vorsichtsmaßregeln treffen.

Alle von einem Büro gemachten schriftlichen Mitteilungen werden durch Unterschrift oder Siegel beglaubigt.

Art. 138 Die von dem nationalen Auskunftsbüro eingeholten und weitergegebenen Auskünfte müssen so beschaffen sein, daß sie die genaue Feststellung der geschützten Person und eine umgehende Benachrichtigung ihrer Familie gestatten. Für jede Person enthalten sie mindestens den Familiennamen, die Vornamen, Geburtsort und vollständiges Geburtsdatum, Nationalität, letzten Aufenthaltsort, besondere Kennzeichen, den Vornamen des Vaters, den Namen der Mutter, Zeitpunkt und Art der in bezug auf die geschützte Person getroffenen Maßnahmen sowie den Ort, wo diese getroffen wurden, die Anschrift, unter welcher Briefschaften an sie gerichtet werden können, sowie den Namen und die Anschrift der Person, welche zu benachrichtigen ist.

Gleicherweise werden regelmäßig, und zwar wenn möglich wöchentlich, Auskünfte über den Gesundheitszustand schwerkranker oder schwerverletzter Internierter weitergeleitet.

Art. 139 Das internationale Auskunftsbüro wird ferner beauftragt, alle von den in Artikel 136 erwähnten geschützten Personen, namentlich anläßlich ihrer Heimschaffung, Freilassung, Entweichung oder ihres Todes, zurückgelassenen persönlichen Wertgegenstände zu sammeln und sie den in Frage kommenden Personen unmittelbar oder, wenn nötig, durch Vermittlung der Zentralstelle zu übermitteln. Diese Gegenstände werden vom Büro in versiegelten Paketen versandt; es wird ihnen eine Erklärung, welche die Identität der Person, der die Gegenstände gehören, genau feststellt, sowie ein vollständiges Verzeichnis des Paketinhalts beigefügt. Empfang und Versand aller Wertgegenstände dieser Art werden im einzelnen in ein Register eingetragen.

Art. 140[1] Eine Zentralauskunftsstelle für geschützte Personen, insbesondere Internierte, wird in einem neutralen Land geschaffen. Das Internationale Komitee vom Roten Kreuz wird den in Frage kommenden Mächten, sofern es ihm notwendig erscheint, die Organisation dieser

---

[1] Siehe Art. 123 des III. Genfer Abk. v. 12. 8. 1949 (BGBl. 1954 II S. 838 und oben Nr. 53).

Zentralstelle vorschlagen; sie kann mit der in Artikel 123 des Genfer Abkommens vom 12. August 1949 über die Behandlung der Kriegsgefangenen vorgesehenen Zentralstelle identisch sein.

Diese Zentralstelle wird beauftragt, alle Auskünfte der in Artikel 136 vorgesehenen Art, die sie auf amtlichem oder privatem Wege beschaffen kann, zu sammeln; sie leitet sie so schnell wie möglich an das Herkunfts- oder Niederlassungsland der betreffenden Person weiter, ausgenommen in Fällen, in denen diese Weiterleitung den von diesen Auskünften betroffenen Personen oder ihrer Familie nachteilig sein könnte. Seitens der am Konflikt beteiligten Parteien erhält diese Zentralstelle alle angemessenen Erleichterungen zur Durchführung dieser Weiterleitungen.

Die Hohen Vertragsparteien und insbesondere diejenigen, deren Angehörigen die Dienste der Zentralstelle zugute kommen, werden aufgefordert, ihr die finanzielle Hilfe angedeihen zu lassen, deren sie bedarf.

Die vorstehenden Bestimmungen dürfen nicht als eine Beschränkung der humanitären Tätigkeit des Internationalen Komitees vom Roten Kreuz und der in Artikel 142 erwähnten Hilfsgesellschaften ausgelegt werden.

Art. 141 Die nationalen Auskunftsbüros und die Zentralauskunftsstelle genießen für alle Postsendungen Gebührenfreiheit; auch werden ihnen die in Artikel 110 vorgesehenen Befreiungen sowie im Rahmen des Möglichen Gebührenfreiheit oder zumindest bedeutende Gebührenermäßigungen für telegraphische Mitteilungen gewährt.

Teil IV. Durchführung des Abkommens

Abschnitt I. Allgemeine Bestimmungen

Art. 142 Unter Vorbehalt der Maßnahmen, die die Gewahrsamsstaaten für unerläßlich erachten, um ihre Sicherheit zu gewährleisten oder jedem anderen vernünftigen Erfordernis zu entsprechen, lassen sie religiösen Organisationen, Hilfsgesellschaften oder jeder anderen den geschützten Personen Hilfe bringenden Organisation gute Aufnahme zuteil werden. Sie gewähren ihnen, sowie ihren gebührend beglaubigten Delegierten, alle notwendigen Erleichterungen, damit diese die geschützten Personen besuchen, Hilfssendungen und für Erziehungs-, Erholungs- oder Religionszwecke bestimmte Gegenstände gleich welcher Herkunft an sie verteilen und ihnen bei der Gestaltung ihrer Freizeit innerhalb der Internierungsorte helfen können. Die genannten Gesellschaften oder Organisationen können auf dem Gebiet des Gewahrsamsstaates oder in einem andern Land gegründet werden oder aber internationalen Charakter haben.

Der Gewahrsamsstaat kann die Anzahl der Gesellschaften und Organisationen begrenzen, deren Delegierte ermächtigt sind, ihre Tätigkeit auf seinem Gebiet und unter seiner Aufsicht auszuüben, vorausgesetzt, daß eine solche Begrenzung die wirksame und ausreichende Hilfeleistung an alle geschützten Personen nicht hindert.

Die besondere Stellung des Internationalen Komitees vom Roten Kreuz auf diesem Gebiete ist jederzeit anzuerkennen und zu beachten.

Art. 143 Die Vertreter oder Delegierten der Schutzmächte sind ermächtigt, sich an alle Orte zu begeben, wo sich geschützte Personen aufhalten, namentlich an alle Internierungs-, Gefangenhaltungs- und Arbeitsorte.

Sie haben zu allen von geschützten Personen benutzten Räumlichkeiten Zutritt und können sich mit ihnen ohne Zeugen, wenn nötig durch Vermittlung eines Dolmetschers, unterhalten.

Solche Besuche dürfen nur aus zwingenden militärischen Gründen und nur ausnahmsweise und vorübergehend untersagt werden. Häufigkeit und Dauer dürfen nicht begrenzt werden.

Den Vertretern oder Delegierten der Schutzmächte wird in der Wahl der Orte, die sie zu besuchen wünschen, jede Freiheit gelassen. Der Gewahrsams- oder Besatzungsstaat, die Schutzmacht und gegebenenfalls der Herkunftsstaat der zu besuchenden Personen können übereinkommen, Mitbürger von Internierten zur Teilnahme an diesen Besuchen zuzulassen.

Die Delegierten des Internationalen Komitees vom Roten Kreuz genießen die gleichen Vorrechte. Die Ernennung dieser Delegierten bedarf der Genehmigung der Macht, in deren Herrschaftsbereich die Gebiete liegen, wo sie ihre Tätigkeit auszuüben haben.

Art. 144 Die Hohen Vertragsparteien verpflichten sich, in Friedens- und Kriegszeiten den Wortlaut des vorliegenden Abkommens in ihren Ländern im weitestmöglichen Ausmaß zu verbreiten und insbesondere sein Studium in die militärischen und, wenn möglich, zivilen Ausbildungsprogramme aufzunehmen, so daß die Gesamtheit der Bevölkerung seine Grundsätze kennenlernen kann.

Die zivilen, militärischen, polizeilichen oder anderen Behörden, die in Kriegszeiten Verantwortlichkeiten in bezug auf geschützte Personen zu übernehmen haben, müssen den Wortlaut des Abkommens besitzen und über dessen Bestimmungen besonders unterrichtet werden.

Art. 145 Die Hohen Vertragsparteien stellen sich gegenseitig durch Vermittlung des Schweizerischen Bundesrates und während der Feindseligkeiten durch Vermittlung der Schutzmächte die amtlichen Übersetzungen des vorliegenden Abkommens sowie die Gesetze und Verordnungen zu, die sie gegebenenfalls zur Gewährleistung seiner Anwendung erlassen.

Art. 146[1] Die Hohen Vertragsparteien verpflichten sich, alle notwendigen gesetzgeberischen Maßnahmen zur Festsetzung von angemessenen Strafbestimmungen für solche Personen zu treffen, die irgendeine der im folgenden Artikel umschriebenen schweren Verletzungen des vorliegenden Abkommens begehen oder zu einer solchen Verletzung den Befehl erteilen.

Jede Vertragspartei ist zur Ermittlung der Personen verpflichtet, die der Begehung oder der Erteilung eines Befehles zur Begehung einer dieser schweren Verletzungen beschuldigt sind; sie stellt sie ungeachtet ihrer Nationalität vor ihre eigenen Gerichte. Wenn sie es vorzieht, kann sie sie auch gemäß den in ihrem eigenen Recht vorgesehenen Bedingungen einer anderen an der gerichtlichen Verfolgung interessierten Vertragspartei zur Aburteilung übergeben, sofern diese gegen die erwähnten Personen ein ausreichendes Belastungsmaterial vorbringt.

Jede Vertragspartei ergreift die notwendigen Maßnahmen, um auch diejenigen Zuwiderhandlungen gegen die Bestimmungen des vorliegenden Abkommens zu unterbinden, die nicht zu den im folgenden Artikel umschriebenen schweren Verletzungen zählen.

Unter allen Umständen genießen die Angeklagten nicht geringere Sicherheiten in bezug auf Gerichtsverfahren und freie Verteidigung, als in Artikel 105 und den folgenden Artikeln des Genfer Abkommens vom 12. August 1949 über die Behandlung der Kriegsgefangenen vorgesehen sind.

Art. 147 Als schwere Verletzung im Sinne des vorstehenden Artikels gilt jede der folgenden Handlungen, sofern sie gegen durch das Abkommen geschützte Personen oder Güter begangen wird: vorsätzliche Tötung, Folterung oder unmenschliche Behandlung einschließlich biologischer Versuche, vorsätzliche Verursachung großer Leiden oder schwere Beeinträchtigung der körperlichen Unversehrtheit oder der Gesundheit, rechtswidrige Verschleppung oder rechtswidrige Verschickung, rechtswidrige Gefangenhaltung, Nötigung einer geschützten Person zur Dienstleistung in den Streitkräften der feindlichen Macht oder Entzug ihres Anrechts auf ein ordentliches und unparteiisches, den Vorschriften des vorliegenden Abkommens entsprechendes Gerichtsverfahren, das Festnehmen von Geiseln, sowie Zerstörung und Aneignung von Eigentum, die durch militärische Erfordernisse nicht gerechtfertigt sind und in großem Ausmaß rechtswidrig und willkürlich vorgenommen werden.

[1] Siehe die Art. 105, 106 und 107 des III. Genfer Abk. v. 12. 8. 1945 (BGBl. 1954 S. 838 und oben Nr. 53).

Art. 148 Eine Hohe Vertragspartei kann weder sich selbst noch eine andere Vertragspartei von den Verantwortlichkeiten befreien, die ihr selbst oder einer anderen Vertragspartei auf Grund von Verletzungen im Sinne des vorstehenden Artikels zufallen.

Art. 149 Auf Begehren einer am Konflikt beteiligten Partei wird gemäß einem zwischen den beteiligten Parteien festzusetzenden Verfahren über jede behauptete Verletzung des Abkommens eine Untersuchung eingeleitet.

Kann über das Untersuchungsverfahren keine Übereinstimmung erzielt werden, so kommen die Parteien überein, einen Schiedsrichter zu wählen, der über das zu befolgende Verfahren entscheidet.

Sobald die Verletzung festgestellt ist, setzen ihr die am Konflikt beteiligten Parteien ein Ende und ahnden sie so schnell wie möglich.

Abschnitt II. Schlußbestimmungen

Art. 150 Das vorliegende Abkommen ist in französischer und englischer Sprache abgefaßt. Beide Texte sind gleicherweise maßgeblich.

Der Schweizerische Bundesrat läßt amtliche Übersetzungen des Abkommens in die russische und die spanische Sprache herstellen.

Art. 151 Das vorliegende Abkommen, welches das Datum des heutigen Tages trägt, kann bis zum 12. Februar 1950 im Namen der Mächte unterzeichnet werden, die auf der am 21. April 1949 in Genf eröffneten Konferenz vertreten waren.

Art. 152 Das vorliegende Abkommen soll sobald wie möglich ratifiziert werden. Die Ratifikationsurkunden werden in Bern hinterlegt.

Über die Hinterlegung jeder Ratifikationsurkunde wird ein Protokoll aufgenommen. Von diesem wird eine beglaubigte Abschrift durch den Schweizerischen Bundesrat allen Mächten übersandt, in deren Namen das Abkommen unterzeichnet oder der Beitritt erklärt worden ist.

Art. 153 Das vorliegende Abkommen tritt sechs Monate nach Hinterlegung von mindestens zwei Ratifikationsurkunden in Kraft.

Späterhin tritt es für jede Hohe Vertragspartei sechs Monate nach Hinterlegung ihrer Ratifikationsurkunde in Kraft.

Art. 154[1] In den Beziehungen zwischen Mächten, die durch das Haager Abkommen betreffend die Gesetze und Gebräuche des Landkrieges gebunden sind, sei es das vom 29. Juli 1899 oder das vom 18. Oktober 1907, und die Vertragsparteien des vorliegenden Abkommens

---

[1] Deutsche Übersetzung von Art. 154 berichtigt gemäß Bek. v. 8. 12. 1956 (BGBl. II S. 1586).

werden, ergänzt dieses letztere den Zweiten und den Dritten Abschnitt der dem erwähnten Haager Abkommen anliegenden Kriegsordnung.

Art. 155 Vom Zeitpunkt seines Inkrafttretens an steht das vorliegende Abkommen jeder Macht zum Beitritt offen, in deren Namen es nicht unterzeichnet worden ist.

Art. 156 Der Beitritt wird dem Schweizerischen Bundesrat schriftlich notifiziert und wird sechs Monate nach dem Zeitpunkt, an dem diesem die Notifikation zugegangen ist, wirksam.

Der Schweizerische Bundesrat bringt die Beitritte allen Mächten zur Kenntnis, in deren Namen das Abkommen unterzeichnet oder der Beitritt notifiziert worden ist.

Art. 157 Der Eintritt der in Artikel 2 und 3 vorgesehenen Lage verleiht den vor oder nach Beginn der Feindseligkeiten oder der Besetzung hinterlegten Ratifikationsurkunden und notifizierten Beitritten von am Konflikt beteiligten Parteien sofortige Wirkung. Der Schweizerische Bundesrat gibt die eingegangenen Ratifikationen oder Beitrittserklärungen von Parteien, die am Konflikt beteiligt sind, auf dem schnellsten Wege bekannt.

Art. 158 Jeder Hohen Vertragspartei steht es frei, das vorliegende Abkommen zu kündigen.

Die Kündigung wird dem Schweizerischen Bundesrat schriftlich notifiziert. Dieser bringt sie den Regierungen aller Hohen Vertragsparteien zur Kenntnis.

Die Kündigung wird ein Jahr nach ihrer Notifizierung an den Schweizerischen Bundesrat wirksam. Jedoch bleibt eine Kündigung, die notifiziert wird, während die kündigende Macht in einen Konflikt verwickelt ist, unwirksam, solange nicht Friede geschlossen ist, und auf alle Fälle, solange die mit der Freilassung, Heimschaffung und Wiederansiedlung der durch das vorliegende Abkommen geschützten Personen m Zusammenhang stehenden Handlungen nicht abgeschlossen sind.

Die Kündigung gilt nur in bezug auf die kündigende Macht. Sie hat keinerlei Wirkung auf die Verpflichtungen, welche die am Konflikt beteiligten Parteien gemäß den Grundsätzen des Völkerrechts zu erfüllen gehalten sind, wie sie sich aus den unter zivilisierten Völkern feststehenden Gebräuchen, aus den Gesetzen der Menschlichkeit und aus den Forderungen des öffentlichen Gewissens ergeben.

Art. 159 Der Schweizerische Bundesrat läßt das vorliegende Abkommen beim Sekretariat der Vereinten Nationen eintragen. Er setzt das Sekretariat der Vereinten Nationen ebenfalls von allen Ratifikationen,

Beitritten und Kündigungen in Kenntnis, die er in bezug auf das vorliegende Abkommen erhält.

Zu Urkund dessen haben die Unterzeichneten nach Hinterlegung ihrer entsprechenden Vollmachten das vorliegende Abkommen unterschrieben.

Geschehen zu Genf am 12. August 1949 in französischer und englischer Sprache. Das Original wird im Archiv der Schweizerischen Eidgenossenschaft hinterlegt. Der Schweizerische Bundesrat übermittelt jedem unterzeichnenden und beitretenden Staat eine beglaubigte Ausfertigung des vorliegenden Abkommens.[1]

(Es folgen die Unterschriften von 60 Nationen.)

[1] Die Anhänge I (Entwurf einer Vereinbarung über Sanitäts- und Sicherheitszonen und -orte), II (Entwurf einer Regelung über Sammel-Hilfssendungen für Zivilinternierte) und III (Vordrucke des Zivilinterniertendienstes) sind nicht abgedruckt.

54a. Zusatzprotokoll zu den Genfer Abkommen vom 12. August 1949 über den Schutz der Opfer internationaler bewaffneter Konflikte (Protokoll I)[1)·2)·3)]

Vom 8. Juni 1977

(BGBl. 1990 II S. 1551, Änderung des Anhangs I durch Beschluß nach Art. 98 V, BGBl. 1997 II S. 1367)

---

1) Für die Bundesrepublik Deutschland in Kraft getreten am 14. 8. 1991 (Bek. v. 30. 7. 1991, BGBl. II S. 968). S. a. das G. v. 11. 12. 1990, BGBl. II S. 1550.

2) Internationale Quelle: UNTS Bd. 1125 S. 3.

3) Deutschland hat bei der Hinterlegung seiner Ratifikationsurkunde am 14. 2. 1991 folgende Erklärung abgegeben:

1. Nach dem Verständnis der Bundesrepublik Deutschland sind die vom I. Zusatzprotokoll eingeführten Bestimmungen über den Einsatz von Waffen in der Absicht aufgestellt worden, nur auf konventionelle Waffen Anwendung zu finden, unbeschadet sonstiger, auf andere Waffenarten anwendbarer Regeln des Völkerrechts.
2. Nach dem Verständnis der Bundesrepublik Deutschland bedeutet in den Artikeln 41, 56, 57, 58, 78 und 86 des 1. Zusatzprotokolls das Wort „praktisch möglich" das, was durchführbar oder praktisch tatsächlich möglich ist, wobei alle in dem entsprechenden Zeitpunkt gegebenen Umstände zu berücksichtigen sind einschließlich humanitärer und militärischer Überlegungen.
3. Nach dem Verständnis der Bundesrepublik Deutschland können die im zweiten Satz des Artikels 44 Absatz 3 des I. Zusatzprotokolls enthaltenen Kriterien zur Unterscheidung zwischen Kombattanten und Zivilbevölkerung nur in besetzten Gebieten und den anderen in Artikel 1 Absatz 4 beschriebenen bewaffneten Konflikten Anwendung finden. Unter dem Begriff „militärischer Aufmarsch" versteht die Bundesrepublik Deutschland jede Bewegung in Richtung auf denjenigen Ort, von dem aus ein Angriff durchgeführt werden soll.
4. Nach dem Verständnis der Bundesrepublik Deutschland ist bei der Anwendung der Bestimmungen von Teil IV Abschnitt 1 des I. Zusatzprotokolls auf militärische Führer und andere Personen, die für Planung, Entscheidung und Durchführung von Angriffen verantwortlich sind, die getroffene Entscheidung des Verantwortlichen auf der Grundlage aller Informationen, die im Zeitpunkt des Handelns zur Verfügung standen, und nicht nach dem nachträglich erkennbaren tatsächlichen Verlauf zu bewerten.
5. Bei der Anwendung des Verhältnismäßigkeitsgrundsatzes in Artikel 51 und Artikel 57 ist als „militärischer Vorteil" derjenige Vorteil zu verstehen, der von dem Angriff insgesamt, nicht aber nur von einzelnen Teilaktionen erwartet wird.
6. Die Bundesrepublik Deutschland wird auf schwerwiegende und planmäßige Verletzungen der Verpflichtungen des I. Zusatzprotokolls, insbesondere seiner Artikel 51 und 52, mit allen Mitteln reagieren, die nach dem Völkerrecht zulässig sind, um jede weitere Verletzung zu verhindern.
7. Die Bundesrepublik Deutschland versteht Artikel 52 des I. Zusatzprotokolls dahingehend, dass auch ein bestimmter Geländebereich ein militärisches Ziel sein kann, sofern er alle Voraussetzungen des Artikels 52 Absatz 2 erfüllt.
8. Artikel 75 Absatz 4 Buchstabe e des 1. Zusatzprotokolls und Artikel 6 Absatz 2 Buchstabe e des 11. Zusatzprotokolls werden in der Weise Anwendung finden, dass das Gericht entscheidet, ob ein in Haft befindlicher Angeklagter persönlich vor dem Revisionsgericht erscheinen muss. Artikel 75 Absatz 4 Buchstabe h des 1. Zusatzprotokolls wird nur insoweit Anwendung finden, als er in Einklang mit gesetzlichen Bestimmungen steht, die bei besonderen Umständen die Wiederaufnahme von Verfahren gestatten, die zu rechtskräftiger Verurteilung oder Freispruch geführt haben.

(FN-Fortsetzung nächste Seite)

Inhaltsübersicht
(nicht amtlich)

Präambel

DIE HOHEN VERTRAGSPARTEIEN –

DEN ERNSTHAFTEN WUNSCH bekundend, daß unter den Völkern Friede herrschen möge,

EINGEDENK DESSEN, daß jeder Staat im Einklang mit der Charta der Vereinten Nationen die Pflicht hat, in seinen internationalen Beziehungen jede gegen die Souveränität, die territoriale Unversehrtheit oder die politische Unabhängigkeit eines Staates gerichtete oder sonst mit den Zielen der Vereinten Nationen unvereinbare Androhung oder Anwendung von Gewalt zu unterlassen,

---

(FN-Fortsetzung vorh. Seite)

9. Gemäß Artikel 90 Absatz 2 des 1. Zusatzprotokolls erklärt die Bundesrepublik Deutschland, dass sie gegenüber jeder anderen Hohen Vertragspartei, welche dieselbe Verpflichtung übernimmt, von Rechts wegen und ohne besondere Übereinkunft die Zuständigkeit der internationalen Ermittlungskommission anerkennt.
10. Die Bundesrepublik Deutschland versteht Artikel 96 Absatz 3 des I. Zusatzprotokolls so, dass nur diejenigen Erklärungen die in Artikel 96 Absatz 3 Buchstaben a und c beschriebenen rechtlichen Wirkungen haben können, die von einem Organ abgegeben wurden, das wirklich allen Kriterien des Artikels 1 Absatz 4 Genüge tut.

JEDOCH IM BEWUẞTSSEIN der Notwendigkeit, die Bestimmungen zum Schutz der Opfer bewaffneter Konflikte neu zu bestätigen und weiterzuentwickeln und die Maßnahmen zu ergänzen, die ihre Anwendung stärken sollen,

IHRER ÜBERZEUGUNG Ausdruck verleihend, daß weder dieses Protokoll noch die Genfer Abkommen vom 12. August 1949 so auszulegen sind, als rechtfertigten oder erlaubten sie eine Angriffshandlung oder sonstige mit der Charta der Vereinten Nationen unvereinbare Anwendung von Gewalt,

UND ERNEUT BEKRÄFTIGEND, daß die Bestimmungen der Genfer Abkommen vom 12. August 1949 und dieses Protokolls unter allen Umständen uneingeschränkt auf alle durch diese Übereinkünfte geschützten Personen anzuwenden sind, und zwar ohne jede nachteilige Unterscheidung, die auf Art oder Ursprung des bewaffneten Konflikts oder auf Beweggründen beruht, die von den am Konflikt beteiligten Parteien vertreten oder ihnen zugeschrieben werden –

SIND WIE FOLGT ÜBEREINGEKOMMEN:

Teil I. Allgemeine Bestimmungen

Art. 1 Allgemeine Grundsätze und Anwendungsbereich. (1) Die Hohen Vertragsparteien verpflichten sich, dieses Protokoll unter allen Umständen einzuhalten und seine Einhaltung durchzusetzen.

(2) In Fällen, die von diesem Protokoll oder anderen internationalen Übereinkünften nicht erfaßt sind, verbleiben Zivilpersonen und Kombattanten unter dem Schutz und der Herrschaft der Grundsätze des Völkerrechts, wie sie sich aus feststehenden Gebräuchen, aus den Grundsätzen der Menschlichkeit und aus den Forderungen des öffentlichen Gewissens ergeben.

(3) Dieses Protokoll, das die Genfer Abkommen vom 12. August 1949 zum Schutz der Kriegsopfer ergänzt, findet in den Situationen Anwendung, die in dem diesen Abkommen gemeinsamen Artikel 2 bezeichnet sind.

(4) Zu den in Absatz 3 genannten Situationen gehören auch bewaffnete Konflikte, in denen Völker gegen Kolonialherrschaft und fremde Besetzung sowie gegen rassistische Regimes in Ausübung ihres Rechts auf Selbstbestimmung kämpfen, wie es in der Charta der Vereinten Nationen und in der Erklärung über Grundsätze des Völkerrechts betreffend freundschaftliche Beziehungen und Zusammenarbeit zwischen den Staaten im Einklang mit der Charta der Vereinten Nationen niedergelegt ist.

Art. 2 Begriffsbestimmungen. Im Sinne dieses Protokolls

a) bedeutet „I. Abkommen“, „II. Abkommen“, „III. Abkommen“ und „IV. Abkommen“ jeweils das Genfer Abkommen vom 12. August 1949 zur Verbesserung des Loses der Verwundeten und Kranken der

Streitkräfte im Felde, das Genfer Abkommen vom 12. August 1949 zur Verbesserung des Loses der Verwundeten, Kranken und Schiffbrüchigen der Streitkräfte zur See, das Genfer Abkommen vom 12. August 1949 über die Behandlung der Kriegsgefangenen und das Genfer Abkommen vom 12. August 1949 über den Schutz von Zivilpersonen in Kriegszeiten; „die Abkommen" bedeutet die vier Genfer Abkommen vom 12. August 1949 zum Schutz der Kriegsopfer;

b) bedeutet „Regeln des in bewaffneten Konflikten anwendbaren Völkerrechts" die in bewaffneten Konflikten anwendbaren Regeln, die in internationalen Übereinkünften verankert sind, denen die am Konflikt betei-

(Fortsetzung nächstes Blatt)

ligten Parteien als Vertragsparteien angehören, sowie die allgemein anerkannten Grundsätze und Regeln des Völkerrechts, die auf bewaffnete Konflikte anwendbar sind;

c) bedeutet „Schutzmacht" einen neutralen oder anderen nicht am Konflikt beteiligten Staat, der von einer am Konflikt beteiligten Partei benannt, von der gegnerischen Partei anerkannt und bereit ist, die in den Abkommen und diesem Protokoll einer Schutzmacht übertragenen Aufgaben wahrzunehmen;

d) bedeutet „Ersatzschutzmacht" eine Organisation, die anstelle einer Schutzmacht nach Artikel 5 tätig wird.

Art. 3 Beginn und Ende der Anwendung. Unbeschadet der Bestimmungen, die jederzeit anwendbar sind,

a) werden die Abkommen und dieses Protokoll angewendet, sobald eine in Artikel 1 dieses Protokolls genannte Situation eintritt;

b) endet die Anwendung der Abkommen und dieses Protokolls im Hoheitsgebiet der am Konflikt beteiligten Parteien mit der allgemeinen Beendigung der Kriegshandlungen und im Fall besetzter Gebiete mit der Beendigung der Besetzung; in beiden Fällen gilt dies jedoch nicht für Personen, deren endgültige Freilassung, deren Heimschaffung oder Niederlassung zu einem späteren Zeitpunkt erfolgt. Diese Personen genießen bis zu ihrer endgültigen Freilassung, ihrer Heimschaffung oder Niederlassung weiterhin den Schutz der einschlägigen Bestimmungen der Abkommen und dieses Protokolls.

Art. 4 Rechtsstellung der am Konflikt beteiligten Parteien. Die Anwendung der Abkommen und dieses Protokolls sowie der Abschluß der darin vorgesehenen Übereinkünfte berühren nicht die Rechtsstellung der am Konflikt beteiligten Parteien. Die Besetzung eines Gebiets und die Anwendung der Abkommen und dieses Protokolls berühren nicht die Rechtsstellung des betreffenden Gebiets.

Art. 5 Benennung von Schutzmächten und von Ersatzschutzmächten. (1) Die an einem Konflikt beteiligten Parteien sind verpflichtet, vom Beginn des Konflikts an die Einhaltung der Abkommen und dieses Protokolls und deren Überwachung durch Anwendung des Schutzmächtesystems sicherzustellen; dazu gehören insbesondere die Benennung und Anerkennung dieser Mächte nach Maßgabe der folgenden Absätze. Die Schutzmächte haben die Aufgabe, die Interessen der am Konflikt beteiligten Parteien wahrzunehmen.

(2) Tritt eine in Artikel 1 genannte Situation ein, so benennt jede am Konflikt beteiligte Partei unverzüglich eine Schutzmacht zu dem Zweck, die Abkommen und dieses Protokoll anzuwenden; sie läßt ebenfalls unverzüglich und zu demselben Zweck die Tätigkeit einer Schutzmacht zu, die

sie selbst nach Benennung durch die gegnerische Partei als solche anerkannt hat.

(3) Ist beim Eintritt einer Situation nach Artikel 1 keine Schutzmacht benannt oder anerkannt worden, so bietet das Internationale Komitee vom Roten Kreuz, unbeschadet des Rechts jeder anderen unparteiischen humanitären Organisation, das gleiche zu tun, den am Konflikt beteiligten Parteien seine guten Dienste mit dem Ziel an, unverzüglich eine Schutzmacht zu benennen, mit der die am Konflikt beteiligten Parteien einverstanden sind. Zu diesem Zweck kann das Komitee insbesondere jede Partei auffordern, ihm eine Liste von mindestens fünf Staaten vorzulegen, die sie für annehmbar hält um für sie als Schutzmacht gegenüber einer gegnerischen Partei tätig zu werden, und jede gegnerische Partei auffordern, eine Liste von mindestens fünf Staaten vorzulegen, die sie als Schutzmacht der anderen Partei anerkennen würde; diese Listen sind dem Komitee binnen zwei Wochen nach Eingang der Aufforderung zu übermitteln; das Komitee vergleicht sie und ersucht einen auf beiden Listen aufgeführten Staat um Zustimmung.

(4) Ist trotz der vorstehenden Bestimmungen keine Schutzmacht vorhanden, so nehmen die am Konflikt beteiligten Parteien unverzüglich ein gegebenenfalls vom Internationalen Komitee vom Roten Kreuz oder von einer anderen alle Garantien für Unparteilichkeit und Wirksamkeit bietenden Organisation nach angemessener Konsultierung der betroffenen Parteien und unter Berücksichtigung der Konsultationsergebnisse unterbreitetes Angebot an, als Ersatzschutzmacht tätig zu werden. Zur Durchführung ihrer Aufgaben bedarf die Ersatzschutzmacht der Zustimmung der am Konflikt beteiligten Parteien; diese sind in jeder Weise bemüht, der Ersatzschutzmacht die Wahrnehmung ihrer Aufgaben im Rahmen der Abkommen und dieses Protokolls zu erleichtern.

(5) In Übereinstimmung mit Artikel 4 berühren die Benennung und die Anerkennung von Schutzmächten zum Zweck der Anwendung der Abkommen und dieses Protokolls nicht die Rechtsstellung der am Konflikt beteiligten Parteien oder irgendeines Hoheitsgebiets, einschließlich eines besetzten Gebiets.

(6) Die Aufrechterhaltung diplomatischer Beziehungen zwischen den am Konflikt beteiligten Parteien oder die Übertragung des Schutzes der Interessen einer Partei oder ihrer Staatsangehörigen auf einen dritten Staat im Einklang mit den Regeln des Völkerrechts über diplomatische Beziehungen steht der Benennung von Schutzmächten zum Zweck der Anwendung der Abkommen und dieses Protokolls nicht entgegen.

(7) Jede spätere Erwähnung einer Schutzmacht in diesem Protokoll bezieht sich auch auf eine Ersatzschutzmacht.

Art. 6 Fachpersonal. (1) Die Hohen Vertragsparteien bemühen sich bereits in Friedenszeiten mit Unterstützung der nationalen Gesellschaften des Roten Kreuzes (Roten Halbmonds, Roten Löwen mit Roter Sonne), Fachpersonal auszubilden, um die Anwendung der Abkommen und dieses Protokolls und insbesondere die Tätigkeit der Schutzmächte zu erleichtern.

(2) Für die Einstellung und Ausbildung dieses Personals sind die einzelnen Staaten zuständig.

(3) Das Internationale Komitee vom Roten Kreuz hält für die Hohen Vertragsparteien Listen der so ausgebildeten Personen bereit, soweit sie von den Hohen Vertragsparteien aufgestellt und ihm zu diesem Zweck übermittelt worden sind.

(4) Die Bedingungen für den Einsatz dieses Personals außerhalb des eigenen Hoheitsgebiets sind in jedem Fall Gegenstand besonderer Vereinbarungen zwischen den betroffenen Parteien.

Art. 7 Tagungen. Der Verwahrer dieses Protokolls beruft eine Tagung der Hohen Vertragsparteien zur Erörterung allgemeiner die Anwendung der Abkommen und des Protokolls betreffender Fragen ein, wenn eine oder mehrere Hohe Vertragsparteien darum ersuchen und die Mehrheit dieser Parteien damit einverstanden ist.

Teil II. Verwundete, Kranke und Schiffbrüchige

Abschnitt I. Allgemeiner Schutz

Art. 8 Terminologie. Im Sinne dieses Protokolls

a) bedeutet „Verwundete" und „Kranke" Militär- und Zivilpersonen, die wegen Verwundung, Erkrankung oder anderer körperlicher oder geistiger Störungen oder Gebrechen medizinischer Hilfe oder Pflege bedürfen und die jede feindselige Handlung unterlassen. Als solche gelten auch Wöchnerinnen, Neugeborene und andere Personen, die sofortiger medizinischer Hilfe oder Pflege bedürfen, wie beispielsweise Gebrechliche und Schwangere, und die jede feindselige Handlung unterlassen;

b) bedeutet „Schiffbrüchige" Militär- und Zivilpersonen, die sich auf See oder in einem anderen Gewässer infolge eines Unglücks, das sie selbst oder das sie befördernde Wasser- oder Luftfahrzeuge betroffen hat, in Gefahr befinden und die jede feindselige Handlung unterlassen. Diese Personen gelten während ihrer Rettung, falls sie auch weiterhin jede feindselige Handlung unterlassen, so lange als Schiffbrüchige, bis sie auf Grund der Abkommen oder dieses Protokolls einen anderen Status erlangen;

c) bedeutet „Sanitätspersonal" Personen, die von einer am Konflikt beteiligten Partei ausschließlich den unter Buchstabe e genannten sanitätsdienstlichen Zwecken, der Verwaltung von Sanitätseinheiten oder dem Betrieb oder der Verwaltung von Sanitätstransportmitteln zugewiesen sind. Ihre Zuweisung kann ständig oder nichtständig sein. Der Begriff umfaßt

i) das militärische oder zivile Sanitätspersonal einer am Konflikt beteiligten Partei, darunter das im I. und II. Abkommen erwähnte sowie das den Zivilschutzorganisationen zugewiesene Sanitätspersonal;

ii) das Sanitätspersonal der nationalen Gesellschaften des Roten Kreuzes (Roten Halbmonds, Roten Löwen mit Roter Sonne) und anderer freiwilliger nationaler Hilfsgesellschaften, die von einer am Konflikt beteiligten Partei ordnungsgemäß anerkannt und ermächtigt sind;

iii) das Sanitätspersonal der in Artikel 9 Absatz 2 genannten Sanitätseinheiten oder Sanitätstransportmittel;

d) bedeutet „Seelsorgepersonal" Militär- oder Zivilpersonen, wie beispielsweise Feldgeistliche, die ausschließlich ihr geistliches Amt ausüben und

i) den Streitkräften einer am Konflikt beteiligten Partei,

ii) Sanitätseinheiten oder Sanitätstransportmitteln einer am Konflikt beteiligten Partei,

iii) Sanitätseinheiten oder Sanitätstransportmitteln nach Artikel 9 Absatz 2 oder

iv) Zivilschutzorganisationen einer am Konflikt beteiligten Partei

zugeteilt sind.

Die Zuweisung des Seelsorgepersonals kann ständig oder nichtständig sein; die einschlägigen Bestimmungen des Buchstabens k finden auf dieses Personal Anwendung;

e) bedeutet „Sanitätseinheiten" militärische oder zivile Einrichtungen und sonstige Einheiten, die zu sanitätsdienstlichen Zwecken gebildet worden sind, nämlich zum Aufsuchen, zur Bergung, Beförderung, Untersuchung oder Behandlung – einschließlich erster Hilfe – der Verwundeten, Kranken und Schiffbrüchigen sowie zur Verhütung von Krankheiten. Der Begriff umfaßt unter anderem Lazarette und ähnliche Einheiten, Blutspendedienste, medizinische Vorsorgezentren und -institute, medizinische Depots sowie medizinische und pharmazeutische Vorratslager dieser Einheiten. Die Sanitätseinheiten können ortsfest oder beweglich, ständig oder nichtständig sein;

f) bedeutet „Sanitätstransport" die Beförderung zu Land, zu Wasser oder in der Luft von Verwundeten, Kranken und Schiffbrüchigen, von Sanitäts- und Seelsorgepersonal sowie von Sanitätsmaterial, welche durch die Abkommen und dieses Protokoll geschützt sind;

g) bedeutet „Sanitätstransportmittel" jedes militärische oder zivile, ständige oder nicht ständige Transportmittel, das ausschließlich dem Sanitätstransport zugewiesen ist und einer zuständigen Dienststelle einer am Konflikt beteiligten Partei untersteht;

h) bedeutet „Sanitätsfahrzeug" ein Sanitätstransportmittel zu Land;

i) bedeutet „Sanitätsschiffe und sonstige Sanitätswasserfahrzeuge" Sanitätstransportmittel zu Wasser;

j) bedeutet „Sanitätsluftfahrzeug" ein Sanitätstransportmittel in der Luft;

k) gelten Sanitätspersonal, Sanitätseinheiten und Sanitätstransportmittel als „ständig", wenn sie auf unbestimmte Zeit ausschließlich sanitätsdienstlichen Zwecken zugewiesen sind. Sanitätspersonal, Sanitätseinheiten und Sanitätstransportmittel gelten als „nichtständig", wenn sie für begrenzte Zeit während der gesamten Dauer derselben ausschließlich zu sanitätsdienstlichen Zwecken eingesetzt werden. Sofern nichts anderes bestimmt ist, umfassen die Begriffe „Sanitätspersonal", „Sanitätseinheiten" und „Sanitätstransportmittel" sowohl die ständigen als auch die nichtständigen;

l) bedeutet „Schutzzeichen" das Schutzzeichen des Roten Kreuzes, des Roten Halbmonds oder des Roten Löwen mit Roter Sonne auf weißem Grund, das zum Schutz von Sanitätseinheiten und -transportmitteln oder von Sanitäts- und Seelsorgepersonal oder Sanitätsmaterial verwendet wird;

m) bedeutet „Erkennungssignal" jedes Mittel, das in Kapitel III des Anhangs I dieses Protokolls ausschließlich zur Kennzeichnung von Sanitätseinheiten oder -transportmitteln bestimmt ist.

Art. 9 Anwendungsbereich. (1) Dieser Teil, dessen Bestimmungen das Los der Verwundeten, Kranken und Schiffbrüchigen verbessern sollen, findet auf alle von einer in Artikel 1 genannten Situation Betroffenen Anwendung, ohne jede auf Rasse, Hautfarbe, Geschlecht, Sprache, Religion oder Glauben, politischen oder sonstigen Anschauungen, nationaler oder sozialer Herkunft, Vermögen, Geburt oder sonstiger Stellung oder auf irgendeinem anderen ähnlichen Unterscheidungsmerkmal beruhende nachteilige Unterscheidung.

(2) Die einschlägigen Bestimmungen der Artikel 27 und 32 des I. Abkommens finden auf ständige Sanitätseinheiten und -transportmittel (ausgenommen Lazarettschiffe, für die Artikel 25 des II. Abkommens gilt) und ihr Personal Anwendung, die einer am Konflikt beteiligten Partei zu humanitären Zwecken

a) von einem neutralen oder einem anderen nicht am Konflikt beteiligten Staat,

b) von einer anerkannten und ermächtigten Hilfsgesellschaft eines solchen Staates,

c) von einer unparteiischen internationalen humanitären Organisation

zur Verfügung gestellt wurden.

Art. 10 Schutz und Pflege. (1) Alle Verwundeten, Kranken und Schiffbrüchigen, gleichviel welcher Partei sie angehören, werden geschont und geschützt.

(2) Sie werden unter allen Umständen mit Menschlichkeit behandelt und erhalten, so umfassend und so schnell wie möglich die für ihren Zustand erforderliche medizinische Pflege und Betreuung. Aus anderen als medizinischen Gründen darf kein Unterschied zwischen ihnen gemacht werden.

Art. 11 Schutz von Personen. (1) Die körperliche oder geistige Gesundheit und Unversehrtheit von Personen, die sich in der Gewalt der gegnerischen Partei befinden, die infolge einer in Artikel 1 genannten Situation interniert oder in Haft gehalten sind oder denen anderweitig die Freiheit entzogen ist, dürfen nicht durch ungerechtfertigte Handlungen oder Unterlassungen gefährdet werden. Es ist daher verboten, die in diesem Artikel genannten Personen einem medizinischen Verfahren zu unterziehen, das nicht durch ihren Gesundheitszustand geboten ist und das nicht mit den allgemein anerkannten medizinischen Grundsätzen im Einklang steht, die unter entsprechenden medizinischen Umständen auf Staatsangehörige der das Verfahren durchführenden Partei angewandt würden, denen die Freiheit nicht entzogen ist.

(2) Es ist insbesondere verboten, an diesen Personen, selbst mit ihrer Zustimmung,

a) körperliche Verstümmelungen vorzunehmen,
b) medizinische oder wissenschaftliche Versuche vorzunehmen,
c) Gewebe oder Organe für Übertragungen zu entfernen,

soweit diese Maßnahmen nicht gemäß den Voraussetzungen nach Absatz 1 gerechtfertigt sind.

(3) Ausnahmen von dem in Absatz 2 Buchstabe c bezeichneten Verbot sind nur bei der Entnahme von Blut oder Haut für Übertragungen zulässig, sofern die Einwilligung freiwillig und ohne Zwang oder Überredung und der Eingriff nur zu therapeutischen Zwecken und unter Bedingungen erfolgt, die mit den allgemein anerkannten medizinischen Grundsätzen im Einklang stehen und Kontrollen unterliegen, die dem Wohl sowohl des Spenders als auch des Empfängers dienen.

(4) Eine vorsätzliche Handlung oder Unterlassung, welche die körperliche oder geistige Gesundheit oder Unversehrtheit einer Person erheblich gefährdet, die sich in der Gewalt einer anderen Partei als derjenigen befindet, zu der sie gehört, und die entweder gegen eines der Verbote der Absätze 1 und 2 verstößt oder nicht den Bedingungen des Absatzes 3 entspricht, stellt eine schwere Verletzung dieses Protokolls dar.

(5) Die in Absatz 1 bezeichneten Personen haben das Recht, jeden chirurgischen Eingriff abzulehnen. Im Fall einer Ablehnung hat sich das Sanitäts-

personal um eine entsprechende schriftliche, vom Patienten unterzeichnete oder anerkannte Erklärung zu bemühen.

(6) Jede am Konflikt beteiligte Partei führt medizinische Unterlagen über die einzelnen Entnahmen von Blut und Haut für Übertragungen, die von den in Absatz 1 genannten Personen stammen, sofern die Entnahmen unter der Verantwortung dieser Partei erfolgen. Ferner ist jede am Konflikt beteiligten Partei bemüht, Unterlagen über alle medizinischen Verfahren betreffend Personen zu führen, die infolge einer in Artikel 1 genannten Situation interniert oder in Haft gehalten sind oder denen anderweitig die Freiheit entzogen ist. Diese Unterlagen müssen der Schutzmacht jederzeit zur Einsicht zur Verfügung stehen.

Art. 12 Schutz von Sanitätseinheiten. (1) Sanitätseinheiten werden jederzeit geschont und geschützt und dürfen nicht angegriffen werden.

(2) Absatz 1 findet auf zivile Sanitätseinheiten Anwendung, sofern sie

a) zu einer am Konflikt beteiligten Partei gehören,
b) von der zuständigen Behörde einer am Konflikt beteiligten Partei anerkannt und ermächtigt sind oder
c) nach Maßgabe des Artikels 9 Absatz 2 dieses Protokolls oder des Artikels 27 des I. Abkommens ermächtigt sind.

(3) Die am Konflikt beteiligten Parteien sind aufgefordert, einander mitzuteilen, wo sich ihre ortsfesten Sanitätseinheiten befinden. Unterbleibt eine solche Mitteilung, so enthebt dies keine der Parteien der Verpflichtung, die Bestimmungen des Absatzes 1 zu beachten.

(4) Sanitätseinheiten dürfen unter keinen Umständen für den Versuch benutzt werden, militärische Ziele vor Angriffen abzuschirmen. Die am Konflikt beteiligten Parteien sorgen wann immer möglich dafür, daß die Sanitätseinheiten so gelegt werden, daß sie durch Angriffe auf militärische Ziele nicht gefährdet werden können.

Art. 13 Ende des Schutzes ziviler Sanitätseinheiten. (1) Der den zivilen Sanitätseinheiten gebührende Schutz darf nur dann enden, wenn diese außerhalb ihrer humanitären Bestimmung zu Handlungen verwendet werden, die den Feind schädigen. Jedoch endet der Schutz erst, nachdem eine Warnung, die möglichst eine angemessene Frist setzt, unbeachtet geblieben ist.

(2) Als Handlung, die den Feind schädigt, gilt nicht

a) die Tatsache, daß das Personal der Einheit zu seiner eigenen Verteidigung oder zur Verteidigung der ihm anvertrauten Verwundeten und Kranken mit leichten Handfeuerwaffen ausgerüstet ist;
b) die Tatsache, daß die Einheit von einer Wache, durch Posten oder von einem Geleittrupp geschützt wird;

c) die Tatsache, daß in der Einheit Handwaffen und Munition vorgefunden werden, die den Verwundeten und Kranken abgenommen, der zuständigen Dienststelle aber noch nicht abgeliefert worden sind;
d) die Tatsache, daß sich Mitglieder der Streitkräfte oder andere Kombattanten aus medizinischen Gründen bei der Einheit befinden.

Art. 14 Beschränkung der Inanspruchnahme ziviler Sanitätseinheiten. (1) Die Besatzungsmacht hat dafür zu sorgen, daß die medizinische Versorgung der Zivilbevölkerung in den besetzten Gebieten gesichert bleibt.

(2) Die Besatzungsmacht darf deshalb zivile Sanitätseinheiten, ihre Ausrüstung, ihr Material oder ihr Personal so lange nicht in Anspruch nehmen, wie diese Mittel zur angemessenen medizinischen Versorgung der Zivilbevölkerung und zur weiteren Pflege der bereits betreuten Verwundeten und Kranken benötigt werden.

(3) Sofern die allgemeine Vorschrift des Absatzes 2 weiterhin beachtet wird, kann die Besatzungsmacht die genannten Mittel unter den folgenden besonderen Bedingungen in Anspruch nehmen:
a) daß die Mittel zur sofortigen angemessenen medizinischen Behandlung der verwundeten und kranken Angehörigen der Streitkräfte der Besatzungsmacht oder von Kriegsgefangenen benötigt werden;
b) daß die Mittel nur so lange in Anspruch genommen werden, wie dies notwendig ist;
c) daß sofortige Vorkehrungen getroffen werden, um die medizinische Versorgung der Zivilbevölkerung sowie der bereits betreuten Verwundeten und Kranken, die von der Inanspruchnahme betroffen sind, weiterhin gesichert bleibt.

Art. 15 Schutz des zivilen Sanitäts- und Seelsorgepersonals. (1) Das zivile Sanitätspersonal wird geschont und geschützt.

(2) Soweit erforderlich, wird dem zivilen Sanitätspersonal in einem Gebiet, in dem die zivilen Sanitätsdienste infolge der Kampftätigkeit erheblich eingeschränkt sind, jede mögliche Hilfe gewährt.

(3) Die Besatzungsmacht gewährt dem zivilen Sanitätspersonal in besetzten Gebieten jede Hilfe, um es ihm zu ermöglichen, seine humanitären Aufgaben nach besten Kräften wahrzunehmen. Die Besatzungsmacht darf nicht verlangen, daß das Personal in Wahrnehmung seiner Aufgaben bestimmte Personen bevorzugt behandelt, es sei denn aus medizinischen Gründen. Das Personal darf nicht gezwungen werden, Aufgaben zu übernehmen, die mit seinem humanitären Auftrag unvereinbar sind.

(4) Das zivile Sanitätspersonal hat Zugang zu allen Orten, an denen seine Dienste unerläßlich sind, vorbehaltlich der Kontroll- und Sicherungsmaßnahmen, welche die betreffende am Konflikt beteiligte Partei für notwendig hält.

(5) Das zivile Seelsorgepersonal wird geschont und geschützt. Die Bestimmungen der Abkommen und dieses Protokolls über den Schutz und die Kennzeichnung des Sanitätspersonals finden auch auf diese Personen Anwendung.

Art. 16 Allgemeiner Schutz der ärztlichen Aufgabe. (1) Niemand darf bestraft werden, weil er eine ärztliche Tätigkeit ausgeübt hat, die mit dem ärztlichen Ehrenkodex im Einklang steht, gleichviel unter welchen Umständen und zu wessen Nutzen sie ausgeübt worden ist.

(2) Wer eine ärztliche Tätigkeit ausübt, darf nicht gezwungen werden, Handlungen vorzunehmen oder Arbeiten zu verrichten, die mit den Regeln des ärztlichen Ehrenkodexes, mit sonstigen dem Wohl der Verwundeten und Kranken dienenden medizinischen Regeln oder mit den Bestimmungen der Abkommen oder dieses Protokolls unvereinbar sind, oder Handlungen oder Arbeiten zu unterlassen, die auf Grund dieser Regeln und Bestimmungen geboten sind.

(3) Wer eine ärztliche Tätigkeit ausübt, darf nicht gezwungen werden, Angehörigen einer gegnerischen Partei oder der eigenen Partei – es sei denn in den nach dem Recht der letztgenannten Partei vorgesehenen Fällen – Auskünfte über die jetzt oder früher von ihm betreuten Verwundeten und Kranken zu erteilen, sofern diese Auskünfte nach seiner Auffassung den betreffenden Patienten oder ihren Familien schaden würden. Die Vorschriften über die Meldepflicht bei ansteckenden Krankheiten sind jedoch einzuhalten.

Art. 17 Rolle der Zivilbevölkerung und der Hilfsgesellschaften. (1) Die Zivilbevölkerung hat die Verwundeten, Kranken und Schiffbrüchigen, auch wenn sie der gegnerischen Partei angehören, zu schonen und darf keine Gewalttaten gegen sie verüben. Die Zivilbevölkerung und den Hilfsgesellschaften, wie beispielsweise den nationalen Gesellschaften des Roten Kreuzes (Roten Halbmonds, Roten Löwen mit Roter Sonne) ist es gestattet, auch von sich aus und auch in Invasions- oder besetzten Gebieten die Verwundeten, Kranken und Schiffbrüchigen zu bergen und zu pflegen. Niemand darf wegen solcher humanitärer Handlungen behelligt, verfolgt, verurteilt oder bestraft werden.

(2) Die am Konflikt beteiligten Parteien können die Zivilbevölkerung und die in Absatz 1 bezeichneten Hilfsgesellschaften auffordern, die Verwundeten, Kranken und Schiffbrüchigen zu bergen und zu pflegen sowie nach Toten zu suchen und den Ort zu melden, an dem sie gefunden wurden; sie gewähren denjenigen, die diesem Aufruf Folge leisten, sowohl Schutz als auch die erforderlichen Erleichterungen. Bringt die gegnerische Partei das Gebiet erstmalig oder erneut unter ihre Kontrolle, so gewährt sie den gleichen Schutz und die gleichen Erleichterungen, solange dies erforderlich ist.

Art. 18 Kennzeichnung. (1) Jede am Konflikt beteiligte Partei ist bemüht sicherzustellen, daß das Sanitäts- und Seelsorgepersonal sowie die Sanitätseinheiten und -transportmittel als solche erkennbar sind.

(2) Jede am Konflikt beteiligte Partei ist ferner bemüht, Methoden und Verfahren einzuführen und anzuwenden, die es ermöglichen, Sanitätseinheiten und -transportmittel zu erkennen, welche das Schutzzeichen führen und die Erkennungssignale verwenden.

(3) In besetzten Gebieten und in Gebieten, in denen tatsächlich oder voraussichtlich Kampfhandlungen stattfinden, sollen das zivile Sanitätspersonal und das zivile Seelsorgepersonal durch das Schutzzeichen und einen Ausweis, der ihren Status bescheinigt, erkennbar sein.

(4) Mit Zustimmung der zuständigen Dienststelle werden Sanitätseinheiten und -transportmittel mit dem Schutzzeichen gekennzeichnet. Die in Artikel 22 dieses Protokolls bezeichneten Schiffe und sonstigen Wasserfahrzeuge werden nach Maßgabe des II. Abkommens gekennzeichnet.

(5) Eine am Konflikt beteiligte Partei kann im Einklang mit Kapitel III des Anhangs I dieses Protokolls gestatten, daß neben dem Schutzzeichen auch Erkennungssignale zur Kennzeichnung von Sanitätseinheiten und -transportmitteln verwendet werden. In den in jenem Kapitel vorgesehenen besonderen Fällen können Sanitätstransportmittel ausnahmsweise Erkennungssignale verwenden, ohne das Schutzzeichen zu führen.

(6) Die Anwendung der Absätze 1 bis 5 wird durch die Kapitel I bis III des Anhangs I dieses Protokolls geregelt. Soweit in Kapitel III dieses Anhangs nichts anderes bestimmt ist, dürfen die dort zur ausschließlichen Verwendung durch Sanitätseinheiten und -transportmittel bestimmten Signale nur zur Kennzeichnung der in jenem Kapitel genannten Sanitätseinheiten und -transportmittel verwendet werden.

(7) Dieser Artikel ermächtigt nicht zu einer weiteren Verwendung des Schutzzeichens in Friedenszeiten als in Artikel 44 des I. Abkommens vorgesehen.

(8) Die Bestimmungen der Abkommen und dieses Protokolls betreffend die Überwachung der Verwendung des Schutzzeichens sowie die Verhinderung und Ahndung seines Mißbrauchs finden auch auf die Erkennungssignale Anwendung.

Art. 19 Neutrale und andere nicht am Konflikt beteiligte Staaten. Neutrale und andere nicht am Konflikt beteiligte Staaten wenden die einschlägigen Bestimmungen dieses Protokolls auf die durch diesen Teil geschützten Personen an, die in ihr Hoheitsgebiet aufgenommen oder dort interniert werden, sowie auf die von ihnen geborgenen Toten der am Konflikt beteiligten Parteien.

Art. 20 Verbot von Repressalien. Repressalien gegen die durch diesen Teil geschützten Personen und Objekte sind verboten.

Abschnitt II. Sanitätstransporte

Art. 21 Sanitätsfahrzeuge. Sanitätsfahrzeuge werden in gleicher Weise wie bewegliche Sanitätseinheiten nach Maßgabe der Abkommen und dieses Protokolls geschont und geschützt.

Art. 22 Lazarettschiffe und Küstenrettungsfahrzeuge. (1) Die Bestimmungen der Abkommen über

a) die in den Artikeln 22, 24, 25 und 27 des II. Abkommens beschriebenen Schiffe,

b) ihre Rettungsboote und kleinen Wasserfahrzeuge,

c) ihr Personal und ihre Besatzung sowie

d) die an Bord befindlichen Verwundeten, Kranken und Schiffbrüchigen

finden auch dann Anwendung, wenn diese Wasserfahrzeuge verwundete, kranke und schiffbrüchige Zivilpersonen befördern, die zu keiner der in Artikel 13 des II. Abkommens genannten Kategorien gehören. Diese Zivilpersonen dürfen jedoch nicht mit dem Gewahrsam einer anderen Partei als ihrer eigenen übergeben oder auf See gefangengenommen werden. Befinden sie sich in der Gewalt einer am Konflikt beteiligten Partei, die nicht ihre eigene ist, so finden das IV. Abkommen und dieses Protokoll auf sie Anwendung.

(2) Der Schutz, der den in Artikel 25 des II. Abkommens beschriebenen Schiffen gewährt wird, erstreckt sich auch auf Lazarettschiffe, die einer am Konflikt beteiligten Partei zu humanitären Zwecken

a) von einem neutralen oder einem anderen nicht am Konflikt beteiligten Staat oder

b) von einer unparteiischen internationalen humanitären Organisation

zur Verfügung gestellt werden, sofern in beiden Fällen die in jenem Artikel genannten Voraussetzungen erfüllt sind.

(3) Die in Artikel 27 des II. Abkommens beschriebenen kleinen Wasserfahrzeuge werden auch dann geschützt, wenn die in jenem Artikel vorgesehene Mitteilung nicht erfolgt ist. Die am Konflikt beteiligten Parteien sind jedoch aufgefordert, einander Einzelheiten über diese Fahrzeuge mitzuteilen, die deren Kennzeichung und Erkennung erleichtern.

Art. 23 Andere Sanitätsschiffe und sonstige Sanitätswasserfahrzeuge. (1) Andere als die in Artikel 22 dieses Protokolls und in Artikel 38 des II. Abkommens genannten Sanitätsschiffe und sonstigen Sanitätswasserfahrzeuge werden auf See oder in anderen Gewässern ebenso geschont und geschützt wie bewegliche Sanitätseinheiten nach den Abkommen und diesem Protokoll. Da dieser Schutz nur wirksam sein kann, wenn die Sanitätsschiffe oder sonstigen Sanitätswasserfahrzeuge als solche gekennzeichnet und erkennbar sind, sollen sie mit dem Schutzzeichen kenntlich gemacht werden und nach Möglichkeit die Bestimmungen des Artikels 43 Abs. 2 des II. Abkommens befolgen.

(2) Die in Absatz 1 bezeichneten Schiffe und sonstigen Wasserfahrzeuge unterliegen weiterhin dem Kriegsrecht. Ein über Wasser fahrendes Kriegsschiff, das in der Lage ist, seine Weisungen sofort durchzusetzen, kann sie anweisen, anzuhalten, abzudrehen oder einen bestimmten Kurs einzuhalten; einer solchen Weisung muß Folge geleistet werden. Im übrigen dürfen sie ihrem sanitätsdienstlichen Auftrag nicht entzogen werden, solange sie für die an Bord befindlichen Verwundeten, Kranken und Schiffbrüchigen benötigt werden.

(3) Der in Absatz 1 vorgesehene Schutz endet nur unter den in den Artikeln 34 und 35 des II. Abkommens genannten Voraussetzungen. Eine eindeutige Weigerung, einer Weisung nach Absatz 2 Folge zu leisten, stellt eine den Feind schädigende Handlung im Sinne des Artikels 34 des II. Abkommens dar.

(4) Eine am Konflikt beteiligte Partei kann einer gegnerischen Partei so früh wie möglich vor dem Auslaufen den Namen, die Merkmale, die voraussichtliche Abfahrzeit, den Kurs und die geschätzte Geschwindigkeit der Sanitätsschiffe oder sonstigen Sanitätswasserfahrzeuge mitteilen, insbesondere bei Schiffen mit einem Bruttoraumgehalt von mehr als 2000 Registertonnen; sie kann auch weitere Angaben machen, welche die Kennzeichnung und Erkennung erleichtern würden. Die gegnerische Partei bestätigt den Empfang dieser Angaben.

(5) Artikel 37 des II. Abkommens findet auf das Sanitäts- und Seelsorgepersonal an Bord solcher Schiffe und sonstigen Wasserfahrzeuge Anwendung.

(6) Das II. Abkommen findet auf die Verwundeten, Kranken und Schiffbrüchigen Anwendung, die zu den in Artikel 13 des II. Abkommens und in Artikel 44 dieses Protokolls genannten Kategorien gehören und sich an Bord solcher Sanitätsschiffe und sonstigen Sanitätswasserfahrzeuge befinden. Verwundete, kranke und schiffbrüchige Zivilpersonen, die nicht zu einer der in Artikel 13 des II. Abkommens genannten Kategorien gehören, dürfen auf See weder einer Partei, der sie nicht angehören, übergeben noch zum Verlassen des Schiffes oder sonstigen Wasserfahrzeugs gezwungen werden; befinden sie sich jedoch in der Gewalt einer anderen am Konflikt beteiligten Partei als ihrer eigenen, so finden das IV. Abkommen und dieses Protokoll auf sie Anwendung.

Art. 24 Schutz von Sanitätsluftfahrzeugen. Sanitätsluftfahrzeuge werden nach Maßgabe dieses Teiles geschont und geschützt.

Art. 25 Sanitätsluftfahrzeuge in Gebieten, die nicht von einer gegnerischen Partei beherrscht werden. In oder über Landgebieten, die von eigenen oder befreundeten Streitkräften tatsächlich beherrscht werden, oder in oder über Seegebieten, die nicht tatsächlich von einer gegnerischen Partei beherrscht werden, bedarf es zur Schonung und zum Schutz von Sanitätsluftfahrzeugen einer am Konflikt beteiligten Partei keiner Vereinbarung mit einer gegnerischen Partei. Eine am Konflikt beteiligte Partei, die ihre Sanitätsluftfahrzeuge in diesen Gebieten einsetzt, kann jedoch zwecks größerer Sicherheit der gegnerischen Partei entsprechend Artikel 29 Mitteilung machen, insbesondere, wenn diese Luftfahrzeuge Flüge durchführen, die sie in die Reichweite von Boden-Luft-Waffensystemen der gegnerischen Partei bringen.

Art. 26 Sanitätsluftfahrzeuge in Kontakt- oder ähnlichen Zonen. (1) In oder über den tatsächlich von eigenen oder befreundeten Streitkräften beherrschten Teilen der Kontaktzone und in oder über Gebieten, bei denen nicht eindeutig feststeht, wer sie tatsächlich beherrscht, kann der Schutz der Sanitätsluftfahrzeuge nur dann voll wirksam sein, wenn vorher zwischen den zuständigen militärischen Dienststellen der am Konflikt beteiligten Parteien eine Vereinbarung entsprechend Artikel 29 getroffen worden ist. In Ermangelung einer solchen Vereinbarung operieren die Sanitätsluftfahrzeuge auf eigene Gefahr; sie werden aber dennoch geschont, sobald sie als solche erkannt worden sind.

(2) Der Ausdruck „Kontaktzone“ bezeichnet jedes Landgebiet, in dem die vorderen Teile gegnerischer Kräfte miteinander in Berührung kommen; dies ist insbesondere dort der Fall, wo sie einem direkten Beschuß vom Boden aus ausgesetzt sind.

Art. 27 Sanitätsluftfahrzeuge in Gebieten, die von einer gegnerischen Partei beherrscht werden. (1) Die Sanitätsluftfahrzeuge einer am Konflikt beteiligten Partei bleiben auch dann geschützt, wenn sie von einer gegnerischen Partei tatsächlich beherrschte Land- oder Seegebiete überfliegen, sofern die zuständige Dienstelle der gegnerischen Partei zuvor ihr Einverständnis zu diesen Flügen erteilt hat.

(2) Überfliegt ein Sanitätsluftfahrzeug infolge eines Navigationsfehlers oder infolge einer Notlage, welche die Sicherheit des Fluges beeinträchtigt, ohne das in Absatz 1 vorgesehene Einverständnis oder in Abweichung von den dabei festgelegten Bedingungen ein von einer gegnerischen Partei tatsächlich beherrschtes Gebiet, so unternimmt es alle Anstrengungen, um sich zu erkennen zu geben und die gegnerische Partei von den Umständen in Kenntnis zu setzen. Sobald die gegnerische Partei das Sanitätsluftfahrzeug erkannt hat, unternimmt sie alle zumutbaren Anstrengungen, um die Weisung zum Landen oder Wassern nach Artikel 30 Absatz 1 zu erteilen oder um andere Maßnahmen zur Wahrung ihrer eigenen Interessen zu

treffen und um in beiden Fällen dem Luftfahrzeug Zeit zur Befolgung der Weisung zu lassen, bevor es angegriffen werden kann.

Art. 28 Beschränkungen für den Einsatz von Sanitätsluftfahrzeugen. (1) Den am Konflikt beteiligten Parteien ist es verboten, ihre Sanitätsluftfahrzeuge zu dem Versuch zu benutzen, militärische Vorteile gegenüber der gegnerischen Partei zu erlangen. Die Anwesenheit von Sanitätsluftfahrzeugen darf nicht zu dem Versuch benutzt werden, Angriffe von militärischen Zielen fernzuhalten.

(2) Sanitätsluftfahrzeuge dürfen nicht zur Gewinnung oder Übermittlung nachrichtendienstlicher militärischer Erkenntnisse benutzt werden, und sie dürfen keine Ausrüstung mitführen, die solchen Zwecken dient. Es ist ihnen verboten, Personen oder Ladung zu befördern, die nicht unter die Begriffsbestimmung des Artikels 8 Buchstabe f fallen. Das Mitführen persönlicher Habe der Insassen oder von Ausrüstung, die allein dazu dient, die Navigation, den Nachrichtenverkehr oder die Kennzeichnung zu erleichtern, gilt nicht als verboten.

(3) Sanitätsluftfahrzeuge dürfen keine Waffen befördern mit Ausnahme von Handwaffen und Munition, die den an Bord befindlichen Verwundeten, Kranken und Schiffbrüchigen abgenommen und der zuständigen Stelle noch nicht abgeliefert worden sind, sowie von leichten Handfeuerwaffen, die das an Bord befindliche Sanitätspersonal zur eigenen Verteidigung oder zur Verteidigung der ihm anvertrauten Verwundeten, Kranken und Schiffbrüchigen benötigt.

(4) Auf den in den Artikeln 26 und 27 bezeichneten Flügen dürfen Sanitätsluftfahrzeuge nur nach vorherigem Einverständnis der gegnerischen Partei zur Suche nach Verwundeten, Kranken und Schiffbrüchigen verwendet werden.

Art. 29 Mitteilungen und Vereinbarungen betreffend Sanitätsluftfahrzeuge. (1) Mitteilungen nach Artikel 25 oder Ersuchen um vorheriges Einverständnis nach den Artikeln 26, 27, 28 Absatz 4 oder Artikel 31 müssen die voraussichtliche Anzahl der Sanitätsluftfahrzeuge, ihre Flugpläne und ihre Kennzeichnung angeben; sie sind dahin zu verstehen, daß jeder Flug im Einklang mit Artikel 28 durchgeführt wird.

(2) Die Partei, die eine Mitteilung nach Artikel 25 erhält, bestätigt sofort deren Eingang.

(3) Die Partei, die ein Ersuchen um vorheriges Einverständnis nach den Artikeln 26, 27, 28 Absatz 4 oder Artikel 31 erhält, wird der ersuchenden Partei so bald wie möglich

a) mitteilen, daß dem Ersuchen zugestimmt wird,
b) mitteilen, daß das Ersuchen abgelehnt wird, oder
c) angemessene Gegenvorschläge übermitteln. Sie kann auch vorschlagen,

während der betreffenden Zeit andere Flüge in dem Gebiet zu verbieten oder einzuschränken. Nimmt die Partei, die das Ersuchen gestellt hat, die Gegenvorschläge an, so teilt sie dies der anderen Partei mit.

(4) Die Parteien treffen die notwendigen Maßnahmen, damit die Mitteilungen schnell erfolgen und die Vereinbarungen schnell getroffen werden können.

(5) Die Parteien treffen ferner die notwendigen Maßnahmen, damit der Inhalt der Mitteilungen und Vereinbarungen den betreffenden militärischen Einheiten schnell bekanntgegeben wird und damit diesen Einheiten schnell mitgeteilt wird, welche Mittel der Kenntlichmachung von den in Betracht kommenden Sanitätsluftfahrzeugen verwendet werden.

Art. 30 Landung und Untersuchung von Sanitätsluftfahrzeugen.

(1) Beim Überfliegen von Gebieten, die von der gegnerischen Partei tatsächlich beherrscht werden, oder von Gebieten, bei denen nicht eindeutig feststeht, wer sie tatsächlich beherrscht, können Sanitätsluftfahrzeuge angewiesen werden, zu landen beziehungsweise zu wassern, damit sie nach Maßgabe der folgenden Absätze untersucht werden können. Die Sanitätsluftfahrzeuge haben eine solche Anweisung zu befolgen.

(2) Landet oder wassert ein solches Luftfahrzeug auf Grund einer derartigen Anweisung oder aus anderen Gründen, so darf es nur zur Klärung der in den Absätzen 3 und 4 aufgeführten Fragen untersucht werden. Die Untersuchung hat unverzüglich zu beginnen und ist zügig durchzuführen. Die untersuchende Partei darf nicht verlangen, daß die Verwundeten und Kranken von Bord gebracht werden, sofern dies nicht für die Untersuchung unerläßlich ist. Die Partei trägt auf jeden Fall dafür Sorge, daß sich der Zustand der Verwundeten und Kranken durch die Untersuchung oder dadurch, daß sie von Bord gebracht werden, nicht verschlechtert.

(3) Ergibt die Untersuchung, daß das Luftfahrzeug

a) ein Sanitätsluftfahrzeug im Sinne des Artikels 8 Buchstabe j ist,
b) nicht gegen die in Artikel 28 vorgeschriebenen Bedingungen verstößt und
c) den Flug nicht ohne eine etwa erforderliche vorherige Vereinbarung oder unter Verletzung einer solchen Vereinbarung durchgeführt hat,

so wird dem Luftfahrzeug und denjenigen seiner Insassen, die einer gegnerischen Partei, einem neutralen oder einem anderen nicht am Konflikt beteiligten Staat angehören, gestattet, den Flug unverzüglich fortzusetzen.

(4) Ergibt die Untersuchung, daß das Luftfahrzeug

a) kein Sanitätsluftfahrzeug im Sinne des Artikels 8 Buchstabe j ist,
b) gegen die in Artikel 28 vorgeschriebenen Bedingungen verstößt oder
c) den Flug ohne eine etwa erforderliche vorherige Vereinbarung oder unter Verletzung einer solchen Vereinbarung durchgeführt hat,

so kann das Luftfahrzeug beschlagnahmt werden. Seine Insassen werden nach den einschlägigen Bestimmungen der Abkommen und dieses Protokolls behandelt. Ein Luftfahrzeug, das zum ständigen Sanitätsluftfahrzeug bestimmt war, darf nach seiner Beschlagnahmung nur als Sanitätsluftfahrzeug verwendet werden.

Art. 31 Neutrale oder andere nicht am Konflikt beteiligte Staaten.

(1) Sanitätsluftfahrzeuge dürfen das Hoheitsgebiet eines neutralen oder eines anderen nicht am Konflikt beteiligten Staates nur auf Grund einer vorherigen Vereinbarung überfliegen oder dort landen oder wassern. Besteht eine solche Vereinbarung, so werden sie während des gesamten Fluges sowie für die Dauer einer etwaigen Zwischenlandung oder -wasserung geschont. Sie haben indessen jeder Weisung, zu landen beziehungsweise zu wassern, Folge zu leisten.

(2) Überfliegt ein Sanitätsluftfahrzeug infolge eines Navigationsfehlers oder infolge einer Notlage, welche die Sicherheit des Fluges beeinträchtigt, ohne Einverständnis oder in Abweichung von den dabei festgelgten Bedingungen das Hoheitsgebiet eines neutralen oder eines anderen nicht am Konflikt beteiligten Staates, so unternimmt es alle Anstrengungen, um seinen Flug bekanntzugeben und um sich zu erkennen zu geben. Sobald dieser Staat das Sanitätsluftfahrzeug erkannt hat, unternimmt er alle zumutbaren Anstrengungen, um die Weisung zum Landen oder Wassern nach Artikel 30 Absatz 1 zu erteilen oder um andere Maßnahmen zur Wahrung seiner eigenen Interessen zu treffen und um in beiden Fällen dem Luftfahrzeug Zeit zur Befolgung der Weisung zu lassen, bevor es angegriffen werden kann.

(3) Landet oder wassert ein Sanitätsluftfahrzeug nach Vereinbarung oder unter den in Absatz 2 genannten Umständen auf Grund einer Weisung oder aus anderen Gründen im Hoheitsgebiet eines neutralen oder eines anderen nicht am Konflikt beteiligten Staates, so darf es untersucht werden, damit festgestellt wird, ob es sich tatsächlich um ein Sanitätsluftfahrzeug handelt. Die Untersuchung hat unverzüglich zu beginnen und ist zügig durchzuführen. Die untersuchende Partei darf nicht verlangen, daß die Verwundeten und Kranken der das Luftfahrzeug betreibenden Partei von Bord gebracht werden, sofern dies nicht für die Untersuchung unerläßlich ist. Die untersuchende Partei trägt auf jeden Fall dafür Sorge, daß sich der Zustand der Verwundeten und Kranken durch die Untersuchung oder dadurch, daß sie von Bord gebracht werden, nicht verschlechtert. Ergibt die Untersuchung, daß es sich tatsächlich um ein Sanitätsluftfahrzeug handelt, so wird dem Luftfahrzeug und seinen Insassen mit Ausnahme derjenigen, die nach den Regeln des in bewaffneten Konflikten anwendbaren Völkerrechts in Gewahrsam gehalten werden müssen, gestattet, seinen Flug fortzusetzen, wobei ihm angemessene Erleichterungen gewährt werden. Ergibt die Unter-

suchung, daß es sich nicht um ein Sanitätsluftfahrzeug handelt, so wird es beschlagnahmt, und seine Insassen werden entsprechend Absatz 4 behandelt.

(4) Die mit Zustimmung der örtlichen Behörden im Hoheitsgebiet eines neutralen oder eines anderen nicht am Konflikt beteiligten Staates nicht nur vorübergehend von seinem Sanitätsluftfahrzeug abgesetzten Verwundeten, Kranken und Schiffbrüchigen werden in Ermangelung einer anders lautenden Abmachung zwischen diesem Staat und den am Konflikt beteiligten Parteien, wenn die Regeln des in bewaffneten Konflikten anwendbaren Völkerrechts es erfordern, so in Gewahrsam gehalten, daß sie nicht mehr an Feindseligkeiten teilnehmen können. Die Krankenhaus- und Internierungskosten gehen zu Lasten des Staates, dem diese Personen angehören.

(5) Neutrale oder andere nicht am Konflikt beteiligte Staaten wenden etwaige Bedingungen und Beschränkungen für das Überfliegen ihres Hoheitsgebiets durch Sanitätsluftfahrzeuge oder für deren Landung oder Wasserung in ihrem Hoheitsgebiet auf alle am Konflikt beteiligten Parteien in gleicher Weise an.

Abschnitt III. Vermißte und Tote

Art. 32 Allgemeiner Grundsatz. Bei der Anwendung dieses Abschnitts wird die Tätigkeit der Hohen Vertragsparteien, der am Konflikt beteiligten Parteien und der in den Abkommen und in diesem Protokoll erwähnten internationalen humanitären Organisationen in erster Linie durch das Recht der Familien bestimmt, das Schicksal ihrer Angehörigen zu erfahren.

Art. 33 Vermißte. (1) Sobald die Umstände es zulassen, spätestens jedoch nach Beendigung der aktiven Feindseligkeiten, forscht jede am Konflikt beteiligte Partei nach dem Verbleib der Personen, die von einer gegnerischen Partei als vermißt gemeldet worden sind. Die gegnerische Partei erteilt alle zweckdienlichen Auskünfte über diese Personen, um die Suche zu erleichtern.

(2) Um die Beschaffung der Auskünfte nach Absatz 1 zu erleichtern, hat jede am Konflikt beteiligte Partei für Personen, die nicht auf Grund der Abkommen und dieses Protokolls eine günstigere Behandlung erfahren würden,

a) die in Artikel 138 des IV. Abkommens genannten Auskünfte über Personen zu registrieren, die infolge von Feindseligkeiten oder Besetzung festgenommen, in Haft gehalten oder anderweitig mehr als zwei Wochen gefangengehalten worden sind oder die während eines Freiheitsentzugs verstorben sind;
b) soweit irgend möglich die Beschaffung und Registrierung von Auskünften über solche Personen zu erleichtern und erforderlichenfalls

selbst durchzuführen, wenn sie unter anderen Umständen infolge von Feindseligkeiten oder Besetzung verstorben sind.

(3) Auskünfte über die nach Absatz 1 als vermißt gemeldeten Personen sowie Ersuchen um Erteilung solcher Auskünfte werden entweder unmittelbar oder über die Schutzmacht oder den Zentralen Suchdienst des Internationalen Komitees vom Roten Kreuz oder die nationalen Gesellschaften des Roten Kreuzes (Roten Halbmonds, Roten Löwen mit Roter Sonne) geleitet. Werden die Auskünfte nicht über das Internationale Komitee vom Roten Kreuz und seinen Zentralen Suchdienst geleitet, so trägt jede am Konflikt beteiligte Partei dafür Sorge, daß die Auskünfte auch dem Zentralen Suchdienst übermittelt werden.

(4) Die am Konflikt beteiligten Parteien bemühen sich, Regelungen zu vereinbaren, die es Gruppen ermöglichen, im Kampfgebiet nach Toten zu suchen, sie zu identifizieren und zu bergen; diese Regelungen können vorsehen, daß diese Gruppen vom Personal der gegnerischen Partei begleitet werden, wenn sie ihren Auftrag in den von dieser Partei kontrollierten Gebieten ausführen. Die Mitglieder dieser Gruppen werden geschont und geschützt, solange sie sich ausschließlich diesem Auftrag widmen.

Art. 34 Sterbliche Überreste. (1) Sterbliche Überreste von Personen, die im Zusammenhang mit einer Besetzung oder während eines durch Besetzung oder Feindseligkeiten verursachten Freiheitsentzugs verstorben sind, und von Personen, die keine Angehörigen des Staates waren, in dem sie infolge von Feindseligkeiten verstorben sind, werden geachtet; auch die Grabstätten aller dieser Personen werden nach Artikel 130 des IV. Abkommens geachtet, instandgehalten und gekennzeichnet, soweit die Überreste oder Grabstätten nicht auf Grund der Abkommen und dieses Protokolls eine günstigere Behandlung erfahren würden.

(2) Sobald die Umstände und die Beziehungen zwischen den gegnerischen Parteien es gestatten, treffen die Hohen Vertragsparteien, in deren Hoheitsgebiet Gräber beziehungsweise andere Stätten gelegen sind, in denen sich die sterblichen Überreste der infolge von Feindseligkeiten oder während einer Besetzung oder eines Freiheitsentzugs Verstorbenen befinden, Vereinbarungen,

a) um den Hinterbliebenen und den Vertretern amtlicher Gräberregistrierungsdienste den Zugang zu den Grabstätten zu erleichtern und Vorschriften über die praktische Durchführung betreffend diesen Zugang zu erlassen;

b) um die dauernde Achtung und Instandhaltung der Grabstätten sicherzustellen;

c) um die Überführung der sterblichen Überreste und der persönlichen Habe des Verstorbenen in sein Heimatland auf dessen Antrag oder, sofern dieses Land keinen Einwand erhebt, auf Antrag der Hinterbliebenen zu erleichtern.

(3) Sind keine Vereinbarungen nach Absatz 2 Buchstabe b oder c getroffen und ist das Heimatland des Verstorbenen nicht bereit, auf eigene Kosten für die Instandhaltung der Grabstätten zu sorgen, so kann die Hohe Vertragspartei, in deren Hoheitsgebiet die Grabstätten gelegen sind, anbieten, die Überführung der sterblichen Überreste in das Heimatland zu erleichtern. Wird ein solches Angebot innerhalb von fünf Jahren nicht angenommen, so kann die Hohe Vertragspartei nach gebührender Unterrichtung des Heimatlands ihre eigenen Rechtsvorschriften betreffend Friedhöfe und Grabstätten anwenden.

(4) Die Hohe Vertragspartei, in deren Hoheitsgebiet die in diesem Artikel bezeichneten Grabstätten gelegen sind, ist zur Exhumierung der sterblichen Überreste nur berechtigt,

a) wenn die Exhumierung nach Maßgabe der Absätze 2 Buchstabe c und 3 erfolgt oder

b) wenn die Exhumierung im zwingenden öffentlichen Interesse geboten ist, unter anderem aus Gründen der Gesundheitsvorsorge und zum Zweck der Nachforschung; in diesem Fall behandelt die Hohe Vertragspartei die Überreste jederzeit mit Achtung; sie setzt das Heimatland von der beabsichtigten Exhumierung in Kenntnis und teilt ihm Einzelheiten über den für die Wiederbestattung vorgesehenen Ort mit.

Teil III. Methoden und Mittel der Kriegsführung Kombattanten- und Kriegsgefangenenstatus

Abschnitt I. Methoden und Mittel der Kriegsführung

Art. 35 Grundregeln. (1) In einem bewaffneten Konflikt haben die am Konflikt beteiligten Parteien kein unbeschränktes Recht in der Wahl der Methoden und Mittel der Kriegführung.

(2) Es ist verboten, Waffen, Geschosse und Material sowie Methoden der Kriegführung zu verwenden, die geeignet sind, überflüssige Verletzungen oder unnötige Leiden zu verursachen.

(3) Es ist verboten, Methoden oder Mittel der Kriegführung zu verwenden, die dazu bestimmt sind oder von denen erwartet werden kann, daß sie ausgedehnte, langanhaltende und schwere Schäden der natürlichen Umwelt verursachen.

Art. 36 Neue Waffen. Jede Hohe Vertragspartei ist verpflichtet, bei der Prüfung, Entwicklung, Beschaffung oder Einführung neuer Waffen oder neuer Mittel oder Methoden der Kriegführung festzustellen, ob ihre Verwendung stets oder unter bestimmten Umständen durch dieses Protokoll oder durch eine andere auf die Hohe Vertragspartei anwendbare Regel des Völkerrechts verboten wäre.

Art. 37 Verbot der Heimtücke. (1) Es ist verboten, einen Gegner unter Anwendung von Heimtücke zu töten, zu verwunden oder gefangenzunehmen. Als Heimtücke gelten Handlungen, durch die ein Gegner in der Absicht, sein Vertrauen zu mißbrauchen, verleitet wird, darauf zu vertrauen, daß er nach den Regeln des in bewaffneten Konflikten anwendbaren Völkerrechts Anspruch auf Schutz hat oder verpflichtet ist, Schutz zu gewähren. Folgende Handlungen sind Beispiele für Heimtücke:

a) das Vortäuschen der Absicht, unter einer Parlamentärflagge zu verhandeln oder sich zu ergeben;
b) das Vortäuschen von Kampfunfähigkeit infolge Verwundung oder Krankheit;
c) das Vortäuschen eines zivilen oder Nichtkombattantenstatus;
d) das Vortäuschen eines geschützten Status durch Benutzung von Abzeichen, Emblemen oder Uniformen der Vereinten Nationen oder neutraler oder anderer nicht am Konflikt beteiligter Staaten.

(2) Kriegslisten sind nicht verboten. Kriegslisten sind Handlungen, die einen Gegner irreführen oder ihn zu unvorsichtigem Handeln veranlassen sollen, die aber keine Regel des in bewaffneten Konflikten anwendbaren Völkerrechts verletzen und nicht heimtückisch sind, weil sie den Gegner nicht verleiten sollen, auf den sich aus diesem Recht ergebenden Schutz zu vertrauen. Folgende Handlungen sind Beispiele für Kriegslisten: Tarnung, Scheinstellungen, Scheinoperationen und irreführende Informationen.

Art. 38 Anerkannte Kennzeichen. (1) Es ist verboten, das Schutzzeichen des Roten Kreuzes, des Roten Halbmonds oder des Roten Löwen mit Roter Sonne oder andere in den Abkommen oder in diesem Protokoll vorgesehene Zeichen, Kennzeichen oder Signale zu mißbrauchen. Es ist ferner verboten, in einem bewaffneten Konflikt andere Schutz verleihende international anerkannte Kennzeichen, Abzeichen oder Signale, einschließlich der Parlamentärflagge und des Schutzzeichens für Kulturgut, vorsätzlich zu mißbrauchen.

(2) Es ist verboten, das Emblem der Vereinten Nationen zu verwenden, sofern die Organisation dies nicht gestattet hat.

Art. 39 Nationalitätszeichen. (1) Es ist verboten, in einem bewaffneten Konflikt Flaggen oder militärische Kennzeichen, Abzeichen oder Uniformen neutraler oder anderer nicht am Konflikt beteiligter Staaten zu verwenden.

(2) Es ist verboten, Flaggen oder militärische Kennzeichen, Abzeichen oder Uniformen gegnerischer Parteien während eines Angriffs oder zu

dem Zweck zu verwenden, Kriegshandlungen zu decken, zu erleichtern, zu schützen oder zu behindern.

(3) Dieser Artikel oder Artikel 37 Absatz 1 Buchstabe d berührt nicht die bestehenden allgemein anerkannten Regeln des Völkerrechts, die auf Spionage oder auf den Gebrauch von Flaggen in der Seekriegführung anzuwenden sind.

Art. 40 Pardon. Es ist verboten, den Befehl zu erteilen, niemanden am Leben zu lassen, dies dem Gegner anzudrohen oder die Feindseligkeiten in diesem Sinne zu führen.

Art. 41 Schutz eines außer Gefecht befindlichen Gegners.

(1) Wer als außer Gefecht befindlich erkannt wird oder unter den gegebenen Umständen als solcher erkannt werden sollte, darf nicht angegriffen werden.

(2) Außer Gefecht befindlich ist,

a) wer sich in der Gewalt einer gegnerischen Partei befindet,

b) wer unmißverständlich seine Absicht bekundet, sich zu ergeben, oder

c) wer bewußtlos oder anderweitig durch Verwundung oder Krankheit kampfunfähig und daher nicht in der Lage ist, sich zu verteidigen,

sofern er in allen diesen Fällen jede feindselige Handlung unterläßt und nicht zu entkommen versucht.

(3) Sind Personen, die Anspruch auf Schutz als Kriegsgefangene haben, unter ungewöhnlichen Kampfbedingungen, die ihre Wegschaffung nach Teil III Abschnitt I des III. Abkommens nicht zulassen, in die Gewalt einer gegnerischen Partei geraten, so werden sie freigelassen, und es werden alle praktisch möglichen Vorkehrungen für ihre Sicherheit getroffen.

Art. 42 Insassen von Luftfahrzeugen. (1) Wer mit dem Fallschirm aus einem Luftfahrzeug abspringt, das sich in Not befindet, darf während des Absprungs nicht angegriffen werden.

(2) Wer mit dem Fallschirm aus einem Luftfahrzeug abgesprungen ist, das sich in Not befand, erhält, sobald er den Boden eines von einer gegnerischen Partei kontrollierten Gebiets berührt, Gelegenheit, sich zu ergeben, bevor er angegriffen wird, es sei denn, er begeht offensichtlich eine feindselige Handlung.

(3) Luftlandetruppen werden durch diesen Artikel nicht geschützt.

Abschnitt II. Kombattanten- und Kriegsgefangenenstatus

Art. 43 Streitkräfte. (1) Die Streitkräfte einer am Konflikt beteiligten Partei bestehen aus der Gesamtheit der organisierten bewaffneten

Verbände, Gruppen und Einheiten, die einer Führung unterstehen, welche dieser Partei für das Verhalten ihrer Untergebenen verantwortlich ist; dies gilt auch dann, wenn diese Partei durch eine Regierung oder ein Organ vertreten ist, die von einer gegnerischen Partei nicht anerkannt werden. Diese Streitkräfte unterliegen einem internen Disziplinarsystem, das unter anderem die Einhaltung der Regeln des in bewaffneten Konflikten anwendbaren Völkerrechts gewährleistet.

(2) Die Angehörigen der Streitkräfte einer am Konflikt beteiligten Partei (mit Ausnahme des in Artikel 33 des III. Abkommens bezeichneten Sanitäts- und Seelsorgepersonals) sind Kombattanten, das heißt, sie sind berechtigt, unmittelbar an Feindseligkeiten teilzunehmen.

(3) Nimmt eine am Konflikt beteiligte Partei paramilitärische oder bewaffnete Vollzugsorgane in ihre Streitkräfte auf, so teilt sie dies den anderen am Konflikt beteiligten Parteien mit.

Art. 44 Kombattanten und Kriegsgefangene. (1) Ein Kombattant im Sinne des Artikels 43, der in die Gewalt einer gegnerischen Partei gerät, ist Kriegsgefangener.

(2) Obwohl alle Kombattanten verpflichtet sind, die Regeln des in bewaffneten Konflikten anwendbaren Völkerrechts einzuhalten, verwirkt ein Kombattant bei Verletzung dieser Regeln nicht das Recht, als Kombattant oder, wenn er in die Gewalt einer gegnerischen Partei gerät, als Kriegsgefangener zu gelten, ausgenommen in den in den Absätzen 3 und 4 bezeichneten Fällen.

(3) Um den Schutz der Zivilbevölkerung vor den Auswirkungen von Feindseligkeiten zu verstärken, sind die Kombattanten verpflichtet, sich von der Zivilbevölkerung zu unterscheiden, solange sie an einem Angriff oder an einer Kriegshandlung zur Vorbereitung eines Angriffs beteiligt sind. Da es jedoch in bewaffneten Konflikten Situationen gibt, in denen sich ein bewaffneter Kombattant wegen der Art der Feindseligkeiten nicht von der Zivilbevölkerung unterscheiden kann, behält er den Kombattantenstatus, vorausgesetzt, daß er in solchen Fällen

a) während jedes militärischen Einsatzes seine Waffen offen trägt und
b) während eines militärischen Aufmarsches vor Beginn eines Angriffs, an dem er teilnehmen soll, seine Waffen so lange offen trägt, wie er für den Gegner sichtbar ist. Handlungen, die den in diesem Absatz genannten Voraussetzungen entsprechen, gelten nicht als heimtückisch im Sinne des Artikels 37 Absatz 1 Buchstabe c.

(4) Ein Kombattant, der in die Gewalt einer gegnerischen Partei gerät und die in Absatz 3 Satz 2 genannten Voraussetzungen nicht erfüllt, verwirkt sein Recht, als Kriegsgefangener zu gelten; er genießt jedoch in jeder Hinsicht den Schutz, der dem den Kriegsgefangenen durch das III. Abkommen und dieses Protokoll gewährten Schutz entspricht. Hierzu gehört auch der Schutz, der dem den Kriegsgefangenen durch das III. Ab-

kommen gewährten Schutz entspricht, wenn eine solche Person wegen einer von ihr begangenen Straftat vor Gericht gestellt und bestraft wird.

(5) Ein Kombattant, der in die Gewalt einer gegnerischen Partei gerät, während er nicht an einem Angriff oder an einer Kriegshandlung zur Vorbereitung eines Angriffs beteiligt ist, verwirkt wegen seiner früheren Tätigkeit nicht sein Recht, als Kombattant und Kriegsgefangener zu gelten.

(6) Dieser Artikel berührt nicht das Recht einer Person, nach Artikel 4 des III. Abkommens als Kriegsgefangener zu gelten.

(7) Dieser Artikel bezweckt nicht, die allgemein anerkannte Staatenpraxis in bezug auf das Tragen von Uniformen durch Kombattanten zu ändern, die den regulären, uniformierten bewaffneten Einheiten einer am Konflikt beteiligten Partei angehören.

(8) Außer den in Artikel 13 des I. und II. Abkommens genannten Kategorien von Personen haben alle in Artikel 43 dieses Protokolls bezeichneten Mitglieder der Streitkräfte einer am Konflikt beteiligten Partei Anspruch auf Schutz nach den genannten Abkommen, wenn sie verwundet oder krank oder – im Fall des II. Abkommens – auf See oder in anderen Gewässern schiffbrüchig sind.

Art. 45 Schutz von Personen, die an Feindseligkeiten teilgenommen haben. (1) Es wird vermutet, daß derjenige, der an Feindseligkeiten teilnimmt und in die Gewalt einer gegnerischen Partei gerät, Kriegsgefangener und daher durch das III. Abkommen geschützt ist, wenn er den Kriegsgefangenenstatus beansprucht, wenn er Anspruch darauf zu haben scheint oder wenn die Partei, der er angehört, in einer Mitteilung an die Gewahrsamsmacht oder die Schutzmacht diesen Status für ihn beansprucht. Bestehen Zweifel, ob eine solche Person Anspruch auf den Kriegsgefangenenstatus hat, so genießt sie weiterhin so lange diesen Status und damit den Schutz des III. Abkommens und dieses Protokolls, bis ein zuständiges Gericht über ihren Status entschieden hat.

(2) Wer in die Gewalt einer gegnerischen Partei geraten ist, nicht als Kriegsgefangener in Gewahrsam gehalten wird und von dieser Partei wegen einer im Zusammenhang mit den Feindseligkeiten begangenen Straftat gerichtlich verfolgt werden soll, ist berechtigt, sich vor einem Gericht auf seinen Status als Kriegsgefangener zu berufen und eine diesbezügliche Entscheidung des Gerichts herbeizuführen. Sofern das anwendbare Verfahren es zuläßt, ist diese Entscheidung zu fällen, bevor über die Straftat verhandelt wird. Die Vertreter der Schutzmacht sind berechtigt, den Verhandlungen über die Entscheidung dieser Frage beizuwohnen, sofern nicht im Interesse der Staatssicherheit ausnahmsweise unter Ausschluß der Öffentlichkeit verhandelt wird. In diesem Fall hat die Gewahrsamsmacht die Schutzmacht entsprechend zu benachrichtigen.

(3) Wer an Feindseligkeiten teilgenommen hat, keinen Anspruch auf den Status eines Kriegsgefangenen hat und keine günstigere Behandlung nach dem IV. Abkommen genießt, hat jederzeit Anspruch auf den Schutz nach Artikel 75 dieses Protokolls. In besetztem Gebiet hat eine solche Person, sofern sie nicht als Spion in Gewahrsam gehalten wird, ungeachtet des Artikels 5 des IV. Abkommens außerdem die in dem Abkommen vorgesehenen Rechte auf Verbindung mit der Außenwelt.

Art. 46 Spione. (1) Ungeachtet anderslautender Bestimmungen der Abkommen oder dieses Protokolls hat ein Angehöriger der Streitkräfte einer am Konflikt beteiligten Partei, der bei Ausübung von Spionage in die Gewalt einer gegnerischen Partei gerät, keinen Anspruch auf den Status eines Kriegsgefangenen und kann als Spion behandelt werden.

(2) Wenn sich ein Angehöriger oder Streitkräfte einer am Konflikt beteiligten Partei für diese Partei in einem von einer gegnerischen Partei kontrollierten Gebiet Informationen beschafft oder zu beschaffen versucht, so gilt dies nicht als Spionage, wenn er dabei die Uniform seiner Streitkräfte trägt.

(3) Wenn sich ein Angehöriger der Streitkräfte einer am Konflikt beteiligten Partei, der in einem von einer gegnerischen Partei besetzten Gebiet ansässig ist und für die Partei, der er angehört, in diesem Gebiet Informationen von militärischem Wert beschafft oder zu beschaffen versucht, so gilt dies nicht als Spionage, sofern er nicht unter Vorspiegelung falscher Tatsachen oder bewußt heimlich tätig wird. Ferner verliert eine solche Person nur dann ihren Anspruch auf den Status eines Kriegsgefangenen und darf nur dann als Spion behandelt werden, wenn sie bei einer Spionagetätigkeit gefangengenommen wird.

(4) Ein Angehöriger der Streitkräfte einer am Konflikt beteiligten Partei, der in einem von einer gegnerischen Partei besetzten Gebiet nicht ansässig ist und dort Spionage betrieben hat, verliert nur dann seinen Anspruch auf den Status eines Kriegsgefangenen und darf nur dann als Spion behandelt werden, wenn er gefangengenommen wird, bevor er zu den Streitkräften, zu denen er gehört, zurückgekehrt ist.

Art. 47 Söldner. (1) Ein Söldner hat keinen Anspruch auf den Status eines Kombattanten oder eines Kriegsgefangenen.

(2) Als Söldner gilt,

a) wer im Inland oder Ausland zu dem besonderen Zweck angeworben ist, in einem bewaffneten Konflikt zu kämpfen,
b) wer tatsächlich unmittelbar an Feindseligkeiten teilnimmt,
c) wer an Feindseligkeiten vor allem aus Streben nach persönlichem Gewinn teilnimmt und wer von oder im Namen einer am Konflikt beteiligten Partei tatsächlich die Zusage einer materiellen Vergütung erhalten hat, die wesentlich höher ist als die den Kombattanten der Streitkräfte

dieser Partei in vergleichbarem Rang und mit ähnlichen Aufgaben zugesagte oder gezahlte Vergütung,

d) wer weder Staatsangehöriger einer am Konflikt beteiligten Partei ist noch in einem von einer am Konflikt beteiligten Partei kontrollierten Gebiet ansässig ist,

e) wer nicht Angehöriger der Streitkräfte einer am Konflikt beteiligten Partei ist und

f) wer nicht von einem nicht am Konflikt beteiligten Staat in amtlichem Auftrag als Angehöriger seiner Streitkräfte entsandt worden ist.

Teil IV. Zivilbevölkerung

Abschnitt I. Allgemeiner Schutz vor den Auswirkungen von Feindseligkeiten

Kapitel I. Grundregel und Anwendungsbereich

Art. 48 Grundregel. Um Schonung und Schutz der Zivilbevölkerung und ziviler Objekte zu gewährleisten, unterscheiden die am Konflikt beteiligten Parteien jederzeit zwischen der Zivilbevölkerung und Kombattanten sowie zwischen zivilen Objekten und militärischen Zielen; sie dürfen daher ihre Kriegshandlungen nur gegen militärische Ziele richten.

Art. 49 Bestimmung des Begriffs „Angriffe" und Anwendungsbereich. (1) Der Begriff „Angriffe" bezeichnet sowohl eine offensive als auch eine defensive Gewaltanwendung gegen den Gegner.

(2) Die Bestimmungen dieses Protokolls, die Angriffe betreffen, finden auf jeden Angriff Anwendung, gleichviel in welchem Gebiet er stattfindet, einschließlich des Hoheitsgebiets einer am Konflikt beteiligten Partei, das der Kontrolle einer gegnerischen Partei unterliegt.

(3) Dieser Abschnitt findet auf jede Kriegführung zu Land, in der Luft oder auf See Anwendung, welche die Zivilbevölkerung, Zivilpersonen oder zivile Objekte auf dem Land in Mitleidenschaft ziehen kann. Er findet ferner auf jeden von See oder aus der Luft gegen Ziele auf dem Land geführten Angriff Anwendung, läßt aber im übrigen die Regeln des in bewaffneten Konflikten auf See oder in der Luft anwendbaren Völkerrechts unberührt.

(4) Dieser Abschnitt ergänzt die im IV. Abkommen, insbesondere in dessen Teil II, und in anderen die Hohen Vertragsparteien bindenden internationalen Übereinkünften enthaltenen Vorschriften über humanitären Schutz sowie sonstige Regeln des Völkerrechts, die den Schutz von Zivilpersonen und zivilen Objekten zu Land, auf See oder in der Luft vor den Auswirkungen von Feindseligkeiten betreffen.

Kapitel II. Zivilpersonen und Zivilbevölkerung

Art. 50 Bestimmung der Begriffe Zivilpersonen und Zivilbevölkerung. (1) Zivilperson ist jede Person, die keiner der in Artikel 4 Buchstabe A Absätze 1, 2, 3 und 6 des III. Abkommens und in Artikel 43 dieses Protokolls bezeichneten Kategorien angehört. Im Zweifelsfall gilt die betreffende Person als Zivilperson.

(2) Die Zivilbevölkerung umfaßt alle Zivilpersonen.

(3) Die Zivilbevölkerung bleibt auch dann Zivilbevölkerung, wenn sich unter ihr einzelne Personen befinden, die nicht Zivilpersonen im Sinne dieser Begriffsbestimmung sind.

Art. 51 Schutz der Zivilbevölkerung. (1) Die Zivilbevölkerung und einzelne Zivilpersonen genießen allgemeinen Schutz vor den von Kriegshandlungen ausgehenden Gefahren. Um diesem Schutz Wirksamkeit zu verleihen, sind neben den sonstigen Regeln des anwendbaren Völkerrechts folgende Vorschriften unter allen Umständen zu beachten.

(2) Weder die Zivilbevölkerung als solche noch einzelne Zivilpersonen dürfen das Ziel von Angriffen sein. Die Anwendung oder Androhung von Gewalt mit dem hauptsächlichen Ziel, Schrecken unter der Zivilbevölkerung zu verbreiten, ist verboten.

(3) Zivilpersonen genießen den durch diesen Abschnitt gewährten Schutz, sofern und solange sie nicht unmittelbar an Feindseligkeiten teilnehmen.[1]

(4) Unterschiedslose Angriffe sind verboten. Unterschiedslose Angriffe sind

a) Angriffe, die nicht gegen ein bestimmtes militärisches Ziel gerichtet werden,

b) Angriffe, bei denen Kampfmethoden oder -mittel angewendet werden, die nicht gegen ein bestimmtes militärisches Ziel gerichtet werden können, oder

c) Angriffe, bei denen Kampfmethoden oder -mittel angewendet werden, deren Wirkungen nicht entsprechend den Vorschriften dieses Protokolls begrenzt werden können

und die daher in jedem dieser Fälle militärische Ziele und Zivilpersonen oder zivile Objekte unterschiedslos treffen können.

(5) Unter anderem sind folgende Angriffsarten als unterschiedslos anzusehen:

a) ein Angriff durch Bombardierung – gleichviel mit welchen Methoden oder Mitteln – bei dem mehrere deutlich voneinander getrennte militärische Einzelziele in einer Stadt, einem Dorf oder einem sonstigen Gebiet, in dem Zivilpersonen oder zivile Objekte ähnlich stark konzentriert sind, wie ein einziges militärisches Ziel behandelt werden, und

[1] Vgl. hierzu auch die IKRK-Studie (N. Melzer) "Direct Participation in Hostilities" (2009 – auch zum Download: http://www.icrc.org/eng/war-and-law).

b) ein Angriff, bei dem damit zu rechnen ist, daß er auch Verluste an Menschenleben unter der Zivilbevölkerung, die Verwundung von Zivilpersonen, die Beschädigung ziviler Objekte oder mehrere derartige Folgen zusammen verursacht, die in keinem Verhältnis zum erwarteten konkreten und unmittelbaren militärischen Vorteil stehen.

(6) Angriffe gegen die Zivilbevölkerung oder gegen Zivilpersonen als Repressalie sind verboten.

(7) Die Anwesenheit oder Bewegung der Zivilbevölkerung oder einzelner Zivilpersonen dürfen nicht dazu benutzt werden, Kriegshandlungen von bestimmten Punkten oder Gebieten fernzuhalten, insbesondere durch Versuche, militärische Ziele vor Angriffen abzuschirmen oder Kriegshandlungen zu decken, zu begünstigen oder zu behindern. Die am Konflikt beteiligten Parteien dürfen Bewegungen der Zivilbevölkerung oder einzelner Zivilpersonen nicht zu dem Zweck lenken, militärische Ziele vor Angriffen abzuschirmen oder Kriegshandlungen zu decken.

(8) Eine Verletzung dieser Verbote enthebt die am Konflikt beteiligten Parteien nicht ihrer rechtlichen Verpflichtungen gegenüber der Zivilbevölkerung und Zivilpersonen, einschließlich der Verpflichtung, die in Artikel 57 vorgesehenen vorsorglichen Maßnahmen zu treffen.

Kapitel III. Zivile Objekte

Art. 52 Allgemeiner Schutz ziviler Objekte. (1) Zivile Objekte dürfen weder angegriffen noch zum Gegenstand von Repressalien gemacht werden. Zivile Objekte sind alle Objekte, die nicht militärische Ziele im Sinne des Absatzes 2 sind.

(2) Angriffe sind streng auf militärische Ziele zu beschränken. Soweit es sich um Objekte handelt, gelten als militärische Ziele nur solche Objekte, die auf Grund ihrer Beschaffenheit, ihres Standorts, ihrer Zweckbestimmung oder ihrer Verwendung wirksam zu militärischen Handlungen beitragen und deren gänzliche oder teilweise Zerstörung, deren Inbesitznahme oder Neutralisierung unter den in dem betreffenden Zeitpunkt gegebenen Umständen einen eindeutigen militärischen Vorteil darstellt.

(3) Im Zweifelsfall wird vermutet, daß ein in der Regel für zivile Zwecke bestimmtes Objekt, wie beispielsweise eine Kultstätte, ein Haus, eine sonstige Wohnstätte oder eine Schule, nicht dazu verwendet wird, wirksam zu militärischen Handlungen beizutragen.

Art. 53 Schutz von Kulturgut und Kultstätten. Unbeschadet der Bestimmungen der Haager Konvention vom 14. Mai 1954 zum Schutz von Kulturgut bei bewaffneten Konflikten[1] und anderer einschlägiger internationaler Übereinkünfte ist es verboten,

[1] Abgedruckt unter Nr. **56** sowie die beiden Zusatzprotokolle (1954 und 1999, abgedruckt unter Nr. **56 a** und **56 b**).

a) feindselige Handlungen gegen geschichtliche Denkmäler, Kunstwerke oder Kultstätten zu begehen, die zum kulturellen oder geistigen Erbe der Völker gehören,

b) solche Objekte zur Unterstützung des militärischen Einsatzes zu verwenden oder

c) solche Objekte zum Gegenstand von Repressalien zu machen.

Art. 54 Schutz der für die Zivilbevölkerung lebensnotwendigen Objekte. (1) Das Aushungern von Zivilpersonen als Mittel der Kriegführung ist verboten.

(2) Es ist verboten, für die Zivilbevölkerung lebensnotwendige Objekte wie Nahrungsmittel, zur Erzeugung von Nahrungsmitteln genutzte landwirtschaftliche Gebiete, Ernte- und Viehbestände, Trinkwasserversorgungsanlagen und -vorräte sowie Bewässerungsanlagen anzugreifen, zu zerstören, zu entfernen oder unbrauchbar zu machen, um sie wegen ihrer Bedeutung für den Lebensunterhalt der Zivilbevölkerung oder der gegnerischen Partei vorzuenthalten, gleichviel ob Zivilpersonen ausgehungert oder zum Fortziehen veranlaßt werden sollen oder ob andere Gründe maßgebend sind.

(3) Die in Absatz 2 vorgesehenen Verbote finden keine Anwendung, wenn die aufgeführten Objekte von einer gegnerischen Partei

a) ausschließlich zur Versorgung der Angehörigen ihrer Streitkräfte benutzt werden,

b) zwar nicht zur Versorgung, aber zur unmittelbaren Unterstützung einer militärischen Handlung benutzt werden; jedoch darf gegen diese Objekte keinesfalls so vorgegangen werden, daß eine unzureichende Versorgung der Zivilbevölkerung mit Lebensmitteln oder Wasser zu erwarten wäre, durch die sie einer Hungersnot ausgesetzt oder zum Weggang gezwungen würde.

(4) Diese Objekte dürfen nicht zum Gegenstand von Repressalien gemacht werden.

(5) In Anbetracht der lebenswichtigen Erfordernisse jeder am Konflikt beteiligten Partei bei der Verteidigung ihres Hoheitsgebiets gegen eine Invasion sind einer am Konflikt beteiligten Partei in diesem Gebiet, soweit es ihrer Kontrolle unterliegt, Abweichungen von den Verboten des Absatzes 2 gestattet, wenn eine zwingende militärische Notwendigkeit dies erfordert.

Art. 55 Schutz der natürlichen Umwelt.[1] (1) Bei der Kriegführung ist darauf zu achten, daß die natürliche Umwelt vor ausgedehnten, langanhaltenden und schweren Schäden geschützt wird. Dieser

[1] Vgl. hierzu auch das Übereinkommen v. 10. 12. 1976 über das Verbot der militärischen oder einer sonstigen feindseligen Nutzung umweltverändernder Techniken (ENMOD Convention), BGBl. 1983 II S. 125 (am 5. 10. 1978 in Kraft getreten, für Deutschland am 24. 5. 1983).

Schutz schließt das Verbot der Anwendung von Methoden oder Mitteln der Kriegführung ein, die dazu bestimmt sind oder von denen erwartet werden kann, daß sie derartige Schäden der natürlichen Umwelt verursachen und dadurch Gesundheit oder Überleben der Bevölkerung gefährden.

(2) Angriffe gegen die natürliche Umwelt als Repressalie sind verboten.

Art. 56 Schutz von Anlagen und Einrichtungen, die gefährliche Kräfte enthalten. (1) Anlagen oder Einrichtungen, die gefährliche Kräfte enthalten, nämlich Staudämme, Deiche und Kernkraftwerke, dürfen auch dann nicht angegriffen werden, wenn sie militärische Ziele darstellen, sofern ein solcher Angriff gefährliche Kräfte freisetzen und dadurch schwere Verluste unter der Zivilbevölkerung verursachen kann. Andere militärische Ziele, die sich an diesen Anlagen oder Einrichtungen oder in deren Nähe befinden, dürfen nicht angegriffen werden, wenn ein solcher Angriff gefährliche Kräfte freisetzen und dadurch schwere Verluste unter der Zivilbevölkerung verursachen kann.

(2) Der in Absatz 1 vorgesehene besondere Schutz vor Angriffen endet

a) bei Staudämmen oder Deichen nur dann, wenn sie zu anderen als ihren gewöhnlichen Zwecken und zur regelmäßigen, bedeutenden und unmittelbaren Unterstützung von Kriegshandlungen benutzt werden und wenn ein solcher Angriff das einzige praktisch mögliche Mittel ist, um diese Unterstützung zu beenden;

b) bei Kernkraftwerken nur dann, wenn sie elektrischen Strom zur regelmäßigen, bedeutenden und unmittelbaren Unterstützung von Kriegshandlungen liefern und wenn ein solcher Angriff das einzige praktisch mögliche Mittel ist, um diese Unterstützung zu beenden;

c) bei anderen militärischen Zielen, die sich an Anlagen oder Einrichtungen oder in deren Nähe befinden, nur dann, wenn sie zur regelmäßigen, bedeutenden und unmittelbaren Unterstützung von Kriegshandlungen benutzt werden, und wenn ein solcher Angriff das einzige praktisch mögliche Mittel ist, um die Unterstützung zu beenden.

(3) In allen Fällen haben die Zivilbevölkerung und die einzelnen Zivilpersonen weiterhin Anspruch auf jeden ihnen durch das Völkerrecht gewährten Schutz, einschließlich der in Artikel 57 vorgesehenen vorsorglichen Maßnahmen. Endet der Schutz und werden Anlagen, Einrichtungen oder militärische Ziele der in Absatz 1 genannten Art angegriffen, so sind alle praktisch möglichen Vorsichtsmaßnahmen zu treffen, um das Freisetzen gefährlicher Kräfte zu verhindern.

(4) Es ist verboten, Anlagen, Einrichtungen oder militärische Ziele der in Absatz 1 genannten Art zum Gegenstand von Repressalien zu machen.

(5) Die am Konflikt beteiligten Parteien bemühen sich, in der Nähe der in Absatz 1 genannten Anlagen oder Einrichtungen keine militärischen Ziele anzulegen. Einrichtungen, die nur zu dem Zweck erstellt wurden, geschützte Anlagen oder Einrichtungen gegen Angriffe zu verteidigen, sind jedoch erlaubt und dürfen selbst nicht angegriffen werden,

sofern sie bei Feindseligkeiten nur für Verteidigungsmaßnahmen benutzt werden, die zur Erwiderung von Angriffen auf die geschützten Anlagen und Einrichtungen erforderlich sind, und sofern die Waffen, mit denen sie ausgerüstet sind, lediglich zur Abwehr einer feindlichen Handlung gegen die geschützten Anlagen oder Einrichtungen dienen können.

(6) Die Hohen Vertragsparteien und die am Konflikt beteiligten Parteien werden dringend aufgefordert, untereinander weitere Übereinkünfte für den zusätzlichen Schutz von Objekten zu schließen, die gefährliche Kräfte enthalten.

(7) Um das Erkennen der durch diesen Artikel geschützten Objekte zu erleichtern, können die am Konflikt beteiligten Parteien sie mit einem besonderen Kennzeichen versehen, das entsprechend Artikel 16 des Anhangs I dieses Protokolls aus einer Gruppe von drei in einer Linie angeordneten, leuchtend orangefarbenen Kreisen besteht. Das Fehlen einer solchen Kennzeichnung enthebt die am Konflikt beteiligten Parteien in keiner Weise ihrer Verpflichtungen aus dem vorliegenden Artikel.

Kapitel IV. Vorsorgliche Maßnahmen

Art. 57 Vorsichtsmaßnahmen beim Angriff. (1) Bei Kriegshandlungen ist stets darauf zu achten, daß die Zivilbevölkerung, Zivilpersonen und zivile Objekte verschont bleiben.

(2) Im Zusammenhang mit Angriffen sind folgende Vorsichtsmaßnahmen zu treffen:

a) Wer einen Angriff plant oder beschließt,
   i) hat alles praktisch Mögliche zu tun, um sicherzugehen, daß die Angriffsziele weder Zivilpersonen noch zivile Objekte sind und nicht unter besonderem Schutz stehen, sondern militärische Ziele im Sinne des Artikels 52 Absatz 2 sind und daß der Angriff nicht nach diesem Protokoll verboten ist;
   ii) hat bei der Wahl der Angriffsmittel und -methoden alle praktisch möglichen Vorsichtsmaßnahmen zu treffen, um Verluste unter der Zivilbevölkerung, die Verwundung von Zivilpersonen und die Beschädigung ziviler Objekte, die dadurch mit verursacht werden könnten, zu vermeiden und in jedem Fall auf ein Mindestmaß zu beschränken;
   iii) hat von jedem Angriff Abstand zu nehmen, bei dem damit zu rechnen ist, daß er auch Verluste unter der Zivilbevölkerung, die Verwundung von Zivilpersonen, die Beschädigung ziviler Objekte oder mehrere derartige Folgen zusammen verursacht, die in keinem Verhältnis zum erwarteten konkreten und unmittelbaren militärischen Vorteil stehen;

b) ein Angriff ist endgültig oder vorläufig einzustellen, wenn sich erweist, daß sein Ziel nicht militärischer Art ist, daß es unter besonderem Schutz steht oder daß damit zu rechnen ist, daß der Angriff auch Verluste unter

(Fortsetzung nächstes Blatt)

der Zivilbevölkerung, die Verwundung von Zivilpersonen, die Beschädigung ziviler Objekte oder mehrere derartige Folgen zusammen verursacht, die in keinem Verhältnis zum erwarteten konkreten und unmittelbaren militärischen Vorteil stehen;

c) Angriffen, durch welche die Zivilbevölkerung in Mitleidenschaft gezogen werden kann, muß eine wirksame Warnung vorausgehen, es sei denn, die gegebenen Umstände erlaubten dies nicht.

(3) Ist eine Wahl zwischen mehreren militärischen Zielen möglich, um einen vergleichbaren militärischen Vorteil zu erringen, so ist dasjenige Ziel zu wählen, dessen Bekämpfung Zivilpersonen und zivile Objekte voraussichtlich am wenigsten gefährden wird.

(4) Bei Kriegshandlungen auf See oder in der Luft hat jede am Konflikt beteiligte Partei im Einklang mit den Rechten und Pflichten, die sich aus den Regeln des in bewaffneten Konflikten anwendbaren Völkerrechts für sie ergeben, alle angemessenen Vorsichtsmaßnahmen zu treffen, um Verluste unter der Zivilbevölkerung und die Beschädigung ziviler Objekte zu vermeiden.

(5) Die Bestimmungen dieses Artikels sind nicht so auszulegen, als erlaubten sie Angriffe auf die Zivilbevölkerung, Zivilpersonen oder zivile Objekte.

Art. 58 Vorsichtsmaßnahmen gegen die Wirkungen von Angriffen. Soweit dies praktisch irgend möglich ist, werden die am Konflikt beteiligten Parteien

a) sich unbeschadet des Artikels 49 des IV. Abkommens bemühen, die Zivilbevölkerung, einzelne Zivilpersonen und zivile Objekte, die ihrer Herrschaft unterstehen, aus der Umgebung militärischer Ziele zu entfernen;

b) es vermeiden, innerhalb oder in der Nähe dicht bevölkerter Gebiete militärische Ziele anzulegen;

c) weitere notwendige Vorsichtsmaßnahmen treffen, um die Zivilbevölkerung, einzelne Zivilpersonen und zivile Objekte, die ihrer Herrschaft unterstehen, vor den mit Kriegshandlungen verbundenen Gefahren zu schützen.

Kapitel V. Orte und Zonen unter besonderem Schutz

Art. 59 Unverteidigte Orte. (1) Unverteidigte Orte dürfen – gleichviel mit welchen Mitteln – von den am Konflikt beteiligten Parteien nicht angegriffen werden.

(2) Die zuständigen Behörden einer am Konflikt beteiligten Partei können jeden der gegnerischen Partei zur Besetzung offenstehenden bewohnten Ort in der Nähe oder innerhalb einer Zone, in der Streitkräfte mitein-

ander in Berührung gekommen sind, zum unverteidigten Ort erklären. Ein solcher Ort muß folgende Voraussetzungen erfüllen:

a) Alle Kombattanten sowie die beweglichen Waffen und die bewegliche militärische Ausrüstung müssen verlegt worden sein,
b) ortsfeste militärische Anlagen oder Einrichtungen dürfen nicht zu feindseligen Handlungen benutzt werden,
c) Behörden und Bevölkerung dürfen keine feindseligen Handlungen begehen und
d) es darf nichts zur Unterstützung von Kriegshandlungen unternommen werden.

(3) Die Voraussetzungen des Absatzes 2 sind auch dann erfüllt, wenn sich an diesem Ort Personen befinden, die durch die Abkommen und dieses Protokoll besonders geschützt sind, oder wenn dort Polizeikräfte zu dem alleinigen Zweck verblieben sind, die öffentliche Ordnung aufrechtzuerhalten.

(4) Die Erklärung nach Absatz 2 wird an die gegnerische Partei gerichtet; darin sind die Grenzen des unverteidigten Ortes so genau wie möglich festzulegen und zu beschreiben. Die am Konflikt beteiligte Partei, an welche die Erklärung gerichtet ist, bestätigt den Empfang und behandelt den Ort als unverteidigten Ort, es sei denn, daß die Voraussetzungen des Absatzes 2 nicht tatsächlich erfüllt sind; in diesem Fall hat sie die Partei, welche die Erklärung abgegeben hat, unverzüglich davon zu unterrichten. Selbst wenn die Voraussetzungen des Absatzes 2 nicht erfüllt sind, steht der Ort weiterhin unter dem Schutz der anderen Bestimmungen dieses Protokolls und der sonstigen Regeln des in bewaffneten Konflikten anwendbaren Völkerrechts.

(5) Die am Konflikt beteiligten Parteien können die Schaffung unverteidigter Orte vereinbaren, selbst wenn diese Orte nicht die Voraussetzungen des Absatzes 2 erfüllen. In der Vereinbarung sollen die Grenzen des unverteidigten Ortes so genau wie möglich festgelegt und beschrieben werden; falls erforderlich, können darin Überwachungsmethoden vorgesehen werden.

(6) Die Partei, in deren Gewalt sich ein von einer solchen Vereinbarung erfaßter Ort befindet, macht diesen nach Möglichkeit durch mit der anderen Partei zu vereinbarende Zeichen kenntlich; sie sind an Stellen anzubringen, wo sie deutlich sichtbar sind, insbesondere an den Ortsenden und Außengrenzen und an den Hauptstraßen.

(7) Ein Ort verliert seinen Status als unverteidigter Ort, wenn er die Voraussetzungen des Absatzes 2 oder der Vereinbarung nach Absatz 5 nicht mehr erfüllt. In einem solchen Fall steht der Ort weiterhin unter dem Schutz der anderen Bestimmungen dieses Protokolls und der sonstigen Regeln des in bewaffneten Konflikten anwendbaren Völkerrechts.

Art. 60 Entmilitarisierte Zonen. (1) Den am Konflikt beteiligten Parteien ist es verboten, ihre Kriegshandlungen auf Zonen auszudehnen, denen sie durch eine Vereinbarung den Status einer entmilitarisierten Zone zuerkannt haben, wenn diese Ausdehnung den Bestimmungen der betreffenden Vereinbarung zuwiderläuft.

(2) Es bedarf einer ausdrücklichen Vereinbarung; sie kann mündlich oder schriftlich, unmittelbar oder durch Vermittlung einer Schutzmacht oder einer unparteiischen humanitären Organisation getroffen werden und aus gegenseitigen übereinstimmenden Erklärungen bestehen. Die Vereinbarung kann sowohl in Friedenszeiten als auch nach Beginn der Feindseligkeiten getroffen werden; darin sollen die Grenzen der entmilitarisierten Zone so genau wie möglich festgelegt und beschrieben werden; falls erforderlich, werden darin Überwachungsmethoden vorgesehen.

(3) Gegenstand einer solchen Vereinbarung ist in der Regel eine Zone, die folgende Voraussetzungen erfüllt:

a) Alle Kombattanten sowie die beweglichen Waffen und die bewegliche militärische Ausrüstung müssen verlegt worden sein,
b) ortsfeste militärische Anlagen oder Einrichtungen dürfen nicht zu feindseligen Handlungen benutzt werden,
c) Behörden und Bevölkerung dürfen keine feindseligen Handlungen begehen und
d) jede mit militärischen Anstrengungen im Zusammenhang stehende Tätigkeit mit eingestellt worden sein.

Die am Konflikt beteiligten Parteien verständigen sich darüber, wie Buchstabe d auszulegen ist und welche Personen sich außer den in Absatz 4 genannten in der entmilitarisierten Zone aufhalten dürfen.

(4) Die Voraussetzungen des Absatzes 3 sind auch dann erfüllt, wenn sich in dieser Zone Personen befinden, die durch die Abkommen und dieses Protokoll besonders geschützt sind, oder wenn dort Polizeikräfte zu dem alleinigen Zweck verblieben sind, die öffentliche Ordnung aufrechtzuerhalten.

(5) Die Partei, in deren Gewalt sich eine solche Zone befindet, macht diese nach Möglichkeit durch mit der anderen Partei zu vereinbarende Zeichen kenntlich; sie sind an Stellen anzubringen, wo sie deutlich sichtbar sind, insbesondere an den Ortsenden, den Grenzen der Zone und an den Hauptstraßen.

(6) Nähern sich die Kämpfe einer entmilitarisierten Zone und haben die am Konflikt beteiligten Parteien eine entsprechende Vereinbarung getroffen, so darf keine von ihnen diese Zone für Zwecke benutzen, die mit Kriegshandlungen im Zusammenhang stehen, oder den Status der Zone einseitig aufheben.

(7) Verletzt eine am Konflikt beteiligte Partei erheblich die Bestimmungen des Absatzes 3 oder 6, so ist die andere Partei ihrer Verpflichtungen aus

der Vereinbarung enthoben, die der Zone den Status einer entmilitarisierten Zone zuerkennt. In einem solchen Fall verliert die Zone zwar ihren Status, steht aber weiterhin unter dem Schutz der anderen Bestimmungen dieses Protokolls und der sonstigen Regeln des in bewaffneten Konflikten anwendbaren Völkerrechts.

Kapitel VI. Zivilschutz

Art. 61 Begriffsbestimmungen und Anwendungsbereich. Im Sinne dieses Protokolls

a) bedeutet „Zivilschutz" die Erfüllung aller oder einzelner der nachstehend genannten humanitären Aufgaben zum Schutz der Zivilbevölkerung vor den Gefahren und zur Überwindung der unmittelbaren Auswirkungen von Feindseligkeiten oder Katastrophen sowie zur Schaffung der für ihr Überleben notwendigen Voraussetzungen. Diese Aufgaben sind
   i) Warndienst;
   ii) Evakuierung;
   iii) Bereitstellung und Verwaltung von Schutzräumen;
   iv) Durchführung von Verdunkelungsmaßnahmen;
   v) Bergung;
   vi) medizinische Versorgung einschließlich erster Hilfe und geistlichen Beistands;
   vii) Brandbekämpfung;
   viii) Aufspüren und Kennzeichnung von Gefahrenzonen;
   ix) Dekontaminierung und ähnliche Schutzmaßnahmen;
   x) Bereitstellung von Notunterkünften und -verpflegungsgütern;
   xi) Notdienst zur Wiederherstellung und Aufrechterhaltung der Ordnung in notleidenden Gebieten;
   xii) Notinstandsetzung unentbehrlicher öffentlicher Versorgungseinrichtungen;
   xiii) Bestattungsnotdienst;
   xiv) Hilfsdienste bei der Erhaltung lebensnotwendiger Objekte;
   xv) zur Wahrnehmung jeder dieser Aufgaben erforderliche zusätzliche Tätigkeiten, zu denen auch Planung und Organisation gehören;

b) bedeutet „Zivilschutzorganisationen" die von den zuständigen Behörden einer am Konflikt beteiligten Partei zur Wahrnehmung einer der unter Buchstabe a genannten Aufgaben geschaffenen oder zugelassenen Einrichtungen und anderen Einheiten, die ausschließlich diesen Aufgaben zugewiesen und ausschließlich dafür eingesetzt werden;

c) bedeutet „Personal" der Zivilschutzorganisationen die Personen, die eine am Konflikt beteiligte Partei ausschließlich der Wahrnehmung der unter Buchstabe a genannten Aufgaben zuweist, darunter das Personal, das von der zuständigen Behörde dieser Partei ausschließlich der Verwaltung dieser Organisationen zugewiesen wird;

d) bedeutet „Material" der Zivilschutzorganisationen die Ausrüstung, Vorräte und Transportmittel, welche diese Organisationen zur Wahrnehmung der unter Buchstabe a genannten Aufgaben verwenden.

Art. 62 Allgemeiner Schutz. (1) Die zivilen Zivilschutzorganisationen und ihr Personal werden nach Maßgabe der Bestimmungen dieses Protokolls und insbesondere dieses Abschnitts geschont und geschützt. Außer im Fall zwingender militärischer Notwendigkeit sind sie berechtigt, ihre Zivilschutzaufgaben wahrzunehmen.

(2) Absatz 1 findet auch auf Zivilpersonen Anwendung, die den zivilen Zivilschutzorganisationen nicht angehören, aber einem Aufruf der zuständigen Behörden Folge leisten und unter deren Zivilschutzaufgaben wahrnehmen.

(3) Gebäude und Material, die zu Zivilschutzzwecken benutzt werden, sowie Schutzbauten für die Zivilbevölkerung fallen unter Artikel 52. Zu Zivilschutzzwecken benutzte Objekte dürfen nur von der Partei, der sie gehören, zerstört oder zweckentfremdet werden.

Art. 63 Zivilschutz in besetzten Gebieten. (1) In besetzten Gebieten werden den zivilen Zivilschutzorganisationen von den Behörden die zur Wahrnehmung ihrer Aufgaben erforderlichen Erleichterungen gewährt. Ihr Personal darf unter keinen Umständen zu Tätigkeiten gezwungen werden, welche die ordnungsgemäße Wahrnehmung dieser Aufgaben behindern würden. Die Besatzungsmacht darf die Struktur oder die personelle Besetzung dieser Organisation nicht in einer Weise ändern, welche die wirksame Erfüllung ihres Auftrags beeinträchtigen könnte. Von diesen Organisationen darf nicht verlangt werden, den Staatsangehörigen oder Interessen dieser Macht Vorrang einzuräumen.

(2) Die Besatzungsmacht darf die zivilen Zivilschutzorganisationen nicht verpflichten, zwingen oder anhalten, ihre Aufgaben in irgendeiner für die Zivilbevölkerung abträglichen Weise wahrzunehmen.

(3) Die Besatzungsmacht kann aus Sicherheitsgründen das Zivilschutzpersonal entwaffnen.

(4) Die Besatzungsmacht darf Gebäude oder Material, die Zivilschutzorganisationen gehören oder von diesen benutzt werden, nicht zweckentfremden oder in Anspruch nehmen, wenn diese Zweckentfremdung oder Inanspruchnahme der Zivilbevölkerung zum Nachteil gereicht.

(5) Sofern die allgemeine Vorschrift des Absatzes 4 weiterhin beachtet wird, kann die Besatzungsmacht diese Mittel unter folgenden besonderen Bedingungen in Anspruch nehmen oder zweckentfremden:

a) Die Gebäude oder das Material werden für andere Bedürfnisse der Zivilbevölkerung benötigt und
b) die Inanspruchnahme oder Zweckentfremdung dauert nur so lange, wie diese Notwendigkeit besteht.

(6) Die Besatzungsmacht darf Schutzbauten, die der Zivilbevölkerung zur Verfügung stehen oder von ihr benötigt werden, nicht zweckentfremden oder in Anspruch nehmen.

Art. 64 Zivile Zivilschutzorganisationen neutraler oder anderer nicht am Konflikt beteiligter Staaten und internationale Koordinierungsorganisationen. (1) Die Artikel 62, 63, 65 und 66 finden auch auf Personal und Material ziviler Zivilschutzorganisationen neutraler oder anderer nicht am Konflikt beteiligter Staaten Anwendung, die im Hoheitsgebiet einer am Konflikt beteiligten Partei mit Zustimmung und unter der Leitung dieser Partei Zivilschutzaufgaben nach Artikel 61 wahrnehmen. Einer betroffenen gegnerischen Partei wird so bald wie möglich von dieser Hilfe Mitteilung gemacht. Diese Tätigkeit darf unter keinen Umständen als Einmischung in den Konflikt angesehen werden. Sie soll jedoch unter gebührender Berücksichtigung der Sicherheitsinteressen der betroffenen am Konflikt beteiligten Parteien ausgeübt werden.

(2) Am Konflikt beteiligte Parteien, welche die in Absatz 1 genannte Hilfe erhalten, und die Hohen Vertragsparteien, die sie gewähren, sollen gegebenenfalls die internationale Koordinierung dieser Zivilschutzmaßnahmen erleichtern. In diesem Fall findet dieses Kapitel auf die zuständigen internationalen Organisationen Anwendung.

(3) In besetzten Gebieten darf die Besatzungsmacht die Tätigkeit ziviler Zivilschutzorganisationen neutraler oder anderer nicht am Konflikt beteiligter Staaten sowie internationaler Koordinierungsorganisationen nur dann ausschließen oder einschränken, wenn sie die angemessene Wahrnehmung der Zivilschutzaufgaben mit eigenen Mitteln oder den Mitteln des besetzten Gebiets sicherstellen kann.

Art. 65 Ende des Schutzes. (1) Der Schutz, auf den zivile Zivilschutzorganisationen, ihr Personal, ihre Gebäude, ihre Schutzbauten und ihr Material Anspruch haben, darf nur dann enden, wenn sie außer ihren eigentlichen Aufgaben den Feind schädigende Handlungen begehen oder dazu verwendet werden. Jedoch endet der Schutz erst, nachdem eine Warnung, die möglichst eine angemessene Frist setzt, unbeachtet geblieben ist.

(2) Es gilt nicht als eine den Feind schädigende Handlung,

a) wenn Zivilschutzaufgaben unter der Weisung oder Aufsicht militärischer Dienststellen durchgeführt werden;

b) wenn ziviles Zivilschutzpersonal mit Militärpersonal bei der Wahrnehmung von Zivilschutzaufgaben zusammenarbeitet oder wenn einige Militärpersonen zivilen Zivilschutzorganisationen zugeteilt sind;

c) wenn die Wahrnehmung von Zivilschutzaufgaben auch militärischen Konfliktsopfern, insbesondere den außer Gefecht befindlichen, zugute kommt.

(3) Es gilt auch nicht als eine den Feind schädigende Handlung, wenn das zivile Zivilschutzpersonal leichte Handfeuerwaffen trägt, um die Ordnung aufrechtzuerhalten oder sich selbst zu verteidigen. In Gebieten, in denen Kämpfe zu Land stattfinden oder wahrscheinlich stattfinden werden, treffen die am Konflikt beteiligten Parteien jedoch geeignete Vorkehrungen, um diese Waffen auf Faustfeuerwaffen wie Pistolen oder Revolver zu beschränken, damit zwischen Zivilschutzpersonal und Kombattanten leichter unterschieden werden kann. Auch wenn das Zivilschutzpersonal in diesen Gebieten andere leichte Handfeuerwaffen trägt, wird es geschont und geschützt, sobald es als solches erkannt ist.

(4) Sind zivile Zivilschutzorganisationen in militärischer Weise organisiert oder ist ihr Personal dienstverpflichtet, so verlieren sie auch dadurch nicht den in diesem Kapitel gewährten Schutz.

Art. 66 Kennzeichnung. (1) Jede am Konflikt beteiligte Partei ist bemüht, sicherzustellen, dass ihre Zivilschutzorganisationen, deren Personal, Gebäude und Material erkennbar sind, solange sie ausschließlich zur Wahrnehmung von Zivilschutzaufgaben eingesetzt sind. Schutzbauten, die der Zivilbevölkerung zur Verfügung stehen, sollen in ähnlicher Weise erkennbar sein.

(2) Jede am Konflikt beteiligte Partei ist ferner bemüht, Methoden und Verfahren einzuführen und anzuwenden, die das Erkennen ziviler Schutzbauten sowie des Personals, der Gebäude und des Materials des Zivilschutzes ermöglichen, welche das internationale Schutzzeichen des Zivilschutzes tragen.

(3) In besetzten Gebieten und in Gebieten, in denen tatsächlich oder voraussichtlich Kampfhandlungen stattfinden, soll das Zivilpersonal des Zivilschutzes durch das internationale Schutzzeichen des Zivilschutzes und durch einen Ausweis, der seinen Status bescheinigt, erkennbar sein.

(4) Das internationale Schutzzeichen des Zivilschutzes besteht aus einem gleichseitigen blauen Dreieck auf orangefarbenem Grund, das zum Schutz von Zivilschutzorganisationen, ihres Personals, ihrer Gebäude und ihres Materials oder zum Schutz ziviler Schutzbauten verwendet wird.[1)]

(5) Neben dem Schutzzeichen können die am Konflikt beteiligten Parteien Erkennungssignale zur Kennzeichnung der Zivilschutzdienste vereinbaren.

(6) Die Anwendung der Absätze 1 bis 4 wird in Kapitel V des Anhangs I dieses Protokolls geregelt.

(7) In Friedenszeiten kann das in Absatz 4 beschriebene Zeichen mit Zustimmung der zuständigen nationalen Behörden zur Kennzeichnung der Zivilschutzdienste verwendet werden.

(8) Die Hohen Vertragsparteien und die am Konflikt beteiligten Parteien treffen die erforderlichen Maßnahmen, um die Verwendung des

---

1) Vgl. Art. 16 Abs. 1 Anhang I; abgedruckt am Ende der Nr. **54 a**.

internationalen Schutzzeichens des Zivilschutzes zu überwachen und um seinen Missbrauch zu verhüten und zu ahnden.

(9) Für die Kennzeichnung des Sanitäts- und Seelsorgepersonals sowie der Sanitätseinheiten und -transportmittel des Zivilschutzes gilt Artikel 18 ebenfalls.

Art. 67 Den Zivilschutzorganisationen zugeteilte Angehörige der Streitkräfte und militärische Einheiten. (1) Angehörige der Streitkräfte und militärische Einheiten, die den Zivilschutzorganisationen zugeteilt sind, werden geschont und geschützt,

a) wenn dieses Personal und diese Einheiten ständig für die Wahrnehmung einer der in Artikel 61 bezeichneten Aufgaben zugewiesen und ausschließlich dafür eingesetzt sind;

b) wenn das diesen Aufgaben zugewiesene Personal für die Dauer des Konflikts keine anderen militärischen Aufgaben wahrnimmt:

c) wenn dieses Personal sich deutlich von anderen Angehörigen der Streitkräfte durch auffälliges Tragen des ausreichend großen internationalen Schutzzeichens des Zivilschutzes unterscheidet und wenn es den in Kapitel V des Anhangs I dieses Protokolls bezeichneten Ausweis besitzt, der seinen Status bescheinigt;

d) wenn dieses Personal und diese Einheiten nur mit leichten Handfeuerwaffen ausgerüstet sind, um die Ordnung aufrechtzuerhalten oder sich selbst zu verteidigen. Artikel 65 Absatz 3 findet auch auf diesen Fall Anwendung;

e) wenn dieses Personal nicht unmittelbar an den Feindseligkeiten teilnimmt und neben seinen Zivilschutzaufgaben keine die gegnerische Partei schädigenden Handlungen begeht oder nicht für solche eingesetzt wird;

f) wenn dieses Personal und diese Einheiten ihre Zivilschutzaufgaben nur im Hoheitsgebiet ihrer Partei wahrnehmen.

Die Nichtbeachtung der Vorschriften des Buchstabens e durch einen Angehörigen der Streitkräfte, der durch die Vorschriften der Buchstaben a und b gebunden ist, ist verboten.

(2) Angehörige des in Zivilschutzorganisationen Dienst tuenden Militärpersonals, die in die Gewalt einer gegnerischen Partei geraten, werden Kriegsgefangene. In besetztem Gebiet können sie, jedoch nur im Interesse der Zivilbevölkerung dieses Gebiets, zu Zivilschutzaufgaben herangezogen werden, soweit dies erforderlich ist; wenn diese Arbeit gefährlich ist, müssen sie sich jedoch freiwillig gemeldet haben.

(3) Die Gebäude und größeren Ausrüstungsgegenstände und Transportmittel der militärischen Einheiten, die Zivilschutzorganisationen zugeteilt sind, müssen deutlich mit dem internationalen Schutzzeichen des Zivilschutzes gekennzeichnet sein. Dieses Zeichen muss eine angemessene Größe besitzen.

(4) Die Gebäude und das Material der militärischen Einheiten, die Zivilschutzorganisationen ständig zugeteilt sind und ausschließlich für die Wahrnehmung von Zivilschutzaufgaben eingesetzt werden, unterliegen, wenn sie in die Gewalt einer gegnerischen Partei geraten, weiterhin dem Kriegsrecht. Außer im Fall zwingender militärischer Notwendigkeit dürfen sie jedoch ihrer Bestimmung nicht entzogen werden, solange sie zur Wahrnehmung von Zivilschutzaufgaben benötigt werden, sofern nicht vorher Maßnahmen getroffen wurden, um den Bedürfnissen der Zivilbevölkerung in angemessener Weise zu genügen.

Abschnitt II. Hilfsmaßnahmen zugunsten der Zivilbevölkerung

Art. 68 Anwendungsbereich. Dieser Abschnitt findet auf die Zivilbevölkerung im Sinne dieses Protokolls Anwendung und ergänzt die Artikel 23, 55, 59, 60, 61 und 62 sowie die anderen einschlägigen Bestimmungen des IV. Abkommens.

Art. 69 Wesentliche Bedürfnisse in besetzten Gebieten. (1) Über die in Artikel 55 des IV. Abkommens bezeichneten Verpflichtungen betreffend die Versorgung mit Lebens- und Arzneimitteln hinaus sorgt die Besatzungsmacht im Rahmen aller ihr zur Verfügung stehenden Mittel und ohne jede nachteilige Unterscheidung auch für die Bereitstellung von Kleidung, Material für die Übernachtung, Notunterkünften, anderen für das Überleben der Zivilbevölkerung des besetzten Gebiets wesentlichen Versorgungsgütern und Kultgegenständen.

(2) Hilfsaktionen zugunsten der Zivilbevölkerung besetzter Gebiete werden durch die Artikel 59, 60, 61, 62, 108, 109, 110 und 111 des IV. Abkommens sowie durch Artikel 71 dieses Protokolls geregelt; sie werden unverzüglich durchgeführt.

Art. 70 Hilfsaktionen. (1) Ist die Zivilbevölkerung eines der Kontrolle einer am Konflikt beteiligten Partei unterliegenden Gebiets, das kein besetztes Gebiet ist, nicht ausreichend mit den in Artikel 69 genannten Versorgungsgütern versehen, so sind ohne jede nachteilige Unterscheidung unparteiische humanitäre Hilfsaktionen durchzuführen, sofern die davon betroffenen Parteien zustimmen. Hilfsangebote, welche die genannten Bedingungen erfüllen, gelten weder als Einmischung in den bewaffneten Konflikt noch als unfreundlicher Akt. Bei der Verteilung der Hilfssendungen werden zuerst Personen berücksichtigt, denen nach dem IV. Abkommen oder nach diesem Protokoll Vorzugsbehandlung oder besonderer Schutz zu gewähren ist, wie beispielsweise Kinder, schwangere Frauen, Wöchnerinnen und stillende Mütter.

(2) Die am Konflikt beteiligten Parteien und jede Hohe Vertragspartei genehmigen und erleichtern den schnellen und ungehinderten Durchlaß von Hilfssendungen, -ausrüstungen und -personal, die nach diesem Abschnitt bereitgestellt werden, auch wenn die Hilfe für die Zivilbevölkerung der gegnerischen Partei bestimmt ist.

(3) Die am Konflikt beteiligten Parteien und jede Hohe Vertragspartei, die den Durchlaß von Hilfssendungen, -ausrüstung und -personal nach Absatz 2 genehmigen,

a) haben das Recht, die technischen Einzelheiten für einen solchen Durchlaß, einschließlich einer Durchsuchung, festzulegen;
b) können ihre Genehmigung davon abhängig machen, daß die Verteilung der Hilfsgüter unter der örtlichen Aufsicht einer Schutzmacht erfolgt;
c) dürfen Hilfssendungen keiner anderen als ihrer ursprünglichen Bestimmung zuführen noch ihre Beförderung verzögern, ausgenommen in Fällen dringender Notwendigkeit im Interesse der betroffenen Zivilbevölkerung.

(4) Die am Konflikt beteiligten Parteien gewährleisten den Schutz der Hilfssendungen und erleichtern ihre schnelle Verteilung.

(5) Die am Konflikt beteiligten Parteien und jede betroffene Hohe Vertragspartei fördern und erleichtern eine wirksame internationale Koordinierung der in Absatz 1 genannten Hilfsaktionen.

Art. 71 An Hilfsaktionen beteiligtes Personal. (1) Im Bedarfsfall kann die bei einer Hilfsaktion geleistete Hilfe auch Hilfspersonal umfassen, namentlich für die Beförderung und Verteilung von Hilfssendungen; die Beteiligung dieses Personals bedarf der Zustimmung der Partei, in deren Hoheitsgebiet es seine Tätigkeit ausüben soll.

(2) Dieses Personal wird geschont und geschützt.

(3) Jede Partei, die Hilfssendungen empfängt, unterstützt soweit irgend möglich das in Absatz 1 genannte Personal bei der Erfüllung seines Hilfsauftrags. Nur im Fall zwingender militärischer Notwendigkeit darf die Tätigkeit des Hilfspersonals begrenzt oder seine Bewegungsfreiheit vorübergehend eingeschränkt werden.

(4) Das Hilfspersonal darf seinen Auftrag im Sinne dieses Protokolls unter keinen Umständen überschreiten. Es hat insbesondere die Sicherheitsbedürfnisse der Partei zu berücksichtigen, in deren Hoheitsgebiet es seine Aufgaben durchführt. Der Auftrag jedes Mitglieds des Hilfspersonals, das diese Bedingungen nicht beachtet, kann beendet werden.

Abschnitt III. Behandlung von Personen die sich in der Gewalt einer am Konflikt beteiligten Partei befinden

Kapitel I. Anwendungsbereich und Schutz von Personen und Objekten

Art. 72 Anwendungsbereich. Die Bestimmungen dieses Abschnitts ergänzen die im IV. Abkommen, insbesondere in dessen Teilen I und III, enthaltenen Vorschriften über den humanitären Schutz von Zivilpersonen und zivilen Objekten, die sich in der Gewalt einer am Konflikt beteiligten Partei befinden, sowie die sonstigen anwendbaren Regeln des Völkerrechts über den Schutz grundlegender Menschenrechte in einem internationalen bewaffneten Konflikt.

Art. 73 Flüchtlinge und Staatenlose. Personen, die vor Beginn der Feindseligkeiten als Staatenlose oder Flüchtlinge im Sinne der einschlägigen, von den beteiligten Parteien angenommenen internationalen Übereinkünfte oder der innerstaatlichen Rechtsvorschriften des Aufnahme- oder Aufenthaltsstaats angesehen werden, sind unter allen Umständen und ohne jede nachteilige Unterscheidung geschützte Personen im Sinne der Teile I und III des IV. Abkommens.

Art. 74 Familienzusammenführung. Die Hohen Vertragsparteien und die am Konflikt beteiligten Parteien erleichtern in jeder möglichen Weise die Zusammenführung von Familien, die infolge bewaffneter Konflikte getrennt worden sind; sie fördern insbesondere im Einklang mit den Abkommen und diesem Protokoll und in Übereinstimmung mit ihren jeweiligen Sicherheitsbestimmungen die Tätigkeit humanitärer Organisationen, die sich dieser Aufgabe widmen.

Art. 75 Grundlegende Garantien. (1) Soweit Personen von einer in Artikel 1 genannten Situation betroffen sind, werden sie, wenn sie sich in der Gewalt einer am Konflikt beteiligten Partei befinden und nicht auf Grund der Abkommen oder dieses Protokolls eine günstigere Behandlung genießen, unter allen Umständen mit Menschlichkeit behandelt und genießen zumindest den in diesem Artikel vorgesehenen Schutz, ohne jede nachteilige Unterscheidung auf Grund von Rasse, Hautfarbe, Geschlecht, Sprache, Religion oder Glauben, politischer oder sonstiger Anschauung, nationaler oder sozialer Herkunft, Vermögen, Geburt oder einer sonstigen Stellung oder anderer ähnlicher Unterscheidungsmerkmale. Jede Partei achtet die Person, die Ehre, die Überzeugungen und die religiösen Gepflogenheiten aller dieser Personen.

(2) Folgende Handlungen sind und bleiben jederzeit und überall verboten, gleichviel ob sie durch zivile Bedienstete oder durch Militärpersonen begangen werden:

a) Angriffe auf das Leben, die Gesundheit oder das körperliche oder geistige Wohlbefinden von Personen, insbesondere
   i) vorsätzliche Tötung,
   ii) Folter jeder Art, gleichviel ob körperlich oder seelisch,
   iii) körperliche Züchtigung und
   iv) Verstümmelung;
b) Beeinträchtigung der persönlichen Würde, insbesondere entwürdigende und erniedrigende Behandlung, Nötigung zur Prostitution und unzüchtige Handlungen jeder Art,
c) Geiselnahme,
d) Kollektivstrafen und
e) die Androhung einer dieser Handlungen.

(3) Jede wegen Handlungen im Zusammenhang mit dem bewaffneten Konflikt festgenommene, in Haft gehaltene oder internierte Person wird unverzüglich in einer ihr verständlichen Sprache über die Gründe dieser Maßnahme unterrichtet. Außer bei Festnahme oder Haft wegen einer Straftat wird eine solche Person so schnell wie irgend möglich, auf jeden Fall aber dann freigelassen, sobald die Umstände, welche die Festnahme, Haft oder Internierung rechtfertigen, nicht mehr gegeben sind.

(4) Gegen eine Person, die für schuldig befunden wurde, im Zusammenhang mit dem bewaffneten Konflikt eine Straftat begangen zu haben, darf eine Verurteilung nur in einem Urteil ausgesprochen und nur auf Grund eines Urteils eine Strafe vollstreckt werden; dieses Urteil muß von einem unparteiischen, ordnungsgemäß zusammengesetzten Gericht gefällt werden, welches die allgemein anerkannten Grundsätze eines ordentlichen Gerichtsverfahrens beachtet; dazu gehören folgende Garantien:

a) Das Verfahren sieht vor, daß der Beschuldigte unverzüglich über die Einzelheiten der ihm zur Last gelegten Straftat unterrichtet werden muß, und gewährt ihm während der Hauptverhandlung und davor alle zu seiner Verteidigung erforderlichen Rechte und Mittel;
b) niemand darf wegen einer Straftat verurteilt werden, für die er nicht selbst strafrechtlich verantwortlich ist;
c) niemand darf wegen einer Handlung oder Unterlassung angeklagt oder verurteilt werden, die nach dem zur Zeit ihrer Begehung für ihn geltenden innerstaatlichen oder internationalen Recht nicht strafbar war; ebenso darf keine schwerere Strafe als die im Zeitpunkt der Begehung der Straftat angedrohte verhängt werden; wird nach Begehung der Straftat durch Gesetz eine mildere Strafe eingeführt, so kommt dies dem Täter zugute;
d) bis zum gesetzlichen Nachweis seiner Schuld wird vermutet, daß der wegen einer Straftat Angeklagte unschuldig ist;
c) jeder wegen einer Straftat Angeklagte hat das Recht, bei der Hauptverhandlung anwesend zu sein;

f) niemand darf gezwungen werden, gegen sich selbst als Zeuge auszusagen oder sich schuldig zu bekennen;

g) jeder wegen einer Straftat Angeklagte hat das Recht, Fragen an die Belastungszeugen zu stellen oder stellen zu lassen und das Erscheinen und die Vernehmung von Entlastungszeugen unter den für die Belastungszeugen geltenden Bedingungen zu erwirken;

h) niemand darf wegen einer Straftat, derentwegen er bereits nach demselben Recht und demselben Verfahren rechtskräftig freigesprochen oder verurteilt worden ist, erneut von derselben Partei verfolgt oder bestraft werden;

i) jeder wegen einer Straftat Angeklagte hat das Recht auf öffentliche Urteilsverkündung;

j) jeder Verurteilte wird bei seiner Verurteilung über sein Recht, gerichtliche und andere Rechtsmittel oder Rechtsbehelfe einzulegen, sowie über die hierfür festgesetzten Fristen unterrichtet.

(5) Frauen, denen aus Gründen im Zusammenhang mit dem bewaffneten Konflikt die Freiheit entzogen ist, werden in Räumlichkeiten untergebracht, die von denen der Männer getrennt sind. Sie unterstehen der unmittelbaren Überwachung durch Frauen. Werden jedoch Familien festgenommen, in Haft gehalten oder interniert, so bleibt die Einheit der Familien bei ihrer Unterbringung nach Möglichkeit erhalten.

(6) Personen, die aus Gründen im Zusammenhang mit dem bewaffneten Konflikt festgenommen, in Haft gehalten oder interniert werden, wird auch nach Beendigung des Konflikts bis zu ihrer endgültigen Freilassung, ihrer Heimschaffung oder Niederlassung der in diesem Artikel vorgesehene Schutz gewährt.

(7) Zur Ausschaltung jedes Zweifels hinsichtlich der Verfolgung und des Gerichtsverfahrens in bezug auf Personen, die der Begehung von Kriegsverbrechen oder von Verbrechen gegen die Menschlichkeit beschuldigt werden, sind folgende Grundsätze anzuwenden:

a) Personen, die solcher Verbrechen beschuldigt werden, sollen in Übereinstimmung mit den anwendbaren Regeln des Völkerrechts verfolgt und vor Gericht gestellt werden, und

b) allen Personen, die nicht auf Grund der Abkommen oder dieses Protokolls eine günstigere Behandlung genießen, wird die in diesem Artikel vorgesehene Behandlung zuteil, gleichviel ob die Verbrechen, deren sie beschuldigt werden, schwere Verletzungen der Abkommen oder dieses Protokolls darstellen oder nicht.

(8) Die Bestimmungen dieses Artikels sind nicht so auszulegen, als beschränkten oder beeinträchtigten sie eine andere günstigere Bestimmung, die auf Grund der Regeln des anwendbaren Völkerrechts den unter Absatz 1 fallenden Personen größeren Schutz gewährt.

Kapitel II. Maßnahmen zugunsten von Frauen und Kindern

Art. 76 Schutz von Frauen. (1) Frauen werden besonders geschont; sie werden namentlich vor Vergewaltigung, Nötigung zur Prostitution und jeder anderen unzüchtigen Handlung geschützt.

(2) Fälle von schwangeren Frauen und Müttern kleiner von ihnen abhängiger Kinder, die aus Gründen im Zusammenhang mit dem bewaffneten Konflikt festgenommen, in Haft gehalten oder interniert sind, werden vor allen anderen Fällen behandelt.

(3) Die am Konflikt beteiligten Parteien bemühen sich soweit irgend möglich, zu vermeiden, daß gegen schwangere Frauen oder Mütter kleiner von ihnen abhängiger Kinder für eine im Zusammenhang mit dem bewaffneten Konflikt begangene Straftat die Todesstrafe verhängt wird. Ein wegen einer solchen Straftat gegen diese Frauen verhängtes Todesurteil darf nicht vollstreckt werden.

Art. 77 Schutz von Kindern. (1) Kinder werden besonders geschont; sie werden vor jeder unzüchtigen Handlung geschützt. Die am Konflikt beteiligten Parteien lassen ihnen jede Pflege und Hilfe zuteil werden, deren sie wegen ihres Alters oder aus einem anderen Grund bedürfen.

(2) Die am Konflikt beteiligten Parteien treffen alle praktisch durchführbaren Maßnahmen, damit Kinder unter fünfzehn Jahren nicht unmittelbar an Feindseligkeiten teilnehmen; sie sehen insbesondere davon ab, sie in ihre Streitkräfte einzugliedern. Wenn die am Konflikt beteiligten Parteien Personen einziehen, die bereits das fünfzehnte, aber noch nicht das achtzehnte Lebensjahr vollendet haben, bemühen sie sich, zuerst die Ältesten heranzuziehen.

(3) Wenn in Ausnahmefällen trotz der Bestimmungen des Absatzes 2 Kinder, die noch nicht das fünfzehnte Lebensjahr vollendet haben, unmittelbar an Feindseligkeiten teilnehmen und in die Gewalt einer gegnerischen Partei geraten, wird ihnen weiterhin der besondere in diesem Artikel vorgesehene Schutz gewährt, gleichviel ob sie Kriegsgefangene sind oder nicht.

(4) Werden Kinder aus Gründen im Zusammenhang mit dem bewaffneten Konflikt festgenommen, in Haft gehalten oder interniert, so werden sie in Räumlichkeiten untergebracht, die von denen der Erwachsenen getrennt sind, ausgenommen Fälle, in denen nach Artikel 75 Absatz 5 Familien so untergebracht werden, daß ihre Einheit erhalten bleibt.

(5) Ein Todesurteil, das wegen einer im Zusammenhang mit dem bewaffneten Konflikt begangenen Straftat verhängt wurde, darf an Personen, die zum Zeitpunkt der Straftat noch nicht das achtzehnte Lebensjahr vollendet hatten, nicht vollstreckt werden.

Art. 78 Evakuierung von Kindern. (1) Eine am Konflikt beteiligte Partei darf Kinder, die nicht ihre eigenen Staatsangehörigen sind, nicht in ein fremdes Land evakuieren, es sei denn, es handle sich um eine vorübergehende Evakuierung, die durch zwingende Gründe der Gesundheit, der medizinischen Behandlung oder – außer in besetztem Gebiet – der Sicherheit der Kinder erforderlich wird. Sind Eltern oder andere Sorgeberechtigte erreichbar, so ist deren schriftliches Einverständnis mit der Evakuierung erforderlich. Sind sie nicht erreichbar, so darf die Evakuierung nur mit schriftlicher Zustimmung der Personen vorgenommen werden, die nach Gesetz oder Brauch in erster Linie für die Kinder zu sorgen haben. Die Schutzmacht überwacht jede derartige Evakuierung im Einvernehmen mit den betreffenden Parteien, d. h. der die Evakuierung vornehmenden Partei, der die Kinder aufnehmenden Partei und jeder Partei, deren Staatsangehörige evakuiert werden. In jedem Fall treffen alle am Konflikt beteiligten Parteien alle praktisch durchführbaren Vorsichtsmaßnahmen, um eine Gefährdung der Evakuierung zu vermeiden.

(2) Wird eine Evakuierung nach Absatz 1 vorgenommen, so wird für die Erziehung jedes evakuierten Kindes, einschließlich seiner dem Wunsch der Eltern entsprechenden religiösen und sittlichen Erziehung unter Wahrung größtmöglicher Kontinuität gesorgt.

(3) Um die Rückkehr der nach diesem Artikel evakuierten Kinder zu ihren Familien und in ihr Land zu erleichtern, stellen die Behörden der Partei, welche die Evakuierung vornimmt, und gegebenenfalls die Behörden des Aufnahmelands für jedes Kind eine mit Lichtbildern versehene Karte aus und übermitteln sie dem Zentralen Suchdienst des Internationalen Komitees vom Roten Kreuz. Jede Karte enthält, soweit möglich und soweit dem Kind dadurch kein Schaden entstehen kann, folgende Angaben:

a) Name(n) des Kindes;
b) Vorname(n) des Kindes;
c) Geschlecht des Kindes;
d) Geburtsort und -datum (oder ungefähres Alter, wenn das Datum nicht bekannt ist);
e) Name und Vorname des Vaters;
f) Name, Vorname und gegebenenfalls Mädchenname der Mutter;
g) nächste Angehörige des Kindes;
h) Staatsangehörigkeit des Kindes;
i) Muttersprache des Kindes sowie alle weiteren Sprachen, die es spricht;
j) Anschrift der Familie des Kindes;
k) eine etwaige Kennummer des Kindes;
l) Gesundheitszustand des Kindes;
m) Blutgruppe des Kindes;
n) etwaige besondere Kennzeichen;

o) Datum und Ort der Auffindung des Kindes;
p) das Datum, an dem, und der Ort, von dem aus das Kind sein Land verlassen hat;
q) gegebenenfalls Religion des Kindes;
r) gegenwärtige Anschrift des Kindes im Aufnahmeland;
s) falls das Kind vor seiner Rückkehr stirbt, Datum, Ort und Umstände des Todes sowie Bestattungsort.

Kapitel III. Journalisten

Art. 79 Maßnahmen zum Schutz von Journalisten. (1) Journalisten, die in Gebieten eines bewaffneten Konflikts gefährliche berufliche Aufträge ausführen, gelten als Zivilpersonen im Sinne des Artikels 50 Abs. 1.

(2) Sie sind als solche nach den Abkommen und diesem Protokoll geschützt, sofern sie nichts unternehmen, was ihren Status als Zivilpersonen beeinträchtigt; sind sie aber bei den Streitkräften als Kriegsberichterstatter akkreditiert, so bleibt der Anspruch auf den nach Artikel 4 Buchstabe A Absatz 4 des III. Abkommens vorgesehenen Status unberührt.

(3) Sie können einen dem Muster in Anhang II dieses Protokolls entsprechenden Ausweis erhalten. Dieser Ausweis, der von der Regierung des Staates ausgestellt wird, dessen Angehörige sie sind, in dem sie ansässig sind oder in dem sich das Nachrichtenorgan befindet, bei dem sie beschäftigt sind, bestätigt den Status des Inhabers als Journalist.

Teil V: Durchführung der Abkommen und dieses Protokolls

Abschnitt I. Allgemeine Bestimmungen

Art. 80 Durchführungsmaßnahmen. (1) Die Hohen Vertragsparteien und die am Konflikt beteiligten Parteien treffen unverzüglich alle notwendigen Maßnahmen, um ihre Verpflichtungen aus den Abkommen und diesem Protokoll zu erfüllen.

(2) Die Hohen Vertragsparteien und die am Konflikt beteiligten Parteien erteilen Weisungen und Anordnungen, um die Einhaltung der Abkommen und dieses Protokolls zu gewährleisten, und überwachen deren Durchführung.

Art. 81 Tätigkeit des Roten Kreuzes und anderer humanitärer Organisationen. (1) Die am Konflikt beteiligten Parteien gewähren dem Internationalen Komitee vom Roten Kreuz alle ihnen zu Gebote stehenden Erleichterungen, damit es die humanitären Aufgaben wahrnehmen kann, die ihm durch die Abkommen und dieses Protokolls übertragen sind, um für den Schutz und die Unterstützung der Opfer von Konflikten zu sorgen; das Internationale Komitee vom Roten Kreuz kann auch vorbehaltlich der Zustimmung der betroffenen am Konflikt beteiligten Parteien alle anderen humanitären Tätigkeiten zugunsten dieser Opfer ausüben.

(2) Die am Konflikt beteiligten Parteien gewähren ihren jeweiligen Organisationen des Roten Kreuzes (Roten Halbmonds, Roten Löwen mit Roter Sonne) die Erleichterungen, die sie benötigen, um ihre humanitäre Tätigkeit zugunsten der Opfer des Konflikts im Einklang mit den Abkommen und diesem Protokoll und mit den von den Internationalen Rotkreuzkonferenzen formulierten Grundprinzipien des Roten Kreuzes auszuüben.

(3) Die Hohen Vertragsparteien und die am Konflikt beteiligten Parteien erleichtern in jeder möglichen Weise die Hilfe, die Organisationen des Roten Kreuzes (Roten Halbmondes, Roten Löwen mit Roter Sonne) und die Liga der Rotkreuzgesellschaften den Opfern von Konflikten im Einklang mit den Abkommen und diesem Protokoll und den von den internationalen Rotkreuzkonferenzen formulierten Grundprinzipien des Roten Kreuzes zuteil werden lassen.

(4) Die Hohen Vertragsparteien und die am Konflikt beteiligten Parteien räumen soweit möglich ähnliche Erleichterungen wie die in den Absätzen 2 und 3 genannten auch den anderen in den Abkommen und diesem Protokoll bezeichneten humanitären Organisationen ein, die von den jeweiligen am Konflikt beteiligten Parteien ordnungsgemäß ermächtigt sind und ihre humanitäre Tätigkeit im Einklang mit den Abkommen und diesem Protokoll ausüben.

Art. 82 Rechtsberater in den Streitkräften. Die Hohen Vertragsparteien werden jederzeit und die am Konflikt beteiligten Parteien werden in Zeiten eines bewaffneten Konflikts dafür Sorge tragen, daß Rechtsberater bei Bedarf verfügbar sind, um die militärischen Führer der zuständigen Befehlsebenen hinsichtlich der Anwendung der Abkommen und dieses Protokolls sowie der geeigneten Unterweisungen zu beraten, die den Streitkräften auf diesem Gebiet zu erteilen sind.

Art. 83 Verbreitung. (1) Die Hohen Vertragsparteien verpflichten sich, in Friedenszeiten wie in Zeiten eines bewaffneten Konflikts die Abkommen und dieses Protokoll in ihren Ländern so weit wie möglich zu verbreiten, insbesondere ihr Studium in die militärischen Ausbildungsprogramme aufzunehmen und die Zivilbevölkerung zu ihrem Studium anzuregen, so daß diese Übereinkünfte den Streitkräften und der Zivilbevölkerung bekannt werden.

(2) Die militärischen oder zivilen Dienststellen, die in Zeiten eines bewaffneten Konflikts Verantwortlichkeiten bei der Anwendung der Ab-

kommen und dieses Protokolls zu übernehmen haben, müssen mit ihrem Wortlaut voll und ganz vertraut sein.

Art. 84 Anwendungsvorschriften. Die Hohen Vertragsparteien übermitteln einander so bald wie möglich durch den Verwahrer und gegebenenfalls durch die Schutzmächte ihre amtlichen Übersetzungen dieses Protokolls sowie die Gesetze und sonstigen Vorschriften, die sie erlassen, um seine Anwendung zu gewährleisten.

Abschnitt II. Ahndung von Verletzungen der Abkommen und dieses Protokolls

Art. 85 Ahndung von Verletzungen dieses Protokolls. (1) Die Bestimmungen der Abkommen über die Ahndung von Verletzungen und schweren Verletzungen, ergänzt durch die Bestimmungen dieses Abschnitts, finden auch auf die Ahndung von Verletzungen und schweren Verletzungen dieses Protokolls Anwendung.

(2) Die in den Abkommen als schwere Verletzungen bezeichneten Handlungen stellen schwere Verletzungen dieses Protokolls dar, wenn sie gegen Personen, die sich in der Gewalt einer gegnerischen Partei befinden und durch die Artikel 44, 45 und 73 des Protokolls geschützt sind, oder gegen Verwundete, Kranke und Schiffbrüchige der gegnerischen Partei, die durch dieses Protokoll geschützt sind, oder gegen dasjenige Sanitäts- oder Seelsorgepersonal oder die Sanitätseinheiten oder Sanitätstransportmittel begangen werden, die der gegnerischen Partei unterstehen und durch dieses Protokoll geschützt sind.

(3) Als schwere Verletzungen dieses Protokolls gelten außer den in Artikel 11 bezeichneten schweren Verletzungen folgende Handlungen, wenn sie vorsätzlich unter Verletzung der einschlägigen Bestimmungen des Protokolls begangen werden und den Tod oder eine schwere Beeinträchtigung der körperlichen Unversehrtheit oder der Gesundheit zur Folge haben:

a) gegen die Zivilbevölkerung oder einzelne Zivilpersonen gerichtete Angriffe;
b) Führen eines unterschiedslos wirkenden, die Zivilbevölkerung oder zivile Objekte in Mitleidenschaft ziehenden Angriffs in Kenntnis davon, daß der Angriff Verluste an Menschenleben, die Verwundung von Zivilpersonen oder die Beschädigung ziviler Objekte zur Folge haben wird, die im Sinne des Artikels 57 Absatz 2 Buchstabe a Ziffer iii unverhältnismäßig sind;
c) Führen eines Angriffs gegen gefährliche Kräfte enthaltende Anlagen oder Einrichtungen in Kenntnis davon, daß der Angriff Verluste an Menschenleben, die Verwundung von Zivilpersonen oder die Beschä-

digung ziviler Objekte zur Folge haben wird, die im Sinne des Artikels 57 Absatz 2 Buchstabe a Ziffer iii unverhältnismäßig sind;

d) gegen unverteidigte Orte und entmilitarisierte Zonen gerichtete Angriffe;

e) gegen eine Person gerichtete Angriffe in Kenntnis davon, daß die Person außer Gefecht befindlich ist;

f) heimtückische gegen Artikel 37 verstoßende Benutzung des Schutzzeichens des Roten Kreuzes, des Roten Halbmonds oder des Roten Löwen mit Roter Sonne oder anderer durch die Abkommen oder dieses Protokoll anerkannter Schutzzeichen.

(4) Als schwere Verletzungen dieses Protokolls gelten außer den in den vorstehenden Absätzen und in den Abkommen bezeichneten schweren Verletzungen folgende Handlungen, wenn sie vorsätzlich und unter Verletzung der Abkommen oder des Protokolls begangen werden:

a) die von der Besatzungsmacht durchgeführte Überführung eines Teiles ihrer eigenen Zivilbevölkerung in das von ihr besetzte Gebiet oder die Verschleppung oder Überführung der Gesamtheit oder eines Teiles der Bevölkerung des besetzten Gebiets innerhalb desselben oder aus demselben unter Verletzung des Artikels 49 des IV. Abkommens;

b) ungerechtfertigte Verzögerung bei der Heimschaffung von Kriegsgefangenen oder Zivilpersonen;

c) Praktiken der Apartheid und andere auf Rassendiskriminierung beruhende unmenschliche und erniedrigende Praktiken, die eine grobe Verletzung der persönlichen Würde einschließen;

d) weitgehende Zerstörungen verursachende Angriffe, die gegen eindeutig erkannte geschichtliche Denkmäler, Kunstwerke oder Kultstätten gerichtet sind, welche zum kulturellen oder geistigen Erbe der Völker gehören und denen auf Grund einer besonderen Vereinbarung, zum Beispiel einer zuständigen internationalen Organisation, besonderer Schutz gewährt wurde, wenn keine Anzeichen dafür vorliegen, daß die gegnerische Partei Artikel 53 Buchstabe b verletzt hat und wenn die betreffenden geschichtlichen Denkmäler, Kunstwerke und Kultstätten nicht in unmittelbarer Nähe militärischer Ziele gelegen sind;

e) Maßnahmen, durch die einer durch die Abkommen geschützten oder in Absatz 2 genannten Person ihr Recht auf ein unparteiisches ordentliches Gerichtsverfahren entzogen wird.

(5) Unbeschadet der Anwendung der Abkommen und dieses Protokolls gelten schwere Verletzungen dieser Übereinkünfte als Kriegsverbrechen.

Art. 86 Unterlassungen. (1) Die Hohen Vertragsparteien und die am Konflikt beteiligten Parteien ahnden schwere Verletzungen und treffen die erforderlichen Maßnahmen, um alle sonstigen Verletzungen der Abkommen oder dieses Protokolls zu unterbinden, die sich aus einer Unterlassung ergeben, wenn eine Rechtspflicht zum Handeln besteht.

(2) Wurde eine Verletzung der Abkommen oder dieses Protokolls von einem Untergebenen begangen, so enthebt dies seine Vorgesetzten nicht ihrer strafrechtlichen beziehungsweise disziplinarrechtlichen Verantwortlichkeit, wenn sie wußten oder unter den gegebenen Umständen auf Grund der ihnen vorliegenden Information darauf schließen konnten, daß der Untergebene eine solche Verletzung beging oder begehen würde, und wenn sie nicht alle in ihrer Macht stehenden, praktisch möglichen Maßnahmen getroffen haben, um die Verletzung zu verhindern oder zu ahnden.

Art. 87 Pflichten der militärischen Führer. (1) Die Hohen Vertragsparteien und die am Konflikt beteiligten Parteien verlangen von den militärischen Führern im Hinblick auf die ihrem Befehl unterstellten Angehörigen der Streitkräfte und die übrigen Personen in ihrem Befehlsbereich. Verletzungen der Abkommen und dieses Protokolls zu verhindern, sie erforderlichenfalls zu unterbinden und den zuständigen Behörden anzuzeigen.

(2) Um Verletzungen zu verhindern und zu unterbinden, verlangen die Hohen Vertragsparteien und die am Konflikt beteiligten Parteien von den militärischen Führern, in ihrem jeweiligen Verantwortungsbereich sicherzustellen, daß die ihrem Befehl unterstellten Angehörigen der Streitkräfte ihre Verpflichtungen aus den Abkommen und diesem Protokoll kennen.

(3) Die Hohen Vertragsparteien und die am Konflikt beteiligten Parteien verlangen von jedem militärischen Führer, der erfahren hat, daß Untergebene oder andere ihm unterstellte Personen eine Verletzung der Abkommen oder dieses Protokolls begehen werden oder begangen haben, daß er die erforderlichen Maßnahmen zur Verhinderung derartiger Verletzungen anordnet und gegebenenfalls ein Disziplinar- oder Strafverfahren gegen die Täter einleitet.

Art. 88 Rechtshilfe in Strafsachen. (1) Die Hohen Vertragsparteien gewähren einander die weitestgehende Hilfe im Zusammenhang mit Verfahren, die in bezug auf schwere Verletzungen der Abkommen oder dieses Protokolls eingeleitet werden.

(2) Vorbehaltlich der durch die Abkommen und durch Artikel 85 Absatz 1 dieses Protokolls festgelegten Rechte und Pflichten arbeiten die Hohen Vertragsparteien, sofern die Umstände dies erlauben, auf dem Gebiet der Auslieferung zusammen. Das Ersuchen des Staates, in dessen Hoheitsgebiet die behauptete Verletzung stattgefunden hat, wird von ihnen gebührend geprüft.

(3) In allen Fällen findet das Recht der ersuchten Hohen Vertragspartei Anwendung. Die vorstehenden Absätze berühren jedoch nicht die Verpflichtungen aus anderen zwei- oder mehrseitigen Verträgen, die das Ge-

biet der Rechtshilfe in Strafsachen ganz oder teilweise regeln oder regeln werden.

Art. 89 Zusammenarbeit. Bei erheblichen Verstößen gegen die Abkommen oder dieses Protokoll verpflichten sich die Hohen Vertragsparteien, sowohl gemeinsam als auch einzeln in Zusammenarbeit mit den Vereinten Nationen und im Einklang mit der Charta der Vereinten Nationen tätig zu werden.

Art. 90 Internationale Ermittlungskommission.[1] (1) a) Es wird eine internationale Ermittlungskommission (im folgenden als „Kommission" bezeichnet) gebildet: sie besteht aus fünfzehn Mitgliedern von hohem sittlichem Ansehen und anerkannter Unparteilichkeit.

b) Sind mindestens zwanzig Hohe Vertragsparteien übereingekommen, die Zuständigkeit der Kommission nach Absatz 2 anzuerkennen, so beruft der Verwahrer zu diesem Zeitpunkt und danach in Abständen von fünf Jahren eine Sitzung von Vertretern dieser Hohen Vertragsparteien ein, um die Mitglieder der Kommission zu wählen. Auf der Sitzung werden die Mitglieder der Kommission in geheimer Wahl aus einer Liste von Personen gewählt, für die jede Hohe Vertragspartei einen Namen vorschlagen kann.

c) Die Mitglieder der Kommission sind in persönlicher Eigenschaft tätig und üben ihr Amt bis zur Wahl der neuen Mitglieder auf der darauffolgenden Sitzung aus.

d) Bei der Wahl vergewissern sich die Hohen Vertragsparteien, daß jede der in die Kommission zu wählenden Personen die erforderliche Eignung besitzt, und tragen dafür Sorge, daß eine gerechte geographische Vertretung in der Kommission insgesamt sichergestellt ist.

e) Wird ein Sitz vorzeitig frei, so wird er von der Kommission unter gebührender Berücksichtigung der Buchstaben a bis d besetzt.

f) Der Verwahrer stellt der Kommission die zur Wahrnehmung ihrer Aufgaben erforderlichen Verwaltungsdienste zur Verfügung.

(2) a)[2] Die Hohen Vertragsparteien können bei der Unterzeichnung oder der Ratifikation des Protokolls oder bei ihrem Beitritt oder jederzeit danach erklären, daß sie gegenüber jeder anderen Hohen Vertragspartei, welche dieselbe Verpflichtung übernimmt, die Zuständigkeit der Kommission zur Untersuchung der Behauptungen einer solchen anderen Partei, wie in diesem Artikel vorgesehen, von Rechts wegen und ohne besondere Übereinkunft anerkennen.

b) Die obengenannten Erklärungen werden beim Verwahrer hinterlegt; dieser leitet Abschriften an die Hohen Vertragsparteien weiter.

---

[1] Auf der Grundlage des Artikels 90 des Zusatzprot. wurde im Juni 1991 die Internationale Humanitäre Ermittlungskommission gebildet, die am 8. 7. 1992 nach Art. 90 Abs. 6 des Prot. ihre Geschäftsordnung angenommen hat; vgl. Bek. v. 18. 11. 1993 (BGBl. 1994 II S. 244).

[2] Eine entsprechende Erklärung ist von 76 Staaten abgegeben worden (Stand: 17. 6. 2014), darunter von Deutschland, Liechtenstein, Österreich und der Schweiz.

c) Die Kommission ist zuständig,

i) alle Tatsachen zu untersuchen, von denen behauptet wird, daß sie eine schwere Verletzung im Sinne der Abkommen und dieses Protokolls oder einen anderen erheblichen Verstoß gegen die Abkommen oder das Protokoll darstellen;

ii) dazu beizutragen, daß die Abkommen und dieses Protokoll wieder eingehalten werden, indem sie ihre guten Dienste zur Verfügung stellt.

d) In anderen Fällen nimmt die Kommission Ermittlungen auf Antrag einer am Konflikt beteiligten Partei nur mit Zustimmung der anderen beteiligten Partei oder Parteien auf.

e) Vorbehaltlich der obigen Bestimmungen werden Artikel 52 des I. Abkommens, Artikel 53 des II. Abkommens, Artikel 132 des III. Abkommens und Artikel 149 des IV. Abkommens weiterhin auf jeden behaupteten Verstoß gegen die Abkommen angewandt und finden auch auf jeden behaupteten Verstoß gegen dieses Protokoll Anwendung.

(3) (a) Sofern die beteiligten Parteien nichts anders vereinbaren, werden alle Ermittlungen von einer Kammer durchgeführt, die aus sieben wie folgt ernannten Mitgliedern besteht:

i) fünf Mitglieder der Kommission, die nicht Staatsangehörige einer am Konflikt beteiligten Parteien sein dürfen, werden nach Konsultierung der am Konflikt beteiligten Parteien vom Vorsitzenden der Kommission auf der Grundlage einer gerechten Vertretung der geographischen Gebiete ernannt;

ii) zwei Ad-hoc-Mitglieder, die nicht Staatsangehörige einer am Konflikt beteiligten Partei sein dürfen, werden jeweils von einer von ihnen ernannt.

b) Bei Eingang eines Ermittlungsantrags setzt der Vorsitzende der Kommission eine angemessene Frist zur Bildung einer Kammer fest. Wird ein Ad-hoc-Mitglied nicht innerhalb der festgesetzten Frist ernannt, so nimmt der Vorsitzende alsbald jede weitere Ernennung vor, die zur Vervollständigung der Mitgliederzahl der Kammer erforderlich ist.

(4) a) Die nach Absatz 3 zur Durchführung von Ermittlungen gebildete Kammer fordert die am Konflikt beteiligten Parteien auf, sie zu unterstützen und Beweise vorzulegen. Sie kann auch andere Beweise einholen, die sie für zweckdienlich hält, und eine Untersuchung an Ort und Stelle durchführen.

b) Alle Beweismittel werden den beteiligten Parteien vollständig zur Kenntnis gebracht; diese sind berechtigt, sich gegenüber der Kommission dazu zu äußern.

c) Jede Partei ist berechtigt, diese Beweise in Zweifel zu ziehen.

(5) a) Die Kommission legt den Parteien einen Bericht über die Ergebnisse der Ermittlungen der Kammer mit den Empfehlungen vor, die sie für angebracht hält.

b) Ist es der Kammer nicht möglich, ausreichende Beweise für eine sachliche und unparteiische Tatsachenfeststellung zu beschaffen, so gibt die Kommission die Gründe für dieses Unvermögen bekannt.
c) die Kommission teilt ihre Tatsachenfeststellung nicht öffentlich mit, es sei denn, alle am Konflikt beteiligten Parteien hätten sie dazu aufgefordert.

(6) Die Kommission gibt sich eine Geschäftsordnung einschließlich der Vorschriften über den Vorsitz der Kommission und der Kammer. Diese Geschäftsordnung sieht vor, daß das Amt des Vorsitzenden der Kommission jederzeit ausgeübt wird und daß es im Fall von Ermittlungen von einer Person ausgeübt wird, die nicht Staatsangehörige einer am Konflikt beteiligten Partei ist.

(7) Die Verwaltungsausgaben der Kommission werden durch Beiträge der Hohen Vertragsparteien, die Erklärungen nach Absatz 2 abgegeben haben, und durch freiwillige Beiträge gedeckt. Am Konflikt beteiligte Parteien, die Ermittlungen beantragen, strecken die nötigen Mittel zur Deckung der einer Kammer entstehenden Kosten vor und erhalten von der Partei oder den Parteien, gegen die sich die Behauptungen richten, einen Betrag in Höhe von 50 vom Hundert der Kosten der Kammer zurück. Werden der Kammer Gegendarstellungen vorgetragen, so streckt jede Partei 50 vom Hundert der erforderlichen Mittel vor.

Art. 91 Haftung. Eine am Konflikt beteiligte Partei, welche die Abkommen oder dieses Protokoll verletzt, ist gegebenenfalls zum Schadenersatz verpflichtet. Sie ist für alle Handlungen verantwortlich, die von den zu ihren Streitkräften gehörenden Personen begangen werden.

Teil VI. Schlußbestimmungen

Art. 92 Unterzeichnung. Dieses Protokoll wird für die Vertragsparteien der Abkommen sechs Monate nach Unterzeichnung der Schlußakte zur Unterzeichnung aufgelegt; es liegt für einen Zeitabschnitt von zwölf Monaten zur Unterzeichnung auf.

Art. 93 Ratifikation. Dieses Protokoll wird so bald wie möglich ratifiziert. Die Ratifikationsurkunden werden beim Schweizerischen Bundesrat, dem Verwahrer der Abkommen, hinterlegt.

Art. 94 Beitritt. Dieses Protokoll steht für jede Vertragspartei der Abkommen, die es nicht unterzeichnet hat, zum Beitritt offen. Die Beitrittsurkunden werden beim Verwahrer hinterlegt.

Art. 95 Inkrafttreten. (1) Dieses Protokoll tritt sechs Monate nach der Hinterlegung von zwei Ratifikations- oder Beitrittsurkunden in Kraft.

(2) Für jede Vertragspartei der Abkommen, die zu einem späteren Zeitpunkt dieses Protokolls ratifiziert oder ihm beitritt, tritt es sechs Monate nach Hinterlegung ihrer eigenen Ratifikations- oder Beitrittsurkunde in Kraft.

Art. 96 Vertragsbeziehungen beim Inkrafttreten dieses Protokolls. (1) Sind die Vertragsparteien der Abkommen auch Vertragsparteien dieses Protokolls, so finden die Abkommen so Anwendung, wie sie durch das Protokoll ergänzt sind.

(2) Ist eine der am Konflikt beteiligten Parteien nicht durch dieses Protokoll gebunden, so bleiben dessen Vertragsparteien in ihren gegenseitigen Beziehungen durch das Protokoll gebunden. Sie sind durch das Protokoll auch gegenüber jeder nicht durch das Protokoll gebundenen Partei gebunden, wenn diese dessen Bestimmungen annimmt und anwendet.

(3) Das Organ, das ein Volk vertritt, welches in einen gegen eine Hohe Vertragspartei gerichteten bewaffneten Konflikt der in Artikel 1 Absatz 4 erwähnten Art verwickelt ist, kann sich verpflichten, die Abkommen und dieses Protokoll in bezug auf diesen Konflikt anzuwenden, indem es eine einseitige Erklärung an den Verwahrer richtet. Nach Eingang beim Verwahrer hat diese Erklärung im Zusammenhang mit dem Konflikt folgende Wirkungen:

a) Die Abkommen und dieses Protokoll werden für das genannte Organ in seiner Eigenschaft als am Konflikt beteiligte Partei unmittelbar wirksam,
b) das genannte Organ übernimmt die gleichen Rechte und Pflichten wie eine Hohe Vertragspartei der Abkommen und dieses Protokolls und
c) die Abkommen und dieses Protokoll binden alle am Konflikt beteiligten Parteien in gleicher Weise.

Art. 97 Änderung. (1) Jede Hohe Vertragspartei kann Änderungen dieses Protokolls vorschlagen. Der Wortlaut jedes Änderungsvorschlags wird dem Verwahrer mitgeteilt; dieser beschließt nach Konsultierung aller Hohen Vertragsparteien und des Internationalen Komitees vom Roten Kreuz, ob eine Konferenz zur Prüfung des Änderungsvorschlags einberufen werden soll.

(2) Der Verwahrer lädt zu dieser Konferenz alle Hohen Vertragsparteien sowie die Vertragsparteien der Abkommen ein, gleichviel ob sie dieses Protokoll unterzeichnet haben oder nicht.

Art. 98 Revision des Anhangs I. (1) Spätestens vier Jahre nach Inkrafttreten dieses Protokolls und danach in Abständen von mindestens vier

Jahren konsultiert das Internationale Komitee vom Roten Kreuz die Hohen Vertragsparteien in bezug auf den Anhang I des Protokolls und kann, wenn es dies für erforderlich hält, eine Tagung von Sachverständigen zur Überprüfung des Anhangs I und zur Unterbreitung der wünschenswert erscheinenden Änderungen vorschlagen. Sofern nicht innerhalb von sechs Monaten nach Übermittlung eines diesbezüglichen Vorschlags an die Hohen Vertragsparteien ein Drittel derselben dagegen Einspruch erhebt, beruft das Internationale Komitee vom Roten Kreuz die Tagung ein, zu der es auch Beobachter der in Betracht kommenden internationalen Organisationen einlädt. Eine solche Tagung wird vom Internationalen Komitee vom Roten Kreuz auch jederzeit auf Antrag eines Drittels der Hohen Vertragsparteien einberufen.

(2) Der Verwahrer beruft eine Konferenz der Hohen Vertragsparteien und der Vertragsparteien der Abkommen ein, um die von der Tagung der Sachverständigen vorgeschlagenen Änderungen zu prüfen, sofern nach dieser Tagung das Internationale Komitee vom Roten Kreuz oder ein Drittel der Hohen Vertragsparteien darum ersucht.

(3) Änderungen des Anhangs I können von dieser Konferenz mit einer Mehrheit von zwei Dritteln der anwesenden und abstimmenden Hohen Vertragsparteien beschlossen werden.[1)]

(4) Der Verwahrer teilt den Hohen Vertragsparteien und den Vertragsparteien der Abkommen jede auf diese Weise beschlossene Änderung mit. Die Änderung gilt nach Ablauf eines Jahres nach dem Zeitpunkt der Mitteilung als angenommen, sofern nicht mindestens ein Drittel der Hohen Vertragsparteien dem Verwahrer innerhalb dieses Zeitabschnitts eine Erklärung über die Nichtannahme der Änderung übermittelt.

(5) Eine nach Absatz 4 als angenommen geltende Änderung tritt drei Monate nach ihrer Annahme für alle Hohen Vertragsparteien mit Ausnahme derjenigen in Kraft, die nach jenem Absatz eine Erklärung über die Nichtannahme abgegeben haben. Jede Vertragspartei, die eine solche Erklärung abgibt, kann sie jederzeit zurücknehmen; in diesem Fall tritt die Änderung für diese Vertragspartei drei Monate nach der Rücknahme in Kraft.

(6) Der Verwahrer notifiziert den Hohen Vertragsparteien und den Vertragsparteien der Abkommen das Inkrafttreten jeder Änderung sowie die durch die Änderung gebundenen Vertragsparteien, den Zeitpunkt ihres Inkrafttretens für jede Vertragspartei und die nach Absatz 4 abgegebenen Erklärungen über die Nichtannahme und die Rücknahme solcher Erklärungen.

Art. 99 Kündigung. (1) Kündigt eine Hohe Vertragspartei dieses Protokoll, so wird die Kündigung erst ein Jahr nach Eingang der Kündigungsurkunde wirksam. Ist jedoch bei Ablauf dieses Jahres für die

---

1) Ein entsprechender Beschluß ist am 30. 11. 1993 gefaßt, und am 1. 3. 1994 in Kraft getreten (BGBl. 1997 II S. 1367).

kündigende Partei eine in Artikel 1 genannte Situation eingetreten, so bleibt die Kündigung bis zum Ende des bewaffneten Konflikts oder der Besetzung, in jedem Fall aber so lange unwirksam, bis die mit der endgültigen Freilassung, der Heimschaffung oder der Niederlassung der durch die Abkommen oder dieses Protokoll geschützten Personen im Zusammenhang stehenden Maßnahmen abgeschlossen sind.

(2) Die Kündigung wird dem Verwahrer schriftlich notifiziert; dieser übermittelt sie allen Hohen Vertragsparteien.

(3) Die Kündigung wird nur in bezug auf die kündigende Vertragspartei wirksam.

(4) Eine Kündigung nach Absatz 1 berührt nicht die wegen des bewaffneten Konflikts von der kündigenden Vertragspartei nach diesem Protokoll bereits eingegangenen Verpflichtungen in bezug auf eine vor dem Wirksamwerden der Kündigung begangene Handlung.

Art. 100 Notifikationen. Der Verwahrer unterrichtet die Hohen Vertragsparteien sowie die Vertragsparteien der Abkommen, gleichviel ob sie dieses Protokoll unterzeichnet haben oder nicht,

a) von den Unterzeichnungen dieses Protokolls und der Hinterlegung von Ratifikations- und Beitrittsurkunden nach den Artikeln 93 und 94,

b) vom Zeitpunkt des Inkrafttretens dieses Protokolls nach Artikel 95,

c) von den nach den Artikeln 84, 90 und 97 eingegangenen Mitteilungen und Erklärungen,

d) von den nach Artikel 96 Absatz 3 eingegangenen Erklärungen, die auf schnellstem Weg übermittelt werden, und

e) von den Kündigungen nach Artikel 99.

Art. 101 Registrierung. (1) Nach seinem Inkrafttreten wird dieses Protokoll vom Verwahrer dem Sekretariat der Vereinten Nationen zur Registrierung und Veröffentlichung gemäß Artikel 102 der Charta der Vereinten Nationen übermittelt.

(2) Der Verwahrer setzt das Sekretariat der Vereinten Nationen auch von allen Ratifikationen, Beitritten und Kündigungen in Kenntnis, die er in bezug auf dieses Protokoll erhält.

Art. 102 Authentische Texte. Die Urschrift dieses Protokolls, dessen arabischer, chinesischer, englischer, französischer, russischer und spanischer Wortlaut gleichermaßen verbindlich ist, wird beim Verwahrer hinterlegt; dieser übermittelt allen Vertragsparteien der Abkommen beglaubigte Abschriften.

Anhang I[1)]

Vorschriften über die Kennzeichnung

Art. 1 Allgemeine Bestimmungen. (1) Die in diesem Anhang enthaltenen Vorschriften über die Kennzeichnung stützen sich auf die einschlägigen Bestimmungen der Genfer Abkommen und des Protokolls; sie haben zum Zweck, die Identifizierung des Personals, des Materials, der Einheiten, der Transportmittel und der Einrichtungen, die von den Genfer Abkommen und dem Protokoll geschützt sind, zu erleichtern.

(2) Diese Vorschriften gewähren nicht an sich das Recht auf Schutz. Dieses Recht wird von den einschlägigen Artikeln der Abkommen und des Protokolls festgelegt.

(3) Die zuständigen Behörden können unter Vorbehalt der einschlägigen Bestimmungen der Genfer Abkommen und des Protokolls jederzeit die Verwendung, das Entfalten und die Beleuchtung der Schutzzeichen und Erkennungssignale sowie die Möglichkeit, diese zu erkennen, regeln.

(4) Die Vertragsparteien, insbesondere die am Konflikt beteiligten Parteien, sind jederzeit eingeladen, sich über zusätzliche oder andersgeartete Signale, Mittel und Systeme zu verständigen, welche die Möglichkeit der Identifizierung verbessern und die technische Entwicklung auf diesem Gebiet voll ausnützen.

Kapitel I. Ausweise

(nicht abgedruckt)

Art. 2 Ausweis für das ständige zivile Sanitäts- und Seelsorgepersonal

Art. 3 Ausweis für das nichtständige zivile Sanitäts- und Seelsorgepersonal

Kapitel II. Das Schutzzeichen

Art. 4 Form.[2)] Das Schutzzeichen (rot auf weißem Grund) muss eine den Umständen angemessene Größe besitzen. Bezüglich der Form des

---

[1)] Dieser Anhang ist am 30. 11. 1993 im Verfahren nach Art. 98 ZP I geändert, und am 1. 3. 1994 in seiner geänderten Fassung auch für Deutschland in Kraft getreten. Die Neufassung ist abgedruckt in BGBl. 1997 II S. 1367.

[2)] Definiert in Art. 38 des (I.) Genfer Abkommens vom 12. 8. 1949 zur Verbesserung des Loses der Verwundeten und Kranken der Streitkräfte im Felde (BGBl. 1954 II S. 783).

Kreuzes, des Halbmonds oder des Löwen mit Sonne[1] können sich die Hohen Vertragsparteien an die Muster in Abbildung 2 halten.

Abbildung 2

Schutzzeichen in Rot auf weißem Grund

Art. 5 Verwendung. (1) Das Schutzzeichen wird nach Möglichkeit auf Fahnen oder auf einer glatten oder auf jegliche andere Art und Weise der Beschaffenheit des Geländes angepassten Fläche angebracht, um möglichst nach allen Seiten und möglichst weithin, namentlich in die Luft, sichtbar zu sein.

(2) Bei Nacht oder bei beschränkter Sicht kann das Schutzzeichen erleuchtet sein oder angestrahlt werden.

(3) Das Schutzzeichen kann aus Material bestehen, das seine Erkennung durch technische Hilfsmittel ermöglicht. Der rote Teil sollte auf eine schwarze Glanzschicht aufgemalt sein, um die Erkennung des Schutzzeichens, namentlich mit Infrarotgeräten, zu erleichtern.

(4) Das im Kampfgebiet tätige Sanitäts- und Seelsorgepersonal hat nach Möglichkeit eine mit dem Schutzzeichen versehene Kopfbedeckung und Kleidung zu tragen.

Kapitel III. Erkennungssignale

(nicht abgedruckt)

Art. 6 Verwendung

Art. 7 Lichtsignal

Art. 8 Funksignal

Art. 9 Elektronische Kennzeichnung

Kapitel IV. Nachrichtenverkehr

(nicht abgedruckt)

Art. 10 Funkverkehr

Art. 11 Benutzung internationaler Codes

---

[1] Seit 1980 verwendet kein Staat mehr das Emblem des Löwen mit Sonne.

Art. 12 Andere Nachrichtenmittel

Art. 13 Flugpläne

Art. 14 Signale und Verfahren zur Ansteuerung von Sanitätsluftfahrzeugen

Kapitel V. Zivilschutz

Art. 15 Ausweis. (1) Der Ausweis des in Artikel 66 Absatz 3 des Protokolls bezeichneten Zivilschutzpersonals richtet sich nach den einschlägigen Bestimmungen des Artikels 2 dieser Vorschriften.

(2) Der Ausweis des Zivilschutzpersonals kann dem Muster in Abbildung 3[1] entsprechen.

(3) Ist das Zivilschutzpersonal befugt, leichte Handfeuerwaffen zu tragen, so soll dies auf dem Ausweis vermerkt werden.

Art. 16 Internationales Schutzzeichen. (1) Das in Artikel 66 Absatz 4 des Protokolls vorgesehene internationale Schutzzeichen des Zivilschutzes ist ein gleichseitiges blaues Dreieck auf orangefarbenem Grund. Es entspricht dem Muster in Abbildung 4:

Abbildung 4

Blaues Dreieck auf orangefarbenem Grund

(2) Es wird empfohlen,

a) dass, wenn sich das blaue Dreieck auf einer Fahne, einer Armbinde oder einer Brust- bzw. Rückenmarkierung befindet, diese den orangefarbenen Grund bilden,

b) dass eine Spitze des Dreiecks senkrecht nach oben zeigt,

c) dass keine Spitze des Dreiecks bis zum Rand des orangefarbenen Grundes reicht.

(3) Das internationale Schutzzeichen muss eine den Umständen angemessene Größe besitzen. Das Zeichen wird nach Möglichkeit auf

---

[1] Nicht abgedruckt.

einer glatten Fläche oder auf Fahnen angebracht, die nach möglichst allen Seiten und möglichst weithin sichtbar sind. Vorbehaltlich der Anweisungen der zuständigen Behörde hat das Zivilschutzpersonal nach Möglichkeit eine mit dem internationalen Schutzzeichen versehene Kopfbedeckung und Kleidung zu tragen. Bei Nacht oder bei beschränkter Sicht kann das Zeichen erleuchtet sein oder angestrahlt werden; es kann auch aus Material bestehen, das seine Erkennung durch technische Hilfsmittel ermöglicht.

Kapitel VI. Anlagen und Einrichtungen, die gefährliche Kräfte enthalten

Art. 17 Internationales besonderes Kennzeichen. (1) Das in Artikel 56 Absatz 7 des Protokolls vorgesehene internationale besondere Kennzeichen für Anlagen und Einrichtungen, die gefährliche Kräfte enthalten, besteht aus einer Gruppe von drei gleich großen, in einer Linie angeordneten, leuchtend orangefarbenen Kreisen, wobei gemäß Abbildung 5 der Abstand zwischen den Kreisen dem Radius entspricht.

(2) Das Kennzeichen muss eine den Umständen angemessene Größe besitzen. Wird das Kennzeichen auf einer großen Fläche angebracht, so kann es so oft wiederholt werden, wie es den Umständen angemessen ist. Es wird nach Möglichkeit auf einer glatten Fläche oder auf Fahnen angebracht, um nach möglichst allen Seiten und möglichst weithin sichtbar zu sein.

(3) Auf einer Fahne entspricht der Abstand zwischen dem äußeren Rand des Zeichens und den angrenzenden Rändern der Fahne dem Radius eines Kreises. Die Fahne ist rechteckig und hat einen weißen Grund.

(4) Bei Nacht oder bei beschränkter Sicht kann das Kennzeichen erleuchtet sein oder angestrahlt werden. Es kann auch aus Material bestehen, das seine Erkennung durch technische Hilfsmittel ermöglicht.

Abbildung 5

Internationales besonderes Kennzeichen für Anlagen und Einrichtungen, die gefährliche Kräfte enthalten

Anhang II

Ausweis für Journalisten in gefährlichem beruflichem Auftrag (nicht abgedruckt[1])

---

[1] Abgedruckt in BGBl. 1990 II S. 1636.

54b. Zusatzprotokoll zu den Genfer Abkommen vom 12. August 1949 über den Schutz der Opfer nicht internationaler bewaffneter Konflikte (Protokoll II)[1], [2]

Vom 8. Juni 1977

(BGBl. 1990 II S. 1637)

Präambel

DIE HOHEN VERTRAGSPARTEIEN,

EINGEDENK DESSEN, daß die humanitären Grundsätze, die in dem den Genfer Abkommen vom 12. August 1949 gemeinsamen Artikel 3 niedergelegt sind, die Grundlage für die Achtung der menschlichen Person im Fall eines nicht internationalen bewaffneten Konflikts darstellen,

SOWIE EINGEDENK DESSEN, daß die internationalen Übereinkünfte über die Menschenrechte der menschlichen Person einen grundlegenden Schutz bieten,

UNTER BETONUNG der Notwendigkeit, den Opfern dieser bewaffneten Konflikte einen besseren Schutz zu sichern,

EINGEDENK DESSEN, daß die menschliche Person in den vom geltenden Recht nicht erfaßten Fällen unter dem Schutz der Grundsätze der Menschlichkeit und der Forderungen des öffentlichen Gewissens verbleibt,

SIND WIE FOLGT, ÜBEREINGEKOMMEN:

Teil I. Geltungsbereich dieses Protokolls

Art. 1 Sachlicher Anwendungsbereich. (1) Dieses Protokoll, das den den Genfer Abkommen vom 12. August 1949 gemeinsamen Artikel 3 weiterentwickelt und ergänzt, ohne die bestehenden Voraussetzungen für seine Anwendung zu ändern, findet auf alle bewaffneten Konflikte Anwendung, die von Artikel 1 des Zusatzprotokolls zu den Genfer Abkommen vom 12. August 1949 über den Schutz der Opfer

---

[1] Für die Bundesrepublik Deutschland in Kraft getreten am 14. 8. 1991 (Bek. v. 30. 7. 1991, BGBl. II S. 968). Zum Inkrafttreten des Protokolls für weitere Staaten, vgl. BGBl., Fundstellennachweis B, abgeschlossen am 31. 12. jedes Jahres. – Siehe auch das G. vom 11. 12. 1990, BGBl. II S. 1550 sowie Fn. 3 zu Nr. **54 a**.

[2] Internationale Quelle: UNTS Bd. 1125 S. 609.

internationaler bewaffneter Konflikte (Protokoll I) nicht erfaßt sind und die im Hoheitsgebiet einer Hohen Vertragspartei zwischen deren Streitkräften und abtrünnigen Streitkräften oder anderen organisierten bewaffneten Gruppen stattfinden, die unter einer verantwortlichen Führung eine solche Kontrolle über einen Teil des Hoheitsgebiets der Hohen Vertragspartei ausüben, daß sie anhaltende, koordinierte Kampfhandlungen durchzuführen und dieses Protokoll anzuwenden vermögen.

(2) Dieses Protokoll findet nicht auf Fälle innerer Unruhen und Spannungen wie Tumulte, vereinzelt auftretende Gewalttaten und andere ähnliche Handlungen Anwendung, die nicht als bewaffnete Konflikte gelten.

Art. 2 Persönlicher Anwendungsbereich. (1) Dieses Protokoll findet ohne jede auf Rasse, Hautfarbe, Geschlecht, Sprache, Religion oder Glauben, politischen oder sonstigen Anschauungen, nationaler oder sozialer Herkunft, Vermögen, Geburt oder sonstiger Stellung oder auf irgendeinem anderen ähnlichen Unterscheidungsmerkmal beruhende nachteilige Unterscheidung (im folgenden als „nachteilige Unterscheidung" bezeichnet) auf alle Personen Anwendung, die von einem bewaffneten Konflikt im Sinne des Artikels 1 betroffen sind.

(2) Mit Beendigung des bewaffneten Konflikts genießen alle Personen, die aus Gründen im Zusammenhang mit dem Konflikt einem Entzug oder einer Beschränkung ihrer Freiheit unterworfen waren, sowie alle Personen, die nach dem Konflikt aus den gleichen Gründen derartigen Maßnahmen unterworfen sind, bis zu deren Beendigung den Schutz nach den Artikeln 5 und 6.

Art. 3 Nichteinmischung. (1) Dieses Protokoll darf nicht zur Beeinträchtigung der Souveränität eines Staates oder der Verantwortung der Regierung herangezogen werden, mit allen rechtmäßigen Mitteln die öffentliche Ordnung im Staat aufrechtzuerhalten oder wiederherzustellen oder die nationale Einheit und territoriale Unversehrtheit des Staates zu verteidigen.

(2) Dieses Protokoll darf nicht zur Rechtfertigung einer wie immer begründeten unmittelbaren oder mittelbaren Einmischung in den bewaffneten Konflikt oder in die inneren oder äußeren Angelegenheiten der Hohen Vertragspartei herangezogen werden, in deren Hoheitsgebiet dieser Konflikt stattfindet.

Teil II. Menschliche Behandlung

Art. 4 Grundlegende Garantien. (1) Alle Personen, die nicht unmittelbar oder nicht mehr an Feindseligkeiten teilnehmen, haben, gleichviel ob ihnen die Freiheit entzogen ist oder nicht, Anspruch auf Achtung ihrer Person, ihrer Ehre, ihrer Überzeugungen und ihrer religiösen Gepflogenheiten. Sie werden unter allen Umständen mit Menschlichkeit und ohne jede nachteilige Unterscheidung behandelt. Es ist verboten, den Befehl zu erteilen, niemanden am Leben zu lassen.

(2) Unbeschadet der allgemeinen Gültigkeit der vorstehenden Bestimmungen sind und bleiben in bezug auf die in Absatz 1 genannten Personen jederzeit und überall verboten

a) Angriffe auf das Leben, die Gesundheit und das körperliche oder geistige Wohlbefinden von Personen, insbesondere vorsätzliche Tötung und grausame Behandlung wie Folter, Verstümmelung oder jede Art von körperlicher Züchtigung;

b) Kollektivstrafen;

c) Geiselnahme;

d) terroristische Handlungen;

e) Beeinträchtigung der persönlichen Würde, insbesondere entwürdigende und erniedrigende Behandlung, Vergewaltigung, Nötigung zur Prostitution und unzüchtige Handlungen jeder Art;

f) Sklaverei und Sklavenhandel in allen ihren Formen;

g) Plünderung;

h) die Androhung einer dieser Handlungen.

(3) Kindern wird die Pflege und Hilfe zuteil, deren sie bedürfen, insbesondere

a) erhalten sie die Erziehung, einschließlich der religiösen und sittlichen Erziehung, die den Wünschen ihrer Eltern oder – bei deren Fehlen – der Personen entspricht, die für sie zu sorgen haben;

b) werden alle geeigneten Maßnahmen getroffen, um die Zusammenführung von vorübergehend getrennten Familien zu erleichtern;

c) dürfen Kinder unter fünfzehn Jahren weder in Streitkräfte oder bewaffnete Gruppen eingegliedert werden noch darf ihnen die Teilnahme an Feindseligkeiten erlaubt werden;

d) gilt der in diesem Artikel für Kinder unter fünfzehn Jahren vorgesehene besondere Schutz auch dann für sie, wenn sie trotz der Bestimmungen des Buchstabens c unmittelbar an Feindseligkeiten teilnehmen und gefangengenommen werden;

e) werden bei Bedarf Maßnahmen getroffen – nach Möglichkeit mit Zustimmung der Eltern oder der Personen, die nach Gesetz oder Brauch in erster Linie für die Kinder zu sorgen haben –, um diese vorübergehend aus dem Gebiet, in dem Feindseligkeiten stattfinden, in ein sicheres Gebiet des Landes zu evakuieren und ihnen die für ihre Sicherheit und ihr Wohlergehen verantwortlichen Personen mitzugeben.

Art. 5 Personen, denen die Freiheit entzogen ist. (1) Außer den Bestimmungen des Artikels 4 werden mindestens folgende Bestimmungen in bezug auf Personen befolgt, denen aus Gründen im Zusammenhang mit dem bewaffneten Konflikt die Freiheit entzogen ist, gleichviel ob sie interniert oder in Haft gehalten sind:

a) Verwundete und Kranke werden nach Maßgabe des Artikels 7 behandelt;

b) die in diesem Absatz genannten Personen werden im gleichen Umfang wie die örtliche Zivilbevölkerung mit Lebensmitteln und Trinkwasser versorgt; ihnen werden Gesundheitsfürsorge und Hygiene sowie Schutz vor den Unbilden der Witterung und den Gefahren des bewaffneten Konflikts gewährleistet;

c) sie sind befugt, Einzel- oder Sammelhilfe zu erhalten;

d) sie dürfen ihre Religion ausüben und auf Wunsch und soweit angemessen geistlichen Beistand von Personen empfangen, die seelsorgerisch tätig sind, wie z. B. von Feldgeistlichen;

e) falls sie zur Arbeit herangezogen werden, haben sie Anspruch auf vergleichbare Arbeitsbedingungen und Sicherheitsvorkehrungen wie die örtliche Zivilbevölkerung.

(2) Die für die Internierung oder Haft der in Absatz 1 genannten Personen Verantwortlichen befolgen im Rahmen ihrer Möglichkeiten nachstehende Bestimmungen in bezug auf diese Personen:

a) außer in Fällen, in denen Männer und Frauen derselben Familie zusammen untergebracht sind, werden Frauen in Räumlichkeiten untergebracht, die von denen der Männer getrennt sind, und unterstehen der unmittelbaren Überwachung durch Frauen;

b) sie sind befugt, Briefe und Postkarten abzuschicken und zu empfangen; deren Anzahl kann von der zuständigen Behörde beschränkt werden, wenn sie es für erforderlich hält;

c) die Orte der Internierung und Haft dürfen nicht in der Nähe der Kampfzone liegen. Werden sie den aus dem bewaffneten Konflikt erwachsenen Gefahren besonders stark ausgesetzt, so werden die in Absatz 1 genannten Personen evakuiert, sofern ihre Sicherheit dabei ausreichend gewährleistet werden kann;

d) es ist ihnen Gelegenheit zu geben, sich ärztlich untersuchen zu lassen;

e) ihre körperliche oder geistige Gesundheit und Unversehrheit dürfen durch keine ungerechtfertigte Handlung oder Unterlassung gefährdet werden. Es ist daher verboten, die in diesem Artikel genannten Personen einem medizinischen Verfahren zu unterziehen, das nicht durch ihren Gesundheitszustand geboten ist und das nicht mit den allgemein anerkannten und unter entsprechenden medizinischen Umständen auf freie Personen angewandten medizinischen Grundsätzen im Einklang steht.

(3) Personen, die von Absatz 1 nicht erfaßt sind, deren Freiheit jedoch aus Gründen im Zusammenhang mit dem bewaffneten Konflikt in irgendeiner Weise eingeschränkt ist, werden nach Artikel 4 sowie nach Absatz 1 Buchstaben a, c und d und Absatz 2 Buchstabe b des vorliegenden Artikels mit Menschlichkeit behandelt.

(4) Wird beschlossen, Personen freizulassen, denen die Freiheit entzogen wurde, so treffen diejenigen, die den entsprechenden Beschluß fassen, die notwendigen Maßnahmen, um die Sicherheit dieser Personen zu gewährleisten.

Art. 6 Strafverfolgung. (1) Dieser Artikel findet auf die Verfolgung und Bestrafung solcher Straftaten Anwendung, die mit dem bewaffneten Konflikt im Zusammenhang stehen.

(2) Gegen eine Person, die für schuldig befunden wurde, eine Straftat begangen zu haben, darf eine Verurteilung nur in einem Urteil ausgesprochen und nur auf Grund eines Urteils eine Strafe vollstreckt werden; dieses Urteil muß von einem Gericht gefällt werden, das die wesentlichen Garantien der Unabhängigkeit und Unparteilichkeit aufweist. Insbesondere gilt folgendes:

a) Das Verfahren sieht vor, daß der Beschuldigte unverzüglich über die Einzelheiten der ihm zur Last gelegten Straftat unterrichtet werden muß, und gewährt ihm während der Hauptverhandlung und davor alle zu seiner Verteidigung erforderlichen Rechte und Mittel;

b) niemand darf wegen einer Straftat verurteilt werden, für die er nicht selbst strafrechtlich verantwortlich ist;

c) niemand darf wegen einer Handlung oder Unterlassung verurteilt werden, die nach dem zur Zeit ihrer Begehung geltenden Recht nicht strafbar war; ebenso darf keine schwerere Strafe als die im Zeitpunkt der Begehung der Straftat angedrohte verhängt werden; wird nach Begehung der Straftat durch Gesetz eine mildere Strafe eingeführt, so kommt dies dem Täter zugute;

d) bis zum gesetzlichen Nachweis seiner Schuld wird vermutet, daß der wegen einer Straftat Angeklagte unschuldig ist;

e) jeder wegen einer Straftat Angeklagte hat das Recht, bei der Hauptverhandlung anwesend zu sein;

f) niemand darf gezwungen werden, gegen sich selbst als Zeuge auszusagen oder sich schuldig zu bekennen.

(3) Jeder Verurteilte wird bei seiner Verurteilung über sein Recht, gerichtliche und andere Rechtsmittel oder Rechtsbehelfe einzulegen, sowie über die hierfür festgesetzten Fristen unterrichtet.

(4) Die Todesstrafe darf nicht gegen Personen ausgesprochen werden, die bei Begehung der Straftat noch nicht achtzehn Jahre alt wa-

ren; sie darf nicht an schwangeren Frauen und Müttern kleiner Kinder vollstreckt werden.

(5) Bei Beendigung der Feindseligkeiten bemühen sich die an der Macht befindlichen Stellen, denjenigen Personen eine möglichst weitgehende Amnestie zu gewähren, die am bewaffneten Konflikt teilgenommen haben oder denen aus Gründen im Zusammenhang mit dem Konflikt die Freiheit entzogen wurde, gleichviel ob sie interniert oder in Haft gehalten sind.

Teil III. Verwundete, Kranke und Schiffbrüchige

Art. 7 Schutz und Pflege. (1) Alle Verwundeten, Kranken und Schiffbrüchigen werden geschont und geschützt, gleichviel ob sie am bewaffneten Konflikt teilgenommen haben oder nicht.

(2) Sie werden unter allen Umständen mit Menschlichkeit behandelt und erhalten so umfassend und so schnell wie möglich die für ihren Zustand erforderliche medizinische Pflege und Betreuung. Aus anderen als medizinischen Gründen darf kein Unterschied zwischen ihnen gemacht werden.

Art. 8 Suche. Sobald die Umstände es zulassen, insbesondere aber nach einem Gefecht, werden unverzüglich alle durchführbaren Maßnahmen getroffen, um die Verwundeten, Kranken und Schiffbrüchigen zu suchen und zu bergen, sie vor Plünderung und Mißhandlung zu schützen und für ihre angemessene Pflege zu sorgen sowie um die Toten zu suchen, ihre Beraubung zu verhindern und sie würdig zu bestatten.

Art. 9 Schutz des Sanitäts- und Seelsorgepersonals. (1) Das Sanitäts- und Seelsorgepersonal wird geschont und geschützt und erhält alle verfügbare Hilfe zur Wahrnehmung seiner Aufgaben. Es darf nicht gezwungen werden, Aufgaben zu übernehmen, die mit seinem humanitären Auftrag unvereinbar sind.

(2) Vom Sanitätspersonal darf nicht verlangt werden, bei der Wahrnehmung seiner Aufgaben bestimmte Personen aus anderen als medizinischen Gründen zu bevorzugen.

Art. 10 Allgemeiner Schutz der ärztlichen Aufgabe. (1) Niemand darf bestraft werden, weil er eine ärztliche Tätigkeit ausgeübt hat, die mit dem ärztlichen Ehrenkodex im Einklang steht, gleichviel unter welchen Umständen und zu wessen Nutzen sie ausgeübt worden ist.

(2) Wer eine ärztliche Tätigkeit ausübt, darf nicht gezwungen werden, Handlungen vorzunehmen oder Arbeiten zu verrichten, die mit den Regeln des ärztlichen Ehrenkodexes, mit sonstigen dem Wohl der Verwundeten und Kranken dienenden Regeln oder mit den Bestimmungen dieses Proto-

kolls unvereinbar ist, oder Handlungen zu unterlassen, die auf Grund dieser Regeln oder Bestimmungen geboten sind.

(3) Die Standespflichten der ärztliche Tätigkeiten ausübenden Personen hinsichtlich der Auskünfte, die sie möglicherweise über von ihnen betreute Verwundete und Kranke erhalten, müssen vorbehaltlich des innerstaatlichen Rechts beachtet werden.

(4) Vorbehaltlich des innerstaatlichen Rechts darf niemand, der eine ärztliche Tätigkeit ausübt, in irgenddeiner Weise bestraft werden, weil er sich weigert oder es unterläßt, Auskunft über Verwundete und Kranke zu geben, die er betreut oder betreut hat.

Art. 11 Schutz von Sanitätseinheiten und -transportmitteln.
(1) Sanitätseinheiten und -transportmittel werden jederzeit geschont und geschützt und dürfen nicht angegriffen werden.

(2) Der Sanitätseinheiten und -transportmitteln gebührende Schutz darf nur dann enden, wenn diese außerhalb ihrer humanitären Bestimmung zu feindlichen Handlungen verwendet werden. Jedoch endet der Schutz erst, nachdem eine Warnung, die möglichst eine angemessene Frist setzt, unbeachtet geblieben ist.

Art. 12 Schutzzeichen. Unter Aufsicht der betreffenden zuständigen Behörde führen Sanitäts- und Seelsorgepersonal sowie Sanitätseinheiten und -transportmittel das Schutzzeichen des Roten Kreuzes, des Roten Halbmonds oder des Roten Löwen mit Roter Sonne auf weißem Grund. Es ist unter allen Umständen zu achten. Es darf nicht mißbräuchlich verwendet werden.

Teil IV. Zivilbevölkerung

Art. 13 Schutz der Zivilbevölkerung. (1) Die Zivilbevölkerung und einzelne Zivilpersonen genießen allgemeinen Schutz vor den von Kampfhandlungen ausgehenden Gefahren. Um diesem Schutz Wirksamkeit zu verleihen, sind folgende Vorschriften unter allen Umständen zu beachten.

(2) Weder die Zivilbevölkerung als solche noch einzelne Zivilpersonen dürfen das Ziel von Angriffen sein. Die Anwendung oder Androhung von Gewalt mit dem hauptsächlichen Ziel, Schrecken unter der Zivilbevölkerung zu verbreiten, ist verboten.

(3) Zivilpersonen genießen den durch diesen Teil gewährten Schutz, sofern und solange sie nicht unmittelbar an Feindseligkeiten teilnehmen.[1)]

Art. 14 Schutz der für die Zivilbevölkerung lebensnotwendigen Objekte. Das Aushungern von Zivilpersonen als Mittel der

---

1) Vgl. hierzu auch die IKRK-Studie (N. Melzer) "Direct Participation in Hostilities" (2009 – auch zum Download: http://www.icrc.org/eng/war-and-law).

Kriegsführung ist verboten. Es ist daher verboten, für die Zivilbevölkerung lebensnotwendige Objekte wie Nahrungsmittel, zur Erzeugung von Nahrungsmitteln genutzte landwirtschaftliche Gebiete, Ernte- und Viehbestände, Trinkwasserversorgungsanlagen und -vorräte sowie Bewässerungsanlagen zu diesem Zweck anzugreifen, zu zerstören, zu entfernen oder unbrauchbar zu machen.

Art. 15 Schutz von Anlagen und Einrichtungen, die gefährliche Kräfte enthalten. Anlagen oder Einrichtungen, die gefährliche Kräfte enthalten, nämlich Staudämme, Deiche und Kernkraftwerke, dürfen auch dann nicht angegriffen werden, wenn sie militärische Ziele darstellen, sofern ein solcher Angriff gefährliche Kräfte freisetzen und dadurch schwere Verluste unter der Zivilbevölkerung verursachen kann.

Art. 16 Schutz von Kulturgut und Kultstätten. Unbeschadet der Bestimmungen der Haager Konvention vom 14. Mai 1954 zum Schutz von Kulturgut bei bewaffneten Konflikten ist es verboten, feindselige Handlungen gegen geschichtliche Denkmäler, Kunstwerke oder Kultstätten zu begehen, die zum kulturellen oder geistigen Erbe der Völker gehören, und sie zur Unterstützung des militärischen Einsatzes zu verwenden.

Art. 17 Verbot von Zwangsverlegungen. (1) Die Verlegung der Zivilbevölkerung darf nicht aus Gründen im Zusammenhang mit dem Konflikt angeordnet werden, sofern dies nicht im Hinblick auf die Sicherheit der betreffenden Zivilpersonen oder aus zwingenden militärischen Gründen geboten ist. Muß eine solche Verlegung vorgenommen werden, so sind alle durchführbaren Maßnahmen zu treffen, damit die Zivilbevölkerung am Aufnahmeort befriedigende Bedingungen in bezug auf Unterbringung, Hygiene, Gesundheit, Sicherheit und Ernährung vorfindet.

(2) Zivilpersonen dürfen nicht gezwungen werden, ihr eigenes Gebiet aus Gründen zu verlassen, die mit dem Konflikt im Zusammenhang stehen.

Art. 18 Hilfsgesellschaften und Hilfsaktionen. (1) Die im Hoheitsgebiet der Hohen Vertragspartei gelegenen Hilfsgesellschaften, wie die Organisationen des Rotes Kreuzes (Roten Halbmonds, Roten Löwen mit Roter Sonne) können ihre Dienste anbieten, um ihre herkömmlichen Aufgaben gegenüber den Opfern des bewaffneten Konflikts zu erfüllen. Die Zivilbevölkerung kann auch von sich aus ihre Bereitschaft erklären, Verwundete, Kranke und Schiffbrüchige zu bergen und zu pflegen.

(2) Erleidet die Zivilbevölkerung übermäßige Entbehrungen infolge eines Mangels an lebensnotwendigen Versorgungsgütern wie Lebensmitteln und Sanitätsmaterial, so sind mit Zustimmung der betroffenen Hohen Vertragspartei Hilfsaktionen rein humanitärer unparteiischer Art zugunsten der Zivilbevölkerung ohne jede nachteilige Unterscheidung durchzuführen.

Teil V. Schlußbestimmungen

Art. 19 Verbreitung. Dieses Protokoll wird so weit wie möglich verbreitet.

Art. 20 Unterzeichnung. Dieses Protokoll wird für die Vertragsparteien der Abkommen sechs Monate nach Unterzeichnung der Schlußakte zur Unterzeichnung aufgelegt; es liegt für einen Zeitabschnitt von zwölf Monaten zur Unterzeichnung auf.

Art. 21 Ratifikation. Dieses Protokoll wird so bald wie möglich ratifiziert. Die Ratifikationsurkunden werden beim Schweizerischen Bundesrat, dem Verwahrer der Abkommen, hinterlegt.

Art. 22 Beitritt. Dieses Protokoll steht für jede Vertragspartei der Abkommen, die es nicht unterzeichnet hat, zum Beitritt offen. Die Beitrittsurkunden werden beim Verwahrer hinterlegt.

Art. 23 Inkrafttreten. (1) Dieses Protokoll tritt sechs Monate nach der Hinterlegung von zwei Ratifikations- oder Beitrittsurkunden in Kraft.

(2) Für jede Vertragspartei der Abkommen, die zu einem späteren Zeitpunkt dieses Protokoll ratifiziert oder ihm beitritt, tritt es sechs Monate nach Hinterlegung ihrer eigenen Ratifikations- oder Beitrittsurkunde in Kraft.

Art. 24 Änderung. (1) Jede Hohe Vertragspartei kann Änderungen dieses Protokolls vorschlagen. Der Wortlaut jedes Änderungsvorschlags wird dem Verwahrer mitgeteilt; dieser beschließt nach Konsultierung aller Hohen Vertragsparteien und des Internationalen Komitees vom Roten Kreuz, ob eine Konferenz zur Prüfung des Änderungsvorschlags einberufen werden soll.

(2) Der Verwahrer lädt zu dieser Konferenz alle Hohen Vertragsparteien sowie die Vertragsparteien der Abkommen ein, gleichviel ob sie dieses Protokoll unterzeichnet haben oder nicht.

Art. 25 Kündigung. (1) Kündigt eine Hohe Vertragspartei dieses Protokoll, so wird die Kündigung erst sechs Monate nach Eingang der Kündigungsurkunde wirksam. Ist jedoch bei Ablauf der sechs Monate für die kündigende Partei die in Artikel 1 genannte Situation eingetreten, so wird die Kündigung erst bei Beendigung des bewaffneten Konflikts wirksam. Personen, die aus Gründen im Zusammenhang mit dem Konflikt einem Freiheitsentzug oder einer Freiheitsbeschränkung unterworfen waren, genießen jedoch bis zu ihrer endgültigen Freilassung weiterhin den Schutz dieses Protokolls.

(2) Die Kündigung wird dem Verwahrer schriftlich notifiziert; dieser übermittelt sie allen Hohen Vertragsparteien.

Art. 26 Notifikationen. Der Verwahrer unterrichtet die Hohen Vertragsparteien sowie die Vertragsparteien der Abkommen, gleichviel ob sie dieses Protokoll unterzeichnet haben oder nicht,

a) von den Unterzeichnungen dieses Protokolls und der Hinterlegung von Ratifikations- und Beitrittsurkunden nach den Artikeln 21 und 22,
b) vom Zeitpunkt des Inkrafttretens dieses Protokolls nach Artikel 23 und
c) von den nach Artikel 24 eingegangenen Mitteilungen und Erklärungen.

Art. 27 Registrierung. (1) Nach seinem Inkrafttreten wird dieses Protokoll vom Verwahrer dem Sekretariat der Vereinten Nationen zur Registrierung und Veröffentlichung gemäß Artikel 102 der Charta der Vereinten Nationen übermittelt.

(2) Der Verwahrer setzt das Sekretariat der Vereinten Nationen auch von allen Ratifikationen und Beitritten in Kenntnis, die er in bezug auf dieses Protokoll erhält.

Art. 28 Authentische Texte. Die Urschrift dieses Protokolls, dessen arabischer, chinesischer, englischer, französischer, russischer und spanischer Wortlaut gleichermaßen verbindlich ist, wird beim Verwahrer hinterlegt; dieser übermittelt allen Vertragsparteien der Abkommen beglaubigte Abschriften.

54 c. Zusatzprotokoll zu den Genfer Abkommen vom 12. August 1949 über die Annahme eines zusätzlichen Schutzzeichens

(Protokoll III)

Vom 8. Dezember 2005[1]

(BGBl. 2009 II S. 223)

(Übersetzung)

Präambel

DIE HOHEN VERTRAGSPARTEIEN –

IN BEKRÄFTIGUNG der Bestimmungen der Genfer Abkommen vom 12. August 1949 (insbesondere der Artikel 26, 38, 42 und 44 des I. Genfer Abkommens)[2] und, soweit anwendbar, ihrer Zusatzprotokolle vom 8. Juni 1977 (insbesondere der Artikel 18 und 38 des Zusatzprotokolls I und des Artikels 12 des Zusatzprotokolls II),[3] welche die Verwendung der Schutzzeichen betreffen,

IN DEM WUNSCH, die genannten Bestimmungen zu ergänzen, um ihren schützenden Wert und ihren universellen Charakter zu stärken,

IN ANBETRACHT DESSEN, dass dieses Protokoll das anerkannte Recht der Hohen Vertragsparteien nicht berührt, die Zeichen weiter zu verwenden, die sie in Übereinstimmung mit ihren Verpflichtungen aus den Genfer Abkommen und, soweit anwendbar, aus deren Zusatzprotokollen bereits verwenden,

EINGEDENK DESSEN, dass sich die Verpflichtung zur Achtung der durch die Genfer Abkommen und ihre Zusatzprotokolle geschützten Personen und Objekte aus dem Schutz ergibt, den ihnen das Völkerrecht gewährt, und nicht von der Verwendung der Schutzzeichen, Kennzeichen oder Erkennungssignale abhängig ist,

UNTER BETONUNG der Tatsache, dass den Schutzzeichen keine religiöse, ethnische, rassische, regionale oder politische Bedeutung zukommen soll,

UNTER HERVORHEBUNG der Notwendigkeit, die uneingeschränkte Einhaltung der Verpflichtungen zu gewährleisten, die mit den durch die Genfer Abkommen und, soweit anwendbar, ihre Zusatzprotokolle anerkannten Schutzzeichen verbunden sind,

---

[1] Für Deutschland gem. Art. 11 Abs. 1 in Kraft getreten am 17. 12. 2009 (Bek. v. 9. 2. 2010, BGBl. II S. 100). Einzelne terminologische Varianten für Österreich und die Schweiz (BBl. Schweiz 2006, 1929) sind in Fußnoten angegeben.

[2] Textsammlung *Wehrrecht* Nr. **2011**.

[3] Nr. **54 a, 54 b**.

EINGEDENK DESSEN, dass Artikel 44 des I. Genfer Abkommens zwischen der Verwendung der Schutzzeichen zum Schutz und ihrer Verwendung zur Bezeichnung unterscheidet,

FERNER EINGEDENK DESSEN, dass die nationalen Gesellschaften, die im Hoheitsgebiet eines anderen Staates tätig werden, sicherstellen müssen, dass die Zeichen, die sie im Rahmen dieser Tätigkeit zu verwenden beabsichtigen, in dem Land, in dem die Tätigkeit stattfindet, und in dem Transitstaat oder den Transitstaaten verwendet werden dürfen,

IM BEWUSSTSEIN der Schwierigkeiten, welche die Verwendung der bestehenden Schutzzeichen bestimmten Staaten und bestimmten nationalen Gesellschaften bereiten kann,

IN ANBETRACHT der Entschlossenheit des Internationalen Komitees vom Roten Kreuz, der Internationalen Föderation der Rotkreuz- und Rothalbmondgesellschaften sowie der Internationalen Rotkreuz- und Rothalbmondbewegung, ihre gegenwärtigen Namen und Zeichen beizubehalten –

SIND WIE FOLGT ÜBEREINGEKOMMEN:

Art. 1 Einhaltung und Anwendungsbereich dieses Protokolls.
(1) Die Hohen Vertragsparteien verpflichten sich, dieses Protokoll unter allen Umständen einzuhalten und seine Einhaltung durchzusetzen.[1]

(2) Durch dieses Protokoll werden die Bestimmungen der vier Genfer Abkommen vom 12. August 1949 („Genfer Abkommen") und, soweit anwendbar, ihrer beiden Zusatzprotokolle vom 8. Juni 1977 („Zusatzprotokolle von 1977")[2] über die Schutzzeichen, nämlich das rote Kreuz, den roten Halbmond und den roten Löwen mit roter Sonne, bekräftigt und ergänzt; es findet auf die in diesen Bestimmungen bezeichneten Situationen gleichermaßen Anwendung.

Art. 2 Schutzzeichen. (1) Durch dieses Protokoll wird zusätzlich zu den Schutzzeichen der Genfer Abkommen und zu denselben Zwecken ein zusätzliches Schutzzeichen anerkannt. Die Schutzzeichen genießen alle denselben Status.

(2) Dieses zusätzliche Schutzzeichen, das aus einem roten Rahmen in Form eines auf der Spitze stehenden Quadrats auf weißem Grund besteht, entspricht der Abbildung im Anhang zu diesem Protokoll. In diesem Protokoll wird dieses Schutzzeichen als „Zeichen des III. Protokolls" bezeichnet.

(3) Die Bedingungen für die Verwendung und Achtung des Zeichens des III. Protokolls sind die gleichen wie die durch die Genfer Abkommen und, soweit anwendbar, die Zusatzprotokolle von 1977 für die Schutzzeichen festgelegten Bedingungen.

(4) Die Sanitätsdienste und das Seelsorgepersonal der Streitkräfte der Hohen Vertragsparteien können alle in Absatz 1 bezeichneten Schutz-

---

[1] Österreich: sicherzustellen.
[2] Nr. **54 a, 54 b**.

zeichen unbeschadet ihrer gegenwärtigen Zeichen vorübergehend verwenden, sofern dadurch ihr Schutz erhöht werden kann.

Art. 3 Verwendung des Zeichens des III. Protokolls zum Zweck der Bezeichnung. (1) Die nationalen Gesellschaften der Hohen Vertragsparteien, die sich für die Verwendung des Zeichens des III. Protokolls entscheiden, können bei der Verwendung dieses Zeichens in Übereinstimmung mit den einschlägigen innerstaatlichen Rechtsvorschriften zum Zweck der Bezeichnung Folgendes in das Zeichen einfügen:

a) ein durch die Genfer Abkommen anerkanntes Schutzzeichen oder eine Kombination dieser Zeichen oder

b) ein anderes Zeichen, das eine Hohe Vertragspartei tatsächlich verwendet hat und das vor der Annahme dieses Protokolls Gegenstand einer über den Verwahrer[1] an die anderen Hohen Vertragsparteien und das Internationale Komitee vom Roten Kreuz gerichteten Mitteilung war.

Die Einfügung muss der Abbildung im Anhang zu diesem Protokoll entsprechen.

(2) Eine nationale Gesellschaft, die sich entscheidet, nach Absatz 1 in das Zeichen des III. Protokolls ein anderes Zeichen einzufügen, kann in Übereinstimmung mit den innerstaatlichen Rechtsvorschriften in ihrem Hoheitsgebiet die Bezeichnung dieses Zeichens verwenden und dieses Zeichen führen.

(3) Nationale Gesellschaften dürfen in Übereinstimmung mit den innerstaatlichen Rechtsvorschriften unter außergewöhnlichen Umständen und zur Erleichterung ihrer Arbeit das in Artikel 2 dieses Protokolls genannte Schutzzeichen vorübergehend verwenden.

(4) Dieser Artikel berührt weder die Rechtsstellung der in den Genfer Abkommen und in diesem Protokoll anerkannten Schutzzeichen noch diejenige der Zeichen, die zum Zweck der Bezeichnung in Übereinstimmung mit Absatz 1 eingefügt werden.

Art. 4 Internationales Komitee vom Roten Kreuz und Internationale Föderation der Rotkreuz- und Rothalbmondgesellschaften. Das Internationale Komitee vom Roten Kreuz und die Internationale Föderation der Rotkreuz-und Rothalbmondgesellschaften sowie ihr gehörig ausgewiesenes Personal können unter außergewöhnlichen Umständen und zur Erleichterung ihrer Arbeit das in Artikel 2 dieses Protokolls genannte Schutzzeichen verwenden.

Art. 5 Missionen unter dem Dach der Vereinten Nationen. Die Sanitätsdienste und das Seelsorgepersonal, die an Einsätzen unter dem Dach der Vereinten Nationen beteiligt sind, können mit dem Ein-

---

[1] CH: Depositar.

verständnis der teilnehmenden Staaten eines der in den Artikeln 1 und 2 genannten Schutzzeichen verwenden.

Art. 6 Verhinderung und Ahndung von Missbrauch. (1) Die Bestimmungen der Genfer Abkommen und, soweit anwendbar, der Zusatzprotokolle von 1977, welche die Verhinderung und Ahndung des Missbrauchs der Schutzzeichen regeln, finden gleichermaßen auf das Zeichen des III. Protokolls Anwendung. Insbesondere treffen die Hohen Vertragsparteien die erforderlichen Maßnahmen, um jeden Missbrauch der in den Artikeln 1 und 2 genannten Schutzzeichen und ihrer Bezeichnungen, einschließlich ihrer heimtückischen Verwendung und der Verwendung aller Zeichen oder Bezeichnungen, die eine Nachahmung der Schutzzeichen darstellen, jederzeit zu verhindern und zu ahnden.

(2) Ungeachtet des Absatzes 1 können die Hohen Vertragsparteien es den bisherigen Benutzern des Zeichens des III. Protokolls oder eines Zeichens, das eine Nachahmung davon darstellt, gestatten, dieses weiter zu verwenden, wobei diese Verwendung in Zeiten eines bewaffneten Konflikts nicht den Anschein erwecken darf, als ob dadurch der Schutz der Genfer Abkommen und, soweit anwendbar, der Zusatzprotokolle von 1977 gewährleistet werde, und sofern die Rechte zur Verwendung dieser Zeichen vor der Annahme dieses Protokolls erworben wurden.

Art. 7 Verbreitung. Die Hohen Vertragsparteien verpflichten sich, in Friedenszeiten wie in Zeiten eines bewaffneten Konflikts dieses Protokoll in ihren Ländern so weit wie möglich zu verbreiten, insbesondere sein Studium in ihre militärischen Ausbildungsprogramme aufzunehmen und die Zivilbevölkerung zu seinem Studium anzuregen, so dass diese Übereinkunft den Streitkräften und der Zivilbevölkerung bekannt werden.

Art. 8 Unterzeichnung. Dieses Protokoll wird für die Vertragsparteien der Genfer Abkommen am Tag seiner Annahme zur Unterzeichnung aufgelegt; es liegt für einen Zeitabschnitt von zwölf Monaten zur Unterzeichnung auf.

Art. 9 Ratifikation. Dieses Protokoll wird so bald wie möglich ratifiziert. Die Ratifikationsurkunden werden beim Schweizerischen Bundesrat, dem Verwahrer[1] der Genfer Abkommen und der Zusatzprotokolle von 1977, hinterlegt.

Art. 10 Beitritt. Dieses Protokoll steht für jede Vertragspartei der Genfer Abkommen, die es nicht unterzeichnet hat, zum Beitritt offen. Die Beitrittsurkunden werden beim Verwahrer[1] hinterlegt.

---

[1] CH: Depositar.

Art. 11 Inkrafttreten. (1) Dieses Protokoll tritt sechs Monate nach Hinterlegung von zwei Ratifikations-oder Beitrittsurkunden in Kraft.[1]

(2) Für jede Vertragspartei der Genfer Abkommen, die dieses Protokoll zu einem späteren Zeitpunkt ratifiziert oder ihm beitritt, tritt es sechs Monate nach Hinterlegung ihrer eigenen Ratifikations- oder Beitrittsurkunde in Kraft.

Art. 12 Vertragsbeziehungen beim Inkrafttreten dieses Protokolls. (1) Sind die Vertragsparteien der Genfer Abkommen auch Vertragsparteien dieses Protokolls, so finden die Abkommen so Anwendung, wie sie durch das Protokoll ergänzt sind.

(2) Ist eine der am Konflikt beteiligten Parteien nicht durch dieses Protokoll gebunden, so bleiben dessen Vertragsparteien in ihren gegenseitigen Beziehungen durch das Protokoll gebunden. Sie sind durch das Protokoll auch gegenüber jeder nicht durch das Protokoll gebundenen Partei gebunden, wenn diese dessen Bestimmungen annimmt und anwendet.

Art. 13 Änderung. (1) Jede Hohe Vertragspartei kann Änderungen dieses Protokolls vorschlagen. Der Wortlaut jedes Änderungsvorschlags wird dem Verwahrer[2] mitgeteilt; dieser beschließt nach Konsultierung aller Hohen Vertragsparteien, des Internationalen Komitees vom Roten Kreuz und der Internationalen Föderation der Rotkreuz-und Rothalbmondgesellschaften, ob eine Konferenz zur Prüfung des Änderungsvorschlags einberufen werden soll.

(2) Der Verwahrer[2] lädt zu dieser Konferenz alle Hohen Vertragsparteien sowie die Vertragsparteien der Genfer Abkommen ein, gleichviel ob sie dieses Protokoll unterzeichnet haben oder nicht.

Art. 14 Kündigung. (1) Kündigt eine Hohe Vertragspartei dieses Protokoll, so wird die Kündigung erst ein Jahr nach Eingang der Kündigungsurkunde wirksam. Ist jedoch bei Ablauf dieses Jahres für die kündigende Vertragspartei die Situation eines bewaffneten Konflikts oder einer Besetzung eingetreten, so bleibt die Kündigung bis zum Ende des bewaffneten Konflikts oder der Besetzung unwirksam.

(2) Die Kündigung wird dem Verwahrer[2] schriftlich notifiziert; dieser übermittelt sie allen Hohen Vertragsparteien.

(3) Die Kündigung wird nur in Bezug auf die kündigende Vertragspartei wirksam.

(4) Eine Kündigung nach Absatz 1 berührt nicht die wegen des bewaffneten Konflikts oder der Besetzung von der kündigenden Vertragspartei nach diesem Protokoll bereits eingegangenen Verpflichtungen in

---

[1] Das Protokoll ist am 14. 1. 2007 in Kraft getreten, am 17. 12. 2009 auch für Deutschland.

[2] CH: Depositar.

Bezug auf eine vor dem Wirksamwerden der Kündigung begangene Handlung.

Art. 15 Notifikationen. Der Verwahrer[1] unterrichtet die Hohen Vertragsparteien sowie die Vertragsparteien der Genfer Abkommen, gleichviel ob sie dieses Protokoll unterzeichnet haben oder nicht,

a) von den Unterzeichnungen dieses Protokolls und der Hinterlegung von Ratifikations-und Beitrittsurkunden nach den Artikeln 8, 9 und 10,

b) vom Zeitpunkt des Inkrafttretens dieses Protokolls nach Artikel 11, und zwar innerhalb von zehn Tagen nach diesem Inkrafttreten,

c) von den nach Artikel 13 eingegangenen Mitteilungen,

d) von den Kündigungen nach Artikel 14.

Art. 16 Registrierung. (1) Nach seinem Inkrafttreten wird dieses Protokoll vom Verwahrer[1] dem Sekretariat der Vereinten Nationen zur Registrierung und Veröffentlichung nach Artikel 102 der Charta[2] der Vereinten Nationen übermittelt.

(2) Der Verwahrer[1] setzt das Sekretariat der Vereinten Nationen auch von allen Ratifikationen, Beitritten und Kündigungen in Kenntnis, die er in Bezug auf dieses Protokoll erhält.

Art. 17 Verbindlicher Wortlaut. Die Urschrift dieses Protokolls, dessen arabischer, chinesischer, englischer, französischer, russischer und spanischer Wortlaut gleichermaßen verbindlich ist, wird beim Verwahrer[1] hinterlegt; dieser übermittelt allen Vertragsparteien der Genfer Abkommen beglaubigte Abschriften.

---

[1] CH: Depositar.
[2] AT: Satzung.

Anhang

Zeichen des III. Protokolls

(Artikel 2 Absatz 2 und Artikel 3 Absatz 1 des Protokolls)

Artikel 1 – Schutzzeichen

Artikel 2 – Verwendung des Zeichens des III. Protokolls zum Zweck der Bezeichnung

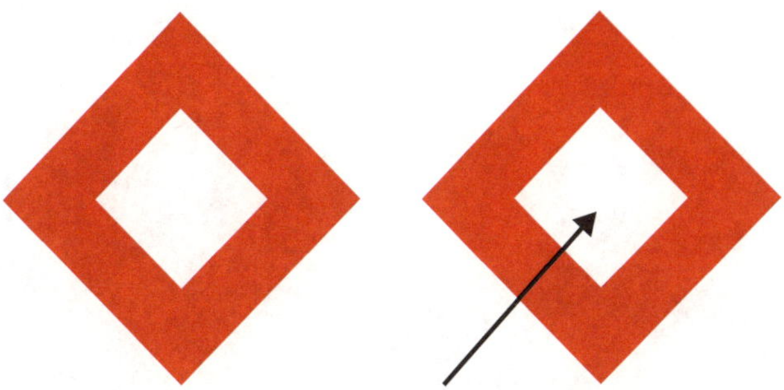

Einfügung
in Übereinstimmung mit Artikel 3

54 c

56. Konvention zum Schutz von Kulturgut bei bewaffneten Konflikten (Haager Konvention)[1), 2), 3), 4)]

Vom 14. Mai 1954

(BGBl. 1967 II S. 1235)

(Übersetzung)

Die Hohen Vertragsparteien –

in der Erkenntnis, dass während der letzten bewaffneten Konflikte das Kulturgut ernsten Schaden gelitten hat und infolge der Entwicklung der Kriegstechnik in zunehmendem Maße der Vernichtungsgefahr ausgesetzt ist;

in der Überzeugung, dass jede Schädigung von Kulturgut, gleichgültig welchem Volke es gehört, eine Schädigung des kulturellen Erbes der ganzen Menschheit bedeutet, weil jedes Volk seinen Beitrag zur Kultur der Welt leistet;

in der Erwägung, dass die Erhaltung des kulturellen Erbes für alle Völker der Welt von großer Bedeutung ist und dass es wesentlich ist, dieses Erbe unter internationalen Schutz zu stellen;

geleitet von den Grundsätzen für den Schutz des Kulturguts bei bewaffneten Konflikten, die in den Haager Abkommen von 1899 und 1907[5)] und im Washingtoner Vertrag vom 15. April 1935[6)] niedergelegt wurden;

in der Erwägung, dass dieser Schutz nur dann wirksam sein kann, wenn sowohl nationale als auch internationale Maßnahmen ergriffen werden, um ihn schon in Friedenszeiten zu organisieren;

entschlossen,

alle zum Schutz des Kulturguts möglichen Maßnahmen zu treffen

– sind wie folgt übereingekommen:

Kapitel I. Allgemeine Schutzbestimmungen

Art. 1 Begriffsbestimmung des Kulturguts. Kulturgut im Sinne dieser Konvention sind, ohne Rücksicht auf Herkunft oder Eigentumsverhältnisse:

---

1) Internationale Quelle: UNTS Bd. 249, S. 240.

2) Die Konvention (in der Schweiz und Lichtenstein: „Haager Abkommen") ist – auch für Deutschland – am 7.8.1956 in Kraft getreten.

3) S. zu dieser Konvention auch das Protokoll I v. 14.5.1945 (Nr. **56a**) und Protokoll II v. 26.3.1999 (Nr. **56b**).

4) Vgl. auch das Ausführungsgesetz v. 11.4.1967 (BGBl. 1967 II S. 1233 und 1971 II S. 1025), zuletzt geändert durch Art. 4 Gesetz vom 27.4.2004 (BGBl. I S. 630).

5) Vgl. insbes. Art. 27 HLKO sowie Art. 5 des IX. Haager Abkommens.

6) Sog. „Roerich Pakt" (LNTS 167, S. 289).

a) bewegliches oder unbewegliches Gut, das für das kulturelle Erbe aller Völker von großer Bedeutung ist, wie z. B. Bau-, Kunst- oder geschichtliche Denkmäler religiöser oder weltlicher Art, archäologische Stätten, Gebäudegruppen, die als Ganzes von historischem oder künstlerischem Interesse sind, Kunstwerke, Manuskripte, Bücher und andere Gegenstände von künstlerischem, historischem oder archäologischem Interesse sowie wissenschaftliche Sammlungen und bedeutende Sammlungen von Büchern, Archivalien oder Reproduktionen des oben bezeichneten Kulturguts;

b) Baulichkeiten, die in der Hauptsache und tatsächlich der Erhaltung oder Ausstellung des unter a) bezeichneten beweglichen Gutes dienen, wie z.B. Museen, größere Bibliotheken, Archive sowie Bergungsorte, in denen im Falle bewaffneter Konflikte das unter a) bezeichnete bewegliche Kulturgut in Sicherheit gebracht werden soll;

c) Orte, die in beträchtlichem Umfange Kulturgut im Sinne der Unterabsätze a) und b) aufweisen und als „Denkmalorte" bezeichnet sind.

Art. 2 Schutz des Kulturguts. Der Schutz des Kulturguts im Sinne dieser Konvention umfasst die Sicherung und Respektierung solchen Gutes.

Art. 3 Sicherung des Kulturguts. Die Hohen Vertragsparteien verpflichten sich, schon in Friedenszeiten die Sicherung des auf ihrem Gebiet befindlichen Kulturguts gegen die absehbaren Folgen eines bewaffneten Konflikts vorzubereiten, indem sie alle Maßnahmen treffen, die sie für geeignet erachten.[1)]

Art. 4 Respektierung des Kulturguts. (1) Die Hohen Vertragsparteien verpflichten sich, das auf ihrem eigenen Gebiet oder auf dem Gebiet anderer Hoher Vertragsparteien befindliche Kulturgut zu respektieren, indem sie es unterlassen, dieses Gut und seine unmittelbare Umgebung sowie die zu seinem Schutz bestimmten Einrichtungen für Zwecke zu benutzen, die es im Falle bewaffneter Konflikte der Vernichtung oder Beschädigung aussetzen könnten, und indem sie von allen gegen dieses Gut gerichteten feindseligen Handlungen Abstand nehmen.

(2) Die im Absatz 1 dieses Artikels erwähnten Verpflichtungen sind nur in denjenigen Fällen nicht bindend, in denen die militärische Notwendigkeit dies zwingend erfordert.

(3) Die Hohen Vertragsparteien verpflichten sich ferner, jede Art von Diebstahl, Plünderung oder anderer widerrechtlicher Inbesitznahme von Kulturgut sowie jede sinnlose Zerstörung solchen Gutes zu verbieten, zu verhindern und nötigenfalls zu unterbinden. Sie nehmen davon Abstand, bewegliches Kulturgut, das sich auf dem Hoheitsgebiet einer anderen Hohen Vertragspartei befindet, zu beschlagnahmen.

(4) Sie enthalten sich jeder Repressalie gegenüber Kulturgut.

---

1) Federführend hierfür ist in Deutschland das Bundesamt für Bevölkerungsschutz und Katastrophenhilfe (BBK) (Einzelheiten: http://www.bbk.bund.de/DE/AufgabenundAusstattung/Kulturgutschutz/kulturgutschutz_node.html

(5) Keine Hohe Vertragspartei kann sich den ihr nach diesem Artikel obliegenden Verpflichtungen gegenüber einer anderen Hohen Vertragspartei mit der Begründung entziehen, dass letztere die in Artikel 3 genannten Sicherungsmaßnahmen nicht getroffen hat.

Art. 5 Besetzung. (1) Jede Hohe Vertragspartei, die das Gebiet einer anderen Hohen Vertragspartei ganz oder zum Teil besetzt hält, hat, soweit wie möglich, die zuständigen nationalen Behörden des besetzten Landes bei der Sicherung und Erhaltung seines Kulturguts zu unterstützen.

(2) Sollte es erforderlich sein, Maßnahmen zur Erhaltung von Kulturgut zu treffen, das sich im besetzten Gebiet befindet und durch militärische Handlungen beschädigt worden ist, und sollten die zuständigen nationalen Behörden dazu nicht imstande sein, so hat die Besatzungsmacht, soweit wie möglich, in enger Zusammenarbeit mit diesen Behörden die notwendigsten Erhaltungsmaßnahmen zu treffen.

(3) Jede Hohe Vertragspartei, deren Regierung von den Angehörigen einer Widerstandsbewegung als ihre legitime Regierung angesehen wird, hat, wenn möglich, die Angehörigen der Widerstandsbewegung auf die Verpflichtung hinzuweisen, diejenigen Artikel des Abkommens, die die Respektierung von Kulturgut zum Gegenstand haben, zu beachten.

Art. 6 Kennzeichnung des Kulturguts. Kulturgut kann nach den Bestimmungen des Artikels 16 mit einem Kennzeichen versehen werden, das seine Feststellung erleichtert.

Art. 7 Militärische Maßnahmen. (1) Die Hohen Vertragsparteien verpflichten sich, schon in Friedenszeiten in ihre militärischen Dienstvorschriften oder -anweisungen Bestimmungen aufzunehmen, um die Einhaltung dieser Konvention zu gewährleisten, und den Mitgliedern ihrer Streitkräfte Achtung vor der Kultur und dem Kulturgut aller Völker einzuflößen.

(2) Die Hohen Vertragsparteien verpflichten sich, bereits in Friedenszeiten Dienststellen oder Fachpersonal bei ihren Streitkräften vorzusehen oder bereitzustellen, deren Aufgabe darin besteht, über die Respektierung des Kulturguts zu wachen und mit den für seine Sicherung verantwortlichen zivilen Behörden zusammenzuarbeiten.

Kapitel II. Sonderschutz

Art. 8 Gewährung des Sonderschutzes. (1) Eine begrenzte Anzahl von Bergungsorten zur Sicherung beweglichen Kulturguts bei bewaffneten Konflikten, von Denkmalorten und anderen unbeweglichen Kulturgütern von sehr hoher Bedeutung kann unter Sonderschutz gestellt werden, vorausgesetzt,

a) dass diese sich in ausreichender Entfernung von einem großen Industriezentrum oder einem wichtigen militärischen Ziel, das einen gefährdeten Punkt darstellt, befinden, wie zum Beispiel ein Flugplatz, ein Rundfunksender, ein für die Landesverteidigung arbeitender Betrieb, ein verhältnismäßig bedeutender Hafen oder Bahnhof oder ein Hauptverkehrsweg,

b) dass Sie nicht zu militärischen Zwecken benutzt werden.

(2) Ein Bergungsort für bewegliches Kulturgut kann ohne Rücksicht auf seine Lage ebenfalls unter Sonderschutz gestellt werden, wenn er so gebaut ist, dass er aller Wahrscheinlichkeit nach bei Bombardierungen nicht beschädigt werden kann.

(3) Ein Denkmalort gilt als zu militärischen Zwecken benutzt, wenn er, sei es auch nur im Durchgangsverkehr, für die Beförderung von Militärpersonal oder Kriegsmaterial verwendet wird. Das gleiche gilt in allen Fällen, in denen innerhalb des Denkmalorts unmittelbar mit den militärischen Operationen, der Stationierung von Militärpersonal oder der Herstellung von Kriegsmaterial zusammenhängende Handlungen durchgeführt werden.

(4) Die Bewachung des in Absatz 1 dieses Artikels bezeichneten Kulturguts durch bewaffnetes Wachpersonal, das hierzu besonders befugt ist, oder die Anwesenheit von Polizeikräften, die normalerweise für die Aufrechterhaltung der öffentlichen Ordnung verantwortlich sind, in der Umgebung solchen Kulturguts gilt nicht als Benutzung zu militärischen Zwecken.

(5) Befindet sich in Absatz 1 dieses Artikels bezeichnetes Kulturgut in der Nähe eines wichtigen militärischen Zieles im Sinne desselben Absatzes, so kann es trotzdem unter Sonderschutz gestellt werden, wenn die diesen Schutz beantragende Hohe Vertragspartei sich verpflichtet, im Falle eines bewaffneten Konflikts das Ziel nicht zu benutzen und insbesondere, falls es sich um einen Hafen, Bahnhof oder Flugplatz handelt, jeden Verkehr davon abzuleiten. In diesem Falle muß die Umleitung schon in Friedenszeiten vorbereitet werden.

(6) Die Verleihung des Sonderschutzes erfolgt durch Eintragung in das „Internationale Register für Kulturgut unter Sonderschutz". Diese Eintragung darf nur in Übereinstimmung mit den Bestimmungen dieser Konvention und unter den in den Ausführungsbestimmungen vorgesehenen Bedingungen vorgenommen werden.

Art. 9 Unverletzlichkeit des Kulturguts unter Sonderschutz. Die Hohen Vertragsparteien verpflichten sich, die Unverletzlichkeit des unter Sonderschutz stehenden Kulturguts zu gewährleisten, indem sie vom Zeitpunkt der Eintragung in das Internationale Register an jede gegen solches Gut gerichtete feindselige Handlung und, außer in den in Absatz 5 des Artikels 8 vorgesehenen Fällen, jede Benutzung dieses Guts oder seiner unmittelbaren Umgebung zu militärischen Zwecken unterlassen.

Art. 10 Kennzeichnung und Überwachung. Während eines bewaffneten Konflikts ist das unter Sonderschutz stehende Kulturgut mit dem in Artikel 16 beschriebenen Kennzeichen zu versehen und einer internationalen Überwachung gemäß den Ausführungsbestimmungen zu diesem Abkommen zugänglich zu machen.

Art. 11 Aufhebung der Unverletzlichkeit. (1) Begeht eine der Hohen Vertragsparteien bezüglich eines unter Sonderschutz stehenden Kulturguts eine Verletzung der in Artikel 9 festgelegten Verpflichtungen, so ist die gegnerische Partei, solange die Verletzung fortbesteht, von ihrer Verpflichtung zur Gewährleistung der Unverletzlichkeit dieses Kulturguts befreit. Jedoch hat die gegnerische Partei, soweit möglich, zunächst dazu aufzufordern, die Verletzung innerhalb einer angemessenen Frist einzustellen.

(2) Abgesehen von dem in Absatz 1 dieses Artikels vorgesehenen Falle darf die Unverletzlichkeit von unter Sonderschutz stehendem Kulturgut nur in Ausnahmefällen unausweichlicher militärischer Notwendigkeit, und nur solange diese Notwendigkeit fortbesteht, aufgehoben werden. Das Vorliegen einer solchen Notwendigkeit kann nur durch den Kommandeur einer militärischen Einheit festgestellt werden, die der Größe nach einer Division oder einer höheren Einheit spricht. Sofern die Umstände es erlauben, ist die Entscheidung, die Unverletzlichkeit aufzuheben, eine angemessene Zeit vorher der gegnerischen Partei zu notifizieren.

(3) Die Partei, die die Unverletzlichkeit aufhebt, hat dies, sobald wie möglich, dem in den Ausführungsbestimmungen zu dieser Konvention vorgesehenen Generalkommissar für Kulturgut unter Angabe der Gründe schriftlich mitzuteilen.

Kapitel III. Transporte von Kulturgut

Art. 12 Transporte unter Sonderschutz. (1) Transporte, die ausschließlich der Verlagerung von Kulturgut innerhalb eines Hoheitsgebietes oder in ein anderes Hoheitsgebiet dienen, können auf Antrag der betreffenden Hohen Vertragspartei unter den in den Ausführungsbestimmungen vorgesehenen Bedingungen unter Sonderschutz stattfinden.

(2) Transporte unter Sonderschutz erfolgen unter der in den erwähnten Ausführungsbestimmungen vorgesehenen internationalen Aufsicht und führen das in Artikel 16 beschriebene Kennzeichen.

(3) Die Hohen Vertragsparteien unterlassen jede feindselige Handlung gegen Transporte, die unter Sonderschutz stehen.

Art. 13 Transporte in dringenden Fällen. (1) Ist eine der Hohen Vertragsparteien der Auffassung, dass die Sicherheit bestimmter Kulturgüter deren Verlagerung erfordert und die Angelegenheit so dringlich ist, dass insbesondere zu Beginn eines bewaffneten Konflikts das in Artikel 12 vorgesehene Verfahren nicht eingehalten werden kann, so kann der Transport das in Artikel 16 beschriebene Kennzeichen führen, sofern nicht bereits ein Antrag auf Unverletzlichkeit gemäß Artikel 12 gestellt und abgelehnt wurde. Soweit möglich sollen die gegnerischen Parteien von der Verlagerung benachrichtigt werden. Ein Transport von Kulturgut nach dem Gebiet eines anderen Landes darf jedoch das Kennzeichen keinesfalls führen, sofern ihm nicht die Unverletzlichkeit ausdrücklich verliehen worden ist.

(2) Die Hohen Vertragsparteien werden nach Möglichkeit die erforderlichen Vorkehrungen treffen, um feindselige Handlungen gegen Transporte im Sinne des Absatzes 1 dieses Artikels, die das Kennzeichen führen, zu vermeiden.

Art. 14 Unverletzlichkeit in Bezug auf Beschlagnahme, Wegnahme und Ausübung des Prisenrechts. (1) Der Beschlagnahme, Wegnahme und der Ausübung des Prisenrechts unterliegen nicht:

a) Kulturgut, das unter dem in Artikel 12 oder Artikel 13 vorgesehenen Schutz steht;

b) Transportmittel, die ausschließlich der Verlagerung solchen Kulturguts dienen.

(2) Die Bestimmungen dieses Artikels beschränken in keiner Weise das Recht zur Durchsuchung und Kontrolle.

Kapitel IV. Personal

Art. 15 Personal. Das mit dem Schutz von Kulturgut betraute Personal ist, soweit mit den Erfordernissen der Sicherheit vereinbar, im Interesse dieses Gutes zu respektieren; fällt es in die Hände der gegnerischen Partei, so darf es seine Tätigkeit weiter ausüben, sofern das von ihm betreute Kulturgut ebenfalls in die Hände der gegnerischen Partei gefallen ist.

Kapitel V. Das Kennzeichen

Art. 16 Das Kennzeichen. (1) Das Kennzeichen der Konvention besteht aus einem nach unten hin spitzen Schild in Ultramarinblau und Weiß; (der Schild wird aus einem ultramarinblauen Quadrat, dessen eine Ecke die Spitze des Schildes darstellt, und aus einem oberhalb des Quadrats befindlichen ultramarinblauen Dreieck gebildet, wobei der verbleibende Raum auf beiden Seiten von je einem weißen Dreieck ausgefüllt wird).

(2) Unter den in Artikel 17 festgelegten Bedingungen wird das Kennzeichen entweder einzeln oder dreifach in Dreieckanordnung wiederholt (ein Schild unten) angewandt.

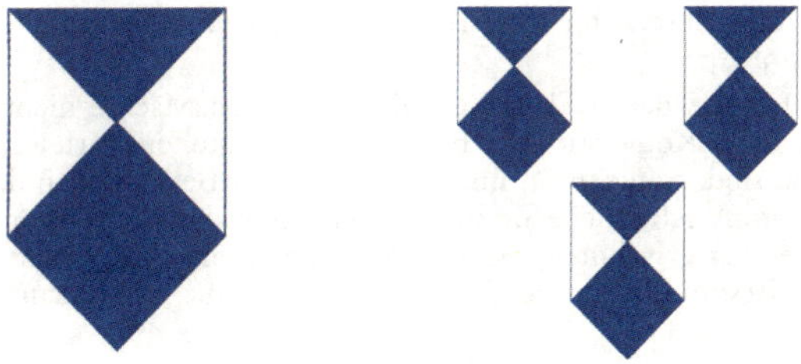

(Darstellung Kennzeichen, BBK)

Art. 17 Verwendung des Kennzeichens. (1) Das Kennzeichen in dreifacher Wiederholung darf nur angewandt werden:

1. für unbewegliches Kulturgut unter Sonderschutz;
2. b) für Transporte von Kulturgut unter den in Artikel 12 und 13 vorgesehenen Bedingungen;
c) für improvisierte Bergungsorte unter den in Artikel 11 der Ausführungsbestimmungen vorgesehenen Bedingungen.

(2) Das einfache Kennzeichen darf nur angewendet werden zur Kennzeichnung

a) von nicht unter Sonderschutz stehendem Kulturgut,
b) der gemäß den Ausführungsbestimmungen zu dieser Konvention mit Aufgaben der Überwachung beauftragten Personen,
c) von mit dem Schutz von Kulturgut betrautem Personal,
d) für die in den Ausführungsbestimmungen vorgesehenen Ausweise.

(3) Während eines bewaffneten Konflikts ist die Verwendung des Kennzeichens für andere als die in den vorangehenden Absätzen vorgesehenen Fälle, sowie die Verwendung eines dem Kennzeichen ähnlichen Zeichens, für irgendwelche Zwecke verboten.

(4) Das Kennzeichen darf nur dann zur Identifizierung von unbeweglichem Kulturgut verwendet werden, wenn zugleich eine von der zuständigen Behörde der Hohen Vertragspartei ausgestellte ordnungsgemäß datierte und unterzeichnete Genehmigung angebracht wird.

Kapitel VI. Anwendungsbereich der Konvention

Art. 18 Anwendung der Konvention. (1) Abgesehen von den Bestimmungen, die schon in Friedenszeiten wirksam werden, findet diese Konvention Anwendung im Falle eines erklärten Krieges oder eines anderen bewaffneten Konflikts, der zwischen zwei oder mehreren Hohen Vertragsparteien entsteht, selbst wenn der Kriegszustand von einer oder mehreren von ihnen nicht anerkannt wird.

(2) Die Konvention findet auch in allen Fällen teilweiser oder vollständiger Besetzung des Gebietes einer der Hohen Vertragsparteien An-

wendung, selbst wenn diese Besetzung auf keinen bewaffneten Widerstand stößt.

(3) Ist eine der an dem Konflikt beteiligten Mächte nicht Vertragspartei dieser Konvention, so bleiben die Mächte, die Parteien der Konvention sind, trotzdem in ihren gegenseitigen Beziehungen durch diese Konvention gebunden. Sie sind ferner durch die Konvention auch gegenüber der erwähnten Macht gebunden, wenn diese erklärt hat, dass sie die Bestimmungen der Konvention annimmt, und solange sie selbst diese anwendet.

Art. 19 Konflikte nichtinternationalen Charakters. (1) Im Falle eines bewaffneten Konflikts, der keinen internationalen Charakter hat und innerhalb des Gebietes einer der Hohen Vertragsparteien entsteht, ist jede in den Konflikt verwickelte Partei verpflichtet, mindestens diejenigen Bestimmungen dieser Konvention anzuwenden, die die Respektierung von Kulturgut betreffen.

(2) Die an diesem Konflikt beteiligten Parteien werden bestrebt sein, durch Sondervereinbarungen auch die anderen Bestimmungen dieser Konvention ganz oder teilweise in Kraft zu setzen.

(3) Die Organisation der Vereinten Nationen für Erziehung, Wissenschaft und Kultur kann den an dem Konflikt beteiligten Parteien ihre Dienste anbieten.

(4) Die Anwendung der vorstehenden Bestimmungen lässt die Rechtsstellung der in den Konflikt verwickelten Parteien unberührt.

Kapitel VII. Durchführung der Konvention

Art. 20 Ausführungsbestimmungen. Das Verfahren zur Anwendung dieser Konvention wird in den Ausführungsbestimmungen festgelegt, die einen Bestandteil dieser Konvention bilden.[1]

Art. 21 Schutzmächte. Diese Konvention und ihre Ausführungsbestimmungen werden unter Mitwirkung der Schutzmächte angewandt, die mit der Wahrnehmung der Interessen der an dem Konflikt beteiligten Parteien betraut sind.

Art. 22 Schlichtungsverfahren. (1) Die Schutzmächte stellen ihre guten Dienste in allen Fällen zur Verfügung, in denen sie dies im Interesse des Kulturguts für angezeigt erachten, insbesondere wenn zwischen den am Konflikt beteiligten Parteien über die Anwendung oder Auslegung der Bestimmungen dieser Konvention oder ihrer Ausführungsbestimmungen Meinungsverschiedenheiten bestehen.

(2) Zu diesem Zweck kann jede der Schutzmächte entweder auf Einladung einer Partei oder des Generaldirektors der Organisation der Vereinten Nationen für Erziehung, Wissenschaft und Kultur oder von sich aus den am Konflikt beteiligten Parteien eine Zusammenkunft ih-

---

[1] Hier nicht abgedruckt: Vgl. BGBl. 1967 II S. 1270.

rer Vertreter und insbesondere der für den Schutz des Kulturguts verantwortlichen Behörden vorschlagen, gegebenenfalls auf einem passend gewählten neutralen Gebiet. Die am Konflikt beteiligten Parteien sind gehalten, den ihnen für die Zusammenkunft gemachten Vorschlägen Folge zu leisten. Die Schutzmächte schlagen den an dem Konflikt beteiligten Parteien eine einer neutralen Macht angehörende oder vom Generaldirektor der Organisation der Vereinten Nationen für Erziehung, Wissenschaft und Kultur benannte Persönlichkeit zur Genehmigung vor; diese wird aufgefordert, an dieser Zusammenkunft als Vorsitzender teilzunehmen.

Art. 23 Unterstützung durch UNESCO. (1) Die Hohen Vertragsparteien können um die technische Unterstützung der Organisation der Vereinten Nationen für Erziehung, Wissenschaft und Kultur bei der Organisierung des Schutzes ihres Kulturguts oder in Zusammenhang mit jedem anderen Problem, das sich aus der Anwendung dieser Konvention oder ihrer Ausführungsbestimmungen ergibt, nachsuchen. Die Organisation gewährt diese Unterstützung im Rahmen ihrer Zielsetzung und ihrer Mittel.

(2) Die Organisation kann in dieser Hinsicht den Hohen Vertragsparteien von sich aus Vorschläge unterbreiten.

Art. 24 Sondervereinbarungen. (1) Die Hohen Vertragsparteien können Sondervereinbarungen über alle Fragen treffen, deren besondere Regelung ihnen zweckmäßig erscheint.

(2) Sondervereinbarungen, die den Schutz verringern, den diese Konvention dem Kulturgut und dem mit seinem Schutz betrauten Personal gewährt, dürfen nicht getroffen werden.

Art. 25 Verbreitung der Konvention. Die Hohen Vertragsparteien verpflichten sich, in Friedenszeiten sowie in Zeiten eines bewaffneten Konflikts dem Wortlaut dieser Konvention und ihrer Ausführungsbestimmungen in ihren Ländern die weitest mögliche Verbreitung zu verschaffen. Insbesondere verpflichten sie sich, ihre Behandlung in die militärischen und, wenn möglich, zivilen Ausbildungspläne aufzunehmen, so dass die Gesamtheit der Bevölkerung und insbesondere die Streitkräfte und das mit dem Schutz des Kulturguts betraute Personal mit ihren Grundsätzen vertraut gemacht werden.

Art. 26 Übersetzung und Berichte. (1) Die Hohen Vertragsparteien stellen sich gegenseitig durch Vermittlung des Generaldirektors der Organisation der Vereinten Nationen für Erziehung, Wissenschaft und Kultur die amtlichen Übersetzungen dieser Konvention und ihrer Ausführungsbestimmungen zu.

(2) Außerdem übersenden sie dem Generaldirektor mindestens alle vier Jahre einen Bericht mit den ihnen geeignet erscheinenden Angaben über die von ihren Behörden zur Durchführung dieser Konvention

und ihrer Ausführungsbestimmungen getroffenen, vorbereiteten oder in Aussicht genommenen Maßnahmen.

Art. 27 Tagungen. (1) Der Generaldirektor der Organisation der Vereinten Nationen für Erziehung, Wissenschaft und Kultur kann mit Zustimmung des Exekutivrats Tagungen von Vertretern der Hohen Vertragsparteien einberufen. Er muss dies tun, wenn mindestens ein Fünftel der Hohen Vertragsparteien es wünscht.

(2) Unbeschadet anderer ihr durch diese Konvention übertragener Aufgaben dient die Tagung dem Zweck, Fragen der Anwendung der Konvention und ihrer Ausführungsbestimmungen zu untersuchen und diesbezügliche Empfehlungen auszuarbeiten.

(3) Die Tagung kann ferner, sofern die Mehrheit der Hohen Vertragsparteien vertreten ist, nach Maßgabe der Bestimmungen des Artikels 39 eine Abänderung der Konvention oder ihrer Ausführungsbestimmungen vornehmen.

Art. 28 Strafmaßnahmen. Die Hohen Vertragsparteien verpflichten sich, im Rahmen ihrer Strafgerichtsbarkeit alle erforderlichen Maßnahmen zu treffen, um Personen jeder Staatsangehörigkeit, die sich einer Verletzung dieser Konvention schuldig machen oder den Befehl zu einer solchen geben, zu verfolgen und strafrechtlich oder disziplinarisch zu bestrafen.

Schlussbestimmungen

Art. 29 Sprachen. (1) Diese Konvention ist in englischer, französischer, russischer und spanischer Sprache abgefasst; alle vier Fassungen sind in gleicher Weise maßgeblich.

(2) Die Organisation der Vereinten Nationen für Erziehung, Wissenschaft und Kultur lässt Übersetzungen der Konvention in die anderen Amtssprachen ihrer Hauptversammlung anfertigen.

Art. 30 Unterzeichnung. Diese Konvention trägt das Datum des 14. Mai 1954 und liegt bis zum 31. Dezember 1954 für alle zu der Haager Konferenz vom 21. April bis 14. Mai 1954 eingeladenen Staaten zur Unterzeichnung auf.

Art. 31 Ratifikation. (1). Diese Konvention bedarf der Ratifikation durch die Unterzeichnerstaaten nach Maßgabe ihrer eigenen verfassungsmäßigen Verfahren.

(2) Die Ratifikationsurkunden sind beim Generaldirektor der Organisation der Vereinten Nationen für Erziehung, Wissenschaft und Kultur zu hinterlegen.

Art. 32 Beitritt. Vom Zeitpunkt ihres Inkrafttretens an steht diese Konvention allen Staaten zum Beitritt offen, die in Artikel 30 erwähnt sind und nicht unterzeichnet haben, sowie allen anderen Staaten, die vom Exekutivrat der Organisation der Vereinten Nationen für Erziehung, Wissenschaft und Kultur zum Beitritt eingeladen werden. Der Beitritt erfolgt durch Hinterlegung einer Beitrittsurkunde beim Generaldirektor der Organisation der Vereinten Nationen für Erziehung, Wissenschaft und Kultur.

Art. 33 Inkrafttreten. (1) Diese Konvention tritt drei Monate nach Hinterlegung von fünf Ratifikationsurkunden in Kraft.

(2) Späterhin tritt sie für jede Hohe Vertragspartei drei Monate nach Hinterlegung ihrer Ratifikations- oder Beitrittserklärungen in Kraft.

(3) Tritt die in Artikel 18 und 19 vorgesehene Lage ein, so treten die vor oder nach Beginn der Feindseligkeiten oder der Besetzung von in den Konflikt verwickelten Parteien hinterlegten Ratifikations- und Beitrittserklärungen mit sofortiger Wirkung in Kraft. In diesen Fällen macht der Generaldirektor der Organisation der Vereinten Nationen für Erziehung, Wissenschaft und Kultur auf dem schnellsten Wege die in Artikel 38 vorgesehenen Mitteilungen.

Art. 34 Wirksame Durchführung. (1) Jeder Staat, der bei Inkrafttreten dieser Konvention Vertragspartei ist, hat alle erforderlichen Maßnahmen zu treffen, um ihre wirksame Durchführung binnen sechs Monaten nach Inkrafttreten zu gewährleisten.

(2) Für diejenigen Staaten, die ihre Ratifikations- oder Beitrittsurkunden nach dem Inkrafttreten der Konvention hinterlegen, beträgt die Frist sechs Monate, vom Tage der Hinterlegung der Ratifikations- oder Beitrittsurkunden gerechnet.

Art. 35 Ausdehnung des Geltungsbereichs der Konvention. Jede der Hohen Vertragsparteien kann bei der Ratifikation oder beim Beitritt oder zu jedem späteren Zeitpunkt durch Notifikation an den Generaldirektor der Organisation der Vereinten Nationen für Erziehung, Wissenschaft und Kultur erklären, dass diese Konvention sich auf alle oder einige der Gebiete erstreckt, deren internationale Beziehungen sie wahrnimmt. Diese Notifikation wird drei Monate nach dem Tage ihres Eingangs wirksam.

Art. 36 Zusammenhang mit früheren Abkommen. (1) In den Beziehungen zwischen Mächten, die durch die Haager Abkommen betreffend die Gesetze und Gebräuche des Landkrieges (IV)[1] und betreffend die Beschießung durch Seestreitkräfte in Kriegszeiten (IX) – sei es vom 29. Juli 1899 oder vom 18. Oktober 1907 – gebunden und Vertragsparteien dieser Konvention sind, ergänzt diese Konvention das vorgenannte Abkommen (IX) und die dem vorgenannten Abkommen (IV) als Anlage beigefügte Ordnung; es ersetzt das in Artikel 5 des vor-

---

[1] Nr. **46** dieser Textsammmlung.

genannten Abkommens (IX) beschriebene Zeichen durch das in Artikel 16 dieser Konvention beschriebene Kennzeichen in den Fällen, in denen diese Konvention und ihre Ausführungsbestimmungen die Verwendung dieses Kennzeichens vorsehen.

(2) In den Beziehungen zwischen Mächten, die durch den Vertrag von Washington vom 15. April 1935 über den Schutz künstlerischer und wissenschaftlicher Einrichtungen und geschichtlicher Denkmale (Roerich-Pakt) gebunden und Vertragsparteien dieser Konvention sind, ergänzt diese Konvention den Roerich-Pakt und ersetzt die in Artikel III des Paktes beschriebene Flagge durch das Kennzeichen gemäß Artikel 16 dieser Konvention in allen Fällen, in denen diese Konvention und ihre Ausführungsbestimmungen die Verwendung dieses Kennzeichens vorsehen.

Art. 37 Kündigung. (1) Jede der Hohen Vertragsparteien kann diese Konvention für sich selbst oder für Gebiete, deren internationale Beziehungen sie wahrnimmt, kündigen.

(2) Die Kündigung erfolgt durch eine schriftliche Erklärung, die beim Generaldirektor der Organisation der Vereinten Nationen für Erziehung, Wissenschaft und Kultur zu hinterlegen ist.

(3) Die Kündigung wird ein Jahr nach Eingang der Kündigungserklärung wirksam. Ist jedoch die kündigende Partei beim Ablauf dieser Frist in einen bewaffneten Konflikt verwickelt, so wird die Kündigung erst nach Einstellung der Feindseligkeiten oder nach Abschluss der Rückführung des Kulturguts wirksam, je nachdem, welcher Zeitpunkt der spätere ist.

Art. 38 Notifikationen. Der Generaldirektor der Organisation der Vereinten Nationen für Erziehung, Wissenschaft und Kultur benachrichtigt die in Artikel 30 und 32 bezeichneten Staaten und die Vereinten Nationen von der Hinterlegung aller in Artikel 31, 32 und 39 vorgesehenen Ratifikations- und Beitrittsurkunden oder Annahmeerklärungen sowie von den in Artikel 35, 37 und 39 vorgesehenen Notifikationen und Kündigungen.

Art. 39 Abänderung der Konvention und ihrer Ausführungsbestimmungen. (1) Jede der Hohen Vertragsparteien kann Abänderungen dieser Konvention oder ihrer Ausführungsbestimmungen vorschlagen. Abänderungsvorschläge sind dem Generaldirektor der Organisation der Vereinten Nationen für Erziehung, Wissenschaft und Kultur mitzuteilen, der ihren Wortlaut allen Hohen Vertragsparteien mit der Bitte übermittelt, ihn innerhalb von vier Monaten wissen zu lassen,

a) ob sie wünschen, dass eine Konferenz einberufen wird, um die vorgeschlagenen Abänderungsvorschläge zu erörtern; oder

b) ob Sie für die Annahme der vorgeschlagenen Abänderungsvorschläge ohne Abhaltung einer Konferenz eintreten; oder

c) ob Sie für die Ablehnung der vorgeschlagenen Abänderung ohne Abhaltung einer Konferenz eintreten.

(2) Der Generaldirektor übermittelt die gemäß Absatz 1 dieses Artikels bei ihm eingegangenen Antworten allen Hohen Vertragsparteien.

(3) Haben sämtliche Hohen Vertragsparteien gemäß Absatz 1, Unterabsatz b) dieses Artikels dem Generaldirektor der Organisation der Vereinten Nationen für Erziehung, Wissenschaft und Kultur innerhalb der vorgeschriebenen Frist ihre Meinung mitgeteilt und ihn davon unterrichtet, dass sie für die Annahme des Abänderungsvorschlages ohne Abhaltung einer Konferenz eintreten, so wird diese Entscheidung durch den Generaldirektor gemäß Artikel 38 bekannt gemacht. Die Abänderung wird 90 Tage nach dem Tage dieser Notifikation gegenüber allen Hohen Vertragsparteien wirksam.

(4) Der Generaldirektor hat eine Konferenz der Hohen Vertragsparteien zur Erörterung des Abänderungsvorschlags einzuberufen, wenn mehr als ein Drittel der Hohen Vertragsparteien dies verlangt.

(5) Abänderungsvorschläge zu dieser Konvention oder zu ihren Ausführungsbestimmungen, die nach dem im vorangehenden Absatz festgelegten Verfahren behandelt werden, treten erst in Kraft, nachdem sie von den auf der Konferenz vertretenen Hohen Vertragsparteien einstimmig beschlossen und von allen Hohen Vertragsparteien angenommen worden sind.

(6) Die Annahme von Abänderungsvorschlägen zu dieser Konvention oder zu ihren Ausführungsbestimmungen, die von der in Absatz 4 und 5 erwähnten Konferenz angenommen worden sind, durch die Hohen Vertragsparteien erfolgt durch Hinterlegung einer förmlichen Erklärung beim Generaldirektor der Organisation der Vereinten Nationen für Erziehung, Wissenschaft und Kultur.

(7) Nach Inkrafttreten von Abänderungen dieser Konvention oder ihrer Ausführungsbestimmungen steht nur der so abgeänderte Text der Konvention oder ihrer Ausführungsbestimmungen zur Ratifikation und zum Beitritt offen.

Art. 40 Eintragung. Gemäß Artikel 102 der Satzung der Vereinten Nationen[1)] wird diese Konvention auf Ersuchen des Generaldirektors der Organisation der Vereinten Nationen für Erziehung, Wissenschaft und Kultur beim Sekretariat der Vereinten Nationen eingetragen.

---

1) Nr. **1** dieser Textsammlung.

56 a. Erstes Protokoll zur Haager Konvention zum Schutz von Kulturgut bei bewaffneten Konflikten[1), 2)]

Vom 14. Mai 1954

(BGBl. 1967 II S. 1300)

Die Hohen Vertragsparteien sind wie folgt übereingekommen:

I.

1. Jede Hohe Vertragspartei verpflichtet sich, die Ausfuhr von Kulturgut im Sinne von Artikel 1 der am 14. Mai 1954 in Den Haag unterzeichneten Konvention zum Schutz von Kulturgut bei bewaffneten Konflikten aus dem von ihr während eines bewaffneten Konflikts besetzten Gebiete zu verhindern.
2. Jede Hohe Vertragspartei verpflichtet sich, Kulturgut, das mittelbar oder unmittelbar aus einem besetzten Gebiet in ihr Gebiet eingeführt wird, in Gewahrsam zu nehmen. Dies hat entweder von Amts wegen bei der Einfuhr des Kulturguts zu erfolgen, oder, falls dies nicht geschehen ist, auf Verlangen der Behörden des betreffenden besetzten Gebiets.
3. Jede Hohe Vertragspartei verpflichtet sich, bei Beendigung der Feindseligkeiten auf ihrem Gebiet befindliches Kulturgut den zuständigen Behörden des früher besetzten Gebiets zurückzugeben, sofern dieses Gut unter Verletzung des in Ziffer 1 dieses Protokolls niedergelegten Grundsatzes ausgeführt worden ist. In keinem Fall darf solches Gut für Reparationszwecke zurückgehalten werden.
4. Die Hohe Vertragspartei, die verpflichtet war, die Ausfuhr von Kulturgut aus dem von ihr besetzten Gebiet zu verhindern, hat den gutgläubigen Besitzer von Kulturgut, das gemäß der vorstehenden Ziffer dieses Protokolls zurückzugeben ist, zu entschädigen.

II.

5. Kulturgut aus dem Gebiet einer Hohen Vertragspartei, das von dieser in dem Gebiet einer anderen Hohen Vertragspartei deponiert wurde, um es gegen die Gefahren eines bewaffneten Konflikts zu schützen, ist von dieser nach Beendigung der Feindseligkeiten an die zuständige Behörde des Herkunftsgebietes zurückzugeben.

---

1) Internationale Quelle: UNTS Bd. 249, S. 358.

2) Das Protokoll ist – auch für Deutschland – am 11. 11. 1967 in Kraft getreten.

III.

6. Dieses Protokoll trägt das Datum des 14. Mai 1954 und liegt bis zum 31. Dezember 1954 für alle zu der vom 21. April bis 14. Mai 1954 abgehaltenen Haager Konferenz eingeladenen Staaten zur Unterzeichnung auf.

7. a) Dieses Protokoll bedarf der Ratifikation durch die Unterzeichnerstaaten nach Maßgabe ihrer eigenen verfassungsmäßigen Verfahren.
   b) Die Ratifikationsurkunden sind beim Generaldirektor der Organisation der Vereinten Nationen für Erziehung, Wissenschaft und Kultur zu hinterlegen.

8. Vom Zeitpunkt seines Inkrafttretens an steht dieses Protokoll allen Staaten zum Beitritt offen, die in Ziffer 6 erwähnt sind und nicht unterzeichnet haben, sowie allen anderen Staaten, die von dem Exekutivrat der Organisation der Vereinten Nationen für Erziehung, Wissenschaft und Kultur zum Beitritt eingeladen werden. Der Beitritt erfolgt durch Hinterlegung einer Beitrittsurkunde beim Generaldirektor der Organisation der Vereinten Nationen für Erziehung, Wissenschaft und Kultur.

9. Die in den Ziffern 6 und 8 genannten Staaten können bei der Unterzeichnung, der Ratifikation oder dem Beitritt eine Erklärung abgeben, nach der sie entweder durch die Bestimmungen in Abschnitt I oder die Bestimmungen in Abschnitt II dieses Protokolls nicht gebunden sind.

10. a) Dieses Protokoll tritt drei Monate nach Hinterlegung von fünf Ratifikationsurkunden in Kraft.
    b) Späterhin tritt es für jede Hohe Vertragspartei drei Monate nach Hinterlegung ihrer Ratifikations- oder Beitrittsurkunde in Kraft.
    c) Tritt die in Artikel 18 und 19 der in Den Haag am 14. Mai 1954 unterzeichneten Konvention zum Schutz von Kulturgut bei bewaffneten Konflikten vorgesehene Lage ein, so werden die vor oder nach Beginn der Feindseligkeiten oder der Besetzung hinterlegten Ratifikations- oder Beitrittsurkunden der an dem Konflikt beteiligten Parteien sofort wirksam. In diesen Fällen macht der Generaldirektor der Organisation der Vereinten Nationen für Erziehung, Wissenschaft und Kultur auf dem schnellsten Wege die in Ziffer 14 vorgesehenen Mitteilungen

11. a) Jeder Staat, der mit Inkrafttreten dieses Protokolls Vertragspartei wird, hat binnen sechs Monaten alle erforderlichen Maßnahmen zu treffen, um seine wirksame Durchführung zu gewährleisten.
    b) Für diejenigen Staaten, die ihre Ratifikations- oder Beitrittsurkunden nach dem Inkrafttreten des Protokolls hinterlegen, beträgt die Frist sechs Monate, vom Tage der Hinterlegung der Ratifikations- oder Beitrittsurkunde an gerechnet.

12. Jede der Hohen Vertragsparteien kann bei der Ratifizierung oder beim Beitritt oder zu jedem späteren Zeitpunkt durch Notifikation an den Generaldirektor der Organisation der Vereinten Nationen für Erziehung, Wissenschaft und Kultur erklären, dass dieses Protokoll sich auf alle oder einige der Gebiete erstreckt, deren internationale Beziehungen sie wahrnimmt. Diese Notifikation wird drei Monate nach dem Tage ihres Eingangs wirksam.
13. a) Jede der Hohen Vertragsparteien kann dieses Protokoll für sich selbst oder für Gebiete, deren internationale Beziehungen sie wahrnimmt, kündigen.
    b) Die Kündigung hat durch schriftliche Erklärung zu erfolgen, die beim Generaldirektor der Organisation der Vereinten Nationen für Erziehung, Wissenschaft und Kultur zu hinterlegen ist.
    c) Die Kündigung wird ein Jahr nach Eingang der Kündigungsurkunde wirksam. Ist jedoch die kündigende Partei beim Ablauf dieser Frist in einen bewaffneten Konflikt verwickelt, so wird die Kündigung erst nach Beendigung der Feindseligkeiten oder nach Abschluss der Rückführung des Kulturguts wirksam, je nachdem, welcher Zeitpunkt der spätere ist.
14. Der Generaldirektor der Organisation der Vereinten Nationen für Erziehung, Wissenschaft und Kultur benachrichtigt die in den Ziffern 6 und 8 bezeichneten Staaten und die Vereinten Nationen von der Hinterlegung aller in Ziffer 7, 8 und 15 vorgesehenen Ratifikations- und Beitrittsurkunden oder Annahmeerklärungen sowie von den in Ziffer 12 und 13 vorgesehenen Notifikationen und Kündigungen.
15. a) Dieses Protokoll kann abgeändert werden, wenn die Abänderung von mehr als einem Drittel der Hohen Vertragsparteien verlangt wird.
    b) Zu diesem Zweck hat der Generaldirektor der Organisation der Vereinten Nationen für Erziehung, Wissenschaft und Kultur eine Konferenz einzuberufen.
    c) Abänderungen dieses Protokolls treten erst in Kraft, wenn sie von den auf der Konferenz vertretenen Hohen Vertragsparteien einstimmig beschlossen und von allen Hohen Vertragsparteien angenommen worden sind.
    d) Die Annahme von Abänderungen dieses Protokolls, die vor der in Absatz b) und c)erwähnten Konferenz durch die Hohen Vertragsparteien beschlossen worden sind, erfolgt durch Hinterlegung einer förmlichen Erklärung beim Generaldirektor der Organisation der Vereinten Nationen für Erziehung, Wissenschaft und Kultur.
    e) Nach dem Inkrafttreten von Abänderungen dieses Protokolls steht nur der so abgeänderte Text des Protokolls zur Ratifikation oder zum Beitritt offen. Gemäß Artikel 102 der Satzung der Vereinten Nationen wird dieses Protokoll auf Ersuchen des Ge-

neraldirektors der Organisation der Vereinten Nationen für Erziehung, Wissenschaft und Kultur beim Sekretariat der Vereinten Nationen eingetragen.

56 b. Zweites Protokoll zur Haager Konvention zum Schutz von Kulturgut bei bewaffneten Konflikten[1), 2)]

Vom 26. März 1999

(BGBl. 2009 II S. 717)

(Übersetzung[3)])

Die Vertragsparteien –

im Bewusstsein der Notwendigkeit, den Schutz von Kulturgut bei bewaffneten Konflikten zu verbessern und ein verstärktes Schutzsystem für besonders bezeichnetes Kulturgut zu schaffen;

in Bekräftigung der Bedeutung der Bestimmungen des am 14. Mai 1954 in Den Haag beschlossenen Abkommens zum Schutz von Kulturgut bei bewaffneten Konflikten und unter Hinweis auf die Notwendigkeit, diese Bestimmungen durch Maßnahmen zur verstärkten Durchführung zu ergänzen;

in dem Wunsch, den Hohen Vertragsparteien des Abkommens eine Möglichkeit zu bieten, sich eingehender mit dem Schutz von Kulturgut bei bewaffneten Konflikten zu befassen, indem geeignete Verfahren geschaffen werden;

in der Erwägung, dass die Vorschriften über den Schutz von Kulturgut bei bewaffneten Konflikten die Entwicklungen des Völkerrechts widerspiegeln sollen;

in Bekräftigung des Grundsatzes, dass die Sätze des Völkergewohnheitsrechts weiterhin für Fragen gelten, die in diesem Protokoll nicht geregelt sind –

sind wie folgt übereingekommen:

Kapitel 1. Einleitung

Art. 1 Begriffsbestimmungen. Im Sinne dieses Protokolls bedeutet

a) „Vertragspartei" einen Staat, der Vertragspartei dieses Protokolls ist;

b) „Kulturgut" Kulturgut im Sinne des Artikels 1 des Abkommens;

c) „Abkommen" das am 14. Mai 1954 in Den Haag beschlossene Abkommen für den Schutz von Kulturgut bei bewaffneten Konflikten;

d) „Hohe Vertragspartei" einen Staat, der Vertragspartei des Abkommens ist;

e) „verstärkter Schutz" das durch die Artikel 10 und 11 geschaffene System des verstärkten Schutzes;

---

1) Internationale Quelle: UNTS Bd. 2253, S. 172.

2) Das Protokoll ist am 9. 3. 2004 in Kraft getreten, für Deutschland jedoch erst am 25. 2. 2010 (Bek. v. 14. 1. 11, BGBl. 2011 II S. 486).

3) Bek. der amtl. Deutschen Übersetzung: BGBl. 2012 II S. 54, 55.

f) „militärisches Ziel" ein Objekt, das aufgrund seiner Beschaffenheit, seines Standorts, seiner Zweckbestimmung oder seiner Verwendung wirksam zu militärischen Handlungen beiträgt und dessen gänzliche oder teilweise Zerstörung, dessen Inbesitznahme oder Neutralisierung unter den in dem betreffenden Zeitpunkt gegebenen Umständen einen eindeutigen militärischen Vorteil darstellt;
g) „unerlaubt" durch Zwangsausübung oder anderweitig unter Verstoß gegen die anwendbaren Vorschriften des innerstaatlichen Rechts des besetzten Gebiets oder des Völkerrechts;
h) „Liste" die nach Artikel 27 Absatz 1 Buchstabe b erstellte Internationale Liste des unter verstärktem Schutz stehenden Kulturguts;
i) „Generaldirektor" den Generaldirektor der UNESCO;
j) „UNESCO" die Organisation der Vereinten Nationen für Erziehung, Wissenschaft und Kultur;
k) „Erstes Protokoll" das am 14. Mai 1954 in Den Haag beschlossene Protokoll zum Schutz von Kulturgut bei bewaffneten Konflikten.

Art. 2 Verhältnis zum Abkommen. Dieses Protokoll ergänzt das Abkommen in den Beziehungen zwischen den Vertragsparteien.

Art. 3 Anwendungsbereich. (1) Zusätzlich zu den Bestimmungen, die in Friedenszeiten Anwendung finden, findet dieses Protokoll in den in Artikel 18 Absätze 1 und 2 des Abkommens und in Artikel 22 Absatz 1 bezeichneten Situationen Anwendung.

(2) Ist eine der an einem bewaffneten Konflikt beteiligten Parteien nicht durch dieses Protokoll gebunden, so bleiben dessen Vertragsparteien in ihren gegenseitigen Beziehungen durch das Protokoll gebunden. Sie sind durch das Protokoll auch gegenüber einem an dem Konflikt beteiligten Staat gebunden, der nicht durch das Protokoll gebunden ist, sofern er dessen Bestimmungen annimmt und solange er sie anwendet.

Art. 4 Verhältnis von Kapitel 3 zu anderen Bestimmungen des Abkommens und dieses Protokolls. Die Anwendung des Kapitels 3 dieses Protokolls berührt nicht
a) die Anwendung des Kapitels I des Abkommens und des Kapitels 2 dieses Protokolls;
b) die Anwendung des Kapitels II des Abkommens, außer dass zwischen den Vertragsparteien dieses Protokolls oder zwischen einer Vertragspartei und einem Staat, der dieses Protokoll nach Artikel 3 Absatz 2 annimmt und anwendet, nur die Bestimmungen über verstärkten Schutz Anwendung finden, wenn Kulturgut sowohl Sonderschutz als auch verstärkter Schutz gewährt wurde.

Kapitel 2. Allgemeine Schutzbestimmungen

Art. 5 Sicherung des Kulturguts. Die nach Artikel 3 des Abkommens in Friedenszeiten getroffenen Vorbereitungsmaßnahmen zur Sicherung des Kulturguts gegen die absehbaren Folgen eines bewaffneten

Konflikts umfassen gegebenenfalls die Erstellung von Verzeichnissen, die Planung von Notfallmaßnahmen zum Schutz gegen Feuer oder Gebäudeeinsturz, die Vorbereitung der Verlagerung von beweglichem Kulturgut oder die Bereitstellung von angemessenem Schutz solchen Gutes an Ort und Stelle sowie die Bezeichnung der für die Sicherung des Kulturguts zuständigen Behörden.

Art. 6 Respektierung des Kulturguts. Um die Respektierung des Kulturguts nach Artikel 4 des Abkommens zu gewährleisten,

a) kann, wenn eine feindselige Handlung gegen Kulturgut gerichtet werden soll, eine Abweichung von den Verpflichtungen aufgrund der zwingenden militärischen Notwendigkeit nach Artikel 4 Absatz 2 des Abkommens nur geltend gemacht werden, sofern und solange
   i) dieses Kulturgut durch seine Funktion zu einem militärischen Ziel gemacht worden ist und
   ii) keine andere praktische Möglichkeit besteht, einen vergleichbaren militärischen Vorteil zu erlangen, wie er sich bietet, wenn eine feindselige Handlung gegen dieses Ziel gerichtet wird;

b) kann, wenn Kulturgut für Zwecke verwendet werden soll, die es möglicherweise der Zerstörung oder Beschädigung aussetzen, eine Abweichung von den Verpflichtungen aufgrund der zwingenden militärischen Notwendigkeit nach Artikel 4 Absatz 2 des Abkommens nur geltend gemacht werden, sofern und solange keine Möglichkeit besteht, zwischen dieser Verwendung des Kulturguts und einer anderen praktisch möglichen Methode zur Erlangung eines vergleichbaren militärischen Vorteils zu wählen;

c) ist die Entscheidung, eine zwingende militärische Notwendigkeit geltend zu machen, nur vom Kommandeur einer militärischen Einheit zu treffen, die der Größe nach einem Bataillon oder einer höheren Einheit oder, wenn die Umstände nichts anderes erlauben, einer kleineren Einheit entspricht;

d) muss im Fall eines Angriffs aufgrund einer nach Buchstabe a getroffenen Entscheidung eine wirksame Warnung vorausgehen, sofern die Umstände es erlauben.

Art. 7 Vorsichtsmaßnahmen beim Angriff. Unbeschadet der durch das humanitäre Völkerrecht erforderlichen anderen Vorsichtsmaßnahmen bei der Durchführung militärischer Operationen hat jede an einem Konflikt beteiligte Vertragspartei

a) alles praktisch Mögliche zu tun, um sicherzugehen, dass die Angriffsziele kein nach Artikel 4 des Abkommens geschütztes Kulturgut darstellen;

b) bei der Wahl der Angriffsmittel und -methoden alle praktisch möglichen Vorsichtsmaßnahmen zu treffen, um eine damit verbundene Beschädigung von nach Artikel 4 des Abkommens geschütztem Kulturgut zu vermeiden und in jedem Fall auf ein Mindestmaß zu beschränken;

c) von jedem Angriff Abstand zu nehmen, bei dem damit zu rechnen ist, dass er auch eine Beschädigung von nach Artikel 4 des Abkommens geschütztem Kulturgut verursacht, die in keinem Verhältnis zu dem erwarteten konkreten und unmittelbaren militärischen Vorteil steht, und

d) einen Angriff endgültig oder vorläufig einzustellen, wenn sich erweist,
   i) dass das Ziel nach Artikel 4 des Abkommens geschütztes Kulturgut darstellt;
   ii) dass damit zu rechnen ist, dass der Angriff auch eine Beschädigung von nach Artikel 4 des Abkommens geschütztem Kulturgut verursacht, die in keinem Verhältnis zu dem erwarteten konkreten und unmittelbaren militärischen Vorteil steht.

Art. 8 Vorsichtsmaßnahmen gegen die Wirkungen von Feindseligkeiten. Soweit dies praktisch irgend möglich ist, werden die an einem Konflikt beteiligten Vertragsparteien

a) bewegliches Kulturgut aus der Umgebung militärischer Ziele entfernen oder für angemessenen Schutz an Ort und Stelle sorgen;

b) es vermeiden, militärische Ziele in der Nähe von Kulturgut anzulegen.

Art. 9 Schutz von Kulturgut in besetztem Gebiet. (1) Unbeschadet der Artikel 4 und 5 des Abkommens verbietet und verhindert eine Vertragspartei, die das Hoheitsgebiet einer anderen Vertragspartei ganz oder zum Teil besetzt hält, in Bezug auf das besetzte Gebiet Folgendes:

a) jede unerlaubte Ausfuhr oder sonstige Entfernung von Kulturgut oder die unerlaubte Übertragung des Eigentums an diesem Kulturgut;

b) jede archäologische Ausgrabung, außer wenn sie unumgänglich ist, um Kulturgut zu sichern, zu erfassen oder zu erhalten;

c) jede Veränderung von Kulturgut oder die Änderung seiner Verwendung mit dem Ziel, kulturelle, historische oder wissenschaftliche Belege zu verbergen oder zu zerstören.

(2) Archäologische Ausgrabungen, Veränderungen von Kulturgut oder Änderungen seiner Verwendung in besetztem Gebiet werden, außer wenn die Umstände es nicht erlauben, in enger Zusammenarbeit mit den zuständigen nationalen Behörden des besetzten Gebiets vorgenommen.

Kapitel 3. Verstärkter Schutz

Art. 10 Verstärkter Schutz. Kulturgut kann unter verstärkten Schutz gestellt werden, sofern es die folgenden drei Voraussetzungen erfüllt:

a) Es handelt sich um kulturelles Erbe von höchster Bedeutung für die Menschheit;

b) es wird durch angemessene innerstaatliche Rechts- und Verwaltungsmaßnahmen geschützt, mit denen sein außergewöhnlicher kultureller und historischer Wert anerkannt und das höchste Maß an Schutz gewährleistet wird;

c) es wird weder für militärische Zwecke noch für den Schutz militärischer Anlagen verwendet, und die Vertragspartei, unter deren Kontrolle sich das Kulturgut befindet, hat in einer Erklärung bestätigt, dass es nicht dafür verwendet werden wird.

Art. 11 Gewährung des verstärkten Schutzes. (1) Jede Vertragspartei soll dem Ausschuss eine Liste des Kulturguts vorlegen, für das sie die Gewährung des verstärkten Schutzes zu beantragen beabsichtigt.

(2) Die Vertragspartei, unter deren Hoheitsgewalt oder Kontrolle sich das Kulturgut befindet, kann beantragen, dass es in die nach Artikel 27 Absatz 1 Buchstabe b zu erstellende Liste aufgenommen wird. Dieser Antrag muss alle notwendigen Angaben zu den in Artikel 10 genannten Kriterien enthalten. Der Ausschuss kann eine Vertragspartei auffordern, die Aufnahme eines Kulturguts in die Liste zu beantragen.

(3) Andere Vertragsparteien, das Internationale Komitee vom Blauen Schild und andere nichtstaatliche Organisationen mit einschlägiger Erfahrung können dem Ausschuss ein bestimmtes Kulturgut empfehlen. In diesen Fällen kann der Ausschuss beschließen, eine Vertragspartei aufzufordern, die Aufnahme dieses Kulturguts in die Liste zu beantragen.

(4) Die Rechte der Streitparteien werden weder von dem Antrag auf Aufnahme eines Kulturguts, das sich in einem Gebiet befindet, über das von mehr als einem Staat Souveränität oder Hoheitsgewalt beansprucht wird, noch von seiner Aufnahme in die Liste berührt.

(5) Hat der Ausschuss einen Antrag auf Aufnahme in die Liste erhalten, so unterrichtet er alle Vertragsparteien davon. Die Vertragsparteien können dem Ausschuss innerhalb von sechzig Tagen ihre Einwände gegen diesen Antrag zuleiten. Diese Einwände dürfen nur auf der Grundlage der Kriterien des Artikels 10 erhoben werden. Sie müssen bestimmt sein und sich auf Tatsachen beziehen. Der Ausschuss prüft die Einwände, wobei er der die Aufnahme beantragenden Vertragspartei ausreichend Gelegenheit zur Antwort gibt, bevor er einen Beschluss fasst. Liegen dem Ausschuss solche Einwände vor, so bedürfen Beschlüsse über die Aufnahme in die Liste unbeschadet des Artikels 26 der Vierfünftelmehrheit der anwesenden und abstimmenden Mitglieder.

(6) Bei der Beschlussfassung über einen Antrag soll der Ausschuss den Rat von staatlichen und nichtstaatlichen Organisationen sowie von einzelnen Sachverständigen einholen.

(7) Ein Beschluss über die Gewährung oder Ablehnung des verstärkten Schutzes darf nur auf der Grundlage der Kriterien des Artikels 10 gefasst werden.

(8) Kommt der Ausschuss zu dem Ergebnis, dass die die Aufnahme in die Liste beantragende Vertragspartei die Kriterien des Artikels 10 Buchstabe b nicht erfüllen kann, so kann der Ausschuss in Ausnahmefällen beschließen, den verstärkten Schutz zu gewähren, sofern die beantragende Vertragspartei einen Antrag auf internationale Unterstützung nach Artikel 32 stellt.

(9) Mit Beginn der Feindseligkeiten kann eine an dem Konflikt beteiligte Vertragspartei in dringenden Fällen für Kultur gut unter ihrer Hoheitsgewalt oder Kontrolle den verstärkten Schutz beantragen, indem sie den Antrag dem Ausschuss zuleitet. Der Ausschuss übermittelt diesen Antrag unverzüglich allen an dem Konflikt beteiligten Vertragsparteien. In diesem Fall prüft der Ausschuss die Einwände der betroffenen Vertragsparteien in einem beschleunigten Verfahren. Der Beschluss über die vorläufige Gewährung des verstärkten Schutzes wird so bald wie möglich gefasst; er bedarf unbeschadet des Artikels 26 der Vierfünftelmehrheit der anwesenden und abstimmenden Mitglieder. Der vorläufige verstärkte Schutz kann vom Ausschuss gewährt werden, bevor das Ergebnis des normalen Verfahrens zur Gewährung des verstärkten Schutzes feststeht, sofern Artikel 10 Buchstaben a und c eingehalten wird.

(10) Kulturgut wird vom Ausschuss der verstärkte Schutz gewährt, sobald es in die Liste aufgenommen worden ist.

(11) Der Generaldirektor notifiziert dem Generalsekretär der Vereinten Nationen und allen Vertragsparteien unverzüglich jeden Beschluss des Ausschusses über die Aufnahme von Kulturgut in die Liste.

Art. 12 Unverletzlichkeit des Kulturguts unter verstärktem Schutz. Die an einem Konflikt beteiligten Vertragsparteien gewährleisten die Unverletzlichkeit des unter verstärktem Schutz stehenden Kulturguts, indem sie dieses Gut weder zum Ziel eines Angriffs machen noch das Gut oder seine unmittelbare Umgebung zur Unterstützung militärischer Handlungen verwenden.

Art. 13 Verlust des verstärkten Schutzes. (1) Kulturgut unter verstärktem Schutz verliert diesen nur,

a) sofern der Schutz nach Artikel 14 ausgesetzt oder aufgehoben wird oder
b) sofern und solange das Gut aufgrund seiner Verwendung ein militärisches Ziel geworden ist.

(2) Unter den Umständen des Absatzes 1 Buchstabe b darf das Gut nur dann Ziel eines Angriffs sein,

a) wenn der Angriff das einzige praktisch mögliche Mittel ist, die in Absatz 1 Buchstabe b bezeichnete Verwendung zu unterbinden;
b) wenn bei der Wahl der Angriffsmittel und -methoden alle praktisch möglichen Vorsichtsmaßnahmen getroffen werden, um diese Verwendung zu unterbinden und eine Beschädigung des Kulturguts zu vermeiden oder in jedem Fall auf ein Mindestmaß zu beschränken;

c) wenn – sofern die Umstände es nicht aufgrund der Erfordernisse der unmittelbaren Selbstverteidigung verbieten –
   i) der Angriff auf der höchsten Befehlsebene angeordnet wird,
   ii) eine wirksame Warnung an die gegnerischen Streitkräfte vorausgegangen ist, in der die Beendigung der in Absatz 1 Buchstabe b bezeichneten Verwendung verlangt wird, und
   iii) den gegnerischen Streitkräften ausreichend Zeit eingeräumt wird, die Verwendung aufzugeben.

Art. 14 Aussetzen oder Aufheben des verstärkten Schutzes. (1) Erfüllt Kulturgut die Kriterien des Artikels 10 nicht mehr, so kann der Ausschuss den Status des verstärkten Schutzes aussetzen oder aufheben, indem er das Kulturgut von der Liste streicht.

(2) Bei einem schweren Verstoß gegen Artikel 12 durch die Verwendung von Kulturgut unter verstärktem Schutz zur Unterstützung militärischer Handlungen kann der Ausschuss den Status des verstärkten Schutzes aussetzen. Sind diese Verstöße anhaltend, so kann der Ausschuss den Status des verstärkten Schutzes ausnahmsweise aufheben, indem er das Kulturgut von der Liste streicht.

(3) Der Generaldirektor notifiziert dem Generalsekretär der Vereinten Nationen und allen Vertragsparteien dieses Protokolls unverzüglich jeden Beschluss des Ausschusses über die Aussetzung oder Aufhebung des verstärkten Schutzes.

(4) Bevor der Ausschuss einen solchen Beschluss fasst, gibt er den Vertragsparteien Gelegenheit zur Stellungnahme.

Kapitel 4. Strafrechtliche Verantwortlichkeit und Gerichtsbarkeit

Art. 15 Schwere Verstöße gegen dieses Protokoll. (1) Eine Straftat im Sinne dieses Protokolls begeht, wer vorsätzlich und unter Verstoß gegen das Abkommen oder dieses Protokoll

a) Kulturgut unter verstärktem Schutz zum Ziel eines Angriffs macht;

b) Kulturgut unter verstärktem Schutz oder seine unmittelbare Umgebung zur Unterstützung militärischer Handlungen verwendet;

c) Kulturgut, das nach dem Abkommen und diesem Protokoll geschützt ist, in großem Ausmaß zerstört oder sich aneignet;

d) Kulturgut, das nach dem Abkommen und diesem Protokoll geschützt ist, zum Ziel eines Angriffs macht oder

e) Kulturgut, das nach dem Abkommen geschützt ist, stiehlt, plündert, unterschlägt oder böswillig beschädigt.

(2) Jede Vertragspartei trifft die notwendigen Maßnahmen, um die in diesem Artikel genannten Straftaten nach innerstaatlichem Recht als Straftaten zu umschreiben und um diese Straftaten mit angemessenen Strafen zu bedrohen. Dabei beachten die Vertragsparteien allgemeine

Rechtsgrundsätze und das Völkerrecht einschließlich der Vorschriften, welche die individuelle strafrechtliche Verantwortlichkeit auf Personen ausdehnen, welche die Handlung nicht unmittelbar verübt haben.

Art. 16 Gerichtsbarkeit. (1) Unbeschadet des Absatzes 2 trifft jede Vertragspartei die notwendigen gesetzgeberischen Maßnahmen, um ihre Gerichtsbarkeit über die in Artikel 15 genannten Straftaten in den folgenden Fällen zu begründen:

a) wenn die Straftat im Hoheitsgebiet dieses Staates begangen wird;

b) wenn die verdächtige Person eine Angehörige dieses Staates ist;

c) wenn sich bei den in Artikel 15 Absatz 1 Buchstaben a bis c genannten Straftaten die verdächtige Person in ihrem Hoheitsgebiet befindet.

(2) Im Hinblick auf die Ausübung der Gerichtsbarkeit und unbeschadet des Artikels 28 des Abkommens

a) schließt dieses Protokoll weder aus, dass nach anwendbarem innerstaatlichen Recht oder Völkerrecht individuelle strafrechtliche Verantwortlichkeit begründet oder Gerichtsbarkeit ausgeübt wird, noch berührt es die Ausübung der Gerichtsbarkeit nach dem Völkergewohnheitsrecht;

b) entsteht für die Mitglieder der Streitkräfte und die Angehörigen eines Nichtvertragsstaats, mit Ausnahme derjenigen seiner Staatsangehörigen, die in den Streitkräften eines Vertragsstaats Dienst tun, nach diesem Protokoll keine individuelle strafrechtliche Verantwortlichkeit, und macht dieses Protokoll es nicht zur Pflicht, die Gerichtsbarkeit über solche Personen zu begründen oder sie auszuliefern; dies gilt nicht, wenn ein Staat, der nicht Vertragspartei dieses Protokolls ist, dessen Bestimmungen nach Artikel 3 Absatz 2 annimmt und anwendet.

Art. 17 Strafverfolgung. (1) Die Vertragspartei, in deren Hoheitsgebiet sich die Person, die einer der in Artikel 15 Absatz 1 Buchstaben a bis c genannten Straftat verdächtigt wird, befindet, unterbreitet den Fall, wenn sie diese Person nicht ausliefert, ausnahmslos und unverzüglich ihren zuständigen Behörden zum Zweck der strafrechtlichen Verfolgung in einem Verfahren nach ihrem innerstaatlichen Recht oder nach den einschlägigen Regeln des Völkerrechts, falls diese anwendbar sind.

(2) Unbeschadet der einschlägigen Regeln des Völkerrechts, sofern anwendbar, werden jeder Person, gegen die ein Verfahren im Zusammenhang mit dem Abkommen oder diesem Protokoll eingeleitet wird, in allen Verfahrensstufen faire Behandlung und ein faires Gerichtsverfahren in Übereinstimmung mit dem innerstaatlichen Recht und dem Völkerrecht gewährleistet; keinesfalls genießt eine solche Person weniger vorteilhafte Garantien, als ihr durch das Völkerrecht zuerkannt werden.

Art. 18 Auslieferung. (1) Die in Artikel 15 Absatz 1 Buchstaben a bis c genannten Straftaten gelten als in jeden zwischen Vertragsparteien vor dem Inkrafttreten dieses Protokolls geschlossenen Auslieferungsvertrag einbezogene auslieferungsfähige Straftaten. Die Vertragsparteien verpflichten sich, diese Straftaten in jeden künftig zwischen ihnen zu schließenden Auslieferungsvertrag aufzunehmen.

(2) Erhält eine Vertragspartei, welche die Auslieferung vom Bestehen eines Vertrags abhängig macht, ein Auslieferungsersuchen von einer anderen Vertragspartei, mit der sie keinen Auslieferungsvertrag hat, so steht es der ersuchten Vertragspartei frei, dieses Protokoll als Rechtsgrundlage für die Auslieferung in Bezug auf die in Artikel 15 Absatz 1 Buchstaben a bis c genannten Straftaten anzusehen.

(3) Vertragsparteien, welche die Auslieferung nicht vom Bestehen eines Vertrags abhängig machen, anerkennen unter sich die in Artikel 15 Absatz 1 Buchstaben a bis c genannten Straftaten als auslieferungsfähige Straftaten vorbehaltlich der im Recht der ersuchten Vertragspartei vorgesehenen Bedingungen.

(4) Die in Artikel 15 Absatz 1 Buchstaben a bis c genannten Straftaten werden für die Zwecke der Auslieferung zwischen den Vertragsparteien nötigenfalls so behandelt, als seien sie nicht nur an dem Ort, an dem sie sich ereignet haben, begangen worden, sondern auch in den Hoheitsgebieten der Vertragsparteien, die ihre Gerichtsbarkeit nach Artikel 16 Absatz 1 begründet haben.

Art. 19 Rechtshilfe. (1) Die Vertragsparteien gewähren einander die weitestgehende Hilfe im Zusammenhang mit Ermittlungen sowie Straf- und Auslieferungsverfahren, die in Bezug auf die in Artikel 15 genannten Straftaten eingeleitet werden, einschließlich der Hilfe bei der Beschaffung der ihnen zur Verfügung stehenden und für das Verfahren erforderlichen Beweismittel.

(2) Die Vertragsparteien erfüllen ihre Verpflichtungen nach Absatz 1 im Einklang mit den zwischen ihnen bestehenden Verträgen oder sonstigen Übereinkünften über Rechtshilfe. In Ermangelung solcher Verträge oder Übereinkünfte gewähren die Vertragsparteien einander Rechtshilfe nach ihrem innerstaatlichen Recht.

Art. 20 Gründe für die Verweigerung der Rechtshilfe. (1) Für die Zwecke der Auslieferung werden die in Artikel 15 Absatz 1 Buchstaben a bis c genannten Straftaten und für die Zwecke der Rechtshilfe die in Artikel 15 genannten Straftaten nicht als politische Straftaten, als mit politischen Straftaten zusammenhängende oder als auf politischen Beweggründen beruhende Straftaten angesehen. Folglich darf ein Ersuchen um Auslieferung oder Rechtshilfe, das auf solchen Straftaten beruht, nicht allein mit der Begründung verweigert werden, dass es sich um eine politische Straftat, um eine mit einer politischen Straftat zusammenhängende oder um eine auf politischen Beweggründen beruhende Straftat handle.

(2) Dieses Protokoll ist nicht so auszulegen, als enthalte es eine Verpflichtung zur Auslieferung oder Rechtshilfe, wenn die ersuchte Vertragspartei ernstliche Gründe für die Annahme hat, dass das Auslieferungsersuchen wegen der in Artikel 15 Absatz 1 Buchstaben a bis c genannten Straftaten oder das Ersuchen um Rechtshilfe in Bezug auf die in Artikel 15 genannten Straftaten gestellt worden ist, um eine Person wegen ihrer Rasse, ihrer Religion, ihrer Staatsangehörigkeit, ihrer ethnischen Herkunft oder ihrer politischen Anschauungen zu verfolgen oder zu bestrafen, oder dass die Lage dieser Person aus einem dieser Gründe erschwert werden könnte, wenn dem Ersuchen stattgegeben würde.

Art. 21 Maßnahmen bezüglich anderer Verstöße. Unbeschadet des Artikels 28 des Abkommens trifft jede Vertragspartei die notwendigen gesetzgeberischen sowie Verwaltungs- und Disziplinarmaßnahmen, um folgende Handlungen, wenn vorsätzlich verübt, zu unterbinden:

a) jede Verwendung von Kulturgut unter Verstoß gegen das Abkommen oder dieses Protokoll;

b) jede unerlaubte Ausfuhr oder sonstige Entfernung von Kulturgut oder die unerlaubte Übertragung des Eigentums an Kulturgut aus besetztem Gebiet unter Verstoß gegen dieses Abkommen oder dieses Protokoll.

Kapitel 5. Schutz von Kulturgut bei bewaffneten Konflikten nicht internationalen Charakters

Art. 22 Bewaffnete Konflikte nicht internationalen Charakters. (1) Dieses Protokoll findet im Fall eines bewaffneten Konflikts, der keinen internationalen Charakter hat und im Hoheitsgebiet einer Vertragspartei stattfindet, Anwendung.

(2) Dieses Protokoll findet nicht auf Fälle innerer Unruhen und Spannungen wie Tumulte, vereinzelt auftretende Gewalttaten und andere ähnliche Handlungen Anwendung.

(3) Dieses Protokoll darf nicht zur Beeinträchtigung der Souveränität eines Staates oder der Verantwortung der Regierung herangezogen werden, mit allen rechtmäßigen Mitteln die öffentliche Ordnung im Staat aufrechtzuerhalten oder wiederherzustellen oder die nationale Einheit und territoriale Unversehrtheit des Staates zu verteidigen.

(4) Dieses Protokoll berührt nicht den Vorrang der Gerichtsbarkeit der Vertragspartei, in deren Hoheitsgebiet ein bewaffneter Konflikt stattfindet, der keinen internationalen Charakter hat, über die in Artikel 15 genannten Verstöße.

(5) Dieses Protokoll darf nicht zur Rechtfertigung einer wie immer begründeten unmittelbaren oder mittelbaren Einmischung in den bewaffneten Konflikt oder in die inneren oder äußeren Angelegenheiten

der Vertragspartei herangezogen werden, in deren Hoheitsgebiet dieser Konflikt stattfindet.

(6) Die Anwendung dieses Protokolls auf die in Absatz 1 bezeichnete Situation berührt nicht die Rechtsstellung der an einem Konflikt beteiligten Parteien.

(7) Die UNESCO kann den an dem Konflikt beteiligten Parteien ihre Dienste anbieten.

Kapitel 6. Institutionelle Fragen

Art. 23 Tagungen der Vertragsparteien. (1) Die Tagung der Vertragsparteien wird zur selben Zeit einberufen wie die Generalkonferenz der UNESCO und in Abstimmung mit der Tagung der Hohen Vertragsparteien, wenn eine solche vom Generaldirektor einberufen worden ist.

(2) Die Tagung der Vertragsparteien gibt sich eine Geschäftsordnung.

(3) Die Tagung der Vertragsparteien hat folgende Aufgaben:

a) Wahl der Mitglieder des Ausschusses nach Artikel 24 Absatz 1;

b) Billigung der vom Ausschuss nach Artikel 27 Absatz 1 Buchstabe a erstellten Richtlinien;

c) Bereitstellung von Richtlinien für die Verwendung des Fonds durch den Ausschuss und Überwachung der Verwendung;

d) Prüfung des vom Ausschuss nach Artikel 27 Absatz 1 Buchstabe d vorgelegten Berichts;

e) Erörterung von Problemen im Zusammenhang mit der Anwendung dieses Protokolls und gegebenenfalls Abgabe von Empfehlungen.

(4) Auf Antrag von mindestens einem Fünftel der Vertragsparteien hat der Generaldirektor eine außerordentliche Tagung der Vertragsparteien einzuberufen.

Art. 24 Ausschuss für den Schutz von Kulturgut bei bewaffneten Konflikten. (1) Hiermit wird der Ausschuss für den Schutz von Kulturgut bei bewaffneten Konflikten eingesetzt. Ihm gehören zwölf Vertragsparteien an; sie werden von der Tagung der Vertragsparteien gewählt.

(2) Der Ausschuss tritt einmal im Jahr zu einer ordentlichen Sitzung zusammen und immer dann, wenn er es für notwendig erachtet, zu außerordentlichen Sitzungen.

(3) Bei der Festlegung der Zusammensetzung des Ausschusses sind die Vertragsparteien bemüht, eine ausgewogene Vertretung der verschiedenen Regionen und Kulturen der Welt zu gewährleisten.

(4) Die Vertragsparteien, die Mitglieder des Ausschusses sind, wählen zu ihren Vertretern Personen, die Sachverständige auf dem Gebiet des Kulturerbes, der Verteidigung oder des Völkerrechts sind, und sie sind

bestrebt, in gegenseitiger Abstimmung zu gewährleisten, dass im Ausschuss insgesamt angemessener Sachverstand auf allen diesen Gebieten vereinigt ist.

Art. 25 Amtszeit. (1) Eine Vertragspartei wird für vier Jahre in den Ausschuss gewählt; eine unmittelbare Wiederwahl ist einmal zulässig.

(2) Unbeschadet des Absatzes 1 endet die Amtszeit der Hälfte der bei der ersten Wahl gewählten Mitglieder mit Ablauf der ersten ordentlichen Tagung der Vertragsparteien nach der Tagung, auf der sie gewählt wurden. Diese Mitglieder werden vom Präsidenten der Tagung nach der ersten Wahl durch das Los ermittelt.

Art. 26 Geschäftsordnung. (1) Der Ausschuss gibt sich eine Geschäftsordnung.

(2) Der Ausschuss ist beschlussfähig, wenn die Mehrheit der Mitglieder anwesend ist. Die Beschlüsse des Ausschusses bedürfen der Zweidrittelmehrheit seiner abstimmenden Mitglieder.

(3) Die Mitglieder dürfen an der Abstimmung über Beschlüsse im Zusammenhang mit Kulturgut, das von einem bewaffneten Konflikt berührt wird, an dem sie beteiligt sind, nicht teilnehmen.

Art. 27 Aufgaben. (1) Der Ausschuss hat folgende Aufgaben:

a) Erstellung von Richtlinien zur Durchführung dieses Protokolls;

b) Gewährung, Aussetzung oder Aufhebung des verstärkten Schutzes für Kulturgut und Erstellung, Aktualisierung und Förderung der Liste des Kulturguts unter verstärktem Schutz;

c) Beobachtung und Überwachung der Durchführung dieses Protokolls und Förderung der Erfassung von Kulturgut unter verstärktem Schutz;

d) Prüfung der Berichte der Vertragsparteien und Stellungnahme dazu, erforderlichenfalls deren Klärung und Erstellung eines eigenen Berichts über die Durchführung dieses Protokolls für die Tagung der Vertragsparteien;

e) Entgegennahme und Prüfung von Anträgen auf internationale Unterstützung nach Artikel 32;

f) Festlegung der Verwendung des Fonds;

g) Wahrnehmung anderer Aufgaben, die ihm von der Tagung der Vertragsparteien zugewiesen werden.

(2) Die Aufgaben des Ausschusses werden in Zusammenarbeit mit dem Generaldirektor wahrgenommen.

(3) Der Ausschuss arbeitet mit internationalen und nationalen staatlichen und nichtstaatlichen Organisationen zusammen, die ähnliche Ziele verfolgen wie das Abkommen, das Erste Protokoll und dieses Protokoll. Zur Unterstützung der Wahrnehmung seiner Aufgaben kann der Ausschuss bedeutende Fachorganisationen wie etwa solche, die formelle

Beziehungen zur UNESCO unterhalten, einschließlich des Internationalen Komitees vom Blauen Schild (ICBS) und der Organisationen, aus denen es gebildet wird, einladen, in beratender Eigenschaft an seinen Sitzungen teilzunehmen. Vertreter der Internationalen Studienzentrale für die Erhaltung und Restaurierung von Kulturgut (Römische Zentrale) (ICCROM) und des Internationalen Komitees vom Roten Kreuz (IKRK) können ebenfalls eingeladen werden, in beratender Eigenschaft teilzunehmen.

Art. 28 Sekretariat. Dem Ausschuss steht das Sekretariat der UNESCO zur Seite, das die Dokumentation des Ausschusses und die Tagesordnung seiner Sitzungen vorbereitet und für die Durchführung seiner Beschlüsse verantwortlich ist.

Art. 29 Fonds für den Schutz von Kulturgut bei bewaffneten Konflikten. (1) Hiermit wird ein Fonds für die folgenden Zwecke errichtet:

a) Bereitstellung finanzieller oder anderer Hilfe zur Unterstützung von vorbereitenden und sonstigen Maßnahmen, die in Friedenszeiten unter anderem nach Artikel 5, Artikel 10 Buchstabe b und Artikel 30 getroffen werden, und

b) Bereitstellung finanzieller oder anderer Hilfe im Zusammenhang mit Notfallmaßnahmen oder vorläufigen oder sonstigen Maßnahmen, die getroffen werden, um Kulturgut während eines bewaffneten Konflikts oder während der Bergung und Sicherung unmittelbar nach Ende der Feindseligkeiten unter anderem nach Artikel 8 Buchstabe a zu schützen.

(2) Der Fonds stellt ein Treuhandvermögen im Sinne der Finanzordnung der UNESCO dar.

(3) Die Auszahlungen aus dem Fonds werden nur für die vom Ausschuss nach den Richtlinien im Sinne des Artikels 23 Absatz 3 Buchstabe c beschlossenen Zwecke verwendet. Der Ausschuss kann Beiträge entgegennehmen, die nur für ein bestimmtes Programm oder Vorhaben verwendet werden sollen, sofern er die Durchführung dieses Programms oder Vorhabens beschlossen hat.

(4) Die Mittel des Fonds bestehen aus

a) freiwilligen Beiträgen der Vertragsparteien;

b) Beiträgen, Spenden oder Vermächtnissen

   i) anderer Staaten,

   ii) der UNESCO oder anderer Organisationen des Systems der Vereinten Nationen,

   iii) sonstiger zwischenstaatlicher oder nichtstaatlicher Organisationen und

   iv) von Einrichtungen des öffentlichen oder privaten Rechts oder von Einzelpersonen;

c) den für den Fonds anfallenden Zinsen;

d) Mitteln, die durch Sammlungen und Einnahmen aus Veranstaltungen zugunsten des Fonds aufgebracht werden, und

e) allen sonstigen Mitteln, die durch die auf den Fonds anzuwendenden Richtlinien genehmigt sind.

Kapitel 7. Verbreitung von Informationen und internationale Unterstützung

Art. 30 Verbreitung. (1) Die Vertragsparteien bemühen sich unter Einsatz geeigneter Mittel, insbesondere durch Erziehungs- und Informationsprogramme, die Würdigung und Respektierung von Kulturgut durch ihre gesamte Bevölkerung zu stärken.

(2) Die Vertragsparteien verbreiten dieses Protokoll so weit wie möglich, und zwar sowohl in Friedenszeiten als auch in Zeiten eines bewaffneten Konflikts.

(3) Die militärischen oder zivilen Dienststellen, die in Zeiten eines bewaffneten Konflikts Verantwortlichkeiten bei der Anwendung dieses Protokolls zu übernehmen haben, müssen mit seinem Wortlaut voll und ganz vertraut sein. Zu diesem Zweck werden die Vertragsparteien gegebenenfalls

a) Richtlinien und Anweisungen zum Schutz von Kulturgut in ihre Militärvorschriften aufnehmen;

b) in Zusammenarbeit mit der UNESCO und einschlägigen staatlichen und nichtstaatlichen Organisationen Ausbildungs- und Erziehungsprogramme in Friedenszeiten entwickeln und durchführen;

c) einander über den Generaldirektor Informationen über die nach den Buchstaben a und b erlassenen Gesetze oder Verwaltungsvorschriften und die nach den Buchstaben a und b getroffenen Maßnahmen übermitteln;

d) einander über den Generaldirektor so bald wie möglich die Gesetze und Verwaltungsvorschriften übermitteln, die sie zur Sicherstellung der Anwendung dieses Protokolls erlassen werden.

Art. 31 Internationale Zusammenarbeit. Die Vertragsparteien verpflichten sich, im Fall schwerer Verstöße gegen dieses Protokoll gemeinsam durch den Ausschuss oder einzeln in Zusammenarbeit mit der UNESCO und den Vereinten Nationen und im Einklang mit der Charta der Vereinten Nationen zu handeln.

Art. 32 Internationale Unterstützung. (1) Eine Vertragspartei kann beim Ausschuss internationale Unterstützung für Kulturgut unter verstärktem Schutz und Unterstützung für die Vorbereitung, Entwicklung oder Durchführung der in Artikel 10 bezeichneten Gesetze, Verwaltungsvorschriften und Maßnahmen beantragen.

(2) Eine an dem Konflikt beteiligte Partei, die nicht Vertragspartei dieses Protokolls ist, aber nach Artikel 3 Absatz 2 dessen Bestimmun-

gen annimmt und anwendet, kann beim Ausschuss geeignete internationale Unterstützung beantragen.

(3) Der Ausschuss beschließt Vorschriften über das Antragsverfahren in Bezug auf internationale Unterstützung und bestimmt die Form, welche die Unterstützung annehmen kann.

(4) Die Vertragsparteien werden ermutigt, über den Ausschuss den Vertragsparteien oder den an einem Konflikt beteiligten Parteien, die darum ersuchen, technische Unterstützung aller Art zu gewähren.

Art. 33 Unterstützung durch die UNESCO. (1) Die Vertragsparteien können um die technische Unterstützung der UNESCO bei der Organisierung der Schutzmaßnahmen für ihr Kulturgut, wie etwa Vorbereitungen zur Sicherung von Kulturgut, vorbeugende und organisatorische Maßnahmen für Notfälle und nationale Verzeichnisse des Kulturguts, oder in Zusammenhang mit jedem anderen Problem, das sich aus der Anwendung dieses Protokolls ergibt, nachsuchen. Die UNESCO gewährt diese Unterstützung im Rahmen ihrer Zielsetzung und ihrer Mittel.

(2) Die Vertragsparteien werden ermutigt, technische Unterstützung auf zwei oder mehrseitiger Ebene zu gewähren.

(3) Die UNESCO kann in dieser Hinsicht den Vertragsparteien von sich aus Vorschläge unterbreiten.

Kapitel 8. Durchführung dieses Protokolls

Art. 34 Schutzmächte. Dieses Protokoll wird unter Mitwirkung der Schutzmächte angewandt, die mit der Wahrnehmung der Interessen der an dem Konflikt beteiligten Vertragsparteien betraut sind.

Art. 35 Schlichtungsverfahren. (1) Die Schutzmächte stellen ihre guten Dienste in allen Fällen zur Verfügung, in denen sie dies im Interesse des Kulturguts für angezeigt erachten, insbesondere wenn zwischen den an dem Konflikt beteiligten Vertragsparteien über die Anwendung oder Auslegung dieses Protokolls Meinungsverschiedenheiten bestehen.

(2) Zu diesem Zweck kann jede der Schutzmächte entweder auf Einladung einer Vertragspartei oder des Generaldirektors oder von sich aus den an dem Konflikt beteiligten Vertragsparteien eine Zusammenkunft ihrer Vertreter und insbesondere der für den Schutz des Kulturguts verantwortlichen Behörden vorschlagen, gegebenenfalls im Hoheitsgebiet eines Staates, der nicht an dem Konflikt beteiligt ist. Die an dem Konflikt beteiligten Vertragsparteien sind gehalten, den ihnen gemachten Vorschlägen von Zusammenkünften Folge zu leisten. Die Schutzmächte schlagen den an dem Konflikt beteiligten Vertragsparteien eine Persönlichkeit, die einem Staat angehört, der nicht an dem Konflikt beteiligt ist, oder eine vom Generaldirektor bezeichnete Per-

sönlichkeit zur Genehmigung vor; diese wird aufgefordert, an der Zusammenkunft als Vorsitzender teilzunehmen.

Art. 36 Schlichtung ohne Schutzmächte. (1) In einem Konflikt, bei dem keine Schutzmächte bestellt sind, kann der Generaldirektor seine guten Dienste anbieten oder durch eine andere Art der Schlichtung oder Vermittlung handeln, um die Meinungsverschiedenheit beizulegen.

(2) Auf Einladung einer Vertragspartei oder des Generaldirektors kann der Vorsitzende des Ausschusses den an einem Konflikt beteiligten Vertragsparteien eine Zusammenkunft ihrer Vertreter und insbesondere der für den Schutz des Kulturguts verantwortlichen Behörden vorschlagen, gegebenenfalls im Hoheitsgebiet eines Staates, der nicht an dem Konflikt beteiligt ist.

Art. 37 Übersetzung und Berichte. (1) Die Vertragsparteien übersetzen dieses Protokoll in ihre Amtssprachen und übermitteln dem Generaldirektor diese amtlichen Übersetzungen.

(2) Die Vertragsparteien legen dem Ausschuss alle vier Jahre einen Bericht über die Durchführung dieses Protokolls vor.

Art. 38 Verantwortung der Staaten. Die Bestimmungen dieses Protokolls über die individuelle strafrechtliche Verantwortlichkeit berühren nicht die völkerrechtliche Verantwortung der Staaten, einschließlich der Pflicht, Reparationen zu leisten.

Kapitel 9. Schlussbestimmungen

Art. 39 Sprachen. Dieses Protokoll ist in arabischer, chinesischer, englischer, französischer, russischer und spanischer Sprache abgefasst, wobei jeder Wortlaut gleichermaßen verbindlich ist.

Art. 40 Unterzeichnung. Dieses Protokoll trägt das Datum des 26. März 1999. Es liegt vom 17. Mai 1999 bis zum 31. Dezember 1999 in Den Haag für alle Hohen Vertragsparteien zur Unterzeichnung auf.

Art. 41 Ratifikation, Annahme oder Genehmigung. (1) Dieses Protokoll bedarf der Ratifikation, Annahme oder Genehmigung durch die Hohen Vertragsparteien, die dieses Protokoll unterzeichnet haben, nach Maßgabe ihrer eigenen verfassungsrechtlichen Verfahren.

(2) Die Ratifikations-, Annahme- oder Genehmigungsurkunden werden beim Generaldirektor hinterlegt.

Art. 42 Beitritt. (1) Dieses Protokoll steht den anderen Hohen Vertragsparteien ab dem 1. Januar 2000 zum Beitritt offen.

(2) Der Beitritt erfolgt durch Hinterlegung einer Beitrittsurkunde beim Generaldirektor.

Art. 43 Inkrafttreten. (1) Dieses Protokoll tritt drei Monate nach Hinterlegung von zwanzig Ratifikations-, Annahme-, Genehmigungs- oder Beitrittsurkunden in Kraft.

(2) Danach tritt es für jede Vertragspartei drei Monate nach Hinterlegung ihrer Ratifikations-, Annahme-, Genehmigungs- oder Beitrittsurkunde in Kraft.

Art. 44 Inkrafttreten während bewaffneter Konflikte. Die in den Artikeln 18 und 19 des Abkommens bezeichneten Situationen bewirken, dass die vor oder nach Beginn der Feindseligkeiten oder der Besetzung von an dem Konflikt beteiligten Parteien hinterlegten Ratifikations-, Annahme-, Genehmigungs- und Beitrittserklärungen mit sofortiger Wirkung in Kraft treten. In diesen Fällen macht der Generaldirektor auf dem schnellsten Weg die in Artikel 46 vorgesehenen Mitteilungen.

Art. 45 Kündigung. (1) Jede der Vertragsparteien kann dieses Protokoll kündigen.

(2) Die Kündigung wird durch eine Urkunde notifiziert, die beim Generaldirektor hinterlegt wird.

(3) Die Kündigung wird ein Jahr nach Eingang der Kündigungsurkunde wirksam. Ist jedoch die kündigende Vertragspartei bei Ablauf dieser Frist an einem bewaffneten Konflikt beteiligt, so wird die Kündigung erst nach Einstellung der Feindseligkeiten oder nach Abschluss der Rückführung des Kulturguts wirksam, je nachdem, welcher Zeitpunkt der spätere ist.

Art. 46 Notifikationen. Der Generaldirektor benachrichtigt alle Hohen Vertragsparteien und die Vereinten Nationen von der Hinterlegung aller in den Artikeln 41 und 42 vorgesehenen Ratifikations-, Annahme-, Genehmigungs- und Beitrittsurkunden sowie von den in Artikel 45 vorgesehenen Kündigungen.

Art. 47 Registrierung bei den Vereinten Nationen. Dieses Protokoll wird auf Ersuchen des Generaldirektors nach Artikel 102 der Charta der Vereinten Nationen beim Sekretariat der Vereinten Nationen registriert.

Zu Urkund dessen haben die gehörig befugten Unterzeichneten dieses Protokoll unterschrieben.

Geschehen zu Den Haag am 26. März 1999 in einer Urschrift, die im Archiv der UNESCO hinterlegt wird; beglaubigte Abschriften werden allen Hohen Vertragsparteien übermittelt.

58. Übereinkommen über das Verbot des Einsatzes, der Lagerung, der Herstellung und der Weitergabe von Antipersonenminen und über deren Vernichtung[1] (Ottawa-Übereinkommen)

Vom 18. September 1997

(BGBl. 1998 II S. 779)

(Übersetzung)

Präambel

Die Vertragsstaaten –

entschlossen, das Leiden und Sterben zu beenden, das durch Antipersonenminen verursacht wird, die jede Woche Hunderte von Menschen, überwiegend unschuldige, wehrlose Zivilpersonen und insbesondere Kinder, töten oder verstümmeln, die wirtschaftliche Entwicklung und den Wiederaufbau behindern, die Rückführung von Flüchtlingen und die Rückkehr von Binnenvertriebenen erschweren und noch Jahre nach ihrer Verlegung weitere schwerwiegende Folgen nach sich ziehen,

überzeugt von der Notwendigkeit, daß sie auf wirksame und aufeinander abgestimmte Weise ihr [M]öglichstes beitragen, um sich der Herausforderung zu stellen, die auf der ganzen Welt verlegten Antipersonenminen zu räumen und deren Vernichtung sicherzustellen,

in dem Wunsch, bei der Unterstützung der Fürsorge und Rehabilitation einschließlich der sozialen und wirtschaftlichen Wiedereingliederung von Minenopfern ihr [M]öglichstes zu tun,

in der Erkenntnis, daß ein vollständiges Verbot von Antipersonenminen auch eine wichtige vertrauensbildende Maßnahme darstellen würde,

erfreut über die Annahme des Protokolls über das Verbot oder die Beschränkung des Einsatzes von Minen, Sprengfallen und anderen Vorrichtungen in der am 3. Mai 1996 geänderten Fassung zu dem Übereinkommen über das Verbot oder die Beschränkung des Einsatzes bestimmter konventioneller Waffen, die übermäßige Leiden verursachen oder unterschiedslos wirken können, und mit dem Aufruf, daß dieses Protokoll bald durch alle Staaten ratifiziert wird, die dies noch nicht getan haben,

---

[1] Das Übereinkommen ist für Deutschland am 1. 3. 1999 in Kraft getreten (Bek. v. 20. 11. 1998, BGBl. 1998 II S. 3004). S. auch das Protokoll über das Verbot oder die Beschränkung des Einsatzes von Minen, Sprengfallen und anderen Vorrichtungen zum VN-Waffenübereinkommen v. 10. 10. 1980 (in der am 3. 5. 1996 geänderten Fassung, BGBl. 1997 II S. 806), in Kraft getreten für Deutschland am 3. 12. 1998 (Bek. v. 9. 11. 1998, BGBl. 1999 II S. 2).

sowie erfreut über die Resolution 51/45 S der Generalversammlung der Vereinten Nationen vom 10. Dezember 1996, in der alle Staaten eindringlich aufgefordert werden, mit Nachdruck den Abschluß eines wirksamen, rechtsverbindlichen internationalen Übereinkommens zum Zweck des Verbots des Einsatzes, der Lagerung, der Herstellung und der Weitergabe von Antipersonenminen zu verfolgen,

erfreut ferner über die Maßnahmen, die in den letzten Jahren sowohl einseitig als auch mehrseitig mit dem Ziel des Verbots, der Beschränkung oder der Aussetzung des Einsatzes, der Lagerung, der Herstellung und der Weitergabe von Antipersonenminen ergriffen worden sind,

unter Betonung der Rolle des öffentlichen Gewissens bei der Förderung der Grundsätze der Menschlichkeit, erkennbar an dem Ruf nach einem vollständigen Verbot von Antipersonenminen, und in Anerkennung der diesbezüglichen Anstrengungen der Internationalen Rotkreuz- und Rothalbmondbewegung, der Internationalen Kampagne gegen Landminen und zahlreicher anderer nichtstaatlicher Organisationen weltweit,

eingedenk der Erklärung von Ottawa vom 5. Oktober 1996 und der Erklärung von Brüssel vom 27. Juni 1997, in denen die Staatengemeinschaft eindringlich aufgefordert wird, ein rechtsverbindliches internationales Übereinkommen auszuhandeln, durch das der Einsatz, die Lagerung, die Herstellung und die Weitergabe von Antipersonenminen verboten werden,

dem Wunsch Nachdruck verleihend, alle Staaten für den Beitritt zu diesem Übereinkommen zu gewinnen, sowie entschlossen, in allen einschlägigen Gremien, darunter den Vereinten Nationen, der Abrüstungskonferenz, regionalen Organisationen und Gruppierungen sowie Überprüfungskonferenzen zum Übereinkommen über das Verbot oder die Beschränkung des Einsatzes bestimmter konventioneller Waffen, die übermäßige Leiden verursachen oder unterschiedslos wirken können, nach besten Kräften auf seine weltweite Geltung hinzuwirken,

gestützt auf den Grundsatz des humanitären Völkerrechts, nach dem die an einem bewaffneten Konflikt beteiligten Parteien kein unbeschränktes Recht in der Wahl der Methoden und Mittel der Kriegführung haben, auf den Grundsatz nach dem es verboten ist, in bewaffneten Konflikten Waffen, Geschosse und Materialien sowie Methoden der Kriegführung zu verwenden, die geeignet sind, überflüssige Verletzungen oder unnötigen Leiden zu verursachen, und auf den Grundsatz, nach dem zwischen Zivilpersonen und Kombattanten unterschieden werden muß –

sind wie folgt übereingekommen:

Art. 1 Allgemeine Verpflichtungen. (1) Jeder Vertragsstaat verpflichtet sich, unter keinen Umständen jemals

a) Antipersonenminen einzusetzen,

b) Antipersonenminen zu entwickeln, herzustellen, auf andere Weise zu erwerben, zu lagern, zurückzubehalten oder an irgend jemanden unmittelbar oder mittelbar weiterzugeben,

c) irgend jemanden in irgendeiner Weise zu unterstützen, zu ermutigen oder zu veranlassen, Tätigkeiten vorzunehmen, die einem Vertragsstaat aufgrund dieses Übereinkommens verboten sind.

(2) Jeder Vertragsstaat verpflichtet sich, alle Antipersonenminen nach Maßgabe dieses Übereinkommens zu vernichten oder deren Vernichtung sicherzustellen.

Art. 2 Begriffsbestimmungen. (1) „Antipersonenmine" bezeichnet eine Mine, die dazu bestimmt ist, durch die Gegenwart, Nähe oder Berührung einer Person zur Explosion gebracht zu werden, und die eine oder mehrere Personen kampfunfähig macht, verletzt oder tötet. Minen, die dazu bestimmt sind, durch die Gegenwart, Nähe oder Berührung nicht einer Person, sondern eines Fahrzeugs zur Detonation gebracht zu werden, und die mit Aufhebesperren ausgestattet sind, werden wegen dieser Ausstattung nicht als Antipersonenminen betrachtet.

(2) „Mine" bezeichnet ein Kampfmittel, das dazu bestimmt ist, unter, auf oder nahe dem Erdboden oder einer anderen Oberfläche angebracht und durch die Gegenwart, Nähe oder Berührung einer Person oder eines Fahrzeugs zur Explosion gebracht zu werden.

(3) „Aufhebesperre" bezeichnet eine Vorrichtung, die eine Mine schützen soll und Teil der Mine, mit ihr verbunden, an ihr befestigt oder unter ihr angebracht ist und die bei dem Versuch, sich an der Mine zu schaffen zu machen oder sie anderweitig gezielt zu stören, aktiviert wird.

(4) „Weitergabe" umfaßt neben der physischen Verbringung von Antipersonenminen in ein staatliches oder aus einem staatlichen Hoheitsgebiet auch die Übertragung des Rechts an den Minen und der Kontrolle über die Minen, nicht jedoch die Übertragung von Hoheitsgebiet, in dem Antipersonenminen verlegt sind.

(5) „Vermintes Gebiet" bezeichnet ein Gebiet, das aufgrund des Vorhandenseins oder des mutmaßlichen Vorhandenseins von Minen gefährlich ist.

Art. 3 Ausnahmen. (1) Unbeschadet der allgemeinen Verpflichtungen nach Artikel 1 ist die Zurückbehaltung oder Weitergabe einer Anzahl von Antipersonenminen für die Entwicklung von Verfahren zur Minensuche, Minenräumung oder Minenvernichtung und die Ausbildung in diesen Verfahren zulässig. Die für die genannten Zwecke absolut erforderliche Mindestanzahl von Minen darf nicht überschritten werden.

(2) Die Weitergabe von Antipersonenminen zum Zweck ihrer Vernichtung ist zulässig.

Art. 4 Vernichtung gelagerter Antipersonenminen. Soweit in Artikel 3 nicht anderes bestimmt ist, verpflichtet sich jeder Vertragsstaat, alle gelagerten Antipersonenminen, die sich in seinem Eigentum oder Besitz oder unter seiner Hoheitsgewalt oder Kontrolle befinden, so bald wie möglich, spätestens jedoch vier Jahre, nachdem dieses Übereinkommen für den betreffenden Vertragsstaat in Kraft getreten ist, zu vernichten oder ihre Vernichtung sicherzustellen.

Art. 5 Vernichtung von Antipersonenminen in verminten Gebieten. (1) Jeder Vertragsstaat verpflichtet sich, alle Antipersonenminen in verminten Gebieten unter seiner Hoheitsgewalt oder Kontrolle so bald wie möglich, spätestens jedoch zehn Jahre, nachdem dieses Übereinkommen für den betreffenden Vertragsstaat in Kraft getreten ist, zu vernichten oder ihre Vernichtung sicherzustellen.

(2) Jeder Vertragsstaat bemüht sich nach Kräften, alle Gebiete unter seiner Hoheitsgewalt oder Kontrolle, in denen Antipersonenminen bekannterweise oder mutmaßlich verlegt sind, zu identifizieren; er stellt so bald wie möglich sicher, daß alle Antipersonenminen in verminten Gebieten unter seiner Hoheitsgewalt oder Kontrolle rundum markiert, überwacht und durch Einzäunung oder andere Mittel gesichert werden, damit Zivilpersonen bis zur Vernichtung aller in diesen Gebieten verlegten Antipersonenminen wirksam ferngehalten werden. Die Markierung muß zumindest den Normen entsprechen, die im Protokoll über das Verbot oder die Beschränkung des Einsatzes von Minen, Sprengfallen und anderen Vorrichtungen in der am 3. Mai 1996 geänderten Fassung zu dem Übereinkommen über das Verbot oder die Beschränkung des Einsatzes bestimmter konventioneller Waffen, die übermäßige Leiden verursachen oder unterschiedslos wirken können, festgelegt sind.

(3) Glaubt ein Vertragsstaat, nicht in der Lage zu sein, alle in Absatz 1 bezeichneten Antipersonenminen innerhalb der genannten Frist zu vernichten oder ihre Vernichtung sicherzustellen, so kann er das Treffen der Vertragsstaaten oder eine Überprüfungskonferenz um eine Verlängerung der Frist für die Beendigung der Vernichtung dieser Antipersonenminen um bis zu zehn Jahre ersuchen.

(4) Jedes Ersuchen enthält

a) Angaben über die Dauer der vorgeschlagenen Fristverlängerung,
b) eine ausführliche Begründung für die vorgeschlagene Fristverlängerung, einschließlich
   i) Angaben über die Vorbereitung und den Stand der im Rahmen innerstaatlicher Minenräumprogramme vorgenommenen Arbeiten,
   ii) Angaben über die dem Vertragsstaat für die Vernichtung aller Antipersonenminen zur Verfügung stehenden finanziellen und technischen Mittel und
   iii) Angaben über Umstände, die den Vertragsstaat daran hindern, alle Antipersonenminen in verminten Gebieten zu vernichten.

c) Angaben über die humanitären, sozialen, wirtschaftlichen und umweltbezogenen Auswirkungen der Fristverlängerung und

d) sonstige für das Ersuchen um die vorgeschlagene Fristverlängerung sachdienliche Informationen.

(5) Das Treffen der Vertragsstaaten oder die Überprüfungskonferenz prüft das Ersuchen unter Berücksichtigung der in Absatz 4 genannten Angaben und entscheidet mit der Mehrheit der Stimmen der anwesenden und abstimmenden Vertragsstaaten, ob dem Ersuchen um Fristverlängerung stattgegeben wird.

(6) Diese Fristverlängerung kann bei Vorlage eines neuen Ersuchens nach den Absätzen 3, 4 und 5 erneuert werden. In dem Ersuchen um weitere Verlängerung legt der Vertragsstaat zusätzliche sachdienliche Informationen darüber vor, welche Maßnahmen im Sinne dieses Artikels während der vorangegangenen Fristverlängerung ergriffen worden sind.

Art. 6 Internationale Zusammenarbeit und Hilfe. (1) Bei der Erfüllung seiner Verpflichtungen aus diesem Übereinkommen hat jeder Vertragsstaat das Recht, soweit machbar Hilfe von anderen Vertragsstaaten im Rahmen des Möglichen zu erbitten und zu erhalten.

(2) Jeder Vertragsstaat verpflichtet sich, den größtmöglichen Austausch von Ausrüstung und Material sowie von wissenschaftlichen und technologischen Informationen bezüglich der Durchführung dieses Übereinkommens zu erleichtern, und er hat das Recht, daran teilzunehmen. Die Vertragsstaaten erlegen der Bereitstellung von Minenräumausrüstung und damit zusammenhängenden technologischen Informationen für humanitäre Zwecke keine ungebührlichen Beschränkungen auf.

(3) Jeder Vertragsstaat, der hierzu in der Lage ist, leistet Hilfe bei der Fürsorge und Rehabilitation sowie bei der sozialen und wirtschaftlichen Wiedereingliederung von Minenopfern und unterstützt Programme zur Aufklärung über die Gefahren von Minen. Diese Hilfe kann unter anderem über das System der Vereinten Nationen, über internationale, regionale oder nationale Organisationen oder Einrichtungen, über das Internationale Komitee vom Roten Kreuz, über nationale Rotkreuz- und Rothalbmondgesellschaften und ihre Internationale Föderation, über nichtstaatliche Organisationen oder auf zweiseitiger Grundlage geleistet werden.

(4) Jeder Vertragsstaat, der hierzu in der Lage ist, leistet Hilfe bei der Minenräumung und damit im Zusammenhang stehenden Tätigkeiten. Diese Hilfe kann unter anderem über das System der Vereinten Nationen, über internationale oder regionale Organisationen oder Einrichtungen, über nichtstaatliche Organisationen oder Einrichtungen, auf zweiseitiger Grundlage oder durch Beiträge zum Freiwilligen Treuhandfonds der Vereinten Nationen zur Unterstützung bei der Minenräumung oder zu anderen regionalen, mit Minenräumung befaßten Fonds geleistet werden.

(5) Jeder Vertragsstaat, der hierzu in der Lage ist, leistet Hilfe bei der Vernichtung von gelagerten Antipersonenminen.

(6) Jeder Vertragsstaat verpflichtet sich, Informationen an die im System der Vereinten Nationen eingerichtete Datenbank über Minenräumung zu liefern, insbesondere solche über die verschiedenen Mittel und Technologien der Minenräumung, sowie Listen von Fachleuten, Expertenagenturen oder nationalen Kontaktstellen für Minenräumung.

(7) Vertragsstaaten können die Vereinten Nationen, regionale Organisationen, andere Vertragsstaaten oder andere zuständige zwischenstaatliche oder nichtstaatliche Gremien ersuchen, ihre Behörden bei der Ausarbeitung eines innerstaatlichen Minenräumprogramms zu unterstützen, um unter anderem folgendes festzulegen:

a) Umfang und Ausmaß der durch Antipersonenminen verursachten Probleme,

b) die für die Durchführung des Programms erforderlichen finanziellen, technologischen und personellen Mittel,

c) die geschätzte Anzahl von Jahren, die erforderlich ist, um alle Antipersonenminen in verminten Gebieten unter der Hoheitsgewalt oder Kontrolle des betreffenden Vertragsstaats zu vernichten,

d) Maßnahmen zur Aufklärung über die Gefahren von Minen, um die auf sie zurückzuführenden Verletzungen und Todesfälle zu verringern,

e) Hilfe für Minenopfer,

f) die Beziehung zwischen der Regierung des betreffenden Vertragsstaats und den einschlägigen staatlichen, zwischenstaatlichen oder nichtstaatlichen Einrichtungen, die an der Durchführung des Programms beteiligt sein werden.

(8) Alle Vertragsstaaten, die aufgrund dieses Artikels Hilfe leisten und erhalten, arbeiten im Hinblick auf die Sicherstellung der vollständigen und umgehenden Durchführung vereinbarter Hilfsprogramme zusammen.

Art. 7 Maßnahmen zur Schaffung von Transparenz. (1) Jeder Vertragsstaat berichtet dem Generalsekretär der Vereinten Nationen so bald wie praktisch möglich, spätestens jedoch 180 Tage, nachdem dieses Übereinkommen für den betreffenden Vertragsstaat in Kraft getreten ist,

a) über die in Artikel 9 bezeichneten innerstaatlichen Durchführungsmaßnahmen,

b) über die Gesamtzahl aller gelagerten Antipersonenminen in seinem Eigentum oder Besitz oder unter seiner Hoheitsgewalt oder Kontrolle, aufgeschlüsselt nach Art und Menge und wenn möglich unter Angabe der Losnummern jeder Art von gelagerten Antipersonenminen,

c) soweit möglich über die Lage aller verminten Gebiete, in denen sich Antipersonenminen unter seiner Hoheitsgewalt oder Kontrolle befinden oder mutmaßlich befinden, einschließlich möglichst ausführlicher Angaben über die Art und die Menge jeder Art von Antipersonenminen in jedem verminten Gebiet sowie über den Zeitpunkt der Verlegung,

d) über Art, Menge und nach Möglichkeit über die Losnummern aller für die Entwicklung von Verfahren zur Minensuche, Minenräumung und Minenvernichtung und die Ausbildung in diesen Verfahren zurückbehaltenen oder weitergegebenen oder zum Zweck der Vernichtung weitergegebenen Antipersonenminen sowie über die Stellen, die durch den betreffenden Vertragsstaat ermächtigt sind, nach Artikel 3 Antipersonenminen zurückzubehalten oder weiterzugeben,

e) über den Stand der Programme zur Umstellung oder Stillegung von Einrichtungen zur Herstellung von Antipersonenminen,

f) über den Stand der Programme zur Vernichtung von Antipersonenminen nach den Artikeln 4 und 5, einschließlich ausführlicher Angaben über die Methoden, die bei der Vernichtung angewandt werden, die Lage aller Vernichtungsstätten und die zu beachtenden einschlägigen Sicherheits- und Umweltschutznormen,

g) über Art und Menge aller Antipersonenminen, die, nachdem dieses Übereinkommen für den betreffenden Vertragsstaat in Kraft getreten ist, vernichtet worden sind, aufgeschlüsselt nach der Menge der einzelnen Arten von nach den Artikeln 4 beziehungsweise 5 vernichteten Antipersonenminen und nach Möglichkeit unter Angabe der Losnummern der einzelnen Arten von Antipersonenminen bei Vernichtung nach Artikel 4,

h) über die technischen Merkmale jeder hergestellten Art von Antipersonenminen, soweit sie bekannt sind, sowie über die technischen Merkmale jeder derzeit im Eigentum oder Besitz des betreffenden Vertragsstaats befindlichen Art von Antipersonenminen und liefert nach Möglichkeit Informationen, die geeignet sind, die Identifizierung und Räumung von Antipersonenminen zu erleichtern; dazu gehören zumindest die Abmessungen, die Zündvorrichtung, der Sprengstoff- und der Metallanteil, Farbfotos und sonstige Informationen, welche die Minenräumung erleichtern können,

i) über die Maßnahmen, die zur unverzüglichen und wirksamen Warnung der Bevölkerung in bezug auf alle nach Artikel 5 Absatz 2 identifizierten Gebiete getroffen worden sind.

(2) Die nach diesem Artikel gelieferten Informationen werden von den Vertragsstaaten alljährlich auf den neuesten Stand gebracht; spätestens am 30. April eines jeden Jahres wird dem Generalsekretär der Vereinten Nationen ein Bericht über das jeweils vorangegangene Kalenderjahr vorgelegt.

(3) Der Generalsekretär der Vereinten Nationen leitet alle ihm zugegangenen Berichte an die Vertragsstaaten weiter.

Art. 8 Maßnahmen zur Erleichterung und Klarstellung der Einhaltung des Übereinkommens. (1) Die Vertragsstaaten vereinbaren, in bezug auf die Durchführung dieses Übereinkommens einander zu konsultieren und zusammenzuarbeiten und im Geist der Zusammenarbeit gemeinsam auf die Erleichterung der Einhaltung der Verpflichtungen der Vertragsstaaten aus diesem Übereinkommen hinzuwirken.

(2) Wünscht ein Vertragsstaat oder wünschen mehrere Vertragsstaaten die Klarstellung und Lösung von Fragen, die sich auf die Einhaltung dieses Übereinkommens durch einen anderen Vertragsstaat beziehen, so kann er oder können sie dem betroffenen Vertragsstaat über den Generalsekretär der Vereinten Nationen ein Ersuchen um Klarstellung dieser Angelegenheit vorlegen. Ein solches Ersuchen ist mit allen sachdienlichen Informationen zu versehen. Jeder Vertragsstaat unterläßt unbegründete Ersuchen um Klarstellung in dem Bemühen, Mißbrauch zu vermeiden. Ein Vertragsstaat, der ein Ersuchen um Klarstellung erhält, legt dem ersuchenden Vertragsstaat über den Generalsekretär der Vereinten Nationen binnen 28 Tagen alle der Klarstellung dieser Angelegenheit dienlichen Informationen vor.

(3) Erhält der ersuchende Vertragsstaat innerhalb dieses Zeitraums keine Antwort, kann eine Mission zur Tatsachenermittlung jederzeit in sein Hoheitsgebiet einladen. Diese wird tätig, ohne daß das Treffen der Vertragsstaaten beziehungsweise ein Sondertreffen der Vertragsstaaten einen Beschluß zur Ermächtigung dieser Mission faßt. Die Mission, die aus bis zu 9 nach den Absätzen 9 und 10 bestellten und genehmigten Fachleuten besteht, kann zusätzliche Informationen an Ort und Stelle oder an anderen Orten unter der Hoheitsgewalt oder Kontrolle des ersuchten Vertragsstaats einholen, die unmittelbar mit der behaupteten Nichteinhaltung im Zusammenhang stehen.

(9) Der Generalsekretär der Vereinten Nationen erstellt und aktualisiert eine Liste, welche die Namen, die jeweilige Staatsangehörigkeit und andere von den Vertragsstaaten zur Verfügung gestellte sachdienliche Daten von qualifizierten Fachleuten enthält, und übermittelt sie allen Vertragsstaaten. Jeder in dieser Liste genannte Fachmann gilt als für alle Missionen zur Tatsachenermittlung bestellt, sofern nicht ein Vertragsstaat schriftlich seine Ablehnung erklärt. Im Fall der Ablehnung beteiligt sich der Fachmann nicht an Missionen zur Tatsachenermittlung im Hoheitsgebiet oder an einem anderen Ort unter der Hoheitsgewalt oder Kontrolle des ablehnenden Vertragsstaats, sofern die Ablehnung vor der Berufung des Fachmanns in derartige Missionen erklärt worden ist.

(10) Nach Eingang eines Ersuchens von seiten des Treffens der Vertragsstaaten beziehungsweise eines Sondertreffens der Vertragsstaaten beruft der Generalsekretär der Vereinten Nationen nach Konsultierung des ersuchten Vertragsstaats die Mitglieder der Mission sowie ihren Leiter. Staatsangehörige von Vertragsstaaten, die um die Mission zur Tatsachenermittlung ersucht haben oder von ihr unmittelbar betroffen sind, dürfen nicht in die Mission berufen werden. Die Mitglieder der Missi-

on zur Tatsachenermittlung genießen die nach Artikel VI des Übereinkommens vom 13. Februar 1946 über die Vorrechte und Immunitäten der Vereinten Nationen vorgesehenen Vorrechte und Immunitäten.

(11) Die Mitglieder der Mission zur Tatsachenermittlung treffen nach einer Vorankündigung von mindestens 72 Stunden bei der frühesten Gelegenheit im Hoheitsgebiet des ersuchten Vertragsstaats ein. Der ersuchte Vertragsstaat trifft die erforderlichen Verwaltungsmaßnahmen für den Empfang, die Beförderung und die Unterbringung der Mission; solange sich die Mission in einem Gebiet unter seiner Kontrolle aufhält, ist er in größtmöglichem Umfang für ihre Sicherheit verantwortlich.

(12) Unbeschadet der Souveränität des ersuchten Vertragsstaats kann die Mission zur Tatsachenermittlung die erforderliche Ausrüstung, die ausschließlich der Einholung von Informationen über die behauptete Nichteinhaltung dient, in das Hoheitsgebiet des ersuchten Vertragsstaats verbringen. Vor ihrer Ankunft teilt die Mission dem ersuchten Vertragsstaat mit, welche Ausrüstung sie im Verlauf ihrer Mission zur Tatsachenermittlung zu verwenden beabsichtigt.

(13) Der ersuchte Vertragsstaat bemüht sich nach Kräften, dafür zu sorgen, daß die Mission zur Tatsachenermittlung die Möglichkeit erhält, mit allen Personen zu sprechen, die in diesem Zusammenhang gegebenenfalls Informationen über die behauptete Nichteinhaltung liefern können.

(14) Der ersuchte Vertragsstaat gewährt der Mission zur Tatsachenermittlung Zugang zu allen Bereichen und Einrichtungen unter seiner Kontrolle, in denen Tatsachen im Zusammenhang mit der Frage der Nichteinhaltung ermittelt werden könnten. Dies geschieht vorbehaltlich aller Regelungen, die der ersuchte Vertragsstaat für erforderlich hält

a) zum Schutz sicherheitsempfindlicher Ausrüstungsgegenstände, Informationen und Bereiche,
b) zum Schutz aller verfassungsmäßigen Verpflichtungen, die der ersuchte Vertragsstaat gegebenenfalls in bezug auf Eigentumsrechte und eigentumsähnliche Rechte, Durchsuchungen und Beschlagnahmen oder andere verfassungsmäßig garantierte Rechte hat, oder
c) zum Schutz der körperlichen Unversehrtheit und für die Sicherheit der Mitglieder der Mission zur Tatsachenermittlung.

Trifft der ersuchte Vertragsstaat derartige Regelungen, so bemüht er sich nach besten Kräften, auf andere Weise die Einhaltung dieses Übereinkommens darzulegen.

(15) Die Mission zur Tatsachenermittlung darf sich im Hoheitsgebiet des betroffenen Vertragsstaats nicht länger als 14 Tage und an einer bestimmten Stätte nicht länger als 7 Tage aufhalten, soweit nichts anderes vereinbart ist.

(16) Alle Informationen, die vertraulich zur Verfügung gestellt werden und nicht mit dem Gegenstand der Mission zur Tatsachenermittlung im Zusammenhang stehen, sind vertraulich zu behandeln.

(17) Die Mission zur Tatsachenermittlung berichtet dem Treffen der Vertragsstaaten beziehungsweise dem Sondertreffen der Vertragsstaaten über den Generalsekretär der Vereinten Nationen über die Ergebnisse ihrer Feststellungen.

(18) Das Treffen der Vertragsstaaten beziehungsweise das Sondertreffen der Vertragsstaaten prüft alle sachdienlichen Informationen, einschließlich des von der Mission zur Tatsachenermittlung vorgelegten Berichts, und kann den ersuchten Vertragsstaat auffordern, innerhalb eines bestimmten Zeitraums Maßnahmen in der Frage der Nichteinhaltung zu ergreifen. Der ersuchte Vertragsstaat berichtet über alle im Zusammenhang mit dieser Aufforderung getroffenen Maßnahmen.

(19) Das Treffen der Vertragsstaaten beziehungsweise das Sondertreffen der Vertragsstaaten kann den betroffenen Vertragsstaaten Möglichkeiten zur weiteren Klarstellung oder Lösung der zu prüfenden Angelegenheit, einschließlich der Einleitung geeigneter, im Einklang mit dem Völkerrecht stehender Verfahren, vorschlagen. Wird gegebenenfalls festgestellt, daß das betreffende Problem auf Umstände zurückzuführen ist, die nicht der Kontrolle des ersuchten Vertragsstaats unterliegen, so kann das Treffen der Vertragsstaaten beziehungsweise das Sondertreffen der Vertragsstaaten geeignete Maßnahmen empfehlen, darunter auch Maßnahmen der Zusammenarbeit nach Artikel 6.

(20) Das Treffen der Vertragsstaaten beziehungsweise das Sondertreffen der Vertragsstaaten bemüht sich nach Kräften, die in den Absätzen 18 und 19 genannten Beschlüsse durch Konsens oder andernfalls mit Zweidrittelmehrheit der anwesenden und abstimmenden Vertragsstaaten zu fassen.

Art. 9 Innerstaatliche Durchführungsmaßnahmen. Jeder Vertragsstaat trifft alle geeigneten gesetzlichen, verwaltungsmäßigen und sonstigen Maßnahmen, einschließlich der Verhängung von Strafen, um jede Tätigkeit, die einem Vertragsstaat aufgrund dieses Übereinkommens verboten ist und von Personen oder in Gebieten unter seiner Hoheitsgewalt oder Kontrolle vorgenommen wird, zu verhüten und zu unterbinden.

Art. 10 Beilegung von Streitigkeiten. (1) Die Vertragsstaaten konsultieren einander und arbeiten zusammen, um jede Streitigkeit, die über die Anwendung oder die Auslegung dieses Übereinkommens entstehen kann, beizulegen. Jeder Vertragsstaat kann jede derartige Streitigkeit dem Treffen der Vertragsstaaten vorlegen.

(2) Das Treffen der Vertragsstaaten kann zur Beilegung der Streitigkeit durch alle von ihm für zweckmäßig erachteten Mittel beitragen, indem es unter anderem seine guten Dienste anbietet, die Streitpartei-

en auffordert, das Beilegungsverfahren ihrer Wahl in Gang zu setzen, und für jedes vereinbarte Verfahren eine Frist empfiehlt.

(3) Dieser Artikel läßt die Bestimmungen dieses Übereinkommens über die Maßnahmen zur Erleichterung und Klarstellung der Einhaltung des Übereinkommens unberührt.

Art. 11 Treffen der Vertragsstaaten. (1) Die Vertragsstaaten kommen zu regelmäßigen Treffen zusammen, um alle Angelegenheiten in bezug auf die Anwendung oder Durchführung dieses Übereinkommens zu prüfen; dazu gehören

a) die Wirkungsweise und der Status dieses Übereinkommens,

b) Angelegenheiten, die sich im Zusammenhang mit den aufgrund dieses Übereinkommens vorgelegten Berichten ergeben,

c) die internationale Zusammenarbeit und Hilfe nach Artikel 6,

d) die Entwicklung von Technologien für die Räumung von Antipersonenminen,

e) Vorlagen von seiten der Vertragsstaaten nach Artikel 8 und

f) Beschlüsse im Zusammenhang mit Vorlagen von seiten der Vertragsstaaten nach Artikel 5.

(2) Das erste Treffen der Vertragsstaaten wird vom Generalsekretär der Vereinten Nationen innerhalb eines Jahres nach Inkrafttreten dieses Übereinkommens einberufen. Die nachfolgenden Treffen werden vom Generalsekretär der Vereinten Nationen alljährlich bis zur ersten Überprüfungskonferenz einberufen.

(3) Unter den in Artikel 8 genannten Voraussetzungen beruft der Generalsekretär der Vereinten Nationen ein Sondertreffen der Vertragsstaaten ein.

(4) Staaten, die nicht Vertragsparteien dieses Übereinkommens sind, sowie die Vereinten Nationen, sonstige einschlägige internationale Organisationen oder Einrichtungen, regionale Organisationen, das Internationale Komitee vom Roten Kreuz und einschlägige nichtstaatliche Organisationen können entsprechend den vereinbarten Verfahrensregeln als Beobachter zu diesen Treffen eingeladen werden.

Art. 12 Überprüfungskonferenzen. (1) Fünf Jahre nach Inkrafttreten dieses Übereinkommens beruft der Generalsekretär der Vereinten Nationen eine Überprüfungskonferenz ein. Weitere Überprüfungskonferenzen werden vom Generalsekretär der Vereinten Nationen auf Ersuchen eines Vertragsstaats oder mehrerer Vertragsstaaten einberufen, wobei der Abstand zwischen den einzelnen Überprüfungskonferenzen mindestens fünf Jahre betragen muß. Alle Vertragsstaaten dieses Übereinkommens werden zu diesen Überprüfungskonferenzen eingeladen.

(2) Zweck der Überprüfungskonferenz ist es,

a) die Wirkungsweise und den Status dieses Übereinkommens zu überprüfen,

b) die Notwendigkeit für weitere Treffen der Vertragsstaaten nach Artikel 11 Absatz 2 sowie die Abstände zwischen diesen Treffen zu prüfen,
c) Beschlüsse über Vorlagen von seiten der Vertragsstaaten nach Artikel 5 zu fassen und
d) erforderlichenfalls im Abschlußbericht Schlußfolgerungen über die Durchführung dieses Übereinkommens anzunehmen.

(3) Staaten, die nicht Vertragsparteien dieses Übereinkommens sind, sowie die Vereinten Nationen, sonstige einschlägige internationale Organisationen oder Einrichtungen, regionale Organisationen, das Internationale Komitee vom Roten Kreuz und einschlägige nichtstaatliche Organisationen können entsprechend den vereinbarten Verfahrensregeln als Beobachter zu jeder Überprüfungskonferenz eingeladen werden.

Art. 13 Änderungen. (1) Jederzeit nach Inkrafttreten dieses Übereinkommens kann jeder Vertragsstaat Änderungen dieses Übereinkommens vorschlagen. Jeder Änderungsvorschlag wird dem Verwahrer mitgeteilt; dieser leitet ihn an alle Vertragsstaaten weiter und holt ihre Ansicht darüber ein, ob eine Änderungskonferenz zur Prüfung des Vorschlags einberufen werden soll. Notifiziert die Mehrheit der Vertragsstaaten dem Verwahrer spätestens 30 Tage nach Weiterleitung des Vorschlags, daß sie eine weitere Prüfung des Vorschlags befürwortet, so beruft der Verwahrer eine Änderungskonferenz ein, zu der alle Vertragsstaaten eingeladen werden.

(2) Staaten, die nicht Vertragsparteien dieses Übereinkommens sind, sowie die Vereinten Nationen, sonstige einschlägige internationale Organisationen oder Einrichtungen, regionale Organisationen, das Internationale Komitee vom Roten Kreuz und einschlägige nichtstaatliche Organisationen können entsprechend den vereinbarten Verfahrensregeln als Beobachter zu jeder Änderungskonferenz eingeladen werden.

(3) Die Änderungskonferenz findet unmittelbar im Anschluß an ein Treffen der Vertragsstaaten oder eine Überprüfungskonferenz statt, sofern die Mehrheit der Vertragsstaaten nicht einen früheren Termin beantragt.

(4) Jede Änderung dieses Übereinkommens wird mit Zweidrittelmehrheit der auf der Änderungskonferenz anwesenden und abstimmenden Vertragsstaaten beschlossen. Der Verwahrer teilt den Vertragsstaaten jede so beschlossene Änderung mit.

(5) Eine Änderung dieses Übereinkommens tritt für alle Vertragsstaaten dieses Übereinkommens, die sie angenommen haben, in Kraft, sobald die Mehrheit der Vertragsstaaten die Annahmeurkunden beim Verwahrer hinterlegt hat. Danach tritt sie für jeden weiteren Vertragsstaat am Tag der Hinterlegung seiner Annahmeurkunde in Kraft.

Art. 14 Kosten. (1) Die Kosten der Treffen der Vertragsstaaten, der Sondertreffen der Vertragsstaaten, der Überprüfungskonferenzen und der Änderungskonferenzen werden von den Vertragsstaaten und den an ihnen teilnehmenden Staaten, die nicht Vertragsparteien dieses Übereinkommens sind, in Übereinstimmung mit dem entsprechend angepaßten Berechnungsschlüssel der Vereinten Nationen getragen.

(2) Die durch den Generalsekretär der Vereinten Nationen nach den Artikeln 7 und 8 sowie die durch die Missionen zur Tatsachenermittlung entstandenen Kosten werden von den Vertragsstaaten in Übereinstimmung mit dem entsprechend angepaßten Berechnungsschlüssel der Vereinten Nationen getragen.

Art. 15 Unterzeichnung. Dieses in Oslo, Norwegen, am 18. September 1997 beschlossene Übereinkommen liegt für alle Staaten vom 3. Dezember 1997 bis zum 4. Dezember 1997 in Ottawa, Kanada, und vom 5. Dezember 1997 bis zu seinem Inkrafttreten am Sitz der Vereinten Nationen in New York zur Unterzeichnung auf.

Art. 16 Ratifikation, Annahme, Genehmigung oder Beitritt. (1) Dieses Übereinkommen bedarf der Ratifikation, Annahme oder Genehmigung durch die Unterzeichner.

(2) Es steht jedem Staat, der das Übereinkommen nicht unterzeichnet hat, zum Beitritt offen.

(3) Die Ratifikations-, Annahme-, Genehmigungs- oder Beitrittsurkunden werden beim Verwahrer hinterlegt.

Art. 17 Inkrafttreten. (1) Dieses Übereinkommen tritt am ersten Tag des sechsten Monats nach dem Monat in Kraft, in dem die 40. Ratifikations-, Annahme-, Genehmigungs- oder Beitrittsurkunde hinterlegt worden ist.

(2) Für jeden Staat, der seine Ratifikations-, Annahme-, Genehmigungs- oder Beitrittsurkunde nach Hinterlegung der 40. Ratifikations-, Annahme-, Genehmigungs- oder Beitrittsurkunde hinterlegt, tritt dieses Übereinkommen am ersten Tag des sechsten Monats nach dem Tag der Hinterlegung seiner Ratifikations-, Annahme-, Genehmigungs- oder Beitrittsurkunde in Kraft.

Art. 18 Vorläufige Anwendung. Jeder Vertragsstaat kann bei seiner Ratifikation, Annahme, Genehmigung oder bei seinem Beitritt erklären, daß er Artikel 1 Absatz 1 dieses Übereinkommens bis zu dessen Inkrafttreten vorläufig anwenden wird.

Art. 19 Vorbehalte. Vorbehalte zu den Artikeln dieses Übereinkommens sind nicht zulässig.

Art. 20 Geltungsdauer und Rücktritt. (1) Die Geltungsdauer dieses Übereinkommens ist unbegrenzt.

(2) Jeder Vertragsstaat hat in Ausübung seiner staatlichen Souveränität das Recht, von diesem Übereinkommen zurückzutreten. Er zeigt

seinen Rücktritt allen anderen Vertragsstaaten, dem Verwahrer und dem Sicherheitsrat der Vereinten Nationen an. Die Rücktrittsurkunde muß eine vollständige Darlegung der Gründe für den Rücktritt enthalten.

(3) Der Rücktritt wird erst sechs Monate nach Eingang der Rücktrittsurkunde beim Verwahrer wirksam. Ist der zurücktretende Vertragsstaat jedoch bei Ablauf dieser sechs Monate in einem bewaffneten Konflikt verwickelt, so wird der Rücktritt erst nach Beendigung dieses bewaffneten Konflikts wirksam.

(4) Der Rücktritt eines Vertragsstaats von diesem Übereinkommen läßt die Pflicht der Staaten, weiterhin die aufgrund einschlägiger Regeln des Völkerrechts übernommenen Verpflichtungen zu erfüllen, unberührt.

Art. 21 Verwahrer. Der Generalsekretär der Vereinten Nationen wird hiermit zum Verwahrer dieses Übereinkommens bestimmt.

Art. 22 Verbindliche Wortlaute. Die Urschrift dieses Übereinkommens, dessen arabischer, chinesischer, englischer, französischer, russischer und spanischer Wortlaut gleichermaßen verbindlich ist, wird beim Generalsekretär der Vereinten Nationen hinterlegt.

59. Vertrag über das Verbot von Kernwaffenversuchen in der Atmosphäre, im Weltraum und unter Wasser[1)·2)·3)]

Vom 5. August 1963

(BGBl. 1964 II S. 907)

(Übersetzung)

DIE REGIERUNGEN der Union der Sozialistischen Sowjetrepubliken, des Vereinigten Königreichs Großbritannien und Nordirland und der Vereinigten Staaten von Amerika, im folgenden als "ursprüngliche Vertragsparteien" bezeichnet –

IN BEKUNDUNG ihres Hauptziels, das im möglichst baldigen Abschluß einer Übereinkunft über eine allgemeine und vollständige, unter strenger internationaler Kontrolle stehende und den Zielen der Vereinten Nationen entsprechende Abrüstung besteht, die dem Wettrüsten ein Ende setzen und den Anreiz zur Herstellung und Erprobung von Waffen jeder Art einschließlich der Kernwaffen beseitigen würden,

IN DEM BESTREBEN, die Einstellung aller Versuchsexplosionen von Kernwaffen für alle Zeiten herbeizuführen, entschlossen, die auf dieses Ziel gerichteten Verhandlungen fortzusetzen, und in dem Wunsch, der Versuchung der Umwelt des Menschen durch radioaktive Stoffe ein Ende zu bereiten –

SIND WIE FOLGT ÜBEREINGEKOMMEN:

Art. 1 [Verbot der Versuchsexplosionen] (1) Jede Vertragspartei verpflichtet sich, Versuchsexplosionen von Kernwaffen und andere nukleare Explosionen zu verbieten, zu verhindern und nicht durchzuführen, und zwar an jedem ihrer Hoheitsgewalt oder Kontrolle unterstehenden Ort

a) in der Atmosphäre; jenseits der Atmosphäre einschließlich des Weltraums; sowie unter Wasser einschließlich der Hoheitsgewässer und der hohen See;

---

1) In Kraft getreten am 10. 10. 1963, jedoch für die Bundesrepublik am 1. 12. 1964 gemäß Bek. vom 5. 2. 1965 (BGBl. 1965 II S. 124).

2) Internationale Quelle: UNTS Bd. 480 S..43.

3) Vgl. nunmehr auch den Vertrag v. 24. 9. 1996 über das umfassende Verbot von Nuklearversuchen (CTBT – BGBl. 1998 II S. 1210). Obwohl bereits von 157 Staaten ratifiziert (darunter Deutschland, Österreich und die Schweiz), kann der Vertrag nach seinem Art. XIV Abs. 1 iVm Anlage 2) erst in Kraft treten, wenn noch folgende Staaten ihre Ratifikationsurkunde hinterlegt haben (Stand 1. 12. 2013): Ägypten, China, Indien, Iran, Israel, Nordkorea, Pakistan und die USA. Der Vertrag, und insbes. dessen Verifikationsregime, wird jedoch bereits heute unter Federführung der „Preparatory Commission for the Comprehensive Nuclear-Test-Ban Treaty Organization (CTBTO)" in weiten Teile (provisorisch) angewandt.

b) in jedem anderen Bereich, wenn eine solche Explosion das Vorhandensein radioaktiven Schuttes außerhalb der Hoheitsgrenzen des Staates verursacht, unter dessen Hoheitsgewalt oder Kontrolle die Explosion durchgeführt wird. Hierbei gilt als vereinbart, daß die Bestimmungen dieses Buchstabens nicht den Abschluß eines Vertrags präjudizieren, der zum ständigen Verbot aller nuklearen Versuchsexplosionen einschließlich aller derartigen unterirdischen Explosionen führt, den die Vertragsparteien anstreben, wie sie in der Präambel dieses Vertrags festgestellt haben.

(2) Jede Vertragspartei verpflichtet sich ferner, die Durchführung von Versuchsexplosionen von Kernwaffen sowie anderer nuklearer Explosionen, die in einem der in Absatz 1 erwähnten Bereiche stattfinden oder die in dem genannten Absatz bezeichnete Wirkung haben würden, weder zu veranlassen noch zu fördern noch sich in irgendeiner Weise daran zu beteiligen, an welchem Ort es auch immer sei.

Art. 2 [Vertragsänderungen] (1) Jede Vertragspartei kann Änderungen zu diesem Vertrag vorschlagen. Der Wortlaut eines Änderungsvorschlags wird den Verwahrregierungen übermittelt, die ihn allen Vertragsparteien zuleiten. Danach berufen die Verwahrregierungen auf Antrag von mindestens einem Drittel der Vertragsparteien eine Konferenz ein, zu der alle Vertragsparteien eingeladen werden, um die Änderung zu prüfen.

(2) Jede Änderung dieses Vertrags bedarf der Zustimmung durch die Mehrheit der Stimmen aller Vertragsparteien einschließlich aller ursprünglichen Vertragsparteien. Die Änderung tritt für alle Vertragsparteien in Kraft, sobald von der Mehrheit aller Vertragsparteien, einschließlich aller ursprünglichen Vertragsparteien, Ratifikationsurkunden hinterlegt worden sind.

Art. 3 [Ratifikation. Inkrafttreten] (1) Dieser Vertrag liegt für alle Staaten zur Unterzeichnung auf. Jeder Staat, der den Vertrag nicht vor seinem nach Absatz 3 erfolgenden Inkrafttreten unterzeichnet, kann ihm jederzeit beitreten.

(2) Dieser Vertrag bedarf der Ratifikation durch die Unterzeichnerstaaten. Die Ratifikations- und die Beitrittsurkunden sind bei den Regierungen der ursprünglichen Vertragsparteien – Union der Sozialistischen Sowjetrepubliken, Vereinigtes Königreich Großbritannien und Nordirland sowie Vereinigte Staaten von Amerika – zu hinterlegen; diese werden hiermit zu Verwahrregierungen bestimmt.

(3) Dieser Vertrag tritt nach seiner Ratifikation durch alle ursprünglichen Vertragsparteien und der Hinterlegung ihrer Ratifikationsurkunden in Kraft.

(4) Für Staaten, deren Ratifikations- oder Beitrittsurkunden nach dem Inkrafttreten dieses Vertrags hinterlegt werden, tritt er am Tag der Hinterlegung ihrer Ratifikations- oder Beitrittsurkunden in Kraft.

(5) Die Verwahrregierungen unterrichten alle Unterzeichnerstaaten und beitretenden Staaten sogleich vom Zeitpunkt jeder Unterzeichnung und jeder Hinterlegung einer Ratifikations- oder Beitrittsurkunde zu diesem Vertrag, vom Zeitpunkt seines Inkrafttretens und vom Zeitpunkt des Eingangs von Anträgen auf Einberufung einer Konferenz oder sonstiger Mitteilungen.

(6) Dieser Vertrag wird von den Verwahrregierungen gemäß Artikel 102 der Charta der Vereinten Nationen registriert.

Art. 4 [Rücktritt]. Dieser Vertrag hat unbegrenzte Geltungsdauer.

Jede Vertragspartei ist in Ausübung ihrer nationalen Souveränität berechtigt, von dem Vertrag zurückzutreten, wenn sie feststellt, daß durch außergewöhnliche, den Gegenstand dieses Vertrags berührende Ereignisse eine Gefährdung der lebenswichtigen Interessen ihres Landes eingetreten ist. Sie zeigt diesen Rücktritt allen anderen Vertragsparteien drei Monate im voraus an.

Art. 5 [Vertragsverwahrung]. Dieser Vertrag, dessen englischer und russischer Wortlaut gleichermaßen verbindlich ist, wird in den Archiven der Verwahrregierungen hinterlegt. Die Verwahrregierungen übermitteln den Regierungen der Unterzeichnerstaaten und beitretenden Staaten beglaubigte Abschriften.

ZU URKUND DESSEN haben die hierzu gehörig befugten Unterzeichneten diesen Vertrag unterschrieben.

GESCHEHEN in der Stadt Moskau am 5. August 1963 in drei Urschriften.

Für die Regierung der Union der Sozialistischen Sowjetrepubliken:
A. Gromyko

Für die Regierung des Vereinigten Königreichs Großbritannien und Nordirland:
Home

Für die Regierung der Vereinigten Staaten von Amerika:
Dean Rusk

(5) Die Verwahrregierungen unterrichten alle Unterzeichnerstaaten und beitretenden Staaten sogleich vom Zeitpunkt jeder Unterzeichnung und jeder Hinterlegung einer Ratifikations- oder Beitrittsurkunde zu diesem Vertrag, vom Zeitpunkt seines Inkrafttretens und vom Zeitpunkt des Eingangs von Anträgen auf Einberufung einer Konferenz oder sonstiger Mitteilungen.

(6) Dieser Vertrag wird von den Verwahrregierungen gemäß Artikel 102 der Charta der Vereinten Nationen registriert.

Art. 4 [*Rücktritt*] Dieser Vertrag hat unbegrenzte Geltungsdauer.

Jede Vertragspartei ist in Ausübung ihrer nationalen Souveränität berechtigt, von dem Vertrag zurückzutreten, wenn sie feststellt, daß durch außergewöhnliche, den Gegenstand dieses Vertrages berührende Ereignisse eine Gefährdung der lebenswichtigen Interessen ihres Landes eingetreten ist. Sie zeigt diesen Rücktritt allen anderen Vertragsparteien drei Monate im voraus an.

Art. 5 [*Vertragsverwahrung*] Dieser Vertrag, dessen englischer und russischer Wortlaut gleichermaßen verbindlich ist, wird in den Archiven der Verwahrregierungen hinterlegt. Die Verwahrregierungen übermitteln den Regierungen der Unterzeichnerstaaten und beitretenden Staaten beglaubigte Abschriften.

ZU URKUND DESSEN haben die hierzu gehörig befugten Unterzeichneten diesen Vertrag unterschrieben.

GESCHEHEN in der Stadt Moskau am 5. August 1963 in drei Urschriften.

Für die Regierung der Union der Sozialistischen Sowjetrepubliken:

A. Gromyko

Für die Regierung des Vereinigten Königreichs Großbritannien und Nordirland:

Home

Für die Regierung der Vereinigten Staaten von Amerika:

Dean Rusk

60. Vertrag über die Nichtverbreitung von Kernwaffen[1) · 2)]

Vom 1. Juli 1968
(BGBl. 1974 II S. 786)

(Übersetzung)

DIE DIESEN VERTRAG SCHLIESSENDEN STAATEN, IM FOLGENDEN ALS „VERTRAGSPARTEIEN" BEZEICHNET, –

IN ANBETRACHT der Verwüstung, die ein Atomkrieg über die ganze Menschheit bringen würde, und angesichts der hieraus folgenden Notwendigkeit, alle Anstrengungen zur Abwendung der Gefahr eines solchen Krieges zu unternehmen und Maßnahmen zur Gewährleistung der Sicherheit der Völker zu ergreifen,

VON DER AUFFASSUNG geleitet, daß die Verbreitung von Kernwaffen die Gefahr eines Atomkrieges ernstlich erhöhen würde,

IM EINKLANG mit Entschließungen der Generalversammlung der Vereinten Nationen, worin der Abschluß einer Übereinkunft zur Verhinderung der weiteren Verbreitung von Kernwaffen gefordert wird,

UNTER ÜBERNAHME der Verpflichtung, zusammenzuarbeiten, um die Anwendung der Sicherungsmaßnahmen der Internationalen Atomenergie-Organisation auf friedliche nukleare Tätigkeiten zu erleichtern,

IN DEM WILLEN, Forschung, Entwicklung und sonstige Bemühungen zu unterstützen, die darauf gerichtet sind, im Rahmen des Sicherungssystems der Internationalen Atomenergie-Organisation die Anwendung des Grundsatzes einer wirksamen Sicherungsüberwachung des Flusses von Ausgangs- und besonderem spaltbarem Material zu fördern, und zwar durch Verwendung von Instrumenten und andere technische Verfahren an bestimmten strategischen Punkten,

IN BEKRÄFTIGUNG des Grundsatzes, daß die Vorteile der friedlichen Anwendung der Kerntechnik einschließlich aller technologischen Nebenprodukte, die Kernwaffenstaaten gegebenenfalls bei der Entwicklung von Kernsprengkörpern gewinnen, allen Vertragsparteien, gleichviel ob Kernwaffenstaaten oder Nichtkernwaffenstaaten, für friedliche Zwecke zugänglich sein sollen,

IN DER ÜBERZEUGUNG, daß im Verfolg dieses Grundsatzes alle Vertragsparteien berechtigt sind, an dem weitestmöglichen Austausch wissenschaftlicher Informationen zur Weiterentwicklung der Anwendung der Kernenergie für friedliche Zwecke teilzunehmen und allein oder in Zusammenarbeit mit anderen Staaten zu dieser Weiterentwicklung beizutragen,

---

1) In Kraft getreten am 5. 3. 1970, jedoch für die Bundesrepublik am 2. 5. 1975 gem. Bek. v. 22. 3. 1976 (BGBl. 1976 II S. 552). Geltungsdauer: S. Fn. zu Art. X.

2) Internationale Quelle: UNTS Bd. 729 S. 161.

IN DER ABSICHT, zum frühestmöglichen Zeitpunkt die Beendigung des nuklearen Wettrüstens herbeizuführen und auf die nukleare Abrüstung gerichtete wirksame Maßnahmen zu ergreifen,

MIT DER EINDRINGLICHEN EMPFEHLUNG einer Zusammenarbeit aller Staaten zur Verwirklichung dieses Zieles,

EINGEDENK der in der Präambel des Vertrags von 1963 über das Verbot von Kernwaffenversuchen in der Atmosphäre, im Weltraum und unter Wasser durch dessen Vertragsparteien bekundeten Entschlossenheit, darauf hinzuwirken, daß alle Versuchsexplosionen von Kernwaffen für alle Zeiten eingestellt werden, und auf dieses Ziel gerichtete Verhandlungen fortzusetzen,

IN DEM WUNSCH, die internationale Entspannung zu fördern und das Vertrauen zwischen den Staaten zu stärken, damit die Einstellung der Produktion von Kernwaffen, die Auflösung aller vorhandenen Vorräte an solchen Waffen und die Entfernung der Kernwaffen und ihrer Einsatzmittel aus den nationalen Waffenbeständen auf Grund eines Vertrags über allgemeine und vollständige Abrüstung unter strenger und wirksamer internationaler Kontrolle erleichtert wird,

EINGEDENK DESSEN, daß die Staaten im Einklang mit der Charta der Vereinten Nationen in ihren internationalen Beziehungen jede gegen die territoriale Unversehrtheit oder die politische Unabhängigkeit eines Staates gerichtete oder sonst mit den Zielen der Vereinten Nationen unvereinbare Androhung oder Anwendung von Gewalt unterlassen müssen und daß die Herstellung und Wahrung des Weltfriedens und der internationalen Sicherheit unter möglichst geringer Abzweigung menschlicher und wirtschaftlicher Hilfsquellen der Welt für Rüstungszwecke zu fördern ist –

SIND WIE FOLGT ÜBEREINGEKOMMEN:

Art. I [Nichtweitergabe von Kernwaffen] Jeder Kernwaffenstaat,[1] der Vertragspartei ist, verpflichtet sich, Kernwaffen und sonstige Kernsprengkörper oder die Verfügungsgewalt darüber an niemanden unmittelbar oder mittelbar weiterzugeben und einen Nichtkernwaffenstaat weder zu unterstützen noch zu ermutigen noch zu veranlassen, Kernwaffen oder sonstige Kernsprengkörper herzustellen oder sonstwie zu erwerben oder die Verfügungsgewalt darüber zu erlangen.

Art. II [Nichtannahme von Kernwaffen durch Nichtkernwaffenstaaten] Jeder Nichtkernwaffenstaat, der Vertragspartei ist, verpflichtet sich, Kernwaffen und sonstige Kernsprengkörper oder die Verfügungsgewalt darüber von niemandem unmittelbar oder mittelbar anzunehmen, Kernwaffen oder sonstige Kernsprengkörper weder herzustellen noch sonstwie zu erwerben und keine Unterstützung zur Herstellung von Kernwaffen oder sonstigen Kernsprengkörpern zu suchen oder anzunehmen.

---

[1] Vgl. hierzu Art. IX Abs. 3 des Vertrages.

Art. III [Sicherungsmaßnahmen für Nichtkernwaffenstaaten]

(1)[1] Jeder Nichtkernwaffenstaat, der Vertragspartei ist, verpflichtet sich, Sicherungsmaßnahmen anzunehmen, wie sie in einer mit der Internationalen Atomenergie-Organisation nach Maßgabe ihrer Satzung und ihres Sicherungssystems auszuhandelnden und zu schließenden Übereinkunft festgelegt werden, wobei diese Sicherungsmaßnahmen ausschließlich dazu dienen, die Erfüllung seiner Verpflichtungen aus diesem Vertrag nachzuprüfen, damit verhindert wird, daß Kernenergie von der friedlichen Nutzung abgezweigt und für Kernwaffen oder sonstige Kernsprengkörper verwendet wird. Die Verfahren für die nach diesem Artikel erforderlichen Sicherungsmaßnahmen werden in bezug auf Ausgangs- und besonderes spaltbares Material durchgeführt, gleichviel ob es in einer Hauptkernanlage hergestellt, verarbeitet oder verwendet wird oder sich außerhalb einer solchen Anlage befindet. Die nach diesem Artikel erforderlichen Sicherungsmaßnahmen finden Anwendung auf alles Ausgangs- und besondere spaltbare Material bei allen friedlichen nuklearen Tätigkeiten, die im Hoheitsgebiet dieses Staates, unter seiner Hoheitsgewalt oder unter seiner Kontrolle an irgendeinem Ort durchgeführt werden.

(2) Jeder Staat, der Vertragspartei ist, verpflichtet sich, a) Ausgangs- und besonderes spaltbares Material oder b) Ausrüstungen und Materialien, die eigens für die Verarbeitung, Verwendung oder Herstellung von besonderem spaltbarem Material vorgesehen oder hergerichtet sind, einem Nichtkernwaffenstaat für friedliche Zwecke nur dann zur Verfügung zu stellen, wenn das Ausgangs- oder besondere spaltbare Material den nach diesem Artikel erforderlichen Sicherungsmaßnahmen unterliegt.

(3) Die nach diesem Artikel erforderlichen Sicherungsmaßnahmen werden so durchgeführt, daß sie mit Artikel 4 in Einklang stehen und keine Behinderung darstellen für die wirtschaftliche und technologische Entwicklung der Vertragsparteien oder für die internationale Zusammenarbeit auf dem Gebiet friedlicher nuklearer Tätigkeiten, einschließlich des internationalen Austausches von Kernmaterial und Ausrüstungen für die Verarbeitung, Verwendung oder Herstellung von Kernmaterial für friedliche Zwecke in Übereinstimmung mit diesem Artikel und dem in der Präambel niedergelegten Grundsatz der Sicherungsüberwachung.

(4)[1] Nichtkernwaffenstaaten, die Vertragspartei sind, schließen entweder einzeln oder gemeinsam mit anderen Staaten nach Maßgabe der

---

[1] S. hierzu das sog. „Verifikationsabkommen" vom 5. 4. 1973 zwischen den Nichtkernwaffenstaaten der Europäischen Atomgemeinschaft, der Europäischen Atomgemeinschaft und der Internationalen Atomenergie-Organisation in Ausführung von Art. III Abs. 1 und 4 des Vertrages vom 1. 7. 1968 über die Nichtverbreitung von Kernwaffen vom 5. 4. 1973 (BGBl. 1974 II S. 794), in Kraft seit 21. 2. 1977 (Bek. v. 23. 1. 1980, BGBl. II S. 102). S. hierzu auch das am 30. 4. 2004 (Bek. v. 10. 5. 2004, BGBl. II S. 789) in Kraft getretene Zusatzprotokoll v. 22. 9. 1998 (BGBl. 2000 II S. 71) sowie das (dt.) AusführungsG zum Verifikationsabkommen und zum Zusatzprotokoll v. 29. 1. 2000 (BGBl. 2000 I S. 74).

Satzung der Internationalen Atomenergie-Organisation Übereinkünfte mit dieser, um den Erfordernissen dieses Artikels nachzukommen. Verhandlungen über derartige Übereinkünfte werden binnen 180 Tagen nach dem ursprünglichen Inkrafttreten dieses Vertrags aufgenommen. Staaten, die ihre Ratifikations- oder Beitrittsurkunde nach Ablauf der Frist von 180 Tagen hinterlegen, nehmen Verhandlungen über derartige Übereinkünfte spätestens am Tag der Hinterlegung auf. Diese Übereinkünfte treten spätestens achtzehn Monate nach dem Tag des Verhandlungsbeginns in Kraft.

Art. IV [Vertragsauslegung; Informationsaustausch bei friedlicher Kernenergienutzung] (1) Dieser Vertrag ist nicht so auszulegen, als werde dadurch das unveräußerliche Recht aller Vertragsparteien beeinträchtigt, unter Wahrung der Gleichbehandlung und in Übereinstimmung mit den Artikeln I und II die Erforschung, Erzeugung und Verwendung der Kernenergie für friedliche Zwecke zu entwickeln.

(2) Alle Vertragsparteien verpflichten sich, den weitestmöglichen Austausch von Ausrüstungen, Material und wissenschaftlichen und technologischen Informationen zur friedlichen Nutzung der Kernenergie zu erleichtern, und sind berechtigt, daran teilzunehmen. Vertragsparteien, die hierzu in der Lage sind, arbeiten ferner zusammen, um allein oder gemeinsam mit anderen Staaten oder internationalen Organisationen zur Weiterentwicklung der Anwendung der Kernenergie für friedliche Zwecke, besonders im Hoheitsgebiet von Nichtkernwaffenstaaten, die Vertragspartei sind, unter gebührender Berücksichtigung der Bedürfnisse der Entwicklungsgebiete der Welt beizutragen.

Art. V [Friedliche Anwendung von Kernsprengungen] Jede Vertragspartei verpflichtet sich, geeignete Maßnahmen zu treffen, um sicherzustellen, daß im Einklang mit diesem Vertrag unter geeigneter internationaler Beobachtung und durch geeignete internationale Verfahren die möglichen Vorteile aus jeglicher friedlichen Anwendung von Kernsprengungen Nichtkernwaffenstaaten, die Vertragspartei sind, auf der Grundlage der Gleichbehandlung zugänglich gemacht werden und daß die diesen Vertragsparteien für die verwendeten Sprengkörper berechneten Gebühren so niedrig wie möglich sind und keine Kosten für Forschung und Entwicklung enthalten. Nichtkernwaffenstaaten, die Vertragspartei sind, können diese Vorteile auf Grund einer oder mehrerer internationaler Sonderübereinkünfte durch eine geeignete internationale Organisation erlangen, in der Nichtkernwaffenstaaten angemessen vertreten sind. Verhandlungen hierüber werden so bald wie möglich nach Inkrafttreten dieses Vertrags aufgenommen. Nichtkernwaffenstaaten, die Vertragspartei sind, können diese Vorteile, wenn sie es wünschen, auch auf Grund zweiseitiger Übereinkünfte erlangen.

Art. VI [Beendigung des nuklearen Wettrüstens] Jede Vertragspartei verpflichtet sich, in redlicher Absicht Verhandlungen zu führen über wirksame Maßnahmen zur Beendigung des nuklearen Wettrüstens in naher Zukunft und zur nuklearen Abrüstung sowie über einen Vertrag zur allgemeinen und vollständigen Abrüstung unter strenger und wirksamer internationaler Kontrolle.

Art. VII [Regionale Verträge zur Sicherung der Kernwaffenfreiheit] Dieser Vertrag beeinträchtigt nicht das Recht einer Gruppe von Staaten, regionale Verträge zu schließen, um sicherzustellen, daß ihre Hoheitsgebiete völlig frei von Kernwaffen sind.

Art. VIII [Vertragsänderungen] (1) Jede Vertragspartei kann Änderungen dieses Vertrags vorschlagen. Der Wortlaut jedes Änderungsvorschlags wird den Verwahrregierungen übermittelt, die ihn allen Vertragsparteien zuleiten. Daraufhin berufen die Verwahrregierungen auf Antrag von mindestens einem Drittel der Vertragsparteien zur Prüfung des Änderungsvorschlags eine Konferenz ein, zu der sie alle Vertragsparteien einladen.

(2) Jede Änderung dieses Vertrags bedarf der Genehmigung durch Stimmenmehrheit aller Vertragsparteien einschließlich der Stimmen aller Kernwaffenstaaten, die Vertragspartei sind, und aller sonstigen Vertragsparteien, die im Zeitpunkt der Zuleitung des Änderungsvorschlags Mitglied des Gouverneursrats der Internationalen Atomenergie-Organisation sind. Die Änderung tritt für jede Vertragspartei, die ihre Ratifikationsurkunde zu der Änderung hinterlegt hat, in Kraft mit der Hinterlegung von Ratifikationsurkunden durch die Mehrheit aller Vertragsparteien einschließlich der Ratifikationsurkunden aller Kernwaffenstaaten, die Vertragspartei sind; und aller sonstigen Vertragsparteien, die im Zeitpunkt der Zuleitung des Änderungsvorschlags Mitglied des Gouverneursrats der Internationalen Atomenergie-Organisation sind. Danach tritt die Änderung für jede weitere Vertragspartei mit der Hinterlegung ihrer Ratifikationsurkunde zu der Änderung in Kraft.

(3) Fünf Jahre nach dem Inkrafttreten dieses Vertrags wird in Genf, Schweiz, eine Konferenz der Vertragsparteien zu dem Zweck abgehalten, die Wirkungsweise dieses Vertrags zu überprüfen, um sicherzustellen, daß die Ziele der Präambel und die Bestimmungen des Vertrags verwirklicht werden. Danach kann eine Mehrheit der Vertragsparteien in Abständen von je fünf Jahren die Einberufung weiterer Konferenzen mit demselben Ziel der Überprüfung der Wirkungsweise des Vertrags erreichen, indem sie den Verwahrregierungen einen diesbezüglichen Vorschlag unterbreitet.[1)]

[1)] Zur Stärkung des Vertragsregimes beinhaltete das Abschlussdokument der 8. Überprüfungskonferenz v. 28.5.2010 (NPT/CONF.2010/50 (Vol. I)) einen Aktionsplan mit 64 konkreten Schritten. Auf der 9. Überprüfungskonferenz (April/Mai 2015) war es hingegen angesichts unüberbückbarer Positionen, insbes. im Hinblick auf die nukleare Abrüstung und

(Fortsetzung der Fußnote nächste Seite)

Art. IX [Ratifikation; Inkrafttreten; Registrierung des Vertrags] (1) Dieser Vertrag liegt für alle Staaten zur Unterzeichnung auf. Jeder Staat, der den Vertrag nicht vor seinem nach Absatz 3 erfolgten Inkrafttreten unterzeichnet, kann ihm jederzeit beitreten.

(2) Dieser Vertrag bedarf der Ratifikation durch die Unterzeichnerstaaten. Die Ratifikations- und die Beitrittsurkunden sind bei den Regierungen der Union der Sozialistischen Sowjetrepubliken, des Vereinigten Königreichs Großbritannien und Nordirland sowie der Vereinigten Staaten von Amerika zu hinterlegen; diese werden hiermit zu Verwahrregierungen bestimmt.

(3) Dieser Vertrag tritt in Kraft, sobald die Staaten, deren Regierungen zu Verwahrern des Vertrags bestimmt worden sind, und vierzig sonstige Unterzeichnerstaaten ihn ratifiziert und ihre Ratifizierungsurkunden hinterlegt haben.[1] Für die Zwecke dieses Vertrags gilt als Kernwaffenstaat jeder Staat, der vor dem 1. Januar 1967 eine Kernwaffe oder einen sonstigen Kernsprengkörper hergestellt und gezündet hat.[2]

(4) Für Staaten, deren Ratifikations- oder Beitrittsurkunde nach dem Inkrafttreten dieses Vertrags hinterlegt wird, tritt er am Tag der Hinterlegung ihrer Ratifikations- oder Beitrittsurkunde in Kraft.

(5) Die Verwahrregierungen unterrichten alle Unterzeichnerstaaten und beitretenden Staaten sogleich vom Zeitpunkt jeder Unterzeichnung und jeder Hinterlegung einer Ratifikations- oder Beitrittsurkunde, vom Zeitpunkt des Inkrafttretens dieses Vertrags und vom Zeitpunkt des Eingangs von Anträgen auf Einberufung einer Konferenz oder von sonstigen Mitteilungen.

(6) Dieser Vertrag wird von den Verwahrregierungen nach Artikel 102 der Charta der Vereinten Nationen registriert.

Art. X [Rücktritt] (1) Jede Vertragspartei ist in Ausübung ihrer staatlichen Souveränität berechtigt, von diesem Vertrag zurückzutreten, wenn sie entscheidet, daß durch außergewöhnliche, mit dem Inhalt dieses Vertrags zusammenhängende Ereignisse eine Gefährdung der höchsten Interessen ihres Landes eingetreten ist. Sie teilt diesen Rücktritt allen anderen Vertragsparteien sowie dem Sicherheitsrat der Vereinten Nationen drei Monate im voraus mit. Diese Mitteilung hat eine Darlegung der außergewöhnlichen Ereignisse zu enthalten, durch die ihrer Ansicht nach eine Gefährdung ihrer höchsten Interessen eingetreten ist.[3]

(Fortsetzung der Fußnote)
die Nahostproblematik, nicht möglich, zu einem gemeinsamen Abschlussdokument zu gelangen. In einer offiziellen Note v. 30.3.2020 hat das United Nations Office for Disarmament Affairs wegen der COVID 19 Pandemie die Verschiebung der für 2020 geplanten NPT-Überprüfungskonferenz mitgeteilt, und zwar auf einen „späteren Zeitpunkt, sobald die Umstände es erlauben, nicht später als April 2021."

[1] Vgl. oben S. 1 Anm. 1.

[2] Diese Staaten sind: Russland, USA, Frankreich, die Volksrepublik China und Großbritannien.

[3] Nordkorea hat am 10.1.2003 seinen Rücktritt vom Vertrag erklärt. Das Verhältnis dieses Staates zum Nichtverbreitungsregime ist seither umstritten.

(2) Fünfundzwanzig Jahre nach Inkrafttreten dieses Vertrags wird eine Konferenz einberufen, die beschließen soll, ob der Vertrag auf unbegrenzte Zeit in Kraft bleibt oder um eine oder mehrere bestimmte Frist oder Fristen verlängert wird. Dieser Beschluß bedarf der Mehrheit der Vertragsparteien.[1)]

Art. XI [Vertragssprachen; Verwahrung] Dieser Vertrag, dessen chinesischer, englischer, französischer, russischer und spanischer Wortlaut gleichermaßen verbindlich ist, wird in den Archiven der Verwahrregierungen hinterlegt. Diese übermitteln den Regierungen der Unterzeichnerstaaten und der beitretenden Staaten gehörig beglaubigte Abschriften.

ZU URKUND DESSEN haben die hierzu gehörig befugten Unterzeichneten diesen Vertrag unterschrieben.

GESCHEHEN in drei Urschriften zu London, Moskau und Washington am 1. Juli 1968.

---

1) Gemäß Bek. v. 13. 10. 1995 (BGBl. II S. 984) haben die Vertragsparteien am 11. 5. 1995 nach Art. X Abs. 2 des Vertrages ohne Abstimmung im Konsens entschieden, daß der Vertrag auf unbegrenzte Zeit in Kraft bleibt.

62. Vertrag über das Verbot der Anbringung von Kernwaffen und anderen Massenvernichtungswaffen auf dem Meeresboden und im Meeresuntergrund[1,2]

Vom 11. Februar 1971

(BGBl. 1972 II S. 326)

(Übersetzung)

DIE STAATEN, DIE VERTRAGSPARTEIEN SIND, –

IN ANERKENNUNG des gemeinsamen Interesses der Menschheit an Fortschritten bei der Erforschung und Nutzung des Meeresbodens für friedliche Zwecke,

IN DER ERWÄGUNG, daß die Verhinderung eines nuklearen Wettrüstens auf dem Meeresboden der Wahrung des Weltfriedens dient, internationale Spannungen vermindert und freundschaftliche Beziehungen zwischen den Staaten festigt,

IN DER ÜBERZEUGUNG, daß dieser Vertrag einen Schritt auf das Ziel hin darstellt, den Meeresboden und den Meeresuntergrund aus dem Wettrüsten herauszuhalten,

IN DER ÜBERZEUGUNG, daß dieser Vertrag einen Schritt in Richtung auf einen Vertrag über allgemeine und vollständige Abrüstung unter strenger und wirksamer internationaler Kontrolle darstellt, und entschlossen, auf dieses Ziel gerichtete Verhandlungen fortzusetzen,

IN DER ÜBERZEUGUNG, daß dieser Vertrag die Ziele und Grundsätze der Charta der Vereinten Nationen in einer Weise fördern wird, die mit den Grundsätzen des Völkerrechts im Einklang steht und nicht gegen die Freiheit der Hohen See verstößt, –

SIND WIE FOLGT ÜBEREINGEKOMMEN:

Art. 1 (1) Die Vertragsstaaten verpflichten sich, jenseits der äußeren Grenze einer Zone des Meeresbodens, wie sie in Artikel 2 definiert ist, weder Kernwaffen noch sonstige Arten von Massenvernichtungswaffen noch Bauten, Abschußrampen oder sonstige eigens für die Lagerung, Er-

[1] In Kraft getreten am 18. 5. 1972, jedoch für die Bundesrepublik am 18. 11. 1975 gemäß Bek. vom 10. Januar 1977 (BGBl. 1977 II S. 29).

[2] Stand der Vertragsparteien s. BGBl. Fundstellennachweis B, abgeschlossen am 31. 12. jedes Jahres.

probung oder Verwendung derartiger Waffen vorgesehene Einrichtungen auf dem Meeresboden und im Meeresuntergrund einzubauen oder anzubringen.

(2) Die Verpflichtungen aus Absatz 1 gelten auch für die dort genannte Zone des Meeresbodens, innerhalb dieser Zone jedoch nicht für den Küstenstaat und den Meeresgrund unter seinen Hoheitsgewässern.

(3) Die Vertragsstaaten werden einen Staat weder unterstützen noch ermutigen noch veranlassen, Tätigkeiten der in Absatz 1 bezeichneten Art auszuüben, und werden sich auch nicht anderweitig an solchen Handlungen beteiligen.

Art. 2 Für die Zwecke dieses Vertrags deckt sich die äußere Grenze der in Artikel 1 genannten Zone des Meeresbodens mit der Zwölfmeilen-Außengrenze der in Teil II des am 29. April 1958 in Genf unterzeichneten Übereinkommens über das Küstenmeer und die Anschlußzone genannten Zone, und sie wird nach Maßgabe des Teils I Abschnitt II jenes Übereinkommens sowie im Einklang mit dem Völkerrecht gemessen.

Art. 3 (1) Um die Ziele dieses Vertrags zu fördern und die Einhaltung seiner Bestimmungen sicherzustellen, sind die Vertragsstaaten berechtigt, durch Beobachtung die Tätigkeiten anderer Vertragsstaaten auf dem Meeresboden und im Meeresuntergrund außerhalb der in Artikel 1 genannten Zone nachzuprüfen, sofern die Beobachtung nicht in diese Tätigkeiten eingreift.

(2) Bleiben nach dieser Beobachtung begründete Zweifel hinsichtlich der Erfüllung der nach diesem Vertrag übernommenen Verpflichtungen bestehen, so werden der Vertragsstaat, der die Zweifel hegt, und der Vertragsstaat, der für die hierzu Anlaß gebenden Tätigkeiten verantwortlich ist, einander konsultieren, um die Zweifel zu beseitigen. Bleiben die Zweifel weiterhin bestehen, so notifiziert der Vertragsstaat, der die Zweifel hegt, dies den anderen Vertragsstaaten, und die betroffenen Vertragsparteien arbeiten an weiteren Nachprüfungsverfahren zusammen, auf die sie sich einigen, einschließlich einer angemessenen Inspektion von Gegenständen, Bauten, Anlagen oder sonstigen Einrichtungen, von denen mit Grund angenommen werden kann, daß sie von der in Artikel 1 beschriebenen Art sind. Die Vertragsparteien der Region, in der diese Tätigkeiten ausgeübt werden, einschließlich der Küstenstaaten, und jede andere Vertragspartei, die darum ersucht, sind berechtigt, an dieser Konsultation und Zusammenarbeit teilzunehmen. Nach Abschluß der weiteren Nachprüfungsverfahren leitet die Vertragspartei, die die Verfahren veranlaßt hat, den anderen Vertragsparteien einen sachdienlichen Bericht zu.

(3) Kann der für die Tätigkeiten, die zu den begründeten Zweifeln Anlaß geben, verantwortliche Staat durch Beobachtung des Gegenstands,

des Bauwerks, der Anlage oder sonstigen Einrichtungen nicht identifiziert werden, so notifiziert der Vertragsstaat, der die Zweifel hegt, dies den Vertragsstaaten der Region, in der die Tätigkeiten ausgeübt werden, und zieht bei ihnen sowie bei jedem beliebigen anderen Vertragsstaat Erkundigungen ein. Wird durch diese Erkundigungen festgestellt, daß ein bestimmter Vertragsstaat für die Tätigkeiten verantwortlich ist, so wird dieser Vertragsstaat mit den anderen Vertragsparteien nach Absatz 2 Konsultationen führen und zusammenarbeiten. Kann die Identität des für die Tätigkeiten verantwortlichen Staates durch diese Erkundigungen nicht festgestellt werden, so kann der die Erkundigungen einziehende Vertragsstaat weitere Nachprüfungsverfahren einschließlich der Inspektion vornehmen; er fordert dabei die Vertragsparteien der Region, in der die Tätigkeiten ausgeübt werden, einschließlich der Küstenstaaten, sowie jede sonstige Vertragspartei, die mitzuwirken wünscht, zur Teilnahme auf.

(4) Werden die Zweifel über die Tätigkeiten durch die Konsultation und Zusammenarbeit nach den Absätzen 2 und 3 nicht beseitigt und bleibt eine ernste Frage bezüglich der Erfüllung der nach diesem Vertrag übernommenen Verpflichtungen bestehen, so kann ein Vertragsstaat im Einklang mit der Charta der Vereinten Nationen die Angelegenheit dem Sicherheitsrat vorlegen, der nach Maßgabe der Charta tätig werden kann.

(5) Die Nachprüfung nach diesem Artikel kann jeder Vertragsstaat mit eigenen Mitteln oder mit voller oder teilweiser Unterstützung eines anderen Vertragsstaats oder durch geeignete internationale Verfahren im Rahmen der Vereinten Nationen und im Einklang mit ihrer Charta durchführen.

(6) Die Nachprüfungstätigkeiten nach diesem Vertrag dürfen nicht in die Tätigkeiten anderer Vertragsstaaten eingreifen und sind unter gebührender Berücksichtigung der völkerrechtlich anerkannten Rechte, einschließlich der Freiheit der Hohen See und der Rechte der Küstenstaaten bezüglich der Erforschung und Ausbeutung ihrer Festlandsockel, auszuüben.

Art. 4 Dieser Vertrag ist nicht so auszulegen, als stütze oder beeinträchtige er die Stellung eines Vertragsstaats bezüglich der seinen Küsten vorgelagerten Gewässer, einschließlich der Küstenmeere und Anschlußzonen, oder bezüglich des Meeresbodens, einschließlich der Festlandsockel, im Hinblick auf bestehende internationale Übereinkünfte, einschließlich des Übereinkommens von 1958 über das Küstenmeer und die Anschlußzone, oder im Hinblick auf etwaige Rechte oder Ansprüche, die dieser Vertragsstaat geltend macht, oder im Hinblick auf die Anerkennung oder Nichtanerkennung von Rechten oder Ansprüchen, die ein anderer Staat geltend macht.

Art. 5 Die Vertragsparteien verpflichten sich, in redlicher Absicht Verhandlungen über weitere Maßnahmen auf dem Gebiet der Abrüstung zur Verhinderung eines Wettrüstens auf dem Meeresboden und im Meeresuntergrund zu führen.

Art. 6 Jeder Vertragsstaat kann Änderungen dieses Vertrages vorschlagen. Änderungen treten für jeden sie annehmenden Vertragsstaat mit ihrer Annahme durch eine Mehrheit der Vertragsstaaten in Kraft, und danach für jeden weiteren Vertragsstaat mit ihrer Annahme durch diesen.

Art. 7 Fünf Jahre nach dem Inkrafttreten dieses Vertrags wird in Genf, Schweiz, eine Konferenz der Vertragsparteien zu dem Zweck abgehalten, die Wirkungsweise dieses Vertrags zu überprüfen, um sicherzustellen, daß die Ziele der Präambel und die Bestimmungen des Vertrags verwirklicht werden. Bei dieser Überprüfung ist den einschlägigen technologischen Entwicklungen Rechnung zu tragen. Auf der Überprüfungskonferenz wird im Einklang mit der Auffassung einer Mehrheit der teilnehmenden Vertragsparteien bestimmt, ob und wann eine weitere Überprüfungskonferenz einzuberufen ist.

Art. 8 Jeder Vertragsstaat ist in Ausübung seiner staatlichen Souveränität berechtigt, diesen Vertrag für sich zu kündigen, wenn er zu der Überzeugung gelangt, daß durch außergewöhnliche, mit dem Inhalt dieses Vertrags zusammenhängende Ereignisse eine Gefährdung der höchsten Interessen seines Landes eingetreten ist. Er teilt die Kündigung mit einer Frist von drei Monaten allen anderen Vertragsstaaten sowie dem Sicherheitsrat der Vereinten Nationen mit. Diese Mitteilung muß eine Darlegung der außergewöhnlichen Ereignisse enthalten, durch die seiner Ansicht nach eine Gefährdung seiner höchsten Interessen eingetreten ist.

Art. 9 Dieser Vertrag läßt die Verpflichtungen unberührt, die Vertragsstaaten aufgrund internationaler Übereinkünfte über die Schaffung kernwaffenfreier Zonen übernommen haben.

Art. 10 (1) Dieser Vertrag liegt für alle Staaten zur Unterzeichnung auf. Staaten, die den Vertrag nicht vor seinem nach Absatz 3 erfolgten Inkrafttreten unterzeichnen, können ihm jederzeit beitreten.

(2) Dieser Vertrag bedarf der Ratifikation durch die Unterzeichnerstaaten. Die Ratifikations- und die Beitrittsurkunden sind bei den Regierungen der Union der Sozialistischen Sowjetrepubliken, des Vereinigten Königreichs Großbritannien und Nordirland und der Vereinigten Staaten von Amerika zu hinterlegen; diese werden hiermit zu Verwahrregierungen bestimmt.

(3) Dieser Vertrag tritt in Kraft, sobald zweiundzwanzig Regierungen, einschließlich der zu Verwahrregierungen dieses Vertrags bestimmten, ihre Ratifikationsurkunden hinterlegt haben.[1]

(4) Für Staaten, deren Ratifikations- oder Beitrittsurkunde nach dem Inkrafttreten dieses Vertrags hinterlegt wird, tritt er am Tag der Hinterlegung ihrer Ratifikations- oder Beitrittsurkunde in Kraft.

(5) Die Verwahrregierungen unterrichten die Regierungen aller Unterzeichnerstaaten und beitretenden Staaten alsbald vom Zeitpunkt jeder Unterzeichnung und jeder Hinterlegung einer Ratifikations- oder Beitrittsurkunde, vom Zeitpunkt des Inkrafttretens dieses Vertrags und vom Eingang sonstiger Mitteilungen.

(6) Dieser Vertrag wird von den Verwahrregierungen nach Artikel 102 der Charta der Vereinten Nationen registriert.

Art. 11 Dieser Vertrag, dessen chinesischer, englischer, französischer, russischer und spanischer Wortlaut gleichermaßen verbindlich ist, wird in den Archiven der Verwahrregierungen hinterlegt. Diese übermitteln den Regierungen der Unterzeichnerstaaten und der beitretenden Staaten gehörig beglaubigte Abschriften.

ZU URKUND DESSEN haben die hierzu gehörig befugten Unterzeichneten diesen Vertrag unterschrieben.

GESCHEHEN zu London, Moskau und Washington am 11. Februar 1971 in drei Urschriften.

---

[1] Gemäß Bekanntmachung vom 10. 1. 1977 (BGBl. 1977 II S. 29) ist der Vertrag für die Bundesrepublik Deutschland am 18. 11. 1975 in Kraft getreten.

63. Übereinkommen über das Verbot der Entwicklung, Herstellung, Lagerung und des Einsatzes chemischer Waffen und über die Vernichtung solcher Waffen *(Chemiewaffen-Übereinkommen)*[1)·2)]

Vom 13. Januar 1993

(BGBl. 1994 II S. 807, Änderungen: BGBl. 2003 II S. 578, 2005 II S. 76)

(Übersetzung)

Präambel

DIE VERTRAGSSTAATEN DIESES ÜBEREINKOMMENS –

ENTSCHLOSSEN zu handeln, um wirksame Fortschritte in Richtung auf eine allgemeine und vollständige Abrüstung unter strenger und wirksamer internationaler Kontrolle, einschließlich des Verbots und der Beseitigung aller Arten von Massenvernichtungswaffen, zu erzielen,

IN DEM WUNSCH, zur Verwirklichung der Ziele und Grundsätze der Charta der Vereinten Nationen beizutragen,

EINGEDENK DESSEN, daß die Generalversammlung der Vereinten Nationen wiederholt alle Maßnahmen verurteilt hat, die im Widerspruch stehen zu den Grundsätzen und Zielen des am 17. Juni 1925 in Genf unterzeichneten Protokolls über das Verbot der Verwendung von erstickenden, giftigen oder ähnlichen Gasen sowie von bakteriologischen Mitteln im Kriege (Genfer Protokoll von 1925),[3)]

IN DER ERKENNTNIS, daß das Übereinkommen die Grundsätze und Ziele des Genfer Protokolls von 1925 und des am 10. April 1972 in London, Moskau und Washington unterzeichneten Übereinkommens über das Verbot der Entwicklung, Herstellung und Lagerung bakteriologischer (biologischer) Waffen und von Toxinwaffen sowie über die Vernichtung solcher Waffen und die aufgrund dieser Übereinkünfte übernommenen Verpflichtungen bekräftigt,

EINGEDENK des in Artikel IX des Übereinkommens über das Verbot der Entwicklung, Herstellung und Lagerung bakteriologischer (biologischer) Waffen und von Toxinwaffen sowie über die Vernichtung solcher Waffen angegebenen Zieles,

---

1) In Kraft getreten – auch für die Bundesrepublik Deutschland – am 29. 4. 1997 (Bek. v. 4. 11. 1996, BGBl. II S. 2618). Vgl. auch das (dt.) AusführungsG v. 2. 8. 1994 (BGBl. I S. 1954), zuletzt geänd. durch G v. 6. 6. 2013 (BGBl. I S. 1482) sowie die AusführungsVO hierzu v. 20. 11. 1996 (BGBl. I S. 1794), zuletzt geänd. durch VO v. 5. 7. 2011 (BGBl. I S. 1349).

2) Kurztitel nicht amtlich.

3) Vgl. Nr. **46 a** dieser Textsammlung.

ENTSCHLOSSEN, im Interesse der gesamten Menschheit die Möglichkeit des Einsatzes chemischer Waffen durch die Anwendung dieses Übereinkommens vollständig auszuschließen und dadurch die mit dem Genfer Protokoll von 1925 eingegangenen Verpflichtungen zu ergänzen,

IN ANERKENNUNG des in einschlägigen Übereinkünften und diesbezüglichen Grundsätzen des Völkerrechts verankerten Verbots, Herbizide als Mittel der Kriegführung einzusetzen,

IN DER ERWÄGUNG, daß Fortschritte auf dem Gebiet der Chemie ausschließlich zum Wohl der Menschheit genutzt werden sollen,

IN DEM WUNSCH, die Freiheit des Handels mit Chemikalien und die zwischenstaatliche Zusammenarbeit sowie den internationalen Austausch wissenschaftlicher und technischer Informationen über Tätigkeiten für nach diesem Übereinkommen nicht verbotene Zwecke zu fördern, um die wirtschaftliche und technologische Entwicklung aller Vertragsstaaten voranzutreiben,

ÜBERZEUGT, daß ein vollständiges und wirksames Verbot der Entwicklung, der Herstellung, des Erwerbs, der Lagerung und des Einsatzes chemischer Waffen und die Vernichtung solcher Waffen einen notwendigen Schritt zur Erreichung dieser gemeinsamen Ziele darstellen –

SIND WIE FOLGT ÜBEREINGEKOMMEN:

Art. I Allgemeine Verpflichtungen. (1) Jeder Vertragsstaat verpflichtet sich, unter keinen Umständen jemals

a) chemische Waffen zu entwickeln, herzustellen, auf andere Weise zu erwerben, zu lagern oder zurückzubehalten oder chemische Waffen an irgend jemanden unmittelbar oder mittelbar weiterzugeben;
b) chemische Waffen einzusetzen;
c) militärische Vorbereitungen für den Einsatz chemischer Waffen zu treffen;
d) irgend jemanden in irgendeiner Weise zu unterstützen, zu ermutigen oder zu veranlassen, Tätigkeiten vorzunehmen, die einem Vertragsstaat aufgrund dieses Übereinkommens verboten sind.

(2) Jeder Vertragsstaat verpflichtet sich, die in seinem Eigentum oder Besitz oder an einem Ort unter seiner Hoheitsgewalt oder Kontrolle befindlichen chemischen Waffen nach Maßgabe dieses Übereinkommens zu vernichten.

(3) Jeder Vertragsstaat verpflichtet sich, die chemischen Waffen, die er im Hoheitsgebiet eines anderen Vertragsstaats zurückgelassen hat, nach Maßgabe dieses Übereinkommens zu vernichten.

(4) Jeder Vertragsstaat verpflichtet sich, alle in seinem Eigentum oder Besitz oder an einem Ort unter seiner Hoheitsgewalt oder Kontrolle befindlichen Einrichtungen zur Herstellung chemischer Waffen nach Maßgabe dieses Übereinkommens zu vernichten.

(5) Jeder Vertragsstaat verpflichtet sich, Mittel zur Bekämpfung von Unruhen nicht als Mittel der Kriegführung einzusetzen.

Art. II Begriffsbestimmungen und Kriterien. Im Sinne dieses Übereinkommens haben die nachstehenden Ausdrücke folgende Bedeutung:

1. Der Ausdruck „chemische Waffen" bezeichnet folgende Gegenstände, zusammen oder für sich allein:

   a) toxische Chemikalien und ihre Vorprodukte, mit Ausnahme derjenigen, die für nach diesem Übereinkommen nicht verbotene Zwecke bestimmt sind, solange diese nach Art und Menge mit solchen Zwecken vereinbar sind;

   b) Munition oder Geräte, die eigens dazu entworfen sind, durch die toxischen Eigenschaften der unter Buchstabe a bezeichneten toxischen Chemikalien, welche infolge der Verwendung solcher Munition oder Geräte freigesetzt würden, den Tod oder sonstige Körperschäden herbeizuführen;

   c) jede Ausrüstung, die eigens dazu entworfen ist, im unmittelbaren Zusammenhang mit Munition oder Geräten verwendet zu werden, wie sie unter Buchstabe b bezeichnet sind.

2. „Toxische Chemikalie" bedeutet
   jede Chemikalie, die durch ihre chemische Wirkung auf die Lebensvorgänge den Tod, eine vorübergehende Handlungsunfähigkeit oder einen Dauerschaden bei Mensch oder Tier herbeiführen kann. Dazu gehören alle derartigen Chemikalien, ungeachtet ihrer Herkunft oder der Art ihrer Produktion und ungeachtet dessen, ob sie in Einrichtungen, in Munition oder anderswo produziert werden.
   (Für die Zwecke der Durchführung dieses Übereinkommens sind die toxischen Chemikalien, bei denen festgestellt wurde, daß auf sie Verifikationsmaßnahmen angewandt werden müssen, in den Listen im Anhang über Chemikalien genannt.)

3. „Vorprodukt" bedeutet
   eine chemische Reaktionskomponente, die auf irgendeiner Stufe bei jeder Art von Produkten einer toxischen Chemikalie beteiligt ist. Dazu gehört jede Schlüsselkomponente eines binären oder Mehrkomponentensystems.
   (Für die Zwecke der Durchführung dieses Übereinkommens sind die Vorprodukte, bei denen festgestellt wurde, daß auf sie Verifikationsmaßnahmen angewandt werden müssen, in den Listen im Anhang über Chemikalien genannt.)

4. „Schlüsselkomponente eines binären oder Mehrkomponentensystems" (im folgenden als „Schlüsselkomponente" bezeichnet) bedeutet
   das Vorprodukt, das für die Bestimmung der toxischen Eigenschaften des Endprodukts maßgeblich verantwortlich ist und mit anderen Chemikalien im binären oder Mehrkomponentensystem schnell reagiert.

5. „Alte chemische Waffen" bedeutet
   a) vor 1925 hergestellte chemische Waffen oder
   b) zwischen 1925 und 1946 hergestellte chemische Waffen, die in derart schlechtem Zustand sind, daß sie nicht mehr als chemische Waffen eingesetzt werden können.
6. „Zurückgelassene chemische Waffen" bedeutet
   chemische Waffen, einschließlich alter chemischer Waffen, die nach dem 1. Januar 1925 von einem Staat im Hoheitsgebiet eines anderen Staates ohne dessen Zustimmung zurückgelassen worden sind.
7. „Mittel zur Bekämpfung von Unruhen" bedeutet
   jede nicht in einer der Listen genannte Chemikalie, die beim Menschen spontan sensorische Irritationen oder handlungsunfähig machende Wirkungen hervorrufen kann, welche innerhalb kurzer Zeit nach Beendigung der Exposition verschwinden.
8. „Einrichtung zur Herstellung chemischer Waffen"
   a) bedeutet jede Ausrüstung – sowie jedes Gebäude, in dem eine solche Ausrüstung untergebracht ist –, die zu irgendeinem Zeitpunkt seit dem 1. Januar 1946 geplant, gebaut oder verwendet wurde
      i) als Teil jener Stufe der Produktion von Chemikalien („letzter Prozeßschritt"), auf der während ihres Betriebs der Materialfluß folgendes enthält:
         (1) eine in Liste 1 des Anhangs über Chemikalien genannte Chemikalie oder
         (2) eine andere Chemikalie , die bei mehr als einer Jahrestonne im Hoheitsgebiet oder an einem anderen Ort unter der Hoheitsgewalt oder Kontrolle eines Vertragsstaats für nach diesem Übereinkommen nicht verbotene Zwecke keine Verwendung findet, aber für Zwecke chemischer Waffen verwendet werden kann,

      oder
      ii) für das Füllen chemischer Waffen, darunter unter anderem das Abfüllen von in Liste 1 genannten Chemikalien in Munition, Geräte oder Lagerbehälter, das Abfüllen von Chemikalien in Behälter, die Komponenten von Binärmunition und entsprechenden Geräten sind, oder in chemische Tochtermunition, die Teil eines komplexen Munitionssystems oder entsprechender anderer Geräte ist, sowie das Einführen der Behälter und chemischen Tochtermunition in entsprechende Munition und Geräte;
   b) bedeutet nicht
      i) Einrichtungen, deren Produktionskapazität zur Synthese der unter Buchstabe a Ziffer i bezeichneten Chemikalien geringer ist als eine Tonne;

ii) Einrichtungen, in denen eine unter Buchstabe a Ziffer i bezeichnete Chemikalie als unvermeidliches Nebenprodukt im Zuge von Tätigkeiten für nach diesem Übereinkommen nicht verbotene Zwecke produziert wird oder wurde, solange die Chemikalie nicht drei Prozent des Gesamtprodukts übersteigt und die Einrichtung der Meldung und Inspektion nach Maßgabe des Anhangs über Durchführung und Verifikation (im folgenden als „Verifikationsanhang“ bezeichnet) unterliegt;

iii) die in Teil VI des Verifikationsanhangs vorgesehene einzige Kleinanlage zur Produktion von in Liste 1 genannten Chemikalien für nach diesem Übereinkommen nicht verbotene Zwecke.

9. „Nach diesem Übereinkommen nicht verbotene Zwecke“ bedeutet

a) industrielle, landwirtschaftliche, forschungsbezogene, medizinische, pharmazeutische oder sonstige friedliche Zwecke;

b) Schutzzwecke, das heißt solche Zwecke, die mit dem Schutz gegen toxische Chemikalien und dem Schutz gegen chemische Waffen unmittelbar im Zusammenhang stehen;

c) militärische Zwecke, die nicht mit dem Einsatz chemischer Waffen zusammenhängen und die nicht von den toxischen Eigenschaften der Chemikalien als Mittel der Kriegführung abhängen;

d) Zwecke der Aufrechterhaltung der öffentlichen Ordnung einschließlich der innerstaatlichen Bekämpfung von Unruhen.

10. „Produktionskapazität“ bedeutet folgendes:
Die Menge einer bestimmten Chemikalie, die jedes Jahr mit Hilfe eines tatsächlich angewandten oder, falls noch nicht in Betrieb, eines zur Anwendung vorgesehenen technischen Prozesses in der entsprechenden Einrichtung produziert werden könnte. Die Produktionskapazität ist mit der Nennkapazität auf dem Typenschild oder, ist die Nennkapazität nicht angegeben, mit der Auslegungskapazität gleichzusetzen. Die Nennkapazität auf dem Typenschild bedeutet die unter günstigsten Bedingungen erzielbare und durch einen oder mehrere Probeläufe nachgewiesene höchste Produktionsmenge der Produktionseinrichtung. Die Auslegungskapazität bedeutet die entsprechende theoretisch berechnete Produktionsmenge.

11. „Organisation“ bedeutet die nach Artikel VIII errichtete Organisation für das Verbot chemischer Waffen.

12. Im Sinne des Artikels VI

a) bedeutet „Produktion“ einer Chemikalie ihre Bildung durch chemische Reaktion;

b) bedeutet „Verarbeitung“ einer Chemikalie einen physikalischen Prozeß, wie z. B. Formulierung, Extraktion und Reinigung, in dem eine Chemikalie nicht in eine andere umgewandelt wird;

c) bedeutet „Verbrauch" einer Chemikalie ihre Umwandlung in eine andere Chemikalie mittels chemischer Reaktion.

Art. III Meldungen. (1) Jeder Vertragsstaat gibt der Organisation spätestens 30 Tage, nachdem dieses Übereinkommen für ihn in Kraft getreten ist, eine Meldung ab, in der er

a) in bezug auf chemische Waffen
   i) meldet, ob er Eigentümer oder Besitzer chemischer Waffen ist oder ob sich an irgendeinem Ort unter seiner Hoheitsgewalt oder Kontrolle chemische Waffen befinden;
   ii) nach Maßgabe des Teiles IV (A) Absätze 1 bis 3 des Verifikationsanhangs den genauen Standort, die Gesamtmenge und ein ausführliches Verzeichnis der in seinem Eigentum oder Besitz oder an irgendeinem Ort unter seiner Hoheitsgewalt oder Kontrolle befindlichen chemischen Waffen angibt, ausgenommen die unter Ziffer iii bezeichneten chemischen Waffen;
   iii) nach Maßgabe des Teiles IV (A) Absatz 4 des Verifikationsanhangs über alle in seinem Hoheitsgebiet an irgendeinem Ort unter der Hoheitsgewalt oder Kontrolle eines anderen Staates befindlichen chemischen Waffen berichtet, die im Eigentum oder Besitz eines anderen Staates sind;
   iv) meldet, ob er seit dem 1. Januar 1946 unmittelbar oder mittelbar chemische Waffen weitergegeben oder empfangen hat, und nach Maßgabe des Teiles IV (A) Absatz 5 des Verifikationsanhangs die Weitergabe oder den Empfang dieser Waffen angibt;
   v) nach Maßgabe des Teiles IV (A) Absatz 6 des Verifikationsanhangs seinen allgemeinen Plan für die Verrichtung der in seinem Eigentum oder Besitz oder an irgendeinem Ort unter seiner Hoheitsgewalt oder Kontrolle befindlichen chemischen Waffen darlegt;

b) in bezug auf alte chemische Waffen und zurückgelassene chemische Waffen
   i) meldet, ob sich in seinem Hoheitsgebiet alte chemische Waffen befinden, und nach Maßgabe des Teiles IV (B) Absatz 3 des Verifikationsanhangs alle verfügbaren Informationen beibringt;
   ii) meldet, ob sich in seinem Hoheitsgebiet zurückgelassene chemische Waffen befinden, und nach Maßgabe des Teiles IV (B) Absatz 8 des Verifikationsanhangs alle verfügbaren Informationen beibringt;
   iii) meldet, ob er chemische Waffen im Hoheitsgebiet anderer Staaten zurückgelassen hat, und nach Maßgabe des Teiles IV (B) Absatz 10 des Verifikationsanhangs alle verfügbaren Informationen beibringt;

c) in bezug auf Einrichtungen zur Herstellung chemischer Waffen
   i) meldet, ob er Einrichtungen zur Herstellung chemischer Waffen in seinem Eigentum oder Besitz hat oder gehabt hat oder ob sich solche Einrichtungen an irgendeinem Ort unter seiner

Hoheitsgewalt oder Kontrolle befinden oder zu irgendeinem Zeitpunkt seit dem 1. Januar 1946 befunden haben;

ii) nach Maßgabe des Teiles V Absatz 1 des Verifikationsanhangs die Einrichtungen zur Herstellung chemischer Waffen angibt, die sich in seinem Eigentum oder Besitz oder an irgendeinem Ort unter seiner Hoheitsgewalt oder Kontrolle befinden oder zu irgendeinem Zeitpunkt seit dem 1. Januar 1946 befunden haben, ausgenommen die unter Ziffer iii bezeichneten Einrichtungen;

iii) nach Maßgabe des Teiles V Absatz 2 des Verifikationsanhangs über alle Einrichtungen zur Herstellung chemischer Waffen in seinem Hoheitsgebiet berichtet, die im Eigentum oder Besitz eines anderen Staates sind oder gewesen sind oder die sich zu irgendeinem Zeitpunkt seit dem 1. Januar 1946 an irgendeinem Ort unter der Hoheitsgewalt oder Kontrolle eines anderen Staates befunden haben;

iv) nach Maßgabe des Teiles V Absätze 3 bis 5 des Verifikationsanhangs meldet, ob er seit dem 1. Januar 1946 unmittelbar oder mittelbar Einrichtungen zur Herstellung chemischer Waffen weitergegeben oder empfangen hat, und die Weitergabe oder den Empfang dieser Einrichtungen angibt;

v) nach Maßgabe des Teiles V Absatz 6 des Verifikationsanhangs seinen allgemeinen Plan für die Vernichtung der in seinem Eigentum oder Besitz oder an irgendeinem Ort unter seiner Hoheitsgewalt oder Kontrolle befindlichen Einrichtungen zur Herstellung chemischer Waffen darlegt;

vi) nach Maßgabe des Teiles V Absatz 1 Ziffer i des Verifikationsanhangs Maßnahmen angibt, die zur Schließung von in seinem Eigentum oder Besitz oder an irgendeinem Ort unter seiner Hoheitsgewalt oder Kontrolle befindlichen Einrichtungen zur Herstellung chemischer Waffen zu treffen sind;

vii) nach Maßgabe des Teiles V Absatz 7 des Verifikationsanhangs seinen allgemeinen Plan für jede zeitweilige Umstellung der in seinem Eigentum oder Besitz oder an irgendeinem Ort unter seiner Hoheitsgewalt oder Kontrolle befindlichen Einrichtungen zur Herstellung chemischer Waffen in Einrichtungen zur Vernichtung chemischer Waffen darlegt;

d) in bezug auf sonstige Einrichtungen
den genauen Standort, die Art und den allgemeinen Umfang der Tätigkeiten jeder in seinem Eigentum oder Besitz oder an irgendeinem Ort unter seiner Hoheitsgewalt oder Kontrolle befindlichen Einrichtung oder jedes entsprechenden Unternehmens angibt, die seit dem 1. Januar 1946 hauptsächlich für die Entwicklung chemischer Waffen geplant, gebaut oder verwendet worden sind. Die Meldung bezieht sich auch auf Laboratorien und Erprobungsstellen;

e) in bezug auf Mittel zur Bekämpfung von Unruhen die chemische Bezeichnung, die Strukturformel und – falls zugeordnet – die Registriernummer jeder Chemikalie nach Cemical Abstracts Service angibt, die er zur Bekämpfung von Unruhen besitzt. Diese Meldung wird spätestens 30 Tage, nachdem eine Veränderung stattgefunden hat, auf den neuesten Stand gebracht.

(2) Es steht einem Vertragsstaat frei, die Bestimmungen dieses Artikels und die entsprechenden Bestimmungen des Teiles IV des Verifikationsanhangs auf die vor dem 1. Januar 1977 in seinem Hoheitsgebiet vergrabenen und dort verbleibenden oder auf die vor dem 1. Januar 1985 ins Meer eingebrachten chemischen Waffen anzuwenden.

Art. IV Chemische Waffen. (1) Dieser Artikel und die genauen Verfahren für seine Durchführung finden Anwendung auf alle im Eigentum oder Besitz eines Vertragsstaats oder an irgendeinem Ort unter seiner Hoheitsgewalt oder Kontrolle befindlichen chemischen Waffen, ausgenommen alte chemische Waffen und zurückgelassene chemische Waffen, auf die Teil IV (B) des Verifikationsanhangs Anwendung findet.

(2) Die genauen Verfahren für die Durchführung dieses Artikels sind im Verifikationsanhang dargelegt.

(3) Alle Orte, an denen die in Absatz 1 bezeichneten chemischen Waffen gelagert sind oder vernichtet werden, unterliegen der systematischen Verifikation durch Inspektion vor Ort und der Überwachung durch Instrumente vor Ort nach Maßgabe des Teiles IV (A) des Verifikationsanhangs.

(4) Jeder Vertragsstaat gewährt sofort nach Abgabe seiner Meldung gemäß Artikel III Absatz 1 Buchstabe a Zugang zu den in Absatz 1 bezeichneten chemischen Waffen zwecks systematischer Verifikation der Meldung durch Inspektion vor Ort. Danach darf ein Vertragsstaat keine dieser chemischen Waffen entfernen, es sei denn, er bringt sie zu einer Einrichtung zur Vernichtung chemischer Waffen. Er gewährt Zugang zu solchen chemischen Waffen zum Zweck der systematischen Verifikation vor Ort.

(5) Jeder Vertragsstaat gewährt Zugang zu den in seinem Eigentum oder Besitz oder an irgendeinem Ort unter seiner Hoheitsgewalt oder Kontrolle befindlichen Einrichtungen zur Vernichtung chemischer Waffen zwecks systematischer Verifikation durch Inspektion vor Ort und Überwachung durch Instrumente vor Ort.

(6) Jeder Vertragsstaat vernichtet alle in Absatz 1 bezeichneten chemischen Waffen nach Maßgabe des Verifikationsanhangs und in Übereinstimmung mit der vereinbarten Geschwindigkeit und Abfolge der Vernichtung (im folgenden als „Reihenfolge der Vernichtung" bezeichnet). Die Vernichtung beginnt spätestens zwei Jahre, nachdem dieses Übereinkommen für ihn in Kraft getreten ist, und endet spätestens zehn Jahre nach Inkrafttreten des Übereinkommens. Ein Vertragsstaat wird jedoch nicht daran gehindert, die chemischen Waffen in kürzerer Zeit zu vernichten.

(7) Jeder Vertragsstaat

a) legt spätestens 60 Tage vor Beginn jedes jährlichen Vernichtungszeitraums nach Teil IV (A) Absatz 29 des Verifikationsanhangs ausführliche Pläne für die Vernichtung der in Absatz 1 bezeichneten chemischen Waffen vor; die ausführlichen Pläne erfassen alle Bestände, die im Lauf des nächsten jährlichen Vernichtungszeitraums vernichtet werden sollen;

b) gibt jedes Jahr spätestens 60 Tage nach Ablauf jedes jährlichen Vernichtungszeitraums Meldungen ab über die Durchführung seiner Pläne zur Vernichtung der in Absatz 1 bezeichneten chemischen Waffen;

c) bestätigt spätestens 30 Tage nach Abschluß des Vernichtungsvorgangs, daß alle in Absatz 1 bezeichneten chemischen Waffen vernichtet worden sind.

(8) Ratifiziert ein Staat dieses Übereinkommen oder tritt er ihm nach dem in Absatz 6 festgelegten zehnjährigen Vernichtungszeitraum bei, so vernichtet er die in Absatz 1 bezeichneten chemischen Waffen so bald wie möglich. Für diesen Vertragsstaat legt der Exekutivrat die Reihenfolge der Vernichtung und die Verfahren für eine strenge Verifikation der Vernichtung fest.

(9) Chemische Waffen, die ein Vertragsstaat nach der Erstmeldung der chemischen Waffen entdeckt, werden nach Maßgabe des Teiles IV (A) des Verifikationsanhangs angegeben, sichergestellt und vernichtet.

(10) Jeder Vertragsstaat sorgt bei der Beförderung, Probenahme, Lagerung und Vernichtung chemischer Waffen vorrangig für die Sicherheit des Menschen und den Schutz der Umwelt. Jeder Vertragsstaat befördert chemische Waffen, entnimmt Proben von ihnen, lagert und vernichtet sie im Einklang mit seinen innerstaatlichen Sicherheits- und Emissionsnormen.

(11) Jeder Vertragsstaat, in dessen Hoheitsgebiet sich chemische Waffen im Eigentum oder Besitz eines anderen Staates oder an irgendeinem Ort unter der Hoheitsgewalt oder Kontrolle eines anderen Staates befinden, bemüht sich nach besten Kräften sicherzustellen, daß diese chemischen Waffen spätestens ein Jahr nach dem Zeitpunkt, zu dem das Übereinkommen für ihn in Kraft getreten ist, von seinem Hoheitsgebiet entfernt werden. Werden sie nicht innerhalb eines Jahres entfernt, so kann der Vertragsstaat die Organisation und andere Vertragsstaaten ersuchen, bei der Vernichtung dieser chemischen Waffen Hilfe zu leisten.

(12) Jeder Vertragsstaat verpflichtet sich, mit anderen Vertragsstaaten zusammenzuarbeiten, die auf zweiseitiger Grundlage oder über das Technische Sekretariat um Information oder Hilfe in bezug auf Methoden und Verfahren für eine sichere und ordnungsgemäße Vernichtung chemischer Waffen ersuchen.

(13) Bei der Durchführung der Verifikationstätigkeiten nach diesem Artikel und Teil IV (A) des Verifikationsanhangs prüft die Organisation Maßnahmen, durch die vermieden wird, daß die Bestimmungen der zweiseitigen oder mehrseitigen Übereinkünfte zwischen den Vertragsstaaten über die Verifikation der Lagerung chemischer Waffen und ihrer Vernichtung doppelt erfüllt werden.

Zu diesem Zweck beschließt der Exekutivrat, die Verifikation auf Ergänzungen der aufgrund solcher zweiseitigen oder mehrseitigen Übereinkünfte durchgeführten Maßnahmen zu beschränken, falls er der Auffassung ist, daß

a) die Verifikationsbestimmungen einer solchen Übereinkunft mit den Verifikationsbestimmungen in diesem Artikel und in Teil IV (A) des Verifikationsanhangs übereinstimmen;

b) die Durchführung einer solchen Übereinkunft eine ausreichende Gewähr für die Einhaltung der einschlägigen Bestimmungen dieses Übereinkommens bietet;

c) die Vertragsparteien der zweiseitigen oder mehrseitigen Übereinkunft die Organisation uneingeschränkt über ihre Verifikationstätigkeiten auf dem laufenden halten.

(14) Faßt der Exekutivrat einen Beschluß nach Absatz 13, so hat die Organisation das Recht, die Durchführung der zweiseitigen oder mehrseitigen Übereinkunft zu überwachen.

(15) Die Absätze 13 und 14 lassen die Verpflichtung eines Vertragsstaats, Meldungen aufgrund des Artikels III, des vorliegenden Artikels und des Teiles IV (A) des Verifikationsanhangs abzugeben, unberührt.

(16) Jeder Vertragsstaat trägt die Kosten für die Vernichtung der chemischen Waffen, zu deren Vernichtung er verpflichtet ist. Er trägt ferner die Kosten für die Verifikation der Lagerung und Vernichtung dieser chemischen Waffen, sofern der Exekutivrat nichts anderes beschließt. Beschließt der Exekutivrat, die Verifikationsmaßnahmen der Organisation nach Absatz 13 zu beschränken, so werden die Kosten für die ergänzende Verifikation und Überwachung durch die Organisation, wie in Artikel VIII Absatz 7 festgelegt, nach dem Berechnungsschlüssel der Vereinten Nationen getragen.

(17) Es steht einem Vertragsstaat frei, die Bestimmungen dieses Artikels und die einschlägigen Bestimmungen des Teiles IV des Verifikationsanhangs auf die vor dem 1. Januar 1977 in seinem Hoheitsgebiet vergrabenen und dort verbleibenden oder auf die vor dem 1. Januar 1985 ins Meer eingebrachten chemischen Waffen anzuwenden.

Art. V Einrichtungen zur Herstellung chemischer Waffen.

(1) Dieser Artikel und die genauen Verfahren für seine Durchführung finden Anwendung auf sämtliche im Eigentum oder Besitz eines Vertragsstaats oder an irgendeinem Ort unter seiner Hoheitsgewalt oder Kontrolle befindlichen Einrichtungen zur Herstellung chemischer Waffen.

(2) Die genauen Verfahren für die Durchführung dieses Artikels sind im Verifikationsanhang festgelegt.

(3) Alle in Absatz 1 bezeichneten Einrichtungen zur Herstellung chemischer Waffen unterliegen der systematischen Verifikation durch Inspektion vor Ort und Überwachung durch Instrumente vor Ort nach Maßgabe des Teiles V des Verifikationsanhangs.

(4) Jeder Vertragsstaat stellt sogleich alle Tätigkeiten in den in Absatz 1 bezeichneten Einrichtungen zur Herstellung chemischer Waffen ein, soweit es sich nicht um Tätigkeiten handelt, die für die Schließung der Einrichtung erforderlich sind.

(5) Ein Vertragsstaat darf keine neue Einrichtung zur Herstellung chemischer Waffen bauen und keine vorhandene Einrichtung für den Zweck der Herstellung chemischer Waffen oder für eine andere nach diesem Übereinkommen verbotene Tätigkeit verändern.

(6) Jeder Vertragsstaat gewährt, nachdem er die Meldung nach Artikel III Absatz 1 Buchstabe c abgegeben hat, sofort Zugang zu den in Absatz 1 bezeichneten Einrichtungen zur Herstellung chemischer Waffen zwecks systematischer Verifikation der Meldung durch Inspektion vor Ort.

(7) Jeder Vertragsstaat

a) schließt spätestens 90 Tage, nachdem dieses Übereinkommen für ihn in Kraft getreten ist, alle in Absatz 1 bezeichneten Einrichtungen zur Herstellung chemischer Waffen nach Maßgabe des Teiles V des Verifikationsanhangs und gibt dies bekannt;

b) gewährt nach der Schließung Zugang zu den in Absatz 1 bezeichneten Einrichtungen zur Herstellung chemischer Waffen zwecks systematischer Verifikation durch Inspektion vor Ort und Überwachung durch Instrumente vor Ort, um zu gewährleisten, daß die Einrichtung geschlossen bleibt und später vernichtet wird.

(8) Jeder Vertragsstaat vernichtet alle in Absatz 1 bezeichneten Einrichtungen zur Herstellung chemischer Waffen und die damit zusammenhängenden Einrichtungen und Ausrüstungen nach Maßgabe des Verifikationsanhangs und in Übereinstimmung mit der vereinbarten Geschwindigkeit und Abfolge der Vernichtung (im folgenden als „Reihenfolge der Vernichtung" bezeichnet). Die Vernichtung beginnt spätestens ein Jahr, nachdem dieses Übereinkommen für ihn in Kraft getreten ist, und endet spätestens zehn Jahre nach Inkrafttreten des Übereinkommens. Ein Vertragsstaat wird jedoch nicht daran gehindert, die Einrichtungen in kürzerer Zeit zu vernichten.

(9) Jeder Vertragsstaat

a) legt spätestens 180 Tage vor Beginn der Vernichtung der in Absatz 1 bezeichneten Einrichtungen zur Herstellung chemischer Waffen ausführliche Pläne für die Vernichtung jeder Einrichtung vor;

b) gibt jedes Jahr spätestens 90 Tage nach dem Ablauf jedes jährlichen Vernichtungszeitraums Meldungen ab über die Durchführung seiner

Pläne zur Vernichtung aller in Absatz 1 bezeichneten Einrichtungen zur Herstellung chemischer Waffen;

c) bestätigt spätestens 30 Tage nach Abschluß des Vernichtungsvorgangs, daß alle in Absatz 1 bezeichneten Einrichtungen zur Herstellung chemischer Waffen vernichtet worden sind.

(10) Ratifiziert ein Staat dieses Übereinkommen oder tritt er ihm nach dem in Absatz 8 festgelegten zehnjährigen Vernichtungszeitraum bei, so vernichtet er die in Absatz 1 bezeichneten Einrichtungen zur Herstellung chemischer Waffen so bald wie möglich. Für diesen Vertragsstaat legt der Exekutivrat die Reihenfolge der Vernichtung und die Verfahren für eine strenge Verifikation der Vernichtung fest.

(11) Jeder Vertragsstaat sorgt bei der Vernichtung der Einrichtungen zur Herstellung chemischer Waffen vorrangig für die Sicherheit des Menschen und den Schutz der Umwelt. Jeder Vertragsstaat vernichtet die Einrichtungen zur Herstellung chemischer Waffen im Einklang mit seinen innerstaatlichen Sicherheits- und Emissionsnormen.

(12) Die in Absatz 1 bezeichneten Einrichtungen zur Herstellung chemischer Waffen können in Übereinstimmung mit Teil V Absätze 18 bis 25 des Verifikationsanhangs zeitweilig auf die Vernichtung chemischer Waffen umgestellt werden. Eine derart umgestellte Einrichtung muß vernichtet werden, sobald sie nicht mehr zur Vernichtung chemischer Waffen verwendet wird, in jedem Fall jedoch spätestens zehn Jahre nach Inkrafttreten dieses Übereinkommens.

(13) In Ausnahmefällen zwingender Notwendigkeit kann ein Vertragsstaat darum ersuchen, eine in Absatz 1 bezeichnete Einrichtung zur Herstellung chemischer Waffen für nach diesem Übereinkommen nicht verbotene Zwecke zu benutzen. Auf Empfehlung des Exekutivrats entscheidet die Konferenz der Vertragsstaaten, ob dem Ersuchen stattgegeben wird, und legt die Bedingungen fest, unter denen die Genehmigung nach Maßgabe des Teiles V Abschnitt D des Verifikationsanhangs erteilt wird.

(14) Die Einrichtung zur Herstellung chemischer Waffen wird so umgestellt, daß sie später ebenso wenig in eine Einrichtung zur Herstellung chemischer Waffen zurückverwandelt werden kann wie jede andere Einrichtung, die ohne Einbeziehung von in Liste 1 genannten Chemikalien für industrielle, landwirtschaftliche, forschungsbezogene, medizinische, pharmazeutische oder sonstige friedliche Zwecke genutzt wird.

(15) Alle umgestellten Einrichtungen unterliegen der systematischen Verifikation durch Inspektion vor Ort und Überwachung durch Instrumente vor Ort nach Maßgabe des Teiles V Abschnitt D des Verifikationsanhangs.

(16) Bei der Durchführung der Verifikationstätigkeiten nach diesem Artikel und Teil V des Verifikationsanhangs prüft die Organisation Maßnahmen, durch die vermieden wird, daß die Bestimmungen der

zweiseitigen oder mehrseitigen Übereinkünfte zwischen den Vertragsstaaten über die Verifikation der Einrichtungen und zur Herstellung chemischer Waffen und ihrer Vernichtung doppelt erfüllt werden.

Zu diesem Zweck beschließt der Exekutivrat, die Verifikation auf Ergänzungen der aufgrund solcher zweiseitigen oder mehrseitigen Übereinkünfte durchgeführten Maßnahmen zu beschränken, falls er der Auffassung ist, daß

a) die Verifikationsbestimmungen einer solchen Übereinkunft mit den Verifikationsbestimmungen in diesem Artikel und in Teil V des Verifikationsanhangs übereinstimmen;

b) die Durchführung der Übereinkunft eine ausreichende Gewähr für die Einhaltung der einschlägigen Bestimmungen dieses Übereinkommens bietet;

c) die Vertragsparteien der zweiseitigen oder mehrseitigen Übereinkunft die Organisation uneingeschränkt über ihre Verifikationstätigkeiten auf dem laufenden halten.

(17) Faßt der Exekutivrat einen Beschluß nach Absatz 16, so hat die Organisation das Recht, die Durchführung der zweiseitigen oder mehrseitigen Übereinkunft zu überwachen.

(18) Die Absätze 16 und 17 lassen die Verpflichtung eines Vertragsstaats, Meldungen aufgrund des Artikels III, des vorliegenden Artikels und des Teiles V des Verifikationsanhangs abzugeben, unberührt.

(19) Jeder Vertragsstaat trägt die Kosten für die Vernichtung der Einrichtungen zur Herstellung chemischer Waffen, zu deren Vernichtung er verpflichtet ist. Er trägt ferner die Kosten für die Verifikation aufgrund dieses Artikels, sofern der Exekutivrat nichts anderes beschließt. Beschließt der Exekutivrat, die Verifikationsmaßnahmen der Organisation nach Absatz 16 zu beschränken, so werden die Kosten für die ergänzende Verifikation und Überwachung durch die Organisation, wie in Artikel VIII Absatz 7 festgelegt, nach dem Berechnungsschlüssel der Vereinten Nationen getragen.

Art. VI Nach diesem Übereinkommen nicht verbotene Tätigkeiten. (1) Vorbehaltlich dieses Übereinkommens hat jeder Vertragsstaat das Recht, toxische Chemikalien und ihre Vorprodukte für nach diesem Übereinkommen nicht verbotene Zwecke zu entwickeln, zu produzieren, anderweitig zu erwerben, zurückzubehalten, weiterzugeben und zu verwenden.

(2) Jeder Vertragsstaat trifft die notwendigen Maßnahmen, um sicherzustellen, daß toxische Chemikalien und ihre Vorprodukte in seinem Hoheitsgebiet oder an einem anderen Ort unter seiner Hoheitsgewalt oder Kontrolle nur für nach diesem Übereinkommen nicht verbotene Zwecke entwickelt, produziert, anderweitig erworben, zurückbehalten, weitergegeben oder verwendet werden. Zu diesem Zweck und um zu überprüfen, ob die Tätigkeiten mit seinen Verpflichtungen aus dem Übereinkommen im Einklang sind, unterwirft

jeder Vertragsstaat die in den Listen 1, 2 und 3 des Anhangs über Chemikalien genannten Chemikalien sowie Einrichtungen im Zusammenhang mit diesen Chemikalien und andere im Verifikationsanhang bezeichnete Einrichtungen, die sich in seinem Hoheitsgebiet oder an einem anderen Ort unter seiner Hoheitsgewalt oder Kontrolle befinden, den in dem Verifikationsanhang vorgesehenen Verifikationsmaßnahmen.

(3) Jeder Vertragsstaat unterwirft die in Liste 1 genannten Chemikalien (im folgenden als „Chemikalien der Liste 1" bezeichnet) den in Teil VI des Verifikationsanhangs bezeichneten Verboten über die Produktion, den Erwerb, die Zurückbehaltung, die Weitergabe und die Verwendung. Er unterwirft die Chemikalien der Liste 1 und die in Teil VI des Verifikationsanhangs bezeichneten Einrichtungen einer systematischen Verifikation durch Inspektion vor Ort und Überwachung durch Instrumente vor Ort nach Maßgabe jenes Teiles des Verifikationsanhangs.

(4) Jeder Vertragsstaat unterwirft die in Liste 2 genannten Chemikalien (im folgenden als „Chemikalien der Liste 2" bezeichnet) und die in Teil VII des Verifikationsanhangs bezeichneten Einrichtungen der Datenüberwachung und der Verifikation vor Ort nach Maßgabe jenes Teiles des Verifikationsanhangs.

(5) Jeder Vertragsstaat unterwirft die in Liste 3 genannten Chemikalien (im folgenden als „Chemikalien der Liste 3" bezeichnet) und die in Teil VIII des Verifikationsanhangs bezeichneten Einrichtungen der Datenüberwachung und der Verifikation vor Ort nach Maßgabe jenes Teiles des Verifikationsanhangs.

(6) Jeder Vertragsstaat unterwirft die in Teil IX des Verifikationsanhangs bezeichneten Einrichtungen der Datenüberwachung und gegebenenfalls der Verifikation vor Ort nach Maßgabe jenes Teiles des Verifikationsanhangs, sofern die Konferenz der Vertragsstaaten nicht nach Teil IX Absatz 22 des Verifikationsanhangs etwas anderes beschließt.

(7) Jeder Vertragsstaat gibt spätestens 30 Tage, nachdem dieses Übereinkommen für ihn in Kraft getreten ist, eine Erstmeldung der betreffenden Chemikalien und Einrichtungen in Übereinstimmung mit dem Verifikationsanhang ab.

(8) Jeder Vertragsstaat gibt jährliche Meldungen über die betreffenden Chemikalien und Einrichtungen in Übereinstimmung mit dem Verifikationsanhang ab.

(9) Für die Zwecke der Verifikation vor Ort gewährt jeder Vertragsstaat, wie im Verifikationsanhang vorgeschrieben, den Inspektoren Zugang zu den Einrichtungen.

(10) Bei der Durchführung von Verifikationstätigkeiten vermeidet das Technische Sekretariat jede unangemessene Einmischung in die Tätigkeiten des Vertragsstaats auf chemischem Gebiet für nach diesem Übereinkommen nicht verbotene Zwecke und beachtet insbe-

sondere die im Anhang über den Schutz vertraulicher Informationen (im folgenden als „Vertraulichkeitsanhang" bezeichnet) festgelegten Bestimmungen.

(11) Dieser Artikel ist so anzuwenden, daß eine Behinderung der wirtschaftlichen oder technologischen Entwicklung der Vertragsstaaten und der internationalen Zusammenarbeit im Bereich der Tätigkeiten auf chemischem Gebiet für nach diesem Übereinkommen nicht verbotene Zwecke vermieden wird; hierzu zählt der internationale Austausch wissenschaftlicher und technischer Informationen und von Chemikalien und Ausrüstungen für die Produktion, Verarbeitung oder Verwendung von Chemikalien für nach diesem Übereinkommen nicht verbotene Zwecke.

Art. VII Innerstaatliche Durchführungsmaßnahmen.

Allgemeine Verpflichtungen

(1) Jeder Vertragsstaat trifft im Einklang mit seinen verfassungsrechtlichen Verfahren die notwendigen Maßnahmen, um seine Verpflichtungen aus diesem Übereinkommen zu erfüllen.

Insbesondere

a) verbietet er natürlichen und juristischen Personen, an irgendeinem Ort in seinem Hoheitsgebiet oder an einem anderen Ort unter seiner völkerrechtlich anerkannten Hoheitsgewalt Tätigkeiten vorzunehmen, die einem Vertragsstaat aufgrund dieses Übereinkommens verboten sind; hierzu gehört auch die Schaffung von Strafbestimmungen in bezug auf solche Tätigkeiten;
b) läßt er an keinem Ort unter seiner Kontrolle Tätigkeiten zu, die einem Vertragsstaat aufgrund dieses Übereinkommens verboten sind;
c) erstreckt er im Einklang mit dem Völkerrecht die unter Buchstabe a geschaffenen Strafbestimmungen auf Tätigkeiten, die einem Vertragsstaat aufgrund dieses Übereinkommens verboten sind und von natürlichen Personen seiner Staatsangehörigkeit an irgendeinem Ort vorgenommen werden.

(2) Jeder Vertragsstaat arbeitet mit anderen Vertragsstaaten zusammen und gewährt in geeigneter Form rechtliche Hilfe, um die Erfüllung der Verpflichtungen nach Absatz 1 zu erleichtern.

(3) Jeder Vertragsstaat sorgt bei der Erfüllung seiner Verpflichtungen aus diesem Übereinkommen vorrangig für die Sicherheit des Menschen und den Schutz der Umwelt und arbeitet gegebenenfalls mit anderen Vertragsstaaten in dieser Hinsicht zusammen.

Beziehungen zwischen dem Vertragsstaat und der Organisation

(4)[1] Jeder Vertragsstaat bestimmt oder errichtet zur Erfüllung seiner Verpflichtungen aus diesem Übereinkommen eine nationale Behörde, die als innerstaatliche Anlaufstelle für die wirksame Verbindung zu der Organisation und anderen Vertragsstaaten dient. Jeder Vertragsstaat teilt der Organisation zu dem Zeitpunkt, zu dem das Übereinkommen für ihn in Kraft tritt, seine nationale Behörde mit.

[1] In Deutschland ist die nationale Behörde im Sinne dieser Bestimmung das Auswärtige Amt.

(5) Jeder Vertragsstaat unterrichtet die Organisation über die zur Durchführung dieses Übereinkommens getroffenen Gesetzgebungs- und Verwaltungsmaßnahmen.

(6) Jeder Vertragsstaat behandelt Informationen und Daten, die er im Zusammenhang mit der Durchführung dieses Übereinkommens von der Organisation vertraulich erhält, vertraulich und mit besonderer Sorgfalt. Er behandelt solche Informationen und Daten ausschließlich im Zusammenhang mit seinen Rechten und Pflichten aus dem Übereinkommen und nach Maßgabe des Vertraulichkeitsanhangs.

(7) Jeder Vertragsstaat verpflichtet sich, mit der Organisation bei der Wahrnehmung ihrer sämtlichen Aufgaben zusammenzuarbeiten und insbesondere dem Technischen Sekretariat Hilfe zu leisten.

Art. VIII Die Organisation.[1)]

A. Allgemeine Bestimmungen

(1) Die Vertragsstaaten dieses Übereinkommens errichten hiermit die Organisation für das Verbot chemischer Waffen zur Verwirklichung von Ziel und Zweck des Übereinkommens, zur Gewährleistung der Durchführung seiner Bestimmungen, einschließlich derjenigen über die internationale Verifikation der Einhaltung des Übereinkommens, und als Rahmen für die Konsultation und Zusammenarbeit zwischen den Vertragsstaaten.

(2) Alle Vertragsstaaten dieses Übereinkommens sind Mitglieder der Organisation. Einem Vertragsstaat darf seine Mitgliedschaft in der Organisation nicht entzogen werden.

(3) Die Organisation hat ihren Sitz in Den Haag, Königreich der Niederlande.

(4) Als Organe der Organisation werden hiermit die Konferenz der Vertragsstaaten, der Exekutivrat und das Technische Sekretariat geschaffen.

(5) Die Organisation führt ihre in diesem Übereinkommen vorgesehenen Verifikationstätigkeiten mit der größtmöglichen Zurückhaltung durch, ohne die fristgerechte und wirksame Erreichung ihrer Ziele zu gefährden. Sie fordert nur die Informationen und Daten an, die zur Erfüllung ihrer Verpflichtungen aus dem Übereinkommen erforderlich sind. Sie trifft alle Vorsichtsmaßnahmen zum Schutz der Vertraulichkeit von Informationen über zivile und militärische Tätigkeiten und Einrichtungen, von denen sie bei der Durchführung des Übereinkommens Kenntnis erhält, und beachtet insbesondere die Bestimmungen des Vertraulichkeitsanhangs.

(6) Bei der Durchführung ihrer Verifikationstätigkeiten prüft die Organisation Maßnahmen, mit denen sie aus den in Wissenschaft und Technik erzielten Fortschritten Nutzen ziehen kann.

---

1) Umfassende Informationen über die Arbeit der „Organisation for the Prohibition of Chemical Weapons (OPCW)“ finden sich unter: http://www.opcw.org/

(7) Die Kosten für die Tätigkeiten der Organisation werden von den Vertragsstaaten nach dem Berechnungsschlüssel der Vereinten Nationen getragen, der der unterschiedlichen Anzahl der Mitglieder in den Vereinten Nationen und dieser Organisation angepaßt ist, vorbehaltlich der Artikel IV und V. Die finanziellen Beiträge der Vertragsstaaten an die Vorbereitungskommission werden in angemessener Weise von ihren Beiträgen zum ordentlichen Haushalt abgezogen. Der Haushalt der Organisation umfaßt zwei getrennte Kapitel, einen für die Verwaltungs- und sonstigen Kosten und einen für die Verifikationskosten.

(8) Ein Mitglied der Organisation, das mit der Zahlung seiner finanziellen Beiträge an die Organisation im Rückstand ist, hat kein Stimmrecht in der Organisation, wenn die Höhe seiner Rückstände dem Betrag seiner Beiträge für die vorangegangenen vollen zwei Jahre entspricht oder diesen Betrag übersteigt. Die Konferenz der Vertragsstaaten kann diesem Mitglied trotzdem erlauben, sein Stimmrecht auszuüben, wenn sie sich davon überzeugt hat, das das Zahlungsversäumnis auf Umstände zurückzuführen ist, auf die das Mitglied keinen Einfluß hat.

B. Die Konferenz der Vertragsstaaten

Zusammensetzung, Verfahren und Beschlußfassung

(9) Die Konferenz der Vertragsstaaten (im folgenden als „Konferenz" bezeichnet) besteht aus allen Mitgliedern dieser Organisation. Jedes Mitglied hat einen Vertreter in der Konferenz; er kann von Stellvertretern und Beratern begleitet werden.

(10) Die erste Tagung der Konferenz wird vom Verwahrer spätestens 30 Tage nach Inkrafttreten dieses Übereinkommens einberufen.

(11) Die Konferenz tritt zu ordentlichen Tagungen zusammen; diese finden jedes Jahr statt, sofern die Konferenz nichts anderes beschließt.

(12) Außerordentliche Tagungen der Konferenz werden einberufen

a) auf Beschluß der Konferenz;

b) auf Antrag des Exekutivrats;

c) auf Antrag eines Mitglieds, unterstützt von einem Drittel der Mitglieder, oder

d) zur Überprüfung der Wirkungsweise dieses Übereinkommens nach Absatz 22.

Die außerordentliche Tagung wird spätestens 30 Tage nach Eingang des Antrags beim Generaldirektor des Technischen Sekretariats einberufen, sofern in dem Antrag nichts anderes vorgesehen ist und es sich nicht um einen Fall nach Buchstabe d handelt.

(13) Die Konferenz wird auch in Übereinstimmung mit Artikel XV Absatz 2 als Änderungskonferenz einberufen.

(14) Die Tagungen der Konferenz finden am Sitz der Organisation statt, sofern die Konferenz nichts anderes beschließt.

(15) Die Konferenz gibt sich eine Geschäftsordnung. Zu Beginn jeder ordentlichen Tagung wählt sie ihren Vorsitzenden und sonstige erforderliche Amtsträger. Diese bleiben so lange im Amt, bis auf der nächsten ordentlichen Tagung ein neuer Vorsitzender und andere Amtsträger gewählt sind.

(16) Die Konferenz ist beschlußfähig, wenn die Mehrheit der Mitglieder der Organisation anwesend ist.

(17) Jedes Mitglied der Organisation hat in der Konferenz eine Stimme.

(18) Die Konferenz faßt ihre Beschlüsse über Verfahrensfragen mit der einfachen Mehrheit der anwesenden und abstimmenden Mitglieder. Beschlüsse über Sachfragen sollen soweit möglich durch Konsens gefaßt werden. Kommt ein Konsens nicht zustande, wenn eine Frage zur Abstimmung gestellt wird, so vertagt der Vorsitzende die Abstimmung um 24 Stunden und bemüht sich während dieser Frist nach Kräften, das Zustandekommen eines Konsenses zu erleichtern; vor Ablauf dieser Frist erstattet er der Konferenz Bericht. Kommt nach Ablauf von 24 Stunden ein Konsens nicht zustande, so faßt die Konferenz den Beschluß mit Zweidrittelmehrheit der anwesenden und abstimmenden Mitglieder, sofern in diesem Übereinkommen nichts anderes vorgesehen ist. Ist strittig, ob es sich bei der Frage um eine Sachfrage handelt, so wird die Frage als Sachfrage behandelt, sofern nicht die Konferenz mit der für Beschlüsse über Sachfragen erforderlichen Mehrheit etwas anderes beschließt.

Befugnisse und Aufgaben

(19) Die Konferenz ist das Hauptorgan der Organisation. Sie behandelt alle Fragen, Angelegenheiten oder Themen im Rahmen dieses Übereinkommens, einschließlich derjenigen im Zusammenhang mit den Befugnissen und Aufgaben des Exekutivrats und des Technischen Sekretariats. Sie kann zu allen Fragen, Angelegenheiten oder Themen, die das Übereinkommen betreffen und von einem Vertragsstaat aufgeworfen oder ihr vom Exekutivrat zur Kenntnis gebracht werden, Empfehlungen abgegeben und Beschlüsse fassen.

(20) Die Konferenz der Vertragsstaaten wacht über die Durchführung dieses Übereinkommens und handelt im Interesse der Förderung seines Ziels und seines Zwecks. Die Konferenz überprüft die Einhaltung des Übereinkommens. Sie wacht ferner über die Tätigkeiten des Exekutivrats und des Technischen Sekretariats; sie kann beiden Organen für die Wahrnehmung ihrer Aufgaben Leitlinien im Einklang mit dem Übereinkommen erteilen.

(21) Die Konferenz

a) prüft und verabschiedet auf ihren ordentlichen Tagungen den Bericht, das Programm und den Haushalt der Organisation, die vom Exekutivrat vorgelegt werden, und prüft andere Berichte;

b) entscheidet über den Schlüssel für die von den Vertragsstaaten zu entrichtenden finanziellen Beiträge nach Absatz 7;

c) wählt die Mitglieder des Exekutivrats;

d) ernennt den Generaldirektor des Technischen Sekretariats (im folgenden als „Generaldirektor" bezeichnet);

e) genehmigt die vom Exekutivrat vorgelegte Geschäftsordnung des Exekutivrats;

f) setzt die Nebenorgane ein, die sie zur Wahrnehmung ihrer Aufgaben in Übereinstimmung mit diesem Übereinkommen für notwendig hält;

g) fördert die Internationale Zusammenarbeit zu friedlichen Zwecken im Bereich der Tätigkeiten auf chemischem Gebiet;

h) überprüft wissenschaftliche und technologische Entwicklungen, die auf die Wirksamkeit dieses Übereinkommens Auswirkungen haben könnten, und weist in diesem Zusammenhang den Generaldirektor an, einen wissenschaftlichen Beirat einzusetzen, der es ihm in Wahrnehmung seiner Aufgaben ermöglicht, der Konferenz, dem Exekutivrat oder Vertragsstaaten auf wissenschaftlichen und technologischen Gebieten, die das Übereinkommen berühren, fachliche Beratung zu erteilen. Der wissenschaftliche Beirat setzt sich aus unabhängigen Fachleuten zusammen, die aufgrund der von der Konferenz angenommenen Aufgabenstellung ernannt werden;

i) prüft und genehmigt auf ihrer ersten Tagung die von der Vorbereitungskommission ausgearbeiteten Entwürfe von Vereinbarungen, Bestimmungen und Leitlinien;

j) gründet auf ihrer ersten Tagung den freiwilligen Hilfsfonds nach Artikel X;

k) trifft die erforderlichen Maßnahmen, um nach Artikel XII die Einhaltung dieses Übereinkommens zu gewährleisten und jede Lage zu bereinigen und zu beheben, die zu dem Übereinkommen im Widerspruch steht.

(22) Die Konferenz tritt spätestens ein Jahr nach Ablauf des fünften und des zehnten Jahres nach Inkrafttreten dieses Übereinkommens und zu jedem anderen möglicherweise beschlossenen Zeitpunkt innerhalb dieses Zeitraums zu außerordentlichen Tagungen zusammen, um die Wirkungsweise des Übereinkommens zu überprüfen. Bei diesen Überprüfungen wird einschlägigen wissenschaftlichen und technologischen Entwicklungen Rechnung getragen. Danach werden zu demselben Zweck weitere Tagungen der Konferenz in Abständen von fünf Jahren einberufen, sofern nichts anderes beschlossen wird.

C. Der Exekutivrat

Zusammensetzung, Verfahren und Beschlußfassung

(23) Der Exekutivrat besteht aus 41 Mitgliedern. Jeder Vertragsstaat hat das Recht, nach dem Grundsatz der Rotation dem Exekutivrat anzugehören. Die Mitglieder des Exekutivrats werden von der Konferenz

für eine Amtszeit von zwei Jahren gewählt. Um die wirksame Arbeitsweise dieses Übereinkommens zu gewährleisten, setzt sich der Exekutivrat unter besonderer Berücksichtigung einer gerechten geographischen Verteilung, der Bedeutung der chemischen Industrie sowie der politischen und Sicherheitsinteressen wie folgt zusammen:

a) neun Vertragsstaaten aus Afrika, die von den in dieser Region ansässigen Vertragsstaaten bestimmt werden. Es gilt als vereinbart, daß als Grundlage für diese Bestimmung in der Regel drei von diesen neun Vertragsstaaten aufgrund international gemeldeter und veröffentlichter Daten die Vertragsstaaten mit der bedeutendsten nationalen chemischen Industrie in der Region sind; außerdem vereinbart die regionale Gruppe auch weitere regionale Faktoren, die für die Bestimmung dieser drei Mitglieder zu berücksichtigen sind;

b) neun Vertragsstaaten aus Asien, die von den in dieser Region ansässigen Vertragsstaaten bestimmt werden. Es gilt als vereinbart, daß als Grundlage für diese Bestimmung in der Regel vier von diesen neun Vertragsstaaten aufgrund international gemeldeter und veröffentlichter Daten die Vertragsstaaten mit der bedeutendsten nationalen chemischen Industrie in der Region sind; außerdem vereinbart die regionale Gruppe auch weitere regionale Faktoren, die für die Bestimmung dieser vier Mitglieder zu berücksichtigen sind;

c) fünf Vertragsstaaten aus Osteuropa, die von den in dieser Region ansässigen Vertragsstaaten bestimmt werden. Es gilt als vereinbart, daß als Grundlage für diese Bestimmung in der Regel einer von diesen fünf Vertragsstaaten aufgrund international gemeldeter und veröffentlichter Daten der Vertragsstaat mit der bedeutendsten nationalen chemischen Industrie in der Region ist; außerdem vereinbart die regionale Gruppe auch weitere regionale Faktoren, die für die Bestimmung dieses einen Mitglieds zu berücksichtigen sind;

d) sieben Vertragsstaaten aus Lateinamerika und der Karibik, die von den in dieser Region ansässigen Vertragsstaaten bestimmt werden. Es gilt als vereinbart, daß als Grundlage für diese Bestimmung in der Regel drei von diesen sieben Vertragsstaaten aufgrund international gemeldeter und veröffentlichter Daten die Vertragsstaaten mit der bedeutendsten nationalen chemischen Industrie in der Region sind; außerdem vereinbart die regionale Gruppe auch weitere regionale Faktoren, die für die Bestimmung dieser drei Mitglieder zu berücksichtigen sind;

e) zehn Vertragsstaaten aus der Gruppe der westeuropäischen und anderen Staaten, die von den in dieser Region ansässigen Vertragsstaaten bestimmt werden. Es gilt als vereinbart, daß als Grundlage für diese Bestimmung in der Regel fünf von diesen zehn Vertragsstaaten aufgrund international gemeldeter und veröffentlichter Daten die Vertragsstaaten mit der bedeutendsten nationalen chemischen Industrie in der Region sind; außerdem vereinbart die regionale Gruppe auch weitere regionale Faktoren, die für die Bestimmung dieser fünf Mitglieder zu berücksichtigen sind;

f) ein weiterer Vertragsstaat, der von den in den Regionen Afrika, Asien sowie Lateinamerika und der Karibik ansässigen Vertragsstaaten der Reihe nach bestimmt wird. Es gilt als vereinbart, daß als Grundlage für die Bestimmung dieses Mitglieds der Grundsatz der Rotation angewendet wird.

(24) Bei der ersten Wahl in den Exekutivrat werden 20 Mitglieder für eine Amtszeit von einem Jahr gewählt; hierbei ist das in Absatz 23 beschriebene Zahlenverhältnis zu beachten.

(25) Nach vollständiger Durchführung der Artikel IV und V kann die Konferenz auf Ersuchen der Mehrheit der Mitglieder des Exekutivrats dessen Zusammensetzung im Licht von Entwicklungen überprüfen, die sich auf die in Absatz 23 bezeichneten und die Zusammensetzung des Exekutivrats bestimmenden Grundsätze beziehen.

(26) Der Exekutivrat arbeitet seine Geschäftsordnung aus und legt sie der Konferenz zur Genehmigung vor.

(27) Der Exekutivrat wählt seinen Vorsitzenden aus den Reihen seiner Mitglieder.

(28) Der Exekutivrat tritt zu ordentlichen Tagungen zusammen. Zwischen den ordentlichen Tagungen tritt er so oft zusammen, wie dies zur Wahrnehmung seiner Befugnisse und Aufgaben notwendig ist.

(29) Jedes Mitglied des Exekutivrats hat eine Stimme. Sofern in diesem Übereinkommen nichts anderes festgelegt ist, faßt der Exekutivrat seine Beschlüsse über Sachfragen mit Zweidrittelmehrheit aller seiner Mitglieder. Beschlüsse über Verfahrensfragen faßt der Exekutivrat mit der einfachen Mehrheit aller seiner Mitglieder. Ist strittig, ob es sich bei einer Frage um eine Sachfrage handelt, so wird die Frage als Sachfrage behandelt, sofern der Exekutivrat nicht mit der für Beschlüsse über Sachfragen erforderlichen Mehrheit etwas anderes beschließt.

Befugnisse und Aufgaben

(30) Der Exekutivrat ist das ausführende Organ der Organisation. Er ist der Konferenz gegenüber verantwortlich. Der Exekutivrat nimmt die ihm durch dieses Übereinkommen übertragenen Befugnisse und Aufgaben sowie die Aufgaben wahr, die ihm von der Konferenz zugewiesen werden. Dabei handelt er nach Maßgabe der Empfehlungen, Beschlüsse und Leitlinien der Konferenz und wacht darüber, daß sie ordnungsgemäß und ohne Unterbrechung durchgeführt werden.

(31) Der Exekutivrat setzt sich für die wirksame Durchführung und Einhaltung dieses Übereinkommens ein. Er überwacht die Tätigkeiten des Technischen Sekretariats, arbeitet mit der zuständigen nationalen Behörde jedes einzelnen Vertragsstaats zusammen und erleichtert auf Ersuchen der Vertragsstaaten die Konsultationen und die Zusammenarbeit zwischen ihnen.

(32) Der Exekutivrat

a) prüft den Entwurf des Programms und des Haushalts der Organisation und legt ihn der Konferenz vor;

b) prüft den Entwurf des Berichts der Organisation über die Durchführung dieses Übereinkommens, den Bericht über die Ausübung seiner eigenen Tätigkeiten und etwaige Sonderberichte, die er für notwendig hält oder um welche die Konferenz ersucht, und legt dies alles der Konferenz vor;

c) trifft Vorkehrungen für die Tagungen der Konferenz; insbesondere arbeitet er die vorläufige Tagesordnung aus.

(33) Der Exekutivrat kann die Einberufung einer außerordentlichen Tagung der Konferenz beantragen.

(34) Der Exekutivrat

a) trifft im Namen der Organisation und vorbehaltlich der vorherigen Genehmigung durch die Konferenz Vereinbarungen oder Regelungen mit Staaten und internationalen Organisationen;

b) trifft im Namen der Organisation Vereinbarungen mit Vertragsstaaten im Zusammenhang mit Artikel X und überwacht den in Artikel X bezeichneten freiwilligen Fonds;

c) genehmigt die vom Technischen Sekretariat mit Vertragsstaaten ausgehandelten Vereinbarungen oder Regelungen über die Durchführung von Vertifikationstätigkeiten.

(35) Der Exekutivrat prüft jede in seinen Zuständigkeitsbereich fallende Frage oder Angelegenheit, die dieses Übereinkommen und seine Durchführung betrifft, darunter Bedenken wegen der Einhaltung des Übereinkommens und der Fälle der Nichteinhaltung; er unterrichtet gegebenenfalls die Vertragsstaaten und bringt die Frage oder Angelegenheit der Konferenz zur Kenntnis.

(36) Bei seiner Prüfung von Zweifeln oder Bedenken wegen der Einhaltung dieses Übereinkommens und der Fälle der Nichteinhaltung, darunter insbesondere der Mißbrauch der in diesem Übereinkommen vorgesehenen Rechte, konsultiert der Exekutivrat die betroffenen Vertragsstaaten und ersucht gegebenenfalls den Vertragsstaat, Maßnahmen zu treffen, um die Lage innerhalb einer festgesetzten Frist zu bereinigen. Soweit der Exekutivrat weitere Schritte für erforderlich hält, trifft er unter anderem eine oder mehrere der folgenden Maßnahmen:

a) Er unterrichtet alle Vertragsstaaten über die Frage oder Angelegenheit;

b) er bringt die Frage oder Angelegenheit der Konferenz zur Kenntnis;

c) er erteilt der Konferenz Empfehlungen über Maßnahmen zur Bereinigung der Lage und zur Gewährleistung der Einhaltung.

In besonders schwerwiegenden und dringenden Fällen bringt der Exekutivrat die Frage oder Angelegenheit samt einschlägigen Informationen und Schlußfolgerungen unmittelbar der Generalversammlung oder dem Sicherheitsrat der Vereinten Nationen zur Kenntnis. Gleichzeitig unterrichtet er alle Vertragsstaaten über diesen Schritt.

D. Das Technische Sekretariat

(37) Das Technische Sekretariat unterstützt die Konferenz und den Exekutivrat bei der Wahrnehmung ihrer Aufgaben. Das Technische Sekretariat führt die in diesem Übereinkommen vorgesehenen Verifikationsmaßnahmen durch. Es nimmt die übrigen ihm durch das Übereinkommen übertragenen Aufgaben sowie die Aufgaben wahr, die ihm von der Konferenz und vom Exekutivrat zugewiesen werden.

(38) Das Technische Sekretariat

a) arbeitet den Entwurf des Programms und des Haushalts der Organisation aus und legt ihn dem Exekutivrat vor;
b) arbeitet den Entwurf des Berichts der Organisation über die Durchführung dieses Übereinkommens und weitere Berichte aus, welche die Konferenz oder der Exekutivrat anfordern, und legt sie dem Exekutivrat vor;
c) leistet der Konferenz, dem Exekutivrat und Nebenorganen verwaltungsmäßige und technische Hilfe;
d) richtet im Namen der Organisation Mitteilungen über Angelegenheiten bezüglich der Durchführung dieses Übereinkommens an die Vertragsstaaten und nimmt von diesen entsprechende Mitteilungen entgegen;
e) leistet den Vertragsstaaten bei der Durchführung dieses Übereinkommens technische Hilfe und nimmt technische Auswertungen vor, insbesondere der in den Listen genannten und der nicht genannten Chemikalien.

(39) Das Technische Sekretariat

a) handelt mit Vertragsstaaten Vereinbarungen oder Regelungen, die dem Exekutivrat zur Genehmigung vorgelegt werden, über die Durchführung von Vertifikationstätigkeiten aus;
b) koordiniert spätestens 180 Tage nach Inkrafttreten dieses Übereinkommens die Errichtung und Unterhaltung ständiger Lager, die für Soforthilfemaßnahmen und humanitäre Hilfe seitens der Vertragsstaaten nach Artikel X Absatz 7 Buchstaben b und c bestimmt sind. Das Technische Sekretariat kann die gelagerten Gegenstände auf ihre Verwendbarkeit überprüfen. Die Konferenz prüft und genehmigt nach Absatz 21 Buchstabe i die Verzeichnisse der einzulagernden Gegenstände;
c) verwaltet den in Artikel X bezeichneten freiwilligen Fonds, sammelt die von den Vertragsstaaten abgegebenen Meldungen und trägt auf Verlangen die für die Zwecke des Artikels X geschlossenen zweiseitigen Vereinbarungen zwischen Vertragsstaaten oder zwischen einem Vertragsstaat und der Organisation in ein Verzeichnis ein.

(40) Das Technische Sekretariat unterrichtet den Exekutivrat über jedes Problem, das sich bei der Wahrnehmung seiner Aufgaben ergeben hat, einschließlich der Zweifel, Unklarheiten oder Unsicherheiten in bezug auf die Einhaltung dieses Übereinkommens, die ihm bei der

Durchführung seiner Verifikationstätigkeiten zur Kenntnis gelangt sind und die es durch seine Konsultationen mit dem betreffenden Vertragsstaat nicht hat ausräumen oder klären können.

(41) Das Technische Sekretariat besteht aus einem Generaldirektor, der dessen Leiter und höchster Verwaltungsbeamter ist, sowie aus Inspektoren und dem gegebenenfalls benötigten wissenschaftlichen, technischen und sonstigen Personal.

(42) Das Inspektorat ist Teil des Technischen Sekretariats; es untersteht der Aufsicht des Generaldirektors.

(43) Der Generaldirektor wird von der Konferenz auf Empfehlung des Exekutivrats für eine Amtszeit von vier Jahren ernannt, die einmal verlängert werden kann.

(44) Der Generaldirektor ist gegenüber der Konferenz und dem Exekutivrat für die Ernennung der Bediensteten sowie für die Organisation und die Arbeitsweise des Technischen Sekretariats verantwortlich. Bei der Einstellung des Personals und der Festsetzung der Dienstverhältnisse ist vorrangig der Notwendigkeit Rechnung zu tragen, daß ein Höchstmaß an Leistungsfähigkeit, fachlicher Eignung und Ehrenhaftigkeit gewährleistet ist. Nur Staatsangehörige der Vertragsstaaten dürfen als Inspektoren oder als sonstiges Fach- und Büropersonal tätig sein. Die Bedeutung einer Auswahl des Personals auf möglichst breiter geographischer Grundlage ist gebührend zu berücksichtigen. Bei der Einstellung ist von dem Grundsatz auszugehen, daß das Personal auf das Mindestmaß beschränkt bleibt, das für die ordnungsgemäße Wahrnehmung der Verantwortlichkeiten des Technischen Sekretariats erforderlich ist.

(45) Der Generaldirektor ist für die Organisation und die Arbeitsweise des in Absatz 21 Buchstabe h bezeichneten wissenschaftlichen Beirats verantwortlich. Der Generaldirektor ernennt in Absprache mit den Vertragsstaaten die Mitglieder des wissenschaftlichen Beirats, die diesem in persönlicher Eigenschaft angehören. Die Mitglieder des Beirats werden aufgrund ihres Fachwissens auf den für die Durchführung dieses Übereinkommens maßgeblichen besonderen Wissenschaftsgebieten ernannt. Der Generaldirektor kann auch gegebenenfalls in Absprache mit Mitgliedern des Beirats vorübergehend Arbeitsgruppen aus wissenschaftlichen Fachleuten einsetzen, damit sie Empfehlungen zu bestimmten Themen abgeben. In diesem Zusammenhang können die Vertragsstaaten dem Generaldirektor Listen von Fachleuten vorlegen.

(46) Der Generaldirektor, die Inspektoren und die sonstigen Mitglieder des Personals dürfen in Erfüllung ihrer Pflichten von einer Regierung oder von einer anderen Stelle außerhalb der Organisation Weisungen weder einholen noch entgegennehmen. Sie haben sich jeder Handlung zu enthalten, die ihrer Stellung als internationale, nur der Konferenz und dem Exekutivrat verantwortliche Bedienstete abträglich sein könnte.

(47) Jeder Vertragsstaat achtet den ausschließlich internationalen Charakter der Verantwortung des Generaldirektors, der Inspektoren oder der sonstigen Mitglieder des Personals und versucht nicht, sie bei der Wahrnehmung ihrer Aufgaben zu beeinflussen.

E. Vorrechte und Immunitäten

(48) Die Organisation besitzt im Hoheitsgebiet oder an jedem anderen Ort unter der Hoheitsgewalt oder Kontrolle eines Vertragsstaats die für die Wahrnehmung ihrer Aufgaben erforderliche Rechts- und Geschäftsfähigkeit und genießt die dafür notwendigen Vorrechte und Immunitäten.

(49) Die Delegierten der Vertragsstaaten mit ihren Stellvertretern und Beratern, die in den Exekutivrat ernannten Vertreter mit ihren Stellvertretern und Beratern, der Generaldirektor und das Personal der Organisation genießen die für die unabhängige Wahrnehmung ihrer Aufgaben im Zusammenhang mit der Organisation erforderlichen Vorrechte und Immunitäten.

(50) Die Rechts- und Geschäftsfähigkeit, die Vorrechte und Immunitäten, auf die in diesem Artikel Bezug genommen wird, werden in Vereinbarungen zwischen der Organisation und den Vertragsstaaten sowie in Abkommen zwischen der Organisation und dem Staat, in dem sich der Sitz der Organisation befindet, festgelegt. Diese Vereinbarungen und Abkommen werden nach Absatz 21 Buchstabe i von der Konferenz geprüft und genehmigt.

(51) Unbeschadet der Absätze 48 und 49 genießen der Generaldirektor und das Personal des Technischen Sekretariats während der Durchführung von Verifikationstätigkeiten die in Teil II Abschnitt B des Verifikationsanhangs genannten Vorrechte und Immunitäten.

Art. IX Konsultationen, Zusammenarbeit und Tatsachenfeststellung. (1) Die Vertragsstaaten konsultieren einander und arbeiten unmittelbar oder über die Organisation oder durch andere geeignete internationale Verfahren, einschließlich solcher im Rahmen der Vereinten Nationen und im Einklang mit deren Charta, in jeder Angelegenheit zusammen, die in bezug auf Ziel und Zweck oder Durchführung dieses Übereinkommens aufgeworfen werden könnte.

(2) Unbeschadet des Rechts jedes Vertragsstaats, um eine Verdachtsinspektion zu ersuchen, sollen sich die Vertragsstaaten soweit möglich zunächst bemühen, durch Austausch von Informationen und durch Konsultationen untereinander jede Angelegenheit zu klären und zu bereinigen, die Zweifel über die Einhaltung dieses Übereinkommens hervorrufen kann oder wegen einer damit zusammenhängenden Angelegenheit, welche als zweifelhaft betrachtet werden kann, zu Bedenken Anlaß gibt. Ein Vertragsstaat, der von einem anderen Vertragsstaat um Klarstellung einer Angelegenheit ersucht wird, welche nach Auffassung des ersuchenden Vertragsstaats zu Zweifeln oder Bedenken Anlaß gibt, übermittelt dem ersuchenden Vertragsstaat so bald wie

möglich, spätestens jedoch zehn Tage nach Eingang des Ersuchens, ausreichende Informationen zur Beantwortung der entstandenen Zweifel oder Bedenken sowie eine Erklärung darüber, wie die übermittelten Informationen die Angelegenheit bereinigen. Das Übereinkommen läßt das Recht von zwei oder mehr Vertragsstaaten unberührt, im gegenseitigen Einvernehmen Inspektionen oder andere Verfahren untereinander zu vereinbaren, um eine Angelegenheit zu klären und zu bereinigen, die Zweifel über die Einhaltung des Übereinkommens hervorrufen kann oder wegen einer damit zusammenhängenden Angelegenheit, welche als zweifelhaft betrachtet werden kann, zu Bedenken Anlaß gibt. Solche Vereinbarungen lassen die Rechte und Pflichten eines Vertragsstaats aus anderen Bestimmungen des Übereinkommens unberührt.

Verfahren bei einem Ersuchen um Klarstellung

(3) Ein Vertragsstaat hat das Recht, den Exekutivrat zu ersuchen, bei der Klarstellung einer Lage zu helfen, die als zweifelhaft betrachtet werden kann oder die zu Bedenken über die Einhaltung dieses Übereinkommens durch einen anderen Vertragsstaat Anlaß gibt. Der Exekutivrat legt in seinem Besitz befindliche diesbezügliche geeignete Informationen vor.

(4) Ein Vertragsstaat hat das Recht, den Exekutivrat zu ersuchen, von einem anderen Vertragsstaat die Klarstellung einer Lage zu erwirken, die als zweifelhaft betrachtet werden kann oder die zu Bedenken über die Nichteinhaltung dieses Übereinkommens durch den Vertragsstaat Anlaß gibt. In solchem Fall gilt folgendes:

a) Der Exekutivrat leitet das Ersuchen um Klarstellung spätestens 24 Stunden nach dessen Eingang über den Generaldirektor an den betreffenden Vertragsstaat weiter;

b) der ersuchte Vertragsstaat legt dem Exekutivrat so bald wie möglich, spätestens jedoch zehn Tage nach Eingang des Ersuchens, die Klarstellung vor;

c) der Exekutivrat nimmt von der Klarstellung Kenntnis und übermittelt sie dem ersuchenden Vertragsstaat spätestens 24 Stunden nach ihrem Eingang;

d) hält der ersuchende Vertragsstaat die Klarstellung für unzulänglich, so hat er das Recht, den Exekutivrat zu ersuchen, von dem ersuchten Vertragsstaat eine weitere Klarstellung zu erhalten;

e) für die Beschaffung einer weiteren nach Buchstabe d erbetenen Klarstellung kann der Exekutivrat den Generaldirektor auffordern, aus den Mitarbeitern des Technischen Sekretariats oder, ist geeignetes Personal im Technischen Sekretariat nicht verfügbar, von außerhalb eine Sachverständigengruppe zur Prüfung aller verfügbaren Informationen und Daten der die Bedenken hervorrufenden Lage einzusetzen. Die Sachverständigengruppe übermittelt dem Exekutivrat einen Sachbericht über ihre Feststellungen;

f) hält der ersuchende Vertragsstaat die nach den Buchstaben d und e erhaltene Klarstellung für unbefriedigend, so hat er das Recht, eine außerordentliche Tagung des Exekutivrats zu beantragen, an der betroffene Vertragsstaaten, die nicht Mitglieder des Exekutivrats sind, teilzunehmen berechtigt sind. Auf dieser außerordentlichen Tagung prüft der Exekutivrat die Angelegenheit; er kann jede Maßnahme empfehlen, die er zur Bereinigung der Lage für angebracht hält.

(5) Ein Vertragsstaat hat ferner das Recht, den Exekutivrat um Klarstellung einer Lage zu ersuchen, die als zweifelhaft betrachtet wird oder die zu Bedenken über die mögliche Nichteinhaltung dieses Übereinkommens durch den Vertragsstaat Anlaß gibt. Der Exekutivrat entspricht dem Ersuchen, indem er angemessene Hilfe leistet.

(6) der Exekutivrat unterrichtet die Vertragsstaaten über jedes nach diesem Artikel gestellte Ersuchen um Klarstellung.

(7) Werden die Zweifel oder Bedenken eines Vertragsstaats über eine mögliche Nichteinhaltung nicht innerhalb von 60 Tagen beseitigt, nachdem dem Exekutivrat das Ersuchen um Klarstellung vorgelegt wurde, oder ist dieser Vertragsstaat der Auffassung, daß seine Zweifel eine dringende Prüfung rechtfertigen, so ist er unbeschadet seines Rechts, um eine Verdachtsinspektion zu ersuchen, berechtigt, nach Artikel VIII Absatz 12 Buchstabe c eine außerordentliche Tagung der Konferenz zu beantragen. Auf dieser außerordentlichen Tagung prüft die Konferenz die Angelegenheit; sie kann jede Maßnahme empfehlen, die sie zur Bereinigung der Lage für angebracht hält.

Verfahren bei Verdachtsinspektionen

(8) Jeder Vertragsstaat hat das Recht, um eine Verdachtsinspektion vor Ort jeder Einrichtung oder an jedem Standort im Hoheitsgebiet oder an einem anderen Ort unter der Hoheitsgewalt oder Kontrolle eines anderen Vertragsstaats ausschließlich zum Zweck der Klarstellung oder Lösung von Fragen über die mögliche Nichteinhaltung dieses Übereinkommens zu ersuchen und diese Inspektion unverzüglich nach Maßgabe des Verifikationsanhangs an irgendeinem Ort von einem Inspektionsteam durchführen zu lassen, das vom Generaldirektor bestellt wird.

(9) Jeder Vertragsstaat ist verpflichtet, dafür zu sorgen, daß das Inspektionsersuchen nicht den Rahmen dieses Übereinkommens überschreitet und daß mit dem Inspektionsersuchen alle sachdienlichen Informationen beigebracht werden, auf deren Grundlage Bedenken über eine mögliche Nichteinhaltung des Übereinkommens, wie im Verifikationsanhang festgelegt ist, entstanden sind. Jeder Vertragsstaat unterläßt unbegründete Inspektionsersuchen in dem Bemühen, Mißbrauch zu vermeiden. Eine Verdachtsinspektion wird ausschließlich zu dem Zweck durchgeführt, Tatsachen über eine mögliche Nichteinhaltung festzustellen.

(10) Um eine Einhaltung dieses Übereinkommens zu überprüfen, erlaubt jeder Vertragsstaat dem Technischen Sekretariat, die Verdachtsinspektion vor Ort nach Absatz 8 durchzuführen.

(11) Aufgrund eines Ersuchens um eine Verdachtsinspektion einer Einrichtung oder eines Standorts und nach den im Verifikationsanhang vorgesehenen Verfahren hat ein inspizierter Vertragsstaat

a) das Recht und die Verpflichtung, nach besten Kräften die Einhaltung dieses Übereinkommens darzulegen, und zu diesem Zweck das Inspektionsteam in die Lage zu versetzen, seinen Auftrag zu erfüllen;

b) die Verpflichtung, Zugang zum Inneren des im Ersuchen genannten Betriebsgeländes ausschließlich zu dem Zweck zu gewähren, Tatsachen in bezug auf die Bedenken wegen einer möglichen Nichteinhaltung des Übereinkommens festzustellen;

c) das Recht, Maßnahmen zum Schutz sicherheitsempfindlicher Vorrichtungen zu treffen und zu verhindern, daß vertrauliche Informationen und Daten, die mit diesem Übereinkommen nicht im Zusammenhang stehen, preisgegeben werden.

(12) Für die Teilnahme eines Beobachters gilt folgendes:

a) Der ersuchende Vertragsstaat darf, vorbehaltlich der Einwilligung des inspizierten Vertragsstaats, einen Vertreter entsenden, der Staatsangehöriger des ersuchenden Vertragsstaats oder eines dritten Vertragsstaats ist, um die Durchführung der Verdachtsinspektion zu beobachten.

b) Der inspizierte Vertragsstaat gewährt sodann dem Beobachter Zugang nach Maßgabe des Vertifikationsanhangs.

c) Der inspizierte Vertragsstaat läßt in der Regel den vorgeschlagenen Beobachter zu; lehnt er ihn jedoch ab, so wird diese Tatsache im Schlußbericht festgehalten.

(13) Der ersuchende Vertragsstaat legt das Inspektionsersuchen um eine Verdachtsinspektion vor Ort dem Exekutivrat und gleichzeitig dem Generaldirektor zur sofortigen Erledigung vor.

(14) Der Generaldirektor vergewissert sich sofort, daß das Inspektionsersuchen die in Teil X Absatz 4 des Vertifikationsanhangs genannten Voraussetzungen erfüllt; falls notwendig, hilft er dem ersuchenden Vertragsstaat, das Inspektionsersuchen entsprechend abzufassen. Sobald das Inspektionsersuchen die vorgegebenen Voraussetzungen erfüllt, beginnen die Vorbereitungen für die Verdachtsinspektion.

(15) Der Generaldirektor übermittelt dem inspizierten Vertragsstaat das Inspektionsersuchen spätestens 12 Stunden vor der geplanten Ankunft des Inspektionsteams am Punkt der Einreise.

(16) Nachdem der Exekutivrat das Inspektionsersuchen erhalten hat, nimmt er Kenntnis von den Handlungen des Generaldirektors bezüglich des Ersuchens und verfolgt die Angelegenheit während des gesamten Inspektionsverfahrens. Seine Ausführungen dürfen den Inspektionsvorgang jedoch nicht verzögern.

(17) Der Exekutivrat kann spätestens 12 Stunden, nachdem er das Inspektionsersuchen erhalten hat, mit Dreiviertelmehrheit aller seiner Mitglieder beschließen, daß die Inspektion nicht vorgenommen wird, wenn er der Auffassung ist, daß das Ersuchen nicht stichhaltig, sondern mißbräuchlich ist oder, wie in Absatz 8 beschrieben, ganz eindeutig den Rahmen dieses Übereinkommens überschreitet. Weder der ersuchende noch der inspizierte Vertragsstaat nehmen an der Beschlußfassung teil. Faßt der Exekutivrat einen Beschluß gegen die Verdachtsinspektion, so werden die Vorbereitungen eingestellt und keine weiteren Handlungen bezüglich des Inspektionsersuchens vorgenommen; die betroffenen Vertragsstaaten werden entsprechend unterrichtet.

(18) Der Generaldirektor erteilt einen Inspektionsauftrag für die Durchführung der Verdachtsinspektion. Der Inspektionsauftrag ist das in praktische Anordnungen umgesetzte Inspektionsersuchen nach den Absätzen 8 und 9; er entspricht dem Inspektionsersuchen.

(19) Die Verdachtsinspektion erfolgt nach Maßgabe des Teiles X oder im Fall eines behaupteten Einsatzes nach Maßgabe des Teiles XI des Verifikationsanhangs. Das Inspektionsteam handelt nach dem Grundsatz, die Verdachtsinspektion mit der größtmöglichen Zurückhaltung durchzuführen, die der wirksamen und fristgerechten Erfüllung seines Auftrags entspricht.

(20) Der inspizierte Vertragsstaat hilft dem Inspektionsteam während der gesamten Verdachtsinspektion und erleichtert seine Aufgabe. Schlägt der inspizierte Vertragsstaat nach Teil X Abschnitt C des Verifikationsanhangs andere Regelungen, mit deren Hilfe die Einhaltung dieses Übereinkommens dargelegt werden kann, als den uneingeschränkten und umfassenden Zugang vor, so bemüht er sich nach besten Kräften durch Konsultationen mit dem Inspektionsteam um eine Einigung über die Modalitäten für die Tatsachenfeststellung mit dem Ziel darzulegen, daß er das Übereinkommen einhält.

(21) Der Schlußbericht enthält die festgestellten Tatsachen sowie eine Bewertung durch das Inspektionsteam von Umfang und Art des Zugangs und der Zusammenarbeit, die für die zufriedenstellende Durchführung der Verdachtsinspektion gewährt wurden. Der Generaldirektor übermittelt den Schlußbericht des Inspektionsteams umgehend dem ersuchenden Vertragsstaat, dem inspizierten Vertragsstaat, dem Exekutivrat und allen anderen Vertragsstaaten. Der Generaldirektor übermittelt ferner dem Exekutivrat sogleich die Bewertungen des ersuchenden und des inspizierten Vertragsstaats sowie die Auffassungen anderer Vertragsstaaten, die dem Generaldirektor für diesen Zweck zugeleitet werden können, und stellt sie dann allen anderen Vertragsstaaten zur Verfügung.

(22) Der Exekutivrat überprüft den Schlußbericht des Inspektionsteams, sobald er ihm vorliegt, im Einklang mit seinen Befugnissen und

Aufgaben; er greift alle Bedenken auf, die sich auf folgende Fragen beziehen:

a) ob ein Fall der Nichteinhaltung vorlag;

b) ob das Ersuchen nicht den Rahmen es Übereinkommens überschritt;

c) ob das Recht, um eine Verdachtsinspektion zu ersuchen, mißbraucht wurde.

(23) Gelangt der Exekutivrat im Einklang mit seinen Befugnissen und Aufgaben zu der Auffassung, daß im Hinblick auf Absatz 22 weitere Maßnahmen erforderlich sind, so ergreift er die geeigneten Maßnahmen, um die Lage zu bereinigen und um sicherzustellen, daß das Übereinkommen eingehalten wird; insbesondere erteilt er der Konferenz besondere Empfehlungen. Im Falle des Mißbrauchs prüft der Exekutivrat die Frage, ob der ersuchende Vertragsstaat die finanziellen Lasten der Verdachtsinspektion mitzutragen hat.

(24) Der ersuchende Vertragsstaat und der inspizierte Vertragsstaat haben das Recht, sich am Überprüfungsverfahren zu beteiligen. Der Exekutivrat unterrichtet die Vertragsstaaten und die nächste Tagung der Konferenz von dem Ergebnis des Verfahrens.

(25) Hat der Exekutivrat der Konferenz besondere Empfehlungen erteilt, so prüft die Konferenz Maßnahmen nach Artikel XII.

Art. X Hilfeleistung und Schutz gegen chemische Waffen.

(1) Im Sinne dieses Artikels bedeutet „Hilfeleistung“ die Koordinierung und die Gewährung von Schutz gegen chemische Waffen für die Vertragsstaaten; sie umfaßt unter anderem folgendes: Nachweisgeräte und Alarmsysteme, Schutzausrüstungen, Entgiftungsausrüstungen und Entgiftungsmittel, medizinische Gegenmittel und Behandlungen sowie Beratung über jede dieser Schutzmaßnahmen.

(2) Dieses Übereinkommen ist nicht so auszulegen, als beeinträchtige es das Recht eines Vertragsstaats, Mittel zum Schutz gegen chemische Waffen für nach diesem Übereinkommen nicht verbotene Zwekke zu erforschen, zu entwickeln, herzustellen, zu erwerben, weiterzugeben oder einzusetzen.

(3) Jeder Vertragsstaat verpflichtet sich, einen möglichst umfangreichen Austausch von Ausrüstung, Material sowie wissenschaftlichen und technischen Informationen über Mittel zum Schutz gegen chemische Waffen zu erleichtern, und er hat das Recht, sich daran zu beteiligen.

(4) Zur Erhöhung der Transparenz innerstaatlicher Programme im Zusammenhang mit Schutzmaßnahmen übermittelt jeder Vertragsstaat dem Technischen Sekretariat jedes Jahr Informationen über seine Programme in Übereinstimmung mit den von der Konferenz nach Artikel VIII Absatz 21 Buchstabe i zu prüfenden und zu genehmigenden Verfahren.

(5) Das Technische Sekretariat richtet spätestens 180 Tage nach Inkrafttreten dieses Übereinkommens eine Datenbank ein mit frei zugänglichen Informationen über verschiedene Mittel zum Schutz gegen chemische Waffen sowie mit den von den Vertragsstaaten beschafften Informationen und unterhält die Datenbank zur Benutzung durch jeden ersuchenden Vertragsstaat.

Das Technische Sekretariat holt auch im Rahmen der ihm zur Verfügung stehenden Mittel auf ersuchen eines Vertragsstaats Sachverständigengutachten ein und hilft diesem Vertragsstaat, seine Programme zur Entwicklung und Verbesserung seiner Fähigkeit zum Schutz gegen chemische Waffen umzusetzen.

(6) Dieses Übereinkommen ist nicht so auszulegen, als beeinträchtige es das Recht der Vertragsstaaten, auf zweiseitiger Ebene Hilfe zu erbitten und zu leisten und mit anderen Vertragsstaaten Einzelabkommen über Hilfeleistung in Notfällen zu schließen.

(7) Jeder Vertragsstaat verpflichtet sich, über die Organisation Hilfe zu leisten; zu diesem Zweck kann er eine oder mehrere der folgenden Maßnahmen wählen:

a) Er beteiligt sich an dem freiwilligen Hilfsfonds, der von der Konferenz auf ihrer ersten Tagung gegründet wird;
b) er schließt nach Möglichkeit spätestens 180 Tage, nachdem dieses Übereinkommen für ihn in Kraft getreten ist, mit der Organisation Vereinbarungen über die auf Ersuchen zu leistende Hilfe;
c) er meldet spätestens 180 Tage, nachdem das Übereinkommen für ihn in Kraft getreten ist, die Art der Hilfe, die er zu leisten bereit ist, falls die Organisation dazu aufruft. Ist ein Vertragsstaat später nicht imstande, die in seiner Meldung angegebenen Hilfe zu leisten, so bleibt er gleichwohl verpflichtet, nach Maßgabe dieses Absatzes Hilfe zu leisten.

(8) Jeder Vertragsstaat hat das Recht, Hilfe und Schutz gegen den Einsatz oder die Androhung des Einsatzes chemischer Waffen zu erbitten und vorbehaltlich der in den Absätzen 9, 10 und 11 dargelegten Verfahren zu erhalten, wenn er der Auffassung ist,

a) daß chemische Waffen gegen ihn eingesetzt worden sind;
b) daß Mittel zur Bekämpfung von Unruhen als Mittel der Kriegführung gegen ihn eingesetzt worden sind;
c) daß er durch Handlungen oder Tätigkeiten eines Staates bedroht wird, die für die Vertragsstaaten nach Artikel I verboten sind.

(9) Das Ersuchen, das durch sachdienliche Informationen begründet wird, ist beim Generaldirektor einzureichen; dieser übermittelt es sofort dem Exekutivrat und allen Vertragsstaaten. Der Generaldirektor leitet das Ersuchen sofort an die Vertragsstaaten weiter, die angeboten haben, nach Absatz 7 Buchstaben b und c gegenüber dem betroffenen Vertragsstaat spätestens 12 Stunden nach Eingang des Ersuchens Soforthilfemaßnahmen bei einem Einsatz von chemischen Waffen oder

von Mitteln zur Bekämpfung von Unruhen als Mittel der Kriegführung beziehungsweise humanitäre Hilfe bei einer ernsthaften Bedrohung durch den Einsatz von chemischen Waffen oder von Mitteln zur Bekämpfung von Unruhen als Mittel der Kriegführung einzuleiten. Der Generaldirektor leitet spätestens 24 Stunden nach Eingang des Ersuchens eine Untersuchung ein, auf die sich die später zu ergreifenden weiteren Maßnahmen stützen sollen. Er schließt die Untersuchung innerhalb von 72 Stunden ab und leitet dem Exekutivrat einen Bericht zu. Ist für den Abschluß der Untersuchung mehr Zeit erforderlich, so wird innerhalb derselben Frist ein Zwischenbericht vorgelegt. Die für die Untersuchung benötigte zusätzliche Frist darf 72 Stunden nicht überschreiten. Sie kann jedoch durch ähnliche Fristen weiter verlängert werden. Am Ende jeder zusätzlichen Frist wird dem Exekutivrat ein Bericht vorgelegt. Die Untersuchung stellt gegebenenfalls und im Einklang mit dem Ersuchen und den beigefügten Informationen die mit dem Ersuchen zusammenhängenden maßgeblichen Tatsachen sowie die Art und den Umfang der erforderlichen zusätzlichen Hilfe und des benötigten Schutzes fest.

(10) Der Exekutivrat tritt spätestens 24 Stunden nach Eingang eines Untersuchungsberichts zur Erörterung der Lage zusammen; innerhalb der folgenden 24 Stunden beschließt er mit einfacher Mehrheit über die Frage, ob das Technische Sekretariat angewiesen werden soll, zusätzliche Hilfe zu leisten. Das Technische Sekretariat übermittelt den Untersuchungsbericht und den vom Exekutivrat getroffenen Beschluß sofort allen Vertragsstaaten und einschlägigen internationalen Organisationen. Auf entsprechenden Beschluß des Exekutivrats leistet der Generaldirektor sofort Hilfe. Zu diesem Zweck kann der Generaldirektor mit dem ersuchenden Vertragsstaat, mit anderen Vertragsstaaten und mit einschlägigen internationalen Organisationen zusammenarbeiten. Die Vertragsstaaten bemühen sich nach besten Kräften, Hilfe zu leisten.

(11) Ergeben sich aus den aufgrund der laufenden Untersuchung zur Verfügung stehenden Informationen oder aus anderen zuverlässigen Quellen ausreichende Beweise dafür, daß der Einsatz chemischer Waffen Opfer gefordert hat und daß sofortiges Handeln unerläßlich ist, so unterrichtet der Generaldirektor alle Vertragsstaaten und trifft sofortige Hilfsmaßnahmen, wobei er sich der Mittel bedient, die ihm von der Konferenz für derartige Notfälle zur Verfügung gestellt worden sind. Der Generaldirektor hält den Exekutivrat über die nach diesem Absatz getroffenen Maßnahmen auf dem laufenden.

Art. XI Wirtschaftliche und technologische Entwicklung.

(1) Dieses Übereinkommen wird derart durchgeführt, daß eine Behinderung der wirtschaftlichen oder technologischen Entwicklung der Vertragsstaaten und der internationalen Zusammenarbeit im Bereich der Tätigkeiten auf chemischem Gebiet für nach diesem Übereinkommen nicht verbotene Zwecke vermieden wird; dazu zählt der internationale Austausch wissenschaftlicher und technischer Informationen

sowie von Chemikalien und Ausrüstungen zur Produktion, zur Verarbeitung und zum Einsatz von Chemikalien für nach diesem Übereinkommen nicht verbotene Zwecke.

(2) Vorbehaltlich dieses Übereinkommens und unbeschadet der Grundsätze und anwendbaren Regeln des Völkerrechts gilt für die Vertragsstaaten folgendes:

a) Sie haben das Recht, einzeln oder gemeinsam Chemikalien zu erforschen, zu entwickeln, zu produzieren, zu erwerben, zurückzuhalten, weiterzugeben und einzusetzen;

b) sie verpflichten sich, einen möglichst umfangreichen Austausch von Chemikalien, Ausrüstungen sowie wissenschaftlichen und technischen Informationen im Zusammenhang mit der Weiterentwicklung und Anwendung der Chemie für nach diesem Übereinkommen nicht verbotene Zwecke zu erleichtern, und sie haben das Recht, sich daran zu beteiligen;

c) sie behalten untereinander keine Beschränkungen bei, die mit den in diesem Übereinkommen übernommenen Verpflichtungen unvereinbar sind – auch nicht solche aus internationalen Übereinkünften –, welche den Handel mit wissenschaftlichen und technischen Kenntnissen beziehungsweise die Entwicklung und Förderung dieser Kenntnisse im Bereich der Chemie für industrielle, landwirtschaftliche, forschungsbezogene, medizinische, pharmazeutische oder sonstige friedliche Zwecke einschränken oder behindern würden;

d) sie benutzen dieses Übereinkommen nicht als Grundlage für die Anwendung anderer als in dem Übereinkommen vorgesehener oder erlaubter Maßnahmen und benutzen auch keine andere internationale Übereinkunft, um ein Ziel zu verfolgen, das mit diesem Übereinkommen unvereinbar ist;

e) sie verpflichten sich, ihre geltenden innerstaatlichen Rechtsvorschriften im Bereich des Handels mit Chemikalien zu überprüfen, um sie mit Ziel und Zweck dieses Übereinkommens in Einklang zu bringen.

Art. XII Maßnahmen zur Bereinigung einer Lage und zur Gewährleistung der Einhaltung dieses Übereinkommens, einschließlich Sanktionen. (1) Die Konferenz trifft die in den Absätzen 2, 3 und 4 dargelegten notwendigen Maßnahmen, um die Einhaltung dieses Übereinkommens zu gewährleisten und jede Lage zu bereinigen und zu beheben, die zu dem Übereinkommen im Widerspruch steht. Bei der Prüfung der nach diesem Absatz zu ergreifenden Maßnahmen berücksichtigt die Konferenz alle vom Exekutivrat zu den Fragen vorgelegten Informationen und Empfehlungen.

(2) Ist ein Vertragsstaat vom Exekutivrat aufgefordert worden, Maßnahmen zur Bereinigung einer Lage zu treffen, die hinsichtlich der Einhaltung dieses Übereinkommens durch den Vertragsstaat Probleme

aufwirft, und kommt er der Aufforderung innerhalb der festgesetzten Frist nicht nach, so kann die Konferenz unter anderem auf Empfehlung des Exekutivrats die Rechte und Vorrechte des Vertragsstaats aus dem Übereinkommen einschränken oder aussetzen, bis er die notwendigen Schritte unternimmt, um seinen Verpflichtungen aus dem Übereinkommen nachzukommen.

(3) Kann durch Tätigkeiten, die nach diesem Übereinkommen, insbesondere nach Artikel I, verboten sind, schwerer Schaden für Ziel und Zweck dieses Übereinkommens entstehen, so kann die Konferenz den Vertragsstaaten gemeinsame Maßnahmen im Einklang mit dem Völkerrecht empfehlen.

(4) In besonders schwerwiegenden Fällen bringt die Konferenz die Frage samt sachdienlichen Informationen und Schlußfolgerungen der Generalversammlung und dem Sicherheitsrat der Vereinten Nationen zur Kenntnis.

Art. XIII Beziehung zu anderen internationalen Übereinkünften. Dieses Übereinkommen ist nicht so auszulegen, als beschränke oder verringere es in irgendeiner Weise die Verpflichtungen eines Staates aus dem am 17. Juni 1925 in Genf unterzeichneten Protokoll über das Verbot der Verwendung von erstickenden, giftigen oder ähnlichen Gasen sowie von bakteriologischen Mitteln im Kriege und aus dem am 10. April 1972 in London, Moskau und Washington unterzeichneten Übereinkommen über das Verbot der Entwicklung, Herstellung und Lagerung bakteriologischer (biologischer) Waffen und von Toxinwaffen sowie über die Vernichtung solcher Waffen.

Art. XIV Beilegung von Streitigkeiten. (1) Streitigkeiten, die über die Anwendung oder Auslegung dieses Übereinkommens entstehen können, werden im Einklang mit den einschlägigen Bestimmungen des Übereinkommens und nach Maßgabe der Charta der Vereinten Nationen beigelegt.

(2) Entsteht zwischen zwei oder mehr Vertragsstaaten oder zwischen einem oder mehreren Vertragsstaaten und der Organisation eine Streitigkeit über die Auslegung oder Anwendung dieses Übereinkommens, so konsultieren die Parteien einander mit dem Ziel, eine umgehende Beilegung der Streitigkeit durch Verhandlung oder andere friedliche Mittel ihrer Wahl herbeizuführen, unter anderem durch Inanspruchnahme der geeigneten Organe des Übereinkommens sowie im gegenseitigen Einvernehmen durch Verweisung an den Internationalen Gerichtshof nach Maßgabe seines Statuts. Die beteiligten Vertragsstaaten halten den Exekutivrat über die getroffenen Maßnahmen auf dem laufenden.

(3) Der Exekutivrat kann zur Beilegung einer Streitigkeit durch die von ihm für zweckmäßig erachteten Mittel beitragen, indem er unter anderem seine guten Dienste anbietet, die an der Streitigkeit beteiligten Vertragsstaaten auffordert, das Beilegungsverfahren ihrer Wahl in

Gang zu setzen, und für jedes vereinbarte Verfahren eine Frist vorschlägt.

(4) Die Konferenz prüft Fragen im Zusammenhang mit Streitigkeiten, die von Vertragsstaaten aufgeworfen oder ihr durch den Exekutivrat zur Kenntnis gebracht werden. Soweit sie dies für notwendig hält, schafft sie nach Maßgabe des Artikels VIII Absatz 21 Buchstabe f Organe für die Beilegung dieser Streitigkeiten oder betraut vorhandene Organe mit dieser Aufgabe.

(5) Die Konferenz und der Exekutivrat werden unabhängig voneinander ermächtigt, den Internationalen Gerichtshof vorbehaltlich der Genehmigung durch die Generalversammlung der Vereinten Nationen um ein Gutachten zu einer Rechtsfrage zu ersuchen, die sich im Rahmen der Tätigkeiten der Organisation ergibt. Zwischen der Organisation und den Vereinten Nationen wird zu diesem Zweck im Einklang mit Artikel VIII Absatz 34 Buchstabe a eine Vereinbarung getroffen.

(6) Dieser Artikel läßt Artikel IX oder die Bestimmungen über Maßnahmen zur Bereinigung einer Lage und zur Gewährleistung der Einhaltung, einschließlich Sanktionen, unberührt.

Art. XV Änderungen. (1) Jeder Vertragsstaat kann Änderungen dieses Übereinkommens vorschlagen. Jeder Vertragsstaat kann auch, wie in Absatz 4 festgelegt, Modifikationen der Anhänge des Übereinkommens vorschlagen. Die Vorschläge von Änderungen unterliegen den Verfahren in den Absätzen 2 und 3. Die in Absatz 4 bezeichneten Vorschläge von Modifikationen unterliegen den Verfahren in Absatz 5.

(2) Der Wortlaut eines Änderungsvorschlags wird dem Generaldirektor vorgelegt, der ihn an alle Vertragsstaaten und den Verwahrer weiterleitet. Der Änderungsvorschlag darf nur von einer Änderungskonferenz geprüft werden. Eine derartige Änderungskonferenz wird einberufen, wenn ein Drittel oder mehr der Vertragsstaaten dem Generaldirektor spätestens 30 Tage nach der Weiterleitung des Änderungsvorschlags notifizieren, daß sie eine weitere Prüfung des Vorschlags befürworten. Die Änderungskonferenz findet unmittelbar im Anschluß an eine ordentliche Tagung der Konferenz statt, sofern die ersuchenden Vertragsstaaten nicht eine frühere Sitzung beantragen. Eine Änderungskonferenz findet frühestens 60 Tage nach der Weiterleitung des Änderungsvorschlags statt.

(3) Änderungen treten für alle Vertragsstaaten 30 Tage nach Hinterlegung der Ratifikations- oder Annahmeurkunden durch alle unter Buchstabe b bezeichneten Vertragsstaaten in Kraft,

a) sobald sie auf der Änderungskonferenz durch Ja-Stimme der Mehrheit aller Vertragsstaaten ohne Nein-Stimme eines Vertragsstaats beschlossen worden sind und

b) sobald sie von allen Vertragsstaaten, die auf der Änderungskonferenz eine Ja-Stimme abgegeben haben, ratifiziert oder angenommen worden sind.

(4) Um die Durchführbarkeit und Wirksamkeit des Übereinkommens zu gewährleisten, werden die Bestimmungen in den Anhängen in Übereinstimmung mit Absatz 5 modifiziert, soweit sich die vorgeschlagenen Modifikationen nur auf Angelegenheiten verwaltungsmäßiger oder technischer Art beziehen. Auch alle Modifikationen des Anhangs über Chemikalien erfolgen in Übereinstimmung mit Absatz 5. Das Verfahren der Modifikation nach Absatz 5 findet keine Anwendung auf die Abschnitte A und C des Vertraulichkeitsanhangs, Teil X des Verifikationsanhangs und die Begriffsbestimmungen in Teil I des Verifikationsanhangs, die sich ausschließlich auf Verdachtsinspektionen beziehen.

(5) Die in Absatz 4 bezeichneten Vorschläge von Modifikationen unterliegen folgenden Verfahren:

a) Der Wortlaut der vorgeschlagenen Modifikationen wird dem Generaldirektor mit den notwendigen Informationen übermittelt. Jeder Vertragsstaat und der Generaldirektor können zur Prüfung des Vorschlags zusätzliche Informationen beibringen. Der Generaldirektor leitet diese Vorschläge und Informationen umgehend an alle Vertragsstaaten, den Exekutivrat und den Verwahrer weiter;

b) spätestens 60 Tage nach Eingang des Vorschlags wertet der Generaldirektor ihn aus, um seine möglichen Folgen für dieses Übereinkommen und dessen Durchführung festzustellen, und übermittelt allen Vertragsstaaten und dem Exekutivrat einschlägige Informationen;

c) der Exekutivrat prüft den Vorschlag anhand aller ihm verfügbaren Informationen, insbesondere die Frage, ob der Vorschlag die Voraussetzungen des Absatzes 4 erfüllt. Spätestens 90 Tage nach Eingang des Vorschlags notifiziert der Exekutivrat allen Vertragsstaaten seine Empfehlung mit entsprechenden Erklärungen zur Prüfung. Die Vertragsstaaten bestätigen den Eingang innerhalb von zehn Tagen;

d) empfiehlt der Exekutivrat allen Vertragsstaaten, den Vorschlag anzunehmen, so gilt er als genehmigt, wenn innerhalb von 90 Tagen nach Eingang der Empfehlung kein Vertragsstaat dagegen Einspruch erhebt. Empfiehlt der Exekutivrat, den Vorschlag abzulehnen, so gilt er als abgelehnt, wenn innerhalb von 90 Tagen nach Eingang der Empfehlung kein Vertragsstaat gegen die Ablehnung Einspruch erhebt;

e) findet eine Empfehlung des Exekutivrats nicht die nach Buchstabe d erforderliche Annahme, so entscheidet die Konferenz auf ihrer nächsten Tagung über den Vorschlag, einschließlich der Frage, ob er die Voraussetzungen des Absatzes 4 erfüllt, als Sachfrage;

f) der Generaldirektor notifiziert allen Vertragsstaaten und dem Verwahrer jeden aufgrund dieses Absatzes gefaßten Beschluß;

g) nach diesem Verfahren genehmigte Modifikationen treten für alle Vertragsstaaten 180 Tage nach dem Zeitpunkt in Kraft, zu dem der Generalsekretär ihre Genehmigung notifiziert hat, sofern nicht eine andere Frist vom Exekutivrat empfohlen oder von der Konferenz beschlossen wird.

Art. XVI Geltungsdauer und Rücktritt. (1) Die Geltungsdauer dieses Übereinkommens ist unbegrenzt.

(2) Jeder Vertragsstaat hat in Ausübung seiner staatlichen Souveränität das Recht, von diesem Übereinkommen zurückzutreten, wenn er feststellt, daß außergewöhnliche, mit dem Gegenstand des Übereinkommens zusammenhängende Ereignisse die höchsten Interessen seines Landes gefährden. Er zeigt seinen Rücktritt allen anderen Vertragsstaaten, dem Exekutivrat, dem Verwahrer und dem Sicherheitsrat der Vereinten Nationen 90 Tage im voraus an. Diese Anzeige enthält eine Darlegung der außergewöhnlichen Ereignisse, die nach Auffassung des Vertragsstaats seine höchsten Interessen gefährden.

(3) Der Rücktritt eines Vertragsstaats von diesem Übereinkommen läßt die Pflicht der Staaten, weiterhin die aufgrund einschlägiger Regeln des Völkerrechts, insbesondere des Genfer Protokolls von 1925, übernommenen Verpflichtungen zu erfüllen, unberührt.

Art. XVII Status der Anhänge. Die Anhänge sind Bestandteil dieses Übereinkommens.[1] Jede Bezugnahme auf das Übereinkommen schließt die Anhänge ein.

Art. XVIII Unterzeichnung. Dieses Übereinkommen liegt vor seinem Inkrafttreten für alle Staaten zur Unterzeichnung auf.

Art. XIX Ratifikation. Dieses Übereinkommen bedarf der Ratifikation durch die Unterzeichnerstaaten nach Maßgabe ihrer verfassungsrechtlichen Verfahren.

Art. XX Beitritt. Jeder Staat, der dieses Übereinkommen nicht vor seinem Inkrafttreten unterzeichnet, kann ihm jederzeit danach beitreten.

Art. XXI Inkrafttreten. (1) Dieses Übereinkommen tritt 180 Tage nach Hinterlegung der 65. Ratifikationsurkunde in Kraft, keinesfalls jedoch früher als vor Ablauf von zwei Jahren, nachdem es zur Unterzeichnung aufgelegt wurde.

(2) Für Staaten, deren Ratifikations- oder Beitrittsurkunden nach Inkrafttreten dieses Übereinkommens hinterlegt werden, trifft es am 30. Tag nach Hinterlegung ihrer Ratifikations- oder Beitrittsurkunde in Kraft.

Art. XXII Vorbehalte. Vorbehalte zu den Artikeln dieses Übereinkommens sind nicht zulässig. Vorbehalte zu den Anhängen des Übereinkommens, die mit Ziel und Zweck des Übereinkommens unvereinbar sind, sind nicht zulässig.

---

[1] Vom Abdruck wurde abgesehen. S. aber BGBl. 1994 II S. 849 ff.

Art. XXIII Verwahrer. Der Generalsekretär der Vereinten Nationen wird hiermit zum Verwahrer dieses Übereinkommens bestimmt; er hat unter anderem folgende Aufgaben:

a) Er unterrichtet umgehend alle Unterzeichnerstaaten und alle beitretenden Staaten über den Zeitpunkt jeder Unterzeichnung, den Zeitpunkt jeder Hinterlegung einer Ratifikations- oder Beitrittsurkunde, den Zeitpunkt des Inkrafttretens dieses Übereinkommens und den Eingang sonstiger Mitteilungen;

b) er übermittelt den Regierungen aller Unterzeichnerstaaten und aller beitretenden Staaten gehörig beglaubigte Abschriften dieses Übereinkommens;

c) er registriert dieses Übereinkommen nach Artikel 102 der Charta der Vereinten Nationen.

Art. XXIV Verbindliche Wortlaute. Dieses Übereinkommen, dessen arabischer, chinesischer, englischer, französischer, russischer und spanischer Wortlaut gleichermaßen verbindlich ist, wird beim Generalsekretär der Vereinten Nationen hinterlegt.

Zu Urkund dessen haben die hierzu gehörig befugen Unterzeichneten dieses Übereinkommen unterschrieben.

Geschehen zu Paris am 13. Januar 1993.

Anhang 1
Anhang über Chemikalien

(vom Abdruck wurde abgesehen)[1]

Anhang 2
Anhang über die Durchführung und Verifikation („Verifikationsanhang")

(vom Abdruck wurde abgesehen)[2]

Anhang 3
Anhang über den Schutz vertraulicher Informationen („Vertraulichkeitsanhang")

(vom Abdruck wurde abgesehen)[3]

---

[1] S. aber BGBl. 1994 II S. 849 ff. Im Verfahren nach Art. XV Abs. 5 zuletzt geänd. durch Beschluss der Vertragsstaatenkonferenz v. 5.7.2019 (vgl. BGBl. 2020 II S. 443).

[2] S. aber BGBl. 1994 II S. 855 ff., Teil VI B geänd. durch Beschluss der Vertragsstaaten v. 31.10.1999 (ber. 9.3.2000) mit Wirkung v. 9.3.2000 (BGBl. 2003 II S. 578) und Beschluss v. 14.10.2004 (BGBl. 2005 II S. 76, neuer Art. 72a) mit Wirkung v. 31.1.2005 (Bek. v. 11.7.2005, BGBl. II S. 873). Teil VD/neuer Art. 72a) geänd. mit Wirkung v. 12.1.2005 (BGBl. 2005 II S. 76).

[3] S. aber BGBl. 1994 II S. 964 ff.

64. Übereinkommen über das Verbot der Entwicklung, Herstellung und Lagerung bakteriologischer (biologischer) Waffen und von Toxinwaffen sowie über die Vernichtung solcher Waffen[1]

(Biotoxinwaffen-Übereinkommen)[2]

Vom 10. April 1972

(BGBl. 1983 II S. 133)

(Übersetzung)

DIE VERTRAGSSTAATEN DIESES ÜBEREINKOMMENS –

ENTSCHLOSSEN ZU HANDELN, um wirksame Fortschritte auf dem Wege zur allgemeinen und vollständigen Abrüstung, einschließlich des Verbots und der Beseitigung aller Arten von Massenvernichtungswaffen, zu erzielen, und überzeugt, daß das Verbot der Entwicklung, Herstellung und Lagerung chemischer und bakteriologischer (biologischer) Waffen sowie ihre Beseitigung durch wirksame Maßnahmen die Erreichung der allgemeinen und vollständigen Abrüstung unter strenger und wirksamer internationaler Kontrolle erleichtern wird,

IN ANERKENNUNG der großen Bedeutung des in Genf am 17. Juni 1925 unterzeichneten Protokolls über das Verbot der Verwendung von erstickenden, giftigen oder ähnlichen Gasen sowie von bakteriologischen Mitteln im Kriege und eingedenk auch des Beitrags, den das genannte Protokoll zur Milderung der Schrecken des Krieges bereits geleistet hat und noch leistet,

IN ERNEUTER BEKRÄFTIGUNG ihres Bekenntnisses zu den Grundsätzen und Zielen jenes Protokolls und mit der an alle Staaten gerichteten Aufforderung, sich streng daran zu halten,

EINGEDENK DESSEN, daß die Generalversammlung der Vereinten Nationen wiederholt alle Maßnahmen verurteilt hat, die im Widerspruch zu den Grundsätzen und Zielen des Genfer Protokolls vom 17. Juni 1925 stehen,

IN DEM WUNSCH, zur Festigung des Vertrauens zwischen den Völkern und zur allgemeinen Verbesserung der internationalen Atmosphäre beizutragen,

IN DEM WUNSCH ferner, zur Verwirklichung der Ziele und Grundsätze der Charta der Vereinten Nationen beizutragen,

---

[1] In Kraft getreten am 26. 3. 1975, jedoch für die Bundesrepublik am 7. 4. 1983 (Bek. v. 19. 5. 1983, BGBl. II S. 436). Stand der Vertragsparteien s. BGBl. Fundstellennachweis B, abgeschlossen am 31. Dezember jedes Jahres.

[2] Der Zusatz in Klammern ist nicht amtlich.

überzeugt, daß es wichtig und dringend geboten ist, derart gefährliche Massenvernichtungswaffen wie diejenigen, die chemische oder bakteriologische (biologische) Agenzien verwenden, durch wirksame Maßnahmen aus den Waffenbeständen der Staaten zu entfernen,

IN DER ERKENNTNIS, daß eine Übereinkunft über das Verbot bakteriologischer (biologischer) Waffen und von Toxinwaffen einen ersten möglichen Schritt zur Erzielung einer Übereinkunft über wirksame Maßnahmen auch für das Verbot der Entwicklung, Herstellung und Lagerung chemischer Waffen darstellt, und entschlossen, auf dieses Ziel gerichtete Verhandlungen fortzusetzen,

ENTSCHLOSSEN, im Interesse der gesamten Menschheit die Möglichkeit einer Verwendung von bakteriologischen (biologischen) Agenzien und Toxinen als Waffen vollständig auszuschließen,

ÜBERZEUGT, daß eine solche Verwendung mit dem Gewissen der Menschheit unvereinbar wäre und daß alles getan werden sollte, um diese Gefahr zu mindern, –

SIND WIE FOLGT ÜBEREINGEKOMMEN:

Art. I. Jeder Vertragsstaat dieses Übereinkommens verpflichtet sich,

1. mikrobiologische oder andere biologische Agenzien oder – ungeachtet ihres Ursprungs und ihrer Herstellungsmethode – Toxine von Arten und in Mengen, die nicht durch Vorbeugungs-, Schutz- oder sonstige friedliche Zwecke gerechtfertigt sind, sowie
2. Waffen, Ausrüstungen oder Einsatzmittel, die für die Verwendung solcher Agenzien oder Toxine für feindselige Zwecke oder in einem bewaffneten Konflikt bestimmt sind,

niemals und unter keinen Umständen zu entwickeln, herzustellen, zu lagern oder in anderer Weise zu erwerben oder zurückzubehalten.

Art. II. Jeder Vertragsstaat dieses Übereinkommens verpflichtet sich, alle in seinem Besitz befindlichen oder seiner Hoheitsgewalt oder Kontrolle unterliegenden Agenzien, Toxine, Waffen, Ausrüstungen und Einsatzmittel im Sinne des Artikels I so bald wie möglich, spätestens jedoch neun Monate nach dem Inkrafttreten des Übereinkommens, zu vernichten oder friedlichen Zwecken zuzuführen. Bei der Durchführung der Bestimmungen dieses Artikels sind alle erforderlichen Sicherheitsvorkehrungen zum Schutz der Bevölkerung und der Umwelt zu beachten.

Art. III. Jeder Vertragsstaat dieses Übereinkommens verpflichtet sich, die in Artikel I bezeichneten Agenzien, Toxine, Waffen, Ausrüstungen oder Einsatzmittel an niemanden unmittelbar oder mittelbar weiterzugeben und einen Staat, eine Gruppe von Staaten oder internationale Organisationen weder zu unterstützen, noch zu ermutigen, noch zu veranlassen, sie herzustellen oder in anderer Weise zu erwerben.

Art. IV. Jeder Vertragsstaat dieses Übereinkommens trifft nach Maßgabe der in seiner Verfassung vorgesehenen Verfahren alle erforderlichen Maßnahmen, um die Entwicklung, die Herstellung, die Lagerung, den Erwerb oder die Zurückbehaltung der in Artikel I bezeichneten Agenzien, Toxine, Waffen, Ausrüstungen und Einsatzmittel in seinem Hoheitsgebiet, unter seiner Hoheitsgewalt oder an irgendeinem Ort unter seiner Kontrolle zu verbieten und zu verhindern.

Art. V. Die Vertragsstaaten des Übereinkommens verpflichten sich, einander zu konsultieren und zusammenzuarbeiten, um alle Probleme zu lösen, die sich in bezug auf das Ziel oder bei der Anwendung der Bestimmungen dieses Übereinkommens ergeben können. Die Konsultation und Zusammenarbeit auf Grund dieses Artikels kann auch durch geeignete internationale Verfahren im Rahmen der Vereinten Nationen und im Einklang mit deren Charta erfolgen.

Art. VI. (1) Jeder Vertragsstaat des Übereinkommens, der feststellt, daß ein anderer Vertragsstaat durch sein Handeln die sich aus diesem Übereinkommen ergebenden Verpflichtungen verletzt, kann beim Sicherheitsrat der Vereinten Nationen Beschwerde einlegen. Eine solche Beschwerde soll mit allen nur möglichen Beweisen für ihre Begründetheit sowie mit einem Antrag auf Prüfung durch den Sicherheitsrat versehen sein.

(2) Jeder Vertragsstaat des Übereinkommens verpflichtet sich zur Zusammenarbeit bei der Durchführung einer Untersuchung, die der Sicherheitsrat im Einklang mit den Bestimmungen der Charta der Vereinten Nationen auf Grund der bei ihm eingegangenen Beschwerde gegebenenfalls einleitet. Der Sicherheitsrat unterrichtet die Vertragsstaaten des Übereinkommens über die Ergebnisse der Untersuchung.

Art VII. Jeder Vertragsstaat des Übereinkommens verpflichtet sich, jeder Vertragspartei, die darum ersucht, im Einklang mit der Charta der Vereinten Nationen Hilfe zu gewähren oder Hilfeleistungen zu unterstützen, falls der Sicherheitsrat feststellt, daß diese Vertragspartei als Ergebnis der Verletzung dieses Übereinkommens einer Gefahr ausgesetzt worden

Art. VIII. Keine Bestimmung dieses Übereinkommens ist so auszulegen, als begrenze oder mindere sie in irgendeiner Weise die von einem Staat auf Grund des in Genf am 17. Juni 1925 unterzeichneten Protokolls über das Verbot der Verwendung von erstickenden, giftigen oder ähnlichen Gasen sowie von bakteriologischen Mitteln im Kriege[1] übernommenen Verpflichtungen.

[1] Vgl. Nr. **46 a** dieser Textsammlung.

Art. IX. Jeder Vertragsstaat dieses Übereinkommens bekräftigt das anerkannte Ziel des wirksamen Verbots chemischer Waffen und verpflichtet sich, hierauf gerichtete Verhandlungen in redlicher Absicht fortzusetzen, um eine baldige Übereinkunft zu erzielen über wirksame Maßnahmen zum Verbot ihrer Entwicklung, Herstellung und Lagerung und zu ihrer Vernichtung sowie über geeignete Maßnahmen in bezug auf Ausrüstungen und Einsatzmittel, die eigens für die Herstellung oder Verwendung chemischer Agenzien für Waffenzwecke vorgesehen sind.

Art. X. (1) Die Vertragsstaaten dieses Übereinkommens verpflichten sich, den weitestmöglichen Austausch von Ausrüstungen, Material und wissenschaftlichen und technologischen Informationen zur Verwendung bakteriologischer (biologischer) Agenzien und von Toxinen für friedliche Zwecke zu erleichtern, und sind berechtigt, daran teilzunehmen. Vertragsparteien, die hierzu in der Lage sind, arbeiten ferner zusammen, um allein oder gemeinsam mit anderen Staaten oder internationalen Organisationen zur Weiterentwicklung und Anwendung wissenschaftlicher Entdeckungen auf dem Gebiet der Bakteriologie (Biologie) zur Krankheitsverhütung oder zu anderen friedlichen Zwekken beizutragen.

(2) Dieses Übereinkommen ist so durchzuführen, daß es keine Behinderung für die wirtschaftliche und technologische Entwicklung der Vertragsstaaten des Übereinkommens oder für die internationale Zusammenarbeit auf dem Gebiet friedlicher bakteriologischer (biologischer) Tätigkeiten darstellt, einschließlich des internationalen Austausches von bakteriologischen (biologischen) Agenzien und Toxinen sowie von Ausrüstungen für die Verarbeitung, Verwendung oder Herstellung bakteriologischer (biologischer) Agenzien und von Toxinen für friedliche Zwecke im Einklang mit den Bestimmungen dieses Übereinkommens.

Art. XI. Jeder Vertragsstaat kann Änderungen dieses Übereinkommens vorschlagen. Änderungen treten für jeden Vertragsstaat, der sie annimmt, nach ihrer Annahme durch eine Mehrheit der Vertragsstaaten des Übereinkommens in Kraft; danach treten sie für jeden weiteren Vertragsstaat am Tage der Annahme durch ihn in Kraft.

Art. XII. Fünf Jahre nach dem Inkrafttreten dieses Übereinkommens oder, wenn eine Mehrheit der Vertragsparteien des Übereinkommens durch einen an die Verwahrregierungen gerichteten entsprechenden Vorschlag darum ersucht, zu einem früheren Zeitpunkt, wird in Genf, Schweiz, eine Konferenz der Vertragsstaaten des Übereinkommens zu dem Zweck abgehalten, die Wirkungsweise dieses Übereinkommens zu überprüfen, um sicherzustellen, daß die Ziele der Präambel und die Bestimmungen des Vertrags einschließlich jener betreffend die Verhandlungen über chemische Waffen verwirklicht werden. Bei dieser Überprüfung wer-

(Fortsetzung nächste Seite)

den die für dieses Übereinkommen erheblichen neuen wissenschaftlichen und technologischen Entwicklungen berücksichtigt.

Art. XIII. (1) Die Geltungsdauer dieses Übereinkommens ist unbegrenzt.

(2) Jeder Vertragsstaat dieses Übereinkommens ist in Ausübung seiner staatlichen Souveränität berechtigt, von diesem Übereinkommen zurückzutreten, wenn er entscheidet, daß durch außergewöhnliche, mit dem Inhalt dieses Übereinkommens zusammenhängende Ereignisse eine Gefährdung der höchsten Interessen seines Landes eingetreten ist. Er teilt diesen Rücktritt allen anderen Vertragsstaaten des Übereinkommens sowie dem Sicherheitsrat der Vereinten Nationen drei Monate im voraus mit. Diese Mitteilung hat eine Darlegung der außergewöhnlichen Ereignisse zu enthalten, durch die seiner Ansicht nach eine Gefährdung seiner höchsten Interessen eingetreten ist.

Art. XIV. (1) Dieses Übereinkommen liegt für alle Staaten zur Unterzeichnung auf. Jeder Staat, der das Übereinkommen nicht vor seinem nach Absatz 3 erfolgten Inkrafttreten unterzeichnet, kann ihm jederzeit beitreten.

(2) Dieses Übereinkommen bedarf der Ratifkation durch die Unterzeichnerstaaten. Die Ratifikations- und die Beitrittsurkunden sind bei den Regierungen der Union der Sozialistischen Sowjetrepubliken, des Vereinigten Königreichs Großbritannien und Nordirland sowie der Vereinigten Staaten von Amerika zu hinterlegen; diese werden hiermit zu Verwahrregierungen bestimmt.

(3) Dieses Übereinkommen tritt in Kraft, sobald zweiundzwanzig Regierungen, einschließlich derjenigen, die als Verwahrregierungen bestimmt sind, ihre Ratifikationsurkunden hinterlegt haben.

(4) Für Staaten, deren Ratifikations- oder Beitrittsurkunden nach dem Inkrafttreten dieses Übereinkommens hinterlegt werden, tritt es am Tag der Hinterlegung ihrer Ratifikations- oder Beitrittsurkunden in Kraft.

(5) Die Verwahrregierungen unterrichten alle Unterzeichnerstaaten und beitretenden Staaten sogleich vom Zeitpunkt jeder Unterzeichnung, vom Zeitpunkt jeder Hinterlegung einer Ratifikations- oder Beitrittsurkunde, vom Zeitpunkt des Inkrafttretens dieses Übereinkommens und vom Eingang sonstiger Mitteilungen.

(6) Dieses Übereinkommen wird von den Verwahrregierungen nach Artikel 102 der Charta der Vereinten Nationen registriert.

Art. XV. Dieses Übereinkommen, dessen chinesischer, englischer, französischer, russischer und spanischer Wortlaut gleichermaßen verbindlich ist, wird in den Archiven der Verwahrregierungen hinterlegt. Diese übermitteln den Regierungen der Unterzeichnerstaaten und der beitretenden Staaten gehörig beglaubigte Abschriften.

Zu Urkund dessen haben die hierzu gehörig befugten Unterzeichneten dieses Übereinkommen unterschrieben.

Geschehen in drei Urschriften zu London, Moskau und Washington am 10. April 1972.

65. Nordatlantikvertrag[1) · 2)]

Vom 4. April 1949

(BGBl. 1955 II S. 289, i. d. F. des Protokolls v. 17.10.1951, BGBl. 1955 II S. 293)

(Übersetzung)

DIE PARTEIEN DIESES VERTRAGS

BEKRÄFTIGEN erneut ihren Glauben an die Ziele und Grundsätze der Satzung der Vereinten Nationen und ihren Wunsch, mit allen Völkern und allen Regierungen in Frieden zu leben.

SIE SIND ENTSCHLOSSEN, die Freiheit, das gemeinsame Erbe und die Zivilisation ihrer Völker, die auf den Grundsätzen der Demokratie, der Freiheit der Person und der Herrschaft des Rechts beruhen, zu gewährleisten.

SIE SIND BESTREBT, die innere Festigkeit und das Wohlergehen im nordatlantischen Gebiet zu fördern.

SIE SIND ENTSCHLOSSEN, ihre Bemühungen für die gemeinsame Verteidigung und für die Erhaltung des Friedens und der Sicherheit zu vereinigen.

SIE VEREINBAREN DAHER DIESEN NORDATLANTIKVERTRAG:

Art. 1 [Grundsatz friedlicher Streitbeilegung] Die Parteien verpflichten sich, in Übereinstimmung mit der Satzung der Vereinten Nationen jeden internationalen Streitfall, an dem sie beteiligt sind, auf friedlichem Wege so zu regeln, daß der internationale Friede, die Sicherheit und die Gerechtigkeit nicht gefährdet werden, und sich in ihren internationalen Beziehungen jeder Gewaltandrohung oder Gewaltanwendung zu enthalten, die mit den Zielen der Vereinten Nationen nicht vereinbar ist.

---

1) Der Nordatlantikvertrag – in Kraft seit 24.8.1949 – ist für die Bundesrepublik gemäß Bek. v. 9.5.1955 (BGBl. II S. 630) i. d. F. v. 15.10.1951 am 6.5.1955 in Kraft getreten. Siehe auch das Ges. über den Beitritt der Bundesrepublik v. 24.3.1955 (BGBl. II S. 256). Vgl. auch das Übereinkommen vom 20.9.1951 über den Status der Nordatlantikvertragsorganisation, der nationalen Vertreter und des internationalen Personals (BGBl. 1958 II S. 117), die Vereinbarung über die Rechtsstellung von Missionen und Vertretern von Drittstaaten bei der Nordatlantikvertragsorganisation v. 14.9.1994 (BGBl. 1997 II S. 1426) sowie das Geheimschutzabkommen vom 6.3.1997 (BGBl. 2001 II S. 133) in Kraft für Deutschland am 4.8.2001 (Bek. v. 2.9.2002, BGBl. II S. 2794).

Vertragsparteien sind ferner: **Belgien, Dänemark, Frankreich, Griechenland, Island, Italien, Kanada, Luxemburg, Niederlande, Norwegen, Polen, Portugal, Spanien, Tschechien, Türkei, Ungarn, Vereinigtes Königreich, USA.** Der Beitritt **Bulgariens, Estlands, Lettlands, Litauens, Rumäniens**, der **Slowakei** und **Sloweniens** gem. den Prot. v. 26.3.2003 (BGBl. II S. 1386) ist am 29.3.2004 wirksam geworden (Bek. v. 17.11.2004, BGBl. II 2004 II S. 1718: 27.2.2004); **Albanien** und **Kroatien** sind der NATO mit Wirkung vom 1.4.2009 beigetreten (Prot. v. 9.7.2008, BGBl. 2008 II S. 1414); Bek. für die Beitritte seit 1999: BGBl. 2010 II S. 808. Der Beitritt **Montenegros** zur NATO (Prot. v. 19.5.2016, BGBl. 2017 II S. 200) erfolgte m. W. v. 5.6.2017 (Bek. v. 18.7.2019, BGBl. II S. 787), derjenige **Nordmazedoniens** (Prot. v. 6.2.2019, BGBl. I S. 667) mWv 19.3.2020 (Bek. v. 27.3.2020, BGBl. II S. 322).

2) Siehe auch das NATO-Truppenstatut (Nr. **66b**) und das Zusatzabk. hierzu (Nr. **66c**).

Art. 2 [Harmonisierung] Die Parteien werden zur weiteren Entwicklung friedlicher und freundschaftlicher internationaler Beziehungen beitragen, indem sie ihre freien Einrichtungen festigen, ein besseres Verständnis für die Grundsätze herbeiführen, auf denen diese Einrichtungen beruhen, und indem sie die Voraussetzungen für die innere Festigkeit und das Wohlergehen fördern. Sie werden bestrebt sein, Gegensätze in ihrer internationalen Wirtschaftspolitik zu beseitigen und die wirtschaftliche Zusammenarbeit zwischen einzelnen oder allen Parteien zu fördern.

Art. 3 [Erhaltung der Widerstandskraft] Um die Ziele dieses Vertrags besser zu verwirklichen, werden die Parteien einzeln und gemeinsam durch ständige und wirksame Selbsthilfe und gegenseitige Unterstützung die eigene und die gemeinsame Widerstandskraft gegen bewaffnete Angriffe erhalten und fortentwickeln.[1)]

Art. 4 [Konsultation] Die Parteien werden einander konsultieren, wenn nach Auffassung einer von ihnen die Unversehrtheit des Gebiets, die politische Unabhängigkeit oder die Sicherheit einer der Parteien bedroht sind.

Art. 5 [Gemeinsame Reaktion auf Angriffe; Sicherheitsrat] Die Parteien vereinbaren, daß ein bewaffneter Angriff gegen eine oder mehrere von ihnen in Europa oder Nordamerika als ein Angriff gegen sie alle angesehen werden wird; sie vereinbaren daher, daß im Falle eines solchen bewaffneten Angriffs jede von ihnen in Ausübung des in Artikel 51 der Satzung der Vereinten Nationen anerkannten Rechts der individuellen oder kollektiven Selbstverteidigung der Partei oder den Parteien, die angegriffen werden, Beistand leistet, indem jede von ihnen unverzüglich für sich und im Zusammenwirken mit den anderen Parteien die Maßnahmen, einschließlich der Anwendung von Waffengewalt, trifft, die sie für erforderlich erachtet, um die Sicherheit des nordatlantischen Gebiets wiederherzustellen und zu erhalten.

Von jedem bewaffneten Angriff und allen daraufhin getroffenen Gegenmaßnahmen ist unverzüglich dem Sicherheitsrat Mitteilung zu machen. Die Maßnahmen sind einzustellen, sobald der Sicherheitsrat diejenigen Schritte unternommen hat, die notwendig sind, um den internationalen Frieden und die internationale Sicherheit wiederherzustellen und zu erhalten.

---

1) Vgl. hierzu die Vereinbarungen zwischen der Bundesrepublik, den USA, Großbritannien, Frankreich, Dänemark vom 7.6.1957 sowie Belgien vom 9.7.1957 und den Niederlanden vom 10.7.1957 (BGBl. 1959 II S. 409), die Vereinbarung vom 3.10.1958 zwischen der Bundesrepublik und Großbritannien (BGBl. 1959 II S. 544), das Abkommen vom 15.4.1982 zwischen der Bundesrepublik und den USA (BGBl. 1982 II S. 450), das Abkommen vom 13.12.1983 zwischen der Regierung der Bundesrepublik Deutschland und der Regierung des Vereinigten Königreichs Großbritannien und Nordirland über Unterstützung durch den Aufnahmestaat in Krise oder Krieg, BGBl. 1989 II 759, sowie das Abkommen vom 9.6.1989 zwischen der Regierung der Bundesrepublik Deutschland und der Regierung von Kanada über Unterstützung durch den Aufnahmestaat in Krise oder Krieg, BGBl. 1989 II 755.

Art. 6[1] **[Angriffsdefinition]** Im Sinne des Artikels 5 gilt als bewaffneter Angriff auf eine oder mehrere der Parteien jeder bewaffnete Angriff

(i) auf das Gebiet eines dieser Staaten in Europa oder Nordamerika, *auf die algerischen Departements Frankreichs,*[2] auf das Gebiet der Türkei oder auf die der Gebietshoheit einer der Parteien unterliegenden Inseln im nordatlantischen Gebiet nördlich des Wendekreises des Krebses;

(ii) auf die Streitkräfte, Schiffe oder Flugzeuge einer der Parteien, wenn sie sich in oder über diesen Gebieten oder irgendeinem anderen europäischen Gebiet, in dem eine der Parteien bei Inkrafttreten des Vertrags eine Besatzung unterhält, oder wenn sie sich im Mittelmeer oder im nordatlantischen Gebiet nördlich des Wendekreises des Krebses befinden.

Art. 7 [Verhältnis zum UN-Recht] Dieser Vertrag berührt weder die Rechte und Pflichten, welche sich für die Parteien, die Mitglieder der Vereinten Nationen sind, aus deren Satzung ergeben, oder die in erster Linie bestehende Verantwortlichkeit des Sicherheitsrats für die Erhaltung des internationalen Friedens und der internationalen Sicherheit, noch kann er in solcher Weise ausgelegt werden.

Art. 8 [Konformitätserklärung] Jede Partei erklärt, daß keine der internationalen Verpflichtungen, die gegenwärtig zwischen ihr und einer anderen Partei oder einem dritten Staat bestehen, den Bestimmungen dieses Vertrags widersprechen und verpflichtet sich, keine diesem Vertrag widersprechende internationale Verpflichtung einzugehen.

Art. 9 [NATO-Rat] Die Parteien errichten hiermit einen Rat, in dem jede von ihnen vertreten ist, um Fragen zu prüfen, welche die Durchführung dieses Vertrags betreffen. Der Aufbau dieses Rats ist so zu gestalten, daß er jederzeit schnell zusammentreten kann. Der Rat errichtet, soweit erforderlich, nachgeordnete Stellen; insbesondere setzt er unverzüglich einen Verteidigungsausschuß ein, der Maßnahmen zur Durchführung der Artikel 3 und 5 zu empfehlen hat.

Art. 10 [Beitritt weiterer Staaten] Die Parteien können durch einstimmigen Beschluß jeden anderen europäischen Staat, der in der Lage ist, die Grundsätze dieses Vertrags zu fördern und zur Sicherheit des nordatlantischen Gebiets beizutragen, zum Beitritt einladen. Jeder so eingeladene Staat kann durch Hinterlegung seiner Beitrittsurkunde bei der Regierung der Vereinigten Staaten von Amerika Mitglied dieses Vertrags werden. Die Regierung der Vereinigten Staaten von Ame-

[1] Geändert durch Prot. v. 17. 10. 1951 (BGBl. 1955 II S. 293).

[2] Am 16. 1. 1963 stellte der NATO-Rat fest, dass die Bestimmungen des NATO-Vertrages betr. die ehemaligen algerischen Departements Frankreichs mit Wirkung vom 3. 7. 1962 gegenstandslos geworden sind.

rika unterrichtet jede der Parteien von der Hinterlegung einer solchen Beitrittsurkunde.

Art. 11 [Ratifikation] Der Vertrag ist von den Parteien *in Übereinstimmung mit ihren verfassungsmäßigen Verfahren* zu ratifizieren und in seinen Bestimmungen durchzuführen. Die Ratifikationsurkunden werden sobald wie möglich bei der Regierung der Vereinigten Staaten von Amerika hinterlegt, die alle anderen Unterzeichnerstaaten von jeder Hinterlegung unterrichtet. Der Vertrag tritt zwischen den Staaten, die ihn ratifiziert haben, in Kraft, sobald die Ratifikationsurkunden der Mehrzahl der Unterzeichnerstaaten, einschließlich derjenigen Belgiens, Kanadas, Frankreichs, Luxemburgs, der Niederlande, des Vereinigten Königreichs und der Vereinigten Staaten, hinterlegt worden sind; für andere Staaten tritt er am Tage der Hinterlegung ihrer Ratifikationsurkunden in Kraft.[1)]

Art. 12 [Überprüfung des Vertrages] Nach zehnjähriger Geltungsdauer des Vertrags oder zu jedem späteren Zeitpunkt werden die Parteien auf Verlangen einer von ihnen miteinander beraten, um den Vertrag unter Berücksichtigung der Umstände zu überprüfen, die dann den Frieden und die Sicherheit des nordatlantischen Gebiets berühren, zu denen auch die Entwicklung allgemeiner und regionaler Vereinbarungen gehört, die im Rahmen der Satzung der Vereinten Nationen zur Aufrechterhaltung des internationalen Friedens und der internationalen Sicherheit dienen.

Art. 13 [Kündigung des Vertrages] Nach zwanzigjähriger Geltungsdauer des Vertrags kann jede Partei aus dem Vertrag ausscheiden, und zwar ein Jahr, nachdem sie der Regierung der Vereinigten Staaten von Amerika die Kündigung mitgeteilt hat; diese unterrichtet die Regierungen der anderen Parteien von der Hinterlegung jeder Kündigungsmitteilung.

Art. 14 [Maßgeblicher Wortlaut; Hinterlegung] Der Vertrag, dessen englischer und französischer Wortlaut in gleicher Weise maßgebend ist, wird in den Archiven der Vereinigten Staaten von Amerika hinterlegt. Diese Regierung übermittelt den Regierungen der anderen Unterzeichnerstaaten ordnungsgemäß beglaubigte Abschriften.

ZU URKUND DESSEN haben die unterzeichneten Bevollmächtigten diesen Vertrag unterschrieben.

GESCHEHEN zu Washington am 4. April 1949.

(Es folgen die Unterschriften der Vertreter Belgiens, Kanadas, Dänemarks, Frankreichs, Islands, Italiens, Luxemburgs, der Niederlande, Norwegens, Portugals, des Vereinigten Königreichs und der USA).

---

1) Für die Bundesrepublik in Kraft getreten am 6. 5. 1955 gem. Bek. v. 9. 5. 1955 (BGBl. II S. 630).

66b. Abkommen zwischen den Parteien des Nordatlantikvertrags über die Rechtsstellung ihrer Truppen[1)·2)·3)·4)·5)·6)]

(NATO-Truppenstatut)

Vom 19. Juni 1951
(BGBl. 1961 II S. 1190)

(Übersetzung)

DIE PARTEIEN des am 4. April 1949 in Washington unterzeichneten Nordatlantikvertrags –

---

1) Siehe auch das Ges. zum NATO-Truppenstatut und zu den Zusatzvereinbarungen v. 18.8.1961 (BGBl. II S. 1183), zuletzt geänd. durch Art. 111 VO v. 31.10.2006 (BGBl. 2006 I 2407). Dieses Gesetz, die in Fn. 4 erwähnten Notenwechsel, die Unterzeichnungsprotokolle und weitere sachverwandte Texte sind abgedruckt in der *Beck'schen Textausgabe NATO-Truppenstatut* (9. Aufl. 2013).

2) Das NATO-Truppenstatut ist gemäß Bek. v. 16.6.1963 (BGBl. II S. 745) für die **Bundesrepublik** am 1.7.1963 in Kraft getreten. Nach dieser Bek. gilt das Statut für **Belgien, Frankreich, Norwegen, USA** seit 23.8.1953, für **Dänemark** seit 27.6.1955, für **Italien** seit 21.1.1956, für **Kanada** seit 27.9.1953, für **Luxemburg** seit 18.4.1954, für die **Niederlande** seit 18.12.1953, für das kontinentale **Portugal** seit 22.12.1955, für **Großbritannien** seit 12.6.1954, für **Griechenland** seit 25.8.1954, für die **Türkei** seit 17.6.1954, für **Spanien** seit 9.9.1987 und für **Ungarn** am 20.2.2000. Für **Litauen** ist es am 20.8.2004, für **Lettland** am 1.9.2004, für die **Slowakei** am 13.10.2004 und für **Slowenien** am 28.10.2004 in Kraft getreten (Bek. v. 17.11.2004, BGBl. 2004 II S. 1683). Es ist ferner für **Polen** am 21.10.1999, für die **Tschechische Republik** am 30.11.2000, für **Bulgarien** am 3.11.2004, für **Rumänien** am 4.12.2004, für **Estland** am 26.12.2004, für **Albanien** am 9.5.2009 sowie für **Kroatien** am 22.10.2009, für **Montenegro** am 26.4.2018 und für **Nordmazedonien** am 23.12.2020 in Kraft getreten (s. zuletzt die Bek. 23.2.2021, BGBl. 2021 II S. 237).

3) Das NATO-Truppenstatut fand auch nach Wiederherstellung der deutschen Einheit zunächst auf dem Gebiet der ehemaligen DDR und Berlin (West) keine Anwendung, für das ehem. DDR-Gebiet Anl. I Kap. I Abschn. I zum Einigungsvertrag, BGBl. 1990 II S. 885, 908, für Berlin (West) § 3 G vom 25.9.1990, BGBl. I S. 2106. Nunmehr ist die Rechtslage für das Gebiet der ehemaligen DDR und Berlin (West) aber der in den alten Bundesländern angeglichen. Aufgrund des Notenwechsels vom 25.9.1990, BGBl. II S. 1251, in der Fassung v. 12.9.1994, BGBl. II S. 29, 3716 (Nr. **66d**) besteht für die Bundesrepublik die Möglichkeit, den sechs ständigen NATO-Stationierungsstreitkräften (Belgien, Frankreich, Kanada, die Niederlande, das Vereinigte Königreich, die Vereinigten Staaten von Amerika) vorübergehende Aufenthalte in Berlin (West) und den neuen Bundesländern zu erlauben. Art. 5 Abs. 3 Satz 3 des 2+4-Vertrages, BGBl. 1990 II S. 317, schließt diese Möglichkeit nicht aus. Bezüglich Berlins sind weiter relevant der Notenwechsel vom 23.9.1991 über die Rechtsstellung der belgischen, kanadischen und niederländischen Truppen in Berlin, BGBl. 1994 II S. 32, Geltung des Notenwechsels beendet am 7.3.1995 durch Inkrafttreten des Notenwechsels v. 12.9.1994, Bek. v. 20.12.1996, BGBl. 1997 II S. 226; weiter der Notenwechsel vom 25.9.1990 zu dem befristeten Verbleib von Streitkräften der Französischen Republik, des Vereinigten Königreichs Großbritannien und Nordirland und der Vereinigten Staaten von Amerika in Berlin, BGBl. 1994 II S. 34, geändert durch Notenwechsel v. 12.9.1994, in Kraft am 18.9.1996, Bek. v. 20.12.1996, BGBl. 1997 II S. 222; das Übereinkommen zur Regelung bestimmter Fragen in bezug auf Berlin, BGBl. 1994 II S. 40, Nr. **612**.

(Fortsetzung der Fußnote nächste Seite)

IN ANBETRACHT der Tatsache, daß die Truppen einer Vertragspartei nach Vereinbarung zur Ausübung des Dienstes in das Hoheitsgebiet einer anderen Vertragspartei entsandt werden können;

IN DEM BEWUSSTSEIN, daß der Beschluß, sie zu entsenden, und die Bedingungen, unter denen sie entsandt werden, auch weiterhin Sondervereinbarungen zwischen den beteiligten Vertragsparteien unterliegen, soweit die Bedingungen nicht in diesem Abkommen festgelegt sind;

IN DEM WUNSCHE jedoch, die Rechtsstellung dieser Truppen während ihres Aufenthaltes in dem Hoheitsgebiet einer anderen Vertragspartei festzulegen –

SIND WIE FOLGT ÜBEREINGEKOMMEN:

(Fortsetzung der Fußnote)

S. dazu das **Streitkräfteaufenthaltsgesetz – SkAufG** (Nr. **67**). Siehe auch das **Zusatzabkommen** v. 3.8.1959 (Nr. **66c**) sowie das Prot. über die NATO-Hauptquartiere v. 28.8.1952 mit Ergänzungen und dem Ges. hierzu v. 17.10.1969 (BGBl. II S. 199 ff.), in Kraft getreten am 21.12.1969 gemäß Bek. v. 30.1.1970 (BGBl. II S. 51) und geänd. durch Ges. v. 24.6.1975 (BGBl. I S. 1509).

4) S. ferner die Bek. der mit den ausländischen Streitkräften und den internationalen militärischen Hauptquartieren abgeschlossenen Verwaltungsabkommen über die Abgeltung von Schäden und über die Beilegung von Streitigkeiten aus Verträgen vom 20.12.1974 (Beil. BAnz. Nr. 25 v. 6.2.1975).

5) Internationale Quelle: UNTS Bd. 199 S. 67.

6) S. auch das am 24.10.1998 für Deutschland in Kraft getretene (Bek. v. 25.5.1999, BGBl. II S. 465) Übereinkommen v. 19.6.1995 zwischen den Vertragsstaaten des Nordatlantikvertrags und den anderen an der Partnerschaft für den Frieden teilnehmenden Staaten über die Rechtsstellung ihrer Truppen samt Zusatzprotokoll (BGBl. 1998 II S. 1340), welches den Anwendungsbereich des Truppenstatuts *de facto* (vgl. Art. 1 des Übereinkommens) auf die Truppen der letztgenannten Staatengruppe erweitert. Deutschland hat am 24.9.1998 folgende Erklärung zu dem Übereinkommen abgegeben (BGBl. 1999 II S. 466):

„Die Bundesrepublik Deutschland geht davon aus, daß Artikel I des Übereinkommens vom 19. Juni 1995 zwischen den Vertragsstaaten des Nordatlantikvertrags und den anderen an der Partnerschaft für den Frieden teilnehmenden Staaten über die Rechtsstellung ihrer Truppen das in der Bundesrepublik Deutschland geltende EU-Recht hinsichtlich der Befreiung ausländischer Streitkräfte und ihrer Mitglieder von Steuern und sonstigen Abgaben unberührt läßt.

Die Bundesrepublik Deutschland geht davon aus, daß Artikel II des Übereinkommens vom 19. Juni 1995 zwischen den Vertragsstaaten des Nordatlantikvertrags und den anderen an der Partnerschaft für den Frieden teilnehmenden Staaten über die Rechtsstellung ihrer Truppen nach dem Sinn und Zweck des Übereinkommens seiner Anwendung auf dem gesamten Hoheitsgebiet der Bundesrepublik Deutschland nicht entgegensteht."

Art. I [Begriffsbestimmungen]

(1) In diesem Abkommen bedeutet der Ausdruck

(a)[1] „Truppe" das zu den Land-, See oder Luftstreitkräften gehörende Personal einer Vertragspartei, wenn es sich im Zusammenhang mit seinen Dienstobliegenheiten in dem Hoheitsgebiet einer anderen Vertragspartei innerhalb des Gebietes des Nordatlantikvertrags befindet, mit der Maßgabe jedoch, daß die beiden beteiligten Vertragsparteien vereinbaren können, daß gewisse Personen, Einheiten oder Verbände nicht als eine „Truppe" im Sinne dieses Abkommens oder als deren Bestandteil anzusehen sind,

(b) „Ziviles Gefolge" das die Truppe einer Vertragspartei begleitende Zivilpersonal, das bei den Streitkräften dieser Vertragspartei beschäftigt ist, soweit es sich nicht um Staatenlose handelt oder um Staatsangehörige eines Staates, der nicht Partei des Nordatlantikvertrags ist, oder um Staatsangehörige des Staates, in welchem die Truppe stationiert ist, oder um Personen, die dort ihren gewöhnlichen Aufenthalt haben,

(c) „Angehöriger" den Ehegatten eines Mitglieds einer Truppe oder eines zivilen Gefolges, sowie ein dem Mitglied gegenüber unterhaltsberechtigtes Kind,

(d) „Entsendestaat" die Vertragspartei, der die Truppe angehört,

(e) „Aufnahmestaat" die Vertragspartei, in denen Hoheitsgebiet sich die Truppe oder das zivile Gefolge befinden, sei es, daß sie dort stationiert oder auf der Durchreise sind,

(f) „Militärbehörden des Entsendestaates" diejenigen Behörden eines Entsendestaates, die nach dessen Recht befugt sind, das Militärrecht dieses Staates auf die Mitglieder seiner Truppen oder zivilen Gefolge anzuwenden,

(g) „Nordatlantikrat" den gemäß Artikel 9 des Nordatlantikvertrags errichteten Rat oder die zum Handeln in seinem Namen befugten nachgeordneten Stellen.

(2) Dieses Abkommen gilt für die Behörden politischer Untergliederungen der Vertragsparteien innerhalb der Hoheitsgebiete, auf die das Abkommen gemäß Artikel XX angewendet oder erstreckt wird, ebenso wie für die Zentralbehörden dieser Vertragsparteien, jedoch

[1] Vgl. hierzu auch die Bek. v. 2. 12. 1965 (BAnz. Nr. 238/65) und v. 5. 11. 1969 (BAnz. Nr. 214/69).

mit der Maßgabe, daß Vermögenswerte, die politischen Untergliederungen gehören, nicht als Vermögenswerte einer Vertragspartei im Sinne des Artikels VIII anzusehen sind.

Art. II [Pflichten der Truppe und des zivilen Gefolges]

Eine Truppe und ihr ziviles Gefolge, ihre Mitglieder sowie deren Angehörige haben die Pflicht, das Recht des Aufnahmestaates zu achten und sich jeder mit dem Geiste dieses Abkommens nicht zu vereinbarenden Tätigkeit, insbesondere jeder politischen Tätigkeit im Aufnahmestaat, zu enthalten. Es ist außerdem die Pflicht des Entsendestaates, die hierfür erforderlichen Maßnahmen zu treffen.

Art. III [Ausweispflicht, Grenz- und Ausländerkontrolle, Ausweisung]

(1) Unter den in Absatz (2) festgelegten Bedingungen und vorbehaltlich der Erfüllung der von dem Aufnahmestaat für die Ein- und die Ausreise einer Truppe oder ihrer Mitglieder vorgeschriebenen Förmlichkeiten sind diese Mitglieder von Paß- und Sichtvermerksbestimmungen sowie von der Einreisekontrolle beim Betreten oder Verlassen des Hoheitsgebietes eines Aufnahmestaates befreit. Sie sind ferner von den Bestimmungen des Aufnahmestaates über die Registrierung und Kontrolle von Ausländern befreit, erwerben jedoch keinerlei Recht auf ständigen Aufenthalt oder Wohnsitz in den Hoheitsgebieten des Aufnahmestaates.

(2) Für Mitglieder einer Truppe sind nur die folgenden Urkunden erforderlich. Sie sind auf Verlangen vorzuweisen:

(a) ein von dem Entsendestaat ausgestellter Personalausweis mit Namen, Geburtsdatum, Dienstgrad und Nummer (falls vorhanden), Waffengattung und Lichtbild;

(b) ein Einzel- oder Sammelmarschbefehl in der Sprache des Entsendestaates sowie in englischer und französischer Sprache, ausgestellt von einer zuständigen Dienststelle des Entsendestaates oder der Nordatlantikvertrags-Organisation; er muß die Stellung der Einzelperson oder Gruppe als Mitglied einer Truppe bescheinigen und die befohlene Marschbewegung bezeichnen. Der Aufnahmestaat kann verlangen, daß Marschbefehle von seinem zuständigen Vertreter gegengezeichnet werden.

(3) Mitglieder eines zivilen Gefolges und Angehörige sind in ihren Pässen als solche zu bezeichnen.

(4) Scheidet ein Mitglied einer Truppe oder eines zivilen Gefolges aus dem Dienst des Entsendestaates aus, ohne heimgeschafft zu werden, so benachrichtigen die Behörden des Entsendestaates unverzüglich die Behörden des Aufnahmestaates unter Angabe aller etwa geforderten Einzelheiten. In entsprechender Weise benachrichtigen die Behörden des Entsendestaates die Behörden des Aufnahmestaates, wenn ein Mitglied sich länger als 21 Tage unerlaubt entfernt hat.

(5) Hat der Aufnahmestaat verlangt, daß ein Mitglied einer Truppe oder eines zivilen Gefolges aus seinem Hoheitsgebiet entfernt wird, oder hat er einen Ausweisungsbefehl gegen ein früheres Mitglied einer Truppe oder eines zivilen Gefolges oder gegen einen Angehörigen eines Mitglieds oder früheren Mitglieds erlassen, so sind die Behörden des Entsendestaates für die Aufnahme der betreffenden Person im eigenen Hoheitsgebiet oder für eine anderweitige Verbringung außerhalb des Aufnahmestaates verantwortlich. Dieser Absatz findet nur auf Personen Anwendung, die nicht Staatsangehörige des Aufnahmestaates sind und die in den Aufnahmestaat als Mitglieder einer Truppe oder eines zivilen Gefolges oder um Mitglieder zu werden eingereist sind, sowie auf Angehörige solcher Personen.

Art. IV [Fahrerlaubnis oder Führerschein]

Der Aufnahmestaat ist verpflichtet,

(a) entweder ohne Fahrprüfung oder Gebühr die Fahrerlaubnis oder den Führerschein oder den Militärführerschein des Entsendestaates oder einer Untergliederung dieses Staates für ein Mitglied einer Truppe oder eines zivilen Gefolges als gültig anzuerkennen,

(b) oder ohne eine Fahrprüfung zu verlangen, seine eigenen Fahrerlaubnisse oder Führerscheine für Mitglieder einer Truppe oder eines zivilen Gefolges auszustellen, die eine Fahrerlaubnis, einen Führerschein oder einen Militärführerschein des Entsendestaates oder einer Untergliederung dieses Staates besitzen.

Art. V [Kennzeichnung der Truppenangehörigen und der Dienstfahrzeuge]

(1) Die Mitglieder einer Truppe tragen in der Regel Uniform. Vorbehaltlich gegenteiliger Vereinbarungen zwischen den Behörden des Entsende- und des Aufnahmestaates gelten für das Tragen von Zivilkleidung die gleichen Bedingungen wie für Mitglieder der Truppen

des Aufnahmestaates. Ordnungsmäßig zusammengesetzte Einheiten oder Verbände einer Truppe tragen beim Überschreiten einer Grenze Uniform.

(2) Dienstfahrzeuge einer Truppe oder eines zivilen Gefolges führen außer ihrer Kennummer ein deutliches Staatszugehörigkeitszeichen.

Art. VI [Waffenbesitz]

Mitglieder einer Truppe können Waffen besitzen und tragen, vorausgesetzt, daß sie durch ihre Dienstanweisung hierzu befugt sind. Die Behörden des Entsendestaates werden Ersuchen des Aufnahmestaates in diesem Sachbereich wohlwollend erwägen.

Art. VII [Straf- und Disziplinargerichtsbarkeit, Polizeigewalt, Unterstützung bei Strafverfolgung]

(1) Vorbehaltlich der Bestimmungen dieses Artikels

(a) haben die Militärbehörden des Entsendestaates das Recht, innerhalb des Aufnahmestaates die gesamte Straf- und Disziplinargerichtsbarkeit auszuüben, die ihnen durch das Recht des Entsendestaates über alle dem Militärrecht dieses Staates unterworfenen Personen übertragen ist;

(b) üben die Behörden des Aufnahmestaates über die Mitglieder einer Truppe oder eines zivilen Gefolges und über deren Angehörige in bezug auf die innerhalb des Hoheitsgebietes des Aufnahmestaates begangenen und nach dessen Recht strafbaren Handlungen die Gerichtsbarkeit aus.

(2) (a) Die Militärbehörden des Entsendestaates haben das Recht, über die dem Militärrecht dieses Staates unterworfenen Personen die ausschließliche Gerichtsbarkeit in bezug auf diejenigen Handlungen, einschließlich Handlungen gegen die Sicherheit dieses Staates, auszuüben, welche nach dem Recht des Entsendestaates, jedoch nicht nach dem Recht des Aufnahmestaates strafbar sind.

(b) Die Behörden des Aufnahmestaates haben das Recht, über Mitglieder einer Truppe oder eines zivilen Gefolges und deren Angehörige die ausschließliche Gerichtsbarkeit in bezug auf diejenigen Handlungen, einschließlich Handlungen gegen die Sicherheit dieses Staates, auszuüben, welche nach dessen Recht, jedoch nicht nach dem Recht des Entsendestaates strafbar sind.

(c) Im Sinne dieses Absatzes und des Absatzes (3) sind strafbare Handlungen gegen die Sicherheit eines Staates

(i) Hochverrat,

(ii) Sabotage, Spionage oder Verletzung eines Gesetzes, das sich auf Amtsgeheimnisse dieses Staates oder auf Geheimnisse im Zusammenhang mit der Landesverteidigung dieses Staates bezieht.

(3) In Fällen konkurrierender Gerichtsbarkeit gelten die folgenden Regeln:

(a) Die Militärbehörden des Entsendestaates haben das Vorrecht auf Ausübung der Gerichtsbarkeit über ein Mitglied einer Truppe oder eines zivilen Gefolges in bezug auf

(i) strafbare Handlungen, die nur gegen das Vermögen oder die Sicherheit dieses Staates oder nur gegen die Person oder das Vermögen eines anderen Mitglieds der Truppe oder des zivilen Gefolges dieses Staates oder eines Angehörigen gerichtet sind;

(ii) strafbare Handlungen, die sich aus einer Handlung oder Unterlassung in Ausübung des Dienstes ergeben.

(b)[1] Bei allen sonstigen strafbaren Handlungen haben die Behörden des Aufnahmestaates das Vorrecht auf Ausübung der Gerichtsbarkeit.

(c) Beschließt der bevorrechtigte Staat, die Gerichtsbarkeit nicht auszuüben, so teilt er dies den Behörden des anderen Staates so bald wie möglich mit. Die Behörden des bevorrechtigten Staates ziehen die von den Behörden des anderen Staates an sie gerichteten Ersuchen um Verzicht auf das Vorrecht in wohlwollende Erwägung, wenn der andere Staat einem derartigen Verzicht besondere Wichtigkeit beimißt.

(4) Aus den Bestimmungen der Absätze (1) bis (3) ergibt sich für die Militärbehörden des Entsendestaates nicht das Recht, die Gerichtsbarkeit über Personen auszuüben, die Staatsangehörige des Aufnahmestaates sind oder dort ihren gewöhnlichen Aufenthalt haben, es sei denn, daß diese Personen Mitglieder der Truppe des Entsendestaates sind.

(5) (a)[2] Die Behörden des Aufnahme- und des Entsendestaates unterstützen sich gegenseitig bei der Festnahme von Mitgliedern einer

[1] Siehe hierzu auch Art. 3 Gesetz zum NATO-Truppenstatut und zu den Zusatzvereinbarungen v. 18. 8. 1961 (BGBl. II S. 1183), geänd. durch Ges. v. 29. 11. 1966 (BGBl. I S. 653) sowie – für die neuen Bundesländer – Art. 6 des Gesetzes zu den Notenwechseln v. 3. 1. 1994 (BGBl. II S. 26).

[2] Die in den Notenwechseln vom 25. 9. 1990 (BGBl. 1994 II S. 26/29) in Verbindung mit Art. VII Abs. 5 a und 6 a des NATO-Truppenstatuts geregelte Zusammenarbeit in strafrechtlichen Angelegenheiten ist gem. Art. 7 des Gesetzes zu den Notenwechseln vom 3. 1. 1994 (BGBl. II S. 26) für die neuen Bundesländer (für die alten Bundesländer ergibt sich dieselbe Rechtslage aus dem durch Ges. v. 28. 9. 1994 in das ZustimmungsG zum NATO-Truppenstatut eingefügten Art. 4 a (BGBl. 1994 II S. 2594) nach den folgenden Bestimmungen auszuführen:

§ 1. Soweit die Behörden des Entsendestaates die Gerichtsbarkeit ausüben, sind die Strafverfolgungsbehörden auf deren Ersuchen befugt, zur Erfüllung der sich aus Artikel VII Abs. 5 Buchstabe a und Abs. 6 Buchstabe a des NATO-Truppenstatuts ergebenden Verpflichtungen den Verfolgten vorläufig ergebenden Verpflichtungen den Verfolgten vorläufig festzunehmen und bis zur Übergabe an die Militärbehörde des Entsendestaates festzuhalten sowie Beschlagnahmen und Durchsuchungen durchzuführen und sonstige zur Erfüllung der Verpflichtung erforderlichen Ermittlungshandlungen vorzunehmen. Die Bestimmungen der Strafprozeßordnung gelten entsprechend, soweit nachstehend nichts anderes bestimmt ist.

(Fortsetzung der FN nächste Seite)

Truppe oder eines zivilen Gefolges oder von deren Angehörigen im Hoheitsgebiet des Aufnahmestaates und bei der Übergabe dieser Personen an die Behörde, die gemäß den obigen Bestimmungen die Gerichtsbarkeit auszuüben hat.

(b) Die Behörden des Aufnahmestaates unterrichten die Militärbehörden des Entsendestaates unverzüglich von der Festnahme eines Mitglieds einer Truppe oder eines zivilen Gefolges oder eines Angehörigen.

(c) Ein einer strafbaren Handlung beschuldigtes Mitglied einer Truppe oder eines zivilen Gefolges, über das der Aufnahmestaat die Gerichtsbarkeit auszuüben hat, verbleibt, falls es sich in den Händen des Entsendestaates befindet, in dessen Gewahrsam, bis es von dem Aufnahmestaat unter Anklage gestellt wird.[1]

(6) (a)[1] Die Behörden des Aufnahme- und des Entsendestaates unterstützen sich gegenseitig bei der Durchführung aller erforderlichen

---

(Fortsetzung der Fußnote von Seite 6)

§ 2. Die auf Grund eines Ersuchens nach Artikel VII Abs. 6 Buchstabe a des NATO-Truppenstatuts erforderliche Beschlagnahme und Durchsuchung werden von dem Amtsgericht angeordnet, in dessen Bezirk die Handlungen vorzunehmen sind. Sind Rechtshilfehandlungen in den Bezirken mehrerer Gerichte vorzunehmen, so richtet sich die Zuständigkeit danach, welches Gericht oder, solange noch kein Gericht befaßt ist, welche Staatsanwaltschaft zuerst mit der Sache befaßt wurde.

§ 3. (1) Ist nach Eingang eines Ersuchens um Festnahme und Übergabe nach Art. VII Abs. 5 Buchstabe a des NATO-Truppenstatuts der Aufenthaltsort des Verfolgten nicht bekannt, können die Staatsanwaltschaft und ihre Hilfsbeamten die Ausschreibung zur Aufenthaltsermittlung und zur Festnahme, wenn die vorläufige Festnahme erforderlich ist, veranlassen.

(2) Ist der Aufenthaltsort des Verfolgten bekannt, so ist er vorläufig festzunehmen, wenn aufgrund bestimmter Tatsachen und bei Würdigung der Umstände des Einzelfalles die Gefahr besteht, daß er sich der Übergabe an die Militärbehörde des Entsendestaates entziehen werde.

(3) Ein Festgenommener ist unverzüglich, spätestens am Tage nach seiner Festnahme, dem Richter des nächsten Amtsgerichts vorzuführen.

(4) Der Richter vernimmt den Verfolgten unverzüglich nach der Vorführung, spätestens am nächsten Tag, über seine persönlichen Verhältnisse, insbesondere über seine Staatsangehörigkeit. Er teilt ihm die Gründe der Festnahme mit und weist ihn darauf hin, daß er sich in jeder Lage des Verfahrens eines Beistandes bedienen kann. Sodann befragt er ihn, ob und gegebenenfalls aus welchen Gründen er Einwendungen gegen seine vorläufige Festnahme und die Übergabe an die Militärbehörden des Entsendestaates erheben will.

(5) Hält der Richter die Voraussetzungen für die vorläufige Festnahme für gegeben und das Ersuchen um Übergabe für gerechtfertigt, ordnet er durch Beschluß an, daß der Verfolgte unverzüglich an die zuständige Militärbehörde des Entsendestaates, der um die Festnahme und Übergabe ersucht hat, zu übergeben ist. Andernfalls ist der Verfolgte freizulassen.

(6) Gegen den die Übergabe anordnenden Beschluß des Richters ist die sofortige Beschwerde zulässig. Bis zur Entscheidung des Beschwerdegerichts darf die Übergabe nicht vollzogen werden.

(7) Die für das Gericht örtlich zuständige Staatsanwaltschaft bei dem Landgericht bereitet die Entscheidung über die Übergabe vor und führt die vom Gericht angeordnete Übergabe durch.

§ 4. Die Grundrechte der körperlichen Unversehrtheit (Artikel 2 Abs. 2 Satz 1 des Grundgesetzes), der Freiheit der Person (Artikel 2 Abs. 2 Satz 2 des Grundgesetzes) und der Unverletzlichkeit der Wohnung (Artikel 13 des Grundgesetzes) werden nach Maßgabe der §§ 1 bis 3 eingeschränkt.

---

[1] Die in den Notenwechseln vom 25. 9. 1990 (BGBl. 1994 II S. 26/29) in Verbindung mit Art. VII Abs. 5 a und 6 a des NATO-Truppenstatuts geregelte Zusammenarbeit in strafrechtlichen Angelegenheiten ist gem. Art. 7 des Gesetzes zu den Notenwechseln vom 3. 1. 1994 (BGBl. II S. 26) nach den unter Fußnote 2 zu Art. VII Abs. 5 a des NATO-Truppenstatuts abgedruckten Bestimmungen auszuführen.

Ermittlungen in Strafsachen sowie bei der Beschaffung von Beweismitteln, einschließlich der Beschlagnahme und geeignetenfalls der Aushändigung von Gegenständen, die mit einer strafbaren Handlung im Zusammenhang stehen. Die Aushändigung derartiger Gegenstände kann jedoch von deren Rückgabe innerhalb einer von der aushändigenden Behörde bestimmten Frist abhängig gemacht werden.

(b) Die Behörden der Vertragsparteien unterrichten sich in allen Fällen, in denen ihre Gerichtsbarkeit konkurriert, darüber, was veranlaßt worden ist.

(7) (a) Todesurteile werden durch die Behörden des Entsendestaates nicht im Aufnahmestaat vollstreckt, wenn das Recht des Aufnahmestaates in entsprechenden Fällen diese Strafe nicht vorsieht.

(b) Die Behörden des Aufnahmestaates werden Ersuchen der Behörden des Entsendestaates um Unterstützung bei der Vollstreckung von Freiheitsstrafen, die von den Behörden des Entsendestaates auf Grund dieses Artikels innerhalb des Hoheitsgebietes des Aufnahmestaates ausgesprochen worden sind, wohlwollend prüfen.

(8) Wenn ein Angeklagter in einem Strafverfahren, das nach diesem Artikel von den Behörden einer Vertragspartei gegen ihn durchgeführt wurde, freigesprochen worden ist oder wenn er in einem solchen Verfahren verurteilt worden ist und seine Strafe verbüßt oder verbüßt hat oder begnadigt worden ist, kann er nicht wegen derselben Handlung innerhalb desselben Hoheitsgebietes von den Behörden einer anderen Vertragspartei erneut vor Gericht gestellt werden. Dieser Absatz schließt nicht aus, daß die Militärbehörden des Entsendestaates ein Mitglied der Truppe dieses Staates wegen eines Dienstvergehens belangen, das in einer Handlung oder Unterlassung liegt, deretwegen von den Behörden einer anderen Vertragspartei ein Strafverfahren gegen dieses Mitglied durchgeführt wurde.

(9) Wird ein Mitglied einer Truppe oder eines zivilen Gefolges oder ein Angehöriger unter der Gerichtsbarkeit eines Aufnahmestaates strafrechtlich verfolgt, so hat er das Recht

(a) auf alsbaldige und schnelle Verhandlung;

(b) vor der Verhandlung über die gegen ihn erhobenen Beschuldigungen unterrichtet zu werden;

(c) den Belastungszeugen gegenübergestellt zu werden;

(d) Entlastungszeugen laden und vorführen zu lassen, wenn diese der Gerichtsbarkeit des Aufnahmestaates unterstehen;

(e) auf Vertretung durch einen Verteidiger eigener Wahl oder durch einen nach Maßgabe der jeweils in dem Aufnahmestaat geltenden Bedingungen gebührenfrei oder zu ermäßigten Gebühren bestellten Verteidiger;

(f) falls er es für notwendig hält, auf die Dienste eines befähigten Dolmetschers;

(g) sich mit einem Vertreter der Regierung des Entsendestaates in Verbindung zu setzen sowie, wenn es die Verfahrensvorschriften gestatten, auf Anwesenheit eines solchen Vertreters bei der Verhandlung.

(10) (a) Ordnungsmäßig aufgestellte militärische Einheiten oder Verbände einer Truppe haben die Polizeigewalt in allen Lagern, Anwesen oder anderen Liegenschaften, die sie auf Grund einer Vereinbarung mit dem Aufnahmestaat innehaben. Die Militärpolizei der Truppe kann alle geeigneten Maßnahmen treffen, um die Ordnung und Sicherheit innerhalb dieser Liegenschaften aufrechtzuerhalten.

(b) Außerhalb dieser Liegenschaften darf die Militärpolizei nur nach Maßgabe von Abmachungen mit den Behörden des Aufnahmestaates und in Verbindung mit diesen und nur soweit eingesetzt werden, wie dies zur Aufrechterhaltung der Disziplin und Ordnung unter den Mitgliedern der Truppe erforderlich ist.

(11) Jede Vertragspartei strebt diejenigen gesetzgeberischen Maßnahmen an, die sie für erforderlich hält, um sicherzustellen, daß innerhalb ihres Hoheitsgebietes die Sicherheit und der Schutz von Anlagen, Ausrüstungs- und sonstigen Vermögensgegenständen, amtlichen Schriftstücken und amtlichen Kenntnissen anderer Vertragsparteien sowie die Bestrafung von Zuwiderhandlungen gegen die zu diesem Zwecke erlassenen Gesetze hinreichend gewährleistet sind.

Art. VIII [Schadenshaftung; Zivilgerichtsbarkeit] (1) Jede Vertragspartei verzichtet auf alle Ansprüche gegen eine andere Vertragspartei wegen Beschädigung von Vermögenswerten, die ihr gehören und von ihren Land-, See- oder Luftstreitkräften benutzt werden, wenn der Schaden

(i) von einem Mitglied oder einem Bediensteten der Streitkräfte der anderen Vertragspartei in Ausübung seiner Dienstobliegenheiten im Zusammenhang mit der Durchführung des Nordatlantikvertrags verursacht wurde; oder

(ii) durch die Benutzung von Land-, Wasser- oder Luftfahrzeugen entstanden ist, die der anderen Vertragspartei gehören und von deren Streitkräften benutzt werden, vorausgesetzt, daß entweder das den Schaden verursachende Fahrzeug oder der beschädigte Vermögensgegenstand im Zusammenhang mit der Durchführung des Nordatlantikvertrags verwendet wurden.

Auf Ansprüche einer Vertragspartei gegen eine andere Vertragspartei aus Bergung und Hilfeleistung zur See wird verzichtet, vorausgesetzt, daß das geborgene Schiff oder die geborgene Ladung einer Vertragspartei gehörte und von ihren Streitkräften im Zusammenhang mit der Durchführung des Nordatlantikvertrags verwendet wurde.

(2) (a) Im Falle von Schäden, die an anderen einer Vertragspartei gehörenden und in ihrem Hoheitsgebiet befindlichen Vermögenswerten in der in Absatz (1) bezeichneten Weise verursacht worden oder entstanden sind, wird über die Haftung einer anderen Vertragspartei und

über die Höhe des Schadens durch einen nach Buchstabe (b) ausgewählten Einzelschiedsrichter entschieden, es sei denn, daß die beteiligten Vertragsparteien etwas anderes vereinbaren. Der Schiedsrichter entscheidet auch über alle aus dem gleichen Ereignis entstehenden Gegenansprüche.

(b) Der unter Buchstabe (a) vorgesehene Schiedsrichter wird im Einvernehmen zwischen den beteiligten Vertragsparteien aus den Staatsangehörigen des Aufnahmestaates ausgewählt, die hohe richterliche Ämter innehaben oder innegehabt haben. Können die betreffenden Vertragsparteien sich nicht innerhalb von zwei Monaten über den Schiedsrichter einigen, so kann jede von ihnen den Vorsitzenden der Stellvertreter im Nordatlantikrat ersuchen, eine Person auszuwählen, die die obengenannten Voraussetzungen erfüllt.

(c) Die Entscheidung des Schiedsrichters ist für die Vertragsparteien bindend und endgültig.

(d) Der Betrag der von dem Schiedsrichter zuerkannten Entschädigung wird nach Absatz (5) Buchstabe (e) Ziffern (i), (ii) und (iii) aufgeteilt.

(e) Die Vergütung für den Schiedsrichter wird im Einvernehmen zwischen den beteiligten Vertragsparteien festgesetzt und, ebenso wie die bei der Durchführung seiner Aufgaben entstehenden Kosten, von ihnen zu gleichen Teilen getragen.

(f) Jede Vertragspartei verzichtet gleichwohl auf ihre Ansprüche in allen Fällen, in denen der Schaden weniger beträgt als:

Belgien: bfrs. 70000
Kanada: $ 1460
Dänemark: Kr. 9670
Frankreich: ffrs. 490000
Island: Kr. 22800
Italien: Li. 850000
Luxemburg: lfrs. 70000
Niederlande: Fl. 5320
Norwegen: Kr. 10000
Portugal: Escu. 40250
Vereinigtes Königreich: £ 500
Vereinigte Staaten: $ 1400.

Jede andere Vertragspartei, deren Vermögenswerte bei dem gleichen Ereignis beschädigt worden sind, verzichtet ebenfalls bis zur Höhe des obengenannten Betrages auf ihren Anspruch. Im Falle beträchtlicher Veränderung in den Wechselkursen zwischen diesen Währungen einigen sich die Vertragsparteien über die entsprechende Berichtigung der obengenannten Beträge.

(3) Im Sinne der Absätze (1) und (2) umfaßt der Ausdruck „einer Vertragspartei gehörend“ auch Schiffe, die von der Vertragspartei als unbemannte Schiffe gechartert oder in Anspruch genommen oder von ihr als Prise beschlagnahmt worden sind (jedoch nur, soweit die Gefahr

des Verlustes oder der Haftung nicht von einer anderen Person als dieser Vertragspartei getragen wird).

(4) Jede Vertragspartei verzichtet auf alle Ansprüche gegen eine andere Vertragspartei, die darauf beruhen, daß ein Mitglied ihrer Streitkräfte in Ausübung des Dienstes eine Körperverletzung oder den Tod erlitten hat.

(5) Ansprüche [ausgenommen vertragliche Ansprüche und Ansprüche, auf welche die Absätze (6) und (7) Anwendung finden], die sich daraus ergeben, daß durch Handlungen oder Unterlassungen von Mitgliedern einer Truppe oder eines zivilen Gefolges in Ausübung des Dienstes oder durch eine andere Handlung, Unterlassung oder Begebenheit, für die eine Truppe oder ein ziviles Gefolge rechtlich verantwortlich ist, in dem Hoheitsgebiet des Aufnahmestaates einem Dritten, mit Ausnahme einer der Vertragsparteien, ein Schaden zugefügt worden ist, werden von dem Aufnahmestaat nach folgenden Bestimmungen behandelt:

(a) Die Geltendmachung, Prüfung und außergerichtliche Regelung der Entschädigungsansprüche oder die gerichtliche Entscheidung über sie erfolgt gemäß den Gesetzen und Bestimmungen des Aufnahmestaates, die insoweit für seine eigenen Streitkräfte gelten.

(b) Der Aufnahmestaat kann alle derartigen Ansprüche regeln; er zahlt die Entschädigungsbeträge in seiner Währung.

(c) Eine derartige Zahlung, gleichviel ob sie auf Grund einer außergerichtlichen Regelung der Sache oder einer Entscheidung eines zuständigen Gerichtes des Aufnahmestaates erfolgt, oder ein rechtskräftiges klageabweisendes Urteil eines solchen Gerichtes ist für die Vertragsparteien bindend und endgültig.

(d) Jeder von dem Aufnahmestaat beglichene Anspruch wird den beteiligten Entsendestaaten mit einem alle Einzelheiten umfassenden Bericht und mit einem Aufteilungsvorschlag gemäß Buchstabe (e) Ziffern (i), (ii) und (iii) mitgeteilt. Äußert sich der Entsendestaat nicht binnen zwei Monaten, so gilt der Vorschlag als angenommen.

(e) Die zur Befriedigung von Ansprüchen auf Grund der Buchstaben (a) bis (d) und des Absatzes (2) zu zahlenden Beträge sind von den Vertragsparteien in folgendem Verhältnis zu tragen:

(i) Ist ein Entsendestaat allein verantwortlich, so wird der Entschädigungsbetrag im Verhältnis von 25 v. H. zu Lasten des Aufnahmestaates und 75 v. H. zu Lasten des Entsendestaates aufgeteilt.

(ii) Ist mehr als ein Staat für den Schaden verantwortlich, so wird der Entschädigungsbetrag gleichmäßig auf sie aufgeteilt; ist der Aufnahmestaat jedoch nicht unter den verantwortlichen Staaten, so beträgt sein Anteil die Hälfte des Anteils, der auf jeden Entsendestaat entfällt.

(iii) Wurde der Schaden von den Streitkräften der Vertragsparteien verursacht und ist es nicht möglich, ihn mit Bestimmtheit einer oder mehreren dieser Streitkräfte zuzurechnen, so wird der Entschädigungsbetrag gleichmäßig auf die beteiligten Vertragsparteien aufgeteilt; ist jedoch der Aufnahmestaat nicht unter den Staaten, durch deren Streitkräfte der Schaden verursacht wurde, so beträgt sein Anteil die Hälfte des Anteils, der auf jeden der beteiligten Entsendestaaten entfällt.

(iv) Jedes halbe Jahr übermittelt der Aufnahmestaat den beteiligten Entsendestaaten mit dem Ersuchen um Erstattung eine Aufstellung der Beträge, die er im Laufe des Halbjahres in den Fällen gezahlt hat, in denen die vorgeschlagene prozentuale Aufteilung angenommen wurde. Die Erstattung erfolgt innerhalb der kürzestmöglichen Zeit in der Währung des Aufnahmestaates.

(f) In Fällen, in denen die Anwendung der Bestimmungen der Buchstaben (b) und (e) für eine Vertragspartei ernstliche Härten mit sich bringen würde, kann diese den Nordatlantikrat ersuchen, eine abweichende Regelung zu treffen.

(g) Ein Mitglied einer Truppe oder eines zivilen Gefolges darf einem Verfahren zur Vollstreckung eines Urteils nicht unterworfen werden, das in dem Aufnahmestaat in einer aus der Ausübung des Dienstes herrührenden Angelegenheit gegen ihn ergangen ist.

(h) Mit Ausnahme der Anwendung von Buchstabe (e) auf Ansprüche, die unter Absatz (2) fallen, gilt Absatz (5) nicht für Ansprüche aus oder im Zusammenhang mit der Navigation oder dem Betrieb eines Schiffes oder dem Verladen, der Beförderung oder dem Entladen einer Schiffsladung, es sei denn, daß es sich um Ansprüche wegen

Todes oder Körperverletzung handelt, auf welche Absatz (4) keine Anwendung findet.

(6) Ansprüche gegen Mitglieder einer Truppe oder eines zivilen Gefolges aus zu Schadensersatz verpflichtenden Handlungen oder Unterlassungen im Aufnahmestaat, die nicht in Ausübung des Dienstes begangen worden sind, werden wie folgt behandelt:

(a) Die Behörden des Aufnahmestaates prüfen den Anspruch, ermitteln in billiger und gerechter Weise unter Berücksichtigung aller Umstände des Falles einschließlich des Verhaltens der verletzten Person den dem Antragsteller zukommenden Betrag und fertigen einen Bericht über die Angelegenheit an.

(b) Der Bericht wird den Behörden des Entsendestaates übergeben, die dann unverzüglich entscheiden, ob, und bejahendenfalls in welcher Höhe sie eine Abfindung ohne Anerkennung einer Rechtspflicht (ex gratia payment) anbieten wollen.

(c) Wird eine Abfindung ohne Anerkennung einer Rechtspflicht angeboten und wird dieses Angebot von dem Antragsteller als volle Befriedigung seines Anspruchs angenommen, so nehmen die Behörden des Entsendestaates die Zahlung selbst vor und unterrichten die Behörden des Aufnahmestaates über ihre Entscheidung und die Höhe des gezahlten Betrages.

(d) Die Bestimmungen dieses Absatzes lassen die Zuständigkeit der Gerichte des Aufnahmestaates für die Durchführung eines Verfahrens gegen ein Mitglied einer Truppe oder eines zivilen Gefolges unberührt, sofern und solange nicht eine Zahlung als volle Befriedigung des Anspruchs geleistet worden ist.

(7) Ansprüche, die sich aus der unbefugten Benutzung von Fahrzeugen der Streitkräfte eines Entsendestaates ergeben, werden gemäß Absatz (6) behandelt, es sei denn, daß die Truppe oder das zivile Gefolge rechtlich verantwortlich ist.

(8) Entsteht Streit darüber, ob eine zu Schadensersatz verpflichtende Handlung oder Unterlassung eines Mitgliedes einer Truppe oder eines zivilen Gefolges in Ausübung des Dienstes begangen worden ist, oder ob die Benutzung eines Fahrzeuges der Streitkräfte eines Entsendestaates unbefugt war, so ist die Frage einem gemäß Absatz (2) Buchstabe (b) ernannten Schiedsrichter vorzulegen, dessen Entscheidung über diesen Punkt endgültig und unanfechtbar ist.

(9) Hinsichtlich der Zivilgerichtsbarkeit des Aufnahmestaates darf der Entsendestaat für Mitglieder einer Truppe oder eines zivilen Gefolges keine Befreiung von der Gerichtsbarkeit des Aufnahmestaates über Absatz (5) Buchstabe (g) hinaus beanspruchen.

(10) Die Behörden des Entsendestaates und des Aufnahmestaates arbeiten bei der Beschaffung von Beweismitteln für eine gerechte Untersuchung und Erledigung von Ansprüchen, welche die Vertragsparteien betreffen, zusammen.

Art. IX [Versorgung von Truppe, zivilem Gefolge und Angehörigen; Reiseerleichterungen]

(1) Die Mitglieder einer Truppe oder eines zivilen Gefolges und ihre Angehörigen können unter den gleichen Bedingungen wie die Staatsangehörigen des Aufnahmestaates an Ort und Stelle die für ihren eigenen Verbrauch erforderlichen Waren erwerben und sich die von ihnen benötigten Leistungen erbringen lassen.

(2) Die aus örtlichen Quellen für den Unterhalt einer Truppe oder eines zivilen Gefolges benötigten Waren werden in der Regel durch die Behörden beschafft, die solche Waren für die Streitkräfte des Aufnahmestaates beschaffen. Um Beschaffungen zu vermeiden, die sich auf die Wirtschaft des Aufnahmestaates schädlich auswirken würden, benennen die zuständigen Behörden dieses Staates erforderlichenfalls diejenigen Waren, deren Beschaffung eingeschränkt oder untersagt werden sollte.

(3) Vorbehaltlich von Vereinbarungen, die bereits in Kraft sind oder zwischen bevollmächtigten Vertretern der Entsende- und der Aufnahmestaaten hernach etwa geschlossen werden, übernehmen allein die Behörden des Aufnahmestaates die Verantwortung dafür, daß geeignete Maßnahmen getroffen werden, um einer Truppe oder einem zivilen Gefolge die von ihnen benötigten Liegenschaften sowie die zugehörigen Einrichtungen und Leistungen zur Verfügung zu stellen. Diese Vereinbarungen und Maßnahmen haben so weit wie möglich den Vorschriften über die Unterbringung des vergleichbaren Personals des Aufnahmestaates zu entsprechen. Soweit keine besondere entgegenstehende Vereinbarung getroffen ist, sind für die Rechte und Pflichten aus der Belegung oder der Benutzung der Liegenschaften, Einrichtungen oder Leistungen die Gesetze des Aufnahmestaates maßgebend.

(4) Der örtliche Bedarf einer Truppe oder eines zivilen Gefolges an zivilen Arbeitskräften wird in gleicher Weise wie der vergleichbare Bedarf des Aufnahmestaates und mit Unterstützung seiner Behörden über die Arbeitsvermittlungsstellen befriedigt. Die Anstellungs- und Arbeitsbedingungen, insbesondere die Löhne und Gehälter, die Zuschläge und die Arbeitsschutzbedingungen, bestimmen sich nach dem Recht des Aufnahmestaates. Solche bei einer Truppe oder einem zivilen Gefolge beschäftigten zivilen Arbeitnehmer gelten in keiner Beziehung als Mitglieder dieser Truppe oder dieses zivilen Gefolges.

(5) Stehen einer Truppe oder einem zivilen Gefolge an deren Stationierungsort keine ausreichenden eigenen ärztlichen oder zahnärztlichen Dienste zur Verfügung, so kann ihren Mitgliedern und deren Angehörigen ärztliche und zahnärztliche Behandlung einschließlich Krankenhausaufenthalt zu den gleichen Bedingungen gewährt werden wie dem vergleichbaren Personal des Aufnahmestaates.

(6) Der Aufnahmestaat wird Anträge auf Gewährung von Reiseerleichterungen und tariflichen Vergünstigungen an Mitglieder einer Truppe oder eines zivilen Gefolges wohlwollend prüfen. Diese Erleichterungen und Vergünstigungen werden Gegenstand besonderer Vereinbarungen zwischen den beteiligten Regierungen sein.

(7) Vorbehaltlich allgemeiner oder besonderer finanzieller Vereinbarungen zwischen den Vertragsparteien werden für Warenlieferungen, Unterbringung und sonstige Leistungen, die auf Grund der Absätze (2), (3), (4) und erforderlichenfalls (5) und (6) erfolgt sind, die in Ortswährung zu entrichtenden Zahlungen von den Behörden der Truppe unverzüglich geleistet.

(8) Weder eine Truppe noch ein ziviles Gefolge noch ihre Mitglieder oder deren Angehörige genießen auf Grund dieses Artikels Befreiung von Steuern oder sonstigen Abgaben, die nach dem Abgabenrecht des Aufnahmestaates in bezug auf den Erwerb von Gütern und Leistungen zu entrichten sind.

Art. X [Steuerpflicht der Truppenangehörigen und des zivilen Gefolges]

(1) Hängt in dem Aufnahmestaat die Verpflichtung zur Leistung einer Steuer vom Aufenthalt oder Wohnsitz ab, so gelten die Zeitabschnitte, in denen sich ein Mitglied einer Truppe oder eines zivilen Gefolges nur in dieser Eigenschaft im Hoheitsgebiet dieses Staates auf-

hält, im Sinne dieser Steuerpflicht nicht als Zeiten des Aufenthalts in diesem Gebiet oder als Änderung des Aufenthaltsortes oder Wohnsitzes. Die Mitglieder einer Truppe oder eines zivilen Gefolges sind in dem Aufnahmestaat von jeder Steuer auf Bezüge und Einkünfte befreit, die ihnen in ihrer Eigenschaft als derartige Mitglieder von dem Entsendestaat gezahlt werden, sowie von jeder Steuer auf die ihnen gehörenden beweglichen Sachen, die sich nur deshalb in dem Aufnahmestaat befinden, weil sich das Mitglied vorübergehend dort aufhält.

(2) Die Besteuerung von Mitgliedern einer Truppe oder eines zivilen Gefolges hinsichtlich gewinnbringender Tätigkeiten, die sie etwa im Aufnahmestaat ausüben, mit Ausnahme der Tätigkeit in ihrer Eigenschaft als Mitglieder der Truppe oder des zivilen Gefolges, wird durch diesen Artikel nicht ausgeschlossen; soweit es sich nicht um die in Absatz (1) genannten Bezüge, Einkünfte und beweglichen Sachen handelt, steht dieser Artikel der Erhebung von solchen Steuern nicht entgegen, denen die Mitglieder nach dem Recht des Aufnahmestaates auch dann unterliegen, wenn sie so behandelt werden, als hätten sie ihren Aufenthalt oder Wohnsitz außerhalb des Hoheitsgebietes dieses Staates.

(3) Dieser Artikel findet keine Anwendung auf die im Artikel XI Absatz (12) begrifflich bestimmten „Zölle".

(4) Im Sinne dieses Artikels umfaßt der Ausdruck „Mitglied einer Truppe" nicht Personen, die Staatsangehörige des Aufnahmestaates sind.

Art. XI [Zölle und sonstige Abgaben]

(1) Vorbehaltlich der durch dieses Abkommen ausdrücklich festgelegten Abweichungen unterstehen die Mitglieder einer Truppe oder eines zivilen Gefolges sowie deren Angehörige den Gesetzen und Bestimmungen, für deren Durchführung die Zollverwaltung des Aufnahmestaates zuständig ist. Die Zollbediensteten des Aufnahmestaates haben insbesondere das Recht, unter den allgemeinen, durch die Gesetze und Bestimmungen des Aufnahmestaates festgelegten Bedingungen die Mitglieder einer Truppe oder eines zivilen Gefolges und deren Angehörige, ihr Gepäck und ihre Fahrzeuge zu durchsuchen und gemäß diesen Gesetzen und Bestimmungen Gegenstände zu beschlagnahmen.

(2) (a) Die vorübergehende Einfuhr und die Wiederausfuhr mit eigener Kraft fahrender Dienstfahrzeuge einer Truppe oder eines zivilen Gefolges sind gegen Vorweisung eines Triptiks nach dem als Anlage zu diesem Abkommen beigefügten Muster ohne Erhebung von Zöllen statthaft.

(b) Die vorübergehende Einfuhr nicht mit eigener Kraft fahrender Dienstfahrzeuge erfolgt gemäß Absatz (4), ihre Wiederausfuhr gemäß Absatz (8).

(c) Dienstfahrzeuge einer Truppe oder eines zivilen Gefolges sind von allen Abgaben befreit, die wegen der Verwendung der Fahrzeuge im Straßenverkehr erhoben werden.

(3) Amtliche Urkunden, die amtliche versiegelt sind, unterliegen nicht der Zollkontrolle. Die Kuriere, die diese Urkunden befördern, müssen ohne Rücksicht auf ihre Stellung im Besitz eines gemäß Artikel III Absatz (2) Buchstabe (b) ausgestellten Einzelmarschbefehls sein. Aus diesem Marschbefehl muß die Zahl der beförderten Sendungen zu ersehen und es muß darin bestätigt sein, daß diese Sendungen nur amtliche Schriftstücke enthalten.

(4) Eine Truppe kann ihre Ausrüstung und angemessene Mengen von Verpflegung, Versorgungsgütern und sonstigen Waren zollfrei einführen, die zur ausschließlichen Verwendung durch die Truppe und, falls der Aufnahmestaat dies genehmigt, auch zur Verwendung durch das zivile Gefolge und die Angehörigen bestimmt sind. Diese zollfreie Einfuhr ist davon abhängig, daß bei der Zollstelle des Einfuhrortes zusammen mit den vereinbarten Zollurkunden eine Bescheinigung hinterlegt wird, deren Form zwischen dem Aufnahmestaat und dem Entsendestaat vereinbart wird und die von einer durch den Entsendestaat hierzu ermächtigten Person unterzeichnet ist. Die Benennung der zur Unterzeichnung der Bescheinigungen ermächtigten Person sowie Proben ihrer Unterschrift und der zu verwendenden Stempel werden der Zollverwaltung des Aufnahmestaates übermittelt.

(5) Ein Mitglied einer Truppe oder eines zivilen Gefolges kann, wenn es erstmalig zum Antritt seines Dienstes in dem Aufnahmestaate eintrifft oder wenn ein Angehöriger erstmalig eintrifft, um sich ihm anzuschließen, seine persönliche Habe und seinen Hausrat für die Dauer seines dienstlichen Aufenthalts zollfrei einführen.

(6) Die Mitglieder einer Truppe oder eines zivilen Gefolges können ihre privaten Kraftfahrzeuge für ihren persönlichen Gebrauch oder

für den ihrer Angehörigen vorübergehend zollfrei einführen. Die Bestimmung begründet keine Verpflichtung zur Befreiung von Abgaben, die wegen der Verwendung privater Kraftfahrzeuge im Straßenverkehr erhoben werden.

(7) Einfuhren durch die Behörden einer Truppe, die für andere Zwecke als zur ausschließlichen Verwendung durch diese Truppe und ihr ziviles Gefolge bestimmt sind, sowie Einfuhren durch Mitglieder einer Truppe oder eines zivilen Gefolges, mit Ausnahme der in den Absätzen (5) und (6) behandelten Einfuhren, genießen auf Grund dieses Artikels keine Befreiung von Zöllen oder Einfuhrvorschriften.

(8) Waren, die auf Grund der Absätze (2) Buchstabe (b), (4), (5), oder (6) zollfrei eingeführt worden sind, dürfen

(a) frei wiederausgeführt werden, wobei für die auf Grund von Absatz (4) eingeführten Waren der Zollstelle eine nach jenem Absatz ausgestellte Bescheinigung vorzulegen ist; die Zollbehörden können jedoch nachprüfen, ob die wiederausgeführten Waren mit den in der gegebenenfalls erforderlichen Bescheinigung aufgeführten Waren übereinstimmen, sowie ob sie wirklich gemäß den je nach Lage des Falles in Betracht kommenden Absätzen (2) Buchstabe (b), (4), (5) oder (6) eingeführt wurden;

(b) im Aufnahmestaat in der Regel weder entgeltlich noch unentgeltlich veräußert werden; in besonderen Fällen kann jedoch eine Veräußerung unter Bedingungen gestattet werden, die von den zuständigen Behörden des Aufnahmestaates festgelegt werden (z. B. gegen Zahlung der Zölle und Abgaben, sowie Erfüllung der Erfordernisse der Außenhandels- und Devisenkontrolle).

(9) Die Ausfuhr von Waren, die im Aufnahmestaat gekauft wurden, ist nur nach den in diesem Staate geltenden Vorschriften statthaft.

(10) Die Zollbehörden gewähren ordnungsmäßig aufgestellten Einheiten oder Verbänden besondere Erleichterungen für den Grenzübertritt, vorausgesetzt, daß die beteiligten Zollbehörden vorher ordnungsgemäß unterrichtet worden sind.

(11) Der Aufnahmestaat trifft besondere Anordnungen, damit die Heiz-, Treib- und Schmierstoffe für die im dienstlichen Gebrauch stehenden Land-, Luft- und Wasserfahrzeuge einer Truppe oder eines zivilen Gefolges frei von allen Zöllen und Abgaben geliefert werden können.

(12) Im Sinne der Absätze (1) bis (10) sind unter „Zöllen" Zollabgaben und alle anderen Abgaben und Steuern zu verstehen, mit denen die Einfuhr oder die Ausfuhr belegt wird, mit Ausnahme von Gebühren und Abgaben, die nur eine Abgeltung für geleistete Dienste darstellen; schließt der Ausdruck „Einfuhr" die Entnahme von Waren aus einem Zollager oder aus ständiger Zollaufsicht ein, sofern die betreffenden Waren in dem Aufnahmestaat nicht geerntet, gewonnen, erzeugt oder hergestellt worden sind.

(13) Dieser Artikel findet auf die betreffenden Waren nicht nur Anwendung, wenn sie in den Aufnahmestaat eingeführt oder aus ihm ausgeführt werden, sondern auch dann, wenn sie durch das Hoheitsgebiet einer Vertragspartei hindurch befördert werden; insoweit ist in diesem Artikel unter dem Ausdruck „Aufnahmestaat" auch jede Vertragspartei zu verstehen, durch deren Hoheitsgebiet die Waren befördert werden.

Art. XII [Vorbehalt für Steuer- und Zollvergünstigungen]

(1) Die Zoll- oder Steuerbehörden des Aufnahmestaates können die Bewilligung aller in diesem Abkommen vorgesehenen Befreiungen oder Erleichterungen auf dem Gebiete des Zoll- oder Steuerwesens davon abhängig machen, daß die Bedingungen eingehalten werden, die sie zur Verhinderung von Mißbräuchen gegebenenfalls für erforderlich halten.

(2) Die in Absatz (1) genannten Behörden können jede in diesem Abkommen vorgesehene Befreiung ablehnen, wenn es sich um die Einfuhr von Waren in den Aufnahmestaat handelt, die dort geerntet, gewonnen, erzeugt oder hergestellt und bei deren Ausfuhr aus dem Aufnahmestaat Steuern oder sonstige Abgaben nicht erhoben oder aber zurückerstattet worden sind, die ohne diese Ausfuhr hätten entrichtet werden müssen. Die Entnahme von Waren aus einem Zollager gilt als Einfuhr, wenn die Einlagerung in das Zollager als Ausfuhr behandelt wurde.

Art. XIII [Amtshilfe bei Zuwiderhandlungen gegen Zoll- und Steuervorschriften]

(1) Um Zuwiderhandlungen gegen zollrechtliche und steuerrechtliche Gesetze und Vorschriften zu bekämpfen, leisten die Behörden des Aufnahme- und des Entsendestaates bei der Vornahme von Ermittlungen und der Beschaffung von Beweismitteln einander Beistand.

(2) Die Behörden einer Truppe gewähren alle in ihrer Macht liegende Unterstützung, damit Waren, die der Beschlagnahme durch oder für die Zoll- oder Steuerbehörden des Aufnahmestaates unterliegen, diesen Behörden übergeben werden.

(3) Die Behörden einer Truppe gewähren alle in ihrer Macht liegende Unterstützung, um die Zahlung der von Mitgliedern dieser Truppe oder des zivilen Gefolges oder von deren Angehörigen geschuldeten Zölle, sonstige Abgaben und Geldstrafen sicherzustellen.

(4) Die Dienstfahrzeuge und die Waren, die einer Truppe oder ihrem zivilen Gefolge, nicht jedoch deren Mitgliedern gehören und von den Behörden des Aufnahmestaates im Zusammenhang mit einer Zoll- oder Steuerzuwiderhandlung beschlagnahmt worden sind, werden den zuständigen Behörden der betreffenden Truppe übergeben.

Art. XIV [Maßgebende Devisenvorschriften]

(1) Eine Truppe, ein ziviles Gefolge und ihre Mitglieder sowie deren Angehörige unterstehen weiterhin den Devisenvorschriften des Entsendestaates und außerdem den Vorschriften des Aufnahmestaates.

(2) Die für den Devisenverkehr zuständigen Behörden des Entsende- und des Aufnahmestaates können Sonderbestimmungen erlassen, die auf eine Truppe, ein ziviles Gefolge, ihre Mitglieder oder deren Angehörige Anwendung finden.

Art. XV [Gültigkeit des Abkommens bei Feindseligkeiten]

(1) Vorbehaltlich der Bestimmungen des Absatzes (2) bleibt dieses Abkommen im Falle von Feindseligkeiten, auf die der Nordatlantikvertrag Anwendung findet, in Kraft; die Bestimmungen der Absätze (2) und (5) des Artikels VIII über die Regelung von Entschädigungsansprüchen finden jedoch auf Kriegsschäden keine Anwendung, und die beteiligten Vertragsparteien überprüfen unverzüglich die Bestimmungen dieses Abkommens, insbesondere der Artikel III und VII, wobei sie Änderungen vereinbaren können, die ihnen in bezug auf die Anwendung des Abkommens zwischen ihnen etwa wünschenswert erscheinen.

(2) Unter Einhaltung einer Frist von 60 Tagen nach Benachrichtigung der anderen Vertragsparteien hat jede Vertragspartei im Falle derartiger Feindseligkeiten das Recht, die Anwendung jeder beliebigen Bestimmung dieses Abkommens soweit erforderlich auszusetzen. Wird

dieses Recht ausgeübt, so treten die Vertragsparteien unverzüglich in Beratungen untereinander ein, um sich über geeignete Bestimmungen als Ersatz für die außer Anwendung gesetzten Bestimmungen zu einigen.

Art. XVI [Streitigkeiten bei Auslegung und Anwendung des Abkommens]

Alle Streitigkeiten zwischen den Vertragsparteien in bezug auf die Auslegung oder Anwendung dieses Abkommens werden durch Verhandlungen zwischen ihnen ohne Inanspruchnahme außenstehender Gerichte geregelt. Soweit dieses Abkommen nicht etwas anderes bestimmt, werden alle Streitigkeiten, die durch unmittelbare Verhandlungen nicht geregelt werden können, dem Nordatlantikrat unterbreitet.

Art. XVII [Revision des Abkommens]

Jede Vertragspartei kann jederzeit die Revision eines jeden Artikels dieses Abkommens beantragen. Der Antrag ist an den Nordatlantikrat zu richten.

Art. XVIII [Ratifizierung, Inkrafttreten, Beitrittsrecht]

(1) Dieses Abkommen bedarf der Ratifizierung; die Ratifikationsurkunden werden so bald wie möglich bei der Regierung der Vereinigten Staaten von Amerika hinterlegt; diese notifiziert jedem Unterzeichnerstaat den Zeitpunkt jeder Hinterlegung.

(2) Dieses Abkommen tritt dreißig Tage nach Hinterlegung der Ratifikationsurkunden durch vier Unterzeichnerstaaten zwischen diesen in Kraft. Für jeden anderen Unterzeichnerstaat tritt es dreißig Tage nach Hinterlegung seiner Ratifikationsurkunde in Kraft.

(3) Nach dem Inkrafttreten dieses Abkommens kann ihm vorbehaltlich der Zustimmung des Nordatlantikrates und unter den von diesem etwa festzusetzenden Bedingungen jeder Staat beitreten, der dem Nordatlantikvertrag beitritt. Der Beitritt wird durch die Hinterlegung einer Beitrittsurkunde bei der Regierung der Vereinigten Staaten von Amerika vollzogen; diese notifiziert jedem Unterzeichnerstaat und beitretenden Staat den Zeitpunkt der Hinterlegung. Dieses Abkommen tritt in bezug auf jeden Staat, in dessen Namen eine Beitrittsurkunde hinterlegt wird, dreißig Tage nach dem Zeitpunkt der Hinterlegung dieser Urkunde in Kraft.

Art. XIX [Kündigung]

(1) Dieses Abkommen kann von jeder Vertragpsartei nach Ablauf einer Frist von vier Jahren, von seinem Inkrafttreten an gerechnet, gekündigt werden.

(2) Die Kündigung des Abkommens durch eine Vertragspartei erfolgt durch eine schriftliche Notifizierung, die von dieser Vertragspartei an die Regierung der Vereinigten Staaten von Amerika zu richten ist; diese setzt alle anderen Vertragsparteien von jeder derartigen Notifizierung und dem Zeitpunkt ihres Eingangs in Kenntnis.

(3) Die Kündigung wird ein Jahr nach Eingang der Notifizierung bei der Regierung der Vereinigten Staaten von Amerika wirksam. Nach Ablauf dieser Frist von einem Jahr tritt das Abkommen für die Vertragspartei, die es gekündigt hat, außer Kraft, bleibt aber zwischen den anderen Vertragsparteien in Kraft.

Art. XX [Geltungsbereich]

(1) Vorbehaltlich der Absätze (2) und (3) findet dieses Abkommen nur auf das Mutterland einer Vertragspartei Anwendung.

(2) Ein Staat kann jedoch bei der Hinterlegung seiner Ratifikations- oder Beitrittsurkunde oder später durch eine an die Regierung der Vereinigten Staaten von Amerika gerichtete Notifizierung erklären, daß sich dieses Abkommen auf alle oder einzelne Hoheitsgebiete erstrecken soll, für deren internationale Beziehungen er im Raum des Nordatlantikvertrags verantwortlich ist; wenn jedoch der Staat, der die Erklärung abgibt, dies für erforderlich hält, wird ein besonderes Abkommen zwischen diesem Staat und jedem beteiligten Entsendestaat geschlossen. Das vorliegende Abkommen findet sodann auf das Hoheitsgebiet oder die Hoheitsgebiete, die so benannt werden, dreißig Tage nach Eingang der Notifizierung bei der Regierung der Vereinigten Staaten von Amerika beziehungsweise dreißig Tage nach Abschluß der etwaigen besonderen Abkommen oder aber mit seinem Inkrafttreten gemäß Artikel XVIII Anwendung, je nachdem welcher Zeitpunkt später liegt.

(3) Ein Staat, der eine Erklärung nach Absatz (2) abgegeben und dadurch dieses Abkommen auf ein Hoheitsgebiet erstreckt hat, für dessen internationale Beziehungen er verantwortlich ist, kann das Abkommen gemäß Artikel XIX gesondert für dieses Gebiet kündigen.

Zu Urkund dessen haben die unterzeichneten Bevollmächtigten dieses Abkommen unterschrieben.

Geschehen zu London am neunzehnten Juni 1951 in englischer und französischer Sprache, wobei jeder Wortlaut gleichermaßen verbindlich ist, in einer einzigen Urschrift, die im Archiv der Regierung der Vereinigten Staaten von Amerika hinterlegt wird. Die Regierung der Vereinigten Staaten von Amerika übermittelt allen Unterzeichnerstaaten und beitretenden Staaten beglaubigte Abschriften.

Für das Königreich Belgien:
Obert de Thieusies

Für Kanada:
L. D. Wilgress

Für das Königreich Dänemark:
Steensen-Leth

Für Frankreich:
Hervé Alphand

Für Island:
Gunnlauger Pétursson

Für Italien:
A. Rossi-Longhi

Für das Großherzogtum Luxemburg:
A. Clasen

Für das Königreich der Niederlande:
A. W. L. Tjarda van Starkenborgh-Stachouwer

Für das Königreich Norwegen:
Dag Bryn

Für Portugal:
R. Ennes Ulrich

(Das Abkommen ist nur auf das Gebiet des kontinentalen Portugal anwendbar, die vorgelagerten Inseln und die überseeischen Gebiete sind davon ausgeschlossen.)

Für das Vereinigte Königreich von Großbritannien und Nordirland
Herbert Morrison

Für die Vereinigten Staaten von Amerika:
Charles M. Spofford

66c. Zusatzabkommen zu dem Abkommen zwischen den Parteien des Nordatlantikvertrages über die Rechtsstellung ihrer Truppen hinsichtlich der in der Bundesrepublik Deutschland stationierten ausländischen Truppen[1), 2), 3), 4), 5), 6), 7)]

Vom 3. August 1959

(BGBl. 1961 II S. 1183, 1218; geändert durch das Abkommen vom 21.10.1971, BGBl. 1973 II S. 1021, in Kraft am 18.1.1974, BGBl. II S. 143; Vereinbarung vom 18.5.1981, BGBl. 1982 II S. 530, in Kraft am 8.8.1982, BGBl. II S. 838; Abkommen vom 18.3.1993, BGBl. 1994 II S. 2594, 2598[8)], in Kraft am 29.3.1998, BGBl. II S. 1691)

Das Königreich Belgien,

---

1) Dieses Zusatzabkommen ist für die Bundesrepublik Deutschland sowie für Belgien, Frankreich, Kanada, die Niederlande, Großbritannien und die USA gem. Bek. v. 16.6.1963 (BGBl. II S. 745) am 1.7.1963 in Kraft getreten.

2) Das Zusatzübereinkommen NATO-Truppenstatut fand auch nach Wiederherstellung der deutschen Einheit zunächst auf dem Gebiet der ehemaligen DDR und Berlin (West) keine Anwendung, für das DDR-Gebiet Anl. I Kap. I Abschn. I zum Einigungsvertrag, BGBl. 1990 II S. 885, 908, für Berlin (West) § 3 G vom 25.9.1990, BGBl. I S. 2106. Nunmehr ist die Rechtslage für das Gebiet der ehemaligen DDR und Berlin (West) aber der in den alten Bundesländern angeglichen. Aufgrund des Notenwechsels vom 25.9.1990, BGBl. II S. 1251, in der Fassung v. 12.9.1994, BGBl. II S. 29, 3716, in Kraft getreten am 18.9.1996, Bek. v. 20.12.1996, BGBl. 1997 II S. 222 (Nr. **66d**) besteht für die Bundesrepublik die Möglichkeit, den sechs ständigen NATO-Stationierungsstreitkräften vorübergehende Aufenthalte in den neuen Bundesländern zu erlauben. Für Berlin (West) s. Notenwechsel v. 25.9.1990, BGBl. 1994 II S. 34, beendet durch Notenwechsel vom 12.9.1994, in Kraft am 12.9.1994, Bek. v. 20.12.1996, BGBl. 1997 II S. 222 sowie Notenwechsel v. 23.9.1991, BGBl. 1994 II S. 32, in Kraft am 7.3.1995, Bek. v. 20.12.1996, BGBl. 1997 II S. 226. Art. 5 Abs. 3 Satz 3 des 2+4-Vertrages, BGBl. 1990 II S. 1317, schließt die Möglichkeit der Angleichung der Rechtsstellung für das ehemalige Gebiet der DDR nicht aus.

3) Gem. Art. 3 dieses Abkommens sind für Kündigungsschutzverfahren sowie für sonstige Klagen auf Feststellung oder auf Leistung aus dem Arbeitsverhältnis die vor dem Inkrafttreten dieses Abkommens anhängig geworden sind, die bisherigen Vorschriften maßgebend. Die Dauer der Amtszeit der bei Inkrafttreten dieses Abkommens bestehenden Betriebsvertretungen bleibt unberührt.

4) S. auch das **Unterzeichnungsprotokoll** zum Zusatzabkommen (BGBl. 1961 II S. 1313), geänd. durch Bek. v. 6.6.1972 (BGBl. II S. 687), v. 22.10.1973 (BGBl. II S. 1529), v. 27.5.1975 (BGBl. II S. 914), v. 18.5.1981 (BGBl. 1982 II S. 530, 838), v. 1.8.1985 (BGBl. II S. 1008) und v. 16.5.1994 (BGBl. II S. 3710), in Kraft getreten am 5.6.1998, s. Bek. v. 9.6.1998 (BGBl. II S. 1568).

5) Die **Erläuterungen** zur ursprünglichen Fassung sind in der BT-Drs. III/2146 S. 230 ff. zu finden. Auf Grund der umfangreichen Änderungen im Text des Zusatzabkommens wurde auf den Abdruck verzichtet.

6) Für Streitkräfte, die nicht aus einem NATO-Mitgliedstaat stammen, gilt das G über die Rechtsstellung ausländischer Streitkräfte bei vorübergehenden Aufenthalten in der Bundesrepublik Deutschland v. 20. Juli 1995, BGBl. II S. 554, abgedruckt unter Nr. **67**.

7) Das Zusatzabkommen ist auf die Streitkräfte Dänemarks und Luxemburgs nicht anwendbar. Ihre Rechtsstellung richtet sich in den alten Bundesländern nur nach dem NATO-Truppenstatut (Nr. **66b**). Das Aufenthaltsrecht der dänischen und luxemburgischen Streitkräfte ist im Aufenthaltsvertrag v. 23.10.1954, BGBl. 1955 II S. 253, mitgeregelt.

8) Das (Vertrags-)Gesetz v. 28.9.1994 ist mehrfach geänd. worden (vgl. BGBl. II 1529, BGBl. 2003 I 2304, BGBl. 2006 I 2407 sowie BGBl. 2015 I 1474).

die Bundesrepublik Deutschland,
die Französische Republik,
Kanada,
das Königreich der Niederlande,
das Vereinigte Königreich von Großbritannien und Nordirland und
die Vereinigten Staaten von Amerika,

in der Erwägung, daß Artikel 8 Absatz (1) Buchstabe (b) des Vertrages über die Beziehungen zwischen der Bundesrepublik Deutschland und den Drei Mächten (in der gemäß Liste I zu dem am 23. Oktober 1954 in Paris unterzeichneten Protokoll über die Beendigung des Besatzungsregimes in der Bundesrepublik Deutschland geänderten Fassung) den Abschluß von neuen Vereinbarungen über die Rechte und Pflichten der Truppen der Drei Mächte und sonstiger Staaten, die Truppen auf dem Gebiet der Bundesrepublik Deutschland unterhalten, vorsieht,

daß gemäß der genannten Bestimmung die neuen Vereinbarungen auf der Grundlage des am 19. Juni 1951 in London unterzeichneten Abkommens zwischen den Parteien des Nordatlantikvertrages über die Rechtsstellung ihrer Truppen getroffen werden sollen, ergänzt durch diejenigen Bestimmungen, die im Hinblick auf die besonderen Verhältnisse in bezug auf die in der Bundesrepublik Deutschland stationierten Truppen erforderlich sind,

daß der Nordatlantikrat beschlossen hat, den Beitritt der Bundesrepublik Deutschland zu dem genannten Abkommen zwischen den Parteien des Nordatlantikvertrages über die Rechtsstellung ihrer Truppen gemäß seinem Artikel XVIII Absatz (3) zu billigen, und dabei die Bedingung gestellt hat, daß dieser Beitritt erst wirksam wird, wenn alle Parteien die neuen Vereinbarungen ratifiziert oder genehmigt haben,

daß auch in dem zweiten Absatz der Präambel zu dem genannten Abkommen zwischen den Parteien des Nordatlantikvertrages über die Rechtsstellung ihrer Truppen ergänzende Einzelvereinbarungen vorgesehen sind,

daß nach dem von den Unterzeichnerstaaten des in Paris am 23. Oktober 1954 unterzeichneten Protokolls über die Beendigung des Besatzungsregimes in der Bundesrepublik Deutschland am 3. August 1959, in Bonn unterzeichneten Abkommen der Vertrag über die Rechte und Pflichten ausländischer Streitkräfte und ihrer Mitglieder in der Bundesrepublik Deutschland, der Finanzvertrag sowie das Abkommen über die steuerliche Behandlung der Streitkräfte und ihrer Mitglieder in der durch das genannte Protokoll geänderten Fassung mit dem Inkrafttreten der neuen Vereinbarungen außer Kraft treten werden,

sowie in dem Wunsche, hierdurch die Nordatlantische Gemeinschaft weiterhin zu festigen,

sind wie folgt übereingekommen:

Art. 1 [Ergänzung des NATO-Truppenstatuts] Das am 19. Juni 1951 in London unterzeichnete Abkommen zwischen den Parteien des

Nordatlantikvertrages über die Rechtsstellung ihrer Truppen[1] (im folgenden als NATO-Truppenstatut bezeichnet) wird bezüglich der Rechte und Pflichten der Truppen des Königreichs Belgien, der Französischen Republik, Kanadas, des Königreichs der Niederlande, des Vereinigten Königreichs von Großbritannien und Nordirland und der Vereinigten Staaten von Amerika im Gebiet der Bundesrepublik Deutschland (im folgenden als Bundesrepublik bezeichnet) durch die Bestimmungen dieses Zusatzabkommens ergänzt.

Art. 2 [Begriffsbestimmungen] (1) Soweit nicht etwas anderes bestimmt ist, bedeutet in diesem Abkommen der Ausdruck

(a) „Deutscher" einen Deutschen im Sinne des deutschen Rechts;

(b) „Unterzeichnungsprotokoll" das Unterzeichnungsprotokoll zu diesem Abkommen;

(c) „Truppenvertrag" den Vertrag über die Rechte und Pflichten ausländischer Streitkräfte und ihrer Mitglieder in der Bundesrepublik Deutschland (in der gemäß Liste II zu dem am 23. Oktober 1954 in Paris unterzeichneten Protokoll über die Beendigung des Besatzungsregimes in der Bundesrepublik Deutschland geänderten Fassung);

(d) „Bundesleistungsgesetz" das Bundesleistungsgesetz vom 19. Oktober 1956 (Bundesgesetzblatt 1956 Teil I Seite 815);

(e) „Schutzbereichgesetz" das Gesetz über die Beschränkung von Grundeigentum für die militärische Verteidigung – Schutzbereichgesetz vom 7. Dezember 1956 (Bundesgesetzblatt 1956 Teil I Seite 899);

(f) „Landbeschaffungsgesetz" das Gesetz über die Landbeschaffung für Aufgaben der Verteidigung – Landbeschaffungsgesetz vom 23. Februar 1957 (Bundesgesetzblatt 1957 Teil I Seite 134);

(g) „Luftverkehrsgesetz" das Luftverkehrsgesetz in der Fassung der Bekanntmachung vom 10. Januar 1959 (Bundesgesetzblatt 1959 Teil I Seite 9).

(2) (a) Ein nicht unter die in Artikel I Absatz (1) Buchstabe (c) des NATO-Truppenstatuts enthaltene Begriffsbestimmung fallender naher Verwandter eines Mitgliedes einer Truppe oder eines zivilen Gefolges, der von diesem aus wirtschaftlichen oder gesundheitlichen Gründen abhängig ist, von ihm tatsächlich unterhalten wird, die Wohnung teilt, die das Mitglied innehat, und sich mit Genehmigung der Behörden der Truppe im Bundesgebiet aufhält, gilt als Angehöriger im Sinne der genannten Bestimmung.

(b) Stirbt ein Mitglied einer Truppe oder eines zivilen Gefolges oder verläßt es infolge einer Versetzung das Bundesgebiet, so gelten seine Angehörigen, einschließlich der in Buchstabe (a) erwähnten nahen Verwandten, während einer Frist von neunzig Tagen nach dem Tode oder der Versetzung weiterhin als Angehörige im Sinne von Artikel I Absatz (1) Buchstabe (c) des NATO-Truppenstatuts, sofern sie sich im Bundesgebiet aufhalten.

---

[1] Nr. **66 b**.

Art. 3 [Zusammenarbeit der deutschen Behörden und Truppenbehörden] (1) In Übereinstimmung mit den im Rahmen des Nordatlantikvertrages bestehenden Verpflichtungen der Parteien zu gegenseitiger Unterstützung arbeiten die deutschen Behörden und die Behörden der Truppen eng zusammen, um die Durchführung des NATO-Truppenstatuts und dieses Abkommens sicherzustellen.

(2) Die in Absatz (1) vorgesehene Zusammenarbeit erstreckt sich insbesondere

(a) auf die Förderung und Wahrung der Sicherheit sowie den Schutz des Vermögens der Bundesrepublik, der Entsendestaaten und der Truppen, namentlich auf die Sammlung, den Austausch und den Schutz aller Nachrichten, die für diese Zwecke von Bedeutung sind;

(b) auf die Förderung und Wahrung der Sicherheit sowie auf den Schutz des Vermögens von Deutschen, Mitgliedern der Truppen und der zivilen Gefolge und Angehörigen sowie von Staatsangehörigen der Entsendestaaten, die nicht zu diesem Personenkreis gehören.

(3) (a) Im Rahmen der in den Absätzen (1) und (2) vorgesehenen Zusammenarbeit gewährleisten die deutschen Behörden und die Behörden einer Truppe durch geeignete Maßnahmen eine enge gegenseitige Verbindung. Personenbezogene Daten werden ausschließlich zu den im NATO-Truppenstatut und in diesem Abkommen vorgesehenen Zwecken übermittelt. Einschränkungen der Verwendungsmöglichkeiten, die auf den Rechtsvorschriften der übermittelnden Vertragspartei beruhen, werden beachtet.

(b) Dieser Absatz verpflichtet eine Vertragspartei nicht zur Durchführung von Maßnahmen, die gegen ihre Gesetze verstoßen würden oder denen ihre überwiegenden Interessen am Schutz der Sicherheit des Staates oder der öffentlichen Sicherheit entgegenstehen.

(4) Die deutschen Behörden und die Behörden eines Entsendestaates treffen alle zur Durchführung des NATO-Truppenstatuts und dieses Abkommens erforderlichen Verwaltungsmaßnahmen und schließen zu diesem Zweck, soweit erforderlich, Verwaltungsabkommen oder andere Vereinbarungen ab.

(5) (a) Bei der Durchführung der auf dem Gebiet der Versorgung bestehenden Bestimmungen des NATO-Truppenstatuts und dieses Abkommens gewähren die deutschen Behörden einer Truppe und einem zivilen Gefolge die für eine befriedigende Erfüllung ihrer Verteidigungspflichten erforderliche Behandlung.

(b) Bei der Geltendmachung der Rechte, die ihnen nach den unter Buchstabe (a) erwähnten Bestimmungen zustehen, tragen die Behörden einer Truppe und eines zivilen Gefolges im Sinne eines angemessenen Ausgleichs zwischen ihren Bedürfnissen und denjenigen der Bundesrepublik den deutschen öffentlichen und privaten Interessen gebührend Rechnung.

(6) Die deutschen Behörden und die Behörden einer Truppe vereinbaren die Grenzübergangsstellen, an denen Verbindungspersonal des

Entsendestaates stationiert werden soll. Dieses Personal unterstützt die deutschen Behörden bei ihrer Kontrolltätigkeit, um die reibungslose und schnelle Abfertigung der Truppe, des zivilen Gefolges, ihrer Mitglieder und deren Angehörigen sowie des mitgeführten Gepäcks zu erleichtern; das gleiche gilt für die Abfertigung der Waren- und Materialsendungen, die von der Truppe, in ihrem Namen oder für ihre Rechnung zu ihrem Gebrauch oder dem des zivilen Gefolges, ihrer Mitglieder und deren Angehörigen durchgeführt werden.

Art. 4 [Wahrnehmung von Rechten und Erfüllung von Pflichten des Entsendestaates] (1) Die Wahrnehmung von Rechten und die Erfüllung von Pflichten, die sich für einen Entsendestaat aus dem NATO-Truppenstatut und diesem Abkommen ergeben, können mit Zustimmung der Bundesregierung durch andere Entsendestaaten erfolgen, nach Maßgabe zwischen den beteiligten Entsendestaaten abzuschließender Verwaltungsabkommen.

(2) Bis zum Inkrafttreten der in Absatz (1) genannten Verwaltungsabkommen behalten die zwischen den beteiligten Entsendestaaten abgeschlossenen Vereinbarungen, die diese Fragen zur Zeit des Inkrafttretens dieses Abkommens regeln, für die Gebiete Gültigkeit, auf die sie sich beziehen, es sei denn, der eine beteiligte Entsendestaat setzt den anderen beteiligten Entsendestaat und die Bundesrepublik von seiner Absicht in Kenntnis, diese Vereinbarungen nicht mehr anzuwenden.

Art. 5 [Ausweispflicht; Grenzübertritt] (1) Für die Ausweispflicht innerhalb des Bundesgebietes gilt folgendes:

(a) Mitglieder einer Truppe benötigen keine Marschbefehle.

(b) Mitglieder einer Truppe, die sich in Uniform in einer Einheit unter militärischer Führung bewegen, brauchen sich nicht auszuweisen. Auf Verlangen der deutschen Behörden legt der Führer einer Einheit seinen Personalausweis vor, falls in Ausnahmefällen die sofortige Identifizierung der Einheit notwendig ist.

(c) Mitglieder eines zivilen Gefolges und Angehörige, die weder einen Reisepaß noch einen anderen nach deutschem Recht als gleichwertig zugelassenen Ausweis bei sich führen, weisen sich durch einen von den Behörden des Entsendestaates ausgestellten Ausweis aus, der den Namen, das Geburtsdatum und ein Lichtbild des Inhabers, eine Nummer oder die Bezeichnung der ausstellenden Behörde sowie Angaben über die Eigenschaft, in der sich der Inhaber im Bundesgebiet aufhält, enthalten muß.

(d) Wenn in Ausnahmefällen ein Mitglied einer Truppe oder eines zivilen Gefolges oder ein Angehöriger nicht im Besitz der in Artikel III des NATO-Truppenstatuts oder in diesem Artikel vorgesehenen Ausweise ist, erkennen die deutschen Behörden eine von den Behörden der Truppe ausgestellte vorläufige Bescheinigung an, daß die betreffende Person Mitglied der Truppe oder des zivilen Gefolges oder

Angehöriger ist. Die Behörden der Truppe ersetzen diese Bescheinigung so bald wie möglich durch die in Artikel III des NATO-Truppenstatuts oder die in diesem Artikel vorgesehenen Ausweise und teilen dies den deutschen Behörden mit.

(2) Für den Grenzübertritt gilt folgendes:

(a) Einzel- oder Sammelmarschbefehle enthalten in der Regel die in Artikel III Absatz (2) Buchstabe (b) des NATO-Truppenstatuts vorgesehenen Angaben in deutscher Sprache. Die deutschen Behörden erkennen indessen einen Marschbefehl auch dann als gültig an, wenn diese Angaben ausnahmsweise nicht in deutscher Sprache gemacht sind. Marschbefehle werden entweder für eine einmalige Ein- oder Ausreise oder für eine einmalige Ein- und Ausreise ausgestellt oder haben für eine begrenzte Zeit Gültigkeit. Die Behörden einer Truppe können die Gültigkeitsdauer eines Marschbefehls verlängern. Einzelmarschbefehle können durch entsprechende, eine Befristung enthaltene Eintragung im Personalausweis ersetzt werden.

(b) Eine Einheit, die auf Grund eines Sammelmarschbefehls unter militärischer Führung die Grenze überschreitet, wird durch ihren Führer ausgewiesen, der seinen Personalausweis und den Sammelmarschbefehl vorlegt. Halten die deutschen Behörden in Ausnahmefällen die Nachprüfung der Identität bestimmter Mitglieder einer Einheit aus besonderen Gründen, welche die deutschen Kontrollbeamten dem Führer der Einheit mitteilen, für notwendig, so legt dieser ihnen die Personalausweise dieser Mitglieder vor. Diese Nachprüfung darf für die Einheit keine wesentliche Verzögerung zur Folge haben.

(c) Die Ausweiskontrolle bei Ein- und Ausreisen über Militärflugplätze einer Truppe findet grundsätzlich in der gleichen Weise statt wie die Grenzkontrolle beim Grenzübertritt auf dem Landwege. Bei Ein- und Ausreisen von Mitgliedern einer Truppe, eines zivilen Gefolges oder von Angehörigen über Militärflugplätze begnügen sich die deutschen Behörden jedoch mit gelegentlichen Kontrollen, die nach Fühlungnahme mit den Behörden des betreffenden Flugplatzes stattfinden; eine regelmäßige Ausweiskontrolle bei den genannten Personen wird von den Behörden der Truppe durchgeführt. Bei Personen, die über Militärflugplätze der Truppe in das Bundesgebiet einreisen oder aus dem Bundesgebiet ausreisen und nicht zu dem in Satz 2 genannten Personenkreis gehören, erfolgt die Ausweiskontrolle durch die deutschen Behörden, die von der Ankunft dieser Personen durch die Behörden der Truppe unterrichtet werden. Diese Kontrolle findet beim Betreten oder Verlassen des Flugplatzes statt.

Art. 6 [Meldewesen] (1) Mitglieder einer Truppe, eines zivilen Gefolges und Angehörige sind von den deutschen Vorschriften auf den Gebieten des Meldewesens und der Ausländerpolizei mit Ausnahme der Meldungen in Beherbergungsstätten befreit.

(2) Die Behörden einer Truppe registrieren laufend alle Mitglieder des zivilen Gefolges und alle Angehörigen. Die Behörden der Truppe

erteilen in Einzelfällen den deutschen Behörden die Auskünfte, die auf Grund der in Absatz (1) erwähnten Vorschriften benötigt werden, wenn die deutschen Behörden unter Darlegung der Gründe darum ersuchen.

(3) Die deutschen Behörden werden auf ihr Verlangen von den Behörden der Truppe über die Zahl der Mitglieder des zivilen Gefolges und der Angehörigen unterrichtet.

Art. 7 [Anwendung des Aufenthalts- und Niederlassungsrechts] Bei der Anwendung zwischenstaatlicher Abkommen oder anderer im Bundesgebiet geltender Bestimmungen über Aufenthalt und Niederlassung, soweit sie sich auf Rückschaffungen, Ausweisungen, die Verlängerung von Aufenthaltserlaubnissen oder die Ausübung einer beruflichen Tätigkeit beziehen, bleiben Zeiten unberücksichtigt, die eine Person als Mitglied einer Truppe, eines zivilen Gefolges oder als Angehöriger im Bundesgebiet zugebracht hat.

Art. 8 [Verfahren bei Ausweisung] (1) Beabsichtigt eine zuständige deutsche Behörde, eine der in Artikel III Absatz (5) Satz 1 des NATO-Truppenstatuts aufgeführten und dem Aufnahmestaat vorbehaltenen Maßnahmen zu treffen, so unterrichtet sie die zuständige Behörde des betreffenden Entsendestaates von dieser Absicht unter Darlegung der Begründung der in Aussicht genommenen Maßnahme und gibt ihr Gelegenheit, innerhalb einer angemessenen Frist Stellung zu nehmen oder selbst die ihr geeignet erscheinenden Maßnahmen zu treffen. Die deutschen Behörden ziehen eine Stellungnahme des Entsendestaates und die von seinen Behörden etwa ergriffenen Maßnahmen wohlwollend in Betracht.

(2) Die Unterrichtung über eine nach Artikel III Absatz (5) des NATO-Truppenstatuts beabsichtigte Maßnahme erfolgt durch den betreffenden Landesinnenminister oder im Falle Hamburgs und Bremens durch den Senator für innere Angelegenheiten.

(3) Anträge auf Entfernung werden nur gestellt und Ausweisungsbefehle nur erlassen, wenn die zuständige deutsche Behörde der Ansicht ist, daß auf Grund der weiteren Anwesenheit der in Frage stehenden Person im Bundesgebiet die öffentliche Sicherheit oder Ordnung zu dem Zeitpunkt tatsächlich gefährdet ist, an dem der Antrag gestellt oder der Befehl erlassen wird.

Art. 9 [Führerscheine und Fahrerlaubnisse für Land-, Wasser- und Luftfahrzeuge] (1) Führerscheine oder andere Erlaubnisscheine, die Mitgliedern einer Truppe oder eines zivilen Gefolges von einer Behörde eines Entsendestaates zum Führen dienstlicher Land-, Wasser- oder Luftfahrzeuge erteilt worden sind, berechtigen zum Führen solcher Land-, Wasser- oder Luftfahrzeuge im Bundesgebiet. Führerscheine für dienstliche Fahrzeuge berechtigen, soweit dies nach dem

Recht des Entsendestaates zulässig ist, auch zum Führen entsprechender privater Landfahrzeuge. Die Behörden des Entsendestaates oder seiner Truppe sind befugt, auf Grund solcher Führerscheine auch Führerscheine zum Führen entsprechender privater Landfahrzeuge zu erteilen.

(2) In einem Entsendestaat erteilte Führerscheine, die zum Führen privater Kraftfahrzeuge in diesem Staat ermächtigen, berechtigen Mitglieder einer Truppe oder eines zivilen Gefolges und Angehörige zum Führen solcher Fahrzeuge im Bundesgebiet. Die deutschen Vorschriften über die Gültigkeitsdauer solcher Führerscheine im Bundesgebiet und über ihre Außerkraftsetzung durch eine deutsche Verwaltungsbehörde werden nicht angewendet, wenn der Inhaber eine Bescheinigung einer Behörde der Truppe darüber besitzt, daß er Mitglied der Truppe, des zivilen Gefolges oder dessen Angehöriger ist und über eine ausreichende Kenntnis der deutschen Verkehrsvorschriften verfügt. Eine solche Bescheinigung muß mit einer deutschen Übersetzung verbunden sein.

(3) (a) Ein Mitglied einer Truppe oder eines zivilen Gefolges oder ein Angehöriger kann mit Genehmigung der Behörden der Truppe einen deutschen Führerschein beantragen, der den Inhaber ermächtigt, ein privates Kraftfahrzeug zu führen. Solche Führerscheine werden von den zuständigen deutschen Behörden im Einklang mit geltenden deutschen Vorschriften ausgestellt.

(b) Die Fahrausbildung von Personen, die aufgrund dieses Absatzes einen Führerschein beantragen, kann in von Truppen betriebenen Fahrschulen stattfinden, wenn die Ausbilder in diesen Schulen über berufliche Eignungen verfügen, die den Vorschriften des jeweiligen Entsendestaates entsprechen. Diese Ausbilder müssen über eine von den Behörden der Truppe auszustellende Bescheinigung mit einer deutschen Übersetzung verfügen, die sie zur Ausbildung von Fahrschülern ermächtigt, und müssen diese Bescheinigung während der Ausbildung mit sich führen. Personen, die nicht als Fahrlehrer ausgebildet sind, dürfen in dieser Eigenschaft in einer Fahrschule der Truppe nicht eingesetzt werden.

(c) Der Inhalt der schriftlichen und praktischen Führerscheinprüfungen für Personen, die einen Führerschein nach diesem Absatz beantragen, wird von den deutschen Behörden im Benehmen mit den Behörden der Truppe festgelegt. Die deutschen Behörden haben das Recht, im Benehmen mit den Behörden der Truppe die ordnungsgemäße Durchführung sicherzustellen.

(d) Personen, die am Tag des Inkrafttretens des Abkommens vom 18. März 1993 zur Änderung dieses Abkommens nach Artikel 9 Absatz (3) in der bis zu diesem Zeitpunkt geltenden Fassung eine Ausbildung begonnen haben oder nach Abschluß der Ausbildung eine Prüfung *noch nicht* abgelegt haben, dürfen noch nach den bisherigen Vorschriften weiter ausgebildet und geprüft werden; ihnen kann nach den bisherigen Vorschriften der Führerschein erteilt werden.

(4) Die von den Behörden eines Entsendestaates Mitgliedern einer Truppe, eines zivilen Gefolges oder Angehörigen erteilten zivilen Luftfahrerscheine berechtigen zum Führen privater Luftfahrzeuge im Bundesgebiet, wenn sie auf den Richtlinien und Empfehlungen der Internationalen Zivilluftfahrt-Organisation beruhen.

(5) (a) Die Behörden einer Truppe stellen sicher, daß die Führer der in Absatz (1) genannten dienstlichen Wasserfahrzeuge beim Befahren von Binnengewässern eine ausreichende Kenntnis der zu befahrenden Strecke und der einschlägigen schiffahrtspolizeilichen Vorschriften besitzen.

(b) Zum Führen nichtmilitärischer Binnenschiffe der Truppe berechtigen nur die von der zuständigen deutschen zivilen Behörde auf der Grundlage der in der Bundesrepublik geltenden Vorschriften erteilten Befähigungsnachweise. Im Rahmen internationaler Abkommen anwendbare Vorschriften bleiben unberührt.

(6) (a) Die Behörden einer Truppe entziehen die nach Absatz (1) im Bundesgebiet gültigen Kraftfahrzeugführerscheine oder die in Absatz (2) erwähnten Bescheinigungen, wenn begründete Bedenken gegen die Zuverlässigkeit oder Eignung der Inhaber zum Führen von Kraftfahrzeugen bestehen. Sie prüfen wohlwollend Ersuchen der deutschen Behörden, solche Führerscheine oder Bescheinigungen zu entziehen. Führerscheine oder Bescheinigungen dürfen wiedererteilt werden, wenn dies aus zwingenden militärischen Gründen oder deshalb notwendig ist, um den Inhaber das Verlassen des Bundesgebietes zu ermöglichen. Die Behörden einer Truppe teilen den deutschen Behörden alle nach diesem Buchstaben vorgenommenen Entziehungen sowie alle Fälle mit, in denen nach einer solchen Entziehung der Führerschein oder die Bescheinigung wiedererteilt worden ist.

(b) In Fällen, in denen die deutschen Gerichte die Gerichtsbarkeit auf Grund des Artikels VII des NATO-Truppenstatuts und der Artikel 17, 18 und 19 dieses Abkommens ausüben, bleiben die Vorschriften des deutschen Strafrechts über die Entziehung der Fahrerlaubnis auf die in Absatz (1) Satz 2, soweit es um die Berechtigung zum Führen privater Landfahrzeuge geht, Absatz (1) Satz 3 und Absatz (2) dieses Artikels erwähnten Führerscheine anwendbar. Die Entziehung der Fahrerlaubnis ist auf dem Führerschein, der dem Inhaber zu belassen ist, zu vermerken.

(c) Die Buchstaben (a) und (b) sind auf Führerscheine, die nach Absatz (3) in der bis zum Inkrafttreten des Abkommens vom 18. März 1993 zur Änderung dieses Abkommens geltenden Fassung dieses Artikels erteilt worden sind, entsprechend anzuwenden.

(7) (a) Absatz (6) Buchstabe (a) ist auf die in Absatz (4) erwähnten Luftfahrerscheine entsprechend anzuwenden.

(b) Auf Ersuchen der deutschen Behörden treffen die Behörden einer Truppe die erforderlichen Maßnahmen gegenüber Inhabern von nach Absatz (1) im Bundesgebiet gültigen Luftfahrerscheinen, die die Luftverkehrsregeln nicht beachtet haben.

Art. 10 [Zulassung von KFZ, Anhängern, Wasser- und Luftfahrzeugen] (1) Kraftfahrzeuge und Kraftfahrzeuganhänger einer Truppe, eines zivilen Gefolges, ihrer Mitglieder und von deren Angehörigen können von den Behörden der Truppe registriert und zugelassen werden. Vorbehaltlich der im Rahmen internationaler Abkommen anwendbaren Vorschriften gilt dies auch für Wasserfahrzeuge einer Truppe. Luftfahrzeuge einer Truppe, eines zivilen Gefolges, ihrer Mitglieder und von deren Angehörigen werden von den Behörden des Entsendestaates entsprechend den anwendbaren internationalen Vorschriften registriert und zugelassen.

(1bis) In Einzelfällen können zusätzlich deutsche Kennzeichen für bestimmte Fahrzeuge durch die zuständige deutsche Behörde genehmigt werden. Artikel 11 Absatz (1) bleibt unberührt. In den Fällen des Artikels 11 Absatz (2) Satz 1 muß sich die Garantie des Versicherers oder des Verbandes solcher Versicherer auch auf Schadensfälle in Staaten oder Gebieten erstrecken, in die Fahrzeuge mit amtlichen deutschen Kennzeichen ohne Kontrolle des Versicherungsnachweises einreisen dürfen (Schadensfälle im Sinne von Artikel 2 Absatz 2 der Richtlinie 72/166/EWG vom 24. April 1972 in der jeweils geltenden Fassung). Über die Genehmigung des deutschen Kennzeichens ist eine besondere Bescheinigung auszustellen oder ein Vermerk auf dem Zulassungsschein anzubringen. Weitere Einzelheiten werden zwischen den deutschen Behörden und den Behörden der Truppe vereinbart.

(1ter) Die deutschen Behörden können verlangen, daß die Zulassungen nach den Absätzen (1) und (1bis) von den Behörden der Truppe den zuständigen deutschen Behörden zur dortigen Erfassung mitgeteilt werden. Einzelheiten, insbesondere welche Zulassungsdaten mitzuteilen sind, werden zwischen den deutschen Behörden und den Behörden der Truppe vereinbart.

(1^{quater}) Kraftfahrzeuge und Kraftfahrzeuganhänger, die nach Absatz (1) registriert und zugelassen oder von einer Truppe im Bundesgebiet benutzt werden, sind in regelmäßigen Abständen einer technischen Untersuchung zu unterziehen. Die deutschen Behörden können verlangen, daß deutsche Prüfer Stationen oder Werkstätten der Entsendestaaten, in denen private Kraftfahrzeuge und Kraftfahrzeuganhänger technisch untersucht werden, auf ihre Eignung zur Durchführung von Untersuchungen überprüfen. Außerdem können sie dort diese Fahrzeuge auf ihre Verkehrssicherheit überprüfen. Unberührt bleibt die Möglichkeit, daß Fahrzeuge in deutschen Prüfstellen nach deutschen Vorschriften begutachtet und geprüft werden.

(2) Die Behörden einer Truppe registrieren und lassen private Kraftfahrzeuge und Kraftfahrzeuganhänger nur zu, wenn für diese Kraftfahrzeuge und Kraftfahrzeuganhänger eine Haftpflichtversicherung nach *Artikel 11* besteht. Sie ziehen die Registrierung oder Zulassung zurück oder erklären sie für ungültig, wenn die Haftpflichtversicherung nicht mehr besteht.

(3) Kraftfahrzeuge, Kraftfahrzeuganhänger, Wasserfahrzeuge und Luftfahrzeuge, die gemäß Absatz (1) registriert und zugelassen oder von einer Truppe im Bundesgebiet benutzt werden, müssen außer mit einer Erkennungsnummer oder einem anderen geeigneten Erkennungszeichen mit einem deutlichen Nationalitätszeichen versehen sein. Die Erkennungszeichen für private Kraftfahrzeuge und Kraftfahrzeuganhänger müssen sich von den Erkennungszeichen für Dienstfahrzeuge deutlich unterscheiden. Die Behörden einer Truppe teilen den deutschen Behörden das Kennzeichnungssystem für die von ihnen registrierten und zugelassenen Kraftfahrzeuge, Kraftfahrzeuganhänger und Wasserfahrzeuge mit. Die Behörden der Truppe teilen im Einzelfall den deutschen Behörden, wenn diese unter Darlegung der Gründe darum ersuchen, die Namen und Anschriften der Personen mit, auf deren Namen private Kraftfahrzeuge, Kraftfahrzeuganhänger und Luftfahrzeuge gemäß Absatz (1) zugelassen sind.

(4) Zulassungsscheine für private Kraftfahrzeuge und private Kraftfahrzeuganhänger müssen die Erkennungsnummer, den Namen oder die Marke und die Fabrik- oder Seriennummer des Herstellers, den Tag der ersten Zulassung im Bundesgebiet sowie Namen und Vornamen des Inhabers enthalten. Die Zulassungsscheine müssen mit einer deutschen Übersetzung verbunden sein. Den Zulassungsscheinen für private Luftfahrzeuge sind die Richtlinien und Empfehlungen der Internationalen Zivilluftfahrtorganisation zugrunde zu legen. Nichtmilitärische Binnenwasserfahrzeuge einer Truppe mit einer Wasserverdrängung von 15 t oder mehr müssen eine Bescheinigung über ihre Fahrtauglichkeit an Bord mitführen, die von den Behörden der Truppe ausgestellt werden kann.

(5) Die Behörden einer Truppe treffen hinsichtlich der von ihnen registrierten und zugelassenen oder im Bundesgebiet von der Truppe benutzten Kraftfahrzeuge, Kraftfahrzeuganhänger, Wasser- und Luftfahrzeuge die angemessenen Sicherheitsmaßnahmen.

Art. 11 [Haftpflichtversicherung für private KFZ, Anhänger und Luftfahrzeuge] (1) Mitglieder einer Truppe, eines zivilen Gefolges und Angehörige dürfen private Kraftfahrzeuge, Kraftfahrzeuganhänger und Luftfahrzeuge im Bundesgebiet nur gebrauchen oder deren Gebrauch gestatten, wenn die Risiken aus dem Gebrauch durch eine Haftpflichtversicherung nach Maßgabe des deutschen Rechts gedeckt sind.

(2) Bei der Zulassung von privaten Kraftfahrzeugen, Kraftfahrzeuganhängern und Luftfahrzeugen durch die Behörden einer Truppe kann die Haftpflichtversicherung bei einem Versicherungsunternehmen abgeschlossen werden, dem in einem Entsendestaat die Erlaubnis zum Geschäftsbetrieb der Haftpflichtversicherung erteilt ist, wenn neben diesem ein im Bundesgebiet zum Geschäftsbetrieb befugter Versicherer oder ein Verband solcher Versicherer die Pflichten eines Haftpflichtversicherers für Schadensfälle im Bundesgebiet übernimmt. Die in

Ansehung des geschädigten Dritten bestehenden Erfordernisse des deutschen Rechts werden durch die Bedingungen dieser Versicherungen nicht berührt.

(3) Soweit Devisenbewirtschaftungsvorschriften in den Entsendestaaten bestehen, stellen diese Staaten sicher, daß alle Zahlungen, die von den in ihrem Gebiet zum Geschäftsbetrieb befugten Versicherern oder Verbänden dieser Versicherer zu bewirken sind, im Bundesgebiet und in der Währung der Bundesrepublik geleistet werden können.

Art. 12 [Besitz, Führen und Gebrauch von Waffen; Waffenausweise] (1) Die Behörden einer Truppe können Mitglieder des zivilen Gefolges und andere Personen, die im Dienst der Truppe stehen, ermächtigen, Waffen zu besitzen und zu führen, soweit diese Personen für den Schutz von Geld oder Sachwerten verantwortlich oder durch die besondere Art ihrer dienstlichen Stellung oder Tätigkeit besonders gefährdet sind.

(2) Die Behörden der Truppe erlassen über den Waffengebrauch durch die nach Absatz (1) ermächtigten Personen Bestimmungen, die sich im Rahmen des deutschen Notwehrrechts halten.

(3) Die nach Absatz (1) ermächtigten Personen dürfen Schußwaffen nur dann mit sich führen, wenn sie im Besitz eines von den Behörden der Truppe ausgestellten Waffenausweises sind. Als Waffenausweis gilt auch der mit einer entsprechenden Eintragung versehene Dienstausweis.

(4) Die Behörden der Truppe stellen Waffenausweise nur für Personen aus, gegen deren Zuverlässigkeit keine begründeten Bedenken bestehen. Sie entziehen auf Antrag der deutschen Behörden oder auf Grund eigener Entscheidung einen Waffenausweis, wenn nachgewiesen wird, daß der Inhaber seine Schußwaffe mißbraucht hat oder daß gegen seine Zuverlässigkeit begründete Bedenken bestehen.

Art. 13 [Soziale Sicherheit und Fürsorge] (1) Soweit nicht ausdrücklich etwas anderes vorgesehen ist, werden zwischenstaatliche Abkommen oder andere im Bundesgebiet geltende Bestimmungen über soziale Sicherheit und Fürsorge auf Mitglieder einer Truppe, eines zivilen Gefolges und auf Angehörige nicht angewendet. Rechte und Pflichten, die diesen Personen auf dem Gebiet der sozialen Sicherheit während eines früheren Aufenthaltes im Bundesgebiet erwachsen sind, bleiben jedoch unberührt. Die Zugehörigkeit zu dem genannten Personenkreis schließt ferner die Möglichkeit nicht aus, daß in der deutschen sozialen Kranken- und Rentenversicherung zum Zwecke der freiwilligen Weiterversicherung Beiträge geleistet werden und im Rahmen einer bestehenden Versicherung Rechte entstehen und geltend gemacht werden.

(2) Die Pflichten, die einem Mitglied einer Truppe, eines zivilen Gefolges oder einem Angehörigen als Arbeitgeber obliegen, werden durch diesen Artikel nicht berührt.

Art. 14 [Ehefähigkeitszeugnis] Wird einem Mitglied einer Truppe, eines zivilen Gefolges oder einem Angehörigen die Befreiung von der Beibringung des Ehefähigkeitszeugnisses erteilt, so darf die nach dem Umfang und der Schwierigkeit der Verwaltungstätigkeit zu bemessende Gebühr den Betrag von fünfzig Deutsche Mark nicht übersteigen.

Art. 15 [Anzeige von Geburten und Sterbefällen] (1) Die nach deutschem Recht vorgeschriebene Pflicht zur Anzeige von Geburten und Sterbefällen vor dem deutschen Standesbeamten entfällt bei Geburten von Kindern der Mitglieder einer Truppe, eines zivilen Gefolges oder der Angehörigen und bei Sterbefällen, wenn der Verstorbene diesem Personenkreis angehört hat; wird jedoch eine Geburt oder ein Sterbefall dieser Art dem deutschen Standesbeamten angezeigt, so wird die Beurkundung nach den Vorschriften des deutschen Rechts vorgenommen.

(2) Die Pflicht zur Anzeige von Geburten und Sterbefällen bleibt bestehen, wenn das Kind oder der Verstorbene Deutscher ist.

Art. 16 [Verfahren bei Todesfällen; Nachlaßregelung; Friedhöfe] (1) Die Militärbehörden eines Entsendestaates sind berechtigt, in Übereinstimmung mit den einschlägigen Vorschriften des Entsendestaates bei Todesfällen im Bundesgebiet die sterblichen Überreste von Mitgliedern der Truppe, des zivilen Gefolges und von deren Angehörigen in ihre Obhut zu nehmen, darüber zu verfügen und Leichenöffnungen aus medizinischen Gründen oder zum Zwecke strafrechtlicher Ermittlungen vorzunehmen. Ersuchen deutscher Behörden um Leichenöffnungen wird stattgegeben; bei Leichenöffnungen aus medizinischen Gründen gilt dies nur, soweit das Recht des Entsendestaates eine solche Leichenöffnung zuläßt. Bei der Vornahme einer Leichenöffnung kann ein deutscher Gerichts- oder Amtsarzt anwesend sein. Falls es sich um eine Leichenöffnung zum Zweck deutscher strafrechtlicher Ermittlungen handelt, steht dieses Recht auch einem deutschen Richter oder Staatsanwalt zu; deren Hinweise auf die Anforderungen des deutschen Strafverfahrensrechts bei Leichenöffnungen werden berücksichtigt. Ist ein deutsches Gericht oder eine deutsche Behörde zuständig, eine Leichenöffnung anzuordnen, so gelten die Sätze 2, 3 und 4 entsprechend, wenn die Militärbehörde eines Entsendestaates an dem Ergebnis der Leichenöffnung interessiert ist.

(2) Gestattet es das Recht eines Entsendestaates, so sind die Militärbehörden dieses Staates berechtigt, den im Bundesgebiet befindlichen beweglichen Nachlaß des Verstorbenen in Besitz zu nehmen und daraus in erster Linie alle bevorrechtigten Forderungen, wie sie sich aus dem Recht des Entsendestaates ergeben, zu befriedigen, in zweiter Linie alle sonstigen im Bundesgebiet eingegangenen Schulden, für die eine gesetzliche Zahlungsverpflichtung im Bundesgebiet besteht, zu regeln und sodann über den Rest entsprechend den auf den Nachlaß

des Verstorbenen anwendbaren gesetzlichen Vorschriften zu verfügen. Die Bestimmungen dieses Absatzes gelten nicht, wenn der Verstorbene Deutscher war.

(3) Die Truppen haben das Recht, an vereinbarten Orten Friedhöfe anzulegen und zu unterhalten, soweit es sich für die Erfüllung ihrer Verteidigungspflichten als notwendig erweist.

Art. 17 [Strafgerichtsbarkeit] (1) Hängt die Entscheidung der Frage, wem bei einer Straftat die Gerichtsbarkeit zusteht, davon ab, ob eine Handlung nach dem Recht eines Entsendestaates strafbar ist, so setzt das mit der Sache befaßte deutsche Gericht oder die mit der Sache befaßte deutsche Behörde das Verfahren aus und unterrichtet die zuständige Behörde des Entsendestaates. Die in Betracht kommende Behörde des Entsendestaates kann innerhalb von einundzwanzig Tagen nach Empfang der Mitteilung oder, wenn eine solche Mitteilung noch nicht erfolgt ist, jederzeit dem deutschen Gericht oder der deutschen Behörde eine Bescheinigung darüber vorlegen, ob die Handlung nach dem Recht des Entsendestaates strafbar ist oder nicht. Wird in der Bescheinigung die Handlung als nach dem Recht des Entsendestaates strafbar bezeichnet, so ist anzugeben, nach welcher Vorschrift oder Rechtsgrundlage sie strafbar ist und mit welcher Strafe sie bedroht ist.

(2) Das deutsche Gericht oder die deutsche Behörde trifft die Entscheidung im Einklang mit der Bescheinigung. In Ausnahmefällen kann diese Bescheinigung jedoch auf Antrag des deutschen Gerichts oder der deutschen Behörde zum Gegenstand einer Überprüfung durch Erörterungen zwischen der Bundesregierung und der diplomatischen Vertretung des Entsendestaates in der Bundesrepublik gemacht werden.

(3) Ist zu entscheiden, ob eine Handlung nach deutschem Recht strafbar ist, so findet das in den Absätzen (1) und (2) vorgesehene Verfahren auf diese Handlung entsprechend Anwendung mit der Maßgabe, daß die Bescheinigung von der zuständigen obersten Verwaltungsbehörde der Bundesrepublik oder des betreffenden deutschen Landes ausgestellt wird.

(4) Die Absätze (1), (2) und (3) werden nicht angewendet im Verhältnis zwischen der Bundesrepublik und den Entsendestaaten, welche die Bundesrepublik davon unterrichten, daß sie nicht beabsichtigen, sich auf diese Bestimmungen zu berufen oder der Bundesrepublik gleiche Rechte zuzusichern.

Art. 18 [Straftaten in Ausübung des Dienstes] (1) Ist im Rahmen eines Strafverfahrens gegen ein Mitglied einer Truppe oder eines zivilen Gefolges zu entscheiden, ob eine Straftat vorliegt, die sich aus einer Handlung oder Unterlassung in Ausübung des Dienstes ergibt, so ist für diese Entscheidung das Recht des betreffenden Entsendestaates maßgebend. Die höchste zuständige Behörde dieses Entsendestaates kann dem mit der Sache befaßten deutschen Gericht oder der mit der

Sache befaßten deutschen Behörde eine Bescheinigung hierüber vorlegen.

(2) Das deutsche Gericht oder die deutsche Behörde trifft die Entscheidung im Einklang mit der Bescheinigung. In Ausnahmefällen kann diese Bescheinigung jedoch auf Antrag des deutschen Gerichts oder der deutschen Behörde zum Gegenstand einer Überprüfung durch Erörterungen zwischen der Bundesregierung und der diplomatischen Vertretung des Entsendestaates in der Bundesrepublik gemacht werden.

Art. 18 A [Verhängung und Vollstreckung der Todesstrafe durch Behörden des Entsendestaates] (1) Die Behörden eines Entsendestaates unterrichten die zuständigen deutschen Behörden unverzüglich, falls sie beschließen, in Ausübung ihrer Gerichtsbarkeit nach Artikel VII des NATO-Truppenstatuts Strafverfolgungsmaßnahmen durchzuführen, die zur Verhängung der Todesstrafe führen können.

(2) Unter Berücksichtigung der Bestimmungen des deutschen Rechts vollstrecken die Behörden eines Entsendestaates in der Bundesrepublik keine Todesstrafe und führen keine Strafverfolgungsmaßnahmen durch, die zur Verhängung einer solchen Strafe in der Bundesrepublik führen können.

Art. 19[1] [Vorrechtsverzicht bei konkurrierender Strafgerichtsbarkeit; Abgabe einzelner Strafsachen; Abschrift und Zustellung von Schriftstücken; Verfahrensvereinfachung] (1) Auf Ersuchen eines Entsendestaates verzichtet die Bundesrepublik diesem gegenüber im Rahmen von Artikel VII Absatz (3) Buchstabe (c) des NATO-Truppenstatuts auf das den deutschen Behörden nach Absatz (3) Buchstabe (b) des genannten Artikels in den Fällen der konkurrierenden Gerichtsbarkeit zustehende Vorrecht nach Maßgabe der Absätze (2), (3), (4) und (7) dieses Artikels. Der nach diesem Absatz gewährte Verzicht erfaßt nicht diejenigen Fälle, die nach Artikel 18 A Absatz (1) mitgeteilt worden sind.

(2) Vorbehaltlich besonderer Vereinbarungen, die gemäß Absatz (7) geschlossen werden können, teilen die Militärbehörden der Entsendestaaten den zuständigen deutschen Behörden die Einzelfälle mit, die unter den Verzicht nach Absatz (1) fallen. Unbeschadet anderer Unterrichtungspflichten nach dem NATO-Truppenstatut oder diesem Abkommen teilen die Militärbehörden des Entsendestaates den zuständigen deutschen Behörden mit, wenn sie beabsichtigen, das ihnen nach Artikel VII Absatz (3) Buchstabe (a) des NATO-Truppenstatuts ge-

[1] Gem. Bekanntmachung zu Artikel 19 Abs. 1 des Zusatzabkommens vom 3. August 1959 zum NATO-Truppenstatut vom 14. August 1964 (BGBl. II S. 1231) ist nach dem Unterzeichnungsprotokoll zum Zusatzabkommen der in Artikel 19 Abs. 1 vorgesehene Verzicht mit dem Inkrafttreten des Zusatzabkommens (1. Juli 1963) wirksam geworden; im Verhältnis zu Frankreich ist dieser Verzicht lt. Bek. vom 19. 1. 2001 (BGBl. II, 189) durch Notenwechsel vom 7./23. 6. 2000 (BGBl. 2001 II, 190) mit Wirkung vom 1. 7. 2000 wieder aufgehoben worden.

währte Vorrecht auf Ausübung der Gerichtsbarkeit im Hinblick auf einzelne Straftaten in Anspruch zu nehmen, die in dem auf diesen Artikel Bezug nehmenden Abschnitt des Unterzeichnungsprotokolls, Absatz (2) Buchstabe (a), aufgeführt sind.

(3) Sind die zuständigen deutschen Behörden der Ansicht, daß Belange der deutschen Rechtspflege die Ausübung der deutschen Gerichtsbarkeit erfordern, so können sie den nach Absatz (1) gewährten Verzicht durch eine Erklärung zurücknehmen, die sie den zuständigen Zivil- oder Militärbehörden innerhalb von einundzwanzig Tagen nach Eingang der in Absatz (2) vorgesehenen Mitteilung oder innerhalb einer etwa gemäß Absatz (7) vereinbarten kürzeren Frist abgeben. Die deutschen Behörden können die Erklärung auch vor dem Eingang der Mitteilung abgeben.

(4) Haben die zuständigen deutschen Behörden gemäß Absatz (3) den Verzicht in einem Einzelfall zurückgenommen und führen Erörterungen zwischen den beteiligten Behörden nicht zu einem Einvernehmen, so kann die diplomatische Vertretung des betreffenden Entsendestaates in der Bundesrepublik Vorstellungen bei der Bundesregierung erheben. Die Bundesregierung legt unter gebührender Berücksichtigung der Belange der deutschen Rechtspflege und der Interessen des Entsendestaates die Meinungsverschiedenheit in Ausübung ihrer Befugnisse auf dem Gebiet der auswärtigen Angelegenheiten bei.

(5) (a) Die Militärbehörden eines Entsendestaates, der um den Verzicht gemäß Absatz (1) ersucht hat, können mit Zustimmung der deutschen Behörden einzelne Strafsachen, für die dem Entsendestaat die Gerichtsbarkeit zustehe, an die deutschen Gerichte oder Behörden zur Untersuchung, Verhandlung und Entscheidung abgeben.

(b) Die deutschen Behörden können mit Zustimmung der Militärbehörden eines Entsendestaates, der um den Verzicht gemäß Absatz (1) ersucht hat, einzelne Strafsachen, für die der Bundesrepublik die Gerichtsbarkeit zusteht, an diese Behörden zur Untersuchung, Verhandlung und Entscheidung abgeben.

(6) (a) Übt ein deutsches Gericht oder eine deutsche Behörde die ausschließliche Gerichtsbarkeit gemäß Artikel VII Absatz (2) Buchstabe (b) des NATO-Truppenstatuts aus, so wird auf besonderes oder allgemeines Ersuchen des betreffenden Entsendestaates eine Abschrift jedes dem Beschuldigten zugestellten Schriftstückes einer Verbindungsstelle, die von jedem Entsendestaat errichtet oder bestimmt wird, zugeleitet.

(b) Deutsche Gerichte und Behörden können die Verbindungsstelle ersuchen, die Zustellung von Schriftstücken in Strafverfahren an Mitglieder einer Truppe, eines zivilen Gefolges oder an Angehörige durchzuführen. Artikel 32 Absatz (1) Buchstabe (b) gilt entsprechend.

(7) Zur Durchführung der Bestimmungen dieses Artikels und zur Erleichterung einer beschleunigen Behandlung von Straftaten geringerer Bedeutung können Vereinbarungen zwischen den Militärbehörden eines oder mehrerer Entsendestaaten und den zuständigen deut-

schen Behörden geschlossen werden. Diese Vereinbarungen können sich auch auf die Befreiung von der Mitteilungspflicht und auf die Frist, in der gemäß Absatz (3) der Verzicht zurückgenommen werden kann, erstrecken.

Art. 20[1)] **[Vorläufige Festnahme durch Militärbehörden eines Entsendestaates]** (1) Die Militärbehörden eines Entsendestaates können eine Person, die nicht ihrer Gerichtsbarkeit unterworfen ist, auch ohne Haftbefehl vorläufig festnehmen,

(a) wenn diese Person auf frischer Tat betroffen oder verfolgt wird und

(i) ihre Persönlichkeit nicht sofort festgestellt werden kann oder

(ii) Fluchtverdacht besteht;

(b) wenn eine deutsche Behörde um die Festnahme ersucht;

(c) wenn diese Person Mitglied der Truppe oder des zivilen Gefolges eines anderen Entsendestaates oder Angehöriger eines solchen Mitgliedes ist und eine Behörde dieses Staates um die Festnahme ersucht.

(2) Ist Gefahr im Verzuge und eine deutsche Staatsanwaltschaft oder ein deutscher Polizeibeamter nicht rechtzeitig erreichbar, so können die Militärbehörden eines Entsendestaates eine Person, die nicht ihrer Gerichtsbarkeit unterworfen ist, ohne Haftbefehl vorläufig festnehmen, wenn dringender Verdacht besteht, daß diese Person innerhalb einer Anlage des Entsendestaates oder gegen eine solche eine strafbare Handlung begangen hat oder zu begehen versucht, oder da sie eine Handlung begangen hat oder zu begehen versucht, die nach Artikel 7 des Vierten Strafrechtsänderungsgesetzes vom 11. Juni 1957 (Bundesgesetzblatt Teil I Seite 597) in Verbindung mit den §§ 99, 100, 100 c, 100 d, 100 e, 109 f, 109 g und 363 des deutschen Strafgesetzbuches oder nach den Vorschriften strafbar ist, die an die Stelle dieser Bestimmungen künftig treten werden. Dies gilt nur, wenn die Person flüchtig ist oder sich verborgen hält oder die begründete Befürchtung besteht, daß sie sich einem Strafverfahren wegen einer solchen Straftat oder eines solchen strafbaren Versuchs entziehen will.

(3) In den Fallen der Absätze (1) und (2) können die Militärbehörden, soweit erforderlich, den vorläufig Festgenommenen entwaffnen und durchsuchen und ihm die in seinem Besitz befindlichen Gegenstände abnehmen, die als Beweismittel für die Ermittlung der vermuteten oder angeblichen Straftat dienen könne.

(4) Die Militärbehörden übergeben den gemäß diesem Artikel vorläufig Festgenommenen zusammen mit den abgenommenen Waffen und anderen Gegenständen unverzüglich dem nächsten deutschen Staatsanwalt, Polizeibeamten oder Richter oder den Militärbehörden des

---

1) S. auch das G. über die Anwendung unmittelbaren Zwanges und die Ausübung besonderer Befugnisse durch Soldaten der Bundeswehr und zivile Wachpersonen (UZwGBw) v. 12. 8. 1965 (BGBl. I S. 796, geä. BGBl. 1974 I S. 469), abgedruckt in der Textsammlung *Wehrrecht* unter Nr. 820, sowie § 127 StPO (*Schönfelder* Nr. 90).

Entsendestaates, zu dessen Truppe oder zivilem Gefolge er als Mitglied oder als Angehöriger eines Mitglieds gehört.

(5) Dieser Artikel berührt nicht die verfassungsmäßigen Immunitätsrechte der Parlamente des Bundes und der Länder.

Art. 21 [Unterrichtungspflicht bei Ermittlungen oder Festnahmen wegen sicherheitsgefährdender Straftaten oder Handlungen] (1) Leitet eine deutsche Behörde ein Ermittlungsverfahren ein oder nimmt sie eine Festnahme vor wegen einer Handlung, die nach Artikel 7 des Vierten Strafrechtsänderungsgesetzes vom 11. Juni 1957 (Bundesgesetzblatt Teil I Seite 597) oder nach den Vorschriften strafbar ist, die künftig an die Stelle des genannten Artikels treten werden, so unterrichtet die das Ermittlungsverfahren durchführende deutsche Behörde unverzüglich die Militärbehörden des betreffenden Entsendestaates. Das gleiche gilt, wenn eine deutsche Behörde ein Ermittlungsverfahren einleitet oder eine Festnahme vornimmt wegen einer Handlung, die sich sonst gegen die Sicherheit eines Entsendestaates oder seiner Truppe richtet.

(2) Leitet die zuständige Behörde eines Entsendestaates im Bundesgebiet ein Ermittlungsverfahren ein oder nimmt sie eine Festnahme vor wegen einer Handlung, die im Bundesgebiet begangen worden ist und die Fragen der Sicherheit der Bundesrepublik berührt, so unterrichtet sie unverzüglich die deutschen Behörden.

Art. 22 [Gewahrsam und Festnahme] (1) (a) In den Fällen, in denen die Behörden eines Entsendestaates die Gerichtsbarkeit ausüben, steht der Gewahrsam an Mitgliedern der Truppe, des zivilen Gefolges und an deren Angehörigen den Behörden dieses Staates zu.

(b) In den Fällen, in denen die deutschen Behörden die Gerichtsbarkeit ausüben, steht der Gewahrsam an Mitgliedern einer Truppe, eines zivilen Gefolges und an deren Angehörigen den Behörden des Entsendestaates nach Maßgabe der Absätze (2) und (3) zu.

(2) (a) Haben die deutschen Behörden die Festnahme vorgenommen, so wird der Festgenommene auf Antrag den Behörden des betreffenden Entsendestaates übergeben.

(b) Haben die Behörden eines Entsendestaates die Festnahme vorgenommen oder ist ihnen der Festgenommene gemäß Buchstabe (a) übergeben worden, so

(i) können sie den Gewahrsam jederzeit auf die deutschen Behörden übertragen;

(ii) berücksichtigen sie wohlwollend Anträge auf Übertragung des Gewahrsams, die in besonderen Fällen von den deutschen Behörden gestellt werden können.

(c) Bei strafbaren Handlungen, die sich ausschließlich gegen die Sicherheit der Bundesrepublik richten, steht der Gewahrsam nach Maßgabe von Vereinbarungen, die mit den Behörden des betreffenden Entsendestaates gegebenenfalls hierzu geschlossen werden, den deutschen Behörden zu.

(3) Steht der Gewahrsam den Behörden eines Entsendestaates nach Maßgabe von Absatz (2) zu, so verbleibt er bei diesen bis zur Entlassung oder zum Freispruch durch die deutschen Behörden oder bis zum Beginn der Strafvollstreckung. Die Behörden des Entsendestaates stellen den Festgenommenen den deutschen Behörden zur Durchführung des Ermittlungs- und des Strafverfahrens zur Verfügung und treffen alle geeigneten Maßnahmen zu diesem Zwecke und um eine Verdunkelungsgefahr auszuschließen. Sie tragen jedem besonderen Wunsch der zuständigen deutschen Behörden hinsichtlich des Gewahrsams in vollem Umfang Rechnung.

Art. 23 [Zutritt zu Festgenommenen] Wird in einem der in Artikel 21 Absatz (1) bezeichneten Fälle eine Person festgenommen, so hat ein Vertreter des betreffenden Entsendestaates Zutritt zu dieser Person. Wird eine Person, die in einem der in Absatz (2) des genannten Artikels bezeichneten Fälle festgenommen worden ist, von den Behörden einer Truppe in Gewahrsam gehalten, so hat ein deutscher Vertreter ein entsprechendes Recht, soweit der Entsendestaat von dem in Satz 1 gewährten Recht des Zutritts Gebrauch macht. Zwischen den deutschen Behörden und den Militärbehörden des Entsendestaates werden die zur Durchführung dieses Artikels erforderlichen Vereinbarungen geschlossen. Ein Vertreter des Staates, der den Gewahrsam innehat, kann bei der Ausübung des Zutrittsrechts anwesend sein.

Art. 24 [Vereinbarungen über gegenseitige Unterstützung bei der Strafverfolgung] Auf Antrag der Bundesrepublik oder eines Entsendestaates schließen die deutschen Behörden und die Behörden des Entsendestaates Vereinbarungen, um die Erfüllung der in Artikel VII Absatz (5) Buchstabe (a) und Absatz (6) Buchstabe (a) des NATO-Truppenstatuts vorgesehenen Verpflichtung zur gegenseitigen Unterstützung zu erleichtern.

Art. 25 [Anwesenheitsrecht nationaler Vertreter bei Ermittlungshandlungen und in der Hauptverhandlung] (1) (a) Wird die Strafgerichtsbarkeit über ein Mitglied einer Truppe oder eines zivilen Gefolges oder einen Angehörigen durch ein deutsches Gericht oder eine deutsche Behörde ausgeübt, so hat ein Vertreter des betreffenden Entsendestaates das Recht, bei der Hauptverhandlung anwesend zu sein. Richtet sich eine strafbare Handlung ausschließlich gegen die Sicherheit der Bundesrepublik oder gegen in der Bundesrepublik befindliche Vermögenswerte oder gegen einen Deutschen oder eine sich im Bundesgebiet aufhaltende Person und wird die Strafgerichtsbarkeit durch ein Gericht oder eine Behörde eines Entsendestaates innerhalb der Bundesrepublik ausgeübt, so hat ein deutscher Vertreter das Recht, bei der Hauptverhandlung anwesend zu sein.

(b) Im Sinne von Buchstabe (a) umfaßt der Ausdruck

(i) „in der Bundesrepublik befindliche Vermögenswerte" nicht Vermögenswerte einer Truppe, eines zivilen Gefolges, ihrer Mitglieder und deren Angehörigen;

(ii) „eine sich im Bundesgebiet aufhaltende Person" weder Mitglieder einer Truppe oder eines zivilen Gefolges noch Angehörige.

(c) Buchstabe (a) gilt nicht, wenn die Anwesenheit des nationalen Vertreters mit den Sicherheitsinteressen des die Gerichtsbarkeit ausübenden Staates, die nicht zugleich Sicherheitsinteressen des anderen Staates sind, unvereinbar ist.

(d) Die deutschen Gerichte und Behörden einerseits und die Gerichte und Behörden des Entsendestaates andererseits teilen einander Ort und Zeit der Hauptverhandlung rechtzeitig mit.

(2) Unter den in Absatz (1) genannten Voraussetzungen hat ein Vertreter des Entsendestaates auch das Recht, bei Vernehmungen und anderen Ermittlungshandlungen anwesend zu sein, soweit dies gegebenenfalls zwischen den Behörden dieses Entsendestaates und denen der Bundesrepublik vereinbart wird. Werden solche Vereinbarungen geschlossen, so gewähren sie unter den in Absatz (1) genannten Voraussetzungen einem deutschen Vertreter ein entsprechendes Recht, wie es dem Vertreter des Entsendestaates zusteht, und legen ein Verfahren zur gegenseitigen Benachrichtigung fest.

Art. 26 [Ort der Hauptverhandlung in Strafsachen] (1) Wird ein Mitglied einer Truppe oder eines zivilen Gefolges oder ein Angehöriger vor ein Gericht eines Entsendestaates wegen einer im Bundesgebiet begangenen strafbaren Handlung gestellt, die sich gegen deutsche Interessen richtet, so findet die Hauptverhandlung im Bundesgebiet statt,

(a) sofern nicht das Recht des Entsendestaates entgegensteht, oder

(b) sofern nicht in Fällen militärischer Erfordernisse oder im Interesse der Rechtsfindung die Behörden des Entsendestaates beabsichtigen, die Hauptverhandlung außerhalb des Bundesgebietes stattfinden zu lassen. In diesem Fall geben sie den deutschen Behörden rechtzeitig Gelegenheit zur Stellungnahme hierzu und berücksichtigen gebührend die Stellungnahme, die diese etwa abgeben.

(2) Findet die Hauptverhandlung außerhalb des Bundesgebietes statt, so teilen die Behörden des Entsendestaates den deutschen Behörden Ort und Zeit dieser Hauptverhandlung mit. Ein deutscher Vertreter hat das Recht, in der Hauptverhandlung anwesend zu sein, soweit seine Anwesenheit nicht mit den Verfahrensvorschriften des Entsendestaates oder mit dessen Sicherheitsinteressen, die nicht zugleich Sicherheitsinteressen der Bundesrepublik sind, unvereinbar ist. Die Behörden des Entsendestaates teilen den deutschen Behörden das Urteil und den Ausgang des Verfahrens mit.

Art. 27. *(aufgehoben)*

Art. 28 [Öffentliche Ordnung und Sicherheit; militärpolizeiliche Befugnisse] (principium) [1]In Übereinstimmung mit dem auf Artikel 53 Bezug nehmenden Abschnitt des Unterzeichnungsprotokolls, Absatz (4bis)[2], und unbeschadet der Bestimmungen des Artikels VII Absatz (10) Buchstabe (a) des NATO-Truppenstatuts[3] ist die deutsche Polizei berechtigt, ihre Aufgaben innerhalb der einer Truppe oder einem zivilen Gefolge zur ausschließlichen Nutzung überlassenen Liegenschaften in dem Maße wahrzunehmen, in dem die öffentliche Ordnung und Sicherheit der Bundesrepublik gefährdet oder verletzt ist. Soll eine Strafverfolgungsmaßnahme innerhalb einer solchen Liegenschaft vollzogen werden, so kann auch der Entsendestaat im Benehmen mit den deutschen Behörden hinsichtlich der Modalitäten diese Maßnahme durch seine eigene Polizei durchführen lassen. In diesem Fall wird die Maßnahme unverzüglich und, soweit es von deutscher Seite gewünscht wird, in Anwesenheit von Vertretern deutscher Behörden durchgeführt.

(1) Die Militärpolizei einer Truppe ist berechtigt, auf öffentlichen Wegen, in öffentlichen Verkehrsmitteln, in Gaststätten und an anderen Orten, die der Allgemeinheit zugänglich sind, Streife zu gehen und gegen Mitglieder einer Truppe, eines zivilen Gefolges und gegen Angehörige die zur Aufrechterhaltung von Ordnung und Disziplin notwendigen Maßnahmen zu treffen. Soweit erforderlich oder zweckmäßig, werden die Einzelheiten der Ausübung dieses Rechts zwischen den deutschen Behörden und den Behörden der Truppe, die eine enge gegenseitige Verbindung aufrechterhalten, vereinbart.

(2) Ist die öffentliche Ordnung und Sicherheit durch einen Zwischenfall, an dem Mitglieder einer Truppe, eines zivilen Gefolges oder Angehörige beteiligt sind, gefährdet oder gestört, so trifft die Militärpolizei einer Truppe auf Ersuchen der deutschen Behörden hinsichtlich dieser Mitglieder oder Angehörigen die zur Aufrechterhaltung

---

[1] Besondere Absatzzählung (principium, 1, 2) eingeführt durch Abk. v. 18. 3. 1993, BGBl. 1994 II S. 2598/2605.

[2] Der betreffende Absatz des Unterzeichnungsprotokolls (BGBl. 1994 II S. 2615 f.) lautet wie folgt:

(4bis) (a) Die Behörden einer Truppe gewähren den zuständigen deutschen Behörden auf Bundes-, Länder- und Kommunalebene jede angemessene Unterstützung, die zur Wahrnehmung der deutschen Belange erforderlich ist, einschließlich des Zutritts zu den Liegenschaften nach vorheriger Anmeldung, damit sie ihre Amtspflichten erfüllen können. Die für die Liegenschaften zuständigen deutschen Bundesbehörden sind den Behörden der Truppe auf deren Ersuchen behilflich. In Eilfällen und bei Gefahr im Verzuge ermöglichen die Behörden der Truppe den sofortigen Zutritt ohne vorherige Anmeldung. Die Behörden der Truppe entscheiden in jedem Fall, ob sie die deutschen Behörden begleiten.

(b) In allen Fällen des Zutritts werden die Erfordernisse der militärischen Sicherheit berücksichtigt, insbesondere die Unverletzlichkeit von Räumen, Einrichtungsgegenständen und Schriftstücken, die der Geheimhaltung unterliegen.

(c) Die Behörden der Truppe und die deutschen Behörden gestalten den Zutritt so, daß weder die Wahrnehmung deutscher Belange noch im Gang befindliche oder bereits angesetzte militärische Übungen in unangemessener Weise beeinträchtigt werden.

(d) Sollte in den Fällen der Buchstaben (a) bis (c) keine Einigung erzielt werden, so werden auf beiden Seiten die zuständigen höheren Behörden befaßt.

[3] Nr. **66 b**.

oder zur Wiederherstellung von Ordnung und Disziplin angemessenen Maßnahmen.

Art. 29 [Gesetzgeberische Maßnahmen zum Schutz der Truppen und ihres Gefolges] (1) Die Bundesrepublik führt die gesetzgeberischen Maßnahmen herbei, die sie für erforderlich hält, um innerhalb ihres Gebietes angemessenen Schutz und Sicherheit der Truppen, der zivilen Gefolge und ihrer Mitglieder zu gewährleisten. Dies gilt auch für die Streitkräfte eines Entsendestaates, die in Berlin stationiert sind, ihr ziviles Gefolge und deren Mitglieder in bezug auf strafbare Handlungen, die im Bundesgebiet begangen werden.

(2) Zur Ausführung von Artikel VII Absatz (11) des NATO-Truppenstatuts und von Absatz (1) dieses Artikels wird die Bundesrepublik insbesondere

(a) entsprechend den Vorschriften des deutschen Strafrechts über Landesverrat den Schutz militärischer Geheimnisse der Entsendestaaten gewährleisten;

(b) auf folgenden Gebieten den strafrechtlichen Schutz einer Truppe, eines zivilen Gefolges und ihrer Mitglieder in keinem geringeren Umfange gewährleisten, als er für die Bundeswehr besteht oder bestehen wird:

(i) Einwirkung auf die Truppe, das zivile Gefolge und ihre Mitglieder in der Absicht, ihre Dienstbereitschaft zu untergraben;
(ii) Verächtlichmachung der Truppe;
(iii) Verleitung zum Ungehorsam;
(iv) Verleitung zur Fahnenflucht;
(v) Erleichterung der Fahnenflucht;
(vi) Sabotage;
(vii) Sammeln von Nachrichten über militärische Angelegenheiten;
(viii) Betreiben eines militärischen Nachrichtendienstes;
(ix) Abbildung und Beschreibung von Wehrmitteln, militärischen Anlagen und Einrichtungen sowie von militärischen Vorgängen;
(x) Luftaufnahmen.

(3) Militärische Geheimnisse im Sinne von Absatz (2) Buchstabe (a) sind Tatsachen, Gegenstände oder Erkenntnisse, insbesondere Schriften, Zeichnungen, Modelle oder Formeln, oder Nachrichten darüber, welche die Verteidigung betreffen und von einer im Bundesgebiet oder in Berlin befindlichen Dienststelle eines Entsendestaates mit Rücksicht auf dessen Sicherheit oder die Sicherheit seiner Truppe oder seiner in Berlin stationierten Streitkräfte geheimgehalten werden. Ausgenommen sind Gegenstände, über deren Geheimhaltung zu bestimmen Angelegenheit der Bundesrepublik ist, sowie Nachrichten darüber.

Art. 30 [Gemischte Ausschüsse für Fragen der Straf- und Disziplinargerichtsbarkeit] Um die Durchführung des Artikels VII des NATO-Truppenstatuts und der ihn ergänzenden Bestimmungen dieses Abkommens zu erleichtern und ihre einheitliche Anwendung sicherzustellen, werden auf Antrag einer der beiden beteiligten Parteien Gemischte Ausschüsse gebildet, die sich aus einem von der Bundesregierung zu ernennenden deutschen Vertreter und einem Vertreter des betreffenden Entsendestaates zusammensetzen. Die Gemischten Ausschüsse haben die Aufgabe, ihnen von der Bundesregierung oder von der obersten Behörde der Truppe vorgelegte Fragen zu erörtern, welche die Anwendung der in diesem Artikel genannten Bestimmungen betreffen. Die deutschen Behörden und die Behörden des Entsendestaates berücksichtigen wohlwollend etwaige gemeinsame Empfehlungen eines Gemischten Ausschusses.

Art. 31 [Befreiung von der Sicherheitsleistung] Die Mitglieder einer Truppe oder eines zivilen Gefolges genießen hinsichtlich der Befreiung von der Sicherheitsleistung für Prozeßkosten die Rechte, die in den auf diesem Gebiet zwischen der Bundesrepublik und dem betreffenden Entsendestaat geltenden Abkommen festgesetzt sind. Die dienstliche Anwesenheit der genannten Personen im Bundesgebiet gilt für die Anwendung dieser Abkommen als ständiger Aufenthalt.

Art. 32 [Zustellungen in nichtstrafrechtlichen Verfahren]

(1) (a) Deutsche Gerichte und Behörden können in nichtstrafrechtlichen Verfahren eine Verbindungsstelle, die von jedem Entsendestaat errichtet oder bestimmt wird, um die Durchführung der Zustellung von Schriftstücken an Mitglieder einer Truppe, eines zivilen Gefolges oder an Angehörige ersuchen.

(b) Die Verbindungsstelle bestätigt unverzüglich den Eingang jedes Zustellungsersuchens, das ihr von einem deutschen Gericht oder einer deutschen Behörde übermittelt wird. Die Zustellung ist bewirkt, wenn das zuzustellende Schriftstück dem Zustellungsempfänger von dem Führer seiner Einheit oder einem Beauftragten der Verbindungsstelle übergeben ist. Das deutsche Gericht oder die deutsche Behörde erhält unverzüglich eine Urkunde über die vollzogene Zustellung.

(c) (i) Kann die Zustellung nicht erfolgen, so teilt die Verbindungsstelle dem deutschen Gericht oder der deutschen Behörde schriftlich die Gründe hierfür mit und nach Möglichkeit den Tag, an dem die Zustellung erfolgen kann. Die Zustellung gilt als bewirkt, wenn das deutsche Gericht oder die deutsche Behörde binnen einundzwanzig Tagen, gerechnet vom Datum des Eingangs bei der Verbindungsstelle an, weder eine Urkunde über die vollzogene Zustellung nach Buchstabe (b) noch eine Mitteilung darüber erhalten hat, daß die Zustellung nicht erfolgen konnte.

(ii) Die Zustellung ist jedoch nicht als bewirkt anzusehen, wenn vor Ablauf der Frist von einundzwanzig Tagen die Verbindungsstelle dem deutschen Gericht oder der deutschen Behörde mitteilt, daß die Zustellung nicht erfolgen konnte.

(iii) In dem unter Ziffer (ii) vorgesehenen Fall kann die Verbindungsstelle auch bei dem deutschen Gericht oder der deutschen Behörde unter Angabe der Gründe eine Fristverlängerung beantragen.

Entspricht das deutsche Gericht oder die deutsche Behörde diesem Verlängerungsantrag, so finden die Ziffern (i) und (ii) auf die verlängerte Frist entsprechende Anwendung.

(ii^{bis}) Hat die Person, an die die Zustellung erfolgen soll, die Bundesrepublik auf Dauer verlassen, so teilt die Verbindungsstelle dies dem deutschen Gericht oder der deutschen Behörde umgehend mit und leistet dem deutschen Gericht oder der deutschen Behörde unter Berücksichtigung des Artikels 3 Absatz (3) alle in ihrer Macht liegende Unterstützung.

(2) Wird durch deutsche Zusteller eine Klageschrift oder eine andere Schrift oder gerichtliche Verfügung, die ein nichtstrafrechtliches Verfahren vor einem deutschen Gericht oder einer deutschen Behörde einleitet, unmittelbar zugestellt, ist dies durch das deutsche Gericht oder die deutsche Behörde vor oder unverzüglich bei Vornahme der Zustellung der Verbindungsstelle schriftlich anzuzeigen. Der Inhalt der schriftlichen Anzeige richtet sich nach § 205 Zivilprozeßordnung, bei Angehörigen im rechtlich zulässigen Rahmen.

(3) Stellt ein deutsches Gericht oder eine deutsche Behörde ein Urteil oder eine Rechtsmittelschrift zu, so wird, falls der betreffende Entsendestaat im Einzelfall oder allgemein darum ersucht, die Verbindungsstelle unverzüglich im rechtlich zulässigen Umfang unterrichtet, es sei denn die Verbindungsstelle selbst wird um die Zustellung ersucht oder der Zustellungsadressat oder ein anderer Verfahrensbeteiligter widerspricht der Unterrichtung. Das deutsche Gericht oder die deutsche Behörde unterrichtet die Verbindungsstelle über die Tatsache des Widerspruchs.

Art. 33 [Verhinderung in nichtstrafrechtlichen Verfahren] Sind Mitglieder einer Truppe, eines zivilen Gefolges oder Angehörige vorübergehend in nichtstrafrechtlichen Verfahren, an denen sie beteiligt sind, am Erscheinen verhindert und wird dies dem zuständigen deutschen Gericht oder der zuständigen deutschen Behörde ohne schuldhaften Aufschub mitgeteilt, so wird hierauf gebührend Rücksicht genommen, damit ihnen hieraus keine rechtlichen Nachteile entstehen. Eine solche Mitteilung kann auch durch die Verbindungsstelle erfolgen.

Art. 34 [Zwangsvollstreckung in nichtstrafrechtlichen Verfahren] (1) Die Militärbehörden gewähren bei der Durchsetzung vollstreckbarer Titel in nichtstrafrechtlichen Verfahren deutscher Gerichte und Behörden alle in ihrer Macht liegende Unterstützung.

(2) (a) In einem nichtstrafrechtlichen Verfahren kann eine Haft gegen Mitglieder einer Truppe oder eines zivilen Gefolges oder gegen Angehörige von deutschen Behörden und Gerichten nur angeordnet werden, um eine Mißachtung des Gerichts zu ahnden oder um die Erfüllung einer gerichtlichen oder behördlichen Entscheidung oder Anordnung zu gewährleisten, die der Betreffende schuldhaft nicht be-

folgt hat oder nicht befolgt. Wegen einer Handlung oder Unterlassung in Ausübung des Dienstes darf eine Haft nicht angeordnet werden. Eine Bescheinigung der höchsten zuständigen Behörde des Entsendestaates, daß die Handlung oder Unterlassung in Ausübung des Dienstes erfolgte, ist für deutsche Stellen verbindlich. In anderen Fällen berücksichtigen die zuständigen deutschen Stellen das Vorbringen der höchsten zuständigen Behörde des Entsendestaates, daß zwingende Interessen einer Haft entgegenstehen, in gebührender Weise.

(b) Eine Verhaftung nach diesem Absatz kann nur vorgenommen werden, nachdem die Militärbehörden, für die Ersetzung der betroffenen Person gesorgt haben, sofern sie dies für erforderlich halten. Die Militärbehörden ergreifen unverzüglich alle zu diesem Zweck erforderlichen zumutbaren Maßnahmen und gewähren den für die Durchsetzung einer Anordnung oder Entscheidung im Einklang mit diesem Absatz verantwortlichen deutschen Behörden alle in ihrer Macht liegende Unterstützung.

(c) Ist eine Verhaftung innerhalb einer der Truppe oder dem zivilen Gefolge zur ausschließlichen Benutzung überlassenen Liegenschaft im Einklang mit diesem Absatz vorzunehmen, so kann der Entsendestaat, nachdem er sich mit dem deutschen Gericht oder der deutschen Behörde über die Einzelheiten ins Benehmen gesetzt hat, diese Maßnahme durch seine eigene Polizei durchführen lassen. In diesem Fall wird die Verhaftung unverzüglich und, soweit die deutsche Seite dies wünscht, in Gegenwart von Vertretern des deutschen Gerichts oder der deutschen Behörde vorgenommen.

(3) Bezüge, die einem Mitglied einer Truppe oder eines zivilen Gefolges von seiner Regierung zustehen, unterliegen der Pfändung, dem Zahlungsverbot oder einer anderen Form der Zwangsvollstreckung auf Anordnung eines deutschen Gerichts oder einer deutschen Behörde, soweit das auf dem Gebiet des Entsendestaates anwendbare Recht die Zwangsvollstreckung gestattet. Die Unterstützung nach Absatz (1) schließt auch Hinweise auf Vollstreckungsmöglichkeiten in den bereits zur Auszahlung gelangten Sold ein.

(4) Ist die Vollstreckung eines vollstreckbaren Titels in nichtstrafrechtlichen Verfahren deutscher Gerichte und Behörden innerhalb der Anlage einer Truppe durchzuführen, so wird sie durch den deutschen Vollstreckungsbeamten im Beisein eines Beauftragten der Truppe vollzogen.

Art. 35[1] **[Forderungspfändung; Truppenbehörden als Drittschuldner; Unterstützung des Vollstreckungsorgans]** Soll aus einem vollstreckbaren Titel deutscher Gerichte und Behörden gegen einen Schuldner vollstreckt werden, dem aus der Beschäftigung bei einer Truppe oder einem zivilen Gefolge gemäß Artikel 56 oder aus

[1] S. hierzu Art. 5 des G. zum NATO-Truppenstatut und zu den Zusatzvereinbarungen v. 18. 8. 1961 (BGBl. II S. 1183), zul. geä. durch G. v. 28. 9. 1994 (BGBl. II S. 2594), abgedruckt in der Beck'schen Textausgabe *NATO-Truppenstatut*, 7. A., Nr. 4.

unmittelbaren Lieferungen oder sonstigen Leistungen an eine Truppe oder ein ziviles Gefolge ein Zahlungsanspruch zusteht, so gilt folgendes:

a) Erfolgt die Zahlung durch Vermittlung einer deutschen Behörde und wird diese von einem Vollstreckungsorgan ersucht, nicht an den Schuldner, sondern an den Pfändungsgläubiger zu zahlen, so ist die deutsche Behörde berechtigt, diesem Ersuchen im Rahmen der Vorschriften des deutschen Rechts zu entsprechen.

b) (i) Erfolgt die Zahlung nicht durch Vermittlung einer deutschen Behörde, so hinterlegen die Behörden der Truppe oder des zivilen Gefolges, sofern das Recht des Entsendestaates dies nicht verbietet, auf Ersuchen eines Vollstreckungsorgans von der Summe, die sie anerkennen, dem Vollstreckungsschuldner zu schulden, den in dem Ersuchen genannten Betrag bei der zuständigen Stelle. Die Hinterlegung befreit die Truppe oder das zivile Gefolge in Höhe des hinterlegten Betrages von ihrer Schuld gegenüber dem Schuldner.

(ii) Soweit das Recht des betroffenen Entsendestaates die unter Ziffer (i) genannte Zahlung verbietet, treffen die Behörden der Truppe und des zivilen Gefolges alle geeigneten Maßnahmen, um das Vollstreckungsorgan bei der Durchsetzung des in Frage stehenden Vollstreckungstitels zu unterstützen.

Art. 36 [Öffentliche Zustellung; Zustellung in Truppenanlagen] (1) Zur öffentlichen Zustellung an Mitglieder einer Truppe oder eines zivilen Gefolges oder an Angehörige bedarf es zusätzlich der Veröffentlichung eines Auszugs des zuzustellenden Schriftstückes in der Sprache des Entsendestaates in einem von diesem zu bezeichnenden Blatt oder, wenn der Entsendestaat dies bestimmt, durch Aushang in der zuständigen Verbindungsstelle.

(2) Hat ein deutscher Zustellungsbeamter einer Person, die sich in der Anlage einer Truppe befindet, ein Schriftstück zuzustellen, so trifft die für die Verwaltung der Anlage zuständige Behörde der Truppe alle Maßnahmen, die erforderlich sind, damit der deutsche Zustellungsbeamte die Zustellung durchführen kann.

Art. 37 [Ladungen] (1) Bei Ladungen von Mitgliedern einer Truppe, eines zivilen Gefolges oder von Angehörigen vor deutsche Gerichte und Behörden ergreifen die Militärbehörden, sofern nicht dringende militärische Erfordernisse dem entgegenstehen, alle im Rahmen ihrer Befugnisse liegenden Maßnahmen, um sicherzustellen, daß der Ladung Folge geleistet wird, soweit nach deutschem Recht das Erscheinen erzwingbar ist. Falls die Ladung nicht über die Verbindungsstelle zugestellt worden ist, wird diese unverzüglich von dem deutschen Gericht oder der deutschen Behörde über die Ladung unter Angabe des Adressaten und seiner Anschrift sowie der Zeit und des Ortes der anstehenden Verhandlung oder Beweisaufnahme unterrichtet; dies gilt bei Angehörigen nicht, wenn die Militärbehörden die Befolgung der Ladung nicht wirksam unterstützen können.

(2) Werden Personen, deren Erscheinen die Militärbehörden nicht sicherstellen können, vor einem Gericht oder einer Militärbehörde eines Entsendestaates als Zeugen oder Sachverständige benötigt, so tragen die deutschen Gerichte und Behörden im Einklang mit dem deutschen Recht dafür Sorge, daß diese Personen vor dem Gericht oder der Militärbehörde dieses Staates erscheinen.

Art. 38 [Schutz von Amts- und Staatsgeheimnissen; Aussagegenehmigung] (1) Ergibt sich im Verlauf eines strafrechtlichen oder nichtstrafrechtlichen Verfahrens oder einer Vernehmung vor einem Gericht oder einer Behörde einer Truppe oder der Bundesrepublik, daß ein Amtsgeheimnis eines der beteiligten Staaten oder beider oder eine Information, die der Sicherheit eines der beteiligten Staaten oder beider schaden würde, preisgegeben werden könnte, so holt das Gericht oder die Behörde vorher die schriftliche Einwilligung der zuständigen Behörde dazu ein, daß das Amtsgeheimnis oder die Information preisgegeben werden darf. Erhebt die zuständige Behörde Einwendungen gegen die Preisgabe, so trifft das Gericht oder die Behörde alle in ihrer Macht stehenden Maßnahmen, einschließlich derjenigen, auf die sich Absatz (2) bezieht, um die Preisgabe zu verhüten, vorausgesetzt, daß die verfassungsmäßigen Rechte einer beteiligten Partei dadurch nicht verletzt werden.

(2) Die Vorschriften des deutschen Gerichtsverfassungsgesetzes (§§ 172 bis 175) über den Ausschluß der Öffentlichkeit von Verhandlungen in strafrechtlichen und nichtstrafrechtlichen Verfahren und die Vorschriften der deutschen Strafprozeßordnung (§ 15) über die Möglichkeit der Übertragung von Strafverfahren an das Gericht eines anderen Bezirks werden in Verfahren vor deutschen Gerichten und Behörden, in denen eine Gefährdung der Sicherheit einer Truppe oder eines zivilen Gefolges zu besorgen ist, entsprechend angewendet.

Art. 39 [Rechte der Zeugen, Verletzten und Sachverständigen] Die Rechte und Vorrechte der Zeugen, Verletzten und Sachverständigen bestimmen sich nach dem Recht der Gerichte oder der Behörden, vor denen sie erscheinen. Das Gericht oder die Behörde berücksichtigt jedoch die Rechte und Vorrechte angemessen, welche Zeugen, Verletzte und Sachverständige, wenn sie Mitglieder einer Truppe, eines zivilen Gefolges oder Angehörige sind, vor einem Gericht des Entsendestaates, und, wenn sie nicht zu diesem Personenkreis gehören, vor einem deutschen Gericht haben würden.

Art. 40 [Durchsuchung, Beschlagnahme und Zensur] Vorbehaltlich entgegenstehender Bestimmungen im NATO-Truppenstatut oder in diesem Abkommen unterliegen Archive, Dokumente, als solche erkennbare Dienstpostsendungen und Eigentum einer Truppe nicht der Durchsuchung, Beschlagnahme oder Zensur durch die deutschen Behörden, sofern auf die Immunität nicht verzichtet wird.

Art. 41[1] **[Abgeltung von Schäden]** (1) Die Abgeltung von Schäden, die durch Handlungen oder Unterlassungen einer Truppe, eines zivilen Gefolges und ihrer Mitglieder oder durch andere Begebenheiten, für die eine Truppe oder ein ziviles Gefolge haftbar ist, verursacht worden sind, bestimmt sich nach Artikel VIII des NATO-Truppenstatuts und den ergänzenden Vorschriften dieses Artikels.

(2) Eine Entschädigung ist nicht zu gewähren

(a) bei einer Beschädigung von öffentlichen Wegen, Straßen, Brükken, schiffbaren Wasserstraßen und anderen öffentlichen Verkehrsanlagen infolge ihrer Benutzung durch eine Truppe oder ein ziviles Gefolge für normale Verkehrszwecke;

(b) bei Verlust oder Beschädigung von Sachen, die aus Besatzungskosten-, Auftragsausgaben- oder Stationierungskostenmitteln erbaut oder beschafft worden sind, soweit der Verlust oder die Beschädigung während der Zeit verursacht worden ist, in der die Sachen einer Truppe oder einem zivilen Gefolge zur Nutzung zur Verfügung standen.

(3) (a) Die Bundesrepublik verzichtet auf Ansprüche gegen einen Entsendestaat wegen des Verlustes oder der Beschädigung von ihr gehörenden Sachen, die der Truppe oder dem zivilen Gefolge zur ausschließlichen Benutzung überlassen worden sind. Dies gilt auch dann, wenn solche Sachen den Truppen mehrerer Entsendestaaten zur Benutzung überlassen worden sind oder von der Truppe eines oder mehrerer Entsendestaaten gemeinsam mit der Bundeswehr benutzt werden. Dieser Verzicht gilt nicht für Schäden, die vorsätzlich oder grob fahrlässig verursacht worden sind, und für Schäden an Sachen der Deutschen Bundesbahn und der Deutschen Bundespost.

(b) Artikel VIII Absatz (2) Buchstabe (f) des NATO-Truppenstatuts wird auf den Verlust oder die Beschädigung von Sachen im Eigentum der Deutschen Bundesbahn und der Deutschen Bundespost sowie auf Schäden an Straßen des Bundes nicht angewendet.

(4) Die Bundesrepublik befreit die Entsendestaaten von der Haftung für Ansprüche wegen des Verlustes oder der Beschädigung von Sachen, die einem Land gehören, sofern der Verlust oder die Beschädigung vor dem Inkrafttreten dieses Abkommens verursacht worden ist.

(5) Jeder der Entsendestaaten verzichtet auf Ansprüche gegen die Bundesrepublik wegen des Verlustes oder der Beschädigung von ihm gehörenden Sachen, die von einem Mitglied oder Bediensteten der Bundeswehr in Ausübung des Dienstes oder durch die Benutzung von Fahrzeugen, Schiffen oder Flugzeugen der Bundeswehr verursacht werden, vorausgesetzt, daß es sich um Sachen handelt, die von der Truppe oder dem zivilen Gefolge dieses Staates benutzt werden und sich im Bundesgebiet befinden. Dieser Verzicht gilt nicht für Schäden, die vorsätzlich oder grob fahrlässig verursacht worden sind.

---

[1] S. auch Art. 6 ff. des G. zum NATO-Truppenstatut und zu den Zusatzvereinbarungen (vgl. Fn. zu Art. 35).

(6) Artikel VIII Absatz (5) des NATO-Truppenstatuts und dieser Artikel sind nicht anzuwenden auf Schäden, die Mitgliedern einer Truppe oder eines zivilen Gefolges durch Handlungen oder Unterlassungen anderer Mitglieder der gleichen Truppe oder ihres zivilen Gefolges oder durch andere Begebenheiten verursacht worden sind, für welche die genannte Truppe oder ihr ziviles Gefolge haftbar ist.

(7) Die in Artikel 71 Absatz (2) genannten Organisationen werden für die Abgeltung von Schäden nach Artikel VIII des NATO-Truppenstatuts in Verbindung mit diesem Artikel wie Bestandteile einer Truppe angesehen und behandelt, sofern nicht Einverständnis darüber besteht, daß eine Organisation insoweit nicht von der deutschen Gerichtsbarkeit befreit ist.

(8) Die Haftung einer Truppe oder eines zivilen Gefolges wird dadurch, daß der Truppe oder dem zivilen Gefolge Befreiungen von deutschen Vorschriften zustehen, nicht berührt. Stehen der Bundeswehr gleiche Befreiungen zu, so ist eine Entschädigung nur zu gewähren, wenn und soweit auch für Schäden, welche die Bundeswehr verursacht, eine Entschädigung zu gewähren ist.

(9) (a) Ist durch ein Ereignis, das einen nach Artikel VIII Absatz (5) des NATO-Truppenstatuts abzugeltenden Schaden eines Dritten verursacht hat, auch dem beteiligten Entsendestaat ein Schaden entstanden und ist der Dritte für diesen Schaden entschädigungspflichtig, so ist der Entschädigungsanspruch des Entsendestaates gegen den Entschädigungsanspruch des Dritten aufzurechnen.

(b) Nach Maßgabe von Verwaltungsabkommen macht die Bundesrepublik auf Antrag eines Entsendestaates Ansprüche, die diesem wegen eines im Bundesgebiet verursachten Schadens gegen im Bundesgebiet ansässige Personen entstanden sind, für ihn geltend; dies gilt nicht für vertragliche Ansprüche. Aufwendungen, die der Bundesrepublik bei der Geltendmachung der Ansprüche außerhalb der allgemeinen Kosten der Verwaltung entstehen, werden ihr von dem Entsendestaat erstattet.

(10) Bei Ansprüchen wegen Schäden an Liegenschaften oder wegen des Verlustes oder der Beschädigung von beweglichen Sachen, mit Ausnahme von Liegenschaften oder beweglichen Sachen, die im Eigentum des Bundes oder eines Landes stehen, die einer Truppe oder einem zivilen Gefolge vor dem 5. Mai 1955 zur ausschließlichen Benutzung überlassen worden sind und nach dem Inkrafttreten dieses Abkommens von der Truppe oder dem zivilen Gefolge freigegeben werden, wird die Entschädigung je zur Hälfte von der Bundesrepublik und dem betreffenden Entsendestaat getragen.

(11) (a) Mit Ausnahme von Fällen, in denen nach Fühlungnahme mit den in Betracht kommenden Truppen nicht festgestellt werden kann, welche von ihnen für den Verlust oder Schaden verantwortlich ist, stellt die Truppe Bescheinigungen über die in Artikel VIII Ab-

satz (8) des NATO-Truppenstatuts genannten Fragen aus; auf Ersuchen der deutschen Behörden überprüft sie diese Bescheinigungen, falls eine deutsche Behörde oder ein deutsches Gericht bei der Prüfung des Entschädigungsantrages zu der Ansicht gelangt, daß Umstände vorliegen, die zu einer von dem Inhalt der Bescheinigung abweichenden Beurteilung der Frage führen können.

(b) Bleibt eine Meinungsverschiedenheit bestehen, die nicht in weiteren, zwischen den beiden Parteien auf höherer Ebene geführten Erörterungen beseitigt werden kann, so ist das in Artikel VIII Absatz (8) des NATO-Truppenstatuts vorgesehene Verfahren anzuwenden.

(c) Die deutschen Behörden oder Gerichte treffen ihre Entscheidung im Einklang mit der Bescheinigung oder gegebenenfalls der Entscheidung des Schiedsrichters.

(12) (a) Artikel VIII des NATO-Truppenstatuts und dieser Artikel werden auf die Schäden angewendet, die nach dem Inkrafttreten dieses Abkommens verursacht werden oder als nach diesem Zeitpunkt verursacht gelten.

(b) Auf Schäden, die vor dem Inkrafttreten dieses Abkommens verursacht worden sind oder als vor diesem Zeitpunkt verursacht gelten, werden die bis dahin geltenden Vorschriften weiter angewendet.

(13) Zur Regelung des Verfahrens zwischen den deutschen Behörden und den Behörden einer Truppe bei der Abgeltung von Schäden werden Verwaltungsabkommen geschlossen.

Art. 42. (*gestrichen*)

Art. 43 [Vermessungstechnische und ähnliche Maßnahmen]

(1) Auf meteorologischem, vermessungstechnischem, hydrographischem und kartographischem Gebiet unterrichten die Behörden einer Truppe und die deutschen Behörden einander über alle für die gemeinsame Verteidigung wesentlichen Tatsachen und tauschen alle für diesen Zweck erforderlichen Unterlagen aus.

(2) Nach rechtzeitiger Unterrichtung der deutschen Behörden können die Behörden einer Truppe im Interesse der gemeinsamen Verteidigung vermessungstechnische, hydrographische und ingenieurtechnische Aufnahmen und Erkundungen durchführen, wenn besondere Gründe der Sicherheit oder Geheimhaltung dies erfordern oder diese Arbeiten von den deutschen Behörden nicht in dem erforderlichen Umfang oder nicht rechtzeitig ausgeführt werden können. Bei der Durchführung dieser Arbeiten können Vertreter der deutschen Behörden anwesend sein, sofern nicht besondere Gründe der Geheimhaltung dies ausschließen. Erforderlichenfalls machen die deutschen Behörden *von den ihnen nach* deutschem Recht zustehenden Befugnissen Gebrauch, um für die Vertreter der Truppe die Ermächtigung zum Betreten von Grundstücken zu erwirken.

Art. 44 [Beilegung von Streitigkeiten aus gewissen Verträgen]

(1) Zur Beilegung von Streitigkeiten aus Verträgen, die von den deutschen Behörden für Rechnung der Behörden einer Truppe oder eines zivilen Gefolges geschlossen sind, arbeiten die genannten Behörden unabhängig davon, ob ein gerichtliches Verfahren anhängig wird oder nicht, ständig eng zusammen. Dies gilt für Streitigkeiten aus Arbeitsverhältnissen, aus dem Betriebsvertretungsrecht und aus Sozialversicherungsverhältnissen der zivilen Arbeitskräfte bei einer Truppe oder einem zivilen Gefolge sowie für Rechtsstreitigkeiten in Verfahren nach Artikel 62 Absatz (1) Buchstabe (c) entsprechend. Einzelheiten für diese Zusammenarbeit werden in Verwaltungsabkommen festgelegt.

(2) Soweit die in Absatz (1) erwähnten Verwaltungsabkommen sich auf gerichtliche Verfahren gegen die Bundesrepublik beziehen, gehen sie von folgenden Grundsätzen aus:

(a) Die Behörden der Truppe oder des zivilen Gefolges werden unverzüglich über die Klageerhebung unterrichtet und in allen wesentlichen Abschnitten des Verfahrens konsultiert.

(b) Die Entscheidung darüber, ob ein Rechtsmittel eingelegt werden soll oder nicht, wird nur im Einvernehmen mit den Behörden der Truppe oder des zivilen Gefolges getroffen. Wird ein Einvernehmen nicht erzielt, so legen die deutschen Behörden ein Rechtsmittel ein, wenn eine oberste Behörde der Truppe, gegebenenfalls eine oberste Behörde des zivilen Gefolges, ihr wesentliches Interesse daran bestätigt. Die Behörden der Truppe oder des zivilen Gefolges erheben gegen die Einlegung eines Rechtsmittels keine Einwendungen, wenn eine oberste Bundesbehörde ihr wesentliches Interesse daran bestätigt. Soweit die Gründe der Bestätigung des Interesses nach Satz 2 oder 3 dem anderen Teil nicht bereits im Laufe der Verhandlungen über die Einlegung eines Rechtsmittels bekannt geworden sind, werden sie auf Ersuchen bekannt gegeben.

(3) Absatz (2) gilt entsprechend für gerichtliche Verfahren, die von der Bundesrepublik eingeleitet werden, mit der Maßgabe, daß die in Absatz (2) Buchstabe (b) aufgeführten Grundsätze auch auf die Klageerhebung anzuwenden sind.

(4) Unabhängig davon, ob ein gerichtliches Verfahren in den in Absatz (1) erwähnten Streitigkeiten anhängig wird oder nicht, beendigen die deutschen Behörden derartige Streitigkeiten nur im Einvernehmen mit den Behörden der Truppe oder des zivilen Gefolges.

(5) (a) Alle Verpflichtungen oder Rechte, die gegen oder für die Bundesrepublik durch vollstreckbare Titel in gerichtlichen Verfahren, die sich aus den in Absatz (1) erwähnten Streitigkeiten ergeben, festgestellt werden, gehen zu Lasten des betroffenen Entsendestaates oder kommen ihm zugute.

(b) Sofern die Truppe oder das zivile Gefolge gegen die Einreichung einer Klage oder gegen die Einlegung eines Rechtsmittels nur deshalb keine Einwendungen erhebt, weil eine oberste Bundesbehörde ihr wesentliches Interesse daran bestätigt hat, und auf Grund der Klage oder des Rechtsmittels in dem gerichtlichen Verfahren Mehraufwendungen erwachsen, so wird von Fall zu Fall vereinbart, ob und inwieweit die in dem Verfahren festgestellten Verpflichtungen zu Lasten des Entsendestaates oder der Bundesrepublik gehen.

(c) Kosten, die aus Anlaß eines gerichtlichen Verfahrens entstehen und die nicht in den vom Gericht festgesetzten Kosten enthalten sind, werden von dem Entsendestaat übernommen, wenn vor ihrer Entstehung die Zustimmung der Truppe oder des zivilen Gefolges eingeholt worden ist.

(6) (a) Streitigkeiten aus Lieferungen oder sonstigen Leistungen, welche die Behörden einer Truppe oder eines zivilen Gefolges im Bundesgebiet unmittelbar beschaffen, werden durch deutsche Gerichte oder ein unabhängiges Schiedsgericht beigelegt. Entscheiden die deutschen Gerichte, so ist die Klage gegen die Bundesrepublik zu richten, die den Rechtsstreit im Interesse des Entsendestaates in ihrem eigenen Namen führt. Die Absätze (2), (4) und (5) sind im Verhältnis zwischen der Bundesrepublik und dem Entsendestaat entsprechend anzuwenden.

(b) Vereinbarungen zwischen der Bundesrepublik und einem Entsendestaat gehen jedoch dem Buchstaben (a) vor.[1)]

Art. 45 [Manöver und andere Übungen] (1) Soweit eine Truppe ihre Ausbildung nicht ohne Beeinträchtigung ihrer Ausbildungsziele auf den ihr zur ausschließlichen Benutzung überlassenen Liegenschaften durchführen kann, hat sie auf der Grundlage dieses Artikels vorbehaltlich der Zustimmung des Bundesministers der Verteidigung das Recht, außerhalb dieser Liegenschaften Manöver und andere Übungen in dem Umfang durchzuführen, der zur Erfüllung ihrer Verteidigungsaufgabe erforderlich ist. Die Entscheidung des Bundesministers der Verteidigung wird unter angemessener Abwägung aller Gesichtspunkte getroffen, die sich aus mehrseitigen oder zweiseitigen Vereinbarungen ergeben, denen die Bundesrepublik und ein oder mehrere der Entsendestaaten als Vertragspartei angehören; hierzu gehören die durch den Obersten Befehlshaber der Verbündeten Streitkräfte in Europa und andere Behörden der Nordatlantikvertragsorganisation oder durch zuständige europäische Stellen festgelegten Ausbildungserfordernisse. Die Durchführung von oder Teilnahme an Manövern und anderen Übungen nach diesem Artikel durch Truppenteile, die zu diesem Zwecke in die Bundesrepublik kommen, bedarf der Zustimmung der zuständigen deutschen Behörden. Die Verfahren zur Anmeldung, Koordinierung und Genehmigung von Manövern und anderen Übungen werden durch ein gesondertes Abkommen geregelt.[2)]

[1)] Siehe dazu die bilateralen Abkommen, abgedruckt in der Beck'schen Textausgabe *NATO-Truppenstatut,* 7. A., unter Nr. **9–9 d**.

[2)] Zu Absatz 1 siehe das Abkommen zur Durchführung des Artikels 45 Absatz 1, BGBl. 1994 II S. 2635, abgedruckt in der Beck'schen Textausgabe *NATO-Truppenstatut* unter Nr. **7**.

(2) Für die Abhaltung von Manövern und anderen Übungen nach Absatz (1) gelten die maßgebenden Vorschriften des deutschen Rechts, insbesondere das Bundesleistungsgesetz vom 27. September 1961 in der jeweils geltenden Fassung. Über diese Vorschriften erteilen oder vermitteln die deutschen militärischen Behörden auf Ersuchen den Behörden einer Truppe Auskunft. Die zuständigen deutschen Behörden nehmen rechtzeitig mit den Behörden der Entsendestaaten Erörterungen auf über vorgesehene grundlegende Änderungen des deutschen Rechts, die die Abhaltung von Manövern und anderen Übungen wesentlich beeinträchtigen können.

Art. 46 [Manöver und andere Übungen im Luftraum] (1) Eine Truppe hat auf der Grundlage dieses Artikels vorbehaltlich der Zustimmung der zuständigen deutschen Behörden das Recht, Manöver und andere Übungen im Luftraum der Bundesrepublik in dem Umfang durchzuführen, der zur Erfüllung ihrer Verteidigungsaufgabe erforderlich ist. Die Entscheidung der zuständigen deutschen Behörden wird unter angemessener Abwägung aller Gesichtspunkte getroffen, die sich aus mehrseitigen oder zweiseitigen Vereinbarungen ergeben, denen die Bundesrepublik und ein oder mehrere der Entsendestaaten als Vertragspartei angehören; hierzu gehören die durch den Obersten Befehlshaber der Verbündeten Streitkräfte in Europa und andere Behörden der Nordatlantikvertragsorganisation oder durch zuständige europäische Stellen festgelegten Ausbildungserfordernisse.

(2) Für die Abhaltung von Manövern und anderen Übungen nach Absatz (1) gelten die deutschen Vorschriften über den Einflug in den deutschen Luftraum und seine Benutzung sowie die Inanspruchnahme von Anlagen und Einrichtungen der Luftfahrt, die sich im Rahmen der Richtlinien und Empfehlungen der Internationalen Zivilluftfahrt-Organisation halten, sowie die geltenden Anmeldungs-, Zustimmungs- und Koordinierungsverfahren, wie sie in den entsprechenden Gesetzen, sonstigen Vorschriften und Veröffentlichungen enthalten sind. Die zuständigen deutschen Behörden nehmen rechtzeitig mit den Behörden der Entsendestaaten Erörterungen auf über vorgesehene Änderungen der deutschen Vorschriften oder Verwaltungsbestimmungen betreffend den Einflug in den deutschen Luftraum und seine Benutzung sowie die Inanspruchnahme von Einrichtungen und Anlagen der Luftfahrt. Die Vertragsparteien bedienen sich der in diesem Bereich zuständigen Organisationen, um solche Änderungen zu erörtern.

Art. 47 [Lieferungen und Leistungen] (1) Die Bundesrepublik gewährt einer Truppe und einem zivilen Gefolge auf dem Gebiet der Lieferungen und Leistungen keine ungünstigere Behandlung als der Bundeswehr.

(2) Im Hinblick auf gegebenenfalls erforderliche Maßnahmen im Sinne von Artikel IX Absatz (2) Satz 2 des NATO-Truppenstatuts teilen die Behörden einer Truppe und eines zivilen Gefolges den

deutschen Behörden auf Antrag ihren Bedarf auf bestimmten Gebieten der Beschaffung mit.

(3) Eine Truppe und ein ziviles Gefolge können die von ihnen benötigten Lieferungen und Leistungen entweder unmittelbar beschaffen oder nach vorheriger Vereinbarung durch die zuständigen deutschen Behörden beschaffen lassen. Die Durchführung von Verkehrsleistungen ist in Artikel 57 geregelt.

(4) Beschaffen die Behörden einer Truppe und eines zivilen Gefolges unmittelbar, so

(a) können sie dies nach dem bei ihnen üblichen Verfahren tun, jedoch unter Beachtung der in der Bundesrepublik für öffentliche Aufträge anzuwendenden Grundsätze, die sich aus den Vorschriften über den Wettbewerb, über die Berücksichtigung bevorzugter Bewerber sowie über die Preise bei öffentlichen Aufträgen ergeben;

(b) unterrichten sie die deutschen Behörden über Gegenstand und Umfang des Auftrages, den Namen des Auftragnehmers und den vereinbarten Preis, sofern es sich nicht um geringfügige Aufträge handelt.

(5) Beschaffen die Behörden einer Truppe und eines zivilen Gefolges durch die deutschen Behörden, so

(a) geben sie diesen rechtzeitig ihren Bedarf mit allen Einzelheiten, vor allem mit den technischen Angaben und den besonderen Lieferungs- und Zahlungsbedingungen, bekannt;

(b) werden die Verträge über Lieferungen und Leistungen zwischen den deutschen Behörden und dem Auftragnehmer abgeschlossen; die deutschen Rechts- und Verwaltungsvorschriften für öffentliche Aufträge sind anzuwenden;

(c) beteiligen die deutschen Behörden, unbeschadet ihrer ausschließlichen Zuständigkeit gegenüber dem Auftragnehmer, die Behörden der Truppe oder des zivilen Gefolges an dem Beschaffungsverfahren, soweit es erforderlich ist, um deren Interessen angemessen zu berücksichtigen; insbesondere wird der Auftrag nicht erteilt oder nicht geändert ohne schriftliche Zustimmung der Behörden der Truppe oder des zivilen Gefolges; vorbehaltlich abweichender Vereinbarung erfolgt die Abnahme gemeinsam;

(d) ersetzt der Entsendestaat der Bundesrepublik

(i) alle Aufwendungen, zu denen sie nach deutschem Recht betreffend öffentliche Aufträge verpflichtet ist, jedoch Aufwendungen auf Grund eines außergerichtlichen Vergleichs nur dann, wenn die Truppe ihm zugestimmt hat;

(ii) Zahlungen, die mit Zustimmung der Truppe ohne Anerkennung einer Rechtspflicht geleistet werden;

(iii) Aufwendungen, die aus Maßnahmen der deutschen Behörden zur Wahrnehmung der Interessen der Truppe oder des zivilen Gefolges in Notfällen entstehen und nicht vom Auftragnehmer zu tragen *sind;*

(e) stellen sie die erforderlichen Mittel zu einem Zeitpunkt zur Verfügung, der die Zahlung bei Fälligkeit ermöglicht;

(f) sind sie nach Maßgabe zu schließender Vereinbarungen berechtigt, die Unterlagen über die von den zuständigen deutschen Zahlstellen geleisteten Zahlungen zu prüfen;

(g) werden die Einzelheiten des Verfahrens nach den Buchstaben (a), (c), (d), (e) und (f) durch Verwaltungsabkommen zwischen den deutschen Behörden und den Behörden der Truppe und des zivilen Gefolges geregelt, insbesondere mit dem Ziel, eine fristgemäße Durchführung des Beschaffungsverfahrens sicherzustellen.

Art. 48 [Überlassung, Nutzung und Rückgabe von Liegenschaften] (1) (a) Der Liegenschaftsbedarf einer Truppe und eines zivilen Gefolges wird nur nach Maßgabe des NATO-Truppenstatuts und dieses Abkommens gedeckt.

(b) Der Liegenschaftsbedarf einer Truppe und eines zivilen Gefolges wird bei den Bundesbehörden in regelmäßigen Abständen in Form von Programmen angemeldet. Außerhalb dieser Programme melden die Behörden einer Truppe Liegenschaftsbedarf nur in dringenden Fällen an. Die Anmeldungen enthalten im einzelnen die von der Truppe aufgestellten näheren Angaben, insbesondere über das ungefähre Gebiet, die Größe, den vorgesehenen Verwendungszweck, die voraussichtliche Dauer des Bedarfs und die Bereitstellungsfristen.

(c) Über die Deckung des Liegenschaftsbedarfs werden Vereinbarungen zwischen den Behörden einer Truppe oder eines zivilen Gefolges und den deutschen Behörden geschlossen. Diese Vereinbarungen erstrecken sich auch auf den Zugang zu den Liegenschaften (Straßen-, Schienen- oder Wasserwegen) sowie gegebenenfalls auf die in Artikel 63 Absatz (5) Buchstabe (b) bezeichneten Kosten. Die deutschen Behörden führen die nach den Vereinbarungen zu treffenden Maßnahmen durch.

(d) Die deutschen Behörden benennen auf Antrag die Betriebe, denen die Versorgung einer Truppe und eines zivilen Gefolges mit Wasser, Gas und Elektrizität sowie die Abwasserbehandlung obliegt und mit denen Verträge geschlossen werden können. Soweit der Bedarf der Truppe oder des zivilen Gefolges nicht im Wege von Verträgen zwischen den Behörden der Truppe oder des zivilen Gefolges und den betreffenden Betrieben gedeckt werden kann, wird zwischen den deutschen Behörden und den Behörden der Truppe oder des zivilen Gefolges, wenn letztere es beantragen, eine Vereinbarung über die Deckung dieses Bedarfs geschlossen. Die deutschen Behörden treffen geeignete Maßnahmen, um die Durchführung der Vereinbarung sicherzustellen; hierunter fällt gegebenenfalls auch der Abschluß von Verträgen.

(2)[1] Die Bundesrepublik gewährleistet, daß Liegenschaften, die einer Truppe oder einem zivilen Gefolge im Rahmen der Bestimmungen des Truppenvertrages zur Benutzung überlassen worden sind und

[1] S. Art. 18 des G. zum NATO-Truppenstatut und zu den Zusatzvereinbarungen (vgl. Fn. zu Art. 35).

sich im Zeitpunkt des Inkrafttretens dieses Abkommens noch in ihrem Besitz befinden, der Truppe oder dem zivilen Gefolge so lange weiter überlassen werden, als sie nicht nach Absatz (5) Buchstaben (a) und (b) zurückzugeben sind. Dies gilt nicht für Liegenschaften, die für den öffentlichen Verkehr und dessen Versorgungseinrichtungen sowie für das Post- und Fernmeldewesen bestimmt sind; diese Liegenschaften werden zurückgegeben, soweit nicht zwischen den deutschen Behörden und den Behörden der Truppe etwas anderes vereinbart worden ist.

(3) (a) Über die einer Truppe oder einem zivilen Gefolge nach Maßgabe von Absatz (1) zu überlassenden Liegenschaften werden schriftliche Überlassungsvereinbarungen geschlossen, die Angaben über Größe, Art, Lage, Zustand und Ausstattung der Liegenschaft sowie über die Einzelheiten ihrer Benutzung enthalten. Die Liegenschaften werden ausschließlich der anfordernden Truppe oder dem zivilen Gefolge zur Belegung und Benutzung überlassen, soweit nicht zwischen den deutschen Behörden und den Behörden der Truppe oder des zivilen Gefolges etwas anderes vereinbart wird.

(b) Buchstabe (a) gilt entsprechend für Liegenschaften, die einer Truppe oder einem zivilen Gefolge nach Maßgabe von Absatz (2) weiter überlassen werden.

(4) Eine Truppe und ein ziviles Gefolge sind für die zur ordnungsgemäßen Erhaltung der ihnen überlassenen Liegenschaften erforderliche Instandsetzung und Instandhaltung verantwortlich, es sei denn, daß bei entgeltlich überlassenen Liegenschaften in den gemäß Absatz (3) Buchstabe (a) abgeschlossenen Überlassungsvereinbarungen etwas anderes vereinbart ist.

(5) Für die Rückgabe von Liegenschaften durch eine Truppe oder ein ziviles Gefolge gilt folgendes:

(a) (i) Die Behörden einer Truppe oder eines zivilen Gefolges überprüfen laufend ihren Bedarf an Liegenschaften, um eine Beschränkung der von ihnen benutzten Liegenschaften an Zahl und Umfang auf das erforderliche Mindestmaß zu gewährleisten. Darüber hinaus überprüfen sie ihren Bedarf in besonderen Einzelfällen auf Verlangen der deutschen Behörden. Unbeschadet etwaiger besonderer Vereinbarungen über die Benutzungsdauer werden Liegenschaften, die nicht mehr benötigt werden oder für die eine Ersatzliegenschaft, die den Bedürfnissen der Truppe oder des zivilen Gefolges entspricht, verfügbar gemacht wird, nach vorheriger Mitteilung an die deutschen Behörden unverzüglich zurückzugeben.

(ii) Ziffer (i) gilt entsprechend, wenn eine Truppe oder ein ziviles Gefolge eine Liegenschaft nicht mehr in vollem Umfange benötigt und eine Teilrückgabe möglich ist.

(b) Unbeschadet Buchstabe (a) tragen die Behörden einer Truppe oder eines zivilen Gefolges in Fällen, in denen unter Berücksichtigung der *gemeinsamen* Verteidigungsaufgabe eindeutig ein überwiegendes deutsches Interesse an der Benutzung einer Liegenschaft besteht, Freigabeanträgen der deutschen Behörden in angemessener Weise Rechnung.

(c) Liegenschaften, die nach dem Inkrafttreten dieses Abkommens einer Truppe oder einem zivilen Gefolge für einen begrenzten Zeitraum überlassen worden sind, werden mit dem Ablauf dieses Zeitraums zurückgegeben, wenn dessen Begrenzung in Übereinstimmung mit den bei der Anmeldung des Liegenschaftsbedarfs von den Behörden der Truppe oder des zivilen Gefolges gemachten Angaben erfolgt ist; die Benutzungsdauer kann verlängert werden; soweit entweder der Eigentümer oder sonstige Berechtigte mit einer weiteren Benutzung der Liegenschaft einverstanden ist oder eine Inanspruchnahme nach der deutschen Leistungsgesetzgebung zulässig ist.

(d) Liegenschaften, die einer Truppe oder einem zivilen Gefolge nach dem Inkrafttreten dieses Abkommens überlassen worden sind und hinsichtlich derer eine Enteignungsbehörde die vorzeitige Besitzeinweisung nach dem Landbeschaffungsgesetz angeordnet hat, werden zurückgegeben, falls der Besitzeinweisungsbeschluß aufgehoben werden sollte.

(e) Gegenstände, die zusammen mit einer Liegenschaft in Anspruch genommen worden sind und sich noch darin befinden, werden gleichzeitig mit ihr freigegeben, sofern sich nicht der Eigentümer mit einer anderen Regelung einverstanden erklärt.

Art. 49 [Bauvorhaben; Instandsetzung und Instandhaltung]

(1) Die Programme für die zur Deckung des Bedarfs einer Truppe und eines zivilen Gefolges erforderlichen Bauvorhaben werden den für Bundesbauaufgaben zuständigen deutschen Behörden von Behörden der Truppe und des zivilen Gefolges übermittelt.

(2) Baumaßnahmen werden nach Maßgabe der geltenden deutschen Rechts- und Verwaltungsvorschriften und besonderer Verwaltungsabkommen durch die für Bundesbauaufgaben zuständigen deutschen Behörden durchgeführt.

(3) Abweichend von Absatz (2) können die Behörden einer Truppe und eines zivilen Gefolges nach Maßgabe besonderer Verwaltungsabkommen, die bei Inkrafttreten dieses Abkommens bestehen oder nach diesem Zeitpunkt abgeschlossen oder geändert werden, im Benehmen mit den deutschen Behörden

(a) Instandsetzungs- und Instandhaltungsarbeiten,
(b) Baumaßnahmen, die besondere Sicherheitsmaßnahmen erfordern,
(c) kleinere Baumaßnahmen

sowie *im Einvernehmen* mit den deutschen Behörden

(d) kleine Baumaßnahmen,
(e) Baumaßnahmen ausnahmsweise in anderen Fällen

mit eigenen Kräften oder durch unmittelbare Vergabe an Unternehmer durchführen. Bei der Durchführung dieser Baumaßnahmen beachten die Behörden der Truppe und des zivilen Gefolges die deutschen Bau- und Umweltvorschriften und stellen in Zusammenarbeit mit den in Absatz (2) erwähnten deutschen Behörden sicher, daß die entsprechenden Genehmigungen eingeholt werden. Außerdem berücksichtigen sie die in der Bundesrepublik für öffentliche Bauaufträge anzuwendenden Grundsätze.

(4) (*gestrichen*)

(5) Form und Umfang der in Absatz (3) vorgesehenen Konsultation werden zwischen den Behörden der Truppe und des zivilen Gefolges und den deutschen Behörden vereinbart.

(6) Werden Arbeiten im Sinne des Absatzes (2) für eine Truppe oder ein ziviles Gefolge von den deutschen Behörden durchgeführt, so

(a) können die Behörden der Truppe oder des zivilen Gefolges sich je nach Bedarf an der Ausarbeitung der Entwürfe beteiligen oder die Entwürfe und Baubeschreibungen selbst zur Verfügung stellen;

(b) werden die Art der Vergabe und bei beschränkten Ausschreibungen Anzahl und Namen der zur Angebotsabgabe aufzufordernden Unternehmer zwischen den deutschen Behörden und den Behörden der Truppe oder des zivilen Gefolges vereinbart;

(c) wird der Zuschlag erst erteilt, wenn die Behörden der Truppe oder des zivilen Gefolges schriftlich zugestimmt haben;

(d) dürfen die Behörden der Truppe oder des zivilen Gefolges an Überprüfungen von Bauarbeiten teilnehmen und haben Zugang zu den Bauplänen und allen einschlägigen Bauunterlagen und Abrechnungen;

(e) bestätigen die deutschen Behörden vorbehaltlich abweichender Vereinbarungen dem Unternehmer die zufriedenstellende Fertigstellung größerer Bauabschnitte nur im Einvernehmen mit den Behörden der Truppe oder des zivilen Gefolges; insbesondere entlassen sie den Unternehmer aus seinen vertraglichen Verpflichtungen erst nach schriftlicher Zustimmung der Behörden der Truppe oder des zivilen Gefolges;

(f) ersetzt der Entsendestaat der Bundesrepublik

(i) alle Aufwendungen, zu denen sie nach deutschem Recht betreffend öffentliche Auftrage verpflichtet ist, jedoch Aufwendungen auf Grund eines außergerichtlichen Vergleichs nur dann, wenn die Truppe ihm zugestimmt hat;

(ii) Zahlungen, die mit Zustimmung der Truppe ohne Anerkennung einer Rechtspflicht geleistet werden;

(iii) Aufwendungen, die aus Maßnahmen der deutschen Behörden zur Wahrnehmung der Interessen der Truppe oder des zivilen Gefolges in Notfällen entstehen und nicht vom Auftragnehmer zu tragen sind;

(g) werden die erforderlichen Mittel von den Behörden der Truppe oder des zivilen Gefolges zu einem Zeitpunkt zur Verfügung gestellt, der die Zahlung bei Fälligkeit ermöglicht;

(h) sind die Behörden der Truppe oder des zivilen Gefolges nach Maßgabe zu schließender Vereinbarungen berechtigt, die Unterlagen über die von den zuständigen deutschen Zahlstellen geleisteten Zahlungen zu prüfen;

(i) entschädigen die Entsendestaaten die deutschen Behörden nach Maßgabe von Verwaltungsabkommen für ihre besonderen, mit der Durchführung der Baumaßnahmen zusammenhängenden Leistungen (Planung, Oberleitung, Bauführung).

Art. 50 [Verbringung von Zubehörstücken und Inventar] Zubehörstücke und Einrichtungsgegenstände, die im Eigentum des Bundes stehen, können innerhalb der Bundesrepublik aus einer von einer Truppe oder einem zivilen Gefolge benutzten Liegenschaft in eine andere nach Maßgabe der folgenden Beschränkungen verbracht werden:

(a) Gegenstände dieser Art, einschließlich der aus Besatzungskosten-, Auftragsausgaben- oder Stationierungskostenmitteln beschafften, die in den Baukosten für die von einer Truppe oder einem zivilen Gefolge benutzten Liegenschaften inbegriffen waren, dürfen nur mit Zustimmung der deutschen Behörden aus der Liegenschaft entfernt werden.

(b) Die Zustimmung der deutschen Behörden ist ferner einzuholen, bevor mit einer bestimmten Liegenschaft verbundene oder eigens hierfür angefertigte Zubehörstücke und Einrichtungsgegenstände entfernt werden. Dies gilt nicht, soweit solche Gegenstände aus Besatzungskosten-, Auftragsausgaben- oder Stationierungskostenmitteln beschafft sind; jedoch setzen die Behörden einer Truppe und eines zivilen Gefolges die deutschen Behörden von der Absicht der Entfernung rechtzeitig in Kenntnis, um ihnen Gelegenheit zu geben, in geeigneten Fällen eine andere Regelung vorzuschlagen.

Art. 51 [Aus Besatzungskosten-, Auftragsausgaben- oder Stationierungsmitteln beschaffte bewegliche Sachen] (1) Werden bewegliche Sachen, die aus Besatzungskosten-, Auftragsausgaben- oder Stationierungskostenmitteln beschafft worden sind, nach Feststellung der Behörden einer Truppe oder eines zivilen Gefolges von diesen nicht mehr benötigt, so werden sie den deutschen Behörden zur Verfügung übergeben.

(2) Abweichend von Absatz (1) können Vereinbarungen über den Verkauf oder über eine sonstige Verwertung solcher beweglicher Sachen geschlossen werden. Nettoeinnahmen aus einer derartigen Verwertung fließen der Bundesrepublik zu.

(3) Bewegliche Sachen der in Absatz (1) genannten Art werden aus dem Bundesgebiet nur entfernt, wenn dies zur Erfüllung von Verteidigungsaufgaben der NATO erforderlich ist. Vorbehaltlich des Absatzes (4) gilt für die Entfernung folgendes:

(a) Den deutschen Behörden wird von der Entfernung vorher Mitteilung gemacht; in Eilfällen erfolgt diese Mitteilung nachträglich.

(b) Eine Mitteilung an die deutschen Behörden ist nicht erforderlich

(i) bei der Entfernung von Gegenständen mit geringem Anschaffungswert;

(ii) bei der vorübergehenden Entfernung von Gegenständen im Rahmen von Manövern oder von Tätigkeiten einer Truppe, die ein häufiges und wiederholtes Überschreiten der Grenzen der Bundesrepublik erfordern.

(4) Im Falle der Verlegung von Truppeneinheiten zum Zwecke der Verringerung oder der völligen Zurücknahme einer Truppe bleibt eine hiermit im Zusammenhang stehende Entfernung beweglicher Sachen der in Absatz (1) genannten Art besonderen Vereinbarungen vorbehalten.

(5) Die Absätze (1) und (2) bleiben auch in Fällen der Entfernung aus dem Bundesgebiet unberührt; sie finden auch Anwendung, wenn die beweglichen Sachen der in Absatz (1) genannten Art nicht mehr zur Erfüllung von Verteidigungsaufgaben der NATO benötigt werden.

(6) Aus Besatzungskosten-, Auftragsausgaben- oder Stationierungskostenmitteln beschaffte Zubehörstücke und Einrichtungsgegenstände, die zu Liegenschaften gehören, werden aus dem Bundesgebiet nicht entfernt.

(7) Einzelheiten werden durch Verwaltungsabkommen geregelt.

Art. 52 [Restwertentschädigung für Liegenschaften oder andere Vermögenswerte] (1) Beabsichtigt ein Entsendestaat, Liegenschaften oder andere Vermögenswerte, die rechtlich im Eigentum des Bundes oder eines Landes stehen und die der Truppe oder einem zivilen Gefolge zur Benutzung überlassen sind, ganz oder teilweise freizugeben, so erzielen die Behörden der Truppe oder des zivilen Gefolges und die deutschen Behörden ein Einvernehmen über den zur Zeit der Freigabe gegebenenfalls noch vorhandenen Restwert von Investitionen, die aus eigenen Mitteln des Entsendestaates finanziert worden sind. Die Bundesregierung erstattet dem Entsendestaat den vereinbarten Restwert. Die Sätze 1 und 2 gelten auch für aus eigenen Mitteln des Entsendestaates beschaffte Ausrüstungsgegenstände und Vorräte, die vereinbarungsgemäß auf einer solchen Liegenschaft zurückbleiben sollen.

(2) Zahlung nach Absatz (1) wird insoweit nicht geleistet, als für Schäden, die an den Liegenschaften oder anderen Vermögenswerten durch den Entsendestaat verursacht worden sind, nach Artikel 41 Entschädigung zu leisten ist oder zu leisten sein würde, wenn auf den Entschädigungsanspruch nicht verzichtet oder der Entsendestaat nicht von der Haftung für Entschädigungsansprüche nach dem genannten Artikel befreit worden wäre.

(3) Ein Entsendestaat ist nicht verpflichtet, Investitionen, Ausrüstungsgegenstände oder Vorräte von rechtlich im Eigentum des Bundes oder eines Landes stehenden Liegenschaften oder anderen Vermögenswerten zu entfernen. Stehen die Liegenschaften oder anderen Vermögenswerte rechtlich im Eigentum eines Landes, so wird die *Bundesrepublik* den Entsendestaat von der Haftung für alle Ansprüche befreien, die dem Land auf Grund des deutschen Rechts aus der unterlassenen Entfernung etwa zustehen.

(4) Ein Entsendestaat erhebt keine Ansprüche wegen des Restwertes von Investitionen an Sachen der in Absatz (1) genannten Art und an der Truppe oder dem zivilen Gefolge zur unentgeltlichen Benutzung überlassenen Sachen im Eigentum juristischer Personen, an denen der Bund oder ein Land wirtschaftlich beteiligt ist, wenn die Investitionen aus Mitteln finanziert worden sind, die dem Entsendestaat vom Bund oder einem Land zur Verfügung gestellt worden sind. Eine Verrechnung des Restwertes solcher Investitionen mit Entschädigungen für Schäden, die während der Dauer der Benutzung solcher Sachen durch die Truppe oder das zivile Gefolge entstanden sind oder die bei der Entfernung der Investitionen entstehen, bleibt unberührt.

Art. 53 [Ausschließliche und gemeinsame Nutzung von Liegenschaften] (1) Eine Truppe und ein ziviles Gefolge können innerhalb der ihnen zur ausschließlichen Benutzung überlassenen Liegenschaften die zur befriedigenden Erfüllung ihrer Verteidigungspflichten erforderlichen Maßnahmen treffen. Für die Benutzung solcher Liegenschaften gilt das deutsche Recht, soweit in diesem Abkommen und in anderen internationalen Übereinkünften nicht etwas anderes vorgesehen ist und sofern nicht die Organisation, die interne Funktionsweise und die Führung der Truppe und ihres zivilen Gefolges, ihrer Mitglieder und deren Angehöriger sowie andere interne Angelegenheiten, die keine vorhersehbaren Auswirkungen auf die Rechte Dritter oder auf umliegende Gemeinden und die Öffentlichkeit im allgemeinen haben, betroffen sind. Die zuständigen deutschen Behörden und die Behörden einer Truppe konsultieren einander und arbeiten zusammen, um auftretende Meinungsverschiedenheiten beizulegen.

(2) Absatz (1) Satz 1 gilt entsprechend für Maßnahmen im Luftraum über den Liegenschaften, vorausgesetzt, daß Maßnahmen, welche zur Störungen des Luftverkehrs führen könnten, nur in Koordinierung mit den deutschen Behörden getroffen werden. Artikel 57 Absatz (7) bleibt unberührt.

(2bis) Die Benutzung von Truppenübungsplätzen, Standortübungsplätzen und Standortschießanlagen durch Truppenteile, die zu Übungs- und Ausbildungszwecken in die Bundesrepublik gebracht werden, ist den zuständigen deutschen Behörden vorher zur Zustimmung anzuzeigen. Die Zustimmung gilt als erteilt, wenn die deutschen Behörden nicht innerhalb von 45 Tagen nach Eingang der Anzeige widersprechen. Für Truppenteile des anzeigenden Staates bis zur Stärke *von 200 Mann*, die organisch zu einem in der Bundesrepublik stationierten Truppenteil gehören oder zur Verstärkung der in der Bundesrepublik stationierten Truppenteile vorgesehen sind, ist die Anzeige ausreichend. Für die Zwecke dieses Artikels ist die Anzeige gegenüber deutschen Behörden während Planungskonferenzen ausreichend. Zusätzliche Vereinbarungen sind möglich.

(2ter) Einzelheiten der Benutzung von Truppenübungsplätzen, Luft/ Bodenschießplätzen, Standortübungsplätzen und Standortschießanlagen sowie des nach Absatz (2bis) vorgesehenen Anzeige- und Zustimmungsverfahrens werden durch Verwaltungsabkommen geregelt, die auf Bundesebene abgeschlossen werden.

(3) Bei der Durchführung der in Absatz (1) vorgesehenen Maßnahmen stellen die Truppe und das zivile Gefolge sicher, daß die deutschen Behörden die zur Wahrnehmung deutscher Belange erforderlichen Maßnahmen innerhalb der Liegenschaften durchführen können.

(4) Zur reibungslosen Durchführung der Maßnahmen nach den Absätzen (1), (2) und (3) arbeiten die deutschen Behörden mit den Behörden der Truppe und des zivilen Gefolges zusammen. Einzelheiten dieser Zusammenarbeit sind in dem auf diesen Artikel Bezug nehmenden Abschnitt des Unterzeichnungsprotokolls, Absätze (5) bis (7), geregelt.

(5) Im Falle einer gemeinsamen Benutzung von Liegenschaften durch eine Truppe oder ein ziviles Gefolge und die Bundeswehr oder zivile deutsche Stellen werden die erforderlichen Regelungen durch Verwaltungsabkommen oder besondere Vereinbarungen getroffen, in denen die Stellung der Bundesrepublik als Aufnahmestaat und die Verteidigungspflichten der Truppe angemessen berücksichtigt werden.

(6) Um einer Truppe und einem zivilen Gefolge die befriedigende Erfüllung ihrer Verteidigungspflichten zu ermöglichen, treffen die deutschen Behörden auf Antrag der Truppe geeignete Maßnahmen, um

(a) Schutzbereiche zu errichten;

(b) in der Umgebung der der Truppe zur Benutzung überlassenen Liegenschaften die Bebauung und Bepflanzung sowie den öffentlichen Verkehr zu überwachen oder zu beschränken.

Art. 53 A [Kooperationspflichten bei Anwendbarkeit deutschen Rechts im Zusammenhang mit Liegenschaftsnutzung]

(1) Soweit deutsches Recht im Zusammenhang mit der Benutzung von Liegenschaften im Sinne des Artikels 53 Anwendung findet und vorschreibt, daß eine besondere Erlaubnis, Zulassung oder sonstige öffentlich-rechtliche Genehmigung einzuholen ist, stellen die deutschen Behörden in Zusammenarbeit und im Benehmen mit den Behörden einer Truppe die erforderlichen Anträge und betreiben die diesbezüglichen Verwaltungs- und Gerichtsverfahren für die Truppe.

(2) Absatz (1) findet auch Anwendung, wenn die Entscheidung von Dritten angegriffen wird, wenn Maßnahmen oder Einrichtungen anzeigepflichtig sind, sowie bei Verfahren, die von Amts wegen, insbesondere zur Wahrung der öffentlichen Sicherheit und Ordnung, oder auf Betreiben Dritter eingeleitet werden. In diesen Fällen wahren die für die Truppe handelnden deutschen Bundesbehörden die Interessen der Truppe. Wird eine nach Absatz (1) beantragte Genehmigung in *Übereinstimmung* mit deutschem Recht verweigert, nachträglich geändert oder ungültig, so konsultieren die Behörden der Truppe und die deutschen Behörden einander, um den Bedürfnissen der Truppe in an-

derer Weise zu genügen, die mit den Erfordernissen des deutschen Rechts vereinbar ist.

(3) Die Behörden der Truppe befolgen genau die Bedingungen und Anforderungen einer rechtlich wirksamen Entscheidung, die nach den Absätzen (1) und (2) ergeht. Sie arbeiten eng mit deutschen Behörden zusammen, um sicherzustellen, daß dieser Verpflichtung Genüge geschieht. Eine Vollstreckung aus einer solchen Entscheidung findet nicht statt.

Art. 54 [Geltung deutschen Gesundheits- und Seuchenrechts]

(1) Soweit in diesem Absatz nichts anderes vorgesehen ist, gelten für eine Truppe und ein ziviles Gefolge die deutschen Vorschriften und Verfahren zur Verhütung und Bekämpfung übertragbarer Krankheiten bei Menschen, Tieren und Pflanzen sowie zur Verhütung der Verbreitung und zur Bekämpfung von Pflanzenschädlingen. Eine Truppe kann auf dem in Satz 1 genannten Gebiet innerhalb der ihr zur Benutzung überlassenen Liegenschaften sowie auf ihre Mitglieder, Mitglieder ihres zivilen Gefolges und Angehörige ihre eigenen Vorschriften und Verfahren unter der Voraussetzung anwenden, daß sie hierdurch nicht die öffentliche Gesundheit oder den Pflanzenbau gefährdet.

(2) Die Behörden einer Truppe und die deutschen Behörden unterrichten einander unverzüglich über den Verdacht, den Ausbruch, den Verlauf und das Erlöschen einer übertragbaren Krankheit sowie über die getroffenen Maßnahmen.

(3) Halten die Behörden einer Truppe zum Schutze der Gesundheit Maßnahmen in der Umgebung von der Truppe zur Benutzung überlassenen Liegenschaften für erforderlich, so schließen sie über die Durchführung Vereinbarungen mit den deutschen Behörden.

(4) Sachen, deren Einfuhr nach deutschem Recht unzulässig ist, können mit Genehmigung der deutschen Behörden unter der Voraussetzung, daß die öffentliche Gesundheit oder der Pflanzenbau hierdurch nicht gefährdet wird, durch die Behörden einer Truppe eingeführt werden. Die deutschen Behörden und die Behörden der Truppe schließen Vereinbarungen über Gruppen von Sachen, deren Einfuhr durch die deutschen Behörden nach dieser Bestimmung genehmigt wird.

(5) Die Behörden einer Truppe können mit Genehmigung der deutschen Behörden die Untersuchung und Überwachung der Sachen durchführen, die von ihnen eingeführt werden. Sie stellen sicher, daß durch die Einfuhr solcher Sachen die öffentliche Gesundheit oder der Pflanzenbau nicht gefährdet werden.

Art. 54 A [Umweltschutz] (1) Die Entsendestaaten erkennen und anerkennen die Bedeutung des Umweltschutzes bei allen Tätigkeiten ihrer Truppen in der Bundesrepublik.

(2) Unbeschadet der Achtung und Anwendung des deutschen Rechts nach Maßgabe dieses Abkommens prüfen die Behörden einer

Truppe und eines zivilen Gefolges die Umweltverträglichkeit so frühzeitig wie möglich bei allen Vorhaben. In diesem Zusammenhang ermitteln, analysieren und bewerten sie die möglichen Auswirkungen eines für die Umwelt bedeutsamen Vorhabens auf Menschen, Tiere und Pflanzen, Boden, Wasser, Luft, Klima und Landschaft, einschließlich der jeweiligen Wechselwirkungen, sowie auf Kultur- und sonstige Sachgüter. Ziel der Prüfung ist es, Umweltbelastungen zu vermeiden und unvermeidbare Umweltbeeinträchtigungen durch angemessene Maßnahmen auszugleichen. In diesem Zusammenhang können die Behörden der Truppe und des zivilen Gefolges deutsche zivile und militärische Behörden um Unterstützung bitten.

Art. 54 B [Schadstoffarmer Betrieb von Luft-, Wasser- und Landfahrzeugen] Die Behörden einer Truppe und eines zivilen Gefolges stellen sicher, daß für den Betrieb von Luft-, Wasser- und Landfahrzeugen nur Treibstoffe, Schmierstoffe und Zusatzstoffe, die schadstoffarm gemäß den deutschen Umweltvorschriften sind, eingesetzt werden, soweit dies mit den technischen Erfordernissen der Fahrzeuge vereinbar ist. Sie stellen weiterhin sicher, daß bei Personenkraftwagen und Nutzfahrzeugen, insbesondere bei neuen Fahrzeugen, die deutschen Vorschriften über die Begrenzung von Lärm- und Abgasemissionen eingehalten werden, soweit dies nicht unverhältnismäßig ist. Bei der Anwendung und Überwachung dieser Bestimmungen konsultieren die zuständigen deutschen Behörden und die Behörden der Truppe oder des zivilen Gefolges einander und arbeiten eng zusammen.

Art. 55 [Verteidigungsanlagen und Schutzmaßnahmen]

(1) (a) Verteidigungsanlagen, die für die Durchführung von NATO-Plänen für die gemeinsame Verteidigung erforderlich sind und innerhalb von Gebieten liegen, für deren Verteidigung die Behörden einer Truppe verantwortlich sind, werden nach Vereinbarung zwischen den Behörden der Truppe und den Bundesbehörden geplant und errichtet.

(b) Die Arbeiten werden von den deutschen Behörden in Verbindung mit den Behörden der Truppe durchgeführt. Sofern jedoch ein besonderes Geheimhaltungs- oder Sicherheitserfordernis vorliegt, kann die Truppe nach angemessener Konsultation der Bundesbehörden an den mit diesen vereinbarten Plätzen derartige Arbeiten mit ihrem eigenen Personal oder mit nichtdeutschen Fachkräften durchführen.

(2) Die Bundesbehörden und die Behörden einer Truppe wirken zusammen, um sicherzustellen, daß die zu Verteidigungszwecken erforderlichen Schutzmaßnahmen sachgemäß und rechtzeitig vorbereitet und durchgeführt werden können.

Art. 56 [Rechtsstellung ziviler Arbeitskräfte einer Truppe oder eines Gefolges] (1) (a) Die für die zivilen Bediensteten bei der Bundeswehr maßgebenden arbeitsrechtlichen – einschließlich arbeitsschutzrechtlichen – Vorschriften, mit Ausnahme der Dienstordnungen, der Dienstvereinbarungen und der tariflichen Bestimmungen, gelten auch für die Beschäftigungsverhältnisse der zivilen Arbeitskräfte bei einer Truppe und einem zivilen Gefolge, soweit nicht in diesem Artikel und in dem auf diesen Artikel Bezug nehmenden Abschnitt des Unterzeichnungsprotokolls etwas anderes bestimmt ist.

(b) Bewirbt sich jemand um Beschäftigung bei einer Behörde einer Truppe oder eines zivilen Gefolges, so obliegt es ausschließlich dem Bewerber, sofern es von ihm verlangt wird, den Nachweis zu erbringen, daß er wegen einer strafbaren Handlung nicht verurteilt worden ist. Kann der Bewerber ein polizeiliches Führungszeugnis nicht erlangen, so stellen ihm die deutschen Behörden nach den Vorschriften des deutschen Rechts einen Auszug aus dem Strafregister aus, falls er eine Bescheinigung der Truppe oder des zivilen Gefolges darüber vorlegt, daß er sich um Beschäftigung beworben hat und sofern durch die Erteilung dieses Auszuges nicht wesentliche deutsche Interessen gefährdet werden.

(c) (*gestrichen*)

(d) Versetzungen aus dienstlichen Gründen innerhalb der Bundesrepublik bedürfen des schriftlichen Einverständnisses der zivilen Arbeitskräfte; diese Einverständniserklärung kann jederzeit abgegeben werden.

(e) (*gestrichen*)

(f) Die Tätigkeit der zivilen Arbeitskräfte bei einer Truppe und einem zivilen Gefolge gilt nicht als Tätigkeit im deutschen öffentlichen Dienst.

(2) (a) § 9 Absatz (1) Satz 2 des Kündigungsschutzgesetzes gilt mit der Maßgabe, daß der Antrag des Arbeitgebers auch darauf gestützt werden kann, daß der Fortsetzung des Arbeitsverhältnisses besonders schutzwürdige militärische Interessen entgegenstehen. Die oberste Dienstbehörde kann die besonders schutzwürdigen militärischen Interessen glaubhaft machen; in diesem Falle ist die Verhandlung vor dem erkennenden Gericht nicht öffentlich. Sofern die Offenlegung der Gründe die Gefahr eines schweren Schadens für die Sicherheit des Entsendestaates oder seiner Truppe verursachen könnte, kann die oberste Dienstbehörde der Truppe im Einvernehmen mit dem Chef des Bundeskanzleramts die Glaubhaftmachung durch eine förmliche Erklärung bewirken.

(b) Oberste Dienstbehörde im Sinne dieses Absatzes ist die in der Bundesrepublik Deutschland gelegene höchste, für die Beschäftigungsdienststelle des gekündigten Arbeitnehmers verwaltungsmäßig zuständige Dienststelle.

(c) Dieser Absatz gilt nicht für die Mitglieder der Betriebsvertretungen.

(3) Auf die bei einer Truppe und einem zivilen Gefolge beschäftigten Arbeitskräfte finden die Vorschriften des deutschen Rechts über die Sozialversicherung einschließlich der Unfallversicherung, über die Arbeitslosenversicherung und über das Kindergeld Anwendung. Träger der Unfallversicherung ist die Bundesrepublik.

(4) Die bei einer Truppe und einem zivilen Gefolge beschäftigten deutschen zivilen Arbeitskräfte werden nur zu Diensten nichtsoldatischer Art, einschließlich ziviler Wachdienste, verwendet.

(5) Den deutschen Behörden obliegt es, im Einvernehmen mit den Behörden einer Truppe oder eines zivilen Gefolges

(a) die als Grundlage für die einzelnen Arbeitsverträge dienenden Arbeitsbedingungen, einschließlich der Löhne, der Gehälter und der Einreihung der einzelnen Tätigkeitsarten in Lohn- und Gehaltsgruppen, festzusetzen und Tarifverträge abzuschließen und

(b) das Entlohnungsverfahren zu regeln.

(6) Die Behörden einer Truppe und eines zivilen Gefolges haben gegenüber den Arbeitskräften, einschließlich der Mitglieder der zivilen Dienstgruppen, die Befugnis zur Einstellung, Zuweisung des Arbeitsplatzes, Ausbildung, Versetzung, Kündigung und Entgegennahme von Kündigungen.

(7) (a) Die Behörden einer Truppe und eines zivilen Gefolges bestimmen die Zahl und Art der benötigten Arbeitsplätze gemäß der Einreihung der Tätigkeitsarten im Sinne des Absatzes (5) Buchstabe (a). Der einzelne Arbeitnehmer wird durch die Behörden der Truppe oder des zivilen Gefolges in die entsprechende Lohn- oder Gehaltsgruppe eingestuft.

(8) Streitigkeiten aus dem Arbeitsverhältnis und aus dem Sozialversicherungsverhältnis unterliegen der deutschen Gerichtsbarkeit. Klagen gegen den Arbeitgeber sind gegen die Bundesrepublik zu richten. Klagen für den Arbeitgeber werden von der Bundesrepublik erhoben.

(9) Die für die zivilen Bediensteten bei der Bundeswehr maßgebenden Vorschriften des deutschen Rechts über die Personalvertretung gelten für die Betriebsvertretung der zivilen Arbeitskräfte bei einer Truppe und einem zivilen Gefolge, soweit in dem auf diesen Artikel Bezug nehmenden Abschnitt des Unterzeichnungsprotokolls nicht etwas anderes bestimmt ist.

(10) Soweit die deutschen Behörden Verwaltungsarbeiten ausführen, die mit der Beschäftigung von Arbeitskräften bei einer Truppe und einem zivilen Gefolge und mit deren Entlohnung zusammenhängen, vergütet die Truppe die tatsächlichen Kosten dieser Verwaltungsarbeit. Das Verfahren hierfür wird durch Einzelvereinbarung zwischen den deutschen Behörden und den Behörden jeder Truppe geregelt. Bei der Durchführung der Verwaltungsarbeiten werden im Benehmen mit den zuständigen Behörden der Truppe die Grundsätze der Wirtschaftlichkeit beachtet.

Art. 57[1] **[Freizügigkeit von Land-, Wasser- und Luftfahrzeugen; Verkehrs- und Sicherheitsvorschriften]** (1) (a) Eine Truppe,

---

[1] Zum Transport gefährlicher Güter siehe die VO über die innerstaatliche und grenzüberschreitende Beförderung gefährlicher Güter auf der Straße v. 12. Dezember 1996, BGBl. 1996 I S. 1886.

ein ziviles Gefolge, ihre Mitglieder und Angehörigen sind vorbehaltlich der Genehmigung der Bundesregierung berechtigt, mit Land-, Wasser- und Luftfahrzeugen in die Bundesrepublik einzureisen oder sich in und über dem Bundesgebiet zu bewegen; Transporte und andere Bewegungen im Rahmen deutscher Rechtsvorschriften, einschließlich dieses Abkommens und anderer internationaler Übereinkünfte, denen die Bundesrepublik und einer oder mehrere der Entsendestaaten als Vertragspartei angehören, sowie damit im Zusammenhang stehender technischer Vereinbarungen und Verfahren, gelten als genehmigt. Soweit Sondererlaubnisse und Ausnahmeerlaubnisse sowie Befreiungen von den Rechtsvorschriften für den Transport gefährlicher Güter für militärische Bewegungen und Transporte erforderlich sind, werden sie durch die zuständigen Stellen der Bundeswehr eingeholt.

(b) Die zuständigen Stellen der Bundeswehr koordinieren die Wahrnehmung militärischer Interessen der Truppen in Verkehrsangelegenheiten gegenüber den zivilen Behörden. Sie koordinieren ferner die Durchführung militärischer Verkehrsbewegungen der Entsendestaaten untereinander und mit dem Zivilverkehr. Art und Umfang dieser Koordinierung werden zwischen den Behörden der Truppen und der Bundeswehr vereinbart. Werden solche Vereinbarungen nicht geschlossen, so teilen die Truppen den zuständigen Stellen der Bundeswehr militärische Bewegungen auf der Straße und auf der Schiene mit. In bezug auf den militärischen Luftverkehr gelten die üblichen Verfahren.

(2) Die Betriebsrechte der deutschen Eisenbahnen bleiben unberührt. Über die Einstellung und Beförderung eigener Güter- und Reisezugwagen und über die Zulassung eigener Triebfahrzeuge einer Truppe werden Einstellungsverträge oder Verwaltungsabkommen zwischen den Behörden der Truppe und den deutschen Eisenbahnverwaltungen abgeschlossen.

(3) Eine Truppe, ein ziviles Gefolge, ihre Mitglieder und Angehörigen befolgen die deutschen Verkehrsvorschriften einschließlich der Vorschriften über das Verhalten am Unfallort und der Vorschriften über den Transport gefährlicher Güter, soweit nicht in diesem Abkommen etwas anderes bestimmt ist. Die Einhaltung dieser Vorschriften überwachen die zuständigen Behörden. Um die Kontrolle der Einhaltung dieser Bestimmungen zu erleichtern, kann diese Überwachung gemeinsam durchgeführt werden. Die Durchführung dieser Überwachung kann durch örtliche Absprachen geregelt werden. Bestehende Absprachen bleiben bestehen, es sei denn sie werden überarbeitet.

(4) (a) Abweichungen von den deutschen Vorschriften über das Verhalten im Straßenverkehr sind einer Truppe nach Maßgabe des deutschen Rechts gestattet. Im Falle künftiger Änderungen deutscher Gesetze oder Vorschriften, die den Straßenverkehr betreffen, finden durch dringende militärische Erfordernisse bedingte Abweichungen im

Einklang mit Verfahren statt, die zwischen den Behörden einer Truppe und den zuständigen deutschen Behörden vereinbart werden.

(b) Über die Bestimmung und Benutzung eines Straßennetzes für den militärischen Verkehr mit Kraftfahrzeugen und Kraftfahrzeuganhängern, deren Abmessungen, Achslast, Gesamtgewicht oder Anzahl die nach dem deutschen Straßenverkehrsrecht geltenden Begrenzungen überschreiten, sind Vereinbarungen zwischen den Behörden einer Truppe und den deutschen Behörden zu schließen. Der Verkehr mit derartigen Kraftfahrzeugen und Kraftfahrzeuganhängern auf Straßen außerhalb des vereinbarten Straßennetzes wird nur mit Erlaubnis der zuständigen deutschen Behörden durchgeführt. Bei Unglücksfällen, Katastrophen, im Falle des Staatsnotstandes oder nach vorheriger Vereinbarung zwischen den betroffenen Behörden ist die Erlaubnis der zuständigen deutschen Behörden nicht erforderlich.

(5) Die Behörden des Entsendestaates beachten grundlegende deutsche Verkehrssicherheitsvorschriften. Innerhalb dieses Rahmens können sie ihre eigenen Normen auf den Bau, die Ausführung und die Ausrüstung der Kraftfahrzeuge, Kraftfahrzeuganhänger, Binnenschiffe und Luftfahrzeuge anwenden. Die deutschen Behörden und die Behörden der Truppe arbeiten bei der Durchführung dieser Bestimmung eng zusammen.

(6) Eine Truppe und ein ziviles Gefolge dürfen mit Militärflugzeugen Verkehrsflughäfen und sonstiges Luftfahrgelände, das ihnen nicht zur ausschließlichen Benutzung überlassen worden ist, nur in Notfällen oder nach Maßgabe von Verwaltungsabkommen oder sonstigen Vereinbarungen mit den zuständigen deutschen Behörden benutzen.

(7) *(gestrichen)*

(8) Alle von den deutschen Behörden und den Behörden der Truppen errichteten und betriebenen Kontrollsysteme für den Luftverkehr und die dazu gehörigen Fernmeldesysteme werden koordiniert, soweit dies erforderlich ist, um die Sicherheit des Luftverkehrs und die gemeinsame Verteidigung zu gewährleisten.

Art. 58 [Nutzung öffentlicher Verkehrsmittel und -einrichtungen] (1) Eine Truppe, ein ziviles Gefolge, ihre Mitglieder und Angehörigen sind berechtigt, die öffentlichen und privaten Verkehrsmittel und -einrichtungen in der Bundesrepublik, die dem öffentlichen Verkehr dienen, zu benutzen. Vorbehaltlich anderweitiger Vereinbarungen unterliegt die Ausübung dieses Rechts den allgemein für den Verkehr geltenden Vorschriften.

(2) (a) Bei der Benutzung der in Absatz (1) genannten Verkehrsmittel und -einrichtungen werden auf eine Truppe und ein ziviles Gefolge keine ungünstigeren Tarife angewandt als auf die Bundeswehr. Diese Tarife werden von den zuständigen deutschen Behörden nach dem deutschen Verkehrsrecht festgesetzt oder genehmigt. Die Behörden der Truppe haben das Recht, an den Verhandlungen mit den Verkehrsträ-

gern über die Militärtarife teilzunehmen. Wenn im Hinblick auf Verkehrsleistungen für eine Truppe und ihr ziviles Gefolge besondere Verhältnisse eintreten, für die es an Bestimmungen in den Militärtarifen fehlt, ergänzen die deutschen Behörden die Militärtarife nach Verhandlungen zwischen den Behörden der Truppe und den Verkehrsträgern im Rahmen ihrer gesetzlichen Befugnisse in angemessener Weise.

(b) Militärtarife werden nach einem vereinfachten Tarifschema gestaltet, das der Eigenart des Militärverkehrs Rechnung trägt und die praktische Anwendung der Tarife durch eine Truppe und ein ziviles Gefolge erleichtert.

(c) Die Anwendung der Sätze der Militärtarife führt für eine Truppe und ein ziviles Gefolge insgesamt zu keinem ungünstigeren Ergebnis als die Anwendung der Sätze der öffentlichen Tarife, einschließlich der in Betracht kommenden Ausnahmetarife.

(3) Die Bundesrepublik prüft Anträge einer Truppe auf Errichtung zusätzlicher oder Änderung bestehender Einrichtungen wohlwollend, wenn der Verkehrsbedarf der Truppe anders nicht befriedigt werden kann.

(4) Die deutschen Behörden unternehmen im Rahmen ihrer Zuständigkeit erforderlichenfalls geeignete Schritte, um sicherzustellen, daß der Bedarf einer Truppe an Kessel-, Schlaf- und Speisewagen durch Abmachungen zwischen den Behörden der Truppe und Unternehmen, die solche Dienste gewerblich anderen Benutzern zur Verfügung stellen, zu angemessenen Bedingungen befriedigt wird.

Art. 59 [Militärpostämter] (1) (a) Eine Truppe kann Militärpostämter für den Post- und Telegraphenverkehr der Truppe, des zivilen Gefolges, ihrer Mitglieder und von deren Angehörigen einrichten und betreiben.

(b) Die Militärpostämter können insbesondere offene oder verschlossene Postsendungen der Truppe, des zivilen Gefolges, ihrer Mitglieder und von deren Angehörigen

(i) in das Bundesgebiet einführen,

(ii) aus ihm ausführen und anderen Militärpostämtern im Bundesgebiet zuleiten,

(iii) innerhalb des Bundesgebietes befördern.

(c) Der Postanweisungsdienst ist auf den Verkehr zwischen den Militärpostämtern und zwischen diesen Ämtern und anderen Postämtern *des betreffenden Entsende*staates beschränkt.

(2) Die Militärpostämter können offene oder verschlossene Postsendungen der Truppe, des zivilen Gefolges, ihrer Mitglieder und von deren Angehörigen der Deutschen Bundespost zuleiten oder von ihr empfangen. Die zwischen der Bundesrepublik und dem beteiligten Entsendestaat geltenden internationalen Abkommen werden auf den Postverkehr zwischen den Militärpostämtern und der Deutschen Bundespost angewendet, soweit nicht besondere Vereinbarungen über die

Gebühren oder einzelnen Dienste zwischen den deutschen Behörden und den Behörden der Truppe geschlossen werden. Auswechslungsämter werden in gegenseitigem Einvernehmen eingerichtet.

(3) Bei Militärpostämtern eingelieferte Sendungen können mit Wertzeichen des betreffenden Entsendestaates freigemacht werden.

(4) Soweit eine Einheit einer Truppe Militärpostämter nicht unterhält, können diese Einheit, ihr ziviles Gefolge, ihre Mitglieder und deren Angehörige die Militärpostdienste einer anderen Truppe benutzen. Wenn eine solche Benutzung unbegrenzte oder längere Zeit dauern soll, wird die Deutsche Bundespost so bald wie möglich unterrichtet.

Art. 60[1] **[Fernmeldeanlagen und -dienste; Rundfunk- und Fernsehsender und -empfangsanlagen]** (1) Eine Truppe, ein ziviles Gefolge, ihre Mitglieder und Angehörigen benutzen die öffentlichen Fernmeldedienste der Bundesrepublik, soweit nicht in diesem Artikel etwas anderes vorgesehen ist. Für die Benutzung gelten die jeweiligen deutschen Vorschriften, soweit nicht durch Verwaltungsabkommen etwas Abweichendes bestimmt ist. Bei der Anwendung der deutschen Vorschriften wird eine Truppe nicht ungünstiger als die Bundeswehr behandelt.

(2) Eine Truppe kann, soweit dies für militärische Zwecke erforderlich ist,

(a) Fernmeldeanlagen (außer Funkanlagen) innerhalb der von ihr benutzten Liegenschaften,

(b) nach Konsultation der deutschen Behörden Funkstellen für feste Funkdienste,

(c) Funkanlagen für bewegliche Funkdienste und Ortungsfunkdienste,

(d) sonstige Funkempfangsanlagen,

(e) zeitweilig Fernmeldeanlagen jeder Art für den Einsatz bei Übungen, Manövern und in den Fällen eines Notstandes entsprechend den mit deutschen Behörden abgestimmten Verfahren errichten, betreiben und unterhalten.

(3) (a) Eine Truppe kann Drahtfernmeldeanlagen außerhalb der von ihr benutzten Liegenschaften mit Zustimmung der deutschen Behörden errichten, betreiben und unterhalten, wenn

(i) zwingende Gründe der militärischen Sicherheit vorliegen oder

(ii) die deutschen Behörden nicht in der Lage sind oder darauf verzichten, die erforderlichen Einrichtungen zu schaffen.

(b) Die beschleunigte Durchführung des Zustimmungsverfahrens seitens der deutschen Behörden wird durch Verwaltungsabkommen sichergestellt.

(4) (a) Eine Truppe kann Fernmeldeanlagen, die vor Inkrafttreten dieses Abkommens den bisherigen Vorschriften entsprechend in Be-

---

[1] S. auch das Verwaltungsabkommen v. 18. 3. 1993, das für Deutschland am 29. 3. 1998 in Kraft getreten ist (Bek. v. 22. 9. 2000, BGBl. 2000 II S. 1316, Veröffentlichung des Abkommens ebd., 1317).

trieb genommen worden sind, auch weiterhin betreiben und unterhalten.

(5) (a) Eine Truppe ist berechtigt, eigene Ton- und Fernsehrundfunksender für die Truppe, das zivile Gefolge, ihre Mitglieder und deren Angehörige zu betreiben, soweit durch diese Funkstellen die deutschen Rundfunkdienste nicht in unbilliger Weise beeinträchtigt werden. Unter dieser Voraussetzung können bestehende Sendeeinrichtungen dieser Art weiter betrieben werden. Zusätzliche Sendeeinrichtungen können nur im Einvernehmen mit den deutschen Behörden errichtet und betrieben werden.

(b) Eine Truppe, ein ziviles Gefolge, ihre Mitglieder und Angehörigen können Ton- und Fernsehrundfunkempfangsanlagen gebührenfrei und ohne Einzelgenehmigung errichten und betreiben, sofern sie keine elektromagnetischen Störungen von Funkdiensten verursachen.

(6) Für Funkfrequenzen einschließlich ihrer kennzeichnenden Merkmale gilt der auf diesen Artikel Bezug nehmende Abschnitt des Unterzeichnungsprotokolls, Absatz (5).

(7) (a) Die von einer Truppe errichteten Fernmeldeanlagen können an die öffentlichen Fernmeldenetze der Bundesrepublik angeschlossen werden.

(b) Fernmeldeeinrichtungen der Truppe, die an die öffentlichen Fernmeldenetze der Bundesrepublik angeschaltet werden sollen, sowie Funkanlagen müssen die in deutschen Vorschriften festgelegten grundlegenden Anforderungen einhalten. Noch bestehende Besonderheiten sind Übergangsweise mitzuberücksichtigen. Die Übergangsfrist wird nicht ohne allseitiges Einvernehmen zwischen den Truppen und den deutschen Behörden beendet.

(c) Ausnahmen von dem unter Buchstabe (b) genannten Grundsatz sind nur zulässig

(i) für die Fernmeldeeinrichtungen, die zum Zeitpunkt des Inkrafttretens des Abkommens vom 18. März 1993 zur Änderung dieses Abkommens bereits bei der Truppe vorhanden sind oder deren Beschaffung eingeleitet ist, oder

(ii) auf Grund besonderer Vereinbarungen zwischen der Truppe und dem Bundesminister für Post und Telekommunikation.

Daraus resultierende Haftungsfragen sind in Übereinstimmung mit den Bestimmungen bestehender Übereinkünfte zu regeln.

(8) (a) Eine Truppe berücksichtigt bei der Errichtung und beim Betrieb von Fernmeldeanlagen die Bestimmungen des Internationalen Fernmeldevertrages von Nairobi vom 6. November 1982 oder einer an seine Stelle tretenden Übereinkunft und die sonstigen die Bundesrepublik auf dem Gebiet des Fernmeldewesens bindenden internationalen Übereinkünfte.

(b) Eine Truppe ist an die unter Buchstabe (a) genannten Bestimmungen jedoch insoweit nicht gebunden, als die Bundeswehr nach innerdeutschen Vorschriften davon befreit ist.

(c) Bei dem Abschluß künftiger internationaler Übereinkünfte auf dem Gebiet des Fernmeldewesens berücksichtigen die deutschen Behörden nach Konsultation einer Truppe die Fernmeldebedürfnisse der Truppe angemessen

(9) (a) Eine Truppe trifft alle zumutbaren Maßnahmen, um Störungen des deutschen Fernmeldebetriebes durch Fernmelde- oder andere elektrische Anlagen der Truppe zu vermeiden oder zu beseitigen.

(b) Die deutschen Behörden treffen im Rahmen der deutschen Vorschriften alle zumutbaren Maßnahmen, um Störungen des Fernmeldebetriebes einer Truppe durch deutsche Fernmelde- oder andere elektrische Anlagen zu vermeiden oder zu beseitigen.

(10) Bei der Auslegung und Anwendung dieses Artikels werden die Interessen der Truppe auf deren Wunsch durch den Bundesminister für Post und Telekommunikation im Rahmen seiner Zuständigkeiten wahrgenommen.

Art. 61 [Entgelte für Lieferungen und Leistungen] (1) Vorbehaltlich der Auswirkungen der im NATO-Truppenstatut und in diesem Abkommen oder in einem sonstigen anwendbaren Abkommen vorgesehenen Steuer- und Zollbefreiungen haben die Entgelte für Lieferungen und sonstige Leistungen an eine Truppe oder ein ziviles Gefolge dem jeweiligen Preisniveau im Bundesgebiet zu entsprechen; sie dürfen nicht höher sein als die Entgelte, die für Lieferungen und sonstige Leistungen an deutsche Behörden zulässig sind. Soweit Waren im Interesse des deutschen Einzelverbrauchers subventioniert werden, können diese Subventionen von einer Truppe und einem zivilen Gefolge nicht beansprucht werden, es sei denn, daß die Waren zum Gebrauch oder Verbrauch durch Personen bestimmt sind, die Arbeitskräfte im Sinne des Artikels 56 sind.

(2) Die Bestimmungen dieses Abkommens über Arbeitslöhne, Verkehrs- und Fernmeldetarife werden durch Absatz (1) nicht berührt.

Art. 62 [Anforderungsverfahren nach deutschen Leistungsgesetzen] (1) Werden Anforderungsverfahren zugunsten einer Truppe oder eines zivilen Gefolges nach deutschen Leistungsgesetzen durchgeführt, so gilt folgendes:

(a) Das Verfahren wird von den deutschen Behörden eingeleitet, die im Benehmen mit den Behörden der Truppe oder des zivilen Gefolges bestimmt werden.

(b) Die Ausübung von Rechten und die Erfüllung von Pflichten, die sich aus der Stellung der Truppe und des zivilen Gefolges als Leistungsempfänger ergeben, werden nach Maßgabe von Verwaltungsabkommen von den zuständigen deutschen Behörden wahrgenommen. Die Truppe und das zivile Gefolge erfüllen jedoch die Pflichten selbst, die ihrer Natur nach nicht von den deutschen Behörden erfüllt werden können. Die deutschen Behörden, die für die Truppe oder das zivile Gefolge in Fragen der zu zahlenden Abgeltung auftreten, stimmen Vorschlägen, die hierzu von dem Leistungspflichtigen oder der Festsetzungsbehörde gemacht werden, nur im Benehmen mit den Behörden der Truppe oder des zivilen Gefolges zu; ebenso machen sie eigene Vorschläge über die Höhe der Abgeltung nur im Benehmen mit den Behörden der Truppe oder des zivilen Gefolges. Artikel 63 bleibt unberührt.

(c) Rechtsstreitigkeiten, die sich für oder gegen die Truppe und das zivile Gefolge als Leistungsempfänger ergeben, werden von der Bundesrepublik im eigenen Namen geführt.

(2) Absatz (1) gilt nicht hinsichtlich des Schutzbereichgesetzes und des Landbeschaffungsgesetzes.

Art. 63 [Unentgeltlichkeit gewisser Nutzungen und Leistungen] (1) Für Vermögenswerte und Leistungen, die eine Truppe für ihre eigenen Zwecke oder für die Zwecke des zivilen Gefolges benutzt oder die ihr für diese Zwecke erbracht werden, ist ein Entgelt nicht zu entrichten, wenn und soweit dies in den Absätzen (2) bis (7) vorgesehen ist.

(2) Eine Truppe und ein ziviles Gefolge können die öffentlichen Wege, Straßen und Brücken unentgeltlich benutzen.

(3) Eine Truppe und ein ziviles Gefolge erhalten Verwaltungsleistungen und Verwaltungshilfe, einschließlich der Leistungen der deutschen Polizei, des deutschen öffentlichen Gesundheitswesens und des deutschen Feuerschutzes, sowie meteorologische, topographische und kartographische Leistungen in zumindest demselben Umfange unentgeltlich wie die Bundeswehr. Das gleiche gilt für die Benutzung schiffbarer Gewässer.

(4) (a) Soweit nicht etwas anderes vereinbart worden ist oder wird, können Vermögenswerte, die rechtlich im Eigentum des Bundes stehen oder die mit Mitteln des Besatzungskosten- und Auftragsausgabenhaushalts- oder des Stationierungskostenhaushalts beschafft oder erbaut worden sind oder werden, von einer Truppe und einem zivilen Gefolge unentgeltlich benutzt werden. Dies gilt nicht für die Benutzung von Vermögenswerten, die im Eigentum oder unter der Verwaltung der Deutschen Bundesbahn oder der Deutschen Bundespost stehen.

(b) Soweit nicht etwas anderes vereinbart worden ist oder wird, stellt die Bundesrepublik sicher, daß ein Entsendestaat, dem Vermögenswerte, die rechtlich im Eigentum eines Landes stehen, zur Benutzung überlassen worden sind oder werden, von der Haftung für alle dem Land auf Grund des deutschen Rechts gegebenenfalls zustehenden Ansprüche auf Zahlung eines Entgelts befreit wird.

(c) Soweit nicht etwas anderes vereinbart worden ist oder wird, mindert sich die Miete oder die Pacht für die Benutzung von Vermögenswerten, die nicht unter Buchstabe (a) Satz (1) oder unter Buchstabe (b) fallen und aus Mitteln der Bundesrepublik oder aus eigenen Mitteln eines Entsendestaates wieder aufgebaut worden sind oder werden, in dem Verhältnis, in dem die Wiederaufbaukosten zu dem Gesamtwert stehen.

(d) Die Unentgeltlichkeit der Benutzung von Vermögenswerten nach den Buchstaben (a) bis (c) umfaßt jedoch nicht

(i) die Kosten der Instandsetzung und Instandhaltung;

(ii) die laufenden öffentlichen Lasten eines Grundstücks, soweit nach deutschem Recht der Bund zu ihrer Entrichtung oder Erstattung verpflichtet ist;

(iii) die sonstigen Betriebskosten.

(5) (a) Von den Aufwendungen, die im Zusammenhang damit entstehen, daß auf Veranlassung einer Truppe oder eines zivilen Gefolges auf Grund deutscher Gesetze Leistungen angefordert oder Rechte beschränkt, übertragen oder entzogen werden, trägt der Entsendestaat nicht

(i) die nach dem Landbeschaffungsgesetz zu zahlenden Entschädigungen mit Ausnahme

aa) der Besitzeinweisungsentschädigungen, sofern es sich nicht um Landbeschaffungsvorhaben handelt, die nach dem Inkrafttreten dieses Abkommens eingeleitet werden;

bb) der Vergütungen für die Benutzung von der Truppe oder dem zivilen Gefolge überlassenen Liegenschaften, die nicht rechtlich Eigentum des Bundes oder eines Landes sind, sofern es sich nicht um Liegenschaften handelt, die der Truppe oder dem zivilen Gefolge nach dem Inkrafttreten dieses Abkommens zu dem Zwecke überlassen werden, auf ihnen feste Bauwerke zu errichten;

(ii) die nach deutschem Recht an die Länder zu zahlenden Schutzbereichentschädigungen insoweit, als die durch den Schutzbereich bedingten Vermögensnachteile nur durch die Beschränkung der wirtschaftlichen Nutzung oder anderweitigen Benutzung einer Sache verursacht sind.

(b) Entstehen dem Bund aus Landbeschaffungen für eine Truppe oder ein ziviles Gefolge sonstige Kosten, so verhandeln unbeschadet des Absatzes (6) Buchstabe (c) die deutschen Behörden und die Behörden der Truppe von Fall zu Fall unter Berücksichtigung aller erheblichen Umstände darüber, ob und gegebenenfalls inwieweit der Entsendestaat, zu dessen Gunsten das Land beschafft werden soll, diese Kosten zu tragen hat, und schließen hierüber Vereinbarungen.

(c) Sind in Fällen, in denen Schutzbereiche auf Veranlassung einer Truppe entstanden sind, die Schutzbereichentschädigungen nicht in der Form wiederkehrender Leistungen zu entrichten, so können die deutschen Behörden und die Behörden der Truppe in geeigneten Fällen und von Fall zu Fall über eine Aufteilung der Entschädigung unter Berücksichtigung aller erheblichen Umstände (einschließlich der Dauer der Benutzung der Liegenschaft, für die der Schutzbereich besteht, durch die Truppe) verhandeln.

(6) (a) Von den Aufwendungen, die durch bauliche Maßnahmen jeder Art einer Truppe oder eines zivilen Gefolges oder im Zusammen-

hang mit solchen Maßnahmen entstehen, trägt der Entsendestaat nicht die durch die Räumung von Grundstücken entstehenden Aufwendungen.

(b) Wenn Anlagen und Einrichtungen des Verkehrs- und Fernmeldewesens, der Versorgung mit Elektrizität, Gas und Wasser und der Abwasserbehandlung, die auf Veranlassung der Behörden einer Truppe oder eines zivilen Gefolges errichtet, geändert, verstärkt oder erweitert worden sind, der Befriedigung auch des deutschen Bedarfs dienen, werden die Aufwendungen für solche Anlagen und Einrichtungen, einschließlich der Kosten der Instandsetzung und Instandhaltung, auf eine Weise aufgeteilt, die dem Anteil des deutschen Interesses im Vergleich zu dem des Entsendestaates entspricht. Die Beträge werden im Einzelfall zwischen den deutschen Behörden und den Behörden der Truppe vereinbart. Diese Regelung gilt auch für die Kosten der Instandsetzung und Instandhaltung von Anlagen und Einrichtungen der genannten Art, deren Stillegung oder Abbau deutscherseits geplant ist, die jedoch auf Antrag einer Truppe oder eines zivilen Gefolges beibehalten werden sollen.

(c) Müssen infolge von Landbeschaffungen für eine Truppe oder ein ziviles Gefolge oder infolge von baulichen Maßnahmen, die von einer Truppe oder einem zivilen Gefolge oder zu ihren Gunsten durchgeführt werden, Anlagen und Einrichtungen des Verkehrs- und Fernmeldewesens, der Versorgung mit Elektrizität, Gas und Wasser und der Abwasserbehandlung umgelegt oder ersetzt werden, sei es, daß sie der öffentlichen Benutzung entzogen sind oder dargelegt werden kann, daß ihre weitere Benutzung untunlich wäre, so trägt der Entsendestaat die entstehenden Aufwendungen nur insoweit, als der bisherige Standard nicht überschritten wird.

(7) (a) Sind militärische oder andere von einer Truppe eingesetzte Luftfahrzeuge auf zivilen Luftfahrtgeländen, einschließlich ziviler Flughäfen, die der Truppe nicht zur ausschließlichen Benutzung überlassen worden sind, ständig untergebracht, so können für die gemeinsam benutzten Anlagen und Einrichtungen Entgelte vereinbart werden, die von den nach deutschen Vorschriften geltenden Gebühren abweichen. Die Entgelte können nach Vereinbarung auch in Arbeits- oder Sachleistungen bestehen.

(b) Notlandungen militärischer oder anderer von einer Truppe eingesetzter Luftfahrzeuge sind gebührenfrei.

Art. 64 [Unentgeltlichkeit von Verwaltungsleistungen und Verwaltungshilfe] Verwaltungsleistungen und Verwaltungshilfe, einschließlich der Leistungen der deutschen Polizei, des deutschen öffentlichen Gesundheitswesens und des deutschen Feuerschutzes, meteorologische, topographische und kartographische und sonstige öffentliche Leistungen sowie öffentliche Einrichtungen werden den Mitgliedern einer Truppe oder eines zivilen Gefolges oder ihren Angehörigen kraft eigenen Rechts unentgeltlich zur Verfügung gestellt, und zwar in demselben Umfange wie solche Einrichtungen und Leistungen anderen Personen im Bundesgebiet unentgeltlich zur Verfügung stehen. Das gleiche gilt für die Benutzung von öffentlichen Wegen, Straßen und Brücken und von schiffbaren Gewässern.

Art. 65 [Zollvergünstigungen und Zollkontrolle bei Ein- und Ausfuhrsendungen] (1) (a) Die in Artikel XI Absatz (4) des NATO-Truppenstatuts genannten Zollvergünstigungen werden nicht nur für Waren gewährt, die bei der Einfuhr im Eigentum einer Truppe oder eines zivilen Gefolges stehen, sondern auch für Waren, die einer Truppe oder einem zivilen Gefolge auf Grund von Verträgen geliefert werden, die die Truppe oder das zivile Gefolge unmittelbar mit nicht in der Bundesrepublik oder in Berlin (West) ansässigen Personen geschlossen haben. Sie gelten ohne Rücksicht darauf, ob die Waren von der Truppe oder dem zivilen Gefolge selbst mit eigenen Transportmitteln oder durch Transportunternehmer befördert werden.

(b) Für eingeführte Waren, die sich in Zollausschlüssen oder im Zollverkehr befinden und einer Truppe oder einem zivilen Gefolge auf Grund von Verträgen geliefert werden, die eine amtliche Beschaffungsstelle der Truppe oder des zivilen Gefolges mit in der Bundesrepublik oder in Berlin (West) ansässigen Personen geschlossen haben, werden Zölle und Verbrauchsteuern einschließlich der Umsatzausgleichsteuer nicht erhoben unter der Voraussetzung, daß das Entgelt mit Zahlungsmitteln in der Währung des Entsendestaates entrichtet wird. Diese Voraussetzung gilt auch als erfüllt, wenn die Zahlung in Deutscher Mark geleistet wird, die die Truppe oder das zivile Gefolge durch den Umtausch derartiger Zahlungsmittel in der Bundesrepublik bei vereinbarten Umtauschstellen erworben hat oder deren Verwendung zu diesem Zweck durch besondere Vereinbarung zwischen den beteiligten Regierungen zugelassen worden ist.

(2) Die in Absatz (1) genannten Vergünstigungen gelten auch für solche Waren, die eine Truppe oder ein ziviles Gefolge eingeführt oder erworben hat, um sie an ihre Mitglieder oder an deren Angehörige zu ihrem privaten Gebrauch oder Verbrauch zu veräußern. Sofern nicht im Einzelfall zwischen den Behörden der Truppe und den deutschen Behörden etwas anderes vereinbart worden ist oder wird, soll die Veräußerung nur durch bestimmte Einrichtungen der Truppe oder des zivilen Gefolges oder in ihrem Dienste stehende Organisationen geschehen, die der Bundesregierung benannt werden.

(3) Einer Truppe und einem zivilen Gefolge wird gestattet, im Bundesgebiet Waren an andere Personen als die Mitglieder der Truppe, des zivilen Gefolges oder deren Angehörige gemäß näherer Vereinbarungen mit den deutschen Behörden zu veräußern. Die Erfüllung der Verpflichtungen, die die Veräußerung nach der deutschen Zollgesetz*gebung zur Folge* hat, ist Sache des Erwerbers. Die Truppe und das zivile Gefolge gestatten die Entfernung der Waren nur dann, wenn der Beteiligte eine Bescheinigung der deutschen Zollbehörde vorlegt, in

der bestätigt wird, daß er alles Erforderliche mit der Zollverwaltung geregelt hat.

(4) Eine Truppe und die zuständigen deutschen Behörden treffen alle geeigneten Maßnahmen, um die schnelle und reibungslose Abfertigung der Ein- und Ausfuhrsendungen der Truppe und des zivilen Gefolges durch die deutschen Zollbehörden zu gewährleisten.

(5) Die Zollkontrolle von Ein- und Ausfuhrsendungen einer Truppe und eines zivilen Gefolges wird von den deutschen Zollbehörden nach Maßgabe der folgenden Grundsätze durchgeführt:

(a) Vorbehaltlich Artikel XI Absatz (3) des NATO-Truppenstatuts und der Buchstaben (b) bis (d) dieses Absatzes können Sendungen einer Truppe und eines zivilen Gefolges von den deutschen Zollbehörden einer Prüfung nach Zahl, Art, Kennzeichen und Gewicht der einzelnen Packstücke unterzogen werden.

(b) (i) Die deutschen Zollbehörden können die Sendungen auch auf ihren Inhalt prüfen. Diese Prüfung darf bei Packstücken, die mit amtlichen Verschlüssen einer Truppe oder der Militärbehörden eines Entsendestaates verschlossen sind, nur in Verdachtsfällen vorgenommen werden. Bei anderen Sendungen kann sie auch stichprobenweise durchgeführt werden. Laderäume von Fahrzeugen, die in der in Satz 2 genannten Weise verschlossen sind, und geschlossene Packstücke werden einer solchen Prüfung nur in Anwesenheit von dazu bestimmten Vertretern der Truppe oder des zivilen Gefolges unterzogen, es sei denn, daß die Truppe oder das zivile Gefolge im Einzelfall auf deren Anwesenheit verzichtet.

(ii) Der Umfang der Prüfungen und die Art und Weise ihrer Durchführung werden durch besondere Vereinbarungen zwischen den Behörden einer Truppe und den deutschen Zollbehörden geregelt. Bei diesen Vereinbarungen sollen die verschiedenen Arten von Sendungen, die Beförderungsweise, die besondere Arbeitsweise der Truppe und alle anderen wesentlichen Umstände berücksichtigt werden. Eine Truppe und ein ziviles Gefolge können beantragen, daß die Prüfung nicht an der Grenze, sondern am Bestimmungsort der Sendung oder in seiner Nähe vorgenommen wird. In einem solchen Fall sind die deutschen Zollbehörden berechtigt, die erforderlichen Maßnahmen zu treffen, um sicherzustellen, daß die Sendung unverändert am Prüfungsort eintrifft.

(c) Sendungen, die nach von den Behörden einer Truppe ausgestellten Bescheinigungen militärische Ausrüstungsgegenstände enthalten, die aus Sicherheitsgründen besonderen Schutzbestimmungen unterliegen, werden auf Ersuchen der deutschen Zollbehörden einer Prüfung unterzogen, die nur durch dazu besonders bestimmte Vertreter der Truppe vorgenommen wird. Das Ergebnis der Prüfung wird der zuständigen deutschen Behörde mitgeteilt.

(d) Die Buchstaben (a) bis (c) gelten grundsätzlich auch für die Sendungen einer Truppe, die über Militärflugplätze ein- oder ausgeführt werden. Die deutschen Zollbehörden begnügen sich jedoch hierbei mit gelegentlichen Kontrollen, die nach Vereinbarung mit den für den betreffenden Flugplatz zuständigen Behörden der Truppe stattfinden. Die Behörden der Truppe führen eine regelmäßige Kontrolle der gesamten Sendungen durch. Zollkontrollen im Innern von Flugzeugen, die militärische Ausrüstungsgegenstände darstellen, die aus Sicherheitsgründen besonderen Schutzbestimmungen unterliegen, werden nur von besonders bestimmten Vertretern der Truppe vorgenommen.

(6) Bei der Ausfuhr von Waren, die von einer Truppe oder einem zivilen Gefolge im Bundesgebiet erworben worden sind, ist der Zollstelle eine entsprechend Artikel XI Absatz (4) des NATO-Truppenstatuts ausgestellte Bescheinigung vorzulegen, soweit nicht im Rahmen von Absatz (10) des genannten Artikels hierauf verzichtet wird.

Art. 66 [Ein- und Ausfuhr privater KFZ, Gebrauchs- und Verbrauchsgüter] (1) Die Mitglieder einer Truppe, eines zivilen Gefolges und die Angehörigen können außer ihrem Übersiedlungsgut und ihren privaten Kraftfahrzeugen auch andere Waren, die zu ihrem persönlichen oder häuslichen Gebrauch oder Verbrauch bestimmt sind, ohne Entrichtung von Zöllen und sonstigen Eingangsabgaben einführen. Diese Vergünstigung gilt nicht nur für Waren, die im Eigentum dieser Personen stehen, sondern auch für Waren, die ihnen als Geschenk zugesandt oder auf Grund von Verträgen geliefert werden, die sie unmittelbar mit nicht in der Bundesrepublik oder in Berlin (West) ansässigen Personen geschlossen haben.

(2) Für bestimmte, von den zuständigen deutschen Behörden bezeichnete Waren, die vornehmlich den Gegenstand von Zollzuwiderhandlungen bilden, gilt die in Absatz (1) genannte Vergünstigung nur, wenn diese Waren von den Mitgliedern einer Truppe, eines zivilen Gefolges oder den Angehörigen persönlich im mitgeführten Gepäck eingebracht werden, und nur in Mengen, die von den zuständigen deutschen Behörden im Einvernehmen mit den Behörden der Truppe festgesetzt worden sind.

(3) In Zweifelsfällen können die deutschen Zollbeamten die Vorlage einer Bescheinigung fordern, in der bestätigt wird, daß die eingeführten Waren zum persönlichen oder häuslichen Gebrauch oder Verbrauch der Einführenden bestimmt sind; dies gilt jedoch nicht für die Waren, deren Einfuhr gemäß Absatz (2) beschränkt worden ist. Derartige Bescheinigungen werden nur von einer begrenzten Anzahl hierfür von den Behörden der Truppe besonders bestimmter Beamter ausgestellt, deren Namen und Unterschriftsproben den deutschen Behörden mitgeteilt worden sind.

(4) Den Mitgliedern der Truppen, der zivilen Gefolge und den Angehörigen ist die Veräußerung von zollfrei eingeführten oder abgabenbegünstigt erworbenen Waren untereinander gestattet. Verfügungen zugunsten anderer Personen sind ihnen nur nach Benachrichtigung und Genehmigung der zuständigen deutschen Behörden gestattet, soweit diese nicht Ausnahmen hiervon allgemein zugelassen haben.

(5) (a) Werden Waren über den Post- oder Frachtdienst einer Truppe durch Mitglieder der Truppe, des zivilen Gefolges oder durch deren Angehörige versandt oder von den genannten Personen empfangen, so wird die Zollkontrolle dieser Waren von den deutschen Behörden an Orten durchgeführt, die zwischen diesen Behörden und den zuständigen Behörden der Truppe vereinbart werden. Die Zollbeschau findet in Gegenwart von Vertretern der Behörden der Truppe statt.

(b) Falls sich zur Durchführung der in Artikel 69 enthaltenen Devisenbestimmungen die Notwendigkeit ergibt, in den Militärpostämtern einer Truppe eine Nachschau von Briefen und Päckchen vorzunehmen, die durch Mitglieder der Truppe, des zivilen Gefoltes oder durch deren Angehörige versandt oder von den genannten Personen empfangen werden, muß bei der Öffnung dieser Briefe und Päckchen der Absender, der Empfänger oder ein von einem der beiden bevollmächtigter Vertreter anwesend sein. Der Umfang dieser Nachschau und die Art ihrer Durchführung werden zwischen den Behörden der Truppe und den deutschen Behörden vereinbart.

(6) Die Mitglieder einer Truppe, eines zivilen Gefolges und die Angehörigen können die von ihnen in die Bundesrepublik verbrachten Waren ohne Erhebung von Ausgangsabgaben wieder ausführen. Sie können außerdem Waren, die in ihrem Eigentum stehen und nicht zum Handel bestimmt sind, in einem Ausmaß, das ihren wirtschaftlichen Verhältnissen entspricht, frei von wirtschaftlichen Ausfuhrverboten und -beschränkungen und frei von Ausgangsabgaben ausführen. In Zweifelsfallen können die deutschen Behörden die Vorlage einer Bescheinigung fordern, in der bestätigt wird, daß diese Voraussetzungen vorliegen, Diese Bescheinigung wird nach Maßgabe von Absatz (3) Satz 3 ausgestellt.

(7) Findet die Zollkontrolle von Mitgliedern einer Truppe, eines zivilen Gefolges oder von Angehörigen an einer Zollstelle statt, bei der Grenzverbindungspersonal einer Truppe stationiert ist, so ziehen die deutschen Zollbeamten dieses Personal hinzu, wenn Zuwiderhandlungen aufgedeckt werden oder Schwierigkeiten anläßlich dieser Kontrolle auftreten.

Art. 67 [Umfang der Steuerpflicht; Abgabenvergünstigungen]

(1) Eine Truppe unterliegt nicht der Steuerpflicht auf Grund von Tatbeständen, die ausschließlich in den Bereich ihrer dienstlichen Tätigkeit fallen, und hinsichtlich des dieser Tätigkeit gewidmeten Vermögens. Dies gilt jedoch nicht, soweit die Steuern durch eine Beteiligung der Truppe am deutschen Wirtschaftsverkehr und hinsichtlich des diesem Wirtschaftsverkehr gewidmeten Vermögens entstehen. Lieferungen und sonstige Leistungen der Truppe an ihre Mitglieder, an die Mitglieder des zivilen Gefolges sowie an deren Angehörige werden nicht als Beteiligung am deutschen Wirtschaftsverkehr angesehen.

(2) Die Befreiung einer Truppe und eines zivilen Gefolges von Zöllen und sonstigen Ein- und Ausfuhrabgaben für Waren, die von

ihnen eingeführt oder ausgeführt oder aus Zollausschlüssen oder aus dem Zollverkehr erworben werden, bestimmt sich nach Artikel XI des NATO-Truppenstatuts und nach Artikel 65 dieses Abkommens.

(3) (a) (i) Für Lieferungen und sonstige Leistungen an eine Truppe oder ein ziviles Gefolge, die von einer amtlichen Beschaffungsstelle der Truppe oder des zivilen Gefolges in Auftrag gegeben werden und für den Gebrauch oder den Verbrauch durch die Truppe, das zivile Gefolge, ihre Mitglieder oder deren Angehörige bestimmt sind, werden die unter den Ziffern (ii) und (iv) genannten Abgabenvergünstigungen gewährt. Die Abgabenvergünstigungen sind bei der Berechnung des Preises zu berücksichtigen.

(ii) Lieferungen und sonstige Leistungen an eine Truppe oder ein ziviles Gefolge sind von der Umsatzsteuer befreit. Diese Steuerbefreiung gilt nicht für die Lieferung von unbebauten und bebauten Grundstücken sowie für die Herstellung von Gebäuden, wenn diese Umsätze für den privaten Bedarf der Mitglieder der Truppe, oder des zivilen Gefolges oder von Angehörigen bestimmt sind.

(iv) Für Waren, die aus dem zollrechtlich freien Verkehr an eine Truppe oder ein ziviles Gefolge geliefert werden, werden die Abgabenvergünstigungen gewährt, die in den Zoll- und Verbrauchsteuergesetzen für den Fall der Ausfuhr vorgesehen sind.

(4) Die besonderen Anordnungen, die gemäß Artikel XI Absatz (11) des NATO-Truppenstatuts für Treib- und Schmierstoffe vorgesehen sind, werden im Einklang mit Artikel 65 dieses Abkommens, Absatz (1) Buchstabe (b), sowie mit Absatz (3) dieses Artikels getroffen.

Art. 68 [Steuervergünstigungen aus Abkommen; Versicherungsteuer; USt; Art. X NTS] (1) Die Mitglieder einer Truppe, eines zivilen Gefolges und die Angehörigen gehen keiner steuerlichen Vergünstigung verlustig, die auf Grund eines zwischenstaatlichen Abkommens mit der Bundesrepublik für sie bestehen.

(2) Versicherungsteuer ist in den Fällen zu entrichten, in denen das Versicherungsentgelt an einen inländischen Versicherer oder an den inländischen Bevollmächtigten eines ausländischen Versicherers, nicht jedoch, wenn es unmittelbar an einen ausländischen Versicherer gezahlt wird. Hinsichtlich der Versicherung für private Kraftfahrzeuge der Mitglieder einer Truppe, eines zivilen Gefolges und der Angehörigen entfällt die Verpflichtung zur Zahlung der Versicherungsteuer auch dann, wenn im Einzelfall das Versicherungsentgelt, das unmittelbar an den ausländischen Versicherer zahlbar ist, ausnahmsweise an dessen inländischen Bevollmächtigten entrichtet wird.

(3) Der Ausschluß der Begründung eines Wohnsitzes im Bundesgebiet nach Artikel X Absatz (1) des NATO-Truppenstatuts hat nicht zur *Folge, daß die* Mitglieder einer Truppe, eines zivilen Gefolges und die Angehörigen als ausländische Abnehmer im Sinne des Umsatzsteuerrechts anzusehen sind.

(4) Die Angehörigen werden hinsichtlich der Anwendung des Artikels X des NATO-Truppenstatuts ebenso behandelt wie die Mitglieder einer Truppe oder eines zivilen Gefolges.

Art. 69 [Devisenbestimmungen] (1) Das Recht der Behörden einer Truppe und eines zivilen Gefolges, der Mitglieder einer Truppe oder eines zivilen Gefolges und der Angehörigen, in Übereinstimmung mit den in Artikel XIV des NATO-Truppenstatuts genannten Bestimmungen Zahlungsmittel und Zahlungsanweisungen in der Währung der Bundesrepublik einzuführen, auszuführen und zu besitzen, wird durch die Absätze (2), (3) und (4) nicht berührt.

(2) Die Behörden einer Truppe und eines zivilen Gefolges haben das Recht zur Einfuhr, zur Ausfuhr und zum Besitz von Zahlungsmitteln und Zahlungsanweisungen in anderen Währungen als der der Bundesrepublik und von Militärgutscheinen in der Währung eines Entsendestaates.

(3) Die Behörden einer Truppe und eines zivilen Gefolges können an die Mitglieder der Truppe, des zivilen Gefolges und an deren Angehörige

(a) Zahlungsmittel und Zahlungsanweisungen in der Währung

(i) der Bundesrepublik,

(ii) des Entsendestaates,

(iii) anderer Staaten, soweit für genehmigte Reisen einschließlich Urlaubsreisen erforderlich,

(b) Militärgutscheine in der Währung eines Entsendestaates, ausgeben; dies gilt jedoch mit der Maßgabe, daß das System der Zahlung in der Währung des Entsendestaates durch die Behörden der Truppe an Mitglieder der Truppe, des zivilen Gefolges und an deren Angehörige nur im Zusammenwirken mit den Behörden der Bundesrepublik eingeführt wird.

(4) Ausschließlich nach Maßgabe von Anordnungen, die von den Behörden einer Truppe zu erlassen und den Behörden der Bundesrepublik mitzuteilen sind, haben Mitglieder der Truppe, des zivilen Gefolges und deren Angehörige das Recht

(a) zur Einfuhr von Zahlungsmitteln und Zahlungsanweisungen in der Währung des Entsendestaates und von Militärgutscheinen in der Währung eines Entsendestaates;

(b) zur Ausfuhr

(i) von Zahlungsmitteln und Zahlungsanweisungen in anderen Währungen als der der Bundesrepublik, sofern die betreffenden Mitglieder und Angehörigen die Zahlungsmittel oder Zahlungsanweisungen eingeführt oder von den Behörden der Truppe oder den von diesen ermächtigten Stellen erhalten haben;

(ii) von Schecks, die von einem solchen Mitglied oder Angehörigen auf ein Kreditinstitut oder eine öffentliche Kasse im Entsendestaat ausgestellt sind;

(iii) von Militärgutscheinen in der Währung eines Entsendestaates.

(5) Die Behörden einer Truppe treffen im Zusammenwirken mit den Behörden der Bundesrepublik geeignete Maßnahmen, um jeden Mißbrauch der in den Absätzen (2), (3) und (4) gewährten Befugnisse zu verhindern und die devisenrechtliche Ordnung der Bundesrepublik zu gewährleisten; soweit sich diese unter Berücksichtigung der Absätze (2), (3) und (4) auf eine Truppe, ein ziviles Gefolge, ihre Mitglieder oder auf Angehörige bezieht.

Art. 70 [Verzinsung von Bundesbank-Giroguthaben] Einer Truppe und einem zivilen Gefolge wird für Guthaben in Deutscher Mark, die mit Zahlungsmitteln in der Währung des Entsendestaates erworben sind und als täglich fällige Gelder auf Konten bei der Deutschen Bundesbank unterhalten werden, Verzinsung nach näherer Vereinbarung gewährt.

Art. 71 [Rechtsstellung nichtdeutscher nichtwirtschaftlicher Organisationen] (1) Die in dem auf diesen Artikel Bezug nehmenden Abschnitt des Unterzeichnungsprotokolls, Absatz (2), aufgeführten nichtdeutschen Organisationen nichtwirtschaftlichen Charakters werden wie Bestandteile der Truppe angesehen und behandelt.

(2) (a) Die in dem auf diesen Artikel Bezug nehmenden Abschnitt des Unterzeichnungsprotokolls, Absatz (3), aufgeführten nichtdeutschen Organisationen nichtwirtschaftlichen Charakters genießen die der Truppe durch das NATO-Truppenstatut und dieses Abkommen gewährten Vergünstigungen und Befreiungen in dem Umfang, der zur Erfüllung ihrer in dem genannten Abschnitt, Absatz (3), umschriebenen Aufgaben notwendig ist. Bei Einfuhren für diese Organisationen sowie bei Lieferungen oder sonstigen Leistungen an sie werden Vergünstigungen und Befreiungen jedoch nur dann gewährt, wenn diese Einfuhren oder diese Lieferungen oder sonstigen Leistungen durch die Behörden der Truppe oder des zivilen Gefolges oder durch von diesem bezeichnete amtliche Beschaffungsstellen vermittelt werden.

(b) Die unter Buchstabe (a) erwähnten Organisationen haben nicht die Befugnisse, die den Behörden einer Truppe und eines zivilen Gefolges nach dem NATO-Truppenstatut und diesem Abkommen zustehen.

(3) Im Hinblick auf ihre Tätigkeit als nichtwirtschaftliche Organisationen sind die in dem auf diesen Artikel Bezug nehmenden Abschnitt des Unterzeichnungsprotokolls, Absätze (2) und (3), aufgeführten Organisationen von den deutschen Vorschriften über Handel und Gewerbe, soweit sie sonst anwendbar wären, befreit. Die arbeitsschutzrechtlichen Vorschriften sind jedoch vorbehaltlich des auf diesen Artikel Bezug nehmenden Abschnitts des Unterzeichnunsprotokolls anzuwenden.

(4) Anderen nichtdeutschen Organisationen nichtwirtschaftlichen Charakters kann auf Grund von Verwaltungsabkommen jeweils dieselbe Behandlung wie den in dem auf diesen Artikel Bezug nehmenden

Abschnitt des Unterzeichnungsprotokolls, Absatz (2) oder (3), aufgeführten Organisationen gewährt werden, wenn sie

(a) für die Befriedigung der militärischen Bedürfnisse einer Truppe erforderlich sind und

(b) nach Richtlinien der Truppe arbeiten und deren Dienstaufsicht unterstehen.

(5) (a) Vorbehaltlich Absatz (6) werden Angestellte, die ausschließlich im Dienst der in dem auf diesen Artikel Bezug nehmenden Abschnitt des Unterzeichnungsprotokolls, Absatz (2) oder (3), aufgeführten Organisationen tätig sind, wie Mitglieder eines zivilen Gefolges angesehen und behandelt. Sie sind hinsichtlich der Bezüge und Einkünfte, die ihnen von den Organisationen gezahlt werden, im Bundesgebiet von Steuern befreit, wenn diese Bezüge und Einkünfte entweder

(i) in dem Entsendestaat der Besteuerung unterliegen oder

(ii) unter der Voraussetzung berechnet worden sind, daß eine Verpflichtung zur Steuerzahlung nicht entstehen wird.

(b) Buchstabe (a) wird auch auf Angestellte von Organisationen angewendet, denen gemäß Absatz (4) dieselbe Behandlung wie den in dem auf diesen Artikel Bezug nehmenden Abschnitt des Unterzeichnungsprotokolls, Absatz (2) oder (3), aufgeführten Organisationen gewährt wird.

(6) Absatz (5) wird nicht angewendet auf

(a) Staatenlose,

(b) Angehörige eines Staates, der nicht Partei des Nordatlantikvertrages ist,

(c) Deutsche,

(d) Personen, die ihren Wohnsitz oder ihren gewöhnlichen Aufenthalt im Bundesgebiet haben.

Art. 72 [Vergünstigungen für nichtdeutsche Wirtschaftsunternehmen] (1) Die in dem auf diesen Artikel Bezug nehmenden Abschnitt des Unterzeichnungsprotokolls, Absatz (1) aufgeführten nichtdeutschen Unternehmen wirtschaftlichen Charakters genießen

(a) die einer Truppe durch das NATO-Truppenstatut und dieses Abkommen gewährte Befreiung von Zöllen, Steuern, Einfuhr- und Wiederausfuhrbeschränkungen und von der Devisenkontrolle in dem Umfang, der zur Erfüllung ihrer Aufgaben notwendig ist;

(b) Befreiung von den deutschen Vorschriften über die Ausübung von Handel und Gewerbe, außer den Vorschriften des Arbeitsschutzrechts;

(c) Vergünstigungen, die gegebenenfalls durch Verwaltungsabkommen festgelegt werden.

(2) Absatz (1) wird nur angewendet, wenn

(a) das Unternehmen ausschließlich für die Truppe, das zivile Gefolge, ihre Mitglieder und deren Angehörige tätig ist, und

(b) seine Tätigkeit auf Geschäfte beschränkt ist, die von den deutschen Unternehmen nicht ohne Beeinträchtigung der militärischen Bedürfnisse der Truppe betrieben werden können.

(3) Umfaßt die Tätigkeit eines Unternehmens Geschäfte, die den Voraussetzungen des Absatzes (2) nicht entsprechen, so stehen die in Absatz (1) genannten Befreiungen und Vergünstigungen dem Unternehmen nur unter der Bedingung zu, daß die ausschließlich der Truppe dienende Tätigkeit des Unternehmens rechtlich oder verwaltungsmäßig klar von den anderen Tätigkeiten getrennt ist.

(4)[1] Im Einvernehmen mit den deutschen Behörden können unter den in den Absätzen (2) und (3) genannten Voraussetzungen weitere nichtdeutsche Unternehmen wirtschaftlichen Charakters ganz oder teilweise die in Absatz (1) genannten Befreiungen und Vergünstigungen erhalten.

(5) (a) Angestellten von Unternehmen, die Befreiungen und Vergünstigungen nach Maßgabe dieses Artikels genießen, werden, wenn sie ausschließlich für derartige Unternehmen tätig sind, die gleichen Befreiungen und Vergünstigungen gewährt wie Mitgliedern eines zivilen Gefolges, es sei denn, daß der Entsendestaat sie ihnen beschränkt.

(b) Buchstabe (a) wird nicht angewendet auf

(i) Staatenlose,
(ii) Angehörige eines Staates, der nicht Partei des Nordatlantikvertrages ist,
(iii) Deutsche,
(iv) Personen, die ihren Wohnsitz oder ihren gewöhnlichen Aufenthalt im Bundesgebiet haben.

(6) Entziehen die Behörden einer Truppe diesen Unternehmen oder ihren Angestellten die ihnen nach Maßgabe dieses Artikels gewährten Befreiungen oder Vergünstigungen ganz oder teilweise, so benachrichtigen sie die deutschen Behörden entsprechend.

Art. 73[2] **[Sonderstellung gewisser technischer Fachkräfte]** Technische Fachkräfte, deren Dienste eine Truppe benötigt und die im Bundesgebiet ausschließlich für diese Truppe als Berater in technischen Fragen oder zwecks Aufstellung, Bedienung oder Wartung von Ausrüstungsgegenständen arbeiten, werden wie Mitglieder des zivilen Gefolges angesehen und behandelt. Diese Bestimmung wird jedoch nicht angewendet auf

(a) Staatenlose,
(b) Angehörige eines Staates, der nicht Partei des Nordatlantikvertrages ist,

---

[1] S. die Bek. der deutsch-amerikanischen Vereinbarung über die Gewährung von Befreiungen und Vergünstigungen an Unternehmen, die mit Dienstleistungen auf dem Gebiet der Truppenbetreuung für die in der Bundesrepublik Deutschland stationierten Truppen der Vereinten Staaten beauftragt sind, v. 19. 5. 1998 (BGBl. II S. 1199), in Kraft seit 27. 3. 1998.

[2] S. *auch die Vereinbarung* zwischen der Regierung der Bundesrepublik Deutschland und der Regierung der Vereinigten Staaten von Amerika über die Auslegung und Anwendung des Artikels 73 des Zusatzabkommens (Bek. v. 19. 5. 1998, BGBl. II S. 1165, geänd. durch Vereinbarung v. 10. 12. 2003 (BGBl. 2004 II S. 31).

(c) Deutsche,

(d) Personen, die ihren Wohnsitz oder ihren gewöhnlichen Aufenthalt im Bundesgebiet haben.

Art. 74 [Verhinderung des Mißbrauchs von Vergünstigungen]

(1) Die Artikel XII und XIII des NATO-Truppenstatuts beziehen sich auch auf die Regelungen, die auf dem Gebiet des Zoll- und Steuerwesens in diesem Abkommen getroffen sind.

(2) Die Behörden einer Truppe und eines zivilen Gefolges treffen alle angemessenen Maßnahmen, um Mißbräuche zu verhindern, die sich aus der Einräumung von Vergünstigungen und Befreiungen auf zoll- und steuerrechtlichem Gebiet ergeben könnten. Sie arbeiten mit den deutschen Behörden bei der Verhütung von Zoll- und Steuerzuwiderhandlungen eng zusammen.

(3) Die Durchführung der Bestimmungen der Absätze (1) und (2) im einzelnen, einschließlich der gemäß Artikel XII Absatz (1) des NATO-Truppenstatuts einzuhaltenden Bedingungen, wird durch Verwaltungsabkommen mit den deutschen Behörden geregelt. In diesen Verwaltungsabkommen werden insbesondere die folgenden Gesichtspunkte berücksichtigt:

(a) Die Behörden einer Truppe und eines zivilen Gefolges stellen im Einvernehmen mit den deutschen Behörden sicher, daß den Mitgliedern der Truppe, des zivilen Gefolges und deren Angehörigen bestimmte Waren nur in angemessenen Mengen zur Verfügung gestellt werden.

(b) Die Zusammenarbeit zwischen den Behörden einer Truppe und eines zivilen Gefolges und den deutschen Behörden umfaßt den Austausch einschlägiger Mitteilungen über Verkaufseinrichtungen der Truppe sowie über Organisationen und wirtschaftliche Unternehmen im Dienste der Truppe, und, soweit erforderlich, angemessene Inspektionen darin.

(4) Die Behörden einer Truppe und eines zivilen Gefolges erteilen den deutschen Behörden auf Anfrage jede zumutbare Auskunft, die für die Besteuerung im Bundesgebiet steuerpflichtiger Personen und Unternehmen erforderlich ist, soweit nicht militärische Notwendigkeiten entgegenstehen. Die deutschen Behörden bitten die Behörden einer Truppe und eines zivilen Gefolges nur dann um Auskunft, wenn die zur Besteuerung erforderlichen Feststellungen nicht auf andere Weise getroffen werden können, wie zum Beispiel an Hand von amtlichen Bescheinigungen (Abwicklungsscheinen) über steuerbegünstigte Lieferungen und sonstige Leistungen, wenn diese Bescheinigungen den deutschen Finanzbehörden zugegangen sind, oder an Hand von Auskünften, die den deutschen Finanzbehörden von anderen deutschen Behörden erteilt werden können. Die deutschen Behörden verhindern, daß die Auskünfte unbefugt Dritten offenbart werden.

Art. 75 [Straftaten und Strafverfahren vor Inkrafttreten des ZA-NTS] (1) (a) Sofern nicht der Beschuldigte Deutscher ist, finden Artikel 19 dieses Abkommens und Artikel VII Absätze (1), (2) und (3) des NATO-Truppenstatuts keine Anwendung auf eine vor dem Inkrafttreten dieses Abkommens begangene strafbare Handlung, deren ein Mitglied der Streitkräfte beschuldigt wird, wenn vor diesem Zeitpunkt

(i) das Verfahren wegen einer solchen strafbaren Handlung durch eine die Gerichtsbarkeit ausübende Behörde einer Truppe eingeleitet oder beendet worden ist, oder

(ii) die strafbare Handlung durch den Ablauf einer Frist nach Maßgabe der gesetzlichen Bestimmungen des betreffenden Entsendestaates verjährt ist.

(b) Ist zu dem Zeitpunkt des Inkrafttretens dieses Abkommens ein Verfahren anhängig, so gelten für dieses Verfahren bis zu seinem Abschluß die Bestimmungen des Truppenvertrages hinsichtlich der Ausübung der Gerichtsbarkeit über strafbare Handlungen, die von solchen Mitgliedern begangen wurden, als wäre der genannte Vertrag noch in Kraft, vorausgesetzt, daß die anhängigen Fälle dieser Art den deutschen Behörden innerhalb von zehn Tagen nach dem genannten Zeitpunkt mitgeteilt werden.

(2) Bei Festsetzung des Strafmaßes für eine vor Inkrafttreten dieses Abkommens begangene strafbare Handlung berücksichtigt das deutsche Gericht oder die deutsche Behörde die nach dem Recht des Entsendestaates, dem der Beschuldigte zur Zeit der Begehung der strafbaren Handlung unterworfen war, angedrohte Strafe angemessen, wenn diese milder ist als die Strafe nach deutschem Recht.

Art. 76. *(gestrichen)*

Art. 77. *(gestrichen)*

Art. 78 [Restzuständigkeit des gemischten Ausschusses] (1) Für die Entscheidung der Frage, ob eine Kündigung aus Sicherheitsgründen gerechtfertigt ist, bleibt der nach Artikel 44 Absatz (8) des Truppenvertrages gebildete gemischte Ausschuß zuständig, sofern der Antrag gemäß der genannten Bestimmung bei dem Ausschuß vor Inkrafttreten dieses Abkommens eingegangen ist.

(2) Die Entscheidungen des gemischten Ausschusses behalten auch nach Inkrafttreten dieses Abkommens für die deutschen Gerichte für Arbeitssachen bindende Wirkung.

Art. 79. *(gestrichen)*

Art. 80 [Anwendbarkeit von Art. XV NTS] Artikel XV des NATO-Truppenstatuts findet auf dieses Abkommen mit der Maßgabe Anwendung, daß die in dem genannten Artikel enthaltenen Bezugnahmen auf andere Bestimmungen des NATO-Truppenstatuts als Bezugnahmen auf solche Bestimmungen in der durch dieses Abkommen ergänzten Form gelten.

Art. 80 A [Beilegung von Meinungsverschiedenheiten über Auslegung oder Anwendung des ZA-NTS] (1) Entsteht eine Meinungsverschiedenheit über die Auslegung oder Anwendung dieses Abkommens und ist ein besonderes Verfahren nicht vorgesehen, so bemühen sich die unmittelbar betroffenen Vertragsparteien, die Meinungsverschiedenheit durch Konsultationen auf der niedrigsten geeigneten Ebene beizulegen. Eine auf dieser Ebene nicht zu lösende Meinungsverschiedenheit kann höheren zuständigen Militär- oder Zivilbehörden zur Beilegung vorgelegt werden.

(2) (a) Wird die Meinungsverschiedenheit nicht nach Absatz (1) innerhalb von fünfzehn Tagen beigelegt, so kann danach jede unmittelbar betroffene Vertragspartei verlangen, daß eine beratende Kommission gebildet wird, die den unmittelbar betroffenen Vertragsparteien Lösungsmöglichkeiten vorschlägt. Die beratende Kommission wird spätestens zehn Tage nach dem Ersuchen gebildet und hält dann ihre erste Sitzung ab. Die beratende Kommission gibt ihre endgültigen Empfehlungen innerhalb von sechzig Tagen nach ihrer ersten Sitzung ab.

(b) Die beratende Kommission besteht aus einer angemessenen Anzahl von Mitgliedern, welche die unmittelbar betroffenen Vertragsparteien vertreten. Ist die Bundesrepublik Partei einer Meinungsverschiedenheit, so hat sie das Recht, die gleiche Anzahl von Mitgliedern zu bestellen wie alle anderen Parteien der Meinungsverschiedenheit zusammen. Die beratende Kommission kann externe Schlichter bitten, die Kommission zu beraten. Auf Ersuchen eines ihrer Mitglieder holt die beratende Kommission fachliche Gutachten geeigneter Personen oder Organisationen wie der Nordatlantikvertragsorganisation, der Westeuropäischen Union oder der Organisation für Wirtschaftliche Zusammenarbeit und Entwicklung ein, die vertraulich abgegeben und behandelt werden.

(3) Als erste Amtshandlung wird die beratende Kommission, falls tunlich den Vertragsparteien empfehlen, bis zur Beilegung der Meinungsverschiedenheit einstweilige Maßnahmen zu ergreifen. Diese einstweiligen Maßnahmen lassen die jeweiligen Standpunkte der Vertragsparteien oder die abschließende Beilegung der Meinungsverschiedenheit unberührt. Kann sich die beratende Kommission nicht innerhalb der vorgeschriebenen Zeit über einstweilige Maßnahmen einigen, so wird die Frage der einstweiligen Maßnahmen an geeignete Kanäle zur Lösung übermittelt, erforderlichenfalls auch auf Ministerebene.

(4) Die von der beratenden Kommission empfohlene endgültige Lösung wird von den unmittelbar betroffenen Vertragsparteien verwirklicht, sofern nicht eine oder mehrere von ihnen innerhalb von fünfzehn Tagen Einspruch erheben. Wird Einspruch erhoben oder kann sich die beratende Kommission nicht innerhalb der vorgeschrie-

benen Zeit über endgültige Empfehlungen einigen, so wird die Angelegenheit zur umgehenden Beilegung an diplomatische Kanäle verwiesen.

(5) Bis zur endgültigen Beilegung der Meinungsverschiedenheit unterlassen die Vertragsparteien Maßnahmen, welche die wesentlichen Interessen einer anderen unmittelbar betroffenen Vertragspartei beeinträchtigen würden, insbesondere diejenigen Interessen, die das Gastland vorbringt.

Art. 81 [Rücktritt vom Abkommen] Jede stationierende Vertragspartei kann im Benehmen mit den anderen Vertragsparteien durch schriftliche Anzeige unter Einhaltung einer Frist von zwei Jahren von diesem Abkommen zurücktreten. Die Bundesrepublik kann dieses Abkommen im Benehmen mit den anderen Vertragsparteien in bezug auf eine oder mehrere Vertragsparteien durch schriftliche Anzeige unter Einhaltung einer Frist von zwei Jahren beenden.

Art. 82 [Überprüfung des Abkommens] Dieses Abkommen wird überprüft

(a) wenn der Vertrag über den Aufenthalt ausländischer Streitkräfte in der Bundesrepublik Deutschland vom 23. Oktober 1954 gemäß seinem Artikel 3 Absatz (2) überprüft wird;

(b) auf Antrag einer Vertragspartei nach Ablauf einer Frist von drei Jahren nach seinem Inkrafttreten;

(c) (i) hinsichtlich einer oder mehrerer Bestimmungen, wenn Bestimmungen des NATO-Truppenstatuts, mit denen sie in unmittelbarem Zusammenhang stehen, gemäß Artikel XVII des NATO-Truppenstatuts überprüft werden;

(ii) jederzeit auf Antrag einer Vertragspartei hinsichtlich einer oder mehrerer Bestimmungen, wenn ihre weitere Anwendung nach Auffassung dieser Partei für sie besonders belastend oder unzumutbar sein würde; in diesem Fall werden Verhandlungen spätestens drei Monate nach der Stellung des Antrags aufgenommen; ist nach dreimonatigen Verhandlungen eine Einigung nicht erzielt worden, so kann jede Vertragspartei den Generalsekretär der Nordatlantikvertragsorganisation gemäß der Entschließung des Nordatlantikrates vom 13. Dezember 1956 um seine guten Dienste und um die Einleitung eines der in dieser Entschließung genannten Verfahren ersuchen; die Vertragsparteien schenken Empfehlungen, mit denen ein solches Verfahren abgeschlossen wird, volle Beachtung;

(iii) jederzeit auf Antrag einer Vertragspartei hinsichtlich einer oder mehrerer Bestimmungen rein technischer oder verwaltungsmäßiger Art.

Art. 83 *[Ratifikation; Inkrafttreten; Hinterlegung]* (1) Dieses Abkommen bedarf der Ratifizierung oder Genehmigung. Die Unterzeichnerstaaten hinterlegen die Ratifikations- oder Genehmigungsurkunden bei der Regierung der Vereinigten Staaten von Amerika; diese setzt jeden Unterzeichnerstaat über den Zeitpunkt der Hinterlegungen in Kenntnis.

(2) Dieses Abkommen tritt dreißig Tage nach dem Zeitpunkt in Kraft, an dem die Bundesrepublik ihre Beitrittsurkunde zum NATO-Truppenstatut gemäß den in der Entschließung des Nordatlantikrates vom 5. Oktober 1955 vorgesehenen Bedingungen bei der Regierung der Vereinigten Staaten von Amerika hinterlegt hat.

(3) Dieses Abkommen wird in den Archiven der Regierung der Vereinigten Staaten von Amerika hinterlegt; diese übermittelt jedem Unterzeichnerstaat beglaubigte Ausfertigungen.

Zu Urkund dessen haben die unterzeichneten, hierzu gehörig befugten Vertreter dieses Abkommen unterschrieben.

Geschehen zu Bonn am 3. Tage des Monats August 1959, in deutscher, englischer und französischer Sprache, wobei alle drei Wortlaute gleichermaßen verbindlich sind.

(Es folgen die Unterschriften der Vertreter Belgiens, Kanadas, Frankreichs, der Bundesrepublik Deutschland, der Niederlande, des Vereinigten Königreichs und der Vereinigten Staaten von Amerika)

66d. Notenwechsel zu dem Abkommen zwischen den Parteien des Nordatlantikvertrages über die Rechtsstellung ihrer Truppen vom 19. Juni 1951 und zu dem Zusatzabkommen zu diesem Abkommen vom 3. August 1959 nebst zugehörigen Übereinkünften[1), 2), 3)]

Vom 25. September 1990

(BGBl. 1994 II S. 26/29, geänd. durch Notenwechsel v. 12. 9. 1994, BGBl. II S. 3716)

Der Staatssekretär des Auswärtigen Amts

Bonn, 25. September 1990

Exzellenzen,

ich beehre mich, auf die zwischen Vertretern der Regierungen der Bundesrepublik Deutschland, des Königreichs Belgien, der Französischen Republik, Kanadas, des Königreichs der Niederlande, der Vereinigten Staaten von Amerika und des Vereinigten Königreichs Großbritannien und Nordirland geführten Gespräche über das Abkommen vom 19. Juni 1951 zwischen den Parteien des Nordatlantikvertrags über die Rechtsstellung ihrer Truppen, das Zusatzabkommen vom 3. August 1959 zu dem genannten Abkommen hinsichtlich der in der Bundesrepublik Deutschland stationierten ausländischen Truppen („Zusatzabkommen") und die dazugehörigen Vereinbarungen Bezug zu nehmen. Ich beehre mich, Ihren Regierungen im Namen der Regierung der Bundesrepublik Deutschland das folgende zur Kenntnisnahme vorzuschlagen:[4)]

1. Nach Herstellung der Einheit Deutschlands und dem Abschluß des Vertrags vom 12. September 1990 über die abschließende Regelung in bezug auf Deutschland bleiben die genannten Übereinkünfte in ihrer jeweils gültigen Fassung vorbehaltlich der Nummer 4 dieser Note in Kraft.
2. *(gestrichen)*[5)]
3. *(gestrichen)*[5)]
4. a) Unter Berücksichtigung der Tatsache, daß der derzeitige räumliche Geltungsbereich dieser Übereinkünfte von der Herstellung der Einheit Deutschlands unberührt bleibt, haben die Truppen

---

1) Der Notenwechsel vom 25. 9. 1990 ist mit Ausnahme von Nr. 4 c am 3. 10. 1990 in Kraft getreten (BGBl. II S. 1250). Die inzwischen aufgehobene Nr. 4 c ist am 14. 1. 1994 in Kraft getreten. Die Änderungen durch den Notenwechsel v. 12. 9. 1994 sind am 18. 9. 1996 in Kraft getreten (s. die Bek. v. 20. 12. 1996, BGBl. 1997 II S. 222).

2) Siehe auch das Gesetz vom 3. 1. 1994 (BGBl. II S. 26), geänd. durch Ges. v. 28. 9. 1994 (BGBl. II S. 2594) und Ges. v. 19. 9. 2002 (BGBl. II S. 2482).

3) Siehe auch das Übereinkommen vom 25. 9. 1990, Nr. **612**.

4) Bezieht sich auf den ursprünglichen Notenwechsel v. 25. 9. 1990.

5) Nummern 2 und 3 gestrichen durch Nr. 2 des Notenwechsels v. 12. 9. 1994, BGBl. II S. 3717.

der Entsendestaaten, ihre zivilen Gefolge, ihre Mitglieder und Angehörigen in den Ländern Berlin, Brandenburg, Mecklenburg-Vorpommern, Sachsen, Sachsen-Anhalt und Thüringen die gleiche Rechtsstellung, die ihnen in den Ländern Baden-Württemberg, Bayern, Bremen, Hamburg, Hessen, Niedersachsen, Nordrhein-Westfalen, Rheinland-Pfalz, Saarland und Schleswig-Holstein gewährt wird. Ihre dienstlichen Tätigkeiten in den erstgenannten Ländern bedürfen der Zustimmung der Bundesregierung. Hierbei entscheidet die Bundesregierung unter Beachtung von Artikel 5 Absatz 3 des Vertrages über die abschließende Regelung in Bezug auf Deutschland vom 12. September 1990 im Einklang mit der vereinbarten Protokollnotiz gleichen Datums zu diesem Vertrag.[1)]

b) *(gestrichen)*[2)]

c) *(gestrichen)*[2)]

d) Sollten Meinungsverschiedenheiten zwischen den Vertragsparteien dieser Vereinbarung betreffend die praktische Anwendung dieser Nummer auftreten, so werden sie durch ein beratendes Gremium beigelegt, das sich aus Vertretern der Bundesrepublik Deutschland und jeder anderen unmittelbar betroffenen Vertragspartei zusammensetzt.

e) Die Bestimmungen dieser Nummer können auf Antrag einer Vertragspartei überprüft werden.

Falls sich die Regierungen des Königreichs Belgien, der Französischen Republik, Kanadas, des Königreichs der Niederlande, der Vereinigten Staaten von Amerika und des Vereinigten Königreichs Großbritannien und Nordirland mit dem Inhalt dieser Note einverstanden erklären, werden diese Note und die das Einverständnis Ihrer Regierungen zum Ausdruck bringenden Antwortnoten eine Vereinbarung

---

1) Die Protokollnotiz (BGBl. II S. 3719) hat folgenden Wortlaut:

„Die deutschen Behörden werden bei der Erteilung der nach Nummer 3 des Notenwechsels vom 12. September 1994 zu dem Abkommen zwischen den Parteien des Nordatlantikvertrages über die Rechtsstellung ihrer Truppen vom 19. Juni 1951 und zu dem Zusatzabkommen zu diesem Abkommen vom 3. August 1959 nebst zugehörigen Übereinkünften erforderlichen Zustimmung einen möglichst großzügigen Maßstab anlegen.

Die deutschen Behörden werden bei der Erteilung der Zustimmung für dienstliche Tätigkeiten in den Ländern Berlin, Brandenburg, Mecklenburg-Vorpommern, Sachsen, Sachsen-Anhalt und Thüringen, soweit möglich, dieselben technischen Verfahren entsprechend anwenden, die in den Ländern Baden-Württemberg, Bayern, Bremen, Hamburg, Hessen, Niedersachsen, Nordrhein-Westfalen, Rheinland-Pfalz, Saarland und Schleswig-Holstein gelten. In den Fällen, in denen keine geeigneten Verfahren bestehen, werden die deutschen Behörden einfache technische Verfahren oder, soweit möglich, eine generelle Zustimmung vorsehen.

Dienstliche Besuche bei den Botschaften und konsularischen Vertretungen der Entsendestaaten in den Ländern Berlin, Brandenburg, Mecklenburg-Vorpommern, Sachsen, Sachsen-Anhalt und Thüringen bedürfen auf der Grundlage der Gegenseitigkeit keiner *Zustimmung. Die Zustimmung* für dienstliche Besuche bei deutschen Behörden in Berlin gilt mit der Terminvereinbarung als erteilt."

2) Buchstabe b) und c) gestrichen durch Nr. 3 des Notenwechsels v. 12. 9. 1994, BGBl. II S. 3717.

zwischen unseren Regierungen bilden, die nach Erfüllung der erforderlichen verfassungsrechtlichen Voraussetzungen in der Bundesrepublik Deutschland in Kraft tritt, sobald die Einheit Deutschlands hergestellt ist.[1])

Der englische und der französische Wortlaut dieser Note sind beigefügt; die drei Wortlaute sind gleichermaßen verbindlich.

Genehmigen Sie, Exzellenzen, die Versicherung meiner ausgezeichnetsten Hochachtung.

S.E.
dem Botschafter des Königreichs Belgien

S.E.
dem Botschafter der Französischen Republik

S.E.
dem Botschafter Kanadas

S.E.
dem Botschafter des Königreichs der Niederlande

S.E.
dem Botschafter der Vereinigten Staaten von Amerika

S.E.
dem Botschafter des Vereinigten Königreichs Großbritannien und Nordirland

Bonn

---

[1]) Bezieht sich auf den ursprünglichen Notenwechsel v. 25. 9. 1990.

67. Gesetz über die Rechtsstellung ausländischer Streitkräfte bei vorübergehenden Aufenthalten in der Bundesrepublik Deutschland (Streitkräfteaufenthaltsgesetz – SkAufG)

Vom 20. Juli 1995

(BGBl. II S. 554, zuletzt geänd. durch VO v. 31.8.2015, BGBl. I, 1471)

Der Bundestag hat mit Zustimmung des Bundesrates das folgende Gesetz beschlossen:

Artikel 1

(1) Die Bundesregierung wird ermächtigt, Vereinbarungen mit ausländischen Staaten über Einreise und vorübergehenden Aufenthalt ihrer Streitkräfte in der Bundesrepublik Deutschland für Übungen, Durchreise auf dem Landwege und Ausbildung von Einheiten durch Rechtsverordnung ohne Zustimmung des Bundesrates in Kraft zu setzen.[1)]

(2) Vereinbarungen dürfen nur mit solchen Staaten geschlossen werden, die auch der Bundeswehr den Aufenthalt in ihrem Hoheitsgebiet gestatten.

(3) Die betroffenen Länder werden beteiligt.

Artikel 2

In die Vereinbarungen werden, soweit nach ihrem Gegenstand und Zweck erforderlich, Regelungen mit folgendem Inhalt aufgenommen.

§ 1 Allgemeine Voraussetzungen. (1) Für Einreise und Aufenthalt bestimmen sich die Rechte und Pflichten der ausländischen Streitkräfte und ihrer Mitglieder nach den deutschen Gesetzen und Rechtsvorschriften.

(2) In der Vereinbarung sind die Rahmenbedingungen für den Aufenthalt der ausländischen Streitkräfte nach Art, Umfang und Dauer festzulegen.

§ 2[2)] Grenzübertritt, Einreise. (1) Ausländische Streitkräfte und deren Mitglieder sind im Rahmen dieses Gesetzes und der ausländer*rechtlichen* Vorschriften berechtigt, mit Land-, Wasser- und Luftfahr-

[1)] Derzeit existieren entsprechende Abkommen mit Polen (23.8.2000), Tschechien (31.7.2003), Österreich (6.11.2007), Estland (21.11.2007), Neuseeland (4.11.2008), Singapur (9.1.2009), Schweiz (7.6.2010) und Ungarn (27.2.2014). Streitkräfteaufenthaltsabkommen mit Nicht-NATO- bzw. Staaten, die nicht der NATO-Partnerschaft für den Frieden angehören, gibt es bisher mit Neuseeland (4.11.2008) und Singapur (9.1.2009).

[2)] Art. 2 § 2 Abs. 6 S. 3 geänd. mWv 1.1.2005 durch Ges. v. 30.7.2004 (BGBl. I 2004, 1950).

zeugen in die Bundesrepublik Deutschland einzureisen und sich in oder über dem Bundesgebiet aufzuhalten.

(2) Mitglieder ausländischer Streitkräfte, die zum militärischen Personal gehören, müssen beim Grenzübertritt mit sich führen entweder

a) einen gültigen Paß oder ein anerkanntes Paßersatzpapier oder

b) einen amtlichen Lichtbildausweis, sofern sie in eine Sammelliste eingetragen sind und sich der Einheits- oder Verbandsführer durch einen gültigen Paß oder ein anerkanntes Paßersatzpapier ausweisen kann.

(3) Mitglieder ausländischer Streitkräfte, die zum zivilen Personal gehören, müssen beim Grenzübertritt einen gültigen Paß oder ein anerkanntes Paßersatzpapier mit sich führen.

(4) Mitglieder ausländischer Streitkräfte weisen sich durch einen Paß, ein anerkanntes Paßersatzpapier oder, soweit sie zum militärischen Personal gehören, durch eine Sammelliste in Verbindung mit einem amtlichen Lichtbildausweis aus.

(5) Es gelten die internationalen und die deutschen Gesundheitsvorschriften. Bei der Einreise in die Bundesrepublik Deutschland kann die Vorlage eines von den Behörden des ausländischen Staates ausgestellten amtlichen Gesundheitszeugnisses verlangt werden, aus dem hervorgeht, daß die Mitglieder ausländischer Streitkräfte frei von ansteckenden Krankheiten sind.

(6) Wird die öffentliche Sicherheit oder Ordnung der Bundesrepublik Deutschland durch ein ziviles oder militärisches Mitglied einer ausländischen Streitkraft gefährdet, so kann die Bundesrepublik Deutschland die unverzügliche Entfernung des Mitgliedes durch die ausländischen Streitkräfte verlangen. In der Vereinbarung ist zu bestimmen, daß die Behörden des Entsendestaates solchen Entfernungsersuchen nachzukommen und die Aufnahme des betreffenden Mitgliedes im eigenen Hoheitsgebiet zu gewährleisten haben. Im übrigen bleiben die Bestimmungen des Aufenthaltsgesetzes unberührt.

§ 3 Meldewesen. Mitglieder ausländischer Streitkräfte sind von der allgemeinen Meldepflicht befreit. Diese Befreiung erstreckt sich nicht auf die besondere Meldepflicht in Beherbergungsstätten, Krankenhäusern, Pflegeheimen oder ähnlichen Einrichtungen.

§ 4 Kriegswaffen. (1) In der Vereinbarung sind Art und Anzahl der Kriegswaffen festzulegen, die ein- oder mitgeführt werden. Ferner ist zu bestimmen, in welcher Form nachzuweisen ist, daß die nach dem Gesetz über die Kontrolle von Kriegswaffen erforderlichen Genehmigungen als erteilt gelten.

(2) Die nach dem Außenwirtschaftsgesetz erforderlichen Genehmigungen gelten als erteilt.

§ 5 Waffen. (1) Mitglieder ausländischer Streitkräfte sind während ihres Aufenthaltes in der Bundesrepublik Deutschland zum Besitz und zum Führen von Waffen nur insoweit berechtigt, als dies für den dienstlichen Zweck ihres Aufenthaltes unerläßlich ist. Diese Mitglieder müssen zum Besitz und Führen von Waffen ermächtigt sein. Einzelheiten sind in einer Vereinbarung zu regeln. Der ausländische Staat beachtet die deutschen Waffenrechtsvorschriften.

(2) Mitglieder der ausländischen Streitkräfte sind zum Waffengebrauch im Rahmen des deutschen Notwehrrechts befugt.

§ 6 Uniformtragen. Mitglieder ausländischer Streitkräfte, die zum militärischen Personal gehören, sind vorbehaltlich gegenteiliger Vereinbarungen mit den Behörden des ausländischen Staates berechtigt, während des Aufenthaltes in der Bundesrepublik Deutschland Uniform zu tragen.

§ 7 Gerichtsbarkeit. (1) Mitglieder ausländischer Streitkräfte unterliegen, insbesondere auch hinsichtlich der Straf- und Zivilgerichtsbarkeit, deutschem Recht.

(2) Von der Ausübung der deutschen Gerichtsbarkeit bei Straftaten soll abgesehen werden, es sei denn, daß wesentliche Belange der deutschen Rechtspflege die Ausübung erfordern. Wird von der Ausübung der Gerichtsbarkeit abgesehen, so hat der Entsendestaat den Täter unverzüglich aus dem Gebiet der Bundesrepublik Deutschland zu entfernen.

(3) Die zuständigen Behörden und Gerichte leisten einander im Rahmen ihres innerstaatlichen Rechts Rechtshilfe zur Unterstützung von Strafverfahren. Der ausländische Staat wirkt im Rahmen seiner Rechtsordnung darauf hin, daß Mitglieder seiner Streitkräfte, die verdächtigt werden, während des Aufenthalts auf deutschem Hoheitsgebiet eine Straftat begangen zu haben, sich dem Strafverfahren der zuständigen deutschen Behörde stellen. Ist ein Mitglied ausländischer Streitkräfte, das einer Straftat verdächtig ist, in den ausländischen Staat zurückgekehrt, so wird dieser auf Ersuchen des betroffenen Staates den Fall seinen zuständigen Behörden zum Zwecke der Strafverfolgung unterbreiten.

§ 8 Disziplinargewalt. (1) Die vom ausländischen Staat zu bestimmenden Behörden oder Vorgesetzten haben das Recht, innerhalb der Bundesrepublik Deutschland die zur Aufrechterhaltung von Ordnung und Disziplin gegenüber den Mitgliedern ihrer Streitkräfte notwendigen Disziplinarmaßnahmen zu treffen, die ihnen nach dem Recht des ausländischen Staates zustehen. Sie haben keine Disziplinargewalt gegenüber den Mitgliedern der Streitkräfte eines anderen Staates.

(2) Disziplinarmaßnahmen, die die Würde des Menschen verletzen, dürfen in der Bundesrepublik Deutschland weder verhängt noch vollstreckt werden.

§ 9 Zwangsmaßnahmen. (1) Deutsche Behörden und Gerichte sind im Rahmen ihrer Zuständigkeiten und Befugnisse berechtigt,

Zwangsmaßnahmen gegenüber Mitgliedern ausländischer Streitkräfte anzuordnen und auszuüben.

(2) Nach der vorläufigen Festnahme eines Mitgliedes der ausländischen Streitkräfte durch eine deutsche Behörde ist unverzüglich der Verbindungsoffizier seiner Streitkraft hiervon zu unterrichten. Dabei soll mitgeteilt werden, welcher Staatsanwalt zuständig ist und welchem Richter der vorläufig Festgenommene vorgeführt wird.

§ 10[1] **Telekommunikation.** (1) Für die Inanspruchnahme von öffentlich angebotenen Telekommunikationsdienstleistungen gelten neben den allgemeinen deutschen Vorschriften die jeweiligen Geschäftsbedingungen des Dienstleistungserbringers; dies gilt insbesondere für die Art und Weise der Berechnung der Entgelte, der Rechnungserstellung und der Begleichung der Rechnungen.

(2) Die ausländischen Streitkräfte können, soweit dies zur Erreichung des Aufenthaltszwecks erforderlich ist, mit Zustimmung der deutschen Bundesbehörden vorübergehend Fernmeldeanlagen einschließlich Funkanlagen, außer solchen für Rundfunkzwecke, errichten und betreiben. Soweit Verleihungen erforderlich sind, werden sie durch das Bundesministerium für Verkehr und digitale Infrastruktur erteilt.

(3) Fernmeldeeinrichtungen der ausländischen Streitkräfte, die an Anschlüsse oder Übertragungswege der deutschen Telekommunikationsnetze angeschaltet werden sollen, bedürfen hierfür der Zulassung. Das Verfahren für die Zulassung von Funkanlagen wird zwischen den deutschen Bundesbehörden und den von den ausländischen Streitkräften benannten Stellen besonders vereinbart.

(4) Die ausländischen Streitkräfte benutzen nur Frequenzen, die ihnen von den deutschen Bundesbehörden zugeteilt sind. Das Verfahren für die Frequenzzuteilung sowie für die Änderung wird zwischen den deutschen Bundesbehörden und den von den ausländischen Streitkräften benannten Stellen besonders vereinbart. Nach Ende des Aufenthaltes gehen die Frequenzen an die deutschen Bundesbehörden zurück.

(5) Die ausländischen Streitkräfte treffen alle erforderlichen Maßnahmen, um Störungen deutscher Telekommunikationsnetze durch ihre Fernmelde- oder andere elektrische Anlagen zu vermeiden. Verursachen Funkstellen ausländischer Streitkräfte schädliche Funkstörungen bei Funkstellen außerhalb des Bundesgebietes oder werden sie von solchen Funkstellen in schädlicher Weise gestört, so verfahren die deutschen Bundesbehörden nach den Bestimmungen der jeweils gültigen Konstitution und Konvention der Internationalen Fernmeldeunion sowie der Vollzugsordnung für den Funkdienst. Die deutschen Bundesbehörden treffen im Rahmen der deutschen Vorschriften alle erforderlichen Maßnahmen, um Störungen der Telekommunikations*einrichtungen* der ausländischen Streitkräfte durch deutsche Fernmel-

[1] Art. 2 § 10 Abs. 2 Satz 2, Abs. 6 geänd. durch VO v. 31.10.2006 (BGBl. I S. 2407).

de- oder andere elektrische Anlagen zu vermeiden. Im Falle von elektromagnetischen Störungen werden die Regelungen des Gesetzes über die elektromagnetische Verträglichkeit von Geräten angewendet. Ergibt sich hieraus die Notwendigkeit einer Außerbetriebnahme der Störquelle, muß diese ohne Verzug erfolgen.

(6) Besondere Regelungen für Einzelfälle sind im Rahmen der geltenden Gesetze im Einvernehmen mit dem Bundesministerium für Verkehr und digitale Infrastruktur und dem Bundesministerium der Verteidigung festzulegen.

§ 11 Gesundheitswesen. (1) Zur Verhütung und Bekämpfung übertragbarer Krankheiten bei Menschen, Tieren und Pflanzen sowie zur Verhütung der Verbreitung und zur Bekämpfung von Pflanzenschädlingen gelten die deutschen Rechtsvorschriften. Seuchenrechtliche, tierseuchenrechtliche, fleisch-, geflügelfleisch- und hygienerechtliche Maßnahmen sowie Maßnahmen auf Grund von Vorschriften des Rechts der Lebensmittel- und Bedarfsgegenstände werden von den zuständigen Stellen der Bundeswehr getroffen, soweit zwischenstaatliche Vereinbarungen dem nicht entgegenstehen.

(2) Stehen den Mitgliedern ausländischer Streitkräfte während ihres Aufenthaltes in Deutschland ausnahmsweise keine ausreichenden eigenen ärztlichen oder zahnärztlichen Dienste zur Verfügung, so kann medizinische Behandlung durch den Sanitätsdienst der Bundeswehr auf der Grundlage gegenseitiger Vereinbarungen gewährt werden.

§ 12 Umweltschutz. (1) Die ausländischen Streitkräfte erkennen und anerkennen die Bedeutung des Umweltschutzes bei ihren Tätigkeiten in der Bundesrepublik Deutschland. Sie achten die deutschen Rechtsvorschriften zum Schutz der Umwelt und wenden sie an, soweit nicht besondere Festlegungen getroffen werden.

(2) Auch über die Achtung und Anwendung der deutschen Rechtsvorschriften nach Absatz 1 hinaus sind Umweltbelastungen zu vermeiden und unvermeidbare Umweltbeeinträchtigungen durch angemessene Maßnahmen auszugleichen.

(3) In der Vereinbarung werden für den Transport von Waffen, schwerem Gerät oder Gefahrgut Festlegungen zu den Transportwegen und -mitteln vorgesehen. Dem Schienen- und dem Wasserweg ist dabei Vorrang einzuräumen.

(4) In der Vereinbarung ist festzulegen, daß der ausländische Staat für den Betrieb von Luft-, Wasser- und Landfahrzeugen, soweit dies mit den technischen Erfordernissen der Fahrzeuge vereinbar ist, nur Treibstoffe, Schmierstoffe und Zusatzstoffe verwendet, die schadstoffarm gemäß den deutschen Umweltvorschriften sind. Bei Personenkraftwagen und Nutzfahrzeugen ist festzulegen, daß die deutschen Vorschriften über die Begrenzung von Lärm- und Abgasemissionen eingehalten werden, soweit dies nicht unverhältnismäßig ist.

(5) Bei der Benutzung von Übungseinrichtungen haben die ausländischen Streitkräfte die jeweiligen Benutzungsordnungen, insbesondere die Sicherheitsbestimmungen und die Bestimmungen zum Schutz der Umwelt, zu beachten. Gleiches gilt bezüglich der Dienstvorschriften der Bundeswehr für Manöver und Übungen. Nachtschießen und Schießen an Sonn- und Feiertagen bedürfen besonderer Regelungen.

(6) In der Vereinbarung werden Festlegungen über die Vermeidung sowie die umweltverträgliche Verwertung oder sonstige Entsorgung von Abfällen getroffen. Die Beseitigung von Restbeständen an Kampfmitteln durch Sprengung oder Verbrennung in hierfür nicht genehmigten Anlagen ist auszuschließen.

(7) In der Vereinbarung sind die zuständigen deutschen und ausländischen Behörden sowie die Bundeswehr und die beteiligten Streitkräfte auf enge Zusammenarbeit in allen Belangen des Umweltschutzes zu verpflichten. Dies gilt insbesondere bei der Vorbereitung von Übungen.

§ 13 Führerscheine, Luftfahrerscheine, Befähigungszeugnisse für militärische Wasserfahrzeuge. (1) Führerscheine oder andere Erlaubnisscheine, die den Mitgliedern ausländischer Streitkräfte von einer Behörde des ausländischen Staates zum Führen dienstlicher Land-, Wasser- oder Luftfahrzeuge erteilt worden sind, berechtigen zum Führen solcher Land-, Wasser- oder Luftfahrzeuge auch im Bundesgebiet. Sie sind in einer deutschen Übersetzung mitzuführen.

(2) Die Behörden des ausländischen Staates stellen eine Bescheinigung in deutscher Sprache aus, aus der sich ergibt, daß der Inhaber dieser Führerscheine oder Erlaubnisscheine Mitglied der Streitkräfte des ausländischen Staates ist und diese gültig sind. Diese Bescheinigung ist zusammen mit dem ausländischen Führerschein oder Erlaubnisschein zu führen. Entsprechendes gilt für die im ausländischen Staat erworbenen Befähigungszeugnisse zum Führen oder Bedienen militärischer Wasserfahrzeuge.

(3) Führerscheine für dienstliche Fahrzeuge berechtigen, soweit das nach dem Recht des ausländischen Staates zulässig ist, auch zum Führen entsprechender privater Landfahrzeuge. Eine entsprechende Bescheinigung, die mit einer deutschen Übersetzung zu versehen ist, muß beim Führen privater Kraftfahrzeuge ständig mitgeführt werden.

§ 14 Verkehr mit eigenen Fahrzeugen des ausländischen Staates. (1) Kraftfahrzeuge und Kraftfahrzeuganhänger werden von dem ausländischen Staat registriert und zugelassen. Sie führen außer ihrer Kennummer ein deutliches Nationalitätskennzeichen.

(2) Transporte und andere Bewegungen im Rahmen deutscher Rechtsvorschriften und anderer internationaler Übereinkünfte, denen die Bundesrepublik Deutschland und einer oder mehrere der ausländischen Staaten als Vertragspartei angehören, sowie damit im Zusammen-

hang stehender technischer Vereinbarungen und Verfahren gelten als genehmigt. Soweit Sonder- und Ausnahmeerlaubnisse sowie Befreiungen von den Rechtsvorschriften für den Transport gefährlicher Güter für militärische Bewegungen und Transporte erforderlich sind, werden sie durch die Dienststellen der Bundeswehr erteilt oder eingeholt.

(3) Die zuständigen Stellen der Bundeswehr koordinieren die Wahrnehmung militärischer Interessen des ausländischen Staates in Verkehrsangelegenheiten gegenüber den zivilen Behörden. Sie koordinieren ferner die Durchführung militärischer Verkehrsbewegungen der ausländischen Staaten untereinander und mit dem zivilen Verkehr. Art und Umfang dieser Koordinierung werden durch die zuständigen deutschen Stellen festgelegt. Einzelheiten hierzu werden zwischen dem ausländischen Staat und der Bundeswehr vereinbart.

(4) Die Betriebsrechte der deutschen Eisenbahnen bleiben unberührt. Über die Einstellung eigener Güter- und Reisezugwagen und über die Nutzung der Infrastruktur unter Verwendung eigener Triebfahrzeuge eines ausländischen Staates werden Vereinbarungen zwischen den Behörden des ausländischen Staates und den betroffenen deutschen Eisenbahnen geschlossen. Sofern hinsichtlich der Anforderungen an Beschaffenheit und Ausnutzung der Eisenbahnfahrzeuge des ausländischen Staates von den gesetzlichen Vorschriften abgewichen werden soll, werden die Eisenbahnen die erforderlichen Genehmigungen bei der deutschen Eisenbahnverwaltung beantragen.

(5) Für die Mitglieder der ausländischen Streitkräfte gelten die deutschen Verkehrsvorschriften einschließlich der Vorschriften über das Verhalten am Unfallort und der Vorschriften über den Transport gefährlicher Güter. Die zuständigen deutschen Behörden überwachen die Einhaltung dieser Vorschriften. Um die Kontrolle der Einhaltung dieser Bestimmungen zu erleichtern, kann diese Überwachung gemeinsam mit den zuständigen Dienststellen der ausländischen Streitkräfte durchgeführt werden.

(6) Der ausländische Staat beachtet grundlegende deutsche Verkehrssicherheitsvorschriften. Innerhalb dieses Rahmens kann er seine eigenen Normen auf den Bau, die Ausführung und die Ausrüstung der Kraftfahrzeuge, Kraftfahrzeuganhänger, Binnenschiffe und Luftfahrzeuge anwenden. Die deutschen Behörden und die Behörden des ausländischen Staates arbeiten bei der Umsetzung dieser Bestimmungen eng zusammen.

(7) Über die Bestimmung und Benutzung eines Straßennetzes für den militärischen Verkehr mit Kraftfahrzeugen und Kraftfahrzeuganhängern, deren Abmessungen, Achslast, Gesamtgewicht oder Anzahl die nach dem deutschen Straßenverkehrsrecht geltenden Begrenzungen überschreiten, sind Vereinbarungen zwischen den Behörden des ausländischen Staates und den deutschen Behörden zu schließen. Der Verkehr mit derartigen Kraftfahrzeugen und Kraftfahrzeuganhängern auf Straßen außerhalb des vereinbarten Straßennetzes wird außer bei

Unglücksfällen nur mit Erlaubnis der zuständigen deutschen Behörden durchgeführt.

(8) Außer in Notfällen dürfen Mitglieder ausländischer Streitkräfte mit militärischen Luftfahrzeugen zivile Flughäfen und sonstige Landeplätze nur auf Grund einer Vereinbarung mit den zuständigen deutschen Behörden benutzen.

(9) Alle von den deutschen und den Behörden des ausländischen Staates errichteten und betriebenen Kontrollsysteme für den Luftverkehr und die dazugehörenden Fernmeldesysteme werden koordiniert, soweit dies erforderlich ist, um die Sicherheit des Luftverkehrs und die Erreichung des Aufenthaltszweckes zu gewährleisten.

§ 15 Haftpflichtversicherung. Für seine Dienstkraftfahrzeuge, militärischen Luft- und Wasserfahrzeuge sowie das Führen von Waffen entfällt die Pflicht zum Abschluß einer Haftpflichtversicherung des ausländischen Staates. Die Risiken hieraus werden vom ausländischen Staat selbst übernommen.

§ 16 Haftung. (1) Der ausländische Staat haftet für alle der Bundesrepublik Deutschland und Dritten entstandenen Schäden, die durch dienstliche Handlungen oder Unterlassungen der Mitglieder seiner Streitkräfte oder durch andere Handlungen, Unterlassungen oder Begebenheiten, für die die ausländischen Streitkräfte rechtlich verantwortlich sind, im Bundesgebiet verursacht worden sind. Dritte sind auch Länder, Landkreise, Gemeinden und andere kommunale Körperschaften des öffentlichen Rechts.

(2) Haftet der ausländische Staat, so bestimmt sich die Abwicklung der Schäden Dritter nach den Absätzen 3 und 4. Die Bestimmungen sind nicht auf Ansprüche aus Verträgen oder vertragsähnlichen Rechtsverhältnissen anzuwenden.

(3) Für die Haftung des ausländischen Staates sind die Bestimmungen des deutschen Rechts maßgebend, nach denen sich unter sonst gleichen Umständen die Haftung der Bundesrepublik Deutschland bestimmen würde.

(4) Schadensersatzansprüche Dritter werden von der Bundesrepublik Deutschland für den ausländischen Staat abgegolten. Sie sind auf Zahlung einer Geldentschädigung beschränkt. Der ausländische Staat erstattet der Bundesrepublik Deutschland alle zur Regelung des Anspruchs erbrachten Zahlungen und Auslagen.

(5) Schadensersatzansprüche gegen Mitglieder ausländischer Streitkräfte aus Handlungen oder Unterlassungen, die nicht in Ausübung des Dienstes begangen worden sind, werden wie folgt behandelt:

a) *Die zuständigen* deutschen Behörden prüfen den Anspruch, ermitteln in billiger und gerechter Weise unter Berücksichtigung aller Umstände des Falles einschließlich des Verhaltens der verletzten

Person den dem Antragsteller zukommenden Betrag und fertigen einen Bericht über die Angelegenheit an.

b) Wird eine Abfindung ohne Anerkennung einer Rechtspflicht angeboten und wird dieses Angebot von dem Antragsteller als volle Befriedigung seines Anspruchs angenommen, so nehmen die deutschen Behörden die Zahlung vor. Der ausländische Staat erstattet der Bundesrepublik Deutschland die erbrachten Zahlungen.

c) Die Bestimmungen dieses Absatzes lassen die Zuständigkeit der deutschen Gerichte für die Durchführung eines Verfahrens gegen ein Mitglied einer Truppe oder eines zivilen Gefolges unberührt, sofern und solange nicht eine Zahlung als volle Befriedigung des Anspruchs geleistet worden ist.

§ 17 Übungen zu Lande. (1) Für Übungen gelten die deutschen Vorschriften.

(2) Übungen finden grundsätzlich auf Liegenschaften der Bundeswehr oder auf den den Vertragsparteien des Zusatzabkommens zum NATO–Truppenstatut zur ausschließlichen Benutzung überlassenen Liegenschaften statt.

(3) Ist der Übungszweck auf diesen Liegenschaften nicht erreichbar, können Manöver und andere Übungen vorbehaltlich der Zustimmung der zuständigen deutschen Behörden im freien Gelände durchgeführt werden. In der Vereinbarung sind Verfahren zur Erteilung der Zustimmung sowie Anmeldung und Koordinierung vorzusehen.

§ 18 Übungen im Luftraum. (1) Für Übungen im deutschen Luftraum gelten die deutschen Vorschriften über den Einflug in den deutschen Luftraum und seine Benutzung sowie die Inanspruchnahme von Anlagen und Einrichtungen der Luftfahrt, die sich im Rahmen der Richtlinien und Empfehlungen der Internationalen Zivilluftfahrt–Organisation halten, ferner die geltenden Anmeldungs-, Zustimmungs- und Koordinierungsverfahren, wie sie in den entsprechenden Gesetzen, sonstigen Vorschriften und Veröffentlichungen enthalten sind.

(2) Deutsche Vorschriften über den Einflug in den deutschen Luftraum, seine Benutzung und die Inanspruchnahme von Anlagen und Einrichtungen der Luftfahrt sowie die geltenden Anmeldungs-, Zustimmungs- und Koordinierungsverfahren, wie sie in den entsprechenden Gesetzen, sonstigen Vorschriften und Veröffentlichungen enthalten sind, umfassen das Luftverkehrsgesetz in seiner jeweils geltenden Fassung und die hierzu erlassenen Verordnungen und Verwaltungsregelungen ziviler und militärischer Art.

(3) Die an einer Übung teilnehmenden Luftfahrzeugbesatzungen müssen die englische Sprache beherrschen, soweit dies aus Gründen der Flugsicherheit oder Flugsicherung erforderlich ist.

§ 19 Übungen in deutschen Hoheitsgewässern. (1) Für Übungen ausländischer Kriegs- und Hilfsschiffe im Küstenmeer und in den inneren Gewässern gelten die deutschen Vorschriften.

(2) Die Nutzung bordeigener Luftfahrzeuge erfolgt auf der Grundlage des § 18.

§ 20 Befreiung von Steuern und sonstigen Abgaben. Die Befreiung der ausländischen Streitkräfte und ihrer Mitglieder von Steuern und sonstigen Abgaben richtet sich nach dem in der Bundesrepublik Deutschland geltenden Recht.

§ 21 Streitbeilegung. Meinungsverschiedenheiten der Vertragsparteien über die Anwendung und Auslegung der auf diesem Gesetz beruhenden Vereinbarungen unterliegen weder der deutschen Gerichtsbarkeit noch der eines ausländischen Staates. Sie sind im Verhandlungswege beizulegen.

Artikel 3

§ 1. Das Bundesministerium der Verteidigung erläßt im Einvernehmen mit dem Bundesministerium des Innern allgemeine Verwaltungsvorschriften zur Ausführung des Artikels 2 § 5 über Besitz und Führen von Schußwaffen der diesem Gesetz unterfallenden ausländischen Militärangehörigen.

§ 2. Der Verzicht auf die Ausübung der deutschen Gerichtsbarkeit gemäß Artikel 2 § 7 Abs. 2 wird von der Staatsanwaltschaft erklärt.

§ 3. Für die Zusammenarbeit in strafrechtlichen Angelegenheiten gemäß Artikel 2 § 7 findet Artikel 4a des Gesetzes zum NATO-Truppenstatut und zu den Zusatzvereinbarungen vom 18. August 1961 (BGBl. 1961 II S. 1183) in der jeweils geltenden Fassung entsprechende Anwendung.

§ 4. Verpflichtungen der ausländischen Streitkräfte, die sich aus Artikel 2 § 12 Abs. 5 herleiten, lassen die bestehenden Verantwortlichkeiten für eine Liegenschaft gegenüber der Nachbarschaft und der Allgemeinheit unberührt.

§ 5.[1] Für die Abgeltung von Schäden finden die Artikel 6, 8 bis 14 und 25 des Gesetzes zum NATO-Truppenstatut und zu den Zusatzvereinbarungen vom 18. August 1961 (BGBl. 1961 II S. 1183) in der jeweils geltenden Fassung entsprechende Anwendung.

---

[1] Geänd. durch Ges. v. 19. 9. 2002 (BGBl. II S. 2482). Die Änderung ist am 1. 1. 2003 in Kraft getreten; für die Bundesländer Bayern, Hessen und Niedersachsen tritt sie jedoch erst zum 1. 1. 2005 in Kraft (vgl. Art. 8 des Ges. v. 14. 9. 2002).

Artikel 4

Dieses Gesetz findet keine Anwendung auf Militärattachés eines ausländischen Staates in der Bundesrepublik Deutschland, die Mitglieder ihrer Stäbe sowie andere Militärpersonen, die in der Bundesrepublik Deutschland einen diplomatischen oder konsularischen Status haben.

Artikel 5

Dieses Gesetz tritt am Tage nach seiner Verkündung in Kraft.

70. Übereinkommen über die Organisation für Wirtschaftliche Zusammenarbeit und Entwicklung[1),2)]

(OECD)

Vom 14. Dezember 1960

(BGBl. 1961 II S. 1151)

DIE REGIERUNGEN des Königreichs Belgien, des Königreichs Dänemark, der Bundesrepublik Deutschland, der Französischen Republik, des Königreichs Griechenland, Irlands, der Republik Island, der Italienischen Republik, Kanadas, des Großherzogtums Luxemburg, des Königreichs der Niederlande, des Königreichs Norwegen, der Republik Österreich, der Portugiesischen Republik, des Königreichs Schweden, der Schweizerischen Eidgenossenschaft, Spaniens, der Republik Türkei, des Vereinigten Königreichs Großbritannien und Nordirland und der Vereinigten Staaten von Amerika,

IM HINBLICK darauf, daß eine starke und blühende Wirtschaft zur Verwirklichung der Ziele der Vereinten Nationen, zur Wahrung der persönlichen Freiheit und zur Erhöhung des allgemeinen Wohlstands unerläßlich ist,

ÜBERZEUGT, daß sie diese Ziele am wirksamsten anstreben können, indem sie die Tradition der Zusammenarbeit stärken, die sich zwischen ihnen herausgebildet hat,

IN DER ERKENNTNIS, daß der wirtschaftliche Wiederaufbau und Fortschritt Europas, zu dem ihre Teilnahme an der Organisation für Europäische Wirtschaftliche Zusammenarbeit weitgehend beigetragen hat, neue Aussichten eröffnet, diese Tradition zu stärken und für neue Aufgaben und weiterreichende Ziele nutzbar zu machen,

---

1) Das Übereink. ist für die **Bundesrepublik** sowie für **Belgien, Dänemark, Frankreich, Griechenland, Irland, Island, Kanada, Norwegen, Österreich, Portugal, Schweden, Schweiz, Spanien, Türkei, Vereinigtes Königreich** und die **Vereinigten Staaten** in Kraft getreten am 30. 9. 1961 (Bek. v. 10. 11. 1961, BGBl. II S. 1663), für die **Niederlande** am 13. 11. 1961 (Bek. v. 28. 12. 1961, BGBl. 1962 II S. 11), für **Luxemburg** am 7. 12. 1961 (Bek. v. 30. 1. 1962, BGBl. II S. 47), für **Italien** am 29. 3. 1962 (Bek. v. 8. 5. 1962, BGBl. II S. 810), für **Japan** am 28. 4. 1964 (Bek. v. 11. 5. 1965, BGBl. II S. 829), für **Finnland** am 28. 1. 1969 (Bek. v. 1. 2. 1971, BGBl. II S. 63), für **Australien** am 7. 6. 1971 (Bek. v. 22. 11. 1971, BGBl. II S. 1303), für **Neuseeland** am 29. 5. 1973 (Bek. v. 26. 6. 1973, BGBl. II S. 839), für **Mexiko** am 18. 5. 1994 (Bek. v. 7. 4. 1995, BGBl. II S. 355), für die **Tschechische Republik** am 21. 12. 1995 (Bek. v. 1. 3. 1996, BGBl. II S. 368), für **Ungarn** am 7. 5. 1996 (Bek. v. 21. 5. 1996, BGBl. II S. 1051) und für **Polen** am 22. 11. 1996 sowie für die Republik **Korea** am 12. 12. 1996, für die **Slowakische Republik** am 14. 12. 2000, für **Chile** am 7. 5. 2010, für **Slowenien** am 21. 7. 2010, für **Israel** am 7. 9. 2010 und für **Estland** am 9. 12. 2010 (Bek. v. 14. 10. 2010, BGBl. 2011 II S. 113).

2) Siehe auch das Ges. v. 16. 8. 1961 (BGBl. II S. 1150) sowie die Zusatzprotokolle Nr. 1, Nr. 2 und Nr. I (BGBl. 1961 II S. 1159 ff.).

IN DER ÜBERZEUGUNG, daß eine umfassendere Zusammenarbeit entscheidend zur Förderung friedlicher und harmonischer Beziehungen zwischen den Völkern der Welt beitragen wird,

IN DER ERKENNTNIS, daß ihre Volkswirtschaften in zunehmendem Maße voneinander abhängig sind,

ENTSCHLOSSEN, durch gegenseitige Konsultation und Zusammenarbeit ihre Leistungsfähigkeit und ihre Möglichkeiten noch wirksamer einzusetzen, um ein optimales Wachstum ihrer Volkswirtschaften sowie das wirtschaftliche und soziale Wohl ihrer Völker zu fördern,

ÜBERZEUGT, daß die wirtschaftlich weiter fortgeschrittenen Nationen zusammenarbeiten müssen, um die Entwicklungsländer nach besten Kräften zu unterstützen,

IN DER ERKENNTNIS, daß eine fortschreitende Ausweitung des Welthandels einer der wichtigsten Faktoren für die wirtschaftliche Entwicklung in jedem Staat und für bessere internationale Wirtschaftsbeziehungen ist,

ENTSCHLOSSEN, diese Ziele in einer Weise zu verfolgen, die vereinbar ist mit den Verpflichtungen, welche sie als Teilnehmer an anderen internationalen Organisationen und Einrichtungen oder als Vertragsparteien internationaler Vereinbarungen haben,

SIND ÜBER FOLGENDE Bestimmungen zur Umgestaltung der Organisation für Europäische Wirtschaftliche Zusammenarbeit in die Organisation für Wirtschaftliche Zusammenarbeit und Entwicklung übereingekommen:

Art. 1 [Ziel der Organisation] Ziel der Organisation für Wirtschaftliche Zusammenarbeit und Entwicklung (im folgenden als „Organisation“ bezeichnet) ist es, eine Politik zu fördern, die darauf gerichtet ist,

a) in den Mitgliedstaaten unter Wahrung der finanziellen Stabilität eine optimale Wirtschaftsentwicklung und Beschäftigung sowie einen steigenden Lebensstandard zu erreichen und dadurch zur Entwicklung der Weltwirtschaft beizutragen,

b) in den Mitglied- und Nichtmitgliedstaaten, die in wirtschaftlicher Entwicklung begriffen sind, zu einem gesunden wirtschaftlichen Wachstum beizutragen, und

c) im Einklang mit internationalen Verpflichtungen auf multilateraler und nicht diskriminierender Grundlage zur Ausweitung des Welthandels beizutragen.

Art. 2 [Durchsetzung der Ziele] Zur Verfolgung dieser Ziele kommen die Mitglieder überein, einzeln sowie gemeinsam

a) den zweckmäßigen Einsatz ihrer wirtschaftlichen Mittel zu fördern,

b) auf wissenschaftlichem und technischem Gebiet die Entwicklung ihrer Hilfsmittel, die Forschung und die Berufsausbildung zu fördern,

c) eine Politik zu verfolgen, die darauf gerichtet ist, das Wachstum ihrer Volkswirtschaften und ihre innere und äußere finanzielle Stabilität zu gewährleisten sowie Entwicklungen zu vermeiden, die ihre eigenen Volkswirtschaften oder diejenigen anderer Staaten gefährden könnten,

d) ihre Bemühungen um den Abbau oder die Abschaffung der Behinderungen des zwischenstaatlichen Waren- und Dienstleistungsverkehrs sowie des laufenden Zahlungsverkehrs fortzusetzen und die Liberalisierung des Kapitalverkehrs beizubehalten und zu erweitern,

e) durch geeignete Mittel, insbesondere durch Zufuhr von Kapital in die Mitglied- und Nichtmitgliedstaaten, die in wirtschaftlicher Entwicklung begriffen sind, zu deren wirtschaftlicher Entwicklung beizutragen, und dabei zu berücksichtigen, dass es für die Volkswirtschaften dieser Staaten wichtig ist, technische Hilfe zu erhalten und wachsende Ausfuhrmärkte zu gewinnen.

Art. 3 [Zusammenarbeit] Um die in Artikel 1 niedergelegten Ziele zu erreichen und die in Artikel 2 enthaltenen Verpflichtungen zu erfüllen, kommen die Mitglieder überein,

a) einander fortlaufend zu unterrichten und der Organisation die zur Bewältigung ihrer Aufgaben erforderlichen Informationen zu liefern,

b) einander fortlaufend zu konsultieren, Untersuchungen durchzuführen und an vereinbarten Vorhaben teilzunehmen, sowie

c) eng zusammenzuarbeiten und, soweit angebracht, ihr Vorgehen zu koordinieren.

Art. 4 [Mitglieder der Organisation] Mitglieder der Organisation sind die Vertragsparteien dieses Übereinkommens.

Art. 5 [Beschlüsse, Empfehlungen, Vereinbarungen] Um ihre Ziele zu erreichen, kann die Organisation

a) Beschlüsse[1] fassen; diese sind für alle Mitglieder bindend, soweit nichts anderes vorgesehen,

b) Empfehlungen an die Mitglieder richten[2], sowie

c) mit Mitgliedern, Nichtmitgliedstaaten und internationalen Organisationen Vereinbarungen abschließen.

Art. 6 [Stimmenverteilung] 1) Sofern die Organisation nicht für Sonderfälle einstimmig etwas anderes beschließt, bedarf die Beschlussfassung und die Abgabe von Empfehlungen des gegenseitigen Einverständnisses sämtlicher Mitglieder.

---

[1] Siehe den Ratsbeschl. über die Annahme von Grundnormen für den Strahlenschutz v. 18. 12. 1962 (BGBl. 1964 II S. 858), Anlage geänd. durch Beschl. v. 25. 4. 1968 (BGBl. 1970 II S. 208), den Ratsbeschl. über die Annahme von Strahlenschutznormen für Uhren mit radioaktiven Leuchtfarben v. 19. 7. 1966 (BGBl. 1969 II S. 1309), den Beschl. d. Rates zur Errichtung einer Internationalen Energie-Agentur der Organisation v. 15. 11. 1974 (Nr. **75**).

[2] Vgl. das OEC II-Musterabkommen zur Vermeidung der Doppelbesteuerung (Nr. **470**).

(2) Jedes Mitglied hat eine Stimme. Enthält sich ein Mitglied bei der Abstimmung über einen Beschluss oder eine Empfehlung der Stimme, so steht die Stimmenthaltung solchen Beschlüssen oder Empfehlungen nicht entgegen; sie finden auf die anderen Mitglieder Anwendung, nicht jedoch auf das Mitglied, das sich der Stimme enthalten hat.

(3) Ein Beschluss ist für ein Mitglied so lange nicht bindend, als es seine verfassungsrechtlichen Erfordernisse nicht erfüllt hat. Die anderen Mitglieder können vereinbaren, dass ein solcher Beschluss vorläufig auf sie Anwendung findet.

Art. 7 [Rat als Organ der Organisation] Ein aus allen Mitgliedern bestehender Rat ist das Organ, von dem alle Rechtshandlungen der Organisation ausgehen. Der Rat kann zu Tagungen der Minister oder der Ständigen Vertreter zusammentreten.

Art. 8 [Vorsitzender] Der Rat bestellt alljährlich einen Vorsitzenden, der bei seinen Ministertagungen den Vorsitz führt, sowie zwei Stellvertretende Vorsitzende. Der Vorsitzende kann für ein auf seine erste Amtszeit weiteres Jahr bestellt werden.

Art. 9 [Exekutivausschuss, Nebenorgane] Der Rat kann einen Exekutivausschuss und die zur Verwirklichung der Ziele der Organisation erforderlichen Nebenorgane einsetzen.

Art. 10 [Generalsekretär] (1) Der Rat ernennt für eine Amtszeit von fünf Jahren einen ihm verantwortlichen Generalsekretär. Diesem stehen ein oder mehrere Stellvertretende Generalsekretäre oder Beigeordnete Generalsekretäre zur Seite, die der Rat auf Empfehlung des Generalsekretärs ernennt.

(2) Der Generalsekretär führt bei den Ratstagungen der Ständigen Vertreter den Vorsitz. Er unterstützt den Rat in jeder geeigneten Weise und kann ihm und jedem anderen Organ der Organisation Vorschläge unterbreiten.

Art. 11 [Personalstatut] (1) Der Generalsekretär stellt entsprechend den vom Rat genehmigten Organisationsplänen das Personal ein, welches die Organisation benötigt. Das Personalstatut bedarf der Zustimmung des Rates.

(2) In Anbetracht des internationalen Charakters der Organisation dürfen der Generalsekretär, die Stellvertretenden oder Beigeordneten Generalsekretäre und das Personal bei keinem Mitglied und keiner Regierung oder Stelle außerhalb der Organisation um Weisungen nachsuchen oder solche von ihnen entgegennehmen.

Art. 12 [Verbindungen zu Nichtmitgliedstaaten und anderen Organisationen] Die Organisation kann zu Bedingungen, deren Festlegung dem Rat obliegt

a) an Nichtmitgliedstaaten und an Organisationen Mitteilungen richten,

b) mit Nichtmitgliedstaaten und mit Organisationen Beziehungen aufnehmen und unterhalten, sowie

c) Nichtmitgliedsregierungen und Organisationen einladen, an Arbeiten der Organisation teilzunehmen.

Art. 13 [Vertretung der Europäischen Gemeinschaften] Die Vertretung der durch die Verträge von Paris und Rom vom 18. April 1951 beziehungsweise 25. März 1957 gegründeten Europäischen Gemeinschaften in der Organisation richtet sich nach dem Zusatzprotokoll Nr. 1[1] zu diesem Übereinkommen.

Art. 14 [Ratifikation; Inkrafttreten] (1) Dieses Übereinkommen bedarf der Ratifikation oder Annahme durch die Unterzeichner nach Maßgabe ihrer verfassungsrechtlichen Erfordernisse.

(2) Die Ratifikations- oder Annahmeurkunden werden bei der Regierung der Französischen Republik hinterlegt, die hiermit zur Verwahrerregierung bestimmt wird.

(3) Dieses Übereinkommen tritt in Kraft

a) entweder vor dem 30. September 1961, sobald alle Unterzeichner Ratifikations- oder Annahmeurkunden hinterlegt haben,

b) oder am 30. September 1961, wenn zu diesem Zeitpunkt mindestens fünfzehn Unterzeichner derartige Urkunden hinterlegt haben,[2] und zwar für diese Unterzeichner, und danach für jeden anderen Unterzeichner mit Hinterlegung seiner Ratifikations- oder Annahmeurkunde,

c) oder nach dem 30. September 1961, jedoch spätestens zwei Jahre nach Unterzeichnung dieses Übereinkommens, sobald fünfzehn Unterzeichner derartige Urkunden hinterlegt haben, und zwar für diese Unterzeichner, und danach für jeden anderen Unterzeichner mit Hinterlegung seiner Ratifikations- oder Annahmeurkunde.

(4) Ein Unterzeichner, der bei Inkrafttreten des Übereinkommens seine Ratifikations- oder Annahmeurkunde noch nicht hinterlegt hat, kann an den Arbeiten der Organisation zu Bedingungen teilnehmen, die zwischen dieser und ihm zu vereinbaren sind.

Art. 15[3] [Überleitungsvorschrift für OEEC] Mit dem Inkrafttreten dieses Übereinkommens wird die Umgestaltung der Organisation

---

[1] Die Zusatzprotokolle sind nicht abgedruckt. Siehe BGBl. 1961 II S. 1159.

[2] Siehe hierzu Anm. 1) zum Titel dieses Übereinkommens.

[3] Siehe auch die Vereinbarung betr. die Anwendung von Artikel 15 des Übereinkommens über die Organisation für Wirtschaftliche Zusammenarbeit und Entwicklung vom 14. 12. 1960 (BGBl. 1961 II S. 1173) und das Prot. v. 14. 12. 1960 zur Revision der Abk. über die Europäische Wirtschaftliche Zusammenarbeit v. 16. 4. 1948 (BGBl. 1961 II S. 1170).

für Europäische Wirtschaftliche Zusammenarbeit wirksam; ihre Ziele, Organe, Befugnisse und Bezeichnung werden sodann die in diesem Übereinkommen vorgesehenen sein. Die Rechtspersönlichkeit der Organisation für Europäische Wirtschaftliche Zusammenarbeit setzt sich in der Organisation fort; die Beschlüsse, Empfehlungen und Entschließungen der Organisation für Europäische Wirtschaftliche Zusammenarbeit sind jedoch nach Inkrafttreten dieses Übereinkommens nur wirksam, wenn der Rat sie genehmigt.

Art. 16 [Beitritt weiterer Mitglieder] Der Rat kann beschließen, eine jede Regierung, welche die Pflichten eines Mitglieds zu übernehmen bereit ist, zum Beitritt zu diesem Übereinkommen einzuladen. Ein solcher Beschluß bedarf der Einstimmigkeit; jedoch kann der Rat im Einzelfall einstimmig beschließen, Stimmenthaltung zu gestatten; in diesem Fall gilt der Beschluß ungeachtet des Artikels 6 für alle Mitglieder. Der Beitritt wird mit Hinterlegung einer Beitrittsurkunde bei der Verwahrerregierung wirksam.

Art. 17 [Kündigung] Jede Vertragspartei kann die Anwendung dieses Übereinkommens auf sich selbst unter Einhaltung einer Frist von zwölf Monaten durch eine an die Verwahrerregierung zu richtende Kündigung beenden.

Art. 18 [Sitz der Organisation] Sitz der Organisation ist Paris, sofern der Rat nichts anderes beschließt.

Art. 19 [Rechtsfähigkeit, Vorrechte usw.] Die Rechtsfähigkeit der Organisation sowie die Vorrechte, Befreiungen und Immunitätsrechte der Organisation, ihrer Bediensteten und der Vertreter der Mitglieder bei ihr bestimmen sich nach dem Zusatzprotokoll Nr. 2[1] zu diesem Übereinkommen.

Art. 20 [Jahresbudget; Ausgaben der Organisation] (1) Der Generalsekretär legt dem Rat alljährlich im Einklang mit den vom Rat angenommenen Finanzvorschriften ein Jahresbudget, Rechnungsabschlüsse und, soweit der Rat solche anfordert, Nebenbudgets zur Genehmigung vor.

(2) Die vom Rat genehmigten allgemeinen Ausgaben der Organisation werden nach einem vom Rat zu beschließenden Schlüssel aufgeteilt. Sonstige Ausgaben werden nach Grundsätzen finanziert, die der Rat beschließt.

---

[1] Hier nicht abgedruckt. Siehe BGBl. 1961 II S. 1161. Siehe ferner das Zusatzprotokoll Nr. I zum Abkommen über die Europäische Wirtschaftliche Zusammenarbeit betreffend die Rechtsfähigkeit, Vorrechte und Immunitätsrechte der Organisation vom 16. 4. 1948 (BGBl. 1961 II S. 1164).

Art. 21 [Eingang von Ratifikationsurkunden usw. bei Verwahrerregierung] Nach Eingang jeder Ratifikations-, Annahme- oder Beitrittsurkunde oder einer Kündigungsanzeige benachrichtigt die Verwahrerregierung alle Vertragsparteien und den Generalsekretär der Organisation.

110. Die Satzung des Europarates[1], [2], [3]

Vom 5. Mai 1949

(BGBl. 1950 I S. 263, neu gefaßt durch Änderungsbek. v. 30.11.1954, Anl. B, BGBl. II S. 1126, geänd. durch Bek. v. 2.7.1958, BGBl. II S. 224, v. 27.12.1961, BGBl. 1962 II S. 10, v. 21.5.1963, BGBl. II S. 910, v. 26.8.1969, BGBl. II S. 1926, v. 28.4.1971, BGBl. II S. 243, v. 23.1.1975, BGBl. II S. 163, v. 9.11.1976, BGBl. II S. 1923, v. 21.2.1978, BGBl. II S. 260, v. 8.1.1979, BGBl. II S. 57, v. 27.5.1987, BGBl. II S. 366, v. 13.12.1988, BGBl. 1989 II S. 23, v. 15.2.1989, BGBl. II S. 242[4], v. 6.6.1989, BGBl. II S. 552, v. 4.12.1990, BGBl. II S. 1695, v. 28.5.1991, BGBl. II S.763, v. 20.3.1992, BGBl. II S. 285, v. 16.6.1992, BGBl. II S. 506, v. 6.9.1993, BGBl. II S. 1890, v. 26.10.1993, BGBl. II S. 2037), v. 12.1.1995, BGBl. II S. 131, v. 26.4.1995, BGBl. II S. 415, v. 14.8.1995, BGBl. II S. 767, v. 27.11.1995, BGBl. 1996 II S. 34, v. 19.3.1996, BGBl. II S. 479, v. 9.12.1996, BGBl. 1997 II S. 159, v. 9.12.1996, BGBl. 2003 II S. 398 v. 11.3.2003, BGBl. 2003 II S. 703, v. 18.6.2003, BGBl. 2008 II S. 129, v. 18.1.2008, BGBl. 2016 II S. 292, v. 17.2.2016)

(Übersetzung)

DIE REGIERUNGEN des Königreichs Belgien, des Königreichs Dänemark, der Französischen Republik, der Republik Irland, der Italienischen Republik, des Großherzogtums Luxemburg, des Königreichs der Niederlande, des Königreichs Norwegen, des Königreichs Schweden und des Vereinigten Königreichs von Großbritannien und Nordirland haben,

IN DER ÜBERZEUGUNG, daß die Festigung des Friedens auf den Grundlagen der Gerechtigkeit und internationalen Zusammenarbeit für die Erhaltung der menschlichen Gesellschaft und der Zivilisation von lebenswichtigem Interesse ist;

IN UNERSCHÜTTERLICHER Verbundenheit mit den geistigen und sittlichen Werten, die das gemeinsame Erbe ihrer Völker sind und der persönlichen Freiheit, der politischen Freiheit und der Herrschaft des Rechtes zugrunde liegen, auf denen jede wahre Demokratie beruht;

---

[1] Siehe das G. über den Beitritt der **Bundesrepublik Deutschland** zum Europarat v. 8.7.1950 (BGBl. S. 263). Die Wahl der Vertreter der Bundesrepublik Deutschland zur Parlamentarischen Versammlung des Europarats erfolgt gem. EuRatWahlG v. 6.12.1990 (BGBl. II S. 2586). Gem. Bek. v. 16.9.1953 (BGBl. II S. 558) ist die **Bundesrepublik Deutschland** am 13.7.1950 assoziiertes Mitglied und am 2.5.1951 Vollmitglied geworden.

[2] Die Mitgliedstaaten des Europarates sind in Art. 26 aufgelistet. Für **Griechenland** ist die Satzung des Europarates infolge der Kündigung v. 12.12.1969 am 31.12.1970 außer Kraft getreten (Bek. v. 14.7.1972, BGBl. II S. 841). Gem. Bek. v. 23.1.1975 (BGBl. II S. 163) ist **Griechenland** m. W. v. 28.11.1974 der Satzung erneut beigetreten. **Monaco** ist dem Europarat m. W. v. 5.10.2004 beigetreten, nach Auflösung des Bundesstaates Serbien und Montenegro ist **Montenegro** m. W. v. 10.5.2007 dem Europarat beigetreten (Bek. v. *18.1.2008*, BGBl. II S. 129). In einer vom Generalsekretär des Europarates am 23.10.2015 zirkulierten (JJ8025 C [...]) Verbalnote v. 13.10.2015 hat die **Ukraine** eine Erklärung hinsichtlich der (eingeschränkten bzw. temporär unmöglichen) Anwendbarkeit einer im einzelnen aufgelisteten Anzahl von Europaratsabkommen auf Teile seines Staatsgebietes (Teile der Oblaste Luhansk und Donezk, der autonomen Republik Krim sowie der Stadt Sewastopol) abgegeben (vgl. www.conventions.coe in).

[3] Internationale Quelle: UNTS Bd. 87 S. 103, Bd. 604 S. 296, Bd. 777 S. 322 u. Bd. 793 S. 350.

[4] Die Bekanntmachung betraf eine Berichtigung nur des französischen Wortlauts des Art. 26.

IN DER ÜBERZEUGUNG, daß zum Schutze und zur fortschreitenden Verwirklichung dieses Ideals und zur Förderung des sozialen und wirtschaftlichen Fortschritts zwischen den europäischen Ländern, die von demselben Geiste beseelt sind, eine engere Verbindung hergestellt werden muß;

IN DER ERWÄGUNG, daß, um diesem Bedürfnis und den offenkundigen Bestrebungen ihrer Völker Rechnung zu tragen, schon jetzt eine Organisation errichtet werden muß, in der die europäischen Staaten enger zusammengeschlossen werden,

BESCHLOSSEN, einen Europarat zu gründen, der aus einem Komitee von Vertretern der Regierungen und einer Beratenden Versammlung besteht, und zu diesem Zweck diese Satzung angenommen.

Kapitel I. Aufgabe des Europarates

Art. 1. a) Der Europarat hat zur Aufgabe, eine engere Verbindung zwischen seinen Mitgliedern zum Schutze und zur Förderung der Ideale und Grundsätze, die ihr gemeinsames Erbe bilden, herzustellen und ihren wirtschaftlichen und sozialen Fortschritt zu fördern.

b) Diese Aufgabe wird von den Organen des Rates erfüllt durch Beratung von Fragen von gemeinsamem Interesse, durch den Abschluß von Abkommen[1] und durch gemeinschaftliches Vorgehen auf wirtschaftlichem, sozialem, kulturellem und wissenschaftlichem Gebiet und auf den Gebieten des Rechts und der Verwaltung sowie durch den Schutz und die Fortentwicklung der Menschenrechte und Grundfreiheiten.

c) Die Beteiligung der Mitglieder an den Arbeiten des Europarates darf ihre Mitwirkung am Werk der Vereinten Nationen und der anderen internationalen Organisationen oder Vereinigungen, denen sie angehören, nicht beeinträchtigen.

d) Fragen der nationalen Verteidigung gehören nicht zur Zuständigkeit des Europarates.

Kapitel II. Zusammensetzung

Art. 2. Mitglieder des Europarates sind die Vertragspartner dieser Satzung.

Art. 3. Jedes Mitglied des Europarates erkennt den Grundsatz der Vorherrschaft des Rechts und den Grundsatz an, daß jeder, der seiner Hoheitsgewalt unterliegt, der Menschenrechte und Grundfreiheiten teilhaftig werden soll. Es verpflichtet sich, bei der Erfüllung der in Kapitel I bestimmten Aufgaben aufrichtig und tatkräftig mitzuarbeiten.

---

[1] Vgl. die unter Nr. **110–140** abgedruckten Verträge und für eine vollständige Liste: http://www.conventions.coe.int/Treaty/Commun/ListeTraites.asp?CM=8&CL=ENG.

Art. 4. Jeder europäische Staat, der für fähig und gewillt befunden wird, die Bestimmungen des Artikels 3 zu erfüllen, kann vom Ministerkomitee eingeladen werden, Mitglied des Europarates zu werden. Jeder auf diese Weise eingeladene Staat erwirbt die Mitgliedschaft mit

(Fortsetzung nächstes Blatt)

der in seinem Namen erfolgenden Hinterlegung einer Urkunde über den Beitritt zu dieser Satzung beim Generalsekretär.

Art. 5. a) Unter besonderen Umständen kann ein europäisches Land, das für fähig und gewillt befunden wird, die Bestimmungen des Artikels 3 zu erfüllen, vom Ministerkomitee eingeladen werden, assoziiertes Mitglied des Europarates zu werden. Jedes auf diese Weise eingeladene Land erwirbt die Eigenschaft eines assoziierten Mitgliedes mit der in seinem Namen erfolgenden Hinterlegung einer Urkunde über die Annahme dieser Satzung beim Generalsekretär. Die assoziierten Mitglieder können nur in der Beratenden Versammlung vertreten sein.

b) In dieser Satzung umfaßt der Ausdruck „Mitglied" auch die assoziierten Mitglieder, soweit es sich nicht um die Vertretung im Ministerkomitee handelt.

Art. 6. Vor der Absendung einer der in den Artikeln 4 oder 5 vorgesehenen Einladung setzt das Ministerkomitee die Zahl der dem zukünftigen Mitglied in der Beratenden Versammlung zustehenden Sitze und seinen Beitrag zu den finanziellen Aufwendungen fest.

Art. 7. Jedes Mitglied des Europarates kann aus diesem ausscheiden, indem es dem Generalsekretär gegenüber eine förmliche Erklärung hierüber abgibt. Die Austrittserklärung wird mit dem Ende des laufenden Rechnungsjahres wirksam, wenn sie innerhalb der ersten neun Monate dieses Jahres, und mit dem Ende des folgenden Rechnungsjahres, wenn sie in den letzten drei Monaten dieses Jahres abgegeben worden ist.

Art. 8. Jedem Mitglied des Europarates, das sich einer schweren Verletzung der Bestimmungen des Artikels 3 schuldig macht, kann sein Recht auf Vertretung vorläufig entzogen und es kann vom Ministerkomitee aufgefordert werden, gemäß den in Artikel 7 vorgesehenen Bestimmungen seinen Austritt zu erklären. Kommt es dieser Aufforderung nicht nach, so kann das Komitee beschließen, daß das Mitglied von einem vom Komitee bestimmten Zeitpunkt an dem Rat nicht mehr angehört.

Art. 9. Erfüllt ein Mitglied seine finanziellen Verpflichtungen nicht, so kann ihm das Ministerkomitee das Recht auf Vertretung im Komitee und in der Beratenden Versammlung entziehen, und zwar für so lange, als es seinen Verpflichtungen nicht nachkommt.

Kapitel III. Allgemeine Bestimmungen

Art. 10. Die Organe des Europarates sind
(i) das Ministerkomitee;

(ii) die *Beratende Versammlung.*[1)]

Diesen beiden Organen steht das Sekretariat des Europarates zur Seite.

Art. 11. Der Europarat hat seinen Sitz in Straßburg.

Art. 12. Die Amtssprachen des Europarates sind Französisch und Englisch. Die Geschäftsordnungen des Ministerkomitees und der Beratenden Versammlung bestimmen die Umstände und Voraussetzungen, unter denen andere Sprachen verwendet werden können.

Kapitel IV. Das Ministerkomitee

Art. 13. Das Ministerkomitee ist das Organ, das dafür zuständig ist, im Namen des Europarates gemäß Artikeln 15 und 16 zu handeln.

Art. 14. Jedes Mitglied hat im Ministerkomitee einen Vertreter, jeder Vertreter hat eine Stimme. Vertreter im Komitee sind die Außenminister. Kann ein Außenminister an den Sitzungen nicht teilnehmen, oder lassen andere Umstände es wünschenswert erscheinen, so kann ein Beauftragter bestellt werden, der für ihn tätig wird. Der Beauftragte soll, wenn irgend möglich, ein Mitglied der Regierung seines Landes sein.

Art. 15. a) Das Ministerkomitee prüft auf Empfehlung der Beratenden Versammlung oder von Amts wegen die Maßnahmen, die zur Erfüllung der Aufgaben des Europarates geeignet sind, einschließlich des Abschlusses von Abkommen und Vereinbarungen und der Annahme einer gemeinsamen Politik durch die Regierungen in bestimmten Fragen. Seine Beschlüsse werden vom Generalsekretär den Mitgliedern mitgeteilt.

b) Die Beschlüsse des Ministerkomitees können gegebenenfalls die Form von Empfehlungen an die Regierungen annehmen. Das Komitee kann die Regierungen auffordern, ihm über die auf Grund der Empfehlungen getroffenen Maßnahmen zu berichten.

Art. 16. Vorbehaltlich der Bestimmungen der Artikel 24, 28, 30, 32, 33 und 35 über die Befugnisse der Beratenden Versammlung regelt das Ministerkomitee mit bindender Wirkung alle Fragen der Organisation und des inneren Dienstes des Europarates. Es erläßt zu diesem Zweck die erforderlichen Haushalts- und Verwaltungsordnungen.

Art. 17. Das Ministerkomitee kann zu den von ihm für wünschenswert erachteten Zwecken Komitees oder Ausschüsse beratenden oder technischen Charakters bilden.

[1)] Im Februar 1994 beschloss das Ministerkomitee, künftig die Bezeichnung „Parlamentarische Versammlung" in allen Europaratsdokumenten zu verwenden.

Art. 18. Das Ministerkomitee gibt sich eine Geschäftsordnung; diese regelt insbesondere

(i) die zur Beschlußfähigkeit notwendige Mitgliederzahl;

(ii) den Modus für die Bestellung des Vorsitzenden und die Dauer seines Mandats;

(iii) das Verfahren für die Aufstellung der Tagesordnung und für die Einreichung der Entschließungsanträge;

(iv) die Art und Weise der Mitteilung der Bestellung von Beauftragten gemäß Artikel 14.

Art. 19. In jeder Sitzungsperiode der Beratenden Versammlung unterbreitet ihr das Ministerkomitee Berichte über seine Tätigkeit unter Beifügung der einschlägigen Unterlagen.

Art. 20. a) Einstimmigkeit der abgegebenen Stimmen und die Stimmen der Mehrheit der Vertreter, die Anspruch auf einen Sitz im Ministerkomitee haben, sind für Entschließungen des Komitees über folgende wichtige Fragen erforderlich:

(i) Empfehlungen nach Artikel 15 b);

(ii) Fragen nach Artikel 19;

(iii) Fragen nach Artikel 21 a) (i) und b);

(iv) Fragen nach Artikel 33;

(v) Empfehlungen für die Abänderung der Artikel 1 d), 7, 15, 20 und 22; und

(vi) alle sonstigen Fragen, für die das Komitee wegen ihrer Bedeutung durch eine unter den Voraussetzungen des nachstehenden Absatzes (d) angenommene Entschließung gegebenenfalls die Einstimmigkeit vorschreibt.

b) Fragen aus dem Bereich der Geschäftsordnung oder der Haushalts- oder Verwaltungsordnungen können den Gegenstand einer Entscheidung bilden, die mit einfacher Mehrheit der Stimmen aller Vertreter, die Anspruch auf einen Sitz im Ministerkomitee haben, gefaßt wird.

c) Die in Anwendung der Artikel 4 und 5 gefaßten Entschließungen des Komitees bedürfen der Annahme durch eine Zweidrittelmehrheit aller Vertreter, die Anspruch auf einen Sitz im Ministerkomitee haben.

d) Alle sonstigen Entschließungen des Komitees werden mit Zweidrittelmehrheit der abgegebenen Stimmen und der einfachen Mehrheit der Stimmen aller Vertreter, die Anspruch auf einen Sitz im Ministerkomitee haben, gefaßt. Zu diesen Entschließungen gehören insbesondere diejenigen über die Annahme des Haushaltsplans, der Geschäftsordnung, der Haushalts- und Verwaltungsordnungen, die Empfehlungen über die Änderung der vorstehend unter a) (v) nicht erwähnten Artikel dieser Satzung sowie darüber, welcher Absatz dieses Artikels im Zweifelsfalle anzuwenden ist.

Art. 21. a) Die Sitzungen des Ministerkomitees finden, wenn dieses keine andere Entscheidung trifft, statt

(i) unter Ausschluß der Öffentlichkeit und

(ii) am Sitze des Rates.

b) Das Komitee bestimmt selbst, welche Mitteilungen über die nicht-öffentlichen Beratungen und über ihre Beschlüsse zu veröffentlichen sind.

c) Das Komitee muß vor der Eröffnung der Sitzungsperioden der Beratenden Versammlung und zu Beginn dieser Sitzungsperioden zusammentreten; es tritt außerdem zusammen, wenn es von ihm für zweckmäßig erachtet wird.

Kapitel V. Beratende Versammlung

Art. 22. Die Beratende Versammlung ist das beratende Organ des Europarates. Sie erörtert Fragen, die in ihr Aufgabengebiet fallen, wie es in dieser Satzung umschrieben ist, und übermittelt ihre Beschlüsse dem Ministerkomitee in der Form von Empfehlungen.

Art. 23. a) Die Beratende Versammlung kann über alle Fragen, die nach den Begriffsbestimmungen des Kapitels I der Aufgabe des Europarates entsprechen und in dessen Zuständigkeit fallen, beraten und Empfehlungen ausarbeiten; sie berät ferner über jede Frage, die ihr vom Ministerkomitee zur Stellungnahme unterbreitet wird, und kann dazu Empfehlungen ausarbeiten.

b) Die Versammlung setzt ihre Tagesordnung im Einklang mit den Bestimmungen des vorstehenden Absatzes a) und unter Berücksichtigung der Tätigkeit der anderen europäischen zwischenstaatlichen Organisationen, denen einige oder alle Mitglieder des Rates angehören, fest.

c) Der Präsident der Versammlung entscheidet im Zweifelsfalle, ob eine im Laufe einer Sitzungsperiode aufgeworfene Frage auf die Tagesordnung der Versammlung gehört.

Art. 24. Die Beratende Versammlung kann unter Berücksichtigung der Bestimmungen des Artikels 38 d) Komitees oder Ausschüsse bilden, die beauftragt sind, alle Fragen im Rahmen ihrer Zuständigkeit im Sinne der Begriffsbestimmung des Artikels 23 zu prüfen, ihr Bericht zu erstatten und zu den auf ihre Tagesordnung gesetzten Angelegenheiten sowie zu allen Verfahrensfragen Stellung zu nehmen.

Art. 25.[1] a) Die Beratende Versammlung besteht aus Vertretern jedes Mitglieds, die von dessen Parlament aus seiner Mitte gewählt

---

[1] Art. 25 geänd. m. W. v. 22. 5. 1951 (Bek. v. 30. 11. 1954, BGBl. II S. 1126), m. W. v. 4. 5. 1953 (Bek. v. 27. 5. 1987, BGBl. II S. 366), m. W. v. 14. 10. 1970 (Bek. v. 28. 4. 1971, BGBl. II S. 243).

oder nach einem vom Parlament bestimmten Verfahren aus seiner Mitte ernannt werden; jedoch kann die Regierung eines jeden Mitglieds ergänzende Ernennungen vornehmen, wenn das Parlament nicht tagt und das in diesem Fall anzuwendende Verfahren nicht bestimmt hat. Jeder Vertreter muß Staatsangehöriger des von ihm vertretenen Mitglieds sein und darf nicht gleichzeitig Mitglied des Ministerkomitees sein.

Die Amtszeit der auf diese Weise ernannten Vertreter beginnt mit der Eröffnung der auf ihre Ernennung folgenden ordentlichen Sitzungsperiode; sie endet mit der Eröffnung der darauffolgenden oder einer späteren ordentlichen Sitzungsperiode; jedoch können Mitglieder nach Parlamentswahlen neue Ernennungen vornehmen.

Nimmt ein Mitglied, weil ein Sitz durch Tod oder Rücktritt verwaist ist, oder infolge von Parlamentswahlen Neuernennungen vor, so beginnt die Amtszeit der neuen Vertreter mit der ersten auf die Ernennung folgenden Sitzung der Versammlung.

b) Kein Vertreter kann im Laufe einer Sitzungsperiode der Versammlung ohne deren Zustimmung seines Mandates enthoben werden.

c) Jeder Vertreter kann einen Ersatzmann haben, der im Falle der Abwesenheit des Vertreters berechtigt ist, an seiner Stelle an den Sitzungen teilzunehmen, das Wort zu ergreifen und abzustimmen. Die Bestimmungen des vorstehenden Absatzes a) finden auch auf die Bezeichnung der Ersatzleute Anwendung.

Art. 26.[1] Die Mitglieder haben Anspruch auf die nachstehend angegebene Zahl von Sitzen:

Albanien	4
Andorra	2
Armenien	4
Österreich	6
Aserbaidschan	6
Belgien	7
Bosnien und Herzegowina	5
Bulgarien	6
Kroatien	5
Zypern	3
Tschechische Republik	7
Dänemark	5
Estland	3
Finnland	5
Frankreich	18
Georgien	5
Deutschland	18
Griechenland	7
Ungarn	7

[1] Art. 26 zuletzt geänd. m. W. v. 10.5.2007 (Beitritt Montenegros – Bek. v. 18.1.2008, BGBl. II S. 129). Die Reihenfolge der Staatennamen richtet sich nach der englischen Sprachfassung.

Island	3
Irland	4
Italien	18
Lettland	3
Liechtenstein	2
Litauen	4
Luxemburg	3
Malta	3
Moldau, Republik	5
Monaco	2
Montenegro	3
Niederlande	7
Norwegen	5
Polen	12
Portugal	7
Rumänien	10
Russische Föderation	18
San Marino	2
Serbien	7
Slowakei	5
Slowenien	3
Spanien	12
Schweden	6
Schweiz	6
„die ehemalige jugoslawische Republik Mazedonien"	3
Türkei	18
Ukraine	12
Vereinigtes Königreich Großbritannien und Nordirland	18

Art. 27.[1] Die Bedingungen, unter denen das Ministerkomitee insgesamt bei den Aussprachen der Beratenden Versammlung vertreten sein kann, und diejenigen, unter denen die Vertreter im Komitee und ihre Beauftragten einzeln das Wort vor der Versammlung ergreifen können, unterliegen den einschlägigen Bestimmungen der Geschäftsordnung, die nach Anhörung der Versammlung vom Komitee beschlossen werden können.

Art. 28. a) Die Beratende Versammlung gibt sich ihre Geschäftsordnung. Sie wählt aus ihrer Mitte ihren Präsidenten, der bis zur folgenden ordentlichen Sitzungsperiode im Amt bleibt.

b) Der Präsident leitet die Arbeiten, nimmt aber weder an den Aussprachen noch an der Abstimmung teil. Der Ersatzmann des Präsidenten ist befugt, an seiner Stelle an den Sitzungen teilzunehmen, das Wort zu ergreifen und abzustimmen.

[1] Art. 27 geänd. m. W. v. 22.5.1951 (Bek. v. 30.11.1954, BGBl. II S. 1126).

c) Die Geschäftsordnung regelt insbesondere

(i) die Frage der Beschlußfähigkeit;

(ii) das Verfahren für die Wahl und die Dauer des Amts des Präsidenten und der anderen Mitglieder des Büros;

(iii) das Verfahren für die Aufstellung der Tagesordnung und für deren Bekanntgabe an die Vertreter;

(Fortsetzung nächstes Blatt)

(iv) Zeitpunkt und Verfahren der Bekanntgabe der Namen der Vertreter und ihrer Ersatzleute.

Art. 29. Vorbehaltlich der Bestimmungen des Artikels 30 bedürfen alle Entschließungen der Beratenden Versammlung der Zweidrittelmehrheit der abgegebenen Stimmen, einschließlich der Entschließungen, die zum Gegenstand haben:

(i) Empfehlungen an das Ministerkomitee;

(ii) Vorschläge an das Komitee über die auf die Tagesordnung der Versammlung zu setzenden Fragen;

(iii) die Bildung der Komitees oder Ausschüsse;

(iv) die Festsetzung des Eröffnungstages der Sitzungsperioden;

(v) die Bestimmung der erforderlichen Mehrheit für die Annahme der Entschließungen, die nicht unter die vorstehenden Ziffern (i) bis (iv) fallen oder in Zweifelsfällen die Bestimmung der angemessenen Mehrheitsregel.

Art. 30. Die Entschließungen der Beratenden Versammlung über Fragen des inneren Geschäftsganges, insbesondere über die Wahl der Mitglieder des Büros, die Ernennung der Mitglieder für die Komitees und Ausschüsse und die Annahme der Geschäftsordnung, bedürfen der von der Versammlung gemäß Artikel 29 (v) zu bestimmenden Mehrheit.

Art. 31. Die Beratungen über die dem Ministerkomitee zu unterbreitenden Vorschläge über die Aufnahme einer Frage auf die Tagesordnung der Beratenden Versammlung dürfen sich nach Abgrenzung des Gegenstandes der Frage nur auf die Gründe beziehen, die für oder gegen diese Aufnahme sprechen.

Art. 32. Die Beratende Versammlung tritt alljährlich zu einer ordentlichen Sitzungsperiode zusammen, deren Zeitpunkt und Dauer von der Versammlung so festgesetzt werden, daß jedes Zusammentreffen mit den Sitzungsperioden der Parlamente der Mitglieder und der Generalversammlung der Vereinten Nationen nach Möglichkeit vermieden wird. Die Dauer der ordentlichen Sitzungsperioden darf einen Monat nicht überschreiten, es sei denn, daß die Versammlung und das Ministerkomitee in beiderseitigem Einvernehmen etwas anderes beschließen.

Art. 33. Die ordentlichen Sitzungsperioden der Beratenden Versammlung finden am Sitze des Rates statt, es sei denn, daß die Versammlung und das Ministerkomitee in beiderseitigem Einvernehmen anders entscheiden.

Art. 34.[1] Die Beratende Versammlung kann auf Vorschlag des Ministerkomitees oder des Präsidenten der Versammlung nach einem zwischen ihnen erzielten diesbezüglichen Einvernehmen, das sich auch auf den Zeitpunkt und den Ort bezieht, zu einer außerordentlichen Sitzungsperiode einberufen werden.

Art. 35. Die Sitzungen der Beratenden Versammlung sind öffentlich, es sei denn, daß die Versammlung anders entscheidet.

Kapitel VI. Sekretariat

Art. 36. a) Das Sekretariat besteht aus dem Generalsekretär, einem stellvertretenden Generalsekretär und dem erforderlichen Personal.

b) Der Generalsekretär und der stellvertretende Generalsekretär werden von der Beratenden Versammlung auf Empfehlung des Ministerkomitees ernannt.

c) Die übrigen Mitglieder des Sekretariats werden vom Generalsekretär nach Maßgabe der Verwaltungsordnung ernannt.

d) Kein Mitglied des Sekretariats kann eine entgeltliche Stellung bei einer Regierung innehaben, Mitglied der Beratenden Versammlung oder eines nationalen Parlaments sein oder eine Tätigkeit ausüben, die mit seinen Pflichten unvereinbar ist.

e) Jeder Angehörige des Personals des Sekretariats hat in einer feierlichen Erklärung seine Treuepflicht gegenüber dem Europarat zu bekräftigen und zu geloben, daß er die Pflichten seiner Stellung gewissenhaft erfüllen wird, ohne sich dabei durch Erwägungen nationaler Art beeinflussen zu lassen, und daß er Weisungen im Zusammenhang mit der Erfüllung seiner Aufgaben von keiner Regierung und keiner anderen Behörde als dem Rat anfordern oder entgegennehmen und sich jeder Handlung enthalten wird, die mit seiner Stellung als eines internationalen ausschließlich dem Rat verantwortlichen Beamten unvereinbar ist. Der Generalsekretär und der stellvertretende Generalsekretär geben diese Erklärung vor dem Komitee ab; die übrigen Mitglieder des Personals geben die Erklärung vor dem Generalsekretär ab.

f) Jedes Mitglied hat den ausschließlich internationalen Charakter der Aufgaben des Generalsekretärs und des Personals des Sekretariats zu achten und davon Abstand zu nehmen, diese Personen bei der Erfüllung ihrer Aufgaben zu beeinflussen.

Art. 37. a) Das Sekretariat wird am Sitze des Rates eingerichtet.

b) Der Generalsekretär ist für die Tätigkeit des Sekretariats dem Ministerkomitee gegenüber verantwortlich. Er hat insbesondere, vorbehaltlich der Bestimmungen des Artikels 38 d, der Beratenden Ver-

---

[1] Geänd. im Mai 1951.

sammlung die von ihr etwa benötigten Verwaltungsdienste und sonstigen Dienste zur Verfügung zu stellen.

Kapitel VII. Finanzen

Art. 38. a) Jedes Mitglied trägt die Kosten seiner eigenen Vertretung im Ministerkomitee und in der Beratenden Versammlung.

b) Die Aufwendungen des Sekretariats und alle sonstigen gemeinsamen Aufwendungen werden in dem vom Komitee unter Zugrundelegung der Bevölkerungszahl jedes Mitglieds bestimmten Verhältnis auf alle Mitglieder umgelegt.

Der Beitrag eines jeden assoziierten Mitglieds wird vom Komitee festgesetzt.

c) Der Haushalt des Rates wird alljährlich vom Generalsekretär unter Beachtung der Haushaltsordnung dem Komitee zur Genehmigung unterbreitet.

d) Der Generalsekretär unterbreitet dem Ministerkomitee die Anforderungen der Versammlung, die geeignet sind, Ausgaben zu verursachen, welche den Betrag der im Haushalt für die Versammlung und ihre Arbeiten bereits bewilligten Ansätze überschreiten.

e) Der Generalsekretär unterbreitet dem Ministerkomitee ferner einen Voranschlag der Ausgaben, die mit der Durchführung jeder der dem Komitee vorgelegten Empfehlungen verbunden sind. Ein Beschluß, dessen Durchführung zusätzliche Ausgaben verursacht, gilt erst dann als vom Ministerkomitee angenommen, wenn dieses die darauf bezüglichen zusätzlichen Kostenvoranschläge genehmigt hat.[1]

Art. 39. Der Generalsekretär gibt alljährlich den Regierungen der Mitglieder die Höhe ihres Beitrages bekannt. Die Beiträge gelten als am Tage dieser Bekanntgabe fällig; sie sind dem Generalsekretär spätestens innerhalb von sechs Monaten zu überweisen.

Kapitel VIII. Vorrechte und Immunitäten

Art. 40. a) Dem Europarat, den Vertretern der Mitglieder und dem Sekretariat stehen im Gebiete der Mitglieder die Immunitäten und Vorrechte zu, die für die Erfüllung ihrer Aufgaben erforderlich sind. Auf Grund dieser Immunitäten dürfen insbesondere die Vertreter der Beratenden Versammlung im Gebiete der Mitglieder wegen der im Laufe der Beratungen der Versammlung, ihrer Komitees und Ausschüsse zum Ausdruck gebrachten Auffassungen oder wegen ihrer Stimmabgabe weder festgenommen noch verfolgt werden.

---

[1] Art. 38 Abs. e) angef. im Mai 1951.

b) Die Mitglieder verpflichten sich, so bald wie möglich ein Abkommen abzuschließen, um die Anwendung des vorstehenden Absatzes a) in vollem Maße sicherzustellen.[1] Zu diesem Zweck wird das Ministerkomitee den Regierungen der Mitglieder den Abschluß eines Abkommens empfehlen, das die in ihren Gebieten gewährten Vorrechte und Immunitäten näher bezeichnet. Außerdem wird mit der Regierung der Französischen Republik ein besonderes Abkommen getroffen, das die Vorrechte und Immunitäten bezeichnet, die dem Rat an seinem Sitze zustehen.

Kapitel IX. Satzungsänderungen

Art. 41. a) Vorschläge auf Änderung dieser Satzung können dem Ministerkomitee oder, unter den in Artikel 23 vorgesehenen Bedingungen, der Beratenden Versammlung unterbreitet werden.

b) Das Komitee empfiehlt die von ihm für wünschenswert erachteten Änderungen der Satzung und sorgt für ihre Aufnahme in ein Protokoll.

c) Jedes Änderungsprotokoll tritt in Kraft, sobald es von zwei Dritteln der Mitglieder ratifiziert ist.

d) Unbeschadet der Bestimmungen der vorstehenden Absätze dieses Artikels treten die Änderungen der Artikel 23 bis 35, 38 und 39 nach ihrer jeweiligen Billigung durch das Komitee und die Versammlung mit dem Datum der vom Generalsekretär ausgestellten Bescheinigung, die den Regierungen der Mitglieder zu übersenden ist und die Billigung der genannten Änderungen beglaubigt, in Kraft. Die Bestimmungen dieses Absatzes können erst vom Schluß der zweiten ordentlichen Sitzungsperiode der Versammlung an Anwendung finden.

(Fortsetzung nächste Seite)

---

[1] Siehe das Allg. Abk. über die Vorrechte und Befreiungen des Europarates v. 2. 9. 1949 mit Zusatzprot. v. 6. 11. 1952 (BGBl. 1954 II S. 494), in Kraft für die Bundesrepublik am 11. 7. 1956 (Bek. v. 10. 1. 1958, BGBl. II S. 61) sowie das 2. Prot. v. 15. 12. 1959 betr. die Mitglieder der Europäischen Kommission für Menschenrechte (BGBl. 1959 II S. 1454), in Kraft für die Bundesrepublik am 7. 7. 1960 (Bek. v. 28. 3. 1961, BGBl. II S. 555), das 3. Prot. v. 6. 3. 1959 betr. Wiedereingliederungsfonds für nationale Flüchtlinge und Bevölkerungsüberschüsse (BGBl. 1963 II S. 237), in Kraft für die Bundesrepublik am 8. 8. 1963 (Bek. v. 19. 9. 1963, BGBl. II S. 1310), das 4. Prot. v. 16. 12. 1961 betr. den Europ. Gerichtshof für Menschenrechte (BGBl. 1963 II S. 1215), in Kraft für die Bundesrepublik am 10. 12. 1963 (Bek. v. 27. 1. 1964, BGBl. II S. 212), das 5. Prot. v. 18. 6. 1990 zum Allg. Abk. über die Vorrechte und Befreiungen des Europarates (BGBl. 1994 II S. 750), in Kraft für Deutschland am 1. 1. 1995 (Bek. v. 14. 10. 1994, BGBl. II S. 3659) und das 6. Prot. v. 5. 3. 1996 zum Allg. Abk. über die Vorrechte und Befreiungen des Europarates (BGBl. 2001 II S. 564), in Kraft für Deutschland am 3. 11. 2001 (Bek. v. 17. 10. 2002, BGBl. II S. 2842). Zum Stand der weiteren Vertragsparteien s. BGBl. Fundstellennachweis B, abgeschlossen am 31. 12. jeden Jahres.

Kapitel X. Schlußbestimmungen

Art. 42. a) Diese Satzung bedarf der Ratifizierung. Die Ratifikationsurkunden werden bei der Regierung des Vereinigten Königreichs von Großbritannien und Nordirland hinterlegt.

b) Diese Satzung tritt nach der Hinterlegung von sieben Ratifikationsurkunden in Kraft. Die Regierung des Vereinigten Königreichs gibt allen Unterzeichnerregierungen das Inkrafttreten der Satzung und die Namen der derzeitigen Mitglieder des Europarates bekannt.

c) In der Folge wird jeder weitere Unterzeichner mit dem Tage der Hinterlegung seiner Ratifikationsurkunde Vertragspartner dieser Satzung.

Zu Urkund dessen haben die unterzeichneten, zu diesem Zweck ordnungsgemäß beglaubigten Vertreter dieser Satzung unterschrieben.

Geschehen zu London am 5. Mai 1949 in französischer und englischer Sprache, wobei beide Fassungen gleichermaßen authentisch sind, in einem einzigen Exemplar, das in den Archiven der Regierung des Vereinigten Königreichs hinterlegt wird; diese übersendet beglaubigte Abschriften den anderen Regierungen der Unterzeichnerstaaten.

(Es folgen die Unterschriften für Belgien, Dänemark, Frankreich, Italien, Luxemburg, Niederlande, Norwegen, Schweden, Vereinigtes Königreich.)

112. Europäisches Übereinkommen zur friedlichen Beilegung von Streitigkeiten[1)]

Vom 29. April 1957

(BGBl. 1961 II S. 82)

(Übersetzung)

DIE UNTERZEICHNERREGIERUNGEN, MITGLIEDER DES EUROPARATS –

IN DER ERWÄGUNG, daß es das Ziel des Europarats ist, eine engere Verbindung zwischen seinen Mitgliedern herbeizuführen,

IN DER ÜBERZEUGUNG, daß die Festigung eines auf Gerechtigkeit beruhenden Friedens für die Erhaltung der menschlichen Gesellschaft und Zivilisation von lebenswichtiger Bedeutung ist,

ENTSCHLOSSEN, alle etwa zwischen ihnen entstehenden Streitigkeiten mit friedlichen Mitteln beizulegen –

SIND WIE FOLGT ÜBEREINGEKOMMEN:

Kapitel I. Gerichtliche Beilegung

Art. 1 [Zuständigkeit] Die Hohen Vertragschließenden Parteien werden alle zwischen ihnen entstehenden völkerrechtlichen Streitigkeiten dem Internationalen Gerichtshof zur Entscheidung vorlegen,[2)] insbesondere Streitigkeiten über

a) die Auslegung eines Vertrags;

b) eine Frage des Völkerrechts;

c) das Bestehen einer Tatsache, die, wenn sie bewiesen wäre, die Verletzung einer internationalen Verpflichtung bedeuten würde;

d) Art und Umfang der wegen Verletzung einer internationalen Verpflichtung geschuldeten Wiedergutmachung.

[1)] Das Übereinkommen ist für Deutschland am 18. 4. 1961 in Kraft getreten (Bek. vom 17. 7. 1961, BGBl. 1961 II S. 1026). Da Deutschland zu diesem Zeitpunkt noch nicht Mitglied der UN und damit des IGH-Statuts war, hat es sich in Übereinstimmung mit Art. 3 des Übereinkommens mittels Unterwerfungserklärung vom 24. 4. 1961 (eingegangen beim Gerichtshof am 24. 5. 1961) im Verhältnis zu den anderen Vertragsparteien des Übereinkommens der obligatorischen Gerichtsbarkeit des IGH unterworfen (BGBl. 1961 II S. 1026). Seit dem *Beitritt zur UN* am 18. 9. 1973 ergibt sich Zuständigkeit des IGH insoweit unmittelbar aus Art. 38 Abs. 1 IGH Statut. Das Übereinkommen galt ursprünglich im Verhältnis zu **Dänemark, Italien, den Niederlanden, Norwegen, Österreich, Schweden** sowie dem **Vereinigten Königreich** und gilt auch im Verhältnis zu **Luxemburg** (seit 5. 7. 1961), zur **Schweiz** (seit 29. 11. 1965), zu **Malta** (seit 28. 2. 1967, zu einer Einschränkung der Unterwerfung unter die obligatorische Gerichtsbarkeit des IGH s. Bek. vom 19. 12. 1983, BGBl. 1984 II S. 9), zu **Belgien** (seit 20. 4. 1970), zu **Liechtenstein** (seit 18. 2. 1980) und zur **Slowakei** (seit 7. 5. 2001). **Litauen** hat das Übereinkommen am 8. 12. 2011 unterzeichnet, bisher aber noch nicht ratifiziert.

[2)] Übereinkommen iSd. Art. 36 Abs. 1 2. Alt. IGH-Statut (Nr. 2).

Art. 2 [Verhältnis zum IGH, Vergleichsverfahren] (1) Artikel 1 läßt die Verpflichtungen unberührt, durch welche die Hohen Vertragschließenden Parteien die Gerichtsbarkeit des Internationalen Gerichtshofs zur Beilegung anderer als der in Artikel 1 erwähnten Streitigkeiten anerkannt haben oder anerkennen werden.

(2) Die an einer Streitigkeit beteiligten Parteien können vereinbaren, der gerichtlichen Beilegung ein Vergleichsverfahren vorausgehen zu lassen.

Art. 3 [Ermöglichung des Zugangs zum IGH] Die Hohen Vertragschließenden Parteien, welche nicht Parteien des Statuts des Internationalen Gerichtshofs sind, treffen die erforderlichen Maßnahmen, um Zutritt zum Internationalen Gerichtshof zu erhalten.

Kapitel II. Vergleichsverfahren

Art. 4 [Anwendungsbereich] (1) Die Hohen Vertragschließenden Parteien werden alle zwischen ihnen entstehenden Streitigkeiten, die nicht unter Artikel 1 fallen, einem Vergleichsverfahren unterwerfen.

(2) Die an einer im vorliegenden Artikel bezeichneten Streitigkeit beteiligten Parteien können jedoch vereinbaren, die Streitigkeit ohne vorausgehendes Vergleichsverfahren einem Schiedsgericht vorzulegen.

Art. 5 [Ständige und Besondere Vergleichskommission] Entsteht eine Streitigkeit der in Artikel 4 bezeichneten Art, so wird sie einer in der Sache zuständigen Ständigen Vergleichskommission vorgelegt, sofern eine solche bereits von den beteiligten Parteien eingesetzt worden ist. Vereinbaren die Parteien, diese Kommission nicht anzurufen, oder besteht eine solche nicht, so wird die Streitigkeit einer Besonderen Vergleichskommission vorgelegt, welche die Parteien innerhalb von drei Monaten, nachdem die eine Partei bei der anderen einen entsprechenden Antrag gestellt hat, zu bilden haben.

Art. 6 [Besondere Vergleichskommission, Zusammensetzung] Sofern die beteiligten Parteien nichts anderes vereinbaren, wird die Besondere Vergleichskommission wie folgt gebildet:

Die Kommission besteht aus fünf Mitgliedern. Jede Partei ernennt ein Mitglied, das sie unter ihren Staatsangehörigen auswählen kann. Die drei anderen Mitglieder einschließlich des Vorsitzenden werden im gegenseitigen Einvernehmen unter den Angehörigen dritter Staaten ausgewählt. Diese drei Kommissionsmitglieder müssen verschiedenen Staaten angehören und dürfen weder ihren gewöhnlichen Aufenthalt im Hoheitsgebiet der beteiligten Parteien haben, noch in deren Diensten stehen.

Art. 7 [Mitgliederbestellung bei Nichteinigung der Streitparteien] Erfolgt die Ernennung der gemeinsam zu bestellenden Kommissionsmitglieder nicht innerhalb der in Artikel 5 vorgesehenen Frist, so wird die Regierung eines dritten Staates, die von den Parteien im gegenseitigen Einvernehmen auszuwählen ist oder, wenn ein Einvernehmen nicht binnen drei Monaten zustande kommt, der Präsident des Internationalen Gerichtshofs mit der Vornahme der erforderlichen Ernennungen betraut. Besitzt dieser die Staatsangehörigkeit einer am Streit beteiligten Partei, so wird diese Aufgabe dem Vizepräsidenten oder dem dienstältesten Richter des Gerichtshofs übertragen, der nicht Staatsangehöriger einer am Streit beteiligten Partei ist.

Art. 8 [Verfahren bei Vakanzen] Sitze, die durch Todesfall, Rücktritt oder sonstige Verhinderung frei werden, sind in kürzester Frist nach dem für die Ernennung vorgesehenen Verfahren wieder zu besetzen.

Art. 9 [Verfahrenseröffnung] (1) Streitigkeiten werden der Besonderen Vergleichskommission durch einen Antrag vorgelegt, der von den beiden Parteien im gegenseitigen Einvernehmen oder, in Ermangelung eines solchen, von einer der beiden Parteien an den Vorsitzenden gerichtet wird.

(2) Der Antrag enthält eine kurze Darstellung des Streitgegenstandes und das Ersuchen an die Kommission, alle Maßnahmen zu treffen, die geeignet sind, zu einem Vergleich zu führen.

(3) Geht der Antrag nur von einer Partei aus, so hat diese ihn unverzüglich der Gegenpartei zu notifizieren.

Art. 10 [Sitz der Kommission] (1) Die Besondere Vergleichskommission tritt, sofern die Parteien nichts anderes vereinbaren, am Sitz des Europarats oder an einem anderen von ihrem Vorsitzenden bestimmten Ort zusammen.

(2) Die Kommission kann jederzeit den Generalsekretär des Europarats um seine Unterstützung ersuchen.

Art. 11 [Grundsatz der Nichtöffentlichkeit] Die Sitzungen der Besonderen Vergleichskommission sind nur dann öffentlich, wenn die Kommission dies mit Zustimmung der Parteien beschließt.

Art. 12 [Verfahrenautonomie] (1) Sofern die Parteien nichts anderes vereinbaren, setzt die Besondere Vergleichskommission selbst ihr Verfahren fest, das den Grundsatz des beiderseitigen Gehörs vorsehen muß. Für die Untersuchung hat sich die Kommission, vorbehaltlich der Bestimmungen dieses Übereinkommens, an den Dritten Titel des Haager Übereinkommens vom 18. Oktober 1907 zur friedlichen Erledigung internationaler Streitfälle zu halten, es sei denn, daß sie hierüber einen gegenteiligen Beschluß faßt.

(2) Die Parteien werden bei der Vergleichskommission durch Bevollmächtigte vertreten, deren Aufgabe es ist, als Mittelspersonen zwischen ihnen und der Kommission zu handeln; die Parteien können außerdem Rechtsbeistände und Sachverständige, die sie zu diesem

Zweck ernennen, hinzuziehen sowie die Vernehmung aller Personen beantragen, deren Aussage ihnen sachdienlich erscheint.

(3) Die Kommission ist ihrerseits berechtigt, von den Bevollmächtigten, Rechtsbeiständen und Sachverständigen beider Parteien sowie von allen Personen, die mit Zustimmung ihrer Regierung vorzuladen sie für sachdienlich hält, mündliche Auskünfte zu verlangen.

Art. 13 [Beschlussfassung] Sofern die Parteien nichts anderes vereinbaren, werden die Beschlüsse der Besonderen Vergleichskommission mit Stimmenmehrheit gefaßt; außer in Verfahrensfragen ist die Kommission nur dann beschlußfähig, wenn alle Mitglieder anwesend sind.

Art. 14 [Kooperationspflicht mit der Kommission] Die Parteien erleichtern die Arbeiten der Besonderen Vergleichskommission und lassen ihr insbesondere in größtmöglichem Ausmaße alle sachdienlichen Urkunden und Auskünfte zukommen. Sie werden alle ihnen zu Gebote stehenden Mittel einsetzen, um in ihrem Hoheitsgebiet entsprechend ihren Rechtsvorschriften der Vergleichskommission die Vorladung und Vernehmung von Zeugen und Sachverständigen sowie die Vornahme des Augenscheins zu ermöglichen.

Art. 15 [Aufgaben der Kommission, Protokoll, Frist] (1) Der Besonderen Vergleichskommission obliegt es, die streitigen Fragen zu klären, zu diesem Zweck im Wege der Untersuchung oder auf andere Weise alle sachdienlichen Auskünfte zu sammeln und sich zu bemühen, einen Vergleich zwischen den Parteien herbeizuführen. Sie kann nach Prüfung des Falles den Parteien die Bedingungen der ihr angemessen erscheinenden Regelung bekanntgeben und ihnen eine Frist zur Abgabe einer Erklärung setzen.

(2) Zum Abschluß ihrer Arbeiten setzt die Kommission ein Protokoll auf, das je nach Lage des Falles feststellt, daß sich die Parteien verständigt haben und gegebenenfalls unter welchen Bedingungen diese Verständigung zustande gekommen ist, oder aber, daß eine Einigung zwischen den Parteien nicht erzielt werden konnte. In dem Protokoll wird nicht erwähnt, ob die Kommission ihre Beschlüsse einstimmig oder mit Stimmenmehrheit gefaßt hat.

(3) Die Arbeiten der Kommission müssen, sofern die Parteien nichts anderes vereinbaren, binnen sechs Monaten nach dem Tage beendet sein, an dem die Kommission mit der Streitigkeit befaßt worden ist.

Art. 16 [Vertraulichkeit des Protokolls] Das Protokoll der Kommission ist den Parteien unverzüglich zur Kenntnis zu bringen. Es darf nur mit ihrer Zustimmung veröffentlicht werden.

Art. 17 [Kosten] (1) Für die Dauer seiner Tätigkeit erhält jedes Kommissionsmitglied eine Vergütung, deren Höhe die Parteien im gegenseitigen Einvernehmen festsetzen und zu gleichen Teilen tragen.

(2) Die bei der Tätigkeit der Kommission entstehenden allgemeinen Kosten werden in der gleichen Weise aufgeteilt.

Art. 18 [Verhältnis zum gerichtlichen Verfahren] Bei Streitigkeiten, die sowohl im Vergleichsverfahren zu regelnde Fragen als auch gerichtlich beizulegende Fragen umfassen, ist jede am Streit beteiligte Partei berechtigt, zu verlangen, daß die gerichtliche Entscheidung über die Rechtsfragen dem Vergleichsverfahren vorausgeht.

Kapitel III. Schiedsverfahren

Art. 19 [Anwendungsbereich] Die Hohen Vertragschließenden Parteien unterwerfen dem Schiedsverfahren mit Ausnahme der in Artikel 1 bezeichneten alle zwischen ihnen entstehenden Streitigkeiten, über die deshalb kein Vergleich zustande gekommen ist, weil die Parteien vereinbart haben, ein vorausgehendes Vergleichsverfahren nicht in Anspruch zu nehmen, oder weil ein solches Verfahren erfolglos geblieben ist.

Art. 20 [Antragsschrift, Zusammensetzung der Kommission] (1) Die antragstellende Partei gibt der anderen Partei den Anspruch, den sie im Schiedsverfahren geltend zu machen beabsichtigt, die Gründe, auf die sie ihren Anspruch stützt, sowie den Namen des von ihr ernannten Schiedsrichters bekannt.

(2) Sofern die beteiligten Parteien nichts anderes vereinbaren, wird das Schiedsgericht wie folgt gebildet: Das Schiedsgericht besteht aus fünf Mitgliedern. Jede Partei ernennt ein Mitglied, das sie unter ihren Staatsangehörigen auswählen kann. Die drei anderen Schiedsrichter einschließlich des Vorsitzenden werden im gegenseitigen Einvernehmen unter den Angehörigen dritter Staaten ausgewählt. Sie müssen verschiedenen Staaten angehören und dürfen weder ihren gewöhnlichen Aufenthalt im Hoheitsgebiet der beteiligten Parteien haben noch in deren Diensten stehen.

Art. 21 [Mitgliederbestellung bei Nichteinigung der Streitparteien] Erfolgt die Ernennung der Mitglieder des Schiedsgerichts nicht binnen drei Monaten, nachdem die eine Partei an die andere das Ersuchen gerichtet hat, ein Schiedsgericht zu bestellen, so wird die von den Parteien gemeinsam bezeichnete Regierung eines dritten Staats oder, wenn eine Einigung nicht binnen drei Monaten zustande kommt, der Präsident des Internationalen Gerichtshofs mit der Vornahme der erforderlichen Ernennungen betraut. Besitzt dieser die Staatsangehörigkeit einer am Streit beteiligten Partei, so wird diese Aufgabe dem Vizepräsidenten oder dem dienstältesten Richter des Gerichtshofs übertragen, der nicht Staatsangehöriger einer am Streit beteiligten Partei ist.

Art. 22 [Verfahren bei Vakanzen] Sitze, die durch Todesfall, Rücktritt oder sonstige Verhinderung frei werden, sind in kürzester Frist nach dem für die Ernennung vorgesehenen Verfahren wieder zu besetzen.

Art. 23 [Schiedsvertrag] Die Parteien schließen einen Schiedsvertrag, in dem sie den Streitgegenstand und das Verfahren festlegen.

Art. 24 [Subsidiäre Anwendbarkeit des Haager Übereinkommens] Enthält der Schiedsvertrag bezüglich der in Artikel 23 bezeichneten Punkte keine hinreichend genauen Angaben, so finden nach Möglichkeit die Bestimmungen des Vierten Titels des Haager Übereinkommens vom 18. Oktober 1907 zur friedlichen Erledigung internationaler Streitfälle Anwendung.

Art. 25 [Schiedsvertrag, Befassung des Schiedsgerichts] Kommt ein Schiedsvertrag nicht binnen drei Monaten nach der Bestellung des Schiedsgerichts zustande, so wird das Schiedsgericht auf Antrag einer der beiden Parteien mit der Angelegenheit befaßt.

Art. 26 [Anwendbares Recht, Entscheidung ex aequo et bono] Falls der Schiedsvertrag keine entsprechenden Bestimmungen enthält oder ein Schiedsvertrag nicht besteht, entscheidet das Schiedsgericht ex aequo et bono unter Berücksichtigung der allgemeinen Grundsätze des Völkerrechts vorbehaltlich der für die Parteien verbindlichen vertraglichen Verpflichtungen und endgültigen Entscheidungen internationaler Gerichte.

Kapitel IV. Allgemeine Bestimmungen

Art. 27 [Zuständigkeitsgrenzen] Dieses Übereinkommen findet keine Anwendung

a) auf Streitigkeiten, die Tatsachen oder Verhältnisse aus der Zeit vor dem Inkrafttreten dieses Übereinkommens zwischen den am Streit beteiligten Parteien betreffen;

b) auf Streitigkeiten über Fragen, die nach Völkerrecht in die ausschließlich innerstaatliche Zuständigkeit fallen.

Art. 28 [Verhältnis zu anderen gerichtlichen Streitschlichtungsmechanismen] (1) Dieses Übereinkommen findet keine Anwendung auf Streitigkeiten, die auf Grund einer zwischen den Parteien getroffenen oder in der Folge zu treffenden Vereinbarung einem anderen Verfahren zur friedlichen Beilegung zu unterwerfen sind. Hinsichtlich der in Artikel 1 bezeichneten Streitigkeiten verzichten jedoch *die Hohen* Vertragschließenden Parteien darauf, sich untereinander auf Vereinbarungen zu berufen, die kein zu einer verbindlichen Entscheidung führendes Verfahren vorsehen.

(2) Durch dieses Übereinkommen wird die Anwendung der am 4. November 1950 unterzeichneten Konvention zum Schutze der Menschenrechte und Grundfreiheiten und des am 20. März 1952 unterzeichneten Zusatzprotokolls zu dieser Konvention nicht berührt.

Art. 29 [Erschöpfung des innerstaatlichen Instanzenzuges, Ausschlussfrist] (1) Fällt der Gegenstand einer Streitigkeit nach dem innerstaatlichen Recht einer Partei in die Zuständigkeit ihrer Gerichts- oder Verwaltungsbehörden, so kann diese Partei Widerspruch dagegen erheben, daß die Streitigkeit einem in diesem Übereinkommen vorgesehenen Verfahren unterworfen wird, bevor die zuständige Behörde innerhalb einer angemessenen Frist eine endgültige Entscheidung getroffen hat.

(2) Ist eine endgültige Entscheidung im innerstaatlichen Rechtsbereich ergangen, so ist es mit Ablauf von fünf Jahren nach dieser Entscheidung nicht mehr zulässig, die in diesem Übereinkommen vorgesehenen Verfahren in Anspruch zu nehmen.

Art. 30 [Kompensationsrecht im Falle unanfechtbarer nationaler Entscheidung] Steht der Durchführung einer gerichtlichen Entscheidung oder eines Schiedsspruchs eine von einem Gericht oder einer anderen Behörde einer am Streit beteiligten Partei getroffene Entscheidung oder Verfügung entgegen und können nach dem innerstaatlichen Recht dieser Partei die Folgen dieser Entscheidung oder Verfügung nicht oder nur unvollkommen beseitigt werden, so hat der Internationale Gerichtshof oder das Schiedsgericht nötigenfalls der geschädigten Partei eine angemessene Genugtuung zuzuerkennen.

Art. 31 [Einstweilige Anordnungen] (1) In allen Fällen, in denen die Streitigkeit Gegenstand eines Gerichts- oder Schiedsgerichtsverfahrens ist, insbesondere, wenn die zwischen den Parteien streitige Frage aus bereits vollzogenen oder unmittelbar bevorstehenden Handlungen herrührt, ordnet der Internationale Gerichtshof gemäß Artikel 41 seines Statuts oder das Schiedsgericht so schnell wie möglich an, welche vorläufigen Maßnahmen zu treffen sind. Die am Streit beteiligten Parteien sind verpflichtet, diese Anordnung zu befolgen.

(2) Ist eine Vergleichskommission mit der Streitigkeit befaßt, so kann sie den Parteien diejenigen vorläufigen Maßnahmen empfehlen, die sie für zweckdienlich hält.

(3) Die Parteien enthalten sich jeder Maßnahme, die eine nachteilige Rückwirkung auf die Durchführung der gerichtlichen Entscheidung oder des Schiedsspruchs oder auf die von der Vergleichskommission vorgeschlagene Regelung haben könnte und nehmen keinerlei Handlungen vor, die geeignet sind, die Streitigkeit zu verschärfen oder auszudehnen.

Art. 32 [Unbeachtlichkeit der Interessen von Drittstaaten] (1) Dieses Übereinkommen findet zwischen den Parteien auch dann Anwendung, wenn ein dritter Staat, gleichgültig, ob er Vertragspartei des Übereinkommens ist oder nicht, an der Streitigkeit ein Interesse hat.

(2) Im Vergleichsverfahren können die Parteien im gegenseitigen Einvernehmen einen dritten Staat zur Teilnahme auffordern.

Art. 33 [Streitbeitritt] (1) Hat beim Gerichts- oder Schiedsverfahren ein dritter Staat nach seiner Auffassung ein berechtigtes Interesse an einer Streitigkeit, so kann er beim Internationalen Gerichtshof oder beim Schiedsgericht beantragen, seinen Beitritt zum Verfahren zuzulassen.

(2) Über diesen Antrag entscheidet der Internationale Gerichtshof oder das Schiedsgericht.

Art. 34 [Wahlrecht, Grundsatz der Reziprozität] (1) Jede der Hohen Vertragschließenden Parteien kann bei Hinterlegung ihrer Ratifikationsurkunde erklären, daß sie

a) das Kapitel III über das Schiedsverfahren oder

b) die Kapitel II und III über das Vergleichs- und das Schiedsverfahren nicht anwenden wird.

(2) Eine Hohe Vertragschließende Partei kann sich nur auf diejenigen Bestimmungen dieses Übereinkommens berufen, die sie selbst angenommen hat.

Art. 35 [Vorbehalte] (1) Die Hohen Vertragschließenden Parteien können nur solche Vorbehalte erklären, die darauf abzielen, diejenigen Streitigkeiten von der Anwendung dieses Übereinkommens auszuschließen, die sich auf bestimmte Einzelfälle oder besondere, genau bezeichnete Materien wie zum Beispiel den Gebietsstand beziehen oder in genau umschriebene Kategorien fallen. Hat eine Hohe Vertragschließende Partei einen Vorbehalt gemacht, so können sich die anderen Parteien ihr gegenüber auf den gleichen Vorbehalt berufen.

(2) Ein von einer Partei gemachter Vorbehalt ist, sofern nicht ausdrücklich etwas anderes erklärt wird, so zu verstehen, daß er sich nicht auf das Vergleichsverfahren erstreckt.

(3) Mit Ausnahme des in Absatz (4) vorgesehenen Falls ist jeder Vorbehalt anläßlich der Hinterlegung der Ratifikationsurkunde zu diesem Übereinkommen zu erklären.

(4) Erkennt eine Hohe Vertragschließende Partei die obligatorische Gerichtsbarkeit des Internationalen Gerichtshofs gemäß Artikel 36 Absatz 2 seines Statuts unter Vorbehalten an oder ändert sie diese Vorbehalte, so kann diese Hohe Vertragschließende Partei durch eine einfache Erklärung, vorbehaltlich der Absätze (1) und (2) des vorliegenden Artikels, dieselben Vorbehalte zu diesem Übereinkommen machen. Diese Vorbehalte entbinden die betreffende Hohe Vertragschließende Partei nicht von den Verpflichtungen aus diesem Übereinkommen in bezug auf Streitigkeiten, die Tatsachen oder Verhältnisse betreffen,

welche vor dem Zeitpunkt der Erklärung dieser Vorbehalte entstanden sind. Diese Streitigkeiten müssen jedoch innerhalb eines Jahres nach dem genannten Zeitpunkt einer Behandlung nach einem gemäß diesem Übereinkommen anwendbaren Verfahren unterworfen werden.

Art. 36 [Rücknahme von Vorbehalten] Eine Hohe Vertragschließende Partei, die dieses Übereinkommen nur teilweise oder unter Vorbehalten angenommen hat, kann jederzeit durch eine einfache Erklärung den Umfang ihrer Verpflichtung erweitern oder ihre Vorbehalte ganz oder teilweise zurücknehmen.

Art. 37 [Adressat von Erklärungen über Vorbehalte] Die in Artikel 35 Absatz (4) und in Artikel 36 vorgesehenen Erklärungen sind an den Generalsekretär des Europarats zu richten, der den Hohen Vertragschließenden Parteien Abschriften übermittelt.

Art. 38 [Auslegung des Übereinkommens durch den IGH]

(1) Streitigkeiten über die Auslegung oder Anwendung dieses Übereinkommens einschließlich solcher über die Einordnung der Streitigkeiten und die Tragweite etwaiger Vorbehalte sind dem Internationalen Gerichtshof vorzulegen. Jedoch kann der Einwand, eine Hohe Vertragschließende Partei sei in einem bestimmten Fall nicht verpflichtet, eine Streitigkeit dem Schiedsverfahren zu unterwerfen, dem Internationalen Gerichtshof nur binnen drei Monaten nach dem Zeitpunkt zur Entscheidung vorgelegt werden, zu dem die eine Partei der anderen ihre Absicht notifiziert hat, das Schiedsverfahren in Anspruch zu nehmen. Nach Ablauf dieser Frist ist das Schiedsgericht für die Entscheidung über diesen Einwand zuständig. Die Entscheidung des Internationalen Gerichtshofs ist für die mit der Streitigkeit befaßten Stellen bindend.

(2) Wird der Internationale Gerichtshof gemäß Absatz (1) angerufen, so tritt bis zu seiner Entscheidung eine Unterbrechung des betreffenden Vergleichs- oder Schiedsverfahrens ein.

Art. 39 [Bindungswirkung der Entscheidungen, Rolle des Ministerkomitees] (1) Die Hohen Vertragschließenden Parteien werden der Entscheidung des Internationalen Gerichtshofs oder dem Schiedsspruch des Schiedsgerichts in jeder Streitigkeit, an der sie beteiligt sind, nachkommen.

(2) Erfüllt eine an einer Streitigkeit beteiligte Partei nicht die Verpflichtungen, die sich für sie aus einer Entscheidung des Internationalen Gerichtshofs oder einem Schiedsspruch des Schiedsgerichts ergeben, so kann sich die andere Partei an das Ministerkomitee des Europarats wenden; dieses kann, soweit es dies für erforderlich erachtet, mit Zweidrittelmehrheit der zur Teilnahme an seinen Sitzungen berechtigten Vertreter Empfehlungen aussprechen, um die Durchführung der Entscheidung oder des Schiedsspruchs sicherzustellen.

Art. 40 [Kündigung] (1) Eine Hohe Vertragschließende Partei kann dieses Übereinkommen erst nach Ablauf von fünf Jahren nach dem Zeitpunkt, in dem es für sie in Kraft tritt, und unter Einhaltung einer Kündigungsfrist von sechs Monaten durch eine an den Generalsekretär des Europarats gerichtete Mitteilung kündigen; dieser setzt die anderen Hohen Vertragschließenden Parteien davon in Kenntnis.

(2) Die Kündigung entbindet die betreffende Hohe Vertragschließende Partei nicht von den Verpflichtungen, aus diesem Übereinkommen in bezug auf Streitigkeiten, die Tatsachen oder Verhältnisse betreffen, welche vor dem Zeitpunkt der Mitteilung der Kündigung gemäß Absatz (1) entstanden sind. Diese Streitigkeiten müssen jedoch innerhalb eines Jahres nach dem genannten Zeitpunkt einer Behandlung nach einem gemäß diesem Übereinkommen anwendbaren Verfahren unterworfen werden.

(3) Mit der gleichen Maßgabe hört jede Hohe Vertragschließende Partei, deren Mitgliedschaft beim Europarat endet, ein Jahr nach dem genannten Zeitpunkt auf, Vertragspartei dieses Übereinkommens zu sein.

Art. 41 [Unterzeichnung Ratifikation, Pflichten des Depositars] (1) Dieses Übereinkommen liegt zur Unterzeichnung durch die Mitglieder des Europarats auf. Es bedarf der Ratifizierung. Die Ratifikationsurkunden werden beim Generalsekretär des Europarats hinterlegt.

(2) Dieses Übereinkommen tritt mit dem Tage der Hinterlegung der zweiten Ratifikationsurkunde in Kraft.

(3) Für jede Unterzeichnerregierung, die das Übereinkommen zu einem späteren Zeitpunkt ratifiziert, tritt es mit dem Tag der Hinterlegung ihrer Ratifikationsurkunde in Kraft.

(4) Der Generalsekretär des Europarats notifiziert allen Mitgliedern des Europarats das Inkrafttreten des Übereinkommens, die Namen der Hohen Vertragschließenden Parteien, die es ratifiziert haben, sowie jede später erfolgende Hinterlegung einer Ratifikationsurkunde.

ZU URKUND DESSEN haben die hierzu gehörig befugten Unterzeichneten dieses Übereinkommen mit ihrer Unterschrift versehen.

GESCHEHEN zu Straßburg am 29. April 1957 in englischer und französischer Sprache, wobei jeder Wortlaut gleichermaßen verbindlich ist, in einer Urschrift, die im Archiv des Europarats hinterlegt wird. Der Generalsekretär übermittelt jeder Unterzeichnerregierung eine beglaubigte Abschrift.

113. Europäisches Fürsorgeabkommen[1), 2)]

Vom 11. Dezember 1953

(BGBl. 1956 II S. 564, Anh. I, II, III neu gefaßt gemäß Bek. v. 20. 9. 2001, BGBl. II S. 1086)

DIE UNTERZEICHNETEN REGIERUNGEN, Mitglieder des Europarates sind

IN DER ERWÄGUNG, daß der Europarat die Herstellung einer engeren Verbindung zwischen seinen Mitgliedern zur Aufgabe hat, insbesondere um ihren sozialen Fortschritt zu fördern,

IN DEM WILLEN, zur Erreichung dieses Zieles ihre Zusammenarbeit auf das soziale Gebiet auszudehnen, unter Festlegung des Grundsatzes der Gleichbehandlung der Staatsangehörigen ihrer Länder auf dem Gebiet der Fürsorgegesetzgebung,

IN DEM WUNSCHE, zu diesem Zweck ein Abkommen abzuschließen,

WIE FOLGT ÜBEREINGEKOMMEN:

Teil I. Allgemeine Bestimmungen

Art. 1. Jeder der Vertragschließenden verpflichtet sich, den Staatsangehörigen der anderen Vertragschließenden, die sich in irgendeinem Teil seines Gebietes, auf das dieses Abkommen Anwendung findet, erlaubt aufhalten und nicht über ausreichende Mittel verfügen, in gleicher Weise wie seinen eigenen Staatsangehörigen und unter den gleichen Bedingungen die Leistungen der sozialen und Gesundheitsfürsorge (im folgenden als „Fürsorge" bezeichnet) zu gewähren, die in der in diesem Teil seines Gebietes geltenden Gesetzgebung[3)] vorgesehen sind.

Art. 2. (a) Im Sinne dieses Abkommens haben die Ausdrücke „Fürsorge", „Staatsangehörige",[4)] „Gebiet"[4)] und „Heimatstaat" folgende Bedeutung:

---

1) Unter der Nr. **113** ist im Anschluß an das Fürsorgeabkommen auch das entsprechende *Zusatzprotokoll abgedruckt.*

2) Siehe hierzu das G. v. 15. 5. 1956 (BGBl. II S. 563) sowie die Bek. über Inkrafttreten und Geltungsbereich v. 8. 1. 1958 (BGBl. II S. 18). Das Abk. ist für die **Bundesrepublik** am 1. 9. 1956 in Kraft getreten. Ferner gilt das Abk. für **Belgien, Dänemark, Estland, Frankreich, Griechenland, Irland, Island, Italien, Luxemburg, Malta** (ohne Zusatzprotokoll), **Niederlande, Norwegen, Portugal, Schweden, Spanien, Türkei** und Vereinigtes **Königreich.** Internationale Quelle: UNTS Bd. 218 S. 255.

3) Diese, in Anhang I spezifizierte und hier nicht abgedruckte Gesetzgebung findet sich mit dem Stand vom 1. 3. 2000 nachgewiesen in BGBl. 2001 II, 1087.

4) Siehe hierzu Anl. II der Bek. v. 8. 1. 1958 (BGBl. II S. 18, 55).

(i) Als „Fürsorge" wird jede Fürsorge bezeichnet, die jeder der Vertragschließenden nach den in dem jeweiligen Teile seines Gebietes geltenden Rechtsvorschriften gewährt und wonach Personen ohne ausreichende Mittel die Mittel für ihren Lebensbedarf sowie die Betreuung erhalten, die ihre Lage erfordert. Ausgenommen sind beitragsfreie Renten und Leistungen zugunsten der Kriegsopfer und der Besatzungsgeschädigten.

(ii) Die Ausdrücke „Staatsangehörige"[1] und „Gebiet"[1] eines Vertragschließenden haben die Bedeutung, die dieser Vertragschließende ihnen in einer Erklärung gibt, die an den Generalsekretär des Europarates zu richten ist. Dieser hat sie allen anderen Vertragschließenden bekanntzugeben. Es ist jedoch ausdrücklich festgelegt, daß ehemalige Staatsangehörige eines Staates, die ihre Staatsangehörigkeit verloren haben, ohne daß sie ihnen aberkannt wurde, und die dadurch staatenlos geworden sind, bis zum Erwerb einer neuen Staatsangehörigkeit weiterhin wie Staatsangehörige zu behandeln sind.

(iii) Als „Heimatstaat" wird der Staat bezeichnet, dessen Staatsangehörigkeit eine Person, auf die sich die Bestimmungen dieses Abkommens beziehen, besitzt.

(b) Die Rechtsvorschriften, die in den Gebieten der Vertragschließenden, auf die dieses Abkommen Anwendung findet, in Kraft sind, sowie die von den Vertragschließenden formulierten Vorbehalte sind in Anhang I und II aufgeführt.

Art. 3. Der Nachweis der Staatsangehörigkeit richtet sich nach den einschlägigen Bestimmungen der Gesetzgebung des Heimatstaates.

Art. 4. Die Kosten der Fürsorge für Staatsangehörige eines Vertragschließenden werden von dem Vertragschließenden getragen, der die Fürsorge gewährt.

Art. 5. Die Vertragschließenden verpflichten sich, sich gegenseitig die nach ihrer Gesetzgebung zulässige Hilfe zu gewähren, um den Ersatz der Fürsorgekosten durch Dritte, die dem Unterstützten gegenüber finanzielle Verpflichtungen haben, oder durch Personen, die dem Beteiligten gegenüber unterhaltspflichtig sind, so weit wie möglich zu erleichtern.

Teil II. Rückschaffung

Art. 6. (a) Ein Vertragschließender darf einen Staatsangehörigen eines anderen Vertragschließenden, der in seinem Gebiet erlaubt seinen gewöhnlichen Aufenthalt hat, nicht allein aus dem Grunde der Hilfsbe*dürftigkeit rück*schaffen.

[1] S. hierzu Anl. II der Bek. v. 8. 1. 1958 (BGBl. II S. 18, 55).

(b) Die Vorschriften dieses Abkommens stehen in keiner Weise dem Recht zur Ausweisung aus einem anderen als dem im vorstehenden Absatz erwähnten Grund entgegen.

Art. 7 (a) Abweichend von den Bestimmungen des Artikels 6 Abs. (a) kann ein Vertragschließender einen Staatsangehörigen eines anderen Vertragschließenden, der in seinem Gebiet seinen gewöhnlichen Aufenthalt hat, allein aus dem in Artikel 6 Abs. (a) erwähnten Grunde rückschaffen, wenn die folgenden Bedingungen erfüllt sind:

(i) Der Beteiligte hat seinen gewöhnlichen Aufenthalt im Gebiet dieses Vertragschließenden, falls er vor Vollendung des 55. Lebensjahres in dieses Gebiet gekommen ist, ununterbrochen seit weniger als fünf Jahren, oder, falls er nach Erreichung dieses Alters in das Gebiet gekommen ist, ununterbrochen seit weniger als zehn Jahren;

(ii) er ist nach seinem Gesundheitszustand transportfähig;

(iii) er hat keine engen Bindungen in dem Land seines gewöhnlichen Aufenthaltes.

(b) Die Vertragschließenden vereinbaren, daß sie nur mit großer Zurückhaltung zur Rückschaffung schreiten und nur dann, wenn Gründe der Menschlichkeit dem nicht entgegenstehen.

(c) In gleichem Geiste sind die Vertragschließenden darüber einig, daß bei der Rückschaffung eines Unterstützten seinem Ehegatten und seinen Kindern jede Möglichkeit gegeben werden soll, ihn zu begleiten.

Art. 8 (a) Der Vertragschließende, der einen Staatsangehörigen auf Grund der Vorschriften des Artikels 7 rückschafft, hat die Kosten der Rückschaffung bis zur Grenze des Gebietes zu tragen, in das der Staatsangehörige rückgeschafft wird.

(b) Jeder Vertragschließende verpflichtet sich, jeden seiner Staatsangehörigen zu übernehmen, der auf Grund der Vorschriften des Artikels 7 rückgeschafft wird.

(c) Jeder Vertragschließende verpflichtet sich, allen gemäß Artikel 7 rückgeschafften Personen die Durchreise durch sein Gebiet zu gestatten.

Art. 9 Erkennt der Staat, dessen Staatsangehörigkeit der Unterstützte nach seinen Angaben besitzt, diesen nicht als seinen Staatsangehörigen an, so hat dieser Staat die notwendige Begründung dem Aufenthaltsstaat innerhalb von 30 Tagen oder innerhalb der kürzestmöglichen Frist mitzuteilen.

Art. 10 (a) Ist die Rückschaffung beschlossen, so sind die diplomatischen oder konsularischen Behörden des Heimatstaates möglichst drei Wochen im voraus von der Rückschaffung ihres Staatsangehörigen in Kenntnis zu setzen.

(b) Die Behörden des Heimatstaates haben hiervon die Behörden des Durchreiselandes oder der Durchreiseländer zu verständigen.

(c) Die Orte für die Übergabe sind durch eine Vereinbarung zwischen den zuständigen Behörden des Aufenthaltsstaates und des Heimatstaates zu bestimmen.

Teil III. Aufenthalt

Art. 11 (a) Der Aufenthalt eines Ausländers im Gebiet eines der Vertragschließenden gilt solange als erlaubt im Sinne dieses Abkommens, als der Beteiligte im Besitz einer gültigen Aufenthaltserlaubnis oder einer anderen in den Rechtsvorschriften des betreffenden Staates vorgesehenen Erlaubnis ist, auf Grund welcher ihm der Aufenthalt in diesem Gebiet gestattet ist. Die Fürsorge darf nicht deswegen versagt werden, weil die Verlängerung einer solchen Erlaubnis lediglich infolge einer Nachlässigkeit des Beteiligten unterblieben ist.

(b) Der Aufenthalt gilt als nicht erlaubt von dem Tage an, mit dem eine gegen den Beteiligten erlassene Anordnung zum Verlassen des Landes wirksam wird, sofern nicht ihre Durchführung ausgesetzt ist.

Art. 12 Der Zeitpunkt des Beginns der in Artikel 7 festgelegten Dauer des gewöhnlichen Aufenthaltes wird in jedem Land, vorbehaltlich des Nachweises des Gegenteils, entweder auf Grund des Ergebnisses behördlicher Ermittlungen oder durch die in Anhang III[1] aufgeführten Urkunden oder durch Urkunden, die nach den Rechtsvorschriften des Staates als Nachweis des gewöhnlichen Aufenthaltes anerkannt werden, bestimmt.

Art. 13 (a) Der ununterbrochene gewöhnliche Aufenthalt wird durch alle im Aufenthaltsland üblichen Beweismittel nachgewiesen, insbesondere durch den Nachweis der beruflichen Tätigkeit oder die Vorlage von Mietquittungen.

(b) (i) Der gewöhnliche Aufenthalt gilt auch bei Abwesenheit von weniger als drei Monaten als ununterbrochen, sofern die Abwesenheit nicht auf Rückschaffung oder Ausweisung beruht.

(ii) Bei Abwesenheit von mindestens sechs Monaten gilt der gewöhnliche Aufenthalt als unterbrochen.

(iii) Bei der Prüfung, ob bei Abwesenheit von mindestens drei und weniger als sechs Monaten der gewöhnliche Aufenthalt als unterbrochen gilt, sind die Absicht des Beteiligten, in das Land des gewöhnlichen Aufenthaltes zurückzukehren und das Maß, in dem

[1] Hier nicht abgedruckt.

er seine Bindungen zu diesem Lande während seiner Abwesenheit aufrechterhalten hat, zu berücksichtigen.

(iv) Durch den Dienst auf Schiffen, die im Schiffsregister des Landes des gewöhnlichen Aufenthaltes eingetragen sind, wird der gewöhnliche Aufenthalt nicht unterbrochen. Auf den Dienst auf anderen Schiffen finden die Vorschriften der vorstehenden Nummern (i) bis (iii) entsprechende Anwendung.

Art. 14. Bei der Berechnung der Dauer des gewöhnlichen Aufenthaltes werden solche Zeiten nicht berücksichtigt, für die der Beteiligte Fürsorgeleistungen aus öffentlichen Mitteln auf Grund der in Anhang I[1] aufgeführten Bestimmungen erhalten hat, ausgenommen ärztliche Behandlung bei akuter Krankheit oder kurzfristige Behandlung.

Teil IV. Sonstige Bestimmungen

Art. 15. Die diplomatischen und konsularischen Verwaltungsstellen der Vertragschließenden gewähren sich gegenseitig bei der Durchführung dieses Abkommens jede mögliche Hilfe.

Art. 16. (a) Die Vertragschließenden haben den Generalsekretär des Europarates über jede Änderung ihrer Gesetzgebung zu unterrichten, die den Inhalt von Anhang I und III[1] berührt.

(b) Jeder Vertragschließende hat dem Generalsekretär des Europarates alle neuen Rechtsvorschriften mitzuteilen, die in Anhang I noch nicht aufgeführt sind. Gleichzeitig mit dieser Mitteilung kann der Vertragschließende Vorbehalte hinsichtlich der Anwendung dieser neuen Rechtsvorschriften auf die Staatsangehörigen der anderen Vertragschließenden machen.[2]

(c) Der Generalsekretär des Europarates hat den übrigen Vertragschließenden alle Mitteilungen, die ihm nach den Bestimmungen der Absätze (a) und (b) zugehen, zur Kenntnis zu bringen.

Art. 17. Die Vertragschließenden können durch zweiseitige Vereinbarungen Übergangsregelungen für diejenigen Fälle treffen, in denen vor

---

[1] Hier nicht abgedruckt.

[2] Als Reaktion auf ein Urteil des Bundessozialgerichts v. 19. 10. 2010 (B 14 AS 23/10) hat Deutschland am 19. 12. 2011 mit sofortiger Wirkung folgende Erklärung und Vorbehalte abgegeben (Bek. v. 31. 1. 2012, BGBl. 2012 II S. 144, ber. BGBl. 2012 II S. 470):

„Die Regierung der Bundesrepublik Deutschland übernimmt keine Verpflichtung, die im Zweiten Buch Sozialgesetzbuch – Grundsicherung für Arbeitsuchende – in den jeweils geltenden Fassung vorgesehenen Leistungen an Staatsangehörige der übrigen Vertragsstaaten in gleicher Weise und unter den gleichen Bedingungen wie den eigenen Staatsangehörigen zuzuwenden.

Die Regierung der Bundesrepublik Deutschland übernimmt keine Verpflichtung, die in dem Zwölften Buch Sozialgesetzbuch – Sozialhilfe – in der jeweils geltenden Fassung vorgesehene Hilfe zur Überwindung besonderer sozialer Schwierigkeiten an Staatsangehörige der übrigen Vertragsstaaten in gleicher Weise und unter den gleichen Bedingungen wie den eigenen Staatsangehörigen zuzuwenden, ohne jedoch auszuschließen, dass auch diese Hilfen in geeigneten Fällen gewährt werden."

Dieser Vorbehalt ist vom LSG Berlin-Brandenburg (Beschluss v. 9. 5. 2012 – L 19 AS 794/12 B ER – rechtskräftig) unter Hinweis auf die konkret nicht vorliegenden Voraussetzungen des Art. 2 Abs. 1 d) WVRK (Nr. 320) für unwirksam erklärt worden.

dem Inkrafttreten dieses Abkommens Fürsorgeleistungen gewährt worden sind.

Art. 18. Die Bestimmungen dieses Abkommens stehen in keiner Weise den Vorschriften der innerstaatlichen Gesetzgebung, der internationalen Übereinkommen oder der zwei- oder mehrseitigen Abkommen entgegen, die für den Beteiligten günstiger sind.

Art. 19. Die Anhänge I, II und II sind Bestandteil dieses Abkommens.

Art. 20. (a) Alle Streitfragen, die sich bei der Auslegung oder Durchführung dieses Abkommens ergeben, sollen von den zuständigen Behörden der Vertragschließenden auf dem Verhandlungswege geregelt werden.

(b) Wird eine Streitfrage nicht innerhalb von drei Monaten auf diesem Wege geregelt, so ist sie einer Schiedstelle zu unterbreiten, deren Zusammensetzung und Verfahren von den beteiligten Vertragschließenden vereinbart werden. Kommt innerhalb einer weiteren Frist von drei Monaten hierüber keine Einigung zustande, so ist der Streitfall einem Schiedsrichter zu unterbreiten, der auf Antrag eines der beteiligten Vertragschließenden von dem Präsidenten des Internationalen Gerichtshofs bestellt wird. Besitzt dieser die Staatsangehörigkeit einer der am Streitfall beteiligten Parteien, so fällt diese Aufgabe dem Vizepräsidenten des Gerichtshofs oder dem nach dem Dienstalter nächtsfolgenden Richter zu, der nicht Staatsangehöriger einer der am Streitfall beteiligten Parteien ist.

(c) Die Entscheidung der Schiedstelle oder des Schiedsrichters soll im Einklang mit den Grundsätzen und im Geiste dieses Abkommens ergehen; sie ist verbindlich und endgültig.

Art. 21. (a) Dieses Abkommen wird zur Unterzeichnung durch die Mitglieder des Europarates aufgelegt. Es bedarf der Ratifizierung. Die Ratifikationsurkunden sind beim Generalsekretär des Europarates zu hinterlegen.[1]

(b) Dieses Abkommen tritt mit dem ersten Tage des Monats in Kraft, der auf die Hinterlegung der zweiten Ratifikationsurkunde folgt.

(c) Für jeden Unterzeichner, der dieses Abkommen in der Folge ratifiziert, tritt es mit dem ersten Tage des Monats in Kraft, der auf die Hinterlegung seiner Ratifikationsurkunde folgt.[1]

Art. 22. (a) Das Ministerkomitee des Europarates kann jeden Staat, der nicht Mitglied des Rates ist, einladen, diesem Abkommen beizutreten.

(b) Der Beitritt erfolgt durch Hinterlegung einer Beitrittserklärung beim Generalsekretär des Europarates, die mit dem ersten Tage des darauffolgenden Monats wirksam wird.

(c) Zugleich mit der Hinterlegung einer Beitrittserklärung nach den Bestimmungen dieses Artikels sind die Angaben mitzuteilen, die in

[1] Siehe auch die Anm. zum Titel dieses Abkommens.

Anhang I und III[1] dieses Abkommens enthalten sein würden, wenn die Regierung dieses Staates am Tage des Beitritts Unterzeichner dieses Abkommens gewesen wäre.

(d) Jede Mitteilung gemäß Absatz (c) gilt für die Anwendung dieses Abkommens als Bestandteil des Anhangs, in dem sie enthalten sein würde, wenn die Regierung dieses Staates Unterzeichner dieses Abkommens wäre.

Art. 23. Der Generalsekretär des Europarates bringt den Mitgliedern des Rates zur Kenntnis

(a) den Zeitpunkt des Inkrafttretens dieses Abkommens und die Namen der Mitglieder, die es ratifiziert haben oder in der Folge ratifizieren;

(b) die Hinterlegung jeder Beitrittserklärung gemäß Artikel 22 und den Eingang der gleichzeitig übermittelten Angaben;

(c) jede gemäß Artikel 24 eingegangene Erklärung und den Zeitpunkt, mit dem sie wirksam wird.

Art. 24. Dieses Abkommen wird für die Dauer von 2 Jahren abgeschlossen, gerechnet vom Zeitpunkt seines Inkrafttretens gemäß Artikel 21 Abs. (b). Seine Geltungsdauer verlängert sich sodann von Jahr zu Jahr für diejenigen Vertragschließenden, die es nicht wenigstens sechs Monate vor dem Ablauf der ursprünglichen Zweijahresfrist oder einer späteren Jahresfrist durch eine an den Generalsekretär des Europarates zu richtende Erklärung gekündigt haben. Diese Erklärung wird mit dem Ablauf dieser Frist wirksam.

ZU URKUND DESSEN haben die hierzu in gehöriger Form ermächtigten Unterzeichneten dieses Abkommen unterzeichnet.

GESCHEHEN zu Paris, am 11. Dezember 1953, in englischer und französischer Sprache, wobei beide Fassungen gleichermaßen authentisch sind, in einem einzigen Exemplar, das im Archiv des Europarates zu hinterlegen ist. Der Generalsekretär übermittelt allen Unterzeichnern beglaubigte Ausfertigungen.

Anhang I. Fürsorgegesetzgebung im Sinne des Artikels 1 des Abkommens

(vom Abdruck wird hier abgesehen)[2]

Anhang II. Vorbehalte der Vertragschließenden[3]

1. Die **Regierung von Belgien** hat folgenden Vorbehalt gemacht:

Die belgische Regierung behält sich das Recht vor, die Staatsangehörigen der Vertragsparteien von der Anwendung der Rechtsvorschriften über das Existenzminimum auszuschließen.

---

[1] Hier nicht abgedruckt.

[2] Aktuelle Informationen verfügbar unter: https://rm.coe.int/CoERMPublicCommonSearchServices/DisplayDCTMContent?documentId=09000016805a3158

[3] Anh. II neugef. gemäß Bek. v. 20.9.2001 (BGBl. II S. 1086, 1098). Vgl. auch Fußnote zu Art. 16 Abs. 2 Satz 2.

2. Die **Regierung der Bundesrepublik Deutschland** hat folgenden Vorbehalt gemacht:

Die Regierung der Bundesrepublik Deutschland übernimmt keine Verpflichtung, die in dem Bundessozialhilfegesetz in der jeweils geltenden Fassung vorgesehene Hilfe zum Aufbau oder zur Sicherung der Lebensgrundlage und Hilfe zur Überwindung besonderer sozialer Schwierigkeiten an Staatsangehörige der übrigen Vertragsstaaten in gleicher Weise und unter den gleichen Bedingungen wie den eigenen Staatsangehörigen zuzuwenden, ohne jedoch auszuschließen, dass auch diese Hilfen in geeigneten Fällen gewährt werden.

3. Die **Regierung von Luxemburg** hat folgende Vorbehalte gemacht:

a) Unbeschadet der Bestimmungen des Artikels 18 behält sich die luxemburgische Regierung vor, das Abkommen hinsichtlich der Bestimmung des Artikels 7 nur unter der Bedingung eines Mindestaufenthalts von zehn Jahren anzuwenden.

b) Die Regierung von Luxemburg macht einen allgemeinen De-jure-Vorbehalt hinsichtlich der Erstreckung der Vergünstigungen des Gesetzes vom 30. Juli 1960 über die Gründung eines nationalen Solidaritätsfonds auf Ausländer.

Jedoch bestimmt Artikel 2 Absatz 3 des genannten Gesetzes die Fälle, in denen es auch auf Staatenlose und Ausländer Anwendung findet, und in den in dem Gesetz selbst festgelegten Fällen beabsichtigt die Regierung von Luxemburg, es de facto anzuwenden.

4. Die **Regierung von Norwegen** hat folgenden Vorbehalt gemacht:

Norwegen und die Bundesrepublik Deutschland vereinbarten durch Notenwechsel (2. bis 6. September 1965), die Artikel 7 und 14 des Europäischen Fürsorgeabkommens vom 11. Dezember 1953 nicht anzuwenden.

5. Die **Regierung des Vereinigten Königreichs** hat folgenden Vorbehalt gemacht:

Die Regierung Ihrer Majestät behält sich vor, sich der Verpflichtung nach Artikel 1 zu entziehen, soweit es sich dabei um Personen handelt, die in Anwendung der Bestimmungen des Artikels 7 rückgeschafft werden können, jedoch von den ihnen für ihre Rückschaffung gebotenen Möglichkeiten (einschließlich der unentgeltlichen Reise bis zur Grenze ihres Heimatlandes) keinen Gebrauch machen.

Anhang III. Verzeichnis der Urkunden, die als Nachweis des Aufenthalts im Sinne des Artikels 11 des Abkommens anerkannt werden

(vom Abdruck wird hier abgesehen)[1]

---

[1] Anh. III neugef. gemäß Bek. v. 20.9.2001 (BGBl. II S. 1086, 1100).

Zusatzprotokoll[1]

zu dem Europäischen Fürsorgeabkommen

DIE UNTERZEICHNETEN REGIERUNGEN, Mitglieder des Europarates, sind,

IM HINBLICK auf die Bestimmungen des am 11. Dezember 1953 in Paris unterzeichneten Europäischen Fürsorgeabkommens (im folgenden als „Fürsorgeabkommen“ bezeichnet),

IM HINBLICK auf die Bestimmungen des am 28. Juli 1951 in Genf unterzeichneten Abkommens über die Rechtsstellung der Flüchtlinge (im folgenden als „Genfer Abkommen“ bezeichnet),

IN DEM WUNSCHE, die Bestimmungen des Fürsorgeabkommens auf die Flüchtlinge im Sinne des Genfer Abkommens auszudehnen,

wie folgt ÜBEREINGEKOMMEN:

Art. 1 Im Sinne dieses Protokolls hat der Ausdruck „Flüchtling“ die Bedeutung, die ihm in Artikel 1 des Genfer Abkommens gegeben wird, mit der Maßgabe, daß jeder Vertragschließende bei der Unterzeichnung der Ratifizierung oder dem Beitritt eine Erklärung darüber abgibt, welche von den in Artikel 1 Abschnitt B des Genfer Abkommens angegebenen Bedeutungen er diesem Ausdruck für die durch dieses Protokoll von ihm übernommenen Verpflichtungen gibt, sofern er diese Erklärung nicht bereits bei der Unterzeichnung oder der Ratifizierung des Genfer Abkommens abgegeben hat.

Art. 2 Die Vorschriften des Teils I des Fürsorgeabkommens finden auf die Flüchtlinge unter den gleichen Voraussetzungen Anwendung wie auf die Staatsangehörigen der Vertragschließenden.

Art. 3 1. Die Vorschriften des Teils II des Fürsorgeabkommens finden auf Flüchtlinge keine Anwendung.

2. Bei Personen, die sich auf den Schutz des Genfer Abkommens mit Rücksich auf dessen Artikel 1 Abschnitt C nicht mehr berufen können, beginnt die Aufenthaltsfrist, deren Ablauf nach Artikel 7 Abs. (a) (i) des Fürsorgeabkommens zu den Voraussetzungen der Rückschaffung gehört, erst mit dem Tage, mit dem der Schutz dieses Abkommens für sie beendet ist.

Art. 4 Die Vertragschließenden sehen die Bestimmungen der Artikel 1 bis 3 dieses Protokolls als ergänzende Bestimmungen zu dem Fürsorgeabkommen an. Die übrigen Bestimmungen des Fürsorgeabkommens finden sinngemäß Anwendung.

Art. 5 1. Dieses Protokoll wird zur Unterzeichnung durch diejenigen Mitglieder des Europarates aufgelegt, die das Fürsorgeabkommen unterzeichnet haben. Es bedarf der Ratifizierung.

2. Jeder Staat, der dem Fürsorgeabkommen beigetreten ist, kann diesem Protokoll beitreten.

3. Dieses Protokoll tritt mit dem ersten Tage des Monats in Kraft, der auf die Hinterlegung der zweiten Ratifikationsurkunde folgt.

4. Für jeden Unterzeichner, der dieses Protokoll in der Folge ratifiziert, und für jeden beitretenden Staat tritt es mit dem ersten Tage des Monats in Kraft,

---

[1] Für den Geltungsbereich des Zusatzprotokolls siehe die in der Anm. zum Titel des Abkommens zitierten Bekanntmachungen.

der auf die Hinterlegung der Ratifikationsurkunde oder Beitrittserklärung folgt.[1]

5. Die Ratifikationsurkunden und Beitrittserklärungen zu diesem Protokoll werden beim Generalsekretär des Europarates hinterlegt, der allen Mitgliedern des Europarates und den beitretenden Staaten die Namen der Staaten mitteilt, die es ratifiziert haben oder ihm beigetreten sind.

Zu Urkund dessen haben die hierzu in gehöriger Form ermächtigten Unterzeichneten dieses Protokoll unterzeichnet.

Geschehen zu Paris, am 11. Dezember 1953, in englischer und französischer Sprache, wobei beide Fassungen gleichermaßen authentisch sind, in einem einzigen Exemplar, das im Archiv des Europarates zu hinterlegen ist. Der Generalsekretär übermittelt allen Unterzeichnern beglaubigte Ausfertigungen.

(Es folgen die Unterschriften wie oben.)

---

[1] Siehe die Anm. zu Art. 21 des Abkommens.

115. Europäische Sozialcharta (revidiert)[1) · 2) · 3)]

Vom 3. Mai 1996

(BGBl. 2020 II S. 901)

Inhaltsübersicht[4)]

(Fortsetzung nächste Seite)

---

1) Die Sozialcharta in ihrer revidierten Form ist gem. ihrem Art. K Abs. 3 am 1.5.2021 für Deutschland in Kraft getreten. Sie gilt derzeit außerdem für Albanien, Andorra, Armenien, Aserbaidschan Belgien, Bosnien-Herzegowina, Bulgarien, Estland, Finnland, Frankreich, Georgien, Griechenland, Irland, Italien, Lettland, Litauen, Malta, Moldau, Montenegro, Niederlande, Nordmazedonien, Norwegen, Österreich, Portugal, Rumänien, Russische Föderation, Serbien, Slowakei, Slowenien, Schweden, Türkei, Ukraine, Ungarn, Zypern.

2) Bei der Hinterlegung der Ratifikationsurkunde hat Deutschland Vorbehalte zu Artikel 4 Absatz 4, Artikel 7 Absatz 1, Artikel 10 Absatz 5, Artikel 21, 22, 24, 30 und 31 sowie Auslegungserklärungen zu Artikel 2 Absatz 2, Artikel 3 Absatz 2 und 3, Artikel 4 Absatz 1 und 3, Artikel 6Absatz 4, Artikel 7 Absatz 5, Artikel 12 Absatz 2 und Artikel 19 Absatz 11 angebracht.

3) Das Zusatzprotokoll über Kollektivbeschwerden v. 9.11.1995 (ETS No. 158) hat Deutschland nicht ratifiziert.

4) Die Inhaltsübersicht ist nicht Bestandteil der Charta.

Anhang

Preamble

The governments signatory hereto, being members of the Council of Europe,

Considering that the aim of the Council of Europe is the achievement of greater unity between its members for the purpose of safeguarding and realising the ideals and principles which are their common heritage and of facilitating their economic and social progress, in particular by the maintenance and further realisation of human rights and fundamental freedoms;

Considering that in the European Convention for the Protection of Human Rights and Fundamental Freedoms signed at Rome on 4 November 1950, and the Protocols thereto, the member States of the Council of Europe agreed to secure to their populations the civil and political rights and freedoms therein specified;

Considering that in the European Social Charter opened for signature in Turin on 18 October 1961 and the Protocols thereto, the member States of the Council of Europe agreed to secure to their populations the social rights specified therein in order to improve their standard of living and their social well-being;

Recalling that the Ministerial Conference on Human Rights held in Rome on 5 November 1990 stressed the need, on the one hand, to preserve the indivisible nature of all human rights,

Präambel

Die Unterzeichnerregierungen, Mitglieder des Europarats, –

in der Erwägung, dass es das Ziel des Europarats ist, eine engere Verbindung zwischen seinen Mitgliedern herzustellen, um die Ideale und Grundsätze, die ihr gemeinsames Erbe sind, zu wahren und zu verwirklichen und ihren wirtschaftlichen und sozialen Fortschritt zu fördern, insbesondere durch die Erhaltung und Weiterentwicklung der Menschenrechte und Grundfreiheiten;

in der Erwägung, dass die Mitgliedstaaten des Europarats in der am 4. November 1950 zu Rom unterzeichneten Europäischen Konvention zum Schutz der Menschenrechte und Grundfreiheiten und in deren Protokollen übereingekommen sind, ihren Völkern die darin angeführten bürgerlichen und politischen Rechte und Freiheiten zu sichern;

in der Erwägung, dass die Mitgliedstaaten des Europarats in der am 18. Oktober 1961 in Turin zur Unterzeichnung aufgelegten Europäischen Sozialcharta und in deren Protokollen übereingekommen sind, ihren Völkern die darin angeführten sozialen Rechte zu sichern, um ihren Lebensstandard zu verbessern und ihr soziales Wohl zu fördern;

unter Hinweis darauf, dass die am 5. November 1990 in Rom abgehaltene Ministerkonferenz über Menschenrechte die Notwendigkeit betonte, einerseits die Unteilbarkeit aller Menschen-

be they civil, political, economic, social or cultural and, on the other hand, to give the European Social Charter fresh impetus;

Resolved, as was decided during the Ministerial Conference held in Turin on 21 and 22 October 1991, to update and adapt the substantive contents of the Charter in order to take account in particular of the fundamental social changes which have occurred since the text was adopted;

Recognising the advantage of embodying in a Revised Charter, designed progressively to take the place of the European Social Charter, the rights guaranteed by the Charter as amended, the rights guaranteed by the Additional Protocol of 1988 and to add new rights,

Have agreed as follows:

Part I

The Parties accept as the aim of their policy, to be pursued by all appropriate means both national and international in character, the attainment of conditions in which the following rights and principles may be effectively realised:

1 Everyone shall have the opportunity to earn his living in an occupation freely entered upon.

rechte, seien es bürgerliche, politische, wirtschaftliche, soziale oder kulturelle Rechte, zu bewahren und andererseits die Europäische Sozialcharta mit neuem Leben zu erfüllen;

in dem Entschluss, wie auf der am 21. und 22. Oktober 1991 in Turin abgehaltenen Ministerkonferenz beschlossen, den materiellen Inhalt der Charta auf den neuesten Stand zu bringen und in einer Weise anzupassen, dass insbesondere den seit ihrer Annahme eingetretenen grundlegenden sozialen Veränderungen Rechnung getragen wird;

in Anerkennung der Zweckmäßigkeit, in eine revidierte Charta, die schrittweise an die Stelle der Europäischen Sozialcharta treten soll, die durch die Charta garantierten Rechte in ihrer geänderten Fassung und die durch das Zusatzprotokoll von 1988 garantierten Rechte aufzunehmen sowie neue Rechte hinzuzufügen –

sind wie folgt übereingekommen:

Teil I

Die Vertragsparteien sind gewillt, mit allen zweckdienlichen Mitteln staatlicher und zwischenstaatlicher Art eine Politik zu verfolgen, die darauf abzielt, geeignete Voraussetzungen zu schaffen, damit die tatsächliche Ausübung der folgenden Rechte und Grundsätze gewährleistet ist:

1. Jedermann muss die Möglichkeit haben, seinen Lebensunterhalt durch eine frei übernommene Tätigkeit zu verdienen.

2 All workers have the right to just conditions of work.

2. Alle Arbeitnehmer haben das Recht auf gerechte Arbeitsbedingungen.

3 All workers have the right to safe and healthy working conditions.

3. Alle Arbeitnehmer haben das Recht auf sichere und gesunde Arbeitsbedingungen.

4 All workers have the right to a fair remuneration sufficient for a decent standard of living for themselves and their families.

4. Alle Arbeitnehmer haben das Recht auf ein gerechtes Arbeitsentgelt, das ihnen und ihren Familien einen angemessenen Lebensstandard sichert.

5 All workers and employers have the right to freedom of association in national or international organisations for the protection of their economic and social interests.

5. Alle Arbeitnehmer und Arbeitgeber haben das Recht auf Freiheit zur Vereinigung in nationalen und internationalen Organisationen zum Schutz ihrer wirtschaftlichen und sozialen Interessen.

6 All workers and employers have the right to bargain collectively.

6. Alle Arbeitnehmer und Arbeitgeber haben das Recht auf Kollektivverhandlungen.

7 Children and young persons have the right to a special protection against the physical and moral hazards to which they are exposed.

7. Kinder und Jugendliche haben das Recht auf besonderen Schutz gegen körperliche und sittliche Gefahren, denen sie ausgesetzt sind.

8 Employed women, in case of maternity, have the right to a special protection.

8. Arbeitnehmerinnen haben im Fall der Mutterschaft das Recht auf besonderen Schutz.

9 Everyone has the right to appropriate facilities for vocational guidance with a view to helping him choose an occupation suited to his personal aptitude and interests.

9. Jedermann hat das Recht auf geeignete Möglichkeiten der Berufsberatung, die ihm helfen soll, einen Beruf zu wählen, der seiner persönlichen Eignung und seinen Interessen entspricht.

10 Everyone has the right to appropriate facilities for vocational training.

10. Jedermann hat das Recht auf geeignete Möglichkeiten der beruflichen Bildung.

11 Everyone has the right to benefit from any measures enabling him to enjoy the highest possible standard of health attainable.

11. Jedermann hat das Recht, alle Maßnahmen in Anspruch zu nehmen, die es ihm ermöglichen, sich des besten Gesundheitszustands zu erfreuen, den er erreichen kann.

12 All workers and their dependents have the right to social security.

13 Anyone without adequate resources has the right to social and medical assistance.

14 Everyone has the right to benefit from social welfare services.

15 Disabled persons have the right to independence, social integration and participation in the life of the community.

16 The family as a fundamental unit of society has the right to appropriate social, legal and economic protection to ensure its full development.

17 Children and young persons have the right to appropriate social, legal and economic protection.

18 The nationals of any one of the Parties have the right to engage in any gainful occupation in the territory of any one of the others on a footing of equality with the nationals of the latter, subject to restrictions based on cogent economic or social reasons.

19 Migrant workers who are nationals of a Party and their families have the right to protection and assistance in the territory of any other Party.

20 All workers have the right to equal opportunities and equal treatment in matters of em-

12. Alle Arbeitnehmer und ihre Angehörigen haben das Recht auf Soziale Sicherheit.

13. Jedermann hat das Recht auf Fürsorge, wenn er keine ausreichenden Mittel hat.

14. Jedermann hat das Recht, soziale Dienste in Anspruch zu nehmen.

15. Jeder Mensch mit Behinderung hat das Recht auf Eigenständigkeit, soziale Eingliederung und Teilhabe am Leben der Gemeinschaft.

16. Die Familie als Grundeinheit der Gesellschaft hat das Recht auf angemessenen sozialen, gesetzlichen und wirtschaftlichen Schutz, der ihre volle Entfaltung zu sichern vermag.

17. Kinder und Jugendliche haben das Recht auf angemessenen sozialen, gesetzlichen und wirtschaftlichen Schutz.

18. Die Staatsangehörigen einer Vertragspartei haben das Recht, im Hoheitsgebiet jeder anderen Vertragspartei gleichberechtigt mit deren Staatsangehörigen jede Erwerbstätigkeit aufzunehmen, vorbehaltlich von Einschränkungen, die auf triftigen wirtschaftlichen oder sozialen Gründen beruhen.

19. Wanderarbeitnehmer, die Staatsangehörige einer Vertragspartei sind, und ihre Familien haben das Recht auf Schutz und Beistand im Hoheitsgebiet jeder anderen Vertragspartei.

20. Alle Arbeitnehmer haben das Recht auf Chancengleichheit und Gleichbehandlung in Be-

ployment and occupation without discrimination on the grounds of sex.

schäftigung und Beruf ohne Diskriminierung aufgrund des Geschlechts.

21 Workers have the right to be informed and to be consulted within the undertaking.

21. Die Arbeitnehmer haben das Recht auf Unterrichtung und Anhörung im Unternehmen.

22 Workers have the right to take part in the determination and improvement of the working conditions and working environment in the undertaking.

22. Die Arbeitnehmer haben das Recht auf Beteiligung an der Festlegung und Verbesserung der Arbeitsbedingungen und der Arbeitsumwelt im Unternehmen.

23 Every elderly person has the right to social protection.

23. Alle älteren Menschen haben das Recht auf sozialen Schutz.

24 All workers have the right to protection in cases of termination of employment.

24. Alle Arbeitnehmer haben das Recht auf Schutz bei Kündigung.

25 All workers have the right to protection of their claims in the event of the insolvency of their employer.

25. Alle Arbeitnehmer haben das Recht auf Schutz ihrer Forderungen bei Zahlungsunfähigkeit ihres Arbeitgebers.

26 All workers have the right to dignity at work.

26. Alle Arbeitnehmer haben das Recht auf Würde am Arbeitsplatz.

27 All persons with family responsibilities and who are engaged or wish to engage in employment have a right to do so without being subject to discrimination and as far as possible without conflict between their employment and family responsibilities.

27. Alle Personen mit Familienpflichten, die erwerbstätig sind oder erwerbstätig werden wollen, haben das Recht dazu, ohne sich einer Diskriminierung auszusetzen und, soweit dies möglich ist, ohne dass es dadurch zu einem Konflikt zwischen ihren Berufs- und ihren Familienpflichten kommt.

28 Workers' representatives in undertakings have the right to protection against acts prejudicial to them and should be afforded appropriate facilities to carry out their functions.

28. Die Arbeitnehmervertreter im Betrieb haben das Recht auf Schutz gegen Benachteiligungen und müssen geeignete Erleichterungen erhalten, um ihre Aufgaben wahrzunehmen.

29 All workers have the right to be informed and consulted in

29. Alle Arbeitnehmer haben das Recht auf Unterrichtung und

collective redundancy procedures.

30 Everyone has the right to protection against poverty and social exclusion.

31 Everyone has the right to housing.

Part II

The Parties undertake, as provided for in Part III, to consider themselves bound by the obligations laid down in the following articles and paragraphs.

Article 1
The right to work

With a view to ensuring the effective exercise of the right to work, the Parties undertake:

1 to accept as one of their primary aims and responsibilities the achievement and maintenance of as high and stable a level of employment as possible, with a view to the attainment of full employment;

2 to protect effectively the right of the worker to earn his living in an occupation freely entered upon;

3 to establish or maintain free employment services for all workers;

4 to provide or promote appropriate vocational guidance, training and rehabilitation.

Anhörung in den Verfahren bei Massenentlassungen.

30. Jedermann hat das Recht auf Schutz gegen Armut und soziale Ausgrenzung.

31. Jedermann hat das Recht auf Wohnung.

Teil II

Die Vertragsparteien erachten sich durch die in den folgenden Artikeln und Nummern festgelegten Verpflichtungen nach Maßgabe des Teils III als gebunden.

Artikel 1
Das Recht auf Arbeit

Um die wirksame Ausübung des Rechts auf Arbeit zu gewährleisten, verpflichten sich die Vertragsparteien,

1. im Hinblick auf die Verwirklichung der Vollbeschäftigung die Erreichung und Aufrechterhaltung eines möglichst hohen und stabilen Beschäftigungsstands zu einer ihrer wichtigsten Zielsetzungen und Aufgaben zu machen;

2. das Recht des Arbeitnehmers wirksam zu schützen, seinen Lebensunterhalt durch eine frei übernommene Tätigkeit zu verdienen;

3. unentgeltliche Arbeitsvermittlungsdienste für alle Arbeitnehmer einzurichten oder aufrechtzuerhalten;

4. eine geeignete Berufsberatung, Berufsausbildung und berufliche Wiedereingliederung sicherzustellen oder zu fördern.

Article 2
The right to just conditions of work

With a view to ensuring the effective exercise of the right to just conditions of work, the Parties undertake:

1 to provide for reasonable daily and weekly working hours, the working week to be progressively reduced to the extent that the increase of productivity and other relevant factors permit;

2 to provide for public holidays with pay;

3 to provide for a minimum of four weeks' annual holiday with pay;

4 to eliminate risks in inherently dangerous or unhealthy occupations, and where it has not yet been possible to eliminate or reduce sufficiently these risks, to provide for either a reduction of working hours or additional paid holidays for workers engaged in such occupations;

5 to ensure a weekly rest period which shall, as far as possible, coincide with the day recognised by tradition or custom in the country or region concerned as a day of rest;

6 to ensure that workers are informed in written form, as soon as possible, and in any event not later than two months after the date of com-

Artikel 2
Das Recht auf gerechte Arbeitsbedingungen

Um die wirksame Ausübung des Rechts auf gerechte Arbeitsbedingungen zu gewährleisten, verpflichten sich die Vertragsparteien,

1. für eine angemessene tägliche und wöchentliche Arbeitszeit zu sorgen und die Arbeitswoche schrittweise zu verkürzen, soweit die Produktivitätssteigerung und andere mitwirkende Faktoren dies gestatten;

2. bezahlte öffentliche Feiertage vorzusehen;

3. die Gewährung eines bezahlten Jahresurlaubs von mindestens vier Wochen sicherzustellen;

4. die Gefahren zu beseitigen, die gefährlichen oder gesundheitsschädlichen Arbeiten innewohnen, und, wenn diese Gefahren noch nicht beseitigt oder hinreichend vermindert werden konnten, für eine verkürzte Arbeitszeit oder zusätzliche bezahlte Urlaubstage für Arbeitnehmer zu sorgen, die mit solchen Arbeiten beschäftigt sind;

5. eine wöchentliche Ruhezeit sicherzustellen, die, soweit möglich, mit dem Tag zusammenfällt, der in dem betreffenden Land oder Bezirk durch Herkommen oder Brauch als Ruhetag anerkannt ist;

6. dafür zu sorgen, dass die Arbeitnehmer so bald wie möglich, spätestens jedoch zwei Monate nach Aufnahme der Beschäftigung, schriftlich über

mencing their employment, of the essential aspects of the contract or employment relationship;

7 to ensure that workers performing night work benefit from measures which take account of the special nature of the work.

die wesentlichen Punkte des Arbeitsvertrags oder des Arbeitsverhältnisses unterrichtet werden;

7. dafür zu sorgen, dass die Arbeitnehmer, die Nachtarbeit verrichten, in den Genuss von Maßnahmen kommen, mit denen der besonderen Art dieser Arbeit Rechnung getragen wird.

Article 3
The right to safe and healthy working conditions

With a view to ensuring the effective exercise of the right to safe and healthy working conditions, the Parties undertake, in consultation with employers' and workers' organisations:

1 to formulate, implement and periodically review a coherent national policy on occupational safety, occupational health and the working environment. The primary aim of this policy shall be to improve occupational safety and health and to prevent accidents and injury to health arising out of, linked with or occurring in the course of work, particularly by minimising the causes of hazards inherent in the working environment;

2 to issue safety and health regulations;

Artikel 3
Das Recht auf sichere und gesunde Arbeitsbedingungen

Um die wirksame Ausübung des Rechts auf sichere und gesunde Arbeitsbedingungen zu gewährleisten, verpflichten sich die Vertragsparteien, in Beratung mit Arbeitgeber- und Arbeitnehmerorganisationen

1. eine kohärente nationale Politik auf dem Gebiet der Sicherheit und des Gesundheitsschutzes der Arbeitnehmer sowie der Arbeitsumwelt festzulegen, umzusetzen und in regelmäßigen Abständen zu überprüfen. Vorrangiges Ziel dieser Politik ist es, die Sicherheit und Gesundheit bei der Arbeit zu verbessern sowie Unfälle und Beeinträchtigungen der Gesundheit, die sich aus der Arbeit ergeben, mit der Arbeit verbunden sind oder im Verlauf der Arbeit auftreten, insbesondere dadurch zu verhüten, dass die Ursachen der Gefahren in der Arbeitsumwelt so weit wie möglich verringert werden;

2. Sicherheits- und Gesundheitsvorschriften zu erlassen;

3 to provide for the enforcement of such regulations by measures of supervision;

4 to promote the progressive development of occupational health services for all workers with essentially preventive and advisory functions.

3. für Kontrollmaßnahmen zur Einhaltung dieser Vorschriften zu sorgen;

4. für alle Arbeitnehmer die schrittweise Einrichtung betriebsärztlicher Dienste mit im Wesentlichen vorbeugenden und beratenden Aufgaben zu fördern.

Article 4
The right to a fair remuneration

With a view to ensuring the effective exercise of the right to a fair remuneration, the Parties undertake:

1 to recognise the right of workers to a remuneration such as will give them and their families a decent standard of living;

2 to recognise the right of workers to an increased rate of remuneration for overtime work, subject to exceptions in particular cases;

3 to recognise the right of men and women workers to equal pay for work of equal value;

4 to recognise the right of all workers to a reasonable period of notice for termination of employment;

5 to permit deductions from wages only under conditions and to the extent prescribed by national laws or regulations or fixed by collective agreements or *arbitration* awards.

Artikel 4
Das Recht auf ein gerechtes Arbeitsentgelt

Um die wirksame Ausübung des Rechts auf ein gerechtes Arbeitsentgelt zu gewährleisten, verpflichten sich die Vertragsparteien,

1. das Recht der Arbeitnehmer auf ein Arbeitsentgelt anzuerkennen, welches ausreicht, um ihnen und ihren Familien einen angemessenen Lebensstandard zu sichern;

2. das Recht der Arbeitnehmer auf Zahlung erhöhter Lohnsätze für Überstundenarbeit anzuerkennen, vorbehaltlich von Ausnahmen in bestimmten Fällen;

3. das Recht männlicher und weiblicher Arbeitnehmer auf gleiches Entgelt für gleichwertige Arbeit anzuerkennen;

4. das Recht aller Arbeitnehmer auf eine angemessene Kündigungsfrist im Fall der Beendigung des Arbeitsverhältnisses anzuerkennen;

5. Lohnabzüge nur unter den Bedingungen und in den Grenzen zuzulassen, die in innerstaatlichen Rechtsvorschriften vorgesehen oder durch Gesamtarbeitsvertrag oder Schiedsspruch bestimmt sind.

The exercise of these rights shall be achieved by freely concluded collective agreements, by statutory wage-fixing machinery, or by other means appropriate to national conditions.

Die Ausübung dieser Rechte ist durch frei geschlossene Gesamtarbeitsverträge, durch gesetzliche Verfahren der Lohnfestsetzung oder auf jede andere, den Landesverhältnissen entsprechende Weise zu gewähren.

Article 5
The right to organise

With a view to ensuring or promoting the freedom of workers and employers to form local, national or international organisations for the protection of their economic and social interests and to join those organisations, the Parties undertake that national law shall not be such as to impair, nor shall it be so applied as to impair, this freedom. The extent to which the guarantees provided for in this article shall apply to the police shall be determined by national laws or regulations. The principle governing the application to the members of the armed forces of these guarantees and the extent to which they shall apply to persons in this category shall equally be determined by national laws or regulations.

Artikel 5
Das Vereinigungsrecht

Um die Freiheit der Arbeitnehmer und Arbeitgeber zu gewährleisten oder zu fördern, örtliche, nationale oder internationale Organisationen zum Schutz ihrer wirtschaftlichen und sozialen Interessen zu bilden und diesen Organisationen beizutreten, verpflichten sich die Vertragsparteien, diese Freiheit weder durch das innerstaatliche Recht noch durch dessen Anwendung zu beeinträchtigen. Inwieweit die in diesem Artikel vorgesehenen Garantien auf die Polizei Anwendung finden, bestimmt sich nach innerstaatlichem Recht. Das Prinzip und gegebenenfalls der Umfang der Anwendung dieser Garantien auf die Mitglieder der Streitkräfte bestimmen sich gleichfalls nach innerstaatlichem Recht.

Article 6
The right to bargain collectively

With a view to ensuring the *effective* exercise of the right to bargain collectively, the Parties undertake:

1 to promote joint consultation between workers and employers;

Artikel 6
Das Recht auf Kollektivverhandlungen

Um die wirksame Ausübung des Rechts auf Kollektivverhandlungen zu gewährleisten, verpflichten sich die Vertragsparteien,

1. gemeinsame Beratungen zwischen Arbeitnehmern und Arbeitgebern zu fördern;

2 to promote, where necessary and appropriate, machinery for voluntary negotiations between employers or employers' organisations and workers' organisations, with a view to the regulation of terms and conditions of employment by means of collective agreements;

3 to promote the establishment and use of appropriate machinery for conciliation and voluntary arbitration for the settlement of labour disputes;

and recognise:

4 the right of workers and employers to collective action in cases of conflicts of interest, including the right to strike, subject to obligations that might arise out of collective agreements previously entered into.

2. Verfahren für freiwillige Verhandlungen zwischen Arbeitgebern oder Arbeitgeberorganisationen einerseits und Arbeitnehmerorganisationen andererseits zu fördern, soweit dies notwendig und zweckmäßig ist, mit dem Ziel, die Beschäftigungsbedingungen durch Gesamtarbeitsverträge zu regeln;

3. die Einrichtung und die Benutzung geeigneter Vermittlungs- und freiwilliger Schlichtungsverfahren zur Beilegung von Arbeitsstreitigkeiten zu fördern,

und anerkennen

4. das Recht der Arbeitnehmer und der Arbeitgeber auf kollektive Maßnahmen einschließlich des Streikrechts im Fall von Interessenkonflikten, vorbehaltlich etwaiger Verpflichtungen aus geltenden Gesamtarbeitsverträgen.

Article 7
The right of children and young persons to protection

With a view to ensuring the effective exercise of the right of children and young persons to protection, the Parties undertake:

1 to provide that the minimum age of admission to employment shall be 15 years, subject to exceptions for children employed in prescribed light work without harm to their health, morals or education;

Artikel 7
Das Recht der Kinder und Jugendlichen auf Schutz

Um die wirksame Ausübung des Rechts der Kinder und Jugendlichen auf Schutz zu gewährleisten, verpflichten sich die Vertragsparteien,

1. das Mindestalter für die Zulassung zu einer Beschäftigung auf 15 Jahre festzusetzen, vorbehaltlich von Ausnahmen für Kinder, die mit bestimmten leichten Arbeiten beschäftigt werden, welche weder ihre Gesundheit noch ihre Moral noch ihre Erziehung gefährden;

2 to provide that the minimum age of admission to employment shall be 18 years with respect to prescribed occupations regarded as dangerous or unhealthy;

3 to provide that persons who are still subject to compulsory education shall not be employed in such work as would deprive them of the full benefit of their education;

4 to provide that the working hours of persons under 18 years of age shall be limited in accordance with the needs of their development, and particularly with their need for vocational training;

5 to recognise the right of young workers and apprentices to a fair wage or other appropriate allowances;

6 to provide that the time spent by young persons in vocational training during the normal working hours with the consent of the employer shall be treated as forming part of the working day;

7 to provide that employed persons of under 18 years of age shall be entitled to a minimum of four weeks' annual holiday with pay;

8 to provide that persons under 18 years of age shall not be employed in night work with *the exception of certain* occupations provided for by national laws or regulations;

9 to provide that persons under 18 years of age employed in occupations prescribed by national laws or regulations shall

2. das Mindestalter für die Zulassung zur Beschäftigung in bestimmten Berufen, die als gefährlich oder gesundheitsschädlich gelten, auf 18 Jahre festzusetzen;

3. die Beschäftigung Schulpflichtiger mit Arbeiten zu verbieten, die verhindern würden, dass sie aus ihrer Schulausbildung den vollen Nutzen ziehen;

4. die Arbeitszeit von Jugendlichen unter 18 Jahren entsprechend den Erfordernissen ihrer Entwicklung und insbesondere ihrer Berufsausbildung zu begrenzen;

5. das Recht der jugendlichen Arbeitnehmer und Lehrlinge auf ein gerechtes Arbeitsentgelt oder eine angemessene Beihilfe anzuerkennen;

6. vorzusehen, dass die Zeit, die Jugendliche während der normalen Arbeitszeit mit Zustimmung des Arbeitgebers für die Berufsausbildung verwenden, als Teil der täglichen Arbeitszeit gilt;

7. für Arbeitnehmer unter 18 Jahren die Dauer des bezahlten Jahresurlaubs auf mindestens vier Wochen festzusetzen;

8. für Personen unter 18 Jahren Nachtarbeit zu verbieten, mit Ausnahme bestimmter, im innerstaatlichen Recht festgelegter Arbeiten;

9. vorzusehen, dass Arbeitnehmer unter 18 Jahren, die in bestimmten, im innerstaatlichen Recht festgelegten Beschäfti-

be subject to regular medical control;

10 to ensure special protection against physical and moral dangers to which children and young persons are exposed, and particularly against those resulting directly or indirectly from their work.

Article 8
The right of employed women to protection of maternity

With a view to ensuring the effective exercise of the right of employed women to the protection of maternity, the Parties undertake:

1 to provide either by paid leave, by adequate social security benefits or by benefits from public funds for employed women to take leave before and after childbirth up to a total of at least fourteen weeks;

2 to consider it as unlawful for an employer to give a woman notice of dismissal during the period from the time she notifies her employer that she is pregnant until the end of her maternity leave, or to give her notice of dismissal at such a time that the notice would expire during such a period;

3 to provide that mothers who are nursing their infants shall be entitled to sufficient time off for this purpose;

gungen tätig sind, einer regelmäßigen ärztlichen Über–wachung unterliegen;

10. einen besonderen Schutz gegen die körperlichen und sittlichen Gefahren sicherzustellen, denen Kinder und Jugendliche ausgesetzt sind, insbesondere gegen Gefahren, die sich unmittelbar oder mittelbar aus ihrer Arbeit ergeben.

Artikel 8
Das Recht der Arbeitnehmerinnen auf Mutterschutz

Um die wirksame Ausübung des Rechts der Arbeitnehmerinnen auf Mutterschutz zu gewährleisten, verpflichten sich die Vertragsparteien,

1. sicherzustellen, dass Frauen vor und nach der Entbindung eine Arbeitsbefreiung von insgesamt mindestens 14 Wochen erhalten, und zwar entweder in Form eines bezahlten Urlaubs oder durch angemessene Leistungen der Sozialen Sicherheit oder aus sonstigen öffentlichen Mitteln;

2. es als ungesetzlich zu betrachten, dass ein Arbeitgeber einer Frau während der Zeit zwischen dem Zeitpunkt, in dem sie den Arbeitgeber von ihrer Schwangerschaft in Kenntnis setzt, und dem Ende ihres Mutterschaftsurlaubs oder so kündigt, dass die Kündigungsfrist während dieser Zeit abläuft;

3. sicherzustellen, dass Mütter, die ihre Kinder stillen, für diesen Zweck Anspruch auf ausreichende Arbeitsunterbrechungen haben;

4 to regulate the employment in night work of pregnant women, women who have recently given birth and women nursing their infants;

5 to prohibit the employment of pregnant women, women who have recently given birth or who are nursing their infants in underground mining and all other work which is unsuitable by reason of its dangerous, unhealthy or arduous nature and to take appropriate measures to protect the employment rights of these women.

4. die Nachtarbeit von Schwangeren, von Frauen kurz nach der Entbindung und von Frauen, die ihre Kinder stillen, zu regeln;

5. die Beschäftigung von Schwangeren, von Frauen kurz nach der Entbindung und von Frauen, die ihre Kinder stillen, mit Untertagearbeiten in Bergwerken und mit allen sonstigen Arbeiten von gefährlicher, gesundheitsschädlicher oder beschwerlicher Art zu untersagen und geeignete Maßnahmen zum Schutz der Rechte dieser Frauen im Bereich der Beschäftigung zu treffen.

Article 9
The right to vocational guidance

With a view to ensuring the effective exercise of the right to vocational guidance, the Parties undertake to provide or promote, as necessary, a service which will assist all persons, including the handicapped, to solve problems related to occupational choice and progress, with due regard to the individual's characteristics and their relation to occupational opportunity: this assistance should be available free of charge, both to young persons, including schoolchildren, and to adults.

Artikel 9
Das Recht auf Berufsberatung

Um die wirksame Ausübung des Rechts auf Berufsberatung zu gewährleisten, verpflichten sich die Vertragsparteien, einen Dienst einzurichten oder zu fördern – soweit dies notwendig ist –, der allen Personen, einschließlich der Menschen mit Behinderungen, hilft, die Probleme der Berufswahl oder des beruflichen Aufstiegs zu lösen, und zwar unter Berücksichtigung ihrer persönlichen Eigenschaften und deren Beziehung zu den Beschäftigungsmöglichkeiten; diese Hilfe soll sowohl Jugendlichen einschließlich Kindern schulpflichtigen Alters als auch Erwachsenen unentgeltlich zur Verfügung stehen.

Article 10
The right to vocational training

With a view to ensuring the effective exercise of the right to

Artikel 10
Das Recht auf berufliche Bildung

Um die wirksame Ausübung des Rechts auf berufliche Bildung

vocational training, the Parties undertake:

1 to provide or promote, as necessary, the technical and vocational training of all persons, including the handicapped, in consultation with employers' and workers' organisations, and to grant facilities for access to higher technical and university education, based solely on individual aptitude;

2 to provide or promote a system of apprenticeship and other systematic arrangements for training young boys and girls in their various employments;

3 to provide or promote, as necessary:

a adequate and readily available training facilities for adult workers;

b special facilities for the retraining of adult workers needed as a result of technological development or new trends in employment;

4 to provide or promote, as necessary, special measures for the retraining and reintegration of the long-term unemployed;

5 to encourage the full utilisation of the facilities provided by appropriate measures such as:

zu gewährleisten, verpflichten sich die Vertragsparteien,

1. die fachliche und berufliche Ausbildung aller Personen, einschließlich der Menschen mit Behinderungen, soweit es notwendig ist, zu gewährleisten oder zu fördern, und zwar in Beratung mit Arbeitgeber- und Arbeitnehmerorganisationen, sowie Möglichkeiten für den Zugang zu Technischen Hochschulen und Universitäten nach alleiniger Maßgabe der persönlichen Eignung zu schaffen;

2. ein System der Lehrlingsausbildung und andere Systeme der Ausbildung für junge Menschen beiderlei Geschlechts in ihren verschiedenen Berufstätigkeiten sicherzustellen oder zu fördern;

3. soweit notwendig, Folgendes sicherzustellen oder zu fördern:

a) geeignete und leicht zugängliche Ausbildungsmöglichkeiten für erwachsene Arbeitnehmer;

b) besondere Möglichkeiten für die Umschulung erwachsener Arbeitnehmer, die durch den technischen Fortschritt oder neue Entwicklungen auf dem Arbeitsmarkt erforderlich wird;

4. soweit notwendig, besondere Maßnahmen zur Umschulung und Wiedereingliederung von Langzeitarbeitslosen sicherzustellen oder zu fördern;

5. zur vollen Ausnutzung der geschaffenen Möglichkeiten durch geeignete Maßnahmen anzuregen, zum Beispiel dadurch, dass

a reducing or abolishing any fees or charges;

b granting financial assistance in appropriate cases;

c including in the normal working hours time spent on supplementary training taken by the worker, at the request of his employer, during employment;

d ensuring, through adequate supervision, in consultation with the employers' and workers' organisations, the efficiency of apprenticeship and other training arrangements for young workers, and the adequate protection of young workers generally.

a) alle Gebühren und Kosten herabgesetzt oder abgeschafft werden;

b) in geeigneten Fällen finanzielle Hilfe gewährt wird;

c) die Zeiten, die der Arbeitnehmer während der Beschäftigung auf Verlangen seines Arbeitgebers für den Besuch von Fortbildungslehrgängen verwendet, auf die normale Arbeitszeit angerechnet werden;

d) durch geeignete Überwachung die Wirksamkeit des Systems der Lehrlingsausbildung und jedes anderen Ausbildungssystems für jugendliche Arbeitnehmer sowie ganz allgemein deren ausreichender Schutz gewährleistet wird, und zwar in Beratung mit Arbeitgeber- und Arbeitnehmerorganisationen.

Article 11
The right to protection of health

With a view to ensuring the effective exercise of the right to protection of health, the Parties undertake, either directly or in co-operation with public or private organisations, to take appropriate measures designed *inter alia:*

1 to remove as far as possible the causes of *ill-health;*

2 to provide advisory and educational facilities for the promotion of health and the encouragement of individual responsibility in matters of health;

Artikel 11
Das Recht auf Schutz der Gesundheit

Um die wirksame Ausübung des Rechts auf Schutz der Gesundheit zu gewährleisten, verpflichten sich die Vertragsparteien, entweder unmittelbar oder in Zusammenarbeit mit öffentlichen oder privaten Organisationen geeignete Maßnahmen zu ergreifen, die unter anderem darauf abzielen,

1. so weit wie möglich die Ursachen von Gesundheitsschäden zu beseitigen;

2. Beratungs- und Schulungsmöglichkeiten zu schaffen zur Verbesserung der Gesundheit und zur Entwicklung des persönlichen Verantwortungsbe-

3 to prevent as far as possible epidemic, endemic and other diseases, as well as accidents.

Article 12
The right to social security

With a view to ensuring the effective exercise of the right to social security, the Parties undertake:

1 to establish or maintain a system of social security;

2 to maintain the social security system at a satisfactory level at least equal to that necessary for the ratification of the European Code of Social Security;

3 to endeavour to raise progressively the system of social security to a higher level;

4 to take steps, by the conclusion of appropriate bilateral and multilateral agreements or by other means, and subject to the conditions laid down in such agreements, in order to ensure:

a equal treatment with their own nationals of the nationals of other Parties in respect of social security rights, including the retention of benefits arising out of social security legislation, whatever movements the persons protected may undertake be-

wusstseins in Fragen der Gesundheit;

3. so weit wie möglich epidemischen, endemischen und anderen Krankheiten sowie Unfällen vorzubeugen.

Artikel 12
Das Recht auf Soziale Sicherheit

Um die wirksame Ausübung des Rechts auf Soziale Sicherheit zu gewährleisten, verpflichten sich die Vertragsparteien,

1. ein System der Sozialen Sicherheit einzuführen oder beizubehalten;

2. das System der Sozialen Sicherheit auf einem befriedigenden Stand zu halten, der zumindest dem entspricht, der für die Ratifikation der Europäischen Ordnung der Sozialen Sicherheit erforderlich ist;

3. sich zu bemühen, das System der Sozialen Sicherheit fortschreitend auf einen höheren Stand zu bringen;

4. durch den Abschluss geeigneter zweioder mehrseitiger Übereinkünfte oder durch andere Mittel und nach Maßgabe der in diesen Übereinkünften niedergelegten Bedingungen Maßnahmen zu ergreifen, die Folgendes gewährleisten:

a) die Gleichbehandlung der Staatsangehörigen anderer Vertragsparteien mit ihren eigenen Staatsangehörigen hinsichtlich der Ansprüche aus der Sozialen Sicherheit einschließlich der Wahrung der nach den Rechtsvorschriften der Sozi-

tween the territories of the Parties;

alen Sicherheit erwachsenen Leistungsansprüche, gleichviel wo die geschützten Personen innerhalb der Hoheitsgebiete der Vertragsparteien ihren Aufenthalt nehmen;

b the granting, maintenance and resumption of social security rights by such means as the accumulation of insurance or employment periods completed under the legislation of each of the Parties.

b) die Gewährung, die Erhaltung und das Wiederaufleben von Ansprüchen aus der Sozialen Sicherheit, beispielsweise durch die Zusammenrechnung von Versicherungs- und Beschäftigungszeiten, die nach den Rechtsvorschriften jeder der Vertragsparteien zurückgelegt wurden.

Article 13 The right to social and medical assistance

With a view to ensuring the effective exercise of the right to social and medical assistance, the Parties undertake:

1 to ensure that any person who is without adequate resources and who is unable to secure such resources either by his own efforts or from other sources, in particular by benefits under a social security scheme, be granted adequate assistance, and, in case of sickness, the care necessitated by his condition;

2 to ensure that persons receiving such assistance shall not, for that reason, suffer from a diminution of their political or social rights;

3 to provide that everyone may receive by appropriate public or

Artikel 13 Das Recht auf Fürsorge

Um die wirksame Ausübung des Rechts auf Fürsorge zu gewährleisten, verpflichten sich die Vertragsparteien,

1. sicherzustellen, dass jedem, der nicht über ausreichende Mittel verfügt und sich diese auch nicht selbst oder von anderen, insbesondere durch Leistungen aus einem System der Sozialen Sicherheit, verschaffen kann, ausreichende Unterstützung und im Fall der Erkrankung die Betreuung, die seine Lage erfordert, gewährt werden;

2. sicherzustellen, dass Personen, die diese Fürsorge in Anspruch nehmen, nicht in ihren politischen oder sozialen Rechten beeinträchtigt werden;

3. dafür zu sorgen, dass jedermann durch zweckentspre-

private services such advice and personal help as may be required to prevent, to remove, or to alleviate personal or family want;

4 to apply the provisions referred to in paragraphs 1, 2 and 3 of this article on an equal footing with their nationals to nationals of other Parties lawfully within their territories, in accordance with their obligations under the European Convention on Social and Medical Assistance, signed at Paris on 11 December 1953.

chende öffentliche oder private Einrichtungen die zur Verhütung, Behebung oder Milderung einer persönlichen oder familiären Notlage erforderliche Beratung und persönliche Hilfe erhalten kann;

4. die unter den Nummern 1, 2 und 3 genannten Bestimmungen auf die rechtmäßig in ihrem Hoheitsgebiet befindlichen Staatsangehörigen der anderen Vertragsparteien anzuwenden, und zwar auf der Grundlage der Gleichbehandlung und in Übereinstimmung mit den Verpflichtungen aus dem am 11. Dezember 1953 zu Paris unterzeichneten Europäischen Fürsorgeabkommen.

Article 14
The right to benefit from social welfare services

With a view to ensuring the effective exercise of the right to benefit from social welfare services, the Parties undertake:

1 to promote or provide services which, by using methods of social work, would contribute to the welfare and development of both individuals and groups in the community, and to their adjustment to the social environment;

2 to encourage the participation of individuals and voluntary or other organisations in the establishment and maintenance of such services.

Artikel 14
Das Recht auf Inanspruchnahme sozialer Dienste

Um die wirksame Ausübung des Rechts auf Inanspruchnahme sozialer Dienste zu gewährleisten, verpflichten sich die Vertragsparteien,

1. Dienste zu fördern oder zu schaffen, die unter Anwendung der Methoden der Sozialarbeit zum Wohlbefinden und zur Entfaltung des Einzelnen und der Gruppen innerhalb der Gemeinschaft sowie zu ihrer Anpassung an das soziale Umfeld beitragen;

2. bei der Bildung und Durchführung dieser Dienste Einzelpersonen und freie oder andere Organisationen zur Beteiligung anzuregen.

Article 15
The right of persons with disabilities to independence, social integration and participation in the life of the community

With a view to ensuring to persons with disabilities, irrespective of age and the nature and origin of their disabilities, the effective exercise of the right to independence, social integration and participation in the life of the community, the Parties undertake, in particular:

1 to take the necessary measures to provide persons with disabilities with guidance, education and vocational training in the framework of general schemes wherever possible or, where this is not possible, through specialised bodies, public or private;

2 to promote their access to employment through all measures tending to encourage employers to hire and keep in employment persons with disabilities in the ordinary working environment and to adjust the working conditions to the needs of the disabled or, where this is not possible by reason of the disability, by arranging for or creating sheltered employment according to the level of disability. In certain cases, such measures may require recourse to specialised placement and support services;

Artikel 15
Das Recht von Menschen mit Behinderungen auf Eigenständigkeit, soziale Eingliederung und Teilhabe am Leben der Gemeinschaft

Um Menschen mit Behinderungen ungeachtet ihres Alters und der Art und Ursache ihrer Behinderung die wirksame Ausübung des Rechts auf Eigenständigkeit, soziale Eingliederung und Teilhabe am Leben der Gemeinschaft zu gewährleisten, verpflichten sich die Vertragsparteien insbesondere,

1. die erforderlichen Maßnahmen zu ergreifen, um für Menschen mit Behinderungen Beratung, schulische und berufliche Bildung so weit wie möglich im Rahmen des allgemeinen Systems oder, sofern dies nicht möglich ist, durch öffentliche oder private Sondereinrichtungen bereitzustellen;

2. ihren Zugang zur Beschäftigung durch alle Maßnahmen zu fördern, mit denen ein Anreiz für Arbeitgeber geschaffen werden kann, Menschen mit Behinderungen in der normalen Arbeitsumwelt einzustellen und weiter zu beschäftigen und die Arbeitsbedingungen an die Bedürfnisse dieser Menschen anzupassen, oder, wenn dies aufgrund der Behinderung nicht möglich ist, durch Gestaltung oder Schaffung von geschützten Arbeitsplätzen entsprechend dem Grad der Beeinträchtigung. Diese Maßnahmen können gegebenenfalls den Rückgriff auf besondere Arbeitsvermittlungs- und

Betreuungsdienste rechtfertigen;

3 to promote their full social integration and participation in the life of the community in particular through measures, including technical aids, aiming to overcome barriers to communication and mobility and enabling access to transport, housing, cultural activities and leisure.

3. ihre vollständige soziale Eingliederung und volle Teilhabe am Leben der Gemeinschaft zu fördern, insbesondere durch Maßnahmen, einschließlich technischer Hilfen, die darauf gerichtet sind, Kommunikations- und Mobilitätshindernisse zu überwinden und ihnen den Zugang zu Beförderungsmitteln, Wohnraum, Freizeitmöglichkeiten und kulturellen Aktivitäten zu ermöglichen.

Article 16
The right of the family to social, legal and economic protection

With a view to ensuring the necessary conditions for the full development of the family, which is a fundamental unit of society, the Parties undertake to promote the economic, legal and social protection of family life by such means as social and family benefits, fiscal arrangements, provision of family housing, benefits for the newly married and other appropriate means.

Artikel 16
Das Recht der Familie auf sozialen, gesetzlichen und wirtschaftlichen Schutz

Um die erforderlichen Voraussetzungen für die Entfaltung der Familie als einer Grundeinheit der Gesellschaft zu schaffen, verpflichten sich die Vertragsparteien, den wirtschaftlichen, gesetzlichen und sozialen Schutz des Familienlebens zu för-dern, insbesondere durch Sozial- und Familienleistungen, steuerliche Maßnahmen, Förderung des Baus familiengerechter Wohnungen, Hilfen für junge Eheleute und andere geeignete Mittel jeglicher Art.

Article 17
The right of children and young persons to social, legal and economic protection

With a view to ensuring the effective exercise of the right of children and young persons to grow up in an environment which encourages the full devel-

Artikel 17
Das Recht der Kinder und Jugendlichen auf sozialen, gesetzlichen und wirtschaftlichen Schutz

Um Kindern und Jugendlichen die wirksame Ausübung des Rechts zu gewährleisten, in einem für die Entfaltung ihrer Persönlichkeit und für die Entwick-

opment of their personality and of their physical and mental capacities, the Parties undertake, either directly or in co-operation with public and private organisations, to take all appropriate and necessary measures designed:

1 a a to ensure that children and young persons, taking account of the rights and duties of their parents, have the care, the assistance, the education and the training they need, in particular by providing for the establishment or maintenance of institutions and services sufficient and adequate for this purpose;

b to protect children and young persons against negligence, violence or exploitation;

c to provide protection and special aid from the state for children and young persons temporarily or definitively deprived of their family's support;

2 to provide to children and young persons a free primary and secondary education as well as to encourage regular attendance at schools.

Article 18
The right to engage in a gainful occupation in the territory of other Parties

With a view to ensuring the effective exercise of the right to

lung ihrer körperlichen und geistigen Fähigkeiten günstigen Umfeld aufzuwachsen, verpflichten sich die Vertragsparteien, unmittelbar oder in Zusammenarbeit mit öffentlichen oder privaten Organisationen alle notwendigen und geeigneten Maßnahmen zu treffen, die darauf gerichtet sind,

1. a) Kindern und Jugendlichen unter Berücksichtigung der Rechte und Pflichten ihrer Eltern die Betreuung, Unterstützung, Er-ziehung und Ausbildung zu gewährleisten, deren sie bedürfen, insbesondere dadurch, dass für diesen Zweck angemessene und ausreichende Einrichtungen und Dienste geschaffen oder unterhalten werden;

b) Kinder und Jugendliche gegen Vernachlässigung, Gewalt und Ausbeutung zu schützen;

c) Kindern und Jugendlichen, denen vorübergehend oder endgültig die Unterstützung durch die Familie fehlt, den Schutz und die besondere Hilfe des Staates zu gewährleisten;

2. Kindern und Jugendlichen eine unentgeltliche Schulbildung in der Primarund Sekundarstufe zu gewährleisten sowie den regelmäßigen Schulbesuch zu fördern.

Artikel 18
Das Recht auf Ausübung einer Erwerbstätigkeit im Hoheitsgebiet der anderen Vertragsparteien

Um die wirksame Ausübung des Rechts auf Ausübung einer

engage in a gainful occupation in the territory of any other Party, the Parties undertake:

1 to apply existing regulations in a spirit of liberality;

2 to simplify existing formalities and to reduce or abolish chancery dues and other charges payable by foreign workers or their employers;

3 to liberalise, individually or collectively, regulations governing the employment of foreign workers;

and recognise:

4 the right of their nationals to leave the country to engage in a gainful occupation in the territories of the other Parties.

Article 19 The right of migrant workers and their families to protection and assistance

With a view to ensuring the effective exercise of the right of migrant workers and their families to protection and assistance in the territory of any other Party, the Parties undertake:

1 to maintain or to satisfy themselves that there are maintained adequate and free services to assist such workers, particularly in obtaining accurate information, and to take all appropriate steps, so far as national laws and regulations permit, against misleading

Erwerbstätigkeit im Hoheitsgebiet jeder anderen Vertragspartei zu gewährleisten, verpflichten sich die Vertragsparteien,

1. bestehende Vorschriften großzügig anzuwenden;
2. bestehende Formvorschriften zu vereinfachen und Verwaltungsgebühren und andere von ausländischen Arbeitnehmern oder ihren Arbeitgebern zu entrichtende Abgaben herabzusetzen oder abzuschaffen;
3. die Vorschriften über die Beschäftigung ausländischer Arbeitnehmer einzeln oder gemeinschaftlich zu liberalisieren,

und anerkennen

4. das Recht ihrer Staatsangehörigen, das Land zu verlassen, um im Hoheitsgebiet anderer Vertragsparteien eine Erwerbstätigkeit auszuüben.

Artikel 19 Das Recht der Wanderarbeitnehmer und ihrer Familien auf Schutz und Beistand

Um die wirksame Ausübung des Rechts der Wanderarbeitnehmer und ihrer Familien auf Schutz und Beistand im Hoheitsgebiet jeder anderen Vertragspartei zu gewährleisten, verpflichten sich die Vertragsparteien,

1. geeignete Stellen zu unterhalten oder sich zu vergewissern, dass solche Stellen bestehen, die diese Arbeitnehmer unentgeltlich betreuen, insbesondere durch Erteilung genauer Auskünfte, sowie im Rahmen des innerstaatlichen Rechts geeignete Maßnah-

propaganda relating to emigration and immigration;

2 to adopt appropriate measures within their own jurisdiction to facilitate the departure, journeyand reception of such workers and their families, and to provide, within their own jurisdiction, appropriate services for health, medical attention and good hygienic conditions during the journey;

3 to promote co-operation, as appropriate, between social services, public and private, in emigration and immigration countries;

4 to secure for such workers lawfully within their territories, insofar as such matters are regulated by law or regulations or are subject to the control of administrative authorities, treatment not less favourable than that of their own nationals in respect of the following matters:

a remuneration and other employment and working conditions;

b membership of trade unions and enjoyment of the benefits of collective bargaining;

c accommodation;

5 to secure for such workers lawfully within their territo-

men gegen irreführende Werbung zur Auswanderung und Einwanderung zu treffen;

2. in den Grenzen ihrer Zuständigkeit geeignete Maßnahmen zur Erleichterung der Abreise, der Reise und der Aufnahme dieser Arbeitnehmer und ihrer Familien zu treffen und ihnen in den Grenzen ihrer Zuständigkeit während der Reise notwendige Gesundheitsdienste, ärztliche Betreuung und gute hygienische Bedingungen zu verschaffen;

3. soweit erforderlich, die Zusammenarbeit zwischen den öffentlichen und den privaten sozialen Diensten der Auswanderungs- und der Einwanderungsländer zu fördern;

4. sicherzustellen, dass diese Arbeitnehmer, soweit sie sich rechtmäßig in ihrem Hoheitsgebiet befinden, nicht weniger günstig behandelt werden als ihre eigenen Staatsangehörigen in Bezug auf die folgenden Gegenstände, soweit diese durch Rechtsvorschriften geregelt oder der Überwachung durch die Verwaltungsbehörden unterstellt sind;

a) das Arbeitsentgelt und andere Beschäftigungs- und Arbeitsbedingungen;

b) den Beitritt zu gewerkschaftlichen Organisationen und den Genuss der durch Gesamtarbeitsverträge gebotenen Vorteile;

c) die Unterkunft;

5. sicherzustellen, dass diese Arbeitnehmer, soweit sie sich

ries treatment not less favourable than that of their own nationals with regard to employment taxes, dues or contributions payable in respect of employed persons;

rechtmäßig in ihrem Hoheitsgebiet befinden, nicht weniger günstig behandelt werden als ihre eigenen Staatsangehörigen in Bezug auf die Steuern, Abgaben und Beiträge, die für den Arbeitnehmer aufgrund der Beschäftigung zu zahlen sind;

6 to facilitate as far as possible the reunion of the family of a foreign worker permitted to establish himself in the territory;

6. soweit möglich, die Zusammenführung eines zur Niederlassung im Hoheitsgebiet berechtigten Wanderarbeitnehmers mit seiner Familie zu erleichtern;

7 to secure for such workers lawfully within their territories treatment not less favourable than that of their own nationals in respect of legal proceedings relating to matters referred to in this article;

7. sicherzustellen, dass diese Arbeitnehmer, soweit sie sich rechtmäßig in ihrem Hoheitsgebiet befinden, nicht weniger günstig behandelt werden als ihre eigenen Staatsangehörigen in Bezug auf die Möglichkeit, hinsichtlich der in diesem Artikel behandelten Angelegenheiten den Rechtsweg zu beschreiten;

8 to secure that such workers lawfully residing within their territories are not expelled unless they endanger national security or offend against public interest or morality;

8. sicherzustellen, dass diese Arbeitnehmer, soweit sie in ihrem Hoheitsgebiet ihren rechtmäßigen gewöhnlichen Aufenthalt haben, nur ausgewiesen werden können, wenn sie die Sicherheit des Staates gefährden oder gegen die öffentliche Sicherheit und Ordnung oder die Sittlichkeit verstoßen;

9 to permit, within legal limits, the transfer of such parts of the earnings and savings of such workers as they may desire;

9. innerhalb der gesetzlichen Grenzen die Überweisung der Teile des Verdienstes und der Ersparnisse zuzulassen, die diese Arbeitnehmer zu überweisen wünschen;

10 to extend the protection and assistance provided for in this

10. den in diesem Artikel vorgesehenen Schutz und Beistand

article to selfemployed migrants insofar as such measures apply;

11 to promote and facilitate the teaching of the national language of the receiving state or, if there are several, one of these languages, to migrant workers and members of their families;

12 to promote and facilitate, as far as practicable, the teaching of the migrant worker's mother tongue to the children of the migrant worker.

auf die aus- oder einwandernden selbständig Erwerbstätigen zu erstrecken, soweit solche Maßnahmen auf diesen Personenkreis anwendbar sind;

11. für Wanderarbeitnehmer und ihre Familienangehörigen den Unterricht zum Erlernen der oder, sollte es mehrere geben, einer Landessprache des Aufnahmestaats zu fördern und zu erleichtern;

12. soweit durchführbar, den Unterricht zum Erlernen der Muttersprache des Wanderarbeitnehmers für dessen Kinder zu fördern und zu erleichtern.

Article 20
The right to equal opportunities and equal treatment in matters of employment and occupation without dicrimination on the grounds of sex

With a view to ensuring the effective exercise of the right to equal opportunities and equal treatment in matters of employment and occupation without discrimination on the grounds of sex, the Parties undertake to recognise that right and to take appropriate measures to ensure or promote its application in the following fields:

a access to employment, protection against dismissal and occupational reintegration;

b vocational guidance, training, retraining and rehabilitation;

Artikel 20
Das Recht auf Chancengleichheit und Gleichbehandlung in Beschäftigung und Beruf ohne Diskriminierung aufgrund des Geschlechts

Um die wirksame Ausübung des Rechts auf Chancengleichheit und Gleichbehandlung in Beschäftigung und Beruf ohne Diskriminierung aufgrund des Geschlechts zu gewährleisten, verpflichten sich die Vertrags–parteien, dieses Recht anzuerkennen und geeignete Maßnahmen zu ergreifen, um dessen Anwendung in den folgenden Bereichen zu gewährleisten oder zu fördern:

a) Zugang zur Beschäftigung, Kündigungsschutz und berufliche Wiedereingliederung;

b) Berufsberatung und berufliche Ausbildung, Umschulung und berufliche Rehabilitation;

c terms of employment and working conditions, including remuneration;

d career development, including promotion.

c) Beschäftigungs- und Arbeitsbedingungen, einschließlich des Entgelts;

d) beruflicher Werdegang, einschließlich des beruflichen Aufstiegs.

Article 21 The right to information and consultation

With a view to ensuring the effective exercise of the right of workers to be informed and consulted within the undertaking, the Parties undertake to adopt or encourage measures enabling workers or their representatives, in accordance with national legislation and practice:

a to be informed regularly or at the appropriate time and in a comprehensible way about the economic and financial situation of the undertaking employing them, on the understanding that the disclosure of certain information which could be prejudicial to the undertaking may be refused or subject to confidentiality; and

b to be consulted in good time on proposed decisions which could substantially affect the interests of workers, particularly on those decisions which could have an important impact on the employment situation in the undertaking.

Artikel 21 Das Recht auf Unterrichtung und Anhörung

Um die wirksame Ausübung des Rechts der Arbeitnehmer auf Unterrichtung und Anhörung im Unternehmen zu gewährleisten, verpflichten sich die Vertragsparteien, im Einklang mit den innerstaatlichen Rechtsvorschriften und Gepflogenheiten Maßnahmen zu ergreifen oder zu fördern, die den Arbeitnehmern oder ihren Vertretern die Möglichkeit geben,

a) regelmäßig oder zu gegebener Zeit in einer verständlichen Weise über die wirtschaftliche und finanzielle Lage des sie beschäftigenden Unternehmens unterrichtet zu werden, mit der Maßgabe, dass die Erteilung bestimmter Auskünfte, die für das Unternehmen nachteilig sein könnte, verweigert oder der Pflicht zur vertraulichen Behandlung unterworfen werden kann, und

b) rechtzeitig zu beabsichtigten Entscheidungen gehört zu werden, welche die Interessen der Arbeitnehmer erheblich berühren könnten, insbesondere zu Entscheidungen, die wesentliche Auswirkungen auf die Beschäftigungslage im Unternehmen haben könnten.

Article 22
The right to take part in the determination and improvement of the working conditions and working environment

With a view to ensuring the effective exercise of the right of workers to take part in the determination and improvement of the working conditions and working environment in the undertaking, the Parties undertake to adopt or encourage measures enabling workers or their representatives, in accordance with national legislation and practice, to contribute:

a to the determination and the improvement of the working conditions, work organisation and working environment;

b to the protection of health and safety within the undertaking;

c to the organisation of social and sociocultural services and facilities within the undertaking;

d to the supervision of the observance of regulations on these matters.

Artikel 22
Das Recht auf Beteiligung an der Festlegung und Verbesserung der Arbeitsbedingungen und der Arbeitsumwelt

Um die wirksame Ausübung des Rechts der Arbeitnehmer auf Beteiligung an der Festlegung und Verbesserung der Arbeitsbedingungen und der Arbeitsumwelt im Unternehmen zu gewährleisten, verpflichten sich die Vertragsparteien, im Einklang mit den innerstaatlichen Rechtsvorschriften und Gepflogenheiten Maßnahmen zu ergreifen oder zu fördern, die es den Arbeitnehmern oder ihren Vertretern ermöglichen, einen Beitrag zu leisten

a) zur Festlegung und Verbesserung der Arbeitsbedingungen, der Arbeitsorganisation und der Arbeitsumwelt;

b) zum Schutz der Gesundheit und der Sicherheit im Unternehmen;

c) zur Schaffung sozialer und soziokultureller Dienste und Einrichtungen des Unternehmens;

d) zur Überwachung der Einhaltung der einschlägigen Vorschriften.

Article 23
The right of elderly persons to social protection

With a view to ensuring the effective exercise of the right of elderly persons to social protection, the Parties undertake to adopt or encourage, either directly or in co-operation with public or private organisations,

Artikel 23
Das Recht älterer Menschen auf sozialen Schutz

Um die wirksame Ausübung des Rechts älterer Menschen auf sozialen Schutz zu gewährleisten, verpflichten sich die Vertragsparteien, unmittelbar oder in Zusammenarbeit mit öffentlichen oder privaten Organisationen geappropriate measures designed in particular:

– to enable elderly persons to remain full members of society for as long as possible, by means of:

a adequate resources enabling them to lead a decent life and play an active part in public, social and cultural life;

b provision of information about services and facilities available for elderly persons and their opportunities to make use of them;

– to enable elderly persons to choose their life-style freely and to lead independent lives in their familiar surroundings for as long as they wish and are able, by means of:

a provision of housing suited to their needs and their state of health or of adequate support for adapting their housing;

b the health care and the services necessitated by their state;

– to guarantee elderly persons living in institutions appropriate support, while respecting their privacy, and participation in decisions concerning living conditions in the institution.

eignete Maßnahmen zu ergreifen oder zu fördern, die insbesondere

– älteren Menschen die Möglichkeit geben sollen, so lange wie möglich vollwertige Mitglieder der Gesellschaft zu bleiben, und zwar durch

a) ausreichende Mittel, die es ihnen ermöglichen, ein menschenwürdiges Leben zu führen und aktiv am öffentlichen, sozialen und kulturellen Leben teilzunehmen;

b) die Bereitstellung von Informationen über Dienste und Einrichtungen für ältere Menschen und über ihre Möglichkeiten, diese in Anspruch zu nehmen;

– älteren Menschen die Möglichkeit geben sollen, ihre Lebensweise frei zu wählen und in ihrer gewohnten Umgebung, solange sie dies wollen und können, ein eigenständiges Leben zu führen, und zwar durch

a) die Bereitstellung von ihren Bedürfnissen und ihrem Gesundheitszustand entsprechenden Wohnungen oder von angemessenen Hilfen zur Anpassung der Wohnungen;

b) die gesundheitliche Versorgung und die Dienste, die aufgrund ihres Zustands erforderlich sind;

– älteren Menschen, die in Heimen leben, angemessene Unterstützung unter Achtung ihres Privatlebens sowie die Beteiligung an der Festlegung der Lebensbedingungen im Heim gewährleisten sollen.

Article 24
The right to protection in cases of termination of employment

With a view to ensuring the effective exercise of the right of workers to protection in cases of termination of employment, the Parties undertake to recognise:

a the right of all workers not to have their employment terminated without valid reasons for such termination connected with their capacity or conduct or based on the operational requirements of the undertaking, establishment or service;

b the right of workers whose employment is terminated without a valid reason to adequate compensation or other appropriate relief.

To this end the Parties undertake to ensure that a worker who considers that his employment has been terminated without a valid reason shall have the right to appeal to an impartial body.

Artikel 24
Das Recht auf Schutz bei Kündigung

Um die wirksame Ausübung des Rechts auf Schutz bei Kündigung zu gewährleisten, verpflichten sich die Vertragsparteien,

a) das Recht der Arbeitnehmer, nicht ohne einen triftigen Grund gekündigt zu werden, der mit ihrer Fähigkeit oder ihrem Verhalten zusammenhängt oder auf den Erfordernissen der Tätigkeit des Unternehmens, des Betriebs oder des Dienstes beruht;

b) das Recht der ohne triftigen Grund gekündigten Arbeitnehmer auf eine angemessene Entschädigung oder einen anderen zweckmäßigen Ausgleich

anzuerkennen.

Zu diesem Zweck verpflichten sich die Vertragsparteien sicherzustellen, dass ein Arbeitnehmer, der der Auffassung ist, dass seine Kündigung ohne triftigen Grund erfolgte, das Recht hat, diese bei einer unparteiischen Stelle anzufechten.

Article 25
The right of workers to the protection of their claims in the event of the insolvency of their employer

With a view to ensuring the effective exercise of the right of

Artikel 25
Das Recht der Arbeitnehmer auf Schutz ihrer Forderungen bei Zahlungsunfähigkeit ihres Arbeitgebers

Um die wirksame Ausübung des Rechts der Arbeitnehmer auf

workers to the protection of their claims in the event of the insolvency of their employer, the Parties undertake to provide that workers' claims arising from contracts of employment or employment relationships be guaranteed by a guarantee institution or by any other effective form of protection.

Schutz ihrer Forderungen bei Zahlungsunfähigkeit ihres Arbeitgebers zu gewährleisten, verpflichten sich die Vertragsparteien vorzusehen, dass die Forderungen der Arbeitnehmer aus Arbeitsverträgen oder Arbeitsverhältnissen durch eine Garantieeinrichtung oder durch jede andere wirksame Form des Schutzes gesichert werden.

Article 26 The right to dignity at work

With a view to ensuring the effective exercise of the right of all workers to protection of their dignity at work, the Parties undertake, in consultation with employers' and workers' organisations:

1 to promote awareness, information and prevention of sexual harassment in the workplace or in relation to work and to take all appropriate measures to protect workers from such conduct;

2 to promote awareness, information and prevention of recurrent reprehensible or distinctly negative and offensive actions directed against individual workers in the workplace or in relation to work and to take all appropriate measures to protect workers from such conduct.

Artikel 26 Das Recht auf Würde am Arbeitsplatz

Um die wirksame Ausübung des Rechts aller Arbeitnehmer auf Schutz ihrer Würde am Arbeitsplatz zu gewährleisten, verpflichten sich die Vertragsparteien, in Beratung mit Arbeitgeber- und Arbeitnehmerorganisationen

1. das Bewusstsein, die Aufklärung und die Vorbeugung hinsichtlich sexueller Belästigung am Arbeitsplatz oder in Verbindung mit der Arbeit zu fördern und alle geeigneten Maßnahmen zu ergreifen, um Arbeitnehmer vor solchem Verhalten zu schützen;

2. das Bewusstsein, die Aufklärung und die Vorbeugung hinsichtlich verwerflicher oder ausgesprochen feindseliger und beleidigender Handlungen, die am Arbeitsplatz oder in Verbindung mit der Arbeit wiederholt gegen einzelne Arbeitnehmer gerichtet erden, zu fördern und alle geeigneten Maßnahmen zu ergreifen, um Arbeitnehmer vor solchem Verhalten zu schützen.

Article 27
The right of workers with family responsibilities to equal opportunities and equal treatment

With a view to ensuring the exercise of the right to equality of opportunity and treatment for men and women workers with family responsibilities and between such workers and other workers, the Parties undertake:

1 to take appropriate measures:

a to enable workers with family responsibilities to enter and remain in employment, as well as to re-enter employment after an absence due to those responsibilities, including measures in the field of vocational guidance and training;

b to take account of their needs in terms of conditions of employment and social security;

c to develop or promote services, public or private, in particular child daycare services and other childcare arrangements;

2 *to provide a possibility* for either parent to obtain, during a period after maternity leave, parental leave to take care of a child, the duration and conditions of which should be determined by national legisla-

Artikel 27
Das Recht der Arbeitnehmer mit Familienpflichten auf Chancengleichheit und Gleichbehandlung

Um die wirksame Ausübung des Rechts auf Chancengleichheit und Gleichbehandlung männlicher und weiblicher Arbeitnehmer mit Familienpflichten sowie dieser Arbeitnehmer und der übrigen Arbeitnehmer zu gewährleisten, verpflichten sich die Vertragsparteien,

1. geeignete Maßnahmen zu ergreifen,

a) um Arbeitnehmern mit Familienpflichten zu ermöglichen, erwerbstätig zu werden und zu bleiben sowie nach einer durch diese Pflichten bedingten Abwesenheit wieder in das Erwerbsleben einzutreten, einschließlich Maßnahmen im Bereich der Berufsberatung und der beruflichen Ausbildung;

b) um bei den Beschäftigungsbedingungen und der Sozialen Sicherheit ihren Bedürfnissen Rechnung zu tragen;

c) um öffentliche oder private Dienste zu entwickeln oder zu fördern, insbesondere Kindertagesstätten und andere Arten der Betreuung;

2. für jeden Elternteil die Möglichkeit vorzusehen, innerhalb eines auf den Mutterschaftsurlaub folgenden Zeitraums für die Betreuung eines Kindes einen Elternurlaub zu erhalten, dessen Dauer und Be-

tion, collective agreements or practice;

3 to ensure that family responsibilities shall not, as such, constitute a valid reason for termination of employment.

Article 28
The right of workers' representatives to protection in the undertaking and facilities to be accorded to them

With a view to ensuring the effective exercise of the right of workers' representatives to carry out their functions, the Parties undertake to ensure that in the undertaking:

a they enjoy effective protection against acts prejudicial to them, including dismissal, based on their status or activities as workers' representatives within the undertaking;

b they are afforded such facilities as may be appropriate in order to enable them to carry out their functions promptly and efficiently, account being taken of the industrial relations system of the country and the needs, size and capabilities of the undertaking concerned.

dingungen durch innerstaatliche Rechtsvorschriften, Gesamtarbeitsverträge oder Gepflogenheiten festgelegt werden;

3. zu gewährleisten, dass Familienpflichten als solche kein triftiger Grund für eine Kündigung sein dürfen.

Artikel 28
Das Recht der Arbeitnehmervertreter auf Schutz im Betrieb und Erleichterungen, die ihnen zu gewähren sind

Um die wirksame Ausübung des Rechts der Arbeitnehmervertreter zu gewährleisten, ihre Aufgaben wahrzunehmen, verpflichten sich die Vertragsparteien sicherzustellen, dass

a) die Arbeitnehmervertreter im Betrieb gegen Benachteiligungen, einschließlich der Kündigung, die aufgrund ihrer Eigenschaft oder Betätigung als Arbeitnehmervertreter im Betrieb erfolgen, wirksam geschützt werden;

b) den Arbeitnehmervertretern im Betrieb Erleichterungen gewährt werden, die geeignet sind, ihnen die rasche und wirksame Wahrnehmung ihrer Aufgaben zu ermöglichen, wobei das in dem betreffenden Land vorherrschende System der Arbeitsbeziehungen sowie die Erfordernisse, Größe und Leistungsfähigkeit des jeweiligen Betriebs berücksichtigt werden.

Article 29
The right to information and consultation in collective redundancy procedures

With a view to ensuring the effective exercise of the right of workers to be informed and consulted in situations of collective redundancies, the Parties undertake to ensure that employers shall inform and consult workers' representatives, in good time prior to such collective redundancies, on ways and means of avoiding collective redundancies or limiting their occurrence and mitigating their consequences, for example by recourse to accompanying social measures aimed, in particular, at aid for the redeployment or retraining of the workers concerned.

Artikel 29
Das Recht auf Unterrichtung und Anhörung in den Verfahren bei Massenentlassungen

Um die wirksame Ausübung des Rechts der Arbeitnehmer auf Unterrichtung und Anhörung bei Massenentlassungen zu gewährleisten, verpflichten sich die Vertragsparteien sicherzustellen, dass die Arbeitnehmervertreter rechtzeitig vor solchen Massenentlassungen von den Arbeitgebern über die Möglichkeiten unterrichtet und dazu gehört werden, wie Massenentlassungen vermieden oder verringert und ihre Folgen gemildert werden können, zum Beispiel durch soziale Begleitmaßnahmen, die insbesondere Hilfen für eine anderweitige Verwendung oder eine Umschulung[1] der betroffenen Arbeitnehmer zum Ziel haben.

Article 30
The right to protection against poverty and social exclusion

With a view to ensuring the effective exercise of the right to protection against poverty and social exclusion, the Parties undertake

a to take measures within the framework of an overall and co-ordinated approach to promote the effective access of persons who live or risk living in a situation of social exclusion or poverty, as well as their families,

Artikel 30
Das Recht auf Schutz gegen Armut und soziale Ausgrenzung

Um die wirksame Ausübung des Rechts auf Schutz gegen Armut und soziale Ausgrenzung zu gewährleisten, verpflichten sich die Vertragsparteien,

a) im Rahmen eines umfassenden und koordinierten Ansatzes Maßnahmen zu ergreifen, um für Personen, die in sozialer Ausgrenzung oder Armut leben oder Gefahr laufen, in eine solche Lage zu geraten,

[1] Anm. d. Übers.: Aus dem englischen Wortlaut übersetzt. Nach dem französischen Wortlaut: „Wiedereingliederung".

to, in particular, employment, housing, training, education, culture and social and medical assistance;

b to review these measures with a view to their adaptation if necessary.

sowie für deren Familien den tatsächlichen Zugang insbesondere zur Beschäftigung, zu Wohnraum, zur Ausbildung, zum Unterricht, zur Kultur und zur Fürsorge zu fördern;

b) diese Maßnahmen, falls erforderlich, im Hinblick auf ihre Anpassung zu überprüfen.

Article 31
The right to housing

With a view to ensuring the effective exercise of the right to housing, the Parties undertake to take measures designed:

1 to promote access to housing of an adequate standard;

2 to prevent and reduce homelessness with a view to its gradual elimination;

3 to make the price of housing accessible to those without adequate resources.

Artikel 31
Das Recht auf Wohnung

Um die wirksame Ausübung des Rechts auf Wohnung zu gewährleisten, verpflichten sich die Vertragsparteien, Maßnahmen zu ergreifen, die darauf gerichtet sind,

1. den Zugang zu Wohnraum mit ausreichendem Standard zu fördern;

2. der Obdachlosigkeit vorzubeugen und sie mit dem Ziel der schrittweisen Beseitigung abzubauen;

3. die Wohnkosten für Personen, die nicht über ausreichende Mittel verfügen, so zu gestalten, dass sie tragbar sind.

Part III

Article A
Undertakings

1 Subject to the provisions of Article B below, each of the Parties undertakes:

a to consider Part I of this Charter as a declaration of the aims which it will pursue by all appropriate means, as stated in the introductory paragraph of that part;

b to consider itself bound by at least six of the following nine

Teil III

Artikel A
Verpflichtungen

(1) Vorbehaltlich des Artikels B verpflichtet sich jede der Vertragsparteien,

a) Teil I als eine Erklärung der Ziele anzusehen, die sie entsprechend dem einleitenden Satz jenes Teils mit allen geeigneten Mitteln verfolgen wird;

b) mindestens sechs der folgenden neun Artikel des

articles of Part II of this Charter: Articles 1, 5, 6, 7, 12, 13, 16, 19 and 20;

c to consider itself bound by an additional number of articles or numbered paragraphs of Part II of the Charter which it may select, provided that the total number of articles or numbered paragraphs by which it is bound is not less than sixteen articles or sixty-three numbered paragraphs.

2 The articles or paragraphs selected in accordance with subparagraphs b and c of paragraph 1 of this article shall be notified to the Secretary General of the Council of Europe at the time when the instrument of ratification, acceptance or approval is deposited.

3 Any Party may, at a later date, declare by notification addressed to the Secretary General that it considers itself bound by any articles or any numbered paragraphs of Part II of the Charter which it has not already accepted under the terms of paragraph 1 of this article. Such undertakings subsequently given shall be deemed to be an integral part of the ratification, acceptance or approval and shall have the same effect as from the first day of the month following the expiration of a period of one month after the date of the notification.

4 Each Party shall maintain a system of labour inspection appropriate to national conditions.

Teils II als für sich bindend anzusehen: Artikel 1, 5, 6, 7, 12, 13, 16, 19 und 20;

c) zusätzlich so viele Artikel oder Nummern des Teils II auszuwählen und als für sich bindend anzusehen, dass die Gesamtzahl der Artikel oder Nummern, durch die sie gebunden ist, mindestens 16 Artikel oder 63 Nummern beträgt.

(2) Die nach Maßgabe des Absatzes 1 Buchstaben b und c ausgewählten Artikel oder Nummern sind dem Generalsekretär des Europarats gleichzeitig mit der Hinterlegung der Ratifikations-, Annahme- oder Genehmigungsurkunde zu notifizieren.

(3) Jede Vertragspartei kann zu einem späteren Zeitpunkt durch eine an den Generalsekretär zu richtende Notifikation erklären, dass sie in Teil II einen anderen Artikel oder eine andere Nummer als für sich bindend ansieht, den sie bisher noch nicht nach Absatz 1 angenommen hat. Diese später übernommenen Verpflichtungen gelten als Bestandteil der Ratifikation, Annahme oder Genehmigung und haben vom ersten Tag des Monats an, der auf einen Zeitabschnitt von einem Monat nach dem Zeitpunkt der Notifikation folgt, die gleiche Wirkung.

(4) Jeder Vertragspartei hat ein den innerstaatlichen Verhältnissen entsprechendes System der Arbeitsaufsicht zu unterhalten.

Article B Links with the European Social Charter and the 1988 Additional Protocol

1 No Contracting Party to the European Social Charter or Party to the Additional Protocol of 5 May 1988 may ratify, accept or approve this Charter without considering itself bound by at least the provisions corresponding to the provisions of the European Social Charter and, where appropriate, of the Additional Protocol, to which it was bound.

2 Acceptance of the obligations of any provision of this Charter shall, from the date of entry into force of those obligations for the Party concerned, result in the corresponding provision of the European Social Charter and, where appropriate, of its Additional Protocol of 1988 ceasing to apply to the Party con-cerned in the event of that Party being bound by the first of those instruments or by both instruments.

Artikel B Verbindung mit der Europäischen Sozialcharta und dem Zusatzprotokoll von 1988

(1) Eine Vertragspartei der Europäischen Sozialcharta oder des Zusatzprotokolls vom 5. Mai 1988 kann diese Charta nicht ratifizieren, annehmen oder genehmigen, ohne sich mindestens durch die den Bestimmungen der Europäischen Sozialcharta und gegebenenfalls des Zusatzprotokolls entsprechenden Bestimmungen, durch die sie gebunden war, als gebunden zu betrachten.

(2) Die Annahme der Verpflichtungen aus einer Bestimmung dieser Charta bewirkt, dass mit Inkrafttreten dieser Verpflichtungen für die betreffende Vertragspartei die entsprechende Bestimmung der Europäischen Sozialcharta und gegebenenfalls des Zusatzprotokolls von 1988 nicht länger auf die betreffende Vertragspartei Anwendung findet, sofern diese Vertragspartei durch die erstgenannte Übereinkunft oder durch beide Übereinkünfte gebunden ist.

Part IV

Article C Supervision of the implementation of the undertakings contained in this Charter

The implementation of the legal obligations contained in this Charter shall be submitted to the same supervision as the European Social Charter.

Teil IV

Artikel C Überwachung der Erfüllung der in dieser Charta enthaltenen Verpflichtungen

Die Erfüllung der in dieser Charta enthaltenen rechtlichen Verpflichtungen unterliegt der gleichen Überwachung wie die Europäische Sozialcharta.

Article D
Collective complaints

1 The provisions of the Additional Protocol to the European Social Charter providing for a system of collective complaints shall apply to the undertakings given in this Charter for the States which have ratified the said Protocol.

2 Any State which is not bound by the Additional Protocol to the European Social Charter providing for a system of collective complaints may when depositing its instrument of ratification, acceptance or approval of this Charter or at any time thereafter, declare by notification addressed to the Secretary General of the Council of Europe, that it accepts the supervision of its obligations under this Charter following the procedure provided for in the said Protocol.

Artikel D
Kollektivbeschwerden

(1) Das Zusatzprotokoll zur Europäischen Sozialcharta über Kollektivbeschwerden findet für die Staaten, die es ratifiziert haben, auf die nach dieser Charta eingegangenen Verpflichtungen Anwendung.

(2) Jeder Staat, der nicht durch das Zusatzprotokoll zur Europäischen Sozialcharta über Kollektivbeschwerden gebunden ist, kann bei Hinterlegung seiner Ratifikations-, Annahme- oder Genehmigungsurkunde zu dieser Charta oder jederzeit danach durch eine an den Generalsekretär des Europarats zu richtende Notifikation erklären, dass er der Überwachung seiner Verpflichtungen aus der Charta entsprechend dem in dem genannten Protokoll vorgesehenen Verfahren zustimmt.

Part V

Article E
Non-discrimination

The enjoyment of the rights set forth in this Charter shall be secured without discrimination on any ground such as race, colour, sex, language, religion, political or other opinion, national extraction or social origin, health, association with a national minority, birth or other status.

Teil V

Artikel E
Diskriminierungsverbot

Der Genuss der in dieser Charta festgelegten Rechte muss ohne Unterscheidung insbesondere nach der Rasse, der Hautfarbe, dem Geschlecht, der Sprache, der Religion, der politischen oder sonstigen Anschauung, der nationalen oder sozialen Herkunft, der Gesundheit, der Zugehörigkeit zu einer nationalen Minderheit, der Geburt oder dem sonstigen Status gewährleistet sein.

Article F
Derogations in time of war or public emergency

1 In time of war or other public emergency threatening the life of the nation any Party may take measures derogating from its obligations under this Charter to the Nextent strictly required by the exigencies of the situation, provided that such measures are not inconsistent with its other obligations under international law.

2 Any Party which has availed itself of this right of derogation shall, within a reasonable lapse of time, keep the Secretary General of the Council of Europe fully informed of the measures taken and of the reasons therefor. It shall likewise inform the Secretary General when such measures have ceased to operate and the provisions of the Charter which it has accepted are again being fully executed.

Artikel F
Notstandsklausel

(1) In Kriegszeiten oder bei einem anderen öffentlichen Notstand, der das Leben der Nation bedroht, kann jede Vertragspartei Maßnahmen treffen, die von ihren Verpflichtungen aus dieser Charta abweichen, soweit es aufgrund der Lage unbedingt erforderlich ist, vorausgesetzt, dass diese Maßnahmen nicht zu ihren anderen völkerrechtlichen Verpflichtungen im Widerspruch stehen.

(2) Jede Vertragspartei, die von diesem Recht auf Abweichung Gebrauch gemacht hat, hält den Generalsekretär des Europarats innerhalb einer angemessenen Frist umfassend über die getroffenen Maßnahmen und die Gründe dafür auf dem Laufenden. Sie unterrichtet den Generalsekretär auch von dem Zeitpunkt, zu dem diese Maßnahmen aufgehoben wurden und die von ihr angenommenen Bestimmungen dieser Charta wieder in vollem Umfang angewandt werden.

Article G
Restrictions

1 The rights and principles set forth in Part I when effectively realised, and their effective exercise as provided for in Part II, shall not be subject to any restrictions or limitations not specified in those parts, except such as are prescribed by law and are necessary in a democratic society for the protection of the rights and freedoms of

Artikel G
Einschränkungen

(1) Die in Teil I niedergelegten Rechte und Grundsätze dürfen nach ihrer Verwirklichung ebenso wie ihre in Teil II vorgesehene wirksame Ausübung anderen als den in diesen Teilen vorgesehenen Einschränkungen oder Begrenzungen nur unterliegen, wenn diese gesetzlich vorgeschrieben und in einer demokratischen Gesellschaft zum Schutz

others or for the protection of public interest, national security, public health, or morals.

2 The restrictions permitted under this Charter to the rights and obligations set forth herein shall not be applied for any purpose other than that for which they have been prescribed.

der Rechte und Freiheiten anderer oder zum Schutz der öffentlichen Sicherheit und Ordnung, der Sicherheit des Staates, der Volksgesundheit und der Sittlichkeit notwendig sind.

(2) Von den nach dieser Charta zulässigen Einschränkungen der darin niedergelegten Rechte und Verpflichtungen darf nur zu dem vorgesehenen Zweck Gebrauch gemacht werden.

Article H
Relations between the Charter and domestic law or international agreements

The provisions of this Charter shall not prejudice the provisions of domestic law or of any bilateral or multilateral treaties, conventions or agreements which are already in force, or may come into force, under which more favourable treatment would be accorded to the persons protected.

Artikel H
Verhältnis zwischen der Charta und dem innerstaatlichen Recht sowie internationalen Übereinkünften

Die Bestimmungen dieser Charta lassen geltende oder künftig in Kraft tretende Bestimmungen des innerstaatlichen Rechts und zwei- oder mehrseitiger Übereinkünfte unberührt, die den geschützten Personen eine günstigere Behandlung einräumen.

Article I
Implementation of the undertakings given

1 Without prejudice to the methods of implementation foreseen in these articles the *relevant provisions* of Articles 1 to 31 of Part II of this Charter shall be implemented by:

a laws or regulations;

b agreements between employers or employers' organisa-

Artikel I
Erfüllung der eingegangenen Verpflichtungen

(1) Die einschlägigen Bestimmungen des Teils II Artikel 1 bis 31 werden unbeschadet der in diesen Artikeln vorgesehenen Mittel zur Durchführung durchgeführt

a) durch Gesetze oder sonstige Vorschriften;

b) durch Vereinbarungen zwischen Arbeitgebern oder

tions and workers' organisations;

c a combination of those two methods;

d other appropriate means.

2 Compliance with the undertakings deriving from the provisions of paragraphs 1, 2, 3, 4, 5 and 7 of Article 2, paragraphs 4, 6 and 7 of Article 7, paragraphs 1, 2, 3 and 5 of Article 10 and Articles 21 and 22 of Part II of this Charter shall be regarded as effective if the provisions are applied, in accordance with paragraph 1 of this article, to the great majority of the workers concerned.

Arbeitgeberorganisationen und Arbeitnehmerorganisationen;

c) durch eine Kombination dieser beiden Verfahren oder

d) durch andere geeignete Mittel.

(2) Die Verpflichtungen aus Teil II Artikel 2 Nummern 1, 2, 3, 4, 5 und 7, Artikel 7 Nummern 4, 6 und 7, Artikel 10 Nummern 1, 2, 3 und 5 und den Artikeln 21 und 22 gelten als erfüllt, wenn diese Bestimmungen nach Absatz 1 dieses Artikels auf die überwiegende Mehrheit der betreffenden Arbeitnehmer Anwendung finden.

Article J
Amendments

1 Any amendment to Parts I and II of this Charter with the purpose of extending the rights guaranteed in this Charter as well as any amendment to Parts III to VI, proposed by a Party or by the Governmental Committee shall be communicated to the Secretary General of the Council of Europe and forwarded by the Secretary General to the Parties to this Charter.

2 Any amendment proposed in accordance with the provisions of the preceding paragraph shall be examined by the Governmental Committee which shall submit the text adopted to the Committee of Ministers for approval after consultation with the Parliamentary Assembly. After its approval by the Committee of Ministers this text

Artikel J
Änderungen

(1) Jede Änderung der Teile I und II zur Erweiterung der durch diese Charta garantierten Rechte und jede von einer Vertragspartei oder dem Regierungsausschuss vorgeschlagene Änderung der Teile III bis VI wird dem Generalsekretär des Europarats mitgeteilt und vom Generalsekretär den Vertragsparteien übermittelt.

(2) Jede nach Absatz 1 vorgeschlagene Änderung wird vom Regierungsausschuss geprüft, der den beschlossenen Wortlaut nach Anhörung der Parlamentarischen Versammlung dem Ministerkomitee zur Genehmigung vorlegt. Nach Genehmigung durch das Ministerkomitee wird dieser Wortlaut den Vertragsparteien zur Annahme übermittelt.

shall be forwarded to the Parties for acceptance.

3 Any amendment to Part I and to Part II of this Charter shall enter into force, in respect of those Parties which have accepted it, on the first day of the month following the expiration of a period of one month after the date on which three Parties have informed the Secretary General that they have accepted it.

In respect of any Party which subsequently accepts it, the amendment shall enter into force on the first day of the month following the expiration of a period of one month after the date on which that Party has informed the Secretary General of its acceptance.

4 Any amendment to Parts III to VI of this Charter shall enter into force on the first day of the month following the expiration of a period of one month after the date on which all Parties have informed the Secretary General that they have accepted it.

(3) Jede Änderung der Teile I und II tritt für die Vertragsparteien, die die Änderung angenommen haben, am ersten Tag des Monats in Kraft, der auf einen Zeitabschnitt von einem Monat nach dem Tag folgt, an dem drei Vertragsparteien den Generalsekretär davon unterrichtet haben, dass sie die Änderung angenommen haben.

Für jede Vertragspartei, die die Änderung später annimmt, tritt sie am ersten Tag des Monats in Kraft, der auf einen Zeitabschnitt von einem Monat nach dem Tag folgt, an dem die Vertragspartei den Generalsekretär von ihrer Annahme der Änderung unterrichtet hat.

(4) Jede Änderung der Teile III bis VI tritt am ersten Tag des Monats in Kraft, der auf einen Zeitabschnitt von einem Monat nach dem Tag folgt, an dem alle Vertragsparteien den Generalsekretär davon unterrichtet haben, dass sie die Änderung angenommen haben.

Part VI

Article K
Signature, ratification and entry into force

1 This Charter shall be open for *signature* by the member States of the Council of Europe. It shall be subject to ratification, acceptance or approval. Instruments of ratification, acceptance or approval shall be deposited with the Sec-

Teil VI

Artikel K
Unterzeichnung, Ratifikation und Inkrafttreten

(1) Diese Charta liegt für die Mitgliedstaaten des Europarats zur Unterzeichnung auf. Sie bedarf der Ratifikation, Annahme oder Genehmigung. Die Ratifikations-, Annahme- oder Genehmigungsurkunden werden beim Generalsekretär des Europa-

retary General of the Council of Europe.

2 This Charter shall enter into force on the first day of the month following the expiration of a period of one month after the date on which three member States of the Council of Europe have expressed their consent to be bound by this Charter in accordance with the preceding paragraph.

3 In respect of any member State which subsequently expresses its consent to be bound by this Charter, it shall enter into force on the first day of the month following the expiration of a period of one month after the date of the deposit of the instrument of ratification, acceptance or approval.

rats hinterlegt.

(2) Diese Charta tritt am ersten Tag des Monats in Kraft, der auf einen Zeitabschnitt von einem Monat nach dem Tag folgt, an dem drei Mitgliedstaaten des Europarats nach Absatz 1 ihre Zustimmung ausgedrückt haben, durch die Charta gebunden zu sein.

(3) Für jeden Mitgliedstaat, der später seine Zustimmung ausdrückt, durch diese Charta gebunden zu sein, tritt sie am ersten Tag des Monats in Kraft, der auf einen Zeitabschnitt von einem Monat nach Hinterlegung der Ratifikations-, Annahme- oder Genehmigungsurkunde folgt.

Article L
Territorial application

1 This Charter shall apply to the metropolitan territory of each Party. Each signatory may, at the time of signature or of the deposit of its instrument of ratification, acceptance or approval, specify, by declaration addressed to the Secretary General of the Council of Europe, the territory which shall be considered to be its metropolitan territory for this purpose.

2 Any signatory may, at the time of signature or of the deposit of its instrument of ratification, acceptance or approval, or at any time thereafter, declare by notification addressed to the *Secretary General* of the Council of Europe, that the Char-

Artikel L
Räumlicher Geltungsbereich

(1) Diese Charta gilt für das Mutterland jeder Vertragspartei. Jeder Unterzeichner kann bei der Unterzeichnung oder der Hinterlegung seiner Ratifikations-, Annahmeoder Genehmigungsurkunde in einer an den Generalsekretär des Europarats gerichteten Erklärung das Hoheitsgebiet bezeichnen, das in diesem Sinne als Mutterland gilt.

(2) Jeder Unterzeichner kann bei der Unterzeichnung oder der Hinterlegung seiner Ratifikations-, Annahme- oder Genehmigungsurkunde oder zu einem späteren Zeitpunkt durch eine an den Generalsekretär des Europarats gerichtete Notifikation erklä-

ter shall extend in whole or in part to a non-metropolitan territory or territories specified in the said declaration for whose international relations it is responsible or for which it assumes international responsibility. It shall specify in the declaration the articles or paragraphs of Part II of the Charter which it accepts as binding in respect of the territories named in the declaration.

3 The Charter shall extend its application to the territory or territories named in the aforesaid declaration as from the first day of the month following the expiration of a period of one month after the date of receipt of the notification of such declaration by the Secretary General.

4 Any Party may declare at a later date by notification addressed to the Secretary General of the Council of Europe that, in respect of one or more of the territories to which the Charter has been applied in accordance with paragraph 2 of this article, its accepts as binding any articles or any numbered paragraphs which it has not already accepted in respect of that territory or territories. Such undertakings subsequently given shall be deemed to be an integral part of the original declaration in respect of the territory concerned, and shall have the same effect as from the first day of the month following the expiration of a period of one month after the date of receipt of such notification by the Secretary General.

ren, dass diese Charta ganz oder teilweise auf jedes nicht zum Mutterland gehörende in der Erklärung bezeichnete Hoheitsgebiet anzuwenden ist, dessen internationale Beziehungen er wahrnimmt oder für das er international verantwortlich ist. In dieser Erklärung hat er die Artikel oder Nummern des Teils II anzugeben, die er für die in der Erklärung bezeichneten Hoheitsgebiete als bindend anerkennt

(3) Diese Charta findet in jedem in der vorgenannten Erklärung bezeichneten Hoheitsgebiet vom ersten Tag des Monats an Anwendung, der auf einen Zeitabschnitt von einem Monat nach Eingang der Notifikation dieser Erklärung beim Generalsekretär folgt.

(4) Jede Vertragspartei kann zu einem späteren Zeitpunkt durch eine an den Generalsekretär des Europarats gerichtete Notifikation erklären, dass sie für ein Hoheitsgebiet, auf das diese Charta nach Absatz 2 Anwendung findet, bestimmte Artikel oder Nummern als bindend annimmt, die sie für dieses Hoheitsgebiet noch nicht angenommen hat. Diese später eingegangenen Verpflichtungen gelten als Bestandteil der ursprünglichen Erklärung für das betreffende Hoheitsgebiet und haben vom ersten Tag des Monats an, der auf einen Zeitabschnitt von einem Monat nach Eingang der Notifikation beim Generalsekretär folgt, die gleiche Wirkung.

Article M
Denunciation

1 Any Party may denounce this Charter only at the end of a period of five years from the date on which the Charter entered into force for it, or at the end of any subsequent period of two years, and in either case after giving six months' notice to the Secretary General of the Council of Europe who shall inform the other Parties accordingly.

2 Any Party may, in accordance with the provisions set out in the preceding paragraph, denounce any article or paragraph of Part II of the Charter accepted by it provided that the number of articles or paragraphs by which this Party is bound shall never be less than sixteen in the former case and sixty-three in the latter and that this number of articles or paragraphs shall continue to include the articles selected by the Party among those to which special reference is made in Article A, paragraph 1, sub-paragraph b.

3 Any Party may denounce the present Charter or any of the articles or paragraphs of Part II of the Charter under the conditions specified in paragraph 1 of this article in respect of any territory to which the said Charter is applicable, by virtue of a declaration made in accordance with paragraph 2 of Article L.

Artikel M
Kündigung

(1) Eine Vertragspartei kann diese Charta erst nach Ablauf von fünf Jahren, nachdem die Charta für sie in Kraft getreten ist, oder in der Folge jeweils nach Ablauf von zwei Jahren kündigen; in jedem Fall ist die Kündigung sechs Monate vorher dem Generalsekretär des Europarats zu notifizieren; dieser unterrichtet die anderen Vertragsparteien.

(2) Eine Vertragspartei kann nach Maßgabe des Absatzes 1 jeden von ihr angenommenen Artikel oder jede von ihr angenommene Nummer des Teils II kündigen, vorausgesetzt, dass die Zahl der für sie verbindlichen Artikel oder Nummern niemals unter 16 Artikel oder 63 Nummern absinkt und dass diese Zahl von Artikeln oder Nummern weiterhin die Artikel einschließt, welche die Vertragspartei aus den in Artikel A Absatz 1 Buchstabe b bezeichneten ausgewählt hat.

(3) Eine Vertragspartei kann diese Charta oder jeden Artikel beziehungsweise jede Nummer des Teils II unter den in Absatz 1 niedergelegten Voraussetzungen für jedes Hoheitsgebiet kündigen, in dem die Charta aufgrund einer Erklärung nach Artikel L Absatz 2 Anwendung findet.

Article N
Appendix

The appendix to this Charter shall form an integral part of it.

Artikel N
Anhang

Der Anhang dieser Charta ist Bestandteil derselben.

Article O
Notifications

The Secretary General of the Council of Europe shall notify the member States of the Council and the Director General of the International Labour Office of:

a any signature;

b the deposit of any instrument of ratification, acceptance or approval;

c any date of entry into force of this Charter in accordance with Article K;

d any declaration made in application of Articles A, paragraphs 2 and 3, D, paragraphs 1 and 2, F, paragraph 2, L, paragraphs 1, 2, 3 and 4;

e any amendment in accordance with Article J;

f any denunciation in accordance with Article M;

g any other act, notification or communication relating to this Charter.

In witness whereof, the undersigned, being duly authorised thereto, have signed this revised Charter.

Done at Strasbourg, this 3rd day of May 1996, in English and French, both texts being equally authentic, in a single copy which shall be deposited in the archives of the Council of Europe. The Secretary General of the Council of Europe shall transmit certified copies to each member State of the Council of Europe and to the Director General of the International Labour Office.

Artikel O
Notifikationen

Der Generalsekretär des Europarats notifiziert den Mitgliedstaaten des Rates und dem Generaldirektor des Internationalen Arbeitsamts

a) jede Unterzeichnung;

b) jede Hinterlegung einer Ratifikations-, Annahme- oder Genehmigungsurkunde;

c) jeden Zeitpunkt des Inkrafttretens dieser Charta nach Artikel K;

d) jede Erklärung in Anwendung der Artikel A Absätze 2 und 3, Artikel D Absätze 1 und 2, Artikel F Absatz 2 und Artikel L Absätze 1, 2, 3 und 4;

e) jede Änderung nach Artikel J;

f) jede Kündigung nach Artikel M;

g) jede andere Handlung, Notifikation oder Mitteilung im Zusammenhang mit dieser Charta.

Zu Urkund dessen haben die hierzu gehörig befugten Unterzeichneten diese revidierte Charta unterschrieben.

Geschehen zu Straßburg am 3. Mai 1996 in englischer und französischer Sprache, wobei jeder Wortlaut gleichermaßen verbindlich ist, in einer Urschrift, die im Archiv des Europarats hinterlegt wird. Der Generalsekretär des Europarats übermittelt allen Mitgliedstaaten des Europarats und dem Generaldirektor des Internationalen Arbeitsamts beglaubigte Abschriften.

Appendix

Scope of the
Revised European Social Charter
in terms of persons protected

1 Without prejudice to Article 12, paragraph 4, and Article 13, paragraph 4, the persons covered by Articles 1 to 17 and 20 to 31 include foreigners only in so far as they are nationals of other Parties lawfully resident or working regularly within the territory of the Party concerned, subject to the understanding that these articles are to be interpreted in the light of the provisions of Articles 18 and 19.

This interpretation would not prejudice the extension of similar facilities to other persons by any of the Parties.

2 Each Party will grant to refugees as defined in the Convention relating to the Status of Refugees, signed in Geneva on 28 July 1951 and in the Protocol of 31 January 1967, and lawfully staying in its territory, treatment as favourable as possible, and in any case not less favourable than under the obligations accepted by the Party under the said convention and under any other existing international instruments applicable to those refugees.

3 Each Party will grant to stateless persons as defined in the Convention on the Status of Stateless Persons done in New

Anhang

Persönlicher Geltungsbereich
der Revidierten
Europäischen Sozialcharta

(1) Vorbehaltlich des Artikels 12 Nummer 4 und des Artikels 13 Nummer 4 schließt der durch die Artikel 1 bis 17 und 20 bis 31 erfasste Personenkreis Ausländer nur insoweit ein, als sie Staatsangehörige anderer Vertragsparteien sind und ihren rechtmäßigen gewöhnlichen Aufenthalt im Hoheitsgebiet der betreffenden Vertragspartei haben oder dort ordnungsgemäß beschäftigt sind, mit der Maßgabe, dass die genannten Artikel im Sinne der Artikel 18 und 19 auszulegen sind.

Diese Auslegung hindert eine Vertragspartei nicht, auch anderen Personen entsprechende Rechte zu gewähren.

(2) Jede Vertragspartei wird Flüchtlingen im Sinne des am 28. Juli 1951 in Genf unterzeichneten Abkommens über die Rechtsstellung der Flüchtlinge und des Protokolls vom 31. Januar 1967, die sich rechtmäßig in ihrem Hoheitsgebiet gewöhnlich aufhalten, eine Behandlung gewähren, die so günstig wie möglich, in keinem Fall aber weniger günstig ist als in Verpflichtungen der Vertragspartei aus dem oben erwähnten Abkommen oder aus anderen gültigen internationalen Übereinkünften vorgesehen, die auf solche Flüchtlinge anwendbar sind.

(3) Jede Vertragspartei wird Staatenlosen im Sinne des am 28. September 1954 in New York beschlossenen Übereinkommens

York on 28 September 1954 and lawfully staying in its territory, treatment as favourable as possible and in any case not less favourable than under the obligations accepted by the Party under the said instrument and under any other existing international instruments applicable to those stateless persons.

über die Rechtsstellung der Staatenlosen, die sich rechtmäßig in ihrem Hoheitsgebiet gewöhnlich aufhalten, eine Behandlung gewähren, die so günstig wie möglich, in keinem Fall aber weniger günstig ist als in Verpflichtungen der Vertragspartei aus der oben erwähnten Übereinkunft oder aus anderen gültigen internationalen Übereinkünften vorgesehen, die auf solche Staatenlose anwendbar sind.

Part I, paragraph 18, and
Part II, Article 18, paragraph 1

It is understood that these provisions are not concerned with the question of entry into the territories of the Parties and do not prejudice the provisions of the European Convention on Establishment, signed in Paris on 13 December 1955.

Teil I Nummer 18 und
Teil II Artikel 18 Nummer 1

Es besteht Einverständnis darüber, dass diese Bestimmungen weder die Einreise in die Hoheitsgebiete der Vertragsparteien betreffen, noch die Bestimmungen des am 13. Dezember 1955 zu Paris unterzeichneten Europäischen Niederlassungsabkommens berühren.

Part II

Article 1, paragraph 2

This provision shall not be interpreted as prohibiting or authorising any union security clause or practice.

Article 2, paragraph 6

Parties may provide that this provision shall not apply:

a to workers having a contract or employment relationship with a total duration not exceeding one month and/or with a working week not exceeding eight hours;

Teil II

Artikel 1 Nummer 2

Diese Bestimmung ist nicht so auszulegen, als würden durch sie Schutzklauseln oder Schutzmaßnahmen einer Gewerkschaft verboten oder erlaubt.

Artikel 2 Nummer 6

Die Vertragsparteien können vorsehen, dass diese Bestimmung keine Anwendung findet

a) auf Arbeitnehmer, deren Arbeitsvertrag oder Arbeitsverhältnis eine Gesamtdauer von einem Monat nicht überschreitet und/oder deren wöchentliche Arbeitszeit acht Stunden nicht überschreitet;

b where the contract or employment relationship is of a casual and/or specific nature, provided, in these cases, that its non-application is justified by objective considerations.

b) auf Fälle, in denen der Arbeitsvertrag oder das Arbeitsverhältnis eine Gelegenheitsarbeit oder eine Tätigkeit besonderer Art betrifft, sofern objektive Gründe in diesen Fällen die Nichtanwendung rechtfertigen.

Article 3, paragraph 4

It is understood that for the purposes of this provision the functions, organisation and conditions of operation of these services shall be determined by national laws or regulations, collective agreements or other means appropriate to national conditions.

Artikel 3 Nummer 4

Es besteht Einverständnis darüber, dass für die Zwecke dieser Bestimmung die Aufgaben, Organisation und Bedingungen für die Tätigkeit dieser Dienste durch innerstaatliche Rechtsvorschriften, Gesamtarbeitsverträge oder auf jede andere, den innerstaatlichen Verhältnissen entsprechende Weise festzulegen sind.

Article 4, paragraph 4

This provision shall be so understood as not to prohibit immediate dismissal for any serious offence.

Artikel 4 Nummer 4

Diese Bestimmung ist dahin zu verstehen, dass sie eine fristlose Entlassung im Fall einer schweren Verfehlung nicht verbietet.

Article 4, paragraph 5

It is understood that a Party may give the undertaking required in this paragraph if the great majority of workers are not permitted to suffer deductions from wages either by law or through collective agreements or arbitration awards, the exceptions being those persons not so covered.

Artikel 4 Nummer 5

Es besteht Einverständnis darüber, dass eine Vertragspartei die unter dieser Nummer geforderte Verpflichtung eingehen kann, wenn durch Gesetz, Gesamtarbeitsverträge oder Schiedssprüche Lohnabzüge für die überwiegende Mehrheit der Arbeitnehmer verboten sind und Ausnahmen nur für diejenigen Personen gelten, die in diesen Gesetzen, Verträgen und Schiedssprüchen nicht erfasst sind.

Article 6, paragraph 4

It is understood that each Party may, insofar as it is concerned,

Artikel 6 Nummer 4

Es besteht Einverständnis darüber, dass jede Vertragspartei für

regulate the exercise of the right to strike by law, provided that any further restriction that this might place on the right can be justified under the terms of Article G.

sich die Ausübung des Streikrechts durch Gesetz regeln kann, vorausgesetzt, dass jede weitere Einschränkung dieses Rechts aufgrund des Artikels G gerechtfertigt werden kann.

Article 7, paragraph 2

This provision does not prevent Parties from providing in their legislation that young persons not having reached the minimum age laid down may perform work in so far as it is absolutely necessary for their vocational training where such work is carried out in accordance with conditions prescribed by the competent authority and measures are taken to protect the health and safety of these young persons.

Artikel 7 Nummer 2

Diese Bestimmung hindert die Vertragsparteien nicht, im Gesetz vorzusehen, dass Jugendliche, die das vorgeschriebene Mindestalter noch nicht erreicht haben, die für ihre Berufsausbildung unbedingt erforderlichen Arbeiten ausführen, wenn diese Arbeiten unter der Aufsicht des zugelassenen fachkundigen Personals ausgeführt werden und die Sicherheit und der Gesundheitsschutz der Jugendlichen am Arbeitsplatz gewährleistet sind.[1]

Article 7, paragraph 8

It is understood that a Party may give the undertaking required in this paragraph if it fulfils the spirit of the undertaking by providing by law that the great majority of persons under eighteen years of age shall not be employed in night work.

Artikel 7 Nummer 8

Es besteht Einverständnis darüber, dass eine Vertragspartei die unter dieser Nummer vorgesehene Verpflichtung eingehen kann, wenn sie dem Geist dieser Verpflichtung dadurch nachkommt, dass die überiegende Mehrheit der Personen uner 18 Jahren kraft Gesetzes nicht zur Nachtarbeit herangezogen werden darf.

Article 8, paragraph 2

This provision *shall* not be interpreted as laying down an absolute prohibition. Exceptions

Artikel 8 Nummer 2

Diese Bestimmung ist nicht so auszulegen, als würde durch sie ein absolutes Verbot festgeschrie-

[1] Anm. d. Übers.: Aus dem französischen Wortlaut übersetzt. Nach dem englischen Wortlaut: „[...] wenn diese Arbeiten in Übereinstimmung mit den von der zuständigen Behörde vorgeschriebenen Bedingungen ausgeführt werden und Maßnahmen zum Schutz der Gesundheit und der Sicherheit der Jugendlichen getroffen werden."

could be made, for instance, in the following cases:

a if an employed woman has been guilty of misconduct which justifies breaking off the employment relationship;

b if the undertaking concerned ceases to operate;

c if the period prescribed in the employment contract has expired.

ben. Ausnahmen können zum Beispiel in den folgenden Fällen erfolgen:

a) wenn die Arbeitnehmerin sich eine Verfehlung hat zuschulden kommen lassen, die die Auflösung des Arbeitsverhältnisses rechtfertigt;

b) wenn das betreffende Unternehmen seine Tätigkeit einstellt;

c) wenn die im Arbeitsvertrag vorgesehene Frist abgelaufen ist.

Article 12, paragraph 4

The words "and subject to the conditions laid down in such agreements" in the introduction to this paragraph are taken to imply *inter alia* that with regard to benefits which are available independently of any insurance contribution, a Party may require the completion of a prescribed period of residence before granting such benefits to nationals of other Parties.

Artikel 12 Nummer 4

Die Worte „und nach Maßgabe der in diesen Übereinkünften niedergelegten Bedingungen" in der Einleitung zu dieser Nummer sollen unter anderem bedeuten, dass eine Vertragspartei hinsichtlich von Leistungen, die unabhängig von Versicherungsbeiträgen gewährt werden, die Zurücklegung einer vorgeschriebenen Aufenthaltsdauer vor der Gewährung derartiger Leistungen an Staatsangehörige anderer Vertragsparteien verlangen kann.

Article 13, paragraph 4

Governments not Parties to the European Convention on Social and Medical Assistance may ratify the Charter in respect of this paragraph provided that they grant to nationals of other Parties a treatment which is in conformity with the provisions of the said convention.

Artikel 13 Nummer 4

Regierungen, die nicht Vertragsparteien des Europäischen Fürsorgeabkommens sind, können die Charta hinsichtlich dieser Nummer ratifizieren, sofern sie den Staatsangehörigen der anderen Vertragsparteien eine Behandlung gewähren, die mit dem genannten Abkommen im Einklang steht.

Article 16

It is understood that the protection afforded in this provision covers single-parent families.

Artikel 16

Es besteht Einverständnis darüber, dass der durch diese Bestimmung gewährte Schutz auch Einelternfamilien erfasst.

Article 17

It is understood that this provision covers all persons below the age of 18 years, unless under the law applicable to the child majority is attained earlier, without prejudice to the other specific provisions provided by the Charter, particularly Article 7.

This does not imply an obligation to provide compulsory education up to the above-mentioned age.

Artikel 17

Es besteht Einverständnis darüber, dass diese Bestimmung alle Personen unter 18 Jahren erfasst, sofern nach dem auf das Kind anzuwendenden Recht die Volljährigkeit nicht früher erreicht wird; dies gilt unbeschadet der anderen besonderen Bestimmungen der Charta, insbesondere des Artikels 7.

Dies schließt nicht die Verpflichtung ein, bis zu dem vorstehend genannten Alter eine allgemeine Schulpflicht sicherzustellen.

Article 19, paragraph 6

For the purpose of applying this provision, the term "family of a foreign worker" is understood to mean at least the worker's spouse and unmarried children, as long as the latter are considered to be minors by the receiving State and are dependent on the migrant worker.

Artikel 19 Nummer 6

Für die Zwecke der Anwendung dieser Bestimmung ist unter dem Ausdruck „Wanderarbeitnehmer mit seiner Familie" zumindest der Ehegatte des Arbeitnehmers und seine unverheirateten Kinder zu verstehen, solange diese nach den einschlägigen Rechtsvorschriften des Aufnahmestaats als Minderjährige gelten und der Arbeitnehmer für sie unterhaltspflichtig ist.

Article 20

1 It is understood that social security matters, as well as other provisions relating to unemployment benefit, old age benefit and survivor's benefit, may be excluded from the scope of this article.

2 Provisions concerning the protection of women, particularly as regards pregnancy, confinement and the post-natal period,

Artikel 20

(1) Es besteht Einverständnis darüber, dass Fragen der Sozialen Sicherheit sowie die Bestimmungen über Leistungen bei Arbeitslosigkeit, bei Alter und an Hinterbliebene vom Geltungsbereich dieses Artikels ausgenommen werden können.

(2) Bestimmungen über den Schutz der Frau, insbesondere hinsichtlich der Schwangerschaft, der Entbindung und der Zeit

shall not be deemed to be discrimination as referred to in this article.

3 This article shall not prevent the adoption of specific measures aimed at removing *de facto* inequalities.

4 Occupational activities which, by reason of their nature or the context in which they are carried out, can be entrusted only to persons of a particular sex may be excluded from the scope of this article or some of its provisions. This provision is not to be interpreted as requiring the Parties to embody in laws or regulations a list of occupations which, by reason of their nature or the context in which they are carried out, may be reserved to persons of a particular sex.

nach der Entbindung gelten nicht als Diskriminierung im Sinne dieses Artikels.

(3) Dieser Artikel steht der Annahme besonderer Maßnahmen zur Beseitigung von tatsächlich bestehenden Ungleichheiten nicht entgegen.

(4) Vom Geltungsbereich dieses Artikels oder einiger seiner Bestimmungen können berufliche Tätigkeiten ausgenommen werden, die aufgrund ihrer Art oder der Bedingungen ihrer Ausübung nur Personen eines bestimmten Geschlechts übertragen werden können. Diese Bestimmung ist nicht so auszulegen, als seien die Vertragsparteien verpflichtet, in Gesetzen oder sonstigen Vorschriften eine Liste der beruflichen Tätigkeiten festzulegen, die aufgrund ihrer Art oder der Bedingungen ihrer Ausübung nur Personen eines bestimmten Geschlechts vorbehalten werden können.

Articles 21 and 22

1 For the purpose of the application of these articles, the term "workers' representatives" means persons who are recognised as such under national legislation or practice.

2 The terms "national legislation and practice" embrace as the case may be, in addition to laws and regulations, collective agreements, other agreements between employers and workers' representatives, customs as well as relevant case law.

Artikel 21 und 22

(1) Für die Zwecke der Anwendung dieser Artikel bezeichnet der Ausdruck „Arbeitnehmervertreter" Personen, die aufgrund der innerstaatlichen Rechtsvorschriften oder Gepflogenheiten als Arbeitnehmervertreter anerkannt sind.

(2) Der Ausdruck „innerstaatliche Rechtsvorschriften und Gepflogenheiten" umfasst je nach Lage des Falles neben den Gesetzen und sonstigen Vorschriften auch Gesamtarbeitsverträge sowie andere Vereinbarungen zwischen Arbeitgebern und Arbeitnehmervertretern, übliche Bräuche und

einschlägige Gerichtsentscheidungen.

3 For the purpose of the application of these articles, the term "undertaking" is understood as referring to a set of tangible and intangible components, with or without legal personality, formed to produce goods or provide services for financial gain and with power to determine its own market policy.

(3) Für die Zwecke der Anwendung dieser Artikel wird der Ausdruck „Unternehmen" so ausgelegt, dass er eine Gesamtheit von materiellen und immateriellen Bestandteilen mit oder ohne Rechtspersönlichkeit darstellt, die zur Herstellung von Waren oder zur Erbringung von Dienstleistungen gebildet wird, auf Gewinn gerichtet ist und mit Entscheidungsbefugnis hinsichtlich ihres Marktverhaltens ausgestattet ist.

4 It is understood that religious communities and their institutions may be excluded from the application of these articles, even if these institutions are "undertakings" within the meaning of paragraph 3. Establishments pursuing activities which are inspired by certain ideals or guided by certain moral concepts, ideals and concepts which are protected by national legislation, may be excluded from the application of these articles to such an extent as is necessary to protect the orientation of the undertaking.

(4) Es besteht Einverständnis darüber, dass Religionsgemeinschaften und ihre Einrichtungen von der Anwendung dieser Artikel ausgenommen werden können, auch wenn diese Einrichtungen „Unternehmen" im Sinne des Absatzes 3 sind. Betriebe mit Tätigkeiten, die von bestimmten Idealen geprägt oder von bestimmten moralischen Vorstellungen geleitet werden, welche von der innerstaatlichen Rechtsordnung geschützt sind, können von der Anwendung dieser Artikel in dem Umfang ausgenommen werden, wie dies zum Schutz der Tendenz des Unternehmens erforderlich ist.

5 It is understood that where in a state the rights set out in these articles are exercised in the various establishments of the undertaking, the Party concerned is to be considered as fulfilling the obligations deriving from these provisions.

(5) Es besteht Einverständnis darüber, dass, wenn in einem Staat die in diesen Artikeln niedergelegten Rechte in den verschiedenen Betriebsstätten eines Unternehmens ausgeübt werden, die Verpflichtungen aus diesen Bestimmungen als von der betreffenden Vertragspartei erfüllt anzusehen sind.

6 The Parties may exclude from the field of application of these articles, those undertakings

(6) Die Vertragsparteien können vom Geltungsbereich dieser Artikel die Unternehmen aus-

employing less than a certain number of workers, to be determined by national legislation or practice.

nehmen, deren Beschäftigtenzahl eine durch innerstaatliche Rechtsvorschriften oder Gepflogenheiten festgelegte bestimmte Zahl nicht überschreitet.

Article 22

1 This provision affects neither the powers and obligations of states as regards the adoption of health and safety regulations for workplaces, nor the powers and responsibilities of the bodies in charge of monitoring their application.

2 The terms "social and socio-cultural services and facilities" are understood as referring to the social and/or cultural facilities for workers provided by some undertakings such as welfare assistance, sports fields, rooms for nursing mothers, libraries, children's holiday camps, etc.

Artikel 22

(1) Diese Bestimmung lässt sowohl die Befugnisse und Verpflichtungen der Staaten hinsichtlich der Annahme von Vorschriften über den Arbeits- und Gesundheitsschutz am Arbeitsplatz als auch die Befugnisse und Zuständigkeiten der mit der Überwachung der Einhaltung dieser Vorschriften beauftragten Stellen unberührt.

(2) Die Ausdrücke „soziale und sozio-kulturelle Dienste und Einrichtungen" beziehen sich auf Dienste und Einrichtungen sozialer und/oder kultureller Art, die bestimmte Unternehmen für die Arbeitnehmer bereitstellen, wie soziale Betreuung, Sportplätze, Stillräume, Büchereien, Kinderferienlager usw.

Article 23, paragraph 1

For the purpose of the application of this paragraph, the term "for as long as possible" refers to the elderly person's physical, psychological and intellectual capacities.

Artikel 23 erster Anstrich

Für die Zwecke der Anwendung dieses Anstrichs stellt der Ausdruck „so lange wie möglich" auf die körperlichen, seelischen und geistigen Fähigkeiten des älteren Menschen ab.

Article 24

1 It is understood that for the purposes of this article the terms "termination of employment" and "terminated" mean termination of employment at the initiative of the employer.

Artikel 24

(1) Es besteht Einverständnis darüber, dass für die Zwecke dieses Artikels der Ausdruck „Kündigung" die Beendigung des Arbeitsverhältnisses durch den Arbeitgeber bedeutet.

2 It is understood that this article covers all workers but that a Party may exclude from some or all of its protection the following categories of employed persons:

a workers engaged under a contract of employment for a specified period of time or a specified task;

b workers undergoing a period of probation or a qualifying period of employment, provided that this is determined in advance and is of a reasonable duration;

c workers engaged on a casual basis for a short period.

(2) Es besteht Einverständnis darüber, dass dieser Artikel alle Arbeitnehmer erfasst, dass jedoch eine Vertragspartei die folgenden Arbeitnehmergruppen von seinem Schutz ganz oder teilweise ausnehmen kann:

a) die im Rahmen eines Arbeitsvertrags für eine bestimmte Zeit oder eine bestimmte Aufgabe eingestellten Arbeitnehmer;

b) die Arbeitnehmer, die eine Probe- oder Wartezeit ableisten, sofern diese im Voraus festgesetzt und von angemessener Dauer ist;

c) die zur vorübergehenden Aushilfe eingestellten Arbeitnehmer.

3 For the purpose of this article the following, in particular, shall not constitute valid reasons for termination of employment:

a trade union membership or participation in union activities outside working hours, or, with the consent of the employer, within working hours;

b seeking office as, acting or having acted in the capacity of a workers' representative;

c the filing of a complaint or the participation in proceedings against an employer involving alleged violation of laws or regulations or recourse to competent administrative authorities;

(3) Für die Zwecke dieses Artikels gelten insbesondere nicht als triftige Gründe für eine Kündigung:

a) die Zugehörigkeit zu einer Gewerkschaft oder die gewerkschaftliche Betätigung außerhalb der Arbeitszeit oder, mit Zustimmung des Arbeitgebers, während der Arbeitszeit;

b) die Tatsache, dass sich jemand um das Amt eines Arbeitnehmervertreters bewirbt, ein solches Amt ausübt oder ausgeübt hat;

c) die Tatsache, dass jemand wegen einer behaupteten Verletzung von Rechtsvorschriften eine Klage gegen den Arbeitgeber einreicht, an einem Verfahren gegen ihn beteiligt ist oder die zuständigen Verwaltungsbehörden anruft;

d race, colour, sex, marital status, family responsibilities, pregnancy, religion, political opinion, national extraction or social origin;

e maternity or parental leave;

f temporary absence from work due to illness or injury.

4 It is understood that compensation or other appropriate relief in case of termination of employment without valid reasons shall be determined by national laws or regulations, collective agreements or other means appropriate to national conditions.

d) Rasse, Hautfarbe, Geschlecht, Familienstand, Familienpflichten, Schwangerschaft, Religion, politische Anschauung, nationale oder soziale Herkunft;

e) Mutterschaftsurlaub oder Elternurlaub;

f) vorübergehende Abwesenheit von der Arbeit aufgrund einer Krankheit oder eines Unfalls.

(4) Es besteht Einverständnis darüber, dass die Entschädigung oder ein anderer zweckmäßiger Ausgleich bei einer Kündigung ohne triftigen Grund durch innerstaatliche Rechtsvorschriften, Gesamtarbeitsverträge oder auf jede andere, den innerstaatlichen Verhältnissen entsprechende Weise festzulegen ist.

Article 25

1 It is understood that the competent national authority may, by way of exemption and after consulting organisations of employers and workers, exclude certain categories of workers from the protection provided in this provision by reason of the special nature of their employment relationship.

2 It is understood that the definition of the term "insolvency" must be determined by national law and practice.

3 The workers' claims covered by this provision shall include at least:

Artikel 25

(1) Es besteht Einverständnis darüber, dass die zuständige nationale Behörde[1] als Ausnahme und nach Anhörung von Arbeitgeber- und Arbeitnehmerorganisationen bestimmte Arbeitnehmergruppen wegen der besonderen Art ihres Arbeitsverhältnisses von dem in dieser Bestimmung vorgesehenen Schutz ausnehmen kann.

(2) Es besteht Einverständnis darüber, dass der Ausdruck „Zahlungsunfähigkeit" durch innerstaatliche Rechtsvorschriften und Gepflogenheiten zu bestimmen ist.

(3) Die von dieser Bestimmung erfassten Forderungen der Arbeitnehmer haben sich mindestens auf Folgendes zu erstrecken:

[1] Anm. d. Übers.: Aus dem englischen Wortlaut übersetzt. Nach dem französischen Wortlaut lediglich: „Die zuständige Behörde kann [. . .]".

a the workers' claims for wages relating to a prescribed period, which shall not be less than three months under a privilege system and eight weeks under a guarantee system, prior to the insolvency or to the termination of employment;

a) Forderungen der Arbeitnehmer hinsichtlich der Löhne und Gehälter für einen bestimmten Zeitraum vor Eintritt der Zahlungsunfähigkeit oder vor Beendigung des Arbeitsverhältnisses, der in einem System des Schutzes durch ein Vorrecht drei Monate und in einem System des Schutzes durch eine Garantie acht Wochen nicht unterschreiten darf;

b the workers' claims for holiday pay due as a result of work performed during the year in which the insolvency or the termination of employment occurred;

b) Forderungen der Arbeitnehmer hinsichtlich des bezahlten Urlaubs, der aufgrund der geleisteten Arbeit während des Jahres angefallen ist, in dem die Zahlungsunfähigkeit oder die Beendigung des Arbeitsverhältnisses eingetreten ist;

c the workers' claims for amounts due in respect of other types of paid absence relating to a prescribed period, which shall not be les than three months under a privilege system and eight weeks under a guarantee system, prior to the insolvency or the termination of the employment.s

c) Forderungen der Arbeitnehmer hinsichtlich der geschuldeten Beträge für sonstige bezahlte Zeiten der Abwesenheit betreffend einen bestimmten Zeitraum vor Eintritt der Zahlungsunfähigkeit oder vor Beendigung des Arbeitsverhältnisses, der in einem System des Schutzes durch ein Vorrecht drei Monate und in einem System des Schutzes durch eine Garantie acht Wochen nicht unterschreiten darf.

4 National laws or regulations may limit the protection of workers' claims to a prescribed amount, which shall be of a socially acceptable level.

(4) Die innerstaatlichen Rechtsvorschriften können den Schutz der Forderungen der Arbeitnehmer auf einen bestimmten Betrag begrenzen, der eine sozial vertretbare Höhe erreichen muss.

Article 26

It is understood that this article does not require that legislation be enacted by the Parties.

It is understood that paragraph 2 does not cover sexual harassment.

Artikel 26

Es besteht Einverständnis darüber, dass dieser Artikel die Vertragsparteien nicht dazu verpflichtet, Rechtsvorschriften zu erlassen.

Es besteht Einverständnis darüber, dass Nummer 2 sexuelle Belästigung nicht erfasst.

Article 27

It is understood that this article applies to men and women workers with family responsibilities in relation to their dependent children as well as in relation to other members of their immediate family who clearly need their care or support where such responsibilities restrict their possibilities of preparing for, entering, participating in or advancing in economic activity. The terms "dependent children" and "other members of their immediate family who clearly need their care and support" mean persons defined as such by the national legislation of the Party concerned.

Artikel 27

Es besteht Einverständnis darüber, dass dieser Artikel auf männliche und weibliche Arbeitnehmer Anwendung findet, die Familienpflichten gegenüber ihren unterhaltsberechtigten Kindern sowie anderen unmittelbaren Familienangehörigen haben, die offensichtlich ihrer Betreuung oder Unterstützung bedürfen, soweit ihre Möglichkeiten, sich auf das Erwerbsleben vorzubereiten, in das Erwerbsleben einzutreten, am Erwerbsleben teilzunehmen oder Fortschritte im Erwerbsleben zu erzielen, durch diese Pflichten eingeschränkt werden. Die Ausdrücke „unterhaltsberechtigte Kinder" und „andere unmittelbare Familienangehörige, die offensichtlich ihrer Betreuung und Unterstützung bedürfen" sind in dem durch die innerstaatlichen Rechtsvorschriften der Vertragsparteien bestimmten Sinn zu verstehen.

Articles 28 and 29

For the purpose of the application of this article, the term "workers' representatives" means persons who are recognised as such under national legislation or practice.

Artikel 28 und 29

Für die Zwecke der Anwendung dieser Artikel bezeichnet der Ausdruck „Arbeitnehmervertreter" Personen, die nach den innerstaatlichen Rechtsvorschriften oder Gepflogenheiten als Arbeitnehmervertreter anerkannt sind.

Part III

It is understood that the Charter contains legal obligations of an international character, the application of which is submitted solely to the supervision provided for in Part IV thereof.

Teil III

Es besteht Einverständnis darüber, dass die Charta rechtliche Verpflichtungen internationalen Charakters enthält, deren Durchführung ausschließlich der in ihrem Teil IV vorgesehenen Überwachung unterliegt.

Article A, paragraph 1

It is understood that the numbered paragraphs may include articles consisting of only one paragraph.

Artikel A Absatz 1

Es besteht Einverständnis darüber, dass als Nummern auch Artikel anzusehen sind, die aus einem einzigen Absatz bestehen.

Article B, paragraph 2

For the purpose of paragraph 2 of Article B, the provisions of the revised Charter correspond to the provisions of the Charter with the same article or paragraph number with the exception of:

a Article 3, paragraph 2, of the revised Charter which corresponds to Article 3, paragraphs 1 and 3, of the Charter;
b Article 3, paragraph 3, of the revised Charter which corresponds to Article 3, paragraphs 2 and 3, of the Charter;
c Article 10, paragraph 5, of the revised Charter which corresponds to Article 10, paragraph 4, of the Charter;
d *Article* 17, paragraph 1, of the revised Charter which corresponds to Article 17 of the Charter.

Artikel B Absatz 2

Für die Zwecke des Artikels B Absatz 2 entsprechen die Bestimmungen der revidierten Charta den Bestimmungen der Charta, die die gleiche Artikelzahl oder Nummer tragen, mit Ausnahme von

a) Artikel 3 Nummer 2 der revidierten Charta, der Artikel 3 Nummern 1 und 3 der Charta entspricht;
b) Artikel 3 Nummer 3 der revidierten Charta, der Artikel 3 Nummern 2 und 3 der Charta entspricht;
c) Artikel 10 Nummer 5 der revidierten Charta, der Artikel 10 Nummer 4 der Charta entspricht;
d) Artikel 17 Nummer 1 der revidierten Charta, der Artikel 17 der Charta entspricht.

Part V

Article E

A differential treatment based on an objective and reasonable justification shall not be deemed discriminatory.

Article F

The terms "in time of war or other public emergency" shall be so understood as to cover also the threat of war.

Article I

It is understood that workers excluded in accordance with the appendix to Articles 21 and 22 are not taken into account in establishing the number of workers concerned.

Article J

The term "amendment" shall be extended so as to cover also the addition of new articles to the Charter.

Teil V

Artikel E

Eine sachlich und sinnvoll begründete unterschiedliche Behandlung wird nicht als diskriminierend angesehen.

Artikel F

Der Ausdruck „in Kriegszeiten oder bei einem anderen öffentlichen Notstand" ist dahin zu verstehen, dass er auch den Zustand einer drohenden Kriegsgefahr erfasst.

Artikel I

Es besteht Einverständnis darüber, dass Arbeitnehmer, die nach dem Anhang zu den Artikeln 21 und 22 ausgenommen sind, bei der Festlegung der Zahl der betreffenden Arbeitnehmer nicht berücksichtigt werden.

Artikel J

Der Ausdruck „Änderung" ist dahin zu verstehen, dass er auch die Aufnahme neuer Artikel in die Charta erfasst.

117. Europäisches Niederlassungsabkommen[1), 2), 3)]

Vom 13. Dezember 1955

(BGBl. 1959 II S. 998)

DIE UNTERZEICHNETEN REGIERUNGEN, MITGLIEDER DES EUROPARATES,

IN DER ERWÄGUNG, daß es Aufgabe des Europarates ist, die Ideale und Grundsätze zu schützen und zu verwirklichen, die gemeinsames Erbe seiner Mitglieder sind, und ihren wirtschaftlichen und sozialen Fortschritt zu fördern;

IN ANERKENNUNG der besonderen Art der Bindungen zwischen den Mitgliedstaaten des Europarates, die in den im Rahmen des Europarates bereits abgeschlossenen Abkommen und Vereinbarungen, insbesondere in der Konvention zum Schutze der Menschenrechte und Grundfreiheiten vom 4. November 1950[4)] und dem Protokoll zu dieser Konvention vom 20. März 1952, dem Europäischen Fürsorgeabkommen[5)] und den beiden Vorläufigen Abkommen über die Soziale Sicherheit vom 11. Dezember 1953 ihren Ausdruck finden;

IN DER ÜBERZEUGUNG, daß die Aufstellung gemeinsamer Regeln für die Behandlung der Staatsangehörigen eines Mitgliedstaates im Gebiet der anderen Mitgliedstaaten durch den Abschluß eines regionalen Abkommens das Werk der Vereinheitlichung fördern kann;

ZUR BEKRÄFTIGUNG der Tatsache, daß die Rechte und Vorrechte, die sie gegenseitig ihren Staatsangehörigen einräumen, ausschließlich wegen der engen Verbindung gewährt werden, die die Mitglieder des Europarates nach dessen Satzung vereint; und

---

1) Unter der Nr. **117** ist im Anschluß an das Niederlassungsabkommen auch das entsprechende **Protokoll** abgedruckt. Hinsichtlich des Aufenthalts von Unionsbürgern sowie der Angehörigen anderer EWR-Staaten und der Schweiz vermitteln die entsprechenden Regelungen europäischen Rechts eine ausnahmslos günstigere Rechtsstellung als dieses Abkommen. Von praktischer Bedeutung ist es daher nur noch in Bezug auf türkische Staatsangehörige.

2) S. hierzu das G. v. 30. 9. 1959 (BGBl. II S. 997).

Das Abk. ist gemäß Bek. v. 30. 7. 1965 (BGBl. II S. 1099) in Kraft für die **Bundesrepublik** (seit 23. 2. 1965), für **Belgien, Dänemark, Italien, Norwegen;** gem. Bek. v. 26. 10. 1966 (BGBl. II S. 1519) für **Irland;** gem. Bek. v. 17. 7. 1969 (BGBl. II S. 1725) für **Luxemburg;** gem. Bek. v. 16. 9. 1969 (BGBl. II S. 1988) für die **Niederlande;** gem. Bek. *v. 25. 7. 1970 (BGBl. II S. 843)* für das **Vereinigte Königreich;** gem. Bek. v. 17. 12. 1971 (BGBl. 1972 II S. 38) für **Schweden;** gem. Bek. v. 21. 12. 1990 (BGBl. 1991 II S. 397) für die **Türkei.** Das Abk. ist für **Griechenland** am 2. 3. 1965 wirksam geworden (BGBl. 1965 II S. 1099), am 31. 12. 1970 außer Kraft getreten (Bek. v. 21. 7. 1972, BGBl. II S. 875) und am 28. 11. 1974 wieder in Kraft getreten (Bek. v. 13. 6. 1975, BGBl. II S. 1090).

3) Internationale Quelle: UNTS Bd. 529 S. 141. Auf die bei der Ratifikation erklärten Vorbehalte der Staaten (vgl. Art. 26 des Abkommens) ist bei den jeweiligen Artikeln Bezug genommen.

4) Nr. **130**.

5) Nr. **113**.

IM HINBLICK darauf, daß dieses Abkommen seinem Inhalt nach in den Rahmen der Organisation des Europarates paßt,

SIND WIE FOLGT ÜBEREINGEKOMMEN:

Kapitel I. Einreise, Aufenthalt und Ausweisung

Art. 1 [Freizügigkeit] Jeder Vertragstaat wird den Staatsangehörigen der anderen Vertragstaaten die Einreise in sein Gebiet zu vorübergehendem Aufenthalt erleichtern und ihnen in seinem Gebiet Freizügigkeit gewähren, sofern nicht Gründe der öffentlichen Ordnung, der Sicherheit, der Volksgesundheit oder der Sittlichkeit entgegenstehen.

Art. 2 [Aufenthaltsdauer] Unter den in Artikel 1 genannten Voraussetzungen wird jeder Vertragstaat in dem Umfang, in dem seine wirtschaftlichen und sozialen Verhältnisse es gestatten, den Staatsangehörigen der anderen Vertragstaaten einen längeren oder dauernden Aufenthalt in seinem Gebiet erleichtern.

Art. 3[1] [Ausweisung] (1) Die Staatsangehörigen eines Vertragstaates, die ihren ordnungsmäßigen Aufenthalt im Gebiet eines anderen Vertragstaates haben, dürfen nur ausgewiesen werden, wenn sie die Sicherheit des Staates gefährden oder gegen die öffentliche Ordnung oder die Sittlichkeit verstoßen.

(2) Sofern nicht zwingende Gründe der Sicherheit des Staates es erfordern, dürfen die Staatsangehörigen eines Vertragstaates, die seit mehr als zwei Jahren ihren ordnungsmäßigen Aufenthalt im Gebiet eines anderen Vertragstaates haben, nur ausgewiesen werden, wenn ihnen Gelegenheit gegeben worden ist, Gegenvorstellungen zu erheben, ein Rechtsmittel einzulegen und sich zu diesem Zweck vor einer zuständigen Behörde oder vor einer Person oder mehreren Personen, die von der zuständigen Behörde besonders bestimmt sind, vertreten zu lassen.

(3) Die Staatsangehörigen eines Vertragstaates, die seit mehr als zehn Jahren ihren ordnungsmäßigen Aufenthalt im Gebiet eines anderen Vertragstaates haben, dürfen nur aus Gründen der Sicherheit des Staates, oder wenn die übrigen in Absatz 1 aufgeführten Gründe besonders schwerwiegend sind, ausgewiesen werden.

---

[1] S. hierzu den Vorbehalt Norwegens gem. Bek. v. 30. 7. 1965 (BGBl. II S. 1099) und Schwedens gem. Bek. v. 17. 12. 1971 (BGBl. II S. 38).

Kapitel II. Ausübung der bürgerlichen Rechte

Art. 4[1] **[Ausübung der Rechte]** Die Staatsangehörigen eines Vertragstaates erfahren im Gebiet der anderen Vertragstaaten im Genuß und in der Ausübung sämtlicher bürgerlichen Rechte die gleiche Behandlung wie die eigenen Staatsangehörigen.

Art. 5 [Sonderregelungen] Abweichend von den Bestimmungen des Artikels 4 kann jeder Vertragstaat aus Gründen der Sicherheit des Staates oder der Landesverteidigung den Erwerb, den Besitz oder die Nutzung von Gütern jeder Art seinen eigenen Staatsangehörigen vorbehalten oder die Staatsangehörigen der anderen Vertragstaaten Sonderregelungen, die für Ausländer gelten, unterwerfen.

(Fortsetzung nächstes Blatt)

---

[1] S. hierzu den Vorbehalt der Bundesrepublik Deutschland gem. Bek. v. 30. 7. 1965 (BGBl. II S. 1099). „Artikel 4 des Abkommens läßt die Bestimmung des § 7 des Reichsgesetzes vom 22. Mai 1910 (Reichsgesetzbl. S. 798) und die entsprechenden Vorschriften der Länder unberührt. Hiernach ist Voraussetzung für die Haftung des Staates und öffentlich-rechtlicher Körperschaften gemäß Artikel 34 des Grundgesetzes für die Bundesrepublik Deutschland und gemäß § 839 des Bürgerlichen Gesetzbuches im Verhältnis zu Ausländern die Gewährung gleicher Rechte an deutsche Staatsangehörige durch den Heimatstaat des Betroffenen."

Art. 6 [Verzeichnis der Beschränkungen]. (1) Abgesehen von den Fällen, die die Sicherheit des Staates oder die Landesverteidigung berühren,

a) übermittelt jeder Vertragstaat, der den Erwerb, den Besitz oder die Nutzung bestimmter Arten von Gütern seinen eigenen Staatsangehörigen vorbehalten oder für Ausländer, einschließlich der Staatsangehörigen der anderen Vertragstaaten, Sonderregelungen unterworfen hat, oder der den Erwerb, den Besitz oder die Nutzung dieser Güter von der Gegenseitigkeit abhängig gemacht hat, dem Generalsekretär des Europarates bei der Unterzeichnung dieses Abkommens ein Verzeichnis dieser Beschränkungen, unter Angabe der Vorschriften des innerstaatlichen Rechts, auf denen diese Beschränkungen beruhen; der Generalsekretär teilt dieses Verzeichnis den anderen Unterzeichnerstaaten mit;

b) darf jeder Vertragstaat, nachdem dieses Abkommen für ihn in Kraft getreten ist, neue Beschränkungen für den Erwerb, den Besitz oder die Nutzung bestimmter Arten von Gütern durch Staatsangehörige der anderen Vertragstaaten nur einführen, wenn er sich aus zwingenden wirtschaftlichen oder sozialen Gründen oder zur Verhinderung des spekulativen Ankaufs lebenswichtiger Versorgungsquellen des Landes hierzu genötigt sieht. In diesem Fall hat er den Generalsekretär über die getroffenen Maßnahmen, die Vorschriften des innerstaatlichen Rechts und die Gründe für diese Maßnahmen vollständig unterrichtet zu halten; der Generalsekretär macht den anderen Vertragstaaten hiervon Mitteilung.

(2) Jeder Vertragstaat wird bestrebt sein, zugunsten der Staatsangehörigen der anderen Vertragstaaten sein Verzeichnis der Beschränkungen zu verkleinern. Er unterrichtet von diesen Änderungen den Generalsekretär, der sie den anderen Vertragstaaten mitteilt.

Jeder Vertragstaat wird ferner bestrebt sein, den Staatsangehörigen der anderen Vertragstaaten die nach seinen Rechtsvorschriften zulässigen Ausnahmen von den allgemein für Ausländer geltenden Vorschriften zu gewähren.

Kapitel III. Rechts- und Verwaltungsschutz

Art. 7 [Rechtsschutz]. Die Staatsangehörigen eines Vertragstaates genießen im Gebiet der anderen Vertragstaaten unter den gleichen Voraussetzungen wie deren eigene Staatsangehörige uneingeschränkten gesetzlichen oder gerichtlichen Schutz ihrer Person, ihres Vermögens, ihrer Rechte und Interessen. Sie haben daher in gleicher Weise wie die eigenen Staatsangehörigen das Recht auf Inanspruchnahme der zuständigen Gerichts- und Verwaltungsbehörden und auf Beistandsleistung durch jede Person ihrer Wahl, die nach den Gesetzen des Landes hierzu befugt ist.

Art. 8 [Armenrecht]. (1) Die Staatsangehörigen eines Vertragstaates haben im Gebiet der anderen Vertragstaaten unter den gleichen Voraussetzungen wie deren eigene Staatsangehörige Anspruch auf Bewilligung des Armenrechts.

(2) Bedürftige Staatsangehörige eines Vertragstaates haben im Gebiet der anderen Vertragstaaten unter den gleichen Voraussetzungen wie deren eigene bedürftige Staatsangehörige Anspruch auf kostenlose Ausstellung von Personenstandsurkunden.

Art. 9[1] [Sicherheitsleistungen]. (1) Staatsangehörigen eines Vertragstaates, die ihren Wohnsitz oder gewöhnlichen Aufenthalt im Gebiet eines der anderen Vertragstaaten haben und die vor den Gerichten eines der Vertragstaaten als Kläger oder sonstige Verfahrensbeteiligte auftreten, darf keine Sicherheitsleistung oder Hinterlegung, wie auch immer sie bezeichnet sein mag, deshalb auferlegt werden, weil sie Ausländer sind oder keinen Wohnsitz oder Aufenthalt im Inlande haben.

(2) Das gleiche gilt für von Klägern oder sonstigen Verfahrensbeteiligten etwa zu zahlende Gerichtskostenvorschüsse.

(3) Kostenentscheidungen gegen einen Kläger oder sonstigen Verfahrensbeteiligten werden auf Antrag, der auf diplomatischem Wege zu stellen ist, im Gebiet jedes anderen Vertragstaates von der zuständigen Behörde kostenlos für vollstreckbar erklärt, wenn der Kläger oder sonstige Verfahrensbeteiligte von Sicherheitsleistung, Hinterlegung oder Zahlung der Kosten entweder nach den Bestimmungen der vorstehenden Absätze oder nach den innerstaatlichen Rechtsvorschriften des Landes, in dem die Klage erhoben wurde, befreit ist.

Kapitel IV. Ausübung einer Erwerbstätigkeit

Art. 10 [Erwerbstätigkeiten]. Jeder Vertragstaat wird in einem Gebiet den Staatsangehörigen der anderen Vertragstaaten gestatten, jede auf Erwerb gerichtete Tätigkeit unter den gleichen Bedingungen wie die eigenen Staatsangehörigen auszuüben, wenn nicht wichtige Gründe wirtschaftlicher oder sozialer Art der Erteilung der Erlaubnis entgegenstehen. Diese Bestimmung gilt, ohne hierauf beschränkt zu sein, für Tätigkeiten in Industrie, Handel, Finanzwesen, Landwirtschaft, Handwerk und freien Berufen, ohne Rücksicht darauf, ob es sich um eine selbständige oder unselbständige Erwerbstätigkeit handelt.

[1] Siehe hierzu den Vorbehalt Irlands gemäß Bek. v. 26. 10. 1966 (BGBl. II S. 1519) und den Vorbehalt des Vereinigten Königreichs gemäß Bek. v. 25. 7. 1970 (BGBl. II S. 843).

Art. 11[1] [Beschränkungen]. Die Staatsangehörigen eines Vertragstaates, denen von einem anderen Vertragstaat für eine bestimmte Zeit die Ausübung einer Erwerbstätigkeit gestattet worden ist, dürfen während dieser Zeit keinen Beschränkungen unterworfen werden, die bei Erteilung der Erlaubnis nicht vorgesehen waren, wenn diese Beschränkungen nicht unter entsprechenden Voraussetzungen auf die eigenen Staatsangehörigen Anwendung finden.

Art. 12[1] [Freiheit von Beschränkungen]. (1) Die Staatsangehörigen eines Vertragstaates, die ihren ordnungsmäßigen Aufenthalt im Gebiet eines anderen Vertragstaates haben, sind in gleicher Weise wie dessen eigene Staatsangehörige zur Ausübung jeder Erwerbstätigkeit berechtigt, ohne den Beschränkungen des Artikels 10 zu unterliegen, wenn sie

a) fünf Jahre ununterbrochen eine Erwerbstätigkeit in diesem Gebiet befugt ausgeübt haben oder
b) zehn Jahre ununterbrochen ihren ordnungsmäßigen Aufenthalt in diesem Gebiet gehabt haben oder
c) die Erlaubnis zum dauernden Aufenthalt erhalten haben.

Jeder Vertragstaat kann bei der Unterzeichnung dieses Abkommens oder bei der Hinterlegung der Ratifikationsurkunde erklären, daß er eine oder zwei der vorstehenden Bedingungen nicht annimmt.

(2) Jeder Vertragstaat kann ferner in gleicher Weise die in Absatz 1 a vorgesehene Frist bis zu einer Höchstdauer von zehn Jahren verlängern mit der Maßgabe, daß nach den ersten fünf Jahren die Erneuerung der Erlaubnis für die bis zu diesem Zeitpunkt ausgeübte Tätigkeit auf keinen Fall verweigert oder von einem Wechsel dieser Tätigkeit abhängig gemacht werden darf. Jeder Vertragstaat kann ferner erklären, daß er nicht in allen Fällen den Wechsel von unselbständiger zu selbständiger Tätigkeit ohne weiteres zulassen wird.

Art. 13 [Vorbehalte für die eigenen Staatsangehörigen]. Jeder Vertragstaat kann die Ausübung öffentlicher Aufgaben und jeder mit der Sicherheit des Staates oder der Landesverteidigung in Zusammenhang stehenden Tätigkeit den eigenen Staatsangehörigen vorbehalten oder die Ausübung dieser Tätigkeiten durch Ausländer von besonderen Voraussetzungen abhängig machen.

Art. 14 [Verzeichnis der Vorbehalte]. (1) Unbeschadet der Regelung in Artikel 13

a) übermittelt jeder Vertragstaat, der bestimmte Tätigkeiten seinen eigenen Staatsangehörigen vorbehalten oder ihre Ausübung durch Aus-

[1] Siehe hierzu die Vorbehalte Belgiens, Griechenlands, Norwegens gemäß Bek. v. 30. 7. 1965 (BGBl. II S. 1099), Irlands gemäß Bek. v. 26. 10. 1966 (BGBl. II S. 1519), Luxemburgs gemäß Bek. v. 17. 7. 1969 (BGBl. II S. 1725) und Schwedens gemäß Bek. v. 17. 12. 1971 (BGBl. 1972 II S. 38).

länder, einschließlich der Staatsangehörigen der anderen Vertragstaaten, besonders geregelt oder von der Gegenseitigkeit abhängig gemacht hat, bei der Unterzeichnung dieses Abkommens dem Generalsekretär des Europarates ein Verzeichnis dieser Beschränkungen, unter Angabe der innerstaatlichen Rechtsvorschriften, auf denen die Beschränkungen beruhen; der Generalsekretär übermittelt den anderen Unterzeichnerstaaten diese Verzeichnisse;

b) darf jeder Vertragstaat, nachdem dieses Abkommen für ihn in Kraft getreten ist, neue Beschränkungen für die Ausübung einer Erwerbstätigkeit durch Staatsangehörige der anderen Vertragstaaten nur einführen, wenn er sich aus zwingenden Gründen wirtschaftlicher oder sozialer Art hierzu genötigt sieht. In diesem Fall hält er den Generalsekretär über die getroffenen Maßnahmen, die einschlägigen innerstaatlichen Rechtsvorschriften und die Gründe, die zu diesen Maßnahmen geführt haben, vollständig unterrichtet; der Generalsekretär macht den anderen Vertragstaaten hiervon Mitteilung.

(2) Jeder Vertragstaat wird bestrebt sein, zugunsten der Staatsangehörigen der anderen Vertragstaaten

das Verzeichnis der Tätigkeiten, die seinen eigenen Staatsangehörigen vorbehalten sind oder deren Ausübung durch Ausländer besonders geregelt oder von der Gegenseitigkeit abhängig gemacht ist, zu verkleinern; er unterrichtet von diesen Änderungen den Generalsekretär, der sie den anderen Parteien mitteilt;

einzelne Ausnahmen von den geltenden Vorschriften in dem Umfang zuzulassen, in dem seine Gesetzgebung es gestattet.

Art. 15[1] **[Befähigungsnachweise].** Die Ausübung einer Tätigkeit im Gebiet eines Vertragstaates, für die von den Staatsangehörigen dieses Vertragstaates ein beruflicher oder fachlicher Befähigungsnachweis oder die Leistung einer Sicherheit verlangt wird, wird für Staatsangehörige eines der anderen Vertragstaaten von der Leistung der gleichen Sicherheit oder den gleichen oder von der zuständigen staatlichen Behörde als gleichwertig anerkannten Befähigungsnachweisen abhängig gemacht.

Die Staatsangehörigen der Vertragstaaten, die ihren Beruf im Gebiet eines der Vertragstaaten befugt ausüben, können indessen durch einen Fachkollegen in das Gebiet eines der anderen Vertragstaaten zur Unterstützung in einem besonderen Fall gerufen werden.

Art. 16[2] **[Handelsreisende].** Die Staatsangehörigen eines Vertragstaates, die als Handelsreisende für ein Unternehmen tätig sind, dessen Hauptniederlassung sich im Gebiet eines der Vertragstaaten befindet,

[1] Siehe hierzu den Vorbehalt des Vereinigten Königreichs gemäß Bek. v. 25. 7. 1970 (BGBl. II S. 843).

[2] Siehe hierzu den Vorbehalt Luxemburgs gemäß Bek. v. 17. 7. 1969 (BGBl. II S. 1725).

bedürfen keiner Erlaubnis zur Ausübung ihrer Tätigkeit im Gebiet eines der anderen Vertragstaaten, sofern sie sich dort nicht länger als zwei Monate in jedem Halbjahr aufhalten.

Art. 17 [Soziale Gleichheit]. (1) Die Staatsangehörigen eines Vertragstaates dürfen im Gebiet eines der anderen Vertragstaaten hinsichtlich staatlicher Regelungen von Arbeitsentgelt und allgemeinen Arbeitsbedingungen nicht ungünstiger behandelt werden als die eigenen Staatsangehörigen.

(2) Die Bestimmungen dieses Kapitels sind nicht so zu verstehen, daß die Vertragstaaten verpflichtet sind, in ihrem Gebiet die Staatsangehörigen eines der anderen Vertragstaaten hinsichtlich der Ausübung einer Erwerbstätigkeit günstiger zu behandeln als ihre eigenen Staatsangehörigen.

Kapitel V. Rechte auf besonderen Gebieten

Art. 18[1] [Wahlen zu Körperschaften oder Organisationen]. Kein Vertragstaat darf den Staatsangehörigen eines der anderen Vertragstaaten untersagen, sich unter den gleichen Voraussetzungen wie die eigenen Staatsangehörigen als Wähler an Wahlen zu Körperschaften oder Organisationen wirtschaftlicher oder berufsständischer Art, wie Handelskammern, Landwirtschaftskammern oder Handwerkskammern, zu beteiligen, wenn sie seit mindestens fünf Jahren in seinem Gebiet befugt eine entsprechende Tätigkeit ausgeübt haben; vorbehalten bleiben die Entscheidungen, die diese Körperschaften oder Organisationen im Rahmen ihrer Zuständigkeit hierüber treffen können.

Art. 19[2] [Schiedsrichterliche Tätigkeit]. Die Staatsangehörigen eines Vertragstaates sind berechtigt, ohne anderen als den für die eigenen Staatsangehörigen geltenden Beschränkungen unterworfen zu sein, im Gebiet jedes anderen Vertragstaates eine Tätigkeit als Schiedsrichter in Schiedsverfahren auszuüben, in denen die Wahl der Schiedsrichter allein den Parteien überlassen ist.

Art. 20 [Schulbesuch; Stipendien]. Die im schulpflichtigen Alter stehenden Staatsangehörigen eines Vertragstaates, die ihren ordnungsmäßigen Aufenthalt im Gebiet eines anderen Vertragstaates haben, werden, soweit die Zulassung zum Schulunterricht zur Zuständigkeit des Staates gehört, in gleicher Weise wie die eigenen Staatsangehörigen zum Volksschul- und höheren Schulunterricht sowie zum Fach- und Berufsschulunterricht zugelassen. Die Erstreckung dieser Bestimmung auf die Gewährung von Stipendien bleibt dem Ermessen eines jeden Vertragstaates vorbehalten. Die Staatsangehörigen im schulpflichtigen Alter, die

[1] Siehe hierzu den Vorbehalt Luxemburgs gemäß Bek. v. 17. 7. 1969 (BGBl. II S. 1725).
[2] Siehe hierzu den Vorbehalt Italiens gemäß Bek. v. 30. 7. 1965 (BGBl. II S. 1099), zurückgenommen gem. Bek. v. 25. 10. 1984 (BGBl. II S. 951).

sich im Gebiet eines anderen Vertragstaates aufhalten, unterliegen der Schulpflicht, wenn nach dem innerstaatlichen Recht dieses Vertragstaates Schulpflicht für die eigenen Staatsangehörigen besteht.

Kapitel VI. Steuerwesen, zivile Dienstpflicht, Enteignung, Verstaatlichung

Art. 21[1] [Steuerwesen]. (1) Die Staatsangehörigen eines Vertragstaates unterliegen, vorbehaltlich der in den geltenden oder noch abzuschließenden Abkommen enthaltenen Bestimmungen über Doppelbesteuerung, im Gebiet eines anderen Vertragstaates keinen anderen, höheren oder drückenderen Abgaben, Gebühren, Steuern oder Beiträgen, gleich welcher Art oder Bezeichnung, als sie von den eigenen Staatsangehörigen unter entsprechenden Voraussetzungen erhoben werden; so stehen ihnen insbesondere Nachlaß oder Befreiung von Steuern oder Gebühren und Ermäßigung des Steuergrundbetrages einschließlich der Steuerabzüge für Familienunterhaltskosten zu.

(2) Ein Vertragstaat wird von den Staatsangehörigen eines anderen Vertragstaates keine Aufenthaltsgebühren erheben, die nicht auch von den eigenen Staatsangehörigen gefordert werden. Diese Bestimmung steht einer etwaigen Erhebung von Verwaltungsgebühren, wie Gebühren für die Ausstellung der für Ausländer vorgeschriebenen Erlaubnisse und Genehmigungen, nicht entgegen. Diese Gebühren dürfen jedoch nicht höher sein als die hierdurch entstehenden Kosten.

Art. 22 [Leistungspflichten]. Die Staatsangehörigen eines Vertragstaates dürfen im Gebiet eines anderen Vertragstaates nicht zu zivilen persönlichen Dienstleistungen oder Sachleistungen herangezogen werden, die anders oder drückender sind, als sie unter gleichen Voraussetzungen den eigenen Staatsangehörigen auferlegt werden.

Art. 23 [Enteignung, Verstaatlichung]. Die Staatsangehörigen eines Vertragstaates haben, unbeschadet der Bestimmungen des Artikels 1 des Zusatzprotokolls zur Konvention zum Schutze der Menschenrechte und Grundfreiheiten,[2] bei Enteignung oder bei Verstaatlichung ihrer Vermögenswerte durch einen der anderen Vertragstaaten Anspruch auf eine mindestens ebenso günstige Behandlung wie die eigenen Staatsangehörigen.

Kapitel VII. Ständiger Ausschuß

Art. 24. (1) Im Laufe des auf das Inkrafttreten dieses Abkommens folgenden Jahres ist ein Ständiger Ausschuß zu bilden. Der Ausschuß wird

[1] *Siehe hierzu den Vorbehalt* Irlands gemäß Bek. v. 26. 10. 1966 (BGBl. II S. 1519), den Vorbehalt des Vereinigten Königreichs gemäß Bek. v. 25. 7. 1970 (BGBl. II S. 843) und den Vorbehalt der Türkei gemäß Bek. v. 21. 12. 1990 (BGBl. 1991 II S. 397).

[2] Nr. **131**.

Vorschläge zur Verbesserung der Anwendung des Abkommens und, soweit erforderlich, zur praktischen Ausführung oder Ergänzung seiner Bestimmungen machen.

(2) Der Ausschuß wird sich bei Meinungsverschiedenheiten über die Auslegung oder die Anwendung der Bestimmungen der Artikel 6 Abs. 1b und Artikel 14 Abs. 1b auf Ersuchen eines der beteiligten Vertragstaaten um eine Einigung bemühen.

(3) Der Ausschuß wird in regelmäßigen Zeitabständen einen Bericht vorlegen, der alle Angaben über die im Gebiet der Vertragstaaten geltenden Gesetze und sonstigen Rechtsvorschriften für die in diesem Abkommen behandelten Sachgebiete enthält.

(4) Jedes Mitglied des Europarates, das dieses Abkommen ratifiziert hat, entsendet einen Vertreter in den Ausschuß. Jedes andere Mitglied des Europarates kann sich durch einen Beobachter vertreten lassen, der an den Sitzungen mit beratender Stimme teilnimmt.

(5) Der Ausschuß wird vom Generalsekretär des Europarates einberufen. Er tritt zu seiner ersten Tagung binnen drei Monaten nach seiner Bildung zusammen. Weitere Tagungen werden mindestens alle zwei Jahre abgehalten. Der Ausschuß kann ferner jederzeit einberufen werden, wenn das Ministerkomitee des Europarates es für notwendig hält. Die Zweijahresfrist beginnt mit dem letzten Sitzungstag der vorhergehenden Tagung.

(6) Die Stellungnahmen oder Empfehlungen des Ständigen Ausschusses werden dem Ministerkomitee unterbreitet.

(7) Der Ständige Ausschuß gibt sich seine Geschäftsordnung selbst.

Kapitel VIII. Allgemeine Bestimmungen

Art. 25 [Anpassungsvorschrift]. Die Bestimmungen dieses Abkommens berühren nicht die Bestimmungen der bereits in Kraft befindlichen oder später in Kraft tretenden innerstaatlichen Gesetze, zweiseitige oder mehrseitige Verträge, Abkommen oder Vereinbarungen, durch die Staatsangehörigen eines anderen Vertragstaates oder mehrerer anderer Vertragstaaten eine günstigere Behandlung gewährt wird.

Art. 26 [Vorbehalte gegenüber diesem Abkommen]. (1) Jedes Mitglied des Europarates kann bei Unterzeichnung dieses Abkommens oder bei Hinterlegung seiner Ratifikationsurkunde Vorbehalte zu einer bestimmten Vorschrift des Abkommens machen, soweit ein in seinem Gebiet zu dieser Zeit geltendes Gesetz mit dieser Vorschrift nicht übereinstimmt. Vorbehalte allgemeiner Art sind nach diesem Artikel nicht zulässig.

(2) Jeder Vorbehalt nach diesem Artikel muß kurze Angaben über das in Betracht kommende Gesetz enthalten.

(3) Jedes Mitglied des Europarates, das einen Vorbehalt nach diesem Artikel macht, wird den Vorbehalt zurückziehen, sobald die Umstände es gestatten. Vorbehalte werden durch eine Mitteilung an den Generalsekretär des Europarates zurückgezogen; sie werden mit dem Tag des Eingangs der Mitteilung wirksam. Der Generalsekretär wird den Wortlaut der Mitteilung allen Unterzeichnerstaaten übermitteln.

Art. 27 Ein Vertragstaat, der nach Artikel 26 einen Vorbehalt zu einer bestimmten Vorschrift dieses Abkommens gemacht hat, kann ihre Anwendung durch einen anderen Vertragstaat nur insoweit verlangen, als er selbst die Vorschrift angenommen hat.

Art. 28 [Maßnahmen bei Krieg oder Notstand]. (1) Im Falle eines Krieges oder eines anderen öffentlichen Notstandes, der das Leben der Nation bedroht, kann jeder Vertragstaat Maßnahmen ergreifen, die von den mit diesem Abkommen eingegangenen Verpflichtungen abweichen, soweit die Verhältnisse es erforderlich machen, und unter der Voraussetzung, daß diese Maßnahmen nicht zu sonstigen völkerrechtlichen Verpflichtungen in Widerspruch stehen.

(2) Jeder Vertragstaat, der von dem Recht Gebrauch macht, von den eingegangenen Verpflichtungen abzuweichen, wird den Generalsekretär des Europarates über die ergriffenen Maßnahmen und die hierfür maßgeblichen Gründe vollständig unterrichtet halten. Er wird den Generalsekretär des Europarates auch über den Tag unterrichten, an dem diese Maßnahmen unwirksam werden und die Bestimmungen des Abkommens wieder uneingeschränkt Anwendung finden.

Kapitel IX. Geltungsbereich des Abkommens

Art. 29 [Geltungsbereich]. (1) Dieses Abkommen findet auf das Mutterland jedes der Vertragstaaten Anwendung.

(2) Jedes Mitglied des Europarates kann bei der Unterzeichnung oder der Ratifizierung dieses Abkommens oder zu einem späteren Zeitpunkt durch eine Mitteilung an den Generalsekretär des Europarates erklären, daß dieses Abkommen auf das Gebiet oder die Gebiete Anwendung findet, die in dieser Erklärung bezeichnet sind und für deren internationale Beziehungen es verantwortlich ist.

(3) Jede nach Absatz 2 abgegebene Erklärung kann für jedes in der Erklärung bezeichnete Gebiet unter den Voraussetzungen des Artikels 33 zurückgezogen werden.

(4) Der Generalsekretär wird den anderen Mitgliedern des Europarates jede ihm nach Absatz 2 oder 3 zugegangene Erklärung zur Kenntnis bringen.

Art. 30 [Staatsangehörige, Begriff]. (1) Staatsangehörige im Sinne dieses Abkommens sind alle natürlichen Personen, die die Staatsangehörigkeit eines der Vertragstaaten besitzen.

(2) Keiner der Vertragstaaten ist verpflichtet, die Vergünstigungen dieses Abkommens denjenigen Staatsangehörigen eines anderen Vertragstaates zu gewähren, die ihren gewöhnlichen Aufenthalt in einem Gebiet haben, das nicht zum Mutterland dieses Vertragstaates gehört und auf das dieses Abkommen keine Anwendung findet.

Kapitel X. Beilegung von Streitigkeiten

Art. 31[1] (1) Streitigkeiten, die zwischen den Vertragsstaaten über die Auslegung oder die Anwendung dieses Abkommens entstehen, sind auf Grund besonderer Vereinbarungen oder auf Antrag einer der Streitparteien dem Internationalen Gerichtshof zu unterbreiten, sofern die Parteien sich nicht über ein anderes Verfahren für eine gütliche Beilegung des Streites einigen.

(2) Nach Inkrafttreten des Europäischen Übereinkommens zur friedlichen Beilegung von Streitigkeiten werden die diesem Abkommen beigetretenen Parteien die sie bindenden Bestimmungen des Übereinkommens auf alle auftretenden Streitigkeiten anwenden, die zwischen ihnen bezüglich des vorliegenden Abkommens entstehen.

(3) Jede Streitigkeit, auf die ein in Absatz 1 und Absatz 2 vorgesehenes Verfahren Anwendung findet, ist von den beteiligten Parteien umgehend dem Generalsekretär des Europarates zur Kenntnis zu bringen, der die anderen Vertragstaaten unverzüglich unterrichtet.

(4) Kommt eine an einer Streitigkeit beteiligte Partei nicht den Verpflichtungen nach, die ihr auf Grund einer Entscheidung des Internationalen Gerichtshofs oder des Spruchs eines Schiedsgerichts obliegen, so kann die andere Partei das Ministerkomitee des Europarates anrufen. Das Ministerkomitee kann, wenn es ihm notwendig erscheint, Empfehlungen im Hinblick auf die Ausführung der Entscheidung oder des Schiedsspruchs mit Zweidrittelmehrheit der stimmberechtigten Vertreter im Ministerkomitee erteilen.

Kapitel XI. Schlußbestimmungen

Art. 32 [Protokoll zu diesem Abkommen]. Das diesem Abkommen beigefügte Protokoll ist Bestandteil des Abkommens.

[1] Siehe hierzu den Vorbehalt der Türkei gemäß Bek. v. 21. 12. 1990 (BGBl. 1991 II S. 397).

Art. 33 [Kündigung des Abkommens]. (1) Ein Vertragstaat kann dieses Abkommen frühestens nach Ablauf von fünf Jahren, gerechnet vom Tage seines Beitritts zu dem Abkommen, mit einer Frist von sechs Monaten durch eine Mitteilung an den Generalsekretär des Europarates kündigen; der Generalsekretär unterrichtet die anderen Vertragstaaten. Jeder Vertragstaat, der von dieser Kündigungsmöglichkeit keinen Gebrauch macht, bleibt für jeweils weitere zwei Jahre durch das Abkommen gebunden, bis er das Abkommen mit einer Frist von sechs Monaten zum Ablauf einer solchen Zweijahresfrist kündigt.

(2) Die Kündigung enthebt den Vertragstaat nicht seiner in dem Abkommen eingegangenen Verpflichtungen für Handlungen, die von ihm vor dem Wirksamwerden der Kündigung vorgenommen worden sind.

(3) Ein Vertragstaat, der aus dem Europarat ausscheidet, ist, vorbehaltlich der Bestimmung des Absatzes 2, nicht mehr Partei dieses Abkommens.

Art. 34 [Ratifizierung; Inkrafttreten]. (1) Dieses Abkommen wird zur Unterzeichnung durch die Mitglieder des Europarates aufgelegt. Es bedarf der Ratifizierung. Die Ratifikationsurkunden werden bei dem Generalssekretär des Europarates hinterlegt.

(2) Dieses Abkommen tritt mit dem Tage der Hinterlegung der fünften Ratifikationsurkunde in Kraft.

(3) Für jeden Unterzeichnerstaat, der das Abkommen später ratifiziert, tritt es mit dem Tage der Hinterlegung seiner Ratifikationsurkunde in Kraft.

(4) Der Generalsekretär unterrichtet die Mitglieder des Europarates von dem Inkrafttreten des Abkommens, den Namen der Vertragstaaten, die es ratifiziert haben, den Vorbehalten und der Hinterlegung jeder weiteren Ratifikationsurkunde.

ZU URKUND DESSEN haben die hierzu gehörig befugten Unterzeichneten dieses Abkommen unterschrieben.

GESCHEHEN zu Paris am 13. Dezember 1955 in englischer und französischer Sprache, wobei jeder Wortlaut gleichermaßen verbindlich ist, in einer Urschrift, die im Archiv des Europarates hinterlegt wird. Der Generalsekretär übermittelt allen Unterzeichnerstaaten eine beglaubigte Abschrift.

(Es folgen die Unterschriften für Belgien, Dänemark, Frankreich, Bundesrepublik, Griechenland, Irland, Island, Italien, Luxemburg, Niederlande, Norwegen, Saar, Schweden, Türkei, Vereinigtes Königreich.)

Protokoll

Abschnitt I. Zu den Artikeln 1, 2, 3, 5, 6 Abs. 1 b, den Artikeln 10, 13 und 14 Abs. 1 b

a) Jeder Vertragstaat hat das Recht, nach seinen innerstaatlichen Grundsätzen zu beurteilen:

1. die ,,Gründe der öffentlichen Ordnung, der Sicherheit, der Volksgesundheit oder der Sittlichkeit", die der Einreise der Staatsangehörigen der anderen Vertragstaaten in sein Gebiet etwa entgegenstehen,
2. die sich aus seinen ,,wirtschaftlichen und sozialen Verhältnissen" ergebenden Gründe, die der Erteilung einer Aufenthaltserlaubnis für einen längeren oder dauernden Aufenthalt oder der Genehmigung zur Ausübung einer Erwerbstätigkeit an die Staatsangehörigen der anderen Vertragstaaten in seinem Gebiet etwa entgegenstehen,
3. die Tatbestände, in denen eine Gefährdung der Sicherheit des Staates oder eine Beeinträchtigung der öffentlichen Ordnung oder der Sittlichkeit zu erblicken ist,
4. die in dem Abkommen im einzelnen bezeichneten Gründe, die einem Vertragstaat das Recht geben, den Erwerb, den Besitz oder die Nutzung bestimmter Arten von Gütern und die Ausübung bestimmter Rechte und Tätigkeiten seinen eigenen Staatsangehörigen vorzubehalten oder Staatsangehörige der anderen Vertragstaaten insoweit von besonderen Voraussetzungen abhängig zu machen.

b) Jeder Vertragstaat hat selbst zu beurteilen, ob die Gründe, die eine Ausweisung rechtfertigen können, ,,besonders schwerwiegend" sind. Hierbei ist das Verhalten des Betreffenden während der gesamten Dauer seines Aufenthalts zu berücksichtigen.

c) Von der Möglichkeit, die Rechte von Staatsangehörigen der anderen Vertragstaaten zu beschränken, darf nur aus den in dem Abkommen aufgeführten Gründen Gebrauch gemacht werden, und nur insoweit, als dies mit den von den Vertragstaaten eingegangenen Verpflichtungen vereinbar ist.

Abschnitt II. Zu den Artikeln 1, 2, 3, 10, 11, 12, 13, 14, 15, 16, 17 und 20

a) Die Vorschriften, die die Einreise, den Aufenthalt und die Freizügigkeit der Ausländer sowie die Ausübung einer Erwerbstätigkeit durch Ausländer regeln, werden von dem Abkommen nicht berührt, soweit sie nicht zu den Bestimmungen des Abkommens in Widerspruch stehen.

b) Der Aufenthalt von Staatsangehörigen eines Vertragstaates gilt als ordnungsmäßig in dem Gebiet eines anderen Vertragstaates, wenn den unter a) genannten Vorschriften entsprochen ist.

Abschnitt III. Zu den Artikeln 1, 2 und 3

a) Der Begriff ,,öffentliche Ordnung" ist in dem weiten Sinne auszulegen, in dem er im allgemeinen in den kontinentalen Ländern verstanden wird. Ein Vertragstaat kann insbesondere einem Staatsangehörigen eines anderen Vertragstaates die Einreise aus politischen Gründen verweigern oder wenn Grund zu der Annahme besteht, daß er nicht über genügend Mittel für seinen Unterhalt verfügt oder eine Erwerbstätigkeit ohne eine etwa erforderliche Erlaubnis auszuüben beabsichtigt.

b) Die Vertragstaaten verpflichten sich, bei Ausübung der ihnen zustehenden Rechte auf familiäre Bindungen Rücksicht zu nehmen.

c) Das Recht der Ausweisung darf nur in Einzelfällen ausgeübt werden. Die Vertragstaaten werden von diesem Recht in Anbetracht der besonderen Beziehungen, die zwischen den Mitgliedern des Europarates bestehen, rücksichtsvoll Gebrauch machen. Sie werden insbesondere familiären Bindungen und der Dauer des Aufenthalts des Betreffenden in ihrem Gebiet Rechnung tragen.

Abschnitt IV. Zu den Artikeln 8 und 9

Die Bestimmungen der Artikel 8 und 9 des Abkommens berühren nicht die Verpflichtungen, die sich aus dem Haager Abkommen über den Zivilprozeß ergeben.

Abschnitt V. Zu den Artikeln 10, 11, 12, 13, 14, 15, 16 und 17

a) Die Bestimmungen der Artikel 10, 11, 12, 13, 14, 15, 16 und 17 des Abkommens finden unter den in den Artikeln 1 und 2 enthaltenen Voraussetzungen für die Einreise und den Aufenthalt Anwendung.

b) Dem Ehegatten und den unterhaltsberechtigten Kindern von Staatsangehörigen eines Vertragstaates, die die Erlaubnis erhalten haben, ihren sich in dem Gebiet eines anderen Vertragstaates ordnungsmäßig aufhaltenden Angehörigen zu begleiten oder sich mit ihm wieder zu vereinen, wird nach Möglichkeit erlaubt, unter den in diesem Abkommen vorgesehenen Bedingungen ein Arbeitsverhältnis einzugehen.

c) Die Bestimmungen des Artikels 12 des Abkommens finden keine Anwendung auf Staatsangehörige eines Vertragstaates, die sich im Gebiet eines anderen Vertragstaates auf Grund einer Sonderregelung aufhalten oder auf Grund besonderer Regelungen oder Vereinbarungen eine Erwerbstätigkeit ausüben, wie die Mitglieder oder die nicht am Ort eingestellten Bediensteten von diplomatischen und konsularischen Vertretungen, das Personal internationaler Organisationen, Gastarbeitnehmer, Lehrlinge, Studenten, zur Vervollständigung ihrer Berufsausbildung Beschäftigte und die Mitglieder von Schiffs- und Flugzeugbesatzungen.

d) Für die Zwecke des Artikels 16 des Abkommens dürfen die Vertragstaaten den Beruf des Handelsreisenden in ihren innerstaatlichen Gesetzen und sonstigen Rechtsvorschriften nicht dem Wandergewerbe oder Hausierergewerbe gleichstellen.

e) Es besteht Übereinstimmung darüber, daß Artikel 16 nur auf diejenigen Handelsreisenden Anwendung findet, die im Dienst eines Unternehmens stehen, das seinen Sitz außerhalb des Aufnahmelandes hat, und die ausschließlich von diesem Unternehmen entlohnt werden.

f) Die Bestimmungen des Artikels 17 Abs. 1 des Abkommens finden in dem besonderen Fall der Gastarbeitnehmer hinsichtlich ihres Arbeitsentgelts keine Anwendung.

Abschnitt VI. Zu den Artikeln 2, 11, 12, 13, 14, 15, 16, 17 und 25

a) Es besteht Übereinstimmung darüber, daß das Abkommen auf gewerbliche Schutzrechte, die Rechte an Werken der Literatur und Kunst sowie die Rechte an neuen Pflanzenzüchtungen keine Anwendung findet, da diese Gebiete den geltenden oder künftig in Kraft tretenden einschlägigen internationalen Abkommen oder sonstigen internationalen Vereinbarungen vorbehalten bleiben.

b) Diejenigen Parteien des Abkommens, die durch die Beschlüsse des Rats der Organisation für Europäische Wirtschaftliche Zusammenarbeit zur Regelung der Beschäftigung von Staatsangehörigen der Mitgliedstaaten dieser Organisation gebunden sind oder gebunden sein werden, werden im Verhältnis zueinander hinsichtlich der Ausübung unselbständiger Tätigkeit die jeweils für den Arbeitnehmer günstigsten Bestimmungen anwenden. Bei der Anwendung der Bestimmungen der Artikel 2, 10, 11, 12, 13, 14, 15, 16 und 17 des Abkommens und bei der Beurteilung der in den Artikeln 10 und 14 erwähnten wirtschaftlichen und sozialen Gründe werden sie dem Geist und dem Buchstaben der oben genannten Ratsbeschlüsse entsprechen, insoweit diese für die Arbeitnehmer günstiger sind als die Bestimmungen des Abkommens.

Abschnitt VII. Zu Artikel 26 Abs. 1

Die Vertragstaaten werden von ihrem Vorbehaltsrecht nur in dem Umfang Gebrauch machen, in dem nach ihrer Auffassung wesentliche Bestimmungen ihres innerstaatlichen Rechts es erfordern.

Abschnitt VIII. Zu Art. 29 Abs. 1

a) Dieses Abkommen findet in bezug auf Frankreich auch auf Algerien und die überseeischen Departements Anwendung.

b) Die Bundesrepublik Deutschland kann die Anwendung des Abkommens durch eine an den Generalsekretär des Europarates zu richtende Erklärung auch auf das Land Berlin erstrecken.[1] Der Generalsekretär wird die anderen Vertragstaaten hiervon in Kenntnis setzen.

Zu Artikel 29 Abs. 2

Jedes Mitglied des Europarates, das eine Erklärung nach Artikel 29 Abs. 2 des Abkommens abgibt, wird gleichzeitig dem Generalsekretär des Europarates für alle Gebiete, die in dieser Erklärung genannt sind, die Verzeichnisse der in Artikel 6 Abs. 1 und Artikel 14 Abs. 1 vorgesehenen Beschränkungen sowie alle Erklärungen nach Artikel 12 und alle Vorbehalte nach Artikel 26 des Abkommens zur Kenntnis bringen.

Zu Artikel 30

Der „gewöhnliche Aufenthalt" bestimmt sich nach den Rechtsvorschriften des Landes, dessen Staatsangehörigkeit der Betreffende besitzt.

Abschnitt IX. Zu Artikel 31 Abs. 1

Vertragstaaten, die dem Statut des Internationalen Gerichtshofs nicht angehören, werden die erforderlichen Maßnahmen treffen, um Zugang zu dem Gerichtshof zu erlangen.

---

[1] Siehe die Anm. zum Titel dieses Abkommens.

120. Rahmenübereinkommen zum Schutz nationaler Minderheiten[1), 2)]

Vom 1. Februar 1995

(BGBl. 1997 II S. 1408)

(Übersetzung)

Die Mitgliedstaaten des Europarats und die anderen Staaten, die dieses Rahmenübereinkommen unterzeichnen –

IN DER ERWÄGUNG, daß es das Ziel des Europarats ist, eine engere Verbindung zwischen seinen Mitgliedern herbeizuführen, um die Ideale und Grundsätze, die ihr gemeinsames Erbe bilden, zu wahren und zu fördern;

IN DER ERWÄGUNG, daß eines der Mittel zur Erreichung dieses Zieles in der Wahrung und in der Entwicklung der Menschenrechte und Grundfreiheiten besteht;

IN DEM WUNSCH, die Wiener Erklärung der Staats- und Regierungschefs der Mitgliedstaaten des Europarats vom 9. Oktober 1993 in die Tat umzusetzen;

ENTSCHLOSSEN, in ihrem jeweiligen Hoheitsgebiet das Bestehen nationaler Minderheiten zu schützen;

IN DER ERWÄGUNG, daß die geschichtlichen Umwälzungen in Europa gezeigt haben, daß der Schutz nationaler Minderheiten für Stabilität, demokratische Sicherheit und Frieden auf diesem Kontinent wesentlich ist;

IN DER ERWÄGUNG, daß eine pluralistische und wahrhaft demokratische Gesellschaft nicht nur die ethnische, kulturelle, sprachliche

---

1) Das Abkommen ist gem. Bek. v. 1.12.1997 (BGBl. 1998 II S. 57) am 1.2.1998 für **Deutschland** sowie für **Dänemark, Estland, Finnland, Kroatien, Moldau, Rumänien, San Marino,** die ehemalige jugoslawische Republik **Mazedonien,** die **Slowakei, Spanien, Ungarn** und **Zypern** in Kraft getreten. Es ist ferner am 1.3.1998 für **Italien** und **Liechtenstein,** am 1.4.1998 für die **Tschechische Republik,** am 1.5.1998 für die **Ukraine** und das **Vereinigte Königreich,** am 1.6.1998 für **Malta,** am 1.7.1998 für **Slowenien** und **Österreich,** am 1.11.1998 für **Armenien,** am 1.12.1998 für die **Russische Föderation,** am 1.2.1999 für die **Schweiz,** am 1.7.1999 für **Norwegen,** am 1.9.1999 für **Bulgarien** und **Irland,** am 1.1.2000 für **Albanien,** am 1.6.2000 für **Bosnien-Herzegowina** und **Schweden,** am 1.7.2000 für **Litauen,** am 1.10.2000 für **Aserbaidschan,** am 1.4.2001 für **Polen,** am 1.9.2001 für **Serbien,** am 1.9.2002 für **Portugal,** am *1.6.2005 für die* ***Niederlande,*** am 1.10.2005 für **Lettland,** am 1.4.2006 für **Georgien** und am 6.6.2006 für **Montenegro** in Kraft getreten. Da die Konvention bewußt auf eine Definition des Begriffs der Minderheit verzichtet, haben die meisten Vertragsstaaten in einer bei der Hinterlegung der Ratifikationsurkunde abgegebenen Erklärung dargelegt, welche Gruppen nach ihrem Verständnis jeweils unter den Anwendungsbereich der Konvention fallen (die entsprechende dt. Erklärung ist hier im Anschluß an den Text des Übereinkommens wiedergegeben, die übrigen Erklärungen sind abgedruckt jeweils bei den Bek. im BGBl. II, vgl. den Nachw. hierüber im aktuellen Fundstellennachweis B).

2) S. auch die Europäische Charta der Regional- oder Minderheitensprachen v. 5.11.1992 abgedruckt unter **Nr. 121**.

und religiöse Identität aller Angehörigen einer nationalen Minderheit achten, sondern auch geeignete Bedingungen schaffen sollte, die es ihnen ermöglichen, diese Identität zum Ausdruck zu bringen, zu bewahren und zu entwickeln;

IN DER ERWÄGUNG, daß es notwendig ist, ein Klima der Toleranz und des Dialogs zu schaffen, damit sich die kulturelle Vielfalt für jede Gesellschaft als Quelle und Faktor nicht der Teilung, sondern der Bereicherung erweisen kann;

IN DER ERWÄGUNG, daß die Entwicklung eines toleranten und blühenden Europas nicht allein von der Zusammenarbeit zwischen den Staaten abhängt, sondern auch der grenzüberschreitenden Zusammenarbeit zwischen lokalen und regionalen Gebietskörperschaften unter Achtung der Verfassung und der territorialen Unversehrtheit eines jeden Staates bedarf;

IM HINBLICK auf die Konvention zum Schutze der Menschenrechte und Grundfreiheiten und der Protokolle dazu;

IM HINBLICK auf die den Schutz nationaler Minderheiten betreffenden Verpflichtungen, die in Übereinkommen und Erklärungen der Vereinten Nationen und in den Dokumenten der Konferenz über Sicherheit und Zusammenarbeit in Europa, insbesondere dem Kopenhagener Dokument vom 29. Juni 1990, enthalten sind;

ENTSCHLOSSEN, die zu achtenden Grundsätze und die sich aus ihnen ergebenden Verpflichtungen festzulegen, um in den Mitgliedstaaten und in den anderen Staaten, die Vertragsparteien dieser Übereinkunft werden, den wirksamen Schutz nationaler Minderheiten sowie der Rechte und Freiheiten der Angehörigen dieser Minderheiten unter Achtung der Rechtsstaatlichkeit, der territorialen Unversehrtheit und der nationalen Souveränität der Staaten zu gewährleisten;

GEWILLT, die in diesem Rahmenübereinkommen niedergelegten Grundsätze mittels innerstaatlicher Rechtsvorschriften und geeigneter Regierungspolitik zu verwirklichen –

SIND WIE FOLGT ÜBEREINGEKOMMEN:

Abschnitt I

Art. 1 [Minderheitenschutz und domaine réservé] Der Schutz nationaler Minderheiten und der Rechte und Freiheiten von Angehörigen dieser Minderheiten ist Bestandteil des internationalen Schutzes der Menschenrechte und stellt als solcher einen Bereich internationaler Zusammenarbeit dar.

Art. 2 [Anwendungsgrundsätze] Dieses Rahmenübereinkommen ist nach Treu und Glauben, im Geist der Verständigung und Toleranz und in Übereinstimmung mit den Grundsätzen guter Nachbarschaft, freundschaftlicher Beziehungen und der Zusammenarbeit zwischen den Staaten anzuwenden.

Art. 3 [Behandlung als Angehöriger einer Minderheit; Individual- und Gruppenrecht] (1) Jede Person, die einer nationalen Minderheit angehört, hat das Recht, frei zu entscheiden, ob sie als solche behandelt werden möchte oder nicht; aus dieser Entscheidung oder der Ausübung der mit dieser Entscheidung verbundenen Rechte dürfen ihr keine Nachteile erwachsen.

(2) Angehörige nationaler Minderheiten können die Rechte und Freiheiten, die sich aus den in diesem Rahmenübereinkommen niedergelegten Grundsätzen ergeben, einzeln sowie in Gemeinschaft mit anderen ausüben und genießen.

(Fortsetzung nächstes Blatt)

Abschnitt II

Art. 4 [Diskriminierungsverbot] Die Vertragsparteien verpflichten sich, jeder Person, die einer nationalen Minderheit angehört, das Recht auf Gleichheit vor dem Gesetz und auf gleichen Schutz durch das Gesetz zu gewährleisten. In dieser Hinsicht ist jede Diskriminierung aus Gründen der Zugehörigkeit zu einer nationalen Minderheit verboten.

(2) Die Vertragsparteien verpflichten sich, erforderlichenfalls angemessene Maßnahmen zu ergreifen, um in allen Bereichen des wirtschaftlichen, sozialen, politischen und kulturellen Lebens die vollständige und tatsächliche Gleichheit zwischen den Angehörigen einer nationalen Minderheit und den Angehörigen der Mehrheit zu fördern. In dieser Hinsicht berücksichtigen sie in gebührender Weise die besonderen Bedingungen der Angehörigen nationaler Minderheiten.

(3) Die in Übereinstimmung mit Absatz 2 ergriffenen Maßnahmen werden nicht als Diskriminierung angesehen.

Art. 5 [Förderungspflicht; Zwangsassimilierungsverbot] (1) Die Vertragsparteien verpflichten sich, die Bedingungen zu fördern, die es Angehörigen nationaler Minderheiten ermöglichen, ihre Kultur zu pflegen und weiterzuentwickeln und die wesentlichen Bestandteile ihrer Identität, nämlich ihre Religion, ihre Sprache, ihre Traditionen und ihr kulturelles Erbe, zu bewahren.

(2) Unbeschadet der Maßnahmen, die im Rahmen ihrer allgemeinen Integrationspolitik getroffen werden, sehen die Vertragsparteien von Zielsetzungen oder Praktiken ab, die auf die Assimilierung von Angehörigen nationaler Minderheiten gegen deren Willen gerichtet sind, und schützen diese Personen vor jeder auf eine solche Assimilierung gerichteten Maßnahme.

Art. 6 [Toleranzförderungspflicht; Schutzpflicht] (1) Die Vertragsparteien fördern den Geist der Toleranz und des interkulturellen Dialogs und treffen wirksame Maßnahmen zur Förderung der gegenseitigen Achtung und des gegenseitigen Verständnisses sowie der Zusammenarbeit zwischen allen in ihrem Hoheitsgebiet lebenden Menschen unabhängig von deren ethnischer, kultureller, sprachlicher oder religiöser Identität, und zwar insbesondere in den Bereichen Bildung, Kultur und Medien.

(2) Die Vertragsparteien verpflichten sich, geeignete Maßnahmen zu treffen, um Menschen zu schützen, die wegen ihrer ethnischen, kulturellen, sprachlichen oder religiösen Identität diskriminierenden, feindseligen oder gewalttätigen Handlungen oder der Androhung solcher Handlungen ausgesetzt sein können.

Art. 7 [Minderheitenspezifische Grundrechte] Die Vertragsparteien stellen sicher, daß das Recht aller Angehörigen einer nationalen

Minderheit, sich friedlich zu versammeln und sich frei zusammenzuschließen, sowie ihr Anspruch auf freie Meinungsäußerung und auf Gedanken-, Gewissens- und Religionsfreiheit geachtet werden.

Art. 8 [Religions-, Weltanschauungsfreiheit] Die Vertragsparteien verpflichten sich anzuerkennen, daß jede Person, die einer nationalen Minderheit angehört, das Recht hat, ihre Religion oder Weltanschauung zu bekunden sowie religiöse Einrichtungen, Organisationen und Vereinigungen zu gründen.

Art. 9 [Freiheit der Meinungsäußerung, Medienzugang] (1) Die Vertragsparteien verpflichten sich anzuerkennen, daß das Recht jeder Person, die einer nationalen Minderheit angehört, auf freie Meinungsäußerung die Freiheit der Meinung und die Freiheit zum Empfang und zur Mitteilung von Nachrichten oder Ideen in der Minderheitensprache ohne Eingriffe öffentlicher Stellen und ohne Rücksicht auf Landesgrenzen einschließt. Die Vertragsparteien stellen im Rahmen ihrer Rechtsordnung sicher, daß Angehörige einer nationalen Minderheit in bezug auf ihren Zugang zu den Medien nicht diskriminiert werden.

(2) Absatz 1 schließt nicht aus, daß die Vertragsparteien Hörfunk-, Fernseh- oder Lichtspielunternehmen einem Genehmigungsverfahren ohne Diskriminierung und auf der Grundlage objektiver Kriterien unterwerfen.

(3) Die Vertragsparteien hindern Angehörige nationaler Minderheiten nicht daran, Printmedien zu schaffen und zu nutzen. Innerhalb des gesetzlichen Rahmens für Hörfunk und Fernsehen stellen sie soweit wie möglich und unter Berücksichtigung des Absatzes 1 sicher, daß Angehörigen nationaler Minderheiten die Möglichkeit gewährt wird, eigene Medien zu schaffen und zu nutzen.

(4) Die Vertragsparteien ergreifen im Rahmen ihrer Rechtsordnung angemessene Maßnahmen, um Angehörigen nationaler Minderheiten den Zugang zu den Medien zu erleichtern sowie Toleranz zu fördern und kulturellen Pluralismus zu ermöglichen.

Art. 10 [Minderheitensprache; Verwaltungsverkehr; Rechte bei Verhaftung] (1) Die Vertragsparteien verpflichten sich anzuerkennen, daß jede Person, die einer nationalen Minderheit angehört, das Recht hat, ihre Minderheitensprache privat und in der Öffentlichkeit mündlich und schriftlich frei und ungehindert zu gebrauchen.

(2) In Gebieten, die von Angehörigen nationaler Minderheiten traditionell oder in beträchtlicher Zahl bewohnt werden, bemühen sich die Vertragsparteien, sofern die Angehörigen dieser Minderheiten dies verlangen und dieses Anliegen einem tatsächlichen Bedarf entspricht, soweit wie möglich die Voraussetzungen dafür sicherzustellen, daß im *Verkehr zwischen den* Angehörigen dieser Minderheiten und den Verwaltungsbehörden die Minderheitensprache gebraucht werden kann.

(3) Die Vertragsparteien verpflichten sich, das Recht jeder Person, die einer nationalen Minderheit angehört, zu gewährleisten, in möglichst kurzer Frist[1] in einer ihr verständlichen Sprache über die Gründe ihrer Festnahme und über die Art und den Grund der gegen sie erhobenen Beschuldigung in Kenntnis gesetzt zu werden sowie sich in dieser Sprache, erforderlichenfalls unter unentgeltlicher Beiziehung eines Dolmetschers, zu verteidigen.

Art. 11 [Minderheitensprache; Familienrecht, geographische Bezeichnungen] (1) Die Vertragsparteien verpflichten sich anzuerkennen, daß jede Person, die einer nationalen Minderheit angehört, das Recht hat, ihren Familiennamen (Vaternamen) und ihre Vornamen in der Minderheitensprache zu führen, sowie das Recht auf amtliche Anerkennung dieser Namen, wie dies nach der Rechtsordnung der jeweiligen Vertragspartei vorgesehen ist.[2]

---

[1] Für Deutschland: unverzüglich.

[2] Vgl. hierzu das Gesetz zur Ausführung des Artikels 11 Abs. 1 des Rahmenübereinkommens des Europarats vom 1. Februar 1995 zum Schutz nationaler Minderheiten (Minderheiten-Namensänderungsgesetz – MindNamÄndG) v. 22. 7. 1997, BGBl. 1997 II S. 1406:

§ 1 [Namensänderung] (1) Eine Person, auf die sowohl das Rahmenübereinkommen zum Schutz nationaler Minderheiten als auch deutsches Namensrecht Anwendung finden, kann durch Erklärung gegenüber dem Standesbeamten

1. eine in die Sprache der nationalen Minderheit oder Volksgruppe übersetzte Form ihres Namens annehmen, wenn ihr Name einer solchen Übersetzung zugänglich ist (begriffliche Übertragung),
2. einen durch Veränderung der Schreibweise ihres Namens an eine der Sprache der Minderheit oder Volksgruppe entsprechende Lautung angeglichenen Namen annehmen (phonetische Übertragung) oder
3. einen früher in der Sprache der nationalen Minderheit oder Volksgruppe geführten Namen annehmen, wenn dieser Name in eine deutsche Form übertragen oder in einen anderen Namen geändert worden ist; dabei reicht es aus, daß der oder die Erklärende die frühere Namensführung glaubhaft macht.

Der Standesbeamte, in dessen Bezirk der oder die Erklärende den gewöhnlichen Aufenthalt hat, ist für die Entgegennahme der Erklärung zuständig. Wird ein Familienbuch geführt, so ist der Standesbeamte zuständig, der das Familienbuch führt. Die Landesregierungen werden ermächtigt, durch Rechtsverordnung die Zuständigkeit einem anderen Standesbeamten zu übertragen. Ergibt sich danach keine Zuständigkeit, ist der Standesbeamte des Standesamts I in Berlin zuständig.

(2) Name im Sinne dieses Gesetzes ist der Geburts- oder Vorname, den eine Person nach den Vorschriften des Bürgerlichen Gesetzbuchs sowie des Personenstandsrechts zu führen hat.

(3) Die personenstandsrechtlichen Vorschriften über die Schreibweise bleiben für den nach Absatz 1 angenommenen Namen maßgebend.

(4) Die Erklärungen nach Absatz 1 müssen öffentlich beglaubigt oder beurkundet werden; sie können auch von den Standesbeamten beglaubigt oder beurkundet werden.

§ 2 [Ehename; Erstreckung auf Ehegatten und Kinder] Eine Änderung des Geburtsnamens erstreckt sich auf den Ehenamen des oder der Erklärenden nur dann, wenn sich der Ehegatte durch Erklärung gegenüber dem Standesbeamten der Namensänderung anschließt; § 1 Abs. 1 Satz 2 bis 5 und Abs. 4 gilt entsprechend. Auf Kinder oder deren Ehegatten erstreckt sich eine Namensänderung nur nach Maßgabe der Vorschriften des Bürgerlichen Gesetzbuchs.

(2) Die Vertragsparteien verpflichten sich zuerkennen, daß jede Person, die einer nationalen Minderheit angehört, das Recht hat, für die Öffentlichkeit sichtbar Schilder, Aufschriften und Inschriften sowie andere Mitteilungen privater Art in ihrer Minderheitensprache anzubringen.

(3) In Gebieten, die traditionell von einer beträchtlichen Zahl von Angehörigen einer nationalen Minderheit bewohnt werden, bemühen sich die Vertragsparteien im Rahmen ihrer Rechtsordnung, einschließlich eventueller Übereinkünfte mit anderen Staaten, und unter Berücksichtigung ihrer besonderen Gegebenheiten, traditionelle Ortsnamen, Straßennamen und andere für die Öffentlichkeit bestimmte topographische Hinweise auch in der Minderheitensprache anzubringen, wenn dafür ausreichende Nachfrage besteht.

Art. 12 [Allg. Verpflichtungen auf dem Bildungssektor] (1) Die Vertragsparteien treffen erfordlichenfalls Maßnahmen auf dem Gebiet der Bildung und der Forschung, um die Kenntnis der Kultur, Geschichte, Sprache und Religion ihrer nationalen Minderheiten wie auch der Mehrheit zu fördern.

(2) In diesem Zusammenhang stellen die Vertragsparteien unter anderem angemessene Möglichkeiten für die Lehrerausbildung und den Zugang zu Lehrbüchern bereit und erleichtern Kontakte unter Schülern und Lehrern aus unterschiedlichen Bevölkerungsgruppen.

(3) Die Vertragsparteien verpflichten sich, die Chancengleichheit von Angehörigen nationaler Minderheiten beim Zugang zu allen Bildungsstufen zu fördern.

Art. 13 [Recht auf eigene Bildungseinrichtungen] (1) Im Rahmen ihres jeweiligen Bildungssystems erkennen die Vertragsparteien an, daß Angehörige einer nationalen Minderheit das Recht haben, eigene private Bildungs- und Ausbildungseinrichtungen zu gründen und zu betreiben.

(2) Die Ausübung dieses Rechts bringt für die Vertragsparteien keine finanziellen Verpflichtungen mit sich.

Art. 14 [Erlernen der Minderheitensprache] (1) Die Vertragsparteien verpflichten sich anzuerkennen, daß jede Person, die einer nationalen Minderheit angehört, das Recht hat, ihre Minderheitensprache zu erlernen.

(2) In Gebieten, die von Angehörigen nationaler Minderheiten traditionell oder in beträchtlicher Zahl bewohnt werden, bemühen sich

---

§ 3 [Gebührenbefreiung] Für die Entgegennahme der Erklärungen und ihre Beglaubigung oder Beurkundung werden Gebühren nicht erhoben.

§ 4 [Durchführungsvorschriften] Das Bundesministerium des Innern wird ermächtigt, im Benehmen mit dem Bundesministerium der Justiz und mit Zustimmung des Bundesrates zur Durchführung dieses Gesetzes Verwaltungsvorschriften zu erlassen.

die Vertragsparteien, wenn ausreichende Nachfrage besteht, soweit wie möglich und im Rahmen ihres Bildungssystems sicherzustellen, daß Angehörige dieser Minderheiten angemessene Möglichkeiten haben, die Minderheitensprache zu erlernen oder in dieser Sprache unterrichtet zu werden.

(3) Absatz 2 wird angewendet, ohne daß dadurch das Erlernen der Amtssprache[1] oder der Unterricht in dieser Sprache berührt wird.

Art. 15 [Teilnahme am öffentlichen Leben] Die Vertragsparteien schaffen die notwendigen Voraussetzungen für die wirksame Teilnahme von Angehörigen nationaler Minderheiten am kulturellen, sozialen und wirtschaftlichen Leben und an öffentlichen Angelegenheiten, insbesondere denjenigen, die sie betreffen.

Art. 16 [Verbot von Überfremdungsmaßnahmen] Die Vertragsparteien sehen von Maßnahmen ab, die das Bevölkerungsverhältnis in von Angehörigen nationaler Minderheiten bewohnten Gebieten verändern und darauf gerichtet sind, die Rechte und Freiheiten einzuschränken, die sich aus den in diesem Rahmenübereinkommen niedergelegten Grundsätzen ergeben.

Art. 17 [Grenzüberschreitende Kontakte] (1) Die Vertragsparteien verpflichten sich, nicht in das Recht von Angehörigen nationaler Minderheiten einzugreifen, ungehindert und friedlich Kontakte über Grenzen hinweg zu Personen herzustellen und zu pflegen, die sich rechtmäßig in anderen Staaten aufhalten, insbesondere zu Personen mit derselben ethnischen, kulturellen, sprachlichen oder religiösen Identität oder mit demselben kulturellen Erbe.

(2) Die Vertragsparteien verpflichten sich, nicht in das Recht von Angehörigen nationaler Minderheiten auf Teilnahme an der Tätigkeit nichtstaatlicher Organisationen sowohl auf nationaler als auch auf internationaler Ebene einzugreifen.

Art. 18 [Int. Kooperationspflicht] (1) Die Vertragsparteien bemühen sich, erforderlichenfalls zwei- und mehrseitige Übereinkünfte mit anderen Staaten, insbesondere Nachbarstaaten, zu schließen, um den Schutz von Angehörigen der betroffenen nationalen Minderheiten sicherzustellen.

(2) Gegebenenfalls treffen die Vertragsparteien Maßnahmen zur Förderung der grenzüberschreitenden Zusammenarbeit.

Art. 19 [Verwirklichungspflicht, Grundsätze bei Einschränkungen] Die Vertragsparteien verpflichten sich, die in diesem Rahmenübereinkommen niedergelegten Grundsätze zu achten und zu verwirklichen und dabei Beschränkungen, Einschränkungen oder Ab-

[1] Für Österreich: Staatssprache.

weichungen, soweit solche erforderlich sind, nur insoweit vorzunehmen, als sie in völkerrechtlichen Übereinkünften, insbesondere der Konvention zum Schutze der Menschenrechte und Grundfreiheiten und den Protokollen dazu, vorgesehen und für die sich aus den genannten Grundsätzen ergebenden Rechte und Freiheiten von Belang sind.

Abschnitt III

Art. 20 [Verpflichtung zur Rechtstreue] Bei der Ausübung der Rechte und Freiheiten, die sich aus den in diesem Rahmenübereinkommen niedergelegten Grundsätzen ergeben, haben Angehörige einer nationalen Minderheit die innerstaatlichen Rechtsvorschriften und die Rechte anderer, insbesondere diejenigen von Angehörigen der Mehrheit oder anderer nationaler Minderheiten, zu achten.

Art. 21 [Unberührtheitsklausel; Grundrechte der Staaten] Die Bestimmungen dieses Rahmenübereinkommens sind nicht so auszulegen, als gewährten sie das Recht, irgendeine Tätigkeit auszuüben oder irgendeine Handlung vorzunehmen, die den wesentlichen Grundsätzen des Völkerrechts, insbesondere der souveränen Gleichheit, der territorialen Unversehrtheit und der politischen Unabhängigkeit der Staaten, zuwiderläuft.

Art. 22 [Unberührtheitsklausel; Menschenrechte] Die Bestimmungen dieses Rahmenübereinkommens sind nicht als Beschränkung oder Minderung der Menschenrechte und Grundfreiheiten auszulegen, die nach den Gesetzen einer Vertragspartei oder nach einer anderen Übereinkunft, deren Vertragspartei sie ist, gewährleistet sind.

Art. 23 [Gleichlauf mit EMRK] Die Rechte und Freiheiten, die sich aus den in diesem Rahmenübereinkommen niedergelegten Grundsätzen ergeben, sind, soweit sie Gegenstand einer entsprechenden Bestimmung in der Konvention zum Schutze der Menschenrechte und Grundfreiheiten oder den Protokollen dazu sind, in Übereinstimmung mit diesen zu verstehen.

Abschnitt IV

Art. 24 [Überwachung durch Ministerkomitee] (1) Das Ministerkomitee des Europarats überwacht die Durchführung dieses Rahmenübereinkommens durch die Vertragsparteien.

(2) Vertragsparteien, die nicht Mitglieder des Europarats sind, nehmen am Durchführungsmechanismus in einer noch zu bestimmenden Art und Weise teil.

Art. 25 [Informationspflicht] (1) Innerhalb eines Jahres nach Inkrafttreten dieses Rahmenübereinkommens für eine Vertragspartei übermittelt diese dem Generalsekretär des Europarats vollständige Informationen über die Gesetzgebungsmaßnahmen und andere Maßnahmen, die sie zur Verwirklichung der in diesem Rahmenübereinkommen niedergelegten Grundsätze getroffen hat.

(2) Danach übermittelt jede Vertragspartei dem Generalsekretär regelmäßig und sooft das Ministerkomitee dies verlangt jede weitere Information, die für die Durchführung dieses Rahmenübereinkommens von Belang ist.

(3) Der Generalsekretär leitet die nach diesem Artikel übermittelten Informationen an das Ministerkomitee weiter.

Art. 26 [Beratender Ausschuß] (1) Bei der Beurteilung der Angemessenheit der Maßnahmen, die von den Vertragsparteien zur Verwirklichung der in diesem Rahmenübereinkommen niedergelegten Grundsätze getroffen wurden, wird das Ministerkomitee von einem beratenden Ausschuß unterstützt, dessen Mitglieder anerkanntes Fachwissen auf dem Gebiet des Schutzes nationaler Minderheiten besitzen.

(2) Die Zusammensetzung dieses beratenden Ausschusses und sein Verfahren werden vom Ministerkomitee innerhalb eines Jahres nach Inkrafttreten dieses Rahmenübereinkommens festgelegt.

Abschnitt V

Art. 27 [Unterzeichnung, Ratifikation, Depositar] Dieses Rahmenübereinkommen liegt für die Mitgliedstaaten des Europarats zur Unterzeichnung auf. Bis zum Tag des Inkrafttretens liegt das Übereinkommen auch für jeden anderen vom Ministerkomitee dazu eingeladenen Staat zur Unterzeichnung auf. Es bedarf der Ratifikation, Annahme oder Genehmigung. Die Ratifikations-, Annahme- oder Genehmigungsurkunden werden beim Generalsekretär der Europarats hinterlegt.

Art. 28 [Inkrafttreten, Beitritt von Mitgliedstaaten] (1) Dieses Rahmenübereinkommen tritt am ersten Tag des Monats in Kraft, der auf einen Zeitabschnitt von drei Monaten nach dem Tag folgt, an dem zwölf Mitgliedstaaten des Europarats nach Artikel 27 ihre Zustimmung ausgedrückt haben, durch das Übereinkommen gebunden zu sein.

(2) Für jeden Mitgliedstaat, der später seine Zustimmung ausdrückt, durch das Rahmenübereinkommen gebunden zu sein, tritt es am ersten Tag des Monats in Kraft, der auf einen Zeitabschnitt von drei Monaten nach Hinterlegung der Ratifikations-, Annahme- oder Genehmigungsurkunde folgt.

Art. 29 [Beitritt von Nichtmitgliedstaaten] (1) Nach Inkrafttreten dieses Rahmenübereinkommens und nach Konsultation der Vertragsstaaten kann das Ministerkomitee des Europarats durch einen mit der in Artikel 20 Buchstabe d der Satzung des Europarats vorgesehenen Mehrheit gefaßten Beschluß jeden Nichtmitgliedstaat des Europarats, der nach Artikel 27 eingeladen wurde, zu unterzeichnen, dies aber noch nicht getan hat, und jeden anderen Nichtmitgliedstaat einladen, dem Übereinkommen beizutreten.

(2) Für jeden beitretenden Staat tritt das Rahmenübereinkommen am ersten Tag de Monats in Kraft, der auf einen Zeitabschnitt von drei Monaten nach Hinterlegung der Beitrittsurkunde beim Generalsekretär des Europarats folgt.

Art. 30 [Geltung für abhängige Gebiete] (1) Jeder Staat kann bei der Unterzeichnung oder bei der Hinterlegung seiner Ratifikations-, Annahme-, Genehmigungs- oder Beitrittsurkunde einzelne oder mehre Hoheitsgebiete, deren internationale Beziehungen er wahrnimmt, bezeichnen, auf die dieses Rahmenübereinkommen Anwendung findet.

(2) Jeder Staat kann jederzeit danach durch eine an den Generalsekretär des Europarats gerichtete Erklärung die Anwendung dieses Rahmenübereinkommens auf jedes weitere in der Erklärung bezeichnete Hoheitsgebiet erstrecken. Das Rahmenübereinkommen tritt für dieses Hoheitsgebiet am ersten Tag des Monats in Kraft, der auf einen Zeitabschnitt von drei Monaten nach Eingang der Erklärung beim Generalsekretär folgt.

(3) Jede nach den Absätzen 1 und 2 gegebene Erklärung kann in bezug auf jedes darin bezeichnete Hoheitsgebiet durch eine an den Generalsekretär gerichtete Notifikation zurückgenommen werden. Die Rücknahme wird am ersten Tag des Monats wirksam, der auf einen Zeitabschnitt von drei Monaten nach Eingang der Notifikation beim Generalsekretär folgt.

Art. 31 [Kündigung] (1) Jede Vertragspartei kann dieses Rahmenübereinkommen jederzeit durch eine an den Generalsekretär des Europarats gerichtete Notifikation kündigen.

(2) Die Kündigung wird am ersten Tag des Monats wirksam, der auf einen Zeitabschnitt von sechs Monaten nach Eingang der Notifikation beim Generalsekretär folgt.

Art. 32 [Pflichten des Depositars] Der Generalsekretär des Europarats notifiziert den Mitgliedstaaten des Rates, anderen Unterzeichnerstaaten und jedem Staat, der diesem Rahmenübereinkommen beigetreten ist,

a) jede Unterzeichnung;

b) jede Hinterlegung einer Ratifikations-, Annahme-, Genehmigungs- *oder Beitritts*urkunde;

c) jeden Zeitpunkt des Inkrafttretens dieses Rahmenübereinkommens nach den Artikeln 28, 29 und 30;

d) jede andere Handlung, Notifikation oder Mitteilung im Zusammenhang mit diesem Rahmenübereinkommen.

Zu Urkund dessen haben die hierzu gehörig befugten Unterzeichneten dieses Rahmenübereinkommen unterschrieben.

Geschehen zu Straßburg am 1. Februar 1995 in englischer und französischer Sprache, wobei jeder Wortlaut gleichermaßen verbindlich ist, in einer Urschrift, die im Archiv des Europarats hinterlegt wird. Der Generalsekretär des Europarats übermittelt allen Mitgliedstaaten des Europarats und allen zur Unterzeichnung dieses Rahmenübereinkommens oder zum Beitritt dazu eingeladenen Staaten beglaubigte Abschriften.

Erklärung der Bundesrepublik Deutschland bei der Zeichnung des Rahmenübereinkommens zum Schutz nationaler Minderheiten am 11. Mai 1995

Das Rahmenübereinkommen enthält keine Definition des Begriffs der nationalen Minderheiten. Es ist deshalb Sache der einzelnen Vertragsstaaten zu bestimmen, auf welche Gruppen es nach der Ratifizierung Anwendung findet. Nationale Minderheiten in der Bundesrepublik Deutschland sind die Dänen deutscher Staatsangehörigkeit und die Angehörigen des sorbischen Volkes mit deutscher Staatsangehörigkeit. Das Rahmenübereinkommen wird auch auf die Angehörigen der traditionell in Deutschland heimischen Volksgruppen der Friesen deutscher Staatsangehörigkeit und der Sinti und Roma deutscher Staatsangehörigkeit angewendet.

Weitere Erklärungen (Auswahl)

Republik Österreich

Die Republik Österreich erklärt, dass für sie unter dem Begriff „nationale Minderheiten“ im Sinne des Rahmenübereinkommens zum Schutz nationaler Minderheiten die in Teilen des Bundesgebietes wohnhaften und beheimateten, vom Anwendungsbereich des Volksgruppengesetzes, BGBl. Nr. 396/1976, erfassten Gruppen österreichischer Staatsbürger mit nichtdeutscher Muttersprache und eigenem Volkstum zu verstehen sind.

Königreich Dänemark

Dänemark erklärt, das das Rahmenübereinkommen auf die deutsche Minderheit in Süd-Jütland des Königreichs Dänemark Anwendung findet.

Fürstentum Liechtenstein

Liechtenstein erklärt, dass insbesondere die Art. 24 und 25 des Rahmenübereinkommens unter Berücksichtigung der Tatsache zu verstehen sind, dass es im Fürstentum Liechtenstein keine nationalen Minderheiten im Sinne des Rahmenübereinkommens gibt.

Liechtenstein betrachtet seine Ratifikation des Rahmenübereinkommens als einen Akt der Solidarität im Hinblick auf die Ziele des Übereinkommens.

Polen

In Anbetracht dessen, dass das Rahmenübereinkommen keine Definition des Begriffs der nationalen Minderheiten enthält, erklärt Polen, dass es diesen Begriff für nationale Minderheiten, die ihren Wohnsitz auf dem Hoheitsgebiet Polens haben und deren Mitglieder gleichzeitig polnische Staatsbürger sind, versteht.

Polen wird das Rahmenübereinkommen gemäß Art. 18 durch Abschluss von in diesem Artikel erwähnten internationalen Übereinkünften mit dem Ziel umsetzen, nationale Minderheiten in Polen und Minderheiten oder Gruppen von Polen in anderen Staaten zu schützen.

Russische Föderation

Die Russische Föderation ist der Auffassung, dass niemand berechtigt ist, in die bei der Unterzeichnung oder Ratifikation des Rahmenübereinkommens zum Schutz nationaler Minderheiten vorgebrachten Vorbehalte und Erklärungen einseitig eine Definition des Begriffs „nationale Minderheit" einzuführen, die im Rahmenübereinkommen nicht enthalten ist. Nach Ansicht der Russischen Föderation stehen Versuche, Personen von dem Anwendungsbereich des Rahmenübereinkommens auszuschließen, die im Hoheitsgebiet der Vertragsparteien des Rahmenübereinkommens ihren ständigen Wohnsitz haben und denen die Staatszugehörigkeit, die sie zuvor besaßen, willkürlich entzogen wurde, im Widerspruch zu den Zielen des Rahmenübereinkommens zum Schutz nationaler Minderheiten.

Schweiz

Die Schweiz erklärt, dass als nationale Minderheiten im Sinne des vorliegenden Rahmenübereinkommens in der Schweiz diejenigen Gruppen von Personen gelten, die zahlenmäßig kleiner als der Rest der Bevölkerung des Landes oder eines Kantons sind, deren Angehörige die schweizerische Staatsbürgerschaft besitzen, alte solide und dauerhafte Bindungen zur Schweiz unterhalten und vom Willen getragen werden, gemeinsam zu bewahren, was ihre Identität ausmacht, insbesondere ihre Kultur, ihre Traditionen, ihre Religion oder ihre Sprache.

Die Schweiz erklärt, dass die Bestimmungen des Rahmenübereinkommens über den Gebrauch der Sprachen im Verkehr zwischen Privatpersonen und Verwaltungsbehörden anwendbar sind, ohne die Grundsätze, welche die Eidgenossenschaft und die Kantone für die *Festlegung der Amtssprachen* befolgen, zu beeinträchtigen.

121. Europäische Charta der Regional- oder Minderheitensprachen[1)]

Vom 5. 11. 1992
(BGBl. 1998 II S. 1315)

(Übersetzung)

Präambel

DIE MITGLIEDSTAATEN DES EUROPARATS, DIE DIESE CHARTA UNTERZEICHNEN –

IN DER ERWÄGUNG, daß es das Ziel des Europarats ist, eine engere Verbindung zwischen seinen Mitgliedern herbeizuführen, um insbesondere die Ideale und Grundsätze, die ihr gemeinsames Erbe bilden, zu wahren und zu fördern;

IN DER ERWÄGUNG, daß der Schutz der geschichtlich gewachsenen Regional- oder Minderheitensprachen Europas, von denen einige allmählich zu verschwinden drohen, zur Erhaltung und Entwicklung der Traditionen und des kulturellen Reichtums Europas beiträgt;

IN DER ERWÄGUNG, daß das Recht, im privaten Bereich und im öffentlichen Leben eine Regional- oder Minderheitensprache zu gebrauchen, ein unveräußerliches Recht in Übereinstimmung mit den im Internationalen Pakt der Vereinten Nationen über bürgerliche und politische Rechte enthaltenen Grundsätzen darstellt und dem Geist der Konvention des Europarats zum Schutze der Menschenrechte und Grundfreiheiten entspricht;

EINGEDENK der im Rahmen der KSZE geleisteten Arbeit und insbesondere der Schlußakte von Helsinki von 1975 und des Dokuments des Kopenhagener Treffens von 1990;

UNTER BETONUNG des Wertes der interkulturellen Beziehungen und der Mehrsprachigkeit sowie in der Erwägung, daß der Schutz und die Förderung der Regional- oder Minderheitensprachen sich nicht nachteilig auf die Amtssprachen und die Notwendigkeit, sie zu erlernen, auswirken sollte;

IN DEM BEWUSSTSEIN, daß der Schutz und die Stärkung der Regional- oder Minderheitensprachen in den verschiedenen Ländern

---

1) Das Abkommen ist gem. Bek. v. 30. 12. 1998 (BGBl. 1999 II S. 59) am 1. 1. 1999 für ***Deutschland** in Kraft* getreten. Es gilt ferner für **Armenien** (1. 5. 2002), **Bosnien und Herzegowina** (1. 1. 2011), **Dänemark** (1. 1. 2001), **Finnland** (1. 3. 1998), **Kroatien** (1. 3. 1998), **Liechtenstein** (1. 3. 1998), **Luxemburg** (1. 10. 2005), **Montenegro** (6. 6. 2006), **Niederlande** (1. 3. 1998), **Norwegen** (1. 3. 1998), **Österreich** (1. 10. 2001), **Polen** (1. 6. 2009), **Rumänien** (1. 5. 2008), **Schweden** (1. 6. 2000), **Schweiz** (1. 4. 1998), **Serbien** (1. 6. 2006), **Slowakei** (1. 1. 2002), **Slowenien** (1. 1. 2001), **Spanien** (1. 8. 2001), **Tschechische Republik** (1. 3. 2007), **Ukraine** (1. 1. 2006), **Ungarn** (1. 3. 1998), **Vereinigtes Königreich** (1. 7. 2001), **Zypern** (l. 12. 2002). Die von Deutschland nach Art. 3 Abs. 1 und 2 in Verb. mit Art. 2 Abs. 2 sowie hinsichtlich der Umsetzung des Teils II abgegebenen Erklärungen finden sich im Anhang zum Abdruck der Charta.

und Regionen Europas einen wichtigen Beitrag zum Aufbau eines Europas darstellen, das auf den Grundsätzen der Demokratie und der kulturellen Vielfalt im Rahmen der nationalen Souveränität und der territorialen Unversehrtheit beruht;

UNTER BERÜCKSICHTIGUNG der besonderen Verhältnisse und der geschichtlich gewachsenen Traditionen in den verschiedenen Regionen der Staaten Europas –

SIND WIE FOLGT ÜBEREINGEKOMMEN:

Teil I. Allgemeine Bestimmungen

Art. 1 Begriffsbestimmungen. Im Sinne dieser Charta

a) bezeichnet der Ausdruck „Regional- oder Minderheitensprachen“ Sprachen,
   i) die herkömmlicherweise in einem bestimmten Gebiet eines Staates von Angehörigen dieses Staates gebraucht werden, die eine Gruppe bilden, deren Zahl kleiner ist als die der übrigen Bevölkerung des Staates, und
   ii) die sich von der (den) Amtssprache(n) dieses Staates unterscheiden;

   er umfaßt weder Dialekte der Amtssprache(n) des Staates noch die Sprachen von Zuwanderern;

b) bezeichnet der Ausdruck „Gebiet, in dem die Regional- oder Minderheitensprache gebraucht wird,“ das geographische Gebiet, in dem die betreffende Sprache das Ausdrucksmittel einer Zahl von Menschen ist, welche die Übernahme der in dieser Charta vorgesehenen verschiedenen Schutz- und Förderungsmaßnahmen rechtfertigt;

c) bezeichnet der Ausdruck „nicht territorial gebundene Sprachen“ von Angehörigen des Staates gebrauchte Sprachen, die sich von der (den) von der übrigen Bevölkerung des Staates gebrauchten Sprache(n) unterscheiden, jedoch keinem bestimmten Gebiet innerhalb des betreffenden Staates zugeordnet werden können, obwohl sie herkömmlicherweise im Hoheitsgebiet dieses Staates gebraucht werden.

Art. 2 Verpflichtungen. (1) Jede Vertragspartei verpflichtet sich, Teil II auf alle in ihrem Hoheitsgebiet gebrauchten Regional- oder Minderheitensprachen anzuwenden, die der Begriffsbestimmung in Artikel 1 entsprechen.

(2) In bezug auf jede nach Artikel 3 im Zeitpunkt der Ratifikation, Annahme oder Genehmigung bezeichnete Sprache verpflichtet sich jede Vertragspartei, mindestens fünfunddreißig aus Teil III ausgewählte Absätze oder Buchstaben anzuwenden, darunter mindestens je drei aus den Artikeln 8 und 12 und je einen aus den Artikeln 9, 10, 11 und 13.

Art. 3 Einzelheiten der Durchführung. (1) Jeder Vertragsstaat bezeichnet in seiner Ratifikations-, Annahme- oder Genehmigungsurkunde jede Regional- oder Minderheitensprache oder in seinem gesamten Hoheitsgebiet oder einem Teil desselben weniger verbreitete Amtssprache, auf welche die nach Artikel 2 Absatz 2 ausgewählten Bestimmungen angewendet werden.

(2) Jede Vertragspartei kann jederzeit danach dem Generalsekretär notifizieren, daß sie die Verpflichtungen übernimmt, die sich aus anderen Bestimmungen der Charta ergeben, die sie nicht bereits in ihrer Ratifikations-, Annahme- oder Genehmigungsurkunde bezeichnet hat, oder daß sie Absatz 1 auf andere Regional- oder Minderheitensprachen oder in ihrem gesamten Hoheitsgebiet oder einem Teil desselben weniger verbreitete andere Amtssprachen anwenden wird.

(3) Die nach Absatz 2 eingegangenen Verpflichtungen gelten als untrennbarer Teil der Ratifikation, Annahme oder Genehmigung und haben vom Tag ihrer Notifikation an dieselbe Wirkung.

Art. 4 Bestehende Schutzregelungen. (1) Die Bestimmungen dieser Charta sind nicht als Beschränkung oder Beeinträchtigung von Rechten auszulegen, die durch die Europäische Menschenrechtskonvention gewährleistet sind.

(2) Diese Charta läßt in einer Vertragspartei bereits bestehende oder in einschlägigen zwei- oder mehrseitigen Übereinkünften vorgesehene günstigere Bestimmungen über den Status der Regional- oder Minderheitensprachen oder die Rechtsstellung der Personen, die Minderheiten angehören, unberührt.

Art. 5 Bestehende Verpflichtungen. Die Bestimmungen dieser Charta sind nicht so auszulegen, als gewährten sie das Recht, irgendeine Tätigkeit auszuüben oder irgendeine Handlung vorzunehmen, die gegen die Ziele der Charta der Vereinten Nationen oder sonstige völkerrechtliche Verpflichtungen einschließlich des Grundsatzes der Souveränität und territorialen Unversehrtheit der Staaten verstößt.

Art. 6 Information. Die Vertragsparteien verpflichten sich, dafür zu sorgen, daß die betroffenen Behörden, Organisationen und Personen über die in dieser Charta festgelegten Rechte und Pflichten informiert werden.

Teil II. Ziele und Grundsätze in Übereinstimmung mit Artikel 2 Absatz 1

Art. 7 Ziele und Grundsätze. (1) Hinsichtlich der Regional- oder Minderheitensprachen legen die Vertragsparteien in den Gebieten, in denen solche Sprachen gebraucht werden, unter Berücksichtigung der Situation jeder Sprache ihrer Politik, Gesetzgebung und Praxis folgende Ziele und Grundsätze zugrunde:

a) die Anerkennung der Regional- oder Minderheitensprachen als Ausdruck des kulturellen Reichtums;

b) die Achtung des geographischen Gebiets jeder Regional- oder Minderheitensprache, um sicherzustellen, daß bestehende oder neue Verwaltungsgliederungen die Förderung der betreffenden Regional- oder Minderheitensprache nicht behindern;

c) die Notwendigkeit entschlossenen Vorgehens zur Förderung von Regional- oder Minderheitensprachen, um diese zu schützen;

d) die Erleichterung des Gebrauchs von Regional- oder Minderheitensprachen in Wort und Schrift im öffentlichen Leben und im privaten Bereich und/oder die Ermutigung zu einem solchen Gebrauch;

e) die Erhaltung und Entwicklung von Verbindungen in den von dieser Charta erfaßten Bereichen zwischen Gruppen, die eine Regional- oder Minderheitensprache gebrauchen, und anderen Gruppen in diesem Staat mit einer in derselben oder ähnlicher Form gebrauchten Sprache sowie das Herstellen kultureller Beziehungen zu anderen Gruppen in dem Staat, die andere Sprachen gebrauchen;

f) die Bereitstellung geeigneter Formen und Mittel für das Lehren und Lernen von Regional- oder Minderheitensprachen auf allen geeigneten Stufen;

g) die Bereitstellung von Einrichtungen, die es Personen, die eine Regional- oder Minderheitensprache nicht sprechen, aber in dem Gebiet leben, in dem sie gebraucht wird, ermöglichen, sie zu erlernen, wenn sie dies wünschen;

h) die Förderung des Studiums und der Forschung im Bereich der Regional- oder Minderheitensprachen an Universitäten oder in gleichwertigen Einrichtungen;

i) die Förderung geeigneter Formen des grenzüberschreitenden Austausches in den von dieser Charta erfaßten Bereichen für Regional- oder Minderheitensprachen, die in zwei oder mehr Staaten in derselben oder ähnlicher Form gebraucht werden.

(2) Die Vertragsparteien verpflichten sich, sofern dies noch nicht geschehen ist, jede ungerechtfertigte Unterscheidung, Ausschließung, Einschränkung oder Bevorzugung zu beseitigen, die den Gebrauch einer Regional- oder Minderheitensprache betrifft und darauf ausgerichtet ist, die Erhaltung oder Entwicklung einer Regional- oder Minderheitensprache zu beeinträchtigen oder zu gefährden. Das Ergreifen besonderer Maßnahmen zugunsten der Regional- oder Minderheitensprachen, welche die Gleichstellung zwischen den Sprechern dieser Sprachen und der übrigen Bevölkerung fördern sollen oder welche ihre besondere Lage gebührend berücksichtigen, gilt nicht als diskriminierende Handlung gegenüber den Sprechern weiter verbreiteter Sprachen.

(3) Die Vertragsparteien verpflichten sich, durch geeignete Maßnahmen das gegenseitige Verständnis zwischen allen Sprachgruppen des Landes zu fördern, indem sie insbesondere Achtung, Verständnis und

Toleranz gegenüber den Regional- oder Minderheitensprachen in die Ziele der in ihren Ländern vermittelten Bildung und Ausbildung einbeziehen und indem sie die Massenmedien ermutigen, dasselbe Ziel zu verfolgen.

(4) Bei der Festlegung ihrer Politik in bezug auf Regional- oder Minderheitensprachen berücksichtigen die Vertragsparteien die von den Gruppen, die solche Sprachen gebrauchen, geäußerten Bedürfnisse und Wünsche. Sie werden ermutigt, erforderlichenfalls Gremien zur Beratung der Behörden in allen Angelegenheiten der Regional- oder Minderheitensprachen einzusetzen.

(5) Die Vertragsparteien verpflichten sich, die in den Absätzen 1 bis 4 genannten Grundsätze sinngemäß auf nicht territorial gebundene Sprachen anzuwenden. Jedoch werden hinsichtlich dieser Sprachen Art und Umfang der Maßnahmen, die getroffen werden, um dieser Charta Wirksamkeit zu verleihen, flexibel festgelegt, wobei die Bedürfnisse und Wünsche der Gruppen, die diese Sprachen gebrauchen, berücksichtigt und ihre Traditionen und Eigenarten geachtet werden.

Teil III. Maßnahmen zur Förderung des Gebrauchs von Regional- oder Minderheitensprachen im öffentlichen Leben im Einklang mit den nach Artikel 2 Absatz 2 eingegangenen Verpflichtungen

Art. 8 Bildung. (1) Im Bereich der Bildung verpflichten sich die Vertragsparteien, in dem Gebiet, in dem solche Sprachen gebraucht werden, unter Berücksichtigung der Situation jeder dieser Sprachen und unbeschadet des Unterrichts der Amtssprache(n) des Staates

a) i) die vorschulische Erziehung in den betreffenden Regional- oder Minderheitensprachen anzubieten oder
   ii) einen erheblichen Teil der vorschulischen Erziehung in den betreffenden Regional- oder Minderheitensprachen anzubieten oder
   iii) eine der unter den Ziffern i und ii vorgesehenen Maßnahmen zumindest auf diejenigen Schüler anzuwenden, deren Familien dies verlangen, wenn die Zahl der Schüler als genügend groß angesehen wird, oder
   iv) falls die staatlichen Stellen keine unmittelbare Zuständigkeit im Bereich der vorschulischen Erziehung haben, die Anwendung der unter den Ziffern i bis iii vorgesehenen Maßnahmen zu begünstigen und/oder dazu zu ermutigen;

b) i) den Grundschulunterricht in den betreffenden Regional- oder Minderheitensprachen anzubieten oder
   ii) einen erheblichen Teil des Grundschulunterrichts in den betreffenden Regional- oder Minderheitensprachen anzubieten oder

iii) innerhalb des Grundschulunterrichts den Unterricht der betreffenden Regional- oder Minderheitensprachen als integrierenden Teil des Lehrplans vorzusehen oder

iv) eine der unter den Ziffern i bis iii vorgesehenen Maßnahmen zumindest auf diejenigen Schüler anzuwenden, deren Familien dies verlangen, wenn die Zahl der Schüler als genügend groß angesehen wird;

c) i) den Unterricht im Sekundarbereich in den betreffenden Regional- oder Minderheitensprachen anzubieten oder

ii) einen erheblichen Teil des Unterrichts im Sekundarbereich in den betreffenden Regional- oder Minderheitensprachen anzubieten oder

iii) innerhalb des Unterrichts im Sekundarbereich den Unterricht der betreffenden Regional- oder Minderheitensprachen als integrierenden Teil des Lehrplans vorzusehen oder

iv) eine der unter den Ziffern i bis iii vorgesehenen Maßnahmen zumindest auf diejenigen Schüler anzuwenden, die oder – wo dies in Betracht kommt – deren Familien dies wünschen, wenn deren Zahl als genügend groß angesehen wird;

d) i) die berufliche Bildung in den betreffenden Regional- oder Minderheitensprachen anzubieten oder

ii) einen erheblichen Teil der beruflichen Bildung in den betreffenden Regional- oder Minderheitensprachen anzubieten oder

iii) innerhalb der beruflichen Bildung den Unterricht der betreffenden Regional- oder Minderheitensprachen als integrierenden Teil des Lehrplans vorzusehen oder

iv) eine der unter den Ziffern i bis iii vorgesehenen Maßnahmen zumindest auf diejenigen Schüler anzuwenden, die oder – wo dies in Betracht kommt – deren Familien dies wünschen, wenn deren Zahl als genügend groß angesehen wird;

e) i) an Universitäten und anderen Hochschulen Unterricht in den Regional- oder Minderheitensprachen anzubieten oder

ii) Möglichkeiten für das Studium dieser Sprachen als Studienfächer an Universitäten und anderen Hochschulen anzubieten oder

iii) falls wegen der Rolle des Staates in bezug auf Hochschuleinrichtungen die Ziffern i und ii nicht angewendet werden können, dazu zu ermutigen und/oder zuzulassen, daß an Universitäten und anderen Hochschulen Unterricht in den Regional- oder Minderheitensprachen oder Möglichkeiten zum Studium dieser Sprachen als Studienfächer angeboten werden;

f) i) dafür zu sorgen, daß in der Erwachsenen- und Weiterbildung Kurse angeboten werden, die überwiegend oder ganz in den Regional- oder Minderheitensprachen durchgeführt werden, oder

ii) solche Sprachen als Fächer der Erwachsenen- und Weiterbildung anzubieten oder

iii) falls die staatlichen Stellen keine unmittelbare Zuständigkeit im Bereich der Erwachsenenbildung haben, das Angebot solcher Sprachen als Fächer der Erwachsenen- und Weiterbildung zu begünstigen und/oder dazu zu ermutigen;

g) für den Unterricht der Geschichte und Kultur, die in der Regional- oder Minderheitensprache ihren Ausdruck finden, zu sorgen;

h) für die Aus- und Weiterbildung der Lehrer zu sorgen, die zur Durchführung derjenigen Bestimmungen der Buchstaben a bis g erforderlich sind, welche die Vertragspartei angenommen hat;

i) ein oder mehrere Aufsichtsorgane einzusetzen, welche die zur Einführung oder zum Ausbau des Unterrichts der Regional- oder Minderheitensprachen getroffenen Maßnahmen und die dabei erzielten Fortschritte überwachen und darüber regelmäßig Berichte verfassen, die veröffentlicht werden.

(2) Im Bereich der Bildung verpflichten sich die Vertragsparteien in bezug auf andere Gebiete als diejenigen, in denen die Regional- oder Minderheitensprachen herkömmlicherweise gebraucht werden, Unterricht der Regional- oder Minderheitensprache oder Unterricht in dieser Sprache auf allen geeigneten Bildungsstufen zuzulassen, zu diesem Unterricht zu ermutigen oder ihn anzubieten, wenn die Zahl der Sprecher einer Regional- oder Minderheitensprache dies rechtfertigt.

Art. 9 Justizbehörden. (1) Die Vertragsparteien verpflichten sich, in bezug auf diejenigen Gerichtsbezirke, in denen die Zahl der Einwohner, welche die Regional- oder Minderheitensprachen gebrauchen, die nachstehenden Maßnahmen rechtfertigt, unter Berücksichtigung der Situation jeder dieser Sprachen und unter der Bedingung, daß die Inanspruchnahme der durch diesen Absatz gebotenen Möglichkeiten nach Auffassung des Richters eine ordentliche Rechtspflege nicht behindert,

a) in Strafverfahren

i) dafür zu sorgen, daß die Gerichte auf Antrag einer der Parteien das Verfahren in den Regional- oder Minderheitensprachen durchführen, und/oder

ii) sicherzustellen, daß der Angeklagte das Recht hat, seine Regional- oder Minderheitensprache zu gebrauchen, und/oder

iii) dafür zu sorgen, daß Anträge und Beweismittel, gleichviel ob *schriftlich* oder mündlich, nicht allein aus dem Grund als unzulässig angesehen werden, weil sie in einer Regional- oder Minderheitensprache abgefaßt sind, und/oder

iv) auf Verlangen Schriftstücke, die mit Gerichtsverfahren zusammenhängen, in der betreffenden Regional- oder Minderheitensprache abzufassen, wenn nötig durch Inanspruchnahme von Dolmetschern und Übersetzungen, wodurch den Betroffenen keine zusätzlichen Kosten entstehen dürfen;

b) in zivilrechtlichen Verfahren
   i) dafür zu sorgen, daß die Gerichte auf Antrag einer der Parteien das Verfahren in den Regional- oder Minderheitensprachen durchführen, und/oder
   ii) zuzulassen, daß eine Prozeßpartei, wenn sie persönlich vor Gericht erscheinen muß, ihre Regional- oder Minderheitensprache gebrauchen kann, ohne daß ihr dadurch zusätzliche Kosten entstehen, und/oder
   iii) zuzulassen, daß Urkunden und Beweismittel in den Regional- oder Minderheitensprachen vorgelegt werden,

   wenn nötig durch Inanspruchnahme von Dolmetschern und Übersetzungen;

c) in Verfahren vor Gerichten für Verwaltungssachen
   i) dafür zu sorgen, daß die Gerichte auf Antrag einer der Parteien das Verfahren in den Regional- oder Minderheitensprachen durchführen, und/oder
   ii) zuzulassen, daß eine Prozeßpartei, wenn sie persönlich vor Gericht erscheinen muß, ihre Regional- oder Minderheitensprache gebrauchen kann, ohne daß ihr dadurch zusätzliche Kosten entstehen, und/oder
   iii) zuzulassen, daß Urkunden und Beweismittel in den Regional- oder Minderheitensprachen vorgelegt werden,

   wenn nötig durch Inanspruchnahme von Dolmetschern und Übersetzungen;

d) dafür zu sorgen, daß den Betroffenen durch die Anwendung des Buchstabens b Ziffern i und iii und des Buchstabens c Ziffern i und iii sowie durch eine notwendige Inanspruchnahme von Dolmetschern und Übersetzungen keine zusätzlichen Kosten entstehen.

(2) Die Vertragsparteien verpflichten sich,

a) die Rechtsgültigkeit von im Inland abgefaßten Rechtsurkunden nicht allein aus dem Grund zu verneinen, weil sie in einer Regional- oder Minderheitensprache abgefaßt sind, oder

b) die Rechtsgültigkeit von im Inland abgefaßten Rechtsurkunden im Verhältnis zwischen den Parteien nicht allein aus dem Grund zu verneinen, weil die Urkunden in einer Regional- oder Minderheitensprache abgefaßt sind, und vorzusehen, daß sie gegen beteiligte Dritte, die diese Sprachen nicht gebrauchen, unter der Bedingung verwendet werden können, daß ihnen der Inhalt der Urkunden von der (den) Person(en), welche die Urkunden verwendet (verwenden), zur Kenntnis gebracht worden ist, oder

c) die Rechtsgültigkeit von im Inland abgefaßten Rechtsurkunden im Verhältnis zwischen den Parteien nicht allein aus dem Grund zu verneinen, weil die Urkunden in einer Regional- oder Minderheitensprache abgefaßt sind.

(3) Die Vertragsparteien verpflichten sich, die wichtigsten Gesetzestexte des Staates sowie diejenigen, welche sich besonders auf Personen

beziehen, die diese Sprachen gebrauchen, in den Regional- oder Minderheitensprachen zur Verfügung zu stellen, sofern sie nicht anderweitig verfügbar sind.

Art. 10 Verwaltungsbehörden und öffentliche Dienstleistungsbetriebe. (1) Innerhalb der Verwaltungsbezirke des Staates, in denen die Zahl der Einwohner, die Regional- oder Minderheitensprachen gebrauchen, die nachstehenden Maßnahmen rechtfertigt, und unter Berücksichtigung der Situation jeder Sprache verpflichten sich die Vertragsparteien, im Rahmen des Zumutbaren

a) i) sicherzustellen, daß die Verwaltungsbehörden die Regional- oder Minderheitensprachen gebrauchen, oder

ii) sicherzustellen, daß diejenigen ihrer Bediensteten, die unmittelbaren Kontakt zur Bevölkerung haben, die Regional- oder Minderheitensprachen in ihrem Umgang mit Personen gebrauchen, die sich in diesen Sprachen an sie wenden, oder

iii) sicherzustellen, daß Personen, die Regional- oder Minderheitensprachen gebrauchen, in diesen Sprachen mündliche oder schriftliche Anträge stellen und eine Antwort erhalten können, oder

iv) sicherzustellen, daß Personen, die Regional- oder Minderheitensprachen gebrauchen, in diesen Sprachen mündliche oder schriftliche Anträge stellen können, oder

v) sicherzustellen, daß Personen, die Regional- oder Minderheitensprachen gebrauchen, in diesen Sprachen abgefaßte Urkunden rechtsgültig vorlegen können;

b) allgemein verwendete Verwaltungsbestimmungen und -formulare für die Bevölkerung in den Regional- oder Minderheitensprachen oder zweisprachig zur Verfügung zu stellen;

c) zuzulassen, daß die Verwaltungsbehörden Schriftstücke in einer Regional- oder Minderheitensprache abfassen.

(2) In bezug auf die örtlichen und regionalen Behörden, in deren örtlichem Zuständigkeitsbereich die Zahl der Einwohner, welche die Regional- oder Minderheitensprachen gebrauchen, die nachstehenden Maßnahmen rechtfertigt, verpflichten sich die Vertragsparteien, folgendes zuzulassen und/oder dazu zu ermutigen:

a) den Gebrauch von Regional- oder Minderheitensprachen innerhalb der regionalen oder örtlichen Behörde;

b) die Möglichkeit, daß Personen, die Regional- oder Minderheitensprachen gebrauchen, mündliche oder schriftliche Anträge in diesen Sprachen stellen;

c) die Veröffentlichung der amtlichen Schriftstücke der regionalen Behörden durch diese auch in den betreffenden Regional- oder Minderheitensprachen;

d) die Veröffentlichung der amtlichen Schriftstücke der örtlichen Behörden durch diese auch in den betreffenden Regional- oder Minderheitensprachen;

e) den Gebrauch von Regional- oder Minderheitensprachen durch die regionalen Behörden in deren Ratsversammlungen, ohne jedoch den Gebrauch der Amtssprache(n) des Staates auszuschließen;

f) den Gebrauch von Regional- oder Minderheitensprachen durch die örtlichen Behörden in deren Ratsversammlungen, ohne jedoch den Gebrauch der Amtssprache(n) des Staates auszuschließen;

g) den Gebrauch oder die Annahme der herkömmlichen und korrekten Formen von Ortsnamen in Regional- oder Minderheitensprachen, wenn nötig in Verbindung mit dem Namen in der (den) Amtssprache(n).

(3) In bezug auf die öffentlichen Dienstleistungen, die von den Verwaltungsbehörden selbst oder in deren Auftrag erbracht werden, verpflichten sich die Vertragsparteien, in dem Gebiet, in dem Regional- oder Minderheitensprachen gebraucht werden, unter Berücksichtigung der Situation jeder Sprache und im Rahmen des Zumutbaren

a) sicherzustellen, daß die Regional- oder Minderheitensprachen bei der Erbringung der Dienstleistung gebraucht werden, oder

b) zuzulassen, daß Personen, die Regional- oder Minderheitensprachen gebrauchen, in diesen Sprachen einen Antrag stellen und eine Antwort erhalten, oder

c) zuzulassen, daß Personen, die Regional- oder Minderheitensprachen gebrauchen, in diesen Sprachen einen Antrag stellen.

(4) Die Vertragsparteien verpflichten sich, eine oder mehrere der folgenden Maßnahmen zu treffen, um die von ihnen angenommenen Bestimmungen der Absätze 1, 2 und 3 in Kraft zu setzen:

a) Übersetzen oder Dolmetschen je nach Bedarf;

b) Einstellung und, soweit erforderlich, Ausbildung der benötigten Beamten und sonstigen Angehörigen des öffentlichen Dienstes;

c) nach Möglichkeit Erfüllung der Wünsche von Angehörigen des öffentlichen Dienstes, die über Kenntnisse in einer Regional- oder Minderheitensprache verfügen, in dem Gebiet eingesetzt zu werden, in dem diese Sprache gebraucht wird.

(5) Die Vertragsparteien verpflichten sich, den Gebrauch oder die Annahme von Familiennamen in den Regional- oder Minderheitensprachen auf Antrag der Betroffenen zuzulassen.

Art. 11 Medien. (1) Die Vertragsparteien verpflichten sich, für die Sprecher von Regional- oder Minderheitensprachen in den Gebieten, in denen diese Sprachen gebraucht werden, unter Berücksichtigung der Situation jeder Sprache und in dem Ausmaß, in dem die staatlichen Stellen in diesem Bereich unmittelbar oder mittelbar Zuständigkeit, Befugnisse oder Einfluß haben, unter Achtung des Grundsatzes der Unabhängigkeit und Autonomie der Medien folgende Maßnahmen zu treffen:

a) soweit Hörfunk und Fernsehen eine öffentliche Aufgabe erfüllen,
   i) die Einrichtung mindestens eines Hörfunksenders und eines Fernsehkanals in den Regional- oder Minderheitensprachen sicherzustellen oder
   ii) zur Einrichtung mindestens eines Hörfunksenders und eines Fernsehkanals in den Regional- oder Minderheitensprachen zu ermutigen und/oder sie zu erleichtern oder
   iii) angemessene Vorkehrungen dafür zu treffen, daß Rundfunkveranstalter Sendungen in den Regional- oder Minderheitensprachen anbieten;

b) i) zur Einrichtung mindestens eines Hörfunksenders in den Regional oder Minderheitensprachen zu ermutigen und/oder sie zu erleichtern oder
   ii) zur regelmäßigen Ausstrahlung von Hörfunksendungen in den Regional- oder Minderheitensprachen zu ermutigen und/oder sie zu erleichtern;

c) i) zur Einrichtung mindestens eines Fernsehkanals in den Regional- oder Minderheitensprachen zu ermutigen und/oder sie zu erleichtern oder
   ii) zur regelmäßigen Ausstrahlung von Fernsehsendungen in den Regional- oder Minderheitensprachen zu ermutigen und/oder sie zu erleichtern;

d) zur Produktion und Verbreitung von Audio- und audiovisuellen Werken in den Regional- oder Minderheitensprachen zu ermutigen und/oder sie zu erleichtern;

e) i) zur Schaffung und/oder Erhaltung mindestens einer Zeitung in den Regional- oder Minderheitensprachen zu ermutigen und/oder sie zu erleichtern oder
   ii) zur regelmäßigen Veröffentlichung von Zeitungsartikeln in den Regional- oder Minderheitensprachen zu ermutigen und/oder sie zu erleichtern;

f) i) die zusätzlichen Kosten derjenigen Medien zu decken, die Regional- oder Minderheitensprachen gebrauchen, wenn das Recht eine finanzielle Hilfe für die Medien allgemein vorsieht, oder
   ii) die bestehenden Maßnahmen finanzieller Hilfe auf audiovisuelle Produktionen in Regional- oder Minderheitensprachen zu erstrecken;

g) die Ausbildung von Journalisten und anderem Personal für Medien *zu unterstützen, die* Regional- oder Minderheitensprachen gebrauchen.

(2) Die Vertragsparteien verpflichten sich, den freien direkten Empfang von Hörfunk- und Fernsehsendungen aus Nachbarländern in einer Sprache zu gewährleisten, die in derselben oder ähnlicher Form wie die Regional- oder Minderheitensprache gebraucht wird, und die Weiterverbreitung von Hörfunk- und Fernsehsendungen aus Nachbarländern in einer solchen Sprache nicht zu behindern. Sie verpflich-

ten sich ferner, sicherzustellen, daß die Freiheit der Meinungsäußerung und die freie Verbreitung von Informationen in den Printmedien in einer Sprache, die in derselben oder ähnlicher Form wie die Regional- oder Minderheitensprache gebraucht wird, keiner Einschränkung unterworfen werden. Da die Ausübung der erwähnten Freiheiten Pflichten und Verantwortung mit sich bringt, kann sie bestimmten, vom Gesetz vorgesehenen Formvorschriften, Bedingungen, Einschränkungen oder Strafdrohungen unterworfen werden, wie sie in einer demokratischen Gesellschaft im Interesse der nationalen Sicherheit, der territorialen Unversehrtheit oder der öffentlichen Sicherheit, der Aufrechterhaltung der Ordnung und der Verbrechensverhütung, des Schutzes der Gesundheit und der Moral, des Schutzes des guten Rufes oder der Rechte anderer unentbehrlich sind, um die Verbreitung von vertraulichen Nachrichten zu verhindern oder das Ansehen und die Unparteilichkeit der Rechtsprechung zu gewährleisten.

(3) Die Vertragsparteien verpflichten sich, sicherzustellen, daß die Interessen der Sprecher von Regional- oder Minderheitensprachen innerhalb etwaiger im Einklang mit dem Gesetz geschaffener Gremien, die für die Gewährleistung von Freiheit und Pluralismus der Medien verantwortlich sind, vertreten oder berücksichtigt werden.

Art. 12 Kulturelle Tätigkeiten und Einrichtungen. (1) In bezug auf kulturelle Einrichtungen und Tätigkeiten – insbesondere Bibliotheken, Videotheken, Kulturzentren, Museen, Archive, Akademien, Theater und Kinos sowie literarische Werke und Filmproduktionen, volkstümliche Formen des kulturellen Ausdrucks, Festspiele und die Kulturindustrien, einschließlich unter anderem des Einsatzes neuer Technologien – verpflichten sich die Vertragsparteien, in dem Gebiet, in dem solche Sprachen gebraucht werden, in dem Ausmaß, in dem die staatlichen Stellen in diesem Bereich Zuständigkeit, Befugnisse oder Einfluß haben,

a) zu den Regional- oder Minderheitensprachen eigenen Formen des Ausdrucks und der Initiative zu ermutigen sowie die verschiedenen Zugangsmöglichkeiten zu den in diesen Sprachen geschaffenen Werken zu fördern;

b) die verschiedenen Zugangsmöglichkeiten zu den in Regional- oder Minderheitensprachen geschaffenen Werken in anderen Sprachen zu fördern, indem sie Tätigkeiten auf dem Gebiet der Übersetzung, Synchronisation, Nachsynchronisation und Untertitelung unterstützen und ausbauen;

c) in Regional- oder Minderheitensprachen den Zugang zu Werken zu fördern, die in anderen Sprachen geschaffen worden sind, indem sie Tätigkeiten auf dem Gebiet der Übersetzung, Synchronisation, Nachsynchronisation und Untertitelung unterstützen und ausbauen;

d) *sicherzustellen, daß* die für die Veranstaltung oder Unterstützung kultureller Tätigkeiten verschiedener Art verantwortlichen Gremien bei den Unternehmungen, die sie ins Leben rufen oder unterstützen, in angemessener Weise dafür sorgen, daß die Kenntnis und der Gebrauch von Regional- oder Minderheitensprachen sowie Regional- oder Minderheitenkulturen berücksichtigt werden;

e) Maßnahmen zu fördern, um sicherzustellen, daß die für die Veranstaltung oder Unterstützung kultureller Tätigkeiten verantwortlichen Gremien über Personal verfügen, das die betreffende Regional- oder Minderheitensprache sowie die Sprache(n) der übrigen Bevölkerung beherrscht;

f) zur unmittelbaren Mitwirkung von Vertretern der Sprecher einer bestimmten Regional- oder Minderheitensprache bei der Bereitstellung von Einrichtungen und der Planung kultureller Tätigkeiten zu ermutigen;

g) zur Schaffung eines oder mehrerer Gremien, die für die Sammlung, Aufbewahrung und Aufführung oder Veröffentlichung von in den Regional- oder Minderheitensprachen geschaffenen Werken verantwortlich sind, zu ermutigen und/oder sie zu erleichtern;

h) wenn nötig Übersetzungs- und Terminologieforschungsdienste zu schaffen und/oder zu fördern und zu finanzieren, insbesondere im Hinblick auf die Erhaltung und Entwicklung geeigneter Terminologie in jeder Regional- oder Minderheitensprache für die Bereiche Verwaltung, Handel, Wirtschaft, Gesellschaft, Technik oder Recht.

(2) In bezug auf andere Gebiete als diejenigen, in denen die Regional- oder Minderheitensprachen herkömmlicherweise gebraucht werden, verpflichten sich die Vertragsparteien, wenn die Zahl der Sprecher einer Regional- oder Minderheitensprache dies rechtfertigt, geeignete kulturelle Tätigkeiten und Einrichtungen in Übereinstimmung mit Absatz 1 zuzulassen, dazu zu ermutigen und/oder sie vorzusehen.

(3) Die Vertragsparteien verpflichten sich, bei der Verfolgung ihrer Kulturpolitik im Ausland Regional- oder Minderheitensprachen und die in ihnen zum Ausdruck kommenden Kulturen angemessen zu berücksichtigen.

Art. 13 Wirtschaftliches und soziales Leben. (1) In bezug auf wirtschaftliche und soziale Tätigkeiten verpflichten sich die Vertragsparteien, im ganzen Land

a) aus ihrem Recht jede Bestimmung zu entfernen, die den Gebrauch von Regional- oder Minderheitensprachen in Urkunden betreffend *das wirtschaftliche* oder soziale Leben, insbesondere Arbeitsverträgen, sowie in technischen Schriftstücken wie Gebrauchsanweisungen für Erzeugnisse oder Anlagen ungerechtfertigt verbietet oder einschränkt;

b) die Aufnahme von Klauseln, die den Gebrauch von Regional- oder Minderheitensprachen ausschließen oder einschränken, in innerbetriebliche Vorschriften und Privaturkunden zumindest zwischen Personen, die dieselbe Sprache gebrauchen, zu verbieten;

c) Praktiken entgegenzutreten, die den Gebrauch von Regional- oder Minderheitensprachen im Zusammenhang mit wirtschaftlichen oder sozialen Tätigkeiten behindern sollen;

d) den Gebrauch von Regional- oder Minderheitensprachen durch andere als die unter den Buchstaben a bis c genannten Mittel zu erleichtern und/oder dazu zu ermutigen.

(2) In bezug auf wirtschaftliche und soziale Tätigkeiten verpflichten sich die Vertragsparteien, insoweit die staatlichen Stellen zuständig sind, in dem Gebiet, in dem die Regional- oder Minderheitensprachen gebraucht werden, im Rahmen des Zumutbaren.

a) in ihre Finanz- und Bankvorschriften Bestimmungen aufzunehmen, die im Wege von Verfahren, welche mit den Handelsbräuchen vereinbar sind, den Gebrauch von Regional- oder Minderheitensprachen beim Ausstellen von Zahlungsanweisungen (Schecks, Wechseln usw.) oder sonstigen Finanzdokumenten ermöglichen, oder, wo dies in Betracht kommt, die Durchführung solcher Bestimmungen sicherzustellen;

b) in den ihrer unmittelbaren Kontrolle unterstehenden Wirtschafts- und Sozialbereichen (öffentlicher Sektor) Maßnahmen zur Förderung des Gebrauchs von Regional- oder Minderheitensprachen zu ergreifen;

c) sicherzustellen, daß soziale Einrichtungen wie Krankenhäuser, Altersheime und Heime die Möglichkeit bieten, Sprecher einer Regional- oder Minderheitensprache, die aufgrund von Krankheit, Alter oder aus anderen Gründen der Betreuung bedürfen, in deren eigener Sprache aufzunehmen und zu behandeln;

d) durch geeignete Mittel sicherzustellen, daß Sicherheitsvorschriften auch in Regional- oder Minderheitensprachen zugänglich sind;

e) dafür zu sorgen, daß Informationen der zuständigen staatlichen Stellen über die Rechte der Verbraucher in Regional- oder Minderheitensprachen erhältlich sind.

Art. 14 Grenzüberschreitender Austausch. Die Vertragsparteien verpflichten sich,

a) bestehende zwei- und mehrseitige Übereinkünftige anzuwenden, die sie mit den Staaten verbinden, in denen dieselbe Sprache in derselben oder ähnlicher Form gebraucht wird, oder sich, wenn nötig, um den Abschluß solcher Übereinkünfte zu bemühen, um dadurch Kontakte zwischen den Sprechern derselben Sprache in den betreffenden Staaten in den Bereichen Kultur, Bildung, Information, berufliche Bildung und Weiterbildung zu fördern;

b) zugunsten von Regional- oder Minderheitensprachen die grenzüberschreitende Zusammenarbeit insbesondere zwischen regionalen oder *örtlichen Behörden* zu erleichtern und zu fördern, in deren örtlichem Zuständigkeitsbereich dieselbe Sprache in derselben oder ähnlicher Form gebraucht wird.

Teil IV. Anwendung der Charta

Art. 15 Regelmäßige Berichte. (1) Die Vertragsparteien legen dem Generalsekretär des Europarats in einer vom Ministerkomitee zu bestimmenden Form in regelmäßigen Abständen einen Bericht über ihre in Übereinstimmung mit Teil II dieser Charta verfolgte Politik und über die in Anwendung der von ihnen angenommenen Bestimmungen des Teiles III getroffenen Maßnahmen vor. Der erste Bericht wird innerhalb des Jahres vorgelegt, das auf das Inkrafttreten der Charta für die betreffende Vertragspartei folgt, die weiteren Berichte in Abständen von drei Jahren nach Vorlage des ersten Berichts.

(2) Die Vertragsparteien veröffentlichen ihre Berichte.

Art. 16 Prüfung der Berichte. (1) Die dem Generalsekretär des Europarats nach Artikel 15 vorgelegten Berichte werden von einem nach Artikel 17 eingesetzten Sachverständigenausschuß geprüft.

(2) In einer Vertragspartei rechtmäßig gegründete Organisationen oder Vereinigungen können den Sachverständigenausschuß auf Fragen aufmerksam machen, die sich auf die von der betreffenden Vertragspartei nach Teil III dieser Charta eingegangenen Verpflichtungen beziehen. Nach Konsultation der betroffenen Vertragspartei kann der Sachverständigenausschuß diese Informationen bei der Ausarbeitung des in Absatz 3 genannten Berichts berücksichtigen. Diese Organisationen oder Vereinigungen können außerdem Erklärungen zu der von einer Vertragspartei in Obereinstimmung mit Teil II verfolgten Politik vorlegen.

(3) Auf der Grundlage der in Absatz 1 genannten Berichte und der in Absatz 2 erwähnten Informationen arbeitet der Sachverständigenausschuß einen Bericht für das Ministerkomitee aus. Diesem Bericht werden die Stellungnahmen, um welche die Vertragsparteien ersucht wurden, beigefügt; er kann vom Ministerkomitee veröffentlicht werden.

(4) Der in Absatz 3 genannte Bericht enthält insbesondere die Vorschläge des Sachverständigenausschusses an das Ministerkomitee für die Ausarbeitung von etwa erforderlichen Empfehlungen des Ministerkomitees an eine oder mehrere Vertragsparteien.

(5) Der Generalsekretär des Europarats erstattet der Parlamentarischen Versammlung alle zwei Jahre ausführlich Bericht über die Anwendung der Charta.

Art. 17 Sachverständigenausschuß. (1) Der Sachverständigenausschuß besteht aus einem Mitglied je Vertragspartei, das vom Ministerkomitee aus einer Liste von durch die betreffende Vertragspartei vorgeschlagenen Persönlichkeiten von höchster Integrität und anerkannter Sachkenntnis in den durch die Charta erfaßten Angelegenheiten ausgewählt wird.

(2) Die Mitglieder des Ausschusses werden für die Dauer von sechs Jahren ernannt; Wiederernennung ist zulässig. Kann ein Mitglied seine Amtszeit nicht beenden, so wird es nach dem in Absatz 1 festgelegten Verfahren ersetzt; das an seine Stelle tretende Mitglied vollendet die Amtszeit seines Vorgängers.

(3) Der Sachverständigenausschuß gibt sich eine Geschäftsordnung. Sein Sekretariat wird durch den Generalsekretär des Europarats versehen.

Teil V. Schlußbestimmungen

Art. 18. Diese Charta liegt für die Mitgliedstaaten des Europarats zur Unterzeichnung auf. Sie bedarf der Ratifikation, Annahme oder Genehmigung. Die Ratifikations-, Annahme- oder Genehmigungsurkunden werden beim Generalsekretär des Europarats hinterlegt.

Art. 19. (1) Diese Charta tritt am ersten Tag des Monats in Kraft, der auf einen Zeitabschnitt von drei Monaten nach dem Tag folgt, an dem fünf Mitgliedstaaten des Europarats nach Artikel 18 ihre Zustimmung ausgedrückt haben, durch die Charta gebunden zu sein.

(2) Für jeden Mitgliedstaat, der später seine Zustimmung ausdrückt, durch die Charta gebunden zu sein, tritt sie am ersten Tag des Monats in Kraft, der auf einen Zeitabschnitt von drei Monaten nach Hinterlegung der Ratifikations-, Annahme- oder Genehmigungsurkunde folgt.

Art. 20. (1) Nach Inkrafttreten dieser Charta kann das Ministerkomitee des Europarats jeden Nichtmitgliedstaat des Europarats einladen, der Charta beizutreten.

(2) Für jeden beitretenden Staat tritt die Charta am ersten Tag des Monats in Kraft, der auf einen Zeitabschnitt von drei Monaten nach Hinterlegung der Beitrittsurkunde beim Generalsekretär des Europarats folgt.

Art. 21. (1) Jeder Staat kann bei der Unterzeichnung oder bei der Hinterlegung seiner Ratifikations-, Annahme-, Genehmigungs- oder Beitrittsurkunde einen oder mehrere Vorbehalte zu Artikel 7 Absätze 2 bis 5 anbringen. Weitere Vorbehalte sind nicht zulässig.

(2) Jeder Vertragsstaat, der einen Vorbehalt nach Absatz 1 angebracht hat, kann ihn durch eine an den Generalsekretär des Europarats gerichtete Notifikation ganz oder teilweise zurücknehmen. Die Rücknahme wird mit dem Eingang der Notifikation beim Generalsekretär wirksam.

Art. 22. (1) Jede Vertragspartei kann diese Charta jederzeit durch eine an den Generalsekretär des Europarats gerichtete Notifikation kündigen.

(2) Die Kündigung wird am ersten Tag des Monats wirksam, der auf einen Zeitabschnitt von sechs Monaten nach Eingang der Notifikation beim Generalsekretär folgt.

Art. 23. Der Generalsekretär des Europarats notifiziert den Mitgliedstaaten des Rates und jedem Staat, der dieser Charta beigetreten ist,

a) jede Unterzeichnung;

b) jede Hinterlegung einer Ratifikations-, Annahme-, Genehmigungs- oder Beitrittsurkunde;

c) jeden Zeitpunkt des Inkrafttretens dieser Charta nach den Artikeln 19 und 20;

d) jede nach Artikel 3 Absatz 2 eingegangene Notifikation;

e) jede andere Handlung, Notifikation oder Mitteilung im Zusammenhang mit dieser Charta.

Zu Urkund dessen haben die hierzu gehörig befugten Unterzeichneten diese Charta unterschrieben.

Geschehen zu Straßburg am 5. November 1992 in englischer und französischer Sprache, wobei jeder Wortlaut gleichermaßen verbindlich ist, in einer Urschrift, die im Archiv des Europarats hinterlegt wird. Der Generalsekretär des Europarats übermittelt allen Mitgliedstaaten des Europarats und allen zum Beitritt zu dieser Charta eingeladenen Staaten beglaubigte Abschriften.

Anhang

I. Erklärung der Bundesrepublik Deutschland zur Vorbereitung der Ratifizierung der Europäischen Charta der Regional- oder Minderheitensprachen

vom 23. Januar 1998
(BGBl. 1998 II 1334)

„Minderheitensprachen im Sinne der Europäischen Charta der Regional- oder Minderheitensprachen sind in der Bundesrepublik Deutschland das Dänische, das Obersorbische, das Niedersorbische, das Nordfriesische, das Saterfriesische und das Romanes der deutschen Sinti und Roma; Regionalsprache im Sinne der Charta ist in der Bundesrepublik Deutschland das Niederdeutsche.

Die Bundesrepublik Deutschland wird gemäß Artikel 3 Abs. 1 der Charta in ihrer Ratifizierungsurkunde die nachfolgend genannten Regional- oder Minderheitensprachen bezeichnen, auf welche die nach Artikel 2 Abs. 2 der Charta ausgewählten Bestimmungen nach Inkrafttreten der Charta in der Bundesrepublik Deutschland angewendet werden:

Dänisch im dänischen Sprachgebiet im Land Schleswig-Holstein:
Art. 8 Abs. 1 a iv; b iv; c iii/iv; d iii; e ii; f ii/iii; g; h; i; Abs. 2;
Art. 9 Abs. 1 b iii; c iii; Abs. 2a;
Art. 10 Abs. 1 a v; Abs. 4c; Abs. 5;
Art. 11 Abs. 1 b ii; c ii; d; e ii; f ii; Abs. 2;
Art. 12 Abs. 1 c; d; e; f; g; Abs. 2; Abs. 3;
Art. 13 Abs. 1 a; c; d; Abs. 2 c;
Art. 14 a; b.

Obersorbisch im obersorbischen Sprachgebiet im Freistaat Sachsen:
Art. 8 Abs. 1 a iii; b iv; c iv; d iv; e ii; f iii; g; h; i; Abs. 2;
Art. 9 Abs. 1 a ii; a iii; b ii; b iii; c ii; c iii; d; Abs. 2 a;
Art. 10 Abs. 1 a iv/v; Abs. 2 a; b; g; Abs. 3 b/c; Abs. 4 c; Abs. 5;
Art. 11 Abs. 1 b ii; c ii; d; e i; f ii; Abs. 2;
Art. 12 Abs. 1 a; b; c; d; e; f; g; h; Abs. 2; Abs. 3;
Art. 13 Abs. 1 a; c; d; Abs. 2 c.

Niedersorbisch im niedersorbischen Sprachgebiet im Land Brandenburg:
Art. 8 Abs. 1 a iv; b iv; c iv; e iii; f iii; g; h; i;
Art. 9 Abs. 1 a ii; a iii; b iii; c iii; Abs. 2 a;
Art. 10 Abs. 1 a iv/v; Abs. 2 b; g; Abs. 3 b/c; Abs. 4 a; c; Abs. 5;
Art. 11 Abs. 1 b ii; c ii; d; e i; Abs. 2;
Art. 12 Abs. 1 a; b; c; d; e; f; g; h; Abs. 2; Abs. 3;
Art. 13 Abs. 1 a; c; d.

Nordfriesisch im nordfriesischen Sprachgebiet im Land Schleswig-Holstein:
Art. 8 Abs. 1 a iii/iv; b iv; c iv; e ii; f iii; g; h; i; Abs. 2;
Art. 9 Abs. 1 b iii; c iii; Abs. 2 a;
Art. 10 Abs. 1 a v; Abs. 4 c; Abs. 5;
Art. 11 Abs. 1 b ii; c ii; d; e ii; f ii; Abs. 2;
Art. 12 Abs. 1 a; b; c; d; e; f; g; h; Abs. 2; Abs. 3;
Art. 13 Abs. 1 a; c; d;
Art. 14 a.

Saterfriesisch im saterfriesischen Sprachgebiet im Land Niedersachsen:
Art. 8 Abs. 1 a iv; e ii; f iii; g; i;
Art. 9 Abs. 1 b iii; c iii; Abs. 2 a;
Art. 10 Abs. 1 a v; c; Abs. 2 a; b; c; d; e; f; Abs. 4 a; c; Abs. 5;
Art. 11 Abs. 1 b ii; c ii; d; e ii; f ii; Abs. 2;
Art. 12 Abs. 1 a; b; c; d; e; f; g; Abs. 2; Abs. 3;
Art. 13 Abs. 1 a; c; d.

Niederdeutsch in den Ländern Freie Hansestadt Bremen, Freie und Hansestadt Hamburg, Mecklenburg-Vorpommern, Niedersachsen und Schleswig-Holstein:

Verpflichtungen für Niederdeutsch im Gebiet der Länder Freie Hansestadt Bremen, Freie und Hansestadt Hamburg, Mecklenburg-Vorpommern, Niedersachsen und Schleswig-Holstein:

Art. 8 Abs. 1 a iv; e ii; g;
Art. 9 Abs. 1 b iii; c iii; Abs. 2 a;
Art. 10 Abs. 1 a v; c; Abs. 2 a; b; f;
Art. 11 Abs. 1 b ii; c ii; d; e ii; f ii; Abs. 2;
Art. 12 Abs. 1 a; d; f; Abs. 3;
Art. 13 Abs. 1 a; c;
dazu ergänzend:
– in der Freien Hansestadt Bremen:
  Art. 8 Abs. 1 b iii; c iii; f i; h;
  Art. 10 Abs. 2 c; d; e;
  Art. 11 Abs. 1 g;
  Art. 12 Abs. 1 b; c; e; g;
  Art. 13 Abs. 2 c;
– in der Freien und Hansestadt Hamburg:
  Art. 8 Abs. 1 b iii; c iii; d iii; f ii; h; i;
  Art. 10 Abs. 2 e; Abs. 4 c;
  Art. 11 Abs. 1 g;
  Art. 12 Abs. 1 g;
  Art. 13 Abs. 1 d; Abs. 2 c;
– im Land Mecklenburg-Vorpommern:
  Art. 8 Abs. 1 b iii; c iii; d iii; h; i;
  Art. 10 Abs. 4 c;
  Art. 12 Abs. 1 b; c; e; h;
  Art. 13 Abs. 1 d; Abs. 2 c;
– im Land Niedersachsen:
  Art. 8 Abs. 1 f iii; i;
  Art. 10 Abs. 2 c; d; e; Abs. 4 a; c;
  Art. 12 Abs. 1 b; c; e; g; Abs. 2;
  Art. 13 Abs. 1 d;
  Art. 14 a; b;
– im Land Schleswig-Holstein:
  Art. 8 Abs. 1 b iii; c iii; f iii; h; i; Abs. 2;
  Art, 10 Abs. 4 c;
  Art. 12 Abs. 1 b; c; g;
  Art. 13 Abs. 1 d; Abs. 2c.

Die gesonderte Bezeichnung dieser Bestimmungen für das Gebiet einzelner Länder entspricht dem föderalen Staatsaufbau der Bundesrepublik Deutschland und berücksichtigt die Gegebenheiten der Sprache im betreffenden Land.

Die Sprache Romanes der deutschen Sinti und Roma im Gebiet der Bundesrepublik Deutschland und die Sprache Niederdeutsch im Gebiet der Länder Brandenburg, Nordrhein-Westfalen und Sachsen-Anhalt werden gemäß Teil II der Charta geschützt."

II. Erklärung der Bundesrepublik Deutschland zur Umsetzung der Verpflichtungen der Europäischen Charta der Regional- oder Minderheitensprachen hinsichtlich Teil II der Charta

vom 26. Januar 1998

(BGBl. 1998 II S. 1336)

„Auf die Minderheitensprache Romanes der deutschen Sinti und Roma im Gebiet der Bundesrepublik Deutschland und die Regionalsprache Niederdeutsch im Gebiet der Länder Brandenburg, Nordrhein-Westfalen und Sachsen-Anhalt wird Teil 11 der Europäischen Charta der Regional- oder Minderheitensprachen nach deren Inkrafttreten in der Bundesrepublik Deutschland entsprechend der Erklärung der Bundesrepublik Deutschland vom 23. Januar 1998 angewendet. Hinsichtlich dieser Sprachen werden daher die im Artikel 7 der Charta genannten Ziele und Grundsätze zugrundegelegt. Das deutsche Recht und die bestehende Verwaltungspraxis erfüllen damit gleichzeitig einzelne Bestimmungen aus Teil III der Charta:

Für Romanes:
für das Gebiet der Bundesrepublik Deutschland:
Art. 8 Abs. 1 f iii; g; h;
Art. 9 Abs. 1 b iii; c iii; Abs. 2 a;
Art. 10 Abs. 5;
Art. 11 Abs. 1 d; e ii; f ii; g; Abs. 2;
Art. 12 Abs. 1 g; Abs. 3;
Art. 13 Abs. 1 a; c; d;
Art. 14 a;

dazu ergänzend:
- im Land Baden-Württemberg:
  Art. 8 Abs. 1 a iv;
  Art. 10 Abs. 4 c;
  Art. 12 Abs. 1 a;
- im Land Berlin:
  Art. 8 Abs. 1 a i/ii; b i/ii/iii/iv; e i/ii/iii; i; Abs. 2;
  Art. 11 Abs. 1 b i/ii; c ii; e i/ii;
  Art. 12 Abs. 1 a; d; f;
- in der Freien und Hansestadt Hamburg:
  Art. 8 Abs. 1 b iv; c iv;
  Art. 11 Abs. 1 b ii; c ii;
  Art. 12 Abs. 1 a; d; f;
- im Land Hessen:
  Art. 8 Abs. 1 a iii/iv; b iv; c iv; d iv; e iii; i; Abs. 2;
  Art. 11 Abs. 1 b ii; c ii; e i;
  Art. 12 Abs. 1 a; d; f; Abs. 2;

– im Land Nordrhein-Westfalen:
Art. 8 Abs. 1e iii; Abs. 2;
Art. 12 Abs. 1a; d; f; Abs. 2;
– im Land Niedersachsen:
Art. 12 Abs. 1a; d; f;
– im Land Rheinland-Pfalz:
Art. 8 Abs. 1a iv; e iii;
Art. 11 Abs. 1c ii;
Art. 12 Abs. 1a; d; f;
– im Land Schleswig-Holstein:
Art. 10 Abs. 1a v; Abs. 2b; Abs. 4c;
Art. 11 Abs. 1b ii; c ii;
Art. 12 Abs. 1a; d; f; Abs. 2.
Für Niederdeutsch:
– im Land Brandenburg:
Art. 8 Abs. 1a iv; b iv; c iv; f iii; g;
Art. 9 Abs. 2a;
Art. 10 Abs. 2b; Abs. 3c;
Art. 11 Abs. 1b ii; c ii; d; e ii; f ii; Abs. 2;
Art. 12 Abs. 1a; f; g;
– im Land Nordrhein-Westfalen:
Art. 8 Abs. 1e iii; g; h; Abs. 2;
Art. 9 Abs. 1b iii; c iii; Abs. 2a;
Art. 11 Abs. 1d; Abs. 2;
Art. 12 Abs. 1a; d; e; f; g; h; Abs. 2;
Art. 13 Abs. 1a; c; d;
– im Land Sachsen-Anhalt:
Art. 8 Abs. 1a iv; b iv; c iv; g; h;
Art. 9 Abs. 2a;
Art. 11 Abs. 1b ii; c ii; e ii; Abs. 2;
Art. 12 Abs. 1a; f; g; h.

Die gesonderte Bezeichnung dieser Bestimmungen für das Gebiet einzelner Länder entspricht dem föderalen Staatsaufbau der Bundesrepublik Deutschland und berücksichtigt die Gegebenheiten der Sprache im betreffenden Land.

Die Ausgestaltung der Implementierung der oben genannten Bestimmungen aus Teil III der Charta durch rechtliche Regelungen und Verwaltungshandeln unter Beachtung der in Artikel 7 der Charta genannten Ziele und Grundsätze liegt entsprechend der innerstaatlichen Kompetenzordnung jeweils in der Entscheidung des Bundes oder des *zuständigen Landes. Einzel*heiten werden im deutschen Vertragsgesetzverfahren in der Denkschrift zur Charta dargestellt."

III. Erklärung der Bundesrepublik Deutschland über die Übernahme weiterer Verpflichtungen, die sich aus anderen Bestimmungen der Europäischen Charta der Regional- oder Minderheitensprachen vom 5. November 1992 ergeben und die nicht bereits in der Erklärung vom 23. Januar 1998 bezeichnet sind

(BGBl. 2020 II S. 743)

Die Bundesrepublik Deutschland wird gemäß Artikel 3 Absatz 2 der Charta auf die nachfolgend genannten Minderheitensprachen nach Artikel 2 Absatz 2 der Charta folgende weitere ausgewählte Bestimmungen anwenden:

Dänisch im dänischen Sprachgebiet im Land Schleswig-Holstein:
Artikel 10 Absatz 1c; Absatz 2g; Artikel 12 Absatz 1a; b

Nordfriesisch im nordfriesischen Sprachgebiet im Land Schleswig-Holstein:
Artikel 10 Absatz 1c

Niederdeutsch für das Gebiet des Landes Schleswig-Holstein:
Artikel 10 Absatz 2g; Artikel 12 Absatz 1e

130. Konvention zum Schutze der Menschenrechte und Grundfreiheiten[1) · 2) · 3) · 4) · 5)]

Vom 4. November 1950

(BGBl. 1952 II S. 685, 953, geänd. durch Prot. Nr. 3 v. 6.5.1963, BGBl. 1968 II S. 1116, in Kraft seit 21.9.1970, BGBl. II S. 1315; Prot. Nr. 5 v. 20.1.1966, BGBl. 1968 II S. 1120, in Kraft seit 20.12.1971, BGBl. 1972 II S. 105; Prot. Nr. 8 v. 19.3.1985, BGBl. 1989 II S. 546, in Kraft seit 1.1.1990, BGBl. 1989 II S. 991; Prot. Nr. 9 v. 6.11.1990, BGBl. 1994 II S. 491, in Kraft seit 1.11.1994, BGBl. 1994 II S. 3624, aufgehoben mit Wirkung v. 1.11.1998 durch Art. 2 Abs. 8 des Prot. Nr. 11 v. 11.5.1994; Prot. Nr. 11 v. 11.5.1994, BGBl. 1995 II S. 579; Neubek. der Konvention i. d. F. des Prot. Nr. 11, BGBl. 2002 II S. 1054, geänd. durch Prot. Nr. 14 v. 13.5.2004, BGBl. 2006 II S. 138; Neubek. der Konvention i. d. F. des Prot. Nr. 14, BGBl. 2010 II S. 1198)

---

1) Die Konvention ist gem. Bek. v. 15.12.1953 (BGBl. 1954 II S. 14) am 3.9.1953 in Kraft getreten; die Ratifizierung durch die **Bundesrepublik** v. 5.12.1952 erfolgte unter dem Vorbehalt, dass Art. 7 Abs. 2 der Konvention nur in den Grenzen von Art. 103 Abs. 2 GG angewendet wird (vgl. aber die Anm. zu Art. 7 Abs. 2).

2) Die Konvention gilt außer für **Deutschland,** zum Teil unter Vorbehalten oder nach Hinterlegung von Erklärungen, für **Albanien** (2.10.1996; Klammerzusatz = Datum des Inkrafttretens), **Andorra** (22.1.1996), **Armenien** (26.4.2002), **Aserbaidschan** (15.4.2002), **Belgien** (14.6.1955), **Bosnien-Herzegowina** (12.7.2002), **Bulgarien** (7.9.1992), **Dänemark** (3.9.1953), **Estland** (16.4.1996), **Finnland** (10.5.1990), **Frankreich** (3.5.1974), **Georgien** (20.5.1999), **Griechenland** (28.11.1974, s. auch Anm. zu Art. 65 Abs. 1), **Irland** (3.9.1953), **Island** (3.9.1953), **Italien** (26.10.1955), **Kroatien** (5.11.1997), **Lettland** (27.6.1997), **Liechtenstein** (8.9.1982), **Litauen** (20.6.1995), **Luxemburg** (3.9.1953), **Malta** (23.1.1967), **Moldau, Republik** (12.9.1997), **Monaco** (30.11.2005), **Montenegro** (6.6.2006), **Niederlande** (31.8.1954), **Nordmazedonien** (10.4.1997), **Norwegen** (3.9.1953), **Österreich** (3.9.1958), **Polen** (19.1.1993), **Portugal** (9.11.1978), **Rumänien** (20.6.1994), **Russische Föderation** (5.5.1998), **San Marino** (22.3.1989), **Schweden** (3.9.1953), **Schweiz** (28.11.1974), **Serbien** (3.3.2004), **Slowakei** (1.1.1993), **Slowenien** (28.6.1994), **Spanien** (4.10.1979), **Tschechische Republik** (1.1.1993), **Türkei** (18.5.1954), **Ukraine** (11.9.1997), **Ungarn** (5.11.1992), **Vereinigtes Königreich** (3.9.1953), **Zypern** (6.10.1962).

3) S. auch das (erste) Zusatzprot. v. 20.3.1952 (Nr. **131**), das Prot. Nr. 4 v. 16. 9. 1963 (Nr. **133**), das Prot. Nr. 6 v. 28.4.1983, (Nr. **134**), das Prot. Nr. 7 v. 22.11.1984 (Nr. **135**), das Prot. Nr. 13 v. 3.5.2002 (Nr. **136**) und die Verfahrensordnung des Gerichtshofes v. 1.11.1998 idF der Bek. v. 27.7.2006 (Nr. **137**). Das bereits von Deutschland ratifizierte (7.7.1994), aber nie in Kraft getretene Prot. Nr. 10 v. 25.3.1992 (BGBl. II S. 494), ist durch das am 1.11.1998 in Kraft getretene (Bek. v. 12.2.2001, BGBl. 2001 II S. 231) Prot. Nr. 11 v. 11.5.1994 (BGBl. 1995 II S. 579) obsolet geworden. Das Prot. Nr. 2 v. 6.5.1963 (BGBl. 1968 II S. 1112) ist durch Art. 1, das Prot. Nr. 9 durch Art. 2 Abs. 8 des Prot. Nr. 11 v. 11.5.1994 (BGBl. 1995 II S. 579) mit Wirkung v. 1.11.1998 aufgehoben worden. Das Prot. Nr. 12 v. 4.11.2000 (Diskriminierungsverbot) ist – jedoch (noch) nicht für Deutschland – am 1.4.2005 in Kraft getreten. Das (Änderungs-)protokoll Nr. 14 v. 13.5.2004 (BGBl. 2006 II S. 138) ist am 1.6.2010 in Kraft getreten (Bek. v. 1.10.2010, BGBl. 2010 II S. 1196). Die vorläufige Anwendung bestimmter Bestimmungen des Protokolls durch Deutschland (vgl. Bek. v. 6.7.2009, BGBl. II S. 823) und anderer Staaten hat sich damit erledigt. Das (Änderungs-)Protokoll Nr. 15 v. 24.6.2013 (BGBl. 2014 II S. 1035) ist noch nicht in Kraft getreten. Das (Zusatz-)Protokoll Nr. 16 v. 2.10.2013 ist am 1.8.2018 in Kraft getreten, nicht jedoch für Deutschland.

4) Internationale Quelle: UNTS Bd. 213 S. 221.

5) Beachte folgende Übergangsbestimmungen des Prot. Nr. 14 (BGBl. 2006 II S. 145):

Art. 20. (1) Mit Inkrafttreten dieses Protokolls sind seine Bestimmungen auf alle beim Gerichtshof anhängigen Beschwerden und auf alle Urteile, deren Vollzug das Ministerkomitee überwacht, anzuwenden.

(Fortsetzung der Fußnoten nächste Seite)

DIE UNTERZEICHNERREGIERUNGEN, Mitglieder des Europarats –

IN ANBETRACHT der Allgemeinen Erklärung der Menschenrechte, die am 10. Dezember 1948 von der Generalversammlung der Vereinten Nationen verkündet worden ist;[6)]

IN DER ERWÄGUNG, daß diese Erklärung bezweckt, die universelle und wirksame Anerkennung und Einhaltung der in ihr aufgeführten Rechte zu gewährleisten;

IN DER ERWÄGUNG, daß es das Ziel des Europarats ist, eine engere Verbindung zwischen seinen Mitgliedern herzustellen, und daß eines der Mittel zur Erreichung dieses Zieles die Wahrung und Fortentwicklung der Menschenrechte und Grundfreiheiten ist;

IN BEKRÄFTIGUNG ihres tiefen Glaubens an diese Grundfreiheiten, welche die Grundlage von Gerechtigkeit und Frieden in der Weit bilden und die am besten durch eine wahrhaft demokratische politische Ordnung sowie durch ein gemeinsames Verständnis und eine gemeinsame Achtung der diesen Grundfreiheiten zugrunde liegenden Menschenrechte gesichert werden,

ENTSCHLOSSEN, als Regierungen europäischer Staaten, die vom gleichen Geist beseelt sind und ein gemeinsames Erbe an politischen Überlieferungen, Idealen, Achtung der Freiheit und Rechtsstaatlichkeit besitzen, die ersten Schritte auf dem Weg zu einer kollektiven Garantie bestimmter in der Allgemeinen Erklärung aufgeführter Rechte zu unternehmen –

HABEN FOLGENDES VEREINBART:

(Fortsetzung nächste Seite)

(Fortsetzung der Fußnoten)

(2) Auf Beschwerden, die vor Inkrafttreten dieses Protokolls für zulässig erklärt worden sind, ist die neue Zulässigkeitsvoraussetzung, die durch Artikel 12 dieses Protokolls in Artikel 35 Absatz 3 Buchstabe b der Konvention eingefügt wird, nicht anzuwenden. In den ersten zwei Jahren nach Inkrafttreten dieses Protokolls darf die neue Zulässigkeitsvoraussetzung nur von Kammern und der Großen Kammer des Gerichtshofs angewendet werden.

Art. 21. Mit Inkrafttreten dieses Protokoll verlängert sich die Amtszeit der Richter, deren erste Amtszeit zu jenem Zeitpunkt noch nicht abgelaufen ist, ohne weiteres auf insgesamt neun Jahre. Die übrigen Richter bleiben für ihre restliche Amtszeit die sich ohne weiteres um zwei Jahre verlängert, im Amt.

6) S. Nr. **15** dieser Textsammlung.

Art. 1 Verpflichtung zur Achtung der Menschenrechte. Die Hohen Vertragsparteien sichern allen Ihrer Hoheitsgewalt unterstehenden Personen die in Abschnitt I bestimmten Rechte und Freiheiten zu.

Abschnitt I. Rechte und Freiheiten

Art. 2 Recht auf Leben. (1) Das Recht jedes Menschen auf Leben wird gesetzlich geschützt. Niemand darf absichtlich getötet werden, außer durch Vollstreckung eines Todesurteils, das ein Gericht wegen eines Verbrechens verhängt hat, für das die Todesstrafe gesetzlich vorgesehen ist.

(2) Eine Tötung wird nicht als Verletzung dieses Artikels betrachtet, wenn sie durch eine Gewaltanwendung verursacht wird, die unbedingt erforderlich ist, um

a) jemanden gegen rechtswidrige Gewalt zu verteidigen;

b) jemanden rechtmäßig festzunehmen oder jemanden, dem die Freiheit rechtmäßig entzogen ist, an der Flucht zu hindern;

c) einen Aufruhr oder Aufstand rechtmäßig niederzuschlagen.

Art. 3[1] Verbot der Folter. Niemand darf der Folter oder unmenschlicher oder erniedrigender Strafe oder Behandlung unterworfen worden.

Art. 4 Verbot der Sklaverei und der Zwangsarbeit. (1) Niemand darf in Sklaverei oder Leibeigenschaft gehalten werden.

(2) Niemand darf gezwungen werden, Zwangs- oder Pflichtarbeit zu verrichten.

(3) Nicht als Zwangs- oder Pflichtarbeit im Sinne dieses Artikels gilt

a) eine Arbeit, die üblicherweise von einer Person verlangt wird, der unter den Voraussetzungen des Artikels 5 die Freiheit entzogen oder die bedingt entlassen worden ist;

b) eine Dienstleistung militärischer Art oder eine Dienstleistung, die an die Stelle des im Rahmen der Wehrpflicht zu leistenden Dienstes tritt, in Ländern, wo die Dienstverweigerung aus Gewissensgründen anerkannt ist;

c) eine Dienstleistung, die verlangt wird, wenn Notstände oder Katastrophen des Leben oder das Wohl der Gemeinschaft bedrohen;

d) eine Arbeit oder Dienstleistung, die zu den üblichen Bürgerpflichten gehört.

Art. 5 Recht auf Freiheit und Sicherheit. (1) Jede Person hat das Recht auf Freiheit und Sicherheit. Die Freiheit darf nur in den folgen-

[1] Vgl. auch das Europäische Übereinkommen zur Verhütung von Folter und unmenschlicher oder erniedrigender Behandlung oder Strafe v. 26. 11. 1987 (abgedruckt unter Nr. **140**).

den Fällen und nur auf die gesetzlich vorgeschriebene Weise entzogen werden:

a) rechtmäßige Freiheitsentziehung[1] nach Verurteilung durch ein zuständiges Gericht;

b) rechtmäßige Festnahme oder Freiheitsentziehung[1] wegen Nichtbefolgung einer rechtmäßigen gerichtlichen Anordnung oder zur Erzwingung der Erfüllung einer gesetzlichen Verpflichtung;

c) rechtmäßige Festnahme oder Freiheitsentziehung[1] zur Vorführung vor die zuständige Gerichtsbehörde, wenn hinreichender Verdacht besteht, daß die betreffende Person eine Straftet begangen hat, oder wann begründeter Anlaß zu der Annahme besteht, daß es notwendig ist, sie an der Begehung einer Straftat oder an der Flucht nach Begehung einer solchen zu hindern;

d) rechtmäßige Freiheitsentziehung[1] bei Minderjährigen zum Zweck überwachter Erziehung oder zur Vorführung vor die zuständige Behörde;

e) rechtmäßige Freiheitsentziehung[1] mit dem Ziel, eine Verbreitung ansteckender Krankheiten zu verhindern, sowie bei psychisch Kranken, Alkohol- oder Rauschgiftsüchtigen und Landstreichern;

f) rechtmäßige Festnahme oder Freiheitsentziehung[1] zur Verhinderung der unerlaubten Einreise sowie bei Personen, gegen die ein Ausweisungs- oder Auslieferungsverfahren im Gange ist.

(2) Jeder festgenommenen Person muß unverzüglich in einer ihr verständlichen Sprache mitgeteilt werden, welches die Gründe für ihre Festnahme sind, und welche Beschuldigungen gegen sie erhoben werden.

(3) Jede Person, die nach Absatz 1 Buchstabe c von Festnahme oder Freiheitsentziehung[2] betroffen ist, muß unverzüglich einem Richter oder einer anderen gesetzlich zur Wahrnehmung richterlicher Aufgaben ermächtigten Person vorgeführt werden; sie hat Anspruch auf ein Urteil innerhalb angemessener Frist oder auf Entlassung während des Verfahrens. Die Entlassung kann von der Leistung einer Sicherheit für das Erscheinen vor Gericht abhängig gemacht werden.

(4) Jede Person, die festgenommen oder der die Freiheit entzogen ist, hat das Recht zu beantragen, daß ein Gericht innerhalb kurzer Frist über die Rechtmäßigkeit der Freiheitsentziehung[3] entscheidet und ihre Entlassung anordnet, wenn die Freiheitsentziehung[4] nicht rechtmäßig ist.

(5) Jede Person, die unter Verletzung dieses Artikels von Festnahme oder Freiheitsentziehung[2] betroffen ist, hat Anspruch auf Schadensersatz.

Art. 6 Recht auf ein faires Verfahren. (1) Jede Person hat ein Recht darauf, daß über Streitigkeiten in bezug auf ihre zivilrechtlichen

[1] *Österreich* und Schweiz: rechtmäßiger Freiheitsentzug.
[2] Österreich und Schweiz: Freiheitsentzug.
[3] Österreich und Schweiz: des Freiheitsentzuges.
[4] Österreich und Schweiz: der Freiheitsentzug.

Ansprüche und Verpflichtungen oder über eine gegen sie erhobene strafrechtliche Anklage von einem unabhängigen und unparteiischen, auf Gesetz beruhenden Gericht in einem fairen Verfahren, öffentlich und innerhalb angemessener Frist verhandelt wird. Das Urteil muß öffentlich verkündet werden; Presse und Öffentlichkeit können jedoch während des ganzen oder eines Teiles das Verfahrens ausgeschlossen werden, wenn dies im Interesse der Moral, der öffentlichen Ordnung oder der nationalen Sicherheit in einer demokratischen Gesellschaft liegt, wenn die Interessen von Jugendlichen oder der Schutz des Privatlebens der Prozeßparteien es verlangen oder – soweit das Gericht es für unbedingt erforderlich hält – wenn unter besonderen Umständen eine öffentliche Verhandlung die Interessen der Rechtspflege beeinträchtigen würde.

(2) Jede Person, die einer Straftat angeklagt ist, gilt bis zum gesetzlichen Beweis ihrer Schuld als unschuldig.

(3) Jede angeklagte Person hat mindestens[1] folgende Rechte:

a) innerhalb möglichst kurzer Frist in einer ihr verständlichen Sprache in allen Einzelheiten über Art und Grund der gegen sie erhobenen Beschuldigung unterrichtet zu werden;

b) ausreichende Zeit und Gelegenheit zur Vorbereitung ihrer Verteidigung zu haben;

c) sich selbst zu verteidigen, sich durch einen Verteidiger Ihrer Wahl verteidigen zu lassen oder, falls ihr die Mittel zur Bezahlung fehlen, unentgeltlich den Beistand eines Verteidigers zu erhalten, wenn dies im Interesse der Rechtspflege erforderlich ist;

d) Fragen an Belastungszeugen zu stellen oder stellen zu lassen und die Ladung und Vernehmung von Entlastungszeugen unter denselben Bedingungen zu erwirken, wie sie für Belastungszeugen gelten;

e) unentgeltliche Unterstützung durch einen Dolmetscher zu erhalten, wenn sie die Verhandlungssprache des Gerichts nicht versteht oder spricht.

Art. 7 Keine Strafe ohne Gesetz. (1) Niemand darf wegen einer Handlung oder Unterlassung verurteilt werden, die zur Zeit ihrer Begehung nach innerstaatlichem oder internationalem Recht nicht strafbar war. Es darf auch keine schwerere als die zur Zeit der Begehung angedrohte Strafe verhängt werden.

(2)[2] Dieser Artikel schließt nicht aus, daß jemand wegen einer *Handlung oder Unterlassung* verurteilt oder bestraft wird, die zur Zeit ihrer Begehung nach den von den zivilisierten Völkern anerkannten allgemeinen Rechtsgrundsätzen strafbar war.

---

[1] Der Wortlaut der engl. Fassung ist „minimum rights"; in der franz. Sprachfassung heißt es „notamment".

[2] Deutschland hat dem Generalsekretär des Europarats am 5. Oktober 2001 mit Wirkung vom selben Tage die Rücknahme seines bei Hinterlegung der Ratifikationsurkunde angebrachten Vorbehalts (BGBl. 1954 II S. 14) notifiziert (BGBl. 2003 II S. 1580).

Art. 8 Recht auf Achtung des Privat- und Familienlebens. Jede Person hat das Recht auf Achtung ihres Privat- und Familienlebens, ihrer Wohnung und ihrer Korrespondenz.

(2) Eine Behörde darf in die Ausübung dieses Rechts nur eingreifen, soweit der Eingriff gesetzlich vorgesehen und in einer demokratischen Gesellschaft notwendig ist für die nationale oder öffentliche Sicherheit, für das wirtschaftliche Wohl des Landes, zur Aufrechterhaltung der Ordnung, zur Verhütung von Straftaten, zum Schutz der Gesundheit oder der Moral oder zum Schutz der Rechte und Freiheiten anderer.

Art. 9 Gedanken-, Gewissens- und Religionsfreiheit. (1) Jede Person hat das Recht auf Gedanken-, Gewissens- und Religionsfreiheit; dieses Recht umfaßt die Freiheit, seine Religion oder Weltanschauung zu wechseln, und die Freiheit, seine Religion oder Weltanschauung einzeln oder gemeinsam mit anderen öffentlich oder privat durch Gottesdienst, Unterricht oder Praktizieren von Bräuchen und Riten zu bekennen,

(2) Die Freiheit, seine Religion oder Weltanschauung zu bekennen, darf nur Einschränkungen unterworfen werden, die gesetzlich vorgesehen und in einer demokratischen Gesellschaft notwendig sind für die öffentliche Sicherheit, zum Schutz der öffentlichen Ordnung, Gesundheit oder Moral oder zum Schutz der Rechte und Freiheiten anderer.

Art. 10 Freiheit der Meinungsäußerung. (1) Jede Person hat das Recht auf freie Meinungsäußerung. Dieses Recht schließt die Meinungsfreiheit und die Freiheit ein, Informationen und Ideen ohne behördliche Eingriffe und ohne Rücksicht auf Staatsgrenzen zu empfangen und weiterzugeben. Dieser Artikel hindert die Staaten nicht, für Hörfunk-,[1] Fernseh- oder Kinounternehmen eine Genehmigung vorzuschreiben.

(2) Die Ausübung dieser Freiheiten ist mit Pflichten und Verantwortung verbunden; sie kann daher Formvorschriften, Bedingungen, Einschränkungen oder Strafdrohungen unterworfen werden, die gesetzlich vorgesehen und in einer demokratischen Gesellschaft notwendig sind für die nationale Sicherheit, die territoriale Unversehrtheit oder die öffentliche Sicherheit, zur Aufrechterhaltung der Ordnung oder zur Verhütung von Straftaten, zum Schutz der Gesundheit oder der Moral, zum Schutz das guten Rufes oder der Rechte anderer, zur Verhinderung der Verbreitung vertraulicher Informationen oder zur Wahrung der Autorität und der Unparteilichkeit der Rechtsprechung.

(Fortsetzung nächste Seite)

[1] *Schweiz und* Liechtenstein: Radio-.

Art. 11 Versammlungs- und Vereinigungsfreiheit. (1) Jede Person hat das Recht, sich frei und friedlich mit anderen zu versammeln und sich frei mit anderen zusammenzuschließen; dazu gehört auch das Recht, zum Schutz seiner Interessen Gewerkschaften zu gründen und Gewerkschaften beizutreten.

(2) Die Ausübung dieser Rechte darf nur Einschränkungen unterworfen werden, die gesetzlich vorgesehen und in einer demokratischen Gesellschaft notwendig sind für die nationale oder öffentliche Sicherheit, zur Aufrechterhaltung der Ordnung oder zur Verhütung von Straftaten, zum Schutz der Gesundheit oder der Moral oder zum Schutz der Rechte und Freiheiten anderer. Dieser Artikel steht rechtmäßigen Einschränkungen der Ausübung dieser Rechte für Angehörige der Streitkräfte, der Polizei oder der Staatsverwaltung nicht entgegen.

Art. 12 Recht auf Eheschließung. Männer und Frauen im heiratsfähigen Alter haben des Recht, nach den innerstaatlichen Gesetzen, welche die Ausübung dieses Rechts regeln, eine Ehe einzugehen und eine Familie zu gründen.

Art. 13 Recht auf wirksame Beschwerde. Jede Person, die in ihren in dieser Konvention anerkannten Rechten oder Freiheiten ver-letzt worden ist, hat das Recht, bei einer innerstaatlichen Instanz eine wirksame Beschwerde zu erheben, auch wenn die Verletzung von Personen begangen worden ist, die in amtlicher Eigenschaft gehandelt haben.

Art. 14 Diskriminierungsverbot. Der Genuß der in dieser Konvention anerkannten Rechte und Freiheiten ist ohne Diskriminierung insbesondere wegen des Geschlechts, der Rasse, der Hautfarbe, der Sprache, der Religion, der politischen oder sonstigen Anschauung, der nationalen oder sozialen Herkunft, der Zugehörigkeit zu einer nationalen Minderheit, des Vermögens, der Geburt oder eines sonstigen Status zu gewährleisten.

Art. 15 Abweichen im Notstandsfall. (1) Wird das Leben der Nation durch Krieg oder einen anderen öffentlichen Notstand bedroht, so kann jede Hohe Vertragspartei Maßnahmen treffen, die von den in dieser Konvention vorgesehenen Verpflichtungen abweichen,[1] jedoch nur, soweit es die Lage unbedingt erfordert und wenn die Maßnahmen nicht im Widerspruch zu den sonstigen völkerrechtlichen Verpflichtungen der Vertragspartei stehen.

---

[1] In Verbalnoten v. 5.6.2015 (No. 31011/32–119/1–678), 3.11.2015 (N° 31011/32–119/1–1124), 29.6.2016 (N° 31011/32–119/1–580) sowie Erklärungen v. 31.1.2017 und 29.11.2019 hat die Ukraine für bestimmte Gebiete der Oblaste Luhansk und Donezk, insbes. solche, die sich derzeit teilweise nicht (vollständig) unter der Kontrolle der ukrainischen Regierung befinden, von dieser Möglichkeiten Gebrauch gemacht. Seit dem 16.3.2020 hat zudem eine Reihe von Staaten wegen der COVID-19 Pandemie Erklärungen nach dieser Bestimmung abgegeben (https://www.coe.int/en/web/conventions/).

(2) Aufgrund des Absatzes 1 darf von Artikel 2 nur bei Todesfällen infolge rechtmäßiger Kriegshandlungen und von Artikel 3, Artikel 4 Absatz 1 und Artikel 7[1)] in keinem Fall abgewichen werden.

(3) Jede Hohe Vertragspartei, die dieses Recht auf Abweichung ausübt, unterrichtet den Generalsekretär des Europarats umfassend über die getroffenen Maßnahmen und deren Gründe. Sie unterrichtet den Generalsekretär des Europarats auch über den Zeitpunkt, zu dem diese Maßnahmen außer Kraft getreten sind und die Konvention wieder volle Anwendung findet.

Art. 16 Beschränkungen der politischen Tätigkeit ausländischer Personen. Die Artikel 10, 11 und 14 sind nicht so auszulegen, als untersagten sie den Hohen Vertragsparteien, die politische Tätigkeit ausländischer Personen zu beschränken.

Art. 17 Verbot des Mißbrauchs der Rechte. Diese Konvention ist nicht so auszulegen, als begründe sie für einen Staat, eine Gruppe oder eine Person das Recht, eine Tätigkeit auszuüben oder eine Handlung vorzunehmen, die darauf abzielt, die in der Konvention festgelegten Rechte und Freiheiten abzuschaffen oder sie stärker einzuschränken, als es in der Konvention vorgesehen ist.

Art. 18 Begrenzung der Rechtseinschränkungen. Die nach dieser Konvention zulässigen Einschränkungen der genannten Rechte und Freiheiten dürfen nur zu den vorgesehenen Zwecken erfolgen.

Abschnitt II. Europäischer Gerichtshof für Menschenrechte

Art. 19 Errichtung des Gerichtshofs. Um die Einhaltung der Verpflichtungen sicherzustellen, welche die Hohen Vertragsparteien in dieser Konvention und den Protokollen dazu übernommen haben, wird ein Europäischer Gerichtshof für Menschenrechte, im folgenden als „Gerichtshof" bezeichnet, errichtet. Er nimmt seine Aufgaben als ständiger Gerichtshof wahr.

Art. 20 Zahl der Richter. Die Zahl der Richter des Gerichtshofs entspricht derjenigen der Hohen Vertragsparteien.

Art. 21 Voraussetzungen für das Amt. (1) Die Richter müssen hohes sittliches Ansehen genießen und entweder die für die Ausübung hoher richterlicher Ämter erforderlichen Voraussetzungen erfüllen oder Rechtsgelehrte von anerkanntem Ruf sein.

(2) Die Richter gehören dem Gerichtshof in ihrer persönlichen Eigenschaft an.

---

1) Schweiz: von den Artikeln 3, 4 (Absatz 1) und 7.

(3) Während ihrer Amtszeit dürfen die Richter keine Tätigkeit ausüben, die mit ihrer Unabhängigkeit, ihrer Unparteilichkeit oder mit den Erfordernissen der Vollzeitbeschäftigung in diesem Amt unvereinbar ist; alle Fragen, die sich aus der Anwendung dieses Absatzes ergeben, werden vom Gerichtshof entschieden.

(Fortsetzung nächstes Blatt)

Art. 22 Wahl der Richter. (1) Die Richter werden von der Parlamentarischen Versammlung für jede Hohe Vertragspartei mit der Mehrheit der abgegebenen Stimmen aus einer Liste von drei Kandidaten gewählt, die von der Hohen Vertragspartei vorgeschlagen worden.

(2) *(aufgehoben)*

Art. 23 Amtszeit und Entlassung. (1) Die Richter werden für neun Jahre gewählt. Ihre Wiederwahl ist nicht zulässig.

(2) Die Amtszeit der Richter endet mit Vollendung des 70. Lebensjahrs.

(3) Die Richter bleiben bis zum Amtsantritt ihrer Nachfolger im Amt. Sie bleiben jedoch in den Rechtssachen tätig, mit denen sie bereits befasst sind.

(4) Ein Richter kann nur entlassen werden, wenn die anderen Richter mit Zweidrittelmehrheit entscheiden, dass er die erforderlichen Voraussetzungen nicht mehr erfüllt.

Art. 24 Kanzlei und Berichterstatter. (1) Der Gerichtshof hat eine Kanzlei, deren Aufgaben und Organisation in der Verfahrensordnung des Gerichtshofs festgelegt werden.

(2) Wenn der Gerichtshof in Einzelrichterbesetzung tagt, wird er von Berichterstattern unterstützt, die ihre Ausgaben unter der Aufsicht des Präsidenten des Gerichtshofs ausüben. Sie gehören der Kanzlei des Gerichtshofs an.

Art. 25 Plenum. Das Plenum des Gerichtshofs

a) wählt seinen Präsidenten und einen oder zwei Vizepräsidenten für drei Jahre; ihre Wiederwahl ist zulässig,
b) bildet Kammern für einen bestimmten Zeitraum,
c) wählt die Präsidenten der Kammern das Gerichtshofs; ihre Wiederwahl ist zulässig,
d) beschließt die Verfahrensordnung des Gerichtshofs;[1]
e) wählt den Kanzler und einen oder mehrere stellvertretende Kanzler;
f) stellt Anträge nach Artikel 26 Absatz 2.

Art. 26 Einzelrichterbesetzung, Ausschüsse, Kammern und Große Kammer. (1) Zur Prüfung der Rechtssachen, die bei ihm anhängig gemacht werden, tagt der Gerichthof in Einzelrichterbesetzung, in Ausschüssen mit drei Richtern, in Kammern mit sieben Richtern und in einer Großen Kamme mit siebzehn Richtern. Die Kammern des Gerichtshofs bilden die Ausschüsse für einen bestimmten Zeitraum.

(2) Auf Antrag des Plenums des Gerichtshofs kann die Anzahl Richter je Kammer für einen bestimmten Zeitraum durch einstimmigen Beschluss des Ministerkomitees auf fünf herabgesetzt werden.

[1] Abgedruckt unter Nr. **137**.

(3) Ein Richter, der als Einzelrichter tagt, prüft keine Beschwerde gegen die Hohe Vertragspartei, für die er gewählt worden ist.

(4) Der Kammer und der Großen Kammer gehört von Amts wegen der für eine als Partei beteiligte Hohe Vertragspartei gewählte Richter an. Wenn ein solcher nicht vorhanden ist oder er an den Sitzungen nicht teilnehmen kann, nimmt eine Person in der Eigenschaft eines Richters an den Sitzungen teil, die der Präsident des Gerichtshofs aus einer Liste auswählt, welche ihm die betreffende Vertragspartei vorab unterbreitet hat.

(5) Der Großen Kammer gehören ferner der Präsident des Gerichtshofs, die Vizepräsidenten, die Präsidenten der Kammern und andere nach der Verfahrensordnung des Gerichtshofs ausgewählte Richter an. Wird eine Rechtssache nach Artikel 43 an die Große Kammer verwiesen, so dürfen Richter der Kammer, die das Urteil gefällt hat, der Großen Kammer nicht angehören; das gilt nicht für den Präsidenten der Kammer und den Richter, welcher in der Kammer für die als Partei beteiligte Hohe Vertragspartei mitgewirkt hat.

Art. 27 Befugnisse des Einzelrichters. (1) Ein Einzelrichter kann eine nach Artikel 34 erhobene Beschwerde für unzulässig erklären oder im Register streichen, wenn eine solche Entscheidung ohne weitere Prüfung getroffen werden kann.

(2) Die Entscheidung ist endgültig.

(3) Erklärt der Einzelrichter eine Beschwerde nicht für unzulässig und streicht er sie auch nicht im Register des Gerichtshofs, so übermittelt er sie zu weiteren Prüfung an einen Ausschuss oder eine Kammer.

Art. 28 Befugnisse der Ausschüsse. (1) Ein Ausschuss, der mit einer nach Artikel 34 erhobenen Beschwerde befasst wird, kann diese durch einstimmigen Beschluss

a) für unzulässig erklären oder im Register streichen, wenn eine solche Entscheidung ohne weitere Prüfung getroffen werden kann, oder

b) für zulässig erklären und zugleich ein Urteil über die Begründetheit fällen, sofern die der Rechtssache zugrunde liegende Frage der Auslegung oder Anwendung dieser Konvention oder der Protokolle dazu Gegenstand einer gefestigten Rechtsprechung des Gerichtshofs ist.

(2) Die Entscheidungen und Urteile nach Absatz 1 sind endgültig.

(3) Ist der für die als Partei beteiligte Hohe Vertragspartei gewählte Richter nicht Mitglied des Ausschusses, so kann er von Letzterem jederzeit während des Verfahrens eingeladen werden, den Sitz eines Mitglieds im Ausschuss einzunehmen; der Ausschuss hat dabei alle erheblichen Umstände einschließlich der Frage, ob diese Vertragspartei der Anwendung des Verfahrens nach Absatz 1 Buchstabe b entgegengetreten ist, zu berücksichtigen.

Art. 29 Entscheidungen der Kammern über die Zulässigkeit und Begründetheit. (1) Ergeht weder eine Entscheidung nach Artikel 27 oder 28 noch ein Urteil nach Artikel 28, so entscheidet eine

Kammer über die Zulässigkeit und Begründetheit der nach Artikel 34 erhobenen Beschwerden. Die Entscheidung über die Zulässigkeit kann gesondert ergehen.

(2) Eine Kammer entscheidet über die Zulässigkeit und Begründetheit der nach Artikel 33 erhobenen Staatenbeschwerden. Die Entscheidung über die Zulässigkeit ergeht gesondert, sofern der Gerichtshof in Ausnahmefällen nicht anders entscheidet.

Art. 30 Abgabe der Rechtssache an die Große Kammer. Wirft eine bei einer Kammer anhängige Rechtssache eine schwerwiegende Frage der Auslegung dieser Konvention oder der Protokolle dazu auf oder kann die Entscheidung einer ihr vorliegenden Frage zu einer Abweichung von einem früheren Urteil des Gerichtshofs führen, so kann die Kammer diese Sache jederzeit, bevor sie ihr Urteil gefällt hat, an die Große Kammer abgeben, sofern nicht eine Partei widerspricht.

Art. 31 Befugnisse der Großen Kammer. Die Große Kammer

a) entscheidet über nach Artikel 33 oder Artikel 34 erhobene Beschwerden, wenn eine Kammer die Rechtssache nach Artikel 30 an sie abgegeben hat oder wenn die Sache nach Artikel 43 an sie verwiesen worden ist,

b) entscheidet übe Fragen, mit denen der Gerichtshof durch das Ministerkomitee nach Artikel 46 Absatz 4 befasst wird, und

c) behandelt Anträge noch Artikel 47 auf Erstattung von Gutachten.

Art. 32 Zuständigkeit des Gerichtshofs. (1) Die Zuständigkeit des Gerichtshofs umfaßt alle die Auslegung und Anwendung dieser Konvention und der Protokolle dazu betreffenden Angelegenheiten, mit denen er nach den Artikeln 33, 34, 46 und 47 befaßt wird.

(2) Besteht Streit über die Zuständigkeit das Gerichtshofs, so entscheidet der Gerichtshof.

Art. 33 Staatenbeschwerden. Jede Hohe Vertragspartei kann den Gerichtshof wegen jeder behaupteten Verletzung dieser Konvention und der Protokolle dazu durch eine andere Hohe Vertragspartei anrufen.

Art. 34 Individualbeschwerden. Der Gerichtshof kann von jeder natürlichen Person, nichtstaatlichen Organisation oder Personengruppe, die behauptet, durch eine der Hohen Vertragsparteien in einem der in dieser Konvention oder den Protokollen dazu anerkannten Rechte verletzt zu sein, mit einer Beschwerde befaßt werden. Die Hohen Vertragsparteien verpflichten sich, die wirksame Ausübung dieses Rechts nicht zu behindern.

Art. 35 Zulässigkeitsvoraussetzungen. (1) Der Gerichtshof kann sich mit einer Angelegenheit erst nach Erschöpfung aller innerstaatlichen Rechtsbehelfe[1] in Übereinstimmung mit den allgemein anerkannten Grundsätzen des Völkerrechts und nur innerhalb einer Frist von sechs Monaten nach der endgültigen innerstaatlichen Entscheidung befassen.

(2) Der Gerichtshof befaßt sich nicht mit einer nach Artikel 34 erhobenen Individualbeschwerde, die

a) anonym ist oder

b) im wesentlichen mit einer schon vorher vom Gerichtshof geprüften Beschwerde übereinstimmt oder schon einer anderen internationalen Untersuchungs- oder Vergleichsinstanz unterbreitet worden ist und keine neuen Tatsachen enthält.

(3) Der Gerichtshof erklärt eine nach Artikel 34 erhobene Individualbeschwerde für unzulässig,

a) wenn er sie für unvereinbar mit dieser Konvention oder den Protokollen dazu, für offensichtlich unbegründet oder für missbräuchlich hält oder

b) wenn er der Ansicht ist, dass dem Beschwerdeführer kein erheblicher Nachteil entstanden ist, es sei denn, die Achtung der Menschenrechte, wie sie in dieser Konvention und den Protokollen dazu anerkannt sind, erfordert eine Prüfung der Begründetheit der Beschwerde, und vorausgesetzt, es wird aus diesem Grund nicht eine Rechtssache zurückgewiesen, die noch von keinem innerstaatlichen Gericht gebührend geprüft worden ist.

(4) Der Gerichtshof weist eine Beschwerde zurück, die er nach diesem Artikel für unzulässig hält. Er kann dies in jedem Stadium des Verfahrens tun.

Art. 36 Beteiligung Dritter. (1) In allen bei einer Kammer oder der Großen Kammer anhängigen Rechtssachen ist die Hohe Vertragspartei, deren Staatsangehörigkeit der Beschwerdeführer besitzt, berechtigt, schriftliche Stellungnahmen abzugeben und an den mündlichen Verhandlungen teilzunehmen.

(2) Im Interesse der Rechtspflege kann der Präsident des Gerichtshofs jeder Hohen Vortragspartei, die in dem Verfahren nicht Partei ist, oder jeder betroffenen Person, die nicht Beschwerdeführer ist, Gelegenheit geben, schriftlich Stellung zu nehmen oder an den mündlichen Verhandlungen teilzunehmen.

(3) In allen bei einer Kammer oder der Großen Kammer anhängigen Rechtssachen kann der Kommissar für Menschenrechte des Europarats schriftliche Stellungnahmen abgeben und an den mündlichen Verhandlungen teilnehmen.

Art. 37 Streichung von Beschwerden. (1) Der Gerichtshof kann *jederzeit während* des Verfahrens entscheiden, eine Beschwerde in sei-

[1] Österreich: Rechtsmittel.

nem Register zu streichen, wenn die Umstände Grund zur Annahme geben, daß

a) der Beschwerdeführer seine Beschwerde nicht weiterzuverfolgen beabsichtigt,
b) die Streitigkeit einer Lösung zugeführt worden ist oder
c) eine weitere Prüfung der Beschwerde aus anderen vom Gerichtshof festgestellten Gründen nicht gerechtfertigt ist.

Der Gerichtshof setzt jedoch die Prüfung der Beschwerde fort, wenn die Achtung der Menschenrechte, wie sie in dieser Konvention und den Protokollen dazu anerkannt sind, dies erfordert.

(2) Der Gerichtshof kann die Wiedereintragung einer Beschwerde in sein Register anordnen, wenn er dies den Umständen nach für gerechtfertigt hält.

Art. 38 Prüfung der Rechtssache. Der Gerichtshof prüft die Rechtssache mit den Vertretern der Parteien und nimmt, falls erforderlich, Ermittlungen vor; die betreffenden Hohen Vertragsparteien haben alle zur wirksamen Durchführung der Ermittlungen erforderlichen Erleichterungen zu gewähren.

Art. 39 Gütliche Einigung. (1) Der Gerichtshof kann sich jederzeit während des Verfahrens zur Verfügung der Parteien halten mit dem Ziel, eine gütliche Einigung auf der Grundlage der Achtung der Menschenrechte, wie sie in dieser Konvention und den Protokollen dazu anerkannt sind, zu erreichen.

(2) Das Verfahren nach Absatz 1 ist vertraulich.

(3) Im Fall einer gütlichen Einigung streicht der Gerichtshof durch eine Entscheidung, die sich auf eine kurze Angabe des Sachverhalts und der erzielten Lösung beschränkt, die Rechtssache in seinem Register.

(4) Diese Entscheidung ist dem Ministerkomitee zuzuleiten; dieses überwacht die Durchführung der gütlichen Einigung, wie sie in der Entscheidung festgehalten wird.

Art. 40 Öffentliche Verhandlung und Akteneinsicht. (1) Die Verhandlung ist öffentlich, soweit nicht der Gerichtshof auf Grund besonderer Umstände anders entscheidet.

(2) Die beim Kanzler verwahrten Schriftstücke sind der Öffentlichkeit zugänglich, soweit nicht der Präsident des Gerichtshofs anders entscheidet.

Art. 41 Gerechte Entschädigung. Stellt der Gerichtshof fest, daß diese Konvention oder die Protokolle dazu verletzt worden sind, und gestattet das innerstaatliche Recht der Hohen Vertragspartei nur eine unvollkommene Wiedergutmachung für die Folgen dieser Verletzung, so spricht der Gerichtshof der verletzten Partei eine gerechte Entschädigung zu, wenn dies notwendig ist.

Art. 42 Urteile der Kammern. Urteile der Kammern werden nach Maßgabe das Artikels 44 Absatz 2 endgültig.

Art. 43 Verweisung an die Große Kammer. (1) Innerhalb von drei Monaten nach dem Datum des Urteils der Kammer kann jede Partei in Ausnahmefällen die Verweisung der Rechtssache an die Große Kammer beantragen.

(2) Ein Ausschuß von fünf Richtern der Großen Kammer nimmt den Antrag an, wenn die Rechtssache eine schwerwiegende Frage der Auslegung oder Anwendung dieser Konvention oder der Protokolle dazu oder eine schwerwiegende Frage von allgemeiner Bedeutung aufwirft.

(3) Nimmt der Ausschuß den Antrag an, so entscheidet die Große Kammer die Sache durch Urteil.

Art. 44 Endgültige Urteile. (1) Das Urteil der Großen Kammer ist endgültig.

(2) Das Urteil einer Kammer wird endgültig,

a) wenn die Parteien erklären, daß sie die Verweisung der Rechtssache an die Große Kammer nicht beantragen werden,

b) drei Monate nach dem Datum des Urteile, wenn nicht die Verweisung der Rechtssache an die Große Kammer beantragt worden ist, oder

c) wenn der Ausschuß der Großen Kammer den Antrag auf Verweisung nach Artikel 43 abgelehnt hat.

(3) Das endgültige Urteil wird veröffentlicht.

Art. 45 Begründung der Urteile und Entscheidungen. (1) Urteile sowie Entscheidungen, mit denen Beschwerden für zulässig oder für unzulässig erklärt werden, werden begründet.

(2) Bringt ein Urteil ganz oder teilweise nicht die übereinstimmende Meinung der Richter zum Ausdruck, so ist jeder Richter berechtigt, seine abweichende Meinung darzulegen.

Art. 46 Verbindlichkeit und Durchführung[1] der Urteile. (1) Die Hohen Vertragsparteien verpflichten sich, in allen Rechtssachen, in denen sie Partei sind, das endgültige Urteil des Gerichtshofs zu befolgen.

(2) Das endgültige Urteil des Gerichtshofs ist dem Ministerkomitee zuzuleiten; dieses überwacht seine Durchführung.[2]

(3) Wird die Überwachung der Durchführung eines endgültigen Urteils nach Auffassung des Ministerkomitees durch eine Frage betreffend die Auslegung dieses Urteils behindert, so kann das Ministerkomitee den Gerichtshof anrufen, damit er über diese Auslegungsfrage entscheidet. Der Beschluss des Ministerkomitees, den Gerichtshof anzurufen, bedarf der Zweidrittelmehrheit der Stimmen der zur Teilnahme an den Sitzungen des Komitees berechtigten Mitglieder.

---

[1] Schweiz: Vollzug.
[2] Schweiz: seinen Vollzug.

(4) Weigert sich eine Hohe Vertragspartei nach Auffassung des Ministerkomitees, in einer Rechtssache, in der sie Partei ist, ein endgültiges Urteil des Gerichtshofs zu befolgen, so kann das Ministerkomitee, nachdem es die betreffende Partei gemahnt hat, durch einen mit Zweidrittelmehrheit der Stimmen der zur Teilnahme an den Sitzungen des Komitees berechtigten Mitglieder gefassten Beschluss den Gerichtshof mit der Frage befassen, ob diese Partei ihrer Verpflichtung nach Absatz 1 nachgekommen ist.

(5) Stellt der Gerichtshof eine Verletzung des Absatzes 1 fest, so weist er die Rechtssache zur Prüfung der zu treffenden Maßnahmen an das Ministerkomitee zurück. Stellt der Gerichtshof fest, dass keine Verletzung des Absatzes 1 vorliegt, so weist er die Rechtssache an das Ministerkomitee zurück; dieses beschließt die Einstellung seiner Prüfung.

Art. 47 Gutachten. (1) Der Gerichtshof kann auf Antrag des Ministerkomitees Gutachten über Rechtsfragen erstatten, welche die Auslegung dieser Konvention und der Protokolle dazu betreffen.

(2) Diese Gutachten dürfen keine Fragen zum Gegenstand haben, die sich auf den Inhalt oder das Ausmaß der in Abschnitt 1 dieser Konvention und in den Protokollen dazu anerkannten Rechte und Freiheiten beziehen, noch andere Fragen, über die der Gerichtshof oder das Ministerkomitee auf Grund eines nach dieser Konvention eingeleiteten Verfahrens zu entscheiden haben könnte.

(3) Der Beschluß des Ministerkomitees, ein Gutachten beim Gerichtshof zu beantragen, bedarf der Mehrheit der Stimmen der zur Teilnahme an den Sitzungen des Komitees berechtigten Mitglieder.

Art. 48 Gutachterliche Zuständigkeit den Gerichtshofs. Der Gerichtshof entscheidet, ob ein vom Ministerkomitee gestellter Antrag auf Erstattung eines Gutachtens in seine Zuständigkeit nach Artikel 47 fällt.

Art. 49 Begründung der Gutachten. (1) Die Gutachten des Gerichtshofs werden begründet.

(2) Bringt das Gutachten ganz oder teilweise nicht die übereinstimmende Meinung der Richter zum Ausdruck, so ist jeder Richter berechtigt, seine abweichende Meinung darzulegen.

(3) Die Gutachten des Gerichtshofs werden dem Ministerkomitee übermittelt.

Art. 50 Kosten des Gerichtshofs. Die Kosten des Gerichtshofs werden vom Europarat getragen.

Art. 51 Vorrechte[1] und Immunitäten der Richter. Die Richter genießen bei der Ausübung ihres Amtes die Vorrechte[3] und Immuni-

---

[1] Österreich, Schweiz und Liechtenstein: Privilegien.

täten, die in Artikel 40 der Satzung des Europarats und den aufgrund jenes Artikels geschlossenen Übereinkünften vorgesehen sind.

Abschnitt III. Verschiedene Bestimmungen

Art. 52 Anfragen des Generalsekretärs. Auf Anfrage des Generalsekretärs das Europarats erläutert jede Hohe Vertragspartei, auf welche Weise die wirksame Anwendung aller Bestimmungen dieser Konvention in ihrem innerstaatlichen Recht gewährleistet wird.

Art. 53 Wahrung anerkannter Menschenrechte. Diese Konvention ist nicht so auszulegen, als beschränke oder beeinträchtige sie Menschenrechte und Grundfreiheiten, die in den Gesetzen einer Hohen Vertragspartei oder in einer anderen Übereinkunft, deren Vertragspartei sie ist, anerkannt werden.

Art. 54 Befugnisse des Ministerkomitees. Diese Konvention berührt nicht die dem Ministerkomitee durch die Satzung des Europarats übertragenen Befugnisse.

Art. 55 Ausschluß anderer Verfahren zur Streitbeilegung. Die Hohen Vertragsparteien kommen überein, daß sie sich vorbehaltlich besonderer Vereinbarung nicht auf die zwischen ihnen geltenden Verträge, sonstigen Übereinkünfte oder Erklärungen berufen werden, um eine Streitigkeit über die Auslegung oder Anwendung dieser Konvention einem anderen als den in der Konvention vorgesehenen Beschwerdeverfahren zur Beilegung zu unterstellen.

Art. 56 Räumlicher Geltungsbereich. (1) Jeder Staat kann bei der Ratifikation oder jederzeit danach durch eine an den Generalsekretär des Europarats gerichtete Notifikation erklären, daß diese Konvention vorbehaltlich des Absatzes 4 auf alle oder einzelne Hoheitsgebiete Anwendung findet, für deren internationale Beziehungen er verantwortlich ist.[1)]

(2) Die Konvention findet auf jedes in der Erklärung bezeichnete Hoheitsgebiet ab dem dreißigsten Tag nach [...] Eingang der Notifikation beim Generalsekretär des Europarats Anwendung.

(3) In den genannten Hoheitsgebieten wird diese Konvention unter Berücksichtigung der örtlichen Notwendigkeiten angewendet.

(4) Jeder Staat, der eine Erklärung nach Absatz 1 abgegeben hat, kann jederzeit danach für eines oder mehrere der in der Erklärung be-

---

1) Die Konvention findet nach ihrem Art. 56 auf folgende Gebiete Anwendung, für deren internationale Beziehungen Vertragsstaaten verantwortlich sind (vgl. BGBl. 1966 II S. 773, BGBl. 1970 II S. 1016): Surinam und Niederländische Antillen auf Grund einer Erklärung der niederländischen Regierung mWv 31. 12. 1955 (unter Ausschluß des Art. 6 Abs. 3 Buchst. c); Grönland auf Grund einer Erklärung der dänischen Regierung mWv 3. 9. 1953; die sog. abhängigen Gebiete Großbritanniens auf Grund einer Erklärung der britischen Regierung v. 3. 4. 1984 (BGBl. II S. 564).

zeichneten Hoheitsgebiete erklären, daß er die Zuständigkeit des Gerichtshofs für die Entgegennahme von Beschwerden von natürlichen Personen, nichtstaatlichen Organisationen oder Personengruppen nach Artikel 34 anerkennt.

Art. 57 Vorbehalte. (1) Jeder Staat kann bei der Unterzeichnung dieser Konvention oder bei der Hinterlegung seiner Ratifikationsurkunde einen Vorbehalt zu einzelnen Bestimmungen der Konvention anbringen, soweit ein zu dieser Zeit in seinem Hoheitsgebiet geltendes Gesetz mit der betreffenden Bestimmung nicht übereinstimmt. Vorbehalte allgemeiner Art sind nach diesem Artikel nicht zulässig.

(2) Jeder nach diesem Artikel angebrachte Vorbehalt muß mit einer kurzen Darstellung des betreffenden Gesetzes verbunden sein.

Art. 58 Kündigung. (1)[1] Eine Hohe Vertragspartei kann diese Konvention frühestens fünf Jahre nach dem Tag, an dem sie Vertragspartei geworden ist, unter Einhaltung einer Kündigungsfrist von sechs Monaten durch eine an den Generalsekretär des Europarats gerichtete Notifikation kündigen; dieser unterrichtet die anderen Hohen Vertragsparteien.

(2) Die Kündigung befreit die Hohe Vertragspartei nicht von ihren Verpflichtungen aus dieser Konvention in bezug auf Handlungen, die sie vor dem Wirksamwerden der Kündigung vorgenommen hat und die möglicherweise eine Verletzung dieser Verpflichtungen darstellen.

(3) Mit derselben Maßgabe scheidet eine Hohe Vertragspartei, deren Mitgliedschaft im Europarat endet, als Vertragspartei dieser Konvention aus.

(4) Die Konvention kann in bezug auf jedes Hoheitsgebiet, auf das sie durch eine Erklärung nach Artikel 56 anwendbar geworden ist, nach den Absätzen 1 bis 3 gekündigt werden.

Art. 59 Unterzeichnung und Ratifikation. (1) Diese Konvention liegt für die Mitglieder des Europarats zur Unterzeichnung auf. Sie bedarf der Ratifikation. Die Ratifikationsurkunden werden beim Generalsekretär das Europarats hinterlegt.

(2) Die Europäische Union kann dieser Konvention beitreten.

(3) Diese Konvention tritt nach Hinterlegung von zehn Ratifikationsurkunden in Kraft.[2]

---

[1] Die Konvention und das Zusatzprotokoll (Nr. **131**) sind nach Art. 65 Abs. 1 a. F. (Art. 51 Abs. 1 n. F.) der Konvention für **Griechenland** am 3. 6. 1970 außer Kraft getreten. Griechenland hatte Konvention und Zusatzprotokoll am 12. 12. 1969 gekündigt (BGBl. 1971 II S. 5). Gem. Bek. v. 23. 1. 1975 (BGBl. II S. 163) ist Griechenland mWv 28. 11. 1974 der Konvention erneut beigetreten. S. a. die entsprechende Bek. v. 17. 7. 1975 (BGBl. II S. 1144).

[2] Die Konvention ist am 3. 9. 1953 in Kraft getreten; vgl. die Anm. zum Titel der Konvention.

(4) Für jeden Unterzeichner, der die Konvention später ratifiziert, tritt sie mit der Hinterlegung seiner Ratifikationsurkunde in Kraft.

(5) Der Generalsekretär des Europarats notifiziert allen Mitgliedern des Europarats das Inkrafttreten der Konvention, die Namen der Hohen Vertragsparteien, die sie ratifiziert haben, und jede spätere Hinterlegung einer Ratifikationsurkunde.

Geschehen zu Rom am 4. November 1950 in englischer und französischer Sprache, wobei jeder Wortlaut gleichermaßen verbindlich[1] ist, in einer Urschrift, die im Archiv des Europarats hinterlegt wird. Der Generalsekretär übermittelt allen Unterzeichnern beglaubigte Abschriften.

---

[1] Österreich: authentisch.

131. Zusatzprotokoll zur Konvention zum Schutze der Menschenrechte und Grundfreiheiten[1)] · [2)]

Vom 20. März 1952

(BGBl. 1956 II S. 1880, geänd. durch Prot. Nr. 11 v. 11. 5. 1994, BGBl. 1995 II S. 579, in Kraft seit 1. 11. 1998; Neubek. des Protokolls i. d. F. des Prot. Nr. 11 in: BGBl. 2002 II S. 1072)

(Übersetzung)

DIE UNTERZEICHNERREGIERUNGEN, Mitglieder des Europarats –

ENTSCHLOSSEN, Maßnahmen zur kollektiven Gewährleistung gewisser Rechte und Freiheiten zu treffen, die in Abschnitt I der am 4. November 1950 in Rom unterzeichneten Konvention zum Schutz der Menschenrechte und Grundfreiheiten (im folgenden als „Konvention" bezeichnet) noch nicht enthalten sind –

HABEN FOLGENDES VEREINBART:

Art. 1 Schutz des Eigentums. Jede natürliche oder juristische Person hat das Recht auf Achtung ihres Eigentums. Niemandem darf sein Eigentum entzogen werden, es sei denn, daß das öffentliche Interesse es verlangt, und nur unter den durch Gesetz und durch die allgemeinen Grundsätze des Völkerrechts vorgesehenen Bedingungen.

Absatz 1 beeinträchtigt jedoch nicht das Recht des Staates, diejenigen Gesetze anzuwenden, die er für die Regelung der Benutzung des Eigentums im Einklang mit dem Allgemeininteresse oder zur Sicherung der Zahlung der Steuern oder sonstigen Abgaben oder von Geldstrafen für erforderlich hält.

Art. 2 Recht auf Bildung. Niemandem darf das Recht auf Bildung verwehrt werden. Der Staat hat bei Ausübung der von ihm auf dem Gebiet der Erziehung und des Unterrichts übernommenen Aufgaben das Recht der Eltern zu achten, die Erziehung und den Unterricht entsprechend ihren eigenen religiösen und weltanschaulichen Überzeugungen sicherzustellen.

***Art. 3 Recht auf freie* Wahlen.** Die Hohen Vertragsparteien verpflichten sich, in angemessenen Zeitabständen freie und geheime Wahlen unter Bedingungen abzuhalten, welche die freie Äußerung der

---

1) Das Zusatzprot. ist für **Deutschland** gem. Bek. v. 13. 4. 1957 (BGBl. II S. 226) am 13. 2. 1957 in Kraft getreten. Mit Ausnahme von Monaco und der Schweiz sind alle Mitglieder des Europarats (vgl. Art. 26 Satzung des Europarats, Nr. **110**) Parteien dieses Protokolls.

2) S. das G. über das Zusatzprot. v. 20. 12. 1956 (BGBl. II S. 1879).

Meinung des Volkes bei der Wahl der gesetzgebenden Körperschaften gewährleisten.

Art. 4 Räumlicher Geltungsbereich. Jede Hohe Vertragspartei kann im Zeitpunkt der Unterzeichnung oder Ratifikation dieses Protokolls oder zu jedem späteren Zeitpunkt an den Generalsekretär des Europarats eine Erklärung darüber richten, in welchem Umfang sie sich zur Anwendung dieses Protokolls auf die in der Erklärung angegebenen Hoheitsgebiete verpflichtet, für deren internationale Beziehungen sie verantwortlich ist.

Jede Hohe Vertragspartei, die eine Erklärung nach Absatz 1 abgegeben hat, kann jederzeit eine weitere Erklärung abgeben, die den Inhalt einer früheren Erklärung ändert oder die Anwendung der Bestimmungen dieses Protokolls auf irgendein Hoheitsgebiet beendet.

Eine nach diesem Artikel abgegebene Erklärung gilt als eine Erklärung im Sinne des Artikels 56 Absatz 1 der Konvention.

Art. 5 Verhältnis zur Konvention. Die Hohen Vertragsparteien betrachten die Artikel 1, 2, 3 und 4 dieses Protokolls als Zusatzartikel zur Konvention; alle Bestimmungen der Konvention sind dementsprechend anzuwenden.

Art. 6 Unterzeichnung und Ratifikation. Dieses Protokoll liegt für die Mitglieder des Europarats, die Unterzeichner der Konvention sind, zur Unterzeichnung auf; es wird gleichzeitig mit der Konvention oder zu einem späteren Zeitpunkt ratifiziert. Es tritt nach Hinterlegung von zehn Ratifikationsurkunden in Kraft. Für jeden Unterzeichner, der das Protokoll später ratifiziert, tritt es mit der Hinterlegung seiner Ratifikationsurkunde in Kraft.

Die Ratifikationsurkunden werden beim Generalsekretär des Europarats hinterlegt, der allen Mitgliedern die Namen derjenigen Staaten, die das Protokoll ratifiziert haben, notifiziert.

Geschehen zu Paris am 20. März 1952 in englischer und französischer Sprache, wobei jeder Wortlaut gleichermaßen verbindlich[1] ist, in einer Urschrift, die im Archiv des Europarats hinterlegt wird. Der Generalsekretär übermittelt allen Unterzeichnerregierungen beglaubigte Abschriften.

---

[1] Österreich: authentisch.

133. Protokoll Nr. 4 zur Konvention zum Schutze der Menschenrechte und Grundfreiheiten, durch das gewisse Rechte und Freiheiten gewährleistet werden, die nicht bereits in der Konvention oder im ersten Zusatzprotokoll enthalten sind[1)·2)]

Vom 16. September 1963

(BGBl. 1968 II S. 423, geänd. durch Prot. Nr. 11 v. 11. 5. 1994, BGBl. 1995 II S. 579, in Kraft seit 1. 11. 1998; Neubek. des Protokolls i. d. F. des Prot. Nr. 11 in: BGBl. 2002 II S. 1074)

(Übersetzung)

DIE UNTERZEICHNERREGIERUNGEN, Mitglieder des Europarats –

ENTSCHLOSSEN, Maßnahmen zur kollektiven Gewährleistung gewisser Rechte und Freiheiten zu treffen, die in Abschnitt I der am 4. November 1950 in Rom unterzeichneten Konvention zum Schutz der Menschenrechte und Grundfreiheiten (im folgenden als „Konvention" bezeichnet) und in den Artikeln 1 bis 3 des am 20. März 1952 in Paris unterzeichneten ersten Zusatzprotokolls zur Konvention noch nicht enthalten sind –

HABEN FOLGENDES VEREINBART:

Art. 1 Verbot der Freiheitsentziehung wegen Schulden. Niemandem darf die Freiheit allein deshalb entzogen werden, weil er nicht in der Lage ist, eine vertragliche Verpflichtung zu erfüllen.

Art. 2 Freizügigkeit. (1) Jede Person, die sich rechtmäßig im Hoheitsgebiet eines Staates aufhält, hat das Recht, sich dort frei zu bewegen und ihren Wohnsitz frei zu wählen.

(2) Jeder Person steht es frei, jedes Land, einschließlich des eigenen, zu verlassen.

(3) Die Ausübung dieser Rechte darf nur Einschränkungen unterworfen werden, die gesetzlich vorgesehen und in einer demokratischen Gesellschaft notwendig sind für die nationale oder öffentliche Sicherheit, zur Aufrechterhaltung der öffentlichen Ordnung, zur Verhütung von Straftaten, zum Schutz der Gesundheit oder der Moral oder zum Schutz der Rechte *und Freiheiten* anderer.

(4) Die in Absatz 1 anerkannten Rechte können ferner für bestimmte Gebiete Einschränkungen unterworfen werden, die gesetzlich vorge-

---

[1)] Das Prot. Nr. 4 ist für **Deutschland** am 1. 6. 1968 (Bek. v. 18. 11. 1968 – BGBl. II S. 1109) in Kraft getreten. Mit Ausnahme von Griechenland, der Schweiz, der Türkei und dem Vereinigten Königreich sind alle Mitglieder des Europarats (vgl. Art. 26 Satzung des Europarates, Nr. **110**) Parteien dieses Protokolls.

[2)] S. a. das G. v. 9. 5. 1968 zu dem Prot. Nr. 4 (BGBl. 1968 II S. 422).

sehen und in einer demokratischen Gesellschaft durch das öffentliche Interesse gerechtfertigt sind.

Art. 3 Verbot der Ausweisung eigener Staatsangehöriger.
(1) Niemand darf durch eine Einzel- oder Kollektivmaßnahme aus dem Hoheitsgebiet des Staates ausgewiesen werden, denen Angehöriger er ist.

(2) Niemandem darf das Recht entzogen werden, in das Hoheitsgebiet des Staates einzureisen, dessen Angehöriger er ist.

Art. 4 Verbot der Kollektivausweisung ausländischer Personen. Kollektivausweisungen ausländischer Personen sind nicht zulässig.

Art. 5 Räumlicher Geltungsbereich. (1) Jede Hohe Vertragspartei kann im Zeitpunkt der Unterzeichnung oder Ratifikation dieses Protokolls oder zu jedem späteren Zeitpunkt an den Generalsekretär des Europarats eine Erklärung darüber richten, in welchem Umfang sie sich zur Anwendung dieses Protokolls auf die in der Erklärung angegebenen Hoheitsgebiete verpflichtet, für deren internationale Beziehungen sie verantwortlich ist.

(2) Jede Hohe Vertragspartei, die eine Erklärung nach Absatz 1 abgegeben hat, kann jederzeit eine weitere Erklärung abgeben, die den Inhalt einer früheren Erklärung ändert oder die Anwendung der Bestimmungen dieses Protokolls auf irgendein Hoheitsgebiet beendet.

(3) Eine nach diesem Artikel abgegebene Erklärung gilt als eine Erklärung im Sinne des Artikels 56 Absatz 1 der Konvention.

(4) Das Hoheitsgebiet eines Staates, auf das dieses Protokoll aufgrund der Ratifikation oder Annahme durch diesen Staat Anwendung findet, und jedes Hoheitsgebiet, auf welches das Protokoll aufgrund einer von diesem Staat nach diesem Artikel abgegebenen Erklärung Anwendung findet, werden als getrennte Hoheitsgebiete betrachtet, soweit die Artikel 2 und 3 auf das Hoheitsgebiet eines Staates Bezug nehmen.

(5) Jeder Staat, der eine Erklärung nach Absatz 1 oder 2 abgegeben hat, kann jederzeit danach für eines oder mehrere der in der Erklärung bezeichneten Hoheitsgebiete erklären, daß er die Zuständigkeit des Gerichtshofs, Beschwerden von natürlichen Personen, nichtstaatlichen Organisationen oder Personengruppen nach Artikel 34 der Konvention entgegenzunehmen, für die Artikel 1 bis 4 dieses Protokolls insgesamt oder für einzelne dieser Artikel annimmt.

Art. 6 Verhältnis zur Konvention. Die Hohen Vertragsparteien betrachten die Artikel 1 bis 5 dieses Protokolls als Zusatzartikel zur Konvention; alle Bestimmungen der Konvention sind dementsprechend anzuwenden.

Art. 7 Unterzeichnung und Ratifikation. (1) Dieses Protokoll liegt für die Mitglieder des Europarats, die Unterzeichner der Konvention sind, zur Unterzeichnung auf, es wird gleichzeitig mit der Konvention oder zu einem späteren Zeitpunkt ratifiziert. Es tritt nach Hinterlegung von fünf Ratifikationsurkunden in Kraft. Für jeden Unterzeichner, der das Protokoll später ratifiziert, tritt es mit der Hinterlegung der Ratifikationsurkunde in Kraft.

(2) Die Ratifikationsurkunden werden beim Generalsekretär des Europarats hinterlegt, der allen Mitgliedern die Namen derjenigen Staaten, die das Protokoll ratifiziert haben, notifiziert.

Zu Urkund dessen haben die hierzu gehörig befugten Unterzeichneten dieses Protokoll unterschrieben.

Geschehen zu Straßburg am 16. September 1963 in englischer und französischer Sprache, wobei jeder Wortlaut gleichermaßen verbindlich[1] ist, in einer Urschrift, die im Archiv des Europarats hinterlegt wird. Der Generalsekretär übermittelt allen Unterzeichnerstaaten beglaubigte Abschriften.

---

1) Österreich: authentisch.

134. Protokoll Nr. 6 zur Konvention zum Schutze der Menschenrechte und Grundfreiheiten über die Abschaffung der Todesstrafe

Vom 28. April 1983[1]

(BGBl. 1988 II S. 662, geänd. durch Prot. Nr. 11 v. 11. 5. 1994, BGBl. 1995 II S. 579, in Kraft seit 1. 11. 1998; Neubek. des Protokolls i. d. F. des Prot. Nr. 11 in BGBl. 2002 II S. 1077)

(Übersetzung)

DIE MITGLIEDSTAATEN DES EUROPARATS, die dieses Protokoll zu der am 4. November 1950 in Rom unterzeichneten Konvention zum Schutz der Menschenrechte und Grundfreiheiten (im folgenden als „Konvention" bezeichnet) unterzeichnen –

IN DER ERWÄGUNG, daß die in verschiedenen Mitgliedstaaten des Europarats eingetretene Entwicklung eine allgemeine Tendenz zugunsten der Abschaffung der Todesstrafe zum Ausdruck bringt –

HABEN FOLGENDES VEREINBART:

Art. 1 Abschaffung der Todesstrafe. Die Todesstrafe ist abgeschafft. Niemand darf zu dieser Strafe verurteilt oder hingerichtet werden.

Art. 2 Todesstrafe in Kriegszeiten.[2] Ein Staat kann in seinem Recht die Todesstrafe für Taten vorsehen, die in Kriegszeiten oder bei unmittelbarer Kriegsgefahr begangen werden; diese Strafe darf nur in den Fällen, die im Recht vorgesehen sind, und in Übereinstimmung mit dessen Bestimmungen angewendet werden. Der Staat übermittelt dem Generalsekretär des Europarats die einschlägigen Rechtsvorschriften.

Art. 3 Verbot des Abweichens. Von diesem Protokoll darf nicht nach Artikel 15 der Konvention abgewichen werden.

Art. 4 Verbot von Vorbehalten. Vorbehalte nach Artikel 57 der Konvention zu Bestimmungen dieses Protokolls sind nicht zulässig.

Art. 5 Räumlicher Geltungsbereich. (1) Jeder Staat kann bei der Unterzeichnung oder bei der Hinterlegung seiner Ratifikations-, Annahme- oder Genehmigungsurkunde einzelne oder mehrere Hoheitsgebiete bezeichnen, auf die dieses Protokoll Anwendung findet.

(2) Jeder Staat kann jederzeit danach durch eine an den Generalsekretär des Europarats gerichtete Erklärung die Anwendung dieses Protokolls auf jedes weitere in der Erklärung bezeichnete Hoheitsgebiet

[1] Mit Ausnahme Russlands ist das Protokoll für alle Mitgliedstaaten des Europarats (vgl. Art. 26 Satzung des Europarats, Nr. **110**) in Kraft.

[2] Vgl. nun aber auch das Prot. Nr. 13 (Nr. **136**).

erstrecken. Das Protokoll tritt für dieses Hoheitsgebiet am ersten Tag des Monats in Kraft, der auf den Eingang der Erklärung beim Generalsekretär folgt.

(3) Jede nach den Absätzen 1 und 2 abgegebene Erklärung kann in bezug auf jedes darin bezeichnete Hoheitsgebiet durch eine an den Generalsekretär gerichtete Notifikation zurückgenommen werden. Die Rücknahme wird am ersten Tag des Monats wirksam, der auf den Eingang der Notifikation beim Generalsekretär folgt.

Art. 6 Verhältnis zur Konvention. Die Vertragsstaaten betrachten die Artikel 1 bis 5 dieses Protokolls als Zusatzartikel zur Konvention; alle Bestimmungen der Konvention sind dementsprechend anzuwenden.

Art. 7 Unterzeichnung und Ratifikation. Dieses Protokoll liegt für die Mitgliedstaaten des Europarats, welche die Konvention unterzeichnet haben, zur Unterzeichnung auf. Es bedarf der Ratifikation, Annahme oder Genehmigung. Ein Mitgliedstaat des Europarats kann dieses Protokoll nur ratifizieren, annehmen oder genehmigen, wenn er die Konvention gleichzeitig ratifiziert oder sie früher ratifiziert hat. Die Ratifikations-, Annahme- oder Genehmigungsurkunden werden beim Generalsekretär des Europarats hinterlegt.

Art. 8 Inkrafttreten. (1) Dieses Protokoll tritt am ersten Tag des Monats in Kraft, der auf den Tag folgt, an dem fünf Mitgliedstaaten des Europarats nach Artikel 7 ihre Zustimmung ausgedrückt haben, durch das Protokoll gebunden zu sein.

(2) Für jeden Mitgliedstaat, der später seine Zustimmung ausdrückt, durch das Protokoll gebunden zu sein, tritt es am ersten Tag des Monats in Kraft, der auf die Hinterlegung der Ratifikations-, Annahme- oder Genehmigungsurkunde folgt.[1)]

Art. 9 Aufgaben des Verwahrers. Der Generalsekretär des Europarats notifiziert den Mitgliedstaaten des Rates

a) jede Unterzeichnung;

b) jede Hinterlegung einer Ratifikations-, Annahme- oder Genehmigungsurkunde;

c) jeden Zeitpunkt des Inkrafttretens dieses Protokolls nach den Artikeln 5 und 8;

d) jede andere Handlung, Notifikation oder Mitteilung im Zusammenhang mit diesem Protokoll.

Zu Urkund dessen haben die hierzu gehörig Unterzeichneten dieses Protokoll unterschrieben.

[1)] Für **Deutschland** ist das Protokoll am 1. 8. 1989 in Kraft getreten (BGBl. 1989 II S. 814). Die weiteren Vertragsstaaten sind aufgeführt im Fundstellennachweis B (Beilage zum BGBl. II) abgeschlossen am 31. 12. jeden Jahres.

Geschehen zu Straßburg am 28. April 1983 in englischer und französischer Sprache, wobei jeder Wortlaut gleichermaßen verbindlich[1] ist, in einer Urschrift, die im Archiv des Europarats hinterlegt wird. Der Generalsekretär des Europarats übermittelt allen Mitgliedstaaten des Europarats beglaubigte Abschriften.

---

[1] Österreich: authentisch.

135. Protokoll Nr. 7 zur Konvention zum Schutze der Menschenrechte und Grundfreiheiten

Vom 22. November 1984

(ÖBGBl. 1988/628, geänd. durch Prot. Nr. 11 v. 11. 5. 1994, BGBl. 1995 II S. 579, in Kraft seit 1. 11. 1998),[1)] in der bereinigten – zwischen Deutschland, Liechtenstein, Österreich und der Schweiz abgestimmten – Fassung (Sommer 1998)

(Übersetzung)

DIE MITGLIEDSTAATEN DES EUROPARATS, die dieses Protokoll unterzeichnen –

ENTSCHLOSSEN, weitere Maßnahmen zur kollektiven Gewährleistung gewisser Rechte und Freiheiten durch die am 4. November 1950 in Rom unterzeichnete Konvention zum Schutz der Menschenrechte und Grundfreiheiten (im folgenden als „Konvention" bezeichnet) zu treffen –

HABEN FOLGENDES VEREINBART:

Art. 1 Verfahrensrechtliche Schutzvorschriften in Bezug auf die Ausweisung ausländischer Personen. (1) Eine ausländische Person, die sich rechtmäßig im Hoheitsgebiet eines Staates aufhält, darf aus diesem nur aufgrund einer rechtmäßig ergangenen Entscheidung ausgewiesen werden; ihr muss gestattet werden,

a) Gründe vorzubringen, die gegen ihre Ausweisung sprechen

b) ihren Fall prüfen zu lassen und

c) sich zu diesem Zweck vor der zuständigen Behörde oder einer oder mehreren von dieser Behörde bestimmten Personen vertreten zu lassen.

(2) Eine ausländische Person kann ausgewiesen werden, bevor sie ihre Rechte nach Absatz 1 Buchstaben a, b und c ausgeübt hat, wenn eine solche Ausweisung im Interesse der öffentlichen Ordnung erforderlich ist oder aus Gründen der nationalen Sicherheit erfolgt.

Art. 2 Rechtsmittel in Strafsachen (1) Wer von einem Gericht wegen einer Straftat verurteilt worden ist, hat das Recht, das Urteil von einem übergeordneten Gericht nachprüfen zu lassen. Die Ausübung dieses Rechts und die Gründe, aus denen es ausgeübt werden kann, richten sich nach dem Gesetz.

(2) Ausnahmen von diesem Recht sind für Straftaten geringfügiger Art, wie sie durch Gesetz näher bestimmt sind, oder in Fällen möglich, in denen das Verfahren gegen eine Person in erster Instanz vor dem

---

1) Das Protokoll ist gem. seinem Art. 9 am 1. 11. 1988 in Kraft getreten. **Die Bundesrepublik Deutschland hat das Protokoll bislang nicht ratifiziert.** Gleiches gilt für die Niederlande und das Vereinigte Königreich. Im Übrigen sind alle Mitglieder des Europarats (vgl. Art. 26 Satzung des Europarates, Nr. **110**) Parteien dieses Protokolls.

obersten Gericht stattgefunden hat oder in denen eine Person nach einem gegen ihren Freispruch eingelegten Rechtsmittel verurteilt worden ist.

Art. 3 Recht auf Entschädigung bei Fehlurteilen. Ist eine Person wegen einer Straftat rechtskräftig verurteilt und ist das Urteil später aufgehoben oder die Person begnadigt worden, weil eine neue oder eine neu bekannt gewordene Tatsache schlüssig beweist, dass ein Fehlurteil vorlag, so muss sie, wenn sie aufgrund eines solchen Urteils eine Strafe verbüßt hat, entsprechend dem Gesetz oder der Übung des betreffenden Staates entschädigt werden, sofern nicht nachgewiesen wird, dass das nicht rechtzeitige Bekanntwerden der betreffenden Tatsache ganz oder teilweise ihr zuzuschreiben ist.

Art. 4 Recht, wegen derselben Sache nicht zweimal vor Gericht gestellt oder bestraft zu werden. (1) Niemand darf wegen einer Straftat, wegen der er bereits nach dem Gesetz und dem Strafverfahrensrecht eines Staates rechtskräftig verurteilt oder freigesprochen worden ist, in einem Strafverfahren desselben Staates erneut verfolgt oder bestraft werden.

(2) Absatz 1 schließt die Wiederaufnahme des Verfahrens nach dem Gesetz und dem Strafverfahrensrecht des betreffenden Staates nicht aus, falls neue oder neu bekannt gewordene Tatsachen vorliegen oder das vorausgegangene Verfahren schwere, den Ausgang des Verfahrens berührende Mängel aufweist.

(3) Von diesem Artikel darf nicht nach Artikel 15 der Konvention abgewichen werden.

Art. 5 Gleichberechtigung der Ehegatten. Hinsichtlich der Eheschließung, während der Ehe und bei Auflösung der Ehe haben Ehegatten untereinander und in ihren Beziehungen zu ihren Kindern gleiche Rechte und Pflichten privatrechtlicher Art. Dieser Artikel verwehrt es den Staaten nicht, die im Interesse der Kinder notwendigen Maßnahmen zu treffen.

Art. 6 Räumlicher Geltungsbereich. (1) Jeder Staat kann bei der Unterzeichnung oder bei der Hinterlegung seiner Ratifikations-, Annahme- oder Genehmigungsurkunde einzelne oder mehrere Hoheitsgebiete bezeichnen, auf die dieses Protokoll Anwendung findet, und erklären, im welchem Umfang er sich verpflichtet, dieses Protokoll auf diese Hoheitsgebiete anzuwenden.

(2) Jeder Staat kann jederzeit danach durch eine an den Generalsekretär des Europarats gerichtete Erklärung die Anwendung dieses Protokolls auf jedes weitere in der Erklärung bezeichnete Hoheitsgebiet erstrecken. Das Protokoll tritt für dieses Hoheitsgebiet am ersten Tag des Monats in Kraft, der auf einen Zeitabschnitt von zwei Monaten nach Eingang der Erklärung beim Generalsekretär folgt.

(3) Jede nach den Absätzen 1 und 2 abgegebene Erklärung kann in bezug auf jedes darin bezeichnete Hoheitsgebiet durch eine an den Generalsekretär gerichtete Notifikation zurückgenommen oder geändert werden. Die Rücknahme oder Änderung wird am ersten Tag des Monats wirksam, der auf einen Zeitabschnitt von zwei Monaten nach Eingang der Notifikation beim Generalsekretär folgt.

(4) Eine nach diesem Artikel abgegebene Erklärung gilt als eine Erklärung im Sinne des Artikels 56 Absatz 1 der Konvention.

(5) Das Hoheitsgebiet eines Staates, auf das dieses Protokoll aufgrund der Ratifikation, Annahme oder Genehmigung durch diesen Staat Anwendung findet, und jedes Hoheitsgebiet, auf welches das Protokoll aufgrund einer von diesem Staat nach diesem Artikel abgegebenen Erklärung Anwendung findet, können als getrennte Hoheitsgebiete betrachtet werden, soweit Artikel 1 auf das Hoheitsgebiet eines Staates Bezug nimmt.

(6) Jeder Staat, der eine Erklärung nach Absatz 1 oder 2 abgegeben hat, kann jederzeit danach für eines oder mehrere der in der Erklärung bezeichneten Hoheitsgebiete erklären, daß er die Zuständigkeit des Gerichtshofs, Beschwerden von natürlichen Personen, nichtstaatlichen Organisationen oder Personengruppen nach Artikel 34 der Konvention entgegenzunehmen, für die Artikel 1 bis 5 dieses Protokolls annimmt.

Art. 7 Verhältnis zur Konvention. Die Vertragsstaaten betrachten die Artikel 1 bis 6 dieses Protokolls als Zusatzartikel zur Konvention; alle Bestimmungen der Konvention sind dementsprechend anzuwenden.

Art. 8 Unterzeichnung und Ratifikation. Dieses Protokoll liegt für die Mitgliedstaaten des Europarats, welche die Konvention unterzeichnet haben, zur Unterzeichnung auf. Es bedarf der Ratifikation, Annahme oder Genehmigung. Ein Mitgliedstaat des Europarats kann dieses Protokoll nur ratifizieren, annehmen oder genehmigen, wenn er die Konvention gleichzeitig ratifiziert oder sie früher ratifiziert hat. Die Ratitifikations-, Annahme- oder Genehmigungsurkunden werden beim Generalsekretär des Europarats hinterlegt.

Art. 9 Inkrafttreten. (1) Dieses Protokoll tritt am ersten Tag des Monats in Kraft, der auf einen Zeitabschnitt von zwei Monaten nach dem Tag folgt, an dem sieben Mitgliedstaaten des Europarats nach Artikel 8 ihre Zustimmung ausgedrückt haben, durch das Protokoll gebunden zu sein.

(2) Für jeden Mitgliedstaat, der später seine Zustimmung ausdrückt, durch das Protokoll gebunden zu sein, tritt es am ersten Tag des Monats in Kraft, der auf einen Zeitabschnitt von zwei Monaten nach Hinterlegung der Ratifikations-, Annahme- oder Genehmigungsurkunde folgt.

Art. 10 Aufgaben des Verwahrers. Der Generalsekretär des Europarats notifiziert allen Mitgliedstaaten des Europarats

a) jede Unterzeichnung;

b) jede Hinterlegung einer Ratifikations-, Annahme- oder Genehmigungsurkunde;

c) jeden Zeitpunkt des Inkrafttretens dieses Protokolls nach den Artikeln 6 und 9;

d) jede andere Handlung, Notifikation oder Erklärung im Zusammenhang mit diesem Protokoll.

Zu Urkund dessen haben die hierzu gehörig befugten Unterzeichneten dieses Protokoll unterschrieben.

Geschehen zu Straßburg am 22. November 1984 in englischer und französischer Sprache, wobei jeder Wortlaut gleichermaßen verbindlich[1] ist, in einer Urschrift, die im Archiv des Europarats hinterlegt wird. Der Generalsekretär des Europarats übermittelt allen Mitgliedstaaten des Europarats beglaubigte Abschriften.

---

1) Österreich: authentisch.

136. Protokoll Nr. 13 zur Konvention zum Schutz der Menschenrechte und Grundfreiheiten über die vollständige Abschaffung der Todesstrafe[1]

Vom 3. Mai 2002

(BGBl. 2004 II S. 983)

(Übersetzung)

Die MITGLIEDSTAATEN des Europarats, die dieses Protokoll unterzeichnen,

IN DER ÜBERZEUGUNG, dass in einer demokratischen Gesellschaft das Recht jedes Menschen auf Leben einen Grundwert darstellt und die Abschaffung der Todesstrafe für den Schutz dieses Rechts und für die volle Anerkennung der allen Menschen innewohnenden Würde von wesentlicher Bedeutung ist;

IN DEM WUNSCH, den Schutz des Rechts auf Leben, der durch die am 4. November 1950 in Rom unterzeichnete Konvention zum Schutz der Menschenrechte und Grundfreiheiten (im Folgenden als „Konvention" bezeichnet) gewährleistet wird, zu stärken;

IN ANBETRACHT DESSEN, dass das Protokoll Nr. 6[2] zur Konvention über die Abschaffung der Todesstrafe, das am 28. April 1983 in Straßburg unterzeichnet wurde, die Todesstrafe nicht für Taten ausschließt, die in Kriegszeiten oder bei unmittelbarer Kriegsgefahr begangen werden;

ENTSCHLOSSEN, den letzten Schritt zu tun, um die Todesstrafe vollständig abzuschaffen,

HABEN FOLGENDES VEREINBART:

Art. 1 Abschaffung der Todesstrafe. Die Todesstrafe ist abgeschafft. Niemand darf zu dieser Strafe verurteilt oder hingerichtet werden.

Art. 2 Verbot des Abweichens. Von diesem Protokoll darf nicht nach Artikel 15 der Konvention abgewichen werden.

Art. 3 Verbot von Vorbehalten. Vorbehalte nach Artikel 57 der Konvention zu diesem Protokoll sind nicht zulässig.

Art. 4 Räumlicher Geltungsbereich. (1) Jeder Staat kann bei der Unterzeichnung oder bei der Hinterlegung der Ratifikations-, An-

[1] Für Deutschland ist das Protokoll am 1. 2. 2005 in Kraft getreten (Bek. v. 23. 11. 2004, BGBl. II S. 1722). Mit Ausnahme von Armenien, Aserbaidschan und Russland ist das Protokoll für alle Mitgliedstaaten des Europarates (Art. 26 Satzung, Nr. **110**) in Kraft getreten; zuletzt für Polen am 1. 9. 2014 (BGBl. II S. 435).

[2] Nr. **134**.

nahme- oder Genehmigungsurkunde einzelne oder mehrere Hoheitsgebiete bezeichnen, auf die dieses Protokoll Anwendung findet.

(2) Jeder Staat kann jederzeit danach durch eine an den Generalsekretär des Europarats gerichtete Erklärung die Anwendung dieses Protokolls auf jedes weitere in der Erklärung bezeichnete Hoheitsgebiet erstrecken. Das Protokoll tritt für dieses Hoheitsgebiet am ersten Tag des Monats in Kraft, der auf einen Zeitabschnitt von drei Monaten nach Eingang der Erklärung beim Generalsekretär folgt.

(3) Jede nach den Absätzen 1 und 2 abgegebene Erklärung kann in Bezug auf jedes darin bezeichnete Hoheitsgebiet durch eine an den Generalsekretär gerichtete Notifikation zurückgenommen oder geändert werden. Die Rücknahme oder Änderung wird am ersten Tag des Monats wirksam, der auf einen Zeitabschnitt von drei Monaten nach Eingang der Notifikation beim Generalsekretär folgt.

Art. 5 Verhältnis zur Konvention. Die Vertragsstaaten betrachten die Artikel 1 bis 4 dieses Protokolls als Zusatzartikel zur Konvention; alle Bestimmungen der Konvention sind dementsprechend anzuwenden.

Art. 6 Unterzeichnung und Ratifikation. Dieses Protokoll liegt für die Mitgliedstaaten des Europarats, welche die Konvention unterzeichnet haben, zur Unterzeichnung auf. Es bedarf der Ratifikation, Annahme oder Genehmigung. Ein Mitgliedstaat des Europarats kann dieses Protokoll nur ratifizieren, annehmen oder genehmigen, wenn er die Konvention gleichzeitig ratifiziert oder bereits zu einem früheren Zeitpunkt ratifiziert hat. Die Ratifikations-, Annahme- oder Genehmigungsurkunden werden beim Generalsekretär des Europarats hinterlegt.

Art. 7 Inkrafttreten.[1] (1) Dieses Protokoll tritt am ersten Tag des Monats in Kraft, der auf einen Zeitabschnitt von drei Monaten nach dem Tag folgt, an dem zehn Mitgliedstaaten des Europarats nach Artikel 6 ihre Zustimmung ausgedrückt haben, durch das Protokoll gebunden zu sein.

(2) Für jeden Mitgliedstaat, der später seine Zustimmung ausdrückt, durch dieses Protokoll gebunden zu sein, tritt es am ersten Tag des Monats in Kraft, der auf einen Zeitabschnitt von drei Monaten nach der Hinterlegung der Ratifikations-, Annahme- oder Genehmigungsurkunde folgt.

Art. 8 Aufgaben des Verwahrers. Der Generalsekretär des Europarats notifiziert allen Mitgliedstaaten des Europarats

a) jede Unterzeichnung;

b) jede Hinterlegung einer Ratifikations-, Annahme- oder Genehmigungsurkunde;

---

[1] Das Protokoll ist am 1. 7. 2003 in Kraft getreten, für die Bundesrepublik Deutschland jedoch erst am 1. 2. 2005 (vgl. Bek. v. 23. 11. 2004, BGBl. 2004 II S. 1722).

c) jeden Zeitpunkt des Inkrafttretens dieses Protokolls nach Artikel 4 und 7;

d) jede andere Handlung, Notifikation oder Mitteilung im Zusammenhang mit diesem Protokoll.

ZU URKUND DESSEN haben die hierzu gehörig befugten Unterzeichneten dieses Protokoll unterschrieben.

GESCHEHEN zu Wilna am 3. Mai 2002 in englischer und französischer Sprache, wobei jeder Wortlaut gleichermaßen verbindlich ist, in einer Urschrift, die im Archiv des Europarats hinterlegt wird. Der Generalsekretär des Europarats übermittelt allen Mitgliedstaaten des Europarats beglaubigte Abschriften.

137. Europäischer Gerichtshof für Menschenrechte – Verfahrensordnung

In der Fassung vom 14. November 2016[1) · 2) · 3)]

(Stand: 1. Januar 2020)

Inhaltsverzeichnis

---

1) *Die VerfO ist vom Gerichtshof* gemäß Art. 25d EMRK (Nr. **130**) mit Rückwirkung auf den 1.11.1998 erlassen und später mehrfach im Verfahren nach Art. 111 (früher: Art. 103) geändert worden, zuletzt mWv 1.1.2020 am 4.11.2019.

2) Die VerfO wird ergänzt durch einen Annes („concerning investigations") sowie „Practice Directions" die hier nicht abgedruckt sind: Vgl. aber für die jeweils aktuelle Fassung (engl. Wortlaut): https://www.echr.coe.int/documents/rules_court_eng.pdf.

3) Dt. Übersetzung der aktuellen Fassung der VerfO aus: Bundesrecht [Schweiz] – Systematische Rechtssammlung. Der Bundesrat – Das Portal der Schweizer Regierung: https://www.admin.ch/opc/de/classified-compilation/20061296/ (mit Anpassung an die in Deutschland gebräuchliche Rechtsterminologie).

Kapitel IV – Die Arbeitsweise des Gerichtshofs

Art.

Kapitel V – Zusammensetzung des Gerichtshofs

Titel II – Das Verfahren

Kapitel I – Allgemeine Vorschriften

Kapitel II – Die Einleitung des Verfahrens

Kapitel III – Berichterstattende Richter

Kapitel IV – Das Verfahren bei der Prüfung der Zulässigkeit

DER EUROPÄISCHE GERICHTSHOF FÜR MENSCHENRECHTE –

GESTÜTZT auf die Konvention zum Schutz der Menschenrechte und Grundfreiheiten und deren Protokolle –

ERLÄSST DIE FOLGENDE VERFAHRENSORDNUNG:

Art. 1 Begriffsbestimmungen. Für die Zwecke dieser Verfahrensordnung bezeichnet, wenn sich aus dem Zusammenhang nichts anderes ergibt:

a) «Konvention» die Konvention zum Schutz der Menschenrechte und Grundfreiheiten und deren Protokolle;

b) «Plenum» den Europäischen Gerichtshof für Menschenrechte in Plenarsitzung;

c) «Grosse Kammer» die Grosse Kammer mit siebzehn Richtern, die nach Artikel 26 Absatz 1 der Konvention gebildet wird;

d) «Sektion» eine Kammer, die vom Plenum nach Artikel 25 Buchstabe b der Konvention für einen bestimmten Zeitraum gebildet wird, und «Sektionspräsident» den Richter, der vom Plenum nach Artikel 25 Buchstabe c der Konvention zum Präsidenten dieser Sektion gewählt wird;

e) «Kammer» eine Kammer mit sieben Richtern, die nach Artikel 26 Absatz 1 der Konvention gebildet wird, und «Kammerpräsident» den Richter, der in einer solchen «Kammer» den Vorsitz führt;

f) «Komitee» einen Ausschuss mit drei Richtern, der nach Artikel 26 Absatz 1 der Konvention gebildet wird;

g) «Einzelrichterbesetzung» einen Einzelrichter, der nach Artikel 26 Absatz 1 der Konvention tagt;

h) «Gerichtshof» gleichermassen das Plenum, die Grosse Kammer, eine Sektion, eine Kammer, ein Komitee, einen Einzelrichter oder den in Artikel 43 Absatz 2 der Konvention und Artikel 2 des Protokolls Nr. 16 zur Konvention erwähnten Ausschuss von fünf Richtern;

i) «Richter *ad hoc*» jede Person, die nach Artikel 26 Absatz 4 der Konvention und Artikel 29 dieser Verfahrensordnung als Mitglied der Grossen Kammer oder einer Kammer benannt wird;

j) «Richter» die Richter, die von der Parlamentarischen Versammlung des Europarats gewählt werden, und die Richter *ad hoc;*

k) «Berichterstatter»[1] einen Richter, der mit den in Artikel 48 und 49 vorgesehenen Aufgaben betraut ist;

l) «nicht richterlicher Berichterstatter» einen Angehörigen der Kanzlei, der beauftragt ist, die Einzelrichterbesetzungen nach Artikel 24 Absatz 2 der Konvention zu unterstützen;

m) «Delegierter» einen Richter, den die Kammer zum Mitglied einer Delegation ernennt, und «Delegationsleiter» den Delegierten, den die Kammer zum Leiter ihrer Delegation ernennt;

n) «Delegation» ein Organ, das sich zusammensetzt aus Delegierten, Angehörigen der Kanzlei und jeder anderen Person, welche die Kammer zur Unterstützung der Delegation ernennt;

o) «Kanzler» je nach Zusammenhang den Kanzler des Gerichtshofs oder den Kanzler einer Sektion;

p) «Partei» und «Parteien»:
 – die beschwerdeführenden oder die beschwerdegegnerischen Vertragsparteien,
 – den Beschwerdeführer (natürliche Person, nichtstaatliche Organisation oder Personengruppe), der den Gerichtshof nach Artikel 34 der Konvention anruft;

q) «Drittbeteiligter» jede Vertragspartei oder jede betroffene Person oder den Menschenrechtskommissar des Europarats, die beziehungsweise der nach Artikel 36 Absätze 1, 2 und 3 der Konvention von dem Recht Gebrauch macht oder der beziehungsweis dem Gelegenheit gegeben wird, schriftlich Stellung zu nehmen oder an einer mündlichen Verhandlung teilzunehmen;

r) «mündliche Verhandlung» und «mündliche Verhandlungen» die mündlichen Verfahren, welche die Zulässigkeit und/oder die Begründetheit einer Beschwerde zum Gegenstand haben oder in Zusammenhang mit einem Antrag auf Wiederaufnahme des Verfahrens, auf Auslegung eines Urteils oder auf Erstattung eines Gutachtens, einem Antrag einer Partei oder des Ministerkomitees auf Auslegung eines Urteils oder einer Frage in Bezug auf die mögliche Nichterfüllung einer Verpflichtung, mit welcher der Gerichtshof nach Artikel 46 Absatz 4 der Konvention befasst werden kann, durchgeführt werden;

s) «Ministerkomitee» das Ministerkomitee des Europarats;

t) «früherer Gerichtshof» und «Kommission» den Europäischen Gerichtshof und die Europäische Kommission für Menschenrechte nach dem früheren Artikel 19 der Konvention.

---

[1] Schweiz, Liechtenstein: Referent

Titel I. Organisation und Arbeitsweise des Gerichtshofs

Kapitel I. Die Richter

Art. 2 Berechnung der Amtszeit. (1) Ist der Sitz im Zeitpunkt der Wahl des Richters frei oder findet die Wahl weniger als drei Monate vor dem Tag statt, an dem der Sitz frei wird, so beginnt die Amtszeit mit der Aufnahme der Tätigkeit, spätestens aber drei Monate nach der Wahl.

(2) Findet die Wahl des Richters mehr als drei Monate vor dem Tag statt, an dem der Sitz frei wird, so beginnt die Amtszeit an dem Tag, an dem der Sitz frei wird.

(3) Ein gewählter Richter bleibt nach Artikel 23 Absatz 7 der Konvention im Amt, bis sein Nachfolger den Eid geleistet oder die Erklärung abgegeben hat, die in Artikel 3 dieser Verfahrensordnung vorgesehen sind.

Art. 3 Eid oder feierliche Erklärung. (1) Jeder gewählte Richter hat vor Aufnahme seiner Tätigkeit in der ersten Sitzung des Plenums, an der er nach seiner Wahl teilnimmt, oder nötigenfalls vor dem Präsidenten des Gerichtshofs folgenden Eid zu leisten oder folgende feierliche Erklärung abzugeben:

«Ich schwöre,» – oder «Ich erkläre feierlich,» – «dass ich mein Amt als Richter ehrenhaft, unabhängig und unparteiisch ausüben und das Beratungsgeheimnis wahren werde.»

(2) Hierüber wird ein Protokoll aufgenommen.

Art. 4 Unvereinbarkeit. (1) Nach Artikel 21 Absatz 3 der Konvention dürfen die Richter während ihrer Amtszeit keine politische, administrative oder berufliche Tätigkeit ausüben, die mit ihrer Unabhängigkeit und Unparteilichkeit oder mit den Erfordernissen der Vollzeitbeschäftigung in diesem Amt unvereinbar ist. Jeder Richter hat dem Präsidenten des Gerichtshofs jede Nebentätigkeit anzuzeigen. Bei Meinungsverschiedenheit zwischen dem Präsidenten und dem betroffenen Richter entscheidet das Plenum alle sich stellenden Fragen.

(2) Ein ehemaliger Richter darf, gleichviel in welcher Eigenschaft, eine Partei oder einen Drittbeteiligten in einem Verfahren vor dem Gerichtshof über eine Beschwerde, die vor seinem Ausscheiden aus dem Amt erhoben wurde, nicht vertreten. In Bezug auf danach erhobene Beschwerden darf ein ehemaliger Richter, gleichviel in welcher Eigenschaft, eine Partei oder einen Drittbeteiligten in einem Verfahren vor dem Gerichtshof nicht vor Ablauf von zwei Jahren nach seinem Ausscheiden aus dem Amt vertreten.

Art. 5 Rangordnung. (1) Die gewählten Richter folgen im Rang dem Präsidenten und den Vizepräsidenten des Gerichtshofs sowie den

Sektionspräsidenten; untereinander bestimmt sich ihr Rang nach dem Tag der Aufnahme ihrer Tätigkeit nach Artikel 2 Absätze 1 und 2 dieser Verfahrensordnung.

(2) Der Rang der Vizepräsidenten des Gerichtshofs, die am selben Tag in dieses Amt gewählt werden, richtet sich nach der Dauer ihrer Amtsausübung als Richter. Bei gleicher Dauer bestimmt sich ihr Rang nach dem Lebensalter. Die gleiche Regelung gilt für die Sektionspräsidenten.

(3) Der Rang der am selben Tag gewählten Richter richtet sich nach ihrem Lebensalter.

(4) Die Richter *ad hoc* folgen im Rang den gewählten Richtern; untereinander bestimmt sich ihr Rang nach dem Lebensalter.

Art. 6 Rücktritt. Die Rücktrittserklärung eines Richters wird an den Präsidenten des Gerichtshofs gerichtet, der sie an den Generalsekretär des Europarats weiterleitet. Vorbehaltlich des Artikels 24 Absatz 4 am Ende und des Artikels 26 Absatz 3 wird durch den Rücktritt der Sitz des Richters frei.

Art. 7 Entlassung. Ein Richter kann nur entlassen werden, wenn die anderen Richter im Plenum mit der Mehrheit von zwei Dritteln der im Amt befindlichen gewählten Richter beschliessen, dass er die erforderlichen Voraussetzungen nicht mehr erfüllt. Der betroffene Richter ist zuvor vom Plenum anzuhören. Jeder Richter kann das Amtsenthebungsverfahren in Gang setzen.

Kapitel II. Präsidialämter des Gerichtshofs und Rolle des Präsidiums

Art. 8 Wahl des Präsidenten und der Vizepräsidenten des Gerichtshofs sowie der Präsidenten und Vizepräsidenten der Sektionen. (1) Das Plenum wählt seinen Präsidenten und seine beiden Vizepräsidenten für eine Amtszeit von drei Jahren und die Sektionspräsidenten für eine Amtszeit von zwei Jahren; diese Amtszeiten können sich jedoch nicht über ihre Amtszeit als Richter hinaus erstrecken.

(2) Ebenso wählt jede Sektion einen Vizepräsidenten für eine Amtszeit von zwei Jahren, die sich jedoch nicht über seine Amtszeit als Richter hinaus erstrecken kann.

(3) Ein nach Absatz 1 oder 2 gewählter Richter kann in ein gleichrangiges Amt nur einmal wieder gewählt werden.

(4) Die Präsidenten und die Vizepräsidenten führen ihre Geschäfte bis zur Wahl ihrer Nachfolger weiter.

(5) Die in Absatz 1 vorgesehenen Wahlen finden in geheimer Abstimmung statt; stimmberechtigt sind nur die anwesenden gewählten Richter. Erreicht kein Bewerber die absolute Mehrheit der abgegebenen Stimmen, so finden ein oder mehrere weitere Wahlgänge statt, bis

ein Bewerber die absolute Mehrheit erreicht hat. Nach jedem Wahlgang scheiden alle Bewerber aus, die weniger als fünf Stimmen erhalten haben. Haben mehr als zwei Bewerber mindestens fünf Stimmen erhalten, scheidet derjenige, der die wenigsten Stimmen erhalten hat, ebenfalls aus. Trifft dies auf mehrere Bewerber zu, so scheidet nur der nach Artikel 5 rangjüngste Bewerber aus. Bei Stimmengleichheit zwischen zwei Bewerbern im letzten Wahlgang wird dem nach Artikel 5 rangälteren Richter der Vorzug gegeben.

Art. 9 Aufgaben des Präsidenten des Gerichtshofs. (1) Der Präsident leitet Arbeit und Verwaltung des Gerichtshofs. Er vertritt den Gerichtshof und nimmt insbesondere dessen Beziehungen zu den Dienststellen des Europarats wahr.

(2) Er hat den Vorsitz in den Sitzungen des Plenums, der Grossen Kammer und des Ausschusses von fünf Richtern.

(3) An der Prüfung der Rechtssachen, die von den Kammern behandelt werden, nimmt der Präsident nicht teil, es sei denn, er ist der für die betroffene Vertragspartei gewählte Richter.

Art. 9a Rolle des Präsidiums. (1)

a) Der Gerichtshof hat ein Präsidium, bestehend aus dem Präsidenten und den Vizepräsidenten des Gerichtshofs sowie den Sektionspräsidenten. Ist ein Vizepräsident oder ein Sektionspräsident verhindert, an einer Sitzung des Präsidiums teilzunehmen, so wird er durch den Vizepräsidenten der Sektion vertreten, andernfalls durch das Mitglied der Sektion, das ihm in der Rangordnung nach Artikel 5 unmittelbar folgt.

b) Das Präsidium kann jedes andere Mitglied des Gerichtshofs oder jede andere Person, deren Anwesenheit es für erforderlich hält, zu seinen Sitzungen laden.

(2) Das Präsidium wird vom Kanzler und von den Stellvertretenden Kanzlern unterstützt.

(3) Aufgabe des Präsidiums ist die Unterstützung des Präsidenten bei der Erfüllung seiner Aufgabe, Arbeit und Verwaltung des Gerichtshofs zu leiten. Zu diesem Zweck kann der Präsident das Präsidium mit jeder Verwaltungs- oder aussergerichtlichen Angelegenheit befassen, die in seinen Zuständigkeitsbereich fällt.

(4) Das Präsidium erleichtert ferner die Abstimmung zwischen den Sektionen des Gerichtshofs.

(5) Der Präsident kann das Präsidium konsultieren, bevor er nach Artikel 32 Verfahrensanordnungen praktischer Natur erlässt oder die nach Artikel 17 Absatz 4 vom Kanzler vorbereitete allgemeine Weisung genehmigt.

(6) Das Präsidium kann dem Plenum zu jeder Frage Bericht erstatten. Es kann dem Plenum ferner Vorschläge unterbreiten.

(7) Über jede Sitzung des Präsidiums wird ein Protokoll in den beiden Amtssprachen des Gerichtshofs aufgenommen und an die Richter verteilt. Der Sekretär des Präsidiums wird vom Kanzler im Einvernehmen mit dem Präsidenten bestimmt.

Art. 10 Aufgaben der Vizepräsidenten des Gerichtshofs. Die Vizepräsidenten des Gerichtshofs unterstützen den Präsidenten des Gerichtshofs. Sie vertreten ihn, wenn er verhindert oder das Amt des Präsidenten nicht besetzt ist oder wenn er darum ersucht. Die Vizepräsidenten sind auch als Sektionspräsidenten tätig.

Art. 11 Vertretung des Präsidenten und der Vizepräsidenten des Gerichtshofs. Sind der Präsident und die Vizepräsidenten des Gerichtshofs gleichzeitig verhindert oder sind ihre Ämter gleichzeitig nicht besetzt, so werden die Amtspflichten des Präsidenten von einem der Sektionspräsidenten oder, falls keiner von ihnen verfügbar ist, von einem anderen gewählten Richter entsprechend der in Artikel 5 festgelegten Rangordnung wahrgenommen.

Art. 12 Präsidenten der Sektionen und Kammern. Die Sektionspräsidenten haben den Vorsitz in den Sitzungen der Sektion und der Kammern, deren Mitglieder sie sind, und leiten die Arbeit der Sektion. Die Vizepräsidenten der Sektionen vertreten sie im Verhinderungsfall oder wenn das Amt des Sektionspräsidenten nicht besetzt ist oder auf dessen Ersuchen hin. Andernfalls vertreten die Richter der Sektion und der Kammern den Sektionspräsidenten entsprechend der in Artikel 5 festgelegten Rangordnung.

Art. 13 Ausschluss vom Vorsitz. Die Richter des Gerichtshofs sind vom Vorsitz in Rechtssachen ausgeschlossen, in denen eine Vertragspartei, deren Staatsangehörige sie sind oder für die sie gewählt wurden, Partei ist, oder an denen sie als nach Artikel 29 Absatz 1 Buchstabe a oder Artikel 30 Absatz 1 benannte Richter mitwirken.

Art. 14 Ausgewogene Vertretung der Geschlechter. Bei den nach diesem und dem folgenden Kapitel vorzunehmenden Ernennungen verfolgt der Gerichtshof eine Politik, die auf eine ausgewogene Vertretung der Geschlechter gerichtet ist.

Kapitel III. Die Kanzlei

Art. 15 Wahl des Kanzlers. (1) Das Plenum wählt den Kanzler des Gerichtshofs. Die Bewerber müssen hohes sittliches Ansehen geniessen und über die juristischen, administrativen und sprachlichen Kenntnisse sowie die Erfahrung verfügen, die zur Ausübung dieser Tätigkeit erforderlich sind.

(2) Der Kanzler wird für eine Amtszeit von fünf Jahren gewählt und kann wieder gewählt werden. Er kann seines Amtes nur enthoben werden, wenn die Richter in Plenarsitzung mit der Mehrheit von zwei Dritteln der im Amt befindlichen gewählten Richter beschliessen, dass er die erforderlichen Voraussetzungen nicht mehr erfüllt. Er ist zuvor vom Plenum anzuhören. Jeder Richter kann das Amtsenthebungsverfahren in Gang setzen.

(3) Die in diesem Artikel vorgesehenen Wahlen finden in geheimer Abstimmung statt; stimmberechtigt sind nur die anwesenden gewählten Richter. Erreicht kein Bewerber die absolute Mehrheit der abgegebenen Stimmen, so finden ein oder mehrere weitere Wahlgänge statt, bis ein Bewerber die absolute Mehrheit erreicht hat. Nach jedem Wahlgang scheiden alle Bewerber aus, die weniger als fünf Stimmen erhalten haben. Haben mehr als zwei Bewerber mindestens fünf Stimmen erhalten, scheidet derjenige, der die wenigsten Stimmen erhalten hat, ebenfalls aus. Bei Stimmengleichheit wird, sofern vorhanden, der Bewerberin der Vorzug gegeben, sonst der älteren Person.

(4) Vor Aufnahme seiner Tätigkeit hat der Kanzler vor dem Plenum oder nötigenfalls vor dem Präsidenten des Gerichtshofs folgenden Eid zu leisten oder folgende feierliche Erklärung abzugeben:

«Ich schwöre,» – oder «Ich erkläre feierlich,» – «dass ich meine Aufgaben als Kanzler des Europäischen Gerichtshofs für Menschenrechte mit grösster Pflichttreue, Verschwiegenheit und Gewissenhaftigkeit erfüllen werde.»

Hierüber wird ein Protokoll aufgenommen.

Art. 16 Wahl der Stellvertretenden Kanzler. (1) Das Plenum wählt ausserdem einen oder mehrere Stellvertretende Kanzler unter den Voraussetzungen, nach dem Verfahren und für die Amtszeit, die in Artikel 15 vorgeschrieben sind. Das für die Amtsenthebung des Kanzlers vorgesehene Verfahren findet auch für die Amtsenthebung der Stellvertretenden Kanzler Anwendung. Der Gerichtshof hört in beiden Fällen zuvor den Kanzler an.

(2) Vor Aufnahme ihrer Tätigkeit haben die Stellvertretenden Kanzler vor dem Plenum oder nötigenfalls vor dem Präsidenten des Gerichtshofs entsprechend den für den Kanzler geltenden Vorschriften einen Eid zu leisten oder eine feierliche Erklärung abzugeben. Hierüber wird ein Protokoll aufgenommen.

Art. 17 Aufgaben des Kanzlers. (1) Der Kanzler unterstützt den Gerichtshof bei der Erfüllung seiner Aufgaben. Er trägt die Verantwortung für Organisation und Tätigkeit der Kanzlei, wobei er dem Präsidenten des Gerichtshofs untersteht.

(2) Der Kanzler bewahrt das Archiv des Gerichtshofs; die beim Gerichtshof aus- und eingehende Korrespondenz und die Zustellungen betreffend die beim Gerichtshof anhängigen oder anhängig zu machenden Rechtssachen werden über ihn geleitet.

(3) Soweit es mit der ihm durch sein Amt auferlegten Schweigepflicht vereinbar ist, erteilt der Kanzler Auskunft auf Anfragen über die Tätigkeit des Gerichtshofs, insbesondere gegenüber der Presse.

(4) Die Arbeit der Kanzlei wird durch eine vom Kanzler vorbereitete und vom Präsidenten des Gerichtshofs genehmigte allgemeine Weisung geregelt.

Art. 18 Organisation der Kanzlei. (1) Die Kanzlei besteht aus ebenso vielen Sektionskanzleien wie der Gerichtshof Sektionen bildet, sowie aus den Stellen, die erforderlich sind, um die vom Gerichtshof benötigten rechtlichen und administrativen Dienstleistungen zu erbringen.

(2) Der Sektionskanzler unterstützt die Sektion bei der Erfüllung ihrer Aufgaben. Dabei kann ihm ein Stellvertretender Sektionskanzler zur Seite stehen.

(3) Die Kanzleibediensteten werden vom Kanzler unter Aufsicht des Präsidenten des Gerichtshofs eingestellt. Die Ernennung des Kanzlers und der Stellvertretenden Kanzler erfolgt nach den Artikeln 15 und 16.

Art. 18a Nicht richterliche Berichterstatter (1) Wenn der Gerichtshof in Einzelrichterbesetzung tagt, wird er von nicht richterlichen Berichterstattern unterstützt, die ihre Aufgaben unter der Aufsicht des Präsidenten des Gerichtshofs ausüben. Sie gehören der Kanzlei des Gerichtshofs an.

(2) Die nicht richterlichen Berichterstatter werden vom Präsidenten des Gerichtshofs auf Vorschlag des Kanzlers bestimmt. Die Sektionskanzler und Stellvertretenden Sektionskanzler nach Artikel 18 Absatz 2 dieser Verfahrensordnung sind von Amts wegen als nicht richterliche Berichterstatter tätig.

Art. 18b Rechtsgelehrter. Um die Qualität und Einheitlichkeit seiner Rechtsprechung zu gewährleisten, wird der Gerichtshof von einem Rechtsgelehrten unterstützt. Er gehört der Kanzlei an. Der Rechtsgelehrte erteilt Gutachten und Auskünfte, insbesondere für die Spruchkörper und Mitglieder des Gerichtshofs.

Kapitel IV. Die Arbeitsweise des Gerichtshofs

Art. 19 Sitz des Gerichtshofs. (1) Der Gerichtshof hat seinen Sitz in Strassburg, dem Sitz des Europarats. Der Gerichtshof kann jedoch, wenn er es für zweckmässig hält, seine Tätigkeit an einem anderen Ort im Hoheitsgebiet der Mitgliedstaaten des Europarats ausüben.

(2) Der Gerichtshof kann in jedem Stadium der Prüfung einer Beschwerde beschliessen, dass es notwendig ist, selbst oder durch eines oder mehrere seiner Mitglieder an einem anderen Ort eine Untersuchung vorzunehmen oder jede andere Aufgabe zu erledigen.

Art. 20 Sitzungen des Plenums. (1) Der Präsident beruft den Gerichtshof zu einer Plenarsitzung ein, sobald es die dem Gerichtshof nach der Konvention und dieser Verfahrensordnung obliegenden Aufgaben erfordern. Der Präsident beruft eine Plenarsitzung ein, wenn mindestens ein Drittel der Mitglieder des Gerichtshofs es verlangt, jedenfalls aber einmal im Jahr zur Erörterung von Verwaltungsfragen.

(2) Für die Beschlussfähigkeit des Plenums ist die Anwesenheit von mindestens zwei Dritteln der im Amt befindlichen gewählten Richter erforderlich.

(3) Wird die für die Beschlussfähigkeit erforderliche Zahl nicht erreicht, so vertagt der Präsident die Sitzung.

Art. 21 Andere Sitzungen des Gerichtshofs. (1) Die Grosse Kammer, die Kammern und die Komitees tagen ständig. Der Gerichtshof legt jedoch jedes Jahr auf Vorschlag seines Präsidenten Sitzungsperioden fest.

(2) In dringenden Fällen kann der Präsident die Grosse Kammer und die Kammern auch ausserhalb dieser Sitzungsperioden einberufen.

Art. 22 Beratungen. (1) Der Gerichtshof berät in nichtöffentlicher Sitzung. Seine Beratungen bleiben geheim.

(2) Nur die Richter nehmen an den Beratungen teil. Der Kanzler oder die als sein Vertreter bestimmte Person sowie diejenigen weiteren Kanzleibediensteten und Dolmetscher, deren Hilfe für erforderlich erachtet wird, sind bei den Beratungen anwesend. Die Zulassung anderer Personen bedarf einer besonderen Entscheidung des Gerichtshofs.

(3) Vor jeder Abstimmung über eine Frage, die dem Gerichtshof vorgelegt wird, fordert der Präsident die Richter auf, ihre Meinung zu äussern.

Art. 23 Abstimmungen. (1) Die Entscheidungen des Gerichtshofs werden von den anwesenden Richtern mit Stimmenmehrheit getroffen. Bei Stimmengleichheit wird erneut abgestimmt, und liegt weiterhin Stimmengleichheit vor, so gibt die Stimme des Präsidenten den Ausschlag. Dieser Absatz gilt, soweit diese Verfahrensordnung nichts anderes bestimmt.

(2) Die Entscheidungen und Urteile der Grossen Kammer und der Kammern werden von den jeweils tagenden Richtern mit Stimmenmehrheit getroffen. Bei den Schlussabstimmungen über Zulässigkeit und Begründetheit einer Beschwerde sind Enthaltungen nicht zulässig.

(3) In der Regel erfolgen die Abstimmungen durch Handzeichen. Der Präsident kann eine namentliche Abstimmung durchführen, und zwar in umgekehrter Reihenfolge der Rangordnung.

(4) Jede Frage, über die abzustimmen ist, wird genau formuliert.

Art. 23a Entscheidung durch stillschweigende Zustimmung. Hat der Gerichtshof ausserhalb einer angesetzten Sitzung über eine Verfahrensfrage oder eine andere Frage zu entscheiden, so kann der Präsident anordnen, dass den Richtern die Entscheidung im Entwurf zuzuleiten und für ihre Stellungnahme eine Frist zu setzen ist. Erheben die Richter keine Einwände, so gilt der Vorschlag nach Ablauf der Frist als angenommen.

Kapitel V. Zusammensetzung des Gerichtshofs

Art. 24 Zusammensetzung der Grossen Kammer. (1) Die Grosse Kammer besteht aus 17 Richtern und mindestens drei Ersatzrichtern.

(2)

a) Der Grossen Kammer gehören der Präsident und die Vizepräsidenten des Gerichtshofs sowie die Sektionspräsidenten an. Ist ein Vizepräsident des Gerichtshofs oder ein Sektionspräsident an der Teilnahme an einer Sitzung der Grossen Kammer verhindert, so wird er durch den Vizepräsidenten der betreffenden Sektion vertreten.

b) Der für die betroffene Vertragspartei gewählte Richter oder gegebenenfalls der nach Artikel 29 oder Artikel 30 benannte Richter ist nach Artikel 26 Absätze 4 und 5 der Konvention von Amts wegen Mitglied der Grossen Kammer.

c) In Rechtssachen, die nach Artikel 30 der Konvention an die Grosse Kammer abgegeben werden, gehören der Grossen Kammer auch die Mitglieder der Kammer an, welche die Sache abgegeben hat.

d) In Rechtssachen, die nach Artikel 43 der Konvention an die Grosse Kammer verwiesen werden, gehört der Grossen Kammer kein Richter an, welcher der Kammer angehörte, die das Urteil in der der verwiesenen Rechtssache fällte, mit Ausnahme des Präsidenten jener Kammer und des Richters, der ihr für die betroffene Vertragspartei angehörte, ebenso wenig ein Richter, welcher der oder den Kammern angehörte, die sich über die Zulässigkeit der Beschwerde aussprachen.

e) Die Richter und Ersatzrichter, welche die Grosse Kammer jeweils in einer ihr vorgelegten Rechtssache vervollständigen sollen, werden aus dem Kreis der verbleibenden Richter vom Präsidenten des Gerichtshofs im Beisein des Kanzlers durch das Los bestimmt. Die Einzelheiten des Losverfahrens werden unter gebührender Berücksichtigung der Notwendigkeit einer geographisch ausgewogenen Zusammensetzung, die den unterschiedlichen Rechtssystemen der Vertragsparteien Rechnung trägt, vom Plenum festgelegt.

f) Bei der Prüfung eines Antrags auf Erstattung eines Gutachtens nach Artikel 47 der Konvention wird die Grosse Kammer nach Absatz 2 Buchstaben a und e gebildet.

(3) Sind Richter verhindert, so werden sie durch Ersatzrichter vertreten, die in der Reihenfolge nach Absatz 2 Buchstabe e bestimmt werden.

(4) Die so bestimmten Richter und Ersatzrichter bleiben für die Prüfung der Rechtssache Mitglieder der Grossen Kammer, bis das Verfahren abgeschlossen ist. Sie setzen ihre Tätigkeit in einer Rechtssache auch nach Ablauf ihrer Amtszeit fort, wenn sie an der Prüfung der Begründetheit teilgenommen haben. Diese Bestimmungen gelten auch für das Verfahren zur Erstattung von Gutachten.

(5)

a) Der Ausschuss von fünf Richtern der Grossen Kammer, der einen nach Artikel 43 der Konvention vorgelegten Antrag zu prüfen hat, besteht aus:
   – dem Präsidenten des Gerichtshofs; ist der Präsident des Gerichtshofs verhindert, so wird er durch den rangälteren Vizepräsidenten des Ge- richtshofs vertreten;
   – zwei Sektionspräsidenten, die im Rotationsverfahren bestimmt werden; ist ein so bestimmter Sektionspräsident verhindert, so wird er durch den Vizepräsidenten der Sektion vertreten;
   – zwei Richtern, die im Rotationsverfahren aus dem Kreis der Richter bestimmt werden, die von den verbleibenden Sektionen zur Mitwirkung im Ausschuss für sechs Monate gewählt wurden;
   – mindestens zwei Ersatzrichtern, die im Rotationsverfahren aus dem Kreis der Richter bestimmt werden, die von den Sektionen zur Mitwirkung im Ausschuss für sechs Monate gewählt wurden.

b) Prüft der Ausschuss einen Antrag auf Verweisung, so gehört ihm kein Richter an, der an der Prüfung der Zulässigkeit oder der Begründetheit der betreffenden Rechtssache teilgenommen hat.

c) Ein Richter, der für eine von einem Antrag auf Verweisung betroffene Vertragspartei gewählt wurde oder Staatsangehöriger einer solchen ist, kann nicht Mitglied des Ausschusses sein, wenn der Ausschuss diesen Antrag prüft. Ein gewählter Richter, der von der betroffenen Vertragspartei nach Artikel 29 oder 30 benannt worden ist, ist von der Prüfung eines solchen Antrags ebenfalls ausgeschlossen.

d) Ist ein Mitglied des Ausschusses aus einem unter Buchstabe b oder c genannten Grund verhindert, so wird es durch einen Ersatzrichter vertreten, der im Rotationsverfahren aus dem Kreis der Richter bestimmt wird, die von den Sektionen zur Mitwirkung im Ausschuss für sechs Monate gewählt wurden.

e) Wird der Ausschuss gestützt auf Artikel 1 des Protokolls Nr. 16 zur Konvention mit einem Antrag auf Erstattung eines Gutachtens befasst, so wird er nach den Bestimmungen von Artikel 93 dieser Verfahrensordnung zusammengesetzt.

Art. 25 Bildung der Sektionen. (1) Die in Artikel 25 Buchstabe b der *Konvention* vorgesehenen Kammern (in dieser Verfahrensordnung als «Sektionen» bezeichnet) werden auf Vorschlag des Präsidenten vom Plenum gebildet, und zwar für drei Jahre, von der Wahl der in Artikel 8 dieser Verfahrensordnung genannten Inhaber der Präsidialämter angerechnet. Es werden mindestens vier Sektionen gebildet.

(2) Jeder Richter ist Mitglied einer Sektion. Die Zusammensetzung der Sektionen soll sowohl in geographischer Hinsicht als auch in Bezug auf die Vertretung der Geschlechter ausgewogen sein und den unterschiedlichen Rechtssystemen der Vertragsparteien Rechnung tragen.

(3) Scheidet ein Richter vor Ablauf des Zeitabschnitts, für den die Sektion gebildet wurde, aus dem Gerichtshof aus, so wird er durch seinen Nachfolger beim Gerichtshof als Mitglied der Sektion ersetzt.

(4) Wenn es die Umstände erfordern, kann der Präsident des Gerichtshofs ausnahmsweise die Zusammensetzung der Sektionen ändern.

(5) Auf Vorschlag des Präsidenten kann das Plenum eine zusätzliche Sektion bilden.

Art. 26 Bildung der Kammern. (1) Die Kammern mit sieben Richtern, die in Artikel 26 Absatz 1 der Konvention für die Prüfung der beim Gerichtshof anhängig gemachten Rechtssachen vorgesehen sind, werden wie folgt aus den Sektionen gebildet:

a) Der Kammer gehören vorbehaltlich des Absatzes 2 sowie des Artikels 28 Absatz 4, letzter Satz, für jede Rechtssache der Sektionspräsident und der für eine betroffene Vertragspartei gewählte Richter an. Ist der Letztere nicht Mitglied der Sektion, der die Beschwerde nach Artikel 51 oder 52 dieser Verfahrensordnung zugeteilt wurde, so gehört er der Kammer nach Artikel 26 Absatz 4 der Konvention von Amts wegen an. Ist dieser Richter verhindert oder befangen, so findet Artikel 29 dieser Verfahrensordnung Anwendung.

b) Die anderen Mitglieder der Kammer werden vom Sektionspräsidenten im Rotationsverfahren aus dem Kreis der Mitglieder der Sektion bestimmt.

c) Die Mitglieder der Sektion, die nicht auf diese Weise bestimmt wurden, sind in der betreffenden Rechtssache Ersatzrichter.

(2) Der für eine betroffene Vertragspartei gewählte Richter oder gegebenenfalls der nach Artikel 29 oder 30 benannte gewählte Richter oder Richter *ad hoc* kann vom Kammerpräsidenten von der Teilnahme an Sitzungen, die der Vorbereitung oder Verfahrensfragen gewidmet sind, befreit werden. Für die Zwecke solcher Sitzungen nimmt der erste Ersatzrichter teil.

(3) Auch nach Ende ihrer Amtszeit bleiben die Richter in den Rechtssachen tätig, in denen sie an der Prüfung der Begründetheit teilgenommen haben.

Art. 27 Komitees. (1) Nach Artikel 26 Absatz 1 der Konvention werden Komitees aus drei derselben Sektion angehörenden Richtern gebildet. Die Zahl der Komitees wird vom Präsidenten des Gerichtshofs nach Anhörung der Sektionspräsidenten bestimmt.

(2) Die Komitees werden im Rotationsverfahren aus dem Kreis der Mitglieder jeder Sektion mit Ausnahme ihres Präsidenten für zwölf Monate gebildet.

(3) Sektionsmitglieder einschliesslich des Sektionspräsidenten, die nicht Mitglieder eines Komitees sind, können gegebenenfalls berufen werden zu tagen. Sie können ebenfalls verhinderte Mitglieder ersetzen.

(4) Komiteepräsident ist das innerhalb der Sektion jeweils rangälteste Mitglied.

Art. 27a Einzelrichterbesetzung. (1) Nach Artikel 26 Absatz 1 der Konvention wird eine Einzelrichterbesetzung eingeführt. Nach Anhörung des Präsidiums bestimmt der Präsident des Gerichtshofs die Zahl der zu benennenden Einzelrichter und nimmt die Benennungen für eine oder mehrere Vertragsparteien vor.

(2) Als Einzelrichter tagen ebenfalls:

a) die Sektionspräsidenten, wenn sie ihre Zuständigkeiten nach Artikel 54 Absätze 2 Buchstabe b und 3 dieser Verfahrensordnung ausüben;

b) die Vizepräsidenten der Sektion, die für die Entscheidung über die Anträge auf vorläufige Massnahmen nach Artikel 39 Absatz 4 dieser Verfahrensordnung bestimmt werden.

(3) Nach Artikel 26 Absatz 3 der Konvention darf ein Richter nicht als Einzelrichter eine Beschwerde gegen die Vertragspartei, für die er gewählt worden ist, prüfen. Ferner darf ein Richter nicht als Einzelrichter eine Beschwerde gegen eine Vertragspartei, deren Staatsangehöriger er ist, prüfen.

(4) Die Einzelrichter werden für eine Amtszeit von zwölf Monaten benannt. Sie nehmen weiterhin ihre anderen Aufgaben innerhalb der Sektionen wahr, denen sie nach Artikel 25 Absatz 2 angehören.

(5) Nach Artikel 24 Absatz 2 der Konvention wird jeder Einzelrichter bei seinen Entscheidungen von einem nicht richterlichen Berichterstatter unterstützt.

Art. 28 Verhinderung, Ablehnung, Freistellung. (1) Jeder Richter, der verhindert ist, an Sitzungen teilzunehmen, zu denen er einberufen wurde, hat dies umgehend dem Kammerpräsidenten mitzuteilen.

(2) Ein Richter darf an der Prüfung einer Rechtssache nicht teilnehmen:

a) wenn er an der Rechtssache ein persönliches Interesse hat, zum Beispiel wegen einer ehelichen, elterlichen oder sonstigen engen verwandtschaftlichen, persönlichen oder beruflichen Beziehung oder eines Unterordnungsverhältnisses zu einer der Parteien;

b) wenn er an der Rechtssache vorher mitgewirkt hat, sei es als Prozessbevollmächtigter, Rechtsbeistand oder Berater einer Partei oder einer an der Sache interessierten Person, sei es als Mitglied eines anderen Gerichts oder einer Untersuchungskommission auf nationaler oder internationaler Ebene oder in anderer Eigenschaft;

c) wenn er als Richter *ad hoc* oder als ehemaliger gewählter Richter, der nach Artikel 26 Absatz 3 weiter tätig ist, eine politische oder administrative Tätigkeit oder eine mit seiner Unabhängigkeit und Unparteilichkeit unvereinbare berufliche Tätigkeit aufnimmt;

d) wenn er über die Medien, schriftlich, durch öffentliches Handeln oder in anderer Weise in der Öffentlichkeit Ansichten geäussert hat, die objektiv geeignet sind, seine Unparteilichkeit zu beeinträchtigen;

e) wenn aus einem anderen Grund berechtigte Zweifel an seiner Unabhängigkeit oder Unparteilichkeit bestehen.

(3) Ist ein Richter aus einem der genannten Gründe befangen, so teilt er dies dem Kammerpräsidenten mit; dieser stellt ihn von der Teilnahme an der Rechtssache frei.

(4) Hat der betroffene Richter oder der Kammerpräsident Zweifel, ob einer der in Absatz 2 genannten Ablehnungsgründe vorliegt, so entscheidet die Kammer. Nach Anhörung des betroffenen Richters berät die Kammer und stimmt ab; dabei ist der betroffene Richter nicht anwesend. Für die Zwecke der Beratungen und der Abstimmung der Kammer über diese Frage wird er durch den ersten Ersatzrichter der Kammer vertreten. Dasselbe gilt, wenn der Richter der Kammer für eine betroffene Vertragspartei nach den Artikeln 29 und 30 angehört.

(5) Die Absätze 1 bis 4 gelten auch für die Mitwirkung eines Richters in einer Kammer oder in einem Komitee; in diesem Fall ist die nach Absatz 1 oder 3 vorgeschriebene Mitteilung an den Sektionspräsidenten zu richten.

Art. 29 Richter *ad hoc*. (1)

a) Wenn der für eine betroffene Vertragspartei gewählte Richter verhindert ist, in einer Kammer zu tagen, wenn er befangen oder freigestellt ist oder wenn es einen solchen Richter nicht gibt, benennt der Kammerpräsident einen nach Artikel 28 zur Teilnahme an der Prüfung der Rechtssache geeigneten Richter *ad hoc* aus einem vorab von der Vertragspartei unterbreiteten Verzeichnis mit den Namen von drei bis fünf Personen, die die Voraussetzungen nach Absatz 1 Buchstabe c erfüllen und von ihr für eine verlängerbare Amtszeit von vier Jahren als mögliche Richter *ad hoc* bezeichnet wurden.

Das Verzeichnis muss Personen beiderlei Geschlechts umfassen, und es sind ihm biografische Angaben zu den Personen beizufügen, deren Namen in der Liste erscheinen. Diese dürfen, gleichviel in welcher Eigenschaft, eine Partei oder einen Drittbeteiligten in einem Verfahren vor dem Gerichtshof nicht vertreten.

b) Das Verfahren nach Absatz 1 Buchstabe a gilt, wenn die benannte Person verhindert oder befangen ist.

c) Ein Richter *ad hoc* muss die in Artikel 21 Absatz 1 der Konvention vorgeschriebenen Voraussetzungen erfüllen und muss in der Lage sein, den in Absatz 5 vorgesehenen Erfordernissen in Bezug auf Verfügbarkeit und Anwesenheit zu entsprechen. Ein Richter *ad hoc* darf während seiner Amtszeit, gleichviel in welcher Eigenschaft, eine Partei oder einen Drittbeteiligten in einem Verfahren vor dem Gerichtshof nicht vertreten.

(2) Der Kammerpräsident benennt einen anderen gewählten Richter, der als Richter *ad hoc* an dem Verfahren mitwirkt, wenn:

a) die betroffene Vertragspartei in dem Zeitpunkt, in dem die Beschwerde nach Artikel 54 Absatz 2 Buchstabe b zur Kenntnis gebracht wird, dem Kanzler das in Absatz 1 Buchstabe a dieses Artikels bezeichnete Verzeichnis nicht unterbreitet hat; oder

b) er der Ansicht ist, dass weniger als drei der im Verzeichnis aufgeführten Personen die Voraussetzungen nach Absatz 1 Buchstabe c dieses Artikels erfüllen.

(3) Der Kammerpräsident kann beschliessen, einen Richter *ad hoc* nach Absatz 1 Buchstabe a oder Absatz 2 erst dann zu benennen, wenn der Vertragspartei die Beschwerde nach Artikel 54 Absatz 2 zur Kenntnis gebracht wird. Bis zur Entscheidung des Kammerpräsidenten nimmt der erste Ersatzrichter an den Sitzungen teil.

(4) Zu Beginn der ersten Sitzung in der betreffenden Rechtssache nach seiner Benennung leistet der Richter *ad hoc* den Eid oder gibt die feierliche Erklärung ab, die in Artikel 3 vorgesehen sind. Hierüber wird ein Protokoll aufgenommen.

(5) Richter *ad hoc* müssen sich zur Verfügung des Gerichtshofs halten und vorbehaltlich des Artikels 26 Absatz 2 an den Sitzungen der Kammer teilnehmen.

(6) Auf das Verfahren vor einem Ausschuss der Grossen Kammer betreffend einen Antrag auf Erstattung eines Gutachtens gestützt auf Artikel 1 des Protokolls Nr. 16 zur Konvention sowie auf das Verfahren vor der Grossen Kammer zur Prüfung der vom Ausschuss zugelassenen Anträge sind die Bestimmungen dieses Artikels entsprechend anzuwenden.

Art. 30 Interessengemeinschaft. (1) Haben zwei oder mehr beschwerdeführende oder beschwerdegegnerische Vertragsparteien ein gemeinsames Interesse, so kann der Kammerpräsident sie auffordern, sich untereinander über die Benennung nur eines der für sie gewählten Richter als Richter der Interessengemeinschaft zu verständigen; dieser wird von Amts wegen zum Kammermitglied berufen. Kommt eine Einigung nicht zustande, so bestimmt der Präsident den Richter der Interessengemeinschaft aus der Zahl der von diesen Parteien vorgeschlagenen Richter durch das Los.

(2) Der Kammerpräsident kann beschliessen, die betroffenen Vertragsparteien zu einer Benennung nach Absatz 1 erst dann aufzufordern, wenn die Beschwerde den beschwerdegegnerischen Vertragsparteien nach Artikel 54 Absatz 2 zur Kenntnis gebracht worden ist.

(3) Besteht Streit über das Vorliegen einer Interessengemeinschaft oder über eine damit zusammenhängende Frage, so entscheidet die Kammer, nötigenfalls nach Einholung schriftlicher Stellungnahmen der betroffenen Vertragsparteien.

Titel II. Das Verfahren

Kapitel I. Allgemeine Vorschriften

Art. 31 Möglichkeit von Abweichungen im Einzelfall. Der Gerichtshof kann im Einzelfall bei der Prüfung einer Rechtssache von den Vorschriften dieses Titels abweichen; wenn es angezeigt ist, hört er zuvor die Parteien an.

Art. 32 Verfahrensanordnungen. Der Präsident des Gerichtshofs kann Verfahrensanordnungen praktischer Natur erlassen, insbesondere hinsichtlich des Erscheinens zu mündlichen Verhandlungen und der Einreichung von Schriftsätzen oder sonstigen Unterlagen.

Art. 33 Öffentlichkeit der Unterlagen. (1) Alle bei der Kanzlei von den Parteien oder Drittbeteiligten im Zusammenhang mit einer Beschwerde eingereichten Unterlagen mit Ausnahme derjenigen, die im Rahmen von Verhandlungen über eine gütliche Einigung nach Artikel 62 vorgelegt werden, sind der Öffentlichkeit nach den vom Kanzler bestimmten Regelungen zugänglich, soweit nicht der Kammerpräsident aus den in Absatz 2 genannten Gründen anders entscheidet, sei es von Amts wegen, sei es auf Antrag einer Partei oder einer anderen betroffenen Person.

(2) Der Zugang der Öffentlichkeit zu Unterlagen oder Teilen davon kann eingeschränkt werden, wenn dies im Interesse der Moral, der öffentlichen Ordnung oder der nationalen Sicherheit in einer demokratischen Gesellschaft liegt, wenn die Interessen von Jugendlichen oder der Schutz des Privatlebens der Parteien oder anderer betroffener Personen es verlangen oder – soweit der Kammerpräsident es für unbedingt erforderlich hält – wenn unter besonderen Umständen die Öffentlichkeit von Unterlagen die Interessen der Rechtspflege beeinträchtigen würde.

(3) Anträge auf Vertraulichkeit nach Absatz 1 sind zu begründen; dabei ist anzugeben, ob sämtliche Unterlagen oder nur ein Teil davon der Öffentlichkeit nicht zugänglich sein sollen.

Art. 34 Gebrauch der Sprachen. (1) Die Amtssprachen des Gerichtshofs sind Englisch und Französisch.

(2) Wird eine Beschwerde nach Artikel 34 der Konvention erhoben, so erfolgen, solange diese Beschwerde noch keiner Vertragspartei nach dieser Verfahrensordnung zur Kenntnis gebracht worden ist, die Kommunikation mit dem Beschwerdeführer oder seinem Vertreter sowie

die mündlichen und schriftlichen Stellungnahmen des Beschwerdeführers oder seines Vertreters, soweit nicht in einer der Amtssprachen des Gerichtshofs, in einer der Amtssprachen der Vertragsparteien. Wird nach Massgabe dieser Verfahrensordnung eine Vertragspartei über eine Beschwerde informiert oder eine Beschwerde ihr zur Kenntnis gebracht, so sind ihr die Beschwerde und alle beigefügten Unterlagen in der Sprache zu übermitteln, in der sie vom Beschwerdeführer bei der Kanzlei eingereicht wurden.

(3)

a) Die Kommunikation mit dem Beschwerdeführer oder seinem Vertreter sowie die mündlichen und schriftlichen Stellungnahmen des Beschwerdeführers oder seines Vertreters in Bezug auf eine mündliche Verhandlung oder nachdem einer Vertragspartei die Beschwerde zur Kenntnis gebracht worden ist, erfolgen in einer der Amtssprachen des Gerichtshofs, wenn nicht der Kammerpräsident den weiteren Gebrauch der Amtssprache einer Vertragspartei erlaubt.

b) Wird diese Erlaubnis erteilt, so trifft der Kanzler die notwendigen Vorkehrungen dafür, dass die mündlichen und schriftlichen Stellungnahmen des Beschwerdeführers ganz oder teilweise ins Englische oder Französische gedolmetscht beziehungsweise übersetzt werden, soweit dies nach Auffassung des Kammerpräsidenten im Interesse einer ordnungsgemässen Durchführung des Verfahrens ist.

c) Ausnahmsweise kann der Kammerpräsident die Erteilung der Erlaubnis davon abhängig machen, dass der Beschwerdeführer die dadurch entstehenden Kosten ganz oder teilweise trägt.

d) Wenn der Kammerpräsident nichts anderes bestimmt, gilt eine Entscheidung nach diesem Absatz auch für alle späteren Verfahrensabschnitte, einschliesslich derer, die durch Anträge auf Verweisung der Rechtssache an die Grosse Kammer oder durch Anträge auf Auslegung des Urteils oder Wiederaufnahme des Verfahrens nach Artikel 73, 79 beziehungsweise 80 ausgelöst werden.

(4)

a) Die Kommunikation mit einer Vertragspartei, die in der Rechtssache Partei ist, sowie die mündlichen und schriftlichen Stellungnahmen einer solchen Vertragspartei erfolgen in einer der Amtssprachen des Gerichtshofs. Der Kammerpräsident kann der betreffenden Vertragspartei den Gebrauch einer ihrer Amtssprachen für mündliche und schriftliche Stellungnahmen erlauben.

b) Wird diese Erlaubnis erteilt, so hat die ersuchende Vertragspartei:

   i) innerhalb einer vom Kammerpräsidenten zu bestimmenden Frist eine Übersetzung ihrer schriftlichen Stellungnahmen in einer der Amtssprachen des Gerichtshofs einzureichen. Reicht diese Vertragspartei innerhalb dieser Frist die Übersetzung nicht ein, so kann der Kanzler auf Kosten der ersuchenden Vertragspartei die notwendigen Vorkehrungen für diese Übersetzung treffen;

ii) die Kosten für das Dolmetschen ihrer mündlichen Stellungnahmen ins Englische oder Französische zu tragen. Der Kanzler ist dafür verantwortlich, die notwendigen Vorkehrungen für das Dolmetschen zu treffen.

c) Der Kammerpräsident kann anordnen, dass eine Vertragspartei, die in der Rechtssache Partei ist, innerhalb einer bestimmten Frist eine englische oder französische Übersetzung oder Zusammenfassung aller oder bestimmter Anlagen zu ihren schriftlichen Stellungnahmen oder anderer einschlägiger Unterlagen oder von Auszügen daraus vorzulegen hat.

d) In Bezug auf die Beteiligung Dritter nach Artikel 44 dieser Verfahrensordnung und den Gebrauch einer Sprache, die nicht eine der Amtssprachen ist, durch Drittbeteiligte sind die Buchstaben a bis c entsprechend anzuwenden.

(5) Der Kammerpräsident kann die beschwerdegegnerische Vertragspartei auffordern, eine Übersetzung ihrer schriftlichen Stellungnahmen in einer ihrer Amtssprachen vorzulegen, um dem Beschwerdeführer das Verständnis dieser Stellungnahmen zu erleichtern.

(6) Zeugen, Sachverständige und andere Personen, die vor dem Gerichtshof auftreten, können sich ihrer eigenen Sprache bedienen, wenn sie keine der beiden Amtssprachen hinreichend beherrschen. In diesem Fall trifft der Kanzler die notwendigen Vorkehrungen für die mündliche und schriftliche Übersetzung.

(7) Der dem Gerichtshof nach Artikel 1 des Protokolls Nr. 16 zur Konvention und in Erfüllung der Voraussetzungen nach Artikel 92 dieser Verfahrensordnung eingereichte Antrag auf Erstattung eines Gutachtens kann in der innerstaatlichen Amtssprache verfasst werden, die im innerstaatlichen Verfahren verwendet wird. Ist die entsprechende Sprache nicht eine Amtssprache des Gerichtshofs, so ist innert einer vom Präsidenten des Gerichtshofs zu bestimmenden Frist eine englische oder französische Übersetzung des Antrags einzureichen.

Art. 35 Vertretung der Vertragsparteien. Die Vertragsparteien werden durch Prozessbevollmächtigte vertreten, die zu ihrer Unterstützung Rechtsbeistände oder Berater hinzuziehen können.

Art. 36 Vertretung der Beschwerdeführer. (1) Die in Artikel 34 der Konvention genannten natürlichen Personen, nichtstaatlichen Organisationen und Personengruppen können eine Beschwerde zunächst selbst oder durch einen Vertreter einreichen.

(2) Sobald der beschwerdegegnerischen Vertragspartei die Beschwerde nach Artikel 54 Absatz 2 Buchstabe b zugestellt ist, muss der Beschwerdeführer nach Absatz 4 vertreten sein, wenn der Kammerpräsident nichts anderes bestimmt.

(3) Auf diese Weise muss der Beschwerdeführer in jeder von der Kammer beschlossenen mündlichen Verhandlung vertreten sein, wenn

der Kammerpräsident ihm nicht ausnahmsweise erlaubt, seine Interessen selbst zu vertreten, falls erforderlich mit Unterstützung eines Rechtsbeistands oder einer anderen zugelassenen Person.

(4)

a) Der nach den Absätzen 2 und 3 im Namen des Beschwerdeführers handelnde Vertreter muss ein in einer Vertragspartei zugelassener Rechtsbeistand mit Wohnsitz im Hoheitsgebiet einer Vertragspartei sein oder aber eine andere Person, die der Kammerpräsident zulässt.

b) Unter aussergewöhnlichen Umständen kann der Kammerpräsident, wenn er der Meinung ist, dass die Umstände oder das Verhalten des Rechtsbeistands oder der anderen Person, die nach dem vorangehenden Buchstaben bestellt wurden, es rechtfertigen, zu jedem Zeitpunkt des Verfahrens bestimmen, dass der Rechtsbeistand oder diese Person den Beschwerdeführer nicht mehr vertreten oder unterstützen darf und dieser einen anderen Vertreter suchen muss.

(5)

a) Der Rechtsbeistand oder der andere zugelassene Vertreter des Beschwerdeführers oder der Beschwerdeführer selbst, der darum ersucht, seine Interessen selbst vertreten zu dürfen, muss, auch wenn ihm eine Erlaubnis nach Buchstabe b erteilt wird, eine der Amtssprachen des Gerichtshofs hinreichend verstehen.

b) Verfügt der Betreffende nicht über hinreichende Kenntnisse, um sich in einer der Amtssprachen des Gerichtshofs auszudrücken, so kann ihm der Kammerpräsident nach Artikel 34 Absatz 3 den Gebrauch einer der Amtssprachen der Vertragsstaaten erlauben.

Art. 37 Mitteilungen, Zustellungen, Ladungen. (1) Mitteilungen und Zustellungen an die Prozessbevollmächtigten oder die Rechtsbeistände der Parteien gelten als an die Parteien gerichtet.

(2) Hält der Gerichtshof für eine Mitteilung, Zustellung oder Ladung, die an eine andere Person als die Prozessbevollmächtigten oder Rechtsbeistände der Parteien gerichtet ist, die Mitwirkung der Regierung des Staates für erforderlich, in dessen Hoheitsgebiet die Mitteilung, Zustellung oder Ladung Wirkung entfalten soll, so wendet sich der Präsident des Gerichtshofs unmittelbar an diese Regierung, um die notwendige Unterstützung zu erhalten.

Art. 38 Schriftsätze. (1) Schriftsätze und andere Unterlagen können nur innerhalb der Frist eingereicht werden, die je nach Fall vom Kammerpräsidenten oder vom Berichterstatter nach Massgabe dieser Verfahrensordnung hierfür bestimmt wird. Schriftsätze und andere Unterlagen, die nach Ablauf dieser Frist oder unter Missachtung einer nach Artikel 32 ergangenen Verfahrensanordnung eingereicht werden, finden keinen Eingang in die Verfahrensakten, wenn der Kammerpräsident nichts anderes bestimmt.

(2) Für die Berechnung der in Absatz 1 genannten Frist ist das belegte Datum der Absendung des Schriftstücks oder, falls ein solches Datum fehlt, das Datum des Eingangs bei der Kanzlei massgebend.

Art. 38a Prüfung von Verfahrensfragen. Von der Kammer zu entscheidende Verfahrensfragen werden gleichzeitig mit der Prüfung der Rechtssache beraten, wenn der Kammerpräsident nichts anderes bestimmt.

Art. 39 Vorläufige Massnahmen. (1) Die Kammer oder gegebenenfalls der Sektionspräsident oder ein nach Absatz 4 benannter Dienst habender Richter kann auf Antrag einer Partei oder jeder anderen betroffenen Person sowie von Amts wegen gegenüber den Parteien vorläufige Massnahmen bezeichnen, die im Interesse der Parteien oder eines ordnungsgemässen Verfahrensablaufs ergriffen werden sollten.

(2) Gegebenenfalls ist das Ministerkomitee umgehend über die in einer Rechtssache ergriffenen Massnahmen zu informieren.

(3) Die Kammer oder gegebenenfalls der Sektionspräsident oder ein nach Absatz 4 benannter Dienst habender Richter können von den Parteien Informationen zu Fragen der Durchführung der vorläufigen Massnahmen anfordern.

(4) Der Präsident des Gerichtshofs kann Vizepräsidenten der Sektionen als Dienst habende Richter für die Entscheidung über Anträge auf vorläufige Massnahmen bestimmen.

Art. 40 Dringliche Mitteilung über eine Beschwerde. In dringenden Fällen kann der Kanzler vorbehaltlich anderer verfahrensrechtlicher Massnahmen mit Erlaubnis des Kammerpräsidenten eine betroffene Vertragspartei durch jedes verfügbare Mittel über die Erhebung einer Beschwerde informieren und ihr zusammenfassende Angaben über deren Gegenstand machen.

Art. 41 Reihenfolge bei der Behandlung der Beschwerden. Bei der Bestimmung der Reihenfolge, in der die Beschwerden zu behandeln sind, berücksichtigt der Gerichtshof anhand von ihm festgelegter Kriterien die Bedeutung und Dringlichkeit der aufgeworfenen Fragen. Die Kammer oder ihr Präsident kann jedoch von diesen Kriterien abweichen und eine bestimmte Beschwerde vorrangig behandeln.

Art. 42 Verbindung und gleichzeitige Prüfung von Beschwerden (bisheriger Art. 43). (1) Die Kammer kann auf Antrag der Parteien oder von Amts wegen die Verbindung mehrerer Beschwerden anordnen.

(2) Der Kammerpräsident kann unbeschadet der Entscheidung der Kammer über die Verbindung der Beschwerden nach Anhörung der Parteien die gleichzeitige Prüfung von Beschwerden anordnen, die derselben Kammer zugeteilt werden.

Art. 43 Streichung und Wiedereintragung im Register (bisheriger Art. 44). (1) Der Gerichtshof kann jederzeit während des Verfahrens entscheiden, eine Beschwerde nach Artikel 37 der Konvention in seinem Register zu streichen.

(2) Teilt eine beschwerdeführende Vertragspartei dem Kanzler ihre Absicht mit, ihre Beschwerde nicht weiterzuverfolgen, so kann die Kammer diese Beschwerde nach Artikel 37 der Konvention im Register streichen, wenn die andere betroffene Vertragspartei oder die anderen betroffenen Vertragsparteien mit der Nichtweiterverfolgung einverstanden sind.

(3) Im Fall einer gütlichen Einigung nach Artikel 39 der Konvention wird die Beschwerde durch eine Entscheidung im Register des Gerichtshofs gestrichen. Diese Entscheidung ist nach Artikel 39 Absatz 4 der Konvention dem Ministerkomitee zuzuleiten; dieses überwacht die Umsetzung der gütlichen Einigung, wie sie in der Entscheidung festgehalten wird. In den anderen Fällen nach Artikel 37 der Konvention wird die Beschwerde, wenn sie für zulässig erklärt wurde, durch ein Urteil und, wenn sie für unzulässig erklärt wurde, durch eine Entscheidung im Register gestrichen. Wurde die Beschwerde durch ein Urteil im Register gestrichen, so übermittelt der Kammerpräsident dieses, sobald es endgültig ist, dem Ministerkomitee, damit dieses nach Artikel 46 Absatz 2 der Konvention die Erfüllung von Verpflichtungen überwachen kann, die gegebenenfalls zur Bedingung für die Nichtweiterverfolgung der Beschwerde, die gütliche Einigung oder die Beilegung der Streitigkeit gemacht worden sind.

(4) Wird eine Beschwerde nach Artikel 37 der Konvention im Register gestrichen, so befindet der Gerichtshof über die Kostenfrage. Ergeht die Kostenentscheidung im Rahmen einer Entscheidung, mit der eine nicht für zulässig erklärte Beschwerde im Register gestrichen wird, so übermittelt der Kammerpräsident die Entscheidung dem Ministerkomitee.

(5) Wird eine Beschwerde nach Artikel 37 der Konvention im Register gestrichen, so kann der Gerichtshof die Wiedereintragung in das Register beschliessen, wenn er dies wegen aussergewöhnlicher Umstände für gerechtfertigt hält.

Art. 44 Beteiligung Dritter. (1)

a) Wird eine nach Artikel 33 oder 34 der Konvention erhobene Beschwerde der beschwerdegegnerischen Vertragspartei nach Artikel 51 Absatz 1 oder 54 Absatz 2 Buchstabe b zur Kenntnis gebracht, so übermittelt der Kanzler gleichzeitig eine Kopie der Beschwerde jeder anderen Vertragspartei, deren Staatsangehörigkeit ein Beschwerdeführer besitzt. Ebenso unterrichtet er diese Vertragsparteien über eine Entscheidung, in dieser Rechtssache eine mündliche Verhandlung durchzuführen.
b) Möchte eine Vertragspartei von ihrem Recht auf schriftliche Stellungnahme oder auf Teilnahme an mündlichen Verhandlungen nach

Artikel 36 Absatz 1 der Konvention Gebrauch machen, so hat sie dies dem Kanzler spätestens zwölf Wochen nach der Übermittlung oder Unterrichtung nach Buchstabe a schriftlich anzuzeigen. Der Kammerpräsident kann ausnahmsweise eine andere Frist bestimmen.

(2) Möchte der Menschenrechtskommissar des Europarats von seinem Recht nach Artikel 36 Absatz 3 der Konvention Gebrauch machen, schriftliche Stellungnahmen abzugeben oder an einer mündlichen Verhandlung teilzunehmen, so hat er dies dem Kanzler spätestens zwölf Wochen nach Übermittlung der Beschwerde an die beschwerdegegnerische Vertragspartei oder nach Unterrichtung der beschwerdegegnerischen Vertragspartei über die Entscheidung, eine mündliche Verhandlung durchzuführen, schriftlich anzuzeigen. Der Kammerpräsident kann ausnahmsweise eine andere Frist bestimmen.

Ist der Menschenrechtskommissar verhindert, selbst an dem Verfahren vor dem Gerichtshof teilzunehmen, so benennt er die Person oder Personen aus seinem Büro, die er als Vertreter benannt hat. Die Unterstützung durch einen Rechtsbeistand ist zulässig.

(3)

a) Ist eine Beschwerde der beschwerdegegnerischen Vertragspartei nach Artikel 51 Absatz 1 oder 54 Absatz 2 Buchstabe b zur Kenntnis gebracht worden, so kann der Kammerpräsident im Interesse der Rechtspflege, wie in Artikel 36 Absatz 2 der Konvention vorgesehen, jede Vertragspartei, die in dem Verfahren nicht Partei ist, oder jede betroffene Person, die nicht Beschwerdeführer ist, auffordern oder ermächtigen, schriftlich Stellung zu nehmen oder, falls aussergewöhnliche Umstände vorliegen, an der mündlichen Verhandlung teilzunehmen.

b) Anträge auf eine solche Ermächtigung müssen mit einer gebührenden Begründung versehen und spätestens zwölf Wochen, nachdem die Beschwerde der beschwerdegegnerischen Vertragspartei zur Kenntnis gebracht worden ist, schriftlich nach Artikel 34 Absatz 4 in einer der Amtssprachen eingereicht werden. Der Kammerpräsident kann ausnahmsweise eine andere Frist bestimmen.

(4)

a) In Rechtssachen, die von der Grossen Kammer zu prüfen sind, beginnen die in den Absätzen 1 und 2 bestimmten Fristen mit der Zustellung der Entscheidung der Kammer, die Rechtssache nach Artikel 72 Absatz 1 an die Grosse Kammer abzugeben, oder der Entscheidung des Ausschusses der Grossen Kammer nach Artikel 73 Absatz 2, den Antrag einer Partei auf Verweisung der Rechtssache an die Grosse Kammer anzunehmen, an die Parteien.

b) Die in diesem Artikel bestimmten Fristen können vom Kammerpräsidenten ausnahmsweise verlängert werden, wenn hinreichende Gründe angeführt werden.

(5) Die Aufforderung oder Ermächtigung nach Absatz 2 Buchstabe a ist auch hinsichtlich der Beachtung von Fristen an die vom Kammer-

präsidenten festgelegten Bedingungen geknüpft. Werden diese Bedingungen nicht eingehalten, so kann der Präsident beschliessen, die Stellungnahmen nicht in die Verfahrensakten aufzunehmen oder die Teilnahme an der mündlichen Verhandlung zu beschränken, soweit er dies für angebracht hält.

(6) Schriftliche Stellungnahmen nach diesem Artikel müssen nach Artikel 34 Absatz 4 in einer der Amtssprachen abgefasst sein. Der Kanzler übermittelt die Stellungnahmen den Parteien; diese können unter Einhaltung der vom Kammerpräsidenten bestimmten Bedingungen, einschliesslich der Fristen, schriftlich oder gegebenenfalls in der mündlichen Verhandlung darauf erwidern.

(7) Auf das Verfahren zur Erstattung eines Gutachtens durch die Grosse Kammer nach Artikel 2 des Protokolls Nr. 16 zur Konvention sind die Bestimmungen dieses Artikels entsprechend anzuwenden. Der Präsident der Grossen Kammer bestimmt die Fristen für die Drittbeteiligten.

Art. 44a Pflicht zur Zusammenarbeit mit dem Gerichtshof. Die Parteien sind verpflichtet, bei der Durchführung des Verfahrens mit dem Gerichtshof in vollem Umfang zusammenzuarbeiten und insbesondere alle Massnahmen, soweit sie in ihrer Macht stehen, zu treffen, die der Gerichtshof für eine geordnete Rechtspflege für erforderlich hält. Diese Verpflichtung gilt erforderlichenfalls auch für eine Vertragspartei, die in dem Verfahren nicht Partei ist.

Art. 44b Nichtbefolgung einer Anordnung des Gerichtshofs. Befolgt eine Partei eine Anordnung des Gerichtshofs in Bezug auf die Durchführung des Verfahrens nicht, so kann der Kammerpräsident alle Massnahmen treffen, die er für angebracht hält.

Art. 44c Fehlende Mitwirkung. (1) Bringt eine Partei vom Gerichtshof erbetene Beweise oder Informationen nicht bei oder gibt sie sachdienliche Informationen nicht von sich aus weiter oder lässt sie es in anderer Weise an einer Mitwirkung in dem Verfahren fehlen, so kann der Gerichtshof daraus die ihm angebracht erscheinenden Schlüsse ziehen.

(2) Unterlässt oder verweigert eine beschwerdegegnerische Vertragspartei in dem Verfahren die Mitwirkung, so ist dies für sich genommen kein Grund für die Kammer, die Prüfung der Beschwerde einzustellen.

Art. 44d Unangemessene Stellungnahmen einer Partei. Gibt der Vertreter einer Partei missbräuchliche, leichtfertige, schikanöse, irreführende oder weitschweifige Stellungnahmen ab, so kann der Kammerpräsident unbeschadet des Artikels 35 Absatz 3 der Konvention diesen Vertreter von dem Verfahren ausschliessen, die Annahme der Stellungnahmen ganz oder teilweise verweigern oder eine andere ihm angebracht erscheinende Anordnung treffen.

Art. 44e Nichtweiterverfolgung einer Beschwerde. Beabsichtigt eine beschwerdeführende Vertragspartei oder ein Individualbeschwerdeführer nicht, die Beschwerde weiterzuverfolgen, so kann die Kammer im Einklang mit Artikel 37 Absatz 1 Buchstabe a der Konvention die Beschwerde nach Artikel 43 dieser Verfahrensordnung im Register streichen.

Kapitel II. Die Einleitung des Verfahrens

Art. 45 Unterschriften. (1) Beschwerden nach Artikel 33 oder 34 der Konvention müssen schriftlich eingereicht und vom Beschwerdeführer oder seinem Vertreter unterzeichnet werden.

(2) Wird eine Beschwerde von einer nichtstaatlichen Organisation oder einer Personengruppe eingereicht, so ist sie von den zur Vertretung dieser Organisation oder Gruppe berechtigten Personen zu unterzeichnen. Die zuständige Kammer oder das zuständige Komitee entscheidet über Fragen zur Berechtigung der Unterzeichner.

(3) Wird ein Beschwerdeführer nach Artikel 36 vertreten, so ist von seinem Vertreter oder seinen Vertretern eine schriftliche Vollmacht vorzulegen.

Art. 46 Inhalt einer Staatenbeschwerde. Jede Vertragspartei, die dem Gerichtshof eine Rechtssache nach Artikel 33 der Konvention vorlegen will, reicht bei der Kanzlei eine Beschwerde ein, die folgende Angaben enthält:

a) den Namen der Vertragspartei, gegen die sich die Beschwerde richtet;

b) eine Darstellung des Sachverhalts;

c) eine Darstellung der behaupteten Verletzungen der Konvention mit Begründung;

d) eine Darstellung betreffend die Erfüllung der Zulässigkeitskriterien nach Artikel 35 Absatz 1 der Konvention (Erschöpfung der innerstaatlichen Rechtsbehelfe[1] und Einhaltung der Sechsmonatsfrist);

e) den Gegenstand der Beschwerde sowie gegebenenfalls allgemeine Angaben zu Ansprüchen auf eine gerechte Entschädigung nach Artikel 41 der Konvention zugunsten der angeblich verletzten Partei oder Parteien;

f) den Namen und die Adresse der zu(m) Prozessbevollmächtigten bestimmten Person oder Personen;

beizufügen sind

g) Kopien aller einschlägigen Unterlagen, insbesondere der gerichtlichen oder sonstigen Entscheidungen, die sich auf den Gegenstand der Beschwerde beziehen.

---

[1] Liechtenstein, Österreich: Rechtsmittel

Art. 47 Inhalt einer Individualbeschwerde. (1) Beschwerden nach Artikel 34 der Konvention sind unter Verwendung des von der Kanzlei zur Verfügung gestellten Formulars einzureichen, wenn der Gerichtshof nichts anderes bestimmt. Die Beschwerde hat alle in den einschlägigen Abschnitten des Beschwerdeformulars verlangten Auskünfte mit folgenden Angaben zu enthalten:

a) den Namen, das Geburtsdatum, die Staatsangehörigkeit und die Adresse des Beschwerdeführers und, sofern es sich beim Beschwerdeführer um eine juristische Person handelt, den vollständigen Namen, das Datum der Errichtung oder der Eintragung im Register, die amtliche Registernummer (sofern vorhanden) und ihre offizielle Adresse;

b) gegebenenfalls den Namen, die Adresse, die Telefon- und Telefaxnummern und die E-Mail-Adresse seines Vertreters;

c) wenn der Beschwerdeführer einen Vertreter hat, das Datum und die Originalunterschrift des Beschwerdeführers im Feld des Beschwerdeformulars zur Vollmacht; die Originalunterschrift des Vertreters, mit der er seine Bereitschaft bestätigt, im Namen des Beschwerdeführers zu handeln, ist ebenfalls in diesem Feld anzubringen;

d) die Vertragspartei oder Vertragsparteien, gegen die sich die Beschwerde richtet;

e) eine gedrängte und verständliche Darstellung des Sachverhalts;

f) eine gedrängte und verständliche Darstellung der behaupteten Verletzungen der Konvention mit Begründung; und

g) eine gedrängte und verständliche Darstellung, in der die Erfüllung der Zulässigkeitskriterien nach Artikel 35 Absatz 1 der Konvention durch den Beschwerdeführer bestätigt wird.

(2)

a) Alle in Absatz 1 Buchstaben e–g bezeichneten Informationen sind im einschlägigen Abschnitt des Beschwerdeformulars derart ausreichend aufzuführen, dass der Gerichtshof die Art und den Gegenstand der Beschwerde bestimmen kann, ohne Einsicht in weitere Unterlagen zu nehmen.

b) Der Beschwerdeführer kann diese Informationen jedoch ergänzen, indem er dem Beschwerdeformular ein Schriftstück von höchstens zwanzig Seiten beifügt und zusätzliche Angaben zum Sachverhalt und zu den geltend gemachten Verletzungen der Konvention mit Begründung macht.

(3.1) Das Beschwerdeformular ist vom Beschwerdeführer oder seinem Vertreter zu unterzeichnen; beizufügen sind:

a) Kopien der Unterlagen in Bezug auf die gerügten gerichtlichen oder sonstigen Entscheidungen oder Massnahmen;

b) Kopien der Unterlagen und Entscheidungen, die belegen, dass der Beschwerdeführer die innerstaatlichen Rechtsbehelfe ausgeschöpft und die in Artikel 35 Absatz 1 der Konvention vorgeschriebene Frist beachtet hat;

c) gegebenenfalls Kopien der Unterlagen in Bezug auf andere internationale Untersuchungs- oder Schlichtungsverfahren;

d) sofern es sich beim Beschwerdeführer wie nach Absatz 1 Buchstabe a vorgesehen um eine juristische Person handelt, ein oder mehrere Dokumente, die belegen, dass die Person, die die Beschwerde einreicht, zur Vertretung des Beschwerdeführers befugt ist oder eine entsprechende Vollmacht innehat.

(3.2) Die zur Unterstützung der Beschwerde eingereichten Unterlagen müssen in chronologischer Reihenfolge mit fortlaufenden Nummern in einem Verzeichnis aufgeführt und eindeutig zu identifizieren sein.

(4) Ein Beschwerdeführer, der nicht wünscht, dass seine Identität offen gelegt wird, hat dies mitzuteilen und die Gründe darzulegen, die eine Abweichung von der gewöhnlichen Regel rechtfertigen, nach der das Verfahren vor dem Gerichtshof öffentlich ist. Der Kammerpräsident kann dem Beschwerdeführer erlauben, anonym zu bleiben, oder von Amts wegen Anonymität gewähren.

(5.1) Die Nichteinhaltung der Verpflichtungen nach den Absätzen 1–3 führt dazu, dass die Beschwerde vom Gericht nicht geprüft wird, es sei denn:

a) der Beschwerdeführer hat eine angemessene Erklärung für die Nichteinhaltung vorgetragen;

b) die Beschwerde betrifft einen Antrag, eine vorläufige Massnahme zu ergreifen;

c) der Gerichtshof entscheidet von Amts wegen oder auf Antrag eines Beschwerdeführers anders.

(5.2) Der Gerichtshof kann einen Beschwerdeführer jederzeit ersuchen, innerhalb einer bestimmten Frist zweckdienliche Informationen oder Unterlagen in einer für angemessen erachteten Form und Weise beizubringen.

(6)

a) Für die Zwecke des Artikels 35 Absatz 1 der Konvention ist als Datum der Beschwerdeerhebung in der Regel das Datum anzusehen, zu dem ein Beschwerdeformular beim Gerichtshof eingereicht worden ist, das den Erfordernissen nach diesem Artikel entspricht; als Absendetag gilt das Datum des Poststempels.

b) Der Gerichtshof kann jedoch entscheiden, dass ein anderes Datum gilt, wenn er dies für gerechtfertigt hält.

(7) Der Beschwerdeführer hat den Gerichtshof über jede Änderung seiner Adresse und jeden für die Prüfung seiner Beschwerde erheblichen Umstand zu informieren.

Kapitel III. Die Berichterstatteren

Art. 48 Staatenbeschwerden. (1) Bei einer Anrufung des Gerichtshofs nach Artikel 33 der Konvention benennt die zur Prüfung der Beschwerde gebildete Kammer nach Eingang der Schriftsätze der betroffenen Vertragsparteien eines oder mehrere ihrer Mitglieder als Berichterstatteren und beauftragt diese, einen Bericht über die Zulässigkeit vorzulegen.

(2) Der oder die Berichterstatteren legen der Kammer die Berichte, Textentwürfe und anderen Unterlagen vor, die der Kammer und ihrem Präsidenten bei der Erfüllung ihrer Aufgaben nützlich sein können.

Art. 49 Individualbeschwerden. (1) Wird schon aus dem vom Beschwerdeführer vorgelegten Material hinreichend deutlich, dass die Beschwerde unzulässig ist oder im Register gestrichen werden sollte, so wird die Beschwerde von einem Komitee geprüft, sofern nicht ein besonderer Grund dagegen spricht.

(2) Wird der Gerichtshof nach Artikel 34 der Konvention mit einer Beschwerde befasst und erscheint ihre Prüfung durch eine Kammer gerechtfertigt, so benennt der Präsident der Sektion, der die Beschwerde zugewiesen wird, einen Richter, der die Beschwerde als Berichterstatteren prüfen soll.

(3) Im Rahmen seiner Prüfung:

a) kann der Berichterstatter die Parteien ersuchen, innerhalb einer bestimmten Frist Auskünfte bezüglich des Sachverhalts zu erteilen und Unterlagen oder anderes Material vorzulegen, soweit er dies für zweckdienlich hält;
b) entscheidet der Berichterstatter, ob die Beschwerde von einem Komitee oder einer Kammer geprüft wird, wobei der Sektionspräsident die Prüfung durch eine Kammer anordnen kann;
c) legt der Berichterstatter die Berichte, Textentwürfe und anderen Unterlagen vor, die der Kammer oder ihrem Präsidenten bei der Erfüllung ihrer Aufgaben nützlich sein können.

Art. 50 Verfahren vor der Grossen Kammer. Wird eine Rechtssache nach Artikel 30 oder 43 der Konvention an die Grosse Kammer verwiesen, so bestellt der Präsident der Grossen Kammer eines, bei einer Staatenbeschwerde eines oder mehrere ihrer Mitglieder als Berichterstatteren.

Kapitel IV. Das Verfahren bei der Prüfung der Zulässigkeit

Staatenbeschwerden

Art. 51 Zuweisung von Beschwerden und anschliessendes Verfahren. (1) Wird eine Beschwerde nach Artikel 33 der Konvention erhoben, so bringt sie der Präsident des Gerichtshofs umgehend der beschwerdegegnerischen Vertragspartei zur Kenntnis und weist sie einer der Sektionen zu.

(2) Die für die beschwerdeführende und die beschwerdegegnerische Vertragspartei gewählten Richter gehören der für die Prüfung der Rechtssache gebildeten Kammer nach Artikel 26 Absatz 1 Buchstabe a von Amts wegen an. Wird die Beschwerde von mehreren Vertragsparteien erhoben oder werden von mehreren Vertragsparteien erhobene Beschwerden gleichen Gegenstands nach Artikel 42 verbunden, so findet Artikel 30 Anwendung.

(3) Sobald die Rechtssache einer Sektion zugewiesen ist, bildet der Sektionspräsident nach Artikel 26 Absatz 1 die Kammer und fordert die beschwerdegegnerische Vertragspartei auf, ihren Schriftsatz zur Zulässigkeit der Beschwerde vorzulegen. Der Kanzler übermittelt den Schriftsatz der beschwerdeführenden Vertragspartei; diese kann darauf schriftlich erwidern.

(4) Vor der Entscheidung über die Zulässigkeit der Beschwerde kann die Kammer oder ihr Präsident beschliessen, die Parteien zur Abgabe weiterer schriftlicher Stellungnahmen aufzufordern.

(5) Eine mündliche Verhandlung über die Zulässigkeit findet statt, wenn eine oder mehrere der betroffenen Vertragsparteien es beantragen oder wenn es die Kammer von Amts wegen beschliesst.

(6) Der Kammerpräsident hört die Parteien an, bevor er das schriftliche und gegebenenfalls das mündliche Verfahren bestimmt.

Individualbeschwerden

Art. 52 Zuweisung einer Beschwerde an eine Sektion. (1) Der Präsident des Gerichtshofs weist jede nach Artikel 34 der Konvention erhobene Beschwerde einer Sektion zu; er achtet dabei auf eine gerechte Verteilung der Arbeitslast auf die Sektionen.

(2) Der Präsident der betroffenen Sektion bildet nach Artikel 26 Absatz 1 dieser Verfahrensordnung die in Artikel 26 Absatz 1 der Konvention vorgesehene Kammer mit sieben Richtern.

(3) Bis die Kammer nach Absatz 2 gebildet ist, werden die Befugnisse, die diese Verfahrensordnung dem Kammerpräsidenten überträgt, vom Sektionspräsidenten ausgeübt.

Art. 52a Einzelrichterverfahren. (1) Nach Artikel 27 der Konvention kann ein Einzelrichter eine nach Artikel 34 der Konvention erhobene Beschwerde für unzulässig erklären oder im Register streichen, wenn eine solche Entscheidung ohne weitere Prüfung getroffen werden kann. Die Entscheidung ist endgültig. Sie wird summarisch begründet. Sie wird dem Beschwerdeführer mitgeteilt.

(2) Trifft der Einzelrichter keine Entscheidung nach Absatz 1, so übermittelt er die Beschwerde zur weiteren Prüfung an ein Komitee oder eine Kammer.

Art. 53 Verfahren vor einem Komitee. (1) Nach Artikel 28 Absatz 1 Buchstabe a der Konvention kann das Komitee durch einstimmigen Beschluss in jedem Stadium des Verfahrens eine Beschwerde für unzulässig erklären oder im Register streichen, wenn eine solche Entscheidung ohne weitere Prüfung getroffen werden kann.

(2) Ist das Komitee in Anbetracht der nach Artikel 54 Absatz 2 Buchstabe b eingegangenen Stellungnahmen der Parteien überzeugt, dass die Rechtssache nach dem Verfahren des Artikels 28 Absatz 1 Buchstabe b der Konvention zu prüfen ist, so fällt es durch einstimmigen Beschluss ein Urteil, das seine Entscheidung über die Zulässigkeit sowie gegebenenfalls über eine gerechte Entschädigung umfasst.

(3) Ist der für die betroffene Vertragspartei gewählte Richter nicht Mitglied des Komitees, so kann er von Letzterem in jedem Stadium des Verfahrens vor dem Komitee durch einstimmigen Beschluss eingeladen werden, den Sitz eines Mitglieds im Komitee einzunehmen; das Komitee hat dabei alle erheblichen Umstände einschliesslich der Frage, ob diese Vertragspartei der Anwendung des Verfahrens nach Artikel 28 Absatz 1 Buchstabe b der Konvention entgegengetreten ist, zu berücksichtigen.

(4) Entscheidungen und Urteile nach Artikel 28 Absatz 1 der Konvention sind endgültig. Sie werden begründet. Die Entscheidungen können summarisch begrün- det werden, wenn sie nach Übermittlung durch einen Einzelrichter nach Artikel 52*a* Absatz 2 getroffen worden sind.

(5) Der Kanzler teilt dem Beschwerdeführer und der betroffenen Vertragspartei oder den betroffenen Vertragsparteien die Entscheidung des Komitees mit, soweit sie zuvor nach dieser Verfahrensordnung an der Beschwerde beteiligt wurden.

(6) Trifft das Komitee keine Entscheidung oder erlässt es kein Urteil, so übermittelt es die Beschwerde der Kammer, die nach Artikel 52 Absatz 2 zur Prüfung der Rechtssache gebildet wurde.

(7) Die Artikel 42 Absatz 1 und 79–81 finden auf Verfahren vor einem Komitee entsprechend Anwendung.

Art. 54 Verfahren vor einer Kammer. (1) Die Kammer kann die Beschwerde sofort für unzulässig erklären oder im Register streichen. Die Entscheidung der Kammer kann die Beschwerde insgesamt oder teilweise betreffen.

(2) Andernfalls kann die Kammer oder der Sektionspräsident:

a) die Parteien ersuchen, Auskünfte bezüglich des Sachverhalts zu erteilen und Unterlagen oder anderes Material vorzulegen, welche die Kammer oder ihr Präsident für zweckdienlich hält;

b) der beschwerdegegnerischen Vertragspartei die Beschwerde oder *einen Teil* der Beschwerde zur Kenntnis bringen und diese auffordern, schriftlich Stellung zu nehmen, und nach Eingang der Stellungnahme den Beschwerdeführer auffordern, darauf zu erwidern;

c) die Parteien auffordern, weitere schriftliche Stellungnahmen abzugeben.

(3) Der Sektionspräsident kann bei der Ausübung seiner Zuständigkeiten nach Absatz 2 Buchstabe b als Einzelrichter einen Teil der Beschwerde sofort für unzulässig erklären oder im Register streichen. Die Entscheidung ist endgültig. Sie wird von einer summarischen Begründung begleitet. Sie wird dem Beschwerdeführer und der betroffenen Vertragspartei oder den betroffenen Vertragsparteien mit einem Brief zur Kenntnis gebracht, in dem die Begründung dargelegt wird.

(4) Absatz 2 gilt auch für die Vizepräsidenten der Sektionen, die nach Artikel 39 Absatz 4 als Dienst habende Richter für die Entscheidung über die Anträge auf vorläufige Massnahmen bestimmt werden. Eine Entscheidung, mit der eine Beschwerde für unzulässig erklärt wird, wird von einer summarischen Begründung begleitet. Sie wird dem Beschwerdeführer mit einem Brief zur Kenntnis gebracht, in dem die Begründung dargelegt wird.

(5) Bevor die Kammer über die Zulässigkeit entscheidet, kann sie auf Antrag einer Partei oder von Amts wegen beschliessen, eine mündliche Verhandlung durchzuführen, wenn sie der Auffassung ist, dass dies zur Erfüllung ihrer Aufgaben nach der Konvention erforderlich ist. In diesem Fall werden die Parteien auch aufgefordert, sich zur Begründetheit der Beschwerde zu äussern, wenn die Kammer nicht ausnahmsweise etwas anderes bestimmt.

Art. 54a Gemeinsame Prüfung der Zulässigkeit und Begründetheit. (1) Wenn die Kammer der beschwerdegegnerischen Vertragspartei die Beschwerde nach Artikel 54 Absatz 2 Buchstabe b zur Kenntnis bringt, kann sie nach Artikel 29 Absatz 3 der Konvention auch beschliessen, die Zulässigkeit und Begründetheit gleichzeitig zu prüfen. In diesem Fall werden die Parteien aufgefordert, sich in ihren Stellungnahmen auch zur Frage einer gerechten Entschädigung zu äussern und gegebenenfalls Vorschläge für eine gütliche Einigung zu unterbreiten. Die Voraussetzungen nach den Artikeln 60 und 62 gelten entsprechend.

(2) Erzielen die Parteien keine gütliche Einigung und auch keine andere Lösung und ist die Kammer in Anbetracht der Stellungnahmen der Parteien überzeugt, dass die Rechtssache zulässig und für eine Entscheidung über die Begründetheit reif ist, so fällt sie sofort ein Urteil, das die Entscheidung der Kammer über die Zulässigkeit umfasst.

(3) Soweit die Kammer dies für angebracht hält, kann sie nach Unterrichtung der Parteien sofort ein Urteil fällen, das die Entscheidung über die Zulässigkeit umfasst, ohne zuvor das Verfahren nach Absatz 1 durchzuführen.

Staatenbeschwerden und Individualbeschwerden

Art. 55 Einreden der Unzulässigkeit. Einreden der Unzulässigkeit müssen, soweit ihre Natur und die Umstände es zulassen, von der beschwerdegegnerischen Vertragspartei in ihren nach Artikel 51 oder 54 abgegebenen schriftlichen oder mündlichen Stellungnahmen zur Zulässigkeit der Beschwerde vorgebracht werden.

Art. 56 Entscheidung der Kammer. (1) In der Entscheidung der Kammer ist anzugeben, ob sie einstimmig oder durch Mehrheitsbeschluss getroffen wurde; sie ist zu begründen.

(2) Der Kanzler teilt die Entscheidung der Kammer dem Beschwerdeführer mit. Sie wird auch der oder den betroffenen Vertragspartei(en) und jedem Drittbeteiligten, auch dem Menschenrechtskommissar des Europarates, mitgeteilt, soweit diesen zuvor die Beschwerde nach dieser Verfahrensordnung zur Kenntnis gebracht wurde. Im Fall einer gütlichen Einigung wird die Entscheidung, eine Beschwerde im Register zu streichen, nach Artikel 43 Absatz 3 dem Ministerkomitee zugeleitet.

Art. 57 Sprache der Entscheidung. Der Gerichtshof erlässt seine Entscheidungen in englischer oder französischer Sprache, wenn er nicht beschliesst, eine Entscheidung in beiden Amtssprachen zu erlassen. Die Entscheidungen der Grossen Kammer jedoch werden in beiden Amtssprachen erlassen, wobei beide Sprachversionen gleichermassen verbindlich sind.

Kapitel V. Das Verfahren nach Zulassung der Beschwerde

Art. 58 Staatenbeschwerden. (1) Hat die Kammer eine nach Artikel 33 der Konvention erhobene Beschwerde zugelassen, so bestimmt der Kammerpräsident nach Anhörung der betroffenen Vertragsparteien die Fristen für die Einreichung der schriftlichen Stellungnahmen zur Begründetheit und für die Vorlage zusätzlicher Beweismittel. Der Präsident kann jedoch mit Einverständnis der betroffenen Vertragsparteien auf die Durchführung eines schriftlichen Verfahrens verzichten.

(2) Eine mündliche Verhandlung über die Begründetheit findet statt, wenn eine oder mehrere der betroffenen Vertragsparteien dies beantragen oder wenn die Kammer es von Amts wegen beschliesst. Der Kammerpräsident bestimmt das Verfahren.

Art. 59 Individualbeschwerden. (1) Sobald eine nach Artikel 34 der Konvention erhobene Beschwerde für zulässig erklärt ist, kann die Kammer oder ihr Präsident die Parteien auffordern, weitere Beweismittel oder schriftliche Stellungnahmen vorzulegen.

(2) Soweit nicht anders entschieden, wird jeder Partei für ihre Stellungnahme dieselbe Frist eingeräumt.

(3) Die Kammer kann auf Antrag einer Partei oder von Amts wegen *beschliessen, eine mündliche* Verhandlung über die Begründetheit durchzuführen, wenn sie der Auffassung ist, dass dies zur Erfüllung ihrer Aufgaben nach der Konvention erforderlich ist.

(4) Der Kammerpräsident bestimmt gegebenenfalls das schriftliche und das mündliche Verfahren.

Art. 60 Ansprüche auf gerechte Entschädigung. (1) Ein Beschwerdeführer, der will, dass ihm der Gerichtshof nach Artikel 41 der Konvention eine gerechte Entschädigung zuspricht, falls er eine Verletzung seiner Rechte aus der Konvention feststellt, muss einen entsprechenden Anspruch ausdrücklich geltend machen.

(2) Soweit der Kammerpräsident nicht etwas anderes anordnet, muss der Beschwerdeführer innerhalb der Frist, die für seine Stellungnahme zur Begründetheit bestimmt wurde, alle Ansprüche unter Beifügung einschlägiger Belege beziffert und nach Rubriken geordnet geltend machen.

(3) Erfüllt der Beschwerdeführer die in den Absätzen 1 und 2 genannten Anforderungen nicht, so kann die Kammer die Ansprüche ganz oder teilweise zurückweisen.

(4) Die Ansprüche des Beschwerdeführers werden der Vertragspartei zur Stellungnahme übermittelt.

Art. 61 Piloturteilsverfahren. (1) Der Gerichtshof kann beschliessen, ein Piloturteilsverfahren durchzuführen, und ein Piloturteil fällen, wenn sich aus dem Sachverhalt, der einer vor dem Gerichtshof erhobenen Beschwerde zugrunde liegt, ergibt, dass in der betroffenen Vertragspartei ein strukturelles oder systembedingtes Problem oder ein vergleichbarer sonstiger Missstand besteht, das beziehungsweise der zu entsprechenden weiteren Beschwerden Anlass gegeben hat oder zu geben geeignet ist.

(2)

a) Bevor der Gerichtshof beschliesst, ein Piloturteilsverfahren durchzuführen, fordert er die Parteien auf, zu der Frage Stellung zu nehmen, ob der zu prüfenden Beschwerde ein solches Problem oder ein solcher Missstand in der betroffenen Vertragspartei zugrunde liegt und ob die Beschwerde sich für dieses Verfahren eignet.
b) Der Gerichtshof kann die Durchführung eines Piloturteilsverfahrens von Amts wegen oder auf Antrag einer Partei oder beider Parteien beschliessen.
c) Beschwerden, bei denen die Durchführung eines Piloturteilsverfahrens beschlossen wurde, werden nach Artikel 41 vorrangig behandelt.

(3) Der Gerichtshof bezeichnet in seinem Piloturteil die Art des von ihm festgestellten strukturellen oder systembedingten Problems oder sonstigen Missstands sowie die Art der Abhilfemassnahmen, welche die betroffene Vertragspartei aufgrund des Urteilstenors auf innerstaatlicher Ebene zu treffen hat.

(4) Der Gerichtshof kann im Urteilstenor seines Piloturteils für die Ergreifung der in Absatz 3 erwähnten Massnahmen eine bestimmte Frist

setzen, wobei er der Art der geforderten Massnahmen und der Geschwindigkeit, mit der dem festgestellten Problem auf innerstaatlicher Ebene abgeholfen werden kann, Rechnung trägt.

(5) Wenn der Gerichtshof ein Piloturteil fällt, kann er die Frage der gerechten Entschädigung ganz oder teilweise offenhalten, bis die beschwerdegegnerische Vertragspartei die im Urteil bezeichneten individuellen und allgemeinen Massnahmen getroffen hat.

(6)

a) Der Gerichtshof kann die Prüfung aller vergleichbaren Beschwerden gegebenenfalls zurückstellen, bis die im Urteilstenor des Piloturteils bezeichneten Abhilfemassnahmen getroffen worden sind.

b) Die betroffenen Beschwerdeführer werden in geeigneter Form von der Zurückstellung unterrichtet. Sie werden gegebenenfalls von jeder neuen Entwicklung unterrichtet, die ihre Rechtssache betrifft.

c) Der Gerichtshof kann eine zurückgestellte Beschwerde jederzeit prüfen, wenn dies im Interesse einer geordneten Rechtspflege geboten ist.

(7) Erzielen die Parteien einer Pilotrechtssache eine gütliche Einigung, so muss diese eine Erklärung der beschwerdegegnerischen Vertragspartei über die Durchführung der im Urteil bezeichneten allgemeinen Massnahmen und der Abhilfemassnahmen, die den anderen tatsächlichen oder möglichen Beschwerdeführern zu gewähren sind, umfassen.

(8) Befolgt die betroffene Vertragspartei nicht das Urteilstenor des Piloturteils, so nimmt der Gerichtshof, wenn er nicht anders entscheidet, die Prüfung der nach Absatz 6 zurückgestellten Beschwerden wieder auf.

(9) Das Ministerkomitee, die Parlamentarische Versammlung des Europarats, der Generalsekretär des Europarats und der Menschenrechtskommissar des Europarats werden jedes Mal unterrichtet, wenn ein Piloturteil oder ein anderes Urteil ergeht, in dem der Gerichtshof auf das Bestehen eines strukturellen oder systembedingten Problems in einer Vertragspartei hinweist.

(10) Über den Beschluss, eine Beschwerde im Wege des Piloturteilsverfahrens zu behandeln, den Erlass und die Umsetzung eines Piloturteils sowie den Abschluss des Verfahrens wird auf der Website des Gerichtshofs informiert.

Art. 62 Gütliche Einigung. (1) Sobald eine Beschwerde für zulässig erklärt ist, nimmt der Kanzler nach den Weisungen der Kammer oder ihres Präsidenten nach Artikel 39 Absatz 1 Buchstabe b der Konvention Kontakt mit den Parteien auf, um eine gütliche Einigung zu erreichen. Die Kammer trifft alle geeigneten Massnahmen, um eine solche Einigung zu erleichtern.

(2) Die im Hinblick auf eine gütliche Einigung geführten Verhandlungen sind nach Artikel 39 Absatz 2 der Konvention vertraulich und

erfolgen unbeschadet der Stellungnahmen der Parteien im streitigen Verfahren. Im Rahmen dieser Verhandlungen geäusserte schriftliche oder mündliche Mitteilungen, Angebote oder Eingeständnisse dürfen im streitigen Verfahren nicht erwähnt oder geltend gemacht werden.

(3) Erfährt die Kammer durch den Kanzler, dass die Parteien eine gütliche Einigung erreicht haben, so streicht sie die Rechtssache nach Artikel 43 Absatz 3 im Register, nachdem sie sich vergewissert hat, dass diese Einigung auf der Grundlage der Achtung der Menschenrechte getroffen wurde, wie sie in der Konvention und ihren Protokollen anerkannt sind.

(4) Auf das Verfahren nach Artikel 54a sind die Absätze 2 und 3 entsprechend anzuwenden.

Art. 62a Einseitige Erklärung. (1)

a) Lehnt ein Beschwerdeführer die nach Artikel 62 vorgeschlagene Regelung für eine gütliche Einigung ab, so kann die betroffene Vertragspartei beim Gerichtshof beantragen, die Beschwerde nach Artikel 37 Absatz 1 der Konvention im Register zu streichen.

b) Einem solchen Antrag ist eine Erklärung beizufügen, in der klar anerkannt wird, dass im Fall des Beschwerdeführers eine Konventionsverletzung vorliegt, und in der gleichzeitig zugesichert wird, dass angemessene Wiedergutmachung geleistet und gegebenenfalls notwendige Abhilfemassnahmen getroffen werden.

c) Eine Erklärung nach Buchstabe b muss in einem öffentlichen und kontradiktorischen Verfahren abgegeben werden, das gesondert von dem Verfahren über eine gütliche Einigung und unter Wahrung der Vertraulichkeit nach Artikel 39 Absatz 2 der Konvention sowie Artikel 62 Absatz 2 dieser Verfahrensordnung durchgeführt wird.

(2) Wenn aussergewöhnliche Umstände dies rechtfertigen, kann ein Antrag nebst Erklärung beim Gerichtshof auch eingereicht werden, ohne dass zuvor versucht wurde, eine gütliche Einigung zu erzielen.

(3) Ist der Gerichtshof überzeugt, dass die Erklärung eine hinreichende Grundlage für die Feststellung bietet, dass die Achtung der Menschenrechte, wie sie in der Konvention und den Protokollen dazu definiert sind, keine weitere Prüfung der Beschwerde durch den Gerichtshof erfordert, so kann er die Beschwerde ganz oder teilweise im Register streichen, auch wenn der Beschwerdeführer die weitere Prüfung der Beschwerde wünscht.

(4) Dieser Artikel ist auf das Verfahren nach Artikel 54a entsprechend anzuwenden.

Kapitel VI. Die Mündliche Verhandlung

Art. 63 Öffentlichkeit der mündlichen Verhandlung. (1) Die mündliche Verhandlung ist öffentlich, soweit nicht die Kammer nach Absatz 2 aufgrund besonderer Umstände anders entscheidet, sei es von

Amts wegen, sei es auf Antrag einer Partei oder einer anderen betroffenen Person.

(2) Presse und Öffentlichkeit können während der ganzen oder eines Teiles einer mündlichen Verhandlung ausgeschlossen werden, wenn dies im Interesse der Moral, der öffentlichen Ordnung oder der nationalen Sicherheit in einer demokratischen Gesellschaft liegt, wenn die Interessen von Jugendlichen oder der Schutz des Privatlebens der Prozessparteien es verlangen oder – soweit die Kammer es für unbedingt erforderlich hält – wenn unter besonderen Umständen eine öffentliche Verhandlung die Interessen der Rechtspflege beeinträchtigen würde.

(3) Anträge auf Ausschluss der Öffentlichkeit nach Absatz 1 sind zu begründen; dabei ist anzugeben, ob dies für die mündliche Verhandlung insgesamt oder teilweise gelten soll.

Art. 64 Leitung der mündlichen Verhandlung. (1) Der Kammerpräsident organisiert und leitet die mündliche Verhandlung und bestimmt die Reihenfolge, in der den vor der Kammer auftretenden Personen das Wort erteilt wird.

(2) Jeder Richter kann jeder vor der Kammer auftretenden Person Fragen stellen.

Art. 65 Nichterscheinen. Erscheint eine Partei oder eine andere Person, die erscheinen sollte, nicht oder weigert sie sich zu erscheinen, so kann die Kammer die mündliche Verhandlung gleichwohl durchführen, wenn ihr dies mit einer geordneten Rechtspflege vereinbar erscheint.

Art. 66–69 *(aufgehoben)*

Art. 70 Verhandlungsprotokoll. (1) Wenn der Kammerpräsident dies anordnet, wird über die mündliche Verhandlung unter der verantwortlichen Leitung des Kanzlers ein Protokoll angefertigt. Das Protokoll enthält:

a) die Zusammensetzung der Kammer;
b) die Liste der erschienenen Personen;
c) den Wortlaut der abgegebenen Stellungnahmen, gestellten Fragen und erhaltenen Antworten;
d) den Wortlaut aller während der Verhandlung verkündeten Entscheidungen.

(2) Ist das Protokoll insgesamt oder teilweise nicht in einer der Amtssprachen abgefasst, so sorgt der Kanzler für die Übersetzung in eine der Amtssprachen.

(3) Die Vertreter der Parteien erhalten eine Kopie des Protokolls, um dieses berichtigen zu können, wobei sie Sinn und Tragweite des in der Verhandlung Gesagten nicht ändern dürfen; die Berichtigung wird vom Kanzler oder Kammerpräsidenten überprüft. Der Kanzler bestimmt auf Anweisung des Kammerpräsidenten die Frist für die Berichtigung.

(4) Nach dieser Berichtigung wird das Protokoll vom Kammerpräsidenten und vom Kanzler unterzeichnet und ist dann für seinen Inhalt beweiskräftig.

Kapitel VII. Das Verfahren vor der Grossen Kammer

Art. 71 Anwendbarkeit der Verfahrensvorschriften. (1) Auf das Verfahren vor der Grossen Kammer sind die für die Kammern geltenden Vorschriften entsprechend anzuwenden.

(2) Die Befugnisse, die einer Kammer nach den Artikeln 54 Absatz 3 und 59 Absatz 3 in Bezug auf die Durchführung einer mündlichen Verhandlung übertragen sind, können in Verfahren vor der Grossen Kammer auch vom Präsidenten der Grossen Kammer ausgeübt werden.

Art. 72 Abgabe der Rechtssache an die Grosse Kammer. (1) Wirft eine bei einer Kammer anhängige Rechtssache eine schwerwiegende Frage der Auslegung der Konvention oder ihrer Protokolle auf, so kann die Kammer diese Sache jederzeit, bevor sie ihr Urteil gefällt hat, an die Grosse Kammer abgeben, wenn nicht eine Partei nach Absatz 4 widerspricht.

(2) Kann die Entscheidung einer der Kammer vorliegenden Frage zu einer Abweichung von einem früheren Urteil des Gerichtshofs führen, so gibt die Kammer diese Sache an die Grosse Kammer ab, wenn nicht eine Partei nach Absatz 4 widerspricht.

(3) Die Entscheidung, die Sache abzugeben, braucht nicht begründet zu werden.

(4) Der Kanzler teilt den Parteien die Absicht der Kammer mit, die Rechtssache abzugeben. Die Parteien haben danach einen Monat Zeit, um der Kanzlei schriftlich ihren gebührend begründeten Einspruch zu unterbreiten. Ein Einspruch, der diese Voraussetzungen nicht erfüllt, wird von der Kammer als unwirksam angesehen.

Art. 73 Verweisung an die Grosse Kammer auf Antrag einer Partei. (1) Nach Artikel 43 der Konvention kann jede Partei in Ausnahmefällen innerhalb von drei Monaten nach dem Datum der Verkündung des Urteils einer Kammer bei der Kanzlei schriftlich einen Antrag auf Verweisung der Rechtssache an die Grosse Kammer stellen; sie hat dabei die schwerwiegende Frage der Auslegung oder Anwendung der Konvention oder ihrer Protokolle oder die schwerwiegende Frage von allgemeiner Bedeutung darzulegen, die ihrer Meinung nach eine Prüfung durch die Grosse Kammer rechtfertigt.

(2) Ein nach Artikel 24 Absatz 5 gebildeter Ausschuss von fünf Richtern der Grossen Kammer prüft den Antrag ausschliesslich auf der Grundlage der Akten. Er nimmt den Antrag nur an, wenn er der Auffassung ist, der Fall werfe eine solche Frage auf. Die Entscheidung, den Antrag abzulehnen, braucht nicht begründet zu werden.

(3) Nimmt der Ausschuss den Antrag an, so entscheidet die Grosse Kammer durch Urteil.

Kapitel VIII. Die Urteile

Art. 74 Inhalt des Urteils. (1) Urteile nach den Artikeln 28, 42 und 44 der Konvention enthalten:

a) die Namen des Präsidenten und der anderen Richter, aus denen sich die Kammer zusammensetzt, sowie den Namen des Kanzlers oder des Stellvertretenden Kanzlers;

b) den Tag, an dem es gefällt, und den Tag, an dem es verkündet wird;

c) die Bezeichnung der Parteien;

d) die Namen der Prozessbevollmächtigten, Rechtsbeistände und Berater der Parteien;

e) die Darstellung des Prozessverlaufs;

f) den Sachverhalt;

g) eine Zusammenfassung des Vorbringens der Parteien;

h) die Entscheidungsgründe;

i) das Urteilstenor[1]);

j) gegebenenfalls die Kostenentscheidung;

k) die Zahl der Richter, die die Mehrheit gebildet haben;

l) gegebenenfalls die Angabe, welche Sprachfassung massgebend ist.

(2) Jeder Richter, der an der Prüfung der Rechtssache mitgewirkt hat, ist berechtigt, dem Urteil entweder eine Darlegung seiner zustimmenden oder abweichenden persönlichen Meinung oder die blosse Feststellung seines abweichenden Votums beizufügen.

Art. 75 Entscheidung über eine gerechte Entschädigung. (1) Stellt die Kammer eine Verletzung der Konvention oder ihrer Protokolle fest, so entscheidet sie im selben Urteil über die Anwendung des Artikels 41 der Konvention, wenn ein entsprechender Anspruch nach Artikel 60 ausdrücklich geltend gemacht wurde und die Frage spruchreif ist; andernfalls behält sich die Kammer die Beurteilung der Frage ganz oder teilweise vor und bestimmt das weitere Verfahren.

(2) Bei der Entscheidung über die Anwendung des Artikels 41 der Konvention tagt die Kammer möglichst in der gleichen Besetzung wie bei der Prüfung der Begründetheit. Ist dies nicht möglich, so ergänzt oder bildet der Präsident des Gerichtshofs die Kammer durch das Los.

(3) Spricht die Kammer eine gerechte Entschädigung nach Artikel 41 der Konvention zu, so kann sie beschliessen, dass die zugesprochenen Beträge zu verzinsen sind, wenn die Zahlung nicht innerhalb der Frist erfolgt, die sie setzt.

---

1) Schweiz: Das Dispositiv; Liechtenstein: den Urteilsspruch

(4) Wird der Gerichtshof davon unterrichtet, dass zwischen der in ihren Rechten verletzten Partei und der verantwortlichen Vertragspartei eine Einigung erzielt worden ist, so prüft er, ob die Einigung billig ist, und streicht bejahendenfalls die Rechtssache nach Artikel 43 Absatz 3 im Register.

Art. 76 Sprache des Urteils. Der Gerichtshof erlässt seine Urteile in englischer oder französischer Sprache, wenn er nicht beschliesst, ein Urteil in beiden Amtssprachen zu erlassen. Die Urteile der Grossen Kammer jedoch werden in beiden Amtssprachen erlassen, wobei beide Sprachversionen gleichermassen verbindlich sind.

Art. 77 Unterzeichnung, Verkündung und Zustellung des Urteils. (1) Das Urteil wird vom Kammer- oder Komiteepräsidenten und vom Kanzler unterzeichnet.

(2) Das Urteil einer Kammer kann vom Kammerpräsidenten oder einem von ihm beauftragten anderen Richter in öffentlicher Sitzung verkündet werden. Den Prozessbevollmächtigten und Vertretern der Parteien wird der Termin der Verkündung rechtzeitig mitgeteilt. Wenn das Urteil nicht in öffentlicher Sitzung verkündet wird und im Fall der Urteile der Komitees gilt die Übermittlung nach Absatz 3 als Verkündung.

(3) Das Urteil wird dem Ministerkomitee zugeleitet. Der Kanzler übermittelt den Parteien, dem Generalsekretär des Europarats, den Drittbeteiligten, auch dem Menschenrechtskommissar des Europarates, und allen anderen unmittelbar betroffenen Personen eine Kopie. Das ordnungsgemäss unterzeichnete Original wird im Archiv des Gerichtshofs verwahrt.

Art. 78 *(aufgehoben)*

Art. 79 Antrag auf Auslegung des Urteils. (1) Jede Partei kann die Auslegung eines Urteils innerhalb eines Jahres nach der Verkündung beantragen.

(2) Der Antrag ist bei der Kanzlei einzureichen. Der Teil des Urteilstenors, dessen Auslegung begehrt wird, ist darin genau anzugeben.

(3) Die ursprüngliche Kammer kann selbständig beschliessen, den Antrag abzuweisen, wenn kein Grund eine Prüfung rechtfertigt. Ist es nicht möglich, die ursprüngliche Kammer zusammenzusetzen, so bildet oder ergänzt der Präsident des Gerichtshofs die Kammer durch das Los.

(4) Weist die Kammer den Antrag nicht ab, so übermittelt ihn der Kanzler den anderen betroffenen Parteien und gibt ihnen Gelegenheit, innerhalb der vom Kammerpräsidenten bestimmten Frist schriftlich Stellung zu nehmen. Der Kammerpräsident bestimmt auch den Termin der mündlichen Verhandlung, wenn die Kammer beschliesst, eine solche durchzuführen. Die Kammer entscheidet durch Urteil.

Art. 80 Antrag auf Wiederaufnahme des Verfahrens. (1) Wird eine Tatsache bekannt, die geeignet gewesen wäre, einen massgeblichen Einfluss auf den Ausgang einer bereits entschiedenen Rechtssache auszuüben, so kann eine Partei, wenn diese Tatsache zum Zeitpunkt des Urteils dem Gerichtshof unbekannt war und der Partei nach menschlichem Ermessen nicht bekannt sein konnte, innerhalb von sechs Monaten, nachdem sie von der Tatsache Kenntnis erhalten hat, beim Gerichtshof die Wiederaufnahme des Verfahrens beantragen.

(2) Der Antrag muss das Urteil bezeichnen, auf das sich der Wiederaufnahmeantrag bezieht, und die Angaben enthalten, aus denen sich ergibt, dass die Voraussetzungen nach Absatz 1 erfüllt sind. Dem Antrag ist eine Kopie aller zur Begründung dienenden Unterlagen beizufügen. Der Antrag und die Unterlagen sind bei der Kanzlei einzureichen.

(3) Die ursprüngliche Kammer kann selbständig beschliessen, den Antrag abzuweisen, wenn kein Grund eine Prüfung rechtfertigt. Ist es nicht möglich, die ursprüngliche Kammer zusammenzusetzen, so bildet oder ergänzt der Präsident des Gerichtshofs die Kammer durch das Los.

(4) Weist die Kammer den Antrag nicht ab, so übermittelt ihn der Kanzler den anderen betroffenen Parteien und gibt ihnen Gelegenheit, innerhalb der vom Kammerpräsidenten bestimmten Frist schriftlich Stellung zu nehmen. Der Kammerpräsident bestimmt auch den Termin der mündlichen Verhandlung, wenn die Kammer beschliesst, eine solche durchzuführen. Die Kammer entscheidet durch Urteil.

Art. 81 Berichtigung von Fehlern in Entscheidungen und Urteilen. Unbeschadet der Bestimmungen über die Wiederaufnahme des Verfahrens und die Wiedereintragung von Beschwerden im Register kann der Gerichtshof Schreib- oder Rechenfehler sowie offensichtliche Unrichtigkeiten von Amts wegen oder wenn eine Partei dies innerhalb eines Monats nach Verkündung der Entscheidung oder des Urteils beantragt, korrigieren.

Kapitel IX. Gutachten nach Art. 47, 48 und 49 der Konvention

Art. 82. Im Verfahren zur Erstattung von Gutachten, die vom Ministerkomitee beantragt werden, wendet der Gerichtshof neben den Artikeln 47, 48 und 49 der Konvention die folgenden Bestimmungen an. Er wendet ferner die übrigen Bestimmungen dieser Verfahrensordnung an, soweit er dies für angebracht hält.

Art. 83. Der Antrag auf Erstattung eines Gutachtens ist beim Kanzler *einzureichen.* Er muss die Frage, zu der das Gutachten des Gerichtshofs angefordert wird, vollständig und genau bezeichnen; ferner sind anzugeben:

a) der Tag, an dem das Ministerkomitee den Beschluss nach Artikel 47 Absatz 3 der Konvention gefasst hat;

b) Name und Adresse der Personen, die vom Ministerkomitee benannt worden sind, um dem Gerichtshof alle benötigten Erläuterungen zu geben.

Dem Antrag sind alle Unterlagen beizufügen, die zur Klärung der Frage dienen können.

Art. 84. (1) Nach Eingang des Antrags übermittelt der Kanzler allen Mitgliedern des Gerichtshofs eine Kopie des Antrags sowie der beigefügten Unterlagen.

(2) Er teilt den Vertragsparteien mit, dass sie zu dem Antrag schriftlich Stellung nehmen können.

Art. 85. (1) Der Präsident des Gerichtshofs bestimmt die Fristen für die Einreichung der schriftlichen Stellungnahmen oder sonstigen Unterlagen.

(2) Die schriftlichen Stellungnahmen oder sonstigen Unterlagen sind beim Kanzler einzureichen. Der Kanzler übermittelt allen Mitgliedern des Gerichtshofs, dem Ministerkomitee und jeder Vertragspartei eine Kopie.

Art. 86. Nach Abschluss des schriftlichen Verfahrens entscheidet der Präsident des Gerichtshofs, ob den Vertragsparteien, die schriftlich Stellung genommen haben, Gelegenheit gegeben werden soll, ihre Stellungnahmen in einer zu diesem Zweck anberaumten mündlichen Verhandlung zu erläutern.

Art. 87. (1) Für die Behandlung des Antrags auf Erstattung eines Gutachtens wird eine Grosse Kammer gebildet.

(2) Ist die Grosse Kammer der Auffassung, dass der Antrag nicht in ihre Zuständigkeit nach Artikel 47 der Konvention fällt, so stellt sie dies in einer begründeten Entscheidung fest.

Art. 88. (1) Begründete Entscheidungen und Gutachten werden von der Grossen Kammer mit Stimmenmehrheit beschlossen. Die Zahl der Richter, welche die Mehrheit gebildet haben, ist darin anzugeben.

(1B) Begründete Entscheidungen und Gutachten werden in beiden Amtssprachen des Gerichtshofs erlassen, wobei beide Sprachversionen gleichermassen verbindlich sind.

(2) Jeder Richter kann, wenn er dies wünscht, der begründeten Entscheidung oder dem Gutachten des Gerichtshofs entweder eine Darlegung seiner zustimmenden oder abweichenden persönlichen Meinung oder die blosse Feststellung seines abweichenden Votums beifügen.

Art. 89. Die begründete Entscheidung oder das Gutachten kann in öffentlicher Sitzung vom Präsidenten der Grossen Kammer oder von einem von ihm beauftragten anderen Richter in einer der beiden Amtssprachen verlesen werden, nachdem das Ministerkomitee und alle Vertragsparteien benachrichtigt worden sind. Andernfalls gilt die Übermittlung nach Artikel 90 als Verkündung des Gutachtens oder der begründeten Entscheidung.

Art. 90. Das Gutachten oder jede begründete Entscheidung wird vom Präsidenten der Grossen Kammer und vom Kanzler unterzeichnet. Die ordnungsgemäss unterzeichnete Urschrift wird im Archiv des Gerichtshofs verwahrt. Der Kanzler übermittelt dem Ministerkomitee, den Vertragsparteien und dem Generalsekretär des Europarats eine beglaubigte Kopie.

Kapitel X. Gutachten nach dem Protokoll Nr. 16 zur Konvention

Art. 91 Allgemeines. In den Verfahren betreffend die Anträge auf Erstattung eines Gutachtens der von den Vertragsparteien nach Artikel 10 des Protokolls Nr. 16 der Konvention bezeichneten Gerichte wendet der Gerichtshof neben den Bestimmungen dieses Protokolls folgende Bestimmungen an. Er wendet ferner die übrigen Bestimmungen dieser Verfahrensordnung an, soweit er dies für angebracht hält.

Art. 92 Einreichung eines Antrags auf Erstattung eines Gutachtens. (1) Nach Artikel 1 des Protokolls Nr. 16 zur Konvention können bestimmte Gerichte der Vertragsparteien dieses Protokolls den Gerichtshof um Gutachten zu Grundsatzfragen der Auslegung oder Anwendung der in der Konvention oder den Protokollen dazu bestimmten Rechte und Freiheiten ersuchen. Anträge auf Erstattung eines Gutachtens sind beim Kanzler einzureichen.

(2.1) Der Antrag ist zu begründen; dabei ist Folgendes anzugeben:

a) der Gegenstand der innerstaatlichen Rechtssache sowie die massgeblichen rechtlichen und tatsächlichen Umstände;

b) die massgeblichen innerstaatlichen Rechtsvorschriften;

c) die massgeblichen Fragen zur Konvention, insbesondere die betroffenen Rechte und Freiheiten;

d) falls dies erheblich ist, eine Zusammenfassung der Argumente der Parteien des innerstaatlichen Verfahrens zur Frage; und

e) falls dies möglich und sachdienlich ist, eine Darstellung des um Erstattung eines Gutachtens ersuchenden Gerichts, in der es seine eigene Auffassung betreffend die Frage einschliesslich allfälliger eigener Analysen zur Frage darlegt.

(2.2) Das ersuchende Gericht unterbreitet alle einschlägigen Unterlagen zu den rechtlichen und tatsächlichen Umständen der anhängigen Rechtssache.

(2.3) Zieht das ersuchende Gericht seinen Antrag zurück, so teilt es dies dem Kanzler mit. Bei Erhalt der entsprechenden Mitteilung schliesst der Gerichtshof das Verfahren ab.

Art. 93 Prüfung eines Antrags durch den Ausschuss. (1.1) Der Antrag auf Erstattung eines Gutachtens wird durch einen Ausschuss von fünf Richtern der Grossen Kammer geprüft. Der Ausschuss setzt sich zusammen aus:

a) dem Präsidenten des Gerichtshofs; ist der Präsident des Gerichtshofs verhindert, so wird er durch den rangälteren Vizepräsidenten des Gerichtshofs vertreten;
b) zwei Sektionspräsidenten, die im Rotationsverfahren bestimmt werden; ist ein so bestimmter Sektionspräsident verhindert, so wird er durch den Vizepräsidenten der Sektion vertreten;
c) einem Richter, der im Rotationsverfahren aus dem Kreis der Richter bestimmt wird, die von den verbleibenden Sektionen zur Mitwirkung im Ausschuss für sechs Monate gewählt wurden;
d) dem Richter, der für die betroffene Vertragspartei gewählt wurde, deren Hoheitsgewalt das ersuchende Gericht untersteht, oder gegebenenfalls einem Richter, der nach Artikel 29 benannt wird;
e) mindestens zwei Ersatzrichtern, die im Rotationsverfahren aus dem Kreis der Richter bestimmt werden, die von den Sektionen zur Mitwirkung im Ausschuss für sechs Monate gewählt wurden.

(1.2) Ein Richter, der im Ausschuss mitwirkt, wirkt weiterhin mit, wenn er an der Prüfung eines Antrags auf Erstattung eines Gutachtens teilgenommen hat und nach Ablauf des Zeitabschnitts, für den er zur Mitwirkung im Ausschuss benannt worden ist, noch keine endgültige Entscheidung getroffen worden ist.

(2) Anträge auf Erstattung eines Gutachtens sind nach Artikel 41 vorrangig zu behandeln.

(3) Der Ausschuss der Grossen Kammer nimmt den Antrag an, wenn er der Auffassung ist, dass er die Anforderungen nach Artikel 1 des Protokolls Nr. 16 erfüllt.

(4) Die Ablehnung des Ausschusses, einen Antrag anzunehmen, wird begründet.

(5) Die Ablehnung oder Annahme des Antrags durch den Ausschuss wird dem ersuchenden Gericht und der Vertragspartei, deren Hoheitsgewalt es untersteht, mitgeteilt.

Art. 94 Verfahren nach Annahme eines Antrags um Erstattung eines Gutachtens durch den Ausschuss. (1) Nimmt der Ausschuss einen Antrag um Erstattung eines Gutachtens nach Artikel 93 an, so wird nach Artikel 24 Absatz 2 Buchstabe h eine Grosse Kammer gebildet, um den Antrag zu prüfen und ein Gutachten zu erstatten.

(2) Der Präsident der Grossen Kammer kann das ersuchende Gericht auffordern, dem Gerichtshof alle weiteren Informationen mitzuteilen,

die erforderlich sind, um den Gegenstand des Antrags oder die Auffassung des betreffenden Gerichts zur im Antrag aufgeworfenen Frage näher zu bestimmen.

(3) Der Präsident der Grossen Kammer kann die Parteien des innerstaatlichen Verfahrens auffordern, schriftlich Stellung zu nehmen und gegebenenfalls an einer mündlichen Verhandlung teilzunehmen.

(4) Die schriftlichen Stellungnahmen oder sonstigen Unterlagen sind innerhalb der vom Präsidenten der Grossen Kammer bestimmten Fristen beim Kanzler einzureichen.

(5) Eine Kopie der nach den Bestimmungen von Artikel 44 eingereichten schriftlichen Stellungnahmen wird dem ersuchenden Gericht zugeleitet, das zu den betreffenden Stellungnahmen Bemerkungen anbringen kann.

(6) Nach Abschluss des schriftlichen Verfahrens entscheidet der Präsident der Grossen Kammer, ob eine mündliche Verhandlung durchzuführen ist.

(7) Die Gutachten werden von der Grossen Kammer mit Stimmenmehrheit beschlossen. Die Zahl der Richter, welche die Mehrheit gebildet haben, ist darin anzugeben.

(7B) Die Gutachten werden in beiden Amtssprachen des Gerichtshofs abgefasst, wobei beide Sprachversionen gleichermassen verbindlich sind.

(8) Jeder Richter kann, wenn er dies wünscht, dem Gutachten des Gerichtshofs entweder eine Darlegung seiner zustimmenden oder abweichenden persönlichen Meinung oder die blosse Feststellung seines abweichenden Votums beifügen.

(9) Das Gutachten wird vom Präsidenten der Grossen Kammer und vom Kanzler unterzeichnet. Die ordnungsgemäss unterzeichnete Urschrift wird im Archiv des Gerichtshofs verwahrt. Der Kanzler übermittelt dem ersuchenden Gericht und der Vertragspartei, deren Hoheitsgewalt es untersteht, eine beglaubigte Kopie.

(10) Eine Kopie des Gutachtens wird ebenfalls den Drittbeteiligten übermittelt, die am Verfahren nach Artikel 3 des Protokolls Nr. 16 zur Konvention und Artikel 44 dieser Verfahrensordnung beteiligt waren.

Art. 95 Kosten in Verbindung mit der Erstattung eines Gutachtens und Prozesskostenhilfe. (1) Hat der Präsident der Grossen Kammer nach Artikel 44 Absatz 7 und Artikel 93 Absatz 3 eine Partei des innerstaatlichen Verfahrens aufgefordert, sich am Verfahren zur Erstattung eines Gutachtens zu beteiligen, wird die von dieser Partei aufgeworfene Frage der Kostenerstattung nicht vom Gerichtshof entschieden, sondern gemäss dem Recht und der Praxis der Hohen Vertragspartei geregelt, deren Hoheitsgewalt das ersuchende Gericht untersteht.

(2) Die Bestimmungen des Kapitels XII gelten entsprechend, wenn der Präsident der Grossen Kammer nach Artikel 44 Absatz 7 und 94 Absatz 3 eine Partei des innerstaatlichen Verfahrens aufgefordert hat,

sich am Verfahren zur Erstattung eines Gutachtens zu beteiligen, und die Partei nicht über ausreichende Mittel verfügt, um die anfallenden Kosten ganz oder teilweise zu begleichen.

Kapitel XI. Die Verfahren nach Art. 46 Abs. 3, 4 und 5 der Konvention

Das Verfahren nach Art. 46 Abs. 3 der Konvention

Art. 96 (bisheriger Art. 91). Anträge auf Auslegung nach Artikel 46 Absatz 3 der Konvention sind beim Kanzler einzureichen. Der Antrag muss die Art und den Ursprung der Auslegungsfrage, welche die Umsetzung des im Antrag genannten Urteils behindert hat, vollständig und genau bezeichnen; beizufügen sind:

a) gegebenenfalls Angaben zum Verfahren vor dem Ministerkomitee betreffend die Umsetzung des Urteils;
b) eine Kopie des in Artikel 46 Absatz 3 der Konvention genannten Beschlusses;
c) Name und Adresse der Personen, die vom Ministerkomitee benannt worden sind, um dem Gerichtshof alle angeforderten Erläuterungen zu geben.

Art. 97 (bisheriger Art. 92). (1) Der Antrag auf Auslegung wird von der Grossen Kammer, der Kammer oder dem Komitee, welche beziehungsweise welches das betreffende Urteil gefällt hat, geprüft.

(2) Ist es nicht möglich, die ursprüngliche Grosse Kammer oder Kammer oder das ursprüngliche Komitee zusammenzusetzen, so ergänzt oder bildet der Präsident des Gerichtshofs die Grosse Kammer, die Kammer oder das Komitee durch das Los.

Art. 98 (bisheriger Art. 93). Die Entscheidung des Gerichtshofs über die Auslegungsfrage, mit der das Ministerkomitee ihn befasst hat, ist endgültig. Die Richter dürfen eine persönliche Meinung hierzu nicht abgeben. Kopien der Entscheidung werden dem Ministerkomitee und den betroffenen Parteien sowie jedem Drittbeteiligten, auch dem Menschenrechtskommissar des Europarats, zugeleitet.

Das Verfahren nach Art. 46 Abs. 4 und 5 der Konvention

Art. 99 (bisheriger Art. 94). Wird der Gerichtshof mit der Frage befasst, ob eine Vertragspartei ihrer Verpflichtung nach Artikel 46 Absatz 1 der Konvention nachgekommen ist, so wendet er ausser den Artikeln 31 Buchstabe b und 46 Absätze 4 und 5 der Konvention die folgenden Bestimmungen an. Er wendet ferner die übrigen Bestimmungen dieser Verfahrensordnung an, soweit er dies für angebracht hält.

Art. 100 (bisheriger Art. 95). Anträge nach Artikel 46 Absatz 4 der Konvention sind zu begründen und beim Kanzler einzureichen. Beizufügen sind:

a) das betreffende Urteil;

b) Angaben zum Verfahren vor dem Ministerkomitee betreffend die Umsetzung des Urteils, gegebenenfalls einschliesslich schriftlicher Stellungnahmen der betroffenen Parteien und Mitteilungen in diesem Verfahren;

c) Kopien der Mahnung, die der beschwerdegegnerischen Vertragspartei oder den beschwerdegegnerischen Vertragsparteien zugegangen sind, und des in Artikel 46 Absatz 4 der Konvention genannten Beschlusses;

d) Name und Adresse der Personen, die vom Ministerkomitee benannt worden sind, um dem Gerichtshof alle angeforderten Erläuterungen zu geben;

e) Kopien aller anderen Unterlagen, die zur Klärung der Frage dienen können.

Art. 101 (bisheriger Art. 96). Für die Prüfung der dem Gerichtshof vorgelegten Frage wird eine Grosse Kammer nach Artikel 24 Absatz 2 Buchstabe g gebildet.

Art. 102 (bisheriger Art. 97). Der Präsident der Grossen Kammer teilt dem Ministerkomitee und den betroffenen Parteien mit, dass sie zu der vorgelegten Frage schriftlich Stellung nehmen können.

Art. 103 (bisheriger Art. 98). (1) Der Präsident der Grossen Kammer bestimmt die Fristen für die Einreichung der schriftlichen Stellungnahmen oder sonstigen Unterlagen.

(2) Die Grosse Kammer kann beschliessen, eine mündliche Verhandlung durchzuführen.

Art. 104 (bisheriger Art. 99). Die Grosse Kammer entscheidet durch Urteil. Kopien des Urteils werden dem Ministerkomitee und den betroffenen Parteien sowie jedem Drittbeteiligten, auch dem Menschenrechtskommissar des Europarats, zugeleitet.

Kapitel XIa. Veröffentlichung der Urteile, Entscheidungen und Gutachten

Art. 104a Veröffentlichung in der Rechtsprechungsdatenbank des Gerichtshofs. Alle Urteile, Entscheidungen und Gutachten werden unter der Verantwortung des Kanzlers in der Rechtsprechungsdatenbank HUDOC des Gerichtshofs veröffentlicht. Dies gilt jedoch *nicht* für Entscheidungen, die nach Artikel 52a Absatz 1 von einem Einzelrichter getroffen werden, für Entscheidungen, die nach Artikel 54 Absätze 3 und 4 von einem Sektionspräsidenten oder Vizepräsidenten der Sektion in seiner Eigenschaft als Einzelrichter getroffen werden, oder für Entscheidungen eines Komitees, die nach Artikel 52a Absatz 2 nur summarisch begründet werden; der Gerichtshof macht der Öffentlichkeit in regelmässigen Abständen allgemeine Informationen über diese Entscheidungen zugänglich.

Art. 104b Richtungsweisende Rechtssachen. Darüber hinaus kennzeichnet der Kanzler in geeigneter Weise die Urteile, Entscheidungen und Gutachten die gemäss dem Präsidium in Verbindung mit richtungsweisenden Rechtssachen stehen.

Kapitel XII. Prozesskostenhilfe[1)]

Art. 105 (bisheriger Art. 100). (1) Der Kammerpräsident kann einem Beschwerdeführer, der eine Beschwerde nach Artikel 34 der Konvention erhoben hat, auf dessen Antrag oder von Amts wegen für die Verfolgung seiner Sache Prozesskostenhilfe bewilligen, nachdem die beschwerdegegnerische Vertragspartei nach Artikel 54 Absatz 2 Buchstabe b dieser Verfahrensordnung zur Zulässigkeit der Beschwerde Stellung genommen hat oder die Frist hierfür abgelaufen ist.

(2) Wird einem Beschwerdeführer für die Verfolgung seiner Sache vor der Kammer Prozesskostenhilfe bewilligt, so gilt die Bewilligung vorbehaltlich des Artikels 96 im Verfahren vor der Grossen Kammer weiter.

Art. 106 (bisheriger Art. 101). Prozesskostenhilfe kann nur bewilligt werden, wenn der Kammerpräsident feststellt:

a) dass die Bewilligung dieser Hilfe für die ordnungsgemässe Prüfung der Rechtssache vor der Kammer notwendig ist;

b) dass der Beschwerdeführer nicht über ausreichende finanzielle Mittel verfügt, um die anfallenden Kosten ganz oder teilweise zu begleichen.

Art. 107 (bisheriger Art. 102). (1) Um festzustellen, ob der Beschwerdeführer über ausreichende finanzielle Mittel verfügt, um die anfallenden Kosten ganz oder teilweise zu begleichen, wird er aufgefordert, ein Erklärungsformular auszufüllen, aus dem sein Einkommen, sein Kapitalvermögen und seine finanziellen Verpflichtungen gegenüber Unterhaltsberechtigten sowie alle sonstigen finanziellen Verpflichtungen hervorgehen. Diese Erklärung muss von der oder den zuständigen innerstaatlichen Behörde(n) bestätigt sein.

(2) Der Kammerpräsident kann die betroffene Vertragspartei auffordern, schriftlich Stellung zu nehmen.

(3) Nach Eingang der in Absatz 1 genannten Unterlagen entscheidet der Kammerpräsident, ob Prozesskostenhilfe bewilligt oder abgelehnt wird. Der Kanzler informiert die betroffenen Parteien.

[1)] Liechtenstein und Österreich: Verfahrenshilfe

Art. 108 (bisheriger Art. 103). (1) Honorare dürfen nur einem Rechtsbeistand oder einer anderen nach Artikel 36 Absatz 4 bestellten Person gezahlt werden. Gegebenenfalls können auch mehreren Vertretern Honorare gezahlt werden.

(2) Die Prozesskostenhilfe kann ausser den Honoraren auch die Fahrt- und Aufenthaltskosten sowie andere notwendige Auslagen umfassen, die dem Beschwerdeführer oder der zu seinem Vertreter bestellten Person entstehen.

Art. 109 (bisheriger Art. 104). Nach Bewilligung der Prozesskostenhilfe bestimmt der Kanzler:

a) die Höhe der Honorare entsprechend den geltenden Tarifen;

b) den Betrag der zu zahlenden Kosten.

Art. 110 (bisheriger Art. 105). Der Kammerpräsident kann die Bewilligung der Prozesskostenhilfe jederzeit rückgängig machen oder ändern, wenn er feststellt, dass die Voraussetzungen nach Artikel 92 nicht mehr erfüllt sind.

Titel III. Übergangsbestimmungen

Art. 111 Verhältnis zwischen Gerichtshof und Kommission (bisheriger Art. 106). (1) In Rechtssachen, die dem Gerichtshof nach Artikel 5 Absätze 4 und 5 des Protokolls Nr. 11 vorgelegt werden, kann der Gerichtshof die Kommission bitten, eines oder mehrere ihrer Mitglieder für die Teilnahme an der Prüfung der Rechtssache vor dem Gerichtshof zu entsenden.

(2) In Rechtssachen nach Absatz 1 berücksichtigt der Gerichtshof den von der Kommission nach dem früheren Artikel 31 der Konvention angenommenen Bericht.

(3) Wenn der Kammerpräsident nichts anderes bestimmt, sorgt der Kanzler so bald wie möglich nach der Anrufung des Gerichtshofs für die Veröffentlichung des Berichts.

(4) Im Übrigen bleibt in Rechtssachen, die dem Gerichtshof nach Artikel 5 Absätze 2–5 des Protokolls Nr. 11 vorliegen, die Verfahrensakte der Kommission, einschliesslich aller Schriftsätze und Stellungnahmen, vertraulich, wenn der Kammerpräsident nichts anderes bestimmt.

(5) In Rechtssachen, in denen die Kommission Beweise erhoben hat, aber nicht in der Lage war, einen Bericht nach dem früheren Artikel 31 der Konvention anzunehmen, berücksichtigt der Gerichtshof die Protokolle und Unterlagen sowie die Meinungen, welche die Kommissionsbeauftragten im Anschluss an die Beweiserhebung geäussert haben.

Art. 112 Verfahren vor einer Kammer und der Grossen Kammer (bisheriger Art. 107). (1) Wird eine Rechtssache dem Gerichtshof nach Artikel 5 Absatz 4 des Protokolls Nr. 11 zur Konvention vorgelegt, so entscheidet ein nach Artikel 24 Absatz 6 dieser Verfahrensordnung gebildeter Ausschuss der Grossen Kammer, ob der Fall von einer Kammer oder von der Grossen Kammer geprüft wird; der Ausschuss entscheidet ausschliesslich auf der Grundlage der Akten.

(2) Wird die Rechtssache von einer Kammer entschieden, so ist ihr Urteil nach Artikel 5 Absatz 4 des Protokolls Nr. 11 endgültig, und Artikel 73 dieser Verfahrensordnung findet keine Anwendung.

(3) Rechtssachen, die dem Gerichtshof nach Artikel 5 Absatz 5 des Protokolls Nr. 11 übertragen sind, werden der Grossen Kammer vom Präsidenten des Gerichtshofs vorgelegt.

(4) Bei jeder Rechtssache, die der Grossen Kammer nach Artikel 5 Absatz 5 des Protokolls Nr. 11 vorliegt, wird die Grosse Kammer durch Richter einer der in Artikel 24 Absatz 3 dieser Verfahrensordnung bezeichneten Gruppen ergänzt, die im Rotationsverfahren bestimmt werden; beide Gruppen werden abwechselnd herangezogen.

Art. 113 Bewilligung der Prozesskostenhilfe (bisheriger Art. 108). Ist einem Beschwerdeführer in Rechtssachen, die dem Gerichtshof nach Artikel 5 Absätze 2–5 des Protokolls Nr. 11 zur Konvention vorliegen, im Verfahren vor der Kommission oder dem früheren Gerichtshof Prozesskostenhilfe bewilligt worden, so gilt die Bewilligung im Verfahren vor dem Gerichtshof weiter; Artikel 101 dieser Verfahrensordnung bleibt vorbehalten.

Art. 114 Antrag auf Wiederaufnahme des Verfahrens (bisheriger Art. 109). (1) Anträge einer Partei auf Wiederaufnahme eines Verfahrens des früheren Gerichtshofs werden vom Präsidenten des Gerichtshofs je nach Fall nach Artikel 51 oder 52 einer Sektion zugewiesen.

(2) Ungeachtet des Artikels 80 Absatz 3 bildet der Präsident der betroffenen Sektion für die Behandlung des Antrags eine neue Kammer.

(3) Dieser Kammer gehören von Amts wegen folgende Mitglieder an:

a) der Sektionspräsident

sowie, unabhängig davon, ob sie der betroffenen Sektion angehören;

b) der für die betroffene Vertragspartei gewählte Richter oder, wenn dieser verhindert ist, ein Richter, der nach Artikel 29 benannt wird;

c) die Mitglieder des Gerichtshofs, die der ursprünglichen Kammer des *früheren Gerichtshofs*, die das Urteil gefällt hat, angehört haben.

(4)

a) Der Sektionspräsident bestimmt die übrigen Mitglieder der Kammer aus dem Kreis der Mitglieder der betroffenen Sektion durch das Los.

b) Die Mitglieder der Sektion, die nicht auf diese Weise bestimmt wurden, tagen als Ersatzrichter.

Titel IV. Schlussbestimmungen

Art. 115 Aussetzung der Anwendung von Bestimmungen (bisheriger Art. 110). Die Anwendung von Bestimmungen, welche die interne Arbeitsweise des Gerichtshofs betreffen, kann auf Vorschlag eines Richters sofort ausgesetzt werden, vorausgesetzt, dass die betroffene Kammer den Vorschlag einstimmig annimmt. Die Aussetzung ist nur für den konkreten Fall wirksam, für den sie vorgeschlagen wurde.

Art. 116 Änderung der Anwendung von Bestimmungen (bisheriger Art. 111). (1) Änderungen von Bestimmungen dieser Verfahrensordnung können von der Mehrheit der in Plenarsitzung tagenden Richter auf vorherigen Vorschlag hin angenommen werden. Der schriftliche Änderungsvorschlag muss dem Kanzler spätestens einen Monat vor der Sitzung zugehen, in der er geprüft werden soll. Erhält der Kanzler einen solchen Vorschlag, so setzt er so bald wie möglich alle Mitglieder des Gerichtshofs davon in Kenntnis.

(2) Der Kanzler informiert die Vertragsparteien über die Vorschläge des Gerichtshofs zur Änderung der Bestimmungen der Verordnung, die unmittelbar die Durchführung von Verfahren vor ihm betreffen, und gibt ihnen die Gelegenheit zur schriftlichen Stellungnahme zu den betreffenden Vorschlägen. Ebenso gibt er den Organisationen mit Erfahrung in der Vertretung der Beschwerdeführer vor dem Gerichtshof sowie den Anwaltsverbänden die Gelegenheit, zu den Vorschlägen Stellung zu nehmen.

Art. 117 Inkrafttreten der Verfahrensordnung (bisheriger Art. 112). Diese Verfahrensordnung tritt am 1. November 1998 in Kraft.

138. Europäisches Übereinkommen über die an Verfahren vor dem Europäischen Gerichtshof für Menschenrechte teilnehmenden Personen[1)]

Vom 5. März 1996

(BGBl. 2001 II S. 359)

Übersetzung

Die MITGLIEDSTAATEN DES EUROPARATS, die dieses Übereinkommen unterzeichnen –

IM HINBLICK auf die am 4. November 1950 in Rom unterzeichnete Konvention zum Schutze der Menschenrechte und Grundfreiheiten (im Folgenden als „Konvention" bezeichnet);

IM HINBLICK auf das am 6. Mai 1969 in London unterzeichnete Europäische Übereinkommen über die an Verfahren vor der Europäischen Kommission und dem Europäischen Gerichtshof für Menschenrechte teilnehmenden Personen;

IM HINBLICK auf das am 11. Mai 1994 in Straßburg unterzeichnete Protokoll Nr. 11 zur Konvention über die Umgestaltung des durch die Konvention eingeführten Kontrollmechanismus (im Folgenden als „Protokoll Nr. 11 zur Konvention" bezeichnet), mit dem ein ständiger Europäischer Gerichtshof für Menschenrechte (im Folgenden als „Gerichtshof" bezeichnet) errichtet wird, der die Europäische Kommission und den Europäischen Gerichtshof für Menschenrechte ersetzt;

IN DER ERWÄGUNG, dass es in Anbetracht dieser Entwicklung für die bessere Verwirklichung der Ziele der Konvention zweckmäßig ist, dass den an Verfahren vor dem Gerichtshof teilnehmenden Personen durch ein neues Übereinkommen, das Europäische Übereinkommen über die an Verfahren vor dem Europäischen Gerichtshof für Menschenrechte teilnehmenden Personen (im Folgenden als „dieses Übereinkommen" bezeichnet), bestimmte Immunitäten und Erleichterungen gewährt werden –

HABEN FOLGENDES VEREINBART:

Art. 1 [Persönlicher Anwendungsbereich] (1) Dieses Übereinkommen findet auf die folgenden Personen Anwendung:

a) *alle Personen*, die als Partei oder als Vertreter oder Berater einer Partei an einem Verfahren vor dem Gerichtshof teilnehmen;

[1)] Dieses Übereinkommen, welches die erforderlichen Anpassungen an die EMRK i. d. F. des 11. Prot. vornimmt, ersetzt das entsprechende Übereinkommen vom 6. 5. 1969 (BGBl. 1977 II S. 1445). Mit Ausnahme von Armenien, Aserbaidschan, Bosnien und Herzegowina, der ehemaligen jugoslawischen Republik Mazedonien, Montenegro, Portugal, Russland und Serbien ist das Übereinkommen für alle Mitgliedstaaten des Europarats (vgl. Art. 26 Satzung des Europarats, **Nr. 110**) in Kraft.

b) Zeugen und Sachverständige, die auf Vorladung des Gerichtshofs am Verfahren teilnehmen, und andere Personen, denen der Präsident des Gerichtshofs Gelegenheit gibt, am Verfahren teilzunehmen.

(2) Für die Anwendung dieses Übereinkommens bezeichnet der Begriff „Gerichtshof" die Ausschüsse, die Kammern, einen Ausschuss der Großen Kammer, die Große Kammer und die Richter. Der Begriff „am Verfahren teilnehmen" umfasst auch die Abgabe von Mitteilungen mit dem Ziel der Einreichung einer Beschwerde gegen einen Vertragsstaat der Konvention.

(3) Fordert das Ministerkomitee bei der Wahrnehmung seiner Aufgaben nach Artikel 46 Absatz 2 der Konvention eine in Absatz 1 dieses Artikels genannte Person auf, vor dem Ministerkomitee zu erscheinen oder ihm schriftliche Äußerungen zu übermitteln, so findet dieses Übereinkommen auf diese Person Anwendung.

Art. 2 [Immunität für Äußerungen vor und gegenüber dem Gerichtshof] (1) Die in Artikel 1 Absatz 1 genannten Personen genießen Immunität von der Gerichtsbarkeit in Bezug auf ihre mündlichen oder schriftlichen Äußerungen gegenüber dem Gerichtshof sowie in Bezug auf Urkunden oder andere Beweismittel, die sie dem Gerichtshof vorlegen.

(2) Diese Immunität besteht nicht, wenn sie von Äußerungen gegenüber dem Gerichtshof oder von Urkunden oder Beweismitteln, die ihm vorgelegt worden sind, außerhalb des Gerichtshofs Kenntnis geben.

Art. 3 [Freiheit der Korrespondenz] (1) Die Vertragsparteien erkennen das Recht der in Artikel 1 Absatz 1 genannten Personen auf ungehinderten schriftlichen Verkehr mit dem Gerichtshof an.

(2) Für Personen, denen die Freiheit entzogen ist, gehört zur Ausübung dieses Rechts insbesondere, dass

a) ihre Korrespondenz ohne ungebührliche Verzögerung und ohne Änderung abzusenden und ihnen auszuhändigen ist;

b) wegen einer auf ordnungsgemäßem Weg übersandten Mitteilung an den Gerichtshof gegen sie keinerlei disziplinarische Maßnahmen ergriffen werden dürfen;

c) sie berechtigt sind, in Bezug auf eine Beschwerde an den Gerichtshof oder ein daraus entstandenes Verfahren mit einem Anwalt, der vor den Gerichten des Staates auftreten kann, in dem ihnen die Freiheit entzogen ist, schriftlich zu verkehren und sich mit ihm zu beraten, ohne dass eine andere Person mithört.

(3) Bei der Anwendung der Absätze 1 und 2 ist ein Eingriff einer Behörde nur statthaft, soweit er gesetzlich vorgesehen und in einer demokratischen Gesellschaft im Interesse der nationalen Sicherheit, zur Aufdeckung und Verfolgung von Straftaten oder zum Schutz der Gesundheit notwendig ist.

Art. 4 [Bewegungs- und Reisefreiheit] (1) a) Die Vertragsparteien verpflichten sich, die in Artikel 1 Absatz 1 genannten Personen nicht zu hindern, sich frei zu bewegen und zu reisen, um am Verfahren vor dem Gerichtshof teilzunehmen und danach wieder zurückzukehren.

b) Die Ausübung dieser Bewegungs- und Reisefreiheit darf keinen anderen Beschränkungen unterworfen werden als denen, die gesetzlich vorgesehen und in einer demokratischen Gesellschaft im Interesse der nationalen oder der öffentlichen Sicherheit, zur Aufrechterhaltung der öffentlichen Ordnung, zur Verhütung von Straftaten, zum Schutz der Gesundheit oder der Sittlichkeit oder zum Schutz der Rechte und Freiheiten anderer notwendig sind.

(2) a) Diese Personen dürfen in Durchgangsstaaten oder in dem Staat, in dem das Verfahren stattfindet, wegen Handlungen oder Verurteilungen aus der Zeit vor Beginn ihrer Reise weder verfolgt noch in Haft genommen noch einer sonstigen Beschränkung ihrer persönlichen Freiheit unterworfen werden.

b) Jede Vertragspartei kann bei der Unterzeichnung, Ratifikation, Annahme oder Genehmigung dieses Übereinkommens erklären, dass dieser Absatz auf ihre eigenen Staatsangehörigen keine Anwendung findet. Eine solche Erklärung kann jederzeit durch eine an den Generalsekretär des Europarats gerichtete Notifikation zurückgenommen werden.

(3) Die Vertragsparteien verpflichten sich, jeder Person, welche die Reise in ihrem Hoheitsgebiet angetreten hat, die Rückkehr in dieses Gebiet zu gestatten.

(4) Die Absätze 1 und 2 werden nicht mehr angewendet, wenn die betreffende Person, nachdem ihre Anwesenheit vom Gerichtshof nicht mehr für notwendig gehalten wurde, 15 aufeinander folgende Tage lang die Möglichkeit hatte, in das Land zurückzukehren, in dem sie ihre Reise begonnen hatte.

(5) Bei einer Kollision zwischen Verpflichtungen einer Vertragspartei nach Absatz 2 und Verpflichtungen, die sich für sie aus einem Übereinkommen des Europarats oder aus einem Auslieferungs- oder sonstigen Rechtshilfevertrag in Strafsachen mit anderen Vertragsparteien ergeben, geht Absatz 2 vor.

Art. 5 [Umfang und funktionelle Grenzen der Immunität; Aufhebung] (1) Immunitäten und Erleichterungen werden den in *Artikel 1* Absatz 1 genannten Personen nur gewährt, um ihnen die Redefreiheit und Unabhängigkeit zu sichern, die für die Wahrnehmung ihrer Funktionen, Aufgaben und Pflichten oder für die Ausübung ihrer Rechte gegenüber dem Gerichtshof erforderlich sind.

(2) a) Nur der Gerichtshof ist zuständig, die in Artikel 2 Absatz 1 vorgesehene Immunität ganz oder teilweise aufzuheben; er hat nicht nur das Recht, sondern auch die Pflicht, die Immunität in allen Fällen aufzuheben, in denen sie nach seiner Auffassung verhindern

würde, dass der Gerechtigkeit Genüge geschieht, und in denen die vollständige oder teilweise Aufhebung den in Absatz 1 dieses Artikels bezeichneten Zweck nicht beeinträchtigen würde.

b) Der Gerichtshof kann die Immunität von Amts wegen oder auf Antrag einer Vertragspartei oder einer betroffenen Person aufheben.

c) Entscheidungen, welche die Immunität aufheben oder die Aufhebung ablehnen, sind zu begründen.

(3) Bescheinigt eine Vertragspartei, dass die Aufhebung der in Artikel 2 Absatz 1 vorgesehenen Immunität für ein Verfahren wegen eines Angriffs auf die nationale Sicherheit erforderlich ist, so hebt der Gerichtshof die Immunität in dem in der Bescheinigung angegebenen Umfang auf.

(4) Wird eine Tatsache bekannt, die geeignet gewesen wäre, einen maßgeblichen Einfluss zu haben, und die dem Antragsteller zu der Zeit unbekannt war, als die Entscheidung über die Ablehnung der Aufhebung der Immunität erging, so kann er beim Gerichtshof einen neuen Antrag stellen.

Art. 6 [Vorrang der Konventionsverpflichtungen] Keine Bestimmung dieses Übereinkommens darf als Beschränkung oder Aufhebung von Verpflichtungen ausgelegt werden, welche die Vertragsparteien aufgrund der Konvention oder der Protokolle dazu übernommen haben.

Art. 7 [Zustimmungsmodi] (1) Dieses Übereinkommen liegt für die Mitgliedstaaten des Europarats zur Unterzeichnung auf; sie können ihre Zustimmung, gebunden zu sein, ausdrücken,

a) indem sie es ohne Vorbehalt der Ratifikation, Annahme oder Genehmigung unterzeichnen oder

b) indem sie es vorbehaltlich der Ratifikation, Annahme oder Genehmigung unterzeichnen und später ratifizieren, annehmen oder genehmigen.

(2) Die Ratifikations-, Annahme- oder Genehmigungsurkunden werden beim Generalsekretär des Europarats hinterlegt.

Art. 8 [In-Kraft-Treten] (1) Dieses Übereinkommen tritt am ersten Tag des Monats in Kraft, der auf einen Zeitabschnitt von einem Monat nach dem Tag folgt, an dem zehn Mitgliedstaaten des Europarats nach Artikel 7 ihre Zustimmung ausgedrückt haben, durch dieses Übereinkommen gebunden zu sein, beziehungsweise an dem Tag, an dem das Protokoll Nr. 11 zur Konvention in Kraft tritt, je nachdem, welcher Zeitpunkt der spätere ist.

(2) Für jeden Mitgliedstaat, der später seine Zustimmung ausdrückt, durch dieses Übereinkommen gebunden zu sein, tritt es am ersten Tag *des Monats in Kraft*, der auf einen Zeitabschnitt von einem Monat nach der Unterzeichnung oder der Hinterlegung der Ratifikations-, Annahme- oder Genehmigungsurkunde folgt.

Art. 9 [Territorialer Anwendungsbereich] (1) Jeder Vertragsstaat kann bei der Hinterlegung seiner Ratifikations-, Annahme- oder Genehmigungsurkunde oder jederzeit danach durch eine an den Generalsekretär des Europarats gerichtete Erklärung dieses Übereinkommen auf einzelne oder mehrere in der Erklärung bezeichnete Hoheitsgebiete erstrecken, für deren internationale Beziehungen er verantwortlich ist oder für die er Vereinbarungen treffen kann.

(2) Für das oder die in einer Erklärung nach Absatz 1 bezeichneten Hoheitsgebiete tritt dieses Übereinkommen am ersten Tag des Monats in Kraft, der auf einen Zeitabschnitt von einem Monat nach Eingang der Erklärung beim Generalsekretär folgt.

(3) Jede nach Absatz 1 abgegebene Erklärung kann in Bezug auf jedes darin genannte Hoheitsgebiet nach Maßgabe des in Artikel 10 für die Kündigung vorgesehenen Verfahrens zurückgenommen werden.

Art. 10 [Geltungsdauer] (1) Dieses Übereinkommen bleibt auf unbegrenzte Zeit in Kraft.

(2) Jede Vertragspartei kann dieses Übereinkommen durch eine an den Generalsekretär des Europarats gerichtete Notifikation für sich kündigen.

(3) Die Kündigung wird sechs Monate nach Eingang der Notifikation beim Generalsekretär wirksam. Sie bewirkt nicht die Entlassung der betreffenden Vertragspartei aus etwaigen Verpflichtungen, die aus diesem Übereinkommen gegenüber einer in Artikel 1 Absatz 1 genannten Person erwachsen sind.

Art. 11 [Pflichten des Depositars] Der Generalsekretär des Europarats notifiziert den Mitgliedstaaten des Rates

a) jede Unterzeichnung;
b) jede Hinterlegung einer Ratifikations-, Annahme- oder Genehmigungsurkunde;
c) jeden Zeitpunkt des Inkrafttretens dieses Übereinkommens nach seinen Artikeln 8 und 9;
d) jede andere Handlung, Notifikation oder Mitteilung im Zusammenhang mit diesem Übereinkommen.

ZU URKUND DESSEN haben die hierzu gehörig befugten Unterzeichneten dieses Übereinkommen unterschrieben.

GESCHEHEN zu Straßburg am 5. März 1996 in englischer und französischer Sprache, wobei jeder Wortlaut gleichermaßen verbindlich ist, in einer Urschrift, die im Archiv des Europarats hinterlegt wird. Der Generalsekretär des Europarats übermittelt allen Mitgliedstaaten des Europarats beglaubigte Abschriften.

140. Europäisches Übereinkommen zur Verhütung von Folter und unmenschlicher oder erniedrigender Behandlung oder Strafe[1), 2)]

Vom 26. November 1987

(BGBl. 1989 II S. 946, geänd. durch Prot. Nr. 1 und Nr. 2 v. 4. 11. 1993, BGBl. 1996 II S. 1115)

(Übersetzung)

DIE MITGLIEDSTAATEN DES EUROPARATS, die dieses Übereinkommen unterzeichnen –

IN ANBETRACHT der Bestimmungen der Konvention zum Schutze der Menschenrechte und Grundfreiheiten,

EINGEDENK DESSEN, daß nach Artikel 3 der genannten Konvention niemand der Folter oder unmenschlicher oder erniedrigender Behandlung oder Strafe unterworfen werden darf,

UNTER HINWEIS darauf, daß Personen, die sich durch eine Verletzung des Artikels 3 beschwert fühlen, die in jener Konvention vorgesehenen Verfahren in Anspruch nehmen können,

ÜBERZEUGT, daß der Schutz von Personen, denen die Freiheit entzogen ist, vor Folter und unmenschlicher oder erniedrigender Behandlung oder Strafe durch nichtgerichtliche Maßnahmen vorbeugender Art, die auf Besuchen beruhen, verstärkt werden könnte –

SIND WIE FOLGT ÜBEREINGEKOMMEN:

Kapitel I

Art. 1 [Ausschuß zur Verhütung von Folter] Es wird ein Europäischer Ausschuß zur Verhütung von Folter und unmenschlicher oder erniedrigender Behandlung oder Strafe (im folgenden als „Ausschuß" bezeichnet) errichtet. Der Ausschuß prüft durch Besuche die Behandlung von Personen, denen die Freiheit entzogen ist, um erforderlichenfalls den Schutz dieser Personen vor Folter und unmenschlicher oder erniedrigender Behandlung oder Strafe zu verstärken.

Art. 2 [Besuchsrecht] Jede Vertragspartei läßt Besuche nach diesem Übereinkommen an allen ihrer Hoheitsgewalt unterstehenden Orten zu, an denen Personen durch eine öffentliche Behörde die Freiheit entzogen ist.

---

1) Das Übk. ist für **Deutschland** am 1. 6. 1990 (BGBl. II S. 491) in Kraft getreten. Das Übereinkommen ist für alle Mitgliedstaaten des Europarates (vgl. Art. 26 der Satzung, Nr. **110**) in Kraft.

2) Die Änderungen durch die Prot. Nr. 1 und Nr. 2 v. 4. 11. 1993 (BGBl. 1996 II S. 1114) sind am 1. 3. 2002 für **Deutschland** in Kraft getreten (Bek. v. 22. 3. 2002, BGBl. 2002 II S. 1019).

Art. 3 [Kooperation] Bei der Anwendung dieses Übereinkommens arbeiten der Ausschuß und die zuständigen innerstaatlichen Behörden der betreffenden Vertragspartei zusammen.

Kapitel II

Art. 4 [Besetzung des Ausschusses] (1) Die Zahl der Mitglieder des Ausschusses entspricht derjenigen der Vertragsparteien.

(2) Die Mitglieder des Ausschusses werden unter Persönlichkeiten von hohem sittlichem Ansehen ausgewählt, die für ihre Sachkenntnis auf dem Gebiet der Menschenrechte bekannt sind oder in den von diesem Übereinkommen erfaßten Bereichen über berufliche Erfahrung verfügen.

(3) Dem Ausschuß darf jeweils nur ein Angehöriger desselben Staates angehören.

(4) Die Mitglieder sind in persönlicher Eigenschaft tätig; sie müssen unabhängig und unparteiisch sein und dem Ausschuß zur wirksamen Mitarbeit zur Verfügung stehen.

Art. 5 [Wahl, Amtszeit der Mitglieder] (1) Die Mitglieder des Ausschusses werden vom Ministerkomitee des Europarats mit absoluter Stimmenmehrheit nach einem vom Büro der Beratenden Versammlung des Europarats aufgestellten Namensverzeichnis gewählt; die nationale Delegation jeder Vertragsparteien in der Beratenden Versammlung schlägt drei Kandidaten vor, darunter mindestens zwei eigene Staatsangehörige.

Soll für einen Nichtmitgliedstaat des Europarats ein Mitglied in den Ausschuß gewählt werden, so lädt das Büro der Beratenden Versammlung das Parlament dieses Staates ein, drei Kandidaten vorzuschlagen, darunter mindestens zwei eigene Staatsangehörige. Das Ministerkomitee nimmt die Wahl nach Konsultation der betreffenden Vertragspartei vor.

(2) Nach demselben Verfahren werden freigewordene Sitze neu besetzt.

(3) Die Mitglieder des Ausschusses werden für die Dauer von vier Jahren gewählt. Sie können zweimal wiedergewählt werden. Die Amtszeit von drei der bei der ersten Wahl gewählten Mitglieder läuft jedoch nach zwei Jahren ab. Die Mitglieder, deren Amtszeit nach Ablauf der ersten Amtsperiode von zwei Jahren endet, werden vom Generalsekretär des Europarats unmittelbar nach der ersten Wahl durch das Los bestimmt.

(4) Um soweit wie möglich sicherzustellen, daß die Hälfte der Mitglieder des Ausschusses alle zwei Jahre neu gewählt wird, kann das Ministerkomitee vor jeder späteren Wahl beschließen, daß die Amtszeit *eines oder mehr*erer der zu wählenden Mitglieder nicht vier Jahre betragen soll, wobei sie jedoch weder länger als sechs noch kürzer als zwei Jahre sein darf.

(5) Handelt es sich um mehrere Amtszeiten und wendet das Ministerkomitee Absatz 4 an, so wird die Zuteilung der Amtszeiten vom Generalsekretär des Europarats unmittelbar nach der Wahl durch das Los bestimmt.

Art. 6 [Verfahren, Sekretariat] (1) Die Sitzungen des Ausschusses finden unter Ausschluß der Öffentlichkeit statt. Der Ausschuß ist bei Anwesenheit der Mehrheit seiner Mitglieder beschlußfähig. Vorbehaltlich des Artikels 10 Absatz 2 faßt der Ausschuß seine Beschlüsse mit der Mehrheit der anwesenden Mitglieder.

(2) Der Ausschuß gibt sich eine Geschäftsordnung.

(3) Das Sekretariat des Ausschusses wird vom Generalsekretär des Europarats gestellt.

Kapitel III

Art. 7 [Besuche an Haftorten] (1) Der Ausschuß organisiert Besuche der in Artikel 2 bezeichneten Orte. Neben regelmäßigen Besuchen kann der Ausschuß alle weiteren Besuche organisieren, die ihm nach den Umständen erforderlich erscheinen.

(2) Die Besuche werden in der Regel von mindestens zwei Mitgliedern des Ausschusses durchgeführt. Der Ausschuß kann sich, sofern er dies für notwendig hält, von Sachverständigen und Dolmetschern unterstützen lassen.

Art. 8 [Besuche nach Ankündigung] (1) Der Ausschuß notifiziert der Regierung der betreffenden Vertragspartei seine Absicht, einen Besuch durchzuführen. Nach einer solchen Notifikation kann der Ausschuß die in Artikel 2 bezeichneten Orte jederzeit besuchen.

(2) Eine Vertragspartei hat dem Ausschuß zur Erfüllung seiner Aufgabe folgende Erleichterungen zu gewähren:

a) Zugang zu ihrem Hoheitsgebiet und das Recht, sich dort uneingeschränkt zu bewegen;
b) alle Auskünfte über die Orte, an denen sich Personen befinden, denen die Freiheit entzogen ist;
c) unbeschränkten Zugang zu allen Orten, an denen sich Personen befinden, denen die Freiheit entzogen ist, einschließlich des Rechts, sich innerhalb dieser Orte ungehindert zu bewegen;
d) alle sonstigen der Vertagspartei zur Verfügung stehenden Auskünfte, die der Ausschuß zur Erfüllung seiner Aufgabe benötigt. Bei der Beschaffung solcher Auskünfte beachtet der Ausschuß die innerstaatlichen Rechtsvorschriften einschließlich des Standesrechts.

(3) Der Ausschuß kann sich mit Personen, denen die Freiheit entzogen ist, ohne Zeugen unterhalten.

(4) Der Ausschuß kann sich mit jeder Person, von der er annimmt, daß sie ihm sachdienliche Auskünfte geben kann, ungehindert in Verbindung setzen.

(5) Erforderlichenfalls kann der Ausschuß den zuständigen Behörden der betreffenden Vertragspartei seine Beobachtungen sogleich mitteilen.

Art. 9 [Besuche ohne Ankündigung] (1) Unter außergewöhnlichen Umständen können die zuständigen Behörden der betreffenden Vertragspartei gegenüber dem Ausschuß Einwände gegen einen Besuch zu dem vom Ausschuß vorgeschlagenen Zeitpunkt oder an dem von ihm vorgeschlagenen Ort geltend machen. Solche Einwände können nur aus Gründen der nationalen Verteidigung oder der öffentlichen Sicherheit oder wegen schwerer Störungen der Ordnung an Orten, an denen Personen die Freiheit entzogen ist, wegen des Gesundheitszustands einer Person oder einer dringenden Vernehmung in einer laufenden Ermittlung im Zusammenhang mit einer schweren Straftat erhoben werden.

(2) Werden solche Einwände erhoben, so nehmen der Ausschuß und die Vertragspartei sofort Konsultationen auf, um die Lage zu klären und zu einer Einigung über Regelungen zu gelangen, die es dem Ausschuß ermöglichen, seine Aufgaben so schnell wie möglich zu erfüllen. Diese Regelungen können die Verlegung einer Person, die der Ausschuß zu besuchen beabsichtigt, an einen anderen Ort einschließen. Solange der Besuch nicht stattgefunden hat, erteilt die Vertragspartei dem Ausschuß Auskünfte über jede betroffene Person.

Art. 10 [Bericht] (1) Nach jedem Besuch verfaßt der Ausschuß einen Bericht über die bei dem Besuch festgestellten Tatsachen unter Berücksichtigung von Äußerungen der betreffenden Vertragspartei. Er übermittelt ihr seinen Bericht, der die von ihm für erforderlich gehaltenen Empfehlungen enthält. Der Ausschuß kann Konsultationen mit der Vertragspartei führen, um erforderlichenfalls Verbesserungen des Schutzes von Personen vorzuschlagen, denen die Freiheit entzogen ist.

(2) Verweigert die Vertragspartei die Zusammenarbeit oder lehnt sie es ab, die Lage im Sinne der Empfehlungen des Ausschusses zu verbessern, so kann der Ausschuß, nachdem die Vertragspartei Gelegenheit hatte sich zu äußern, mit Zweidrittelmehrheit seiner Mitglieder beschließen, dazu eine öffentliche Erklärung abzugeben.

Art. 11 [Vertraulichkeit] (1) Die Informationen, die der Ausschuß bei einem Besuch erhält, sein Bericht und seine Konsultationen mit der betreffenden Vertragspartei sind vertraulich.

(2) Der Ausschuß veröffentlicht seinen Bericht zusammen mit einer etwaigen Stellungnahme der betreffenden Vertragspartei, wenn diese darum ersucht.

(3) Personenbezogene Daten dürfen jedoch nicht ohne ausdrückliche Zustimmung des Betroffenen veröffentlicht werden.

Art. 12 [Allgemeiner öffentlicher Bericht] Unter Beachtung der in Artikel 11 enthaltenen Bestimmungen über die Vertraulichkeit legt der Ausschuß dem Ministerkomitee alljährlich einen allgemeinen Bericht über seine Tätigkeit vor, welcher der Beratenden Versammlung und jedem Nichtmitgliedstaat des Europarats, der Vertragspartei des Übereinkommens ist, zugeleitet und veröffentlicht wird.

Art. 13 [Geheimhaltungspflicht] Die Mitglieder des Ausschusses, die Sachverständigen und die anderen Personen, die den Ausschuß unterstützen, haben während und nach ihrer Tätigkeit die Vertraulichkeit der ihnen bei der Erfüllung ihrer Aufgaben bekannt gewordenen Tatsachen oder Angaben zu wahren.

Art. 14 [Stellung der Sachverständigen] (1) Die Namen der Personen, die den Ausschuß unterstützen, werden in der Notifikation nach Artikel 8 Absatz 1 angegeben.

(2) Die Sachverständigen handeln nach den Weisungen und unter der Verantwortung des Ausschusses. Sie müssen besondere Kenntnisse und Erfahrungen in den von dem Übereinkommen erfaßten Bereichen besitzen und unterliegen in derselben Weise wie die Mitglieder des Ausschusses der Pflicht zur Unabhängigkeit, Unparteilichkeit und Verfügbarkeit.

(3) Eine Vertragspartei kann ausnahmsweise erklären, daß einem Sachverständigen oder einer anderen Person, die den Ausschuß unterstützt, die Teilnahme an dem Besuch eines ihrer Hoheitsgewalt unterstehenden Ortes nicht gestattet wird.

Kapitel IV

Art. 15 [Verbindungsbehörde] Jede Vertragspartei teilt dem Ausschuß Namen und Anschrift der Behörde, die für die Entgegennahme von Notifikationen an ihre Regierung zuständig ist, sowie etwa von ihr bestimmter Verbindungsbeamter mit.

Art. 16 [Vorrechte und Immunitäten] Der Ausschuß, seine Mitglieder und die in Artikel 7 Absatz 2 bezeichneten Sachverständigen genießen die in der Anlage zu diesem Übereinkommen bezeichneten Vorrechte und Immunitäten.

Art. 17 [Verhältnis zu anderen Schutznormen] (1) Dieses Übereinkommen läßt die Bestimmungen des innerstaatlichen Rechts oder *internationaler* Übereinkünfte unberührt, die Personen, denen die Freiheit entzogen ist, weitergehenden Schutz gewähren.

(2) Keine Bestimmung dieses Übereinkommens ist so auszulegen, daß sie die Befugnisse der Organe der Europäischen Menschenrechtskonvention oder die von den Vertragsparteien nach jener Konvention eingegangenen Verpflichtungen einschränkt oder aufhebt.

(3) Der Ausschuß besucht keine Orte, die von Vertretern oder Delegierten von Schutzmächten oder des Internationalen Komitees vom

Roten Kreuz aufgrund der Genfer Abkommen vom 12. August 1949 und der Zusatzprotokolle vom 8. Juni 1977 tatsächlich und regelmäßig besucht werden.

Kapitel V

Art. 18 [Beitritt] (1) Dieses Übereinkommen liegt für die Mitgliedstaaten des Europarats zur Unterzeichnung auf. Es bedarf der Ratifikation, Annahme oder Genehmigung. Die Ratifikations-, Annahme- oder Genehmigungsurkunden werden beim Generalsekretär des Europarats hinterlegt.

(2) Das Ministerkomitee des Europarats kann jeden Nichtmitgliedstaat des Europarats einladen, dem Übereinkommen beizutreten.

Art. 19 [Inkrafttreten] (1) Dieses Übereinkommen tritt am ersten Tag des Monats in Kraft, der auf einen Zeitabschnitt von drei Monaten nach dem Tag folgt, an dem sieben Mitgliedstaaten des Europarats nach Artikel 18 ihre Zustimmung ausgedrückt haben, durch das Übereinkommen gebunden zu sein.

(2) Für jeden Staat, der später seine Zustimmung ausdrückt, durch das Übereinkommen gebunden zu sein, tritt es am ersten Tag des Monats in Kraft, der auf einen Zeitabschnitt von drei Monaten nach Hinterlegung der Ratifikations-, Annahme-, Genehmigungs- oder Beitrittsurkunde folgt.

Art. 20 [Besondere Hoheitsgebiete] (1) Jeder Staat kann bei der Unterzeichnung oder bei der Hinterlegung seiner Ratifikatons-, Annahme-, Genehmigungs- oder Beitrittsurkunde einzelne oder mehrere Hoheitsgebiete bezeichnen, auf die dieses Übereinkommen Anwendung findet.

(2) Jeder Staat kann jederzeit danach durch eine an den Generalsekretär des Europarats gerichtete Erklärung die Anwendung dieses Übereinkommens auf jedes weitere in der Erklärung bezeichnete Hoheitsgebiet erstrecken. Das Übereinkommen tritt für dieses Hoheitsgebiet am ersten Tag des Monats in Kraft, der auf einen Zeitabschnitt von drei Monaten nach Eingang der Erklärung beim Generalsekretär folgt.

(3) Jede nach den Absätzen 1 und 2 abgegebene Erklärung kann in bezug auf jedes darin bezeichnete Hoheitsgebiet durch eine an den Generalsekretär gerichtete Notifikation zurückgenommen werden. Die Rücknahme wird am ersten Tag des Monats wirksam, der auf einen Zeitabschnitt von drei Monaten nach Eingang der Notifikation beim Generalsekretär folgt.

Art. 21 [Keine Vorbehalte] Vorbehalte zu diesem Übereinkommen sind nicht zulässig.

Art. 22 [Kündigung] (1) Jede Vertragspartei kann dieses Übereinkommen jederzeit durch eine an den Generalsekretär des Europarats gerichtete Notifikation kündigen.

(2) Die Kündigung wird am ersten des Monats wirksam, der auf einen Zeitabschnitt von zwölf Monaten nach Eingang der Notifikation beim Generalsekretär folgt.

Art. 23 [Unterrichtung der Mitglieder des Europarats und der Vertragsparteien] Der Generalsekretär des Europarats notifiziert den Mitgliedstaaten und jedem Nichtmitgliedstaat des Europarats, der Vertragspartei des Übereinkommens ist,

a) jede Unterzeichnung;

b) jede Hinterlegung einer Ratifikations-, Annahme-, Genehmigungs- oder Beitrittsurkunde;

c) jeden Zeitpunkt des Inkrafttretens dieses Übereinkommens nach den Artikeln 19 und 20;

d) jede andere Handlung, Notifikation oder Mitteilung im Zusammenhang mit diesem Übereinkommen mit Ausnahme der nach den Artikeln 8 und 10 getroffenen Maßnahmen.

ZU URKUND DESSEN haben die hierzu gehörig befugten Unterzeichneten dieses Übereinkommen unterschrieben.

GESCHEHEN zu Straßburg am 26. November 1987 in englischer und französischer Sprache, wobei jeder Wortlaut gleichermaßen verbindlich ist, in einer Urschrift, die im Archiv des Europarats hinterlegt wird. Der Generalsekretär des Europarats übermittelt allen Mitgliedstaaten des Europarats beglaubigte Abschriften.

145. Vertrag über die Europäische Union

Vom 7. Februar 1992[1), 2)]

(BGBl. II S. 1253)

EU-Dok.-Nr. 1 1992 M

geänd. durch Beitrittsvertrag v. 24. 6. 1994 (BGBl. II S. 2022) i. d. F. des Beschlusses vom 1. 1. 1995 (ABl. EG Nr. L 1/1, ber. ABl. 1997 Nr. L 179/12), geänd. durch Art. 1 Amsterdamer Vertrag v. 2. 10. 1997 (ABl. Nr. C 340 S. 1), Art. 1 Vertrag von Nizza v. 26. 2. 2001 (ABl. Nr. C 80 S. 1, ber. ABl. Nr. C 96 S. 27), Art. 12 EU-Beitrittsakte 2003 v. 16. 4. 2003 (ABl. Nr. L 236 S. 33), Art. 10 Abs. 2, 3, Art. 18 Abs. 3 EU-Beitrittsakte 2005 v. 25. 4. 2005 (ABl. Nr. L 157 S. 203) und Art. 1 Vertrag von Lissabon v. 13. 12. 2007 (ABl. Nr. C 306 S. 1, ber. ABl. 2008 Nr. C 111 S. 56 und ABl. 2009 Nr. C 290 S. 1; Akte zum Beitrittsvertrag v. 9. 12. 2011, ABl. Nr. L 112/21 v. 24. 4. 2012 (m. W. v. 1. 7. 2013))

Nichtamtliche Inhaltsübersicht

---

1) Konsolidierte Fassung.

2) Die Artikelfolge und Verweise/Bezugnahmen auf Vorschriften des AEUV sind gemäß Art. 5 des Vertrags von Lissabon in Verbindung mit den Übereinstimmungstabellen an die neue Nummerierung angepasst worden.

Seine Majestät der König der Belgier, ihre Majestät die Königin von Dänemark, der Präsident der Bundesrepublik Deutschland, der Präsident der Griechischen Republik, seine Majestät der König von Spanien, der Präsident der französischen Republik, der Präsident Irlands, der Präsident der Italienischen Republik, seine Königliche Hoheit der Großherzog von Luxemburg, ihre Majestät die Königin der Niederland, der Präsident der Portugiesischen Republik, ihre Majestät die Königin des Vereinigten Königreichs Großbritannien und Nordirland,

ENTSCHLOSSEN, den mit der Gründung der Europäischen Gemeinschaften eingeleiteten Prozeß der europäischen Integration auf *eine neue Stufe zu heben*,

SCHÖPFEND aus dem kulturellen, religiösen und humanistischen Erbe Europas, aus dem sich die unverletzlichen und unveräußerlichen

Rechte des Menschen sowie Freiheit, Demokratie, Gleichheit und Rechtsstaatlichkeit als universelle Werte entwickelt haben,

EINGEDENK der historischen Bedeutung der Überwindung der Teilung des europäischen Kontinents und der Notwendigkeit, feste Grundlagen für die Gestalt des zukünftigen Europas zu schaffen,

IN BESTÄTIGUNG ihres Bekenntnisses zu den Grundsätzen der Freiheit, der Demokratie und der Achtung der Menschenrechte und Grundfreiheiten und der Rechtsstaatlichkeit,

IN BESTÄTIGUNG der Bedeutung, die sie den sozialen Grundrechten beimessen, wie sie in der am 18. Oktober 1961 in Turin unterzeichneten Europäischen Sozialcharta und in der Gemeinschaftscharta der sozialen Grundrechte der Arbeitnehmer von 1989 festgelegt sind,

IN DEM WUNSCH, die Solidarität zwischen ihren Völkern unter Achtung ihrer Geschichte, ihrer Kultur und ihrer Traditionen zu stärken,

IN DEM WUNSCH, Demokratie und Effizienz in der Arbeit der Organe weiter zu stärken, damit diese in die Lage versetzt werden, die ihnen übertragenen Aufgaben in einem einheitlichen institutionellen Rahmen besser wahrzunehmen,

ENTSCHLOSSEN, die Stärkung und die Konvergenz ihrer Volkswirtschaften herbeizuführen und eine Wirtschafts- und Währungsunion zu errichten, die im Einklang mit diesem Vertrag und dem Vertrag über die Arbeitsweise der Europäischen Union[1] eine einheitliche, stabile Währung einschließt,

IN DEM FESTEN WILLEN, im Rahmen der Verwirklichung des Binnenmarkts sowie der Stärkung des Zusammenhalts und des Umweltschutzes den wirtschaftlichen und sozialen Fortschritt ihrer Völker zu fördern und Politiken zu verfolgen, die gewährleisten, daß Fortschritte bei der wirtschaftlichen Integration mit parallelen Fortschritten auf anderen Gebieten einhergehen,

ENTSCHLOSSEN, eine gemeinsame Unionsbürgerschaft für die Staatsangehörigen ihrer Länder einzuführen,

ENTSCHLOSSEN, eine Gemeinsame Außen- und Sicherheitspolitik zu verfolgen, wozu nach Maßgabe des Artikels 17 auch die schrittweise Festlegung einer gemeinsamen Verteidigungspolitik gehört, die zu einer gemeinsamen Verteidigung führen könnte, und so die Identität und Unabhängigkeit Europas zu stärken, um Frieden, Sicherheit und Fortschritt in Europa und in der Welt zu fördern,

ENTSCHLOSSEN, die Freizügigkeit unter gleichzeitiger Gewährleistung der Sicherheit ihrer Bürger durch den Aufbau eines Raums der *Freiheit, der Sicher*heit und des Rechts nach Maßgabe der Bestimmungen dieses Vertrags zu fördern,

ENTSCHLOSSEN, den Prozeß der Schaffung einer immer engeren Union der Völker Europas, in der die Entscheidungen entsprechend dem Subsidiaritätsprinzip möglichst bürgernah getroffen werden, weiterzuführen,

---

[1] Nr. **146**.

IM HINBLICK auf weitere Schritte, die getan werden müssen, um die europäische Integration voranzutreiben,

HABEN BESCHLOSSEN, eine Europäische Union zu gründen; sie haben zu diesem Zweck zu ihren Bevollmächtigten ernannt:

SEINE MAJESTÄT DER KÖNIG DER BELGIER:
Mark EYSKENS,
Minister für auswärtige Angelegenheiten;
Philippe MAYSTADT,
Minister der Finanzen;
IHRE MAJESTÄT DIE KÖNIGIN VON DÄNEMARK:
Uffe ELLEMANN-JENSEN,
Minister für auswärtige Angelegenheiten;
Anders FOGH RASMUSSEN,
Minister für Wirtschaft;
DER PRÄSIDENT DER BUNDESREPUBLIK DEUTSCHLAND:
Hans-Dietrich GENSCHER,
Bundesminister des Auswärtigen;
Theodor WAIGEL,
Bundesminister der Finanzen;
DER PRÄSIDENT DER GRIECHISCHEN REPUBLIK:
Antonios SAMARAS,
Minister für auswärtige Angelegenheiten;
Efthymios CHRISTODOULOU,
Minister für Wirtschaft;
SEINE MAJESTÄT DER KÖNIG VON SPANIEN:
Francisco FERNÁNDEZ ORDÓÑEZ,
Minister für auswärtige Angelegenheiten;
Carlos SOLCHAGA CATALÁN,
Minister für Wirtschaft und Finanzen;
DER PRÄSIDENT DER FRANZÖSISCHEN REPUBLIK:
Roland DUMAS,
Minister für auswärtige Angelegenheiten;
Pierre BEREGOVOY,
Minister für Wirtschaft, Finanzen und Haushalt;
DER PRÄSIDENT IRLANDS:
Gerard COLLINS,
Minister für auswärtige Angelegenheiten;
Bertie AHERN,
Minister der Finanzen;
DER PRÄSIDENT DER ITALIENISCHEN REPUBLIK:
Giannni DE MICHELIS,
Minister für auswärtige Angelegenheiten;
Guido CARLI,
Schatzminister;
SEINE KÖNIGLICHE HOHEIT DER GROSSHERZOG VON LUXEMBURG:
Jacques F. POOS,

Vizepremierminister,
Minister für auswärtige Angelegenheiten;
Jean-Claude JUNCKER,
Minister der Finanzen;
IHRE MAJESTÄT DIE KÖNIGIN DER NIEDERLANDE:
Hans VAN DEN BRÖK,
Minister für auswärtige Angelegenheiten;
Willem KOK,
Minister der Finanzen;
DER PRÄSIDENT DER PORTUGIESISCHEN REPUBLIK:
Joao de Deus PINHEIRO,
Minister für auswärtige Angelegenheiten;
Jorge BRAGA de MACEDO,
Minister der Finanzen;
IHRE MAJESTÄT DIE KÖNIGIN DES VEREINIGTEN KÖNIGREICHS GROSSBRITANNIEN UND NORDIRLAND:
Rt. Hon. Douglas HURD,
Minister für auswärtige Angelegenheiten und Commonwealth-Fragen;
Hon. Francis MAUDE,
Financial Secretary im Schatzamt;

DIESE SIND nach Austausch ihrer als gut und gehörig befundenen Vollmachten wie folgt ÜBEREINGEKOMMEN:

Titel I. Gemeinsame Bestimmungen

Art. 1 [Gründung der Europäischen Union; Grundlagen] Durch diesen Vertrag gründen die Hohen Vertragsparteien untereinander eine EUROPÄISCHE UNION (im Folgenden „Union"), der die Mitgliedstaaten Zuständigkeiten zur Verwirklichung ihrer gemeinsamen Ziele übertragen.

Dieser Vertrag stellt eine neue Stufe bei der Verwirklichung einer immer engeren Union der Völker Europas dar, in der die Entscheidungen möglichst offen und möglichst bürgernah getroffen werden.

[1] Grundlage der Union sind dieser Vertrag und der Vertrag über die Arbeitsweise der Europäischen Union[1)] (im Folgenden „Verträge"). [2] Beide Verträge sind rechtlich gleichrangig. [3] Die Union tritt an die Stelle der Europäischen Gemeinschaft, deren Rechtsnachfolgerin sie ist.[2)]

Art. 2 [Grundlegende Werte] [1] Die Werte, auf die sich die Union gründet, sind die Achtung der Menschenwürde, Freiheit, Demokratie,

---

1) Nr. **146**.

2) Vgl. hierzu auch das in der Bekanntmachung v.2. 3. 2010 über die infolge des Inkrafttretens des Vertrags von Lissabon von der Europäischen Union angetretene Rechtsnachfolge der Europäischen Gemeinschaft als Vertragspartei völkerrechtlicher Verträge abgedruckte Schreiben an den UN-Generalsekretär (BGBl. 2010 S. 250).

Gleichheit, Rechtsstaatlichkeit und die Wahrung der Menschenrechte einschließlich der Rechte der Personen, die Minderheiten angehören. 2 Diese Werte sind allen Mitgliedstaaten in einer Gesellschaft gemeinsam, die sich durch Pluralismus, Nichtdiskriminierung, Toleranz, Gerechtigkeit, Solidarität und die Gleichheit von Frauen und Männern auszeichnet.

Art. 3 [Ziel der Union] (1) Ziel der Union ist es, den Frieden, ihre Werte und das Wohlergehen ihrer Völker zu fördern.

(2) Die Union bietet ihren Bürgerinnen und Bürgern einen Raum der Freiheit, der Sicherheit und des Rechts ohne Binnengrenzen, in dem – in Verbindung mit geeigneten Maßnahmen in Bezug auf die Kontrollen an den Außengrenzen, das Asyl, die Einwanderung sowie die Verhütung und Bekämpfung der Kriminalität – der freie Personenverkehr gewährleistet ist.

(3) 1 Die Union errichtet einen Binnenmarkt. 2 Sie wirkt auf die nachhaltige Entwicklung Europas auf der Grundlage eines ausgewogenen Wirtschaftswachstums und von Preisstabilität, eine in hohem Maße wettbewerbsfähige soziale Marktwirtschaft, die auf Vollbeschäftigung und sozialen Fortschritt abzielt, sowie ein hohes Maß an Umweltschutz und Verbesserung der Umweltqualität hin. 3 Sie fördert den wissenschaftlichen und technischen Fortschritt.

Sie bekämpft soziale Ausgrenzung und Diskriminierungen und fördert soziale Gerechtigkeit und sozialen Schutz, die Gleichstellung von Frauen und Männern, die Solidarität zwischen den Generationen und den Schutz der Rechte des Kindes.

Sie fördert den wirtschaftlichen, sozialen und territorialen Zusammenhalt und die Solidarität zwischen den Mitgliedstaaten.

Sie wahrt den Reichtum ihrer kulturellen und sprachlichen Vielfalt und sorgt für den Schutz und die Entwicklung des kulturellen Erbes Europas.

(4) Die Union errichtet eine Wirtschafts- und Währungsunion, deren Währung der Euro ist.

(5) 1 In ihren Beziehungen zur übrigen Welt schützt und fördert die Union ihre Werte und Interessen und trägt zum Schutz ihrer Bürgerinnen und Bürger bei. 2 Sie leistet einen Beitrag zu Frieden, Sicherheit, globaler nachhaltiger Entwicklung, Solidarität und gegenseitiger Achtung unter den Völkern, zu freiem und gerechtem Handel, zur Beseitigung der Armut und zum Schutz der Menschenrechte, insbesondere der Rechte des Kindes, sowie zur strikten Einhaltung und Weiterentwicklung des Völkerrechts, insbesondere zur Wahrung der Grundsätze der Charta der Vereinten Nationen.

(6) Die Union verfolgt ihre Ziele mit geeigneten Mitteln entsprechend den Zuständigkeiten, die ihr in den Verträgen übertragen sind.

Art. 4 [*Zuständigkeiten der Union*] (1) Alle der Union nicht in den Verträgen übertragenen Zuständigkeiten verbleiben gemäß Artikel 5 bei den Mitgliedstaaten.

(2) [1]Die Union achtet die Gleichheit der Mitgliedstaaten vor den Verträgen und ihre jeweilige nationale Identität, die in ihren grundlegenden politischen und verfassungsmäßigen Strukturen einschließlich der regionalen und lokalen Selbstverwaltung zum Ausdruck kommt. [2]Sie achtet die grundlegenden Funktionen des Staates, insbesondere die Wahrung der territorialen Unversehrtheit, die Aufrechterhaltung der öffentlichen Ordnung und den Schutz der nationalen Sicherheit. [3]Insbesondere die nationale Sicherheit fällt weiterhin in die alleinige Verantwortung der einzelnen Mitgliedstaaten.

(3) Nach dem Grundsatz der loyalen Zusammenarbeit achten und unterstützen sich die Union und die Mitgliedstaaten gegenseitig bei der Erfüllung der Aufgaben, die sich aus den Verträgen ergeben.

Die Mitgliedstaaten ergreifen alle geeigneten Maßnahmen allgemeiner oder besonderer Art zur Erfüllung der Verpflichtungen, die sich aus den Verträgen oder den Handlungen der Organe der Union ergeben.

Die Mitgliedstaaten unterstützen die Union bei der Erfüllung ihrer Aufgabe und unterlassen alle Maßnahmen, die die Verwirklichung der Ziele der Union gefährden könnten.

Art. 5 [Subsidiaritäts- und Verhältnismäßigkeitsgrundsatz]

(1) [1]Für die Abgrenzung der Zuständigkeiten der Union gilt der Grundsatz der begrenzten Einzelermächtigung. [2]Für die Ausübung der Zuständigkeiten der Union gelten die Grundsätze der Subsidiarität und der Verhältnismäßigkeit.

(2) [1]Nach dem Grundsatz der begrenzten Einzelermächtigung wird die Union nur innerhalb der Grenzen der Zuständigkeiten tätig, die die Mitgliedstaaten ihr in den Verträgen zur Verwirklichung der darin niedergelegten Ziele übertragen haben. [2]Alle der Union nicht in den Verträgen übertragenen Zuständigkeiten verbleiben bei den Mitgliedstaaten.

(3) Nach dem Subsidiaritätsprinzip wird die Union in den Bereichen, die nicht in ihre ausschließliche Zuständigkeit fallen, nur tätig, sofern und soweit die Ziele der in Betracht gezogenen Maßnahmen von den Mitgliedstaaten weder auf zentraler noch auf regionaler oder lokaler Ebene ausreichend verwirklicht werden können, sondern vielmehr wegen ihres Umfangs oder ihrer Wirkungen auf Unionsebene besser zu verwirklichen sind.

[1]Die Organe der Union wenden das Subsidiaritätsprinzip nach dem Protokoll über die Anwendung der Grundsätze der Subsidiarität und der Verhältnismäßigkeit[1)] an. [2]Die nationalen Parlamente achten auf die Einhaltung des Subsidiaritätsprinzips nach dem in jenem Protokoll vorgesehenen Verfahren.

(4) Nach dem Grundsatz der Verhältnismäßigkeit gehen die Maßnahmen der Union inhaltlich wie formal nicht über das zur Erreichung der Ziele der Verträge erforderliche Maß hinaus.

Die Organe der Union wenden den Grundsatz der Verhältnismäßigkeit nach dem Protokoll über die Anwendung der Grundsätze der Subsidiarität und der Verhältnismäßigkeit an.

---

1) Nr. **147**.

Art. 6 [Grundrechte-Charta und EMRK] (1) Die Union erkennt die Rechte, Freiheiten und Grundsätze an, die in der Charta der Grundrechte der Europäischen Union[1] vom 7. Dezember 2000 in der am 12. Dezember 2007 in Straßburg angepassten Fassung niedergelegt sind; die Charta der Grundrechte und die Verträge sind rechtlich gleichrangig.

Durch die Bestimmungen der Charta werden die in den Verträgen festgelegten Zuständigkeiten der Union in keiner Weise erweitert.

Die in der Charta niedergelegten Rechte, Freiheiten und Grundsätze werden gemäß den allgemeinen Bestimmungen des Titels VII der Charta, der ihre Auslegung und Anwendung regelt, und unter gebührender Berücksichtigung der in der Charta angeführten Erläuterungen, in denen die Quellen dieser Bestimmungen angegeben sind, ausgelegt.

(2) [1]Die Union tritt der Europäischen Konvention zum Schutz der Menschenrechte und Grundfreiheiten bei. [2]Dieser Beitritt ändert nicht die in den Verträgen festgelegten Zuständigkeiten der Union.

(3) Die Grundrechte, wie sie in der Europäischen Konvention zum Schutz der Menschenrechte und Grundfreiheiten gewährleistet sind und wie sie sich aus den gemeinsamen Verfassungsüberlieferungen der Mitgliedstaaten ergeben, sind als allgemeine Grundsätze Teil des Unionsrechts.

Art. 7 [Verletzung fundamentaler Grundsätze durch einen Mitgliedstaat][2] (1) [1]Auf begründeten Vorschlag eines Drittels der Mitgliedstaaten, des Europäischen Parlaments oder der Europäischen Kommission kann der Rat mit der Mehrheit von vier Fünfteln seiner Mitglieder nach Zustimmung des Europäischen Parlaments feststellen, dass die eindeutige Gefahr einer schwerwiegenden Verletzung der in Artikel 2 genannten Werte durch einen Mitgliedstaat besteht. [2]Der Rat hört, bevor er eine solche Feststellung trifft, den betroffenen Mitgliedstaat und kann Empfehlungen an ihn richten, die er nach demselben Verfahren beschließt.

Der Rat überprüft regelmäßig, ob die Gründe, die zu dieser Feststellung geführt haben, noch zutreffen.

(2) Auf Vorschlag eines Drittels der Mitgliedstaaten oder der Europäischen Kommission und nach Zustimmung des Europäischen Parlaments kann der Europäische Rat einstimmig feststellen, dass eine schwerwiegende und anhaltende Verletzung der in Artikel 2 genannten Werte durch einen Mitgliedstaat vorliegt, nachdem er den betroffenen Mitgliedstaat zu einer Stellungnahme aufgefordert hat.

(3) [1]Wurde die Feststellung nach Absatz 2 getroffen, so kann der Rat mit qualifizierter Mehrheit beschließen, bestimmte Rechte auszusetzen, die sich aus der Anwendung der Verträge auf den betroffenen

---

[1] Nr. **150**.

[2] Vgl. als „informelle" Vorstufe zu einer (möglichen) Aktivierung des Art. 7 Abs. 1 (s. Ziff. 57 und 58 der Empfehlung) die auf Art. 292 AEUV gestützte Empfehlung (EU) 2017/1520 v. 26.7.2017 zur Rechtsstaatlichkeit in Polen in Ergänzung der Empfehlungen (EU) 2016/1374 und (EU) 2017/146 (ABl. Nr. L 228/19 v. 2.9.2017), sowie die Empfehlung (EU) 2018/103 der Kommission v. 20.12.2017 (ABl. Nr. L 17/50 v. 23.1.2018). Mit dieser letzteren Empfehlung hat die Kommission gleichzeitig einen (begründeten) Vorschlag nach Art. 7 Abs. 1 EUV veröffentlicht (COM(2017) 835 final) – womit erstmals überhaupt ein Rechtsstaatsverfahren nach dieser Bestimmung formell eröffnet worden ist..

Mitgliedstaat herleiten, einschließlich der Stimmrechte des Vertreters der Regierung dieses Mitgliedstaats im Rat. [2]Dabei berücksichtigt er die möglichen Auswirkungen einer solchen Aussetzung auf die Rechte und Pflichten natürlicher und juristischer Personen.

Die sich aus den Verträgen ergebenden Verpflichtungen des betroffenen Mitgliedstaats sind für diesen auf jeden Fall weiterhin verbindlich.

(4) Der Rat kann zu einem späteren Zeitpunkt mit qualifizierter Mehrheit beschließen, nach Absatz 3 getroffene Maßnahmen abzuändern oder aufzuheben, wenn in der Lage, die zur Verhängung dieser Maßnahmen geführt hat, Änderungen eingetreten sind.

(5) Die Abstimmungsmodalitäten, die für die Zwecke dieses Artikels für das Europäische Parlament, den Europäischen Rat und den Rat gelten, sind in Artikel 354 des Vertrags über die Arbeitsweise der Europäischen Union[1)] festgelegt.

Art. 8 [Nachbarschaftspolitik] (1) Die Union entwickelt besondere Beziehungen zu den Ländern in ihrer Nachbarschaft, um einen Raum des Wohlstands und der guten Nachbarschaft zu schaffen, der auf den Werten der Union aufbaut und sich durch enge, friedliche Beziehungen auf der Grundlage der Zusammenarbeit auszeichnet.

(2) [1]Für die Zwecke des Absatzes 1 kann die Union spezielle Übereinkünfte mit den betreffenden Ländern schließen. [2]Diese Übereinkünfte können gegenseitige Rechte und Pflichten umfassen und die Möglichkeit zu gemeinsamem Vorgehen eröffnen. [3]Zur Durchführung der Übereinkünfte finden regelmäßige Konsultationen statt.

Titel II. Bestimmungen über die demokratischen Grundsätze

Art. 9 [Gleichheitsgrundsatz; Unionsbürgerschaft] [1]Die Union achtet in ihrem gesamten Handeln den Grundsatz der Gleichheit ihrer Bürgerinnen und Bürger, denen ein gleiches Maß an Aufmerksamkeit seitens der Organe, Einrichtungen und sonstigen Stellen der Union zuteil wird. [2]Unionsbürger ist, wer die Staatsangehörigkeit eines Mitgliedstaats besitzt. [3]Die Unionsbürgerschaft tritt zur nationalen Staatsangehörigkeit hinzu, ersetzt sie aber nicht.

Art. 10 [Demokratische Grundsätze] (1) Die Arbeitsweise der Union beruht auf der repräsentativen Demokratie.

(2) Die Bürgerinnen und Bürger sind auf Unionsebene unmittelbar im Europäischen Parlament vertreten.

Die Mitgliedstaaten werden im Europäischen Rat von ihrem jeweiligen Staats- oder Regierungschef und im Rat von ihrer jeweiligen Regierung vertreten, die ihrerseits in demokratischer Weise gegenüber

---

1) Nr. **146**.

ihrem nationalen Parlament oder gegenüber ihren Bürgerinnen und Bürgern Rechenschaft ablegen müssen.

(3) [1] Alle Bürgerinnen und Bürger haben das Recht, am demokratischen Leben der Union teilzunehmen. [2] Die Entscheidungen werden so offen und bürgernah wie möglich getroffen.

(4) Politische Parteien auf europäischer Ebene tragen zur Herausbildung eines europäischen politischen Bewusstseins und zum Ausdruck des Willens der Bürgerinnen und Bürger der Union bei.

Art. 11 [Bürgerbeteiligung] (1) Die Organe geben den Bürgerinnen und Bürgern und den repräsentativen Verbänden in geeigneter Weise die Möglichkeit, ihre Ansichten in allen Bereichen des Handelns der Union öffentlich bekannt zu geben und auszutauschen.

(2) Die Organe pflegen einen offenen, transparenten und regelmäßigen Dialog mit den repräsentativen Verbänden und der Zivilgesellschaft.

(3) Um die Kohärenz und die Transparenz des Handelns der Union zu gewährleisten, führt die Europäische Kommission umfangreiche Anhörungen der Betroffenen durch.

(4) Unionsbürgerinnen und Unionsbürger, deren Anzahl mindestens eine Million betragen und bei denen es sich um Staatsangehörige einer erheblichen Anzahl von Mitgliedstaaten handeln muss, können die Initiative ergreifen und die Europäische Kommission auffordern, im Rahmen ihrer Befugnisse geeignete Vorschläge zu Themen zu unterbreiten, zu denen es nach Ansicht jener Bürgerinnen und Bürger eines Rechtsakts der Union bedarf, um die Verträge umzusetzen.

Die Verfahren und Bedingungen, die für eine solche Bürgerinitiative gelten, werden nach Artikel 24 Absatz 1 des Vertrags über die Arbeitsweise der Europäischen Union festgelegt.

Art. 12 [Beteiligung der nationalen Parlamente] Die nationalen Parlamente tragen aktiv zur guten Arbeitsweise der Union bei, indem sie

a) von den Organen der Union unterrichtet werden und ihnen die Entwürfe von Gesetzgebungsakten der Union gemäß dem Protokoll über die Rolle der nationalen Parlamente in der Europäischen Union zugeleitet werden;

b) dafür sorgen, dass der Grundsatz der Subsidiarität gemäß den in dem Protokoll über die Anwendung der Grundsätze der Subsidiarität und der Verhältnismäßigkeit vorgesehenen Verfahren beachtet wird;

c) sich im Rahmen des Raums der Freiheit, der Sicherheit und des Rechts an den Mechanismen zur Bewertung der Durchführung der Unionspolitiken in diesem Bereich nach Artikel 70 des Vertrags über *die Arbeitsweise* der Europäischen Union[1] beteiligen und in die po-

---

[1] Nr. **146**.

litische Kontrolle von Europol und die Bewertung der Tätigkeit von Eurojust nach den Artikeln 88 und 85 des genannten Vertrags einbezogen werden;

d) sich an den Verfahren zur Änderung der Verträge nach Artikel 48 dieses Vertrags beteiligen;

e) über Anträge auf Beitritt zur Union nach Artikel 49 dieses Vertrags unterrichtet werden;

f) sich an der interparlamentarischen Zusammenarbeit zwischen den nationalen Parlamenten und mit dem Europäischen Parlament gemäß dem Protokoll über die Rolle der nationalen Parlamente in der Europäischen Union beteiligen.

Titel III. Bestimmungen über die Organe

Art. 13 [Organe der Union] (1) Die Union verfügt über einen institutionellen Rahmen, der zum Zweck hat, ihren Werten Geltung zu verschaffen, ihre Ziele zu verfolgen, ihren Interessen, denen ihrer Bürgerinnen und Bürger und denen der Mitgliedstaaten zu dienen sowie die Kohärenz, Effizienz und Kontinuität ihrer Politik und ihrer Maßnahmen sicherzustellen.
Die Organe der Union sind
– das Europäische Parlament,
– der Europäische Rat,
– der Rat,
– die Europäische Kommission (im Folgenden „Kommission"),
– der Gerichtshof der Europäischen Union,
– die Europäische Zentralbank,
– der Rechnungshof.

(2) [1]Jedes Organ handelt nach Maßgabe der ihm in den Verträgen zugewiesenen Befugnisse nach den Verfahren, Bedingungen und Zielen, die in den Verträgen festgelegt sind. [2]Die Organe arbeiten loyal zusammen.

(3) Die Bestimmungen über die Europäische Zentralbank und den Rechnungshof sowie die detaillierten Bestimmungen über die übrigen Organe sind im Vertrag über die Arbeitsweise der Europäischen Union enthalten.

(4) Das Europäische Parlament, der Rat und die Kommission werden von einem Wirtschafts- und Sozialausschuss sowie einem Ausschuss der Regionen unterstützt, die beratende Aufgaben wahrnehmen.

Art. 14 [Europäisches Parlament] (1) [1]Das Europäische Parlament wird gemeinsam mit dem Rat als Gesetzgeber tätig und übt gemeinsam mit ihm die Haushaltsbefugnisse aus. [2]Es erfüllt Aufgaben der politischen Kontrolle und Beratungsfunktionen nach Maßgabe der Verträge. [3]Es wählt den Präsidenten der Kommission.

(2) [1]Das Europäische Parlament setzt sich aus Vertretern der Unionsbürgerinnen und Unionsbürger zusammen. [2]Ihre Anzahl darf 750 nicht

überschreiten, zuzüglich des Präsidenten. 3 Die Bürgerinnen und Bürger sind im Europäischen Parlament degressiv proportional, mindestens jedoch mit sechs Mitgliedern je Mitgliedstaat vertreten. 4 Kein Mitgliedstaat erhält mehr als 96 Sitze.

Der Europäische Rat erlässt einstimmig auf Initiative des Europäischen Parlaments und mit dessen Zustimmung einen Beschluss über die Zusammensetzung des Europäischen Parlaments, in dem die in Unterabsatz 1 genannten Grundsätze gewahrt sind.[1)]

(3) Die Mitglieder des Europäischen Parlaments werden in allgemeiner, unmittelbarer, freier und geheimer Wahl für eine Amtszeit von fünf Jahren gewählt.

(4) Das Europäische Parlament wählt aus seiner Mitte seinen Präsidenten und sein Präsidium.

Art. 15 [Europäischer Rat] (1) 1 Der Europäische Rat gibt der Union die für ihre Entwicklung erforderlichen Impulse und legt die allgemeinen politischen Zielvorstellungen und Prioritäten hierfür fest. 2 Er wird nicht gesetzgeberisch tätig.

(2) 1 Der Europäische Rat setzt sich zusammen aus den Staats- und Regierungschefs der Mitgliedstaaten sowie dem Präsidenten des Europäischen Rates und dem Präsidenten der Kommission. 2 Der Hohe Vertreter der Union für Außen- und Sicherheitspolitik nimmt an seinen Arbeiten teil.

(3) 1 Der Europäische Rat tritt zweimal pro Halbjahr zusammen; er wird von seinem Präsidenten einberufen. 2 Wenn es die Tagesordnung erfordert, können die Mitglieder des Europäischen Rates beschließen, sich jeweils von einem Minister oder – im Fall des Präsidenten der Kommission – von einem Mitglied der Kommission unterstützen zu lassen. 3 Wenn es die Lage erfordert, beruft der Präsident eine außerordentliche Tagung des Europäischen Rates ein.

(4) Soweit in den Verträgen nichts anderes festgelegt ist, entscheidet der Europäische Rat im Konsens.

(5) 1 Der Europäische Rat wählt seinen Präsidenten mit qualifizierter Mehrheit für eine Amtszeit von zweieinhalb Jahren; der Präsident kann einmal wiedergewählt werden.[2)] 2 Im Falle einer Verhinderung oder einer schweren Verfehlung kann der Europäische Rat ihn im Wege des gleichen Verfahrens von seinem Amt entbinden.

(6) Der Präsident des Europäischen Rates

a) führt den Vorsitz bei den Arbeiten des Europäischen Rates und gibt ihnen Impulse,

---

[1)] Vgl. (im Vorgriff auf das Ausscheiden des Vereinigten Königreichs aus der EU im Frühjahr 2019) den Beschluss (EU) 2018/937 des Europäischen Rates v. 28.6.2018 über die Zusammensetzung des Europäischen Parlaments, ABl. Nr. L 165 I/1 v. 2.7.2018.

[2)] Mit Beschluss v. 2.7.2019 (EU) 2019/1135 ist Charles Michel für die Zeit vom 1.12. 2019 bis zum 31.5.2022 als Nachfolger von Donald Tusk zum Präsidenten des Europäischen Rates gewählt worden (ABl. Nr. L 179I/1).

b) sorgt in Zusammenarbeit mit dem Präsidenten der Kommission auf der Grundlage der Arbeiten des Rates „Allgemeine Angelegenheiten“ für die Vorbereitung und Kontinuität der Arbeiten des Europäischen Rates,

c) wirkt darauf hin, dass Zusammenhalt und Konsens im Europäischen Rat gefördert werden,

d) legt dem Europäischen Parlament im Anschluss an jede Tagung des Europäischen Rates einen Bericht vor.

Der Präsident des Europäischen Rates nimmt auf seiner Ebene und in seiner Eigenschaft, unbeschadet der Befugnisse des Hohen Vertreters der Union für Außen- und Sicherheitspolitik, die Außenvertretung der Union in Angelegenheiten der Gemeinsamen Außen- und Sicherheitspolitik wahr.

Der Präsident des Europäischen Rates darf kein einzelstaatliches Amt ausüben.

Art. 16 [Rat] (1) [1]Der Rat wird gemeinsam mit dem Europäischen Parlament als Gesetzgeber tätig und übt gemeinsam mit ihm die Haushaltsbefugnisse aus. [2]Zu seinen Aufgaben gehört die Festlegung der Politik und die Koordinierung nach Maßgabe der Verträge.

(2) Der Rat besteht aus je einem Vertreter jedes Mitgliedstaats auf Ministerebene, der befugt ist, für die Regierung des von ihm vertretenen Mitgliedstaats verbindlich zu handeln und das Stimmrecht auszuüben.

(3) Soweit in den Verträgen nichts anderes festgelegt ist, beschließt der Rat mit qualifizierter Mehrheit.

(4) Ab dem 1. November 2014 gilt als qualifizierte Mehrheit eine Mehrheit von mindestens 55 % der Mitglieder des Rates, gebildet aus mindestens 15 Mitgliedern, sofern die von diesen vertretenen Mitgliedstaaten zusammen mindestens 65 % der Bevölkerung der Union ausmachen.

Für eine Sperrminorität sind mindestens vier Mitglieder des Rates erforderlich, andernfalls gilt die qualifizierte Mehrheit als erreicht.

Die übrigen Modalitäten für die Abstimmung mit qualifizierter Mehrheit sind in Artikel 238 Absatz 2 des Vertrags über die Arbeitsweise der Europäischen Union[1)] festgelegt.

(5) Die Übergangsbestimmungen für die Definition der qualifizierten Mehrheit, die bis zum 31. Oktober 2014 gelten, sowie die Übergangsbestimmungen, die zwischen dem 1. November 2014 und dem 31. März 2017 gelten, sind im Protokoll über die Übergangsbestimmungen festgelegt.[2)]

(6) Der Rat tagt in verschiedenen Zusammensetzungen; die Liste dieser Zusammensetzungen wird nach Artikel 236 des Vertrags über die Arbeitsweise der Europäischen Union angenommen.

---

1) Nr. **146**.
2) Nr. **147** S. 50, s. auch Anhang III Abs. 1 der GO des Rates (Nr. **237**).

1 Als Rat „Allgemeine Angelegenheiten" sorgt er für die Kohärenz der Arbeiten des Rates in seinen verschiedenen Zusammensetzungen. 2 In Verbindung mit dem Präsidenten des Europäischen Rates und mit der Kommission bereitet er die Tagungen des Europäischen Rates vor und sorgt für das weitere Vorgehen.

Als Rat „Auswärtige Angelegenheiten" gestaltet er das auswärtige Handeln der Union entsprechend den strategischen Vorgaben des Europäischen Rates und sorgt für die Kohärenz des Handelns der Union.

(7) Ein Ausschuss der Ständigen Vertreter der Regierungen der Mitgliedstaaten ist für die Vorbereitung der Arbeiten des Rates verantwortlich.

(8) 1 Der Rat tagt öffentlich, wenn er über Entwürfe zu Gesetzgebungsakten berät und abstimmt. 2 Zu diesem Zweck wird jede Ratstagung in zwei Teile unterteilt, von denen der eine den Beratungen über die Gesetzgebungsakte der Union und der andere den nicht die Gesetzgebung betreffenden Tätigkeiten gewidmet ist.

(9)[1] Der Vorsitz im Rat in allen seinen Zusammensetzungen mit Ausnahme des Rates „Auswärtige Angelegenheiten" wird von den Vertretern der Mitgliedstaaten im Rat unter Bedingungen, die gemäß Artikel 236 des Vertrags über die Arbeitsweise der Europäischen Union festgelegt werden, nach einem System der gleichberechtigten Rotation wahrgenommen.

Art. 17 [Kommission] (1) 1 Die Kommission fördert die allgemeinen Interessen der Union und ergreift geeignete Initiativen zu diesem Zweck. 2 Sie sorgt für die Anwendung der Verträge sowie der von den Organen kraft der Verträge erlassenen Maßnahmen. 3 Sie überwacht die Anwendung des Unionsrechts unter der Kontrolle des Gerichtshofs der Europäischen Union. 4 Sie führt den Haushaltsplan aus und verwaltet die Programme. 5 Sie übt nach Maßgabe der Verträge Koordinierungs-, Exekutiv- und Verwaltungsfunktionen aus. 6 Außer in der Gemeinsamen Außen- und Sicherheitspolitik und den übrigen in den Verträgen vorgesehenen Fällen nimmt sie die Vertretung der Union nach außen wahr. Sie leitet die jährliche und die mehrjährige Programmplanung der Union mit dem Ziel ein, interinstitutionelle Vereinbarungen zu erreichen.

(2) 1 Soweit in den Verträgen nichts anderes festgelegt ist, darf ein Gesetzgebungsakt der Union nur auf Vorschlag der Kommission erlas-

---

[1] Vgl. hierzu den Beschluss 2009/908/EU des Rates v. 1.12.2009 (ABl. Nr. L 315/50), geänd. durch Beschluss (EU) 2016/1316 v. 26.7.2016 (ABl. Nr. L 208/42), durch den nicht nur dem Beitritt Kroatiens Rechnung getragen wird, sondern – im Vorgriff auf seinen bevorstehenden Austritt aus der Union – auch das Vereinigte Königreich ab sofort von der Wahrnehmung des Vorsitzes ausgeschlossen wird (Eingangserwägung 3: „Obwohl noch keine Mitteilung nach Artikel 50 EUV seitens seiner Regierung vorliegt, hat ein Mitgliedstaat *öffentlich bekannt* gegeben, dass er aus der Union austreten wird. Unbeschadet der Rechte und Pflichten jenes Mitgliedstaats sollte die Reihenfolge der Vorsitze im Rat geändert werden, um diesem Umstand Rechnung zu tragen.

sen werden. [2]Andere Rechtsakte werden auf der Grundlage eines Kommissionsvorschlags erlassen, wenn dies in den Verträgen vorgesehen ist.

(3) Die Amtszeit der Kommission beträgt fünf Jahre.

Die Mitglieder der Kommission werden aufgrund ihrer allgemeinen Befähigung und ihres Einsatzes für Europa unter Persönlichkeiten ausgewählt, die volle Gewähr für ihre Unabhängigkeit bieten.

[1]Die Kommission übt ihre Tätigkeit in voller Unabhängigkeit aus. [2]Die Mitglieder der Kommission dürfen unbeschadet des Artikels 18 Absatz 2 Weisungen von einer Regierung, einem Organ, einer Einrichtung oder jeder anderen Stelle weder einholen noch entgegennehmen. [3]Sie enthalten sich jeder Handlung, die mit ihrem Amt oder der Erfüllung ihrer Aufgaben unvereinbar ist.

(4) Die Kommission, die zwischen dem Zeitpunkt des Inkrafttretens des Vertrags von Lissabon und dem 31. Oktober 2014 ernannt wird, besteht einschließlich ihres Präsidenten und des Hohen Vertreters der Union für Außen- und Sicherheitspolitik, der einer der Vizepräsidenten der Kommission ist, aus je einem Staatsangehörigen jedes Mitgliedstaats.

(5) Ab dem 1. November 2014 besteht die Kommission, einschließlich ihres Präsidenten und des Hohen Vertreters der Union für Außen- und Sicherheitspolitik, aus einer Anzahl von Mitgliedern, die zwei Dritteln der Zahl der Mitgliedstaaten entspricht, sofern der Europäische Rat nicht einstimmig eine Änderung dieser Anzahl beschließt.[1)]

[1]Die Mitglieder der Kommission werden unter den Staatsangehörigen der Mitgliedstaaten in einem System der strikt gleichberechtigten Rotation zwischen den Mitgliedstaaten so ausgewählt, dass das demografische und geografische Spektrum der Gesamtheit der Mitgliedstaaten zum Ausdruck kommt. [2]Dieses System wird vom Europäischen Rat nach Artikel 244 des Vertrags über die Arbeitsweise der Europäischen Union[2)] einstimmig festgelegt.

(6) Der Präsident der Kommission

a) legt die Leitlinien fest, nach denen die Kommission ihre Aufgaben ausübt,

b) beschließt über die interne Organisation der Kommission, um die Kohärenz, die Effizienz und das Kollegialitätsprinzip im Rahmen ihrer Tätigkeit sicherzustellen,

c) ernennt, mit Ausnahme des Hohen Vertreters der Union für Außen- und Sicherheitspolitik, die Vizepräsidenten aus dem Kreis der Mitglieder der Kommission.

[1]Ein Mitglied der Kommission legt sein Amt nieder, wenn es vom Präsidenten dazu aufgefordert wird. [2]Der Hohe Vertreter der Union für Außen- und Sicherheitspolitik legt sein Amt nach dem Verfahren

---

[1)] Der Europäische Rat hat am 22. Mai einen entsprechenden Beschluss gefasst (2013/272, ABl. Nr. L 165/98). Danach wird zunächst auch weiterhin jeder Mitgliedstaat mit einem Kommissar/einer Kommissarin in der Kommission vertreten sein.

[2)] Nr. **146**.

des Artikels 18 Absatz 1 nieder, wenn er vom Präsidenten dazu aufgefordert wird.

(7) [1]Der Europäische Rat schlägt dem Europäischen Parlament nach entsprechenden Konsultationen mit qualifizierter Mehrheit einen Kandidaten für das Amt des Präsidenten der Kommission vor; dabei berücksichtigt er das Ergebnis der Wahlen zum Europäischen Parlament.[1)] [2]Das Europäische Parlament wählt diesen Kandidaten mit der Mehrheit seiner Mitglieder. [3]Erhält dieser Kandidat nicht die Mehrheit, so schlägt der Europäische Rat dem Europäischen Parlament innerhalb eines Monats mit qualifizierter Mehrheit einen neuen Kandidaten vor, für dessen Wahl das Europäische Parlament dasselbe Verfahren anwendet.

[1]Der Rat nimmt, im Einvernehmen mit dem gewählten Präsidenten, die Liste der anderen Persönlichkeiten an, die er als Mitglieder der Kommission vorschlägt.[2)] [2]Diese werden auf der Grundlage der Vorschläge der Mitgliedstaaten entsprechend den Kriterien nach Absatz 3 Unterabsatz 2 und Absatz 5 Unterabsatz 2 ausgewählt.

[1]Der Präsident, der Hohe Vertreter der Union für Außen- und Sicherheitspolitik und die übrigen Mitglieder der Kommission stellen sich als Kollegium einem Zustimmungsvotum des Europäischen Parlaments. [2]Auf der Grundlage dieser Zustimmung wird die Kommission vom Europäischen Rat mit qualifizierter Mehrheit ernannt.[3)]

---

1) Vgl. hierzu den Beschluss des Rates v. 2.7.2019 (EU) 2019/1136 mit einem Vorschlag für einen Kandidaten für das Amt des Präsidenten der Europäischen Kommission an das Europäische Parlament (ABl. Nr. L 179I/2). Die Vorgeschlagene, Ursula von der Leyen, ist am 16.7.2019 vom Parlament mit der nach Art. 17 Abs. 7 S. 3 EUV erforderlichen Mehrheit in dieses Amt gewählt worden.

2) Vgl. auch den (inzwischen – 1.11.2019 – wegen Zurückweisung dreier Vorschläge durch das EP teilweise obsoleten) Beschluss des Rates (EU) 2019/1393 im Einvernehmen mit der gewählten Präsidentin der Kommission – vom 10.9.2019 zur Annahme der Liste der anderen Persönlichkeiten, die der Rat als Mitglieder der Kommission vorschlägt (ABl. Nr. L 233I/1 v. 10.9.2019).

3) Die Kommission besteht für den Zeitraum v. 1.2.2019 bis 31.10.2024 aus folgenden Mitgliedern (Beschluss (EU) 2019/1989 des Europäischen Rates v. 28.11.2019, ABl. Nr. L 308/100 v. 29.11.2019):

Ursula von der Leyen (Präsidentin) – Frans Timmermans (Exekutiv-Vizepräsident – Ein europäischer Grüner Deal) – Margrethe Vestager (Exekutiv-Vizepräsidentin – Ein Europa für das digitale Zeitalter) – Valdis Dombrovskis (Exekutiv-Vizepräsident – Handel) – Josep Borrell Fontelles (Hoher Vertreter – Ein stärkeres Europa in der Welt) – Maroš Šefčovič (Vizepräsident – Interinstitutionelle Beziehungen und Vorausschau) – Věra Jourová (Vizepräsidentin – Werte und Transparenz) – Dubravka Šuica (Vizepräsidentin – Demokratie und Demografie) – Margaritis Schinas (Vizepräsident – Förderung unserer europäischen Lebensweise) – Johannes Hahn (Haushalt und Verwaltung) – Mairead McGuinness (Wirtschaft und Kapitaldienstleistungen) – Mariya Gabriel (Innovation, Forschung, Kultur, Bildung und Jugend) – Nicolas Schmit (Beschäftigung und soziale Rechte) – Paolo Gentiloni (Wirtschaft) – Janusz Wojciechowski (Landwirtschaft) – Thierry Breton (Binnenmarkt) – Elisa Ferreira (Kohäsion und Reformen) – Stella Kyriakides (Gesundheit und Lebensmittelsicherheit) – Didier Reynders (Justiz) – Helena Dalli (Gleichheitspolitik) – Ylva Johansson (Inneres) – Janez Lenarčič (Krisenmanagement) – Adina Vălean (Verkehr) – Olivér Várhelyi – (Nachbarschaft und Erweiterung) – Jutta Urpilainen (Internationale Partnerschaften) – *Kadri Simson (Energie) – Virginijus* Sinkevičius (Umwelt, Meere und Fischerei).

Ein Kommissar aus dem Vereinigten Königreich ist – vertragswidrig – für den Zeitraum v. 1.12.2019–31.1.2020 nicht mehr benannt worden.

Die durch den Rücktritt von Phil Hogan mWv 26.8.2020 bedingten Veränderungen sind berücksichtigt. Neue Kommissarin aus Irland wird Mairead McGuinness (die Zustimmung des EU-Parlaments ist am 7.10.2020 erfolgt).

(8) [1]Die Kommission ist als Kollegium dem Europäischen Parlament verantwortlich. [2]Das Europäische Parlament kann nach Artikel 234 des Vertrags über die Arbeitsweise der Europäischen Union einen Misstrauensantrag gegen die Kommission annehmen. [3]Wird ein solcher Antrag angenommen, so müssen die Mitglieder der Kommission geschlossen ihr Amt niederlegen, und der Hohe Vertreter der Union für Außen- und Sicherheitspolitik muss sein im Rahmen der Kommission ausgeübtes Amt niederlegen.

Art. 18 [Hohe Vertreter für Außen- und Sicherheitspolitik]

(1) [1]Der Europäische Rat ernennt mit qualifizierter Mehrheit und mit Zustimmung des Präsidenten der Kommission den Hohen Vertreter der Union für Außen- und Sicherheitspolitik.[1)] [2]Der Europäische Rat kann die Amtszeit des Hohen Vertreters nach dem gleichen Verfahren beenden.

(2) [1]Der Hohe Vertreter leitet die Gemeinsame Außen- und Sicherheitspolitik der Union. [2]Er trägt durch seine Vorschläge zur Festlegung dieser Politik bei und führt sie im Auftrag des Rates durch. [3]Er handelt ebenso im Bereich der Gemeinsamen Sicherheits- und Verteidigungspolitik.

(3) Der Hohe Vertreter führt den Vorsitz im Rat „Auswärtige Angelegenheiten".

(4) [1]Der Hohe Vertreter ist einer der Vizepräsidenten der Kommission. [2]Er sorgt für die Kohärenz des auswärtigen Handelns der Union. [3]Er ist innerhalb der Kommission mit deren Zuständigkeiten im Bereich der Außenbeziehungen und mit der Koordinierung der übrigen Aspekte des auswärtigen Handelns der Union betraut. [4]Bei der Wahrnehmung dieser Zuständigkeiten in der Kommission und ausschließlich im Hinblick auf diese Zuständigkeiten unterliegt der Hohe Vertreter den Verfahren, die für die Arbeitsweise der Kommission gelten, soweit dies mit den Absätzen 2 und 3 vereinbar ist.

Art. 19 [Europäischer Gerichtshof] (1) [1]Der Gerichtshof der Europäischen Union umfasst den Gerichtshof, das Gericht und Fachgerichte. [2]Er sichert die Wahrung des Rechts bei der Auslegung und Anwendung der Verträge.

(Fortsetzung nächstes Blatt)

[1)] Mit Beschluss v. 5.8.2019 (2019/1330) ist Josep Borrell Fontelles als Nachfolger von *Federica Mogherini* bis zum 31.10.2024 zum Hohen Vertreter der Union für Außen- und Sicherheitspolitik ernannt worden (ABl. Nr. L 207/36 v. 7.8.2019).

Die Mitgliedstaaten schaffen die erforderlichen Rechtsbehelfe, damit ein wirksamer Rechtsschutz in den vom Unionsrecht erfassten Bereichen gewährleistet ist.

(2) [1]Der Gerichtshof besteht aus einem Richter je Mitgliedstaat. [2]Er wird von Generalanwälten unterstützt.

Das Gericht besteht aus mindestens einem Richter je Mitgliedstaat.

[1]Als Richter und Generalanwälte des Gerichtshofs und als Richter des Gerichts sind Persönlichkeiten auszuwählen, die jede Gewähr für Unabhängigkeit bieten und die Voraussetzungen der Artikel 253 und 254 des Vertrags über die Arbeitsweise der Europäischen Union[1)] erfüllen. [2]Sie werden von den Regierungen der Mitgliedstaaten im gegenseitigen Einvernehmen für eine Amtszeit von sechs Jahren ernannt. [3]Die Wiederernennung ausscheidender Richter und Generalanwälte ist zulässig.

(3) Der Gerichtshof der Europäischen Union entscheidet nach Maßgabe der Verträge

a) über Klagen eines Mitgliedstaats, eines Organs oder natürlicher oder juristischer Personen;

b) im Wege der Vorabentscheidung auf Antrag der einzelstaatlichen Gerichte über die Auslegung des Unionsrechts oder über die Gültigkeit der Handlungen der Organe;

c) in allen anderen in den Verträgen vorgesehenen Fällen.

Titel IV. Bestimmungen über eine Verstärkte Zusammenarbeit

Art. 20 [Verstärkte Zusammenarbeit] (1) Die Mitgliedstaaten, die untereinander eine Verstärkte Zusammenarbeit im Rahmen der nicht ausschließlichen Zuständigkeiten der Union begründen wollen, können, in den Grenzen und nach Maßgabe dieses Artikels und der Artikel 326 bis 334 des Vertrags über die Arbeitsweise der Europäischen Union[1)], die Organe der Union in Anspruch nehmen und diese Zuständigkeiten unter Anwendung der einschlägigen Bestimmungen der Verträge ausüben.

[1]Eine Verstärkte Zusammenarbeit ist darauf ausgerichtet, die Verwirklichung der Ziele der Union zu fördern, ihre Interessen zu schützen und ihren Integrationsprozess zu stärken. [2]Sie steht allen Mitgliedstaaten nach Artikel 328 des Vertrags über die Arbeitsweise der Europäischen Union jederzeit offen.

(2) [1]Der Beschluss über die Ermächtigung zu einer Verstärkten Zusammenarbeit wird vom Rat als letztes Mittel erlassen, wenn dieser feststellt, dass die mit dieser Zusammenarbeit angestrebten Ziele von der Union in ihrer Gesamtheit nicht innerhalb eines vertretbaren Zeit-

---

[1)] Nr. **146**.

raums verwirklicht werden können, und sofern an der Zusammenarbeit mindestens neun Mitgliedstaaten beteiligt sind. [2]Der Rat beschließt nach dem in Artikel 329 des Vertrags über die Arbeitsweise der Europäischen Union vorgesehenen Verfahren.

(3) [1]Alle Mitglieder des Rates können an dessen Beratungen teilnehmen, aber nur die Mitglieder des Rates, die die an der Verstärkten Zusammenarbeit beteiligten Mitgliedstaaten vertreten, nehmen an der Abstimmung teil. [2]Die Abstimmungsmodalitäten sind in Artikel 330 des Vertrags über die Arbeitsweise der Europäischen Union vorgesehen.

(4) [1]An die im Rahmen einer Verstärkten Zusammenarbeit erlassenen Rechtsakte sind nur die an dieser Zusammenarbeit beteiligten Mitgliedstaaten gebunden. [2]Sie gelten nicht als Besitzstand, der von beitrittswilligen Staaten angenommen werden muss.

Titel V. Allgemeine Bestimmungen über das auswärtige Handeln der Union und besondere Bestimmungen über die gemeinsame Außen- und Sicherheitspolitik

Kapitel 1. Allgemeine Bestimmungen über das auswärtige Handeln der Union

Art. 21 [Grundsätze europäischer Außenpolitik] (1) Die Union lässt sich bei ihrem Handeln auf internationaler Ebene von den Grundsätzen leiten, die für ihre eigene Entstehung, Entwicklung und Erweiterung maßgebend waren und denen sie auch weltweit zu stärkerer Geltung verhelfen will: Demokratie, Rechtsstaatlichkeit, die universelle Gültigkeit und Unteilbarkeit der Menschenrechte und Grundfreiheiten, die Achtung der Menschenwürde, der Grundsatz der Gleichheit und der Grundsatz der Solidarität sowie die Achtung der Grundsätze der Charta der Vereinten Nationen und des Völkerrechts.

[1]Die Union strebt an, die Beziehungen zu Drittländern und zu regionalen oder weltweiten internationalen Organisationen, die die in Unterabsatz 1 aufgeführten Grundsätze teilen, auszubauen und Partnerschaften mit ihnen aufzubauen. [2]Sie setzt sich insbesondere im Rahmen der Vereinten Nationen für multilaterale Lösungen bei gemeinsamen Problemen ein.

(2) Die Union legt die gemeinsame Politik sowie Maßnahmen fest, führt diese durch und setzt sich für ein hohes Maß an Zusammenarbeit auf allen Gebieten der internationalen Beziehungen ein, um

a) ihre Werte, ihre grundlegenden Interessen, ihre Sicherheit, ihre Unabhängigkeit und ihre Unversehrtheit zu wahren;
b) Demokratie, Rechtsstaatlichkeit, die Menschenrechte und die Grundsätze des Völkerrechts zu festigen und zu fördern;
c) nach Maßgabe der Ziele und Grundsätze der Charta der Vereinten Nationen sowie der Prinzipien der Schlussakte von Helsinki und der

Ziele der Charta von Paris, einschließlich derjenigen, die die Außengrenzen betreffen, den Frieden zu erhalten, Konflikte zu verhüten und die internationale Sicherheit zu stärken;

d) die nachhaltige Entwicklung in Bezug auf Wirtschaft, Gesellschaft und Umwelt in den Entwicklungsländern zu fördern mit dem vorrangigen Ziel, die Armut zu beseitigen;

e) die Integration aller Länder in die Weltwirtschaft zu fördern, unter anderem auch durch den schrittweisen Abbau internationaler Handelshemmnisse;

f) zur Entwicklung von internationalen Maßnahmen zur Erhaltung und Verbesserung der Qualität der Umwelt und der nachhaltigen Bewirtschaftung der weltweiten natürlichen Ressourcen beizutragen, um eine nachhaltige Entwicklung sicherzustellen;

g) den Völkern, Ländern und Regionen, die von Naturkatastrophen oder von vom Menschen verursachten Katastrophen betroffen sind, zu helfen; und

h) eine Weltordnung zu fördern, die auf einer verstärkten multilateralen Zusammenarbeit und einer verantwortungsvollen Weltordnungspolitik beruht.

(3) Die Union wahrt bei der Ausarbeitung und Umsetzung ihres auswärtigen Handelns in den verschiedenen unter diesen Titel und den Fünften Teil des Vertrags über die Arbeitsweise der Europäischen Union[1)] fallenden Bereichen sowie der externen Aspekte der übrigen Politikbereiche die in den Absätzen 1 und 2 genannten Grundsätze und Ziele.

[1]Die Union achtet auf die Kohärenz zwischen den einzelnen Bereichen ihres auswärtigen Handelns sowie zwischen diesen und ihren übrigen Politikbereichen. [2]Der Rat und die Kommission, die vom Hohen Vertreter der Union für Außen- und Sicherheitspolitik unterstützt werden, stellen diese Kohärenz sicher und arbeiten zu diesem Zweck zusammen.

Art. 22 [Strategische Interessen und Ziele] (1) Auf der Grundlage der in Artikel 21 aufgeführten Grundsätze und Ziele legt der Europäische Rat die strategischen Interessen und Ziele der Union fest.

[1]Die Beschlüsse des Europäischen Rates über die strategischen Interessen und Ziele der Union erstrecken sich auf die Gemeinsame *Außen- und Sicherheitspolitik* sowie auf andere Bereiche des auswärtigen Handelns der Union. [2]Sie können die Beziehungen der Union zu einem Land oder einer Region betreffen oder aber ein bestimmtes Thema zum Gegenstand haben. [3]Sie enthalten Bestimmungen zu ihrer Geltungsdauer und zu den von der Union und den Mitgliedstaaten bereitzustellenden Mitteln.

---

1) Nr. **146**.

[1]Der Europäische Rat beschließt einstimmig auf Empfehlung des Rates, die dieser nach den für den jeweiligen Bereich vorgesehenen Regelungen abgibt. [2]Die Beschlüsse des Europäischen Rates werden nach Maßgabe der in den Verträgen vorgesehenen Verfahren durchgeführt.

(2) Der Hohe Vertreter der Union für Außen- und Sicherheitspolitik und die Kommission können dem Rat gemeinsame Vorschläge vorlegen, wobei der Hohe Vertreter für den Bereich der Gemeinsamen Außen- und Sicherheitspolitik und die Kommission für die anderen Bereiche des auswärtigen Handelns zuständig ist.

Kapitel 2. Besondere Bestimmungen über die Gemeinsame Außen- und Sicherheitspolitik

Abschnitt 1. Gemeinsame Bestimmungen

Art. 23 [Grundsätze europäischer Außenpolitik; Verweis] Das Handeln der Union auf internationaler Ebene im Rahmen dieses Kapitels beruht auf den Grundsätzen des Kapitel 1, verfolgt die darin genannten Ziele und steht mit den allgemeinen Bestimmungen jenes Kapitels im Einklang.

Art. 24 [Zuständigkeit; Verfahren; Pflichten der Mitgliedstaaten] (1) Die Zuständigkeit der Union in der Gemeinsamen Außen- und Sicherheitspolitik erstreckt sich auf alle Bereiche der Außenpolitik sowie auf sämtliche Fragen im Zusammenhang mit der Sicherheit der Union, einschließlich der schrittweisen Festlegung einer gemeinsamen Verteidigungspolitik, die zu einer gemeinsamen Verteidigung führen kann.

[1]Für die Gemeinsame Außen- und Sicherheitspolitik gelten besondere Bestimmungen und Verfahren. [2]Sie wird vom Europäischen Rat und vom Rat einstimmig festgelegt und durchgeführt, soweit in den Verträgen nichts anderes vorgesehen ist. [3]Der Erlass von Gesetzgebungsakten ist ausgeschlossen. [4]Die Gemeinsame Außen- und Sicherheitspolitik wird vom Hohen Vertreter der Union für Außen- und Sicherheitspolitik und von den Mitgliedstaaten gemäß den Verträgen durchgeführt. [5]Die spezifische Rolle des Europäischen Parlaments und der Kommission in diesem Bereich ist in den Verträgen festgelegt. [6]Der Gerichtshof der Europäischen Union ist in Bezug auf diese Bestimmungen nicht zuständig; hiervon ausgenommen ist die Kontrolle der Einhaltung des Artikels 40 dieses Vertrags und die Überwachung der Rechtmäßigkeit bestimmter Beschlüsse nach Artikel 275 Absatz 2 des Vertrags über die Arbeitsweise der Europäischen Union[1)].

(2) Die Union verfolgt, bestimmt und verwirklicht im Rahmen der Grundsätze und Ziele ihres auswärtigen Handelns eine Gemeinsame Außen- und Sicherheitspolitik, die auf einer Entwicklung der gegen-

---

[1)] Nr. **146**.

seitigen politischen Solidarität der Mitgliedstaaten, der Ermittlung der Fragen von allgemeiner Bedeutung und der Erreichung einer immer stärkeren Konvergenz des Handelns der Mitgliedstaaten beruht.

(3) Die Mitgliedstaaten unterstützen die Außen- und Sicherheitspolitik der Union aktiv und vorbehaltlos im Geiste der Loyalität und der gegenseitigen Solidarität und achten das Handeln der Union in diesem Bereich.

[1] Die Mitgliedstaaten arbeiten zusammen, um ihre gegenseitige politische Solidarität zu stärken und weiterzuentwickeln. [2] Sie enthalten sich jeder Handlung, die den Interessen der Union zuwiderläuft oder ihrer Wirksamkeit als kohärente Kraft in den internationalen Beziehungen schaden könnte.

Der Rat und der Hohe Vertreter tragen für die Einhaltung dieser Grundsätze Sorge.

Art. 25 [Handlungsformen] Die Union verfolgt ihre Gemeinsame Außen- und Sicherheitspolitik, indem sie

a) die allgemeinen Leitlinien bestimmt,

b) Beschlüsse erlässt zur Festlegung
   i) der von der Union durchzuführenden Aktionen,
   ii) der von der Union einzunehmenden Standpunkte,
   iii) der Einzelheiten der Durchführung der unter den Ziffern i und ii genannten Beschlüsse,

und

c) die systematische Zusammenarbeit der Mitgliedstaaten bei der Führung ihrer Politik ausbaut.

Art. 26 [Ziele und allgemeine Leitlinien] (1) [1] Der Europäische Rat bestimmt die strategischen Interessen der Union und legt die Ziele und die allgemeinen Leitlinien der Gemeinsamen Außen- und Sicherheitspolitik fest, und zwar auch bei Fragen mit verteidigungspolitischen Bezügen. [2] Er erlässt die erforderlichen Beschlüsse.

Wenn eine internationale Entwicklung es erfordert, beruft der Präsident des Europäischen Rates eine außerordentliche Tagung des Europäischen Rates ein, um die strategischen Vorgaben für die Politik der Union angesichts dieser Entwicklung festzulegen.

(2) Der Rat gestaltet die Gemeinsame Außen- und Sicherheitspolitik und fasst die für die Festlegung und Durchführung dieser Politik erforderlichen Beschlüsse auf der Grundlage der vom Europäischen Rat festgelegten allgemeinen Leitlinien und strategischen Vorgaben.

Der Rat und der Hohe Vertreter der Union für Außen- und Sicherheitspolitik tragen für ein einheitliches, kohärentes und wirksames Vorgehen der Union Sorge.

(3) Die Gemeinsame Außen- und Sicherheitspolitik wird vom Hohen Vertreter und von den Mitgliedstaaten mit einzelstaatlichen Mitteln und den Mitteln der Union durchgeführt.

Art. 27 [Kompetenzen des Hohen Vertreters] (1) Der Hohe Vertreter der Union für Außen- und Sicherheitspolitik, der im Rat „Auswärtige Angelegenheiten" den Vorsitz führt, trägt durch seine Vorschläge zur Festlegung der Gemeinsamen Außen- und Sicherheitspolitik bei und stellt sicher, dass die vom Europäischen Rat und vom Rat erlassenen Beschlüsse durchgeführt werden.

(2) 1 Der Hohe Vertreter vertritt die Union in den Bereichen der Gemeinsamen Außen- und Sicherheitspolitik. 2 Er führt im Namen der Union den politischen Dialog mit Dritten und vertritt den Standpunkt der Union in internationalen Organisationen und auf internationalen Konferenzen.

(3) 1 Bei der Erfüllung seines Auftrags stützt sich der Hohe Vertreter auf einen Europäischen Auswärtigen Dienst.[1] 2 Dieser Dienst arbeitet mit den diplomatischen Diensten der Mitgliedstaaten zusammen und umfasst Beamte aus den einschlägigen Abteilungen des Generalsekretariats des Rates und der Kommission sowie abgeordnetes Personal der nationalen diplomatischen Dienste. 3 Die Organisation und die Arbeitsweise des Europäischen Auswärtigen Dienstes werden durch einen Beschluss des Rates festgelegt. Der Rat beschließt auf Vorschlag des Hohen Vertreters nach Anhörung des Europäischen Parlaments und nach Zustimmung der Kommission.

Art. 28 [Beschlüsse] (1) 1 Verlangt eine internationale Situation ein operatives Vorgehen der Union, so erlässt der Rat die erforderlichen Beschlüsse. 2 In den Beschlüssen sind ihre Ziele, ihr Umfang, die der Union zur Verfügung zu stellenden Mittel sowie die Bedingungen und erforderlichenfalls der Zeitraum für ihre Durchführung festgelegt.

Tritt eine Änderung der Umstände mit erheblichen Auswirkungen auf eine Angelegenheit ein, die Gegenstand eines solchen Beschlusses ist, so überprüft der Rat die Grundsätze und Ziele dieses Beschlusses und erläßt die erforderlichen Beschlüsse.

(2) Die Beschlüsse nach Absatz 1 sind für die Mitgliedstaaten bei ihren Stellungnahmen und ihrem Vorgehen bindend.

(3) 1 Jede einzelstaatliche Stellungnahme oder Maßnahme, die im Rahmen eines Beschlusses nach Absatz 1 geplant ist, wird von dem betreffenden Mitgliedstaat so rechtzeitig mitgeteilt, daß erforderlichenfalls eine vorherige Abstimmung im Rat stattfinden kann. 2 Die Pflicht zur vorherigen Unterrichtung gilt nicht für Maßnahmen, die eine bloße praktische Umsetzung der Beschlüsse des Rates auf einzelstaatlicher Ebene darstellen.

(4) 1 Bei zwingender Notwendigkeit aufgrund der Entwicklung der Lage, und falls eine Überprüfung des Beschlusses des Rates nach Absatz 1 nicht stattfindet, können die Mitgliedstaaten unter Berücksichtigung der allgemeinen Ziele des genannten Beschlusses die erforderlichen Sofortmaßnahmen ergreifen. 2 Der betreffende Mitgliedstaat unterrichtet den Rat sofort über derartige Maßnahmen.

---

[1] Vgl. hierzu den Beschluss des Rates v. 26. 7. 2010 über die Organisation und die Arbeitsweise des Europäischen Auswärtigen Dienstes (ABl. Nr. L 201/30).

(5) [1]Ein Mitgliedstaat befaßt den Rat, wenn sich bei der Durchführung eines Beschlusses nach diesem Artikel größere Schwierigkeiten ergeben; der Rat berät darüber und sucht nach angemessenen Lösungen. [2]Diese dürfen nicht im Widerspruch zu den Zielen des Beschlusses nach Absatz 1 stehen oder seiner Wirksamkeit schaden.

Art. 29 [Gemeinsame Standpunkte] [1]Der Rat erlässt Beschlüsse, in denen der Standpunkt der Union zu einer bestimmten Frage geographischer oder thematischer Art bestimmt wird. [2]Die Mitgliedstaaten tragen dafür Sorge, daß ihre einzelstaatliche Politik mit den Standpunkten der Union in Einklang steht.

Art. 30 [Initiativ- und Vorschlagsrecht; Eilentscheidungen]
(1) Jeder Mitgliedstaat, der Hohe Vertreter der Union für Außen- und Sicherheitspolitik oder der Hohe Vertreter mit Unterstützung der Kommission kann den Rat mit einer Frage der Gemeinsamen Außen- und Sicherheitspolitik befassen und ihm Initiativen beziehungsweise Vorschläge unterbreiten.

(2) In den Fällen, in denen eine rasche Entscheidung notwendig ist, beruft der Hohe Vertreter von sich aus oder auf Antrag eines Mitgliedstaats innerhalb von 48 Stunden, bei absoluter Notwendigkeit in kürzerer Zeit, eine außerordentliche Tagung des Rates ein.

Art. 31 [Verfahren der Beschlussfassung] (1) [1]Beschlüsse nach diesem Kapitel werden vom Europäischen Rat und vom Rat einstimmig gefasst, soweit in diesem Kapitel nichts anderes festgelegt ist. [2]Der Erlass von Gesetzgebungsakten ist ausgeschlossen.

[1]Bei einer Stimmenthaltung kann jedes Ratsmitglied zu seiner Enthaltung eine förmliche Erklärung im Sinne dieses Unterabsatzes abgeben. [2]In diesem Fall ist es nicht verpflichtet, den Beschluß durchzuführen, akzeptiert jedoch, daß der Beschluß für die Union bindend ist. [3]Im Geiste gegenseitiger Solidarität unterläßt der betreffende Mitgliedstaat alles, was dem auf diesem Beschluß beruhenden Vorgehen der Union zuwiderlaufen oder es behindern könnte, und die anderen Mitgliedstaaten respektieren seinen Standpunkt. [4]Vertreten die Mitglieder des Rates, die bei ihrer Stimmenthaltung eine solche Erklärung abgeben, mindestens ein Drittel der Mitgliedstaaten, die mindestens ein Drittel der Unionsbevölkerung ausmachen, so wird der Beschluss nicht *erlassen.*

(2) Abweichend von Absatz 1 beschließt der Rat mit qualifizierter Mehrheit, wenn er
– auf der Grundlage eines Beschlusses des Europäischen Rates über die strategischen Interessen und Ziele der Union nach Artikel 22 Absatz 1 einen Beschluss erlässt, mit dem eine Aktion oder ein Standpunkt der Union festgelegt wird;

– auf einen Vorschlag hin, den ihm der Hohe Vertreter der Union für Außen- und Sicherheitspolitik auf spezielles Ersuchen des Europäischen Rates unterbreitet hat, das auf dessen eigene Initiative oder auf eine Initiative des Hohen Vertreters zurückgeht, einen Beschluss erlässt, mit dem eine Aktion oder ein Standpunkt der Union festgelegt wird;
– einen Beschluss zur Durchführung eines Beschlusses, mit dem eine Aktion oder ein Standpunkt der Union festgelegt wird, erlässt,
– nach Artikel 33 einen Sonderbeauftragten ernennt.

1 Erklärt ein Mitglied des Rates, daß es aus wesentlichen Gründen der nationalen Politik, die es auch nennen muß, die Absicht hat, einen mit qualifizierter Mehrheit zu fassenden Beschluß abzulehnen, so erfolgt keine Abstimmung. 2 Der Hohe Vertreter bemüht sich in engem Benehmen mit dem betroffenen Mitgliedstaat um eine für diesen Mitgliedstaat annehmbare Lösung. 3 Gelingt dies nicht, so kann der Rat mit qualifizierter Mehrheit veranlassen, dass die Frage im Hinblick auf einen einstimmigen Beschluss an den Europäischen Rat verwiesen wird.

(3) Der Europäische Rat kann einstimmig einen Beschluss erlassen, in dem vorgesehen ist, dass der Rat in anderen als den in Absatz 2 genannten Fällen mit qualifizierter Mehrheit beschließt.

(4) Die Absätze 2 und 3 gelten nicht für Beschlüsse mit militärischen oder verteidigungspolitischen Bezügen.

(5) In Verfahrensfragen beschließt der Rat mit der Mehrheit seiner Mitglieder.

Art. 32 [Zusammenarbeit der Mitgliedstaaten im Rat] 1 Die Mitgliedstaaten stimmen sich im Europäischen Rat und im Rat zu jeder außen- und sicherheitspolitischen Frage von allgemeiner Bedeutung ab, um ein gemeinsames Vorgehen festzulegen. 2 Bevor ein Mitgliedstaat in einer Weise, die die Interessen der Union berühren könnte, auf internationaler Ebene tätig wird oder eine Verpflichtung eingeht, konsultiert er die anderen Mitgliedstaaten im Europäischen Rat oder im Rat. 3 Die Mitgliedstaaten gewährleisten durch konvergentes Handeln, dass die Union ihre Interessen und ihre Werte auf internationaler Ebene geltend machen kann. 4 Die Mitgliedstaaten sind untereinander solidarisch.

Hat der Europäische Rat oder der Rat ein gemeinsames Vorgehen der Union im Sinne des Absatzes 1 festgelegt, so koordinieren der Hohe Vertreter der Union für Außen- und Sicherheitspolitik und die Minister für auswärtige Angelegenheiten der Mitgliedstaaten ihre Tätigkeiten im Rat.

Die diplomatischen Vertretungen der Mitgliedstaaten und die Delegationen der Union in Drittländern und bei internationalen Organisationen arbeiten zusammen und tragen zur Festlegung und Durchführung des gemeinsamen Vorgehens bei.

Art. 33 [Sonderbeauftragter] [1]Der Rat kann auf Vorschlag des Hohen Vertreters der Union für Außen- und Sicherheitspolitik einen Sonderbeauftragten für besondere politische Fragen ernennen.[1)] [2]Der

(Fortsetzung nächstes Blatt)

[1)] Vgl. Beschluss (GASP) 2019/346 des Rates v. 28.2.2019, durch den mit Wirkung bis zum 28.2.2021 Eamon Gilmore zum Sonderbeauftragten der Europäischen Union für Menschenrechte ernannt worden ist (ABl. Nr. L 62/12 v. 1.3.2019).

Sonderbeauftragte übt sein Mandat unter der Verantwortung des Hohen Vertreters aus.

Art. 34 [Koordiniertes Auftreten auf internationaler Ebene; Unterrichtungspflicht der Sicherheitsratsmitglieder] (1) [1]Die Mitgliedstaaten koordinieren ihr Handeln in internationalen Organisationen und auf internationalen Konferenzen. [2]Sie treten dort für die Standpunkte der Union ein. Der Hohe Vertreter der Union für Außen- und Sicherheitspolitik trägt für die Organisation dieser Koordinierung Sorge.

In den internationalen Organisationen und auf internationalen Konferenzen, bei denen nicht alle Mitgliedstaaten vertreten sind, setzen sich die dort vertretenen Mitgliedstaaten für die Standpunkte der Union ein.

(2) Nach Artikel 24 Absatz 3 unterrichten die Mitgliedstaaten, die in internationalen Organisationen oder auf internationalen Konferenzen vertreten sind, die dort nicht vertretenen Mitgliedstaaten und den Hohen Vertreter laufend über alle Fragen von gemeinsamem Interesse.

[1]Die Mitgliedstaaten, die auch Mitglieder des Sicherheitsrats der Vereinten Nationen sind, stimmen sich ab und unterrichten die übrigen Mitgliedstaaten sowie den Hohen Vertreter in vollem Umfang. [2]Die Mitgliedstaaten, die Mitglieder des Sicherheitsrats sind, setzen sich bei der Wahrnehmung ihrer Aufgaben unbeschadet ihrer Verantwortlichkeiten aufgrund der Charta der Vereinten Nationen für die Standpunkte und Interessen der Union ein.

Wenn die Union einen Standpunkt zu einem Thema festgelegt hat, das auf der Tagesordnung des Sicherheitsrats der Vereinten Nationen steht, beantragen die dort vertretenen Mitgliedstaaten, dass der Hohe Vertreter gebeten wird, den Standpunkt der Union vorzutragen.

Art. 35 [Abgestimmtes Verhalten auf diplomatischer und konsularischer Ebene] Die diplomatischen und konsularischen Vertretungen der Mitgliedstaaten und die Delegationen der Union in dritten Ländern und auf internationalen Konferenzen sowie ihre Vertretungen bei internationalen Organisationen stimmen sich ab, um die Einhaltung und Durchführung der nach diesem Kapitel erlassenen Beschlüsse, mit denen Standpunkte und Aktionen der Union festgelegt werden, zu gewährleisten.

Sie intensivieren ihre Zusammenarbeit durch Informationsaustausch und gemeinsame Bewertungen.

Sie tragen zur Verwirklichung des in Artikel 20 Absatz 2 Buchstabe c des Vertrags über die Arbeitsweise der Europäischen Union[1)] genannten Rechts der Unionsbürgerinnen und Unionsbürger auf Schutz im Hoheitsgebiet von Drittländern und zur Durchführung der nach Artikel 23 des genannten Vertrags erlassenen Maßnahmen bei.

[1)] Nr. **146**.

Art. 36 [Beteiligung des Europäischen Parlaments] [1] Der Hohe Vertreter der Union für Außen- und Sicherheitspolitik hört das Europäische Parlament regelmäßig zu den wichtigsten Aspekten und den grundlegenden Weichenstellungen der Gemeinsamen Außen- und Sicherheitspolitik und der Gemeinsamen Sicherheits- und Verteidigungspolitik und unterrichtet es über die Entwicklung der Politik in diesen Bereichen. [2] Er achtet darauf, dass die Auffassungen des Europäischen Parlaments gebührend berücksichtigt werden. Die Sonderbeauftragten können zur Unterrichtung des Europäischen Parlaments mit herangezogen werden.

Das Europäische Parlament kann Anfragen oder Empfehlungen an den Rat und den Hohen Vertreter richten. Zweimal jährlich führt es eine Aussprache über die Fortschritte bei der Durchführung der Gemeinsamen Außen- und Sicherheitspolitik, einschließlich der Gemeinsamen Sicherheits- und Verteidigungspolitik.

Art. 37[1)] [Übereinkünfte mit dritten Staaten und internationalen Organisationen] Die Union kann in den unter dieses Kapitel fallenden Bereichen Übereinkünfte mit einem oder mehreren Staaten oder internationalen Organisationen schließen.

Art. 38 [Politisches und sicherheitspoltisches Komitee] [1] Unbeschadet des Artikels 240 des Vertrags über die Arbeitsweise der Europäischen Union verfolgt ein Politisches und Sicherheitspolitisches Komitee die internationale Lage in den Bereichen der Gemeinsamen Außen- und Sicherheitspolitik und trägt auf Ersuchen des Rates, des Hohen Vertreters der Union für Außen- und Sicherheitspolitik oder von sich aus durch an den Rat gerichtete Stellungnahmen zur Festlegung der Politiken bei. [2] Ferner überwacht es die Durchführung vereinbarter Politiken; dies gilt unbeschadet der Zuständigkeiten des Hohen Vertreters.

Im Rahmen dieses Kapitels nimmt das Politische und Sicherheitspolitische Komitee unter der Verantwortung des Rates und des Hohen Vertreters die politische Kontrolle und strategische Leitung von Krisenbewältigungsoperationen im Sinne des Artikels 43 wahr.

Der Rat kann das Komitee für den Zweck und die Dauer einer Operation zur Krisenbewältigung, die vom Rat festgelegt werden, ermächtigen, geeignete Beschlüsse hinsichtlich der politischen Kontrolle und strategischen Leitung der Operation zu fassen.

Art. 39 [Datenschutz] [1] Gemäß Artikel 16 des Vertrags über die Arbeitsweise der Europäischen Union[2)] und abweichend von Absatz 2 des genannten Artikels erlässt der Rat einen Beschluss zur Festlegung von Vorschriften über den Schutz natürlicher Personen bei der Verarbeitung personenbezogener Daten durch die Mitgliedstaaten im Rahmen der Ausübung von Tätigkeiten, die in den Anwendungsbereich dieses Ka-

---

[1)] Vgl. Rahmenabkommen zwischen der Europäischen Union und den Vereinten Nationen über gegenseitige Unterstützung bei ihren jeweiligen Missionen und Operationen vor Ort v. 29.9.2020 (ABl. Nr. L 389/2 v. 19.11.2020).

[2)] Nr. **146**.

pitels fallen, und über den freien Datenverkehr. [2]Die Einhaltung dieser Vorschriften wird von unabhängigen Behörden überwacht.

Art. 40 [Kompetenzabgrenzung] Die Durchführung der Gemeinsamen Außen- und Sicherheitspolitik lässt die Anwendung der Verfahren und den jeweiligen Umfang der Befugnisse der Organe, die in den Verträgen für die Ausübung der in den Artikeln 3 bis 6 des Vertrags über die Arbeitsweise der Europäischen Union[1)] aufgeführten Zuständigkeiten der Union vorgesehen sind, unberührt.

Ebenso lässt die Durchführung der Politik nach den genannten Artikeln die Anwendung der Verfahren und den jeweiligen Umfang der Befugnisse der Organe, die in den Verträgen für die Ausübung der Zuständigkeiten der Union nach diesem Kapitel vorgesehen sind, unberührt.

Art. 41 [Finanzierung] (1) Die Verwaltungsausgaben, die den Organen aus der Durchführung dieses Kapitels entstehen, gehen zu Lasten des Haushalts der Union.

(2) Die operativen Ausgaben im Zusammenhang mit der Durchführung dieses Kapitels gehen ebenfalls zu Lasten des Haushalts der Union, mit Ausnahme der Ausgaben aufgrund von Maßnahmen mit militärischen oder verteidigungspolitischen Bezügen und von Fällen, in denen der Rat einstimmig etwas anderes beschließt.

[1]In Fällen, in denen die Ausgaben nicht zu Lasten des Haushalts der Union gehen, gehen sie nach dem Bruttosozialprodukt-Schlüssel zu Lasten der Mitgliedstaaten, sofern der Rat nicht einstimmig etwas anderes beschließt. [2]Die Mitgliedstaaten, deren Vertreter im Rat eine förmliche Erklärung nach Artikel 31 Absatz 1 Unterabsatz 2 abgegeben haben, sind nicht verpflichtet, zur Finanzierung von Ausgaben für Maßnahmen mit militärischen oder verteidigungspolitischen Bezügen beizutragen.

(3) [1]Der Rat erlässt einen Beschluss zur Festlegung besonderer Verfahren, um den schnellen Zugriff auf die Haushaltsmittel der Union zu gewährleisten, die für die Sofortfinanzierung von Initiativen im Rahmen der Gemeinsamen Außen- und Sicherheitspolitik, insbesondere von Tätigkeiten zur Vorbereitung einer Mission nach Artikel 42 Absatz 1 und Artikel 43 bestimmt sind. [2]Er beschließt nach Anhörung des Europäischen Parlaments.

Die Tätigkeiten zur Vorbereitung der in Artikel 42 Absatz 1 und in Artikel 43 genannten Missionen, die nicht zulasten des Haushalts der Union gehen, werden aus einem aus Beiträgen der Mitgliedstaaten gebildeten Anschubfonds finanziert.

Der Rat erlässt mit qualifizierter Mehrheit auf Vorschlag des Hohen Vertreters der Union für Außen- und Sicherheitspolitik die Beschlüsse über

a) die Einzelheiten für die Bildung und die Finanzierung des Anschubfonds, insbesondere die Höhe der Mittelzuweisungen für den Fonds;
b) die Einzelheiten für die Verwaltung des Anschubfonds;
c) die Einzelheiten für die Finanzkontrolle.

[1)] Nr. **146**.

[1]Kann die geplante Mission nach Artikel 42 Absatz 1 und Artikel 43 nicht aus dem Haushalt der Union finanziert werden, so ermächtigt der Rat den Hohen Vertreter zur Inanspruchnahme dieses Fonds. [2]Der Hohe Vertreter erstattet dem Rat Bericht über die Erfüllung dieses Mandats.

Abschnitt 2. Bestimmungen über die Gemeinsame Sicherheits- und Verteidigungspolitik[1)]

Art. 42 [Gemeinsame Verteidigungspolitik; Europäische Verteidigungsagentur; Beistandsklausel] (1) [1]Die Gemeinsame Sicherheits- und Verteidigungspolitik ist integraler Bestandteil der Gemeinsamen Außen- und Sicherheitspolitik. [2]Sie sichert der Union eine auf zivile und militärische Mittel gestützte Operationsfähigkeit. [3]Auf diese kann die Union bei Missionen außerhalb der Union zur Friedenssicherung, Konfliktverhütung und Stärkung der internationalen Sicherheit in Übereinstimmung mit den Grundsätzen der Charta der Vereinten Nationen zurückgreifen. [4]Sie erfüllt diese Aufgaben mit Hilfe der Fähigkeiten, die von den Mitgliedstaaten bereitgestellt werden.

(2) [1]Die Gemeinsame Sicherheits- und Verteidigungspolitik umfasst die schrittweise Festlegung einer gemeinsamen Verteidigungspolitik der Union. [2]Diese führt zu einer gemeinsamen Verteidigung, sobald der Europäische Rat dies einstimmig beschlossen hat. Er empfiehlt in diesem Fall den Mitgliedstaaten, einen Beschluss in diesem Sinne im Einklang mit ihren verfassungsrechtlichen Vorschriften zu erlassen.

Die Politik der Union nach diesem Abschnitt berührt nicht den besonderen Charakter der Sicherheits- und Verteidigungspolitik bestimmter Mitgliedstaaten; sie achtet die Verpflichtungen einiger Mitgliedstaaten, die ihre gemeinsame Verteidigung in der Nordatlantikvertrags-Organisation (NATO) verwirklicht sehen, aus dem Nordatlantikvertrag und ist vereinbar mit der in jenem Rahmen festgelegten gemeinsamen Sicherheits- und Verteidigungspolitik.

(3) [1]Die Mitgliedstaaten stellen der Union für die Umsetzung der Gemeinsamen Sicherheits- und Verteidigungspolitik zivile und militärische Fähigkeiten als Beitrag zur Verwirklichung der vom Rat festgelegten Ziele zur Verfügung. [2]Die Mitgliedstaaten, die zusammen multinationale Streitkräfte aufstellen[2)], können diese auch für die Gemeinsame Sicherheits- und Verteidigungspolitik zur Verfügung stellen.

[1]Die Mitgliedstaaten verpflichten sich, ihre militärischen Fähigkeiten schrittweise zu verbessern. [2]Die Agentur für die Bereiche Entwicklung der Verteidigungsfähigkeiten, Forschung, Beschaffung und Rüstung (im Folgenden „Europäische Verteidigungsagentur") ermittelt den ope-

---

1) Das EU-Truppenstatut v. 17.11.2003 (ABl. 2003 Nr. C 321/2, BGBl. 2005 II S. 18), das für Truppen und Zivilpersonal, die der EU von den Mitgliedstaaten zur Verfügung *gestellt werden soll, ist (immer)* noch nicht in Kraft getreten.

2) Vgl. hierzu auch Vertrag über das Europäische Korps und die Rechtsstellung seines Hauptquartiers zwischen der Französischen Republik, der Bundesrepublik Deutschland, dem Königreich Belgien, dem Königreich Spanien und dem Großherzogtum Luxemburg – Straßburger Vertrag (BGBl. 2008 II S. 695; in Kraft getreten am 26.2.2009, Bek. v. 7.5.2010, BGBl. 2010 II S. 640).

rativen Bedarf und fördert Maßnahmen zur Bedarfsdeckung, trägt zur Ermittlung von Maßnahmen zur Stärkung der industriellen und technologischen Basis des Verteidigungssektors bei und führt diese Maßnahmen gegebenenfalls durch, beteiligt sich an der Festlegung einer europäischen Politik im Bereich der Fähigkeiten und der Rüstung und unterstützt den Rat bei der Beurteilung der Verbesserung der militärischen Fähigkeiten.

(4) [1] Beschlüsse zur Gemeinsamen Sicherheits- und Verteidigungspolitik, einschließlich der Beschlüsse über die Einleitung einer Mission nach diesem Artikel, werden vom Rat einstimmig auf Vorschlag des Hohen Vertreters der Union für Außen- und Sicherheitspolitik oder auf Initiative eines Mitgliedstaats erlassen. [2] Der Hohe Vertreter kann gegebenenfalls gemeinsam mit der Kommission den Rückgriff auf einzelstaatliche Mittel sowie auf Instrumente der Union vorschlagen.

(5) [1] Der Rat kann zur Wahrung der Werte der Union und im Dienste ihrer Interessen eine Gruppe von Mitgliedstaaten mit der Durchführung einer Mission im Rahmen der Union beauftragen. [2] Die Durchführung einer solchen Mission fällt unter Artikel 44.

(6) [1] Die Mitgliedstaaten, die anspruchsvollere Kriterien in Bezug auf die militärischen Fähigkeiten erfüllen und die im Hinblick auf Missionen mit höchsten Anforderungen untereinander weiter gehende Verpflichtungen eingegangen sind, begründen eine Ständige Strukturierte Zusammenarbeit im Rahmen der Union. [2] Diese Zusammenarbeit erfolgt nach Maßgabe von Artikel 46. [3] Sie berührt nicht die Bestimmungen des Artikels 43.[1)]

(7) [1] Im Falle eines bewaffneten Angriffs auf das Hoheitsgebiet eines Mitgliedstaats schulden die anderen Mitgliedstaaten ihm alle in ihrer Macht stehende Hilfe und Unterstützung, im Einklang mit Artikel 51 der Charta der Vereinten Nationen. [2] Dies lässt den besonderen Charakter der Sicherheits- und Verteidigungspolitik bestimmter Mitgliedstaaten unberührt.

Die Verpflichtungen und die Zusammenarbeit in diesem Bereich bleiben im Einklang mit den im Rahmen der Nordatlantikvertrags-Organisation eingegangenen Verpflichtungen, die für die ihr angehörenden Staaten weiterhin das Fundament ihrer kollektiven Verteidigung und das Instrument für deren Verwirklichung ist.

Art. 43 [Missionen der ESVP] (1) [1] Die in Artikel 42 Absatz 1 vorgesehenen Missionen, bei deren Durchführung die Union auf zivile und militärische Mittel zurückgreifen kann, umfassen gemeinsame Abrüstungsmaßnahmen, humanitäre Aufgaben und Rettungseinsätze, Aufgaben der militärischen Beratung und Unterstützung, Aufgaben der Konfliktverhütung und der Erhaltung des Friedens sowie Kampfeinsätze im Rahmen der Krisenbewältigung einschließlich Frieden schaffender Maß-

---

[1)] Vgl. hierzu: Beschluss (GASP) 2017/2315 des Rates v. 11.12.2017 über die Begründung der Ständigen Strukturierten Zusammenarbeit (SSZ) und über die Liste der daran teilnehmenden Mitgliedstaaten, ABl. Nr. L 331/57 v. 14.12.2017; korr. ABl. Nr. L 12/63 v. 17.1.2018.

nahmen und Operationen zur Stabilisierung der Lage nach Konflikten. [2]Mit allen diesen Missionen kann zur Bekämpfung des Terrorismus beigetragen werden, unter anderem auch durch die Unterstützung für Drittländer bei der Bekämpfung des Terrorismus in ihrem Hoheitsgebiet.

(2) [1]Der Rat erlässt die Beschlüsse über Missionen nach Absatz 1; in den Beschlüssen sind Ziel und Umfang der Missionen sowie die für sie geltenden allgemeinen Durchführungsbestimmungen festgelegt. [2]Der Hohe Vertreter der Union für Außen- und Sicherheitspolitik sorgt unter Aufsicht des Rates und in engem und ständigem Benehmen mit dem Politischen und Sicherheitspolitischen Komitee für die Koordinierung der zivilen und militärischen Aspekte dieser Missionen.

Art. 44 [Missionsübertragung] (1) [1]Im Rahmen der nach Artikel 43 erlassenen Beschlüsse kann der Rat die Durchführung einer Mission einer Gruppe von Mitgliedstaaten übertragen, die dies wünschen und über die für eine derartige Mission erforderlichen Fähigkeiten verfügen. [2]Die betreffenden Mitgliedstaaten vereinbaren in Absprache mit dem Hohen Vertreter der Union für Außen- und Sicherheitspolitik untereinander die Ausführung der Mission.

(2) [1]Die an der Durchführung der Mission teilnehmenden Mitgliedstaaten unterrichten den Rat von sich aus oder auf Antrag eines anderen Mitgliedstaats regelmäßig über den Stand der Mission. [2]Die teilnehmenden Mitgliedstaaten befassen den Rat sofort, wenn sich aus der Durchführung der Mission schwerwiegende Konsequenzen ergeben oder das Ziel der Mission, ihr Umfang oder die für sie geltenden Regelungen, wie sie in den in Absatz 1 genannten Beschlüssen festgelegt sind, geändert werden müssen. [3]Der Rat erlässt in diesen Fällen die erforderlichen Beschlüsse.

Art. 45 [Aufgabe der Europäischen Verteidigungsagentur]

(1) Aufgabe der in Artikel 42 Absatz 3 genannten, dem Rat unterstellten Europäischen Verteidigungsagentur ist es,

a) bei der Ermittlung der Ziele im Bereich der militärischen Fähigkeiten der Mitgliedstaaten und der Beurteilung, ob die von den Mitgliedstaaten in Bezug auf diese Fähigkeiten eingegangenen Verpflichtungen erfüllt wurden, mitzuwirken;
b) auf eine Harmonisierung des operativen Bedarfs sowie die Festlegung effizienter und kompatibler Beschaffungsverfahren hinzuwirken;
c) multilaterale Projekte zur Erfüllung der Ziele im Bereich der militärischen Fähigkeiten vorzuschlagen und für die Koordinierung der von den Mitgliedstaaten durchgeführten Programme sowie die Verwaltung spezifischer Kooperationsprogramme zu sorgen;
d) die Forschung auf dem Gebiet der Verteidigungstechnologie zu unterstützen, gemeinsame Forschungsaktivitäten sowie Studien zu technischen Lösungen, die dem künftigen operativen Bedarf gerecht werden, zu koordinieren und zu planen;
e) dazu beizutragen, dass zweckdienliche Maßnahmen zur Stärkung der industriellen und technologischen Basis des Verteidigungssektors

und für einen wirkungsvolleren Einsatz der Verteidigungsausgaben ermittelt werden, und diese Maßnahmen gegebenenfalls durchzuführen.

(2) 1 Alle Mitgliedstaaten können auf Wunsch an der Arbeit der Europäischen Verteidigungsagentur teilnehmen. 2 Der Rat erlässt mit qualifizierter Mehrheit einen Beschluss, in dem die Rechtsstellung, der Sitz und die Funktionsweise der Agentur festgelegt werden. 3 Dieser Beschluss trägt dem Umfang der effektiven Beteiligung an den Tätigkeiten der Agentur Rechnung. 4 Innerhalb der Agentur werden spezielle Gruppen gebildet, in denen Mitgliedstaaten zusammenkommen, die gemeinsame Projekte durchführen. 5 Die Agentur versieht ihre Aufgaben erforderlichenfalls in Verbindung mit der Kommission.

Art. 46 [Ständige Strukturierte Zusammenarbeit] (1) Die Mitgliedstaaten, die sich an der Ständigen Strukturierten Zusammenarbeit im Sinne des Artikels 42 Absatz 6 beteiligen möchten und hinsichtlich der militärischen Fähigkeiten die Kriterien erfüllen und die Verpflichtungen eingehen, die in dem Protokoll über die Ständige Strukturierte Zusammenarbeit[1)] enthalten sind, teilen dem Rat und dem Hohen Vertreter der Union für Außen- und Sicherheitspolitik ihre Absicht mit.

(2) 1 Der Rat erlässt binnen drei Monaten nach der in Absatz 1 genannten Mitteilung einen Beschluss über die Begründung der Ständigen Strukturierten Zusammenarbeit und über die Liste der daran teilnehmenden Mitgliedstaaten.[2)] 2 Der Rat beschließt nach Anhörung des Hohen Vertreters mit qualifizierter Mehrheit.

(3) Jeder Mitgliedstaat, der sich zu einem späteren Zeitpunkt an der Ständigen Strukturierten Zusammenarbeit beteiligen möchte, teilt dem Rat und dem Hohen Vertreter seine Absicht mit.

1 Der Rat erlässt einen Beschluss, in dem die Teilnahme des betreffenden Mitgliedstaats, der die Kriterien und Verpflichtungen nach den Artikeln 1 und 2 des Protokolls über die Ständige Strukturierte Zusammenarbeit erfüllt beziehungsweise eingeht, bestätigt wird. 2 Der Rat beschließt mit qualifizierter Mehrheit nach Anhörung des Hohen Vertreters. 3 Nur die Mitglieder des Rates, die die teilnehmenden Mitgliedstaaten vertreten, sind stimmberechtigt.

Die qualifizierte Mehrheit bestimmt sich nach Artikel 238 Absatz 3 Buchstabe a des Vertrags über die Arbeitsweise der Europäischen Union.[3)]

(4) Erfüllt ein teilnehmender Mitgliedstaat die Kriterien nach den Artikeln 1 und 2 des Protokolls über die Ständige Strukturierte Zusammenarbeit nicht mehr oder kann er den darin genannten Verpflichtungen *nicht* mehr nachkommen, so kann der Rat einen Beschluss erlassen, durch den die Teilnahme dieses Staates ausgesetzt wird.

---

1) Nr. **147**.

2) Vgl. nunmehr Beschluss (GASP) 2017/2315 v. 11.12.2017 über die Begründung der Ständigen Strukturierten Zusammenarbeit (PESCO) und über die Liste der daran teilnehmenden Mitgliedstaaten (ABl. Nr. L 331/57 v. 14.12.2017, ber. ABl. Nr. L 12/63 v. 17.1.2018).

3) Nr. **146**.

[1] Der Rat beschließt mit qualifizierter Mehrheit. [2] Nur die Mitglieder des Rates, die die teilnehmenden Mitgliedstaaten mit Ausnahme des betroffenen Mitgliedstaats vertreten, sind stimmberechtigt.

Die qualifizierte Mehrheit bestimmt sich nach Artikel 238 Absatz 3 Buchstabe a des Vertrags über die Arbeitsweise der Europäischen Union.

(5) Wünscht ein teilnehmender Mitgliedstaat, von der Ständigen Strukturierten Zusammenarbeit Abstand zu nehmen, so teilt er seine Entscheidung dem Rat mit, der zur Kenntnis nimmt, dass die Teilnahme des betreffenden Mitgliedstaats beendet ist.

(6) [1] Mit Ausnahme der Beschlüsse nach den Absätzen 2 bis 5 erlässt der Rat die Beschlüsse und Empfehlungen im Rahmen der Ständigen Strukturierten Zusammenarbeit einstimmig. [2] Für die Zwecke dieses Absatzes bezieht sich die Einstimmigkeit allein auf die Stimmen der Vertreter der an der Zusammenarbeit teilnehmenden Mitgliedstaaten.

Titel VI. Schlußbestimmungen

Art. 47 [Rechtspersönlichkeit der Union] Die Union besitzt Rechtspersönlichkeit.

Art. 48 [Vertragsänderung] (1) [1] Die Verträge können gemäß dem ordentlichen Änderungsverfahren geändert werden. [2] Sie können ebenfalls nach vereinfachten Änderungsverfahren geändert werden.

Ordentliches Änderungsverfahren

(2) [1] Die Regierung jedes Mitgliedstaats, das Europäische Parlament oder die Kommission kann dem Rat Entwürfe zur Änderung der Verträge vorlegen. [2] Diese Entwürfe können unter anderem eine Ausdehnung oder Verringerung der der Union in den Verträgen übertragenen Zuständigkeiten zum Ziel haben. [3] Diese Entwürfe werden vom Rat dem Europäischen Rat übermittelt und den nationalen Parlamenten zur Kenntnis gebracht.

(3) [1] Beschließt der Europäische Rat nach Anhörung des Europäischen Parlaments und der Kommission mit einfacher Mehrheit die Prüfung der vorgeschlagenen Änderungen, so beruft der Präsident des Europäischen Rates einen Konvent von Vertretern der nationalen Parlamente, der Staats- und Regierungschefs der Mitgliedstaaten, des Europäischen Parlaments und der Kommission ein. [2] Bei institutionellen Änderungen im Währungsbereich wird auch die Europäische Zentralbank gehört. [3] Der Konvent prüft die Änderungsentwürfe und nimmt im Konsensverfahren eine Empfehlung an, die an eine Konferenz der Vertreter der Regierungen der Mitgliedstaaten nach Absatz 4 gerichtet ist.

[1] Der Europäische Rat kann mit einfacher Mehrheit nach Zustimmung des Europäischen Parlaments beschließen, keinen Konvent einzuberufen, wenn seine Einberufung aufgrund des Umfangs der ge-

planten Änderungen nicht gerechtfertigt ist. [2]In diesem Fall legt der Europäische Rat das Mandat für eine Konferenz der Vertreter der Regierungen der Mitgliedstaaten fest.

(4) Eine Konferenz der Vertreter der Regierungen der Mitgliedstaaten wird vom Präsidenten des Rates einberufen, um die an den Verträgen vorzunehmenden Änderungen zu vereinbaren.

Die Änderungen treten in Kraft, nachdem sie von allen Mitgliedstaaten nach Maßgabe ihrer verfassungsrechtlichen Vorschriften ratifiziert worden sind.

(5) Haben nach Ablauf von zwei Jahren nach der Unterzeichnung eines Vertrags zur Änderung der Verträge vier Fünftel der Mitgliedstaaten den genannten Vertrag ratifiziert und sind in einem Mitgliedstaat oder mehreren Mitgliedstaaten Schwierigkeiten bei der Ratifikation aufgetreten, so befasst sich der Europäische Rat mit der Frage.

Vereinfachte Änderungsverfahren

(6) Die Regierung jedes Mitgliedstaats, das Europäische Parlament oder die Kommission kann dem Europäischen Rat Entwürfe zur Änderung aller oder eines Teils der Bestimmungen des Dritten Teils des Vertrags über die Arbeitsweise der Europäischen Union über die internen Politikbereiche der Union vorlegen.

[1]Der Europäische Rat kann einen Beschluss zur Änderung aller oder eines Teils der Bestimmungen des Dritten Teils des Vertrags über die Arbeitsweise der Europäischen Union erlassen. [2]Der Europäische Rat beschließt einstimmig nach Anhörung des Europäischen Parlaments und der Kommission sowie, bei institutionellen Änderungen im Währungsbereich, der Europäischen Zentralbank. [3]Dieser Beschluss tritt erst nach Zustimmung der Mitgliedstaaten im Einklang mit ihren jeweiligen verfassungsrechtlichen Vorschriften in Kraft.

Der Beschluss nach Unterabsatz 2 darf nicht zu einer Ausdehnung der der Union im Rahmen der Verträge übertragenen Zuständigkeiten führen.

(7) [1]In Fällen, in denen der Rat nach Maßgabe des Vertrags über die Arbeitsweise der Europäischen Union[1)] oder des Titels V dieses Vertrags in einem Bereich oder in einem bestimmten Fall einstimmig beschließt, kann der Europäische Rat einen Beschluss erlassen, wonach der Rat in diesem Bereich oder in diesem Fall mit qualifizierter Mehrheit beschließen kann. [2]Dieser Unterabsatz gilt nicht für Beschlüsse mit militärischen oder verteidigungspolitischen Bezügen.

In Fällen, in denen nach Maßgabe des Vertrags über die Arbeitsweise der Europäischen Union Gesetzgebungsakte vom Rat gemäß einem besonderen Gesetzgebungsverfahren erlassen werden müssen, kann der Europäische Rat einen Beschluss erlassen, wonach die Gesetzgebungsakte gemäß dem ordentlichen Gesetzgebungsverfahren erlassen werden können.

[1]Jede vom Europäischen Rat auf der Grundlage von Unterabsatz 1 oder Unterabsatz 2 ergriffene Initiative wird den nationalen Parlamen-

---

[1)] Nr. **146**.

ten übermittelt. [2] Wird dieser Vorschlag innerhalb von sechs Monaten nach der Übermittlung von einem nationalen Parlament abgelehnt, so wird der Beschluss nach Unterabsatz 1 oder Unterabsatz 2 nicht erlassen. [3] Wird die Initiative nicht abgelehnt, so kann der Europäische Rat den Beschluss erlassen.

Der Europäische Rat erlässt die Beschlüsse nach den Unterabsätzen 1 oder 2 einstimmig nach Zustimmung des Europäischen Parlaments, das mit der Mehrheit seiner Mitglieder beschließt.

Art. 49 [Beitritt zur Union] [1] Jeder Europäische Staat, der die in Artikel 2 genannten Werte achtet und sich für ihre Förderung einsetzt, kann beantragen, Mitglied der Union zu werden. [2] Das Europäische Parlament und die nationalen Parlamente werden über diesen Antrag unterrichtet. [3] Der antragstellende Staat richtet seinen Antrag an den Rat; dieser beschließt einstimmig nach Anhörung der Kommission und nach Zustimmung des Europäischen Parlaments, das mit der Mehrheit seiner Mitglieder beschließt. [4] Die vom Europäischen Rat vereinbarten Kriterien werden berücksichtigt.

[1] Die Aufnahmebedingungen und die durch eine Aufnahme erforderlich werdenden Anpassungen der Verträge, auf denen die Union beruht, werden durch ein Abkommen zwischen den Mitgliedstaaten und dem antragstellenden Staat geregelt. [2] Das Abkommen bedarf der Ratifikation durch alle Vertragsstaaten gemäß ihren verfassungsrechtlichen Vorschriften.

Art. 50 [Austritt aus der Union] (1) Jeder Mitgliedstaat kann im Einklang mit seinen verfassungsrechtlichen Vorschriften beschließen, aus der Union auszutreten.

(2) [1] Ein Mitgliedstaat, der auszutreten beschließt, teilt dem Europäischen Rat seine Absicht mit.[1)] [2] Auf der Grundlage der Leitlinien des Europäischen Rates handelt die Union mit diesem Staat ein Abkommen über die Einzelheiten des Austritts aus und schließt das Abkommen, wobei der Rahmen für die künftigen Beziehungen dieses Staates zur Union berücksichtigt wird. [3] Das Abkommen wird nach Artikel 218 Absatz 3 des Vertrags über die Arbeitsweise der Europäischen Union ausgehandelt. [4] Es wird vom Rat im Namen der Union geschlossen; der Rat beschließt mit qualifizierter Mehrheit nach Zustimmung des Europäischen Parlaments.[2)]

[1)] Am 29.3.2017 hat die britische Regierung in einem Schreiben an den Ratspräsidenten Donald Tusk formell ihre Absicht erklärt aus der Europäischen Union sowie der Europäischen Atomgemeinschaft (vgl. Art. 106a EAGV, Nr. 200) auszutreten, womit an diesem Tage die Zweijahresfrist nach Art. 50 Abs. 3 EUV zu laufen begonnen hat.

[2)] Dem ursprünglichen Abkommensentwurf v. 14.11.2018 samt einer politischen Erklärung (ABl. C 66 1/1 v. 19.2.2019) wurde im Vereinigten Königreich die parlamentarische *Zustimmung verweigert. Ein (leicht)* veränderter Vertragsentwurf v. 17.10.2019 (vgl. Beschluss (EU) 2019/1750 v. 21.10.2019 zur Änderung des Beschlusses (EU) 2019/274 (ABl. Nr. Nr. 274I/1 v. 28.10.2019), geänd. durch Beschluss EU 2020/48 v. 21.1.2020, ABl. Nr. L 161/1 v. 21.1.2020) konnte endgültig am 24.1.2020 unterzeichnet werden (Abkommenstext: ABl. Nr. L 29/7 v. 31.1.2020, vgl. hierzu auch den Beschluss (EU) 2020/135 des Rates v. 30.1.2020, ABl. Nr. L 29/1 v. 31.1.2020) und ist m. W. v. 1.2.2020 in Kraft getreten.

(3) Die Verträge finden auf den betroffenen Staat ab dem Tag des Inkrafttretens des Austrittsabkommens oder andernfalls zwei Jahre nach der in Absatz 2 genannten Mitteilung keine Anwendung mehr, es sei denn, der Europäische Rat beschließt im Einvernehmen mit dem betroffenen Mitgliedstaat einstimmig, diese Frist zu verlängern.[1), 2)]

(4) Für die Zwecke der Absätze 2 und 3 nimmt das Mitglied des Europäischen Rates und des Rates, das den austretenden Mitgliedstaat vertritt, weder an den diesen Mitgliedstaat betreffenden Beratungen noch an der entsprechenden Beschlussfassung des Europäischen Rates oder des Rates teil.

Die qualifizierte Mehrheit bestimmt sich nach Artikel 238 Absatz 3 Buchstabe b des Vertrags über die Arbeitsweise der Europäischen Union.

(5) Ein Staat, der aus der Union ausgetreten ist und erneut Mitglied werden möchte, muss dies nach dem Verfahren des Artikels 49 beantragen.

Art. 51 [Protokolle, Anhänge] Die Protokolle und Anhänge der Verträge sind Bestandteil der Verträge.

Art. 52 [Geltungsbereich] (1) Die Verträge gelten für das Königreich Belgien, die Republik Bulgarien, die Tschechische Republik, das Königreich Dänemark, die Bundesrepublik Deutschland, die Republik Estland, Irland, die Hellenische Republik, das Königreich Spanien, die Französische Republik, die Republik Kroatien, die Italienische Republik, die Republik Zypern, die Republik Lettland, die Republik Litauen, das Großherzogtum Luxemburg, die Republik Ungarn, die Republik Malta, das Königreich der Niederlande, die Republik Österreich, die Republik Polen, die Portugiesische Republik, Rumänien, die Republik Slowenien, die Slowakische Republik, die Republik Finnland, das Königreich Schweden und das *Vereinigte Königreich Großbritannien* und *Nordirland.*[3)]

---

1) Vgl. (jeweils im Einvernehmen mit dem Vereinigten Königreich) Beschluss (EU) 2019/476 des Europäischen Rates v. 22.3.2019 zur Verlängerung der Frist bis (maximal) 22.5.2019 (ABl. Nr. L 80 I/1 v. 22.3.2019); Beschluss (EU) 2019/584 v. 11.4.2019 zur (erneuten) Verlängerung der Frist bis (maximal) 31.10.2019 (ABl. Nr. L 101/1 v. 11.4.2019) sowie Beschluss (EU) 2019/1810 v. 29.10.2019 zur (erneuten) Verlängerung der Frist bis (maximal) 31.1.2020 (ABl. Nr. L 278I/1 v. 30.10.2019). Das Austrittsabkommen gem. Art. 50 Abs. 2 EUV ist am 1.2.2020 in Kraft getreten (vgl. Mitteilung v. 31.1.2020, ABl. Nr. L 29/189, ber. ABl. Nr. L 32/20 v. 4.2.2020). Damit endet die EU-Mitgliedschaft des Vereinigten Königreichs.

2) Nach Ende der Übergangsfrist (31.12.2020) beruhen die gegenseitigen (völkerrechtlichen) Beziehungen nunmehr auf dem Handels- und Kooperationsabkommen v. 30.12.2020 (ABl. Nr. L 444/14 v. 31.12.2020). Das Abkommen findet keine Anwendung auf Gibraltar, das fortan dem Schengen-Raum angehören wird. Verhandlungen über die konkrete Ausgestaltung des Sonderstatus sind im Gange.

3) Der Geltungsbereich der EU-Verträge erstreckt sich seit dem 1.2.2020 nicht mehr auf das Vereinigte Königreich (vgl. Art. 185 Abs. 1 Austrittsabkommen, ABl. Nr. L 29/7 v. 31.1.2020, und hierzu die Mitteilung über das Inkrafttreten: ABl. Nr. L 29/189 v. 31.1.2020).

(2) Der räumliche Geltungsbereich der Verträge wird in Artikel 355 des Vertrags über die Arbeitsweise der Europäischen Union[1] im Einzelnen angegeben.

Art. 53 [Unbefristete Geltung] Dieser Vertrag gilt auf unbegrenzte Zeit.

Art. 54 [Ratifikation] (1) [1]Dieser Vertrag bedarf der Ratifikation durch die Hohen Vertragsparteien gemäß ihren verfassungsrechtlichen Vorschriften. [2]Die Ratifikationsurkunden werden bei der Regierung der Italienischen Republik hinterlegt.

(2) Dieser Vertrag tritt am 1. Januar 1993 in Kraft, sofern alle Ratifikationsurkunden hinterlegt worden sind, oder andernfalls am ersten Tag des auf die Hinterlegung der letzten Ratifikationsurkunde folgenden Monats.

Art. 55 [Verbindlicher Wortlaut; Hinterlegung] (1) Dieser Vertrag ist in einer Urschrift in bulgarischer, dänischer, deutscher, englischer, estnischer, finnischer, französischer, griechischer, irischer, italienischer, kroatischer, lettischer, litauischer, maltesischer, niederländischer, polnischer, portugiesischer, rumänischer, schwedischer, slowakischer, slowenischer, spanischer, tschechischer und ungarischer Sprache abgefaßt, wobei jeder Wortlaut gleichermaßen verbindlich ist; er wird im Archiv der Regierung der Italienischen Republik hinterlegt; diese übermittelt der Regierung jedes anderen Unterzeichnerstaats eine beglaubigte Abschrift.

(2) [1]Dieser Vertrag kann ferner in jede andere von den Mitgliedstaaten bestimmte Sprache übersetzt werden, sofern diese Sprache nach der Verfassungsordnung des jeweiligen Mitgliedstaats in dessen gesamtem Hoheitsgebiet oder in Teilen davon Amtssprache ist. [2]Die betreffenden Mitgliedstaaten stellen eine beglaubigte Abschrift dieser Übersetzungen zur Verfügung, die in den Archiven des Rates hinterlegt wird.

ZU URKUND DESSEN haben die unterzeicheten Bevollmächtigten ihre Unterschriften unter diesen Vertrag gesetzt.

GESCHEHEN zu Maastricht am siebten Februar 1992.

Mark EYSKENS,	Philippe MAYSTADT
Uffe ELLEMANN-JENSEN	Anders FOGH RASMUSSEN
Hans-Dietrich GENSCHER	Theodor WAIGEL
Antonios SAMARAS	Efthymios CHRISTODOULOU
Francisco FERNÁNDEZ ORDÓÑEZ	Carlos SOLCHAGA CATALÁN
Roland DUMAS	Pierre BEREGOVOY

[1] Nr. **146**.

Gerard COLLINS
Giannni DE MICHELIS
Jacques F. POOS
Hans VAN DEN BROEK
João de Deus PINHEIRO
Douglas HURD

Bertie AHERN
Guido CARLI
Jean-Claude JUNCKER
Willem KOK
Jorge BRAGA de MACEDO
Francis MAUDE

146. Vertrag über die Arbeitsweise der Europäischen Union[1)·2)·3)]

Vom 25. März 1957[4)·5)]

(BGBl. II S. 766)

i. d. F. des Vertrages über die Europäische Union v. 7.2.1992 (BGBl. II S. 1253/1256), zuletzt geänd. durch Amsterdamer Vertrag v. 2.10.1997 (ABl. Nr. C 340 S. 1), Nizza-Vertrag v. 26.2.2001 (ABl. Nr. C 80 S. 1, ber. ABl. Nr. C 96 S. 27), EU-Erweiterungs-Protokoll v. 26.2.2001 (ABl. Nr. C 80 S. 49, geänd. ABl. 2003 Nr. L 236 S. 33), EU-Beitrittsakte 2003v. 16.4.2003 (ABl. Nr. L 236 S. 33), Protokoll Nr. 3 zur EU-eitrittsakte 2003 v. 16.4.2003 (ABl. Nr. L 236 S. 940), EU-Beitrittsakte 2005 v. 25.4.2005 (ABl. Nr. L 157 S. 203), Vertrag von Lissabon v. 13.12.2007 (ABl. Nr. C 306 S. 1, ber. ABl. 2008 Nr. C 111 S. 56 und ABl. 2009 Nr. C 290 S. 1), Beschluss des Europäischen Rates v. 29.10.2010 (ABl. Nr. L 325/4) und Beschluss des Europäischen Rates v. 25.3.2012 (ABl. Nr. L 91/1); Akte zum Beitrittsvertrag v. 9.12.2011, ABl. Nr. L 112/21 v. 24.4.2012 (m. W. v. 1.7.2013), ber. ABl. 2010, Nr. C 81/1 und ABl. 2016 Nr. L 150/1)

Nichtamtliche Inhaltsübersicht

Erster Teil. Grundsätze

Titel I. Arten und Bereiche der Zuständigkeit der Union

---

1) Vertragsparteien sind Belgien, Bulgarien, Dänemark, Deutschland, Estland, Finnland, Frankreich, Griechenland, Großbritannien, Irland, Italien, Lettland, Litauen, Luxemburg, Malta, die Niederlande, Österreich, Polen, Portugal, Rumänien, Schweden, Slowakei, Slowenien, Spanien, Tschechien, Ungarn und Zypern.

2) Die Artikelfolge und Verweise/Bezugnahmen auf Vorschriften des EUV sind gemäß Art. 5 des Vertrags von Lissabon in Verbindung mit den Übereinstimmungstabellen an die neue Nummerierung angepasst worden.

3) Zu den Assoziationsregelungen und sonstigen Vereinbarungen und Vorschriften, die sich auf den EU-Arbeitsweisevertrag beziehen, vgl. den jährlich zum 31. 12. abgeschlossenen Fundstellennachweis B der geltenden völkerrechtlichen Vereinbarungen der Bundesrepublik Deutschland unter dem Datum 25.3.1957.

4) Konsolidierte Fassung des Vertrags zur Gründung der Europäischen Gemeinschaft v. 25.3.1957 (BGBl. II S. 766).

5) Die Bundesrepublik Deutschland hat dem Vertrag mit G v. 27.7.1957 (BGBl. II S. 753) zugestimmt. Inkrafttreten gemäß Bek. v. 27.12.1957 (BGBl. 1958 II S. 1) am 1.1.1958. Die durch den Amsterdamer Vertrag konsolidierte Fassung des Vertrages trat am 1.5.1999 in Kraft, siehe Bek. v. 6.4.1999 (BGBl. II S. 296); in seiner durch den Vertrag von Nizza geänderten Fassung ist er am 1.2.2003 in Kraft getreten, siehe Bek. v. 20.8.2003 (BGBl. II S. 1477); in seiner durch die EU-Beitrittsakte 2003 geänderten Fassung ist er am 1.5.2004 in Kraft getreten, siehe Bek. v. 28.6.2004 (BGBl. II S. 1102); in seiner durch die EU-Beitrittsakte 2005 geänderten Fassung ist er am 1.1.2007 in Kraft getreten, siehe Bek. v. 26.1.2007 (BGBl. II S. 127); in seiner durch den Vertrag von Lissabon geänderten Fassung ist er am 1.12.2009 in Kraft getreten, siehe Bek. v. 13.11.2009 (BGBl. II S. 1223).

Titel II. Allgemein geltende Bestimmungen

Art.

Zweiter Teil. Nichtdiskriminierung und Unionsbürgerschaft

Dritter Teil. Die internen Politiken und Maßnahmen der Union

Titel I. Der Binnenmarkt

Titel II. Der freie Warenverkehr

Kapitel 1. Die Zollunion

Kapitel 2. Zusammenarbeit im Zollwesen

Kapitel 3. Verbot von mengenmäßigen Beschränkungen zwischen den Mitgliedstaaten

Titel III. Die Landwirtschaft und die Fischerei

Titel IV. Die Freizügigkeit, der freie Dienstleistungs- und Kapitalverkehr

Kapitel 1. Die Arbeitskräfte

Kapitel 2. Die Währungspolitik

Titel XIV. Gesundheitswesen

Titel XV. Verbraucherschutz

Titel XVI. Transeuropäische Netze

Titel XVII. Industrie

Titel XVIII. Wirtschaftlicher, sozialer und territorialer Zusammenhalt

Titel XIX. Forschung, technologische Entwicklung und Raumfahrt

Titel XX. Umwelt

Titel XXI. Energie

Titel XXII. Tourismus

Titel XXIII. Katastrophenschutz

Titel XXIV. Verwaltungszusammenarbeit

Vierter Teil. Die Assoziierung der überseeischen Länder und Hoheitsgebiete

Art.

Fünfter Teil. Das auswärtige Handeln der Union

Titel I. Allgemeine Bestimmungen über das auswärtige Handeln der Union

Titel II. Gemeinsame Handelspolitik

Titel III. Zusammenarbeit mit Drittländern und humanitäre Hilfe

Kapitel 1. Entwicklungszusammenarbeit

Kapitel 2. Wirtschaftliche, finanzielle und technische Zusammenarbeit mit Drittländern

Kapitel 3. Humanitäre Hilfe

Titel IV. Restriktive Maßnahmen

Titel V. Internationale Übereinkünfte

Titel VI. Beziehungen der Union zu internationalen Organisationen und Drittländern sowie Delegationen der Union

Titel VII. Solidaritätsklausel

Sechster Teil. Institutionelle Bestimmungen und Finanzvorschriften

Titel I. Vorschriften über die Organe

Kapitel I. Die Organe

Abschnitt 1. Das Europäische Parlament

Abschnitt 2. Der Europäische Rat

Abschnitt 3. Der Rat

Abschnitt 4. Die Kommission

Abschnitt 5. Der Gerichtshof der Europäischen Union

Präambel

Seine Majestetät der König der Belgier, der Präsident der Bundesrepublik Deutschland, der Präsident der Französischen Republik, der Präsdient der Italienischen Republik, ihre Königliche Hoheit die Großherzogin von Luxemburg, ihre Majestät die Königin der Niederlande,[1]

IN DEM FESTEN WILLEN, die Grundlagen für einen immer engeren Zusammenschluss der europäischen Völker zu schaffen,

ENTSCHLOSSEN, durch gemeinsames Handeln den wirtschaftlichen und sozialen Fortschritt ihrer Staaten zu sichern, indem sie die Europa trennenden Schranken beseitigen,

IN DEM VORSATZ, die stetige Besserung der Lebens- und Beschäftigungsbedingungen ihrer Völker als wesentliches Ziel anzustreben,

IN DER ERKENNTNIS, dass zur Beseitigung der bestehenden Hindernisse ein einverständliches Vorgehen erforderlich ist, um eine beständige Wirtschaftsausweitung, einen ausgewogenen Handelsverkehr und einen redlichen Wettbewerb zu gewährleisten,

IN DEM BESTREBEN, ihre Volkswirtschaften zu einigen und deren harmonische Entwicklung zu fördern, indem sie den Abstand zwischen einzelnen Gebieten und den Rückstand weniger begünstigter Gebiete verringern,

IN DEM WUNSCH, durch eine gemeinsame Handelspolitik zur fortschreitenden Beseitigung der Beschränkungen im zwischenstaatlichen Wirtschaftsverkehr beizutragen,

---

[1] **Amtl. Anm.:** Seit dem ursprünglichen Vertragsschluss sind Mitgliedstaaten der Europäischen Union geworden: die Republik Bulgarien, die Tschechische Republik, das Königreich Dänemark, die Republik Estland, die Hellenische Republik, das Königreich Spanien, Irland, die Republik Zypern, die Republik Lettland, die Republik Litauen, die Republik Ungarn, die Republik Malta, die Republik Österreich, die Republik Polen, die Portugiesische Republik, Rumänien, die Republik Slowenien, die Slowakische Republik, die Republik Finnland, das Königreich Schweden und das Vereinigte Königreich Großbritannien und Nordirland.

IN DER ABSICHT, die Verbundenheit Europas mit den überseeischen Ländern zu bekräftigen, und in dem Wunsch, entsprechend den Grundsätzen der Satzung der Vereinten Nationen den Wohlstand der überseeischen Länder zu fördern,

ENTSCHLOSSEN, durch diesen Zusammenschluss ihrer Wirtschaftskräfte Frieden und Freiheit zu wahren und zu festigen, und mit der Aufforderung an die anderen Völker Europas, die sich zu dem gleichen hohen Ziel bekennen, sich diesen Bestrebungen anzuschließen,

ENTSCHLOSSEN, durch umfassenden Zugang zur Bildung und durch ständige Weiterbildung auf einen möglichst hohen Wissensstand ihrer Völker hinzuwirken,

HABEN zu diesem Zweck zu ihren Bevollmächtigten ERNANNT:

(Aufzählung der Bevollmächtigten nicht wiedergegeben)

DIESE SIND nach Austausch ihrer als gut und gehörig befundenen Vollmachten wie folgt übereingekommen:

Erster Teil. Grundsätze

Art. 1 [Regelungsbereich] (1) Dieser Vertrag regelt die Arbeitsweise der Union und legt die Bereiche, die Abgrenzung und die Einzelheiten der Ausübung ihrer Zuständigkeiten fest.

(2) [1] Dieser Vertrag und der Vertrag über die Europäische Union[1)] bilden die Verträge, auf die sich die Union gründet. [2] Diese beiden Verträge, die rechtlich gleichrangig sind, werden als „die Verträge" bezeichnet.

Titel I. Arten und Bereiche der Zuständigkeit der Union

Art. 2 [Arten von Zuständigkeiten] (1) Übertragen die Verträge der Union für einen bestimmten Bereich eine ausschließliche Zuständigkeit, so kann nur die Union gesetzgeberisch tätig werden und verbindliche Rechtsakte erlassen; die Mitgliedstaaten dürfen in einem solchen Fall nur tätig werden, wenn sie von der Union hierzu ermächtigt werden, oder um Rechtsakte der Union durchzuführen.

(2) [1] Übertragen die Verträge der Union für einen bestimmten Bereich eine mit den Mitgliedstaaten geteilte Zuständigkeit, so können die Union und die Mitgliedstaaten in diesem Bereich gesetzgeberisch tätig werden und verbindliche Rechtsakte erlassen. [2] Die Mitgliedstaaten nehmen ihre Zuständigkeit wahr, sofern und soweit die Union ihre Zuständigkeit nicht ausgeübt hat. [3] Die Mitgliedstaaten nehmen ihre Zuständigkeit erneut wahr, sofern und soweit die Union entschieden hat, ihre Zuständigkeit nicht mehr auszuüben.

(3) Die Mitgliedstaaten koordinieren ihre Wirtschafts- und Beschäftigungspolitik im Rahmen von Regelungen nach Maßgabe dieses Vertrags, für deren Festlegung die Union zuständig ist.

---

1) Nr. **145**.

(4) Die Union ist nach Maßgabe des Vertrags über die Europäische Union[1] dafür zuständig, eine gemeinsame Außen- und Sicherheitspolitik einschließlich der schrittweisen Festlegung einer gemeinsamen Verteidigungspolitik zu erarbeiten und zu verwirklichen.

(5) In bestimmten Bereichen ist die Union nach Maßgabe der Verträge dafür zuständig, Maßnahmen zur Unterstützung, Koordinierung oder Ergänzung der Maßnahmen der Mitgliedstaaten durchzuführen, ohne dass dadurch die Zuständigkeit der Union für diese Bereiche an die Stelle der Zuständigkeit der Mitgliedstaaten tritt.

Die verbindlichen Rechtsakte der Union, die aufgrund der diese Bereiche betreffenden Bestimmungen der Verträge erlassen werden, dürfen keine Harmonisierung der Rechtsvorschriften der Mitgliedstaaten beinhalten.

(6) Der Umfang der Zuständigkeiten der Union und die Einzelheiten ihrer Ausübung ergeben sich aus den Bestimmungen der Verträge zu den einzelnen Bereichen.

Art. 3 [Ausschließliche Zuständigkeiten] (1) Die Union hat ausschließliche Zuständigkeit in folgenden Bereichen:

a) Zollunion,

b) Festlegung der für das Funktionieren des Binnenmarkts erforderlichen Wettbewerbsregeln,

c) Währungspolitik für die Mitgliedstaaten, deren Währung der Euro ist,

d) Erhaltung der biologischen Meeresschätze im Rahmen der gemeinsamen Fischereipolitik,

e) gemeinsame Handelspolitik.

(2) Die Union hat ferner die ausschließliche Zuständigkeit für den Abschluss internationaler Übereinkünfte, wenn der Abschluss einer solchen Übereinkunft in einem Gesetzgebungsakt der Union vorgesehen ist, wenn er notwendig ist, damit sie ihre interne Zuständigkeit ausüben kann, oder soweit er gemeinsame Regeln beeinträchtigen oder deren Tragweite verändern könnte.

Art. 4 [Geteilte Zuständigkeiten] (1) Die Union teilt ihre Zuständigkeit mit den Mitgliedstaaten, wenn ihr die Verträge außerhalb der in den Artikeln 3 und 6 genannten Bereiche eine Zuständigkeit übertragen.

(2) Die von der Union mit den Mitgliedstaaten geteilte Zuständigkeit erstreckt sich auf die folgenden Hauptbereiche:

a) Binnenmarkt,

b) Sozialpolitik hinsichtlich der in diesem Vertrag genannten Aspekte,

c) wirtschaftlicher, sozialer und territorialer Zusammenhalt,

---

[1] Nr. **145**.

d) Landwirtschaft und Fischerei, ausgenommen die Erhaltung der biologischen Meeresschätze,
e) Umwelt,
f) Verbraucherschutz,
g) Verkehr,
h) transeuropäische Netze,
i) Energie,
j) Raum der Freiheit, der Sicherheit und des Rechts,
k) gemeinsame Sicherheitsanliegen im Bereich der öffentlichen Gesundheit hinsichtlich der in diesem Vertrag genannten Aspekte.

(3) In den Bereichen Forschung, technologische Entwicklung und Raumfahrt erstreckt sich die Zuständigkeit der Union darauf, Maßnahmen zu treffen, insbesondere Programme zu erstellen und durchzuführen, ohne dass die Ausübung dieser Zuständigkeit die Mitgliedstaaten hindert, ihre Zuständigkeit auszuüben.

(4) In den Bereichen Entwicklungszusammenarbeit und humanitäre Hilfe erstreckt sich die Zuständigkeit der Union darauf, Maßnahmen zu treffen und eine gemeinsame Politik zu verfolgen, ohne dass die Ausübung dieser Zuständigkeit die Mitgliedstaaten hindert, ihre Zuständigkeit auszuüben.

Art. 5 [Koordinierung der Wirtschafts-, Beschäftigungs- und Sozialpolitik] (1) [1]Die Mitgliedstaaten koordinieren ihre Wirtschaftspolitik innerhalb der Union. [2]Zu diesem Zweck erlässt der Rat Maßnahmen; insbesondere beschließt er die Grundzüge dieser Politik.

Für die Mitgliedstaaten, deren Währung der Euro ist, gelten besondere Regelungen.

(2) Die Union trifft Maßnahmen zur Koordinierung der Beschäftigungspolitik der Mitgliedstaaten, insbesondere durch die Festlegung von Leitlinien für diese Politik.

(3) Die Union kann Initiativen zur Koordinierung der Sozialpolitik der Mitgliedstaaten ergreifen.

Art. 6 [Unterstützungs-, Koordinierungs- und Ergänzungsmaßnahmen] [1]Die Union ist für die Durchführung von Maßnahmen zur Unterstützung, Koordinierung oder Ergänzung der Maßnahmen der Mitgliedstaaten zuständig. [2]Diese Maßnahmen mit europäischer Zielsetzung können in folgenden Bereichen getroffen werden:
a) Schutz und Verbesserung der menschlichen Gesundheit,
b) Industrie,
c) Kultur,
d) Tourismus,
e) allgemeine und berufliche Bildung, Jugend und Sport,
f) Katastrophenschutz,
g) Verwaltungszusammenarbeit.

Titel II. Allgemein geltende Bestimmungen

Art. 7 [Kohärenzprinzip] Die Union achtet auf die Kohärenz zwischen ihrer Politik und ihren Maßnahmen in den verschiedenen Bereichen und trägt dabei unter Einhaltung des Grundsatzes der begrenzten Einzelermächtigung ihren Zielen in ihrer Gesamtheit Rechnung.

Art. 8 [Gleichstellung; Querschnittsklausel] Bei allen ihren Tätigkeiten wirkt die Union darauf hin, Ungleichheiten zu beseitigen und die Gleichstellung von Männern und Frauen zu fördern.

Art. 9 [Sozialer Schutz; Querschnittsklausel] Bei der Festlegung und Durchführung ihrer Politik und ihrer Maßnahmen trägt die Union den Erfordernissen im Zusammenhang mit der Förderung eines hohen Beschäftigungsniveaus, mit der Gewährleistung eines angemessenen sozialen Schutzes, mit der Bekämpfung der sozialen Ausgrenzung sowie mit einem hohen Niveau der allgemeinen und beruflichen Bildung und des Gesundheitsschutzes Rechnung.

Art. 10 [Bekämpfung von Diskriminierungen; Querschnittsklausel] Bei der Festlegung und Durchführung ihrer Politik und ihrer Maßnahmen zielt die Union darauf ab, Diskriminierungen aus Gründen des Geschlechts, der Rasse, der ethnischen Herkunft, der Religion oder der Weltanschauung, einer Behinderung, des Alters oder der sexuellen Ausrichtung zu bekämpfen.

Art. 11 [Umweltschutz; Querschnittsklausel] Die Erfordernisse des Umweltschutzes müssen bei der Festlegung und Durchführung der Unionspolitiken und -maßnahmen insbesondere zur Förderung einer nachhaltigen Entwicklung einbezogen werden.

Art. 12 [Verbraucherschutz; Querschnittsklausel] Den Erfordernissen des Verbraucherschutzes wird bei der Festlegung und Durchführung der anderen Unionspolitiken und -maßnahmen Rechnung getragen.

Art. 13 [Tierschutz; Querschnittsklausel] Bei der Festlegung und Durchführung der Politik der Union in den Bereichen Landwirtschaft, Fischerei, Verkehr, Binnenmarkt, Forschung, technologische Entwicklung und Raumfahrt tragen die Union und die Mitgliedstaaten den Erfordernissen des Wohlergehens der Tiere als fühlende Wesen in vollem Umfang Rechnung; sie berücksichtigen hierbei die Rechts- und Verwaltungsvorschriften und die Gepflogenheiten der Mitgliedstaaten insbesondere in Bezug auf religiöse Riten, kulturelle Traditionen und das regionale Erbe.

Art. 14 [Dienste von allgemeinem wirtschaftlichen Interesse] [1]Unbeschadet des Artikels 4 des Vertrags über die Europäische

Union[1)] und der Artikel 93, 106 und 107 dieses Vertrags und in Anbetracht des Stellenwerts, den Dienste von allgemeinem wirtschaftlichem Interesse innerhalb der gemeinsamen Werte der Union einnehmen, sowie ihrer Bedeutung bei der Förderung des sozialen und territorialen Zusammmenhalts tragen die Union und die Mitgliedstaaten im Rahmen ihrer jeweiligen Befugnisse im Anwendungsbereich der Verträge dafür Sorge, dass die Grundsätze und Bedingungen, insbesondere jene wirtschaftlicher und finanzieller Art, für das Funktionieren dieser Dienste so gestaltet sind, dass diese ihren Aufgaben nachkommen können. [2]Diese Grundsätze und Bedingungen werden vom Europäischen Parlament und vom Rat durch Verordnungen gemäß dem ordentlichen Gesetzgebungsverfahren festgelegt, unbeschadet der Zuständigkeit der Mitgliedstaaten, diese Dienste im Einklang mit den Verträgen zur Verfügung zu stellen, in Auftrag zu geben und zu finanzieren.

Art. 15 [Grundsatz der Offenheit] (1) Um eine verantwortungsvolle Verwaltung zu fördern und die Beteiligung der Zivilgesellschaft sicherzustellen, handeln die Organe, Einrichtungen oder sonstigen Stellen der Union unter weitestgehender Beachtung des Grundsatzes der Offenheit.

(2) Das Europäische Parlament tagt öffentlich; dies gilt auch für den Rat, wenn er über Entwürfe zu Gesetzgebungsakten berät oder abstimmt.

(3) Jeder Unionsbürger sowie jede natürliche oder juristische Person mit Wohnsitz oder satzungsgemäßem Sitz in einem Mitgliedstaat hat das Recht auf Zugang zu Dokumenten der Organe, Einrichtungen oder sonstigen Stellen der Union, unabhängig von der Form der für diese Dokumente verwendeten Träger, vorbehaltlich der Grundsätze und Bedingungen, die nach diesem Absatz festzulegen sind.

Die allgemeinen Grundsätze und die aufgrund öffentlicher oder privater Interessen geltenden Einschränkungen für die Ausübung dieses Rechts auf Zugang zu Dokumenten werden vom Europäischen Parlament und dem Rat durch Verordnungen gemäß dem ordentlichen Gesetzgebungsverfahren festgelegt.

Die Organe, Einrichtungen oder sonstigen Stellen gewährleisten die Transparenz ihrer Tätigkeit und legen gemäß den in Unterabsatz 2 genannten Verordnungen in ihrer Geschäftsordnung Sonderbestimmungen hinsichtlich des Zugangs zu ihren Dokumenten fest.

Dieser Absatz gilt für den Gerichtshof der Europäischen Union, die Europäische Zentralbank und die Europäische Investitionsbank nur dann, wenn sie Verwaltungsaufgaben wahrnehmen.

Das Europäische Parlament und der Rat sorgen dafür, dass die Dokumente, die die Gesetzgebungsverfahren betreffen, nach Maßgabe der in Unterabsatz 2 genannten Verordnungen öffentlich zugänglich gemacht werden.

1) Nr. **145**.

Art. 16 [Datenschutz] (1) Jede Person hat das Recht auf Schutz der sie betreffenden personenbezogenen Daten.

(2) [1]Das Europäische Parlament und der Rat erlassen gemäß dem ordentlichen Gesetzgebungsverfahren Vorschriften über den Schutz natürlicher Personen bei der Verarbeitung personenbezogener Daten durch die Organe, Einrichtungen oder sonstigen Stellen der Union sowie durch die Mitgliedstaaten im Rahmen der Ausübung von Tätigkeiten, die in den Anwendungsbereich des Unionsrechts fallen, und über den freien Datenverkehr. [2]Die Einhaltung dieser Vorschriften wird von unabhängigen Behörden überwacht.

Die auf der Grundlage dieses Artikels erlassenen Vorschriften lassen die spezifischen Bestimmungen des Artikels 39 des Vertrags über die Europäische Union[1)] unberührt.[2]

Art. 17 [Religiöse und weltanschauliche Gemeinschaften] (1) Die Union achtet den Status, den Kirchen und religiöse Vereinigungen oder Gemeinschaften in den Mitgliedstaaten nach deren Rechtsvorschriften genießen, und beeinträchtigt ihn nicht.

(2) Die Union achtet in gleicher Weise den Status, den weltanschauliche Gemeinschaften nach den einzelstaatlichen Rechtsvorschriften genießen.

(3) Die Union pflegt mit diesen Kirchen und Gemeinschaften in Anerkennung ihrer Identität und ihres besonderen Beitrags einen offenen, transparenten und regelmäßigen Dialog.

Zweiter Teil. Nichtdiskriminierung und Unionsbürgerschaft

Art. 18 [Diskriminierungsverbot] Unbeschadet besonderer Bestimmungen der Verträge ist in ihrem Anwendungsbereich jede Diskriminierung aus Gründen der Staatsangehörigkeit verboten.

Das Europäische Parlament und der Rat können gemäß dem ordentlichen Gesetzgebungsverfahren Regelungen für das Verbot solcher Diskriminierungen treffen.

Art. 19 [Antidiskriminierungsmaßnahmen] (1) Unbeschadet der sonstigen Bestimmungen der Verträge kann der Rat im Rahmen der

---

1) Nr. **145**.

2) Vgl. VO 2018/1725 v. 23.10.2018 zum Schutz natürlicher Personen bei der Verarbeitung personenbezogener Daten durch die Organe, Einrichtungen und sonstigen Stellen der Union, zum freien Datenverkehr und zur Aufhebung der Verordnung (EG) Nr. 45/2001 und des Beschlusses Nr. 1247/2002/EG (ABl. Nr. L 295/39 v. 21.11.2018), s. auch GO des Europäischen Datenschutzbeauftragten (Entscheidung des EDSB v. 15.5.2020, ABl. Nr. L 204/49 v. 26.6.2020) sowie den Beschluss (EU) 2020/969 der Kommission v. 3.7.2020 zur Festlegung der Durchführungsvorschriften in Bezug auf den Datenschutzbeauftragten, Beschränkungen der Rechte betroffener Personen und die Anwendung der Verordnung (EU) 2018/1725 des Europäischen Parlaments und des Rates sowie zur Aufhebung des Beschlusses 2008/597/EG der Kommission (ABl. Nr. L 213/12 v. 6.7.2020).

durch die Verträge auf die Union übertragenen Zuständigkeiten gemäß einem besonderen Gesetzgebungsverfahren und nach Zustimmung des Europäischen Parlaments einstimmig geeignete Vorkehrungen treffen, um Diskriminierungen aus Gründen des Geschlechts, der Rasse, der ethnischen Herkunft, der Religion oder der Weltanschauung, einer Behinderung, des Alters oder der sexuellen Ausrichtung zu bekämpfen.

(2) Abweichend von Absatz 1 können das Europäische Parlament und der Rat gemäß dem ordentlichen Gesetzgebungsverfahren die Grundprinzipien für Fördermaßnahmen der Union unter Ausschluss jeglicher Harmonisierung der Rechts- und Verwaltungsvorschriften der Mitgliedstaaten zur Unterstützung der Maßnahmen festlegen, die die Mitgliedstaaten treffen, um zur Verwirklichung der in Absatz 1 genannten Ziele beizutragen.[1)]

Art. 20 [Unionsbürgerschaft] (1) [1] Es wird eine Unionsbürgerschaft eingeführt. [2] Unionsbürger ist, wer die Staatsangehörigkeit eines Mitgliedstaats besitzt. [3] Die Unionsbürgerschaft tritt zur nationalen Staatsbürgerschaft hinzu, ersetzt sie aber nicht.

(2) [1] Die Unionsbürgerinnen und Unionsbürger haben die in den Verträgen vorgesehenen Rechte und Pflichten. [2] Sie haben unter anderem

a) das Recht, sich im Hoheitsgebiet der Mitgliedstaaten frei zu bewegen und aufzuhalten;
b) in dem Mitgliedstaat, in dem sie ihren Wohnsitz haben, das aktive und passive Wahlrecht bei den Wahlen zum Europäischen Parlament und bei den Kommunalwahlen, wobei für sie dieselben Bedingungen gelten wie für die Angehörigen des betreffenden Mitgliedstaats;
c) im Hoheitsgebiet eines Drittlandes, in dem der Mitgliedstaat, dessen Staatsangehörigkeit sie besitzen, nicht vertreten ist, Recht auf Schutz durch die diplomatischen und konsularischen Behörden eines jeden Mitgliedstaats unter denselben Bedingungen wie Staatsangehörige dieses Staates;
d) das Recht, Petitionen an das Europäische Parlament zu richten und sich an den Europäischen Bürgerbeauftragten zu wenden, sowie das Recht, sich in einer der Sprachen der Verträge an die Organe und die beratenden Einrichtungen der Union zu wenden und eine Antwort in derselben Sprache zu erhalten.

[3] Diese Rechte werden unter den Bedingungen und innerhalb der Grenzen ausgeübt, die in den Verträgen und durch die in Anwendung der Verträge erlassenen Maßnahmen festgelegt sind.

Art. 21 [Freizügigkeit] (1) Jeder Unionsbürger hat das Recht, sich im Hoheitsgebiet der Mitgliedstaaten vorbehaltlich der in den Verträgen und in den Durchführungsvorschriften vorgesehenen Beschränkungen und Bedingungen frei zu bewegen und aufzuhalten.

[1)] *Vgl. VO (EU) Nr. 1381/2013* des Europäischen Parlaments und des Rates v. 17.12.2013 zur Einrichtung des Programms „Rechte, Gleichstellung und Unionsbürgerschaft" für den Zeitraum 2014 bis 2020, ABl. Nr. L 354/62 v. 28.12.2013.

(2) Erscheint zur Erreichung dieses Ziels ein Tätigwerden der Union erforderlich und sehen die Verträge hierfür keine Befugnisse vor, so können das Europäische Parlament und der Rat gemäß dem ordentlichen Gesetzgebungsverfahren Vorschriften erlassen, mit denen die Ausübung der Rechte nach Absatz 1 erleichtert wird.

(3) [1] Zu den gleichen wie den in Absatz 1 genannten Zwecken kann der Rat, sofern die Verträge hierfür keine Befugnisse vorsehen, gemäß

(Fortsetzung nächstes Blatt)

einem besonderen Gesetzgebungsverfahren Maßnahmen erlassen, die die soziale Sicherheit oder den sozialen Schutz betreffen. [2]Der Rat beschließt einstimmig nach Anhörung des Europäischen Parlaments.

Art. 22 [Wahlrecht] (1) [1]Jeder Unionsbürger mit Wohnsitz in einem Mitgliedstaat, dessen Staatsangehörigkeit er nicht besitzt, hat in dem Mitgliedstaat, in dem er seinen Wohnsitz hat, das aktive und passive Wahlrecht bei Kommunalwahlen, wobei für ihn dieselben Bedingungen gelten wie für die Angehörigen des betreffenden Mitgliedstaats. [2]Dieses Recht wird vorbehaltlich der Einzelheiten ausgeübt, die vom Rat einstimmig gemäß einem besonderen Gesetzgebungsverfahren und nach Anhörung des Europäischen Parlaments festgelegt werden; in diesen können Ausnahmeregelungen vorgesehen werden, wenn dies aufgrund besonderer Probleme eines Mitgliedstaats gerechtfertigt ist.

(2) [1]Unbeschadet des Artikels 223 Absatz 1 und der Bestimmungen zu dessen Durchführung besitzt jeder Unionsbürger mit Wohnsitz in einem Mitgliedstaat, dessen Staatsangehörigkeit er nicht besitzt, in dem Mitgliedstaat, in dem er seinen Wohnsitz hat, das aktive und passive Wahlrecht bei den Wahlen zum Europäischen Parlament, wobei für ihn dieselben Bedingungen gelten wie für die Angehörigen des betreffenden Mitgliedstaats. [2]Dieses Recht wird vorbehaltlich der Einzelheiten ausgeübt, die vom Rat einstimmig gemäß einem besonderen Gesetzgebungsverfahren und nach Anhörung des Europäischen Parlaments festgelegt werden; in diesen können Ausnahmeregelungen vorgesehen werden, wenn dies aufgrund besonderer Probleme eines Mitgliedstaats gerechtfertigt ist.[1)]

Art. 23 [Diplomatischer und konsularischer Schutz] [1]Jeder Unionsbürger genießt im Hoheitsgebiet eines dritten Landes, in dem der Mitgliedstaat, dessen Staatsangehörigkeit er besitzt, nicht vertreten ist, den diplomatischen und konsularischen Schutz eines jeden Mitgliedstaats unter denselben Bedingungen wie Staatsangehörige dieses Staates. [2]Die Mitgliedstaaten treffen die notwendigen Vorkehrungen und leiten die für diesen Schutz erforderlichen internationalen Verhandlungen ein.

Der Rat kann gemäß einem besonderen Gesetzgebungsverfahren und nach Anhörung des Europäischen Parlaments Richtlinien zur Festlegung der notwendigen Koordinierungs- und Kooperationsmaßnahmen zur Erleichterung dieses Schutzes erlassen.[2)]

[1)] Vgl. zu den Einzelheiten der Ausübung des passiven Wahlrechts: RL 93/109 v. 6. 12. 1993 (ABl. Nr. L 329/34), geänd. durch RL 2013/1 v. 20. 12. 2012 (ABl. 2013 Nr. L 26/27).

[2)] Vgl. hierzu RL (EU) 2015/637 v. 20. 4. 2015 über Koordinierungs- und Kooperationsmaßnahmen zur Erleichterung des konsularischen Schutzes von nicht vertretenen Unionsbürgern in Drittländern, ABl. Nr. L 106/1 v. 24. 4. 2015. Die RL hebt, mWv 1. 5. 2018, auch den Beschluss 95/553/EG auf.

Art. 24 [Petitionsrecht] Die Bestimmungen über die Verfahren und Bedingungen, die für eine Bürgerinitiative im Sinne des Artikels 11 des Vertrags über die Europäische Union[1] gelten, einschließlich der Mindestzahl der Mitgliedstaaten, aus denen die Bürgerinnen und Bürger, die diese Initiative ergreifen, kommen müssen, werden vom Europäischen Parlament und vom Rat gemäß dem ordentlichen Gesetzgebungsverfahren durch Verordnungen festgelegt.[2]

Jeder Unionsbürger besitzt das Petitionsrecht beim Europäischen Parlament nach Artikel 227.

Jeder Unionsbürger kann sich an den nach Artikel 228 eingesetzten Bürgerbeauftragten wenden.

Jeder Unionsbürger kann sich schriftlich in einer der in Artikel 55 Absatz 1 des Vertrags über die Europäische Union genannten Sprachen an jedes Organ oder an jede Einrichtung wenden, die in dem vorliegenden Artikel oder in Artikel 13 des genannten Vertrags genannt sind, und eine Antwort in derselben Sprache erhalten.[3]

Art. 25 [Fortentwicklung der Unionsbürgerschaft] [1]Die Kommission erstattet dem Europäischen Parlament, dem Rat und dem Wirtschafts- und Sozialausschuss alle drei Jahre über die Anwendung dieses Teils Bericht. [2]In dem Bericht wird der Fortentwicklung der Union Rechnung getragen.

[1]Auf dieser Grundlage kann der Rat unbeschadet der anderen Bestimmungen der Verträge zur Ergänzung der in Artikel 20 Absatz 2 aufgeführten Rechte einstimmig gemäß einem besonderen Gesetzgebungsverfahren nach Zustimmung des Europäischen Parlaments Bestimmungen erlassen. [2]Diese Bestimmungen treten nach Zustimmung der Mitgliedstaaten im Einklang mit ihren jeweiligen verfassungsrechtlichen Vorschriften in Kraft.

Dritter Teil. Die internen Politiken und Maßnahmen der Union

Titel I. Der Binnenmarkt

Art. 26 [Verwirklichung des Binnenmarkts] (1) Die Union erlässt die erforderlichen Maßnahmen, um nach Maßgabe der einschlägigen Bestimmungen der Verträge den Binnenmarkt zu verwirklichen beziehungsweise dessen Funktionieren zu gewährleisten.

(2) Der Binnenmarkt umfasst einen Raum ohne Binnengrenzen, in dem der freie Verkehr von Waren, Personen, Dienstleistungen und Kapital gemäß den Bestimmungen der Verträge gewährleistet ist.

---

[1] Nr. **145**.
[2] Vgl. VO (EU) 211/2011 v. 16. 2. 2011, abgedruckt unter Nr. **230**.
[3] Vgl. zu dieser Vorschrift auch die Erklärung Nr. 4 zur Schlussakte v. 16. 2. 2001 (ABl. Nr. C 80 S. 70) der Konferenz von Nizza (Nr. **153**).

(3) Der Rat legt auf Vorschlag der Kommission die Leitlinien und Bedingungen fest, die erforderlich sind, um in allen betroffenen Sektoren einen ausgewogenen Fortschritt zu gewährleisten.

Art. 27 [Ausnahmeregelungen] Bei der Formulierung ihrer Vorschläge zur Verwirklichung der Ziele des Artikels 26 berücksichtigt die Kommission den Umfang der Anstrengungen, die einigen Volkswirtschaften mit unterschiedlichem Entwicklungsstand für die Errichtung

(Fortsetzung nächstes Blatt)

des Binnenmarkts abverlangt werden, und kann geeignete Bestimmungen vorschlagen.

Erhalten diese Bestimmungen die Form von Ausnahmeregelungen, so müssen sie vorübergehender Art sein und dürfen das Funktionieren des Binnenmarkts so wenig wie möglich stören.

Titel II. Der freie Warenverkehr

Art. 28 [Zollunion] (1) Die Union umfasst eine Zollunion, die sich auf den gesamten Warenaustausch erstreckt; sie umfasst das Verbot, zwischen den Mitgliedstaaten Ein- und Ausfuhrzölle und Abgaben gleicher Wirkung zu erheben, sowie die Einführung eines Gemeinsamen Zolltarifs gegenüber dritten Ländern.

(2) Artikel 30 und Kapitel 3 dieses Titels gelten für die aus den Mitgliedstaaten stammenden Waren sowie für diejenigen Waren aus dritten Ländern, die sich in den Mitgliedstaaten im freien Verkehr befinden.

Art. 29 [Freier Verkehr von Waren aus dritten Ländern] Als im freien Verkehr eines Mitgliedstaats befindlich gelten diejenigen Waren aus dritten Ländern, für die in dem betreffenden Mitgliedstaat die Einfuhrförmlichkeiten erfüllt sowie die vorgeschriebenen Zölle und Abgaben gleicher Wirkung erhoben und nicht ganz oder teilweise rückvergütet worden sind.

Kapitel 1. Die Zollunion

Art. 30 [Verbot von Zöllen] [1]Ein- und Ausfuhrzölle oder Abgaben gleicher Wirkung sind zwischen den Mitgliedstaaten verboten. [2]Dieses Verbot gilt auch für Finanzzölle.

Art. 31 [Autonome Änderungen des Gemeinsamen Zolltarifs] Der Rat legt die Sätze des Gemeinsamen Zolltarifs auf Vorschlag der Kommission fest.

Art. 32 [Zielsetzung der Kommissionsaufgaben] Bei der Ausübung der ihr aufgrund dieses Kapitels übertragenen Aufgaben geht die Kommission von folgenden Gesichtspunkten aus:

a) der Notwendigkeit, den Handelsverkehr zwischen den Mitgliedstaaten und dritten Ländern zu fördern;

b) der Entwicklung der Wettbewerbsbedingungen innerhalb der Union, soweit diese Entwicklung zu einer Zunahme der Wettbewerbsfähigkeit der Unternehmen führt;

c) dem Versorgungsbedarf der Union an Rohstoffen und Halbfertigwaren; hierbei achtet die Kommission darauf, zwischen den Mitgliedstaaten die Wettbewerbsbedingungen für Fertigwaren nicht zu verfälschen;

d) der Notwendigkeit, ernsthafte Störungen im Wirtschaftsleben der Mitgliedstaaten zu vermeiden und eine rationelle Entwicklung der Erzeugung sowie eine Ausweitung des Verbrauchs innerhalb der Union zu gewährleisten.

Kapitel 2. Die Zusammenarbeit im Zollwesen

Art. 33 [Ausbau der Zusammenarbeit] Das Europäische Parlament und der Rat treffen im Rahmen des Geltungsbereichs der Verträge gemäß dem ordentlichen Gesetzgebungsverfahrens Maßnahmen zum Ausbau der Zusammenarbeit im Zollwesen zwischen den Mitgliedstaaten sowie zwischen den Mitgliedstaaten und der Kommission.

Kapitel 3. Verbot von mengenmäßigen Beschränkungen zwischen den Mitgliedstaaten

Art. 34 [Verbot von Einfuhrbeschränkungen] Mengenmäßige Einfuhrbeschränkungen sowie alle Maßnahmen gleicher Wirkung sind zwischen den Mitgliedstaaten verboten.

Art. 35 [Verbot von Ausfuhrbeschränkungen] Mengenmäßige Ausfuhrbeschränkungen sowie alle Maßnahmen gleicher Wirkung sind zwischen den Mitgliedstaaten verboten.

Art. 36 [Ausnahmen] [1]Die Bestimmungen der Artikel 34 und 35 stehen Einfuhr-, Ausfuhr- und Durchfuhrverboten oder -beschränkungen nicht entgegen, die aus Gründen der öffentlichen Sittlichkeit, Ordnung und Sicherheit, zum Schutze der Gesundheit und des Lebens von Menschen, Tieren oder Pflanzen, des nationalen Kulturguts von künstlerischem, geschichtlichem oder archäologischem Wert[1)] oder des gewerblichen und kommerziellen Eigentums gerechtfertigt sind. [2]Diese Verbote oder Beschränkungen dürfen jedoch weder ein Mittel zur willkürlichen Diskriminierung noch eine verschleierte Beschränkung des Handels zwischen den Mitgliedstaaten darstellen.

Art. 37 [Staatliche Handelsmonopole] (1) Die Mitgliedstaaten formen ihre staatlichen Handelsmonopole derart um, dass jede Diskriminierung in den Versorgungs- und Absatzbedingungen zwischen den Angehörigen der Mitgliedstaaten ausgeschlossen ist.

[1]Dieser Artikel gilt für alle Einrichtungen, durch die ein Mitgliedstaat unmittelbar oder mittelbar die Einfuhr oder die Ausfuhr zwischen den Mitgliedstaaten rechtlich oder tatsächlich kontrolliert, lenkt oder merklich beeinflusst. [2]Er gilt auch für die von einem Staat auf andere Rechtsträger übertragenen Monopole.

(2) Die Mitgliedstaaten unterlassen jede neue Maßnahme, die den in Absatz 1 genannten Grundsätzen widerspricht oder die Tragweite der Artikel über das Verbot von Zöllen und mengenmäßigen Beschränkungen zwischen den Mitgliedstaaten einengt.

(3) Ist mit einem staatlichen Handelsmonopol eine Regelung zur Erleichterung des Absatzes oder der Verwertung landwirtschaftlicher Er-

---

1) Vgl. Richtlinie 2014/60 (EU) des Europäischen Parlaments und des Rates v. 15. 5. 2014 über die Rückgabe von unrechtmäßig aus dem Hoheitsgebiet eines Mitgliedstaats verbrachten Kulturgütern und zur Änderung der Verordnung (EU) Nr. 1024/2012 (Neufassung), ABl. Nr. L 159/1 v. 28. 5. 2014.

zeugnisse verbunden, so sollen bei der Anwendung dieses Artikels gleichwertige Sicherheiten für die Beschäftigung und Lebenshaltung der betreffenden Erzeuger gewährleistet werden.

Titel III. Die Landwirtschaft und die Fischerei

Art. 38 [Binnenmarkt und Landwirtschaft] (1) Die Union legt eine gemeinsame Agrar- und Fischereipolitik fest und führt sie durch.

[1]Der Binnenmarkt umfasst auch die Landwirtschaft, die Fischerei und den Handel mit landwirtschaftlichen Erzeugnissen. [2]Unter landwirtschaftlichen Erzeugnissen sind die Erzeugnisse des Bodens, der Viehzucht und der Fischerei sowie die mit diesen in unmittelbarem Zusammenhang stehenden Erzeugnisse der ersten Verarbeitungsstufe zu verstehen. [3]Die Bezugnahmen auf die gemeinsame Agrarpolitik oder auf die Landwirtschaft und die Verwendung des Wortes „landwirtschaftlich" sind in dem Sinne zu verstehen, dass damit unter Berücksichtigung der besonderen Merkmale des Fischereisektors auch die Fischerei gemeint ist.

(2) Die Vorschriften für die Errichtung oder das Funktionieren des Binnenmarkts finden auf die landwirtschaftlichen Erzeugnisse Anwendung, soweit in den Artikeln 39 bis 44 nicht etwas anderes bestimmt ist.

(3) Die Erzeugnisse, für welche die Artikel 39 bis 44 gelten, sind in Anhang I aufgeführt.

(4) Mit dem Funktionieren und der Entwicklung des Binnenmarkts für landwirtschaftliche Erzeugnisse muss die Gestaltung einer gemeinsamen Agrarpolitik Hand in Hand gehen.

Art. 39 [Ziel gemeinsamer Agrarpolitik] (1) Ziel der gemeinsamen Agrarpolitik ist es,

a) die Produktivität der Landwirtschaft durch Förderung des technischen Fortschritts, Rationalisierung der landwirtschaftlichen Erzeugung und den bestmöglichen Einsatz der Produktionsfaktoren, insbesondere der Arbeitskräfte, zu steigern;
b) auf diese Weise der landwirtschaftlichen Bevölkerung, insbesondere durch Erhöhung des Pro-Kopf-Einkommens der in der Landwirtschaft tätigen Personen, eine angemessene Lebenshaltung zu gewährleisten;
c) die Märkte zu stabilisieren;
d) die Versorgung sicherzustellen;
e) für die Belieferung der Verbraucher zu angemessenen Preisen Sorge zu tragen.

(2) Bei der Gestaltung der gemeinsamen Agrarpolitik und der hierfür anzuwendenden besonderen Methoden ist Folgendes zu berücksichtigen:

a) die besondere Eigenart der landwirtschaftlichen Tätigkeit, die sich aus dem sozialen Aufbau der Landwirtschaft und den strukturellen und naturbedingten Unterschieden der verschiedenen landwirtschaftlichen Gebiete ergibt;

b) die Notwendigkeit, die geeigneten Anpassungen stufenweise durchzuführen;

c) die Tatsache, dass die Landwirtschaft in den Mitgliedstaaten einen mit der gesamten Volkswirtschaft eng verflochtenen Wirtschaftsbereich darstellt.

Art. 40 [Gemeinsame Marktorganisation] (1) Um die Ziele des Artikels 39 zu erreichen, wird eine gemeinsame Organisation der Agrarmärkte geschaffen.

Diese besteht je nach Erzeugnis aus einer der folgenden Organisationsformen:

a) gemeinsame Wettbewerbsregeln,

b) bindende Koordinierung der verschiedenen einzelstaatlichen Marktordnungen,

c) eine Europäische Marktordnung.

(2) Die nach Absatz 1 gestaltete gemeinsame Organisation kann alle zur Durchführung des Artikels 39 erforderlichen Maßnahmen einschließen, insbesondere Preisregelungen, Beihilfen für die Erzeugung und die Verteilung der verschiedenen Erzeugnisse, Einlagerungs- und Ausgleichsmaßnahmen, gemeinsame Einrichtungen zur Stabilisierung der Ein- oder Ausfuhr.

Die gemeinsame Organisation hat sich auf die Verfolgung der Ziele des Artikels 39 zu beschränken und jede Diskriminierung zwischen Erzeugern oder Verbrauchern innerhalb der Union auszuschließen.

Eine etwaige gemeinsame Preispolitik muss auf gemeinsamen Grundsätzen und einheitlichen Berechnungsmethoden beruhen.

(3) Um der in Absatz 1 genannten gemeinsamen Organisation die Erreichung ihrer Ziele zu ermöglichen, können ein oder mehrere Ausrichtungs- oder Garantiefonds für die Landwirtschaft geschaffen werden.

Art. 41 [Maßnahmen im Rahmen einer gemeinsamen Agrarpolitik] Um die Ziele des Artikels 39 zu erreichen, können im Rahmen der gemeinsamen Agrarpolitik folgende Maßnahmen vorgesehen werden:

a) eine wirksame Koordinierung der Bestrebungen auf dem Gebiet der Berufsausbildung, der Forschung und der Verbreitung landwirtschaftlicher Fachkenntnisse; hierbei können Vorhaben oder Einrichtungen gemeinsam finanziert werden;

b) gemeinsame Maßnahmen zur Förderung des Verbrauchs bestimmter Erzeugnisse.

Art. 42 [Anwendung der Wettbewerbs- und Beihilferegeln] Das Kapitel über die Wettbewerbsregeln findet auf die Produktion landwirtschaftlicher Erzeugnisse und den Handel mit diesen nur insoweit Anwendung, als das Europäische Parlament und der Rat dies unter Berücksichtigung der Ziele des Artikels 39 im Rahmen des Artikels 43 Absatz 2 und gemäß dem dort vorgesehenen Verfahren bestimmt.

Der Rat kann auf Vorschlag der Kommission genehmigen, dass Beihilfen gewährt werden

a) zum Schutz von Betrieben, die durch strukturelle oder naturgegebene Bedingungen benachteiligt sind, oder

b) im Rahmen wirtschaftlicher Entwicklungsprogramme.

Art. 43 [Rechtsetzung, Kompetenzen und Verfahren] (1) Die Kommission legt zur Gestaltung und Durchführung der gemeinsamen Agrarpolitik Vorschläge vor, welche unter anderem die Ablösung der einzelstaatlichen Marktordnungen durch eine der in Artikel 40 Absatz 1 vorgesehenen gemeinsamen Organisationsformen sowie die Durchführung der in diesem Titel bezeichneten Maßnahmen vorsehen.

Diese Vorschläge müssen dem inneren Zusammenhang der in diesem Titel aufgeführten landwirtschaftlichen Fragen Rechnung tragen.

(2) Das Europäische Parlament und der Rat legen gemäß dem ordentlichen Gesetzgebungsverfahren und nach Anhörung des Wirtschafts- und Sozialausschusses die gemeinsame Organisation der Agrarmärkte nach Artikel 40 Absatz 1 sowie die anderen Bestimmungen fest, die für die Verwirklichung der Ziele der gemeinsamen Agrar- und Fischereipolitik notwendig sind.

(3) Der Rat erlässt auf Vorschlag der Kommission die Maßnahmen zur Festsetzung der Preise, der Abschöpfungen, der Beihilfen und der mengenmäßigen Beschränkungen sowie zur Festsetzung und Aufteilung der Fangmöglichkeiten in der Fischerei.

(4) Die einzelstaatlichen Marktordnungen können nach Maßgabe des Absatzes 2 durch die in Artikel 40 Absatz 1 vorgesehene gemeinsame Organisation ersetzt werden,

a) wenn sie den Mitgliedstaaten, die sich gegen diese Maßnahme ausgesprochen haben und eine eigene Marktordnung für die in Betracht kommende Erzeugung besitzen, gleichwertige Sicherheiten für die Beschäftigung und Lebenshaltung der betreffenden Erzeuger bietet; hierbei sind die im Zeitablauf möglichen Anpassungen und erforderlichen Spezialisierungen zu berücksichtigen, und

b) wenn die gemeinsame Organisation für den Handelsverkehr innerhalb der Union Bedingungen sicherstellt, die denen eines Binnenmarkts entsprechen.

(5) Wird eine gemeinsame Organisation für bestimmte Rohstoffe geschaffen, bevor eine gemeinsame Organisation für die entsprechenden weiterverarbeiteten Erzeugnisse besteht, so können die betreffen-

den Rohstoffe aus Ländern außerhalb der Union eingeführt werden, wenn sie für weiterverarbeitete Erzeugnisse verwendet werden, die zur Ausfuhr nach dritten Ländern bestimmt sind.

Art. 44 [Ausgleichsabgaben] Besteht in einem Mitgliedstaat für ein Erzeugnis eine innerstaatliche Marktordnung oder Regelung gleicher Wirkung und wird dadurch eine gleichartige Erzeugung in einem anderen Mitgliedstaat in ihrer Wettbewerbslage beeinträchtigt, so erheben die Mitgliedstaaten bei der Einfuhr des betreffenden Erzeugnisses aus dem Mitgliedstaat, in dem die genannte Marktordnung oder Regelung besteht, eine Ausgleichsabgabe, es sei denn, dass dieser Mitgliedstaat eine Ausgleichsabgabe bei der Ausfuhr erhebt.

Die Kommission setzt diese Abgaben in der zur Wiederherstellung des Gleichgewichts erforderlichen Höhe fest; sie kann auch andere Maßnahmen genehmigen, deren Bedingungen und Einzelheiten sie festlegt.

Titel IV. Die Freizügigkeit, der freie Dienstleistungs- und Kapitalverkehr

Kapitel 1. Die Arbeitskräfte

Art. 45 [Freizügigkeit der Arbeitnehmer] (1) Innerhalb der Union ist die Freizügigkeit der Arbeitnehmer gewährleistet.

(2) Sie umfasst die Abschaffung jeder auf der Staatsangehörigkeit beruhenden unterschiedlichen Behandlung der Arbeitnehmer der Mitgliedstaaten in Bezug auf Beschäftigung, Entlohnung und sonstige Arbeitsbedingungen.

(3) Sie gibt – vorbehaltlich der aus Gründen der öffentlichen Ordnung, Sicherheit und Gesundheit gerechtfertigten Beschränkungen – den Arbeitnehmern das Recht,

a) sich um tatsächlich angebotene Stellen zu bewerben;
b) sich zu diesem Zweck im Hoheitsgebiet der Mitgliedstaaten frei zu bewegen;
c) sich in einem Mitgliedstaat aufzuhalten, um dort nach den für die Arbeitnehmer dieses Staates geltenden Rechts- und Verwaltungsvorschriften eine Beschäftigung auszuüben;
d) nach Beendigung einer Beschäftigung im Hoheitsgebiet eines Mitgliedstaats unter Bedingungen zu verbleiben, welche die Kommission durch Verordnungen festlegt.

(4) Dieser Artikel findet keine Anwendung auf die Beschäftigung in der öffentlichen Verwaltung.

Art. 46 [Maßnahmen zur Herstellung der Freizügigkeit] Das Europäische Parlament und der Rat treffen gemäß dem ordentlichen Gesetzgebungsverfahren und nach Anhörung des Wirtschafts- und Sozialausschusses durch Richtlinien oder Verordnungen alle erforderlichen Maßnahmen, um die Freizügigkeit der Arbeitnehmer im Sinne des Artikels 45 herzustellen, insbesondere

a) durch Sicherstellung einer engen Zusammenarbeit zwischen den einzelstaatlichen Arbeitsverwaltungen;

b) durch die Beseitigung der Verwaltungsverfahren und -praktiken sowie der für den Zugang zu verfügbaren Arbeitsplätzen vorgeschriebenen Fristen, die sich aus innerstaatlichen Rechtsvorschriften oder vorher zwischen den Mitgliedstaaten geschlossenen Übereinkünften ergeben und deren Beibehaltung die Herstellung der Freizügigkeit der Arbeitnehmer hindert;

c) durch die Beseitigung aller Fristen und sonstigen Beschränkungen, die in innerstaatlichen Rechtsvorschriften oder vorher zwischen den Mitgliedstaaten geschlossenen Übereinkünften vorgesehen sind und die den Arbeitnehmern der anderen Mitgliedstaaten für die freie Wahl des Arbeitsplatzes andere Bedingungen als den inländischen Arbeitnehmern auferlegen;

d) durch die Schaffung geeigneter Verfahren für die Zusammenführung und den Ausgleich von Angebot und Nachfrage auf dem Arbeitsmarkt zu Bedingungen, die eine ernstliche Gefährdung der Lebenshaltung und des Beschäftigungsstands in einzelnen Gebieten und Industrien ausschließen.

Art. 47 [Austausch junger Arbeitskräfte] Die Mitgliedstaaten fördern den Austausch junger Arbeitskräfte im Rahmen eines gemeinsamen Programms.

Art. 48 [Sicherstellung der Ansprüche und Leistungen auf dem Gebiet der sozialen Sicherheit] Das Europäische Parlament und der Rat beschließen gemäß dem ordentlichen Gesetzgebungsverfahren die auf dem Gebiet der sozialen Sicherheit für die Herstellung der Freizügigkeit der Arbeitnehmer notwendigen Maßnahmen; zu diesem Zweck führen sie insbesondere ein System ein, das zu- und abwandernden Arbeitnehmern und Selbstständigen sowie deren anspruchsberechtigten Angehörigen folgendes sichert:

a) die Zusammenrechnung aller nach den verschiedenen innerstaatlichen Rechtsvorschriften berücksichtigten Zeiten für den Erwerb und die Aufrechterhaltung des Leistungsanspruchs sowie für die Berechnung der Leistungen;

b) die Zahlung der Leistungen an Personen, die in den Hoheitsgebieten der Mitgliedstaaten wohnen.

[1] Erklärt ein Mitglied des Rates, dass ein Entwurf eines Gesetzgebungsakts nach Absatz 1 wichtige Aspekte seines Systems der sozialen Sicherheit, insbesondere dessen Geltungsbereich, Kosten oder Finanzstruktur, verletzen oder dessen finanzielles Gleichgewicht beeinträchtigen würde, so kann es beantragen, dass der Europäische Rat befasst

wird. [2] In diesem Fall wird das ordentliche Gesetzgebungsverfahren ausgesetzt. [3] Nach einer Aussprache geht der Europäische Rat binnen vier Monaten nach Aussetzung des Verfahrens wie folgt vor:

a) er verweist den Entwurf an den Rat zurück, wodurch die Aussetzung des ordentlichen Gesetzgebungsverfahrens beendet wird, oder

b) er sieht von einem Tätigwerden ab, oder aber er ersucht die Kommission um Vorlage eines neuen Vorschlags; in diesem Fall gilt der ursprünglich vorgeschlagene Rechtsakt als nicht erlassen.

Kapitel 2. Das Niederlassungsrecht

Art. 49 [Niederlassungsfreiheit] [1] Die Beschränkungen der freien Niederlassung von Staatsangehörigen eines Mitgliedstaats im Hoheitsgebiet eines anderen Mitgliedstaats sind nach Maßgabe der folgenden Bestimmungen verboten. [2] Das Gleiche gilt für Beschränkungen der Gründung von Agenturen, Zweigniederlassungen oder Tochtergesellschaften durch Angehörige eines Mitgliedstaats, die im Hoheitsgebiet eines Mitgliedstaats ansässig sind.

Vorbehaltlich des Kapitels über den Kapitalverkehr umfasst die Niederlassungsfreiheit die Aufnahme und Ausübung selbstständiger Erwerbstätigkeiten sowie die Gründung und Leitung von Unternehmen, insbesondere von Gesellschaften im Sinne des Artikels 54 Absatz 2, nach den Bestimmungen des Aufnahmestaats für seine eigenen Angehörigen.

Art. 50 [Maßnahmen zur Verwirklichung der Niederlassungsfreiheit] (1) Das Europäische Parlament und der Rat erlassen gemäß dem ordentlichen Gesetzgebungsverfahren und nach Anhörung des Wirtschafts- und Sozialausschusses Richtlinien zur Verwirklichung der Niederlassungsfreiheit für eine bestimmte Tätigkeit.

(2) Das Europäische Parlament, der Rat und die Kommission erfüllen die Aufgaben, die ihnen aufgrund der obigen Bestimmungen übertragen sind, indem sie insbesondere

a) im Allgemeinen diejenigen Tätigkeiten mit Vorrang behandeln, bei denen die Niederlassungsfreiheit die Entwicklung der Produktion und des Handels in besonderer Weise fördert;

b) eine enge Zusammenarbeit zwischen den zuständigen Verwaltungen der Mitgliedstaaten sicherstellen, um sich über die besondere Lage auf den verschiedenen Tätigkeitsgebieten innerhalb der Union zu unterrichten;

c) die aus innerstaatlichen Rechtsvorschriften oder vorher zwischen den Mitgliedstaaten geschlossenen Übereinkünften abgeleiteten Verwaltungsverfahren und -praktiken ausschalten, deren Beibehaltung der Niederlassungsfreiheit entgegensteht;

d) dafür Sorge tragen, dass Arbeitnehmer eines Mitgliedstaats, die im Hoheitsgebiet eines anderen Mitgliedstaates beschäftigt sind, dort verbleiben und eine selbstständige Tätigkeit unter denselben Voraussetzungen ausüben können, die sie erfüllen müssten, wenn sie in diesen Staat erst zu dem Zeitpunkt einreisen würden, in dem sie diese Tätigkeit aufzunehmen beabsichtigen;

e) den Erwerb und die Nutzung von Grundbesitz im Hoheitsgebiet eines Mitgliedstaats durch Angehörige eines anderen Mitgliedstaates ermöglichen, soweit hierdurch die Grundsätze des Artikels 39 Absatz 2 nicht beeinträchtigt werden;

f) veranlassen, dass bei jedem in Betracht kommenden Wirtschaftszweig die Beschränkungen der Niederlassungsfreiheit in Bezug auf die Voraussetzungen für die Errichtung von Agenturen, Zweigniederlassungen und Tochtergesellschaften im Hoheitsgebiet eines Mitgliedstaats sowie für den Eintritt des Personals der Hauptniederlassung in ihre Leitungs- oder Überwachungsorgane schrittweise aufgehoben werden;

g) soweit erforderlich, die Schutzbestimmungen koordinieren, die in den Mitgliedstaaten den Gesellschaften im Sinne des Artikels 54 Absatz 2 im Interesse der Gesellschafter sowie Dritter vorgeschrieben sind, um diese Bestimmungen gleichwertig zu gestalten;

h) sicherstellen, dass die Bedingungen für die Niederlassung nicht durch Beihilfen der Mitgliedstaaten verfälscht werden.

Art. 51 [Ausübung öffentlicher Gewalt] Auf Tätigkeiten, die in einem Mitgliedstaat dauernd oder zeitweise mit der Ausübung öffentlicher Gewalt verbunden sind, findet dieses Kapitel in dem betreffenden Mitgliedstaat keine Anwendung.

Das Europäische Parlament und der Rat können gemäß dem ordentlichen Gesetzgebungsverfahren beschließen, dass dieses Kapitel auf bestimmte Tätigkeiten keine Anwendung findet.

Art. 52 [Öffentliche Ordnung; Sicherheit; Gesundheit]

(1) Dieses Kapitel und die aufgrund desselben getroffenen Maßnahmen beeinträchtigen nicht die Anwendbarkeit der Rechts- und Verwaltungsvorschriften, die eine Sonderregelung für Ausländer vorsehen und aus Gründen der öffentlichen Ordnung, Sicherheit oder Gesundheit gerechtfertigt sind.

(2) Das Europäische Parlament und der Rat erlassen gemäß dem ordentlichen Gesetzgebungsverfahren Richtlinien für die Koordinierung der genannten Vorschriften.

Art. 53 [Gegenseitige Anerkennung von Diplomen; Koordinierungsrechtsetzung] (1) Um die Aufnahme und Ausübung selbstständiger Tätigkeiten zu erleichtern, erlassen das Europäische Parlament und der Rat gemäß dem ordentlichen Gesetzgebungsverfahren Richtlinien für die gegenseitige Anerkennung der Diplome, Prüfungszeugnisse und sonstigen Befähigungsnachweise sowie für die Koordinierung der Rechts- und Verwaltungsvorschriften der Mitgliedstaaten über die Aufnahme und Ausübung selbstständiger Tätigkeiten.

(2) Die schrittweise Aufhebung der Beschränkungen für die ärztlichen, arztähnlichen und pharmazeutischen Berufe setzt die Koordinierung der Bedingungen für die Ausübung dieser Berufe in den einzelnen Mitgliedstaaten voraus.

Art. 54 [Gleichstellung der Gesellschaften] Für die Anwendung dieses Kapitels stehen die nach den Rechtsvorschriften eines Mitgliedstaats gegründeten Gesellschaften, die ihren satzungsmäßigen Sitz, ihre Hauptverwaltung oder ihre Hauptniederlassung innerhalb der Union haben, den natürlichen Personen gleich, die Angehörige der Mitgliedstaaten sind.

Als Gesellschaften gelten die Gesellschaften des bürgerlichen Rechts und des Handelsrechts einschließlich der Genossenschaften und die sonstigen juristischen Personen des öffentlichen und privaten Rechts mit Ausnahme derjenigen, die keinen Erwerbszweck verfolgen.

Art. 55 [Diskriminierungsverbot bei Kapitalbeteiligungen] Unbeschadet der sonstigen Bestimmungen der Verträge stellen die Mitgliedstaaten die Staatsangehörigen der anderen Mitgliedstaaten hinsichtlich ihrer Beteiligung am Kapital von Gesellschaften im Sinne des Artikels 54 den eigenen Staatsangehörigen gleich.

Kapitel 3. Dienstleistungen

Art. 56 [Dienstleistungsfreiheit] Die Beschränkungen des freien Dienstleistungsverkehrs innerhalb der Union für Angehörige der Mitgliedstaaten, die in einem anderen Mitgliedstaat als demjenigen des Leistungsempfängers ansässig sind, sind nach Maßgabe der folgenden Bestimmungen verboten.

Das Europäische Parlament und der Rat können gemäß dem ordentlichen Gesetzgebungsverfahren beschließen, dass dieses Kapitel auch auf Erbringer von Dienstleistungen Anwendung findet, welche die Staatsangehörigkeit eines dritten Landes besitzen und innerhalb der Union ansässig sind.

Art. 57 [Dienstleistungen] Dienstleistungen im Sinne der Verträge sind Leistungen, die in der Regel gegen Entgelt erbracht werden, soweit sie nicht den Vorschriften über den freien Waren- und Kapitalverkehr und über die Freizügigkeit der Personen unterliegen.

Als Dienstleistungen gelten insbesondere:

a) gewerbliche Tätigkeiten,

b) kaufmännische Tätigkeiten,

c) handwerkliche Tätigkeiten,

d) freiberufliche Tätigkeiten.

Unbeschadet des Kapitels über die Niederlassungsfreiheit kann der Leistende zwecks Erbringung seiner Leistungen seine Tätigkeit vorübergehend in dem Mitgliedstaat ausüben, in dem die Leistung erbracht wird, und zwar unter den Voraussetzungen, welche dieser Mitgliedstaat für seine eigenen Angehörigen vorschreibt.

Art. 58 [Verkehrsdienstleistungen; Kapitalverkehr] (1) Für den freien Dienstleistungsverkehr auf dem Gebiet des Verkehrs gelten die Bestimmungen des Titels über den Verkehr.

(2) Die Liberalisierung der mit dem Kapitalverkehr verbundenen Dienstleistungen der Banken und Versicherungen wird im Einklang mit der Liberalisierung des Kapitalverkehrs durchgeführt.

Art. 59 [Liberalisierungsmaßnahmen] (1) Das Europäische Parlament und der Rat erlassen gemäß dem ordentlichen Gesetzgebungsverfahren und nach Anhörung des Wirtschafts- und Sozialausschusses Richtlinien zur Liberalisierung einer bestimmten Dienstleistung.

(2) Bei den in Absatz 1 genannten Richtlinien sind im Allgemeinen mit Vorrang diejenigen Dienstleistungen zu berücksichtigen, welche die Produktionskosten unmittelbar beeinflussen oder deren Liberalisierung zur Förderung des Warenverkehrs beiträgt.

Art. 60 [Weitergehende Liberalisierung] Die Mitgliedstaaten bemühen sich, über das Ausmaß der Liberalisierung der Dienstleistungen, zu dem sie aufgrund der Richtlinien gemäß Artikel 59 Absatz 1 verpflichtet sind, hinauszugehen, falls ihre wirtschaftliche Gesamtlage und die Lage des betreffenden Wirtschaftszweigs dies zulassen.

Die Kommission richtet entsprechende Empfehlungen an die betreffenden Staaten.

Art. 61 [Übergangsregelung] Solange die Beschränkungen des freien Dienstleistungsverkehrs nicht aufgehoben sind, wendet sie jeder Mitgliedstaat ohne Unterscheidung nach Staatsangehörigkeit oder Aufenthaltsort auf alle in Artikel 56 Absatz 1 bezeichneten Erbringer von Dienstleistungen an.

Art. 62 [Entsprechende Anwendung von Vorschriften des Niederlassungsrechts] Die Bestimmungen der Artikel 51 bis 54 finden auf das in diesem Kapitel geregelte Sachgebiet Anwendung.

Kapitel 4. Der Kapital- und Zahlungsverkehr

Art. 63 [Freier Kapital- und Zahlungsverkehr] (1) Im Rahmen der Bestimmungen dieses Kapitels sind alle Beschränkungen des Kapitalverkehrs zwischen den Mitgliedstaaten sowie zwischen den Mitgliedstaaten und dritten Ländern verboten.

(2) Im Rahmen der Bestimmungen dieses Kapitels sind alle Beschränkungen des Zahlungsverkehrs zwischen den Mitgliedstaaten sowie zwischen den Mitgliedstaaten und dritten Ländern verboten.

Art. 64 [Ausnahmen im Kapitalverkehr mit Drittstaaten]

(1) [1]Artikel 63 berührt nicht die Anwendung derjenigen Beschränkungen auf dritte Länder, die am 31. Dezember 1993 aufgrund einzelstaatlicher Rechtsvorschriften oder aufgrund von Rechtsvorschriften der Union für den Kapitalverkehr mit dritten Ländern im Zusammenhang mit Direktinvestitionen einschließlich Anlagen in Immobilien, mit der Niederlassung, der Erbringung von Finanzdienstleistungen oder der Zulassung von Wertpapieren zu den Kapitalmärkten bestehen. [2]Für in Bulgarien, Estland und Ungarn bestehende Beschränkungen nach innerstaatlichem Recht ist der maßgebliche Zeitpunkt der 31. Dezember 1999. Für in Kroatien nach innerstaatlichem Recht bestehende Beschränkungen ist der maßgebliche Zeitpunkt der 31. Dezember 2002.

(2) Unbeschadet der anderen Kapitel der Verträge sowie ihrer Bemühungen um eine möglichst weit gehende Verwirklichung des Zieles eines freien Kapitalverkehrs zwischen den Mitgliedstaaten und dritten Ländern beschließen das Europäische Parlament und der Rat gemäß dem ordentlichen Gesetzgebungsverfahren Maßnahmen für den Kapitalverkehr mit dritten Ländern im Zusammenhang mit Direktinvestitionen einschließlich Anlagen in Immobilien, mit der Niederlassung, der Erbringung von Finanzdienstleistungen oder der Zulassung von Wertpapieren zu den Kapitalmärkten.

(3) Abweichend von Absatz 2 kann nur der Rat gemäß einem besonderen Gesetzgebungsverfahren und nach Anhörung des Europäischen Parlaments Maßnahmen einstimmig beschließen, die im Rahmen des Unionsrechts für die Liberalisierung des Kapitalverkehrs mit Drittländern einen Rückschritt darstellen.

Art. 65 [Nationale Beschränkungen] (1) Artikel 63 berührt nicht das Recht der Mitgliedstaaten,

a) die einschlägigen Vorschriften ihres Steuerrechts anzuwenden, die Steuerpflichtige mit unterschiedlichem Wohnort oder Kapitalanlageort unterschiedlich behandeln,
b) die unerlässlichen Maßnahmen zu treffen, um Zuwiderhandlungen gegen innerstaatliche Rechts- und Verwaltungsvorschriften, insbesondere auf dem Gebiet des Steuerrechts und der Aufsicht über Finanzinstitute, zu verhindern, sowie Meldeverfahren für den Kapitalverkehr zwecks administrativer oder statistischer Information vorzusehen oder Maßnahmen zu ergreifen, die aus Gründen der öffentlichen Ordnung oder Sicherheit gerechtfertigt sind.

(2) Dieses Kapitel berührt nicht die Anwendbarkeit von Beschränkungen des Niederlassungsrechts, die mit den Verträgen vereinbar sind.

(3) Die in den Absätzen 1 und 2 genannten Maßnahmen und Verfahren dürfen weder ein Mittel zur willkürlichen Diskriminierung noch eine verschleierte Beschränkung des freien Kapital- und Zahlungsverkehrs im Sinne des Artikels 63 darstellen.

(4) [1]Sind keine Maßnahmen nach Artikel 64 Absatz 3 erlassen worden, so kann die Kommission oder, wenn diese binnen drei Monaten

nach der Vorlage eines entsprechenden Antrags des betreffenden Mitgliedstaats keinen Beschluss erlassen hat, der Rat einen Beschluss erlassen, mit dem festgelegt wird, dass die von einem Mitgliedstaat in Bezug auf ein oder mehrere Drittländer getroffenen restriktiven steuerlichen Maßnahmen insofern als mit den Verträgen vereinbar anzusehen sind, als sie durch eines der Ziele der Union gerechtfertigt und mit dem ordnungsgemäßen Funktionieren des Binnenmarkts vereinbar sind. [2]Der Rat beschließt einstimmig auf Antrag eines Mitgliedstaats.

Art. 66 [Kurzfristige Schutzmaßnahmen] Falls Kapitalbewegungen nach oder aus dritten Ländern unter außergewöhnlichen Umständen das Funktionieren der Wirtschafts- und Währungsunion schwerwiegend stören oder zu stören drohen, kann der Rat auf Vorschlag der Kommission und nach Anhörung der Europäischen Zentralbank gegenüber dritten Ländern Schutzmaßnahmen mit einer Geltungsdauer von höchstens sechs Monaten treffen, wenn diese unbedingt erforderlich sind.

Titel V. Der Raum der Freiheit, der Sicherheit und des Rechts

Kapitel 1. Allgemeine Bestimmungen

Art. 67 [Grundsätze] (1) Die Union bildet einen Raum der Freiheit, der Sicherheit und des Rechts, in dem die Grundrechte und die verschiedenen Rechtsordnungen und -traditionen der Mitgliedstaaten geachtet werden.

(2) [1]Sie stellt sicher, dass Personen an den Binnengrenzen nicht kontrolliert werden, und entwickelt eine gemeinsame Politik in den Bereichen Asyl, Einwanderung und Kontrollen an den Außengrenzen, die sich auf die Solidarität der Mitgliedstaaten gründet und gegenüber Drittstaatsangehörigen angemessen ist. [2]Für die Zwecke dieses Titels werden Staatenlose den Drittstaatsangehörigen gleichgestellt.

(3) Die Union wirkt darauf hin, durch Maßnahmen zur Verhütung und Bekämpfung von Kriminalität sowie von Rassismus und Fremdenfeindlichkeit, zur Koordinierung und Zusammenarbeit von Polizeibehörden und Organen der Strafrechtspflege und den anderen zuständigen Behörden sowie durch die gegenseitige Anerkennung strafrechtlicher Entscheidungen und erforderlichenfalls durch die Angleichung der strafrechtlichen Rechtsvorschriften ein hohes Maß an Sicherheit zu gewährleisten.

(4) Die Union erleichtert den Zugang zum Recht, insbesondere durch den Grundsatz der gegenseitigen Anerkennung gerichtlicher und außergerichtlicher Entscheidungen in Zivilsachen.

Art. 68 [Strategische Leitlinien] Der Europäische Rat legt die strategischen Leitlinien für die gesetzgeberische und operative Programmplanung im Raum der Freiheit, der Sicherheit und des Rechts fest.

Art. 69 [Achtung des Subsidiaritätsprinzips] Die nationalen Parlamente tragen bei Gesetzgebungsvorschlägen und -initiativen, die im Rahmen der Kapitel 4 und 5 vorgelegt werden, Sorge für die Achtung des Subsidiaritätsprinzips nach Maßgabe des Protokolls über die Anwendung der Grundsätze der Subsidiarität und der Verhältnismäßigkeit[1)].

Art. 70 [Kontrollsystem für nationale Durchführungsmaßnahmen] Unbeschadet der Artikel 258, 259 und 260 kann der Rat auf Vorschlag der Kommission Maßnahmen erlassen, mit denen Einzelheiten festgelegt werden, nach denen die Mitgliedstaaten in Zusammenarbeit mit der Kommission eine objektive und unparteiische Bewertung der Durchführung der unter diesen Titel fallenden Unionspolitik durch die Behörden der Mitgliedstaaten vornehmen, insbesondere um die umfassende Anwendung des Grundsatzes der gegenseitigen Anerkennung zu fördern.[2] Das Europäische Parlament und die nationalen Parlamente werden vom Inhalt und den Ergebnissen dieser Bewertung unterrichtet.

Art. 71 [Ständiger Ausschuss „Innere Sicherheit"] [1] Im Rat wird ein ständiger Ausschuss eingesetzt, um sicherzustellen, dass innerhalb der Union die operative Zusammenarbeit im Bereich der inneren Sicherheit gefördert und verstärkt wird. [2] Er fördert unbeschadet des Artikels 240 die Koordinierung der Maßnahmen der zuständigen Behörden der Mitgliedstaaten. [3] Die Vertreter der betroffenen Einrichtungen und sonstigen Stellen der Union können an den Arbeiten des Ausschusses beteiligt werden. [4] Das Europäische Parlament und die nationalen Parlamente werden über die Arbeiten des Ausschusses auf dem Laufenden gehalten.

Art. 72 [Nationale Zuständigkeiten] Dieser Titel berührt nicht die Wahrnehmung der Zuständigkeiten der Mitgliedstaaten für die Aufrechterhaltung der öffentlichen Ordnung und den Schutz der inneren Sicherheit.

Art. 73 [Zusammenarbeit der Mitgliedstaaten] Es steht den Mitgliedstaaten frei, untereinander und in eigener Verantwortung Formen der Zusammenarbeit und Koordinierung zwischen den zuständi-

---

[1)] Nr. **147**.

[2)] Vgl. VO Nr. 1053/2013 v. 7. 10. 2013 zur Einführung eines Evaluierungs- und *Überwachungsmechanismus* für die Überprüfung der Anwendung des Schengen-Besitzstands und zur Aufhebung des Beschlusses des Exekutivausschusses vom 16. September 1998 bezüglich der Errichtung des Ständigen Ausschusses Schengener Durchführungsübereinkommen (ABl. Nr. L 295/27 v. 6. 11. 2013).

gen Dienststellen ihrer für den Schutz der nationalen Sicherheit verantwortlichen Verwaltungen einzurichten, die sie für geeignet halten.

Art. 74 [Maßnahmen zur Verwaltungszusammenarbeit] [1]Der Rat erlässt Maßnahmen, um die Verwaltungszusammenarbeit zwischen den zuständigen Dienststellen der Mitgliedstaaten in den Bereichen dieses Titels sowie die Zusammenarbeit zwischen diesen Dienststellen und der Kommission zu gewährleisten. [2]Dabei beschließt er auf Vorschlag der Kommission vorbehaltlich des Artikels 76 und nach Anhörung des Europäischen Parlaments.

Art. 75 [Maßnahmen gegen Terrorismusfinanzierung] Sofern dies notwendig ist, um die Ziele des Artikels 67 in Bezug auf die Verhütung und Bekämpfung von Terrorismus und damit verbundener Aktivitäten zu verwirklichen, schaffen das Europäische Parlament und der Rat gemäß dem ordentlichen Gesetzgebungsverfahren durch Verordnungen einen Rahmen für Verwaltungsmaßnahmen in Bezug auf Kapitalbewegungen und Zahlungen, wozu das Einfrieren von Geldern, finanziellen Vermögenswerten oder wirtschaftlichen Erträgen gehören kann, deren Eigentümer oder Besitzer natürliche oder juristische Personen, Gruppierungen oder nichtstaatliche Einheiten sind.

Der Rat erlässt auf Vorschlag der Kommission Maßnahmen zur Umsetzung des in Absatz 1 genannten Rahmens.

In den Rechtsakten nach diesem Artikel müssen die erforderlichen Bestimmungen über den Rechtsschutz vorgesehen sein.

Art. 76 [Initiativrecht] Die in den Kapiteln 4 und 5 genannten Rechtsakte sowie die in Artikel 74 genannten Maßnahmen, mit denen die Verwaltungszusammenarbeit in den Bereichen der genannten Kapitel gewährleistet wird, werden wie folgt erlassen:

a) auf Vorschlag der Kommission oder
b) auf Initiative eines Viertels der Mitgliedstaaten.

Kapitel 2. Politik im Bereich Grenzkontrollen, Asyl und Einwanderung

Art. 77 [Grenzschutzpolitik] (1) Die Union entwickelt eine Politik, mit der

a) sichergestellt werden soll, dass Personen unabhängig von ihrer Staatsangehörigkeit beim Überschreiten der Binnengrenzen nicht kontrolliert werden;
b) die Personenkontrolle und die wirksame Überwachung des Grenzübertritts an den Außengrenzen sichergestellt werden soll;
c) schrittweise ein integriertes Grenzschutzsystem an den Außengrenzen eingeführt werden soll.

(2) Für die Zwecke des Absatzes 1 erlassen das Europäische Parlament und der Rat gemäß dem ordentlichen Gesetzgebungsverfahren Maßnahmen, die folgende Bereiche betreffen:

a) die gemeinsame Politik in Bezug auf Visa und andere kurzfristige Aufenthaltstitel;[1)]

b) die Kontrollen, denen Personen beim Überschreiten der Außengrenzen unterzogen werden;[2)]

c) die Voraussetzungen, unter denen sich Drittstaatsangehörige innerhalb der Union während eines kurzen Zeitraums frei bewegen können;

d) alle Maßnahmen, die für die schrittweise Einführung eines integrierten Grenzschutzsystems an den Außengrenzen erforderlich sind;

e) die Abschaffung der Kontrolle von Personen gleich welcher Staatsangehörigkeit beim Überschreiten der Binnengrenzen.

(3) [1] Erscheint zur Erleichterung der Ausübung des in Artikel 20 Absatz 2 Buchstabe a genannten Rechts ein Tätigwerden der Union erforderlich, so kann der Rat gemäß einem besonderen Gesetzgebungsverfahren Bestimmungen betreffend Pässe, Personalausweise, Aufenthaltstitel oder diesen gleichgestellte Dokumente erlassen, sofern die Verträge hierfür anderweitig keine Befugnisse vorsehen. [2] Der Rat beschließt einstimmig nach Anhörung des Europäischen Parlaments.

(4) Dieser Artikel berührt nicht die Zuständigkeit der Mitgliedstaaten für die geografische Festlegung ihrer Grenzen nach dem Völkerrecht.

Art. 78 [Asylpolitik] (1) [1] Die Union entwickelt eine gemeinsame Politik im Bereich Asyl, subsidiärer Schutz und vorübergehender Schutz, mit der jedem Drittstaatsangehörigen, der internationalen Schutz benötigt, ein angemessener Status angeboten und die Einhaltung des Grundsatzes der Nicht- Zurückweisung gewährleistet werden soll. [2] Diese Politik muss mit dem Genfer Abkommen vom 28. Juli 1951 und dem Protokoll vom 31. Januar 1967 über die Rechtsstellung der Flüchtlinge sowie den anderen einschlägigen Verträgen im Einklang stehen.

[1)] Vgl. VO 810/2009 v. 13.7.2009 über einen Visakodex der Gemeinschaft (Visakodex), ABl. Nr. L 243/1 v. 15.9.2009, zuletzt geänd. durch VO 2019/1155 v. 20.6.2019 (ABl. Nr. L 188/25 v. 12.7.2019). Vgl. auch VO 2018/1806 v. 14.11.2018 zur Aufstellung der Liste der Drittländer, deren Staatsangehörige beim Überschreiten der Außengrenzen im Besitz eines Visums sein müssen, sowie der Liste der Drittländer, deren Staatsangehörige von dieser Visumpflicht befreit sind (ABl. Nr. L 303/39 v. 28.11.2018), die zuletzt im Vorgriff auf den Brexit geändert worden ist (VO 2019/592 v. 10.4.2019, ABl. Nr. L I 103 I/1 v. 12.4.2019). Damit wird auch nach dem Brexit (unter dem Vorbehalt der Reziprozität) weiterhin visafreies Reisen zwischen den EU-Staaten und dem Vereinigten Königreich möglich sein.

[2)] Vgl. hierzu auch den „Schengener Grenzkodex" (Nr. **290**) sowie nunmehr VO (EU) Nr. 2017/2226 v. 30.11.2017 über ein Einreise-/Ausreisesystem (EES) zur Erfassung der Ein- und Ausreisedaten sowie der Einreiseverweigerungsdaten von Drittstaatsangehörigen an den Außengrenzen der Mitgliedstaaten und zur Festlegung der Bedingungen für den Zugang zum EES zu Gefahrenabwehr- und Strafverfolgungszwecken (ABl. Nr. L 327/20 v. 9.12.2017).

(2) Für die Zwecke des Absatzes 1 erlassen das Europäische Parlament und der Rat gemäß dem ordentlichen Gesetzgebungsverfahren Maßnahmen in Bezug auf ein gemeinsames europäisches Asylsystem, das Folgendes umfasst:

a) einen in der ganzen Union gültigen einheitlichen Asylstatus für Drittstaatsangehörige;[1)]

b) einen einheitlichen subsidiären Schutzstatus für Drittstaatsangehörige, die keinen europäischen Asylstatus erhalten, aber internationalen Schutz benötigen;

c) eine gemeinsame Regelung für den vorübergehenden Schutz von Vertriebenen im Falle eines Massenzustroms;

d) gemeinsame Verfahren für die Gewährung und den Entzug des einheitlichen Asylstatus beziehungsweise des subsidiären Schutzstatus;

e) Kriterien und Verfahren zur Bestimmung des Mitgliedstaats, der für die Prüfung eines Antrags auf Asyl oder subsidiären Schutz zuständig ist;

f) Normen über die Aufnahmebedingungen von Personen, die Asyl oder subsidiären Schutz beantragen;

g) Partnerschaft und Zusammenarbeit mit Drittländern zur Steuerung des Zustroms von Personen, die Asyl oder subsidiären beziehungsweise vorübergehenden Schutz beantragen.

(3) [1] Befinden sich ein oder mehrere Mitgliedstaaten aufgrund eines plötzlichen Zustroms von Drittstaatsangehörigen in einer Notlage, so kann der Rat auf Vorschlag der Kommission vorläufige Maßnahmen zugunsten der betreffenden Mitgliedstaaten erlassen. [2] Er beschließt nach Anhörung des Europäischen Parlaments.

Art. 79 [Einwanderungspolitik] (1) Die Union entwickelt eine gemeinsame Einwanderungspolitik, die in allen Phasen eine wirksame Steuerung der Migrationsströme, eine angemessene Behandlung von Drittstaatsangehörigen, die sich rechtmäßig in einem Mitgliedstaat aufhalten, sowie die Verhütung und verstärkte Bekämpfung von illegaler Einwanderung und Menschenhandel gewährleisten soll.

(2) Für die Zwecke des Absatzes 1 erlassen das Europäische Parlament und der Rat gemäß dem ordentlichen Gesetzgebungsverfahren Maßnahmen in folgenden Bereichen:

a) Einreise- und Aufenthaltsvoraussetzungen sowie Normen für die Erteilung von Visa und Aufenthaltstiteln für einen langfristigen Auf-

---

1) Vgl. RL 2011/95 v. 13.12.2011 über Normen für die Anerkennung von Drittstaatsangehörigen oder Staatenlosen als Personen mit Anspruch auf internationalen Schutz, für einen einheitlichen Status für Flüchtlinge oder für Personen mit Anrecht auf subsidiären Schutz und für den Inhalt des zu gewährenden Schutzes (ABl. Nr. L 337/9 v. 20.12.2011, ber. ABl. Nr. L 167/58 v. 30.6.2017).

enthalt, einschließlich solcher zur Familienzusammenführung, durch die Mitgliedstaaten;[1)]

b) Festlegung der Rechte von Drittstaatsangehörigen, die sich rechtmäßig in einem Mitgliedstaat aufhalten, einschließlich der Bedingungen, unter denen sie sich in den anderen Mitgliedstaaten frei bewegen und aufhalten dürfen;

c) illegale Einwanderung und illegaler Aufenthalt, einschließlich Abschiebung und Rückführung solcher Personen, die sich illegal in einem Mitgliedstaat aufhalten;

d) Bekämpfung des Menschenhandels, insbesondere des Handels mit Frauen und Kindern.

(3) Die Union kann mit Drittländern Übereinkünfte über eine Rückübernahme von Drittstaatsangehörigen in ihr Ursprungs- oder Herkunftsland schließen, die die Voraussetzungen für die Einreise in das Hoheitsgebiet eines der Mitgliedstaaten oder die Anwesenheit oder den Aufenthalt in diesem Gebiet nicht oder nicht mehr erfüllen.

(4) Das Europäische Parlament und der Rat können gemäß dem ordentlichen Gesetzgebungsverfahren unter Ausschluss jeglicher Harmonisierung der Rechtsvorschriften der Mitgliedstaaten Maßnahmen festlegen, mit denen die Bemühungen der Mitgliedstaaten um die Integration der sich rechtmäßig in ihrem Hoheitsgebiet aufhaltenden Drittstaatsangehörigen gefördert und unterstützt werden.

(5) Dieser Artikel berührt nicht das Recht der Mitgliedstaaten, festzulegen, wie viele Drittstaatsangehörige aus Drittländern in ihr Hoheitsgebiet einreisen dürfen, um dort als Arbeitnehmer oder Selbstständige Arbeit zu suchen.

Art. 80 [Grundsatz der Solidarität] [1] Für die unter dieses Kapitel fallende Politik der Union und ihre Umsetzung gilt der Grundsatz der Solidarität und der gerechten Aufteilung der Verantwortlichkeiten unter den Mitgliedstaaten, einschließlich in finanzieller Hinsicht. [2] Die aufgrund dieses Kapitels erlassenen Rechtsakte der Union enthalten, immer wenn dies erforderlich ist, entsprechende Maßnahmen für die Anwendung dieses Grundsatzes.

Kapitel 3. Justizielle Zusammenarbeit in Zivilsachen

Art. 81 [Justizielle Zusammenarbeit in Zivilsachen] (1) [1] Die Union entwickelt eine justizielle Zusammenarbeit in Zivilsachen mit grenzüberschreitendem Bezug, die auf dem Grundsatz der gegenseitigen

[1)] RL 2011/98 v. 13.12.2011 über ein einheitliches Verfahren zur Beantragung einer kombinierten Erlaubnis für Drittstaatsangehörige, sich im Hoheitsgebiet eines Mitgliedstaats aufzuhalten und zu arbeiten, sowie über ein gemeinsames Bündel von Rechten für Drittstaatsarbeitnehmer, die sich rechtmäßig in einem Mitgliedstaat aufhalten (ABl. Nr. L 343/1 v. 23.12.2011).

Anerkennung gerichtlicher und außergerichtlicher Entscheidungen beruht. [2]Diese Zusammenarbeit kann den Erlass von Maßnahmen zur Angleichung der Rechtsvorschriften der Mitgliedstaaten umfassen.[1)]

(2) Für die Zwecke des Absatzes 1 erlassen das Europäische Parlament und der Rat, insbesondere wenn dies für das reibungslose Funktionieren des Binnenmarkts erforderlich ist, gemäß dem ordentlichen Gesetzgebungsverfahren Maßnahmen, die Folgendes sicherstellen sollen:

a) die gegenseitige Anerkennung und die Vollstreckung gerichtlicher und außergerichtlicher Entscheidungen zwischen den Mitgliedstaaten;
b) die grenzüberschreitende Zustellung gerichtlicher und außergerichtlicher Schriftstücke;
c) die Vereinbarkeit der in den Mitgliedstaaten geltenden Kollisionsnormen und Vorschriften zur Vermeidung von Kompetenzkonflikten;
d) die Zusammenarbeit bei der Erhebung von Beweismitteln;
e) einen effektiven Zugang zum Recht;
f) die Beseitigung von Hindernissen für die reibungslose Abwicklung von Zivilverfahren, erforderlichenfalls durch Förderung der Vereinbarkeit der in den Mitgliedstaaten geltenden zivilrechtlichen Verfahrensvorschriften;
g) die Entwicklung von alternativen Methoden für die Beilegung von Streitigkeiten;
h) die Förderung der Weiterbildung von Richtern und Justizbediensteten.

(3) [1]Abweichend von Absatz 2 werden Maßnahmen zum Familienrecht mit grenzüberschreitendem Bezug vom Rat gemäß einem besonderen Gesetzgebungsverfahren festgelegt. [2]Dieser beschließt einstimmig nach Anhörung des Europäischen Parlaments.

[1]Der Rat kann auf Vorschlag der Kommission einen Beschluss erlassen, durch den die Aspekte des Familienrechts mit grenzüberschreitendem Bezug bestimmt werden, die Gegenstand von Rechtsakten sein können, die gemäß dem ordentlichen Gesetzgebungsverfahren erlassen werden. [2]Der Rat beschließt einstimmig nach Anhörung des Europäischen Parlaments.

[1]Der in Unterabsatz 2 genannte Vorschlag wird den nationalen Parlamenten übermittelt. [2]Wird dieser Vorschlag innerhalb von sechs Monaten nach der Übermittlung von einem nationalen Parlament abgelehnt, so wird der Beschluss nicht erlassen. [3]Wird der Vorschlag nicht abgelehnt, so kann der Rat den Beschluss erlassen.

---

1) Vgl. Nr. **160 ff.** sowie auch VO (EU) 2020/1783 v. 25.11.2020 über die Zusammenarbeit zwischen den Gerichten der Mitgliedstaaten auf dem Gebiet der Beweisaufnahme in Zivil- oder Handelssachen (Beweisaufnahme), ABl. Nr. L 405/1 v. 2.12.2020. S. umfassend: Jayme/Hausmann, Internationales Privat- und Verfahrensrecht (20. Aufl. 2020).

Kapitel 4. Justizielle Zusammenarbeit in Strafsachen

Art. 82 [Grundsatz der gegenseitigen Anerkennung; Mindestvorschriften] (1) Die justizielle Zusammenarbeit in Strafsachen in der Union beruht auf dem Grundsatz der gegenseitigen Anerkennung gerichtlicher Urteile und Entscheidungen und umfasst die Angleichung der Rechtsvorschriften der Mitgliedstaaten in den in Absatz 2 und in Artikel 83 genannten Bereichen.

Das Europäische Parlament und der Rat erlassen gemäß dem ordentlichen Gesetzgebungsverfahren Maßnahmen, um

a) Regeln und Verfahren festzulegen, mit denen die Anerkennung aller Arten von Urteilen und gerichtlichen Entscheidungen in der gesamten Union sichergestellt wird;
b) Kompetenzkonflikte zwischen den Mitgliedstaaten zu verhindern und beizulegen;
c) die Weiterbildung von Richtern und Staatsanwälten sowie Justizbediensteten zu fördern;
d) die Zusammenarbeit zwischen den Justizbehörden oder entsprechenden Behörden der Mitgliedstaaten im Rahmen der Strafverfolgung sowie des Vollzugs und der Vollstreckung von Entscheidungen zu erleichtern.

(2) [1] Soweit dies zur Erleichterung der gegenseitigen Anerkennung gerichtlicher Urteile und Entscheidungen und der polizeilichen und justiziellen Zusammenarbeit in Strafsachen mit grenzüberschreitender Dimension erforderlich ist, können das Europäische Parlament und der Rat gemäß dem ordentlichen Gesetzgebungsverfahren durch Richtlinien Mindestvorschriften festlegen. [2] Bei diesen Mindestvorschriften werden die Unterschiede zwischen den Rechtsordnungen und -traditionen der Mitgliedstaaten berücksichtigt.

Die Vorschriften betreffen Folgendes:

a) die Zulässigkeit von Beweismitteln auf gegenseitiger Basis zwischen den Mitgliedstaaten;
b) die Rechte des Einzelnen im Strafverfahren;[1]
c) die Rechte der Opfer von Straftaten;
d) sonstige spezifische Aspekte des Strafverfahrens, die zuvor vom Rat durch Beschluss bestimmt worden sind; dieser Beschluss wird vom Rat einstimmig nach Zustimmung des Europäischen Parlaments erlassen.

---

[1] Vgl. RL 2013/48 v. 22.10.2013 über das Recht auf Zugang zu einem Rechtsbeistand in Strafverfahren und in Verfahren zur Vollstreckung des Europäischen Haftbefehls sowie über das Recht auf Benachrichtigung eines Dritten bei Freiheitsentzug und das Recht auf Kommunikation mit Dritten und mit Konsularbehörden während des Freiheitsentzugs (ABl. Nr. L 394/1 v. 6.11.2013); RL 2016/343 v. 9.3.2016 über die Stärkung bestimmter Aspekte der Unschuldsvermutung und des Rechts auf Anwesenheit in der Verhandlung in Strafverfahren (ABl. Nr. L 65/1 v. 11.3.2016) und RL 2016/1919 v. 26.10.2016 über *Prozesskostenhilfe* für Verdächtige und beschuldigte Personen in Strafverfahren sowie für gesuchte Personen in Verfahren zur Vollstreckung eines Europäischen Haftbefehls (ABl. Nr. L 297/1 v. 4.11.2016, ber. ABl. Nr. L 91/40 v. 5.4.2017).

Der Erlass von Mindestvorschriften nach diesem Absatz hindert die Mitgliedstaaten nicht daran, ein höheres Schutzniveau für den Einzelnen beizubehalten oder einzuführen.

(3) [1]Ist ein Mitglied des Rates der Auffassung, dass ein Entwurf einer Richtlinie nach Absatz 2 grundlegende Aspekte seiner Strafrechtsordnung berühren würde, so kann es beantragen, dass der Euro-

(Fortsetzung nächstes Blatt)

päische Rat befasst wird. [2]In diesem Fall wird das ordentliche Gesetzgebungsverfahren ausgesetzt. [3]Nach einer Aussprache verweist der Europäische Rat im Falle eines Einvernehmens den Entwurf binnen vier Monaten nach Aussetzung des Verfahrens an den Rat zurück, wodurch die Aussetzung des ordentlichen Gesetzgebungsverfahrens beendet wird.

[1]Sofern kein Einvernehmen erzielt wird, mindestens neun Mitgliedstaaten aber eine Verstärkte Zusammenarbeit auf der Grundlage des betreffenden Entwurfs einer Richtlinie begründen möchten, teilen diese Mitgliedstaaten dies binnen derselben Frist dem Europäischen Parlament, dem Rat und der Kommission mit. [2]In diesem Fall gilt die Ermächtigung zu einer Verstärkten Zusammenarbeit nach Artikel 20 Absatz 2 des Vertrags über die Europäische Union[1)] und Artikel 329 Absatz 1 dieses Vertrags als erteilt, und die Bestimmungen über die Verstärkte Zusammenarbeit finden Anwendung.

Art. 83 [Straftaten mit grenzüberschreitender Dimension]

(1) Das Europäische Parlament und der Rat können gemäß dem ordentlichen Gesetzgebungsverfahren durch Richtlinien Mindestvorschriften zur Festlegung von Straftaten und Strafen in Bereichen besonders schwerer Kriminalität festlegen, die aufgrund der Art oder der Auswirkungen der Straftaten oder aufgrund einer besonderen Notwendigkeit, sie auf einer gemeinsamen Grundlage zu bekämpfen, eine grenzüberschreitende Dimension haben.

Derartige Kriminalitätsbereiche sind: Terrorismus, Menschenhandel und sexuelle Ausbeutung von Frauen und Kindern, illegaler Drogenhandel, illegaler Waffenhandel, Geldwäsche, Korruption, Fälschung von Zahlungsmitteln, Computerkriminalität und organisierte Kriminalität.

[1]Je nach Entwicklung der Kriminalität kann der Rat einen Beschluss erlassen, in dem andere Kriminalitätsbereiche bestimmt werden, die die Kriterien dieses Absatzes erfüllen. [2]Er beschließt einstimmig nach Zustimmung des Europäischen Parlaments.

(2) [1]Erweist sich die Angleichung der strafrechtlichen Rechtsvorschriften der Mitgliedstaaten als unerlässlich für die wirksame Durchführung der Politik der Union auf einem Gebiet, auf dem Harmonisierungsmaßnahmen erfolgt sind, so können durch Richtlinien Mindestvorschriften für die Festlegung von Straftaten und Strafen auf dem betreffenden Gebiet festgelegt werden. [2]Diese Richtlinien werden unbeschadet des Artikels 76 gemäß dem gleichen ordentlichen oder *besonderen* Gesetzgebungsverfahren wie die betreffenden Harmonisierungsmaßnahmen erlassen.[2)]

[1)] Nr. **145**.

[2)] Auf dieser Grundlage ist nunmehr die Rl 2017/1371 v. 5.7.2017 über die strafrechtliche Bekämpfung von gegen die finanziellen Interessen der Union gerichtetem Betrug (ABl. Nr. L 198/29 v. 28.7.2017, ber. ABl. Nr. L 350/50 v. 29.12.2017) sowie die Rl 2018/1673 23.10.2018 über die strafrechtliche Bekämpfung der Geldwäsche (ABl. Nr. L 284/22 v. 12.11.2018) erlassen worden.

(3) [1] Ist ein Mitglied des Rates der Auffassung, dass der Entwurf einer Richtlinie nach den Absätzen 1 oder 2 grundlegende Aspekte seiner Strafrechtsordnung berühren würde, so kann es beantragen, dass der Europäische Rat befasst wird. [2] In diesem Fall wird das ordentliche Gesetzgebungsverfahren ausgesetzt. [3] Nach einer Aussprache verweist der Europäische Rat im Falle eines Einvernehmens den Entwurf binnen vier Monaten nach Aussetzung des Verfahrens an den Rat zurück, wodurch die Aussetzung des ordentlichen Gesetzgebungsverfahrens beendet wird.

[1] Sofern kein Einvernehmen erzielt wird, mindestens neun Mitgliedstaaten aber eine Verstärkte Zusammenarbeit auf der Grundlage des betreffenden Entwurfs einer Richtlinie begründen möchten, teilen diese Mitgliedstaaten dies binnen derselben Frist dem Europäischen Parlament, dem Rat und der Kommission mit. [2] In diesem Fall gilt die Ermächtigung zu einer Verstärkten Zusammenarbeit nach Artikel 20 Absatz 2 des Vertrags über die Europäische Union[1)] und Artikel 329 Absatz 1 dieses Vertrags als erteilt, und die Bestimmungen über die Verstärkte Zusammenarbeit finden Anwendung.

Art. 84 [Kriminalprävention] Das Europäische Parlament und der Rat können gemäß dem ordentlichen Gesetzgebungsverfahren unter Ausschluss jeglicher Harmonisierung der Rechtsvorschriften der Mitgliedstaaten Maßnahmen festlegen, um das Vorgehen der Mitgliedstaaten im Bereich der Kriminalprävention zu fördern und zu unterstützen.

Art. 85 [Eurojust] (1) Eurojust hat den Auftrag, die Koordinierung und Zusammenarbeit zwischen den nationalen Behörden zu unterstützen und zu verstärken, die für die Ermittlung und Verfolgung von schwerer Kriminalität zuständig sind, wenn zwei oder mehr Mitgliedstaaten betroffen sind oder eine Verfolgung auf gemeinsamer Grundlage erforderlich ist; Eurojust stützt sich dabei auf die von den Behörden der Mitgliedstaaten und von Europol durchgeführten Operationen und gelieferten Informationen.

[1] Zu diesem Zweck legen das Europäische Parlament und der Rat gemäß dem ordentlichen Gesetzgebungsverfahren durch Verordnungen den Aufbau, die Arbeitsweise, den Tätigkeitsbereich und die Aufgaben von Eurojust fest. [2] Zu diesen Aufgaben kann Folgendes gehören:

a) Einleitung von strafrechtlichen Ermittlungsmaßnahmen sowie Vorschläge zur Einleitung von strafrechtlichen Verfolgungsmaßnahmen, die von den zuständigen nationalen Behörden durchgeführt werden, insbesondere bei Straftaten zum Nachteil der finanziellen Interessen der Union;

b) Koordinierung der unter Buchstabe a genannten Ermittlungs- und Verfolgungsmaßnahmen;

1) Nr. **145**.

c) Verstärkung der justiziellen Zusammenarbeit, unter anderem auch durch die Beilegung von Kompetenzkonflikten und eine enge Zusammenarbeit mit dem Europäischen Justiziellen Netz.

Durch diese Verordnungen werden ferner die Einzelheiten für die Beteiligung des Europäischen Parlaments und der nationalen Parlamente an der Bewertung der Tätigkeit von Eurojust festgelegt.[1)]

(2) Im Rahmen der Strafverfolgungsmaßnahmen nach Absatz 1 werden die förmlichen Prozesshandlungen unbeschadet des Artikels 86 durch die zuständigen einzelstaatlichen Bediensteten vorgenommen.

Art. 86 [Europäische Staatsanwaltschaft] (1) [1] Zur Bekämpfung von Straftaten zum Nachteil der finanziellen Interessen der Union kann der Rat gemäß einem besonderen Gesetzgebungsverfahren durch Verordnungen ausgehend von Eurojust eine Europäische Staatsanwaltschaft einsetzen. [2] Der Rat beschließt einstimmig nach Zustimmung des Europäischen Parlaments.

[1] Sofern keine Einstimmigkeit besteht, kann eine Gruppe von mindestens neun Mitgliedstaaten beantragen, dass der Europäische Rat mit dem Entwurf einer Verordnung befasst wird. [2] In diesem Fall wird das Verfahren im Rat ausgesetzt. [3] Nach einer Aussprache verweist der Europäische Rat im Falle eines Einvernehmens den Entwurf binnen vier Monaten nach Aussetzung des Verfahrens an den Rat zur Annahme zurück.

[1] Sofern kein Einvernehmen erzielt wird, mindestens neun Mitgliedstaaten aber eine Verstärkte Zusammenarbeit auf der Grundlage des betreffenden Entwurfs einer Verordnung begründen möchten, teilen diese Mitgliedstaaten dies binnen derselben Frist dem Europäischen Parlament, dem Rat und der Kommission mit. [2] In diesem Fall gilt die Ermächtigung zu einer Verstärkten Zusammenarbeit nach Artikel 20 Absatz 2 des Vertrags über die Europäische Union[2)] und Artikel 329 Absatz 1 dieses Vertrags als erteilt, und die Bestimmungen über die Verstärkte Zusammenarbeit finden Anwendung.[3)]

[1)] Vgl. hierzu nun VO 2018/1227 v. 14.11.2018 (ABl. Nr. L 295/18 v. 21.11.2018), welche die Arbeit dieser Agentur – insbes. im Hinblick auf die Aufgabenverteilung im Verhältnis zur Europäischen Staatsanwaltschaft (EUStA) – auf eine neue rechtliche Grundlage stellt.

[2)] Nr. **145**.

[3)] S. nunmehr VO 2017/1939 v. 12.10.2017 zur Durchführung einer Verstärkten Zusammenarbeit zur Errichtung der Europäischen Staatsanwaltschaft (EUStA), ABl. Nr. L 283/1 v. 31.10.2017 ((derzeit) beteiligte Staaten: Belgien, Bulgarien, Deutschland, Estland, Finnland, Frankreich, Griechenland, Italien, Kroatien, Lettland, Litauen, Luxemburg, Malta, Niederlande, Österreich, Portugal, Rumänien, Slowakei, Spanien, Slowenien, die Tschechische Republik und Zypern). Vgl. nunmehr auch (bzgl. der Personalauswahl im Hinblick auf die Anfang 2021 erwartete Aufnahme der Tätigkeit der EUStA) Durchführungsbeschluss 2018/1696 des Rates v. 13.7.2018 über die Regeln für die Tätigkeit des Auswahlausschusses nach Artikel 14 Absatz 3 der VO 2017/1939, ABl. Nr. L 282 v. 12.11.2018. Durch Beschluss (EU) 2019/1798 v. 14.10.2019 ist Laura Codruţa KÖVESI für eine nicht verlängerbare Amtszeit von sieben Jahren ab dem 31.10.2019 zur Europäischen Generalstaatsanwältin der EUStA ernannt worden (ABl. Nr. L 274/1 v. 28.10.2019, ber. ABl. Nr. L 279I/11

(Fortsetzung der Fußnote nächste Seite)

(2) [1]Die Europäische Staatsanwaltschaft ist, gegebenenfalls in Verbindung mit Europol, zuständig für die strafrechtliche Untersuchung und Verfolgung sowie die Anklageerhebung in Bezug auf Personen, die als Täter oder Teilnehmer Straftaten zum Nachteil der finanziellen Interessen der Union begangen haben, die in der Verordnung nach Absatz 1 festgelegt sind. [2]Die Europäische Staatsanwaltschaft nimmt bei diesen Straftaten vor den zuständigen Gerichten der Mitgliedstaaten die Aufgaben der Staatsanwaltschaft wahr.

(3) Die in Absatz 1 genannte Verordnung legt die Satzung der Europäischen Staatsanwaltschaft, die Einzelheiten für die Erfüllung ihrer Aufgaben, die für ihre Tätigkeit geltenden Verfahrensvorschriften sowie

(Fortsetzung nächste Seite)

(Fortsetzung der Fußnote)

v. 31.10.2019). Die Ernennung der Europäischen Staatsanwälte ist erfolgt durch Durchführungsbeschluss (EU) 2020/1117 v. 27.7.2020 (ABl. Nr. L 24/18 v. 29.7.2020). Vgl. zur nationalen (deutschen) Durchführung: Europäisches-Staatsanwaltschaft-Gesetz (EuStAG) v. 10.7.2020 (BGBl. I S. 1648).

die Regeln für die Zulässigkeit von Beweismitteln und für die gerichtliche Kontrolle der von der Europäischen Staatsanwaltschaft bei der Erfüllung ihrer Aufgaben vorgenommenen Prozesshandlungen fest.

(4) [1]Der Europäische Rat kann gleichzeitig mit der Annahme der Verordnung oder im Anschluss daran einen Beschluss zur Änderung des Absatzes 1 mit dem Ziel einer Ausdehnung der Befugnisse der Europäischen Staatsanwaltschaft auf die Bekämpfung der schweren Kriminalität mit grenzüberschreitender Dimension und zur entsprechenden Änderung des Absatzes 2 hinsichtlich Personen, die als Täter oder Teilnehmer schwere, mehr als einen Mitgliedstaat betreffende Straftaten begangen haben, erlassen. [2]Der Europäische Rat beschließt einstimmig nach Zustimmung des Europäischen Parlaments und nach Anhörung der Kommission.

Kapitel 5. Polizeiliche Zusammenarbeit

Art. 87 [Polizeiliche Zusammenarbeit] (1) Die Union entwickelt eine polizeiliche Zusammenarbeit zwischen allen zuständigen Behörden der Mitgliedstaaten, einschließlich der Polizei, des Zolls und anderer auf die Verhütung oder die Aufdeckung von Straftaten sowie entsprechende Ermittlungen spezialisierter Strafverfolgungsbehörden.

(2) Für die Zwecke des Absatzes 1 können das Europäische Parlament und der Rat gemäß dem ordentlichen Gesetzgebungsverfahren Maßnahmen erlassen, die Folgendes betreffen:

a) Einholen, Speichern, Verarbeiten, Analysieren und Austauschen sachdienlicher Informationen;

b) Unterstützung bei der Aus- und Weiterbildung von Personal sowie Zusammenarbeit in Bezug auf den Austausch von Personal, die Ausrüstungsgegenstände und die kriminaltechnische Forschung;

c) gemeinsame Ermittlungstechniken zur Aufdeckung schwerwiegender Formen der organisierten Kriminalität.

(3) [1]Der Rat kann gemäß einem besonderen Gesetzgebungsverfahren Maßnahmen erlassen, die die operative Zusammenarbeit zwischen den in diesem Artikel genannten Behörden betreffen. [2]Der Rat beschließt einstimmig nach Anhörung des Europäischen Parlaments.

[1]Sofern keine Einstimmigkeit besteht, kann eine Gruppe von mindestens neun Mitgliedstaaten beantragen, dass der Europäische Rat mit dem Entwurf von Maßnahmen befasst wird. [2]In diesem Fall wird das *Verfahren im Rat* ausgesetzt. [3]Nach einer Aussprache verweist der Europäische Rat im Falle eines Einvernehmens den Entwurf binnen vier Monaten nach Aussetzung des Verfahrens an den Rat zur Annahme zurück.

[1]Sofern kein Einvernehmen erzielt wird, mindestens neun Mitgliedstaaten aber eine Verstärkte Zusammenarbeit auf der Grundlage des betreffenden Entwurfs von Maßnahmen begründen möchten, teilen diese Mitgliedstaaten dies binnen derselben Frist dem Europäischen Parlament, dem Rat und der Kommission mit. [2]In diesem Fall gilt die Ermächtigung zu einer Verstärkten Zusammenarbeit nach Artikel 20

Absatz 2 des Vertrags über die Europäische Union[1] und Artikel 329 Absatz 1 dieses Vertrags als erteilt, und die Bestimmungen über die Verstärkte Zusammenarbeit finden Anwendung.

Das besondere Verfahren nach den Unterabsätzen 2 und 3 gilt nicht für Rechtsakte, die eine Weiterentwicklung des Schengen-Besitzstands darstellen.

Art. 88 **[Europol]** (1) Europol hat den Auftrag, die Tätigkeit der Polizeibehörden und der anderen Strafverfolgungsbehörden der Mitgliedstaaten sowie deren gegenseitige Zusammenarbeit bei der Verhütung und Bekämpfung der zwei oder mehr Mitgliedstaaten betreffenden schweren Kriminalität, des Terrorismus und der Kriminalitätsformen, die ein gemeinsames Interesse verletzen, das Gegenstand einer Politik der Union ist, zu unterstützen und zu verstärken.

(2) [1]Das Europäische Parlament und der Rat legen gemäß dem ordentlichen Gesetzgebungsverfahren durch Verordnungen den Aufbau, die Arbeitsweise, den Tätigkeitsbereich und die Aufgaben von Europol fest.[2] [2]Zu diesen Aufgaben kann Folgendes gehören:

a) Einholen, Speichern, Verarbeiten, Analysieren und Austauschen von Informationen, die insbesondere von den Behörden der Mitgliedstaaten oder Drittländern beziehungsweise Stellen außerhalb der Union übermittelt werden;

b) Koordinierung, Organisation und Durchführung von Ermittlungen und von operativen Maßnahmen, die gemeinsam mit den zuständigen Behörden der Mitgliedstaaten oder im Rahmen gemeinsamer Ermittlungsgruppen durchgeführt werden, gegebenenfalls in Verbindung mit Eurojust.

Durch diese Verordnungen werden ferner die Einzelheiten für die Kontrolle der Tätigkeiten von Europol durch das Europäische Parlament festgelegt; an dieser Kontrolle werden die nationalen Parlamente beteiligt.

(3) [1]Europol darf operative Maßnahmen nur in Verbindung und in Absprache mit den Behörden des Mitgliedstaats oder der Mitgliedstaaten ergreifen, deren Hoheitsgebiet betroffen ist. [2]Die Anwendung von Zwangsmaßnahmen bleibt ausschließlich den zuständigen einzelstaatlichen Behörden vorbehalten.

Art. 89 **[Grenzüberschreitende Behördentätigkeit]** [1]Der Rat legt gemäß einem besonderen Gesetzgebungsverfahren fest, unter welchen Bedingungen und innerhalb welcher Grenzen die in den Artikeln 82 und 87 genannten zuständigen Behörden der Mitgliedstaaten im Hoheitsgebiet eines anderen Mitgliedstaats in Verbindung und in Absprache mit dessen Behörden tätig werden dürfen. [2]Der Rat beschließt *einstimmig* nach Anhörung des Europäischen Parlaments.

---

[1] Nr. **145**.

[2] Vgl. VO (EU) 2016/794 v. 11.5.2016 über die Agentur der Europäischen Union für die Zusammenarbeit auf dem Gebiet der Strafverfolgung (Europol), ABl. Nr. L 135/53 v. 24.5.2016.

Titel VI. Der Verkehr

Art. 90 [Gemeinsame Verkehrspolitik] Auf dem in diesem Titel geregelten Sachgebiet werden die Ziele der Verträge im Rahmen einer gemeinsamen Verkehrspolitik verfolgt.

Art. 91 [Erlass von zweckdienlichen Maßnahmen] (1) Zur Durchführung des Artikels 90 werden das Europäische Parlament und der Rat unter Berücksichtigung der Besonderheiten des Verkehrs gemäß dem ordentlichen Gesetzgebungsverfahren und nach Anhörung des Wirtschafts- und Sozialausschusses sowie des Ausschusses der Regionen

a) für den internationalen Verkehr aus oder nach dem Hoheitsgebiet eines Mitgliedstaats oder für den Durchgangsverkehr durch das Hoheitsgebiet eines oder mehrerer Mitgliedstaaten gemeinsame Regeln aufstellen;

b) für die Zulassung von Verkehrsunternehmern zum Verkehr innerhalb eines Mitgliedstaats, in dem sie nicht ansässig sind, die Bedingungen festlegen;

c) Maßnahmen zur Verbesserung der Verkehrssicherheit erlassen;

d) alle sonstigen zweckdienlichen Vorschriften erlassen.

(2) Beim Erlass von Maßnahmen nach Absatz 1 wird den Fällen Rechnung getragen, in denen die Anwendung den Lebensstandard und die Beschäftigungslage in bestimmten Regionen sowie den Betrieb der Verkehrseinrichtungen ernstlich beeinträchtigen könnte.

Art. 92 [Stillhalteverpflichtung] Bis zum Erlass der in Artikel 91 Absatz 1 genannten Vorschriften darf ein Mitgliedstaat die verschiedenen, am 1. Januar 1958 oder, im Falle später beigetretener Staaten, zum Zeitpunkt ihres Beitritts auf diesem Gebiet geltenden Vorschriften in ihren unmittelbaren oder mittelbaren Auswirkungen auf die Verkehrsunternehmer anderer Mitgliedstaaten im Vergleich zu den inländischen Verkehrsunternehmern nicht ungünstiger gestalten, es sei denn, dass der Rat einstimmig eine Maßnahme billigt, die eine Ausnahmeregelung gewährt.

Art. 93 [Ausnahmen vom Beihilfeverbot] Mit den Verträgen vereinbar sind Beihilfen, die den Erfordernissen der Koordinierung des Verkehrs oder der Abgeltung bestimmter, mit dem Begriff des öffentlichen Dienstes zusammenhängender Leistungen entsprechen.

Art. 94 [Berücksichtigung der wirtschaftlichen Lage der Verkehrsunternehmer] Jede Maßnahme auf dem Gebiet der Beförderungsentgelte und -bedingungen, die im Rahmen der Verträge getroffen wird, hat der wirtschaftlichen Lage der Verkehrsunternehmer Rechnung zu tragen.

Art. 95 [Beseitigung von Diskriminierungen] (1) Im Verkehr innerhalb der Union sind Diskriminierungen verboten, die darin bestehen, dass ein Verkehrsunternehmer in denselben Verkehrsverbindungen für die gleichen Güter je nach ihrem Herkunfts- oder Bestimmungsland unterschiedliche Frachten und Beförderungsbedingungen anwendet.

(2) Absatz 1 schließt sonstige Maßnahmen nicht aus, die das Europäische Parlament und der Rat gemäß Artikel 91 Absatz 1 treffen können.

(3) Der Rat trifft auf Vorschlag der Kommission und nach Anhörung des Europäischen Parlaments und des Wirtschafts- und Sozialausschusses eine Regelung zur Durchführung des Absatzes 1.

Er kann insbesondere die erforderlichen Vorschriften erlassen, um es den Organen der Union zu ermöglichen, für die Beachtung des Absatzes 1 Sorge zu tragen, und um den Verkehrsnutzern die Vorteile dieser Bestimmung voll zukommen zu lassen.

(4) Die Kommission prüft von sich aus oder auf Antrag eines Mitgliedstaats die Diskriminierungsfälle des Absatzes 1 und erlässt nach Beratung mit jedem in Betracht kommenden Mitgliedstaat die erforderlichen Beschlüsse im Rahmen der gemäß Absatz 3 getroffenen Regelung.

Art. 96 [Verbot von Unterstützungsmaßnahmen, Ausnahmen] (1) Im Verkehr innerhalb der Union sind die von einem Mitgliedstaat auferlegten Frachten und Beförderungsbedingungen verboten, die in irgendeiner Weise der Unterstützung oder dem Schutz eines oder mehrerer bestimmter Unternehmen oder Industrien dienen, es sei denn, dass die Kommission die Genehmigung hierzu erteilt.

(2) Die Kommission prüft von sich aus oder auf Antrag eines Mitgliedstaats die in Absatz 1 bezeichneten Frachten und Beförderungsbedingungen; hierbei berücksichtigt sie insbesondere sowohl die Erfordernisse einer angemessenen Standortpolitik, die Bedürfnisse der unterentwickelten Gebiete und die Probleme der durch politische Umstände schwer betroffenen Gebiete als auch die Auswirkungen dieser Frachten und Beförderungsbedingungen auf den Wettbewerb zwischen den Verkehrsarten.

Die Kommission erlässt die erforderlichen Beschlüsse nach Beratung mit jedem in Betracht kommenden Mitgliedstaat.

(3) Das in Absatz 1 genannte Verbot trifft nicht die Wettbewerbstarife.

Art. 97 [Abgaben und Gebühren bei Grenzübergang] Die Abgaben oder Gebühren, die ein Verkehrsunternehmer neben den Frachten *beim Grenzübergang* in Rechnung stellt, dürfen unter Berücksichtigung der hierdurch tatsächlich verursachten Kosten eine angemessene Höhe nicht übersteigen.

Die Mitgliedstaaten werden bemüht sein, diese Kosten schrittweise zu verringern.

Die Kommission kann zur Durchführung dieses Artikels Empfehlungen an die Mitgliedstaaten richten.

Art. 98 [Teilungsbedingte Ausnahmen für gewisse deutsche Gebiete] [1]Die Bestimmungen dieses Titels stehen Maßnahmen in der Bundesrepublik Deutschland nicht entgegen, soweit sie erforderlich sind, um die wirtschaftlichen Nachteile auszugleichen, die der Wirtschaft bestimmter, von der Teilung Deutschlands betroffener Gebiete der Bundesrepublik aus dieser Teilung entstehen. [2]Der Rat kann fünf Jahre nach dem Inkrafttreten des Vertrags von Lissabon[1)] auf Vorschlag der Kommission einen Beschluss erlassen, mit dem dieser Artikel aufgehoben wird.

Art. 99 [Beratender Ausschuss] [1]Bei der Kommission wird ein beratender Ausschuss gebildet; er besteht aus Sachverständigen, die von den Regierungen der Mitgliedstaaten ernannt werden. [2]Die Kommission hört den Ausschuss je nach Bedarf in Verkehrsfragen an.

Art. 100 [Betroffene Verkehrsmittel] (1) Dieser Titel gilt für Beförderungen im Eisenbahn-, Straßen- und Binnenschiffsverkehr.

(2) [1]Das Europäische Parlament und der Rat können gemäß dem ordentlichen Gesetzgebungsverfahren geeignete Vorschriften für die Seeschifffahrt und die Luftfahrt erlassen. [2]Sie beschließen nach Anhörung des Wirtschafts- und Sozialausschusses und des Ausschusses der Regionen.

Titel VII. Gemeinsame Regeln betreffend Wettbewerb, Steuerfragen und Angleichung der Rechtsvorschriften

Kapitel 1. Wettbewerbsregeln

Abschnitt 1. Vorschriften für Unternehmen

Art. 101 [Kartellverbot] (1) Mit dem Binnenmarkt unvereinbar und verboten sind alle Vereinbarungen zwischen Unternehmen, Beschlüsse von Unternehmensvereinigungen und aufeinander abgestimmte Verhaltensweisen, welche den Handel zwischen Mitgliedstaaten zu beeinträchtigen geeignet sind und eine Verhinderung, Einschränkung *oder* Verfälschung des Wettbewerbs innerhalb des Binnenmarkts bezwecken oder bewirken, insbesondere

a) die unmittelbare oder mittelbare Festsetzung der An- oder Verkaufspreise oder sonstiger Geschäftsbedingungen;
b) die Einschränkung oder Kontrolle der Erzeugung, des Absatzes der technischen Entwicklung oder der Investitionen;

---

1) Nr. **152**.

c) die Aufteilung der Märkte oder Versorgungsquellen;

d) die Anwendung unterschiedlicher Bedingungen bei gleichwertigen Leistungen gegenüber Handelspartnern, wodurch diese im Wettbewerb benachteiligt werden;

e) die an den Abschluss von Verträgen geknüpfte Bedingung, dass die Vertragspartner zusätzliche Leistungen annehmen, die weder sachlich noch nach Handelsbrauch in Beziehung zum Vertragsgegenstand stehen.

(2) Die nach diesem Artikel verbotenen Vereinbarungen oder Beschlüsse sind nichtig.

(3) Die Bestimmungen des Absatzes 1 können für nicht anwendbar erklärt werden auf

– Vereinbarungen oder Gruppen von Vereinbarungen zwischen Unternehmen,
– Beschlüsse oder Gruppen von Beschlüssen von Unternehmensvereinigungen,
– aufeinander abgestimmte Verhaltensweisen oder Gruppen von solchen,

die unter angemessener Beteiligung der Verbraucher an dem entstehenden Gewinn zur Verbesserung der Warenerzeugung oder -verteilung oder zur Förderung des technischen oder wirtschaftlichen Fortschritts beitragen, ohne dass den beteiligten Unternehmen

a) Beschränkungen auferlegt werden, die für die Verwirklichung dieser Ziele nicht unerlässlich sind, oder

b) Möglichkeiten eröffnet werden, für einen wesentlichen Teil der betreffenden Waren den Wettbewerb auszuschalten.

Art. 102 [Missbrauch einer marktbeherrschenden Stellung] Mit dem Binnenmarkt unvereinbar und verboten ist die missbräuchliche Ausnutzung einer beherrschenden Stellung auf dem Binnenmarkt oder auf einem wesentlichen Teil desselben durch ein oder mehrere Unternehmen, soweit dies dazu führen kann, den Handel zwischen Mitgliedstaaten zu beeinträchtigen.

Dieser Missbrauch kann insbesondere in Folgendem bestehen:

a) der unmittelbaren oder mittelbaren Erzwingung von unangemessenen Einkaufs- oder Verkaufspreisen oder sonstigen Geschäftsbedingungen;

b) der Einschränkung der Erzeugung, des Absatzes oder der technischen Entwicklung zum Schaden der Verbraucher;

c) der Anwendung unterschiedlicher Bedingungen bei gleichwertigen Leistungen gegenüber Handelspartnern, wodurch diese im Wettbewerb benachteiligt werden;

d) der an den Abschluss von Verträgen geknüpften Bedingung, dass die Vertragspartner zusätzliche Leistungen annehmen, die weder sachlich noch nach Handelsbrauch in Beziehung zum Vertragsgegenstand stehen.

Art. 103 [Erlass von Verordnungen und Richtlinien] (1) Die zweckdienlichen Verordnungen oder Richtlinien zur Verwirklichung der in den Artikeln 101 und 102 niedergelegten Grundsätze werden vom Rat auf Vorschlag der Kommission und nach Anhörung des Europäischen Parlaments beschlossen.[1)]

(2) Die in Absatz 1 vorgesehenen Vorschriften bezwecken insbesondere,

a) die Beachtung der in Artikel 101 Absatz 1 und Artikel 102 genannten Verbote durch die Einführung von Geldbußen und Zwangsgeldern zu gewährleisten;

b) die Einzelheiten der Anwendung des Artikels 101 Absatz 3 festzulegen; dabei ist dem Erfordernis einer wirksamen Überwachung bei möglichst einfacher Verwaltungskontrolle Rechnung zu tragen;

c) gegebenenfalls den Anwendungsbereich der Artikel 101 und 102 für die einzelnen Wirtschaftszweige näher zu bestimmen;

d) die Aufgaben der Kommission und des Gerichtshofs der Europäischen Union bei der Anwendung der in diesem Absatz vorgesehenen Vorschriften gegeneinander abzugrenzen;

e) das Verhältnis zwischen den innerstaatlichen Rechtsvorschriften einerseits und den in diesem Abschnitt enthaltenen oder aufgrund dieses Artikels getroffenen Bestimmungen andererseits festzulegen.

Art. 104 [Übergangsbestimmung] Bis zum Inkrafttreten der gemäß Artikel 103 erlassenen Vorschriften entscheiden die Behörden der Mitgliedstaaten im Einklang mit ihren eigenen Rechtsvorschriften und den Bestimmungen der Artikel 101, insbesondere Absatz 3, und 102 über die Zulässigkeit von Vereinbarungen, Beschlüssen und aufeinander abgestimmten Verhaltensweisen sowie über die missbräuchliche Ausnutzung einer beherrschenden Stellung auf dem Binnenmarkt.

Art. 105 [Wettbewerbsaufsicht] (1) [1]Unbeschadet des Artikels 104 achtet die Kommission auf die Verwirklichung der in den Artikeln 101 und 102 niedergelegten Grundsätze. [2]Sie untersucht auf Antrag eines Mitgliedstaats oder von Amts wegen in Verbindung mit den zuständigen Behörden der Mitgliedstaaten, die ihr Amtshilfe zu leisten haben, die Fälle, in denen Zuwiderhandlungen gegen diese Grundsätze vermutet werden. [3]Stellt sie eine Zuwiderhandlung fest, so schlägt sie geeignete Mittel vor, um diese abzustellen.

(2) [1]Wird die Zuwiderhandlung nicht abgestellt, so trifft die Kommission in einem mit Gründen versehenen Beschluss die Feststellung,

---

[1)] Vgl. auch Nr. **165–173** dieser Textsammlung. Vgl. auch RL 2014/104 v. 26.11.2014 über bestimmte Vorschriften für Schadensersatzklagen nach nationalem Recht wegen Zuwiderhandlungen gegen wettbewerbsrechtliche Bestimmungen der Mitgliedstaaten und der Europäischen Union, ABl. Nr. L 349/1 v. 5.12.2014 sowie RL (EU) 2019/1 v. 11.12.2018 zur Stärkung der Wettbewerbsbehörden der Mitgliedstaaten im Hinblick auf eine wirksamere Durchsetzung der Wettbewerbsvorschriften und zur Gewährleistung des reibungslosen Funktionierens des Binnenmarkts (ABl. Nr. L 11/3 v. 14.1.2019).

dass eine derartige Zuwiderhandlung vorliegt. [2]Sie kann den Beschluss veröffentlichen und die Mitgliedstaaten ermächtigen, die erforderlichen Abhilfemaßnahmen zu treffen, deren Bedingungen und Einzelheiten sie festlegt.

(3) Die Kommission kann Verordnungen zu den Gruppen von Vereinbarungen erlassen, zu denen der Rat nach Artikel 103 Absatz 2 Buchstabe b eine Verordnung oder Richtlinie erlassen hat.

Art. 106 [Öffentliche Unternehmen; Dienstleistungen von allgemeinem wirtschaftlichem Interesse] (1) Die Mitgliedstaaten werden in Bezug auf öffentliche Unternehmen und auf Unternehmen, denen sie besondere oder ausschließliche Rechte gewähren, keine diesem Vertrag und insbesondere dessen Artikeln 18 und 101 bis 109 widersprechende Maßnahmen treffen oder beibehalten.

(2) [1]Für Unternehmen, die mit Dienstleistungen von allgemeinem wirtschaftlichem Interesse betraut sind oder den Charakter eines Finanzmonopols haben, gelten die Vorschriften der Verträge, insbesondere die Wettbewerbsregeln, soweit die Anwendung dieser Vorschriften nicht die Erfüllung der ihnen übertragenen besonderen Aufgabe rechtlich oder tatsächlich verhindert. [2]Die Entwicklung des Handelsverkehrs darf nicht in einem Ausmaß beeinträchtigt werden, das dem Interesse der Union zuwiderläuft.

(3) Die Kommission achtet auf die Anwendung dieses Artikels und richtet erforderlichenfalls geeignete Richtlinien oder Beschlüsse an die Mitgliedstaaten.[1)]

Abschnitt 2. Staatliche Beihilfen

Art. 107 [Beihilfeverbot; Ausnahmen] (1) Soweit in den Verträgen nicht etwas anderes bestimmt ist, sind staatliche oder aus staatlichen Mitteln gewährte Beihilfen gleich welcher Art, die durch die Begünstigung bestimmter Unternehmen oder Produktionszweige den Wettbewerb verfälschen oder zu verfälschen drohen, mit dem Binnenmarkt unvereinbar, soweit sie den Handel zwischen Mitgliedstaaten beeinträchtigen.

(2) Mit dem Binnenmarkt vereinbar sind:

a) Beihilfen sozialer Art an einzelne Verbraucher, wenn sie ohne Diskriminierung nach der Herkunft der Waren gewährt werden;

b) Beihilfen zur Beseitigung von Schäden, die durch Naturkatastrophen oder sonstige außergewöhnliche Ereignisse entstanden sind;

c) Beihilfen für die Wirtschaft, bestimmter durch die Teilung Deutschlands betroffener Gebiete der Bundesrepublik Deutschland, soweit

---

[1)] Beschluss der Kommission v. 20.12.2011 über die Anwendung von Artikel 106 Absatz 2 des Vertrags über die Arbeitsweise der Europäischen Union auf staatliche Beihilfen in Form von Ausgleichsleistungen zugunsten bestimmter Unternehmen, die mit der Erbringung von Dienstleistungen von allgemeinem wirtschaftlichem Interesse betraut sind (ABl. Nr. L 7/3 v. 11.1.2012).

sie zum Ausgleich der durch die Teilung verursachten wirtschaftlichen Nachteile erforderlich sind. Der Rat kann fünf Jahre nach dem Inkrafttreten des Vertrags von Lissabon[1)] auf Vorschlag der Kommission einen Beschluss erlassen, mit dem dieser Buchstabe aufgehoben wird.

(3) Als mit dem Binnenmarkt vereinbar können angesehen werden:

a) Beihilfen zur Förderung der wirtschaftlichen Entwicklung von Gebieten, in denen die Lebenshaltung außergewöhnlich niedrig ist oder eine erhebliche Unterbeschäftigung herrscht, sowie der in Artikel 349 genannten Gebiete unter Berücksichtigung ihrer strukturellen, wirtschaftlichen und sozialen Lage;

b) Beihilfen zur Förderung wichtiger Vorhaben von gemeinsamem europäischem Interesse oder zur Behebung einer beträchtlichen Störung im Wirtschaftsleben eines Mitgliedstaats;

c) Beihilfen zur Förderung der Entwicklung gewisser Wirtschaftszweige oder Wirtschaftsgebiete, soweit sie die Handelsbedingungen nicht in einer Weise verändern, die dem gemeinsamen Interesse zuwiderläuft;

d) Beihilfen zur Förderung der Kultur und der Erhaltung des kulturellen Erbes, soweit sie die Handels- und Wettbewerbsbedingungen in der Union nicht in einem Maß beeinträchtigen, das dem gemeinsamen Interesse zuwiderläuft;

e) sonstige Arten von Beihilfen, die der Rat durch einen Beschluss auf Vorschlag der Kommission bestimmt.

Art. 108 [Beihilfeaufsicht] (1) [1]Die Kommission überprüft fortlaufend in Zusammenarbeit mit den Mitgliedstaaten die in diesen bestehenden Beihilferegelungen. [2]Sie schlägt ihnen die zweckdienlichen Maßnahmen vor, welche die fortschreitende Entwicklung und das Funktionieren des Binnenmarkts erfordern.

(2) Stellt die Kommission fest, nachdem sie den Beteiligten eine Frist zur Äußerung gesetzt hat, dass eine von einem Staat oder aus staatlichen Mitteln gewährte Beihilfe mit dem Binnenmarkt nach Artikel 107 unvereinbar ist oder dass sie missbräuchlich angewandt wird, so beschließt sie, dass der betreffende Staat sie binnen einer von ihr bestimmten Frist aufzuheben oder umzugestalten hat.

Kommt der betreffende Staat diesem Beschluss innerhalb der festgesetzten Frist nicht nach, so kann die Kommission oder jeder betroffene Staat in Abweichung von den Artikeln 258 und 259 den Gerichtshof der Europäischen Union unmittelbar anrufen.

[1]Der Rat kann einstimmig auf Antrag eines Mitgliedstaats beschließen, dass eine von diesem Staat gewährte oder geplante Beihilfe in Abweichung von Artikel 107 oder von den nach Artikel 109 erlassenen Verordnungen als mit dem Binnenmarkt vereinbar gilt, wenn außerge-

---

[1)] Nr. **152**.

wöhnliche Umstände einen solchen Beschluss rechtfertigen. [2]Hat die Kommission bezüglich dieser Beihilfe das in Unterabsatz 1 dieses Absatzes vorgesehene Verfahren bereits eingeleitet, so bewirkt der Antrag des betreffenden Staates an den Rat die Aussetzung dieses Verfahrens, bis der Rat sich geäußert hat.

Äußert sich der Rat nicht binnen drei Monaten nach Antragstellung, so beschliesst die Kommission.

(3) [1]Die Kommission wird von jeder beabsichtigten Einführung oder Umgestaltung von Beihilfen so rechtzeitig unterrichtet, dass sie sich dazu äußern kann. Ist sie der Auffassung, dass ein derartiges Vorhaben nach Artikel 107 mit dem Binnenmarkt unvereinbar ist, so leitet sie unverzüglich das in Absatz 2 vorgesehene Verfahren ein. [3]Der betreffende Mitgliedstaat darf die beabsichtigte Maßnahme nicht durchführen, bevor die Kommission einen abschließenden Beschluss erlassen hat.

(4) Die Kommission kann Verordnungen zu den Arten von staatlichen Beihilfen erlassen, für die der Rat nach Artikel 109 festgelegt hat, dass sie von dem Verfahren nach Absatz 3 ausgenommen werden können.[1)]

Art. 109 [Erlass von Durchführungsverordnungen] Der Rat kann auf Vorschlag der Kommission und nach Anhörung des Europäischen Parlaments alle zweckdienlichen Durchführungsverordnungen zu den Artikeln 107 und 108 erlassen und insbesondere die Bedingungen für die Anwendung des Artikels 108 Absatz 3 sowie diejenigen Arten von Beihilfen festlegen, die von diesem Verfahren ausgenommen sind.

Kapitel 2. Steuerliche Vorschriften

Art. 110 [Diskriminierungs- und Protektionsverbot] Die Mitgliedstaaten erheben auf Waren aus anderen Mitgliedstaaten weder unmittelbar noch mittelbar höhere inländische Abgaben gleich welcher Art, als gleichartige inländische Waren unmittelbar oder mittelbar zu tragen haben.

Die Mitgliedstaaten erheben auf Waren aus anderen Mitgliedstaaten keine inländischen Abgaben, die geeignet sind, andere Produktionen mittelbar zu schützen.

Art. 111 [Privilegierungsverbot für Rückvergütungen] Werden Waren in das Hoheitsgebiet eines Mitgliedstaats ausgeführt, so darf die Rückvergütung für inländische Abgaben nicht höher sein als die auf die ausgeführten Waren mittelbar oder unmittelbar erhobenen inländischen Abgaben.

Art. 112 [Kompensationsverbot unter Genehmigungsvorbehalt] Für Abgaben außer Umsatzsteuern, Verbrauchsabgaben und sonstigen indirekten Steuern sind Entlastungen und Rückvergütungen bei der Ausfuhr nach anderen Mitgliedstaaten sowie Ausgleichsabgaben bei der

---

1) Vgl. hierzu VO (EU) 2015/1588 v. 13.7.2015, abgedruckt unter Nr. **172**.

Einfuhr aus den Mitgliedstaaten nur zulässig, soweit der Rat sie vorher auf Vorschlag der Kommission für eine begrenzte Frist genehmigt hat.

Art. 113 [Harmonisierung der indirekten Steuern] Der Rat erlässt gemäß einem besonderen Gesetzgebungsverfahren und nach Anhörung des Europäischen Parlaments und des Wirtschafts- und Sozialausschusses einstimmig die Bestimmungen zur Harmonisierung der Rechtsvorschriften über die Umsatzsteuern, die Verbrauchsabgaben und sonstige indirekte Steuern, soweit diese Harmonisierung für die Errichtung und das Funktionieren des Binnenmarkts und die Vermeidung von Wettbewerbsverzerrungen notwendig ist.

Kapitel 3. Angleichung der Rechtsvorschriften

Art. 114 [Rechtsangleichung im Binnenmarkt] (1) [1]Soweit in den Verträgen nichts anderes bestimmt ist, gilt für die Verwirklichung der Ziele des Artikels 26 die nachstehende Regelung. [2]Das Europäische Parlament und der Rat erlassen gemäß dem ordentlichen Gesetzgebungsverfahren und nach Anhörung des Wirtschafts- und Sozialausschusses die Maßnahmen zur Angleichung der Rechts- und Verwaltungsvorschriften der Mitgliedstaaten, welche die Errichtung und das Funktionieren des Binnenmarkts zum Gegenstand haben.

(2) Absatz 1 gilt nicht für die Bestimmungen über die Steuern, die Bestimmungen über die Freizügigkeit und die Bestimmungen über die Rechte und Interessen der Arbeitnehmer.

(3) [1]Die Kommission geht in ihren Vorschlägen nach Absatz 1 in den Bereichen Gesundheit, Sicherheit, Umweltschutz und Verbraucherschutz von einem hohen Schutzniveau aus und berücksichtigt dabei insbesondere alle auf wissenschaftliche Ergebnisse gestützten neuen Entwicklungen. [2]Im Rahmen ihrer jeweiligen Befugnisse streben das Europäische Parlament und der Rat dieses Ziel ebenfalls an.

(4) Hält es ein Mitgliedstaat nach dem Erlass einer Harmonisierungsmaßnahme durch das Europäische Parlament und den Rat beziehungsweise durch den Rat oder die Kommission für erforderlich, einzelstaatliche Bestimmungen beizubehalten, die durch wichtige Erfordernisse im Sinne des Artikels 36 oder in Bezug auf den Schutz der Arbeitsumwelt oder den Umweltschutz gerechtfertigt sind, so teilt er diese Bestimmungen sowie die Gründe für ihre Beibehaltung der Kommission mit.

(5) Unbeschadet des Absatzes 4 teilt ferner ein Mitgliedstaat, der es *nach dem Erlass* einer Harmonisierungsmaßnahme durch das Europäische Parlament und den Rat beziehungsweise durch den Rat oder die Kommission für erforderlich hält, auf neue wissenschaftliche Erkenntnisse gestützte einzelstaatliche Bestimmungen zum Schutz der Umwelt oder der Arbeitsumwelt aufgrund eines spezifischen Problems für diesen Mitgliedstaat, das sich nach dem Erlass der Harmonisierungsmaßnahme ergibt, einzuführen, die in Aussicht genommenen Bestimmungen sowie die Gründe für ihre Einführung der Kommission mit.

(6) Die Kommission beschließt binnen sechs Monaten nach den Mitteilungen nach den Absätzen 4 und 5, die betreffenden einzelstaatlichen Bestimmungen zu billigen oder abzulehnen, nachdem sie geprüft hat, ob sie ein Mittel zur willkürlichen Diskriminierung und eine verschleierte Beschränkung des Handels zwischen den Mitgliedstaaten darstellen und ob sie das Funktionieren des Binnenmarkts behindern.

Erlässt die Kommission innerhalb dieses Zeitraums keinen Beschluss, so gelten die in den Absätzen 4 und 5 genannten einzelstaatlichen Bestimmungen als gebilligt.

Die Kommission, kann sofern dies aufgrund des schwierigen Sachverhalts gerechtfertigt ist und keine Gefahr für die menschliche Gesundheit besteht, dem betreffenden Mitgliedstaat mitteilen, dass der in diesem Absatz genannte Zeitraum gegebenenfalls um einen weiteren Zeitraum von bis zu sechs Monaten verlängert wird.

(7) Wird es einem Mitgliedstaat nach Absatz 6 gestattet, von der Harmonisierungsmaßnahme abweichende einzelstaatliche Bestimmungen beizubehalten oder einzuführen, so prüft die Kommission unverzüglich, ob sie eine Anpassung dieser Maßnahme vorschlägt.

(8) Wirft ein Mitgliedstaat in einem Bereich, der zuvor bereits Gegenstand von Harmonisierungsmaßnahmen war, ein spezielles Gesundheitsproblem auf, so teilt er dies der Kommission mit, die dann umgehend prüft, ob sie dem Rat entsprechende Maßnahmen vorschlägt.

(9) In Abweichung von dem Verfahren der Artikel 258 und 259 kann die Kommission oder ein Mitgliedstaat den Gerichtshof der Europäischen Union unmittelbar anrufen, wenn die Kommission oder der Staat der Auffassung ist, dass ein anderer Mitgliedstaat die in diesem Artikel vorgesehenen Befugnisse missbraucht.

(10) Die vorgenannten Harmonisierungsmaßnahmen sind in geeigneten Fällen mit einer Schutzklausel verbunden, welche die Mitgliedstaaten ermächtigt, aus einem oder mehreren der in Artikel 36 genannten nichtwirtschaftlichen Gründe vorläufige Maßnahmen zu treffen, die einem Kontrollverfahren der Union unterliegen.

Art. 115 [Nationales Recht mit unmittelbarer Auswirkung auf den Binnenmarkt; Rechtsangleichung] Unbeschadet des Artikels 114 erlässt der Rat gemäß einem besonderen Gesetzgebungsverfahren einstimmig und nach Anhörung des Europäischen Parlaments und des Wirtschafts- und Sozialausschusses Richtlinien für die Angleichung derjenigen Rechts- und Verwaltungsvorschriften der Mitgliedstaaten, die sich unmittelbar auf die Errichtung oder das Funktionieren des Binnenmarkts auswirken.

Art. 116 [Behandlung bestehender wettbewerbsverzerrender *Vorschriften*] Stellt die Kommission fest, dass vorhandene Unterschiede in den Rechts- und Verwaltungsvorschriften der Mitgliedstaaten die Wettbewerbsbedingungen auf dem Binnenmarkt verfälschen und dadurch eine Verzerrung hervorrufen, die zu beseitigen ist, so tritt sie mit den betreffenden Mitgliedstaaten in Beratungen ein.

[1] Führen diese Beratungen nicht zur Beseitigung dieser Verzerrung, so erlassen das Europäische Parlament und der Rat gemäß dem ordentlichen Gesetzgebungsverfahren die erforderlichen Richtlinien. [2] Es können alle sonstigen in den Verträgen vorgesehenen zweckdienlichen Maßnahmen erlassen werden.

Art. 117 [Behandlung geplanter wettbewerbsverzerrender Vorschriften] (1) [1] Ist zu befürchten, dass der Erlass oder die Änderung einer Rechts- oder Verwaltungsvorschrift eine Verzerrung im Sinne des Artikels 116 verursacht, so setzt sich der Mitgliedstaat, der diese Maßnahmen beabsichtigt, mit der Kommission ins Benehmen. [2] Diese empfiehlt nach Beratung mit den Mitgliedstaaten den beteiligten Staaten die zur Vermeidung dieser Verzerrung geeigneten Maßnahmen.

(2) [1] Kommt der Staat, der innerstaatliche Vorschriften erlassen oder ändern will, der an ihn gerichteten Empfehlung der Kommission nicht nach, so kann nicht gemäß Artikel 123 verlangt werden, dass die anderen Mitgliedstaaten ihre innerstaatlichen Vorschriften ändern, um die Verzerrung zu beseitigen. [2] Verursacht ein Mitgliedstaat, der die Empfehlung der Kommission außer acht lässt, eine Verzerrung lediglich zu seinem eigenen Nachteil, so findet Artikel 116 keine Anwendung.

Art. 118[1)] **[Schutz des geistigen Eigentums]** Im Rahmen der Verwirklichung oder des Funktionierens des Binnenmarkts erlassen das Europäische Parlament und der Rat gemäß dem ordentlichen Gesetzgebungsverfahren Maßnahmen zur Schaffung europäischer Rechtstitel über einen einheitlichen Schutz der Rechte des geistigen Eigentums in der Union sowie zur Einführung von zentralisierten Zulassungs-, Koordinierungs- und Kontrollregelungen auf Unionsebene.

[1] Der Rat legt gemäß einem besonderen Gesetzgebungsverfahren durch Verordnungen die Sprachenregelungen für die europäischen Rechtstitel fest. [2] Der Rat beschließt einstimmig nach Anhörung des Europäischen Parlaments.

Titel VIII. Die Wirtschafts- und Währungspolitik

Art. 119 [Europäische Wirtschaftsverfassung; Grundsätze]

(1) Die Tätigkeit der Mitgliedstaaten und der Union im Sinne des Artikels 3 des Vertrags über die Europäische Union[2)] umfasst nach Maßgabe

---

1) Vgl. hierzu VO 1257/2012 v. 17.12.2012 über die Umsetzung der Verstärkten Zusammenarbeit im Bereich der Schaffung eines einheitlichen Patentschutzes (ABl. Nr. L 361/1). Diese VO stellt ein besonderes Übereinkommen iSv Art. 142 des Europäischen Patentübereinkommens v. 5.10.1973 dar. Zu den anzuwendenden Übersetzungsregelungen vgl. VO 1260/2012 v. 17.12.2012 (ABl. Nr. L 361/89). Vgl. auch VO (EU) 2017/1001 v. 14.6.2017 über die Unionsmarke, ABl. Nr. L 154/1 v. 16.6.2017 und hierzu delegierte VO (EU) 2018/625 der Kommission v. 5.3.2018, ABl. Nr. L 104/1 v. 24.4.2018 sowie mit Einzelheiten zur Umsetzung von Besetimmungender VO 2017/1001 die Durchführungs-VO (EU) 2018/626 der Kommission v. 5.3.2018, A l. Nr. L 104/37 v. 24.4.2018.

2) Nr. **145**.

der Verträge die Einführung einer Wirtschaftspolitik, die auf einer engen Koordinierung der Wirtschaftspolitik der Mitgliedstaaten, dem Binnenmarkt und der Festlegung gemeinsamer Ziele beruht und dem Grundsatz einer offenen Marktwirtschaft mit freiem Wettbewerb verpflichtet ist.

(2) Parallel dazu umfasst diese Tätigkeit nach Maßgabe der Verträge und der darin vorgesehenen Verfahren eine einheitliche Währung, den Euro, sowie die Festlegung und Durchführung einer einheitlichen Geld- sowie Wechselkurspolitik, die beide vorrangig das Ziel der Preisstabilität verfolgen und unbeschadet dieses Zieles die allgemeine Wirtschaftspolitik in der Union unter Beachtung des Grundsatzes einer offenen Marktwirtschaft mit freiem Wettbewerb unterstützen sollen.

(3) Diese Tätigkeit der Mitgliedstaaten und der Union setzt die Einhaltung der folgenden richtungsweisenden Grundsätze voraus: stabile Preise, gesunde öffentliche Finanzen und monetäre Rahmenbedingungen sowie eine tragfähige Zahlungsbilanz.[1)]

Kapitel 1. Die Wirtschaftspolitik

Art. 120 [Marktwirtschaftliche Ausrichtung] [1]Die Mitgliedstaaten richten ihre Wirtschaftspolitik so aus, dass sie im Rahmen der in Artikel 121 Absatz 2 genannten Grundzüge zur Verwirklichung der Ziele der Union im Sinne des Artikels 3 des Vertrags über die Europäische Union[2)] beitragen. [2]Die Mitgliedstaaten und die Union handeln im Einklang mit dem Grundsatz einer offenen Marktwirtschaft mit freiem Wettbewerb, wodurch ein effizienter Einsatz der Ressourcen gefördert wird, und halten sich dabei an die in Artikel 119 genannten Grundsätze.

Art. 121 [Koordinierung der Wirtschaftspolitik] (1) Die Mitgliedstaaten betrachten ihre Wirtschaftspolitik als eine Angelegenheit von gemeinsamem Interesse und koordinieren sie im Rat nach Maßgabe des Artikels 120.

(2) Der Rat erstellt auf Empfehlung der Kommission einen Entwurf für die Grundzüge der Wirtschaftspolitik der Mitgliedstaaten und der Union und erstattet dem Europäischen Rat hierüber Bericht.

Der Europäische Rat erörtert auf der Grundlage dieses Berichtes des Rates eine Schlussfolgerung zu den Grundzügen der Wirtschaftspolitik der Mitgliedstaaten und der Union.

[1]Auf der Grundlage dieser Schlussfolgerung verabschiedet der Rat eine Empfehlung, in der diese Grundzüge dargelegt werden.[3)] [2]Der Rat unterrichtet das Europäische Parlament über seine Empfehlung.

[1)] Wortlaut der authentischen dt. Sprachfassung geänd. durch Berichtigungsprotokoll v. 2.12.2011 (Bek. v. 16.10.2014, BGBl. 2014 II S. 864).

[2)] *Nr.* **145**.

[3)] Vgl. Empfehlung (EU) 2015/1184 des Rates v. 14.7.2015 über die Grundzüge der Wirtschaftspolitik der Mitgliedstaaten und der Europäischen Union (ABl. Nr. L 192/27 v. 18.7.2015.

ein; dies gilt unbeschadet der gegenseitigen finanziellen Garantien für die gemeinsame Durchführung eines bestimmten Vorhabens.

(2) Der Rat kann erforderlichenfalls auf Vorschlag der Kommission und nach Anhörung des Europäischen Parlaments die Definitionen für die Anwendung der in den Artikeln 123 und 124 sowie in diesem Artikel vorgesehenen Verbote näher bestimmen.

Art. 126 [Vermeidung übermäßiger Defizite; Haushaltsdisziplin] (1) Die Mitgliedstaaten vermeiden übermäßige öffentliche Defizite.

(2) [1] Die Kommission überwacht die Entwicklung der Haushaltslage und der Höhe des öffentlichen Schuldenstands in den Mitgliedstaaten im Hinblick auf die Feststellung schwerwiegender Fehler. [2] Insbesondere prüft sie die Einhaltung der Haushaltsdisziplin anhand von zwei Kriterien, nämlich daran,

a) ob das Verhältnis des geplanten oder tatsächlichen öffentlichen Defizits zum Bruttoinlandsprodukt einen bestimmten Referenzwert überschreitet, es sei denn, dass
   – entweder das Verhältnis erheblich und laufend zurückgegangen ist und einen Wert in der Nähe des Referenzwerts erreicht hat

(Fortsetzung nächstes Blatt)

– oder der Referenzwert nur ausnahmsweise und vorübergehend überschritten wird und das Verhältnis in der Nähe des Referenzwerts bleibt,

b) ob das Verhältnis des öffentlichen Schuldenstands zum Bruttoinlandsprodukt einen bestimmten Referenzwert überschreitet, es sei denn, dass das Verhältnis hinreichend rückläufig ist und sich rasch genug dem Referenzwert nähert.

3 Die Referenzwerte werden in einem den Verträgen beigefügten Protokoll über das Verfahren bei einem übermäßigen Defizit[1)] im Einzelnen festgelegt.

(3) 1 Erfüllt ein Mitgliedstaat keines oder nur eines dieser Kriterien, so erstellt die Kommission einen Bericht. 2 In diesem Bericht wird berücksichtigt, ob das öffentliche Defizit die öffentlichen Ausgaben für Investitionen übertrifft; berücksichtigt werden ferner alle sonstigen einschlägigen Faktoren, einschließlich der mittelfristigen Wirtschafts- und Haushaltslage des Mitgliedstaats.

Die Kommission kann ferner einen Bericht erstellen, wenn sie ungeachtet der Erfüllung der Kriterien der Auffassung ist, dass in einem Mitgliedstaat die Gefahr eines übermäßigen Defizits besteht.

(4) Der Wirtschafts- und Finanzausschuss gibt eine Stellungnahme zu dem Bericht der Kommission ab.

(5) Ist die Kommission der Auffassung, dass in einem Mitgliedstaat ein übermäßiges Defizit besteht oder sich ergeben könnte, so legt sie dem betreffenden Mitgliedstaat eine Stellungnahme vor und unterrichtet den Rat.

(6) Der Rat beschließt auf Vorschlag der Kommission und unter Berücksichtigung der Bemerkungen, die der betreffende Mitgliedstaat gegebenenfalls abzugeben wünscht, nach Prüfung der Gesamtlage, ob ein übermäßiges Defizit besteht.

(7) 1 Stellt der Rat nach Absatz 6 ein übermäßiges Defizit fest, so richtet er auf Empfehlung der Kommission unverzüglich Empfehlungen an den betreffenden Mitgliedstaat mit dem Ziel, dieser Lage innerhalb einer bestimmten Frist abzuhelfen. 2 Vorbehaltlich des Absatzes 8 werden diese Empfehlungen nicht veröffentlicht.

(8) Stellt der Rat fest, dass seine Empfehlungen innerhalb der gesetzten Frist keine wirksamen Maßnahmen ausgelöst haben, so kann er seine Empfehlungen veröffentlichen.

(9) Falls ein Mitgliedstaat den Empfehlungen des Rates weiterhin nicht Folge leistet, kann der Rat beschließen, den Mitgliedstaat mit der Maßgabe in Verzug zu setzen, innerhalb einer bestimmten Frist Maßnahmen für den nach Auffassung des Rates zur Sanierung erforderlichen Defizitabbau zu treffen.

---

1) Nr. **147**.

Der Rat kann in diesem Fall den betreffenden Mitgliedstaat ersuchen, nach einem konkreten Zeitplan Berichte vorzulegen, um die Anpassungsbemühungen des Mitgliedstaats überprüfen zu können.

(10) Das Recht auf Klageerhebung nach den Artikeln 258 und 259 kann im Rahmen der Absätze 1 bis 9 dieses Artikels nicht ausgeübt werden.

(11) Solange ein Mitgliedstaat einen Beschluss nach Absatz 9 nicht befolgt, kann der Rat beschließen, eine oder mehrere der nachstehenden Maßnahmen anzuwenden oder gegebenenfalls zu verschärfen, nämlich

- von dem betreffenden Mitgliedstaat verlangen, vor der Emission von Schuldverschreibungen und sonstigen Wertpapieren vom Rat näher zu bezeichnende zusätzliche Angaben zu veröffentlichen,
- die Europäische Investitionsbank ersuchen, ihre Darlehenspolitik gegenüber dem Mitgliedstaat zu überprüfen,
- von dem Mitgliedstaat verlangen, eine unverzinsliche Einlage in angemessener Höhe bei der Union zu hinterlegen, bis das übermäßige Defizit nach Ansicht des Rates korrigiert worden ist,
- Geldbußen in angemessener Höhe verhängen.

Der Präsident des Rates unterrichtet das Europäische Parlament von den Beschlüssen.

(12) [1]Der Rat hebt einige oder sämtliche Beschlüsse oder Empfehlungen nach den Absätzen 6 bis 9 und 11 so weit auf, wie das übermäßige Defizit in dem betreffenden Mitgliedstaat nach Ansicht des Rates korrigiert worden ist. [2]Hat der Rat zuvor Empfehlungen veröffentlicht, so stellt er, sobald der Beschluss nach Absatz 8 aufgehoben worden ist, in einer öffentlichen Erklärung fest, dass in dem betreffenden Mitgliedstaat kein übermäßiges Defizit mehr besteht.

(13) Die Beschlussfassung und die Empfehlungen des Rates nach den Absätzen 8, 9, 11 und 12 erfolgen auf Empfehlung der Kommission.

Erlässt der Rat Maßnahmen nach den Absätzen 6 bis 9 sowie den Absätzen 11 und 12, so beschließt er ohne Berücksichtigung der Stimme des den betreffenden Mitgliedstaat vertretenden Mitglieds des Rates.

Die qualifizierte Mehrheit der übrigen Mitglieder des Rates bestimmt sich nach Artikel 238 Absatz 3 Buchstabe a.

(14) Weitere Bestimmungen über die Durchführung des in diesem Artikel beschriebenen Verfahrens sind in dem den Verträgen beigefügten Protokoll über das Verfahren bei einem übermäßigen Defizit enthalten.

Der Rat verabschiedet gemäß einem besonderen Gesetzgebungsverfahren einstimmig und nach Anhörung des Europäischen Parlaments sowie der Europäischen Zentralbank die geeigneten Bestimmungen, *die sodann das genannte* Protokoll ablösen.

Der Rat beschließt vorbehaltlich der sonstigen Bestimmungen dieses Absatzes auf Vorschlag der Kommission und nach Anhörung des Europäischen Parlaments nähere Einzelheiten und Begriffsbestimmungen für die Durchführung des genannten Protokolls.[1)]

Kapitel 2. Die Währungspolitik

Art. 127 [Ziele und Aufgaben des ESZB] (1) [1]Das vorrangige Ziel des Europäischen Systems der Zentralbanken (im Folgenden „ESZB") ist es, die Preisstabilität zu gewährleisten. [2]Soweit dies ohne Beeinträchtigung des Zieles der Preisstabilität möglich ist, unterstützt das ESZB die allgemeine Wirtschaftspolitik in der Union, um zur Verwirklichung der in Artikel 3 des Vertrags über die Europäische Union[2)] festgelegten Ziele der Union beizutragen. [3]Das ESZB handelt im Einklang mit dem Grundsatz einer offenen Marktwirtschaft mit freiem Wettbewerb, wodurch ein effizienter Einsatz der Ressourcen gefördert wird, und hält sich dabei an die in Artikel 119 genannten Grundsätze.

(2) Die grundlegenden Aufgaben des ESZB bestehen darin,
- die Geldpolitik der Union festzulegen und auszuführen,[3)]
- Devisengeschäfte im Einklang mit Artikel 219 durchzuführen,
- die offiziellen Währungsreserven der Mitgliedstaaten zu halten und zu verwalten,
- das reibungslose Funktionieren der Zahlungssysteme zu fördern.

(3) Absatz 2 dritter Gedankenstrich berührt nicht die Haltung und Verwaltung von Arbeitsguthaben in Fremdwährungen durch die Regierungen der Mitgliedstaaten.

(4) Die Europäische Zentralbank wird gehört
- zu allen Vorschlägen für Rechtsakte der Union im Zuständigkeitsbereich der Europäischen Zentralbank,
- von den nationalen Behörden zu allen Entwürfen für Rechtsvorschriften im Zuständigkeitsbereich der Europäischen Zentralbank, und zwar innerhalb der Grenzen und unter den Bedingungen, die der Rat nach dem Verfahren des Artikels 129 Absatz 4 festlegt.

Die Europäischen Zentralbank kann gegenüber den zuständigen Organen, Einrichtungen und sonstigen Stellen der Union und gegenüber den nationalen Behörden Stellungnahmen zu in ihren Zuständigkeitsbereich fallenden Fragen abgeben.

(5) Das ESZB trägt zur reibungslosen Durchführung der von den zuständigen Behörden auf dem Gebiet der Aufsicht über die Kreditinstitute und der Stabilität des Finanzsystems ergriffenen Maßnahmen bei.

(6) Der Rat kann einstimmig durch Verordnungen gemäß einem besonderen Gesetzgebungsverfahren und nach Anhörung des Europäi-

---

[1)] Vgl. VO 479/2009 v. 25. 5. 2009 über die Anwendung des dem Vertrag zur Gründung der Europäischen Gemeinschaft beigefügten Protokolls über das Verfahren bei einem übermäßigen Defizit (ABl. Nr. L 145/1), zuletzt geänd. durch VO 679/2010 v. 26. 7. 2010 (ABl. Nr. L 198/1).

[2)] Nr. **145**.

[3)] Vgl. die Leitlinie der EZB v. 20. 9. 2011 über geldpolitische Instrumente und Verfahren des Eurosystems (EZB/2011/14; ABl. Nr. L 331/1); geänd. durch Leitlinie EZB/2012/25 v. 26. 12. 2012 (ABl. Nr. L 348/30).

schen Parlaments und der Europäischen Zentralbank besondere Aufgaben im Zusammenhang mit der Aufsicht über Kreditinstitute und sonstige Finanzinstitute mit Ausnahme von Versicherungsunternehmen der Europäischen Zentralbank übertragen.[1)]

Art. 128 [Ausgabe von Banknoten und Münzen] (1) [1]Die Europäische Zentralbank hat das ausschließliche Recht, die Ausgabe von Euro-Banknoten innerhalb der Union zu genehmigen. [2]Die Europäische Zentralbank und die nationalen Zentralbanken sind zur Ausgabe dieser Banknoten berechtigt. [3]Die von der Europäischen Zentralbank und den nationalen Zentralbanken ausgegebenen Banknoten sind die einzigen Banknoten, die in der Union als gesetzliches Zahlungsmittel gelten.

(2) [1]Die Mitgliedstaaten haben das Recht zur Ausgabe von Euro-Münzen, wobei der Umfang dieser Ausgabe der Genehmigung durch die Europäische Zentralbank bedarf. [2]Der Rat kann auf Vorschlag der Kommission und nach Anhörung des Europäischen Parlaments und der Europäischen Zentralbank Maßnahmen erlassen, um die Stückelung und die technischen Merkmale aller für den Umlauf bestimmten Münzen so weit zu harmonisieren, wie dies für deren reibungslosen Umlauf innerhalb der Union erforderlich ist.

Art. 129 [Struktur des ESZB; Satzung] (1) Das ESZB wird von den Beschlussorganen der Europäischen Zentralbank, nämlich dem Rat der Europäischen Zentralbank und dem Direktorium, geleitet.

(2) Die Satzung des Europäischen Systems der Zentralbanken und der Europäischen Zentralbank[2)] (im Folgenden „Satzung des ESZB und der EZB") ist in einem den Verträgen beigefügten Protokoll festgelegt.

(3) [1]Das Europäische Parlament und der Rat können die Artikel 5.1, 5.2, 5.3, 17, 18, 19.1, 22, 23, 24, 26, 32.2, 32.3, 32.4, 32.6, 33.1 Buchstabe a und 36 der Satzung des ESZB und der EZB gemäß dem ordentlichen Gesetzgebungsverfahren ändern. [2]Sie beschließen entweder auf Empfehlung der Europäischen Zentralbank nach Anhörung der Kommission oder auf Empfehlung der Kommission nach Anhörung der Europäischen Zentralbank.

(4) Der Rat erlässt entweder auf Vorschlag der Kommission und nach Anhörung des Europäischen Parlaments und der Europäischen Zentralbank oder auf Empfehlung der Europäischen Zentralbank und nach Anhörung des Europäischen Parlaments und der Kommission die in den Artikeln 4, 5.4,19.2, 20, 28.1, 29.2, 30.4 und 34.3 der Satzung des ESZB und der EZB genannten Bestimmungen.

Art. 130 [Unabhängigkeit von EZB und nationalen Zentralbanken] [1]Bei der Wahrnehmung der ihnen durch die Verträge und die

[1)] Vgl. VO 1024/2013 v. 15. 10. 2013 zur Übertragung besonderer Aufgaben im Zusammenhang mit der Aufsicht über Kreditinstitute auf die Europäische Zentralbank (ABl. Nr. L 287/63 v. 29. 10. 2013).

[2)] Nr. **268**.

Satzung des ESZB und der EZB[1] übertragenen Befugnisse, Aufgaben und Pflichten darf weder die Europäische Zentralbank noch eine nationale Zentralbank noch ein Mitglied ihrer Beschlussorgane Weisungen von Organen, Einrichtungen oder sonstigen Stellen der Union,

(Fortsetzung nächstes Blatt)

---

[1] Nr. **268**.

Regierungen der Mitgliedstaaten oder anderen Stellen einholen oder entgegennehmen. [2]Die Organe, Einrichtungen oder sonstigen Stellen der Union sowie die Regierungen der Mitgliedstaaten verpflichten sich, diesen Grundsatz zu beachten und nicht zu versuchen, die Mitglieder der Beschlussorgane der Europäischen Zentralbank oder der nationalen Zentralbanken bei der Wahrnehmung ihrer Aufgaben zu beeinflussen.

Art. 131 [Anpassungspflicht der Mitgliedstaaten] Jeder Mitgliedstaat stellt sicher, dass seine innerstaatlichen Rechtsvorschriften einschließlich der Satzung seiner nationalen Zentralbank mit den Verträgen sowie mit der Satzung des ESZB und der EZB[1)] im Einklang stehen.

Art. 132 [Rechtsakte] (1) Zur Erfüllung der dem ESZB übertragenen Aufgaben werden von der Europäischen Zentralbank gemäß den Verträgen und unter den in der Satzung des ESZB und der EZB[1)] vorgesehenen Bedingungen
– Verordnungen erlassen, insoweit dies für die Erfüllung der in Artikel 3.1 erster Gedankenstrich, Artikel 19.1, Artikel 22 oder Artikel 25.2 der Satzung des ESZB und der EZB festgelegten Aufgaben erforderlich ist; sie erlässt Verordnungen ferner in den Fällen, die in den Rechtsakten des Rates nach Artikel 129 Absatz 4 vorgesehen werden,
– Beschlüsse erlassen, die zur Erfüllung der dem ESZB nach den Verträgen und der Satzung des ESZB und der EZB übertragenen Aufgaben erforderlich sind,
– Empfehlungen und Stellungnahmen abgegeben.

(2) Die Europäische Zentralbank kann die Veröffentlichung ihrer Beschlüsse, Empfehlungen und Stellungnahmen beschließen.

(3) Innerhalb der Grenzen und unter den Bedingungen, die der Rat nach dem Verfahren des Artikels 129 Absatz 4 festlegt, ist die Europäische Zentralbank befugt, Unternehmen bei Nichteinhaltung der Verpflichtungen, die sich aus ihren Verordnungen und Beschlüssen ergeben, mit Geldbußen oder in regelmäßigen Abständen zu zahlenden Zwangsgeldern zu belegen.[2)]

Art. 133 [Rechtsakte betreffend den EURO] [1]Unbeschadet der Befugnisse der Europäischen Zentralbank erlassen das Europäische Parlament und der Rat gemäß dem ordentlichen Gesetzgebungsverfahren die Maßnahmen, die für die Verwendung des Euro als einheitliche Währung erforderlich sind. [2]Diese Maßnahmen werden nach Anhörung der Europäischen Zentralbank erlassen.

[1)] Nr. **268**.

[2)] Vgl. VO (EG) Nr. 2532/98 des Rates v. 23.11.1998 über das Recht der Europäischen Zentralbank, Sanktionen zu verhängen (ABl. Nr. L 318/4 v. 27.11.1998), zuletzt geänd. durch VO (EU) 2015/159 des Rates v. 27.1.2015 (ABl. Nr. L 27/ v. 3.2.2015) – sowie auf dieser Grundlage sodann: VO (EG) Nr. 2157/1999 (EZB) v. 23.9.1999 (EZB/1999/4), ABl. Nr. L 264/21 v. 12.10.1999; zuletzt geänd. durch VO (EU) 2017/2095 (EZB) v.11.2017 (EZB/2017/34), ABl. Nr. L 299/22 v. 16.11.2017.

Kapitel 3. Institutionelle Bestimmungen

Art. 134 [Wirtschafts- und Finanzausschuss] (1) Um die Koordinierung der Politiken der Mitgliedstaaten in dem für das Funktionieren des Binnenmarkts erforderlichen Umfang zu fördern, wird ein Wirtschafts- und Finanzausschuss eingesetzt.

(2) Der Wirtschafts- und Finanzausschuss hat die Aufgabe,
– auf Ersuchen des Rates oder der Kommission oder von sich aus Stellungnahmen an diese Organe abzugeben;
– die Wirtschafts- und Finanzlage der Mitgliedstaaten und der Union zu beobachten und dem Rat und der Kommission regelmäßig darüber Bericht zu erstatten, insbesondere über die finanziellen Beziehungen zu dritten Ländern und internationalen Einrichtungen;
– unbeschadet des Artikels 240 an der Vorbereitung der in Artikel 66, Artikel 75, Artikel 121 Absätze 2, 3, 4 und 6, Artikel 122, Artikel 124, Artikel 125, Artikel 126, Artikel 127 Absatz 6, Artikel 128 Absatz 2, Artikel 129 Absätze 3 und 4, Artikel 138, Artikel 140 Absätze 2 und 3, Artikel 143, Artikel 144 Absätze 2 und 3 und Artikel 219 genannten Arbeiten des Rates mitzuwirken und die sonstigen ihm vom Rat übertragenen Beratungsaufgaben und vorbereitenden Arbeiten auszuführen;
– mindestens einmal jährlich die Lage hinsichtlich des Kapitalverkehrs und der Freiheit des Zahlungsverkehrs, wie sie sich aus der Anwendung der Verträge und der Maßnahmen des Rates ergeben, zu prüfen; die Prüfung erstreckt sich auf alle Maßnahmen im Zusammenhang mit dem Kapital- und Zahlungsverkehr; der Ausschuss erstattet der Kommission und dem Rat Bericht über das Ergebnis dieser Prüfung.

[4]Jeder Mitgliedstaat sowie die Kommission und die Europäische Zentralbank ernennen jeweils höchstens zwei Mitglieder des Ausschusses.

(3) [1]Der Rat legt auf Vorschlag der Kommission und nach Anhörung der Europäische Zentralbank und des in diesem Artikel genannten Ausschusses im Einzelnen fest, wie sich der Wirtschafts- und Finanzausschuss zusammensetzt. [2]Der Präsident des Rates unterrichtet das Europäische Parlament über diesen Beschluss.

(4) Sofern und solange es Mitgliedstaaten gibt, für die eine Ausnahmeregelung nach Artikel 139 gilt, hat der Ausschuss zusätzlich zu den in Absatz 2 beschriebenen Aufgaben die Währungs- und Finanzlage sowie den allgemeinen Zahlungsverkehr der betreffenden Mitgliedstaaten zu beobachten und dem Rat und der Kommission regelmäßig darüber Bericht zu erstatten.

Art. 135 [Empfehlungen und Vorschläge der Kommission] [1]Bei Fragen, die in den Geltungsbereich von Artikel 121 Absatz 4, Artikel 126 mit Ausnahme von Absatz 14, Artikel 138, Artikel 140 Absatz 1, Artikel 140 Absatz 2 Unterabsatz 1, Artikel 140 Absatz 3 und

Artikel 219 fallen, kann der Rat oder ein Mitgliedstaat die Kommission ersuchen, je nach Zweckmäßigkeit eine Empfehlung oder einen Vorschlag zu unterbreiten. [2]Die Kommission prüft dieses Ersuchen und unterbreitet dem Rat umgehend ihre Schlussfolgerungen.

Kapitel 4. Besondere Bestimmungen für die Mitgliedstaaten, deren Währung der Euro ist

Art. 136 [Haushaltsdisziplin; Grundzüge der Wirtschaftspolitik] (1) Im Hinblick auf das reibungslose Funktionieren der Wirtschafts- und Währungsunion erlässt der Rat für die Mitgliedstaaten, deren Währung der Euro ist, Maßnahmen nach den einschlägigen Bestimmungen der Verträge und dem entsprechenden Verfahren unter den in den Artikeln 121 und 126 genannten Verfahren, mit Ausnahme des in Artikel 126 Absatz 14 genannten Verfahrens, um

a) die Koordinierung und Überwachung ihrer Haushaltsdisziplin zu verstärken,[1)]

b) für diese Staaten Grundzüge der Wirtschaftspolitik auszuarbeiten, wobei darauf zu achten ist, dass diese mit den für die gesamte Union angenommenen Grundzügen der Wirtschaftspolitik vereinbar sind, und ihre Einhaltung zu überwachen.

(2) Bei den in Absatz 1 genannten Maßnahmen sind nur die Mitglieder des Rates stimmberechtigt, die die Mitgliedstaaten vertreten, deren Währung der Euro ist.

Die qualifizierte Mehrheit dieser Mitglieder bestimmt sich nach Artikel 238 Absatz 3 Buchstabe a.

(3) Die Mitgliedstaaten, deren Währung der Euro ist, können einen Stabilitätsmechanismus einrichten, der aktiviert wird, wenn dies unabdingbar ist, um die Stabilität des Euro-Währungsgebiets insgesamt zu wahren. Die Gewährung aller erforderlichen Finanzhilfen im Rahmen des Mechanismus wird strengen Auflagen unterliegen.[2)]

Art. 137 [Tagungen der Euro-Gruppe] Die Einzelheiten für die Tagungen der Minister der Mitgliedstaaten, deren Währung der Euro ist, sind in dem Protokoll betreffend die Euro-Gruppe[3)] festgelegt.

Art. 138 [Euro im internationalen Währungssystem] (1) [1]Zur Gewährleistung der Stellung des Euro im internationalen Währungs-

---

[1)] *Vgl. VO (EU) 1173/2011* v. 16. 11. 2011 über die wirksame Durchsetzung der haushaltspolitischen Überwachung im Euro-Währungsgebiet (ABl. Nr. L 306 v. 23. 11. 2011, ber. ABl. Nr. L 176/72 v. 6. 7. 2012).

[2)] Beschluss des Europäischen Rates v. 25. 3. 2012 2011/199/EU, ABl. Nr. L 91/1. Absatz 3 ist erst am 1. 5. 2013 in Kraft getreten (Bek. v. 12. 6. 2013, BGBl. II S. 1047) und – wegen der verzögerten Ratifikation durch die Tschechische Republik – nicht wie geplant bereits am 1. 1. 2013 im zeitlichen Gleichlauf mit der Einrichtung des Europäischen Stabilitätsmechanismus (Nr. **270**). Für Kroatien ist der Beschluss und damit die Änderung des Artikels 136 am 1. 7. 2013 in Kraft getreten (Bek. v. 5. 12. 2013, BGBl. II S. 1647).

[3)] Nr. **147**.

system erlässt der Rat auf Vorschlag der Kommission einen Beschluss zur Festlegung der innerhalb der zuständigen internationalen Einrichtungen und Konferenzen im Finanzbereich einzunehmenden gemeinsamen Standpunkte zu den Fragen, die von besonderer Bedeutung für die Wirtschafts- und Währungsunion sind. [2]Der Rat beschließt nach Anhörung der Europäischen Zentralbank.

(2) [1]Der Rat kann auf Vorschlag der Kommission geeignete Maßnahmen mit dem Ziel erlassen, eine einheitliche Vertretung bei den internationalen Einrichtungen und Konferenzen im Finanzbereich sicherzustellen. [2]Der Rat beschließt nach Anhörung der Europäischen Zentralbank.

(3) Bei den in den Absätzen 1 und 2 genannten Maßnahmen sind nur die Mitglieder des Rates stimmberechtigt, die die Mitgliedstaaten vertreten, deren Währung der Euro ist.

Die qualifizierte Mehrheit dieser Mitglieder bestimmt sich nach Artikel 238 Absatz 3 Buchstabe a.

Kapitel 5. Übergangsbestimmungen

Art. 139 [Mitgliedstaaten mit Ausnahmeregelung] (1) Die Mitgliedstaaten, für die der Rat nicht beschlossen hat, dass sie die erforderlichen Voraussetzungen für die Einführung des Euro erfüllen, werden im Folgenden als „Mitgliedstaaten, für die eine Ausnahmeregelung gilt" oder „Mitgliedstaaten mit Ausnahmeregelung" bezeichnet.

(2) Auf die Mitgliedstaaten, für die eine Ausnahmeregelung gilt, finden die im Folgenden aufgeführten Bestimmungen der Verträge keine Anwendung:

a) Annahme der das Euro-Währungsgebiet generell betreffenden Teile der Grundzüge der Wirtschaftspolitik (Artikel 121 Absatz 2);

b) Zwangsmittel zum Abbau eines übermäßigen Defizits (Artikel 126 Absätze 9 und 11);

c) Ziele und Aufgaben des ESZB (Artikel 127 Absätze 1, 2, 3 und 5);

d) Ausgabe des Euro (Artikel 128);

e) Rechtsakte der Europäischen Zentralbank (Artikel 132);

f) Maßnahmen bezüglich der Verwendung des Euro (Artikel 133);

g) Währungsvereinbarungen und andere Maßnahmen bezüglich der Wechselkurspolitik (Artikel 219);

h) Ernennung der Mitglieder des Direktoriums der Europäischen Zentralbank (Artikel 283 Absatz 2);

i) Beschlüsse zur Festlegung der innerhalb der zuständigen internationalen Einrichtungen und Konferenzen im Finanzbereich einzunehmenden *den gemeinsamen* Standpunkte zu den Fragen, die von besonderer Bedeutung für die Wirtschafts- und Währungsunion sind (Artikel 138 Absatz 1);

j) Maßnahmen zur Sicherstellung einer einheitlichen Vertretung bei den internationalen Einrichtungen und Konferenzen im Finanzbereich (Artikel 138 Absatz 2).

Somit sind „Mitgliedstaaten" im Sinne der in den Buchstaben a bis j genannten Artikel die Mitgliedstaaten, deren Währung der Euro ist.

(3) Die Mitgliedstaaten, für die eine Ausnahmeregelung gilt, und deren nationale Zentralbanken sind nach Kapitel IX der Satzung des ESZB und der EZB[1] von den Rechten und Pflichten im Rahmen des ESZB ausgeschlossen.

(4) Das Stimmrecht der Mitglieder des Rates, die Mitgliedstaaten mit Ausnahmeregelung vertreten, ruht beim Erlass von Maßnahmen nach den in Absatz 2 genannten Artikeln durch den Rat sowie bei

a) Empfehlungen an die Mitgliedstaaten, deren Währung der Euro ist, im Rahmen der multilateralen Überwachung, einschließlich Empfehlungen zu den Stabilitätsprogrammen und Verwarnungen (Artikel 121 Absatz 4);

b) Maßnahmen bei übermäßigem Defizit von Mitgliedstaaten, deren Währung der Euro ist (Artikel 126 Absätze 6, 7, 8, 12 und 13).

Die qualifizierte Mehrheit der übrigen Mitglieder des Rates bestimmt sich nach Artikel 238 Absatz 3 Buchstabe a.

Art. 140 [Konvergenzbericht] (1) [1]Mindestens einmal alle zwei Jahre oder auf Antrag eines Mitgliedstaats, für den eine Ausnahmeregelung gilt, berichten die Kommission und die Europäische Zentralbank dem Rat, inwieweit die Mitgliedstaaten, für die eine Ausnahmeregelung gilt, bei der Verwirklichung der Wirtschafts- und Währungsunion ihren Verpflichtungen bereits nachgekommen sind. [2]In ihren Berichten wird auch die Frage geprüft, inwieweit die innerstaatlichen Rechtsvorschriften jedes einzelnen dieser Mitgliedstaaten einschließlich der Satzung der jeweiligen nationalen Zentralbank mit Artikel 130 und Artikel 131 sowie der Satzung des ESZB und der EZB[1] vereinbar sind. [3]Ferner wird darin geprüft, ob ein hoher Grad an dauerhafter Konvergenz erreicht ist; Maßstab hierfür ist, ob die einzelnen Mitgliedstaaten folgende Kriterien erfüllen:

– Erreichung eines hohen Grades an Preisstabilität, ersichtlich aus einer Inflationsrate, die der Inflationsrate jener – höchstens drei – Mitgliedstaaten nahe kommt, die auf dem Gebiet der Preisstabilität das beste Ergebnis erzielt haben;
– eine auf Dauer tragbare Finanzlage der öffentlichen Hand, ersichtlich aus einer öffentlichen Haushaltslage ohne übermäßiges Defizit im Sinne des Artikels 126 Absatz 6;
– Einhaltung der normalen Bandbreiten des Wechselkursmechanismus des Europäischen Währungssystems seit mindestens zwei Jahren ohne Abwertung gegenüber dem Euro;

---

[1] Nr. **268**.

– Dauerhaftigkeit der von dem Mitgliedstaat mit Ausnahmeregelung erreichten Konvergenz und seiner Teilnahme am Wechselkursmechanismus, die im Niveau der langfristigen Zinssätze zum Ausdruck kommt.

[1]Die vier Kriterien in diesem Absatz sowie die jeweils erforderliche Dauer ihrer Einhaltung sind in einem den Verträgen beigefügten Protokoll näher festgelegt. [2]Die Berichte der Kommission und der Europäischen Zentralbank berücksichtigen auch die Ergebnisse bei der Integration der Märkte, den Stand und die Entwicklung der Leistungsbilanzen, die Entwicklung bei den Lohnstückkosten und andere Preisindizes.

(2) Der Rat beschließt nach Anhörung des Europäischen Parlaments und nach Aussprache im Europäischen Rat auf Vorschlag der Kommission, welche der Mitgliedstaaten, für die eine Ausnahmeregelung gilt, die auf den Kriterien des Absatzes 1 beruhenden Voraussetzungen erfüllen, und hebt die Ausnahmeregelungen der betreffenden Mitgliedstaaten auf.

Der Rat beschließt auf Empfehlung einer qualifizierten Mehrheit derjenigen seiner Mitglieder, die Mitgliedstaaten vertreten, deren Währung der Euro ist. Diese Mitglieder beschließen innerhalb von sechs Monaten nach Eingang des Vorschlags der Kommission beim Rat.

Die in Unterabsatz 2 genannte qualifizierte Mehrheit dieser Mitglieder bestimmt sich nach Artikel 238 Absatz 3 Buchstabe a.

(3) Wird nach dem Verfahren des Absatzes 2 beschlossen, eine Ausnahmeregelung aufzuheben, so legt der Rat aufgrund eines einstimmigen Beschlusses der Mitgliedstaaten, deren Währung der Euro ist, und des betreffenden Mitgliedstaats auf Vorschlag der Kommission und nach Anhörung der Europäischen Zentralbank den Kurs, zu dem dessen Währung durch den Euro ersetzt wird, unwiderruflich fest und ergreift die sonstigen erforderlichen Maßnahmen zur Einführung des Euro als einheitliche Währung in dem betreffenden Mitgliedstaat.[1)]

Art. 141 [Erweiterter Rat der EZB] (1) Sofern und solange es Mitgliedstaaten gibt, für die eine Ausnahmeregelung gilt, wird unbeschadet des Artikels 129 Absatz 1 der in Artikel 44 der Satzung des ESZB und der EZB[2)] bezeichnete Erweiterte Rat der Europäischen Zentralbank als drittes Beschlussorgan der Europäischen Zentralbank errichtet.

(2) Sofern und solange es Mitgliedstaaten gibt, für die eine Ausnahmeregelung gilt, ist es die Aufgabe der Europäischen Zentralbank, in Bezug auf diese Mitgliedstaaten

---

[1)] Vgl. zuletzt den Beschluss des Rates 2013/378 v. 9. 7. 2013 über die Einführung des Euro in Lettland am 1. Januar 2014 (ABl. Nr. L 195/24 v. 18. 7. 2013) sowie den Beschluss des Rates 2014/509 über die Einführung des Euro in Litauen am 1. Januar 2015 (ABl. Nr. L 228/29 v. 31. 7. 2014).

[2)] Nr. **268**.

– die Zusammenarbeit zwischen den nationalen Zentralbanken zu verstärken;
– die Koordinierung der Geldpolitiken der Mitgliedstaaten mit dem Ziel zu verstärken, die Preisstabilität aufrechtzuerhalten;
– das Funktionieren des Wechselkursmechanismus zu überwachen;
– Konsultationen zu Fragen durchzuführen, die in die Zuständigkeit der nationalen Zentralbanken fallen und die Stabilität der Finanzinstitute und -märkte berühren;
– die seinerzeitigen Aufgaben des Europäischen Fonds für währungspolitische Zusammenarbeit, die zuvor vom Europäischen Währungsinstitut übernommen worden waren, wahrzunehmen.

Art. 142 [Wechselkurspolitik] [1]Jeder Mitgliedstaat, für den eine Ausnahmeregelung gilt, behandelt seine Wechselkurspolitik als eine Angelegenheit von gemeinsamem Interesse. [2]Er berücksichtigt dabei die

(Fortsetzung nächstes Blatt)

Erfahrungen, die bei der Zusammenarbeit im Rahmen des Wechselkursmechanismus gesammelt worden sind.

Art. 143 [Zahlungsbilanzschwierigkeiten] (1) [1]Ist ein Mitgliedstaat, für den eine Ausnahmeregelung gilt, hinsichtlich seiner Zahlungsbilanz von Schwierigkeiten betroffen oder ernstlich bedroht, die sich entweder aus einem Ungleichgewicht seiner Gesamtzahlungsbilanz oder aus der Art der ihm zur Verfügung stehenden Devisen ergeben, und sind diese Schwierigkeiten geeignet, insbesondere das Funktionieren des Binnenmarkts oder die Verwirklichung der gemeinsamen Handelspolitik zu gefährden, so prüft die Kommission unverzüglich die Lage dieses Staates sowie die Maßnahmen, die er getroffen hat oder unter Einsatz aller ihm zur Verfügung stehenden Mittel nach den Verträgen treffen kann. [2]Die Kommission gibt die Maßnahmen an, die sie dem betreffenden Mitgliedsstaat empfiehlt.

Erweisen sich die von einem Mitgliedstaat mit Ausnahmeregelung ergriffenen und die von der Kommission angeregten Maßnahmen als unzureichend, die aufgetretenen oder drohenden Schwierigkeiten zu beheben, so empfiehlt die Kommission dem Rat nach Anhörung des Wirtschafts- und Finanzausschusses einen gegenseitigen Beistand und die dafür geeigneten Methoden.

Die Kommission unterrichtet den Rat regelmäßig über die Lage und ihre Entwicklung.

(2) [1]Der Rat gewährt den gegenseitigen Beistand; er erlässt Richtlinien oder Beschlüsse, welche die Bedingungen und Einzelheiten hierfür festlegen. [2]Der gegenseitige Beistand kann insbesondere erfolgen

a) durch ein abgestimmtes Vorgehen bei anderen internationalen Organisationen, an die sich die Mitgliedstaaten, für die eine Ausnahmeregelung gilt, wenden können;
b) durch Maßnahmen, die notwendig sind, um Verlagerungen von Handelsströmen zu vermeiden, falls der in Schwierigkeiten befindliche Mitgliedstaat mit Ausnahmeregelung mengenmäßige Beschränkungen gegenüber dritten Ländern beibehält oder wieder einführt;
c) durch Bereitstellung von Krediten in begrenzter Höhe seitens anderer Mitgliedstaaten; hierzu ist ihr Einverständnis erforderlich.

(3) Stimmt der Rat dem von der Kommission empfohlenen gegenseitigen Beistand nicht zu oder sind der gewährte Beistand und die getroffenen Maßnahmen unzureichend, so ermächtigt die Kommission den in Schwierigkeiten befindlichen Mitgliedstaat mit Ausnahmeregelung, Schutzmaßnahmen zu treffen, deren Bedingungen und Einzelheiten sie festlegt.

Der Rat kann diese Ermächtigung aufheben und die Bedingungen und Einzelheiten ändern.

Art. 144 [Plötzliche Zahlungsbilanzkrise; Schutzmaßnahmen] (1) [1]Gerät ein Mitgliedstaat, für den eine Ausnahmeregelung gilt, in eine plötzliche Zahlungsbilanzkrise und wird ein Beschluss im Sinne des Artikels 143 Absatz 2 nicht unverzüglich getroffen, so kann der betreffende Staat vorsorglich die erforderlichen Schutzmaßnahmen ergreifen. [2]Sie dürfen nur ein Mindestmaß an Störungen im Funktionieren des Binnenmarkts hervorrufen und nicht über das zur Behebung der plötzlich aufgetretenen Schwierigkeiten unbedingt erforderliche Ausmaß hinausgehen.

(2) [1]Die Kommission und die anderen Mitgliedstaaten werden über die Schutzmaßnahmen spätestens bei deren Inkrafttreten unterrichtet. [2]Die Kommission kann dem Rat den gegenseitigen Beistand nach Artikel 143 empfehlen.

(3) Auf Empfehlung der Kommission und nach Anhörung des Wirtschafts- und Finanzausschusses kann der Rat beschließen, dass der betreffende Mitgliedstaat diese Schutzmaßnahmen zu ändern, auszusetzen oder aufzuheben hat.

Titel IX. Beschäftigung

Art. 145 [Koordinierte Beschäftigungsstrategie] Die Mitgliedstaaten und die Union arbeiten nach diesem Titel auf die Entwicklung einer koordinierten Beschäftigungsstrategie und insbesondere auf die Förderung der Qualifizierung, Ausbildung und Anpassungsfähigkeit der Arbeitnehmer sowie der Fähigkeit der Arbeitsmärkte hin, auf die Erfordernisse des wirtschaftlichen Wandels zu reagieren, um die Ziele des Artikels 3 des Vertrags über die Europäische Union[1)] zu erreichen.

Art. 146 [Abgestimmte Beschäftigungspolitik der Mitgliedstaaten] (1) Die Mitgliedstaaten tragen durch ihre Beschäftigungspolitik im Einklang mit den nach Artikel 121 Absatz 2 verabschiedeten Grundzügen der Wirtschaftspolitik der Mitgliedstaaten und der Union zur Erreichung der in Artikel 145 genannten Ziele bei.

(2) Die Mitgliedstaaten betrachten die Förderung der Beschäftigung als Angelegenheit von gemeinsamem Interesse und stimmen ihre diesbezüglichen Tätigkeiten nach Maßgabe des Artikels 148 im Rat aufeinander ab, wobei die einzelstaatlichen Gepflogenheiten in Bezug auf die Verantwortung der Sozialpartner berücksichtigt werden.

Art. 147 [Hohes Beschäftigungsniveau] (1) [1]Die Union trägt zu einem hohen Beschäftigungsniveau bei, indem sie die Zusammenarbeit zwischen den Mitgliedstaaten fördert und deren Maßnahmen in diesem Bereich unterstützt und erforderlichenfalls ergänzt. [2]Hierbei wird die Zuständigkeit der Mitgliedstaaten beachtet.

(2) Das Ziel eines hohen Beschäftigungsniveaus wird bei der Festlegung und Durchführung der Unionspolitiken und -maßnahmen berücksichtigt.

[1)] Nr. **145**.

Art. 148 [Beschäftigungspolitische Leitlinien] (1) Anhand eines gemeinsamen Jahresberichts des Rates und der Kommission prüft der Europäische Rat jährlich die Beschäftigungslage in der Union und nimmt hierzu Schlussfolgerungen an.

(2) [1] Anhand der Schlussfolgerungen des Europäischen Rates legt der Rat auf Vorschlag der Kommission und nach Anhörung des Europäischen Parlaments, des Wirtschafts- und Sozialausschusses, des Ausschusses der Regionen und des in Artikel 150 genannten Beschäftigungsausschusses jährlich Leitlinien fest, welche die Mitgliedstaaten in ihrer Beschäftigungspolitik berücksichtigen.[1)] [2] Diese Leitlinien müssen mit den nach Artikel 121 Absatz 2 verabschiedeten Grundzügen in Einklang stehen.

(3) Jeder Mitgliedstaat übermittelt dem Rat und der Kommission jährlich einen Bericht über die wichtigsten Maßnahmen, die er zur Durchführung seiner Beschäftigungspolitik im Lichte der beschäftigungspolitischen Leitlinien nach Absatz 2 getroffen hat.

(4) [1] Anhand der in Absatz 3 genannten Berichte und nach Stellungnahme des Beschäftigungsausschusses unterzieht der Rat die Durchführung der Beschäftigungspolitik der Mitgliedstaaten im Lichte der beschäftigungspolitischen Leitlinien jährlich einer Prüfung. [2] Der Rat kann dabei auf Empfehlung der Kommission Empfehlungen an die Mitgliedstaaten richten, wenn er dies aufgrund der Ergebnisse dieser Prüfung für angebracht hält.

(5) Auf der Grundlage der Ergebnisse der genannten Prüfung erstellen der Rat und die Kommission einen gemeinsamen Jahresbericht für den Europäischen Rat über die Beschäftigungslage in der Union und über die Umsetzung der beschäftigungspolitischen Leitlinien.

Art. 149 [Anreizmaßnahmen zur Förderung der Zusammenarbeit] Das Europäische Parlament und der Rat kann gemäß dem ordentlichen Gesetzgebungsverfahren und nach Anhörung des Wirtschafts- und Sozialausschusses sowie des Ausschusses der Regionen Anreizmaßnahmen zur Förderung der Zusammenarbeit zwischen den Mitgliedstaaten und zur Unterstützung ihrer Beschäftigungsmaßnahmen durch Initiativen beschließen, die darauf abzielen, den Austausch von Informationen und bewährten Verfahren zu entwickeln, vergleichende Analysen und Gutachten bereitzustellen sowie innovative Ansätze zu fördern und Erfahrungen zu bewerten, und zwar insbesondere durch den Rückgriff auf Pilotvorhaben.

Diese Maßnahmen schließen keinerlei Harmonisierung der Rechts- und Verwaltungsvorschriften der Mitgliedstaaten ein.

Art. 150 [Beschäftigungsausschuss] [1] Der Rat, der mit einfacher Mehrheit beschließt, setzt nach Anhörung des Europäischen Parla-

---

[1)] Vgl. Beschluss (EU) 2018/1215 des Rates v. 16.7.2018 zu Leitlinien für beschäftigungspolitische Maßnahmen der Mitgliedstaaten (ABl. Nr. L 224/4 v. 5.9.2018, fortgeschrieben für das Jahr 2019 durch Beschluss (EU) 2019/1181 v. 8.7.2019, ABl. Nr. L 185/44 v. 11.7.2019) und Beschluss (EU) 2020/1512 v. 13.10.2020, ABl. Nr. L 344/22 v. 19.10.2020.

ments einen BeschäftigungsAusschuss mit beratender Funktion zur Förderung der Koordinierung der Beschäftigungs- und Arbeitsmarktpolitik ein. [2] Der Ausschuss hat folgende Aufgaben:
– Er verfolgt die Beschäftigungslage und die Beschäftigungspolitik in den Mitgliedstaaten und der Union;
– er gibt unbeschadet des Artikels 240 auf Ersuchen des Rates oder der Kommission oder von sich aus Stellungnahmen ab und trägt zur Vorbereitung der in Artikel 148 genannten Beratungen des Rates bei.

Bei der Erfüllung seines Auftrags hört der Ausschuss die Sozialpartner.

Jeder Mitgliedstaat und die Kommission entsenden zwei Mitglieder in den Ausschuss.

Titel X. Sozialpolitik

Art. 151 [Ziele und Mittel abgestimmter und gemeinsamer Sozialpolitik] Die Union und die Mitgliedstaaten verfolgen eingedenk der sozialen Grundrechte, wie sie in der am 18. Oktober 1961 in Turin unterzeichneten Europäischen Sozialcharta und in der Gemeinschaftscharta der sozialen Grundrechte der Arbeitnehmer von 1989 festgelegt sind, folgende Ziele: die Förderung der Beschäftigung, die Verbesserung der Lebens- und Arbeitsbedingungen, um dadurch auf dem Wege des Fortschritts ihre Angleichung zu ermöglichen, einen angemessenen sozialen Schutz, den sozialen Dialog, die Entwicklung des Arbeitskräftepotenzials im Hinblick auf ein dauerhaft hohes Beschäftigungsniveau und die Bekämpfung von Ausgrenzungen.

Zu diesem Zweck führen die Union und die Mitgliedstaaten Maßnahmen durch, die der Vielfalt der einzelstaatlichen Gepflogenheiten, insbesondere in den vertraglichen Beziehungen, sowie der Notwendigkeit, die Wettbewerbsfähigkeit der Wirtschaft der Union zu erhalten, Rechnung tragen.

Sie sind der Auffassung, dass sich eine solche Entwicklung sowohl aus dem eine Abstimmung der Sozialordnungen begünstigenden Wirken des Binnenmarkts als auch aus den in den Verträgen vorgesehenen Verfahren sowie aus der Angleichung ihrer Rechts- und Verwaltungsvorschriften ergeben wird.

Art. 152 [Rolle der Sozialpartner; Sozialer Dialog; Sozialgipfel] [1] Die Union anerkennt und fördert die Rolle der Sozialpartner auf Ebene der Union unter Berücksichtigung der Unterschiedlichkeit der nationalen Systeme. [2] Sie fördert den sozialen Dialog und achtet dabei die Autonomie der Sozialpartner.

Der Dreigliedrige Sozialgipfel für Wachstum und Beschäftigung trägt zum sozialen Dialog bei.

Art. 153 [Unionskompetenzen] (1) Zur Verwirklichung der Ziele des Artikels 151 unterstützt und ergänzt die Union die Tätigkeit der Mitgliedstaaten auf folgenden Gebieten:

a) Verbesserung insbesondere der Arbeitsumwelt zum Schutz der Gesundheit und der Sicherheit der Arbeitnehmer,

b) Arbeitsbedingungen,
c) soziale Sicherheit und sozialer Schutz der Arbeitnehmer,
d) Schutz der Arbeitnehmer bei Beendigung des Arbeitsvertrags,
e) Unterrichtung und Anhörung der Arbeitnehmer,
f) Vertretung und kollektive Wahrnehmung der Arbeitnehmer- und Arbeitgeberinteressen, einschließlich der Mitbestimmung, vorbehaltlich des Absatzes 5,
g) Beschäftigungsbedingungen der Staatsangehörigen dritter Länder, die sich rechtmäßig im Gebiet der Union aufhalten,
h) berufliche Eingliederung der aus dem Arbeitsmarkt ausgegrenzten Personen, unbeschadet des Artikels 166,
i) Chancengleichheit von Männern und Frauen auf dem Arbeitsmarkt und Gleichbehandlung am Arbeitsplatz,
j) Bekämpfung der sozialen Ausgrenzung,
k) Modernisierung der Systeme des sozialen Schutzes, unbeschadet des Buchstabens c.

(2) Zu diesem Zweck können das Europäische Parlament und der Rat

a) unter Ausschluss jeglicher Harmonisierung der Rechts- und Verwaltungsvorschriften der Mitgliedstaaten Maßnahmen annehmen, die dazu bestimmt sind, die Zusammenarbeit zwischen den Mitgliedstaaten durch Initiativen zu fördern, die die Verbesserung des Wissensstands, die Entwicklung des Austauschs von Informationen und bewährten Verfahren, die Förderung innovativer Ansätze und die Bewertung von Erfahrungen zum Ziel haben;
b) in den in Absatz 1 Buchstaben a bis i genannten Bereichen unter Berücksichtigung der in den einzelnen Mitgliedstaaten bestehenden Bedingungen und technischen Regelungen durch Richtlinien Mindestvorschriften erlassen, die schrittweise anzuwenden sind. Diese Richtlinien sollen keine verwaltungsmäßigen, finanziellen oder rechtlichen Auflagen vorschreiben, die der Gründung und Entwicklung von kleinen und mittleren Unternehmen entgegenstehen.

Das Europäische Parlament und der Rat beschließen gemäß dem ordentliche Gesetzgebungsverfahren nach Anhörung des Wirtschafts- und Sozialausschusses und des Ausschusses der Regionen.

In den in Absatz 1 Buchstaben c, d, f und g genannten Bereichen beschließt der Rat einstimmig gemäß einem besonderen Gesetzgebungsverfahren nach Anhörung des Europäischen Parlaments und der genannten Ausschüsse.

Der Rat kann einstimmig auf Vorschlag der Kommission nach Anhörung des Europäischen Parlaments beschließen, dass das ordentlichen Gesetzgebungsverfahren auf Absatz 1 Buchstaben d, f und g angewandt wird.

(3) Ein Mitgliedstaat kann den Sozialpartnern auf deren gemeinsamen Antrag die Durchführung von aufgrund des Absatzes 2 ange-

nommenen Richtlinien oder gegebenenfalls die Durchführung eines nach Artikel 155 erlassenen Beschlusses des Rates übertragen.

In diesem Fall vergewissert sich der Mitgliedstaat, dass die Sozialpartner spätestens zu dem Zeitpunkt, zu dem eine Richtlinie umgesetzt oder ein Beschluss durchgeführt sein muss, im Wege einer Vereinbarung die erforderlichen Vorkehrungen getroffen haben; dabei hat der Mitgliedstaat alle erforderlichen Maßnahmen zu treffen, um jederzeit gewährleisten zu können, dass die durch diese Richtlinie oder diesen Beschluss vorgeschriebenen Ergebnisse erzielt werden.

(4) Die aufgrund dieses Artikels erlassenen Bestimmungen
– berühren nicht die anerkannte Befugnis der Mitgliedstaaten, die Grundprinzipien ihres Systems der sozialen Sicherheit festzulegen, und dürfen das finanzielle Gleichgewicht dieser Systeme nicht erheblich beeinträchtigen;
– hindern die Mitgliedstaaten nicht daran, strengere Schutzmaßnahmen beizubehalten oder zu treffen, die mit den Verträgen vereinbar sind.

(5) Dieser Artikel gilt nicht für das Arbeitsentgelt, das Koalitionsrecht, das Streikrecht sowie das Aussperrungsrecht.

Art. 154 [Anhörung der Sozialpartner] (1) Die Kommission hat die Aufgabe, die Anhörung der Sozialpartner auf Unionsebene zu fördern, und erlässt alle zweckdienlichen Maßnahmen, um den Dialog zwischen den Sozialpartner zu erleichtern, wobei sie für Ausgewogenheit bei der Unterstützung der Parteien sorgt.

(2) Zu diesem Zweck hört die Kommission vor Unterbreitung von Vorschlägen im Bereich der Sozialpolitik die Sozialpartner zu der Frage, wie eine Unionsaktion gegebenenfalls ausgerichtet werden sollte.

(3) [1] Hält die Kommission nach dieser Anhörung eine Unionsmaßnahme für zweckmäßig, so hört sie die Sozialpartner zum Inhalt des in Aussicht genommenen Vorschlags. [2] Die Sozialpartner übermitteln der Kommission eine Stellungnahme oder gegebenenfalls eine Empfehlung.

(4) [1] Bei den Anhörungen nach den Absätzen 2 und 3 können die Sozialpartner der Kommission mitteilen, dass sie den Prozess nach Artikel 155 in Gang setzen wollen. [2] Die Dauer dieses Prozesses darf höchstens neun Monate betragen, sofern die betroffenen Sozialpartner und die Kommission nicht gemeinsam eine Verlängerung beschließen.

Art. 155 [Dialog zwischen den Sozialpartnern] (1) Der Dialog zwischen den Sozialpartnern auf Unionsebene kann, falls sie es wünschen, zur Herstellung vertraglicher Beziehungen einschließlich des Abschlusses von Vereinbarungen führen.

(2) [1] Die Durchführung der auf Unionsebene geschlossenen Vereinbarungen erfolgt entweder nach den jeweiligen Verfahren und Gepflogenheiten der Sozialpartner und der Mitgliedstaaten oder – in den durch Artikel 153 erfassten Bereichen – auf gemeinsamen Antrag der

Unterzeichnerparteien durch einen Beschluss des Rates auf Vorschlag der Kommission. [2]Das Europäische Parlament wird unterrichtet.

Der Rat beschließt einstimmig, sofern die betreffende Vereinbarung eine oder mehrere Bestimmungen betreffend einen der Bereiche enthält, für die nach Artikel 153 Absatz 2 Einstimmigkeit erforderlich ist.

Art. 156 [Zusammenarbeit der Mitgliedstaaten; Rolle der Kommission] Unbeschadet der sonstigen Bestimmungen der Verträge fördert die Kommission im Hinblick auf die Erreichung der Ziele des Artikels 151 die Zusammenarbeit zwischen den Mitgliedstaaten und erleichtert die Abstimmung ihres Vorgehens in allen unter dieses Kapitel fallenden Bereichen der Sozialpolitik, insbesondere auf dem Gebiet
- der Beschäftigung,
- des Arbeitsrechts und der Arbeitsbedingungen,
- der beruflichen Ausbildung und Fortbildung,
- der sozialen Sicherheit,
- der Verhütung von Berufsunfällen und Berufskrankheiten,
- des Gesundheitsschutzes bei der Arbeit,
- des Koalitionsrechts und der Kollektivverhandlungen zwischen Arbeitgebern und Arbeitnehmern.

[1]Zu diesem Zweck wird die Kommission in enger Verbindung mit den Mitgliedstaaten durch Untersuchungen, Stellungnahmen und die Durchführung von Konsultationen in Bezug auf innerstaatlich oder in den internationalen Organisationen zu behandelnde Fragen tätig, und zwar insbesondere im Wege von Initiativen, die darauf abzielen, Leitlinien und Indikatoren festzulegen, den Austausch bewährter Verfahren durchzuführen und die erforderlichen Elemente für eine regelmäßige Überwachung und Bewertung auszuarbeiten. [2]Das Europäische Parlament wird in vollem Umfang unterrichtet.

Vor Abgabe der in diesem Artikel vorgesehenen Stellungnahmen hört die Kommission den Wirtschafts- und Sozialausschuss.

Art. 157 [Gleichstellung von Mann und Frau im Erwerbsleben] (1) Jeder Mitgliedstaat stellt die Anwendung des Grundsatzes des gleichen Entgelts für Männer und Frauen bei gleicher oder gleichwertiger Arbeit sicher.

(2) Unter „Entgelt" im Sinne dieses Artikels sind die üblichen Grund- oder Mindestlöhne und -gehälter sowie alle sonstigen Vergütungen zu verstehen, die der Arbeitgeber aufgrund des Dienstverhältnisses dem Arbeitnehmer unmittelbar oder mittelbar in bar oder in *Sachleistungen zahlt.*

Gleichheit des Arbeitsentgelts ohne Diskriminierung aufgrund des Geschlechts bedeutet,

a) dass das Entgelt für eine gleiche nach Akkord bezahlte Arbeit aufgrund der gleichen Maßeinheit festgesetzt wird,

b) dass für eine nach Zeit bezahlte Arbeit das Entgelt bei gleichem Arbeitsplatz gleich ist.

(3) Das Europäische Parlament und der Rat beschließen gemäß dem ordentlichen Gesetzgebungsverfahren und nach Anhörung des Wirtschafts- und Sozialausschusses Maßnahmen zur Gewährleistung der Anwendung des Grundsatzes der Chancengleichheit und der Gleichbehandlung von Männern und Frauen in Arbeits- und Beschäftigungsfragen, einschließlich des Grundsatzes des gleichen Entgelts bei gleicher oder gleichwertiger Arbeit.

(4) Im Hinblick auf die effektive Gewährleistung der vollen Gleichstellung von Männern und Frauen im Arbeitsleben hindert der Grundsatz der Gleichbehandlung die Mitgliedstaaten nicht daran, zur Erleichterung der Berufstätigkeit des unterrepräsentierten Geschlechts oder zur Verhinderung bzw. zum Ausgleich von Benachteiligungen in der beruflichen Laufbahn spezifische Vergünstigungen beizubehalten oder zu beschließen.

Art. 158 [Bezahlte Freizeit] Die Mitgliedstaaten sind bestrebt, die bestehende Gleichwertigkeit der Ordnungen über die bezahlte Freizeit beizubehalten.

Art. 159 [Bericht zur sozialen und demografischen Lage] [1] Die Kommission erstellt jährlich einen Bericht über den Stand der Verwirklichung der in Artikel 151 genannten Ziele sowie über die demografische Lage in der Union. [2] Sie übermittelt diesen Bericht dem Europäischen Parlament, dem Rat und dem Wirtschafts- und Sozialausschuss.

Art. 160 [Ausschuss für Sozialschutz] [1] Der Rat, der mit einfacher Mehrheit beschließt, setzt nach Anhörung des Europäischen Parlaments einen Ausschuss für Sozialschutz mit beratender Aufgabe ein, um die Zusammenarbeit im Bereich des sozialen Schutzes zwischen den Mitgliedstaaten und mit der Kommission zu fördern. [2] Der Ausschuss hat folgende Aufgaben:

– Er verfolgt die soziale Lage und die Entwicklung der Politiken im Bereich des sozialen Schutzes in den Mitgliedstaaten und der Union;
– er fördert den Austausch von Informationen, Erfahrungen und bewährten Verfahren zwischen den Mitgliedstaaten und mit der Kommission;
– unbeschadet des Artikels 240 arbeitet er auf Ersuchen des Rates oder der Kommission oder von sich aus in seinem Zuständigkeitsbereich Berichte aus, gibt Stellungnahmen ab oder wird auf andere Weise tätig.

Bei der Erfüllung seines Auftrags stellt der Ausschuss geeignete Kontakte zu den Sozialpartnern her.

Jeder Mitgliedstaat und die Kommission ernennen zwei Mitglieder des Ausschusses.

Art. 161 [Jahresbericht der Kommission] Der Jahresbericht der Kommission an das Europäische Parlament hat stets ein besonderes Kapitel über die Entwicklung der sozialen Lage in der Union zu enthalten.

Das Europäische Parlament kann die Kommission auffordern, Berichte über besondere, die soziale Lage betreffende Fragen auszuarbeiten.

Titel XI. Der Europäische Sozialfonds

Art. 162 [Errichtung und Ziel des Europäischen Sozialfonds] Um die Beschäftigungsmöglichkeiten der Arbeitskräfte im Binnenmarkt zu verbessern und damit zur Hebung der Lebenshaltung beizutragen, wird nach Maßgabe der folgenden Bestimmungen ein Europäischer Sozialfonds errichtet, dessen Ziel es ist, innerhalb der Union die berufliche Verwendbarkeit und die örtliche und berufliche Mobilität der Arbeitskräfte zu fördern sowie die Anpassung an die industriellen Wandlungsprozesse und an Veränderungen der Produktionssysteme insbesondere durch berufliche Bildung und Umschulung zu erleichtern.

Art. 163 [Verwaltung des Fonds] Die Verwaltung des Fonds obliegt der Kommission.

Die Kommission wird hierbei von einem Ausschuss unterstützt, der aus Vertretern der Regierungen sowie der Arbeitgeber- und der Arbeitnehmerverbände besteht; den Vorsitz führt ein Mitglied der Kommission.

Art. 164 [Durchführungsverordnungen] Das Europäische Parlament und der Rat erlassen gemäß dem ordentlichen Gesetzgebungsverfahren und nach Anhörung des Wirtschafts- und Sozialausschusses sowie des Ausschusses der Regionen die den Europäischen Sozialfonds betreffenden Durchführungsverordnungen.

Titel XII. Allgemeine und berufliche Bildung, Jugend und Sport

Art. 165 [Beitrag der Union; Ziele] (1) Die Union trägt zur Entwicklung einer qualitativ hoch stehenden Bildung dadurch bei, dass sie die Zusammenarbeit zwischen den Mitgliedstaaten fördert und die Tätigkeit der Mitgliedstaaten unter strikter Beachtung der Verantwortung der Mitgliedstaaten für die Lehrinhalte und die Gestaltung des Bildungssystems sowie der Vielfalt ihrer Kulturen und Sprachen erforderlichenfalls unterstützt und ergänzt.

Die Union trägt zur Förderung der europäischen Dimension des Sports bei und berücksichtigt dabei dessen besondere Merkmale, dessen auf freiwilligem Engagement basierende Strukturen sowie dessen soziale und pädagogische Funktion.

(2) Die Tätigkeit der Union hat folgende Ziele:

– Entwicklung der europäischen Dimension im Bildungswesen, insbesondere durch Erlernen und Verbreitung der Sprachen der Mitgliedstaaten;
– Förderung der Mobilität von Lernenden und Lehrenden, auch durch die Förderung der akademischen Anerkennung der Diplome und Studienzeiten;
– Förderung der Zusammenarbeit zwischen den Bildungseinrichtungen;
– Ausbau des Informations- und Erfahrungsaustauschs über gemeinsame Probleme im Rahmen der Bildungssysteme der Mitgliedstaaten;
– Förderung des Ausbaus des Jugendaustauschs und des Austauschs sozialpädagogischer Betreuer und verstärkte Beteiligung der Jugendlichen am demokratischen Leben in Europa;
– Förderung der Entwicklung der Fernlehre;
– Entwicklung der europäischen Dimension des Sports durch Förderung der Fairness und der Offenheit von Sportwettkämpfen und der Zusammenarbeit zwischen den für den Sport verantwortlichen Organisationen sowie durch den Schutz der körperlichen und seelischen Unversehrtheit der Sportler, insbesondere der jüngeren Sportler.

(3) Die Union und die Mitgliedstaaten fördern die Zusammenarbeit mit dritten Ländern und den für den Bildungsbereich und den Sport zuständigen internationalen Organisationen, insbesondere dem Europarat.

(4) Als Beitrag zur Verwirklichung der Ziele dieses Artikels
– erlassen das Europäische Parlament und der Rat gemäß dem ordentlichen Gesetzgebungsverfahren und nach Anhörung des Wirtschafts- und Sozialausschusses und des Ausschusses der Regionen Fördermaßnahmen unter Ausschluss jeglicher Harmonisierung der Rechts- und Verwaltungsvorschriften der Mitgliedstaaten;
– erlässt der Rat auf Vorschlag der Kommission Empfehlungen.

Art. 166 [Berufliche Bildung; Ziele] (1) Die Union führt eine Politik der beruflichen Bildung, welche die Maßnahmen der Mitgliedstaaten unter strikter Beachtung der Verantwortung der Mitgliedstaaten für Inhalt und Gestaltung der beruflichen Bildung unterstützt und ergänzt.

(2) Die Tätigkeit der Union hat folgende Ziele:
– Erleichterung der Anpassung an die industriellen Wandlungsprozesse, insbesondere durch berufliche Bildung und Umschulung;
– Verbesserung der beruflichen Erstausbildung und Weiterbildung zur Erleichterung der beruflichen Eingliederung und Wiedereingliederung in den Arbeitsmarkt;
– Erleichterung der Aufnahme einer beruflichen Bildung sowie Förderung der Mobilität der Ausbilder und der in beruflicher Bildung befindlichen Personen, insbesondere der Jugendlichen;
– Förderung der Zusammenarbeit in Fragen der beruflichen Bildung zwischen Unterrichtsanstalten und Unternehmen;

– Ausbau des Informations- und Erfahrungsaustauschs über gemeinsame Probleme im Rahmen der Berufsbildungssysteme der Mitgliedstaaten.

(3) Die Union und die Mitgliedstaaten fördern die Zusammenarbeit mit dritten Ländern und den für die berufliche Bildung zuständigen internationalen Organisationen.

(4) Das Europäische Parlament und der Rat erlassen gemäß dem ordentlichen Gesetzgebungsverfahren und nach Anhörung des Wirtschafts- und Sozialausschusses sowie des Ausschusses der Regionen Maßnahmen, die zur Verwirklichung der Ziele dieses Artikels beitragen, unter Ausschluss jeglicher Harmonisierung der Rechts- und Verwaltungsvorschriften der Mitgliedstaaten, und der Rat erlässt auf Vorschlag der Kommission Empfehlungen.

Titel XIII. Kultur

Art. 167 [Beitrag der Union unter Wahrung und Förderung der Kulturvielfalt] (1) Die Union leistet einen Beitrag zur Entfaltung der Kulturen der Mitgliedstaaten unter Wahrung ihrer nationalen und regionalen Vielfalt sowie gleichzeitiger Hervorhebung des gemeinsamen kulturellen Erbes.

(2) Die Union fördert durch ihre Tätigkeit die Zusammenarbeit zwischen den Mitgliedstaaten und unterstützt und ergänzt erforderlichenfalls deren Tätigkeit in folgenden Bereichen:
– Verbesserung der Kenntnis und Verbreitung der Kultur und Geschichte der europäischen Völker,
– Erhaltung und Schutz des kulturellen Erbes von europäischer Bedeutung,
– nichtkommerzieller Kulturaustausch,
– künstlerisches und literarisches Schaffen, einschließlich im audiovisuellen Bereich.

(3) Die Union und die Mitgliedstaaten fördern die Zusammenarbeit mit dritten Ländern und den für den Kulturbereich zuständigen internationalen Organisationen, insbesondere mit dem Europarat.

(4) Die Union trägt bei ihrer Tätigkeit aufgrund anderer Bestimmungen der Verträge den kulturellen Aspekten Rechnung, insbesondere zur Wahrung und Förderung der Vielfalt ihrer Kulturen.

(5) Als Beitrag zur Verwirklichung der Ziele dieses Artikels
– erlassen das Europäische Parlament und der Rat gemäß dem ordentlichen Gesetzgebungsverfahren und nach Anhörung des Ausschusses der Regionen Fördermaßnahmen unter Ausschluss jeglicher Harmonisierung der Rechts- und Verwaltungsvorschriften der Mitgliedstaaten.
– erlässt der Rat auf Vorschlag der Kommission Empfehlungen.

Titel XIV. Gesundheitswesen

Art. 168 [Beitrag der Union zur Sicherstellung eines hohen Gesundheitsschutzniveaus] (1) Bei der Festlegung und Durchführung aller Unionspolitiken und -maßnahmen wird ein hohes Gesundheitsschutzniveau sichergestellt.

1 Die Tätigkeit der Union ergänzt die Politik der Mitgliedstaaten und ist auf die Verbesserung der Gesundheit der Bevölkerung, die Verhütung von Humankrankheiten und die Beseitigung von Ursachen für die Gefährdung der körperlichen und geistigen Gesundheit gerichtet. 2 Sie umfasst die Bekämpfung der weit verbreiteten schweren Krankheiten, wobei die Erforschung der Ursachen, der Übertragung und der Verhütung dieser Krankheiten sowie Gesundheitsinformation und -erziehung gefördert werden; außerdem umfasst sie die Beobachtung, frühzeitige Meldung und Bekämpfung schwerwiegender grenzüberschreitender Gesundheitsgefahren.

Die Union ergänzt die Maßnahmen der Mitgliedstaaten zur Verringerung drogenkonsumbedingter Gesundheitsschäden einschließlich der Informations- und Vorbeugungsmaßnahmen.

(2) 1 Die Union fördert die Zusammenarbeit zwischen den Mitgliedstaaten in den in diesem Artikel genannten Bereichen und unterstützt erforderlichenfalls deren Tätigkeit. 2 Sie fördert insbesondere die Zusammenarbeit zwischen den Mitgliedstaaten, die darauf abzielt, die Komplementarität ihrer Gesundheitsdienste in den Grenzgebieten zu verbessern.

1 Die Mitgliedstaaten koordinieren untereinander im Benehmen mit der Kommission ihre Politiken und Programme in den in Absatz 1 genannten Bereichen. 2 Die Kommission kann in enger Verbindung mit den Mitgliedstaaten alle Initiativen ergreifen, die dieser Koordinierung förderlich sind, insbesondere Initiativen, die darauf abzielen, Leitlinien und Indikatoren festzulegen, den Austausch bewährter Verfahren durchzuführen und die erforderlichen Elemente für eine regelmäßige Überwachung und Bewertung auszuarbeiten. 3 Das Europäische Parlament wird in vollem Umfang unterrichtet.

(3) Die Union und die Mitgliedstaaten fördern die Zusammenarbeit mit dritten Ländern und den für das Gesundheitswesen zuständigen internationalen Organisationen.

(4) Abweichend von Artikel 2 Absatz 5 und Artikel 6 Buchstabe a tragen das Europäische Parlament und der Rat nach Artikel 4 Absatz 2 Buchstabe k gemäß dem ordentlichen Gesetzgebungsverfahren und nach Anhörung des Wirtschafts- und Sozialausschusses sowie des Ausschusses der Regionen mit folgenden Maßnahmen zur Verwirklichung der Ziele dieses Artikels bei, um den gemeinsamen Sicherheitsanliegen Rechnung zu tragen:

a) Maßnahmen zur Festlegung hoher Qualitäts- und Sicherheitsstandards für Organe und Substanzen menschlichen Ursprungs sowie für Blut und Blutderivate; diese Maßnahmen hindern die Mitgliedstaaten nicht daran, strengere Schutzmaßnahmen beizubehalten oder einzuführen;

b) Maßnahmen in den Bereichen Veterinärwesen und Pflanzenschutz, die unmittelbar den Schutz der Gesundheit der Bevölkerung zum Ziel haben;

c) Maßnahmen zur Festlegung hoher Qualitäts- und Sicherheitsstandards für Arzneimittel und Medizinprodukte.

(5) Das Europäische Parlament und der Rat können unter Ausschluss jeglicher Harmonisierung der Rechtsvorschriften der Mitgliedstaaten gemäß dem ordentlichen Gesetzgebungsverfahren und nach Anhörung des Wirtschafts- und Sozialausschusses und des Ausschusses der Regionen auch Fördermaßnahmen zum Schutz und zur Verbesserung der menschlichen Gesundheit sowie insbesondere zur Bekämpfung der weit verbreiteten schweren grenzüberschreitenden Krankheiten, Maßnahmen zur Beobachtung, frühzeitigen Meldung und Bekämpfung schwerwiegender grenzüberschreitender Gesundheitsgefahren sowie Maßnahmen, die unmittelbar den Schutz der Gesundheit der Bevölkerung vor Tabakkonsum und Alkoholmissbrauch zum Ziel haben, erlassen.

(6) Der Rat kann ferner auf Vorschlag der Kommission für die in diesem Artikel genannten Zwecke Empfehlungen erlassen.

(7) [1]Bei der Tätigkeit der Union wird die Verantwortung der Mitgliedstaaten für die Festlegung ihrer Gesundheitspolitik sowie für die Organisation des Gesundheitswesens und die medizinische Versorgung gewahrt. [2]Die Verantwortung der Mitgliedstaaten umfasst die Verwaltung des Gesundheitswesens und der medizinischen Versorgung sowie die Zuweisung der dafür bereitgestellten Mittel. [3]Die Maßnahmen nach Absatz 4 Buchstabe a lassen die einzelstaatlichen Regelungen über die Spende oder die medizinische Verwendung von Organen und Blut unberührt.

Titel XV. Verbraucherschutz

Art. 169 [Beitrag der Union; Mindeststandards] (1) Zur Förderung der Interessen der Verbraucher und zur Gewährleistung eines hohen Verbraucherschutzniveaus leistet die Union einen Beitrag zum Schutz der Gesundheit, der Sicherheit und der wirtschaftlichen Interessen der Verbraucher sowie zur Förderung ihres Rechtes auf Information, Erziehung und Bildung von Vereinigungen zur Wahrung ihrer Interessen.

(2) Die Union leistet einen Beitrag zur Erreichung der in Absatz 1 genannten Ziele durch

a) Maßnahmen, die sie im Rahmen der Verwirklichung des Binnenmarkts nach Artikel 114 erlässt;

b) Maßnahmen zur Unterstützung, Ergänzung und Überwachung der Politik der Mitgliedstaaten.

(3) Das Europäische Parlament und der Rat beschließen gemäß dem ordentlichen Gesetzgebungsverfahren und nach Anhörung des Wirtschafts- und Sozialausschusses die Maßnahmen nach Absatz 2 Buchstabe b.

(4) [1]Die nach Absatz 3 beschlossenen Maßnahmen hindern die einzelnen Mitgliedstaaten nicht daran, strengere Schutzmaßnahmen beizubehalten oder zu ergreifen. [2]Diese Maßnahmen müssen mit den Verträgen vereinbar sein. Sie werden der Kommission mitgeteilt.

Titel XVI. Transeuropäische Netze

Art. 170 [Beitrag der Union zur Interoperabilität] (1) Um einen Beitrag zur Verwirklichung der Ziele der Artikel 26 und 174 zu leisten und den Bürgern der Union, den Wirtschaftsbeteiligten sowie den regionalen und lokalen Gebietskörperschaften in vollem Umfang die Vorteile zugute kommen zu lassen, die sich aus der Schaffung eines Raumes ohne Binnengrenzen ergeben, trägt die Union zum Auf- und Ausbau transeuropäischer Netze in den Bereichen der Verkehrs-, Telekommunikations- und Energieinfrastruktur bei.

(2) [1]Die Tätigkeit der Union zielt im Rahmen eines Systems offener und wettbewerbsorientierter Märkte auf die Förderung des Verbunds und der Interoperabilität der einzelstaatlichen Netze sowie des Zugangs zu diesen Netzen ab. [2]Sie trägt insbesondere der Notwendigkeit Rechnung, insulare, eingeschlossene und am Rande gelegene Gebiete mit den zentralen Gebieten der Union zu verbinden.

Art. 171 [Handlungsinstrumente der Union] (1) Zur Erreichung der Ziele des Artikels 170 geht die Union wie folgt vor:
– Sie stellt eine Reihe von Leitlinien auf, in denen die Ziele, die Prioritäten und die Grundzüge der im Bereich der transeuropäischen Netze in Betracht gezogenen Aktionen erfasst werden; in diesen Leitlinien werden Vorhaben von gemeinsamem Interesse ausgewiesen;
– sie führt jede Aktion durch, die sich gegebenenfalls als notwendig erweist, um die Interoperabilität der Netze zu gewährleisten, insbesondere im Bereich der Harmonisierung der technischen Normen;
– sie kann von den Mitgliedstaaten unterstützte Vorhaben von gemeinsamem Interesse, die im Rahmen der Leitlinien gemäß dem ersten Gedankenstrich ausgewiesen sind, insbesondere in Form von Durchführbarkeitsstudien, Anleihebürgschaften oder Zinszuschüssen unterstützen; die Union kann auch über den nach Artikel 177 errichteten Kohäsionsfonds zu spezifischen Verkehrsinfrastrukturvorhaben in den Mitgliedstaaten finanziell beitragen.

Die Union berücksichtigt bei ihren Maßnahmen die potentielle wirtschaftliche Lebensfähigkeit der Vorhaben.

(2) [1]Die Mitgliedstaaten koordinieren untereinander in Verbindung mit der Kommission die einzelstaatlichen Politiken, die sich erheblich

auf die Verwirklichung der Ziele des Artikels 170 auswirken können. 2 Die Kommission kann in enger Zusammenarbeit mit den Mitgliedstaaten alle Initiativen ergreifen, die dieser Koordinierung förderlich sind.

(3) Die Union kann beschließen, mit dritten Ländern zur Förderung von Vorhaben von gemeinsamem Interesse sowie zur Sicherstellung der Interoperabilität der Netze zusammenzuarbeiten.

Art. 172 [Beschlussfassung] Die Leitlinien und die übrigen Maßnahmen nach Artikel 171 Absatz 1 werden vom Europäischen Parlament und vom Rat gemäß dem ordentlichen Gesetzgebungsverfahren und nach Anhörung des Wirtschafts- und Sozialausschusses und des Ausschusses der Regionen festgelegt.

Leitlinien und Vorhaben von gemeinsamem Interesse, die das Hoheitsgebiet eines Mitgliedstaats betreffen, bedürfen der Billigung des betroffenen Mitgliedstaats.

Titel XVII. Industrie

Art. 173 [Förderung der Wettbewerbsfähigkeit] (1) Die Union und die Mitgliedstaaten sorgen dafür, dass die notwendigen Voraussetzungen für die Wettbewerbsfähigkeit der Industrie der Union gewährleistet sind.

Zu diesem Zweck zielt ihre Tätigkeit entsprechend einem System offener und wettbewerbsorientierter Märkte auf Folgendes ab:
- Erleichterung der Anpassung der Industrie an die strukturellen Veränderungen;
- Förderung eines für die Initiative und Weiterentwicklung der Unternehmen in der gesamten Union, insbesondere der kleinen und mittleren Unternehmen, günstigen Umfelds;
- Förderung eines für die Zusammenarbeit zwischen Unternehmen günstigen Umfelds;
- Förderung einer besseren Nutzung des industriellen Potenzials der Politik in den Bereichen Innovation, Forschung und technologische Entwicklung.

(2) 1 Die Mitgliedstaaten konsultieren einander in Verbindung mit der Kommission und koordinieren, soweit erforderlich, ihre Maßnahmen. 2 Die Kommission kann alle Initiativen ergreifen, die dieser Koordinierung förderlich sind, insbesondere Initiativen, die darauf abzielen, Leitlinien und Indikatoren festzulegen, den Austausch bewährter Verfahren durchzuführen und die erforderlichen Elemente für eine regelmäßige Überwachung und Bewertung auszuarbeiten. 3 Das Europäische Parlament wird in vollem Umfang unterrichtet.

(3) 1 Die Union trägt durch die Politik und die Maßnahmen, die sie aufgrund anderer Bestimmungen der Verträge durchführt, zur Erreichung der Ziele des Absatzes 1 bei. 2 Das Europäische Parlament und der Rat können unter Ausschluss jeglicher Harmonisierung der Rechtsvorschriften der Mitgliedstaaten gemäß dem ordentlichen Gesetzgebungs-

verfahren und nach Anhörung des Wirtschafts- und Sozialausschusses spezifische Maßnahmen zur Unterstützung der in den Mitgliedstaaten durchgeführten Maßnahmen im Hinblick auf die Verwirklichung der Ziele des Absatzes 1 beschließen.

Dieser Titel bietet keine Grundlage dafür, dass die Union irgendeine Maßnahme einführt, die zu Wettbewerbsverzerrungen führen könnte oder steuerliche Vorschriften oder Bestimmungen betreffend die Rechte und Interessen der Arbeitnehmer enthält.

Titel XVIII. Wirtschaftlicher, sozialer und territorialer Zusammenhalt

Art. 174 [Ziele der Strukturpolitik] Die Union entwickelt und verfolgt weiterhin ihre Politik zur Stärkung ihres wirtschaftlichen, sozialen und territorialen Zusammenhalts, um eine harmonische Entwicklung der Union als Ganzes zu fördern.

Die Union setzt sich insbesondere zum Ziel, die Unterschiede im Entwicklungsstand der verschiedenen Regionen und den Rückstand der am stärksten benachteiligten Gebiete zu verringern.

Unter den betreffenden Gebieten gilt besondere Aufmerksamkeit den ländlichen Gebieten, den vom industriellen Wandel betroffenen Gebieten und den Gebieten mit schweren und dauerhaften natürlichen oder demografischen Nachteilen, wie den nördlichsten Regionen mit sehr geringer Bevölkerungsdichte sowie den Insel-, Grenz- und Bergregionen.

Art. 175 [Rolle der Strukturfonds; Aktionen außerhalb der Fonds] [1]Die Mitgliedstaaten führen und koordinieren ihre Wirtschaftspolitik in der Weise, dass auch die in Artikel 174 genannten Ziele erreicht werden. [2]Die Festlegung und Durchführung der Politiken und Aktionen der Union sowie die Errichtung des Binnenmarkts berücksichtigen die Ziele des Artikels 174 und tragen zu deren Verwirklichung bei. [3]Die Union unterstützt auch diese Bemühungen durch die Politik, die sie mit Hilfe der Strukturfonds (Europäischer Ausrichtungs- und Garantiefonds für die Landwirtschaft – Abteilung Ausrichtung, Europäischer Sozialfonds, Europäischer Fonds für regionale Entwicklung), der Europäischen Investitionsbank und der sonstigen vorhandenen Finanzierungsinstrumente führt.

[1]Die Kommission erstattet dem Europäischen Parlament, dem Rat, dem Wirtschafts- und Sozialausschuss und dem Ausschuss der Regionen alle drei Jahre Bericht über die Fortschritte bei der Verwirklichung des wirtschaftlichen, sozialen und territorialen Zusammenhalts und über die Art und Weise, in der die in diesem Artikel vorgesehenen Mittel hierzu beigetragen haben. [2]Diesem Bericht werden erforderlichenfalls entsprechende Vorschläge beigefügt.

Falls sich spezifische Aktionen außerhalb der Fonds und unbeschadet der im Rahmen der anderen Politiken der Union beschlossenen Maßnahmen als erforderlich erweisen, so können sie vom Europäischen

Parlament und vom Rat gemäß dem ordentlichen Gesetzgebungsverfahren nach Anhörung des Wirtschafts- und Sozialausschusses und des Ausschusses der Regionen beschlossen werden.[1)]

Art. 176 [Europäischer Fonds für regionale Entwicklung] Aufgabe des Europäischen Fonds für regionale Entwicklung ist es, durch Beteiligung an der Entwicklung und an der strukturellen Anpassung der rückständigen Gebiete und an der Umstellung der Industriegebiete mit rückläufiger Entwicklung zum Ausgleich der wichtigsten regionalen Ungleichgewichte in der Union beizutragen.

Art. 177 [Strukturfonds; Kohäsionsfonds][2)] [1]Unbeschadet des Artikels 178 legen das Europäische Parlament und der Rat durch Verordnungen gemäß dem ordentlichen Gesetzgebungsverfahren und nach Anhörung des Wirtschafts- und Sozialausschusses und des Ausschusses der Regionen die Aufgaben, die vorrangigen Ziele und die Organisation der Strukturfonds fest, was ihre Neuordnung einschließen kann. [2]Nach demselben Verfahren werden ferner die für die Fonds geltenden allgemeinen Regeln sowie die Bestimmungen festgelegt, die zur Gewährleistung einer wirksamen Arbeitsweise und zur Koordinierung der Fonds sowohl untereinander als auch mit den anderen vorhandenen Finanzierungsinstrumenten erforderlich sind.

Ein nach demselben Verfahren errichteter Kohäsionsfonds trägt zu Vorhaben in den Bereichen Umwelt und transeuropäische Netze auf dem Gebiet der Verkehrsinfrastruktur finanziell bei.

Art. 178 [Durchführungsverordnungen] Die den Europäischen Fonds für regionale Entwicklung betreffenden Durchführungsverordnungen werden vom Europäischen Parlament und vom Rat gemäß dem ordentlichen Gesetzgebungsverfahren und nach Anhörung des Wirtschafts- und Sozialausschusses sowie des Ausschusses der Regionen gefasst.

Für den Europäischen Ausrichtungs- und Garantiefonds für die Landwirtschaft, Abteilung Ausrichtung, und den Europäischen Sozialfonds sind die Artikel 43 bzw. 164 weiterhin anwendbar.

Titel XIX. Forschung, technologische Entwicklung und Raumfahrt

Art. 179 [Europäischer Raum der Forschung] (1) Die Union *hat zum Ziel*, *ihre* wissenschaftlichen und technologischen Grundlagen dadurch zu stärken, dass ein europäischer Raum der Forschung geschaffen wird, in dem Freizügigkeit für Forscher herrscht und wissen-

---

[1)] Vgl. VO (EG) Nr. 2012/2002 des Rates v. 11. 11. 2002 zur Errichtung des Solidaritätsfonds der Europäischen Union (ABl. Nr. L 311/3 v. 14. 11. 2002) und VO (EU) Nr. 223/2014 des Europäischen Parlaments und des Rates v. 11. 3. 2014 zum Europäischen Hilfsfonds für die am stärksten benachteiligten Personen (ABl. Nr. L 72/1 v. 12. 3. 2014).

[2)] Vgl. zu dieser Vorschrift auch die von der Konferenz von Nizza zur Kenntnis genommenen Erklärungen Nr. 2 und Nr. 3 der Schlussakte v. 16. 2. 2001 (ABl. Nr. C 80 S. 70) verschiedener Mitgliedstaaten.

schaftliche Erkenntnisse und Technologien frei ausgetauscht werden, die Entwicklung ihrer Wettbewerbsfähigkeit einschließlich der ihrer Industrie zu fördern sowie alle Forschungsmaßnahmen zu unterstützen, die aufgrund anderer Kapitel der Verträge für erforderlich gehalten werden.

(2) In diesem Sinne unterstützt sie in der gesamten Union die Unternehmen – einschließlich der kleinen und mittleren Unternehmen –, die Forschungszentren und die Hochschulen bei ihren Bemühungen auf dem Gebiet der Forschung und technologischen Entwicklung von hoher Qualität; sie fördert ihre Zusammenarbeitsbestrebungen, damit vor allem die Forscher ungehindert über die Grenzen hinweg zusammenarbeiten und die Unternehmen die Möglichkeiten des Binnenmarkts in vollem Umfang nutzen können, und zwar insbesondere durch Öffnen des einzelstaatlichen öffentlichen Auftragswesens, Festlegung gemeinsamer Normen und Beseitigung der dieser Zusammenarbeit entgegenstehenden rechtlichen und steuerlichen Hindernisse.

(3) Alle Maßnahmen der Union aufgrund der Verträge auf dem Gebiet der Forschung und der technologischen Entwicklung, einschließlich der Demonstrationsvorhaben, werden nach Maßgabe dieses Titels beschlossen und durchgeführt.

Art. 180 [Ergänzende Unionsmaßnahmen] Zur Erreichung dieser Ziele trifft die Union folgende Maßnahmen, welche die in den Mitgliedstaaten durchgeführten Aktionen ergänzen:

a) Durchführung von Programmen für Forschung, technologische Entwicklung und Demonstration unter Förderung der Zusammenarbeit mit und zwischen Unternehmen, Forschungszentren und Hochschulen;

b) Förderung der Zusammenarbeit mit dritten Ländern und internationalen Organisationen auf dem Gebiet der Forschung der Union, technologischen Entwicklung und Demonstration;

c) Verbreitung und Auswertung der Ergebnisse der Tätigkeiten auf dem Gebiet der Forschung der Union, technologischen Entwicklung und Demonstration;

d) Förderung der Ausbildung und der Mobilität der Forscher aus der Union.

Art. 181 [Koordinierung; Rolle der Kommission] (1) Die Union und die Mitgliedstaaten koordinieren ihre Tätigkeiten auf dem Gebiet der Forschung und der technologischen Entwicklung, um die Kohärenz der einzelstaatlichen Politiken und der Politik der Union sicherzustellen.

(2) [1]Die Kommission kann in enger Zusammenarbeit mit den Mitgliedstaaten alle Initiativen ergreifen, die der Koordinierung nach Absatz 1 förderlich sind, insbesondere Initiativen, die darauf abzielen, Leitlinien und Indikatoren festzulegen, den Austausch bewährter Verfahren durchzuführen und die erforderlichen Elemente für eine regel-

mäßige Überwachung und Bewertung auszuarbeiten. [2]Das Europäische Parlament wird in vollem Umfang unterrichtet.

Art. 182 [Mehrjähriges Rahmenprogramm; spezifische Programme] (1) Das Europäische Parlament und der Rat stellen gemäß dem ordentlichen Gesetzgebungsverfahren und nach Anhörung des Wirtschafts- und Sozialausschusses ein mehrjähriges Rahmenprogramm auf, in dem alle Aktionen der Union zusammengefasst werden.
In dem Rahmenprogramm werden
- die wissenschaftlichen und technologischen Ziele, die mit den Maßnahmen nach Artikel 180 erreicht werden sollen, sowie die jeweiligen Prioritäten festgelegt;
- die Grundzüge dieser Maßnahmen angegeben;
- der Gesamthöchstbetrag und die Einzelheiten der finanziellen Beteiligung der Union am Rahmenprogramm sowie die jeweiligen Anteile der vorgesehenen Maßnahmen festgelegt.

(2) Das Rahmenprogramm wird je nach Entwicklung der Lage angepasst oder ergänzt.

(3) [1]Die Durchführung des Rahmenprogramms erfolgt durch spezifische Programme, die innerhalb einer jeden Aktion entwickelt werden. [2]In jedem spezifischen Programm werden die Einzelheiten seiner Durchführung, seine Laufzeit und die für notwendig erachteten Mittel festgelegt. [3]Die Summe der in den spezifischen Programmen für notwendig erachteten Beträge darf den für das Rahmenprogramm und für jede Aktion festgesetzten Gesamthöchstbetrag nicht überschreiten.

(4) Die spezifischen Programme werden vom Rat gemäß einem besonderen Gesetzgebungsverfahren nach Anhörung des Europäischen Parlaments und des Wirtschafts- und Sozialausschusses beschlossen.

(5) Ergänzend zu den in dem mehrjährigen Rahmenprogramm vorgesehenen Aktionen erlassen das Europäische Parlament und der Rat gemäß dem ordentlichen Gesetzgebungsverfahren und nach Anhörung des Wirtschafts- und Sozialausschusses die Maßnahmen, die für die Verwirklichung des Europäischen Raums der Forschung notwendig sind.

Art. 183 [Durchführung des Rahmenprogramms] Zur Durchführung des mehrjährigen Rahmenprogramms legt die Union Folgendes fest:
- die Regeln für die Beteiligung der Unternehmen, der Forschungszentren und der Hochschulen;
- die Regeln für die Verbreitung der Forschungsergebnisse.

Art. 184 [Zusatzprogramme] Bei der Durchführung des mehrjährigen Rahmenprogramms können Zusatzprogramme beschlossen werden, an denen nur bestimmte Mitgliedstaaten teilnehmen, die sie vorbehaltlich einer etwaigen Beteiligung der Union auch finanzieren.

Die Union legt die Regeln für die Zusatzprogramme fest, insbesondere hinsichtlich der Verbreitung der Kenntnisse und des Zugangs anderer Mitgliedstaaten.

Art. 185 [Beteiligung der Union] Die Union kann im Einvernehmen mit den betreffenden Mitgliedstaaten bei der Durchführung des mehrjährigen Rahmenprogramms eine Beteiligung an Forschungs- und Entwicklungsprogrammen mehrerer Mitgliedstaaten, einschließlich der Beteiligung an den zu ihrer Durchführung geschaffenen Strukturen, vorsehen.

Art. 186 [Zusammenarbeit mit Drittländern und internationalen Organisationen] Die Union kann bei der Durchführung des mehrjährigen Rahmenprogramms eine Zusammenarbeit auf dem Gebiet der Forschung, technologischen Entwicklung und Demonstration mit dritten Ländern oder internationalen Organisationen vorsehen.

Die Einzelheiten dieser Zusammenarbeit können Gegenstand von Abkommen zwischen der Union und den betreffenden dritten Parteien sein.

Art. 187 [Gründung gemeinsamer Unternehmen] Die Union kann gemeinsame Unternehmen gründen oder andere Strukturen schaffen, die für die ordnungsgemäße Durchführung der Programme für Forschung, technologische Entwicklung und Demonstration der Union erforderlich sind.

Art. 188 [Beschlussfassung] Der Rat legt auf Vorschlag der Kommission und nach Anhörung des Europäischen Parlaments und des Wirtschafts- und Sozialausschusses die in Artikel 187 vorgesehenen Bestimmungen fest.

Das Europäische Parlament und der Rat legen gemäß dem ordentlichen Gesetzgebungsverfahren und nach Anhörung des Wirtschafts- und Sozialausschusses die in den Artikeln 183, 184 und 185 vorgesehenen Bestimmungen fest. Für die Verabschiedung der Zusatzprogramme ist die Zustimmung der daran beteiligten Mitgliedstaaten erforderlich.

Art. 189 [Europäische Raumfahrtpolitik] (1) [1] Zur Förderung des wissenschaftlichen und technischen Fortschritts, der Wettbewerbsfähigkeit der Industrie und der Durchführung ihrer Politik arbeitet die Union eine europäische Raumfahrtpolitik aus. [2] Sie kann zu diesem Zweck gemeinsame Initiativen fördern, die Forschung und technologische Entwicklung unterstützen und die Anstrengungen zur Erforschung und Nutzung des Weltraums koordinieren.

(2) Als Beitrag zur Erreichung der Ziele des Absatzes 1 werden vom *Europäischen* Parlament und vom Rat unter Ausschluss jeglicher Harmonisierung der Rechtsvorschriften der Mitgliedstaaten gemäß dem ordentlichen Gesetzgebungsverfahren die notwendigen Maßnahmen

erlassen, was in Form eines europäischen Raumfahrtprogramms geschehen kann.

(3) Die Union stellt die zweckdienlichen Verbindungen zur Europäischen Weltraumorganisation her.

(4) Dieser Artikel gilt unbeschadet der sonstigen Bestimmungen dieses Titels.

Art. 190 [Jährlicher Forschungsbericht] [1]Zu Beginn jedes Jahres unterbreitet die Kommission dem Europäischen Parlament und dem Rat einen Bericht. [2]Dieser Bericht erstreckt sich insbesondere auf die Tätigkeiten auf dem Gebiet der Forschung und technologischen Entwicklung und der Verbreitung der Ergebnisse dieser Tätigkeiten während des Vorjahrs sowie auf das Arbeitsprogramm des laufenden Jahres.

Titel XX. Umwelt

Art. 191 [Umweltpolitische Ziele und Maßnahmen; Schutzklausel; Internationale Zusammenarbeit] (1) Die Umweltpolitik der Union trägt zur Verfolgung der nachstehenden Ziele bei:
– Erhaltung und Schutz der Umwelt sowie Verbesserung ihrer Qualität;
– Schutz der menschlichen Gesundheit;
– umsichtige und rationelle Verwendung der natürlichen Ressourcen;
– Förderung von Maßnahmen auf internationaler Ebene zur Bewältigung regionaler oder globaler Umweltprobleme und insbesondere zur Bekämpfung des Klimawandels.

(2) [1]Die Umweltpolitik der Union zielt unter Berücksichtigung der unterschiedlichen Gegebenheiten in den einzelnen Regionen der Union auf ein hohes Schutzniveau ab. [2]Sie beruht auf den Grundsätzen der Vorsorge und Vorbeugung, auf dem Grundsatz, Umweltbeeinträchtigungen mit Vorrang an ihrem Ursprung zu bekämpfen, sowie auf dem Verursacherprinzip.

Im Hinblick hierauf umfassen die den Erfordernissen des Umweltschutzes entsprechenden Harmonisierungsmaßnahmen gegebenenfalls eine Schutzklausel, mit der die Mitgliedstaaten ermächtigt werden, aus nicht wirtschaftlich bedingten umweltpolitischen Gründen vorläufige Maßnahmen zu treffen, die einem Kontrollverfahren der Union unterliegen.

(3) Bei der Erarbeitung ihrer Umweltpolitik berücksichtigt die Union
– die verfügbaren wissenschaftlichen und technischen Daten;
– die Umweltbedingungen in den einzelnen Regionen der Union;
– die Vorteile und die Belastung aufgrund des Tätigwerdens bzw. eines Nichttätigwerdens;
– die wirtschaftliche und soziale Entwicklung der Union insgesamt sowie die ausgewogene Entwicklung ihrer Regionen.

(4) [1]Die Union und die Mitgliedstaaten arbeiten im Rahmen ihrer jeweiligen Befugnisse mit dritten Ländern und den zuständigen internationalen Organisationen zusammen. [2]Die Einzelheiten der Zusammenarbeit der Union können Gegenstand vom Abkommen zwischen dieser und den betreffenden dritten Parteien sein.

Unterabsatz 1 berührt nicht die Zuständigkeit der Mitgliedstaaten, in internationalen Gremien zu verhandeln und internationale Abkommen zu schließen.

Art. 192 [Beschlussfassung; Finanzierung; Verursacherprinzip][1)] (1) Das Europäische Parlament und der Rat beschließen gemäß dem ordentlichen Gesetzgebungsverfahren und nach Anhörung des Wirtschafts- und Sozialausschusses sowie des Ausschusses der Regionen über das Tätigwerden der Union zur Erreichung der in Artikel 191 genannten Ziele.

(2) Abweichend von dem Beschlussverfahren des Absatzes 1 und unbeschadet des Artikels 114 erlässt der Rat gemäß einem besonderen Gesetzgebungsverfahren nach Anhörung des Europäischen Parlaments, des Wirtschafts- und Sozialausschusses sowie des Ausschusses der Regionen einstimmig

a) Vorschriften überwiegend steuerlicher Art;

b) Maßnahmen, die
   – die Raumordnung berühren,
   – die mengenmäßige Bewirtschaftung der Wasserressourcen berühren oder die Verfügbarkeit dieser Ressourcen mittelbar oder unmittelbar betreffen,
   – die Bodennutzung mit Ausnahme der Abfallbewirtschaftung berühren;

c) Maßnahmen, welche die Wahl eines Mitgliedstaats zwischen verschiedenen Energiequellen und die allgemeine Struktur seiner Energieversorgung erheblich berühren.

Der Rat kann auf Vorschlag der Kommission und nach Anhörung des Europäischen Parlaments, des Wirtschafts- und Sozialausschusses und des Ausschusses der Regionen einstimmig festlegen, dass für die in Unterabsatz 1 genannten Bereiche das ordentliche Gesetzgebungsverfahren gilt.

(3) Das Europäische Parlament und der Rat beschließen gemäß dem ordentlichen Gesetzgebungsverfahren und nach Anhörung des Wirtschafts- und Sozialausschusses sowie des Ausschusses der Regionen allgemeine Aktionsprogramme, in denen die vorrangigen Ziele festgelegt werden.

Die zur Durchführung dieser Programme erforderlichen Maßnahmen werden, je nach Fall, nach dem in Absatz 1 beziehungsweise Absatz 2 vorgesehenen Verfahren erlassen.

[1)] Vgl. zu dieser Vorschrift auch die Erklärung Nr. 9 zur Schlussakte v. 16. 2. 2001 (ABl. Nr. C 80 S. 70) der Konferenz von Nizza (Nr. **153**).

(4) Unbeschadet bestimmter Maßnahmen der Union tragen die Mitgliedstaaten für die Finanzierung und Durchführung der Umweltpolitik Sorge.

(5) Sofern eine Maßnahme nach Absatz 1 mit unverhältnismäßig hohen Kosten für die Behörden eines Mitgliedstaats verbunden ist, werden darin unbeschadet des Verursacherprinzips geeignete Bestimmungen in folgender Form vorgesehen:
– vorübergehende Ausnahmeregelungen und/oder
– eine finanzielle Unterstützung aus dem nach Artikel 177 errichteten Kohäsionsfonds.

Art. 193 [Schutzmaßnahmen der Mitgliedstaaten] 1 Die Schutzmaßnahmen, die aufgrund des Artikels 192 getroffen werden, hindern die einzelnen Mitgliedstaaten nicht daran, verstärkte Schutzmaßnahmen beizubehalten oder zu ergreifen. 2 Die betreffenden Maßnahmen müssen mit den Verträgen vereinbar sein. 3 Sie werden der Kommission notifiziert.

Titel XXI. Energie

Art. 194 [Europäische Energiepolitik; Ziele und Maßnahmen]

(1) Die Energiepolitik der Union verfolgt im Geiste der Solidarität zwischen den Mitgliedstaaten im Rahmen der Verwirklichung oder des Funktionierens des Binnenmarkts und unter Berücksichtigung der Notwendigkeit der Erhaltung und Verbesserung der Umwelt folgende Ziele:

a) Sicherstellung des Funktionierens des Energiemarkts;

b) Gewährleistung der Energieversorgungssicherheit in der Union;

c) Förderung der Energieeffizienz und von Energieeinsparungen sowie Entwicklung neuer und erneuerbarer Energiequellen und

d) Förderung der Interkonnektion der Energienetze.

(2) 1 Unbeschadet der Anwendung anderer Bestimmungen der Verträge erlassen das Europäische Parlament und der Rat gemäß dem ordentlichen Gesetzgebungsverfahren die Maßnahmen, die erforderlich sind, um die Ziele nach Absatz 1 zu verwirklichen. 2 Der Erlass dieser Maßnahmen erfolgt nach Anhörung des Wirtschafts- und Sozialausschusses und des Ausschusses der Regionen.

Diese Maßnahmen berühren unbeschadet des Artikels 192 Absatz 2 Buchstabe c nicht das Recht eines Mitgliedstaats, die Bedingungen für die Nutzung seiner Energieressourcen, seine Wahl zwischen verschiedenen Energiequellen und die allgemeine Struktur seiner Energieversorgung zu bestimmen.

(3) Abweichend von Absatz 2 erlässt der Rat die darin genannten Maßnahmen gemäß einem besonderen Gesetzgebungsverfahren einstimmig nach Anhörung des Europäischen Parlaments, wenn sie überwiegend steuerlicher Art sind.

Titel XXII. Tourismus

Art. 195 [Maßnahmen im Tourismussektor] (1) Die Union ergänzt die Maßnahmen der Mitgliedstaaten im Tourismussektor, insbesondere durch die Förderung der Wettbewerbsfähigkeit der Unternehmen der Union in diesem Sektor.

Die Union verfolgt zu diesem Zweck mit ihrer Tätigkeit das Ziel,

a) die Schaffung eines günstigen Umfelds für die Entwicklung der Unternehmen in diesem Sektor anzuregen;

b) die Zusammenarbeit zwischen den Mitgliedstaaten insbesondere durch den Austausch bewährter Praktiken zu unterstützen.

(2) Das Europäische Parlament und der Rat erlassen unter Ausschluss jeglicher Harmonisierung der Rechtsvorschriften der Mitgliedstaaten gemäß dem ordentlichen Gesetzgebungsverfahren die spezifischen Maßnahmen zur Ergänzung der Maßnahmen, die die Mitgliedstaaten zur Verwirklichung der in diesem Artikel genannten Ziele durchführen.

Titel XXIII. Katastrophenschutz

Art. 196 [Förderung der Zusammenarbeit in Mitgliedstaaten] (1) Die Union fördert die Zusammenarbeit zwischen den Mitgliedstaaten, um die Systeme zur Verhütung von Naturkatastrophen oder von vom Menschen verursachten Katastrophen und zum Schutz vor solchen Katastrophen wirksamer zu gestalten.

Die Tätigkeit der Union hat folgende Ziele:

a) Unterstützung und Ergänzung der Tätigkeit der Mitgliedstaaten auf nationaler, regionaler und kommunaler Ebene im Hinblick auf die Risikoprävention, auf die Ausbildung der in den Mitgliedstaaten am Katastrophenschutz Beteiligten und auf Einsätze im Falle von Naturkatastrophen oder von vom Menschen verursachten Katastrophen in der Union;

b) Förderung einer schnellen und effizienten Zusammenarbeit in der Union zwischen den einzelstaatlichen Katastrophenschutzstellen;

c) Verbesserung der Kohärenz der Katastrophenschutzmaßnahmen auf internationaler Ebene.

(2) Das Europäische Parlament und der Rat erlassen unter Ausschluss jeglicher Harmonisierung der Rechtsvorschriften der Mitgliedstaaten gemäß dem ordentlichen Gesetzgebungsverfahren die erforderlichen Maßnahmen zur Verfolgung der Ziele des Absatzes 1.[1]

Titel XXIV. Verwaltungszusammenarbeit

Art. 197 [Effektive Durchführung des Unionsrechts] (1) Die für das ordnungsgemäße Funktionieren der Union entscheidende ef-

[1] Vgl. *hierzu* Beschluss Nr. 1313/2013/EU über ein Katastrophenschutzverfahren der Union (ABl. Nr. L 347/924 v. 20.12.2013), geänd. durch Beschluss Nr. 2019/420 v. 13.3.2019 (ABl. Nr. L 77 I/1).

fektive Durchführung des Unionsrechts durch die Mitgliedstaaten ist als Frage von gemeinsamem Interesse anzusehen.

(2) 1 Die Union kann die Mitgliedstaaten in ihren Bemühungen um eine Verbesserung der Fähigkeit ihrer Verwaltung zur Durchführung des Unionsrechts unterstützen. 2 Dies kann insbesondere die Erleichterung des Austauschs von Informationen und von Beamten sowie die Unterstützung von Aus- und Weiterbildungsprogrammen beinhalten. 3 Die Mitgliedstaaten müssen diese Unterstützung nicht in Anspruch nehmen. 4 Das Europäische Parlament und der Rat erlassen die erforderlichen Maßnahmen unter Ausschluss jeglicher Harmonisierung der Rechtsvorschriften der Mitgliedstaaten durch Verordnungen gemäß dem ordentlichen Gesetzgebungsverfahren.

(3) 1 Dieser Artikel berührt weder die Verpflichtung der Mitgliedstaaten, das Unionsrecht durchzuführen, noch die Befugnisse und Pflichten der Kommission. 2 Er berührt auch nicht die übrigen Bestimmungen der Verträge, in denen eine Verwaltungszusammenarbeit unter den Mitgliedstaaten sowie zwischen diesen und der Union vorgesehen ist.

Vierter Teil. Die Assoziierung der überseeischen Länder und Hoheitsgebiete

Art. 198 [Ziel der Assoziierung] 1 Die Mitgliedstaaten kommen überein, die außereuropäischen Länder und Hoheitsgebiete, die mit Dänemark, Frankreich, den Niederlanden und dem Vereinigten Königreich besondere Beziehungen unterhalten, der Union zu assoziieren. 3 Diese Länder und Hoheitsgebiete, im Folgenden als ‚Länder und Hoheitsgebiete" bezeichnet, sind in Anhang II aufgeführt.

Ziel der Assoziierung ist die Förderung der wirtschaftlichen und sozialen Entwicklung der Länder und Hoheitsgebiete und die Herstellung enger Wirtschaftsbeziehungen zwischen ihnen und der gesamten Union.

Entsprechend den in der Präambel dieses Vertrags aufgestellten Grundsätzen soll die Assoziierung in erster Linie den Interessen der Einwohner dieser Länder und Hoheitsgebiete dienen und ihren Wohlstand fördern, um sie der von ihnen erstrebten wirtschaftlichen, sozialen und kulturellen Entwicklung entgegenzuführen.

Art. 199 [Zwecke der Assoziierung] Mit der Assoziierung werden folgende Zwecke verfolgt:

1. Die Mitgliedstaaten wenden auf ihren Handelsverkehr mit den Ländern und Hoheitsgebieten das System an, das sie aufgrund der Verträge untereinander anwenden.
2. Jedes Land oder Hoheitsgebiet wendet auf seinen Handelsverkehr mit den Mitgliedstaaten und den anderen Ländern und Hoheitsgebieten das System an, das es auf den europäischen Staat anwendet, mit dem es besondere Beziehungen unterhält.

3. Die Mitgliedstaaten beteiligen sich an den Investitionen, welche die fortschreitende Entwicklung dieser Länder und Hoheitsgebiete erfordert.

4. Bei Ausschreibungen und Lieferungen für Investitionen, die von der Union finanziert werden, steht die Beteiligung zu gleichen Bedingungen allen natürlichen und juristischen Personen offen, welche die Staatsangehörigkeit der Mitgliedstaaten oder der Länder oder Hoheitsgebiete besitzen.

5. Soweit aufgrund des Artikels 203 nicht Sonderregelungen getroffen werden, gelten zwischen den Mitgliedstaaten und den Ländern und Hoheitsgebieten für das Niederlassungsrecht ihrer Staatsangehörigen und Gesellschaften die Bestimmungen und Verfahrensregeln des Kapitels Niederlassungsfreiheit, und zwar unter Ausschluss jeder Diskriminierung.

Art. 200 [Verbot von Zöllen; Ausnahmen] (1) Zölle bei der Einfuhr von Waren aus den Ländern und Hoheitsgebieten in die Mitgliedstaaten sind verboten; dies geschieht nach Maßgabe des in den Verträgen vorgesehenen Verbots von Zöllen zwischen den Mitgliedstaaten.

(2) In jedem Land und Hoheitsgebiet sind Zölle bei der Einfuhr von Waren aus den Mitgliedstaaten und den anderen Ländern und Hoheitsgebieten nach Maßgabe des Artikels 30 verboten.

(3) Die Länder und Hoheitsgebiete können jedoch Zölle erheben, die den Erfordernissen ihrer Entwicklung und Industrialisierung entsprechen oder als Finanzzölle der Finanzierung ihres Haushalts dienen.

Die in Unterabsatz 1 genannten Zölle dürfen nicht höher sein als diejenigen, die für die Einfuhr von Waren aus dem Mitgliedstaat gelten, mit dem das entsprechende Land oder Hoheitsgebiet besondere Beziehungen unterhält.

(4) Absatz 2 gilt nicht für die Länder und Hoheitsgebiete, die aufgrund besonderer internationaler Verpflichtungen bereits einen nichtdiskriminierenden Zolltarif anwenden.

(5) Die Festlegung oder Änderung der Zollsätze für Waren, die in die Länder und Hoheitsgebiete eingeführt werden, darf weder rechtlich noch tatsächlich zu einer mittelbaren oder unmittelbaren Diskriminierung zwischen den Einfuhren aus den einzelnen Mitgliedstaaten führen.

Art. 201 [Abhilfe bei nachteiliger Verkehrsverlagerung] Ist die Höhe der Zollsätze, die bei der Einfuhr in ein Land oder Hoheitsgebiet für Waren aus einem dritten Land gelten, bei Anwendung des Artikels 200 Absatz 1 geeignet, Verkehrsverlagerungen zum Nachteil eines Mitgliedstaats hervorzurufen, so kann dieser die Kommission ersuchen, den anderen Mitgliedstaaten die erforderlichen Abhilfemaßnahmen vorzuschlagen.

Art. 202 [Regelung der Freizügigkeit der Arbeitskräfte] Vorbehaltlich der Bestimmungen über die Volksgesundheit und die öffentliche Sicherheit und Ordnung werden für die Freizügigkeit der Arbeitskräfte aus den Ländern und Hoheitsgebieten in den Mitgliedstaaten und der Arbeitskräfte aus den Mitgliedstaaten in den Ländern und Hoheitsgebieten Rechtsakte nach Artikel 203 erlassen.

Art. 203[1)] [Durchführungsgesetzgebung] [1]Der Rat erlässt einstimmig auf Vorschlag der Kommission und aufgrund der im Rahmen der Assoziierung der Länder und Hoheitsgebiete an die Union erzielten Ergebnisse und der Grundsätze der Verträge die Bestimmungen über die Einzelheiten und das Verfahren für die Assoziierung der Länder und Hoheitsgebiete an die Union. [2]Werden diese Bestimmungen vom Rat gemäß einem besonderen Gesetzgebungsverfahren angenommen, so beschließt er einstimmig auf Vorschlag der Kommission nach Anhörung des Europäischen Parlaments.

Art. 204 [Anwendung auf Grönland] Die Artikel 198 bis 203 sind auf Grönland anwendbar, vorbehaltlich der spezifischen Bestimmungen für Grönland in dem Protokoll über die Sonderregelung für Grönland im Anhang zu den Verträgen.

Fünfter Teil. Das auswärtige Handeln der Union

Titel I. Allgemeine Bestimmungen über das auswärtige Handeln der Union

Art. 205 [Handlungsgrundsätze auf internationaler Ebene] Das Handeln der Union auf internationaler Ebene im Rahmen dieses Teils wird von den Grundsätzen bestimmt, von den Zielen geleitet und an den allgemeinen Bestimmungen ausgerichtet, die in Titel V Kapitel 1 des Vertrags über die Europäische Union[2)] niedergelegt sind.

Titel II. Gemeinsame Handelspolitik

Art. 206 [Ziele der Handelspolitik] Durch die Schaffung einer Zollunion nach den Artikeln 28 bis 32 trägt die Union im gemeinsamen Interesse zur harmonischen Entwicklung des Welthandels, zur schrittweisen Beseitigung der Beschränkungen im internationalen Handelsverkehr und bei den ausländischen Direktinvestitionen sowie *zum Abbau der Zollschranken* und anderer Schranken bei.

[1)] Vgl. Beschluss 2013/755/EU des Rates v. 25. 11. 2013 über die Assoziierung der überseeischen Länder und Gebiete mit der Europäischen Union („Übersee-Assoziationsbeschluss"), ABl. Nr. L 344/1 v. 19. 12. 2013, ber. ABl. Nr. L 76/56 v. 15. 3. 2014; vgl. auch Beschluss 2014/137/EU des Rates v. 14. 3. 2014 über die Beziehungen zwischen der Europäischen Union einerseits und Grönland und dem Königreich Dänemark andererseits (ABl. Nr. L 76/1 v. 15. 3. 2014).

[2)] Nr. **145**.

Art. 207 [Grundsätze der gemeinsamen Handelspolitik]

(1) [1]Die gemeinsame Handelspolitik wird nach einheitlichen Grundsätzen gestaltet; dies gilt insbesondere für die Änderung von Zollsätzen, für den Abschluss von Zoll- und Handelsabkommen, die den Handel mit Waren und Dienstleistungen betreffen, und für die Handelsaspekte des geistigen Eigentums, die ausländischen Direktinvestitionen, die Vereinheitlichung der Liberalisierungsmaßnahmen, die Ausfuhrpolitik sowie die handelspolitischen Schutzmaßnahmen, zum Beispiel im Fall von Dumping und Subventionen. [2]Die gemeinsame Handelspolitik wird im Rahmen der Grundsätze und Ziele des auswärtigen Handelns der Union gestaltet.

(2) Das Europäische Parlament und der Rat erlassen durch Verordnungen gemäß dem ordentlichen Gesetzgebungsverfahren die Maßnahmen, mit denen der Rahmen für die Umsetzung der gemeinsamen Handelspolitik bestimmt wird.[1)]

(3) Sind mit einem oder mehreren Drittländern oder internationalen Organisationen Abkommen auszuhandeln und zu schließen, so findet Artikel 218 vorbehaltlich der besonderen Bestimmungen dieses Artikels Anwendung.

[1]Die Kommission legt dem Rat Empfehlungen vor; dieser ermächtigt die Kommission zur Aufnahme der erforderlichen Verhandlungen. [2]Der Rat und die Kommission haben dafür Sorge zu tragen, dass die ausgehandelten Abkommen mit der internen Politik und den internen Vorschriften der Union vereinbar sind.

[1]Die Kommission führt diese Verhandlungen im Benehmen mit einem zu ihrer Unterstützung vom Rat bestellten Sonderausschuss und nach Maßgabe der Richtlinien, die ihr der Rat erteilen kann. [2]Die Kommission erstattet dem Sonderausschuss sowie dem Europäischen Parlament regelmäßig Bericht über den Stand der Verhandlungen.

(4) Über die Aushandlung und den Abschluss der in Absatz 3 genannten Abkommen beschließt der Rat mit qualifizierter Mehrheit.

Über die Aushandlung und den Abschluss eines Abkommens über den Dienstleistungsverkehr, über Handelsaspekte des geistigen Eigentums oder über ausländische Direktinvestitionen beschließt der Rat einstimmig, wenn das betreffende Abkommen Bestimmungen enthält, bei denen für die Annahme interner Vorschriften Einstimmigkeit erforderlich ist.

Der Rat beschließt ebenfalls einstimmig über die Aushandlung und den Abschluss von Abkommen in den folgenden Bereichen:

a) Handel mit kulturellen und audiovisuellen Dienstleistungen, wenn diese Abkommen die kulturelle und sprachliche Vielfalt in der Union beeinträchtigen könnten;

[1)] Vgl. hierzu insbes. VO (EU) 2015/1843 des Europäischen Parlaments und des Rates v. 6. 10. 2015 zur Festlegung der Verfahren der Union im Bereich der gemeinsamen Handelspolitik zur Ausübung der Rechte der Union nach internationalen Handelsregeln, insbesondere den im Rahmen der Welthandelsorganisation vereinbarten Regeln (ABl. Nr. L 272/1 v. 16. 10. 2015).

b) Handel mit Dienstleistungen des Sozial-, des Bildungs- und des Gesundheitssektors, wenn diese Abkommen die einzelstaatliche Organisation dieser Dienstleistungen ernsthaft stören und die Verantwortlichkeit der Mitgliedstaaten für ihre Erbringung beinträchtigen könnten.

(5) Für die Aushandlung und den Abschluss von internationalen Abkommen im Bereich des Verkehrs gelten der Dritte Teil Titel VI sowie Artikel 218.

(6) Die Ausübung der durch diesen Artikel übertragenen Zuständigkeiten im Bereich der gemeinsamen Handelspolitik hat keine Auswirkungen auf die Abgrenzung der Zuständigkeiten zwischen der Union und den Mitgliedstaaten und führt nicht zu einer Harmonisierung der Rechtsvorschriften der Mitgliedstaaten, soweit eine solche Harmonisierung in den Verträgen ausgeschlossen wird.

Titel III. Zusammenarbeit mit Drittländern und humanitäre Hilfe

Kapitel 1. Entwicklungszusammenarbeit

Art. 208 [Beitrag der Union; Ziel] (1) [1] Die Politik der Union auf dem Gebiet der Entwicklungszusammenarbeit wird im Rahmen der Grundsätze und Ziele des auswärtigen Handelns der Union durchgeführt. [2] Die Politik der Union und die Politik der Mitgliedstaaten auf dem Gebiet der Entwicklungszusammenarbeit ergänzen und verstärken sich gegenseitig.

[1] Hauptziel der Unionspolitik in diesem Bereich ist die Bekämpfung und auf längere Sicht die Beseitigung der Armut. [2] Bei der Durchführung politischer Maßnahmen, die sich auf die Entwicklungsländer auswirken können, trägt die Union den Zielen der Entwicklungszusammenarbeit Rechnung.

(2) Die Union und die Mitgliedstaaten kommen den im Rahmen der Vereinten Nationen und anderer zuständiger internationaler Organisationen gegebenen Zusagen nach und berücksichtigen die in diesem Rahmen gebilligten Zielsetzungen.

Art. 209 [Mehrjahres- und thematische Programme; Vertragsschlusskompetenz; Rolle der EIB] (1) Das Europäische Parlament und der Rat erlassen gemäß dem ordentlichen Gesetzgebungsverfahren die zur Durchführung der Politik im Bereich der Entwicklungszusammenarbeit erforderlichen Maßnahmen; diese Maßnahmen können Mehrjahresprogramme für die Zusammenarbeit mit Entwicklungsländern oder thematische Programme betreffen.

(2)[1] Die Union kann mit Drittländern und den zuständigen internationalen Organisationen alle Übereinkünfte schließen, die zur Verwirklichung der Ziele des Artikels 21 des Vertrags über die Europäische Union[2] und des Artikels 208 dieses Vertrags beitragen.

Unterabsatz 1 berührt nicht die Zuständigkeit der Mitgliedstaaten, in internationalen Gremien zu verhandeln und Übereinkünfte zu schließen.

(3) Die Europäische Investitionsbank trägt nach Maßgabe ihrer Satzung[3] zur Durchführung der Maßnahmen im Sinne des Absatzes 1 bei.

Art. 210 [Koordinierung] (1) [1]Die Union und die Mitgliedstaaten koordinieren ihre Politik auf dem Gebiet der Entwicklungszusammenarbeit und stimmen ihre Hilfsprogramme aufeinander ab, auch in internationalen Organisationen und auf internationalen Konferenzen, damit ihre Maßnahmen einander besser ergänzen und wirksamer sind. [2]Sie können gemeinsame Maßnahmen ergreifen. [3]Die Mitgliedstaaten tragen erforderlichenfalls zur Durchführung der Hilfsprogramme der Union bei.

(2) Die Kommission kann alle Initiativen ergreifen, die der in Absatz 1 genannten Koordinierung förderlich sind.

Art. 211 [Internationale Zusammenarbeit] Die Union und die Mitgliedstaaten arbeiten im Rahmen ihrer jeweiligen Befugnisse mit dritten Ländern und den zuständigen internationalen Organisationen zusammen.

Kapitel 2. Wirtschaftliche, finanzielle und technische Zusammenarbeit mit Drittländern

Art. 212 [Grundsätze der Zusammenarbeit mit Nicht-Entwicklungsländern][4] (1) [1]Unbeschadet der übrigen Bestimmungen der Verträge, insbesondere der Artikel 208 bis 211, führt die Union mit

---

[1] Vgl. hierzu jeweils v. 11. 3. 2014 (ABl. Nr. 77/1 ff. v. 15. 3. 2014) und für den Zeitraum von 2014–2020): VO (EU) Nr. 230/2014 zur Schaffung eines Instruments, das zu Stabilität und Frieden beiträgt, VO (EU) Nr. 231/2014 zur Schaffung eines Instruments für Heranführungshilfe (IPA II), VO (EU) Nr. 232/2014 zur Schaffung eines Europäischen Nachbarschaftsinstrumentes, VO (EU) Nr. 233/2014 zur Schaffung eines Finanzierungsinstruments für die Entwicklungszusammenarbeit für den Zeitraum 2014–2020, VO (EU) Nr. 234/2014 zur Schaffung eines Partnerschaftsinstruments für die Zusammenarbeit mit Drittstaaten, VO (EU) Nr. 235/2014 zur Schaffung eines Finanzierungsinstruments für weltweite Demokratie und Menschenrechte, sowie VO (EU) Nr. 236/2014 zur Festlegung gemeinsamer Vorschriften und Verfahren für die Anwendung der Instrumente der Union für die Finanzierung des auswärtigen Handelns und VO (Euratom) Nr. 237/2014 des Rates vom 13. 12. 2013 zur Schaffung eines Instruments für Zusammenarbeit im Bereich der nuklearen Sicherheit.

[2] *Nr.* ***145***.

[3] Nr. **266**.

[4] Vgl. zu dieser Vorschrift auch die Erklärung Nr. 10 zur Schlussakte v. 16. 2. 2001 (ABl. Nr. C 80 S. 70) der Konferenz von Nizza (Nr. **153**).

Drittländern, die keine Entwicklungsländer sind, Maßnahmen der wirtschaftlichen, finanziellen und technischen Zusammenarbeit durch, die auch Unterstützung, insbesondere im finanziellen Bereich, einschließen. 2 Diese Maßnahmen stehen mit der Entwicklungspolitik der Union im Einklang und werden im Rahmen der Grundsätze und Ziele ihres auswärtigen Handelns durchgeführt. Die Maßnahmen der Union und die Maßnahmen der Mitgliedstaaten ergänzen und verstärken sich gegenseitig.

(2) Das Europäische Parlament und der Rat erlassen gemäß dem ordentlichen Gesetzgebungsverfahren die zur Durchführung des Absatzes 1 erforderlichen Maßnahmen.

(3) 1 Die Union und die Mitgliedstaaten arbeiten im Rahmen ihrer jeweiligen Zuständigkeiten mit Drittländern und den zuständigen internationalen Organisationen zusammen. 2 Die Einzelheiten der Zusammenarbeit der Union können in Abkommen zwischen dieser und den betreffenden dritten Parteien geregelt werden.

Unterabsatz 1 berührt nicht die Zuständigkeit der Mitgliedstaaten, in internationalen Gremien zu verhandeln und internationale Abkommen zu schließen.

Art. 213 [Finanzielle Hilfe für Drittländer] Ist es aufgrund der Lage in einem Drittland notwendig, dass die Union umgehend finanzielle Hilfe leistet, so erlässt der Rat auf Vorschlag der Kommission die erforderlichen Beschlüsse.

Kapitel 3. Humanitäre Hilfe

Art. 214 [Maßnahmen; Europäisches Freiwilligenkorps]

(1) 1 Den Rahmen für die Maßnahmen der Union im Bereich der humanitären Hilfe bilden die Grundsätze und Ziele des auswärtigen Handelns der Union. 2 Die Maßnahmen dienen dazu, Einwohnern von Drittländern, die von Naturkatastrophen oder von vom Menschen verursachten Katastrophen betroffen sind, gezielt Hilfe, Rettung und Schutz zu bringen, damit die aus diesen Notständen resultierenden humanitären Bedürfnisse gedeckt werden können. 3 Die Maßnahmen der Union und die Maßnahmen der Mitgliedstaaten ergänzen und verstärken sich gegenseitig.

(2) Die Maßnahmen der humanitären Hilfe werden im Einklang mit den Grundsätzen des Völkerrechts sowie den Grundsätzen der Unparteilichkeit, der Neutralität und der Nichtdiskriminierung durchgeführt.

(3) Das Europäische Parlament und der Rat legen gemäß dem ordentlichen Gesetzgebungsverfahren die Maßnahmen zur Festlegung des Rahmens fest, innerhalb dessen die Maßnahmen der humanitären Hilfe der Union durchgeführt werden.

(4) Die Union kann mit Drittländern und den zuständigen internationalen Organisationen alle Übereinkünfte schließen, die zur Verwirk-

lichung der Ziele des Absatzes 1 und des Artikels 21 des Vertrags über die Europäische Union[1] beitragen.

Unterabsatz 1 berührt nicht die Zuständigkeit der Mitgliedstaaten, in internationalen Gremien zu verhandeln und Übereinkünfte zu schließen.

(5)[2] [1] Als Rahmen für gemeinsame Beiträge der jungen Europäer zu den Maßnahmen der humanitären Hilfe der Union wird ein Europäisches Freiwilligenkorps für humanitäre Hilfe geschaffen. [2] Das Europäische Parlament und der Rat legen gemäß dem ordentlichen Gesetzgebungsverfahren durch Verordnungen die Rechtsstellung und die Einzelheiten der Arbeitsweise des Korps fest.

(6) Die Kommission kann alle Initiativen ergreifen, die der Koordinierung zwischen den Maßnahmen der Union und denen der Mitgliedstaaten förderlich sind, damit die Programme der Union und der Mitgliedstaaten im Bereich der humanitären Hilfe wirksamer sind und einander besser ergänzen.

(7) Die Union trägt dafür Sorge, dass ihre Maßnahmen der humanitären Hilfe mit den Maßnahmen der internationalen Organisationen und Einrichtungen, insbesondere derer, die zum System der Vereinten Nationen gehören, abgestimmt werden und im Einklang mit ihnen stehen.

Titel IV. Restriktive Maßnahmen

Art. 215 [Wirtschaftsembargo; Beschlussfassung; Rechtsschutz] (1) [1] Sieht ein nach Titel V Kapitel 2 des Vertrags über die Europäische Union[1] erlassener Beschluss die Aussetzung, Einschränkung oder vollständige Einstellung der Wirtschafts- und Finanzbeziehungen zu einem oder mehreren Drittländern vor, so erlässt der Rat die erforderlichen Maßnahmen mit qualifizierter Mehrheit auf gemeinsamen Vorschlag des Hohen Vertreters der Union für Außen- und Sicherheitspolitik und der Kommission. [2] Er unterrichtet hierüber das Europäische Parlament.

(2) Sieht ein nach Titel V Kapitel 2 des Vertrags über die Europäische Union erlassener Beschluss dies vor, so kann der Rat nach dem Verfahren des Absatzes 1 restriktive Maßnahmen gegen natürliche oder juristische Personen sowie Gruppierungen oder nichtstaatliche Einheiten erlassen.

(3) In den Rechtsakten nach diesem Artikel müssen die erforderlichen Bestimmungen über den Rechtsschutz vorgesehen sein.

---

[1] Nr. **145**.

[2] Vgl. VO (EU) Nr. 375/2014 des Europäischen Parlaments und des Rates v. 3. 4. 2014 zur *Einrichtung des Europäischen* Freiwilligenkorps für humanitäre Hilfe („EU-Freiwilligeninitiative für humanitäre Hilfe"), ABl. Nr. L 122/1 v. 24. 4. 2014, ber. ABl. Nr. L 123/122 v. 19. 5. 2015.

Titel V. Internationale Übereinkünfte

Art. 216 [Vertragsschlusskompetenz] (1) Die Union kann mit einem oder mehreren Drittländern oder einer oder mehreren internationalen Organisationen eine Übereinkunft schließen, wenn dies in den Verträgen vorgesehen ist oder wenn der Abschluss einer Übereinkunft im Rahmen der Politik der Union entweder zur Verwirklichung eines der in den Verträgen festgesetzten Ziele erforderlich oder in einem verbindlichen Rechtsakt der Union vorgesehen ist oder aber gemeinsame Vorschriften beeinträchtigen oder deren Anwendungsbereich ändern könnte.

(2) Die von der Union geschlossenen Übereinkünfte binden die Organe der Union und die Mitgliedstaaten.

Art. 217 [Assoziierungsabkommen] Die Union kann mit einem oder mehreren Drittländern oder einer oder mehrerer internationaler Organisationen Abkommen schließen, die eine Assoziierung mit gegenseitigen Rechten und Pflichten, gemeinsamem Vorgehen und besonderen Verfahren herstellen.

Art. 218 [Vertragsschlussverfahren; Gutachten des EuGH]
(1) Unbeschadet der besonderen Bestimmungen des Artikels 207 werden Übereinkünfte zwischen der Union und Drittländern oder internationalen Organisationen nach dem im Folgenden beschriebenen Verfahren ausgehandelt und geschlossen.

(2) Der Rat erteilt eine Ermächtigung zur Aufnahme von Verhandlungen, legt Verhandlungsrichtlinien fest, genehmigt die Unterzeichnung und schließt die Übereinkünfte.

(3) Die Kommission oder, wenn sich die geplante Übereinkunft ausschließlich oder hauptsächlich auf die Gemeinsame Außen- und Sicherheitspolitik bezieht, der Hohe Vertreter der Union für Außen- und Sicherheitspolitik legt dem Rat Empfehlungen vor; dieser erlässt einen Beschluss über die Ermächtigung zur Aufnahme von Verhandlungen und über die Benennung, je nach dem Gegenstand der geplanten Übereinkunft, des Verhandlungsführers oder des Leiters des Verhandlungsteams der Union.[1]

(4) Der Rat kann dem Verhandlungsführer Richtlinien erteilen und einen Sonderausschuss bestellen;[2] die Verhandlungen sind im Benehmen mit diesem Ausschuss zu führen.

(5) Der Rat erlässt auf Vorschlag des Verhandlungsführers einen Beschluss, mit dem die Unterzeichnung der Übereinkunft und gegebe-

---

[1] Vgl. Beschluss (EU, Euratom) 2020/266 v. 25.2.2020 über die Ermächtigung zur Aufnahme von Verhandlungen mit dem Vereinigten Königreich Großbritannien und Nordirland über ein neues Partnerschaftsabkommen (ABl. Nr. L 58/53 v. 27.2.2020).

[2] Einen derartigen Sonderausschuss bildet die durch Beschluss EU 2020/121 v. 28.1.2020 eingesetzte Gruppe „Vereinigtes Königreich" unter dem Vorsitz des Generalsekretariats des Rates (ABl. Nr. L 23I/1 v. 29.1.2020).

Modalitäten für die Aushandlung und den Abschluss solcher Vereinbarungen. 2 Mit diesen Modalitäten wird gewährleistet, dass die Union einen einheitlichen Standpunkt vertritt. Die Kommission wird an den Verhandlungen in vollem Umfang beteiligt.

(4) Die Mitgliedstaaten haben das Recht, unbeschadet der Unionszuständigkeit und der Unionsvereinbarungen über die Wirtschafts- und Währungsunion in internationalen Gremien Verhandlungen zu führen und internationale Vereinbarungen zu treffen.

Titel VI. Beziehungen der Union zu internationalen Organisationen und Drittländern sowie Delegationen der Union

Art. 220 [Beziehungen zu internationalen Organisationen]

(1) Die Union betreibt jede zweckdienliche Zusammenarbeit mit den Organen der Vereinten Nationen und ihrer Sonderorganisationen, dem Europarat, der Organisation für Sicherheit und Zusammenarbeit in Europa und der Organisation für wirtschaftliche Zusammenarbeit und Entwicklung.

Die Union unterhält ferner, soweit zweckdienlich, Beziehungen zu anderen internationalen Organisationen.

(2) Die Durchführung dieses Artikels obliegt dem Hohen Vertreter der Union für Außen- und Sicherheitspolitik und der Kommission.

Art. 221 [Delegationen der Union] (1) Die Delegationen der Union in Drittländern und bei internationalen Organisationen sorgen für die Vertretung der Union.

(2) 1 Die Delegationen der Union unterstehen der Leitung des Hohen Vertreters der Union für Außen- und Sicherheitspolitik. 2 Sie werden in enger Zusammenarbeit mit den diplomatischen und konsularischen Vertretungen der Mitgliedstaaten tätig.

Titel VII. Solidaritätsklausel

Art. 222 [Gegenseitige Unterstützung bei Terroranschlägen und Katastrophen] (1)[1] 1 Die Union und ihre Mitgliedstaaten handeln gemeinsam im Geiste der Solidarität, wenn ein Mitgliedstaat von einem Terroranschlag, einer Naturkatastrophe oder einer vom Menschen verursachten Katastrophe betroffen ist. 2 Die Union mobilisiert alle ihr zur Verfügung stehenden Mittel, einschließlich der ihr von den Mitgliedstaaten bereitgestellten militärischen Mittel, um

a) – terroristische Bedrohungen im Hoheitsgebiet von Mitgliedstaaten abzuwenden;

---

[1] Vgl. hierzu den Beschluss des Rates v. 24.6.2014 über die Vorkehrungen für die Anwendung der Solidaritätsklausel durch die Union (2014/415/EU, ABl. Nr. L 192/53 v. 1.7.2014, ber. ABl. Nr. 221/26 v. 25.7.2014 und ber. ABl. Nr. L 275/7 v. 17.9.2014).

– die demokratischen Institutionen und die Zivilbevölkerung vor etwaigen Terroranschlägen zu schützen;
– im Falle eines Terroranschlags einen Mitgliedstaat auf Ersuchen seiner politischen Organe innerhalb seines Hoheitsgebiets zu unterstützen;

b) im Falle einer Naturkatastrophe oder einer vom Menschen verursachten Katastrophe einen Mitgliedstaat auf Ersuchen seiner politischen Organe innerhalb seines Hoheitsgebiets zu unterstützen.

(2) [1]Ist ein Mitgliedstaat von einem Terroranschlag, einer Naturkatastrophe oder einer vom Menschen verursachten Katastrophe betroffen, so leisten die anderen Mitgliedstaaten ihm auf Ersuchen seiner politischen Organe Unterstützung. [2]Zu diesem Zweck sprechen die Mitgliedstaaten sich im Rat ab.

(3) [1]Die Einzelheiten für die Anwendung dieser Solidaritätsklausel durch die Union werden durch einen Beschluss festgelegt, den der Rat aufgrund eines gemeinsamen Vorschlags der Kommission und des Hohen Vertreters der Union für Außen- und Sicherheitspolitik erlässt. [2]Hat dieser Beschluss Auswirkungen im Bereich der Verteidigung, so beschließt der Rat nach Artikel 31 Absatz 1 des Vertrags über die Europäische Union[1]. [3]Das Europäische Parlament wird darüber unterrichtet.

Für die Zwecke dieses Absatzes unterstützen den Rat unbeschadet des Artikels 240 das Politische und Sicherheitspolitische Komitee, das sich hierbei auf die im Rahmen der Gemeinsamen Sicherheits- und Verteidigungspolitik entwickelten Strukturen stützt, sowie der Ausschuss nach Artikel 71, die dem Rat gegebenenfalls gemeinsame Stellungnahmen vorlegen.

(4) Damit die Union und ihre Mitgliedstaaten auf effiziente Weise tätig werden können, nimmt der Europäische Rat regelmäßig eine Einschätzung der Bedrohungen vor, denen die Union ausgesetzt ist.

(Fortsetzung nächstes Blatt)

---

[1] Nr. **145**.

fassung die Ausarbeitung eines Unionsakts zur Durchführung der Verträge erfordern. 2 Legt die Kommission keinen Vorschlag vor, so teilt sie dem Europäischen Parlament die Gründe dafür mit.

Art. 226 [Untersuchungsausschuss] Das Europäische Parlament kann bei der Erfüllung seiner Aufgaben auf Antrag eines Viertels seiner Mitglieder die Einsetzung eines nichtständigen Untersuchungsausschusses beschließen, der unbeschadet der Befugnisse, die anderen Organen oder Einrichtungen durch die Verträge übertragen sind, behauptete Verstöße gegen das Unionsrecht oder Mißstände bei der Anwendung desselben prüft; dies gilt nicht, wenn ein Gericht mit den behaupteten Sachverhalten befasst ist, solange das Gerichtsverfahren nicht abgeschlossen ist.

Mit der Vorlage seines Berichtes hört der nichtständige Untersuchungsausschuss auf zu bestehen.

Die Einzelheiten der Ausübung des Untersuchungsrechts werden vom Europäischen Parlament festgelegt, das aus eigener Initiative gemäß einem besonderen Gesetzgebungsverfahren durch Verordnungen nach Zustimmung des Rates und der Kommission beschließt.

Art. 227 [Petitionsrecht] Jeder Bürger der Union sowie jede natürliche oder juristische Person mit Wohnort oder satzungsmäßigem Sitz in einem Mitgliedstaat kann allein oder zusammen mit anderen Bürgern oder Personen in Angelegenheiten, die in die Tätigkeitsbereiche der Union fallen und die ihn oder sie unmittelbar betreffen, eine Petition an das Europäische Parlament richten.

Art. 228 [Bürgerbeauftragter] (1) 1 Ein vom Europäischen Parlament gewählter Europäischer Bürgerbeauftragter ist befugt, Beschwerden von jedem Bürger der Union oder von jeder natürlichen oder juristischen Person mit Wohnort oder satzungsmäßigem Sitz in einem Mitgliedstaat über Missstände bei der Tätigkeit der Organe, Einrichtungen oder sonstige Stellen der Union, mit Ausnahme des Gerichtshofs der Europäischen Union in Ausübung seiner Rechtsprechungsbefugnisse, entgegenzunehmen. 2 Er untersucht diese Beschwerden und erstattet darüber Bericht.

1 Der Bürgerbeauftragte führt im Rahmen seines Auftrags von sich aus oder aufgrund von Beschwerden, die ihm unmittelbar oder über ein Mitglied des Europäischen Parlaments zugehen, Untersuchungen durch, die er für gerechtfertigt hält; dies gilt nicht, wenn die behaupteten Sachverhalte Gegenstand eines Gerichtsverfahrens sind oder waren. 2 Hat der Bürgerbeauftragte einen Missstand festgestellt, so befasst er das betreffende Organ, die betreffende Einrichtung oder sonstige Stelle, das bzw. die über eine Frist von drei Monaten verfügt, um ihm seine bzw. ihre Stellungnahme zu übermitteln. 3 Der Bürgerbeauftragte legt anschließend dem Europäischen Parlament und dem betreffenden Organ, der betreffenden Einrichtung oder sonstigen Stelle einen Bericht vor. 4 Der Beschwerdeführer wird über das Ergebnis dieser Untersuchungen unterrichtet.

Der Bürgerbeauftragte legt dem Europäischen Parlament jährlich einen Bericht über die Ergebnisse seiner Untersuchungen vor.

(2) [1] Der Bürgerbeauftragte wird nach jeder Wahl des Europäischen Parlaments für die Dauer der Wahlperiode gewählt.[1)] [2] Wiederwahl ist zulässig.

Der Bürgerbeauftragte kann auf Antrag des Europäischen Parlaments vom Gerichtshof seines Amtes enthoben werden, wenn er die Voraussetzungen für die Ausübung seines Amtes nicht mehr erfüllt oder eine schwere Verfehlung begangen hat.

(3) [1] Der Bürgerbeauftragte übt sein Amt in völliger Unabhängigkeit aus. [2] Er darf bei der Erfüllung seiner Pflichten von keiner Regierung, keinem Organ, keiner Einrichtung oder sonstigen Stelle Weisungen einholen oder entgegennehmen. [3] Der Bürgerbeauftragte darf während seiner Amtszeit keine andere entgeltliche oder unentgeltliche Berufstätigkeit ausüben.

(4) Das Europäische Parlament legt aus eigener Initiative gemäß einem besonderen Gesetzgebungsverfahren durch Verordnungen nach Stellungnahme der Kommission und nach Zustimmung des Rates die Regelungen und allgemeinen Bedingungen für die Ausübung der Aufgaben des Bürgerbeauftragten fest.

Art. 229 [Ordentliche und außerordentliche Sitzungsperiode]
[1] Das Europäische Parlament hält jährlich eine Sitzungsperiode ab. [2] Es tritt, ohne dass es einer Einberufung bedarf, am zweiten Dienstag des Monats März zusammen.

Das Europäische Parlament kann auf Antrag der Mehrheit seiner Mitglieder sowie auf Antrag des Rates oder der Kommission zu einer außerordentlichen Sitzungsperiode zusammentreten.

Art. 230 [Anhörungsrecht von Kommission; Rat und Europäischem Rat] Die Kommission kann an allen Sitzungen des Europäischen Parlaments teilnehmen und wird auf ihren Antrag gehört.

Die Kommission antwortet mündlich oder schriftlich auf die ihr vom Europäischen Parlament oder von dessen Mitgliedern gestellten Fragen.

Der Europäische Rat und der Rat werden vom Europäischen Parlament nach Maßgabe der Geschäftsordnung des Europäischen Rates und der Geschäftsordnung des Rates gehört.

Art. 231 [Abstimmung; Beschlussfähigkeit] Soweit die Verträge nicht etwas anderes bestimmen, beschließt das Europäische Parlament mit der Mehrheit der abgegebenen Stimmen.

Die Geschäftsordnung legt die Beschlussfähigkeit fest.

Art. 232[2)] [Geschäftsordnung; Verhandlungsniederschriften]
Das Europäische Parlament gibt sich seine Geschäftsordnung; hierzu sind die Stimmen der Mehrheit seiner Mitglieder erforderlich.

[1)] Mit Beschluss v. 16.12.2014 (2014/949/EU, Euratom) ist Frau Emily O'Reilly bis zum Ende der Wahlperiode in dieses Amt gewählt worden (ABl. Nr. L 369/70 v. 24.12.2014). Sie ist durch Beschluss v. 18.12.2019 (2019/2206 EU/Euratom auch für die neue Wahlperiode in ihrem Amt bestätigt worden (ABl. Nr. L 332/16 v. 23.12.2019).

[2)] Abgedruckt unter Nr. **260**.

Die Verhandlungsniederschriften des Europäischen Parlaments werden nach Maßgabe der Verträge und seiner Geschäftsordnung veröffentlicht.

Art. 233 [Jährlicher Gesamtbericht] Das Europäische Parlament erörtert in öffentlicher Sitzung den jährlichen Gesamtbericht, der ihm von der Kommission vorgelegt wird.

Art. 234 [Misstrauensantrag gegen die Kommission] Wird wegen der Tätigkeit der Kommission ein Misstrauensantrag eingebracht, so darf das Europäische Parlament nicht vor Ablauf von drei Tagen nach seiner Einbringung und nur in offener Abstimmung darüber entscheiden.

[1] Wird der Misstrauensantrag mit der Mehrheit von zwei Dritteln der abgegebenen Stimmen und mit der Mehrheit der Mitglieder des Europäischen Parlaments angenommen, so legen die Mitglieder der Kommission geschlossen ihr Amt nieder, und der Hohe Vertreter der Union für Außen- und Sicherheitspolitik legt sein im Rahmen der Kommission ausgeübtes Amt nieder. [2] Sie bleiben im Amt und führen die laufenden Geschäfte bis zu ihrer Ersetzung nach Artikel 17 des Vertrags über die Europäische Union[1)] weiter. [3] In diesem Fall endet die Amtszeit der zu ihrer Ersetzung ernannten Mitglieder der Kommission zu dem Zeitpunkt, zu dem die Amtszeit der Mitglieder der Kommission, die ihr Amt geschlossen niederlegen mussten, geendet hätte.

Abschnitt 2. Der Europäische Rat

Art. 235 [Verfahrensfragen; Geschäftsordnung] (1) Jedes Mitglied des Europäischen Rates kann sich das Stimmrecht höchstens eines anderen Mitglieds übertragen lassen.

[1] Beschließt der Europäische Rat mit qualifizierter Mehrheit, so gelten für ihn Artikel 16 Absatz 4 des Vertrags über die Europäische Union[1)] und Artikel 238 Absatz 2 dieses Vertrags. [2] An Abstimmungen im Europäischen Rat nehmen dessen Präsident und der Präsident der Kommission nicht teil.

Die Stimmenthaltung von anwesenden oder vertretenen Mitgliedern steht dem Zustandekommen von Beschlüssen des Europäischen Rates, zu denen Einstimmigkeit erforderlich ist, nicht entgegen.

(2) Der Präsident des Europäischen Parlaments kann vom Europäischen Rat gehört werden.

(3)[2)] Der Europäische Rat beschließt mit einfacher Mehrheit über Verfahrensfragen sowie über den Erlass seiner Geschäftsordnung.

(4) Der Europäische Rat wird vom Generalsekretariat des Rates unterstützt.

[1)] Nr. **145**.

[2)] Vgl. Beschluss des Europäischen Rates vom 1. Dezember 2009 zur Festlegung seiner Geschäftsordnung (ABl. Nr. L 315/51).

Art. 236 [Beschlüsse zu Zusammensetzung und Vorsitz des Rates] Der Europäische Rat erlässt mit qualifizierter Mehrheit

a) einen Beschluss zur Festlegung der Zusammensetzungen des Rates, mit Ausnahme des Rates „Allgemeine Angelegenheiten" und des Rates „Auswärtige Angelegenheiten" nach Artikel 16 Absatz 6 des Vertrags über die Europäische Union[1];

b) einen Beschluss nach Artikel 16 Absatz 9 des Vertrags über die Europäische Union zur Festlegung des Vorsitzes im Rat in allen seinen Zusammensetzungen mit Ausnahme des Rates „Auswärtige Angelegenheiten".

Abschnitt 3. Der Rat[2]

Art. 237 [Einberufung] Der Rat wird von seinem Präsidenten aus eigenem Entschluss oder auf Antrag eines seiner Mitglieder oder der Kommission einberufen.

Art. 238 [Beschlussfassung; Mehrheiten] (1) Ist zu einem Beschluss des Rates die einfache Mehrheit erforderlich, so beschließt der Rat mit der Mehrheit seiner Mitglieder.

(2) Beschließt der Rat nicht auf Vorschlag der Kommission oder des Hohen Vertreters der Union für Außen- und Sicherheitspolitik, so gilt ab dem 1. November 2014 abweichend von Artikel 16 Absatz 4 des Vertrags über die Europäische Union[1] und vorbehaltlich der Vorschriften des Protokolls über die Übergangsbestimmungen als qualifizierte Mehrheit eine Mehrheit von mindestens 72% der Mitglieder des Rates, sofern die von ihnen vertretenen Mitgliedstaaten zusammen mindestens 65 % der Bevölkerung der Union ausmachen.

(3) In den Fällen, in denen in Anwendung der Verträge nicht alle Mitglieder des Rates stimmberechtigt sind, gilt ab dem 1. November 2014 vorbehaltlich der Vorschriften des Protokolls über die Übergangsbestimmungen für die qualifizierte Mehrheit Folgendes:

a) Als qualifizierte Mehrheit gilt eine Mehrheit von mindestens 55% derjenigen Mitglieder des Rates, die die beteiligten Mitgliedstaaten vertreten, sofern die von ihnen vertretenen Mitgliedstaaten zusammen mindestens 65% der Bevölkerung der beteiligten Mitgliedstaaten ausmachen.

Für eine Sperrminorität bedarf es mindestens der Mindestzahl von Mitgliedern des Rates, die zusammen mehr als 35% der Bevölke-

---

[1] Nr. **145**.

[2] S. auch Art. 5 EUV (Nr. **145**). Beachte ferner den Beschluss (93/591/EU, EG, EGKS, Euratom) des Rates vom 8. November 1993 über seine Bezeichnung im Anschluss an das Inkrafttreten des Vertrags über die Europäische Union v. 8.11.1993 (ABl. Nr. L 281 S. 1): „Der Rat wird nunmehr ‚Rat der Europäischen Union' genannt und als solcher insbesondere in den von ihm erlassenen Rechtsakten, einschließlich derjenigen im Rahmen der Titel V und VI des Vertrags über die Europäische Union v. 7.2.1992 (ABl. Nr. C 191 S. 1), zuletzt geänd. durch Vertrag v. 13.12.2007 (ABl. Nr. C 306 S. 1), bezeichnet; desgleichen werden die politischen Erklärungen, die der Rat im Rahmen der gemeinsamen Außen- und Sicherheitspolitik annimmt, im Namen der ‚Europäischen Union' abgegeben."

rung der beteiligten Mitgliedstaaten vertreten, zuzüglich eines Mitglieds; andernfalls gilt die qualifizierte Mehrheit als erreicht.

b) Beschließt der Rat nicht auf Vorschlag der Kommission oder des Hohen Vertreters der Union für Außen- und Sicherheitspolitik, so gilt abweichend von Buchstabe a als qualifizierte Mehrheit eine Mehrheit von mindestens 72% derjenigen Mitglieder des Rates, die die beteiligten Mitgliedstaaten vertreten, sofern die von ihnen vertretenen Mitgliedstaaten zusammen mindestens 65% der Bevölkerung der beteiligten Mitgliedstaaten ausmachen.

(4) Die Stimmenthaltung von anwesenden oder vertretenen Mitgliedern steht dem Zustandekommen von Beschlüssen des Rates, zu denen Einstimmigkeit erforderlich ist, nicht entgegen.

Art. 239 [Stimmrechtsübertragung] Jedes Mitglied kann sich das Stimmrecht höchstens eines anderen Mitglieds übertragen lassen.

Art. 240 [Ausschuss der Ständigen Vertreter; Generalsekretariat; Geschäftsordnung] (1) [1]Ein Ausschuss, der sich aus den Ständigen Vertretern der Regierungen der Mitgliedstaaten zusammensetzt, trägt die Verantwortung, die Arbeiten des Rates vorzubereiten und die ihm vom Rat übertragenen Aufträge auszuführen. [2]Der Ausschuss kann in Fällen, die in der Geschäftsordnung des Rates vorgesehen sind, Verfahrensbeschlüsse fassen.

(2) Der Rat wird von einem Generalsekretariat unterstützt, das einem vom Rat ernannten Generalsekretär untersteht.[1)]

Der Rat beschließt mit einfacher Mehrheit über die Organisation des Generalsekretariats.

(3) Der Rat beschließt mit einfacher Mehrheit über Verfahrensfragen sowie über den Erlass seiner Geschäftsordnung.[2)]

Art. 241 [Indirektes Initiativrecht] [1]Der Rat, der mit einfacher Mehrheit beschließt, kann die Kommission auffordern, die nach seiner Ansicht zur Verwirklichung der gemeinsamen Ziele geeigneten Untersuchungen vorzunehmen und ihm entsprechende Vorschläge zu unterbreiten. [2]Legt die Kommission keinen Vorschlag vor, so teilt sie dem Rat die Gründe dafür mit.

Art. 242 [Regelung der Rechtsstellung der Ausschüsse] Der Rat, der mit einfacher Mehrheit beschließt, regelt nach Anhörung der Kommission die rechtliche Stellung der in den Verträgen vorgesehenen Ausschüsse.

[1)] Durch Beschluss (EU) 2020/618 v. 30.4.2020 ist die Amtszeit von Jeppe Tranholm-Mikkelsen als Generalsekretär für die Zeit vom 1.7.2020 bis zum 30.6.2025 verlängert worden (ABl. Nr. L 143/11 v. 6.5.2020).

[2)] Abgedruckt unter Nr. **237**.

Art. 243 [Festsetzung von Gehältern und Vergütungen] [1]Der Rat setzt die Gehälter, Vergütungen und Ruhegehälter für den Präsidenten des Europäischen Rates, den Präsidenten der Kommission, den Hohen Vertreter der Union für Außen- und Sicherheitspolitik, die Mitglieder der Kommission, die Präsidenten, die Mitglieder und die Kanzler des Gerichtshofs der Europäischen Union sowie den Generalsekretär des Rates fest. [2]Er setzt ebenfalls alle als Entgelt gezahlten Vergütungen fest.

Abschnitt 4. Die Kommission

Art. 244 [Rotationsprinzip] Gemäß Artikel 17 Absatz 5 des Vertrags über die Europäische Union[1)] werden die Kommissionsmitglieder in einem vom Europäischen Rat einstimmig festgelegten System der Rotation ausgewählt, das auf folgenden Grundsätzen beruht:

a) Die Mitgliedstaaten werden bei der Festlegung der Reihenfolge und der Dauer der Amtszeiten ihrer Staatsangehörigen in der Kommission vollkommen gleich behandelt; demzufolge kann die Gesamtzahl der Mandate, welche Staatsangehörige zweier beliebiger Mitgliedstaaten innehaben, niemals um mehr als eines voneinander abweichen.

b) Vorbehaltlich des Buchstabens a ist jede der aufeinander folgenden Kommissionen so zusammengesetzt, dass das demografische und geografische Spektrum der Gesamtheit der Mitgliedstaaten auf zufrieden stellende Weise zum Ausdruck kommt.

Art. 245 [Amtspflichten der Kommissare; Amtsenthebung] [1]Die Mitglieder der Kommission haben jede Handlung zu unterlassen, die mit ihren Aufgaben unvereinbar ist. [2]Die Mitgliedstaaten achten ihre Unabhängigkeit und versuchen nicht, sie bei der Erfüllung ihrer Aufgaben zu beeinflussen.

[1]Die Mitglieder der Kommission dürfen während ihrer Amtszeit keine andere entgeltliche oder unentgeltliche Berufstätigkeit ausüben. [2]Bei der Aufnahme ihrer Tätigkeit übernehmen sie die feierliche Verpflichtung, während der Ausübung und nach Ablauf ihrer Amtstätigkeit die sich aus ihrem Amt ergebenden Pflichten zu erfüllen, insbesondere die Pflicht, bei der Annahme gewisser Tätigkeiten oder Vorteile nach Ablauf dieser Tätigkeit ehrenhaft und zurückhaltend zu sein. [3]Werden diese Pflichten verletzt, so kann der Gerichtshof auf Antrag des Rates, der mit einfacher Mehrheit beschließt, oder der Kommission das Mitglied je nach Lage des Falles gemäß Artikel 247 seines Amtes entheben oder ihm seine Ruhegehaltsansprüche oder andere an ihrer Stelle gewährte Vergünstigungen aberkennen.

Art. 246 [Neubesetzung während der Amtszeit] Abgesehen von den regelmäßigen Neubesetzungen und von Todesfällen endet das Amt eines Mitglieds der Kommission durch Rücktritt oder Amtsenthebung.

---

1) Nr. **145**.

Für ein zurückgetretenes, seines Amtes enthobenes oder verstorbenes Mitglied wird für die verbleibende Amtszeit vom Rat mit Zustimmung des Präsidenten der Kommission nach Anhörung des Europäischen Parlaments und nach den Anforderungen des Artikels 17 Absatz 3 Unterabsatz 2 des Vertrags über die Europäische Union[1] ein neues Mitglied derselben Staatsangehörigkeit ernannt.

Der Rat kann auf Vorschlag des Präsidenten der Kommission einstimmig beschließen, dass ein ausscheidendes Mitglied der Kommission für die verbleibende Amtszeit nicht ersetzt werden muss, insbesondere wenn es sich um eine kurze Zeitspanne handelt.

Bei Rücktritt, Amtsenthebung oder Tod des Präsidenten wird für die verbleibende Amtszeit ein Nachfolger ernannt. Für die Ersetzung findet das Verfahren des Artikels 17 Absatz 7 Unterabsatz 1 des Vertrags über die Europäische Union Anwendung.

Bei Rücktritt, Amtsenthebung oder Tod des Hohen Vertreters der Union für die Außen- und Sicherheitspolitik wird für die verbleibende Amtszeit nach Artikel 18 Absatz 1 des Vertrags über die Europäische Union ein Nachfolger ernannt.

Bei Rücktritt aller Mitglieder der Kommission bleiben diese bis zur Neubesetzung ihres Sitzes nach Artikel 17 des Vertrags über die Europäische Union für die verbleibende Amtszeit im Amt und führen die laufenden Geschäfte weiter.

Art. 247 [Amtsenthebung] Jedes Mitglied der Kommission, das die Voraussetzungen für die Ausübung seines Amtes nicht mehr erfüllt oder eine schwere Verfehlung begangen hat, kann auf Antrag des Rates, der mit einfacher Mehrheit beschließt, oder der Kommission durch den Gerichtshof seines Amtes enthoben werden.

Art. 248 [Zuständigkeitsaufteilung durch den Präsidenten] [1]Die Zuständigkeiten der Kommission werden unbeschadet des Artikels 18 Absatz 4 des Vertrags über die Europäische Union[1] von ihrem Präsidenten nach Artikel 17 Absatz 6 des genannten Vertrags gegliedert und zwischen ihren Mitgliedern aufgeteilt. [2]Der Präsident kann diese Zuständigkeitsverteilung im Laufe der Amtszeit ändern. [3]Die Mitglieder der Kommission üben die ihnen vom Präsidenten übertragenen Aufgaben unter dessen Leitung aus.

Art. 249 [Geschäftsordnung; Jährlicher Gesamtbericht]

(1) [1]Die Kommission gibt sich eine Geschäftsordnung, um ihr ordnungsgemäßes Arbeiten und das ihrer Dienststellen zu gewährleisten.[2] [2]Sie sorgt für die Veröffentlichung dieser Geschäftsordnung.

(2) Die Kommission veröffentlicht jährlich, und zwar spätestens einen Monat vor Beginn der Sitzungsperiode des Europäischen Parlaments, einen Gesamtbericht über die Tätigkeit der Union.

---

[1] *Nr.* ***145***.

[2] Abgedruckt *unter Nr.* **235**.

Art. 250 [Beschlussfassung] Die Beschlüsse der Kommission werden mit der Mehrheit ihrer Mitglieder gefasst.

Die Beschlussfähigkeit wird in ihrer Geschäftsordnung festgelegt.

Abschnitt 5. Der Gerichtshof der Europäischen Union

Art. 251 [Spruchkörper des Gerichtshofs] Der Gerichtshof tagt in Kammern oder als Große Kammer entsprechend den hierfür in der Satzung des Gerichtshofs der Europäischen Union[1)] vorgesehenen Regeln.

Wenn die Satzung es vorsieht, kann der Gerichtshof auch als Plenum tagen.

Art. 252 [Generalanwälte] [1]Der Gerichtshof wird von acht Generalanwälten unterstützt. [2]Auf Antrag des Gerichtshofs kann der Rat einstimmig die Zahl der Generalanwälte erhöhen.[2)]

Der Generalanwalt hat öffentlich in völliger Unparteilichkeit und Unabhängigkeit begründete Schlussanträge zu den Rechtssachen zu stellen, in denen nach der Satzung des Gerichtshofs der Europäischen Union[1)] seine Mitwirkung erforderlich ist.

Art. 253 [Ernennung der Richter, Generalanwälte und des Kanzlers; Amtsdauer; Verfahrensordnung] Zu Richtern und Generalanwälten des Gerichtshofs sind Persönlichkeiten auszuwählen, die jede Gewähr für Unabhängigkeit bieten und in ihrem Staat die für die höchsten richterlichen Ämter erforderlichen Voraussetzungen erfüllen oder Juristen von anerkannt hervorragender Befähigung sind; sie werden von den Regierungen der Mitgliedstaaten im gegenseitigen Einvernehmen nach Anhörung des in Artikel 255 vorgesehenen Ausschusses auf sechs Jahre ernannt.

Alle drei Jahre findet nach Maßgabe der Satzung des Gerichtshofs der Europäischen Union[1)] eine teilweise Neubesetzung der Stellen der Richter und Generalanwälte statt.

[1]Die Richter wählen aus ihrer Mitte den Präsidenten des Gerichtshofs für die Dauer von drei Jahren. [2]Wiederwahl ist zulässig.

Die Wiederernennung ausscheidender Richter und Generalanwälte ist zulässig.

Der Gerichtshof ernennt seinen Kanzler und bestimmt dessen Stellung.

[1]Der Gerichtshof erlässt seine Verfahrensordnung. [2]Sie bedarf der Genehmigung des Rates.

Art. 254 [Zusammensetzung des Gerichts; Verfahrensordnung]
[1]Die Zahl der Richter des Gerichts wird in der Satzung des Gerichtshofs der Europäischen Union[1)] festgelegt. [2]In der Satzung kann vorgesehen werden, dass das Gericht von Generalanwälten unterstützt wird.

[1]Zu Mitgliedern des Gerichts sind Personen auszuwählen, die jede Gewähr für Unabhängigkeit bieten und über die Befähigung zur Aus-

---

[1)] Nr. **245**.

[2)] Durch Beschluss 2013/336/EU v. 25.6.2013 (ABl. Nr. L 179/92 v. 29.6.2013) ist die Anzahl der Generalanwälte mWv. 7.10.2015 auf 11 erhöht worden.

übung hoher richterlicher Tätigkeiten verfügen. [2] Sie werden von den Regierungen der Mitgliedstaaten im gegenseitigen Einvernehmen nach Anhörung des in Artikel 255 vorgesehenen Ausschusses für sechs Jahre ernannt. [3] Alle drei Jahre wird das Gericht teilweise neu besetzt. [4] Die Wiederernennung ausscheidender Mitglieder ist zulässig.

[1] Die Richter wählen aus ihrer Mitte den Präsidenten des Gerichts für die Dauer von drei Jahren. [2] Wiederwahl ist zulässig.

Das Gericht ernennt seinen Kanzler und bestimmt dessen Stellung.

[1] Das Gericht erlässt seine Verfahrensordnung im Einvernehmen mit dem Gerichtshof. [2] Sie bedarf der Genehmigung des Rates.

Soweit die Satzung des Gerichtshofs der Europäischen Union nichts anderes vorsieht, finden die den Gerichtshof betreffenden Bestimmungen der Verträge auf das Gericht Anwendung.

Art. 255 [Ausschuss „Bewerberprüfung"] Es wird ein Ausschuss eingerichtet, der die Aufgabe hat, vor einer Ernennung durch die Regierungen der Mitgliedstaaten nach den Artikeln 253 und 254 eine Stellungnahme zur Eignung der Bewerber für die Ausübung des Amts eines Richters oder Generalanwalts beim Gerichtshof oder beim Gericht abzugeben.

[1] Der Ausschuss setzt sich aus sieben Persönlichkeiten zusammen, die aus dem Kreis ehemaliger Mitglieder des Gerichtshofs und des Gerichts, der Mitglieder der höchsten einzelstaatlichen Gerichte und der Juristen von anerkannt hervorragender Befähigung ausgewählt werden, von denen einer vom Europäischen Parlament vorgeschlagen wird. [2] Der Rat erlässt einen Beschluss zur Festlegung der Vorschriften für die Arbeitsweise und einen Beschluss zur Ernennung der Mitglieder dieses Ausschusses.[1)] [3] Er beschließt auf Initiative des Präsidenten des Gerichtshofs.

Art. 256 [Gericht, Zuständigkeiten; Rechtszug; Verweisung in Grundsatzfragen][2)] (1) [1] Das Gericht ist für Entscheidungen im ersten Rechtszug über die in den Artikeln 263, 265, 268, 270 und 272 genannten Klagen zuständig, mit Ausnahme derjenigen Klagen, die einem nach Artikel 257 gebildeten Fachgericht übertragen werden, und der Klagen, die gemäß der Satzung[3)] dem Gerichtshof vorbehalten sind. [2] In der Satzung kann vorgesehen werden, dass das Gericht für andere Kategorien von Klagen zuständig ist.

---

1) Diesem Ausschuss gehören seit dem 1.3.2017 für eine Amtszeit von vier Jahren an: Christiaan TIMMERMANS (Vorsitzender), ersetzt mWv 16.4.2020 durch Allan ROSAS (Beschluss (EU) 2020/539 des Rates v. 15.4.2020, ABl. Nr. L 122/1 v. 20.4.2020), Simon BUSUTTIL ersetzt mWv 22.2.2021 durch Julia LAFFRANQUE (Beschluss (EU) 2021/47 des Rates v. 21.1.2021, ABl. Nr. L 21/1 v. 22.2.2021), Frank CLARKE, Carlos LESMES SERRANO, Maria Eugénia MARTINS DE NAZARÉ RIBEIRO, Andreas VOSSKUHLE, Mirosław WYRZYKOWSKI (Beschluss 2017/2262 des Rates v. 4.12.2017, ABl. Nr. L 324/50 v. 8.12.2017).

2) Vgl. zu dieser Vorschrift auch die Erklärungen Nr. 12, 13, 14 und 15 zur Schlussakte v. 16.2.2001 (ABl. Nr. C 80 S. 70) der Konferenz von Nizza (Nr. **153**).

3) Nr. **245**.

Gegen die Entscheidungen des Gerichts aufgrund dieses Absatzes kann nach Maßgabe der Bedingungen und innerhalb der Grenzen, die in der Satzung vorgesehen sind, beim Gerichtshof ein auf Rechtsfragen beschränktes Rechtsmittel eingelegt werden.

(Fortsetzung nächstes Blatt)

(2) Das Gericht ist für Entscheidungen über Rechtsmittel gegen die Entscheidungen der Fachgerichte zuständig.

Die Entscheidungen des Gerichts aufgrund dieses Absatzes können nach Maßgabe der Bedingungen und innerhalb der Grenzen, die in der Satzung vorgesehen sind, in Ausnahmefällen vom Gerichtshof überprüft werden, wenn die ernste Gefahr besteht, dass die Einheit oder Kohärenz des Unionsrechts berührt wird.

(3) Das Gericht ist in besonderen in der Satzung festgelegten Sachgebieten für Vorabentscheidungen nach Artikel 267 zuständig.

Wenn das Gericht der Auffassung ist, dass eine Rechtssache eine Grundsatzentscheidung erfordert, die die Einheit oder die Kohärenz des Unionsrechts berühren könnte, kann es die Rechtssache zur Entscheidung an den Gerichtshof verweisen.

Die Entscheidungen des Gerichts über Anträge auf Vorabentscheidung können nach Maßgabe der Bedingungen und innerhalb der Grenzen, die in der Satzung vorgesehen sind, in Ausnahmefällen vom Gerichtshof überprüft werden, wenn die ernste Gefahr besteht, dass die Einheit oder die Kohärenz des Unionsrechts berührt wird.

Art. 257 [Fachgerichte] [1]Das Europäische Parlament und der Rat können gemäß dem ordentlichen Gesetzgebungsverfahren dem Gericht beigeordnete Fachgerichte bilden, die für Entscheidungen im ersten Rechtszug über bestimmte Kategorien von Klagen zuständig sind, die auf besonderen Sachgebieten erhoben werden. [2]Das Europäische Parlament und der Rat beschließen durch Verordnungen entweder auf Vorschlag der Kommission nach Anhörung des Gerichtshofs oder auf Antrag des Gerichtshofs nach Anhörung der Kommission.

In der Verordnung über die Bildung eines Fachgerichts werden die Regeln für die Zusammensetzung dieses Gerichts und der ihm übertragene Zuständigkeitsbereich festgelegt.

Gegen die Entscheidungen der Fachgerichte kann vor dem Gericht ein auf Rechtsfragen beschränktes Rechtsmittel oder, wenn die Verordnung über die Bildung des Fachgerichts dies vorsieht, ein auch Sachfragen betreffendes Rechtsmittel eingelegt werden.

[1]Zu Mitgliedern der Fachgerichte sind Personen auszuwählen, die jede Gewähr für Unabhängigkeit bieten und über die Befähigung zur Ausübung richterlicher Tätigkeiten verfügen. [2]Sie werden einstimmig vom Rat ernannt.

[1]Die Fachgerichte erlassen ihre Verfahrensordnung im Einvernehmen mit dem Gerichtshof. [2]Diese Verfahrensordnung bedarf der Genehmigung des Rates.

[1]Soweit die Verordnung über die Bildung der Fachgerichte nichts anderes vorsieht, finden die den Gerichtshof der Europäischen Union betreffenden Bestimmungen der Verträge und die Satzung des Gerichtshofs der Europäischen Union[1)] auf die Fachgerichte Anwendung.

---

1) Nr. **245**.

[2]Titel I und Artikel 64 der Satzung gelten auf jeden Fall für die Fachgerichte.

Art. 258 [Vertragsverletzungsverfahren] Hat nach Auffassung der Kommission ein Mitgliedstaat gegen eine Verpflichtung aus den Verträgen verstoßen, so gibt sie eine mit Gründen versehene Stellungnahme hierzu ab; sie hat dem Staat zuvor Gelegenheit zur Äußerung zu geben.

Kommt der Staat dieser Stellungnahme innerhalb der von der Kommission gesetzten Frist nicht nach, so kann die Kommission den Gerichtshof der Europäischen Union anrufen.

Art. 259 [Vertragsverletzungsverfahren; Anrufung durch einen Mitgliedsstaat] Jeder Mitgliedstaat kann den Gerichtshof der Europäischen Union anrufen, wenn er der Auffassung ist, dass ein anderer Mitgliedstaat gegen eine Verpflichtung aus den Verträgen verstoßen hat.

Bevor ein Mitgliedstaat wegen einer angeblichen Verletzung der Verpflichtungen aus den Verträgen gegen einen anderen Staat Klage erhebt, muss er die Kommission damit befassen.

Die Kommission erlässt eine mit Gründen versehene Stellungnahme; sie gibt den beteiligten Staaten zuvor Gelegenheit zu schriftlicher und mündlicher Äußerung in einem kontradiktorischen Verfahren.

Gibt die Kommission binnen drei Monaten nach dem Zeitpunkt, in dem ein entsprechender Antrag gestellt wurde, keine Stellungnahme ab, so kann ungeachtet des Fehlens der Stellungnahme vor dem Gerichtshof geklagt werden.

Art. 260 [Wirkung und Durchsetzung von Urteilen; Zwangsgeld] (1) Stellt der Gerichtshof der Europäischen Union fest, dass ein Mitgliedstaat gegen eine Verpflichtung aus den Verträgen verstoßen hat, so hat dieser Staat die Maßnahmen zu ergreifen, die sich aus dem Urteil des Gerichtshofs ergeben.

(2) [1]Hat der betreffende Mitgliedstaat die Maßnahmen, die sich aus dem Urteil des Gerichtshofs ergeben, nach Auffassung der Kommission nicht getroffen, so kann die Kommission den Gerichtshof anrufen, nachdem sie diesem Staat zuvor Gelegenheit zur Äußerung gegeben hat. [2]Hierbei benennt sie die Höhe des von dem betreffenden Mitgliedstaat zu zahlenden Pauschalbetrags oder Zwangsgelds, die sie den Umständen nach für angemessen hält.

Stellt der Gerichtshof fest, dass der betreffende Mitgliedstaat seinem Urteil nicht nachgekommen ist, so kann er die Zahlung eines Pauschalbetrags oder Zwangsgelds verhängen.

Dieses Verfahren lässt den Artikel 259 unberührt.

(3) Erhebt die Kommission beim Gerichtshof Klage nach Artikel 258, weil sie der Auffassung ist, dass der betreffende Mitgliedstaat gegen seine Verpflichtung verstoßen hat, Maßnahmen zur Umsetzung

einer gemäß einem Gesetzgebungsverfahren erlassenen Richtlinie mitzuteilen, so kann sie, wenn sie dies für zweckmäßig hält, die Höhe des von dem betreffenden Mitgliedstaat zu zahlenden Pauschalbetrags oder Zwangsgelds benennen, die sie den Umständen nach für angemessen hält.

[1] Stellt der Gerichtshof einen Verstoß fest, so kann er gegen den betreffenden Mitgliedstaat die Zahlung eines Pauschalbetrags oder eines Zwangsgelds bis zur Höhe des von der Kommission genannten Betrags verhängen. [2] Die Zahlungsverpflichtung gilt ab dem vom Gerichtshof in seinem Urteil festgelegten Zeitpunkt.

Art. 261 [Ermessensnachprüfung; Zwangsmaßnahmen] Aufgrund der Verträge vom Europäischen Parlament und vom Rat gemeinsam sowie vom Rat erlassene Verordnungen können hinsichtlich der darin vorgesehenen Zwangsmaßnahmen dem Gerichtshof der Europäischen Union eine Zuständigkeit übertragen, welche die Befugnis zu unbeschränkter Ermessensnachprüfung und zur Änderung oder Verhängung solcher Maßnahmen umfasst.

Art. 262 [Rechtsstreitigkeiten im Bereich des geistigen Eigentums][1)] [1] Unbeschadet der sonstigen Bestimmungen der Verträge kann der Rat gemäß einem besonderen Gesetzgebungsverfahren nach Anhörung des Europäischen Parlaments einstimmig Bestimmungen erlassen, mit denen dem Gerichtshof der Europäischen Union in dem vom Rat festgelegten Umfang die Zuständigkeit übertragen wird, über Rechtsstreitigkeiten im Zusammenhang mit der Anwendung von aufgrund der Verträge erlassenen Rechtsakten, mit denen europäische Rechtstitel für das geistige Eigentum geschaffen werden, zu entscheiden. [2] Diese Bestimmungen treten nach Zustimmung der Mitgliedstaaten im Einklang mit ihren jeweiligen verfassungsrechtlichen Vorschriften in Kraft.

Art. 263 [Nichtigkeitsklage] [1] Der Gerichtshof der Europäischen Union überwacht die Rechtmäßigkeit der Gesetzgebungsakte sowie der Handlungen des Rates, der Kommission und der Europäischen Zentralbank, soweit es sich nicht um Empfehlungen oder Stellungnahmen handelt, und der Handlungen des Europäischen Parlaments und des Europäischen Rates mit Rechtswirkung gegenüber Dritten. [2] Er überwacht ebenfalls die Rechtmäßigkeit der Handlungen der Einrichtungen oder sonstigen Stellen der Union mit Rechtswirkung gegenüber Dritten.

Zu diesem Zweck ist der Gerichtshof der Europäischen Union für Klagen zuständig, die ein Mitgliedstaat, das Europäische Parlament, der Rat oder die Kommission wegen Unzuständigkeit, Verletzung wesentlicher Formvorschriften, Verletzung der Verträge oder einer bei seiner

---

1) Vgl. zu dieser Vorschrift auch die Erklärung Nr. 17 zur Schlussakte v. 16. 2. 2001 (ABl. Nr. C 80 S. 70) der Konferenz von Nizza (Nr. **153**).

Durchführung anzuwendenden Rechtsnorm oder wegen Ermessensmissbrauchs erhebt.

Der Gerichtshof der Europäischen Union ist unter den gleichen Voraussetzungen zuständig für Klagen des Rechnungshofs, der Europäischen Zentralbank und des Ausschusses der Regionen, die auf die Wahrung ihrer Rechte abzielen.

Jede natürliche oder juristische Person kann unter den Bedingungen nach den Absätzen 1 und 2 gegen die an sie gerichteten oder sie unmittelbar und individuell betreffenden Handlungen sowie gegen Rechtsakte mit Verordnungscharakter, die sie unmittelbar betreffen und keine Durchführungsmaßnahmen nach sich ziehen, Klage erheben.

In den Rechtsakten zur Gründung von Einrichtungen und sonstigen Stellen der Union können besondere Bedingungen und Einzelheiten für die Erhebung von Klagen von natürlichen oder juristischen Personen gegen Handlungen dieser Einrichtungen und sonstigen Stellen vorgesehen werden, die eine Rechtswirkung gegenüber diesen Personen haben.

Die in diesem Artikel vorgesehenen Klagen sind binnen zwei Monaten zu erheben; diese Frist läuft je nach Lage des Falles von der Bekanntgabe der betreffenden Handlung, ihrer Mitteilung an den Kläger oder in Ermangelung dessen von dem Zeitpunkt an, zu dem der Kläger von dieser Handlung Kenntnis erlangt hat.

Art. 264 [Nichtigkeitsklage; Urteilswirkung] Ist die Klage begründet, so erklärt der Gerichtshof der Europäischen Union die angefochtene Handlung für nichtig.

Erklärt der Gerichtshof eine Handlung für nichtig, so bezeichnet er, falls er dies für notwendig hält, diejenigen ihrer Wirkungen, die als fortgeltend zu betrachten sind.

Art. 265 [Untätigkeitsklage] [1]Unterlässt es das Europäische Parlament, der Europäische Rat, der Rat, die Kommission oder die Europäische Zentralbank unter Verletzung der Verträge, einen Beschluss zu fassen, so können die Mitgliedstaaten und die anderen Organe der Union beim Gerichtshof der Europäischen Union Klage auf Feststellung dieser Vertragsverletzung erheben. [2]Dieser Artikel gilt entsprechend für die Einrichtungen und sonstigen Stellen der Union, die es unterlassen, tätig zu werden.

[1]Diese Klage ist nur zulässig, wenn das in Frage stehende Organ, die in Frage stehende Einrichtung oder sonstige Stelle zuvor aufgefordert worden ist, tätig zu werden. [2]Hat es bzw. sie binnen zwei Monaten nach dieser Aufforderung nicht Stellung genommen, so kann die Klage innerhalb einer weiteren Frist von zwei Monaten erhoben werden.

Jede natürliche oder juristische Person kann nach Maßgabe der Absätze 1 und 2 vor dem Gerichtshof Beschwerde darüber führen, dass ein Organ oder eine Einrichtung oder sonstige Stelle der Union es unterlassen hat, einen anderen Akt als eine Empfehlung oder eine Stellungnahme an sie zu richten.

Art. 266 [Verpflichtung aus dem Urteil] Die Organe, Einrichtungen oder sonstigen Stellen, denen das für nichtig erklärte Handeln zur Last fällt oder deren Untätigkeit als vertragswidrig erklärt worden ist, haben die sich aus dem Urteil des Gerichtshofs der Europäischen Union ergebenden Maßnahmen zu ergreifen.

Diese Verpflichtung besteht unbeschadet der Verpflichtungen, die sich aus der Anwendung des Artikels 340 Absatz 2 ergeben.

Art. 267 [Vorabentscheidungsverfahren] Der Gerichtshof der Europäischen Union entscheidet im Wege der Vorabentscheidung

a) über die Auslegung der Verträge,

b) über die Gültigkeit und die Auslegung der Handlungen der Organe, Einrichtungen oder sonstigen Stellen der Union,

Wird eine derartige Frage einem Gericht eines Mitgliedstaats gestellt und hält dieses Gericht eine Entscheidung darüber zum Erlass seines Urteils für erforderlich, so kann es diese Frage dem Gerichtshof zur Entscheidung vorlegen.

Wird eine derartige Frage in einem schwebenden Verfahren bei einem einzelstaatlichen Gericht gestellt, dessen Entscheidungen selbst nicht mehr mit Rechtsmitteln des innerstaatlichen Rechts angefochten werden können, so ist dieses Gericht zur Anrufung des Gerichtshofs verpflichtet.

Wird eine derartige Frage in einem schwebenden Verfahren, das eine inhaftierte Person betrifft, bei einem einzelstaatlichen Gericht gestellt, so entscheidet der Gerichtshof innerhalb kürzester Zeit.

Art. 268 [Schadenersatzklage] Der Gerichtshof der Europäischen Union ist für Streitsachen über den in Artikel 340 Absätze 2 und 3 vorgesehenen Schadensersatz zuständig.

Art. 269 [Eingeschränkte Zuständigkeit bei Suspendierung von Mitgliedschaftsrechten] Der Gerichtshof ist für Entscheidungen über die Rechtmäßigkeit eines nach Artikel 7 des Vertrags über die Europäische Union[1)] erlassenen Rechtsakts des Europäischen Rates oder des Rates nur auf Antrag des von einer Feststellung des Europäischen Rates oder des Rates betroffenen Mitgliedstaats und lediglich im Hinblick auf die Einhaltung der in dem genannten Artikel vorgesehenen Verfahrensbestimmungen zuständig.

[1] Der Antrag muss binnen eines Monats nach der jeweiligen Feststellung gestellt werden. [2] Der Gerichtshof entscheidet binnen eines Monats nach Antragstellung.

Art. 270 [Dienstrechtliche Streitigkeiten] Der Gerichtshof der Europäischen Union ist für alle Streitsachen zwischen der Union und deren Bediensteten innerhalb der Grenzen und nach Maßgabe der Bedingungen zuständig, die im Statut der Beamten der Union und in den

1) Nr. **145**.

Beschäftigungsbedingungen für die sonstigen Bediensteten der Union festgelegt sind.

Art. 271 [Zuständigkeit für gewisse Streitigkeiten betreffend EIB und EZB] Der Gerichtshof der Europäischen Union ist nach Maßgabe der folgenden Bestimmungen zuständig in Streitsachen über

a) die Erfüllung der Verpflichtungen der Mitgliedstaaten aus der Satzung der Europäischen Investitionsbank[1]. Der Verwaltungsrat der Bank besitzt hierbei die der Kommission in Artikel 258 übertragenen Befugnisse;

b) die Beschlüsse des Rates der Gouverneure der Europäischen Investitionsbank. Jeder Mitgliedstaat, die Kommission und der Verwaltungsrat der Bank können hierzu nach Maßgabe des Artikels 263 Klage erheben;

c) die Beschlüsse des Verwaltungsrats der Europäischen Investitionsbank. Diese können nach Maßgabe des Artikels 263 nur von Mitgliedstaaten oder der Kommission und lediglich wegen Verletzung der Formvorschriften des Artikels 21 Absätze 2 und 5 bis 7 der Satzung der Investitionsbank angefochten werden;

d) die Erfüllung der sich aus den Verträgen und der Satzung des ESZB und der EZB[1] ergebenden Verpflichtungen durch die nationalen Zentralbanken. Der Rat der Gouverneure der Europäischen Zentralbank besitzt hierbei gegenüber den nationalen Zentralbanken die Befugnisse, die der Kommission in Artikel 258 gegenüber den Mitgliedstaaten eingeräumt werden. Stellt der Gerichtshof der Europäischen Union fest, dass eine nationale Zentralbank gegen eine Verpflichtung aus den Verträgen verstoßen hat, so hat diese Bank die Maßnahmen zu ergreifen, die sich aus dem Urteil des Gerichtshofs ergeben.

Art. 272 [Zuständigkeit aufgrund einer Schiedsklausel] Der Gerichtshof der Europäischen Union ist für Entscheidungen aufgrund einer Schiedsklausel zuständig, die in einem von der Union oder für ihre Rechnung abgeschlossenen öffentlich-rechtlichen oder privatrechtlichen Vertrag enthalten ist.

Art. 273 [Zuständigkeit aufgrund eines Schiedsvertrags] Der Gerichtshof ist für jede mit dem Gegenstand der Verträge in Zusammenhang stehende Streitigkeit zwischen Mitgliedstaaten zuständig, wenn diese bei ihm aufgrund eines Schiedsvertrags anhängig gemacht wird.[2]

Art. 274 [Zuständigkeit einzelstaatlicher Gerichte] Soweit keine Zuständigkeit des Gerichtshofs der Europäischen Union aufgrund

---

[1] Nr. **266**.

[2] Einen Schiedsvertrag i.d.S. stellt etwa das Übereinkommen v. 5.5.2020 zur Beendigung bilateraler Investitionsschutzverträge zwischen den Mitgliedstaaten der Europäischen Union (ABl. Nr. L 169/1 v. 29.5.2020, in Kraft getreten am 29.8.2020, ABl. 281/1 v. 28.8.2020) dar (vgl. Art. 14 Abs. 3 des Übereinkommens).

der Verträge besteht, sind Streitsachen, bei denen die Union Partei ist, der Zuständigkeit der einzelstaatlichen Gerichte nicht entzogen.

Art. 275 [Unzuständigkeit in der Außen- und Sicherheitspolitik; Ausnahmen] Der Gerichtshof der Europäischen Union ist nicht zuständig für die Bestimmungen hinsichtlich der Gemeinsamen Außen- und Sicherheitspolitik und für die auf der Grundlage dieser Bestimmungen erlassenen Rechtsakte.

Der Gerichtshof ist jedoch zuständig für die Kontrolle der Einhaltung von Artikel 40 des Vertrags über die Europäische Union[1)] und für die unter den Voraussetzungen des Artikels 263 Absatz 4 dieses Vertrags erhobenen Klagen im Zusammenhang mit der Überwachung der Rechtmäßigkeit von Beschlüssen über restriktive Maßnahmen gegenüber natürlichen oder juristischen Personen, die der Rat auf der Grundlage von Titel V Kapitel 2 des Vertrags über die Europäische Union erlassen hat.

Art. 276 [Unzuständigkeit für mitgliedstaatliche Polizeimaßnahmen] Bei der Ausübung seiner Befugnisse im Rahmen der Bestimmungen des Dritten Teils Titel V Kapitel 4 und 5 über den Raum der Freiheit, der Sicherheit und des Rechts ist der Gerichtshof der Europäischen Union nicht zuständig für die Überprüfung der Gültigkeit oder Verhältnismäßigkeit von Maßnahmen der Polizei oder anderer Strafverfolgungsbehörden eines Mitgliedstaats oder der Wahrnehmung der Zuständigkeiten der Mitgliedstaaten für die Aufrechterhaltung der öffentlichen Ordnung und den Schutz der inneren Sicherheit.

Art. 277 [Inzidente Normenkontrolle] Ungeachtet des Ablaufs der in Artikel 263 Absatz 6 genannten Frist kann jede Partei in einem Rechtsstreit, bei dem die Rechtmäßigkeit eines von einem Organ, einer Einrichtung oder einer sonstigen Stelle der Union erlassenen Rechtsakts mit allgemeiner Geltung angefochten wird, vor dem Gerichtshof der Europäischen Union die Unanwendbarkeit dieses Rechtsakts aus den in Artikel 263 Absatz 2 genannten Gründen geltend machen.

Art. 278 [Keine aufschiebende Wirkung; Aussetzung] [1]Klagen bei dem Gerichtshof der Europäischen Union haben keine aufschiebende Wirkung. [2]Der Gerichtshof kann jedoch, wenn er dies den Umständen nach für nötig hält, die Durchführung der angefochtenen Handlung aussetzen.

Art. 279 [Einstweilige Anordnungen] Der Gerichtshof der Europäischen Union kann in den bei ihm anhängigen Sachen die erforderlichen einstweiligen Anordnungen treffen.

---

1) Nr. **145**.

Art. 280 [Vollstreckbarkeit der Urteile] Die Urteile des Gerichtshofs der Europäischen Union sind gemäß Artikel 299 vollstreckbar.

Art. 281 [Satzung] Die Satzung des Gerichtshofs der Europäischen Union wird in einem besonderen Protokoll festgelegt.

[1]Das Europäische Parlament und der Rat können gemäß dem ordentlichen Gesetzgebungsverfahren die Satzung mit Ausnahme ihres Titels I und ihres Artikels 64 ändern. [2]Das Europäische Parlament und der Rat beschließen entweder auf Antrag des Gerichtshofs nach Anhörung der Kommission oder auf Vorschlag der Kommission nach Anhörung des Gerichtshofs.

Abschnitt 6. Die Europäische Zentralbank

Art. 282 [Aufgaben und Maßnahmen; Rechtspersönlichkeit; Unabhängigkeit; Anhörungsrecht] (1) [1]Die Europäische Zentralbank und die nationalen Zentralbanken bilden das Europäische System der Zentralbanken (ESZB). [2]Die Europäische Zentralbank und die nationalen Zentralbanken der Mitgliedstaaten, deren Währung der Euro ist, bilden das Eurosystem und betreiben die Währungspolitik der Union.

(2) [1]Das ESZB wird von den Beschlussorganen der Europäischen Zentralbank geleitet. [2]Sein vorrangiges Ziel ist es, die Preisstabilität zu gewährleisten. [3]Unbeschadet dieses Zieles unterstützt es die allgemeine Wirtschaftspolitik in der Union, um zur Verwirklichung ihrer Ziele beizutragen.

(3) [1]Die Europäische Zentralbank besitzt Rechtspersönlichkeit. [2]Sie allein ist befugt, die Ausgabe des Euro zu genehmigen. [3]Sie ist in der Ausübung ihrer Befugnisse und der Verwaltung ihrer Mittel unabhängig. [4]Die Organe, Einrichtungen oder sonstigen Stellen der Union sowie die Regierungen der Mitgliedstaaten achten diese Unabhängigkeit.

(4) [1]Die Europäische Zentralbank erlässt die für die Erfüllung ihrer Aufgaben erforderlichen Maßnahmen nach den Artikeln 127 bis 133 und Artikel 138 und nach Maßgabe der Satzung des ESZB und der EZB[1)]. [2]Nach diesen Artikeln behalten die Mitgliedstaaten, deren Währung nicht der Euro ist, sowie deren Zentralbanken ihre Zuständigkeiten im Währungsbereich.

(5) Die Europäische Zentralbank wird in den Bereichen, auf die sich ihre Befugnisse erstrecken, zu allen Entwürfen für Rechtsakte der Union sowie zu allen Entwürfen für Rechtsvorschriften auf einzelstaatlicher Ebene gehört und kann Stellungnahmen abgeben.

Art. 283 [Organstruktur] (1) Der Rat der Europäischen Zentralbank besteht aus den Mitgliedern des Direktoriums der Europäischen

1) Nr. **268**.

Zentralbank und den Präsidenten der nationalen Zentralbanken der Mitgliedstaaten, deren Währung der Euro ist.

(2) Das Direktorium besteht aus dem Präsidenten, dem Vizepräsidenten und vier weiteren Mitgliedern.

Der Präsident, der Vizepräsident und die weiteren Mitglieder des Direktoriums werden vom Europäischen Rat auf Empfehlung des Rates, der hierzu das Europäische Parlament und den Rat der Europäischen Zentralbank anhört, aus dem Kreis der in Währungs- oder Bankfragen anerkannten und erfahrenen Persönlichkeiten mit qualifizierter Mehrheit ausgewählt und ernannt.[1)]

Ihre Amtszeit beträgt acht Jahre; Wiederernennung ist nicht zulässig.

Nur Staatsangehörige der Mitgliedstaaten können Mitglieder des Direktoriums werden.

Art. 284 [Teilnahmerechte; Jahresbericht] (1) [1]Der Präsident des Rates und ein Mitglied der Kommission können ohne Stimmrecht an den Sitzungen des Rates der Europäischen Zentralbank teilnehmen. [2]Der Präsident des Rates kann dem Rat der Europäischen Zentralbank einen Antrag zur Beratung vorlegen.

(2) Der Präsident der Europäischen Zentralbank wird zur Teilnahme an den Tagungen des Rates eingeladen, wenn dieser Fragen im Zusammenhang mit den Zielen und Aufgaben des ESZB erörtert.

(3) [1]Die Europäische Zentralbank unterbreitet dem Europäischen Parlament, dem Rat und der Kommission sowie auch dem Europäischen Rat einen Jahresbericht über die Tätigkeit des ESZB und die Geld- und Währungspolitik im vergangenen und im laufenden Jahr. [2]Der Präsident der Europäischen Zentralbank legt den Bericht dem Rat und dem Europäischen Parlament vor, das auf dieser Grundlage eine allgemeine Aussprache durchführen kann.

Der Präsident der Europäischen Zentralbank und die anderen Mitglieder des Direktoriums können auf Ersuchen des Europäischen Parlaments oder auf ihre Initiative hin von den zuständigen Ausschüssen des Europäischen Parlaments gehört werden.

Abschnitt 7. Der Rechnungshof[2)]

Art. 285 [Aufgabe; Zusammensetzung] Der Rechnungshof nimmt die Rechnungsprüfung der Union wahr.

[1]Der Rechnungshof besteht aus einem Staatsangehörigen je Mitgliedstaat. [2]Seine Mitglieder üben ihre Aufgaben in voller Unabhängigkeit zum allgemeinen Wohl der Union aus.

Art. 286 [Anforderungen an die Mitglieder; Ernennung und Ausscheiden aus dem Amt] (1) [1]Zu Mitgliedern des Rechnungs-

---

[1)] Mit Beschluss v. 18.10.2019 (2019/1740) ist Christine Lagarde als Nachfolgerin von Mario Draghi m.W.v. 1.11.2019 für eine Amtszeit von acht Jahren zur Präsidentin der Europäischen Zentralbank ernannt worden (ABl. Nr. L 267/1 v. 21.10.2019).

[2)] Vgl. zu diesem Abschnitt auch die Erklärung Nr. 18 der Schlussakte v. 16.2.2001 (ABl. Nr. C 80 S. 70) der Konferenz von Nizza (Nr. **153**).

hofs sind Persönlichkeiten auszuwählen, die in ihren Staaten Rechnungsprüfungsorganen angehören oder angehört haben oder die für dieses Amt besonders geeignet sind. [2]Sie müssen jede Gewähr für Unabhängigkeit bieten.

(2) [1]Die Mitglieder des Rechnungshofs werden auf sechs Jahre ernannt. [2]Der Rat nimmt die gemäß den Vorschlägen der einzelnen Mitgliedstaaten erstellte Liste der Mitglieder nach Anhörung des Europäischen Parlaments an. [3]Die Wiederernennung der Mitglieder des Rechnungshofs ist zulässig.

[1]Sie wählen aus ihrer Mitte den Präsidenten des Rechnungshofs für drei Jahre. [2]Wiederwahl ist zulässig.

(3) [1]Die Mitglieder des Rechnungshofs dürfen bei der Erfüllung ihrer Pflichten Anweisungen von einer Regierung oder einer anderen Stelle weder anfordern noch entgegennehmen. [2]Sie haben jede Handlung zu unterlassen, die mit ihren Aufgaben unvereinbar ist.

(4) [1]Die Mitglieder des Rechnungshofs dürfen während ihrer Amtszeit keine andere entgeltliche oder unentgeltliche Berufstätigkeit ausüben. [2]Bei der Aufnahme ihrer Tätigkeit übernehmen sie die feierliche Verpflichtung, während der Ausübung und nach Ablauf ihrer Amtstätigkeit die sich aus ihrem Amt ergebenden Pflichten zu erfüllen, insbesondere die Pflicht, bei der Annahme gewisser Tätigkeiten oder Vorteile nach Ablauf dieser Tätigkeit ehrenhaft und zurückhaltend zu sein.

(5) Abgesehen von regelmäßigen Neubesetzungen und von Todesfällen endet das Amt eines Mitglieds des Rechnungshofs durch Rücktritt oder durch Amtsenthebung durch den Gerichtshof gemäß Absatz 6.

Für das ausscheidende Mitglied wird für die verbleibende Amtszeit ein Nachfolger ernannt.

Außer im Fall der Amtsenthebung bleiben die Mitglieder des Rechnungshofs bis zu Neubesetzung ihres Sitzes im Amt.

(6) Ein Mitglied des Rechnungshofs kann nur dann seines Amtes enthoben oder seiner Ruhegehaltsansprüche oder anderer an ihrer Stelle gewährter Vergünstigungen für verlustig erklärt werden, wenn der Gerichtshof auf Antrag des Rechnungshofs feststellt, dass es nicht mehr die erforderlichen Voraussetzungen erfüllt oder den sich aus seinem Amt ergebenden Verpflichtungen nicht mehr nachkommt.

(7) [1]Der Rat setzt die Beschäftigungsbedingungen für den Präsidenten und die Mitglieder des Rechnungshofs fest, insbesondere die Gehälter, Vergütungen und Ruhegehälter. [2]Er setzt alle sonstigen als Entgelt gezahlten Vergütungen fest.

(8) Die für die Richter des Gerichtshofs der Europäischen Union geltenden Bestimmungen des Protokolls über die Vorrechte und Befreiungen der Europäischen Union[1)] gelten auch für die Mitglieder des *Rechnungshofs.*

[1)] Nr. **212**.

Art. 287 [Rechnungsprüfung] (1) [1]Der Rechnungshof prüft die Rechnung über alle Einnahmen und Ausgaben der Union. [2]Er prüft ebenfalls die Rechnung über alle Einnahmen und Ausgaben jeder von der Union geschaffenen Einrichtung oder sonstige Stellen, soweit der Gründungsakt dies nicht ausschließt.

[1]Der Rechnungshof legt dem Europäischen Parlament und dem Rat eine Erklärung über die Zuverlässigkeit der Rechnungsführung sowie die Rechtmäßigkeit und Ordnungsmäßigkeit der zugrunde liegenden Vorgänge vor, die im Amtsblatt der Europäischen Union veröffentlicht wird. [2]Diese Erklärung kann durch spezifische Beurteilungen zu allen größeren Tätigkeitsbereichen der Union ergänzt werden.

(2) [1]Der Rechnungshof prüft die Rechtmäßigkeit und Ordnungsmäßigkeit der Einnahmen und Ausgaben und überzeugt sich von der Wirtschaftlichkeit der Haushaltsführung. [2]Dabei berichtet er insbesondere über alle Fälle von Unregelmäßigkeiten.

Die Prüfung der Einnahmen erfolgt anhand der Feststellungen und der Zahlungen der Einnahmen an die Union.

Die Prüfung der Ausgaben erfolgt anhand der Mittelbindungen und der Zahlungen.

Diese Prüfungen können vor Abschluss der Rechnung des betreffenden Haushaltsjahrs durchgeführt werden.

(3) [1]Die Prüfung wird anhand der Rechnungsunterlagen und erforderlichenfalls an Ort und Stelle bei den anderen Organen der Union, in den Räumlichkeiten der Einrichtungen oder sonstigen Stellen, die Einnahmen oder Ausgaben für Rechnung der Union verwalten, sowie der natürlichen und juristischen Personen, die Zahlungen aus dem Haushalt erhalten, und in den Mitgliedstaaten durchgeführt. [2]Die Prüfung in den Mitgliedstaaten erfolgt in Verbindung mit den einzelstaatlichen Rechnungsprüfungsorganen oder, wenn diese nicht über die erforderliche Zuständigkeit verfügen, mit den zuständigen einzelstaatlichen Dienststellen. Der Rechnungshof und die einzelstaatlichen Rechnungsprüfungsorgane arbeiten unter Wahrung ihrer Unabhängigkeit vertrauensvoll zusammen. Organe oder Dienststellen teilen dem Rechnungshof mit, ob sie an der Prüfung teilzunehmen beabsichtigen.

Die anderen Organe der Union, die Einrichtungen oder sonstigen Stellen, die Einnahmen oder Ausgaben für Rechnung der Union verwalten, die natürlichen oder juristischen Personen, die Zahlungen aus dem Haushalt erhalten, und die einzelstaatlichen Rechnungsprüfungsorgane oder, wenn diese nicht über die erforderliche Zuständigkeit verfügen, die zuständigen einzelstaatlichen Dienststellen übermitteln dem Rechnungshof auf dessen Antrag die für die Erfüllung seiner Aufgabe erforderlichen Unterlagen oder Informationen.

[1]Die Rechte des Rechnungshofs auf Zugang zu Informationen der Europäischen Investitionsbank im Zusammenhang mit deren Tätigkeit bei der Verwaltung von Einnahmen und Ausgaben der Union werden in einer Vereinbarung zwischen dem Rechnungshof, der Bank und der Kommission geregelt. [2]Der Rechnungshof hat auch dann Recht auf

Zugang zu den Informationen, die für die Prüfung der von der Bank verwalteten Einnahmen und Ausgaben der Union erforderlich sind, wenn eine entsprechende Vereinbarung nicht besteht.

(4) [1]Der Rechnungshof erstattet nach Abschluss eines jeden Haushaltsjahrs einen Jahresbericht. [2]Dieser Bericht wird den anderen Organen der Union vorgelegt und im Amtsblatt der Europäischen Union zusammen mit den Antworten dieser Organe auf die Bemerkungen des Rechnungshofs veröffentlicht.

Der Rechnungshof kann ferner jederzeit seine Bemerkungen zu besonderen Fragen vorlegen, insbesondere in Form von Sonderberichten, und auf Antrag eines der anderen Organe der Union Stellungnahmen abgeben.

[1]Er nimmt seine jährlichen Berichte, Sonderberichte oder Stellungnahmen mit der Mehrheit seiner Mitglieder an. [2]Er kann jedoch für die Annahme bestimmter Arten von Berichten oder Stellungnahmen nach Maßgabe seiner Geschäftsordnung Kammern bilden.

Er unterstützt das Europäische Parlament und den Rat bei der Kontrolle der Ausführung des Haushaltsplans.

[1]Der Rechnungshof gibt sich eine Geschäftsordnung. [2]Diese bedarf der Genehmigung des Rates.

Kapitel 2. Rechtsakte der Union, Annahmeverfahren und sonstige Vorschriften

Abschnitt 1. Die Rechtsakte der Union

Art. 288 [Rechtsakte; Katalog] Für die Ausübung der Zuständigkeiten der Union nehmen die Organe Verordnungen, Richtlinien, Beschlüsse, Empfehlungen und Stellungnahmen an.

[1]Die Verordnung hat allgemeine Geltung. [2]Sie ist in allen ihren Teilen verbindlich und gilt unmittelbar in jedem Mitgliedstaat.

Die Richtlinie ist für jeden Mitgliedstaat, an den sie gerichtet wird, hinsichtlich des zu erreichenden Ziels verbindlich, überlässt jedoch den innerstaatlichen Stellen die Wahl der Form und der Mittel.

[1]Beschlüsse sind in allen ihren Teilen verbindlich. [2]Sind sie an bestimmte Adressaten gerichtet, so sind sie nur für diese verbindlich.

Die Empfehlungen und Stellungnahmen sind nicht verbindlich.

Art. 289 [Ordentliches und besonderes Gesetzgebungsverfahren; Initiativrecht in besonderen Fällen] (1) [1]Das ordentliche Gesetzgebungsverfahren besteht in der gemeinsamen Annahme einer Verordnung, einer Richtlinie oder eines Beschlusses durch das Europäische Parlament und den Rat auf Vorschlag der Kommission. [2]Dieses Verfahren ist in Artikel 294 festgelegt.

(2) In bestimmten, in den Verträgen vorgesehenen Fällen erfolgt als besonderes Gesetzgebungsverfahren die Annahme einer Verordnung, einer Richtlinie oder eines Beschlusses durch das Europäische Parla-

ment mit Beteiligung des Rates oder durch den Rat mit Beteiligung des Europäischen Parlaments.

(3) Rechtsakte, die gemäß einem Gesetzgebungsverfahren angenommen werden, sind Gesetzgebungsakte.

(4) In bestimmten, in den Verträgen vorgesehenen Fällen können Gesetzgebungsakte auf Initiative einer Gruppe von Mitgliedstaaten oder des Europäischen Parlaments, auf Empfehlung der Europäischen Zentralbank oder auf Antrag des Gerichtshofs oder der Europäischen Investitionsbank erlassen werden.

Art. 290 [Delegation von Rechtsetzungsbefugnissen auf die Kommission] (1) In Gesetzgebungsakten kann der Kommission die Befugnis übertragen werden, Rechtsakte ohne Gesetzescharakter mit allgemeiner Geltung zur Ergänzung oder Änderung bestimmter nicht wesentlicher Vorschriften des betreffenden Gesetzgebungsaktes zu erlassen.

[1] In den betreffenden Gesetzgebungsakten werden Ziele, Inhalt, Geltungsbereich und Dauer der Befugnisübertragung ausdrücklich festgelegt. [2] Die wesentlichen Aspekte eines Bereichs sind dem Gesetzgebungsakt vorbehalten und eine Befugnisübertragung ist für sie deshalb ausgeschlossen.

(2) Die Bedingungen, unter denen die Übertragung erfolgt, werden in Gesetzgebungsakten ausdrücklich festgelegt, wobei folgende Möglichkeiten bestehen:

a) Das Europäische Parlament oder der Rat kann beschließen, die Übertragung zu widerrufen.
b) Der delegierte Rechtsakt kann nur in Kraft treten, wenn das Europäische Parlament oder der Rat innerhalb der im Gesetzgebungsakt festgelegten Frist keine Einwände erhebt.

Für die Zwecke der Buchstaben a und b beschließt das Europäische Parlament mit der Mehrheit seiner Mitglieder und der Rat mit qualifizierter Mehrheit.

(3) In den Titel der delegierten Rechtsakte wird das Wort „delegiert“ eingefügt.

Art. 291 [Durchführungsrechtsakte] (1) Die Mitgliedstaaten ergreifen alle zur Durchführung der verbindlichen Rechtsakte der Union erforderlichen Maßnahmen nach innerstaatlichem Recht.

(2) Bedarf es einheitlicher Bedingungen für die Durchführung der verbindlichen Rechtsakte der Union, so werden mit diesen Rechtsakten der Kommission oder, in entsprechend begründeten Sonderfällen und in den in den Artikeln 24 und 26 des Vertrags über die Europäische Union[1)] vorgesehenen Fällen, dem Rat Durchführungsbefugnisse übertragen.

---

1) Nr. **145**.

(3) Für die Zwecke des Absatzes 2 legen das Europäische Parlament und der Rat gemäß dem ordentlichen Gesetzgebungsverfahren durch Verordnungen im Voraus allgemeine Regeln und Grundsätze fest, nach denen die Mitgliedstaaten die Wahrnehmung der Durchführungsbefugnisse durch die Kommission kontrollieren.[1)]

(4) In den Titel der Durchführungsrechtsakte wird der Wortteil „Durchführungs-" eingefügt.

Art. 292 [Rechtsgrundlage für Empfehlungen] [1]Der Rat gibt Empfehlungen ab. [2]Er beschließt auf Vorschlag der Kommission in allen Fällen, in denen er nach Maßgabe der Verträge Rechtsakte auf Vorschlag der Kommission erlässt. [3]In den Bereichen, in denen für den Erlass eines Rechtsakts der Union Einstimmigkeit vorgesehen ist, beschließt er einstimmig. [4]Die Kommission und, in bestimmten in den Verträgen vorgesehenen Fällen, die Europäische Zentralbank geben Empfehlungen ab.

Abschnitt 2. Annahmeverfahren und sonstige Vorschriften

Art. 293 [Kommissionsvorschlag; Änderungsrecht] (1) Wird der Rat aufgrund der Verträge auf Vorschlag der Kommission tätig, so kann er diesen Vorschlag nur einstimmig abändern; dies gilt nicht in den Fällen nach Artikel 294 Absätze 10 und 13, nach Artikel 310, Artikel 312, Artikel 314 und nach Artikel 315 Absatz 2.

(2) Solange ein Beschluss des Rates nicht ergangen ist, kann die Kommission ihren Vorschlag jederzeit im Verlauf der Verfahren zur Annahme eines Rechtsakts der Union ändern.

Art. 294 [Mitentscheidungsverfahren] (1) Wird in den Verträgen hinsichtlich der Annahme eines Rechtsakts auf das ordentliche Gesetzgebungsverfahren Bezug genommen, so gilt das nachstehende Verfahren.

(2) Die Kommission unterbreitet dem Europäischen Parlament und dem Rat einen Vorschlag.

Erste Lesung

(3) Das Europäische Parlament legt seinen Standpunkt in erster Lesung fest und übermittelt ihn dem Rat.

(4) Billigt der Rat den Standpunkt des Europäischen Parlaments, so ist der betreffende Rechtsakt in der Fassung des Standpunkts des Europäischen Parlaments erlassen.

(5) Billigt der Rat den Standpunkt des Europäischen Parlaments nicht, so legt er seinen Standpunkt in erster Lesung fest und übermittelt ihn dem Europäischen Parlament.

(6) [1]Der Rat unterrichtet das Europäische Parlament in allen Einzelheiten über die Gründe, aus denen er seinen Standpunkt in erster Lesung festgelegt hat. [2]Die Kommission unterrichtet das Europäische Parlament in vollem Umfang über ihren Standpunkt.

[1)] Abgedruckt unter Nr. **236**.

Zweite Lesung

(7) Hat das Europäische Parlament binnen drei Monaten nach der Übermittlung

a) den Standpunkt des Rates in erster Lesung gebilligt oder sich nicht geäußert, so gilt der betreffende Rechtsakt als in der Fassung des Standpunkts des Rates erlassen;

b) den Standpunkt des Rates in erster Lesung mit der Mehrheit seiner Mitglieder abgelehnt, so gilt der vorgeschlagene Rechtsakt als nicht erlassen;

c) mit der Mehrheit seiner Mitglieder Abänderungen an dem Standpunkt des Rates in erster Lesung vorgeschlagen, so wird die abgeänderte Fassung dem Rat und der Kommission zugeleitet; die Kommission gibt eine Stellungnahme zu diesen Abänderungen ab.

(8) Hat der Rat binnen drei Monaten nach Eingang der Abänderungen des Europäischen Parlaments mit qualifizierter Mehrheit

a) alle diese Abänderungen gebilligt, so gilt der betreffende Rechtsakt als erlassen;

b) nicht alle Abänderungen gebilligt, so beruft der Präsident des Rates im Einvernehmen mit dem Präsidenten des Europäischen Parlaments binnen sechs Wochen den Vermittlungsausschuss ein.

(9) Über Abänderungen, zu denen die Kommission eine ablehnende Stellungnahme abgegeben hat, beschließt der Rat einstimmig.

Vermittlung

(10) Der Vermittlungsausschuss, der aus den Mitgliedern des Rates oder deren Vertretern und ebenso vielen das Europäische Parlament vertretenden Mitgliedern besteht, hat die Aufgabe, mit der qualifizierten Mehrheit der Mitglieder des Rates oder deren Vertretern und der Mehrheit der das Europäische Parlament vertretenden Mitglieder binnen sechs Wochen nach seiner Einberufung eine Einigung auf der Grundlage der Standpunkte des Europäischen Parlaments und des Rates in zweiter Lesung zu erzielen.

(11) Die Kommission nimmt an den Arbeiten des Vermittlungsausschusses teil und ergreift alle erforderlichen Initiativen, um auf eine Annäherung der Standpunkte des Europäischen Parlaments und des Rates hinzuwirken.

(12) Billigt der Vermittlungsausschuss binnen sechs Wochen nach seiner Einberufung keinen gemeinsamen Entwurf, so gilt der vorgeschlagene Rechtsakt als nicht erlassen.

Dritte Lesung

(13) [1] Billigt der Vermittlungsausschuss innerhalb dieser Frist einen gemeinsamen Entwurf, so verfügen das Europäische Parlament und der Rat ab dieser Billigung über eine Frist von sechs Wochen, um den betreffenden Rechtsakt entsprechend diesem Entwurf zu erlassen, wobei im Europäischen Parlament die Mehrheit der abgegebenen Stimmen und im Rat die qualifizierte Mehrheit erforderlich ist. [2] Andernfalls gilt der vorgeschlagene Rechtsakt als nicht erlassen.

(14) Die in diesem Artikel genannten Fristen von drei Monaten beziehungsweise sechs Wochen werden auf Initiative des Europäischen Parlaments oder des Rates um höchstens einen Monat beziehungsweise zwei Wochen verlängert.

Besondere Bestimmungen

(15) Wird in den in den Verträgen vorgesehenen Fällen ein Gesetzgebungsakt auf Initiative einer Gruppe von Mitgliedstaaten, auf Empfehlung der Europäischen Zentralbank oder auf Antrag des Gerichtshofs im ordentlichen Gesetzgebungsverfahren erlassen, so finden Absatz 2, Absatz 6 Satz 2 und Absatz 9 keine Anwendung.

[1] In diesen Fällen übermitteln das Europäische Parlament und der Rat der Kommission den Entwurf des Rechtsakts sowie ihre jeweiligen Standpunkte in erster und zweiter Lesung. [2] Das Europäische Parlament oder der Rat kann die Kommission während des gesamten Verfahrens um eine Stellungnahme bitten, die die Kommission auch von sich aus abgeben kann. [3] Sie kann auch nach Maßgabe des Absatzes 11 an dem Vermittlungsausschuss teilnehmen, sofern sie dies für erforderlich hält.

Art. 295 [Interinstitutionelle Vereinbarungen] [1] Das Europäische Parlament, der Rat und die Kommission beraten sich und regeln einvernehmlich die Einzelheiten ihrer Zusammenarbeit. [2] Dazu können sie unter Wahrung der Verträge interinstitutionelle Vereinbarungen schließen, die auch bindenden Charakter haben können.[1)]

Art. 296 [Wahl der Handlungsform; Begründung] Wird die Art des zu erlassenden Rechtsakts von den Verträgen nicht vorgegeben, so entscheiden die Organe darüber von Fall zu Fall unter Einhaltung der geltenden Verfahren und des Grundsatzes der Verhältnismäßigkeit.

Die Rechtsakte sind mit einer Begründung zu versehen und nehmen auf die in den Verträgen vorgesehenen Vorschläge, Initiativen, Empfehlungen, Anträge oder Stellungnahmen Bezug.

Werden das Europäische Parlament und der Rat mit dem Entwurf eines Gesetzgebungsakts befasst, so nehmen sie keine Rechtsakte an, die gemäß dem für den betreffenden Bereich geltenden Gesetzgebungsverfahren nicht vorgesehen sind.

Art. 297 [Unterzeichnung; Veröffentlichung; Inkrafttreten]

(1) Gesetzgebungsakte, die gemäß dem ordentlichen Gesetzgebungsverfahren erlassen wurden, werden vom Präsidenten des Europäischen Parlaments und vom Präsidenten des Rates unterzeichnet.

[1)] Vgl. Interinstitutionelle Vereinbarung zwischen dem Europäischen Parlament, dem Rat der Europäischen Union und der Europäischen Kommission über bessere Rechtsetzung v. 13.4.2016 (ABl. Nr. L 123/1 v. 12.5.2016) sowie auch die Erklärung von EP und Kommission hierzu (ABl. Nr. L 124/1 v. 13.5.2016). S. auch Interinstitutionelle Vereinbarung zwischen dem Europäischen Parlament, dem Rat der Europäischen Union und der Europäischen Kommission über die Haushaltsdisziplin, die Zusammenarbeit im Haushaltsbereich und die wirtschaftliche Haushaltsführung sowie über neue Eigenmittel, einschließlich eines Fahrplans im Hinblick auf die Einführung neuer Eigenmittel vom 16. Dezember 2020 (ABl. Nr. L 433 I/28 v. 22.12.2020).

Gesetzgebungsakte, die gemäß einem besonderen Gesetzgebungsverfahren erlassen wurden, werden vom Präsidenten des Organs unterzeichnet, das sie erlassen hat.

[1] Die Gesetzgebungsakte werden im Amtsblatt der Europäischen Union veröffentlicht.[1)] [2] Sie treten zu dem durch sie festgelegten Zeitpunkt oder anderenfalls am zwanzigsten Tag nach ihrer Veröffentlichung in Kraft.

(2) Rechtsakte ohne Gesetzescharakter, die als Verordnung, Richtlinie oder Beschluss, der an keinen bestimmten Adressaten gerichtet ist, erlassen wurden, werden vom Präsidenten des Organs unterzeichnet, das sie erlassen hat.

[1] Verordnungen, Richtlinien, die an alle Mitgliedstaaten gerichtet sind, sowie Beschlüsse, die an keinen bestimmten Adressaten gerichtet sind, werden im Amtsblatt der Europäischen Union veröffentlicht. [2] Sie treten zu dem durch sie festgelegten Zeitpunkt oder anderenfalls am zwanzigsten Tag nach ihrer Veröffentlichung in Kraft.

Die anderen Richtlinien sowie die Beschlüsse, die an einen bestimmten Adressaten gerichtet sind, werden denjenigen, für die sie bestimmt sind, bekannt gegeben und durch diese Bekanntgabe wirksam.

Art. 298 [Europäische Verwaltung] (1) Zur Ausübung ihrer Aufgaben stützen sich die Organe, Einrichtungen oder sonstigen Stellen der Union auf eine offene, effiziente und unabhängige europäische Verwaltung.

(2) Die Bestimmungen zu diesem Zweck werden unter Beachtung des Statuts und der Beschäftigungsbedingungen nach Artikel 336 vom Europäischen Parlament und vom Rat gemäß dem ordentlichen Gesetzgebungsverfahren durch Verordnungen erlassen.

Art. 299 [Entscheidungen als vollstreckbare Titel; Zwangsvollstreckung] Die Rechtsakte des Rates, der Kommission oder der Europäischen Zentralbank, die eine Zahlung auferlegen, sind vollstreckbare Titel; dies gilt nicht gegenüber Staaten.

[1] Die Zwangsvollstreckung erfolgt nach den Vorschriften des Zivilprozessrechts des Staates, in dessen Hoheitsgebiet sie stattfindet. [2] Die Vollstreckungsklausel wird nach einer Prüfung, die sich lediglich auf die Echtheit des Titels erstrecken darf, von der staatlichen Behörde erteilt, welche die Regierung jedes Mitgliedstaats zu diesem Zweck bestimmt und der Kommission und dem Gerichtshof der Europäischen Union benennt.

Sind diese Formvorschriften auf Antrag der die Vollstreckung betreibenden Partei erfüllt, so kann diese die Zwangsvollstreckung nach in-

---

[1)] Vgl. auch VO 216/2013 v. 7.3.2013 über die elektronische Veröffentlichung des Amtsblatts der Europäischen Union (ABl. Nr. L 69/1), wonach ab 1. Juli 2013 außer im Falle unvorhersehbarer außergewöhnlicher Störungen nur (noch) die elektronische Ausgabe des Amtsblatts Echtheit besitzen und Rechtswirkungen entfalten wird.

nerstaatlichem Recht betreiben, indem sie die zuständige Stelle unmittelbar anruft.

1Die Zwangsvollstreckung kann nur durch eine Entscheidung des Gerichtshofs der Europäischen Union ausgesetzt werden. 2Für die Prüfung der Ordnungsmäßigkeit der Vollstreckungsmaßnahmen sind jedoch die einzelstaatlichen Rechtsprechungsorgane zuständig.

Kapitel 3. Die beratenden Einrichtungen der Union

Art. 300 [Wirtschafts- und Sozialausschuss; Ausschuss der Regionen] (1) Das Europäische Parlament, der Rat und die Kommission werden von einem Wirtschafts- und Sozialausschuss sowie einem Ausschuss der Regionen unterstützt, die beratende Aufgaben wahrnehmen.

(2) Der Wirtschafts- und Sozialausschuss setzt sich zusammen aus Vertretern der Organisationen der Arbeitgeber und der Arbeitnehmer sowie anderen Vertretern der Zivilgesellschaft, insbesondere aus dem sozialen und wirtschaftlichen, dem staatsbürgerlichen, dem beruflichen und dem kulturellen Bereich.

(3) Der Ausschuss der Regionen setzt sich zusammen aus Vertretern der regionalen und lokalen Gebietskörperschaften, die entweder ein auf Wahlen beruhendes Mandat in einer regionalen oder lokalen Gebietskörperschaft innehaben oder gegenüber einer gewählten Versammlung politisch verantwortlich sind.

(4) 1Die Mitglieder des Wirtschafts- und Sozialausschusses und des Ausschusses der Regionen sind an keine Weisungen gebunden. 2Sie üben ihre Tätigkeit in voller Unabhängigkeit zum allgemeinen Wohl der Union aus.

(5) 1Die Vorschriften der Absätze 2 und 3 über die Art der Zusammensetzung dieser Ausschüsse werden in regelmäßigen Abständen vom Rat überprüft, um der wirtschaftlichen, sozialen und demografischen Entwicklung in der Union Rechnung zu tragen. 2Der Rat erlässt auf Vorschlag der Kommission Beschlüsse zu diesem Zweck.

Abschnitt 1. Der Wirtschafts- und Sozialausschuss

Art. 301 [Zusammensetzung] Der Wirtschafts- und Sozialausschuss hat höchstens dreihundertfünfzig Mitglieder.

Der Rat erlässt einstimmig auf Vorschlag der Kommission einen Beschluss über die Zusammensetzung des Ausschusses.

Der Rat setzt die Vergütungen für die Mitglieder des Ausschusses fest.

Art. 302 [Ernennung der Mitglieder] (1) 1Die Mitglieder des Ausschusses werden für fünf Jahre ernannt. 2Der Rat nimmt die gemäß den Vorschlägen der einzelnen Mitgliedstaaten erstellte Liste der Mitglieder an. 3Die Wiederernennung der Mitglieder des Ausschusses ist zulässig.

(2) [1]Der Rat beschließt nach Anhörung der Kommission. [2]Er kann die Meinung der maßgeblichen europäischen Organisationen der verschiedenen Zweige des Wirtschafts- und Soziallebens und der Zivilgesellschaft einholen, die von der Tätigkeit der Union betroffen sind.

Art. 303 [Präsident; Präsidium; Geschäftsordnung; Einberufung] Der Ausschuss wählt aus seiner Mitte seinen Präsidenten und sein Präsidium auf zweieinhalb Jahre.

Er gibt sich eine Geschäftsordnung.[1)]

[1]Der Ausschuss wird von seinem Präsidenten auf Antrag des Europäischen Parlaments, des Rates oder der Kommission einberufen. [2]Er kann auch von sich aus zusammentreten.

(Fortsetzung nächstes Blatt)

[1)] S. Geschäftsordnung v. Januar 2021 (ABl. Nr. L 46/47 v. 10.2.2021).

Art. 304 [Anhörungsrechte] [1]Der Ausschuss wird vom Europäischen Parlament, vom Rat oder der Kommission in den in den Verträgen vorgesehenen Fällen gehört. [2]Er kann von diesen Organen in allen Fällen gehört werden, in denen diese es für zweckmäßig erachten. [3]Er kann von sich aus eine Stellungnahme in den Fällen abgeben, in denen er dies für zweckmäßig erachtet.

[1]Wenn das Europäische Parlament, der Rat oder die Kommission es für notwendig erachten, setzen sie dem Ausschuss für die Vorlage seiner Stellungnahme eine Frist; diese beträgt mindestens einen Monat, vom Eingang der Mitteilung beim Präsidenten des Ausschusses an gerechnet. [2]Nach Ablauf der Frist kann das Fehlen einer Stellungnahme unberücksichtigt bleiben.

Die Stellungnahmen des Ausschusses sowie ein Bericht über die Beratungen werden dem Europäischen Parlament, dem Rat und der Kommission übermittelt.

Abschnitt 2. Der Ausschuss der Regionen

Art. 305 [Zusammensetzung; Auswahl und Ernennung der Mitglieder] Der Ausschuss der Regionen hat höchstens dreihundertfünfzig Mitglieder.

Der Rat erlässt einstimmig auf Vorschlag der Kommission einen Beschluss über die Zusammensetzung des Ausschusses.

[1]Die Mitglieder des Ausschusses sowie eine gleiche Anzahl von Stellvertretern werden auf fünf Jahre ernannt. [2]Wiederernennung ist zulässig. [3]Der Rat nimmt die gemäß den Vorschlägen der einzelnen Mitgliedstaaten erstellte Liste der Mitglieder und Stellvertreter an. [4]Die Amtszeit der Mitglieder des Ausschusses endet automatisch bei Ablauf des in Artikel 300 Absatz 3 genannten Mandats, aufgrund dessen sie vorgeschlagen wurden; für die verbleibende Amtszeit wird nach demselben Verfahren ein Nachfolger ernannt. [5]Ein Mitglied des Ausschusses darf nicht gleichzeitig Mitglied des Europäischen Parlaments sein.

Art. 306 [Präsidium; Geschäftsordnung; Einberufung] Der Ausschuss der Regionen wählt aus seiner Mitte seinen Präsidenten und sein Präsidium auf zweieinhalb Jahre.

Er gibt sich eine Geschäftsordnung.[1)]

[1]Der Ausschuss wird von seinem Präsidenten auf Antrag des Europäischen Parlaments, des Rates oder der Kommission einberufen. [2]Er kann auch von sich aus zusammentreten.

Art. 307 [Anhörungsrechte] Der Ausschuss der Regionen wird vom Europäischen Parlament, vom Rat oder von der Kommission in den in den Verträgen vorgesehenen Fällen und in allen anderen Fällen gehört, in denen eines dieser Organe dies für zweckmäßig erachtet, insbesondere in Fällen, welche die grenzüberschreitende Zusammenarbeit betreffen.

---

1) S. Geschäftsordnung v. 31.1.2014 (ABl. Nr. L 65/41 v. 5.3.2014). Vgl. auch den Verhaltenskodex für die Mitglieder des Europäischen Ausschusses der Regionen v. 5.12.2019 (ABl. Nr. L 20/17 v. 24.1.2020).

[1]Wenn das Europäische Parlament, der Rat oder die Kommission es für notwendig erachten, setzen sie dem Ausschuss für die Vorlage seiner Stellungnahme eine Frist; diese beträgt mindestens einen Monat, vom Eingang der diesbezüglichen Mitteilung beim Präsidenten des Ausschusses an gerechnet. [2]Nach Ablauf der Frist kann das Fehlen einer Stellungnahme unberücksichtigt bleiben.

[1]Wird der Wirtschafts- und Sozialausschuss nach Artikel 304 gehört, so wird der Ausschuss der Regionen vom Europäischen Parlament, vom Rat oder von der Kommission über dieses Ersuchen um Stellungnahme unterrichtet. [2]Der Ausschuss der Regionen kann, wenn er der Auffassung ist, dass spezifische regionale Interessen berührt werden, eine entsprechende Stellungnahme abgeben.

Er kann, wenn er dies für zweckdienlich erachtet, von sich aus eine Stellungnahme abgeben.

Die Stellungnahme des Ausschusses sowie ein Bericht über die Beratungen werden dem Rat und der Kommission übermittelt.

Kapitel 4. Die Europäische Investitionsbank

Art. 308 [Rechtspersönlichkeit; Mitglieder; Satzung] Die Europäische Investitionsbank besitzt Rechtspersönlichkeit.

Mitglieder der Europäischen Investitionsbank sind die Mitgliedstaaten.

[1]Die Satzung der Europäischen Investitionsbank[1)] ist den Verträgen als Protokoll beigefügt. [2]Der Rat kann auf Antrag der Europäischen Investitionsbank und nach Anhörung des Europäischen Parlaments und der Kommission oder auf Vorschlag der Kommission und nach Anhörung des Europäischen Parlaments und der Europäischen Investitionsbank die Satzung der Bank einstimmig gemäß einem besonderen Gesetzgebungsverfahren ändern.

Art. 309 [Aufgabe der EIB] [1]Aufgabe der Europäischen Investitionsbank ist es, zu einer ausgewogenen und reibungslosen Entwicklung des Binnenmarkts im Interesse der Union beizutragen; hierbei bedient sie sich des Kapitalmarkts, sowie ihrer eigenen Mittel. [2]In diesem Sinne erleichtert sie ohne Verfolgung eines Erwerbszwecks durch Gewährung von Darlehen und Bürgschaften die Finanzierung der nachstehend bezeichneten Vorhaben in allen Wirtschaftszweigen:

a) Vorhaben zur Erschließung der weniger entwickelten Gebiete;
b) Vorhaben zur Modernisierung oder Umstellung von Unternehmen oder zur Schaffung neuer Arbeitsmöglichkeiten, die sich aus der Errichtung oder dem Funktionieren des Binnenmarkts ergeben und wegen ihres Umfangs oder ihrer Art mit den in den einzelnen Mitgliedstaaten vorhandenen Mitteln nicht vollständig finanziert werden können;
c) Vorhaben von gemeinsamem Interesse für mehrere Mitgliedstaaten, die wegen ihres Umfangs oder ihrer Art mit den in den einzelnen

1) Nr. **266**.

Mitgliedstaaten vorhandenen Mitteln nicht vollständig finanziert werden können.

In Erfüllung ihrer Aufgabe erleichtert die Bank die Finanzierung von Investitionsprogrammen in Verbindung mit der Unterstützung aus den Strukturfonds und anderen Finanzierungsinstrumenten der Union.

Titel II. Finanzvorschriften

Art. 310 [Haushaltsplan; Grundsätze; Haushaltsdisziplin; Betrugsbekämpfung] (1) Alle Einnahmen und Ausgaben der Union werden für jedes Haushaltsjahr veranschlagt und in den Haushaltsplan eingesetzt.

Der jährliche Haushaltsplan der Union wird vom Europäischen Parlament und vom Rat nach Maßgabe des Artikels 314 aufgestellt.

Der Haushaltsplan ist in Einnahmen und Ausgaben auszugleichen.

(2) Die in den Haushaltsplan eingesetzten Ausgaben werden für ein Haushaltsjahr entsprechend der Verordnung nach Artikel 322 bewilligt.

(3) Die Ausführung der in den Haushaltsplan eingesetzten Ausgaben setzt den Erlass eines verbindlichen Rechtsakts der Union voraus, mit dem die Maßnahme der Union und die Ausführung der entsprechenden Ausgabe entsprechend der Verordnung nach Artikel 322 eine Rechtsgrundlage erhalten, soweit nicht diese Verordnung Ausnahmen vorsieht.

(4) Um die Haushaltsdisziplin sicherzustellen, erlässt die Union keine Rechtsakte, die erhebliche Auswirkungen auf den Haushaltsplan haben könnten, ohne die Gewähr zu bieten, dass die mit diesen Rechtsakten verbundenen Ausgaben im Rahmen der Eigenmittel der Union und unter Einhaltung des mehrjährigen Finanzrahmens nach Artikel 312 finanziert werden können.

(5) [1]Der Haushaltsplan wird entsprechend dem Grundsatz der Wirtschaftlichkeit der Haushaltsführung ausgeführt. [2]Die Mitgliedstaaten arbeiten mit der Union zusammen, um sicherzustellen, dass die in den Haushaltsplan eingesetzten Mittel nach diesem Grundsatz verwendet werden.

(6) Die Union und die Mitgliedstaaten bekämpfen nach Artikel 325 Betrügereien und sonstige gegen die finanziellen Interessen der Union gerichtete rechtswidrige Handlungen.

Kapitel 1. Die Eigenmittel der Union

Art. 311 [Finanzierung aus Eigenmitteln; Eigenmittelbeschluss] Die Union stattet sich mit den erforderlichen Mitteln aus, um ihre Ziele erreichen und ihre Politik durchführen zu können.

Der Haushalt wird unbeschadet der sonstigen Einnahmen vollständig aus Eigenmitteln finanziert.

[1]Der Rat erlässt gemäß einem besonderen Gesetzgebungsverfahren einstimmig und nach Anhörung des Europäischen Parlaments einen Be-

schluss, mit dem die Bestimmungen über das System der Eigenmittel der Union festgelegt werden.[1)] [2]Darin können neue Kategorien von Eigenmitteln eingeführt oder bestehende Kategorien abgeschafft werden. [3]Dieser Beschluss tritt erst nach Zustimmung der Mitgliedstaaten im Einklang mit ihren jeweiligen verfassungsrechtlichen Vorschriften in Kraft.

[1]Der Rat legt gemäß einem besonderen Gesetzgebungsverfahren durch Verordnungen Durchführungsmaßnahmen zu dem System der Eigenmittel der Union fest, sofern dies in dem nach Absatz 3 erlassenen Beschluss vorgesehen ist. [2]Der Rat beschließt nach Zustimmung des Europäischen Parlaments.

Kapitel 2. Der mehrjährige Finanzrahmen

Art. 312 [Mehrjähriger Finanzrahmen] (1) Mit dem mehrjährigen Finanzrahmen soll sichergestellt werden, dass die Ausgaben der Union innerhalb der Grenzen ihrer Eigenmittel eine geordnete Entwicklung nehmen.

Er wird für einen Zeitraum von mindestens fünf Jahren aufgestellt.

Bei der Aufstellung des jährlichen Haushaltsplans der Union ist der mehrjährige Finanzrahmen einzuhalten.

(2) [1]Der Rat erlässt gemäß einem besonderen Gesetzgebungsverfahren eine Verordnung zur Festlegung des mehrjährigen Finanzrahmens. [2]Er beschließt einstimmig nach Zustimmung des Europäischen Parlaments, die mit der Mehrheit seiner Mitglieder erteilt wird.

Der Europäische Rat kann einstimmig einen Beschluss fassen, wonach der Rat mit qualifizierter Mehrheit beschließen kann, wenn er die in Unterabsatz 1 genannte Verordnung erlässt.

(3) [1]In dem Finanzrahmen werden die jährlichen Obergrenzen der Mittel für Verpflichtungen je Ausgabenkategorie und die jährliche Obergrenze der Mittel für Zahlungen festgelegt. [2]Die Ausgabenkategorien, von denen es nur wenige geben darf, entsprechen den Haupttätigkeitsbereichen der Union.

Der Finanzrahmen enthält auch alle sonstigen für den reibungslosen Ablauf des jährlichen Haushaltsverfahrens sachdienlichen Bestimmungen.

(4) Hat der Rat bis zum Ablauf des vorangegangenen Finanzrahmens keine Verordnung zur Aufstellung eines neuen Finanzrahmens erlassen, so werden die Obergrenzen und sonstigen Bestimmungen des letzten Jahres des vorangegangenen Finanzrahmens bis zum Erlass dieses Rechtsakts fortgeschrieben.

(5) Das Europäische Parlament, der Rat und die Kommission treffen während des gesamten Verfahrens zur Annahme des Finanzrahmens alle erforderlichen Maßnahmen, um den Erlass des Rechtsakts zu erleichtern.

[1)] Vgl. Beschluss des Rates 2007/436/EG v. 7. 6. 2007 und VO Nr. 1150/2000 (zuletzt geänd. durch VO Nr. 105/2009, abgedruckt unter Nr. **225, 225 a**.

Kapitel 3. Der Jahreshaushaltsplan der Union

Art. 313 [Haushaltsjahr] Das Haushaltsjahr beginnt am 1. Januar und endet am 31. Dezember.

Art. 314 [Jahreshaushaltsplan; Verfahren zur Annahme] Das Europäische Parlament und der Rat legen den Jahreshaushaltsplan der Union im Rahmen eines besonderen Gesetzgebungsverfahrens nach den folgenden Bestimmungen fest:

(1) [1]Jedes Organ, mit Ausnahme der Europäischen Zentralbank, stellt vor dem 1. Juli einen Haushaltsvoranschlag für seine Ausgaben für das folgende Haushaltsjahr auf. [2]Die Kommission fasst diese Voranschläge in einem Entwurf für den Haushaltsplan zusammen, der abweichende Voranschläge enthalten kann.

Dieser Entwurf umfasst den Ansatz der Einnahmen und den Ansatz der Ausgaben.

(2) Die Kommission legt dem Europäischen Parlament und dem Rat spätestens am 1. September des Jahres, das dem entsprechenden Haushaltsjahr vorausgeht, einen Vorschlag mit dem Entwurf des Haushaltsplans vor.

Die Kommission kann den Entwurf des Haushaltsplans während des laufenden Verfahrens bis zur Einberufung des in Absatz 5 genannten Vermittlungsausschusses ändern.

(3) [1]Der Rat legt seinen Standpunkt zu dem Entwurf des Haushaltsplans fest und leitet ihn spätestens am 1. Oktober des Jahres, das dem entsprechenden Haushaltsjahr vorausgeht, dem Europäischen Parlament zu. [2]Er unterrichtet das Europäische Parlament in vollem Umfang über die Gründe, aus denen er seinen Standpunkt festgelegt hat.

(4) Hat das Europäische Parlament binnen 42 Tagen nach der Übermittlung

a) den Standpunkt des Rates gebilligt, so ist der Haushaltsplan erlassen;

b) keinen Beschluss gefasst, so gilt der Haushaltsplan als erlassen;

c) mit der Mehrheit seiner Mitglieder Abänderungen angenommen, so wird die abgeänderte Fassung des Entwurfs dem Rat und der Kommission zugeleitet. Der Präsident des Europäischen Parlaments beruft im Einvernehmen mit dem Präsidenten des Rates umgehend den Vermittlungsausschuss ein. Der Vermittlungsausschuss tritt jedoch nicht zusammen, wenn der Rat dem Europäischen Parlament binnen zehn Tagen nach der Übermittlung des geänderten Entwurfs mitteilt, dass er alle seine Abänderungen billigt.

(5) Der Vermittlungsausschuss, der aus den Mitgliedern des Rates oder deren Vertretern und ebenso vielen das Europäische Parlament vertretenden Mitgliedern besteht, hat die Aufgabe, binnen 21 Tagen nach seiner Einberufung auf der Grundlage der Standpunkte des Europäischen Parlaments und des Rates mit der qualifizierten Mehrheit der Mitglieder des Rates oder deren Vertretern und der Mehrheit der das

Europäische Parlament vertretenden Mitglieder eine Einigung über einen gemeinsamen Entwurf zu erzielen.

Die Kommission nimmt an den Arbeiten des Vermittlungsausschusses teil und ergreift alle erforderlichen Initiativen, um eine Annäherung der Standpunkte des Europäischen Parlaments und des Rates zu bewirken.

(6) Einigt sich der Vermittlungsausschuss innerhalb der in Absatz 5 genannten Frist von 21 Tagen auf einen gemeinsamen Entwurf, so verfügen das Europäische Parlament und der Rat ab dieser Einigung über eine Frist von 14 Tagen, um den gemeinsamen Entwurf zu billigen.

(7) Wenn innerhalb der in Absatz 6 genannten Frist von 14 Tagen

a) der gemeinsame Entwurf sowohl vom Europäischen Parlament als auch vom Rat gebilligt wird oder beide keinen Beschluss fassen oder eines dieser Organe den gemeinsamen Entwurf billigt, während das andere Organ keinen Beschluss fasst, so gilt der Haushaltsplan als entsprechend dem gemeinsamen Entwurf endgültig erlassen, oder

b) der gemeinsame Entwurf sowohl vom Europäischen Parlament mit der Mehrheit seiner Mitglieder als auch vom Rat abgelehnt wird oder eines dieser Organe den gemeinsamen Entwurf ablehnt, während das andere Organ keinen Beschluss fasst, so legt die Kommission einen neuen Entwurf für den Haushaltsplan vor, oder

c) der gemeinsame Entwurf vom Europäischen Parlament mit der Mehrheit seiner Mitglieder abgelehnt wird, während er vom Rat gebilligt wird, so legt die Kommission einen neuen Entwurf für den Haushaltsplan vor, oder

d) der gemeinsame Entwurf vom Europäischen Parlament gebilligt wird, während er vom Rat abgelehnt wird, so kann das Europäische Parlament binnen 14 Tagen ab dem Tag der Ablehnung durch den Rat mit der Mehrheit seiner Mitglieder und drei Fünfteln der abgegebenen Stimmen beschließen, alle oder einige der in Absatz 4 Buchstabe c genannten Abänderungen zu bestätigen. Wird eine Abänderung des Europäischen Parlaments nicht bestätigt, so wird der im Vermittlungsausschuss vereinbarte Standpunkt zu dem Haushaltsposten, der Gegenstand der Abänderung ist, übernommen. Der Haushaltsplan gilt als auf dieser Grundlage endgültig erlassen.

(8) Einigt sich der Vermittlungsausschuss nicht binnen der in Absatz 5 genannten Frist von 21 Tagen auf einen gemeinsamen Entwurf, so legt die Kommission einen neuen Entwurf für den Haushaltsplan vor.

(9) Nach Abschluss des Verfahrens dieses Artikels stellt der Präsident des Europäischen Parlaments fest, dass der Haushaltsplan endgültig erlassen ist.

(10) Jedes Organ übt die ihm aufgrund dieses Artikels zufallenden Befugnisse unter Wahrung der Verträge und der Rechtsakte aus, die auf der Grundlage der Verträge insbesondere im Bereich der Eigenmittel der Union und des Gleichgewichts von Einnahmen und Ausgaben erlassen wurden.

Art. 315 [Nothaushalt] Ist zu Beginn eines Haushaltsjahres der Haushaltsplan noch nicht endgültig erlassen, so können nach der gemäß Artikel 322 festgelegten Haushaltsordnung für jedes Kapitel monatliche Ausgaben bis zur Höhe eines Zwölftels der im betreffenden Kapitel des Haushaltsplans des vorangegangenen Haushaltsjahres eingesetzten Mittel vorgenommen werden, die jedoch ein Zwölftel der Mittelansätze des gleichen Kapitels des Haushaltsplanentwurfs nicht überschreiten dürfen.

[1]Der Rat kann auf Vorschlag der Kommission unter Beachtung der sonstigen Bestimmungen des Absatzes 1 entsprechend der nach Artikel 322 erlassenen Verordnung Ausgaben genehmigen, die über dieses Zwölftel hinausgehen. [2]Er leitet seinen Beschluss unverzüglich dem Europäischen Parlament zu.

In dem Beschluss nach Absatz 2 werden unter Beachtung der in Artikel 311 genannten Rechtsakte die zur Durchführung dieses Artikels erforderlichen Maßnahmen betreffend die Mittel vorgesehen.

Der Beschluss tritt 30 Tage nach seinem Erlass in Kraft, sofern das Europäische Parlament nicht innerhalb dieser Frist mit der Mehrheit seiner Mitglieder beschließt, diese Ausgaben zu kürzen.

Art. 316 [Übertragbarkeit; Spezialität] Nach Maßgabe der aufgrund des Artikels 322 erlassenen Vorschriften dürfen die nicht für Personalausgaben vorgesehenen Mittel, die bis zum Ende der Durchführungszeit eines Haushaltsplans nicht verbraucht worden sind, lediglich auf das nächste Haushaltsjahr übertragen werden.

Die vorgesehenen Mittel werden nach Kapiteln gegliedert, in denen die Ausgaben nach Art oder Bestimmung zusammengefasst sind; die Kapitel werden nach der gemäß Artikel 322 festgelegten Haushaltsordnung unterteilt.

Die Ausgaben des Europäischen Parlaments, des Europäischen Rates und des Rates, der Kommission sowie des Gerichtshofs der Europäischen Union werden unbeschadet einer besonderen Regelung für bestimmte gemeinsame Ausgaben in gesonderten Teilen des Haushaltsplans aufgeführt.

Kapitel 4. Ausführung des Hauhaltsplans und Entlastung

Art. 317 [Vollzug des Haushaltsplans] [1]Die Kommission führt den Haushaltsplan zusammen mit den Mitgliedstaaten gemäß nach der *Artikel 322 festgelegten Haushaltsordnung* in eigener Verantwortung und im Rahmen der zugewiesenen Mittel entsprechend dem Grundsatz der Wirtschaftlichkeit der Haushaltsführung aus. [2]Die Mitgliedstaaten arbeiten mit der Kommission zusammen, um sicherzustellen, dass die Mittel nach dem Grundsatz der Wirtschaftlichkeit der Haushaltsführung verwendet werden.

[1]In der Haushaltsordnung sind die Kontroll- und Wirtschaftsprüfungspflichten der Mitgliedstaaten bei der Ausführung des Haushalts-

plans sowie die damit verbundenen Verantwortlichkeiten geregelt. [2]Darin sind ferner die Verantwortlichkeiten und die besonderen Einzelheiten geregelt, nach denen jedes Organ an der Vornahme seiner Ausgaben beteiligt ist.

Die Kommission kann nach der gemäß Artikel 322 festgelegten Haushaltsordnung Mittel von Kapitel zu Kapitel oder von Untergliederung zu Untergliederung übertragen.

Art. 318 [Rechnungslegung] [1]Die Kommission legt dem Europäischen Parlament und dem Rat jährlich die Rechnung des abgelaufenen Haushaltsjahres für die Rechnungsvorgänge des Haushaltsplans vor. [2]Sie übermittelt ihnen ferner eine Übersicht über das Vermögen und die Schulden der Union.

Die Kommission legt dem Europäischen Parlament und dem Rat ferner einen Evaluierungsbericht zu den Finanzen der Union vor, der sich auf die Ergebnisse stützt, die insbesondere in Bezug auf die Vorgaben erzielt wurden, die vom Europäischen Parlament und vom Rat nach Artikel 319 erteilt wurden.

Art. 319 [Entlastung der Kommission] (1) [1]Auf Empfehlung des Rates erteilt das Europäische Parlament der Kommission Entlastung zur Ausführung des Haushaltsplans. [2]Zu diesem Zweck prüft es nach dem Rat die Rechnung, die Übersicht und den Evaluierungsbericht nach Artikel 318 sowie den Jahresbericht des Rechnungshofs zusammen mit den Antworten der kontrollierten Organe auf dessen Bemerkungen, die in Artikel 287 Absatz 1 Unterabsatz 2 genannte Zuverlässigkeitserklärung und die einschlägigen Sonderberichte des Rechnungshofs.

(2) [1]Das Europäische Parlament kann vor der Entlastung der Kommission sowie auch zu anderen Zwecken im Zusammenhang mit der Ausübung ihrer Haushaltsbefugnisse die Kommission auffordern, Auskunft über die Vornahme der Ausgaben oder die Arbeitsweise der Finanzkontrollsysteme zu erteilen. [2]Die Kommission legt dem Europäischen Parlament auf dessen Ersuchen alle notwendigen Informationen vor.

(3) Die Kommission trifft alle zweckdienlichen Maßnahmen, um den Bemerkungen in den Entlastungsbeschlüssen und anderen Bemerkungen des Europäischen Parlaments zur Vornahme der Ausgaben sowie den Erläuterungen, die den Entlastungsempfehlungen des Rates beigefügt sind, nachzukommen.

[1]Auf Ersuchen des Europäischen Parlaments oder des Rates erstattet die Kommission Bericht über die Maßnahmen, die aufgrund dieser Bemerkungen und Erläuterungen getroffen wurden, insbesondere über *die Weisungen*, die den für die Ausführung des Haushaltsplans zuständigen Dienststellen erteilt worden sind. [2]Diese Berichte sind auch dem Rechnungshof zuzuleiten.

Kapitel 5. Gemeinsame Bestimmungen

Art. 320 [Währungseinheit] Der mehrjährige Finanzrahmen und der Jahreshaushaltsplan werden in Euro aufgestellt.

Art. 321 [Finanzielle Transaktionen; Verkehr der Kommission mit den Mitgliedstaaten] [1]Die Kommission kann vorbehaltlich der Unterrichtung der zuständigen Behörden der betreffenden Mitgliedstaaten ihre Guthaben in der Währung eines dieser Staaten in die Währung eines anderen Mitgliedstaats transferieren, soweit dies erforderlich ist, um diese Guthaben für die in den Verträgen vorgesehenen Zwecke zu verwenden. [2]Besitzt die Kommission verfügbare oder flüssige Guthaben in der benötigten Währung, so vermeidet sie soweit möglich derartige Transferierungen.

[1]Die Kommission verkehrt mit jedem Mitgliedstaat über die von diesem bezeichnete Behörde. [2]Bei der Durchführung ihrer Finanzgeschäfte nimmt sie die Notenbank des betreffenden Mitgliedstaats oder ein anderes von diesem genehmigtes Finanzinstitut in Anspruch.

Art. 322 [Haushaltsordnung; Durchführungsvorschriften]

(1) Das Europäische Parlament und der Rat erlassen gemäß dem ordentlichen Gesetzgebungsverfahren durch Verordnungen nach Anhörung des Rechnungshofs

a) die Haushaltsvorschriften, in denen insbesondere die Aufstellung und Ausführung des Haushaltsplans sowie die Rechnungslegung und Rechnungsprüfung im Einzelnen geregelt werden;[1)]
b) die Vorschriften, die die Kontrolle der Verantwortung der Finanzakteure und insbesondere der Anweisungsbefugten und der Rechnungsführer regeln.

(2) Der Rat legt auf Vorschlag der Kommission und nach Anhörung des Europäischen Parlaments und des Rechnungshofs die Einzelheiten und das Verfahren fest, nach denen die Haushaltseinnahmen, die in der Regelung über die Eigenmittel der Union vorgesehen sind, der Kommission zur Verfügung gestellt werden, sowie die Maßnahmen, die zu treffen sind, um gegebenenfalls die erforderlichen Kassenmittel bereitzustellen.

Art. 323 [Sicherung der Finanzmittel] Das Europäische Parlament, der Rat und die Kommission stellen sicher, dass der Union die Finanzmittel zur Verfügung stehen, die es ihr ermöglichen, ihren rechtlichen Verpflichtungen gegenüber Dritten nachzukommen.

Art. 324 [Konsultationen der am Haushaltsverfahren beteiligten Organe] [1]Auf Initiative der Kommission werden im Rahmen der

---

[1)] S. hierzu nun auch: VO 2020/2092 v. 16.12.2020 über eine allgemeine Konditionalitätsregelung zum Schutz des Haushalts der Union, ABl. Nr. L 433 I/1 v. 22.12.2020.

nach diesem Titel vorgesehenen Haushaltsverfahren regelmäßige Treffen der Präsidenten des Europäischen Parlaments, des Rates und der Kommission einberufen. [2]Diese treffen alle erforderlichen Maßnahmen, um die Abstimmung und Annäherung der Standpunkte der Organe, denen sie vorstehen, zu fördern und so die Durchführung dieses Titels zu erleichtern.

Kapitel 6. Betrugsbekämpfung

Art. 325 [Bekämpfung von Betrug zum Nachteil der Union]

(1) Die Union und die Mitgliedstaaten bekämpfen Betrügereien und sonstige gegen die finanziellen Interessen der Union gerichtete rechtswidrige Handlungen mit Maßnahmen nach diesem Artikel, die abschreckend sind und in den Mitgliedstaaten, sowie in den Organen, Einrichtungen und sonstigen Stellen der Union einen effektiven Schutz bewirken.

(2) Zur Bekämpfung von Betrügereien, die sich gegen die finanziellen Interessen der Union richten, ergreifen die Mitgliedstaaten die gleichen Maßnahmen, die sie auch zur Bekämpfung von Betrügereien ergreifen, die sich gegen ihre eigenen finanziellen Interessen richten.

(3) [1]Die Mitgliedstaaten koordinieren unbeschadet der sonstigen Bestimmungen der Verträge ihre Tätigkeit zum Schutz der finanziellen Interessen der Union vor Betrügereien. [2]Sie sorgen zu diesem Zweck zusammen mit der Kommission für eine enge, regelmäßige Zusammenarbeit zwischen den zuständigen Behörden.

(4) Zur Gewährleistung eines effektiven und gleichwertigen Schutzes in den Mitgliedstaaten sowie in den Organen, Einrichtungen und sonstigen Stellen der Union beschließen das Europäische Parlament und der Rat gemäß dem ordentlichen Gesetzgebungsverfahren nach Anhörung des Rechnungshofs die erforderlichen Maßnahmen zur Verhütung und Bekämpfung von Betrügereien, die sich gegen die finanziellen Interessen der Union richten.[1)]

(5) Die Kommission legt in Zusammenarbeit mit den Mitgliedstaaten dem Europäischen Parlament und dem Rat jährlich einen Bericht über die Maßnahmen vor, die zur Durchführung dieses Artikels getroffen wurden.

[1)] Vgl. VO 883/2013 v. 11.9.2013 über die Untersuchungen des Europäischen Amtes für Betrugsbekämpfung (OLAF) und zur Aufhebung der VO (EG) 1073/1999, ABl. Nr. L 248/1 v. 18.9.2013, in dessen Folge auch der Beschluss 1999/352 der Kommission v. 28.4.1999 zur Errichtung des Europäischen Amtes für Betrugsbekämpfung (OLAF) (ABl. L 136/20 v. 31.5.1999) geändert worden ist (Beschluss der Kommission v. 27.9.2013, ABl. Nr. L 257/19 v. 28.9.2013), erneute Änderung durch Kommissionsbeschluss (EU) (2015) 512 v. 25.3.2015, ABl. Nr. 81/4 v. 26.3.2015. Eine erneute Änderung dieses Beschlusses ist erfolgt durch Beschluss (EU) 2015/2418 der Kommission v. 18.12.2015, ABl. Nr. 333/148 v. 19.12.2015.

Titel III. Verstärkte Zusammenarbeit

Art. 326 [Grundsätze] Eine Verstärkte Zusammenarbeit achtet die Verträge und das Recht der Union.

[1] Sie darf weder den Binnenmarkt noch den wirtschaftlichen, sozialen und territorialen Zusammenhalt beeinträchtigen. [2] Sie darf für den Handel zwischen den Mitgliedstaaten weder ein Hindernis noch eine

(Fortsetzung nächstes Blatt)

Diskriminierung darstellen noch darf sie zu Verzerrungen des Wettbewerbs zwischen den Mitgliedstaaten führen.

Art. 327 [Nichtbeteiligte Mitgliedstaaten] [1]Eine Verstärkte Zusammenarbeit achtet die Zuständigkeiten, Rechte und Pflichten der nicht an der Zusammenarbeit beteiligten Mitgliedstaaten. [2]Diese stehen der Durchführung der Verstärkten Zusammenarbeit durch die daran beteiligten Mitgliedstaaten nicht im Wege.

Art. 328 [Offenheit für weitere Mitgliedstaaten] (1) [1]Bei ihrer Begründung steht eine Verstärkte Zusammenarbeit allen Mitgliedstaaten offen, sofern sie die in dem hierzu ermächtigenden Beschluss gegebenenfalls festgelegten Teilnahmevoraussetzungen erfüllen. [2]Dies gilt auch zu jedem anderen Zeitpunkt, sofern sie neben den genannten Voraussetzungen auch die in diesem Rahmen bereits erlassenen Rechtsakte beachten.

Die Kommission und die an einer Verstärkten Zusammenarbeit teilnehmenden Mitgliedstaaten tragen dafür Sorge, dass die Teilnahme möglichst vieler Mitgliedstaaten gefördert wird.

(2) Die Kommission und gegebenenfalls der Hohe Vertreter der Union für die Außen- und Sicherheitspolitik unterrichten das Europäische Parlament und den Rat regelmäßig über die Entwicklung einer Verstärkten Zusammenarbeit.

Art. 329 [Ermächtigungsverfahren] (1) [1]Die Mitgliedstaaten, die in einem der Bereiche der Verträge – mit Ausnahme der Bereiche, für die die Union die ausschließliche Zuständigkeit besitzt, und der Gemeinsamen Außen- und Sicherheitspolitik – untereinander eine Verstärkte Zusammenarbeit begründen möchten, richten einen Antrag an die Kommission, in dem der Anwendungsbereich und die Ziele aufgeführt werden, die mit der beabsichtigten Verstärkten Zusammenarbeit angestrebt werden. [2]Die Kommission kann dem Rat einen entsprechenden Vorschlag vorlegen. [3]Legt die Kommission keinen Vorschlag vor, so teilt sie den betroffenen Mitgliedstaaten ihre Gründe dafür mit.

Die Ermächtigung zur Einleitung einer Verstärkten Zusammenarbeit nach Unterabsatz 1 wird vom Rat auf Vorschlag der Kommission und nach Zustimmung des Europäischen Parlaments erteilt.[1)]

(2) [1]Der Antrag der Mitgliedstaaten, die untereinander im Rahmen der Gemeinsamen Außen- und Sicherheitspolitik eine Verstärkte Zusammenarbeit begründen möchten, wird an den Rat gerichtet. [2]Er wird *dem Hohen* Vertreter der Union für die Außen- und Sicherheitspolitik, der zur Kohärenz der beabsichtigten Verstärkten Zusammenarbeit mit der Gemeinsamen Außen- und Sicherheitspolitik der Union Stellung nimmt, sowie der Kommission übermittelt, die insbesondere zur Kohärenz der beabsichtigten Verstärkten Zusammenarbeit mit der Poli-

---

[1)] Vgl. Beschluss des Rates 2013/52 v. 22. 1. 2013 über die Ermächtigung zu einer Verstärkten Zusammenarbeit im Bereich der Finanztransaktionssteuer (ABl. Nr. L 22/11).

tik der Union in anderen Bereichen Stellung nimmt. [3]Der Antrag wird ferner dem Europäischen Parlament zur Unterrichtung übermittelt.

Die Ermächtigung zur Einleitung einer Verstärkten Zusammenarbeit wird mit einem Beschluss des Rates erteilt, der einstimmig beschließt.

Art. 330 [Beratungen; Stimmberechtigung] Alle Mitglieder des Rates können an dessen Beratungen teilnehmen, aber nur die Mitglieder des Rates, die die an der Verstärkten Zusammenarbeit beteiligten Mitgliedstaaten vertreten, sind stimmberechtigt.

Die Einstimmigkeit bezieht sich allein auf die Stimmen der Vertreter der an der Verstärkten Zusammenarbeit beteiligten Mitgliedstaaten.

Die qualifizierte Mehrheit bestimmt sich nach Artikel 238 Absatz 3.

Art. 331 [Beitritt weiterer Staaten] (1) Jeder Mitgliedstaat, der sich einer bestehenden Verstärkten Zusammenarbeit in einem der in Artikel 329 Absatz 1 genannten Bereiche anschließen will, teilt dem Rat und der Kommission seine Absicht mit.

[1]Die Kommission bestätigt binnen vier Monaten nach Eingang der Mitteilung die Beteiligung des betreffenden Mitgliedstaats. [2]Dabei stellt sie gegebenenfalls fest, dass die Beteiligungsvoraussetzungen erfüllt sind, und erlässt die notwendigen Übergangsmaßnahmen zur Anwendung der im Rahmen der Verstärkten Zusammenarbeit bereits erlassenen Rechtsakte.

[1]Ist die Kommission jedoch der Auffassung, dass die Beteiligungsvoraussetzungen nicht erfüllt sind, so gibt sie an, welche Bestimmungen zur Erfüllung dieser Voraussetzungen erlassen werden müssen, und legt eine Frist für die erneute Prüfung des Antrags fest. [2]Nach Ablauf dieser Frist prüft sie den Antrag erneut nach dem in Unterabsatz 2 vorgesehenen Verfahren. [3]Ist die Kommission der Auffassung, dass die Beteiligungsvoraussetzungen weiterhin nicht erfüllt sind, so kann der betreffende Mitgliedstaat mit dieser Frage den Rat befassen, der über den Antrag befindet. [4]Der Rat beschließt nach Artikel 330. [5]Er kann außerdem auf Vorschlag der Kommission die in Unterabsatz 2 genannten Übergangsmaßnahmen erlassen.

(2) Jeder Mitgliedstaat, der an einer bestehenden Verstärkten Zusammenarbeit im Rahmen der Gemeinsamen Außen- und Sicherheitspolitik teilnehmen möchte, teilt dem Rat, dem Hohen Vertreter der Union für die Außen- und Sicherheitspolitik und der Kommission seine Absicht mit.

[1]Der Rat bestätigt die Teilnahme des betreffenden Mitgliedstaats nach Anhörung des Hohen Vertreters der Union für die Außen- und Sicherheitspolitik und gegebenenfalls nach der Feststellung, dass die Teilnahmevoraussetzungen erfüllt sind. [2]Der Rat kann auf Vorschlag des Hohen Vertreters ferner die notwendigen Übergangsmaßnahmen zur Anwendung der im Rahmen der Verstärkten Zusammenarbeit bereits erlassenen Rechtsakte treffen. [3]Ist der Rat jedoch der Auffas-

sung, dass die Teilnahmevoraussetzungen nicht erfüllt sind, so gibt er an, welche Schritte zur Erfüllung dieser Voraussetzungen notwendig sind, und legt eine Frist für die erneute Prüfung des Antrags auf Teilnahme fest.

Für die Zwecke dieses Absatzes beschließt der Rat einstimmig nach Artikel 330.

Art. 332 [Budgetlast] Die sich aus der Durchführung einer Verstärkten Zusammenarbeit ergebenden Ausgaben, mit Ausnahme der Verwaltungskosten der Organe, werden von den beteiligten Mitgliedstaaten getragen, sofern der Rat nicht nach Anhörung des Europäischen Parlaments durch einstimmigen Beschluss sämtlicher Mitglieder des Rates etwas anderes beschließt.

Art. 333 [Abstimmungsregeln] (1) Wenn nach einer Bestimmung der Verträge, die im Rahmen einer Verstärkten Zusammenarbeit angewendet werden könnte, der Rat einstimmig beschließen muss, kann der Rat nach Artikel 330 einstimmig einen Beschluss dahin gehend erlassen, dass er mit qualifizierter Mehrheit beschließt.

(2) [1] Wenn nach einer Bestimmung der Verträge, die im Rahmen einer Verstärkten Zusammenarbeit angewendet werden könnte, Rechtsakte vom Rat gemäß einem besonderen Gesetzgebungsverfahren erlassen werden müssen, kann der Rat nach Artikel 330 einstimmig einen Beschluss dahin gehend erlassen, dass er gemäß dem ordentlichen Gesetzgebungsverfahren beschließt. [2] Der Rat beschließt nach Anhörung des Europäischen Parlaments.

(3) Die Absätze 1 und 2 gelten nicht für Beschlüsse mit militärischen oder verteidigungspolitischen Bezügen.

Art. 334 [Wahrung der Kohärenz] Der Rat und die Kommission stellen sicher, dass die im Rahmen einer Verstärkten Zusammenarbeit durchgeführten Maßnahmen untereinander und mit der Politik der Union im Einklang stehen, und arbeiten entsprechend zusammen.

Siebter Teil. Allgemeine und Schlussbestimmungen

Art. 335 [Rechts- und Geschäftsfähigkeit der Union] [1] Die Union besitzt in jedem Mitgliedstaat die weitestgehende Rechts- und Geschäftsfähigkeit, die juristischen Personen nach dessen Rechtsvorschriften zuerkannt ist; sie kann insbesondere bewegliches und unbewegliches Vermögen erwerben und veräußern sowie vor Gericht stehen. [2] Zu diesem Zweck wird sie von der Kommission vertreten. [3] In Fragen, die das Funktionieren der einzelnen Organe betreffen, wird die Union hingegen aufgrund von deren Verwaltungsautonomie von dem betreffenden Organ vertreten.

Art. 336[1] **[Beamtenstatut; Beschäftigungsbedingungen]** Das Europäische Parlament und der Rat erlassen gemäß dem ordentlichen Gesetzgebungsverfahren durch Verordnungen nach Anhörung der anderen betroffenen Organe das Statut der Beamten der Europäischen Union und die Beschäftigungsbedingungen für die sonstigen Bediensteten der Union.

Art. 337 [Auskunfts- und Nachprüfungsrecht der Kommission] Zur Erfüllung der ihr übertragenen Aufgaben kann die Kommission alle erforderlichen Auskünfte einholen und alle erforderlichen Nachprüfungen vornehmen; der Rahmen und die nähere Maßgabe hierfür werden vom Rat, der mit einfacher Mehrheit beschließt, gemäß den Bestimmungen der Verträge festgelegt.

Art. 338 [Unionsstatistiken] (1) Unbeschadet des Artikels 5 des Protokolls über die Satzung des Europäischen Systems der Zentralbanken und der Europäischen Zentralbank[2] beschließen das Europäische Parlament und der Rat gemäß dem ordentlichen Gesetzgebungsverfahren Maßnahmen für die Erstellung von Statistiken, wenn dies für die Durchführung der Tätigkeiten der Union erforderlich ist.

(2) Die Erstellung der Unionsstatistiken erfolgt unter Wahrung der Unparteilichkeit, der Zuverlässigkeit, der Objektivität, der wissenschaftlichen Unabhängigkeit, der Kostenwirksamkeit und der statistischen Geheimhaltung; der Wirtschaft dürfen dadurch keine übermäßigen Belastungen entstehen.

Art. 339 [Geheimhaltungspflicht] Die Mitglieder der Organe der Union, die Mitglieder der Ausschüsse sowie die Beamten und sonstigen Bediensteten der Union sind verpflichtet, auch nach Beendigung ihrer Amtstätigkeit Auskünfte, die ihrem Wesen nach unter das Berufsgeheimnis fallen, nicht preiszugeben; dies gilt insbesondere für Auskünfte über Unternehmen sowie deren Geschäftsbeziehungen oder Kostenelemente.

Art. 340 [Amtshaftung der Union] Die vertragliche Haftung der Union bestimmt sich nach dem Recht, das auf den betreffenden Vertrag anzuwenden ist.

Im Bereich der außervertraglichen Haftung ersetzt die Union den durch ihre Organe oder Bediensteten in Ausübung ihrer Amtstätigkeit verursachten Schaden nach den allgemeinen Rechtsgrundsätzen, die den Rechtsordnungen der Mitgliedstaaten gemeinsam sind.

Abweichend von Absatz 2 ersetzt die Europäische Zentralbank den durch sie oder ihre Bediensteten in Ausübung ihrer Amtstätigkeit ver-

---

[1] *Das Statut der Beamten* der Europäischen Union (VO 259/68, ABl. Nr. L 56/1 v. 4. 3. 1968) ist zuletzt durch VO 1023/2013 v. 22. 10. 2013 umfassend geändert worden (ABl. Nr. L 287/15 v. 29. 10. 2013).

[2] Nr. **268**.

ursachten Schaden nach den allgemeinen Rechtsgrundsätzen, die den Rechtsordnungen der Mitgliedstaaten gemeinsam sind.

Die persönliche Haftung der Bediensteten gegenüber der Union bestimmt sich nach den Vorschriften ihres Statuts oder der für sie geltenden Beschäftigungsbedingungen.

Art. 341 [Sitz der Organe der Union] Der Sitz der Organe der Union wird im Einvernehmen zwischen den Regierungen der Mitgliedstaaten bestimmt.[1)]

Art. 342 [Sprachenfrage] Die Regelung der Sprachenfrage für die Organe der Union wird unbeschadet der Satzung des Gerichtshofs der Europäischen Union[2)] vom Rat einstimmig durch Verordnungen getroffen.[3)]

Art. 343 [Vorrechte und Befreiungen der Union] [1]Die Union genießt im Hoheitsgebiet der Mitgliedstaaten die zur Erfüllung ihrer Aufgabe erforderlichen Vorrechte und Befreiungen nach Maßgabe des Protokolls vom 8. April 1965 über die Vorrechte und Befreiungen der Europäischen Union.[4)] [2]Dasselbe gilt für die Europäische Zentralbank und die Europäische Investitionsbank.

Art. 344[5)] [Ausschließlichkeit der Bestimmungen über Regelung von Streitigkeiten] Die Mitgliedstaaten verpflichten sich, Streitigkeiten über die Auslegung oder Anwendung der Verträge nicht anders als hierin vorgesehen zu regeln.

Art. 345 [Eigentumsordnung] Die Verträge lassen die Eigentumsordnung in den verschiedenen Mitgliedstaaten unberührt.

Art. 346 [Ausnahme bei wesentlichen Sicherheitsinteressen; Rüstungsgüter] (1) Die Vorschriften der Verträge stehen folgenden Bestimmungen nicht entgegen:

a) Ein Mitgliedstaat ist nicht verpflichtet, Auskünfte zu erteilen, deren Preisgabe seines Erachtens seinen wesentlichen Sicherheitsinteressen widerspricht;

b) jeder Mitgliedstaat kann die Maßnahmen ergreifen, die seines Erachtens für die Wahrung seiner wesentlichen Sicherheitsinteressen erforderlich sind, soweit sie die Erzeugung von Waffen, Munition

---

1) *S. hierzu das Protokoll Nr. 6 (Nr.* **214***).*

2) Nr. **245**.

3) Siehe hierzu Nr. **210**.

4) Nr. **212**.

5) Vgl. als Reaktion auf das Urteil des EUGH, wonach die Investitionsschutzabkommen zwischen den EU-Mitgliedsstaaten nicht mit dieser Bestimmung des Unionsrechts vereinbar seien (Rs. C-284/16 Achmea) nunmehr das Übereinkommen zur Beendigung bilateraler Investitionsschutzverträge zwischen den Mitgliedstaaten der Europäischen Union v. 5.5.2020 (BGBl. 2021 II S. 4).

und Kriegsmaterial oder den Handel damit betreffen; diese Maßnahmen dürfen auf dem Binnenmarkt die Wettbewerbsbedingungen hinsichtlich der nicht eigens für militärische Zwecke bestimmten Waren nicht beeinträchtigen.

(2) Der Rat kann die von ihm am 15. April 1958 festgelegte Liste der Waren, auf die Absatz 1 Buchstabe b Anwendung findet, einstimmig auf Vorschlag der Kommission ändern.

Art. 347 [Notstandsvorbehalt] Die Mitgliedstaaten setzen sich miteinander ins Benehmen, um durch gemeinsames Vorgehen zu verhindern, dass das Funktionieren des Binnenmarkts durch Maßnahmen beeinträchtigt wird, die ein Mitgliedstaat bei einer schwerwiegenden innerstaatlichen Störung der öffentlichen Ordnung, im Kriegsfall, bei einer ernsten, eine Kriegsgefahr darstellenden internationalen Spannung oder in Erfüllung der Verpflichtungen trifft, die er im Hinblick auf die Aufrechterhaltung des Friedens und der internationalen Sicherheit übernommen hat.

Art. 348 [Anpassungsmaßnahmen; besonderes Vertragsverletzungsverfahren] Werden auf dem Binnenmarkt die Wettbewerbsbedingungen durch Maßnahmen aufgrund der Artikel 346 und 347 verfälscht, so prüft die Kommission gemeinsam mit dem beteiligten Staat, wie diese Maßnahmen den Vorschriften der Verträge angepasst werden können.

In Abweichung von dem in den Artikeln 258 und 259 vorgesehenen Verfahren kann die Kommission oder ein Mitgliedstaat den Gerichtshof unmittelbar anrufen, wenn die Kommission oder der Staat der Auffassung ist, dass ein anderer Mitgliedstaat die in den Artikeln 346 und 347 vorgesehenen Befugnisse missbraucht. [3]Der Gerichtshof entscheidet unter Ausschluss der Öffentlichkeit.

Art. 349 [Sonderregelungen für bestimmte außereuropäische Territorien der Mitgliedstaaten] [1]Unter Berücksichtigung der strukturbedingten sozialen und wirtschaftlichen Lage von Guadeloupe, Französisch-Guayana, Martinique, Mayotte,[1)] Réunion, Saint-Martin, der Azoren, Madeiras und der Kanarischen Inseln, die durch die Faktoren Abgelegenheit, Insellage, geringe Größen, schwierige Relief- und Klimabedingungen und wirtschaftliche Abhängigkeit von einigen wenigen Erzeugnissen erschwert wird, die als ständige Gegebenheiten und durch ihr Zusammenwirken die Entwicklung schwer beeinträchtigen, beschließt der Rat auf Vorschlag der Kommission nach Anhörung des Europäischen Parlaments spezifische Maßnahmen, die insbesondere darauf abzielen, die Bedingungen für die Anwendung der Verträge auf die genannten Gebiete, einschließlich gemeinsamer Politiken, festzu-

---

[1)] *Vgl. [m.W.v.* 1.1.2014] Beschluss des Europäischen Rates [nach Art. 355 Abs. 6 AEUV] v. 11.7.2012 zur Änderung des Status von Mayotte gegenüber der Europäischen Union; ABl. L 204/131 v. 31.7.2012; vgl. auch Fn. 2 zu Anhang II des Vertrages.

legen. [2]Werden die betreffenden spezifischen Maßnahmen vom Rat gemäß einem besonderen Gesetzgebungsverfahren erlassen, so beschließt er ebenfalls auf Vorschlag der Kommission und nach Anhörung des Europäischen Parlaments.

Die Maßnahmen nach Absatz 1 betreffen insbesondere die Zoll- und Handelspolitik, Steuerpolitik, Freizonen, Agrar- und Fischereipolitik, die Bedingungen für die Versorgung mit Rohstoffen und grundlegenden Verbrauchsgütern, staatliche Beihilfen sowie die Bedingungen für den Zugang zu den Strukturfonds und zu den horizontalen Unionsprogrammen.

Der Rat beschließt die in Absatz 1 genannten Maßnahmen unter Berücksichtigung der besonderen Merkmale und Zwänge der Gebiete in äußerster Randlage, ohne dabei die Integrität und Kohärenz der Rechtsordnung der Union, die auch den Binnenmarkt und die gemeinsamen Politiken umfasst, auszuhöhlen.

Art. 350 [Zusammenschluss der Benelux-Staaten] Die Verträge stehen dem Bestehen und der Durchführung der regionalen Zusammenschlüsse zwischen Belgien und Luxemburg sowie zwischen Belgien, Luxemburg und den Niederlanden nicht entgegen, soweit die Ziele dieser Zusammenschlüsse durch Anwendung der Verträge nicht erreicht sind.

(Fortsetzung nächstes Blatt)

Art. 351 [Verhältnis zu früheren Verträgen der Mitgliedstaaten] Die Rechte und Pflichten aus Übereinkünften, die vor dem 1. Januar 1958 oder, im Falle später beigetretener Staaten, vor dem Zeitpunkt ihres Beitritts zwischen einem oder mehreren Mitgliedstaaten einerseits und einem oder mehreren dritten Ländern andererseits geschlossen wurden, werden durch die Verträge nicht berührt.

1 Soweit diese Übereinkünfte mit den Verträgen nicht vereinbar sind, wenden der oder die betreffenden Mitgliedstaaten alle geeigneten Mittel an, um die festgestellten Unvereinbarkeiten zu beheben. 2 Erforderlichenfalls leisten die Mitgliedstaaten zu diesem Zweck einander Hilfe; sie nehmen gegebenenfalls eine gemeinsame Haltung ein.

Bei Anwendung der in Absatz 1 bezeichneten Übereinkünfte tragen die Mitgliedstaaten dem Umstand Rechnung, dass die in den Verträgen von jedem Mitgliedstaat gewährten Vorteile Bestandteil der Errichtung der Union sind und daher in untrennbarem Zusammenhang stehen mit der Schaffung gemeinsamer Organe, der Übertragung von Zuständigkeiten auf diese und der Gewährung der gleichen Vorteile durch alle anderen Mitgliedstaaten.

Art. 352 [Kompetenzergänzungsklausel] (1) 1 Erscheint ein Tätigwerden der Union im Rahmen der in den Verträgen festgelegten Politikbereiche erforderlich, um eines der Ziele der Verträge zu verwirklichen, und sind in den Verträgen die hierfür erforderlichen Befugnisse nicht vorgesehen, so erlässt der Rat einstimmig auf Vorschlag der Kommission und nach Zustimmung des Europäischen Parlaments die geeigneten Vorschriften. 2 Werden diese Vorschriften vom Rat gemäß einem besonderen Gesetzgebungsverfahren erlassen, so beschließt er ebenfalls einstimmig auf Vorschlag der Kommission und nach Zustimmung des Europäischen Parlaments.

(2) Die Kommission macht die nationalen Parlamente im Rahmen des Verfahrens zur Kontrolle der Einhaltung des Subsidiaritätsprinzips nach Artikel 5 Absatz 3 des Vertrags über die Europäische Union[1] auf die Vorschläge aufmerksam, die sich auf diesen Artikel stützen.

(3) Die auf diesem Artikel beruhenden Maßnahmen dürfen keine Harmonisierung der Rechtsvorschriften der Mitgliedstaaten in den Fällen beinhalten, in denen die Verträge eine solche Harmonisierung ausschließen.

(4) Dieser Artikel kann nicht als Grundlage für die Verwirklichung von Zielen der Gemeinsamen Außen- und Sicherheitspolitik dienen, und Rechtsakte, die nach diesem Artikel erlassen werden, müssen innerhalb der in Artikel 40 Absatz 2 des Vertrags über die Europäische Union festgelegten Grenzen bleiben.

Art. 353 [Änderung der Einstimmigkeit] Artikel 48 Absatz 7 des Vertrags über die Europäische Union[1] findet keine Anwendung auf die folgenden Artikel:

---

[1] Nr. **145**.

– Artikel 311 Absätze 3 und 4,
– Artikel 312 Absatz 2 Unterabsatz 1,
– Artikel 352 und
– Artikel 354.

Art. 354 [Stimmrechtsaussetzung] [1]Für die Zwecke des Artikels 7 des Vertrags über die Europäische Union[1)] über die Aussetzung bestimmter mit der Zugehörigkeit zur Union verbundener Rechte ist das Mitglied des Europäischen Rates oder des Rates, das den betroffenen Mitgliedstaat vertritt, nicht stimmberechtigt und der betreffende Mitgliedstaat wird bei der Berechnung des Drittels oder der vier Fünftel der Mitgliedstaaten nach den Absätzen 1 und 2 des genannten Artikels nicht berücksichtigt. [2]Die Stimmenthaltung von anwesenden oder vertretenen Mitgliedern steht dem Erlass von Beschlüssen nach Absatz 2 des genannten Artikels nicht entgegen.

Für den Erlass von Beschlüssen nach Artikel 7 Absätze 3 und 4 des Vertrags über die Europäische Union bestimmt sich die qualifizierte Mehrheit nach Artikel 238 Absatz 3 Buchstabe b dieses Vertrags.

Beschließt der Rat nach dem Erlass eines Beschlusses über die Aussetzung der Stimmrechte nach Artikel 7 Absatz 3 des Vertrags über die Europäische Union auf der Grundlage einer Bestimmung der Verträge mit qualifizierter Mehrheit, so bestimmt sich die qualifizierte Mehrheit hierfür nach Artikel 238 Absatz 3 Buchstabe b dieses Vertrags oder, wenn der Rat auf Vorschlag der Kommission oder des Hohen Vertreters der Union für die Außen- und Sicherheitspolitik handelt, nach Artikel 238 Absatz 3 Buchstabe a.

Für die Zwecke des Artikels 7 des Vertrags über die Europäische Union beschließt das Europäische Parlament mit der Mehrheit von zwei Dritteln der abgegebenen Stimmen und mit der Mehrheit seiner Mitglieder.

Art. 355 [Geltungsbereich der Verträge; Sonderfälle] Zusätzlich zu den Bestimmungen des Artikels 52 des Vertrags über die Europäische Union[1)] über den räumlichen Geltungsbereich der Verträge gelten folgende Bestimmungen:

(1) Die Verträge gelten nach Artikel 349 für Guadeloupe, Französisch-Guayana, Martinique, Réunion, Saint-Martin, die Azoren, Madeira und die Kanarischen Inseln.

(2) Für die in Anhang II aufgeführten überseeischen Länder und Hoheitsgebiete[2)] gilt das besondere Assoziierungssystem, das im Vierten Teil festgelegt ist.

Die Verträge finden keine Anwendung auf die überseeischen Länder und Hoheitsgebiete, die besondere Beziehungen zum Vereinigten Königreich Großbritannien und Nordirland unterhalten und die in dem genannten Anhang nicht aufgeführt sind.[3)]

[1)] Nr. **145**.
[2)] Für die Konsequenzen des Brexit vgl. die Fußnote zu Anhang II.
[3)] Mit dem Austritt des Vereinigten Königreichs m. W. v. 1.2.2020 obsolet.

(3) Die Verträge finden auf die europäischen Hoheitsgebiete Anwendung, deren auswärtige Beziehungen ein Mitgliedstaat wahrnimmt.[1)]

(4) Die Verträge finden entsprechend den Bestimmungen des Protokolls Nr. 2 zur Akte über die Bedingungen des Beitritts der Republik Österreich, der Republik Finnland und des Königreichs Schweden auf die Ålandinseln Anwendung.

(5) Abweichend von Artikel 52 des Vertrags über die Europäische Union und von den Absätzen 1 bis 4 dieses Artikels gilt:

a) Die Verträge finden auf die Färöer keine Anwendung.

b) *Die Verträge finden auf die Hoheitszonen des Vereinigten Königreichs auf Zypern, Akrotiri und Dhekelia, nur insoweit Anwendung, als dies erforderlich ist, um die Anwendung der Regelungen des Protokolls über die Hoheitszonen des Vereinigten Königreichs Großbritannien und Nordirland in Zypern, das der Akte über die Bedingungen des Beitritts der Tschechischen Republik, der Republik Estland, der Republik Zypern, der Republik Lettland, der Republik Litauen, der Republik Ungarn, der Republik Malta, der Republik Polen, der Republik Slowenien und der Slowakischen Republik zur Europäischen Union beigefügt ist, nach Maßgabe jenes Protokolls sicherzustellen.*

c) *Die Verträge finden auf die Kanalinseln und die Insel Man nur insoweit Anwendung, als dies erforderlich ist, um die Anwendung der Regelung sicherzustellen, die in dem am 22. Januar 1972 unterzeichneten Vertrag über den Beitritt neuer Mitgliedstaaten zur Europäischen Wirtschaftsgemeinschaft und zur Europäischen Atomgemeinschaft für diese Inseln vorgesehen ist.*[2)]

(6) [1]Der Europäische Rat kann auf Initiative des betroffenen Mitgliedstaats einen Beschluss zur Änderung des Status eines in den Absätzen 1 und 2 genannten dänischen, französischen oder niederländischen Landes oder Hoheitsgebiets gegenüber der Union erlassen. [2]Der Europäische Rat beschließt einstimmig nach Anhörung der Kommission.

Art. 356 [Geltungsdauer] Dieser Vertrag gilt auf unbegrenzte Zeit.

Art. 357 [Ratifizierung und Inkrafttreten][3)] Dieser Vertrag bedarf der Ratifizierung durch die Hohen Vertragsparteien gemäß ihren verfassungsrechtlichen Vorschriften. Die Ratifikationsurkunden werden bei der Regierung der Italienischen Republik hinterlegt.

[1)] Diese sog. „Gibraltarklausel" ist mit dem am 1.2.2020 wirksam gewordenen Austritt des Vereinigten Königreichs aus der Europäischen Union obsolet geworden (vgl. Mitteilung v. 31.1.2020, ABl. Nr. L 29/189, ber. ABl. Nr. L 32/20 v. 4.2.2020; vgl. auch Art. 3 Abs. lit. b) Austrittsabkommen: ABl. Nr. L 29/7 v. 31.1.2020).

[2)] Der Geltungsbereich der EU-Verträge erstreckt sich seit dem 1.2.2020 nicht mehr auf diese Gebiete (vgl. Art. 3 Abs. lit. c) und d) Austrittsabkommen, ABl. Nr. L 29/7 v. 31.1.2020, und hierzu auch die Mitteilung über das Inkrafttreten: ABl. Nr. L 29/189 v. 31.1.2020).

[3)] Zum Inkrafttreten s. Fn. 5 zum Titel dieses Vertrages.

1 Dieser Vertrag tritt am ersten Tag des auf die Hinterlegung der letzten Ratifikationsurkunde folgenden Monats in Kraft. 2 Findet diese Hinterlegung weniger als fünfzehn Tage vor Beginn des folgenden Monats statt, so tritt der Vertrag am ersten Tag des zweiten Monats nach dieser Hinterlegung in Kraft.

Art. 358 [Verbindlicher Wortlaut; Hinterlegung] Die Bestimmungen des Artikels 55 des Vertrags über die Europäische Union[1] sind auf diesen Vertrag anwendbar.

ZU URKUND DESSEN haben die unterzeichnenden Bevollmächtigten ihre Unterschriften unter diesen Vertrag gesetzt.

Geschehen zu Rom am fünfundzwanzigsten März neuzehnhundertsiebenundfünfzig.

(Aufzählung der Unterzeichner nicht wiedergegeben)

---

[1] Nr. **145**.

Anhänge

Anhang I. Listen zu Artikel 38 des Vertrags[1)]

–1– Nummer des Brüsseler Zolltarifschemas	–2– Warenbezeichnung
Kapitel 1	Lebende Tiere
Kapitel 2	Fleisch und genießbarer Schlachtabfall
Kapitel 3	Fische, Krebstiere und Weichtiere
Kapitel 4	Milch und Milcherzeugnisse, Vogeleier; natürlicher Honig
Kapitel 5	
05.04	Därme, Blasen und Mägen von anderen Tieren als Fischen, ganz oder geteilt
05.15	Waren tierischen Ursprungs, anderweit weder genannt noch inbegriffen; nicht lebende Tiere des Kapitels 1 oder 3, ungenießbar
Kapitel 6	Lebende Pflanzen und Waren des Blumenhandels
Kapitel 7	Gemüse, Pflanzen, Wurzeln und Knollen, die zu Ernährungszwecken verwendet werden
Kapitel 8	Genießbare Früchte, Schalen von Zitrusfrüchten oder von Melonen
Kapitel 9	Kaffee, Tee und Gewürze, ausgenommen Mate (Position 09.03)
Kapitel 10	Getreide
Kapitel 11	Müllereierzeugnisse, Malz; Stärke; Kleber, Inullin
Kapitel 12	Ölsaaten und ölhaltige Früchte; verschiedene Samen und Früchte; Pflanzen zum Gewerbe- oder Heilgebrauch, Stroh und Futter
Kapitel 13	
ex 13.03	Pektin
Kapitel 15	
15.01	Schweineschmalz; Geflügelfett, ausgepreßt oder ausgeschmolzen
15.02	Talg von Rindern, Schafen oder Ziegen, roh oder ausgeschmolzen, einschließlich Premier Jus

1) Nr. **146.**

–1– Nummer des Brüsseler Zolltarifschemas	–2– Warenbezeichnung
15.03	Schmalzstearin; Oleostearin; Schmalzöl, Oleomargarine und Talgöl, weder emulgiert, vermischt noch anders verarbeitet
15.04	Fette und Öle von Fischen oder Meeressäugetieren, auch raffiniert
15.07	Fette pflanzliche Öle, flüssig oder fest, roh, gereinigt oder raffiniert
15.12	Tierische und pflanzliche Fette und Öle, gehärtete, auch raffiniert, jedoch nicht weiter verarbeitet
15.13	Margarine, Kunstspeisefett und andere genießbare verarbeitete Fette
15.17	Rückstände aus der Verarbeitung von Fettstoffen oder von tierischen oder pflanzlichen Wachsen
Kapitel 16	Zubereitungen von Fleisch, Fischen, Krebstieren und Weichtieren
Kapitel 17	
17.01	Rüben- und Rohrzucker
17.02	Andere Zucker; Sirupe; Kunsthonig, auch mit natürlichem Honig vermischt; Zucker und Melassen, karamellisiert
17.03	Melassen, auch entfärbt
17.05[1)]	Zucker, Sirupe und Melassen, aromatisiert und gefärbt (einschließlich Vanille- und Vanillinzucker), ausgenommen Fruchtsäfte mit beliebigem Zusatz von Zucker
Kapitel 18	
18.01	Kakaobohnen, auch Bruch, roh oder geröstet
18.02	Kakaoschalen, Kakaohäutchen und anderer Kakaoabfall
Kapitel 20	Zubereitungen von Gemüse, Küchenkräutern, Früchten und anderen Pflanzen oder Pflanzenteilen

1) Position eingefügt gemäß Art. 1 der Verordnung Nr. 7a v. 18.12.1959 (ABl. 1961 Nr. 7 S. 71) des Rates der Europäischen Wirtschaftsgemeinschaft vom 18.12.1959 (ABl. Nr. 7 vom 30.1.1961, S. 71/61).

–1– Nummer des Brüsseler Zolltarifschemas	–2– Warenbezeichnung
Kapitel 22	
22.04	Traubenmost, teilweise vergoren, auch ohne Alkohol stummgemacht
22.05	Wein aus frischen Weintrauben; mit Alkohol stummgemachter Most aus frischen Weintrauben
22.07	Apfelwein, Birnenwein, Met und andere gegorene Getränke
ex 22.08[1)] ex 22.09[1)]	Ätylalkohol und Sprit, vergällt und unvergällt mit einem beliebigen Ätylalkoholgehalt, hergestellt aus landwirtschaftlichen Erzeugnissen, die in Anhang I aufgeführt sind (ausgenommen Brandwein, Likör und andere alkoholische Getränke, zusammengesetzte alkoholische Zubereitungen – Essenzen – zur Herstellung von Getränken)
ex 22.10[1)]	Speiseessig
Kapitel 23	Rückstände und Abfälle der Lebensmittelindustrie; zubereitetes Futter
Kapitel 24	
24.01	Tabak, unverarbeitet; Tabakabfälle
Kapitel 45	
45.01	Naturkork, unbearbeitet, und Korkabfälle; Korkschrot, Korkmehl
Kapitel 54	
54.01	Flachs, roh, geröstet, geschwungen, gehechelt oder anders bearbeitet, jedoch nicht versponnen; Werg und Abfälle (einschließlich Reißspinnstoff)
Kapitel 57	
57.01	Hanf (Cannabis sativa), roh, geröstet, geschwungen, gehechelt oder anders bearbeitet, jedoch nicht versponnen; Werg und Abfälle (einschließlich Reißspinnstoff)

[1)] Position eingefügt gemäß Art. 1 der Verordnung Nr. 7a v. 18.12.1959 (ABl. 1961 Nr. 7 S. 71) des Rates der Europäischen Wirtschaftsgemeinschaft vom 18.12.1959 (ABl. Nr. 7 vom 30.1.1961, S. 71/61).

Anhang II. Überseeische Länder und Hoheitsgebiete, auf welche der vierte Teil des Vertrags Anwendung findet[1)] · [2)]

– Grönland,
– Neukaledonien und Nebengebiete,
– Französisch-Polynesien,
– Französische Süd- und Antarktisgebiete,
– Wallis und Futuna,
– St. Pierre und Miquelon,
– Saint-Barthélemy
– Aruba,
– Niederländische Antillen:
  – Bonaire,
  – Curaçao,
  – Saba,
  – Sint Eustatius,
  – Sint Maarten,
– *Anguilla,*
– *Kaimaninseln,*
– *Falklandinseln,*
– *Südgeorgien und südliche Sandwichinseln,*
– *Montserrat,*
– *Pitcarin,*
– *St. Helena und Nebengebiete,*
– *Britisches Territorium im Indischen Ozean,*
– *Turks- und Caicosinseln,*
– *Britische Jungferninseln,*
– *Bermuda.*[3)]

[1)] Mit dem auf Art. 355 Abs. 6 gestützten Beschluss 2010/718/EU des Europäischen Rates v. 29.10.2010 zur Änderung des Status der Insel Saint-Barthélemy gegenüber der Europäischen Union (ABl. Nr. L 325/4 v. 9.12.2010) ist die Insel mit Wirkung vom 1.1.2012 in die Liste der überseeischen Länder und Gebiete aufgenommen worden.

[2)] Im Jahre 2009 hat sich die überwältigende Mehrheit der Bewohner Mayottes in einem Referendum für eine schrittweise Annäherung an das Mutterland Frankreich ausgesprochen (95,2% der abgegebenen Stimmen), woraufhin die Insel m. W. v. 31.3.2011 zum 101. Departement und zum 5. Übersee-Departement Frankreichs geworden ist. Auf Antrag Frankreichs [vgl. Art. 355 Abs. 6 AEUV] ist die Insel danach durch Beschluss des Europäischen Rates v. 11.7.2012 zur Änderung des Status von Mayotte gegenüber der Europäischen Union; ABl. L 204/131 v. 31.7.2012 m. W. v. 1.1.2014 aus der Liste in Anhang II gestrichen worden (also kein überseeisches Land und Hoheitsgebiet iSd. Vierten Teils des AEUV mehr), sondern stattdessen nunmehr ein Gebiet in äußerster Randlage im iSd. Art. 349 AEUV.

[3)] Das Assoziierungsregime gem. Art. 198 ff. AEUV findet seit dem 1.2.2020 nicht mehr auf diejenigen Gebiete Anwendung, die in einer besonderen Beziehung zum Vereinigten Königreich stehen (vgl. Art. 3 Abs. lit. e) Austrittsabkommen, ABl. Nr. L 29/7 v. 31.1.2020, und hierzu auch die Mitteilung über das Inkrafttreten: ABl. Nr. L 29/189 v. 31.1.2020).

Anlage

Agenturen und Sonstige Einrichtungen der Europäischen Union[1)]

NAME	SITZ	INTERNET
Dezentrale Agenturen		
Agentur für die Zusammenarbeit der Energieregulierungsbehörden (ACER)	Ljubljana	acer.europa.eu
Büro des Gremiums Europäischer Regierungsstellen für Elektronische Kommunikation (GEREK-Büro)	Riga	berec.europa.eu
Übersetzungszentrum für die Einrichtungen der Europäischen Union (CdT)	Luxemburg	cdt.europa.eu
Europäisches Zentrum für die Förderung der Berufsbildung (Cedefop)	Thessaloniki	cedefop.europa.eu
Europäische Fischereiaufsichtsagentur (EFCA)	Vigo	efca.europa.eu
Gemeinschaftliches Sortenamt (CPVO)	Angers	cpvo.europa.eu
Europäische Arbeitsbehörde	Bratislava[2)]	ela.europa.eu
Europäische Agentur für Flugsicherheit (EASA)	Köln	easa.europa.eu
Europäisches Unterstützungsbüro für Asylfragen (EASO)	La Valletta	easo.europa.eu
Europäisches Zentrum für die Prävention und die Kontrolle von Krankheiten (ECDC)	Solna	ecdc.europa.eu
Europäische Chemikalienagentur (ECHA)	Helsinki	echa.europa.eu
Europäische Umweltagentur (EEA)	Kopenhagen	eea.europa.eu
Europäische Behörde für Lebensmittelsicherheit (EFSA)	Parma	efsa.europa.eu
Europäisches Institut für Gleichstellungsfragen (EIGE)	Vilnius	eige.europa.eu
Europäische Beobachtungsstelle für Drogen und Drogensucht (EMCDDA)	Lissabon	emcdda.europa.eu

[1)] Zur Finanzierung dieser Einrichtungen s. auch Art. 70 VO 2018/1046 v. 18.7.2018 (ABl. Nr. L 193 S. 1) sowie del. VO 2019/715 der Kommission v. 18.12.2018, ABl. 2019 Nr. L 122 S. 1).

[2)] Vgl. hierzu auch die „Gemeinsame Erklärung des Europäischen Parlaments, des Rates und der Kommission" (ABl. 2019 Nr. L 188/131 v. 12.7.2019) sowie den im gegenseitigen Einvernehmen gefassten Beschluss (EU) 2019/1199 der Vertreter der Regierungen der Mitgliedstaaten" v. 13.6.2019 über die Festlegung des Sitzes der Europäischen Arbeitsbehörde (ABl. Nr. L 189/68 v. 15.7.2019).

NAME	SITZ	INTERNET
Europäische Arzneimittel-Agentur (EMA)	Amsterdam[1)]	ema.europa.eu
Europäische Agentur für die Sicherheit des Seeverkehrs (EMSA)	Lissabon	emsa.europa.eu
Europäische Agentur für Netz- und Informationssicherheit (ENISA)	Heraklion	enisa.europa.eu
Europäische Eisenbahnagentur (ERA)	Valenciennes	era.europa.eu
Europäische Stiftung für Berufsbildung (ETF)	Turin	etf.europa.eu
Europäische Agentur für Sicherheit und Gesundheitsschutz am Arbeitsplatz (EU-OSHA)	Bilbao	osha.europa.eu
Europäische Stiftung zur Verbesserung der Lebens- und Arbeitsbedingungen (EUROFOUND)	Dublin	eurofound.europa.eu
Agentur der Europäischen Union für Grundrechte (FRA)	Wien	fra.europa.eu
Europäische Agentur für die Grenz- und Küstenwache (FRONTEX)	Warschau	frontex.europa.eu
Agentur für das Europäische GNSS (GSA)	Prag	gsa.europa.eu
Amt der Europäischen Union für Geistiges Eigentum (EUIPO)	Alicante	euipo.europa.eu
Agentur der Europäischen Union für die Aus- und Fortbildung auf dem Gebiet der Strafverfolgung (CEOPOL)[2)]	Budapest	cepol.europa.eu
Einheit für justizielle Zusammenarbeit der Europäischen Union (EUROJUST)	Den Haag	eurojust.europa.eu
Europäisches Polizeiamt (EUROPOL)	Den Haag[3)]	europol.europa.eu
Europäische Agentur für das Betriebsmanagement von IT-Großsystemen im Bereich Freiheit, Sicherheit und Recht (eu-LISA)	Tallinn	eulisa.europa.eu
Europäische Bankenaufsichtsbehörde (EBA)	Paris[4)]	eba.europa.eu
Europäische Aufsichtsbehörde für das Versicherungswesen und die betriebliche Altersversorgung (EIOPA)	Frankfurt/ Main	eiopa.europa.eu

[1)] Der Sitz der Agentur ist nach einer Pattsituation im Rat am 20.11.2017 und einem anschließenden Losentscheid (gegen Mailand) wegen des Brexit im Jahre 2019 nach Amsterdam verlegt worden.

[2)] Bis 2014 in Bramshill (Vereinigtes Königreich) angesiedelt, ist der Name der Agentur (ursprünglich: Europäische Polizeiakademie) m. W. v. 1.7.2016 durch VO (EU) 2015/2219 geändert worden.

[3)] S. auch Nr. **300**.

[4)] Der Sitz der Bankenaufsichtsbehörde ist im Jahre 2019 nach einem Beschluss des Rates vom 20.11.2017 wegen des Brexit nach Paris (das sich in der abschließenden Abstimmung gegen Dublin durchsetzen konnte) verlegt worden.

NAME	SITZ	INTERNET
Europäische Wertpapier- und Marktaufsichtsbehörde (ESMA)	Paris	esma.europa.eu
Ausschuss für die einheitliche Abwicklung (SRB)	Brüssel	srb.europa.eu
Europäisches Kompetenzzentrum für Industrie, Technologie und Forschung im Bereich der Cybersicherheit (ECCC)	Bukarest	*(im Aufbau)*
Exekutivagenturen[1)]		
Europäische Exekutivagentur für Klima, Infrastruktur und Umwelt	Brüssel	
Europäische Exekutivagentur für die Forschung	Brüssel	
Europäische Exekutivagentur für den Innovationsrat und für KMU	Brüssel	
Europäische Exekutivagentur für Bildung und Kultur	Brüssel	
Exekutivagentur des Europäischen Forschungsrats	Brüssel	
Europäische Exekutivagentur für Gesundheit und Digitales	Brüssel	
Agenturen für die Gemeinsame Sicherheits- und Verteidigungspolitik		
Europäische Verteidigungsagentur (EDA)	Brüssel	eda.europa.eu
Institut der Europäischen Union für Sicherheitsstudien (EUISS)	Paris	iss.europa.eu
Satellitenzentrum der Europäischen Union (EUSC)	Torrejón de Ardoz	eusc.europa.eu
Agenturen und sonstige Organe von Euratom		
Euratom-Versorgungsagentur (ESA)	Luxemburg	ec.europa.eu/euratom
Europäisches gemeinsames Unternehmen für den International Thermonuclear Experimental Reactor (ITER) und die Entwicklung der Fusionsenergie (Fusion for *Energy – F4E)*	Barcelona	f4e.europa.eu

1) Vgl. VO Nr. 58/2003 v. 19.12.2002 zur Festlegung des Statuts der Exekutivagenturen, die mit bestimmten Aufgaben bei der Verwaltung von Gemeinschaftsprogrammen beauftragt werden (ABl. Nr. L 11/1 v. 16.1.2003). S. auch Durchführungsbeschluss (EU) 2021/173 der Kommission v. 12.2.2021 (ABl. Nr. L 50/9 v. 15.2.2021), welcher, unter Ersetzung der bisherigen Exekutivagenturen, die neuen Agenturen bis zum 31.12.2028 einsetzt.

NAME	SITZ	INTERNET
Europäisches Innovations- und Technologieinstitut – EIT	Budapest	eit.europa.eu
Europäische Staatsanwaltschaft (EuStA)	Luxemburg	https://www.eppo.europa.eu/

147. Protokolle, die dem Vertrag über die Europäische Union, dem Vertrag über die Arbeitsweise der Europäischen Union und gegebenenfalls dem Vertrag zur Gründung der Europäischen Atomgemeinschaft beizufügen sind[1)·2)]

Übersicht[3)·4)]

---

1) Die Verweise/Bezugnahmen auf Vorschriften des EUV und/oder AEUV sind bereits gemäß Art. 5 des Vertrags von Lissabon v. 13. 12. 2007 (ABl. Nr. C 306 S. 1, ber. ABl. 2008 Nr. C 111 S. 56) iVm der Übereinstimmungstabelle (Anhang zum Vertrag von Lissabon; abgedruckt als Nr. **152 a** dieser Textsammlung) an die neue Nummerierung angepasst worden.

2) Die Protokolle sind integrale Bestandteile des (primären) Unionsrechts (vgl. Art. 51 EUV).

3) Diese Übersicht ist nicht amtlich.

4) Die hier abgedruckten Protokolle geben den Rechtsstand vom 1. 7. 2013 wieder.

Protokolle

Protokoll (Nr. 1) über die Rolle der nationalen Parlamente in der Europäischen Union (2007)[1)]

DIE HOHEN VERTRAGSPARTEIEN –

EINGEDENK dessen, dass die Art der Kontrolle der Regierungen durch die nationalen Parlamente hinsichtlich der Tätigkeiten der Europäischen Union Sache der besonderen verfassungsrechtlichen Gestaltung und Praxis jedes Mitgliedstaats ist,

IN DEM WUNSCH, eine stärkere Beteiligung der nationalen Parlamente an den Tätigkeiten der Europäischen Union zu fördern und ihnen bessere Möglichkeiten zu geben, sich zu den Entwürfen von Gesetzgebungsakten der Europäischen Union sowie zu anderen Fragen, die für sie von besonderem Interesse sein können, zu äußern –

SIND über folgende Bestimmungen ÜBEREINGEKOMMEN, die dem Vertrag über die Europäische Union[1)], dem Vertrag über die Arbeitsweise der Europäischen Union[2)] und dem Vertrag zur Gründung der Europäischen Atomgemeinschaft beigefügt sind:

Titel I. Unterrichtung der nationalen Parlamente

Art. 1 [Weiterleitung von Dokumenten] [1]Die Konsultationsdokumente der Kommission (Grün- und Weißbücher sowie Mitteilungen) werden bei ihrer Veröffentlichung von der Kommission direkt den nationalen Parlamenten zugeleitet. [2]Ferner leitet die Kommission den nationalen Parlamenten gleichzeitig mit der Übermittlung an das Europäische Parlament und den Rat das jährliche Rechtsetzungsprogramm sowie alle weiteren Dokumente für die Ausarbeitung der Rechtsetzungsprogramme oder politischen Strategien zu.

Art. 2 [Weiterleitung von Gesetzgebungsakten] Die an das Europäische Parlament und den Rat gerichteten Entwürfe von Gesetzgebungsakten werden den nationalen Parlamenten zugeleitet.

Im Sinne dieses Protokolls bezeichnet „Entwurf eines Gesetzgebungsakts" die Vorschläge der Kommission, die Initiativen einer Gruppe von Mitgliedstaaten, die Initiativen des Europäischen Parlaments, die Anträge des Gerichtshofs, die Empfehlungen der Europäischen Zentralbank und die Anträge der Europäischen Investitionsbank, die den Erlass eines Gesetzgebungsaktes zum Ziel haben.

---

1) Protokoll vom 13. Dezember 2007 (ABl. Nr. C 306 S. 146).

Die von der Kommission vorgelegten Entwürfe von Gesetzgebungsakten werden von der Kommission gleichzeitig mit der Übermittlung an das Europäische Parlament und den Rat direkt den nationalen Parlamenten zugeleitet.

Die vom Europäischen Parlament vorgelegten Entwürfe von Gesetzgebungsakten werden vom Europäischen Parlament direkt den nationalen Parlamenten zugeleitet.

Die von einer Gruppe von Mitgliedstaaten, vom Gerichtshof, von der Europäischen Zentralbank oder von der Europäischen Investitionsbank vorgelegten Entwürfe von Gesetzgebungsakten werden vom Rat den nationalen Parlamenten zugeleitet.

Art. 3 [Subsidiaritätsprinzip] Die nationalen Parlamente können nach dem im Protokoll über die Anwendung der Grundsätze der Subsidiarität und der Verhältnismäßigkeit vorgesehenen Verfahren eine begründete Stellungnahme zur Übereinstimmung eines Entwurfs eines Gesetzgebungsakts mit dem Subsidiaritätsprinzip an die Präsidenten des Europäischen Parlaments, des Rates und der Kommission richten.

Wird der Entwurf eines Gesetzgebungsakts von einer Gruppe von Mitgliedstaaten vorgelegt, so übermittelt der Präsident des Rates die begründete Stellungnahme oder die begründeten Stellungnahmen den Regierungen dieser Mitgliedstaaten.

Wird der Entwurf eines Gesetzgebungsakts vom Gerichtshof, von der Europäischen Zentralbank oder von der Europäischen Investitionsbank vorgelegt, so übermittelt der Präsident des Rates die begründete Stellungnahme oder die begründeten Stellungnahmen dem betreffenden Organ oder der betreffenden Einrichtung.

Art. 4 [Fristen] [1] Zwischen dem Zeitpunkt, zu dem ein Entwurf eines Gesetzgebungsakts den nationalen Parlamenten in den Amtssprachen der Union zugeleitet wird, und dem Zeitpunkt, zu dem er zwecks Erlass oder zur Festlegung eines Standpunkts im Rahmen eines Gesetzgebungsverfahrens auf die vorläufige Tagesordnung des Rates gesetzt wird, müssen acht Wochen liegen. [2] In dringenden Fällen, die in dem Rechtsakt oder dem Standpunkt des Rates begründet werden, sind Ausnahmen möglich. [3] Außer in ordnungsgemäß begründeten dringenden Fällen darf in diesen acht Wochen keine Einigung über den Entwurf eines Gesetzgebungsakts festgestellt werden. Außer in ordnungsgemäß begründeten dringenden Fällen müssen zwischen der Aufnahme des Entwurfs eines Gesetzgebungsakts in die vorläufige Tagesordnung für die Tagung des Rates und der Festlegung eines Standpunkts zehn Tage liegen.

Art. 5 [Tagesordnungen des Rates] Den nationalen Parlamenten werden die Tagesordnungen für die Tagungen des Rates und die Ergebnisse dieser Tagungen, einschließlich der Protokolle der Tagungen, *auf denen der Rat* über Entwürfe von Gesetzgebungsakten berät, gleichzeitig mit der Übermittlung an die Regierungen der Mitgliedstaaten direkt zugeleitet.

Art. 6 [Vertragsänderungen] Beabsichtigt der Europäische Rat, Artikel 48 Absatz 7 Unterabsatz 1 oder Unterabsatz 2 des Vertrags über die Europäische Union[1] in Anspruch zu nehmen, so werden die nationalen Parlamente mindestens sechs Monate vor dem Erlass eines Beschlusses von der Initiative des Europäischen Rates unterrichtet.

Art. 7 [Jahresbericht des Rechnungshofs] Der Rechnungshof übermittelt den nationalen Parlamenten gleichzeitig mit der Übermittlung an das Europäische Parlament und den Rat seinen Jahresbericht zur Unterrichtung.

Art. 8 [Zweikammersystem] Handelt es sich bei dem System des nationalen Parlaments nicht um ein Einkammersystem, so gelten die Artikel 1 bis 7 für jede der Kammern des Parlaments.

Titel II. Zusammenarbeit zwischen den Parlamenten

Art. 9 [Regelung der Zusammenarbeit] Das Europäische Parlament und die nationalen Parlamente legen gemeinsam fest, wie eine effiziente und regelmäßige Zusammenarbeit zwischen den Parlamenten innerhalb der Union gestaltet und gefördert werden kann.

Art. 10 [Konferenz der Europa-Ausschüsse] [1]Eine Konferenz der Europa-Ausschüsse der Parlamente kann jeden ihr zweckmäßig erscheinenden Beitrag dem Europäischen Parlament, dem Rat und der Kommission zur Kenntnis bringen. [2]Diese Konferenz fördert ferner den Austausch von Informationen und bewährten Praktiken zwischen den nationalen Parlamenten und dem Europäischen Parlament, einschließlich ihrer Fachausschüsse. [3]Sie kann auch interparlamentarische Konferenzen zu Einzelthemen organisieren, insbesondere zur Erörterung von Fragen der Gemeinsamen Außen- und Sicherheitspolitik, einschließlich der Gemeinsamen Sicherheits- und Verteidigungspolitik. [4]Die Beiträge der Konferenz binden nicht die nationalen Parlamente und greifen ihrem Standpunkt nicht vor.

Protokoll (Nr. 2) über die Anwendung der Grundsätze der Subsidiarität und der Verhältnismäßigkeit (2007)[2]

DIE HOHEN VERTRAGSPARTEIEN –

IN DEM WUNSCH sicherzustellen, dass die Entscheidungen in der Union so bürgernah wie möglich getroffen werden,

ENTSCHLOSSEN, die Bedingungen für die Anwendung der in Artikel 5 des Vertrags über die Europäische Union[1] verankerten Grund-

---

[1] Nr. **145**.
[2] Protokoll vom 13. 12. 2007 (ABl. Nr. C 306 S. 148).

sätze der Subsidiarität und der Verhältnismäßigkeit festzulegen und ein System zur Kontrolle der Anwendung dieser Grundsätze zu schaffen –

SIND über folgende Bestimmungen ÜBEREINGEKOMMEN, die dem Vertrag über die Europäische Union[1] und dem Vertrag über die Arbeitsweise der Europäischen Union[2] beigefügt sind:

Art. 1 [Pflichten der Organe] Jedes Organ trägt stets für die Einhaltung der in Artikel 5 des Vertrags über die Europäische Union[1] niedergelegten Grundsätze der Subsidiarität und der Verhältnismäßigkeit Sorge.

Art. 2 [Anhörungen] [1] Die Kommission führt umfangreiche Anhörungen durch, bevor sie einen Gesetzgebungsakt vorschlägt. [2] Dabei ist gegebenenfalls der regionalen und lokalen Bedeutung der in Betracht gezogenen Maßnahmen Rechnung zu tragen. [3] In außergewöhnlich dringenden Fällen führt die Kommission keine Konsultationen durch. [4] Sie begründet dies in ihrem Vorschlag.

Art. 3 [Definition des „Gesetzgebungsakts"] Im Sinne dieses Protokolls bezeichnet „Entwurf eines Gesetzgebungsakts" die Vorschläge der Kommission, die Initiativen einer Gruppe von Mitgliedstaaten, die Initiativen des Europäischen Parlaments, die Anträge des Gerichtshofs, die Empfehlungen der Europäischen Zentralbank und die Anträge der Europäischen Investitionsbank, die den Erlass eines Gesetzgebungsakts zum Ziel haben.

Art. 4 [Weiterleitung der Gesetzgebungsentwürfe] Die Kommission leitet ihre Entwürfe für Gesetzgebungsakte und ihre geänderten Entwürfe den nationalen Parlamenten und dem Unionsgesetzgeber gleichzeitig zu.

(Fortsetzung nächste Seite)

---

[1] Nr. **145**.
[2] Nr. **146**.

Das Europäische Parlament leitet seine Entwürfe von Gesetzgebungsakten sowie seine geänderten Entwürfe den nationalen Parlamenten zu.

Der Rat leitet die von einer Gruppe von Mitgliedstaaten, vom Gerichtshof, von der Europäischen Zentralbank oder von der Europäischen Investitionsbank vorgelegten Entwürfe von Gesetzgebungsakten sowie die geänderten Entwürfe den nationalen Parlamenten zu.

Sobald das Europäische Parlament seine legislativen Entschließungen angenommen und der Rat seine Standpunkte festgelegt hat, leiten sie diese den nationalen Parlamenten zu.

Art. 5 [Anforderungen an die Entwürfe] [1]Die Entwürfe von Gesetzgebungsakten werden im Hinblick auf die Grundsätze der Subsidiarität und der Verhältnismäßigkeit begründet. [2]Jeder Entwurf eines Gesetzgebungsakts sollte einen Vermerk mit detaillierten Angaben enthalten, die es ermöglichen zu beurteilen, ob die Grundsätze der Subsidiarität und der Verhältnismäßigkeit eingehalten wurden. [3]Dieser Vermerk sollte Angaben zu den voraussichtlichen finanziellen Auswirkungen sowie im Fall einer Richtlinie zu den Auswirkungen auf die von den Mitgliedstaaten zu erlassenden Rechtsvorschriften, einschließlich gegebenenfalls der regionalen Rechtsvorschriften, enthalten. [4]Die Feststellung, dass ein Ziel der Union besser auf Unionsebene erreicht werden kann, beruht auf qualitativen und, soweit möglich, quantitativen Kriterien. [5]Die Entwürfe von Gesetzgebungsakten berücksichtigen dabei, dass die finanzielle Belastung und der Verwaltungsaufwand der Union, der nationalen Regierungen, der regionalen und lokalen Behörden, der Wirtschaftsteilnehmer und der Bürgerinnen und Bürger so gering wie möglich gehalten werden und in einem angemessenen Verhältnis zu dem angestrebten Ziel stehen müssen.

Art. 6 [Stellungnahme der nationalen Parlamente] [1]Die nationalen Parlamente oder die Kammern eines dieser Parlamente können binnen acht Wochen nach dem Zeitpunkt der Übermittlung eines Entwurfs eines Gesetzgebungsakts in den Amtssprachen der Union in einer begründeten Stellungnahme an die Präsidenten des Europäischen Parlaments, des Rates und der Kommission darlegen, weshalb der Entwurf ihres Erachtens nicht mit dem Subsidiaritätsprinzip vereinbar ist. [2]Dabei obliegt es dem jeweiligen nationalen Parlament oder der jeweiligen Kammer eines nationalen Parlaments, gegebenenfalls die regionalen Parlamente mit Gesetzgebungsbefugnissen zu konsultieren.

Wird der Entwurf eines Gesetzgebungsakts von einer Gruppe von Mitgliedstaaten vorgelegt, so übermittelt der Präsident des Rates die Stellungnahme den Regierungen dieser Mitgliedstaaten.

Wird der Entwurf eines Gesetzgebungsakts vom Gerichtshof, von der Europäischen Zentralbank oder von der Europäischen Investitionsbank vorgelegt, so übermittelt der Präsident des Rates die Stellungnahme dem betreffenden Organ oder der betreffenden Einrichtung.

Art. 7 [Abstimmung über Stellungnahmen] (1) Das Europäische Parlament, der Rat und die Kommission sowie gegebenenfalls die Gruppe von Mitgliedstaaten, der Gerichtshof, die Europäische Zentralbank oder die Europäische Investitionsbank, sofern der Entwurf eines Gesetzgebungsakts von ihnen vorgelegt wurde, berücksichtigen die begründeten Stellungnahmen der nationalen Parlamente oder einer der Kammern eines dieser Parlamente.

[1] Jedes nationale Parlament hat zwei Stimmen, die entsprechend dem einzelstaatlichen parlamentarischen System verteilt werden. [2] In einem Zweikammersystem hat jede der beiden Kammern eine Stimme.

(2) [1] Erreicht die Anzahl begründeter Stellungnahmen, wonach der Entwurf eines Gesetzgebungsakts nicht mit dem Subsidiaritätsprinzip im Einklang steht, mindestens ein Drittel der Gesamtzahl der den nationalen Parlamenten nach Absatz 1 Unterabsatz 2 zugewiesenen Stimmen, so muss der Entwurf überprüft werden. [2] Die Schwelle beträgt ein Viertel der Stimmen, wenn es sich um den Entwurf eines Gesetzgebungsakts auf der Grundlage des Artikels 76 des Vertrags über die Arbeitsweise der Europäischen Union[1)] betreffend den Raum der Freiheit, der Sicherheit und des Rechts handelt.

[1] Nach Abschluss der Überprüfung kann die Kommission oder gegebenenfalls die Gruppe von Mitgliedstaaten, das Europäische Parlament, der Gerichtshof, die Europäische Zentralbank oder die Europäische Investitionsbank, sofern der Entwurf eines Gesetzgebungsakts von ihr beziehungsweise ihm vorgelegt wurde, beschließen, an dem Entwurf festzuhalten, ihn zu ändern oder ihn zurückzuziehen. [2] Dieser Beschluss muss begründet werden.

(3) [1] Außerdem gilt im Rahmen des ordentlichen Gesetzgebungsverfahrens Folgendes: Erreicht die Anzahl begründeter Stellungnahmen, wonach der Vorschlag für einen Gesetzgebungsakt nicht mit dem Subsidiaritätsprinzip im Einklang steht, mindestens die einfache Mehrheit der Gesamtzahl der den nationalen Parlamenten nach Absatz 1 Unterabsatz 2 zugewiesenen Stimmen, so muss der Vorschlag überprüft werden. [2] Nach Abschluss dieser Überprüfung kann die Kommission beschließen, an dem Vorschlag festzuhalten, ihn zu ändern oder ihn zurückzuziehen.

[1] Beschließt die Kommission, an dem Vorschlag festzuhalten, so hat sie in einer begründeten Stellungnahme darzulegen, weshalb der Vorschlag ihres Erachtens mit dem Subsidiaritätsprinzip im Einklang steht. [2] Die begründete Stellungnahme der Kommission wird zusammen mit den begründeten Stellungnahmen der nationalen Parlamente dem Unionsgesetzgeber vorgelegt, damit dieser sie im Rahmen des Verfahrens berücksichtigt:

a) Vor Abschluss der ersten Lesung prüft der Gesetzgeber (das Europäische Parlament und der Rat), ob der Gesetzgebungsvorschlag mit dem Subsidiaritätsprinzip im Einklang steht; hierbei berücksichtigt

---

1) Nr. **146**.

er insbesondere die angeführten Begründungen, die von einer Mehrheit der nationalen Parlamente unterstützt werden, sowie die begründete Stellungnahme der Kommission.

b) Ist der Gesetzgeber mit der Mehrheit von 55% der Mitglieder des Rates oder einer Mehrheit der abgegebenen Stimmen im Europäischen Parlament der Ansicht, dass der Vorschlag nicht mit dem Subsidiaritätsprinzip im Einklang steht, wird der Gesetzgebungsvorschlag nicht weiter geprüft.

Art. 8 [EuGH-Zuständigkeit] Der Gerichtshof der Europäischen Union ist für Klagen wegen Verstoßes eines Gesetzgebungsakts gegen das Subsidiaritätsprinzip zuständig, die nach Maßgabe des Artikels 263 des Vertrags über die Arbeitsweise der Europäischen Union[1)] von einem Mitgliedstaat erhoben oder entsprechend der jeweiligen innerstaatlichen Rechtsordnung von einem Mitgliedstaat im Namen seines nationalen Parlaments oder einer Kammer dieses Parlaments übermittelt werden.

Nach Maßgabe des genannten Artikels können entsprechende Klagen in Bezug auf Gesetzgebungsakte, für deren Erlass die Anhörung des Ausschusses der Regionen nach dem Vertrag über die Arbeitsweise der Europäischen Union vorgeschrieben ist, auch vom Ausschuss der Regionen erhoben werden.

Art. 9 [Jahresbericht der Kommission] [1]Die Kommission legt dem Europäischen Rat, dem Europäischen Parlament, dem Rat und den nationalen Parlamenten jährlich einen Bericht über die Anwendung des Artikels 5 des Vertrags über die Europäische Union[2)] vor. [2]Dieser Jahresbericht wird auch dem Wirtschafts- und Sozialausschuss und dem Ausschuss der Regionen zugeleitet.

Protokoll (Nr. 3) über die Satzung des Gerichtshofs der Europäischen Union

*(Abgedruckt als Nr. **245** dieser Textsammlung)*

Protokoll (Nr. 4) über die Satzung des Europäischen Systems der Zentralbanken und der Europäischen Zentralbank[3)] [4)]

*(Abgedruckt als Nr. **268** dieser Textsammlung)*

[1)] Nr. **146**.

[2)] Nr. **145**.

[3)] Protokoll v. 7. 2. 1992 (ABl. Nr. C 191 S. 68).

[4)] Die Artikelfolge wurde gem. Art. 2 Abs. 1 des Protokolls Nr. 1 zum Vertrag von Lissabon (ABl. 2007 Nr. C 306 S. 193) iVm der Übereinstimmungstabelle aus dem Anh. umnummeriert.

Protokoll (Nr. 5)
über die Satzung der Europäischen Investitionsbank[1)·2)] (1957)

*(Abgedruckt als Nr. **266** dieser Textsammlung)*

Protokoll (Nr. 6)
über die Festlegung der Sitze der Organe und bestimmter Einrichtungen, sonstiger Stellen und Dienststellen der Europäischen Union (1997)

*(Abgedruckt als Nr. **214** dieser Textsammlung)*

Protokoll (Nr. 7)
über die Vorrechte und Befreiungen der Europäischen Union[3)·4)·5)] (1965)

*(Abgedruckt als Nr. **212** dieser Textsammlung)*

Protokoll (Nr. 8)
zu Artikel 6 Absatz 2 des Vertrags über die Europäische Union über den Beitritt der Union zur Europäischen Konvention zum Schutz der Menschenrechte und Grundfreiheiten (2007)

DIE HOHEN VERTRAGSPARTEIEN

SIND über folgende Bestimmungen ÜBEREINGEKOMMEN, die dem Vertrag über die Europäische Union[6)] und dem Vertrag über die Arbeitsweise der Europäischen Union[7)] beigefügt sind:

Art. 1 [Merkmale des Unionsrechts] In der Übereinkunft über den Beitritt der Union zur Europäischen Konvention zum Schutz der Menschenrechte und Grundfreiheiten (im Folgenden „Europäische Konvention") nach Artikel 6 Absatz 2 des Vertrags über die Europäische Union[6)] wird dafür Sorge getragen, dass die besonderen Merkmale der Union und des Unionsrechts erhalten bleiben, insbesondere in Bezug auf

---

1) Die Artikelfolge wurde gem. Art. 2 Abs. 1 des Protokolls Nr. 1 zum Vertrag von Lissabon (ABl. 2007 Nr. C 306 S. 193) iVm der Übereinstimmungstabelle aus dem Anh. umnummeriert.

2) Änderungen vor dem 1. 1. 1999 sind nicht in Fußnoten nachgewiesen.

3) Titel geänd. mWv 1. 12. 2009 durch Prot. v. 13. 12. 2007 (ABl. Nr. C 306 S. 163).

4) Dieses Protokoll stellte ursprünglich einen Anhang zum Abkommen zur Einsetzung eines gemeinsamen Rates und einer Gemeinsamen Kommission der Europäischen Gemeinschaften v. 8. 4. 1965 (ABl. 1967 Nr. 152 S. 2) dar.

5) Die Artikelfolge wurde gem. Art. 2 Abs. 1 des Protokolls Nr. 1 zum Vertrag von Lissabon (ABl. 2007 Nr. C 306 S. 193) iVm der Übereinstimmungstabelle aus dem Anh. umnummeriert.

6) Nr. **145**.

7) Nr. **146**.

a) die besondere Regelung für eine etwaige Beteiligung der Union an den Kontrollgremien der Europäischen Konvention;
b) die nötigen Mechanismen, um sicherzustellen, dass Beschwerden von Nichtmitgliedstaaten und Individualbeschwerden den Mitgliedstaaten und/ oder gegebenenfalls der Union ordnungsgemäß übermittelt werden.

Art. 2 [Zuständigkeiten] [1]In der Übereinkunft nach Artikel 1 wird sichergestellt, dass der Beitritt der Union die Zuständigkeiten der Union und die Befugnisse ihrer Organe unberührt lässt. [2]Es wird sichergestellt, dass die Bestimmungen der Übereinkunft die besondere Situation der Mitgliedstaaten in Bezug auf die Europäische Konvention unberührt lassen, insbesondere in Bezug auf ihre Protokolle, auf Maßnahmen, die von den Mitgliedstaaten in Abweichung von der Europäischen Konvention nach deren Artikel 15 getroffen werden, und auf Vorbehalte, die die Mitgliedstaaten gegen die Europäische Konvention nach deren Artikel 57 anbringen.

Art. 3 [Kollisionsrecht] Keine der Bestimmungen der Übereinkunft nach Artikel 1 berührt Artikel 344 des Vertrags über die Arbeitsweise der Europäischen Union[1)].

Protokoll (Nr. 9) über den Beschluss des Rates über die Anwendung des Artikels 16 Absatz 4 des Vertrags über die Europäische Union und des Artikels 238 Absatz 2 des Vertrags über die Arbeitsweise der Europäischen Union zwischen dem 1. November 2014 und dem 31. März 2017 einerseits und ab dem 1. April 2017 andererseits (2007)

DIE HOHEN VERTRAGSPARTEIEN –

UNTER BERÜCKSICHTIGUNG der Tatsache, dass es zum Zeitpunkt der Billigung des Vertrags von Lissabon[2)] von grundlegender Bedeutung war, dass eine Einigung über den Beschluss des Rates über die Anwendung des Artikels 16 Absatz 4 des Vertrags über die Europäische Union[3)] und des Artikels 238 Absatz 2 des Vertrags über die Arbeitsweise der Europäischen Union[1)] zwischen dem 1. November 2014 und dem 31. März 2017 einerseits und ab dem 1. April 2017 andererseits (im Folgenden „Beschluss“) zustande kommt –

SIND über folgende Bestimmung ÜBEREINGEKOMMEN, die dem Vertrag über die Europäische Union[3)] und dem Vertrag über die Arbeitsweise der Europäischen Union[1)] beigefügt ist:

---

1) Nr. **146**.
2) Nr. **152**.
3) Nr. **145**.

Einziger Artikel [Vorläufige Beratung]

Bevor der Rat einen Entwurf prüft, der entweder darauf abzielt, den Beschluss oder eine seiner Bestimmungen zu ändern oder aufzuheben, oder aber darauf abzielt, eine mittelbare Änderung seines Geltungsbereichs oder seiner Bedeutung zu bewirken, indem ein anderer Rechtsakt der Union geändert wird, führt der Europäische Rat eine vorläufige Beratung über diesen Entwurf durch, wobei er gemäß Artikel 15 Absatz 4 des Vertrags über die Europäische Union[1)] im Konsens handelt.

Protokoll (Nr. 10) über die Ständige Strukturierte Zusammenarbeit nach Artikel 42 des Vertrags über die Europäische Union (2007)

DIE HOHEN VERTRAGSPARTEIEN –

GESTÜTZT AUF Artikel 42 Absatz 6 und Artikel 46 des Vertrags über die Europäische Union[1)],

EINGEDENK DESSEN, dass die Union eine Gemeinsame Außen- und Sicherheitspolitik verfolgt, die auf der Erreichung einer immer stärkeren Konvergenz des Handelns der Mitgliedstaaten beruht,

EINGEDENK DESSEN, dass die Gemeinsame Sicherheits- und Verteidigungspolitik integraler Bestandteil der Gemeinsamen Außen- und Sicherheitspolitik ist, dass sie der Union eine auf zivile und militärische Mittel gestützte Fähigkeit zu Operationen sichert, dass die Union hierauf bei Missionen nach Artikel 43 des Vertrags über die Europäische Union[1)] außerhalb der Union zur Friedenssicherung, Konfliktverhütung und Stärkung der internationalen Sicherheit nach den Grundsätzen der Charta der Vereinten Nationen zurückgreifen kann und dass diese Aufgaben dank der von den Mitgliedstaaten nach dem Grundsatz der „nur einmal einsetzbaren Streitkräfte" bereitgestellten militärischen Fähigkeiten erfüllt werden,

EINGEDENK DESSEN, dass die Gemeinsame Sicherheits- und Verteidigungspolitik der Union den besonderen Charakter der Sicherheits- und Verteidigungspolitik bestimmter Mitgliedstaaten unberührt lässt,

EINGEDENK DESSEN, dass die Gemeinsame Sicherheits- und Verteidigungspolitik der Union die aus dem Nordatlantikvertrag erwachsenden Verpflichtungen der Mitgliedstaaten achtet, die ihre gemeinsame Verteidigung als durch die Nordatlantikvertrags-Organisation verwirklicht betrachten, die das Fundament der kollektiven Verteidigung ihrer Mitglieder bleibt, und dass sie mit der in jenem Rahmen festgelegten gemeinsamen Sicherheits- und Verteidigungspolitik vereinbar ist,

---

1) Nr. **145**.

IN DER ÜBERZEUGUNG, dass eine maßgeblichere Rolle der Union im Bereich von Sicherheit und Verteidigung im Einklang mit den sogenannten Berlin-plus-Vereinbarungen zur Vitalität eines erneuerten Atlantischen Bündnisses beitragen wird,

FEST ENTSCHLOSSEN, dass die Union in der Lage sein muss, die ihr im Rahmen der Staatengemeinschaft obliegenden Verantwortungen in vollem Umfang wahrzunehmen,

IN DER ERKENNTNIS, dass die Organisation der Vereinten Nationen die Union für die Durchführung dringender Missionen nach den Kapiteln VI und VII der Charta der Vereinten Nationen um Unterstützung ersuchen kann,

IN DER ERKENNTNIS, dass die Stärkung der Sicherheits- und Verteidigungspolitik von den Mitgliedstaaten Anstrengungen im Bereich der Fähigkeiten erfordern wird,

IN DEM BEWUSSTSEIN, dass der Eintritt in eine neue Phase der Entwicklung der Europäischen Sicherheits- und Verteidigungspolitik von den Mitgliedstaaten, die dazu bereit sind, entschiedene Anstrengungen erfordert,

EINGEDENK der Bedeutung, die der umfassenden Beteiligung des Hohen Vertreters der Union für Außen- und Sicherheitspolitik an den Arbeiten im Rahmen der Ständigen Strukturierten Zusammenarbeit zukommt –

SIND über folgende Bestimmungen ÜBEREINGEKOMMEN, die dem Vertrag über die Europäische Union[1] und dem Vertrag über die Arbeitsweise der Europäischen Union[2] beigefügt sind:

Art. 1 [Teilnahmevoraussetzungen] An der Ständigen Strukturierten Zusammenarbeit nach Artikel 42 Absatz 6 des Vertrags über die Europäische Union[1] kann jeder Mitgliedstaat teilnehmen, der sich ab dem Zeitpunkt des Inkrafttretens des Vertrags von Lissabon[3] verpflichtet,

a) seine Verteidigungsfähigkeiten durch Ausbau seiner nationalen Beiträge und gegebenenfalls durch Beteiligung an multinationalen Streitkräften, an den wichtigsten europäischen Ausrüstungsprogrammen und an der Tätigkeit der Agentur für die Bereiche Entwicklung der Verteidigungsfähigkeiten, Forschung, Beschaffung und Rüstung (Europäische Verteidigungsagentur) intensiver zu entwickeln und

b) spätestens 2010 über die Fähigkeit zu verfügen, entweder als nationales Kontingent oder als Teil von multinationalen Truppenverbänden bewaffnete Einheiten bereitzustellen, die auf die in Aussicht genommenen Missionen ausgerichtet sind, taktisch als Gefechtsverband konzipiert sind, über Unterstützung unter anderem für Transport

---

[1] Nr. **145**.
[2] Nr. **146**.
[3] Nr. **152**.

und Logistik verfügen und fähig sind, innerhalb von 5 bis 30 Tagen Missionen nach Artikel 43 des Vertrags über die Europäische Union aufzunehmen, um insbesondere Ersuchen der Organisation der Vereinten Nationen nachzukommen, und diese Missionen für eine Dauer von zunächst 30 Tagen, die bis auf 120 Tage ausgedehnt werden kann, aufrechtzuerhalten.

Art. 2 [Verpflichtungen; Ziele] Die an der Ständigen Strukturierten Zusammenarbeit teilnehmenden Mitgliedstaaten verpflichten sich zwecks Erreichung der in Artikel 1 genannten Ziele zu

a) einer Zusammenarbeit ab dem Inkrafttreten des Vertrags von Lissabon[1)] zur Verwirklichung der vereinbarten Ziele für die Höhe der Investitionsausgaben für Verteidigungsgüter und zur regelmäßigen Überprüfung dieser Ziele im Lichte des Sicherheitsumfelds und der internationalen Verantwortung der Union;

b) einer möglichst weit gehenden Angleichung ihres Verteidigungsinstrumentariums, indem sie insbesondere die Ermittlung des militärischen Bedarfs harmonisieren, ihre Verteidigungsmittel und -fähigkeiten gemeinsam nutzen und gegebenenfalls spezialisieren sowie die Zusammenarbeit auf den Gebieten Ausbildung und Logistik stärken;

c) konkreten Maßnahmen zur Stärkung der Verfügbarkeit, der Interoperabilität, der Flexibilität und der Verlegefähigkeit ihrer Truppen insbesondere, indem sie gemeinsame Ziele für die Entsendung von Streitkräften aufstellen und gegebenenfalls ihre nationalen Beschlussfassungsverfahren überprüfen;

d) einer Zusammenarbeit mit dem Ziel, dass sie die erforderlichen Maßnahmen ergreifen, um unter anderem durch multinationale Konzepte und unbeschadet der sie betreffenden Verpflichtungen im Rahmen der Nord-atlantikvertrags-Organisation die im Rahmen des „Mechanismus zur Entwicklung der Fähigkeiten" festgestellten Lücken zu schließen;

e) einer eventuellen Mitwirkung an der Entwicklung gemeinsamer oder europäischer Programme für wichtige Güter im Rahmen der Europäischen Verteidigungsagentur.

Art. 3 [Bericht der Verteidigungsagentur] [1]Die Europäische Verteidigungsagentur trägt zur regelmäßigen Beurteilung der Beiträge der teilnehmenden Mitgliedstaaten zu den Fähigkeiten bei, insbesondere der Beiträge nach den unter anderem auf der Grundlage von Artikel 2 aufgestellten Kriterien, und erstattet hierüber mindestens einmal jährlich Bericht. [2]Die Beurteilung kann als Grundlage für die Empfehlungen sowie für die Beschlüsse des Rates dienen, die nach Artikel 46 des Vertrags über die Europäische Union[2)] erlassen werden.

---

1) Nr. **152**.
2) Nr. **145**.

Protokoll (Nr. 11) zu Artikel 42 Absatz 2 des Vertrags über die Europäische Union[1]

DIE HOHEN VERTRAGSPARTEIEN[2] –

IN ANBETRACHT der Notwendigkeit, den Artikel 42 Absatz 1 Unterabsatz 2 und Absatz 3 des Vertrags über die Europäische Union[3] in vollem Umfang umzusetzen,

IN ANBETRACHT der Tatsache, daß die Politik der Union nach Artikel 42 den besonderen Charakter der Sicherheits- und Verteidigungspolitik bestimmter Mitgliedstaaten nicht berührt, die Verpflichtungen einiger Mitgliedstaaten, die ihre gemeinsame Verteidigung in der NATO verwirklicht sehen, aus dem Nordatlantikvertrag achtet und mit der in jenem Rahmen festgelegten gemeinsamen Sicherheits- und Verteidigungspolitik vereinbar ist –

SIND über folgende Bestimmung ÜBEREINGEKOMMEN, die dem Vertrag über die Europäische Union[3] beigefügt ist:

Die Europäische Union erarbeitet zusammen mit der Westeuropäischen Union Regelungen für eine verstärkte Zusammenarbeit zwischen der Europäischen Union und der Westeuropäischen Union.

Protokoll (Nr. 12) über das Verfahren bei einem übermäßigen Defizit (1992)[4]

DIE HOHEN VERTRAGSPARTEIEN[5] –

IN DEM WUNSCH, die Einzelheiten des in Artikel 126 des Vertrags über die Arbeitsweise der Europäischen Union[6] genannten Verfahrens bei einem übermäßigen Defizit festzulegen –

SIND über folgende Bestimmungen ÜBEREINGEKOMMEN, die dem Vertrag über die Europäische Union[3] und dem Vertrag über die Arbeitsweise der Europäischen Union[6] beigefügt sind:

Art. 1[7] **[Referenzwerte]** Die in Artikel 126 Absatz 2 des Vertrags über die Arbeitsweise der Europäischen Union[6] genannten Referenzwerte sind:

– 3% für das Verhältnis zwischen dem geplanten oder tatsächlichen öffentlichen Defizit und dem Bruttoinlandsprodukt zu Marktpreisen,

---

[1] Protokoll v. 2. 10. 1997 (ABl. Nr. C 340 S. 92).

[2] *Präambel und* Wortlaut geänd. mWv 1. 12. 2009 durch Prot. v. 13. 12. 2007 (ABl. Nr. C 306 S. 163).

[3] Nr. **145**.

[4] Vgl. auch VO 479/2009 v. 25. 5. 2009 über die Anwendung des dem Vertrag zur Gründung der Europäischen Gemeinschaft beigefügten Protokolls über das Verfahren bei einem übermäßigen Defizit (ABl. Nr. L 145/1), zuletzt geänd. durch VO 679/2010 v. 26. 7. 2010 (ABl. Nr. L 198/1).

[5] Präambel geänd. mWv 1. 12. 2009 durch Prot. v. 13. 12. 2007 (ABl. Nr. C 306 S. 163).

[6] Nr. **146**.

[7] Art. 1 geänd. mWv 1. 12. 2009 durch Prot. v. 13. 12. 2007 (ABl. Nr. C 306 S. 163).

– 60% für das Verhältnis zwischen dem öffentlichen Schuldenstand und dem Bruttoinlandsprodukt zu Marktpreisen.

Art. 2[1] **[Definitionen]** In Artikel 126 des genannten Vertrags und in diesem Protokoll bedeutet
– „öffentlich" zum Staat, d. h. zum Zentralstaat (Zentralregierung), zu regionalen oder lokalen Gebietskörperschaften oder Sozialversicherungseinrichtungen gehörig, mit Ausnahme von kommerziellen Transaktionen, im Sinne des Europäischen Systems volkswirtschaftlicher Gesamtrechnungen;
– „Defizit" das Finanzierungsdefizit im Sinne des Europäischen Systems volkswirtschaftlicher Gesamtrechnungen;
– „Investitionen" die Brutto-Anlageinvestitionen im Sinne des Europäischen Systems volkswirtschaftlicher Gesamtrechnungen;
– „Schuldenstand" den Brutto-Gesamtschuldenstand zum Nominalwert am Jahresende nach Konsolidierung innerhalb und zwischen den einzelnen Bereichen des Staatssektors im Sinne des ersten Gedankenstrichs.

Art. 3[2] **[Wirksamkeit des Verfahrens]** [1]Um die Wirksamkeit des Verfahrens bei einem übermäßigen Defizit zu gewährleisten, sind die Regierungen der Mitgliedstaaten im Rahmen dieses Verfahrens für die Defizite des Staatssektors im Sinne von Artikel 2 erster Gedankenstrich verantwortlich. [2]Die Mitgliedstaaten gewährleisten, daß die innerstaatlichen Verfahren im Haushaltsbereich sie in die Lage versetzen, ihre sich aus diesen Verträgen ergebenden Verpflichtungen in diesem Bereich zu erfüllen. [3]Die Mitgliedstaaten müssen ihre geplanten und tatsächlichen Defizite und die Höhe ihres Schuldenstands der Kommission unverzüglich und regelmäßig mitteilen.

Art. 4 [Statistischen Daten] Die zur Anwendung dieses Protokolls erforderlichen statistischen Daten werden von der Kommission zur Verfügung gestellt.

Protokoll (Nr. 13) über die Konvergenzkriterien[3] (1992)

DIE HOHEN VERTRAGSPARTEIEN[4] –

IN DEM WUNSCH, die in Artikel 140 Absatz 1 des Vertrags über die Arbeitsweise der Europäischen Union[5] aufgeführten Konvergenzkriterien, welche die Union bei den Beschlüssen über die Aufhebung der Ausnahmeregelungen für die Mitgliedstaaten, für die eine Ausnahmeregelung gilt, leiten sollen, näher festzulegen –

---

[1] Art. 2 geänd. mWv 1. 12. 2009 durch Prot. v. 13. 12. 2007 (ABl. Nr. C 306 S. 163).
[2] Art. 3 Satz 2 geänd. mWv 1. 12. 2009 durch Prot. v. 13. 12. 2007 (ABl. Nr. C 306 S. 163).
[3] Protokoll v. 7. 2. 1992 (ABl. Nr. C 191 S. 85).
[4] Präambel geänd. mWv 1. 12. 2009 durch Prot. v. 13. 12. 2007 (ABl. Nr. C 306 S. 163).
[5] Nr. **146**.

SIND über folgende Bestimmungen ÜBEREINGEKOMMEN, die dem Vertrag über die Europäische Union[1] und dem Vertrag über die Arbeitsweise der Europäischen Union[2] beigefügt sind:

Art. 1[3] **[Preisstabilität]** [1]Das in Artikel 140 Absatz 1 erster Gedankenstrich des Vertrags über die Arbeitsweise der Europäischen Union[2] genannte Kriterium der Preisstabilität bedeutet, daß ein Mitgliedstaat eine anhaltende Preisstabilität und eine während des letzten Jahres vor der Prüfung gemessene durchschnittliche Inflationsrate aufweisen muß, die um nicht mehr als 1 1/2 Prozentpunkte über der Inflationsrate jener – höchstens drei – Mitgliedstaaten liegt, die auf dem Gebiet der Preisstabilität das beste Ergebnis erzielt haben. [2]Die Inflation wird anhand des Verbraucherpreisindexes auf vergleichbarer Grundlage unter Berücksichtigung der unterschiedlichen Definitionen in den einzelnen Mitgliedstaaten gemessen.

Art. 2[4] **[Finanzlage der öffentlichen Hand]** Das in Artikel 140 Absatz 1 zweiter Gedankenstrich des genannten Vertrags genannte Kriterium der Finanzlage der öffentlichen Hand bedeutet, daß zum Zeitpunkt der Prüfung kein Beschluss des Rates nach Artikel 126 Absatz 6 des genannten Vertrags vorliegt, wonach in dem betreffenden Mitgliedstaat ein übermäßiges Defizit besteht.

Art. 3[5] **[Wechselkursmechanismus]** [2]Das in Artikel 140 Absatz 1 dritter Gedankenstrich des genannten Vertrags genannte Kriterium der Teilnahme am Wechselkursmechanismus des Europäischen Währungssystems bedeutet, daß ein Mitgliedstaat die im Rahmen des Wechselkursmechanismus des Europäischen Währungssystems vorgesehenen normalen Bandbreiten zumindest in den letzten zwei Jahren vor der Prüfung ohne starke Spannungen eingehalten haben muß. [2]Insbesondere darf er den bilateralen Leitkurs seiner Währung innerhalb des gleichen Zeitraums gegenüber dem Euro nicht von sich aus abgewertet haben.

Art. 4[6] **[Konvergenz der Zinssätze]** [1]Das in Artikel 140 Absatz 1 vierter Gedankenstrich des genannten Vertrags genannte Kriterium der Konvergenz der Zinssätze bedeutet, daß im Verlauf von einem Jahr vor der Prüfung in einem Mitgliedstaat der durchschnittliche langfristige Nominalzinssatz um nicht mehr als 2 Prozentpunkte über dem entspre-

---

[1] Nr. **145**.
[2] Nr. **146**.
[3] Art. 1 Satz 1 geänd. mWv 1. 12. 2009 durch Prot. v. 13. 12. 2007 (ABl. Nr. C 306 S. 163).
[4] Art. 2 geänd. mWv 1. 12. 2009 durch Prot. v. 13. 12. 2007 (ABl. Nr. C 306 S. 163).
[5] Art. 3 Sätze 1 und 2 geänd. mWv 1. 12. 2009 durch Prot. v. 13. 12. 2007 (ABl. Nr. C 306 S. 163).
[6] Art. 4 Satz 1 geänd. mWv 1. 12. 2009 durch Prot. v. 13. 12. 2007 (ABl. Nr. C 306 S. 163).

chenden Satz in jenen – höchstens drei – Mitgliedstaaten liegt, die auf dem Gebiet der Preisstabilität das beste Ergebnis erzielt haben. [2]Die Zinssätze werden anhand langfristiger Staatsschuldverschreibungen oder vergleichbarer Wertpapiere unter Berücksichtigung der unterschiedlichen Definitionen in den einzelnen Mitgliedstaaten gemessen.

Art. 5 [Statistischen Daten] Die zur Anwendung dieses Protokolls erforderlichen statistischen Daten werden von der Kommission zur Verfügung gestellt.

Art. 6[1)] [Festlegung der Einzelheiten] Der Rat erlässt auf Vorschlag der Kommission und nach Anhörung des Europäischen Parlaments und der EZB sowie des in Artikel 134 des Vertrags über die Arbeitsweise der Europäischen Union[2)] genannten Ausschusses einstimmig geeignete Vorschriften zur Festlegung der Einzelheiten der in Artikel 140 des genannten Vertrags genannten Konvergenzkriterien, die dann an die Stelle dieses Protokolls treten.

Protokoll (Nr. 14) betreffend die Euro-Gruppe (2007)

DIE HOHEN VERTRAGSPARTEIEN –

IN DEM WUNSCH, die Voraussetzungen für ein stärkeres Wirtschaftswachstum in der Europäischen Union zu verbessern und zu diesem Zwecke eine immer engere Koordinierung der Wirtschaftspolitik im Euro-Währungsgebiet zu fördern,

IN DEM BEWUSSTSEIN, dass besondere Bestimmungen für einen verstärkten Dialog zwischen den Mitgliedstaaten, deren Währung der Euro ist, vorgesehen werden müssen, bis der Euro zur Währung aller Mitgliedstaaten der Union geworden ist –

SIND über folgende Bestimmungen ÜBEREINGEKOMMEN, die dem Vertrag über die Europäische Union[3)] und dem Vertrag über die Arbeitsweise der Europäischen Union[2)] beigefügt sind:

Art. 1 [Informelle Sitzungen] [1]Die Minister der Mitgliedstaaten, deren Währung der Euro ist, treten zu informellen Sitzungen zusammen. [2]Diese Sitzungen werden bei Bedarf abgehalten, um Fragen im Zusammenhang mit ihrer gemeinsamen spezifischen Verantwortung im Bereich der einheitlichen Währung zu erörtern. [3]Die Kommission nimmt an den Sitzungen teil. [4]Die Europäische Zentralbank wird zu diesen Sitzungen eingeladen, die von den Vertretern der für Finanzen zuständigen Minister der Mitgliedstaaten, deren Währung der Euro ist, und der Kommission vorbereitet werden.

---

1) Art. 6 geänd. mWv 1. 12. 2009 durch Prot. v. 13. 12. 2007 (ABl. Nr. C 306 S. 163).
2) Nr. **146**.
3) Nr. **145**.

Art. 2 [Präsidentenwahl] Die Minister der Mitgliedstaaten, deren Währung der Euro ist, wählen mit der Mehrheit dieser Mitgliedstaaten einen Präsidenten für zweieinhalb Jahre.

Protokoll (Nr. 15)
über einige Bestimmungen betreffend das Vereinigte Königreich Großbritannien und Nordirland (1992)[1]

DIE HOHEN VERTRAGSPARTEIEN[2] *–*

IN DER ERKENNTNIS, daß das Vereinigte Königreich nicht gezwungen oder verpflichtet ist, ohne einen gesonderten diesbezüglichen Beschluß seiner Regierung und seines Parlaments den Euro einzuführen,

ANGESICHTS der Tatsache, dass die Regierung des Vereinigten Königreichs dem Rat am 16. Oktober 1996 und am 30. Oktober 1997 notifiziert hat, dass sie nicht beabsichtigt, an der dritten Stufe der Wirtschafts- und Währungsunion teilzunehmen,

IN ANBETRACHT der Gepflogenheit der Regierung des Vereinigten Königreichs, ihren Kreditbedarf durch Verkauf von Schuldtiteln an den Privatsektor zu decken –

SIND über folgende Bestimmungen ÜBEREINGEKOMMEN, die dem Vertrag über die Europäische Union[3] *und dem Vertrag über die Arbeitsweise der Europäischen Union*[4] *beigefügt sind:*

[Britische Sonderregelungen]

1. Sofern das Vereinigte Königreich dem Rat nicht notifiziert, daß es die Einführung des Euro beabsichtigt, ist es dazu nicht verpflichtet.

2. Die Nummern 3 bis 8 und Nummer 10 gelten für das Vereinigte Königreich aufgrund der von der Regierung des Vereinigten Königreichs dem Rat am 16. Oktober 1996 und am 30. Oktober 1997 zugeleiteten Notifizierung.

3. Das Vereinigte Königreich behält seine Befugnisse auf dem Gebiet der Währungspolitik nach seinem innerstaatlichen Recht.

4. Die Artikel 282 Absatz 2 mit Ausnahme des ersten und des letzten Satzes, Artikel 282 Absatz 5, Artikel 119 Absatz 2, Artikel 126 Absätze 1, 9 und 11, Artikel 127 Absätze 1 bis 5, Artikel 128, die Artikel 130, 131, 132 und 133, Artikel 138, Artikel 140 Absatz 3, Artikel 219 und Artikel 283 des Vertrags über die Arbeitsweise der Europäischen Union[4] *gelten nicht für das Vereinigte Königreich. Artikel 121 Absatz 2 des genannten Vertrags gilt hinsichtlich der Annahme der das Euro-Währungsgebiet generell betreffenden Teile der Grundzüge der Wirt-*

[1] Spätestens mit Ablauf der Übergangszeit nach dem Brexit (31.12.2020) obsolet.
[2] Präambel und Wortlaut geänd. mWv 1.12.2009 durch Prot. v. 13.12.2007 (ABl. Nr. C 306 S. 163).
[3] Nr. **145**.
[4] Nr. **146**.

schaftspolitik ebenfalls nicht für das Vereinigte Königreich. In diesen Bestimmungen enthaltene Bezugnahmen auf die Union oder die Mitgliedstaaten betreffen nicht das Vereinigte Königreich, und Bezugnahmen auf die nationalen Zentralbanken betreffen nicht die Bank of England.

5. *Das Vereinigte Königreich bemüht sich, ein übermäßiges öffentliches Defizit zu vermeiden.*
Die Artikel 143 und 144 des Vertrags über die Arbeitsweise der Europäischen Union[2] gelten auch weiterhin für das Vereinigte Königreich. Artikel 134 Absatz 4 und Artikel 142 werden so auf das Vereinigte Königreich angewandt, als gelte für dieses eine Ausnahmeregelung.

6. *Das Stimmrecht des Vereinigten Königreichs wird in Bezug auf die Rechtsakte des Rates, auf die in den unter Nummer 4 aufgeführten Artikeln Bezug genommen wird, und in den in Artikel 139 Absatz 4 Unterabsatz 1 des Vertrags über die Arbeitsweise der Europäischen Union[2] genannten Fällen ausgesetzt. Zu diesem Zweck findet Artikel 139 Absatz 4 Unterabsatz 2 des genannten Vertrags Anwendung.*
Das Vereinigte Königreich ist ferner nicht berechtigt, sich an der Ernennung des Präsidenten, des Vizepräsidenten und der weiteren Mitglieder des Direktoriums der EZB nach den Artikel 283 Absatz 2 Buchstabe b des genannten Vertrags zu beteiligen.

7. *Die Artikel 3, 4, 6, 7, 9.2, 10.1, 10.3, 11.2, 12.1, 14, 16, 18, 19, 20, 22, 23, 26, 27, 30, 31, 32, 33, 34 und 49 des Protokolls über die Satzung des Europäischen Systems der Zentralbanken und der Europäischen Zentralbank[1] („die Satzung") gelten nicht für das Vereinigte Königreich. In diesen Artikeln enthaltene Bezugnahmen auf die Gemeinschaft oder die Mitgliedstaaten betreffen nicht das Vereinigte Königreich, und Bezugnahmen auf die nationalen Zentralbanken oder die Anteilseigner betreffen nicht die Bank of England.*
In den Artikeln 10.3 und 30.2 der Satzung enthaltene Bezugnahmen auf das „gezeichnete Kapital der EZB" betreffen nicht das von der Bank of England gezeichnete Kapital.

8. *Art. 141 Abs. 1 des Vertrags über die Arbeitsweise der Europäischen Union[2] und die Artikel 43 bis 47 der Satzung gelten unabhängig davon, ob es Mitgliedstaaten gibt, für die eine Ausnahmeregelung gilt, vorbehaltlich folgender Änderungen:*
   a) *Bezugnahmen in Artikel 43 auf die Aufgaben der EZB und des EWI schließen auch die Aufgaben ein, die im Fall einer etwaigen Entscheidung des Vereinigten Königreichs, nicht den Euro einzuführen, nach der Einführung des Euro noch erfüllt werden müssen.*
   b) *Zusätzlich zu den Aufgaben nach Artikel 46 berät die EZB ferner bei der Vorbereitung von Beschlüssen des Rates betreffend das Vereinigte Königreich nach Nummer 9 Buchstaben a und c dieses Protokolls und wirkt an deren Ausarbeitung mit.*

---

[1] Nr. **268**.
[2] Nr. **146**.

c) Die Bank of England zahlt das von ihr gezeichnete Kapital der EZB als Beitrag zu den EZB-Betriebskosten auf derselben Grundlage ein wie die nationalen Zentralbanken der Mitgliedstaaten, für die eine Ausnahmeregelung gilt.

9. Das Vereinigte Königreich kann jederzeit notifizieren, dass es beabsichtigt, den Euro einzuführen. In diesem Fall gilt Folgendes:

a) Das Vereinigte Königreich hat das Recht, den Euro einzuführen, sofern es die notwendigen Voraussetzungen erfüllt. Der Rat entscheidet auf Antrag des Vereinigten Königreichs unter den Bedingungen und nach dem Verfahren des Artikels 140 Absätze 1 und 2 des Vertrags über die Arbeitsweise der Europäischen Union1), ob das Vereinigte Königreich die notwendigen Voraussetzungen erfüllt.

b) Die Bank of England zahlt das von ihr gezeichnete Kapital ein, überträgt der EZB Währungsreserven und leistet ihren Beitrag zu den Reserven der EZB auf derselben Grundlage wie die nationalen Zentralbanken der Mitgliedstaaten, deren Ausnahmeregelung aufgehoben worden ist.

c) Der Rat faßt unter den Bedingungen und nach dem Verfahren des Artikels 123 Absatz 5 des genannten Vertrags alle weiteren Beschlüsse, die erforderlich sind, um dem Vereinigten Königreich die Einführung des Euro zu ermöglichen.

Führt das Vereinigte Königreich nach den Bestimmungen dieser Nummer den Euro ein, so treten die Nummern 3 bis 9 dieses Protokolls außer Kraft.

10. Unbeschadet des Artikels 123 des Vertrags über die Arbeitsweise der Europäischen Union[1] sowie des Artikels 21.1 der Satzung kann die Re gierung des Vereinigten Königreichs ihre „Ways and Means"-Fazilität bei der Bank of England beibehalten, sofern und solange das Vereinigte Königreich nicht den Euro einführt.

Protokoll (Nr. 16)
über einige Bestimmungen betreffend Dänemark[2]

DIE HOHEN VERTRAGSPARTEIEN[3] –

MIT RÜCKSICHT DARAUF, daß die dänische Verfassung Bestimmungen enthält, die vor einem Verzicht Dänemarks auf seine Freistellung in Dänemark eine Volksabstimmung erfordern könnten,

ANGESICHTS DER TATSACHE, dass die dänische Regierung dem Rat am 3. November 1993 notifiziert hat, dass sie nicht beabsichtigt, an der dritten Stufe der Wirtschafts- und Währungsunion teilzunehmen –

---

[1] Nr. **146**.

[2] Protokoll v. 7.2.1992 (ABl. Nr. C 191 S. 89).

[3] Präambel und Wortlaut geänd. mWv 1.12.2009 durch Prot. v. 13.12.2007 (ABl. Nr. C 306 S. 163).

SIND über folgende Bestimmungen ÜBEREINGEKOMMEN, die dem Vertrag über die Europäische Union[1] und dem Vertrag über die Arbeitsweise der Europäischen Union[2] beigefügt sind:

[Dänische Sonderregelung]

1. Aufgrund der Notifikation der dänischen Regierung an den Rat vom 3. November 1993 gilt für Dänemark eine Freistellung. Die Freistellung hat zur Folge, daß alle eine Ausnahmeregelung betreffenden Artikel und Bestimmungen dieser Verträge und der Satzung des ESZB auf Dänemark Anwendung finden.
2. Zur Aufhebung der Freistellung wird das Verfahren nach Artikel 140 des Vertrags über die Arbeitsweise der Europäischen Union2) nur dann eingeleitet, wenn Dänemark einen entsprechenden Antrag stellt.
3. Nach Aufhebung der Freistellung ist dieses Protokoll nicht mehr anwendbar.

Protokoll (Nr. 17) betreffend Dänemark (1992)

DIE HOHEN VERTRAGSPARTEIEN –

IN DEM WUNSCH, gewisse besondere Probleme betreffend Dänemark zu regeln –

SIND über folgende Bestimmungen ÜBEREINGEKOMMEN, die dem Vertrag über die Europäische Union[1] und dem Vertrag über die Arbeitsweise der Europäischen Union[2] beigefügt sind:

[Aufgabenwahrnehmung der Nationalbank Dänemarks]

Artikel 14 des Protokolls über die Satzung des Europäischen Systems der Zentralbanken und der Europäischen Zentralbank berührt nicht das Recht der Nationalbank Dänemarks, ihre derzeitigen Aufgaben hinsichtlich der nicht der Union angehörenden Teile des Königreichs Dänemark wahrzunehmen.

(Fortsetzung nächste Seite)

---

[1] Nr. **145**.
[2] Nr. **146**.

Protokoll (Nr. 18) betreffend Frankreich (1992)

DIE HOHEN VERTRAGSPARTEIEN[1] –

IN DEM WUNSCH, einen besonderen Punkt im Zusammenhang mit Frankreich zu berücksichtigen –

SIND über folgende Bestimmungen ÜBEREINGEKOMMEN, die dem Vertrag über die Europäische Union[2] und dem Vertrag über die Arbeitsweise der Europäischen Union[3] beigefügt sind:

[Recht zur Ausgabe von Geldzeichen]

Frankreich behält das Recht, nach Maßgabe seiner innerstaatlichen Rechtsvorschriften in Neukaledonien, in Französisch-Polynesien und in Wallis und Futuna Geldzeichen auszugeben, und ist allein befugt, die Parität des CFP-Franc festzusetzen.

Protokoll (Nr. 19) über den in den Rahmen der Europäischen Union einbezogenen Schengen-Besitzstand[4] (1997)

DIE HOHEN VERTRAGSPARTEIEN[5] –

ANGESICHTS dessen, daß die von einigen Mitgliedstaaten der Europäischen Union am 14. Juni 1985 und am 19. Juni 1990 in Schengen unterzeichneten Übereinkommen betreffend den schrittweisen Abbau der Kontrollen an den gemeinsamen Grenzen sowie damit zusammenhängende Übereinkommen und die auf deren Grundlage erlassenen Regelungen durch den Vertrag von Amsterdam vom 2. Oktober 1997 in den Rahmen der Europäischen Union einbezogen wurden,

IN DEM WUNSCH, den seit Inkrafttreten[6] des Vertrags von Amsterdam weiterentwickelten Schengen-Besitzstand zu wahren und diesen Besitzstand fortzuentwickeln, um zur Verwirklichung des Ziels beizutragen, den Unionsbürgerinnen und Unionsbürgern einen Raum der Freiheit, der Sicherheit und des Rechts ohne Binnengrenzen zu bieten,

MIT RÜCKSICHT auf die besondere Position Dänemarks,

MIT RÜCKSICHT darauf, daß Irland und das Vereinigte Königreich Großbritannien und Nordirland sich nicht an sämtlichen Bestimmungen des Schengen-Besitzstands beteiligen, daß es diesen Mitgliedstaaten jedoch ermöglicht werden sollte, andere Bestimmungen dieses Besitzstands ganz oder teilweise anzunehmen,

---

[1] Präambel und Wortlaut geänd. mWv 1. 12. 2009 durch Prot. v. 13. 12. 2007 (ABl. Nr. C 306 S. 163).

[2] Nr. **145**.

[3] Nr. **146**.

[4] Titel geänd. mWv 1. 12. 2009 durch Prot. v. 13. 12. 2007 (ABl. Nr. C 306 S. 163).

[5] Präambel geänd. mWv 1. 12. 2009 durch Prot. v. 13. 12. 2007 (ABl. Nr. C 306 S. 163).

[6] Inkrafttreten am 1. 5. 1999.

IN DER ERKENNTNIS, daß es infolgedessen erforderlich ist, auf die im Vertrag über die Europäische Union und im Vertrag zur Gründung der Europäischen Gemeinschaft enthaltenen Bestimmungen über eine verstärkte Zusammenarbeit zwischen einigen Mitgliedstaaten zurückzugreifen,

MIT RÜCKSICHT darauf, daß es notwendig ist, ein besonderes Verhältnis zur Republik Island und zum Königreich Norwegen aufrechtzuerhalten, da diese beiden Staaten sowie diejenigen nordischen Staaten, die Mitglieder der Europäischen Union sind, durch die Bestimmungen der Nordischen Passunion gebunden sind –

SIND über folgende Bestimmungen ÜBEREINGEKOMMEN, die dem Vertrag über die Europäische Union[1] und dem Vertrag über die Arbeitsweise der Europäischen Union[2] beigefügt sind:

Art. 1[3] **[Verstärkte Zusammenarbeit]** [1]Das Königreich Belgien, die Republik Bulgarien, die Tschechische Republik, das Königreich Dänemark, die Bundesrepublik Deutschland, die Republik Estland, die Hellenische Republik, das Königreich Spanien, die Französische Republik, die Italienische Republik, die Republik Zypern, die Republik Lettland, die Republik Litauen, das Großherzogtum Luxemburg, die Republik Ungarn, die Republik Malta, das Königreich der Niederlande, die Republik Österreich, die Republik Polen, die Portugiesische Republik, Rumänien, die Republik Slowenien, die Slowakische Republik, die Republik Finnland und das Königreich Schweden werden ermächtigt, untereinander eine Verstärkte Zusammenarbeit in den Bereichen der vom Rat festgelegten Bestimmungen, die den Schengen-Besitzstand bilden, zu begründen. [2]Diese Zusammenarbeit erfolgt innerhalb des institutionellen und rechtlichen Rahmens der Europäischen Union und unter Beachtung der einschlägigen Bestimmungen der Verträge.

Art. 2[4] **[Anwendung; Zuständigkeit]** [1]Der Schengen-Besitzstand ist unbeschadet des Artikels 3 der Beitrittsakte vom 16. April 2003 und des Artikels 4 der Beitrittsakte vom 25. April 2005 für die in Artikel 1 aufgeführten Mitgliedstaaten anwendbar. [2]Der Rat tritt an die Stelle des durch die Schengener Übereinkommen eingesetzten Exekutivausschusses.

Art. 3[5] **[Position Dänemarks]** Die Beteiligung Dänemarks am Erlass der Maßnahmen, die eine Weiterentwicklung des Schengen-Besitzstands darstellen, sowie die Umsetzung und Anwendung dieser

---

[1] Nr. **145**.
[2] Nr. **146**.
[3] Art. 1 Satz 1 neu gef., Satz 2 geänd. mWv 1. 12. 2009 durch Prot. v. 13. 12. 2007 (ABl. Nr. C 306 S. 163).
[4] Art. 2 neu gef. mWv 1. 12. 2009 durch Prot. v. 13. 12. 2007 (ABl. Nr. C 306 S. 163).
[5] Art. 3 neu gef. mWv 1. 12. 2009 durch Prot. v. 13. 12. 2007 (ABl. Nr. C 306 S. 163).

Maßnahmen in Dänemark unterliegt den einschlägigen Bestimmungen des Protokolls über die Position Dänemarks.

Art. 4[1)] **[Selektive Besitzstandsanwendung]** Irland und das Vereinigte Königreich Großbritannien und Nordirland können jederzeit beantragen, daß einzelne oder alle Bestimmungen des Schengen-Besitzstands auch auf sie Anwendung finden sollen.

Der Rat beschließt einstimmig über einen solchen Antrag, wobei die Einstimmigkeit mit den Stimmen seiner in Artikel 1 genannten Mitglieder und der Stimme des Vertreters der Regierung des betreffenden Staates zustandekommt.

Art. 5[2)] **[Vorschläge und Initiativen]** (1) Vorschläge und Initiativen auf der Grundlage des Schengen-Besitzstands unterliegen den einschlägigen Bestimmungen der Verträge.

In diesem Zusammenhang gilt, sofern Irland oder das Vereinigte Königreich dem Rat nicht innerhalb eines vertretbaren Zeitraums schriftlich mitgeteilt hat, dass es sich beteiligen möchte, die Ermächtigung nach Artikel 329 des Vertrags über die Arbeitsweise der Europäischen Union[3)] gegenüber den in Artikel 1 genannten Mitgliedstaaten sowie gegenüber Irland oder dem Vereinigten Königreich als erteilt, sofern einer dieser beiden Mitgliedstaaten sich in den betreffenden Bereichen der Zusammenarbeit beteiligen möchte.

(2) [1]Gilt eine Mitteilung durch Irland oder das Vereinigte Königreich nach einem Beschluss gemäß Artikel 4 als erfolgt, so kann Irland oder das Vereinigte Königreich dennoch dem Rat innerhalb von drei Monaten schriftlich mitteilen, dass es sich an dem Vorschlag oder der Initiative nicht beteiligen möchte. [2]In diesem Fall beteiligt sich Irland bzw. das Vereinigte Königreich nicht an der Annahme des Vorschlags oder der Initiative. [3]Ab der letzteren Mitteilung wird das Verfahren zur Annahme der Maßnahme auf der Grundlage des Schengen-Besitzstands bis zum Ende des Verfahrens nach den Absätzen 3 oder 4 oder bis zu dem Zeitpunkt, zu dem die genannte Mitteilung während des Verfahrens zurückgenommen wird, ausgesetzt.

(3) [1]In Bezug auf den Mitgliedstaat, der eine Mitteilung nach Absatz 2 vorgenommen hat, gilt ein Beschluss des Rates nach Artikel 4 ab dem Inkrafttreten der vorgeschlagenen Maßnahme nicht mehr, und zwar in dem vom Rat für erforderlich gehaltenen Ausmaß und unter den vom Rat mit qualifizierter Mehrheit auf Vorschlag der Kommission in einem Beschluss festzulegenden Bedingungen. [2]Dieser Beschluss wird nach den folgenden Kriterien gefasst: Der Rat bemüht sich, das größtmögliche Maß an Beteiligung des betreffenden Mitgliedstaats auf-

---

1) Art. 4 Abs. 1 geänd. mWv 1. 12. 2009 durch Prot. v. 13. 12. 2007 (ABl. Nr. C 306 S. 163, ber. ABl. 2009 Nr. C 290 S. 1).

2) Art. 5 neu gef. mWv 1. 12. 2009 durch Prot. v. 13. 12. 2007 (ABl. Nr. C 306 S. 163). Vgl. auch Erklärung Nr. 44–47 (Nr. 6).

3) Nr. **146**.

rechtzuerhalten, ohne dass dabei die praktische Durchführbarkeit der verschiedenen Teile des Schengen-Besitzstands ernsthaft beeinträchtigt wird und unter Wahrung ihrer Kohärenz. [3]Die Kommission unterbreitet ihren Vorschlag so bald wie möglich nach der Mitteilung nach Absatz 2. [4]Der Rat beschließt innerhalb von vier Monaten nach dem Vorschlag der Kommission erforderlichenfalls nach Einberufung von zwei aufeinander folgenden Tagungen.

(4) [1]Hat der Rat nach Ablauf von vier Monaten keinen Beschluss gefasst, so kann ein Mitgliedstaat unverzüglich beantragen, dass der Europäische Rat befasst wird. [2]In diesem Fall fasst der Europäische Rat auf seiner nächsten Tagung mit qualifizierter Mehrheit auf der Grundlage des Vorschlags der Kommission einen Beschluss nach den in Absatz 3 genannten Kriterien.

(5) [1]Hat der Rat oder gegebenenfalls der Europäische Rat bis zum Ende des Verfahrens nach Absatz 3 oder Absatz 4 keinen Beschluss gefasst, so ist die Aussetzung des Verfahrens für die Annahme der Maßnahme auf der Grundlage des Schengen-Besitzstands beendet. [2]Wird die Maßnahme im Anschluss daran angenommen, so gilt ein Beschluss des Rates nach Artikel 4 für den betreffenden Mitgliedstaat ab dem Inkrafttreten der Maßnahme in dem Ausmaß und unter den Bedingungen, die von der Kommission beschlossen wurden, nicht mehr, es sei denn, der betreffende Mitgliedstaat hat seine Mitteilung nach Absatz 2 vor Annahme der Maßnahme zurückgezogen. [3]Die Kommission beschließt bis zum Tag dieser Annahme. [4]Die Kommission beachtet bei ihrem Beschluss die Kriterien nach Absatz 3.

Art. 6[1)] [Assoziierungen] [1]Die Republik Island und das Königreich Norwegen werden bei der Durchführung des Schengen-Besitzstands und bei seiner weiteren Entwicklung assoziiert. [2]Die entsprechenden Verfahren hierfür werden in einem Übereinkommen mit diesen Staaten festgelegt, das vom Rat mit einstimmigem Beschluß seiner in Artikel 1 genannten Mitglieder geschlossen wird. [3]Das Übereinkommen enthält auch Bestimmungen über den Beitrag Islands und Norwegens zu etwaigen finanziellen Folgen der Durchführung dieses Protokolls.

Mit Island und Norwegen schließt der Rat mit einstimmigem Beschluß ein gesondertes Übereinkommen zur Festlegung der Rechte und Pflichten zwischen Irland und dem Vereinigten Königreich Großbritannien und Nordirland einerseits und Island und Norwegen andererseits in den für diese Staaten geltenden Bereichen des Schengen-Besitzstands.

Art. 7[2)] [Schengen-Besitzstand für Beitrittskandidaten] Bei den Verhandlungen über die Aufnahme neuer Mitgliedstaaten in die Euro-

---

1) *Art. 6 Abs. 1 Satz 1* geänd. mWv 1. 12. 2009 durch Prot. v. 13. 12. 2007 (ABl. Nr. C 306 S. 163).

2) Bish. Art. 7 aufgeh., bish. Art. 8 wird Art. 7 mWv 1. 12. 2009 durch Prot. v. 13. 12. 2007 (ABl. Nr. C 306 S. 163).

päische Union gelten der Schengen-Besitzstand und weitere Maßnahmen, welche die Organe im Rahmen seines Anwendungsbereichs getroffen haben, als ein Besitzstand, der von allen Staaten, die Beitrittskandidaten sind, vollständig zu übernehmen ist.

Protokoll (Nr. 20) über die Anwendung bestimmter Aspekte des Artikels 26 des Vertrags über die Arbeitsweise der Europäischen Union auf das Vereinigte Königreich und auf Irland (1997)[1]

DIE HOHEN VERTRAGSPARTEIEN[2] –

IN DEM WUNSCH, bestimmte das Vereinigte Königreich und Irland betreffende Fragen zu regeln,

IM HINBLICK darauf, daß seit vielen Jahren zwischen dem Vereinigten Königreich und Irland besondere Reiseregelungen bestehen –

SIND über folgende Bestimmungen ÜBEREINGEKOMMEN, die dem Vertrag über die Europäische Union[3] *und dem Vertrag über die Arbeitsweise der Europäischen Union*[4] *beigefügt sind:*

Art. 1.[5] *(1) Das Vereinigte Königreich darf ungeachtet der Artikel 26 und 77 des Vertrags über die Arbeitsweise der Europäischen Union*[4]*, anderer Bestimmungen jenes Vertrags oder des Vertrags über die Europäische Union*[3]*, im Rahmen dieser Verträge beschlossener Maßnahmen oder von der Union oder der Union und ihren Mitgliedstaaten mit einem oder mehreren Drittstaaten geschlossener internationaler Übereinkünfte an seinen Grenzen mit anderen Mitgliedstaaten bei Personen, die in das Vereinigte Königreich einreisen wollen, Kontrollen durchführen, die nach seiner Auffassung erforderlich sind*

a) zur Überprüfung des Rechts auf Einreise in das Vereinigte Königreich bei Staatsangehörigen von Mitgliedstaaten und ihren unterhaltsberechtigten Angehörigen, welche die ihnen nach dem Gemeinschaftsrecht zustehenden Rechte wahrnehmen, sowie bei Staatsangehörigen anderer Staaten, denen solche Rechte aufgrund einer Übereinkunft zustehen, an die das Vereinigte Königreich gebunden ist, und

b) zur Entscheidung darüber, ob anderen Personen die Genehmigung zur Einreise in das Vereinigte Königreich erteilt wird.

(2) [1] Artikel 26 und 77 des Vertrags über die Arbeitsweise der Europäischen Union oder die anderen Bestimmungen jenes Vertrags oder des Vertrags über die Europäische Union oder die im Rahmen dieser Verträge beschlossenen Maßnahmen berühren in keiner Weise das Recht des Vereinigten Königreichs, solche Kontrollen ein- oder durchzuführen. [2] Wird im vorliegenden Artikel auf das

---

[1] Spätestens mit Ablauf der Übergangszeit nach dem Brexit (31.12.2020) teilweise obsolet (soweit das Vereinigte Königreich betreffend).

[2] Präambel geänd. mWv 1.12.2009 durch Prot. v. 13.12.2007 (ABl. Nr. C 306 S. 163).

[3] Nr. **145**.

[4] Nr. **146**.

[5] Art. 1 Abs. 1, Abs. 1 und 2 geänd. mWv 1.12.2009 durch Prot. v. 13.12.2007 (ABl. Nr. C 306 S. 163).

Vereinigte Königreich Bezug genommen, so gilt diese Bezugnahme auch für die Gebiete, für deren Außenbeziehungen das Vereinigte Königreich verantwortlich ist.

Art. 2.[1] *[1] Das Vereinigte Königreich und Irland können weiterhin untereinander Regelungen über den freien Personenverkehr zwischen ihren Hoheitsgebieten („einheitliches Reisegebiet") treffen, sofern die Rechte der in Artikel 1 Absatz 1 Buchstabe a dieses Protokolls genannten Personen in vollem Umfang gewahrt bleiben. [2] Dementsprechend findet, solange sie solche Regelungen beibehalten, Artikel 1 dieses Protokolls unter denselben Bedingungen und Voraussetzungen wie im Falle des Vereinigten Königreichs auf Irland Anwendung. [3] Artikel 26 und 77 des Vertrags über die Arbeitsweise der Europäischen Union*[2] *oder andere Bestimmungen jenes Vertrags oder des Vertrags über die Europäische Union*[3] *oder im Rahmen dieser Verträge beschlossene Maßnahmen berühren diese Regelungen in keiner Weise.*

Art. 3.[4] *(1) Die übrigen Mitgliedstaaten dürfen an ihren Grenzen oder an allen Orten, an denen ihr Hoheitsgebiet betreten werden kann, solche Kontrollen bei Personen durchführen, die aus dem Vereinigten Königreich oder aus Gebieten, deren Außenbeziehungen für die in Artikel 1 dieses Protokolls genannten Zwecke in seiner Verantwortung liegen, oder aber, solange Artikel 1 dieses Protokolls für Irland gilt, aus Irland in ihr Hoheitsgebiet einreisen wollen.*

(2) Artikel 26 und 77 des Vertrags über die Arbeitsweise der Europäischen Union[2] *oder andere Bestimmungen jenes Vertrags oder des Vertrags über die Europäische Union*[3] *oder im Rahmen dieser Verträge beschlossene Maßnahmen berühren in keiner Weise das Recht der übrigen Mitgliedstaaten, solche Kontrollen ein- oder durchzuführen.*

Protokoll (Nr. 21) über die Position des Vereinigten Königreichs und Irlands hinsichtlich des Raums der Freiheit, der Sicherheit und des Rechts[5)·6)] (1997)

DIE HOHEN VERTRAGSPARTEIEN[7] –

IN DEM WUNSCH, bestimmte das Vereinigte Königreich und Irland betreffende Fragen zu regeln,

---

1) Art. 2 Satz 3 geänd. mWv 1.12.2009 durch Prot. v. 13.12.2007 (ABl. Nr. C 306 S. 163).

2) Nr. **146**.

3) Nr. **145**.

4) Art. 3 Abs. 2 geänd. mWv 1.12.2009 durch Prot. v. 13.12.2007 (ABl. Nr. C 306 S. 163).

5) Titel geänd. mWv 1.12.2009 durch Prot. v. 13.12.2007 (ABl. Nr. C 306 S. 163).

6) Spätestens mit Ablauf der Übergangszeit nach dem Brexit (31.12.2020) teilweie obsolet *(soweit das Vereinigte* Königreich betreffend).

7) Präambel geänd. mWv 1.12.2009 durch Prot. v. 13.12.2007 (ABl. Nr. C 306 S. 163).

UNTER BERÜCKSICHTIGUNG des Protokolls über die Anwendung bestimmter Aspekte des Artikels 26 des Vertrags über die Arbeitsweise der Europäischen Union[1] auf das Vereinigte Königreich und auf Irland –

SIND über folgende Bestimmungen ÜBEREINGEKOMMEN, die dem Vertrag über die Europäische Union[2] und dem Vertrag über die Arbeitsweise der Europäischen Union[1] beigefügt sind:

Art. 1.[3] *(1) [1] Vorbehaltlich des Artikels 3 beteiligen sich das Vereinigte Königreich und Irland nicht an der Annahme von Maßnahmen durch den Rat, die nach dem Dritten Teil Titel V des Vertrags über die Arbeitsweise der Europäischen Union[1] vorgeschlagen werden. [2] Für Beschlüsse des Rates, die einstimmig angenommen werden müssen, ist die Zustimmung der Mitglieder des Rates mit Ausnahme der Vertreter der Regierungen des Vereinigten Königreichs und Irlands erforderlich.*

(2) Für die Zwecke dieses Artikels bestimmt sich die qualifizierte Mehrheit nach Artikel 238 Absatz 3 des Vertrags über die Arbeitsweise der Europäischen Union.

Art. 2.[4] *Entsprechend Artikel 1 und vorbehaltlich der Artikel 3, 4 und 6 sind Vorschriften des Dritten Teils Titel V des Vertrags über die Arbeitsweise der Europäischen Union[1], nach jenem Titel beschlossene Maßnahmen, Vorschriften internationaler Übereinkünfte, die von der Union nach jenem Titel geschlossen werden, sowie Entscheidungen des Gerichtshofs der Europäischen Union, in denen solche Vorschriften oder Maßnahmen ausgelegt werden, für das Vereinigte Königreich oder Irland nicht bindend oder anwendbar; und diese Vorschriften, Maßnahmen oder Entscheidungen berühren in keiner Weise die Zuständigkeiten, Rechte und Pflichten dieser Staaten; ebensowenig berühren diese Vorschriften, Maßnahmen oder Entscheidungen in irgendeiner Weise den Besitzstand der Gemeinschaft oder der Union oder sind sie Teil des Gemeinschaftsrechts, soweit sie auf das Vereinigte Königreich und Irland Anwendung finden.*

Art. 3.[5] *(1) Das Vereinigte Königreich oder Irland kann dem Präsidenten des Rates innerhalb von drei Monaten nach der Vorlage eines Vorschlags oder einer Initiative nach dem Dritten Teil Titel V des Vertrags über die Arbeitsweise der Europäischen Union[1] beim Rat schriftlich mitteilen, daß es sich an der Annahme und Anwendung der betreffenden Maßnahme beteiligen möchte, was dem betreffenden Staat daraufhin gestattet ist.*

[1] Für Beschlüsse des Rates, die einstimmig angenommen werden müssen, ist die Zustimmung aller Mitglieder des Rates mit Ausnahme der Mitglieder, die keine solche Mitteilung gemacht haben, erforderlich. [2] Eine nach diesem Absatz

---

[1] Nr. **146**.

[2] Nr. **145**.

[3] Art. 1 Abs. 1 Satz 1 geänd., Satz 2 aufgeh. u. Satz 3 wird Satz 2, Abs. 2 angef. mWv 1.12.2009 durch Prot. v. 13.12.2007 (ABl. Nr. C 306 S. 163).

[4] Art. 2 geänd. mWv 1.12.2009 durch Prot. v. 13.12.2007 (ABl. Nr. C 306 S. 163).

[5] Art. 3 Abs. 1 UAbs. 1 Satz 1 geänd. und Satz 2 aufgeh., UAbs. 3 und 4 angef. mWv 1.12.2009 durch Prot. v. 13.12.2007 (ABl. Nr. C 306 S. 163).

beschlossene Maßnahme ist für alle an der Annahme beteiligten Mitgliedstaaten bindend.

Die Bedingungen für eine Beteiligung des Vereinigten Königreichs und Irlands an den Bewertungen, die die unter den Dritten Teil Titel V des Vertrags über die Arbeitsweise der Europäischen Union fallenden Bereiche betreffen, werden in den nach Artikel 70 des genannten Vertrags erlassenen Maßnahmen geregelt.

Für die Zwecke dieses Artikels bestimmt sich die qualifizierte Mehrheit nach Artikel 238 Absatz 3 des Vertrags über die Arbeitsweise der Europäischen Union.

(2) Kann eine Maßnahme nach Absatz 1 nicht innerhalb eines angemessenen Zeitraums mit Beteiligung des Vereinigten Königreichs oder Irlands angenommen werden, so kann der Rat die betreffende Maßnahme nach Artikel 1 ohne Beteiligung des Vereinigten Königreichs oder Irlands annehmen. In diesem Fall findet Artikel 2 Anwendung.

Art. 4.[1] *[1] Das Vereinigte Königreich oder Irland kann nach der Annahme einer Maßnahme nach dem Dritten Teil Titel V des Vertrags über die Arbeitsweise der Europäischen Union*[2] *durch den Rat dem Rat und der Kommission jederzeit mitteilen, daß es die Maßnahme anzunehmen wünscht.*[3] *[2] In diesem Fall findet das in Artikel 331 Absatz 1 des Vertrags über die Arbeitsweise der Europäischen Union vorgesehene Verfahren sinngemäß Anwendung.*

Art. 4a.[4] *(1) Die Bestimmungen dieses Protokolls gelten für das Vereinigte Königreich und Irland auch für nach dem Dritten Teil Titel V des Vertrags über die Arbeitsweise der Europäischen Union*[2] *vorgeschlagene oder erlassene Maßnahmen, mit denen eine bestehende Maßnahme, die für sie bindend ist, geändert wird.*

(2) [1] In Fällen, in denen der Rat auf Vorschlag der Kommission feststellt, dass die Nichtbeteiligung des Vereinigten Königreichs oder Irlands an der geänderten Fassung einer bestehenden Maßnahme die Anwendung dieser Maßnahme für andere Mitgliedstaaten oder die Union unpraktikabel macht, kann er das Vereinigte Königreich bzw. Irland nachdrücklich ersuchen, eine Mitteilung nach Artikel 3 oder Artikel 4 vorzunehmen. [2] Für die Zwecke des Artikels 3 beginnt ab dem Tag, an dem der Rat die Feststellung trifft, eine weitere Frist von zwei Monaten.

[1] Hat das Vereinigte Königreich oder Irland bei Ablauf der Frist von zwei Monaten ab der Feststellung des Rates keine Mitteilung nach Artikel 3 oder Artikel 4 vorgenommen, so ist die bestehende Maßnahme für den betreffenden Mitgliedstaat weder bindend noch anwendbar, es sei denn, er nimmt vor dem Inkrafttreten der Änderungsmaßnahme eine Mitteilung nach Artikel 4 vor. [2] Dies gilt mit Wirkung ab dem Tag des Inkrafttretens der Änderungsmaßnah-

---

[1] Art. 4 Satz 1 und 2 geänd. mWv 1.12.2009 durch Prot. v. 13.12.2007 (ABl. Nr. C 306 S. 163).

[2] Nr. **146**.

[3] Beschluss der Kommission *(2014/858/EU)* v. 1.12.2014, ABl. Nr. 345/6 v. 1.12.2014 *(mit Anhang:* Liste der Rechtsakte (29), an denen sich das Vereinigte Königreich beteiligt.

[4] Art. 4a eingef. mWv 1.12.2009 durch Prot. v. 13.12.2007 (ABl. Nr. C 306 S. 163).

me oder ab dem Tag des Ablaufs der Frist von zwei Monaten, je nachdem, welcher Zeitpunkt später liegt.

[1] Für die Zwecke dieses Absatzes beschließt der Rat nach eingehender Erörterung der Angelegenheit mit der qualifizierten Mehrheit derjenigen Mitglieder des Rates, die Mitgliedstaaten vertreten, die sich an der Annahme der Änderungsmaßnahme beteiligen oder beteiligt haben. [2] Die qualifizierte Mehrheit des Rates bestimmt sich nach Artikel 238 Absatz 3 Buchstabe a des Vertrags über die Arbeitsweise der Europäischen Union.

(3) Der Rat kann mit qualifizierter Mehrheit auf Vorschlag der Kommission festlegen, dass das Vereinigte Königreich oder Irland etwaige unmittelbare finanzielle Folgen zu tragen hat, die sich zwangsläufig und unvermeidbar daraus ergeben, dass sich das Vereinigte Königreich bzw. Irland nicht mehr an der bestehenden Maßnahme beteiligt.

(4) Dieser Artikel lässt Artikel 4 unberührt.

Art. 5.[1] *Ein Mitgliedstaat, der durch eine nach dem Dritten Teil Titel V des Vertrags über die Arbeitsweise der Europäischen Union*[2] *beschlossene Maßnahme nicht gebunden ist, hat außer den für die Organe sich ergebenden Verwaltungskosten keine finanziellen Folgen dieser Maßnahme zu tragen, sofern der Rat nicht mit allen seinen Mitgliedern nach Anhörung des Europäischen Parlaments einstimmig etwas anderes beschließt.*

Art. 6.[3] *In Fällen, in denen nach diesem Protokoll das Vereinigte Königreich oder Irland durch eine vom Rat nach dem Dritten Teil Titel V des Vertrags über die Arbeitsweise der Europäischen Union*[2] *beschlossene Maßnahme gebunden ist, gelten hinsichtlich dieser Maßnahme für den betreffenden Staat die einschlägigen Bestimmungen der Verträge.*

Art. 6a.[4] *Die auf der Grundlage des Artikels 16 des Vertrags über die Arbeitsweise der Europäischen Union*[2] *festgelegten Vorschriften über die Verarbeitung personenbezogener Daten durch die Mitgliedstaaten im Rahmen der Ausübung von Tätigkeiten, die in den Anwendungsbereich des Dritten Teils Titel V Kapitel 4 und 5 des genannten Vertrags fallen, werden für das Vereinigte Königreich und Irland nicht bindend sein, wenn das Vereinigte Königreich und Irland nicht durch Unionsvorschriften gebunden sind, die Formen der justiziellen Zusammenarbeit in Strafsachen oder der polizeilichen Zusammenarbeit regeln, in deren Rahmen die auf der Grundlage des Artikels 16 festgelegten Vorschriften eingehalten werden müssen.*

Art. 7.[5] *Die Artikel 3, 4 und 4a berühren nicht das Protokoll über den in den Rahmen der Europäischen Union einbezogenen Schengen-Besitzstand.*

---

[1] Art. 5 geänd. mWv 1.12.2009 durch Prot. v. 13.12.2007 (ABl. Nr. C 306 S. 163).
[2] Nr. **146**.
[3] Art. 6 geänd. mWv 1.12.2009 durch Prot. v. 13.12.2007 (ABl. Nr. C 306 S. 163).
[4] Art. 6a eingef. mWv 1.12.2009 durch Prot. v. 13.12.2007 (ABl. Nr. C 306 S. 163).
[5] Art. 7 geänd. mWv 1.12.2009 durch Prot. v. 13.12.2007 (ABl. Nr. C 306 S. 163).

Art. 8.[1] [1] *Irland kann dem Rat schriftlich mitteilen, daß dieses Protokoll nicht mehr für Irland gelten soll.* [2] *In diesem Fall gelten für Irland die üblichen Vertragsbestimmungen.*

Art. 9.[2] *Im Falle Irlands gilt dieses Protokoll nicht für Artikel 75 des Vertrags über die Arbeitsweise der Europäischen Union*[3].

Protokoll (Nr. 22) über die Position Dänemarks (1997)

DIE HOHEN VERTRAGSPARTEIEN –

UNTER BERUFUNG auf den Beschluß der am 12. Dezember 1992 in Edinburgh im Europäischen Rat vereinigten Staats- und Regierungschefs zu bestimmten von Dänemark aufgeworfenen Problemen betreffend den Vertrag über die Europäische Union[4],

IN KENNTNIS der in dem Beschluß von Edinburgh festgelegten Haltung Dänemarks in bezug auf die Unionsbürgerschaft, die Wirtschafts- und Währungsunion sowie auf die Verteidigungspolitik und die Bereiche Justiz und Inneres,

IN DEM BEWUSSTSEIN, dass Dänemarks Beteiligung an wichtigen Bereichen der Zusammenarbeit in der Union erheblich eingeschränkt wird, wenn die auf den Beschluss von Edinburgh zurückgehende Rechtsregelung im Rahmen der Verträge fortgesetzt wird, und dass es im Interesse der Union liegt, die uneingeschränkte Anwendung des Besitzstands im Raum der Freiheit, der Sicherheit und des Rechts zu gewährleisten,

IN DEM WUNSCH, aufgrund dessen einen Rechtsrahmen festzulegen, der Dänemark die Option bieten wird, sich am Erlass von Maßnahmen zu beteiligen, die auf der Grundlage des Dritten Teils Titel V des Vertrags über die Arbeitsweise der Europäischen Union[4] vorge-

(Fortsetzung nächste Seite)

[1] Art. 8 geänd. mWv 1.12.2009 durch Prot. v. 13.12.2007 (ABl. Nr. C 306 S. 163).
[2] *Art. 9 angef. mWv 1.12.2009* durch Prot. v. 13.12.2007 (ABl. Nr. C 306 S. 163).
[3] Nr. **146**.
[4] Nr. **145**.

schlagen werden, und die Absicht Dänemarks begrüßend, wenn möglich von dieser Option im Einklang mit seinen verfassungsrechtlichen Vorschriften Gebrauch zu machen,

IN ANBETRACHT DESSEN, dass Dänemark die anderen Mitgliedstaaten nicht daran hindern wird, ihre Zusammenarbeit in Bezug auf Maßnahmen, die für Dänemark nicht bindend sind, weiter auszubauen,

EINGEDENK des Artikels 3 des Protokolls über den in den Rahmen der Europäischen Union einbezogenen Schengen-Besitzstand –

SIND über folgende Bestimmungen ÜBEREINGEKOMMEN, die dem Vertrag über die Europäische Union[1] und dem Vertrag über die Arbeitsweise der Europäischen Union[2] beigefügt sind:

Teil I

Art. 1[3] [Ausnahmen von der Visa-, Asyl- und Einwanderungspolitik] (1) [1] Dänemark beteiligt sich nicht an der Annahme von Maßnahmen durch den Rat, die nach dem Dritten Teil Titel V des Vertrags über die Arbeitsweise der Europäischen Union[2] vorgeschlagen werden. [2] Für Beschlüsse des Rates, die einstimmig angenommen werden müssen, ist die Zustimmung der Mitglieder des Rates mit Ausnahme des Vertreters der Regierung Dänemarks erforderlich.

(2) Für die Zwecke dieses Artikels bestimmt sich die qualifizierte Mehrheit nach Artikel 238 Absatz 3 des Vertrags über die Arbeitsweise der Europäischen Union.

Art. 2[4] [Bindungswirkung; Anwendbarkeit] [1] Vorschriften des Dritten Teils Titel V des Vertrags über die Arbeitsweise der Europäischen Union[2], nach jenem Titel beschlossene Maßnahmen, Vorschriften internationaler Übereinkünfte, die von der Union nach jenem Titel geschlossen werden, sowie Entscheidungen des Gerichtshofs der Europäischen Union, in denen solche Vorschriften oder Maßnahmen oder nach jenem Titel geänderte oder änderbare Maßnahmen ausgelegt werden, sind für Dänemark nicht bindend oder anwendbar. [2] Diese Vorschriften, Maßnahmen oder Entscheidungen berühren in keiner Weise die Zuständigkeiten, Rechte und Pflichten Dänemarks; ebenso wenig berühren diese Vorschriften, Maßnahmen oder Entscheidungen in irgendeiner Weise den Besitzstand der Gemeinschaft oder der Union oder sind sie Teil des Unionsrechts, soweit sie auf Dänemark Anwendung finden. [3] Insbesondere sind Rechtsakte der Union auf dem Gebiet *der polizeilichen und* justiziellen Zusammenarbeit in Strafsachen, die vor dem Inkrafttreten des Vertrags von Lissabon[5] angenommen wur-

---

[1] Nr. **145**.
[2] Nr. **146**.
[3] Art. 1 Abs. 1 Satz 1 geänd., Satz 2 aufgeh., bish. Satz 3 wird Satz 2, Abs. 2 neu gef. mWv 1. 12. 2009 durch Prot. v. 13. 12. 2007 (ABl. Nr. C 306 S. 163).
[4] Art. 2 neu gef. mWv 1. 12. 2009 durch Prot. v. 13. 12. 2007 (ABl. Nr. C 306 S. 163).
[5] Nr. **152**.

den und die geändert werden, für Dänemark ohne die Änderungen weiterhin bindend und anwendbar.

Art. 2 a[1] **[Verarbeitung personenbezogener Daten]** Artikel 2 dieses Protokolls gilt auch für die auf der Grundlage des Artikels 16 des Vertrags über die Arbeitsweise der Europäischen Union[2] festgelegten Vorschriften über die Verarbeitung personenbezogener Daten durch die Mitgliedstaaten im Rahmen der Ausübung von Tätigkeiten, die in den Anwendungsbereich des Dritten Teils Titel V Kapitel 4 und 5 des genannten Vertrags fallen.

Art. 3 [Verwaltungskosten] Dänemark hat außer den für die Organe sich ergebenden Verwaltungskosten keine finanziellen Folgen von Maßnahmen nach Artikel 1 zu tragen.

Art. 4[3] **[Schengen-Besitzstand]** (1) [1]Dänemark beschließt innerhalb von 6 Monaten, nachdem der Rat über einen Vorschlag oder eine Initiative zur Ergänzung des Schengen-Besitzstands nach diesem Teil beschlossen hat, ob es diese Maßnahme in einzelstaatliches Recht umsetzt. [2]Fasst es einen solchen Beschluss, so begründet diese Maßnahme eine Verpflichtung nach dem Völkerrecht zwischen Dänemark und den übrigen Mitgliedstaaten, für die diese Maßnahme bindend ist.

(2) Beschließt Dänemark, eine Maßnahme des Rates nach Absatz 1 nicht umzusetzen, so werden die Mitgliedstaaten, für die diese Maßnahme bindend ist, und Dänemark prüfen welche Maßnahmen zu treffen sind.

Teil II

Art. 5[4] **[Verteidigungspolitische Maßnahmen]** [1]Hinsichtlich der vom Rat im Bereich des Artikels 26 Absatz 1, des Artikels 42 und der Artikel 43 bis 46 des Vertrags über die Europäische Union[5] angenommenen Maßnahmen beteiligt sich Dänemark nicht an der Ausarbeitung und Durchführung von Beschlüssen und Maßnahmen der Union, die verteidigungspolitische Bezüge haben. [2]Dänemark nimmt daher nicht an der Annahme dieser Maßnahmen teil. [3]Es wird die anderen Mitgliedstaaten nicht daran hindern, ihre Zusammenarbeit auf diesem Gebiet weiter auszubauen. [4]Dänemark ist nicht verpflichtet, zur Finanzierung operativer Ausgaben beizutragen, die als Folge solcher Maßnahmen anfallen, oder der Union militärische Fähigkeiten zur Verfügung zu stellen.

---

[1] Art. 2 a eingef. mWv 1. 12. 2009 durch Prot. v. 13. 12. 2007 (ABl. Nr. C 306 S. 163).

[2] Nr. **146**.

[3] Bish. Art. 5 wird Art. 4 u. Abs. 1 u. 2 geänd. mWv 1. 12. 2009 durch Prot. v. 13. 12. 2007 (ABl. Nr. C 306 S. 163).

[4] Bish. Art. 6 wird Art. 5 und Satz 1 geänd., Satz 3 eingef., bish. Satz 3 wird Satz 4 und geänd., Abs. 2 und 3 eingef. mWv 1. 12. 2009 durch Prot. v. 13. 12. 2007 (ABl. Nr. C 306 S. 163).

[5] Nr. **145**.

Für Rechtsakte des Rates, die einstimmig erlassen werden müssen, ist die Zustimmung der Mitglieder des Rates mit Ausnahme des Vertreters der Regierung Dänemarks erforderlich.

Für die Zwecke dieses Artikels bestimmt sich die qualifizierte Mehrheit nach Artikel 238 Absatz 3 des Vertrags über die Arbeitsweise der Europäischen Union[1].

Teil III

Art. 6[2] **[Visapolitik]** Die Artikel 1, 2 und 3 finden keine Anwendung auf Maßnahmen zur Bestimmung derjenigen Drittländer, deren Staatsangehörige beim Überschreiten der Außengrenzen der Mitgliedstaaten im Besitz eines Visums sein müssen, sowie auf Maßnahmen zur einheitlichen Visumgestaltung.

Teil IV[3]

Art. 7 [Übernahme von Gemeinschaftsrecht] [1] Dänemark kann den übrigen Mitgliedstaaten im Einklang mit seinen verfassungsrechtlichen Vorschriften jederzeit mitteilen, daß es von diesem Protokoll insgesamt oder zum Teil keinen Gebrauch mehr machen will. [2] In diesem Fall wird Dänemark sämtliche im Rahmen der Europäischen Union getroffenen einschlägigen Maßnahmen, die bis dahin in Kraft getreten sind, in vollem Umfang anwenden.

Art. 8[4] (1) [1] Dänemark kann jederzeit unbeschadet des Artikels 7 den anderen Mitgliedstaaten im Einklang mit seinen verfassungsrechtlichen Vorschriften mitteilen, dass ab dem ersten Tag des auf die Mitteilung folgenden Monats Teil I dieses Protokolls aus den Bestimmungen im Anhang zu diesem Protokoll besteht. [2] In diesem Fall werden die Artikel 5 bis 8 entsprechend um-nummeriert.

(2) Sechs Monate nach dem Tag, an dem die Mitteilung nach Absatz 1 wirksam wird, sind der gesamte Schengen-Besitzstand und alle zur Ergänzung dieses Besitzstands erlassenen Maßnahmen, die für Dänemark bis dahin als Verpflichtungen im Rahmen des Völkerrechts bindend waren, für Dänemark als Unionsrecht bindend.

Anhang[5]

Art. 1

[1] Vorbehaltlich des Artikels 3 beteiligt sich Dänemark nicht am Erlass *von Maßnahmen durch den Rat*, die nach dem Dritten Teil Titel V des Vertrags über die Arbeitsweise der Europäischen Union[1] vorgeschlagen

---

[1] Nr. **146**.

[2] Bish. Art. 4 wird Art. 6 mWv 1. 12. 2009 durch Prot. v. 13. 12. 2007 (ABl. Nr. C 306 S. 163).

[3] Teil IV eingef. mWv 1. 12. 2009 durch Prot. v. 13. 12. 2007 (ABl. Nr. C 306 S. 163).

[4] Art. 8 eingef. mWv 1. 12. 2009 durch Prot. v. 13. 12. 2007 (ABl. Nr. C 306 S. 163).

[5] Anh. eingef. mWv 1. 12. 2009 durch Prot. v. 13. 12. 2007 (ABl. Nr. C 306 S. 163).

werden. 2 Für Rechtsakte des Rates, die einstimmig erlassen werden müssen, ist die Zustimmung der Mitglieder des Rates mit Ausnahme des Vertreters der Regierung Dänemarks erforderlich.

Für die Zwecke dieses Artikels bestimmt sich die qualifizierte Mehrheit nach Artikel 238 Absatz 3 des Vertrags über die Arbeitsweise der Europäischen Union[1)].

Art. 2

1 Entsprechend Artikel 1 und vorbehaltlich der Artikel 3, 4 und 8 sind Vorschriften des Dritten Teils Titel V des Vertrags über die Arbeitsweise der Europäischen Union[1)], nach jenem Titel erlassene Maßnahmen, Vorschriften internationaler Übereinkünfte, die von der Union nach jenem Titel geschlossen werden, sowie Entscheidungen des Gerichtshofs der Europäischen Union, in denen solche Vorschriften oder Maßnahmen ausgelegt werden, für Dänemark nicht bindend oder anwendbar. 2 Diese Vorschriften, Maßnahmen oder Entscheidungen berühren in keiner Weise die Zuständigkeiten, Rechte und Pflichten Dänemarks. 3 Diese Vorschriften, Maßnahmen oder Entscheidungen verändern in keiner Weise den Besitzstand der Gemeinschaft oder der Union und sind nicht Teil des Unionsrechts, soweit sie auf Dänemark Anwendung finden.

Art. 3

(1) Dänemark kann dem Präsidenten des Rates innerhalb von drei Monaten nach der Vorlage beim Rat eines Vorschlags oder einer Initiative nach dem Dritten Teil Titel V des Vertrags über die Arbeitsweise der Europäischen Union[1)] schriftlich mitteilen, dass es sich am Erlass und an der Anwendung der betreffenden Maßnahme beteiligen möchte; dies ist Dänemark daraufhin gestattet.

(2) 1 Kann eine Maßnahme nach Absatz 1 nach Ablauf eines angemessenen Zeitraums nicht mit Beteiligung Dänemarks erlassen werden, so kann der Rat die Maßnahme nach Artikel 1 ohne Beteiligung Dänemarks erlassen. 2 In diesem Fall findet Artikel 2 Anwendung.

Art. 4

1 Dänemark kann nach Erlass einer Maßnahme nach dem Dritten Teil Titel V des Vertrags über die Arbeitsweise der Europäischen Union[1)] dem Rat und der Kommission jederzeit mitteilen, dass es die Maßnahme anzunehmen wünscht. 2 In diesem Fall findet das in Artikel 331 Absatz 1 des genannten Vertrags vorgesehene Verfahren sinngemäß Anwendung.

Art. 5

(1) Die Bestimmungen dieses Protokolls gelten für Dänemark auch für nach dem Dritten Teil Titel V des Vertrags über die Arbeitsweise der Europäischen Union[1)] vorgeschlagene oder erlassene Maßnahmen,

---

1) Nr. **146**.

mit denen eine bestehende Maßnahme, die für Dänemark bindend ist, geändert wird.

(2) 1 In Fällen, in denen der Rat auf Vorschlag der Kommission feststellt, dass durch die Nichtbeteiligung Dänemarks an der geänderten Fassung einer bestehenden Maßnahme die Durchführung dieser Maßnahme für andere Mitgliedstaaten oder die Union nicht mehr möglich ist, kann er Dänemark jedoch nachdrücklich ersuchen, eine Mitteilung nach Artikel 3 oder Artikel 4 vorzunehmen. 2 Für die Zwecke des Artikels 3 beginnt ab dem Tag, an dem der Rat die Feststellung trifft, eine weitere Frist von zwei Monaten.

1 Hat Dänemark bei Ablauf der Frist von zwei Monaten ab dem Zeitpunkt der Feststellung des Rates keine Mitteilung nach Artikel 3 oder Artikel 4 vorgenommen, so ist die bestehende Maßnahme für Dänemark nicht mehr bindend und nicht mehr anwendbar, es sei denn, Dänemark nimmt vor dem Inkrafttreten der Änderungsmaßnahme eine Mitteilung nach Artikel 4 vor. 2 Dies gilt mit Wirkung ab dem Tag des Inkrafttretens der Änderungsmaßnahme oder ab dem Tag des Ablaufs der Frist von zwei Monaten, je nachdem, welcher Zeitpunkt später liegt.

1 Für die Zwecke dieses Absatzes beschließt der Rat nach eingehender Erörterung der Angelegenheit mit der qualifizierten Mehrheit derjenigen Mitglieder des Rates, die Mitgliedstaaten vertreten, die sich an der Annahme der Änderungsmaßnahme beteiligen oder beteiligt haben. 2 Die qualifizierte Mehrheit des Rates bestimmt sich nach Artikel 238 Absatz 3 Buchstabe a des Vertrags über die Arbeitsweise der Europäischen Union[1].

(3) Der Rat kann mit qualifizierter Mehrheit auf Vorschlag der Kommission festlegen, dass Dänemark etwaige unmittelbare finanzielle Folgen zu tragen hat, die sich zwangsläufig und unvermeidbar daraus ergeben, dass Dänemark sich nicht mehr an der bestehenden Maßnahme beteiligt.

(4) Dieser Artikel lässt Artikel 4 unberührt.

Art. 6

(1) Die Mitteilung nach Artikel 4 hat spätestens sechs Monate nach dem endgültigen Erlass einer Maßnahme zu erfolgen, wenn diese Maßnahme eine Ergänzung des Schengen-Besitzstands darstellt.

Erfolgt von Dänemark keine Mitteilung nach Artikel 3 oder Artikel 4 zu Maßnahmen, die eine Ergänzung des Schengen-Besitzstands darstellen, so werden die Mitgliedstaaten, für die die Maßnahme bindend ist, und Dänemark prüfen, welche Schritte zu unternehmen sind.

(2) Eine Mitteilung nach Artikel 3 zu Maßnahmen, die eine Ergänzung des Schengen-Besitzstands darstellen, gilt unwiderruflich als Mitteilung nach Artikel 3 zu weiteren Vorschlägen oder Initiativen, mit de-

[1] Nr. **146**.

nen diese Maßnahmen ergänzt werden sollen, sofern diese Vorschläge oder Initiativen eine Ergänzung des Schengen-Besitzstands darstellen.

Art. 7

Die auf der Grundlage des Artikels 16 des Vertrags über die Arbeitsweise der Europäischen Union[1] festgelegten Vorschriften über die Verarbeitung personenbezogener Daten durch die Mitgliedstaaten im Rahmen der Ausübung von Tätigkeiten, die in den Anwendungsbereich des Dritten Teils Titel V Kapitel 4 und 5 des genannten Vertrags fallen, werden für Dänemark nicht bindend sein, wenn Dänemark nicht durch Unionsvorschriften gebunden ist, die Formen der justiziellen Zusammenarbeit in Strafsachen oder der polizeilichen Zusammenarbeit regeln, in deren Rahmen die auf der Grundlage des Artikels 16 festgelegten Vorschriften eingehalten werden müssen.

Art. 8

In Fällen, in denen nach diesem Teil Dänemark durch eine vom Rat nach dem Dritten Teil Titel V des Vertrags über die Arbeitsweise der Europäischen Union[1] erlassene Maßnahme gebunden ist, gelten hinsichtlich dieser Maßnahme für Dänemark die einschlägigen Bestimmungen der Verträge.

Art. 9

Ist Dänemark durch eine nach dem Dritten Teil Titel V des Vertrags über die Arbeitsweise der Europäischen Union[1] erlassene Maßnahme nicht gebunden, so hat es außer den sich für die Organe ergebenden Verwaltungskosten keine finanziellen Folgen dieser Maßnahme zu tragen, es sei denn, der Rat beschließt mit Einstimmigkeit aller seiner Mitglieder nach Anhörung des Europäischen Parlaments etwas anderes.

Protokoll (Nr. 23) über die Außenbeziehungen der Mitgliedstaaten hinsichtlich des Überschreitens der Außengrenzen (1997)

DIE HOHEN VERTRAGSPARTEIEN[2] –

EINGEDENK der Notwendigkeit, daß die Mitgliedstaaten, gegebenenfalls in Zusammenarbeit mit Drittländern, für wirksame Kontrollen an ihren Außengrenzen sorgen –

SIND über folgende Bestimmungen ÜBEREINGEKOMMEN, die dem Vertrag über die Europäische Union[3] und dem Vertrag über die Arbeitsweise der Europäischen Union[1] beigefügt sind:

---

[1] *Nr.* **146**.

[2] Präambel und Wortlaut geänd. mWv 1. 12. 2009 durch Prot. v. 13. 12. 2007 (ABl. Nr. C 306 S. 163).

[3] Nr. **145**.

Die in Artikel 77 Absatz 2 Buchstabe b des Vertrags über die Arbeitsweise der Europäischen Union[1] aufgenommenen Bestimmungen über Maßnahmen in bezug auf das Überschreiten der Außengrenzen berühren nicht die Zuständigkeit der Mitgliedstaaten für die Aushandlung und den Abschluß von Übereinkünften mit Drittländern, sofern sie mit den gemeinschaftlichen Rechtsvorschriften und anderen in Betracht kommenden internationalen Übereinkünften in Einklang stehen.

Protokoll (Nr. 24) über die Gewährung von Asyl für Staatsangehörige von Mitgliedstaaten der Europäischen Union (1997)

DIE HOHEN VERTRAGSPARTEIEN[2] –

IN DER ERWÄGUNG, dass die Union nach Artikel 6 Absatz 1 des Vertrags über die Europäische Union[3] die Rechte, Freiheiten und Grundsätze anerkennt, die in der Charta der Grundrechte der Europäischen Union enthalten sind,

IN DER ERWÄGUNG, dass die Grundrechte nach Artikel 6 Absatz 3 des Vertrags über die Europäische Union[3], wie sie in der Europäischen Konvention zum Schutz der Menschenrechte und Grundfreiheiten gewährleistet sind, als allgemeine Grundsätze zum Unionsrecht gehören,

IN DER ERWÄGUNG, daß der Gerichtshof der Europäischen Union dafür zuständig ist, sicherzustellen, daß die Europäische Union bei der Auslegung und Anwendung des Artikels 6 Absätze 1 und 3 des Vertrags über die Europäische Union[3] die Rechtsvorschriften einhält,

IN DER ERWÄGUNG, daß nach Artikel 49 des Vertrags über die Europäische Union jeder europäische Staat, der beantragt, Mitglied der Union zu werden, die in Artikel 2 des Vertrags über die Europäische Union genannten Werte achten muß,

EINGEDENK dessen, daß Artikel 7 des Vertrags über die Europäische Union[3] ein Verfahren für die Aussetzung bestimmter Rechte im Falle einer schwerwiegenden und anhaltenden Verletzung dieser Werte durch einen Mitgliedstaat vorsieht,

UNTER HINWEIS darauf, daß jeder Staatsangehörige eines Mitgliedstaats als Unionsbürger einen besonderen Status und einen besonderen Schutz genießt, welche die Mitgliedstaaten gemäß dem Zweiten Teil des Vertrags über die Arbeitsweise der Europäischen Union[1] gewährleisten,

IN DEM BEWUSSTSEIN, daß die Verträge einen Raum ohne Binnengrenzen schaffen und jedem Unionsbürger das Recht gewähren, sich im Hoheitsgebiet der Mitgliedstaaten frei zu bewegen und aufzuhalten,

---

[1] Nr. **146**.
[2] Präambel geänd. mWv 1. 12. 2009 durch Prot. v. 13. 12. 2007 (ABl. Nr. C 306 S. 163).
[3] Nr. **145**.

IN DEM WUNSCH, zu verhindern, daß Asyl für andere als die vorgesehenen Zwecke in Anspruch genommen wird,

IN DER ERWÄGUNG, daß dieses Protokoll den Zweck und die Ziele des Genfer Abkommens vom 28. Juli 1951 über die Rechtsstellung der Flüchtlinge beachtet –

SIND über folgende Bestimmungen ÜBEREINGEKOMMEN, die dem Vertrag über die Europäische Union[1] und dem Vertrag über die Arbeitsweise der Europäischen Union[2] beigefügt sind:

Einziger Artikel[3] [Zulassung eines Asylantrags]

[1] In Anbetracht des Niveaus des Schutzes der Grundrechte und Grundfreiheiten in den Mitgliedstaaten der Europäischen Union gelten die Mitgliedstaaten füreinander für alle rechtlichen und praktischen Zwecke im Zusammenhang mit Asylangelegenheiten als sichere Herkunftsländer. [2] Dementsprechend darf ein Asylantrag eines Staatsangehörigen eines Mitgliedstaats von einem anderen Mitgliedstaat nur berücksichtigt oder zur Bearbeitung zugelassen werden,

a) wenn der Mitgliedstaat, dessen Staatsangehöriger der Antragsteller ist, nach Inkrafttreten[4] des Vertrags von Amsterdam Artikel 15 der Konvention zum Schutze der Menschenrechte und Grundfreiheiten anwendet und Maßnahmen ergreift, die in seinem Hoheitsgebiet die in der Konvention vorgesehenen Verpflichtungen außer Kraft setzen,

b) wenn das Verfahren des Artikels 7 Absatz 1 des Vertrags über die Europäische Union eingeleitet worden ist und bis der Rat oder gegebenenfalls der Europäische Rat diesbezüglich einen Beschluß im Hinblick auf den Mitgliedstaat, dessen Staatsangehöriger der Antragsteller ist, gefaßt hat,

c) wenn der Rat einen Beschluss nach Artikel 7 Absatz 1 des Vertrags über die Europäische Union[1] im Hinblick auf den Mitgliedstaat, dessen Staatsangehöriger der Antragsteller ist, erlassen hat, oder wenn der Europäische Rat einen Beschluss nach Artikel 7 Absatz 2 des genannten Vertrags im Hinblick auf den Mitgliedstaat, dessen Staatsangehöriger der Antragsteller ist, erlassen hat,

d) wenn ein Mitgliedstaat in bezug auf den Antrag eines Staatsangehörigen eines anderen Mitgliedstaats einseitig einen solchen Beschluß faßt; in diesem Fall wird der Rat umgehend unterrichtet; bei der Prüfung des Antrags wird von der Vermutung ausgegangen, daß der Antrag offensichtlich unbegründet ist, ohne daß die Entscheidungsbefugnis des Mitgliedstaats in irgendeiner Weise beeinträchtigt wird.

---

[1] Nr. **145**.
[2] Nr. **146**.
[3] Einziger Art. Buchst. b geänd., Buchst. c neu gef. mWv 1. 12. 2009 durch Prot. v. 13. 12. 2007 (ABl. Nr. C 306 S. 163).
[4] *Inkrafttreten* am 1. 5. 1999.

Protokoll (Nr. 25) über die Ausübung der geteilten Zuständigkeit[1)]

DIE HOHEN VERTRAGSPARTEIEN –

SIND über folgende Bestimmungen ÜBEREINGEKOMMEN, die dem Vertrag über die Europäische Union[2)] und dem Vertrag über die Arbeitsweise der Europäischen Union[3)] beigefügt sind:

Einziger Artikel [Ausübung der Zuständigkeit]

Ist die Union in einem bestimmten Bereich im Sinne des Artikels 2 Absatz 2 des Vertrags über die Arbeitsweise der Europäischen Union[3)] betreffend die geteilte Zuständigkeit tätig geworden, so erstreckt sich die Ausübung der Zuständigkeit nur auf die durch den entsprechenden Rechtsakt der Union geregelten Elemente und nicht auf den gesamten Bereich.

Protokoll (Nr. 26) über Dienste von allgemeinem Interesse[1)]

DIE HOHEN VERTRAGSPARTEIEN –

IN DEM WUNSCH, die Bedeutung der Dienste von allgemeinem Interesse hervorzuheben –

SIND über folgende auslegende Bestimmungen ÜBEREINGEKOMMEN, die dem Vertrag über die Europäische Union[2)] und dem Vertrag über die Arbeitsweise der Europäischen Union[3)] beigefügt sind:

Art. 1 [Gemeinsame Werte] Zu den gemeinsamen Werten der Union in Bezug auf Dienste von allgemeinem wirtschaftlichem Interesse im Sinne des Artikels 14 des Vertrags über die Arbeitsweise der Europäischen Union[3)] zählen insbesondere:
– die wichtige Rolle und der weite Ermessensspielraum der nationalen, regionalen und lokalen Behörden in der Frage, wie Dienste von allgemeinem wirtschaftlichem Interesse auf eine den Bedürfnissen der Nutzer so gut wie möglich entsprechende Weise zur Verfügung zu stellen, in Auftrag zu geben und zu organisieren sind;
– die Vielfalt der jeweiligen Dienstleistungen von allgemeinem wirtschaftlichem Interesse und die Unterschiede bei den Bedürfnissen und Präferenzen der Nutzer, die aus unterschiedlichen geografischen, sozialen oder kulturellen Gegebenheiten folgen können;
– ein hohes Niveau in Bezug auf Qualität, Sicherheit und Bezahlbarkeit, Gleichbehandlung und Förderung des universellen Zugangs und der Nutzerrechte.

[1)] Protokoll v. 13. 12. 2007 (ABl. Nr. C 306 S. 156).
[2)] Nr. **145**.
[3)] Nr. **146**.

Art. 2 [Konkurrenzen] Die Bestimmungen der Verträge berühren in keiner Weise die Zuständigkeit der Mitgliedstaaten, nichtwirtschaftliche Dienste von allgemeinem Interesse zur Verfügung zu stellen, in Auftrag zu geben und zu organisieren.

Protokoll (Nr. 27) über den Binnenmarkt und den Wettbewerb[1]

DIE HOHEN VERTRAGSPARTEIEN –

UNTER BERÜCKSICHTIGUNG der Tatsache, dass der Binnenmarkt, wie er in Artikel 3 des Vertrags über die Europäische Union[2] beschrieben wird, ein System umfasst, das den Wettbewerb vor Verfälschungen schützt –

SIND ÜBEREINGEKOMMEN, dass für diese Zwecke die Union erforderlichenfalls nach den Bestimmungen der Verträge, einschließlich des Artikels 352 des Vertrags über die Arbeitsweise der Europäischen Union[3], tätig wird.

[Anfügung des Binnenmarkt-Protokolls]

Dieses Protokoll wird dem Vertrag über die Europäische Union[2] und dem Vertrag über die Arbeitsweise der Europäischen Union[3] beigefügt.

Protokoll (Nr. 28) über den wirtschaftlichen, sozialen und territorialen Zusammenhalt (1992)

DIE HOHEN VERTRAGSPARTEIEN[4] –

UNTER HINWEIS darauf, dass in Artikel 3 des Vertrags über die Europäische Union[2] unter anderen Zielen die Förderung des wirtschaftlichen, sozialen und territorialen Zusammenhalts und der Solidarität zwischen den Mitgliedstaaten erwähnt ist und dass dieser Zusammenhalt zu den in Artikel 4 Absatz 2 Buchstabe c des Vertrags über die Arbeitsweise der Europäischen Union[3] aufgeführten Bereichen gehört, in denen die Union über geteilte Zuständigkeit verfügt,

UNTER HINWEIS darauf, daß der Dritte Teil Titel XIV über den wirtschaftlichen, sozialen und territorialen Zusammenhalt insgesamt die Rechtsgrundlage für die Konsolidierung und Weiterentwicklung der Gemeinschaftstätigkeit im Bereich des wirtschaftlichen, sozialen und territorialen Zusammenhalts, einschließlich der Schaffung eines neuen Fonds, darstellt;

---

1) Protokoll v. 13. 12. 2007 (ABl. Nr. C 306 S. 154).
2) *Nr. 145.*
3) Nr. 146.
4) Präambel geänd. mWv 1. 12. 2009 durch Prot. v. 13. 12. 2007 (ABl. Nr. C 306 S. 163).

UNTER HINWEIS darauf, dass in Artikel 177 des Vertrags über die Arbeitsweise der Europäischen Union[1)] die Einrichtung eines Kohäsionsfonds vorgesehen ist,

IN ANBETRACHT dessen, daß die EIB erhebliche und noch steigende Beträge zugunsten der ärmeren Gebiete ausleiht;

IN ANBETRACHT des Wunsches nach größerer Flexiblität bei den Regelungen für die Zuweisungen aus den Strukturfonds;

IN ANBETRACHT des Wunsches nach einer Differenzierung der Höhe der Gemeinschaftsbeteiligung an den Programmen und Vorhaben in bestimmten Ländern;

ANGESICHTS des Vorschlags, dem relativen Wohlstand der Mitgliedstaaten im Rahmen des Systems der eigenen Mittel stärker Rechnung zu tragen –

BEKRÄFTIGEN, daß die Förderung des wirtschaftlichen, sozialen und territorialen Zusammenhalts für die umfassende Entwicklung und den dauerhaften Erfolg der Gemeinschaft wesentlich ist;

BEKRÄFTIGEN ihre Überzeugung, daß die Strukturfonds bei der Erreichung der Gemeinschaftsziele hinsichtlich des Zusammenhalts weiterhin eine gewichtige Rolle zu spielen haben;

BEKRÄFTIGEN ihre Überzeugung, daß die EIB weiterhin den Großteil ihrer Mittel für die Förderung des wirtschaftlichen, sozialen und territorialen Zusammenhalts einsetzen sollte, und erklären sich bereit, den Kapitalbedarf der EIB zu überprüfen, sobald dies für diesen Zweck notwendig ist;

VEREINBAREN, daß der Kohäsionsfonds finanzielle Beiträge der Gemeinschaft für Vorhaben in den Bereichen Umwelt und transeuropäische Netze in Mitgliedstaaten mit einem Pro-Kopf-BSP von weniger als 90 v.H. des Gemeinschaftsdurchschnitts bereitstellt, die ein Programm zur Erfüllung der in Artikel 126 des Vertrags über die Arbeitsweise der Europäischen Union[1)] genannten Bedingungen der wirtschaftlichen Konvergenz vorweisen;

BEKUNDEN ihre Absicht, ein größeres Maß an Flexibilität bei der Zuweisung von Finanzmitteln aus den Strukturfonds für besondere Bedürfnisse vorzusehen, die nicht von den derzeitigen Strukturfonds abgedeckt werden;

BEKUNDEN ihre Bereitschaft, die Höhe der Gemeinschaftsbeteiligung an Programmen und Vorhaben im Rahmen der Strukturfonds zu differenzieren, um einen übermäßigen Anstieg der Haushaltsausgaben in den weniger wohlhabenden Mitgliedstaaten zu vermeiden;

ERKENNEN AN, daß die Fortschritte im Hinblick auf den wirtschaftlichen, sozialen und territorialen Zusammenhalt laufend überwacht werden müssen, und bekunden ihre Bereitschaft, alle dazu erforderlichen Maßnahmen zu prüfen;

ERKLÄREN ihre Absicht, der Beitragskapazität der einzelnen Mitgliedstaaten im Rahmen des Systems der Eigenmittel stärker Rechnung zu tragen und zu prüfen, wie für die weniger wohlhabenden Mitglied-

[1)] Nr. **146**.

staaten regressive Elemente im derzeitigen System der Eigenmittel korrigiert werden können;

KOMMEN ÜBEREIN, dieses Protokoll dem Vertrag über die Europäische Union[1] und dem Vertrag über die Arbeitsweise der Europäischen Union[2] beizufügen.

Protokoll (Nr. 29) über den öffentlich-rechtlichen Rundfunk in den Mitgliedstaaten[3]

DIE HOHEN VERTRAGSPARTEIEN[4] –

IN DER ERWÄGUNG, daß der öffentlich-rechtliche Rundfunk in den Mitgliedstaaten unmittelbar mit den demokratischen, sozialen und kulturellen Bedürfnissen jeder Gesellschaft sowie mit dem Erfordernis verknüpft ist, den Pluralismus in den Medien zu wahren –

SIND über folgende auslegende Bestimmung ÜBEREINGEKOMMEN, die dem Vertrag über die Europäische Union[1] und dem Vertrag über die Arbeitsweise der Europäischen Union[2] beigefügt ist:

Die Bestimmungen der Verträge berühren nicht die Befugnis der Mitgliedstaaten, den öffentlich-rechtlichen Rundfunk zu finanzieren, sofern die Finanzierung der Rundfunkanstalten dem öffentlich-rechtlichen Auftrag, wie er von den Mitgliedstaaten den Anstalten übertragen, festgelegt und ausgestaltet wird, dient und die Handels- und Wettbewerbsbedingungen in der Union nicht in einem Ausmaß beeinträchtigt, das dem gemeinsamen Interesse zuwiderläuft, wobei den Erfordernissen der Erfüllung des öffentlich-rechtlichen Auftrags Rechnung zu tragen ist.

Protokoll (Nr. 30) über die Anwendung der Charta der Grundrechte auf Polen und das Vereinigte Königreich[5]

DIE HOHEN VERTRAGSPARTEIEN –

IN DER ERWÄGUNG, dass die Union in Artikel 6 des Vertrags über die Europäische Union[1] die in der Charta der Grundrechte der Europäischen Union enthaltenen Rechte, Freiheiten und Grundsätze anerkennt;

---

[1] Nr. **145**.
[2] Nr. **146**.
[3] *Protokoll* v. 2. 10. 1997 (ABl. Nr. C 340 S. 109).
[4] Präambel und Wortlaut geänd. mWv 1. 12. 2009 durch Prot. v. 13. 12. 2007 (ABl. Nr. C 306 S. 163).
[5] Protokoll v. 13. 12. 2007 (ABl. Nr. C 306 S. 154).

IN DER ERWÄGUNG, dass die Charta streng im Einklang mit den Bestimmungen des genannten Artikels 6 und mit Titel VII der Charta anzuwenden ist;

IN DER ERWÄGUNG, dass der genannte Artikel 6 vorsieht, dass die Charta von den Gerichten Polens und des Vereinigten Königreichs streng im Einklang mit den in jenem Artikel erwähnten Erläuterungen anzuwenden und auszulegen ist;

IN DER ERWÄGUNG, dass die Charta sowohl Rechte als auch Grundsätze enthält,

IN DER ERWÄGUNG, dass die Charta sowohl Bestimmungen bürgerlicher und politischer Art als auch Bestimmungen wirtschaftlicher und sozialer Art enthält;

IN DER ERWÄGUNG, dass die Charta die in der Union anerkannten Rechte, Freiheiten und Grundsätze bekräftigt und diese Rechte besser sichtbar macht, aber keine neuen Rechte oder Grundsätze schafft;

EINGEDENK der Verpflichtungen Polens und des Vereinigten Königreichs aufgrund des Vertrags über die Europäische Union[1], des Vertrags über die Arbeitsweise der Europäischen Union[2] und des Unionsrechts im Allgemeinen;

IN KENNTNIS des Wunsches Polens und des Vereinigten Königreichs, bestimmte Aspekte der Anwendung der Charta zu klären;

demzufolge IN DEM WUNSCH, die Anwendung der Charta in Bezug auf die Gesetze und Verwaltungsmaßnahmen Polens und des Vereinigten Königreichs und die Frage der Einklagbarkeit in Polen und im Vereinigten Königreich zu klären;

IN BEKRÄFTIGUNG DESSEN, dass in diesem Protokoll enthaltene Bezugnahmen auf die Wirkungsweise spezifischer Bestimmungen der Charta auf keinen Fall die Wirkungsweise anderer Bestimmungen der Charta berühren;

IN BEKRÄFTIGUNG DESSEN, dass dieses Protokoll die Anwendung der Charta auf andere Mitgliedstaaten nicht berührt;

IN BEKRÄFTIGUNG DESSEN, dass dieses Protokoll andere Verpflichtungen Polens und des Vereinigten Königreichs aufgrund des Vertrags über die Europäische Union, des Vertrags über die Arbeitsweise der Europäischen Union und des Unionsrechts im Allgemeinen nicht berührt –

SIND über folgende Bestimmungen ÜBEREINGEKOMMEN, die dem Vertrag über die Europäische Union und dem Vertrag über die Arbeitsweise der Europäischen Union beigefügt sind:

Art. 1 [Ausnahmen] (1) Die Charta bewirkt keine Ausweitung der Befugnis des Gerichtshofs der Europäischen Union oder eines Gerichts Polens oder des Vereinigten Königreichs zu der Feststellung, dass die Rechts- und Verwaltungsvorschriften, die Verwaltungspraxis oder maß-

[1] Nr. **145**.
[2] Nr. **146**.

nahmen Polens oder des Vereinigten Königreichs nicht mit den durch die Charta bekräftigten Grundrechten, Freiheiten und Grundsätzen im Einklang stehen.

(2) Insbesondere – und um jeden Zweifel auszuräumen – werden mit Titel IV der Charta keine für Polen oder das Vereinigte Königreich geltenden einklagbaren Rechte geschaffen, soweit Polen bzw. das Vereinigte Königreich solche Rechte nicht in seinem nationalen Recht vorgesehen hat.

Art. 2 [Verhältnis zu innerstaatlichem Recht] Wird in einer Bestimmung der Charta auf das innerstaatliche Recht und die innerstaatliche Praxis Bezug genommen, so findet diese Bestimmung auf Polen und das Vereinigte Königreich nur in dem Maße Anwendung, in dem die darin enthaltenen Rechte oder Grundsätze durch das Recht oder die Praxis Polens bzw. des Vereinigten Königreichs anerkannt sind.

Protokoll (Nr. 31) über die Einfuhr in den Niederländischen Antillen raffinierter Erdölerzeugnisse in die Europäische Union[1] (1962)

DIE HOHEN VERTRAGSPARTEIEN –

IN DEM WUNSCHE nach einer näheren Regelung für den Handelsverkehr bei der Einfuhr von in den Niederländischen Antillen raffinierten Erdölerzeugnissen in die Europäische Union –

SIND über folgende Bestimmungen ÜBEREINGEKOMMEN, die dem Vertrag über die Europäische Union[2] und dem Vertrag über die Arbeitsweise der Europäischen Union[3] beigefügt sind:

Art. 1 [Anwendungsrahmen] Dieses Protokoll gilt für die Erdölerzeugnisse der Tarifnummern 27.10, 27.11, 27.12, ex 27.13 (Paraffin, Petrolatum aus Erdöl oder Schieferöl, paraffinische Rückstände) und 27.14 des Brüsseler Zolltarifschemas, soweit sie zum Verbrauch in den Mitgliedstaaten eingeführt werden.

Art. 2 [Zollvorteile] [1]Die Mitgliedstaaten verpflichten sich, den in den Niederländischen Antillen raffinierten Erdölerzeugnissen nach Maßgabe dieses Protokolls die Zollvorteile einzuräumen, die sich aus der Assoziierung der letztgenannten mit der Union ergeben. [2]Diese Bestimmungen gelten ungeachtet der Ursprungsregeln der Mitgliedstaaten.

---

[1] Titel geänd. mWv 1. 12. 2009 durch Prot. v. 13. 12. 2007 (ABl. Nr. C 306 S. 163).
[2] Nr. **145**.
[3] Nr. **146**.

Art. 3[1)] **[Erhöhung der Zollsätze]** (1) [1]Stellt die Kommission auf Antrag eines Mitgliedstaats oder von sich aus fest, daß die gemäß der Regelung des Artikels 2 getätigten Einfuhren in den Niederländischen Antillen raffinierter Erdölerzeugnisse in die Gemeinschaft tatsächlich Schwierigkeiten auf dem Markt eines oder mehrerer Mitgliedstaaten hervorrufen, so beschließt sie, daß die Zollsätze für die genannte Einfuhr von den betreffenden Mitgliedstaaten eingeführt, erhöht oder wiedereingeführt werden, soweit und solange dies erforderlich ist, um dieser Lage gerecht zu werden. [2]Die so eingeführten, erhöhten oder wiedereingeführten Zollsätze dürfen nicht über den Sätzen der Zölle liegen, die gegenüber dritten Ländern für dieselben Erzeugnisse angewendet werden.

(2) Absatz 1 kann auf jeden Fall angewendet werden, wenn die Einfuhr von in den Niederländischen Antillen raffinierten Erdölerzeugnissen nach den Mitgliedstaaten zwei Millionen Tonnen pro Jahr erreicht.

(3) [1]Die Beschlüsse der Kommission gemäß den Absätzen 1 und 2 einschließlich derjenigen, die auf die Ablehnung des Antrags eines Mitgliedstaats abzielen, werden dem Rat bekanntgegeben. [2]Dieser kann sich auf Antrag eines jeden Mitgliedstaats mit den genannten Beschlüssen befassen, und er kann sie jederzeit abändern oder zurückstellen.

Art. 4 **[Zölle durch einen Mitgliedstaat]** (1) [1]Ist ein Mitgliedstaat der Ansicht, daß die unmittelbar oder über einen anderen Mitgliedstaat gemäß der Regelung des Artikels 2 durchgeführte Einfuhr in den Niederländischen Antillen raffinierter Erdölerzeugnisse auf seinem Markt tatsächlich Schwierigkeiten hervorruft und daß sofortige Maßnahmen zur Behebung dieser Sachlage erforderlich sind, so kann er von sich aus beschließen, daß auf diese Einfuhr Zölle erhoben werden, deren Sätze nicht über den Zollsätzen liegen dürfen, die gegenüber dritten Staaten für dieselbe Erzeugnisse angewendet werden. [2]Er notifiziert diesen Beschluß der Kommission, die binnen eines Monats beschließt, ob die von dem Staat getroffenen Maßnahmen aufrechterhalten werden können oder geändert bzw. aufgehoben werden müssen. [3]Artikel 3 Absatz 3 ist auf diesen Beschluß der Kommission anwendbar.

(2) [1]Überschreitet die unmittelbar oder über einen anderen Mitgliedstaat gemäß der Regelung des Artikels 2 durchgeführte Einfuhr in den Niederländischen Antillen raffinierter Erdölerzeugnisse in einem oder mehreren Mitgliedstaaten der Europäischen Union während eines Kalenderjahres die im Anhang zu diesem Protokoll angegebene Menge, so werden die von dem oder den betreffenden Mitgliedstaaten für das laufende Jahr gemäß Absatz 1 etwa getroffenen Maßnahmen als rechtmäßig betrachtet; die Kommission nimmt von den getroffenen Maßnahmen Kenntnis, nachdem sie sich vergewissert hat, daß die festgeleg-

---

1) Art. 3 Abs. 3 Satz 2 geänd. mWv 1. 12. 2009 durch Prot. v. 13. 12. 2007 (ABl. Nr. C 306 S. 163).

te Menge erreicht wurde. [2]In einem solchen Fall sehen die übrigen Mitgliedstaaten davon ab, den Rat zu befassen.

Art. 5 [Generelle mengenmäßige Beschränkungen] [1]Beschließt die Union die Anwendung von mengenmäßigen Beschränkungen auf die Einfuhr von Erdölerzeugnissen jeder Herkunft, so können diese auch auf die Einfuhr dieser Erzeugnisse aus den Niederländischen Antillen angewendet werden. [2]In einem derartigen Fall wird den Niederländischen Antillen eine Vorzugsbehandlung gegenüber dritten Ländern gewährt.

Art. 6 [Revision der Regelung] (1) Der Rat revidiert die Bestimmungen der Artikel 2 bis 5 einstimmig nach Anhörung des Europäischen Parlaments und der Kommission, wenn er eine gemeinsame Ursprungsbestimmung für die Erdölerzeugnisse aus dritten Ländern und assoziierten Ländern erläßt oder im Rahmen einer gemeinsamen Handelspolitik für die betreffenden Erzeugnisse Beschlüsse faßt oder eine gemeinsame Energiepolitik aufstellt.

(2) Bei einer derartigen Revision müssen jedoch auf jeden Fall gleichwertige Vorteile zugunsten der Niederländischen Antillen in geeigneter Form und für eine Menge von mindestens 2 Millionen Tonnen Erdölerzeugnissen aufrechterhalten werden.

(3) Die Verpflichtungen der Union bezüglich der gleichwertigen Vorteile gemäß Absatz 2 können erforderlichenfalls auf die einzelnen Länder aufgeteilt werden, wobei die im Anhang zu diesem Protokoll aufgeführten Mengen zu berücksichtigen sind.

Art. 7 [Entwicklung der Einfuhr] [1]Zur Durchführung dieses Protokolls hat die Kommission die Entwicklung der Einfuhr in den Niederländischen Antillen raffinierter Erdölerzeugnisse in die Mitgliedstaaten zu verfolgen. [2]Die Mitgliedstaaten teilen der Kommission, die für die entsprechende Verteilung sorgt, alle diesem Zweck dienenden Aufschlüsse nach den von der Kommission empfohlenen Verwaltungsmodalitäten mit.

Anhang zum Protokoll

Zur Durchführung des Artikels 4 Absatz 2 des Protokolls über die Einfuhr in den Niederländischen Antillen raffinierter Erdölerzeugnisse in die Europäische Union haben die Hohen Vertragsparteien beschlossen, daß die Menge von 2 Millionen Tonnen Erdölerzeugnissen aus den Antillen sich wie folgt auf die Mitgliedstaaten verteilt:

Bundesrepublik Deutschland	625 000 Tonnen
Belgisch-Luxemburgische Wirtschaftsunion	200 000 Tonnen
Frankreich	75 000 Tonnen
Italien	100 000 Tonnen
Niederlande	1 000 000 Tonnen

Protokoll (Nr. 32) betreffend den Erwerb von Immobilien in Dänemark (1992)

DIE HOHEN VERTRAGSPARTEIEN[1) –

VON DEM WUNSCH GELEITET, gewisse besondere Probleme betreffend Dänemark zu regeln –

SIND über folgende Bestimmungen ÜBEREINGEKOMMEN, die dem Vertrag über die Europäische Union[2) und dem Vertrag über die Arbeitsweise der Europäischen Union[3) beigefügt sind:

Ungeachtet der Verträge kann Dänemark seine geltenden Rechtsvorschriften für den Erwerb von Zweitwohnungen beibehalten.

Protokoll (Nr. 33) zu Artikel 157 des Vertrags über die Arbeitsweise der Europäischen Union[4) · 5)]

DIE HOHEN VERTRAGSPARTEIEN[1) –

SIND über folgende Bestimmungen ÜBEREINGEKOMMEN, die dem Vertrag über die Europäische Union[2) und dem Vertrag über die Arbeitsweise der Europäischen Union[3) beigefügt sind:

Im Sinne des Artikels 157 des Vertrags über die Arbeitsweise der Europäischen Union gelten Leistungen aufgrund eines betrieblichen Systems der sozialen Sicherheit nicht als Entgelt, sofern und soweit sie auf Beschäftigungszeiten vor dem 17. Mai 1990 zurückgeführt werden können, außer im Fall von Arbeitnehmern oder deren anspruchsberechtigten Angehörigen, die vor diesem Zeitpunkt eine Klage bei Gericht oder ein gleichwertiges Verfahren nach geltendem einzelstaatlichen Recht anhängig gemacht haben.

Protokoll (Nr. 34) über die Sonderregelung für Grönland (1985)

Art. 1[6)] [Zoll- und Abgabenfreiheit] (1) Die Behandlung von der Gemeinsamen Fischereinmarktorganisation unterliegenden Erzeugnissen mit Ursprung in Grönland bei der Einfuhr in die Union erfolgt unter Beachtung der Mechanismen der Gemeinsamen Marktorganisation frei von Zöllen und Abgaben gleicher Wirkung sowie ohne mengenmäßige Beschränkungen und Maßnahmen gleicher Wirkung, sofern die aufgrund eines Abkommens zwischen der Union und der für

---

1) Präambel und Wortlaut geänd. mWv 1. 12. 2009 durch Prot. v. 13. 12. 2007 (ABl. Nr. C 306 S. 163).
2) Nr. **145**.
3) Nr. **146**.
4) Protokoll v. 7. 2. 1992 (ABl. Nr. C 191 S. 68).
5) Titel geänd. mWv 1. 12. 2009 durch Prot. v. 13. 12. 2007 (ABl. Nr. C 306 S. 163).
6) Art. 1 Abs. 1 und 2 geänd. mWv 1. 12. 2009 durch Prot. v. 13. 12. 2007 (ABl. Nr. C 306 S. 163).

Grönland zuständigen Behörde eingeräumten Möglichkeiten des Zugangs der Union zu den grönländischen Fischereizonen für die Union zufriedenstellend sind.

(2) Alle die Einfuhrregelung für die genannten Erzeugnisse betreffenden Maßnahmen einschließlich derjenigen zur Einführung dieser Maßnahmen werden nach dem Verfahren des Artikels 43 des Vertrages über die Arbeitsweise der Europäischen Union[1] beschlossen.

Art. 2.[2] *(aufgehoben)*

Art. 3 [Änderungsvorschrift] *(hier nicht wiedergegeben)*

Protokoll (Nr. 35) über Artikel 40.3.3 der Verfassung Irlands[3), 4]

DIE HOHEN VERTRAGSPARTEIEN[5]

SIND über folgende Bestimmungen ÜBEREINGEKOMMEN, die dem Vertrag über die Europäische Union[6] und dem Vertrag über die Arbeitsweise der Europäischen Union[1] beigefügt sind:

[Behandlung des ungeborenen Leben]

Die Verträge, der Vertrag zur Gründung der Europäischen Atomgemeinschaft sowie die Verträge und Akte zur Änderung oder Ergänzung der genannten Verträge berühren nicht die Anwendung des Artikels 40.3.3 der irischen Verfassung in Irland.

Protokoll (Nr. 36) über die Übergangsbestimmungen[7]

DIE HOHEN VERTRAGSPARTEIEN –

IN DER ERWÄGUNG, dass zur Regelung des Übergangs von den institutionellen Bestimmungen der Verträge, die vor dem Inkrafttreten

---

1) Nr. **146**.

2) Art. 2 aufgeh. mWv 1. 12. 2009 durch Prot. v. 13. 12. 2007 (ABl. Nr. C 306 S. 163).

3) Protokoll v. 7. 2. 1992 (ABl. Nr. C 191 S. 94).

4) Titel geänd. mWv 1. 12. 2009 durch Prot. v. 13. 12. 2007 (ABl. Nr. C 306 S. 163).

5) Präambel und Wortlaut geänd. mWv 1. 12. 2009 durch Prot. v. 13. 12. 2007 (ABl. Nr. C 306 S. 163).

6) Nr. **145**.

7) Protokoll v. 13. 12. 2007 (ABl. Nr. C 306 S. 157). Art. 2 geänd. durch Prot. v. 23. 6. 2010 (ABl. Nr. C 263 S. 1); Art. 3 Abs. 3, Art. 7 und Art. 8 m. W. v. 1. 7. 2013 geänd. durch Akte zum Beitrittsvertrag v. 9. 12. 2011, ABl. Nr. L 112/21 v. 24. 4. 2012. Gem. Art. 19 Abs. 1 der Akte gilt weiterhin folgende Übergangsbestimmung: „Abweichend von Artikel 2 des dem EUV, dem AEUV und dem EAG-Vertrag beigefügten Protokolls über die Übergangsbestimmungen und abweichend von der Höchstzahl der Sitze nach Artikel 14 Absatz 2 Unterabsatz 1 EUV wird die Anzahl der Mitglieder des Europäischen Parlaments um 12 Mitglieder aus Kroatien erhöht, um dem Beitritt Kroatiens Rechnung zu tragen; dies gilt für den Zeitraum ab dem Tag des Beitritts bis zum Ende der Wahlperiode 2009–2014 des Europäischen Parlaments."

des Vertrags von Lissabon[1] anwendbar sind, zu den Bestimmungen des genannten Vertrags Übergangsbestimmungen vorgesehen werden müssen –

SIND über folgende Bestimmungen ÜBEREINGEKOMMEN, die dem Vertrag über die Europäische Union[2], dem Vertrag über die Arbeitsweise der Europäischen Union[3] und dem Vertrag zur Gründung der Europäischen Atomgemeinschaft beigefügt sind:

Art. 1 [Definition] In diesem Protokoll bezeichnet der Ausdruck „die Verträge" den Vertrag über die Europäische Union, den Vertrag über die Arbeitsweise der Europäischen Union und den Vertrag zur Gründung der Europäischen Atomgemeinschaft.

Titel I. Bestimmungen über das Europäische Parlament

Art. 2 [Zusammensetzung des EP] (1) Für den ab Inkrafttreten dieses Artikels verbleibenden Zeitraum der Legislaturperiode 2009–2014 werden in Abweichung von Artikel 189 Absatz 2 und Artikel 190 Absatz 2 des Vertrags zur Gründung der Europäischen Gemeinschaft sowie von Artikel 107 Absatz 2 und Artikel 108 Absatz 2 des Vertrags zur Gründung der Europäischen Atomgemeinschaft, die zum Zeitpunkt der Wahlen zum Europäischen Parlament im Juni 2009 in Kraft waren, sowie in Abweichung von der in Artikel 14 Absatz 2 Unterabsatz 1 des Vertrags über die Europäische Union vorgesehenen Anzahl der Sitze den bestehenden 736 Sitzen die folgenden18 Sitze hinzugefügt, wodurch sich die Gesamtzahl der Mitglieder des Europäischen Parlaments bis zum Ende der Legislaturperiode 2009–2014 vorübergehend auf 754 erhöht:

Bulgarien	1
Spanien	4
Frankreich	2
Italien	1
Lettland	1
Malta	1
Niederlande	1
Österreich	2
Polen	1
Slowenien	1
Schweden	2
Vereinigtes Königreich	1

(2) In Abweichung von Artikel 14 Absatz 3 des Vertrags über die Europäische Union benennen die betroffenen Mitgliedstaaten die Personen, die die zusätzlichen Sitze nach Absatz 1 einnehmen werden, nach ihren innerstaatlichen Rechtsvorschriften und unter der Voraussetzung, dass diese Personen in allgemeinen unmittelbaren Wahlen gewählt wurden, und zwar:

---

[1] Nr. **152**.
[2] Nr. **145**.
[3] Nr. **146**.

a) in allgemeinen, unmittelbaren Ad-hoc-Wahlen in dem betroffenen Mitgliedstaat gemäß den für die Wahlen zum Europäischen Parlament geltenden Bestimmungen,
b) auf der Grundlage der Ergebnisse der Wahlen zum Europäischen Parlament vom 4. bis 7. Juni 2009 oder
c) indem das nationale Parlament des betroffenen Mitgliedstaats die erforderliche Zahl von Mitgliedern aus seiner Mitte nach dem von dem jeweiligen Mitgliedstaat festgelegten Verfahren benennt.

(3) Rechtzeitig vor den Wahlen zum Europäischen Parlament 2014 erlässt der Europäische Rat nach Artikel 14 Absatz 2 Unterabsatz 2 des Vertrags über die Europäische Union einen Beschluss über die Zusammensetzung des Europäischen Parlaments.

Titel II. Bestimmungen über die qualifizierte Mehrheit

Art. 3 [Qualifizierte Mehrheit] (1) Nach Artikel 16 Absatz 4 des Vertrags über die Europäische Union[1] treten die Bestimmungen dieses Absatzes und die Bestimmungen des Artikels 238 Absatz 2 des Vertrags über die Arbeitsweise der Europäischen Union[2] zur Definition der qualifizierten Mehrheit im Europäischen Rat und im Rat am 1. November 2014 in Kraft.

(2) [1] Für den Zeitraum vom 1. November 2014 bis zum 31. März 2017 gilt Folgendes: Ist für eine Beschlussfassung eine qualifizierte Mehrheit erforderlich, kann ein Mitglied des Rates beantragen, dass die Beschlussfassung mit der qualifizierten Mehrheit nach Absatz 3 erfolgt. [2] In diesem Fall finden die Absätze 3 und 4 Anwendung.

(3) Bis zum 31. Oktober 2014 gelten unbeschadet des Artikels 235 Absatz 1 Unterabsatz 2 des Vertrags über die Arbeitsweise der Europäischen Union die nachstehenden Bestimmungen.

Ist für die Beschlussfassung im Europäischen Rat und im Rat eine qualifizierte Mehrheit erforderlich, so werden die Stimmen der Mitglieder wie folgt gewichtet:

Belgien	12
Bulgarien	10
Tschechische Republik	12
Dänemark	7
Deutschland	29
Estland	4
Irland	7
Griechenland	12
Spanien	27
Frankreich	29
Kroatien	7
Italien	29

[1] Nr. **145**.
[2] Nr. **146**.

Zypern	4
Lettland	4
Litauen	7
Luxemburg	4
Ungarn	12
Malta	3
Niederlande	13
Österreich	10
Polen	27
Portugal	12
Rumänien	14
Slowenien	4
Slowakei	7
Finnland	7
Schweden	10
Vereinigtes Königreich	29

[1] In den Fällen, in denen Beschlüsse nach den Verträgen auf Vorschlag der Kommission zu fassen sind, kommen diese Beschlüsse mit einer Mindestzahl von 260 Stimmen zustande, die die Zustimmung der Mehrheit der Mitglieder umfasst. [2] In den anderen Fällen kommen die Beschlüsse mit einer Mindestzahl von 260 Stimmen zustande, die die Zustimmung von mindestens zwei Dritteln der Mitglieder umfasst.

[1] Ein Mitglied des Europäischen Rates oder des Rates kann beantragen, dass beim Erlass eines Rechtsakts des Europäischen Rates oder des Rates mit qualifizierter Mehrheit überprüft wird, ob die Mitgliedstaaten, die diese qualifizierte Mehrheit bilden, mindestens 62% der Gesamtbevölkerung der Union ausmachen.[1)] [2] Falls sich erweist, dass diese Bedingung nicht erfüllt ist, wird der betreffende Rechtsakt nicht erlassen.

(4) Bis zum 31. Oktober 2014 gilt in den Fällen, in denen in Anwendung der Verträge nicht alle Mitglieder des Rates stimmberechtigt sind, das heißt in den Fällen, in denen auf die qualifizierte Mehrheit nach Artikel 238 Absatz 3 des Vertrags über die Arbeitsweise der Europäischen Union Bezug genommen wird, als qualifizierte Mehrheit derselbe Anteil der gewogenen Stimmen und derselbe Anteil der Anzahl der Mitglieder des Rates sowie gegebenenfalls derselbe Prozentsatz der Bevölkerung der betreffenden Mitgliedstaaten wie in Absatz 3 dieses Artikels festgelegt.

Titel III. Bestimmungen über die Zusammensetzungen des Rates

Art. 4 [Zusammensetzungen des Rates] Bis zum Inkrafttreten des Beschlusses nach Artikel 16 Absatz 6 Unterabsatz 1 des Vertrags über die Europäische Union[2)] kann der Rat in den in den Unterabsätzen 2 und 3 des genannten Absatzes vorgesehenen Zusammensetzungen sowie in anderen Zusammensetzungen zusammentreten, deren Liste

[1)] Vgl. Anhang III Abs. 1 der GO des Rates (Nr. **237**).
[2)] Nr. **145**.

durch einen Beschluss des Rates in seiner Zusammensetzung „Allgemeine Angelegenheiten“ festgesetzt wird, der mit einfacher Mehrheit beschließt.

Titel IV. Bestimmungen über die Kommission einschließlich des hohen Vertreters der Union für Außen- und Sicherheitspolitik

Art. 5 [Amtszeiten der Kommissionsmitglieder] [1]Die zum Zeitpunkt des Inkrafttretens des Vertrags von Lissabon[1)] amtierenden Mitglieder der Kommission bleiben bis zum Ende ihrer Amtszeit im Amt. [2]Am Tag der Ernennung des Hohen Vertreters der Union für Außen- und Sicherheitspolitik endet jedoch die Amtszeit des Mitglieds, das die gleiche Staatsangehörigkeit wie dieser besitzt.

Titel V. Bestimmungen betreffend den Generalsekretär des Rates und hohen Vertreter für die gemeinsame Außen- und Sicherheitspolitik und den Stellvertretenden Generalsekretär des Rates

Art. 6 [Amtszeit des Generalsekretärs des Rates] [1]Die Amtszeit des Generalsekretärs des Rates und Hohen Vertreters für die Gemeinsame Außen-und Sicherheitspolitik sowie des Stellvertretenden Generalsekretärs des Rates endet zum Zeitpunkt des Inkrafttretens des Vertrags von Lissabon[2)]. [2]Der Rat ernennt seinen Generalsekretär nach Artikel 240 Absatz 2 des Vertrags über die Arbeitsweise der Europäischen Union[2)].

Titel VI. Bestimmungen über die beratenden Einrichtungen

Art. 7[3)] [Wirtschafts- und Sozialausschusses] Bis zum Inkrafttreten des Beschlusses nach Artikel 301 des Vertrags über die Arbeitsweise der Europäischen Union verteilen sich die Mitglieder des Wirtschafts- und Sozialausschusses wie folgt:

Belgien	12
Bulgarien	12
Tschechische Republik	12
Dänemark	9
Deutschland	24
Estland	7
Irland	9
Griechenland	12
Spanien	21
Frankreich	24

---

1) Nr. **152**.

2) Nr. ***146***.

3) Art. 23 der Akte zum Beitrittsvertrag v. 9. 12. 2011, ABl. Nr. L 112/21 v. 24. 4. 2012 stellt explizit fest, dass die Neufassung dieses Artikels eine Abweichung „von Artikel 301 Absatz 1 AEUV, der die Höchstzahl der Mitglieder des Wirtschafts- und Sozialausschusses festlegt“, darstellt.

Kroatien	9
Italien	24
Zypern	6
Lettland	7
Litauen	9
Luxemburg	6
Ungarn	12
Malta	5
Niederlande	12
Österreich	12
Polen	21
Portugal	12
Rumänien	15
Slowenien	7
Slowakei	9
Finnland	9
Schweden	12
Vereinigtes Königreich	24

Art. 8[1] **[Ausschuss der Regionen]** Bis zum Inkrafttreten des Beschlusses nach Artikel 305 des Vertrags über die Arbeitsweise der Europäischen Union verteilen sich die Mitglieder des Ausschusses der Regionen wie folgt:

Belgien	12
Bulgarien	12
Tschechische Republik	12
Dänemark	9
Deutschland	24
Estland	7
Irland	9
Griechenland	12
Spanien	21
Frankreich	24
Kroatien	9
Italien	24
Zypern	6
Lettland	7
Litauen	9
Luxemburg	6
Ungarn	12
Malta	5
Niederlande	12
Österreich	12

[1] Art. 24 der Akte zum Beitrittsvertrag v. 9. 12. 2011, ABl. Nr. L 112/21 v. 24. 4. 2012 stellt explizit fest, dass die Neufassung dieses Artikels eine Abweichung „von Artikel 305 Absatz 1 AEUV, der die Höchstzahl der Mitglieder des Ausschusses der Regionen festlegt", darstellt.

Polen	21
Portugal	12
Rumänien	15
Slowenien	7
Slowakei	9
Finnland	9
Schweden	12
Vereinigtes Königreich	24

Titel VII. Übergangsbestimmungen über die vor dem Inkrafttreten des Vertrags von Lissabon auf der Grundlage der Titel V und VI des Vertrags über die Europäische Union angenommenen Rechtsakte

Art. 9 [Gültigkeit von Rechtsakten] [1] Die Rechtsakte der Organe, Einrichtungen und sonstigen Stellen der Union, die vor dem Inkrafttreten des Vertrags von Lissabon[1] auf der Grundlage des Vertrags über die Europäische Union angenommen wurden, behalten so lange Rechtswirkung, bis sie in Anwendung der Verträge aufgehoben, für nichtig erklärt oder geändert werden. [2] Dies gilt auch für Übereinkommen, die auf der Grundlage des Vertrags über die Europäische Union zwischen Mitgliedstaaten geschlossen wurden.

Art. 10[2] [Polizeiliche und justizielle Zusammenarbeit] (1) Als Übergangsmaßnahme gilt bezüglich der Befugnisse der Organe bei Rechtsakten der Union im Bereich der polizeilichen Zusammenarbeit und der justiziellen Zusammenarbeit in Strafsachen, die vor dem Inkrafttreten des Vertrags von Lissabon[1] angenommen wurden, bei Inkrafttreten des genannten Vertrags Folgendes: Die Befugnisse der Kommission nach Artikel 258 des Vertrags über die Arbeitsweise der Europäischen Union[3] gelten nicht, und die Befugnisse des Gerichtshofs der Europäischen Union nach Titel VI des Vertrags über die Europäische Union in der vor dem Inkrafttreten des Vertrags von Lissabon geltenden Fassung bleiben unverändert, einschließlich in den Fällen, in denen sie nach Artikel 35 Absatz 2 des genannten Vertrags über die Europäische Union anerkannt wurden.

(2) Die Änderung eines in Absatz 1 genannten Rechtsakts hat zur Folge, dass hinsichtlich des geänderten Rechtsakts in Bezug auf diejenigen Mitgliedstaaten, für die der geänderte Rechtsakt gilt, die in den Verträgen vorgesehenen Befugnisse der in Absatz 1 genannten Organe gelten.

(3) Die Übergangsmaßnahme nach Absatz 1 tritt auf jeden Fall fünf Jahre nach dem Inkrafttreten des Vertrags von Lissabon außer Kraft.

---

[1] Nr. **152**.
[2] Vgl. auch Erklärung Nr. 50 (Nr. **152**).
[3] Nr. **146**.

(4) [1]Das Vereinigte Königreich kann dem Rat spätestens sechs Monate vor dem Ende des Übergangszeitraums nach Absatz 3 mitteilen, dass es hinsichtlich der Rechtsakte nach Absatz 1 die in den Verträgen festgelegten Befugnisse der in Absatz 1 genannten Organe nicht anerkennt.[1)] [2]Im Falle einer solchen Mitteilung durch das Vereinigte Königreich gelten alle Rechtsakte nach Absatz 1 für das Vereinigte Königreich nicht mehr ab dem Tag, an dem der Übergangszeitraum nach Absatz 3 endet. [3]Dieser Unterabsatz gilt nicht in Bezug auf die geänderten Rechtsakte nach Absatz 2, die für das Vereinigte Königreich gelten.

[1]Der Rat beschließt mit qualifizierter Mehrheit auf Vorschlag der Kommission die erforderlichen Folge- und Übergangsmaßnahmen.[2)] [2]Das Vereinigte Königreich nimmt an der Annahme dieses Beschlusses nicht teil. [3]Die qualifizierte Mehrheit des Rates bestimmt sich nach Artikel 238 Absatz 3 Buchstabe a des Vertrags über die Arbeitsweise der Europäischen Union.

Der Rat kann mit qualifizierter Mehrheit auf Vorschlag der Kommission ferner einen Beschluss annehmen, mit dem bestimmt wird, dass das Vereinigte Königreich etwaige unmittelbare finanzielle Folgen trägt, die sich zwangsläufig und unvermeidbar daraus ergeben, dass es sich nicht mehr an diesen Rechtsakten beteiligt.[3)]

(5) [1]Das Vereinigte Königreich kann dem Rat in der Folge jederzeit mitteilen, dass es sich an Rechtsakten beteiligen möchte, die nach Absatz 4 Unterabsatz 1 für das Vereinigte Königreich nicht mehr gelten.[4)] [2]In diesem Fall finden die einschlägigen Bestimmungen des Protokolls über den in den Rahmen der Europäischen Union einbezogenen Schengen-Besitzstand[5)] bzw. des Protokolls über die Position des Vereinigten Königreichs und Irlands hinsichtlich des Raums der Freiheit, der Sicherheit und des Rechts Anwendung.[6)] [3]In Bezug auf diese Rechtsakte gelten die in den Verträgen festgelegten Befugnisse der Organe. [4]Handeln die Organe der Union und das Vereinigte Königreich im Rahmen der betreffenden Protokolle, so bemühen sie sich, das größtmögliche Maß an Beteiligung des Vereinigten Königreichs am Besitzstand der Union bezüglich des Raums der Freiheit, der Sicherheit und des Rechts wiederherzustellen, ohne dass die praktische Funktionsfähigkeit seiner verschiedenen Bestandteile ernsthaft beeinträchtigt wird, und unter Wahrung von deren Kohärenz.

[1)] Eine derartige Mitteilung ist am 24.7.2013 erfolgt, womit die einschlägigen Rechtsakte im Bereich der polizeilichen Zusammenarbeit und der justiziellen Zusammenarbeit in Strafsachen ab dem 1.12.2014 nicht mehr für das Vereinigte Königreich gelten.

[2)] *Vgl. hierzu Beschluss* des Rates (2014/836/EU) v. 27.11.2014, ABl. Nr. L 343/11 v. 28.11.2014.

[3)] Vgl. hierzu Beschluss des Rates (2014/837/EU) v. 27.11.2014, ABl. Nr. L 343/17 v. 28.11.2014.

[4)] Vgl. hierzu Beschluss des Rates (2014/857/EU) v. 1.12.2014, ABl. Nr. L 345/1 v. 1.12.2014 sowie Beschluss der Kommission (2014/858/EU) v. 1.12.2014, ABl. Nr. 345/6 v. 1.12.2014 (mit Anhang: Liste der Rechtsakte (29), an denen sich das Vereinigte Königreich beteiligt.

[5)] Prot. Nr. 19.

[6)] Prot. Nr. 21.

Protokoll (Nr. 37) über die finanziellen Folgen des Ablaufs des EGKS-Vertrags und über den Forschungsfonds für Kohle und Stahl[1)]

DIE HOHEN VERTRAGSPARTEIEN[2)] –

UNTER HINWEIS DARAUF, dass das gesamte Vermögen und alle Verbindlichkeiten der Europäischen Gemeinschaft für Kohle und Stahl zum Stand vom 23. Juli 2002 am 24. Juli 2002 auf die Europäische Gemeinschaft übergegangen sind,

EINGEDENK der Tatsache, dass diese Mittel für die Forschung in Sektoren verwendet werden sollten, die mit der Kohle- und Stahlindustrie zusammenhängen, und der sich daraus ergebenden Notwendigkeit, hierfür eine Reihe besonderer Vorschriften vorzusehen –

SIND über folgende Bestimmungen ÜBEREINGEKOMMEN, die dem Vertrag über die Europäische Union[3)] und dem Vertrag über die Arbeitsweise der Europäischen Union[4)] beigefügt sind:

Art. 1[5)] **[Vermögensübergang]** (1) [1]Der Nettowert dieses Vermögens und dieser Verbindlichkeiten gemäß der Bilanz der EGKS vom 23. Juli 2002, vorbehaltlich etwaiger Erhöhungen oder Minderungen infolge der Abwicklungsvorgänge, gilt als Vermögen für Forschung in Sektoren, die die Kohle- und Stahlindustrie betreffen, und erhält die Bezeichnung „EGKS in Abwicklung". [2]Nach Abschluss der Abwicklung wird dieses Vermögen als „Vermögen des Forschungsfonds für Kohle und Stahl" bezeichnet.

(2) Die Erträge aus diesem Vermögen, die als „Forschungsfonds für Kohle und Stahl" bezeichnet werden, werden im Einklang mit diesem Protokoll und den auf dieser Grundlage erlassenen Rechtsakten ausschließlich für die außerhalb des Forschungsrahmenprogramms durchgeführten Forschungsarbeiten in Sektoren, die mit der Kohle- und Stahlindustrie zusammenhängen, verwendet.

Art. 2[6)] **[Durchführungsbestimmungen]** (1) Der Rat erlässt nach einem besonderen Gesetzgebungsverfahren und nach Zustimmung des Europäischen Parlaments alle für die Durchführung dieses Protokolls erforderlichen Bestimmungen, einschließlich der wesentlichen Grundsätze.

(2) Der Rat erlässt auf Vorschlag der Kommission und nach Anhörung des Europäischen Parlaments die Maßnahmen zur Festlegung der

---

[1)] Protokoll v. 26.2.2001 (ABl. Nr. C 80 S. 67). Für Durchführungsbestimmungen zu diesem Prot. vgl. Entscheidung 2003/76/EG des Rates v. 1.2.2003, ABl. L 29/22 v. 5.2.2003; geänd. durch Beschluss (EU) 2018/599 des Rates v. 16.4.2018, ABl. Nr. L 101/1 v. 20.4.2018.

[2)] Präambel geänd. mWv 1.12.2009 durch Prot. v. 13.12.2007 (ABl. Nr. C 306 S. 163).

[3)] Nr. **145**.

[4)] Nr. **146**.

[5)] Art. 1 Abs. 1 aufgeh., bish. Abs. 2 u. 3 werden Abs. 1 u. 2 mWv 1.12.2009 durch Prot. v. 13.12.2007 (ABl. Nr. C 306 S. 163).

[6)] Art. 2 bish. Wortlaut wird Abs. 1 u. 2 und geänd. mWv 1.12.2009 durch Prot. v. 13.12.2007 (ABl. Nr. C 306 S. 163).

mehrjährigen Finanzleitlinien für die Verwaltung des Vermögens des Forschungsfonds für Kohle und Stahl sowie technischer Leitlinien für das Forschungsprogramm des Fonds.

Art. 3[1] **[Geltung der Verträge]** Soweit in diesem Protokoll und in den auf der Grundlage dieses Protokolls erlassenen Rechtsakten nichts anderes vorgesehen ist, finden die Verträge Anwendung.

Protokoll (Nr. 38) zu den Anliegen der irischen Bevölkerung bezüglich des Vertrags von Lissabon (2012)[2]

Das Königreich Belgien, die Republik Bulgarien, die Tschechische Republik, das Königreich Dänemark, die Bundesrepublik Deutschland, die Republik Estland, Irland, die Hellenische Republik, das Königreich Spanien, die Französische Republik, die Italienische Republik, die Republik Zypern, die Republik Lettland, die Republik Litauen, das Großherzogtum Luxemburg, Ungarn, Malta, das Königreich der Niederlande, die Republik Österreich, die Republik Polen, die Portugiesische Republik, Rumänien, die Republik Slowenien, die Slowakische Republik, die Republik Finnland, das Königreich Schweden, das Vereinigte Königreich Großbritannien und Nordirland
im Folgenden „Die Hohen Vertragsparteien" –

unter Hinweis auf den Beschluss der im Europäischen Rat auf seiner Tagung vom 18. und 19. Juni 2009 vereinigten Staats- und Regierungschefs der 27 Mitgliedstaaten der Europäischen Union zu den Anliegen der irischen Bevölkerung bezüglich des Vertrags von Lissabon,

unter Hinweis auf die Erklärung der im Europäischen Rat auf seiner Tagung vom 18. und 19. Juni 2009 vereinigten Staats- und Regierungschefs, dass sie zum Zeitpunkt des Abschlusses des nächsten Beitrittsvertrags die Bestimmungen des genannten Beschlusses in ein Protokoll aufnehmen würden, das nach Maßgabe ihrer jeweiligen verfassungsrechtlichen Vorschriften dem Vertrag über die Europäische Union und dem Vertrag über die Arbeitsweise der Europäischen Union beigefügt wird,

in Anbetracht der Unterzeichnung des Vertrags zwischen den Hohen Vertragsparteien und der Republik Kroatien über den Beitritt der Republik Kroatien zur Europäischen Union durch die Hohen Vertrags*parteien* –

sind über folgende Bestimmungen übereingekommen, die dem Vertrag über die Europäische Union und dem Vertrag über die Arbeitsweise der Europäischen Union beigefügt werden:

---

[1] Art. 3 geänd. mWv 1. 12. 2009 durch Prot. v. 13. 12. 2007 (ABl. Nr. C 306 S. 163).

[2] Protokoll v. 16. 5. 2012 (ABl. 2013 Nr. L 60/131). Das Prot. ist gem. seinem Art. 4 Abs. 3 (erst) am 1. 12. 2014 in Kraft getreten (Bek. v. 1. 12. 2014, BGBl. 2015 II S. 24).

Titel I. Recht auf Leben, Familie und Bildung

Art. 1. Weder die Bestimmungen des Vertrags von Lissabon, die der Charta der Grundrechte der Europäischen Union Rechtsstatus verleihen, noch die Bestimmungen dieses Vertrags im Bereich der Freiheit, der Sicherheit und des Rechts berühren in irgendeiner Weise den Geltungsbereich und die Anwendbarkeit des Schutzes des Rechts auf Leben nach den Artikeln 40.3.1, 40.3.2 und 40.3.3, des Schutzes der Familie nach Artikel 41 und des Schutzes der Rechte in Bezug auf Bildung nach den Artikeln 42, 44.2.4 und 44.2.5 der Verfassung Irlands.

Titel II. Steuerwesen

Art. 2. Durch den Vertrag von Lissabon erfolgt für keinen Mitgliedstaat irgendeine Änderung in Bezug auf den Umfang und die Ausübung der Zuständigkeiten der Europäischen Union im Bereich der Steuerpolitik.

Titel III. Sicherheit und Verteidigung

Art. 3. Die Union lässt sich bei ihrem Handeln auf internationaler Ebene von den Grundsätzen der Demokratie, der Rechtsstaatlichkeit, der universellen Gültigkeit und Unteilbarkeit der Menschenrechte und Grundfreiheiten, der Achtung der Menschenwürde, den Grundsätzen der Gleichheit und der Solidarität sowie der Achtung der Grundsätze der Charta der Vereinten Nationen und des Völkerrechts leiten.

Die Gemeinsame Sicherheits- und Verteidigungspolitik ist integraler Bestandteil der Gemeinsamen Außen- und Sicherheitspolitik und sichert der Union eine Operationsfähigkeit, so dass sie Missionen außerhalb der Union zur Friedenssicherung, Konfliktverhütung und Stärkung der internationalen Sicherheit in Übereinstimmung mit den Grundsätzen der Charta der Vereinten Nationen durchführen kann.

Sie berührt weder die Sicherheits- und Verteidigungspolitik der einzelnen Mitgliedstaaten, einschließlich Irlands, noch die Verpflichtungen irgendeines Mitgliedstaats.

Der Vertrag von Lissabon berührt oder beeinträchtigt nicht Irlands traditionelle Politik der militärischen Neutralität.

Es ist Sache der Mitgliedstaaten – einschließlich Irlands, das im Geiste der Solidarität und unbeschadet seiner traditionellen Politik der militärischen Neutralität handelt –, zu bestimmen, welche Art von Hilfe oder Unterstützung sie einem Mitgliedstaat leisten, der von einem Terroranschlag oder einem bewaffneten Angriff auf sein Hoheitsgebiet betroffen ist.

Ein Beschluss über den Übergang zu einer gemeinsamen Verteidigung erfordert einen einstimmigen Beschluss des Europäischen Rates. Es wäre Sache der Mitgliedstaaten, einschließlich Irlands, nach Maßgabe des Vertrags von Lissabon und ihrer jeweiligen verfassungsrechtlichen Vorschriften zu entscheiden, ob der Beschluss zu einer gemeinsamen Verteidigung gefasst wird.

Dieser Titel berührt oder präjudiziert in keiner Weise die Haltung oder Politik anderer Mitgliedstaaten im Bereich der Sicherheit und Verteidigung.

Es ist auch Sache jedes einzelnen Mitgliedstaates, nach Maßgabe des Vertrags von Lissabon und etwaiger innerstaatlicher Rechtsvorschriften zu entscheiden, ob er an der Ständigen Strukturierten Zusammenarbeit teilnimmt oder sich an der Europäischen Verteidigungsagentur beteiligt.

Der Vertrag von Lissabon sieht weder die Schaffung einer europäischen Armee noch die Einberufung zu irgendeinem militärischen Verband vor.

Er berührt nicht das Recht Irlands oder eines anderen Mitgliedstaates, Art und Umfang seiner Verteidigungs- und Sicherheitsausgaben sowie die Art seiner Verteidigungsfähigkeit zu bestimmen.

Es ist Sache Irlands und jedes anderen Mitgliedstaats, nach Maßgabe etwaiger innerstaatlicher Rechtsvorschriften einen Beschluss über eine etwaige Teilnahme an Militäroperationen zu fassen.

Titel IV. Schlussbestimmungen

Art. 4. Dieses Protokoll liegt bis zum 30. Juni 2012 zur Unterzeichnung durch die Hohen Vertragsparteien auf.

Dieses Protokoll wird durch die Hohen Vertragsparteien sowie von der Republik Kroatien, falls das Protokoll im Zeitpunkt des Beitritts der Republik Kroatien zur Europäischen Union noch nicht in Kraft getreten ist, im Einklang mit ihren verfassungsrechtlichen Vorschriften ratifiziert. Die Ratifikationsurkunden werden bei der Regierung der Italienischen Republik hinterlegt.

Dieses Protokoll tritt wenn möglich am 30. Juni 2013 in Kraft, sofern alle Ratifikationsurkunden hinterlegt worden sind, oder andernfalls am ersten Tag des auf die Hinterlegung der Ratifikationsurkunde durch den letzten Mitgliedstaat folgenden Monats.

Art. 5. Dieses Protokoll ist in einer Urschrift in bulgarischer, dänischer, deutscher, englischer, estnischer, finnischer, französischer, griechischer, irischer, italienischer, lettischer, litauischer, maltesischer, niederländischer, polnischer, portugiesischer, rumänischer, schwedischer, slowakischer, slowenischer, spanischer, tschechischer und ungarischer Sprache abgefasst, wobei jeder Wortlaut gleichermaßen verbindlich ist; es wird im Archiv der Regierung der Italienischen Republik hinterlegt; diese über mittelt der Regierung jedes anderen Mitgliedstaats eine beglaubigte Abschrift.

Sobald die Republik Kroatien gemäß Artikel 2 der Akte über die Bedingungen des Beitritts der Republik Kroatien durch dieses Protokoll gebunden ist, wird der kroatische Wortlaut dieses Protokolls, der gleichermaßen verbindlich ist wie die in Absatz 1 genannten Wortlaute, im Archiv der Regierung der Italienischen Republik hinterlegt; diese übermittelt der Regierung jedes anderen Mitgliedstaats eine beglaubigte Abschrift.

150. Charta der Grundrechte der Europäischen Union

Vom 12. Dezember 2007[1) · 2)]

(ABl. Nr. C 303 S. 1)

EU-Dok.-Nr. 3 2007 X 1214 (01)

Präambel

Die Völker Europas sind entschlossen, auf der Grundlage gemeinsamer Werte eine friedliche Zukunft zu teilen, indem sie sich zu einer immer engeren Union verbinden.

[1]In dem Bewusstsein ihres geistig-religiösen und sittlichen Erbes gründet sich die Union auf die unteilbaren und universellen Werte der Würde des Menschen, der Freiheit, der Gleichheit und der Solidarität. [2]Sie beruht auf den Grundsätzen der Demokratie und der Rechtsstaatlichkeit. [3]Sie stellt den Menschen in den Mittelpunkt ihres Handelns, indem sie die Unionsbürgerschaft und einen Raum der Freiheit, der Sicherheit und des Rechts begründet.

[1]Die Union trägt zur Erhaltung und zur Entwicklung dieser gemeinsamen Werte unter Achtung der Vielfalt der Kulturen und Traditionen der Völker Europas sowie der nationalen Identität der Mitgliedstaaten und der Organisation ihrer staatlichen Gewalt auf nationaler, regionaler und lokaler Ebene bei. [2]Sie ist bestrebt, eine ausgewogene und nachhaltige Entwicklung zu fördern und stellt den freien Personen-, Dienstleistungs-, Waren- und Kapitalverkehr sowie die Niederlassungsfreiheit sicher.

Zu diesem Zweck ist es notwendig, angesichts der Weiterentwicklung der Gesellschaft, des sozialen Fortschritts und der wissenschaftlichen und technologischen Entwicklungen den Schutz der Grundrechte zu stärken, indem sie in einer Charta sichtbarer gemacht werden.

[1]Diese Charta bekräftigt unter Achtung der Zuständigkeiten und Aufgaben der Union und des Subsidiaritätsprinzips die Rechte, die sich vor allem aus den gemeinsamen Verfassungstraditionen und den gemeinsamen internationalen Verpflichtungen der Mitgliedstaaten, aus der Europäischen Konvention zum Schutz der Menschenrechte und Grundfreiheiten, aus den von der Union und dem Europarat beschlossenen Sozialchartas sowie aus der Rechtsprechung des Gerichtshofs der Europäischen Union und des Europäischen Gerichtshofs für Menschenrechte ergeben. [2]In diesem Zusammenhang erfolgt die Auslegung der Charta durch die Gerichte der Union und der Mitgliedstaaten un-

1) Der hier wiedergegebene Wortlaut übernimmt mit Anpassungen die am 7. 12. 2000 proklamierte Charta und ersetzt sie mit Inkrafttreten des Vertrags von Lissabon.

2) Siehe auch die (amtlichen) Erläuterungen zur Charta; Hinweis auf S. 12.

ter gebührender Berücksichtigung der Erläuterungen, die unter der Leitung des Präsidiums des Konvents zur Ausarbeitung der Charta formuliert und unter der Verantwortung des Präsidiums des Europäischen Konvents aktualisiert wurden.

Die Ausübung dieser Rechte ist mit Verantwortung und mit Pflichten sowohl gegenüber den Mitmenschen als auch gegenüber der menschlichen Gemeinschaft und den künftigen Generationen verbunden.

Daher erkennt die Union die nachstehend aufgeführten Rechte, Freiheiten und Grundsätze an.

Titel I. Würde des Menschen

Art. 1 Würde des Menschen. [1]Die Würde des Menschen ist unantastbar. [2]Sie ist zu achten und zu schützen.

Art. 2 Recht auf Leben. (1) Jeder Mensch hat das Recht auf Leben.

(2) Niemand darf zur Todesstrafe verurteilt oder hingerichtet werden.

Art. 3 Recht auf Unversehrtheit (1) Jeder Mensch hat das Recht auf körperliche und geistige Unversehrtheit.

(2) Im Rahmen der Medizin und der Biologie muss insbesondere Folgendes beachtet werden:

a) die freie Einwilligung des Betroffenen nach vorheriger Aufklärung entsprechend den gesetzlich festgelegten Einzelheiten,

b) das Verbot eugenischer Praktiken, insbesondere derjenigen, welche die Selektion von Menschen zum Ziel haben,

c) das Verbot, den menschlichen Körper und Teile davon als solche zur Erzielung von Gewinnen zu nutzen,

d) das Verbot des reproduktiven Klonens von Menschen.

Art. 4 Verbot der Folter und unmenschlicher oder erniedrigender Strafe oder Behandlung. Niemand darf der Folter oder unmenschlicher oder erniedrigender Strafe oder Behandlung unterworfen werden.

Art. 5 Verbot der Sklaverei und der Zwangsarbeit. (1) Niemand darf in Sklaverei oder Leibeigenschaft gehalten werden.

(2) Niemand darf gezwungen werden, Zwangs- oder Pflichtarbeit zu verrichten.

(3) Menschenhandel ist verboten.

Titel II. Freiheiten

Art. 6 Recht auf Freiheit und Sicherheit. Jeder Mensch hat das Recht auf Freiheit und Sicherheit.

Art. 7 Achtung des Privat- und Familienlebens. Jede Person hat das Recht auf Achtung ihres Privat- und Familienlebens, ihrer Wohnung sowie ihrer Kommunikation.

Art. 8 Schutz personenbezogener Daten. (1) Jede Person hat das Recht auf Schutz der sie betreffenden personenbezogenen Daten.

(2) [1]Diese Daten dürfen nur nach Treu und Glauben für festgelegte Zwecke und mit Einwilligung der betroffenen Person oder auf einer sonstigen gesetzlich geregelten legitimen Grundlage verarbeitet werden. [2]Jede Person hat das Recht, Auskunft über die sie betreffenden erhobenen Daten zu erhalten und die Berichtigung der Daten zu erwirken.

(3) Die Einhaltung dieser Vorschriften wird von einer unabhängigen Stelle überwacht.

Art. 9 Recht, eine Ehe einzugehen und eine Familie zu gründen. Das Recht, eine Ehe einzugehen, und das Recht, eine Familie zu gründen, werden nach den einzelstaatlichen Gesetzen gewährleistet, welche die Ausübung dieser Rechte regeln.

Art. 10 Gedanken-, Gewissens- und Religionsfreiheit. (1) [1]Jede Person hat das Recht auf Gedanken-, Gewissens- und Religionsfreiheit. [2]Dieses Recht umfasst die Freiheit, die Religion oder Weltanschauung zu wechseln, und die Freiheit, seine Religion oder Weltanschauung einzeln oder gemeinsam mit anderen öffentlich oder privat durch Gottesdienst, Unterricht, Bräuche und Riten zu bekennen.

(2) Das Recht auf Wehrdienstverweigerung aus Gewissensgründen wird nach den einzelstaatlichen Gesetzen anerkannt, welche die Ausübung dieses Rechts regeln.

Art. 11 Freiheit der Meinungsäußerung und Informationsfreiheit. (1) [1]Jede Person hat das Recht auf freie Meinungsäußerung. [2]Dieses Recht schließt die Meinungsfreiheit und die Freiheit ein, Informationen und Ideen ohne behördliche Eingriffe und ohne Rücksicht auf Staatsgrenzen zu empfangen und weiterzugeben.

(2) Die Freiheit der Medien und ihre Pluralität werden geachtet.

Art. 12 Versammlungs- und Vereinigungsfreiheit. (1) Jede Person hat das Recht, sich insbesondere im politischen, gewerkschaftlichen und zivilgesellschaftlichen Bereich auf allen Ebenen frei und friedlich mit anderen zu versammeln und frei mit anderen zusammenzuschließen, was das Recht jeder Person umfasst, zum Schutz ihrer Interessen Gewerkschaften zu gründen und Gewerkschaften beizutreten.

(2) Politische Parteien auf der Ebene der Union tragen dazu bei, den politischen Willen der Unionsbürgerinnen und Unionsbürger zum Ausdruck zu bringen.

Art. 13 Freiheit der Kunst und der Wissenschaft. [1]Kunst und Forschung sind frei. [2]Die akademische Freiheit wird geachtet.

Art. 14 Recht auf Bildung. (1) Jede Person hat das Recht auf Bildung sowie auf Zugang zur beruflichen Ausbildung und Weiterbildung.

(2) Dieses Recht umfasst die Möglichkeit, unentgeltlich am Pflichtschulunterricht teilzunehmen.

(3) Die Freiheit zur Gründung von Lehranstalten unter Achtung der demokratischen Grundsätze sowie das Recht der Eltern, die Erziehung und den Unterricht ihrer Kinder entsprechend ihren eigenen religiösen, weltanschaulichen und erzieherischen Überzeugungen sicherzustellen, werden nach den einzelstaatlichen Gesetzen geachtet, welche ihre Ausübung regeln.

Art. 15 Berufsfreiheit und Recht zu arbeiten. (1) Jede Person hat das Recht, zu arbeiten und einen frei gewählten oder angenommenen Beruf auszuüben.

(2) Alle Unionsbürgerinnen und Unionsbürger haben die Freiheit, in jedem Mitgliedstaat Arbeit zu suchen, zu arbeiten, sich niederzulassen oder Dienstleistungen zu erbringen.

(3) Die Staatsangehörigen dritter Länder, die im Hoheitsgebiet der Mitgliedstaaten arbeiten dürfen, haben Anspruch auf Arbeitsbedingungen, die denen der Unionsbürgerinnen und Unionsbürger entsprechen.

Art. 16 Unternehmerische Freiheit. Die unternehmerische Freiheit wird nach dem Unionsrecht und den einzelstaatlichen Rechtsvorschriften und Gepflogenheiten anerkannt.

Art. 17 Eigentumsrecht. (1) [1]Jede Person hat das Recht, ihr rechtmäßig erworbenes Eigentum zu besitzen, zu nutzen, darüber zu verfügen und es zu vererben. [2]Niemandem darf sein Eigentum entzogen werden, es sei denn aus Gründen des öffentlichen Interesses in den Fällen und unter den Bedingungen, die in einem Gesetz vorgesehen sind, sowie gegen eine rechtzeitige angemessene Entschädigung für den Verlust des Eigentums. [3]Die Nutzung des Eigentums kann gesetzlich geregelt werden, soweit dies für das Wohl der Allgemeinheit erforderlich ist.

(2) Geistiges Eigentum wird geschützt.

Art. 18 Asylrecht. Das Recht auf Asyl wird nach Maßgabe des Genfer Abkommens vom 28. Juli 1951 und des Protokolls vom 31. Januar 1967 über die Rechtsstellung der Flüchtlinge sowie nach Maßgabe des Vertrags über die Europäische Union[1)] und des Vertrags über die Arbeitsweise der Europäischen Union[2)] (im Folgenden „die Verträge") gewährleistet.

Art. 19 Schutz bei Abschiebung, Ausweisung und Auslieferung. (1) Kollektivausweisungen sind nicht zulässig.

(2) Niemand darf in einen Staat abgeschoben oder ausgewiesen oder an einen Staat ausgeliefert werden, in dem für sie oder ihn das ernsthafte Risiko der Todesstrafe, der Folter oder einer anderen unmenschlichen oder erniedrigenden Strafe oder Behandlung besteht.

Titel III. Gleichheit

Art. 20 Gleichheit vor dem Gesetz. Alle Personen sind vor dem Gesetz gleich.

Art. 21 Nichtdiskriminierung. (1) Diskriminierungen insbesondere wegen des Geschlechts, der Rasse, der Hautfarbe, der ethnischen oder sozialen Herkunft, der genetischen Merkmale, der Sprache, der Religion oder der Weltanschauung, der politischen oder sonstigen Anschauung, der Zugehörigkeit zu einer nationalen Minderheit, des Vermögens, der Geburt, einer Behinderung, des Alters oder der sexuellen Ausrichtung sind verboten.

(2) Unbeschadet besonderer Bestimmungen der Verträge ist in ihrem Anwendungsbereich jede Diskriminierung aus Gründen der Staatsangehörigkeit verboten.

Art. 22 Vielfalt der Kulturen, Religionen und Sprachen. Die Union achtet die Vielfalt der Kulturen, Religionen und Sprachen.

Art. 23 Gleichheit von Frauen und Männern. Die Gleichheit von Frauen und Männern ist in allen Bereichen, einschließlich der Beschäftigung, der Arbeit und des Arbeitsentgelts, sicherzustellen.

Der Grundsatz der Gleichheit steht der Beibehaltung oder der Einführung spezifischer Vergünstigungen für das unterrepräsentierte Geschlecht nicht entgegen.

Art. 24 Rechte des Kindes. (1) [1]Kinder haben Anspruch auf den Schutz und die Fürsorge, die für ihr Wohlergehen notwendig sind. [2]Sie können ihre Meinung frei äußern. [3]Ihre Meinung wird in den Angele-

---

1) Nr. **145**.
2) Nr. **146**.

genheiten, die sie betreffen, in einer ihrem Alter und ihrem Reifegrad entsprechenden Weise berücksichtigt.

(2) Bei allen Kinder betreffenden Maßnahmen öffentlicher Stellen oder privater Einrichtungen muss das Wohl des Kindes eine vorrangige Erwägung sein.

(3) Jedes Kind hat Anspruch auf regelmäßige persönliche Beziehungen und direkte Kontakte zu beiden Elternteilen, es sei denn, dies steht seinem Wohl entgegen.

Art. 25 Rechte älterer Menschen. Die Union anerkennt und achtet das Recht älterer Menschen auf ein würdiges und unabhängiges Leben und auf Teilnahme am sozialen und kulturellen Leben.

Art. 26 Integration von Menschen mit Behinderung. Die Union anerkennt und achtet den Anspruch von Menschen mit Behinderung auf Maßnahmen zur Gewährleistung ihrer Eigenständigkeit, ihrer sozialen und beruflichen Eingliederung und ihrer Teilnahme am Leben der Gemeinschaft.

Titel IV. Solidarität

Art. 27 Recht auf Unterrichtung und Anhörung der Arbeitnehmerinnen und Arbeitnehmer im Unternehmen. Für die Arbeitnehmerinnen und Arbeitnehmer oder ihre Vertreter muss auf den geeigneten Ebenen eine rechtzeitige Unterrichtung und Anhörung in den Fällen und unter den Voraussetzungen gewährleistet sein, die nach dem Unionsrecht und den einzelstaatlichen Rechtsvorschriften und Gepflogenheiten vorgesehen sind.

Art. 28 Recht auf Kollektivverhandlungen und Kollektivmaßnahmen. Die Arbeitnehmerinnen und Arbeitnehmer sowie die Arbeitgeberinnen und Arbeitgeber oder ihre jeweiligen Organisationen haben nach dem Unionsrecht und den einzelstaatlichen Rechtsvorschriften und Gepflogenheiten das Recht, Tarifverträge auf den geeigneten Ebenen auszuhandeln und zu schließen sowie bei Interessenkonflikten kollektive Maßnahmen zur Verteidigung ihrer Interessen, einschließlich Streiks, zu ergreifen.

Art. 29 Recht auf Zugang zu einem Arbeitsvermittlungsdienst. Jeder Mensch hat das Recht auf Zugang zu einem unentgeltlichen Arbeitsvermittlungsdienst.

Art. 30 Schutz bei ungerechtfertigter Entlassung. Jede Arbeit*nehmerin und* jeder Arbeitnehmer hat nach dem Unionsrecht und den einzelstaatlichen Rechtsvorschriften und Gepflogenheiten Anspruch auf Schutz vor ungerechtfertigter Entlassung.

Art. 31 Gerechte und angemessene Arbeitsbedingungen.

(1) Jede Arbeitnehmerin und jeder Arbeitnehmer hat das Recht auf gesunde, sichere und würdige Arbeitsbedingungen.

(2) Jede Arbeitnehmerin und jeder Arbeitnehmer hat das Recht auf eine Begrenzung der Höchstarbeitszeit, auf tägliche und wöchentliche Ruhezeiten sowie auf bezahlten Jahresurlaub.

Art. 32 Verbot der Kinderarbeit und Schutz der Jugendlichen am Arbeitsplatz. [1]Kinderarbeit ist verboten. [2]Unbeschadet günstigerer Vorschriften für Jugendliche und abgesehen von begrenzten Ausnahmen darf das Mindestalter für den Eintritt in das Arbeitsleben das Alter, in dem die Schulpflicht endet, nicht unterschreiten.

Zur Arbeit zugelassene Jugendliche müssen ihrem Alter angepasste Arbeitsbedingungen erhalten und vor wirtschaftlicher Ausbeutung und vor jeder Arbeit geschützt werden, die ihre Sicherheit, ihre Gesundheit, ihre körperliche, geistige, sittliche oder soziale Entwicklung beeinträchtigen oder ihre Erziehung gefährden könnte.

Art. 33 Familien- und Berufsleben. (1) Der rechtliche, wirtschaftliche und soziale Schutz der Familie wird gewährleistet.

(2) Um Familien- und Berufsleben miteinander in Einklang bringen zu können, hat jeder Mensch das Recht auf Schutz vor Entlassung aus einem mit der Mutterschaft zusammenhängenden Grund sowie den Anspruch auf einen bezahlten Mutterschaftsurlaub und auf einen Elternurlaub nach der Geburt oder Adoption eines Kindes.

Art. 34 Soziale Sicherheit und soziale Unterstützung. (1) Die Union anerkennt und achtet das Recht auf Zugang zu den Leistungen der sozialen Sicherheit und zu den sozialen Diensten, die in Fällen wie Mutterschaft, Krankheit, Arbeitsunfall, Pflegebedürftigkeit oder im Alter sowie bei Verlust des Arbeitsplatzes Schutz gewährleisten, nach Maßgabe des Unionsrechts und der einzelstaatlichen Rechtsvorschriften und Gepflogenheiten.

(2) Jeder Mensch, der in der Union seinen rechtmäßigen Wohnsitz hat und seinen Aufenthalt rechtmäßig wechselt, hat Anspruch auf die Leistungen der sozialen Sicherheit und die sozialen Vergünstigungen nach dem Unionsrecht und den einzelstaatlichen Rechtsvorschriften und Gepflogenheiten.

(3) Um die soziale Ausgrenzung und die Armut zu bekämpfen, anerkennt und achtet die Union das Recht auf eine soziale Unterstützung und eine Unterstützung für die Wohnung, die allen, die nicht über ausreichende Mittel verfügen, ein menschenwürdiges Dasein sicherstellen sollen, nach Maßgabe des Unionsrechts und der einzelstaatlichen Rechtsvorschriften und Gepflogenheiten.

Art. 35 Gesundheitsschutz. [1]Jeder Mensch hat das Recht auf Zugang zur Gesundheitsvorsorge und auf ärztliche Versorgung nach Maßgabe der einzelstaatlichen Rechtsvorschriften und Gepflogenheiten. [2]Bei der Festlegung und Durchführung der Politik und Maßnahmen der Union in allen Bereichen wird ein hohes Gesundheitsschutzniveau sichergestellt.

Art. 36 Zugang zu Dienstleistungen von allgemeinem wirtschaftlichen Interesse. Die Union anerkennt und achtet den Zugang zu Dienstleistungen von allgemeinem wirtschaftlichen Interesse, wie er durch die einzelstaatlichen Rechtsvorschriften und Gepflogenheiten im Einklang mit den Verträgen geregelt ist, um den sozialen und territorialen Zusammenhalt der Union zu fördern.

Art. 37 Umweltschutz. Ein hohes Umweltschutzniveau und die Verbesserung der Umweltqualität müssen in die Politik der Union einbezogen und nach dem Grundsatz der nachhaltigen Entwicklung sichergestellt werden.

Art. 38 Verbraucherschutz. Die Politik der Union stellt ein hohes Verbraucherschutzniveau sicher.

Titel V. Bürgerrechte

Art. 39 Aktives und passives Wahlrecht bei den Wahlen zum Europäischen Parlament. (1) Die Unionsbürgerinnen und Unionsbürger besitzen in dem Mitgliedstaat, in dem sie ihren Wohnsitz haben, das aktive und passive Wahlrecht bei den Wahlen zum Europäischen Parlament unter denselben Bedingungen wie die Angehörigen des betreffenden Mitgliedstaats.

(2) Die Mitglieder des Europäischen Parlaments werden in allgemeiner, unmittelbarer, freier und geheimer Wahl gewählt.

Art. 40 Aktives und passives Wahlrecht bei den Kommunalwahlen. Die Unionsbürgerinnen und Unionsbürger besitzen in dem Mitgliedstaat, in dem sie ihren Wohnsitz haben, das aktive und passive Wahlrecht bei Kommunalwahlen unter denselben Bedingungen wie die Angehörigen des betreffenden Mitgliedstaats.

Art. 41 Recht auf eine gute Verwaltung. (1) Jede Person hat ein Recht darauf, dass ihre Angelegenheiten von den Organen, Einrichtungen und sonstigen Stellen der Union unparteiisch, gerecht und innerhalb einer angemessenen Frist behandelt werden.

(2) Dieses Recht umfasst insbesondere

a) das Recht jeder Person, gehört zu werden, bevor ihr gegenüber eine für sie nachteilige individuelle Maßnahme getroffen wird,

b) das Recht jeder Person auf Zugang zu den sie betreffenden Akten unter Wahrung des berechtigten Interesses der Vertraulichkeit sowie des Berufs- und Geschäftsgeheimnisses,

c) die Verpflichtung der Verwaltung, ihre Entscheidungen zu begründen.

(3) Jede Person hat Anspruch darauf, dass die Union den durch ihre Organe oder Bediensteten in Ausübung ihrer Amtstätigkeit verursachten Schaden nach den allgemeinen Rechtsgrundsätzen ersetzt, die den Rechtsordnungen der Mitgliedstaaten gemeinsam sind.

(4) Jede Person kann sich in einer der Sprachen der Verträge an die Organe der Union wenden und muss eine Antwort in derselben Sprache erhalten.

Art. 42 Recht auf Zugang zu Dokumenten. Die Unionsbürgerinnen und Unionsbürger sowie jede natürliche oder juristische Person mit Wohnsitz oder satzungsmäßigem Sitz in einem Mitgliedstaat haben das Recht auf Zugang zu den Dokumenten der Organe, Einrichtungen und sonstigen Stellen der Union, unabhängig von der Form der für diese Dokumente verwendeten Träger.

Art. 43 Europäische Bürgerbeauftragte. Die Unionsbürgerinnen und Unionsbürger sowie jede natürliche oder juristische Person mit Wohnsitz oder satzungsmäßigem Sitz in einem Mitgliedstaat haben das Recht, den Europäischen Bürgerbeauftragten im Falle von Missständen bei der Tätigkeit der Organe, Einrichtungen und sonstigen Stellen der Union, mit Ausnahme des Gerichtshofs der Europäischen Union in Ausübung seiner Rechtsprechungsbefugnisse, zu befassen.

Art. 44 Petitionsrecht. Die Unionsbürgerinnen und Unionsbürger sowie jede natürliche oder juristische Person mit Wohnsitz oder satzungsmäßigem Sitz in einem Mitgliedstaat haben das Recht, eine Petition an das Europäische Parlament zu richten.

Art. 45 Freizügigkeit und Aufenthaltsfreiheit. (1) Die Unionsbürgerinnen und Unionsbürger haben das Recht, sich im Hoheitsgebiet der Mitgliedstaaten frei zu bewegen und aufzuhalten.

(2) Staatsangehörigen von Drittländern, die sich rechtmäßig im Hoheitsgebiet eines Mitgliedstaats aufhalten, kann nach Maßgabe der Verträge Freizügigkeit und Aufenthaltsfreiheit gewährt werden.

Art. 46 Diplomatischer und konsularischer Schutz. Die Unionsbürgerinnen und Unionsbürger genießen im Hoheitsgebiet eines Drittlands, in dem der Mitgliedstaat, dessen Staatsangehörigkeit sie besitzen, nicht vertreten ist, den Schutz durch die diplomatischen und konsularischen Behörden eines jeden Mitgliedstaats unter denselben Bedingungen wie Staatsangehörige dieses Staates.

Titel VI. Justizielle Rechte

Art. 47 Recht auf einen wirksamen Rechtsbehelf und ein unparteiisches Gericht. [1]Jede Person, deren durch das Recht der Union garantierte Rechte oder Freiheiten verletzt worden sind, hat das Recht, nach Maßgabe der in diesem Artikel vorgesehenen Bedingungen bei einem Gericht einen wirksamen Rechtsbehelf einzulegen.

[1]Jede Person hat ein Recht darauf, dass ihre Sache von einem unabhängigen, unparteiischen und zuvor durch Gesetz errichteten Gericht in einem fairen Verfahren, öffentlich und innerhalb angemessener Frist verhandelt wird. [2]Jede Person kann sich beraten, verteidigen und vertreten lassen.

Personen, die nicht über ausreichende Mittel verfügen, wird Prozesskostenhilfe bewilligt, soweit diese Hilfe erforderlich ist, um den Zugang zu den Gerichten wirksam zu gewährleisten.

Art. 48 Unschuldsvermutung und Verteidigungsrechte. (1) Jeder Angeklagte gilt bis zum rechtsförmlich erbrachten Beweis seiner Schuld als unschuldig.

(2) Jedem Angeklagten wird die Achtung der Verteidigungsrechte gewährleistet.

Art. 49 Grundsätze der Gesetzmäßigkeit und der Verhältnismäßigkeit im Zusammenhang mit Straftaten und Strafen.

(1) [1]Niemand darf wegen einer Handlung oder Unterlassung verurteilt werden, die zur Zeit ihrer Begehung nach innerstaatlichem oder internationalem Recht nicht strafbar war. [2]Es darf auch keine schwerere Strafe als die zur Zeit der Begehung angedrohte Strafe verhängt werden. [3]Wird nach Begehung einer Straftat durch Gesetz eine mildere Strafe eingeführt, so ist diese zu verhängen.

(2) Dieser Artikel schließt nicht aus, dass eine Person wegen einer Handlung oder Unterlassung verurteilt oder bestraft wird, die zur Zeit ihrer Begehung nach den allgemeinen, von der Gesamtheit der Nationen anerkannten Grundsätzen strafbar war.

(3) Das Strafmaß darf zur Straftat nicht unverhältnismäßig sein.

Art. 50 Recht, wegen derselben Straftat nicht zweimal strafrechtlich verfolgt oder bestraft zu werden. Niemand darf wegen einer Straftat, derentwegen er bereits in der Union nach dem Gesetz rechtskräftig verurteilt oder freigesprochen worden ist, in einem Strafverfahren erneut verfolgt oder bestraft werden.

Titel VII. Allgemeine Bestimmungen über die Auslegung und Anwendung der Charta

Art. 51 Anwendungsbereich. (1) [1]Diese Charta gilt für die Organe, Einrichtungen und sonstigen Stellen der Union unter Wahrung des

Subsidiaritätsprinzips und für die Mitgliedstaaten ausschließlich bei der Durchführung des Rechts der Union. [2]Dementsprechend achten sie die Rechte, halten sie sich an die Grundsätze und fördern sie deren Anwendung entsprechend ihren jeweiligen Zuständigkeiten und unter Achtung der Grenzen der Zuständigkeiten, die der Union in den Verträgen übertragen werden.

(2) Diese Charta dehnt den Geltungsbereich des Unionsrechts nicht über die Zuständigkeiten der Union hinaus aus und begründet weder neue Zuständigkeiten noch neue Aufgaben für die Union, noch ändert sie die in den Verträgen festgelegten Zuständigkeiten und Aufgaben.

Art. 52 Tragweite und Auslegung der Rechte und Grundsätze. (1) [1]Jede Einschränkung der Ausübung der in dieser Charta anerkannten Rechte und Freiheiten muss gesetzlich vorgesehen sein und den Wesensgehalt dieser Rechte und Freiheiten achten. [2]Unter Wahrung des Grundsatzes der Verhältnismäßigkeit dürfen Einschränkungen nur vorgenommen werden, wenn sie erforderlich sind und den von der Union anerkannten dem Gemeinwohl dienenden Zielsetzungen oder den Erfordernissen des Schutzes der Rechte und Freiheiten anderer tatsächlich entsprechen.

(2) Die Ausübung der durch diese Charta anerkannten Rechte, die in den Verträgen geregelt sind, erfolgt im Rahmen der in den Verträgen festgelegten Bedingungen und Grenzen.

(3) [1]Soweit diese Charta Rechte enthält, die den durch die Europäische Konvention zum Schutz der Menschenrechte und Grundfreiheiten garantierten Rechten entsprechen, haben sie die gleiche Bedeutung und Tragweite, wie sie ihnen in der genannten Konvention verliehen wird. [2]Diese Bestimmung steht dem nicht entgegen, dass das Recht der Union einen weiter gehenden Schutz gewährt.

(4) Soweit in dieser Charta Grundrechte anerkannt werden, wie sie sich aus den gemeinsamen Verfassungsüberlieferungen der Mitgliedstaaten ergeben, werden sie im Einklang mit diesen Überlieferungen ausgelegt.

(5) [1]Die Bestimmungen dieser Charta, in denen Grundsätze festgelegt sind, können durch Akte der Gesetzgebung und der Ausführung der Organe, Einrichtungen und sonstigen Stellen der Union sowie durch Akte der Mitgliedstaaten zur Durchführung des Rechts der Union in Ausübung ihrer jeweiligen Zuständigkeiten umgesetzt werden. [2]Sie können vor Gericht nur bei der Auslegung dieser Akte und bei Entscheidungen über deren Rechtmäßigkeit herangezogen werden.

(6) Den einzelstaatlichen Rechtsvorschriften und Gepflogenheiten ist, wie es in dieser Charta bestimmt ist, in vollem Umfang Rechnung zu tragen.

(7) Die Erläuterungen, die als Anleitung für die Auslegung dieser Charta verfasst wurden, sind von den Gerichten der Union und der Mitgliedstaaten gebührend zu berücksichtigen.

Art. 53 Schutzniveau. Keine Bestimmung dieser Charta ist als eine Einschränkung oder Verletzung der Menschenrechte und Grundfreiheiten auszulegen, die in dem jeweiligen Anwendungsbereich durch das Recht der Union und das Völkerrecht sowie durch die internationalen Übereinkünfte, bei denen die Union oder alle Mitgliedstaaten Vertragsparteien sind, darunter insbesondere die Europäische Konvention zum Schutz der Menschenrechte und Grundfreiheiten, sowie durch die Verfassungen der Mitgliedstaaten anerkannt werden.

Art. 54 Verbot des Missbrauchs der Rechte. Keine Bestimmung dieser Charta ist so auszulegen, als begründe sie das Recht, eine Tätigkeit auszuüben oder eine Handlung vorzunehmen, die darauf abzielt, die in der Charta anerkannten Rechte und Freiheiten abzuschaffen oder sie stärker einzuschränken, als dies in der Charta vorgesehen ist.

Der vorstehende Wortlaut übernimmt mit Anpassungen die am 7. Dezember 2000 proklamierte Charta und ersetzt sie ab dem Zeitpunkt des Inkrafttretens[1] des Vertrags von Lissabon[2].

Geschehen zu Strassburg am zwölften Dezember zweitausendsieben.[3]

Erläuterungen zur Charta der Grundrechte

Die nachstehenden Erläuterungen wurden ursprünglich unter der Verantwortung des Präsidiums des Konvents, der die Charta der Grundrechte der Europäischen Union ausgearbeitet hat, formuliert. Sie wurden unter der Verantwortung des Präsidiums des Europäischen Konvents aufgrund der von diesem Konvent vorgenommenen Anpassungen des Wortlauts der Charta (insbesondere der Artikel 51 und 52) und der Fortentwicklung des Unionsrechts aktualisiert. Diese Erläuterungen haben als solche keinen rechtlichen Status, stellen jedoch eine nützliche Interpretationshilfe dar, die dazu dient, die Bestimmungen der Charta zu verdeutlichen.

(Vom Abdruck wird zunächst abgesehen)

---

[1] Der Vertrag von Lissabon ist am 1. 12. 2009 in Kraft getreten.

[2] Nr. **152**.

[3] Es folgen die Unterschriften der Präsidenten des Europäischen Parlaments, des Rats der Europäischen Union und der Kommission der Europäischen Gemeinschaften.

demokratische Legitimität der Union erhöht und die Kohärenz ihres Handelns verbessert werden sollen, abzuschließen,

SIND ÜBEREINGEKOMMEN, den Vertrag über die Europäische Union, den Vertrag zur Gründung der Europäischen Gemeinschaft und den Vertrag zur Gründung der Europäischen Atomgemeinschaft zu ändern,

und haben zu diesem Zweck zu ihren Bevollmächtigten ernannt:

SEINE MAJESTÄT DER KÖNIG DER BELGIER
Guy VERHOFSTADT
Premierminister
Karel DE GUCHT
Minister für auswärtige Angelegenheiten

DER PRÄSIDENT DER REPUBLIK BULGARIEN
Sergei STANISHEV
Premierminister
Ivailo KALFIN
Vize-Premierminister und Minister für auswärtige Angelegenheiten

DER PRÄSIDENT DER TSCHECHISCHEN REPUBLIK
Mirek TOPOLÁNEK
Premierminister
Karel SCHWARZENBERG
Minister für auswärtige Angelegenheiten

IHRE MAJESTÄT DIE KÖNIGIN VON DÄNEMARK
Anders Fogh RASMUSSEN
Premierminister
Per Stig MØLLER
Minister für auswärtige Angelegenheiten

DER PRÄSIDENT DER BUNDESREPUBLIK DEUTSCHLAND
Dr. Angela MERKEL
Bundeskanzlerin
Dr. Frank-Walter STEINMEIER
Bundesminister des Auswärtigen und Stellvertreter der Bundeskanzlerin

DER PRÄSIDENT DER REPUBLIK ESTLAND
Andrus ANSIP
Premierminister
Urmas PAET
Minister für auswärtige Angelegenheiten

DIE PRÄSIDENTIN IRLANDS
Bertie AHERN
Premierminister (Taoiseach)
Dermot AHERN
Minister für auswärtige Angelegenheiten

DER PRÄSIDENT DER HELLENISCHEN REPUBLIK
Konstantinos KARAMANLIS
Premierminister

152. Vertrag von Lissabon zur Änderung des Vertrags über die Europäische Union und des Vertrags zur Gründung der Europäischen Gemeinschaft

Vom 13. Dezember 2007

(ABl. Nr. C 306 S. 1, ber. ABl. 2008 Nr. C 111 S. 56, ber. ABl. 2010, Nr. C 81/1 und ABl. 2016 Nr. L 150/1)

EU-Dok.-Nr. 1 2007 L/TXT

Präambel

SEINE MAJESTÄT DER KÖNIG DER BELGIER,
DER PRÄSIDENT DER REPUBLIK BULGARIEN,
DER PRÄSIDENT DER TSCHECHISCHEN REPUBLIK,
IHRE MAJESTÄT DIE KÖNIGIN VON DÄNEMARK,
DER PRÄSIDENT DER BUNDESREPUBLIK DEUTSCHLAND,
DER PRÄSIDENT DER REPUBLIK ESTLAND,
DIE PRÄSIDENTIN IRLANDS,
DER PRÄSIDENT DER HELLENISCHEN REPUBLIK,
SEINE MAJESTÄT DER KÖNIG VON SPANIEN,
DER PRÄSIDENT DER FRANZÖSISCHEN REPUBLIK,
DER PRÄSIDENT DER ITALIENISCHEN REPUBLIK,
DER PRÄSIDENT DER REPUBLIK ZYPERN,
DER PRÄSIDENT DER REPUBLIK LETTLAND,
DER PRÄSIDENT DER REPUBLIK LITAUEN,
SEINE KÖNIGLICHE HOHEIT DER GROSSHERZOG VON LUXEMBURG,
DER PRÄSIDENT DER REPUBLIK UNGARN,
DER PRÄSIDENT MALTAS,
IHRE MAJESTÄT DIE KÖNIGIN DER NIEDERLANDE,
DER BUNDESPRÄSIDENT DER REPUBLIK ÖSTERREICH,
DER PRÄSIDENT DER REPUBLIK POLEN,
DER PRÄSIDENT DER PORTUGIESISCHEN REPUBLIK,
DER PRÄSIDENT RUMÄNIENS,
DER PRÄSIDENT DER REPUBLIK SLOWENIEN,
DER PRÄSIDENT DER SLOWAKISCHEN REPUBLIK,
DIE PRÄSIDENTIN DER REPUBLIK FINNLAND,
DIE REGIERUNG DES KÖNIGREICHS SCHWEDEN,
IHRE MAJESTÄT DIE KÖNIGIN DES VEREINIGTEN KÖNIGREICHS GROẞBRITANNIEN UND NORDIRLAND

IN DEM WUNSCH, den mit dem Vertrag von Amsterdam und dem Vertrag von Nizza eingeleiteten Prozess, mit dem die Effizienz und die

Dora BAKOYANNIS
Ministerin für auswärtige Angelegenheiten
SEINE MAJESTÄT DER KÖNIG VON SPANIEN
José Luis RODRÍGUEZ ZAPATERO
Präsident der Regierung
Miguel Ángel MORATINOS CUYAUBÉ
Minister für auswärtige Angelegenheiten und für Zusammenarbeit
DER PRÄSIDENT DER FRANZÖSISCHEN REPUBLIK
Nicolas SARKOZY
Präsident
François FILLON
Premierminister
Bernard KOUCHNER
Minister für auswärtige und europäische Angelegenheiten
DER PRÄSIDENT DER ITALIENISCHEN REPUBLIK
Romano PRODI
Präsident des Ministerrats
Massimo D'ALEMA
Vizepräsident des Ministerrats und Minister für auswärtige Angelegenheiten
DER PRÄSIDENT DER REPUBLIK ZYPERN
Tassos PAPADOPOULOS
Präsident
Erato KOZAKOU-MARCOULLIS
Minister für auswärtige Angelegenheiten
DER PRÄSIDENT DER REPUBLIK LETTLAND
Valdis ZATLERS
Präsident
Aigars KALVITIS
Premierminister
Maris RIEKSTINŠ
Minister für auswärtige Angelegenheiten
DER PRÄSIDENT DER REPUBLIK LITAUEN
Valdas ADAMKUS
Präsident
Gediminas KIRKILAS
Premierminister
Petras VAITIEKUNAS
Minister für auswärtige Angelegenheiten
SEINE KÖNIGLICHE HOHEIT DER GROSSHERZOG VON LUXEMBURG
Jean-Claude JUNCKER
Premierminister, Staatsminister
Jean ASSELBORN
Minister für auswärtige Angelegenheiten und Immigration
DER PRÄSIDENT DER REPUBLIK UNGARN
Ferenc GYURCSÁNY

Premierminister
Dr. Kinga GÖNCZ
Ministerin für auswärtige Angelegenheiten
DER PRÄSIDENT MALTAS
The Hon Lawrence GONZI
Premierminister
The Hon Michael FRENDO
Minister für auswärtige Angelegenheiten
IHRE MAJESTÄT DIE KÖNIGIN DER NIEDERLANDE
Dr. J. P. BALKENENDE
Premierminister
M. J. M. VERHAGEN
Minister für auswärtige Angelegenheiten
DER BUNDESPRÄSIDENT DER REPUBLIK ÖSTERREICH
Dr. Alfred GUSENBAUER
Bundeskanzler
Dr. Ursula PLASSNIK
Bundesministerin für europäische und internationale Angelegenheiten
DER PRÄSIDENT DER REPUBLIK POLEN
Donald TUSK
Premierminister
Radostaw SIKORSKI
Minister für auswärtige Angelegenheiten
DER PRÄSIDENT DER PORTUGIESISCHEN REPUBLIK
José SÓCRATES CARVALHO PINTO DE SOUSA
Premierminister
Luís Filipe MARQUES AMADO
Staatsminister und Minister für auswärtige Angelegenheiten
DER PRÄSIDENT RUMÄNIENS
Traian BĂSESCU
Präsident
Călin POPESCU TĂRICEANU
Premierminister
Adrian CIOROIANU
Minister für auswärtige Angelegenheiten
DER PRÄSIDENT DER REPUBLIK SLOWENIEN
Janez JANŠA
Präsident der Regierung
Dr. Dimitrij RUPEL
Minister für auswärtige Angelegenheiten
DER PRÄSIDENT DER SLOWAKISCHEN REPUBLIK
Robert FICO
Premierminister
Ján KUBIŠ
Minister für auswärtige Angelegenheiten
DIE PRÄSIDENTIN DER REPUBLIK FINNLAND
Matti VANHANEN

Premierminister
Ilkka KANERVA
Minister für auswärtige Angelegenheiten
DIE REGIERUNG DES KÖNIGREICHS SCHWEDEN
Fredrik REINFELDT
Premierminister
Cecilia MALMSTRÖM
Ministerin für europäische Angelegenheiten
IHRE MAJESTÄT DIE KÖNIGIN DES VEREINIGTEN KÖNIGREICHS GROSSBRITANNIEN UND NORDIRLAND
The Rt. Hon Gordon BROWN
Premierminister
The Rt. Hon David MILIBAND
Minister für auswärtige Angelegenheiten und den Commonwealth

DIESE SIND nach Austausch ihrer als gut und gehörig befundenen Vollmachten

wie folgt ÜBEREINGEKOMMEN:

Änderungen des Vertrags über die Europäische Union und des Vertrags zur Gründung der Europäischen Gemeinschaft

Art. 1 [Änderung des EUV] Der Vertrag über die Europäische Union wird nach Maßgabe dieses Artikels geändert.

[...][1]

Art. 2 [Änderung des EGV] Der Vertrag zur Gründung der Europäischen Gemeinschaft wird nach Maßgabe dieses Artikels geändert.

[...][2]

Schlussbestimmungen

Art. 3 [Geltungsdauer] Dieser Vertrag gilt auf unbegrenzte Zeit.

Art. 4 [Änderung der Protokolle] (1) Das diesem Vertrag beigefügte Protokoll Nr. 1 enthält die Änderungen der Protokolle zum Vertrag über die Europäische Union, zum Vertrag zur Gründung der Europäischen Gemeinschaft und/oder zum Vertrag zur Gründung der Europäischen Atomgemeinschaft.

[1] Der geänderte Unionsvertrag ist vollständig wiedergegeben unter Nr. **145** dieser Textsammlung.

[2] Der geänderte EGV (jetzt: „Vertrag über die Arbeitsweise der Europäischen Union") ist vollständig wiedergegeben unter Nr. **146** dieser Textsammlung.

(2) Das diesem Vertrag beigefügte Protokoll Nr. 2 enthält die Änderungen des Vertrags zur Gründung der Europäischen Atomgemeinschaft.

Art. 5 [Umnummerierung; Verweisungen] (1) Die Artikel, Abschnitte, Kapitel, Titel und Teile des Vertrags über die Europäische Union und des Vertrags zur Gründung der Europäischen Gemeinschaft in der Fassung dieses Vertrags werden entsprechend den Übereinstimmungstabellen im Anhang zu diesem Vertrag umnummeriert; dieser Anhang ist Bestandteil dieses Vertrags.[1)]

(2) Die im Vertrag über die Europäische Union und im Vertrag über die Arbeitsweise der Europäischen Union enthaltenen Querverweise auf Artikel, Abschnitte, Kapitel, Titel und Teile sowie die Querverweise zwischen ihnen werden entsprechend Absatz 1 angepasst; desgleichen werden die Verweise auf Absätze oder Unterabsätze der genannten Artikel, wie sie durch einige Bestimmungen dieses Vertrags umnummeriert oder umgestellt wurden, entsprechend jenen Bestimmungen angepasst.

[1] Die in anderen die Union begründenden Verträgen oder Rechtsakten des Primärrechts enthaltenen Verweise auf Artikel, Abschnitte, Kapitel, Titel und Teile des Vertrags über die Europäische Union und des Vertrags zur Gründung der Europäischen Gemeinschaft werden entsprechend Absatz 1 angepasst. [2] Die Verweise auf Erwägungsgründe des Vertrags über die Europäische Union oder auf Absätze oder Unterabsätze von Artikeln des Vertrags über die Europäische Union und des Vertrags zur Gründung der Europäischen Gemeinschaft, wie sie durch diesen Vertrag umnummeriert oder umgestellt wurden, werden entsprechend diesem Vertrag angepasst.

Diese Anpassungen betreffen gegebenenfalls auch die Fälle, in denen die jeweilige Bestimmung aufgehoben wird.

(3) Die in anderen Rechtsinstrumenten oder Rechtsakten enthaltenen Verweise auf Erwägungsgründe, Artikel, Abschnitte, Kapitel, Titel und Teile des Vertrags über die Europäische Union und des Vertrags zur Gründung der Europäischen Gemeinschaft in der Fassung dieses Vertrags sind als Verweise auf die nach Absatz 1 umnummerierten Erwägungsgründe, Artikel, Abschnitte, Kapitel, Titel und Teile der genannten Verträge zu verstehen; die Verweise auf Absätze oder Unterabsätze jener Artikel sind als Verweise auf die in einigen Bestimmungen dieses Vertrags umnummerierten oder umgestellten Absätze oder Unterabsätze zu verstehen.

Art. 6 [Ratifikation; Inkrafttreten] (1) [1] Dieser Vertrag bedarf der Ratifikation durch die Hohen Vertragsparteien im Einklang mit ihren

[1)] Die Übereinstimmungstabellen sind abgedruckt unter Nr. **152 a**.

verfassungsrechtlichen Vorschriften. [2]Die Ratifikationsurkunden werden bei der Regierung der Italienischen Republik hinterlegt.

(2) Dieser Vertrag tritt am 1. Januar 2009 in Kraft, sofern alle Ratifikationsurkunden hinterlegt worden sind, oder andernfalls am ersten Tag des auf die Hinterlegung der letzten Ratifikationsurkunde folgenden Monats.

Art. 7 [Verbindlicher Wortlaut; Hinterlegung] Dieser als „Vertrag von Lissabon" bezeichnete Vertrag ist in einer Urschrift in bulgarischer, dänischer, deutscher, englischer, estnischer, finnischer, französischer, griechischer, irischer, italienischer, lettischer, litauischer, maltesischer, niederländischer, polnischer, portugiesischer, rumänischer, schwedischer, slowakischer, slowenischer, spanischer, tschechischer und ungarischer Sprache abgefasst, wobei jeder Wortlaut gleichermaßen verbindlich ist; er wird im Archiv der Regierung der Italienischen Republik hinterlegt; diese übermittelt der Regierung jedes anderen Unterzeichnerstaats eine beglaubigte Abschrift.

ZU URKUND DESSEN haben die unterzeichneten Bevollmächtigten ihre Unterschriften unter diesen Vertrag gesetzt.

Geschehen zu Lissabon am dreizehnten Dezember zweitausendsieben.

Protokolle

A. Protokolle, die dem Vertrag über die Europäische Union, dem Vertrag über die Arbeitsweise der Europäischen Union und gegebenenfalls dem Vertrag zur Gründung der Europäischen Atomgemeinschaft beizufügen sind[1)]

B. Protokolle, die dem Vertrag von Lissabon beizufügen sind

Protokoll Nr. 1 zur Änderung der Protokolle zum Vertrag über die Europäische Union, zum Vertrag zur Gründung der Europäischen Gemeinschaft und/oder zum Vertrag zur Gründung der Europäischen Atomgemeinschaft[2)]

Protokoll Nr. 2 zur Änderung des Vertrags Zur Gründung der Europäischen Atomgemeinschaft

(hier nicht wiedergegeben)

Anhang. Übereinstimmungstabellen nach Art. 5 des Vertrags von Lissabon[3)]

[1)] Nr. **147**.
[2)] Unter Nr. **147** eingearbeitet.
[3)] Siehe Nr. **152 a** dieser Textsammlung.

Schlussakte von Lissabon mit Erklärungen[1)]

Vom 13. Dezember 2007

(ABl. Nr. C 306 S. 229)

EU-Dok.-Nr. 1 2007 L/AFI

DIE KONFERENZ DER VERTRETER DER REGIERUNGEN DER MITGLIEDSTAATEN, die am 23. Juli 2007 in Brüssel einberufen wurde, um im gegenseitigen Einvernehmen die Änderungen zu beschließen, die an dem Vertrag über die Europäische Union[2)], dem Vertrag zur Gründung der Europäischen Gemeinschaft und dem Vertrag zur Gründung der Europäischen Atomgemeinschaft vorzunehmen sind, hat folgende Texte angenommen:

I. Vertrag von Lissabon[3)] zur Änderung des Vertrags über die Europäische Union und des Vertrags zur Gründung der Europäischen Gemeinschaft

II. Protokolle

A. Protokolle zum Vertrag über die Europäische Union, zum Vertrag über die Arbeitsweise der Europäischen Union und gegebenenfalls zum Vertrag zur Gründung der Europäischen Atomgemeinschaft

- Protokoll über die Rolle der nationalen Parlamente in der Europäischen Union[4)]
- Protokoll über die Anwendung der Grundsätze der Subsidiarität und der Verhältnismäßigkeit[4)]
- Protokoll betreffend die Euro-Gruppe[4)]
- Protokoll über die ständige strukturierte Zusammenarbeit nach Artikel 42 des Vertrags über die Europäische Union[4)]
- Protokoll zu Artikel 6 Absatz 2 des Vertrags über die Europäische Union über den Beitritt der Union zur Europäischen Konvention zum Schutz der Menschenrechte und Grundfreiheiten[4)]
- Protokoll über den Binnenmarkt und den Wettbewerb[4)]
- Protokoll über die Anwendung der Charta der Grundrechte der Europäischen Union auf Polen und das Vereinigte Königreich[4)]
- Protokoll über die Ausübung der geteilten Zuständigkeit[4)]
- Protokoll über Dienste von allgemeinem Interesse[4)]

---

1) Verweise/Bezugnahmen auf Vorschriften des EUV/AEUV sind gemäß Art. 5 des Vertrags von Lissabon in Verbindung mit den Übereinstimmungstabellen an die neue Nummerierung angepasst worden.

2) Nr. **145**.

3) Nr. **152**.

4) Nr. **147**.

– Protokoll über den Beschluss des Rates über die Anwendung des Artikels 16 Absatz 4 des Vertrags über die Europäische Union und des Artikels 238 Absatz 2 des Vertrags über die Arbeitsweise der Europäischen Union zwischen dem 1. November 2014 und dem 31. März 2017 einerseits und ab dem 1. April 2017 andererseits[1]
– Protokoll über die Übergangsbestimmungen[1]

B. Protokolle zum Vertrag von Lissabon[2]
– Protokoll Nr. 1 zur Änderung der Protokolle zum Vertrag über die Europäische Union, zum Vertrag zur Gründung der Europäischen Gemeinschaft und/oder zum Vertrag zur Gründung der Europäischen Atomgemeinschaft
– Übereinstimmungstabellen nach Artikel 2 des Protokolls Nr. 1 zur Änderung der Protokolle zum Vertrag über die Europäische Union, zum Vertrag zur Gründung der Europäischen Gemeinschaft und/oder zum Vertrag zur Gründung der Europäischen Atomgemeinschaft
– Protokoll Nr. 2 zur Änderung des Vertrags zur Gründung der Europäischen Atomgemeinschaft

III. Anhang zum Vertrag von Lissabon[3]
– Übereinstimmungstabellen nach Artikel 5 des Vertrags von Lissabon

Die Konferenz hat die folgenden dieser Schlussakte beigefügten Erklärungen angenommen:

A. Erklärungen zu Bestimmungen der Verträge
1. Erklärung zur Charta der Grundrechte der Europäischen Union[4]
2. Erklärung zu Artikel 6 Absatz 2 des Vertrags über die Europäische Union
3. Erklärung zu Artikel 8 des Vertrags über die Europäische Union
4. Erklärung zur Zusammensetzung des Europäischen Parlaments
5. Erklärung zur politischen Einigung des Europäischen Rates über den Entwurf eines Beschlusses über die Zusammensetzung des Europäischen Parlaments
6. Erklärung zu Artikel 15 Absätze 5 und 6, Artikel 17 Absätze 6 und 7 und Artikel 18 des Vertrags über die Europäische Union
7. Erklärung zu Artikel 16 Absatz 4 des Vertrags über die Europäische Union und zu Artikel 238 Absatz 2 des Vertrags über die Arbeitsweise der Europäischen Union
8. Erklärung zu den praktischen Maßnahmen, die zum Zeitpunkt des Inkrafttretens des Vertrags von Lissabon in Bezug auf den Vorsitz im Europäischen Rat und im Rat „Auswärtige Angelegenheiten“ zu ergreifen sind

---

[1] Nr. **147**.
[2] Nr. **152**.
[3] Nr. **152 a**.
[4] Nr. **150**.

9. Erklärung zu Artikel 16 Absatz 9 des Vertrags über die Europäische Union betreffend den Beschluss des Europäischen Rates über die Ausübung des Vorsitzes im Rat
10. Erklärung zu Artikel 17 des Vertrags über die Europäische Union
11. Erklärung zu Artikel 16 Absätze 6 und 7 des Vertrags über die Europäische Union
12. Erklärung zu Artikel 18 des Vertrags über die Europäische Union
13. Erklärung zur Gemeinsamen Außen- und Sicherheitspolitik
14. Erklärung zur Gemeinsamen Außen- und Sicherheitspolitik
15. Erklärung zu Artikel 27 des Vertrags über die Europäische Union
16. Erklärung zu Artikel 55 Absatz 2 des Vertrags über die Europäische Union
17. Erklärung zum Vorrang
18. Erklärung zur Abgrenzung der Zuständigkeiten
19. Erklärung zu Artikel 8 des Vertrags über die Arbeitsweise der Europäischen Union
20. Erklärung zu Artikel 16 des Vertrags über die Arbeitsweise der Europäischen Union
21. Erklärung zum Schutz personenbezogener Daten im Bereich der justiziellen Zusammenarbeit in Strafsachen und der polizeilichen Zusammenarbeit
22. Erklärung zu den Artikeln 48 und 79 des Vertrags über die Arbeitsweise der Europäischen Union
23. Erklärung zu Artikel 48 Absatz 2 des Vertrags über die Arbeitsweise der Europäischen Union
24. Erklärung zur Rechtspersönlichkeit der Europäischen Union
25. Erklärung zu den Artikeln 75 und 215 des Vertrags über die Arbeitsweise der Europäischen Union
26. Erklärung zur Nichtbeteiligung eines Mitgliedstaats an einer auf den Dritten Teil Titel IV des Vertrags über die Arbeitsweise der Europäischen Union gestützten Maßnahme
27. Erklärung zu Artikel 85 Absatz 1 Unterabsatz 2 des Vertrags über die Arbeitsweise der Europäischen Union
28. Erklärung zu Artikel 98 des Vertrags über die Arbeitsweise der Europäischen Union
29. Erklärung zu Artikel 107 Absatz 2 Buchstabe c des Vertrags über die Arbeitsweise der Europäischen Union
30. Erklärung zu Artikel 126 des Vertrags über die Arbeitsweise der Europäischen Union
31. Erklärung zu Artikel 156 des Vertrags über die Arbeitsweise der Europäischen Union
32. Erklärung zu Artikel 168 Absatz 4 Buchstabe c des Vertrags über die Arbeitsweise der Europäischen Union
33. Erklärung zu Artikel 174 des Vertrags über die Arbeitsweise der Europäischen Union

34. Erklärung zu Artikel 179 des Vertrags über die Arbeitsweise der Europäischen Union
35. Erklärung zu Artikel 194 des Vertrags über die Arbeitsweise der Europäischen Union
36. Erklärung zu Artikel 218 des Vertrags über die Arbeitsweise der Europäischen Union über die Aushandlung und den Abschluss internationaler Übereinkünfte betreffend den Raum der Freiheit, der Sicherheit und des Rechts durch die Mitgliedstaaten
37. Erklärung zu Artikel 222 des Vertrags über die Arbeitsweise der Europäischen Union
38. Erklärung zu Artikel 252 des Vertrags über die Arbeitsweise der Europäischen Union zur Zahl der Generalanwälte des Gerichtshofs
39. Erklärung zu Artikel 290 des Vertrags über die Arbeitsweise der Europäischen Union
40. Erklärung zu Artikel 329 des Vertrags über die Arbeitsweise der Europäischen Union
41. Erklärung zu Artikel 352 des Vertrags über die Arbeitsweise der Europäischen Union
42. Erklärung zu Artikel 352 des Vertrags über die Arbeitsweise der Europäischen Union
43. Erklärung zu Artikel 355 Absatz 6 des Vertrags über die Arbeitsweise der Europäischen Union

B. Erklärungen zu den den Verträgen beigefügten Protokollen

44. Erklärung zu Artikel 5 des Protokolls über den in den Rahmen der Europäischen Union einbezogenen Schengen-Besitzstand
45. Erklärung zu Artikel 5 Absatz 2 des Protokolls über den in den Rahmen der Europäischen Union einbezogenen Schengen-Besitzstand
46. Erklärung zu Artikel 5 Absatz 3 des Protokolls über den in den Rahmen der Europäischen Union einbezogenen Schengen-Besitzstand
47. Erklärung zu Artikel 5 Absätze 3, 4 und 5 des Protokolls über den in den Rahmen der Europäischen Union einbezogenen Schengen-Besitzstand
48. Erklärung zu dem Protokoll über die Position Dänemarks
49. Erklärung betreffend Italien
50. Erklärung zu Artikel 10 des Protokolls über die Übergangsbestimmungen

Die Konferenz hat ferner die nachstehend aufgeführten Erklärungen zur Kenntnis genommen, die dieser Schlussakte beigefügt sind:

51. Erklärung des Königreichs Belgien zu den nationalen Parlamenten
52. Erklärung des Königreichs Belgien, der Republik Bulgarien, der Bundesrepublik Deutschland, der Hellenischen Republik, des Königreichs Spanien, der Italienischen Republik, der Re-

publik Zypern, der Republik Litauen, des Großherzogtums Luxemburg, der Republik Ungarn, der Republik Malta, der Republik Österreich, der Portugiesischen Republik, Rumäniens, der Republik Slowenien und der Slowakischen Republik zu den Symbolen der Europäischen Union
53. Erklärung der Tschechischen Republik zur Charta der Grundrechte der Europäischen Union[1)]
54. Erklärung der Bundesrepublik Deutschland, Irlands, der Republik Ungarn, der Republik Österreich und des Königreichs Schweden
55. Erklärung des Königreichs Spanien und des Vereinigten Königreichs Großbritannien und Nordirland
56. Erklärung Irlands zu Artikel 3 des Protokolls über die Position des Vereinigten Königreichs und Irlands hinsichtlich des Raums der Freiheit, der Sicherheit und des Rechts[2)]
57. Erklärung der Italienischen Republik zur Zusammensetzung des Europäischen Parlaments
58. Erklärung der Republik Lettland, der Republik Ungarn und der Republik Malta zur Schreibweise des Namens der einheitlichen Währung in den Verträgen
59. Erklärung des Königreichs der Niederlande zu Artikel 312 des Vertrags über die Arbeitsweise der Europäischen Union
60. Erklärung des Königreichs der Niederlande zu Artikel 355 des Vertrags über die Arbeitsweise der Europäischen Union
61. Erklärung der Republik Polen zur Charta der Grundrechte der Europäischen Union
62. Erklärung der Republik Polen zu dem Protokoll über die Anwendung der Charta der Grundrechte der Europäischen Union auf Polen und das Vereinigte Königreich[2)]
63. Erklärung des Vereinigten Königreichs Großbritannien und Nordirland zur Definition des Begriffs „Staatsangehöriger“
64. Erklärung des Vereinigten Königreichs Großbritannien und Nordirland über das Wahlrecht für die Wahlen zum Europäischen Parlament
65. Erklärung des Vereinigten Königreichs Großbritannien und Nordirland zu Artikel 75 des Vertrags über die Arbeitsweise der Europäischen Union

A. Erklärungen zu Bestimmungen der Verträge

1. Erklärung zur Charta der Grundrechte der Europäischen Union

Die Charta der Grundrechte der Europäischen Union, die rechtsverbindlich ist, bekräftigt die Grundrechte, die durch die Europäische

---

1) Nr. **150**.
2) Nr. **147**.

Konvention zum Schutz der Menschenrechte und Grundfreiheiten garantiert werden und die sich aus den gemeinsamen Verfassungsüberlieferungen der Mitgliedstaaten ergeben.

Die Charta dehnt weder den Geltungsbereich des Unionsrechts über die Zuständigkeiten der Union hinaus aus noch begründet sie neue Zuständigkeiten oder neue Aufgaben für die Union, und sie ändert nicht die in den Verträgen festgelegten Zuständigkeiten und Aufgaben.

2. Erklärung zu Artikel 6 Absatz 2 des Vertrags über die Europäische Union

[1] Die Konferenz kommt überein, dass der Beitritt der Union zur Europäischen Konvention zum Schutz der Menschenrechte und Grundfreiheiten unter Bedingungen erfolgen sollte, die es gestatten, die Besonderheiten der Rechtsordnung der Union zu wahren. [2] In diesem Zusammenhang stellt die Konferenz fest, dass der Gerichtshof der Europäischen Union und der Europäische Gerichtshof für Menschenrechte in einem regelmäßigen Dialog stehen; dieser Dialog könnte beim Beitritt der Union zu dieser Konvention intensiviert werden.

3. Erklärung zu Artikel 8 des Vertrags über die Europäische Union

Die Union trägt der besonderen Lage der Länder mit geringer territorialer Ausdehnung Rechnung, die spezifische Nachbarschaftsbeziehungen zur Union unterhalten.

4. Erklärung zur Zusammensetzung des Europäischen Parlaments

Der zusätzliche Sitz im Europäischen Parlament wird Italien zugewiesen.

5. Erklärung zur politischen Einigung des Europäischen Rates über den Entwurf eines Beschlusses über die Zusammensetzung des Europäischen Parlaments

Der Europäische Rat wird seine politische Zustimmung zum überarbeiteten Entwurf eines Beschlusses über die Zusammensetzung des Europäischen Parlaments in der Legislaturperiode 2009–2014 auf der Grundlage des Vorschlags des Europäischen Parlaments erteilen.

6. Erklärung zu Artikel 15 Absätze 5 und 6, Artikel 17 Absätze 6 und 7 und Artikel 18 des Vertrags über die Europäische Union

Bei der Auswahl der Personen, die das Amt des Präsidenten des Europäischen Rates, des Präsidenten der Kommission und des Hohen

Vertreters der Union für Außen- und Sicherheitspolitik ausüben sollen, ist gebührend zu berücksichtigen, dass die geografische und demografische Vielfalt der Union und ihrer Mitgliedstaaten angemessen geachtet werden muss.

7. Erklärung zu Artikel 16 Absatz 4 des Vertrags über die Europäische Union und zu Artikel 238 Absatz 2 des Vertrags über die Arbeitsweise der Europäischen Union

1 Die Konferenz erklärt, dass der Beschluss über die Anwendung des Artikels 16 Absatz 4 des Vertrags über die Europäische Union und des Artikels 238 Absatz 2 des Vertrags über die Arbeitsweise der Europäischen Union vom Rat am Tag der Unterzeichnung des Vertrags von Lissabon[1] angenommen wird und am Tag des Inkrafttretens jenes Vertrags in Kraft tritt. 2 Der entsprechende Beschlussentwurf ist nachstehend wiedergegeben:

„Entwurf eines Beschlusses des Rates über die Anwendung des Artikels 16 Absatz 4 des Vertrags über die Europäische Union und des Artikels 238 Absatz 2 des Vertrags über die Arbeitsweise der Europäischen Union zwischen dem 1. November 2014 und dem 31. März 2017 einerseits und ab dem 1. April 2017 andererseits

DER RAT DER EUROPÄISCHEN UNION –

in Erwägung nachstehender Gründe:

(1) Es sollten Bestimmungen erlassen werden, die einen reibungslosen Übergang von der Regelung für die Beschlussfassung des Rates mit qualifizierter Mehrheit, die in Artikel 3 Absatz 3 des Protokolls über die Übergangsbestimmungen[2] festgelegt ist und die bis zum 31. Oktober 2014 weiterhin gelten wird, zu der in Artikel 16 Absatz 4 des Vertrags über die Europäische Union[3] und Artikel 238 Absatz 2 des Vertrags über die Arbeitsweise der Europäischen Union[4] vorgesehenen Abstimmungsregelung gewährleisten, die ab dem 1. November 2014 gelten wird, einschließlich – während eines Übergangszeitraums bis zum 31. März 2017 – der besonderen Bestimmungen gemäß Artikel 3 Absatz 2 des genannten Protokolls.

(2) Der Rat wird auch in Zukunft alles daran setzen, die demokratische Legitimierung der mit qualifizierter Mehrheit angenommenen Rechtsakte zu erhöhen –

BESCHLIESST:

---

[1] Nr. **152**.
[2] Nr. **147**.
[3] Nr. **145**.
[4] Nr. **146**.

Abschnitt 1
Für die Zeit vom 1. November 2014 bis zum 31. März 2017 anwendbare Bestimmungen

Art. 1 [Erforderliche Mehrheit bis 3. März 2017] Für die Zeit vom 1. November 2014 bis zum 31. März 2017 gilt Folgendes: Wenn Mitglieder des Rates, die

a) mindestens drei Viertel der Bevölkerung oder

b) mindestens drei Viertel der Anzahl der Mitgliedstaaten

vertreten, die für die Bildung einer Sperrminorität erforderlich sind, wie sie sich aus der Anwendung von Artikel 16 Absatz 4 Unterabsatz 1 des Vertrags über die Europäische Union[1] oder Artikel 238 Absatz 2 des Vertrags über die Arbeitsweise der Europäischen Union[2] ergibt, erklären, dass sie die Annahme eines Rechtsakts durch den Rat mit qualifizierter Mehrheit ablehnen, so wird die Frage vom Rat erörtert.

Art. 2 [Zufriedenstellende Lösung] Der Rat wird im Verlauf dieser Erörterungen alles in seiner Macht Stehende tun, um innerhalb einer angemessenen Zeit und unbeschadet der durch das Unionsrecht vorgeschriebenen zwingenden Fristen eine zufrieden stellende Lösung für die von den Mitgliedern des Rates nach Artikel 1 vorgebrachten Anliegen zu finden.

Art. 3 [Breite Einigungsgrundlage] [1]Zu diesem Zweck unternimmt der Präsident des Rates mit Unterstützung der Kommission unter Einhaltung der Geschäftsordnung des Rates alle erforderlichen Schritte, um im Rat eine breitere Einigungsgrundlage zu ermöglichen. [2]Die Mitglieder des Rates unterstützen ihn hierbei.

Abschnitt 2
Ab dem 1. April 2017 anwendbare Bestimmungen

Art. 4 [Erforderliche Mehrheit ab 1. April 2017] Ab dem 1. April 2017 gilt Folgendes: Wenn Mitglieder des Rates, die

a) mindestens 55 % der Bevölkerung oder

b) mindestens 55 % der Anzahl der Mitgliedstaaten

vertreten, die für die Bildung einer Sperrminorität erforderlich sind, wie sie sich aus der Anwendung von Artikel 16 Absatz 4 Unterabsatz 1 des Vertrags über die Europäische Union[3] oder Artikel 238 Absatz 2 des Vertrags über die Arbeitsweise der Europäischen Union[2] ergibt, erklären, dass sie die Annahme eines Rechtsakts durch den Rat mit qualifizierter Mehrheit ablehnen, so wird die Frage vom Rat erörtert."

---

1) Nr. **145.**
2) Nr. **146.**
3) Nr. **145.**

Art. 5 [Zufriedenstellende Lösung] Der Rat wird im Verlauf dieser Erörterungen alles in seiner Macht Stehende tun, um innerhalb einer angemessenen Zeit und unbeschadet der durch das Unionsrecht vorgeschriebenen zwingenden Fristen eine zufrieden stellende Lösung für die von den Mitgliedern des Rates nach Artikel 4 vorgebrachten Anliegen zu finden.

Art. 6 [Breite Einigungsgrundlage] [1]Zu diesem Zweck unternimmt der Präsident des Rates mit Unterstützung der Kommission unter Einhaltung der Geschäftsordnung des Rates alle erforderlichen Schritte, um im Rat eine breitere Einigungsgrundlage zu ermöglichen. [2]Die Mitglieder des Rates unterstützen ihn hierbei.

Abschnitt 3
Inkrafttreten des Beschlusses

Art. 7 [Inkrafttreten] Dieser Beschluss tritt am Tag des Inkrafttretens[1)] des Vertrags von Lissabon[2)] in Kraft."

8. Erklärung zu den praktischen Maßnahmen, die zum Zeitpunkt des Inkrafttretens des Vertrags von Lissabon in Bezug auf den Vorsitz im Europäischen Rat und im Rat „Auswärtige Angelegenheiten" zu ergreifen sind

Für den Fall, dass der Vertrag von Lissabon nach dem 1. Januar 2009 in Kraft tritt, ersucht die Konferenz die zuständigen Behörden des Mitgliedstaats, der zu jenem Zeitpunkt den halbjährlich wechselnden Vorsitz im Rat wahrnimmt, einerseits und die Persönlichkeit, die zum Präsidenten des Europäischen Rats gewählt wird, sowie die Persönlichkeit, die zum Hohen Vertreter der Union für Außen- und Sicherheitspolitik ernannt wird, andererseits, in Absprache mit dem nachfolgenden halbjährlichen Vorsitz die konkreten Maßnahmen zu ergreifen, die erforderlich sind, damit der Übergang in Bezug auf die sachbezogenen und die organisatorischen Aspekte der Ausübung des Vorsitzes im Europäischen Rat und im Rat „Auswärtige Angelegenheiten" reibungslos erfolgen kann.

9. Erklärung zu Artikel 16 Absatz 9 des Vertrags über die Europäische Union betreffend den Beschluss des Europäischen Rates über die Ausübung des Vorsitzes im Rat

[1]Die Konferenz erklärt, dass der Rat nach der Unterzeichnung des Vertrags von Lissabon[2)] umgehend mit der Ausarbeitung des Beschlus-

---

[1)] Inkrafttreten am 1. 12. 2009.
[2)] Nr. **152**.

ses zur Festlegung der Verfahren für die Anwendung des Beschlusses über die Ausübung des Vorsitzes im Rat beginnen und innerhalb von sechs Monaten zu einer politischen Einigung gelangen sollte. 2 Ein Entwurf für einen Beschluss des Europäischen Rates, der am Tag des Inkrafttretens jenes Vertrags angenommen wird, ist nachstehend wiedergegeben:

„Entwurf eines Beschlusses des Europäischen Rates über die Ausübung des Vorsitzes im Rat

Art. 1 [Vorsitz im Rat] (1) 1 Der Vorsitz im Rat außer in der Zusammensetzung „Auswärtige Angelegenheiten" wird von zuvor festgelegten Gruppen von drei Mitgliedstaaten für einen Zeitraum von 18 Monaten wahrgenommen. 2 Diese Gruppen werden in gleichberechtigter Rotation der Mitgliedstaaten unter Berücksichtigung ihrer Verschiedenheit und des geografischen Gleichgewichts innerhalb der Union zusammengestellt.

(2) 1 Jedes Mitglied der Gruppe nimmt den Vorsitz in allen Zusammensetzungen des Rates außer in der Zusammensetzung „Auswärtige Angelegenheiten" im Wechsel für einen Zeitraum von sechs Monaten wahr. 2 Die anderen Mitglieder der Gruppe unterstützen den Vorsitz auf der Grundlage eines gemeinsamen Programms bei all seinen Aufgaben. 3 Die Mitglieder der Gruppe können untereinander alternative Regelungen beschließen.

Art. 2 [Vorsitz im Ausschuss der Ständigen Vertreter] Der Vorsitz im Ausschuss der Ständigen Vertreter der Regierungen der Mitgliedstaaten wird von einem Vertreter des Mitgliedstaats wahrgenommen, der den Vorsitz im Rat in der Zusammensetzung „Allgemeine Angelegenheiten" innehat.

Der Vorsitz im Politischen und Sicherheitspolitischen Komitee wird von einem Vertreter des Hohen Vertreters der Union für Außen- und Sicherheitspolitik wahrgenommen.

Der Vorsitz in den vorbereitenden Gremien des Rates in seinen verschiedenen Zusammensetzungen außer in der Zusammensetzung „Auswärtige Angelegenheiten" wird von dem Mitglied der Gruppe wahrgenommen, das den Vorsitz in der entsprechenden Zusammensetzung des Rates führt, sofern nach Artikel 4 nichts anderes beschlossen wird.

Art. 3 [Allgemeine Angelegenheiten] 1 Der Rat in der Zusammensetzung „Allgemeine Angelegenheiten" sorgt im Rahmen einer Mehrjahresplanung in Zusammenarbeit mit der Kommission für die Kohärenz und die Kontinuität der Arbeiten des Rates in seinen verschiedenen Zusammensetzungen. 2 Die den Vorsitz wahrnehmenden Mitgliedstaaten treffen mit Unterstützung des Generalsekretariats des Rates alle für die Organisation und den reibungslosen Ablauf der Arbeiten des Rates erforderlichen Vorkehrungen.

Art. 4 [Anwendungsbeschluss] Der Rat erlässt einen Beschluss mit Bestimmungen zur Anwendung dieses Beschlusses."

10. Erklärung zu Artikel 17 des Vertrags über die Europäische Union

1 Die Konferenz ist der Auffassung, dass die Kommission, wenn ihr nicht mehr Staatsangehörige aller Mitgliedstaaten angehören, besonders beachten sollte, dass in den Beziehungen zu allen Mitgliedstaaten vollständige Transparenz gewährleistet sein muss. 2 Dementsprechend sollte die Kommission enge Verbindungen zu allen Mitgliedstaaten unterhalten, unabhängig davon, ob einer ihrer Staatsangehörigen Mitglied der Kommission ist, und in diesem Zusammenhang besonders beachten, dass Informationen mit allen Mitgliedstaaten geteilt und alle Mitgliedstaaten konsultiert werden müssen.

1 Die Konferenz ist ferner der Auffassung, dass die Kommission alle notwendigen Maßnahmen ergreifen sollte, um sicherzustellen, dass die politischen, sozialen und wirtschaftlichen Gegebenheiten in allen Mitgliedstaaten, auch in Mitgliedstaaten, die kein Kommissionsmitglied stellen, in vollem Umfang berücksichtigt werden. 2 Dabei sollte durch geeignete organisatorische Vorkehrungen auch gewährleistet werden, dass der Standpunkt dieser Mitgliedstaaten berücksichtigt wird.

11. Erklärung zu Artikel 17 Absätze 6 und 7 des Vertrags über die Europäische Union

1 Die Konferenz ist der Auffassung, dass das Europäische Parlament und der Europäische Rat im Einklang mit den Verträgen gemeinsam für den reibungslosen Ablauf des Prozesses, der zur Wahl des Präsidenten der Europäischen Kommission führt, verantwortlich sind. 2 Vertreter des Europäischen Parlaments und des Europäischen Rates werden daher vor dem Beschluss des Europäischen Rates die erforderlichen Konsultationen in dem Rahmen durchführen, der als am besten geeignet erachtet wird. 3 Nach Artikel 17 Absatz 7 Unterabsatz 1 betreffen diese Konsultationen das Profil der Kandidaten für das Amt des Präsidenten der Kommission unter Berücksichtigung der Wahlen zum Europäischen Parlament. 4 Die Einzelheiten dieser Konsultationen können zu gegebener Zeit einvernehmlich zwischen dem Europäischen Parlament und dem Europäischen Rat festgelegt werden.

12. Erklärung zu Artikel 18 des Vertrags über die Europäische Union

(1) Die Konferenz erklärt, dass bei den Vorbereitungsarbeiten zur Ernennung des Hohen Vertreters der Union für Außen- und Sicherheitspolitik gemäß Artikel 18 des Vertrags über die Europäische

Union[1] und Artikel 5 des Protokolls über die Übergangsbestimmungen[2], die am Tag des Inkrafttretens des Vertrags von Lissabon[3] erfolgen soll, geeignete Kontakte zum Europäischen Parlament erfolgen werden; die Amtszeit des Hohen Vertreters wird am selben Tag beginnen und bis zum Ende der Amtszeit der an diesem Tag amtierenden Kommission dauern.

(2) Des Weiteren erinnert die Konferenz daran, dass die Ernennung desjenigen Hohen Vertreters der Union für Außen- und Sicherheitspolitik, dessen Amtszeit im November 2009 zum gleichen Zeitpunkt wie die Amtszeit der nächsten Kommission beginnen und dieselbe Dauer wie diese haben wird, nach den Artikeln 17 und 18 des Vertrags über die Europäische Union[1] erfolgen wird.

13. Erklärung zur Gemeinsamen Außen- und Sicherheitspolitik

Die Konferenz unterstreicht, dass die Bestimmungen des Vertrags über die Europäische Union[1] betreffend die Gemeinsame Außen- und Sicherheitspolitik, einschließlich der Schaffung des Amts des Hohen Vertreters der Union für Außen- und Sicherheitspolitik und der Errichtung eines Auswärtigen Dienstes, weder die derzeit bestehenden Zuständigkeiten der Mitgliedstaaten für die Formulierung und Durchführung ihrer Außenpolitik noch ihre nationale Vertretung in Drittländern und internationalen Organisationen berühren.

Die Konferenz erinnert außerdem daran, dass die Bestimmungen über die Gemeinsame Sicherheits- und Verteidigungspolitik den besonderen Charakter der Sicherheits- und Verteidigungspolitik der Mitgliedstaaten unberührt lassen.

Sie hebt hervor, dass die Europäische Union und ihre Mitgliedstaaten nach wie vor durch die Bestimmungen der Charta der Vereinten Nationen und insbesondere durch die Hauptverantwortung des Sicherheitsrats und seiner Mitglieder für die Wahrung des Weltfriedens und der internationalen Sicherheit gebunden sind.

14. Erklärung zur Gemeinsamen Außen- und Sicherheitspolitik

Zusätzlich zu den in Artikel 24 Absatz 1 des Vertrags über die Europäische Union[1] genannten besonderen Regeln und Verfahren betont die Konferenz, dass die Bestimmungen zur Gemeinsamen Außen- und Sicherheitspolitik, einschließlich zum Hohen Vertreter der Union für Außen- und Sicherheitspolitik und zum Auswärtigen Dienst, die bestehenden Rechtsgrundlagen, die Zuständigkeiten und Befugnisse der einzelnen Mitgliedstaaten in Bezug auf die Formulierung und die

[1] Nr. **145.**
[2] Nr. **147.**
[3] Nr. **152.**

Durchführung ihrer Außenpolitik, ihre nationalen diplomatischen Dienste, ihre Beziehungen zu Drittländern und ihre Beteiligung an internationalen Organisationen, einschließlich der Mitgliedschaft eines Mitgliedstaats im Sicherheitsrat der Vereinten Nationen, nicht berühren.

Die Konferenz stellt ferner fest, dass der Kommission durch die Bestimmungen zur Gemeinsamen Außen- und Sicherheitspolitik keine neuen Befugnisse zur Einleitung von Beschlüssen übertragen werden und dass diese Bestimmungen die Rolle des Europäischen Parlaments nicht erweitern.

Die Konferenz erinnert außerdem daran, dass die Bestimmungen über die Gemeinsame Sicherheits- und Verteidigungspolitik den besonderen Charakter der Sicherheits- und Verteidigungspolitik der Mitgliedstaaten unberührt lassen.

15. Erklärung zu Artikel 27 des Vertrags über die Europäische Union

Die Konferenz erklärt, dass der Generalsekretär des Rates und Hohe Vertreter für die Gemeinsame Außen- und Sicherheitspolitik, die Kommission und die Mitgliedstaaten die Vorarbeiten zur Errichtung des Europäischen Auswärtigen Dienstes einleiten sollten, sobald der Vertrag von Lissabon[1] unterzeichnet worden ist.

16. Erklärung zu Artikel 55 Absatz 2 des Vertrags über die Europäische Union

[1] Die Konferenz ist der Auffassung, dass die Möglichkeit der Erstellung von Übersetzungen der Verträge in den Sprachen nach Artikel 55 Absatz 2 zur Verwirklichung des Ziels beiträgt, den Reichtum der kulturellen und sprachlichen Vielfalt der Union im Sinne von Artikel 3 Absatz 3 Unterabsatz 4 zu wahren. [2] Sie bekräftigt diesbezüglich, dass die Union großen Wert auf die kulturelle Vielfalt Europas legt und diesen und anderen Sprachen weiterhin besondere Bedeutung beimessen wird.

Die Konferenz empfiehlt, dass die Mitgliedstaaten, die von der in Artikel 55 Absatz 2 vorgesehenen Möglichkeit Gebrauch machen möchten, dem Rat innerhalb von sechs Monaten nach der Unterzeichnung des Vertrag von Lissabon[1] die Sprache bzw. Sprachen mitteilen, in die die Verträge übersetzt werden sollen.

17. Erklärung zum Vorrang

Die Konferenz weist darauf hin, dass die Verträge und das von der Union auf der Grundlage der Verträge gesetzte Recht im Einklang mit

---

[1] Nr. **152.**

der ständigen Rechtsprechung des Gerichtshofs der Europäischen Union unter den in dieser Rechtsprechung festgelegten Bedingungen Vorrang vor dem Recht der Mitgliedstaaten haben.

Darüber hinaus hat die Konferenz beschlossen, dass das Gutachten des Juristischen Dienstes des Rates zum Vorrang in der Fassung des Dokuments 11197/07 (JUR 260) dieser Schlussakte beigefügt wird:

„Gutachten des Juristischen Dienstes des Rates vom 22. Juni 2007

1 Nach der Rechtsprechung des Gerichtshofs ist der Vorrang des EG-Rechts einer der Grundpfeiler des Gemeinschaftsrechts. 2 Dem Gerichtshof zufolge ergibt sich dieser Grundsatz aus der Besonderheit der Europäischen Gemeinschaft. 3 Zum Zeitpunkt des ersten Urteils im Rahmen dieser ständigen Rechtsprechung (Rechtssache 6/64, Costa gegen ENEL, 15. Juli 1964)[1] *war dieser Vorrang im Vertrag nicht erwähnt. 4 Dies ist auch heute noch der Fall. 5 Die Tatsache, dass der Grundsatz dieses Vorrangs nicht in den künftigen Vertrag aufgenommen wird, ändert nichts an seiner Existenz und an der bestehenden Rechtsprechung des Gerichtshofs."*

18. Erklärung zur Abgrenzung der Zuständigkeiten

Die Konferenz unterstreicht, dass gemäß dem in dem Vertrag über die Europäische Union[2] und dem Vertrag über die Arbeitsweise der Europäischen Union[3] vorgesehenen System der Aufteilung der Zuständigkeiten zwischen der Union und den Mitgliedstaaten alle der Union nicht in den Verträgen übertragenen Zuständigkeiten bei den Mitgliedstaaten verbleiben.

1 Übertragen die Verträge der Union für einen bestimmten Bereich eine mit den Mitgliedstaaten geteilte Zuständigkeit, so nehmen die Mitgliedstaaten ihre Zuständigkeit wahr, sofern und soweit die Union ihre Zuständigkeit nicht ausgeübt hat oder entschieden hat, diese nicht mehr auszuüben. 2 Der letztgenannte Fall ist gegeben, wenn die zuständigen Organe der Union beschließen, einen Gesetzgebungsakt aufzuheben, insbesondere um die ständige Einhaltung der Grundsätze der Subsidiarität und der Verhältnismäßigkeit besser sicherzustellen. 3 Der Rat kann die Kommission auf Initiative eines oder mehrerer seiner Mitglieder (Vertreter der Mitgliedstaaten) gemäß Artikel 241 des Vertrags über die Arbeitsweise der Europäischen Union[3] auffordern, Vorschläge für die Aufhebung eines Gesetzgebungsakts zu unterbreiten. 4 Die Konferenz begrüßt, dass die Kommission erklärt, sie werde solchen Aufforderungen besondere Beachtung schenken.

---

[1] **Amtl. Anm.:** *„Aus (...) folgt, dass dem vom Vertrag geschaffenen, somit aus einer autonomen Rechtsquelle fließenden Recht wegen dieser seiner Eigenständigkeit keine wie immer gearteten innerstaatlichen Rechtsvorschriften vorgehen können, wenn ihm nicht sein Charakter als Gemeinschaftsrecht aberkannt und wenn nicht die Rechtsgrundlage der Gemeinschaft selbst in Frage gestellt werden soll."*

[2] Nr. **145.**

[3] Nr. **146.**

Ebenso können die Vertreter der Regierungen der Mitgliedstaaten im Rahmen einer Regierungskonferenz gemäß dem ordentlichen Änderungsverfahren nach Artikel 48 Absätze 2 bis 5 des Vertrags über die Europäische Union eine Änderung der Verträge, auf denen die Union beruht, einschließlich einer Ausweitung oder Verringerung der der Union in diesen Verträgen übertragenen Zuständigkeiten, beschließen.

19. Erklärung zu Artikel 8 des Vertrags über die Arbeitsweise der Europäischen Union

1 Die Konferenz ist sich darüber einig, dass die Union bei ihren allgemeinen Bemühungen, Ungleichheiten zwischen Frauen und Männern zu beseitigen, in den verschiedenen Politikbereichen darauf hinwirken wird, jede Art der häuslichen Gewalt zu bekämpfen. 2 Die Mitgliedstaaten sollten alle erforderlichen Maßnahmen ergreifen, um solche strafbaren Handlungen zu verhindern und zu ahnden sowie die Opfer zu unterstützen und zu schützen.

20. Erklärung zu Artikel 16 des Vertrags über die Arbeitsweise der Europäischen Union

1 Die Konferenz erklärt, dass immer dann, wenn Bestimmungen über den Schutz personenbezogener Daten, die auf der Grundlage von Artikel 16 zu erlassen sind, direkte Auswirkungen auf die nationale Sicherheit haben könnten, dieser Umstand gebührend zu berücksichtigen ist. 2 Sie weist darauf hin, dass die derzeit geltenden Rechtsvorschriften (siehe insbesondere Richtlinie 95/46/EG) besondere Ausnahmeregelungen hierzu enthalten.

21. Erklärung zum Schutz personenbezogener Daten im Bereich der justiziellen Zusammenarbeit in Strafsachen und der polizeilichen Zusammenarbeit

Die Konferenz erkennt an, dass es sich aufgrund des spezifischen Charakters der Bereiche justizielle Zusammenarbeit in Strafsachen und polizeiliche Zusammenarbeit als erforderlich erweisen könnte, in diesen Bereichen spezifische, auf Artikel 16 des Vertrags über die Arbeitsweise der Europäischen Union[1] gestützte Vorschriften über den Schutz personenbezogener Daten und den freien Datenverkehr zu erlassen.

---

[1] Nr. **146.**

22. Erklärung zu den Artikeln 48 und 79 des Vertrags über die Arbeitsweise der Europäischen Union

Die Konferenz geht davon aus, dass den Interessen des betroffenen Mitgliedstaats gebührend Rechnung getragen wird, wenn ein Entwurf eines Gesetzgebungsakts nach Artikel 79 Absatz 2 – wie in Artikel 48 Absatz 2 dargelegt – wichtige Aspekte, wie den Geltungsbereich, die Kosten oder die Finanzstruktur des Systems der sozialen Sicherheit eines Mitgliedstaats verletzen oder das finanzielle Gleichgewicht dieses Systems beeinträchtigen würde.

23. Erklärung zu Artikel 48 Absatz 2 des Vertrags über die Arbeitsweise der Europäischen Union

Die Konferenz verweist darauf, dass der Europäische Rat in diesem Fall nach Artikel 15 Absatz 4 des Vertrags über die Europäische Union[1)] im Konsens entscheidet.

24. Erklärung zur Rechtspersönlichkeit der Europäischen Union

Die Konferenz bestätigt, dass der Umstand, dass die Europäische Union Rechtspersönlichkeit hat, die Union keinesfalls ermächtigt, über die ihr von den Mitgliedstaaten in den Verträgen übertragenen Zuständigkeiten hinaus gesetzgeberisch tätig zu sein oder über diese Zuständigkeiten hinaus zu handeln.

25. Erklärung zu den Artikeln 75 und 215 des Vertrags über die Arbeitsweise der Europäischen Union

[1] Die Konferenz weist darauf hin, dass die Achtung der Grundrechte und -freiheiten es insbesondere erforderlich macht, dass der Rechtsschutz der betreffenden Einzelpersonen oder Einheiten gebührend berücksichtigt wird. [2] Zu diesem Zweck und zur Gewährleistung einer gründlichen gerichtlichen Prüfung von Beschlüssen, durch die Einzelpersonen oder Einheiten restriktiven Maßnahmen unterworfen werden, müssen diese Beschlüsse auf klaren und eindeutigen Kriterien beruhen. [3] Diese Kriterien müssen auf die Besonderheiten der jeweiligen restriktiven Maßnahme zugeschnitten sein.

---

1) Nr. **145**.

26. Erklärung zur Nichtbeteiligung eines Mitgliedstaats an einer auf den Dritten Teil Titel V des Vertrags über die Arbeitsweise der Europäischen Union gestützten Maßnahme

Die Konferenz erklärt, dass der Rat in dem Fall, dass ein Mitgliedstaat entscheidet, sich nicht an einer auf den Dritten Teil Titel V des Vertrags über die Arbeitsweise der Europäischen Union gestützten Maßnahme zu beteiligen, eine eingehende Erörterung über die möglichen Implikationen und Auswirkungen der Nichtbeteiligung dieses Mitgliedstaats an dieser Maßnahme führen wird.

Außerdem kann jeder Mitgliedstaat die Kommission ersuchen, die Lage auf der Grundlage des Artikels 116 des Vertrags über die Arbeitsweise der Europäischen Union zu prüfen.

Die vorstehenden Absätze berühren nicht die Möglichkeit für einen Mitgliedstaat, den Europäischen Rat mit dieser Frage zu befassen.

27. Erklärung zu Artikel 85 Absatz 1 Unterabsatz 2 des Vertrags über die Arbeitsweise der Europäischen Union

Nach Auffassung der Konferenz sollten die Verordnungen nach Artikel 85 Absatz 1 Unterabsatz 2 des Vertrags über die Arbeitsweise der Europäischen Union[1)] den nationalen Vorschriften und Verfahrensweisen im Zusammenhang mit der Einleitung strafrechtlicher Ermittlungsmaßnahmen Rechnung tragen.

28. Erklärung zu Artikel 98 des Vertrags über die Arbeitsweise der Europäischen Union

[1]Die Konferenz stellt fest, dass Artikel 98 nach der gegenwärtigen Praxis anzuwenden ist. [2]Die Formulierung „Maßnahmen (...), soweit sie erforderlich sind, um die wirtschaftlichen Nachteile auszugleichen, die der Wirtschaft bestimmter, von der Teilung Deutschlands betroffener Gebiete der Bundesrepublik aus dieser Teilung entstehen" wird im Einklang mit der geltenden Rechtsprechung des Gerichtshofs der Europäischen Union ausgelegt.

29. Erklärung zu Artikel 107 Absatz 2 Buchstabe c des Vertrags über die Arbeitsweise der Europäischen Union

Die Konferenz stellt fest, dass Artikel 107 Absatz 2 Buchstabe c im Einklang mit der geltenden Rechtsprechung des Gerichtshofs der Europäischen Union zur Anwendbarkeit dieser Bestimmungen auf die

---

1) Nr. **146.**

Beihilfen für bestimmte, durch die frühere Teilung Deutschlands beeinträchtigte Gebiete der Bundesrepublik Deutschland auszulegen ist.

30. Erklärung zu Artikel 126 des Vertrags über die Arbeitsweise der Europäischen Union[1)]

[1] In Bezug auf Artikel 126 bekräftigt die Konferenz, dass die Wirtschafts- und Haushaltspolitik der Union und der Mitgliedstaaten auf die beiden fundamentalen Ziele ausgerichtet ist, das Wachstumspotenzial zu steigern und eine solide Haushaltslage zu gewährleisten. [2] Der Stabilitäts- und Wachstumspakt ist ein wichtiges Instrument für die Verwirklichung dieser Ziele.

Die Konferenz bekennt sich erneut zu den Bestimmungen über den Stabilitäts- und Wachstumspakt als Rahmen für die Koordinierung der Haushaltspolitik in den Mitgliedstaaten.

Die Konferenz bekräftigt, dass sich mit einem auf Regeln beruhenden System am besten gewährleisten lässt, dass die Verpflichtungen tatsächlich eingehalten und alle Mitgliedstaaten gleich behandelt werden.

In diesem Zusammenhang erneuert die Konferenz ferner ihr Bekenntnis zu den Zielen der Lissabonner Strategie: Schaffung von Arbeitsplätzen, Strukturreformen und sozialer Zusammenhalt.

[1] Die Union strebt ein ausgewogenes Wirtschaftswachstum und Preisstabilität an. [2] Deshalb muss die Wirtschafts- und Haushaltspolitik in Zeiten schwachen Wirtschaftswachstums die entsprechenden Prioritäten in Bezug auf Wirtschaftsreformen, Innovation, Wettbewerbsfähigkeit und Steigerung der privaten Investitionen und des privaten Verbrauchs setzen. [3] Dies sollte in der Ausrichtung der Haushaltsbeschlüsse auf Ebene der Mitgliedstaaten und der Union zum Ausdruck kommen, insbesondere dadurch, dass die öffentlichen Einnahmen und Ausgaben umgeschichtet werden, wobei die Haushaltsdisziplin nach den Verträgen und dem Stabilitäts- und Wachstumspakt zu wahren ist.

Die haushalts- und wirtschaftspolitischen Herausforderungen, vor denen die Mitgliedstaaten stehen, unterstreichen die Bedeutung einer soliden Haushaltspolitik während des gesamten Konjunkturzyklus.

[1] Die Konferenz kommt überein, dass die Mitgliedstaaten Phasen der wirtschaftlichen Erholung aktiv nutzen sollten, um die öffentlichen Finanzen zu konsolidieren und ihre Haushaltslage zu verbessern. [2] Das Ziel ist dabei, in Zeiten günstiger Konjunktur schrittweise einen Haushaltsüberschuss zu erreichen, um in Zeiten der konjunkturellen Abschwächung über den nötigen Spielraum zu verfügen und so zur langfristigen Tragfähigkeit der öffentlichen Finanzen beizutragen.

[1] Die Mitgliedstaaten sehen etwaigen Vorschlägen der Kommission und weiteren Beiträgen der Mitgliedstaaten zu der Frage, wie die Umsetzung des Stabilitäts- und Wachstumspakts verstärkt und klarer gestaltet werden kann, mit Interesse entgegen. [2] Die Mitgliedstaaten werden

---

1) Nr. **146.**

die notwendigen Maßnahmen zur Steigerung des Wachstumspotenzials ihrer Wirtschaft treffen. [3]Hierzu könnte auch eine bessere Abstimmung der Wirtschaftspolitik beitragen. [4]Diese Erklärung greift künftigen Beratungen über den Stabilitäts- und Wachstumspakt nicht vor.

31. Erklärung zu Artikel 156 des Vertrags über die Arbeitsweise der Europäischen Union

[1]Die Konferenz bestätigt, dass die in Artikel 156 aufgeführten Politikbereiche im Wesentlichen in die Zuständigkeit der Mitgliedstaaten fallen. [2]Die auf Unionsebene nach diesem Artikel zu ergreifenden Förder- und Koordinierungsmaßnahmen haben ergänzenden Charakter. [3]Sie dienen der Stärkung der Zusammenarbeit zwischen den Mitgliedstaaten und nicht der Harmonisierung einzelstaatlicher Systeme. [4]Die in den einzelnen Mitgliedstaaten bestehenden Garantien und Gepflogenheiten hinsichtlich der Verantwortung der Sozialpartner bleiben unberührt.

Diese Erklärung berührt nicht die Bestimmungen der Verträge, einschließlich im Sozialbereich, mit denen der Union Zuständigkeiten übertragen werden.

32. Erklärung zu Artikel 168 Absatz 4 Buchstabe c des Vertrags über die Arbeitsweise der Europäischen Union

Die Konferenz erklärt, dass die nach Artikel 168 Absatz 4 Buchstabe c zu erlassenden Maßnahmen den gemeinsamen Sicherheitsanliegen Rechnung tragen und auf die Festlegung hoher Qualitäts- und Sicherheitsstandards gerichtet sein müssen, wenn aufgrund nationaler Standards, die den Binnenmarkt berühren, andernfalls ein hohes Gesundheitsschutzniveau nicht erreicht werden könnte.

33. Erklärung zu Artikel 174 des Vertrags über die Arbeitsweise der Europäischen Union

Die Konferenz vertritt die Auffassung, dass die Bezugnahme auf Inselregionen in Artikel 174 auch für Inselstaaten insgesamt gelten kann, sofern die notwendigen Kriterien erfüllt sind.

34. Erklärung zu Artikel 179 des Vertrags über die Arbeitsweise der Europäischen Union

Die Konferenz ist sich darüber einig, dass die Tätigkeit der Union auf dem Gebiet der Forschung und technologischen Entwicklung den grundsätzlichen Ausrichtungen und Entscheidungen in der Forschungspolitik der Mitgliedstaaten angemessen Rechnung tragen wird.

35. Erklärung zu Artikel 194 des Vertrags über die Arbeitsweise der Europäischen Union

Die Konferenz ist der Auffassung, dass Artikel 194 das Recht der Mitgliedstaaten unberührt lässt, Bestimmungen zu erlassen, die für die Gewährleistung ihrer Energieversorgung unter den Bedingungen des Artikels 297 erforderlich sind.

36. Erklärung zu Artikel 218 des Vertrags über die Arbeitsweise der Europäischen Union über die Aushandlung und den Abschluss internationaler Übereinkünfte betreffend den Raum der Freiheit, der Sicherheit und des Rechts durch die Mitgliedstaaten

Die Konferenz bestätigt, dass die Mitgliedstaaten Übereinkünfte mit Drittländern oder internationalen Organisationen in den Bereichen des Dritten Teils Titel V Kapitel 3, 4 und 5 aushandeln und schließen können, sofern diese Übereinkünfte mit dem Unionsrecht im Einklang stehen.

37. Erklärung zu Artikel 222 des Vertrags über die Arbeitsweise der Europäischen Union

Unbeschadet der Maßnahmen der Union zur Erfüllung ihrer Verpflichtung zur Solidarität gegenüber einem Mitgliedstaat, der von einem Terroranschlag, einer Naturkatastrophe oder einer vom Menschen verursachten Katastrophe betroffen ist, zielt keine der Bestimmungen des Artikels 222 darauf ab, das Recht eines anderen Mitgliedstaats zu beeinträchtigen, die am besten geeigneten Mittel zur Erfüllung seiner Verpflichtung zur Solidarität gegenüber dem betreffenden Mitgliedstaat zu wählen.

38. Erklärung zu Artikel 252 des Vertrags über die Arbeitsweise der Europäischen Union zur Zahl der Generalanwälte des Gerichtshofs

Die Konferenz erklärt, dass der Rat, wenn der Gerichtshof gemäß Artikel 252 Absatz 1 des Vertrags über die Arbeitsweise der Europäischen Union[1)] beantragt, die Zahl der Generalanwälte um drei zu er-

---

1) Nr. **146.**

höhen (elf anstelle von acht), einstimmig eine solche Erhöhung beschließen wird.

Für diesen Fall ist sich die Konferenz darin einig, dass Polen einen ständigen Generalanwalt stellen wird, wie dies bereits für Deutschland, Frankreich, Italien, Spanien und das Vereinigte Königreich der Fall ist, und nicht länger am Rotationssystem teilnehmen wird, wobei das bestehende Rotationssystem dann die Rotation von fünf anstelle von drei Generalanwälten beinhalten wird.

39. Erklärung zu Artikel 290 des Vertrags über die Arbeitsweise der Europäischen Union

Die Konferenz nimmt zur Kenntnis, dass die Kommission beabsichtigt, bei der Ausarbeitung ihrer Entwürfe für delegierte Rechtsakte im Bereich der Finanzdienstleistungen nach ihrer üblichen Vorgehensweise weiterhin von den Mitgliedstaaten benannte Experten zu konsultieren.

40. Erklärung zu Artikel 329 des Vertrags über die Arbeitsweise der Europäischen Union

Die Konferenz erklärt, dass die Mitgliedstaaten, die einen Antrag auf Begründung einer Verstärkten Zusammenarbeit stellen, angeben können, ob sie bereits in diesem Stadium beabsichtigen, Artikel 333 über die Ausdehnung der Beschlussfassung mit qualifizierter Mehrheit anzuwenden oder ob sie das ordentliche Gesetzgebungsverfahren in Anspruch nehmen möchten.

41. Erklärung zu Artikel 352 des Vertrags über die Arbeitsweise der Europäischen Union

1 Die Konferenz erklärt, dass die in Artikel 352 Absatz 1 des Vertrags über die Arbeitsweise der Europäischen Union[1)] enthaltene Bezugnahme auf die Ziele der Union die in Artikel 3 Absätze 2 und 3 des Vertrags über die Europäische Union[2)] festgelegten Ziele sowie die Ziele des Artikels 3 Absatz 5 des genannten Vertrags hinsichtlich des auswärtigen Handelns nach dem Fünften Teil des Vertrags über die Arbeitsweise der Europäischen Union betrifft. 2 Es ist daher ausgeschlossen, dass auf Artikel 352 des Vertrags über die Arbeitsweise der Europäischen Union gestützte Maßnahmen ausschließlich Ziele nach Artikel 3 Absatz 1 des Vertrags über die Europäische Union verfolgen. 3 In diesem Zusammenhang stellt die Konferenz fest, dass gemäß Artikel 31 Absatz 1 des Vertrags über die Europäische Union im Bereich der Ge-

1) Nr. **146**.
2) Nr. **145**.

meinsamen Außen- und Sicherheitspolitik keine Gesetzgebungsakte erlassen werden dürfen.

42. Erklärung zu Artikel 352 des Vertrags über die Arbeitsweise der Europäischen Union

[1] Die Konferenz unterstreicht, dass nach der ständigen Rechtsprechung des Gerichtshofs der Europäischen Union Artikel 352 des Vertrags über die Arbeitsweise der Europäischen Union[1)] integrierender Bestandteil einer auf dem Grundsatz der begrenzten Einzelermächtigung beruhenden institutionellen Ordnung ist und daher keine Grundlage dafür bieten kann, den Bereich der Unionsbefugnisse über den allgemeinen Rahmen hinaus auszudehnen, der sich aus der Gesamtheit der Bestimmungen der Verträge und insbesondere der Bestimmungen ergibt, die die Aufgaben und Tätigkeiten der Union festlegen. [2] Dieser Artikel kann jedenfalls nicht als Rechtsgrundlage für den Erlass von Bestimmungen dienen, die der Sache nach, gemessen an ihren Folgen, auf eine Änderung der Verträge ohne Einhaltung des hierzu in den Verträgen vorgesehenen Verfahrens hinausliefen.

43. Erklärung zu Artikel 355 Absatz 6 des Vertrags über die Arbeitsweise der Europäischen Union

Die Hohen Vertragsparteien kommen überein, dass der Europäische Rat nach Artikel 355 Absatz 6 einen Beschluss im Hinblick auf die Änderung des Status von Mayotte gegenüber der Union erlassen wird, um dieses Gebiet zu einem Gebiet in äußerster Randlage im Sinne des Artikels 355 Absatz 1 und des Artikels 349 zu machen, wenn die französischen Behörden dem Europäischen Rat und der Kommission mitteilen, dass die jüngste Entwicklung des internen Status der Insel dies gestattet.

B. Erklärungen zu den den Verträgen beigefügten Protokollen

44. Erklärung zu Artikel 5 des Protokolls über den in den Rahmen der Europäischen Union einbezogenen Schengen-Besitzstand

Die Konferenz stellt fest, dass ein Mitgliedstaat, der nach Artikel 5 Absatz 2 des Protokolls über den in den Rahmen der Europäischen Union einbezogenen Schengen-Besitzstand[2)] mitgeteilt hat, dass er sich

---

[1)] Nr. **146.**
[2)] Nr. **147.**

nicht an einem Vorschlag oder einer Initiative beteiligen möchte, die betreffende Mitteilung vor der Annahme der auf dem Schengen-Besitzstand aufbauenden Maßnahme jederzeit zurückziehen kann.

45. Erklärung zu Artikel 5 Absatz 2 des Protokolls über den in den Rahmen der Europäischen Union einbezogenen Schengen-Besitzstand

1 Die Konferenz erklärt, dass der Rat, wenn das Vereinigte Königreich bzw. Irland ihm mitteilt, sich nicht an einer Maßnahme beteiligen zu wollen, die auf einen Teil des Schengen-Besitzstands aufbaut, an dem sich das Vereinigte Königreich bzw. Irland beteiligt, eine eingehende Erörterung der möglichen Auswirkungen der Nichtbeteiligung des betreffenden Mitgliedstaats an der betreffenden Maßnahme führen wird. 2 Die Erörterung im Rat soll im Lichte der Angaben der Kommission zu dem Verhältnis zwischen dem Vorschlag und dem Schengen-Besitzstand geführt werden.

46. Erklärung zu Artikel 5 Absatz 3 des Protokolls über den in den Rahmen der Europäischen Union einbezogenen Schengen-Besitzstand

Die Konferenz weist darauf hin, dass die Kommission, falls der Rat nach einer ersten vertieften Erörterung der Frage keinen Beschluss fasst, dem Rat einen geänderten Vorschlag im Hinblick auf eine weitere vertiefte Überprüfung durch den Rat, die innerhalb von vier Monaten vorzunehmen ist, vorlegen kann.

47. Erklärung zu Artikel 5 Absätze 3, 4 und 5 des Protokolls über den in den Rahmen der Europäischen Union einbezogenen Schengen-Besitzstand

Die Konferenz stellt fest, dass in den Bedingungen, die in dem Beschluss nach Artikel 5 Absätze 3, 4 oder 5 des Protokolls über den in den Rahmen der Europäischen Union einbezogenen Schengen-Besitzstand[1] festzulegen sind, vorgesehen werden kann, dass der betreffende Mitgliedstaat etwaige unmittelbare finanzielle Folgen zu tragen hat, die sich zwangsläufig und unvermeidbar daraus ergeben, dass er sich an dem in einem Beschluss des Rates nach Artikel 4 des genannten Protokolls aufgeführten Besitzstand in seiner Gesamtheit oder in Teilen nicht mehr beteiligt.

---

1) Nr. **147.**

48. Erklärung zu dem Protokoll über die Position Dänemarks

Die Konferenz nimmt zur Kenntnis, dass Dänemark in Bezug auf Rechtsakte, die vom Rat allein oder gemeinsam mit dem Europäischen Parlament zu erlassen sind und sowohl Bestimmungen enthalten, die auf Dänemark anwendbar sind, als auch Bestimmungen, die auf Dänemark nicht anwendbar sind, da sie sich auf eine Rechtsgrundlage stützen, für die Teil I des Protokolls über die Position Dänemarks[1] gilt, erklärt, dass es nicht von seinem Stimmrecht Gebrauch machen wird, um den Erlass von Bestimmungen zu verhindern, die nicht auf Dänemark anwendbar sind.

Die Konferenz nimmt darüber hinaus zur Kenntnis, dass Dänemark auf der Grundlage seiner Erklärung zu Artikel 222 erklärt, dass Dänemarks Beteiligung an Maßnahmen oder Rechtsakten nach Artikel 222 im Einklang mit Teil I und Teil II des Protokolls über die Position Dänemarks[1] erfolgen wird.

49. Erklärung betreffend Italien

Die Konferenz nimmt zur Kenntnis, dass das Protokoll betreffend Italien, das 1957 dem Vertrag zur Gründung der Europäischen Wirtschaftsgemeinschaft beigefügt war, in der bei der Annahme des Vertrags über die Europäische Union geänderten Fassung Folgendes vorsah:

„DIE HOHEN VERTRAGSPARTEIEN –

VON DEM WUNSCH GELEITET, gewisse besondere Probleme betreffend Italien zu regeln –

SIND über folgende Bestimmungen ÜBEREINGEKOMMEN, die diesem Vertrag als Anhang beigefügt sind:

DIE MITGLIEDSTAATEN DER GEMEINSCHAFT

NEHMEN ZUR KENNTNIS, dass sich die italienische Regierung mit der Durchführung eines Zehnjahresplans zur wirtschaftlichen Ausweitung befasst, durch den die strukturellen Unterschiede der italienischen Volkswirtschaft ausgeglichen werden sollen, und zwar insbesondere durch die Ausrüstung der weniger entwickelten Gebiete Süditaliens und der italienischen Inseln sowie durch die Schaffung neuer Arbeitsplätze zur Beseitigung der Arbeitslosigkeit;

WEISEN DARAUF HIN, dass die Grundsätze und die Ziele dieses Plans der italienischen Regierung von Organisationen für internationale Zusammenarbeit, deren Mitglieder sie sind, berücksichtigt und gebilligt wurden;

ERKENNEN AN, dass die Erreichung der Ziele des italienischen Plans in ihrem gemeinsamen Interesse liegt;

---

[1] Nr. **147**.

KOMMEN ÜBEREIN, den Organen der Gemeinschaft die Anwendung aller in diesem Vertrag vorgesehenen Mittel und Verfahren zu empfehlen, insbesondere durch eine angemessene Verwendung der Mittel der Europäischen Investitionsbank und des Europäischen Sozialfonds der italienischen Regierung die Erfüllung dieser Aufgabe zu erleichtern;

SIND DER AUFFASSUNG, dass die Organe der Gemeinschaft bei der Anwendung dieses Vertrags berücksichtigen müssen, dass die italienische Volkswirtschaft in den kommenden Jahren erheblichen Belastungen ausgesetzt sein wird, und dass gefährliche Spannungen, namentlich in der Zahlungsbilanz oder im Beschäftigungsstand, durch welche die Anwendung dieses Vertrags in Italien in Frage gestellt werden könnte, zu vermeiden sind;

ERKENNEN insbesondere AN, dass im Falle der Anwendung der Artikel 109h und 109i darauf zu achten ist, dass bei den Maßnahmen, um welche die italienische Regierung ersucht wird, die Durchführung ihres Plans zur wirtschaftlichen Ausweitung und zur Hebung des Lebensstandards der Bevölkerung gesichert bleibt."

50. Erklärung zu Artikel 10 des Protokolls über die Übergangsbestimmungen

Die Konferenz ersucht das Europäische Parlament, den Rat und die Kommission, sich im Rahmen ihrer jeweiligen Befugnisse zu bemühen, in geeigneten Fällen und nach Möglichkeit innerhalb der in Artikel 10 Absatz 3 des Protokolls über die Übergangsbestimmungen[1] genannten Frist von fünf Jahren Rechtsakte zu erlassen, mit denen die in Artikel 10 Absatz 1 jenes Protokolls genannten Rechtsakte geändert oder ersetzt werden.

C. Erklärungen von Mitgliedstaaten

Die Konferenz hat ferner die nachstehend aufgeführten Erklärungen zur Kenntnis genommen, die dieser Schlussakte beigefügt sind:

51. Erklärung des Königreichs Belgien zu den nationalen Parlamenten

Belgien erklärt, dass aufgrund seines Verfassungsrechts sowohl das Abgeordnetenhaus und der Senat des Bundesparlaments als auch die Parlamente der Gemeinschaften und Regionen – je nach den von der Union ausgeübten Befugnissen – als Bestandteil des Systems des nationalen Parlaments oder als Kammern des nationalen Parlaments *handeln.*

---

[1] Nr. **147.**

52. Erklärung des Königreichs Belgien, der Republik Bulgarien, der Bundesrepublik Deutschland, der Hellenischen Republik, des Königreichs Spanien, der Italienischen Republik, der Republik Zypern, der Republik Litauen, des Großherzogtums Luxemburg, der Republik Ungarn, der Republik Malta, der Republik Österreich, der Portugiesischen Republik, Rumäniens, der Republik Slowenien und der Slowakischen Republik zu den Symbolen der Europäischen Union

Belgien, Bulgarien, Deutschland, Griechenland, Spanien, Italien, Zypern, Litauen, Luxemburg, Ungarn, Malta, Österreich, Portugal, Rumänien, Slowenien und die Slowakei erklären, dass die Flagge mit einem Kreis von zwölf goldenen Sternen auf blauem Hintergrund, die Hymne aus der „Ode an die Freude" der Neunten Symphonie von Ludwig van Beethoven, der Leitspruch „In Vielfalt geeint", der Euro als Währung der Europäischen Union und der Europatag am 9. Mai für sie auch künftig als Symbole die Zusammengehörigkeit der Menschen in der Europäischen Union und ihre Verbundenheit mit dieser zum Ausdruck bringen.

53. Erklärung der Tschechischen Republik zur Charta der Grundrechte der Europäischen Union

1. Die Tschechische Republik erinnert daran, dass die Bestimmungen der Charta der Grundrechte der Europäischen Union[1)] für die Organe und Einrichtungen der Europäischen Union gelten, wobei das Subsidiaritätsprinzip und die Aufteilung der Zuständigkeiten zwischen der Europäischen Union und ihren Mitgliedstaaten, wie sie in der Erklärung (Nr. 18) zur Abgrenzung der Zuständigkeiten bekräftigt wird, gebührend zu beachten sind. Die Tschechische Republik betont, dass die Bestimmungen der Charta ausschließlich dann für die Mitgliedstaaten gelten, wenn diese Unionsrecht durchführen, nicht aber, wenn sie vom Unionsrecht unabhängige nationale Rechtsvorschriften erlassen und durchführen.
2. Die Tschechische Republik hebt ferner hervor, dass die Charta den Geltungsbereich des Unionsrechts nicht ausdehnt und auch keine neuen Zuständigkeiten für die Union begründet. Weder begrenzt sie den Geltungsbereich der nationalen Rechtsvorschriften noch beschneidet sie die derzeitigen Zuständigkeiten der nationalen Regierungen auf diesem Gebiet.
3. Die Tschechische Republik betont, dass in der Charta Grundrechte und Grundsätze, wie sie sich aus den gemeinsamen Verfassungsüber-

[1)] Nr. **150**.

lieferungen der Mitgliedstaaten ergeben, anerkannt werden und diese Grundrechte und Grundsätze somit im Einklang mit diesen Überlieferungen auszulegen sind.

4. Die Tschechische Republik betont ferner, dass keine Bestimmung dieser Charta als eine Einschränkung oder Verletzung der Menschenrechte und Grundfreiheiten ausgelegt werden darf, die in dem jeweiligen Anwendungsbereich durch das Recht der Union und durch die internationalen Übereinkünfte, bei denen die Union oder alle Mitgliedstaaten Vertragsparteien sind, darunter insbesondere die Europäische Konvention zum Schutz der Menschenrechte und Grundfreiheiten, sowie durch die Verfassungen der Mitgliedstaaten anerkannt werden.

54. Erklärung der Bundesrepublik Deutschland, Irlands, der Republik Ungarn, der Republik Österreich und des Königreichs Schweden

1 Deutschland, Irland, Ungarn, Österreich und Schweden stellen fest, dass die zentralen Bestimmungen des Vertrags zur Gründung der Europäischen Atomgemeinschaft seit seinem Inkrafttreten in ihrer Substanz nicht geändert worden sind und aktualisiert werden müssen. 2 Daher unterstützen sie den Gedanken einer Konferenz der Vertreter der Regierungen der Mitgliedstaaten, die so rasch wie möglich einberufen werden sollte.

55. Erklärung des Königreichs Spanien und des Vereinigten Königreichs Großbritannien und Nordirland

1 Die Verträge gelten für Gibraltar als ein europäisches Gebiet, dessen auswärtige Beziehungen ein Mitgliedstaat wahrnimmt. 2 Dies bringt jedoch keine Änderungen der jeweiligen Standpunkte der betreffenden Mitgliedstaaten mit sich.

56. Erklärung Irlands zu Artikel 3 des Protokolls über die Position des Vereinigten Königreichs und Irlands hinsichtlich des Raums der Freiheit, der Sicherheit und des Rechts

Irland bekräftigt sein Bekenntnis zur Union als einem Raum der Freiheit, der Sicherheit und des Rechts, in dem die Grundrechte und die verschiedenen Rechtsordnungen und -traditionen der Mitgliedstaaten geachtet werden und der den Bürgerinnen und Bürgern ein hohes Sicherheitsniveau bietet.

Dementsprechend bekundet Irland seine feste Absicht, sein Recht nach Artikel 3 des Protokolls über die Position des Vereinigten Königreichs und Irlands[1)] hinsichtlich des Raums der Freiheit, der Sicherheit und des Rechts, sich an der Annahme von Maßnahmen nach dem Dritten Teil Titel V des Vertrags über die Arbeitsweise der Europäischen Union[2)] zu beteiligen, im größten Umfang wahrzunehmen, der ihm möglich erscheint.

Irland wird sich insbesondere im größtmöglichen Umfang an Maßnahmen im Bereich der polizeilichen Zusammenarbeit beteiligen.

[1] Ferner weist Irland erneut darauf hin, dass es gemäß Artikel 8 des Protokolls[1)] dem Rat schriftlich mitteilen kann, dass die Bestimmungen des Protokolls nicht mehr für Irland gelten sollen. [2] Irland beabsichtigt, die Funktionsweise dieser Regelungen innerhalb von drei Jahren nach Inkrafttreten des Vertrags von Lissabon[3)] zu überprüfen.

57. Erklärung der Italienischen Republik zur Zusammensetzung des Europäischen Parlaments

Italien stellt fest, dass sich nach Artikel 8a (der Artikel 10 wird) und Artikel 9a (der Artikel 14 wird) des Vertrags über die Europäische Union[4)] das Europäische Parlament aus Vertretern der Unionsbürgerinnen und Unionsbürger zusammensetzt, deren Vertretung degressiv proportional gestaltet ist.

Italien stellt ferner fest, dass nach Artikel 8 (der Artikel 9 wird) des Vertrags über die Europäische Union und des Artikels 17 (der Artikel 20 wird) des Vertrags über die Arbeitsweise der Europäischen Union[2)] Unionsbürger ist, wer die Staatsangehörigkeit eines Mitgliedstaats besitzt.

Italien ist daher der Auffassung, dass, unbeschadet des Beschlusses zur Legislaturperiode 2009-2014, jeder vom Europäischen Rat auf Initiative des Europäischen Parlaments und mit seiner Zustimmung angenommene Beschluss zur Festlegung der Zusammensetzung des Europäischen Parlaments die in Artikel 9a (der Artikel 14 wird) Absatz 2 Unterabsatz 1 niedergelegten Grundsätze beachten muss.

58. Erklärung der Republik Lettland, der Republik Ungarn und der Republik Malta zur Schreibweise des Namens der einheitlichen Währung in den Verträgen

Unbeschadet der in den Verträgen enthaltenen vereinheitlichten Schreibweise des Namens der einheitlichen Währung der Europäischen Union, wie sie auf den Banknoten und Münzen erscheint, erklären Lettland, Ungarn und Malta, dass die Schreibweise des Namens der

---

1) Nr. **147.**
2) Nr. **146.**
3) Nr. **152.**
4) Nr. **145.**

einheitlichen Währung – einschließlich ihrer abgeleiteten Formen, die in der lettischen, der ungarischen und der maltesischen Sprachfassung der Verträge benutzt werden – keine Auswirkungen auf die geltenden Regeln der lettischen, der ungarischen und der maltesischen Sprache hat.

59. Erklärung des Königreichs der Niederlande zu Artikel 312 des Vertrags über die Arbeitsweise der Europäischen Union

Das Königreich der Niederlande wird einem Beschluss nach Artikel 312 Absatz 2 Unterabsatz 2 des Vertrags über die Arbeitsweise der Europäischen Union[1] zustimmen, sobald im Rahmen der Überprüfung des Beschlusses nach Artikel 311 Absatz 3 jenes Vertrags für die Niederlande eine zufrieden stellende Lösung für ihre in Bezug auf den Haushalt der Union äußerst nachteilige Position als Nettozahler gefunden wurde.

60. Erklärung des Königreichs der Niederlande zu Artikel 355 des Vertrags über die Arbeitsweise der Europäischen Union

Das Königreich der Niederlande erklärt, dass eine Initiative für einen Beschluss nach Artikel 355 Absatz 6, die auf eine Änderung des Status der Niederländischen Antillen und/oder Arubas gegenüber der Union abzielt, nur auf der Grundlage eines Beschlusses vorgelegt wird, der im Einklang mit dem Status des Königreichs der Niederlande gefasst worden ist.

61. Erklärung der Republik Polen zur Charta der Grundrechte der Europäischen Union

Die Charta berührt in keiner Weise das Recht der Mitgliedstaaten, in den Bereichen der öffentlichen Sittlichkeit, des Familienrechts sowie des Schutzes der Menschenwürde und der Achtung der körperlichen und moralischen Unversehrtheit Recht zu setzen.

62. Erklärung der Republik Polen zu dem Protokoll über die Anwendung der Charta der Grundrechte der Europäischen Union auf Polen und das Vereinigte Königreich

Polen erklärt, dass es in Anbetracht der Tradition der sozialen Bewegung der „Solidarność“ und ihres bedeutenden Beitrags zur Erkämpfung von Sozial- und Arbeitnehmerrechten die im Recht der Euro-

[1] Nr. **146.**

päischen Union niedergelegten Sozial- und Arbeitnehmerrechte und insbesondere die in Titel IV der Charta der Grundrechte der Europäischen Union[1] bekräftigten Sozial- und Arbeitnehmerrechte uneingeschränkt achtet.

63. Erklärung des Vereinigten Königreichs Großbritannien und Nordirland zur Definition des Begriffs „Staatsangehöriger"

In Bezug auf die Verträge und den Vertrag zur Gründung der Europäischen Atomgemeinschaft sowie alle Rechtsakte, die aus diesen Verträgen abgeleitet werden oder durch diese Verträge weiter in Kraft bleiben, bekräftigt das Vereinigte Königreich seine Erklärung vom 31. Dezember 1982 über die Definition des Begriffs „Staatsangehöriger" mit der Ausnahme, dass die „Bürger der ‚British Dependent Territories'" als „Bürger der ‚British overseas territories'" zu verstehen sind.

64. Erklärung des Vereinigten Königreichs Großbritannien und Nordirland über das Wahlrecht für die Wahlen zum Europäischen Parlament

Das Vereinigte Königreich stellt fest, dass durch Artikel 14 des Vertrags über die Europäische Union[2] und andere Bestimmungen der Verträge nicht die Grundlagen des Wahlrechts für die Wahlen zum Europäischen Parlament geändert werden sollen.

65. Erklärung des Vereinigten Königreichs Großbritannien und Nordirland zu Artikel 75 des Vertrags über die Arbeitsweise der Europäischen Union

[1] Das Vereinigte Königreich unterstützt voll und ganz entschiedene Maßnahmen im Hinblick auf die Festlegung finanzieller Sanktionen, die der Verhütung und Bekämpfung von Terrorismus und damit verbundener Aktivitäten dienen. [2] Das Vereinigte Königreich erklärt daher, dass es beabsichtigt, sein Recht nach Artikel 3 des Protokolls über die Position des Vereinigten Königreichs und Irlands hinsichtlich des Raums der Freiheit, der Sicherheit und des Rechts[3] wahrzunehmen und sich an der Annahme aller Vorschläge zu beteiligen, die im Rahmen von Artikel 75 des Vertrags über die Arbeitsweise der Europäischen Union[4] vorgelegt werden.

---

1) Nr. **150.**
2) Nr. **145.**
3) Nr. **147.**
4) Nr. **146.**

152 a. Übereinstimmungstabellen nach Artikel 5 des Vertrags von Lissabon

Vom 13. Dezember 2007

(ABl. Nr. C 306 S. 200, ber. ABl. 2009 Nr. C 290 S. 1)

A. Vertrag über die Europäische Union

Bisherige Nummerierung des Vertrags über die Europäische Union	Neue Nummerierung des Vertrags über die Europäische Union
Titel I – Gemeinsame Bestimmungen	Titel I – Gemeinsame Bestimmungen
Artikel 1	Artikel 1
	Artikel 2
Artikel 2	Artikel 3
Artikel 3 (aufgehoben)[1]	
	Artikel 4
	Artikel 5[2]
Artikel 4 (aufgehoben)[3]	
Artikel 5 (aufgehoben)[4]	
Artikel 6	Artikel 6
Artikel 7	Artikel 7
	Artikel 8
Titel II – Bestimmungen zur Änderung des Vertrags zur Gründung der Europäischen Wirtschaftsgemeinschaft im Hinblick auf die Gründung der Europäischen Gemeinschaft	Titel II – Bestimmungen über die demokratischen Grundsätze
Artikel 8 (aufgehoben)[5]	Artikel 9
	Artikel 10[6]
	Artikel 11
	Artikel 12

[1] Im Wesentlichen ersetzt durch Artikel 7 des Vertrags über die Arbeitsweise der Europäischen Union (AEUV) und Artikel 13 Absatz 1 sowie Artikel 21 Absatz 3 Unterabsatz 2 des Vertrags über die Europäische Union (EUV).

[2] Ersetzt Artikel 5 des Vertrags über die Gründung der Europäischen Gemeinschaft (EGV).

[3] Im Wesentlichen ersetzt durch Artikel 15 EUV.

[4] Im Wesentlichen ersetzt durch Artikel 13 Absatz 2 EUV.

[5] Artikel 8 EUV in der Fassung vor dem Inkrafttreten des Vertrags von Lissabon (im Folgenden „bisheriger EUV") enthielt Vorschriften zur Änderung des EGV. Die in diesem Artikel enthaltenen Änderungen wurden in den EGV eingefügt und Artikel 8 wird aufgehoben. Unter seiner Nummer wird eine neue Bestimmung eingefügt.

[6] Absatz 4 dieses Artikels ersetzt im Wesentlichen Artikel 191 Absatz 1 EGV.

Bisherige Nummerierung des Vertrags über die Europäische Union	Neue Nummerierung des Vertrags über die Europäische Union
Titel III – Bestimmungen zur Änderung des Vertrags über die Gründung der Europäischen Gemeinschaft für Kohle und Stahl	Titel III – Bestimmungen über die Organe
Artikel 9 (aufgehoben)[1]	Artikel 13
	Artikel 14[2]
	Artikel 15[3]
	Artikel 16[4]
	Artikel 17[5]
	Artikel 18
	Artikel 19[6]
Titel IV – Bestimmungen zur Änderung des Vertrags zur Gründung der Europäischen Atomgemeinschaft	Titel IV – Bestimmungen über eine Verstärkte Zusammenarbeit
Artikel 10 (aufgehoben)[7] Artikel 27 a bis 27 e (ersetzt) Artikel 40 bis 40 e (ersetzt) Artikel 43 bis 45 (ersetzt)	Artikel 20[8]
Titel V – Bestimmungen über die Gemeinsame Außen- und Sicherheitspolitik	Titel V – Allgemeine Bestimmungen über das auswärtige Handeln der Union und besondere Bestimmungen über die Gemeinsame Außen- und Sicherheitspolitik

1) Artikel 9 des bisherigen EUV enthielt Vorschriften zur Änderung des Vertrags über die Gründung der Europäischen Gemeinschaft für Kohle und Stahl. Der EGKS-Vertrag trat am 23. Juli 2002 außer Kraft. Artikel 9 wird aufgehoben und unter seiner Nummer wird eine andere Bestimmung eingefügt.

2)
- Die Absätze 1 und 2 ersetzen im Wesentlichen Artikel 189 EGV.
- Die Absätze 1 bis 3 ersetzen im Wesentlichen Artikel 190 Absätze 1 bis 3 EGV.
- Absatz 1 ersetzt im Wesentlichen Artikel 192 Absatz 1 EGV.
- Absatz 4 ersetzt im Wesentlichen Artikel 197 Absatz 1 EGV.

3) Ersetzt im Wesentlichen Artikel 4 des bisherigen EUV.

4)
- Absatz 1 ersetzt im Wesentlichen Artikel 202 erster und zweiter Gedankenstrich EGV.
- Die Absätze 2 und 9 ersetzen im Wesentlichen Artikel 203 EGV.
- Die Absätze 4 und 5 ersetzen im Wesentlichen Artikel 205 Absätze 2 und 4 EGV.

5)
- Absatz 1 ersetzt im Wesentlichen Artikel 211 EGV.
- Die Absätze 3 und 7 ersetzen im Wesentlichen Artikel 214 EGV.
- Absatz 6 ersetzt im Wesentlichen Artikel 217 Absätze 1, 3 und 4 EGV.

6)
- Ersetzt im Wesentlichen Artikel 220 EGV.
- Absatz 2 Unterabsatz 1 ersetzt im Wesentlichen Artikel 221 Absatz 1 EGV.

7) Artikel 10 des bisherigen EUV enthielt Vorschriften zur Änderung des Vertrags zur Gründung der Europäischen Atomgemeinschaft. Die in diesem Artikel enthaltenen Änderungen wurden in den Euratom-Vertrag eingefügt und Artikel 10 wird aufgehoben. Unter seiner Nummer wird eine andere Bestimmung eingefügt.

8) Ersetzt auch die Artikel 11 und 11 a EGV.

Bisherige Nummerierung des Vertrags über die Europäische Union	Neue Nummerierung des Vertrags über die Europäische Union
	Kapitel 1 – Allgemeine Bestimmungen über das auswärtige Handeln der Union
	Artikel 21
	Artikel 22
	Kapitel 2 – Besondere Bestimmungen über die Gemeinsame Außen- und Sicherheitspolitik
	Abschnitt 1 – Gemeinsame Bestimmungen
	Artikel 23
Artikel 11	Artikel 24
Artikel 12	Artikel 25
Artikel 13	Artikel 26
	Artikel 27
Artikel 14	Artikel 28
Artikel 15	Artikel 29
Artikel 22 (umgestellt)	Artikel 30
Artikel 23 (umgestellt)	Artikel 31
Artikel 16	Artikel 32
Artikel 17 (umgestellt)	Artikel 42
Artikel 18	Artikel 33
Artikel 19	Artikel 34
Artikel 20	Artikel 35
Artikel 21	Artikel 36
Artikel 22 (umgestellt)	Artikel 30
Artikel 23 (umgestellt)	Artikel 31
Artikel 24	Artikel 37
Artikel 25	Artikel 38
	Artikel 39
Artikel 47 (umgestellt)	Artikel 40
Artikel 26 (aufgehoben)	
Artikel 27 (aufgehoben)	
Artikel 27 a (ersetzt)[1]	Artikel 20
Artikel 27 b (ersetzt)[1]	Artikel 20
Artikel 27 c (ersetzt)[1]	Artikel 20
Artikel 27 d (ersetzt)[1]	Artikel 20
Artikel 27 e (ersetzt)[1]	Artikel 20
Artikel 28	Artikel 41

[1] Die Artikel 27 a bis 27 e des bisherigen EUV über die Verstärkte Zusammenarbeit werden auch durch die Artikel 326 bis 334 AEUV ersetzt.

Bisherige Nummerierung des Vertrags über die Europäische Union	Neue Nummerierung des Vertrags über die Europäische Union
	Abschnitt 2 – Bestimmungen über die gemeinsame Sicherheits- und Verteidigungspolitik
Artikel 17 (umgestellt)	Artikel 42
	Artikel 43
	Artikel 44
	Artikel 45
	Artikel 46
Titel VI – Bestimmungen über die polizeiliche und justizielle Zusammenarbeit in Strafsachen (aufgehoben)[1]	
Artikel 29 (ersetzt)[2]	
Artikel 30 (ersetzt)[3]	
Artikel 31 (ersetzt)[4]	
Artikel 32 (ersetzt)[5]	
Artikel 33 (ersetzt)[6]	
Artikel 34 (aufgehoben)	
Artikel 35 (aufgehoben)	
Artikel 36 (ersetzt)[7]	
Artikel 37 (aufgehoben)	
Artikel 38 (aufgehoben)	
Artikel 39 (aufgehoben)	
Artikel 40 (ersetzt)[8]	Artikel 20
Artikel 40 a (ersetzt)[8]	Artikel 20
Artikel 40 b (ersetzt)[8]	Artikel 20
Artikel 41 (aufgehoben)	
Artikel 42 (aufgehoben)	
Titel VII – Bestimmungen über eine Verstärkte Zusammenarbeit (aufgehoben)[9]	

1) Die Bestimmungen des Titels VI des bisherigen EUV über die polizeiliche und justizielle Zusammenarbeit in Strafsachen werden ersetzt durch die Bestimmungen des Dritten Teils, Titel IV (umnummeriert zu Titel V), Kapitel 1, 4 und 5 AEUV.

2) Ersetzt durch Artikel 67 AEUV.

3) Ersetzt durch die Artikel 87 und 88 AEUV.

4) Ersetzt durch die Artikel 82, 83 und 85 AEUV.

5) Ersetzt durch Artikel 89 AEUV.

6) Ersetzt durch Artikel 72 AEUV.

7) Ersetzt durch Artikel 71 AEUV.

8) Die Artikel 40 bis 40 b des bisherigen EUV über die Verstärkte Zusammenarbeit werden auch durch die Artikel 326 bis 334 AEUV ersetzt.

9) Die Artikel 43 bis 45 und Titel VII des bisherigen EUV über die Verstärkte Zusammenarbeit werden auch durch die Artikel 326 bis 334 AEUV ersetzt.

Bisherige Nummerierung des Vertrags über die Europäische Union	Neue Nummerierung des Vertrags über die Europäische Union
Artikel 43 (aufgehoben)[1]	Artikel 20
Artikel 43 a (aufgehoben)[1]	Artikel 20
Artikel 43 b (aufgehoben)[1]	Artikel 20
Artikel 44 (aufgehoben)[1]	Artikel 20
Artikel 44 a (aufgehoben)[1]	Artikel 20
Artikel 45 (aufgehoben)[1]	Artikel 20
Titel VIII – Schlussbestimmungen	Titel VI – Schlussbestimmungen
Artikel 46 (aufgehoben)	
	Artikel 47
Artikel 47 (umgestellt)	Artikel 40
Artikel 48	Artikel 48
Artikel 49	Artikel 49
	Artikel 50
	Artikel 51
	Artikel 52
Artikel 50 (aufgehoben)	
Artikel 51	Artikel 53
Artikel 52	Artikel 54
Artikel 53	Artikel 55

B. Vertrag über die Arbeitsweise der Europäischen Union

Bisherige Nummerierung des Vertrags zur Gründung der Europäischen Gemeinschaft	Neue Nummerierung des Vertrags über die Arbeitsweise der Europäischen Union
Erster Teil – Grundsätze	Erster Teil – Grundsätze
Artikel 1 (aufgehoben)	
	Artikel 1
Artikel 2 (aufgehoben)[2]	
	Titel I – Arten und Bereiche der Zuständigkeit der Union
	Artikel 2
	Artikel 3
	Artikel 4

[1] Die Artikel 43 bis 45 und Titel VII des bisherigen EUV über die Verstärkte Zusammenarbeit werden auch durch die Artikel 326 bis 334 AEUV ersetzt.
[2] Im Wesentlichen ersetzt durch Artikel 3 EUV.

Bisherige Nummerierung des Vertrags zur Gründung der Europäischen Gemeinschaft	Neue Nummerierung des Vertrags über die Arbeitsweise der Europäischen Union
	Artikel 5
	Artikel 6
	Titel II – Allgemein geltende Bestimmungen
	Artikel 7
Artikel 3 Absatz 1 (aufgehoben)[1]	
Artikel 3 Absatz 2	Artikel 8
Artikel 4 (umgestellt)	Artikel 119
Artikel 5 (ersetzt)[2]	
	Artikel 9
	Artikel 10
Artikel 6	Artikel 11
Artikel 153 Absatz 2 (umgestellt)	Artikel 12
	Artikel 13[3]
Artikel 7 (aufgehoben)[4]	
Artikel 8 (aufgehoben)[5]	
Artikel 9 (aufgehoben)	
Artikel 10 (aufgehoben)[6]	
Artikel 11 (ersetzt)[7]	Artikel 326 bis 334
Artikel 11 a (ersetzt)[7]	Artikel 326 bis 334
Artikel 12 (umgestellt)	Artikel 18
Artikel 13 (umgestellt)	Artikel 19
Artikel 14 (umgestellt)	Artikel 26
Artikel 15 (umgestellt)	Artikel 27
Artikel 16	Artikel 14
Artikel 255 (umgestellt)	Artikel 15
Artikel 286 (ersetzt)	Artikel 16
	Artikel 17
Zweiter Teil – Die Unionsbürgerschaft	Zweiter Teil – Nichtdiskriminierung und Unionsbürgerschaft
Artikel 12 (umgestellt)	Artikel 18

[1] Im Wesentlichen ersetzt durch die Artikel 3 bis 6 AEUV.
[2] Ersetzt durch Artikel 5 EUV.
[3] Übernahme des verfügenden Teils des Protokolls über das Wohlergehen der Tiere.
[4] Im Wesentlichen ersetzt durch Artikel 13 EUV.
[5] Im Wesentlichen ersetzt durch Artikel 13 EUV und Artikel 282 Absatz 1 AEUV.
[6] Im Wesentlichen ersetzt durch Artikel 4 Absatz 3 EUV.
[7] Auch ersetzt durch Artikel 20 EUV.

Bisherige Nummerierung des Vertrags zur Gründung der Europäischen Gemeinschaft	Neue Nummerierung des Vertrags über die Arbeitsweise der Europäischen Union
Artikel 13 (umgestellt)	Artikel 19
Artikel 17	Artikel 20
Artikel 18	Artikel 21
Artikel 19	Artikel 22
Artikel 20	Artikel 23
Artikel 21	Artikel 24
Artikel 22	Artikel 25
Dritter Teil – Die Politiken der Gemeinschaft	Dritter Teil – Die internen Politiken und Maßnahmen der Union
	Titel I – Der Binnenmarkt
Artikel 14 (umgestellt)	Artikel 26
Artikel 15 (umgestellt)	Artikel 27
Titel I – Der freie Warenverkehr	Titel II – Der freie Warenverkehr
Artikel 23	Artikel 28
Artikel 24	Artikel 29
Kapitel 1 – Die Zollunion	Kapitel 1 – Die Zollunion
Artikel 25	Artikel 30
Artikel 26	Artikel 31
Artikel 27	Artikel 32
Dritter Teil Titel X, Zusammenarbeit im Zollwesen (umgestellt)	Kapitel 2 – Die Zusammenarbeit im Zollwesen
Artikel 135 (umgestellt)	Artikel 33
Kapitel 2 – Verbot von mengenmäßigen Beschränkungen zwischen den Mitgliedstaaten	Kapitel 3 – Verbot von mengenmäßigen Beschränkungen zwischen den Mitgliedstaaten
Artikel 28	Artikel 34
Artikel 29	Artikel 35
Artikel 30	Artikel 36
Artikel 31	Artikel 37
Titel II – Die Landwirtschaft	Titel III – Die Landwirtschaft und die Fischerei
Artikel 32	Artikel 38
Artikel 33	Artikel 39
Artikel 34	Artikel 40
Artikel 35	Artikel 41
Artikel 36	Artikel 42
Artikel 37	Artikel 43

Bisherige Nummerierung des Vertrags zur Gründung der Europäischen Gemeinschaft	Neue Nummerierung des Vertrags über die Arbeitsweise der Europäischen Union
Artikel 38	Artikel 44
Titel III – Die Freizügigkeit, der freie Dienstleistungs- und Kapitalverkehr	Titel IV – Die Freizügigkeit, der freie Dienstleistungs- und Kapitalverkehr
Kapitel 1 – Die Arbeitskräfte	Kapitel 1 – Die Arbeitskräfte
Artikel 39	Artikel 45
Artikel 40	Artikel 46
Artikel 41	Artikel 47
Artikel 42	Artikel 48
Kapitel 2 – Das Niederlassungsrecht	Kapitel 2 – Das Niederlassungsrecht
Artikel 43	Artikel 49
Artikel 44	Artikel 50
Artikel 45	Artikel 51
Artikel 46	Artikel 52
Artikel 47	Artikel 53
Artikel 48	Artikel 54
Artikel 294 (umgestellt)	Artikel 55
Kapitel 3 – Dienstleistungen	Kapitel 3 – Dienstleistungen
Artikel 49	Artikel 56
Artikel 50	Artikel 57
Artikel 51	Artikel 58
Artikel 52	Artikel 59
Artikel 53	Artikel 60
Artikel 54	Artikel 61
Artikel 55	Artikel 62
Kapitel 4 – Der Kapital- und Zahlungsverkehr	Kapitel 4 – Der Kapital- und Zahlungsverkehr
Artikel 56	Artikel 63
Artikel 57	Artikel 64
Artikel 58	Artikel 65
Artikel 59	Artikel 66
Artikel 60 (umgestellt)	Artikel 75
Titel IV – Visa, Asyl, Einwanderung und andere Politiken betreffend den freien Personenverkehr	Titel V – Der Raum der Freiheit, der Sicherheit und des Rechts
	Kapitel 1 – Allgemeine Bestimmungen
Artikel 61	Artikel 67[1]

[1] Ersetzt auch Artikel 29 des bisherigen EUV.

Bisherige Nummerierung des Vertrags zur Gründung der Europäischen Gemeinschaft	Neue Nummerierung des Vertrags über die Arbeitsweise der Europäischen Union
	Artikel 68
	Artikel 69
	Artikel 70
	Artikel 71[1]
Artikel 64 Absatz 1 (ersetzt)	Artikel 72[2]
	Artikel 73
Artikel 66 (ersetzt)	Artikel 74
Artikel 60 (umgestellt)	Artikel 75
	Artikel 76
	Kapitel 2 – Politik im Bereich Grenzkontrollen, Asyl und Einwanderung
Artikel 62	Artikel 77
Artikel 63 Nummern 1 und 2 und Artikel 64 Absatz 2[3]	Artikel 78
Artikel 63 Nummern 3 und 4	Artikel 79
	Artikel 80
Artikel 64 Absatz 1 (ersetzt)	Artikel 72
	Kapitel 3 – Justizielle Zusammenarbeit in Zivilsachen
Artikel 65	Artikel 81
Artikel 66 (ersetzt)	Artikel 74
Artikel 67 (aufgehoben)	
Artikel 68 (aufgehoben)	
Artikel 69 (aufgehoben)	
	Kapitel 4 – Justizielle Zusammenarbeit in Strafsachen
	Artikel 82[4]
	Artikel 83[4]
	Artikel 84
	Artikel 85[4]
	Artikel 86
	Kapitel 5 – Polizeiliche Zusammenarbeit

[1] Ersetzt auch Artikel 36 des bisherigen EUV.
[2] Ersetzt auch Artikel 33 des bisherigen EUV.
[3] Artikel 63 Nummern 1 und 2 EGV wird durch Artikel 78 Absätze 1 und 2 AEUV und Artikel 64 Absatz 2 wird durch Artikel 78 Absatz 3 AEUV ersetzt.
[4] Ersetzt Artikel 31 des bisherigen EUV.

Bisherige Nummerierung des Vertrags zur Gründung der Europäischen Gemeinschaft	Neue Nummerierung des Vertrags über die Arbeitsweise der Europäischen Union
	Artikel 87[1]
	Artikel 88[1]
	Artikel 89[2]
Titel V – Der Verkehr	Titel VI – Der Verkehr
Artikel 70	Artikel 90
Artikel 71	Artikel 91
Artikel 72	Artikel 92
Artikel 73	Artikel 93
Artikel 74	Artikel 94
Artikel 75	Artikel 95
Artikel 76	Artikel 96
Artikel 77	Artikel 97
Artikel 78	Artikel 98
Artikel 79	Artikel 99
Artikel 80	Artikel 100
Titel VI – Gemeinsame Regeln betreffend Wettbewerb, Steuerfragen und Angleichung der Rechtsvorschriften	Titel VII – Gemeinsame Regeln betreffend Wettbewerb, Steuerfragen und Angleichung der Rechtsvorschriften
Kapitel 1 – Wettbewerbsregeln	Kapitel 1 – Wettbewerbsregeln
Abschnitt 1 – Vorschriften für Unternehmen	Abschnitt 1 – Vorschriften für Unternehmen
Artikel 81	Artikel 101
Artikel 82	Artikel 102
Artikel 83	Artikel 103
Artikel 84	Artikel 104
Artikel 85	Artikel 105
Artikel 86	Artikel 106
Abschnitt 2 – Staatliche Beihilfen	Abschnitt 2 – Staatliche Beihilfen
Artikel 87	Artikel 107
Artikel 88	Artikel 108
Artikel 89	Artikel 109
Kapitel 2 – Steuerliche Vorschriften	Kapitel 2 – Steuerliche Vorschriften
Artikel 90	Artikel 110
Artikel 91	Artikel 111
Artikel 92	Artikel 112

1) Ersetzt Artikel 30 des bisherigen EUV.
2) Ersetzt Artikel 32 des bisherigen EUV.

Bisherige Nummerierung des Vertrags zur Gründung der Europäischen Gemeinschaft	Neue Nummerierung des Vertrags über die Arbeitsweise der Europäischen Union
Artikel 93	Artikel 113
Kapitel 3 – Angleichung der Rechtsvorschriften	Kapitel 3 – Angleichung der Rechtsvorschriften
Artikel 95 (umgestellt)	Artikel 114
Artikel 94 (umgestellt)	Artikel 115
Artikel 96	Artikel 116
Artikel 97	Artikel 117
	Artikel 118
Titel VII – Die Wirtschafts- und Währungspolitik	Titel VIII – Die Wirtschafts- und Währungspolitik
Artikel 4 (umgestellt)	Artikel 119
Kapitel 1 – Die Wirtschaftspolitik	Kapitel 1 – Die Wirtschaftspolitik
Artikel 98	Artikel 120
Artikel 99	Artikel 121
Artikel 100	Artikel 122
Artikel 101	Artikel 123
Artikel 102	Artikel 124
Artikel 103	Artikel 125
Artikel 104	Artikel 126
Kapitel 2 – Die Währungspolitik	Kapitel 2 – Die Währungspolitik
Artikel 105	Artikel 127
Artikel 106	Artikel 128
Artikel 107	Artikel 129
Artikel 108	Artikel 130
Artikel 109	Artikel 131
Artikel 110	Artikel 132
Artikel 111 Absätze 1 bis 3 und 5 (umgestellt)	Artikel 219
Artikel 111 Absatz 4 (umgestellt)	Artikel 138
	Artikel 133
Kapitel 3 – Institutionelle Bestimmungen	Kapitel 3 – Institutionelle Bestimmungen
Artikel 112 (umgestellt)	Artikel 283
Artikel 113 (umgestellt)	Artikel 294
Artikel 114	Artikel 134
Artikel 115	Artikel 135

Bisherige Nummerierung des Vertrags zur Gründung der Europäischen Gemeinschaft	Neue Nummerierung des Vertrags über die Arbeitsweise der Europäischen Union
	Kapitel 4 – Besondere Bestimmungen für die Mitgliedstaaten, deren Währung der Euro ist
	Artikel 136
	Artikel 137
Artikel 111 Absatz 4 (umgestellt)	Artikel 138
Kapitel 4 – Übergangsbestimmungen	Kapitel 5 – Übergangsbestimmungen
Artikel 116 (aufgehoben)	
	Artikel 139
Artikel 117 Absätze 1, 2 sechster Gedankenstrich und 3 bis 9 (aufgehoben)	
Artikel 117 Absatz 2 erste fünf Gedankenstriche (umgestellt)	Artikel 141 Absatz 2
Artikel 121 Absatz 1 (umgestellt)[1)] Artikel 122 Absatz 2 Satz 2 (umgestellt)[2)] Artikel 123 Absatz 5 (umgestellt)[3)]	Artikel 140
Artikel 118 (aufgehoben)	
Artikel 123 Absatz 3 (umgestellt)[4)] Artikel 117 Absatz 2 erste fünf Gedankenstriche (umgestellt)[5)]	Artikel 141
Artikel 124 Absatz 1 (umgestellt)	Artikel 142
Artikel 119	Artikel 143
Artikel 120	Artikel 144
Artikel 121 Absatz 1 (umgestellt)	Artikel 140 Absatz 1
Artikel 121 Absätze 2 bis 4 (aufgehoben)	
Artikel 122 Absätze 1, 2 Satz 1, Absätze 3, 4, 5 und 6 (aufgehoben)	
Artikel 122 Absatz 2 Satz 2 (umgestellt)	Artikel 140 Absatz 2 Unterabsatz 1
Artikel 123 Absätze 1, 2 und 4 (aufgehoben)	
Artikel 123 Absatz 3 (umgestellt)	Artikel 141 Absatz 1
Artikel 123 Absatz 5 (umgestellt)	Artikel 140 Absatz 3
Artikel 124 Absatz 1 (umgestellt)	Artikel 142
Artikel 124 Absatz 2 (aufgehoben)	

1) Artikel 140 Absatz 1 übernimmt den Wortlaut des Artikels 121 Absatz 1.
2) Artikel 140 Absatz 2 übernimmt den Wortlaut des Artikels 122 Absatz 2 Satz 2.
3) Artikel 140 Absatz 3 übernimmt den Wortlaut des Artikels 123 Absatz 5.
4) *Artikel 141 Absatz 1* übernimmt den Wortlaut des Artikels 123 Absatz 3.
5) Artikel 141 Absatz 2 übernimmt den Wortlaut der fünf ersten Gedankenstriche des Artikels 117 Absatz 2.

Bisherige Nummerierung des Vertrags zur Gründung der Europäischen Gemeinschaft	Neue Nummerierung des Vertrags über die Arbeitsweise der Europäischen Union
Titel VIII – Beschäftigung	Titel IX – Beschäftigung
Artikel 125	Artikel 145
Artikel 126	Artikel 146
Artikel 127	Artikel 147
Artikel 128	Artikel 148
Artikel 129	Artikel 149
Artikel 130	Artikel 150
Titel IX – Gemeinsame Handelspolitik (umgestellt)	Fünfter Teil Titel II, Gemeinsame Handelspolitik
Artikel 131 (umgestellt)	Artikel 206
Artikel 132 (aufgehoben)	
Artikel 133 (umgestellt)	Artikel 207
Artikel 134 (aufgehoben)	
Titel X – Zusammenarbeit im Zollwesen (umgestellt)	Dritter Teil Titel II Kapitel 2, Zusammenarbeit im Zollwesen
Artikel 135 (umgestellt)	Artikel 33
Titel XI – Sozialpolitik, allgemeine und berufliche Bildung und Jugend	Titel X – Sozialpolitik
Kapitel 1 – Sozialvorschriften (aufgehoben)	
Artikel 136	Artikel 151
	Artikel 152
Artikel 137	Artikel 153
Artikel 138	Artikel 154
Artikel 139	Artikel 155
Artikel 140	Artikel 156
Artikel 141	Artikel 157
Artikel 142	Artikel 158
Artikel 143	Artikel 159
Artikel 144	Artikel 160
Artikel 145	Artikel 161
Kapitel 2 – Der Europäische Sozialfonds	Titel XI – Der Europäische Sozialfonds
Artikel 146	Artikel 162
Artikel 147	Artikel 163
Artikel 148	Artikel 164
Kapitel 3 – Allgemeine und berufliche Bildung und Jugend	Titel XII – Allgemeine und berufliche Bildung, Jugend und Sport

Bisherige Nummerierung des Vertrags zur Gründung der Europäischen Gemeinschaft	Neue Nummerierung des Vertrags über die Arbeitsweise der Europäischen Union
Artikel 149	Artikel 165
Artikel 150	Artikel 166
Titel XII – Kultur	Titel XIII – Kultur
Artikel 151	Artikel 167
Titel XIII – Gesundheitswesen	Titel XIV – Gesundheitswesen
Artikel 152	Artikel 168
Titel XIV – Verbraucherschutz	Titel XV – Verbraucherschutz
Artikel 153, Absätze 1, 3, 4 und 5	Artikel 169
Artikel 153, Absatz 2 (umgestellt)	Artikel 12
Titel XV – Transeuropäische Netze	Titel XVI – Transeuropäische Netze
Artikel 154	Artikel 170
Artikel 155	Artikel 171
Artikel 156	Artikel 172
Titel XVI – Industrie	Titel XVII – Industrie
Artikel 157	Artikel 173
Titel XVII – Wirtschaftlicher und sozialer Zusammenhalt	Titel XVIII – Wirtschaftlicher, sozialer und territorialer Zusammenhalt
Artikel 158	Artikel 174
Artikel 159	Artikel 175
Artikel 160	Artikel 176
Artikel 161	Artikel 177
Artikel 162	Artikel 178
Titel XVIII – Forschung und technologische Entwicklung	Titel XIX – Forschung, technologische Entwicklung und Raumfahrt
Artikel 163	Artikel 179
Artikel 164	Artikel 180
Artikel 165	Artikel 181
Artikel 166	Artikel 182
Artikel 167	Artikel 183
Artikel 168	Artikel 184
Artikel 169	Artikel 185
Artikel 170	Artikel 186
Artikel 171	Artikel 187
Artikel 172	Artikel 188
	Artikel 189
Artikel 173	Artikel 190

Bisherige Nummerierung des Vertrags zur Gründung der Europäischen Gemeinschaft	Neue Nummerierung des Vertrags über die Arbeitsweise der Europäischen Union
Titel XIX – Umwelt	Titel XX – Umwelt
Artikel 174	Artikel 191
Artikel 175	Artikel 192
Artikel 176	Artikel 193
	Titel XXI – Energie
	Artikel 194
	Titel XXII – Tourismus
	Artikel 195
	Titel XXIII – Katastrophenschutz
	Artikel 196
	Titel XXIV – Verwaltungszusammenarbeit
	Artikel 197
Titel XX – Entwicklungszusammenarbeit (umgestellt)	Fünfter Teil Titel III Kapitel 1, Entwicklungszusammenarbeit
Artikel 177 (umgestellt)	Artikel 208
Artikel 178 (aufgehoben)[1]	
Artikel 179 (umgestellt)	Artikel 209
Artikel 180 (umgestellt)	Artikel 210
Artikel 181 (umgestellt)	Artikel 211
Titel XXI – Wirtschaftliche, finanzielle und technische Zusammenarbeit mit Drittländern (umgestellt)	Fünfter Teil Titel III, Kapitel 2, Wirtschaftliche, finanzielle und technische Zusammenarbeit mit Drittländern
Artikel 181 a (umgestellt)	Artikel 212
Vierter Teil – Die Assoziierung der überseeischen Länder und Hoheitsgebiete	Vierter Teil – Die Assoziierung der überseeischen Länder und Hoheitsgebiete
Artikel 182	Artikel 198
Artikel 183	Artikel 199
Artikel 184	Artikel 200
Artikel 185	Artikel 201
Artikel 186	Artikel 202
Artikel 187	Artikel 203
Artikel 188	Artikel 204
	Fünfter Teil – Das auswärtige Handeln der Union

1) Im Wesentlichen ersetzt durch Artikel 208 Absatz 1 Unterabsatz 2 Satz 2 AEUV.

Bisherige Nummerierung des Vertrags zur Gründung der Europäischen Gemeinschaft	Neue Nummerierung des Vertrags über die Arbeitsweise der Europäischen Union
	Titel I – Allgemeine Bestimmungen über das auswärtige Handeln der Union
	Artikel 205
Dritter Teil Titel IX, Gemeinsame Handelspolitik (umgestellt)	Titel II – Gemeinsame Handelspolitik
Artikel 131 (umgestellt)	Artikel 206
Artikel 133 (umgestellt)	Artikel 207
	Titel III – Zusammenarbeit mit Drittländern und humanitäre Hilfe
Dritter Teil Titel XX, Entwicklungszusammenarbeit (umgestellt)	Kapitel 1 – Entwicklungszusammenarbeit
Artikel 177 (umgestellt)	Artikel 208[1)]
Artikel 179 (umgestellt)	Artikel 209
Artikel 180 (umgestellt)	Artikel 210
Artikel 181 (umgestellt)	Artikel 211
Dritter Teil Titel XXI, Wirtschaftliche, finanzielle und technische Zusammenarbeit mit Drittländern (umgestellt)	Kapitel 2 – Wirtschaftliche, finanzielle und technische Zusammenarbeit mit Drittländern
Artikel 181 a (umgestellt)	Artikel 212
	Artikel 213
	Kapitel 3 – Humanitäre Hilfe
	Artikel 214
	Titel IV – Restriktive Maßnahmen
Artikel 301 (ersetzt)	Artikel 215
	Titel V – Internationale Übereinkünfte
	Artikel 216
Artikel 310 (umgestellt)	Artikel 217
Artikel 300 (ersetzt)	Artikel 218
Artikel 111 Absätze 1 bis 3 und 5 (umgestellt)	Artikel 219
	Titel VI – Beziehungen der Union zu internationalen Organisationen und Drittländern sowie Delegationen der Union
Artikel 302 bis 304 (ersetzt)	Artikel 220
	Artikel 221
	Titel VII – Solidaritätsklausel
	Artikel 222

1) Absatz 1 Unterabsatz 2 Satz 2 ersetzt im Wesentlichen Artikel 178 EGV.

Bisherige Nummerierung des Vertrags zur Gründung der Europäischen Gemeinschaft	Neue Nummerierung des Vertrags über die Arbeitsweise der Europäischen Union
Fünfter Teil – Die Organe der Gemeinschaft	Sechster Teil – Institutionelle Bestimmungen und Finanzvorschriften
Titel I – Vorschriften über die Organe	Titel I – Vorschriften über die Organe
Kapitel 1 – Die Organe	Kapitel 1 – Die Organe
Abschnitt 1 – Das Europäische Parlament	Abschnitt 1 – Das Europäische Parlament
Artikel 189 (aufgehoben)[1)]	
Artikel 190 Absätze 1 bis 3 (aufgehoben)[2)]	
Artikel 190 Absätze 4 und 5	Artikel 223
Artikel 191 Absatz 1 (aufgehoben)[3)]	
Artikel 191 Absatz 2	Artikel 224
Artikel 192 Absatz 1 (aufgehoben)[4)]	
Artikel 192 Absatz 2	Artikel 225
Artikel 193	Artikel 226
Artikel 194	Artikel 227
Artikel 195	Artikel 228
Artikel 196	Artikel 229
Artikel 197 Absatz 1 (aufgehoben)[5)]	
Artikel 197 Absätze 2, 3 und 4	Artikel 230
Artikel 198	Artikel 231
Artikel 199	Artikel 232
Artikel 200	Artikel 233
Artikel 201	Artikel 234
	Abschnitt 2 – Der Europäische Rat
	Artikel 235
	Artikel 236
Abschnitt 2 – Der Rat	Abschnitt 3 – Der Rat
Artikel 202 (aufgehoben)[6)]	
Artikel 203 (aufgehoben)[7)]	
Artikel 204	Artikel 237

1) Im Wesentlichen ersetzt durch Artikel 14 Absätze 1 und 2 EUV.
2) Im Wesentlichen ersetzt durch Artikel 14 Absätze 1 bis 3 EUV.
3) Im Wesentlichen ersetzt durch Artikel 11 Absatz 4 EUV.
4) Im Wesentlichen ersetzt durch Artikel 14 Absatz 1 EUV.
5) Im Wesentlichen ersetzt durch Artikel 14 Absatz 4 EUV.
6) Im Wesentlichen ersetzt durch Artikel 16 Absatz 1 EUV und die Artikel 290 und 291 AEUV.
7) Im Wesentlichen ersetzt durch Artikel 16 Absätze 2 und 9 EUV.

Bisherige Nummerierung des Vertrags zur Gründung der Europäischen Gemeinschaft	Neue Nummerierung des Vertrags über die Arbeitsweise der Europäischen Union
Artikel 205 Absätze 2 und 4 (aufgehoben)[1]	
Artikel 205 Absätze 1 und 3	Artikel 238
Artikel 206	Artikel 239
Artikel 207	Artikel 240
Artikel 208	Artikel 241
Artikel 209	Artikel 242
Artikel 210	Artikel 243
Abschnitt 3 – Die Kommission	Abschnitt 4 – Die Kommission
Artikel 211 (aufgehoben)[2]	
	Artikel 244
Artikel 212 (umgestellt)	Artikel 249 Absatz 2
Artikel 213	Artikel 245
Artikel 214 (aufgehoben)[3]	
Artikel 215	Artikel 246
Artikel 216	Artikel 247
Artikel 217 Absätze 1, 3 und 4 (aufgehoben)[4]	
Artikel 217 Absatz 2	Artikel 248
Artikel 218 Absatz 1 (aufgehoben)[5]	
Artikel 218 Absatz 2	Artikel 249
Artikel 219	Artikel 250
Abschnitt 4 – Der Gerichtshof	Abschnitt 5 – Der Gerichtshof der Europäischen Union
Artikel 220 (aufgehoben)[6]	
Artikel 221 Absatz 1 (aufgehoben)[7]	
Artikel 221 Absätze 2 und 3	Artikel 251
Artikel 222	Artikel 252
Artikel 223	Artikel 253
Artikel 224[8]	Artikel 254

[1] Im Wesentlichen ersetzt durch Artikel 16 Absätze 4 und 5 EUV.
[2] Im Wesentlichen ersetzt durch Artikel 17 Absatz 1 EUV.
[3] Im Wesentlichen ersetzt durch Artikel 17 Absätze 3 und 7 EUV.
[4] Im Wesentlichen ersetzt durch Artikel 17 Absatz 6 EUV.
[5] Im Wesentlichen ersetzt durch Artikel 295 AEUV.
[6] *Im Wesentlichen* ersetzt durch Artikel 19 EUV.
[7] Im Wesentlichen ersetzt durch Artikel 19 Absatz 2 Unterabsatz 1 EUV.
[8] Absatz 1 Satz 1 wird im Wesentlichen ersetzt durch Artikel 19 Absatz 2 Unterabsatz 2 EUV.

Bisherige Nummerierung des Vertrags zur Gründung der Europäischen Gemeinschaft	Neue Nummerierung des Vertrags über die Arbeitsweise der Europäischen Union
	Artikel 255
Artikel 225	Artikel 256
Artikel 225 a	Artikel 257
Artikel 226	Artikel 258
Artikel 227	Artikel 259
Artikel 228	Artikel 260
Artikel 229	Artikel 261
Artikel 229 a	Artikel 262
Artikel 230	Artikel 263
Artikel 231	Artikel 264
Artikel 232	Artikel 265
Artikel 233	Artikel 266
Artikel 234	Artikel 267
Artikel 235	Artikel 268
	Artikel 269
Artikel 236	Artikel 270
Artikel 237	Artikel 271
Artikel 238	Artikel 272
Artikel 239	Artikel 273
Artikel 240	Artikel 274
	Artikel 275
	Artikel 276
Artikel 241	Artikel 277
Artikel 242	Artikel 278
Artikel 243	Artikel 279
Artikel 244	Artikel 280
Artikel 245	Artikel 281
	Abschnitt 6 – Die Europäische Zentralbank
	Artikel 282
Artikel 112 (umgestellt)	Artikel 283
Artikel 113 (umgestellt)	Artikel 284
Abschnitt 5 – Der Rechnungshof	Abschnitt 7 – Der Rechnungshof
Artikel 246	Artikel 285
Artikel 247	Artikel 286
Artikel 248	Artikel 287

Bisherige Nummerierung des Vertrags zur Gründung der Europäischen Gemeinschaft	Neue Nummerierung des Vertrags über die Arbeitsweise der Europäischen Union
Kapitel 2 – Gemeinsame Vorschriften für mehrere Organe	Kapitel 2 – Rechtsakte der Union, Annahmeverfahren und sonstige Vorschriften
	Abschnitt 1 – Die Rechtsakte der Union
Artikel 249	Artikel 288
	Artikel 289
	Artikel 290[1]
	Artikel 291[1]
	Artikel 292
	Abschnitt 2 – Annahmeverfahren und sonstige Vorschriften
Artikel 250	Artikel 293
Artikel 251	Artikel 294
Artikel 252 (aufgehoben)	
	Artikel 295
Artikel 253	Artikel 296
Artikel 254	Artikel 297
	Artikel 298
Artikel 255 (umgestellt)	Artikel 15
Artikel 256	Artikel 299
	Kapitel 2 – Die beratenden Einrichtungen der Union
	Artikel 300
Kapitel 3 – Der Wirtschafts- und Sozialausschuss	Abschnitt 1 – Der Wirtschafts- und Sozialausschuss
Artikel 257 (aufgehoben)[2]	
Artikel 258 Absätze 1, 2 und 4[3]	Artikel 301
Artikel 258 Absatz 3 (aufgehoben)[3]	
Artikel 259	Artikel 302
Artikel 260	Artikel 303
Artikel 261 (aufgehoben)	
Artikel 262	Artikel 304
Kapitel 4 – Der Ausschuss der Regionen	Abschnitt 2 – Der Ausschuss der Regionen
Artikel 263 Absätze 1 und 5 (aufgehoben)[4]	

[1] *Ersetzt im Wesent*lichen den Artikel 202 dritter Gedankenstrich EGV.
[2] Im Wesentlichen ersetzt durch Artikel 300 Absatz 2 AEUV.
[3] Im Wesentlichen ersetzt durch Artikel 300 Absatz 4 AEUV.
[4] Im Wesentlichen ersetzt durch Artikel 300 Absätze 3 und 4 AEUV.

Bisherige Nummerierung des Vertrags zur Gründung der Europäischen Gemeinschaft	Neue Nummerierung des Vertrags über die Arbeitsweise der Europäischen Union
Artikel 263 Absätze 2 bis 4	Artikel 305
Artikel 264	Artikel 306
Artikel 265	Artikel 307
Kapitel 5 – Die Europäische Investitionsbank	Kapitel 4 – Die Europäische Investitionsbank
Artikel 266	Artikel 308
Artikel 267	Artikel 309
Titel II – Finanzvorschriften	Titel II – Finanzvorschriften
Artikel 268	Artikel 310
	Kapitel 1 – Die Eigenmittel der Union
Artikel 269	Artikel 311
Artikel 270 (aufgehoben)[1]	
	Kapitel 2 – Der mehrjährige Finanzrahmen
	Artikel 312
	Kapitel 3 – Der Jahreshaushaltsplan der Union
Artikel 272 Absatz 1 (umgestellt)	Artikel 313
Artikel 271 (umgestellt)	Artikel 316
Artikel 272 Absatz 1 (umgestellt)	Artikel 313
Artikel 272 Absätze 2 bis 10	Artikel 314
Artikel 273	Artikel 315
Artikel 271 (umgestellt)	Artikel 316
	Kapitel 4 – Ausführung des Haushaltsplans und Entlastung
Artikel 274	Artikel 317
Artikel 275	Artikel 318
Artikel 276	Artikel 319
	Kapitel 5 – Gemeinsame Bestimmungen
Artikel 277	Artikel 320
Artikel 278	Artikel 321
Artikel 279	Artikel 322
	Artikel 323
	Artikel 324
	Kapitel 6 – Betrugsbekämpfung

[1] Im Wesentlichen ersetzt durch Artikel 310 Absatz 4 AEUV.

Bisherige Nummerierung des Vertrags zur Gründung der Europäischen Gemeinschaft	Neue Nummerierung des Vertrags über die Arbeitsweise der Europäischen Union
Artikel 280	Artikel 325
	Titel III – Verstärkte Zusammenarbeit
Artikel 11 und 11 a (ersetzt)	Artikel 326[1]
Artikel 11 und 11 a (ersetzt)	Artikel 327[1]
Artikel 11 und 11 a (ersetzt)	Artikel 328[1]
Artikel 11 und 11 a (ersetzt)	Artikel 329[1]
Artikel 11 und 11 a (ersetzt)	Artikel 330[1]
Artikel 11 und 11 a (ersetzt)	Artikel 331[1]
Artikel 11 und 11 a (ersetzt)	Artikel 332[1]
Artikel 11 und 11 a (ersetzt)	Artikel 333[1]
Artikel 11 und 11 a (ersetzt)	Artikel 334[1]
Sechster Teil – Allgemeine und Schlussbestimmungen	Siebter Teil – Allgemeine und Schlussbestimmungen
Artikel 281 (aufgehoben)[2]	
Artikel 282	Artikel 335
Artikel 283	Artikel 336
Artikel 284	Artikel 337
Artikel 285	Artikel 338
Artikel 286 (aufgehoben)	Artikel 16
Artikel 287	Artikel 339
Artikel 288	Artikel 340
Artikel 289	Artikel 341
Artikel 290	Artikel 342
Artikel 291	Artikel 343
Artikel 292	Artikel 344
Artikel 293 (aufgehoben)	
Artikel 294 (umgestellt)	Artikel 55
Artikel 295	Artikel 345
Artikel 296	Artikel 346
Artikel 297	Artikel 347
Artikel 298	Artikel 348
Artikel 299 Absatz 1 (aufgehoben)[3]	

[1] Ersetzt auch die Artikel 27 a bis 27 e, 40 bis 40 b und 43 bis 45 des bisherigen EUV.
[2] Im Wesentlichen ersetzt durch Artikel 47 EUV.
[3] Im Wesentlichen ersetzt durch Artikel 52 EUV.

Bisherige Nummerierung des Vertrags zur Gründung der Europäischen Gemeinschaft	Neue Nummerierung des Vertrags über die Arbeitsweise der Europäischen Union
Artikel 299 Absatz 2 Unterabsätze 2, 3 und 4	Artikel 349
Artikel 299 Absatz 2 Unterabsatz 1 und Absätze 3 bis 6 (umgestellt)	Artikel 355
Artikel 300 (umgestellt)	Artikel 218
Artikel 301 (umgestellt)	Artikel 215
Artikel 302 (umgestellt)	Artikel 220
Artikel 303 (umgestellt)	Artikel 220
Artikel 304 (umgestellt)	Artikel 220
Artikel 305 (aufgehoben)	
Artikel 306	Artikel 350
Artikel 307	Artikel 351
Artikel 308	Artikel 352
	Artikel 353
Artikel 309	Artikel 354
Artikel 310 (umgestellt)	Artikel 217
Artikel 311 (aufgehoben)[1]	
Artikel 299 Absatz 2 Unterabsatz 1 und Absätze 3 bis 6 (umgestellt)	Artikel 355
Artikel 312	Artikel 356
Schlussbestimmungen	
Artikel 313	Artikel 357
	Artikel 358
Artikel 314 (aufgehoben)[2]	

[1] Im Wesentlichen ersetzt durch Artikel 51 EUV.
[2] Im Wesentlichen ersetzt durch Artikel 55 EUV.

153. Schlussakte der Konferenz von Nizza mit Erklärungen

Vom 26. Februar 2001

(BGBl. II S. 1667)

DIE KONFERENZ DER VERTRETER DER REGIERUNGEN DER MITGLIEDSTAATEN, die am 14. Februar 2000 in Brüssel einberufen wurde, um im gegenseitigen Einvernehmen die Änderungen zu beschließen, die an dem Vertrag über die Europäische Union, den Verträgen zur Gründung der Europäischen Gemeinschaft, der Europäischen Atomgemeinschaft und der Europäischen Gemeinschaft für Kohle und Stahl sowie einigen damit zusammenhängenden Rechtsakten vorzunehmen sind, hat folgende Texte angenommen:

I. Vertrag von Nizza zur Änderung des Vertrags über die Europäische Union, der Verträge zur Gründung der Europäischen Gemeinschaften sowie einiger damit zusammenhängender Rechtsakte

II. Protokolle

A. Protokoll zum Vertrag über die Europäische Union und zu den Verträgen zur Gründung der Europäischen Gemeinschaften
   – Protokoll über die Erweiterung der Europäischen Union[1]

B. Protokoll zum Vertrag über die Europäische Union, zum Vertrag zur Gründung der Europäischen Gemeinschaft und zum Vertrag zur Gründung der Europäischen Atomgemeinschaft
   – Protokoll über die Satzung des Gerichtshofs[2]

C. Protokolle zum Vertrag zur Gründung der Europäischen Gemeinschaft
   – Protokoll über die finanziellen Folgen des Ablaufs des EGKS-Vertrags und über den Forschungsfonds für Kohle und Stahl[3]
   – Protokoll zu Artikel 67 des Vertrags zur Gründung der Europäischen Gemeinschaft[4]

Die Konferenz hat die folgenden dieser Schlussakte beigefügten Erklärungen angenommen:

1. Erklärung zur Europäischen Sicherheits- und Verteidigungspolitik

---

[1] Abgedruckt unter Nr. **147**.
[2] Abgedruckt unter Nr. **245**.
[3] Abgedruckt unter Nr. **147**.
[4] Abgedruckt unter Nr. **147**.

2. Erklärung zu Artikel 31 Absatz 2 des Vertrags über die Europäische Union
3. Erklärung zu Artikel 10 des Vertrags zur Gründung der Europäischen Gemeinschaft
4. Erklärung zu Artikel 21 Absatz 3 des Vertrags zur Gründung der Europäischen Gemeinschaft
5. Erklärung zu Artikel 67 des Vertrags zur Gründung der Europäischen Gemeinschaft
6. Erklärung zu Artikel 100 des Vertrags zur Gründung der Europäischen Gemeinschaft
7. Erklärung zu Artikel 111 des Vertrags zur Gründung der Europäischen Gemeinschaft
8. Erklärung zu Artikel 137 des Vertrags zur Gründung der Europäischen Gemeinschaft
9. Erklärung zu Artikel 175 des Vertrags zur Gründung der Europäischen Gemeinschaft
10. Erklärung zu Artikel 181 a des Vertrags zur Gründung der Europäischen Gemeinschaft
11. Erklärung zu Artikel 191 des Vertrags zur Gründung der Europäischen Gemeinschaft
12. Erklärung zu Artikel 225 des Vertrags zur Gründung der Europäischen Gemeinschaft
13. Erklärung zu Artikel 225 Absätze 2 und 3 des Vertrags zur Gründung der Europäischen Gemeinschaft
14. Erklärung zu Artikel 225 Absätze 2 und 3 des Vertrags zur Gründung der Europäischen Gemeinschaft
15. Erklärung zu Artikel 225 Absatz 3 des Vertrags zur Gründung der Europäischen Gemeinschaft
16. Erklärung zu Artikel 225 a des Vertrags zur Gründung der Europäischen Gemeinschaft
17. Erklärung zu Artikel 229 a des Vertrags zur Gründung der Europäischen Gemeinschaft
18. Erklärung zum Rechnungshof
19. Erklärung zu Artikel 10.6 der Satzung des Europäischen Systems der Zentralbanken und der Europäischen Zentralbank
20. Erklärung zur Erweiterung der Europäischen Union
21. Erklärung zur Schwelle für die qualifizierte Mehrheit und zur Zahl der Stimmen für die Sperrminorität in einer erweiterten Union
22. Erklärung zum Tagungsort des Europäischen Rates
23. Erklärung zur Zukunft der Union
24. Erklärung zu Artikel 2 des Protokolls über die finanziellen Folgen des Ablaufs des EGKS-Vertrags und den Forschungsfonds für Kohle und Stahl

Die Konferenz hat die folgenden dieser Schlussakte beigefügten Erklärungen zur Kenntnis genommen:

1. Erklärung Luxemburgs
2. Erklärung Griechenlands, Spaniens und Portugals zu Artikel 161 des Vertrags zur Gründung der Europäischen Gemeinschaft
3. Erklärung Dänemarks, Deutschlands, der Niederlande und Österreichs zu Artikel 161 des Vertrags zur Gründung der Europäischen Gemeinschaft

GESCHEHEN zu Nizza am sechsundzwanzigsten Februar zweitausendeins.

(folgen die Unterschriften der Bevollmächtigten)

Von der Konferenz angenommene Erklärungen

1. Erklärung zur Europäischen Sicherheits- und Verteidigungspolitik

Gemäß den vom Europäischen Rat in Nizza gebilligten Texten bezüglich der Europäischen Sicherheits- und Verteidigungspolitik (Bericht des Vorsitzes mit Anlagen) ist es das Ziel der Union, möglichst bald einsatzbereit zu sein. Einen entsprechenden Beschluss wird der Europäische Rat so bald wie möglich im Verlauf des Jahres 2001, spätestens jedoch auf der Tagung des Europäischen Rates in Laeken/Brüssel auf der Grundlage der bestehenden Bestimmungen des Vertrags über die Europäische Union fassen. Folglich stellt das Inkrafttreten des Vertrags von Nizza keine Voraussetzung hierfür dar.

2. Erklärung zu Artikel 31 Absatz 2 des Vertrags über die Europäische Union

Die Konferenz erinnert daran, dass

– der Beschluss über die Einrichtung einer Stelle (Eurojust), in der von den einzelnen Mitgliedstaaten entsandte Staatsanwälte, Richter oder Polizeibeamte mit gleichwertigen Befugnissen mit der Aufgabe zusammengeschlossen sind, eine sachgerechte Koordinierung der für die Strafverfolgung zuständigen Behörden der Mitgliedstaaten zu erleichtern und die Ermittlungen im Zusammenhang mit organisierter Kriminalität zu unterstützen, in den Schlussfolgerungen des Vorsitzes des Europäischen Rates vom 15. und 16. Oktober 1999 (Tampere) vorgesehen ist;
– das Europäische Justizielle Netz mit der vom Rat am 29. Juni 1998 angenommenen Gemeinsamen Maßnahme 98/428/JI (ABl. L 191 vom 7. 7. 1998, S. 4) eingerichtet wurde.

3. Erklärung zu Artikel 10 des Vertrags zur Gründung der Europäischen Gemeinschaft

Die Konferenz erinnert daran, dass die Verpflichtung zur loyalen Zusammenarbeit, die sich aus Artikel 10 des Vertrags zur Gründung der Europäischen Gemeinschaft ergibt und den Beziehungen zwischen den Mitgliedstaaten und den Gemeinschaftsorganen zugrunde liegt, auch für die Beziehungen zwischen den Gemeinschaftsorganen selbst gilt. Was die Beziehungen zwischen den Organen anbelangt, so können das Europäische Parlament, der Rat und die Kommission interinstitutionelle Vereinbarungen schließen, wenn es sich im Rahmen dieser Verpflichtung zur loyalen Zusammenarbeit als notwendig erweist, die Anwendung der Bestimmungen des Vertrags zur Gründung der Europäischen Gemeinschaft zu erleichtern. Diese Vereinbarungen dürfen die Vertragsbestimmungen weder ändern noch ergänzen und dürfen nur mit Zustimmung dieser drei Organe geschlossen werden.

4. Erklärung zu Artikel 21 Absatz 3 des Vertrags zur Gründung der Europäischen Gemeinschaft

Die Konferenz fordert die in Artikel 21 Absatz 3 beziehungsweise in Artikel 7 genannten Organe und Einrichtungen auf, dafür Sorge zu tragen, dass jede schriftliche Eingabe eines Unionsbürgers innerhalb einer vertretbaren Frist beantwortet wird.

5. Erklärung zu Artikel 67 des Vertrags zur Gründung der Europäischen Gemeinschaft

Die Hohen Vertragsparteien erklären sich damit einverstanden, dass der Rat in dem Beschluss, den er gemäß Artikel 67 Absatz 2 zweiter Gedankenstrich zu fassen hat,
- beschließt, ab 1. Mai 2004 Maßnahmen nach Artikel 62 Nummer 3 und Artikel 63 Nummer 3 Buchstabe b gemäß dem Verfahren des Artikels 251 zu beschließen;
- beschließt, Maßnahmen nach Artikel 62 Nummer 2 Buchstabe a ab dem Zeitpunkt, zu dem eine Einigung über den Anwendungsbereich der Maßnahmen in Bezug auf das Überschreiten der Außengrenzen der Mitgliedstaaten durch Personen erzielt worden ist, gemäß dem Verfahren des Artikels 251 zu beschließen.

Der Rat wird im Übrigen bestrebt sein, das Verfahren des Artikels 251 *ab dem 1. Mai 2004* oder so bald wie möglich nach diesem Zeitpunkt auf die übrigen unter Titel IV fallenden Bereiche oder auf einige dieser Bereiche anwendbar zu machen.

6. Erklärung zu Artikel 100 des Vertrags zur Gründung der Europäischen Gemeinschaft

Die Konferenz weist darauf hin, dass die mit dem Verbot („no bailout“) nach Artikel 103 zu vereinbarenden Beschlüsse über einen finanziellen Beistand nach Artikel 100 mit der Finanziellen Vorausschau 2000–2006 und insbesondere mit Nummer 11 der Interinstitutionellen Vereinbarung vom 6. Mai 1999 zwischen dem Europäischen Parlament, dem Rat und der Kommission über die Haushaltsdisziplin und die Verbesserung des Haushaltsverfahrens sowie mit den entsprechenden Bestimmungen der künftigen interinstitutionellen Vereinbarungen und finanziellen Vorausschauen im Einklang stehen müssen.

7. Erklärung zu Artikel 111 des Vertrags zur Gründung der Europäischen Gemeinschaft

Die Konferenz kommt überein, dass die Verfahren so beschaffen sein müssen, dass sich alle Mitgliedstaaten des Euro-Währungsgebiets an jeder Phase der Vorbereitung zur Festlegung des Standpunkts der Gemeinschaft auf internationaler Ebene in Bezug auf Fragen, die von besonderer Bedeutung für die Wirtschafts- und Währungsunion sind, in vollem Umfang beteiligen können.

8. Erklärung zu Artikel 137 des Vertrags zur Gründung der Europäischen Gemeinschaft

Die Konferenz kommt überein, dass Ausgaben aufgrund des Artikels 137 zulasten der Rubrik 3 der Finanziellen Vorausschau gehen.

9. Erklärung zu Artikel 175 des Vertrags zur Gründung der Europäischen Gemeinschaft

Die Hohen Vertragsparteien sind entschlossen, dafür zu sorgen, dass die Europäische Union eine führende Rolle bei der Förderung des Umweltschutzes in der Union sowie – auf internationaler Ebene – bei der weltweiten Verfolgung desselben Ziels spielt. Bei der Verfolgung dieses Ziels sollen alle Möglichkeiten des Vertrags in vollem Umfang genutzt werden, einschließlich des Rückgriffs auf marktorientierte, der Förderung einer nachhaltigen Entwicklung dienende Anreize und Instrumente.

10. Erklärung zu Artikel 181 a des Vertrags zur Gründung der Europäischen Gemeinschaft

Die Konferenz bekräftigt, dass unbeschadet der anderen Bestimmungen des Vertrags zur Gründung der Europäischen Gemeinschaft Zahlungsbilanzhilfen für Drittländer nicht unter Artikel 181 a fallen.

11. Erklärung zu Artikel 191 des Vertrags zur Gründung der Europäischen Gemeinschaft

Die Konferenz erinnert daran, dass Artikel 191 keine Übertragung von Zuständigkeiten auf die Europäische Gemeinschaft zur Folge hat und die Anwendung der einschlägigen einzelstaatlichen Verfassungsbestimmungen nicht berührt.

Die Finanzierung der politischen Parteien auf europäischer Ebene aus dem Haushalt der Europäischen Gemeinschaften darf nicht zur unmittelbaren oder mittelbaren Finanzierung der politischen Parteien auf einzelstaatlicher Ebene verwendet werden.

Die Bestimmungen über die Finanzierung der politischen Parteien gelten auf ein und derselben Grundlage für alle im Europäischen Parlament vertretenen politischen Kräfte.

12. Erklärung zu Artikel 225 des Vertrags zur Gründung der Europäischen Gemeinschaft

Die Konferenz ersucht den Gerichtshof und die Kommission, so bald wie möglich eine umfassende Überprüfung der Zuständigkeitsverteilung zwischen dem Gerichtshof und dem Gericht erster Instanz, insbesondere in Bezug auf direkte Klagen, vorzunehmen und geeignete Vorschläge vorzulegen, die von den zuständigen Gremien geprüft werden können, sobald der Vertrag von Nizza in Kraft getreten ist.

13. Erklärung zu Artikel 225 Absätze 2 und 3 des Vertrags zur Gründung der Europäischen Gemeinschaft

Die Konferenz ist der Auffassung, dass die wesentlichen Bestimmungen betreffend das Verfahren der Überprüfung nach Artikel 225 Absätze 2 und 3 in der Satzung des Gerichtshofs enthalten sein sollten. In diesen Bestimmungen müsste insbesondere Folgendes geregelt werden:

– die Rolle der Parteien in dem Verfahren vor dem Gerichtshof im Hinblick auf die Wahrung ihrer Rechte;

– die Wirkung des Überprüfungsverfahrens auf die Vollstreckbarkeit der Entscheidung des Gerichts erster Instanz;
– die Wirkung der Entscheidung des Gerichtshofs auf die Streitigkeit zwischen den Parteien.

14. Erklärung zu Artikel 225 Absätze 2 und 3 des Vertrags zur Gründung der Europäischen Gemeinschaft

Die Konferenz ist der Auffassung, dass der Rat, wenn er die zur Durchführung des Artikels 225 Absätze 2 und 3 erforderlichen Bestimmungen der Satzung annimmt, ein Verfahren vorsehen sollte, das sicherstellt, dass die konkrete Funktionsweise dieser Bestimmungen spätestens drei Jahre nach dem Inkrafttreten des Vertrags von Nizza einer Evaluierung unterzogen wird.

15. Erklärung zu Artikel 225 Absatz 3 des Vertrags zur Gründung der Europäischen Gemeinschaft

Die Konferenz ist der Auffassung, dass der Gerichtshof in den Ausnahmefällen, in denen er beschließt, eine Entscheidung des Gerichts erster Instanz in einer Vorabentscheidungssache zu überprüfen, im Eilverfahren entscheiden sollte.

16. Erklärung zu Artikel 225 a des Vertrags zur Gründung der Europäischen Gemeinschaft

Die Konferenz ersucht den Gerichtshof und die Kommission, so bald wie möglich den Entwurf eines Beschlusses über die Bildung einer gerichtlichen Kammer auszuarbeiten, die im ersten Rechtszug für Streitsachen zwischen der Gemeinschaft und ihren Bediensteten zuständig ist.

17. Erklärung zu Artikel 229 a des Vertrags zur Gründung der Europäischen Gemeinschaft

Die Konferenz ist der Auffassung, dass der Wahl des möglicherweise zu schaffenden gerichtlichen Rahmens für Entscheidungen über Rechtsstreitigkeiten im Zusammenhang mit der Anwendung von aufgrund des Vertrags zur Gründung der Europäischen Gemeinschaft erlassenen Rechtsakten, mit denen gemeinschaftliche Titel für den gewerblichen Rechtsschutz geschaffen werden, mit Artikel 229 a nicht vorgegriffen wird.

18. Erklärung zum Rechnungshof

Die Konferenz fordert den Rechnungshof und die einzelstaatlichen Rechnungsprüfungsorgane auf, den Rahmen und die Bedingungen für ihre Zusammenarbeit unter Beibehaltung ihrer jeweiligen Autonomie zu verbessern. Zu diesem Zweck kann der Präsident des Rechnungshofs einen Ausschuss für Kontakte mit den Präsidenten der einzelstaatlichen Rechnungsprüfungsorgane einsetzen.

19. Erklärung zu Artikel 10.6 der Satzung des Europäischen Systems der Zentralbanken und der Europäischen Zentralbank

Die Konferenz geht davon aus, dass so rasch wie möglich eine Empfehlung im Sinne des Artikels 10.6 der Satzung des Europäischen Systems der Zentralbanken und der Europäischen Zentralbank vorgelegt wird.

20. Erklärung zur Erweiterung der Europäischen Union[1)]

Der gemeinsame Standpunkt, den die Mitgliedstaaten bei den Beitrittskonferenzen hinsichtlich der Verteilung der Sitze im Europäischen Parlament, der Stimmengewichtung im Rat, der Zusammensetzung des Wirtschafts- und Sozialausschusses und der Zusammensetzung des Ausschusses der Regionen einnehmen werden, wird für eine Union mit 27 Mitgliedstaaten mit folgenden Tabellen in Einklang stehen:

1. Europäisches Parlament

Mitgliedstaaten	Sitzverteilung im EP
Deutschland	99
Vereinigtes Königreich	72
Frankreich	72
Italien	72
Spanien	50
Polen	50
Rumänien	33
Niederlande	25
Griechenland	22
Tschechische Republik	20

1) **Amtl. Anm.:** In den Tabellen in dieser Erklärung werden nur die Bewerberstaaten berücksichtigt, mit denen bereits Beitrittsverhandlungen aufgenommen worden sind.

Mitgliedstaaten	Sitzverteilung im EP
Belgien	22
Ungarn	20
Portugal	22
Schweden	18
Bulgarien	17
Österreich	17
Slowakei	13
Dänemark	13
Finnland	13
Irland	12
Litauen	12
Lettland	8
Slowenien	7
Estland	6
Zypern	6
Luxemburg	6
Malta	5
Insgesamt	732

2. Stimmgewichtung im Rat

Mitglieder des Rates	Gewogene Stimmen
Deutschland	29
Vereinigtes Königreich	29
Frankreich	29
Italien	29
Spanien	27
Polen	27
Rumänien	14
Niederlande	13
Griechenland	12
Tschechische Republik	12
Belgien	12
Ungarn	12
Portugal	12
Schweden	10
Bulgarien	10
Österreich	10
Slowakei	7
Dänemark	7
Finnland	7
Irland	7
Litauen	7
Lettland	4
Slowenien	4

Mitglieder des Rates	Gewogene Stimmen
Estland	4
Zypern	4
Luxemburg	4
Malta	3
Insgesamt	345

In den Fällen, in denen die Beschlüsse nach diesem Vertrag auf Vorschlag der Kommission zu fassen sind, kommen die Beschlüsse mit einer Mindestzahl von 258 Stimmen zustande, welche die Zustimmung der Mehrheit der Mitglieder umfassen.

In den anderen Fällen kommen die Beschlüsse mit einer Mindestzahl von 258 Stimmen zustande, welche die Zustimmung von mindestens zwei Dritteln der Mitglieder umfassen.

Ein Mitglied des Rates kann beantragen, dass bei einer Beschlussfassung des Rates mit qualifizierter Mehrheit überprüft wird, ob die Mitgliedstaaten, die diese qualifizierte Mehrheit bilden, mindestens 62% der Gesamtbevölkerung der Union repräsentieren. Falls sich erweist, dass diese Bedingung nicht erfüllt ist, kommt der betreffende Beschluss nicht zustande.

3. Wirtschafts- und Sozialausschuss

Mitgliedstaaten	Mitglieder
Deutschland	24
Vereinigtes Königreich	24
Frankreich	24
Italien	24
Spanien	21
Polen	21
Rumänien	15
Niederlande	12
Griechenland	12
Tschechische Republik	12
Belgien	12
Ungarn	12
Portugal	12
Schweden	12
Bulgarien	12
Österreich	12
Slowakei	9
Dänemark	9
Finnland	9
Irland	9
Litauen	9
Lettland	7

Mitgliedstaaten	Mitglieder
Slowenien	7
Estland	7
Zypern	6
Luxemburg	6
Malta	5
Insgesamt	344

4. Ausschuss der Regionen

Mitgliedstaaten	Mitglieder
Deutschland	24
Vereinigtes Königreich	24
Frankreich	24
Italien	24
Spanien	21
Polen	21
Rumänien	15
Niederlande	12
Griechenland	12
Tschechische Republik	12
Belgien	12
Ungarn	12
Portugal	12
Schweden	12
Bulgarien	12
Österreich	12
Slowakei	9
Dänemark	9
Finnland	9
Irland	9
Litauen	9
Lettland	7
Slowenien	7
Estland	7
Zypern	6
Luxemburg	6
Malta	5
Insgesamt	344

21. Erklärung zur Schwelle für die qualifizierte Mehrheit und zur Zahl der Stimmen für die Sperrminorität in einer Erweiterten Union

Wenn bei Inkrafttreten der neuen Stimmengewichtung (1. Januar 2005) noch nicht alle Bewerberstaaten, die in der Tabelle in der Erklärung zur Erweiterung der Europäischen Union aufgeführt sind, beigetreten sind, wird die Schwelle für die qualifizierte Mehrheit entsprechend dem Beitrittsrhythmus erhöht, wobei von einem Prozentsatz unterhalb des derzeitigen Prozentsatzes ausgegangen wird, der bis zu einem Höchstsatz von 73,4% ansteigt. Wenn alle vorstehend genannten Bewerberstaaten beigetreten sind, wird in einer solchen Union mit 27 Mitgliedstaaten die Sperrminorität auf 91 Stimmen erhöht, und die Schwelle für die qualifizierte Mehrheit, die aus der Tabelle in der Erklärung zur Erweiterung der Europäischen Union hervorgeht, wird automatisch entsprechend angepasst.

22. Erklärung zum Tagungsort des Europäischen Rates

Ab dem Jahr 2002 findet eine Tagung des Europäischen Rates unter jedem Vorsitz in Brüssel statt. Sobald die Union achtzehn Mitglieder zählt, finden alle Tagungen des Europäischen Rates in Brüssel statt.

23. Erklärung zur Zukunft der Union

1. In Nizza wurden umfangreiche Reformen beschlossen. Die Konferenz begrüßt den erfolgreichen Abschluss der Konferenz der Vertreter der Regierungen der Mitgliedstaaten und appelliert an die Mitgliedstaaten, auf eine baldige Ratifikation des Vertrags von Nizza hinzuwirken.
2. Die Konferenz ist sich darin einig, dass mit dem Abschluss der Konferenz der Vertreter der Regierungen der Mitgliedstaaten der Weg für die Erweiterung der Europäischen Union geebnet worden ist, und betont, dass die Europäische Union mit der Ratifikation des Vertrags von Nizza die für den Beitritt neuer Mitgliedstaaten erforderlichen institutionellen Änderungen abgeschlossen haben wird.
3. Nachdem die Konferenz somit den Weg für die Erweiterung geebnet hat, wünscht sie die Aufnahme einer eingehenderen und breiter angelegten Diskussion über die Zukunft der Europäischen Union. Im Jahr 2001 werden der schwedische und der belgische Vorsitz in Zusammenarbeit mit der Kommission und unter Teilnahme des Europäischen Parlaments eine umfassende Debatte fördern, an der alle interessierten Seiten beteiligt sind: Vertreter der nationalen Parlamente und der Öffentlichkeit insgesamt, das heißt Vertreter aus

Politik, Wirtschaft und dem Hochschulbereich, Vertreter der Zivilgesellschaft usw. Die Bewerberstaaten werden nach noch festzulegenden Einzelheiten in diesen Prozess einbezogen.

4. Im Anschluss an einen Bericht für seine Tagung in Göteborg im Juni 2001 wird der Europäische Rat auf seiner Tagung in Laeken/Brüssel im Dezember 2001 eine Erklärung annehmen, in der geeignete Initiativen für die Fortsetzung dieses Prozesses enthalten sein werden.
5. Im Rahmen dieses Prozesses sollten unter anderem folgende Fragen behandelt werden:
   – die Frage, wie eine genauere, dem Subsidiaritätsprinzip entsprechende Abgrenzung der Zuständigkeiten zwischen der Europäischen Union und den Mitgliedstaaten hergestellt und danach aufrechterhalten werden kann;
   – der Status der in Nizza verkündeten Charta der Grundrechte der Europäischen Union gemäß den Schlussfolgerungen des Europäischen Rates von Köln;
   – eine Vereinfachung der Verträge, mit dem Ziel, diese klarer und verständlicher zu machen, ohne sie inhaltlich zu ändern;
   – die Rolle der nationalen Parlamente in der Architektur Europas.
6. Durch diese Themenstellung erkennt die Konferenz an, dass die demokratische Legitimation und die Transparenz der Union und ihrer Organe verbessert und dauerhaft gesichert werden müssen, um diese den Bürgern der Mitgliedstaaten näher zu bringen.
7. Die Konferenz kommt überein, dass nach diesen Vorarbeiten 2004 erneut eine Konferenz der Vertreter der Regierungen der Mitgliedstaaten einberufen wird, die die vorstehend genannten Fragen im Hinblick auf die entsprechenden Vertragsänderungen behandelt.
8. Die Konferenz der Vertreter der Regierungen der Mitgliedstaaten wird keinesfalls ein Hindernis oder eine Vorbedingung für den Erweiterungsprozess darstellen. Außerdem werden diejenigen Bewerberstaaten, die ihre Beitrittsverhandlungen mit der Union dann abgeschlossen haben, zur Teilnahme an der Konferenz eingeladen. Bewerberstaaten, die ihre Beitrittsverhandlungen dann noch nicht abgeschlossen haben, werden zur Teilnahme als Beobachter eingeladen.

24. Erklärung zu Artikel 2 des Protokolls über die finanziellen Folgen des Ablaufs des EGKS-Vertrags und den Forschungsfonds für Kohle und Stahl

Die Konferenz fordert den Rat auf, im Rahmen des Artikels 2 des Protokolls dafür Sorge zu tragen, dass nach dem Ablauf der Geltungsdauer des EGKS-Vertrags das System der EGKS-Statistiken bis zum 31. Dezember 2002 weitergeführt wird, und die Kommission zu ersuchen, entsprechende Empfehlungen zu unterbreiten.

Von der Konferenz zur Kenntnis genommene Erklärungen

1. Erklärung Luxemburgs

Unbeschadet des Beschlusses vom 8. April 1965 und der darin enthaltenen Bestimmungen und Möglichkeiten bezüglich des Sitzes künftiger Organe, Einrichtungen und Dienststellen sagt die luxemburgische Regierung zu, den Sitz der Beschwerdekammern des Harmonisierungsamtes für den Binnenmarkt (Marken, Muster und Modelle), die in Alicante bleiben, auch dann nicht zu fordern, wenn diese gerichtliche Kammern im Sinne des Artikels 220 des Vertrags zur Gründung der Europäischen Gemeinschaft werden sollten.

2. Erklärung Griechenlands, Spaniens und Portugals zu Artikel 161 des Vertrags zur Gründung der Europäischen Gemeinschaft

Das Einverständnis Griechenlands, Spaniens und Portugals mit dem Übergang zur qualifizierten Mehrheit in Artikel 161 des Vertrags zur Gründung der Europäischen Gemeinschaft wurde auf folgender Grundlage erteilt: Der Begriff „mehrjährig" in Absatz 3 bedeutet, dass die ab 1. Januar 2007 geltende Finanzielle Vorausschau und die entsprechende Interinstitutionelle Vereinbarung eine der derzeitigen Finanziellen Vorausschau entsprechende Laufzeit haben wird.

3. Erklärung Dänemarks, Deutschlands, der Niederlande und Österreichs zu Artikel 161 des Vertrags zur Gründung der Europäischen Gemeinschaft

In Bezug auf die Erklärung Griechenlands, Spaniens und Portugals zu Artikel 161 des Vertrags zur Gründung der Europäischen Gemeinschaft erklären Dänemark, Deutschland, die Niederlande und Österreich, dass diese Erklärung keine präjudizierende Wirkung für die Europäische Kommission, insbesondere für ihr Initiativrecht, entfaltet.

154. Schlußakte der Amsterdamer Konferenz mit Erklärungen[1)]

Vom 2. Oktober 1997

(BGBl. 1998 II S. 438)

Die Konferenz der Vertreter der Regierungen der Mitgliedstaaten, die am neunundzwanzigsten März neunzehnhundertsechsundneunzig in Turin einberufen wurde, um im gegenseitigen Einvernehmen die Änderungen zu beschließen, die an dem Vertrag über die Europäische Union, den Verträgen zur Gründung der Europäischen Gemeinschaft, der Europäischen Gemeinschaft für Kohle und Stahl bzw. der Europäischen Atomgemeinschaft sowie einigen damit zusammenhängenden Rechtsakten vorzunehmen sind, hat folgende Texte angenommen:

I. Den Vertrag von Amsterdam zur Änderung des Vertrags über die Europäische Union, der Verträge zur Gründung der Europäischen Gemeinschaften sowie einiger damit zusammenhängender Rechtsakte

II. Protokolle[2)]

A. Protokoll zum Vertrag über die Europäische Union

1. Protokoll zu Artikel 17 des Vertrags über die Europäische Union

B. Protokolle zum Vertrag über die Europäische Union und zum Vertrag zur Gründung der Europäischen Gemeinschaft

2. Protokoll zur Einbeziehung des Schengen-Besitzstands in den Rahmen der Europäischen Union
3. Protokoll über die Anwendung bestimmter Aspekte des Artikels 14 des Vertrags zur Gründung der Europäischen Gemeinschaft auf das Vereinigte Königreich und auf Irland
4. Protokoll über die Position des Vereinigten Königreichs und Irlands
5. Protokoll über die Position Dänemarks

[1)] Die Verweise/Bezugnahmen auf Vorschriften des EUV oder EGV wurden gemäß Art. 12 des Amsterdamer Vertrages an dessen Nummerierung angepasst.

[2)] Das Protokoll Nr. 1 ist abgedruckt im Anschluss an den Unionsvertrag (Nr. **145** dieser Textsammlung); alle anderen Protokolle sind als Nr. **147** dieser Textsammlung abgedruckt, soweit sie noch in Kraft sind.

C. Protokolle zum Vertrag zur Gründung der Europäischen Gemeinschaft

6. Protokoll über die Gewährung von Asyl für Staatsangehörige von Mitgliedstaaten der Europäischen Union
7. Protokoll über die Anwendung der Grundsätze der Subsidiarität und der Verhältnismäßigkeit
8. Protokoll über die Außenbeziehungen der Mitgliedstaaten hinsichtlich des Überschreitens der Außengrenzen
9. Protokoll über den öffentlich-rechtlichen Rundfunk in den Mitgliedstaaten
10. Protokoll über den Tierschutz und das Wohlergehen der Tiere

D. Protokolle zum Vertrag über die Europäische Union und zu den Verträgen zur Gründung der Europäischen Gemeinschaft, der Europäischen Gemeinschaft für Kohle und Stahl und der Europäischen Atomgemeinschaft

11. *Protokoll über die Organe im Hinblick auf die Erweiterung der Europäischen Union*[1)]
12. Protokoll über die Festlegung der Sitze der Organe und bestimmter Einrichtungen und Dienststellen der Europäischen Gemeinschaften sowie des Sitzes von Europol
13. Protokoll über die Rolle der einzelstaatlichen Parlamente in der Europäischen Union

III. Erklärungen

Die Konferenz hat die folgenden dieser Schlussakte beigefügten Erklärungen angenommen:

1. Erklärung zur Abschaffung der Todesstrafe
2. Erklärung zur verbesserten Zusammenarbeit zwischen der Europäischen Union und der Westeuropäischen Union
3. Erklärung zur Westeuropäischen Union
4. Erklärung zu den Artikeln 24 und 38 des Vertrags über die Europäische Union
5. Erklärung zu Artikel 25 des Vertrags über die Europäische Union
6. Erklärung zur Schaffung einer Strategieplanungs- und Frühwarneinheit
7. Erklärung zu Artikel 30 des Vertrags über die Europäische Union
8. Erklärung zu Artikel 31 Buchstabe e des Vertrags über die Europäische Union
9. Erklärung zu Artikel 34 Absatz 2 des Vertrags über die Europäische Union
10. Erklärung zu Artikel 35 des Vertrags über die Europäische Union

---

1) Aufgehoben durch das Protokoll über die Erweiterung der Europäischen Union (2001).

11. Erklärung zum Status der Kirchen und weltanschaulichen Gemeinschaften
12. Erklärung zu Umweltverträglichkeitsprüfungen
13. Erklärung zu Artikel 16 des Vertrags zur Gründung der Europäischen Gemeinschaft
14. Erklärung zur Aufhebung des Artikels 44 [a. F.] des Vertrags zur Gründung der Europäischen Gemeinschaft
15. Erklärung zur Bewahrung des durch den Schengen-Besitzstand gewährleisteten Maßes an Schutz und Sicherheit
16. Erklärung zu Artikel 62 Nummer 2 Buchstabe b des Vertrags zur Gründung der Europäischen Gemeinschaft
17. Erklärung zu Artikel 63 des Vertrags zur Gründung der Europäischen Gemeinschaft
18. Erklärung zu Artikel 63 Nr. 3 Buchstabe a des Vertrags zur Gründung der Europäischen Gemeinschaft
19. Erklärung zu Artikel 64 Absatz 1 des Vertrags zur Gründung der Europäischen Gemeinschaft
20. Erklärung zu Artikel 65 des Vertrags zur Gründung der Europäischen Gemeinschaft
21. Erklärung zu Artikel 67 des Vertrags zur Gründung der Europäischen Gemeinschaft
22. Erklärung zu Personen mit einer Behinderung
23. Erklärung zu den in Artikel 129 des Vertrags zur Gründung der Europäischen Gemeinschaft genannten Anreizmaßnahmen
24. Erklärung zu Artikel 129 des Vertrags zur Gründung der Europäischen Gemeinschaft
25. Erklärung zu Artikel 137 des Vertrags zur Gründung der Europäischen Gemeinschaft
26. Erklärung zu Artikel 137 Absatz 2 des Vertrags zur Gründung der Europäischen Gemeinschaft
27. Erklärung zu Artikel 139 Absatz 2 des Vertrags zur Gründung der Europäischen Gemeinschaft
28. Erklärung zu Artikel 141 Absatz 4 des Vertrags zur Gründung der Europäischen Gemeinschaft
29. Erklärung zum Sport
30. Erklärung zu den Inselgebieten
31. Erklärung zu dem Beschluß des Rates vom 13. Juli 1987
32. Erklärung zur Organisation und Arbeitsweise der Kommission
33. Erklärung zu Artikel 248 Absatz 3 des Vertrags zur Gründung der Europäischen Gemeinschaft
34. Erklärung zur Einhaltung der Fristen im Rahmen des Mitentscheidungsverfahrens

35. Erklärung zu Artikel 255 Absatz 1 des Vertrags zur Gründung der Europäischen Gemeinschaft
36. Erklärung zu den überseeischen Ländern und Gebieten
37. Erklärung zu öffentlich-rechtlichen Kreditinstituten in Deutschland
38. Erklärung zu freiwilligen Diensten
39. Erklärung zur redaktionellen Qualität der gemeinschaftlichen Rechtsvorschriften
40. Erklärung zu dem Verfahren beim Abschluß internationaler Übereinkünfte durch die Europäische Gemeinschaft für Kohle und Stahl
41. Erklärung zu den Vorschriften über die Transparenz, den Zugang zu Dokumenten und die Bekämpfung von Betrügereien
42. Erklärung über die Konsolidierung der Verträge
43. Erklärung zum Protokoll über die Anwendung der Grundsätze der Subsidiarität und der Verhältnismäßigkeit
44. Erklärung zu Artikel 2 des Protokolls zur Einbeziehung des Schengen-Besitzstands in den Rahmen der Europäischen Union
45. Erklärung zu Artikel 4 des Protokolls zur Einbeziehung des Schengen-Besitzstands in den Rahmen der Europäischen Union
46. Erklärung zu Artikel 5 des Protokolls zur Einbeziehung des Schengen-Besitzstands in den Rahmen der Europäischen Union
47. Erklärung zu Artikel 6 des Protokolls zur Einbeziehung des Schengen-Besitzstands in den Rahmen der Europäischen Union
48. Erklärung zum Protokoll über die Gewährung von Asyl für Staatsangehörige von Mitgliedstaaten der Europäischen Union
49. Erklärung zu Buchstabe d des Einzigen Artikels des Protokolls über die Gewährung von Asyl für Staatsangehörige der Mitgliedstaaten der Europäischen Union
50. Erklärung zum Protokoll über die Organe im Hinblick auf die Erweiterung der Europäischen Union
51. Erklärung zu Artikel 10 des Vertrags von Amsterdam

Die Konferenz hat ferner die folgenden dieser Schlußakte beigefügten Erklärungen zur Kenntnis genommen:

1. Erklärung Österreichs und Luxemburgs zu Kreditinstituten
2. Erklärung Dänemarks zu Artikel 42 des Vertrags über die Europäische Union
3. Erklärung Deutschlands, Österreichs und Belgiens zur Subsidiarität
4. Erklärung Irlands zu Artikel 3 des Protokolls über die Position des Vereinigten Königreichs und Irlands
5. Erklärung Belgiens zum Protokoll über die Gewährung von Asyl für Staatsangehörige von Mitgliedstaaten der Europäischen Union
6. Erklärung Belgiens, Frankreichs und Italiens zum Protokoll über die Organe im Hinblick auf die Erweiterung der Europäischen Union

7. Erklärung Frankreichs zur Lage der überseeischen Departements hinsichtlich des Protokolls zur Einbeziehung des Schengen-Besitzstands in den Rahmen der Europäischen Union
8. Erklärung Griechenlands zur Erklärung zum Status der Kirchen und weltanschaulichen Gemeinschaften

Die Konferenz ist schließlich übereingekommen, dieser Schlußakte den Wortlaut des Vertrags über die Europäische Union und des Vertrags zur Gründung der Europäischen Gemeinschaft in der Fassung der von der Konferenz vorgenommenen Änderungen als Illustration beizufügen.

Geschehen zu Amsterdam am 2. Oktober neunzehnhundertsiebenundneunzig.

Von der Konferenz angenommene Erklärungen

1. Erklärung zur Abschaffung der Todesstrafe

Unter Bezugnahme auf Artikel 6 Absatz 2 des Vertrags über die Europäische Union erinnert die Konferenz daran, daß das Protokoll Nr. 6 zu der am 4. November 1950 in Rom unterzeichneten Europäischen Konvention zum Schutze der Menschenrechte und Grundfreiheiten, das von einer großen Mehrheit der Mitgliedstaaten unterzeichnet und ratifiziert wurde, die Abschaffung der Todesstrafe vorsieht.

In diesem Zusammenhang stellt die Konferenz fest, daß seit der Unterzeichnung des genannten Protokolls am 28. April 1983 die Todesstrafe in den meisten Mitgliedstaaten der Union abgeschafft und in keinem Mitgliedstaat angewandt worden ist.

2. Erklärung zur verbesserten Zusammenarbeit zwischen der Europäischen Union und der Westeuropäischen Union

Im Hinblick auf eine verbesserte Zusammenarbeit zwischen der Europäischen Union und der Westeuropäischen Union ersucht die Konferenz den Rat, auf die baldige Annahme geeigneter Regelungen für die Sicherheitsüberprüfung des Personals des Generalsekretariats des Rates hinzuwirken.

3. Erklärung zur Westeuropäischen Union

Die Konferenz nimmt die folgende Erklärung zur Kenntnis, die vom Ministerrat der Westeuropäischen Union am 22. Juli 1997 angenommen wurde:

Erklärung der Westeuropäischen Union zur Rolle der Westeuropäischen Union und zu ihren Beziehungen zur Europäischen Union und zur Atlantischen Allianz
(Übersetzung)

Einleitung

1. Die Mitgliedstaaten der Westeuropäischen Union (WEU) haben 1991 in Maastricht übereinstimmend festgestellt, daß es notwendig ist, eine echte europäische Sicherheits- und Verteidigungsidentität (ESVI) zu entwickeln und eine größere europäische Verantwortung in Verteidigungsfragen zu übernehmen. Im Lichte des Vertrags von Amsterdam bekräftigen sie, daß diese Bemühungen fortgesetzt und intensiviert werden müssen. Die WEU ist integraler Bestandteil der Entwicklung der Europäischen Union, indem sie der Europäischen Union Zugang zu einer operativen Kapazität insbesondere im Zusammenhang mit den Petersberger Aufgaben eröffnet, und stellt entsprechend der Pariser Erklärung und den Berliner Beschlüssen der NATO-Minister ein entscheidendes Element für die Entwicklung der ESVI in der Atlantischen Allianz dar.
2. An den Tagungen des Rates der WEU nehmen heute alle Mitgliedstaaten der Europäischen Union und alle europäischen Mitglieder der Atlantischen Allianz entsprechend ihrem jeweiligen Status teil. In diesem Rat kommen die genannten Staaten auch mit den Staaten Mittel- und Osteuropas zusammen, die durch ein Assoziierungsabkommen mit der Europäischen Union verbunden und Kandidaten für den Beitritt sowohl zur Europäischen Union als auch zur Atlantischen Allianz sind. Die WEU entwickelt sich somit zu einem wirklichen Rahmen für den Dialog und die Zusammenarbeit unter Europäern über europäische Sicherheits- und Verteidigungsfragen im weiteren Sinne.
3. In diesem Zusammenhang nimmt die WEU Titel V des Vertrags über die Europäische Union über die Gemeinsame Außen- und Sicherheitspolitik zur Kenntnis und hierbei insbesondere Artikel 13 Absatz 1 und Artikel 17 sowie das Protokoll zu Artikel 17, die wie folgt lauten:

A. Beziehungen der WEU zur Europäischen Union: Begleitmaßnahmen zur Umsetzung des Vertrags von Amsterdam

4. In der „Erklärung zur Rolle der Westeuropäischen Union und zu ihren Beziehungen zur Europäischen Union und zur Atlantischen Allianz“ vom 10. Dezember 1991 hatten es sich die Mitgliedstaaten der WEU zum Ziel gesetzt, „die WEU stufenweise zur Verteidi*gungskomponente* der Europäischen Union auszubauen“. Sie bekräftigen heute dieses Ziel so, wie es im Vertrag von Amsterdam dargelegt wird.

5. Wenn die Europäische Union die WEU in Anspruch nimmt, arbeitet die WEU die Entscheidungen und Aktionen der Europäischen Union, die verteidigungspolitische Bezüge haben, aus und führt sie durch.

   Bei der Ausarbeitung und Durchführung der Entscheidungen und Aktionen der Europäischen Union, für die diese die WEU in Anspruch nimmt, wird die WEU entsprechend den Leitlinien des Europäischen Rates tätig.

   Die WEU unterstützt die Europäische Union bei der Festlegung der verteidigungspolitischen Aspekte der Gemeinsamen Außen- und Sicherheitspolitik nach Artikel 17 des Vertrags über die Europäische Union.

6. Die WEU bestätigt, daß sich alle Mitgliedstaaten der Europäischen Union, wenn diese die WEU in Anspruch nimmt, um Entscheidungen der Europäischen Union über die in Artikel 17 Absatz 2 des Vertrags über die Europäische Union genannten Aufgaben auszuarbeiten und durchzuführen, nach Artikel 17 Absatz 3 des Vertrags über die Europäische Union in vollem Umfang an den betreffenden Aufgaben beteiligen können.

   Die WEU wird die Rolle der Beobachter bei der WEU entsprechend Artikel 17 Absatz 3 ausbauen und die erforderlichen praktischen Regelungen treffen, damit alle Mitgliedstaaten der Europäischen Union, die sich auf Ersuchen der Europäischen Union an den von der WEU durchgeführten Aufgaben beteiligen, in vollem Umfang und gleichberechtigt an der Planung und Beschlußfassung in der WEU teilnehmen können.

7. Nach dem Protokoll zu Artikel 17 des Vertrags über die Europäische Union erarbeitet die WEU zusammen mit der Europäischen Union Regelungen für eine verstärkte Zusammenarbeit zwischen den beiden Organisationen. In diesem Zusammenhang können bereits jetzt eine Reihe von Maßnahmen, von denen einige von der WEU bereits geprüft werden, genannt werden, insbesondere
   – Regelungen für eine bessere Koordinierung der Konsultation und der Beschlußfassung beider Organisationen insbesondere in Krisensituationen;
   – gemeinsame Tagungen der zuständigen Gremien beider Organisationen;
   – weitestmögliche Harmonisierung der Abfolge der Präsidentschaften von WEU und Europäischer Union sowie der Verwaltungsregelungen und -praktiken beider Organisationen;
   – enge Koordinierung der Tätigkeiten des Personals des WEU-Generalsekretariats und des Generalsekretariats des Rates der Europäischen Union einschließlich des Austausches und der Abordnung von Personal;
   – Regelungen, die es den zuständigen Gremien der Europäischen Union einschließlich der Strategieplanungs- und Frühwarneinheit ermöglichen, auf den Planungsstab, das Lagezentrum und das Satellitenzentrum der WEU zurückzugreifen;

– soweit angebracht, Zusammenarbeit der Europäischen Union und der WEU im Rüstungsbereich im Rahmen der Westeuropäischen Rüstungsgruppe (WEAG) als europäischer Instanz für die Zusammenarbeit in Rüstungsfragen im Zusammenhang mit der Rationalisierung des europäischen Rüstungsmarkts und mit der Einrichtung einer Europäischen Rüstungsagentur;
– praktische Regelungen zwecks Zusammenarbeit mit der Kommission der Europäischen Gemeinschaften, die deren Rolle im Rahmen der GASP widerspiegeln, wie sie im Vertrag von Amsterdam festgelegt ist;
– Verbesserung der Geheimhaltungsregelungen mit der Europäischen Union.

B. Beziehungen zwischen der WEU und der NATO im Rahmen der Entwicklung einer ESVI innerhalb der Atlantischen Allianz

8. Die Atlantische Allianz stellt weiterhin die Grundlage für die kollektive Verteidigung im Rahmen des Nordatlantikvertrags dar. Sie bleibt das wesentliche Forum für Konsultationen unter ihren Mitgliedern und für die Vereinbarung von politischen Maßnahmen, die sich auf die Sicherheits- und Verteidigungsverpflichtungen der Verbündeten des Washingtoner Vertrags auswirken. Die Allianz hat einen Anpassungs- und Reformprozeß begonnen, um die ganze Bandbreite ihrer Aufgaben effizienter erfüllen zu können. Ziel dieses Prozesses ist es, die transatlantische Partnerschaft zu stärken und zu erneuern, wozu auch die Entwicklung einer ESVI innerhalb der Allianz gehört.

9. Die WEU stellt ein entscheidendes Element der Entwicklung einer Europäischen Sicherheits- und Verteidigungsidentität innerhalb der Atlantischen Allianz dar und wird sich daher weiterhin um eine verstärkte institutionelle und praktische Zusammenarbeit mit der NATO bemühen.

10. Neben ihrem Beitrag zur gemeinsamen Verteidigung nach Artikel 5 des Washingtoner Vertrags bzw. Artikel V des geänderten Brüsseler Vertrags spielt die WEU auch eine aktive Rolle bei der Konfliktverhütung und der Krisenbewältigung, wie es die Petersberger Erklärung vorsieht. In diesem Zusammenhang verpflichtet sich die WEU, ihre Rolle unter Wahrung völliger Transparenz und unter Beachtung der Komplementarität der beiden Organisationen in vollem Umfang wahrzunehmen.

11. Die WEU bekräftigt, daß die ESVI auf anerkannten militärischen Grundsätzen beruhen wird, daß sie durch eine geeignete militärische Planung unterstützt werden wird und daß sie es möglich machen wird, militärisch kohärente, leistungsfähige Streitkräfte zu schaffen, die unter der politischen Kontrolle und der strategischen Leitung der WEU operieren können.

12. Zu diesem Zweck wird die WEU ihre Zusammenarbeit mit der NATO insbesondere in folgenden Bereichen ausbauen:

– Mechanismen für Konsultationen zwischen WEU und NATO bei Krisen;
– aktive Teilnahme der WEU am Verteidigungsplanungsprozeß der NATO;
– operationelle Verbindungen zwischen WEU und NATO bei der Planung, Vorbereitung und Durchführung von Operationen, bei denen Mittel und Kapazitäten der NATO unter der politischen Kontrolle und der strategischen Leitung der WEU eingesetzt werden, insbesondere
  • von der NATO in Abstimmung mit der WEU vorgenommene militärische Planung und Übungen;
  • Ausarbeitung eines Rahmenabkommens über die Übertragung, Überwachung und Rückführung von Mitteln und Kapazitäten der NATO;
  • Verbindungen zwischen der WEU und der NATO im Bereich der europäischen Kommandoregelungen.

Diese Zusammenarbeit wird sich, auch unter Berücksichtigung der Anpassung der Allianz, ständig weiterentwickeln.

C. Operationelle Rolle der WEU bei der Entwicklung der ESVI

13. Die WEU wird ihre Rolle als politisch-militärisches europäisches Organ für die Krisenbewältigung ausbauen, indem sie die Mittel und Kapazitäten zum Einsatz bringt, die ihr von den WEU-Ländern auf nationaler oder multinationaler Ebene zur Verfügung gestellt wurden, und indem sie, gegebenenfalls, nach Maßgabe von Vereinbarungen, die derzeit erarbeitet werden, auf die Mittel und Kapazitäten der NATO zurückgreift. In diesem Zusammenhang wird die WEU auch die Vereinten Nationen und die OSZE bei ihren Tätigkeiten im Bereich der Krisenbewältigung unterstützen.

Die WEU wird im Rahmen des Artikels 17 des Vertrags über die Europäische Union einen Beitrag zur schrittweisen Festlegung einer gemeinsamen Verteidigungspolitik leisten und für deren konkrete Umsetzung sorgen, indem sie ihre eigene operationelle Rolle ausbaut.

14. Zu diesem Zweck wird die WEU in folgenden Bereichen tätig:
– Die WEU hat Mechanismen und Verfahren für die Krisenbewältigung entwickelt, die im Zuge der weiteren Erfahrungen der WEU bei Übungen und Operationen aktualisiert werden. Die Wahrnehmung der Petersberger Aufgaben erfordert flexible Vorgehensweisen, die der Vielfalt der Krisensituationen gerecht werden und vorhandene Kapazitäten optimal nutzen; hierzu gehören der Rückgriff auf ein nationales Hauptquartier, das von einem „Rahmen-Staat" gestellt werden kann, auf ein der WEU zugeordnetes multinationales Hauptquartier oder auf Mittel und Fähigkeiten der NATO.
– Die WEU hat bereits „Vorläufige Schlußfolgerungen betreffend die Formulierung einer gemeinsamen europäischen Verteidi-

gungspolitik" ausgearbeitet, die ein erster Beitrag zu den Zielen, dem Umfang und den Mitteln einer gemeinsamen europäischen Verteidigungspolitik sind.

Die WEU wird diese Arbeit fortsetzen, wobei sie sich insbesondere auf die Pariser Erklärung stützen und relevante Punkte der Beschlüsse berücksichtigen wird, die seit der Tagung von Birmingham auf den Gipfel- und Ministertagungen der WEU und der NATO gefaßt worden sind. Sie wird sich insbesondere auf folgende Bereiche konzentrieren:

- Festlegung von Grundsätzen für den Einsatz der Streitkräfte von WEU-Staaten für Petersberg-Operationen der WEU in Wahrnehmung gemeinsamer europäischer Sicherheitsinteressen;
- Organisation operativer Mittel für Petersberg-Aufgaben wie allgemeine und fallbezogene Einsatzplanung und Übungen allgemein und für den Einzelfall sowie Vorbereitung und Interoperabilität der Streitkräfte, einschließlich der Teilnahme der WEU am Prozeß der Verteidigungsplanung der NATO, soweit dies erforderlich ist;
- strategische Mobilität auf der Grundlage der laufenden Arbeiten der WEU;
- Aufgaben der militärischen Aufklärung, die von der Planungszelle, vom Lagezentrum und vom Satellitenzentrum der WEU wahrzunehmen sind.

– Die WEU hat zahlreiche Maßnahmen ergriffen, die es ihr ermöglicht haben, ihre operationelle Rolle auszubauen (Planungsstab, Lagezentrum, Satellitenzentrum). Die Verbesserung der Funktionsweise der militärischen Komponenten am WEU-Sitz und die Einrichtung eines dem Rat unterstehenden Militärausschusses sollen zu einer weiteren Verstärkung der Strukturen führen, die für die erfolgreiche Vorbereitung und Durchführung der WEU-Operationen wichtig sind.

4. Erklärung zu den Artikeln 24 und 38 des Vertrags über die Europäische Union

Die Bestimmungen der Artikel 24 und 38 des Vertrags über die Europäische Union und Übereinkünfte aufgrund dieser Artikel bedeuten keine Übertragung von Zuständigkeiten von den Mitgliedstaaten auf die Europäische Union.

5. Erklärung zu Artikel 25 des Vertrags über die Europäische Union

Die Konferenz kommt überein, daß die Mitgliedstaaten dafür Sorge tragen, daß das in Artikel 25 des Vertrags über die Europäische Union genannte Politische Komitee im Falle internationaler Krisen oder anderer dringlicher Angelegenheiten auf der Ebene der Politischen Direktoren oder ihrer Stellvertreter jederzeit sehr kurzfristig zusammentreten kann.

– Um den assoziierten Mitgliedern und den Beobachterstaaten eine Teilnahme an allen Operationen zu ermöglichen, wird die WEU auch prüfen, welche Modalitäten erforderlich sind, damit die assoziierten Mitglieder und Beobachterstaaten in vollem Umfang entsprechend ihrem Status an allen WEU-Operationen teilnehmen können.
– Die WEU erinnert daran, daß die assoziierten Mitglieder an den Operationen, zu denen sie Beiträge leisten, sowie an den entsprechenden Übungen und Planungen auf derselben Grundlage teilnehmen wie die Vollmitglieder. Die WEU wird zudem die Frage prüfen, wie die Beobachter bei allen Operationen, zu denen sie Beiträge leisten, je nach ihrem Status möglichst weitreichend an der Planung und Beschlußfassung der WEU beteiligt werden können.
– Die WEU wird, soweit erforderlich in Abstimmung mit den zuständigen Gremien, die Möglichkeiten für eine möglichst weitreichende Teilnahme der assoziierten Mitglieder und der Beobachterstaaten an ihren Aktivitäten entsprechend ihrem Status prüfen. Sie wird hierbei insbesondere die Aktivitäten in den Bereichen Rüstung, Weltraum und militärische Studien zur Sprache bringen.
– Die WEU wird prüfen, wie sie die Beteiligung der assoziierten Partner an einer immer größeren Zahl von Aktivitäten verstärken kann.

6. Erklärung zur Schaffung einer Strategieplanungs- und Frühwarneinheit

Die Konferenz kommt wie folgt überein:

1. Im Generalsekretariat des Rates wird unter der Verantwortung des Generalsekretärs und Hohen Vertreters für die GASP eine Strategieplanungs- und Frühwarneinheit geschaffen. Es wird eine angemessene Zusammenarbeit mit der Kommission eingeführt, damit die vollständige Kohärenz mit der Außenwirtschafts- und der Entwicklungspolitik der Union gewährleistet ist.
2. Zu den Aufgaben dieser Einheit gehört folgendes:
   a) Überwachung und Analyse der Entwicklungen in den unter die GASP fallenden Bereichen;
   b) Beurteilung der außen- und sicherheitspolitischen Interessen der Union und Ermittlung von möglichen künftigen Schwerpunktbereichen der GASP;
   c) rechtzeitige Bewertung von Ereignissen oder Situationen, die bedeutende Auswirkungen auf die Außen- und Sicherheitspolitik der Union haben können, einschließlich potentieller politischer Krisen, und frühzeitige Warnung vor solchen Ereignissen oder Situationen;
   d) Ausarbeitung – auf Anforderung des Rates oder des Vorsitzes oder von sich aus – von ausführlich begründeten Dokumenten

über politische Optionen, die unter der Verantwortung des Vorsitzes als Beitrag zur Formulierung der Politik im Rat zu unterbreiten sind und die Analysen, Empfehlungen und Strategien für die GASP enthalten können.

3. Die Einheit besteht aus Personal, das aus dem Generalsekretariat, den Mitgliedstaaten, der Kommission und der WEU herangezogen wird.
4. Jeder Mitgliedstaat oder die Kommission kann der Einheit Vorschläge für Arbeiten unterbreiten.
5. Die Mitgliedstaaten und die Kommission unterstützen den Strategieplanungsprozeß soweit irgend möglich durch Bereitstellung einschlägiger Informationen, auch vertraulicher Art.

7. Erklärung zu Artikel 30 des Vertrags über die Europäische Union

Maßnahmen im Bereich der polizeilichen Zusammenarbeit nach Artikel 30 des Vertrags über die Europäische Union, einschließlich der Tätigkeiten von Europol, unterliegen einer gerichtlichen Überprüfung durch die zuständigen einzelstaatlichen Stellen gemäß den in dem jeweiligen Mitgliedstaat geltenden Rechtsvorschriften.

8. Erklärung zu Artikel 31 Buchstabe e des Vertrags über die Europäische Union

Die Konferenz kommt überein, daß ein Mitgliedstaat, dessen Rechtssystem keine Mindeststrafen vorsieht, nicht aufgrund von Artikel 31 Buchstabe e des Vertrags über die Europäische Union verpflichtet ist, Mindeststrafen einzuführen.

9. Erklärung zu Artikel 34 Absatz 2 des Vertrags über die Europäische Union

Die Konferenz kommt überein, daß Initiativen für Maßnahmen nach Artikel 34 Absatz 2 des Vertrags über die Europäische Union und vom Rat nach jenem Absatz angenommene Rechtsakte nach den entsprechenden Geschäftsordnungen des Rates und der Kommission im *Amtsblatt der Europäischen Gemeinschaften* veröffentlicht werden.

10. Erklärung zu Artikel 35 des Vertrags über die Europäische Union

Die Konferenz nimmt zur Kenntnis, daß die Mitgliedstaaten bei der Abgabe einer Erklärung nach Artikel 35 Absatz 2 des Vertrags über die Europäische Union sich das Recht vorbehalten können, in ihrem innerstaatlichen Recht zu bestimmen, daß ein nationales Gericht, dessen Entscheidungen selbst nicht mehr mit Rechtsmitteln des innerstaatlichen Rechts angefochten werden können, verpflichtet ist, den Gerichtshof anzurufen, wenn sich in einem schwebenden Verfahren eine Frage über die Gültigkeit oder die Auslegung eines Rechtsakts nach Artikel 35 Absatz 1 stellt.

11. Erklärung zum Status der Kirchen und weltanschaulichen Gemeinschaften

Die Europäische Union achtet den Status, den Kirchen und religiöse Vereinigungen oder Gemeinschaften in den Mitgliedstaaten nach deren Rechtsvorschriften genießen, und beeinträchtigt ihn nicht.

Die Europäische Union achtet den Status von weltanschaulichen Gemeinschaften in gleicher Weise.

12. Erklärung zu Umweltverträglichkeitsprüfungen

Die Konferenz nimmt die Zusage der Kommission zur Kenntnis, Umweltverträglichkeitsstudien zu erstellen, wenn sie Vorschläge unterbreitet, die erhebliche Auswirkungen für die Umwelt haben können.

13. Erklärung zu Artikel 16 des Vertrags zur Gründung der Europäischen Gemeinschaft

Der die öffentlichen Dienste betreffende Artikel 16 des Vertrags zur Gründung der Europäischen Gemeinschaft wird unter uneingeschränkter Beachtung der Rechtsprechung des Gerichtshofs, u. a. in bezug auf die Grundsätze der Gleichbehandlung, der Qualität und der Dauerhaftigkeit solcher Dienste, umgesetzt.

14. Erklärung zur Aufhebung des Artikels 44 des Vertrags zur Gründung der Europäischen Gemeinschaft

Die Aufhebung des Artikels 44 des Vertrags zur Gründung der Europäischen Gemeinschaft, in dem eine natürliche Präferenz zwischen den Mitgliedstaaten bei der Festlegung der Mindestpreise in der Übergangszeit erwähnt wird, hat keine Auswirkung auf den Grundsatz der Gemeinschaftspräferenz, wie er in der Rechtsprechung des Gerichtshofs formuliert wurde.

15. Erklärung zur Bewahrung des durch den Schengen-Besitzstand gewährleisteten Maßes an Schutz und Sicherheit

Die Konferenz kommt überein, daß vom Rat zu beschließende Maßnahmen, die zur Folge haben, daß die im Schengener Übereinkommen von 1990 enthaltenen Bestimmungen über die Abschaffung von Kontrollen an den gemeinsamen Grenzen ersetzt werden, zumindest dasselbe Maß an Schutz und Sicherheit bieten müssen wie die genannten Bestimmungen des Schengener Übereinkommens.

16. Erklärung zu Artikel 62 Nummer 2 Buchstabe b des Vertrags zur Gründung der Europäischen Gemeinschaft

Die Konferenz kommt überein, daß bei der Anwendung des Artikels 62 Nummer 2 Buchstabe b des Vertrags zur Gründung der Europäischen Gemeinschaft außenpolitische Überlegungen der Union und der Mitgliedstaaten berücksichtigt werden.

17. Erklärung zu Artikel 63 des Vertrags zur Gründung der Europäischen Gemeinschaft

In asylpolitischen Angelegenheiten werden Konsultationen mit dem Hohen Kommissar der Vereinten Nationen für Flüchtlinge und anderen einschlägigen internationalen Organisationen aufgenommen.

18. Erklärung zu Artikel 63 Nummer 3 Buchstabe a des Vertrags zur Gründung der Europäischen Gemeinschaft

Die Konferenz kommt überein, daß die Mitgliedstaaten in den unter Artikel 63 Nummer 3 Buchstabe a des Vertrags zur Gründung der Europäischen Gemeinschaft fallenden Bereichen Übereinkünfte mit Drittländern aushandeln und schließen können, sofern diese Übereinkünfte mit dem Gemeinschaftsrecht in Einklang stehen.

19. Erklärung zu Artikel 64 Absatz 1 des Vertrags zur Gründung der Europäischen Gemeinschaft

Die Konferenz kommt überein, daß die Mitgliedstaaten bei der Wahrnehmung ihrer Zuständigkeiten nach Artikel 64 Absatz 1 des Vertrags zur Gründung der Europäischen Gemeinschaft außenpolitische Überlegungen berücksichtigen können.

20. Erklärung zu Artikel 65 des Vertrags zur Gründung der Europäischen Gemeinschaft

Nach Artikel 65 des Vertrags zur Gründung der Europäischen Gemeinschaft beschlossene Maßnahmen hindern die Mitgliedstaaten nicht daran, ihre Verfassungsvorschriften über Pressefreiheit und die Freiheit der Meinungsäußerung in anderen Medien anzuwenden.

21. Erklärung zu Artikel 67 des Vertrags zur Gründung der Europäischen Gemeinschaft

Die Konferenz kommt überein, daß der Rat die Einzelheiten des Beschlusses nach Artikel 67 Absatz 2 zweiter Gedankenstrich des Vertrags zur Gründung der Europäischen Gemeinschaft vor Ablauf des in

Artikel 67 genannten Fünfjahreszeitraums prüfen wird, damit er diesen Beschluß unmittelbar nach Ablauf dieses Zeitraums fassen und anwenden kann.

22. Erklärung zu Personen mit einer Behinderung

Die Konferenz kommt überein, daß die Organe der Gemeinschaft bei der Ausarbeitung von Maßnahmen nach Artikel 95 des Vertrags zur Gründung der Europäischen Gemeinschaft den Bedürfnissen von Personen mit einer Behinderung Rechnung tragen.

23. Erklärung zu den in Artikel 129 des Vertrags zur Gründung der Europäischen Gemeinschaft genannten Anreizmaßnahmen

Die Konferenz kommt überein, daß die Anreizmaßnahmen nach Artikel 129 des Vertrags zur Gründung der Europäischen Gemeinschaft stets folgende Angaben enthalten sollten:

– die Gründe für ihre Annahme auf der Grundlage einer objektiven Beurteilung ihrer Notwendigkeit und des Vorhandenseins eines zusätzlichen Nutzens auf Gemeinschaftsebene;
– ihre Geltungsdauer, die fünf Jahre nicht überschreiten sollte;
– die Obergrenze für ihre Finanzierung, die den Anreizcharakter solcher Maßnahmen widerspiegeln sollte.

24. Erklärung zu Artikel 129 des Vertrags zur Gründung der Europäischen Gemeinschaft

Es gilt als vereinbart, daß Ausgaben nach Artikel 129 des Vertrags zur Gründung der Europäischen Gemeinschaft unter Rubrik 3 der Finanziellen Vorausschau fallen.

25. Erklärung zu Artikel 137 des Vertrags zur Gründung der Europäischen Gemeinschaft

Es gilt als vereinbart, daß Ausgaben nach Artikel 137 des Vertrags zur Gründung der Europäischen Gemeinschaft unter Rubrik 3 der Finanziellen Vorausschau fallen.

26. Erklärung zu Artikel 137 Absatz 2 des Vertrags zur Gründung der Europäischen Gemeinschaft

Die Hohen Vertragsparteien stellen fest, daß bei den Beratungen über Artikel 137 Absatz 2 des Vertrags zur Gründung der Europäischen Gemeinschaft Einvernehmen darüber bestand, daß die Gemeinschaft beim Erlaß von Mindestvorschriften zum Schutz der Sicherheit und Gesundheit der Arbeitnehmer nicht beabsichtigt, Arbeitnehmer kleiner und mittlerer Unternehmen in einer den Umständen nach nicht gerechtfertigten Weise zu benachteiligen.

27. Erklärung zu Artikel 139 Absatz 2 des Vertrags zur Gründung der Europäischen Gemeinschaft

Die Hohen Vertragsparteien erklären, daß die erste der Durchführungsvorschriften zu den Vereinbarungen zwischen den Sozialpartnern auf Gemeinschaftsebene nach Artikel 139 Absatz 2 des Vertrags zur Gründung der Europäischen Gemeinschaft die Erarbeitung des Inhalts dieser Vereinbarungen durch Tarifverhandlungen gemäß den Regeln eines jeden Mitgliedstaats betrifft und daß diese Vorschrift mithin weder eine Verpflichtung der Mitgliedstaaten, diese Vereinbarungen unmittelbar anzuwenden oder diesbezügliche Umsetzungsregeln zu erarbeiten, noch eine Verpflichtung beinhaltet, zur Erleichterung ihrer Anwendung die geltenden innerstaatlichen Rechtsvorschriften zu ändern.

28. Erklärung zu Artikel 141 Absatz 4 des Vertrags zur Gründung der Europäischen Gemeinschaft

Maßnahmen der Mitgliedstaaten nach Artikel 141 Absatz 4 des Vertrags zur Gründung der Europäischen Gemeinschaft sollten in erster Linie der Verbesserung der Lage der Frauen im Arbeitsleben dienen.

29. Erklärung zum Sport

Die Konferenz unterstreicht die gesellschaftliche Bedeutung des Sports, insbesondere die Rolle, die dem Sport bei der Identitätsfindung und der Begegnung der Menschen zukommt. Die Konferenz appelliert daher an die Gremien der Europäischen Union, bei wichtigen, den Sport betreffenden Fragen die Sportverbände anzuhören. In diesem sammenhang sollten die Besonderheiten des Amateursports besonders berücksichtigt werden.

30. Erklärung zu den Inselgebieten

Die Konferenz ist sich dessen bewußt, daß Inselgebiete unter strukturellen Nachteilen leiden, die mit ihrer Insellage verknüpft sind und die als ständige Gegebenheiten ihre wirtschaftliche und soziale Entwicklung beeinträchtigen.

Die Konferenz stellt dementsprechend fest, daß das Gemeinschaftsrecht diesen Nachteilen Rechnung tragen muß und daß – soweit gerechtfertigt – spezielle Maßnahmen zugunsten dieser Gebiete getroffen werden können, um diese zu fairen Bedingungen besser in den Binnenmarkt einzugliedern.

31. Erklärung zu dem Beschluß des Rates vom 13. Juli 1987

Die Konferenz fordert die Kommission auf, dem Rat bis spätestens *Ende 1998 einen Vorschlag* zur Änderung des Beschlusses des Rates vom 13. Juli 1987 zur Festlegung der Modalitäten für die Ausübung der der Kommission übertragenen Durchführungsbefugnisse zu unterbreiten.

32. Erklärung zur Organisation und Arbeitsweise der Kommission

Die Konferenz nimmt Kenntnis von der Absicht der Kommission, rechtzeitig für die im Jahr 2000 beginnende Amtszeit eine Neugestaltung der Aufgaben innerhalb des Kollegiums vorzubereiten, damit eine optimale Aufteilung zwischen herkömmlichen Ressorts und spezifischen Aufgabenbereichen gewährleistet wird.

In diesem Zusammenhang vertritt die Konferenz die Auffassung, daß der Präsident der Kommission sowohl bei der Zuweisung der Aufgaben innerhalb des Kollegiums als auch bei jeder Neuordnung dieser Aufgaben während der Amtszeit einen großen Ermessensspielraum haben muß.

Die Konferenz nimmt ebenfalls Kenntnis von der Absicht der Kommission, gleichlaufend eine Neugliederung ihrer Dienststellen in Angriff zu nehmen. Sie nimmt insbesondere zur Kenntnis, daß es wünschenswert ist, einem Vizepräsidenten die Zuständigkeit für die Außenbeziehungen zuzuweisen.

33. Erklärung zu Artikel 248 Absatz 3 des Vertrags zur Gründung der Europäischen Gemeinschaft

Die Konferenz ersucht den Rechnungshof, die Europäische Investitionsbank und die Kommission, die derzeitige Dreiervereinbarung in Kraft zu belassen. Beantragt eine der Parteien eine Nachfolge- oder Änderungsvereinbarung, so wird eine Übereinkunft darüber unter Berücksichtigung der jeweiligen Interessen angestrebt.

34. Erklärung zur Einhaltung der Fristen im Rahmen des Mitentscheidungsverfahrens

Die Konferenz fordert das Europäische Parlament, den Rat und die Kommission auf, alle Anstrengungen zu unternehmen, damit sichergestellt ist, daß das Mitentscheidungsverfahren möglichst zügig verläuft. Sie weist darauf hin, wie wichtig es ist, daß die in Artikel 251 des Vertrags zur Gründung der Europäischen Gemeinschaft festgelegten Fristen strikt eingehalten werden, und bekräftigt, daß auf die in Absatz 7 jenes Artikels vorgesehene Fristverlängerung nur zurückgegriffen werden sollte, wenn dies unbedingt erforderlich ist. In keinem Fall sollten zwischen der zweiten Lesung im Europäischen Parlament und dem Ausgang des Verfahrens im Vermittlungsausschuß mehr als neun Monate verstreichen.

35. Erklärung zu Artikel 255 Absatz 1 des Vertrags zur Gründung der Europäischen Gemeinschaft

Die Konferenz kommt überein, daß die in Artikel 255 Absatz 1 des Vertrags zur Gründung der Europäischen Gemeinschaft genannten

Grundsätze und Bedingungen es einem Mitgliedstaat gestatten, die Kommission oder den Rat zu ersuchen, ein aus dem betreffenden Mitgliedstaat stammendes Dokument nicht ohne seine vorherige Zustimmung an Dritte weiterzuleiten.

36. Erklärung zu den überseeischen Ländern und Gebieten

Die Konferenz räumt ein, daß das besondere Assoziierungssystem für die überseeischen Länder und Gebiete (ÜLG) im Vierten Teil des Vertrags zur Gründung der Europäischen Gemeinschaft für eine Vielzahl von Ländern und Gebieten mit großer Fläche und Einwohnerzahl gedacht war. Dieses System hat sich seit 1957 kaum weiterentwickelt.

Die Konferenz stellt fest, daß es heute nur noch 20 ÜLG gibt, bei denen es sich um weit verstreute Inseln mit insgesamt rund 900000 Einwohnern handelt. Zudem sind die meisten ÜLG strukturell gesehen weit im Rückstand, was auf die besonders ungünstigen geographischen und wirtschaftlichen Bedingungen zurückzuführen ist. Unter diesen Umständen kann das besondere Assoziierungssystem in der Form von 1957 den Herausforderungen der Entwicklung der ÜLG nicht mehr gerecht werden.

Die Konferenz weist nachdrücklich darauf hin, daß das Ziel der Assoziierung die Förderung der wirtschaftlichen und sozialen Entwicklung der Länder und Gebiete und die Herstellung enger Wirtschaftsbeziehungen zwischen ihnen und der gesamten Gemeinschaft ist.

Daher fordert die Konferenz den Rat auf, dieses Assoziierungssystem nach Artikel 136 des Vertrags zur Gründung der Europäischen Gemeinschaft bis Februar 2000 zu überprüfen; dabei sollen vier Ziele verfolgt werden:

- wirksamere Förderung der wirtschaftlichen und sozialen Entwicklung der ÜLG;
- Vertiefung der Wirtschaftsbeziehungen zwischen den ÜLG und der Europäischen Union;
- stärkere Berücksichtigung der Verschiedenheit und der Besonderheiten der einzelnen ÜLG, auch im Hinblick auf die Niederlassungsfreiheit;
- Gewährleistung einer größeren Wirksamkeit des Finanzinstruments.

37. Erklärung zu öffentlich-rechtlichen Kreditinstituten in Deutschland

Die Konferenz nimmt die Auffassung der Kommission zur Kenntnis, daß die bestehenden Wettbewerbsregeln der Gemeinschaft es zulassen, Dienstleistungen von allgemeinem wirtschaftlichem Interesse, welche *die in Deutschland bestehenden* öffentlich-rechtlichen Kreditinstitute erfüllen, sowie ihnen zum Ausgleich für die mit diesen Leistungen verbundenen Lasten gewährte Fazilitäten voll zu berücksichtigen. Dabei bleibt es der Organisation dieses Mitgliedstaats überlassen, auf welche Weise er insoweit den Gebietskörperschaften die Erfüllung ihrer Aufgabe ermöglicht, in ihren Regionen eine flächendeckende und leistungsfähige Finanzinfrastruktur zur Verfügung zu stellen. Diese Fazilitäten dürfen die Wettbewerbsbedingungen nicht in einem Ausmaß beeinträchtigen, das über das zur Erfüllung der besonderen Aufgaben erforderliche Maß hinausgeht und zugleich dem Interesse der Gemeinschaft entgegenwirkt.

Die Konferenz erinnert daran, daß der Europäische Rat die Kommission ersucht hat, zu prüfen, ob es in den übrigen Mitgliedstaaten vergleichbare Fälle gibt, auf etwaige vergleichbare Fälle dieselben Maßstäbe anzuwenden und dem Rat in der Zusammensetzung der Wirtschafts- und Finanzminister Bericht zu erstatten.

38. Erklärung zu freiwilligen Diensten

Die Konferenz erkennt an, daß die freiwilligen Dienste einen wichtigen Beitrag zur Entwicklung der sozialen Solidarität leisten.

Die Gemeinschaft wird die europäische Dimension freiwilliger Vereinigungen fördern und dabei besonderen Wert auf den Austausch von Informationen und Erfahrungen sowie die Mitwirkung von Jugendlichen und älteren Menschen an freiwilliger Arbeit legen.

39. Erklärung zur redaktionellen Qualität der gemeinschaftlichen Rechtsvorschriften

Die Konferenz stellt fest, daß die redaktionelle Qualität wesentliche Voraussetzung dafür ist, daß gemeinschaftliche Rechtsvorschriften von den zuständigen einzelstaatlichen Behörden ordnungsgemäß angewandt und von den Bürgern und der Wirtschaft besser verstanden werden. Sie erinnert an die diesbezüglichen Schlußfolgerungen des Vorsitzes des Europäischen Rates (Edinburgh, 11./12. Dezember 1992) und an die vom Rat am 8. Juni 1993 angenommene Entschließung über die redaktionelle Qualität der gemeinschaftlichen Rechtsvorschriften (*Amtsblatt der Europäischen Gemeinschaften,* Nr. C 166 vom 17. 6. 1993, S. 1).

Die Konferenz ist der Auffassung, daß die drei am Verfahren für die Annahme gemeinschaftlicher Rechtsvorschriften beteiligten Organe, nämlich das Europäische Parlament, der Rat und die Kommission, *Leitlinien für die* redaktionelle Qualität dieser Vorschriften festlegen sollten. Sie weist ferner darauf hin, daß die gemeinschaftlichen Rechtsvorschriften zugänglicher gemacht werden sollten, und begrüßt in dieser Hinsicht die Annahme und erste Anwendung des beschleunigten Arbeitsverfahrens für die amtliche Kodifizierung von Rechtstexten, das durch die Interinstitutionelle Vereinbarung vom 20. Dezember 1994 festgelegt wurde (*Amtsblatt der Europäischen Gemeinschaften,* Nr. C 102 vom 4. 4. 1996, S. 2).

Die Konferenz erklärt deshalb, daß das Europäische Parlament, der Rat und die Kommission
– einvernehmlich Leitlinien zur Verbesserung der redaktionellen Qualität der gemeinschaftlichen Rechtsvorschriften festlegen und bei der Prüfung von Vorschlägen oder Entwürfen für gemeinschaftliche Rechtsakte diese Leitlinien zugrunde legen und die internen organisatorischen Maßnahmen ergreifen sollten, die sie für eine angemessene Durchführung der Leitlinien als erforderlich erachten;
– alles daran setzen sollten, um die Kodifizierung von Rechtstexten zu beschleunigen.

40. Erklärung zu dem Verfahren beim Abschluß internationaler Übereinkünfte durch die Europäische Gemeinschaft für Kohle und Stahl

Der Wegfall des § 14 des Abkommens über die Übergangsbestimmungen im Anhang zum Vertrag über die Gründung der Europäischen Gemeinschaft für Kohle und Stahl stellt keine Änderung der bestehenden Praxis hinsichtlich des Verfahrens beim Abschluß internationaler Übereinkünfte durch die Europäische Gemeinschaft für Kohle und Stahl dar.

41. Erklärung zu den Vorschriften über die Transparenz, den Zugang zu Dokumenten und die Bekämpfung von Betrügereien

Die Konferenz ist der Ansicht, daß sich das Europäische Parlament, der Rat und die Kommission, wenn sie aufgrund des Vertrags über die Gründung der Europäischen Gemeinschaft für Kohle und Stahl und des Vertrags zur Gründung der Europäischen Atomgemeinschaft handeln, von den im Rahmen des Vertrags zur Gründung der Europäischen Gemeinschaft geltenden Vorschriften über die Transparenz, den Zugang zu Dokumenten und die Bekämpfung von Betrügereien leiten lassen sollten.

42. Erklärung über die Konsolidierung der Verträge

Die Hohen Vertragsparteien sind übereingekommen, daß die während dieser Regierungskonferenz begonnene technische Arbeit möglichst zügig mit dem Ziel fortgesetzt wird, eine konsolidierte Fassung aller einschlägigen Verträge, einschließlich des Vertrags über die Europäische Union, vorzubereiten.

Sie sind ferner übereingekommen, daß die Endergebnisse dieser *technischen Arbeit, die unter* der Verantwortung des Generalsekretärs des Rates zur leichteren Orientierung veröffentlicht werden, keine Rechtswirkung haben.

43. Erklärung zum Protokoll über die Anwendung der Grundsätze der Subsidiarität und der Verhältnismäßigkeit

Die Hohen Vertragsparteien bekräftigen zum einen die der Schlußakte zum Vertrag über die Europäische Union beigefügte Erklärung zur Anwendung des Gemeinschaftsrechts und zum anderen die Schlußfolgerungen des Europäischen Rates von Essen, wonach die administrative Durchführung des Gemeinschaftsrechts grundsätzlich Sache der Mitgliedstaaten gemäß ihren verfassungsrechtlichen Vorschriften bleibt. Die Aufsichts-, Kontroll- und Durchführungsbefugnisse der Gemeinschaftsorgane nach den Artikeln 202 und 211 des Vertrags zur Gründung der Europäischen Gemeinschaft bleiben hiervon unberührt.

44. Erklärung zu Artikel 2 des Protokolls zur Einbeziehung des Schengen-Besitzstands in den Rahmen der Europäischen Union

Die Hohen Vertragsparteien kommen überein, daß der Rat zum Zeitpunkt des Inkrafttretens des Vertrags von Amsterdam alle erforderlichen Maßnahmen beschließt, die in Artikel 2 des Protokolls zur Einbeziehung des Schengen-Besitzstands in den Rahmen der Europäischen Union genannt sind. Zu diesem Zweck werden rechtzeitig die erforderlichen Vorbereitungsarbeiten eingeleitet, damit sie vor dem genannten Zeitpunkt abgeschlossen werden können.

45. Erklärung zu Artikel 4 des Protokolls zur Einbeziehung des Schengen-Besitzstands in den Rahmen der Europäischen Union

Die Hohen Vertragsparteien ersuchen den Rat, die Stellungnahme der Kommission einzuholen, bevor er über einen von Irland und dem Vereinigten Königreich Großbritannien und Nordirland gestellten Antrag nach Artikel 4 des Protokolls zur Einbeziehung des Schengen-Besitzstands in den Rahmen der Europäischen Union entscheidet, einzelne oder alle Bestimmungen des Schengen-Besitzstands auf sie anzuwenden. Ferner verpflichten sie sich, die größtmöglichen Anstrengungen zu unternehmen, damit Irland und das Vereinigte Königreich Großbritannien und Nordirland – wenn sie dies wünschen – Artikel 4 des genannten Protokolls in Anspruch nehmen können, so daß der Rat in der Lage ist, die in jenem Artikel genannten Beschlüsse, und zwar zum Zeitpunkt des Inkrafttretens jenes Protokolls oder zu jedem späteren Zeitpunkt, zu fassen.

46. Erklärung zu Artikel 5 des Protokolls zur Einbeziehung des Schengen-Besitzstands in den Rahmen der Europäischen Union

Die Hohen Vertragsparteien übernehmen die Verpflichtung, sich nach besten Kräften dafür einzusetzen, daß ein Vorgehen unter Beteiligung aller Mitgliedstaaten in den Bereichen des Schengen-Besitzstands ermöglicht wird, insbesondere wenn Irland und das Vereinigte Königreich Großbritannien und Nordirland nach Artikel 4 des Protokolls zur Einbeziehung des Schengen-Besitzstands in den Rahmen der Europäischen Union einzelne oder alle Bestimmungen dieses Besitzstands übernommen haben.

47. Erklärung zu Artikel 6 des Protokolls zur Einbeziehung des Schengen-Besitzstands in den Rahmen der Europäischen Union

Die Hohen Vertragsparteien kommen überein, alle erforderlichen Schritte zu unternehmen, damit die in Artikel 6 des Protokolls zur Einbeziehung des Schengen-Besitzstands in den Rahmen der Europäischen Union genannten Übereinkommen zu demselben Zeitpunkt in Kraft treten können wie der Vertrag von Amsterdam.

48. Erklärung zum Protokoll über die Gewährung von Asyl für Staatsangehörige von Mitgliedstaaten der Europäischen Union

Das Protokoll über die Gewährung von Asyl für Staatsangehörige von Mitgliedstaaten der Europäischen Union berührt nicht das Recht eines jeden Mitgliedstaats, die organisatorischen Maßnahmen zu treffen, die er zur Erfüllung seiner Verpflichtungen aus dem Genfer Abkommen vom 28. Juli 1951 über die Rechtsstellung der Flüchtlinge für erforderlich hält.

49. Erklärung zu Buchstabe d des einzigen Artikels des Protokolls über die Gewährung von Asyl für Staatsangehörige der Mitgliedstaaten der Europäischen Union

Die Konferenz erklärt, daß sie die Bedeutung der Entschließung der für Einwanderung zuständigen Minister der Mitgliedstaaten der Europäischen Gemeinschaften vom 30. November/1. Dezember 1992 über offensichtlich unbegründete Asylanträge und der Entschließung des Rates vom 20. Juni 1995 über die Mindestgarantien für Asylverfahren anerkennt, jedoch die Frage des Mißbrauchs von Asylverfahren und geeigneter schneller Verfahren, die es gestatten, auf die Prüfung offensichtlich unbegründeter Asylanträge zu verzichten, weiter geprüft werden sollte, damit neue Verbesserungen zur Beschleunigung dieser Verfahren eingeführt werden können.

50. Erklärung zum Protokoll über die Organe im Hinblick auf die Erweiterung der Europäischen Union

Es wird vereinbart, daß die Geltungsdauer des Beschlusses des Rates vom 29. März 1994 („Ioannina-Kompromiß“) bis zum Zeitpunkt des

Inkrafttretens der ersten Erweiterung verlängert wird und daß bis zu diesem Zeitpunkt eine Lösung für den Sonderfall Spaniens gefunden wird.

51. Erklärung zu Artikel 10 des Vertrags von Amsterdam

Mit dem Vertrag von Amsterdam werden hinfällig gewordene Bestimmungen des Vertrags zur Gründung der Europäischen Gemeinschaft, des Vertrags über die Gründung der Europäischen Gemeinschaft für Kohle und Stahl und des Vertrags zur Gründung der Europäischen Atomgemeinschaft in ihrer vor Inkrafttreten des Vertrags von Amsterdam gültigen Fassung aufgehoben und gestrichen; einige Bestimmungen jener Verträge wurden angepaßt und einige Bestimmungen des Vertrags zur Einsetzung eines gemeinsamen Rates und einer gemeinsamen Kommission der Europäischen Gemeinschaften sowie des Akts zur Einführung allgemeiner unmittelbarer Wahlen der Abgeordneten des Europäischen Parlaments wurden eingefügt. Diese Änderungen berühren nicht den gemeinschaftlichen Besitzstand.

Von der Konferenz zur Kenntnis genommene Erklärungen

1. Erklärung Österreichs und Luxemburgs zu Kreditinstituten

Österreich und Luxemburg gehen davon aus, daß die „Erklärung zu öffentlich-rechtlichen Kreditinstituten in Deutschland" auch für Kreditinstitute in Österreich und Luxemburg mit vergleichbaren Organisationsformen gilt.

2. Erklärung Dänemarks zu Artikel 42 des Vertrags über die Europäische Union

Nach Artikel 42 des Vertrags über die Europäische Union ist die Einstimmigkeit aller Mitglieder des Rates der Europäischen Union, d. h. aller Mitgliedstaaten, für die Annahme von Beschlüssen zur Anwendung des Titels IV des Vertrags zur Gründung der Europäischen Gemeinschaft über Visa, Asyl, Einwanderung und andere Politiken betreffend den freien Personenverkehr auf Maßnahmen in den in Artikel 29 des Vertrags über die Europäische Union genannten Bereichen erforderlich. Ferner müssen einstimmig gefaßte Beschlüsse des Rates vor ihrem Inkrafttreten in jedem Mitgliedstaat gemäß dessen verfassungsrechtlichen Vorschriften angenommen werden. In Dänemark ist für diese Annahme im Falle einer Übertragung von Hoheitsrechten im Sinne der dänischen Verfassung entweder die Mehrheit der Stimmen von fünf Sechsteln der Mitglieder des Folketing oder aber sowohl die Mehrheit der Stimmen der Mitglieder des Folketing als auch die Mehrheit der im Rahmen einer Volksabstimmung abgegebenen Stimmen erforderlich.

3. Erklärung Deutschlands, Österreichs und Belgiens zur Subsidiarität

Die Regierungen Deutschlands, Österreichs und Belgiens gehen davon aus, daß die Maßnahmen der Europäischen Gemeinschaft gemäß dem Subsidiaritätsprinzip nicht nur die Mitgliedstaaten betreffen, sondern auch deren Gebietskörperschaften, soweit diese nach nationalem Verfassungsrecht eigene gesetzgeberische Befugnisse besitzen.

4. Erklärung Irlands zu Artikel 3 des Protokolls über die Position des Vereinigten Königreichs und Irlands

Irland erklärt, daß es beabsichtigt, sein Recht nach Artikel 3 des Protokolls über die Position des Vereinigten Königreichs und Irlands, sich an der Annahme von Maßnahmen nach Titel IV des Vertrags zur Gründung der Europäischen Gemeinschaft zu beteiligen, so weit wahrzunehmen, wie dies mit der Aufrechterhaltung des zwischen ihm und dem Vereinigten Königreich bestehenden einheitlichen Reisegebiets vereinbar ist. Irland weist darauf hin, daß seine Teilnahme an dem Protokoll über die Anwendung bestimmter Aspekte des Artikels 14 des Vertrags zur Gründung der Europäischen Gemeinschaft auf das Vereinigte Königreich und auf Irland seinen Wunsch widerspiegelt, das zwischen ihm und dem Vereinigten Königreich bestehende einheitliche Reisegebiet beizubehalten, um ein größtmögliches Maß an Freiheit des Reiseverkehrs nach und aus Irland zu gewährleisten.

5. Erklärung Belgiens zum Protokoll über die Gewährung von Asyl für Staatsangehörige von Mitgliedstaaten der Europäischen Union

Bei der Annahme des Protokolls über die Gewährung von Asyl für Staatsangehörige von Mitgliedstaaten der Europäischen Union erklärt Belgien, daß es gemäß seinen Verpflichtungen aus dem Genfer Abkommen von 1951 und dem New Yorker Protokoll von 1967 in Einklang mit Buchstabe d des Einzigen Artikels dieses Protokolls jeden Asylantrag eines Staatsangehörigen eines anderen Mitgliedstaates gesondert prüfen wird.

6. Erklärung Belgiens, Frankreichs und Italiens zum Protokoll über die Organe im Hinblick auf die Erweiterung der Europäischen Union

Belgien, Frankreich und Italien stellen fest, daß auf der Grundlage der Ergebnisse der Regierungskonferenz der Vertrag von Amsterdam nicht der vom Europäischen Rat von Madrid bekräftigten Notwendigkeit entspricht, wesentliche Fortschritte bei der Stärkung der Organe *zu erzielen.*

Diese Länder sind der Ansicht, daß eine solche Stärkung eine unerläßliche Voraussetzung für den Abschluß der ersten Beitrittsverhandlungen ist. Sie sind entschlossen, die aufgrund des Protokolls betreffend die Zusammensetzung der Kommission und die Stimmenwägung erforderlichen Maßnahmen zu erlassen, und vertreten die Auffassung, daß eine erhebliche Ausweitung des Rückgriffs auf eine Abstimmung mit qualifizierter Mehrheit zu den wesentlichen Elementen gehört, denen Rechnung getragen werden sollte.

7. Erklärung Frankreichs zur Lage der überseeischen Departements hinsichtlich des Protokolls zur Einbeziehung des Schengen-Besitzstands in den Rahmen der Europäischen Union

Frankreich ist der Ansicht, daß die Durchführung des Protokolls zur Einbeziehung des Schengen-Besitzstands in den Rahmen der Europäischen Union nicht den geographischen Geltungsbereich des am 19. Juni 1990 in Schengen unterzeichneten Übereinkommens zur Durchführung des Übereinkommens von Schengen vom 14. Juni 1985 berührt, wie er in Artikel 138 Absatz 1 jenes Übereinkommens festgelegt ist.

8. Erklärung Griechenlands zur Erklärung zum Status der Kirchen und weltanschaulichen Gemeinschaften

Unter Bezugnahme auf die Erklärung zum Status der Kirchen und weltanschaulichen Gemeinschaften erinnert Griechenland an die Gemeinsame Erklärung betreffend den Berg Athos im Anhang zur Schlußakte des Vertrags über den Beitritt Griechenlands zu den Europäischen Gemeinschaften.

lungen ist. Sie sind entschlossen, die aufgrund des Protokolls betreffend die Zusammensetzung der Kommission und die Stimmengewichtung erforderlichen Maßnahmen zu erlassen, und vertreten die Auffassung, daß eine erhebliche Ausweitung des Rückgriffs auf eine Abstimmung mit qualifizierter Mehrheit zu den wesentlichen Elementen gehört, denen Rechnung getragen werden sollte.

7. Erklärung Frankreichs zur Lage der überseeischen Departements hinsichtlich des Protokolls zur Einbeziehung des Schengen-Besitzstands in den Rahmen der Europäischen Union

Frankreich ist der Ansicht, daß die Durchführung des Protokolls zur Einbeziehung des Schengen-Besitzstands in den Rahmen der Europäischen Union nicht den geographischen Geltungsbereich des am 19. Juni 1990 in Schengen unterzeichneten Übereinkommens zur Durchführung des Übereinkommens von Schengen vom 14. Juni 1985 berührt, wie er in Artikel 138 Absatz 1 jenes Übereinkommens festgelegt ist.

8. Erklärung Griechenlands zur Erklärung zum Status der Kirchen und weltanschaulichen Gemeinschaften

Unter Bezugnahme auf die Erklärung zum Status der Kirchen und weltanschaulichen Gemeinschaften erinnert Griechenland an die Gemeinsame Erklärung betreffend den Berg Athos im Anhang zur Schlußakte des Vertrags über den Beitritt Griechenlands zu den Europäischen Gemeinschaften.

155. Schlußakte der Maastrichter Konferenz mit Erklärungen[1)]

Vom 7. Februar 1992

(BGBl. 1992 II S. 1317)

1. Die Konferenzen der Vertreter der Regierungen der Mitgliedstaaten, die am 15. Dezember 1990 in Rom einberufen wurden, um im gegenseitigen Einvernehmen die Änderungen zu beschließen, die an dem Vertrag zur Gründung der Europäischen Wirtschaftsgemeinschaft im Hinblick auf die Verwirklichung der Politischen Union und im Hinblick auf die Schlußphasen der Wirtschafts- und Währungsunion vorzunehmen sind, sowie die Konferenzen, die am 3. Februar 1992 in Brüssel einberufen wurden, um an den Verträgen über die Gründung der Europäischen Gemeinschaft für Kohle und Stahl und zur Gründung der Europäischen Atomgemeinschaft die Änderungen vorzunehmen, die sich aus den für den Vertrag zur Gründung der Europäischen Wirtschaftsgemeinschaft vorgesehenen Änderungen ergeben, haben folgende Texte beschlossen:

I. Vertrag über die Europäische Union[2)]

II. Protokolle[3)]

1. Protokoll betreffend den Erwerb von Immobilien in Dänemark
2. Protokoll zu Artikel 141 des Vertrags zur Gründung der Europäischen Gemeinschaft
3. Protokoll über die Satzung des Europäischen Systems der Zentralbanken und der Europäischen Zentralbank
4. Protokoll über die Satzung des Europäischen Währungsinstituts
5. Protokoll über das Verfahren bei einem übermäßigen Defizit
6. Protokoll über die Konvergenzkriterien nach Artikel 121 des Vertrags zur Gründung der Europäischen Gemeinschaft
7. Protokoll zur Änderung des Protokolls über die Vorrechte und Befreiungen der Europäischen Gemeinschaften
8. Protokoll betreffend Dänemark
9. Protokoll betreffend Portugal

---

1) Die Verweise/Bezugnahmen auf Vorschriften des EUV oder EGV wurden gemäß Art. 12 des Amsterdamer Vertrages an dessen Nummerierung angepasst.

2) Abgedruckt – in der Fassung des Lissaboner Vertrags – als Nr. **145** dieser Textsammlung.

3) Soweit die Protokolle noch in Kraft sind, sind sie unter **Nr. 147** dieser Textsammlung abgedruckt.

10. Protokoll über den Übergang zur dritten Stufe der Wirtschafts- und Währungsunion
11. Protokoll über einige Bestimmungen betreffend das Vereinigte Königreich Großbritannien und Nordirland
12. Protokoll über einige Bestimmungen betreffend Dänemark
13. Protokoll betreffend Frankreich
14. *Protokoll über die Sozialpolitik, dem ein Abkommen zwischen den Mitgliedstaaten der Europäischen Gemeinschaft mit Ausnahme des Vereinigten Königreichs Großbritannien und Nordirland über die Sozialpolitik beigefügt ist, welchem zwei Erklärungen beigefügt sind*[1]
15. Protokoll über den wirtschaftlichen und sozialen Zusammenhalt
16. *Protokoll betreffend den Wirtschafts- und Sozialausschuß und den Ausschuß der Regionen*[2]
17. Protokoll zum Vertrag über die Europäische Union und zu den Verträgen zur Gründung der Europäischen Gemeinschaften

Die Konferenzen sind übereingekommen, daß die in den vorstehenden Nummern 1 bis 16 genannten Protokolle dem Vertrag zur Gründung der Europäischen Gemeinschaft beigefügt werden und daß das in vorstehender Nummer 17 genannte Protokoll dem Vertrag über die Europäische Union und den Verträgen zur Gründung der Europäischen Gemeinschaften beigefügt wird.

2. Zum Zeitpunkt der Unterzeichnung dieser Texte haben die Konferenzen die nachstehend aufgeführten Erklärungen angenommen, die dieser Schlußakte beigefügt sind.

III. Erklärungen

1. Erklärung zu den Bereichen Katastrophenschutz, Energie und Fremdenverkehr
2. Erklärung zur Staatsangehörigkeit eines Mitgliedstaats
3. Erklärung zum Dritten Teil Titel III und VII des Vertrags zur Gründung der Europäischen Gemeinschaft
4. Erklärung zum Dritten Teil Titel VII des Vertrags zur Gründung der Europäischen Gemeinschaft
5. Erklärung zur Zusammenarbeit mit dritten Ländern im Währungsbereich
6. Erklärung zu den Währungsbeziehungen zur Republik San Marino, zum Staat Vatikanstadt und zum Fürstentum Monaco
7. Erklärung zu Artikel 58 des Vertrags zur Gründung der Europäischen Gemeinschaft
8. Erklärung zu Artikel 111 des Vertrags zur Gründung der Europäischen Gemeinschaft

---

[1] Protokoll aufgehoben durch Art. 2 Ziff. 58 des Amsterdamer Vertrages v. 2. 10. 1997.
[2] Protokoll aufgehoben durch Art. 2 Ziff. 59 des Amsterdamer Vertrages v. 2. 10. 1997.

9. Erklärung zum Dritten Teil Titel XIX des Vertrags zur Gründung der Europäischen Gemeinschaft
10. Erklärung zu den Artikeln 111, 174 und 181 des Vertrags zur Gründung der Europäischen Gemeinschaft
11. Erklärung zur Richtlinie vom 24. November 1988 (Emissionen)
12. Erklärung zum Europäischen Entwicklungsfonds
13. Erklärung zur Rolle der einzelstaatlichen Parlamente in der Europäischen Union
14. Erklärung zur Konferenz der Parlamente
15. Erklärung zur Zahl der Mitglieder der Kommission und des Europäischen Parlaments
16. Erklärung zur Rangordnung der Rechtsakte der Gemeinschaft
17. Erklärung zum Recht auf Zugang zu Informationen
18. Erklärung zu den geschätzten Folgekosten der Vorschläge der Kommission
19. Erklärung zur Anwendung des Gemeinschaftsrechts
20. Erklärung zur Beurteilung der Umweltverträglichkeit der Gemeinschaftsmaßnahmen
21. Erklärung zum Rechnungshof
22. Erklärung zum Wirtschafts- und Sozialausschuß
23. Erklärung zur Zusammenarbeit mit den Wohlfahrtsverbänden
24. Erklärung zum Tierschutz
25. Erklärung zur Vertretung der Interessen der überseeischen Länder und Hoheitsgebiete nach Artikel 299 Absatz 3 und Absatz 5 Buchstaben a und b des Vertrags zur Gründung der Europäischen Gemeinschaft
26. Erklärung zu den Gebieten in äußerster Randlage der Gemeinschaft
27. Erklärung zu den Abstimmungen im Bereich der gemeinsamen Außen- und Sicherheitspolitik
28. Erklärung zu den praktischen Einzelheiten im Bereich der gemeinsamen Außen- und Sicherheitspolitik
29. Erklärung zum Gebrauch der Sprachen im Bereich der gemeinsamen Außen- und Sicherheitspolitik
30. Erklärung zur Westeuropäischen Union
31. Erklärung zur Asylfrage
32. Erklärung zur polizeilichen Zusammenarbeit
33. Erklärung zu Streitsachen zwischen der EZB bzw. dem EWI und deren Bediensteten

Geschehen zu Maastricht am siebten Februar neunzehnhundertzweiundneunzig.

1. Erklärung zu den Bereichen Katastrophenschutz, Energie und Fremdenverkehr

Die Konferenz erklärt, daß die Frage der Einfügung von Titeln über die in Artikel 3 Buchstabe u des Vertrags zur Gründung der Europäischen Gemeinschaft genannten Bereiche in jenen Vertrag nach dem Verfahren des Artikels 48 Absatz 2 des Vertrags über die Europäische Union anhand eines Berichts geprüft wird, den die Kommission dem Rat spätestens 1996 vorlegen wird.

Die Kommission erklärt, daß die Gemeinschaft ihre Tätigkeit in diesen Bereichen auf der Grundlage der bisherigen Bestimmungen der Verträge zur Gründung der Europäischen Gemeinschaften fortsetzen wird.

2. Erklärung zur Staatsangehörigkeit eines Mitgliedstaats

Die Konferenz erklärt, daß bei Bezugnahmen des Vertrags zur Gründung der Europäischen Gemeinschaft auf die Staatsangehörigen der Mitgliedstaaten die Frage, welchem Mitgliedstaat eine Person angehört, allein durch Bezug auf das innerstaatliche Recht des betreffenden Mitgliedstaats geregelt wird. Die Mitgliedstaaten können zur Unterrichtung in einer Erklärung gegenüber dem Vorsitz angeben, wer für die Zwecke der Gemeinschaft als ihr Staatsangehöriger anzusehen ist, und ihre Erklärung erforderlichenfalls ändern.

3. Erklärung zum Dritten Teil Titel III und VII des Vertrags zur Gründung der Europäischen Gemeinschaft

Die Konferenz erklärt, daß für die Anwendung der Bestimmungen, die im Vertrag zur Gründung der Europäischen Gemeinschaft im Dritten Teil Titel III Kapitel 4 über den Kapital- und Zahlungsverkehr und Titel VII über die Wirtschafts- und Währungspolitik vorgesehen sind, unbeschadet des Artikels 121 Absätze 2, 3 und 4 und des Artikels 122 Absatz 2 die übliche Praxis fortgeführt wird, wonach der Rat in der Zusammensetzung der Wirtschafts- und Finanzminister zusammentritt.

4. Erklärung zum Dritten Teil Titel VII des Vertrags zur Gründung der Europäischen Gemeinschaft

Die Konferenz erklärt, daß der Präsident des Europäischen Rates die Wirtschafts- und Finanzminister zur Teilnahme an den Tagungen des Europäischen Rates einladen wird, wenn dieser Fragen der Wirtschafts- und Währungsunion erörtert.

5. Erklärung zur Zusammenarbeit mit dritten Ländern im Währungsbereich

Die Konferenz erklärt, daß die Gemeinschaft zu stabilen internationalen Währungsbeziehungen beitragen will. Zu diesem Zweck ist die Gemeinschaft bereit, mit anderen europäischen Ländern und mit denjenigen außereuropäischen Ländern, zu denen sie enge wirtschaftliche Bindungen hat, zusammenzuarbeiten.

6. Erklärung zu den Währungsbeziehungen zur Republik San Marino, zum Staat Vatikanstadt und zum Fürstentum Monaco

Die Konferenz ist sich einig, daß die derzeitigen Währungsbeziehungen zwischen Italien und San Marino bzw. Vatikanstadt und zwischen Frankreich und Monaco durch diesen Vertrag bis zur Einführung der ECU als einheitlicher Währung der Gemeinschaft unberührt bleiben.

Die Gemeinschaft verpflichtet sich, die Neuaushandlung bestehender Übereinkünfte, die durch Einführung der ECU als einheitlicher Währung erforderlich werden können, zu erleichtern.

7. Erklärung zu Artikel 58 des Vertrags zur Gründung der Europäischen Gemeinschaft

Die Konferenz bekräftigt, daß das in Artikel 58 Absatz 1 Buchstabe a des Vertrags zur Gründung der Europäischen Gemeinschaft erwähnte Recht der Mitgliedstaaten, die einschlägigen Vorschriften ihres Steuerrechts anzuwenden, nur für die einschlägigen Vorschriften gilt, die Ende 1993 bestehen. Diese Erklärung betrifft jedoch nur den Kapital- und Zahlungsverkehr zwischen den Mitgliedstaaten.

8. Erklärung zu Artikel 111 des Vertrags zur Gründung der Europäischen Gemeinschaft

Die Konferenz bekräftigt, daß mit dem in Artikel 111 Absatz 1 verwendeten Begriff „förmliche Vereinbarung" nicht eine neue Kategorie internationaler Übereinkünfte im Sinne des Gemeinschaftsrechts geschaffen werden soll.

9. Erklärung zum Dritten Teil Titel XIX des Vertrags zur Gründung der Europäischen Gemeinschaft

Die Konferenz ist der Ansicht, daß die Gemeinschaft in Anbetracht der zunehmenden Bedeutung, die dem Naturschutz auf einzelstaatlicher, gemeinschaftlicher und internationaler Ebene zukommt, bei der Ausübung ihrer Zuständigkeiten aufgrund des Dritten Teils Titel XIX des Vertrags den spezifischen Erfordernissen in diesem Bereich Rechnung tragen soll.

10. Erklärung zu den Artikeln 111, 174 und 181 des Vertrags zur Gründung der Europäischen Gemeinschaft

Die Konferenz vertritt die Auffassung, daß Artikel 111 Absatz 5, Artikel 174 Absatz 4 Unterabsatz 2 und Artikel 181 nicht die Grundsätze berühren, sie sich aus dem Urteil des Gerichtshofs in der AETR-Rechtssache ergeben.

11. Erklärung zur Richtlinie vom 24. November 1988 (Emissionen)

Die Konferenz erklärt, daß Änderungen in den gemeinschaftlichen Rechtsvorschriften die Ausnahmeregelungen nicht beeinträchtigen dürfen, die Spanien und Portugal gemäß der Richtlinie des Rates vom 24. November 1988 zur Begrenzung von Schadstoffemissionen von Großfeuerungsanlagen in die Luft bis zum 31. Dezember 1999 zugestanden wurden.

12. Erklärung zum Europäischen Entwicklungsfonds

Die Konferenz kommt über ein, daß der Europäische Entwicklungsfonds im Einklang mit den bisherigen Bestimmungen weiterhin durch einzelstaatliche Beiträge finanziert wird.

13. Erklärung zur Rolle der einzelstaatlichen Parlamente in der Europäischen Union

Die Konferenz hält es für wichtig, eine größere Beteiligung der einzelstaatlichen Parlamente an den Tätigkeiten der Europäischen Union zu fördern.

Zu diesem Zweck ist der Informationsaustausch zwischen den einzelstaatlichen Parlamenten und dem Europäischen Parlament zu verstärken. In diesem Zusammenhang tragen die Regierungen der Mitgliedstaaten unter anderem dafür Sorge, daß die einzelstaatlichen Parlamente zu ihrer Unterrichtung und gegebenenfalls zur Prüfung rechtzeitig über die Vorschläge für Rechtsakte der Kommission verfügen.

Nach Ansicht der Konferenz ist es ferner wichtig, daß die Kontakte zwischen den einzelstaatlichen Parlamenten und dem Europäischen Parlament insbesondere dadurch verstärkt werden, daß hierfür geeignete gegenseitige Erleichterungen und regelmäßige Zusammenkünfte zwischen Abgeordneten, die an den gleichen Fragen interessiert sind, vorgesehen werden.

14. Erklärung zur Konferenz der Parlamente

Die Konferenz ersucht das Europäische Parlament und die einzelstaatlichen Parlamente, erforderlichenfalls als Konferenz der Parlamente (oder „Assises") zusammenzutreten.

Die Konferenz der Parlamente wird unbeschadet der Zuständigkeiten des Europäischen Parlaments und der Rechte der einzelstaatlichen Parlamente zu wesentlichen Leitlinien der Europäischen Union gehört. Der Präsident des Europäischen Rates und der Präsident der Kommission erstatten auf jeder Tagung der Konferenz der Parlamente Bericht über den Stand der Union.

15. Erklärung zur Zahl der Mitglieder der Kommission und des Europäischen Parlaments

Die Konferenz kommt überein, die Fragen betreffend die Zahl der Mitglieder der Kommission und der Mitglieder des Europäischen Parlaments spätestens Ende 1992 im Hinblick auf ein Einvernehmen zu prüfen, das es gestattet, die Rechtsgrundlage für die Festsetzung der Zahl der Mitglieder des Europäischen Parlaments rechtzeitig zu den Wahlen im Jahr 1994 zu schaffen. Die Beschlüsse werden unter anderem unter Berücksichtigung der Notwendigkeit gefaßt, die Gesamtmitgliederzahl des Europäischen Parlaments in einer erweiterten Gemeinschaft festzulegen.

16. Erklärung zur Rangordnung der Rechtsakte der Gemeinschaft

Die Konferenz kommt überein, daß die 1996 einzuberufende Regierungskonferenz prüfen wird, inwieweit es möglich ist, die Einteilung der Rechtsakte der Gemeinschaft mit dem Ziel zu überprüfen, eine angemessene Rangordnung der verschiedenen Arten von Normen herzustellen.

17. Erklärung zum Recht auf Zugang zu Informationen[1)]

Die Konferenz ist der Auffassung, daß die Transparenz des Beschlußverfahrens den demokratischen Charakter der Organe und das Vertrauen der Öffentlichkeit in die Verwaltung stärkt. Die Konferenz empfiehlt daher, daß die Kommission dem Rat spätestens 1993 einen Bericht über Maßnahmen vorlegt, mit denen die den Organen vorliegenden Informationen der Öffentlichkeit besser zugänglich gemacht werden sollen.

18. Erklärung zu den geschätzten Folgekosten der Vorschläge der Kommission

Die Konferenz stellt fest, daß die Kommission sich verpflichtet, bei ihren Vorschlägen für Rechtsakte die Kosten und den Nutzen für die Behörden der Mitgliedstaaten und sämtliche Betroffene zu berücksichtigen und dazu gegebenenfalls die von ihr für erforderlich erachteten Konsultationen vorzunehmen und ihr System zur Bewertung der gemeinschaftlichen Rechtsvorschriften auszubauen.

---

1) Vgl. hierzu nunmehr den Beschluß des Rates v. 20. 12. 1993 über den Zugang der Öffentlichkeit zu Ratsdokumenten (ABl. Nr. L 340/43, geändert ABl. 1996 Nr. L 325/19) sowie entsprechende Beschlüsse der Kommission v. 8. 2. 1994 (ABl. Nr. L 46/58, geändert ABl. 1996 Nr. L 247/45), des Europäischen Parlaments v. 10. 7. 1997 (ABl. Nr. L 263/27), des Wirtschafts- und Sozialausschusses v. 27. 5. 1997 (ABl. Nr. L 339/18) und des Ausschusses der Regionen v. 17. 9.1997 (ABl. Nr. L 351/70). S. auch den Verhaltenskodex für den Zugang der Öffentlichkeit zu Rats- und Kommissionsdokumenten (ABl. 1993 Nr. L 340/41).

19. Erklärung zur Anwendung des Gemeinschaftsrechts

1. Die Konferenz hebt hervor, daß es für die innere Geschlossenheit und die Einheit des europäischen Aufbauwerks von wesentlicher Bedeutung ist, daß jeder Mitgliedstaat die an ihn gerichteten Richtlinien der Gemeinschaft innerhalb der darin festgesetzten Fristen vollständig und getreu in innerstaatliches Recht umsetzt.

Außerdem ist die Konferenz der Ansicht, daß es zwar Sache jedes Mitgliedstaats ist zu bestimmen, wie die Vorschriften des Gemeinschaftsrechts unter Berücksichtigung der Besonderheit seiner Institutionen, seiner Rechtsordnung und anderer Gegebenheiten, in jedem Fall aber unter Beachtung des Artikels 249 des Vertrags zur Gründung der Europäischen Gemeinschaft, am besten anzuwenden sind, es jedoch für die reibungslose Arbeit der Gemeinschaft von wesentlicher Bedeutung ist, daß die in den einzelnen Mitgliedstaaten getroffenen Maßnahmen dazu führen, daß das Gemeinschaftsrecht dort mit gleicher Wirksamkeit und Strenge Anwendung findet, wie dies bei der Durchführung der einzelstaatlichen Rechtsvorschriften der Fall ist.

2. Die Konferenz fordert die Kommission auf, in Wahrnehmung der ihr durch Artikel 211 des Vertrags zur Gründung der Europäischen Gemeinschaft übertragenen Zuständigkeiten darauf zu achten, daß die Mitgliedstaaten ihren Verpflichtungen nachkommen. Sie ersucht die Kommission, für die Mitgliedstaaten und das Europäische Parlament regelmäßig einen umfassenden Bericht zu veröffentlichen.

20. Erklärung zur Beurteilung der Umweltverträglichkeit der Gemeinschaftsmaßnahmen

Die Konferenz stellt fest, daß die Kommission sich verpflichtet, bei ihren Vorschlägen voll und ganz den Umweltauswirkungen und dem Grundsatz des nachhaltigen Wachstums Rechnung zu tragen, und daß die Mitgliedstaaten sich verpflichtet haben, dies bei der Durchführung zu tun.

21. Erklärung zum Rechnungshof

Die Konferenz weist darauf hin, daß sie den Aufgaben, die dem Rechnungshof in den Artikeln 246, 247, 248 und 276 des Vertrags zur Gründung der Europäischen Gemeinschaft übertragen werden, besondere Bedeutung beimißt.

Sie ersucht die anderen Organe der Gemeinschaft, zusammen mit dem Rechnungshof alle Mittel zu prüfen, die geeignet sind, eine wirksamere Erfüllung seiner Aufgaben zu gewährleisten.

22. Erklärung zum Wirtschafts- und Sozialausschuß

Die Konferenz kommt überein, daß der Wirtschafts- und Sozialausschuß hinsichtlich des Haushalts und der Personalverwaltung dieselbe Unabhängigkeit genießt wie der Rechnungshof bisher.

23. Erklärung zur Zusammenarbeit mit den Wohlfahrtsverbänden

Die Konferenz betont, daß zur Erreichung der in Artikel 136 des Vertrags zur Gründung der Europäischen Gemeinschaft genannten Ziele eine Zusammenarbeit der Europäischen Gemeinschaft mit den Verbänden der Wohlfahrtspflege und den Stiftungen als Trägern sozialer Einrichtungen und Dienste von großer Bedeutung ist.

24. Erklärung zum Tierschutz

Die Konferenz ersucht das Europäische Parlament, den Rat und die Kommission sowie die Mitgliedstaaten, bei der Ausarbeitung und Durchführung gemeinschaftlicher Rechtsvorschriften in den Bereichen Gemeinsame Agrarpolitik, Verkehr, Binnenmarkt und Forschung den Erfordernissen des Wohlergehens der Tiere in vollem Umfang Rechnung zu tragen.

25. Erklärung zur Vertretung der Interessen der überseeischen Länder und Hoheitsgebiete nach Artikel 299 Absatz 3 und Absatz 5 Buchstaben a und b des Vertrags zur Gründung der Europäischen Gemeinschaft

Die Konferenz kommt in Anbetracht der Tatsache, daß unter außergewöhnlichen Umständen die Interessen der Union und die Interessen der Länder und Hoheitsgebiete nach Artikel 299 Absatz 3 und Absatz 5 Buchstaben a und b des Vertrags divergieren können, überein, daß der Rat sich um eine Lösung bemühen wird, die mit dem Standpunkt der Union in Einklang steht. Für den Fall jedoch, daß sich dies als unmöglich erweist, erklärt sich die Konferenz damit einverstanden, daß der betreffende Mitgliedstaat im Interesse der betreffenden überseeischen Länder und Hoheitsgebiete gegebenenfalls eigenständig handelt, allerdings ohne dabei das Interesse der Gemeinschaft zu beeinträchtigen. Dieser Mitgliedstaat macht dem Rat und der Kommission eine Mitteilung, wenn eine derartige Interessendivergenz auftreten könnte, und weist, wenn sich eigenständiges Handeln nicht vermeiden läßt, deutlich darauf hin, daß er im Interesse eines der genannten überseeischen Hoheitsgebiete handelt.

Diese Erklärung gilt auch für Macau und Osttimor.

26. Erklärung zu den Gebieten in äußerster Randlage der Gemeinschaft

Die Konferenz erkennt an, daß die Gebiete in äußerster Randlage der Gemeinschaft (französische überseeische Departements, Azoren und Madeira und Kanarische Inseln) unter einem bedeutenden strukturellen Rückstand leiden; dieser wird durch mehrere Faktoren (große Entfernung, Insellage, geringe Fläche, schwierige Relief- und Klimabedingungen, wirtschaftliche Abhängigkeit von einigen wenigen Erzeugnissen) verschärft, die als ständige Gegebenheiten und durch ihr Zusammenwirken die wirtschaftliche und soziale Entwicklung schwer beeinträchtigen.

Sie ist der Auffassung, daß der Vertrag zur Gründung der Europäischen Gemeinschaft und das abgeleitete Recht für die Gebiete in äußerster Randlage zwar ohne weiteres gelten, es jedoch möglich bleibt, spezifische Maßnahmen zu ihren Gunsten zu erlassen, sofern und solange ein entsprechender Bedarf im Hinblick auf die wirtschaftliche und soziale Entwicklung dieser Gebiete objektiv gegeben ist. Diese Maßnahmen müssen sowohl auf die Vollendung des Binnenmarkts als auch auf eine Anerkennung der regionalen Verhältnisse abzielen, damit diese Gebiete den durchschnittlichen wirtschaftlichen und sozialen Stand der Gemeinschaft erreichen können.

27. Erklärung zu den Abstimmungen im Bereich der Gemeinsamen Außen- und Sicherheitspolitik

Die Konferenz kommt überein, daß die Mitgliedstaaten bei Entscheidungen, die Einstimmigkeit erfordern, soweit wie möglich davon absehen, die Einstimmigkeit zu verhindern, sofern eine qualifizierte Mehrheit für die betreffende Entscheidung besteht.

28. Erklärung zu den praktischen Einzelheiten im Bereich der Gemeinsamen Außen- und Sicherheitspolitik

Die Konferenz kommt überein, daß die Arbeitsteilung zwischen dem Politischen Komitee und dem Ausschuß der Ständigen Vertreter sowie die praktischen Einzelheiten der Zusammenlegung des Sekretariats der Politischen Zusammenarbeit mit dem Generalsekretariat des Rates und der Zusammenarbeit zwischen dem Generalsekretariat und der Kommission später geprüft werden.

29. Erklärung zum Gebrauch der Sprachen im Bereich der Gemeinsamen Außen- und Sicherheitspolitik

Die Konferenz kommt überein, daß für den Gebrauch der Sprachen die Sprachenregelung der Europäischen Gemeinschaften gilt.

Für den COREU-Verkehr dient die derzeitige Praxis in der Europäischen Politischen Zusammenarbeit einstweilen als Anhaltspunkt.

Alle Texte der Gemeinsamen Außen- und Sicherheitspolitik, die auf Tagungen des Europäischen Rates und des Rates vorgelegt oder angenommen werden, sowie alle zur Veröffentlichung bestimmten Texte werden unverzüglich und zeitgleich in alle Amtssprachen der Gemeinschaft übersetzt.

30. Erklärung zur Westeuropäischen Union

Die Konferenz nimmt folgende Erklärungen zur Kenntnis:

I. Erklärung

Belgiens, Deutschlands, Spaniens, Frankreichs, Italiens, Luxemburgs, der Niederlande, Portugals und des Vereinigten Königreichs, die Mitgliedstaaten der Westeuropäischen Union und gleichzeitig der Europäischen Union sind, zur Rolle der Westeuropäischen Union und zu ihren Beziehungen zur Europäischen Union und zur Atlantischen Allianz

Einleitung

1. Die WEU-Mitgliedstaaten stimmen darin überein, daß es notwendig ist, eine echte europäische Sicherheits- und Verteidigungsidentität zu entwickeln und eine größere europäische Verantwortung in Verteidigungsfragen zu übernehmen. Diese Identität wird durch einen schrittweisen Prozeß mit mehreren aufeinanderfolgenden Phasen angestrebt. Die WEU wird integraler Bestandteil des Prozesses der Entwicklung der Europäischen Union sein und einen größeren Beitrag zur Solidarität innerhalb der Atlantischen Allianz leisten. Die WEU-Mitgliedstaaten sind sich darin einig, die Rolle der WEU in der längerfristigen Perspektive einer mit der Politik der Atlantischen Allianz zu vereinbarenden gemeinsamen Verteidigungspolitik innerhalb der Europäischen Union, die zu gegebener Zeit zu einer gemeinsamen Verteidigung führen könnte, zu stärken.

2. Die WEU wird als Verteidigungskomponente der Europäischen Union und als Mittel zur Stärkung des europäischen Pfeilers der Atlantischen Allianz entwickelt. Zu diesem Zweck wird sie eine gemeinsame europäische Verteidigungspolitik formulieren und diese durch die Weiterentwicklung ihrer operationellen Rolle konkret durchführen.

Die WEU-Mitgliedstaaten nehmen Kenntnis von Artikel 14 des Vertrags über die Europäische Union betreffend die Gemeinsame Außen- und Sicherheitspolitik, der wie folgt lautet:

„(1) Die Gemeinsame Außen- und Sicherheitspolitik umfaßt sämtliche Fragen, welche die Sicherheit der Europäischen Union betreffen, wozu auf längere Sicht auch die Festlegung einer gemeinsamen Verteidigungspolitik gehört, die zu gegebener Zeit zu einer gemeinsamen Verteidigung führen könnte.

(2) Die Union ersucht die Westeuropäische Union (WEU), die integraler Bestandteil der Entwicklung der Europäischen Union ist, die Entscheidungen und Aktionen der Union, die verteidigungspolitische Bezüge haben, auszuarbeiten und durchzuführen. Der Rat trifft im Einvernehmen mit den Organen der WEU die erforderlichen praktischen Regelungen.

(3) Die Fragen, die verteidigungspolitische Bezüge haben und die nach diesem Artikel behandelt werden, unterliegen nicht den Verfahren des Artikels 13.

(4) Die Politik der Union nach diesem Artikel berührt nicht den besonderen Charakter der Sicherheits- und Verteidigungspolitik bestimmter Mitgliedstaaten; sie achtet die Verpflichtungen einiger Mitgliedstaaten aus dem Nordatlantikvertrag und ist vereinbar mit der in jenem Rahmen festgelegten gemeinsamen Sicherheits- und Verteidigungspolitik.

(5) Dieser Artikel steht der Entwicklung einer engeren Zusammenarbeit zwischen zwei oder mehr Mitgliedstaaten auf zweiseitiger Ebene sowie im Rahmen der WEU und der Atlantischen Allianz nicht entgegen, soweit sie der nach diesem Titel vorgesehenen Zusammenarbeit nicht zuwiderläuft und diese nicht behindert.

(6) Zur Förderung des Zieles dieses Vertrags und im Hinblick auf den Termin 1998 im Zusammenhang mit Artikel XII des Brüsseler Vertrags in seiner geänderten Fassung kann dieser Artikel nach Artikel 48 Absatz 2 auf der Grundlage eines dem Europäischen Rat 1996 vom Rat vorzulegenden Berichts, der eine Bewertung der bis dahin erzielten Fortschritte und gesammelten Erfahrungen enthalten wird, revidiert werden."

A. Beziehungen der WEU zur Europäischen Union

3. Ziel ist es, die WEU stufenweise zur Verteidigungskomponente der Europäischen Union auszubauen. Zu diesem Zweck ist die WEU bereit, auf Ersuchen der Europäischen Union Beschlüsse und Aktionen der Union mit verteidigungspolitischen Implikationen zu erarbeiten und durchzuführen.

Zu diesem Zweck ergreift die WEU folgende Maßnahmen, um enge Arbeitsbeziehungen zur Union zu entwickeln:

- soweit angezeigt, Abstimmung der Tagungstermine und -orte und Harmonisierung der Arbeitsweisen;
- Herbeiführung einer engen Zusammenarbeit zwischen dem Rat und dem Generalsekretariat der WEU einerseits und dem Rat der Union und dem Generalsekretariat des Rates andererseits;
- Prüfung der Harmonisierung der Abfolge und Dauer der beiden Präsidentschaften;
- Vereinbarung geeigneter Vorkehrungen, um sicherzustellen, daß die Kommission der Europäischen Gemeinschaften gemäß ihrer Rolle in der Gemeinsamen Außen- und Sicherheitspolitik, wie diese in dem Vertrag über die Europäische Union festgelegt ist, regelmäßig über die WEU-Tätigkeiten informiert und, soweit angezeigt, konsultiert wird;
- Förderung einer engeren Zusammenarbeit zwischen der Parlamentarischen Versammlung der WEU und dem Europäischen Parlament.

Der WEU-Rat trifft im Einvernehmen mit den zuständigen Organen der Europäischen Union die notwendigen praktischen Regelungen.

B. Beziehungen der WEU zur Atlantischen Allianz

4. Ziel ist es, die WEU als Mittel zur Stärkung des europäischen Pfeilers der Atlantischen Allianz zu entwickeln. Dementsprechend ist die WEU bereit, die engen Arbeitsbeziehungen zur Allianz weiterzuentwickeln und die Rolle, die Verantwortlichkeiten und die Beiträge der Mitgliedstaaten der WEU innerhalb der Allianz zu stärken. Dies wird auf der Grundlage der erforderlichen Transparenz und Komplementarität zwischen der entstehenden europäischen Sicherheits- und Verteidigungsidentität und der Allianz geschehen. Die WEU wird im Einklang mit den Positionen handeln, die in der Allianz beschlossen wurden:

– Die Mitgliedstaaten der WEU werden ihre Koordinierung in Fragen der Allianz, die von erheblichem gemeinsamen Interesse sind, verstärken, um innerhalb der WEU vereinbarte gemeinsame Positionen in den Konsultationsprozeß der Allianz einzubringen, welche das wesentliche Forum für Konsultationen unter ihren Mitgliedern und für die Vereinbarung von politischen Maßnahmen, die sich auf die Sicherheits- und Verteidigungsverpflichtungen der Verbündeten des Nordatlantikvertrags auswirken, bleiben wird.
– Soweit notwendig, werden Tagungstermine und -orte abgestimmt und Arbeitsweisen harmonisiert.
– Zwischen den Generalsekretariaten der WEU und der NATO wird eine enge Zusammenarbeit herbeigeführt.

C. Operationelle Rolle der WEU

5. Die operationelle Rolle der WEU wird durch die Prüfung und Festlegung geeigneter Aufgaben, Strukturen und Mittel gestärkt, die im einzelnen folgendes betreffen:

– WEU-Planungsstab;
– engere militärische Zusammenarbeit in Ergänzung der Allianz, insbesondere auf den Gebieten der Logistik, des Transports, der Ausbildung und der strategischen Aufklärung;
– Treffen der Generalstabschefs der WEU;
– der WEU zugeordnete militärische Einheiten.

Zu den sonstigen Vorschlägen, die weiter geprüft werden, gehören:

– verstärkte Rüstungskooperation mit dem Ziel der Schaffung einer Europäischen Rüstungsagentur;
– Weiterentwicklung des WEU-Instituts zu einer Europäischen Sicherheits- und Verteidigungsakademie.

Die Maßnahmen zur Stärkung der operationellen Rolle der WEU werden in vollem Umfang mit den militärischen Vorkehrungen vereinbar sein, die zur Sicherung der gemeinsamen Verteidigung aller Verbündeten erforderlich sind.

D. Weitere Maßnahmen

6. Als Folge der vorstehend dargelegten Maßnahmen und zur Stärkung der Rolle der WEU wird der Sitz des Rates und des Generalsekretariats der WEU nach Brüssel verlegt.

7. Die Vertretung im Rat der WEU muß so geregelt sein, daß der Rat in der Lage ist, seine Funktionen kontinuierlich gemäß Artikel VIII des geänderten Brüsseler Vertrags auszuüben. Die Mitgliedstaaten können sich hierfür einer noch auszuarbeitenden Formel des „doppelten Hutes", gebildet durch die Vertreter bei der Allianz und der Europäischen Union, bedienen.

8. Die WEU nimmt zur Kenntnis, daß die Union im Einklang mit Artikel 14 Absatz 6 des Vertrags über die Europäische Union betreffend die Gemeinsame Außen- und Sicherheitspolitik beschließen wird, jenen Artikel nach dem vorgesehenen Verfahren zu überprüfen, um die Verwirklichung des darin gesetzten Zieles zu fördern. Die WEU wird die Bestimmungen der vorliegenden Erklärung 1996 überprüfen. Die Überprüfung wird die Fortschritte und Erfahrungen berücksichtigen und sich auch auf die Beziehungen zwischen WEU und Atlantischer Allianz erstrecken.

II. Erklärung

Belgiens, Deutschlands, Spaniens, Frankreichs, Italiens, Luxemburgs, der Niederlande, Portugals und des Vereinigten Königreichs, die Mitgliedstaaten der Westeuropäischen Union sind

„Die Mitgliedstaaten der WEU begrüßen die Entwicklung der europäischen Sicherheits- und Verteidigungsidentität. Angesichts der Rolle der WEU als Verteidigungskomponente der Europäischen Union und als Instrument zur Stärkung des europäischen Pfeilers der Atlantischen Allianz sind sie entschlossen, die Beziehungen zwischen der WEU und den übrigen europäischen Staaten im Namen der Stabilität und der Sicherheit in Europa auf eine neue Grundlage zu stellen. In diesem Sinne schlagen sie folgendes vor:

Die Staaten, die Mitglieder der Europäischen Union sind, werden eingeladen, der WEU zu den nach Artikel XI des Brüsseler Vertrags in seiner geänderten Fassung zu vereinbarenden Bedingungen beizutreten, oder, falls sie dies wünschen, Beobachter zu werden. Gleichzeitig werden die übrigen europäischen Mitgliedstaaten der NATO eingeladen, assoziierte Mitglieder der WEU nach Modalitäten zu werden, die es ihnen ermöglichen, an den Tätigkeiten der WEU voll teilzunehmen.

Die Mitgliedstaaten der WEU gehen davon aus, daß diesen Vorschlägen entsprechende Verträge und Abkommen vor dem 31. Dezember 1992 geschlossen sein werden."

31. Erklärung zur Asylfrage

1. Die Konferenz kommt überein, daß der Rat im Rahmen der Arbeiten nach den Artikeln 29 und 31 der Bestimmungen über die Zusammenarbeit in den Bereichen Justiz und Inneres vorrangig die Fragen der Asylpolitik der Mitgliedstaaten mit dem Ziel prüft, unter Berücksichtigung des Arbeitsprogramms und des Terminplans, die in dem vom Europäischen Rat auf der Tagung am 28. und 19. Juni 1991 in Luxemburg erbetenen Bericht über die Asylfrage enthalten sind, bis Anfang 1993 eine gemeinsame Aktion zur Harmonisierung der Aspekte dieser Politik, zu beschließen.

2. In diesem Zusammenhang prüft der Rat bis Ende 1993 anhand eines Berichts auch die Frage einer etwaigen Anwendung des Artikels 37 auf diese Bereiche.

32. Erklärung zur polizeilichen Zusammenarbeit

Die Konferenz bestätigt das Einvernehmen der Mitgliedstaaten über die Ziele, die den von der deutschen Delegation auf der Tagung des Europäischen Rates vom 28. und 29. Juni 1991 in Luxemburg unterbreiteten Vorschlägen zugrunde liegen.

Die Mitgliedstaaten kommen zunächst überein, die ihnen unterbreiteten Entwürfe unter Berücksichtigung des Arbeitsprogramms und des Terminplans, die in dem vom Europäischen Rat auf der Tagung in Luxemburg erbetenen Bericht enthalten sind, mit Vorrang zu prüfen, und sind bereit, die Annahme konkreter Maßnahmen in Bereichen, wie sie von dieser Delegation vorgeschlagen worden sind, im Hinblick auf folgende Aufgaben auf dem Gebiet des Informations- und Erfahrungsaustausches in Aussicht zu nehmen:

– Unterstützung der einzelstaatlichen Strafverfolgungs- und Sicherheitsbehörden, insbesondere bei der Koordinierung von Ermittlungen und Fahndungen,
– Aufbau von Informationsdateien,
– zentrale Bewertung und Auswertung von Informationen zur Herstellung von Lagebildern und zur Gewinnung von Ermittlungsansätzen,
– Sammlung und Auswertung einzelstaatlicher Präventionskonzepte zur Weitergabe an die Mitgliedstaaten und zur Ausarbeitung gesamteuropäischer Präventionsstrategien,
– Maßnahmen im Bereich der beruflichen Fortbildung, der Forschung, der Kriminaltechnik und des Erkennungsdienstes.

Die Mitgliedstaaten kommen überein, spätestens im Jahr 1994 anhand eines Berichts zu prüfen, ob diese Zusammenarbeit ausgeweitet werden soll.

33. Erklärung zu Streitsachen zwischen der EZB bzw. dem EWI und deren Bediensteten

Die Konferenz hält es für richtig, daß das Gericht erster Instanz für diese Gruppe von Klagen nach Artikel 225 des Vertrags zuständig ist. Die Konferenz ersucht deshalb die Organe um eine entsprechende Anpassung der betreffenden Bestimmungen.

160. Verordnung (EU) Nr. 1215/2012 des Europäischen Parlaments und des Rates über die gerichtliche Zuständigkeit und die Anerkennung und Vollstreckung von Entscheidungen in Zivil- und Handelssachen[1), 2)] (Brüssel Ia-VO)

vom 12. Dezember 2012

(ABl. Nr. L 351/1, geänd. durch VO (EU) 542/2014 v. 15.5.2014, ABl. Nr. L 163/1 und durch del. VO (EU) 2015/281 der Kommission v. 26.11.2014, ABl. Nr. L 54/1, ber. ABl. Nr. L 264/43 v. 30.9.2016)

Inhaltsübersicht
(nicht amtlich)

[1)] Die VO ersetzt mit Wirkung v. 10.1.2015 (vgl. Art. 81 VO) die VO 44/2001 v. 22.12.2000. Eine Entsprechungstabelle ist der VO als Anhang III beigefügt.

[2)] Im Verhältnis zwischen der EU und Norwegen gilt mWv 1.1.2010 das sog. Lugano-II-Übk. v. 30.10.2007 (ABl. EU 2007 Nr. L 339/3; Änderungen [Anhänge], ABl. 2017 Nr. L 57 S. 63). Das Vereinigte Königreich und Irland haben gemäß Art. 3 Abs. 1 des Protokolls Nr. 21 (1997) zum EUV/AEUV (Nr. **147** dieser Textsammlung) ihre Bereitschaft zur Annahme und Anwendung dieser VO erklärt (vgl. Ziff. 40 der Präambel der VO), Dänemark hat der Kommission am 20.12.2012 sowie am 14.2.2014 im Einklang mit Art. 3 Abs. 2 des Abkommens v. 19.10.2005 (ABl. Nr. L 299/62) mitgeteilt, dass es die Änderungen der VO durch VO 1215/2012 sowie VO 542/2014 umsetzen wird (ABl. 2013 Nr. L 79/4 und ABl. 2014 Nr. L 240/1).

DAS EUROPÄISCHE PARLAMENT UND DER RAT DER EUROPÄISCHEN UNION –

gestützt auf den Vertrag über die Arbeitsweise der Europäischen Union, insbesondere auf Artikel 67 Absatz 4 und Artikel 81 Absatz 2 Buchstaben a, c und e,

auf Vorschlag der Europäischen Kommission,

nach Zuleitung des Entwurfs des Gesetzgebungsakts an die nationalen Parlamente,

nach Stellungnahme des Europäischen Wirtschafts- und Sozialausschusses[1)],

gemäß dem ordentlichen Gesetzgebungsverfahren[2)],

in Erwägung nachstehender Gründe:

(1) Am 21. April 2009 hat die Kommission einen Bericht über die Anwendung der Verordnung (EG) Nr. 44/2001 des Rates vom 22. Dezember 2000 über die gerichtliche Zuständigkeit und die Anerkennung und Vollstreckung von Entscheidungen in Zivil- und Handelssachen[3)] angenommen. Dem Bericht zufolge herrscht allgemein Zufriedenheit mit der Funktionsweise der genannten Verordnung, doch könnten die Anwendung bestimmter Vorschriften, der freie Verkehr gerichtlicher Entscheidungen sowie der Zugang zum Recht noch weiter verbessert werden. Da einige weitere Änderungen erfolgen sollen, sollte die genannte Verordnung aus Gründen der Klarheit neu gefasst werden.

(2) Der Europäische Rat hat auf seiner Tagung vom 10./11. Dezember 2009 in Brüssel ein neues mehrjähriges Programm mit dem Titel „Das Stockholmer Programm – Ein offenes und sicheres Europa im Dienste und zum Schutz der Bürger"[4)] angenommen. Im Stockholmer Programm vertritt der Europäische Rat die Auffassung, dass der Prozess der Abschaffung aller zwischengeschalteten Maßnahmen (Exequaturverfahren) während des von dem Programm abgedeckten Zeitraums fortgeführt werden sollte. Gleichzeitig sollte die Abschaffung der Exequaturverfahren von einer Reihe von Schutzvorkehrungen begleitet werden.

(3) Die Union hat sich zum Ziel gesetzt, einen Raum der Freiheit, der Sicherheit und des Rechts zu erhalten und weiterzuentwickeln, indem unter anderem der Zugang zum Recht, insbesondere durch den Grundsatz der gegenseitigen Anerkennung gerichtlicher und außergerichtlicher Entscheidungen in Zivilsachen, erleichtert wird. Zum schrittweisen Aufbau eines solchen Raums hat die Union im Bereich der justiziellen Zusammenarbeit in Zivilsachen, die einen grenzüberschreitenden Bezug aufweisen, Maßnahmen zu erlassen, insbesondere wenn dies für das reibungslose Funktionieren des Binnenmarkts erforderlich ist.

---

1) ABl. C 218 vom 23.7.2011, S. 78.

2) Standpunkt des Europäischen Parlaments vom 20. November 2012 (noch nicht im Amtsblatt veröffentlicht) und Beschluss des Rates vom 6. Dezember 2012.

3) ABl. L 12 vom 16.1.2001, S. 1.

4) ABl. C 115 vom 4.5.2010, S. 1.

(4) Die Unterschiede zwischen bestimmten einzelstaatlichen Vorschriften über die gerichtliche Zuständigkeit und die Anerkennung von Entscheidungen erschweren das reibungslose Funktionieren des Binnenmarkts. Es ist daher unerlässlich, Bestimmungen zu erlassen, um die Vorschriften über die internationale Zuständigkeit in Zivil- und Handelssachen zu vereinheitlichen und eine rasche und unkomplizierte Anerkennung und Vollstreckung von Entscheidungen zu gewährleisten, die in einem Mitgliedstaat ergangen sind.

(5) Diese Bestimmungen fallen in den Bereich der justiziellen Zusammenarbeit in Zivilsachen im Sinne von Artikel 81 des Vertrags über die Arbeitsweise der Europäischen Union (AEUV).

(6) Um den angestrebten freien Verkehr der Entscheidungen in Zivil- und Handelssachen zu verwirklichen, ist es erforderlich und angemessen, dass die Vorschriften über die gerichtliche Zuständigkeit und die Anerkennung und Vollstreckung von Entscheidungen im Wege eines Unionsrechtsakts festgelegt werden, der verbindlich und unmittelbar anwendbar ist.

(7) Am 27. September 1968 schlossen die seinerzeitigen Mitgliedstaaten der Europäischen Gemeinschaften auf der Grundlage von Artikel 220 vierter Gedankenstrich des Vertrags zur Gründung der Europäischen Wirtschaftsgemeinschaft das Übereinkommen von Brüssel über die gerichtliche Zuständigkeit und die Vollstreckung gerichtlicher Entscheidungen in Zivil- und Handelssachen, dessen Fassung danach durch die Übereinkommen über den Beitritt neuer Mitgliedstaaten zu diesem Übereinkommen[1] geändert wurde („Brüsseler Übereinkommen von 1968"). Am 16. September 1988 schlossen die seinerzeitigen Mitgliedstaaten der Europäischen Gemeinschaften und bestimmte EFTA-Staaten das Übereinkommen von Lugano über die gerichtliche Zuständigkeit und die Vollstreckung gerichtlicher Entscheidungen in Zivil- und Handelssachen[2] („Übereinkommen von Lugano von 1988"), das ein Parallelübereinkommen zu dem Brüsseler Übereinkommen von 1968 darstellt. Am 1. Februar 2000 wurde das Übereinkommen von Lugano von 1988 auf Polen anwendbar.

(8) Am 22. Dezember 2000 nahm der Rat die Verordnung (EG) Nr. 44/2001 an, die das Brüsseler Übereinkommen von 1968 im Verhältnis der Mitgliedstaaten zueinander mit Ausnahme Dänemarks hinsichtlich der Hoheitsgebiete der Mitgliedstaaten ersetzt, die in den Anwendungsbereich des AEUV fallen. Mit dem Beschluss 2006/325/EG des Rates[3] schloss die Gemeinschaft mit Dänemark ein Abkommen über die Anwendung der Bestimmungen der Verordnung (EG) Nr. 44/2001 in Dänemark. Das Übereinkommen von Lugano von 1988 wurde durch das am 30. Oktober 2007 von der Gemeinschaft,

[1] ABl. L 299 vom 31. 12. 1972, S. 32; ABl. L 304 vom 30. 10. 1978, S. 1; ABl. L 388 vom 31. 12. 1982, S. 1; ABl. L 285 vom 3. 10. 1989, S. 1; ABl. C 15 vom 15. 1. 1997, S. 1. Siehe konsolidierte Fassung in ABl. C 27 vom 26. 1. 1998, S. 1.

[2] ABl. L 319 vom 25. 11. 1988, S. 9.

[3] ABl. L 120 vom 5. 5. 2006, S. 22.

Dänemark, Island, Norwegen und der Schweiz in Lugano unterzeichnete Übereinkommen über die gerichtliche Zuständigkeit und die Anerkennung und Vollstreckung von Entscheidungen in Zivil- und Handelssachen[1] („Übereinkommen von Lugano von 2007") geändert.

(9) Das Brüsseler Übereinkommen von 1968 gilt weiter hinsichtlich der Hoheitsgebiete der Mitgliedstaaten, die in seinen territorialen Anwendungsbereich fallen und die aufgrund der Anwendung von Artikel 355 AEUV von der vorliegenden Verordnung ausgeschlossen sind.

(10) Der sachliche Anwendungsbereich dieser Verordnung sollte sich, von einigen genau festgelegten Rechtsgebieten abgesehen, auf den wesentlichen Teil des Zivil- und Handelsrechts erstrecken; aufgrund der Annahme der Verordnung (EG) Nr. 4/2009 des Rates vom 18. Dezember 2008 über die Zuständigkeit, das anwendbare Recht, die Anerkennung und Vollstreckung von Entscheidungen und die Zusammenarbeit in Unterhaltssachen[2] sollten insbesondere die Unterhaltspflichten vom Anwendungsbereich dieser Verordnung ausgenommen werden.

(11) Für die Zwecke dieser Verordnung sollten zu den Gerichten der Mitgliedstaaten auch gemeinsame Gerichte mehrerer Mitgliedstaaten gehören, wie der Benelux-Gerichtshof, wenn er seine Zuständigkeit in Angelegenheiten ausübt, die in den Anwendungsbereich dieser Verordnung fallen. Daher sollten Entscheidungen dieser Gerichte gemäß dieser Verordnung anerkannt und vollstreckt werden.

(12) Diese Verordnung sollte nicht für die Schiedsgerichtsbarkeit gelten. Sie sollte die Gerichte eines Mitgliedstaats nicht daran hindern, die Parteien gemäß dem einzelstaatlichen Recht an die Schiedsgerichtsbarkeit zu verweisen, das Verfahren auszusetzen oder einzustellen oder zu prüfen, ob die Schiedsvereinbarung hinfällig, unwirksam oder nicht erfüllbar ist, wenn sie wegen eines Streitgegenstands angerufen werden, hinsichtlich dessen die Parteien eine Schiedsvereinbarung getroffen haben.

Entscheidet ein Gericht eines Mitgliedstaats, ob eine Schiedsvereinbarung hinfällig, unwirksam oder nicht erfüllbar ist, so sollte diese Entscheidung ungeachtet dessen, ob das Gericht darüber in der Hauptsache oder als Vorfrage entschieden hat, nicht den Vorschriften dieser Verordnung über die Anerkennung und Vollstreckung unterliegen.

Hat hingegen ein nach dieser Verordnung oder nach einzelstaatlichem Recht zuständiges Gericht eines Mitgliedstaats festgestellt, dass eine Schiedsvereinbarung hinfällig, unwirksam oder nicht erfüllbar ist, so sollte die Entscheidung des Gerichts in der Hauptsache dennoch gemäß dieser Verordnung anerkannt oder vollstreckt werden können. Hiervon unberührt bleiben sollte die Zuständigkeit der Gerichte der Mitgliedstaaten, über die Anerkennung und Vollstreckung von Schiedssprüchen im Einklang mit dem am 10. Juni 1958 in New York unter-

---

[1] ABl. L 147 vom 10. 6. 2009, S. 5.
[2] ABl. L 7 vom 10. 1. 2009, S. 1.

zeichneten Übereinkommen über die Anerkennung und Vollstreckung ausländischer Schiedssprüche („Übereinkommen von New York von 1958") zu entscheiden, das Vorrang vor dieser Verordnung hat.

Diese Verordnung sollte nicht für Klagen oder Nebenverfahren insbesondere im Zusammenhang mit der Bildung eines Schiedsgerichts, den Befugnissen von Schiedsrichtern, der Durchführung eines Schiedsverfahrens oder sonstigen Aspekten eines solchen Verfahrens oder für eine Klage oder eine Entscheidung in Bezug auf die Aufhebung, die Überprüfung, die Anfechtung, die Anerkennung oder die Vollstreckung eines Schiedsspruchs gelten.

(13) Zwischen den Verfahren, die unter diese Verordnung fallen, und dem Hoheitsgebiet der Mitgliedstaaten muss ein Anknüpfungspunkt bestehen. Gemeinsame Zuständigkeitsvorschriften sollten demnach grundsätzlich dann Anwendung finden, wenn der Beklagte seinen Wohnsitz in einem Mitgliedstaat hat.

(14) Beklagte ohne Wohnsitz in einem Mitgliedstaat sollten im Allgemeinen den einzelstaatlichen Zuständigkeitsvorschriften unterliegen, die im Hoheitsgebiet des Mitgliedstaats gelten, in dem sich das angerufene Gericht befindet. Allerdings sollten einige Zuständigkeitsvorschriften in dieser Verordnung unabhängig vom Wohnsitz des Beklagten gelten, um den Schutz der Verbraucher und der Arbeitnehmer zu gewährleisten, um die Zuständigkeit der Gerichte der Mitgliedstaaten in Fällen zu schützen, in denen sie ausschließlich zuständig sind, und um die Parteiautonomie zu achten.

(15) Die Zuständigkeitsvorschriften sollten in hohem Maße vorhersehbar sein und sich grundsätzlich nach dem Wohnsitz des Beklagten richten. Diese Zuständigkeit sollte stets gegeben sein außer in einigen genau festgelegten Fällen, in denen aufgrund des Streitgegenstands oder der Vertragsfreiheit der Parteien ein anderes Anknüpfungskriterium gerechtfertigt ist. Der Sitz juristischer Personen muss in der Verordnung selbst definiert sein, um die Transparenz der gemeinsamen Vorschriften zu stärken und Kompetenzkonflikte zu vermeiden.

(16) Der Gerichtsstand des Wohnsitzes des Beklagten sollte durch alternative Gerichtsstände ergänzt werden, die entweder aufgrund der engen Verbindung zwischen Gericht und Rechtsstreit oder im Interesse einer geordneten Rechtspflege zuzulassen sind. Das Erfordernis der engen Verbindung soll Rechtssicherheit schaffen und verhindern, dass die Gegenpartei vor einem Gericht eines Mitgliedstaats verklagt werden kann, mit dem sie vernünftigerweise nicht rechnen konnte. Dies ist besonders wichtig bei Rechtsstreitigkeiten, die außervertragliche Schuldverhältnisse infolge der Verletzung der Privatsphäre oder der Persönlichkeitsrechte einschließlich Verleumdung betreffen.

(17) Der Eigentümer eines Kulturguts im Sinne des Artikels 1 Nummer 1 der Richtlinie 93/7/EWG des Rates vom 15. März 1993 über die Rückgabe von unrechtmäßig aus dem Hoheitsgebiet eines Mit-

gliedstaats verbrachten Kulturgütern[1] sollte eine auf Eigentum gestützte Zivilklage gemäß dieser Verordnung zur Wiedererlangung dieses Gutes vor dem Gericht des Ortes, an dem sich das Kulturgut zum Zeitpunkt der Anrufung des Gerichts befindet, erheben können. Solche Klagen sollten nach der Richtlinie 93/7/EWG eingeleitete Verfahren unberührt lassen.

(18) Bei Versicherungs-, Verbraucher- und Arbeitsverträgen sollte die schwächere Partei durch Zuständigkeitsvorschriften geschützt werden, die für sie günstiger sind als die allgemeine Regelung.

(19) Vorbehaltlich der in dieser Verordnung festgelegten ausschließlichen Zuständigkeiten sollte die Vertragsfreiheit der Parteien hinsichtlich der Wahl des Gerichtsstands, außer bei Versicherungs-, Verbraucher- und Arbeitsverträgen, wo nur eine begrenztere Vertragsfreiheit zulässig ist, gewahrt werden.

(20) Stellt sich die Frage, ob eine Gerichtsstandsvereinbarung zugunsten eines Gerichts oder der Gerichte eines Mitgliedstaats materiell nichtig ist, so sollte sie nach dem Recht einschließlich des Kollisionsrechts des Mitgliedstaats des Gerichts oder der Gerichte entschieden werden, die in der Vereinbarung bezeichnet sind.

(21) Im Interesse einer abgestimmten Rechtspflege müssen Parallelverfahren so weit wie möglich vermieden werden, damit nicht in verschiedenen Mitgliedstaaten miteinander unvereinbare Entscheidungen ergehen. Es sollte eine klare und wirksame Regelung zur Klärung von Fragen der Rechtshängigkeit und der im Zusammenhang stehenden Verfahren sowie zur Verhinderung von Problemen vorgesehen werden, die sich aus der einzelstaatlich unterschiedlichen Festlegung des Zeitpunkts ergeben, von dem an ein Verfahren als rechtshängig gilt. Für die Zwecke dieser Verordnung sollte dieser Zeitpunkt autonom festgelegt werden.

(22) Um allerdings die Wirksamkeit von ausschließlichen Gerichtsstandsvereinbarungen zu verbessern und missbräuchliche Prozesstaktiken zu vermeiden, ist es erforderlich, eine Ausnahme von der allgemeinen Rechtshängigkeitsregel vorzusehen, um eine befriedigende Regelung in einem Sonderfall zu erreichen, in dem es zu Parallelverfahren kommen kann. Dabei handelt es sich um den Fall, dass ein Verfahren bei einem Gericht, das nicht in einer ausschließlichen Gerichtsstandsvereinbarung vereinbart wurde, anhängig gemacht wird und später das vereinbarte Gericht wegen desselben Anspruchs zwischen denselben Parteien angerufen wird. In einem solchen Fall muss das zuerst angerufene Gericht das Verfahren aussetzen, sobald das vereinbarte Gericht angerufen wurde, und zwar so lange, bis das letztere Gericht erklärt, dass es gemäß der ausschließlichen Gerichtsstandsvereinbarung nicht zuständig ist. Hierdurch soll in einem solchen Fall sichergestellt werden, dass das vereinbarte Gericht vorrangig über die Gültigkeit der

[1] ABl. L 74 vom 27. 3. 1993, S. 74.

Vereinbarung und darüber entscheidet, inwieweit die Vereinbarung auf den bei ihm anhängigen Rechtsstreit Anwendung findet. Das vereinbarte Gericht sollte das Verfahren unabhängig davon fortsetzen können, ob das nicht vereinbarte Gericht bereits entschieden hat, das Verfahren auszusetzen.

Diese Ausnahmeregelung sollte nicht für Fälle gelten, in denen die Parteien widersprüchliche ausschließliche Gerichtsstandsvereinbarungen geschlossen haben oder in denen ein in einer ausschließlichen Gerichtsstandsvereinbarung vereinbartes Gericht zuerst angerufen wurde. In solchen Fällen sollte die allgemeine Rechtshängigkeitsregel dieser Verordnung Anwendung finden.

(23) Diese Verordnung sollte eine flexible Regelung enthalten, die es den Gerichten der Mitgliedstaaten ermöglicht, vor den Gerichten von Drittstaaten anhängige Verfahren zu berücksichtigen, wobei insbesondere die Frage, ob eine in einem Drittstaat ergangene Entscheidung in dem betreffenden Mitgliedstaat nach dem Recht dieses Mitgliedstaats anerkannt und vollstreckt werden kann, sowie die geordnete Rechtspflege zu berücksichtigen sind.

(24) Bei der Berücksichtigung der geordneten Rechtspflege sollte das Gericht des betreffenden Mitgliedstaats alle Umstände des bei ihm anhängigen Falles prüfen. Hierzu können Verbindungen des Streitgegenstands und der Parteien zu dem betreffenden Drittstaat zählen wie auch die Frage, wie weit das Verfahren im Drittstaat zu dem Zeitpunkt, an dem ein Verfahren vor dem Gericht des Mitgliedstaats eingeleitet wird, bereits fortgeschritten ist, sowie die Frage, ob zu erwarten ist, dass das Gericht des Drittstaats innerhalb einer angemessenen Frist eine Entscheidung erlassen wird.

Dabei kann auch die Frage geprüft werden, ob das Gericht des Drittstaats unter Umständen, unter denen ein Gericht eines Mitgliedstaats ausschließlich zuständig wäre, im betreffenden Fall ausschließlich zuständig ist.

(25) Unter den Begriff einstweilige Maßnahmen einschließlich Sicherungsmaßnahmen sollten zum Beispiel Anordnungen zur Beweiserhebung oder Beweissicherung im Sinne der Artikel 6 und 7 der Richtlinie 2004/48/EG des Europäischen Parlaments und des Rates vom 29. April 2004 zur Durchsetzung der Rechte des geistigen Eigentums[1] fallen. Nicht mit eingeschlossen sein sollten Maßnahmen, die nicht auf Sicherung gerichtet sind, wie Anordnungen zur Zeugenvernehmung. Die Anwendung der Verordnung (EG) Nr. 1206/2001 des Rates vom 28. Mai 2001 über die Zusammenarbeit zwischen den Gerichten der Mitgliedstaaten auf dem Gebiet der Beweisaufnahme in Zivil- oder Handelssachen[2] sollte hiervon unberührt bleiben.

(26) Das gegenseitige Vertrauen in die Rechtspflege innerhalb der Union rechtfertigt den Grundsatz, dass eine in einem Mitgliedstaat er-

---

[1] ABl. L 157 vom 30. 4. 2004, S. 45.
[2] ABl. L 174 vom 27. 6. 2001, S. 1.

gangene Entscheidung in allen Mitgliedstaaten anerkannt wird, ohne dass es hierfür eines besonderen Verfahrens bedarf. Außerdem rechtfertigt die angestrebte Reduzierung des Zeit- und Kostenaufwands bei grenzüberschreitenden Rechtsstreitigkeiten die Abschaffung der Vollstreckbarerklärung, die der Vollstreckung im ersuchten Mitgliedstaat bisher vorausgehen musste. Eine von den Gerichten eines Mitgliedstaats erlassene Entscheidung sollte daher so behandelt werden, als sei sie im ersuchten Mitgliedstaat ergangen.

(27) Für die Zwecke des freien Verkehrs von gerichtlichen Entscheidungen sollte eine in einem Mitgliedstaat ergangene Entscheidung in einem anderen Mitgliedstaat selbst dann anerkannt und vollstreckt werden, wenn sie gegen eine Person ohne Wohnsitz in einem Mitgliedstaat ergangen ist.

(28) Enthält eine Entscheidung eine Maßnahme oder Anordnung, die im Recht des ersuchten Mitgliedstaats nicht bekannt ist, so wird diese Maßnahme oder Anordnung, einschließlich des in ihr bezeichneten Rechts, soweit möglich an eine Maßnahme oder Anordnung angepasst, mit der nach dem Recht dieses Mitgliedstaats vergleichbare Wirkungen verbunden sind und die ähnliche Ziele verfolgt. Wie und durch wen diese Anpassung zu erfolgen hat, sollte durch die einzelnen Mitgliedstaaten bestimmt werden.

(29) Die unmittelbare Vollstreckung ohne Vollstreckbarerklärung einer in einem anderen Mitgliedstaat ergangenen Entscheidung im ersuchten Mitgliedstaat sollte nicht die Achtung der Verteidigungsrechte beeinträchtigen. Deshalb sollte der Schuldner die Versagung der Anerkennung oder der Vollstreckung einer Entscheidung beantragen können, wenn er der Auffassung ist, dass einer der Gründe für die Versagung der Anerkennung vorliegt. Hierzu sollte der Grund gehören, dass ihm nicht die Gelegenheit gegeben wurde, seine Verteidigung vorzubereiten, wenn die Entscheidung in einer Zivilklage innerhalb eines Strafverfahrens in Abwesenheit ergangen ist. Auch sollten hierzu die Gründe gehören, die auf der Grundlage eines Abkommens zwischen dem ersuchten Mitgliedstaat und einem Drittstaat geltend gemacht werden könnten, das nach Artikel 59 des Brüsseler Übereinkommens von 1968 geschlossen wurde.

(30) Eine Partei, die die Vollstreckung einer in einem anderen Mitgliedstaat ergangenen Entscheidung anficht, sollte so weit wie möglich im Einklang mit dem Rechtssystem des ersuchten Mitgliedstaats in der Lage sein, im selben Verfahren außer den in dieser Verordnung genannten Versagungsgründen auch die im einzelstaatlichen Recht vorgesehenen Versagungsgründe innerhalb der nach diesem Recht vorgeschriebenen Fristen geltend zu machen. Allerdings sollte die Anerkennung einer Entscheidung nur versagt werden, wenn mindestens einer der in dieser Verordnung genannten Versagungsgründe gegeben ist.

(31) Solange ein Verfahren zur Anfechtung der Vollstreckung einer Entscheidung anhängig ist, sollten die Gerichte des ersuchten Mitglied-

staats während des gesamten Verfahrens aufgrund einer solchen Anfechtung, einschließlich dagegen gerichteter Rechtsbehelfe, den Fortgang der Vollstreckung unter der Voraussetzung zulassen können, dass die Vollstreckung einer Beschränkung unterliegt oder eine Sicherheit geleistet wird.

(32) Um den Schuldner über die Vollstreckung einer in einem anderen Mitgliedstaat ergangenen Entscheidung zu unterrichten, sollte die gemäß dieser Verordnung ausgestellte Bescheinigung – erforderlichenfalls zusammen mit der Entscheidung – dem Schuldner innerhalb einer angemessenen Frist vor der ersten Vollstreckungsmaßnahme zugestellt werden. In diesem Zusammenhang sollte als erste Vollstreckungsmaßnahme die erste Vollstreckungsmaßnahme nach einer solchen Zustellung gelten.

(33) Werden einstweilige Maßnahmen, einschließlich Sicherungsmaßnahmen, von einem Gericht angeordnet, das in der Hauptsache zuständig ist, so sollte ihr freier Verkehr nach dieser Verordnung gewährleistet sein. Allerdings sollten einstweilige Maßnahmen, einschließlich Sicherungsmaßnahmen, die angeordnet wurden, ohne dass der Beklagte vorgeladen wurde, nicht gemäß dieser Verordnung anerkannt und vollstreckt werden, es sei denn, die die Maßnahme enthaltende Entscheidung ist dem Beklagten vor der Vollstreckung zugestellt worden. Dies sollte die Anerkennung und Vollstreckung solcher Maßnahmen gemäß einzelstaatlichem Recht nicht ausschließen. Werden einstweilige Maßnahmen, einschließlich Sicherungsmaßnahmen, von einem Gericht eines Mitgliedstaats angeordnet, das für die Entscheidung in der Hauptsache nicht zuständig ist, sollte die Wirkung dieser Maßnahmen auf das Hoheitsgebiet des betreffenden Mitgliedstaats gemäß dieser Verordnung beschränkt werden.

(34) Um die Kontinuität zwischen dem Brüsseler Übereinkommen von 1968, der Verordnung (EG) Nr. 44/2001 und dieser Verordnung zu wahren, sollten Übergangsvorschriften vorgesehen werden. Dies gilt auch für die Auslegung des Brüsseler Übereinkommens von 1968 und der es ersetzenden Verordnungen durch den Gerichtshof der Europäischen Union.

(35) Um die internationalen Verpflichtungen, die die Mitgliedstaaten eingegangen sind, zu wahren, darf sich diese Verordnung nicht auf von den Mitgliedstaaten geschlossene Übereinkommen in besonderen Rechtsgebieten auswirken.

(36) Unbeschadet der Pflichten der Mitgliedstaaten nach den Verträgen sollte diese Verordnung nicht die Anwendung der bilateralen Übereinkünfte und Vereinbarungen berühren, die vor dem Inkrafttreten der Verordnung (EG) Nr. 44/2001 zwischen einem Drittstaat und einem Mitgliedstaat geschlossen wurden und in dieser Verordnung geregelte Angelegenheiten betreffen.

(37) Um sicherzustellen, dass die im Zusammenhang mit der Anerkennung oder Vollstreckung von Entscheidungen, öffentlichen Urkun-

den und gerichtlichen Vergleichen nach dieser Verordnung zu verwendenden Bescheinigungen stets auf dem neuesten Stand sind, sollte der Kommission die Befugnis übertragen werden, gemäß Artikel 290 AEUV Rechtsakte hinsichtlich Änderungen der Anhänge I und II dieser Verordnung zu erlassen. Es ist besonders wichtig, dass die Kommission bei ihren vorbereitenden Arbeiten angemessene Konsultationen auch auf Expertenebene durchführt. Bei der Vorbereitung und Ausarbeitung delegierter Rechtsakte sollte die Kommission dafür sorgen, dass die einschlägigen Dokumente dem Europäischen Parlament und dem Rat gleichzeitig, rechtzeitig und auf angemessene Weise übermittelt werden.

(38) Diese Verordnung steht im Einklang mit den Grundrechten und Grundsätzen, die mit der Charta der Grundrechte der Europäischen Union anerkannt wurden, insbesondere mit dem in Artikel 47 der Charta verbürgten Recht auf einen wirksamen Rechtsbehelf und ein unparteiisches Gericht.

(39) Da das Ziel dieser Verordnung auf der Ebene der Mitgliedstaaten nicht hinreichend verwirklicht werden kann und besser auf Unionsebene zu erreichen ist, kann die Union im Einklang mit dem Subsidiaritätsprinzip nach Artikel 5 des Vertrags über die Europäische Union (EUV) tätig werden. In Übereinstimmung mit dem in demselben Artikel genannten Grundsatz der Verhältnismäßigkeit geht diese Verordnung nicht über das zur Erreichung dieses Ziels erforderliche Maß hinaus.

(40) Das Vereinigte Königreich und Irland haben sich gemäß Artikel 3 des dem EUV und dem seinerzeitigen Vertrag zur Gründung der Europäischen Gemeinschaft beigefügten Protokolls über die Position des Vereinigten Königreichs und Irlands an der Annahme und Anwendung der Verordnung (EG) Nr. 44/2001 beteiligt. Gemäß Artikel 3 des dem EUV und dem AEUV beigefügten Protokolls Nr. 21 über die Position des Vereinigten Königreichs und Irlands hinsichtlich des Raums der Freiheit, der Sicherheit und des Rechts haben das Vereinigte Königreich und Irland mitgeteilt, dass sie sich an der Annahme und Anwendung dieser Verordnung beteiligen möchten.

(41) Gemäß den Artikeln 1 und 2 des dem EUV und dem AEUV beigefügten Protokolls Nr. 22 über die Position Dänemarks beteiligt sich Dänemark nicht an der Annahme dieser Verordnung und ist weder durch diese Verordnung gebunden noch zu ihrer Anwendung verpflichtet; dabei steht es Dänemark jedoch gemäß Artikel 3 des Abkommens vom 19. Oktober 2005 zwischen der Europäischen Gemeinschaft und dem Königreich Dänemark über die gerichtliche Zuständigkeit und die Anerkennung und Vollstreckung von Entscheidungen in Zivil- und Handelssachen[1] frei, die Änderungen der Verordnung (EG) Nr. 44/2001 anzuwenden –

[1] ABl. L 299 vom 16. 11. 2005, S. 62.

HABEN FOLGENDE VERORDNUNG ERLASSEN:

Kapitel I. Anwendungsbereich und Begriffsbestimmungen.

Art. 1. (1) Diese Verordnung ist in Zivil- und Handelssachen anzuwenden, ohne dass es auf die Art der Gerichtsbarkeit ankommt. Sie gilt insbesondere nicht für Steuer- und Zollsachen sowie verwaltungsrechtliche Angelegenheiten oder die Haftung des Staates für Handlungen oder Unterlassungen im Rahmen der Ausübung hoheitlicher Rechte (acta iure imperii).

(2) Sie ist nicht anzuwenden auf:

a) den Personenstand, die Rechts- und Handlungsfähigkeit sowie die gesetzliche Vertretung von natürlichen Personen, die ehelichen Güterstände oder Güterstände aufgrund von Verhältnissen, die nach dem auf diese Verhältnisse anzuwendenden Recht mit der Ehe vergleichbare Wirkungen entfalten,

b) Konkurse, Vergleiche und ähnliche Verfahren,

c) die soziale Sicherheit,

d) die Schiedsgerichtsbarkeit,

e) Unterhaltspflichten, die auf einem Familien-, Verwandtschafts- oder eherechtlichen Verhältnis oder auf Schwägerschaft beruhen,

f) das Gebiet des Testaments- und Erbrechts, einschließlich Unterhaltspflichten, die mit dem Tod entstehen.

Art. 2. Für die Zwecke dieser Verordnung bezeichnet der Ausdruck

a) „Entscheidung" jede von einem Gericht eines Mitgliedstaats erlassene Entscheidung ohne Rücksicht auf ihre Bezeichnung wie Urteil, Beschluss, Zahlungsbefehl oder Vollstreckungsbescheid, einschließlich des Kostenfestsetzungsbeschlusses eines Gerichtsbediensteten.
Für die Zwecke von Kapitel III umfasst der Ausdruck „Entscheidung" auch einstweilige Maßnahmen einschließlich Sicherungsmaßnahmen, die von einem nach dieser Verordnung in der Hauptsache zuständigen Gericht angeordnet wurden. Hierzu gehören keine einstweiligen Maßnahmen einschließlich Sicherungsmaßnahmen, die von einem solchen Gericht angeordnet wurden, ohne dass der Beklagte vorgeladen wurde, es sei denn, die Entscheidung, welche die Maßnahme enthält, wird ihm vor der Vollstreckung zugestellt;

b) „gerichtlicher Vergleich" einen Vergleich, der von einem Gericht eines Mitgliedstaats gebilligt oder vor einem Gericht eines Mitgliedstaats im Laufe eines Verfahrens geschlossen worden ist;

c) „öffentliche Urkunde" ein Schriftstück, das als öffentliche Urkunde im Ursprungsmitgliedstaat förmlich errichtet oder eingetragen worden ist und dessen Beweiskraft

i) sich auf die Unterschrift und den Inhalt der öffentlichen Urkunde bezieht und

ii) durch eine Behörde oder eine andere hierzu ermächtigte Stelle festgestellt worden ist;

d) „Ursprungsmitgliedstaat" den Mitgliedstaat, in dem die Entscheidung ergangen, der gerichtliche Vergleich gebilligt oder geschlossen oder die öffentliche Urkunde förmlich errichtet oder eingetragen worden ist;

e) „ersuchter Mitgliedstaat" den Mitgliedstaat, in dem die Anerkennung der Entscheidung geltend gemacht oder die Vollstreckung der Entscheidung, des gerichtlichen Vergleichs oder der öffentlichen Urkunde beantragt wird;

f) „Ursprungsgericht" das Gericht, das die Entscheidung erlassen hat, deren Anerkennung geltend gemacht oder deren Vollstreckung beantragt wird.

Art. 3. Für die Zwecke dieser Verordnung umfasst der Begriff „Gericht" die folgenden Behörden, soweit und sofern sie für eine in den Anwendungsbereich dieser Verordnung fallende Angelegenheit zuständig sind:

a) in Ungarn, bei summarischen Mahnverfahren (fizetési meghagyásos eljárás), den Notar (közjegyző),

b) in Schweden, bei summarischen Mahnverfahren (betalningsföreläggande) und Beistandsverfahren (handräckning), das Amt für Beitreibung (Kronofogdemyndigheten).

Kapitel II. Zuständigkeit

Abschnitt 1. Allgemeine Bestimmungen

Art. 4. (1) Vorbehaltlich der Vorschriften dieser Verordnung sind Personen, die ihren Wohnsitz im Hoheitsgebiet eines Mitgliedstaats haben, ohne Rücksicht auf ihre Staatsangehörigkeit vor den Gerichten dieses Mitgliedstaats zu verklagen.

(2) Auf Personen, die nicht dem Mitgliedstaat, in dem sie ihren Wohnsitz haben, angehören, sind die für Staatsangehörige dieses Mitgliedstaats maßgebenden Zuständigkeitsvorschriften anzuwenden.

Art. 5. (1) Personen, die ihren Wohnsitz im Hoheitsgebiet eines Mitgliedstaats haben, können vor den Gerichten eines anderen Mitgliedstaats nur gemäß den Vorschriften der Abschnitte 2 bis 7 dieses Kapitels verklagt werden.

(2) Gegen die in Absatz 1 genannten Personen können insbesondere nicht die innerstaatlichen Zuständigkeitsvorschriften, welche die Mit-

gliedstaaten der Kommission gemäß Artikel 76 Absatz 1 Buchstabe a notifizieren, geltend gemacht werden.

Art. 6. (1) Hat der Beklagte keinen Wohnsitz im Hoheitsgebiet eines Mitgliedstaats, so bestimmt sich vorbehaltlich des Artikels 18 Absatz 1, des Artikels 21 Absatz 2 und der Artikel 24 und 25 die Zuständigkeit der Gerichte eines jeden Mitgliedstaats nach dessen eigenem Recht.

(2) Gegenüber einem Beklagten, der keinen Wohnsitz im Hoheitsgebiet eines Mitgliedstaats hat, kann sich unabhängig von ihrer Staatsangehörigkeit jede Person, die ihren Wohnsitz im Hoheitsgebiet eines Mitgliedstaats hat, in diesem Mitgliedstaat auf die dort geltenden Zuständigkeitsvorschriften, insbesondere auf diejenigen, welche die Mitgliedstaaten der Kommission gemäß Artikel 76 Absatz 1 Buchstabe a notifizieren, wie ein Staatsangehöriger dieses Mitgliedstaats berufen.

Abschnitt 2. Besondere Zuständigkeiten

Art. 7. Eine Person, die ihren Wohnsitz im Hoheitsgebiet eines Mitgliedstaats hat, kann in einem anderen Mitgliedstaat verklagt werden:

1. a) wenn ein Vertrag oder Ansprüche aus einem Vertrag den Gegenstand des Verfahrens bilden, vor dem Gericht des Ortes, an dem die Verpflichtung erfüllt worden ist oder zu erfüllen wäre;
   b) im Sinne dieser Vorschrift – und sofern nichts anderes vereinbart worden ist – ist der Erfüllungsort der Verpflichtung
      – für den Verkauf beweglicher Sachen der Ort in einem Mitgliedstaat, an dem sie nach dem Vertrag geliefert worden sind oder hätten geliefert werden müssen;
      – für die Erbringung von Dienstleistungen der Ort in einem Mitgliedstaat, an dem sie nach dem Vertrag erbracht worden sind oder hätten erbracht werden müssen;
   c) ist Buchstabe b nicht anwendbar, so gilt Buchstabe a;
2. wenn eine unerlaubte Handlung oder eine Handlung, die einer unerlaubten Handlung gleichgestellt ist, oder wenn Ansprüche aus einer solchen Handlung den Gegenstand des Verfahrens bilden, vor dem Gericht des Ortes, an dem das schädigende Ereignis eingetreten ist oder einzutreten droht;
3. wenn es sich um eine Klage auf Schadenersatz oder auf Wiederherstellung des früheren Zustands handelt, die auf eine mit Strafe bedrohte Handlung gestützt wird, vor dem Strafgericht, bei dem die öffentliche Klage erhoben ist, soweit dieses Gericht nach seinem Recht über zivilrechtliche Ansprüche erkennen kann;
4. wenn es sich um einen auf Eigentum gestützten zivilrechtlichen Anspruch zur Wiedererlangung eines Kulturguts im Sinne des Artikels 1 Nummer 1 der Richtlinie 93/7/EWG handelt, der von der Person geltend gemacht wurde, die das Recht auf Wiedererlangung eines solchen Gutes für sich in Anspruch nimmt, vor dem Gericht des

Ortes, an dem sich das Kulturgut zum Zeitpunkt der Anrufung des Gerichts befindet;

5. wenn es sich um Streitigkeiten aus dem Betrieb einer Zweigniederlassung, einer Agentur oder einer sonstigen Niederlassung handelt, vor dem Gericht des Ortes, an dem sich diese befindet;
6. wenn es sich um eine Klage gegen einen Begründer, Trustee oder Begünstigten eines Trust handelt, der aufgrund eines Gesetzes oder durch schriftlich vorgenommenes oder schriftlich bestätigtes Rechtsgeschäft errichtet worden ist, vor den Gerichten des Mitgliedstaats, in dessen Hoheitsgebiet der Trust seinen Sitz hat;
7. wenn es sich um eine Streitigkeit wegen der Zahlung von Berge- und Hilfslohn handelt, der für Bergungs- oder Hilfeleistungsarbeiten gefordert wird, die zugunsten einer Ladung oder einer Frachtforderung erbracht worden sind, vor dem Gericht, in dessen Zuständigkeitsbereich diese Ladung oder die entsprechende Frachtforderung
   a) mit Arrest belegt worden ist, um die Zahlung zu gewährleisten, oder
   b) mit Arrest hätte belegt werden können, jedoch dafür eine Bürgschaft oder eine andere Sicherheit geleistet worden ist;

   diese Vorschrift ist nur anzuwenden, wenn behauptet wird, dass der Beklagte Rechte an der Ladung oder an der Frachtforderung hat oder zur Zeit der Bergungs- oder Hilfeleistungsarbeiten hatte.

Art. 8. Eine Person, die ihren Wohnsitz im Hoheitsgebiet eines Mitgliedstaats hat, kann auch verklagt werden:

1. wenn mehrere Personen zusammen verklagt werden, vor dem Gericht des Ortes, an dem einer der Beklagten seinen Wohnsitz hat, sofern zwischen den Klagen eine so enge Beziehung gegeben ist, dass eine gemeinsame Verhandlung und Entscheidung geboten erscheint, um zu vermeiden, dass in getrennten Verfahren widersprechende Entscheidungen ergehen könnten;
2. wenn es sich um eine Klage auf Gewährleistung oder um eine Interventionsklage handelt, vor dem Gericht des Hauptprozesses, es sei denn, dass die Klage nur erhoben worden ist, um diese Person dem für sie zuständigen Gericht zu entziehen;
3. wenn es sich um eine Widerklage handelt, die auf denselben Vertrag oder Sachverhalt wie die Klage selbst gestützt wird, vor dem Gericht, bei dem die Klage selbst anhängig ist;
4. wenn ein Vertrag oder Ansprüche aus einem Vertrag den Gegenstand des Verfahrens bilden und die Klage mit einer Klage wegen dinglicher Rechte an unbeweglichen Sachen gegen denselben Beklagten verbunden werden kann, vor dem Gericht des Mitgliedstaats, in dessen Hoheitsgebiet die unbewegliche Sache belegen ist.

Art. 9. Ist ein Gericht eines Mitgliedstaats nach dieser Verordnung zur Entscheidung in Verfahren wegen einer Haftpflicht aufgrund der Verwendung oder des Betriebs eines Schiffes zuständig, so entscheidet dieses oder ein anderes an seiner Stelle durch das Recht dieses Mitgliedstaats bestimmtes Gericht auch über Klagen auf Beschränkung dieser Haftung.

Abschnitt 3. Zuständigkeit für Versicherungssachen

Art. 10. Für Klagen in Versicherungssachen bestimmt sich die Zuständigkeit unbeschadet des Artikels 6 und des Artikels 7 Nummer 5 nach diesem Abschnitt.

Art. 11. (1) Ein Versicherer, der seinen Wohnsitz im Hoheitsgebiet eines Mitgliedstaats hat, kann verklagt werden:

a) vor den Gerichten des Mitgliedstaats, in dem er seinen Wohnsitz hat,
b) in einem anderen Mitgliedstaat bei Klagen des Versicherungsnehmers, des Versicherten oder des Begünstigten vor dem Gericht des Ortes, an dem der Kläger seinen Wohnsitz hat, oder
c) falls es sich um einen Mitversicherer handelt, vor dem Gericht eines Mitgliedstaats, bei dem der federführende Versicherer verklagt wird.

(2) Hat der Versicherer im Hoheitsgebiet eines Mitgliedstaats keinen Wohnsitz, besitzt er aber in einem Mitgliedstaat eine Zweigniederlassung, Agentur oder sonstige Niederlassung, so wird er für Streitigkeiten aus ihrem Betrieb so behandelt, wie wenn er seinen Wohnsitz im Hoheitsgebiet dieses Mitgliedstaats hätte.

Art. 12. Bei der Haftpflichtversicherung oder bei der Versicherung von unbeweglichen Sachen kann der Versicherer außerdem vor dem Gericht des Ortes, an dem das schädigende Ereignis eingetreten ist, verklagt werden. Das Gleiche gilt, wenn sowohl bewegliche als auch unbewegliche Sachen in ein und demselben Versicherungsvertrag versichert und von demselben Schadensfall betroffen sind.

Art. 13. (1) Bei der Haftpflichtversicherung kann der Versicherer auch vor das Gericht, bei dem die Klage des Geschädigten gegen den Versicherten anhängig ist, geladen werden, sofern dies nach dem Recht des angerufenen Gerichts zulässig ist.

(2) Auf eine Klage, die der Geschädigte unmittelbar gegen den Versicherer erhebt, sind die Artikel 10, 11 und 12 anzuwenden, sofern eine solche unmittelbare Klage zulässig ist.

(3) Sieht das für die unmittelbare Klage maßgebliche Recht die Streitverkündung gegen den Versicherungsnehmer oder den Versicherten vor, so ist dasselbe Gericht auch für diese Personen zuständig.

Art. 14. (1) Vorbehaltlich der Bestimmungen des Artikels 13 Absatz 3 kann der Versicherer nur vor den Gerichten des Mitgliedstaats klagen, in dessen Hoheitsgebiet der Beklagte seinen Wohnsitz hat, ohne Rücksicht darauf, ob dieser Versicherungsnehmer, Versicherter oder Begünstigter ist.

(2) Die Vorschriften dieses Abschnitts lassen das Recht unberührt, eine Widerklage vor dem Gericht zu erheben, bei dem die Klage selbst gemäß den Bestimmungen dieses Abschnitts anhängig ist.

Art. 15. Von den Vorschriften dieses Abschnitts kann im Wege der Vereinbarung nur abgewichen werden,

1. wenn die Vereinbarung nach der Entstehung der Streitigkeit getroffen wird,
2. wenn sie dem Versicherungsnehmer, Versicherten oder Begünstigten die Befugnis einräumt, andere als die in diesem Abschnitt angeführten Gerichte anzurufen,
3. wenn sie zwischen einem Versicherungsnehmer und einem Versicherer, die zum Zeitpunkt des Vertragsabschlusses ihren Wohnsitz oder gewöhnlichen Aufenthalt in demselben Mitgliedstaat haben, getroffen ist, um die Zuständigkeit der Gerichte dieses Mitgliedstaats auch für den Fall zu begründen, dass das schädigende Ereignis im Ausland eintritt, es sei denn, dass eine solche Vereinbarung nach dem Recht dieses Mitgliedstaats nicht zulässig ist,
4. wenn sie von einem Versicherungsnehmer geschlossen ist, der seinen Wohnsitz nicht in einem Mitgliedstaat hat, ausgenommen soweit sie eine Versicherung, zu deren Abschluss eine gesetzliche Verpflichtung besteht, oder die Versicherung von unbeweglichen Sachen in einem Mitgliedstaat betrifft, oder
5. wenn sie einen Versicherungsvertrag betrifft, soweit dieser eines oder mehrere der in Artikel 16 aufgeführten Risiken deckt.

Art. 16. Die in Artikel 15 Nummer 5 erwähnten Risiken sind die folgenden:

1. sämtliche Schäden
   a) an Seeschiffen, Anlagen vor der Küste und auf hoher See oder Luftfahrzeugen aus Gefahren, die mit ihrer Verwendung zu gewerblichen Zwecken verbunden sind,
   b) an Transportgütern, ausgenommen Reisegepäck der Passagiere, wenn diese Güter ausschließlich oder zum Teil mit diesen Schiffen oder Luftfahrzeugen befördert werden;
2. Haftpflicht aller Art mit Ausnahme der Haftung für Personenschäden an Passagieren oder Schäden an deren Reisegepäck,
   a) *aus der Verwendung* oder dem Betrieb von Seeschiffen, Anlagen oder Luftfahrzeugen gemäß Nummer 1 Buchstabe a, es sei denn, dass – was die letztgenannten betrifft – nach den Rechtsvorschrif-

ten des Mitgliedstaats, in dem das Luftfahrzeug eingetragen ist, Gerichtsstandsvereinbarungen für die Versicherung solcher Risiken untersagt sind,

b) für Schäden, die durch Transportgüter während einer Beförderung im Sinne von Nummer 1 Buchstabe b verursacht werden;

3. finanzielle Verluste im Zusammenhang mit der Verwendung oder dem Betrieb von Seeschiffen, Anlagen oder Luftfahrzeugen gemäß Nummer 1 Buchstabe a, insbesondere Fracht- oder Charterverlust;

4. irgendein zusätzliches Risiko, das mit einem der unter den Nummern 1 bis 3 genannten Risiken in Zusammenhang steht;

5. unbeschadet der Nummern 1 bis 4 alle „Großrisiken" entsprechend der Begriffsbestimmung in der Richtlinie 2009/138/EG des Europäischen Parlaments und des Rates vom 25. November 2009 betreffend die Aufnahme und Ausübung der Versicherungs- und der Rückversicherungstätigkeit (Solvabilität II)[1].

Abschnitt 4. Zuständigkeit bei Verbrauchersachen

Art. 17. (1) Bilden ein Vertrag oder Ansprüche aus einem Vertrag, den eine Person, der Verbraucher, zu einem Zweck geschlossen hat, der nicht der beruflichen oder gewerblichen Tätigkeit dieser Person zugerechnet werden kann, den Gegenstand des Verfahrens, so bestimmt sich die Zuständigkeit unbeschadet des Artikels 6 und des Artikels 7 Nummer 5 nach diesem Abschnitt,

a) wenn es sich um den Kauf beweglicher Sachen auf Teilzahlung handelt,

b) wenn es sich um ein in Raten zurückzuzahlendes Darlehen oder ein anderes Kreditgeschäft handelt, das zur Finanzierung eines Kaufs derartiger Sachen bestimmt ist, oder

c) in allen anderen Fällen, wenn der andere Vertragspartner in dem Mitgliedstaat, in dessen Hoheitsgebiet der Verbraucher seinen Wohnsitz hat, eine berufliche oder gewerbliche Tätigkeit ausübt oder eine solche auf irgendeinem Wege auf diesen Mitgliedstaat oder auf mehrere Staaten, einschließlich dieses Mitgliedstaats, ausrichtet und der Vertrag in den Bereich dieser Tätigkeit fällt.

(2) Hat der Vertragspartner des Verbrauchers im Hoheitsgebiet eines Mitgliedstaats keinen Wohnsitz, besitzt er aber in einem Mitgliedstaat eine Zweigniederlassung, Agentur oder sonstige Niederlassung, so wird er für Streitigkeiten aus ihrem Betrieb so behandelt, wie wenn er seinen Wohnsitz im Hoheitsgebiet dieses Mitgliedstaats hätte.

(3) Dieser Abschnitt ist nicht auf Beförderungsverträge mit Ausnahme von Reiseverträgen, die für einen Pauschalpreis kombinierte Beförderungs- und Unterbringungsleistungen vorsehen, anzuwenden.

---

[1] ABl. L 335 vom 17. 12. 2009, S. 1.

Art. 18. (1) Die Klage eines Verbrauchers gegen den anderen Vertragspartner kann entweder vor den Gerichten des Mitgliedstaats erhoben werden, in dessen Hoheitsgebiet dieser Vertragspartner seinen Wohnsitz hat, oder ohne Rücksicht auf den Wohnsitz des anderen Vertragspartners vor dem Gericht des Ortes, an dem der Verbraucher seinen Wohnsitz hat.

(2) Die Klage des anderen Vertragspartners gegen den Verbraucher kann nur vor den Gerichten des Mitgliedstaats erhoben werden, in dessen Hoheitsgebiet der Verbraucher seinen Wohnsitz hat.

(3) Die Vorschriften dieses Artikels lassen das Recht unberührt, eine Widerklage vor dem Gericht zu erheben, bei dem die Klage selbst gemäß den Bestimmungen dieses Abschnitts anhängig ist.

Art. 19. Von den Vorschriften dieses Abschnitts kann im Wege der Vereinbarung nur abgewichen werden,

1. wenn die Vereinbarung nach der Entstehung der Streitigkeit getroffen wird,
2. wenn sie dem Verbraucher die Befugnis einräumt, andere als die in diesem Abschnitt angeführten Gerichte anzurufen, oder
3. wenn sie zwischen einem Verbraucher und seinem Vertragspartner, die zum Zeitpunkt des Vertragsabschlusses ihren Wohnsitz oder gewöhnlichen Aufenthalt in demselben Mitgliedstaat haben, getroffen ist und die Zuständigkeit der Gerichte dieses Mitgliedstaats begründet, es sei denn, dass eine solche Vereinbarung nach dem Recht dieses Mitgliedstaats nicht zulässig ist.

Abschnitt 5. Zuständigkeit für individuelle Arbeitsverträge

Art. 20. (1) Bilden ein individueller Arbeitsvertrag oder Ansprüche aus einem individuellen Arbeitsvertrag den Gegenstand des Verfahrens, so bestimmt sich die Zuständigkeit unbeschadet des Artikels 6, des Artikels 7 Nummer 5 und, wenn die Klage gegen den Arbeitgeber erhoben wurde, des Artikels 8 Nummer 1 nach diesem Abschnitt.

(2) Hat der Arbeitgeber, mit dem der Arbeitnehmer einen individuellen Arbeitsvertrag geschlossen hat, im Hoheitsgebiet eines Mitgliedstaats keinen Wohnsitz, besitzt er aber in einem Mitgliedstaat eine Zweigniederlassung, Agentur oder sonstige Niederlassung, so wird er für Streitigkeiten aus ihrem Betrieb so behandelt, wie wenn er seinen Wohnsitz im Hoheitsgebiet dieses Mitgliedstaats hätte.

Art. 21. (1) Ein Arbeitgeber, der seinen Wohnsitz im Hoheitsgebiet eines Mitgliedstaats hat, kann verklagt werden:

a) vor den Gerichten des Mitgliedstaats, in dem er seinen Wohnsitz hat, oder

b) in einem anderen Mitgliedstaat
   i) vor dem Gericht des Ortes, an dem oder von dem aus der Arbeitnehmer gewöhnlich seine Arbeit verrichtet oder zuletzt gewöhnlich verrichtet hat, oder
   ii) wenn der Arbeitnehmer seine Arbeit gewöhnlich nicht in ein und demselben Staat verrichtet oder verrichtet hat, vor dem Gericht des Ortes, an dem sich die Niederlassung, die den Arbeitnehmer eingestellt hat, befindet oder befand.

(2) Ein Arbeitgeber, der seinen Wohnsitz nicht im Hoheitsgebiet eines Mitgliedstaats hat, kann vor dem Gericht eines Mitgliedstaats gemäß Absatz 1 Buchstabe b verklagt werden.

Art. 22. (1) Die Klage des Arbeitgebers kann nur vor den Gerichten des Mitgliedstaats erhoben werden, in dessen Hoheitsgebiet der Arbeitnehmer seinen Wohnsitz hat.

(2) Die Vorschriften dieses Abschnitts lassen das Recht unberührt, eine Widerklage vor dem Gericht zu erheben, bei dem die Klage selbst gemäß den Bestimmungen dieses Abschnitts anhängig ist.

Art. 23. Von den Vorschriften dieses Abschnitts kann im Wege der Vereinbarung nur abgewichen werden,

1. wenn die Vereinbarung nach der Entstehung der Streitigkeit getroffen wird oder
2. wenn sie dem Arbeitnehmer die Befugnis einräumt, andere als die in diesem Abschnitt angeführten Gerichte anzurufen.

Abschnitt 6. Ausschließliche Zuständigkeiten

Art. 24. Ohne Rücksicht auf den Wohnsitz der Parteien sind folgende Gerichte eines Mitgliedstaats ausschließlich zuständig:

1. für Verfahren, welche dingliche Rechte an unbeweglichen Sachen sowie die Miete oder Pacht von unbeweglichen Sachen zum Gegenstand haben, die Gerichte des Mitgliedstaats, in dem die unbewegliche Sache belegen ist.
   Jedoch sind für Verfahren betreffend die Miete oder Pacht unbeweglicher Sachen zum vorübergehenden privaten Gebrauch für höchstens sechs aufeinander folgende Monate auch die Gerichte des Mitgliedstaats zuständig, in dem der Beklagte seinen Wohnsitz hat, sofern es sich bei dem Mieter oder Pächter um eine natürliche Person handelt und der Eigentümer sowie der Mieter oder Pächter ihren Wohnsitz in demselben Mitgliedstaat haben;
2. für Verfahren, welche die Gültigkeit, die Nichtigkeit oder die Auflösung einer Gesellschaft oder juristischen Person oder die Gültigkeit der Beschlüsse ihrer Organe zum Gegenstand haben, die Gerichte des Mitgliedstaats, in dessen Hoheitsgebiet die Gesellschaft oder juristische Person ihren Sitz hat. Bei der Entscheidung darüber, wo der

Sitz sich befindet, wendet das Gericht die Vorschriften seines Internationalen Privatrechts an;

3. für Verfahren, welche die Gültigkeit von Eintragungen in öffentliche Register zum Gegenstand haben, die Gerichte des Mitgliedstaats, in dessen Hoheitsgebiet die Register geführt werden;
4. für Verfahren, welche die Eintragung oder die Gültigkeit von Patenten, Marken, Mustern und Modellen sowie ähnlicher Rechte, die einer Hinterlegung oder Registrierung bedürfen, zum Gegenstand haben, unabhängig davon, ob die Frage im Wege der Klage oder der Einrede aufgeworfen wird, die Gerichte des Mitgliedstaats, in dessen Hoheitsgebiet die Hinterlegung oder Registrierung beantragt oder vorgenommen worden ist oder aufgrund eines Unionsrechtsakts oder eines zwischenstaatlichen Übereinkommens als vorgenommen gilt.
   Unbeschadet der Zuständigkeit des Europäischen Patentamts nach dem am 5. Oktober 1973 in München unterzeichneten Übereinkommen über die Erteilung europäischer Patente sind die Gerichte eines jeden Mitgliedstaats für alle Verfahren ausschließlich zuständig, welche die Erteilung oder die Gültigkeit eines europäischen Patents zum Gegenstand haben, das für diesen Mitgliedstaat erteilt wurde;
5. für Verfahren, welche die Zwangsvollstreckung aus Entscheidungen zum Gegenstand haben, die Gerichte des Mitgliedstaats, in dessen Hoheitsgebiet die Zwangsvollstreckung durchgeführt werden soll oder durchgeführt worden ist.

Abschnitt 7. Vereinbarung über die Zuständigkeit

Art. 25. (1) Haben die Parteien unabhängig von ihrem Wohnsitz vereinbart, dass ein Gericht oder die Gerichte eines Mitgliedstaats über eine bereits entstandene Rechtsstreitigkeit oder über eine künftige aus einem bestimmten Rechtsverhältnis entspringende Rechtsstreitigkeit entscheiden sollen, so sind dieses Gericht oder die Gerichte dieses Mitgliedstaats zuständig, es sei denn, die Vereinbarung ist nach dem Recht dieses Mitgliedstaats materiell ungültig. Dieses Gericht oder die Gerichte dieses Mitgliedstaats sind ausschließlich zuständig, sofern die Parteien nichts anderes vereinbart haben. Die Gerichtsstandsvereinbarung muss geschlossen werden:

a) schriftlich oder mündlich mit schriftlicher Bestätigung,
b) in einer Form, welche den Gepflogenheiten entspricht, die zwischen den Parteien entstanden sind, oder
c) im internationalen Handel in einer Form, die einem Handelsbrauch entspricht, den die Parteien kannten oder kennen mussten und den Parteien von Verträgen dieser Art in dem betreffenden Geschäftszweig allgemein kennen und regelmäßig beachten.

(2) Elektronische Übermittlungen, die eine dauerhafte Aufzeichnung der Vereinbarung ermöglichen, sind der Schriftform gleichgestellt.

(3) Ist in schriftlich niedergelegten Trust-Bedingungen bestimmt, dass über Klagen gegen einen Begründer, Trustee oder Begünstigten eines Trust ein Gericht oder die Gerichte eines Mitgliedstaats entscheiden sollen, so ist dieses Gericht oder sind diese Gerichte ausschließlich zuständig, wenn es sich um Beziehungen zwischen diesen Personen oder ihre Rechte oder Pflichten im Rahmen des Trust handelt.

(4) Gerichtsstandsvereinbarungen und entsprechende Bestimmungen in Trust-Bedingungen haben keine rechtliche Wirkung, wenn sie den Vorschriften der Artikel 15, 19 oder 23 zuwiderlaufen oder wenn die Gerichte, deren Zuständigkeit abbedungen wird, aufgrund des Artikels 24 ausschließlich zuständig sind.

(5) Eine Gerichtsstandsvereinbarung, die Teil eines Vertrags ist, ist als eine von den übrigen Vertragsbestimmungen unabhängige Vereinbarung zu behandeln.

Die Gültigkeit der Gerichtsstandsvereinbarung kann nicht allein mit der Begründung in Frage gestellt werden, dass der Vertrag nicht gültig ist.

Art. 26. (1) Sofern das Gericht eines Mitgliedstaats nicht bereits nach anderen Vorschriften dieser Verordnung zuständig ist, wird es zuständig, wenn sich der Beklagte vor ihm auf das Verfahren einlässt. Dies gilt nicht, wenn der Beklagte sich einlässt, um den Mangel der Zuständigkeit geltend zu machen oder wenn ein anderes Gericht aufgrund des Artikels 24 ausschließlich zuständig ist.

(2) In Streitigkeiten nach den Abschnitten 3, 4 oder 5, in denen der Beklagte Versicherungsnehmer, Versicherter, Begünstigter eines Versicherungsvertrags, Geschädigter, Verbraucher oder Arbeitnehmer ist, stellt das Gericht, bevor es sich nach Absatz 1 für zuständig erklärt, sicher, dass der Beklagte über sein Recht, die Unzuständigkeit des Gerichts geltend zu machen, und über die Folgen der Einlassung oder Nichteinlassung auf das Verfahren belehrt wird.

Abschnitt 8. Prüfung der Zuständigkeit und der Zulässigkeit des Verfahrens

Art. 27. Das Gericht eines Mitgliedstaats hat sich von Amts wegen für unzuständig zu erklären, wenn es wegen einer Streitigkeit angerufen wird, für die das Gericht eines anderen Mitgliedstaats aufgrund des Artikels 24 ausschließlich zuständig ist.

Art. 28. (1) Lässt sich der Beklagte, der seinen Wohnsitz im Hoheitsgebiet eines Mitgliedstaats hat und der vor dem Gericht eines anderen Mitgliedstaats verklagt wird, auf das Verfahren nicht ein, so hat sich das Gericht von Amts wegen für unzuständig zu erklären, wenn seine Zuständigkeit nicht nach dieser Verordnung begründet ist.

(2) Das Gericht hat das Verfahren so lange auszusetzen, bis festgestellt ist, dass es dem Beklagten möglich war, das verfahrenseinleitende

Schriftstück oder ein gleichwertiges Schriftstück so rechtzeitig zu empfangen, dass er sich verteidigen konnte oder dass alle hierzu erforderlichen Maßnahmen getroffen worden sind.

(3) An die Stelle von Absatz 2 tritt Artikel 19 der Verordnung (EG) Nr. 1393/2007 des Europäischen Parlaments und des Rates vom 13. November 2007 über die Zustellung gerichtlicher und außergerichtlicher Schriftstücke in Zivil- oder Handelssachen in den Mitgliedstaaten (Zustellung von Schriftstücken)[1], wenn das verfahrenseinleitende Schriftstück oder ein gleichwertiges Schriftstück nach der genannten Verordnung von einem Mitgliedstaat in einen anderen zu übermitteln war.

(4) Ist die Verordnung (EG) Nr. 1393/2007 nicht anwendbar, so gilt Artikel 15 des Haager Übereinkommens vom 15. November 1965 über die Zustellung gerichtlicher und außergerichtlicher Schriftstücke im Ausland in Zivil- und Handelssachen, wenn das verfahrenseinleitende Schriftstück oder ein gleichwertiges Schriftstück nach dem genannten Übereinkommen im Ausland zu übermitteln war.

Abschnitt 9. Anhängigkeit und im Zusammenhang stehende Verfahren

Art. 29. (1) Werden bei Gerichten verschiedener Mitgliedstaaten Klagen wegen desselben Anspruchs zwischen denselben Parteien anhängig gemacht, so setzt das später angerufene Gericht unbeschadet des Artikels 31 Absatz 2 das Verfahren von Amts wegen aus, bis die Zuständigkeit des zuerst angerufenen Gerichts feststeht.

(2) In den in Absatz 1 genannten Fällen teilt das angerufene Gericht auf Antrag eines anderen angerufenen Gerichts diesem unverzüglich mit, wann es gemäß Artikel 32 angerufen wurde.

(3) Sobald die Zuständigkeit des zuerst angerufenen Gerichts feststeht, erklärt sich das später angerufene Gericht zugunsten dieses Gerichts für unzuständig.

Art. 30. (1) Sind bei Gerichten verschiedener Mitgliedstaaten Verfahren, die im Zusammenhang stehen, anhängig, so kann jedes später angerufene Gericht das Verfahren aussetzen.

(2) Ist das beim zuerst angerufenen Gericht anhängige Verfahren in erster Instanz anhängig, so kann sich jedes später angerufene Gericht auf Antrag einer Partei auch für unzuständig erklären, wenn das zuerst angerufene Gericht für die betreffenden Verfahren zuständig ist und die Verbindung der Verfahren nach seinem Recht zulässig ist.

(3) Verfahren stehen im Sinne dieses Artikels im Zusammenhang, wenn zwischen ihnen eine so enge Beziehung gegeben ist, dass eine gemeinsame Verhandlung und Entscheidung geboten erscheint, um zu

[1] ABl. L 324 vom 10. 12. 2007, S. 79.

vermeiden, dass in getrennten Verfahren widersprechende Entscheidungen ergehen könnten.

Art. 31. (1) Ist für die Verfahren die ausschließliche Zuständigkeit mehrerer Gerichte gegeben, so hat sich das zuletzt angerufene Gericht zugunsten des zuerst angerufenen Gerichts für unzuständig zu erklären.

(2) Wird ein Gericht eines Mitgliedstaats angerufen, das gemäß einer Vereinbarung nach Artikel 25 ausschließlich zuständig ist, so setzt das Gericht des anderen Mitgliedstaats unbeschadet des Artikels 26 das Verfahren so lange aus, bis das auf der Grundlage der Vereinbarung angerufene Gericht erklärt hat, dass es gemäß der Vereinbarung nicht zuständig ist.

(3) Sobald das in der Vereinbarung bezeichnete Gericht die Zuständigkeit gemäß der Vereinbarung festgestellt hat, erklären sich die Gerichte des anderen Mitgliedstaats zugunsten dieses Gerichts für unzuständig.

(4) Die Absätze 2 und 3 gelten nicht für Streitigkeiten, die in den Abschnitten 3, 4 oder 5 genannt werden, wenn der Kläger Versicherungsnehmer, Versicherter, Begünstigter des Versicherungsvertrags, Geschädigter, Verbraucher oder Arbeitnehmer ist und die Vereinbarung nach einer in den genannten Abschnitten enthaltenen Bestimmung nicht gültig ist.

Art. 32. (1) Für die Zwecke dieses Abschnitts gilt ein Gericht als angerufen:

a) zu dem Zeitpunkt, zu dem das verfahrenseinleitende Schriftstück oder ein gleichwertiges Schriftstück bei Gericht eingereicht worden ist, vorausgesetzt, dass der Kläger es in der Folge nicht versäumt hat, die ihm obliegenden Maßnahmen zu treffen, um die Zustellung des Schriftstücks an den Beklagten zu bewirken, oder

b) falls die Zustellung an den Beklagten vor Einreichung des Schriftstücks bei Gericht zu bewirken ist, zu dem Zeitpunkt, zu dem die für die Zustellung verantwortliche Stelle das Schriftstück erhalten hat, vorausgesetzt, dass der Kläger es in der Folge nicht versäumt hat, die ihm obliegenden Maßnahmen zu treffen, um das Schriftstück bei Gericht einzureichen.

Die für die Zustellung verantwortliche Stelle im Sinne von Buchstabe b ist die Stelle, die die zuzustellenden Schriftstücke zuerst erhält.

(2) Das Gericht oder die für die Zustellung verantwortliche Stelle gemäß Absatz 1 vermerkt das Datum der Einreichung des verfahrenseinleitenden Schriftstücks oder gleichwertigen Schriftstücks beziehungsweise das Datum des Eingangs der zuzustellenden Schriftstücke.

Art. 33. (1) Beruht die Zuständigkeit auf Artikel 4 oder auf den Artikeln 7, 8 oder 9 und ist bei Anrufung eines Gerichts eines Mitgliedstaats wegen desselben Anspruchs zwischen denselben Parteien ein Verfahren vor dem Gericht eines Drittstaats anhängig, so kann das Gericht des Mitgliedstaats das Verfahren aussetzen, wenn

a) zu erwarten ist, dass das Gericht des Drittstaats eine Entscheidung erlassen wird, die in dem betreffenden Mitgliedstaat anerkannt und gegebenenfalls vollstreckt werden kann, und

b) das Gericht des Mitgliedstaats davon überzeugt ist, dass eine Aussetzung des Verfahrens im Interesse einer geordneten Rechtspflege erforderlich ist.

(2) Das Gericht des Mitgliedstaats kann das Verfahren jederzeit fortsetzen, wenn

a) das Verfahren vor dem Gericht des Drittstaats ebenfalls ausgesetzt oder eingestellt wurde,

b) das Gericht des Mitgliedstaats es für unwahrscheinlich hält, dass das vor dem Gericht des Drittstaats anhängige Verfahren innerhalb einer angemessenen Frist abgeschlossen wird, oder

c) die Fortsetzung des Verfahrens im Interesse einer geordneten Rechtspflege erforderlich ist.

(3) Das Gericht des Mitgliedstaats stellt das Verfahren ein, wenn das vor dem Gericht des Drittstaats anhängige Verfahren abgeschlossen ist und eine Entscheidung ergangen ist, die in diesem Mitgliedstaat anerkannt und gegebenenfalls vollstreckt werden kann.

(4) Das Gericht des Mitgliedstaats wendet diesen Artikel auf Antrag einer der Parteien oder, wenn dies nach einzelstaatlichem Recht möglich ist, von Amts wegen an.

Art. 34. (1) Beruht die Zuständigkeit auf Artikel 4 oder auf den Artikeln 7, 8 oder 9 und ist bei Anrufung eines Gerichts eines Mitgliedstaats vor einem Gericht eines Drittstaats ein Verfahren anhängig, das mit dem Verfahren vor dem Gericht des Mitgliedstaats in Zusammenhang steht, so kann das Gericht des Mitgliedstaats das Verfahren aussetzen, wenn

a) eine gemeinsame Verhandlung und Entscheidung der in Zusammenhang stehenden Verfahren geboten erscheint, um zu vermeiden, dass in getrennten Verfahren widersprechende Entscheidungen ergehen könnten,

b) zu erwarten ist, dass das Gericht des Drittstaats eine Entscheidung erlassen wird, die in dem betreffenden Mitgliedstaat anerkannt und gegebenenfalls vollstreckt werden kann, und

c) das Gericht des Mitgliedstaats davon überzeugt ist, dass die Aussetzung im Interesse einer geordneten Rechtspflege erforderlich ist.

(2) Das Gericht des Mitgliedstaats kann das Verfahren jederzeit fortsetzen, wenn

a) das Gericht des Mitgliedstaats es für wahrscheinlich hält, dass die Gefahr widersprechender Entscheidungen nicht mehr besteht,

b) das Verfahren vor dem Gericht des Drittstaats ebenfalls ausgesetzt oder eingestellt wurde,

c) das Gericht des Mitgliedstaats es für unwahrscheinlich hält, dass das vor dem Gericht des Drittstaats anhängige Verfahren innerhalb einer angemessenen Frist abgeschlossen wird, oder

d) die Fortsetzung des Verfahrens im Interesse einer geordneten Rechtspflege erforderlich ist.

(3) Das Gericht des Mitgliedstaats kann das Verfahren einstellen, wenn das vor dem Gericht des Drittstaats anhängige Verfahren abgeschlossen ist und eine Entscheidung ergangen ist, die in diesem Mitgliedstaat anerkannt und gegebenenfalls vollstreckt werden kann.

(4) Das Gericht des Mitgliedstaats wendet diesen Artikel auf Antrag einer der Parteien oder, wenn dies nach einzelstaatlichem Recht möglich ist, von Amts wegen an.

Abschnitt 10. Einstweilige Maßnahmen einschließlich Sicherungsmaßnahmen

Art. 35. Die im Recht eines Mitgliedstaats vorgesehenen einstweiligen Maßnahmen einschließlich Sicherungsmaßnahmen können bei den Gerichten dieses Mitgliedstaats auch dann beantragt werden, wenn für die Entscheidung in der Hauptsache das Gericht eines anderen Mitgliedstaats zuständig ist.

Kapitel III. Anerkennung und Vollstreckung

Abschnitt 1. Anerkennung

Art. 36. (1) Die in einem Mitgliedstaat ergangenen Entscheidungen werden in den anderen Mitgliedstaaten anerkannt, ohne dass es hierfür eines besonderen Verfahrens bedarf.

(2) Jeder Berechtigte kann gemäß dem Verfahren nach Abschnitt 3 Unterabschnitt 2 die Feststellung beantragen, dass keiner der in Artikel 45 genannten Gründe für eine Versagung der Anerkennung gegeben ist.

(3) Wird die Anerkennung in einem Rechtsstreit vor dem Gericht eines Mitgliedstaats, dessen Entscheidung von der Versagung der Anerkennung abhängt, verlangt, so kann dieses Gericht über die Anerkennung entscheiden.

Art. 37. (1) Eine Partei, die in einem Mitgliedstaat eine in einem anderen Mitgliedstaat ergangene Entscheidung geltend machen will, hat Folgendes vorzulegen:

a) eine Ausfertigung der Entscheidung, die die für ihre Beweiskraft erforderlichen Voraussetzungen erfüllt, und

b) die nach Artikel 53 ausgestellte Bescheinigung.

(2) Das Gericht oder die Behörde, bei dem oder der eine in einem anderen Mitgliedstaat ergangene Entscheidung geltend gemacht wird, kann die Partei, die sie geltend macht, gegebenenfalls auffordern, eine Übersetzung oder eine Transliteration des Inhalts der in Absatz 1 Buchstabe b genannten Bescheinigung nach Artikel 57 zur Verfügung zu stellen. Kann das Gericht oder die Behörde das Verfahren ohne eine Übersetzung der eigentlichen Entscheidung nicht fortsetzen, so kann es oder sie die Partei auffordern, eine Übersetzung der Entscheidung statt der Übersetzung des Inhalts der Bescheinigung zur Verfügung zu stellen.

Art. 38. Das Gericht oder die Behörde, bei dem bzw. der eine in einem anderen Mitgliedstaat ergangene Entscheidung geltend gemacht wird, kann das Verfahren ganz oder teilweise aussetzen, wenn

a) die Entscheidung im Ursprungsmitgliedstaat angefochten wird oder

b) die Feststellung, dass keiner der in Artikel 45 genannten Gründe für eine Versagung der Anerkennung gegeben ist, oder die Feststellung, dass die Anerkennung aus einem dieser Gründe zu versagen ist, beantragt worden ist.

Abschnitt 2. Vollstreckung

Art. 39. Eine in einem Mitgliedstaat ergangene Entscheidung, die in diesem Mitgliedstaat vollstreckbar ist, ist in den anderen Mitgliedstaaten vollstreckbar, ohne dass es einer Vollstreckbarerklärung bedarf.

Art. 40. Eine vollstreckbare Entscheidung umfasst von Rechts wegen die Befugnis, jede Sicherungsmaßnahme zu veranlassen, die im Recht des ersuchten Mitgliedstaats vorgesehen ist.

Art. 41. (1) Vorbehaltlich der Bestimmungen dieses Abschnitts gilt für das Verfahren zur Vollstreckung der in einem anderen Mitgliedstaat ergangenen Entscheidungen das Recht des ersuchten Mitgliedstaats. Eine in einem Mitgliedstaat ergangene Entscheidung, die im ersuchten Mitgliedstaat vollstreckbar ist, wird dort unter den gleichen Bedingungen vollstreckt wie eine im ersuchten Mitgliedstaat ergangene Entscheidung.

(2) Ungeachtet des Absatzes 1 gelten die im Recht des ersuchten Mitgliedstaats für die Verweigerung oder Aussetzung der Vollstreckung vorgesehenen Gründe, soweit sie nicht mit den in Artikel 45 aufgeführten Gründen unvereinbar sind.

(3) Von der Partei, die die Vollstreckung einer in einem anderen Mitgliedstaat ergangenen Entscheidung beantragt, kann nicht verlangt werden, dass sie im ersuchten Mitgliedstaat über eine Postanschrift verfügt. Es kann von ihr auch nicht verlangt werden, dass sie im ersuchten Mitgliedstaat über einen bevollmächtigten Vertreter verfügt, es sei

denn, ein solcher Vertreter ist ungeachtet der Staatsangehörigkeit oder des Wohnsitzes der Parteien vorgeschrieben.

Art. 42. (1) Soll in einem Mitgliedstaat eine in einem anderen Mitgliedstaat ergangene Entscheidung vollstreckt werden, hat der Antragsteller der zuständigen Vollstreckungsbehörde Folgendes vorzulegen:

a) eine Ausfertigung der Entscheidung, die die für ihre Beweiskraft erforderlichen Voraussetzungen erfüllt, und

b) die nach Artikel 53 ausgestellte Bescheinigung, mit der bestätigt wird, dass die Entscheidung vollstreckbar ist, und die einen Auszug aus der Entscheidung sowie gegebenenfalls relevante Angaben zu den erstattungsfähigen Kosten des Verfahrens und der Berechnung der Zinsen enthält.

(2) Soll in einem Mitgliedstaat eine in einem anderen Mitgliedstaat ergangene Entscheidung vollstreckt werden, mit der eine einstweilige Maßnahme einschließlich einer Sicherungsmaßnahme angeordnet wird, hat der Antragsteller der zuständigen Vollstreckungsbehörde Folgendes vorzulegen:

a) eine Ausfertigung der Entscheidung, die die für ihre Beweiskraft erforderlichen Voraussetzungen erfüllt,

b) die nach Artikel 53 ausgestellte Bescheinigung, die eine Beschreibung der Maßnahme enthält und mit der bestätigt wird, dass
   i) das Gericht in der Hauptsache zuständig ist,
   ii) die Entscheidung im Ursprungsmitgliedstaat vollstreckbar ist, und

c) wenn die Maßnahme ohne Vorladung des Beklagten angeordnet wurde, den Nachweis der Zustellung der Entscheidung.

(3) Die zuständige Vollstreckungsbehörde kann gegebenenfalls vom Antragsteller gemäß Artikel 57 eine Übersetzung oder Transliteration des Inhalts der Bescheinigung verlangen.

(4) Die zuständige Vollstreckungsbehörde darf vom Antragsteller eine Übersetzung der Entscheidung nur verlangen, wenn sie das Verfahren ohne eine solche Übersetzung nicht fortsetzen kann.

Art. 43. (1) Soll eine in einem anderen Mitgliedstaat ergangene Entscheidung vollstreckt werden, so wird die gemäß Artikel 53 ausgestellte Bescheinigung dem Schuldner vor der ersten Vollstreckungsmaßnahme zugestellt. Der Bescheinigung wird die Entscheidung beigefügt, sofern sie dem Schuldner noch nicht zugestellt wurde.

(2) Hat der Schuldner seinen Wohnsitz in einem anderen Mitgliedstaat als dem Ursprungsmitgliedstaat, so kann er eine Übersetzung der Entscheidung verlangen, um ihre Vollstreckung anfechten zu können, wenn die Entscheidung nicht in einer der folgenden Sprachen abgefasst ist oder ihr keine Übersetzung in einer der folgenden Sprachen beigefügt ist:

a) einer Sprache, die er versteht, oder

b) der Amtssprache des Mitgliedstaats, in dem er seinen Wohnsitz hat, oder, wenn es in diesem Mitgliedstaat mehrere Amtssprachen gibt, in der Amtssprache oder einer der Amtssprachen des Ortes, an dem er seinen Wohnsitz hat.

Wird die Übersetzung der Entscheidung gemäß Unterabsatz 1 verlangt, so darf die Zwangsvollstreckung nicht über Sicherungsmaßnahmen hinausgehen, solange der Schuldner die Übersetzung nicht erhalten hat.

Dieser Absatz gilt nicht, wenn die Entscheidung dem Schuldner bereits in einer der in Unterabsatz 1 genannten Sprachen oder zusammen mit einer Übersetzung in eine dieser Sprachen zugestellt worden ist.

(3) Dieser Artikel gilt nicht für die Vollstreckung einer in einer Entscheidung enthaltenen Sicherungsmaßnahme oder wenn der Antragsteller Sicherungsmaßnahmen gemäß Artikel 40 erwirkt.

Art. 44. (1) Wurde eine Versagung der Vollstreckung einer Entscheidung gemäß Abschnitt 3 Unterabschnitt 2 beantragt, so kann das Gericht im ersuchten Mitgliedstaat auf Antrag des Schuldners

a) das Vollstreckungsverfahren auf Sicherungsmaßnahmen beschränken,

b) die Vollstreckung von der Leistung einer vom Gericht zu bestimmenden Sicherheit abhängig machen oder

c) das Vollstreckungsverfahren insgesamt oder teilweise aussetzen.

(2) Die zuständige Behörde des ersuchten Mitgliedstaats setzt das Vollstreckungsverfahren auf Antrag des Schuldners aus, wenn die Vollstreckbarkeit der Entscheidung im Ursprungsmitgliedstaat ausgesetzt ist.

Abschnitt 3. Versagung der Anerkennung und Vollstreckung

Unterabschnitt 1. Versagung der Anerkennung

Art. 45. (1) Die Anerkennung einer Entscheidung wird auf Antrag eines Berechtigten versagt, wenn

a) die Anerkennung der öffentlichen Ordnung (ordre public) des ersuchten Mitgliedstaats offensichtlich widersprechen würde;

b) dem Beklagten, der sich auf das Verfahren nicht eingelassen hat, das verfahrenseinleitende Schriftstück oder ein gleichwertiges Schriftstück nicht so rechtzeitig und in einer Weise zugestellt worden ist, dass er sich verteidigen konnte, es sei denn, der Beklagte hat gegen die Entscheidung keinen Rechtsbehelfeingelegt, obwohl er die Möglichkeit dazu hatte;

c) die Entscheidung mit einer Entscheidung unvereinbar ist, die zwischen denselben Parteien im ersuchten Mitgliedstaat ergangen ist;

d) die Entscheidung mit einer früheren Entscheidung unvereinbar ist, die in einem anderen Mitgliedstaat oder in einem Drittstaat in einem Rechtsstreit wegen desselben Anspruchs zwischen denselben

Parteien ergangen ist, sofern die frühere Entscheidung die notwendigen Voraussetzungen für ihre Anerkennung im ersuchten Mitgliedstaat erfüllt, oder

e) die Entscheidung unvereinbar ist

i) mit Kapitel II Abschnitte 3, 4 oder 5, sofern der Beklagte Versicherungsnehmer, Versicherter, Begünstigter des Versicherungsvertrags, Geschädigter, Verbraucher oder Arbeitnehmer ist, oder

ii) mit Kapitel II Abschnitt 6.

(2) Das mit dem Antrag befasste Gericht ist bei der Prüfung, ob eine der in Absatz 1 Buchstabe e angeführten Zuständigkeiten gegeben ist, an die tatsächlichen Feststellungen gebunden, aufgrund deren das Ursprungsgericht seine Zuständigkeit angenommen hat.

(3) Die Zuständigkeit des Ursprungsgerichts darf, unbeschadet des Absatzes 1 Buchstabe e, nicht nachgeprüft werden. Die Vorschriften über die Zuständigkeit gehören nicht zur öffentlichen Ordnung (ordre public) im Sinne des Absatzes 1 Buchstabe a.

(4) Der Antrag auf Versagung der Anerkennung ist gemäß den Verfahren des Unterabschnitts 2 und gegebenenfalls des Abschnitts 4 zu stellen.

Unterabschnitt 2. Versagung der Vollstreckung

Art. 46. Die Vollstreckung einer Entscheidung wird auf Antrag des Schuldners versagt, wenn festgestellt wird, dass einer der in Artikel 45 genannten Gründe gegeben ist.

Art. 47. (1) Der Antrag auf Versagung der Vollstreckung ist an das Gericht zu richten, das der Kommission von dem betreffenden Mitgliedstaat gemäß Artikel 75 Buchstabe a mitgeteilt wurde.

(2) Für das Verfahren zur Versagung der Vollstreckung ist, soweit es nicht durch diese Verordnung geregelt ist, das Recht des ersuchten Mitgliedstaats maßgebend.

(3) Der Antragsteller legt dem Gericht eine Ausfertigung der Entscheidung und gegebenenfalls eine Übersetzung oder Transliteration der Entscheidung vor.

Das Gericht kann auf die Vorlage der in Unterabsatz 1 genannten Schriftstücke verzichten, wenn ihm die Schriftstücke bereits vorliegen oder wenn es das Gericht für unzumutbar hält, vom Antragsteller die Vorlage der Schriftstücke zu verlangen. Im letztgenannten Fall kann das Gericht von der anderen Partei verlangen, diese Schriftstücke vorzulegen.

(4) Von der Partei, die die Versagung der Vollstreckung einer in einem anderen Mitgliedstaat ergangenen Entscheidung beantragt, kann nicht verlangt werden, dass sie im ersuchten Mitgliedstaat über eine Postanschrift verfügt. Es kann von ihr auch nicht verlangt werden, dass sie im ersuchten Mitgliedstaat über einen bevollmächtigten Vertreter

verfügt, es sei denn, ein solcher Vertreter ist ungeachtet der Staatsangehörigkeit oder des Wohnsitzes der Parteien vorgeschrieben.

Art. 48. Das Gericht entscheidet unverzüglich über den Antrag auf Versagung der Vollstreckung.

Art. 49. (1) Gegen die Entscheidung über den Antrag auf Versagung der Vollstreckung kann jede Partei einen Rechtsbehelf einlegen.

(2) Der Rechtsbehelf ist bei dem Gericht einzulegen, das der Kommission von dem betreffenden Mitgliedstaat gemäß Artikel 75 Buchstabe b mitgeteilt wurde.

Art. 50. Gegen die Entscheidung, die über den Rechtsbehelf ergangen ist, kann nur ein Rechtsbehelf eingelegt werden, wenn der betreffende Mitgliedstaat der Kommission gemäß Artikel 75 Buchstabe c mitgeteilt hat, bei welchen Gerichten ein weiterer Rechtsbehelf einzulegen ist.

Art. 51. (1) Das mit einem Antrag auf Verweigerung der Vollstreckung befasste Gericht oder das nach Artikel 49 oder Artikel 50 mit einem Rechtsbehelf befasste Gericht kann das Verfahren aussetzen, wenn gegen die Entscheidung im Ursprungsmitgliedstaat ein ordentlicher Rechtsbehelf eingelegt wurde oder die Frist für einen solchen Rechtsbehelf noch nicht verstrichen ist. Im letztgenannten Fall kann das Gericht eine Frist bestimmen, innerhalb derer der Rechtsbehelf einzulegen ist.

(2) Ist die Entscheidung in Irland, Zypern oder im Vereinigten Königreich ergangen, so gilt jeder im Ursprungsmitgliedstaat statthafte Rechtsbehelf als ordentlicher Rechtsbehelf im Sinne des Absatzes 1.

Abschnitt 4. Gemeinsame Vorschriften

Art. 52. Eine in einem Mitgliedstaat ergangene Entscheidung darf im ersuchten Mitgliedstaat keinesfalls in der Sache selbst nachgeprüft werden.

Art. 53. Das Ursprungsgericht stellt auf Antrag eines Berechtigten die Bescheinigung unter Verwendung des Formblatts in Anhang I aus.

Art. 54. (1) Enthält eine Entscheidung eine Maßnahme oder Anordnung, die im Recht des ersuchten Mitgliedstaats nicht bekannt ist, so ist diese Maßnahme oder Anordnung soweit möglich an eine im Recht dieses Mitgliedstaats bekannte Maßnahme oder Anordnung anzupassen, mit der vergleichbare Wirkungen verbunden sind und die ähnliche Ziele und Interessen verfolgt.

Eine solche Anpassung darf nicht dazu führen, dass Wirkungen entstehen, die über die im Recht des Ursprungsmitgliedstaats vorgesehenen Wirkungen hinausgehen.

(2) Jede Partei kann die Anpassung der Maßnahme oder Anordnung vor einem Gericht anfechten.

(3) Die Partei, die die Entscheidung geltend macht oder deren Vollstreckung beantragt, kann erforderlichenfalls aufgefordert werden, eine Übersetzung oder Transliteration der Entscheidung zur Verfügung zu stellen.

Art. 55. In einem Mitgliedstaat ergangene Entscheidungen, die auf Zahlung eines Zwangsgelds lauten, sind im ersuchten Mitgliedstaat nur vollstreckbar, wenn die Höhe des Zwangsgelds durch das Ursprungsgericht endgültig festgesetzt ist.

Art. 56. Der Partei, die in einem Mitgliedstaat eine in einem anderen Mitgliedstaat ergangene Entscheidung vollstrecken will, darf wegen ihrer Eigenschaft als Ausländer oder wegen Fehlens eines Wohnsitzes oder Aufenthalts im ersuchten Mitgliedstaat eine Sicherheitsleistung oder Hinterlegung, unter welcher Bezeichnung es auch sei, nicht auferlegt werden.

Art. 57. (1) Ist nach dieser Verordnung eine Übersetzung oder Transliteration erforderlich, so erfolgt die Übersetzung oder Transliteration in die Amtssprache des betreffenden Mitgliedstaats oder, wenn es in diesem Mitgliedstaat mehrere Amtssprachen gibt, nach Maßgabe des Rechts dieses Mitgliedstaats in die oder in eine der Verfahrenssprachen des Ortes, an dem eine in einem anderen Mitgliedstaat ergangene Entscheidung geltend gemacht oder ein Antrag gestellt wird.

(2) Bei den in den Artikeln 53 und 60 genannten Formblättern kann eine Übersetzung oder Transliteration auch in eine oder mehrere andere Amtssprachen der Organe der Union erfolgen, die der betreffende Mitgliedstaat für diese Formblätter zugelassen hat.

(3) Eine Übersetzung aufgrund dieser Verordnung ist von einer Person zu erstellen, die zur Anfertigung von Übersetzungen in einem der Mitgliedstaaten befugt ist.

Kapitel IV. Öffentliche Urkunden und gerichtliche Vergleiche

Art. 58. (1) Öffentliche Urkunden, die im Ursprungsmitgliedstaat vollstreckbar sind, sind in den anderen Mitgliedstaaten vollstreckbar, ohne dass es einer Vollstreckbarerklärung bedarf. Die Zwangsvollstreckung aus der öffentlichen Urkunde kann nur versagt werden, wenn sie der öffentlichen Ordnung (ordre public) des ersuchten Mitgliedstaats offensichtlich widersprechen würde.

Die Vorschriften des Kapitels III Abschnitt 2, des Abschnitts 3 Unterabschnitt 2 und des Abschnitts 4 sind auf öffentlichen Urkunden sinngemäß anzuwenden.

(2) Die vorgelegte öffentliche Urkunde muss die Voraussetzungen für ihre Beweiskraft erfüllen, die im Ursprungsmitgliedstaat erforderlich sind.

Art. 59. Gerichtliche Vergleiche, die im Ursprungsmitgliedstaat vollstreckbar sind, werden in den anderen Mitgliedstaaten unter denselben Bedingungen wie öffentliche Urkunden vollstreckt.

Art. 60. Die zuständige Behörde oder das Gericht des Ursprungsmitgliedstaats stellt auf Antrag eines Berechtigten die Bescheinigung mit einer Zusammenfassung der in der öffentlichen Urkunde beurkundeten vollstreckbaren Verpflichtung oder der in dem gerichtlichen Vergleich beurkundeten Parteivereinbarung unter Verwendung des Formblatts in Anhang II aus.

Kapitel V. Allgemeine Vorschriften

Art. 61. Im Rahmen dieser Verordnung bedarf es hinsichtlich Urkunden, die in einem Mitgliedstaat ausgestellt werden, weder der Legalisation noch einer ähnlichen Förmlichkeit.

Art. 62. (1) Ist zu entscheiden, ob eine Partei im Hoheitsgebiet des Mitgliedstaats, dessen Gerichte angerufen sind, einen Wohnsitz hat, so wendet das Gericht sein Recht an.

(2) Hat eine Partei keinen Wohnsitz in dem Mitgliedstaat, dessen Gerichte angerufen sind, so wendet das Gericht, wenn es zu entscheiden hat, ob die Partei einen Wohnsitz in einem anderen Mitgliedstaat hat, das Recht dieses Mitgliedstaats an.

Art. 63. (1) Gesellschaften und juristische Personen haben für die Anwendung dieser Verordnung ihren Wohnsitz an dem Ort, an dem sich

a) ihr satzungsmäßiger Sitz,

b) ihre Hauptverwaltung oder

c) ihre Hauptniederlassung befindet.

(2) Im Falle Irlands, Zyperns und des Vereinigten Königreichs ist unter dem Ausdruck „satzungsmäßiger Sitz" das registered office oder, wenn ein solches nirgendwo besteht, der place of incorporation (Ort der Erlangung der Rechtsfähigkeit) oder, wenn ein solcher nirgendwo besteht, der Ort, nach dessen Recht die formation (Gründung) erfolgt ist, zu verstehen.

(3) Um zu bestimmen, ob ein Trust seinen Sitz in dem Mitgliedstaat hat, bei dessen Gerichten die Klage anhängig ist, wendet das Gericht sein Internationales Privatrecht an.

Art. 64. Unbeschadet günstigerer innerstaatlicher Vorschriften können Personen, die ihren Wohnsitz im Hoheitsgebiet eines Mitgliedstaats haben und die vor den Strafgerichten eines anderen Mitgliedstaats, dessen Staatsangehörigkeit sie nicht besitzen, wegen einer fahrlässig begangenen Straftat verfolgt werden, sich von hierzu befugten Personen vertreten lassen, selbst wenn sie persönlich nicht erscheinen. Das Gericht kann jedoch das persönliche Erscheinen anordnen; wird diese Anordnung nicht befolgt, so braucht die Entscheidung, die über den Anspruch aus einem Rechtsverhältnis des Zivilrechts ergangen ist, ohne dass sich der Angeklagte verteidigen konnte, in den anderen Mitgliedstaaten weder anerkannt noch vollstreckt zu werden.

Art. 65. (1) Die in Artikel 8 Nummer 2 und Artikel 13 für eine Gewährleistungs- oder Interventionsklage vorgesehene Zuständigkeit kann in den Mitgliedstaaten, die in der von der Kommission nach Artikel 76 Absatz 1 Buchstabe b und Artikel 76 Absatz 2 festgelegten Liste aufgeführt sind, nur geltend gemacht werden, soweit das einzelstaatliche Recht dies zulässt. Eine Person, die ihren Wohnsitz in einem anderen Mitgliedstaat hat, kann aufgefordert werden, nach den Vorschriften über die Streitverkündung gemäß der genannten Liste einem Verfahren vor einem Gericht dieser Mitgliedstaaten beizutreten.

(2) Entscheidungen, die in einem Mitgliedstaat aufgrund des Artikels 8 Nummer 2 oder des Artikels 13 ergangen sind, werden nach Kapitel III in allen anderen Mitgliedstaaten anerkannt und vollstreckt. Die Wirkungen, welche die Entscheidungen, die in den in der Liste nach Absatz 1 aufgeführten Mitgliedstaaten ergangen sind, gemäß dem Recht dieser Mitgliedstaaten infolge der Anwendung von Absatz 1 gegenüber Dritten haben, werden in den allen Mitgliedstaaten anerkannt.

(3) Die in der Liste nach Absatz 1 aufgeführten Mitgliedstaaten übermitteln im Rahmen des durch die Entscheidung 2001/470/EG des Rates[1] errichteten Europäischen Justiziellen Netzes für Zivil- und Handelssachen („Europäisches Justizielles Netz") Informationen darüber, wie nach Maßgabe ihres innerstaatlichen Rechts die in Absatz 2 Satz 2 genannten Wirkungen der Entscheidungen bestimmt werden können.

Kapitel VI. Übergangsvorschriften

Art. 66. (1) Diese Verordnung ist nur auf Verfahren, öffentliche Urkunden oder gerichtliche Vergleiche anzuwenden, die am 10. Januar 2015 oder danach eingeleitet, förmlich errichtet oder eingetragen bzw. gebilligt oder geschlossen worden sind.

(2) Ungeachtet des Artikels 80 gilt die Verordnung (EG) Nr. 44/ 2001 weiterhin für Entscheidungen, die in vor dem 10. Januar 2015

[1] ABl. L 174 vom 27. 6. 2001, S. 25.

eingeleiteten gerichtlichen Verfahren ergangen sind, für vor diesem Zeitpunkt förmlich errichtete oder eingetragene öffentliche Urkunden sowie für vor diesem Zeitpunkt gebilligte oder geschlossene gerichtliche Vergleiche, sofern sie in den Anwendungsbereich der genannten Verordnung fallen.

Kapitel VII. Verhältnis zu anderen Rechtsinstrumenten

Art. 67. Diese Verordnung berührt nicht die Anwendung der Bestimmungen, die für besondere Rechtsgebiete die gerichtliche Zuständigkeit oder die Anerkennung und Vollstreckung von Entscheidungen regeln und in Unionsrechtsakten oder in dem in Ausführung dieser Rechtsakte harmonisierten einzelstaatlichen Recht enthalten sind.

Art. 68. (1) Diese Verordnung tritt im Verhältnis zwischen den Mitgliedstaaten an die Stelle des Brüsseler Übereinkommens von 1968, außer hinsichtlich der Hoheitsgebiete der Mitgliedstaaten, die in den territorialen Anwendungsbereich des genannten Übereinkommens fallen und aufgrund der Anwendung von Artikel 355 AEUV von dieser Verordnung ausgeschlossen sind.

(2) Soweit diese Verordnung die Bestimmungen des Brüsseler Übereinkommens von 1968 zwischen den Mitgliedstaaten ersetzt, gelten Verweise auf dieses Übereinkommen als Verweise auf die vorliegende Verordnung.

Art. 69. Diese Verordnung ersetzt unbeschadet der Artikel 70 und 71 im Verhältnis zwischen den Mitgliedstaaten die Übereinkünfte, die sich auf dieselben Rechtsgebiete erstrecken wie diese Verordnung. Ersetzt werden insbesondere die Übereinkünfte, die in der von der Kommission nach Artikel 76 Absatz 1 Buchstabe c und Artikel 76 Absatz 2 festgelegten Liste aufgeführt sind.

Art. 70. (1) Die in Artikel 69 genannten Übereinkünfte behalten ihre Wirksamkeit für die Rechtsgebiete, auf die diese Verordnung nicht anzuwenden ist.

(2) Sie bleiben auch weiterhin für die Entscheidungen, öffentlichen Urkunden und gerichtlichen Vergleiche wirksam, die vor dem Inkrafttreten der Verordnung (EG) Nr. 44/2001 ergangen, förmlich errichtet oder eingetragen bzw. gebilligt oder geschlossen worden sind.

Art. 71. (1) Diese Verordnung lässt Übereinkünfte unberührt, denen die Mitgliedstaaten angehören und die für besondere Rechtsgebiete die gerichtliche Zuständigkeit, die Anerkennung oder die Vollstreckung von Entscheidungen regeln.

(2) Um eine einheitliche Auslegung des Absatzes 1 zu sichern, wird er in folgender Weise angewandt:

a) Diese Verordnung schließt nicht aus, dass ein Gericht eines Mitgliedstaats, der Vertragspartei einer Übereinkunft über ein besonderes Rechtsgebiet ist, seine Zuständigkeit auf eine solche Übereinkunft stützt, und zwar auch dann, wenn der Beklagte seinen Wohnsitz im Hoheitsgebiet eines Mitgliedstaats hat, der nicht Vertragspartei einer solchen Übereinkunft ist. In jedem Fall wendet dieses Gericht Artikel 28 dieser Verordnung an.

b) Entscheidungen, die in einem Mitgliedstaat von einem Gericht erlassen worden sind, das seine Zuständigkeit auf eine Übereinkunft über ein besonderes Rechtsgebiet gestützt hat, werden in den anderen Mitgliedstaaten nach dieser Verordnung anerkannt und vollstreckt.

Sind der Ursprungsmitgliedstaat und der ersuchte Mitgliedstaat Vertragsparteien einer Übereinkunft über ein besonderes Rechtsgebiet, welche die Voraussetzungen für die Anerkennung und Vollstreckung von Entscheidungen regelt, so gelten diese Voraussetzungen. In jedem Fall können die Bestimmungen dieser Verordnung über die Anerkennung und Vollstreckung von Entscheidungen angewandt werden.

Art. 71 a. (1) Für die Zwecke dieser Verordnung gilt ein gemeinsames Gericht mehrerer Mitgliedstaaten gemäß Absatz 2 („gemeinsames Gericht") als ein Gericht eines Mitgliedstaats, wenn das gemeinsame Gericht gemäß der zu seiner Errichtung geschlossenen Übereinkunft eine gerichtliche Zuständigkeit in Angelegenheiten ausübt, die in den Anwendungsbereich dieser Verordnung fallen.

(2) Jedes der folgenden Gerichte ist für die Zwecke dieser Verordnung ein gemeinsames Gericht

a) das mit dem am 19. Februar 2013 unterzeichneten Übereinkommen zur Schaffung eines Einheitlichen Patentgerichts („EPG-Übereinkommen") errichtete Einheitliche Patentgericht und

b) der mit dem Vertrag vom 31. März 1965 über die Gründung und die Satzung des Benelux-Gerichtshofs (im Folgenden „Benelux-Gerichtshof-Vertrag") errichtete Benelux-Gerichtshof.

Art. 71 b. Die Zuständigkeit eines gemeinsamen Gerichts wird wie folgt bestimmt:

1. Ein gemeinsames Gericht ist zuständig, wenn die Gerichte eines Mitgliedstaats, der Partei der Übereinkunft zur Errichtung des gemeinsamen Gerichts ist, nach Maßgabe dieser Verordnung in einem unter die betreffende Übereinkunft fallenden Rechtsgebiet zuständig wären.

2. In Fällen, in denen der Beklagte seinen Wohnsitz nicht in einem Mitgliedstaat hat und diese Verordnung die ihn betreffende gerichtliche Zuständigkeit nicht anderweitig begründet, findet Kapitel II, soweit einschlägig, ungeachtet des Wohnsitzes des Beklagten Anwendung.

Einstweilige Maßnahmen einschließlich Sicherungsmaßnahmen können bei einem gemeinsamen Gericht auch dann beantragt werden, wenn für die Entscheidung in der Hauptsache die Gerichte eines Drittstaats zuständig sind.

3. Ist ein gemeinsames Gericht hinsichtlich eines Beklagten nach Nummer 2 in einem Rechtsstreit über eine Verletzung eines Europäischen Patents, die zu einem Schaden innerhalb der Union geführt hat, zuständig, kann dieses Gericht seine Zuständigkeit auch hinsichtlich eines aufgrund einer solchen Verletzung außerhalb der Union entstandenen Schadens ausüben.

Diese Zuständigkeit kann nur begründet werden, wenn dem Beklagten gehörendes Vermögen in einem Mitgliedstaat belegen ist, der Vertragspartei der Übereinkunft zur Errichtung des gemeinsamen Gerichts ist und der Rechtsstreit einen hinreichenden Bezug zu einem solchen Mitgliedstat aufweist.

Art. 71 c. (1) Die Artikel 29 bis 32 finden Anwendung, wenn ein gemeinsames Gericht und ein Gericht eines Mitgliedstaats, der nicht Vertragspartei der Übereinkunft zur Errichtung des gemeinsamen Gerichts ist, angerufen werden.

(2) Die Artikel 29 bis 32 finden Anwendung, wenn während des Übergangszeitraums gemäß Artikel 83 des EPG-Übereinkommens das Einheitliche Patentgericht und ein Gericht eines Mitgliedstaats angerufen werden, der Vertragspartei des EPG-Übereinkommens ist.

Art. 71 d. Diese Verordnung findet Anwendung auf die Anerkennung und Vollstreckung von

a) Entscheidungen eines gemeinsamen Gerichts, die in einem Mitgliedstaat, der nicht Vertragspartei der Übereinkunft zur Errichtung des gemeinsamen Gerichts ist, anerkannt und vollstreckt werden müssen, und

b) Entscheidungen der Gerichte eines Mitgliedstaats, der nicht Vertragspartei der Übereinkunft zur Errichtung des gemeinsamen Gerichts ist, die in einem Mitgliedstaat, der Vertragspartei dieser Übereinkunft ist, anerkannt und vollstreckt werden müssen.

Wird die Anerkennung und Vollstreckung einer Entscheidung eines gemeinsamen Gerichts jedoch in einem Mitgliedstaat beantragt, der Vertragspartei der Übereinkunft zur Errichtung des gemeinsamen Gerichts ist, gelten anstelle dieser Verordnung alle die Anerkennung und Vollstreckung betreffenden Bestimmungen der Übereinkunft.

Art. 72. Diese Verordnung lässt Vereinbarungen unberührt, durch die sich die Mitgliedstaaten vor Inkrafttreten der Verordnung (EG) *Nr. 44/2001 nach Artikel* 59 des Brüsseler Übereinkommens von 1968 verpflichtet haben, Entscheidungen der Gerichte eines anderen Vertragsstaats des genannten Übereinkommens gegen Beklagte, die ihren

Wohnsitz oder gewöhnlichen Aufenthalt im Hoheitsgebiet eines Drittstaats haben, nicht anzuerkennen, wenn die Entscheidungen in den Fällen des Artikels 4 des genannten Übereinkommens nur in einem der in Artikel 3 Absatz 2 des genannten Übereinkommens angeführten Gerichtsstände ergehen können.

Art. 73. (1) Diese Verordnung lässt die Anwendung des Übereinkommens von Lugano von 2007 unberührt.

(2) Diese Verordnung lässt die Anwendung des Übereinkommens von New York von 1958 unberührt.

(3) Diese Verordnung lässt die Anwendung der bilateralen Übereinkünfte und Vereinbarungen zwischen einem Drittstaat und einem Mitgliedstaat unberührt, die vor dem Inkrafttreten der Verordnung (EG) Nr. 44/2001 geschlossen wurden und in dieser Verordnung geregelte Angelegenheiten betreffen.

Kapitel VIII. Schlussvorschriften

Art. 74. Die Mitgliedstaaten übermitteln im Rahmen des Europäischen Justiziellen Netzes für Zivil- und Handelssachen eine Beschreibung der einzelstaatlichen Vollstreckungsvorschriften und -verfahren, einschließlich Angaben über die Vollstreckungsbehörden, sowie Informationen über alle Vollstreckungsbeschränkungen, insbesondere über Schuldnerschutzvorschriften und Verjährungsfristen, im Hinblick auf die Bereitstellung dieser Informationen für die Öffentlichkeit.

Die Mitgliedstaaten halten diese Informationen stets auf dem neuesten Stand.

Art. 75. Die Mitgliedstaaten teilen der Kommission bis zum 10. Januar 2014 mit,

a) an welches Gericht der Antrag auf Versagung der Vollstreckung gemäß Artikel 47 Absatz 1 zu richten ist;
b) bei welchen Gerichten der Rechtsbehelf gegen die Entscheidung über den Antrag auf Versagung der Vollstreckung gemäß Artikel 49 Absatz 2 einzulegen ist;
c) bei welchen Gerichten ein weiterer Rechtsbehelf gemäß Artikel 50 einzulegen ist und
d) welche Sprachen für die Übersetzung der Formblätter nach Artikel 57 Absatz 2 zugelassen sind.

Die Angaben werden von der Kommission in geeigneter Weise, insbesondere über das Europäische Justizielle Netz für Zivil- und Handelssachen, der Öffentlichkeit zur Verfügung gestellt.

Art. 76. (1) Die Mitgliedstaaten notifizieren der Kommission

a) die Zuständigkeitsvorschriften nach Artikel 5 Absatz 2 und Artikel 6 Absatz 2,

b) die Regeln für die Streitverkündung nach Artikel 65 und
c) die Übereinkünfte nach Artikel 69.

(2) Die Kommission legt anhand der in Absatz 1 genannten Notifizierungen der Mitgliedstaaten die jeweiligen Listen fest.

(3) Die Mitgliedstaaten notifizieren der Kommission alle späteren Änderungen, die an diesen Listen vorgenommen werden müssen. Die Kommission passt diese Listen entsprechend an.

(4) Die Kommission veröffentlicht die Listen und alle späteren Änderungen dieser Listen im Amtsblatt der Europäischen Union.

(5) Die Kommission stellt der Öffentlichkeit alle nach den Absätzen 1 und 3 notifizierten Informationen auf andere geeignete Weise, insbesondere über das Europäische Justizielle Netz, zur Verfügung.

Art. 77. Der Kommission wird die Befugnis übertragen, gemäß Artikel 78 in Bezug auf die Änderung der Anhänge I und II delegierte Rechtsakte zu erlassen.

Art. 78. (1) Die der Kommission übertragene Befugnis zum Erlass delegierter Rechtsakte unterliegt den Bedingungen dieses Artikels.

(2) Die Befugnis zum Erlass delegierter Rechtsakte gemäß Artikel 77 wird der Kommission auf unbestimmte Zeit ab dem 9. Januar 2013 übertragen.

(3) Die Befugnisübertragung gemäß Artikel 77 kann vom Europäischen Parlament oder vom Rat jederzeit widerrufen werden. Der Beschluss über den Widerruf beendet die Übertragung der darin genannten Befugnisse. Der Beschluss tritt am Tag nach Veröffentlichung des Beschlusses im Amtsblatt der Europäischen Union oder zu einem späteren, in dem Beschluss festgelegten Zeitpunkt in Kraft. Er berührt nicht die Gültigkeit bereits in Kraft getretener delegierter Rechtsakte.

(4) Sobald die Kommission einen delegierten Rechtsakt erlässt, übermittelt sie ihn gleichzeitig dem Europäischen Parlament und dem Rat.

(5) Ein gemäß Artikel 77 erlassener delegierter Rechtsakt tritt nur in Kraft, wenn weder das Europäische Parlament noch der Rat innerhalb einer Frist von zwei Monaten nach Übermittlung dieses Rechtsakts an das Europäische Parlament und den Rat Einwände erhoben hat oder wenn vor Ablauf dieser Frist sowohl das Europäische Parlament als auch der Rat der Kommission mitgeteilt haben, dass sie keine Einwände zu erheben beabsichtigen. Diese Frist wird auf Initiative des Europäischen Parlaments oder des Rates um zwei Monate verlängert.

Art. 79. Die Kommission legt dem Europäischen Parlament, dem *Rat und dem Europäischen* Wirtschafts- und Sozialausschuss bis zum 11. Januar 2022 einen Bericht über die Anwendung dieser Verordnung vor. Dieser Bericht enthält auch eine Bewertung der Frage, ob die Zuständigkeitsvorschriften weiter ausgedehnt werden sollten auf Beklagte, die ihren Wohnsitz nicht in einem Mitgliedstaat haben, wobei der Funktionsweise dieser Verordnung und möglichen Entwicklungen auf internationaler Ebene Rechnung zu tragen ist. Dem Bericht wird gegebenenfalls ein Vorschlag zur Änderung dieser Verordnung beigefügt.

Art. 80. Die Verordnung (EG) Nr. 44/2001 wird durch diese Verordnung aufgehoben. Bezugnahmen auf die aufgehobene Verordnung gelten als Bezugnahmen auf die vorliegende Verordnung und sind nach Maßgabe der Entsprechungstabelle in Anhang III zu lesen.

Art. 81. Diese Verordnung tritt am zwanzigsten Tag nach ihrer Veröffentlichung im *Amtsblatt der Europäischen Union* in Kraft.

Sie gilt ab dem 10. Januar 2015, mit Ausnahme der Artikel 75 und 76, die ab dem 10. Januar 2014 gelten.

Diese Verordnung ist in allen ihren Teilen verbindlich und gilt gemäß den Verträgen unmittelbar in den Mitgliedstaaten.

Anhang I

Bescheinigung über eine Entscheidung in Zivil- und Handelssachen

Artikel 53 der Verordnung (EU) Nr. 1215/2012 des Europäischen Parlaments und des Rates über die gerichtliche Zuständigkeit und die Anerkennung und Vollstreckung von Entscheidungen in Zivil- und Handelssachen

1. Ursprungsgericht

1.1 Bezeichnung:

1.2. Anschrift:

1.2.1. Straße und Hausnummer/Postfach:

1.2.2. PLZ und Ort:

1.2.3. Mitgliedstaat:
AT ☐ BE ☐ BG ☐ CY ☐ CZ ☐ DK ☐ DE ☐ EE ☐ EL ☐ ES ☐ Fl ☐ FR ☐ HR ☐ HU ☐ IE ☐ IT ☐ LT ☐ LU ☐ LV ☐ MT ☐ NL ☐ PL ☐ PT ☐ RO ☐ SE ☐ SI ☐ SK ☐ UK ☐

1.3. Telefon:

1.4. Fax:

1.5. E-Mail (falls verfügbar):

2. Kläger[1)]

2.1. Name, Vorname/Name der Firma oder Organisation:

2.2. Identifizierungsnummer (falls vorhanden und falls verfügbar):

2.3. Geburtsdatum (TT/MM/JJJJ) und Geburtsort oder, bei juristischen Personen, Datum der Gründung/Erlangung der Rechtsfähigkeit/Registrierung (falls relevant und falls verfügbar):

2.4. Anschrift:

2.4.1. Straße und Hausnummer/Postfach:

2.4.2. PLZ und Ort:

2.4.3. Land:
AT ☐ BE ☐ BG ☐ CY ☐ CZ ☐ DK ☐ DE ☐ EE ☐ EL ☐ ES ☐ FI ☐ FR ☐ HR ☐ HU ☐ IE ☐ IT ☐ LT ☐ LU ☐ LV ☐ MT ☐ NL ☐ PL ☐ PT ☐ RO ☐ SE ☐ SI ☐ SK ☐ UK ☐ Sonstige (bitte angeben (ISO-Code)) ☐

2.5. E-Mail (falls verfügbar):

3. **Beklagte(r)**[2)]

3.1. Name, Vorname/Name der Firma oder Organisation:

3.2. Identifizierungsnummer (falls vorhanden und falls verfügbar):

3.3. Geburtsdatum (TT/MM/JJJJ) und Geburtsort oder, bei juristischen Personen, Datum der Gründung/Erlangung der Rechtsfähigkeit/Registrierung (falls relevant und falls verfügbar):

3.4. Anschrift:

3.4.1. Straße und Hausnummer/Postfach:

3.4.2. PLZ und Ort:

3.4.3. Land:
AT ☐ BE ☐ BG ☐ CY ☐ CZ ☐ DK ☐ DE ☐ EE ☐ EL ☐ ES ☐ FI ☐ FR ☐ HR ☐ HU ☐ IE ☐ IT ☐ LT ☐ LU ☐ LV ☐ MT ☐ NL ☐ PL ☐ PT ☐ RO ☐ SE ☐ SI ☐ SK ☐ UK ☐ Sonstige (bitte angeben (ISO-Code)) ☐

3.5. E-Mail (falls verfügbar):

4. **Entscheidung**

4.1. Datum (TT/MM/JJJJ) der Entscheidung:

4.2. Aktenzeichen der Entscheidung:

4.3. Ist die Entscheidung ergangen, ohne dass sich der Beklagte auf das Verfahren eingelassen hat?

4.3.1. ☐ Nein

4.3.2. ☐ Ja, (bitte das Datum (TT/MM/JJJJ) angegeben, zu dem das verfahrenseinleitende Schriftstück oder ein gleichwertiges Schriftstück dem Beklagten zugestellt wurde):

4.4. Die Entscheidung ist im Ursprungsmitgliedstaat vollstreckbar, ohne dass weitere Bedingungen erfüllt sein müssen:

4.4.1. ☐ Ja (bitte gegebenenfalls das Datum (TT/MM/JJJJ) angeben, zu dem die Entscheidung für vollstreckbar erklärt wurde:

4.4.2. ☐ Ja, aber nur gegenüber folgender/folgenden Person(en) (bitte angeben):

4.4.3. ☐ Ja, aber nur für einen Teil/Teile der Entscheidung (bitte angeben):

4.4.4. ☐ Die Entscheidung enthält keine vollstreckbare Verpflichtung.

4.5. War die Entscheidung dem/den Beklagten zum Zeitpunkt der Ausstellung der Bescheinigung bereits zugestellt worden?

4.5.1. ☐ Ja (bitte das Datum der Zustellung (TT/MM/JJJJ) angeben, falls bekannt):

4.5.1.1. Die Entscheidung wurde in der/den folgenden Sprache(n) zugestellt:
☐ BG ☐ ES ☐ CS ☐ DK ☐ DE ☐ ET ☐ EL ☐ EN ☐ FR ☐ HR☐ GA ☐ IT ☐ LV ☐ LT ☐ HU ☐ MT ☐ NL ☐ PL ☐ PT ☐ RO ☐ SK ☐ SL ☐ FI ☐ SV
☐ Sonstige (bitte angeben (ISO-Code)) ☐

4.5.2. ☐ Dem Gericht nicht bekannt.

4.6. Tenor der Entscheidung und zugesprochene Zinszahlung:

4.6.1. Entscheidung über eine Geldforderung[3)]

4.6.1.1. Kurzdarstellung des Streitgegenstands:

4.6.1.2. Das Gericht hat
.... (Name, Vorname(n)/Name der Firma oder Organisation)[4)]
angewiesen, eine Zahlung zu leisten an:
.... (Name, Vorname(n)/Name der Firma oder Organisation)

4.6.1.2.1. Wurde mehr als eine Person bezeichnet, die für den Anspruch haftet, kann jede der bezeichneten Personen für den gesamten Betrag in Anspruch genommen werden:

4.6.1.2.1.1. ☐ Ja

4.6.1.2.1.2. ☐ Nein

4.6.1.3. Währung:
☐ Euro (EUR) ☐ bulgarischer Lew (BGN) ☐ tschechische Krone (CZK) ☐ dänische Krone (DKK) ☐ kroatische Kuna (HRK) ☐ ungarischer Forint (HUF) ☐ polnischer Zloty (PLN) ☐ Pfund Sterling (GBP) ☐ rumänischer Leu (RON) ☐ schwedische Krone (SEK)
☐ Sonstige (bitte angeben (ISO-Code)):

4.6.1.4. Hauptforderung:

4.6.1.4.1. ☐ Einmalzahlung

4.6.1.4.2. ☐ Ratenzahlung[5)]

Fälligkeit (TT/MM/JJJJ)	Betrag

4.6.1.4.3. ☐ Regelmäßige Zahlung

4.6.1.4.3.1. ☐ Täglich

4.6.1.4.3.2. ☐ Wöchentlich

4.6.1.4.3.3. ☐ Sonstige (bitte Häufigkeit angeben):

4.6.1.4.3.4. Ab Datum (TT/MM/JJJJ) oder Ereignis):

4.6.1.4.3.5. Falls zutreffend, bis (Datum (TT/MM/JJJJ) oder Ereignis):

4.6.1.5. Zinsen (falls zutreffend):

4.6.1.5.1 Zinsen:

4.6.1.5.1.1. ☐ Nicht in der Entscheidung angegeben:

4.6.1.5.1.2. ☐ Ja, in der Entscheidung folgendermaßen angegeben:

4.6.1.5.1.2.1. Betrag:
oder

4.6.1.5.1.2.2. Zinssatz …%

4.6.1.5.1.2.3. Zinsen sind fällig ab …… (Datum (TT/MM/JJJJ) oder Ereignis) bis …… (Datum (TT/MM/JJJJ) oder Ereignis)[6)]

4.6.1.5.2. ☐ Gesetzliche Zinsen (falls zutreffend), zu berechnen gemäß (bitte entsprechendes Gesetz angeben):

4.6.1.5.2.1. Zinsen sind fällig ab …… (Datum (TT/MM/JJJJ) oder Ereignis) bis …… (Datum (TT/MM/JJJJ) oder Ereignis[6)]

4.6.1.5.3. ☐ Kapitalisierung der Zinsen (falls zutreffend, bitte angeben):

4.6.2. Entscheidung über die Anordnung einer einstweiligen Maßnahme, einschließlich Sicherungsmaßnahme:

4.6.2.1. Kurzdarstellung des Streitgegenstands und der angeordneten Maßnahme:

4.6.2.2. Die Maßnahme wurde von einem Gericht angeordnet, das in der Hauptsache zuständig ist

4.6.2.2.1. ☐ Ja

4.6.3. Sonstige Entscheidungsarten:

4.6.3.1. Kurzdarstellung des Streitgegenstands und der Entscheidung des Gerichts:

4.7. Kosten[7)]:

4.7.1. Währung:
☐ Euro (EUR) ☐ bulgarischer Lew (BGN) ☐ tschechische Krone (CZK) ☐ dänische Krone (DKK) ☐ kroatische Kuna (HRK) ☐ ungarischer Forint (HUF) ☐ plonischer Zloty (PLN) ☐ Pfund Sterling (GBP) ☐ rumänischer Leu (RON) ☐ schwedische Krone (SEK) ☐ Sonstige (bitte angeben (ISO-Code)):

4.7.2. Dem/den folgenden Schuldner(n) wurden die Kosten aufgegeben:

4.7.2.1. Name, Vorname(n)/Name der Firma oder Organisation:[8)]

4.7.2.1. Wurden mehr als einer Person die Kosten aufgegeben, kann jede der bezeichneten Personen für den gesamten Betrag in Anspruch genommen werden:

4.7.2.2.1. ☐ Ja

4.7.2.2.2. ☐ Nein

4.7.3. Folgende Kosten werden geltend gemacht[9]:

4.7.3.1. ☐ Die Kosten wurden in der Entscheidung in Form eines Gesamtbetrags festgesetzt (bitte Betrag angeben)

4.7.3.2. ☐ Die Kosten wurden in der Entscheidung in Form eines Prozentsatzes der Gesamtkosten festgesetzt (bitte Prozentsatz der Gesamtkosten angeben):

4.7.3.3. ☐ Die Haftung für die Kosten wurde in der Entscheidung festgelegt, und es handelt sich um folgende Beträge:

4.7.3.3.1. ☐ Gerichtsgebühren:

4.7.3.3.2. ☐ Rechtsanwaltsgebühren:

4.7.3.3.3. ☐ Zustellungskosten:

4.7.3.3.4. ☐ Sonstige Kosten:

4.7.3.4. ☐ Sonstige (bitte angeben):

4.7.4. Zinsen auf Kosten:

4.7.4.1. ☐ Nicht zutreffend

4.7.4.2. ☐ In der Entscheidung angegebene Zinsen

4.7.4.2.1. ☐ Betrag:
oder

4.7.4.2.2. ☐ Zinssatz …%

4.7.4.2.2.1. Zinsen sind fällig ab …… (Datum (TT/MM/JJJJ) oder Ereignis) bis …… (Datum (TT/MM/JJJJ) oder Ereignis)[6]

4.7.4.3. ☐ Gesetzliche Zinsen (falls zutreffend), zu berechnen gemäß (bitte entsprechendes Gesetz angeben):

4.7.4.3.1. Zinsen sind fällig ab …… (Datum (TT/MM/JJJJ) oder Ereignis) bis …… (Datum (TT/MM/JJJJ) oder Ereignis)[6]

4.7.4.4. ☐ Kapitalisierung der Zinsen (falls zutreffend, bitte angeben):

Geschehen zu: ...

Unterschrift und/oder Dienstsiegel des Ursprungsgerichts:

---

[1] Betrifft die Entscheidung mehr als einen Kläger, sind die betreffenden Angaben für sämtliche Kläger einzutragen.

[2] Betrifft die Entscheidung mehr als einen Beklagten, sind die betreffenden Angaben für sämtliche Beklagten einzutragen.

[3] Betrifft die Entscheidung allein eine Kostenfeststellung im Zusammenhang mit einem Anspruch, der Gegenstand einer vorherigen Entscheidung war, ist Ziffer 4.6.1 nicht auszufüllen und zu Ziffer 4.7 überzugehen.

[4] Wurde mehr als eine Person angewiesen, eine Zahlung zu leisten, sind die betreffenden Angaben für sämtliche Personen einzutragen.

[5] Es sind die betreffenden Angaben zu den einzelnen Ratenzahlungen einzutragen.

[6] Bei mehr als einem Zinszeitraum sind die betreffenden Angaben zu sämtlichen Zinszeiträumen einzutragen.

[7] Dieser Punkt betrifft auch Fälle, in denen die Kosten in einer gesonderten Entscheidung zugesprochen werden.

[8] Bei mehr als einer Person sind die betreffenden Angaben für sämtliche Personen einzutragen.

[9] Falls mehrere Personen für die Kosten in Anspruch genommen werden können, ist die notwendige Aufschlüsselung für jede Person gesondert einzutragen.

Anhang II

Bescheinigung über eine öffentliche Urkunde/einen gerichtlichen Vergleich[1)] in einer Zivil- oder Handelssache

Artikel 60 der Verordnung (EU) Nr. 1215/2012 des Europäischen Parlaments und des Rates über die gerichtliche Zuständigkeit und die Anerkennung und Vollstreckung von Entscheidungen in Zivil- und Handelssachen

1. Gericht oder sonst befugte Stelle, das/die die Bescheinigung ausstellt

1.1. Bezeichnung:

1.2. Anschrift:

1.2.1. Straße und Hausnummer/Postfach:

1.2.2 PLZ und Ort:

1.2.3 Mitgliedstaat:
AT ☐ BE ☐ BG ☐ CY ☐ CZ ☐ DK ☐ DE ☐ EE ☐
EL ☐ ES ☐ FI ☐ FR ☐ HR ☐ HU ☐ IE ☐ IT ☐
LT ☐ LU ☐ LV ☐ MT ☐ NL ☐ PL ☐ PT ☐ RO ☐
SE ☐ SI ☐ SK ☐ UK ☐

1.3. Telefon:

1.4. Fax:

1.5. E-Mail (falls verfügbar):

2. Öffentliche Urkunde

2.1. Stelle, die die öffentliche Urkunde errichtet hat (wenn dies eine andere Stelle als diejenige ist, die die Bescheinigung ausstellt)

2.1.1. Name und Bezeichnung dieser Stelle:

2.1.2. Anschrift:

2.2. Datum (TT/MM/JJJJ), zu dem die öffentliche Urkunde durch die unter Ziffer 2.1 genannte Stelle errichtet wurde:

2.3. Nummer der öffentlichen Urkunde (falls zutreffend):

2.4. Datum (TT/MM/JJJJ), zu dem die öffentliche Urkunde in dem Ursprungsmitgliedstaat eingetragen wurde (nur auszufüllen, wenn das Datum der Eintragung für die Rechtswirkung der Urkunde maßgeblich ist und dieses Datum ein anderes als das unter Ziffer 2.2 angegebene Datum ist):

2.4.1. Nummer der Eintragung (falls zutreffend):

3. Gerichtlicher Vergleich

3.1. Gericht, das den gerichtlichen Vergleich gebilligt hat oder vor dem der gerichtliche Vergleich geschlossen wurde (wenn dies ein anderes Gericht als dasjenige ist, das die Bescheinigung ausstellt)

3.1.1. Bezeichnung des Gerichts:

3.1.2. Anschrift:

3.2. Datum (TT/MM/JJJJ) des gerichtlichen Vergleichs:

3.3. Aktenzeichen des gerichtlichen Vergleichs:

4. Parteien der öffentlichen Urkunde/des gerichtlichen Vergleichs

4.1. Name(n) des/der Gläubiger(s) (Name, Vorname(n)/ Name der Firma oder Organisation)[2]):

4.1.1. Identifizierungsnummer (falls vorhanden und falls verfügbar):

4.1.2. Geburtsdatum (TT/MM/JJJJ) und Geburtsort oder, bei juristischen Personen, Datum der Gründung/Erlangung der Rechtsfähigkeit/Registrierung (falls relevant und falls verfügbar):

4.2. Name(n) des/der Schuldner(s) (Name, Vorname(n)/ Name der Firma oder Organisation)[3]):

4.2.1. Identifizierungsnummer (falls vorhanden und falls verfügbar):

4.2.2. Geburtsdatum (TT/MM/JJJJ) und Geburtsort oder, bei juristischen Personen, Datum der Gründung/Erlangung der Rechtsfähigkeit/Registrierung (falls relevant und falls verfügbar):

4.3. Ggf. Name der anderen Parteien (Name, Vorname(n)/ Name der Firma oder Organisation)[4])

4.3.1. Identifizierungsnummer (falls vorhanden und falls verfügbar):

4.3.2. Geburtsdatum (TT/MM/JJJJ) und Geburtsort oder, bei juristischen Personen, Datum der Gründung/Erlangung der Rechtsfähigkeit/Registrierung (falls relevant und falls verfügbar):

5. Vollstreckbarkeit der öffentlichen Urkunde/des gerichtlichen Vergleichs im Ursprungsmitgliedstaat

5.1. Die öffentliche Urkunde/der gerichtliche Vergleich ist im Ursprungsmitgliedstaat vollstreckbar:

5.1.1. ☐ Ja

5.2. Inhalt der öffentlichen Urkunde/des gerichtlichen Vergleichs und Zinsen

5.2.1. Öffentliche Urkunde/gerichtlicher Vergleich über eine Geldforderung

5.2.1.1. Kurzdarstellung des Gegenstands:

5.2.1.2. Gemäß der öffentlichen Urkunde/dem gerichtlichen Vergleich muss

.... (Name, Vorname(n)/ Name der Firma oder Organisation)[5)]

eine Zahlung leisten an:

.... (Name, Vorname(n)/ Name der Firma oder Organisation)

5.2.1.2.1. Wurde mehr als eine Person bezeichnet, die für den Anspruch haftet, kann jede der bezeichneten Personen für den gesamten Betrag in Anspruch genommen werden:

5.2.1.2.1.1. ☐ Ja

5.2.1.2.1.2. ☐ Nein

5.2.1.3. Währung:

☐ Euro (EUR) ☐ bulgarischer Lew (BGN) ☐ tschechische Krone (CZK) ☐ dänische Krone (DKK) ☐ kroatische Kuna (HRK) ☐ ungarischer Forint (HUF) ☐ polnischer Zloty (PLN) ☐ Pfund Sterling (GBP) ☐ rumänischer Leu (RON) ☐ schwedische Krone (SEK) ☐ Sonstige (bitte angeben (ISO-Code)):

5.2.1.4. Hauptforderung:

5.2.1.4.1. ☐ Einmalzahlung

5.2.1.4.2. ☐ Ratenzahlung[6)]

Fälligkeit (TT/MM/JJJJ)	Betrag

5.2.1.4.3. ☐ Regelmäßige Zahlung

5.2.1.4.3.1. ☐ Täglich

5.2.1.4.3.2. ☐ Wöchentlich

5.2.1.4.3.3. ☐ Sonstige (bitte Häufigkeit angeben):

5.2.1.4.3.4. Ab (Datum (TT/MM/JJJJ) oder Ereignis):

5.2.1.4.3.5. Gegebenenfalls bis ...... (Datum (TT/MM/JJJJ) oder Ereignis)

5.2.1.5. Zinsen (falls zutreffend)

5.2.1.5.1. Zinsen:

5.2.1.5.1.1. ☐ Nicht in der öffentlichen Urkunde/dem gerichtlichen Vergleich angegeben

5.2.1.5.1.2. ☐ Ja, in der öffentlichen Urkunde/dem gerichtlichen Vergleich folgendermaßen angegeben:

5.2.1.5.1.2.1. Betrag:

oder

5.2.1.5.1.2.2. Zinssatz ...%

5.2.1.5.1.2.3. Zinsen sind fällig ab ...... (Datum (TT/MM/JJJJ) oder Ereignis) bis ...... (Datum (TT/MM/JJJJ) oder Ereignis)[7]

5.2.1.5.2. ☐ Gesetzliche Zinsen (falls zutreffend), zu berechnen gemäß (bitte entsprechendes Gesetz angeben):

5.2.1.5.2.1. Zinsen sind fällig ab ...... (Datum (TT/MM/JJJJ) oder Ereignis) bis ...... (Datum (TT/MM/JJJJ) oder Ereignis)[7]

5.2.1.5.3. ☐ Kapitalisierung der Zinsen (falls zutreffend, bitte angeben):

5.2.2. Öffentliche Urkunde/gerichtlicher Vergleich über eine nichtmonetäre vollstreckbare Verpflichtung:

5.2.2.1. Kurzdarstellung der vollstreckbaren Verpflichtung:

5.2.2.2. Die unter Ziffer 5.2.2.1 genannte Verpflichtung ist vollstreckbar gegen die folgende(n) Person(en)[8] Vorname(n)/Name der Firma oder Organisation):

Geschehen zu: ...

Stempel und/oder Unterschrift des Gerichts oder zuständigen Behörde, welche die Bescheinigung ausstellt:

---

[1] Unzutreffendes in der gesamten Bescheinigung jeweils streichen.

[2] Bei mehreren Gläubigern sind die betreffenden Angaben für sämtliche Gläubiger einzutragen.

[3] Bei mehreren Schuldnern sind die betreffenden Angaben für sämtliche Schuldner einzutragen.

[4] Ggf. sind die betreffenden Angaben für sämtliche anderen Parteien einzutragen.

[5] Wurde mehr als eine Person angewiesen, eine Zahlung zu leisten, sind die betreffenden Angaben für sämtliche Personen einzutragen.

[6] Es sind die betreffenden Angaben für die einzelnen Ratenzahlungen einzutragen.

[7] Bei mehr als einem Zinszeitraum sind die betreffenden Angaben für sämtliche Zinszeiträume einzutragen.

[8] Bei mehr als einer Person sind die betreffenden Angaben für sämtliche Personen einzutragen.

Anhang III

Entsprechungstabelle

Verordnung (EG) Nr. 44/2001	Diese Verordnung
Artikel 1 Absatz 1	Artikel 1 Absatz 1
Artikel 1 Absatz 2 Einleitung	Artikel 1 Absatz 2 Einleitung
Artikel 1 Absatz 2 Buchstabe a	Artikel 1 Absatz 2 Buchstaben a und f
Artikel 1 Absatz 2 Buchstaben b bis d	Artikel 1 Absatz 2 Buchstaben b bis d
–	Artikel 1 Absatz 2 Buchstabe e
Artikel 1 Absatz 3	–
–	Artikel 2
Artikel 2	Artikel 4
Artikel 3	Artikel 5
Artikel 4	Artikel 6
Artikel 5, einleitende Worte	Artikel 7, einleitende Worte
Artikel 5 Nummer 1	Artikel 7 Nummer 1
Artikel 5 Nummer 2	–
Artikel 5 Nummern 3 und 4	Artikel 7 Nummern 2 und 3
–	Artikel 7 Nummer 4
Artikel 5 Nummern 5 bis 7	Artikel 7 Nummern 5 bis 7
Artikel 6	Artikel 8
Artikel 7	Artikel 9
Artikel 8	Artikel 10
Artikel 9	Artikel 11
Artikel 10	Artikel 12
Artikel 11	Artikel 13
Artikel 12	Artikel 14
Artikel 13	Artikel 15
Artikel 14	Artikel 16
Artikel 15	Artikel 17
Artikel 16	Artikel 18
Artikel 17	Artikel 19
Artikel 18	Artikel 20
Artikel 19 Nummern 1 und 2	Artikel 21 Absatz 1
–	Artikel 21 Absatz 2

Verordnung (EG) Nr. 44/2001	Diese Verordnung
Artikel 20	Artikel 22
Artikel 21	Artikel 23
Artikel 22	Artikel 24
Artikel 23 Absätze 1 und 2	Artikel 25 Absätze 1 und 2
Artikel 23 Absatz 3	–
Artikel 23 Absätze 4 und 5	Artikel 25 Absätze 3 und 4
–	Artikel 25 Absatz 5
Artikel 24	Artikel 26 Absatz 1
–	Artikel 26 Absatz 2
Artikel 25	Artikel 27
Artikel 26	Artikel 28
Artikel 27 Absatz 1	Artikel 29 Absatz 1
–	Artikel 29 Absatz 2
Artikel 27 Absatz 2	Artikel 29 Absatz 3
Artikel 28	Artikel 30
Artikel 29	Artikel 31 Absatz 1
–	Artikel 31 Absatz 2
–	Artikel 31 Absatz 3
–	Artikel 31 Absatz 4
Artikel 30	Artikel 32 Absatz 1 Buchstaben a und b
–	Artikel 32 Absatz 1 Unterabsatz 2
–	Artikel 32 Absatz 2
–	Artikel 33
–	Artikel 34
Artikel 31	Artikel 35
Artikel 32	Artikel 2 Buchstabe a
Artikel 33	Artikel 36
–	Artikel 37
–	Artikel 39
–	Artikel 40
–	Artikel 41
–	Artikel 42
–	Artikel 43
–	Artikel 44
Artikel 34	Artikel 45 Absatz 1 Buchstaben a bis d

Verordnung (EG) Nr. 44/2001	Diese Verordnung
Artikel 35 Absatz 1	Artikel 45 Absatz 1 Buchstabe e
Artikel 35 Absatz 2	Artikel 45 Absatz 2
Artikel 35 Absatz 3	Artikel 45 Absatz 3
–	Artikel 45 Absatz 4
Artikel 36	Artikel 52
Artikel 37 Absatz 1	Artikel 38 Buchstabe a
Artikel 38	–
Artikel 39	–
Artikel 40	–
Artikel 41	–
Artikel 42	–
Artikel 43	–
Artikel 44	–
Artikel 45	–
Artikel 46	–
Artikel 47	–
Artikel 48	–
–	Artikel 46
–	Artikel 47
–	Artikel 48
–	Artikel 49
–	Artikel 50
–	Artikel 51
–	Artikel 54
Artikel 49	Artikel 55
Artikel 50	–
Artikel 51	Artikel 56
Artikel 52	–
Artikel 53	–
Artikel 54	Artikel 53
Artikel 55 Absatz 1	–
Artikel 55 Absatz 2	Artikel 37 Absatz 2, Artikel 47 Absatz 3 und Artikel 57
Artikel 56	Artikel 61
Artikel 57 Absatz 1	Artikel 58 Absatz 1
Artikel 57 Absatz 2	–
Artikel 57 Absatz 3	Artikel 58 Absatz 2
Artikel 57 Absatz 4	Artikel 60

Verordnung (EG) Nr. 44/2001	Diese Verordnung
Artikel 58	Artikel 59 und Artikel 60
Artikel 59	Artikel 62
Artikel 60	Artikel 63
Artikel 61	Artikel 64
Artikel 62	Artikel 3
Artikel 63	–
Artikel 64	–
Artikel 65	Artikel 65 Absätze 1 und 2
–	Artikel 65 Absatz 3
Artikel 66	Artikel 66
Artikel 67	Artikel 67
Artikel 68	Artikel 68
Artikel 69	Artikel 69
Artikel 70	Artikel 70
Artikel 71	Artikel 71
Artikel 72	Artikel 72
–	Artikel 73
Artikel 73	Artikel 79
Artikel 74 Absatz 1	Artikel 75 Absatz 1 Buchstaben a, b und c und Artikel 76 Absatz 1 Buchstabe a
Artikel 74 Absatz 2	Artikel 77
–	Artikel 78
–	Artikel 80
Artikel 75	–
Artikel 76	Artikel 81
Anhang I	Artikel 76 Absatz 1 Buchstabe a
Anhang II	Artikel 75 Buchstabe a
Anhang III	Artikel 75 Buchstabe b
Anhang IV	Artikel 75 Buchstabe c
Anhang V	Anhang I und Anhang II
Anhang VI	Anhang II
–	Anhang III

160a. Gesetz zur Ausführung zwischenstaatlicher Verträge und zur Durchführung von Verordnungen und Abkommen der Europäischen Gemeinschaft auf dem Gebiet der Anerkennung und Vollstreckung in Zivil- und Handelssachen (Anerkennungs- und Vollstreckungsausführungsgesetz – AVAG)[1)·2)]

Vom 19. Februar 2001

in der Fassung der Bek. vom 30. November 2015 (BGBl. I S. 2146)

Inhaltsübersicht

Teil 1. Allgemeines

---

1) Das Gesetz ist in seiner ursprünglichen Fassung am 1.3.2001 in Kraft getreten; die Neubekanntmachung gibt den ab dem 1.1.2010 geltenden Wortlaut wieder. Titel geänd. mWv 1.7.2007 durch G v. 17.4.2007 (BGBl. I S. 529).

2) Siehe auch das Auslegungsprotokoll vom 3.6.1971 (Nr. **160 b**) und die VO (EU) Nr. 1215/2012 (Nr. **160**).

Teil 1. Allgemeines

Abschnitt 1. Anwendungsbereich; Begriffsbestimmungen

§ 1[1] **Anwendungsbereich.** (1) Diesem Gesetz unterliegen

1. die Ausführung folgender zwischenstaatlicher Verträge (Anerkennungs- und Vollstreckungsverträge):
   a) Übereinkommen vom 27. September 1968 über die gerichtliche Zuständigkeit und die Vollstreckung gerichtlicher Entscheidungen in Zivil- und Handelssachen (BGBl. 1972 II S. 773);
   b) Übereinkommen vom 16. September 1988 über die gerichtliche Zuständigkeit und die Vollstreckung gerichtlicher Entscheidungen in Zivil- und Handelssachen (BGBl. 1994 II S. 2658);
   c) Vertrag vom 17. Juni 1977 zwischen der Bundesrepublik Deutschland und dem Königreich Norwegen über die gegenseitige Anerkennung und Vollstreckung gerichtlicher Entscheidungen und anderer Schuldtitel in Zivil- und Handelssachen (BGBl. 1981 II S. 341);
   d) Vertrag vom 20. Juli 1977 zwischen der Bundesrepublik Deutschland und dem Staat Israel über die gegenseitige Anerkennung und Vollstreckung gerichtlicher Entscheidungen in Zivil- und Handelssachen (BGBl. 1980 II S. 925);
   e) Vertrag vom 14. November 1983 zwischen der Bundesrepublik Deutschland und Spanien über die Anerkennung und Vollstre-

[1] § 1 Abs. 1 Nr. 1 Buchst. c aufgeh., bish. Buchst. d–f werden Buchst. c–e, Abs. 3 angef. mWv 18. 6. 2011 durch G v. 23. 5. 2011 (BGBl. I S. 898); Abs. 1 Nr. 2 und Abs. 2 Satz 1 neu gef., Satz 2 einl. Satzteil geänd. mWv 10. 1. 2015 durch G v. 8. 7. 2014 (BGBl. I S. 890).

ckung von gerichtlichen Entscheidungen und Vergleichen sowie vollstreckbaren öffentlichen Urkunden in Zivil- und Handelssachen (BGBl. 1987 II S. 34);

2. die Durchführung folgender Abkommen der Europäischen Union
   a) Übereinkommen vom 30. Oktober 2007 über die gerichtliche Zuständigkeit und die Anerkennung und Vollstreckung von Entscheidungen in Zivil- und Handelssachen;
   b) Haager Übereinkommen vom 30. Juni 2005 über Gerichtsstandvereinbarungen.

(2) [1] Abkommen nach Absatz 1 Nummer 2 werden als unmittelbar geltendes Recht der Europäischen Union durch die Durchführungsbestimmungen dieses Gesetzes nicht berührt. [2] Unberührt bleiben auch die Regelungen der Anerkennungs- und Vollstreckungsverträge; dies gilt insbesondere für die Regelungen über

1. den sachlichen Anwendungsbereich,
2. die Art der Entscheidungen und sonstigen Titel, die im Inland anerkannt oder zur Zwangsvollstreckung zugelassen werden können,
3. das Erfordernis der Rechtskraft der Entscheidungen,
4. die Art der Urkunden, die im Verfahren vorzulegen sind, und
5. die Gründe, die zur Versagung der Anerkennung oder Zulassung der Zwangsvollstreckung führen.

(3) Der Anwendungsbereich des Auslandsunterhaltsgesetzes vom 23. Mai 2011 (BGBl. I S. 898) bleibt unberührt.

§ 2[1)] **Begriffsbestimmungen.** Im Sinne dieses Gesetzes ist

1. Mitgliedstaat jeder Mitgliedstaat der Europäischen Union,
2. Titel jede Entscheidung, jeder gerichtliche Vergleich und jede öffentliche Urkunde, auf die oder den der jeweils auszuführende Anerkennungs- und Vollstreckungsvertrag nach § 1 Absatz 1 Nummer 1 oder das jeweils durchzuführende Abkommen nach § 1 Absatz 1 Nummer 2 Anwendung findet, und
3. Vertragsstaat jeder Staat, mit dem die Bundesrepublik Deutschland einen Anerkennungs- und Vollstreckungsvertrag nach § 1 Absatz 1 Nummer 1 abgeschlossen hat.

Abschnitt 2. Zulassung der Zwangsvollstreckung aus ausländischen Titeln

§ 3 Zuständigkeit. (1) Für die Vollstreckbarerklärung von Titeln aus einem anderen Staat ist das Landgericht ausschließlich zuständig.

(2) [1] Örtlich zuständig ist ausschließlich das Gericht, in dessen Bezirk *der Verpflichtete seinen* Wohnsitz hat, oder, wenn er im Inland keinen

[1)] § 2 neu gef. mWv 10. 1. 2015 durch G v. 8. 7. 2014 (BGBl. I S. 890).

Wohnsitz hat, das Gericht, in dessen Bezirk die Zwangsvollstreckung durchgeführt werden soll. [2]Der Sitz von Gesellschaften und juristischen Personen steht dem Wohnsitz gleich.

(3) Über den Antrag auf Erteilung der Vollstreckungsklausel entscheidet der Vorsitzende einer Zivilkammer.

§ 4 Antragstellung. (1) Der in einem anderen Staat vollstreckbare Titel wird dadurch zur Zwangsvollstreckung zugelassen, dass er auf Antrag mit der Vollstreckungsklausel versehen wird.

(2) Der Antrag auf Erteilung der Vollstreckungsklausel kann bei dem zuständigen Gericht schriftlich eingereicht oder mündlich zu Protokoll der Geschäftsstelle erklärt werden.

(3) Ist der Antrag entgegen § 184 des Gerichtsverfassungsgesetzes nicht in deutscher Sprache abgefasst, so kann das Gericht dem Antragsteller aufgeben, eine Übersetzung des Antrags beizubringen, deren Richtigkeit von einer

1. in einem Mitgliedstaat der Europäischen Union oder in einem anderen Vertragsstaat des Abkommens über den Europäischen Wirtschaftsraum oder
2. in einem Vertragsstaat des jeweils auszuführenden Anerkennungs- und Vollstreckungsvertrags

hierzu befugten Person bestätigt worden ist.

(4) Der Ausfertigung des Titels, der mit der Vollstreckungsklausel versehen werden soll, und seiner Übersetzung, soweit eine solche vorgelegt wird, sollen zwei Abschriften beigefügt werden.

§ 5 Zustellungsempfänger. (1) Hat die antragstellende Person in dem Antrag keinen Zustellungsbevollmächtigten im Sinn des § 184 Absatz 1 Satz 1 der Zivilprozessordnung benannt, so können bis zur nachträglichen Benennung alle Zustellungen an sie durch Aufgabe zur Post (§ 184 Absatz 1 Satz 2 und Absatz 2 der Zivilprozessordnung) bewirkt werden.

(2) Absatz 1 gilt nicht, wenn die antragstellende Person einen Verfahrensbevollmächtigten für das Verfahren bestellt hat, an den im Inland zugestellt werden kann.

§ 6 Verfahren. (1) Das Gericht entscheidet ohne Anhörung des Verpflichteten.

(2) [1]Die Entscheidung ergeht ohne mündliche Verhandlung. [2]Jedoch kann eine mündliche Erörterung mit dem Antragsteller oder seinem Bevollmächtigten stattfinden, wenn der Antragsteller oder der Bevollmächtigte hiermit einverstanden ist und die Erörterung der Beschleunigung dient.

(3) Im ersten Rechtszug ist die Vertretung durch einen Rechtsanwalt nicht erforderlich.

§ 7 Vollstreckbarkeit ausländischer Titel in Sonderfällen.

(1) [1] Hängt die Zwangsvollstreckung nach dem Inhalt des Titels von einer dem Berechtigten obliegenden Sicherheitsleistung, dem Ablauf einer Frist oder dem Eintritt einer anderen Tatsache ab oder wird die Vollstreckungsklausel zugunsten eines anderen als des in dem Titel bezeichneten Berechtigten oder gegen einen anderen als den darin bezeichneten Verpflichteten beantragt, so ist die Frage, inwieweit die Zulassung der Zwangsvollstreckung von dem Nachweis besonderer Voraussetzungen abhängig oder ob der Titel für oder gegen den anderen vollstreckbar ist, nach dem Recht des Staates zu entscheiden, in dem der Titel errichtet ist. [2] Der Nachweis ist durch Urkunden zu führen, es sei denn, dass die Tatsachen bei dem Gericht offenkundig sind.

(2) [1] Kann der Nachweis durch Urkunden nicht geführt werden, so ist auf Antrag des Berechtigten der Verpflichtete zu hören. [2] In diesem Falle sind alle Beweismittel zulässig. [3] Das Gericht kann auch die mündliche Verhandlung anordnen.

§ 8[1)] Entscheidung. (1) [1] Ist die Zwangsvollstreckung aus dem Titel zuzulassen, so beschließt das Gericht, dass der Titel mit der Vollstreckungsklausel zu versehen ist. [2] In dem Beschluss ist die zu vollstreckende Verpflichtung in deutscher Sprache wiederzugeben. [3] Zur Begründung des Beschlusses genügt in der Regel die Bezugnahme auf das durchzuführende Abkommen der Europäischen Union oder den auszuführenden Anerkennungs- und Vollstreckungsvertrag sowie auf von dem Antragsteller vorgelegte Urkunden. [4] Auf die Kosten des Verfahrens ist § 788 der Zivilprozessordnung entsprechend anzuwenden.

(2) [1] Ist der Antrag nicht zulässig oder nicht begründet, so lehnt ihn das Gericht durch mit Gründen versehenen Beschluss ab. [2] Die Kosten sind dem Antragsteller aufzuerlegen.

§ 9[2)] Vollstreckungsklausel. (1) [1] Auf Grund des Beschlusses nach § 8 Absatz 1 erteilt der Urkundsbeamte der Geschäftsstelle die Vollstreckungsklausel in folgender Form:

„Vollstreckungsklausel nach § 4 des Anerkennungs- und Vollstreckungsausführungsgesetzes. Gemäß dem Beschluss des ……… (Bezeichnung des Gerichts und des Beschlusses) ist die Zwangsvollstreckung aus ……… (Bezeichnung des Titels) zugunsten ……… (Bezeichnung des Berechtigten) gegen ……… (Bezeichnung des Verpflichteten) zulässig.

---

1) § 8 Abs. 1 Satz 3 geänd. mWv 10. 1. 2015 durch G v. 8. 7. 2014 (BGBl. I S. 890).

2) § 9 Abs. 1 Satz 1 und Abs. 2 geänd. mWv 10. 1. 2015 durch G v. 8. 7. 2014 (BGBl. I S. 890).

[2]Die zu vollstreckende Verpflichtung lautet:

……… (Angabe der dem Verpflichteten aus dem ausländischen Titel obliegenden Verpflichtung in deutscher Sprache; aus dem Beschluss nach § 8 Absatz 1 zu übernehmen).

Die Zwangsvollstreckung darf über Maßregeln zur Sicherung nicht hinausgehen, bis der Gläubiger eine gerichtliche Anordnung oder ein Zeugnis vorlegt, dass die Zwangsvollstreckung unbeschränkt stattfinden darf.“

[3]Lautet der Titel auf Leistung von Geld, so ist der Vollstreckungsklausel folgender Zusatz anzufügen:

„Solange die Zwangsvollstreckung über Maßregeln zur Sicherung nicht hinausgehen darf, kann der Schuldner die Zwangsvollstreckung durch Leistung einer Sicherheit in Höhe von ……… (Angabe des Betrages, wegen dessen der Berechtigte vollstrecken darf) abwenden.“

(2) Wird die Zwangsvollstreckung nur für einen oder mehrere der durch die ausländische Entscheidung zuerkannten oder in einem anderen ausländischen Titel niedergelegten Ansprüche oder nur für einen Teil des Gegenstands der Verpflichtung zugelassen, so ist die Vollstreckungsklausel als „Teil-Vollstreckungsklausel nach § 4 des Anerkennungs- und Vollstreckungsausführungsgesetzes“ zu bezeichnen.

(3) [1]Die Vollstreckungsklausel ist von dem Urkundsbeamten der Geschäftsstelle zu unterschreiben und mit dem Gerichtssiegel zu versehen. [2]Sie ist entweder auf die Ausfertigung des Titels oder auf ein damit zu verbindendes Blatt zu setzen. [3]Falls eine Übersetzung des Titels vorliegt, ist sie mit der Ausfertigung zu verbinden.

§ 10 Bekanntgabe der Entscheidung. (1) Im Falle des § 8 Absatz 1 sind dem Verpflichteten eine beglaubigte Abschrift des Beschlusses, eine beglaubigte Abschrift des mit der Vollstreckungsklausel versehenen Titels und gegebenenfalls seiner Übersetzung sowie der gemäß § 8 Absatz 1 Satz 3 in Bezug genommenen Urkunden von Amts wegen zuzustellen.

(2) [1]Muss die Zustellung an den Verpflichteten im Ausland oder durch öffentliche Bekanntmachung erfolgen und hält das Gericht die Beschwerdefrist nach § 11 Absatz 3 Satz 1 nicht für ausreichend, so bestimmt es in dem Beschluss nach § 8 Absatz 1 oder nachträglich durch besonderen Beschluss, der ohne mündliche Verhandlung ergeht, eine längere Beschwerdefrist. [2]Die Bestimmungen über den Beginn der Beschwerdefrist bleiben auch im Falle der nachträglichen Festsetzung unberührt.

(3) [1]Dem Antragsteller sind eine beglaubigte Abschrift des Beschlusses nach § 8, im Falle des § 8 Absatz 1 ferner die mit der Vollstreckungsklausel versehene Ausfertigung des Titels und eine Bescheinigung über die bewirkte Zustellung, zu übersenden. [2]In den Fällen des Absatzes 2 ist die festgesetzte Frist für die Einlegung der

Beschwerde auf der Bescheinigung über die bewirkte Zustellung zu vermerken.

Abschnitt 3.[1] Beschwerde, Vollstreckungsabwehrklage

§ 11 Einlegung der Beschwerde; Beschwerdefrist. (1) [1]Die Beschwerde gegen die im ersten Rechtszug ergangene Entscheidung über den Antrag auf Erteilung der Vollstreckungsklausel wird bei dem Beschwerdegericht durch Einreichen einer Beschwerdeschrift oder durch Erklärung zu Protokoll der Geschäftsstelle eingelegt. [2]Beschwerdegericht ist das Oberlandesgericht. [3]Der Beschwerdeschrift soll die für ihre Zustellung erforderliche Zahl von Abschriften beigefügt werden.

(2) Die Zulässigkeit der Beschwerde wird nicht dadurch berührt, dass sie statt bei dem Beschwerdegericht bei dem Gericht des ersten Rechtszuges eingelegt wird; die Beschwerde ist unverzüglich von Amts wegen an das Beschwerdegericht abzugeben.

(3) [1]Die Beschwerde des Verpflichteten gegen die Zulassung der Zwangsvollstreckung ist innerhalb eines Monats, im Falle des § 10 Absatz 2 Satz 1 innerhalb der nach dieser Vorschrift bestimmten längeren Frist einzulegen. [2]Die Beschwerdefrist beginnt mit der Zustellung nach § 10 Absatz 1. [3]Sie ist eine Notfrist.

(4) Die Beschwerde ist dem Beschwerdegegner von Amts wegen zuzustellen.

§ 12 Einwendungen gegen den zu vollstreckenden Anspruch im Beschwerdeverfahren. (1) Der Verpflichtete kann mit der Beschwerde, die sich gegen die Zulassung der Zwangsvollstreckung aus einer Entscheidung richtet, auch Einwendungen gegen den Anspruch selbst insoweit geltend machen, als die Gründe, auf denen sie beruhen, erst nach dem Erlass der Entscheidung entstanden sind.

(2) Mit der Beschwerde, die sich gegen die Zulassung der Zwangsvollstreckung aus einem gerichtlichen Vergleich oder einer öffentlichen Urkunde richtet, kann der Verpflichtete die Einwendungen gegen den Anspruch selbst ungeachtet der in Absatz 1 enthaltenen Beschränkung geltend machen.

§ 13 Verfahren und Entscheidung über die Beschwerde. (1) [1]Das Beschwerdegericht entscheidet durch Beschluss, der mit Gründen zu versehen ist und ohne mündliche Verhandlung ergehen kann. [2]Der Beschwerdegegner ist vor der Entscheidung zu hören.

(2) [1]Solange eine mündliche Verhandlung nicht angeordnet ist, können zu Protokoll der Geschäftsstelle Anträge gestellt und Erklärungen abgegeben werden. [2]Wird die mündliche Verhandlung angeordnet, so *gilt für die Ladung § 215* der Zivilprozessordnung.

---

[1] Abschnittsüberschr. geänd. mWv 18. 6. 2011 durch G v. 23. 5. 2011 (BGBl. I S. 898).

(3) Eine vollständige Ausfertigung des Beschlusses ist dem Berechtigten und dem Verpflichteten auch dann von Amts wegen zuzustellen, wenn der Beschluss verkündet worden ist.

(4) [1]Soweit nach dem Beschluss des Beschwerdegerichts die Zwangsvollstreckung aus dem Titel erstmals zuzulassen ist, erteilt der Urkundsbeamte der Geschäftsstelle des Beschwerdegerichts die Vollstreckungsklausel. [2]§ 8 Absatz 1 Satz 2 und 4, §§ 9 und 10 Absatz 1 und 3 Satz 1 sind entsprechend anzuwenden. [3]Ein Zusatz, dass die Zwangsvollstreckung über Maßregeln zur Sicherung nicht hinausgehen darf, ist nur aufzunehmen, wenn das Beschwerdegericht eine Anordnung nach diesem Gesetz (§ 22 Absatz 2, § 40 Absatz 1 Nummer 1 oder § 45 Absatz 1 Nummer 1) erlassen hat. [4]Der Inhalt des Zusatzes bestimmt sich nach dem Inhalt der Anordnung.

§ 14[1)] Vollstreckungsabwehrklage. (1) Ist die Zwangsvollstreckung aus einem Titel zugelassen, so kann der Verpflichtete Einwendungen gegen den Anspruch selbst in einem Verfahren nach § 767 der Zivilprozessordnung nur geltend machen, wenn die Gründe, auf denen seine Einwendungen beruhen, erst

1. nach Ablauf der Frist, innerhalb deren er die Beschwerde hätte einlegen können, oder
2. falls die Beschwerde eingelegt worden ist, nach Beendigung dieses Verfahrens

entstanden sind.

(2) [1]Die Klage nach § 767 der Zivilprozessordnung ist bei dem Gericht zu erheben, das über den Antrag auf Erteilung der Vollstreckungsklausel entschieden hat. [2]Soweit die Klage einen Unterhaltstitel zum Gegenstand hat, ist das Familiengericht zuständig; für die örtliche Zuständigkeit gelten die Vorschriften des Gesetzes über das Verfahren in Familiensachen und in den Angelegenheiten der freiwilligen Gerichtsbarkeit für Unterhaltssachen.

Abschnitt 4. Rechtsbeschwerde

§ 15 Statthaftigkeit und Frist. (1) Gegen den Beschluss des Beschwerdegerichts findet die Rechtsbeschwerde nach Maßgabe des § 574 Absatz 1 Nummer 1, Absatz 2 der Zivilprozessordnung statt.

(2) Die Rechtsbeschwerde ist innerhalb eines Monats einzulegen.

(3) Die Rechtsbeschwerdefrist ist eine Notfrist und beginnt mit der Zustellung des Beschlusses (§ 13 Absatz 3).

---

1) § 14 Überschr. neu gef. mWv 18. 6. 2011 durch G v. 23. 5. 2011 (BGBl. I S. 898); Abs. 2 Satz 2, zweiter Halbsatz geänd. mWv 26. 2. 2013 durch G v. 20. 2. 2013 (BGBl. I S. 273).

§ 16[1] Einlegung und Begründung. (1) Die Rechtsbeschwerde wird durch Einreichen der Beschwerdeschrift bei dem Bundesgerichtshof eingelegt.

(2) [1]Die Rechtsbeschwerde ist zu begründen. [2]§ 575 Absatz 2 bis 4 der Zivilprozessordnung ist entsprechend anzuwenden. [3]Soweit die Rechtsbeschwerde darauf gestützt wird, dass das Beschwerdegericht von einer Entscheidung des Gerichtshofs der Europäischen Union abgewichen sei, muss die Entscheidung, von der der angefochtene Beschluss abweicht, bezeichnet werden.

(3) Mit der Beschwerdeschrift soll eine Ausfertigung oder beglaubigte Abschrift des Beschlusses, gegen den sich die Rechtsbeschwerde richtet, vorgelegt werden.

§ 17[1] Verfahren und Entscheidung. (1) [1]Der Bundesgerichtshof kann nur überprüfen, ob der Beschluss auf einer Verletzung des Rechts der Europäischen Union, eines Anerkennungs- und Vollstreckungsvertrags, sonstigen Bundesrechts oder einer anderen Vorschrift beruht, deren Geltungsbereich sich über den Bezirk eines Oberlandesgerichts hinaus erstreckt. [2]Er darf nicht prüfen, ob das Gericht seine örtliche Zuständigkeit zu Unrecht angenommen hat.

(2) [1]Der Bundesgerichtshof kann über die Rechtsbeschwerde ohne mündliche Verhandlung entscheiden. [2]Auf das Verfahren über die Rechtsbeschwerde sind § 574 Absatz 4, § 576 Absatz 3 und § 577 der Zivilprozessordnung entsprechend anzuwenden.

(3) [1]Soweit die Zwangsvollstreckung aus dem Titel erstmals durch den Bundesgerichtshof zugelassen wird, erteilt der Urkundsbeamte der Geschäftsstelle dieses Gerichts die Vollstreckungsklausel. [2]§ 8 Absatz 1 Satz 2 und 4, §§ 9 und 10 Absatz 1 und 3 Satz 1 gelten entsprechend. [3]Ein Zusatz über die Beschränkung der Zwangsvollstreckung entfällt.

Abschnitt 5. Beschränkung der Zwangsvollstreckung auf Sicherungsmaßregeln und unbeschränkte Fortsetzung der Zwangsvollstreckung

§ 18 Beschränkung kraft Gesetzes. Die Zwangsvollstreckung ist auf Sicherungsmaßregeln beschränkt, solange die Frist zur Einlegung der Beschwerde noch läuft und solange über die Beschwerde noch nicht entschieden ist.

§ 19[1] Prüfung der Beschränkung. Einwendungen des Verpflichteten, dass bei der Zwangsvollstreckung die Beschränkung auf Sicherungsmaßregeln nach dem auszuführenden Anerkennungs- und Vollstreckungsvertrag, nach § 18 dieses Gesetzes oder auf Grund einer auf diesem Gesetz beruhenden Anordnung (§ 22 Absatz 2, §§ 40, 45) nicht

[1] § 16 Abs. 2 Satz 3, § 17 Abs. 1 Satz 1, § 19 geänd. mWv 10. 1. 2015 durch G v. 8. 7. 2014 (BGBl. I S. 890).

eingehalten werde, oder Einwendungen des Berechtigten, dass eine bestimmte Maßnahme der Zwangsvollstreckung mit dieser Beschränkung vereinbar sei, sind im Wege der Erinnerung nach § 766 der Zivilprozessordnung bei dem Vollstreckungsgericht (§ 764 der Zivilprozessordnung) geltend zu machen.

§ 20 Sicherheitsleistung durch den Verpflichteten. (1) Solange die Zwangsvollstreckung aus einem Titel, der auf Leistung von Geld lautet, nicht über Maßregeln der Sicherung hinausgehen darf, ist der Verpflichtete befugt, die Zwangsvollstreckung durch Leistung einer Sicherheit in Höhe des Betrages abzuwenden, wegen dessen der Berechtigte vollstrecken darf.

(2) Die Zwangsvollstreckung ist einzustellen und bereits getroffene Vollstreckungsmaßregeln sind aufzuheben, wenn der Verpflichtete durch eine öffentliche Urkunde die zur Abwendung der Zwangsvollstreckung erforderliche Sicherheitsleistung nachweist.

§ 21 Versteigerung beweglicher Sachen. Ist eine bewegliche Sache gepfändet und darf die Zwangsvollstreckung nicht über Maßregeln zur Sicherung hinausgehen, so kann das Vollstreckungsgericht auf Antrag anordnen, dass die Sache versteigert und der Erlös hinterlegt werde, wenn sie der Gefahr einer beträchtlichen Wertminderung ausgesetzt ist oder wenn ihre Aufbewahrung unverhältnismäßige Kosten verursachen würde.

§ 22 Unbeschränkte Fortsetzung der Zwangsvollstreckung; besondere gerichtliche Anordnungen. (1) Weist das Beschwerdegericht die Beschwerde des Verpflichteten gegen die Zulassung der Zwangsvollstreckung zurück oder lässt es auf die Beschwerde des Berechtigten die Zwangsvollstreckung aus dem Titel zu, so kann die Zwangsvollstreckung über Maßregeln zur Sicherung hinaus fortgesetzt werden.

(2) [1] Auf Antrag des Verpflichteten kann das Beschwerdegericht anordnen, dass bis zum Ablauf der Frist zur Einlegung der Rechtsbeschwerde (§ 15) oder bis zur Entscheidung über diese Beschwerde die Zwangsvollstreckung nicht oder nur gegen Sicherheitsleistung über Maßregeln zur Sicherung hinausgehen darf. [2] Die Anordnung darf nur erlassen werden, wenn glaubhaft gemacht wird, dass die weitergehende Vollstreckung dem Verpflichteten einen nicht zu ersetzenden Nachteil bringen würde. [3] § 713 der Zivilprozessordnung ist entsprechend anzuwenden.

(3) [1] Wird Rechtsbeschwerde eingelegt, so kann der Bundesgerichtshof auf Antrag des Verpflichteten eine Anordnung nach Absatz 2 erlassen. [2] Der Bundesgerichtshof kann auf Antrag des Berechtigten eine nach Absatz 2 erlassene Anordnung des Beschwerdegerichts abändern oder aufheben.

§ 23 Unbeschränkte Fortsetzung der durch das Gericht des ersten Rechtszuges zugelassenen Zwangsvollstreckung. (1) Die Zwangsvollstreckung aus dem Titel, den der Urkundsbeamte der Geschäftsstelle des Gerichts des ersten Rechtszuges mit der Vollstreckungsklausel versehen hat, ist auf Antrag des Berechtigten über Maßregeln zur Sicherung hinaus fortzusetzen, wenn das Zeugnis des Urkundsbeamten der Geschäftsstelle dieses Gerichts vorgelegt wird, dass die Zwangsvollstreckung unbeschränkt stattfinden darf.

(2) Das Zeugnis ist dem Berechtigten auf seinen Antrag zu erteilen,

1. wenn der Verpflichtete bis zum Ablauf der Beschwerdefrist keine Beschwerdeschrift eingereicht hat,
2. wenn das Beschwerdegericht die Beschwerde des Verpflichteten zurückgewiesen und keine Anordnung nach § 22 Absatz 2 erlassen hat,
3. wenn der Bundesgerichtshof die Anordnung des Beschwerdegerichts nach § 22 Absatz 2 aufgehoben hat (§ 22 Absatz 3 Satz 2) oder
4. wenn der Bundesgerichtshof den Titel zur Zwangsvollstreckung zugelassen hat.

(3) Aus dem Titel darf die Zwangsvollstreckung, selbst wenn sie auf Maßregeln der Sicherung beschränkt ist, nicht mehr stattfinden, sobald ein Beschluss des Beschwerdegerichts, dass der Titel zur Zwangsvollstreckung nicht zugelassen werde, verkündet oder zugestellt ist.

§ 24 Unbeschränkte Fortsetzung der durch das Beschwerdegericht zugelassenen Zwangsvollstreckung. (1) Die Zwangsvollstreckung aus dem Titel, zu dem der Urkundsbeamte der Geschäftsstelle des Beschwerdegerichts die Vollstreckungsklausel mit dem Zusatz erteilt hat, dass die Zwangsvollstreckung auf Grund der Anordnung des Gerichts nicht über Maßregeln zur Sicherung hinausgehen darf (§ 13 Absatz 4 Satz 3), ist auf Antrag des Berechtigten über Maßregeln zur Sicherung hinaus fortzusetzen, wenn das Zeugnis des Urkundsbeamten der Geschäftsstelle dieses Gerichts vorgelegt wird, dass die Zwangsvollstreckung unbeschränkt stattfinden darf.

(2) Das Zeugnis ist dem Berechtigten auf seinen Antrag zu erteilen,

1. wenn der Verpflichtete bis zum Ablauf der Frist zur Einlegung der Rechtsbeschwerde (§ 15 Absatz 2) keine Beschwerdeschrift eingereicht hat,
2. wenn der Bundesgerichtshof die Anordnung des Beschwerdegerichts nach § 22 Absatz 2 aufgehoben hat (§ 22 Absatz 3 Satz 2) oder
3. wenn der Bundesgerichtshof die Rechtsbeschwerde des Verpflichteten zurückgewiesen hat.

Abschnitt 6. Feststellung der Anerkennung einer ausländischen Entscheidung

§ 25[1)] Verfahren und Entscheidung in der Hauptsache. (1) Auf das Verfahren, das die Feststellung zum Gegenstand hat, ob eine Entscheidung aus einem anderen Staat anzuerkennen ist, sind die §§ 3 bis 6, 8 Absatz 2, die §§ 10 bis 12, § 13 Absatz 1 bis 3, die §§ 15 und 16 sowie § 17 Absatz 1 und 2 entsprechend anzuwenden.

(2) Ist der Antrag auf Feststellung begründet, so beschließt das Gericht, dass die Entscheidung anzuerkennen ist.

§ 26 Kostenentscheidung. [1]In den Fällen des § 25 Absatz 2 sind die Kosten dem Antragsgegner aufzuerlegen. [2]Dieser kann die Beschwerde (§ 11) auf die Entscheidung über den Kostenpunkt beschränken. [3]In diesem Falle sind die Kosten dem Antragsteller aufzuerlegen, wenn der Antragsgegner nicht durch sein Verhalten zu dem Antrag auf Feststellung Veranlassung gegeben hat.

Abschnitt 7. Aufhebung oder Änderung der Beschlüsse über die Zulassung der Zwangsvollstreckung oder die Anerkennung

§ 27 Verfahren nach Aufhebung oder Änderung des für vollstreckbar erklärten ausländischen Titels im Ursprungsstaat.

(1) Wird der Titel in dem Staat, in dem er errichtet worden ist, aufgehoben oder geändert und kann der Verpflichtete diese Tatsache in dem Verfahren der Zulassung der Zwangsvollstreckung nicht mehr geltend machen, so kann er die Aufhebung oder Änderung der Zulassung in einem besonderen Verfahren beantragen.

(2) Für die Entscheidung über den Antrag ist das Gericht ausschließlich zuständig, das im ersten Rechtszug über den Antrag auf Erteilung der Vollstreckungsklausel entschieden hat.

(3) [1]Der Antrag kann bei dem Gericht schriftlich oder durch Erklärung zu Protokoll der Geschäftsstelle gestellt werden. [2]Über den Antrag kann ohne mündliche Verhandlung entschieden werden. [3]Vor der Entscheidung, die durch Beschluss ergeht, ist der Berechtigte zu hören. [4]§ 13 Absatz 2 und 3 gilt entsprechend.

(4) [1]Der Beschluss unterliegt der Beschwerde nach den §§ 567 bis 577 der Zivilprozessordnung. [2]Die Notfrist für die Einlegung der sofortigen Beschwerde beträgt einen Monat.

(5) [1]Für die Einstellung der Zwangsvollstreckung und die Aufhebung bereits getroffener Vollstreckungsmaßregeln sind die §§ 769 und 770 der Zivilprozessordnung entsprechend anzuwenden. [2]Die Aufhebung einer Vollstreckungsmaßregel ist auch ohne Sicherheitsleistung zulässig.

---

1) § 25 Abs. 1 geänd. mWv 18. 6. 2011 durch G v. 23. 5. 2011 (BGBl. I S. 898, ber. S. 2094).

§ 28 Schadensersatz wegen ungerechtfertigter Vollstreckung.

(1) [1] Wird die Zulassung der Zwangsvollstreckung auf die Beschwerde (§ 11) oder die Rechtsbeschwerde (§ 15) aufgehoben oder abgeändert, so ist der Berechtigte zum Ersatz des Schadens verpflichtet, der dem Verpflichteten durch die Vollstreckung des Titels oder durch eine Leistung zur Abwendung der Vollstreckung entstanden ist. [2] Das Gleiche gilt, wenn die Zulassung der Zwangsvollstreckung nach § 27 aufgehoben oder abgeändert wird, sofern die zur Zwangsvollstreckung zugelassene Entscheidung zum Zeitpunkt der Zulassung nach dem Recht des Staats, in dem sie ergangen ist, noch mit einem ordentlichen Rechtsmittel angefochten werden konnte.

(2) Für die Geltendmachung des Anspruchs ist das Gericht ausschließlich zuständig, das im ersten Rechtszug über den Antrag, den Titel mit der Vollstreckungsklausel zu versehen, entschieden hat.

§ 29 Aufhebung oder Änderung ausländischer Entscheidungen, deren Anerkennung festgestellt ist. Wird die Entscheidung in dem Staat, in dem sie ergangen ist, aufgehoben oder abgeändert und kann die davon begünstigte Partei diese Tatsache nicht mehr in dem Verfahren über den Antrag auf Feststellung der Anerkennung (§ 25) geltend machen, so ist § 27 Absatz 1 bis 4 entsprechend anzuwenden.

Abschnitt 8. Vorschriften für Entscheidungen deutscher Gerichte und für das Mahnverfahren

§ 30 Vervollständigung inländischer Entscheidungen zur Verwendung im Ausland. (1) [1] Will eine Partei ein Versäumnis- oder Anerkenntnisurteil, das nach § 313b der Zivilprozessordnung in verkürzter Form abgefasst worden ist, in einem anderen Vertrags- oder Mitgliedstaat geltend machen, so ist das Urteil auf ihren Antrag zu vervollständigen. [2] Der Antrag kann bei dem Gericht schriftlich oder durch Erklärung zu Protokoll der Geschäftsstelle gestellt werden. [3] Über den Antrag wird ohne mündliche Verhandlung entschieden.

(2) Zur Vervollständigung des Urteils sind der Tatbestand und die Entscheidungsgründe nachträglich abzufassen, von den Richtern besonders zu unterschreiben und der Geschäftsstelle zu übergeben; der Tatbestand und die Entscheidungsgründe können auch von Richtern unterschrieben werden, die bei dem Urteil nicht mitgewirkt haben.

(3) [1] Für die Berichtigung des nachträglich abgefassten Tatbestands gilt § 320 der Zivilprozessordnung entsprechend. [2] Jedoch können bei der Entscheidung über einen Antrag auf Berichtigung auch solche Richter mitwirken, die bei dem Urteil oder der nachträglichen Anfertigung des Tatbestands nicht mitgewirkt haben.

(4) Die vorstehenden Absätze gelten entsprechend für die Vervollständigung von Arrestbefehlen, einstweiligen Anordnungen und einstweiligen Verfügungen, die in einem anderen Vertrags- oder Mitglied-

staat geltend gemacht werden sollen und nicht mit einer Begründung versehen sind.

§ 31[1)] Vollstreckungsklausel zur Verwendung im Ausland. Vollstreckungsbescheide, Arrestbefehle und einstweilige Verfügungen oder einstweilige Anordnungen, deren Zwangsvollstreckung in einem anderen Vertrags- oder Mitgliedstaat betrieben werden soll, sind auch dann mit der Vollstreckungsklausel zu versehen, wenn dies für eine Zwangsvollstreckung im Inland nach § 796 Absatz 1, § 929 Absatz 1 und § 936 der Zivilprozessordnung oder nach § 53 Absatz 1 und § 119 des Gesetzes über das Verfahren in Familiensachen und in den Angelegenheiten der freiwilligen Gerichtsbarkeit nicht erforderlich wäre.

§ 32 Mahnverfahren mit Zustellung im Ausland. (1) [1]Das Mahnverfahren findet auch statt, wenn die Zustellung des Mahnbescheids in einem anderen Vertrags oder Mitgliedstaat erfolgen muss. [2]In diesem Falle kann der Anspruch auch die Zahlung einer bestimmten Geldsumme in ausländischer Währung zum Gegenstand haben.

(2) Macht der Antragsteller geltend, dass das Gericht auf Grund einer Gerichtsstandsvereinbarung zuständig sei, so hat er dem Mahnantrag die erforderlichen Schriftstücke über die Vereinbarung beizufügen.

(3) Die Widerspruchsfrist (§ 692 Absatz 1 Nummer 3 der Zivilprozessordnung) beträgt einen Monat.

Abschnitt 9. Verhältnis zu besonderen Anerkennungsverfahren; Konzentrationsermächtigung

§ 33[2)] *[weggefallen]*

§ 34[2)] Konzentrationsermächtigung. (1) [1]Die Landesregierungen werden für die Durchführung dieses Gesetzes ermächtigt, durch Rechtsverordnung die Entscheidung über Anträge auf Erteilung der Vollstreckungsklausel zu ausländischen Titeln in Zivil- und Handelssachen, über Anträge auf Aufhebung oder Abänderung dieser Vollstreckungsklausel und über Anträge auf Feststellung der Anerkennung einer ausländischen Entscheidung für die Bezirke mehrerer Landgerichte einem von ihnen zuzuweisen, sofern dies der sachlichen Förderung oder schnelleren Erledigung der Verfahren dient. [2]Von der Ermächtigung kann für jeden der in § 1 Absatz 1 Nummer 1 Buchstabe a und b genannten Anerkennungs- und Vollstreckungsverträge und für jedes der in § 1 Absatz 1 Nummer 2 genannten Abkommen der Europäischen Union einzeln Gebrauch gemacht werden.

---

1) § 31 geänd., § 33 aufgeh. mWv 18.6.2011 durch G v. 23.5.2011 (BGBl. I S. 898).

2) § 34 Abs. 1 Satz 1 geänd., Satz 2 neu gef. mWv 10.1.2015 durch G v. 8.7.2014 (BGBl. I S. 890).

(2) Die Landesregierungen können die Ermächtigung durch Rechtsverordnung auf die Landesjustizverwaltungen übertragen.

Teil 2. Besonderes

Abschnitt 1. Übereinkommen über die gerichtliche Zuständigkeit und die Vollstreckung gerichtlicher Entscheidungen in Zivil- und Handelssachen vom 27. September 1968 und vom 16. September 1988

§ 35 Sonderregelungen über die Beschwerdefrist. [1]Die Frist für die Beschwerde des Verpflichteten gegen die Entscheidung über die Zulassung der Zwangsvollstreckung beträgt zwei Monate und beginnt von dem Tage an zu laufen, an dem die Entscheidung dem Verpflichteten entweder in Person oder in seiner Wohnung zugestellt worden ist, wenn der Verpflichtete seinen Wohnsitz oder seinen Sitz in einem anderen Vertragsstaat dieser Übereinkommen hat. [2]Eine Verlängerung dieser Frist wegen weiter Entfernung ist ausgeschlossen. [3]§ 10 Absatz 2 und 3 Satz 2 sowie § 11 Absatz 3 Satz 1 und 2 finden in diesen Fällen keine Anwendung.

§ 36 Aussetzung des Beschwerdeverfahrens. (1) [1]Das Oberlandesgericht kann auf Antrag des Verpflichteten seine Entscheidung über die Beschwerde gegen die Zulassung der Zwangsvollstreckung aussetzen, wenn gegen die Entscheidung im Ursprungsstaat ein ordentliches Rechtsmittel eingelegt oder die Frist hierfür noch nicht verstrichen ist; im letzteren Falle kann das Oberlandesgericht eine Frist bestimmen, innerhalb deren das Rechtsmittel einzulegen ist. [2]Das Gericht kann die Zwangsvollstreckung auch von einer Sicherheitsleistung abhängig machen.

(2) Absatz 1 ist im Verfahren auf Feststellung der Anerkennung einer Entscheidung (§§ 25 und 26) entsprechend anzuwenden.

Abschnitt 2.[1)] *[weggefallen]*

§§ 37–39 *[weggefallen]*

Abschnitt 3. Vertrag vom 17. Juni 1977 zwischen der Bundesrepublik Deutschland und dem Königreich Norwegen über die gegenseitige Anerkennung und Vollstreckung gerichtlicher Entscheidungen und anderer Schuldtitel in Zivil- und Handelssachen

§ 40 Abweichungen von § 22. (1) Weist das Oberlandesgericht die Beschwerde des Verpflichteten gegen die Zulassung der Zwangsvoll-

---

1) Teil 2 Abschnitt 2 (§§ 37–39) aufgeh. mWv 18.6.2011 durch G v. 23.5.2011 (BGBl. I S. 898).

streckung zurück oder lässt es auf die Beschwerde des Berechtigten die Zwangsvollstreckung aus dem Titel zu, so entscheidet es abweichend von § 22 Absatz 1 zugleich darüber, ob die Zwangsvollstreckung über Maßregeln zur Sicherung hinaus fortgesetzt werden kann:

1. Ist bei einer auf eine bestimmte Geldsumme lautenden Entscheidung der Nachweis, dass die Entscheidung rechtskräftig ist, nicht geführt, so ordnet das Oberlandesgericht an, dass die Vollstreckung erst nach Vorlage einer norwegischen Rechtskraftbescheinigung nebst Übersetzung (Artikel 14 Absatz 1 Nummer 2 und 6 und Absatz 2 des Vertrags) unbeschränkt stattfinden kann.
2. Ist der Nachweis, dass die Entscheidung rechtskräftig ist, geführt oder ist der Titel ein gerichtlicher Vergleich, so ordnet das Oberlandesgericht an, dass die Zwangsvollstreckung unbeschränkt stattfinden darf.

(2) § 22 Absatz 2 und 3 bleibt unberührt.

§ 41 Abweichungen von § 23. (1) Die Zwangsvollstreckung aus dem Titel, den der Urkundsbeamte der Geschäftsstelle des Landgerichts mit der Vollstreckungsklausel versehen hat, ist auf Antrag des Berechtigten auch dann über Maßregeln zur Sicherung hinaus fortzusetzen (§ 23 Absatz 1), wenn eine gerichtliche Anordnung nach § 40 Absatz 1 Nummer 1 oder § 22 Absatz 2 und 3 vorgelegt wird und die darin bestimmten Voraussetzungen erfüllt sind.

(2) [1] Ein Zeugnis gemäß § 23 Absatz 1 ist dem Berechtigten auf seinen Antrag abweichend von § 23 Absatz 2 Nummer 1 nur zu erteilen, wenn der Verpflichtete bis zum Ablauf der Beschwerdefrist keine Beschwerdeschrift eingereicht hat und wenn

1. der Berechtigte bei einer auf eine bestimmte Geldsumme lautenden Entscheidung nachweist, dass die Entscheidung rechtskräftig ist (Artikel 14 Absatz 1 Nummer 2 und 6 und Absatz 2 des Vertrags),
2. die Entscheidung nicht auf eine bestimmte Geldsumme lautet oder
3. der Titel ein gerichtlicher Vergleich ist.

[2] § 23 Absatz 2 Nummer 2 bis 4 findet keine Anwendung.

(3) § 23 Absatz 3 bleibt unberührt.

§ 42 Abweichungen von § 24. [1] Die Zwangsvollstreckung aus dem Titel, zu dem der Urkundsbeamte der Geschäftsstelle des Oberlandesgerichts die Vollstreckungsklausel erteilt hat, ist abweichend von § 24 Absatz 1 auf Antrag des Berechtigten nur im Rahmen einer gerichtlichen Anordnung nach § 40 oder § 22 Absatz 2 und 3 fortzusetzen. [2] Eines besonderen Zeugnisses des Urkundsbeamten der Geschäftsstelle bedarf es nicht.

§ 43 Folgeregelungen für das Rechtsbeschwerdeverfahren.
(1) Auf das Verfahren über die Rechtsbeschwerde sind neben den in § 17 Absatz 2 Satz 2 aufgeführten Vorschriften auch die §§ 40 und 42 sinngemäß anzuwenden.

(2) [1] Hat der Bundesgerichtshof eine Anordnung nach Absatz 1 in Verbindung mit § 40 Absatz 1 Nummer 1 erlassen, so ist in Abweichung von § 17 Absatz 3 Satz 3 ein Zusatz aufzunehmen, dass die Zwangsvollstreckung über Maßregeln zur Sicherung nicht hinausgehen darf. [2] Der Inhalt des Zusatzes bestimmt sich nach dem Inhalt der Anordnung.

§ 44 Weitere Sonderregelungen. (1) Hat der Verpflichtete keinen Wohnsitz im Inland, so ist für die Vollstreckbarerklärung von Entscheidungen und gerichtlichen Vergleichen auch das Landgericht örtlich zuständig, in dessen Bezirk der Verpflichtete Vermögen hat.

(2) Ist die Entscheidung auf die Leistung einer bestimmten Geldsumme gerichtet, so bedarf es für die Zulassung zur Zwangsvollstreckung nicht des Nachweises, dass die Entscheidung rechtskräftig ist (Artikel 10 Absatz 2 und Artikel 17 Absatz 1 Satz 2 des Vertrags).

(3) [1] Auf das Verfahren über die Beschwerde des Verpflichteten gegen die Zulassung der Zwangsvollstreckung findet § 12 Absatz 2 keine Anwendung. [2] § 12 Absatz 1 gilt für die Beschwerde, die sich gegen die Zulassung der Zwangsvollstreckung aus einem gerichtlichen Vergleich richtet, sinngemäß.

(4) Die Vorschriften über die Feststellung der Anerkennung einer Entscheidung (§§ 25 und 26) und über die Aufhebung oder Änderung dieser Feststellung (§ 29 in Verbindung mit § 27) finden keine Anwendung.

Abschnitt 4. Vertrag vom 20. Juli 1977 zwischen der Bundesrepublik Deutschland und dem Staat Israel über die gegenseitige Anerkennung und Vollstreckung gerichtlicher Entscheidungen in Zivil- und Handelssachen

§ 45 Abweichungen von § 22. (1) Weist das Oberlandesgericht die Beschwerde des Verpflichteten gegen die Zulassung der Zwangsvollstreckung zurück oder lässt es auf die Beschwerde des Berechtigten die Zwangsvollstreckung aus dem Titel zu, so entscheidet es abweichend von § 22 Absatz 1 zugleich darüber, ob die Zwangsvollstreckung über Maßregeln zur Sicherung hinaus fortgesetzt werden kann:

1. Ist der Nachweis, dass die Entscheidung rechtskräftig ist, nicht geführt, so ordnet das Oberlandesgericht an, dass die Vollstreckung erst nach Vorlage einer israelischen Rechtskraftbescheinigung nebst Übersetzung (Artikel 15 Absatz 1 Nummer 2 und 7 des Vertrags) unbeschränkt stattfinden darf.
2. Ist der Nachweis, dass die Entscheidung rechtskräftig ist, erbracht oder hat die Entscheidung eine Unterhaltspflicht zum Gegenstand oder ist der Titel ein gerichtlicher Vergleich, so ordnet das Oberlandesgericht an, dass die Zwangsvollstreckung unbeschränkt stattfinden darf.

(2) § 22 Absatz 2 und 3 bleibt unberührt.

§ 46 Abweichungen von § 23. (1) Die Zwangsvollstreckung aus dem Titel, den der Urkundsbeamte der Geschäftsstelle des Landgerichts mit der Vollstreckungsklausel versehen hat, ist auf Antrag des Berechtigten auch dann über Maßregeln zur Sicherung hinaus fortzusetzen (§ 23 Absatz 1), wenn eine gerichtliche Anordnung nach § 45 Absatz 1 Nummer 1 oder § 22 Absatz 2 und 3 vorgelegt wird und die darin bestimmten Voraussetzungen erfüllt sind.

(2) [1] Ein Zeugnis gemäß § 23 Absatz 1 ist dem Berechtigten auf seinen Antrag abweichend von § 23 Absatz 2 Nummer 1 nur zu erteilen, wenn der Verpflichtete bis zum Ablauf der Beschwerdefrist keine Beschwerdeschrift eingereicht hat und wenn

1. der Berechtigte den Nachweis führt, dass die Entscheidung rechtskräftig ist (Artikel 21 des Vertrags),
2. die Entscheidung eine Unterhaltspflicht zum Gegenstand hat (Artikel 20 des Vertrags) oder
3. der Titel ein gerichtlicher Vergleich ist.

[2] § 23 Absatz 2 Nummer 2 bis 4 findet keine Anwendung.

(3) § 23 Absatz 3 bleibt unberührt.

§ 47 Abweichungen von § 24. [1] Die Zwangsvollstreckung aus dem Titel, zu dem der Urkundsbeamte der Geschäftsstelle des Oberlandesgerichts die Vollstreckungsklausel erteilt hat, ist abweichend von § 24 Absatz 1 auf Antrag des Berechtigten nur im Rahmen einer gerichtlichen Anordnung nach § 45 oder § 22 Absatz 2 und 3 fortzusetzen. [2] Eines besonderen Zeugnisses des Urkundsbeamten der Geschäftsstelle bedarf es nicht.

§ 48 Folgeregelungen für das Rechtsbeschwerdeverfahren. (1) Auf das Verfahren über die Rechtsbeschwerde sind neben den in § 17 Absatz 2 Satz 2 aufgeführten Vorschriften auch die §§ 45 und 47 sinngemäß anzuwenden.

(2) [1] Hat der Bundesgerichtshof eine Anordnung nach Absatz 1 in Verbindung mit § 45 Absatz 1 Nummer 1 erlassen, so ist in Abweichung von § 17 Absatz 3 Satz 3 ein Zusatz aufzunehmen, dass die Zwangsvollstreckung über Maßregeln zur Sicherung nicht hinausgehen darf. [2] Der Inhalt des Zusatzes bestimmt sich nach dem Inhalt der Anordnung.

§ 49 Weitere Sonderregelungen. (1) Hat der Verpflichtete keinen Wohnsitz im Inland, so ist für die Vollstreckbarerklärung von Entscheidungen und gerichtlichen Vergleichen auch das Landgericht örtlich zuständig, in dessen Bezirk der Verpflichtete Vermögen hat.

(2) [1] Auf das Verfahren über die Beschwerde des Verpflichteten gegen die Zulassung der Zwangsvollstreckung findet § 12 Absatz 2 keine Anwendung. [2] § 12 Absatz 1 gilt für die Beschwerde, die sich gegen die Zulassung der Zwangsvollstreckung aus einem gerichtlichen Vergleich richtet, sinngemäß.

Abschnitt 5. (weggefallen)

§§ 50–54 (weggefallen)

Abschnitt 6.[1] Übereinkommen vom 30. Oktober 2007 über die gerichtliche Zuständigkeit und die Anerkennung und Vollstreckung von Entscheidungen in Zivil- und Handelssachen

§ 55[2] **Abweichungen von Vorschriften des Allgemeinen Teils; ergänzende Regelungen.** (1) Die §§ 3, 6 Absatz 1, § 7 Absatz 1 Satz 2 und Absatz 2, § 10 Absatz 2 und 3 Satz 2, § 11 Absatz 1 Satz 2 und Absatz 3 Satz 1 und 2 sowie die §§ 12, 14 und 18 finden keine Anwendung.

(2) [1]Die Beschwerde gegen die Zulassung der Zwangsvollstreckung ist einzulegen

1. innerhalb eines Monats nach Zustellung, wenn der Verpflichtete seinen Wohnsitz im Inland hat;
2. innerhalb von zwei Monaten nach Zustellung, wenn der Verpflichtete seinen Wohnsitz im Ausland hat.

[2]Die Frist beginnt mit dem Tag, an dem die Vollstreckbarerklärung dem Verpflichteten entweder persönlich oder in seiner Wohnung zugestellt worden ist. [3]Eine Verlängerung dieser Frist wegen weiter Entfernung ist ausgeschlossen.

(3) [1]In einem Verfahren, das die Vollstreckbarerklärung einer notariellen Urkunde zum Gegenstand hat, kann diese Urkunde auch von einem Notar für vollstreckbar erklärt werden. [2]Die Vorschriften für das Verfahren der Vollstreckbarerklärung durch ein Gericht gelten sinngemäß.

§ 56[2] **Sonderregelungen für die Vollstreckungsabwehrklage.** (1) [1]Ist die Zwangsvollstreckung aus einem Titel zugelassen, so kann der Verpflichtete Einwendungen gegen den Anspruch selbst in einem Verfahren nach § 767 der Zivilprozessordnung oder, wenn der Titel eine Unterhaltssache betrifft, in einem Verfahren nach § 120 Absatz 1 des Gesetzes über das Verfahren in Familiensachen und in den Angelegenheiten der freiwilligen Gerichtsbarkeit in Verbindung mit § 767 der Zivilprozessordnung geltend machen. [2]Handelt es sich bei dem Titel um eine gerichtliche Entscheidung, so gilt dies nur, soweit die Gründe, auf denen die Einwendungen beruhen, erst nach dem Erlass der Entscheidung entstanden sind.

---

[1] *Überschrift Teil 2* Abschnitt 6 neu gef. mWv 10. 1. 2015 durch G v. 8. 7. 2014 (BGBl. I S. 890).

[2] § 55 Abs. 1 geänd., § 56 eingef. mWv 26. 2. 2013 durch G v. 20. 2. 2013 (BGBl. I S. 273).

(2) [1]Die Klage nach § 767 der Zivilprozessordnung und der Antrag nach § 120 Absatz 1 des Gesetzes über das Verfahren in Familiensachen und in den Angelegenheiten der freiwilligen Gerichtsbarkeit in Verbindung mit § 767 der Zivilprozessordnung sind bei dem Gericht zu erheben, das über den Antrag auf Erteilung der Vollstreckungsklausel entschieden hat. [2]Soweit der Antrag einen Unterhaltstitel zum Gegenstand hat, ist das Familiengericht zuständig; für die örtliche Zuständigkeit gelten die Vorschriften des Gesetzes über das Verfahren in Familiensachen und in den Angelegenheiten der freiwilligen Gerichtsbarkeit für Unterhaltssachen.

§ 57[1)] Bescheinigungen zu inländischen Titeln. [1]Die Bescheinigungen nach den Artikeln 54, 57 und 58 des Übereinkommens vom 30. Oktober 2007 über die gerichtliche Zuständigkeit und die Anerkennung und Vollstreckung von Entscheidungen in Zivil- und Handelssachen werden von dem Gericht, der Behörde oder der mit öffentlichem Glauben versehenen Person ausgestellt, der die Erteilung einer vollstreckbaren Ausfertigung des Titels obliegt. [2]Soweit danach die Gerichte für die Ausstellung der Bescheinigung zuständig sind, wird diese von dem Gericht des ersten Rechtszuges und, wenn das Verfahren bei einem höheren Gericht anhängig ist, von diesem Gericht ausgestellt. [3]Funktionell zuständig ist die Stelle, der die Erteilung einer vollstreckbaren Ausfertigung des Titels obliegt. [4]Für die Anfechtbarkeit der Entscheidung über die Ausstellung der Bescheinigung gelten die Vorschriften über die Anfechtbarkeit der Entscheidung über die Erteilung der Vollstreckungsklausel sinngemäß.

Abschnitt 7.[2)] Haager Übereinkommen vom 30. Juni 2005 über Gerichtsstandsvereinbarungen

§ 58 Bescheinigungen zu inländischen Titeln. (1) Bescheinigungen nach Artikel 13 Absatz 1 Buchstabe e und Absatz 3 des Haager Übereinkommens vom 30. Juni 2005 über Gerichtsstandsvereinbarungen werden von dem Gericht ausgestellt, dem die Erteilung einer vollstreckbaren Ausfertigung des Titels obliegt.

(2) Die Entscheidung über die Ausstellung der Bescheinigung nach Artikel 13 Absatz 3 des Haager Übereinkommens vom 30. Juni 2005 über Gerichtsstandsvereinbarungen ist anfechtbar. Hierfür gelten die Vorschriften über die Anfechtbarkeit der Entscheidung über die Erteilung der Vollstreckungsklausel sinngemäß.

---

1) Bish. § 56 wird § 57 mWv 26. 2. 2013 durch G v. 20. 2. 2013 (BGBl. I S. 273); Satz 1 geänd. mWv 10. 1. 2015 durch G v. 8. 7. 2014 (BGBl. I S. 890).

2) Abschnitt 7 angef. durch G v. 10. 12. 2014 (BGBl. I S. 2082) mit unbestimmtem Inkrafttreten.

160b. Protokoll betreffend die Auslegung des Übereinkommens vom 27. September 1968 über die gerichtliche Zuständigkeit und die Vollstreckung gerichtlicher Entscheidungen in Zivil- und Handelssachen durch den Gerichtshof[1) 2)]

Vom 3. Juni 1971

(BGBl. 1972 II S. 846, ABl. 1975 Nr. L 204/28)

DIE HOHEN VERTRAGSPARTEIEN DES VERTRAGES ZUR GRÜNDUNG DER EUROPÄISCHEN WIRTSCHAFTSGEMEINSCHAFT –

UNTER BEZUGNAHME auf die Erklärung zu dem am 27. September 1968 in Brüssel unterzeichneten Übereinkommen über die gerichtliche Zuständigkeit und die Vollstreckung gerichtlicher Entscheidungen in Zivil- und Handelssachen –

HABEN BESCHLOSSEN, ein Protokoll zu schließen, durch das dem Gerichtshof der Europäischen Gemeinschaften bestimmte Zuständigkeiten zur Auslegung des genannten Übereinkommens übertragen werden, und haben zu diesem Zweck zu ihren Bevollmächtigten ernannt:

(Es folgen die Namen der Bevollmächtigten)

DIESE im Rat vereinigten Bevollmächtigten sind nach Austausch ihrer in guter und gehöriger Form befundenen Vollmachten

WIE FOLGT ÜBEREINGEKOMMEN:

Art. 1. Der Gerichtshof der Europäischen Gemeinschaften entscheidet über die Auslegung des am 27. September 1968 in Brüssel unterzeichneten Übereinkommens über die gerichtliche Zuständigkeit und die Vollstreckung gerichtlicher Entscheidungen in Zivil- und Han-

---

1) **Amtl. Anm.:** Gemäß Artikel 8 des Protokolls tritt dieses nach Ratifizierung seitens der Vertragsstaaten (Belgien, Bundesrepublik Deutschland, Frankreich, Italien, Großherzogtum Luxemburg, Niederlande) für diese Staaten am 1. September 1975 in Kraft.

2) Text in der Fassung des Beitrittsübereinkommens vom 9. 10. 1978 (Dänemark, Irland, Vereinigtes Königreich; BGBl. 1983 II S. 802, ABl. Nr. L 304/1), und des Beitrittsübereinkommens vom 25. 10. 1982 (Griechenland; ABl. Nr. L 388/1) und des Beitrittsübereinkommens v. 26. 5. 1989 (Spanien, Portugiesische Republik; BGBl. 1994 II S. 519). Das Beitrittsübereinkommen v. 9. 10. 1978 ist zwischen der Bundesrepublik und anderen Mitgliedstaaten am 1. 11. 1986 (BGBl. II S. 1020), für das Vereinigte Königreich am 1. 1. 1987 (BGBl. 1986 II S. 1146), für Irland am 1. 6. 1988 (BGBl. II S. 610) in Kraft getreten. Das Beitrittsübereinkommen v. 25. 10. 1982 ist zwischen der Bundesrepublik und anderen Mitgliedstaaten am 1. 4. 1989 (BGBl. II S. 214), für das Vereinigte Königreich am 1. 10. 1989 (BGBl. II S. 752) in Kraft getreten. Das Beitrittsübereinkommen v. 26. 5. 1989 ist zwischen der Bundesrepublik und anderen Mitgliedstaaten am 1. 12. 1994 in Kraft getreten (Bek. v. 25. 10. 1994, BGBl. II S. 3707). Das Betriebsabkommen mit Österreich, Finnland und Schweden v. 29. 11. 1996 (BGBl. 1998 II S. 1412) ist für die Bundesrepublik am 1. 1. 1999 in Kraft getreten (Bek. v. 3. 12. 1998, BGBl. 1999 II S. 419).

delssachen, des dem Übereinkommen beigefügten, am selben Tag und am selben Ort unterzeichneten Protokolls und über die Auslegung des vorliegenden Protokolls.

Der Gerichtshof der Europäischen Gemeinschaften entscheidet ebenfalls über die Auslegung des Übereinkommens über den Beitritt des Königreichs Dänemark, Irlands und des Vereinigten Königreichs Großbritannien und Nordirland zum Übereinkommen vom 27. September 1968 und zum vorliegenden Protokoll.

Der Gerichtshof der Europäischen Gemeinschaften entscheidet ebenfalls über die Auslegung des Übereinkommens über den Beitritt der Republik Griechenland zum Übereinkommen vom 27. September 1968 und zum vorliegenden Protokoll in der Fassung des Übereinkommens von 1978.

Der Gerichtshof der Europäischen Gemeinschaften entscheidet ebenfalls über die Auslegung des Übereinkommens über den Beitritt des Königreichs Spanien und der Portugiesischen Republik zum Übereinkommen vom 27. September 1968 und zum vorliegenden Protokoll in der Fassung der Übereinkommen von 1978 und 1982.

Der Gerichtsof der Europäischen Gemeinschaften entscheidet ebenfalls über die Auslegung des Übereinkommens über den Beitritt der Republik Österreich, der Republik Finnland und des Königreichs Schweden zum Übereinkommen vom 27. September 1968 und zum vorliegenden Protokoll in der Fassung der Übereinkommen von 1978, 1982 und 1989.

Art. 2. Folgende Gerichte können dem Gerichtshof eine Auslegungsfrage zur Vorabentscheidung vorlegen:

1. – in Belgien: die ‚Cour de Cassation' – ‚Hof van Cassatie' und der ‚Conseil d'État' – ‚Raad van State',
   – in Dänemark: ‚højesteret',
   – in der Bundesrepublik Deutschland: die obersten Gerichtshöfe des Bundes,
   – in Griechenland: τά ἀνώτατα δικαστήρια,
   – in Spanien: ‚el Tribunal Supremo';
   – in Frankreich: die ‚Cour de Cassation' und der ‚Conseil d'État',
   – in Irland: der ‚Supreme Court',
   – in Italien: die ‚Corte Suprema di Cassazione',
   – in Luxemburg: die ‚Cour supérieure de Justice siégeant comme Cour de Cassation',
   – in den Niederlanden: der ‚Hoge Raad',
   – in Österreich: der ‚Oberste Gerichtshof', der ‚Verwaltungsgerichtshof' und der ‚Verfassungsgerichtshof',
   – in Portugal: ‚o Supremo Tribunal de Justiça' und ‚o Supremo Tribunal Administrativo';
   – in Finnland: ‚korkein oikeus/högsta domstolen' und ‚korkein *hallintooikeus*/högsta förvaltningsdomstolen',
   – in Schweden: ‚Högsta domstolen', ‚Regeringsrätten', ‚Arbetsdomstolen' und ‚Marknadsdomstolen',

– im Vereinigten Königreich: das ‚House of Lords', und die nach Artikel 37 Absatz 2 oder Artikel 41 des Übereinkommens befaßten Gerichte;

2. – die Gerichte der Vertragsstaaten, sofern sie als Rechtsmittelinstanz entscheiden;

3. – in den in Artikel 37 des Übereinkommens vorgesehenen Fällen die in dem genannten Artikel angeführten Gerichte.

Art. 3. (1) Wird eine Frage zur Auslegung des Übereinkommens oder einer anderen in Artikel 1 genannten Übereinkunft in einem schwebenden Verfahren bei einem der in Artikel 2 Nr. 1 angeführten Gerich-

(Fortsetzung nächstes Blatt)

richte gestellt und hält dieses Gericht eine Entscheidung darüber zum Erlaß seines Urteils für erforderlich, so ist es verpflichtet, diese Frage dem Gerichtshof zur Entscheidung vorzulegen.

(2) Wird eine derartige Frage einem der in Artikel 2 Nr. 2 und 3 angeführten Gerichte gestellt, so kann dieses Gericht unter den in Absatz 1 festgelegten Voraussetzungen diese Frage dem Gerichtshof zur Entscheidung vorlegen.

Art. 4. (1) Die zuständige Stelle eines Vertragsstaats kann bei dem Gerichtshof beantragen, daß er zu einer Auslegungsfrage, die das Übereinkommen oder eine andere in Artikel 1 genannten Übereinkunft betrifft, Stellung nimmt, wenn Entscheidungen von Gerichten dieses Staates der Auslegung widersprechen, die vom Gerichtshof oder in einer Entscheidung eines der in Artikel 2 Nr. 1 und 2 angeführten Gerichte eines anderen Vertragsstaats gegeben wurde. Dieser Absatz gilt nur für rechtskräftige Entscheidungen.

(2) Die vom Gerichtshof auf einen derartigen Antrag gegebene Auslegung hat keine Wirkung auf die Entscheidungen, die den Anlaß für den Antrag auf Auslegung bildeten.

(3) Den Gerichtshof können um eine Auslegung nach Absatz 1 die Generalstaatsanwälte bei den Kassationsgerichtshöfen der Vertragsstaaten oder jede andere von einem Vertragsstaat benannte Stelle ersuchen.

(4) Der Kanzler des Gerichtshofs stellt den Antrag den Vertragsstaaten, der Kommission und dem Rat der Europäischen Gemeinschaften zu, die binnen zwei Monaten nach dieser Zustellung beim Gerichtshof Schriftsätze einreichen oder schriftliche Erklärungen abgeben können.

(5) In dem in diesem Artikel vorgesehenen Verfahren werden Kosten weder erhoben noch erstattet.

Art. 5. (1) Soweit dieses Protokoll nichts anderes bestimmt, gelten die Vorschriften des Vertrages zur Gründung der Europäischen Wirtschaftsgemeinschaft und des dem Vertrag beigefügten Protokolls über die Satzung des Gerichtshofes, die anzuwenden sind, wenn der Gerichtshof im Wege der Vorabentscheidung zu entscheiden hat, auch für das Verfahren zur Auslegung des Übereinkommens und der anderen in Artikel 1 genannten Übereinkünfte.

(2) Die Verfahrensordnung des Gerichtshofes wird, soweit erforderlich, gemäß Artikel 188 des Vertrages zur Gründung der Europäischen Wirtschaftsgemeinschaft angepaßt und ergänzt.

Art. 6. *(gestrichen)*

Art. 7. Dieses Protokoll bedarf der Ratifizierung durch die Unterzeichnerstaaten. Die Ratifikationsurkunden werden beim Generalsekretär des Rates der Europäischen Gemeinschaften hinterlegt.

Art. 8. Dieses Protokoll tritt am ersten Tag des dritten Monats in Kraft, der auf die Hinterlegung der Ratifikationsurkunde durch denjenigen Unterzeichnerstaat folgt, der diese Förmlichkeit als letzter vornimmt. Es tritt jedoch frühestens gleichzeitig mit dem Übereinkommen vom 27. September 1968 über die gerichtliche Zuständigkeit und die Vollstreckung gerichtlicher Entscheidungen in Zivil- und Handelssachen in Kraft.

Art. 9. Die Vertragsstaaten bekräftigen, daß jeder Staat, der Mitglied der Europäischen Wirtschaftsgemeinschaft wird und auf den Artikel 63 des Übereinkommens über die gerichtliche Zuständigkeit und die Vollstreckung gerichtlicher Entscheidungen in Zivil- und Handelssachen Anwendung findet, die Bestimmungen dieses Protokolls vorbehaltlich der erforderlichen Anpassungen annehmen muß.

Art. 10. Der Generalsekretär des Rates der Europäischen Gemeinschaften notifiziert den Unterzeichnerstaaten:

a) die Hinterlegung jeder Ratifikationsurkunde;

b) den Tag, an dem dieses Protokoll in Kraft tritt;

c) die gemäß Artikel 4 Absatz 3 eingegangenen Erklärungen;

d) *(gestrichen)*

Art. 11. Die Vertragsstaaten teilen dem Generalsekretär des Rates der Europäischen Gemeinschaften den Wortlaut ihrer gesetzlichen Vorschriften mit, die zu einer Änderung der Liste der in Artikel 2 Nr. 1 bezeichneten Gerichte führen.

Art. 12. Dieses Protokoll gilt auf unbegrenzte Zeit.

Art. 13. Jeder Vertragsstaat kann eine Revision dieses Protokolls beantragen. In diesem Fall beruft der Präsident des Rates der Europäischen Gemeinschaften eine Revisionskonferenz ein.

Art. 14. Dieses Protokoll ist in einer Urschrift in deutscher, französischer, italienischer und niederländischer Sprache abgefaßt, wobei jeder Wortlaut gleichermaßen verbindlich ist; es wird im Archiv des Sekretariats des Rates der Europäischen Gemeinschaften hinterlegt. Der Generalsekretär übermittelt der Regierung jedes Unterzeichnerstaats eine beglaubigte Abschrift.

ZU URKUND DESSEN haben die unterzeichneten Bevollmächtigten ihre Unterschrift unter dieses Protokoll gesetzt.

GESCHEHEN zu Luxemburg am dritten Juni neunzehnhunderteinundsiebzig.

(Es folgen die Unterschriften für Belgien, die Bundesrepublik Deutschland, Frankreich, Italien, Luxemburg und die Niederlande.)

Gemeinsame Erklärung

Die Regierungen des Königreichs Belgien, der Bundesrepublik Deutschland, der Französischen Republik, der Italienischen Republik, des Großherzogtums Luxemburg und des Königreichs der Niederlande –

im Zeitpunkt der Unterzeichnung des Protokolls betreffend die Auslegung des Übereinkommens vom 27. September 1968 über die gerichtliche Zuständigkeit und die Vollstreckung gerichtlicher Entscheidungen in Zivil- und Handelssachen durch den Gerichtshof,

in dem Wunsch, eine möglichst wirksame und einheitliche Anwendung dieses Protokolls zu gewährleisten –

erklären sich bereit, im Benehmen mit dem Gerichtshof einen Austausch von Informationen über die Entscheidungen einzurichten, die von den in Artikel 2 Nr. 1 des Protokolls angeführten Gerichten in Anwendung des Übereinkommens und des Protokolls vom 27. September 1968 erlassen werden.

ZU URKUND DESSEN haben die unterzeichneten Bevollmächtigten ihre Unterschrift unter diese Gemeinsame Erklärung gesetzt.

GESCHEHEN zu Luxemburg am dritten Juni neunzehnhunderteinundsiebzig.

(Es folgen die Unterschriften der sechs Bevollmächtigten).

Gemeinsame Erklärung

Die Regierungen des Königreichs Belgien, der Bundesrepublik Deutschland, der Französischen Republik, der Italienischen Republik, des Großherzogtums Luxemburg und des Königreichs der Niederlande –

im Zeitpunkt der Unterzeichnung des Protokolls betreffend die Auslegung des Übereinkommens vom 27. September 1968 über die gerichtliche Zuständigkeit und die Vollstreckung gerichtlicher Entscheidungen in Zivil- und Handelssachen durch den Gerichtshof,

in dem Wunsch, eine möglichst wirksame und einheitliche Anwendung dieses Protokolls zu gewährleisten –

erklären sich bereit, im Benehmen mit dem Gerichtshof einen Austausch von Informationen über die Entscheidungen zu organisieren, die von den in Artikel 2 Nr. 1 des Protokolls angeführten Gerichten in Anwendung des Übereinkommens und des Protokolls vom 27. September 1968 erlassen werden.

ZU URKUND DESSEN haben die unterzeichneten Bevollmächtigten ihre Unterschrift unter diese Gemeinsame Erklärung gesetzt.

GESCHEHEN zu Luxemburg am dritten Juni neunzehnhunderteinundsiebzig.

(Es folgen die Unterschriften der sechs Bevollmächtigten)

162. Übereinkommen zwischen den Mitgliedstaaten der Europäischen Gemeinschaften über die Vollstreckung ausländischer strafrechtlicher Verurteilungen[1), 2)]

Vom 13. November 1991
(BGBl. 1997 II S. 1351)

Präambel

DIE MITGLIEDSTAATEN –

EINGEDENK der engen Bindungen zwischen ihren Völkern,

IN ANBETRACHT der Bedeutung einer Verstärkung der justitiellen Zusammenarbeit im Hinblick auf die Schaffung eines europäischen Raums ohne Binnengrenzen, in dem die Freizügigkeit des Personenverkehrs in Übereinstimmung mit der Einheitlichen Europäischen Akte gewährleistet wird,

IN DER ÜBERZEUGUNG, daß die zwischen ihnen bestehenden Formen der internationalen Zusammenarbeit auf dem Gebiet des Strafrechts durch Bestimmungen über die Übertragung der Vollstreckung strafrechtlicher Verurteilungen zu freiheitsentziehenden Strafen und Geldstrafen oder Geldbußen ergänzt werden sollten,

IM BEWUSSTSEIN der Notwendigkeit, bei der Übertragung der Vollstreckung strafrechtlicher Verurteilungen den Interessen aller betroffenen Personen Rechnung zu tragen,

UNTER BERÜCKSICHTIGUNG der Übereinkommen des Europarates über die internationale Geltung von Strafurteilen, beschlossen am 28. Mai 1970 in Den Haag, und über die Überstellung verurteilter Personen, beschlossen am 21. März 1983 in Straßburg,[3)] –

SIND WIE FOLGT ÜBEREINGEKOMMEN:

Art. 1 Begriffsbestimmungen. (1) Im Sinne dieses Übereinkommens bezeichnet der Ausdruck

a) „Urteil" eine rechtskräftige Entscheidung eines Gerichts, das wegen einer Straftat eine Verurteilung ausspricht. Der Ausdruck bezeichnet

---

1) *Das Übereinkommen ist noch nicht in Kraft getreten*, wird aber von Deutschland gemäß Art. 21 Abs. 3 des Übereinkommens seit dem 9. 12. 1997 im Verhältnis zu den **Niederlanden** (Bek. v. 30. 3. 1998, BGBl. II S. 896) und seit 26. 6. 2004 im Verhältnis zu **Lettland** (Bek. v. 20. 1. 2005, BGBl. II S. 172) vorläufig angewendet. S. auch Bek. v. 8. 8. 2007, BGBl. II S. 1427 sowie Bek. v. 26. 2. 2013, BGBl. II S. 393 [betr. die außereuropäischen Teile der Niederlande]).

2) Zu den von Deutschland bei der Hinterlegung der Ratifikationsurkunde abgegebenen Vorbehalten und Erklärungen (BGBl. 1998 II S. 896) vgl. die Anmerkungen zu den jeweils betroffenen Vorschriften.

3) S. BGBl. 1991 II S. 1006.

auch die Entscheidung einer Verwaltungsbehörde, mit der wegen einer Zuwiderhandlung gegen Verwaltungsvorschriften oder einer Ordnungswidrigkeit eine Geldbuße verhängt wird, sofern dem Betroffenen die Möglichkeit eröffnet war, die Sache vor Gericht zu bringen;

b) „Verurteilung" die Verhängung einer freiheitsentziehenden Strafe oder einer Geldstrafe durch ein Gericht sowie die Verhängung einer Geldbuße durch eine unter Buchstabe a genannte Verwaltungsbehörde

c) „Urteilsstaat" den Staat, in dem die Verurteilung erfolgt ist, für die um Übertragung der Vollstreckung ersucht worden ist oder ersucht werden kann;

d) „Vollstreckungsstaat" den Staat, in den die Vollstreckung der Verurteilung übertragen worden ist oder übertragen werden kann.

(2) Jeder Mitgliedstaat kann bei der Unterzeichnung dieses Übereinkommens oder bei der Hinterlegung seiner Ratifikations-, Annahme-, Genehmigungs- oder Beitrittsurkunde in einer Erklärung die Straftaten angeben, die er aus dem Anwendungsbereich dieses Übereinkommens ausschließen will. Die anderen Mitgliedstaaten können den Grundsatz der Gegenseitigkeit anwenden.

Art. 2 Allgemeine Grundsätze. (1) Die Mitgliedstaaten verpflichten sich, nach diesem Übereinkommen im Hinblick auf die Übertragung der Vollstreckung von Verurteilungen weitestgehend zusammenzuarbeiten.

(2) Das Ersuchen um Übertragung der Vollstreckung kann entweder vom Urteilsstaat oder vom Vollstreckungsstaat gestellt werden.

Art. 3 Vollstreckung einer Verurteilung zu einer freiheitsentziehenden Strafe. Um Übertragung der Vollstreckung einer Verurteilung zu einer freiheitsentziehenden Strafe kann ersucht werden, wenn

a) die verurteilte Person sich im Hoheitsgebiet des Vollstreckungsstaats befindet und Staatsangehöriger dieses Staates ist oder ihren gewöhnlichen Aufenthalt in dessen Hoheitsgebiet hat,

b) die verurteilte Person sich im Hoheitsgebiet des Vollstreckungsstaats befindet und ihre Auslieferung abgelehnt worden ist, im Falle eines entsprechenden Ersuchens abgelehnt würde oder nicht möglich ist oder

c) die verurteilte Person sich im Hoheitsgebiet des Vollstreckungsstaats befindet, wo sie eine freiheitsentziehende Strafe verbüßt oder verbüßen soll.

Art. 4 Vollstreckung einer Verurteilung zu einer Geldstrafe oder einer Geldbuße. Um Übertragung der Vollstreckung einer Verurteilung zu einer Geldstrafe oder Geldbuße kann ersucht werden, *wenn*

a) die verurteilte Person eine natürliche Person ist, die ihren gewöhnlichen Aufenthalt im Hoheitsgebiet des Vollstreckungsstaats hat oder in diesem Staat über verwertbare Vermögensgegenstände oder Einkommen verfügt, oder

b) die verurteilte Person eine juristische Person ist, die ihren Sitz im Hoheitsgebiet des Vollstreckungsstaats hat oder in diesem Staat über verwertbare Vermögensgegenstände oder finanzielle Mittel verfügt.

Art. 5[1] Voraussetzungen für die Übertragung der Vollstreckung. Die Übertragung der Vollstreckung einer Verurteilung bedarf der Zustimmung des Urteilsstaats und des Vollstreckungsstaats. Die Vollstreckung darf nur unter der Voraussetzung übertragen werden, daß

a) das Urteil rechtskräftig und vollstreckbar ist;

b) die Handlungen oder Unterlassungen, die zu der Verurteilung geführt haben, nach dem Recht des Vollstreckungsstaats eine der in Artikel 1 Absatz 1 Buchstabe a genannten Taten darstellen oder, wenn sie in seinem Hoheitsgebiet begangen worden wären, darstellen würden;

c) weder nach dem Recht des Urteilsstaats noch nach dem Recht des Vollstreckungsstaats Vollstreckungsverjährung eingetreten ist;

d) im Vollstreckungsstaat kein rechtskräftiges Urteil wegen derselben Tat gegen die verurteilte Person ergangen ist;

e) die Übertragung der Vollstreckung nicht im Widerspruch zu dem Grundsatz „ne bis in idem" stünde, wenn in einem Drittstaat ein rechtskräftiges Urteil gegen die verurteilte Person wegen derselben Tat ergangen ist.

Art. 6 Art und Weise der Übertragung. (1) Die Vollstreckungsersuchen bedürfen der Schriftform und sind vom Justizministerium des ersuchenden Staates an das Justizministerium des ersuchten Staates zu richten.[2]

(2) Der ersuchte Staat hat dem ersuchenden Staat in der gleichen Form sobald wie möglich seine Entscheidung mitzuteilen, ob er dem Ersuchen stattgibt oder es ablehnt.

(3) Aufgrund besonderer Vereinbarungen oder – auch wenn solche Vereinbarungen nicht bestehen – im Falle der Dringlichkeit können

---

[1] Deutschland hat zu dieser Bestimmung folgende Erklärung abgegeben (BGBl. 1998 II S. 896): „Die Bundesrepublik Deutschland wird der Übertragung der Vollstreckung einer Verurteilung nicht zustimmen, wenn der Aufwand und die Kosten, die im Fall der Erledigung des Ersuchens zu erwarten sind, außer Verhältnis zu seinem Gegenstand stehen und die Erledigung daher geeignet ist, wesentliche deutsche Interessen zu beeinträchtigen. Eine solche Beeinträchtigung wird angenommen, wenn sich das Ersuchen auf die Vollstreckung einer den Betrag von 200,– DM nicht übersteigenden Geldstrafe oder -buße bezieht. Die Bundesregierung behält sich jedoch vor, den Grenzbetrag etwa inflationsbedingt anzuheben oder zu reduzieren, z. B. weil der Verwaltungsaufwand für die Erledigung von Ersuchen durch bilaterale Vereinbarungen über die Zulässigkeit des unmittelbaren Geschäftsweges zwischen den Justizbehörden gesenkt werden kann."

[2] Deutschland hat zu dieser Bestimmung folgende Erklärung abgegeben (BGBl. 1998 II S. 896): „Justizministerien im Sinne des Übereinkommens sind für die Bundesrepublik Deutschland der Bundesminister der Justiz und die Justizminister/-senatoren der Länder."

Vollstreckungsersuchen, die diesbezüglichen Unterlagen und die Antworten des ersuchten Staates auch unmittelbar zwischen den Justizbehörden des ersuchenden Staates und den Justizbehörden des ersuchten Staates übermittelt werden.

(4) Im Falle der Dringlichkeit und aufgrund besonderer Vereinbarungen können die Vollstreckungsersuchen, die diesbezüglichen Unterlagen und die Antworten des ersuchten Staates auch durch jedes geeignete Nachrichtenmittel, das schriftliche Aufzeichnungen hinterläßt, einschließlich Fernkopie, übermittelt werden.

(5) In den in Absätzen 3 und 4 vorgesehenen Fällen wird dem Justizministerium des ersuchten Staates eine Abschrift der dort genannten Schriftstücke übermittelt, sofern dieser Staat nicht erklärt hat, daß eine derartige Übermittlung nicht erforderlich ist.[1]

(6) Die in den Absätzen 1 bis 5 genannten Übermittlungsverfahren schließen den diplomatischen Weg nicht aus.

Art. 7 Unterlagen. (1) Ersucht der Urteilsstaat um Vollstreckung, so fügt er dem Ersuchen folgende Unterlagen bei:

a) eine beglaubigte Abschrift des Urteils;
b) den Wortlaut der angewandten Rechtsvorschriften;
c) eine Erklärung über die Dauer der bereits verbüßten Untersuchungshaft bzw. über den gegebenenfalls bereits vollzogenen Teil der Verurteilung sowie alle anderen für die Vollstreckung der Verurteilung maßgeblichen Umstände.

(2) In jedem Fall sind dem Ersuchen die Unterlagen beizufügen, die dem ersuchten Staat die Entscheidung darüber ermöglichen, ob er dem Ersuchen um Übertragung der Vollstreckung stattgeben soll oder nicht.

(3) Der Vollstreckungsstaat kann zum Zwecke der Stellung eines Vollstreckungsersuchens eine oder mehrere der in den Absätzen 1 und 2 genannten Unterlagen anfordern.

(4) Ist der ersuchte Staat der Ansicht, daß die vom ersuchenden Staat erteilten Auskünfte nicht ausreichen, um ihm die Anwendung dieses Übereinkommens zu ermöglichen, so ersucht er um die notwendigen ergänzenden Auskünfte.

Art. 8 Festsetzung der freiheitsentziehenden Strafe. (1) Wurde der Übertragung der Vollstreckung einer Verurteilung zu einer freiheitsentziehenden Strafe zugestimmt, so müssen die zuständigen Behörden des Vollstreckungsstaats:

a) die im Urteilsstaat verhängte Strafe unmittelbar oder aufgrund einer Gerichts- oder Verwaltungsentscheidung unter den in Absatz 4 enthaltenen Bedingungen vollstrecken oder

[1] Deutschland hat zu dieser Bestimmung folgende Erklärung abgegeben (BGBl. 1998 II S. 896): „In den in den Absätzen 3 und 4 vorgesehenen Fällen ist die Übermittlung einer Abschrift der dort genannten Schriftstücke an das Justizministerium nicht erforderlich."

b) die Verurteilung unter den in Absatz 5 enthaltenen Bedingungen in einem Gerichts- oder Verwaltungsverfahren in eine Entscheidung dieses Staates umwandeln, wobei sie die im Urteilsstaat verhängte Strafe durch eine nach dem Recht des Vollstreckungsstaats für dieselbe Straftat vorgesehene Strafe ersetzen.

(2) Der Vollstreckungsstaat setzt den Urteilsstaat auf dessen Ersuchen davon in Kenntnis, welches dieser Verfahren er anwenden wird.

(3) Jeder Mitgliedstaat kann bei der Unterzeichnung dieses Übereinkommens oder bei der Hinterlegung seiner Ratifikations-, Annahme-, Genehmigungs- oder Beitrittsurkunde durch eine Erklärung seine Absicht bekanntgeben, in seinen Beziehungen zu den anderen Vertragsparteien die Anwendung eines der in Absatz 1 Buchstaben a und b vorgesehenen Verfahren auszuschließen.[1)]

(4) Wendet der Vollstreckungsstaat das in Absatz 1 Buchstabe a vorgesehene Verfahren an, so ist er an die rechtliche Art und die Dauer der im Urteilsstaat verhängten Strafe gebunden. Ist diese Strafe jedoch nach Art oder Dauer mit dem Recht des Vollstreckungsstaats nicht vereinbar oder schreibt dessen Recht dies vor, so kann dieser Staat die Strafe durch eine Gerichts- oder Verwaltungsentscheidung an die nach seinem eigenen Recht für eine Straftat derselben Art vorgesehene Strafe anpassen. Diese Strafe muß ihrer Art nach soweit wie möglich der Strafe entsprechen, die durch die zu vollstreckende Verurteilung verhängt worden ist. Sie darf nach Art oder Dauer die im Urteilsstaat verhängte Strafe nicht verschärfen und das nach dem Recht des Vollstreckungsstaats für dieselbe Tat vorgesehene Höchstmaß nicht überschreiten.

(5) Wendet der Vollstreckungsstaat das in Absatz 1 Buchstabe b dieses Artikels vorgesehene Verfahren an, so

a) ist dieser Staat an die tatsächlichen Feststellungen gebunden, soweit sie sich ausdrücklich oder stillschweigend aus dem im Urteilsstaat ergangenen Urteile ergeben;

b) kann dieser Staat, außer bei Vorliegen einer Erklärung nach Absatz 6 eine freiheitsentziehende Strafe in eine Geldstrafe umwandeln, wenn die Dauer der freiheitsentziehenden Strafe sechs Monate nicht übersteigt und

c) darf dieser Staat die strafrechtliche Lage der verurteilten Person nicht erschweren und ist er an ein Mindestmaß, das nach seinem Recht für die begangene Straftat oder die begangenen Straftaten gegebenenfalls vorgesehen ist, nicht gebunden.

---

1) Deutschland hat zu dieser Bestimmung folgende Erklärung abgegeben (BGBl. 1998 II S. 896): „Die Bundesrepublik Deutschland wird die Vollstreckung von Sanktionen nur unter der Voraussetzung annehmen, daß ein deutsches Gericht das im Urteilsstaat ergangene Urteil für vollstreckbar erklärt hat. Für die Prüfung, ob die Voraussetzungen für die Übernahme der Vollstreckung erfüllt sind, legt das Gericht die im Urteil enthaltenen Tatsachenfeststellungen und rechtlichen Schlußfolgerungen zugrunde."

(6) Jeder Mitgliedstaat kann bei der Unterzeichnung dieses Übereinkommens oder bei der Hinterlegung seiner Ratifikations-, Annahme-, Genehmigungs- oder Beitrittsurkunde, in einer Erklärung angeben, daß er die Anwendung des in Absatz 5 Buchstabe b vorgesehenen Umwandlungsverfahrens nur bei freiheitsentziehenden Strafen zuläßt, deren Dauer eine von ihm festgesetzte, weniger als sechs Monate betragende Zeit nicht übersteigt.

Die anderen Mitgliedstaaten können den Grundsatz der Gegenseitigkeit anwenden.

Art. 9 Festsetzung der Geldstrafe oder Geldbuße. (1) Wird der Übertragung der Vollstreckung einer Verurteilung zu einer Geldstrafe oder Geldbuße zugestimmt, so müssen die zuständigen Behörden des Vollstreckungsstaats – gegebenenfalls durch eine Gerichts- oder Verwaltungsentscheidung – den Betrag der Strafe oder Buße in Währungseinheiten dieses Staates umrechnen, wobei sie den zum Zeitpunkt der Entscheidung geltenden Umrechnungskurs anwenden; dabei darf der im Recht dieses Staates für dieselbe Tat vorgesehene Höchstsatz nicht überschritten werden. Ist im Vollstreckungsstaat für dieselbe Tat eine anderweitige, strengere Strafe oder Buße vorgesehen, so lassen die zuständigen Behörden dieses Staates den Betrag der im Urteilsstaat ausgesprochenen Geldstrafe oder Geldbuße unverändert.

(2) Ist der Vollstreckungsstaat nicht in der Lage, dem Vollstreckungsersuchen stattzugeben, weil dieses eine juristische Person betrifft, so kann er sich aufgrund zweiseitiger Abkommen bereiterklären, in Übereinstimmung mit den Vollstreckungsbestimmungen seines Zivilprozeßrechts die Einziehung des Betrags der im Urteilsstaat verhängten Geldstrafe oder Geldbuße vorzunehmen.

Art. 10 Vorläufige Maßnahmen. Sobald der Urteilsstaat um Übertragung der Vollstreckung einer Verurteilung zu einer freiheitsentziehenden Strafe ersucht oder ihr zugestimmt hat, kann der Vollstreckungsstaat die verurteilte Person in Haft nehmen oder andere vorläufige Maßnahmen anwenden, wenn

a) das Recht des Vollstreckungsstaats die vorläufige Inhaftierung oder die Anwendung anderer Maßnahmen wegen der Straftat, aufgrund der die Verurteilung erfolgte, zuläßt und

b) Grund zu der Befürchtung besteht, daß die verurteilte Person die Flucht ergreifen wird.

Art. 11 Auf die Vollstreckung anwendbares Recht. (1) Nach der Übertragung richtet sich die Vollstreckung der Verurteilung nach dem Recht des Vollstreckungsstaats; dieser Staat ist allein zuständig, die Entscheidung über die Vollstreckungsmodalitäten zu treffen und alle diesbezüglichen Maßnahmen festzulegen.

*(2) Jeder im Urteils*staat bereits vollstreckte Teil der Strafe oder Buße ist auf die im Vollstreckungsstaat zu vollstreckende Verurteilung anzurechnen.

Art. 12 Ersatzweise Inhaftierung bei Uneinbringlichkeit der Geldstrafe oder Geldbuße. Erweist sich die Vollstreckung einer Geldstrafe oder Geldbuße ganz oder teilweise als unmöglich, so kann im Vollstreckungsstaat ersatzweise eine freiheitsentziehende Strafe angewandt werden, wenn das Recht beider Staaten dies vorsieht und sofern der Urteilsstaat dies nicht ausdrücklich ausgeschlossen hat.

Art. 13 Amnestie, Begnadigung, Abänderung, Wiederaufnahme des Verfahrens. (1) Jeder der beiden betroffenen Mitgliedstaaten kann eine Amnestie, eine Begnadigung oder eine gnadenweise Abänderung der Strafe oder Buße gewähren.[1)]

(2) Der Urteilsstaat allein hat das Recht, über einen gegen das Urteil gerichteten Wiederaufnahmeantrag zu entscheiden.

Art. 14 Beendigung der Vollstreckung. Der Vollstreckungsstaat beendet die Vollstreckung der Verurteilung, sobald ihn der Urteilsstaat von einer Entscheidung oder Maßnahme in Kenntnis gesetzt hat, aufgrund der ihre Vollstreckbarkeit erlischt.

Art. 15 Zuweisung der Erlöse aus der Vollstreckung von Geldstrafen und Geldbußen. Der Erlös aus der Vollstreckung von Geldstrafen oder Geldbußen fließt dem Vollstreckungsstaat zu, es sei denn, daß zwischen diesem Staat und dem Urteilsstaat eine abweichende Vereinbarung besteht.

Art. 16 Unterrichtung. Der Vollstreckungsstaat unterrichtet den Urteilsstaat,

a) wenn er die Vollstreckung der Verurteilung für abgeschlossen erachtet;

b) wenn die verurteilte Person vor Abschluß der Vollstreckung der Verurteilung aus der Haft flieht oder

c) wenn die Geldstrafe oder Geldbuße ganz oder teilweise nicht vollstreckt wird.

Art. 17 Wirkung der Übertragung der Vollstreckung für den Urteilsstaat. (1) Der Urteilsstaat darf die Verurteilung nicht mehr vollstrecken, wenn er mit dem Vollstreckungsstaat die Übertragung der Vollstreckung vereinbart hat. Flieht die verurteilte Person aus der Haft, so geht das Vollstreckungsrecht jedoch wieder auf den Urteilsstaat

---

[1)] Deutschland hat zu dieser Bestimmung folgende Erklärung abgegeben (BGBl. 1998 II S. 896): „Im Hinblick auf die föderative Struktur der Bundesrepublik Deutschland und die Zuständigkeit der Bundesländer für Gnadenentscheidungen behält sich die Bundesrepublik Deutschland vor, die Übertragung der Vollstreckung von Urteilen auf einen anderen Mitgliedstaat nach Maßgabe des Übereinkommens mit der Bedingung zu verbinden, daß aufgrund einer allgemeinen oder einzelfallbezogenen Erklärung des Vollstreckungsstaates ein Gnadenerweis im Vollstreckungsstaat nur im Einvernehmen mit dem deutschen Gnadenträger erfolgt.“

über, es sei denn, daß zwischen diesem Staat und dem Vollstreckungsstaat eine abweichende Vereinbarung besteht.

(2) Bei der Übertragung der Vollstreckung einer Geldbuße oder Geldstrafe geht das Vollstreckungsrecht hinsichtlich der Vollstreckung der Verurteilung einschließlich einer etwaigen Umwandlung der Geldbuße oder Geldstrafe in eine freiheitsentziehende Sanktion wieder auf den Urteilsstaat über, wenn ihn der Vollstreckungsstaat darüber unterrichtet, daß die Geldbuße oder Geldstrafe ganz oder teilweise nicht vollstreckt und eine ersatzweise Strafe nach Artikel 12 nicht angewandt wird.

Art. 18[1] **Sprachen.** Die vorzulegenden Schriftstücke sind in der Amtssprache bzw. in einer der Amtssprachen des Urteilsstaats abzufassen. Jeder Mitgliedstaat kann sich bei der Unterzeichnung dieses Übereinkommens oder bei der Hinterlegung seiner Ratifikations-, Annahme-, Genehmigungs- oder Beitrittsurkunde durch eine Erklärung das Recht vorbehalten, die Übersetzung der in Artikel 7 genannten einschlägigen Unterlagen in seine Amtssprache bzw. in eine seiner Amtssprachen zu verlangen. Die anderen Mitgliedstaaten können den Grundsatz der Gegenseitigkeit anwenden.

Art. 19 Kosten. Die Mitgliedstaaten verzichten gegenseitig auf die Erstattung der aus der Anwendung dieses Übereinkommens entstehenden Kosten.

Art. 20 Verhältnis zu dem am 28. Mai 1970 in Den Haag beschlossenen Europäischen Übereinkommen über die internationale Geltung von Strafurteilen. In den Beziehungen zwischen den Mitgliedstaaten, die Vertragsparteien des am 29. Mai 1970 in Den Haag beschlossenen Europäischen Übereinkommens über die internationale Geltung von Strafurteilen sind, findet das vorliegende Übereinkommen insoweit Anwendung, als es die Bestimmungen jenes Übereinkommens ergänzt oder die Anwendung der darin niedergelegten Grundsätze erleichtert.

Art. 21 Unterzeichnung und Inkrafttreten. (1) Dieses Übereinkommen liegt für die Mitgliedstaaten zur Unterzeichnung auf. Es bedarf der Ratifikation, Annahme oder Genehmigung. Die Ratifikations-, Annahme- oder Genehmigungsurkunden werden beim Ministerium für auswärtige Angelegenheiten des Königsreichs der Niederlande hinterlegt.

(2) Dieses Übereinkommen tritt 90 Tage nach Hinterlegung der Ratifikations-, Annahme- oder Genehmigungsurkunden durch alle Staa-

[1] *Deutschland hat zu dieser Bestimmung folgende Erklärung abgegeben* (BGBl. 1998 II S. 896): „Sofern das Vollstreckungsersuchen und die beizubringenden Unterlagen nicht in deutscher Sprache abgefaßt sind, müssen Übersetzungen des Ersuchens und der Unterlagen in deutscher Sprache beigefügt werden."

ten, die zu dem Zeitpunkt, zu dem das Übereinkommen zur Unterzeichnung aufgelegt wird, Mitgliedstaaten der Europäischen Gemeinschaften sind, in Kraft.

(3) Bis zum Inkrafttreten dieses Übereinkommens kann jeder Mitgliedstaat bei der Hinterlegung seiner Ratifikations-, Annahme- oder Genehmigungsurkunde oder zu jedem späteren Zeitpunkt erklären, daß das Übereinkommen auf ihn in seinen Beziehungen zu den Mitgliedstaaten, die dieselbe Erklärung abgegeben haben, ab dem neunzigsten Tag nach der Hinterlegung seiner Erklärung Anwendung findet.[1)]

(4) Ein Mitgliedstaat, der keine Erklärung abgegeben hat, kann dieses Übereinkommen in Bezug auf andere Vertragsstaaten auf der Grundlage zweiseitiger Abkommen anwenden.

(5) Das Ministerium für auswärtige Angelegenheiten des Königreichs der Niederlande notifiziert allen Mitgliedstaaten jede Unterzeichnung, jede Hinterlegung einer Urkunde und jede Erklärung.

Art. 22 Beitritt. Diesem Übereinkommen können alle Staaten, die Mitglied der Europäischen Gemeinschaften werden, beitreten. Die Beitrittsurkunden werden beim Ministerium für auswärtige Angelegenheiten des Königreichs der Niederlande hinterlegt. Dieses Übereinkommen tritt für jeden beitretenden Staat neunzig Tage nach Hinterlegung seiner Beitrittsurkunde in Kraft. Ist dieses Übereinkommen zum Zeitpunkt der Hinterlegung der Beitrittsurkunde noch nicht in Kraft getreten, so gilt Artikel 21 Absätze 3 und 4 für jeden beitretenden Mitgliedstaat, und das Übereinkommen tritt für ihn zum Zeitpunkt des Inkrafttretens nach Artikel 21 Absatz 2 in Kraft.

[1)] Deutschland hat zu dieser Bestimmung folgende Erklärung abgegeben (BGBl. 1998 II S. 896): „Die Bundesrepublik Deutschland erklärt gemäß Artikel 21 Abs. 3, daß das Übereinkommen auf die Bundesrepublik Deutschland in ihren Beziehungen zu den Mitgliedstaaten, die ihre Ratifikations-, Annahme- oder Genehmigungsurkunde hinterlegt haben, ab dem 90. Tag nach der Hinterlegung der Erklärung Anwendung findet."

163. Rahmenbeschluss des Rates 2002/584/JI über den Europäischen Haftbefehl und die Übergabeverfahren zwischen den Mitgliedstaaten[1)·2)·3)]

Vom 13. Juni 2002

(ABl. Nr. L 190/1 v. 18.7.2002), geänd. durch Rahmenbeschluss 2009/299/JI, ABl. Nr. L 81/24 v. 27.3.2009

DER RAT DER EUROPÄISCHEN UNION –

GESTÜTZT auf den Vertrag über die Europäische Union, insbesondere auf Artikel 31 Buchstaben a) und b) und Artikel 34 Absatz 2 Buchstabe b),

AUF VORSCHLAG der Kommission[4)],

NACH STELLUNGNAHME des Europäischen Parlaments[5)],

IN ERWÄGUNG nachstehender Gründe:

(1) Nach den Schlussfolgerungen des Europäischen Rates von Tampere vom 15. und 16. Oktober 1999, insbesondere in Nummer 35 dieser Schlussfolgerungen, sollten im Verhältnis der Mitgliedstaaten untereinander die förmlichen Verfahren zur Auslieferung von Personen, die sich nach einer rechtskräftigen Verurteilung der Justiz zu entziehen suchen, abgeschafft und die Verfahren zur Auslieferung von Personen, die der Begehung einer Straftat verdächtig sind, beschleunigt werden.

(2) Im Maßnahmenprogramm zur Umsetzung des Grundsatzes der gegenseitigen Anerkennung gerichtlicher Entscheidungen in Strafsachen, das in Nummer 37 der Schlussfolgerungen des Europäischen Rates von Tampere vorgesehen war und das der Rat am 30. November 2000 angenommen hat[6)], wird die Frage der gegenseitigen Vollstreckung von Haftbefehlen behandelt.

---

1) Der Rahmenbeschluss ist in Deutschland mWv. 23.8.2004 im wesentlichen durch eine Novellierung des Gesetzes über die Internationale Rechtshilfe in Strafsachen (i. d. F. der Bek. v. 27.6.1994, BGBl. I S. 1537, zuletzt geänd. durch Gesetz v. 10.12.2019, BGBl. I S. 2128) umgesetzt worden („Europäisches Haftbefehlsgesetz – EuHbG" v. 21.7.2004, BGBl. 2004 I S. 1748); dieses war verfassungswidrig gem. Urt. d. BVerfG – 2 BvR 2236/04 – v. 18.7.2005; s. daher Ges. v. 20.7.2006 (BGBl. I S. 1721), das mWv 2.8.2006 den Bedenken des BVerfG Rechnung trägt.

2) Vgl. zum Verhältnis des Beschlusses zu anderen, älteren Übereinkommen (insbes. dem Europäischen Auslieferungsübereinkommen 1957 [s. hierzu etwa Notifizierung Deutschlands in BGBl. 2005 II S. 369 sowie anderer EU-Staaten in BGBl. 2007 II S. 1449], zum EU-Auslieferungsabkommen 1996 sowie zum Schengener Durchführungsübereinkommen 1990) Art. 31 des Beschlusses.

3) Deutschland, Österreich und Slowenien haben von der in Art. 185 Abs. 3 des Austrittsabkommens v. 24.1.2020 (ABl. Nr. L 29/7 v. 31.1.2020) vorgesehenen Möglichkeit Gebrauch gemacht, bereits während des Übergangszeitraums eine Auslieferung an das Vereinigte Königreich (grundsätzlich) zu verweigern (ABl. Nr. L 9/188 v. 31.1.2020).

4) ABl. C 332 E vom 27.11.2001, S. 305.

5) Stellungnahme vom 9. Januar 2002 (noch nicht im Amtsblatt veröffentlicht).

6) ABl. C E 12 vom 15.1.2001, S. 10.

(3) Die Gesamtheit der Mitgliedstaaten oder einige von ihnen sind Vertragsparteien verschiedener Übereinkünfte im Bereich der Auslieferung, unter anderem des Europäischen Auslieferungsübereinkommens vom 13. Dezember 1957 und des Europäischen Übereinkommens vom 27. Januar 1977 zur Bekämpfung des Terrorismus. Die nordischen Staaten verfügen über Auslieferungsgesetze gleichen Inhalts.

(4) Darüber hinaus sind die folgenden drei Übereinkünfte, die ganz oder teilweise Auslieferungsfragen betreffen, von den Mitgliedstaaten gebilligt worden und sind Teil des Besitzstandes der Union, nämlich: das Übereinkommen vom 19. Juni 1990 zur Durchführung des Übereinkommens von Schengen vom 14. Juni 1985 betreffend den schrittweisen Abbau der Kontrollen an den gemeinsamen Grenzen[1] (mit Geltung für die Mitgliedstaaten, die Vertragsparteien des genannten Übereinkommens sind), das Übereinkommen vom 10. März 1995 über das vereinfachte Auslieferungsverfahren zwischen den Mitgliedstaaten der Europäischen Union[2] und das Übereinkommen vom 27. September 1996 über die Auslieferung zwischen den Mitgliedstaaten der Europäischen Union[3].

(5) Aus dem der Union gesetzten Ziel, sich zu einem Raum der Freiheit, der Sicherheit und des Rechts zu entwickeln, ergibt sich die Abschaffung der Auslieferung zwischen Mitgliedstaaten und deren Ersetzung durch ein System der Übergabe zwischen Justizbehörden. Die Einführung eines neuen, vereinfachten Systems der Übergabe von Personen, die einer Straftat verdächtigt werden oder wegen einer Straftat verurteilt worden sind, für die Zwecke der strafrechtlichen Verfolgung oder der Vollstreckung strafrechtlicher Urteile ermöglicht zudem die Beseitigung der Komplexität und der Verzögerungsrisiken, die den derzeitigen Auslieferungsverfahren innewohnen. Die bislang von klassischer Kooperation geprägten Beziehungen zwischen den Mitgliedstaaten sind durch ein System des freien Verkehrs strafrechtlicher justizieller Entscheidungen – und zwar sowohl in der Phase vor der Urteilsverkündung als auch in der Phase danach – innerhalb des Raums der Freiheit, der Sicherheit und des Rechts zu ersetzen.

(6) Der Europäische Haftbefehl im Sinne des vorliegenden Rahmenbeschlusses stellt im strafrechtlichen Bereich die erste konkrete Verwirklichung des vom Europäischen Rat als „Eckstein" der justiziellen Zusammenarbeit qualifizierten Prinzips der gegenseitigen Anerkennung dar.

(7) Da das Ziel der Ersetzung des auf dem Europäischen Auslieferungsübereinkommen vom 13. Dezember 1957 beruhenden multilateralen Auslieferungssystems von den Mitgliedstaaten durch einseitiges Vorgehen nicht ausreichend erreicht werden kann und daher wegen seines Umfangs und seiner Wirkungen besser auf Unionsebene zu erreichen ist, kann der Rat gemäß dem Subsidiaritätsprinzip nach Artikel 2 des Vertrags über die Europäische Union und Artikel 5 des Vertrags zur Gründung der Europäischen Gemeinschaft Maßnahmen erlassen. Entsprechend dem Verhältnismäßigkeitsprinzip nach dem letztgenann-

[1] ABl. L 239 vom 22.9.2000, S. 19.
[2] ABl. C 78 vom 30.3.1995, S. 2.
[3] ABl. C 313 vom 13.10.1996, S. 12.

ten Artikel geht der vorliegende Rahmenbeschluss nicht über das für die Erreichung des genannten Ziels erforderliche Maß hinaus.

(8) Entscheidungen zur Vollstreckung des Europäischen Haftbefehls müssen ausreichender Kontrolle unterliegen; dies bedeutet, dass eine Justizbehörde des Mitgliedstaats, in dem die gesuchte Person festgenommen wurde, die Entscheidung zur Übergabe dieser Person treffen muss.

(9) Die Rolle der Zentralbehörden bei der Vollstreckung eines Europäischen Haftbefehls muss sich auf praktische und administrative Unterstützung beschränken.

(10) Grundlage für den Mechanismus des Europäischen Haftbefehls ist ein hohes Maß an Vertrauen zwischen den Mitgliedstaaten. Die Anwendung dieses Mechanismus darf nur ausgesetzt werden, wenn eine schwere und anhaltende Verletzung der in Artikel 6 Absatz 1 des Vertrags über die Europäische Union enthaltenen Grundsätze durch einen Mitgliedstaat vorliegt und diese vom Rat gemäß Artikel 7 Absatz 1 des genannten Vertrags mit den Folgen von Artikel 7 Absatz 2 festgestellt wird.

(11) Der Europäische Haftbefehl soll in den Beziehungen zwischen Mitgliedstaaten alle früheren Instrumente bezüglich der Auslieferung ersetzen, einschließlich der Bestimmungen von Titel III des Übereinkommens zur Durchführung des Übereinkommens von Schengen, die die Auslieferung betreffen.

(12) Der vorliegende Rahmenbeschluss achtet die Grundrechte und wahrt die in Artikel 6 des Vertrags über die Europäische Union anerkannten Grundsätze, die auch in der Charta der Grundrechte der Europäischen Union[1)], insbesondere in deren Kapitel VI, zum Ausdruck kommen. Keine Bestimmung des vorliegenden Rahmenbeschlusses darf in dem Sinne ausgelegt werden, dass sie es untersagt, die Übergabe einer Person, gegen die ein Europäischer Haftbefehl besteht, abzulehnen, wenn objektive Anhaltspunkte dafür vorliegen, dass der genannte Haftbefehl zum Zwecke der Verfolgung oder Bestrafung einer Person aus Gründen ihres Geschlechts, ihrer Rasse, Religion, ethnischen Herkunft, Staatsangehörigkeit, Sprache oder politischen Überzeugung oder sexuellen Ausrichtung erlassen wurde oder dass die Stellung dieser Person aus einem dieser Gründe beeinträchtigt werden kann.

Der vorliegende Rahmenbeschluss belässt jedem Mitgliedstaat die Freiheit zur Anwendung seiner verfassungsmäßigen Regelung des Anspruchs auf ein ordnungsgemäßes Gerichtsverfahren, der Vereinigungsfreiheit, der Pressefreiheit und der Freiheit der Meinungsäußerung in anderen Medien.

(13) Niemand sollte in einen Staat abgeschoben oder ausgewiesen oder an einen Staat ausgeliefert werden, in dem für sie oder ihn das ernsthafte Risiko der Todesstrafe, der Folter oder einer anderen unmenschlichen oder erniedrigenden Strafe oder Behandlung besteht.

(14) Da alle Mitgliedstaaten das Übereinkommen des Europarates vom 28. Januar 1981 zum Schutz des Menschen bei der automatischen Verarbeitung personenbezogener Daten ratifiziert haben, sind die bei

---

1) ABl. C 364 vom 18. 12. 2000, S. 1.

der Durchführung des vorliegenden Rahmenbeschlusses zu verarbeitenden personenbezogenen Daten gemäß den Grundsätzen dieses Übereinkommens zu schützen –

HAT FOLGENDEN RAHMENBESCHLUSS ERLASSEN:

Kapitel I. Allgemeine Grundsätze

Art. 1 Definition des Europäischen Haftbefehls und Verpflichtung zu seiner Vollstreckung. (1) Bei dem Europäischen Haftbefehl handelt es sich um eine justizielle Entscheidung, die in einem Mitgliedstaat ergangen ist und die Festnahme und Übergabe einer gesuchten Person durch einen anderen Mitgliedstaat zur Strafverfolgung oder zur Vollstreckung einer Freiheitsstrafe oder einer freiheitsentziehenden Maßregel der Sicherung bezweckt.

(2) Die Mitgliedstaaten vollstrecken jeden Europäischen Haftbefehl nach dem Grundsatz der gegenseitigen Anerkennung und gemäß den Bestimmungen dieses Rahmenbeschlusses.[1)]

(3) Dieser Rahmenbeschluss berührt nicht die Pflicht, die Grundrechte und die allgemeinen Rechtsgrundsätze, wie sie in Artikel 6 des Vertrags über die Europäische Union niedergelegt sind, zu achten.

Art. 2 Anwendungsbereich des Europäischen Haftbefehls. (1) Ein Europäischer Haftbefehl kann bei Handlungen erlassen werden, die nach den Rechtsvorschriften des Ausstellungsmitgliedstaats mit einer Freiheitsstrafe oder einer freiheitsentziehenden Maßregel der Sicherung im Höchstmaß von mindestens zwölf Monaten bedroht sind, oder im Falle einer Verurteilung zu einer Strafe oder der Anordnung einer Maßregel der Sicherung, deren Maß mindestens vier Monate beträgt.

(2) Bei den nachstehenden Straftaten erfolgt, wenn sie im Ausstellungsmitgliedstaat nach der Ausgestaltung in dessen Recht mit einer Freiheitsstrafe oder einer freiheitsentziehenden Maßregel der Sicherung im Höchstmaß von mindestens drei Jahren bedroht sind, eine Übergabe aufgrund eines Europäischen Haftbefehls nach Maßgabe dieses Rahmenbeschlusses und ohne Überprüfung des Vorliegens der beiderseitigen Strafbarkeit:
- Beteiligung an einer kriminellen Vereinigung,
- Terrorismus,
- Menschenhandel,
- sexuelle Ausbeutung von Kindern und Kinderpornografie,
- illegaler Handel mit Drogen und psychotropen Stoffen,
- illegaler Handel mit Waffen, Munition und Sprengstoffen,

[1)] Vgl. hierzu auch RL 2013/48 v. 22. 10. 2013 über das Recht auf Zugang zu einem Rechtsbeistand in Strafverfahren und in Verfahren zur Vollstreckung des Europäischen Haftbefehls sowie über das Recht auf Benachrichtigung eines Dritten bei Freiheitsentzug und das Recht auf Kommunikation mit Dritten und mit Konsularbehörden während des Freiheitsentzugs (ABl. Nr. L 394/1 v. 6. 11. 2013).

– Korruption,
– Betrugsdelikte, einschließlich Betrug zum Nachteil der finanziellen Interessen der Europäischen Gemeinschaften im Sinne des Übereinkommens vom 26. Juli 1995 über den Schutz der finanziellen Interessen der Europäischen Gemeinschaften,
– Wäsche von Erträgen aus Straftaten,
– Geldfälschung, einschließlich der Euro-Fälschung,
– Cyberkriminalität,
– Umweltkriminalität, einschließlich des illegalen Handels mit bedrohten Tierarten oder mit bedrohten Pflanzen- und Baumarten,
– Beihilfe zur illegalen Einreise und zum illegalen Aufenthalt,
– vorsätzliche Tötung, schwere Körperverletzung,
– illegaler Handel mit Organen und menschlichem Gewebe,
– Entführung, Freiheitsberaubung und Geiselnahme,
– Rassismus und Fremdenfeindlichkeit,
– Diebstahl in organisierter Form oder mit Waffen,
– illegaler Handel mit Kulturgütern, einschließlich Antiquitäten und Kunstgegenstände,
– Betrug,
– Erpressung und Schutzgelderpressung,
– Nachahmung und Produktpiraterie,
– Fälschung von amtlichen Dokumenten und Handel damit,
– Fälschung von Zahlungsmitteln,
– illegaler Handel mit Hormonen und anderen Wachstumsförderern,
– illegaler Handel mit nuklearen und radioaktiven Substanzen,
– Handel mit gestohlenen Kraftfahrzeugen,
– Vergewaltigung,
– Brandstiftung,
– Verbrechen, die in die Zuständigkeit des Internationalen Strafgerichtshofs fallen,
– Flugzeug- und Schiffsentführung,
– Sabotage.

(3) Der Rat kann einstimmig und nach Anhörung des Europäischen Parlaments nach Maßgabe von Artikel 39 Absatz 1 des Vertrags über die Europäische Union (EUV) jederzeit beschließen, weitere Arten von Straftaten in die in Absatz 2 enthaltene Liste aufzunehmen. Der Rat prüft im Licht des Berichts, den die Kommission ihm nach Artikel 34 Absatz 3 unterbreitet, ob es sich empfiehlt, diese Liste auszuweiten oder zu ändern.

(4) Bei anderen Straftaten als denen des Absatzes 2 kann die Übergabe davon abhängig gemacht werden, dass die Handlungen, derentwegen der Europäische Haftbefehl ausgestellt wurde, eine Straftat nach dem Recht des Vollstreckungsmitgliedstaats darstellen, unabhängig von den Tatbestandsmerkmalen oder der Bezeichnung der Straftat.

Art. 3 Gründe, aus denen die Vollstreckung des Europäischen Haftbefehls abzulehnen ist. Die Justizbehörde des Vollstreckungsstaats (nachstehend „vollstreckende Justizbehörde" genannt) lehnt die Vollstreckung des Europäischen Haftbefehls ab,

1. wenn die Straftat, aufgrund deren der Europäische Haftbefehl ergangen ist, im Vollstreckungsstaat unter eine Amnestie fällt und dieser Staat nach seinem eigenen Strafrecht für die Verfolgung der Straftat zuständig war;
2. wenn sich aus den der vollstreckenden Justizbehörde vorliegenden Informationen ergibt, dass die gesuchte Person wegen derselben Handlung von einem Mitgliedstaat rechtskräftig verurteilt worden ist, vorausgesetzt, dass im Fall einer Verurteilung die Sanktion bereits vollstreckt worden ist, gerade vollstreckt wird oder nach dem Recht des Urteilsmitgliedstaats nicht mehr vollstreckt werden kann;
3. wenn die Person, gegen die der Europäische Haftbefehl ergangen ist, nach dem Recht des Vollstreckungsmitgliedstaats aufgrund ihres Alters für die Handlung, die diesem Haftbefehl zugrunde liegt, nicht strafrechtlich zur Verantwortung gezogen werden kann.

Art. 4 Gründe, aus denen die Vollstreckung des Europäischen Haftbefehls abgelehnt werden kann. Die vollstreckende Justizbehörde kann die Vollstreckung des Europäischen Haftbefehls verweigern,

1. wenn in einem der in Artikel 2 Absatz 4 genannten Fälle die Handlung, aufgrund deren der Europäische Haftbefehl ergangen ist, nach dem Recht des Vollstreckungsmitgliedstaats keine Straftat darstellt; in Steuer-, Zoll- und Währungsangelegenheiten kann die Vollstreckung des Europäischen Haftbefehls jedoch nicht aus dem Grund abgelehnt werden, dass das Recht des Vollstreckungsmitgliedstaats keine gleichartigen Steuern vorschreibt oder keine gleichartigen Steuer-, Zoll- und Währungsbestimmungen enthält wie das Recht des Ausstellungsmitgliedstaats;
2. wenn die Person, gegen die der Europäische Haftbefehl ergangen ist, im Vollstreckungsmitgliedstaat wegen derselben Handlung, aufgrund deren der Europäische Haftbefehl ausgestellt worden ist, strafrechtlich verfolgt wird;
3. wenn die Justizbehörden des Vollstreckungsmitgliedstaats beschlossen haben, wegen der Straftat, aufgrund deren der Europäische Haftbefehl ausgestellt worden ist, kein Verfahren einzuleiten bzw. das Verfahren einzustellen, oder wenn gegen die gesuchte Person in einem Mitgliedstaat aufgrund derselben Handlung eine rechtskräftige Entscheidung ergangen ist, die einer weiteren Strafverfolgung entgegensteht;
4. wenn die Strafverfolgung oder die Strafvollstreckung nach den Rechtsvorschriften des Vollstreckungsmitgliedstaats verjährt ist und hinsichtlich der Handlungen nach seinem eigenen Strafrecht Gerichtsbarkeit bestand;
5. wenn sich aus den der vollstreckenden Justizbehörde vorliegenden Informationen ergibt, dass die gesuchte Person wegen derselben

Handlung von einem Drittstaat rechtskräftig verurteilt worden ist, vorausgesetzt, dass im Fall einer Verurteilung die Sanktion bereits vollstreckt worden ist, gerade vollstreckt wird oder nach dem Recht des Urteilsstaats nicht mehr vollstreckt werden kann;

6. wenn der Europäische Haftbefehl zur Vollstreckung einer Freiheitsstrafe oder einer freiheitsentziehenden Maßregel der Sicherung ausgestellt worden ist, sich die gesuchte Person im Vollstreckungsmitgliedstaat aufhält, dessen Staatsangehöriger ist oder dort ihren Wohnsitz hat und dieser Staat sich verpflichtet, die Strafe oder die Maßregel der Sicherung nach seinem innerstaatlichen Recht zu vollstrecken;
7. wenn der Europäische Haftbefehl sich auf Straftaten erstreckt, die
   a) nach den Rechtsvorschriften des Vollstreckungsmitgliedstaats ganz oder zum Teil in dessen Hoheitsgebiet oder an einem diesem gleichgestellten Ort begangen worden sind;
   oder
   b) außerhalb des Hoheitsgebiets des Ausstellungsmitgliedstaats begangen wurden, und die Rechtsvorschriften des Vollstreckungsmitgliedstaats die Verfolgung von außerhalb seines Hoheitsgebiets begangenen Straftaten gleicher Art nicht zulassen.

Art. 4 a[1]) Entscheidungen, die im Anschluss an eine Verhandlung ergangen sind, zu der die Person nicht persönlich erschienen ist. (1) Die vollstreckende Justizbehörde kann die Vollstreckung eines zur Vollstreckung einer Freiheitsstrafe oder freiheitsentziehenden Maßregel der Sicherung ausgestellten Europäischen Haftbefehls auch verweigern, wenn die Person nicht persönlich zu der Verhandlung erschienen ist, die zu der Entscheidung geführt hat, es sei denn, aus dem Europäischen Haftbefehl geht hervor, dass die Person im Einklang mit den weiteren verfahrensrechtlichen Vorschriften des einzelstaatlichen Rechts des Ausstellungsmitgliedstaats

a) rechtzeitig
   i) entweder persönlich vorgeladen wurde und dabei von dem vorgesehenen Termin und Ort der Verhandlung in Kenntnis gesetzt wurde, die zu der Entscheidung geführt hat, oder auf andere Weise tatsächlich offiziell von dem vorgesehenen Termin und Ort dieser Verhandlung in Kenntnis gesetzt wurde, und zwar auf eine Weise, dass zweifelsfrei nachgewiesen wurde, dass sie von der anberaumten Verhandlung Kenntnis hatte,
   und
   ii) davon in Kenntnis gesetzt wurde, dass eine Entscheidung auch dann ergehen kann, wenn sie zu der Verhandlung nicht erscheint;
   oder
b) in Kenntnis der anberaumten Verhandlung ein Mandat an einen Rechtsbeistand, der entweder von der betroffenen Person oder vom

[1]) Eingefügt durch Rahmenbeschluss 2009/299/JI, ABl. Nr. L 81/24 v. 27. 3. 2009.

Staat bestellt wurde, erteilt hat, sie bei der Verhandlung zu verteidigen, und bei der Verhandlung von diesem Rechtsbeistand tatsächlich verteidigt worden ist;

oder

c) nachdem ihr die Entscheidung zugestellt und sie ausdrücklich von ihrem Recht auf Wiederaufnahme des Verfahrens oder auf ein Berufungsverfahren in Kenntnis gesetzt worden ist, an dem die Person teilnehmen kann und bei dem der Sachverhalt, einschließlich neuer Beweismittel, erneut geprüft werden und die ursprünglich ergangene Entscheidung aufgehoben werden kann:
  i) ausdrücklich erklärt hat, dass sie die Entscheidung nicht anficht; oder
  ii) innerhalb der geltenden Frist keine Wiederaufnahme des Verfahrens bzw. kein Berufungsverfahren beantragt hat;

oder

d) die Entscheidung nicht persönlich zugestellt erhalten hat, aber
  i) sie unverzüglich nach der Übergabe persönlich zugestellt erhalten wird und ausdrücklich von ihrem Recht auf Wiederaufnahme des Verfahrens oder auf ein Berufungsverfahren in Kenntnis gesetzt werden wird, an dem die Person teilnehmen kann und bei dem der Sachverhalt, einschließlich neuer Beweismittel, erneut geprüft werden und die ursprünglich ergangene Entscheidung aufgehoben werden kann:
  und
  ii) von der Frist in Kenntnis gesetzt werden wird, über die sie gemäß dem einschlägigen Europäischen Haftbefehl verfügt, um eine Wiederaufnahme des Verfahrens bzw. ein Berufungsverfahren zu beantragen.

(2) Wird der Europäische Haftbefehl zur Vollstreckung einer Freiheitsstrafe oder einer freiheitsentziehenden Maßregel der Sicherung nach Maßgabe des Absatzes 1 Buchstabe d ausgestellt und ist die betroffene Person zuvor nicht offiziell davon in Kenntnis gesetzt worden, dass gegen sie ein Strafverfahren eingeleitet wurde, so kann die Person, wenn sie von dem Inhalt des Europäischen Haftbefehls in Kenntnis gesetzt wird, beantragen, dass sie vor ihrer Übergabe eine Abschrift des Urteils erhält. Die Ausstellungsbehörde leitet der gesuchten Person die Abschrift des Urteils unverzüglich über die Vollstreckungsbehörde zu, sobald sie Kenntnis von dem Antrag erhalten hat. Der Antrag der gesuchten Person darf weder das Übergabeverfahren noch die Entscheidung über die Vollstreckung des Europäischen Haftbefehls verzögern. Das Urteil wird der betroffenen Person ausschließlich informationshalber zur Verfügung gestellt; die Zurverfügungstellung gilt weder als *förmliche Zustellung des Urteils noch* wirkt sie sich auf Fristen aus, die für einen Antrag auf Wiederaufnahme des Verfahrens oder für ein Berufungsverfahren gelten.

(3) Wird eine Person nach Maßgabe des Absatzes 1 Buchstabe d übergeben und hat diese Person eine Wiederaufnahme des Verfahrens oder ein Berufungsverfahren beantragt, so wird die Haft der auf das entsprechende Verfahren wartenden Person bis zu dessen rechtskräftigem Abschluss im Einklang mit dem Recht des Ausstellungsmitgliedstaates entweder regelmäßig oder auf Antrag der betroffenen Person einer Überprüfung unterzogen. Eine solche Überprüfung umfasst insbesondere die Prüfung der Frage, ob die Haft aufgehoben oder ausgesetzt werden kann. Das Wiederaufnahmeverfahren oder Berufungsverfahren beginnt ohne unnötige Verzögerung nach der Übergabe.

Art. 5 Vom Ausstellungsmitgliedstaat in bestimmten Fällen zu gewährende Garantien. Die Vollstreckung des Europäischen Haftbefehls durch die vollstreckende Justizbehörde kann nach dem Recht dieses Staates an eine der folgenden Bedingungen geknüpft werden:

1. *(gestrichen)*[1)]
2. Ist die Straftat, die dem Europäischen Haftbefehl zugrunde liegt, mit lebenslanger Freiheitsstrafe oder einer lebenslangen freiheitsentziehenden Maßregel der Sicherung bedroht, so kann die Vollstreckung des Europäischen Haftbefehls an die Bedingung geknüpft werden, dass die Rechtsordnung des Ausstellungsmitgliedstaats eine Überprüfung der verhängten Strafe – auf Antrag oder spätestens nach 20 Jahren – oder Gnadenakte zulässt, die zur Aussetzung der Vollstreckung der Strafe oder der Maßregel führen können und auf die die betreffende Person nach dem innerstaatlichen Recht oder der Rechtspraxis des Ausstellungsmitgliedstaats Anspruch hat.
3. Ist die Person, gegen die ein Europäischer Haftbefehl zum Zwecke der Strafverfolgung ergangen ist, Staatsangehöriger des Vollstreckungsmitgliedstaats oder in diesem wohnhaft, so kann die Übergabe davon abhängig gemacht werden, dass die betreffende Person nach Gewährung rechtlichen Gehörs zur Verbüßung der Freiheitsstrafe oder der freiheitsentziehenden Maßregel der Sicherung, die im Ausstellungsmitgliedstaat gegen sie verhängt wird, in den Vollstreckungsmitgliedstaat rücküberstellt wird.

Art. 6 Bestimmung der zuständigen Behörden. (1) Ausstellende Justizbehörde ist die Justizbehörde des Ausstellungsmitgliedstaats, die nach dem Recht dieses Staats für die Ausstellung eines Europäischen Haftbefehls zuständig ist.

(2) Vollstreckende Justizbehörde ist die Justizbehörde des Vollstreckungsmitgliedstaats, die nach dem Recht dieses Staats zuständig für die Vollstreckung des Europäischen Haftbefehls ist.

(3) Jeder Mitgliedstaat unterrichtet das Generalsekretariat des Rates über die nach seinem Recht zuständige Justizbehörde.

---

1) Gestrichen durch Rahmenbeschluss 2009/299/JI, ABl. Nr. L 81/24 v. 27. 3. 2009.

Art. 7 Beteiligung der zentralen Behörde. (1) Jeder Mitgliedstaat kann eine oder, sofern es seine Rechtsordnung vorsieht, mehrere zentrale Behörden zur Unterstützung der zuständigen Justizbehörden benennen.

(2) Ein Mitgliedstaat kann, wenn sich dies aufgrund des Aufbaus seines Justizsystems als erforderlich erweist, seine zentrale(n) Behörde(n) mit der administrativen Übermittlung und Entgegennahme der Europäischen Haftbefehle sowie des gesamten übrigen sie betreffenden amtlichen Schriftverkehrs betrauen.

Ein Mitgliedstaat, der von den in diesem Artikel vorgesehenen Möglichkeiten Gebrauch machen möchte, übermittelt dem Generalsekretariat des Rates die Angaben über die von ihm benannte(n) zentrale(n) Behörde(n). Diese Angaben sind für alle Behörden des Ausstellungsmitgliedstaats verbindlich.

Art. 8 Inhalt und Form des Europäischen Haftbefehls. (1) Der Europäische Haftbefehl enthält entsprechend dem im Anhang beigefügten Formblatt folgende Informationen:

a) die Identität und die Staatsangehörigkeit der gesuchten Person;

b) Name, Adresse, Telefon- und Telefaxnummer sowie Email-Adresse der ausstellenden Justizbehörde;

c) die Angabe, ob ein vollstreckbares Urteil, ein Haftbefehl oder eine andere vollstreckbare justizielle Entscheidung mit gleicher Rechtswirkung nach den Artikeln 1 und 2 vorliegt;

d) die Art und rechtliche Würdigung der Straftat, insbesondere in Bezug auf Artikel 2;

(Fortsetzung nächste Seite)

e) die Beschreibung der Umstände, unter denen die Straftat begangen wurde, einschließlich der Tatzeit, des Tatortes und der Art der Tatbeteiligung der gesuchten Person;

f) im Fall eines rechtskräftigen Urteils die verhängte Strafe oder der für die betreffende Straftat im Ausstellungsmitgliedstaat gesetzlich vorgeschriebene Strafrahmen;

g) soweit möglich, die anderen Folgen der Straftat.

(2) Der Europäische Haftbefehl ist in die Amtssprache oder eine der Amtssprachen des Vollstreckungsstaats zu übersetzen. Jeder Mitgliedstaat kann zum Zeitpunkt der Annahme dieses Rahmenbeschlusses oder später in einer beim Generalsekretariat des Rates hinterlegten Erklärung angeben, dass er eine Übersetzung in eine oder mehrere weitere Amtssprachen der Organe der Europäischen Gemeinschaften akzeptiert.

Kapitel 2. Übergabeverfahren

Art. 9 Übermittlung eines Europäischen Haftbefehls. (1) Ist der Aufenthaltsort der gesuchten Person bekannt, so kann die ausstellende Justizbehörde den Europäischen Haftbefehl direkt der vollstreckenden Justizbehörde übermitteln.

(2) Die ausstellende Justizbehörde kann in allen Fällen beschließen, die gesuchte Person im Schengener Informationssystem (SIS) ausschreiben zu lassen.

(3) Eine derartige Ausschreibung erfolgt gemäß Artikel 95 des Übereinkommens vom 19. Juni 1990 zur Durchführung des Übereinkommens von Schengen vom 14. Juni 1985 betreffend den schrittweisen Abbau der Kontrollen an den gemeinsamen Grenzen. Eine Ausschreibung im SIS steht einem Europäischen Haftbefehl, dem die in Artikel 8 Absatz 1 angegebenen Informationen beigefügt sind, gleich.

Während eines Übergangszeitraums, der so lange währt, bis das SIS in der Lage ist, alle in Artikel 8 genannten Informationen zu übermitteln, steht die Ausschreibung dem Europäischen Haftbefehl gleich, bis das Original bei der vollstreckenden Justizbehörde in der gebührenden Form eingegangen ist.

Art. 10 Modalitäten der Übermittlung eines Europäischen Haftbefehls. (1) Ist der ausstellenden Justizbehörde die zuständige vollstreckende Justizbehörde nicht bekannt, so stellt sie insbesondere mit Hilfe der Kontaktstellen des Europäischen Justiziellen Netzes[1] die erforderlichen Nachforschungen an, um diese Information vom Vollstreckungsmitgliedstaat zu erlangen.

---

[1] Gemeinsame Maßnahme vom 29. Juni 1998 zur Einrichtung eines Europäischen Justiziellen Netzes (ABl. L 191 vom 7. 7. 1998, S. 4).

(2) Wenn die ausstellende Justizbehörde dies wünscht, kann die Übermittlung über das gesicherte Telekommunikationssystem des Europäischen Justiziellen Netzes erfolgen.

(3) Kann nicht auf das SIS zurückgegriffen werden, so kann die ausstellende Justizbehörde für die Übermittlung des Europäischen Haftbefehls die Dienste von Interpol in Anspruch nehmen.

(4) Die ausstellende Justizbehörde kann den Europäischen Haftbefehl durch jedes sichere Mittel, das die Erstellung einer schriftlichen Fassung unter Bedingungen ermöglicht, die dem Vollstreckungsmitgliedsstaat die Feststellung der Echtheit gestatten, übermitteln.

(5) Alle Schwierigkeiten in Verbindung mit der Übermittlung oder der Echtheit der zur Vollstreckung des Europäischen Haftbefehls erforderlichen Unterlagen werden direkt zwischen den betreffenden Justizbehörden oder gegebenenfalls unter Einschaltung der Zentralbehörden der Mitgliedstaaten behoben.

(6) Ist die Behörde, bei der ein Europäischer Haftbefehl eingeht, für dessen Bearbeitung nicht zuständig, so übermittelt sie den Europäischen Haftbefehl von Amtes wegen der zuständigen Behörde in ihrem Mitgliedstaat und setzt die ausstellende Justizbehörde von diesem Umstand in Kenntnis.

Art. 11 Rechte der gesuchten Person. (1) Wird eine gesuchte Person festgenommen, so unterrichtet die zuständige Justizbehörde des Vollstreckungsmitgliedstaats entsprechend dessen innerstaatlichem Recht die betreffende Person von dem Europäischen Haftbefehl, von dessen Inhalt sowie davon, dass sie ihrer Übergabe an die ausstellende Justizbehörde zustimmen kann.

(2) Eine gesuchte Person, die zum Zwecke der Vollstreckung eines Europäischen Haftbefehls festgenommen wird, hat nach Maßgabe des innerstaatlichen Rechts des Vollstreckungsmitgliedstaats Anspruch darauf, einen Rechtsbeistand und einen Dolmetscher hinzuzuziehen.

Art. 12 Inhafthaltung der gesuchten Person. Im Fall der Festnahme einer Person aufgrund eines Europäischen Haftbefehls entscheidet die vollstreckende Justizbehörde, ob die gesuchte Person nach Maßgabe des Rechts des Vollstreckungsmitgliedstaats in Haft zu halten ist. Eine vorläufige Haftentlassung nach Maßgabe der innerstaatlichen Rechtsvorschriften des Vollstreckungsmitgliedstaats ist jederzeit möglich, sofern die zuständige Behörde dieses Mitgliedstaates die ihres Erachtens erforderlichen Maßnahmen zur Verhinderung einer Flucht der gesuchten Person trifft.

Art. 13 Zustimmung zur Übergabe. (1) Gibt die festgenommene *Person an, dass sie ihrer Übergabe zustimmt*, so werden diese Zustimmung und gegebenenfalls der ausdrückliche Verzicht auf den Schutz des Grundsatzes der Spezialität nach Artikel 27 Absatz 2 vor der vollstreckenden Justizbehörde nach dem innerstaatlichen Recht des Vollstreckungsmitgliedstaats erklärt.

(2) Jeder Mitgliedstaat trifft die erforderlichen Maßnahmen, damit die Zustimmung und gegebenenfalls der Verzicht nach Absatz 1 unter Bedingungen entgegengenommen werden, die erkennen lassen, dass die Person sie freiwillig und in vollem Bewusstsein der sich daraus ergebenden Folgen bekundet hat. Zu diesem Zweck hat die gesuchte Person das Recht, einen Rechtsbeistand beizuziehen.

(3) Die Zustimmung und gegebenenfalls der Verzicht nach Absatz 1 werden nach dem im innerstaatlichen Recht des Vollstreckungsmitgliedstaats vorgesehenen Verfahren zu Protokoll genommen.

(4) Die Zustimmung ist grundsätzlich unwiderruflich. Jeder Mitgliedstaat kann vorsehen, dass die Zustimmung und gegebenenfalls der Verzicht nach den anwendbaren Vorschriften des innerstaatlichen Rechts widerruflich sein können. In diesem Fall wird der Zeitraum zwischen dem Zeitpunkt, zu dem die Zustimmung erklärt wurde, und dem Zeitpunkt, zu dem sie widerrufen wurde, bei der Berechnung der in Artikel 17 vorgesehenen Fristen nicht berücksichtigt. Ein Mitgliedstaat, der von dieser Möglichkeit Gebrauch machen will, teilt dies dem Generalsekretariat des Rates bei der Annahme dieses Rahmenbeschlusses mit und gibt die Modalitäten, nach denen die Zustimmung widerrufen werden kann, sowie jede Änderung dieser Modalitäten an.

Art. 14 Vernehmung der gesuchten Person. Stimmt die festgenommene Person ihrer Übergabe nach Maßgabe des Artikels 13 nicht zu, hat sie das Recht, von der vollstreckenden Justizbehörde nach den innerstaatlichen Rechtsvorschriften des Vollstreckungsmitgliedstaats vernommen zu werden.

Art. 15 Entscheidung über die Übergabe. (1) Die vollstreckende Justizbehörde entscheidet über die Übergabe der betreffenden Person nach Maßgabe dieses Rahmenbeschlusses und innerhalb der darin vorgesehenen Fristen.

(2) Ist die vollstreckende Justizbehörde der Ansicht, dass die vom Ausstellungsmitgliedstaat übermittelten Informationen nicht ausreichen, um über die Übergabe entscheiden zu können, so bittet sie um die unverzügliche Übermittlung der notwendigen zusätzlichen Informationen, insbesondere hinsichtlich der Artikel 3 bis 5 und Artikel 8; sie kann eine Frist für den Erhalt dieser zusätzlichen Informationen festsetzen, wobei die Frist nach Artikel 17 zu beachten ist.

(3) Die ausstellende Justizbehörde kann der vollstreckenden Justizbehörde jederzeit alle zusätzlichen sachdienlichen Informationen übermitteln.

Art. 16 Entscheidung bei Mehrfachersuchen. (1) Haben zwei oder mehr Mitgliedstaaten einen Europäischen Haftbefehl gegen dieselbe Person erlassen, so entscheidet die vollstreckende Justizbehörde unter gebührender Berücksichtigung aller Umstände, welcher dieser Europäischen Haftbefehle vollstreckt wird; zu diesen Umständen gehören insbesondere die Schwere und der Ort der Straftat, der Zeitpunkt, zu dem die Europäischen Haftbefehle erlassen wurden, sowie die Tatsache, dass der Haftbefehl zur Strafverfolgung oder zur Vollstreckung einer Freiheitsstrafe oder einer freiheitsentziehenden Maßregel der Sicherung ausgestellt wurde.

(2) Um die Entscheidung nach Absatz 1 zu treffen, kann die vollstreckende Justizbehörde Eurojust[1)] um Stellungnahme ersuchen.

(3) Bei Zusammentreffen eines Europäischen Haftbefehls mit einem Auslieferungsersuchen eines Drittstaats entscheidet die zuständige Behörde des Vollstreckungsmitgliedstaats unter gebührender Berücksichtigung aller Umstände, insbesondere der in Absatz 1 genannten Umstände sowie der in dem anwendbaren Übereinkommen oder Abkommen beschriebenen Umstände, ob der Europäische Haftbefehl oder das Auslieferungsersuchen Vorrang hat.

(4) Diesen Artikel lässt die Verpflichtungen der Mitgliedstaaten aufgrund des Statuts des Internationalen Strafgerichtshofs unberührt.

Art. 17 Fristen und Modalitäten der Vollstreckung eines Europäischen Haftbefehls. (1) Ein Europäischer Haftbefehl wird als Eilsache erledigt und vollstreckt.

(2) In den Fällen, in denen die gesuchte Person ihrer Übergabe zustimmt, sollte die endgültige Entscheidung über die Vollstreckung des Europäischen Haftbefehls innerhalb von zehn Tagen nach Erteilung der Zustimmung erfolgen.

(3) In den anderen Fällen sollte die endgültige Entscheidung über die Vollstreckung des Europäischen Haftbefehls innerhalb von 60 Tagen nach der Festnahme der gesuchten Person erfolgen.

(4) Kann in Sonderfällen der Europäische Haftbefehl nicht innerhalb der in den Absätzen 2 bzw. 3 vorgesehenen Fristen vollstreckt werden, so setzt die vollstreckende Justizbehörde die ausstellende Justizbehörde von diesem Umstand und von den jeweiligen Gründen unverzüglich in Kenntnis. In diesem Fall können die Fristen um weitere 30 Tage verlängert werden.

(5) Solange noch keine endgültige Entscheidung über die Vollstreckung des Europäischen Haftbefehls durch die vollstreckende Justizbehörde ergangen ist, stellt diese sicher, dass die materiellen Voraussetzungen für eine tatsächliche Übergabe der Person weiterhin gegeben sind.

(6) Eine Ablehnung der Vollstreckung eines Europäischen Haftbefehls ist zu begründen.

---

1) Beschluss 2002/187/JI des Rates vom 28. Februar 2002 über die Errichtung von Eurojust zur Verstärkung der Bekämpfung der schweren Kriminalität (ABl. L 63 vom 6. 3. 2002, S. 1).

(7) Kann ein Mitgliedstaat bei Vorliegen außergewöhnlicher Umstände die in diesem Artikel vorgesehenen Fristen nicht einhalten, so setzt er Eurojust von diesem Umstand und von den Gründen der Verzögerung in Kenntnis. Außerdem teilt ein Mitgliedstaat, der wiederholt Verzögerungen bei der Vollstreckung von Europäischen Haftbefehlen durch einen anderen Mitgliedstaat ausgesetzt gewesen ist, diesen Umstand dem Rat mit, damit eine Beurteilung der Umsetzung dieses Rahmenbeschlusses auf Ebene der Mitgliedstaaten erfolgen kann.

Art. 18 Lage in Erwartung der Entscheidung. (1) Wurde der Europäische Haftbefehl zum Zwecke der Strafverfolgung erlassen, so muss die vollstreckende Justizbehörde

a) entweder akzeptieren, dass die gesuchte Person nach Artikel 19 vernommen wird;

b) oder akzeptieren, dass die gesuchte Person vorübergehend überstellt wird.

(2) Die Bedingungen und die Dauer der vorübergehenden Überstellung werden in gegenseitigem Einvernehmen zwischen der ausstellenden und der vollstreckenden Justizbehörde festgelegt.

(3) Im Falle der vorübergehenden Überstellung muss die betreffende Person Gelegenheit haben, in den Vollstreckungsmitgliedstaat zurückzukehren, um dort den sie betreffenden Gerichtsverhandlungen, die im Rahmen des Übergabeverfahrens stattfinden, beizuwohnen.

Art. 19 Vernehmung der Person in Erwartung der Entscheidung. (1) Die Vernehmung der gesuchten Person erfolgt durch eine Justizbehörde mit Unterstützung einer Person, die nach dem Recht des Mitgliedstaats der ersuchenden Justizbehörde bestimmt wird.

(2) Die Vernehmung der gesuchten Person erfolgt nach dem Recht des Vollstreckungsmitgliedstaats und nach den im gegenseitigen Einvernehmen zwischen der ausstellenden und der vollstreckenden Justizbehörde festgelegten Bedingungen.

(3) Die zuständige vollstreckende Justizbehörde kann eine andere Justizbehörde ihres Mitgliedstaats anweisen, an der Vernehmung der gesuchten Person teilzunehmen, um die ordnungsgemäße Anwendung dieses Artikels und der festgelegten Bedingungen zu gewährleisten.

Art. 20 Vorrechte und Immunitäten. (1) Genießt die gesuchte Person im Vollstreckungsmitgliedstaat ein Vorrecht oder eine Strafverfolgungs- oder -vollstreckungsimmunität, so beginnen die Fristen nach Artikel 17 nur zu laufen, wenn die vollstreckende Justizbehörde davon unterrichtet worden ist, dass das Vorrecht oder die Immunität aufgehoben wurde; in diesem Fall beginnt die Frist am Tag der Unterrichtung.

Der Vollstreckungsmitgliedstaat trägt dafür Sorge, dass die materiellen Voraussetzungen für eine tatsächliche Übergabe weiterhin gegeben sind, wenn die Person kein solches Vorrecht oder keine solche Immunität mehr genießt.

(2) Ist eine Behörde des Vollstreckungsmitgliedstaats für die Aufhebung des Vorrechts oder der Immunität zuständig, befasst die vollstreckende Justizbehörde sie unverzüglich mit einem entsprechenden Ersuchen. Ist eine Behörde eines anderen Staates oder eine internationale Organisation für die Aufhebung des Vorrechts oder der Immunität zuständig, ist sie von der ausstellenden Justizbehörde mit einem entsprechenden Ersuchen zu befassen.

Art. 21 Konkurrierende internationale Verpflichtungen. Von diesem Rahmenbeschluss unberührt bleiben die Verpflichtungen des Vollstreckungsmitgliedstaats in den Fällen, in denen die gesuchte Person an diesen Mitgliedstaat durch einen Drittstaat ausgeliefert worden ist, und wenn auf diese Person aufgrund der ihrer Auslieferung zugrunde liegenden Vereinbarung der Grundsatz der Spezialität anzuwenden ist. Der Vollstreckungsmitgliedstaat trifft die erforderlichen Maßnahmen, um unverzüglich die Zustimmung des Drittstaates einzuholen, der die gesuchte Person ausgeliefert hat, damit sie dem Ausstellungsstaat übergeben werden kann. Die Fristen nach Artikel 17 beginnen erst an dem Tage zu laufen, an dem der Grundsatz der Spezialität nicht mehr anzuwenden ist. Bis die Entscheidung des Staates vorliegt, aus dem die gesuchte Person ausgeliefert wurde, überzeugt sich der Vollstreckungsmitgliedstaat davon, dass die materiellen Voraussetzungen für eine tatsächliche Übergabe weiterhin gegeben sind.

Art. 22 Mitteilung der Entscheidung. Die vollstreckende Justizbehörde teilt der ausstellenden Justizbehörde unverzüglich ihre Entscheidung über die Vollstreckung oder Nichtvollstreckung des Europäischen Haftbefehls mit.

Art. 23 Frist für die Übergabe der Person. (1) Die Übergabe der gesuchten Person erfolgt so bald wie möglich zu einem zwischen den betreffenden Behörden vereinbarten Zeitpunkt.

(2) Die Übergabe erfolgt spätestens zehn Tage nach der endgültigen Entscheidung über die Vollstreckung des Europäischen Haftbefehls.

(3) Ist die Übergabe der gesuchten Person innerhalb der in Absatz 2 genannten Frist aufgrund von Umständen, die sich dem Einfluss der Mitgliedstaaten entziehen, unmöglich, setzen sich die vollstreckende und die ausstellende Justizbehörde unverzüglich miteinander in Verbindung und vereinbaren ein neues Übergabedatum. In diesem Fall erfolgt die Übergabe binnen zehn Tagen nach dem vereinbarten neuen Termin.

(4) Die Übergabe kann aus schwerwiegenden humanitären Gründen, z. B. wenn ernsthafte Gründe für die Annahme bestehen, dass die Vollstreckung offensichtlich eine Gefährdung für Leib oder Leben der gesuchten Person darstellt, ausnahmsweise ausgesetzt werden. Die

Vollstreckung des Europäischen Haftbefehls erfolgt, sobald diese Gründe nicht mehr gegeben sind. Die vollstreckende Justizbehörde setzt die ausstellende Justizbehörde unverzüglich davon in Kenntnis und vereinbart ein neues Übergabedatum. In diesem Fall erfolgt die Übergabe binnen zehn Tagen nach dem vereinbarten neuen Termin.

(5) Befindet sich die betreffende Person nach Ablauf der in den Absätzen 2 bis 4 genannten Fristen noch immer in Haft, wird sie freigelassen.

Art. 24 Aufgeschobene oder bedingte Übergabe. (1) Die vollstreckende Justizbehörde kann nach der Entscheidung zur Vollstreckung des Europäischen Haftbefehls die Übergabe der gesuchten Person aufschieben, damit diese im Vollstreckungsstaat gerichtlich verfolgt werden oder, falls sie bereits verurteilt worden ist, im Hoheitsgebiet des Vollstreckungsstaats eine Strafe verbüßen kann, die wegen einer anderen als der im Europäischen Haftbefehl genannten Handlung gegen sie verhängt wurde.

(2) Statt die Übergabe aufzuschieben, kann die vollstreckende Justizbehörde die gesuchte Person dem Ausstellungsstaat vorübergehend unter Bedingungen übergeben, die von der vollstreckenden und der ausstellenden Justizbehörde vereinbart werden. Die Vereinbarung muss in Schriftform erfolgen, und die Bedingungen sind für alle Behörden des Ausstellungsmitgliedstaats verbindlich.

Art. 25 Durchlieferung. (1) Jeder Mitgliedstaat bewilligt die Durchlieferung einer gesuchten Person zu Zwecken der Übergabe durch sein Hoheitsgebiet, es sei denn, er macht von der Möglichkeit der Ablehnung Gebrauch, wenn die Durchlieferung eines seiner Staats- oder Gebietsangehörigen zum Zwecke der Vollstreckung einer Freiheitsstrafe oder einer freiheitsentziehenden Maßregel der Sicherung beantragt wird; die Genehmigung hängt von der Übermittlung folgender Angaben ab:

a) die Identität und die Staatsangehörigkeit der Person, gegen die ein Europäischer Haftbefehl erlassen wurde,

b) das Vorliegen eines Europäischen Haftbefehls,

c) die Art und die rechtliche Würdigung der Straftat,

d) die Beschreibung der Umstände, unter denen die Straftat begangen wurde, einschließlich der Tatzeit und des Tatortes.

Ist die Person, gegen die ein Europäischer Haftbefehl zum Zwecke der Strafverfolgung ergangen ist, Staatsangehöriger des Durchlieferungsstaats oder in diesem wohnhaft, so kann die Durchlieferung davon abhängig gemacht werden, dass die Person nach Gewährung rechtlichen Gehörs zur Verbüßung der Freiheitsstrafe oder der freiheitsentziehenden Maßregel der Sicherung, die im Ausstellungsmitgliedstaat gegen sie verhängt wird, in den Durchlieferungsmitgliedstaat rücküberstellt wird.

(2) Jeder Mitgliedstaat bezeichnet eine zuständige Behörde für die Entgegennahme der Durchlieferungsersuchen und der erforderlichen Unterlagen sowie des sonstigen amtlichen Schriftverkehrs im Zusammenhang mit Durchlieferungsersuchen. Die Mitgliedstaaten teilen die bezeichneten Behörden dem Generalsekretariat des Rates mit.

(3) Das Durchlieferungsersuchen und die Informationen nach Absatz 1 können der nach Absatz 2 bezeichneten Behörde in jeder Form, die einen schriftlichen Nachweis ermöglicht, übermittelt werden. Der Durchlieferungsmitgliedstaat teilt seine Entscheidung auf dem gleichen Wege mit.

(4) Dieser Rahmenbeschluss findet keine Anwendung auf die Durchlieferung auf dem Luftweg ohne eingeplante Zwischenlandung. Wenn es jedoch zu einer außerplanmäßigen Landung kommt, übermittelt der Ausstellungsmitgliedstaat der nach Absatz 2 bezeichneten Behörde die Informationen nach Absatz 1.

(5) Betrifft die Durchlieferung eine Person, die aus einem Drittstaat an einen Mitgliedstaat ausgeliefert werden soll, so findet dieser Artikel entsprechende Anwendung. Insbesondere gilt in diesem Fall der Ausdruck „Europäischer Haftbefehl" als ersetzt durch „Auslieferungsersuchen".

Kapitel 3. Wirkung der Übergabe

Art. 26 Anrechnung der im Vollstreckungsstaat verbüßten Haft. (1) Der Ausstellungsmitgliedstaat rechnet die Dauer der Haft aus der Vollstreckung eines Europäischen Haftbefehls auf die Gesamtdauer des Freiheitsentzugs an, die im Ausstellungsmitgliedstaat aufgrund der Verurteilung zu einer Freiheitsstrafe oder einer freiheitsentziehenden Maßregel der Sicherung zu verbüßen wäre.

(2) Dazu sind der ausstellenden Justizbehörde zum Zeitpunkt der Übergabe von der vollstreckenden Justizbehörde oder der nach Artikel 7 bezeichneten Zentralbehörde alle Angaben zur Dauer der Haft der aufgrund des Europäischen Haftbefehls gesuchten Person zu übermitteln.

Art. 27 Etwaige Strafverfolgung wegen anderer Straftaten. (1) Jeder Mitgliedstaat kann dem Generalsekretariat des Rates mitteilen, dass in seinen Beziehungen zu anderen Mitgliedstaaten, die die gleiche Mitteilung gemacht haben, die Zustimmung dazu, dass eine Person wegen einer anderen vor der Übergabe begangenen Handlung als derjenigen, die der Übergabe zugrunde liegt, verfolgt, verurteilt oder zur Vollstreckung einer Freiheitsstrafe oder einer freiheitsentziehenden *Maßregel* der Sicherung in Haft gehalten wird, als erteilt gilt, sofern die vollstreckende Justizbehörde im Einzelfall in ihrer Übergabeentscheidung keine anders lautende Erklärung abgibt.

(2) Außer in den in den Absätzen 1 und 3 vorgesehenen Fällen dürfen Personen, die übergeben wurden, wegen einer vor der Übergabe begangenen anderen Handlung als derjenigen, die der Übergabe zugrunde liegt, weder verfolgt noch verurteilt noch einer freiheitsentziehenden Maßnahme unterworfen werden.

(3) Absatz 2 findet in folgenden Fällen keine Anwendung:

a) wenn die Person das Hoheitsgebiet des Mitgliedstaates, dem sie übergeben worden ist, innerhalb von 45 Tagen nach ihrer endgültigen Freilassung nicht verlassen hat, obwohl sie dazu die Möglichkeit hatte, oder wenn sie nach Verlassen dieses Gebiets dorthin zurückgekehrt ist;

b) wenn die Straftat nicht mit einer Freiheitsstrafe oder freiheitsentziehenden Maßregel der Sicherung bedroht ist;

c) wenn die Strafverfolgung nicht zur Anwendung einer die persönliche Freiheit beschränkenden Maßnahme führt;

d) wenn die Person der Vollstreckung einer Strafe oder Maßregel der Sicherung ohne Freiheitsentzug, insbesondere einer Geldstrafe bzw. einer vermögensrechtlichen Maßnahme oder der an deren Stelle tretenden Maßnahme unterzogen wird, selbst wenn diese Strafe oder Maßnahme die persönliche Freiheit einschränken kann;

e) wenn die Person ihre Zustimmung zur Übergabe und gegebenenfalls den Verzicht auf die Anwendung des Grundsatzes der Spezialität gemäß Artikel 13 erklärt hat;

f) wenn die Person nach ihrer Übergabe ausdrücklich auf die Anwendung des Grundsatzes der Spezialität in Bezug auf bestimmte vor der Übergabe begangene Handlungen verzichtet hat. Die Verzichterklärung wird vor den zuständigen Justizbehörden des Ausstellungsmitgliedstaats abgegeben und nach dessen innerstaatlichem Recht zu Protokoll genommen. Die Verzichterklärung ist so abzufassen, dass aus ihr hervorgeht, dass die betreffende Person sie freiwillig und in voller Kenntnis der sich daraus ergebenden Folgen abgegeben hat. Zu diesem Zweck hat die Person das Recht, einen Rechtsbeistand hinzuzuziehen;

g) wenn die vollstreckende Justizbehörde, die die Person übergeben hat, ihre Zustimmung nach Absatz 4 gibt.

(4) Das Ersuchen um Zustimmung ist unter Beifügung der in Artikel 8 Absatz 1 erwähnten Angaben und einer Übersetzung gemäß Artikel 8 Absatz 2 an die vollstreckende Justizbehörde zu richten. Die Zustimmung wird erteilt, wenn die Straftat, derentwegen um Zustimmung ersucht wird, nach diesem Rahmenbeschluss der Verpflichtung zur Übergabe unterliegt. Die Zustimmung wird verweigert, wenn die in Artikel 3 genannten Gründe vorliegen; ansonsten kann sie nur aus den in Artikel 4 genannten Gründen verweigert werden. Die Entscheidung ist spätestens 30 Tage nach Eingang des Ersuchens zu treffen.

In den Fällen des Artikels 5 sind die dort vorgesehenen Garantien vom Ausstellungsmitgliedstaat zu geben.

Art. 28 Weitere Übergabe oder Auslieferung. (1) Jeder Mitgliedstaat kann dem Generalsekretariat des Rates mitteilen, dass in seinen Beziehungen zu anderen Mitgliedstaaten, die die gleiche Mitteilung gemacht haben, die Zustimmung dazu, dass eine Person einem anderen Mitgliedstaat als dem Vollstreckungsmitgliedstaat aufgrund eines Europäischen Haftbefehls, dem eine vor ihrer Übergabe begangene Handlung zugrunde liegt, übergeben wird, als erteilt gilt, sofern die vollstreckende Justizbehörde im Einzelfall in ihrer Übergabeentscheidung keine anders lautende Erklärung abgibt.

(2) In jedem Fall können Personen, die dem Ausstellungsmitgliedstaat aufgrund eines Europäischen Haftbefehls übergeben wurden, ohne die Zustimmung des Vollstreckungsmitgliedstaats einem anderen Mitgliedstaat als dem Vollstreckungsmitgliedstaat aufgrund eines Europäischen Haftbefehls, dem eine vor der Übergabe begangene Handlung zugrunde liegt, in den folgenden Fällen übergeben werden:

a) wenn die gesuchte Person das Hoheitsgebiet des Mitgliedstaats, dem sie übergeben worden ist, innerhalb von 45 Tagen nach ihrer endgültigen Freilassung nicht verlassen hat, obwohl sie dazu die Möglichkeit hatte, oder wenn sie nach Verlassen dieses Gebiets dorthin zurückgekehrt ist;

b) wenn die gesuchte Person ihrer Übergabe an einen anderen Mitgliedstaat als den Vollstreckungsmitgliedstaat aufgrund eines Europäischen Haftbefehls zustimmt. Die Zustimmung wird vor den zuständigen Justizbehörden des Ausstellungsmitgliedstaats erklärt und nach dessen innerstaatlichem Recht zu Protokoll genommen. Die Zustimmungserklärung ist so abzufassen, dass aus ihr hervorgeht, dass die betreffende Person sie freiwillig und in voller Kenntnis der sich daraus ergebenden Folgen gegeben hat. Zu diesem Zweck hat die gesuchte Person das Recht, einen Rechtsbeistand hinzuzuziehen;

c) wenn der Grundsatz der Spezialität auf die gesuchte Person gemäß Artikel 22 Absatz 3 Buchstaben a), e), f) und g) nicht anzuwenden ist.

(3) Die vollstreckende Justizbehörde stimmt der Übergabe an einen anderen Mitgliedstaat gemäß den folgenden Bestimmungen zu:

a) Das Ersuchen um Zustimmung ist gemäß Artikel 9 unter Beifügung der in Artikel 8 Absatz 1 erwähnten Informationen und der in Artikel 8 Absatz 2 vorgesehenen Übersetzung zu stellen.

b) Die Zustimmung wird erteilt, wenn die Straftat, derentwegen um Zustimmung ersucht wird, nach diesem Rahmenbeschluss der Verpflichtung zur Übergabe unterliegt.

c) Die Entscheidung ist spätestens 30 Tage nach Eingang des Ersuchens zu treffen.

d) Die Zustimmung wird verweigert, wenn die in Artikel 3 genannten Gründe vorliegen; ansonsten kann sie nur aus den in Artikel 4 genannten Gründen verweigert werden.

In den in Artikel 5 genannten Fällen sind die dort vorgesehenen Garantien vom Ausstellungsstaat zu geben.

(4) Ungeachtet des Absatzes 1 darf eine Person, die aufgrund eines Europäischen Haftbefehls übergeben wurde, nicht ohne die Zustimmung der zuständigen Behörden des Mitgliedstaats, der die Person übergeben hat, an einen Drittstaat ausgeliefert werden. Die Zustimmung ist gemäß den Übereinkommen, die diesen Mitgliedstaat binden, sowie gemäß seinen innerstaatlichen Rechtsvorschriften zu geben.

Art. 29 Übergabe von Gegenständen. (1) Auf Verlangen der ausstellenden Justizbehörde oder von Amtes wegen beschlagnahmt und übergibt die vollstreckende Justizbehörde nach Maßgabe ihres innerstaatlichen Rechts die Gegenstände,

a) die als Beweisstücke dienen können oder
b) die die gesuchte Person aus der Straftat erlangt hat.

(2) Die in Absatz 1 erwähnten Gegenstände sind selbst dann zu übergeben, wenn der Europäische Haftbefehl infolge des Todes oder der Flucht der gesuchten Person nicht vollstreckt werden kann.

(3) Unterliegen die in Absatz 1 genannten Gegenstände im Hoheitsgebiet des Vollstreckungsmitgliedstaats der Beschlagnahme oder Einziehung, so kann er sie, wenn sie für ein anhängiges Strafverfahren benötigt werden, vorübergehend zurückbehalten oder unter der Bedingung der Rückgabe an den Ausstellungsmitgliedstaat herausgeben.

(4) Rechte des Vollstreckungsmitgliedstaats oder Dritter an den in Absatz 1 genannten Gegenständen bleiben vorbehalten. Bestehen solche Rechte, so sind die Gegenstände vom Ausstellungsmitgliedstaat nach Abschluss des Strafverfahrens unverzüglich und kostenlos dem Vollstreckungsmitgliedstaat zurückzugeben.

Art. 30 Kosten. (1) Kosten, die durch die Vollstreckung des Europäischen Haftbefehls im Hoheitsgebiet des Vollstreckungsmitgliedstaats entstehen, gehen zu dessen Lasten.

(2) Alle sonstigen Kosten gehen zulasten des Ausstellungsmitgliedstaats.

Kapitel 4. Allgemeine Schlussbestimmungen

Art. 31 Verhältnis zu anderen Übereinkommen. (1) Dieser Rahmenbeschluss ersetzt am 1. Januar 2004 die entsprechenden Bestimmungen der folgenden in den Beziehungen zwischen den Mitgliedstaaten im Bereich der Auslieferung geltenden Übereinkommen, unbeschadet von deren Anwendbarkeit in den Beziehungen zwischen den Mitgliedstaaten und Drittstaaten:

a) das Europäische Auslieferungsübereinkommen vom 13. Dezember 1957, das dazugehörige Zusatzprotokoll vom 15. Oktober 1975, das dazugehörige Zweite Zusatzprotokoll vom 17. März 1978 und das Europäische Übereinkommen zur Bekämpfung des Terrorismus vom 27. Januar 1977, soweit es sich auf die Auslieferung bezieht;

b) das Übereinkommen zwischen den Mitgliedstaaten der Europäischen Gemeinschaften über die Vereinfachung und Modernisierung der Verfahren zur Übermittlung von Auslieferungsersuchen vom 26. Mai 1989;

c) das Übereinkommen vom 10. März 1995 über das vereinfachte Auslieferungsverfahren zwischen den Mitgliedstaaten der Europäischen Union und

d) das Übereinkommen vom 27. September 1996 über die Auslieferung zwischen den Mitgliedstaaten der Europäischen Union;

e) den Titel III Kapitel 4 des Übereinkommens vom 19. Juni 1990 zur Durchführung des Übereinkommens von Schengen vom 14. Juni 1985 betreffend den schrittweisen Abbau der Kontrollen an den gemeinsamen Grenzen.

(2) Es steht den Mitgliedstaaten frei, auch weiterhin die zum Zeitpunkt der Annahme dieses Rahmenbeschlusses geltenden bilateralen oder multilateralen Abkommen oder Übereinkünfte anzuwenden, sofern diese die Möglichkeit bieten, über die Ziele dieses Beschlusses hinauszugehen, und zu einer weiteren Vereinfachung oder Erleichterung der Verfahren zur Übergabe von Personen beitragen, gegen die ein Europäischer Haftbefehl vorliegt.

Es steht den Mitgliedstaaten frei, nach Inkrafttreten dieses Rahmenbeschlusses bilaterale oder multilaterale Abkommen oder Übereinkünfte zu schließen, sofern diese die Möglichkeit bieten, über die Vorschriften dieses Beschlusses hinauszugehen, und zu einer Vereinfachung oder Erleichterung der Verfahren zur Übergabe von Personen beitragen, gegen die ein Europäischer Haftbefehl vorliegt, insbesondere indem kürzere Fristen als nach Artikel 17 festgelegt werden, die Liste der in Artikel 2 Absatz 2 angeführten Straftaten ausgeweitet wird, die Ablehnungsgründe nach den Artikeln 3 und 4 zusätzlich eingeschränkt werden oder der Schwellenwert nach Artikel 2 Absatz 1 oder Absatz 2 gesenkt wird.

Die Abkommen und Übereinkünfte nach Unterabsatz 2 dürfen auf keinen Fall die Beziehungen zu den Mitgliedstaaten beeinträchtigen, die nicht Vertragspartei dieser Übereinkünfte sind.

Die Mitgliedstaaten unterrichten den Rat und die Kommission binnen drei Monaten nach Inkrafttreten dieses Rahmenbeschlusses von den bestehenden Abkommen oder Übereinkünften nach Unterabsatz 1, die sie auch weiterhin anwenden wollen.

Die Mitgliedstaaten unterrichten den Rat und die Kommission ferner über alle neuen Abkommen oder Übereinkünfte im Sinne von Unterabsatz 2 binnen drei Monaten nach deren Unterzeichnung.

(3) Soweit die in Absatz 1 genannten Abkommen oder Übereinkünfte für Hoheitsgebiete der Mitgliedstaaten oder für Hoheitsgebiete, deren auswärtige Beziehungen ein Mitgliedstaat wahrnimmt, gelten,

auf die dieser Rahmenbeschluss keine Anwendung findet, sind diese Instrumente weiterhin für die Beziehungen zwischen diesen Hoheitsgebieten und den übrigen Mitgliedstaaten maßgebend.

Art. 32 Übergangsbestimmung. (1) Für die vor dem 1. Januar 2004 eingegangenen Auslieferungsersuchen gelten weiterhin die im Bereich der Auslieferung bestehenden Instrumente. Für die nach diesem Zeitpunkt eingegangenen Ersuchen gelten die von den Mitgliedstaaten gemäß diesem Rahmenbeschluss erlassenen Bestimmungen. Jeder Mitgliedstaat kann jedoch zum Zeitpunkt der Annahme dieses Rahmenbeschlusses eine Erklärung abgegeben, dass er als Vollstreckungsmitgliedstaat auch weiterhin Ersuchen im Zusammenhang mit Handlungen, die vor einem von ihm festzulegenden Zeitpunkt begangen wurden, nach der vor dem 1. Januar 2004 geltenden Auslieferungsregelung behandeln wird. Der betreffende Zeitpunkt darf nicht nach dem 7. August 2002 liegen. Diese Erklärung wird im Amtsblatt veröffentlicht. Sie kann jederzeit zurückgezogen werden.

Art. 33 Bestimmung betreffend Österreich und Gibraltar.

(1) Solange Österreich Artikel 12 Absatz 1 seines Auslieferungs- und Rechtshilfegesetzes nicht geändert hat, spätestens jedoch bis zum 31. Dezember 2008, darf Österreich seinen vollstreckenden Justizbehörden gestatten, die Vollstreckung eines Europäischen Haftbefehls abzulehnen, wenn es sich bei der gesuchten Person um einen österreichischen Staatsbürger handelt und wenn die Handlung, derentwegen der Europäische Haftbefehl erlassen worden ist, nach österreichischem Recht nicht strafbar ist.

(2) Dieser Rahmenbeschluss findet auch auf Gibraltar Anwendung.

Art. 34 Durchführung. (1) Die Mitgliedstaaten treffen die erforderlichen Maßnahmen, um diesem Rahmenbeschluss bis zum 31. Dezember 2003 nachzukommen.

(2) Die Mitgliedstaaten teilen dem Generalsekretariat des Rates und der Kommission den Wortlaut der Bestimmungen mit, die sie zur Umsetzung der sich aus diesem Rahmenbeschluss ergebenden Verpflichtungen in ihr innerstaatliches Recht erlassen haben. Dabei kann jeder Mitgliedstaat angeben, dass er diesen Rahmenbeschluss in seinen Beziehungen zu den Mitgliedstaaten, die die gleiche Mitteilung gemacht haben, unverzüglich anwendet.

Das Generalsekretariat des Rates übermittelt den Mitgliedstaaten und der Kommission die nach Artikel 7 Absatz 2, Artikel 8 Absatz 2, Artikel 13 Absatz 4 und Artikel 25 Absatz 2 eingegangenen Informationen. Es trägt auch für die Veröffentlichung im Amtsblatt Sorge.

(3) Auf der Grundlage von Informationen, die das Generalsekretariat des Rates vorlegt, übermittelt die Kommission dem Europäischen Parlament und dem Rat bis zum 31. Dezember 2004 einen Bericht über die Anwendung dieses Rahmenbeschlusses, dem sie gegebenenfalls Gesetzgebungsvorschläge beifügt.

(4) Der Rat überprüft in der zweiten Hälfte des Jahres 2003 insbesondere die praktische Umsetzung der Bestimmungen des vorliegenden Rahmenbeschlusses in den Mitgliedstaaten sowie die Funktionsweise des SIS.

Art. 35 Inkrafttreten. Dieser Rahmenbeschluss tritt am zwanzigsten Tag nach seiner Veröffentlichung im Amtsblatt in Kraft.

Anhang
Europäischer Haftbefehl[1)]

Dieser Haftbefehl ist von einer zuständigen Justizbehörde ausgestellt worden. Ich beantrage, dass die unten genannte Person zum Zwecke der Strafverfolgung oder der Vollstreckung einer Freiheitsstrafe oder eine freiheitsentziehenden Maßregel der Sicherung festgenommen und übergeben wird.

a) Angaben zur Identität der gesuchten Person:
Familienname: ....
Vorname(n): ....
ggf. Geburtsname: ....
ggf. Aliasname: ....
Geschlecht: ....
Staatsangehörigkeit: ....
Geburtsdatum: ....
Geburtsort: ....
Wohnort und/oder bekannte Anschrift: ....
Falls bekannt: Sprache oder Sprachen, die die gesuchte Person versteht: ....
Besondere Kennzeichen/Beschreibung der gesuchten Person: ....
....
Foto und Fingerabdrücke der gesuchten Person, sofern diese vorhanden sind und übermittelt werden können, oder Kontaktadresse der Person, die diese oder ein DNS-Profil übermitteln kann (sofern diese Daten zur Übermittlung verfügbar sind und nicht beigefügt waren).

b) Entscheidung, die dem Haftbefehl zugrunde liegt
1. Haftbefehl oder justizielle Entscheidung mit gleicher Wirkung:
....
Art: ....
2. Vollstreckbares Urteil: ....
....
Aktenzeichen: ....

1) Dieser Haftbefehl ist in einer der Amtssprachen des Vollstreckungsstaats oder in einer von diesem Staat akzeptierten Sprache auszufertigen bzw. in eine solche Sprache zu übersetzen, wenn dieser Staat bekannt ist.

c) Angaben zur Dauer der Strafe

1. Höchstdauer der Freiheitsstrafe oder der freiheitsentziehenden Maßregel der Sicherung, die für die Straftat(en) verhängt werden kann:

   ....

   ....

2. Dauer der verhängten Freiheitsstrafe oder der freiheitsentziehenden Maßregel der Sicherung:

   ....

   Noch zu verbüßende Strafe: ....

   ....

   ....

d)[1] Geben Sie an, ob die Person zu der Verhandlung, die zu der Entscheidung geführt hat, persönlich erschienen ist:

1. □ Ja, die Person ist zu der Verhandlung, die zu der Entscheidung geführt hat, persönlich erschienen.
2. □ Nein, die Person ist zu der Verhandlung, die zu der Entscheidung geführt hat, nicht persönlich erschienen.
3. Bitte geben Sie zu der unter Nummer 2 angekreuzten Möglichkeit an, dass eine der folgenden Möglichkeiten zutrifft:

   □ 3.1 a. Die Person wurde am … (Tag/Monat/Jahr) persönlich vorgeladen und dabei von dem vorgesehenen Termin und Ort der Verhandlung in Kenntnis gesetzt, die zu der Entscheidung geführt hat, sowie davon in Kenntnis gesetzt, dass eine Entscheidung auch dann ergehen kann, wenn sie zu der Verhandlung nicht erscheint;

   ODER

   □ 3.1 b. die Person wurde nicht persönlich vorgeladen, aber auf andere Weise tatsächlich offiziell von dem vorgesehenen Termin und Ort der Verhandlung, die zu der Entscheidung geführt hat, in Kenntnis gesetzt, und zwar auf eine Weise, dass zweifelsfrei nachgewiesen wurde, dass sie von der anberaumten Verhandlung Kenntnis hatte, sowie davon in Kenntnis gesetzt wurde, dass eine Entscheidung auch dann ergehen kann, wenn sie zu der Verhandlung nicht erscheint;

   ODER

   □ 3.2. die Person hat in Kenntnis der anberaumten Verhandlung ein Mandat an einen Rechtsbeistand, der entweder von der betroffenen Person oder vom Staat bestellt wurde, erteilt, sie bei der Verhandlung zu verteidigen, und ist bei der Verhandlung von diesem Rechtsbeistand tatsächlich verteidigt worden;

[1] Buchstabe d) geänd. durch Rahmenbeschluss 2009/299/JI, ABl. Nr. L 81/24 v. 27. 3. 2009.

ODER

☐ 3.3. der Person wurde die Entscheidung am … (Tag/Monat/Jahr) zugestellt, und sie wurde ausdrücklich von ihrem Recht auf Wiederaufnahme des Verfahrens oder auf ein Berufungsverfahren in Kenntnis gesetzt, an dem die Person teilnehmen kann und bei dem der Sachverhalt, einschließlich neuer Beweismittel, erneut geprüft werden und die ursprünglich ergangene Entscheidung aufgehoben werden kann, und

☐ die Person hat ausdrücklich erklärt, dass sie diese Entscheidung nicht anficht;

ODER

☐ die Person hat innerhalb der geltenden Frist keine Wiederaufnahme des Verfahrens bzw. kein Berufungsverfahren beantragt;

ODER

☐ 3.4. der Person wurde die Entscheidung nicht persönlich zugestellt, aber

– sie wird die Entscheidung unverzüglich nach der Übergabe persönlich zugestellt erhalten, und
– sie wird bei Zustellung der Entscheidung ausdrücklich von ihrem Recht auf Wiederaufnahme des Verfahrens oder auf ein Berufungsverfahren in Kenntnis gesetzt werden, an dem die Person teilnehmen kann und bei dem der Sachverhalt, einschließlich neuer Beweismittel, erneut geprüft werden und die ursprünglich ergangene Entscheidung aufgehoben werden kann, und
– sie wird von der Frist in Kenntnis gesetzt werden, über die sie verfügt, um eine Wiederaufnahme des Verfahrens bzw. ein Berufungsverfahren zu beantragen, die Tage beträgt.

4. Bitte geben Sie zu der unter Nummer 3.1 b, 3.2 oder 3.3 angekreuzten Möglichkeit an, wie die entsprechende Voraussetzung erfüllt wurde:

…………………………………………………………………

…………………………………………………………………

e) Straftat(en)

Dieser Haftbefehl bezieht sich auf insgesamt …… Straftaten.

Beschreibung der Umstände, unter denen die Straftat(en) begangen wurde(n), einschließlich Tatzeit (Datum und Uhrzeit), Tatort und Art der Beteiligung der gesuchten Person an der(n) Straftat(en)

…………………………………………………………………

…………………………………………………………………

…………………………………………………………………

Art und rechtliche Würdigung der Straftat(en) und anwendbare gesetzliche Bestimmungen:

....

....

....

....

....

I. Bitte kreuzen Sie gegebenenfalls an, ob es sich um eine oder mehrere der folgenden – nach dem Recht des Ausstellungsstaats definierten – Straftaten handelt, die im Ausstellungsmitgliedstaat mit einer Freiheitsstrafe oder einer freiheitsentziehenden Maßnahme der Sicherung im Höchstmaß von mindestens drei Jahren bedroht sind:

☐ Beteiligung an einer kriminellen Vereinigung
☐ Terrorismus
☐ Menschenhandel
☐ sexuelle Ausbeutung von Kindern und Kinderpornografie
☐ illegaler Handel mit Drogen und psychotropen Stoffen
☐ illegaler Handel mit Waffen, Munition und Sprengstoffen
☐ Korruption
☐ Betrugsdelikte, einschließlich Betrug zum Nachteil der finanziellen Interessen der Europäischen Gemeinschaften im Sinne des Übereinkommens vom 26. Juli 1995 über den Schutz der finanziellen Interessen der Europäischen Gemeinschaften
☐ Wäsche von Erträgen aus Straftaten
☐ Geldfälschung, einschließlich Euro-Fälschung
☐ Cyberkriminalität
☐ Umweltkriminalität, einschließlich illegalen Handels mit bedrohten Tierarten oder mit bedrohten Pflanzen- und Baumarten
☐ Beihilfe zur illegalen Einreise und zum illegalen Aufenthalt
☐ vorsätzliche Tötung, schwere Körperverletzung
☐ illegaler Handel mit Organen und menschlichem Gewebe
☐ Entführung, Freiheitsberaubung und Geiselnahme
☐ Rassismus und Fremdenfeindlichkeit
☐ Diebstahl in organisierter Form oder schwerer Raub
☐ illegaler Handel mit Kulturgütern, einschließlich Antiquitäten und Kunstgegenstände
☐ Betrug
☐ Erpressung und Schutzgelderpressung
☐ Nachahmung und Produktpiraterie
☐ Fälschung von amtlichen Dokumenten und Handel damit
☐ Fälschung von Zahlungsmitteln
☐ illegaler Handel mit Hormonen und anderen Wachstumsförderern

☐ illegaler Handel mit nuklearen und radioaktiven Substanzen
☐ Handel mit gestohlenen Kraftfahrzeugen
☐ Vergewaltigung
☐ Brandstiftung
☐ Verbrechen, die in die Zuständigkeit des Internationalen Strafgerichtshofs fallen
☐ Flugzeug-/Schiffsentführung
☐ Sabotage

(Fortsetzung nächste Seite)

II. Vollständige Beschreibung der Straftat oder der Straftaten, die nicht unter die Fälle nach Abschnitt I fallen
....
....

f) Sonstige für den Fall relevante Umstände (fakultative Angaben):
(NB. Hierunter könnten Bemerkungen zur Extraterritorialität, zur Unterbrechung der Verjährungsfristen und zu sonstigen Folgen der Straftat fallen)
....
....

g) Dieser Haftbefehl betrifft auch die Beschlagnahme und Übergabe von Gegenständen, die als Beweisstücke dienen können.
Dieser Haftbefehl betrifft auch die Beschlagnahme und Übergabe von Gegenständen, die die gesuchte Person aus der Straftat erlangt hat.
Beschreibung (und Lokalisierung) der Gegenstände (falls bekannt):
....
....
....

h) Die Straftat/Straftaten, aufgrund deren dieser Haftbefehl ausgestellt wurde, ist/sind mit einer lebenslangen Freiheitsstrafe oder einer lebenslangen Maßregel der Sicherung bedroht oder hat/haben zur Verhängung einer solchen Strafe bzw. Maßregel geführt.
– Nach der Rechtsordnung des Ausstellungsmitgliedstaats kann die verhängte Strafe – auf Antrag oder nach mindestens 20 Jahren – daraufhin überprüft werden, ob die Vollstreckung dieser Strafe oder Maßregel auszusetzen ist,
und/oder
– nach der Rechtsordnung des Ausstellungsmitgliedstaats können Gnadenakte, auf die die Person nach dem innerstaatlichen Recht oder der Rechtspraxis des Ausstellungsmitgliedstaats Anspruch hat, mit dem Ziel der Nichtvollstreckung dieser Strafe oder Maßregel angewandt werden.

i) Justizbehörde, die den Haftbefehl ausgestellt hat:
Offizielle Bezeichnung:
....
Name ihres Vertreters[1]: ....

[1] In die einzelnen Sprachfassungen ist eine Bezugnahme auf den „Träger" der Justizbehörde aufzunehmen.

....
Funktion (Titel/Dienstrang): ....
....
Aktenzeichen: ....
Anschrift: ....
....
Telefonnummer: (Ländervorwahl) (Ortsnetzkennzahl) (...) ....
Fax-Nummer: (Ländervorwahl) (Ortsnetzkennzahl) (...) ....
E-Mail: ....
Kontaktadresse der Person, die die erforderlichen praktischen Vorkehrungen für die Übergabe treffen kann:
....

Im Fall der Benennung einer zentralen Behörde für die Übermittlung und administrative Entgegennahme von Europäischen Haftbefehlen:

Bezeichnung der zentralen Behörde:
....
ggf. zu kontaktierende Person (Titel/Dienstrang und Name):
....
Anschrift: ....
....
Telefonnummer: (Ländervorwahl) (Ortsnetzkennzahl) (...) ....
Fax-Nr.: (Ländervorwahl) (Ortsnetzkennzahl) (...)
E-Mail: ....

Unterschrift der ausstellenden Justizbehörde und/oder ihres Vertreters:
....
Name: ....
Funktion (Titel/Dienstrang): ....
Datum: ....

(ggf.) amtlicher Stempel

164 a. Verordnung (EG) Nr. 593/2008 des Europäischen Parlaments und des Rates über das auf vertragliche Schuldverhältnisse anzuwendende Recht (Rom I)

Vom 17. Juni 2008

(ABl. Nr. L 177/6 v. 4. 7. 2008, ber. ABl. Nr. L 309/87 v. 24. 11. 2009)

DAS EUROPÄISCHE PARLAMENT UND DER RAT DER EUROPÄISCHEN UNION –

GESTÜTZT auf den Vertrag zur Gründung der Europäischen Gemeinschaft, insbesondere auf Artikel 61 Buchstabe c und Artikel 67 Absatz 5, zweiter Gedankenstrich,

AUF VORSCHLAG der Kommission,

nach Stellungnahme des Europäischen Wirtschafts- und Sozialausschusses[1]),

gemäß dem Verfahren des Artikels 251 des Vertrags[2]),

IN ERWÄGUNGnachstehender Gründe:

(1) Die Gemeinschaft hat sich zum Ziel gesetzt, einen Raum der Freiheit, der Sicherheit und des Rechts zu erhalten und weiterzuentwickeln. Zur schrittweisen Schaffung dieses Raums muss die Gemeinschaft im Bereich der justiziellen Zusammenarbeit in Zivilsachen, die einen grenzüberschreitenden Bezug aufweisen, Maßnahmen erlassen, soweit sie für das reibungslose Funktionieren des Binnenmarkts erforderlich sind.

(2) Nach Artikel 65 Buchstabe b des Vertrags schließen diese Maßnahmen solche ein, die die Vereinbarkeit der in den Mitgliedstaaten geltenden Kollisionsnormen und Vorschriften zur Vermeidung von Kompetenzkonflikten fördern.

(3) Auf seiner Tagung vom 15. und 16. Oktober 1999 in Tampere hat der Europäische Rat den Grundsatz der gegenseitigen Anerkennung von Urteilen und anderen Entscheidungen von Justizbehörden als Eckstein der justiziellen Zusammenarbeit in Zivilsachen unterstützt und den Rat und die Kommission ersucht, ein Maßnahmenprogramm zur Umsetzung dieses Grundsatzes anzunehmen.

(4) Der Rat hat am 30. November 2000 ein gemeinsames Maßnahmenprogramm der Kommission und des Rates zur Umsetzung des Grundsatzes der gegenseitigen Anerkennung gerichtlicher Ent-

---

1) ABl. C 318 vom 23. 12. 2006, S. 56.

2) Stellungnahme des Europäischen Parlaments vom 29. November 2007 (noch nicht im Amtsblatt veröffentlicht) und Beschluss des Rates vom 5. Juni 2008.

scheidungen in Zivil- und Handelssachen verabschiedet[1]. Nach dem Programm können Maßnahmen zur Harmonisierung der Kollisionsnormen dazu beitragen, die gegenseitige Anerkennung gerichtlicher Entscheidungen zu vereinfachen.

(5) In dem vom Europäischen Rat am 5. November 2004 angenommenen Haager Programm[2] wurde dazu aufgerufen, die Beratungen über die Regelung der Kollisionsnormen für vertragliche Schuldverhältnisse („Rom I") energisch voranzutreiben.

(6) Um den Ausgang von Rechtsstreitigkeiten vorhersehbarer zu machen und die Sicherheit in Bezug auf das anzuwendende Recht sowie den freien Verkehr gerichtlicher Entscheidungen zu fördern, müssen die in den Mitgliedstaaten geltenden Kollisionsnormen im Interesse eines reibungslos funktionierenden Binnenmarkts unabhängig von dem Staat, in dem sich das Gericht befindet, bei dem der Anspruch geltend gemacht wird, dasselbe Recht bestimmen.

(7) Der materielle Anwendungsbereich und die Bestimmungen dieser Verordnung sollten mit der Verordnung (EG) Nr. 44/2001 des Rates vom 22. Dezember 2000 über die gerichtliche Zuständigkeit und die Anerkennung und Vollstreckung von Entscheidungen in Zivil- und Handelssachen („Brüssel I")[3] und der Verordnung (EG) Nr. 864/2007 des Europäischen Parlaments und des Rates vom 11. Juli 2007 über das auf außervertragliche Schuldverhältnisse anzuwendende Recht („Rom II")[4] im Einklang stehen.

(8) Familienverhältnisse sollten die Verwandtschaft in gerader Linie, die Ehe, die Schwägerschaft und die Verwandtschaft in der Seitenlinie umfassen. Die Bezugnahme in Artikel 1 Absatz 2 auf Verhältnisse, die mit der Ehe oder anderen Familienverhältnissen vergleichbare Wirkungen entfalten, sollte nach dem Recht des Mitgliedstaats, in dem sich das angerufene Gericht befindet, ausgelegt werden.

(9) Unter Schuldverhältnisse aus Wechseln, Schecks, Eigenwechseln und anderen handelbaren Wertpapieren sollten auch Konnossemente fallen, soweit die Schuldverhältnisse aus dem Konnossement aus dessen Handelbarkeit entstehen.

(10) Schuldverhältnisse, die aus Verhandlungen vor Abschluss eines Vertrags entstehen, fallen unter Artikel 12 der Verordnung (EG) Nr. 864/2007. Sie sollten daher vom Anwendungsbereich dieser Verordnung ausgenommen werden.

(11) Die freie Rechtswahl der Parteien sollte einer der Ecksteine des Systems der Kollisionsnormen im Bereich der vertraglichen Schuldverhältnisse sein.

(12) Eine Vereinbarung zwischen den Parteien, dass ausschließlich ein Gericht oder mehrere Gerichte eines Mitgliedstaats für Streitigkei-

[1] ABl. C 12 vom 15. 1. 2001, S. 1.
[2] ABl. C 53 vom 3. 3. 2005, S. 1.
[3] ABl. L 12 vom 16. 1. 2001, S. 1. Dieser Verweis ist nunmehr gem. Art. 80 der VO als ein solcher auf VO 1215/2012 zu lesen (Nr. **160**).
[4] ABl. L 199 vom 31. 7. 2007, S. 40.

ten aus einem Vertrag zuständig sein sollen, sollte bei der Feststellung, ob eine Rechtswahl eindeutig getroffen wurde, einer der zu berücksichtigenden Faktoren sein.

(13) Diese Verordnung hindert die Parteien nicht daran, in ihrem Vertrag auf ein nichtstaatliches Regelwerk oder ein internationales Übereinkommen Bezug zu nehmen.

(14) Sollte die Gemeinschaft in einem geeigneten Rechtsakt Regeln des materiellen Vertragsrechts, einschließlich vertragsrechtlicher Standardbestimmungen, festlegen, so kann in einem solchen Rechtsakt vorgesehen werden, dass die Parteien entscheiden können, diese Regeln anzuwenden.

(15) Wurde eine Rechtswahl getroffen und sind alle anderen Elemente des Sachverhalts in einem anderen als demjenigen Staat belegen, dessen Recht gewählt wurde, so sollte die Rechtswahl nicht die Anwendung derjenigen Bestimmungen des Rechts dieses anderen Staates berühren, von denen nicht durch Vereinbarung abgewichen werden kann. Diese Regel sollte unabhängig davon angewandt werden, ob die Rechtswahl zusammen mit einer Gerichtsstandsvereinbarung getroffen wurde oder nicht. Obwohl keine inhaltliche Änderung gegenüber Artikel 3 Absatz 3 des Übereinkommens von 1980 über das auf vertragliche Schuldverhältnisse anzuwendende Recht[1]) („Übereinkommen von Rom") beabsichtigt ist, ist der Wortlaut der vorliegenden Verordnung so weit wie möglich an Artikel 14 der Verordnung (EG) Nr. 864/2007 angeglichen.

(16) Die Kollisionsnormen sollten ein hohes Maß an Berechenbarkeit aufweisen, um zum allgemeinen Ziel dieser Verordnung, nämlich zur Rechtssicherheit im europäischen Rechtsraum, beizutragen. Dennoch sollten die Gerichte über ein gewisses Ermessen verfügen, um das Recht bestimmen zu können, das zu dem Sachverhalt die engste Verbindung aufweist.

(17) Soweit es das mangels einer Rechtswahl anzuwendende Recht betrifft, sollten die Begriffe „Erbringung von Dienstleistungen" und „Verkauf beweglicher Sachen" so ausgelegt werden wie bei der Anwendung von Artikel 5 der Verordnung (EG) Nr. 44/2001, soweit der Verkauf beweglicher Sachen und die Erbringung von Dienstleistungen unter jene Verordnung fallen. Franchiseverträge und Vertriebsverträge sind zwar Dienstleistungsverträge, unterliegen jedoch besonderen Regeln.

(18) Hinsichtlich des mangels einer Rechtswahl anzuwendenden Rechts sollten unter multilateralen Systemen solche Systeme verstanden werden, in denen Handel betrieben wird, wie die geregelten Märkte und multilateralen Handelssysteme im Sinne des Artikels 4 der Richtlinie 2004/39/EG des Europäischen Parlaments und des Rates vom 21. April 2004 über Märkte für Finanzinstrumente[2]),

---

[1]) ABl. C 334 vom 30. 12. 2005, S. 1.

[2]) ABl. L 145 vom 30. 4. 2004, S. 1. Zuletzt geändert durch die Richtlinie 2008/10/EG (ABl. L 76 vom 19. 3. 2008, S. 33).

und zwar ungeachtet dessen, ob sie sich auf eine zentrale Gegenpartei stützen oder nicht.

(19) Wurde keine Rechtswahl getroffen, so sollte das anzuwendende Recht nach der für die Vertragsart spezifizierten Regel bestimmt werden. Kann der Vertrag nicht einer der spezifizierten Vertragsarten zugeordnet werden oder sind die Bestandteile des Vertrags durch mehr als eine der spezifizierten Vertragsarten abgedeckt, so sollte der Vertrag dem Recht des Staates unterliegen, in dem die Partei, welche die für den Vertrag charakteristische Leistung zu erbringen hat, ihren gewöhnlichen Aufenthalt hat. Besteht ein Vertrag aus einem Bündel von Rechten und Verpflichtungen, die mehr als einer der spezifizierten Vertragsarten zugeordnet werden können, so sollte die charakteristische Leistung des Vertrags nach ihrem Schwerpunkt bestimmt werden.

(20) Weist ein Vertrag eine offensichtlich engere Verbindung zu einem anderen als dem in Artikel 4 Absätze 1 und 2 genannten Staat auf, so sollte eine Ausweichklausel vorsehen, dass das Recht dieses anderen Staats anzuwenden ist. Zur Bestimmung dieses Staates sollte unter anderem berücksichtigt werden, ob der betreffende Vertrag in einer sehr engen Verbindung zu einem oder mehreren anderen Verträgen steht.

(21) Kann das bei Fehlen einer Rechtswahl anzuwendende Recht weder aufgrund der Zuordnung des Vertrags zu einer der spezifizierten Vertragsarten noch als das Recht des Staates bestimmt werden, in dem die Partei, die die für den Vertrag charakteristische Leistung zu erbringen hat, ihren gewöhnlichen Aufenthalt hat, so sollte der Vertrag dem Recht des Staates unterliegen, zu dem er die engste Verbindung aufweist. Bei der Bestimmung dieses Staates sollte unter anderem berücksichtigt werden, ob der betreffende Vertrag in einer sehr engen Verbindung zu einem oder mehreren anderen Verträgen steht.

(22) In Bezug auf die Auslegung von „Güterbeförderungsverträgen" ist keine inhaltliche Abweichung von Artikel 4 Absatz 4 Satz 3 des Übereinkommens von Rom beabsichtigt. Folglich sollten als Güterbeförderungsverträge auch Charterverträge für eine einzige Reise und andere Verträge gelten, die in der Hauptsache der Güterbeförderung dienen. Für die Zwecke dieser Verordnung sollten der Begriff „Absender" eine Person bezeichnen, die mit dem Beförderer einen Beförderungsvertrag abschließt, und der Begriff „Beförderer" die Vertragspartei, die sich zur Beförderung der Güter verpflichtet, unabhängig davon, ob sie die Beförderung selbst durchführt.

(23) Bei Verträgen, bei denen die eine Partei als schwächer angesehen wird, sollte die schwächere Partei durch Kollisionsnormen geschützt werden, die für sie günstiger sind als die allgemeinen Regeln.

(24) Insbesondere bei Verbraucherverträgen sollte die Kollisionsnorm es ermöglichen, die Kosten für die Beilegung von Rechtsstreitig-

keiten zu senken, die häufig einen geringen Streitwert haben, und der Entwicklung des Fernabsatzes Rechnung zu tragen. Um die Übereinstimmung mit der Verordnung (EG) Nr. 44/2001 zu wahren, ist zum einen als Voraussetzung für die Anwendung der Verbraucherschutznorm auf das Kriterium der ausgerichteten Tätigkeit zu verweisen und zum anderen auf die Notwendigkeit, dass dieses Kriterium in der Verordnung (EG) Nr. 44/2001 und der vorliegenden Verordnung einheitlich ausgelegt wird, wobei zu beachten ist, dass eine gemeinsame Erklärung des Rates und der Kommission zu Artikel 15 der Verordnung (EG) Nr. 44/2001 ausführt, „dass es für die Anwendung von Artikel 15 Absatz 1 Buchstabe c nicht ausreicht, dass ein Unternehmen seine Tätigkeiten auf den Mitgliedstaat, in dem der Verbraucher seinen Wohnsitz hat, oder auf mehrere Staaten – einschließlich des betreffenden Mitgliedstaats –, ausrichtet, sondern dass im Rahmen dieser Tätigkeiten auch ein Vertrag geschlossen worden sein muss." Des Weiteren heißt es in dieser Erklärung, „dass die Zugänglichkeit einer Website allein nicht ausreicht, um die Anwendbarkeit von Artikel 15 zu begründen; vielmehr ist erforderlich, dass diese Website auch den Vertragsabschluss im Fernabsatz anbietet und dass tatsächlich ein Vertragsabschluss im Fernabsatz erfolgt ist, mit welchem Mittel auch immer. Dabei sind auf einer Website die benutzte Sprache oder die Währung nicht von Bedeutung."

(25) Die Verbraucher sollten dann durch Regelungen des Staates ihres gewöhnlichen Aufenthalts geschützt werden, von denen nicht durch Vereinbarung abgewichen werden kann, wenn der Vertragsschluss darauf zurückzuführen ist, dass der Unternehmer in diesem bestimmten Staat eine berufliche oder gewerbliche Tätigkeit ausübt. Der gleiche Schutz sollte gewährleistet sein, wenn ein Unternehmer zwar keine beruflichen oder gewerblichen Tätigkeiten in dem Staat, in dem der Verbraucher seinen gewöhnlichen Aufenthalt hat, ausübt, seine Tätigkeiten aber – unabhängig von der Art und Weise, in der dies geschieht – auf diesen Staat oder auf mehrere Staaten, einschließlich dieses Staates, ausrichtet und der Vertragsschluss auf solche Tätigkeiten zurückzuführen ist.

(26) Für die Zwecke dieser Verordnung sollten Finanzdienstleistungen wie Wertpapierdienstleistungen und Anlagetätigkeiten und Nebendienstleistungen nach Anhang I Abschnitt A und Abschnitt B der Richtlinie 2004/39/EG, die ein Unternehmer für einen Verbraucher erbringt, sowie Verträge über den Verkauf von Anteilen an Organismen für gemeinsame Anlagen in Wertpapieren, selbst wenn sie nicht unter die Richtlinie 85/611/EWG des Rates vom 20. Dezember 1985 zur Koordinierung der Rechts- und Verwaltungsvorschriften betreffend bestimmte Organismen für gemeinsame Anlagen in Wertpapieren (OGAW)[1] fallen, Artikel 6 der

---

[1] ABl. L 375 vom 31. 12. 1985, S. 3. Zuletzt geändert durch die Richtlinie 2008/18/EG des Europäischen Parlaments und des Rates (ABl. L 76 vom 19. 3. 2008, S. 42).

vorliegenden Verordnung unterliegen. Daher sollten, wenn die Bedingungen für die Ausgabe oder das öffentliche Angebot bezüglich übertragbarer Wertpapiere oder die Zeichnung oder der Rückkauf von Anteilen an Organismen für gemeinsame Anlagen in Wertpapieren erwähnt werden, darunter alle Aspekte fallen, durch die sich der Emittent bzw. Anbieter gegenüber dem Verbraucher verpflichtet, nicht aber diejenigen Aspekte, die mit der Erbringung von Finanzdienstleistungen im Zusammenhang stehen.

(27) Es sollten verschiedene Ausnahmen von der allgemeinen Kollisionsnorm für Verbraucherverträge vorgesehen werden. Eine solche Ausnahme, bei der die allgemeinen Regeln nicht gelten, sollten Verträge sein, die ein dingliches Recht an unbeweglichen Sachen oder die Miete oder Pacht unbeweglicher Sachen zum Gegenstand haben, mit Ausnahme von Verträgen über Teilzeitnutzungsrechte an Immobilien im Sinne der Richtlinie 94/47/EG des Europäischen Parlaments und des Rates vom 26. Oktober 1994 zum Schutz der Erwerber im Hinblick auf bestimmte Aspekte von Verträgen über den Erwerb von Teilzeitnutzungsrechten an Immobilien[1)].

(28) Es muss sichergestellt werden, dass Rechte und Verpflichtungen, die ein Finanzinstrument begründen, nicht der allgemeinen Regel für Verbraucherverträge unterliegen, da dies dazu führen könnte, dass für jedes der ausgegebenen Instrumente ein anderes Recht anzuwenden wäre, wodurch ihr Wesen verändert würde und ihr fungibler Handel und ihr fungibles Angebot verhindert würden. Entsprechend sollte auf das Vertragsverhältnis zwischen dem Emittenten bzw. dem Anbieter und dem Verbraucher bei Ausgabe oder Angebot solcher Instrumente nicht notwendigerweise die Anwendung des Rechts des Staates des gewöhnlichen Aufenthalts des Verbrauchers zwingend vorgeschrieben sein, da die Einheitlichkeit der Bedingungen einer Ausgabe oder eines Angebots sichergestellt werden muss. Gleiches sollte bei den multilateralen Systemen, die von Artikel 4 Absatz 1 Buchstabe h erfasst werden, gelten, in Bezug auf die gewährleistet sein sollte, dass das Recht des Staates des gewöhnlichen Aufenthalts des Verbrauchers nicht die Regeln berührt, die auf innerhalb solcher Systeme oder mit dem Betreiber solcher Systeme geschlossene Verträge anzuwenden sind.

(29) Werden für die Zwecke dieser Verordnung Rechte und Verpflichtungen, durch die die Bedingungen für die Ausgabe, das öffentliche Angebot oder das öffentliche Übernahmeangebot bezüglich übertragbarer Wertpapiere festgelegt werden, oder die Zeichnung oder der Rückkauf von Anteilen an Organismen für gemeinsame Anlagen in Wertpapieren genannt, so sollten darunter auch die Bedingungen für die Zuteilung von Wertpapieren oder Anteilen, für die Rechte im Falle einer Überzeichnung, für Ziehungsrechte

[1)] ABl. L 280 vom 29. 10. 1994, S. 83.

und ähnliche Fälle im Zusammenhang mit dem Angebot sowie die in den Artikeln 10, 11, 12 und 13 geregelten Fälle fallen, so dass sichergestellt ist, dass alle relevanten Vertragsaspekte eines Angebots, durch das sich der Emittent bzw. Anbieter gegenüber dem Verbraucher verpflichtet, einem einzigen Recht unterliegen.

(30) Für die Zwecke dieser Verordnung bezeichnen die Begriffe „Finanzinstrumente" und „übertragbare Wertpapiere" diejenigen Instrumente, die in Artikel 4 der Richtlinie 2004/39/EG genannt sind.

(31) Die Abwicklung einer förmlichen Vereinbarung, die als ein System im Sinne von Artikel 2 Buchstabe a der Richtlinie 98/26/EG des Europäischen Parlaments und des Rates vom 19. Mai 1998 über die Wirksamkeit von Abrechnungen in Zahlungs- sowie Wertpapierliefer- und -abrechnungssystemen[1] ausgestaltet ist, sollte von dieser Verordnung unberührt bleiben.

(32) Wegen der Besonderheit von Beförderungsverträgen und Versicherungsverträgen sollten besondere Vorschriften ein angemessenes Schutzniveau für zu befördernde Personen und Versicherungsnehmer gewährleisten. Deshalb sollte Artikel 6 nicht im Zusammenhang mit diesen besonderen Verträgen gelten.

(33) Deckt ein Versicherungsvertrag, der kein Großrisiko deckt, mehr als ein Risiko, von denen mindestens eines in einem Mitgliedstaat und mindestens eines in einem dritten Staat belegen ist, so sollten die besonderen Regelungen für Versicherungsverträge in dieser Verordnung nur für die Risiken gelten, die in dem betreffenden Mitgliedstaat bzw. den betreffenden Mitgliedstaaten belegen sind.

(34) Die Kollisionsnorm für Individualarbeitsverträge sollte die Anwendung von Eingriffsnormen des Staates, in den der Arbeitnehmer im Einklang mit der Richtlinie 96/71/EG des Europäischen Parlaments und des Rates vom 16. Dezember 1996 über die Entsendung von Arbeitnehmern im Rahmen der Erbringung von Dienstleistungen[2] entsandt wird, unberührt lassen.

(35) Den Arbeitnehmern sollte nicht der Schutz entzogen werden, der ihnen durch Bestimmungen gewährt wird, von denen nicht oder nur zu ihrem Vorteil durch Vereinbarung abgewichen werden darf.

(36) Bezogen auf Individualarbeitsverträge sollte die Erbringung der Arbeitsleistung in einem anderen Staat als vorübergehend gelten, wenn von dem Arbeitnehmer erwartet wird, dass er nach seinem Arbeitseinsatz im Ausland seine Arbeit im Herkunftsstaat wieder aufnimmt. Der Abschluss eines neuen Arbeitsvertrags mit dem ursprünglichen Arbeitgeber oder einem Arbeitgeber, der zur selben Unternehmensgruppe gehört wie der ursprüngliche Arbeitgeber, sollte nicht ausschließen, dass der Arbeitnehmer als seine Arbeit vorübergehend in einem anderen Staat verrichtend gilt.

---

[1] ABl. L 166 vom 11. 6. 1998, S. 45.
[2] ABl. L 18 vom 21. 1. 1997, S. 1.

(37) Gründe des öffentlichen Interesses rechtfertigen es, dass die Gerichte der Mitgliedstaaten unter außergewöhnlichen Umständen die Vorbehaltsklausel („ordre public") und Eingriffsnormen anwenden können. Der Begriff „Eingriffsnormen" sollte von dem Begriff „Bestimmungen, von denen nicht durch Vereinbarung abgewichen werden kann", unterschieden und enger ausgelegt werden.

(38) Im Zusammenhang mit der Übertragung der Forderung sollte mit dem Begriff „Verhältnis" klargestellt werden, dass Artikel 14 Absatz 1 auch auf die dinglichen Aspekte des Vertrags zwischen Zedent und Zessionar anwendbar ist, wenn eine Rechtsordnung dingliche und schuldrechtliche Aspekte trennt. Allerdings sollte mit dem Begriff „Ver-hältnis" nicht jedes beliebige möglicherweise zwischen dem Zedenten und dem Zessionar bestehende Verhältnis gemeint sein. Insbesondere sollte sich der Begriff nicht auf die der Übertragung einer Forderung vorgelagerten Fragen erstrecken. Vielmehr sollte er sich ausschließlich auf die Aspekte beschränken, die für die betreffende Übertragung einer Forderung unmittelbar von Bedeutung sind.

(39) Aus Gründen der Rechtssicherheit sollte der Begriff „gewöhnlicher Aufenthalt", insbesondere im Hinblick auf Gesellschaften, Vereine und juristische Personen, eindeutig definiert werden. Im Unterschied zu Artikel 60 Absatz 1 der Verordnung (EG) Nr. 44/2001, der drei Kriterien zur Wahl stellt, sollte sich die Kollisionsnorm auf ein einziges Kriterium beschränken, da es für die Parteien andernfalls nicht möglich wäre, vorherzusehen, welches Recht auf ihren Fall anwendbar ist.

(40) Die Aufteilung der Kollisionsnormen auf zahlreiche Rechtsakte sowie Unterschiede zwischen diesen Normen sollten vermieden werden. Diese Verordnung sollte jedoch die Möglichkeit der Aufnahme von Kollisionsnormen für vertragliche Schuldverhältnisse in Vorschriften des Gemeinschaftsrechts über besondere Gegenstände nicht ausschließen.

Diese Verordnung sollte die Anwendung anderer Rechtsakte nicht ausschließen, die Bestimmungen enthalten, die zum reibungslosen Funktionieren des Binnenmarkts beitragen sollen, soweit sie nicht in Verbindung mit dem Recht angewendet werden können, auf das die Regeln dieser Verordnung verweisen. Die Anwendung der Vorschriften im anzuwendenden Recht, die durch die Bestimmungen dieser Verordnung berufen wurden, sollte nicht die Freiheit des Waren- und Dienstleistungsverkehrs, wie sie in den Rechtsinstrumenten der Gemeinschaft wie der Richtlinie 2000/31/EG des Europäischen Parlaments und des Rates vom 8. Juni 2000 über bestimmte rechtliche Aspekte der Dienste der Informationsgesellschaft, insbesondere des elektronischen Geschäftsverkehrs, im Binnenmarkt („Richtlinie über den elektronischen Geschäftsverkehr")[1] ausgestaltet ist, beschränken.

---

[1] ABl. L 178 vom 17. 7. 2000, S. 1.

(41) Um die internationalen Verpflichtungen, die die Mitgliedstaaten eingegangen sind, zu wahren, darf sich die Verordnung nicht auf internationale Übereinkommen auswirken, denen ein oder mehrere Mitgliedstaaten zum Zeitpunkt der Annahme dieser Verordnung angehören. Um den Zugang zu den Rechtsakten zu erleichtern, sollte die Kommission anhand der Angaben der Mitgliedstaaten ein Verzeichnis der betreffenden Übereinkommen im *Amtsblatt der Europäischen Union* veröffentlichen.

(42) Die Kommission wird dem Europäischen Parlament und dem Rat einen Vorschlag unterbreiten, nach welchen Verfahren und unter welchen Bedingungen die Mitgliedstaaten in Einzel- und Ausnahmefällen in eigenem Namen Übereinkünfte mit Drittländern über sektorspezifische Fragen aushandeln und abschließen dürfen, die Bestimmungen über das auf vertragliche Schuldverhältnisse anzuwendende Recht enthalten.

(43) Da das Ziel dieser Verordnung auf Ebene der Mitgliedstaaten nicht ausreichend verwirklicht werden kann und daher wegen des Umfangs und der Wirkungen der Verordnung besser auf Gemeinschaftsebene zu verwirklichen ist, kann die Gemeinschaft im Einklang mit dem in Artikel 5 des Vertrags niedergelegten Subsidiaritätsprinzip tätig werden. Entsprechend dem ebenfalls in diesem Artikel festgelegten Grundsatz der Verhältnismäßigkeit geht diese Verordnung nicht über das zur Erreichung ihres Ziels erforderliche Maß hinaus.

(44) Gemäß Artikel 3 des Protokolls über die Position des Vereinigten Königreichs und Irlands im Anhang zum Vertrag über die Europäische Union und im Anhang zum Vertrag zur Gründung der Europäischen Gemeinschaft beteiligt sich Irland an der Annahme und Anwendung dieser Verordnung.

(45) Gemäß den Artikeln 1 und 2 und unbeschadet des Artikels 4 des Protokolls über die Position des Vereinigten Königreichs und Irlands im Anhang zum Vertrag über die Europäische Union und zum Vertrag zur Gründung der Europäischen Gemeinschaft beteiligt sich das Vereinigte Königreich nicht an der Annahme dieser Verordnung, die für das Vereinigte Königreich nicht bindend oder anwendbar ist.

(46) Gemäß den Artikeln 1 und 2 des Protokolls über die Position Dänemarks im Anhang zum Vertrag über die Europäische Union und dem Vertrag zur Gründung der Europäischen Gemeinschaft beteiligt sich Dänemark nicht an der Annahme dieser Verordnung, die für Dänemark nicht bindend oder anwendbar ist –

HABEN FOLGENDE VERORDNUNG ERLASSEN:

Kapitel I. Anwendungsbereich

Art. 1 Anwendungsbereich. (1) Diese Verordnung gilt für vertragliche Schuldverhältnisse in Zivil- und Handelssachen, die eine Verbindung zum Recht verschiedener Staaten aufweisen.

Sie gilt insbesondere nicht für Steuer- und Zollsachen sowie verwaltungsrechtliche Angelegenheiten.

(2) Vom Anwendungsbereich dieser Verordnung ausgenommen sind:

a) der Personenstand sowie die Rechts-, Geschäfts- und Handlungsfähigkeit von natürlichen Personen, unbeschadet des Artikels 13;

b) Schuldverhältnisse aus einem Familienverhältnis oder aus Verhältnissen, die nach dem auf diese Verhältnisse anzuwendenden Recht vergleichbare Wirkungen entfalten, einschließlich der Unterhaltspflichten;

c) Schuldverhältnisse aus ehelichen Güterständen, aus Güterständen aufgrund von Verhältnissen, die nach dem auf diese Verhältnisse anzuwendenden Recht mit der Ehe vergleichbare Wirkungen entfalten, und aus Testamenten und Erbrecht;

d) Verpflichtungen aus Wechseln, Schecks, Eigenwechseln und anderen handelbaren Wertpapieren, soweit die Verpflichtungen aus diesen anderen Wertpapieren aus deren Handelbarkeit entstehen;

e) Schieds- und Gerichtsstandsvereinbarungen;

f) Fragen betreffend das Gesellschaftsrecht, das Vereinsrecht und das Recht der juristischen Personen, wie die Errichtung durch Eintragung oder auf andere Weise, die Rechts- und Handlungsfähigkeit, die innere Verfassung und die Auflösung von Gesellschaften, Vereinen und juristischen Personen sowie die persönliche Haftung der Gesellschafter und der Organe für die Verbindlichkeiten einer Gesellschaft, eines Vereins oder einer juristischen Person;

g) die Frage, ob ein Vertreter die Person, für deren Rechnung er zu handeln vorgibt, Dritten gegenüber verpflichten kann, oder ob ein Organ einer Gesellschaft, eines Vereins oder einer anderen juristischen Person diese Gesellschaft, diesen Verein oder diese juristische Person gegenüber Dritten verpflichten kann;

h) die Gründung von „Trusts" sowie die dadurch geschaffenen Rechtsbeziehungen zwischen den Verfügenden, den Treuhändern und den Begünstigten;

i) Schuldverhältnisse aus Verhandlungen vor Abschluss eines Vertrags;

j) Versicherungsverträge aus von anderen Einrichtungen als den in Artikel 2 der Richtlinie 2002/83/EG des Europäischen Parlaments und des Rates vom 5. November 2002 über Lebensversicherungen[1] genannten Unternehmen durchgeführten Geschäften, deren Zweck darin besteht, den unselbstständig oder selbstständig tätigen Arbeitskräften eines Unternehmens oder einer Unternehmensgruppe oder den Angehörigen eines Berufes oder einer Berufsgruppe im Todes- oder Erlebensfall oder bei Arbeitseinstellung oder bei Minderung der Erwerbstätigkeit oder bei arbeitsbedingter Krankheit oder Arbeitsunfällen Leistungen zu gewähren.

---

[1] ABl. L 345 vom 19. 12. 2002, S. 1. Zuletzt geändert durch die Richtlinie 2008/19/EG (ABl. L 76 vom 19. 3. 2008, S. 44).

(3) Diese Verordnung gilt unbeschadet des Artikels 18 nicht für den Beweis und das Verfahren.

(4) Im Sinne dieser Verordnung bezeichnet der Begriff „Mitgliedstaat" die Mitgliedstaaten, auf die diese Verordnung anwendbar ist. In Artikel 3 Absatz 4 und Artikel 7 bezeichnet der Begriff jedoch alle Mitgliedstaaten.

Art. 2 Universelle Anwendung. Das nach dieser Verordnung bezeichnete Recht ist auch dann anzuwenden, wenn es nicht das Recht eines Mitgliedstaats ist.

Kapitel II. Einheitliche Kollisionsnormen

Art. 3 Freie Rechtswahl. (1) Der Vertrag unterliegt dem von den Parteien gewählten Recht. Die Rechtswahl muss ausdrücklich erfolgen oder sich eindeutig aus den Bestimmungen des Vertrags oder aus den Umständen des Falles ergeben. Die Parteien können die Rechtswahl für ihren ganzen Vertrag oder nur für einen Teil desselben treffen.

(2) Die Parteien können jederzeit vereinbaren, dass der Vertrag nach einem anderen Recht zu beurteilen ist als dem, das zuvor entweder aufgrund einer früheren Rechtswahl nach diesem Artikel oder aufgrund anderer Vorschriften dieser Verordnung für ihn maßgebend war. Die Formgültigkeit des Vertrags im Sinne des Artikels 11 und Rechte Dritter werden durch eine nach Vertragsschluss erfolgende Änderung der Bestimmung des anzuwendenden Rechts nicht berührt.

(3) Sind alle anderen Elemente des Sachverhalts zum Zeitpunkt der Rechtswahl in einem anderen als demjenigen Staat belegen, dessen Recht gewählt wurde, so berührt die Rechtswahl der Parteien nicht die Anwendung derjenigen Bestimmungen des Rechts dieses anderen Staates, von denen nicht durch Vereinbarung abgewichen werden kann.

(4) Sind alle anderen Elemente des Sachverhalts zum Zeitpunkt der Rechtswahl in einem oder mehreren Mitgliedstaaten belegen, so berührt die Wahl des Rechts eines Drittstaats durch die Parteien nicht die Anwendung der Bestimmungen des Gemeinschaftsrechts – gegebenenfalls in der von dem Mitgliedstaat des angerufenen Gerichts umgesetzten Form –, von denen nicht durch Vereinbarung abgewichen werden kann.

(5) *Auf das Zustandekommen und die Wirksamkeit der Einigung* der Parteien über das anzuwendende Recht finden die Artikel 10, 11 und 13 Anwendung.

Art. 4 Mangels Rechtswahl anzuwendendes Recht. (1) Soweit die Parteien keine Rechtswahl gemäß Artikel 3 getroffen haben, bestimmt sich das auf den Vertrag anzuwendende Recht unbeschadet der Artikel 5 bis 8 wie folgt:

a) Kaufverträge über bewegliche Sachen unterliegen dem Recht des Staates, in dem der Verkäufer seinen gewöhnlichen Aufenthalt hat.

b) Dienstleistungsverträge unterliegen dem Recht des Staates, in dem der Dienstleister seinen gewöhnlichen Aufenthalt hat.

c) Verträge, die ein dingliches Recht an unbeweglichen Sachen sowie die Miete oder Pacht unbeweglicher Sachen zum Gegenstand haben, unterliegen dem Recht des Staates, in dem die unbewegliche Sache belegen ist.

d) Ungeachtet des Buchstabens c unterliegt die Miete oder Pacht unbeweglicher Sachen für höchstens sechs aufeinander folgende Monate zum vorübergehenden privaten Gebrauch dem Recht des Staates, in dem der Vermieter oder Verpächter seinen gewöhnlichen Aufenthalt hat, sofern der Mieter oder Pächter eine natürliche Person ist und seinen gewöhnlichen Aufenthalt in demselben Staat hat.

e) Franchiseverträge unterliegen dem Recht des Staates, in dem der Franchisenehmer seinen gewöhnlichen Aufenthalt hat.

f) Vertriebsverträge unterliegen dem Recht des Staates, in dem der Vertriebshändler seinen gewöhnlichen Aufenthalt hat.

g) Verträge über den Kauf beweglicher Sachen durch Versteigerung unterliegen dem Recht des Staates, in dem die Versteigerung abgehalten wird, sofern der Ort der Versteigerung bestimmt werden kann.

h) Verträge, die innerhalb eines multilateralen Systems geschlossen werden, das die Interessen einer Vielzahl Dritter am Kauf und Verkauf von Finanzinstrumenten im Sinne von Artikel 4 Absatz 1 Nummer 17 der Richtlinie 2004/39/EG nach nicht diskretionären Regeln und nach Maßgabe eines einzigen Rechts zusammenführt oder das Zusammenführen fördert, unterliegen diesem Recht.

(2) Fällt der Vertrag nicht unter Absatz 1 oder sind die Bestandteile des Vertrags durch mehr als einen der Buchstaben a bis h des Absatzes 1 abgedeckt, so unterliegt der Vertrag dem Recht des Staates, in dem die Partei, welche die für den Vertrag charakteristische Leistung zu erbringen hat, ihren gewöhnlichen Aufenthalt hat.

(3) Ergibt sich aus der Gesamtheit der Umstände, dass der Vertrag eine offensichtlich engere Verbindung zu einem anderen als dem nach Absatz 1 oder 2 bestimmten Staat aufweist, so ist das Recht dieses anderen Staates anzuwenden.

(4) Kann das anzuwendende Recht nicht nach Absatz 1 oder 2 bestimmt werden, so unterliegt der Vertrag dem Recht des Staates, zu dem er die engste Verbindung aufweist.

Art. 5 Beförderungsverträge. (1) Soweit die Parteien in Bezug auf *einen* Vertrag über die Beförderung von Gütern keine Rechtswahl nach Artikel 3 getroffen haben, ist das Recht des Staates anzuwenden, in dem der Beförderer seinen gewöhnlichen Aufenthalt hat, sofern sich in diesem Staat auch der Übernahmeort oder der Ablieferungsort oder der gewöhnliche Aufenthalt des Absenders befindet. Sind diese Voraussetzungen nicht erfüllt, so ist das Recht des Staates des von den Parteien vereinbarten Ablieferungsorts anzuwenden.

(2) Soweit die Parteien in Bezug auf einen Vertrag über die Beförderung von Personen keine Rechtswahl nach Unterabsatz 2 getroffen haben, ist das anzuwendende Recht das Recht des Staates, in dem die zu befördernde Person ihren gewöhnlichen Aufenthalt hat, sofern sich in diesem Staat auch der Abgangsort oder der Bestimmungsort befindet. Sind diese Voraussetzungen nicht erfüllt, so ist das Recht des Staates anzuwenden, in dem der Beförderer seinen gewöhnlichen Aufenthalt hat.

Als auf einen Vertrag über die Beförderung von Personen anzuwendendes Recht können die Parteien im Einklang mit Artikel 3 nur das Recht des Staates wählen,

a) in dem die zu befördernde Person ihren gewöhnlichen Aufenthalt hat oder
b) in dem der Beförderer seinen gewöhnlichen Aufenthalt hat oder
c) in dem der Beförderer seine Hauptverwaltung hat oder
d) in dem sich der Abgangsort befindet oder
e) in dem sich der Bestimmungsort befindet.

(3) Ergibt sich aus der Gesamtheit der Umstände, dass der Vertrag im Falle fehlender Rechtswahl eine offensichtlich engere Verbindung zu einem anderen als dem nach Absatz 1 oder 2 bestimmten Staat aufweist, so ist das Recht dieses anderen Staates anzuwenden.

Art. 6 Verbraucherverträge. (1) Unbeschadet der Artikel 5 und 7 unterliegt ein Vertrag, den eine natürliche Person zu einem Zweck, der nicht ihrer beruflichen oder gewerblichen Tätigkeit zugerechnet werden kann („Verbraucher"), mit einer anderen Person geschlossen hat, die in Ausübung ihrer beruflichen oder gewerblichen Tätigkeit handelt („Unternehmer"), dem Recht des Staates, in dem der Verbraucher seinen gewöhnlichen Aufenthalt hat, sofern der Unternehmer

a) seine berufliche oder gewerbliche Tätigkeit in dem Staat ausübt, in dem der Verbraucher seinen gewöhnlichen Aufenthalt hat, oder
b) eine solche Tätigkeit auf irgend einer Weise auf diesen Staat oder auf mehrere Staaten, einschließlich dieses Staates, ausrichtet

und der Vertrag in den Bereich dieser Tätigkeit fällt.

(2) Ungeachtet des Absatzes 1 können die Parteien das auf einen Vertrag, der die Anforderungen des Absatzes 1 erfüllt, anzuwendende Recht nach Artikel 3 wählen. Die Rechtswahl darf jedoch nicht dazu führen, dass dem Verbraucher der Schutz entzogen wird, der ihm durch diejenigen Bestimmungen gewährt wird, von denen nach dem Recht, das nach Absatz 1 mangels einer Rechtswahl anzuwenden wäre, nicht durch Vereinbarung abgewichen werden darf.

(3) Sind die Anforderungen des Absatzes 1 Buchstabe a oder b nicht erfüllt, so gelten für die Bestimmung des auf einen Vertrag zwischen einem Verbraucher und einem Unternehmer anzuwendenden Rechts die Artikel 3 und 4.

(4) Die Absätze 1 und 2 gelten nicht für:

a) Verträge über die Erbringung von Dienstleistungen, wenn die dem Verbraucher geschuldeten Dienstleistungen ausschließlich in einem anderen als dem Staat erbracht werden müssen, in dem der Verbraucher seinen gewöhnlichen Aufenthalt hat;

b) Beförderungsverträge mit Ausnahme von Pauschalreiseverträgen im Sinne der Richtlinie 90/314/EWG des Rates vom 13. Juni 1990 über Pauschalreisen[1)];

c) Verträge, die ein dingliches Recht an unbeweglichen Sachen oder die Miete oder Pacht unbeweglicher Sachen zum Gegenstand haben, mit Ausnahme der Verträge über Teilzeitnutzungsrechte an Immobilien im Sinne der Richtlinie 94/47/EG;

d) Rechte und Pflichten im Zusammenhang mit einem Finanzinstrument sowie Rechte und Pflichten, durch die die Bedingungen für die Ausgabe oder das öffentliche Angebot und öffentliche Übernahmeangebote bezüglich übertragbarer Wertpapiere und die Zeichnung oder den Rückkauf von Anteilen an Organismen für gemeinsame Anlagen in Wertpapieren festgelegt werden, sofern es sich dabei nicht um die Erbringung von Finanzdienstleistungen handelt;

e) Verträge, die innerhalb der Art von Systemen geschlossen werden, auf die Artikel 4 Absatz 1 Buchstabe h Anwendung findet.

Art. 7 Versicherungsverträge. (1) Dieser Artikel gilt für Verträge nach Absatz 2, unabhängig davon, ob das gedeckte Risiko in einem Mitgliedstaat belegen ist, und für alle anderen Versicherungsverträge, durch die Risiken gedeckt werden, die im Gebiet der Mitgliedstaaten belegen sind. Er gilt nicht für Rückversicherungsverträge.

(2) Versicherungsverträge, die Großrisiken im Sinne von Artikel 5 Buchstabe d der Ersten Richtlinie 73/239/EWG des Rates vom 24. Juli 1973 zur Koordinierung der Rechts- und Verwaltungsvorschriften betreffend die Aufnahme und Ausübung der Tätigkeit der Direktversicherung (mit Ausnahme der Lebensversicherung)[2)] decken, unterliegen dem von den Parteien nach Artikel 3 der vorliegenden Verordnung gewählten Recht.

Soweit die Parteien keine Rechtswahl getroffen haben, unterliegt der Versicherungsvertrag dem Recht des Staats, in dem der Versicherer seinen gewöhnlichen Aufenthalt hat. Ergibt sich aus der Gesamtheit der Umstände, dass der Vertrag eine offensichtlich engere Verbindung zu einem anderen Staat aufweist, ist das Recht dieses anderen Staates anzuwenden.

---

1) ABl. L 158 vom 23. 6. 1990, S. 59.

2) ABl. L 228 vom 16. 8. 1973, S. 3. Zuletzt geändert durch die Richtlinie 2005/68/EG des Europäischen Parlaments und des Rates (ABl. L 323 vom 9. 12. 2006, S. 1).

(3) Für Versicherungsverträge, die nicht unter Absatz 2 fallen, dürfen die Parteien nur die folgenden Rechte im Einklang mit Artikel 3 wählen:

a) das Recht eines jeden Mitgliedstaats, in dem zum Zeitpunkt des Vertragsschlusses das Risiko belegen ist;

b) das Recht des Staates, in dem der Versicherungsnehmer seinen gewöhnlichen Aufenthalt hat;

c) bei Lebensversicherungen das Recht des Mitgliedstaats, dessen Staatsangehörigkeit der Versicherungsnehmer besitzt;

d) für Versicherungsverträge, bei denen sich die gedeckten Risiken auf Schadensfälle beschränken, die in einem anderen Mitgliedstaat als dem Mitgliedstaat, in dem das Risiko belegen ist, eintreten können, das Recht jenes Mitgliedstaats;

e) wenn der Versicherungsnehmer eines Vertrags im Sinne dieses Absatzes eine gewerbliche oder industrielle Tätigkeit ausübt oder freiberuflich tätig ist und der Versicherungsvertrag zwei oder mehr Risiken abdeckt, die mit dieser Tätigkeit in Zusammenhang stehen und in unterschiedlichen Mitgliedstaaten belegen sind, das Recht eines betroffenen Mitgliedstaats oder das Recht des Staates des gewöhnlichen Aufenthalts des Versicherungsnehmers.

Räumen in den Fällen nach den Buchstaben a, b oder e die betreffenden Mitgliedstaaten eine größere Wahlfreiheit bezüglich des auf den Versicherungsvertrag anwendbaren Rechts ein, so können die Parteien hiervon Gebrauch machen.

Soweit die Parteien keine Rechtswahl gemäß diesem Absatz getroffen haben unterliegt der Vertrag dem Recht des Mitgliedstaats, in dem zum Zeitpunkt des Vertragsschlusses das Risiko belegen ist.

(4) Die folgenden zusätzlichen Regelungen gelten für Versicherungsverträge über Risiken, für die ein Mitgliedstaat eine Versicherungspflicht vorschreibt:

a) Der Versicherungsvertrag genügt der Versicherungspflicht nur, wenn er den von dem die Versicherungspflicht auferlegenden Mitgliedstaat vorgeschriebenen besonderen Bestimmungen für diese Versicherung entspricht. Widerspricht sich das Recht des Mitgliedstaats, in dem das Risiko belegen ist, und dasjenige des Mitgliedstaats, der die Versicherungspflicht vorschreibt, so hat das letztere Vorrang.

b) Ein Mitgliedstaat kann abweichend von den Absätzen 2 und 3 vorschreiben, dass auf den Versicherungsvertrag das Recht des Mitgliedstaats anzuwenden ist, der die Versicherungspflicht vorschreibt.

(5) Deckt der Vertrag in mehr als einem Mitgliedstaat belegene Risiken, so ist für die Zwecke von Absatz 3 Unterabsatz 3 und Absatz 4 der Vertrag als aus mehreren Verträgen bestehend anzusehen, von denen sich jeder auf jeweils nur einen Mitgliedstaat bezieht.

(6) Für die Zwecke dieses Artikels bestimmt sich der Staat, in dem das Risiko belegen ist, nach Artikel 2 Buchstabe d der Zweiten Richt-

linie 88/357/EWG des Rates vom 22. Juni 1988 zur Koordinierung der Rechts- und Verwaltungsvorschriften für die Direktversicherung (mit Ausnahme der Lebensversicherung) und zur Erleichterung der tatsächlichen Ausübung des freien Dienstleistungsverkehrs[1]), und bei Lebensversicherungen ist der Staat, in dem das Risiko belegen ist, der Staat der Verpflichtung im Sinne von Artikel 1 Absatz 1 Buchstabe g der Richtlinie 2002/83/EG.

Art. 8 Individualarbeitsverträge. (1) Individualarbeitsverträge unterliegen dem von den Parteien nach Artikel 3 gewählten Recht. Die Rechtswahl der Parteien darf jedoch nicht dazu führen, dass dem Arbeitnehmer der Schutz entzogen wird, der ihm durch Bestimmungen gewährt wird, von denen nach dem Recht, das nach den Absätzen 2, 3 und 4 des vorliegenden Artikels mangels einer Rechtswahl anzuwenden wäre, nicht durch Vereinbarung abgewichen werden darf.

(2) Soweit das auf den Arbeitsvertrag anzuwendende Recht nicht durch Rechtswahl bestimmt ist, unterliegt der Arbeitsvertrag dem Recht des Staates, in dem oder andernfalls von dem aus der Arbeitnehmer in Erfüllung des Vertrags gewöhnlich seine Arbeit verrichtet. Der Staat, in dem die Arbeit gewöhnlich verrichtet wird, wechselt nicht, wenn der Arbeitnehmer seine Arbeit vorübergehend in einem anderen Staat verrichtet.

(3) Kann das anzuwendende Recht nicht nach Absatz 2 bestimmt werden, so unterliegt der Vertrag dem Recht des Staates, in dem sich die Niederlassung befindet, die den Arbeitnehmer eingestellt hat.

(4) Ergibt sich aus der Gesamtheit der Umstände, dass der Vertrag eine engere Verbindung zu einem anderen als dem in Absatz 2 oder 3 bezeichneten Staat aufweist, ist das Recht dieses anderen Staates anzuwenden.

Art. 9 Eingriffsnormen. (1) Eine Eingriffsnorm ist eine zwingende Vorschrift, deren Einhaltung von einem Staat als so entscheidend für die Wahrung seines öffentlichen Interesses, insbesondere seiner politischen, sozialen oder wirtschaftlichen Organisation, angesehen wird, dass sie ungeachtet des nach Maßgabe dieser Verordnung auf den Vertrag anzuwendenden Rechts auf alle Sachverhalte anzuwenden ist, die in ihren Anwendungsbereich fallen.

(2) Diese Verordnung berührt nicht die Anwendung der Eingriffsnormen des Rechts des angerufenen Gerichts.

(3) Den Eingriffsnormen des Staates, in dem die durch den Vertrag begründeten Verpflichtungen erfüllt werden sollen oder erfüllt worden sind, kann Wirkung verliehen werden, soweit diese Eingriffsnormen die Erfüllung des Vertrags unrechtmäßig werden lassen. Bei der Entscheidung, ob diesen Eingriffsnormen Wirkung zu verleihen ist, wer-

[1]) ABl. L 172 vom 4. 7. 1988, S. 1. Zuletzt geändert durch die Richtlinie 2005/14/EG des Europäischen Parlaments und des Rates (ABl. L 149 vom 11. 6. 2005, S. 14).

den Art und Zweck dieser Normen sowie die Folgen berücksichtigt, die sich aus ihrer Anwendung oder Nichtanwendung ergeben würden.

Art. 10 Einigung und materielle Wirksamkeit. (1) Das Zustandekommen und die Wirksamkeit des Vertrags oder einer seiner Bestimmungen beurteilen sich nach dem Recht, das nach dieser Verordnung anzuwenden wäre, wenn der Vertrag oder die Bestimmung wirksam wäre.

(2) Ergibt sich jedoch aus den Umständen, dass es nicht gerechtfertigt wäre, die Wirkung des Verhaltens einer Partei nach dem in Absatz 1 bezeichneten Recht zu bestimmen, so kann sich diese Partei für die Behauptung, sie habe dem Vertrag nicht zugestimmt, auf das Recht des Staates ihres gewöhnlichen Aufenthalts berufen.

Art. 11 Form. (1) Ein Vertrag, der zwischen Personen geschlossen wird, die oder deren Vertreter sich zum Zeitpunkt des Vertragsschlusses in demselben Staat befinden, ist formgültig, wenn er die Formerfordernisse des auf ihn nach dieser Verordnung anzuwendenden materiellen Rechts oder die Formerfordernisse des Rechts des Staates, in dem er geschlossen wird, erfüllt.

(2) Ein Vertrag, der zwischen Personen geschlossen wird, die oder deren Vertreter sich zum Zeitpunkt des Vertragsschlusses in verschiedenen Staaten befinden, ist formgültig, wenn er die Formerfordernisse des auf ihn nach dieser Verordnung anzuwendenden materiellen Rechts oder die Formerfordernisse des Rechts eines der Staaten, in denen sich eine der Vertragsparteien oder ihr Vertreter zum Zeitpunkt des Vertragsschlusses befindet, oder die Formerfordernisse des Rechts des Staates, in dem eine der Vertragsparteien zu diesem Zeitpunkt ihren gewöhnlichen Aufenthalt hatte, erfüllt.

(3) Ein einseitiges Rechtsgeschäft, das sich auf einen geschlossenen oder zu schließenden Vertrag bezieht, ist formgültig, wenn es die Formerfordernisse des materiellen Rechts, das nach dieser Verordnung auf den Vertrag anzuwenden ist oder anzuwenden wäre, oder die Formerfordernisse des Rechts des Staates erfüllt, in dem dieses Rechtsgeschäft vorgenommen worden ist oder in dem die Person, die das Rechtsgeschäft vorgenommen hat, zu diesem Zeitpunkt ihren gewöhnlichen Aufenthalt hatte.

(4) Die Absätze 1, 2 und 3 des vorliegenden Artikels gelten nicht für Verträge, die in den Anwendungsbereich von Artikel 6 fallen. Für die Form dieser Verträge ist das Recht des Staates maßgebend, in dem der Verbraucher seinen gewöhnlichen Aufenthalt hat.

(5) Abweichend von den Absätzen 1 bis 4 unterliegen Verträge, die ein dingliches Recht an einer unbeweglichen Sache oder die Miete oder Pacht einer unbeweglichen Sache zum Gegenstand haben, den Formvorschriften des Staates, in dem die unbewegliche Sache belegen ist, sofern diese Vorschriften nach dem Recht dieses Staates

a) unabhängig davon gelten, in welchem Staat der Vertrag geschlossen wird oder welchem Recht dieser Vertrag unterliegt, und

b) von ihnen nicht durch Vereinbarung abgewichen werden darf.

Art. 12 Geltungsbereich des anzuwendenden Rechts. (1) Das nach dieser Verordnung auf einen Vertrag anzuwendende Recht ist insbesondere maßgebend für

a) seine Auslegung,

b) die Erfüllung der durch ihn begründeten Verpflichtungen,

c) die Folgen der vollständigen oder teilweisen Nichterfüllung dieser Verpflichtungen, in den Grenzen der dem angerufenen Gericht durch sein Prozessrecht eingeräumten Befugnisse, einschließlich der Schadensbemessung, soweit diese nach Rechtsnormen erfolgt,

d) die verschiedenen Arten des Erlöschens der Verpflichtungen sowie die Verjährung und die Rechtsverluste, die sich aus dem Ablauf einer Frist ergeben,

e) die Folgen der Nichtigkeit des Vertrags.

(2) In Bezug auf die Art und Weise der Erfüllung und die vom Gläubiger im Falle mangelhafter Erfüllung zu treffenden Maßnahmen ist das Recht des Staates, in dem die Erfüllung erfolgt, zu berücksichtigen.

Art. 13 Rechts-, Geschäfts- und Handlungsunfähigkeit. Bei einem zwischen Personen, die sich in demselben Staat befinden, geschlossenen Vertrag kann sich eine natürliche Person, die nach dem Recht dieses Staates rechts-, geschäfts- und handlungsfähig wäre, nur dann auf ihre sich nach dem Recht eines anderen Staates ergebende Rechts-, Geschäfts- und Handlungsunfähigkeit berufen, wenn die andere Vertragspartei bei Vertragsschluss diese Rechts-, Geschäfts- und Handlungsunfähigkeit kannte oder infolge von Fahrlässigkeit nicht kannte.

Art. 14 Übertragung der Forderung. (1) Das Verhältnis zwischen Zedent und Zessionar aus der Übertragung einer Forderung gegen eine andere Person („Schuldner") unterliegt dem Recht, das nach dieser Verordnung auf den Vertrag zwischen Zedent und Zessionar anzuwenden ist.

(2) Das Recht, dem die übertragene Forderung unterliegt, bestimmt ihre Übertragbarkeit, das Verhältnis zwischen Zessionar und Schuldner, die Voraussetzungen, unter denen die Übertragung dem Schuldner entgegengehalten werden kann, und die befreiende Wirkung einer Leistung durch den Schuldner.

(3) Der Begriff „Übertragung" in diesem Artikel umfasst die vollkommene Übertragung von Forderungen, die Übertragung von Forderungen zu Sicherungszwecken sowie von Pfandrechten oder anderen Sicherungsrechten an Forderungen.

Art. 15 Gesetzlicher Forderungsübergang. Hat eine Person („Gläubiger") eine vertragliche Forderung gegen eine andere Person („Schuldner") und ist ein Dritter verpflichtet, den Gläubiger zu befriedigen, oder hat er den Gläubiger aufgrund dieser Verpflichtung befriedigt, so bestimmt das für die Verpflichtung des Dritten gegenüber dem Gläubiger maßgebende Recht, ob und in welchem Umfang der Dritte die Forderung des Gläubigers gegen den Schuldner nach dem für deren Beziehung maßgebenden Recht geltend zu machen berechtigt ist.

Art. 16 Mehrfache Haftung. Hat ein Gläubiger eine Forderung gegen mehrere für dieselbe Forderung haftende Schuldner und ist er von einem der Schuldner ganz oder teilweise befriedigt worden, so ist für das Recht dieses Schuldners, von den übrigen Schuldnern Ausgleich zu verlangen, das Recht maßgebend, das auf die Verpflichtung dieses Schuldners gegenüber dem Gläubiger anzuwenden ist. Die übrigen Schuldner sind berechtigt, diesem Schuldner diejenigen Verteidigungsmittel entgegenzuhalten, die ihnen gegenüber dem Gläubiger zugestanden haben, soweit dies gemäß dem auf ihre Verpflichtung gegenüber dem Gläubiger anzuwendenden Recht zulässig wäre.

Art. 17 Aufrechnung. Ist das Recht zur Aufrechnung nicht vertraglich vereinbart, so gilt für die Aufrechnung das Recht, dem die Forderung unterliegt, gegen die aufgerechnet wird.

Art. 18 Beweis. (1) Das nach dieser Verordnung für das vertragliche Schuldverhältnis maßgebende Recht ist insoweit anzuwenden, als es für vertragliche Schuldverhältnisse gesetzliche Vermutungen aufstellt oder die Beweislast verteilt.

(2) Zum Beweis eines Rechtsgeschäfts sind alle Beweisarten des Rechts des angerufenen Gerichts oder eines der in Artikel 11 bezeichneten Rechte, nach denen das Rechtsgeschäft formgültig ist, zulässig, sofern der Beweis in dieser Art vor dem angerufenen Gericht erbracht werden kann.

Kapitel III. Sonstige Vorschriften

Art. 19 Gewöhnlicher Aufenthalt. (1) Für die Zwecke dieser Verordnung ist der Ort des gewöhnlichen Aufenthalts von Gesellschaften, *Vereinen und juristischen* Personen der Ort ihrer Hauptverwaltung.

Der gewöhnliche Aufenthalt einer natürlichen Person, die im Rahmen der Ausübung ihrer beruflichen Tätigkeit handelt, ist der Ort ihrer Hauptniederlassung.

(2) Wird der Vertrag im Rahmen des Betriebs einer Zweigniederlassung, Agentur oder sonstigen Niederlassung geschlossen oder ist für die Erfüllung gemäß dem Vertrag eine solche Zweigniederlassung, Agentur oder sonstigen Niederlassung verantwortlich, so steht der Ort des ge-

wöhnlichen Aufenthalts dem Ort gleich, an dem sich die Zweigniederlassung, Agentur oder sonstige Niederlassung befindet.

(3) Für die Bestimmung des gewöhnlichen Aufenthalts ist der Zeitpunkt des Vertragsschlusses maßgebend.

Art. 20 Ausschluss der Rück- und Weiterverweisung. Unter dem nach dieser Verordnung anzuwendenden Recht eines Staates sind die in diesem Staat geltenden Rechtsnormen unter Ausschluss derjenigen des Internationalen Privatrechts zu verstehen, soweit in dieser Verordnung nichts anderes bestimmt ist.

Art. 21 Öffentliche Ordnung im Staat des angerufenen Gerichts. Die Anwendung einer Vorschrift des nach dieser Verordnung bezeichneten Rechts kann nur versagt werden, wenn ihre Anwendung mit der öffentlichen Ordnung („ordre public") des Staates des angerufenen Gerichts offensichtlich unvereinbar ist.

Art. 22 Staaten ohne einheitliche Rechtsordnung. (1) Umfasst ein Staat mehrere Gebietseinheiten, von denen jede eigene Rechtsnormen für vertragliche Schuldverhältnisse hat, so gilt für die Bestimmung des nach dieser Verordnung anzuwendenden Rechts jede Gebietseinheit als Staat.

(2) Ein Mitgliedstaat, in dem verschiedene Gebietseinheiten ihre eigenen Rechtsnormen für vertragliche Schuldverhältnisse haben, ist nicht verpflichtet, diese Verordnung auf Kollisionen zwischen den Rechtsordnungen dieser Gebietseinheiten anzuwenden.

Art. 23 Verhältnis zu anderen Gemeinschaftsrechtsakten. Mit Ausnahme von Artikel 7 berührt diese Verordnung nicht die Anwendung von Vorschriften des Gemeinschaftsrechts, die in besonderen Bereichen Kollisionsnormen für vertragliche Schuldverhältnisse enthalten.

Art. 24 Beziehung zum Übereinkommen von Rom. (1) Diese Verordnung tritt in den Mitgliedstaaten an die Stelle des Übereinkommens von Rom, außer hinsichtlich der Hoheitsgebiete der Mitgliedstaaten, die in den territorialen Anwendungsbereich dieses Übereinkommens fallen und für die aufgrund der Anwendung von Artikel 299 des Vertrags diese Verordnung nicht gilt.

(2) Soweit diese Verordnung die Bestimmungen des Übereinkommens von Rom ersetzt, gelten Bezugnahmen auf dieses Übereinkommen als Bezugnahmen auf diese Verordnung.

Art. 25 Verhältnis zu bestehenden internationalen Übereinkommen. (1) Diese Verordnung berührt nicht die Anwendung der internationalen Übereinkommen, denen ein oder mehrere Mitgliedstaaten zum Zeitpunkt der Annahme dieser Verordnung angehören und die Kollisionsnormen für vertragliche Schuldverhältnisse enthalten.

(2) Diese Verordnung hat jedoch in den Beziehungen zwischen den Mitgliedstaaten Vorrang vor den ausschließlich zwischen zwei oder mehreren Mitgliedstaaten geschlossenen Übereinkommen, soweit diese Bereiche betreffen, die in dieser Verordnung geregelt sind.

Art. 26 Verzeichnis der Übereinkommen. (1) Die Mitgliedstaaten übermitteln der Kommission bis spätestens 17. Juni 2009 die Übereinkommen nach Artikel 25 Absatz 1. Kündigen die Mitgliedstaaten nach diesem Stichtag eines dieser Übereinkommen, so setzen sie die Kommission davon in Kenntnis.

(2) Die Kommission veröffentlicht im *Amtsblatt der Europäischen Union* innerhalb von sechs Monaten nach Erhalt der in Absatz 1 genannten Übermittlung

a) ein Verzeichnis der in Absatz 1 genannten Übereinkommen;

b) die in Absatz 1 genannten Kündigungen.

Art. 27 Überprüfungsklausel. (1) Die Kommission legt dem Europäischen Parlament, dem Rat und dem Europäischen Wirtschafts- und Sozialausschuss bis spätestens 17. Juni 2013 einen Bericht über die Anwendung dieser Verordnung vor. Diesem Bericht werden gegebenenfalls Vorschläge zur Änderung der Verordnung beigefügt. Der Bericht umfasst:

a) eine Untersuchung über das auf Versicherungsverträge anzuwendende Recht und eine Abschätzung der Folgen etwaiger einzuführender Bestimmungen und

b) eine Bewertung der Anwendung von Artikel 6, insbesondere hinsichtlich der Kohärenz des Gemeinschaftsrechts im Bereich des Verbraucherschutzes.

(2) Die Kommission legt dem Europäischen Parlament, dem Rat und dem Europäischen Wirtschafts- und Sozialausschuss bis 17. Juni 2010 einen Bericht über die Frage vor, ob die Übertragung einer Forderung Dritten entgegengehalten werden kann, und über den Rang dieser Forderung gegenüber einem Recht einer anderen Person. Dem Bericht wird gegebenenfalls ein Vorschlag zur Änderung dieser Verordnung sowie eine Folgenabschätzung der einzuführenden Bestimmungen beigefügt.

Art. 28 Zeitliche Anwendbarkeit. Diese Verordnung wird auf Verträge angewandt, die ab dem 17. Dezember 2009 geschlossen werden.

Kapitel IV. Schlussbestimmungen

Art. 29 Inkrafttreten und Anwendbarkeit. Diese Verordnung tritt am zwanzigsten Tag nach ihrer Veröffentlichung im *Amtsblatt der Europäischen Union* in Kraft.

Sie gilt ab 17. Dezember 2009, mit Ausnahme des Artikels 26, der ab dem 17. Juni 2009 gilt.

Diese Verordnung ist in allen ihren Teilen verbindlich und gilt gemäß dem Vertrag zur Gründung der Europäischen Gemeinschaft unmittelbar in den Mitgliedstaaten.

164 b. Verordnung (EG) Nr. 864/2007 des Europäischen Parlaments und des Rates über das auf außervertragliche Schuldverhältnisse anzuwendende Recht („Rom II")

Vom 11. Juli 2007

(ABl. EU Nr. L 199/40 v. 31. 7. 2007, ber. ABl. Nr. L 310/52 v. 9. 11. 2012)

DAS EUROPÄISCHE PARLAMENT UND DER RAT DER EUROPÄISCHEN UNION –

GESTÜTZT auf den Vertrag zur Gründung der Europäischen Gemeinschaft, insbesondere auf Artikel 61 Buchstabe c und Artikel 67,

AUF VORSCHLAG der Kommission,

NACH STELLUNGNAHME des Europäischen Wirtschafts- und Sozialausschusses[1]),

gemäß dem Verfahren des Artikels 251 des Vertrags, aufgrund des vom Vermittlungsausschuss am 25. Juni 2007 gebilligten gemeinsamen Entwurfs[2]),

IN ERWÄGUNG nachstehender Gründe:

(1) Die Gemeinschaft hat sich zum Ziel gesetzt, einen Raum der Freiheit, der Sicherheit und des Rechts zu erhalten und weiterzuentwickeln. Zur schrittweisen Schaffung eines solchen Raums muss die Gemeinschaft im Bereich der justiziellen Zusammenarbeit in Zivilsachen, die einen grenzüberschreitenden Bezug aufweisen, Maßnahmen erlassen, soweit sie für das reibungslose Funktionieren des Binnenmarkts erforderlich sind.

(2) Nach Artikel 65 Buchstabe b des Vertrags schließen diese Maßnahmen auch solche ein, die die Vereinbarkeit der in den Mitgliedstaaten geltenden Kollisionsnormen und Vorschriften zur Vermeidung von Kompetenzkonflikten fördern.

(3) Auf seiner Tagung vom 15. und 16. Oktober 1999 in Tampere hat der Europäische Rat den Grundsatz der gegenseitigen Anerkennung von Urteilen und anderen Entscheidungen von Justizbehörden als Eckstein der justiziellen Zusammenarbeit in Zivilsachen unterstützt und den Rat und die Kommission ersucht, ein Maßnahmenprogramm zur Umsetzung dieses Grundsatzes anzunehmen.

(4) Der Rat hat am 30. November 2000 ein gemeinsames Maßnahmenprogramm der Kommission und des Rates zur Umsetzung des

---

[1]) ABl. C 241 vom 28. 9. 2004, S. 1.

[2]) Stellungnahme des Europäischen Parlaments vom 6. Juli 2005 (ABl. C 157 E vom 6. 7. 2006, S. 371), Gemeinsamer Standpunkt des Rates vom 25. September 2006 (ABl. C 289 E vom 28. 11. 2006, S. 68) und Standpunkt des Europäischen Parlaments vom 18. Januar 2007 (noch nicht im Amtsblatt veröffentlicht). Legislative Entschließung des Europäischen Parlaments vom 10. Juli 2007 und Beschluss des Rates vom 28. Juni 2007.

Grundsatzes der gegenseitigen Anerkennung gerichtlicher Entscheidungen in Zivil- und Handelssachen[1] angenommen. Nach dem Programm können Maßnahmen zur Harmonisierung der Kollisionsnormen dazu beitragen, die gegenseitige Anerkennung gerichtlicher Entscheidungen zu vereinfachen.

(5) In dem vom Europäischen Rat am 5. November 2004 angenommenen Haager Programm[2] wurde dazu aufgerufen, die Beratungen über die Regelung der Kollisionsnormen für außervertragliche Schuldverhältnisse („Rom II") energisch voranzutreiben.

(6) Um den Ausgang von Rechtsstreitigkeiten vorhersehbarer zu machen und die Sicherheit in Bezug auf das anzuwendende Recht sowie den freien Verkehr gerichtlicher Entscheidungen zu fördern, müssen die in den Mitgliedstaaten geltenden Kollisionsnormen im Interesse eines reibungslos funktionierenden Binnenmarkts unabhängig von dem Staat, in dem sich das Gericht befindet, bei dem der Anspruch geltend gemacht wird, dieselben Verweisungen zur Bestimmung des anzuwendenden Rechts vorsehen.

(7) Der materielle Anwendungsbereich und die Bestimmungen dieser Verordnung sollten mit der Verordnung (EG) Nr. 44/2001 des Rates vom 22. Dezember 2000 über die gerichtliche Zuständigkeit und die Anerkennung und Vollstreckung von Entscheidungen in Zivil- und Handelssachen[3] (Brüssel I) und den Instrumenten, die das auf vertragliche Schuldverhältnisse anzuwendende Recht zum Gegenstand haben, in Einklang stehen.

(8) Diese Verordnung ist unabhängig von der Art des angerufenen Gerichts anwendbar.

(9) Forderungen aufgrund von „acta iure imperii" sollten sich auch auf Forderungen gegen im Namen des Staates handelnde Bedienstete und auf die Haftung für Handlungen öffentlicher Stellen erstrecken, einschließlich der Haftung amtlich ernannter öffentlicher Bediensteter. Sie sollten daher vom Anwendungsbereich dieser Verordnung ausgenommen werden.

(10) Familienverhältnisse sollten die Verwandtschaft in gerader Linie, die Ehe, die Schwägerschaft und die Verwandtschaft in der Seitenlinie umfassen. Die Bezugnahme in Artikel 1 Absatz 2 auf Verhältnisse, die mit der Ehe oder anderen Familienverhältnissen vergleichbare Wirkungen entfalten, sollte nach dem Recht des Mitgliedstaats, in dem sich das angerufene Gericht befindet, ausgelegt werden.

(11) Der Begriff des außervertraglichen Schuldverhältnisses ist von Mitgliedstaat zu Mitgliedstaat verschieden definiert. Im Sinne dieser Verordnung sollte der Begriff des außervertraglichen Schuldverhältnisses daher als autonomer Begriff verstanden werden. Die

---

[1] ABl. C 12 vom 15. 1. 2001, S. 1.

[2] *ABl. C 53 vom 3. 3. 2005,* S. 1.

[3] ABl. L 12 vom 16. 1. 2001, S. 1. Dieser Verweis ist nunmehr gem. Art. 80 der VO als ein solcher auf VO 1215/2012 zu lesen (Nr. **160**).

in dieser Verordnung enthaltenen Regeln des Kollisionsrechts sollten auch für außervertragliche Schuldverhältnisse aus Gefährdungshaftung gelten.

(12) Das anzuwendende Recht sollte auch für die Frage gelten, wer für eine unerlaubte Handlung haftbar gemacht werden kann.

(13) Wettbewerbsverzerrungen im Verhältnis zwischen Wettbewerbern aus der Gemeinschaft sind vermeidbar, wenn einheitliche Bestimmungen unabhängig von dem durch sie bezeichneten Recht angewandt werden.

(14) Das Erfordernis der Rechtssicherheit und die Notwendigkeit, in jedem Einzelfall Recht zu sprechen, sind wesentliche Anforderungen an einen Rechtsraum. Diese Verordnung bestimmt die Anknüpfungskriterien, die zur Erreichung dieser Ziele am besten geeignet sind. Deshalb sieht diese Verordnung neben einer allgemeinen Regel Sonderregeln und, in bestimmten Fällen, eine „Ausweichklausel" vor, die ein Abweichen von diesen Regeln erlaubt, wenn sich aus der Gesamtheit der Umstände ergibt, dass die unerlaubte Handlung eine offensichtlich engere Verbindung mit einem anderen Staat aufweist. Diese Gesamtregelung schafft einen flexiblen Rahmen kollisionsrechtlicher Regelungen. Sie ermöglicht es dem angerufenen Gericht gleichfalls, Einzelfälle in einer angemessenen Weise zu behandeln.

(15) Zwar wird in nahezu allen Mitgliedstaaten bei außervertraglichen Schuldverhältnissen grundsätzlich von der lex loci delicti commissi ausgegangen, doch wird dieser Grundsatz in der Praxis unterschiedlich angewandt, wenn sich Sachverhaltselemente des Falles über mehrere Staaten erstrecken. Dies führt zu Unsicherheit in Bezug auf das anzuwendende Recht.

(16) Einheitliche Bestimmungen sollten die Vorhersehbarkeit gerichtlicher Entscheidungen verbessern und einen angemessenen Interessenausgleich zwischen Personen, deren Haftung geltend gemacht wird, und Geschädigten gewährleisten. Die Anknüpfung an den Staat, in dem der Schaden selbst eingetreten ist (lex loci damni), schafft einen gerechten Ausgleich zwischen den Interessen der Person, deren Haftung geltend gemacht wird, und der Person, die geschädigt wurde, und entspricht der modernen Konzeption der zivilrechtlichen Haftung und der Entwicklung der Gefährdungshaftung.

(17) Das anzuwendende Recht sollte das Recht des Staates sein, in dem der Schaden eintritt, und zwar unabhängig von dem Staat oder den Staaten, in dem bzw. denen die indirekten Folgen auftreten könnten. Daher sollte bei Personen- oder Sachschäden der Staat, in dem der Schaden eintritt, der Staat sein, in dem die Verletzung erlitten beziehungsweise die Sache beschädigt wurde.

(18) Als allgemeine Regel in dieser Verordnung sollte die „lex loci damni" nach Artikel 4 Absatz 1 gelten. Artikel 4 Absatz 2 sollte als Ausnahme von dieser allgemeinen Regel verstanden werden; durch diese Ausnahme wird eine besondere Anknüpfung für Fälle geschaf-

fen, in denen die Parteien ihren gewöhnlichen Aufenthalt in demselben Staat haben. Artikel 4 Absatz 3 sollte als „Ausweichklausel" zu Artikel 4 Absätze 1 und 2 betrachtet werden, wenn sich aus der Gesamtheit der Umstände ergibt, dass die unerlaubte Handlung eine offensichtlich engere Verbindung mit einem anderen Staat aufweist.

(19) Für besondere unerlaubte Handlungen, bei denen die allgemeine Kollisionsnorm nicht zu einem angemessenen Interessenausgleich führt, sollten besondere Bestimmungen vorgesehen werden.

(20) Die Kollisionsnorm für die Produkthaftung sollte für eine gerechte Verteilung der Risiken einer modernen, hochtechnisierten Gesellschaft sorgen, die Gesundheit der Verbraucher schützen, Innovationsanreize geben, einen unverfälschten Wettbewerb gewährleisten und den Handel erleichtern. Die Schaffung einer Anknüpfungsleiter stellt, zusammen mit einer Vorhersehbarkeitsklausel, im Hinblick auf diese Ziele eine ausgewogene Lösung dar. Als erstes Element ist das Recht des Staates zu berücksichtigen, in dem die geschädigte Person beim Eintritt des Schadens ihren gewöhnlichen Aufenthalt hatte, sofern das Produkt in diesem Staat in den Verkehr gebracht wurde. Die weiteren Elemente der Anknüpfungsleiter kommen zur Anwendung, wenn das Produkt nicht in diesem Staat in Verkehr gebracht wurde, unbeschadet von Artikel 4 Absatz 2 und der Möglichkeit einer offensichtlich engeren Verbindung mit einem anderen Staat.

(21) Die Sonderregel nach Artikel 6 stellt keine Ausnahme von der allgemeinen Regel nach Artikel 4 Absatz 1 dar, sondern vielmehr eine Präzisierung derselben. Im Bereich des unlauteren Wettbewerbs sollte die Kollisionsnorm die Wettbewerber, die Verbraucher und die Öffentlichkeit schützen und das reibungslose Funktionieren der Marktwirtschaft sicherstellen. Durch eine Anknüpfung an das Recht des Staates, in dessen Gebiet die Wettbewerbsbeziehungen oder die kollektiven Interessen der Verbraucher beeinträchtigt worden sind oder beeinträchtigt zu werden drohen, können diese Ziele im Allgemeinen erreicht werden.

(22) Außervertragliche Schuldverhältnisse, die aus einem den Wettbewerb einschränkenden Verhalten nach Artikel 6 Absatz 3 entstanden sind, sollten sich auf Verstöße sowohl gegen nationale als auch gegen gemeinschaftliche Wettbewerbsvorschriften erstrecken. Auf solche außervertraglichen Schuldverhältnisse sollte das Recht des Staates anzuwenden sein, in dessen Gebiet sich die Einschränkung auswirkt oder auszuwirken droht. Wird der Markt in mehr als einem Staat beeinträchtigt oder wahrscheinlich beeinträchtigt, so sollte der Geschädigte seinen Anspruch unter bestimmten Umständen auf das Recht des Mitgliedstaats des angerufenen Gerichts stützen können.

(23) Für die Zwecke dieser Verordnung sollte der Begriff der Einschränkung des Wettbewerbs Verbote von Vereinbarungen zwi-

schen Unternehmen, Beschlüssen von Unternehmensvereinigungen und abgestimmten Verhaltensweisen, die eine Verhinderung, Einschränkung oder Verfälschung des Wettbewerbs in einem Mitgliedstaat oder innerhalb des Binnenmarktes bezwecken oder bewirken, sowie das Verbot der missbräuchlichen Ausnutzung einer beherrschenden Stellung in einem Mitgliedstaat oder innerhalb des Binnenmarktes erfassen, sofern solche Vereinbarungen, Beschlüsse, abgestimmte Verhaltensweisen oder Missbräuche nach den Artikeln 81 und 82 des Vertrags oder dem Recht eines Mitgliedstaats verboten sind.

(24) „Umweltschaden" sollte eine nachteilige Veränderung einer natürlichen Ressource, wie Wasser, Boden oder Luft, eine Beeinträchtigung einer Funktion, die eine natürliche Ressource zum Nutzen einer anderen natürlichen Ressource oder der Öffentlichkeit erfüllt, oder eine Beeinträchtigung der Variabilität unter lebenden Organismen umfassen.

(25) Im Falle von Umweltschäden rechtfertigt Artikel 174 des Vertrags, wonach ein hohes Schutzniveau erreicht werden sollte, und der auf den Grundsätzen der Vorsorge und Vorbeugung, auf dem Grundsatz, Umweltbeeinträchtigungen vorrangig an ihrem Ursprung zu bekämpfen, sowie auf dem Verursacherprinzip beruht, in vollem Umfang die Anwendung des Grundsatzes der Begünstigung des Geschädigten. Die Frage, wann der Geschädigte die Wahl des anzuwendenden Rechts zu treffen hat, sollte nach dem Recht des Mitgliedstaats des angerufenen Gerichts entschieden werden.

(26) Bei einer Verletzung von Rechten des geistigen Eigentums gilt es, den allgemein anerkannten Grundsatz der lex loci protectionis zu wahren. Im Sinne dieser Verordnung sollte der Ausdruck „Rechte des geistigen Eigentums" dahin interpretiert werden, dass er beispielsweise Urheberrechte, verwandte Schutzrechte, das Schutzrecht sui generis für Datenbanken und gewerbliche Schutzrechte umfasst.

(27) Die exakte Definition des Begriffs „Arbeitskampfmaßnahmen", beispielsweise Streikaktionen oder Aussperrung, ist von Mitgliedstaat zu Mitgliedstaat verschieden und unterliegt den innerstaatlichen Vorschriften der einzelnen Mitgliedstaaten. Daher wird in dieser Verordnung grundsätzlich davon ausgegangen, dass das Recht des Staates anzuwenden ist, in dem die Arbeitskampfmaßnahmen ergriffen wurden, mit dem Ziel, die Rechte und Pflichten der Arbeitnehmer und der Arbeitgeber zu schützen.

(28) Die Sonderbestimmung für Arbeitskampfmaßnahmen nach Artikel 9 lässt die Bedingungen für die Durchführung solcher Maßnahmen nach nationalem Recht und die im Recht der Mitgliedstaaten vorgesehene Rechtsstellung der Gewerkschaften oder der repräsentativen Arbeitnehmerorganisationen unberührt.

(29) Für Schäden, die aufgrund einer anderen Handlung als aus unerlaubter Handlung, wie ungerechtfertigter Bereicherung, Geschäftsfüh-

rung ohne Auftrag oder Verschulden bei Vertragsverhandlungen, entstanden sind, sollten Sonderbestimmungen vorgesehen werden.

(30) Der Begriff des Verschuldens bei Vertragsverhandlungen ist für die Zwecke dieser Verordnung als autonomer Begriff zu verstehen und sollte daher nicht zwangsläufig im Sinne des nationalen Rechts ausgelegt werden. Er sollte die Verletzung der Offenlegungspflicht und den Abbruch von Vertragsverhandlungen einschließen. Artikel 12 gilt nur für außervertragliche Schuldverhältnisse, die in unmittelbarem Zusammenhang mit den Verhandlungen vor Abschluss eines Vertrags stehen. So sollten in den Fällen, in denen einer Person während der Vertragsverhandlungen ein Personenschaden zugefügt wird, Artikel 4 oder andere einschlägige Bestimmungen dieser Verordnung zur Anwendung gelangen.

(31) Um den Grundsatz der Parteiautonomie zu achten und die Rechtssicherheit zu verbessern, sollten die Parteien das auf ein außervertragliches Schuldverhältnis anzuwendende Recht wählen können. Die Rechtswahl sollte ausdrücklich erfolgen oder sich mit hinreichender Sicherheit aus den Umständen des Falles ergeben. Bei der Prüfung, ob eine solche Rechtswahl vorliegt, hat das Gericht den Willen der Parteien zu achten. Die Möglichkeit der Rechtswahl sollte zum Schutz der schwächeren Partei mit bestimmten Bedingungen versehen werden.

(32) Gründe des öffentlichen Interesses rechtfertigen es, dass die Gerichte der Mitgliedstaaten unter außergewöhnlichen Umständen die Vorbehaltsklausel (ordre public) und Eingriffsnormen anwenden können. Insbesondere kann die Anwendung einer Norm des nach dieser Verordnung bezeichneten Rechts, die zur Folge haben würde, dass ein unangemessener, über den Ausgleich des entstandenen Schadens hinausgehender Schadensersatz mit abschreckender Wirkung oder Strafschadensersatz zugesprochen werden könnte, je nach der Rechtsordnung des Mitgliedstaats des angerufenen Gerichts als mit der öffentlichen Ordnung („ordre public") dieses Staates unvereinbar angesehen werden.

(33) Gemäß den geltenden nationalen Bestimmungen über den Schadensersatz für Opfer von Straßenverkehrsunfällen sollte das befasste Gericht bei der Schadensberechnung für Personenschäden in Fällen, in denen sich der Unfall in einem anderem Staat als dem des gewöhnlichen Aufenthalts des Opfers ereignet, alle relevanten tatsächlichen Umstände des jeweiligen Opfers berücksichtigen, insbesondere einschließlich tatsächlicher Verluste und Kosten für Nachsorge und medizinische Versorgung.

(34) Zur Wahrung eines angemessenen Interessenausgleichs zwischen den Parteien müssen, soweit dies angemessen ist, die Sicherheits- und Verhaltensregeln des Staates, in dem die schädigende Handlung begangen wurde, selbst dann beachtet werden, wenn auf das außervertragliche Schuldverhältnis das Recht eines anderen Staates anzuwenden ist. Der Begriff „Sicherheits- und Verhaltensregeln" ist in dem Sinne auszulegen, dass er sich auf alle Vorschriften bezieht, die in Zu-

sammenhang mit Sicherheit und Verhalten stehen, einschließlich beispielsweise der Straßenverkehrssicherheit im Falle eines Unfalls.

(35) Die Aufteilung der Kollisionsnormen auf zahlreiche Rechtsakte sowie Unterschiede zwischen diesen Normen sollten vermieden werden. Diese Verordnung schließt jedoch die Möglichkeit der Aufnahme von Kollisionsnormen für außervertragliche Schuldverhältnisse in Vorschriften des Gemeinschaftsrechts in Bezug auf besondere Gegenstände nicht aus.

Diese Verordnung sollte die Anwendung anderer Rechtsakte nicht ausschließen, die Bestimmungen enthalten, die zum reibungslosen Funktionieren des Binnenmarkts beitragen sollen, soweit sie nicht in Verbindung mit dem Recht angewendet werden können, auf das die Regeln dieser Verordnung verweisen. Die Anwendung der Vorschriften im anzuwendenden Recht, die durch die Bestimmungen dieser Verordnung berufen wurden, sollte nicht die Freiheit des Waren- und Dienstleistungsverkehrs, wie sie in den Rechtsinstrumenten der Gemeinschaft wie der Richtlinie 2000/31/EG des Europäischen Parlaments und des Rates vom 8. Juni 2000 über bestimmte rechtliche Aspekte der Dienste der Informationsgesellschaft, insbesondere des elektronischen Geschäftsverkehrs, im Binnenmarkt („Richtlinie über den elektronischen Geschäftsverkehr")[1] ausgestaltet ist, beschränken.

(36) Um die internationalen Verpflichtungen, die die Mitgliedstaaten eingegangen sind, zu wahren, darf sich die Verordnung nicht auf internationale Übereinkommen auswirken, denen ein oder mehrere Mitgliedstaaten zum Zeitpunkt der Annahme dieser Verordnung angehören. Um den Zugang zu den Rechtsakten zu erleichtern, sollte die Kommission anhand der Angaben der Mitgliedstaaten ein Verzeichnis der betreffenden Übereinkommen im *Amtsblatt der Europäischen Union* veröffentlichen.

(37) Die Kommission wird dem Europäischen Parlament und dem Rat einen Vorschlag unterbreiten, nach welchen Verfahren und unter welchen Bedingungen die Mitgliedstaaten in Einzel- und Ausnahmefällen in eigenem Namen Übereinkünfte mit Drittländern über sektorspezifische Fragen aushandeln und abschließen dürfen, die Bestimmungen über das auf außervertragliche Schuldverhältnisse anzuwendende Recht enthalten.

(38) Da das Ziel dieser Verordnung auf Ebene der Mitgliedstaaten nicht ausreichend verwirklicht werden kann und daher wegen des Umfangs und der Wirkungen der Verordnung besser auf Gemeinschaftsebene zu verwirklichen ist, kann die Gemeinschaft im Einklang mit dem in Artikel 5 des Vertrags niedergelegten Subsidiaritätsprinzip tätig werden. Entsprechend dem ebenfalls in diesem Artikel festgelegten Grundsatz der Verhältnismäßigkeit geht diese Verordnung nicht über das für die Erreichung dieses Ziels erforderliche Maß hinaus.

---

[1] ABl. L 178 vom 17. 7. 2000, S. 1.

(39) Gemäß Artikel 3 des Protokolls über die Position des Vereinigten Königreichs und Irlands im Anhang zum Vertrag über die Europäische Union und im Anhang zum Vertrag zur Gründung der Europäischen Gemeinschaft beteiligen sich das Vereinigte Königreich und Irland an der Annahme und Anwendung dieser Verordnung.

(40) Gemäß den Artikeln 1 und 2 des dem Vertrag über die Europäische Union und dem Vertrag zur Gründung der Europäischen Gemeinschaft beigefügten Protokolls über die Position Dänemarks beteiligt sich Dänemark nicht an der Annahme dieser Verordnung, die für Dänemark nicht bindend oder anwendbar ist –

HABEN FOLGENDE VERORDNUNG ERLASSEN:

Kapitel I. Anwendungsbereich

Art. 1 Anwendungsbereich. (1) Diese Verordnung gilt für außervertragliche Schuldverhältnisse in Zivil- und Handelssachen, die eine Verbindung zum Recht verschiedener Staaten aufweisen. Sie gilt insbesondere nicht für Steuer- und Zollsachen, verwaltungsrechtliche Angelegenheiten oder die Haftung des Staates für Handlungen oder Unterlassungen im Rahmen der Ausübung hoheitlicher Rechte („acta iure imperii").

(2) Vom Anwendungsbereich dieser Verordnung ausgenommen sind

a) außervertragliche Schuldverhältnisse aus einem Familienverhältnis oder aus Verhältnissen, die nach dem auf diese Verhältnisse anzuwendenden Recht vergleichbare Wirkungen entfalten, einschließlich der Unterhaltspflichten;

b) außervertragliche Schuldverhältnisse aus ehelichen Güterständen, aus Güterständen aufgrund von Verhältnissen, die nach dem auf diese Verhältnisse anzuwendenden Recht mit der Ehe vergleichbare Wirkungen entfalten, und aus Testamenten und Erbrecht;

c) außervertragliche Schuldverhältnisse aus Wechseln, Schecks, Eigenwechseln und anderen handelbaren Wertpapieren, sofern die Verpflichtungen aus diesen anderen Wertpapieren aus deren Handelbarkeit entstehen;

d) außervertragliche Schuldverhältnisse, die sich aus dem Gesellschaftsrecht, dem Vereinsrecht und dem Recht der juristischen Personen ergeben, wie die Errichtung durch Eintragung oder auf andere Weise, die Rechts- und Handlungsfähigkeit, die innere Verfassung und die Auflösung von Gesellschaften, Vereinen und juristischen Personen, die persönliche Haftung der Gesellschafter und der Organe für die Verbindlichkeiten einer Gesellschaft, eines Vereins oder einer juristischen Person sowie die persönliche Haftung der Rechnungsprüfer gegenüber einer Gesellschaft oder ihren Gesellschaftern bei der Pflichtprüfung der Rechnungslegungsunterlagen;

e) außervertragliche Schuldverhältnisse aus den Beziehungen zwischen den Verfügenden, den Treuhändern und den Begünstigten eines durch Rechtsgeschäft errichteten „Trusts";

f) außervertragliche Schuldverhältnisse, die sich aus Schäden durch Kernenergie ergeben;

g) außervertragliche Schuldverhältnisse aus der Verletzung der Privatsphäre oder der Persönlichkeitsrechte, einschließlich der Verleumdung.

(3) Diese Verordnung gilt unbeschadet der Artikel 21 und 22 nicht für den Beweis und das Verfahren.

(4) Im Sinne dieser Verordnung bezeichnet der Begriff „Mitgliedstaat" jeden Mitgliedstaat mit Ausnahme Dänemarks.

Art. 2 Außervertragliche Schuldverhältnisse. (1) Im Sinne dieser Verordnung umfasst der Begriff des Schadens sämtliche Folgen einer unerlaubten Handlung, einer ungerechtfertigten Bereicherung, einer Geschäftsführung ohne Auftrag („Negotiorum gestio") oder eines Verschuldens bei Vertragsverhandlungen („Culpa in contrahendo").

(2) Diese Verordnung gilt auch für außervertragliche Schuldverhältnisse, deren Entstehen wahrscheinlich ist.

(3) Sämtliche Bezugnahmen in dieser Verordnung auf

a) ein schadensbegründendes Ereignis gelten auch für schadensbegründende Ereignisse, deren Eintritt wahrscheinlich ist, und

b) einen Schaden gelten auch für Schäden, deren Eintritt wahrscheinlich ist.

Art. 3 Universelle Anwendung. Das nach dieser Verordnung bezeichnete Recht ist auch dann anzuwenden, wenn es nicht das Recht eines Mitgliedstaats ist.

Kapitel II. Unerlaubte Handlungen

Art. 4 Allgemeine Kollisionsnorm. (1) Soweit in dieser Verordnung nichts anderes vorgesehen ist, ist auf ein außervertragliches Schuldverhältnis aus unerlaubter Handlung das Recht des Staates anzuwenden, in dem der Schaden eintritt, unabhängig davon, in welchem Staat das schadensbegründende Ereignis oder indirekte Schadensfolgen eingetreten sind.

(2) Haben jedoch die Person, deren Haftung geltend gemacht wird, und die Person, die geschädigt wurde, zum Zeitpunkt des Schadenseintritts ihren gewöhnlichen Aufenthalt in demselben Staat, so unterliegt die unerlaubte Handlung dem Recht dieses Staates.

(3) Ergibt sich aus der Gesamtheit der Umstände, dass die unerlaubte Handlung eine offensichtlich engere Verbindung mit einem anderen als dem in den Absätzen 1 oder 2 bezeichneten Staat aufweist, so ist das Recht dieses anderen Staates anzuwenden. Eine offensichtlich engere Verbindung mit einem anderen Staat könnte sich insbesondere aus einem bereits bestehenden Rechtsverhältnis zwischen den Parteien – wie

einem Vertrag – ergeben, das mit der betreffenden unerlaubten Handlung in enger Verbindung steht.

Art. 5 Produkthaftung. (1) Unbeschadet des Artikels 4 Absatz 2 ist auf ein außervertragliches Schuldverhältnis im Falle eines Schadens durch ein Produkt folgendes Recht anzuwenden:

a) das Recht des Staates, in dem die geschädigte Person beim Eintritt des Schadens ihren gewöhnlichen Aufenthalt hatte, sofern das Produkt in diesem Staat in Verkehr gebracht wurde, oder anderenfalls

b) das Recht des Staates, in dem das Produkt erworben wurde, falls das Produkt in diesem Staat in Verkehr gebracht wurde, oder anderenfalls

c) das Recht des Staates, in dem der Schaden eingetreten ist, falls das Produkt in diesem Staat in Verkehr gebracht wurde.

Jedoch ist das Recht des Staates anzuwenden, in dem die Person, deren Haftung geltend gemacht wird, ihren gewöhnlichen Aufenthalt hat, wenn sie das Inverkehrbringen des Produkts oder eines gleichartigen Produkts in dem Staat, dessen Recht nach den Buchstaben a, b oder c anzuwenden ist, vernünftigerweise nicht voraussehen konnte.

(2) Ergibt sich aus der Gesamtheit der Umstände, dass die unerlaubte Handlung eine offensichtlich engere Verbindung mit einem anderen als dem in Absatz 1 bezeichneten Staat aufweist, so ist das Recht dieses anderen Staates anzuwenden. Eine offensichtlich engere Verbindung mit einem anderen Staat könnte sich insbesondere aus einem bereits bestehenden Rechtsverhältnis zwischen den Parteien – wie einem Vertrag – ergeben, das mit der betreffenden unerlaubten Handlung in enger Verbindung steht.

Art. 6 Unlauterer Wettbewerb und den freien Wettbewerb einschränkendes Verhalten. (1) Auf außervertragliche Schuldverhältnisse aus unlauterem Wettbewerbsverhalten ist das Recht des Staates anzuwenden, in dessen Gebiet die Wettbewerbsbeziehungen oder die kollektiven Interessen der Verbraucher beeinträchtigt worden sind oder wahrscheinlich beeinträchtigt werden.

(2) Beeinträchtigt ein unlauteres Wettbewerbsverhalten ausschließlich die Interessen eines bestimmten Wettbewerbers, ist Artikel 4 anwendbar.

(3)

a) Auf außervertragliche Schuldverhältnisse aus einem den Wettbewerb einschränkenden Verhalten ist das Recht des Staates anzuwenden, dessen Markt beeinträchtigt ist oder wahrscheinlich beeinträchtigt wird.

b) Wird der Markt in mehr als einem Staat beeinträchtigt oder wahrscheinlich beeinträchtigt, so kann ein Geschädigter, der vor einem Gericht im Mitgliedstaat des Wohnsitzes des Beklagten klagt, seinen Anspruch auf das Recht des Mitgliedstaats des angerufenen Gerichts stützen, sofern der Markt in diesem Mitgliedstaat zu den

Märkten gehört, die unmittelbar und wesentlich durch das den Wettbewerb einschränkende Verhalten beeinträchtigt sind, das das außervertragliche Schuldverhältnis begründet, auf welches sich der Anspruch stützt; klagt der Kläger gemäß den geltenden Regeln über die gerichtliche Zuständigkeit vor diesem Gericht gegen mehr als einen Beklagten, so kann er seinen Anspruch nur dann auf das Recht dieses Gerichts stützen, wenn das den Wettbewerb einschränkende Verhalten, auf das sich der Anspruch gegen jeden dieser Beklagten stützt, auch den Markt im Mitgliedstaat dieses Gerichts unmittelbar und wesentlich beeinträchtigt.

(4) Von dem nach diesem Artikel anzuwendenden Recht kann nicht durch eine Vereinbarung gemäß Artikel 14 abgewichen werden.

Art. 7 Umweltschädigung. Auf außervertragliche Schuldverhältnisse aus einer Umweltschädigung oder einem aus einer solchen Schädigung herrührenden Personen- oder Sachschaden ist das nach Artikel 4 Absatz 1 geltende Recht anzuwenden, es sei denn, der Geschädigte hat sich dazu entschieden, seinen Anspruch auf das Recht des Staates zu stützen, in dem das schadensbegründende Ereignis eingetreten ist.

Art. 8 Verletzung von Rechten des geistigen Eigentums. (1) Auf außervertragliche Schuldverhältnisse aus einer Verletzung von Rechten des geistigen Eigentums ist das Recht des Staates anzuwenden, für den der Schutz beansprucht wird.

(2) Bei außervertraglichen Schuldverhältnissen aus einer Verletzung von gemeinschaftsweit einheitlichen Rechten des geistigen Eigentums ist auf Fragen, die nicht unter den einschlägigen Rechtsakt der Gemeinschaft fallen, das Recht des Staates anzuwenden, in dem die Verletzung begangen wurde.

(3) Von dem nach diesem Artikel anzuwendenden Recht kann nicht durch eine Vereinbarung nach Artikel 14 abgewichen werden.

Art. 9 Arbeitskampfmaßnahmen. Unbeschadet des Artikels 4 Absatz 2 ist auf außervertragliche Schuldverhältnisse in Bezug auf die Haftung einer Person in ihrer Eigenschaft als Arbeitnehmer oder Arbeitgeber oder der Organisationen, die deren berufliche Interessen vertreten, für Schäden, die aus bevorstehenden oder durchgeführten Arbeitskampfmaßnahmen entstanden sind, das Recht des Staates anzuwenden, in dem die Arbeitskampfmaßnahme erfolgen soll oder erfolgt ist.

Kapitel III. Ungerechtfertigte Bereicherung, Geschäftsführung ohne Auftrag und Verschulden bei Vertragsverhandlungen

Art. 10 Ungerechtfertigte Bereicherung. (1) Knüpft ein außervertragliches Schuldverhältnis aus ungerechtfertigter Bereicherung, einschließlich von Zahlungen auf eine nicht bestehende Schuld, an ein zwischen den Parteien bestehendes Rechtsverhältnis – wie einen Vertrag oder eine unerlaubte Handlung – an, das eine enge Verbindung mit dieser ungerechtfertigten Bereicherung aufweist, so ist das Recht anzuwenden, dem dieses Rechtsverhältnis unterliegt.

(2) Kann das anzuwendende Recht nicht nach Absatz 1 bestimmt werden und haben die Parteien zum Zeitpunkt des Eintritts des Ereignisses, das die ungerechtfertigte Bereicherung zur Folge hat, ihren gewöhnlichen Aufenthalt in demselben Staat, so ist das Recht dieses Staates anzuwenden.

(3) Kann das anzuwendende Recht nicht nach den Absätzen 1 oder 2 bestimmt werden, so ist das Recht des Staates anzuwenden, in dem die ungerechtfertigte Bereicherung eingetreten ist.

(4) Ergibt sich aus der Gesamtheit der Umstände, dass das außervertragliche Schuldverhältnis aus ungerechtfertigter Bereicherung eine offensichtlich engere Verbindung mit einem anderen als dem in den Absätzen 1, 2 und 3 bezeichneten Staat aufweist, so ist das Recht dieses anderen Staates anzuwenden.

Art. 11 Geschäftsführung ohne Auftrag. (1) Knüpft ein außervertragliches Schuldverhältnis aus Geschäftsführung ohne Auftrag an ein zwischen den Parteien bestehendes Rechtsverhältnis – wie einen Vertrag oder eine unerlaubte Handlung – an, das eine enge Verbindung mit dieser Geschäftsführung ohne Auftrag aufweist, so ist das Recht anzuwenden, dem dieses Rechtsverhältnis unterliegt.

(2) Kann das anzuwendende Recht nicht nach Absatz 1 bestimmt werden und haben die Parteien zum Zeitpunkt des Eintritts des schadensbegründenden Ereignisses ihren gewöhnlichen Aufenthalt in demselben Staat, so ist das Recht dieses Staates anzuwenden.

(3) Kann das anzuwendende Recht nicht nach den Absätzen 1 oder 2 bestimmt werden, so ist das Recht des Staates anzuwenden, in dem die Geschäftsführung erfolgt ist.

(4) Ergibt sich aus der Gesamtheit der Umstände, dass das außervertragliche Schuldverhältnis aus Geschäftsführung ohne Auftrag eine offensichtlich engere Verbindung mit einem anderen als dem in den Absätzen 1, 2 und 3 bezeichneten Staat aufweist, so ist das Recht dieses anderen Staates anzuwenden.

Art. 12 Verschulden bei Vertragsverhandlungen. (1) Auf außervertragliche Schuldverhältnisse aus Verhandlungen vor Abschluss eines Vertrags, unabhängig davon, ob der Vertrag tatsächlich geschlossen wurde oder nicht, ist das Recht anzuwenden, das auf den Vertrag anzuwenden ist oder anzuwenden gewesen wäre, wenn er geschlossen worden wäre.

(2) Kann das anzuwendende Recht nicht nach Absatz 1 bestimmt werden, so ist das anzuwendende Recht

a) das Recht des Staates, in dem der Schaden eingetreten ist, unabhängig davon, in welchem Staat das schadensbegründende Ereignis oder indirekte Schadensfolgen eingetreten sind, oder,
b) wenn die Parteien zum Zeitpunkt des Eintritts des schadensbegründenden Ereignisses ihren gewöhnlichen Aufenthalt in demselben Staat haben, das Recht dieses Staates, oder,
c) wenn sich aus der Gesamtheit der Umstände ergibt, dass das außervertragliche Schuldverhältnis aus Verhandlungen vor Abschluss eines Vertrags eine offensichtlich engere Verbindung mit einem anderen als dem in den Buchstaben a oder b bezeichneten Staat aufweist, das Recht dieses anderen Staates.

Art. 13 Anwendbarkeit des Artikels 8. Auf außervertragliche Schuldverhältnisse aus einer Verletzung von Rechten des geistigen Eigentums ist für die Zwecke dieses Kapitels Artikel 8 anzuwenden.

Kapitel IV. Freie Rechtswahl

Art. 14 Freie Rechtswahl. (1) Die Parteien können das Recht wählen, dem das außervertragliche Schuldverhältnis unterliegen soll:
a) durch eine Vereinbarung nach Eintritt des schadensbegründenden Ereignisses;
oder
b) wenn alle Parteien einer kommerziellen Tätigkeit nachgehen, auch durch eine vor Eintritt des schadensbegründenden Ereignisses frei ausgehandelte Vereinbarung.

Die Rechtswahl muss ausdrücklich erfolgen oder sich mit hinreichender Sicherheit aus den Umständen des Falles ergeben und lässt Rechte Dritter unberührt.

(2) Sind alle Elemente des Sachverhalts zum Zeitpunkt des Eintritts des schadensbegründenden Ereignisses in einem anderen als demjenigen Staat belegen, dessen Recht gewählt wurde, so berührt die Rechtswahl der Parteien nicht die Anwendung derjenigen Bestimmungen des Rechts dieses anderen Staates, von denen nicht durch Vereinbarung abgewichen werden kann.

(3) Sind alle Elemente des Sachverhalts zum Zeitpunkt des Eintritts des schadensbegründenden Ereignisses in einem oder mehreren Mitgliedstaaten belegen, so berührt die Wahl des Rechts eines Drittstaats durch die Parteien nicht die Anwendung – gegebenenfalls in der von dem Mitgliedstaat des angerufenen Gerichts umgesetzten Form – der Bestimmungen des Gemeinschaftsrechts, von denen nicht durch Vereinbarung abgewichen werden kann.

Kapitel V. Gemeinsame Vorschriften

Art. 15 Geltungsbereich des anzuwendenden Rechts. Das nach dieser Verordnung auf außervertragliche Schuldverhältnisse anzuwendende Recht ist insbesondere maßgebend für

a) den Grund und den Umfang der Haftung einschließlich der Bestimmung der Personen, die für ihre Handlungen haftbar gemacht werden können;

b) die Haftungsausschlussgründe sowie jede Beschränkung oder Teilung der Haftung;

c) das Vorliegen, die Art und die Bemessung des Schadens oder der geforderten Wiedergutmachung;

d) die Maßnahmen, die ein Gericht innerhalb der Grenzen seiner verfahrensrechtlichen Befugnisse zur Vorbeugung, zur Beendigung oder zum Ersatz des Schadens anordnen kann;

e) die Übertragbarkeit, einschließlich der Vererbbarkeit, des Anspruchs auf Schadenersatz oder Wiedergutmachung;

f) die Personen, die Anspruch auf Ersatz eines persönlich erlittenen Schadens haben;

g) die Haftung für die von einem anderen begangenen Handlungen;

h) die Bedingungen für das Erlöschen von Verpflichtungen und die Vorschriften über die Verjährung und die Rechtsverluste, einschließlich der Vorschriften über den Beginn, die Unterbrechung und die Hemmung der Verjährungsfristen und der Fristen für den Rechtsverlust.

Art. 16 Eingriffsnormen. Diese Verordnung berührt nicht die Anwendung der nach dem Recht des Staates des angerufenen Gerichts geltenden Vorschriften, die ohne Rücksicht auf das für das außervertragliche Schuldverhältnis maßgebende Recht den Sachverhalt zwingend regeln.

Art. 17 Sicherheits- und Verhaltensregeln. Bei der Beurteilung des Verhaltens der Person, deren Haftung geltend gemacht wird, sind faktisch und soweit angemessen die Sicherheits- und Verhaltensregeln zu berücksichtigen, die an dem Ort und zu dem Zeitpunkt des haftungsbegründenden Ereignisses in Kraft sind.

Art. 18 Direktklage gegen den Versicherer des Haftenden. Der Geschädigte kann seinen Anspruch direkt gegen den Versicherer des Haftenden geltend machen, wenn dies nach dem auf das außervertragliche Schuldverhältnis oder nach dem auf den Versicherungsvertrag anzuwendenden Recht vorgesehen ist.

Art. 19 Gesetzlicher Forderungsübergang. Hat eine Person („der Gläubiger") aufgrund eines außervertraglichen Schuldverhältnisses eine

Forderung gegen eine andere Person („den Schuldner") und hat ein Dritter die Verpflichtung, den Gläubiger zu befriedigen, oder befriedigt er den Gläubiger aufgrund dieser Verpflichtung, so bestimmt das für die Verpflichtung des Dritten gegenüber dem Gläubiger maßgebende Recht, ob und in welchem Umfang der Dritte die Forderung des Gläubigers gegen den Schuldner nach dem für deren Beziehungen maßgebenden Recht geltend zu machen berechtigt ist.

Art. 20 Mehrfache Haftung. Hat ein Gläubiger eine Forderung gegen mehrere für dieselbe Forderung haftende Schuldner und ist er von einem der Schuldner vollständig oder teilweise befriedigt worden, so bestimmt sich der Anspruch dieses Schuldners auf Ausgleich durch die anderen Schuldner nach dem Recht, das auf die Verpflichtung dieses Schuldners gegenüber dem Gläubiger aus dem außervertraglichen Schuldverhältnis anzuwenden ist.

Art. 21 Form. Eine einseitige Rechtshandlung, die ein außervertragliches Schuldverhältnis betrifft, ist formgültig, wenn sie die Formerfordernisse des für das betreffende außervertragliche Schuldverhältnis maßgebenden Rechts oder des Rechts des Staates, in dem sie vorgenommen wurde, erfüllt.

Art. 22 Beweis. (1) Das nach dieser Verordnung für das außervertragliche Schuldverhältnis maßgebende Recht ist insoweit anzuwenden, als es für außervertragliche Schuldverhältnisse gesetzliche Vermutungen aufstellt oder die Beweislast verteilt.

(2) Zum Beweis einer Rechtshandlung sind alle Beweisarten des Rechts des angerufenen Gerichts oder eines der in Artikel 21 bezeichneten Rechte, nach denen die Rechtshandlung formgültig ist, zulässig, sofern der Beweis in dieser Art vor dem angerufenen Gericht erbracht werden kann.

Kapitel VI. Sonstige Vorschriften

Art. 23 Gewöhnlicher Aufenthalt. (1) Für die Zwecke dieser Verordnung ist der Ort des gewöhnlichen Aufenthalts von Gesellschaften, Vereinen und juristischen Personen der Ort ihrer Hauptverwaltung.

Wenn jedoch das schadensbegründende Ereignis oder der Schaden aus dem Betrieb einer Zweigniederlassung, einer Agentur oder einer sonstigen Niederlassung herrührt, steht dem Ort des gewöhnlichen Aufenthalts der Ort gleich, an dem sich diese Zweigniederlassung, Agentur oder sonstige Niederlassung befindet.

(2) Im Sinne dieser Verordnung ist der gewöhnliche Aufenthalt einer natürlichen Person, die im Rahmen der Ausübung ihrer beruflichen Tätigkeit handelt, der Ort ihrer Hauptniederlassung.

Art. 24 Ausschluss der Rück- und Weiterverweisung. Unter dem nach dieser Verordnung anzuwendenden Recht eines Staates sind die in diesem Staat geltenden Rechtsnormen unter Ausschluss derjenigen des Internationalen Privatrechts zu verstehen.

Art. 25 Staaten ohne einheitliche Rechtsordnung. (1) Umfasst ein Staat mehrere Gebietseinheiten, von denen jede für außervertragliche Schuldverhältnisse ihre eigenen Rechtsnormen hat, so gilt für die Bestimmung des nach dieser Verordnung anzuwendenden Rechts jede Gebietseinheit als Staat.

(2) Ein Mitgliedstaat, in dem verschiedene Gebietseinheiten ihre eigenen Rechtsnormen für außervertragliche Schuldverhältnisse haben, ist nicht verpflichtet, diese Verordnung auf Kollisionen zwischen den Rechtsordnungen dieser Gebietseinheiten anzuwenden.

Art. 26 Öffentliche Ordnung im Staat des angerufenen Gerichts. Die Anwendung einer Vorschrift des nach dieser Verordnung bezeichneten Rechts kann nur versagt werden, wenn ihre Anwendung mit der öffentlichen Ordnung („ordre public") des Staates des angerufenen Gerichts offensichtlich unvereinbar ist.

Art. 27 Verhältnis zu anderen Gemeinschaftsrechtsakten. Diese Verordnung berührt nicht die Anwendung von Vorschriften des Gemeinschaftsrechts, die für besondere Gegenstände Kollisionsnormen für außervertragliche Schuldverhältnisse enthalten.

Art. 28 Verhältnis zu bestehenden internationalen Übereinkommen. (1) Diese Verordnung berührt nicht die Anwendung der internationalen Übereinkommen, denen ein oder mehrere Mitgliedstaaten zum Zeitpunkt der Annahme dieser Verordnung angehören und die Kollisionsnormen für außervertragliche Schuldverhältnisse enthalten.

(2) Diese Verordnung hat jedoch in den Beziehungen zwischen den Mitgliedstaaten Vorrang vor den ausschließlich zwischen zwei oder mehreren Mitgliedstaaten geschlossenen Übereinkommen, soweit diese Bereiche betreffen, die in dieser Verordnung geregelt sind.

Kapitel VII. Schlussbestimmungen

Art. 29 Verzeichnis der Übereinkommen. (1) Die Mitgliedstaaten übermitteln der Kommission spätestens 11. Juli 2008 die Übereinkommen gemäß Artikel 28 Absatz 1. Kündigen die Mitgliedstaaten nach diesem Stichtag eines dieser Übereinkommen, so setzen sie die Kommission davon in Kenntnis.

(2) Die Kommission veröffentlicht im *Amtsblatt der Europäischen Union* innerhalb von sechs Monaten nach deren Erhalt

i) ein Verzeichnis der in Absatz 1 genannten Übereinkommen;
ii) die in Absatz 1 genannten Kündigungen.

Art. 30 Überprüfungsklausel. (1) Die Kommission legt dem Europäischen Parlament, dem Rat und dem Europäischen Wirtschafts- und Sozialausschuss bis spätestens 20. August 2011 einen Bericht über die Anwendung dieser Verordnung vor. Diesem Bericht werden gegebenenfalls Vorschläge zur Anpassung der Verordnung beigefügt. Der Bericht umfasst:

i) eine Untersuchung über Auswirkungen der Art und Weise, in der mit ausländischem Recht in den verschiedenen Rechtsordnungen umgegangen wird, und darüber, inwieweit die Gerichte in den Mitgliedstaaten ausländisches Recht aufgrund dieser Verordnung in der Praxis anwenden;
ii) eine Untersuchung der Auswirkungen von Artikel 28 der vorliegenden Verordnung im Hinblick auf das Haager Übereinkommen vom 4. Mai 1971 über das auf Verkehrsunfälle anzuwendende Recht.

(2) Die Kommission legt dem Europäischen Parlament, dem Rat und dem Europäischen Wirtschafts- und Sozialausschuss bis spätestens 31. Dezember 2008 eine Untersuchung zum Bereich des auf außervertragliche Schuldverhältnisse aus der Verletzung der Privatsphäre oder der Persönlichkeitsrechte anzuwendenden Rechts vor, wobei die Regeln über die Pressefreiheit und die Meinungsfreiheit in den Medien sowie die kollisionsrechtlichen Aspekte im Zusammenhang mit der Richtlinie 95/46/EG des Europäischen Parlaments und des Rates vom 24. Oktober 1995 zum Schutz natürlicher Personen bei der Verarbeitung personenbezogener Daten und zum freien Datenverkehr[1] zu berücksichtigen sind.

Art. 31 Zeitliche Anwendbarkeit. Diese Verordnung wird auf schadensbegründende Ereignisse angewandt, die nach ihrem Inkrafttreten eintreten.

Art. 32 Zeitpunkt des Beginns der Anwendung. Diese Verordnung gilt ab dem 11. Januar 2009, mit Ausnahme des Artikels 29, der ab dem 11. Juli 2008 gilt.

Diese Verordnung ist in allen ihren Teilen verbindlich und gilt gemäß dem Vertrag zur Gründung der Europäischen Gemeinschaft unmittelbar in den Mitgliedstaaten.

Erklärung der Kommission zur Überprüfungsklausel (Artikel 30)

Die Kommission wird auf entsprechende Aufforderung durch das Europäische Parlament und den Rat im Rahmen von Artikel 30 der Verordnung Rom II hin, bis spätestens Dezember 2008 eine Untersu-

[1] ABl. L 281 vom 23. 11. 1995, S. 31.

chung zu dem auf außervertragliche Schuldverhältnisse aus der Verletzung der Privatsphäre oder der Persönlichkeitsrechte anwendbaren Recht vorlegen. Die Kommission wird allen Aspekten Rechnung tragen und erforderlichenfalls geeignete Maßnahmen ergreifen.

Erklärung der Kommission zu Straßenverkehrsunfällen

In Anbetracht der unterschiedlichen Höhe des Schadenersatzes, der den Opfern von Straßenverkehrsunfällen in den Mitgliedstaaten zugesprochen wird, ist die Kommission bereit, die spezifischen Probleme zu untersuchen, mit denen EU-Ansässige bei Straßenverkehrsunfällen in einem anderen Mitgliedstaat als dem ihres gewöhnlichen Aufenthalts konfrontiert sind. Die Kommission wird dem Europäischen Parlament und dem Rat bis Ende 2008 hierzu eine Untersuchung zu allen Optionen einschließlich Versicherungsaspekten vorlegen, wie die Position gebietsfremder Unfallopfer verbessert werden kann. Diese Untersuchung würde den Weg zur Ausarbeitung eines Grünbuches bahnen.

Erklärung der Kommission zur Behandlung ausländischen Rechts

In Anbetracht der unterschiedlichen Behandlung ausländischen Rechts in den Mitgliedstaaten wird die Kommission, sobald die Untersuchung vorliegt, spätestens aber vier Jahre nach Inkrafttreten der Verordnung Rom II eine Untersuchung zur Anwendung ausländischen Rechts in Zivil- und Handelssachen durch die Gerichte der Mitgliedstaaten unter Berücksichtigung der Ziele des Haager Programms veröffentlichen. Die Kommission ist bereit, erforderlichenfalls geeignete Maßnahmen zu ergreifen.

165. Verordnung (EG) Nr. 1/2003 des Rates zur Durchführung der in den Artikeln 81 und 82 des Vertrags niedergelegten Wettbewerbsregeln (KartellverfahrensVO)[1)]

Vom 16. Dezember 2002[2)]

(ABl. Nr. L 1/1 v. 4. 1. 2003, geänd. durch VO (EG) Nr. 411/2004 v. 26. 2. 2004 ABl. Nr. L 68/1 v. 6. 3. 2004, VO Nr. 1419/2006 v. 25. 9. 2006, ABl. Nr. L 269/1), VO Nr. 169/2009 v. 26. 2. 2009, ABl. Nr. L 61/1 v. 11. 3. 2009, VO Nr. 246/2009 v. 26. 2. 2009, ABl. Nr. L 79/1 v. 25. 3. 2009 und VO Nr. 487/2009 v. 25. 5. 2009, ABl. Nr. L 148/1 v. 11. 6. 2009)

DER RAT DER EUROPÄISCHEN UNION

GESTÜTZT auf den Vertrag zur Gründung der Europäischen Gemeinschaft, insbesondere auf Artikel 83,

AUF VORSCHLAG der Kommission[3)],

NACH STELLUNGNAHME des Europäischen Parlaments[4)],

NACH STELLUNGNAHME des Wirtschafts- und Sozialausschusses[5)],

IN ERWÄGUNG nachstehender Gründe:

(1) Zur Schaffung eines Systems, das gewährleistet, dass der Wettbewerb im Gemeinsamen Markt nicht verfälscht wird, muss für eine wirksame und einheitliche Anwendung der Artikel 81 und 82 des Vertrags in der Gemeinschaft gesorgt werden. Mit der Verordnung Nr. 17 des Rates vom 6. Februar 1962, Erste Durchführungsverordnung zu den Artikeln 81 und 82[6)] des Vertrags[7)], wurden die Voraussetzungen für die Entwicklung einer Gemeinschaftspolitik im Bereich des Wettbewerbsrechts geschaffen, die zur Verbreitung einer Wettbewerbskultur in der Gemeinschaft beigetragen hat. Es ist nunmehr jedoch an der Zeit, vor dem Hintergrund der gewonnenen Erfahrung die genannte Verordnung zu ersetzen und Regeln vorzusehen, die den Herausforderungen des Binnenmarkts und einer künftigen Erweiterung der Gemeinschaft gerecht werden.

(2) Zu überdenken ist insbesondere die Art und Weise, wie die in Artikel 81 Absatz 3 des Vertrags enthaltene Ausnahme vom Verbot wettbewerbsbeschränkender Vereinbarungen anzuwenden ist. Dabei ist nach Artikel 83 Absatz 2 Buchstabe b) des Vertrags dem Erfordernis einer wirksamen Überwachung bei möglichst einfacher Verwaltungskontrolle Rechnung zu tragen.

(3) Das durch die Verordnung Nr. 17 geschaffene zentralisierte System ist nicht mehr imstande, diesen beiden Zielsetzungen in ausgewo-

---

1) *Diese Bezeichnung ist nicht amtlich.*

2) Gem. ihrem Art. 45 gilt die VO ab 1. 5. 2004. Sie ersetzt die VO Nr. 17 vom 6. 2. 1962.

3) **Amtl. Anm.:** ABl. C 365 E vom 19. 12. 2000, S. 284.

4) **Amtl. Anm.:** ABl. C 72 E vom 21. 3. 2002, S. 305.

5) **Amtl. Anm.:** ABl. C 155 vom 29. 5. 2001, S. 73.

6) **Amtl. Anm.:** Der Titel der Verordnung Nr. 17 wurde angepasst, um der Umnummerierung der Artikel des EG-Vertrags gemäß Artikel 12 des Vertrags von Amsterdam Rechnung zu tragen; ursprünglich wurde auf die Artikel 85 und 86 Bezug genommen.

7) **Amtl. Anm.:** ABl. 13 vom 21. 2. 1962, S. 204/62. Zuletzt geändert durch die Verordnung (EG) Nr. 1216/1999 (ABl. L 148 vom 15. 6. 1999, S. 5).

gener Weise gerecht zu werden. Dieses System schränkt die Gerichte und die Wettbewerbsbehörden der Mitgliedstaaten bei der Anwendung der gemeinschaftlichen Wettbewerbsregeln ein, und das mit ihm verbundene Anmeldeverfahren hindert die Kommission daran, sich auf die Verfolgung der schwerwiegendsten Verstöße zu konzentrieren. Darüber hinaus entstehen den Unternehmen durch dieses System erhebliche Kosten.

(4) Das zentralisierte Anmeldesystem sollte daher durch ein Legalausnahmesystem ersetzt werden, bei dem die Wettbewerbsbehörden und Gerichte der Mitgliedstaaten nicht nur zur Anwendung der nach der Rechtsprechung des Gerichtshofs der Europäischen Gemeinschaften direkt anwendbaren Artikel 81 Absatz 1 und Artikel 82 des Vertrags befugt sind, sondern auch zur Anwendung von Artikel 81 Absatz 3 des Vertrags.

(5) Um für die wirksame Durchsetzung der Wettbewerbsvorschriften der Gemeinschaft zu sorgen und zugleich die Achtung der grundlegenden Verteidigungsrechte zu gewährleisten, muss in dieser Verordnung die Beweislast für die Artikel 81 und 82 des Vertrags geregelt werden. Der Partei oder Behörde, die den Vorwurf einer Zuwiderhandlung gegen Artikel 81 Absatz 1 oder Artikel 82 des Vertrags erhebt, sollte es obliegen, diese Zuwiderhandlung gemäß den einschlägigen rechtlichen Anforderungen nachzuweisen. Den Unternehmen oder Unternehmensverbänden, die sich gegenüber der Feststellung einer Zuwiderhandlung auf eine Rechtfertigung berufen möchten, sollte es obliegen, im Einklang mit den einschlägigen rechtlichen Anforderungen den Nachweis zu erbringen, dass die Voraussetzungen für diese Rechtfertigung erfüllt sind. Diese Verordnung berührt weder die nationalen Rechtsvorschriften über das Beweismaß noch die Verpflichtung der Wettbewerbsbehörden und Gerichte der Mitgliedstaaten, zur Aufklärung rechtserheblicher Sachverhalte beizutragen, sofern diese Rechtsvorschriften und Anforderungen im Einklang mit den allgemeinen Grundsätzen des Gemeinschaftsrechts stehen.

(6) Die wirksame Anwendung der Wettbewerbsregeln der Gemeinschaft setzt voraus, dass die Wettbewerbsbehörden der Mitgliedstaaten stärker an der Anwendung beteiligt werden. Dies wiederum bedeutet, dass sie zur Anwendung des Gemeinschaftsrechts befugt sein sollten.

(7) Die einzelstaatlichen Gerichte erfüllen eine wesentliche Aufgabe bei der Anwendung der gemeinschaftlichen Wettbewerbsregeln. In Rechtsstreitigkeiten zwischen Privatpersonen schützen sie die sich aus dem Gemeinschaftsrecht ergebenden subjektiven Rechte, indem sie unter anderem den durch die Zuwiderhandlung Geschädigten Schadenersatz zuerkennen. Sie ergänzen in dieser Hinsicht die Aufgaben der einzelstaatlichen Wettbewerbsbehörden. Ihnen sollte daher gestattet werden, die Artikel 81 und 82 des Vertrags in vollem Umfang anzuwenden.

(8) Um die wirksame Durchsetzung der Wettbewerbsregeln der Gemeinschaft und das reibungslose Funktionieren der in dieser Verordnung enthaltenen Formen der Zusammenarbeit zu gewährleisten, müssen die Wettbewerbsbehörden und die Gerichte in den Mitgliedstaaten verpflichtet sein, auch die Artikel 81 und 82 des Vertrags anzuwenden, wenn sie innerstaatliches Wettbewerbsrecht auf Vereinbarungen und Verhaltensweisen, die den Handel zwischen den Mitgliedstaaten beeinträchtigen können, anwenden. Um für Vereinbarungen, Beschlüsse von Unternehmensvereinigungen und aufeinander abgestimmte Verhaltensweisen gleiche Bedingungen im Binnenmarkt zu schaffen, ist es ferner erforderlich, auf der Grundlage von Artikel 83 Absatz 2 Buchstabe e) des Vertrags das Verhältnis zwischen dem innerstaatlichen Recht und dem Wettbewerbsrecht der Gemeinschaft zu bestimmen. Dazu muss gewährleistet werden, dass die Anwendung innerstaatlichen Wettbewerbsrechts auf Vereinbarungen, Beschlüsse und abgestimmte Verhaltensweisen im Sinne von Artikel 81 Absatz 1 des Vertrags nur dann zum Verbot solcher Vereinbarungen, Beschlüsse und abgestimmten Verhaltensweisen führen darf, wenn sie auch nach dem Wettbewerbsrecht der Gemeinschaft verboten sind. Die Begriffe Vereinbarungen, Beschlüsse und abgestimmte Verhaltensweisen sind autonome Konzepte des Wettbewerbsrechts der Gemeinschaft für die Erfassung eines koordinierten Verhaltens von Unternehmen am Markt im Sinne der Auslegung dieser Begriffe durch die Gerichte der Gemeinschaft. Nach dieser Verordnung darf den Mitgliedstaaten nicht das Recht verwehrt werden, in ihrem Hoheitsgebiet strengere innerstaatliche Wettbewerbsvorschriften zur Unterbindung oder Ahndung einseitiger Handlungen von Unternehmen zu erlassen oder anzuwenden. Diese strengeren einzelstaatlichen Rechtsvorschriften können Bestimmungen zum Verbot oder zur Ahndung missbräuchlichen Verhaltens gegenüber wirtschaftlich abhängigen Unternehmen umfassen. Ferner gilt die vorliegende Verordnung nicht für innerstaatliche Rechtsvorschriften, mit denen natürlichen Personen strafrechtliche Sanktionen auferlegt werden, außer wenn solche Sanktionen als Mittel dienen, um die für Unternehmen geltenden Wettbewerbsregeln durchzusetzen.

(9) Ziel der Artikel 81 und 82 des Vertrags ist der Schutz des Wettbewerbs auf dem Markt. Diese Verordnung, die der Durchführung dieser Vertragsbestimmungen dient, verwehrt es den Mitgliedstaaten nicht, in ihrem Hoheitsgebiet innerstaatliche Rechtsvorschriften zu erlassen, die andere legitime Interessen schützen, sofern diese Rechtsvorschriften im Einklang mit den allgemeinen Grundsätzen und übrigen Bestimmungen des Gemeinschaftsrechts stehen. Sofern derartige Rechtsvorschriften überwiegend auf ein Ziel gerichtet sind, das von dem des Schutzes des Wettbewerbs auf dem Markt abweicht, dürfen die Wettbewerbsbehörden und Gerichte in den Mitgliedstaaten solche Rechtsvorschriften in ih-

rem Hoheitsgebiet anwenden. Dementsprechend dürfen die Mitgliedstaaten im Rahmen dieser Verordnung in ihrem Hoheitsgebiet innerstaatliche Rechtsvorschriften anwenden, mit denen unlautere Handelspraktiken – unabhängig davon, ob diese einseitig ergriffen oder vertraglich vereinbart wurden – untersagt oder geahndet werden. Solche Rechtsvorschriften verfolgen ein spezielles Ziel, das die tatsächlichen oder vermuteten Wirkungen solcher Handlungen auf den Wettbewerb auf dem Markt unberücksichtigt lässt. Das trifft insbesondere auf Rechtsvorschriften zu, mit denen Unternehmen untersagt wird, bei ihren Handelspartnern ungerechtfertigte, unverhältnismäßige oder keine Gegenleistungen umfassende Bedingungen zu erzwingen, zu erhalten oder den Versuch hierzu zu unternehmen.

(10) Aufgrund von Verordnungen des Rates wie 19/65/EWG[1], (EWG) Nr. 2821/71[2], (EWG) Nr. 3976/87[3], (EWG) Nr. 1534/91[4] oder (EWG) Nr. 479/92[5] ist die Kommission befugt, Artikel 81 Absatz 3 des Vertrags durch Verordnung auf bestimmte Gruppen von Vereinbarungen, Beschlüssen von Unternehmensvereinigungen und aufeinander abgestimmten Verhaltensweisen

---

[1] **Amtl. Anm.:** Verordnung Nr. 19/65/EWG des Rates vom 2. März 1965 über die Anwendung von Artikel 81 Absatz 3 (Die Titel der Verordnungen wurden geändert, um der Umnummerierung der Artikel des EG-Vertrags gemäß Artikel 12 des Vertrags von Amsterdam Rechnung zu tragen; ursprünglich wurde auf Artikel 85 Absatz 3 Bezug genommen.) des Vertrags auf Gruppen von Vereinbarungen und aufeinander abgestimmten Verhaltensweisen (ABl. 36 vom 6. 3. 1965, S. 533). Verordnung zuletzt geändert durch die Verordnung (EG) Nr. 1215/1999 (ABl. L 148 vom 15. 6. 1999, S. 1).

[2] **Amtl. Anm.:** Verordnung (EWG) Nr. 2821/71 des Rates vom 20. Dezember 1971 über die Anwendung von Artikel 81 Absatz 3 (Die Titel der Verordnungen wurden geändert, um der Umnummerierung der Artikel des EG-Vertrags gemäß Artikel 12 des Vertrags von Amsterdam Rechnung zu tragen; ursprünglich wurde auf Artikel 85 Absatz 3 Bezug genommen.) des Vertrags auf Gruppen von Vereinbarungen, Beschlüssen und aufeinander abgestimmten Verhaltensweisen (ABl. L 285 vom 29. 12. 1971, S. 46). Verordnung zuletzt geändert durch die Beitrittsakte von 1994.

[3] **Amtl. Anm.:** Verordnung (EWG) Nr. 3976/87 des Rates vom 14. Dezember 1987 zur Anwendung von Artikel 81 Absatz 3 (Die Titel der Verordnungen wurden geändert, um der Umnummerierung der Artikel des EG-Vertrags gemäß Artikel 12 des Vertrags von Amsterdam Rechnung zu tragen; ursprünglich wurde auf Artikel 85 Absatz 3 Bezug genommen.) des Vertrags auf bestimmte Gruppen von Vereinbarungen und aufeinander abgestimmten Verhaltensweisen im Luftverkehr (ABl. L 374 vom 31. 12. 1987, S. 9). Verordnung zuletzt geändert durch die Beitrittsakte von 1994.

[4] **Amtl. Anm.:** Verordnung (EWG) Nr. 1534/91 des Rates vom 31. Mai 1991 über die Anwendung von Artikel 81 Absatz 3 (Die Titel der Verordnungen wurden geändert, um der Umnummerierung der Artikel des EG-Vertrags gemäß Artikel 12 des Vertrags von Amsterdam Rechnung zu tragen; ursprünglich wurde auf Artikel 85 Absatz 3 Bezug genommen.) des Vertrags auf bestimmte Gruppen von Vereinbarungen, Beschlüssen und aufeinander abgestimmten Verhaltensweisen im Bereich der Versicherungswirtschaft (ABl. L 143 vom 7. 6. 1991, S. 1).

[5] **Amtl. Anm.:** Verordnung (EWG) Nr. 479/92 des Rates vom 25. Februar 1992 über die Anwendung des Artikels 81 Absatz 3 (Die Titel der Verordnungen wurden geändert, um der Umnummerierung der Artikel des EG-Vertrags gemäß Artikel 12 des Vertrags von Amsterdam Rechnung zu tragen; ursprünglich wurde auf Artikel 85 Absatz 3 Bezug genommen.) des Vertrags auf bestimmte Gruppen von Vereinbarungen, Beschlüssen und aufeinander abgestimmten Verhaltensweisen zwischen Seeschifffahrtsunternehmen (Konsortien) (ABl. L 55 vom 29. 2. 1992, S. 3). Verordnung zuletzt geändert durch die Beitrittsakte von 1994.

anzuwenden. In den durch derartige Verordnungen bestimmten Bereichen hat die Kommission so genannte Gruppenfreistellungsverordnungen erlassen, mit denen sie Artikel 81 Absatz 1 des Vertrags auf Gruppen von Vereinbarungen, Beschlüssen oder aufeinander abgestimmten Verhaltensweisen für nicht anwendbar erklärt, und sie kann dies auch weiterhin tun. Soweit Vereinbarungen, Beschlüsse oder aufeinander abgestimmte Verhaltensweisen, auf die derartige Verordnungen Anwendung finden, dennoch Wirkungen haben, die mit Artikel 81 Absatz 3 des Vertrags unvereinbar sind, sollten die Kommission und die Wettbewerbsbehörden der Mitgliedstaaten die Befugnis haben, in einem bestimmten Fall den Rechtsvorteil der Gruppenfreistellungsverordnung zu entziehen.

(11) Zur Erfüllung ihrer Aufgabe, für die Anwendung des Vertrags Sorge zu tragen, sollte die Kommission an Unternehmen oder Unternehmensvereinigungen Entscheidungen mit dem Ziel richten können, Zuwiderhandlungen gegen die Artikel 81 und 82 des Vertrags abzustellen. Sie sollte, sofern ein berechtigtes Interesse besteht, auch dann Entscheidungen zur Feststellung einer Zuwiderhandlung erlassen können, wenn die Zuwiderhandlung beendet ist, selbst wenn sie keine Geldbuße auferlegt. Außerdem sollte der Kommission in dieser Verordnung ausdrücklich die ihr vom Gerichtshof zuerkannte Befugnis übertragen werden, Entscheidungen zur Anordnung einstweiliger Maßnahmen zu erlassen.

(12) Mit dieser Verordnung sollte der Kommission ausdrücklich die Befugnis übertragen werden, unter Beachtung des Grundsatzes der Verhältnismäßigkeit alle strukturellen oder auf das Verhalten abzielenden Maßnahmen festzulegen, die zur effektiven Abstellung einer Zuwiderhandlung erforderlich sind. Maßnahmen struktureller Art sollten nur in Ermangelung einer verhaltensorientierten Maßnahme von gleicher Wirksamkeit festgelegt werden, oder wenn letztere im Vergleich zu Maßnahmen struktureller Art mit einer größeren Belastung für das betroffene Unternehmen verbunden wäre. Änderungen an der Unternehmensstruktur, wie sie vor der Zuwiderhandlung bestand, sind nur dann verhältnismäßig, wenn ein erhebliches, durch die Struktur eines Unternehmens als solcher bedingtes Risiko anhaltender oder wiederholter Zuwiderhandlungen gegeben ist.

(13) Bieten Unternehmen im Rahmen eines Verfahrens, das auf eine Verbotsentscheidung gerichtet ist, der Kommission an, Verpflich*tungen einzugehen*, die geeignet sind, die Bedenken der Kommission auszuräumen, so sollte die Kommission diese Verpflichtungszusagen durch Entscheidung für die Unternehmen bindend erklären können. Ohne die Frage zu beantworten, ob eine Zuwiderhandlung vorgelegen hat oder noch vorliegt, sollte in solchen Entscheidungen festgestellt werden, dass für ein Tätigwerden der Kommission kein Anlass mehr besteht. Entscheidungen bezüglich Verpflichtungszusagen lassen die Befugnisse der Wettbewerbs-

behörden und der Gerichte der Mitgliedstaaten, das Vorliegen einer Zuwiderhandlung festzustellen und über den Fall zu entscheiden, unberührt. Entscheidungen bezüglich Verpflichtungszusagen sind für Fälle ungeeignet, in denen die Kommission eine Geldbuße aufzuerlegen beabsichtigt.

(14) In Ausnahmefällen, wenn es das öffentliche Interesse der Gemeinschaft gebietet, kann es auch zweckmäßig sein, dass die Kommission eine Entscheidung deklaratorischer Art erlässt, mit der die Nichtanwendung des in Artikel 81 oder Artikel 82 des Vertrags verankerten Verbots festgestellt wird, um die Rechtslage zu klären und eine einheitliche Rechtsanwendung in der Gemeinschaft sicherzustellen; dies gilt insbesondere in Bezug auf neue Formen von Vereinbarungen oder Verhaltensweisen, deren Beurteilung durch die bisherige Rechtsprechung und Verwaltungspraxis noch nicht geklärt ist.

(15) Die Kommission und die Wettbewerbsbehörden der Mitgliedstaaten sollen gemeinsam ein Netz von Behörden bilden, die die EG-Wettbewerbsregeln in enger Zusammenarbeit anwenden. Zu diesem Zweck müssen Informations- und Konsultationsverfahren eingeführt werden. Nähere Einzelheiten betreffend die Zusammenarbeit innerhalb des Netzes werden von der Kommission in enger Abstimmung mit den Mitgliedstaaten festgelegt und überarbeitet.

(16) Der Austausch von Informationen, auch solchen vertraulicher Art, und die Verwendung solcher Informationen zwischen den Mitgliedern des Netzwerks sollte ungeachtet anders lautender einzelstaatlicher Vorschriften zugelassen werden. Diese Informationen dürfen für die Anwendung der Artikel 81 und 82 des Vertrags sowie für die parallel dazu erfolgende Anwendung des nationalen Wettbewerbsrechts verwendet werden, sofern letztere Anwendung den gleichen Fall betrifft und nicht zu einem anderen Ergebnis führt. Werden die ausgetauschten Informationen von der empfangenden Behörde dazu verwendet, Unternehmen Sanktionen aufzuerlegen, so sollte für die Verwendung der Informationen keine weitere Beschränkung als nur die Verpflichtung gelten, dass sie ausschließlich für den Zweck eingesetzt werden, für den sie zusammengetragen worden sind, da Sanktionen, mit denen Unternehmen belegt werden können, in allen Systemen von derselben Art sind. Die Verteidigungsrechte, die Unternehmen in den einzelnen Systemen zustehen, können als hinreichend gleichwertig angesehen werden. Bei natürlichen Personen dagegen können Sanktionen in den verschiedenen Systemen erheblich voneinander abweichen. In solchen Fällen ist dafür Sorge zu tragen, dass die Informationen nur dann verwendet werden, wenn sie in einer Weise erhoben wurden, die hinsichtlich der Wahrung der Verteidigungsrechte natürlicher Personen das gleiche Schutzniveau wie nach dem für die empfangende Behörde geltenden innerstaatlichen Recht gewährleistet.

(17) Um eine einheitliche Anwendung der Wettbewerbsregeln und gleichzeitig ein optimales Funktionieren des Netzwerks zu gewährleisten, muss die Regel beibehalten werden, dass die Wettbewerbsbehörden der Mitgliedstaaten automatisch ihre Zuständigkeit verlieren, sobald die Kommission ein Verfahren einleitet. Ist eine Wettbewerbsbehörde eines Mitgliedstaats in einem Fall bereits tätig und beabsichtigt die Kommission, ein Verfahren einzuleiten, sollte sie sich bemühen, dies so bald wie möglich zu tun. Vor der Einleitung eines Verfahrens sollte die Kommission die betreffende nationale Behörde konsultieren.

(18) Um eine optimale Verteilung der Fälle innerhalb des Netzwerks sicherzustellen, sollte eine allgemeine Bestimmung eingeführt werden, wonach eine Wettbewerbsbehörde ein Verfahren mit der Begründung aussetzen oder einstellen kann, dass sich eine andere Behörde mit demselben Fall befasst hat oder noch befasst. Ziel ist es, dass jeder Fall nur von einer Behörde bearbeitet wird. Diese Bestimmung sollte nicht der der Kommission durch die Rechtsprechung des Gerichtshofs zuerkannten Möglichkeit entgegenstehen, eine Beschwerde wegen fehlenden Gemeinschaftsinteresses abzuweisen, selbst wenn keine andere Wettbewerbsbehörde die Absicht bekundet hat, sich des Falls anzunehmen.

(19) Die Arbeitsweise des durch die Verordnung Nr. 17 eingesetzten Beratenden Ausschusses für Kartell- und Monopolfragen hat sich als sehr befriedigend erwiesen. Dieser Ausschuss fügt sich gut in das neue System einer dezentralen Anwendung des Wettbewerbsrechts ein. Es gilt daher, auf der Grundlage der Bestimmungen der Verordnung Nr. 17 aufzubauen und gleichzeitig die Arbeit effizienter zu gestalten. Hierzu ist es zweckmäßig, die Möglichkeit eines schriftlichen Verfahrens für die Stellungnahme vorzusehen. Der Beratende Ausschuss sollte darüber hinaus als Diskussionsforum für die von den Wettbewerbsbehörden der Mitgliedstaaten gerade bearbeiteten Fälle dienen können, um auf diese Weise dazu beizutragen, dass die Wettbewerbsregeln der Gemeinschaft einheitlich angewandt werden.

(20) Der Beratende Ausschuss sollte sich aus Vertretern der Wettbewerbsbehörden der Mitgliedstaaten zusammensetzen. In Sitzungen, in denen allgemeine Fragen zur Erörterung stehen, sollten die Mitgliedstaaten einen weiteren Vertreter entsenden dürfen. Unbeschadet hiervon können sich die Mitglieder des Ausschusses durch andere Experten des jeweiligen Mitgliedstaats unterstützen lassen.

(21) Die einheitliche Anwendung der Wettbewerbsregeln erfordert außerdem, Formen der Zusammenarbeit zwischen den Gerichten der Mitgliedstaaten und der Kommission vorzusehen. Dies gilt für alle Gerichte der Mitgliedstaaten, die die Artikel 81 und 82 des Vertrags zur Anwendung bringen, unabhängig davon, ob sie die betreffenden Regeln in Rechtsstreitigkeiten zwischen Privatparteien anzuwenden haben oder ob sie als Wettbewerbsbehörde oder als Rechtsmittelinstanz tätig werden. Insbesondere sollten die

einzelstaatlichen Gerichte die Möglichkeit erhalten, sich an die Kommission zu wenden, um Informationen oder Stellungnahmen zur Anwendung des Wettbewerbsrechts der Gemeinschaft zu erhalten. Der Kommission und den Wettbewerbsbehörden der Mitgliedstaaten wiederum muss die Möglichkeit gegeben werden, sich mündlich oder schriftlich vor einzelstaatlichen Gerichten zu äußern, wenn Artikel 81 oder 82 des Vertrags zur Anwendung kommt. Diese Stellungnahmen sollten im Einklang mit den einzelstaatlichen Verfahrensregeln und Gepflogenheiten, einschließlich derjenigen, die die Wahrung der Rechte der Parteien betreffen, erfolgen. Hierzu sollte dafür gesorgt werden, dass die Kommission und die Wettbewerbsbehörden der Mitgliedstaaten über ausreichende Informationen über Verfahren vor einzelstaatlichen Gerichten verfügen.

(22) In einem System paralleler Zuständigkeiten müssen im Interesse der Rechtssicherheit und der einheitlichen Anwendung der Wettbewerbsregeln der Gemeinschaft einander widersprechende Entscheidungen vermieden werden. Die Wirkungen von Entscheidungen und Verfahren der Kommission auf Gerichte und Wettbewerbsbehörden der Mitgliedstaaten müssen daher im Einklang mit der Rechtsprechung des Gerichtshofs geklärt werden. Von der Kommission angenommene Entscheidungen bezüglich Verpflichtungszusagen berühren nicht die Befugnis der Gerichte und der Wettbewerbsbehörden der Mitgliedstaaten, die Artikel 81 und 82 des Vertrags anzuwenden.

(23) Die Kommission sollte die Befugnis haben, im gesamten Bereich der Gemeinschaft die Auskünfte zu verlangen, die notwendig sind, um gemäß Artikel 81 des Vertrags verbotene Vereinbarungen, Beschlüsse und aufeinander abgestimmte Verhaltensweisen sowie die nach Artikel 82 des Vertrags untersagte missbräuchliche Ausnutzung einer beherrschenden Stellung aufzudecken. Unternehmen, die einer Entscheidung der Kommission nachkommen, können nicht gezwungen werden, eine Zuwiderhandlung einzugestehen; sie sind auf jeden Fall aber verpflichtet, Fragen nach Tatsachen zu beantworten und Unterlagen vorzulegen, auch wenn die betreffenden Auskünfte dazu verwendet werden können, den Beweis einer Zuwiderhandlung durch die betreffenden oder andere Unternehmen zu erbringen.

(24) Die Kommission sollte außerdem die Befugnis haben, die Nachprüfungen vorzunehmen, die notwendig sind, um gemäß Artikel 81 des Vertrags verbotene Vereinbarungen, Beschlüsse und aufeinander abgestimmte Verhaltensweisen sowie die nach Artikel 82 des Vertrags untersagte missbräuchliche Ausnutzung einer beherrschenden Stellung aufzudecken. Die Wettbewerbsbehörden der Mitgliedstaaten sollten bei der Ausübung dieser Befugnisse aktiv mitwirken.

(25) Da es zunehmend schwieriger wird, Verstöße gegen die Wettbewerbsregeln aufzudecken, ist es für einen wirksamen Schutz des

Wettbewerbs notwendig, die Ermittlungsbefugnisse der Kommission zu ergänzen. Die Kommission sollte insbesondere alle Personen, die eventuell über sachdienliche Informationen verfügen, befragen und deren Aussagen zu Protokoll nehmen können. Ferner sollten die von der Kommission beauftragten Bediensteten im Zuge einer Nachprüfung für die hierfür erforderliche Zeit eine Versiegelung vornehmen dürfen. Die Dauer der Versiegelung sollte in der Regel 72 Stunden nicht überschreiten. Die von der Kommission beauftragten Bediensteten sollten außerdem alle Auskünfte im Zusammenhang mit Gegenstand und Ziel der Nachprüfung einholen dürfen.

(26) Die Erfahrung hat gezeigt, dass in manchen Fällen Geschäftsunterlagen in der Wohnung von Führungskräften und Mitarbeitern der Unternehmen aufbewahrt werden. Im Interesse effizienter Nachprüfungen sollten daher die Bediensteten der Kommission und die anderen von ihr ermächtigten Personen zum Betreten aller Räumlichkeiten befugt sein, in denen sich Geschäftsunterlagen befinden können, einschließlich Privatwohnungen. Die Ausübung der letztgenannten Befugnis sollte jedoch eine entsprechende gerichtliche Entscheidung voraussetzen.

(27) Unbeschadet der Rechtsprechung des Gerichtshofs ist es sinnvoll, die Tragweite der Kontrolle darzulegen, die das nationale Gericht ausüben kann, wenn es, wie im innerstaatlichen Recht vorgesehen und als vorsorgliche Maßnahme, die Unterstützung durch Verfolgungsbehörden genehmigt, um sich über einen etwaigen Widerspruch des betroffenen Unternehmens hinwegzusetzen, oder wenn es die Vollstreckung einer Entscheidung zur Nachprüfung in anderen als Geschäftsräumen gestattet. Aus der Rechtsprechung ergibt sich, dass das nationale Gericht insbesondere von der Kommission weitere Klarstellungen anfordern kann, die es zur Ausübung seiner Kontrolle benötigt und bei deren Fehlen es die Genehmigung verweigern könnte. Ferner bestätigt die Rechtsprechung die Befugnis der nationalen Gerichte, die Einhaltung der für die Durchführung von Zwangsmaßnahmen geltenden Vorschriften des innerstaatlichen Rechts zu kontrollieren.

(28) Damit die Wettbewerbsbehörden der Mitgliedstaaten mehr Möglichkeiten zu einer wirksamen Anwendung der Artikel 81 und 82 des Vertrags erhalten, sollten sie einander im Rahmen von Nachprüfungen und anderen Maßnahmen zur Sachaufklärung Unterstützung gewähren können.

(29) Die Beachtung der Artikel 81 und 82 des Vertrags und die Erfüllung der den Unternehmen und Unternehmensvereinigungen in Anwendung dieser Verordnung auferlegten Pflichten sollten durch Geldbußen und Zwangsgelder sichergestellt werden können. Hierzu sind auch für Verstöße gegen Verfahrensvorschriften Geldbußen in angemessener Höhe vorzusehen.

(30) Um für eine tatsächliche Einziehung der Geldbußen zu sorgen, die Unternehmensvereinigungen wegen von ihnen begangener

Zuwiderhandlungen auferlegt werden, müssen die Bedingungen festgelegt werden, unter denen die Kommission von den Mitgliedern der Vereinigung die Zahlung der Geldbuße verlangen kann, wenn die Vereinigung selbst zahlungsunfähig ist. Dabei sollte die Kommission der relativen Größe der der Vereinigung angehörenden Unternehmen und insbesondere der Lage der kleinen und mittleren Unternehmen Rechnung tragen. Die Zahlung der Geldbuße durch eines oder mehrere der Mitglieder einer Vereinigung erfolgt unbeschadet der einzelstaatlichen Rechtsvorschriften, die einen Rückgriff auf andere Mitglieder der Vereinigung zur Erstattung des gezahlten Betrags ermöglichen.

(31) Die Regeln über die Verjährung bei der Auferlegung von Geldbußen und Zwangsgeldern sind in der Verordnung (EWG) Nr. 2988/74 des Rates[1] enthalten, die darüber hinaus Sanktionen im Verkehrsbereich zum Gegenstand hat. In einem System paralleler Zuständigkeiten müssen zu den Handlungen, die die Verjährung unterbrechen können, auch eigenständige Verfahrenshandlungen der Wettbewerbsbehörden der Mitgliedstaaten gerechnet werden. Im Interesse einer klareren Gestaltung des Rechtsrahmens empfiehlt es sich daher, die Verordnung (EWG) Nr. 2988/74 so zu ändern, dass sie im Anwendungsbereich der vorliegenden Verordnung keine Anwendung findet, und die Verjährung in der vorliegenden Verordnung zu regeln.

(32) Das Recht der beteiligten Unternehmen, von der Kommission gehört zu werden, sollte bestätigt werden. Dritten, deren Interessen durch eine Entscheidung betroffen sein können, sollte vor Erlass der Entscheidung Gelegenheit zur Äußerung gegeben werden, und die erlassenen Entscheidungen sollten auf breiter Ebene bekannt gemacht werden. Ebenso unerlässlich wie die Wahrung der Verteidigungsrechte der beteiligten Unternehmen, insbesondere des Rechts auf Akteneinsicht, ist der Schutz der Geschäftsgeheimnisse. Es sollte sichergestellt werden, dass die innerhalb des Netzwerks ausgetauschten Informationen vertraulich behandelt werden.

(33) Da alle Entscheidungen, die die Kommission nach Maßgabe dieser Verordnung erlässt, unter den im Vertrag festgelegten Voraussetzungen der Überwachung durch den Gerichtshof unterliegen, sollte der Gerichtshof gemäß Artikel 229 des Vertrags die Befugnis zu unbeschränkter Ermessensnachprüfung bei Entscheidungen der Kommission über die Auferlegung von Geldbußen oder Zwangsgeldern erhalten.

(34) Nach den Regeln der Verordnung Nr. 17 zur Durchführung der in den Artikeln 81 und 82 des Vertrags niedergelegten Grundsätze kommt den Organen der Gemeinschaft eine zentrale Stellung zu.

---

[1] **Amtl. Anm.:** Verordnung (EWG) Nr. 2988/74 des Rates vom 26. November 1974 über die Verfolgungs- und Vollstreckungsverjährung im Verkehrs- und Wettbewerbsrecht der Europäischen Wirtschaftsgemeinschaft (ABl. L 319 vom 29. 11. 1974, S. 1).

Diese gilt es zu bewahren, doch müssen gleichzeitig die Mitgliedstaaten stärker an der Anwendung der Wettbewerbsregeln der Gemeinschaft beteiligt werden. Im Einklang mit dem in Artikel 5 des Vertrags niedergelegten Subsidiaritäts- und Verhältnismäßigkeitsprinzip geht die vorliegende Verordnung nicht über das zur Erreichung ihres Ziels einer wirksamen Anwendung der Wettbewerbsregeln der Gemeinschaft Erforderliche hinaus.

(35) Um eine ordnungsgemäße Anwendung des gemeinschaftlichen Wettbewerbsrechts zu erreichen, sollten die Mitgliedstaaten Behörden bestimmen, die sie ermächtigen, Artikel 81 und 82 des Vertrags im öffentlichen Interesse anzuwenden. Sie sollten die Möglichkeit erhalten, sowohl Verwaltungsbehörden als auch Gerichte mit der Erfüllung der den Wettbewerbsbehörden in dieser Verordnung übertragenen Aufgaben zu betrauen. Mit der vorliegenden Verordnung wird anerkannt, dass für die Durchsetzung der Wettbewerbsregeln im öffentlichen Interesse in den Mitgliedstaaten sehr unterschiedliche Systeme bestehen. Die Wirkung von Artikel 11 Absatz 6 dieser Verordnung sollte sich auf alle Wettbewerbsbehörden erstrecken. Als Ausnahme von dieser allgemeinen Regel sollte, wenn eine mit der Verfolgung von Zuwiderhandlungen betraute Verwaltungsbehörde einen Fall vor ein von ihr getrenntes Gericht bringt, Artikel 11 Absatz 6 für die verfolgende Behörde nach Maßgabe der Bedingungen in Artikel 35 Absatz 4 dieser Verordnung gelten. Sind diese Bedingungen nicht erfüllt, sollte die allgemeine Regel gelten. Auf jeden Fall sollte Artikel 11 Absatz 6 nicht für Gerichte gelten, soweit diese als Rechtsmittelinstanzen tätig werden.

(36) Nachdem der Gerichtshof in seiner Rechtsprechung klargestellt hat, dass die Wettbewerbsregeln auch für den Verkehr gelten, muss dieser Sektor den Verfahrensvorschriften der vorliegenden Verordnung unterworfen werden. Daher sollte die Verordnung Nr. 141 des Rates vom 26. November 1962 über die Nichtanwendung der Verordnung Nr. 17 des Rates auf den Verkehr[1] aufgehoben werden und die Verordnungen des Rates (EWG) Nr. 1017/68[2], (EWG) Nr. 4056/86[3] und (EWG) Nr. 3975/87[4]

---

[1] **Amtl. Anm.:** ABl. 124 vom 28. 11. 1962, S. 2751/62. Geändert durch die Verordnung Nr. 1002/67/EWG (ABl. 306 vom 16. 12. 1967, S. 1).

[2] **Amtl. Anm.:** Verordnung (EWG) Nr. 1017/68 des Rates vom 19. Juli 1968 über die Anwendung von Wettbewerbsregeln auf dem Gebiet des Eisenbahn-, Straßen- und Binnenschiffsverkehrs (ABl. L 175 vom 23. 7. 1968, S. 1). Zuletzt geändert durch die Beitrittsakte von 1994.

[3] **Amtl. Anm.:** Verordnung (EWG) Nr. 4056/86 des Rates vom 22. Dezember 1986 über die Einzelheiten der Anwendung der Artikel 81 und 82 (Die Titel der Verordnungen wurden geändert, um der Umnummerierung der Artikel des EG-Vertrags gemäß Artikel 12 des Vertrags von Amsterdam Rechnung zu tragen; ursprünglich wurde auf Artikel 85 Absatz 3 Bezug genommen.) des Vertrags auf den Seeverkehr (ABl. L 378 vom 31. 12. 1986, S. 4). Verordnung zuletzt geändert durch die Beitrittsakte von 1994.

[4] **Amtl. Anm.:** Verordnung (EWG) Nr. 3975/87 des Rates vom 14. Dezember 1987 über die Einzelheiten der Anwendung der Wettbewerbsregeln auf Luftfahrtunternehmen (ABl. L 374 vom 31. 12. 1987, S. 1). Verordnung zuletzt geändert durch die Verordnung (EWG) Nr. 2410/92 (ABl. L 240 vom 24. 8. 1992, S. 18).

sollten so geändert werden, dass die darin enthaltenen speziellen Verfahrensvorschriften aufgehoben werden.

(37) Diese Verordnung wahrt die Grundrechte und steht im Einklang mit den Prinzipien, die insbesondere in der Charta der Grundrechte der Europäischen Union verankert sind. Demzufolge ist diese Verordnung in Übereinstimmung mit diesen Rechten und Prinzipien auszulegen und anzuwenden.

(38) Rechtssicherheit für die nach den Wettbewerbsregeln der Gemeinschaft tätigen Unternehmen trägt zur Förderung von Innovation und Investition bei. In Fällen, in denen ernsthafte Rechtsunsicherheit entsteht, weil neue oder ungelöste Fragen in Bezug auf die Anwendung dieser Regeln auftauchen, können einzelne Unternehmen den Wunsch haben, mit der Bitte um informelle Beratung an die Kommission heranzutreten. Diese Verordnung lässt das Recht der Kommission, informelle Beratung zu leisten, unberührt –

HAT FOLGENDE VERORDNUNG ERLASSEN:

Kapitel I. Grundsätze

Art. 1 Anwendung der Artikel 81 und 82 des Vertrags. (1) Vereinbarungen, Beschlüsse und aufeinander abgestimmte Verhaltensweisen im Sinne von Artikel 81 Absatz 1 des Vertrags, die nicht die Voraussetzungen des Artikels 81 Absatz 3 des Vertrags erfüllen, sind verboten, ohne dass dies einer vorherigen Entscheidung bedarf.

(2) Vereinbarungen, Beschlüsse und aufeinander abgestimmte Verhaltensweisen im Sinne von Artikel 81 Absatz 1 des Vertrags, die die Voraussetzungen des Artikels 81 Absatz 3 des Vertrags erfüllen, sind nicht verboten, ohne dass dies einer vorherigen Entscheidung bedarf.

(3) Die missbräuchliche Ausnutzung einer marktbeherrschenden Stellung im Sinne von Artikel 82 des Vertrags ist verboten, ohne dass dies einer vorherigen Entscheidung bedarf.

Art. 2 Beweislast. In allen einzelstaatlichen und gemeinschaftlichen Verfahren zur Anwendung der Artikel 81 und 82 des Vertrags obliegt die Beweislast für eine Zuwiderhandlung gegen Artikel 81 Absatz 1 oder Artikel 82 des Vertrags der Partei oder der Behörde, die diesen Vorwurf erhebt. Die Beweislast dafür, dass die Voraussetzungen des Artikels 81 Absatz 3 des Vertrags vorliegen, obliegt den Unternehmen oder Unternehmensvereinigungen, die sich auf diese Bestimmung berufen.

Art. 3 Verhältnis zwischen den Artikeln 81 und 82 des Vertrags und dem einzelstaatlichen Wettbewerbsrecht. (1) Wenden die Wettbewerbsbehörden der Mitgliedstaaten oder einzelstaatliche Gerichte das einzelstaatliche Wettbewerbsrecht auf Vereinbarungen zwischen Unternehmen, Beschlüsse von Unternehmensvereinigungen und aufeinander abgestimmte Verhaltensweisen im Sinne des Artikels 81 Absatz 1 des Vertrags an, welche den Handel zwischen Mitgliedstaaten im Sinne dieser Bestimmung beeinträchtigen können, so wenden sie auch Artikel 81 des Vertrags auf diese Vereinbarungen, Beschlüsse und aufeinander abgestimmten Verhaltensweisen an. Wenden die Wettbewerbsbehörden der Mitgliedstaaten oder einzelstaatliche Gerichte das einzelstaatliche Wettbewerbsrecht auf nach Artikel 82 des Vertrags verbotene Missbräuche an, so wenden sie auch Artikel 82 des Vertrags an.

(2) Die Anwendung des einzelstaatlichen Wettbewerbsrechts darf nicht zum Verbot von Vereinbarungen zwischen Unternehmen, Beschlüssen von Unternehmensvereinigungen und aufeinander abgestimmten Verhaltensweisen führen, welche den Handel zwischen Mitgliedstaaten zu beeinträchtigen geeignet sind, aber den Wettbewerb im Sinne des Artikels 81 Absatz 1 des Vertrags nicht einschränken oder die Bedingungen des Artikels 81 Absatz 3 des Vertrags erfüllen oder durch eine Verordnung zur Anwendung von Artikel 81 Absatz 3 des Vertrags erfasst sind. Den Mitgliedstaaten wird durch diese Verordnung nicht verwehrt, in ihrem Hoheitsgebiet strengere innerstaatliche Vorschriften zur Unterbindung oder Ahndung einseitiger Handlungen von Unternehmen zu erlassen oder anzuwenden.

(3) Die Absätze 1 und 2 gelten unbeschadet der allgemeinen Grundsätze und sonstigen Vorschriften des Gemeinschaftsrechts nicht, wenn die Wettbewerbsbehörden und Gerichte der Mitgliedstaaten einzelstaatliche Gesetze über die Kontrolle von Unternehmenszusammenschlüssen anwenden, und stehen auch nicht der Anwendung von Bestimmungen des einzelstaatlichen Rechts entgegen, die überwiegend ein von den Artikeln 81 und 82 des Vertrags abweichendes Ziel verfolgen.

Kapitel II. Zuständigkeit

Art. 4 Zuständigkeit der Kommission. Zur Anwendung der Artikel 81 und 82 des Vertrags verfügt die Kommission über die in dieser Verordnung vorgesehenen Befugnisse.

Art. 5 Zuständigkeit der Wettbewerbsbehörden der Mitgliedstaaten. Die Wettbewerbsbehörden der Mitgliedstaaten sind für die Anwendung der Artikel 81 und 82 des Vertrags in Einzelfällen zuständig. Sie können hierzu von Amts wegen oder aufgrund einer Beschwerde Entscheidungen erlassen, mit denen
– die Abstellung von Zuwiderhandlungen angeordnet wird,
– einstweilige Maßnahmen angeordnet werden,
– Verpflichtungszusagen angenommen werden oder
– Geldbußen, Zwangsgelder oder sonstige im innerstaatlichen Recht vorgesehene Sanktionen verhängt werden.

Sind die Voraussetzungen für ein Verbot nach den ihnen vorliegenden Informationen nicht gegeben, so können sie auch entscheiden, dass für sie kein Anlass besteht, tätig zu werden.

Art. 6 Zuständigkeit der Gerichte der Mitgliedstaaten. Die einzelstaatlichen Gerichte sind für die Anwendung der Artikel 81 und 82 des Vertrags zuständig.

Kapitel III. Entscheidungen der Kommission

Art. 7 Feststellung und Abstellung von Zuwiderhandlungen. (1) Stellt die Kommission auf eine Beschwerde hin oder von Amts wegen eine Zuwiderhandlung gegen Artikel 81 oder Artikel 82 des Vertrags fest, so kann sie die beteiligten Unternehmen und Unternehmensvereinigungen durch Entscheidung verpflichten, die festgestellte Zuwiderhandlung abzustellen. Sie kann ihnen hierzu alle erforderlichen Abhilfemaßnahmen verhaltensorientierter oder struktureller Art vorschreiben, die gegenüber der festgestellten Zuwiderhandlung verhältnismäßig und für eine wirksame Abstellung der Zuwiderhandlung erforderlich sind. Abhilfemaßnahmen struktureller Art können nur in Ermangelung einer verhaltensorientierten Abhilfemaßnahme von gleicher Wirksamkeit festgelegt werden, oder wenn letztere im Vergleich zu Abhilfemaßnahmen struktureller Art mit einer größeren Belastung für die beteiligten Unternehmen verbunden wäre. Soweit die Kommission ein berechtigtes Interesse hat, kann sie auch eine Zuwiderhandlung feststellen, nachdem diese beendet ist.

(2) Zur Einreichung einer Beschwerde im Sinne von Absatz 1 befugt sind natürliche und juristische Personen, die ein berechtigtes Interesse darlegen, sowie die Mitgliedstaaten.

Art. 8 Einstweilige Maßnahmen. (1) Die Kommission kann in dringenden Fällen, wenn die Gefahr eines ernsten, nicht wieder gutzumachenden Schadens für den Wettbewerb besteht, von Amts wegen auf der Grundlage einer prima facie festgestellten Zuwiderhandlung durch Entscheidung einstweilige Maßnahmen anordnen.

(2) Die Entscheidung gemäß Absatz 1 hat eine befristete Geltungsdauer und ist – sofern erforderlich und angemessen – verlängerbar.

Art. 9 Verpflichtungszusagen. (1) Beabsichtigt die Kommission, eine Entscheidung zur Abstellung einer Zuwiderhandlung zu erlassen, und bieten die beteiligten Unternehmen an, Verpflichtungen einzugehen, die geeignet sind, die ihnen von der Kommission nach ihrer vorläufigen Beurteilung mitgeteilten Bedenken auszuräumen, so kann die Kommission diese Verpflichtungszusagen im Wege einer Entscheidung für bindend für die Unternehmen erklären. Die Entscheidung kann befristet sein und muss besagen, dass für ein Tätigwerden der Kommission kein Anlass mehr besteht.

(2) Die Kommission kann auf Antrag oder von Amts wegen das Verfahren wieder aufnehmen,

a) wenn sich die tatsächlichen Verhältnisse in einem für die Entscheidung wesentlichen Punkt geändert haben,
b) wenn die beteiligten Unternehmen ihre Verpflichtungen nicht einhalten oder
c) wenn die Entscheidung auf unvollständigen, unrichtigen oder irreführenden Angaben der Parteien beruht.

Art. 10 Feststellung der Nichtanwendbarkeit. Ist es aus Gründen des öffentlichen Interesses der Gemeinschaft im Bereich der Anwendung der Artikel 81 und 82 des Vertrags erforderlich, so kann die Kommission von Amts wegen durch Entscheidung feststellen, dass Artikel 81 des Vertrags auf eine Vereinbarung, einen Beschluss einer Unternehmensvereinigung oder eine abgestimmte Verhaltensweise keine Anwendung findet, weil die Voraussetzungen des Artikels 81 Absatz 1 des Vertrags nicht vorliegen oder weil die Voraussetzungen des Artikels 81 Absatz 3 des Vertrags erfüllt sind.

Die Kommission kann eine solche Feststellung auch in Bezug auf Artikel 82 des Vertrags treffen.

Kapitel IV. Zusammenarbeit

Art. 11 Zusammenarbeit zwischen der Kommission und den Wettbewerbsbehörden der Mitgliedstaaten. (1) Die Kommission und die Wettbewerbsbehörden der Mitgliedstaaten arbeiten bei der Anwendung der Wettbewerbsregeln der Gemeinschaft eng zusammen.

(2) Die Kommission übermittelt den Wettbewerbsbehörden der Mitgliedstaaten eine Kopie der wichtigsten Schriftstücke, die sie zur Anwendung der Artikel 7, 8, 9, 10 und 29 Absatz 1 zusammengetragen hat. Die Kommission übermittelt der Wettbewerbsbehörde eines Mitgliedstaates auf Ersuchen eine Kopie anderer bestehender Unterlagen, die für die Beurteilung des Falls erforderlich sind.

(3) Werden die Wettbewerbsbehörden der Mitgliedstaaten aufgrund von Artikel 81 oder Artikel 82 des Vertrags tätig, so unterrichten sie hierüber schriftlich die Kommission vor Beginn oder unverzüglich nach Einleitung der ersten förmlichen Ermittlungshandlung. Diese Unterrichtung kann auch den Wettbewerbsbehörden der anderen Mitgliedstaaten zugänglich gemacht werden.

(4) Spätestens 30 Tage vor Erlass einer Entscheidung, mit der die Abstellung einer Zuwiderhandlung angeordnet wird, Verpflichtungszusagen angenommen werden oder der Rechtsvorteil einer Gruppenfreistellungsverordnung entzogen wird, unterrichten die Wettbewerbsbehörden der Mitgliedstaaten die Kommission. Zu diesem Zweck übermitteln sie der Kommission eine zusammenfassende Darstellung

des Falls, die in Aussicht genommene Entscheidung oder, soweit diese Unterlage noch nicht vorliegt, jede sonstige Unterlage, der die geplante Vorgehensweise zu entnehmen ist. Diese Informationen können auch den Wettbewerbsbehörden der anderen Mitgliedstaaten zugänglich gemacht werden. Auf Ersuchen der Kommission stellt die handelnde Wettbewerbsbehörde der Kommission sonstige ihr vorliegende Unterlagen zur Verfügung, die für die Beurteilung des Falls erforderlich sind. Die der Kommission übermittelten Informationen können den Wettbewerbsbehörden der anderen Mitgliedstaaten zugänglich gemacht werden. Die einzelstaatlichen Wettbewerbsbehörden können zudem Informationen untereinander austauschen, die zur Beurteilung eines von ihnen nach Artikel 81 und 82 des Vertrags behandelten Falls erforderlich sind.

(5) Die Wettbewerbsbehörden der Mitgliedstaaten können die Kommission zu jedem Fall, in dem es um die Anwendung des Gemeinschaftsrechts geht, konsultieren.

(6) Leitet die Kommission ein Verfahren zum Erlass einer Entscheidung nach Kapitel III ein, so entfällt damit die Zuständigkeit der Wettbewerbsbehörden der Mitgliedstaaten für die Anwendung der Artikel 81 und 82 des Vertrags. Ist eine Wettbewerbsbehörde eines Mitgliedstaats in einem Fall bereits tätig, so leitet die Kommission ein Verfahren erst ein, nachdem sie diese Wettbewerbsbehörde konsultiert hat.

Art. 12 Informationsaustausch. (1) Für die Zwecke der Anwendung der Artikel 81 und 82 des Vertrags sind die Kommission und die Wettbewerbsbehörden der Mitgliedstaaten befugt, einander tatsächliche oder rechtliche Umstände einschließlich vertraulicher Angaben mitzuteilen und diese Informationen als Beweismittel zu verwenden.

(2) Die ausgetauschten Informationen werden nur zum Zweck der Anwendung von Artikel 81 oder 82 des Vertrags sowie in Bezug auf den Untersuchungsgegenstand als Beweismittel verwendet, für den sie von der übermittelnden Behörde erhoben wurden. Wird das einzelstaatliche Wettbewerbsrecht jedoch im gleichen Fall und parallel zum gemeinschaftlichen Wettbewerbsrecht angewandt und führt es nicht zu anderen Ergebnissen, so können nach diesem Artikel ausgetauschte Informationen auch für die Anwendung des einzelstaatlichen Wettbewerbsrechts verwendet werden.

(3) Nach Absatz 1 ausgetauschte Informationen können nur als Beweismittel verwendet werden, um Sanktionen gegen natürliche Personen zu verhängen, wenn

– das Recht der übermittelnden Behörde ähnlich geartete Sanktionen in Bezug auf Verstöße gegen Artikel 81 oder 82 des Vertrags vorsieht oder, falls dies nicht der Fall ist, wenn
– die Informationen in einer Weise erhoben worden sind, die hinsichtlich der Wahrung der Verteidigungsrechte natürlicher Personen das gleiche Schutzniveau wie nach dem für die empfangende Behör-

de geltenden innerstaatlichen Recht gewährleistet. Jedoch dürfen in diesem Falle die ausgetauschten Informationen von der empfangenden Behörde nicht verwendet werden, um Haftstrafen zu verhängen.

Art. 13 Aussetzung und Einstellung des Verfahrens. (1) Sind die Wettbewerbsbehörden mehrerer Mitgliedstaaten aufgrund einer Beschwerde oder von Amts wegen mit einem Verfahren gemäß Artikel 81 oder Artikel 82 des Vertrags gegen dieselbe Vereinbarung, denselben Beschluss oder dieselbe Verhaltensweise befasst, so stellt der Umstand, dass eine Behörde den Fall bereits bearbeitet, für die übrigen Behörden einen hinreichenden Grund dar, ihr Verfahren auszusetzen oder die Beschwerde zurückzuweisen. Auch die Kommission kann eine Beschwerde mit der Begründung zurückweisen, dass sich bereits eine Wettbewerbsbehörde eines Mitgliedstaats mit dieser Beschwerde befasst.

(2) Ist eine einzelstaatliche Wettbewerbsbehörde oder die Kommission mit einer Beschwerde gegen eine Vereinbarung, einen Beschluss oder eine Verhaltensweise befasst, die bereits von einer anderen Wettbewerbsbehörde behandelt worden ist, so kann die Beschwerde abgewiesen werden.

Art. 14 Beratender Ausschuss. (1) Vor jeder Entscheidung, die nach Maßgabe der Artikel 7, 8, 9, 10 und 23, Artikel 24 Absatz 2 und Artikel 29 Absatz 1 ergeht, hört die Kommission einen Beratenden Ausschuss für Kartell- und Monopolfragen.

(2) Für die Erörterung von Einzelfällen setzt der Beratende Ausschuss sich aus Vertretern der Wettbewerbsbehörden der Mitgliedstaaten zusammen. Für Sitzungen, in denen andere Fragen als Einzelfälle zur Erörterung stehen, kann ein weiterer für Wettbewerbsfragen zuständiger Vertreter des jeweiligen Mitgliedstaats bestimmt werden. Die Vertreter können im Falle der Verhinderung durch andere Vertreter ersetzt werden.

(3) Die Anhörung kann in einer von der Kommission einberufenen Sitzung, in der die Kommission den Vorsitz führt, frühestens 14 Tage nach Absendung der Einberufung, der eine Darstellung des Sachverhalts unter Angabe der wichtigsten Schriftstücke sowie ein vorläufiger Entscheidungsvorschlag beigefügt wird, erfolgen. Bei Entscheidungen nach Artikel 8 kann die Sitzung sieben Tage nach Absendung des *verfügenden* Teils eines Entscheidungsentwurfs abgehalten werden. Enthält eine von der Kommission abgesendete Einberufung zu einer Sitzung eine kürzere Ladungsfrist als die vorerwähnten Fristen, so kann die Sitzung zum vorgeschlagenen Zeitpunkt stattfinden, wenn kein Mitgliedstaat einen Einwand erhebt. Der Beratende Ausschuss nimmt zu dem vorläufigen Entscheidungsvorschlag der Kommission schriftlich Stellung. Er kann seine Stellungnahme auch dann abgeben, wenn einzelne Mitglieder des Ausschusses nicht anwesend und nicht vertreten sind. Auf

Antrag eines oder mehrerer Mitglieder werden die in der Stellungnahme aufgeführten Standpunkte mit einer Begründung versehen.

(4) Die Anhörung kann auch im Wege des schriftlichen Verfahrens erfolgen. Die Kommission muss jedoch eine Sitzung einberufen, wenn ein Mitgliedstaat dies beantragt. Im Fall eines schriftlichen Verfahrens setzt die Kommission den Mitgliedstaaten eine Frist von mindestens 14 Tagen für die Übermittlung ihrer Bemerkungen, die an die anderen Mitgliedstaaten weitergeleitet werden. In Bezug auf Entscheidungen nach Artikel 8 gilt eine Frist von sieben anstatt von 14 Tagen. Legt die Kommission für das schriftliche Verfahren eine kürzere Frist als die vorerwähnten Fristen fest, so gilt die vorgeschlagene Frist, sofern kein Einwand seitens der Mitgliedstaaten erhoben wird.

(5) Die Kommission berücksichtigt soweit wie möglich die Stellungnahme des Ausschusses. Sie unterrichtet den Ausschuss darüber, inwieweit sie seine Stellungnahme berücksichtigt hat.

(6) Gibt der Beratende Ausschuss eine schriftliche Stellungnahme ab, so wird diese Stellungnahme dem Entscheidungsentwurf beigefügt. Empfiehlt der Beratende Ausschuss die Veröffentlichung seiner Stellungnahme, so trägt die Kommission bei der Veröffentlichung dem berechtigten Interesse der Unternehmen an der Wahrung ihrer Geschäftsgeheimnisse Rechnung.

(7) Die Kommission setzt auf Antrag der Wettbewerbsbehörde eines Mitgliedstaats Fälle, die nach Artikel 81 und 82 des Vertrags von einer Wettbewerbsbehörde eines Mitgliedstaats behandelt werden, auf die Tagesordnung des Beratenden Ausschusses. Die Kommission kann dies auch aus eigener Initiative tun. In beiden Fällen wird die betreffende Wettbewerbsbehörde von ihr vorab unterrichtet.

Ein entsprechender Antrag kann insbesondere von der Wettbewerbsbehörde eines Mitgliedstaats gestellt werden, wenn es sich um einen Fall handelt, bei dem die Kommission die Einleitung eines Verfahrens mit den Wirkungen des Artikels 11 Absatz 6 beabsichtigt.

Zu den Fällen, die von den Wettbewerbsbehörden der Mitgliedstaaten behandelt werden, gibt der Beratende Ausschuss keine Stellungnahme ab. Der Beratende Ausschuss kann auch allgemeine Fragen des gemeinschaftlichen Wettbewerbsrechts erörtern.

Art. 15 Zusammenarbeit mit Gerichten der Mitgliedstaaten. (1) Im Rahmen von Verfahren, in denen Artikel 81 oder 82 des Vertrags zur Anwendung kommt, können die Gerichte der Mitgliedstaaten die Kommission um die Übermittlung von Informationen, die sich in ihrem Besitz befinden, oder um Stellungnahmen zu Fragen bitten, die die Anwendung der Wettbewerbsregeln der Gemeinschaft betreffen.

(2) Die Mitgliedstaaten übermitteln der Kommission eine Kopie jedes schriftlichen Urteils eines einzelstaatlichen Gerichts über die Anwendung des Artikels 81 oder 82 des Vertrags. Die betreffende Kopie wird unverzüglich übermittelt, nachdem das vollständige schriftliche Urteil den Parteien zugestellt wurde.

(3) Die einzelstaatlichen Wettbewerbsbehörden können von sich aus den Gerichten ihres Mitgliedstaats schriftliche Stellungnahmen zur Anwendung des Artikels 81 oder 82 des Vertrags übermitteln. Mit Erlaubnis des betreffenden Gerichts können sie vor den Gerichten ihres Mitgliedstaats auch mündlich Stellung nehmen. Sofern es die kohärente Anwendung der Artikel 81 oder 82 des Vertrags erfordert, kann die Kommission aus eigener Initiative den Gerichten der Mitgliedstaaten schriftliche Stellungnahmen übermitteln. Sie kann mit Erlaubnis des betreffenden Gerichts auch mündlich Stellung nehmen.

Zum ausschließlichen Zweck der Ausarbeitung ihrer Stellungnahmen können die Wettbewerbsbehörden der Mitgliedstaaten und die Kommission das betreffende Gericht des Mitgliedstaats ersuchen, ihnen alle zur Beurteilung des Falls notwendigen Schriftstücke zu übermitteln oder für deren Übermittlung zu sorgen.

(4) Umfassendere Befugnisse zur Abgabe von Stellungnahmen vor einem Gericht, die den Wettbewerbsbehörden der Mitgliedstaaten nach ihrem einzelstaatlichen Recht zustehen, werden durch diesen Artikel nicht berührt.

Art. 16 Einheitliche Anwendung des gemeinschaftlichen Wettbewerbsrechts. (1) Wenn Gerichte der Mitgliedstaaten nach Artikel 81 oder 82 des Vertrags über Vereinbarungen, Beschlüsse oder Verhaltensweisen zu befinden haben, die bereits Gegenstand einer Entscheidung der Kommission sind, dürfen sie keine Entscheidungen erlassen, die der Entscheidung der Kommission zuwiderlaufen. Sie müssen es auch vermeiden, Entscheidungen zu erlassen, die einer Entscheidung zuwiderlaufen, die die Kommission in einem von ihr eingeleiteten Verfahren zu erlassen beabsichtigt. Zu diesem Zweck kann das einzelstaatliche Gericht prüfen, ob es notwendig ist, das vor ihm anhängige Verfahren auszusetzen. Diese Verpflichtung gilt unbeschadet der Rechte und Pflichten nach Artikel 234 des Vertrags.

(2) Wenn Wettbewerbsbehörden der Mitgliedstaaten nach Artikel 81 oder 82 des Vertrags über Vereinbarungen, Beschlüsse oder Verhaltensweisen zu befinden haben, die bereits Gegenstand einer Entscheidung der Kommission sind, dürfen sie keine Entscheidungen treffen, die der von der Kommission erlassenen Entscheidung zuwiderlaufen würden.

Kapitel V. Ermittlungsbefugnisse

Art. 17 Untersuchung einzelner Wirtschaftszweige und einzelner Arten von Vereinbarungen. (1) Lassen die Entwicklung des Handels zwischen Mitgliedstaaten, Preisstarrheiten oder andere Umstände vermuten, dass der Wettbewerb im Gemeinsamen Markt möglicherweise eingeschränkt oder verfälscht ist, so kann die Kommission die Untersuchung eines bestimmten Wirtschaftszweigs oder – Sektor übergreifend – einer bestimmten Art von Vereinbarungen durchführen. Im Rahmen dieser Untersuchung kann die Kommission von den betreffenden Unternehmen oder Unternehmensvereinigungen die Auskünfte verlangen, die zur Durchsetzung von Artikel 81 und 82 des Vertrags notwendig sind, und die dazu notwendigen Nachprüfungen vornehmen.

Die Kommission kann insbesondere von den betreffenden Unternehmen und Unternehmensvereinigungen verlangen, sie von sämtlichen Vereinbarungen, Beschlüssen und aufeinander abgestimmten Verhaltensweisen zu unterrichten.

Die Kommission kann einen Bericht über die Ergebnisse ihrer Untersuchung bestimmter Wirtschaftszweige oder – Sektor übergreifend – bestimmter Arten von Vereinbarungen veröffentlichen und interessierte Parteien um Stellungnahme bitten.

(2) Die Artikel 14, 18, 19, 20, 22, 23 und 24 gelten entsprechend.

Art. 18 Auskunftsverlangen. (1) Die Kommission kann zur Erfüllung der ihr durch diese Verordnung übertragenen Aufgaben durch einfaches Auskunftsverlangen oder durch Entscheidung von Unternehmen und Unternehmensvereinigungen verlangen, dass sie alle erforderlichen Auskünfte erteilen.

(2) Bei der Versendung eines einfachen Auskunftsverlangens an ein Unternehmen oder eine Unternehmensvereinigung gibt die Kommission die Rechtsgrundlage, den Zweck des Auskunftsverlangens und die benötigten Auskünfte an, legt die Frist für die Übermittlung der Auskünfte fest und weist auf die in Artikel 23 für den Fall der Erteilung einer unrichtigen oder irreführenden Auskunft vorgesehenen Sanktionen hin.

(3) Wenn die Kommission durch Entscheidung von Unternehmen und Unternehmensvereinigungen zur Erteilung von Auskünften verpflichtet, gibt sie die Rechtsgrundlage, den Zweck des Auskunftsverlangens und die geforderten Auskünfte an und legt die Frist für die Erteilung der Auskünfte fest. Die betreffende Entscheidung enthält ferner einen Hinweis auf die in Artikel 23 vorgesehenen Sanktionen und weist entweder auf die in Artikel 24 vorgesehenen Sanktionen hin oder erlegt diese auf. Außerdem weist sie auf das Recht hin, vor dem Gerichtshof gegen die Entscheidung Klage zu erheben.

(4) Die Inhaber der Unternehmen oder deren Vertreter oder – im Fall von juristischen Personen, Gesellschaften und Vereinigungen ohne Rechtspersönlichkeit – die nach Gesetz oder Satzung zur Vertretung berufenen Personen erteilen die verlangten Auskünfte im Namen des betreffenden Unternehmens bzw. der Unternehmensvereinigung. Ordnungsgemäß bevollmächtigte Rechtsanwälte können die Auskünfte im Namen ihrer Mandanten erteilen. Letztere bleiben in vollem Umfang dafür verantwortlich, dass die erteilten Auskünfte vollständig, sachlich richtig und nicht irreführend sind.

(5) Die Kommission übermittelt der Wettbewerbsbehörde des Mitgliedstaats, in dessen Hoheitsgebiet sich der Sitz des Unternehmens bzw. der Unternehmensvereinigung befindet, sowie der Wettbewerbsbehörde des Mitgliedstaats, dessen Hoheitsgebiet betroffen ist, unverzüglich eine Kopie des einfachen Auskunftsverlangens oder der Entscheidung.

(6) Die Regierungen und Wettbewerbsbehörden der Mitgliedstaaten erteilen der Kommission auf Verlangen alle Auskünfte, die sie zur Erfüllung der ihr mit dieser Verordnung übertragenen Aufgaben benötigt.

Art. 19 Befugnis zur Befragung. (1) Zur Erfüllung der ihr durch diese Verordnung übertragenen Aufgaben kann die Kommission alle natürlichen und juristischen Personen befragen, die der Befragung zum Zweck der Einholung von Information, die sich auf den Gegenstand einer Untersuchung bezieht, zustimmen.

(2) Findet eine Befragung nach Absatz 1 in den Räumen eines Unternehmens statt, so informiert die Kommission die Wettbewerbsbehörde des Mitgliedstaats, in dessen Hoheitsgebiet die Befragung erfolgt. Auf Verlangen der Wettbewerbsbehörde dieses Mitgliedstaats können deren Bedienstete die Bediensteten der Kommission und die anderen von der Kommission ermächtigten Begleitpersonen bei der Durchführung der Befragung unterstützen.

Art. 20 Nachprüfungsbefugnisse der Kommission. (1) Die Kommission kann zur Erfüllung der ihr durch diese Verordnung übertragenen Aufgaben bei Unternehmen und Unternehmensvereinigungen alle erforderlichen Nachprüfungen vornehmen.

(2) Die mit den Nachprüfungen beauftragten Bediensteten der Kommission und die anderen von ihr ermächtigten Begleitpersonen sind befugt,

a) alle Räumlichkeiten, Grundstücke und Transportmittel von Unternehmen und Unternehmensvereinigungen zu betreten;
b) die Bücher und sonstigen Geschäftsunterlagen, unabhängig davon, in welcher Form sie vorliegen, zu prüfen;
c) Kopien oder Auszüge gleich welcher Art aus diesen Büchern und Unterlagen anzufertigen oder zu erlangen;
d) betriebliche Räumlichkeiten und Bücher oder Unterlagen jeder Art für die Dauer und in dem Ausmaß zu versiegeln, wie es für die Nachprüfung erforderlich ist;
e) von allen Vertretern oder Mitgliedern der Belegschaft des Unternehmens oder der Unternehmensvereinigung Erläuterungen zu Tatsachen oder Unterlagen zu verlangen, die mit Gegenstand und Zweck der Nachprüfung in Zusammenhang stehen, und ihre Antworten zu Protokoll zu nehmen.

(3) Die mit Nachprüfungen beauftragten Bediensteten der Kommission und die anderen von ihr ermächtigten Begleitpersonen üben ihre

Befugnisse unter Vorlage eines schriftlichen Auftrags aus, in dem der Gegenstand und der Zweck der Nachprüfung bezeichnet sind und auf die in Artikel 23 vorgesehenen Sanktionen für den Fall hingewiesen wird, dass die angeforderten Bücher oder sonstigen Geschäftsunterlagen nicht vollständig vorgelegt werden oder die Antworten auf die nach Maßgabe von Absatz 2 des vorliegenden Artikels gestellten Fragen unrichtig oder irreführend sind. Die Kommission unterrichtet die Wettbewerbsbehörde des Mitgliedstaats, in dessen Hoheitsgebiet die Nachprüfung vorgenommen werden soll, über die Nachprüfung rechtzeitig vor deren Beginn.

(4) Die Unternehmen und Unternehmensvereinigungen sind verpflichtet, die Nachprüfungen zu dulden, die die Kommission durch Entscheidung angeordnet hat. Die Entscheidung bezeichnet den Gegenstand und den Zweck der Nachprüfung, bestimmt den Zeitpunkt des Beginns der Nachprüfung und weist auf die in Artikel 23 und Artikel 24 vorgesehenen Sanktionen sowie auf das Recht hin, vor dem Gerichtshof Klage gegen die Entscheidung zu erheben. Die Kommission erlässt diese Entscheidungen nach Anhörung der Wettbewerbsbehörde des Mitgliedstaats, in dessen Hoheitsgebiet die Nachprüfung vorgenommen werden soll.

(5) Die Bediensteten der Wettbewerbsbehörde des Mitgliedstaats, in dessen Hoheitsgebiet die Nachprüfung vorgenommen werden soll, oder von dieser Behörde entsprechend ermächtigte oder benannte Personen unterstützen auf Ersuchen dieser Behörde oder der Kommission die Bediensteten der Kommission und die anderen von ihr ermächtigten Begleitpersonen aktiv. Sie verfügen hierzu über die in Absatz 2 genannten Befugnisse.

(6) Stellen die beauftragten Bediensteten der Kommission und die anderen von ihr ermächtigten Begleitpersonen fest, dass sich ein Unternehmen einer nach Maßgabe dieses Artikels angeordneten Nachprüfung widersetzt, so gewährt der betreffende Mitgliedstaat die erforderliche Unterstützung, gegebenenfalls unter Einsatz von Polizeikräften oder einer entsprechenden vollziehenden Behörde, damit die Bediensteten der Kommission ihren Nachprüfungsauftrag erfüllen können.

(7) Setzt die Unterstützung nach Absatz 6 nach einzelstaatlichem Recht eine Genehmigung eines Gerichts voraus, so ist diese zu beantragen. Die Genehmigung kann auch vorsorglich beantragt werden.

(8) Wird die in Absatz 7 genannte Genehmigung beantragt, so prüft das einzelstaatliche Gericht die Echtheit der Entscheidung der Kommission sowie, ob die beantragten Zwangsmaßnahmen nicht willkürlich und, gemessen am Gegenstand der Nachprüfung, nicht unverhältnismäßig sind. Bei der Prüfung der Verhältnismäßigkeit der Zwangsmaßnahmen kann das einzelstaatliche Gericht von der Kommission unmittelbar oder über die Wettbewerbsbehörde des betreffenden Mitgliedstaats ausführliche Erläuterungen anfordern, und zwar insbesondere zu den Gründen, die die Kommission veranlasst haben, das Unternehmen einer Zuwiderhandlung gegen Artikel 81 oder 82 des Ver-

trags zu verdächtigen, sowie zur Schwere der behaupteten Zuwiderhandlung und zur Art der Beteiligung des betreffenden Unternehmens. Das einzelstaatliche Gericht darf jedoch weder die Notwendigkeit der Nachprüfung in Frage stellen noch die Übermittlung der in den Akten der Kommission enthaltenen Informationen verlangen. Die Prüfung der Rechtmäßigkeit der Kommissionsentscheidung ist dem Gerichtshof vorbehalten.

Art. 21 Nachprüfungen in anderen Räumlichkeiten. (1) Besteht ein begründeter Verdacht, dass Bücher oder sonstige Geschäftsunterlagen, die sich auf den Gegenstand der Nachprüfung beziehen und die als Beweismittel für einen schweren Verstoß gegen Artikel 81 oder 82 des Vertrags von Bedeutung sein könnten, in anderen Räumlichkeiten, auf anderen Grundstücken oder in anderen Transportmitteln – darunter auch die Wohnungen von Unternehmensleitern und Mitgliedern der Aufsichts- und Leitungsorgane sowie sonstigen Mitarbeitern der betreffenden Unternehmen und Unternehmensvereinigungen – aufbewahrt werden, so kann die Kommission durch Entscheidung eine Nachprüfung in diesen anderen Räumlichkeiten, auf diesen anderen Grundstücken oder in diesen anderen Transportmitteln anordnen.

(2) Die Entscheidung bezeichnet den Gegenstand und den Zweck der Nachprüfung, bestimmt den Zeitpunkt ihres Beginns und weist auf das Recht hin, vor dem Gerichtshof gegen die Entscheidung Klage zu erheben. Insbesondere werden die Gründe genannt, die die Kommission zu der Annahme veranlasst haben, dass ein Verdacht im Sinne von Absatz 1 besteht. Die Kommission trifft die Entscheidungen nach Anhörung der Wettbewerbsbehörde des Mitgliedstaats, in dessen Hoheitsgebiet die Nachprüfung durchgeführt werden soll.

(3) Eine gemäß Absatz 1 getroffene Entscheidung kann nur mit der vorherigen Genehmigung des einzelstaatlichen Gerichts des betreffenden Mitgliedstaats vollzogen werden. Das einzelstaatliche Gericht prüft die Echtheit der Entscheidung der Kommission und dass die beabsichtigten Zwangsmaßnahmen weder willkürlich noch unverhältnismäßig sind – insbesondere gemessen an der Schwere der zur Last gelegten Zuwiderhandlung, der Wichtigkeit des gesuchten Beweismaterials, der Beteiligung des betreffenden Unternehmens und der begründeten Wahrscheinlichkeit, dass Bücher und Geschäftsunterlagen, die sich auf den Gegenstand der Nachprüfung beziehen, in den Räumlichkeiten aufbewahrt werden, für die die Genehmigung beantragt wird. Das einzelstaatliche Gericht kann die Kommission unmittelbar oder über die Wettbewerbsbehörde des betreffenden Mitgliedstaats um ausführliche Erläuterungen zu den Punkten ersuchen, deren Kenntnis zur Prüfung der Verhältnismäßigkeit der beabsichtigten Zwangsmaßnahmen erforderlich ist.

Das einzelstaatliche Gericht darf jedoch weder die Notwendigkeit der Nachprüfung in Frage stellen noch die Übermittlung der in den Akten der Kommission enthaltenen Informationen verlangen. Die

Prüfung der Rechtmäßigkeit der Kommissionsentscheidung ist dem Gerichtshof vorbehalten.

(4) Die von der Kommission mit der Durchführung einer gemäß Absatz 1 angeordneten Nachprüfung beauftragten Bediensteten und die anderen von ihr ermächtigten Begleitpersonen haben die in Artikel 20 Absatz 2 Buchstaben a), b) und c) aufgeführten Befugnisse. Artikel 20 Absätze 5 und 6 gilt entsprechend.

Art. 22 Ermittlungen durch Wettbewerbsbehörden der Mitgliedstaaten. (1) Die Wettbewerbsbehörde eines Mitgliedstaats darf im Hoheitsgebiet dieses Mitgliedstaats nach Maßgabe des innerstaatlichen Rechts im Namen und für Rechnung der Wettbewerbsbehörde eines anderen Mitgliedstaats alle Nachprüfungen und sonstigen Maßnahmen zur Sachverhaltsaufklärung durchführen, um festzustellen, ob eine Zuwiderhandlung gegen Artikel 81 oder 82 des Vertrags vorliegt. Der Austausch und die Verwendung der erhobenen Informationen erfolgen gemäß Artikel 12.

(2) Auf Ersuchen der Kommission nehmen die Wettbewerbsbehörden der Mitgliedstaaten die Nachprüfungen vor, die die Kommission gemäß Artikel 20 Absatz 1 für erforderlich hält oder die sie durch Entscheidung gemäß Artikel 20 Absatz 4 angeordnet hat. Die für die Durchführung dieser Nachprüfungen verantwortlichen Bediensteten der einzelstaatlichen Wettbewerbsbehörden sowie die von ihnen ermächtigten oder benannten Personen üben ihre Befugnisse nach Maßgabe ihrer innerstaatlichen Rechtsvorschriften aus.

Die Bediensteten der Kommission und andere von ihr ermächtigte Begleitpersonen können auf Verlangen der Kommission oder der Wettbewerbsbehörde des Mitgliedstaats, in dessen Hoheitsgebiet die Nachprüfung vorgenommen werden soll, die Bediensteten dieser Behörde unterstützen.

Kapitel VI. Sanktionen

Art. 23 Geldbußen. (1) Die Kommission kann gegen Unternehmen und Unternehmensvereinigungen durch Entscheidung Geldbußen bis zu einem Höchstbetrag von 1% des im vorausgegangenen Geschäftsjahr erzielten Gesamtumsatzes festsetzen, wenn sie vorsätzlich oder fahrlässig

a) bei der Erteilung einer nach Artikel 17 oder Artikel 18 Absatz 2 verlangten Auskunft unrichtige oder irreführende Angaben machen;

b) bei der Erteilung einer durch Entscheidung gemäß Artikel 17 oder Artikel 18 Absatz 3 verlangten Auskunft unrichtige, unvollständige oder irreführende Angaben machen oder die Angaben nicht innerhalb der gesetzten Frist machen;

c) bei Nachprüfungen nach Artikel 20 die angeforderten Bücher oder sonstigen Geschäftsunterlagen nicht vollständig vorlegen oder in einer Entscheidung nach Artikel 20 Absatz 4 angeordnete Nachprüfungen nicht dulden;

d) in Beantwortung einer nach Artikel 20 Absatz 2 Buchstabe e) gestellten Frage
   – eine unrichtige oder irreführende Antwort erteilen oder
   – eine von einem Mitglied der Belegschaft erteilte unrichtige, unvollständige oder irreführende Antwort nicht innerhalb einer von der Kommission gesetzten Frist berichtigen oder
   – in Bezug auf Tatsachen, die mit dem Gegenstand und dem Zweck einer durch Entscheidung nach Artikel 20 Absatz 4 angeordneten Nachprüfung in Zusammenhang stehen, keine vollständige Antwort erteilen oder eine vollständige Antwort verweigern;

e) die von Bediensteten der Kommission oder anderen von ihr ermächtigten Begleitpersonen nach Artikel 20 Absatz 2 Buchstabe d) angebrachten Siegel erbrochen haben.

(2) Die Kommission kann gegen Unternehmen und Unternehmensvereinigungen durch Entscheidung Geldbußen verhängen, wenn sie vorsätzlich oder fahrlässig

a) gegen Artikel 81 oder Artikel 82 des Vertrags verstoßen oder

b) einer nach Artikel 8 erlassenen Entscheidung zur Anordnung einstweiliger Maßnahmen zuwiderhandeln oder

c) durch Entscheidung gemäß Artikel 9 für bindend erklärte Verpflichtungszusagen nicht einhalten.

Die Geldbuße für jedes an der Zuwiderhandlung beteiligte Unternehmen oder jede beteiligte Unternehmensvereinigung darf 10% seines bzw. ihres jeweiligen im vorausgegangenen Geschäftsjahr erzielten Gesamtumsatzes nicht übersteigen.

Steht die Zuwiderhandlung einer Unternehmensvereinigung mit der Tätigkeit ihrer Mitglieder im Zusammenhang, so darf die Geldbuße 10% der Summe der Gesamtumsätze derjenigen Mitglieder, die auf dem Markt tätig waren, auf dem sich die Zuwiderhandlung der Vereinigung auswirkte, nicht übersteigen.

(3) Bei der Festsetzung der Höhe der Geldbuße ist sowohl die Schwere der Zuwiderhandlung als auch deren Dauer zu berücksichtigen.

(4) Wird gegen eine Unternehmensvereinigung eine Geldbuße unter Berücksichtigung des Umsatzes ihrer Mitglieder verhängt und ist die Unternehmensvereinigung selbst nicht zahlungsfähig, so ist sie verpflichtet, von ihren Mitgliedern Beiträge zur Deckung des Betrags dieser Geldbuße zu fordern.

Werden diese Beiträge innerhalb einer von der Kommission gesetzten Frist nicht geleistet, so kann die Kommission die Zahlung der Geldbuße unmittelbar von jedem Unternehmen verlangen, dessen Vertreter Mitglieder in den betreffenden Entscheidungsgremien der Vereinigung waren.

Nachdem die Kommission die Zahlung gemäß Unterabsatz 2 verlangt hat, kann sie, soweit es zur vollständigen Zahlung der Geldbuße erforderlich ist, die Zahlung des Restbetrags von jedem Mitglied der

Vereinigung verlangen, das auf dem Markt tätig war, auf dem die Zuwiderhandlung erfolgte.

Die Kommission darf jedoch Zahlungen gemäß Unterabsatz 2 oder 3 nicht von Unternehmen verlangen, die nachweisen, dass sie den die Zuwiderhandlung begründenden Beschluss der Vereinigung nicht umgesetzt haben und entweder von dessen Existenz keine Kenntnis hatten oder sich aktiv davon distanziert haben, noch ehe die Kommission mit der Untersuchung des Falls begonnen hat.

Die finanzielle Haftung eines Unternehmens für die Zahlung der Geldbuße darf 10% seines im letzten Geschäftsjahr erzielten Gesamtumsatzes nicht übersteigen.

(5) Die nach den Absätzen 1 und 2 getroffenen Entscheidungen haben keinen strafrechtlichen Charakter.

Art. 24 Zwangsgelder. (1) Die Kommission kann gegen Unternehmen und Unternehmensvereinigungen durch Entscheidung Zwangsgelder bis zu einem Höchstbetrag von 5% des im vorausgegangenen Geschäftsjahr erzielten durchschnittlichen Tagesumsatzes für jeden Tag des Verzugs von dem in ihrer Entscheidung bestimmten Zeitpunkt an festsetzen, um sie zu zwingen,

a) eine Zuwiderhandlung gegen Artikel 81 oder Artikel 82 des Vertrags gemäß einer nach Artikel 7 getroffenen Entscheidung abzustellen;

b) einer gemäß Artikel 8 erlassenen Entscheidung zur Anordnung einstweiliger Maßnahmen nachzukommen;

c) durch Entscheidung gemäß Artikel 9 für bindend erklärte Verpflichtungszusagen einzuhalten;

d) eine Auskunft vollständig und genau zu erteilen, die die Kommission durch Entscheidung gemäß Artikel 17 oder Artikel 18 Absatz 3 angefordert hat;

e) eine Nachprüfung zu dulden, die die Kommission in einer Entscheidung nach Artikel 20 Absatz 4 angeordnet hat.

(2) Sind die Unternehmen oder Unternehmensvereinigungen der Verpflichtung nachgekommen, zu deren Erfüllung das Zwangsgeld festgesetzt worden war, so kann die Kommission die endgültige Höhe des Zwangsgelds auf einen Betrag festsetzen, der unter dem Betrag liegt, der sich aus der ursprünglichen Entscheidung ergeben würde. Artikel 23 Absatz 4 gilt entsprechend.

Kapitel VII. Verjährung

Art. 25 Verfolgungsverjährung. (1) Die Befugnis der Kommission nach den Artikeln 23 und 24 verjährt

a) in drei Jahren bei Zuwiderhandlungen gegen Vorschriften über die Einholung von Auskünften oder die Vornahme von Nachprüfungen,

b) in fünf Jahren bei den übrigen Zuwiderhandlungen.

(2) Die Verjährungsfrist beginnt mit dem Tag, an dem die Zuwiderhandlung begangen worden ist. Bei dauernden oder fortgesetzten Zuwiderhandlungen beginnt die Verjährung jedoch erst mit dem Tag, an dem die Zuwiderhandlung beendet ist.

(3) Die Verjährung der Befugnis zur Festsetzung von Geldbußen oder Zwangsgeldern wird durch jede auf Ermittlung oder Verfolgung der Zuwiderhandlung gerichtete Handlung der Kommission oder der Wettbewerbsbehörde eines Mitgliedstaats unterbrochen. Die Unterbrechung tritt mit dem Tag ein, an dem die Handlung mindestens einem an der Zuwiderhandlung beteiligten Unternehmen oder einer beteiligten Unternehmensvereinigung bekannt gegeben wird. Die Verjährung wird unter anderem durch folgende Handlungen unterbrochen:

a) schriftliche Auskunftsverlangen der Kommission oder der Wettbewerbsbehörde eines Mitgliedstaats,
b) schriftliche Nachprüfungsaufträge, die die Kommission oder die Wettbewerbsbehörde eines Mitgliedstaats ihren Bediensteten erteilen,
c) die Einleitung eines Verfahrens durch die Kommission oder durch die Wettbewerbsbehörde eines Mitgliedstaats,
d) die Mitteilung der von der Kommission oder der Wettbewerbsbehörde eines Mitgliedstaats in Betracht gezogenen Beschwerdepunkte.

(4) Die Unterbrechung wirkt gegenüber allen an der Zuwiderhandlung beteiligten Unternehmen und Unternehmensvereinigungen.

(5) Nach jeder Unterbrechung beginnt die Verjährung von neuem. Die Verjährung tritt jedoch spätestens mit dem Tag ein, an dem die doppelte Verjährungsfrist verstrichen ist, ohne dass die Kommission eine Geldbuße oder ein Zwangsgeld festgesetzt hat. Diese Frist verlängert sich um den Zeitraum, in dem die Verjährung gemäß Absatz 6 ruht.

(6) Die Verfolgungsverjährung ruht, solange wegen der Entscheidung der Kommission ein Verfahren vor dem Gerichtshof anhängig ist.

Art. 26 Vollstreckungsverjährung. (1) Die Befugnis der Kommission zur Vollstreckung von in Anwendung der Artikel 23 und 24 erlassenen Entscheidungen verjährt in fünf Jahren.

(2) Die Verjährung beginnt mit dem Tag, an dem die Entscheidung bestandskräftig geworden ist.

(3) Die Vollstreckungsverjährung wird unterbrochen

a) durch die Bekanntgabe einer Entscheidung, durch die der ursprüngliche Betrag der Geldbuße oder des Zwangsgelds geändert oder ein Antrag auf eine solche Änderung abgelehnt wird,
b) durch jede auf zwangsweise Beitreibung der Geldbuße oder des Zwangsgelds gerichtete Handlung der Kommission oder eines Mitgliedstaats auf Antrag der Kommission.

(4) Nach jeder Unterbrechung beginnt die Verjährung von neuem.

(5) Die Vollstreckungsverjährung ruht,

a) solange eine Zahlungserleichterung bewilligt ist,

b) solange die Zwangsvollstreckung durch eine Entscheidung des Gerichtshofs ausgesetzt ist.

Kapitel VIII. Anhörungen und Berufsgeheimnis

Art. 27 Anhörung der Parteien, der Beschwerdeführer und sonstiger Dritter. (1) Vor einer Entscheidung gemäß den Artikeln 7, 8, 23 oder 24 Absatz 2 gibt die Kommission den Unternehmen und Unternehmensvereinigungen, gegen die sich das von ihr betriebene Verfahren richtet, Gelegenheit, sich zu den Beschwerdepunkten zu äußern, die sie in Betracht gezogen hat. Die Kommission stützt ihre Entscheidung nur auf die Beschwerdepunkte, zu denen sich die Parteien äußern konnten. Die Beschwerdeführer werden eng in das Verfahren einbezogen.

(2) Die Verteidigungsrechte der Parteien müssen während des Verfahrens in vollem Umfang gewahrt werden. Die Parteien haben Recht auf Einsicht in die Akten der Kommission, vorbehaltlich des berechtigten Interesses von Unternehmen an der Wahrung ihrer Geschäftsgeheimnisse. Von der Akteneinsicht ausgenommen sind vertrauliche Informationen sowie interne Schriftstücke der Kommission und der Wettbewerbsbehörden der Mitgliedstaaten. Insbesondere ist die Korrespondenz zwischen der Kommission und den Wettbewerbsbehörden der Mitgliedstaaten oder zwischen den Letztgenannten, einschließlich der gemäß Artikel 11 und Artikel 14 erstellten Schriftstücke, von der Akteneinsicht ausgenommen. Die Regelung dieses Absatzes steht der Offenlegung und Nutzung der für den Nachweis einer Zuwiderhandlung notwendigen Informationen durch die Kommission in keiner Weise entgegen.

(3) Soweit die Kommission es für erforderlich hält, kann sie auch andere natürliche oder juristische Personen anhören. Dem Antrag natürlicher oder juristischer Personen, angehört zu werden, ist stattzugeben, wenn sie ein ausreichendes Interesse nachweisen. Außerdem können die Wettbewerbsbehörden der Mitgliedstaaten bei der Kommission die Anhörung anderer natürlicher oder juristischer Personen beantragen.

(4) Beabsichtigt die Kommission eine Entscheidung gemäß Artikel 9 oder 10 zu erlassen, so veröffentlicht sie zuvor eine kurze Zusammenfassung des Falls und den wesentlichen Inhalt der betreffenden Verpflichtungszusagen oder der geplanten Vorgehensweise. Interessierte Dritte können ihre Bemerkungen hierzu binnen einer Frist abgeben, die von der Kommission in ihrer Veröffentlichung festgelegt wird und die mindestens einen Monat betragen muss. Bei der Veröffentlichung ist dem berechtigten Interesse der Unternehmen an der Wahrung ihrer Geschäftsgeheimnisse Rechnung zu tragen.

Art. 28 Berufsgeheimnis. (1) Unbeschadet der Artikel 12 und 15 dürfen die gemäß den Artikeln 17 bis 22 erlangten Informationen nur zu dem Zweck verwertet werden, zu dem sie eingeholt wurden.

(2) Unbeschadet des Austauschs und der Verwendung der Informationen gemäß den Artikeln 11, 12, 14, 15 und 27 sind die Kommission und die Wettbewerbsbehörden der Mitgliedstaaten und ihre Beamten, ihre Bediensteten und andere unter ihrer Aufsicht tätigen Personen sowie die Beamten und sonstigen Bediensteten anderer Behörden der Mitgliedstaaten verpflichtet, keine Informationen preiszugeben, die sie bei der Anwendung dieser Verordnung erlangt oder ausgetauscht haben und die ihrem Wesen nach unter das Berufsgeheimnis fallen. Diese Verpflichtung gilt auch für alle Vertreter und Experten der Mitgliedstaaten, die an Sitzungen des Beratenden Ausschusses nach Artikel 14 teilnehmen.

Kapitel IX. Freistellungsverordnungen

Art. 29 Entzug des Rechtsvorteils in Einzelfällen. (1) Hat die Kommission aufgrund der ihr durch eine Verordnung des Rates wie z. B. den Verordnungen Nr. 19/65/EWG, (EWG) Nr. 2821/71, (EWG) Nr. 3976/87, (EWG) Nr. 1534/91 oder (EWG) Nr. 479/92 eingeräumten Befugnis, Artikel 81 Absatz 3 des Vertrags durch Verordnung anzuwenden, Artikel 81 Absatz 1 des Vertrags für nicht anwendbar auf bestimmte Gruppen von Vereinbarungen, Beschlüssen von Unternehmensvereinigungen oder aufeinander abgestimmten Verhaltensweisen erklärt, so kann sie von Amts wegen oder auf eine Beschwerde hin den Rechtsvorteil einer entsprechenden Gruppenfreistellungsverordnung entziehen, wenn sie in einem bestimmten Fall feststellt, dass eine Vereinbarung, ein Beschluss oder eine abgestimmte Verhaltensweise, für die die Gruppenfreistellungsverordnung gilt, Wirkungen hat, die mit Artikel 81 Absatz 3 des Vertrags unvereinbar sind.

(2) Wenn Vereinbarungen, Beschlüsse von Unternehmensvereinigungen oder aufeinander abgestimmte Verhaltensweisen, die unter eine Verordnung der Kommission im Sinne des Absatzes 1 fallen, in einem bestimmten Fall Wirkungen haben, die mit Artikel 81 Absatz 3 des Vertrags unvereinbar sind und im Gebiet eines Mitgliedstaats oder in einem Teilgebiet dieses Mitgliedstaats, das alle Merkmale eines gesonderten räumlichen Marktes aufweist, auftreten, so kann die Wettbewerbsbehörde dieses Mitgliedstaats den Rechtsvorteil der Gruppenfreistellungsverordnung in diesem Gebiet entziehen.

Kapitel X. Allgemeine Bestimmungen

Art. 30 Veröffentlichung von Entscheidungen. (1) Die Kommission veröffentlicht die Entscheidungen, die sie nach den Artikeln 7 bis 10 sowie den Artikeln 23 und 24 erlässt.

(2) Die Veröffentlichung erfolgt unter Angabe der Beteiligten und des wesentlichen Inhalts der Entscheidung einschließlich der verhäng-

ten Sanktionen. Sie muss dem berechtigten Interesse der Unternehmen an der Wahrung ihrer Geschäftsgeheimnisse Rechnung tragen.

Art. 31 Nachprüfung durch den Gerichtshof. Bei Klagen gegen Entscheidungen, mit denen die Kommission eine Geldbuße oder ein Zwangsgeld festgesetzt hat, hat der Gerichtshof die Befugnis zu unbeschränkter Nachprüfung der Entscheidung. Er kann die festgesetzte Geldbuße oder das festgesetzte Zwangsgeld aufheben, herabsetzen oder erhöhen.

Art. 32 *(gestrichen durch Art. 2 VO Nr. 1419/2006 v. 25. 9. 2006)*

Art. 33 Erlass von Durchführungsvorschriften.[1] (1) Die Kommission ist befugt, alle sachdienlichen Vorschriften zur Durchführung dieser Verordnung zu erlassen. Diese können unter anderem Folgendes zum Gegenstand haben:

a) Form, Inhalt und sonstige Modalitäten der Beschwerden gemäß Artikel 7 sowie das Verfahren zur Abweisung einer Beschwerde,

b) die praktische Durchführung des Informationsaustauschs und der Konsultation nach Artikel 11,

c) die praktische Durchführung der Anhörungen gemäß Artikel 27.

(2) Vor dem Erlass von Maßnahmen nach Absatz 1 veröffentlicht die Kommission einen Entwurf dieser Maßnahmen und fordert alle Beteiligten auf, innerhalb einer von ihr gesetzten Frist, die einen Monat nicht unterschreiten darf, zu dem Entwurf Stellung zu nehmen. Vor der Veröffentlichung des Entwurfs einer Maßnahme und vor ihrem Erlass hört die Kommission den Beratenden Ausschuss für Kartell- und Monopolfragen.

Kapitel XI. Übergangs-, Änderungs- und Schlussbestimmungen

Art. 34 Übergangsbestimmungen. (1) Bei der Kommission nach Artikel 2 der Verordnung Nr. 17 gestellte Anträge, Anmeldungen ge-

(Fortsetzung nächste Seite)

[1] Vgl. VO 773/2004 v. 7. 4. 2004, ABl. Nr. L 123/18 v. 27. 4. 2004; zuletzt geändert durch VO 622/2008 v. 30. 6. 2008, ABl. Nr. L 171/3 v. 1. 7. 2008.

mäß den Artikeln 4 und 5 der Verordnung Nr. 17 sowie entsprechende Anträge und Anmeldungen gemäß den Verordnungen (EWG) Nr. 1017/68, (EWG) Nr. 4056/86 und (EWG) Nr. 3975/87 werden mit Anwendbarkeit der vorliegenden Verordnung unwirksam.

(2) Die Wirksamkeit von nach Maßgabe der Verordnung Nr. 17 und der Verordnungen (EWG) Nr. 1017/68, (EWG) Nr. 4056/87 und (EWG) Nr. 3975/87 vorgenommenen Verfahrensschritten bleibt für die Anwendung der vorliegenden Verordnung unberührt.

Art. 35 Bestimmung der Wettbewerbsbehörden der Mitgliedstaaten. (1) Die Mitgliedstaaten bestimmen die für die Anwendung der Artikel 81 und 82 des Vertrags zuständige(n) Wettbewerbsbehörde(n) so, dass die Bestimmungen dieser Verordnung wirksam angewandt werden. Sie ergreifen vor dem 1. Mai 2004 die notwendigen Maßnahmen, um diesen Behörden die Befugnis zur Anwendung der genannten Artikel zu übertragen. Zu den bestimmten Behörden können auch Gerichte gehören.

(2) Werden einzelstaatliche Verwaltungsbehörden und Gerichte mit der Durchsetzung des Wettbewerbsrechts der Gemeinschaft betraut, so können die Mitgliedstaaten diesen unterschiedliche Befugnisse und Aufgaben zuweisen.

(3) Die Wirkung von Artikel 11 Absatz 6 erstreckt sich auf die von den Mitgliedstaaten bestimmten Wettbewerbsbehörden, einschließlich der Gerichte, die Aufgaben in Bezug auf die Vorbereitung und den Erlass der in Artikel 5 vorgesehenen Arten von Entscheidungen wahrnehmen. Die Wirkung von Artikel 11 Absatz 6 erstreckt sich nicht auf Gerichte, insoweit diese als Rechtsmittelinstanzen in Bezug auf die in Artikel 5 vorgesehenen Arten von Entscheidungen tätig werden.

(4) Unbeschadet des Absatzes 3 ist in den Mitgliedstaaten, in denen im Hinblick auf den Erlass bestimmter Arten von Entscheidungen nach Artikel 5 eine Behörde Fälle vor ein separates und von der verfolgenden Behörde verschiedenes Gericht bringt, bei Einhaltung der Bestimmungen dieses Absatzes die Wirkung von Artikel 11 Absatz 6 auf die mit der Verfolgung des betreffenden Falls betraute Behörde begrenzt, die ihren Antrag bei dem Gericht zurückzieht, wenn die Kommission ein Verfahren eröffnet; mit der Zurücknahme des Antrags wird das nationale Verfahren vollständig beendet.

Art. 36 *(aufgehoben durch VO 169/2009 v. 5. 3. 2009)*

Art. 37 Änderung der Verordnung (EWG) Nr. 2988/74. *(nicht abgedruckt)*

Art. 38 Änderung der Verordnung (EWG) Nr. 4056/86. *(nicht abgedruckt)*

Art. 39 Änderung der Verordnung (EWG) Nr. 3975/87. *(nicht abgedruckt)*

Art. 40 Änderung der Verordnungen 19/65/EWG, (EWG) Nr. 2821/71 und (EWG) Nr. 1534/91. *(nicht abgedruckt)*

Art. 41 *(aufgehoben durch VO 487/2009 v. 25. 5. 2009)*

Art. 42 *(aufgehoben durch VO 246/2009 v. 26. 2. 2009)*

Art. 43 Aufhebung der Verordnungen Nrn. 17 und 141. (1) Die Verordnung Nr. 17 wird mit Ausnahme von Artikel 8 Absatz 3[1] aufgehoben, der für Entscheidungen, die nach Artikel 81 Absatz 3 des Vertrags vor dem Beginn der Anwendbarkeit der vorliegenden Verordnung angenommen wurden, bis zum Ende der Gültigkeitsdauer dieser Entscheidungen weiterhin gilt.

(2) Die Verordnung Nr. 141 wird aufgehoben.

(3) Bezugnahmen auf die aufgehobenen Verordnungen gelten als Bezugnahmen auf die vorliegende Verordnung.

Art. 44 Berichterstattung über die Anwendung der vorliegenden Verordnung. Die Kommission erstattet dem Europäischen Parlament und dem Rat fünf Jahre nach Inkrafttreten dieser Verordnung Bericht über das Funktionieren der Verordnung, insbesondere über die Anwendung von Artikel 11 Absatz 6 und Artikel 17.

Auf der Grundlage dieses Berichts schätzt die Kommission ein, ob es zweckmäßig ist, dem Rat eine Überarbeitung dieser Verordnung vorzuschlagen.

Art. 45 Inkrafttreten. Diese Verordnung tritt am zwanzigsten Tag nach ihrer Veröffentlichung im *Amtsblatt der Europäischen Gemeinschaften* in Kraft.

Sie gilt ab dem 1. Mai 2004.

Diese Verordnung ist in allen ihren Teilen verbindlich und gilt unmittelbar in jedem Mitgliedstaat.

---

[1] Diese Bestimmung lautet:

„(3) Die Kommission kann die Erklärung widerrufen oder ändern oder den Beteiligten bestimmte Handlungen untersagen:

a) wenn sich die tatsächlichen Verhältnisse in einem für die Erklärung wesentlichen Punkt geändert haben,

b) wenn die Beteiligten einer mit der Erklärung verbundenen Auflage zuwiderhandeln,

c) wenn die Erklärung auf unrichtigen Angaben beruht oder arglistig herbeigeführt worden ist,

d) wenn die Beteiligten die durch die Erklärung erlangte Freistellung von den Vorschriften des Artikels 85 Absatz (1) des Vertrages mißbrauchen.

Inden Fällen der Buchstaben b), c) und d) kann die Erklärung auch mit rückwirkender Kraft widerrufen werden."

166. Verordnung (EG) Nr. 773/2004 der Kommission über die Durchführung von Verfahren auf der Grundlage der Artikel 101 und 102 des Vertrags über die Arbeitsweise der Europäischen Union[1] durch die Kommission

Vom 7. April 2004

(ABl. Nr. L 123/18 v. 27. 4. 2004, geänd. durch VO (EG) Nr. 1792/2006, ABl. Nr. L 362/1, durch VO (EG) Nr. 622/2008, ABl. Nr. L 171/3), durch VO (EU) 519/2013, ABl. Nr. L 158/74 und durch VO (EU) 2015/1348, ABl. Nr. L 208/3)

DIE KOMMISSION DER EUROPÄISCHEN GEMEINSCHAFTEN –

gestützt auf den Vertrag zur Gründung der Europäischen Gemeinschaft,
gestützt auf das Abkommen über den Europäischen Wirtschaftsraum,
gestützt auf die Verordnung (EG) Nr. 1/2003 des Rates vom 16. Dezember 2002 zur Durchführung der in den Artikeln 81 und 82 des Vertrags niedergelegten Wettbewerbsregeln[2], insbesondere auf Artikel 33,
nach Anhörung des Beratenden Ausschusses für Kartell- und Monopolfragen,
in Erwägung nachstehender Gründe:

(1) Nach der Verordnung (EG) Nr. 1/2003 ist die Kommission ermächtigt, bestimmte Aspekte der Verfahren zur Anwendung der Artikel 81 und 82 EG-Vertrag zu regeln. Es ist notwendig, Vorschriften zu erlassen, um die Einleitung von Verfahren durch die Kommission, die Bearbeitung von Beschwerden sowie die Anhörung der Parteien zu regeln.

(2) Gemäß der Verordnung (EG) Nr. 1/2003 müssen die einzelstaatlichen Gerichte es vermeiden, Entscheidungen zu erlassen, die einer Entscheidung zuwiderlaufen, die die Kommission in derselben Sache zu erlassen beabsichtigt. Nach Artikel 11 Absatz 6 der genannten Verordnung entfällt die Zuständigkeit der einzelstaatlichen Wettbewerbsbehörden, wenn die Kommission ein Verfahren zum Erlass einer Entscheidung nach Kapitel III der Verordnung (EG) Nr. 1/2003 eingeleitet hat. Es ist daher wichtig, dass die Gerichte und Wettbewerbsbehörden der Mitgliedsstaaten von der Einleitung eines Verfahrens durch die Kommission Kenntnis erhalten. Die Kommission sollte deshalb ihre verfahrenseinleitenden Beschlüsse bekannt machen können.

---

[1] S. auch VO 1/2003 (Nr. **165**) und VO (EU) 519/2013, ABl. Nr. L 158/74.

[2] Der Titel der VO ist bereits entsprechend der Übereinstimmungstabelle nach Art. 5 Abs. 1 des Vertrags von Lissabon (Nr. **152 a**) angepasst worden; die Verweise sind in Übereinstimmung mit diese Tabelle zu lesen (vgl. auch Art. 5 Abs. 3 Vertrag von Lissabon).

(3) Befragt die Kommission natürliche oder juristische Personen mit deren Zustimmung, so sollte sie diese Personen zuvor über die Rechtsgrundlage und die Freiwilligkeit dieser Befragung belehren. Auch sollte ihnen der Zweck der Befragung sowie die etwaige Aufzeichnung dieser Befragung mitgeteilt werden. Im Interesse der Richtigkeit der Aussagen sollte den Befragten Gelegenheit gegeben werden, die aufgezeichneten Aussagen zu berichtigen. Sanktionen gegen natürliche Personen dürfen nur dann auf aus Aussagen gewonnene und nach Artikel 12 der Verordnung (EG) Nr. 1/2003 ausgetauschte Informationen gestützt werden, wenn die Voraussetzungen dieses Artikels erfüllt sind.

(4) Nach Artikel 23 Absatz 1 Buchstabe d) der Verordnung (EG) Nr. 1/2003 können Unternehmen und Unternehmensvereinigungen mit einer Geldbuße belegt werden, wenn sie es versäumen, innerhalb der von der Kommission gesetzten Frist eine unrichtige, unvollständige oder irreführende Antwort zu berichtigen, die ein Mitglied ihrer Belegschaft im Rahmen einer Nachprüfung erteilt hat. Es ist daher notwendig, die über die Befragung angefertigten Aufzeichnungen dem betreffenden Unternehmen zu übermitteln, und ein Verfahren vorzusehen, um dem Unternehmen Gelegenheit zu geben, die Erläuterungen von Mitgliedern seiner Belegschaft, die nicht zur Erteilung von Auskünften im Namen des Unternehmens befugt sind oder waren, durch Berichtigungen, Änderungen oder Zusätze zu ergänzen. Die Aussagen von Mitgliedern der Belegschaft sollten so, wie sie bei der Nachprüfung aufgezeichnet worden sind, in der bei der Kommission geführten Akte verbleiben.

(5) Beschwerden stellen eine wesentliche Informationsquelle zur Aufdeckung von Zuwiderhandlungen gegen das Wettbewerbsrecht dar. Es ist wichtig, klare und effiziente Verfahren zur Behandlung der bei der Kommission erhobenen Beschwerden festzulegen.

(6) Beschwerden im Sinne von Artikel 7 der Verordnung (EG) Nr. 1/2003 sind nur dann zulässig, wenn sie bestimmte festgelegte Angaben enthalten.

(7) Um den Beschwerdeführern bei der Vorlage der notwendigen Sachverhaltsangaben behilflich zu sein, sollte ein Formblatt erstellt werden. Eine Eingabe sollte nur dann als Beschwerde im Sinne von Artikel 7 der Verordnung (EG) Nr. 1/2003 behandelt werden, wenn die in dem Formblatt aufgeführten Angaben vorgelegt werden.

(8) Natürliche oder juristische Personen, die sich für eine Beschwerde entschieden haben, sollten Gelegenheit erhalten, an dem von der Kommission zwecks Feststellung einer Zuwiderhandlung eingeleiteten Verfahren mitzuwirken. Der Zugang zu Geschäftsgeheimnissen und anderen vertraulichen Informationen der anderen Verfahrensbeteiligten sollte ihnen jedoch verwehrt werden.

(9) Den Beschwerdeführern sollte Gelegenheit zur Äußerung gegeben werden, wenn nach Auffassung der Kommission keine ausreichenden Gründe vorliegen, um der Beschwerde stattzugeben. Weist die

die Kommission eine Beschwerde ab, weil der Fall bereits von einer einzelstaatlichen Wettbewerbsbehörde behandelt wird oder behandelt worden ist, sollte sie dem Beschwerdeführer die betreffende Behörde nennen.

(10) Um die Verteidigungsrechte der Unternehmen zu wahren, sollte die Kommission den Parteien rechtliches Gehör gewähren, bevor sie eine Entscheidung trifft.

(11) Geregelt werden sollte auch die Anhörung von Personen, die weder Beschwerdeführer im Sinne von Artikel 7 der Verordnung (EG) Nr. 1/2003 sind noch Parteien, an die eine Mitteilung der Beschwerdepunkte gerichtet worden ist, die aber ein ausreichendes Interesse geltend machen können. Bei Verbraucherverbänden, die beantragen gehört zu werden, sollte allgemein ein ausreichendes Interesse unterstellt werden, wenn das Verfahren Produkte oder Dienstleistungen für Endverbraucher oder Produkte oder Dienstleistungen betrifft, die direkt in diese Produkte oder Dienstleistungen einfließen. Die Kommission sollte darüber hinaus andere Personen auffordern können, sich schriftlich zu äußern und an der Anhörung der Parteien, an die eine Mitteilung der Beschwerdepunkte gerichtet worden ist, teilzunehmen, wenn sie dies als dem Verfahren förderlich erachtet. Sie sollte diese Personen gegebenenfalls auch zur Äußerung in dieser Anhörung auffordern können.

(12) Um Anhörungen effizienter zu gestalten, sollte der Anhörungsbeauftragte den Parteien, Beschwerdeführern, anderen geladenen Personen, den Dienststellen der Kommission und den Behörden der Mitgliedstaaten gestatten können, während der Anhörung Fragen zu stellen.

(13) Bei der Gewährung von Akteneinsicht sollte die Kommission den Schutz von Geschäftsgeheimnissen und anderen vertraulichen Informationen sicherstellen. Die Kategorie „andere vertrauliche Informationen" umfasst Informationen, die keine Geschäftsgeheimnisse sind, aber insoweit als vertraulich angesehen werden können, als ein Unternehmen oder eine Person durch ihre Offenlegung erheblich geschädigt werden können. Die Kommission sollte von den Unternehmen oder Unternehmensvereinigungen, die Unterlagen oder Erklärungen vorlegen oder vorgelegt haben, die Kenntlichmachung vertraulicher Informationen verlangen können.

(14) Sind Geschäftsgeheimnisse oder vertrauliche Informationen zum Nachweis einer Zuwiderhandlung erforderlich, sollte die Kommission bei jedem einzelnen Schriftstück prüfen, ob das Bedürfnis, es offen zu legen, größer ist als der Schaden, der aus dieser Offenlegung entstehen könnte.

(15) Im Interesse der Rechtssicherheit sollte für die Vorlage der in dieser Verordnung vorgesehenen Mitteilungen und Ausführungen eine Mindestfrist festgesetzt werden.

(16) Diese Verordnung ersetzt die Verordnung (EG) Nr. 2842/98 der Kommission vom 22. Dezember 1998 über die Anhörung in be-

stimmten Verfahren nach Artikel 85 und 86 EG-Vertrag[1], die aufgehoben werden sollte.

(17) Die Verfahrensvorschriften im Verkehrssektor werden durch diese Verordnung den allgemeinen für alle Wirtschaftszweige geltenden Verfahrensvorschriften angepasst. Die Verordnung (EG) Nr. 2843/98 der Kommission vom 22. Dezember 1998 über die Form, den Inhalt und die anderen Einzelheiten der Anträge und Anmeldungen nach den Verordnungen (EWG) Nr. 1017/68, (EWG) Nr. 4056/86 und (EWG) Nr. 3975/87 des Rates über die Anwendung der Wettbewerbsregeln auf den Bereich Verkehr[2] sollten daher aufgehoben werden.

(18) Mit der Verordnung (EG) Nr. 1/2003 wird das Anmelde- und Genehmigungssystem abgeschafft. Die Verordnung (EG) Nr. 3385/94 der Kommission vom 21. Dezember 1994 über die Form, den Inhalt und die anderen Einzelheiten der Anträge und Anmeldungen nach der Verordnung Nr. 17 des Rates[3] sollte dementsprechend aufgehoben werden –

HAT FOLGENDE VERORDNUNG ERLASSEN:

Kapitel I. Anwendungsbereich

Art. 1 Gegenstand und Anwendungsbereich. Diese Verordnung gilt für Verfahren, die von der Kommission zur Anwendung der Artikel 81 und 82 EG-Vertrag durchgeführt werden.

Kapitel II. Einleitung eines Verfahrens

Art. 2 Einleitung eines Verfahrens. (1) Die Kommission kann jederzeit die Einleitung eines Verfahrens zum Erlass einer Entscheidung gemäß Kapitel III der Verordnung (EG) Nr. 1/2003 beschließen; dieser Beschluss muss jedoch vor der Versendung einer vorläufigen Beurteilung gemäß Artikel 9 Absatz 1 der Verordnung (EG) Nr. 1/2003, vor der Übersendung der Mitteilung der Beschwerdepunkte, vor der Aufforderung an die Parteien, ihr Interesse an der Aufnahme von Vergleichsgesprächen zu bekunden, oder von dem Datum der Veröffentlichung einer Mitteilung gemäß Artikel 27 Absatz 4 der genannten Verordnung ergehen, je nachdem, welche Handlung früher stattfindet.

(2) Die Kommission kann die Einleitung des Verfahrens in geeigneter Weise bekannt machen. Sie setzt zuvor die Parteien davon in Kenntnis.

(3) Die Kommission kann von ihren Ermittlungsbefugnissen gemäß Kapitel V der Verordnung (EG) Nr. 1/2003 Gebrauch machen, bevor sie ein Verfahren einleitet.

---

[1] *ABl. L 354* vom 30. 12. 1998, S. 18.
[2] Bl. L 354 vom 30. 12. 1998, S. 22.
[3] ABl. L 377 vom 31. 12. 1994, S. 28.

(4) Die Kommission kann eine Beschwerde gemäß Artikel 7 der Verordnung (EG) Nr. 1/2003 abweisen, ohne ein Verfahren einzuleiten.

Kapitel III. Ermittlungen der Kommission

Art. 3 Befugnis zur Befragung. (1) Befragt die Kommission eine Person mit deren Zustimmung nach Maßgabe von Artikel 19 der Verordnung (EG) Nr. 1/2003, teilt sie ihr zu Beginn der Befragung die Rechtsgrundlage sowie den Zweck der Befragung mit und verweist auf den freiwilligen Charakter der Befragung. Sie teilt dem Befragten ferner ihre Absicht mit, die Befragung aufzuzeichnen.

(2) Die Befragung kann auf jedem Wege einschließlich per Telefon oder elektronisch erfolgen.

(3) Die Kommission kann die Aussagen des Befragten auf einen beliebigen Träger aufzeichnen. Dem Befragten wird eine Kopie der Aufzeichnung zur Genehmigung überlassen. Die Kommission setzt erforderlichenfalls eine Frist, innerhalb deren der Befragte seine Aussage berichtigen kann.

Art. 4 Befragung während einer Nachprüfung. (1) Wenn Bedienstete der Kommission oder andere von ihr ermächtigte Begleitpersonen gemäß Artikel 20 Absatz 2 Buchstabe e) der Verordnung (EG) Nr. 1/2003 von Vertretern oder Mitgliedern der Belegschaft eines Unternehmens oder einer Unternehmensvereinigung Erläuterungen verlangen, können diese auf einen beliebigen Träger aufgezeichnet werden.

(2) Dem Unternehmen oder der Unternehmensvereinigung wird nach der Nachprüfung eine Kopie der gemäß Absatz 1 angefertigten Aufzeichnung überlassen.

(3) Wurde ein Mitglied der Belegschaft eines Unternehmens oder einer Unternehmensvereinigung um Erläuterungen gebeten, das seitens des Unternehmens oder der Unternehmensvereinigung nicht ermächtigt ist oder war, Erläuterungen in seinem oder ihrem Namen abzugeben, setzt die Kommission eine Frist, innerhalb deren das Unternehmen oder die Unternehmensvereinigung der Kommission Richtigstellungen, Änderungen oder Zusätze zu den Erläuterungen dieses Belegschaftsmitglieds übermitteln kann. Die Richtigstellungen, Änderungen oder Zusätze werden den gemäß Absatz 1 aufgezeichneten Erläuterungen beigefügt.

Art. 4 a Das Kronzeugenprogramm der Kommission. (1) Die Kommission kann die Voraussetzungen und die Bedingungen für die Zusammenarbeit festlegen, unter denen sie Unternehmen, die an einem geheimen Kartell beteiligt sind oder waren, für ihre Mitwirkung an der Aufdeckung des Kartells und die Erleichterung des Nachweises einer Zuwiderhandlung mit dem Erlass oder einer Ermäßigung der andernfalls nach Artikel 23 Absatz 2 der Verordnung (EG) Nr. 1/2003 zu verhängenden Geldbuße belohnen kann (Kronzeugenprogramm der Kommission).

Der Erlass der Geldbuße kann dem ersten Unternehmen gewährt werden, das Beweismittel vorlegt, die es der Kommission aus deren Sicht ermöglichen würden, eine gezielte Nachprüfung vorzunehmen oder im Zusammenhang mit dem mutmaßlichen Kartell eine Zuwiderhandlung gegen Artikel 101 AEUV festzustellen. Eine Ermäßigung der Geldbuße kann Unternehmen gewährt werden, die der Kommission Beweismittel für die mutmaßliche Zuwiderhandlung vorlegen, die gegenüber den bereits in ihrem Besitz befindlichen Beweismitteln einen erheblichen Mehrwert aufweisen.

Die Kommission gewährt den Erlass oder die Ermäßigung der Geldbuße im Rahmen ihres Kronzeugenprogramms nur, wenn das Unternehmen am Ende des Verwaltungsverfahrens die im Kronzeugenprogramm festgelegten Voraussetzungen und Bedingungen für die Zusammenarbeit erfüllt. Diese können unter anderem die Art der von den Unternehmen vorzulegenden Informationen und Beweismittel sowie die von den Unternehmen im Verwaltungsverfahren erwartete weitere Zusammenarbeit betreffen.

(2) Um für den Erlass oder eine Ermäßigung der andernfalls zu verhängenden Geldbuße infrage zu kommen, müssen die Unternehmen der Kommission freiwillig ihre Kenntnis von einem geheimen Kartell und ihre Beteiligung daran darlegen, was auch in Form einer freiwilligen Darlegung des Wissens derzeitiger oder ehemaliger Mitarbeiter oder Vertreter des Unternehmen geschehen kann (Kronzeugenunternehmenserklärungen). Solche Kronzeugenunternehmenserklärungen müssen eigens zu dem Zweck formuliert werden, im Rahmen des Kronzeugenprogramms der Kommission bei der Kommission den Erlass oder eine Ermäßigung der Geldbuße zu erwirken

(3) Die Kommission bietet den Parteien geeignete Methoden an, Kronzeugenunternehmenserklärungen in anderer als schriftlicher Form, einschließlich mündlicher Erklärungen, zu übermitteln. In den Diensträumen der Kommission können mündliche Kronzeugenunternehmenserklärungen aufgezeichnet und schriftlich festgehalten werden. Das Unternehmen erhält die Möglichkeit, die Aufzeichnung seiner mündlichen Erklärung in den Diensträumen der Kommission auf technische Mängel zu prüfen und die Erklärung gegebenenfalls unverzüglich inhaltlich zu berichtigen. Die Vorschriften dieser Verordnung zu Kronzeugenunternehmenserklärungen gelten für alle Kronzeugenunternehmenserklärungen, unabhängig von dem Medium, auf dem sie gespeichert sind. Bereits vorhandene Informationen, d. h. Informationen, die unabhängig von dem Kommissionsverfahren vorliegen und der Kommission von einem Unternehmen im Rahmen seines Antrags auf Erlass oder Ermäßigung der Geldbuße übermittelt werden, sind nicht Teil der Kronzeugenunternehmenserklärung.

Kapitel IV. Behandlung von Beschwerden

Art. 5 Zulässigkeit von Beschwerden. (1) Natürliche und juristische Personen müssen ein berechtigtes Interesse darlegen, um zur Einreichung einer Beschwerde für Zwecke von Artikel 7 der Verordnung (EG) Nr. 1/2003 befugt zu sein.

Beschwerden müssen die Angaben enthalten, die in dem im Anhang zu dieser Verordnung beigefügten Formblatt C gefordert werden. Die Kommission kann von der Vorlage eines Teils der im Formblatt C geforderten Angaben und Unterlagen absehen.

(2) Die Beschwerde ist bei der Kommission in dreifacher Ausfertigung auf Papier sowie nach Möglichkeit in elektronischer Form einzureichen. Der Beschwerdeführer hat zudem eine nicht vertrauliche Fassung der Beschwerde vorzulegen, wenn für einen Teil der Beschwerde Vertraulichkeitsschutz geltend gemacht wird.

(3) Die Beschwerde ist in einer Amtssprache der Gemeinschaft einzureichen.

Art. 6 Teilnahme des Beschwerdeführers am Verfahren. (1) Ergeht in einem Fall eine Mitteilung von Beschwerdepunkten in Bezug auf eine Angelegenheit, die Gegenstand einer Beschwerde ist, übermittelt die Kommission dem Beschwerdeführer eine nicht vertrauliche Fassung der Mitteilung der Beschwerdepunkte, außer in Fällen von Vergleichsverfahren, in denen die Kommission den Beschwerdeführer schriftlich über die Art und den Gegenstand des Verfahrens unterrichtet. Die Kommission setzt ferner eine Frist, innerhalb deren der Beschwerdeführer schriftlich Stellung nehmen kann.

(2) Die Kommission kann gegebenenfalls dem Beschwerdeführer Gelegenheit geben, seine Argumente anlässlich der Anhörung der Parteien, an die eine Mitteilung der Beschwerdepunkte gerichtet worden ist, vorzubringen, wenn der Beschwerdeführer dies in seinen schriftlichen Ausführungen beantragt.

Art. 7 Abweisung von Beschwerden. (1) Ist die Kommission der Auffassung, dass die ihr vorliegenden Angaben es nicht rechtfertigen, einer Beschwerde nachzugehen, so teilt sie dem Beschwerdeführer die Gründe hierfür mit und setzt ihm eine Frist zur schriftlichen Stellungnahme. Die Kommission ist nicht verpflichtet, nach Ablauf dieser Frist eingegangenen schriftlichen Ausführungen Rechnung zu tragen.

(2) Äußert sich der Beschwerdeführer innerhalb der von der Kommission gesetzten Frist und führen seine schriftlichen Ausführungen nicht zu einer anderen Würdigung der Beschwerde, weist die Kommission die Beschwerde durch Entscheidung ab.

(3) Äußert sich der Beschwerdeführer nicht innerhalb der von der Kommission gesetzten Frist, gilt die Beschwerde als zurückgezogen.

Art. 8 Recht auf Einsichtnahme. (1) Hat die Kommission den Beschwerdeführer von ihrer Absicht unterrichtet, seine Beschwerde gemäß Artikel 7 Absatz 1 abzuweisen, so kann der Beschwerdeführer Einsicht in die Unterlagen verlangen, die der vorläufigen Beurteilung der Kommission zugrunde liegen. Dies gilt nicht für Geschäftsgeheimnisse und sonstige vertrauliche Informationen anderer Verfahrensbeteiligten.

(2) *(gestrichen)*

Art. 9 Abweisung einer Beschwerde gemäß Artikel 13 der Verordnung (EG) Nr. 1/2003. Weist die Kommission eine Beschwerde gemäß Artikel 13 der Verordnung (EG) Nr. 1/2003 ab, so teilt sie dem Beschwerdeführer unverzüglich mit, welche einzelstaatliche Wettbewerbsbehörde den Fall behandelt oder bereits behandelt hat.

Kapitel V. Wahrnehmung des Anspruchs auf rechtliches Gehör

Art. 10 Mitteilung der Beschwerdepunkte und Erwiderung. (1) Die Kommission teilt den Parteien die gegen sie erhobenen Beschwerdepunkte schriftlich mit. Die Mitteilung der Beschwerdepunkte wird jeder Partei, gegen die Beschwerdepunkte erhoben werden, schriftlich zugestellt.

(2) Bei Zustellung der Mitteilung der Beschwerdepunkte setzt die Kommission den Parteien eine Frist zur schriftlichen Stellungnahme. Die Kommission ist nicht verpflichtet, nach Ablauf dieser Frist eingegangenen schriftlichen Ausführungen Rechnung zu tragen.

(3) Die Parteien können in ihren schriftlichen Ausführungen alle ihnen bekannten Tatsachen vortragen, die für ihre Verteidigung gegen die von der Kommission angeführten Beschwerdepunkte relevant sind. Als Nachweis für die in ihren Ausführungen vorgetragenen Tatsachen fügen sie alle zweckdienlichen Unterlagen bei. Ihre Ausführungen und die beigefügten Unterlagen sind im Original auf Papier und in elektronischer Form oder, falls sie nicht in elektronischer Form beigebracht werden, in 31-facher Ausfertigung auf Papier vorzulegen. Sie können der Kommission die Anhörung von Personen vorschlagen, die die in ihren Ausführungen vorgetragenen Tatsachen bestätigen können.

§ 10 a Vergleichsverfahren in Kartellfällen. (1) Nach Einleitung des Verfahrens gemäß Artikel 11 Absatz 6 der Verordnung (EG) Nr. 1/2003 kann die Kommission eine Frist setzen, innerhalb der die Parteien schriftlich ihre Bereitschaft signalisieren können, Vergleichsgespräche im Hinblick auf die mögliche Vorlage von Vergleichsausführungen aufzunehmen. Die Kommission ist nicht verpflichtet, nach Ablauf dieser Frist eingegangene Antworten zu berücksichtigen.

Wenn sich zwei oder mehr Parteien innerhalb eines Unternehmens nach Unterabsatz 1 zur Aufnahme von Vergleichsgesprächen bereit erklären, benennen sie einen gemeinsamen Vertreter, der die Gespräche mit der Kommission in ihrem Namen führt. Bei der Festsetzung der in Unterabsatz 1 genannten Frist teilt die Kommission den betreffenden Parteien mit, dass sie als zum selben Unternehmen gehörend gelten, um es ihnen zu ermöglichen, diese Bestimmung einzuhalten.

(2) Die Kommission kann den Parteien, die an Vergleichsgesprächen teilnehmen, Folgendes offen legen:

a) die gegen sie erwogenen Beschwerdepunkte;
b) die Beweise, anhand derer die erwogenen Beschwerdepunkte festgestellt wurde;
c) nicht vertrauliche Fassungen sämtlicher in der Akte des Falles aufgeführter Unterlagen, sofern die Partei dies beantragt, damit sie ihre Position bezüglich eines Zeitraums oder anderer Gesichtspunkte des Kartells ermitteln kann, und
d) die Höhe etwaiger Geldbußen.

Diese Informationen sind gegenüber Dritten vertraulich, es sei denn, die Kommission hat eine Offenlegung vorher ausdrücklich genehmigt.

Bei Fortschritten in den Vergleichsgesprächen kann die Kommission eine Frist setzen, innerhalb deren sich die Parteien verpflichten können, das Vergleichsverfahren durch die Vorlage von Vergleichsausführungen anzunehmen, in denen die Ergebnisse der Vergleichsgespräche wiedergegeben und ihre Beteiligung an einer Zuwiderhandlung gegen Artikel 101 AEUV einschließlich ihrer Haftung anerkannt wird. Diese Vergleichsausführungen müssen von den Unternehmen eigens als ein an die Kommission gerichteter förmlicher Antrag formuliert werden, einen Beschluss in ihrer Sache im Anschluss an das Vergleichsverfahren zu erlassen. Die betreffenden Parteien haben Anspruch darauf, dass ihnen die in Unterabsatz 1 genannten Informationen auf Antrag rechtzeitig, bevor die Kommission eine Frist für die Vorlage von Vergleichsausführungen setzt, offengelegt werden. Die Kommission ist nicht verpflichtet, nach Ablauf dieser Frist eingegangene Vergleichsausführungen zu berücksichtigen.

Die Kommission bietet den Parteien geeignete Methoden an, Vergleichsausführungen in anderer als schriftlicher Form, einschließlich mündlicher Ausführungen, zu übermitteln. In den Diensträumen der Kommission können mündliche Vergleichsausführungen aufgezeichnet und schriftlich festgehalten werden. Das Unternehmen erhält die Möglichkeit, die Aufzeichnung seiner mündlichen Ausführungen in den Diensträumen der Kommission auf technische Mängel zu prüfen und seine Ausführungen gegebenenfalls unverzüglich inhaltlich zu berichtigen. Die Vorschriften dieser u Vergleichsausführungen gelten für alle Vergleichsausführungen, unabhängig von dem Medium, auf dem sie gespeichert sind.

(3) Wurde der Inhalt der Vergleichsausführungen in der den Parteien zugestellten Mitteilung der Beschwerdepunkte wiedergegeben, haben die Parteien in ihrer schriftlichen Erwiderung auf die Mitteilung der Beschwerdepunkte innerhalb einer von der Kommission gesetzten Frist zu bestätigen, dass die ihnen zugestellte Mitteilung der Beschwerdepunkte den Inhalt ihrer Vergleichsausführungen wiedergibt. Daraufhin kann die Kommission nach Konsultationen im Beratenden Ausschuss für Kartell- und Monopolfragen gemäß Artikel 14 der Verordnung

(EG) Nr. 1/2003 eine Entscheidung gemäß Artikel 7 und Artikel 23 der genannten Verordnung erlassen.

(4) Die Kommission kann während des Verfahrens jederzeit beschließen, die Vergleichsgespräche in einem bestimmten Fall insgesamt oder mit einer oder mehreren Parteien zu beenden, wenn sie zu der Auffassung gelangt, dass eine Rationalisierung des Verfahrens voraussichtlich nicht erzielt werden kann.

Art. 11 Anspruch auf rechtliches Gehör. (1) Die Kommission gibt den Parteien, an die sie eine Mitteilung der Beschwerdepunkte richtet, Gelegenheit zur Äußerung, bevor sie den Beratenden Ausschuss nach Artikel 14 Absatz 1 der Verordnung (EG) Nr. 1/2003 hört.

(2) Die Kommission zieht in ihren Entscheidungen nur Beschwerdepunkte in Betracht, zu denen sich die in Absatz 1 genannten Parteien äußern konnten.

Art. 12 Recht auf Anhörung. (1) Die Kommission gibt den Parteien, an die sie eine Mitteilung der Beschwerdepunkte richtet, Gelegenheit, ihre Argumente in einer Anhörung vorzutragen, wenn sie dies in ihren schriftlichen Ausführungen beantragen.

(2) Bei der Vorlage ihrer Vergleichsausführungen bestätigen die Parteien der Kommission, dass sie nur dann beantragen würden, ihre Argumente in einer Anhörung vorzutragen, wenn der Inhalt ihrer Vergleichsausführungen nicht in der Mitteilung der Beschwerdepunkte wiedergegeben wurde.

Art. 13 Anhörung anderer Personen. (1) Wenn andere als die in den Artikeln 5 und 11 genannten natürlichen oder juristischen Personen beantragen, gehört zu werden und ein ausreichendes Interesse darlegen, so unterrichtet die Kommission sie schriftlich über Art und Gegenstand des Verfahrens und setzt ihnen eine Frist zur schriftlichen Stellungnahme.

(2) Die Kommission kann die in Absatz 1 genannten Personen gegebenenfalls auffordern, ihre Argumente anlässlich der Anhörung der Parteien, an die sie eine Mitteilung der Beschwerdepunkte gerichtet hat, vorzubringen, wenn sie dies in ihren schriftlichen Ausführungen beantragen.

(3) Die Kommission kann jede andere Person auffordern, sich schriftlich zu äußern und an der Anhörung der Parteien, an die sie eine Mitteilung der Beschwerdepunkte gerichtet hat, teilzunehmen. Die Kommission kann diese Personen auch auffordern, sich in der Anhörung zu äußern.

Art. 14 Durchführung der Anhörung. (1) Der Anhörungsbeauftragte führt die Anhörung in voller Unabhängigkeit durch.

(2) Die Kommission lädt die zu hörenden Personen an einem von ihr festgesetzten Termin zu der Anhörung.

(3) Die Wettbewerbsbehörden der Mitgliedstaaten werden von der Kommission zu der Anhörung eingeladen. Die Kommission kann auch Beamte und Bedienstete anderer Behörden der Mitgliedstaaten einladen.

(4) Die geladenen Personen erscheinen persönlich oder werden durch ihre gesetzlichen oder satzungsgemäßen Vertreter vertreten. Unternehmen und Unternehmensvereinigungen können sich auch durch einen mit ausreichender Vollmacht versehenen Vertreter vertreten lassen, der ständig im Dienst des Unternehmens oder der Unternehmensvereinigung steht.

(5) Die von der Kommission anzuhörenden Personen können ihre Rechtsanwälte oder andere vom Anhörungsbeauftragten zugelassene qualifizierte Personen hinzuziehen.

(6) Die Anhörungen sind nicht öffentlich. Jede Person kann allein oder in Anwesenheit anderer geladener Personen gehört werden; dabei ist den berechtigten Interessen der Unternehmen an der Wahrung ihrer Geschäftsgeheimnisse und anderer vertraulicher Informationen Rechnung zu tragen.

(7) Der Anhörungsbeauftragte kann den Parteien, an die eine Mitteilung der Beschwerdepunkte gerichtet worden ist, den Beschwerdeführern, den anderen geladenen Personen, den Kommissionsdienststellen und den Behörden der Mitgliedstaaten gestatten, während der Anhörung Fragen zu stellen.

(8) Die Aussagen jeder gehörten Person werden aufgezeichnet. Die Aufzeichnung der Anhörung wird den Personen, die an der Anhörung teilgenommen haben, auf Antrag zur Verfügung gestellt. Dabei ist den berechtigten Interessen der Verfahrensbeteiligten an der Wahrung ihrer Geschäftsgeheimnisse und anderer vertraulicher Informationen Rechnung zu tragen.

Kapitel VI. Akteneinsicht und Behandlung vertraulicher Informationen

Art. 15 Akteneinsicht. (1) Auf Antrag gewährt die Kommission den Parteien, an die sie eine Mitteilung der Beschwerdepunkte gerichtet hat, Akteneinsicht. Die Akteneinsicht wird nach Zustellung der Mitteilung der Beschwerdepunkte gewährt.

(1 a) Nachdem das Verfahren gemäß Artikel 11 Absatz 6 der Verordnung (EG) Nr. 1/2003 eingeleitet wurde und um den Parteien die Vorlage von Vergleichsausführungen zu ermöglichen, legt die Kommission den Parteien auf Antrag und zu den in den einschlägigen Unterabsätzen festgelegten Bedingungen die in Artikel 10 a Absatz 2 genannten Beweismittel und Unterlagen offen. Entsprechend bestätigen die Parteien der Kommission bei der Vorlage ihrer Vergleichsausführungen, dass sie nach Erhalt der Mitteilung der Beschwerdepunkte nur dann Antrag auf Akteneinsicht nach Absatz 1 stellen, wenn der Inhalt ihrer

Vergleichsausführungen nicht in der Mitteilung der Beschwerdepunkte wiedergegeben wurde. Wurden die Vergleichsgespräche mit einer Partei oder mehreren Parteien eingestellt, so erhalten die betreffenden Parteien Akteneinsicht nach Absatz 1, wenn eine Mitteilung der Beschwerdepunkte an sie gerichtet worden ist.

(1 b) Einsicht nach Absatz 1 oder 1 a in eine Kronzeugenunternehmenserklärung im Sinne des Artikels 4 a Absatz 2 oder in eine Vergleichsausführung im Sinne des Artikels 10 a Absatz 2 wird nur in den Diensträumen der Kommission gewährt. Die Parteien und ihre Vertreter dürfen Kronzeugenunternehmenserklärungen und Vergleichsausführungen nicht mit mechanischen oder elektronischen Mitteln kopieren.

(2) Von der Akteneinsicht ausgenommen sind Geschäftsgeheimnisse, andere vertrauliche Informationen sowie interne Unterlagen der Kommission und der Wettbewerbsbehörden der Mitgliedstaaten. Ebenfalls von der Akteneinsicht ausgenommen ist die in der Akte der Kommission enthaltene Korrespondenz zwischen der Kommission und den Wettbewerbsbehörden der Mitgliedstaaten sowie zwischen den letztgenannten.

(3) Diese Verordnung hindert die Kommission nicht daran, von Informationen Gebrauch zu machen und diese offen zu legen, wenn sie zum Nachweis einer Zuwiderhandlung gegen Artikel 81 oder 82 EG-Vertrag erforderlich sind.

Art. 16 Kenntlichmachung und Schutz vertraulicher Informationen. (1) Informationen einschließlich Unterlagen werden von der Kommission nicht mitgeteilt oder zugänglich gemacht, soweit sie Geschäftsgeheimnisse oder sonstige vertrauliche Informationen von Personen enthalten.

(2) Jede Person, die sich nach Maßgabe von Artikel 6 Absatz 1, Artikel 7 Absatz 1, Artikel 10 Absatz 2 und Artikel 13 Absätze 1 und 3 äußert oder anschließend der Kommission in demselben Verfahren weitere Informationen vorlegt, macht innerhalb der von der Kommission gesetzten Äußerungsfrist die ihrer Ansicht nach vertraulichen Informationen unter Angabe von Gründen kenntlich und legt eine nicht vertrauliche Fassung vor.

(3) Unbeschadet des Absatzes 2 des vorliegenden Artikels kann die Kommission von Unternehmen und Unternehmensvereinigungen, die Unterlagen oder Erklärungen nach Maßgabe der Verordnung (EG) Nr. 1/2003 vorlegen, verlangen, dass sie die Unterlagen oder Teile von Unterlagen, die ihrer Ansicht nach Geschäftsgeheimnisse oder andere sie betreffende vertrauliche Informationen enthalten, kenntlich machen und die Unternehmen nennen, denen gegenüber diese Unterlagen als vertraulich anzusehen sind. Ebenso kann die Kommission von den Unternehmen oder Unternehmensvereinigungen verlangen, dass sie die Teile einer Mitteilung von Beschwerdepunkten, einer Zusammenfassung im Sinne von Artikel 27 Absatz 4 der Verordnung (EG)

Nr. 1/2003 oder einer Entscheidung bzw. eines Beschlusses der Kommission angeben, die ihrer Ansicht nach Geschäftsgeheimnisse enthalten.

Die Kommission kann eine Frist setzen, innerhalb deren die Unternehmen und Unternehmensvereinigungen

a) ihren Anspruch auf vertrauliche Behandlung in Bezug auf jede einzelne Unterlage oder Erklärung oder Teile davon begründen;

b) der Kommission eine nicht vertrauliche Fassung der Unterlagen oder Erklärungen zukommen lassen, aus denen die vertraulichen Passagen entfernt worden sind;

c) eine knappe Beschreibung jeder Angabe, die entfernt worden ist, übermitteln.

(4) Kommen die Unternehmen oder Unternehmensvereinigungen den Absätzen 2 und 3 nicht nach, kann die Kommission davon ausgehen, dass die betreffenden Unterlagen oder Erklärungen keine vertraulichen Informationen enthalten.

Kapitel VI a. Beschränkungen für die Verwendung von im Laufe des Kommissionsverfahrens erlangten Informationen

Art. 16 a. (1) Informationen, die nach dieser Verordnung erlangt wurden, dürfen nur für Gerichts- oder Verwaltungsverfahren zur Anwendung der Artikel 101 und 102 AEUV verwendet werden.

(2) Einsicht in Kronzeugenunternehmenserklärungen im Sinne des Artikels 4 a Absatz 2 oder in Vergleichsausführungen im Sinne des Artikels 10 a Absatz 2 wird nur für die Ausübung von Verteidigungsrechten in Verfahren bei der Kommission gewährt. Informationen aus diesen Erklärungen und Ausführungen dürfen von der Partei, die Akteneinsicht erhalten hat, nur verwendet werden, wenn dies für die Ausübung ihrer Verteidigungsrechte in Verfahren

a) vor den Gerichten der Europäischen Union zur Überprüfung von Beschlüssen der Kommission oder

b) vor den Gerichten der Mitgliedstaaten in Rechtssachen erforderlich ist, die sich unmittelbar auf die Sache beziehen, in der Akteneinsicht gewährt wurde, und die Folgendes betreffen:

   i. die Aufteilung einer von der Kommission gesamtschuldnerisch gegen die Kartellbeteiligten verhängten Geldbuße zwischen den Kartellbeteiligten oder

   ii. die Überprüfung einer Entscheidung, mit der eine Wettbewerbsbehörde eines Mitgliedstaats eine Zuwiderhandlung gegen Artikel 101 AEUV festgestellt hat.

(3) Die folgenden Kategorien von Informationen, die nach dieser Verordnung erlangt wurden, dürfen in Verfahren vor nationalen Ge-

richten erst dann verwendet werden, wenn die Kommission ihr Verfahren gegen alle von der Untersuchung betroffenen Parteien durch Erlass eines Beschlusses nach Artikel 7, 9 oder 10 der Verordnung (EG) Nr. 1/2003 abgeschlossen oder ihr Verwaltungsverfahren auf andere Weise beendet hat:

a) Informationen, die von einer natürlichen oder juristischen Person eigens für das Verfahren der Kommission erstellt wurden, und

b) Informationen, die die Kommission im Laufe ihres Verfahrens erstellt und den Parteien übermittelt hat.

Kapitel VII. Allgemeine und Schlussbestimmungen

Art. 17 Fristen. (1) Bei der Festlegung der in Artikel 3 Absatz 3, Artikel 4 Absatz 3, Artikel 6 Absatz 1, Artikel 7 Absatz 1, Artikel 10 Absatz 2, Artikel 10 a Absätze 1, 2 und 3 und Artikel 16 Absatz 3 genannten Fristen trägt die Kommission dem für die Ausarbeitung der Ausführungen erforderlichen Zeitaufwand und der Dringlichkeit des Falls Rechnung.

(2) Die in Artikel 6 Absatz 1, Artikel 7 Absatz 1 und Artikel 10 Absatz 2 genannte Frist beträgt mindestens vier Wochen. In Verfahren zwecks Anordnung einstweiliger Maßnahmen gemäß Artikel 8 der Verordnung (EG) Nr. 1/2003 kann die Frist auf eine Woche begrenzt werden.

(3) Die in Artikel 4 Absatz 3, Artikel 10 a Absätze 1 und 2 und Artikel 16 Absatz 3 genannten Fristen betragen mindestens zwei Wochen. Die in Artikel 3 Absatz 3 genannte Frist beträgt mindestens zwei Wochen, außer für Vergleichausführungen, die innerhalb einer Woche zu berichtigen sind. Die in Artikel 10 a Absatz 3 genannte Frist beträgt mindestens zwei Wochen.

(4) Die Fristen können auf begründeten Antrag vor Ablauf der ursprünglich festgelegten Frist gegebenenfalls verlängert werden.

Art. 18 Aufhebungen. Die Verordnungen (EG) Nr. 2842/98, (EG) Nr. 2843/98 und (EG) Nr. 3385/94 werden aufgehoben.

Bezugnahmen auf die aufgehobenen Verordnungen gelten als Bezugnahmen auf die vorliegende Verordnung.

Art. 19 Übergangsbestimmungen. Die Wirksamkeit von nach Maßgabe der Verordnung (EG) Nr. 2842/98 und der Verordnung (EG) Nr. 2843/98 vorgenommenen Verfahrensschritten bleibt für die Anwendung der vorliegenden Verordnung unberührt.

Art. 20 Inkrafttreten. Diese Verordnung tritt am 1. Mai 2004 in Kraft.

Anhang

Formblatt C
Beschwerde gemäß Artikel 7 der Verordnung (EG) Nr. 1/2003

I. Angaben zum Beschwerdeführer und zu dem/den Unternehmen oder Unternehmensvereinigungen, die den Anlass der Beschwerde bilden

1. Geben Sie die vollständigen Personalien der natürlichen Person bzw. die vollständige Bezeichnung und Anschrift der juristischen Person an, die die Beschwerde erhebt. Handelt es sich bei dem Beschwerdeführer um ein Unternehmen, geben Sie die Unternehmensgruppe an, zu der das Unternehmen gehört, und beschreiben Sie kurz Art und Umfang seiner Geschäftstätigkeiten. Geben Sie eine Kontaktperson an (Telefonnummer, E-Mail-Adresse und Postanschrift), die weitere Auskünfte erteilen kann.
2. Geben Sie das/die Unternehmen oder die Unternehmensvereinigung an, gegen dessen/deren Verhalten sich die Beschwerde richtet, einschließlich aller verfügbaren Informationen über die Unternehmensgruppe, zu der dieses/diese Unternehmen gehört/gehören, sowie Art und Umfang ihrer Geschäftstätigkeiten. Geben Sie an, in welchem Verhältnis der Beschwerdeführer zu dem/den Unternehmen oder der Unternehmensvereinigung steht, gegen das/die sich die Beschwerde richtet (z. B. Kunde, Wettbewerber).

II. Angaben zu der mutmaßlichen Zuwiderhandlung und Beweismittel

3. Geben Sie eine ausführliche Darstellung des Sachverhalts, aus dem sich Ihrer Meinung nach ergibt, dass eine Zuwiderhandlung gegen Artikel 81 oder 82 EG-Vertrag und/oder gegen Artikel 53 oder 54 EWR-Abkommen vorliegt. Geben Sie insbesondere an, welcher Art die Produkte sind (Waren oder Dienstleistungen), die von der mutmaßlichen Zuwiderhandlung betroffen sind, und erläutern Sie die diese Produkte betreffenden Handelsbeziehungen. Legen Sie alle verfügbaren Angaben über Vereinbarungen oder Verhaltensweisen von Unternehmen oder Unternehmensvereinigungen vor, auf die sich die Beschwerde bezieht. Geben Sie nach Möglichkeit die Marktstellung der von dieser Beschwerde betroffenen Unternehmen an.
4. Legen Sie alle Ihnen vorliegenden Unterlagen vor, die sich auf den in der Beschwerde dargestellten Sachverhalt beziehen oder mit ihm in Verbindung stehen (z. B. Texte von Vereinbarungen, Verhandlungs- oder Sitzungsprotokolle, Geschäftsbedingungen, Geschäftsunterlagen, Rundschreiben, Korrespondenz, Notizen von Telefongesprächen). Geben Sie Name und Anschrift der Personen an, die den

in der Beschwerde dargestellten Sachverhalt bezeugen können, insbesondere auch der Personen, die von der behaupteten Zuwiderhandlung betroffen sind. Legen Sie Statistiken oder andere verfügbare Daten vor, die sich auf den dargestellten Sachverhalt beziehen, insbesondere wenn sie Aufschluss über Marktentwicklungen geben (z. B. Informationen über Preise und Preistendenzen, Marktzutrittsschranken für neue Anbieter usw.).

5. Geben Sie nach Ihrer Einschätzung den räumlichen Einzugsbereich der mutmaßlichen Zuwiderhandlung an und erläutern Sie, soweit dies nicht offensichtlich ist, in welchem Umfang der Handel zwischen den Mitgliedstaaten oder zwischen der Gemeinschaft und den EFTA-Mitgliedstaaten, die dem EWR-Abkommen beigetreten sind, durch das beanstandete Verhalten beeinträchtigt werden kann.

III. Ziel der Beschwerde und berechtigtes Interesse

6. Erläutern Sie, welche Ziele Sie mit Ihrer Beschwerde verfolgen bzw. was Sie von dem Vorgehen der Kommission erwarten.
7. Legen Sie dar, aus welchen Gründen Sie als Beschwerdeführer ein berechtigtes Interesse im Sinne von Artikel 7 der Verordnung (EG) Nr. 1/2003 geltend machen. Erläutern Sie insbesondere, in welcher Weise Sie von dem beanstandeten Verhalten betroffen sind und wie die Kommission durch ihr Tätigwerden Ihrer Ansicht nach den behaupteten Missstand beseitigen kann.

IV. Verfahren vor nationalen Wettbewerbsbehörden oder Gerichten

8. Geben Sie an, ob Sie sich in derselben Sache oder einer eng damit verbundenen anderen Sache bereits an eine andere Wettbewerbsbehörde gewandt und/oder ein Verfahren vor einem nationalen Gericht angestrengt haben. Wenn ja, geben Sie genau an, an welche Verwaltungs- oder Justizbehörde Sie sich gewandt haben und welche Eingaben Sie bei dieser Behörde gemacht haben.

Der Unterzeichnete erklärt, dass er die Angaben in dem Formblatt und in den beigefügten Anlagen nach bestem Wissen und Gewissen gemacht hat.

Datum und Unterschrift

168. Richtlinie (EU) 2019/1 des Europäischen Parlaments und des Rates zur Stärkung der Wettbewerbsbehörden der Mitgliedstaaten im Hinblick auf eine wirksamere Durchsetzung der Wettbewerbsvorschriften und zur Gewährleistung des reibungslosen Funktionierens des Binnenmarkts (ECN+ Richtlinie)[1) · 2)]

Vom 11. Dezember 2018

(ABl. Nr. L 11/3 v. 14.1.2019)

DAS EUROPÄISCHE PARLAMENT UND DER RAT DER EUROPÄISCHEN UNION –

gestützt auf den Vertrag über die Arbeitsweise der Europäischen Union, insbesondere auf die Artikel 103 und 114, auf Vorschlag der Europäischen Kommission,

nach Zuleitung des Entwurfs des Gesetzgebungsakts an die nationalen Parlamente, nach Stellungnahme des Europäischen Wirtschafts- und Sozialausschusses[3)] gemäß dem ordentlichen Gesetzgebungsverfahren[4)]

in Erwägung nachstehender Gründe:

(1) Die Artikel 101 und 102 des Vertrags über die Arbeitsweise der Europäischen Union (AEUV) sind der öffentlichen Ordnung zuzurechnen und sollten in der ganzen Union wirksam angewendet werden, um zu gewährleisten, dass der Wettbewerb im Binnenmarkt nicht verfälscht wird. Die wirksame Durchsetzung der Artikel 101 und 102 AEUV ist erforderlich, um fairere und offenere wettbewerbsorientierte Märkte in der Union zu schaffen, auf denen Unternehmen in einem leistungsorientierten Wettbewerb zueinander stehen und keine Markteintrittsschranken errichten, sodass Wohlstand und Arbeitsplätze entstehen können. Die wirksame Durchsetzung der Wettbewerbsvorschriften schützt die Verbraucher und die im Binnenmarkt tätigen Unternehmen vor Geschäftspraktiken, die bewirken, dass die Preise von Waren und Dienstleistungen auf einem künstlich hohen Niveau verharren, und vergrößert das Angebot an innovativen Waren und Dienstleistungen für die Verbraucher und Unternehmen.

---

1) Diese (Kurz-)Bezeichnung ist nicht amtlich.

2) Gem. Art. 34 Abs. 1 der Richtlinie läuft die Umsetzungsfrist am 4. Februar 2021 ab. In Deutschland erfolgt die Umsetzung durch das sog. „GWB-Digitalisierungsgesetz" (Regierungsentwurf v. 9.9.2020).

3) ABl. C 345 vom 13.10.2017, S. 70.

4) Standpunkt des Europäischen Parlaments vom 14. November 2018 (noch nicht im Amtsblatt veröffentlicht) und Beschluss des Rates vom 4. Dezember 2018.

(2) Für die öffentliche Durchsetzung der Artikel 101 und 102 AEUV sorgen die nationalen Wettbewerbsbehörden der Mitgliedstaaten und die Kommission parallel zueinander im Einklang mit der Verordnung (EG) Nr. 1/2003 des Rates[1]). Die nationalen Wettbewerbsbehörden und die Kommission bilden zusammen ein Netz von Behörden, die bei der Anwendung der Wettbewerbsregeln der Union eng zusammenarbeiten (im Folgenden „Europäisches Wettbewerbsnetz").

(3) Nach Artikel 3 Absatz 1 der Verordnung (EG) Nr. 1/2003 sind die nationalen Wettbewerbsbehörden und die nationalen Gerichte verpflichtet, die Artikel 101 und 102 AEUV auf Vereinbarungen, Beschlüsse von Unternehmensvereinigungen, aufeinander abgestimmte Verhaltensweisen oder den Missbrauch einer marktbeherrschenden Stellung anzuwenden, die den Handel zwischen Mitgliedstaaten beeinträchtigen können. In der Praxis wenden die meisten nationalen Wettbewerbsbehörden das nationale Wettbewerbsrecht parallel zu den Bestimmungen der Artikel 101 und 102 AEUV an. Diese Richtlinie soll gewährleisten, dass die nationalen Wettbewerbsbehörden über die Garantien im Hinblick auf ihre Unabhängigkeit, die Ressourcen und die Befugnisse im Bereich der Durchsetzung und der Verhängung von Geldbußen verfügen, die erforderlich sind, um die Artikel 101 und 102 AEUV wirksam anzuwenden; daher wird sie sich unweigerlich auf das von diesen Behörden parallel angewendete nationale Wettbewerbsrecht auswirken. Darüber hinaus sollte die Anwendung des nationalen Wettbewerbsrechts durch die nationalen Wettbewerbsbehörden auf Vereinbarungen, Beschlüsse von Unternehmensvereinigungen oder aufeinander abgestimmte Verhaltensweisen, welche den Handel zwischen Mitgliedstaaten beeinträchtigen können, nicht zu einem Ergebnis führen, das von dem, zu dem die besagten Behörden gemäß dem Unionsrecht nach Artikel 3 Absatz 2 der Verordnung (EG) Nr. 1/2003 gelangen würden, abweicht. Daher ist es bei solchen Fällen der parallelen Anwendung des nationalen Wettbewerbsrechts und des Unionsrechts entscheidend, dass die nationalen Wettbewerbsbehörden über die gleichen Garantien im Hinblick auf die Unabhängigkeit, über die Ressourcen und die Befugnisse im Bereich der Durchsetzung und der Verhängung von Geldbußen verfügen, die erforderlich sind, um sicherstellen, dass es nicht zu unterschiedlichen Ergebnissen kommt.

(4) Wird den nationalen Wettbewerbsbehörden die Befugnis erteilt, alle Informationen zu einem Unternehmen, das Gegenstand einer Untersuchung ist, auch in digitaler Form, unabhängig vom Speichermedium, einzuholen, so würde sich das auch auf den Umfang der Befugnisse auswirken, über die diese Behörden verfügen, wenn sie im Anfangsstadium ihrer Verfahren auf der Grundlage des parallel zu den Artikeln 101 und 102 AEUV angewendeten nationalen Wettbewerbsrechts einschlägige Untersuchungsmaßnahmen ergreifen. Würden die

---

[1]) Verordnung (EG) Nr. 1/2003 des Rates vom 16. Dezember 2002 zur Durchführung der in den Artikeln 81 und 82 des Vertrags niedergelegten Wettbewerbsregeln (ABl. L 1 vom 4.1.2003, S. 1).

nationalen Wettbewerbsbehörden in Abhängigkeit davon, ob sie letztlich nur das nationale Wettbewerbsrecht oder parallel dazu auch die Artikel 101 und 102 AEUV anwenden, mit unterschiedlichen Nachprüfungsbefugnissen ausgestattet, so würde die wirksame Durchsetzung des Wettbewerbsrechts im Binnenmarkt beeinträchtigt. Daher sollte diese Richtlinie sowohl die alleinige Anwendung der Artikel 101 und 102 AEUV als auch die parallele Anwendung des nationalen Wettbewerbsrechts auf denselben Fall abdecken. Im Hinblick auf Kronzeugenerklärungen und Vergleichsausführungen sollte diese Richtlinie außerdem die alleinige Anwendung des nationalen Wettbewerbsrechts abdecken.

(5) Häufig verhindert nationales Recht, dass die nationalen Wettbewerbsbehörden über die Garantien im Hinblick auf die Unabhängigkeit, über die Ressourcen und die Befugnisse im Bereich der Durchsetzung und der Verhängung von Geldbußen verfügen, die sie benötigen, um die Wettbewerbsregeln der Union wirksam durchzusetzen. Dadurch wird ihre Fähigkeit zur wirksamen Anwendung der Artikel 101 und 102 AEUV sowie zur Anwendung des nationalen Wettbewerbsrechts parallel zu den Artikeln 101 und 102 AEUV beeinträchtigt. Nach nationalem Recht verfügen viele nationale Wettbewerbsbehörden beispielsweise nicht über wirksame Instrumente, um Beweismittel für Zuwiderhandlungen gegen die Artikel 101 und 102 AEUV zu erheben oder Geldbußen gegen Unternehmen zu verhängen, die gegen das Recht verstoßen, oder sie verfügen nicht über angemessene personelle und finanzielle Ressourcen und die operative Unabhängigkeit für eine wirksame Anwendung der Artikel 101 und 102 AEUV. Dies kann nationale Wettbewerbsbehörden daran hindern, überhaupt tätig zu werden, oder ihre Durchsetzungsmaßnahmen begrenzen. Da viele nationale Wettbewerbsbehörden nicht mit den Garantien im Hinblick auf die Unabhängigkeit, den Ressourcen und den Befugnissen im Bereich der Durchsetzung und der Verhängung von Geldbußen ausgestattet sind, die für die wirksame Anwendung der Artikel 101 und 102 AEUV erforderlich sind, können Kartellverfahren für wettbewerbswidrig handelnde Unternehmen je nach dem Mitgliedstaat, in dem sie tätig sind, zu ganz unterschiedlichen Ergebnissen führen. So kann es sein, dass gegen sie keine bzw. keine wirksamen Maßnahmen zur Durchsetzung des Artikels 101 oder des Artikels 102 AEUV ergriffen werden. In einigen Mitgliedstaaten ist es Unternehmen beispielsweise möglich, sich einer Geldbuße zu entziehen, indem sie schlicht eine Umstrukturierung durchführen.

(6) Durch die uneinheitliche Durchsetzung der Artikel 101 und 102 AEUV – unabhängig davon, ob es sich um eine alleinige Anwendung oder eine parallele Anwendung mit dem nationalen Wettbewerbsrecht handelt – bleiben Gelegenheiten zur Beseitigung von Hindernissen für den Markteintritt und zur unionsweiten Schaffung von faireren wettbewerbsorientierten Märkten, auf denen Unternehmen in einem leistungsorientierten Wettbewerb zueinander stehen, ungenutzt. Unternehmen und Verbraucher haben besonders in den Mitgliedstaaten das Nachsehen, in denen die nationalen Wettbewerbsbehörden vergleichs-

weise schlecht für eine wirksame Durchsetzung der Wettbewerbsvorschriften gerüstet sind. Ein leistungsorientierter Wettbewerb zwischen Unternehmen wird verhindert, wenn es Schutzzonen für wettbewerbswidrige Verhaltensweisen gibt, da beispielsweise entsprechende Beweismittel nicht erhoben werden können oder Unternehmen die Möglichkeit haben, sich Geldbußen zu entziehen. Solche Umstände stellen für Unternehmen Negativanreize dar, die sie davon abhalten, in den betreffenden Markt einzutreten, ihr Niederlassungsrecht auszuüben und auf dem Markt Waren und Dienstleistungen anzubieten. Verbraucher in Mitgliedstaaten, in denen das Wettbewerbsrecht weniger strikt durchgesetzt wird, kommen in geringerem Maße in den Genuss der Vorteile einer wirksamen Durchsetzung. Daher wird durch die uneinheitliche Durchsetzung der Artikel 101 und 102 AEUV – unabhängig davon, ob es sich um eine alleinige Anwendung oder eine parallele Anwendung mit dem nationalen Wettbewerbsrecht handelt – in der Union der Wettbewerb im Binnenmarkt verfälscht und dessen reibungsloses Funktionieren beeinträchtigt.

(7) Lücken und Beschränkungen in Bezug auf die Instrumente und Garantien, mit denen die nationalen Wettbewerbs- behörden ausgestattet sind, untergraben das System der parallelen Zuständigkeit für die Durchsetzung der Artikel 101 und 102 AEUV, das auf der Grundlage einer engen Zusammenarbeit innerhalb des Europäischen Wettbewerbsnetzes als kohärentes Gesamtregelwerk konzipiert ist. Das System beruht darauf, dass die nationalen Wettbewerbsbehörden einander mit der Durchführung von Maßnahmen zur Sachverhaltsaufklärung beauftragen können, um die Zusammenarbeit und die Amtshilfe der Mitgliedstaaten untereinander zu fördern. Solange einige nationale Wettbewerbsbehörden jedoch nicht über angemessene Instrumente zur Sachverhaltsaufklärung verfügen, kann das System nicht ordnungsgemäß funktionieren. In anderen wichtigen Bereichen haben die nationalen Wettbewerbsbehörden nicht die Möglichkeit, einander Amtshilfe zu leisten. Zum Beispiel können sich in der Mehrzahl der Mitgliedstaaten Unternehmen, die grenzüberschreitend tätig sind, einer Geldbuße entziehen, indem sie im Hoheitsgebiet einiger der Mitgliedstaaten, in denen sie tätig sind, schlicht keine Niederlassung haben. Dies verringert die Anreize zur Einhaltung der Artikel 101 und 102 AEUV. Da somit die wirksame Durchsetzung unterbleibt, wird der Wettbewerb zulasten derjenigen Unternehmen verfälscht, die die Vorschriften einhalten, und das Vertrauen der Verbraucher in den Binnenmarkt wird, insbesondere im digitalen Umfeld, untergraben.

(8) Für einen wirklich gemeinsamen Raum der Wettbewerbsrechtsdurchsetzung in der Union, der einheitlichere Wettbewerbsbedingungen für die im Binnenmarkt tätigen Unternehmen und einheitlichere Bedingungen für die Verbraucher schafft, sind bei der Anwendung der Artikel 101 und 102 AEUV und der Anwendung des nationalen Wettbewerbsrechts parallel zu den diesen Artikeln, grundlegende Garantien im Hinblick auf die Unabhängigkeit, hinreichende finanzielle, personelle, technische und technologische Ressourcen sowie Mindestbefug-

nisse im Bereich der Durchsetzung und der Verhängung von Geldbußen erforderlich, damit die Arbeit der für Wettbewerb zuständigen nationalen Verwaltungsbehörden ihre volle Wirkung entfalten kann.

(9) Es ist angemessen, diese Richtlinie auf die doppelte Rechtsgrundlage von Artikel 103 und Artikel 114 AEUV zu stützen. Dies liegt daran, dass diese Richtlinie nicht nur die Anwendung der Artikel 101 und 102 AEUV und die Anwendung des nationalen Wettbewerbsrechts parallel zu diesen Artikeln abdeckt, sondern auch die Lücken und Beschränkungen bei den Instrumenten und Garantien, die die nationalen Wettbewerbsbehörden zur Anwendung der Artikel 101 und 102 AEUV benötigen, da diese Lücken und Beschränkungen sowohl den Wettbewerb als auch das reibungslose Funktionieren des Binnenmarktes beeinträchtigen.

(10) Die Einführung von grundlegenden Garantien, mit denen gewährleistet werden soll, dass die nationalen Wettbewerbsbehörden die Artikel 101 und 102 AEUV einheitlich und wirksam anwenden, sollte die Möglichkeit der Mitgliedstaaten unberührt lassen, weiterreichende Garantien für die Unabhängigkeit der für Wettbewerb zuständigen nationalen Verwaltungsbehörden einzuführen, ihnen mehr Ressourcen zu gewähren und die Befugnisse der nationalen Wettbewerbsbehörden zur Durchsetzung der Wettbewerbsvorschriften und zur Verhängung von Geldbußen genauer zu regeln. Um die Arbeit der nationalen Wettbewerbsbehörden noch wirksamer zu machen, sollten die Mitgliedstaaten ihnen zusätzliche Befugnisse übertragen können, die über die in dieser Richtlinie vorgesehenen wesentlichen Befugnisse hinausgehen, so beispielsweise die Befugnis, Geldstrafen gegen natürliche Personen zu verhängen, oder im Wege einer Ausnahmeregelung die Befugnis, mit der Zustimmung der oder des Betroffenen Nachprüfungen durchzuführen.

(11) Was die Voraussetzungen für die Gewährung der Kronzeugenbehandlung bei geheimen Kartellen angeht, sind hingegen detaillierte Vorschriften erforderlich. Unternehmen werden nur dann Informationen über geheime Kartelle, an denen sie beteiligt sind oder waren, offenlegen, wenn sie mit hinreichender Rechtssicherheit davon ausgehen können, dass ihnen die Geldbuße erlassen wird. Die großen Unterschiede zwischen den Kronzeugenprogrammen der einzelnen Mitgliedstaaten führen bei Unternehmen, die erwägen, einen Antrag auf Kronzeugenbehandlung zu stellen, zu einer Rechtsunsicherheit. Dies kann sie von der Antragstellung abhalten. Wenn die Mitgliedstaaten im Geltungsbereich dieser Richtlinie klarere und harmonisierte Vorschriften für die Kronzeugenbehandlung anwenden könnten, dann wäre dies nicht nur dem Ziel zuträglich, Anreize für potenzielle Antragsteller zu schaffen, geheime Kartelle aufzudecken, um für eine möglichst wirksame Durchsetzung des Wettbewerbsrechts in der Union zu sorgen, sondern würde auch einheitliche Wettbewerbsbedingungen für im Binnenmarkt tätige Unternehmen gewährleisten. Es sollte den Mitgliedstaaten freistehen, Kronzeugenprogramme anzuwenden, die nicht nur geheime Kartelle, sondern auch andere Zuwiderhandlungen gegen Artikel 101 AEUV und entsprechende Bestimmungen des nationalen

Wettbewerbsrechts abdecken, oder Anträgen auf Kronzeugenbehandlung von in eigenem Namen handelnden natürlichen Personen stattzugeben. Diese Richtlinie sollte auch nicht die Kronzeugenprogramme berühren, die ausschließlich vor Sanktionen in Strafverfahren zur Durchsetzung von Artikel 101 AEUV schützen.

(12) Diese Richtlinie sollte nicht für nationale Rechtsvorschriften gelten, sofern diese strafrechtlichen Sanktionen gegen natürliche Personen vorsehen, mit Ausnahme der Vorschriften für das Zusammenwirken von Kronzeugenprogrammen mit Sanktionen gegen natürliche Personen. Sie sollte auch nicht für nationale Rechtsvorschriften gelten, die das Verhängen von verwaltungsrechtlichen Sanktionen gegen natürliche Personen, die nicht als unabhängige Wirtschaftsteilnehmer auf einem Markt tätig sind, vorsehen.

(13) Nach Artikel 35 der Verordnung (EG) Nr. 1/2003 können die Mitgliedstaaten die Durchsetzung der Artikel 101 und 102 AEUV ausschließlich einer Verwaltungsbehörde übertragen, was in den meisten Mitgliedstaaten der Fall ist, oder sowohl Justizorgane als auch Verwaltungsbehörden damit betrauen. Im letzteren Fall ist die Verwaltungsbehörde jedenfalls in erster Linie für die Durchführung der Untersuchung zuständig, während dem Justizorgan üblicherweise die Befugnis zugewiesen wird, über die Verhängung von Geldbußen zu entscheiden; das Justizorgan kann auch befugt sein, andere Entscheidungen zu treffen, wie die Feststellung einer Zuwiderhandlung gegen die Artikel 101 und 102 AEUV.

(14) Im Zusammenhang mit der Ausübung der den nationalen Wettbewerbsbehörden durch diese Richtlinie übertragenen Befugnisse, einschließlich der Untersuchungsbefugnisse, sollten angemessene Garantien gelten, die im Einklang mit der Rechtsprechung des Gerichtshofs der Europäischen Union mindestens den allgemeinen Grundsätzen des Unionsrechts und der Charta der Grundrechte der Europäischen Union genügen, insbesondere im Hinblick auf Verfahren, die zur Verhängung von Sanktionen führen könnten. Diese Garantien umfassen das Recht auf gute Verwaltung und die Achtung der Verteidigungsrechte der Unternehmen, wozu als wesentlicher Bestandteil der Anspruch auf rechtliches Gehör zählt. Insbesondere sollten die nationalen Wettbewerbsbehörden die von der Untersuchung betroffenen Parteien im Wege einer Mitteilung der Beschwerdepunkte oder einer vergleichbaren Maßnahme über die nach Artikel 101 oder 102 AEUV gegen sie erhobenen vorläufigen Beschwerdepunkte informieren, bevor sie eine Entscheidung erlassen, mit der eine Zuwiderhandlung festgestellt wird, und die Parteien sollten die Gelegenheit haben, vor Erlass einer solchen Entscheidung wirksam zu den Beschwerdepunkten Stellung zu nehmen. Parteien, denen vorläufige Beschwerdepunkte zu einer mutmaßlichen Zuwiderhandlung gegen Artikel 101 oder 102 AEUV mitgeteilt werden, sollten das Recht auf Zugang zur einschlägigen Fallakte der nationalen Wettbewerbsbehörde haben, um ihre Verteidigungsrechte wirksam ausüben zu können. Der Anspruch auf Akteneinsicht sollte vorbehaltlich des berechtigten Interesses gelten, das Unternehmen an

der Wahrung ihrer Geschäftsgeheimnisse haben können, und sollte weder für vertrauliche Informationen und interne Aufzeichnungen der nationalen Wettbewerbsbehörden und der Kommission noch für den Schriftverkehr zwischen ihnen gelten. Ferner sollten die Adressaten von Entscheidungen von nationalen Wettbewerbsbehörden, insbesondere von Entscheidungen zur Feststellung von Zuwiderhandlungen gegen Artikel 101 oder 102 AEUV und zur Verhängung von Abhilfemaßnahmen oder Geldbußen, im Einklang mit Artikel 47 der Charta der Grundrechte der Europäischen Union das Recht haben, bei einem Gericht einen wirksamen Rechtsbehelf einzulegen. Solche Entscheidungen sollten eine Begründung umfassen, der die Adressaten entnehmen können, weshalb die Entscheidung ergangen ist, und die es ihnen ermöglicht, ihr Recht auf einen wirksamen Rechtsbehelf auszuüben. Ferner sollten die Mitgliedstaaten im Einklang mit dem Recht auf eine gute Verwaltung dafür sorgen, dass die nationalen Wettbewerbsbehörden die Verfahren im Zusammenhang mit der Anwendung der Artikel 101 und 102 AEUV innerhalb eines unter Berücksichtigung der Besonderheiten des Einzelfalls angemessenen Zeitrahmens durchführen. Diese Garantien sollten so konzipiert sein, dass ein ausgewogenes Verhältnis zwischen der Achtung der Grundrechte von Unternehmen und der Pflicht, die wirksame Durchsetzung der Artikel 101 und 102 AEUV zu gewährleisten, entsteht.

(15) Auf den Informationsaustausch zwischen den nationalen Wettbewerbsbehörden und die Verwendung dieser Informationen als Beweismittel für die Zwecke der Anwendung des Artikels 101 oder des Artikels 102 AEUV ist Artikel 12 der Verordnung (EG) Nr. 1/2013 anzuwenden.

(16) Die Stärkung der für Wettbewerb zuständigen nationalen Verwaltungsbehörden im Hinblick auf eine unparteiische Anwendung der Artikel 101 und 102 AEUV im gemeinsamen Interesse einer wirksamen Durchsetzung der Wettbewerbsregeln der Union ist eine grundlegende Voraussetzung für die wirksame und einheitliche Anwendung dieser Vorschriften.

(17) Die operative Unabhängigkeit der für Wettbewerb zuständigen nationalen Verwaltungsbehörden sollte gestärkt werden, um eine wirksame und einheitliche Anwendung der Artikel 101 und 102 AEUV zu gewährleisten. Dazu sollten die für Wettbewerb zuständigen nationalen Verwaltungsbehörden bei der Anwendung der Artikel 101 und 102 AEUV durch ausdrückliche Bestimmungen im nationalen Recht vor äußerer Einflussnahme und politischem Druck geschützt werden, die sie an der unabhängigen Bewertung der von ihnen bearbeiteten Fälle hindern könnten. Zu diesem Zweck sollten die Gründe, aus denen Personen, die in Ausübung der Befugnisse gemäß den Artikeln 10, 11, 12, 13 und 16 dieser Richtlinie Entscheidungen treffen, aus den für Wettbewerb zuständigen nationalen Verwaltungsbehörden entfernt werden können, im nationalen Recht im Voraus festgelegt werden, um jeden Zweifel an ihrer Unparteilichkeit und ihrer Unabhängigkeit gegenüber äußerer Einflussnahme auszuräumen. Gleichermaßen sollten

im nationalen Recht im Voraus klare transparente Vorschriften und Verfahren für die Auswahl, Einstellung oder Benennung der besagten Personen festgelegt werden. Zur Sicherstellung der Unabhängigkeit der für Wettbewerb zuständigen nationalen Verwaltungsbehörden sollten die von diesen Behörden bei Zuwiderhandlungen gegen die Artikel 101 und 102 AEUV verhängten Geldbußen nicht unmittelbar zur Finanzierung dieser Behörden verwendet werden.

(18) Zur Gewährleistung der operativen Unabhängigkeit der für Wettbewerb zuständigen nationalen Verwaltungs- behörden sollten Führungspersonal, Mitarbeiter und Personen mit Entscheidungsbefugnis integer handeln und alle Handlungen unterlassen, die mit der Erfüllung ihrer Aufgaben unvereinbar sind. Um zu verhindern, dass die Unabhängigkeit der Bewertungen, die von Führungspersonal, Mitarbeitern und Personen mit Entscheidungsbefugnis vorgenommen werden, beeinträchtigt wird, sollten die genannten Personengruppen sowohl während der Dauer ihrer Beschäftigung oder ihres Mandats als auch während eines angemessenen Zeitraums danach alle mit der Erfüllung ihrer Aufgaben unvereinbaren Handlungen, seien es entgeltliche oder unentgeltliche Handlungen, unterlassen.

(19) Es sollte also nicht möglich sein, dass Mitarbeiter und Personen mit Entscheidungsbefugnis während der Dauer ihrer Beschäftigung oder ihres Mandats mit Verfahren zur Anwendung von Artikel 101 oder 102 AEUV befasst sind, an denen sie beteiligt waren, oder die die Unternehmen oder Unternehmensvereinigungen unmittelbar betreffen, bei denen sie beschäftigt oder anderweitig beruflich tätig waren, wenn dies ihre Unabhängigkeit in einem bestimmten Fall beinträchtigen könnte. Gleichermaßen sollten Mitarbeiter und Personen mit Entscheidungsbefugnis sowie ihre nahen Verwandten keine Beteiligung an Unternehmen oder Einrichtungen haben, die Gegenstand eines Verfahrens zur Anwendung von Artikel 101 oder Artikel 102 AEUV sind, bei dem sie mitwirken, wenn dies ihre Unabhängigkeit in einem bestimmten Fall beeinträchtigen könnte. Bei der Beurteilung, ob ihre Unabhängigkeit in einem bestimmten Fall beeinträchtigt sein könnte, sollte die Art und der Umfang der Beteiligung sowie der Grad der Verbundenheit oder des Interesses der betreffenden Person berücksichtigt werden. Sofern dies erforderlich ist, um die Unabhängigkeit der Untersuchung und des Entscheidungsprozesses zu gewährleisten, sollte sich die betreffende Person wegen Befangenheit von dem spezifischen Fall zurückziehen müssen.

(20) Dies bedeutet auch, dass sich ehemalige Mitarbeiter oder diejenigen, die Entscheidungen getroffen haben, die, nachdem sie die für Wettbewerb zuständige nationale Verwaltungsbehörde verlassen haben, einer Tätigkeit nachgehen, die mit einem Verfahren zur Anwendung von Artikel 101 oder 102 AEUV, mit dem sie während ihres Beschäftigungsverhältnisses oder ihres Mandats bei der Behörde befasst waren, in Zusammenhang steht, während eines angemessenen Zeitraums im Rahmen ihrer neuen Tätigkeit nicht an demselben Verfahren beteiligen dürfen. Bei der Festlegung der Dauer dieses Zeitraums könnte sowohl

die Art der neuen Tätigkeit der betreffenden Person als auch der Grad der Beteiligung dieser Person an demselben Verfahren und ihr diesbezügliches Verantwortungsniveau im Rahmen ihres Beschäftigungsverhältnisses oder ihres Mandats bei der für Wettbewerb zuständigen nationalen Verwaltungsbehörde berücksichtigt werden.

(21) Jede für Wettbewerb zuständige nationale Verwaltungsbehörde sollte einen Verhaltenskodex veröffentlichen, der Vorschriften zum Umgang mit Interessenkonflikten enthält, ohne jedoch der Anwendung strengerer nationaler Vorschriften vorzugreifen.

(22) Die operative Unabhängigkeit der für Wettbewerb zuständigen nationalen Verwaltungsbehörden sollte weder einer gerichtlichen noch einer parlamentarischen Kontrolle im Einklang mit den nationalen Rechtsvorschriften entgegenstehen. Auch Rechenschaftspflichten sollten dazu beitragen, die Glaubwürdigkeit und Legitimität der Maßnahmen der für Wettbewerb zuständigen nationalen Verwaltungsbehörden zu gewährleisten. Zu den angemessenen Rechenschaftspflichten gehört die Veröffentlichung regelmäßiger Tätigkeitsberichte, die die für Wettbewerb zuständigen nationalen Verwaltungsbehörden an eine Stelle der Regierung oder des Parlaments richten. Ferner könnten die für Wettbewerb zuständigen nationalen Verwaltungsbehörden der Kontrolle oder Überwachung ihrer Ausgaben unterliegen, sofern dies ihre Unabhängigkeit nicht beeinträchtigt.

(23) Die für Wettbewerb zuständigen nationalen Verwaltungsbehörden sollten die Möglichkeit haben, bei der Auswahl der Fälle, in denen sie Verfahren zur Durchsetzung der Artikel 101 und 102 AEUV einleiten, Schwerpunkte zu setzen, um ihre Ressourcen effizient zu nutzen und sich darauf konzentrieren zu können, wettbewerbswidriges Verhalten, das den Wettbewerb im Binnenmarkt verfälscht, zu verhindern und abzustellen. Zu diesem Zweck sollten sie die Möglichkeit haben, Beschwerden mit der Begründung abzuweisen, dass sie nicht in den Schwerpunktbereich fallen; ausgenommen hiervon sind Beschwerden, die von Behörden eingelegt werden, die gegebenenfalls gemeinsam mit einer für Wettbewerb zuständigen nationalen Verwaltungsbehörde für die Durchsetzung der Artikel 101 und 102 AEUV und des nationalen Wettbewerbsrechts zuständig sind. Die Befugnis der für Wettbewerb zuständigen nationalen Verwaltungsbehörden, Beschwerden aus Zuständigkeitsgründen oder anderen Gründen abzuweisen bzw. zu entscheiden, dass kein Anlass für ein Tätigwerden besteht, bleibt davon unberührt. Im Fall förmlicher Beschwerden sollte im Einklang mit den nationalen Rechtsvorschriften gegen eine Abweisung ein wirksamer Rechtsbehelf eingelegt werden können. Die Befugnis der für Wettbewerb zuständigen nationalen Verwaltungsbehörden zur Schwerpunktsetzung bei der Auswahl der Durchsetzungsverfahren lässt das Recht der Regierungen der Mitgliedstaaten unberührt, für die nationalen Wettbewerbsbehörden Vorschriften allgemeiner Art oder Prioritätsleitlinien herauszugeben, die sich nicht auf branchenspezifische Untersuchungen oder auf bestimmte Verfahren zur Durchsetzung der Artikel 101 und 102 AEUV beziehen.

(24) Die nationalen Wettbewerbsbehörden sollten in Bezug auf qualifizierte Mitarbeiter, die in der Lage sind, sachkundige rechtliche und wirtschaftliche Bewertungen vorzunehmen, sowie in Bezug auf Finanzmittel, technische und technologische Expertise und Ausstattung, einschließlich angemessener Instrumente der Informationstechnologie, über hinreichende Ressourcen verfügen, damit sie ihre Aufgaben im Rahmen der Anwendung der Artikel 101 und 102 AEUV wirksam wahrnehmen können. Für den Fall, dass die Aufgaben und Befugnisse der nationalen Wettbewerbsbehörden nach nationalem Recht ausgeweitet werden, sollten Mitgliedstaaten sicherstellen, dass die nationalen Wettbewerbsbehörden auch unter diesen veränderten Umständen über hinreichende Ressourcen zur wirksamen Wahrnehmung dieser Aufgaben verfügen.

(25) Die Unabhängigkeit der nationalen Wettbewerbsbehörden sollte dadurch gestärkt werden, dass ihnen ermöglicht wird, selbstständig über die Verwendung der zur Erfüllung ihrer Aufgaben bestimmten Mittelzuweisungen zu entscheiden, und zwar unbeschadet der nationalen Haushaltsregeln und -verfahren.

(26) Damit die für Wettbewerb zuständigen nationalen Verwaltungsbehörden über die zur Erfüllung ihrer Aufgaben notwendigen Ressourcen verfügen, könnten verschiedene Finanzierungsmöglichkeiten in Erwägung gezogen werden, so beispielsweise eine Finanzierung aus alternativen Quellen, bei denen es sich nicht um den öffentlichen Haushalt handelt.

(27) Um eine wirksame Überwachung der Umsetzung dieser Richtlinie zu gewährleisten, sollten die Mitgliedstaaten dafür sorgen, dass die für Wettbewerb zuständigen nationalen Verwaltungsbehörden regelmäßig Berichte über ihre Tätigkeiten und die ihnen zur Verfügung stehenden Ressourcen an eine Stelle der Regierung oder des Parlaments richten. Diese Berichte sollten Informationen über die Benennung und Abberufung von Mitgliedern des Entscheidungsgremiums, über den Betrag der in dem betreffenden Jahr zugewiesenen Mittel sowie über die Veränderung dieses Betrags im Vergleich zum Vorjahr enthalten. Diese Berichte sollten öffentlich zugänglich sein.

(28) Die nationalen Wettbewerbsbehörden benötigen ein Mindestmaß an gemeinsamen Untersuchungs- und Entscheidungsbefugnissen, um die Artikel 101 und 102 AEUV wirksam durchsetzen zu können.

(29) Die für Wettbewerb zuständigen nationalen Verwaltungsbehörden sollten mit wirksamen Untersuchungsbefugnissen ausgestattet sein, um nach Artikel 101 AEUV verbotene Vereinbarungen, Beschlüsse oder aufeinander abgestimmte Verhaltensweisen sowie die nach Artikel 102 AEUV untersagte missbräuchliche Ausnutzung einer beherrschenden Stellung bei jedem Verfahrensstand aufzudecken. Die nationalen Wettbewerbsbehörden sollten diese Befugnisse auf Unternehmen und Unternehmensvereinigungen, die Gegenstand eines Verfahrens zur Anwendung der Artikel 101 und 102 AEUV sind, sowie auf andere Marktteilnehmer, die über verfahrensrelevante Informationen verfügen könnten, anwenden können. Durch die Ausstattung aller für Wettbe-

werb zuständigen nationalen Verwaltungsbehörden mit derartigen wirksamen Untersuchungsbefugnissen sollte sichergestellt werden, dass sie einander wirksam unterstützen können, wenn sie gemäß Artikel 22 der Verordnung (EG) Nr. 1/2003 darum ersucht werden, im Namen und für Rechnung anderer nationaler Wettbewerbsbehörden Nachprüfungen oder andere Maßnahmen zur Sachverhaltsaufklärung in ihrem eigenen Hoheitsgebiet durchzuführen.

(30) Die Untersuchungsbefugnisse der für Wettbewerb zuständigen nationalen Verwaltungsbehörden sollten den mit dem digitalen Umfeld einhergehenden Herausforderungen im Bereich der Umsetzung angemessen sein und die nationalen Wettbewerbsbehörden in die Lage versetzen, alle – auch forensische – Informationen, die das Unternehmen oder die Unternehmensvereinigung, das bzw. die Gegenstand der Untersuchungsmaßnahme ist, betreffen, in digitaler Form zu beschaffen, und zwar unabhängig von dem Medium, auf dem die Informationen gespeichert sind, wie beispielsweise Laptops, Mobiltelefone, andere mobile Geräte oder Cloud-Speicherung

(31) Die für Wettbewerb zuständigen nationalen Verwaltungsbehörden sollten in der Lage sein, alle erforderlichen Nachprüfungen in den Räumlichkeiten von Unternehmen oder Unternehmensvereinigungen durchzuführen, wenn sie, im Einklang mit der Rechtsprechung des Gerichtshofs der Europäischen Union, nachweisen können, dass ein begründeter Verdacht auf eine Zuwiderhandlung gegen Artikel 101 oder 102 AEUV besteht. Diese Richtlinie sollte die Mitgliedstaaten nicht daran hindern, für solche Nachprüfungen eine vorherige Genehmigung durch ein nationales Justizorgan vorzuschreiben.

(32) Im Hinblick auf ihre Wirksamkeit sollte die Befugnis der für Wettbewerb zuständigen nationalen Verwaltungsbehörden zur Durchführung von Nachprüfungen die genannten Verwaltungsbehörden in die Lage versetzen, Zugang zu Informationen zu erhalten, die dem Unternehmen bzw. der Unternehmensvereinigung bzw. der Person, die Gegenstand der Nachprüfung ist, zugänglich sind und das Unternehmen oder die Unternehmensvereinigung, die Gegenstand der Untersuchung ist, betreffen. Hierzu sollte zwangsläufig die Befugnis gehören, Geräte, die im Voraus nicht genau bestimmt sind, nach Dokumenten, Dateien oder Daten zu durchsuchen. Ohne diese Befugnis wäre es nicht möglich, die für eine Untersuchung erforderlichen Informationen zu erlangen, wenn Unternehmen oder Unternehmensvereinigungen die Untersuchung behindern oder eine Zusammenarbeit ablehnen. Die Befugnis zur Prüfung von Geschäftsbüchern und Aufzeichnungen sollte alle Formen der Korrespondenz umfassen, einschließlich elektronischer Nachrichten, unabhängig davon, ob sie ungelesen erscheinen oder gelöscht wurden.

(33) Um eine unnötige Verlängerung von Nachprüfungen möglichst zu begrenzen, sollten die für Wettbewerb zuständigen nationalen Verwaltungsbehörden befugt sein, Kopien oder Auszüge aus Geschäftsbüchern und Aufzeichnungen zu dem Geschäftsbereich des Unternehmens bzw. der Unternehmensvereinigung, der Gegenstand der Nach-

prüfung ist, in den Räumlichkeiten der Behörde oder in anderen bezeichneten Räumlichkeiten weiter zu durchsuchen und auszuwählen. Solche Durchsuchungen sollten unter gebührender Berücksichtigung der Verteidigungsrechte des Unternehmens erfolgen.

(34) Wie die Erfahrung zeigt, werden geschäftliche Aufzeichnungen insbesondere aufgrund der zunehmenden Verfügbarkeit flexiblerer Arbeitszeitregelungen in der Wohnung von Unternehmensleitern, Mitgliedern der Aufsichts- und Leitungsorgane sowie sonstiger Mitarbeiter von Unternehmen oder Unternehmensvereinigungen aufbewahrt. Um wirksame Nachprüfungen zu gewährleisten, sollten die für Wettbewerb zuständigen nationalen Verwaltungsbehörden befugt sein, jegliche Räumlichkeiten, auch Privatwohnungen, zu betreten, wenn sie nachweisen können, dass ein begründeter Verdacht besteht, dass dort geschäftliche Aufzeichnungen aufbewahrt werden, die zum Nachweis einer Zuwiderhandlung gegen Artikel 101 oder 102 AEUV von Bedeutung sein könnten. Die Ausübung dieser Befugnis sollte voraussetzen, dass der für Wettbewerb zuständigen nationalen Verwaltungsbehörde eine vorherige Genehmigung seitens eines nationalen Justizorgans, bei dem es sich in bestimmten nationalen Rechtsordnungen auch um die Staatsanwaltschaft handeln kann, vorliegt. Es sollte den Mitgliedstaaten freistehen, die Aufgaben eines nationalen Justizorgans in äußerst dringlichen Fällen einer für Wettbewerb zuständigen nationalen Verwaltungsbehörde zu übertragen, die als Justizorgan handelt, oder dieser Verwaltungsbehörde im Wege einer Ausnahmeregelung zu gestatten, mit der Zustimmung des oder der Betroffenen entsprechende Nachprüfungen durchzuführen. Die Durchführung solcher Nachprüfungen könnte durch die für Wettbewerb zuständige nationale Verwaltungsbehörde der Polizei oder einer entsprechenden vollziehenden Behörde übertragen werden, sofern die Nachprüfungen in Anwesenheit der für Wettbewerb zuständigen nationalen Verwaltungsbehörde durchgeführt werden. Das Recht der für Wettbewerb zuständigen nationalen Verwaltungsbehörde, die Nachprüfungen selbst durchzuführen und die notwendige Unterstützung durch die Polizei oder eine entsprechende vollziehende Behörde auch bei Sicherungsmaßnahmen zu erhalten, sollte davon unberührt bleiben, damit sie sich über einen möglichen Widerspruch des oder der Betroffenen hinwegsetzen kann.

(35) Die nationalen Wettbewerbsbehörden sollten über wirksame Befugnisse verfügen, um von Unternehmen oder Unternehmensvereinigungen die Auskünfte zu verlangen, die erforderlich sind, um Zuwiderhandlungen gegen die Artikel 101 und 102 AEUV aufzudecken. Hierfür sollten die nationalen Wettbewerbsbehörden in der Lage sein, die Offenlegung von Informationen zu verlangen, die ihnen die Untersuchung mutmaßlicher Zuwiderhandlungen ermöglichen können. Dazu sollte das Recht gehören, Informationen in jedem beliebigen digitalen Format, einschließlich E-Mails und Instant-Messaging-Systemnachrichten, zu verlangen, und zwar unabhängig von dem Ort, an dem diese Informationen gespeichert sind, einschließlich in Clouds und auf Servern, sofern sie dem Unternehmen oder der Unterneh-

mensvereinigung, das bzw. die der Adressat des Auskunftsverlangens ist, zugänglich sind. Durch dieses Recht dürfen dem Unternehmen oder den Unternehmensvereinigungen keine Pflichten auferlegt werden, die in keinem Verhältnis zu den Erfordernissen der Untersuchung stehen., Es dürfen zum Beispiel dem Unternehmen oder den Unternehmensvereinigungen keine übermäßigen Kosten entstehen oder übermäßige Anstrengungen abverlangt werden. Auch wenn das Recht, Auskünfte zu verlangen, für die Aufdeckung von Zuwiderhandlungen von entscheidender Bedeutung ist, sollten derartige Auskunftsverlangen in Bezug auf den Umfang der verlangten Auskünfte angemessen sein. Ein Unternehmen oder eine Unternehmensvereinigung sollte durch ein Auskunftsverlangen nicht genötigt sein einzugestehen, dass es oder sie eine Zuwiderhandlung begangen hat, eine solche muss von der nationalen Wettbewerbsbehörde nachgewiesen werden. Die Pflicht der Unternehmen oder Unternehmensvereinigungen, Fragen nach Tatsachen zu beantworten und Unterlagen vorzulegen, sollte hiervon unberührt bleiben. Gleichermaßen sollten die nationalen Wettbewerbsbehörden über wirksame Instrumente verfügen, um von anderen natürlichen oder juristischen Personen Auskünfte zu verlangen, die für die Anwendung der Artikel 101 und 102 AEUV von Bedeutung sein können. Es sollte den Mitgliedstaaten freistehen, Verfahrensregeln für Auskunftsverlangen, wie beispielsweise deren rechtliche Form, vorzusehen, sofern die Regeln eine wirksame Anwendung der Maßnahme erlauben. Die Erfahrung hat ebenfalls gezeigt, dass Informationen, die im Zusammenhang mit nicht obligatorischen Auskunftsverlangen freiwillig vorgelegt werden, im Hinblick auf eine fundierte und konsequente Durchsetzung eine wertvolle Informationsquelle sein können. Auch Informationen, die von Dritten, wie zum Beispiel Wettbewerbern, Kunden und Verbrauchern auf dem Markt, aus freien Stücken vorgelegt werden, können zur wirksamen Durchsetzung beitragen, und die nationalen Wettbewerbsbehörden sollten dies fördern.

(36) Die Erfahrung hat gezeigt, dass die Befugnis zur Durchführung von Befragungen ein wirksames Instrument zur Beweiserhebung ist und den Wettbewerbsbehörden dabei helfen kann, den Wert bereits erhobener Beweismittel einzuschätzen. Die nationalen Wettbewerbsbehörden sollten über wirksame Mittel verfügen, Vertreter von Unternehmen oder Unternehmensvereinigungen oder Vertreter anderer juristischer Personen sowie natürliche Personen, die über für die Anwendung der Artikel 101 und 102 AEUV relevante Informationen verfügen können, zu Befragungen vorzuladen. Es sollte den Mitgliedstaaten freistehen, Regelungen für die Durchführung von Befragungen festzulegen, sofern diese Regelungen eine wirksame Anwendung dieser Maßnahme erlauben.

(37) Die nationalen Wettbewerbsbehörden müssen in der Lage sein, von Unternehmen und Unternehmensvereinigungen die Beendigung einer Zuwiderhandlung gegen Artikel 101 oder Artikel 102 AEUV zu fordern, und dies auch in den Fällen, in denen die Zuwiderhandlung fortdauert, nachdem das Verfahren von der nationalen Wettbewerbsbe-

hörde förmlich eingeleitet wurde. Außerdem sollten die nationalen Wettbewerbsbehörden als wirksames Mittel zur Wiederherstellung des Wettbewerbs auf dem Markt Abhilfemaßnahmen verhaltensorientierter oder struktureller Art vorschreiben können, die gegenüber der festgestellten Zuwiderhandlung verhältnismäßig und für eine Abstellung der Zuwiderhandlung erforderlich sind. Der Grundsatz der Verhältnismäßigkeit besagt, dass die nationalen Wettbewerbsbehörden bei Vorliegen zweier gleichermaßen wirksamer Abhilfemaßnahmen diejenige wählen sollten, die für das Unternehmen mit einer weniger großen Belastung verbunden ist. Abhilfemaßnahmen struktureller Art, wie beispielsweise die Verpflichtung zum Verkauf von Anteilen an einem Wettbewerber oder zum Abstoß einer Geschäftseinheit, wirken sich auf die Vermögenswerte eines Unternehmens aus, und es kann davon ausgegangen werden, dass sie mit einer größeren Belastung für ein Unternehmen verbunden sind als Maßnahmen verhaltensorientierter Art. Dies sollte jedoch die nationalen Wettbewerbsbehörden nicht daran hindern zu beschließen, dass die Umstände einer bestimmten Zuwiderhandlung die Verhängung von Abhilfemaßnahmen struktureller Art rechtfertigen, wenn davon auszugehen ist, dass diese im Hinblick auf ein Abstellen der Zuwiderhandlung mehr Wirkung entfalten als Abhilfemaßnahmen verhaltensorientierter Art.

(38) Einstweilige Maßnahmen können ein wichtiges Mittel darstellen, um sicherzustellen, dass die betreffende Zuwiderhandlung während einer laufenden Untersuchung den Wettbewerb nicht ernsthaft und irreversibel schädigt. Sie sind ein wichtiges Mittel, um Marktentwicklungen zu vermeiden, die durch eine Entscheidung einer nationalen Wettbewerbsbehörde am Ende des Verfahrens nur sehr schwer wieder rückgängig zu machen wären. Die nationalen Wettbewerbsbehörden sollten deshalb die Befugnis haben, per Entscheidung einstweilige Maßnahmen aufzuerlegen. Diese Befugnis sollte mindestens in den Fällen bestehen, in denen die nationalen Wettbewerbsbehörden prima facie eine Zuwiderhandlung gegen Artikel 101 oder 102 AEUV festgestellt haben, und in denen die Gefahr eines ernsten und irreversiblen Schadens für den Wettbewerb besteht. Es steht den Mitgliedstaaten frei, die nationalen Wettbewerbsbehörden mit umfassenderen Befugnissen zur Auferlegung einstweiliger Maßnahmen auszustatten. Eine Entscheidung, mit der einstweilige Maßnahmen auferlegt werden, sollte nur für einen bestimmten Zeitraum gültig sein, entweder bis zum Abschluss des Verfahrens einer nationalen Wettbewerbsbehörde oder für einen festgelegten Zeitraum, der – sofern erforderlich und angemessen – verlängerbar ist. Die Mitgliedstaaten sollten sicherstellen, dass die Rechtmäßigkeit, einschließlich der Verhältnismäßigkeit, dieser Maßnahmen im Rahmen eines beschleunigten Rechtsbehelfsverfahrens oder im Rahmen anderer Verfahren, die ebenfalls eine beschleunigte gerichtliche Nachprüfung ermöglichen, überprüft werden kann. Darüber hinaus sollten die Mitgliedstaaten die erforderlichen Voraussetzungen schaffen, um sicherzustellen, dass die nationalen Wettbewerbsbehörden in der Praxis auf einstweilige Maßnahmen zurückgreifen

können. Insbesondere müssen alle Wettbewerbsbehörden befähigt werden, mit den Entwicklungen in den sich schnell verändernden Märkten Schritt zu halten; deshalb müssen sie im Europäischen Wettbewerbsnetz Überlegungen zur Anwendung einstweiliger Maßnahmen anstellen und die gewonnene Erfahrung bei relevanten nicht verbindlichen Maßnahmen oder bei künftigen Überprüfungen der vorliegenden Richtlinie berücksichtigen.

(39) Bieten Unternehmen oder Unternehmensvereinigungen im Rahmen eines Verfahrens, das auf eine Entscheidung zum Verbot einer Vereinbarung oder Verhaltensweise hinauslaufen könnte, den nationalen Wettbewerbsbehörden Verpflichtungszusagen an, die deren Bedenken ausräumen, so sollten die nationalen Wettbewerbsbehörden diese Verpflichtungszusagen per Entscheidung für die Unternehmen oder Unternehmensvereinigungen verbindlich und darüber hinaus durchsetzbar machen können. Entscheidungen über Verpflichtungszusagen sind bei geheimen Kartellen grundsätzlich unangebracht; in solchen Fällen sollten die nationalen Wettbewerbsbehörden Geldbußen verhängen. Ohne eine Aussage darüber zu treffen, ob eine Zuwiderhandlung gegen Artikel 101 oder 102 AEUV vorgelegen hat oder noch vorliegt, sollte in den Entscheidungen über Verpflichtungszusagen festgestellt werden, dass für ein Tätigwerden der nationalen Wettbewerbsbehörde kein Anlass mehr besteht. Es sollte im Ermessen der nationalen Wettbewerbsbehörden liegen, ob sie Verpflichtungszusagen akzeptieren. Entscheidungen über Verpflichtungszusagen lassen die Befugnisse der Wettbewerbsbehörden und der nationalen Gerichte, das Vorliegen einer Zuwiderhandlung festzustellen und über einen Fall zu entscheiden, unberührt. Darüber hinaus haben sich wirksame Möglichkeiten der Überwachung der Einhaltung der Verpflichtungszusagen durch die Unternehmen oder Unternehmensvereinigungen und der Verhängung von Sanktionen bei Nichteinhaltung als wirksame Instrumente für die Wettbewerbsbehörden erwiesen. Die nationale Wettbewerbsbehörde sollte in Fällen, in denen sich die Tatsachen, auf denen eine Verpflichtungszusage beruht, wesentlich geändert haben, das Unternehmen oder die Unternehmensvereinigung seine bzw. ihre Verpflichtungszusagen nicht eingehalten hat oder die Verpflichtungszusage auf unvollständigen, unrichtigen oder irreführenden Angaben der Parteien beruht, über wirksame Möglichkeiten verfügen, das Verfahren wieder aufzunehmen.

(40) Um eine wirksame und einheitliche Durchsetzung der Artikel 101 und 102 AEUV zu gewährleisten, sollten die für Wettbewerb zuständigen nationalen Verwaltungsbehörden befugt sein, für Zuwiderhandlungen gegen Artikel 101 oder 102 AEUV entweder selbst im Rahmen der von ihnen geführten Verfahren, insbesondere im Rahmen von Verwaltungsverfahren, wirksame, verhältnismäßige und abschreckende Geldbußen gegen Unternehmen und Unternehmensvereinigungen zu verhängen, sofern die Verfahren die Verhängung wirksamer, verhältnismäßiger und abschreckender Geldbußen erlauben, oder im Rahmen von nichtstrafrechtlichen Gerichtsverfahren die Verhängung

von Geldbußen zu beantragen. Nationale Rechtsvorschriften über die Verhängung gerichtlicher Sanktionen gegen Unternehmen und Unternehmensvereinigungen bei Zuwiderhandlungen gegen die Artikel 101 und 102 AEUV in Strafverfahren bleiben davon unberührt, sofern die Zuwiderhandlung gemäß den nationalen Rechtsvorschriften eine Straftat darstellt und sofern dies nicht der wirksamen und einheitlichen Durchsetzung der Artikel 101 und 102 AEUV entgegensteht.

(41) Um zu gewährleisten, dass für Unternehmen und Unternehmensvereinigungen ein Anreiz besteht, sich den Untersuchungsmaßnahmen und Entscheidungen der nationalen Wettbewerbsbehörden zu beugen, sollten die für Wettbewerb zuständigen nationalen Verwaltungsbehörden die Möglichkeit haben, entweder selbst im Rahmen der von ihnen geführten Verfahren unmittelbar wirksame Geldbußen wegen Nichteinhaltung der Maßnahmen und Entscheidungen nach den Artikeln 6, 8, 9, 10, 11 und 12 zu verhängen oder im Rahmen eines nichtstrafrechtlichen Gerichtsverfahrens die Verhängung von Geldbußen zu beantragen. Nationales Recht über die Verhängung solcher Geldbußen gegen Unternehmen und Unternehmensvereinigungen durch Gerichte im Rahmen von Strafverfahren bleiben davon unberührt.

(42) Im Einklang mit der Charta der Grundrechte der Europäischen Union sollten in Verfahren vor einer für Wettbewerb zuständigen nationalen Verwaltungsbehörde oder je nach Fall in nichtstrafrechtlichen Gerichtsverfahren Geldbußen verhängt werden, wenn die Zuwiderhandlung vorsätzlich oder fahrlässig begangen wurde. Die Auslegung der Begriffe „Vorsatz" und „Fahrlässigkeit" sollte gemäß der Rechtsprechung des Gerichtshofs der Europäischen Union zur Anwendung der Artikel 101 und 102 AEUV und nicht gemäß den Begriffen des Vorsatzes und der Fahrlässigkeit, wie sie von den Strafverfolgungsbehörden in Strafsachen verwendet werden, erfolgen. Nationale Rechtsvorschriften, die besagen, dass der Feststellung einer Zuwiderhandlung das Kriterium der verschuldensunabhängigen Haftung zugrunde liegt, bleiben davon unberührt, sofern dies mit der ständigen Rechtsprechung des Gerichtshofs der Europäischen Union vereinbar ist. Diese Richtlinie berührt weder die nationalen Rechtsvorschriften über das Beweismaß noch die Verpflichtung der nationalen Wettbewerbsbehörden, die Sachlage im jeweiligen Fall aufzuklären, sofern diese Rechtsvorschriften und Anforderungen mit den allgemeinen Grundsätzen des Unionsrechts im Einklang stehen.

(43) Geldbußen sollten im Verhältnis zum weltweiten Gesamtumsatz der betreffenden Unternehmen und Unternehmensvereinigungen festgelegt werden.

(44) Zwangsgelder bilden ein wesentliches Instrument, durch das sichergestellt wird, dass die nationalen Wettbewerbsbehörden über wirksame Möglichkeiten verfügen, um einer fortdauernden und auch in Zukunft andauernden Nichteinhaltung der von ihnen verhängten Maßnahmen und Entscheidungen gemäß den Artikeln 6, 8, 9, 10, 11 und 12 durch Unternehmen und Unternehmensvereinigungen entge-

handlung festgestellt wurde, nachdem diese beendet war. Die Befugnis Zwangsgelder zu verhängen lässt die Befugnis der nationalen Wettbewerbsbehörden unberührt, eine Nichteinhaltung mit Maßnahmen gemäß Artikel 13 Absatz 2 zu ahnden. Sie sollten im Verhältnis zum durchschnittlichen weltweiten Tagesgesamtumsatz der betreffenden Unternehmen und Unternehmensvereinigungen festgelegt werden.

(45) Für die Zwecke der Verhängung von Geldbußen und Zwangsgeldern sollte der Begriff „Entscheidung" alle Maßnahmen umfassen, die verbindliche Rechtswirkungen haben, die sich auf die Interessen des Adressaten auswirken und geeignet sind, eine deutliche Änderung seines Rechtsverhältnisses zu bewirken.

(46) Um eine wirksame und einheitliche Anwendung der Artikel 101 und 102 AEUV zu gewährleisten, bezeichnet der Begriff „Unternehmen" im Sinne der Artikel 101 und 102 AEUV, der im Einklang mit der Rechtsprechung des Gerichtshofs der Europäischen Union angewendet werden sollte, eine wirtschaftliche Einheit, auch wenn es sich um mehrere juristische oder natürliche Personen handelt. Die nationalen Wettbewerbsbehörden sollten daher unter Anwendung des Begriffs „Unternehmen" eine zahlungspflichtige Muttergesellschaft feststellen und wegen des Verhaltens einer ihrer Tochtergesellschaften eine Geldbuße gegen sie verhängen können, wenn Mutter- und Tochtergesellschaft derselben wirtschaftlichen Einheit angehören. Um zu verhindern, dass Unternehmen sich mittels rechtlicher oder organisatorischer Änderungen ihrer Verpflichtung zur Zahlung einer Geldbuße wegen einer Zuwiderhandlung gegen die Artikel 101 und 102 AEUV entziehen, sollte es den nationalen Wettbewerbsbehörden möglich sein, im Einklang mit der Rechtsprechung des Gerichtshofs der Europäischen Union rechtliche oder wirtschaftliche Nachfolger des zur Zahlung verpflichteten Unternehmens festzustellen und wegen Zuwiderhandlungen gegen die Artikel 101 und 102 AEUV Geldbußen gegen sie zu verhängen.

(47) Um zu gewährleisten, dass die wegen Zuwiderhandlungen gegen die Artikel 101 und 102 AEUV verhängten Geldbußen die wirtschaftliche Tragweite der Zuwiderhandlung widerspiegeln, sollten die nationalen Wettbewerbsbehörden die Schwere der Zuwiderhandlung berücksichtigen. Die nationalen Wettbewerbsbehörden sollten auch die Möglichkeit haben, Geldbußen festzusetzen, die in einem angemessenen Verhältnis zur Dauer der Zuwiderhandlung stehen. Diese Faktoren sollten im Einklang mit der einschlägigen Rechtsprechung des Gerichtshofs der Europäischen Union und in einer Weise beurteilt werden, die abschreckende Wirkung entfaltet. Die Beurteilung der Schwere sollte bei allen Zuwiderhandlungen auf Einzelfallbasis erfolgen und allen Umständen des Falles Rechnung tragen. Zu den Faktoren, die berücksichtigt werden könnten, zählen unter anderem die Art der Zuwiderhandlung, der gemeinsame Marktanteil aller betreffenden Unternehmen, der räumliche Umfang der Zuwiderhandlung, die Frage, ob die Zuwiderhandlung tatsächlich durchgeführt wurde, der mit der

Zuwiderhandlung in einem unmittelbaren oder mittelbaren Zusammenhang stehende Gesamtumsatz mit Waren und Dienstleistungen des Unternehmens sowie die Größe und die Marktstärke des betreffenden Unternehmens. Wiederholte Zuwiderhandlungen desselben Urhebers zeigen dessen Neigung, solche Zuwiderhandlungen zu begehen; sie sind daher ein sehr deutlicher Hinweis darauf, dass die Geldbuße erhöht werden muss, um eine wirksame Abschreckung zu erreichen. Dementsprechend sollte es den nationalen Wettbewerbsbehörden möglich sein, die gegen ein Unternehmen oder eine Unternehmensvereinigung zu verhängende Geldbuße zu erhöhen, wenn die Kommission oder eine nationale Wettbewerbsbehörde in einer Entscheidung festgestellt hat, dass das Unternehmen bzw. die Unternehmensvereinigung eine Zuwiderhandlung gegen Artikel 101 oder 102 AEUV begangen hat und dieses Unternehmen oder diese Unternehmensvereinigung dieselbe Zuwiderhandlung fortsetzt oder eine ähnliche Zuwiderhandlung begeht. Die nationalen Wettbewerbsbehörden sollten im Einklang mit der Richtlinie 2014/104/EU des Europäischen Parlaments und des Rates[1)] die Möglichkeit haben, im Zuge eines Vergleichs erbrachte Schadenersatzleistungen zu berücksichtigen. Unter außergewöhnlichen Umständen sollten die nationalen Wettbewerbsbehörden die Möglichkeit haben, die wirtschaftliche Lebensfähigkeit des betreffenden Unternehmens zu berücksichtigen.

(48) Erfahrungsgemäß sind Unternehmensvereinigungen regelmäßig an Zuwiderhandlungen gegen die Wettbewerbsvorschriften beteiligt und daher sollten die nationalen Wettbewerbsbehörden die Möglichkeit haben, wirksam Geldbußen gegen sie zu verhängen. Bei der Beurteilung der Schwere der Zuwiderhandlung im Hinblick auf die Festsetzung der Höhe der Geldbuße in Verfahren gegen Unternehmensvereinigungen, bei denen die Zuwiderhandlung die Tätigkeit der Mitglieder der Vereinigung betrifft, sollte die Möglichkeit bestehen, den mit der Zuwiderhandlung in einem unmittelbaren oder mittelbaren Zusammenhang stehenden Gesamtumsatz mit Waren und Dienstleistungen der Mitglieder der Vereinigung heranzuziehen. Wird nicht nur gegen eine Unternehmensvereinigung, sondern auch gegen deren Mitglieder eine Geldbuße verhängt, so sollte bei der Berechnung der gegen die Vereinigung zu verhängenden Geldbuße der Umsatz der Mitglieder der Unternehmensvereinigung, gegen die eine Geldbuße verhängt wird, nicht berücksichtigt werden. Um zu gewährleisten, dass die Geldbußen, die Unternehmensvereinigungen wegen von ihnen begangener Zuwiderhandlungen auferlegt werden, auch tatsächlich gezahlt werden, müssen die Voraussetzungen festgelegt werden, unter denen es im Ermessen der nationalen Wettbewerbsbehörden liegt, von den Mitgliedern der Vereinigung die Zahlung der Geldbuße zu verlangen, wenn

---

1) Richtlinie 2014/104/EU des Europäischen Parlaments und des Rates vom 26. November 2014 über bestimmte Vorschriften für Schadensersatzklagen nach nationalem Recht wegen Zuwiderhandlungen gegen wettbewerbsrechtliche Bestimmungen der Mitgliedstaaten und der Europäischen Union (ABl. L 349 vom 5.12.2014, S. 1).

die Vereinigung selbst zahlungsunfähig ist. Dabei sollten die nationalen Wettbewerbsbehörden der relativen Größe der der Vereinigung angehörenden Unternehmen und insbesondere der Situation kleiner und mittlerer Unternehmen Rechnung tragen. Die Zahlung der Geldbuße durch eines oder mehrere der Mitglieder einer Vereinigung erfolgt unbeschadet der Vorschriften des nationalen Rechts, die einen Rückgriff auf andere Mitglieder der Vereinigung zur Erstattung des gezahlten Betrags ermöglichen.

(49) Die abschreckende Wirkung von Geldbußen ist in der Union sehr unterschiedlich; so ist der Höchstbetrag der Geldbuße, die auferlegt werden kann, in einigen Mitgliedstaaten sehr niedrig. Um zu gewährleisten, dass die nationalen Wettbewerbsbehörden abschreckende Geldbußen auferlegen können, sollte der Höchstbetrag der Geldbuße, der für jeden Verstoß gegen Artikel 101 oder Artikel 102 AEUV auferlegt werden kann, mindestens 10 % des weltweiten Gesamtumsatzes des betreffenden Unternehmens betragen. Dies sollte die Mitgliedstaaten nicht an der Beibehaltung oder Einführung einer höheren Geldbuße, die auferlegt werden kann, hindern.

(50) Kronzeugenprogramme sind ein wesentliches Instrument zur Aufdeckung geheimer Kartelle und tragen somit zur effizienten Verfolgung und Sanktionierung dieser Zuwiderhandlungen bei, bei denen es sich um die schwersten Zuwiderhandlungen gegen das Wettbewerbsrecht handelt. Derzeit unterscheiden sich die Kronzeugenprogramme, die in den verschiedenen Mitgliedstaaten Anwendung finden, jedoch deutlich voneinander. Diese Unterschiede führen für die Unternehmen, die Zuwiderhandlungen begehen, zu Rechtsunsicherheit in Bezug auf die Voraussetzungen, unter denen sie nach den verschiedenen Kronzeugenprogrammen einen Antrag auf Kronzeugenbehandlung stellen können, sowie zu Unsicherheit in Bezug auf einen Geldbußenerlass im Rahmen des jeweiligen Kronzeugenprogramms. Diese Unsicherheit wiederum könnte bedeuten, dass die Anreize, einen Antrag zu stellen, an Wirkungskraft einbüßen. Dies wiederum kann die wirksame Durchsetzung des Wettbewerbsrechts in der Union beeinträchtigen, da weniger geheime Kartelle aufgedeckt werden.

(51) Die Unterschiede zwischen den Kronzeugenprogrammen der Mitgliedstaaten sind auch im Hinblick auf die Gewährleistung möglichst einheitlicher Wettbewerbsbedingungen für die Unternehmen im Binnenmarkt problematisch. Es ist daher angezeigt, die Rechtssicherheit für die Unternehmen im Binnenmarkt zu verbessern und Kronzeugenprogramme unionsweit attraktiver zu machen, indem die Unterschiede dadurch verringert werden, dass alle nationalen Wettbewerbsbehörden zu denselben Bedingungen Geldbußen erlassen und ermäßigen sowie Kurzanträge annehmen können. In Zukunft könnten seitens des Europäischen Wettbewerbsnetzes weitere Maßnahmen zur Angleichung der Kronzeugenprogramme erforderlich sein.

(52) Die nationalen Wettbewerbsbehörden sollten Unternehmen einen Erlass oder eine Ermäßigung der Geldbuße gewähren können, wenn bestimmte Voraussetzungen erfüllt sind. Unternehmensvereini-

gungen, die eine wirtschaftliche Tätigkeit im eigenen Namen ausüben, sollten für einen Erlass oder eine Ermäßigung der Geldbuße in den Fällen infrage kommen können, in denen sie im eigenen Namen und nicht im Namen ihrer Mitglieder an einem mutmaßlichen Kartell beteiligt sind.

(53) Ein Kartell gilt auch dann als geheimes Kartell, wenn nicht alle Aspekte seines Verhaltens geheim sind. Ein Kartell kann insbesondere dann als ein geheimes Kartell betrachtet werden, wenn die Öffentlichkeit, Kunden oder Lieferanten keine Kenntnis von Aspekten des Kartells haben, die es schwerer machen, das Gesamtausmaß des Verhaltens zu bestimmen.

(54) Um für eine Kronzeugenbehandlung infrage zu kommen, sollte der Antragsteller seine Beteiligung an dem mutmaßlichen geheimen Kartell beenden, es sei denn, eine nationale Wettbewerbsbehörde ginge davon aus, dass eine Fortsetzung der Beteiligung nach vernünftigem Ermessen erforderlich ist, um die Integrität der Untersuchung zu wahren, so beispielsweise, um sicherzustellen, dass andere mutmaßlich an dem Kartell Beteiligte nicht entdecken, dass die nationale Wettbewerbsbehörde Kenntnis von dem mutmaßlichen Kartell hat, bevor die Behörde Untersuchungsmaßnahmen wie unangekündigte Nachprüfungen durchführen konnte.

(55) Um für eine Kronzeugenbehandlung infrage zu kommen, sollte der Antragsteller ernsthaft, uneingeschränkt, kontinuierlich und zügig mit der nationalen Wettbewerbsbehörde zusammenarbeiten. Dies bedeutet unter anderem, dass der Antragsteller, wenn er in Erwägung zieht, einen Antrag bei der nationalen Wettbewerbsbehörde zu stellen, Beweise für das mutmaßliche geheime Kartell nicht vernichten, verfälschen oder unterdrücken darf. Erwägt ein Unternehmen, einen Antrag zu stellen, so besteht die Gefahr, dass Unternehmensleiter, Mitglieder der Aufsichts- und Leitungsorgane sowie sonstige Mitarbeiter Beweise vernichten, um ihre Beteiligung an dem Kartell zu verschleiern; diese Vernichtung von Beweisen kann jedoch auch aus anderen Gründen geschehen. Die nationalen Wettbewerbsbehörden sollten deshalb die besonderen Umstände, unter denen möglicherweise Beweise vernichtet wurden, und das Ausmaß der Beweisvernichtung berücksichtigen, wenn sie prüfen, ob durch die Vernichtung von Beweisen die Bereitschaft zur ernsthaften Zusammenarbeit des Antragstellers infrage gestellt wird.

(56) Um die Bedingung einer ernsthaften, uneingeschränkten, kontinuierlichen und zügigen Zusammenarbeit zu erfüllen, sollte der Antragsteller zu dem Zeitpunkt, zu dem er erwägt, einen Antrag bei der nationalen Wettbewerbsbehörde zu stellen, diese Tatsache oder den Inhalt des in Erwägung gezogenen Antrags niemandem gegenüber offengelegt haben, mit Ausnahme anderer nationaler Wettbewerbsbehörden, der Kommission oder der Wettbewerbsbehörden von Drittländern. Dies hindert den Antragsteller nicht daran, gemäß den einschlägigen Rechtsvorschriften sein Verhalten anderen Behörden zu melden, es hindert ihn lediglich daran, diesen Behörden gegenüber die Tatsache

offenzulegen, dass er einen Antrag auf Kronzeugenbehandlung erwägt, und ihnen Kronzeugenerklärungen zu übermitteln. Kommt der Antragsteller seinen Pflichten gemäß diesen einschlägigen Rechtsvorschriften nach, so sollte er jedoch ebenfalls bedenken, dass es wichtig ist, eventuelle Untersuchungen seitens der nationalen Wettbewerbsbehörde nicht zu beeinträchtigen.

(57) Antragsteller sollten die Möglichkeit haben, im Zusammenhang mit vollständigen Anträgen oder Kurzanträgen schriftlich Kronzeugenerklärungen abzugeben; und die nationalen Wettbewerbsbehörden sollten auch über ein System verfügen, mit dem sie solche Erklärungen entweder in mündlicher Form oder in anderer Weise entgegennehmen können, sodass Antragsteller die eingereichten Kronzeugenerklärungen nicht in Besitz, in Verwahrung oder unter ihre Kontrolle nehmen müssen. Die nationalen Wettbewerbsbehörden sollten die Möglichkeit haben, festzulegen, auf welche Weise sie Kronzeugenerklärungen entgegennehmen.

(58) Unternehmen, die einen Antrag auf Geldbußenerlass zu stellen beabsichtigen, sollten die Möglichkeit haben, bevor sie einen förmlichen Antrag auf Geldbußenerlass einreichen bei den nationalen Wettbewerbsbehörden einen Marker zu beantragen, der den Rang eines Antragstellers in der Eingangsreihenfolge der Anträge auf Kronzeugenbehandlung sichert, damit der Antragsteller Zeit hat, die Informationen und Beweismittel zusammenzutragen, die erforderlich sind, um den Mindestbeweisanforderungen zu genügen. Die Möglichkeit der Mitgliedstaaten, es Unternehmen auch im Falle eines Antrags auf Geldbußenermäßigung zu gestatten, einen Marker zu beantragen, bleibt davon unberührt.

(59) Zur Verringerung des Verwaltungsaufwands und der erheblichen zeitlichen Belastung sollte der Antragsteller die Möglichkeit haben, Kronzeugenerklärungen zu vollständigen Anträgen oder zu Kurzanträgen sowie zu Anträgen für Marker entweder in einer Amtssprache des Mitgliedstaats der betreffenden nationalen Wettbewerbsbehörde oder, sofern eine entsprechende bilaterale Vereinbarung zwischen der nationalen Wettbewerbsbehörde und dem Antragsteller vorliegt, in einer anderen Amtssprache der Union abzugeben bzw. zu stellen. Eine solche Vereinbarung würde als vorhanden gelten, wenn die nationale Wettbewerbsbehörde generell die Einreichung von Erklärungen oder Anträgen in dieser Amtssprache akzeptiert.

(60) Angesichts der geteilten Zuständigkeit der Kommission und der nationalen Wettbewerbsbehörden für die Durchsetzung der Artikel 101 und 102 AEUV ist es von entscheidender Bedeutung, dass ein reibungslos funktionierendes System für Kurzanträge vorhanden ist. Antragsteller, die im Zusammenhang mit einem mutmaßlichen geheimen Kartell bei der Kommission die Kronzeugenbehandlung beantragt haben, sollten die Möglichkeit haben, in Bezug auf dasselbe Kartell Kurzanträge an die nationalen Wettbewerbsbehörden einzureichen, wenn der bei der Kommission eingereichte Antrag mehr als drei Mitgliedstaaten als betroffene Gebiete erfasst. Davon unberührt bleibt die Mög-

lichkeit der Kommission, Fälle zu bearbeiten, wenn diese in engem Zusammenhang mit anderen Rechtsvorschriften der Union stehen, die ausschließlich oder wirkungsvoller von der Kommission angewendet werden können, wenn zur Wahrung der Interessen der Union die Annahme eines Kommissionsbeschlusses zur Weiterentwicklung der Wettbewerbspolitik der Union in Zusammenhang mit einer neuen Wettbewerbsproblematik erforderlich ist, oder wenn die wirksame Durchsetzung sichergestellt werden soll.

(61) Das System für Kurzanträge sollte Unternehmen die Möglichkeit geben, einen Antrag auf Kronzeugenbehandlung mit beschränkten Informationen bei den nationalen Wettbewerbsbehörden zu stellen, wenn bei der Kommission ein vollständiger Antrag im Zusammenhang mit dem mutmaßlichen geheimen Kartell eingereicht wurde. Die nationalen Wettbewerbsbehörden sollten daher Kurzanträge annehmen, die zu jedem der in Artikel 22 Absatz 2 genannten Punkte bestimmte Mindestinformationen zu dem mutmaßlichen Kartell enthalten. Die für den Antragsteller bestehende Möglichkeit, zu einem späteren Zeitpunkt ausführlichere Angaben zu machen, bleibt davon unberührt. Die nationalen Wettbewerbsbehörden sollten dem Steller eines Antrags auf Kronzeugenbehandlung auf dessen Ersuchen hin eine Empfangsbestätigung mit Datum und Uhrzeit des Antragseingangs ausstellen. Liegt einer nationalen Wettbewerbsbehörde noch kein vorheriger Antrag auf Kronzeugenbehandlung eines anderen Antragstellers hinsichtlich des gleichen mutmaßlichen geheimen Kartells vor, und ist sie der Ansicht, dass der Kurzantrag den Anforderungen gemäß Artikel 22 Absatz 2 genügt, so sollte sie den Antragsteller dementsprechend unterrichten.

(62) Das System für Kurzanträge soll dazu dienen, den Verwaltungsaufwand für diejenigen Antragsteller zu verringern, die bei der Kommission einen Antrag auf Kronzeugenbehandlung im Zusammenhang mit einem mutmaßlichen geheimen Kartell stellen, bei dem mehr als drei Mitgliedstaaten betroffene Gebiete sind. Da in solchen Fällen der vollständige Antrag der Kommission zugeht, sollte diese der Hauptansprechpartner des Stellers des Antrags auf Kronzeugenbehandlung in dem Zeitraum sein, bevor geklärt ist, ob die Kommission den Fall in vollem Umfang oder in Teilen weiterverfolgt, insbesondere im Hinblick auf das Erteilen von Weisungen in Bezug auf weitere interne Untersuchungen durch den Antragsteller. Unbeschadet des Artikels 11 Absatz 6 der Verordnung (EG) Nr. 1/2003 hat die Kommission sich zu bemühen, in dieser Angelegenheit innerhalb eines angemessenen Zeitraums eine Entscheidung zu treffen, und die nationalen Wettbewerbsbehörden entsprechend zu informieren. Unter besonderen Umständen sollte eine nationale Wettbewerbsbehörde einen Antragsteller auffordern können, einen vollständigen Antrag einzureichen, bevor dies geklärt ist. Von dieser Möglichkeit sollte nur in sehr seltenen Fällen Gebrauch gemacht werden. In anderen Fällen sollte der Antragsteller lediglich dann ersucht werden, einen vollständigen Antrag bei der nationalen Wettbewerbsbehörde einzureichen, der ein Kurzantrag zu-

ging, wenn klar ist, dass die Kommission den Fall weder in vollem Umfang noch in Teilen weiterzuverfolgen beabsichtigt.

(63) Antragstellern sollte die Möglichkeit gegeben werden, vollständige Anträge auf Kronzeugenbehandlung bei den nationalen Wettbewerbsbehörden einzureichen, bei denen sie einen Kurzantrag gestellt haben. Reicht der Antragsteller den vollständigen Antrag innerhalb der von der nationalen Wettbewerbsbehörde festgesetzten Frist ein, sollten die in diesen Anträgen enthaltenen Informationen als zu dem Zeitpunkt vorgelegt gelten, zu dem der Kurzantrag vorgelegt wurde, sofern der Kurzantrag dieselben betroffenen Produkte und Gebiete sowie dieselbe Dauer des mutmaßlichen Kartells erfasst wie der bei der Kommission gestellte, möglicherweise aktualisierte Antrag auf Kronzeugenbehandlung. Es sollte den Antragstellern obliegen, die nationalen Wettbewerbsbehörden, bei denen sie einen Kurzantrag eingereicht haben, zu informieren, wenn sich am Umfang ihres bei der Kommission gestellten Antrags auf Kronzeugenbehandlung etwas geändert hat, und den Kurzantrag zu aktualisieren. Die nationalen Wettbewerbsbehörden sollten im Wege der Zusammenarbeit im Europäischen Wettbewerbsnetz prüfen können, ob der Umfang des Kurzantrags dem Umfang des bei der Kommission eingereichten Antrags auf Kronzeugenbehandlung entspricht.

(64) Rechtsunsicherheit darüber, ob derzeitige und frühere Unternehmensleiter und Mitglieder der Aufsichts- und Leitungsorgane sowie sonstige Mitarbeiter des Stellers eines Antrags auf Geldbußenerlass vor individuellen Sanktionen wie beispielsweise Geldbußen, Tätigkeitsverboten oder Freiheitsstrafen, geschützt sind, könnte potenzielle Antragsteller davon abhalten, Kronzeugenbehandlung zu beantragen. Unter Berücksichtigung des Beitrags, den eine Person zur Aufdeckung und Untersuchung eines geheimen Kartells geleistet hat, sollte diese Person deshalb grundsätzlich vor Sanktionen im Zusammenhang mit dem unter den Antrag fallenden geheimen Kartell geschützt werden, die von Behörden in Strafverfahren, Verwaltungsverfahren und nichtstrafrechtlichen Gerichtsverfahren aufgrund nationaler Gesetze, mit denen überwiegend dasselbe Ziel verfolgt wird wie mit Artikel 101 AEUV, wie beispielsweise nationale Gesetze gegen Absprachen bei Ausschreibungen, gegen sie verhängt werden könnten wenn die in dieser Richtlinie vorgesehenen Bedingungen erfüllt sind. Eine der Bedingungen ist, dass der Antrag auf Geldbußenerlass gestellt worden sein sollte, bevor diese Personen von den zuständigen nationalen Behörden von dem Verfahren, das zur Verhängung von Sanktionen führen könnte, in Kenntnis gesetzt wurden. Der Zeitpunkt, zu dem diese Personen einer Zuwiderhandlung gegen die entsprechenden nationalen Rechtsvorschriften verdächtigt werden, ist Bestandteil des Verfahrens.

Es steht den Mitgliedstaaten frei, in den nationalen Rechtsvorschriften Modalitäten dafür vorzusehen, wie diese Personen mit den zuständigen Behörden zusammenarbeiten müssen, um ein effektives Funktionieren dieses Schutzes zu gewährleisten. Der Schutz vor strafrechtlichen Sanktionen schließt die Fälle ein, in denen die zuständigen nationalen Behörden unter bestimmten Bedingungen oder unter Festlegung von Weisungen hinsichtlich des künftigen Verhaltens der Person auf eine strafrechtliche Verfolgung verzichten.

(65) Damit sichergestellt ist, dass der Schutz vor Sanktionen, die in einem Strafverfahren gegen eine Person verhängt werden könnten, im Einklang mit den bestehenden Grundsätzen seines Rechtssystems steht, kann jeder Mitgliedstaat abweichend hiervon festlegen, dass die zuständigen Behörden – je nachdem, zu welchem Ergebnis sie gelangen, wenn sie ihr Interesse an einer strafrechtlichen Verfolgung und/oder Sanktionierung der Person gegen den Beitrag dieser Person zur Aufdeckung und Untersuchung des Kartells gegeneinander abwägen – zwischen dem Schutz der Person vor Sanktionen oder lediglich einer Abmilderung dieser Sanktionen wählen können. Neben anderen Faktoren kann in die Bewertung des Interesses an einer strafrechtlichen Verfolgung und/oder Sanktionierung der besagten Person einfließen, in welchem Umfang diese Person für die Zuwiderhandlung verantwortlich ist oder dazu beigetragen hat.

(66) Es steht den Mitgliedstaaten frei, auch derzeitigen und früheren Unternehmensleitern und Mitgliedern der Aufsichts- und Leitungsorgane sowie sonstigen Mitarbeitern des Stellers eines Antrags auf Geldbußenermäßigung Schutz vor Sanktionen oder eine Abmilderung der Sanktionen zu gewähren.

(67) Damit der Schutz bei Beteiligung mehrerer Länder greifen kann, sollten die Mitgliedstaaten in Fällen, in denen sich die für die Sanktionen oder die Verfolgung zuständige Behörde nicht in dem gleichen Land wie die den Fall verfolgende Wettbewerbsbehörde befindet, vorsehen, dass die nationale Wettbewerbsbehörde des Landes der für die Sanktionen oder die Verfolgung zuständigen Behörde für die notwendigen Kontakte zwischen den Behörden sorgt.

(68) In einem System, in dem die Kommission und die nationalen Wettbewerbsbehörden über parallele Zuständigkeiten für die Anwendung der Artikel 101 und 102 AEUV verfügen, ist eine enge Zusammenarbeit der nationalen Wettbewerbsbehörden untereinander und mit der Kommission erforderlich. Insbesondere dann, wenn eine nationale Wettbewerbsbehörde nach Maßgabe des eigenen nationalen Rechts im Namen einer anderen nationalen Wettbewerbsbehörde eine Nachprüfung oder eine Befragung nach Artikel 22 Absatz 1 der Verordnung (EG) Nr. 1/2003 durchführt, sollte es möglich sein, dass die Beamten der um Amtshilfe ersuchenden Behörde anwesend sind und Unterstützung leisten, um die Wirksamkeit solcher Nachprüfungen und Befragungen durch zusätzliche Ressourcen, Kenntnisse und Know-how zu erhöhen. Die nationalen Wettbewerbsbehörden sollten ebenfalls befugt sein, andere nationale Wettbewerbsbehörden um Unterstützung bei der Feststellung zu ersuchen, ob ein Unternehmen oder eine Unternehmensvereinigung Untersuchungsmaßnahmen oder Entscheidungen der um Amtshilfe ersuchenden nationalen Wettbewerbsbehörde nicht nachgekommen ist.

(69) Es sollten Vereinbarungen getroffen werden, die es den nationalen Wettbewerbsbehörden erlauben, zur grenzüber- greifenden Zustellung von im Zusammenhang mit der Anwendung von Artikel 101 oder Artikel 102 AEUV stehenden Unterlagen an Verfahrensparteien oder andere Unternehmen, Unternehmensvereinigungen oder natürliche Personen, die Adressaten der Zustellung sein können, um Amtshilfe zu ersuchen. Desgleichen sollten die nationalen Wettbewerbsbehörden die Möglichkeit haben, um die Vollstreckung von Entscheidungen zur Verhängung von Geldbußen oder Zwangsgeldern durch die Behörden eines anderen Mitgliedstaats zu ersuchen, wenn die um Amtshilfe ersuchende Behörde angemessene Anstrengungen unternommen hat, um festzustellen, dass das Unternehmen, gegen das die Geldbuße oder das Zwangsgeld vollstreckt werden soll, in dem Mitgliedstaat der um Amtshilfe ersuchenden Behörde nicht über ausreichende Vermögenswerte verfügt. Die Mitgliedstaaten sollten ebenfalls vorsehen, dass die um Amtshilfe ersuchte Behörde insbesondere in Fällen, in denen das Unternehmen, gegen das die Geldbuße oder das Zwangsgeld vollstreckbar ist, nicht in dem Mitgliedstaat der um Amtshilfe ersuchenden Behörde niedergelassen ist, entsprechende Entscheidungen der um Amtshilfe ersuchenden Behörde auf deren Antrag hin vollstrecken kann. Dies würde die wirksame Durchsetzung der Artikel 101 und 102 AEUV gewährleisten und zum reibungslosen Funktionieren des Binnenmarkts beitragen. Um sicherzustellen, dass die nationalen Wettbewerbsbehörden ausreichende Ressourcen für Amtshilfeersuchen bereitstellen und Anreize für die Gewährung von Amtshilfe geschaffen werden, sollten die ersuchten Behörden die Möglichkeit haben, sich die durch die Amtshilfe entstandenen Kosten erstatten zu lassen. Diese Amtshilfe berührt nicht die Anwendung des Rahmenbeschlusses 2005/214/JI des Rates[1)].

(70) Um die wirksame Durchsetzung der Artikel 101 und 102 AEUV durch die nationalen Wettbewerbsbehörden zu gewährleisten, sind praktikable Vorschriften für Verjährungsfristen erforderlich. Insbesondere sollten in einem System paralleler Zuständigkeiten in nationalem Recht vorgesehene Verjährungsfristen gehemmt oder ausgesetzt werden, solange Verfahren vor nationalen Wettbewerbsbehörden eines anderen Mitgliedstaats oder bei der Kommission laufen. Die Mitgliedstaaten sollten durch diese Fristhemmung oder -aussetzung nicht daran gehindert werden, absolute Verjährungsfristen beizubehalten oder einzuführen, sofern die Dauer dieser Verjährungsfristen die wirksame Durchsetzung der Artikel 101 und 102 AEUV nicht praktisch unmöglich oder übermäßig schwierig macht.

(71) Um zu gewährleisten, dass Fälle innerhalb des Europäischen Wettbewerbsnetzes effizient und wirksam bearbeitet werden, sollten in denjenigen Mitgliedstaaten, in denen sowohl eine für Wettbewerb zu-

---

1) Rahmenbeschluss 2005/214/JI des Rates vom 24. Februar 2005 über die Anwendung des Grundsatzes der gegenseitigen Anerkennung von Geldstrafen und Geldbußen (ABl. L 76 vom 22.3.2005, S. 16).

ständige nationale Verwaltungsbehörde als auch ein für Wettbewerb zuständiges nationales Justizorgan als nationale Wettbewerbs- behörden für die Zwecke der Durchsetzung der Artikel 101 oder 102 AEUV gemäß den Artikeln 6, 7, 8, 9, 10, 11, 12, 13 und 16 der vorliegenden Richtlinie benannt wurden, die für Wettbewerb zuständige nationale Verwaltungsbehörde die Möglichkeit haben, direkt bei dem für Wettbewerb zuständigen nationalen Justizorgan Klage zu erheben. Sind ferner nationale Gerichte in Verfahren gegen Entscheidungen seitens nationaler Wettbewerbsbehörden, die Artikel 101 oder 102 AEUV anwenden, tätig, so sollten die für Wettbewerb zuständigen nationalen Verwaltungsbehörden uneingeschränkt befugt sein, sich eigenständig als Klägerin oder Beklagte an diesen Verfahren zu beteiligen, und ihnen sollten dieselben Rechte eingeräumt werden wie diesen Verfahrensparteien.

(72) Das Risiko, dass Material, mit dem sich Unternehmen, die einen Antrag auf Kronzeugenbehandlung stellen, selbst belasten, außerhalb der Untersuchung, für die es übermittelt wurde, offengelegt wird, könnte bedeuten, dass die Anreize zur Zusammenarbeit mit den Wettbewerbsbehörden für potenzielle Antragsteller an Wirkungskraft einbüßen. Unabhängig von der Form, in der Kronzeugenerklärungen übermittelt werden, sollten Informationen in den Erklärungen, die durch Akteneinsicht gewonnen wurden, infolgedessen nur verwendet werden, wenn dies für die Ausübung der Verteidigungsrechte in Verfahren vor nationalen Gerichten in bestimmten und sehr begrenzten Rechtssachen, die sich unmittelbar auf den Fall beziehen, für den Akteneinsicht gewährt wurde, erforderlich ist. Dies sollte die Wettbewerbsbehörden nicht daran hindern, ihre Entscheidungen im Einklang mit den geltenden Vorschriften des Unionsrechts oder des nationalen Rechts zu veröffentlichen.

(73) Beweismittel sind ein wichtiges Element bei der Durchsetzung der Artikel 101 und 102 AEUV. Die nationalen Wettbewerbsbehörden sollten die Möglichkeit haben, relevante Beweismittel unabhängig davon, ob es sich um Beweismittel in schriftlicher, mündlicher oder elektronischer Form oder um andere Aufzeichnungen handelt, zu berücksichtigen. Hierzu sollten auch von natürlichen oder juristischen Personen, bei denen es sich nicht um Behörden handelt, angefertigte verdeckte Aufzeichnungen gehören, sofern diese Aufzeichnungen nicht die einzigen Beweismittel darstellen. Dies sollte unbeschadet des Rechts auf Anhörung und unbeschadet der Zulässigkeit von Aufzeichnungen, die von Behörden angefertigt oder erlangt wurden, gelten. Desgleichen sollten die nationalen Wettbewerbsbehörden elektronische Nachrichten als relevante Beweismittel betrachten können, unabhängig davon, ob diese Nachrichten ungelesen erscheinen oder gelöscht wurden.

(74) Die Sicherstellung, dass die nationalen Wettbewerbsbehörden über die für eine wirksamere Durchsetzung der Wettbewerbsvorschriften erforderlichen Befugnisse verfügen, verstärkt die Notwendigkeit einer engen Zusammenarbeit und einer effizienten multilateralen und

bilateralen Kommunikation im Rahmen des Europäischen Wettbewerbsnetzes. Dies sollte unter anderem die Ausarbeitung nichtlegislativer Maßnahmen einschließen, mit denen die Umsetzung der Richtlinie erleichtert und unterstützt wird.

(75) Um eine enge Zusammenarbeit im Rahmen des Europäischen Wettbewerbsnetzes zu fördern, sollte die Kommission im Einklang mit den einschlägigen Vertraulichkeits-, Datenschutz- und Datensicherheitsstandards für Pflege, Weiterentwicklung, Hosting, Betrieb und Unterstützung eines zentralen Informationssystems (im Folgenden „System des Europäischen Wettbewerbsnetzes") zuständig sein. Das wirksame und effiziente Funktionieren des Europäischen Wettbewerbsnetzes beruht auf Interoperabilität. Die Kosten für Pflege, Weiterentwicklung, Hosting, Betrieb und Nutzerunterstützung im Zusammenhang mit dem System des Europäischen Wettbewerbsnetzes sowie andere Verwaltungskosten im Zusammenhang mit der Funktionsweise des Europäischen Wettbewerbsnetzes, insbesondere die Kosten für die Organisation von Sitzungen, gehen zulasten des Gesamthaushaltsplans der Union. Bis 2020 sollen die Kosten für das System des Europäischen Wettbewerbsnetzes weiterhin aus den Mitteln des Programms über Interoperabilitätslösungen und gemeinsame Rahmen für europäische öffentliche Verwaltungen, Unternehmen und Bürger (Programm ISA^2) gemäß Beschluss (EU) 2015/2240 des Europäischen Parlaments und des Rates[1)] gedeckt werden, sofern die erforderlichen Mittel verfügbar und die einschlägigen Kriterien und Prioritäten eingehalten werden.

(76) Da die Ziele dieser Richtlinie, nämlich die Gewährleistung, dass die nationalen Wettbewerbsbehörden über die Garantien im Hinblick auf die Unabhängigkeit, über die Ressourcen und die Befugnisse im Bereich der Durchsetzung und der Verhängung von Geldbußen verfügen, die sie benötigen, um die Artikel 101 und 102 AEUV und das nationale Wettbewerbsrecht parallel zu Artikel 101 und 102 AEUV wirksam anzuwenden, und um das reibungslose Funktionieren des Binnenmarkts und des Europäischen Wettbewerbsnetzes zu gewährleisten, von den Mitgliedstaaten nicht ausreichend verwirklicht werden können, sondern vielmehr aufgrund der erforderlichen wirksamen und einheitlichen Anwendung der Artikel 101 und 102 AEUV insbesondere angesichts des räumlichen Geltungsbereichs auf Unionsebene besser zu verwirklichen sind, kann die Union im Einklang mit dem in Artikel 5 des Vertrags über die Europäische Union verankerten Subsidiaritätsprinzip tätig werden. Entsprechend dem in demselben Artikel genannten Grundsatz der Verhältnismäßigkeit geht diese Richtlinie nicht über das für die Verwirklichung dieser Ziele erforderliche Maß hinaus.

[1)] Beschluss (EU) 2015/2240 des Europäischen Parlaments und des Rates vom 25. November 2015 zur Einrichtung eines Programms über Interoperabilitätslösungen und gemeinsame Rahmen für europäische öffentliche Verwaltungen, Unternehmen und Bürger (Programm ISA2) als Mittel zur Modernisierung des öffentlichen Sektors (ABl. L 318 vom 4.12.2015, S. 1).

(77) Gemäß der Gemeinsamen Politischen Erklärung der Mitgliedstaaten und der Kommission zu erläuternden Dokumenten vom 28. September 2011[1] haben sich die Mitgliedstaaten verpflichtet, in begründeten Fällen zusätzlich zur Mitteilung ihrer Umsetzungsmaßnahmen ein oder mehrere Dokumente zu übermitteln, in denen der Zusammenhang zwischen den Bestandteilen einer Richtlinie und den entsprechenden Teilen innerstaatlicher Umsetzungsinstrumente erläutert wird. In Bezug auf diese Richtlinie hält der Gesetzgeber die Übermittlung derartiger Dokumente für gerechtfertigt –

HABEN FOLGENDE RICHTLINIE ERLASSEN:

Kapitel 1. Gegenstand, Geltungsbereich und Begriffsbestimmungen

Art. 1 Gegenstand und Geltungsbereich. (1) In dieser Richtlinie sind bestimmte Vorschriften festgelegt, mit denen gewährleistet werden soll, dass die nationalen Wettbewerbsbehörden über die Garantien im Hinblick auf die Unabhängigkeit, über die Ressourcen und die Befugnisse im Bereich der Durchsetzung der Wettbewerbsvorschriften und der Verhängung von Geldbußen verfügen, die sie benötigen, um die Artikel 101 und 102 AEUV wirksam anzuwenden, sodass der Wettbewerb im Binnenmarkt nicht verfälscht wird und den Verbrauchern und Unternehmen keine Nachteile entstehen durch nationale Gesetze und Maßnahmen, die die wirksame Durchsetzung der Wettbewerbsvorschriften durch die nationalen Wettbewerbsbehörden verhindern.

(2) Diese Richtlinie gilt für die Anwendung der Artikel 101 und 102 AEUV sowie die parallele Anwendung von Bestimmungen des nationalen Wettbewerbsrechts auf denselben Fall. In Bezug auf Artikel 31 Absätze 3 und 4 dieser Richtlinie gilt diese Richtlinie auch für die alleinige Anwendung des nationalen Wettbewerbsrechts.

(3) Diese Richtlinie enthält bestimmte Vorschriften zur Amtshilfe, die darauf abzielen, das reibungslose Funktionieren des Binnenmarkts und das reibungslose Funktionieren des Systems der engen Zusammenarbeit im Rahmen des Europäischen Wettbewerbsnetzes zu wahren.

Art. 2 Begriffsbestimmungen (1) Im Sinne dieser Richtlinie bezeichnet der Ausdruck

1. „nationale Wettbewerbsbehörde" eine Behörde, die von einem Mitgliedstaat nach Artikel 35 der Verordnung (EG) Nr. 1/2003 als für die Anwendung der Artikel 101 und 102 AEUV zuständige Behörde bestimmt worden ist; die Mitgliedstaaten können eine oder mehrere Verwaltungsbehörden („für Wettbewerb zuständige

[1] ABl. C 369 vom 17.12.2011, S. 14.

nationale Verwaltungsbehörden") bzw. Justizorgane („für Wettbewerb zuständige nationale Justizorgane") mit dieser Aufgabe betrauen;

2. „für Wettbewerb zuständige nationale Verwaltungsbehörde" eine Verwaltungsbehörde, die von einem Mitgliedstaat für die Wahrnehmung aller oder einiger Aufgaben einer nationalen Wettbewerbsbehörde benannt wird;
3. „für Wettbewerb zuständiges nationales Justizorgan" ein Justizorgan, das von einem Mitgliedstaat für die Wahrnehmung einiger Aufgaben einer nationalen Wettbewerbsbehörde benannt wird;
4. „Wettbewerbsbehörde" eine nationale Wettbewerbsbehörde, die Kommission oder beide, je nach Zusammenhang;
5. „Europäisches Wettbewerbsnetz" das aus den nationalen Wettbewerbsbehörden und der Kommission bestehende Behördennetz, das ein Forum für Diskussion und Zusammenarbeit im Hinblick auf die Anwendung und Durchsetzung der Artikel 101 und 102 AEUV bildet;
6. „nationales Wettbewerbsrecht" Bestimmungen des nationalen Rechts, mit denen überwiegend dasselbe Ziel verfolgt wird wie mit den Artikeln 101 und 102 AEUV und die nach Artikel 3 Absatz 1 der Verordnung (EG) Nr. 1/2003 auf denselben Fall und parallel zum Wettbewerbsrecht der Union angewandt werden, sowie Bestimmungen des nationalen Rechts, mit denen überwiegend dasselbe Ziel verfolgt wird wie mit den Artikeln 101 und 102 AEUV und die in Bezug auf Artikel 31 Absätze 3 und 4 dieser Richtlinie alleinig zur Anwendung kommen, unter Ausschluss nationaler Rechtsvorschriften, mit denen natürlichen Personen strafrechtliche Sanktionen auferlegt werden;
7. „nationales Gericht" ein Gericht eines Mitgliedstaats im Sinne des Artikels 267 AEUV;
8. „Rechtsmittelinstanz" ein nationales Gericht, das im Wege ordentlicher Rechtsmittel befugt ist, Entscheidungen einer nationalen Wettbewerbsbehörde oder darüber ergehende gerichtliche Entscheidungen zu überprüfen, unabhängig davon, ob das jeweilige Gericht selbst die Befugnis hat, eine Zuwiderhandlung gegen das Wettbewerbsrecht festzustellen;
9. „Durchsetzungsverfahren" Verfahren vor einer Wettbewerbsbehörde, in denen Artikel 101 oder 102 AEUV zur Anwendung kommt, bis die jeweilige Wettbewerbsbehörde das Verfahren im Falle einer nationalen Wettbewerbsbehörde durch Erlass einer Entscheidung nach Artikel 10, 12 oder 13 dieser Richtlinie oder im Falle der Kommission durch Erlass einer Entscheidung nach Artikel 7, 9 oder 10 der Verordnung (EG) Nr. 1/2003 beendet hat oder zu dem Schluss gelangt ist, dass kein Anlass für weitere Maßnahmen ihrerseits besteht;

10. „Unternehmen" im Sinne der Artikel 101 und 102 AEUV jede eine wirtschaftliche Tätigkeit ausübende Einheit, unabhängig von ihrer Rechtsform und der Art ihrer Finanzierung;
11. „Kartell" eine Absprache oder eine abgestimmte Verhaltensweise zwischen zwei oder mehr Wettbewerbern zwecks Abstimmung ihres Wettbewerbsverhaltens auf dem Markt oder Beeinflussung der relevanten Wettbewerbsparameter durch Verhaltensweisen wie unter anderem – aber nicht ausschließlich – die Festsetzung oder Koordinierung der An- oder Verkaufspreise oder sonstiger Geschäftsbedingungen, auch im Zusammenhang mit den Rechten des geistigen Eigentums, die Aufteilung von Produktions- oder Absatzquoten, die Aufteilung von Märkten und Kunden einschließlich Angebotsabsprachen, Ein- und Ausfuhrbeschränkungen oder gegen andere Wettbewerber gerichtete wettbewerbsschädigende Maßnahmen;
12. „geheimes Kartell" ein Kartell, dessen Bestehen ganz oder teilweise verborgen ist;
13. „Geldbußenerlass" den Umstand, dass einem Unternehmen als Anerkennung dafür, dass es im Rahmen eines Kronzeugenprogramms mit einer Wettbewerbsbehörde zusammengearbeitet hat, eine Geldbuße erlassen wird, die ihm andernfalls wegen seiner Beteiligung an einem geheimen Kartell auferlegt worden wäre;
14. „Geldbußenermäßigung" den Umstand, dass die Geldbuße, die einem Unternehmen wegen seiner Beteiligung an einem geheimen Kartell auferlegt worden wäre, als Anerkennung dafür, dass es im Rahmen eines Kronzeugenprogramms mit einer Wettbewerbsbehörde zusammengearbeitet hat, ermäßigt wird;
15. „Kronzeugenbehandlung" sowohl den Geldbußenerlass als auch die Geldbußenermäßigung;
16. „Kronzeugenprogramm" ein Programm in Bezug auf die Anwendung des Artikels 101 AEUV oder einer entsprechenden Bestimmung des nationalen Wettbewerbsrechts, in dessen Rahmen ein an einem geheimen Kartell Beteiligter unabhängig von den übrigen Kartellbeteiligten an einer Untersuchung der Wettbewerbsbehörde mitwirkt, indem er freiwillig seine Kenntnis von dem Kartell und seine Beteiligung daran darlegt und ihm dafür im Gegenzug durch Entscheidung oder Beschluss bzw. Verfahrenseinstellung die wegen seiner Beteiligung an dem Kartell zu verhängende Geldbuße erlassen oder ermäßigt wird;
17. „Kronzeugenerklärung" eine freiwillige mündliche oder schriftliche Darlegung seitens oder im Namen eines Unternehmens oder einer natürlichen Person gegenüber einer Wettbewerbsbehörde, in der das Unternehmen oder die natürliche Person seine bzw. ihre Kenntnis von einem Kartell und seine bzw. ihre Beteiligung daran darlegt und die eigens zu dem Zweck formuliert wurde, im Rahmen eines Kronzeugenprogramms bei der Wettbewerbsbehörde

den Erlass oder die Ermäßigung der Geldbuße zu erwirken, oder eine Aufzeichnung dieser Darlegung; dies umfasst keine Beweismittel, die unabhängig von einem Durchsetzungsverfahren vorliegen, unabhängig davon, ob diese Informationen in den Akten einer Wettbewerbsbehörde enthalten sind oder nicht, das heißt keine bereits vorhandenen Informationen;

18. „Vergleichsausführungen“ eine freiwillige Darlegung seitens oder im Namen eines Unternehmens gegenüber einer Wettbewerbsbehörde, die ein Anerkenntnis des Unternehmens oder seinen Verzicht auf das Bestreiten der Beteiligung an einer Zuwiderhandlung gegen Artikel 101 oder 102 AEUV oder das nationale Wettbewerbsrecht und seiner Verantwortung für diese Zuwiderhandlung enthält und die eigens zu dem Zweck formuliert wurde, der betreffenden Wettbewerbsbehörde die Anwendung eines vereinfachten oder beschleunigten Verfahrens zu ermöglichen;
19. „Antragsteller“ ein Unternehmen, das im Rahmen eines Kronzeugenprogramms einen Antrag auf Geldbußenerlass oder -ermäßigung stellt;
20. „ersuchende Behörde“ eine nationale Wettbewerbsbehörde, die ein Amtshilfeersuchen nach Artikel 24, 25, 26, 27 oder 28 stellt;
21. „ersuchte Behörde“ eine nationale Wettbewerbsbehörde, an die ein Amtshilfeersuchen gerichtet wurde; bei einem Amtshilfeersuchen nach Artikel 25, 26, 27 oder 28 kann es sich dabei um die zuständige öffentliche Stelle handeln, die für die Durchsetzung entsprechender Entscheidungen nach nationalen Gesetzen, sonstigen Rechtsvorschriften und Verwaltungsverfahren die Hauptverantwortung trägt;
22. „rechtskräftige Entscheidung“ eine Entscheidung, gegen die ein ordentliches Rechtsmittel nicht oder nicht mehr eingelegt werden kann.

(2) In dieser Richtlinie sind alle Bezugnahmen auf die Anwendung der Artikel 101 und 102 AEUV oder auf Zuwiderhandlungen gegen diese Artikel so zu verstehen, dass sie auch die parallele Anwendung des nationalen Wettbewerbsrechts auf denselben Fall umfassen.

Kapitel II. Grundrechte

Art. 3 Garantien. (1) Verfahren, die Zuwiderhandlungen gegen Ar*tikel 101 oder Artikel* 102 AEUV betreffen, einschließlich der Ausübung der in dieser Richtlinie genannten Befugnisse durch die nationalen Wettbewerbsbehörden, müssen die allgemeinen Grundsätze des Unionsrechts und der Charta der Grundrechte der Europäischen Union einhalten.

(2) Die Mitgliedstaaten stellen sicher, dass bei der Ausübung der Befugnisse nach Absatz 1 angemessene Garantien gelten, damit die Ver-

teidigungsrechte der Unternehmen gewahrt sind, darunter das Recht auf rechtliches Gehör und das Recht, bei einem Gericht einen wirksamen Rechtsbehelf einzulegen.

(3) Die Mitgliedstaaten stellen sicher, dass die Durchsetzungsverfahren der nationalen Wettbewerbsbehörden innerhalb eines angemessenen Zeitrahmens durchgeführt werden. Die Mitgliedstaaten stellen sicher, dass die nationalen Wettbewerbsbehörden eine Mitteilung der Beschwerdepunkte veranlassen, bevor sie eine Entscheidung gemäß Artikel 10 treffen.

Kapitel III. Unabhängigkeit und Ressourcen

Art. 4 Unabhängigkeit. (1) Um die Unabhängigkeit der für Wettbewerb zuständigen nationalen Verwaltungsbehörden bei der Anwendung der Artikel 101 und 102 AEUV zu gewährleisten, stellen die Mitgliedstaaten sicher, dass diese Behörden ihre Aufgaben und Befugnisse – auf der Grundlage verhältnismäßiger Rechenschaftspflichten und unbeschadet der engen Zusammenarbeit zwischen den Wettbewerbsbehörden im Rahmen des Europäischen Wettbewerbsnetzes – unparteiisch und im Interesse der wirksamen und einheitlichen Anwendung dieser Artikel wahrnehmen.

(2) Insbesondere stellen die Mitgliedstaaten mindestens sicher, dass die Mitarbeiter und die Personen, die bei den für Wettbewerb zuständigen nationalen Verwaltungsbehörden in Ausübung der Befugnisse nach den Artikeln 10 bis 13 und Artikel 16 dieser Richtlinie Entscheidungen treffen,

a) in der Lage sind, ihre Aufgaben und Befugnisse im Zusammenhang mit der Anwendung der Artikel 101 und 102 AEUV unabhängig von politischer und anderer externer Einflussnahme wahrzunehmen;

b) bei der Wahrnehmung ihrer Aufgaben und Befugnisse im Zusammenhang mit der Anwendung der Artikel 101 und 102 AEUV keinerlei Weisungen der Regierung oder einer anderen öffentlichen oder privaten Stelle einholen oder entgegennehmen; dies gilt unbeschadet des Rechts der mitgliedstaatlichen Regierungen, gegebenenfalls Vorschriften allgemeiner Art herauszugeben, die sich nicht auf Untersuchungen einzelner Wirtschaftszweige oder bestimmte Durchsetzungsverfahren beziehen; und

c) jede Handlung unterlassen, die mit der Wahrnehmung ihrer Aufgaben und/oder der Befugnisse im Zusammenhang mit der Anwendung der Artikel 101 und 102 AEUV unvereinbar ist, und Verfahren unterliegen, mit denen sichergestellt wird, dass sie sich während eines angemessenen Zeitraums nach ihrem Ausscheiden aus dem Dienst mit keinen Durchsetzungsverfahren befassen, die zu Interessenkonflikten führen könnten.

(3) Die Personen, die bei den für Wettbewerb zuständigen nationalen Verwaltungsbehörden in Ausübung der Befugnisse nach den Arti-

keln 10 bis 13 und Artikel 16 dieser Richtlinie Entscheidungen treffen, dürfen aus diesen Behörden nicht aus Gründen im Zusammenhang mit der ordnungsgemäßen Wahrnehmung ihrer Aufgaben oder Befugnisse in Anwendung der Artikel 101 und 102 AEUV nach Maßgabe des Artikels 5 Absatz 2 dieser Richtlinie entfernt werden. Sie dürfen nur entfernt werden, wenn sie die Voraussetzungen für die Wahrnehmung ihrer Aufgaben nicht mehr erfüllen oder wenn sie eines schweren Fehlverhaltens nach nationalem Recht für schuldig befunden werden. Die Voraussetzungen für die Wahrnehmung ihrer Aufgaben und die Kriterien für das Vorliegen schweren Fehlverhaltens werden im Voraus im nationalen Recht festgelegt, wobei dem Erfordernis der wirksamen Durchsetzung Rechnung getragen wird.

(4) Die Mitgliedstaaten sorgen dafür, dass die Mitglieder des Entscheidungsgremiums der für Wettbewerb zuständigen nationalen Verwaltungsbehörden nach im Voraus im nationalen Recht festgelegten, eindeutigen und transparenten Verfahren ausgewählt, eingestellt oder benannt werden.

(5) Die für Wettbewerb zuständigen nationalen Verwaltungsbehörden sind befugt, bei der Erfüllung der in Artikel 5 Absatz 2 dieser Richtlinie genannten Aufgaben im Zusammenhang mit der Anwendung der Artikel 101 und 102 AEUV eigene Prioritäten zu setzen. Insofern die für Wettbewerb zuständigen nationalen Verwaltungsbehörden zur Prüfung förmlicher Beschwerden verpflichtet sind, können diese Behörden derartige Beschwerden mit der Begründung abweisen, dass sie deren Durchsetzung nicht als Priorität betrachten. Dies gilt unbeschadet der Befugnis der für Wettbewerb zuständigen nationalen Verwaltungsbehörden, Beschwerden aus anderen im nationalen Recht festgelegten Gründen abzuweisen.

Art. 5 Ressourcen. (1) Die Mitgliedstaaten stellen mindestens sicher, dass die nationalen Wettbewerbsbehörden über eine ausreichende Zahl qualifizierter Mitarbeiter und ausreichende finanzielle, technische und technologische Ressourcen verfügen, die sie für die wirksame Erfüllung ihrer Aufgaben und für die wirksame Ausübung ihrer Befugnisse im Zusammenhang mit der Anwendung der Artikel 101 und 102 AEUV nach Absatz 2 dieses Artikels benötigen.

(2) Für die Zwecke von Absatz 1 müssen die nationalen Wettbewerbsbehörden mindestens in der Lage sein, Untersuchungen im Hinblick auf die Anwendung der Artikel 101 und 102 AEUV durchzuführen, Entscheidungen zur Anwendung dieser Artikel auf der Grundlage des Artikels 5 der Verordnung (EG) Nr. 1/2003 zu erlassen und im Rahmen des Europäischen Wettbewerbsnetzes eng zusammenzuarbeiten, um die wirksame und einheitliche Anwendung der Artikel 101 und 102 AEUV zu gewährleisten. Außerdem müssen die nationalen Wettbewerbsbehörden, soweit dies im nationalen Recht vorgesehen ist, öffentliche Einrichtungen und Stellen zu Rechts- und Verwaltungsvorschriften, die sich auf den Wettbewerb im Binnenmarkt auswirken

könnten, gegebenenfalls beraten können und die Öffentlichkeit verstärkt für die Artikel 101 und 102 AEUV sensibilisieren.

(3) Die Mitgliedstaaten stellen unbeschadet der nationalen Haushaltsvorschriften und -verfahren sicher, dass den nationalen Wettbewerbsbehörden bei der Verwendung der ihnen für die Wahrnehmung der in Absatz 2 genannten Aufgaben zugewiesenen Haushaltsmittel Unabhängigkeit gewährt wird.

(4) Die Mitgliedstaaten stellen sicher, dass die für Wettbewerb zuständigen nationalen Verwaltungsbehörden einer Regierungsstelle oder einem parlamentarischen Gremium regelmäßig Berichte über ihre Tätigkeiten und Ressourcen vorlegen. Die Mitgliedstaaten stellen sicher, dass diese Berichte auch Informationen über die Benennung und Abberufung von Mitgliedern des Entscheidungsgremiums, den Betrag der in dem betreffenden Jahr zugewiesenen Ressourcen und etwaige Änderungen dieses Betrags im Vergleich zum Vorjahr enthalten. Diese Berichte werden veröffentlicht.

Kapitel IV. Befugnisse

Art. 6 Befugnis zur Durchführung von Nachprüfungen in betrieblichen Räumlichkeiten. (1) Die Mitgliedstaaten stellen sicher, dass die für Wettbewerb zuständigen nationalen Verwaltungsbehörden in der Lage sind, alle für die Anwendung der Artikel 101 und 102 AEUV erforderlichen unangekündigten Nachprüfungen bei Unternehmen und Unternehmensvereinigungen vorzunehmen. Die Mitgliedstaaten stellen sicher, dass die Bediensteten und anderen Begleitpersonen, die von den nationalen Wettbewerbsbehörden zur Durchführung dieser Nachprüfungen ermächtigt oder dafür benannt wurden, zumindest befugt sind,

a) alle Räumlichkeiten, Grundstücke und Transportmittel der betroffenen Unternehmen und Unternehmensvereinigungen zu betreten;
b) die Bücher und sonstigen Geschäftsunterlagen, unabhängig davon, in welcher Form sie gespeichert sind, zu prüfen, und das Recht auf Zugang zu allen Informationen haben, die der Einheit, die Gegenstand der Nachprüfung ist, zugänglich sind;
c) Kopien oder Auszüge gleich welcher Art aus diesen Büchern und Unterlagen anzufertigen oder zu erlangen, und, wenn sie es für angemessen erachten, die Suche nach Informationen und die Auswahl der betreffenden Kopien oder Auszüge in den Räumlichkeiten der nationalen Wettbewerbsbehörden oder anderen bezeichneten Räumlichkeiten fortzusetzen;
d) betriebliche Räumlichkeiten und Bücher oder Unterlagen jeder Art für die Dauer und in dem Ausmaß zu versiegeln, wie es für die Nachprüfung erforderlich ist;

e) von allen Vertretern oder Mitarbeitern des Unternehmens oder der Unternehmensvereinigung Erläuterungen zu Fakten oder Unterlagen zu verlangen, die mit Gegenstand und Zweck der Nachprüfung in Zusammenhang stehen, und ihre Antworten zu Protokoll zu nehmen.

(2) Die Mitgliedstaaten stellen sicher, dass die Unternehmen und Unternehmensvereinigungen verpflichtet sind, die in Absatz 1 genannten Nachprüfungen zu dulden. Mitgliedstaaten stellen auch sicher, dass im Falle, dass sich ein Unternehmen oder eine Unternehmensvereinigung einer Nachprüfung widersetzt, die von einer für Wettbewerb zuständigen nationalen Verwaltungsbehörde angeordnet und/oder von einem nationalen Justizorgan genehmigt wurde, die nationalen Wettbewerbsbehörden die für die Durchführung der Nachprüfung erforderliche Unterstützung durch die Polizei oder eine entsprechende vollziehende Behörde erhalten können. Eine derartige Unterstützung kann auch vorsorglich beantragt und gewährt werden.

(3) Die Anforderungen, die nach dem nationalen Recht für die vorherige Genehmigung solcher Nachprüfungen durch ein nationales Justizorgan gelten, bleiben von diesem Artikel unberührt.

Art. 7 Befugnis zur Durchführung von Nachprüfungen in anderen Räumlichkeiten (1) Besteht ein begründeter Verdacht, dass Bücher oder sonstige Geschäftsunterlagen, die sich auf den Gegenstand der Nachprüfung beziehen und als Beweismittel für eine Zuwiderhandlung gegen Artikel 101 oder Artikel 102 AEUV von Bedeutung sein könnten, in anderen als den in Artikel 6 Absatz 1 Buchstabe a dieser Richtlinie angegebenen Räumlichkeiten, auf anderen Grundstücken oder in anderen Transportmitteln – darunter auch die Wohnungen von Unternehmensleitern und Mitgliedern der Aufsichts- und Leitungsorgane sowie sonstigen Mitarbeitern der betreffenden Unternehmen oder Unternehmensvereinigungen – aufbewahrt werden, so stellen die Mitgliedstaaten sicher, dass die für Wettbewerb zuständigen nationalen Verwaltungsbehörden unangekündigte Nachprüfungen in diesen Räumlichkeiten, auf diesen Grundstücken oder in diesen Transportmitteln durchführen können.

(2) Diese Nachprüfungen dürfen nur mit der vorherigen Genehmigung eines nationalen Justizorgans vorgenommen werden.

(3) Die Mitgliedstaaten stellen sicher, dass die von nationalen Wettbewerbsbehörden zur Durchführung einer Nachprüfung nach Absatz 1 ermächtigten oder dafür benannten Bediensteten oder anderen Begleitpersonen zumindest die in Artikel 6 Absatz 1 Buchstaben a, b und c und Artikel 6 Absatz 2 genannten Befugnisse haben.

Art. 8 Auskunftsverlangen. Die Mitgliedstaaten stellen sicher, dass die für Wettbewerb zuständigen nationalen Verwaltungsbehörden Unternehmen und Unternehmensvereinigungen verpflichten können, alle für die Anwendung der Artikel 101 und 102 AEUV erforderlichen Informationen innerhalb einer festgesetzten und angemessenen Frist zu erteilen. Solche Auskunftsverlangen müssen verhältnismäßig sein und dürfen den Adressaten nicht zum Geständnis einer Zuwiderhandlung gegen Artikel 101 oder Artikel 102 AEUV zwingen. Die Verpflichtung zur Erteilung aller erforderlichen Informationen gilt für Informationen, die dem betreffenden Unternehmen oder der betreffenden Unternehmensvereinigung zugänglich sind. Die nationalen Wettbewerbsbehörden sind auch dazu befugt, von anderen natürlichen oder juristischen Personen zu verlangen, Informationen, die für die Anwendung der Artikel 101 und 102 AEUV von Bedeutung sein können, innerhalb einer festgesetzten und angemessenen Frist zu erteilen.

Art. 9 Befragungen. Die Mitgliedstaaten stellen sicher, dass die für Wettbewerb zuständigen nationalen Verwaltungsbehörden mindestens dazu befugt sind, einen Vertreter eines Unternehmens oder einer Unternehmensvereinigung, einen Vertreter sonstiger juristischer Personen sowie natürliche Personen zu einer Befragung zu bestellen, wenn dieser Vertreter oder diese Person im Besitz von für die Anwendung der Artikel 101 und 102 AEUV wichtigen Informationen sein könnte.

Art. 10 Feststellung und Abstellung von Zuwiderhandlungen. (1) Die Mitgliedstaaten stellen sicher, dass die nationalen Wettbewerbsbehörden bei Feststellung einer Zuwiderhandlung gegen Artikel 101 oder Artikel 102 AEUV die beteiligten Unternehmen und Unternehmensverei- nigungen durch Entscheidung verpflichten können, die festgestellte Zuwiderhandlung abzustellen. Sie können hierzu alle Abhilfemaßnahmen verhaltensorientierter oder struktureller Art vorschreiben, die gegenüber der festgestellten Zuwiderhandlung verhältnismäßig und für eine wirksame Abstellung der Zuwiderhandlung erforderlich sind. Hat eine nationale Wettbewerbsbehörde die Wahl zwischen zwei gleichermaßen wirksamen Abhilfemaßnahmen, so entscheidet sie sich im Einklang mit dem Grundsatz der Verhältnismäßigkeit für die Abhilfemaßnahme, die für das Unternehmen mit dem geringsten Aufwand verbunden ist.

Die Mitgliedstaaten stellen sicher, dass eine nationale Wettbewerbsbehörde eine Zuwiderhandlung gegen Artikel 101 oder Artikel 102 AEUV feststellen kann, nachdem diese beendet ist.

(2) Wenn die nationalen Wettbewerbsbehörden nach Unterrichtung der Kommission gemäß Artikel 11 Absatz 3 der Verordnung (EG) Nr. 1/2003 zu dem Schluss gelangen, dass kein Grund zur Fortsetzung des Durchsetzungsverfahrens besteht, und das Durchsetzungsverfahren infolgedessen einstellen, stellen die Mitgliedstaaten sicher, dass diese nationalen Wettbewerbsbehörden die Kommission davon in Kenntnis setzen.

Art. 11 Einstweilige Maßnahmen. (1) Die Mitgliedstaaten stellen sicher, dass nationale Wettbewerbsbehörden zumindest in dringenden Fällen, in denen die Gefahr eines ernsten, nicht wieder gutzumachenden

Schadens für den Wettbewerb besteht, auf der Grundlage einer prima facie festgestellten Zuwiderhandlung gegen Artikel 101 oder Artikel 102 AEUV von Amts wegen durch Entscheidung anordnen können, dass Unternehmen und Unternehmensvereinigungen einstweilige Maßnahmen auferlegt werden. Eine solche Entscheidung hat verhältnismäßig zu sein und entweder für eine bestimmte Dauer, die – sofern erforderlich und angemessen – verlängerbar ist, oder bis eine rechtkräftige Entscheidung getroffen wird, zu gelten. Die nationalen Wettbewerbsbehörden unterrichten das Europäische Wettbewerbsnetz über die Verhängung dieser einstweiligen Maßnahmen.

(2) Die Mitgliedstaaten stellen sicher, dass die Rechtmäßigkeit, einschließlich der Verhältnismäßigkeit, der einstweiligen Maßnahmen gemäß Absatz 1 im Rahmen eines beschleunigten Rechtsbehelfsverfahrens überprüft werden kann.

Art. 12 Verpflichtungszusagen. (1) Die Mitgliedstaaten stellen sicher, dass die nationalen Wettbewerbsbehörden Verpflichtungszusagen von Unternehmen oder Unternehmensvereinigungen bei Durchsetzungsverfahren, die mit Blick auf den Erlass einer Entscheidung zur Abstellung einer Zuwiderhandlung gegen Artikel 101 oder Artikel 102 AEUV eingeleitet werden, nach formeller oder informeller Einholung von Stellungnahmen der Marktteilnehmer im Wege einer Entscheidung für bindend erklären können, wenn die Bedenken der nationalen Wettbewerbsbehörden durch diese Verpflichtungszusagen ausgeräumt werden. Die Entscheidung kann befristet sein und muss besagen, dass für ein Tätigwerden der jeweiligen nationalen Wettbewerbsbehörde kein Anlass mehr besteht.

(2) Die Mitgliedstaaten stellen sicher, dass die nationalen Wettbewerbsbehörden über wirksame Befugnisse zur Überwachung der Umsetzung der in Absatz 1 genannten Verpflichtungszusagen verfügen.

(3) Die Mitgliedstaaten stellen sicher, dass die nationalen Wettbewerbsbehörden ein Durchsetzungsverfahren wieder aufnehmen können, wenn sich die tatsächlichen Verhältnisse in einem für die Entscheidung gemäß Absatz 1 wesentlichen Punkt geändert haben, Unternehmen oder Unternehmensvereinigungen ihre Verpflichtungen nicht einhalten oder eine Entscheidung gemäß Absatz 1 auf unvollständigen, unrichtigen oder irreführenden Angaben der Parteien beruht.

Kapitel V. Geldbussen und Zwangsgelder

Art. 13 Geldbußen für Unternehmen und Unternehmensvereinigungen. (1) Die Mitgliedstaaten stellen sicher, dass die für Wettbewerb zuständigen nationalen Verwaltungsbehörden entweder durch Entscheidung in den von ihnen selbst geführten Durchsetzungsverfahren wirksame, verhältnismäßige und abschreckende Geldbußen gegen Unternehmen und Unternehmensvereinigungen verhängen können, oder die Möglichkeit haben, die Verhängung derartiger Geldbußen in nichtstrafrechtlichen Gerichtsverfahren zu beantragen, wenn die Unternehmen oder Unternehmensvereinigungen vorsätzlich oder fahrlässig gegen Artikel 101 oder Artikel 102 AEUV verstoßen.

(2) Die Mitgliedstaaten stellen mindestens sicher, dass die für Wettbewerb zuständigen nationalen Verwaltungsbehörden entweder durch Entscheidung in den von ihnen selbst geführten Durchsetzungsverfahren wirksame, verhältnismäßige und abschreckende Geldbußen gegen Unternehmen und Unternehmensvereinigungen verhängen können, oder die Verhängung derartiger Geldbußen in nichtstrafrechtlichen Gerichtsverfahren beantragen können. Diese Geldbußen werden im Verhältnis zu ihrem weltweiten Gesamtumsatz festgesetzt, wenn – vorsätzlich oder fahrlässig –

a) die Unternehmen oder Unternehmensvereinigungen eine Nachprüfung nach Artikel 6 Absatz 2 nicht dulden;

b) Siegel gebrochen wurden, die Bedienstete oder andere Begleitpersonen, die von der ersuchenden nationalen Wettbewerbsbehörde ermächtigt oder dafür benannt wurden, nach Artikel 6 Absatz 1 Buchstabe d angebracht haben;

c) die Unternehmen oder Unternehmensvereinigungen bei der Beantwortung einer Frage nach Artikel 6 Absatz 1 Buchstabe e eine falsche oder irreführende Antwort erteilen, keine vollständige Antwort erteilen oder eine vollständige Antwort verweigern;

d) die Unternehmen oder Unternehmensvereinigungen bei der Erteilung einer nach Artikel 8 verlangten Auskunft falsche, unvollständige oder irreführende Angaben machen oder die Angaben nicht innerhalb der gesetzten Frist machen;

e) die Unternehmen oder Unternehmensvereinigungen zu einer Befragung nach Artikel 9 nicht erscheinen;

f) die Unternehmen oder Unternehmensvereinigungen einer Entscheidung nach den Artikeln 10, 11 und 12 nicht nachkommen.

(3) Die Mitgliedstaaten stellen sicher, dass im Rahmen der in den Absätzen 1 und 2 genannten Verfahren wirksame, verhältnismäßige und abschreckende Geldbußen verhängt werden können.

(4) Die nationalen Rechtsvorschriften, die die Verhängung von Sanktionen in strafrechtlichen Gerichtsverfahren ermöglichen, bleiben von diesem Artikel unberührt, sofern sich die Anwendung dieser Rechtsvorschriften nicht auf die wirksame und einheitliche Durchsetzung der Artikel 101 und 102 AEUV auswirkt.

(5) Die Mitgliedstaaten stellen sicher, dass für die Zwecke der Verhängung von Geldbußen gegen Muttergesellschaften sowie rechtliche und wirtschaftliche Nachfolger von Unternehmen der Begriff des Unternehmens angewandt wird.

Art. 14 Berechnung von Geldbußen. (1) Die Mitgliedstaaten stellen sicher, dass die nationalen Wettbewerbsbehörden bei der Festsetzung der Höhe der Geldbuße, die wegen einer Zuwiderhandlung gegentaaten sicher, dass die Unternehmensvereinigung verpflichtet ist, von ihren Mitgliedern Beiträge zur Deckung des Betrags der Geldbuße zu verl Artikel 101 oder Artikel 102 AEUV verhängt werden soll, sowohl die Schwere der Zuwiderhandlung als auch deren Dauer berücksichtigen.

(2) Die Mitgliedstaaten stellen sicher, dass die nationalen Wettbewerbsbehörden bei der Festsetzung der Höhe der Geldbuße, die wegen einer Zuwiderhandlung gegen Artikel 101 oder Artikel 102 AEUV verhängt werden soll, gemäß Artikel 18 Absatz 3 der Richtlinie 2014/104/EU etwaige infolge eines Vergleichs geleistete Schadensersatzzahlungen berücksichtigen können.

(3) Wird gegen eine Unternehmensvereinigung wegen einer Zuwiderhandlung gegen Artikel 101 oder 102 AEUV eine Geldbuße unter Berücksichtigung des Umsatzes ihrer Mitglieder verhängt und ist die Unternehmensvereinigung selbst nicht zahlungsfähig, so stellen die Mitgliedsangen.

(4) Sind die in Absatz 3 genannten Beiträge innerhalb der von einer nationalen Wettbewerbsbehörde gesetzten Frist nicht in voller Höhe an die Vereinigung entrichtet worden, so stellen die Mitgliedstaaten sicher, dass die nationale Wettbewerbsbehörde die Zahlung der Geldbuße direkt von jedem Unternehmen verlangen kann, dessen Vertreter den Entscheidungsgremien der Unternehmensvereinigung angehört haben. Nachdem die nationalen Wettbewerbsbehörden die Zahlung von diesen Unternehmen verlangt haben, können sie, soweit dies zur vollständigen Zahlung der Geldbuße notwendig ist, die Zahlung des ausstehenden Betrags der Geldbuße auch von jedem Mitglied der Unternehmensvereinigung verlangen, das auf dem Markt tätig war, auf dem die Zuwiderhandlung stattgefunden hat. Die Zahlung nach diesem Absatz wird hingegen nicht von Unternehmen verlangt, die darlegen, dass sie den die Zuwiderhandlung begründenden Beschluss der Vereinigung nicht umgesetzt haben und entweder von deren Existenz keine Kenntnis hatten oder sich aktiv davon distanziert haben, noch ehe die Untersuchung begonnen hat.

Art. 15 Höchstbetrag der Geldbuße. (1) Die Mitgliedstaaten stellen sicher, dass der Höchstbetrag der Geldbuße, den nationale Wettbewerbsbehörden gegen jedes Unternehmen oder jede Unternehmensvereinigung verhängen können, das/die sich an einer Zuwiderhandlung gegen Artikel 101 oder 102 AEUV beteiligt hat, mindestens 10% des weltweiten Gesamtumsatzes des Unternehmens oder der Unternehmensvereinigung in dem der Entscheidung gemäß Artikel 13 Absatz 1 vorausgegangenen Geschäftsjahr beträgt.

(2) Steht die Zuwiderhandlung einer Unternehmensvereinigung mit den Tätigkeiten ihrer Mitglieder im Zusammenhang, so liegt der Höchstbetrag der Geldbuße bei mindestens 10% der Summe des weltweiten Gesamtumsatzes derjenigen Mitglieder, die auf dem von der

Zuwiderhandlung der Vereinigung betroffenen Markt tätig waren. Die finanzielle Haftung der einzelnen Unternehmen für die Zahlung der Geldbuße darf den gemäß Absatz 1 festgesetzten Höchstbetrag jedoch nicht übersteigen.

Art. 16 Zwangsgelder. (1) Die Mitgliedstaaten stellen sicher, dass die für Wettbewerb zuständigen nationalen Verwaltungsbehörden gegen Unternehmen und Unternehmensvereinigungen durch Entscheidung wirksame, verhältnismäßige und abschreckende Zwangsgelder verhängen können. Diese Zwangsgelder werden im Verhältnis zum im vorausgegangenen Geschäftsjahr erzielten durchschnittlichen weltweiten Tagesgesamtumsatz der Unternehmen oder Unternehmensvereinigungen festgesetzt und ab dem in der Entscheidung bestimmten Zeitpunkt berechnet, um diese Unternehmen oder Unternehmensvereinigungen zumindest zu zwingen,

a) auf ein Auskunftsverlangen nach Artikel 8 vollständige und richtige Informationen zu erteilen,

b) zu einer Befragung nach Artikel 9 zu erscheinen.

(2) Die Mitgliedstaaten stellen sicher, dass die nationalen Wettbewerbsbehörden gegen Unternehmen und Unternehmensvereinigungen durch Entscheidung wirksame, verhältnismäßige und abschreckende Zwangsgelder verhängen können. Diese Zwangsgelder werden im Verhältnis zu ihrem im vorausgegangenen Geschäftsjahr erzielten durchschnittlichen weltweiten Tagesgesamtumsatz festgesetzt und ab dem in der Entscheidung bestimmten Zeitpunkt berechnet, um sie zumindest zu zwingen,

a) eine Nachprüfung nach Artikel 6 Absatz 2 zu dulden,

b) einer Entscheidung nach den Artikeln 10, 11 und 12 nachzukommen.

Kapitel VI. Kronzeugenprogramme für geheime Kartelle

Art. 17 Geldbußenerlass. (1) Die Mitgliedstaaten stellen sicher, dass die nationalen Wettbewerbsbehörden über Kronzeugenprogramme verfügen, auf deren Grundlage sie Unternehmen für die Offenlegung ihrer Beteiligung an einem geheimen Kartell einen Geldbußenerlass gewähren können. Dies hindert die nationalen Wettbewerbsbehörden nicht an der Auflage von Kronzeugenprogrammen für andere Zuwiderhandlungen als die Beteiligung an einem geheimen Kartell oder von Kronzeugenprogrammen, auf deren Grundlage natürlichen Personen ein Geldbußenerlass gewährt werden kann.

(2) Die Mitgliedstaaten stellen sicher, dass ein Geldbußenerlass nur gewährt wird, wenn der Antragsteller

a) die in Artikel 19 genannten Voraussetzungen erfüllt;

b) seine Beteiligung an einem geheimen Kartell offenlegt und

c) das erste Unternehmen ist, das Beweismittel vorlegt, die

i) die nationale Wettbewerbsbehörde zu dem Zeitpunkt, zu dem sie den Antrag erhält, in die Lage versetzen, eine gezielte Nachprüfung im Zusammenhang mit dem geheimen Kartell durchzuführen, vorausgesetzt, die nationale Wettbewerbsbehörde verfügte bislang nicht über ausreichende Beweismittel, um eine solche Nachprüfung durchzuführen, bzw. hat noch keine derartige Nachprüfung durchgeführt, oder

ii) nach Auffassung der nationalen Wettbewerbsbehörde für die Feststellung einer unter das Kronzeugenprogramm fallenden Zuwiderhandlung ausreichen, vorausgesetzt, die Behörde verfügte bislang nicht über ausreichende Beweismittel, um eine solche Zuwiderhandlung festzustellen, und kein anderes Unternehmen hat bislang die Voraussetzungen für einen Geldbußenerlass nach Ziffer i im Zusammenhang mit diesem geheimen Kartell erfüllt.

(3) Die Mitgliedstaaten stellen sicher, dass alle Unternehmen für einen Geldbußenerlass infrage kommen mit Ausnahme von Unternehmen, die Schritte unternommen haben, um andere Unternehmen zur Beteiligung an oder zum Verbleib in einem geheimen Kartell zu zwingen.

(4) Die Mitgliedstaaten stellen sicher, dass die nationalen Wettbewerbsbehörden dem Antragsteller mitteilen, ob ihm ein bedingter Geldbußenerlass gewährt wurde. Der Antragsteller kann beantragen, dass die nationale Wettbewerbsbehörde ihm schriftlich mitteilt, wie über seinen Antrag auf Geldbußenerlass entschieden wurde. Weist die nationale Wettbewerbsbehörde den Antrag auf Geldbußenerlass zurück, so kann der betreffende Antragsteller bei dieser nationalen Wettbewerbsbehörde beantragen, dass sein Antrag als Antrag auf Ermäßigung der Geldbuße zu behandeln ist.

Art. 18 Geldbußenermäßigung. (1) Die Mitgliedstaaten stellen sicher, dass die nationalen Wettbewerbsbehörden über Kronzeugenprogramme verfügen, auf deren Grundlage sie Unternehmen, die die Voraussetzung für einen Geldbußenerlass nicht erfüllen, eine Ermäßigung der Geldbuße gewähren können. Dies hindert die nationalen Wettbewerbsbehörden nicht an der Auflage von Kronzeugenprogrammen für andere Zuwiderhandlungen als die Beteiligung an einem geheimen Kartell oder von Kronzeugenprogrammen, auf deren Grundlage natürlichen Personen eine Geldbußenermäßigung gewährt werden kann.

(2) Die Mitgliedstaaten stellen sicher, dass Geldbußenermäßigungen nur dann gewährt werden, wenn der Antragsteller

a) die Voraussetzungen nach Artikel 19 erfüllt,

b) seine Beteiligung an einem geheimen Kartell offenlegt, und

c) Beweismittel für das mutmaßliche geheime Kartell vorlegt, die im Hinblick auf den Nachweis einer unter das Kronzeugenprogramm fallenden Zuwiderhandlung gegenüber den Beweismitteln, die sich zum Zeitpunkt der Antragstellung bereits im Besitz der nationalen Wettbewerbsbehörde befinden, einen erheblichen Mehrwert aufweisen.

(3) Übermittelt der Antragsteller stichhaltige Beweise, die die nationale Wettbewerbsbehörde zur Feststellung zusätzlicher Tatsachen heranzieht, die zu Geldbußen führen, die höher sind als die Geldbußen, die sonst gegen die an dem geheimen Kartell Beteiligten verhängt worden wären, so stellen die Mitgliedstaaten sicher, dass die nationale Wettbewerbsbehörde diese zusätzlichen Tatsachen bei der Festsetzung der Geldbuße für den Antragsteller, der diese Beweise vorgelegt hat, nicht berücksichtigt.

Art. 19 Allgemeine Voraussetzungen für die Anwendung der Kronzeugenregelung. Die Mitgliedstaaten stellen sicher, dass der Antragsteller alle nachfolgend aufgeführten Voraussetzungen erfüllen muss, um bei Beteiligung an einem geheimen Kartell für die Kronzeugenbehandlung infrage zu kommen:

a) Er hat seine Beteiligung an dem mutmaßlichen geheimen Kartell spätestens unmittelbar nach seiner Antragstellung auf Kronzeugenbehandlung beendet; hiervon ausgenommen sind Kartellaktivitäten, die nach Auffassung der zuständigen nationalen Wettbewerbsbehörde nach vernünftigem Ermessen möglicherweise erforderlich sind, um die Integrität ihrer Untersuchung zu wahren.

b) Er arbeitet ab dem Zeitpunkt seiner Antragstellung bis zu dem Zeitpunkt, zu dem die nationale Wettbewerbsbehörde ihr Durchsetzungsverfahren gegen alle von der Untersuchung betroffenen Parteien durch Erlass einer Entscheidung oder in anderer Weise beendet hat, ernsthaft, in vollem Umfang, kontinuierlich und zügig mit der nationalen Wettbewerbsbehörde zusammen; diese Zusammenarbeit beinhaltet, dass er

i) der nationalen Wettbewerbsbehörde unverzüglich alle relevanten Informationen über und Beweise für das mutmaßliche geheime Kartell übermittelt, die in seinen Besitz gelangen oder zu denen er Zugang hat, insbesondere

– den Namen und die Anschrift des Antragstellers,

– die Namen aller anderen Unternehmen, die an dem mutmaßlichen geheimen Kartell beteiligt sind oder waren,

– eine ausführliche Beschreibung des mutmaßlichen geheimen Kartells, einschließlich der betroffenen Produkte, der betroffenen Gebiete, der Dauer und der Art des mutmaßlichen geheimen Kartells,

– Informationen über bisherige oder etwaige künftige Anträge auf Kronzeugenbehandlung im Zusammenhang mit dem mutmaßlichen geheimen Kartell bei anderen Wettbewerbsbehörden oder der Wettbewerbsbehörde eines Drittlands;

ii) sich der nationalen Wettbewerbsbehörde zur Verfügung hält, um jede Anfrage zu beantworten, die zur Feststellung des Sachverhalts beitragen kann;

iii) dafür sorgt, dass Unternehmensleiter und Mitglieder der Aufsichts- und Leitungsorgane sowie sonstige Mitarbeiter für Befragungen durch die nationale Wettbewerbsbehörde zur Verfügung stehen, und sich nach besten Kräften bemüht, dass frühere Unternehmensleiter und Mitglieder der Aufsichts- und Leitungsorgane sowie sonstige Mitarbeiter für Befragungen durch die nationale Wettbewerbsbehörde zur Verfügung stehen;

iv) relevante Informationen über und Beweise für das mutmaßliche Kartell nicht vernichtet, verfälscht oder unterdrückt und

v) weder die Tatsache seiner Antragstellung noch den Inhalt seines Antrags auf Kronzeugenbehandlung offenlegt, bis die nationale Wettbewerbsbehörde ihre Beschwerdepunkte in dem Durchsetzungsverfahren mitgeteilt hat, sofern nichts anderes vereinbart wurde.

c) Während er die Stellung eines Antrags auf Kronzeugenbehandlung bei der nationalen Wettbewerbsbehörde erwägt, darf er Folgendes nicht getan haben:

i) Er darf Beweise für das mutmaßliche geheime Kartell nicht vernichtet, verfälscht oder unterdrückt haben oder

ii) die Tatsache, dass er eine Antragstellung erwägt, oder den Inhalt des von ihm erwogenen Antrags auf Kronzeugenbehandlung offengelegt haben; dies gilt mit Ausnahme der Offenlegung gegenüber anderen Wettbewerbsbehörden oder Wettbewerbsbehörden von Drittländern.

Art. 20 Form der Kronzeugenerklärungen. (1) Die Mitgliedstaaten stellen sicher, dass Antragsteller Kronzeugenerklärungen im Zusammenhang mit vollständigen Anträgen oder Kurzanträgen schriftlich einreichen können und dass die nationalen Wettbewerbsbehörden auch über ein System verfügen, mit dem sie solche Erklärungen mündlich oder in anderer Weise entgegennehmen können, sodass Antragsteller die eingereichten Erklärungen nicht in Besitz, in Verwahrung oder unter ihre Kontrolle nehmen müssen.

(2) Auf Ersuchen des Antragstellers stellen die nationalen Wettbewerbsbehörden für den vollständigen Antrag oder Kurzantrag eine Empfangsbestätigung mit Datum und Uhrzeit des Antragseingangs aus.

(3) Antragsteller können Kronzeugenerklärungen im Zusammenhang mit vollständigen Anträgen oder Kurzanträgen in der Amtssprache oder einer der Amtssprachen des Mitgliedstaats der betreffenden nationalen Wettbewerbsbehörde oder in einer nach bilateraler Absprache zwischen der nationalen Wettbewerbsbehörde und dem Antragsteller vereinbarten anderen Amtssprache der Union einreichen.

Art. 21 Marker für Anträge auf Geldbußenerlass. (1) Die Mitgliedstaaten stellen sicher, dass den Unternehmen, die einen Geldbußenerlass beantragen möchten, auf Antrag zunächst ein Rang in der Eingangsreihenfolge der Anträge auf Kronzeugenbehandlung gewährt werden kann, und zwar für einen Zeitraum, der von der nationalen Wettbewerbsbehörde je nach Einzelfall festzulegen ist, damit der Antragsteller die Informationen und Beweismittel zusammentragen kann, die erforderlich sind, um den Mindestbeweisanforderungen für den Geldbußenerlass zu genügen.

(2) Die Mitgliedstaaten stellen sicher, dass es im Ermessen der nationalen Wettbewerbsbehörden liegt, ob sie dem Antrag gemäß Absatz 1 stattgeben.

Ein Unternehmen, das einen solchen Antrag stellt, erteilt der nationalen Wettbewerbsbehörde gegebenenfalls Informationen, wie

a) den Namen und die Anschrift des Antragstellers,

b) den Anlass für die Bedenken, die zu dem Antrag geführt haben,

c) die Namen aller anderen Unternehmen, die an dem mutmaßlichen geheimen Kartell beteiligt sind oder waren,

d) die betroffenen Produkte und Gebiete,

e) die Dauer und die Art des mutmaßlichen geheimen Kartells,

f) Informationen über frühere oder mögliche künftige Anträge auf Kronzeugenbehandlung im Zusammenhang mit dem mutmaßlichen geheimen Kartell bei anderen Wettbewerbsbehörden oder Wettbewerbsbehörden von Drittländern.

(3) Die Mitgliedstaaten stellen sicher, dass alle vom Antragsteller in dem nach Absatz 1 festgelegten Zeitraum beigebrachten Informationen und Beweismittel als zum Zeitpunkt des Erstantrags vorgelegt gelten.

(4) Die Antragsteller können Anträge gemäß Absatz 1 in der Amtssprache oder einer der Amtssprachen des Mitgliedstaats der betreffenden nationalen Wettbewerbsbehörde oder in einer nach bilateraler Absprache zwischen der nationalen Wettbewerbsbehörde und dem Antragsteller vereinbarten anderen Amtssprache der Union einreichen.

(5) Die Mitgliedstaaten können für Unternehmen, die eine Geldbußenermäßigung beantragen möchten, auch die Möglichkeit vorsehen, zunächst um einen Rang in der Eingangsreihenfolge der Anträge auf Kronzeugenbehandlung zu ersuchen.

Art. 22 Kurzanträge. (1) Die Mitgliedstaaten stellen sicher, dass die nationalen Wettbewerbsbehörden von Unternehmen, die bei der Kommission Kronzeugenbehandlung beantragt haben, indem sie in Bezug auf dasselbe mutmaßliche geheime Kartell entweder einen Marker beantragt oder einen vollständigen Antrag gestellt haben, Kurzanträge annehmen, sofern sich die Anträge auf mehr als drei Mitgliedstaaten als betroffene Gebiete beziehen.

(2) Die Kurzanträge müssen die folgenden Angaben in Kurzform enthalten:

a) den Namen und die Anschrift des Antragstellers;
b) die Namen der anderen an dem mutmaßlichen geheimen Kartell beteiligten Parteien;
c) die betroffenen Produkte und Gebiete;
d) die Dauer und die Art des mutmaßlichen geheimen Kartells;
e) der Mitgliedstaat oder die Mitgliedstaaten, in dem/denen sich die Beweismittel für das mutmaßliche geheime Kartell wahrscheinlich befinden und
f) Informationen über alle bisherigen oder etwaigen künftigen Anträge auf Kronzeugenbehandlung an andere Wettbewerbsbehörden oder Wettbewerbsbehörden von Drittländern im Zusammenhang mit dem mutmaßlichen geheimen Kartell.

(3) Wenn der Kommission vollständige Anträge und nationalen Wettbewerbsbehörden Kurzanträge in Bezug auf das gleiche mutmaßliche Kartell zugehen, ist der Hauptansprechpartner des Antragstellers in dem Zeitraum, bevor geklärt ist, ob die Kommission den Fall insgesamt oder in Teilen weiterverfolgt, die Kommission, insbesondere wenn es darum geht, Weisungen in Bezug auf weitere interne Untersuchungen zu erteilen. Die Kommission unterrichtet die betreffenden nationalen Wettbewerbsbehörden in diesem Zeitraum auf Antrag über den Sachstand.

Die Mitgliedstaaten stellen sicher, dass die nationalen Wettbewerbsbehörden nur zu den in Absatz 2 aufgeführten Punkten konkrete Klarstellungen verlangen können, bevor sie die Einreichung eines vollständigen Antrags nach Absatz 5 verlangen.

(4) Die Mitgliedstaaten stellen sicher, dass nationale Wettbewerbsbehörden, die Kurzanträge erhalten, zum Zeitpunkt des Eingangs prüfen, ob sie im Zusammenhang mit demselben mutmaßlichen geheimen Kartell bereits von einem anderen Antragsteller einen Kurzantrag oder einen vollständigen Antrag auf Kronzeugenbehandlung erhalten haben. Wenn einer nationalen Wettbewerbsbehörde kein solcher Antrag eines anderen Antragstellers vorliegt und der Kurzantrag ihres Erachtens den Anforderungen gemäß Absatz 2 genügt, setzt sie den Antragsteller hiervon in Kenntnis.

(5) Die Mitgliedstaaten stellen sicher, dass die Antragsteller, sobald die Kommission die betreffenden nationalen Wettbewerbsbehörden darüber in Kenntnis gesetzt hat, dass sie den Fall weder insgesamt noch in Teilen weiterzuverfolgen beabsichtigt, die Möglichkeit haben, bei den jeweiligen nationalen Wettbewerbsbehörden vollständige Anträge einzureichen. Bevor die Kommission den jeweiligen nationalen Wettbewerbsbehörden mitgeteilt hat, dass sie nicht die Absicht hat, in Bezug auf den gesamten Fall oder Teile davon tätig zu werden, darf die nationale Wettbewerbsbehörde vom Antragsteller nur in Ausnahmefällen einen vollständigen Antrag anfordern, und zwar wenn dies für die

Abgrenzung oder die Zuweisung des Falls unbedingt notwendig ist. Die nationalen Wettbewerbsbehörden sind befugt, eine angemessene Frist festzusetzen, vor deren Ablauf der Antragsteller den vollständigen Antrag zusammen mit den entsprechenden Beweismitteln und Informationen einzureichen hat. Das Recht des Antragstellers, freiwillig bereits zu einem früheren Zeitpunkt einen vollständigen Antrag einzureichen, bleibt davon unberührt.

(6) Die Mitgliedstaaten stellen sicher, dass in dem Fall, dass der Antragsteller den vollständigen Antrag nach Absatz 5 innerhalb der von der nationalen Wettbewerbsbehörde festgesetzten Frist einreicht, der vollständige Antrag als zum Zeitpunkt des Eingangs des Kurzantrags vorgelegt gilt, sofern der Kurzantrag dasselbe bzw. dieselben betroffene(n) Produkt(e) und Gebiet(e) sowie dieselbe Dauer des mutmaßlichen geheimen Kartells erfasst wie der bei der Kommission gestellte, möglicherweise aktualisierte Antrag auf Kronzeugenbehandlung.

Art. 23 Zusammenwirken von Anträgen auf Geldbußenerlass und Sanktionen gegen natürliche Personen. (1) Die Mitgliedstaaten stellen sicher, dass derzeitige und frühere Unternehmensleiter und Mitglieder der Aufsichts- und Leitungsorgane sowie sonstige Mitarbeiter von Unternehmen, die bei einer Wettbewerbsbehörde einen Antrag auf Geldbußenerlass gestellt haben, bei Verstößen gegen nationale Gesetze, mit denen vorrangig dieselben Ziele wie mit Artikel 101 AEUV verfolgt werden, umfassend geschützt werden vor in verwaltungsrechtlichen und nichtstrafrechtlichen Gerichtsverfahren verhängten Sanktionen im Zusammenhang mit ihrer Beteiligung an dem geheimen Kartell, das Gegenstand des Antrags auf Geldbußenerlass ist, wenn

a) der Antrag auf Geldbußenerlass, den das Unternehmen bei der den Fall verfolgenden Wettbewerbsbehörde gestellt hat, die in Artikel 17 Absatz 2 Buchstaben b und c festgelegten Anforderungen erfüllt,
b) diese derzeitigen und früheren Unternehmensleiter und Mitglieder der Aufsichts- und Leitungsorgane sowie sonstigen Mitarbeiter diesbezüglich aktiv mit der den Fall verfolgenden Wettbewerbsbehörde zusammenarbeiten und
c) das Unternehmen den Antrag auf Geldbußenerlass gestellt hat, bevor die jeweiligen derzeitigen und früheren Unternehmensleiter und Mitglieder der Aufsichts- und Leitungsorgane sowie sonstigen Mitarbeiter von den zuständigen Behörden des Mitgliedstaats über das zur Verhängung von Sanktionen führende Verfahren nach diesem Absatz in Kenntnis gesetzt wurden.

(2) Die Mitgliedstaaten stellen sicher, dass derzeitige und frühere Unternehmensleiter und Mitglieder der Aufsichts- und Leitungsorgane sowie sonstige Mitarbeiter von Unternehmen, die bei einer Wettbewerbsbehörde Antrag auf Geldbußenerlass gestellt haben, bei Verstößen gegen nationale Gesetze, mit denen vorrangig dieselben Ziele wie mit Artikel 101 AEUV verfolgt werden, vor in strafrechtlichen Verfahren verhängten Sanktionen im Zusammenhang mit ihrer Beteiligung an

dem geheimen Kartell, das Gegenstand des Antrags auf Geldbußenerlass ist, geschützt sind, wenn sie die Voraussetzungen nach Absatz 1 erfüllen und mit der für die Verfolgung zuständigen Behörde aktiv zusammenarbeiten. Wenn die Bedingung der Zusammenarbeit mit der für die Verfolgung zuständigen Behörde nicht erfüllt ist, kann diese Behörde die Untersuchung fortsetzen.

(3) Um die Einhaltung der geltenden Grundprinzipien ihrer Rechtsordnung sicherzustellen, können die Mitgliedstaaten abweichend von Absatz 2 vorsehen, dass die zuständigen Behörden in Strafverfahren keine Sanktionen verhängen bzw. die zu verhängende Sanktion in Strafverfahren herabsetzen dürfen, soweit der Beitrag, den die in Absatz 2 genannten Personen zur Aufdeckung und Untersuchung des geheimen Kartells leisten, gegenüber dem Interesse an der Verfolgung und/oder Sanktionierung dieser Personen überwiegt.

(4) Damit der Schutz im Sinne der Absätze 1, 2 und 3 bei Beteiligung mehrerer Rechtsordnungen greifen kann, sehen die Mitgliedstaaten in Fällen, in denen sich die für die Sanktionen oder die Verfolgung zuständige Behörde in einem anderen Land als die den Fall verfolgende Wettbewerbsbehörde befindet, vor, dass die nationale Wettbewerbsbehörde des Landes der für die Sanktionen oder die Verfolgung zuständigen Behörde für die notwendigen Kontakte zwischen den Behörden sorgt.

(5) Das Recht jener, die einen durch eine Zuwiderhandlung gegen das Wettbewerbsrecht verursachten Schaden erlitten haben, ihren Anspruch auf vollständigen Ersatz dieses Schadens gemäß der Richtlinie 2014/104/EU geltend zu machen, bleibt von diesem Artikel unberührt.

Kapitel VII. Amtshilfe

Art. 24 Zusammenarbeit zwischen den nationalen Wettbewerbsbehörden. (1) Wenn für Wettbewerb zuständige nationale Verwaltungsbehörden im Namen und für Rechnung anderer nationaler Wettbewerbsbehörden eine Nachprüfung nach Artikel 22 der Verordnung (EG) Nr. 1/2003 oder eine Befragung durchführen, so stellen die Mitgliedstaaten sicher, dass die Bediensteten und anderen Begleitpersonen, die von der ersuchenden nationalen Wettbewerbsbehörde ermächtigt oder benannt wurden, unter der Aufsicht der Bediensteten der ersuchten nationalen Wettbewerbsbehörde der Nachprüfung oder der Befragung beiwohnen und die ersuchte nationale Wettbewerbsbehörde aktiv bei der Nachprüfung oder Befragung unterstützen dürfen, wenn die ersuchte nationale Wettbewerbsbehörde die in den Artikeln 6, 7 und 9 dieser Richtlinie genannten Befugnisse ausübt.

(2) Die Mitgliedstaaten stellen sicher, dass für Wettbewerb zuständige nationale Verwaltungsbehörden in ihrem Hoheitsgebiet die in den Artikeln 6 bis 9 dieser Richtlinie genannten Befugnisse im Einklang mit

ihrem nationalen Recht im Namen und für Rechnung anderer nationaler Wettbewerbsbehörden ausüben können, um festzustellen, ob Unternehmen oder Unternehmensvereinigungen Ermittlungsmaßnahmen und Entscheidungen der ersuchenden nationalen Wettbewerbsbehörde im Sinne der Artikel 6 und 8 bis 12 dieser Richtlinie nicht befolgt haben. Die ersuchende nationale Wettbewerbsbehörde und die ersuchte nationale Wettbewerbsbehörde sind befugt, Informationen vorbehaltlich der in Artikel 12 der Verordnung (EG) Nr. 1/2003 genannten Einschränkungen zu diesem Zweck als Beweismittel auszutauschen und zu verwenden.

Art. 25 Ersuchen um Zustellung vorläufiger Beschwerdepunkte und anderer Unterlagen. Unbeschadet jeder anderen Form der Zustellung durch eine ersuchende Behörde entsprechend den in ihrem Mitgliedstaat geltenden Vorschriften stellen die Mitgliedstaaten sicher, dass die ersuchte Behörde dem Empfänger auf Antrag der ersuchenden Behörde und in ihrem Namen Folgendes zustellt:

a) jegliche vorläufige Beschwerdepunkte zu der mutmaßlichen Zuwiderhandlung gegen Artikel 101 oder Artikel 102 AEUV und jegliche Entscheidungen, die diese Artikel zur Anwendung bringen,

b) andere im Rahmen der Durchsetzungsverfahren erlassene Verfahrensakte, die nach dem nationalen Recht zuzustellen sind, und

c) andere einschlägige Unterlagen im Zusammenhang mit der Anwendung von Artikel 101 oder Artikel 102 AEUV, einschließlich Unterlagen, die mit der Vollstreckung von Entscheidungen zur Verhängung von Geldbußen oder Zwangsgeldern zusammenhängen.

Art. 26 Ersuchen um Vollstreckung von Entscheidungen zur Verhängung von Geldbußen oder Zwangsgeldern. (1) Die Mitgliedstaaten stellen sicher, dass die ersuchte Behörde auf Antrag der ersuchenden Behörde Entscheidungen zur Verhängung von Geldbußen oder Zwangsgeldern, die nach den Artikeln 13 und 16 von der ersuchenden Behörde erlassen wurden, vollstreckt. Dies gilt nur unter der Voraussetzung, dass die ersuchende Behörde im Anschluss an angemessene Bemühungen im eigenen Hoheitsgebiet mit Sicherheit feststellen konnte, dass das Unternehmen oder die Unternehmensvereinigung, gegen das die Geldbuße oder das Zwangsgeld vollstreckbar ist, im Mitgliedstaat der ersuchenden Behörde keine zur Einziehung dieser Geldbuße oder dieses Zwangsgeldes ausreichenden Vermögenswerte hat.

(2) In nicht durch Absatz 1 dieses Artikels erfassten Fällen, insbesondere, wenn das Unternehmen oder die Unternehmensvereinigung, gegen das die Geldbuße oder das Zwangsgeld vollstreckbar ist, im Mitgliedstaat der ersuchenden Behörde keine Niederlassung hat, sehen die Mitgliedstaaten vor, dass die ersuchte Behörde auf Antrag der ersuchenden Behörde Entscheidungen zur Verhängung von Geldbußen oder Zwangsgeldern, die nach den Artikeln 13 und 16 von der ersuchenden Behörde erlassen wurden, vollstrecken kann.

Artikel 27 Absatz 3 Buchstabe d gilt für die Zwecke dieses Absatzes nicht.

(3) Die ersuchende Behörde kann nur um die Vollstreckung einer rechtskräftigen Entscheidung ersuchen.

(4) Für Fragen bezüglich der für die Vollstreckung von Geldbußen und Zwangsgeldern geltenden Verjährungsfristen gilt das nationale Recht des Mitgliedstaats der ersuchenden Behörde.

Art. 27 Allgemeine Grundsätze der Zusammenarbeit. (1) Die Mitgliedstaaten stellen sicher, dass die Ersuchen im Sinne der Artikel 25 und 26 durch die ersuchte Behörde im Einklang mit dem nationalen Recht des Mitgliedstaats der ersuchten Behörde durchgeführt werden.

(2) Ersuchen im Sinne der Artikel 25 und 26 werden ohne ungebührliche Verzögerung auf der Grundlage eines einheitlichen Titels durchgeführt, dem eine Kopie des zuzustellenden oder zu vollstreckenden Aktes beigefügt ist. Dieser einheitliche Titel enthält folgende Angaben:

a) Name, Anschrift des Empfängers und alle weiteren relevanten Informationen zur Identifizierung des Empfängers,
b) eine Zusammenfassung der einschlägigen Fakten und Umstände,
c) eine Zusammenfassung der beigefügten Kopie des zuzustellenden oder zu vollstreckenden Aktes,
d) Name, Anschrift und andere Kontaktangaben der ersuchten Behörde und
e) den Zeitraum, in dem die Zustellung oder Vollstreckung erfolgen sollte, beispielsweise gesetzliche Fristen oder Verjährungsfristen.

(3) Neben den in Absatz 2 dieses Artikels genannten Anforderungen enthält der einheitliche Titel für Ersuchen gemäß Artikel 26 die folgenden Angaben:

a) Informationen zu der Entscheidung, mit der die Vollstreckung im Mitgliedstaat der ersuchenden Behörde gestattet wird,
b) das Datum, an dem die Entscheidung rechtskräftig wurde,
c) den Betrag der Geldbuße oder des Zwangsgeldes und
d) Informationen, die belegen, dass sich die ersuchende Behörde nach besten Kräften um die Vollstreckung der Entscheidung in ihrem Hoheitsgebiet bemüht hat.

(4) Sofern die Anforderungen nach Absatz 2 erfüllt sind, ist der einheitliche Titel, der die ersuchte Behörde zur Vollstreckung ermächtigt, die alleinige Grundlage für Vollstreckungsmaßnahmen der ersuchten Behörde. Er muss im Mitgliedstaat der ersuchten Behörde weder durch einen besonderen Akt anerkannt, noch ergänzt oder ersetzt werden. Sofern die ersuchte Behörde nicht Absatz 6 geltend macht, trifft die ersuchte Behörde alle Maßnahmen, die zur Vollstreckung dieses Ersuchens notwendig sind.

(5) Die ersuchende Behörde stellt sicher, dass der einheitliche Titel der ersuchten Behörde in der Amtssprache oder einer der Amtssprachen des Mitgliedstaats der ersuchten Behörde übermittelt wird, es sei denn, die ersuchte Behörde und die ersuchende Behörde haben eine bilaterale Absprache auf Einzelfallbasis getroffen, nach der der einheitliche Titel in einer anderen Sprache übermittelt werden kann. Wenn das nach dem nationalen Recht des Mitgliedstaats der ersuchten Behörde vorgeschrieben ist, legt die ersuchende Behörde für den zuzustellenden Akt oder für die Entscheidung, die zur Vollstreckung der Geldbuße oder des Zwangsgeldes ermächtigt, eine Übersetzung in die Amtssprache oder eine der Amtssprachen des Mitgliedstaats der ersuchten Behörde vor. Dies gilt unbeschadet des Rechts der ersuchten Behörde und der antragstellenden Behörde, eine bilaterale Absprache auf Einzelfallbasis zu treffen, nach der die Übersetzung in einer anderen Amtssprache vorgelegt werden kann.

(6) Die ersuchte Behörde ist zur Erledigung eines Ersuchens im Sinne der Artikel 25 oder 26 nicht verpflichtet, wenn

a) das Ersuchen nicht den Anforderungen dieses Artikels entspricht oder

b) die ersuchte Behörde schlüssig darlegen kann, dass die Erledigung des Ersuchens der öffentlichen Ordnung in dem Mitgliedstaat, in dem die Vollstreckung erwirkt werden soll, offensichtlich widersprechen würde.

Wenn die ersuchte Behörde beabsichtigt, ein Amtshilfeersuchen gemäß Artikel 25 oder 26 abzulehnen oder zusätzliche Informationen anzufordern, wendet sie sich an die ersuchende Behörde.

(7) Die Mitgliedstaaten stellen sicher, dass alle vertretbaren zusätzlichen Kosten einschließlich Übersetzungs-, Personal- und Verwaltungskosten für Maßnahmen gemäß Artikel 24 oder 25 auf Antrag der ersuchten Behörde vollständig von der ersuchenden Behörde getragen werden.

(8) Die ersuchte Behörde kann alle im Zusammenhang mit Maßnahmen gemäß Artikel 26 entstandenen Kosten einschließlich Übersetzungs-, Personal- und Verwaltungskosten aus den für die ersuchende Behörde erhobenen Geldbußen oder Zwangsgeldern decken. Wenn es der ersuchten Behörde nicht gelingt, die Geldbußen oder Zwangsgelder beizutreiben, kann sie die ersuchende Behörde um Übernahme der entstandenen Kosten ersuchen.

Die Mitgliedstaaten können vorsehen, dass die ersuchte Behörde die mit der Vollstreckung entsprechender Entscheidungen verbundenen Kosten auch von dem Unternehmen, gegen das die Geldbuße oder das Zwangsgeld vollstreckbar ist, einziehen kann.

Die ersuchte Behörde zieht die geschuldeten Beträge in der Währung ihres Mitgliedstaats im Einklang mit den in diesem Mitgliedstaat geltenden Rechts- und Verwaltungsvorschriften oder Gepflogenheiten ein.

Gegebenenfalls rechnet die ersuchte Behörde die Geldbußen oder Zwangsgelder im Einklang mit den nationalen Rechtvorschriften und Gepflogenheiten in die Währung des Mitgliedstaats der ersuchten Behörde zu dem Wechselkurs um, der am Tag der Verhängung der Geldbußen oder Zwangsgelder galt.

Art. 28 Streitigkeiten über Zustellungsersuchen und über Ersuchen um Vollstreckung von Entscheidungen zur Verhängung von Geldbußen oder Zwangsgeldern. (1) Streitigkeiten fallen in die Zuständigkeit der zuständigen Instanzen des Mitgliedstaats der ersuchenden Behörde und unter das nationale Recht des betreffenden Mitgliedstaats, wenn sie sich auf Folgendes beziehen:

a) die Rechtmäßigkeit eines gemäß Artikel 25 zuzustellenden Akts oder einer gemäß Artikel 26 zu vollstreckenden Entscheidung und
b) die Rechtmäßigkeit des einheitlichen Titels, der zur Vollstreckung im Mitgliedstaat der ersuchten Behörde ermächtigt.

(2) Streitigkeiten über im Mitgliedstaat der ersuchten Behörde getroffene Vollstreckungsmaßnahmen oder über die Gültigkeit einer Zustellung durch die ersuchte Behörde fallen in die Zuständigkeit der zuständigen Instanzen des Mitgliedstaats der ersuchten Behörde und unter das Recht des betreffenden Mitgliedstaats.

Kapitel VIII. Verjährungsfristen

Art. 29 Bestimmungen zu Verjährungsfristen für die Verhängung von Geldbußen und Zwangsgeldern. (1) Die Mitgliedstaaten stellen sicher, dass die Verjährungsfristen für die Verhängung von Geldbußen oder Zwangsgeldern durch die nationalen Wettbewerbsbehörden nach den Artikeln 13 und 16 für die Dauer von Durchsetzungsverfahren vor nationalen Wettbewerbsbehörden anderer Mitgliedstaaten oder vor der Kommission, die sich auf eine Zuwiderhandlung betreffend dieselbe nach Artikel 101 und 102 AEUV verbotene Vereinbarung, denselben nach Artikel 101 und 102 AEUV verbotenen Beschluss einer Unternehmensvereinigung, dieselbe danach verbotene aufeinander abgestimmte Verhaltensweise oder dasselbe danach verbotene sonstige Verhalten beziehen, gehemmt bzw. unterbrochen werden.

Die Hemmung der Verjährungsfrist beginnt bzw. die Unterbrechung der Verjährungsfrist erfolgt mit der Mitteilung der ersten förmlichen *Ermittlung*shandlung an mindestens ein Unternehmen, das Gegenstand des Durchsetzungsverfahrens ist. Sie gilt für alle Unternehmen oder Unternehmensvereinigungen, die an der Zuwiderhandlung beteiligt waren.

Die Hemmung bzw. Unterbrechung endet an dem Tag, an dem die zuständige Wettbewerbsbehörde ihr Durchsetzungsverfahren beendet, indem sie eine Entscheidung gemäß Artikel 10, 12 oder 13 dieser Richtlinie oder gemäß Artikel 7, 9 oder 10 der Verordnung (EG) Nr. 1/2003 erlässt oder zu dem Schluss gelangt, dass zu weiteren Maßnahmen ihrerseits kein Anlass besteht. Die Dauer dieser Hemmung bzw. Unterbrechung berührt nicht im nationalen Recht vorgesehene absolute Verjährungsfristen.

(2) Die Verjährungsfrist für die Verhängung von Geldbußen oder Zwangsgeldern durch eine nationale Wettbewerbsbehörde wird gehemmt bzw. unterbrochen, solange die Entscheidung der betreffenden nationalen Wettbewerbsbehörde Gegenstand eines bei einer Rechtsmittelinstanz anhängigen Verfahrens ist.

(3) Die Kommission trägt dafür Sorge, dass die von einer nationalen Wettbewerbsbehörde gemäß Artikel 11 Absatz 3 der Verordnung (EG) Nr. 1/2003 eingehende Mitteilung über den Beginn einer ersten förmlichen Ermittlungshandlung den anderen nationalen Wettbewerbsbehörden im Rahmen des Europäischen Wettbewerbsnetzes zugänglich gemacht wird.

Kapitel IX. Allgemeine Bestimmungen

Art. 30 Rolle der für Wettbewerb zuständigen nationalen Verwaltungsbehörden vor nationalen Gerichten. (1) Mitgliedstaaten, die sowohl eine für Wettbewerb zuständige nationale Verwaltungsbehörde als auch ein für Wettbewerb zuständiges nationales Justizorgan als für die Anwendung der Artikel 101 und 102 AEUV verantwortlich benennen, stellen sicher, dass die für Wettbewerb zuständige nationale Verwaltungsbehörde direkt Klage bei dem für Wettbewerb zuständigen nationalen Justizorgan erheben kann.

(2) Werden nationale Gerichte in Verfahren gegen Entscheidungen tätig, die nationale Wettbewerbsbehörden in Ausübung der Befugnisse nach Kapitel IV und den Artikeln 13 und 16 dieser Richtlinie zur Anwendung von Artikel 101 oder 102 AEUV getroffen haben, einschließlich der Vollstreckung diesbezüglicher Geldbußen und Zwangsgeldern, so stellen die Mitgliedstaaten sicher, dass die für Wettbewerb zuständige nationale Verwaltungsbehörde uneingeschränkt befugt ist, sich je nachdem eigenständig als Verfolgungsbehörde, Beklagte oder Antragsgegnerin an diesen Verfahren zu beteiligen und dass ihr dieselben Rechte eingeräumt werden wie den öffentlichen Parteien des Verfahrens.

(3) Die für Wettbewerb zuständige nationale Verwaltungsbehörde verfügt über dieselben Rechte – wie die in Absatz 2 genannten – zur Einlegung von Rechtsmitteln gegen:

a) Entscheidungen nationaler Gerichte zu Entscheidungen nationaler Wettbewerbsbehörden bezüglich der Anwendung von Artikel 101 oder Artikel 102 AEUV im Sinne von Kapitel IV und der Artikel 13 und 16 dieser Richtlinie, einschließlich der Vollstreckung von diesbezüglich verhängten Geldbußen und Zwangsgeldern, und
b) die Weigerung eines nationalen Justizorgans, für eine Nachprüfung im Sinne der Artikel 6 und 7 dieser Richtlinie die vorherige Geneh-

migung zu erteilen, sofern eine solche Genehmigung erforderlich ist.

Art. 31 Akteneinsicht durch Parteien und Beschränkungen bei der Informationsverwendung. (1) Wenn eine nationale Wettbewerbsbehörde aufgrund von Maßnahmen im Sinne von Artikel 6 Absatz 1 Buchstabe e, Artikel 8 oder Artikel 9 von einer natürlichen Person Informationen verlangt, können die Mitgliedstaaten vorsehen, dass diese Informationen nicht als Beweismittel für die Verhängung von Sanktionen gegen die betreffende natürliche Person oder enge Angehörige dieser Person verwendet werden dürfen.

(2) Die Mitgliedstaaten stellen sicher, dass die nationalen Wettbewerbsbehörden, deren Bedienstete, Mitarbeiter und sonstige unter der Aufsicht dieser Behörden arbeitende Personen keine Informationen offenlegen, die auf der Grundlage der in dieser Richtlinie genannten Befugnisse erlangt wurden und unter das Berufsgeheimnis fallen, es sei denn, ihre Offenlegung ist nach dem nationalen Recht zulässig.

(3) Die Mitgliedstaaten stellen sicher, dass zu Kronzeugenerklärungen oder Vergleichsausführungen nur Parteien, die Gegenstand des betreffenden Verfahrens sind, und nur für Zwecke der Ausübung ihrer Verteidigungsrechte Zugang gewährt wird.

(4) Die Mitgliedstaaten stellen sicher, dass die Partei, die Einsicht in die Akten des Durchsetzungsverfahrens der nationalen Wettbewerbsbehörden erhalten hat, Informationen aus Kronzeugenerklärungen und Vergleichsausführungen nur verwenden darf, wenn dies erforderlich ist für die Ausübung ihrer Verteidigungsrechte in Verfahren vor nationalen Gerichten in Rechtssachen, die sich unmittelbar auf den Fall beziehen, in dem Akteneinsicht gewährt wurde, und diese Verfahren Folgendes betreffen:

a) die Aufteilung einer den Kartellbeteiligten von einer nationalen Wettbewerbsbehörde gesamtschuldnerisch auferlegten Geldbuße auf die einzelnen Kartellbeteiligten oder

b) die Überprüfung einer Entscheidung, mit der eine nationale Wettbewerbsbehörde eine Zuwiderhandlung gegen Artikel 101 oder 102 AEUV oder Bestimmungen des nationalen Wettbewerbsrechts festgestellt hat.

(5) Die Mitgliedstaaten stellen sicher, dass folgende Kategorien von Informationen, die von einer Partei im Laufe von Durchsetzungsverfahren vor einer nationalen Wettbewerbsbehörde erlangt wurden, von der betreffenden Partei nicht in Verfahren vor nationalen Gerichten verwendet werden, bevor die nationale Wettbewerbsbehörde ihr Durchsetzungsverfahren gegen alle von der Untersuchung betroffenen Parteien durch Erlass einer Entscheidung nach Artikel 10 oder Artikel 12 oder in anderer Weise beendet hat:

a) Informationen, die von anderen natürlichen oder juristischen Person eigens für das Durchsetzungsverfahren der nationalen Wettbewerbsbehörde erstellt wurden,

b) Informationen, die die nationale Wettbewerbsbehörde im Laufe ihres Durchsetzungsverfahrens erstellt und den Parteien übermittelt hat, und

c) Vergleichsausführungen, die zurückgezogen wurden.

(6) Die Mitgliedstaaten stellen sicher, dass Kronzeugenerklärungen nur dann nach Artikel 12 der Verordnung (EG) Nr. 1/2003 zwischen nationalen Wettbewerbsbehörden ausgetauscht werden, wenn

a) der Antragsteller dem zustimmt oder

b) bei der nationalen Wettbewerbsbehörde, die die Kronzeugenerklärung erhalten soll, von demselben Antragsteller ebenfalls ein Antrag auf Kronzeugenbehandlung wie bei der nationalen Wettbewerbsbehörde, die die Kronzeugenerklärung übermitteln soll, eingegangen ist und dieser sich auf ein und dieselbe Zuwiderhandlung bezieht, sofern es dem Antragsteller zu dem Zeitpunkt, zu dem die Kronzeugenerklärung weitergeleitet wird, nicht freisteht, die der nationalen Wettbewerbsbehörde, die die Kronzeugenerklärung erhalten hat, vorgelegten Informationen zurückzuziehen.

(7) Die Form, in der die Kronzeugenerklärungen nach Artikel 20 vorgelegt werden, berührt nicht die Anwendung der Absätze 3 bis 6 dieses Artikels.

Art. 32 Zulässigkeit von Beweismitteln vor nationalen Wettbewerbsbehörden. Die Mitgliedstaaten stellen sicher, dass Unterlagen, mündliche Erklärungen, elektronische Nachrichten, Aufzeichnungen und alle sonstigen Gegenstände, die Informationen enthalten, unabhängig von ihrer Form und dem Medium, auf dem die Informationen gespeichert sind, als Beweismittel vor einer nationalen Wettbewerbsbehörde zulässig sind.

Art. 33 Betrieb des Europäischen Wettbewerbsnetzes. (1) Die Kosten, die der Kommission im Zusammenhang mit der Pflege und Weiterentwicklung des zentralen Informationssystems des Europäischen Wettbewerbsnetzes (System des Europäischen Wettbewerbsnetzes) und im Zusammenhang mit der Zusammenarbeit innerhalb des Europäischen Wettbewerbsnetzes entstehen, gehen im Rahmen der verfügbaren Mittel zulasten des Gesamthaushaltsplans der Union.

(2) Das Europäische Wettbewerbsnetz kann zu Themen wie Unabhängigkeit, Ressourcen, Befugnisse, Geldbußen und Amtshilfe bewährte Verfahren und Empfehlungen erarbeiten und gegebenenfalls veröffentlichen.

Kapitel X. Schlussbestimmungen

Art. 34 Umsetzung. (1) Die Mitgliedstaaten setzen die Rechts- und Verwaltungsvorschriften in Kraft, die erforderlich sind, um dieser Richtlinie bis zum 4. Februar 2021 nachzukommen. Sie setzen die Kommission unverzüglich davon in Kenntnis.

Bei Erlass dieser Vorschriften nehmen die Mitgliedstaaten in den Vorschriften selbst oder durch einen Hinweis bei der amtlichen Veröffentlichung auf diese Richtlinie Bezug. Die Mitgliedstaaten regeln die Einzelheiten dieser Bezugnahme.

(2) Die Mitgliedstaaten teilen der Kommission den Wortlaut der wichtigsten nationalen Rechtsvorschriften mit, die sie auf dem unter diese Richtlinie fallenden Gebiet erlassen.

Art. 35 Überprüfung. Bis zum 12. Dezember 2024 legt die Kommission dem Europäischen Parlament und dem Rat einen Bericht über die Umsetzung und Durchführung dieser Richtlinie vor. Die Kommission kann diese Richtlinie gegebenenfalls überprüfen und unterbreitet erforderlichenfalls einen entsprechenden Gesetzgebungsvorschlag.

Art. 36 Inkrafttreten. Diese Richtlinie tritt am zwanzigsten Tag nach ihrer Veröffentlichung im Amtsblatt der Europäischen Union in Kraft.

Art. 37 Adressaten. Diese Richtlinie ist an die Mitgliedstaaten gerichtet.

Erklärung der Kommission

Die Kommission nimmt den vom Europäischen Parlament und vom Rat vereinbarten Wortlaut des Artikels 11 zu einstweiligen Maßnahmen zur Kenntnis.

Einstweilige Maßnahmen können ein Schlüsselinstrument für die Wettbewerbsbehörden sein, um zu verhindern, dass ein Schaden für den Wettbewerb entsteht, während eine Untersuchung noch läuft.

Damit die Wettbewerbsbehörden wirksamer mit den Entwicklungen auf sich rasch verändernden Märkten umgehen können, sagt die Kommission zu, innerhalb von zwei Jahren nach der Umsetzung dieser Richtlinie innerhalb des Europäischen Wettbewerbsnetzes zu prüfen, ob es Mittel und Wege gibt, den Erlass einstweiliger Maßnahmen zu vereinfachen. Die Ergebnisse der Prüfung werden dem Europäischen Parlament und dem Rat vorgelegt.

linie bis zum 4. Februar 2021 nachzukommen. Sie setzen die Kommission unverzüglich davon in Kenntnis.

Bei Erlass dieser Vorschriften nehmen die Mitgliedstaaten in den Vorschriften selbst oder durch einen Hinweis bei der amtlichen Veröffentlichung auf diese Richtlinie Bezug. Die Mitgliedstaaten regeln die Einzelheiten dieser Bezugnahme.

(2) Die Mitgliedstaaten teilen der Kommission den Wortlaut der wichtigsten nationalen Rechtsvorschriften mit, die sie auf dem unter diese Richtlinie fallenden Gebiet erlassen.

Art. 35 Überprüfung. Bis zum 12. Dezember 2024 legt die Kommission dem Europäischen Parlament und dem Rat einen Bericht über die Umsetzung und Durchführung dieser Richtlinie vor. Die Kommission kann diese Richtlinie gegebenenfalls überprüfen und unterbreitet erforderlichenfalls einen entsprechenden Gesetzgebungsvorschlag.

Art. 36 Inkrafttreten. Diese Richtlinie tritt am zwanzigsten Tag nach ihrer Veröffentlichung im Amtsblatt der Europäischen Union in Kraft.

Art. 37 Adressaten. Diese Richtlinie ist an die Mitgliedstaaten gerichtet.

Erklärung der Kommission

Die Kommission nimmt den vom Europäischen Parlament und vom Rat vereinbarten Wortlaut des Artikels 11 zu einstweiligen Maßnahmen zur Kenntnis.

Einstweilige Maßnahmen können ein Schlüsselinstrument für die Wettbewerbsbehörden sein, um zu verhindern, dass ein Schaden für den Wettbewerb entsteht, während eine Untersuchung noch läuft.

Damit die Wettbewerbsbehörden wirksamer mit den Entwicklungen auf sich rasch verändernden Märkten umgehen können, sagt die Kommission zu, innerhalb von zwei Jahren nach der Umsetzung dieser Richtlinie innerhalb des Europäischen Wettbewerbsnetzes zu prüfen, ob es Mittel und Wege gibt, den Erlass einstweiliger Maßnahmen zu vereinfachen. Die Ergebnisse der Prüfung werden dem Europäischen Parlament und dem Rat vorgelegt.

169. Richtlinie 2006/111/EG der Kommission über die Transparenz der finanziellen Beziehungen zwischen den Mitgliedstaaten und den öffentlichen Unternehmen sowie über die finanzielle Transparenz innerhalb bestimmter Unternehmen (Transparenzrichtlinie)

Vom 16. November 2006

(ABl. Nr. L 318/ v. 17.11.2006)

DIE KOMMISSION DER EUROPÄISCHEN GEMEINSCHAFTEN –

GESTÜTZT auf den Vertrag zur Gründung der Europäischen Gemeinschaft, insbesondere auf Artikel 86 Absatz 3,

IN ERWÄGUNG nachstehender Gründe:

(1) Die Richtlinie 80/723/EWG der Kommission vom 25. Juni 1980 über die Transparenz der finanziellen Beziehungen zwischen den Mitgliedstaaten und den öffentlichen Unternehmen sowie über die finanzielle Transparenz innerhalb bestimmter Unternehmen[1] ist mehrfach und in wesentlichen Punkten geändert worden[2]. Aus Gründen der Übersichtlichkeit und Klarheit empfiehlt es sich daher, die genannte Richtlinie zu kodifizieren.

(2) Die öffentlichen Unternehmen spielen in der Volkswirtschaft der Mitgliedstaaten eine wichtige Rolle.

(3) Die Mitgliedstaaten gewähren manchmal einzelnen Unternehmen besondere oder ausschließliche Rechte, oder sie leisten Zahlungen oder eine andere Art des Ausgleichs an einzelne Unternehmen, die mit der Erbringung von Dienstleistungen von allgemeinem wirtschaftlichem Interesse betraut sind. Diese Unternehmen stehen häufig im Wettbewerb mit anderen Unternehmen.

(4) Gemäß seinem Artikel 295 lässt der EG-Vertrag die Eigentumsordnung in den verschiedenen Mitgliedstaaten unberührt. Bei der Anwendung der Wettbewerbsregeln sollte keine unbegründete Unterscheidung zwischen öffentlichen und privaten Unternehmen getroffen werden. Diese Richtlinie sollte auf öffentliche und auf private Unternehmen anwendbar sein.

(5) *Aufgrund* des EG-Vertrags hat die Kommission die Pflicht, dafür Sorge zu tragen, dass die Mitgliedstaaten weder öffentlichen noch privaten Unternehmen Beihilfen gewähren, die mit dem Gemeinsamen Markt unvereinbar sind.

---

[1] **Amtl. Anm.:** ABl. L 195 vom 29. 7. 1980, S. 35. Richtlinie zuletzt geändert durch die Richtlinie 2005/81/EG (ABl. L 312 vom 29. 11. 2005, S. 47).

[2] **Amtl. Anm.:** Siehe Anhang I Teil A.

(6) Die Vielschichtigkeit der finanziellen Beziehungen der öffentlichen Hand zu den öffentlichen Unternehmen kann jedoch die Erfüllung dieser Aufgabe behindern.

(7) Eine angemessene und wirkungsvolle Anwendung der Beihilfevorschriften des EG-Vertrags auf öffentliche und private Unternehmen ist nur dann möglich, wenn diese finanziellen Beziehungen transparent gemacht werden.

(8) Im Bereich der öffentlichen Unternehmen sollte diese Transparenz im Übrigen ermöglichen, eindeutig zwischen dem Tätigwerden des Staates als öffentliche Hand und als Eigentümer zu unterscheiden.

(9) Artikel 86 Absatz 1 EG-Vertrag legt den Mitgliedstaaten in Bezug auf öffentliche Unternehmen und auf Unternehmen, denen sie besondere oder ausschließliche Rechte gewähren, Verpflichtungen auf. Artikel 86 Absatz 2 EG-Vertrag gilt für Unternehmen, die mit Dienstleistungen von allgemeinem wirtschaftlichen Interesse betraut sind. Artikel 86 Absatz 3 EG-Vertrag sieht vor, dass die Kommission auf die Anwendung dieses Artikels achtet und gibt ihr die zu diesem Zweck erforderlichen besonderen Mittel. Um die Anwendung von Artikel 86 EG-Vertrag sicherzustellen, bedarf die Kommission der hierfür erforderlichen Informationen. Dies bedingt die Festlegung der Voraussetzungen für die Herstellung von Transparenz.

(10) Es ist angebracht klarzustellen, was unter „öffentlicher Hand" und „öffentliches Unternehmen" zu verstehen ist.

(11) Die Mitgliedstaaten haben einen unterschiedlichen Verwaltungsgebietsaufbau. Diese Richtlinie sollte für die öffentliche Hand der Mitgliedstaaten auf allen Verwaltungsebenen gelten.

(12) Die öffentliche Hand kann einen beherrschenden Einfluss auf das Verhalten der öffentlichen Unternehmen nicht nur dann ausüben, wenn sie Eigentümer ist oder eine Mehrheitsbeteiligung besitzt, sondern auch wegen der Befugnisse, die sie in den Verwaltungs-, Leitungs- oder Aufsichtsorganen aufgrund der Satzung oder wegen der Streuung der Aktien besitzt.

(13) Die Bereitstellung öffentlicher Mittel für öffentliche Unternehmen kann sowohl mittelbar als auch unmittelbar erfolgen. Daher sollte die Transparenz ohne Rücksicht auf die Art und Weise der Bereitstellung der öffentlichen Mittel gewährleistet werden. Hierzu gehört gegebenenfalls auch eine angemessene Kenntnis der Gründe für die Bereitstellung der Mittel sowie ihre tatsächliche Verwendung.

(14) Komplexe Situationen aufgrund der verschiedenen Formen öffentlicher und privater Unternehmen, denen besondere oder ausschließliche Rechte gewährt oder die Erbringung von Dienstleistungen von allgemeinem wirtschaftlichem Interesse übertragen wurde, das Ausmaß der Tätigkeiten, die von einem einzigen Unternehmen ausgeübt werden können und der unterschiedliche Grad an Marktliberalisierung in den einzelnen Mitgliedstaaten können solcherart sein, dass sie die Anwendung der Wettbewerbsregeln und insbesondere von Arti-

kel 86 EG-Vertrag erschweren. Die Mitgliedstaaten und die Kommission benötigen deshalb eingehende Angaben über die interne Finanzstruktur und den Aufbau dieser Unternehmen, und dabei vor allem getrennte und zuverlässige Bücher über die verschiedenen von ein und demselben Unternehmen ausgeübten Tätigkeiten.

(15) Aus den Büchern sollten die Unterschiede zwischen den einzelnen Tätigkeiten, die mit jeder Tätigkeit verbundenen Kosten und Einnahmen, die Verfahren der Zuordnung und Zuweisung von Kosten und Einnahmen hervorgehen. Getrennte Bücher sollten zum einen für die Waren und Dienstleistungen vorhanden sein, in Bezug auf die ein Mitgliedstaat besondere oder ausschließliche Rechte gewährt oder das Unternehmen mit der Erbringung einer Dienstleistung von allgemeinem wirtschaftlichem Interesse betraut hat, und zum anderen für jede sonstige Ware oder Dienstleistung, in Bezug auf die das Unternehmen tätig ist. Die Verpflichtung, getrennte Bücher zu führen, sollte nicht für Unternehmen gelten, deren Tätigkeiten auf die Erbringung von Dienstleistungen von allgemeinem wirtschaftlichem Interesse beschränkt ist und die keine Tätigkeiten außerhalb dieser Dienstleistungen ausüben. Die getrennte Buchführung innerhalb des Bereichs der Dienstleistungen von allgemeinem wirtschaftlichem Interesse oder innerhalb des Bereichs der besonderen oder ausschließlichen Rechte sollte nur vorgeschrieben werden, wenn dies für die Zuweisung der Kosten und Einnahmen zwischen diesen Dienstleistungen und Waren und den Waren und Dienstleistungen außerhalb der Dienstleistungen von allgemeinem wirtschaftlichem Interesse oder der besonderen oder ausschließlichen Rechte erforderlich ist.

(16) Das wirksamste Mittel, um eine angemessene und wirksame Anwendung der Wettbewerbsregeln auf diese Unternehmen zu gewährleisten, besteht darin, dass die Mitgliedstaaten verpflichtet werden, dafür Sorge zu tragen, dass die betreffenden Unternehmen getrennte Bücher führen. Die Kommission hat in einer Mitteilung von 1996[1)], ergänzt durch eine Mitteilung von 2001[2)], über die Leistungen der Daseinsvorsorge in Europa die Bedeutung dieser Leistungen hervorgehoben. Zu berücksichtigen ist dabei die Bedeutung der Sektoren, in denen gegebenenfalls Dienstleistungen von allgemeinem wirtschaftlichem Interesse erbracht werden, die starke Marktposition der betreffenden Unternehmen und die hohe Störungsanfälligkeit des Wettbewerbs, der auf den gerade erst liberalisierten Märkten im Entstehen ist. Gemäß dem Grundsatz der Verhältnismäßigkeit ist es notwendig und für die Verwirklichung des grundlegenden Zieles der Transparenz angemessen, Regeln für eine getrennte Buchführung festzulegen. Diese Richtlinie geht entsprechend Artikel 5 Absatz 3 EG-Vertrag nicht über das zur Erreichung der Ziele erforderliche Maß hinaus.

(17) In einigen Sektoren verpflichten von der Gemeinschaft erlassene Vorschriften die Mitgliedstaaten und bestimmte Unternehmen, ge-

---

1) **Amtl. Anm.:** ABl. C 281 vom 26. 9. 1996, S. 3.
2) **Amtl. Anm.:** ABl. C 17 vom 19. 1. 2001, S. 4.

trennte Bücher zu führen. Es ist erforderlich, die Gleichbehandlung für sämtliche Wirtschaftstätigkeiten innerhalb der Gemeinschaft zu gewährleisten und das Erfordernis getrennter Buchführung auf alle vergleichbaren Sachlagen auszudehnen. Mit dieser Richtlinie sollten keine Bestimmungen geändert werden, die für denselben Zweck mit anderen gemeinschaftlichen Vorschriften eingeführt wurden, und sie sollte nicht auf die Tätigkeiten von Unternehmen anwendbar sein, die von diesen Vorschriften erfasst werden.

(18) Quantitative Ausschlüsse sollten vorgesehen werden. So sollten öffentliche Unternehmen ausgeschlossen werden, bei denen wegen ihrer geringen wirtschaftlichen Bedeutung der Verwaltungsaufwand, der mit den Maßnahmen verbunden ist, nicht gerechtfertigt erscheint. In Anbetracht der potenziell geringen Auswirkungen auf den Handel zwischen Mitgliedstaaten ist es gegenwärtig nicht erforderlich, die Führung getrennter Bücher bei der Erbringung bestimmter Arten von Dienstleistungen zu verlangen.

(19) Diese Richtlinie lässt die übrigen Vorschriften des EG-Vertrags, insbesondere dessen Artikel 86 Absatz 2, 88 und 296, sowie alle anderen Vorschriften über die Mitteilung von Informationen durch die Mitgliedstaaten an die Kommission unberührt.

(20) In Fällen, wo der Ausgleich für die Erbringung von Dienstleistungen von allgemeinem wirtschaftlichem Interesse für einen angemessenen Zeitraum im Rahmen eines offenen, transparenten und nicht diskriminierenden Verfahrens festgesetzt wurde, ist es nicht erforderlich, die Führung getrennter Bücher zu verlangen.

(21) Da es sich um Unternehmen handelt, die im Wettbewerb mit anderen Unternehmen tätig sind, sollte das Geschäftsgeheimnis bei den erhaltenen Angaben gewahrt werden.

(22) Ein Berichterstattungssystem auf der Grundlage nachträglicher Kontrollen der Finanzströme zwischen öffentlicher Hand und öffentlichen Unternehmen des verarbeitenden Gewerbes würde der Kommission die Erfüllung ihrer Aufgaben ermöglichen. Dieses Kontrollsystem sollte spezifische Finanzinformationen umfassen.

(23) Um die administrative Belastung der Mitgliedstaaten möglichst gering zu halten, sollte dieses Berichterstattungssystem sowohl öffentlich zugängliche Daten als auch Informationen umfassen, die Mehrheitsaktionären zugänglich sind. Die Vorlage von konsolidierten Berichten sollte zulässig sein. Die größte wettbewerbsverzerrende Wirkung im Gemeinsamen Markt haben unzulässige Beihilfen an große Unternehmen des verarbeitenden Gewerbes. Das Berichterstattungssystem kann deshalb zunächst auf Unternehmen mit einem Jahresumsatz von mehr als 250 Mio. EUR beschränkt werden.

(24) Diese Richtlinie sollte die Verpflichtung der Mitgliedstaaten hinsichtlich der Fristen für die Umsetzung in innerstaatliches Recht der *in Anhang* I Teil B aufgeführten Richtlinien unberührt lassen –

HAT FOLGENDE RICHTLINIE ERLASSEN:

Art. 1 [Umfang der Offenbarungspflicht] (1) Die Mitgliedstaaten gewährleisten unter den in dieser Richtlinie vorgesehenen Bedingungen die Transparenz der finanziellen Beziehungen zwischen der öffentlichen Hand und den öffentlichen Unternehmen, indem sie offen legen:

a) die unmittelbare Bereitstellung öffentlicher Mittel durch die öffentliche Hand für öffentliche Unternehmen;

b) die Bereitstellung öffentlicher Mittel durch die öffentliche Hand über öffentliche Unternehmen oder Finanzinstitute;

c) die tatsächliche Verwendung dieser öffentlichen Mittel.

(2) Unbeschadet besonderer gemeinschaftsrechtlicher Vorschriften gewährleisten die Mitgliedstaaten, dass die Finanz- und Organisationsstruktur der Unternehmen, die zur Erstellung einer getrennten Buchführung verpflichtet sind, sich in den getrennten Büchern genau widerspiegelt, so dass Folgendes klar ersichtlich wird:

a) eine nach den verschiedenen Geschäftsbereichen getrennte Aufstellung der Kosten und Erlöse;

b) eine genaue Angabe der Methode, nach der die Kosten und Erlöse den verschiedenen Geschäftsbereichen zugeordnet und zugewiesen werden.

Art. 2 [Begriffsbestimmungen] Im Sinne dieser Richtlinie sind:

a) „öffentliche Hand": alle Bereiche der öffentlichen Hand, inklusive Staat sowie regionale, lokale und alle anderen Gebietskörperschaften;

b) „öffentliches Unternehmen": jedes Unternehmen, auf das die öffentliche Hand aufgrund Eigentums, finanzieller Beteiligung, Satzung oder sonstiger Bestimmungen, die die Tätigkeit des Unternehmens regeln, unmittelbar oder mittelbar einen beherrschenden Einfluss ausüben kann.

Es wird vermutet, dass ein beherrschender Einfluss ausgeübt wird, wenn die öffentliche Hand unmittelbar oder mittelbar:

i) die Mehrheit des gezeichneten Kapitals des Unternehmens besitzt oder

ii) über die Mehrheit der mit den Anteilen des Unternehmens verbundenen Stimmrechte verfügt oder

iii) mehr als die Hälfte der Mitglieder des Verwaltungs-, Leistungs- oder Aufsichtsorgans des Unternehmens bestellen kann;

c) „öffentliches Unternehmen des verarbeitenden Gewerbes": jedes *Unternehmen*, dessen Haupttätigkeit – definiert als Tätigkeit, die mindestens 50% des gesamten Jahresumsatzes ausmacht – die Verarbeitung ist, d. h. dessen Tätigkeiten unter Abschnitt D – Verarbeitendes Gewerbe, Unterabschnitte DA bis einschließlich DN, der NACE-(Rev. 1)-Klassifizierung[1] fallen;

---

[1] **Amtl. Anm.:** ABl. L 83 vom 3. 4. 1993, S. 1.

d) „Unternehmen, die verpflichtet sind, getrennte Bücher zu führen“: Inhaber besonderer oder ausschließlicher von einem Mitgliedstaat gemäß Artikel 86 Absatz 1 EG-Vertrag verliehener Rechte, die mit der Erbringung einer Dienstleistung von allgemeinem wirtschaftlichem Interesse im Sinne von Artikel 86 Absatz 2 EG-Vertrag betraut sind, einen Ausgleich in unterschiedlicher Form in Bezug auf diese Dienstleistung erhalten und die andere Tätigkeiten ausüben;

e) „verschiedene Geschäftsbereiche“: auf der einen Seite alle Produkte oder Dienstleistungen, für die ein Unternehmen besondere oder ausschließliche Rechte erhalten hat, oder alle Dienstleistungen von allgemeinem wirtschaftlichem Interesse, mit denen ein Unternehmen betraut worden ist sowie auf der anderen Seite jedes andere getrennte Produkt oder jede andere Dienstleistung des Unternehmens;

f) „ausschließliche Rechte“: Rechte, die ein Mitgliedstaat einem Unternehmen durch Rechts- oder Verwaltungsvorschriften gewährt, wenn der Mitgliedstaat die Leistung eines Dienstes oder einer Tätigkeit in einem bestimmten Gebiet einem einzigen Unternehmen vorbehält;

g) „besondere Rechte“: Rechte, die ein Mitgliedstaat durch Rechts- oder Verwaltungsvorschriften einer begrenzten Zahl von Unternehmen in einem bestimmten Gebiet gewährt, wenn der Staat:

   i) die Zahl dieser Unternehmen auf zwei oder mehrere Unternehmen begrenzt, ohne sich dabei an objektive, angemessene und nicht diskriminierende Kriterien zu halten, um eine Leistung zu erbringen oder eine Tätigkeit zu betreiben, oder

   ii) mehrere konkurrierende Unternehmen nach anderen als solchen Kriterien bestimmt, um eine Leistung zu erbringen oder eine Tätigkeit zu betreiben, oder

   iii) einem oder mehreren Unternehmen nach anderen als solchen Kriterien durch Rechts- oder Verwaltungsvorschriften besondere Vorteile einräumt, die die Fähigkeit anderer Unternehmen, die gleiche Tätigkeit in demselben Gebiet unter gleichen Bedingungen zu leisten, wesentlich beeinträchtigen.

Art. 3 [Erfasste Tatbestände] Die finanziellen Beziehungen zwischen der öffentlichen Hand und den öffentlichen Unternehmen, deren Transparenz gemäß Artikel 1 Absatz 1 zu gewährleisten ist, betreffen insbesondere:

a) Ausgleich von Betriebsverlusten,

b) Kapitaleinlagen oder Kapitalausstattungen,

c) nicht rückzahlbare Zuschüsse oder Darlehen zu Vorzugsbedingungen,

d) Gewährung von finanziellen Vergünstigungen durch Verzicht auf Gewinne oder Nichteinziehung von Schuldforderungen,

e) Verzicht auf eine normale Verzinsung der eingesetzten öffentlichen Mittel,

f) Ausgleich von durch die öffentliche Hand auferlegten Belastungen.

Art. 4 [Getrennte Buchführung] (1) Zur Gewährleistung der Transparenz gemäß Artikel 1 Absatz 2 ergreifen die Mitgliedstaaten die notwendigen Maßnahmen, um sicherzustellen, dass bei jedem Unternehmen, das zu einer getrennten Buchführung verpflichtet ist,

a) die internen Konten, die den verschiedenen Geschäftsbereichen entsprechen, getrennt geführt werden,

b) alle Kosten und Erlöse auf der Grundlage einheitlich angewandter und objektiv gerechtfertigter Kostenrechnungsgrundsätze korrekt zugeordnet und zugewiesen werden,

c) die Kostenrechnungsgrundsätze, die der getrennten Buchführung zugrunde liegen, eindeutig bestimmt sind.

(2) Absatz 1 gilt nur für die Geschäftsbereiche, die nicht bereits von anderen Spezialvorschriften der Gemeinschaft erfasst sind; die Verpflichtungen der Mitgliedstaaten und Unternehmen aus dem EG-Vertrag oder aus solchen Spezialvorschriften bleiben hiervon unberührt.

Art. 5 [Nicht erfasste finanzielle Beziehungen] (1) Hinsichtlich der in Artikel 1 Absatz 1 genannten Transparenz findet diese Richtlinie keine Anwendung auf die finanziellen Beziehungen zwischen der öffentlichen Hand und

a) öffentlichen Unternehmen, welche die Erbringung von Dienstleistungen betreffen, die den Handel zwischen Mitgliedstaaten nicht merklich zu beeinträchtigen geeignet sind;

b) Zentralbanken;

c) öffentlichen Kreditanstalten hinsichtlich der Anlage öffentlicher Mittel seitens der öffentlichen Hand zu normalen Marktbedingungen;

d) öffentlichen Unternehmen mit einem Jahresnettoumsatz von weniger als insgesamt 40 Mio. EUR in den beiden Rechnungsjahren, die der Bereitstellung oder der Verwendung der in Artikel 1 Absatz 1 genannten Mittel vorangehen. Bei den öffentlichen Kreditanstalten entspricht diese Grenze einer Bilanzsumme von 800 Mio. EUR.

(2) Soweit die Transparenz im Sinne von Artikel 1 Absatz 2 gemeint ist, gilt diese Richtlinie nicht für

a) Unternehmen, welche die Erbringung von Dienstleistungen betreffen, *die den Handel* zwischen Mitgliedstaaten nicht merklich zu beeinträchtigen geeignet sind;

b) Unternehmen mit einem Jahresnettoumsatz von weniger als 40 Mio. EUR in den beiden Rechnungsjahren, die einem Jahr vorangehen, in dem sie ein von einem Mitgliedstaat gewährtes besonderes oder ausschließliches Recht im Sinne von Artikel 86 Absatz 1 hatten oder mit der Erbringung einer Dienstleistung von allgemeinem wirtschaftlichem Interesse gemäß Artikel 86 Absatz 2 EG-Vertrag betraut waren; bei öffentlichen Kreditanstalten entspricht diese Grenze einer Bilanzsumme von 800 Mio. EUR;

c) Unternehmen, die mit der Erbringung von Dienstleistungen von allgemeinem wirtschaftlichen Interesse im Sinne von Artikel 86 Absatz 2 EG-Vertrag betraut wurden, sofern der ihnen gewährte Ausgleich in jeglicher Form für einen angemessenen Zeitraum im Rahmen eines offenen, transparenten und nicht diskriminierenden Verfahrens festgesetzt wurde.

Art. 6 [Fünfjahresfrist] (1) Die Mitgliedstaaten treffen die erforderlichen Maßnahmen, damit die Angaben über finanzielle Beziehungen im Sinne von Artikel 1 Absatz 1 der Kommission fünf Jahre lang vom Ende des Rechnungsjahres an gerechnet zur Verfügung stehen, in dem die öffentlichen Mittel den öffentlichen Unternehmen zur Verfügung gestellt wurden. Wurden die öffentlichen Mittel in einem späteren Rechnungsjahr verwendet, so beginnt die Fünfjahresfrist jedoch am Ende dieses Rechnungsjahres.

(2) Die Mitgliedstaaten sorgen dafür, dass die Angaben über die Finanz- und Organisationsstruktur von Unternehmen im Sinne von Artikel 1 Absatz 2 der Kommission fünf Jahre lang vom Ende des Wirtschaftsjahres an gerechnet, auf das sich die Angaben beziehen, zur Verfügung stehen.

(3) In den Fällen, in denen die Kommission dies für erforderlich hält, teilen die Mitgliedstaaten der Kommission auf Verlangen die Angaben im Sinne der Absätze 1 und 2 sowie Angaben zu ihrer Beurteilung und insbesondere die verfolgten Ziele mit.

Art. 7 [Berufsgeheimnis] (1) Die Kommission darf die Angaben, die ihr gemäß Artikel 6 Absatz 3 zur Kenntnis gelangt sind und die ihrem Wesen nach unter das Berufsgeheimnis fallen, nicht preisgeben.

(2) Absatz 1 steht der Veröffentlichung von Übersichten oder Zusammenfassungen nicht entgegen, sofern sie keine Angaben über einzelne öffentliche Unternehmen im Sinne dieser Richtlinie enthalten.

Art. 8 [Finanzielle Informationen] (1) Mitgliedstaaten, deren öffentliche Unternehmen im verarbeitenden Gewerbe tätig sind, liefern der Kommission bestimmte finanzielle Informationen gemäß den Absätzen 2 und 3 auf jährlicher Basis nach dem Zeitplan gemäß Absatz 5.

(2) Die gemäß Absatz 4 für jedes öffentliche Unternehmen des verarbeitenden Gewerbes angeforderten Informationen betreffen den Lagebericht und den Jahresabschluss nach der Definition der Richtlinie 78/660/EWG des Rates[1]. Der Jahresabschluss und der Lagebericht umfassen neben der Bilanz und der Gewinn- und Verlustrechnung Erläute-

[1] **Amtl. Anm.:** ABl. L 222 vom 14. 8. 1978, S. 11.

rungen, Angaben zur Rechnungsführungspolitik, Erklärungen der Direktoren und Bereichs- und Tätigkeitsberichte. Außerdem sollten Angaben zu den Aktionärsversammlungen und alle anderen zweckdienlichen Informationen geliefert werden.

Die Berichte sind für jedes einzelne öffentliche Unternehmen getrennt sowie für die Holdinggesellschaft oder die Unterholdinggesellschaft, in der verschiedene öffentliche Unternehmen konsolidiert sind, vorzulegen, wenn die Holdinggesellschaft oder die Unterholdinggesellschaft aufgrund ihres konsolidierten Umsatzes als Unternehmen des verarbeitenden Gewerbes eingestuft wird.

(3) Außer den in Absatz 2 genannten Angaben sind folgende Angaben zu machen, soweit sie nicht im Lagebericht und im Jahresabschluss jedes öffentlichen Unternehmens offengelegt sind:

a) Bereitstellung von Aktienkapital oder eigenkapitalähnlichem Quasikapital mit Angabe der Konditionen dieser Kapitalbereitstellung (gewöhnliche Anteile, Vorzugsanteile, Nachzugsanteile oder Wandelanteile und Zinssätze, damit verbundene Dividenden- oder Umwandlungsrechte);
b) nichtrückzahlbare oder nur unter bestimmten Voraussetzungen rückzahlbare Zuschüsse;
c) Gewährung von Darlehen einschließlich Überziehungskrediten und Vorschüssen auf Kapitalzuführungen an das Unternehmen mit Angabe der Zinssätze, der Konditionen und etwaiger Sicherheiten, die das Unternehmen dem Darlehensgeber stellt;
d) zur Finanzierung von Darlehen übernommene Bürgschaften der öffentlichen Hand (mit Angabe der Konditionen und aller vom Unternehmen hierfür gezahlten Kosten);
e) ausgeschüttete Dividenden und einbehaltene Gewinne;
f) jede andere Form staatlicher Intervention, insbesondere Erlass von Beträgen, die öffentliche Unternehmen dem Staat schulden (einschließlich des Erlasses der Rückzahlung von Darlehen oder Zuschüssen und der Zahlung von Körperschaftsteuern, Sozialabgaben oder ähnlicher Belastungen).

Das in Buchstabe a genannte Aktienkapital umfasst vom Staat unmittelbar zugeführtes Aktienkapital sowie von einer öffentlichen Holdinggesellschaft oder einem anderen öffentlichen Unternehmen einschließlich Finanzinstitute innerhalb wie auch außerhalb ein und derselben Gruppe einem bestimmten öffentlichen Unternehmen zugeführtes Kapital. Das jeweilige Verhältnis zwischen Kapitalgeber und Kapitalempfänger ist anzugeben.

(4) Die nach den Absätzen 2 und 3 verlangten Angaben werden für alle öffentlichen Unternehmen beigebracht, deren Umsatz im jeweils letzten Geschäftsjahr 250 Mio. EUR überschritten hat.

Die Auskünfte sind getrennt für jedes öffentliche Unternehmen einschließlich solcher in anderen Mitgliedstaaten zu erteilen und umfassen gegebenenfalls auch Angaben über alle Geschäfte innerhalb und zwischen Gruppen verschiedener öffentlicher Unternehmen sowie unmittelbar zwischen öffentlichen Unternehmen und der öffentlichen Hand.

Bestimmte öffentliche Unternehmen teilen ihre Tätigkeiten in verschiedene rechtlich selbständige Firmen auf. Die Kommission ist bereit, für solche Unternehmen einen gemeinsamen konsolidierten Bericht zu akzeptieren. Dieser konsolidierte Bericht sollte die wirtschaftliche Lage einer in denselben oder eng verwandten Bereichen tätigen Unternehmensgruppe widerspiegeln. Konsolidierte Berichte von verschiedenartigen, reinen Finanzholdings sind nicht ausreichend.

(5) Die nach den Absätzen 2 und 3 verlangten Informationen sind der Kommission auf jährlicher Grundlage vorzulegen.

Die Informationen sind binnen 15 Arbeitstagen nach dem Zeitpunkt der Veröffentlichung des Lageberichts des betreffenden öffentlichen Unternehmens vorzulegen. In jedem Fall und speziell für Unternehmen, die keinen Lagebericht veröffentlichen, sind die verlangten Informationen spätestens neun Monate nach Ende des Geschäftsjahrs des betreffenden Unternehmens vorzulegen.

(6) Zwecks Beurteilung der Zahl der unter dieses Berichterstattungssystem fallenden Unternehmen übermitteln die Mitgliedstaaten der Kommission ein Verzeichnis der von diesem Artikel erfassten Unternehmen nebst ihrem Umsatz. Dieses Verzeichnis ist bis zum 31. März jedes Jahres auf den neuesten Stand zu bringen.

(7) Die Mitgliedstaaten stellen der Kommission alle zusätzlichen Informationen zur Verfügung, die diese zur Ergänzung einer vollständigen Beurteilung der vorgelegten Angaben für notwendig erachtet.

Art. 9 [Berichtspflicht] Die Kommission unterrichtet die Mitgliedstaaten regelmäßig über die Ergebnisse der Anwendung dieser Richtlinie.

Art. 10 [Aufhebung der RL 80/723] Die Richtlinie 80/723/EWG, in der Fassung der in Anhang I[1] Teil A aufgeführten Richtlinien, wird unbeschadet der Verpflichtung der Mitgliedstaaten hinsichtlich der in Anhang I[1] Teil B genannten Fristen für die Umsetzung in innerstaatliches Recht aufgehoben.

Bezugnahmen auf die aufgehobene Richtlinie gelten als Bezugnahmen auf die vorliegende Richtlinie und sind nach Maßgabe der Entsprechungstabelle in Anhang II[2] zu lesen.

Art. 11 [In-Kraft-Treten] Diese Richtlinie tritt am 20. Dezember 2006 in Kraft.

Art. 12 [Adressaten] Diese Richtlinie ist an die Mitgliedstaaten gerichtet.

---

[1] Hier nicht abgedruckt: Vgl. ABl. Nr. L 318/23 v. 17. 11. 2006.
[2] Hier nicht abgedruckt: Vgl. ABl. Nr. L 318/24 v. 17. 11. 2006.

170. Verordnung (EG) Nr. 139/2004 des Rates über die Kontrolle von Unternehmenszusammenschlüssen („Fusionskontrollverordnung“)

Vom 20. Januar 2004[1)]

(ABl. Nr. 24/1 v. 29.1.2004)

DER RAT DER EUROPÄISCHEN UNION –

GESTÜTZT auf den Vertrag zur Gründung der Europäischen Gemeinschaft, insbesondere auf die Artikel 83 und 308,
AUF VORSCHLAG der Kommission[2)],
NACH STELLUNGNAHME des Europäischen Parlaments[3)],
NACH STELLUNGNAHME des Europäischen Wirtschafts- und Sozialausschusses[4)],
IN ERWÄGUNG nachstehender Gründe:

(1) Die Verordnung (EWG) Nr. 4064/89 des Rates vom 21. Dezember 1989 über die Kontrolle von Unternehmenszusammenschlüssen[5)] ist in wesentlichen Punkten geändert worden. Es empfiehlt sich daher aus Gründen der Klarheit, im Rahmen der jetzt anstehenden Änderungen eine Neufassung dieser Verordnung vorzunehmen.

(2) Zur Verwirklichung der allgemeinen Ziele des Vertrags ist der Gemeinschaft in Artikel 3 Absatz 1 Buchstabe g) die Aufgabe übertragen worden, ein System zu errichten, das den Wettbewerb innerhalb des Binnenmarkts vor Verfälschungen schützt. Nach Artikel 4 Absatz 1 des Vertrags ist die Tätigkeit der Mitgliedstaaten und der Gemeinschaft dem Grundsatz einer offenen Marktwirtschaft mit freiem Wettbewerb verpflichtet. Diese Grundsätze sind für die Fortentwicklung des Binnenmarkts wesentlich.

(3) Die Vollendung des Binnenmarkts und der Wirtschafts- und Währungsunion, die Erweiterung der Europäischen Union und die Reduzierung der internationalen Handels- und Investitionshemmnisse werden auch weiterhin erhebliche Strukturveränderungen bei den Unternehmen, insbesondere durch Zusammenschlüsse, bewirken.

[1)] Gem. ihrem Art. 26 gilt die VO ab 1.5.2004. Vgl. auch die DurchführungsVO Nr. 802/2004, ABl. Nr. L 133/1 v. 30.4.2004, ber. ABl. Nr. L 172/9 v. 6.5.2004; geänd. durch VO 1033/2008 v. 20.10.2008, ABl. Nr. L 279/3 v. 22.10.2008 sowie VO 1269/2013 v. 5.12.2013, ABl. Nr. L 336/1 v. 14.12.2013, ber. ABl. Nr. L 190/18 v. 16.7.2019.

[2)] **Amtl. Anm.**: ABl. C 20 vom 28.1.2003, S. 4.

[3)] **Amtl. Anm.**: Stellungnahme vom 9. Oktober 2003 (noch nicht im Amtsblatt veröffentlicht).

[4)] **Amtl. Anm.**: Stellungnahme vom 24. Oktober 2003 (noch nicht im Amtsblatt veröffentlicht).

[5)] **Amtl. Anm.**: ABl. L 395 vom 30.12.1989, S. 1. Berichtigte Fassung im ABl. L 257 vom 21.9.1990, S. 13. Verordnung zuletzt geändert durch die Verordnung (EG) Nr. 1310/97 (ABl. L 180 vom 9.7.1997, S. 1), Berichtigung im ABl. L 40 vom 13.2.1998, S. 17.

(4) Diese Strukturveränderungen sind zu begrüßen, soweit sie den Erfordernissen eines dynamischen Wettbewerbs entsprechen und geeignet sind, zu einer Steigerung der Wettbewerbsfähigkeit der europäischen Industrie, zu einer Verbesserung der Wachstumsbedingungen sowie zur Anhebung des Lebensstandards in der Gemeinschaft zu führen.

(5) Allerdings ist zu gewährleisten, dass der Umstrukturierungsprozess nicht eine dauerhafte Schädigung des Wettbewerbs verursacht. Das Gemeinschaftsrecht muss deshalb Vorschriften für solche Zusammenschlüsse enthalten, die geeignet sind, wirksamen Wettbewerb im Gemeinsamen Markt oder in einem wesentlichen Teil desselben erheblich zu beeinträchtigen.

(6) Daher ist ein besonderes Rechtsinstrument erforderlich, das eine wirksame Kontrolle sämtlicher Zusammenschlüsse im Hinblick auf ihre Auswirkungen auf die Wettbewerbsstruktur in der Gemeinschaft ermöglicht und das zugleich das einzige auf derartige Zusammenschlüsse anwendbare Instrument ist. Mit der Verordnung (EWG) Nr. 4064/89 konnte eine Gemeinschaftspolitik in diesem Bereich entwickelt werden. Es ist jedoch nunmehr an der Zeit, vor dem Hintergrund der gewonnenen Erfahrung die genannte Verordnung neu zu fassen, um den Herausforderungen eines stärker integrierten Markts und der künftigen Erweiterung der Europäischen Union besser gerecht werden. Im Einklang mit dem Subsidiaritätsprinzip und dem Grundsatz der Verhältnismäßigkeit nach Artikel 5 des Vertrags geht die vorliegende Verordnung nicht über das zur Erreichung ihres Ziels, der Gewährleistung eines unverfälschten Wettbewerbs im Gemeinsamen Markt entsprechend dem Grundsatz einer offenen Marktwirtschaft mit freiem Wettbewerb, erforderliche Maß hinaus.

(7) Die Artikel 81 und 82 des Vertrags sind zwar nach der Rechtsprechung des Gerichtshofs auf bestimmte Zusammenschlüsse anwendbar, reichen jedoch nicht aus, um alle Zusammenschlüsse zu erfassen, die sich als unvereinbar mit dem vom Vertrag geforderten System des unverfälschten Wettbewerbs erweisen könnten. Diese Verordnung ist daher nicht nur auf Artikel 83, sondern vor allem auf Artikel 308 des Vertrags zu stützen, wonach sich die Gemeinschaft für die Verwirklichung ihrer Ziele zusätzliche Befugnisse geben kann; dies gilt auch für Zusammenschlüsse auf den Märkten für landwirtschaftliche Erzeugnisse im Sinne des Anhangs I des Vertrags.

(8) Die Vorschriften dieser Verordnung sollten für bedeutsame Strukturveränderungen gelten, deren Auswirkungen auf den Markt die Grenzen eines Mitgliedstaats überschreiten. Solche Zusammenschlüsse sollten grundsätzlich nach dem Prinzip der einzigen Anlaufstelle und im Einklang mit dem Subsidiaritätsprinzip ausschließlich auf Gemeinschaftsebene geprüft werden. Unternehmenszusammenschlüsse, die nicht im Anwendungsbereich dieser Verordnung liegen, fallen grundsätzlich in die Zuständigkeit der Mitgliedstaaten.

(9) Der Anwendungsbereich dieser Verordnung sollte anhand des geografischen Tätigkeitsbereichs der beteiligten Unternehmen bestimmt und durch Schwellenwerte eingegrenzt werden, damit Zusammenschlüsse von gemeinschaftsweiter Bedeutung erfasst werden können. Die Kommission sollte dem Rat über die Anwendung der Schwellenwerte und Kriterien Bericht erstatten, damit dieser sie ebenso wie die Vorschriften für Verweisungen vor einer Anmeldung gemäß Artikel 202 des Vertrags regelmäßig anhand der gewonnenen Erfahrungen überprüfen kann. Hierzu ist es erforderlich, dass die Mitgliedstaaten der Kommission statistische Angaben übermitteln, auf deren Grundlage die Kommission ihre Berichte erstellen und etwaige Änderungen vorschlagen kann. Die Berichte und Vorschläge der Kommission sollten sich auf die von den Mitgliedstaaten regelmäßig übermittelten Angaben stützen.

(10) Ein Zusammenschluss von gemeinschaftsweiter Bedeutung sollte dann als gegeben gelten, wenn der Gesamtumsatz der beteiligten Unternehmen die festgelegten Schwellenwerte überschreitet und sie in erheblichem Umfang in der Gemeinschaft tätig sind, unabhängig davon, ob der Sitz der beteiligten Unternehmen sich in der Gemeinschaft befindet oder diese dort ihr Hauptgeschäft ausüben.

(11) Die Regeln für die Verweisung von Zusammenschlüssen von der Kommission an die Mitgliedstaaten und von den Mitgliedstaaten an die Kommission sollten angesichts des Subsidiaritätsprinzips als wirksames Korrektiv wirken. Diese Regeln wahren in angemessener Weise die Wettbewerbsinteressen der Mitgliedstaaten und tragen dem Bedürfnis nach Rechtssicherheit sowie dem Grundsatz einer einzigen Anlaufstelle Rechnung.

(12) Zusammenschlüsse können in den Zuständigkeitsbereich mehrerer nationaler Fusionskontrollregelungen fallen, wenn sie die in dieser Verordnung genannten Schwellenwerte nicht erreichen. Die mehrfache Anmeldung desselben Vorhabens erhöht die Rechtsunsicherheit, die Arbeitsbelastung und die Kosten der beteiligten Unternehmen und kann zu widersprüchlichen Beurteilungen führen. Das System, nach dem die betreffenden Mitgliedstaaten Zusammenschlüsse an die Kommission verweisen können, sollte daher weiterentwickelt werden.

(13) Die Kommission sollte in enger und stetiger Verbindung mit den zuständigen Behörden der Mitgliedstaaten handeln und deren Bemerkungen und Mitteilungen entgegennehmen.

(14) Die Kommission sollte gemeinsam mit den zuständigen Behörden *der Mitgliedstaaten* ein Netz von Behörden bilden, die ihre jeweiligen Zuständigkeiten in enger Zusammenarbeit durch effiziente Regelungen für Informationsaustausch und Konsultation wahrnehmen, um sicherzustellen, dass jeder Fall unter Beachtung des Subsidiaritätsprinzips von der für ihn am besten geeigneten Behörde behandelt wird und um Mehrfachanmeldungen weitestgehend auszuschließen. Verweisungen von Zusammenschlüssen von der Kommission an die Mitgliedstaaten und von den Mitglied-

staaten an die Kommission sollten in einer effizienten Weise erfolgen, die weitestgehend ausschließt, dass ein Zusammenschluss sowohl vor als auch nach seiner Anmeldung von einer Stelle an eine andere verwiesen wird.

(15) Die Kommission sollte einen angemeldeten Zusammenschluss mit gemeinschaftsweiter Bedeutung an einen Mitgliedstaat verweisen können, wenn er den Wettbewerb in einem Markt innerhalb dieses Mitgliedstaats, der alle Merkmale eines gesonderten Marktes aufweist, erheblich zu beeinträchtigen droht. Beeinträchtigt der Zusammenschluss den Wettbewerb auf einem solchen Markt und stellt dieser keinen wesentlichen Teil des gemeinsamen Marktes dar, sollte die Kommission verpflichtet sein, den Fall ganz oder teilweise auf Antrag an den betroffenen Mitgliedstaat zu verweisen. Ein Mitgliedstaat sollte einen Zusammenschluss ohne gemeinschaftsweite Bedeutung an die Kommission verweisen können, wenn er den Handel zwischen den Mitgliedstaaten beeinträchtigt und den Wettbewerb in seinem Hoheitsgebiet erheblich zu beeinträchtigen droht. Weitere Mitgliedstaaten, die für die Prüfung des Zusammenschlusses ebenfalls zuständig sind, sollten die Möglichkeit haben, dem Antrag beizutreten. In diesem Fall sollten nationale Fristen ausgesetzt werden, bis eine Entscheidung über die Verweisung des Falles getroffen wurde, um die Effizienz und Berechenbarkeit des Systems sicherzustellen. Die Kommission sollte befugt sein, einen Zusammenschluss für einen antragstellenden Mitgliedstaat oder mehrere antragstellende Mitgliedstaaten zu prüfen und zu behandeln.

(16) Um das System der Fusionskontrolle innerhalb der Gemeinschaft noch effizienter zu gestalten, sollten die beteiligten Unternehmen die Möglichkeit erhalten, vor Anmeldung eines Zusammenschlusses die Verweisung an die Kommission oder an einen Mitgliedstaat zu beantragen. Um die Effizienz des Systems sicherzustellen, sollten die Kommission und die einzelstaatlichen Wettbewerbsbehörden in einem solchen Fall innerhalb einer kurzen, genau festgelegten Frist entscheiden, ob der Fall an die Kommission oder an den betreffenden Mitgliedstaat verwiesen werden sollte. Auf Antrag der beteiligten Unternehmen sollte die Kommission einen Zusammenschluss mit gemeinschaftsweiter Bedeutung an einen Mitgliedstaat verweisen können, wenn der Zusammenschluss den Wettbewerb auf einem Markt innerhalb dieses Mitgliedstaats, der alle Merkmale eines gesonderten Marktes aufweist, erheblich beeinträchtigen könnte, ohne dass dazu von den beteiligten Unternehmen der Nachweis verlangt werden sollte, dass die Auswirkungen des Zusammenschlusses wettbewerbsschädlich sein würden. Die Kommission sollte einen Zusammenschluss nicht an einen Mitgliedstaat verweisen dürfen, wenn dieser eine solche *Verweisung* abgelehnt hat. Die beteiligten Unternehmen sollten ferner vor der Anmeldung bei einer einzelstaatlichen Behörde beantragen dürfen, dass ein Zusammenschluss ohne gemeinschaftswei-

te Bedeutung, der nach dem innerstaatlichen Wettbewerbsrecht mindestens dreier Mitgliedstaaten geprüft werden könnte, an die Kommission verwiesen wird. Solche Anträge auf eine Verweisung vor der Anmeldung an die Kommission wären insbesondere dann angebracht, wenn der betreffende Zusammenschluss den Wettbewerb über das Hoheitsgebiet eines Mitgliedstaats hinaus beeinträchtigen würde. Wird ein Zusammenschluss, der nach dem Wettbewerbsrecht mindestens dreier Mitgliedstaaten geprüft werden könnte, vor seiner Anmeldung bei einer einzelstaatlichen Behörde an die Kommission verwiesen, so sollte die ausschließliche Zuständigkeit für die Prüfung dieses Zusammenschlusses auf die Kommission übergehen, wenn keiner der für die Prüfung des betreffenden Falls zuständigen Mitgliedstaaten sich dagegen ausspricht; für diesen Zusammenschluss sollte dann die Vermutung der gemeinschaftsweiten Bedeutung gelten. Ein Zusammenschluss sollte jedoch nicht vor seiner Anmeldung von den Mitgliedstaaten an die Kommission verwiesen werden, wenn mindestens einer der für die Prüfung des Falles zuständigen Mitgliedstaaten eine solche Verweisung abgelehnt hat.

(17) Der Kommission ist vorbehaltlich der Nachprüfung ihrer Entscheidungen durch den Gerichtshof die ausschließliche Zuständigkeit für die Anwendung dieser Verordnung zu übertragen.

(18) Die Mitgliedstaaten dürfen auf Zusammenschlüsse von gemeinschaftsweiter Bedeutung ihr innerstaatliches Wettbewerbsrecht nur anwenden, soweit es in dieser Verordnung vorgesehen ist. Die entsprechenden Befugnisse der einzelstaatlichen Behörden sind auf die Fälle zu beschränken, in denen ohne ein Tätigwerden der Kommission wirksamer Wettbewerb im Gebiet eines Mitgliedstaats erheblich behindert werden könnte und die Wettbewerbsinteressen dieses Mitgliedstaats sonst durch diese Verordnung nicht hinreichend geschützt würden. Die betroffenen Mitgliedstaaten müssen in derartigen Fällen so schnell wie möglich handeln. Diese Verordnung kann jedoch wegen der Unterschiede zwischen den innerstaatlichen Rechtsvorschriften keine einheitliche Frist für den Erlass endgültiger Entscheidungen nach innerstaatlichem Recht vorschreiben.

(19) Im Übrigen hindert die ausschließliche Anwendung dieser Verordnung auf Zusammenschlüsse von gemeinschaftsweiter Bedeutung die Mitgliedstaaten unbeschadet des Artikels 296 des Vertrags nicht daran, geeignete Maßnahmen zum Schutz anderer berechtigter Interessen als derjenigen zu ergreifen, die in dieser Verordnung berücksichtigt werden, sofern diese Maßnahmen mit den allgemeinen Grundsätzen und den sonstigen Bestimmungen des Gemeinschaftsrechts vereinbar sind.

(20) Der Begriff des Zusammenschlusses ist so zu definieren, dass er Vorgänge erfasst, die zu einer dauerhaften Veränderung der Kontrolle an den beteiligten Unternehmen und damit an der Marktstruktur führen. In den Anwendungsbereich dieser Verordnung

sollten daher auch alle Gemeinschaftsunternehmen einbezogen werden, die auf Dauer alle Funktionen einer selbstständigen wirtschaftlichen Einheit erfüllen. Ferner sollten Erwerbsvorgänge, die eng miteinander verknüpft sind, weil sie durch eine Bedingung miteinander verbunden sind oder in Form einer Reihe von innerhalb eines gebührend kurzen Zeitraums getätigten Rechtsgeschäften mit Wertpapieren stattfinden, als ein einziger Zusammenschluss behandelt werden.

(21) Diese Verordnung ist auch dann anwendbar, wenn die beteiligten Unternehmen sich Einschränkungen unterwerfen, die mit der Durchführung des Zusammenschlusses unmittelbar verbunden und dafür notwendig sind. Eine Entscheidung der Kommission, mit der ein Zusammenschluss in Anwendung dieser Verordnung für mit dem Gemeinsamen Markt vereinbar erklärt wird, sollte automatisch auch alle derartigen Einschränkungen abdecken, ohne dass die Kommission diese im Einzelfall zu prüfen hätte. Auf Antrag der beteiligten Unternehmen sollte die Kommission allerdings im Fall neuer oder ungelöster Fragen, die zu ernsthafter Rechtsunsicherheit führen können, gesondert prüfen, ob eine Einschränkung mit der Durchführung des Zusammenschlusses unmittelbar verbunden und dafür notwendig ist. Ein Fall wirft dann eine neue oder ungelöste Frage auf, die zu ernsthafter Rechtsunsicherheit führen kann, wenn sie nicht durch die entsprechende Bekanntmachung der Kommission oder eine veröffentlichte Entscheidung der Kommission geregelt ist.

(22) Bei der Regelung der Kontrolle von Unternehmenszusammenschlüssen ist unbeschadet des Artikels 86 Absatz 2 des Vertrags der Grundsatz der Nichtdiskriminierung zwischen dem öffentlichen und dem privaten Sektor zu beachten. Daher sind im öffentlichen Sektor bei der Berechnung des Umsatzes eines am Zusammenschluss beteiligten Unternehmens unabhängig von den Eigentumsverhältnissen oder von den für sie geltenden Regeln der verwaltungsmäßigen Zuordnung die Unternehmen zu berücksichtigen, die eine mit einer autonomen Entscheidungsbefugnis ausgestattete wirtschaftliche Einheit bilden.

(23) Es ist festzustellen, ob die Zusammenschlüsse von gemeinschaftsweiter Bedeutung mit dem Gemeinsamen Markt vereinbar sind; dabei ist von dem Erfordernis auszugehen, im Gemeinsamen Markt wirksamen Wettbewerb aufrechtzuerhalten und zu entwickeln. Die Kommission muss sich bei ihrer Beurteilung an dem allgemeinen Rahmen der Verwirklichung der grundlegenden Ziele der Gemeinschaft gemäß Artikel 2 des Vertrags zur Gründung der Europäischen Gemeinschaft und Artikel 2 des Vertrags über die Europäische Union orientieren.

(24) Zur Gewährleistung eines unverfälschten Wettbewerbs im Gemeinsamen Markt im Rahmen der Fortführung einer Politik, die auf dem Grundsatz einer offenen Marktwirtschaft mit freiem Wettbewerb beruht, muss diese Verordnung eine wirksame Kon-

trolle sämtlicher Zusammenschlüsse entsprechend ihren Auswirkungen auf den Wettbewerb in der Gemeinschaft ermöglichen. Entsprechend wurde in der Verordnung (EWG) Nr. 4064/89 der Grundsatz aufgestellt, dass Zusammenschlüsse von gemeinschaftsweiter Bedeutung, die eine beherrschende Stellung begründen oder verstärken, durch welche ein wirksamer Wettbewerb im Gemeinsamen Markt oder in einem wesentlichen Teil desselben in erheblichem Ausmaß behindert wird, für mit dem Gemeinsamen Markt unvereinbar zu erklären sind.

(25) In Anbetracht der Auswirkungen, die Zusammenschlüsse in oligopolistischen Marktstrukturen haben können, ist die Aufrechterhaltung wirksamen Wettbewerbs in solchen Märkten umso mehr geboten. Viele oligopolistische Märkte lassen ein gesundes Maß an Wettbewerb erkennen. Unter bestimmten Umständen können Zusammenschlüsse, in deren Folge der beträchtliche Wettbewerbsdruck beseitigt wird, den die fusionierenden Unternehmen aufeinander ausgeübt haben, sowie der Wettbewerbsdruck auf die verbleibenden Wettbewerber gemindert wird, zu einer erheblichen Behinderung wirksamen Wettbewerbs führen, auch wenn eine Koordinierung zwischen Oligopolmitgliedern unwahrscheinlich ist. Die Gerichte der Gemeinschaft haben jedoch bisher die Verordnung (EWG) Nr. 4064/89 nicht ausdrücklich dahingehend ausgelegt, dass Zusammenschlüsse, die solche nicht koordinierten Auswirkungen haben, für mit dem Gemeinsamen Markt unvereinbar zu erklären sind. Daher sollte im Interesse der Rechtssicherheit klargestellt werden, dass diese Verordnung eine wirksame Kontrolle solcher Zusammenschlüsse dadurch vorsieht, dass grundsätzlich jeder Zusammenschluss, der einen wirksamen Wettbewerb im Gemeinsamen Markt oder einem wesentlichen Teil desselben erheblich behindern würde, für mit dem Gemeinsamen Markt unvereinbar zu erklären ist. Für die Anwendung der Bestimmungen des Artikels 2 Absätze 2 und 3 wird beabsichtigt, den Begriff „erhebliche Behinderung wirksamen Wettbewerbs" dahin gehend auszulegen, dass er sich über das Konzept der Marktbeherrschung hinaus ausschließlich auf diejenigen wettbewerbsschädigenden Auswirkungen eines Zusammenschlusses erstreckt, die sich aus nicht koordiniertem Verhalten von Unternehmen ergeben, die auf dem jeweiligen Markt keine beherrschende Stellung haben würden.

(26) Eine erhebliche Behinderung wirksamen Wettbewerbs resultiert im Allgemeinen aus der Begründung oder Stärkung einer beherrschenden Stellung. Im Hinblick darauf, dass frühere Urteile der europäischen Gerichte und die Entscheidungen der Kommission gemäß der Verordnung (EWG) Nr. 4064/89 weiterhin als Orientierung dienen sollten und gleichzeitig die Übereinstimmung mit den Kriterien für einen Wettbewerbsschaden, die die Kommission und die Gerichte der Gemeinschaft bei der Prüfung der Vereinbarkeit eines Zusammenschlusses mit dem Gemeinsamen Markt

angewendet haben, gewahrt werden sollte, sollte diese Verordnung dementsprechend den Grundsatz aufstellen, dass Zusammenschlüsse von gemeinschaftsweiter Bedeutung, die wirksamen Wettbewerb im Gemeinsamen Markt oder in einem wesentlichen Teil desselben erheblich behindern würden, insbesondere infolge der Begründung oder Stärkung einer beherrschenden Stellung, für mit dem Gemeinsamen Markt unvereinbar zu erklären sind.

(27) Außerdem sollten die Kriterien in Artikel 81 Absätze 1 und 3 des Vertrags auf Gemeinschaftsunternehmen, die auf Dauer alle Funktionen einer selbstständigen wirtschaftlichen Einheit erfüllen, insoweit angewandt werden, als ihre Gründung eine spürbare Einschränkung des Wettbewerbs zwischen unabhängig bleibenden Unternehmen zur Folge hat.

(28) Um deutlich zu machen und zu erläutern, wie die Kommission Zusammenschlüsse nach dieser Verordnung beurteilt, sollte sie Leitlinien veröffentlichen, die einen soliden wirtschaftlichen Rahmen für die Beurteilung der Vereinbarkeit von Zusammenschlüssen mit dem Gemeinsamen Markt bieten sollten.

(29) Um die Auswirkungen eines Zusammenschlusses auf den Wettbewerb im Gemeinsamen Markt bestimmen zu können, sollte begründeten und wahrscheinlichen Effizienzvorteilen Rechnung getragen werden, die von den beteiligten Unternehmen dargelegt werden. Es ist möglich, dass die durch einen Zusammenschluss bewirkten Effizienzvorteile die Auswirkungen des Zusammenschlusses auf den Wettbewerb, insbesondere den möglichen Schaden für die Verbraucher, ausgleichen, so dass durch den Zusammenschluss wirksamer Wettbewerb im Gemeinsamen Markt oder in einem wesentlichen Teil desselben, insbesondere durch Begründung oder Stärkung einer beherrschenden Stellung, nicht erheblich behindert würde. Die Kommission sollte Leitlinien veröffentlichen, in denen sie die Bedingungen darlegt, unter denen sie Effizienzvorteile bei der Prüfung eines Zusammenschlusses berücksichtigen kann.

(30) Ändern die beteiligten Unternehmen einen angemeldeten Zusammenschluss, indem sie insbesondere anbieten, Verpflichtungen einzugehen, die den Zusammenschluss mit dem Gemeinsamen Markt vereinbar machen, sollte die Kommission den Zusammenschluss in seiner geänderten Form für mit dem Gemeinsamen Markt vereinbar erklären können. Diese Verpflichtungen müssen in angemessenem Verhältnis zu dem Wettbewerbsproblem stehen und dieses vollständig beseitigen. Es ist ebenfalls zweckmäßig, Verpflichtungen vor der Einleitung des Verfahrens zu akzeptieren, wenn das Wettbewerbsproblem klar umrissen ist und leicht gelöst werden kann. Es sollte ausdrücklich vorgesehen werden, dass die Kommission ihre Entscheidung an Bedingungen und Auflagen knüpfen kann, um sicherzustellen, dass die beteiligten Unternehmen ihren Verpflichtungen so effektiv und rechtzeitig nachkommen, dass der Zusammenschluss mit dem Gemeinsamen Markt ver-

einbar wird. Während des gesamten Verfahrens sollte für Transparenz und eine wirksame Konsultation der Mitgliedstaaten und betroffener Dritter gesorgt werden.

(31) Die Kommission sollte über geeignete Instrumente verfügen, damit sie die Durchsetzung der Verpflichtungen sicherstellen und auf Situationen reagieren kann, in denen die Verpflichtungen nicht eingehalten werden. Wird eine Bedingung nicht erfüllt, unter der die Entscheidung über die Vereinbarkeit des Zusammenschlusses mit dem Gemeinsamen Markt ergangen ist, so tritt der Zustand der Vereinbarkeit des Zusammenschlusses mit dem Gemeinsamen Markt nicht ein, so dass der Zusammenschluss damit in der vollzogenen Form von der Kommission nicht genehmigt ist. Wird der Zusammenschluss vollzogen, sollte er folglich ebenso behandelt werden wie ein nicht angemeldeter und ohne Genehmigung vollzogener Zusammenschluss. Außerdem sollte die Kommission die Auflösung eines Zusammenschlusses direkt anordnen dürfen, um den vor dem Vollzug des Zusammenschlusses bestehenden Zustand wieder herzustellen, wenn sie bereits zu dem Ergebnis gekommen ist, dass der Zusammenschluss ohne die Bedingung mit dem Gemeinsamen Markt unvereinbar wäre. Wird eine Auflage nicht erfüllt, mit der die Entscheidung über die Vereinbarkeit eines Zusammenschlusses mit dem Gemeinsamen Markt ergangen ist, sollte die Kommission ihre Entscheidung widerrufen können. Ferner sollte die Kommission angemessene finanzielle Sanktionen verhängen können, wenn Bedingungen oder Auflagen nicht eingehalten werden.

(32) Bei Zusammenschlüssen, die wegen des begrenzten Marktanteils der beteiligten Unternehmen nicht geeignet sind, wirksamen Wettbewerb zu behindern, kann davon ausgegangen werden, dass sie mit dem Gemeinsamen Markt vereinbar sind. Unbeschadet der Artikel 81 und 82 des Vertrags besteht ein solches Indiz insbesondere dann, wenn der Marktanteil der beteiligten Unternehmen im Gemeinsamen Markt oder in einem wesentlichen Teil desselben 25% nicht überschreitet.

(33) Der Kommission ist die Aufgabe zu übertragen, alle Entscheidungen über die Vereinbarkeit oder Unvereinbarkeit der Zusammenschlüsse von gemeinschaftsweiter Bedeutung mit dem Gemeinsamen Markt sowie Entscheidungen, die der Wiederherstellung des Zustands vor dem Vollzug eines für mit dem Gemeinsamen Markt unvereinbar erklärten Zusammenschlusses dienen, zu treffen.

(34) Um eine wirksame Überwachung zu gewährleisten, sind die Unternehmen zu verpflichten, Zusammenschlüsse von gemeinschaftsweiter Bedeutung nach Vertragsabschluss, Veröffentlichung des Übernahmeangebots oder des Erwerbs einer die Kontrolle begründenden Beteiligung und vor ihrem Vollzug anzumelden. Eine Anmeldung sollte auch dann möglich sein, wenn die beteiligten Unternehmen der Kommission gegenüber ihre Absicht glaubhaft machen, einen Vertrag über einen beabsichtigten Zusammen-

schluss zu schließen und ihr beispielsweise anhand einer von allen beteiligten Unternehmen unterzeichneten Grundsatzvereinbarung, Übereinkunft oder Absichtserklärung darlegen, dass der Plan für den beabsichtigten Zusammenschluss ausreichend konkret ist, oder im Fall eines Übernahmeangebots öffentlich ihre Absicht zur Abgabe eines solchen Angebots bekundet haben, sofern der beabsichtigte Vertrag oder das beabsichtigte Angebot zu einem Zusammenschluss von gemeinschaftsweiter Bedeutung führen würde. Der Vollzug eines Zusammenschlusses sollte bis zum Erlass der abschließenden Entscheidung der Kommission ausgesetzt werden. Auf Antrag der beteiligten Unternehmen sollte es jedoch gegebenenfalls möglich sein, hiervon abzuweichen. Bei der Entscheidung hierüber sollte die Kommission alle relevanten Faktoren, wie die Art und die Schwere des Schadens für die beteiligten Unternehmen oder Dritte sowie die Bedrohung des Wettbewerbs durch den Zusammenschluss, berücksichtigen. Im Interesse der Rechtssicherheit ist die Wirksamkeit von Rechtsgeschäften zu schützen, soweit dies erforderlich ist.

(35) Es ist eine Frist festzulegen, innerhalb derer die Kommission wegen eines angemeldeten Zusammenschlusses das Verfahren einzuleiten hat; ferner sind Fristen vorzusehen, innerhalb derer die Kommission abschließend zu entscheiden hat, ob ein Zusammenschluss mit dem Gemeinsamen Markt vereinbar oder unvereinbar ist. Wenn die beteiligten Unternehmen anbieten, Verpflichtungen einzugehen, um den Zusammenschluss mit dem Gemeinsamen Markt vereinbar zu machen, sollten diese Fristen verlängert werden, damit ausreichend Zeit für die Prüfung dieser Angebote, den Markttest und für die Konsultation der Mitgliedstaaten und interessierter Dritter bleibt. Darüber hinaus sollte in begrenztem Umfang eine Verlängerung der Frist, innerhalb derer die Kommission abschließend entscheiden muss, möglich sein, damit ausreichend Zeit für die Untersuchung des Falls und für die Überprüfung der gegenüber der Kommission vorgetragenen Tatsachen und Argumente zur Verfügung steht.

(36) Die Gemeinschaft achtet die Grundrechte und Grundsätze, die insbesondere mit der Charta der Grundrechte der Europäischen Union[1)] anerkannt wurden. Diese Verordnung sollte daher im Einklang mit diesen Rechten und Grundsätzen ausgelegt und angewandt werden.

(37) Die beteiligten Unternehmen müssen das Recht erhalten, von der Kommission gehört zu werden, sobald das Verfahren eingeleitet worden ist. Auch den Mitgliedern der geschäftsführenden und aufsichtsführenden Organe sowie den anerkannten Vertretern der Arbeitnehmer der beteiligten Unternehmen und betroffenen Dritten ist Gelegenheit zur Äußerung zu geben.

---

1) **Amtl. Anm.:** ABl. C 304 vom 18. 12. 2000, S. 1.

(38) Um Zusammenschlüsse ordnungsgemäß beurteilen zu können, sollte die Kommission alle erforderlichen Auskünfte einholen und alle erforderlichen Nachprüfungen in der Gemeinschaft vornehmen können. Zu diesem Zweck und im Interesse eines wirksamen Wettbewerbsschutzes müssen die Untersuchungsbefugnisse der Kommission ausgeweitet werden. Die Kommission sollte insbesondere alle Personen, die eventuell über sachdienliche Informationen verfügen, befragen und deren Aussagen zu Protokoll nehmen können.

(39) Wenn beauftragte Bedienstete der Kommission Nachprüfungen vornehmen, sollten sie alle Auskünfte im Zusammenhang mit Gegenstand und Zweck der Nachprüfung einholen dürfen. Sie sollten ferner bei Nachprüfungen Versiegelungen vornehmen dürfen, insbesondere wenn triftige Gründe für die Annahme vorliegen, dass ein Zusammenschluss ohne vorherige Anmeldung vollzogen wurde, dass der Kommission unrichtige, unvollständige oder irreführende Angaben gemacht wurden oder dass die betreffenden Unternehmen oder Personen Bedingungen oder Auflagen einer Entscheidung der Kommission nicht eingehalten haben. Eine Versiegelung sollte in jedem Fall nur unter außergewöhnlichen Umständen und nur während der für die Nachprüfung unbedingt erforderlichen Dauer, d. h. normalerweise nicht länger als 48 Stunden, vorgenommen werden.

(40) Unbeschadet der Rechtsprechung des Gerichtshofs ist es auch zweckmäßig, den Umfang der Kontrolle zu bestimmen, die ein einzelstaatliches Gericht ausüben kann, wenn es nach Maßgabe des einzelstaatlichen Rechts vorsorglich die Unterstützung durch die Vollzugsorgane für den Fall genehmigt, dass ein Unternehmen sich weigern sollte, eine durch Entscheidung der Kommission angeordnete Nachprüfung oder Versiegelung zu dulden. Nach ständiger Rechtsprechung kann das einzelstaatliche Gericht die Kommission insbesondere um weitere Auskünfte bitten, die für die Ausübung seiner Kontrolle erforderlich sind und in Ermangelung dieser Auskünfte die Genehmigung verweigern. Des Weiteren sind die einzelstaatlichen Gerichte nach ständiger Rechtsprechung für die Kontrolle der Anwendung der einzelstaatlichen Vorschriften für die Vollstreckung von Zwangsmaßnahmen zuständig. Die zuständigen Behörden der Mitgliedstaaten sollten bei der Ausübung der Untersuchungsbefugnisse der Kommission aktiv mitwirken.

(41) Wenn Unternehmen oder natürliche Personen Entscheidungen der Kommission nachkommen, können sie nicht gezwungen werden, Zuwiderhandlungen einzugestehen; sie sind jedoch in jedem Fall verpflichtet, Sachfragen zu beantworten und Unterlagen beizubringen, auch wenn diese Informationen gegen sie oder gegen andere als Beweis für eine begangene Zuwiderhandlung verwendet werden können.

(42) Im Interesse der Transparenz sollten alle Entscheidungen der Kommission, die nicht rein verfahrensrechtlicher Art sind, auf breiter

Ebene bekannt gemacht werden. Ebenso unerlässlich wie die Wahrung der Verteidigungsrechte der beteiligten Unternehmen, insbesondere des Rechts auf Akteneinsicht, ist der Schutz von Geschäftsgeheimnissen. Die Vertraulichkeit der innerhalb des Netzes sowie mit den zuständigen Behörden von Drittländern ausgetauschten Informationen sollte gleichfalls gewahrt werden.

(43) Die Einhaltung dieser Verordnung sollte, soweit erforderlich, durch Geldbußen und Zwangsgelder sichergestellt werden. Dabei sollte dem Gerichtshof nach Artikel 229 des Vertrags die Befugnis zu unbeschränkter Ermessensnachprüfung übertragen werden.

(44) Die Bedingungen, unter denen Zusammenschlüsse in Drittländern durchgeführt werden, an denen Unternehmen beteiligt sind, die ihren Sitz oder ihr Hauptgeschäft in der Gemeinschaft haben, sollten aufmerksam verfolgt werden; es sollte die Möglichkeit vorgesehen werden, dass die Kommission vom Rat ein Verhandlungsmandat mit dem Ziel erhalten kann, eine nichtdiskriminierende Behandlung für solche Unternehmen zu erreichen.

(45) Diese Verordnung berührt in keiner Weise die in den beteiligten Unternehmen anerkannten kollektiven Rechte der Arbeitnehmer, insbesondere im Hinblick auf die nach Gemeinschaftsrecht oder nach innerstaatlichem Recht bestehende Pflicht, die anerkannten Arbeitnehmervertreter zu unterrichten oder anzuhören.

(46) Die Kommission sollte ausführliche Vorschriften für die Durchführung dieser Verordnung entsprechend den Modalitäten für die Ausübung der der Kommission übertragenen Durchführungsbefugnisse festlegen können. Beim Erlass solcher Durchführungsbestimmungen sollte sie durch einen Beratenden Ausschuss unterstützt werden, der gemäß Artikel 23 aus Vertretern der Mitgliedstaaten besteht –

HAT FOLGENDE VERORDNUNG ERLASSEN:

Art. 1 Anwendungsbereich. (1) Unbeschadet des Artikels 4 Absatz 5 und des Artikels 22 gilt diese Verordnung für alle Zusammenschlüsse von gemeinschaftsweiter Bedeutung im Sinne dieses Artikels.

(2) Ein Zusammenschluss hat gemeinschaftsweite Bedeutung, wenn folgende Umsätze erzielt werden:

a) ein weltweiter Gesamtumsatz aller beteiligten Unternehmen zusammen von mehr als 5 Mrd. EUR und

b) ein gemeinschaftsweiter Gesamtumsatz von mindestens zwei beteiligten Unternehmen von jeweils mehr als 250 Mio. EUR;

dies gilt nicht, wenn die beteiligten Unternehmen jeweils mehr als zwei Drittel ihres gemeinschaftsweiten Gesamtumsatzes in ein und demselben Mitgliedstaat erzielen.

(3) Ein Zusammenschluss, der die in Absatz 2 vorgesehenen *Schwellen nicht erreicht*, hat gemeinschaftsweite Bedeutung, wenn

a) der weltweite Gesamtumsatz aller beteiligten Unternehmen zusammen mehr als 2,5 Mrd. EUR beträgt,

b) der Gesamtumsatz aller beteiligten Unternehmen in mindestens drei Mitgliedstaaten jeweils 100 Mio. EUR übersteigt,

c) in jedem von mindestens drei von Buchstabe b) erfassten Mitgliedstaaten der Gesamtumsatz von mindestens zwei beteiligten Unternehmen jeweils mehr als 25 Mio. EUR beträgt und

d) der gemeinschaftsweite Gesamtumsatz von mindestens zwei beteiligten Unternehmen jeweils 100 Mio. EUR übersteigt;

dies gilt nicht, wenn die beteiligten Unternehmen jeweils mehr als zwei Drittel ihres gemeinschaftsweiten Gesamtumsatzes in ein und demselben Mitgliedstaat erzielen.

(4) Vor dem 1. Juli 2009 erstattet die Kommission dem Rat auf der Grundlage statistischer Angaben, die die Mitgliedstaaten regelmäßig übermitteln können, über die Anwendung der in den Absätzen 2 und 3 vorgesehenen Schwellen und Kriterien Bericht, wobei sie Vorschläge gemäß Absatz 5 unterbreiten kann.

(5) Der Rat kann im Anschluss an den in Absatz 4 genannten Bericht auf Vorschlag der Kommission mit qualifizierter Mehrheit die in Absatz 3 aufgeführten Schwellen und Kriterien ändern.

Art. 2 Beurteilung von Zusammenschlüssen. (1) Zusammenschlüsse im Sinne dieser Verordnung sind nach Maßgabe der Ziele dieser Verordnung und der folgenden Bestimmungen auf ihre Vereinbarkeit mit dem Gemeinsamen Markt zu prüfen.

Bei dieser Prüfung berücksichtigt die Kommission:

a) die Notwendigkeit, im Gemeinsamen Markt wirksamen Wettbewerb aufrechtzuerhalten und zu entwickeln, insbesondere im Hinblick auf die Struktur aller betroffenen Märkte und den tatsächlichen oder potenziellen Wettbewerb durch innerhalb oder außerhalb der Gemeinschaft ansässige Unternehmen;

b) die Marktstellung sowie die wirtschaftliche Macht und die Finanzkraft der beteiligten Unternehmen, die Wahlmöglichkeiten der Lieferanten und Abnehmer, ihren Zugang zu den Beschaffungs- und Absatzmärkten, rechtliche oder tatsächliche Marktzutrittsschranken, die Entwicklung des Angebots und der Nachfrage bei den jeweiligen Erzeugnissen und Dienstleistungen, die Interessen der Zwischen- und Endverbraucher sowie die Entwicklung des technischen und wirtschaftlichen Fortschritts, sofern diese dem Verbraucher dient und den Wettbewerb nicht behindert.

(2) *Zusammenschlüsse*, durch die wirksamer Wettbewerb im Gemeinsamen Markt oder in einem wesentlichen Teil desselben nicht erheblich behindert würde, insbesondere durch Begründung oder Verstärkung einer beherrschenden Stellung, sind für mit dem Gemeinsamen Markt vereinbar zu erklären.

(3) Zusammenschlüsse, durch die wirksamer Wettbewerb im Gemeinsamen Markt oder in einem wesentlichen Teil desselben erheblich behindert würde, insbesondere durch Begründung oder Verstärkung

einer beherrschenden Stellung, sind für mit dem Gemeinsamen Markt unvereinbar zu erklären.

(4) Soweit die Gründung eines Gemeinschaftsunternehmens, das einen Zusammenschluss gemäß Artikel 3 darstellt, die Koordinierung des Wettbewerbsverhaltens unabhängig bleibender Unternehmen bezweckt oder bewirkt, wird eine solche Koordinierung nach den Kriterien des Artikels 81 Absätze 1 und 3 des Vertrags beurteilt, um festzustellen, ob das Vorhaben mit dem Gemeinsamen Markt vereinbar ist.

(5) Bei dieser Beurteilung berücksichtigt die Kommission insbesondere, ob

- es auf dem Markt des Gemeinschaftsunternehmens oder auf einem diesem vor- oder nachgelagerten Markt oder auf einem benachbarten oder eng mit ihm verknüpften Markt eine nennenswerte und gleichzeitige Präsenz von zwei oder mehr Gründerunternehmen gibt;
- die unmittelbar aus der Gründung des Gemeinschaftsunternehmens erwachsende Koordinierung den beteiligten Unternehmen die Möglichkeit eröffnet, für einen wesentlichen Teil der betreffenden Waren und Dienstleistungen den Wettbewerb auszuschalten.

Art. 3 Definition des Zusammenschlusses. (1) Ein Zusammenschluss wird dadurch bewirkt, dass eine dauerhafte Veränderung der Kontrolle in der Weise stattfindet, dass

a) zwei oder mehr bisher voneinander unabhängige Unternehmen oder Unternehmensteile fusionieren oder dass

b) eine oder mehrere Personen, die bereits mindestens ein Unternehmen kontrollieren, oder ein oder mehrere Unternehmen durch den Erwerb von Anteilsrechten oder Vermögenswerten, durch Vertrag oder in sonstiger Weise die unmittelbare oder mittelbare Kontrolle über die Gesamtheit oder über Teile eines oder mehrerer anderer Unternehmen erwerben.

(2) Die Kontrolle wird durch Rechte, Verträge oder andere Mittel begründet, die einzeln oder zusammen unter Berücksichtigung aller tatsächlichen oder rechtlichen Umstände die Möglichkeit gewähren, einen bestimmenden Einfluss auf die Tätigkeit eines Unternehmens auszuüben, insbesondere durch:

a) Eigentums- oder Nutzungsrechte an der Gesamtheit oder an Teilen des Vermögens des Unternehmens;

b) Rechte oder Verträge, die einen bestimmenden Einfluss auf die Zusammensetzung, die Beratungen oder Beschlüsse der Organe des Unternehmens gewähren.

(3) Die Kontrolle wird für die Personen oder Unternehmen begründet,

a) die aus diesen Rechten oder Verträgen selbst berechtigt sind, oder

b) die, obwohl sie aus diesen Rechten oder Verträgen nicht selbst berechtigt sind, die Befugnis haben, die sich daraus ergebenden Rechte auszuüben.

(4) Die Gründung eines Gemeinschaftsunternehmens, das auf Dauer alle Funktionen einer selbstständigen wirtschaftlichen Einheit erfüllt, stellt einen Zusammenschluss im Sinne von Absatz 1 Buchstabe b) dar.

(5) Ein Zusammenschluss wird nicht bewirkt,

a) wenn Kreditinstitute, sonstige Finanzinstitute oder Versicherungsgesellschaften, deren normale Tätigkeit Geschäfte und den Handel mit Wertpapieren für eigene oder fremde Rechnung einschließt, vorübergehend Anteile an einem Unternehmen zum Zweck der Veräußerung erwerben, sofern sie die mit den Anteilen verbundenen Stimmrechte nicht ausüben, um das Wettbewerbsverhalten des Unternehmens zu bestimmen, oder sofern sie die Stimmrechte nur ausüben, um die Veräußerung der Gesamtheit oder von Teilen des Unternehmens oder seiner Vermögenswerte oder die Veräußerung der Anteile vorzubereiten, und sofern die Veräußerung innerhalb eines Jahres nach dem Zeitpunkt des Erwerbs erfolgt; diese Frist kann von der Kommission auf Antrag verlängert werden, wenn die genannten Institute oder Gesellschaften nachweisen, dass die Veräußerung innerhalb der vorgeschriebenen Frist unzumutbar war;

b) wenn der Träger eines öffentlichen Mandats aufgrund der Gesetzgebung eines Mitgliedstaats über die Auflösung von Unternehmen, die Insolvenz, die Zahlungseinstellung, den Vergleich oder ähnliche Verfahren die Kontrolle erwirbt;

c) wenn die in Absatz 1 Buchstabe b) bezeichneten Handlungen von Beteiligungsgesellschaften im Sinne von Artikel 5 Absatz 3 der Vierten Richtlinie 78/660/EWG des Rates vom 25. Juli 1978 aufgrund von Artikel 54 Absatz 3 Buchstabe g) des Vertrages über den Jahresabschluss von Gesellschaften bestimmter Rechtsformen[1] vorgenommen werden, jedoch mit der Einschränkung, dass die mit den erworbenen Anteilen verbundenen Stimmrechte, insbesondere wenn sie zur Ernennung der Mitglieder der geschäftsführenden oder aufsichtsführenden Organe der Unternehmen ausgeübt werden, an denen die Beteiligungsgesellschaften Anteile halten, nur zur Erhaltung des vollen Wertes der Investitionen und nicht dazu benutzt werden, unmittelbar oder mittelbar das Wettbewerbsverhalten dieser Unternehmen zu bestimmen.

Art. 4 Vorherige Anmeldung von Zusammenschlüssen und Verweisung vor der Anmeldung auf Antrag der Anmelder. (1) Zusammenschlüsse von gemeinschaftsweiter Bedeutung im Sinne dieser Verordnung sind nach Vertragsabschluss, Veröffentlichung des Übernahmeangebots oder Erwerb einer die Kontrolle begründenden Beteiligung und vor ihrem Vollzug bei der Kommission anzumelden.

---

[1] **Amtl. Anm.:** ABl. L 222 vom 14. 8. 1978, S. 11. Richtlinie zuletzt geändert durch die Richtlinie 2003/51/EG des Europäischen Parlaments und des Rates (ABl. L 178 vom 17. 7. 2003, S. 16).

Eine Anmeldung ist auch dann möglich, wenn die beteiligten Unternehmen der Kommission gegenüber glaubhaft machen, dass sie gewillt sind, einen Vertrag zu schließen, oder im Fall eines Übernahmeangebots öffentlich ihre Absicht zur Abgabe eines solchen Angebots bekundet haben, sofern der beabsichtigte Vertrag oder das beabsichtigte Angebot zu einem Zusammenschluss von gemeinschaftsweiter Bedeutung führen würde.

Im Sinne dieser Verordnung bezeichnet der Ausdruck „angemeldeter Zusammenschluss" auch beabsichtigte Zusammenschlüsse, die nach Unterabsatz 2 angemeldet werden. Für die Zwecke der Absätze 4 und 5 bezeichnet der Ausdruck „Zusammenschluss" auch beabsichtigte Zusammenschlüsse im Sinne von Unterabsatz 2.

(2) Zusammenschlüsse in Form einer Fusion im Sinne des Artikels 3 Absatz 1 Buchstabe a) oder in Form der Begründung einer gemeinsamen Kontrolle im Sinne des Artikels 3 Absatz 1 Buchstabe b) sind von den an der Fusion oder der Begründung der gemeinsamen Kontrolle Beteiligten gemeinsam anzumelden. In allen anderen Fällen ist die Anmeldung von der Person oder dem Unternehmen vorzunehmen, die oder das die Kontrolle über die Gesamtheit oder über Teile eines oder mehrerer Unternehmen erwirbt.

(3) Stellt die Kommission fest, dass ein Zusammenschluss unter diese Verordnung fällt, so veröffentlicht sie die Tatsache der Anmeldung unter Angabe der Namen der beteiligten Unternehmen, ihres Herkunftslands, der Art des Zusammenschlusses sowie der betroffenen Wirtschaftszweige. Die Kommission trägt den berechtigten Interessen der Unternehmen an der Wahrung ihrer Geschäftsgeheimnisse Rechnung.

(4) Vor der Anmeldung eines Zusammenschlusses gemäß Absatz 1 können die Personen oder Unternehmen im Sinne des Absatzes 2 der Kommission in einem begründeten Antrag mitteilen, dass der Zusammenschluss den Wettbewerb in einem Markt innerhalb eines Mitgliedstaats, der alle Merkmale eines gesonderten Marktes aufweist, erheblich beeinträchtigen könnte und deshalb ganz oder teilweise von diesem Mitgliedstaat geprüft werden sollte.

Die Kommission leitet diesen Antrag unverzüglich an alle Mitgliedstaaten weiter. Der in dem begründeten Antrag genannte Mitgliedstaat teilt innerhalb von 15 Arbeitstagen nach Erhalt dieses Antrags mit, ob er der Verweisung des Falles zustimmt oder nicht. Trifft der betreffende Mitgliedstaat eine Entscheidung nicht innerhalb dieser Frist, so gilt dies als Zustimmung.

Soweit dieser Mitgliedstaat der Verweisung nicht widerspricht, kann die Kommission, wenn sie der Auffassung ist, dass ein gesonderter Markt besteht und der Wettbewerb in diesem Markt durch den Zusammenschluss erheblich beeinträchtigt werden könnte, den gesamten *Fall oder einen* Teil des Falles an die zuständigen Behörden des betreffenden Mitgliedstaats verweisen, damit das Wettbewerbsrecht dieses Mitgliedstaats angewandt wird.

Die Entscheidung über die Verweisung oder Nichtverweisung des Falls gemäß Unterabsatz 3 ergeht innerhalb von 25 Arbeitstagen nach Eingang des begründeten Antrags bei der Kommission. Die Kommission teilt ihre Entscheidung den übrigen Mitgliedstaaten und den beteiligten Personen oder Unternehmen mit. Trifft die Kommission innerhalb dieser Frist keine Entscheidung, so gilt der Fall entsprechend dem von den beteiligten Personen oder Unternehmen gestellten Antrag als verwiesen.

Beschließt die Kommission die Verweisung des gesamten Falles oder gilt der Fall gemäß den Unterabsätzen 3 und 4 als verwiesen, erfolgt keine Anmeldung gemäß Absatz 1, und das Wettbewerbsrecht des betreffenden Mitgliedstaats findet Anwendung. Artikel 9 Absätze 6 bis 9 finden entsprechend Anwendung.

(5) Im Fall eines Zusammenschlusses im Sinne des Artikels 3, der keine gemeinschaftsweite Bedeutung im Sinne von Artikel 1 hat und nach dem Wettbewerbsrecht mindestens dreier Mitgliedstaaten geprüft werden könnte, können die in Absatz 2 genannten Personen oder Unternehmen vor einer Anmeldung bei den zuständigen Behörden der Kommission in einem begründeten Antrag mitteilen, dass der Zusammenschluss von der Kommission geprüft werden sollte.

Die Kommission leitet diesen Antrag unverzüglich an alle Mitgliedstaaten weiter.

Jeder Mitgliedstaat, der nach seinem Wettbewerbsrecht für die Prüfung des Zusammenschlusses zuständig ist, kann innerhalb von 15 Arbeitstagen nach Erhalt dieses Antrags die beantragte Verweisung ablehnen.

Lehnt mindestens ein Mitgliedstaat gemäß Unterabsatz 3 innerhalb der Frist von 15 Arbeitstagen die beantragte Verweisung ab, so wird der Fall nicht verwiesen. Die Kommission unterrichtet unverzüglich alle Mitgliedstaaten und die beteiligten Personen oder Unternehmen von einer solchen Ablehnung.

Hat kein Mitgliedstaat gemäß Unterabsatz 3 innerhalb von 15 Arbeitstagen die beantragte Verweisung abgelehnt, so wird die gemeinschaftsweite Bedeutung des Zusammenschlusses vermutet und er ist bei der Kommission gemäß den Absätzen 1 und 2 anzumelden. In diesem Fall wendet kein Mitgliedstaat sein innerstaatliches Wettbewerbsrecht auf den Zusammenschluss an.

(6) Die Kommission erstattet dem Rat spätestens bis 1. Juli 2009 Bericht über das Funktionieren der Absätze 4 und 5. Der Rat kann im Anschluss an diesen Bericht auf Vorschlag der Kommission die Absätze 4 und 5 mit qualifizierter Mehrheit ändern.

Art. 5 Berechnung des Umsatzes. (1) Für die Berechnung des Gesamtumsatzes im Sinne dieser Verordnung sind die Umsätze zusammenzuzählen, welche die beteiligten Unternehmen im letzten Geschäftsjahr mit Waren und Dienstleistungen erzielt haben und die dem normalen geschäftlichen Tätigkeitsbereich der Unternehmen zuzuordnen sind, unter Abzug von Erlösschmälerungen, der Mehrwertsteuer und anderer unmittelbar auf den Umsatz bezogener Steuern. Bei der Berechnung des Gesamtumsatzes eines beteiligten Unternehmens werden Umsätze zwischen den in Absatz 4 genannten Unternehmen nicht berücksichtigt.

Der in der Gemeinschaft oder in einem Mitgliedstaat erzielte Umsatz umfasst den Umsatz, der mit Waren und Dienstleistungen für Unternehmen oder Verbraucher in der Gemeinschaft oder in diesem Mitgliedstaat erzielt wird.

(2) Wird der Zusammenschluss durch den Erwerb von Teilen eines oder mehrerer Unternehmen bewirkt, so ist unabhängig davon, ob diese Teile eigene Rechtspersönlichkeit besitzen, abweichend von Absatz 1 aufseiten des Veräußerers nur der Umsatz zu berücksichtigen, der auf die veräußerten Teile entfällt.

Zwei oder mehr Erwerbsvorgänge im Sinne von Unterabsatz 1, die innerhalb von zwei Jahren zwischen denselben Personen oder Unternehmen getätigt werden, werden hingegen als ein einziger Zusammenschluss behandelt, der zum Zeitpunkt des letzten Erwerbsvorgangs stattfindet.

(3) An die Stelle des Umsatzes tritt

a) bei Kredit- und sonstigen Finanzinstituten die Summe der folgenden in der Richtlinie 86/635/EWG des Rates[1] definierten Ertragsposten gegebenenfalls nach Abzug der Mehrwertsteuer und sonstiger direkt auf diese Erträge erhobener Steuern:
   i) Zinserträge und ähnliche Erträge,
   ii) Erträge aus Wertpapieren:
      – Erträge aus Aktien, anderen Anteilsrechten und nicht festverzinslichen Wertpapieren,
      – Erträge aus Beteiligungen,
      – Erträge aus Anteilen an verbundenen Unternehmen,
   iii) Provisionserträge,
   iv) Nettoerträge aus Finanzgeschäften,
   v) sonstige betriebliche Erträge.

   Der Umsatz eines Kredit- oder Finanzinstituts in der Gemeinschaft oder in einem Mitgliedstaat besteht aus den vorerwähnten Ertragsposten, die die in der Gemeinschaft oder dem betreffenden Mitgliedstaat errichtete Zweig- oder Geschäftsstelle des Instituts verbucht;

b) bei Versicherungsunternehmen die Summe der Bruttoprämien; diese Summe umfasst alle vereinnahmten sowie alle noch zu vereinnahmenden Prämien aufgrund von Versicherungsverträgen, die von diesen Unternehmen oder für ihre Rechnung abgeschlossen worden sind, einschließlich etwaiger Rückversicherungsprämien und abzüglich der aufgrund des Betrags der Prämie oder des gesamten Prämi-

---

[1] **Amtl. Anm.:** ABl. L 372 vom 31. 12. 1986, S. 1. Richtlinie zuletzt geändert durch die Richtlinie 2003/51/EG des Europäischen Parlaments und des Rates.

envolumens berechneten Steuern und sonstigen Abgaben. Bei der Anwendung von Artikel 1 Absatz 2 Buchstabe b) und Absatz 3 Buchstaben b), c) und d) sowie den letzten Satzteilen der genannten beiden Absätze ist auf die Bruttoprämien abzustellen, die von in der Gemeinschaft bzw. in einem Mitgliedstaat ansässigen Personen gezahlt werden.

(4) Der Umsatz eines beteiligten Unternehmens im Sinne dieser Verordnung setzt sich unbeschadet des Absatzes 2 zusammen aus den Umsätzen

a) des beteiligten Unternehmens;

b) der Unternehmen, in denen das beteiligte Unternehmen unmittelbar oder mittelbar entweder
   i) mehr als die Hälfte des Kapitals oder des Betriebsvermögens besitzt oder
   ii) über mehr als die Hälfte der Stimmrechte verfügt oder
   iii) mehr als die Hälfte der Mitglieder des Aufsichtsrats, des Verwaltungsrats oder der zur gesetzlichen Vertretung berufenen Organe bestellen kann oder
   iv) das Recht hat, die Geschäfte des Unternehmens zu führen;

c) der Unternehmen, die in dem beteiligten Unternehmen die unter Buchstabe b) bezeichneten Rechte oder Einflussmöglichkeiten haben;

d) der Unternehmen, in denen ein unter Buchstabe c) genanntes Unternehmen die unter Buchstabe b) bezeichneten Rechte oder Einflussmöglichkeiten hat;

e) der Unternehmen, in denen mehrere der unter den Buchstaben a) bis d) genannten Unternehmen jeweils gemeinsam die in Buchstabe b) bezeichneten Rechte oder Einflussmöglichkeiten haben.

(5) Haben an dem Zusammenschluss beteiligte Unternehmen gemeinsam die in Absatz 4 Buchstabe b) bezeichneten Rechte oder Einflussmöglichkeiten, so gilt für die Berechnung des Umsatzes der beteiligten Unternehmen im Sinne dieser Verordnung folgende Regelung:

a) Nicht zu berücksichtigen sind die Umsätze mit Waren und Dienstleistungen zwischen dem Gemeinschaftsunternehmen und jedem der beteiligten Unternehmen oder mit einem Unternehmen, das mit diesen im Sinne von Absatz 4 Buchstaben b) bis e) verbunden ist.

b) Zu berücksichtigen sind die Umsätze mit Waren und Dienstleistungen zwischen dem Gemeinschaftsunternehmen und jedem dritten Unternehmen. Diese Umsätze sind den beteiligten Unternehmen zu gleichen Teilen zuzurechnen.

Art. 6 Prüfung der Anmeldung und Einleitung des Verfahrens. (1) Die Kommission beginnt unmittelbar nach dem Eingang der Anmeldung mit deren Prüfung.

a) Gelangt sie zu dem Schluss, dass der angemeldete Zusammenschluss nicht unter diese Verordnung fällt, so stellt sie dies durch Entscheidung fest.

b) Stellt sie fest, dass der angemeldete Zusammenschluss zwar unter diese Verordnung fällt, jedoch keinen Anlass zu ernsthaften Bedenken hinsichtlich seiner Vereinbarkeit mit dem Gemeinsamen Markt gibt, so trifft sie die Entscheidung, keine Einwände zu erheben und erklärt den Zusammenschluss für vereinbar mit dem Gemeinsamen Markt.
Durch eine Entscheidung, mit der ein Zusammenschluss für vereinbar erklärt wird, gelten auch die mit seiner Durchführung unmittelbar verbundenen und für sie notwendigen Einschränkungen als genehmigt.

c) Stellt die Kommission unbeschadet des Absatzes 2 fest, dass der angemeldete Zusammenschluss unter diese Verordnung fällt und Anlass zu ernsthaften Bedenken hinsichtlich seiner Vereinbarkeit mit dem Gemeinsamen Markt gibt, so trifft sie die Entscheidung, das Verfahren einzuleiten. Diese Verfahren werden unbeschadet des Artikels 9 durch eine Entscheidung nach Artikel 8 Absätze 1 bis 4 abgeschlossen, es sei denn, die beteiligten Unternehmen haben der Kommission gegenüber glaubhaft gemacht, dass sie den Zusammenschluss aufgegeben haben.

(2) Stellt die Kommission fest, dass der angemeldete Zusammenschluss nach Änderungen durch die beteiligten Unternehmen keinen Anlass mehr zu ernsthaften Bedenken im Sinne des Absatzes 1 Buchstabe c) gibt, so erklärt sie gemäß Absatz 1 Buchstabe b) den Zusammenschluss für vereinbar mit dem Gemeinsamen Markt.

Die Kommission kann ihre Entscheidung gemäß Absatz 1 Buchstabe b) mit Bedingungen und Auflagen verbinden, um sicherzustellen, dass die beteiligten Unternehmen den Verpflichtungen nachkommen, die sie gegenüber der Kommission hinsichtlich einer mit dem Gemeinsamen Markt zu vereinbarenden Gestaltung des Zusammenschlusses eingegangen sind.

(3) Die Kommission kann eine Entscheidung gemäß Absatz 1 Buchstabe a) oder b) widerrufen, wenn

a) die Entscheidung auf unrichtigen Angaben, die von einem beteiligten Unternehmen zu vertreten sind, beruht oder arglistig herbeigeführt worden ist
oder

b) die beteiligten Unternehmen einer in der Entscheidung vorgesehenen Auflage zuwiderhandeln.

(4) In den in Absatz 3 genannten Fällen kann die Kommission eine Entscheidung gemäß Absatz 1 treffen, ohne an die in Artikel 10 Absatz 1 genannten Fristen gebunden zu sein.

(5) *Die Kommission* teilt ihre Entscheidung den beteiligten Unternehmen und den zuständigen Behörden der Mitgliedstaaten unverzüglich mit.

Art. 7 Aufschub des Vollzugs von Zusammenschlüssen. (1) Ein Zusammenschluss von gemeinschaftsweiter Bedeutung im Sinne des Artikels 1 oder ein Zusammenschluss, der von der Kommission gemäß Artikel 4 Absatz 5 geprüft werden soll, darf weder vor der Anmeldung noch so lange vollzogen werden, bis er aufgrund einer Entscheidung gemäß Artikel 6 Absatz 1 Buchstabe b) oder Artikel 8 Absätze 1 oder 2 oder einer Vermutung gemäß Artikel 10 Absatz 6 für vereinbar mit dem Gemeinsamen Markt erklärt worden ist.

(2) Absatz 1 steht der Verwirklichung von Vorgängen nicht entgegen, bei denen die Kontrolle im Sinne von Artikel 3 von mehreren Veräußerern entweder im Wege eines öffentlichen Übernahmeangebots oder im Wege einer Reihe von Rechtsgeschäften mit Wertpapieren, einschließlich solchen, die in andere zum Handel an einer Börse oder an einem ähnlichen Markt zugelassene Wertpapiere konvertierbar sind, erworben wird, sofern

a) der Zusammenschluss gemäß Artikel 4 unverzüglich bei der Kommission angemeldet wird und

b) der Erwerber die mit den Anteilen verbundenen Stimmrechte nicht ausübt oder nur zur Erhaltung des vollen Wertes seiner Investition aufgrund einer von der Kommission nach Absatz 3 erteilten Freistellung ausübt.

(3) Die Kommission kann auf Antrag eine Freistellung von den in Absatz 1 oder Absatz 2 bezeichneten Pflichten erteilen. Der Antrag auf Freistellung muss mit Gründen versehen sein. Die Kommission beschließt über den Antrag unter besonderer Berücksichtigung der möglichen Auswirkungen des Aufschubs des Vollzugs auf ein oder mehrere an dem Zusammenschluss beteiligte Unternehmen oder auf Dritte sowie der möglichen Gefährdung des Wettbewerbs durch den Zusammenschluss. Die Freistellung kann mit Bedingungen und Auflagen verbunden werden, um die Voraussetzungen für einen wirksamen Wettbewerb zu sichern. Sie kann jederzeit, auch vor der Anmeldung oder nach Abschluss des Rechtsgeschäfts, beantragt und erteilt werden.

(4) Die Wirksamkeit eines unter Missachtung des Absatzes 1 abgeschlossenen Rechtsgeschäfts ist von einer nach Artikel 6 Absatz 1 Buchstabe b) oder nach Artikel 8 Absätze 1, 2 oder 3 erlassenen Entscheidung oder von dem Eintritt der in Artikel 10 Absatz 6 vorgesehenen Vermutung abhängig.

Dieser Artikel berührt jedoch nicht die Wirksamkeit von Rechtsgeschäften mit Wertpapieren, einschließlich solcher, die in andere Wertpapiere konvertierbar sind, wenn diese Wertpapiere zum Handel an einer Börse oder an einem ähnlichen Markt zugelassen sind, es sei denn, dass die Käufer und die Verkäufer wussten oder hätten wissen müssen, dass das betreffende Rechtsgeschäft unter Missachtung des Absatzes 1 geschlossen wurde.

Art. 8 Entscheidungsbefugnisse der Kommission. (1) Stellt die Kommission fest, dass ein angemeldeter Zusammenschluss dem in Artikel 2 Absatz 2 festgelegten Kriterium und – in den in Artikel 2 Absatz 4 genannten Fällen – den Kriterien des Artikels 81 Absatz 3 des Vertrags entspricht, so erlässt sie eine Entscheidung, mit der der Zusammenschluss für vereinbar mit dem Gemeinsamen Markt erklärt wird.

Durch eine Entscheidung, mit der ein Zusammenschluss für vereinbar erklärt wird, gelten auch die mit seiner Durchführung unmittelbar verbundenen und für sie notwendigen Einschränkungen als genehmigt.

(2) Stellt die Kommission fest, dass ein angemeldeter Zusammenschluss nach entsprechenden Änderungen durch die beteiligten Unternehmen dem in Artikel 2 Absatz 2 festgelegten Kriterium und – in den in Artikel 2 Absatz 4 genannten Fällen – den Kriterien des Artikels 81 Absatz 3 des Vertrags entspricht, so erlässt sie eine Entscheidung, mit der der Zusammenschluss für vereinbar mit dem Gemeinsamen Markt erklärt wird.

Die Kommission kann ihre Entscheidung mit Bedingungen und Auflagen verbinden, um sicherzustellen, dass die beteiligten Unternehmen den Verpflichtungen nachkommen, die sie gegenüber der Kommission hinsichtlich einer mit dem Gemeinsamen Markt zu vereinbarenden Gestaltung des Zusammenschlusses eingegangen sind.

Durch eine Entscheidung, mit der ein Zusammenschluss für vereinbar erklärt wird, gelten auch die mit seiner Durchführung unmittelbar verbundenen und für sie notwendigen Einschränkungen als genehmigt.

(3) Stellt die Kommission fest, dass ein Zusammenschluss dem in Artikel 2 Absatz 3 festgelegten Kriterium entspricht oder – in den in Artikel 2 Absatz 4 genannten Fällen – den Kriterien des Artikels 81 Absatz 3 des Vertrags nicht entspricht, so erlässt sie eine Entscheidung, mit der der Zusammenschluss für unvereinbar mit dem Gemeinsamen Markt erklärt wird.

(4) Stellt die Kommission fest, dass ein Zusammenschluss

a) bereits vollzogen wurde und dieser Zusammenschluss für unvereinbar mit dem Gemeinsamen Markt erklärt worden ist oder
b) unter Verstoß gegen eine Bedingung vollzogen wurde, unter der eine Entscheidung gemäß Absatz 2 ergangen ist, in der festgestellt wird, dass der Zusammenschluss bei Nichteinhaltung der Bedingung das Kriterium des Artikels 2 Absatz 3 erfüllen würde oder – in den in Artikel 2 Absatz 4 genannten Fällen – die Kriterien des Artikels 81 Absatz 3 des Vertrags nicht erfüllen würde,

kann sie die folgenden Maßnahmen ergreifen:

– Sie kann den beteiligten Unternehmen aufgeben, den Zusammenschluss rückgängig zu machen, insbesondere durch die Auflösung der Fusion oder die Veräußerung aller erworbenen Anteile oder Vermögensgegenstände, um den Zustand vor dem Vollzug des Zusammenschlusses wiederherzustellen. Ist es nicht möglich, den Zustand vor dem Vollzug des Zusammenschlusses dadurch wiederherzustellen, dass der Zusammenschluss rückgängig gemacht wird, so kann die Kommission jede andere geeignete Maßnahme treffen, um diesen Zustand soweit wie möglich wiederherzustellen.

– Sie kann jede andere geeignete Maßnahme anordnen, um sicherzustellen, dass die beteiligten Unternehmen den Zusammenschluss rückgängig machen oder andere Maßnahmen zur Wiederherstellung des früheren Zustands nach Maßgabe ihrer Entscheidung ergreifen.

In den in Unterabsatz 1 Buchstabe a) genannten Fällen können die dort genannten Maßnahmen entweder durch eine Entscheidung nach Absatz 3 oder durch eine gesonderte Entscheidung auferlegt werden.

(5) Die Kommission kann geeignete einstweilige Maßnahmen anordnen, um wirksamen Wettbewerb wiederherzustellen oder aufrecht zu erhalten, wenn ein Zusammenschluss

a) unter Verstoß gegen Artikel 7 vollzogen wurde und noch keine Entscheidung über die Vereinbarkeit des Zusammenschlusses mit dem Gemeinsamen Markt ergangen ist;
b) unter Verstoß gegen eine Bedingung vollzogen wurde, unter der eine Entscheidung gemäß Artikel 6 Absatz 1 Buchstabe b) oder Absatz 2 des vorliegenden Artikels ergangen ist;
c) bereits vollzogen wurde und für mit dem Gemeinsamen Markt unvereinbar erklärt wird.

(6) Die Kommission kann eine Entscheidung gemäß Absatz 1 oder Absatz 2 widerrufen, wenn

a) die Vereinbarkeitserklärung auf unrichtigen Angaben beruht, die von einem der beteiligten Unternehmen zu vertreten sind, oder arglistig herbeigeführt worden ist oder
b) die beteiligten Unternehmen einer in der Entscheidung vorgesehenen Auflage zuwiderhandeln.

(7) Die Kommission kann eine Entscheidung gemäß den Absätzen 1 bis 3 treffen, ohne an die in Artikel 10 Absatz 3 genannten Fristen gebunden zu sein, wenn

a) sie feststellt, dass ein Zusammenschluss vollzogen wurde
   i) unter Verstoß gegen eine Bedingung, unter der eine Entscheidung gemäß Artikel 6 Absatz 1 Buchstabe b) ergangen ist oder
   ii) unter Verstoß gegen eine Bedingung, unter der eine Entscheidung gemäß Absatz 2 ergangen ist, mit der in Einklang mit Artikel 10 Absatz 2 festgestellt wird, dass der Zusammenschluss bei Nichterfüllung der Bedingung Anlass zu ernsthaften Bedenken hinsichtlich seiner Vereinbarkeit mit dem Gemeinsamen Markt geben würde oder
b) eine Entscheidung gemäß Absatz 6 widerrufen wurde.

(8) Die Kommission teilt ihre Entscheidung den beteiligten Unternehmen und den zuständigen Behörden der Mitgliedstaaten unverzüglich mit.

Art. 9 Verweisung an die zuständigen Behörden der Mitgliedstaaten. (1) Die Kommission kann einen angemeldeten Zusammenschluss durch Entscheidung unter den folgenden Voraussetzungen an die zuständigen Behörden des betreffenden Mitgliedstaats verweisen; sie unterrichtet die beteiligten Unternehmen und die zuständigen Behörden der übrigen Mitgliedstaaten unverzüglich von dieser Entscheidung.

(2) Ein Mitgliedstaat kann der Kommission, die die beteiligten Unternehmen entsprechend unterrichtet, von Amts wegen oder auf Aufforderung durch die Kommission binnen 15 Arbeitstagen nach Erhalt der Kopie der Anmeldung mitteilen, dass

a) ein Zusammenschluss den Wettbewerb auf einem Markt in diesem Mitgliedstaat, der alle Merkmale eines gesonderten Marktes aufweist, erheblich zu beeinträchtigen droht oder

b) ein Zusammenschluss den Wettbewerb auf einem Markt in diesem Mitgliedstaat beeinträchtigen würde, der alle Merkmale eines gesonderten Marktes aufweist und keinen wesentlichen Teil des Gemeinsamen Marktes darstellt.

(3) Ist die Kommission der Auffassung, dass unter Berücksichtigung des Marktes der betreffenden Waren oder Dienstleistungen und des räumlichen Referenzmarktes im Sinne des Absatzes 7 ein solcher gesonderter Markt und eine solche Gefahr bestehen,

a) so behandelt sie entweder den Fall nach Maßgabe dieser Verordnung selbst oder

b) verweist die Gesamtheit oder einen Teil des Falls an die zuständigen Behörden des betreffenden Mitgliedstaats, damit das Wettbewerbsrecht dieses Mitgliedstaats angewandt wird.

Ist die Kommission dagegen der Auffassung, dass ein solcher gesonderter Markt oder eine solche Gefahr nicht besteht, so stellt sie dies durch Entscheidung fest, die sie an den betreffenden Mitgliedstaat richtet, und behandelt den Fall nach Maßgabe dieser Verordnung selbst.

In Fällen, in denen ein Mitgliedstaat der Kommission gemäß Absatz 2 Buchstabe b) mitteilt, dass ein Zusammenschluss in seinem Gebiet einen gesonderten Markt beeinträchtigt, der keinen wesentlichen Teil des Gemeinsamen Marktes darstellt, verweist die Kommission den gesamten Fall oder den Teil des Falls, der den gesonderten Markt betrifft, an die zuständigen Behörden des betreffenden Mitgliedstaats, wenn sie der Auffassung ist, dass ein gesonderter Markt betroffen ist.

(4) Die Entscheidung über die Verweisung oder Nichtverweisung nach Absatz 3 ergeht

a) in der Regel innerhalb der in Artikel 10 Absatz 1 Unterabsatz 2 genannten Frist, falls die Kommission das Verfahren nach Artikel 6 Absatz 1 Buchstabe b) nicht eingeleitet hat; oder

b) *spätestens 65* Arbeitstage nach der Anmeldung des Zusammenschlusses, wenn die Kommission das Verfahren nach Artikel 6 Absatz 1 Buchstabe c) eingeleitet, aber keine vorbereitenden Schritte zum

Erlass der nach Artikel 8 Absätze 2, 3 oder 4 erforderlichen Maßnahmen unternommen hat, um wirksamen Wettbewerb auf dem betroffenen Markt aufrechtzuerhalten oder wiederherzustellen.

(5) Hat die Kommission trotz Erinnerung durch den betreffenden Mitgliedstaat innerhalb der in Absatz 4 Buchstabe b) bezeichneten Frist von 65 Arbeitstagen weder eine Entscheidung gemäß Absatz 3 über die Verweisung oder Nichtverweisung erlassen noch die in Absatz 4 Buchstabe b) bezeichneten vorbereitenden Schritte unternommen, so gilt die unwiderlegbare Vermutung, dass sie den Fall nach Absatz 3 Buchstabe b) an den betreffenden Mitgliedstaat verwiesen hat.

(6) Die zuständigen Behörden des betreffenden Mitgliedstaats entscheiden ohne unangemessene Verzögerung über den Fall.

Innerhalb von 45 Arbeitstagen nach der Verweisung von der Kommission teilt die zuständige Behörde des betreffenden Mitgliedstaats den beteiligten Unternehmen das Ergebnis einer vorläufigen wettbewerbsrechtlichen Prüfung sowie die gegebenenfalls von ihr beabsichtigten Maßnahmen mit. Der betreffende Mitgliedstaat kann diese Frist ausnahmsweise hemmen, wenn die beteiligten Unternehmen die nach seinem innerstaatlichen Wettbewerbsrecht zu übermittelnden erforderlichen Angaben nicht gemacht haben.

Schreibt das einzelstaatliche Recht eine Anmeldung vor, so beginnt die Frist von 45 Arbeitstagen an dem Arbeitstag, der auf den Eingang der vollständigen Anmeldung bei der zuständigen Behörde des betreffenden Mitgliedstaats folgt.

(7) Der räumliche Referenzmarkt besteht aus einem Gebiet, auf dem die beteiligten Unternehmen als Anbieter oder Nachfrager von Waren oder Dienstleistungen auftreten, in dem die Wettbewerbsbedingungen hinreichend homogen sind und das sich von den benachbarten Gebieten unterscheidet; dies trifft insbesondere dann zu, wenn die in ihm herrschenden Wettbewerbsbedingungen sich von denen in den letztgenannten Gebieten deutlich unterscheiden. Bei dieser Beurteilung ist insbesondere auf die Art und die Eigenschaften der betreffenden Waren oder Dienstleistungen abzustellen, ferner auf das Vorhandensein von Zutrittsschranken, auf Verbrauchergewohnheiten sowie auf das Bestehen erheblicher Unterschiede bei den Marktanteilen der Unternehmen oder auf nennenswerte Preisunterschiede zwischen dem betreffenden Gebiet und den benachbarten Gebieten.

(8) In Anwendung dieses Artikels kann der betreffende Mitgliedstaat *nur die Maßnahmen* ergreifen, die zur Aufrechterhaltung oder Wiederherstellung wirksamen Wettbewerbs auf dem betreffenden Markt unbedingt erforderlich sind.

(9) Zwecks Anwendung seines innerstaatlichen Wettbewerbsrechts kann jeder Mitgliedstaat nach Maßgabe der einschlägigen Vorschriften des Vertrags beim Gerichtshof Klage erheben und insbesondere die Anwendung des Artikels 243 des Vertrags beantragen.

Art. 10 Fristen für die Einleitung des Verfahrens und für Entscheidungen. (1) Unbeschadet von Artikel 6 Absatz 4 ergehen die Entscheidungen nach Artikel 6 Absatz 1 innerhalb von höchstens 25 Arbeitstagen. Die Frist beginnt mit dem Arbeitstag, der auf den Tag des Eingangs der Anmeldung folgt, oder, wenn die bei der Anmeldung zu erteilenden Auskünfte unvollständig sind, mit dem Arbeitstag, der auf den Tag des Eingangs der vollständigen Auskünfte folgt.

Diese Frist beträgt 35 Arbeitstage, wenn der Kommission ein Antrag eines Mitgliedstaats gemäß Artikel 9 Absatz 2 zugeht oder wenn die beteiligten Unternehmen gemäß Artikel 6 Absatz 2 anbieten, Verpflichtungen einzugehen, um den Zusammenschluss in einer mit dem Gemeinsamen Markt zu vereinbarenden Weise zu gestalten.

(2) Entscheidungen nach Artikel 8 Absatz 1 oder 2 über angemeldete Zusammenschlüsse sind zu erlassen, sobald offenkundig ist, dass die ernsthaften Bedenken im Sinne des Artikels 6 Absatz 1 Buchstabe c) – insbesondere durch von den beteiligten Unternehmen vorgenommene Änderungen – ausgeräumt sind, spätestens jedoch vor Ablauf der nach Absatz 3 festgesetzten Frist.

(3) Unbeschadet des Artikels 8 Absatz 7 müssen die in Artikel 8 Absätze 1 bis 3 bezeichneten Entscheidungen über angemeldete Zusammenschlüsse innerhalb einer Frist von höchstens 90 Arbeitstagen nach der Einleitung des Verfahrens erlassen werden. Diese Frist erhöht sich auf 105 Arbeitstage, wenn die beteiligten Unternehmen gemäß Artikel 8 Absatz 2 Unterabsatz 2 anbieten, Verpflichtungen einzugehen, um den Zusammenschluss in einer mit dem Gemeinsamen Markt zu vereinbarenden Weise zu gestalten, es sei denn, dieses Angebot wurde weniger als 55 Arbeitstage nach Einleitung des Verfahrens unterbreitet.

Die Fristen gemäß Unterabsatz 1 werden ebenfalls verlängert, wenn die Anmelder dies spätestens 15 Arbeitstage nach Einleitung des Verfahrens gemäß Artikel 6 Absatz 1 Buchstabe c) beantragen. Die Anmelder dürfen eine solche Fristverlängerung nur einmal beantragen. Ebenso kann die Kommission die Fristen gemäß Unterabsatz 1 jederzeit nach Einleitung des Verfahrens mit Zustimmung der Anmelder verlängern. Die Gesamtdauer aller etwaigen Fristverlängerungen nach diesem Unterabsatz darf 20 Arbeitstage nicht übersteigen.

(4) Die in den Absätzen 1 und 3 genannten Fristen werden ausnahmsweise gehemmt, wenn die Kommission durch Umstände, die von einem an dem Zusammenschluss beteiligten Unternehmen zu vertreten sind, eine Auskunft im Wege einer Entscheidung nach Artikel 11 anfordern oder im Wege einer Entscheidung nach Artikel 13 eine Nachprüfung anordnen musste.

Unterabsatz 1 findet auch auf die Frist gemäß Artikel 9 Absatz 4 Buchstabe b) Anwendung.

(5) *Wird eine Entsc*heidung der Kommission, die einer in diesem Artikel festgesetzten Frist unterliegt, durch Urteil des Gerichtshofs ganz oder teilweise für nichtig erklärt, so wird der Zusammenschluss erneut

von der Kommission geprüft; die Prüfung wird mit einer Entscheidung nach Artikel 6 Absatz 1 abgeschlossen.

Der Zusammenschluss wird unter Berücksichtigung der aktuellen Marktverhältnisse erneut geprüft.

Ist die ursprüngliche Anmeldung nicht mehr vollständig, weil sich die Marktverhältnisse oder die in der Anmeldung enthaltenen Angaben geändert haben, so legen die Anmelder unverzüglich eine neue Anmeldung vor oder ergänzen ihre ursprüngliche Anmeldung. Sind keine Änderungen eingetreten, so bestätigen die Anmelder dies unverzüglich.

Die in Absatz 1 festgelegten Fristen beginnen mit dem Arbeitstag, der auf den Tag des Eingangs der vollständigen neuen Anmeldung, der Anmeldungsergänzung oder der Bestätigung im Sinne von Unterabsatz 3 folgt.

Die Unterabsätze 2 und 3 finden auch in den in Artikel 6 Absatz 4 und Artikel 8 Absatz 7 bezeichneten Fällen Anwendung.

(6) Hat die Kommission innerhalb der in Absatz 1 beziehungsweise Absatz 3 genannten Fristen keine Entscheidung nach Artikel 6 Absatz 1 Buchstabe b) oder c) oder nach Artikel 8 Absätze 1, 2 oder 3 erlassen, so gilt der Zusammenschluss unbeschadet des Artikels 9 als für mit dem Gemeinsamen Markt vereinbar erklärt.

Art. 11 Auskunftsverlangen. (1) Die Kommission kann zur Erfüllung der ihr durch diese Verordnung übertragenen Aufgaben von den in Artikel 3 Absatz 1 Buchstabe b) bezeichneten Personen sowie von Unternehmen und Unternehmensvereinigungen durch einfaches Auskunftsverlangen oder durch Entscheidung verlangen, dass sie alle erforderlichen Auskünfte erteilen.

(2) Richtet die Kommission ein einfaches Auskunftsverlangen an eine Person, ein Unternehmen oder eine Unternehmensvereinigung, so gibt sie darin die Rechtsgrundlagen und den Zweck des Auskunftsverlangens, die Art der benötigten Auskünfte und die Frist für die Erteilung der Auskünfte an und weist auf die in Artikel 14 für den Fall der Erteilung einer unrichtigen oder irreführenden Auskunft vorgesehenen Sanktionen hin.

(3) Verpflichtet die Kommission eine Person, ein Unternehmen oder eine Unternehmensvereinigung durch Entscheidung zur Erteilung von Auskünften, so gibt sie darin die Rechtsgrundlage, den Zweck des Auskunftsverlangens, die Art der benötigten Auskünfte und die Frist für die Erteilung der Auskünfte an. In der Entscheidung ist ferner auf *die in Artikel* 14 beziehungsweise Artikel 15 vorgesehenen Sanktionen hinzuweisen; gegebenenfalls kann auch ein Zwangsgeld gemäß Artikel 15 festgesetzt werden. Außerdem enthält die Entscheidung einen Hinweis auf das Recht, vor dem Gerichtshof gegen die Entscheidung Klage zu erheben.

(4) Zur Erteilung der Auskünfte sind die Inhaber der Unternehmen oder deren Vertreter, bei juristischen Personen, Gesellschaften und nicht rechtsfähigen Vereinen die nach Gesetz oder Satzung zur Ver-

tretung berufenen Personen verpflichtet. Ordnungsgemäß bevollmächtigte Personen können die Auskünfte im Namen ihrer Mandanten erteilen. Letztere bleiben in vollem Umfang dafür verantwortlich, dass die erteilten Auskünfte vollständig, sachlich richtig und nicht irreführend sind.

(5) Die Kommission übermittelt den zuständigen Behörden des Mitgliedstaats, in dessen Hoheitsgebiet sich der Wohnsitz der Person oder der Sitz des Unternehmens oder der Unternehmensvereinigung befindet, sowie der zuständigen Behörde des Mitgliedstaats, dessen Hoheitsgebiet betroffen ist, unverzüglich eine Kopie der nach Absatz 3 erlassenen Entscheidung. Die Kommission übermittelt der zuständigen Behörde eines Mitgliedstaats auch die Kopien einfacher Auskunftsverlangen in Bezug auf einen angemeldeten Zusammenschluss, wenn die betreffende Behörde diese ausdrücklich anfordert.

(6) Die Regierungen und zuständigen Behörden der Mitgliedstaaten erteilen der Kommission auf Verlangen alle Auskünfte, die sie zur Erfüllung der ihr durch diese Verordnung übertragenen Aufgaben benötigt.

(7) Zur Erfüllung der ihr durch diese Verordnung übertragenen Aufgaben kann die Kommission alle natürlichen und juristischen Personen befragen, die dieser Befragung zum Zweck der Einholung von Informationen über einen Untersuchungsgegenstand zustimmen. Zu Beginn der Befragung, die telefonisch oder mit anderen elektronischen Mitteln erfolgen kann, gibt die Kommission die Rechtsgrundlage und den Zweck der Befragung an.

Findet eine Befragung weder in den Räumen der Kommission noch telefonisch oder mit anderen elektronischen Mitteln statt, so informiert die Kommission zuvor die zuständige Behörde des Mitgliedstaats, in dessen Hoheitsgebiet die Befragung erfolgt. Auf Verlangen der zuständigen Behörde dieses Mitgliedstaats können deren Bedienstete die Bediensteten der Kommission und die anderen von der Kommission zur Durchführung der Befragung ermächtigten Personen unterstützen.

Art. 12 Nachprüfungen durch Behörden der Mitgliedstaaten. (1) Auf Ersuchen der Kommission nehmen die zuständigen Behörden der Mitgliedstaaten diejenigen Nachprüfungen vor, die die Kommission gemäß Artikel 13 Absatz 1 für angezeigt hält oder die sie in einer Entscheidung gemäß Artikel 13 Absatz 4 angeordnet hat. Die mit der Durchführung der Nachprüfungen beauftragten Bediensteten der zuständigen Behörden der Mitgliedstaaten sowie die von ihnen ermächtigten oder benannten Personen üben ihre Befugnisse nach Maßgabe ihres innerstaatlichen Rechts aus.

(2) Die Bediensteten der Kommission und andere von ihr ermächtigte Begleitpersonen können auf Anweisung der Kommission oder auf Ersuchen der zuständigen Behörde des Mitgliedstaats, in dessen Hoheitsgebiet die Nachprüfung vorgenommen werden soll, die Bediensteten dieser Behörde unterstützen.

Art. 13 Nachprüfungsbefugnisse der Kommission. (1) Die Kommission kann zur Erfüllung der ihr durch diese Verordnung übertragenen Aufgaben bei Unternehmen und Unternehmensvereinigungen alle erforderlichen Nachprüfungen vornehmen.

(2) Die mit den Nachprüfungen beauftragten Bediensteten der Kommission und die anderen von ihr ermächtigten Begleitpersonen sind befugt,

a) alle Räumlichkeiten, Grundstücke und Transportmittel der Unternehmen und Unternehmensvereinigungen zu betreten,
b) die Bücher und sonstigen Geschäftsunterlagen, unabhängig davon, in welcher Form sie vorliegen, zu prüfen,
c) Kopien oder Auszüge gleich in welcher Form aus diesen Büchern und Geschäftsunterlagen anzufertigen oder zu verlangen,
d) alle Geschäftsräume und Bücher oder Unterlagen für die Dauer der Nachprüfung in dem hierfür erforderlichen Ausmaß zu versiegeln,
e) von allen Vertretern oder Beschäftigten des Unternehmens oder der Unternehmensvereinigung Erläuterungen zu Sachverhalten oder Unterlagen zu verlangen, die mit Gegenstand und Zweck der Nachprüfung in Zusammenhang stehen, und ihre Antworten aufzuzeichnen.

(3) Die mit der Nachprüfung beauftragten Bediensteten der Kommission und die anderen von ihr ermächtigten Begleitpersonen üben ihre Befugnisse unter Vorlage eines schriftlichen Auftrags aus, in dem der Gegenstand und der Zweck der Nachprüfung bezeichnet sind und in dem auf die in Artikel 14 vorgesehenen Sanktionen für den Fall hingewiesen wird, dass die angeforderten Bücher oder sonstigen Geschäftsunterlagen nicht vollständig vorgelegt werden oder die Antworten auf die nach Absatz 2 gestellten Fragen unrichtig oder irreführend sind. Die Kommission unterrichtet die zuständige Behörde des Mitgliedstaats, in dessen Hoheitsgebiet die Nachprüfung vorgenommen werden soll, rechtzeitig vor deren Beginn über den Prüfungsauftrag.

(4) Unternehmen und Unternehmensvereinigungen sind verpflichtet, die Nachprüfungen zu dulden, die die Kommission durch Entscheidung angeordnet hat. Die Entscheidung bezeichnet den Gegenstand und den Zweck der Nachprüfung, bestimmt den Zeitpunkt des Beginns der Nachprüfung und weist auf die in Artikel 14 und Artikel 15 vorgesehenen Sanktionen sowie auf das Recht hin, vor dem Gerichtshof Klage gegen die Entscheidung zu erheben. Die Kommission erlässt diese Entscheidung nach Anhörung der zuständigen Behörde des Mitgliedstaats, in dessen Hoheitsgebiet die Nachprüfung vorgenommen werden soll.

(5) Die Bediensteten der zuständigen Behörde des Mitgliedstaats, in dessen Hoheitsgebiet die Nachprüfung vorgenommen werden soll, sowie die von dieser Behörde ermächtigten oder benannten Personen unterstützen auf Anweisung dieser Behörde oder auf Ersuchen der Kommission die Bediensteten der Kommission und die anderen von

ihr ermächtigten Begleitpersonen aktiv. Sie verfügen hierzu über die in Absatz 2 genannten Befugnisse.

(6) Stellen die Bediensteten der Kommission oder die anderen von ihr ermächtigten Begleitpersonen fest, dass sich ein Unternehmen einer aufgrund dieses Artikels angeordneten Nachprüfung, einschließlich der Versiegelung der Geschäftsräume, Bücher oder Geschäftsunterlagen, widersetzt, so leistet der betreffende Mitgliedstaat die erforderliche Amtshilfe, gegebenenfalls unter Einsatz der Polizei oder anderer gleichwertiger Vollzugsorgane, damit die Bediensteten der Kommission und die anderen von ihr ermächtigten Begleitpersonen ihren Nachprüfungsauftrag erfüllen können.

(7) Setzt die Amtshilfe nach Absatz 6 nach einzelstaatlichem Recht eine gerichtliche Genehmigung voraus, so ist diese zu beantragen. Die Genehmigung kann auch vorsorglich beantragt werden.

(8) Wurde eine gerichtliche Genehmigung gemäß Absatz 7 beantragt, prüft das einzelstaatliche Gericht die Echtheit der Kommissionsentscheidung und vergewissert sich, dass die beabsichtigten Zwangsmaßnahmen weder willkürlich noch – gemessen am Gegenstand der Nachprüfung – unverhältnismäßig sind. Bei der Prüfung der Verhältnismäßigkeit der Zwangsmaßnahmen kann das einzelstaatliche Gericht die Kommission unmittelbar oder über die zuständige Behörde des betreffenden Mitgliedstaats um ausführliche Erläuterungen zum Gegenstand der Nachprüfung ersuchen. Das einzelstaatliche Gericht darf jedoch weder die Notwendigkeit der Nachprüfung in Frage stellen noch Auskünfte aus den Akten der Kommission verlangen. Die Prüfung der Rechtmäßigkeit der Kommissionsentscheidung ist dem Gerichtshof vorbehalten.

Art. 14 Geldbußen. (1) Die Kommission kann gegen die in Artikel 3 Absatz 1 Buchstabe b) bezeichneten Personen, gegen Unternehmen und Unternehmensvereinigungen durch Entscheidung Geldbußen bis zu einem Höchstbetrag von 1% des von dem beteiligten Unternehmen oder der beteiligten Unternehmensvereinigung erzielten Gesamtumsatzes im Sinne von Artikel 5 festsetzen, wenn sie vorsätzlich oder fahrlässig

a) in einem Antrag, einer Bestätigung, einer Anmeldung oder Anmeldungsergänzung nach Artikel 4, Artikel 10 Absatz 5 oder Artikel 22 Absatz 3 unrichtige oder irreführende Angaben machen,

b) bei der Erteilung einer nach Artikel 11 Absatz 2 verlangten Auskunft unrichtige oder irreführende Angaben machen,

c) bei der Erteilung einer durch Entscheidung gemäß Artikel 11 Absatz 3 verlangten Auskunft unrichtige, unvollständige oder irreführende Angaben machen oder die Auskunft nicht innerhalb der gesetzten Frist erteilen,

d) bei Nachprüfungen nach Artikel 13 die angeforderten Bücher oder sonstigen Geschäftsunterlagen nicht vollständig vorlegen oder die in einer Entscheidung nach Artikel 13 Absatz 4 angeordneten Nachprüfungen nicht dulden,

e) in Beantwortung einer nach Artikel 13 Absatz 2 Buchstabe e) gestellten Frage
   – eine unrichtige oder irreführende Antwort erteilen,
   – eine von einem Beschäftigten erteilte unrichtige, unvollständige oder irreführende Antwort nicht innerhalb einer von der Kommission gesetzten Frist berichtigen oder
   – in Bezug auf Fakten im Zusammenhang mit dem Gegenstand und dem Zweck einer durch Entscheidung nach Artikel 13 Absatz 4 angeordneten Nachprüfung keine vollständige Antwort erteilen oder eine vollständige Antwort verweigern,

f) die von den Bediensteten der Kommission oder den anderen von ihr ermächtigten Begleitpersonen nach Artikel 13 Absatz 2 Buchstabe d) angebrachten Siegel gebrochen haben.

(2) Die Kommission kann gegen die in Artikel 3 Absatz 1 Buchstabe b) bezeichneten Personen oder die beteiligten Unternehmen durch Entscheidung Geldbußen in Höhe von bis zu 10% des von den beteiligten Unternehmen erzielten Gesamtumsatzes im Sinne von Artikel 5 festsetzen, wenn sie vorsätzlich oder fahrlässig

a) einen Zusammenschluss vor seinem Vollzug nicht gemäß Artikel 4 oder gemäß Artikel 22 Absatz 3 anmelden, es sei denn, dies ist ausdrücklich gemäß Artikel 7 Absatz 2 oder aufgrund einer Entscheidung gemäß Artikel 7 Absatz 3 zulässig,

b) einen Zusammenschluss unter Verstoß gegen Artikel 7 vollziehen,

c) einen durch Entscheidung nach Artikel 8 Absatz 3 für unvereinbar mit dem Gemeinsamen Markt erklärten Zusammenschluss vollziehen oder den in einer Entscheidung nach Artikel 8 Absatz 4 oder 5 angeordneten Maßnahmen nicht nachkommen,

d) einer durch Entscheidung nach Artikel 6 Absatz 1 Buchstabe b), Artikel 7 Absatz 3 oder Artikel 8 Absatz 2 Unterabsatz 2 auferlegten Bedingung oder Auflage zuwiderhandeln.

(3) Bei der Festsetzung der Höhe der Geldbuße ist die Art, die Schwere und die Dauer der Zuwiderhandlung zu berücksichtigen.

(4) Die Entscheidungen aufgrund der Absätze 1, 2 und 3 sind nicht strafrechtlicher Art.

Art. 15 Zwangsgelder. (1) Die Kommission kann gegen die in Artikel 3 Absatz 1 Buchstabe b) bezeichneten Personen, gegen Unternehmen oder Unternehmensvereinigungen durch Entscheidung ein Zwangsgeld bis zu einem Höchstbetrag von 5% des durchschnittlichen täglichen Gesamtumsatzes des beteiligten Unternehmens oder der beteiligten Unternehmensvereinigung im Sinne von Artikel 5 für jeden Arbeitstag des Verzugs von dem in ihrer Entscheidung bestimmten Zeitpunkt an festsetzen, um sie zu zwingen,

a) eine Auskunft, die sie in einer Entscheidung nach Artikel 11 Absatz 3 angefordert hat, vollständig und sachlich richtig zu erteilen,

b) eine Nachprüfung zu dulden, die sie in einer Entscheidung nach Artikel 13 Absatz 4 angeordnet hat,

c) einer durch Entscheidung nach Artikel 6 Absatz 1 Buchstabe b), Artikel 7 Absatz 3 oder Artikel 8 Absatz 2 Unterabsatz 2 auferlegten Auflage nachzukommen oder

d) den in einer Entscheidung nach Artikel 8 Absatz 4 oder 5 angeordneten Maßnahmen nachzukommen.

(2) Sind die in Artikel 3 Absatz 1 Buchstabe b) bezeichneten Personen, Unternehmen oder Unternehmensvereinigungen der Verpflichtung nachgekommen, zu deren Erfüllung das Zwangsgeld festgesetzt worden war, so kann die Kommission die endgültige Höhe des Zwangsgeldes auf einen Betrag festsetzen, der unter dem Betrag liegt, der sich aus der ursprünglichen Entscheidung ergeben würde.

Art. 16 Kontrolle durch den Gerichtshof. Bei Klagen gegen Entscheidungen der Kommission, in denen eine Geldbuße oder ein Zwangsgeld festgesetzt ist, hat der Gerichtshof die Befugnis zu unbeschränkter Ermessensnachprüfung der Entscheidung im Sinne von Artikel 229 des Vertrags; er kann die Geldbuße oder das Zwangsgeld aufheben, herabsetzen oder erhöhen.

Art. 17 Berufsgeheimnis. (1) Die bei Anwendung dieser Verordnung erlangten Kenntnisse dürfen nur zu dem mit der Auskunft, Ermittlung oder Anhörung verfolgten Zweck verwertet werden.

(2) Unbeschadet des Artikels 4 Absatz 3 sowie der Artikel 18 und 20 sind die Kommission und die zuständigen Behörden der Mitgliedstaaten sowie ihre Beamten und sonstigen Bediensteten, alle sonstigen, unter Aufsicht dieser Behörden handelnden Personen und die Beamten und Bediensteten anderer Behörden der Mitgliedstaaten verpflichtet, Kenntnisse nicht preiszugeben, die sie bei Anwendung dieser Verordnung erlangt haben und die ihrem Wesen nach unter das Berufsgeheimnis fallen.

(3) Die Absätze 1 und 2 stehen der Veröffentlichung von Übersichten oder Zusammenfassungen, die keine Angaben über einzelne Unternehmen oder Unternehmensvereinigungen enthalten, nicht entgegen.

Art. 18 Anhörung Beteiligter und Dritter. (1) Vor Entscheidungen nach Artikel 6 Absatz 3, Artikel 7 Absatz 3, Artikel 8 Absätze 2 bis 6, Artikel 14 und Artikel 15 gibt die Kommission den betroffenen Personen, Unternehmen und Unternehmensvereinigungen Gelegenheit, sich zu den ihnen gegenüber geltend gemachten Einwänden in allen Abschnitten des Verfahrens bis zur Anhörung des Beratenden Ausschusses zu äußern.

(2) Abweichend von Absatz 1 können Entscheidungen nach Artikel 7 Absatz 3 und Artikel 8 Absatz 5 vorläufig erlassen werden, ohne den betroffenen Personen, Unternehmen oder Unternehmensvereinigungen zuvor Gelegenheit zur Äußerung zu geben, sofern die Kommission dies unverzüglich nach dem Erlass ihrer Entscheidung nachholt.

(3) Die Kommission stützt ihre Entscheidungen nur auf die Einwände, zu denen die Betroffenen Stellung nehmen konnten. Das Recht der Betroffenen auf Verteidigung während des Verfahrens wird in vollem Umfang gewährleistet. Zumindest die unmittelbar Betroffenen haben das Recht der Akteneinsicht, wobei die berechtigten Interessen der Unternehmen an der Wahrung ihrer Geschäftsgeheimnisse zu berücksichtigen sind.

(4) Sofern die Kommission oder die zuständigen Behörden der Mitgliedstaaten es für erforderlich halten, können sie auch andere natürliche oder juristische Personen anhören. Wenn natürliche oder juristische Personen, die ein hinreichendes Interesse darlegen, und insbesondere Mitglieder der Leitungsorgane der beteiligten Unternehmen oder rechtlich anerkannte Vertreter der Arbeitnehmer dieser Unternehmen einen Antrag auf Anhörung stellen, so ist ihrem Antrag stattzugeben.

Art. 19 Verbindung mit den Behörden der Mitgliedstaaten. (1) Die Kommission übermittelt den zuständigen Behörden der Mitgliedstaaten binnen dreier Arbeitstage eine Kopie der Anmeldungen und sobald wie möglich die wichtigsten Schriftstücke, die in Anwendung dieser Verordnung bei ihr eingereicht oder von ihr erstellt werden. Zu diesen Schriftstücken gehören auch die Verpflichtungszusagen, die die beteiligten Unternehmen der Kommission angeboten haben, um den Zusammenschluss gemäß Artikel 6 Absatz 2 oder Artikel 8 Absatz 2 Unterabsatz 2 in einer mit dem Gemeinsamen Markt zu vereinbarenden Weise zu gestalten.

(2) Die Kommission führt die in dieser Verordnung vorgesehenen Verfahren in enger und stetiger Verbindung mit den zuständigen Behörden der Mitgliedstaaten durch; diese sind berechtigt, zu diesen Verfahren Stellung zu nehmen. Im Hinblick auf die Anwendung des Artikels 9 nimmt sie die in Artikel 9 Absatz 2 bezeichneten Mitteilungen der zuständigen Behörden der Mitgliedstaaten entgegen; sie gibt ihnen Gelegenheit, sich in allen Abschnitten des Verfahrens bis zum Erlass einer Entscheidung nach Artikel 9 Absatz 3 zu äußern und gewährt ihnen zu diesem Zweck Akteneinsicht.

(3) Ein Beratender Ausschuss für die Kontrolle von Unternehmenszusammenschlüssen ist vor jeder Entscheidung nach Artikel 8 Absätze 1 bis 6 und Artikel 14 oder 15, ausgenommen vorläufige Entscheidungen nach Artikel 18 Absatz 2, zu hören.

(4) Der Beratende Ausschuss setzt sich aus Vertretern der zuständigen Behörden der Mitgliedstaaten zusammen. Jeder Mitgliedstaat bestimmt einen oder zwei Vertreter, die im Fall der Verhinderung durch jeweils einen anderen Vertreter ersetzt werden können. Mindestens

einer dieser Vertreter muss für Kartell- und Monopolfragen zuständig sein.

(5) Die Anhörung erfolgt in einer gemeinsamen Sitzung, die die Kommission anberaumt und in der sie den Vorsitz führt. Der Einladung zur Sitzung sind eine Darstellung des Sachverhalts unter Angabe der wichtigsten Schriftstücke sowie ein Entscheidungsentwurf für jeden zu behandelnden Fall beizufügen. Die Sitzung findet frühestens zehn Arbeitstage nach Versendung der Einladung statt. Die Kommission kann diese Frist in Ausnahmefällen entsprechend verkürzen, um schweren Schaden von einem oder mehreren an dem Zusammenschluss beteiligten Unternehmen abzuwenden.

(6) Der Beratende Ausschuss gibt seine Stellungnahme zu dem Entscheidungsentwurf der Kommission – erforderlichenfalls durch Abstimmung – ab. Der Beratende Ausschuss kann seine Stellungnahme abgeben, auch wenn Mitglieder des Ausschusses und ihre Vertreter nicht anwesend sind. Diese Stellungnahme ist schriftlich niederzulegen und dem Entscheidungsentwurf beizufügen. Die Kommission berücksichtigt soweit wie möglich die Stellungnahme des Ausschusses. Sie unterrichtet den Ausschuss darüber, inwieweit sie seine Stellungnahme berücksichtigt hat.

(7) Die Kommission übermittelt den Adressaten der Entscheidung die Stellungnahme des Beratenden Ausschusses zusammen mit der Entscheidung. Sie veröffentlicht die Stellungnahme zusammen mit der Entscheidung unter Berücksichtigung der berechtigten Interessen der Unternehmen an der Wahrung ihrer Geschäftsgeheimnisse.

Art. 20 Veröffentlichung von Entscheidungen. (1) Die Kommission veröffentlicht die nach Artikel 8 Absätze 1 bis 6 sowie Artikel 14 und 15 erlassenen Entscheidungen, ausgenommen vorläufige Entscheidungen nach Artikel 18 Absatz 2, zusammen mit der Stellungnahme des Beratenden Ausschusses im *Amtsblatt der Europäischen Union.*

(2) Die Veröffentlichung erfolgt unter Angabe der Beteiligten und des wesentlichen Inhalts der Entscheidung; sie muss den berechtigten Interessen der Unternehmen an der Wahrung ihrer Geschäftsgeheimnisse Rechnung tragen.

Art. 21 Anwendung dieser Verordnung und Zuständigkeit. (1) Diese Verordnung gilt allein für Zusammenschlüsse im Sinne des Artikels 3; die Verordnungen (EG) Nr. 1/2003[1], (EWG) Nr. 1017/68[2], (EWG) Nr. 4056/86[3] und (EWG) Nr. 3975/87[4] des Rates gel-

[1] **Amtl. Anm.:** ABl. L 1 vom 4. 1. 2003, S. 1.

[2] **Amtl. Anm.:** ABl. L 175 vom 23. 7. 1968, S. 1. Verordnung zuletzt geändert durch die Verordnung (EG) Nr. 1/2003 (ABl. L 1 vom 4. 1. 2003, S. 1).

[3] **Amtl. Anm.:** ABl. L 378 vom 31. 12. 1986, S. 4. Verordnung zuletzt geändert durch die Verordnung (EG) Nr. 1/2003.

[4] **Amtl. Anm.:** ABl. L 374 vom 31. 12. 1987, S. 1. Verordnung zuletzt geändert durch die Verordnung (EG) Nr. 1/2003.

ten nicht, außer für Gemeinschaftsunternehmen, die keine gemeinschaftsweite Bedeutung haben und die Koordinierung des Wettbewerbsverhaltens unabhängig bleibender Unternehmen bezwecken oder bewirken.

(2) Vorbehaltlich der Nachprüfung durch den Gerichtshof ist die Kommission ausschließlich dafür zuständig, die in dieser Verordnung vorgesehenen Entscheidungen zu erlassen.

(3) Die Mitgliedstaaten wenden ihr innerstaatliches Wettbewerbsrecht nicht auf Zusammenschlüsse von gemeinschaftsweiter Bedeutung an.

Unterabsatz 1 berührt nicht die Befugnis der Mitgliedstaaten, die zur Anwendung des Artikels 4 Absatz 4 oder des Artikels 9 Absatz 2 erforderlichen Ermittlungen vorzunehmen und nach einer Verweisung gemäß Artikel 9 Absatz 3 Unterabsatz 1 Buchstabe b) oder Artikel 9 Absatz 5 die in Anwendung des Artikels 9 Absatz 8 unbedingt erforderlichen Maßnahmen zu ergreifen.

(4) Unbeschadet der Absätze 2 und 3 können die Mitgliedstaaten geeignete Maßnahmen zum Schutz anderer berechtigter Interessen als derjenigen treffen, welche in dieser Verordnung berücksichtigt werden, sofern diese Interessen mit den allgemeinen Grundsätzen und den übrigen Bestimmungen des Gemeinschaftsrechts vereinbar sind.

Im Sinne des Unterabsatzes 1 gelten als berechtigte Interessen die öffentliche Sicherheit, die Medienvielfalt und die Aufsichtsregeln.

Jedes andere öffentliche Interesse muss der betreffende Mitgliedstaat der Kommission mitteilen; diese muss es nach Prüfung seiner Vereinbarkeit mit den allgemeinen Grundsätzen und den sonstigen Bestimmungen des Gemeinschaftsrechts vor Anwendung der genannten Maßnahmen anerkennen. Die Kommission gibt dem betreffenden Mitgliedstaat ihre Entscheidung binnen 25 Arbeitstagen nach der entsprechenden Mitteilung bekannt.

Art. 22 Verweisung an die Kommission. (1) Auf Antrag eines oder mehrerer Mitgliedstaaten kann die Kommission jeden Zusammenschluss im Sinne von Artikel 3 prüfen, der keine gemeinschaftsweite Bedeutung im Sinne von Artikel 1 hat, aber den Handel zwischen Mitgliedstaaten beeinträchtigt und den Wettbewerb im Hoheitsgebiet des beziehungsweise der antragstellenden Mitgliedstaaten erheblich zu beeinträchtigen droht.

Der Antrag muss innerhalb von 15 Arbeitstagen, nachdem der Zusammenschluss bei dem betreffenden Mitgliedstaat angemeldet oder, falls eine Anmeldung nicht erforderlich ist, ihm anderweitig zur Kenntnis gebracht worden ist, gestellt werden.

(2) Die Kommission unterrichtet die zuständigen Behörden der Mitgliedstaaten und die beteiligten Unternehmen unverzüglich von einem nach Absatz 1 gestellten Antrag.

Jeder andere Mitgliedstaat kann sich dem ersten Antrag innerhalb von 15 Arbeitstagen, nachdem er von der Kommission über diesen informiert wurde, anschließen.

Alle einzelstaatlichen Fristen, die den Zusammenschluss betreffen, werden gehemmt, bis nach dem Verfahren dieses Artikels entschieden worden ist, durch wen der Zusammenschluss geprüft wird. Die Hemmung der einzelstaatlichen Fristen endet, sobald der betreffende Mitgliedstaat der Kommission und den beteiligten Unternehmen mitteilt, dass er sich dem Antrag nicht anschließt.

(3) Die Kommission kann spätestens zehn Arbeitstage nach Ablauf der Frist gemäß Absatz 2 beschließen, den Zusammenschluss zu prüfen, wenn dieser ihrer Ansicht nach den Handel zwischen Mitgliedstaaten beeinträchtigt und den Wettbewerb im Hoheitsgebiet des bzw. der Antrag stellenden Mitgliedstaaten erheblich zu beeinträchtigen droht. Trifft die Kommission innerhalb der genannten Frist keine Entscheidung, so gilt dies als Entscheidung, den Zusammenschluss gemäß dem Antrag zu prüfen.

Die Kommission unterrichtet alle Mitgliedstaaten und die beteiligten Unternehmen von ihrer Entscheidung. Sie kann eine Anmeldung gemäß Artikel 4 verlangen.

Das innerstaatliche Wettbewerbsrecht des bzw. der Mitgliedstaaten, die den Antrag gestellt haben, findet auf den Zusammenschluss nicht mehr Anwendung.

(4) Wenn die Kommission einen Zusammenschluss gemäß Absatz 3 prüft, finden Artikel 2, Artikel 4 Absätze 2 und 3, die Artikel 5 und 6 sowie die Artikel 8 bis 21 Anwendung. Artikel 7 findet Anwendung, soweit der Zusammenschluss zu dem Zeitpunkt, zu dem die Kommission den beteiligten Unternehmen mitteilt, dass ein Antrag eingegangen ist, noch nicht vollzogen worden ist.

Ist eine Anmeldung nach Artikel 4 nicht erforderlich, beginnt die Frist für die Einleitung des Verfahrens nach Artikel 10 Absatz 1 an dem Arbeitstag, der auf den Arbeitstag folgt, an dem die Kommission den beteiligten Unternehmen ihre Entscheidung mitteilt, den Zusammenschluss gemäß Absatz 3 zu prüfen.

(5) Die Kommission kann einem oder mehreren Mitgliedstaaten mitteilen, dass ein Zusammenschluss nach ihrem Dafürhalten die Kriterien des Absatzes 1 erfüllt. In diesem Fall kann die Kommission diesen Mitgliedstaat beziehungsweise diese Mitgliedstaaten auffordern, einen Antrag nach Absatz 1 zu stellen.

Art. 23 Durchführungsbestimmungen.[1] (1) Die Kommission ist ermächtigt, nach dem Verfahren des Absatzes 2 Folgendes festzulegen:

a) Durchführungsbestimmungen über Form, Inhalt und andere Einzelheiten der Anmeldungen und Anträge nach Artikel 4,

b) Durchführungsbestimmungen zu den in Artikel 4 Absätze 4 und 5 und den Artikeln 7, 9, 10 und 22 bezeichneten Fristen,

c) das Verfahren und die Fristen für das Angebot und die Umsetzung von Verpflichtungszusagen gemäß Artikel 6 Absatz 2 und Artikel 8 Absatz 2,

---

[1] Vgl. VO Nr. 802/2004, ABl. Nr. L 133/1 v. 30. 4. 2004, ber. ABl. Nr. L 172/9 v. 6. 5. 2004

d) Durchführungsbestimmungen für Anhörungen nach Artikel 18.

(2) Die Kommission wird von einem Beratenden Ausschuss unterstützt, der sich aus Vertretern der Mitgliedstaaten zusammensetzt.

a) Die Kommission hört den Beratenden Ausschuss, bevor sie einen Entwurf von Durchführungsvorschriften veröffentlicht oder solche Vorschriften erlässt.

b) Die Anhörung erfolgt in einer Sitzung, die die Kommission anberaumt und in der sie den Vorsitz führt. Der Einladung zur Sitzung ist ein Entwurf der Durchführungsbestimmungen beizufügen. Die Sitzung findet frühestens zehn Arbeitstage nach Versendung der Einladung statt.

c) Der Beratende Ausschuss gibt seine Stellungnahme zu dem Entwurf der Durchführungsbestimmungen – erforderlichenfalls durch Abstimmung – ab. Die Kommission berücksichtigt die Stellungnahme des Ausschusses in größtmöglichem Umfang.

Art. 24 Beziehungen zu Drittländern. (1) Die Mitgliedstaaten unterrichten die Kommission über die allgemeinen Schwierigkeiten, auf die ihre Unternehmen bei Zusammenschlüssen gemäß Artikel 3 in einem Drittland stoßen.

(2) Die Kommission erstellt erstmals spätestens ein Jahr nach Inkrafttreten dieser Verordnung und in der Folge regelmäßig einen Bericht, in dem die Behandlung von Unternehmen, die ihren Sitz oder ihr Hauptgeschäft in der Gemeinschaft haben, im Sinne der Absätze 3 und 4 bei Zusammenschlüssen in Drittländern untersucht wird. Die Kommission übermittelt diese Berichte dem Rat und fügt ihnen gegebenenfalls Empfehlungen bei.

(3) Stellt die Kommission anhand der in Absatz 2 genannten Berichte oder aufgrund anderer Informationen fest, dass ein Drittland Unternehmen, die ihren Sitz oder ihr Hauptgeschäft in der Gemeinschaft haben, nicht eine Behandlung zugesteht, die derjenigen vergleichbar ist, die die Gemeinschaft den Unternehmen dieses Drittlands zugesteht, so kann sie dem Rat Vorschläge unterbreiten, um ein geeignetes Mandat für Verhandlungen mit dem Ziel zu erhalten, für Unternehmen, die ihren Sitz oder ihr Hauptgeschäft in der Gemeinschaft haben, eine vergleichbare Behandlung zu erreichen.

(4) Die nach diesem Artikel getroffenen Maßnahmen müssen mit den Verpflichtungen der Gemeinschaft oder der Mitgliedstaaten vereinbar sein, die sich – unbeschadet des Artikels 307 des Vertrags – aus internationalen bilateralen oder multilateralen Vereinbarungen ergeben.

Art. 25 Aufhebung. (1) Die Verordnungen (EWG) Nr. 4064/89 und (EG) Nr. 1310/97 werden unbeschadet des Artikels 26 Absatz 2 mit Wirkung vom 1. Mai 2004 aufgehoben.

(2) Bezugnahmen auf die aufgehobenen Verordnungen gelten als Bezugnahmen auf die vorliegende Verordnung und sind nach Maßgabe der Entsprechungstabelle im Anhang zu lesen.

Art. 26 Inkrafttreten und Übergangsbestimmungen. (1) Diese Verordnung tritt am zwanzigsten Tag nach ihrer Veröffentlichung im *Amtsblatt der Europäischen Union* in Kraft.

Sie gilt ab dem 1. Mai 2004.

(2) Die Verordnung (EWG) Nr. 4064/89 findet vorbehaltlich insbesondere der Vorschriften über ihre Anwendbarkeit gemäß ihrem Artikel 25 Absätze 2 und 3 sowie vorbehaltlich des Artikels 2 der Verordnung (EWG) Nr. 1310/97 weiterhin Anwendung auf Zusammenschlüsse, die vor dem Zeitpunkt der Anwendbarkeit der vorliegenden Verordnung Gegenstand eines Vertragsabschlusses oder einer Veröffentlichung im Sinne von Artikel 4 Absatz 1 der Verordnung (EWG) Nr. 4064/89 gewesen oder durch einen Kontrollerwerb im Sinne derselben Vorschrift zustande gekommen sind.

(3) Für Zusammenschlüsse, auf die diese Verordnung infolge des Beitritts eines neuen Mitgliedstaats anwendbar ist, wird das Datum der Geltung dieser Verordnung durch das Beitrittsdatum ersetzt.

Diese Verordnung ist in allen ihren Teilen verbindlich und gilt unmittelbar in jedem Mitgliedstaat.

Anhang

Entsprechungstabelle

Verordnung (EWG) Nr. 4064/89	Diese Verordnung
Artikel 1 Absätze 1, 2 und 3	Artikel 1 Absätze 1, 2 und 3
Artikel 1 Absatz 4	Artikel 1 Absatz 4
Artikel 1 Absatz 5	Artikel 1 Absatz 5
Artikel 2 Absatz 1	Artikel 2 Absatz 1
–	Artikel 2 Absatz 2
Artikel 2 Absatz 2	Artikel 2 Absatz 3
Artikel 2 Absatz 3	Artikel 2 Absatz 4
Artikel 2 Absatz 4	Artikel 2 Absatz 5
Artikel 3 Absatz 1	Artikel 3 Absatz 1
Artikel 3 Absatz 2	Artikel 3 Absatz 4
Artikel 3 Absatz 3	Artikel 3 Absatz 2
Artikel 3 Absatz 4	Artikel 3 Absatz 3
–	Artikel 3 Absatz 4
Artikel 3 Absatz 5	Artikel 3 Absatz 5
Artikel 4 Absatz 1 Satz 1	Artikel 4 Absatz 1 Unterabsatz 1
Artikel 4 Absatz 1 Satz 2	–
–	Artikel 4 Absatz 1 Unterabsätze 2 und 3
Artikel 4 Absätze 2 und 3	Artikel 4 Absätze 2 und 3
–	Artikel 4 Absätze 4 bis 6
Artikel 5 Absätze 1 bis 3	Artikel 5 Absätze 1 bis 3
Artikel 5 Absatz 4 Einleitungsteil	Artikel 5 Absatz 4 Einleitungsteil

Verordnung (EWG) Nr. 4064/89	Diese Verordnung
Artikel 5 Absatz 4 Buchstabe a)	Artikel 5 Absatz 4 Buchstabe a)
Artikel 5 Absatz 4 Buchstabe b) Einleitungsteil	Artikel 5 Absatz 4 Buchstabe b) Einleitungsteil
Artikel 5 Absatz 4 Buchstabe b) erster Gedankenstrich	Artikel 5 Absatz 4 Buchstabe b) Ziffer i)
Artikel 5 Absatz 4 Buchstabe b) zweiter Gedankenstrich	Artikel 5 Absatz 4 Buchstabe b) Ziffer ii)
Artikel 5 Absatz 4 Buchstabe b) dritter Gedankenstrich	Artikel 5 Absatz 4 Buchstabe b) Ziffer iii)
Artikel 5 Absatz 4 Buchstabe b) vierter Gedankenstrich	Artikel 5 Absatz 4 Buchstabe b) Ziffer iv)
Artikel 5 Absatz 4 Buchstaben c), d) und e)	Artikel 5 Absatz 4 Buchstaben c), d) und e)
Artikel 5 Absatz 5	Artikel 5 Absatz 5
Artikel 6 Absatz 1 Einleitungsteil	Artikel 6 Absatz 1 Einleitungsteil
Artikel 6 Absatz 1 Buchstaben a) und b)	Artikel 6 Absatz 1 Buchstaben a) und b)
Artikel 6 Absatz 1 Buchstabe c)	Artikel 6 Absatz 1 Buchstabe c) Satz 1
Artikel 6 Absätze 2 bis 5	Artikel 6 Absätze 2 bis 5
Artikel 7 Absatz 1	Artikel 7 Absatz 1
Artikel 7 Absatz 3	Artikel 7 Absatz 2
Artikel 7 Absatz 4	Artikel 7 Absatz 3
Artikel 7 Absatz 5	Artikel 7 Absatz 4
Artikel 8 Absatz 1	Artikel 6 Absatz 1 Buchstabe c) Unterabsatz 2
Artikel 8 Absatz 2	Artikel 8 Absätze 1 und 2
Artikel 8 Absatz 3	Artikel 8 Absatz 3
Artikel 8 Absatz 4	Artikel 8 Absatz 4
–	Artikel 8 Absatz 5
Artikel 8 Absatz 5	Artikel 8 Absatz 6
Artikel 8 Absatz 6	Artikel 8 Absatz 7
–	Artikel 8 Absatz 8
Artikel 9 Absätze 1 bis 9	Artikel 9 Absätze 1 bis 9
Artikel 9 Absatz 10	–
Artikel 10 Absätze 1 und 2	Artikel 10 Absätze 1 und 2
Artikel 10 Absatz 3	Artikel 10 Absatz 1 Unterabsatz 1 Satz 1
–	Artikel 10 Absatz 3 Unterabsatz 1 Satz 2
–	Artikel 10 Absatz 3 Unterabsatz 2
Artikel 10 Absatz 4	Artikel 10 Absatz 4 Unterabsatz 1
–	Artikel 10 Absatz 4 Unterabsatz 2
Artikel 10 Absatz 5	Artikel 10 Absatz 5 Unterabsätze 1 und 4

Verordnung (EWG) Nr. 4064/89	Diese Verordnung
–	Artikel 10 Absatz 5 Unterabsätze 2, 3 und 5
Artikel 10 Absatz 6	Artikel 10 Absatz 6
Artikel 11 Absatz 1	Artikel 11 Absatz 1
Artikel 11 Absatz 2	–
Artikel 11 Absatz 3	Artikel 11 Absatz 2
Artikel 11 Absatz 4	Artikel 11 Absatz 4 Satz 1
–	Artikel 11 Absatz 4 Sätze 2 und 3
Artikel 11 Absatz 5 Satz 1	–
Artikel 11 Absatz 5 Satz 2	Artikel 11 Absatz 3
Artikel 11 Absatz 6	Artikel 11 Absatz 5
–	Artikel 11 Absätze 6 und 7
Artikel 12	Artikel 12
Artikel 13 Absatz 1 Unterabsatz 1	Artikel 13 Absatz 1
Artikel 13 Absatz 1 Unterabsatz 2 Einleitungsteil	Artikel 13 Absatz 2 Einleitungsteil
Artikel 13 Absatz 1 Unterabsatz 2 Buchstabe a)	Artikel 13 Absatz 2 Buchstabe b)
Artikel 13 Absatz 1 Unterabsatz 2 Buchstabe b)	Artikel 13 Absatz 2 Buchstabe c)
Artikel 13 Absatz 1 Unterabsatz 2 Buchstabe c)	Artikel 13 Absatz 2 Buchstabe e)
Artikel 13 Absatz 1 Unterabsatz 2 Buchstabe d)	Artikel 13 Absatz 2 Buchstabe a)
–	Artikel 13 Absatz 2 Buchstabe d)
Artikel 13 Absatz 2	Artikel 13 Absatz 3
Artikel 13 Absatz 3	Artikel 13 Absatz 4 Sätze 1 und 2
Artikel 13 Absatz 4	Artikel 13 Absatz 4 Satz 3
Artikel 13 Absatz 5	Artikel 13 Absatz 5 Satz 1
–	Artikel 13 Absatz 5 Satz 2
Artikel 13 Absatz 6 Satz 1	Artikel 13 Absatz 6
Artikel 13 Absatz 6 Satz 2	–
–	Artikel 13 Absätze 7 und 8
Artikel 14 Absatz 1 Einleitungsteil	Artikel 14 Absatz 1 Einleitungsteil
Artikel 14 Absatz 1 Buchstabe a)	Artikel 14 Absatz 2 Buchstabe a)
Artikel 14 Absatz 1 Buchstabe b)	Artikel 14 Absatz 1 Buchstabe a)
Artikel 14 Absatz 1 Buchstabe c)	Artikel 14 Absatz 1 Buchstaben b) und c)
Artikel 14 Absatz 1 Buchstabe d)	Artikel 14 Absatz 1 Buchstabe d)
–	Artikel 14 Absatz 1 Buchstaben e) und f)
Artikel 14 Absatz 2 Einleitungsteil	Artikel 14 Absatz 2 Einleitungsteil
Artikel 14 Absatz 2 Buchstabe a)	Artikel 14 Absatz 2 Buchstabe d)
Artikel 14 Absatz 2 Buchstaben b) und c)	Artikel 14 Absatz 2 Buchstaben b) und c)

Verordnung (EWG) Nr. 4064/89	Diese Verordnung
Artikel 14 Absatz 3	Artikel 14 Absatz 3
Artikel 14 Absatz 4	Artikel 14 Absatz 4
Artikel 15 Absatz 1 Einleitungsteil	Artikel 15 Absatz 1 Einleitungsteil
Artikel 15 Absatz 1 Buchstaben a) und b)	Artikel 15 Absatz 1 Buchstaben a) und b)
Artikel 15 Absatz 2 Einleitungsteil	Artikel 15 Absatz 1 Einleitungsteil
Artikel 15 Absatz 2 Buchstabe a)	Artikel 15 Absatz 1 Buchstabe c)
Artikel 15 Absatz 2 Buchstabe b)	Artikel 15 Absatz 1 Buchstabe d)
Artikel 15 Absatz 3	Artikel 15 Absatz 2
Artikel 16 bis 20	Artikel 16 bis 20
Artikel 21 Absatz 1	Artikel 21 Absatz 2
Artikel 21 Absatz 2	Artikel 21 Absatz 3
Artikel 21 Absatz 3	Artikel 21 Absatz 4
Artikel 22 Absatz 1	Artikel 21 Absatz 1
Artikel 22 Absatz 3	–
–	Artikel 22 Absätze 1 bis 3
Artikel 22 Absatz 4	Artikel 22 Absatz 4
Artikel 22 Absatz 5	–
–	Artikel 22 Absatz 5
Artikel 23	Artikel 23 Absatz 1
—	Artikel 23 Absatz 2
Artikel 24	Artikel 24
–	Artikel 25
Artikel 25 Absatz 1	Artikel 26 Absatz 1 Unterabsatz 1
–	Artikel 26 Absatz 1 Unterabsatz 2
Artikel 25 Absatz 2	Artikel 26 Absatz 2
Artikel 25 Absatz 3	Artikel 26 Absatz 3
–	Anhang

172. Verordnung (EU) 2015/1588 des Rates über die Anwendung der Artikel 107 und 108 des Vertrags über die Arbeitsweise der Europäischen Union auf bestimmte Gruppen horizontaler Beihilfen

vom 13. Juli 2015

(ABl. Nr. L 248/1 v. 24.9.2015, geänd. durch VO 2018/1911 v. 26.11.2018, ABl. Nr. L 311/8 v. 7.12.2018)

DER RAT DER EUROPÄISCHEN UNION –

gestützt auf den Vertrag über die Arbeitsweise der Europäischen Union, insbesondere auf Artikel 109,

auf Vorschlag der Europäischen Kommission,

nach Stellungnahme des Europäischen Parlaments[1)],

in Erwägung nachstehender Gründe:

(1) Die Verordnung (EG) Nr. 994/98 des Rates[2)] wurde erheblich geändert[3)]. Aus Gründen der Klarheit und der Übersichtlichkeit empfiehlt es sich, sie zu kodifizieren.

(2) Nach dem Vertrag über die Arbeitsweise der Europäischen Union (AEUV) ist die Beurteilung dessen, ob die Beihilfen mit dem Binnenmarkt vereinbar sind, im Wesentlichen Aufgabe der Kommission.

(3) Für das reibungslose Funktionieren des Binnenmarkts ist eine rigorose und effiziente Anwendung der Wettbewerbsvorschriften im Bereich der staatlichen Beihilfen erforderlich.

(4) Die Kommission sollte ermächtigt werden, in den Gebieten, auf denen sie über ausreichende Erfahrung verfügt, um allgemeine Vereinbarkeitskriterien festzulegen, mittels Verordnungen zu erklären, dass bestimmte festgelegte Gruppen von Beihilfen gemäß einer oder mehrerer der Bestimmungen des Artikels 107 Absätze 2 und 3 AEUV mit dem Binnenmarkt vereinbar sind und von dem Verfahren nach Artikel 108 Absatz 3 freigestellt werden.

(5) Gruppenfreistellungsverordnungen gewährleisten die Transparenz und die Rechtssicherheit. Sie können von den nationalen Gerichten unbeschadet des Artikels 4 Absatz 3 des Vertrags über die Europäische Union und des Artikels 267 AEUV direkt angewandt werden.

(6) „Staatliche Beihilfen" ist ein objektiver Begriff, der in Artikel 107 Absatz 1 AEUV definiert ist. Die Ermächtigung der Kommission

---

1) Stellungnahme vom 29. April 2015 (noch nicht im Amtsblatt veröffentlicht.)

2) Verordnung (EG) Nr. 994/98 des Rates vom 7. Mai 1998 über die Anwendung der Artikel 107 und 108 des Vertrags über die Arbeitsweise der Europäischen Union auf bestimmte Gruppen horizontaler Beihilfen (ABl. L 142 vom 14.5.1998, S. 1).

3) Siehe Anhang I.

zum Erlass von Gruppenfreistellungen nach der vorliegenden Verordnung gilt ausschließlich für Maßnahmen, die sämtliche Kriterien gemäß Artikel 107 Absatz 1 AEUV erfüllen und somit staatliche Beihilfen darstellen. Die Aufnahme einer bestimmten Gruppe von Beihilfen in die vorliegende Verordnung oder in eine Freistellungsverordnung lässt nicht den Schluss zu, dass eine Maßnahme als staatliche Beihilfe im Sinne des Artikels 107 Absatz 1 AEUV eingestuft wird.

(7) Die Kommission sollte ermächtigt werden zu erklären, dass Beihilfen zugunsten kleiner und mittlerer Unternehmen (im Folgenden „KMU"), Forschungs-, Entwicklungs- und Innovationsbeihilfen, Umweltschutzbeihilfen, Beschäftigungs- und Ausbildungsbeihilfen sowie Beihilfen, die mit der von der Kommission für jeden Mitgliedstaat zur Gewährung von Regionalbeihilfen genehmigten Fördergebietskarte im Einklang stehen, unter bestimmten Voraussetzungen mit dem Binnenmarkt vereinbar sind und nicht der Anmeldungsverpflichtung unterliegen.

(8) Der Bereich Innovation ist im Rahmen der Innovationsunion, einer der Leitinitiativen der Strategie „Europa 2020", zu einer politischen Priorität der Union geworden. Zahlreiche im Innovationsbereich durchgeführte Beihilfemaßnahmen sind zudem von vergleichsweise geringem Umfang und bewirken keine wesentlichen Wettbewerbsverfälschungen.

(9) Im Bereich der Kultur und der Erhaltung des kulturellen Erbes stellen einige Maßnahmen der Mitgliedstaaten möglicherweise keine staatlichen Beihilfen dar, da sie nicht sämtliche Kriterien des Artikels 107 Absatz 1 AEUV erfüllen, beispielsweise weil der Begünstigte keine Wirtschaftstätigkeit ausübt oder weil es keine Auswirkungen auf den Handel zwischen den Mitgliedstaaten gibt. Soweit Maßnahmen im Bereich der Kultur und der Erhaltung des kulturellen Erbes jedoch staatliche Beihilfen im Sinne des Artikels 107 Absatz 1 AEUV darstellen, sollte die Kommission ermächtigt werden zu erklären, dass Beihilfen unter bestimmten Voraussetzungen mit dem Binnenmarkt vereinbar sind und nicht der Anmeldungsverpflichtung in Artikel 108 Absatz 3 AEUV unterliegen. In der Regel bewirken kleine Vorhaben im Kulturbereich, im Kreativsektor und im Bereich der Erhaltung des kulturellen Erbes keine nennenswerten Wettbewerbsverfälschungen; Fälle aus jüngerer Zeit haben gezeigt, dass derartige Beihilfen nur geringe Auswirkungen auf den Handel haben.

(10) Freistellungen in diesem Bereich könnten auf der Grundlage der – in Leitlinien, z.B. für Filmwerke und audiovisuelle Werke, dargelegten – Erfahrung der Kommission erstellt oder auf der Grundlage von Einzelfällen ausgearbeitet werden. Bei der Konzipierung derartiger Gruppenfreistellungen sollte die Kommission der Tatsache Rechnung tragen, dass sie nur für Maßnahmen gelten sollten, die staatliche Beihilfen darstellen, dass sie grundsätzlich auf Maßnahmen konzentriert sein sollten, die zu den Zielen „Modernisie-

rung des EU-Beihilfenrechts" beitragen, und dass eine Gruppenfreistellung nur für Beihilfen erfolgt, bei denen die Kommission bereits über umfangreiche Erfahrungen verfügt. Darüber hinaus sollte der Hauptzuständigkeit der Mitgliedstaaten im Kulturbereich, dem besonderen Schutz der kulturellen Vielfalt nach Artikel 167 Absatz 1 AEUV und der Wesensbesonderheit der Kultur Rechnung getragen werden.

(11) Was staatliche Beihilfen zur Bewältigung der Folgen von Naturkatastrophen und staatliche Beihilfen für den Fischereisektor zur Bewältigung der Folgen bestimmter widriger Witterungsverhältnisse anbelangt, so sind die in diesen Bereichen gewährten Beihilfebeträge in der Regel gering, und es können eindeutige Voraussetzungen für die Vereinbarkeit mit dem Binnenmarkt festgelegt werden. Die vorliegende Verordnung sollte die Kommission ermächtigen, derartige Beihilfen von der Anmeldungsverpflichtung freizustellen. Nach Erfahrung der Kommission bewirken derartige Beihilfen keine wesentlichen Wettbewerbsverfälschungen; zudem können auf der Grundlage der gewonnenen Erfahrung eindeutige Voraussetzungen für die Vereinbarkeit mit dem Binnenmarkt festgelegt werden.

(12) Nach Artikel 42 AEUV gelten die Beihilfevorschriften unter bestimmten Voraussetzungen nicht für bestimmte Beihilfemaßnahmen zugunsten der in Anhang I des AEUV aufgeführten landwirtschaftlichen Erzeugnisse. Artikel 42 findet keine Anwendung auf Beihilfen zugunsten der Forstwirtschaft und nicht in diesem Anhang aufgeführte Beihilfen. Die Kommission sollte die Möglichkeit haben, bestimmte Arten von Beihilfen zugunsten der Forstwirtschaft, einschließlich Beihilfen, die in Programmen zur Entwicklung des ländlichen Raums enthalten sind, sowie jene zugunsten von Absatzförderungs- und Werbemaßnahmen für nicht in Anhang I des AEUV aufgeführte Erzeugnisse im Nahrungsmittelsektor von der Anmeldungsverpflichtung freizustellen, wenn nach Erfahrung der Kommission die Wettbewerbsverfälschungen in diesen Bereichen gering sind und eindeutige Voraussetzungen für die Vereinbarkeit mit dem Binnenmarkt festgelegt werden können.

(13) Nach Artikel 7 der Verordnung (EG) Nr. 1198/2006 des Rates[1] gelten für Beihilfen der Mitgliedstaaten an Unternehmen im Fischereisektor die Artikel 107, 108 und 109 AEUV; eine Ausnahme bilden finanzielle Beiträge, die die Mitgliedstaaten gemäß und in Übereinstimmung mit der Verordnung (EG) Nr. 1198/2006 leisten. Weitere staatliche Beihilfen für die Erhaltung der lebenden Meeres- und Süßwasserressourcen haben in der Regel nur geringe Auswirkungen auf den Handel zwischen den Mitgliedstaaten, leisten einen Beitrag zu den Zielen der Union im Bereich der Mee-

[1] Verordnung (EG) Nr. 1198/2006 des Rates vom 27. Juli 2006 über den Europäischen Fischereifonds (ABl. L 223 vom 15. 8. 2006, S. 1).

res- und Fischereipolitik und bewirken keine schwerwiegenden Wettbewerbsverfälschungen. Die gewährten Beträge sind normalerweise gering; zudem können eindeutige Voraussetzungen für die Vereinbarkeit mit dem Binnenmarkt festgelegt werden.

(14) Im Sportsektor, insbesondere im Bereich des Amateursports, stellen einige Maßnahmen der Mitgliedstaaten möglicherweise keine Beihilfen dar, da sie nicht sämtliche Kriterien des Artikels 107 Absatz 1 AEUV erfüllen, beispielsweise weil der Begünstigte keine Wirtschaftstätigkeit ausübt oder weil es keine Auswirkungen auf den Handel zwischen den Mitgliedstaaten gibt. Soweit Maßnahmen im Bereich des Sports jedoch staatliche Beihilfen im Sinne des Artikels 107 Absatz 1 AEUV darstellen, sollte die Kommission ermächtigt werden zu erklären, dass Beihilfen unter bestimmten Voraussetzungen mit dem Binnenmarkt vereinbar sind und nicht der Anmeldungsverpflichtung unterliegen. Staatliche Beihilfen für Sport, insbesondere Beihilfen im Bereich des Amateursports oder Beihilfen von geringem Umfang, haben oft nur begrenzte Auswirkungen auf den Handel zwischen den Mitgliedstaaten und bewirken keine schwerwiegenden Wettbewerbsverfälschungen. Zudem sind die gewährten Beträge in der Regel gering. Auf der Grundlage der bislang gewonnenen Erfahrungen können klare Voraussetzungen für die Vereinbarkeit mit dem Binnenmarkt festgelegt werden, sodass gewährleistet ist, dass Beihilfen für den Sport nicht zu erheblichen Wettbewerbsverfälschungen führen.

(15) In Bezug auf Beihilfen zugunsten des Luft- und Seeverkehrs kann die Kommission aufgrund bisheriger Erfahrungen feststellen, dass Sozialbeihilfen für die Beförderung von Einwohnern entlegener Gebiete, wie Gebiete in äußerster Randlage und Inseln, einschließlich Mitgliedstaaten, die aus einer einzigen Inselregion bestehen, sowie dünn besiedelte Gebiete, keine erheblichen Wettbewerbsverfälschungen bewirken, sofern sie unabhängig von der Identität des Verkehrsunternehmens gewährt werden. Außerdem können eindeutige Voraussetzungen für die Vereinbarkeit mit dem Binnenmarkt festgelegt werden.

(16) Im Bereich der Beihilfen für die Breitbandinfrastruktur hat die Kommission in den vergangenen Jahren umfangreiche Erfahrungen gewonnen sowie Leitlinien erstellt[1]. Nach Erfahrung der Kommission bewirken Beihilfen für bestimmte Arten von Breitbandinfrastruktur keine nennenswerten Wettbewerbsverfälschungen und könnten Gegenstand einer Gruppenfreistellung sein, sofern bestimmte Voraussetzungen für die Vereinbarkeit mit dem Binnenmarkt erfüllt sind und die Infrastruktur in „weißen Flecken“ aufgebaut wird, also Gebieten, in denen keine Infrastruktur derselben Kategorie (Breitband oder hochleistungsfähige Zugangs-

---

1) *Mitteilung der Kommission* – Leitlinien der EU für die Anwendung der Vorschriften über staatliche Beihilfen im Zusammenhang mit dem schnellen Breitbandausbau (ABl. C 25 vom 26. 1. 2013, S. 1).

netze der nächsten Generation, im Folgenden „NGA-Netze") vorhanden ist und in naher Zukunft voraussichtlich auch nicht aufgebaut wird, wie aus den in den Leitlinien dargelegten Kriterien hervorgeht. Dies gilt für Beihilfen zugunsten der grundlegenden Breitbandversorgung, für kleine Einzelbeihilfen für NGA-Netze und für Beihilfen zugunsten von Baumaßnahmen im Breitbandbereich und von passiver Breitbandinfrastruktur.

(17) Im Infrastrukturbereich stellen verschiedene Maßnahmen der Mitgliedstaaten möglicherweise keine Beihilfe dar, weil sie nicht allen Kriterien des Artikels 107 Absatz 1 AEUV genügen, beispielsweise weil die Empfänger keiner wirtschaftlichen Tätigkeit nachgehen, weil es keine Auswirkung auf den Handel zwischen Mitgliedstaaten gibt oder weil die Maßnahme in einem Ausgleich für eine Leistung im allgemeinwirtschaftlichen Interesse besteht, die den Kriterien des *Altmark*-Urteils entspricht[1]. Soweit die Finanzierung von Infrastruktur jedoch eine staatliche Beihilfe im Sinne des Artikels 107 Absatz 1 AEUV darstellt, sollte die Kommission ermächtigt werden zu erklären, dass Beihilfen unter bestimmten Voraussetzungen mit dem Binnenmarkt vereinbar sind und nicht der Anmeldungsverpflichtung unterliegen. Im Bereich der Infrastruktur können kleine Beihilfebeträge für Projekte in effizienter Weise zur Unterstützung von Unionszielen beitragen, sofern damit Kosten minimiert werden und die potenziellen Wettbewerbsverfälschungen begrenzt sind. Die Kommission sollte daher die Möglichkeit haben, staatliche Beihilfen für Infrastrukturprojekte freizustellen, die die in dieser Verordnung genannten Ziele sowie andere Ziele von gemeinsamem Interesse, insbesondere die Ziele von Europa 2020, unterstützen[2]. Dies könnte die Unterstützung für Projekte einschließen, die Netze oder Einrichtungen für mehrere Sektoren umfassen, bei denen relativ geringe Beihilfebeträge nötig sind. Gruppenfreistellungen können jedoch nur für Infrastrukturprojekte gewährt werden, bei denen die Kommission ausreichend Erfahrung hat, um klare und strenge Kriterien für die Vereinbarkeit mit dem Binnenmarkt festzulegen, mit denen gewährleistet wird, dass die Gefahr möglicher Wettbewerbsverfälschungen begrenzt ist und dass große Beihilfebeträge weiterhin der Anmeldepflicht gemäß Artikel 108 Absatz 3 AEUV unterliegen.

(18) Die Kommission sollte bei dem Erlass von Verordnungen zur Freistellung bestimmter Gruppen von Beihilfen von der Anmeldungspflicht nach Artikel 108 Absatz 3 AEUV den Zweck der Beihilfe, die Gruppen von Begünstigten, die Schwellenwerte, mit denen

---

[1] Urteil des Gerichtshofs vom 24. Juli 2003, C-280/00, *Altmark Trans GmbH und Regierungspräsidium Magdeburg/Nahverkehrsgesellschaft Altmark GmbH* (Slg. 2003, S. I-7747).

[2] Siehe Empfehlung 2010/410/EU des Rates vom 13. Juli 2010 über die Grundzüge der Wirtschaftspolitik der Mitgliedstaaten und der Union (ABl. L 191 vom 23. 7. 2010, S. 28) und Beschluss 2010/707/EU des Rates vom 21. Oktober 2010 über die Leitlinien für beschäftigungspolitische Maßnahmen der Mitgliedstaaten (ABl. L 308 vom 24. 11. 2010, S. 46).

die freigestellten Beihilfen auf bestimmte Höchstintensitäten bezogen auf eine Reihe förderbarer Kosten oder Höchstbeträge begrenzt werden, die Bedingungen für die Kumulierung der Beihilfen und die Bedingungen der Überwachung festlegen, um die Vereinbarkeit der von dieser Verordnung erfassten Beihilfen mit dem Binnenmarkt zu gewährleisten.

(19) Die Schwellenwerte für jede Beihilfegruppe, für die die Kommission eine Gruppenfreistellungsverordnung erlässt, können als Beihilfeintensitäten in Bezug auf eine Reihe förderbarer Kosten oder als Beihilfehöchstbeträge ausgedrückt werden. Ferner sollte die Kommission auch ermächtigt werden, Gruppenfreistellungen für bestimmte Arten von Maßnahmen, die staatliche Beihilfen umfassen, zu erlassen, die aufgrund ihrer besonderen Gestaltung nicht präzise als Beihilfeintensitäten oder Beihilfehöchstbeträge ausgedrückt werden können, wie Finanzierungsinstrumente oder bestimmte Arten von Maßnahmen, die auf die Förderung von Risikokapitalinvestitionen abzielen. Derartige komplexe Maßnahmen können auf verschiedenen Ebenen Beihilfen umfassen: unmittelbar Begünstigte, Zwischenbegünstigte und mittelbar Begünstigte. In Anbetracht der zunehmenden Bedeutung derartiger Maßnahmen und ihres Beitrags zu Zielen der Union wäre es wünschenswert, für diese Maßnahmen eine Freistellung zu ermöglichen. Daher sollte es zulässig sein, bei solchen Maßnahmen die Schwellenwerte für die jeweilige Gewährung einer Beihilfe als Höchstsatz der staatlichen Förderung für diese Maßnahme oder im Zusammenhang mit dieser Maßnahme auszudrücken. Der Höchstsatz der staatlichen Förderung kann ein Förderungselement beinhalten, das möglicherweise keine staatliche Beihilfe ist, sofern die Maßnahme mindestens einige Elemente einschließt, die staatliche Beihilfe im Sinne des Artikels 107 Absatz 1 AEUV enthalten und die nicht geringfügiger Art sind.

(20) Es kann zweckdienlich sein, Schwellenwerte oder sonstige geeignete Bedingungen für die Anmeldung einzelner Beihilfen festzusetzen, damit die Kommission die Auswirkungen bestimmter Beihilfen auf den Wettbewerb und den Handel zwischen Mitgliedstaaten sowie deren Vereinbarkeit mit dem Binnenmarkt einzeln prüfen kann.

(21) Die Kommission sollte ermächtigt werden, beim Erlass von Verordnungen zur Freistellung bestimmter Gruppen von Beihilfen von der Anmeldungspflicht nach Artikel 108 Absatz 3 AEUV zusätzliche Bedingungen aufzuerlegen, um die Vereinbarkeit der von dieser Verordnung erfassten Beihilfen mit dem Binnenmarkt zu gewährleisten.

(22) In Anbetracht der Entwicklung und Funktionsweise des Binnenmarktes sollte die Kommission ermächtigt werden, mittels einer Verordnung festzulegen, dass bestimmte Beihilfen nicht allen Bedingungen des Artikels 107 Absatz 1 AEUV entsprechen und deshalb von dem Anmeldungsverfahren gemäß Artikel 108 Absatz 3

AEUV freigestellt sind, sofern die einem Unternehmen über einen bestimmten Zeitraum gewährten Beihilfen einen festgesetzten Betrag nicht überschreiten.

(23) Nach Artikel 108 Absatz 1 AEUV ist die Kommission verpflichtet, in Zusammenarbeit mit den Mitgliedstaaten alle bestehenden Beihilferegelungen fortlaufend zu überprüfen. Zur Erfüllung dieser Verpflichtung und um ein höchstmögliches Maß an Transparenz und eine angemessene Überwachung zu gewährleisten, ist es angezeigt, dass die Kommission für die Errichtung eines zuverlässigen Systems der Aufzeichnung und Speicherung von Angaben über die Anwendung von Kommissionsverordnungen sorgt, zu dem alle Mitgliedstaaten Zugang haben, und dass sie von den Mitgliedstaaten die erforderlichen Angaben über die Durchführung der von der Anmeldungspflicht freigestellten Beihilfen zur gemeinsamen Erörterung und Auswertung mit den Mitgliedstaaten im Beratenden Ausschuss für staatliche Beihilfen erhält. Es ist ferner angezeigt, dass die Kommission die Vorlage derartiger Angaben erforderlichenfalls anfordern kann, um die Wirksamkeit ihrer Überprüfung gewährleisten zu können.

(24) Die Mitgliedstaaten sollten Zusammenfassungen der Angaben zu den von ihnen gewährten Beihilfen vorlegen, die unter eine Freistellungsverordnung fallen. Die Veröffentlichung dieser Zusammenfassungen ist notwendig, um die Transparenz der von den Mitgliedstaaten beschlossenen Maßnahmen zu gewährleisten. Angesichts der Weiterentwicklung der elektronischen Kommunikationsmittel bildet die Veröffentlichung der Zusammenfassungen auf der Website der Kommission eine schnelle und wirksame Methode, die den Beteiligten gegenüber mehr Transparenz gewährleistet. Deshalb sollte die Veröffentlichung auf der Website der Kommission vorgesehen werden.

(25) Die Überwachung der Gewährung von Beihilfen bedingt eine Vielzahl äußerst komplexer sachlicher, rechtlicher und wirtschaftlicher Erwägungen in einem sich ständig verändernden Umfeld. Die Kommission sollte deshalb regelmäßig die Gruppen von Beihilfen überprüfen, die von der Anmeldungspflicht freizustellen sind. Sie sollte in der Lage sein, ihre gemäß dieser Verordnung erlassenen Verordnungen aufzuheben oder zu ändern, wenn sich die Umstände hinsichtlich eines zu ihrem Erlass grundlegenden Sachverhalts geändert haben oder wenn die Fortentwicklung oder Funktionsweise des Binnenmarktes dies erfordert.

(26) Die Kommission sollte in enger und ständiger Verbindung mit den Mitgliedstaaten in der Lage sein, den Umfang der Freistellungsverordnungen und der darin enthaltenen Bedingungen genau festzulegen. Um die Zusammenarbeit zwischen der Kommission und den zuständigen Behörden der Mitgliedstaaten zu gewährleisten, ist es zweckmäßig, dass der Beratende Ausschuss für staatliche Beihilfen konsultiert wird, bevor die Kommission Verordnungen gemäß dieser Verordnung erlässt.

(27) Verordnungsentwürfe und andere vom Beratenden Ausschuss für staatliche Beihilfen nach der vorliegenden Verordnung zu prüfende Dokumente sollten auf der Website der Kommission veröffentlicht werden, um für Transparenz zu sorgen.

(28) Der Beratende Ausschuss für staatliche Beihilfen sollte vor der Veröffentlichung eines Verordnungsentwurfs konsultiert werden. Im Interesse von Transparenz sollte der Verordnungsentwurf jedoch bereits zum Zeitpunkt der ersten Konsultation des Beratenden Ausschusses durch die Kommission im Internet veröffentlicht werden

HAT FOLGENDE VERORDNUNG ERLASSEN:

Art. 1 Gruppenfreistellungen. (1) Die Kommission kann mittels Verordnungen, die nach dem Verfahren des Artikels 8 dieser Verordnung und nach Artikel 107 AEUV erlassen wurden, erklären, dass folgende Gruppen von Beihilfen mit dem Binnenmarkt vereinbar sind und nicht der Anmeldungsverpflichtung nach Artikel 108 Absatz 3 AEUV unterliegen[1]:

a) Beihilfen zugunsten von:
   i) kleinen und mittleren Unternehmen,
   ii) Forschung, Entwicklung und Innovation,
   iii) Umweltschutzmaßnahmen,
   iv) Beschäftigung und Ausbildung,
   v) Maßnahmen im Bereich der Kultur und der Erhaltung des kulturellen Erbes,
   vi) Maßnahmen zur Bewältigung der Folgen von Naturkatastrophen,
   vii) Maßnahmen für den Fischereisektor zur Bewältigung der Folgen bestimmter widriger Witterungsverhältnisse,
   viii) Forstwirtschaft,
   ix) Maßnahmen zur Förderung von nicht in Anhang I des AEUV aufgeführten Erzeugnissen im Nahrungsmittelsektor,
   x) Maßnahmen zur Erhaltung der lebenden Meeres- und Süßwasserressourcen,
   xi) Maßnahmen im Bereich des Sports,
   xii) Maßnahmen im Verkehrsbereich für Einwohner entlegener Gebiete, sofern es sich um Beihilfen aus sozialen Gründen handelt, die unabhängig von der Identität des Verkehrsunternehmens gewährt werden,
   xiii) Maßnahmen zum Ausbau grundlegender Breitbandinfrastruktur, kleine Einzelinfrastrukturmaßnahmen zum Ausbau von Zugangsnetzen der nächsten Generation, Tiefbauarbeiten im Breitbandbereich und passive Breitbandinfrastruktur in Gebieten, in denen entweder keine derartige Infrastruktur vorhanden

---

[1] Vgl. VO (EU) Nr. 651/2014 der Kommission v. 17.6.2014 zur Feststellung der Vereinbarkeit bestimmter Gruppen von Beihilfen mit dem Binnenmarkt in Anwendung der Artikel 107 und 108 des Vertrags über die Arbeitsweise der Europäischen Union (allgemeine GruppenfreistellungsVO), ABl. Nr. L 187/1 v. 26.6.2014, ber. ABl. Nr. L 283/65 v. 27.9.2014, die gem. ihres Art. 59 bis zum 31.12.2020 gilt.

ist oder eine solche in naher Zukunft voraussichtlich nicht ausgebaut wird,

xiv) Maßnahmen zum Ausbau von Infrastruktur zur Unterstützung der in den Ziffern i bis xiii und in Buchstabe b dieses Absatzes genannten Ziele sowie anderer Ziele von gemeinsamem Interesse, insbesondere der Ziele von Europa 2020,

xv) Finanzierungen, die durch zentral verwaltete Finanzierungsinstrumente oder Haushaltsgarantien der EU weitergeleitet beziehungsweise unterstützt werden, wenn die Beihilfe in Form einer zusätzlichen Finanzierung aus staatlichen Mitteln gewährt wird,

xvi) Projekten, die aus Programmen der Europäischen territorialen Zusammenarbeit der EU unterstützt werden,

b) Beihilfen im Einklang mit den von der Kommission für jeden Mitgliedstaat zur Gewährung von Regionalbeihilfen genehmigten Fördergebieten.

(2) In den Verordnungen nach Absatz 1 ist für jede Gruppe von Beihilfen Folgendes festzulegen:

a) der Zweck der Beihilfe,

b) die Gruppen von Begünstigten,

c) die entweder als Beihilfeintensitäten in Bezug auf eine Reihe bestimmter förderbarer Kosten oder als Beihilfehöchstbeträge oder – bei bestimmten Arten von Beihilfen, bei denen es möglicherweise schwierig ist, die Beihilfeintensität oder den Beihilfebetrag präzise zu ermitteln, insbesondere Finanzierungsinstrumente oder Risikokapitalinvestitionen oder ähnliche Maßnahmen – als Höchstsätze der staatlichen Förderung für diese Maßnahmen oder im Zusammenhang mit diesen Maßnahmen ausgedrückten Schwellenwerte, unbeschadet der Einstufung der betreffenden Maßnahmen gemäß Artikel 107 Absatz 1 AEUV,

d) die Bedingungen für die Kumulierung der Beihilfen,

e) die Bedingungen der Überwachung nach Artikel 3.

(3) Außerdem können in den Verordnungen nach Absatz 1 insbesondere

a) Schwellenwerte oder sonstige Bedingungen für die Anmeldung von Einzelbeihilfen festgesetzt werden,

b) bestimmte Wirtschaftszweige vom Anwendungsbereich der Verordnungen ausgenommen werden,

c) zusätzliche Bedingungen für die Vereinbarkeit der nach solchen Verordnungen freigestellten Beihilfen vorgesehen werden.

Art. 2 De minimis. (1) Die Kommission kann mittels nach dem Verfahren des Artikels 8 dieser Verordnung erlassenen Verordnungen feststellen, dass in Anbetracht der Entwicklung und Funktionsweise des Binnenmarktes bestimmte Beihilfen nicht alle Tatbestandsmerkmale des

Artikels 107 Absatz 1 AEUV erfüllen und deshalb von der Anmeldungsverpflichtung nach Artikel 108 Absatz 3 AEUV freigestellt sind, sofern die einem Unternehmen über einen bestimmten Zeitraum gewährten Beihilfen nicht einen festgesetzten Betrag überschreiten.[1)]

Art. 3 Transparenz und Überwachung. (1) Beim Erlass von Verordnungen nach Artikel 1 erlegt die Kommission den Mitgliedstaaten genaue Regeln zur Gewährleistung der Transparenz und der Überwachung der gemäß diesen Verordnungen von der Anmeldungspflicht freigestellten Beihilfen auf. Diese Regeln haben insbesondere die in den Absätzen 2, 3 und 4 festgelegten Anforderungen zum Gegenstand.

(2) Sobald Beihilferegelungen oder außerhalb einer Regelung gewährte Einzelbeihilfen, die gemäß den in Artikel 1 Absatz 1 genannten Verordnungen freigestellt sind, angewandt werden, übermitteln die Mitgliedstaaten der Kommission eine Zusammenfassung der Angaben zu diesen freigestellten Beihilferegelungen oder Einzelbeihilfen, die dann auf der Website der Kommission veröffentlicht wird.

(3) Die Mitgliedstaaten zeichnen alle Angaben zur Durchführung der Gruppenfreistellungen auf und speichern sie. Liegen der Kommission Angaben vor, die Zweifel an der ordnungsgemäßen Durchführung einer Freistellungsverordnung aufkommen lassen, teilen die Mitgliedstaaten ihr alle Angaben mit, die sie für die Beurteilung der Vereinbarkeit einer Beihilfe mit der genannten Verordnung für notwendig erachtet.

(4) Die Mitgliedstaaten übermitteln der Kommission mindestens einmal jährlich gemäß den besonderen Anforderungen der Kommission – vorzugsweise in automatisierter Form – einen Bericht über die Durchführung der Gruppenfreistellungen. Die Kommission gewährt allen Mitgliedstaaten Zugang zu diesen Berichten. Einmal jährlich werden diese Berichte von dem in Artikel 7 genannten Ausschuss erörtert und ausgewertet.

Art. 4 Geltungsdauer und Änderung der Verordnungen. (1) Die gemäß den Artikeln 1 und 2 erlassenen Verordnungen gelten für einen festgesetzten Zeitraum. Die Beihilferegelungen, die aufgrund einer gemäß den Artikeln 1 und 2 erlassenen Verordnung freigestellt sind, sind für die Geltungsdauer der genannten Verordnung sowie für die Dauer der in den Absätzen 2 und 3 des vorliegenden Artikels vorgesehenen Anpassungsfrist freigestellt.

(2) Die gemäß den Artikeln 1 und 2 erlassenen Verordnungen können aufgehoben oder geändert werden, wenn sich die Umstände in Bezug auf einen für ihren Erlass grundlegenden Sachverhalt geändert haben oder wenn die fortschreitende Entwicklung oder das Funktio-

---

1) *Vgl. VO (EU) Nr. 1407/2013* der Kommission v. 18.12.2013 über die Anwendung der Artikel 107 und 108 des Vertrags über die Arbeitsweise der Europäischen Union auf De-minimis-Beihilfen, ABl. Nr. L 352/1 v. 24.12.2013 (Gültigkeit: 2014–2020).

nieren des Binnenmarktes dies erfordern. In diesem Fall wird in der neuen Verordnung eine Anpassungsfrist von sechs Monaten für die Änderung der unter die ursprüngliche Verordnung fallenden Beihilferegelungen festgesetzt.

(3) Die gemäß den Artikeln 1 und 2 erlassenen Verordnungen sehen eine Frist gemäß Absatz 2 des vorliegenden Artikels für den Fall vor, dass ihre Anwendung bei Ablauf ihrer Geltungsdauer nicht verlängert wird.

(Fortsetzung nächstes Blatt)

Art. 5 Auswertungsbericht. Alle fünf Jahre legt die Kommission dem Europäischen Parlament und dem Rat einen Bericht über die Anwendung dieser Verordnung vor. Dem in Artikel 7 genannten Ausschuss wird ein Berichtsentwurf zur Prüfung unterbreitet.

Art. 6 Anhörung von Interessierten. Beabsichtigt die Kommission den Erlass einer Verordnung, so veröffentlicht sie den Verordnungsentwurf, um sämtlichen interessierten Personen und Einrichtungen Gelegenheit zu geben, sich innerhalb einer von der Kommission festzusetzenden angemessenen Frist zu äußern, die auf keinen Fall kürzer als ein Monat ist.

Art. 7 Beratender Ausschuss für staatliche Beihilfen. Der Beratende Ausschuss für staatliche Beihilfen, (im Folgenden „Ausschuss"), wird eingesetzt. Er setzt sich aus Vertretern der Mitgliedstaaten zusammen, und ein Vertreter der Kommission führt den Vorsitz.

Art. 8 Konsultierung des Ausschusses. (1) Die Kommission konsultiert den Ausschuss

a) zum Zeitpunkt der Veröffentlichung eines Verordnungsentwurfs nach Artikel 6,

b) vor dem Erlass einer Verordnung.

(2) Die Konsultierung des Ausschusses erfolgt im Rahmen einer Tagung, die von der Kommission einberufen wird. Die zu prüfenden Entwürfe und Dokumente sind der Einberufung beigefügt und können auf der Website der Kommission veröffentlicht werden. Die Tagung findet frühestens zwei Monate nach Übermittlung der Einberufung statt.

Diese Frist kann im Falle von Konsultierungen nach Absatz 1 Buchstabe b sowie in dringenden Fällen oder im Falle einer einfachen Verlängerung der Geltungsdauer einer Verordnung verkürzt werden.

(3) Der Vertreter der Kommission unterbreitet dem Ausschuss einen Entwurf der zu treffenden Maßnahmen. Der Ausschuss gibt – gegebenenfalls nach Abstimmung – seine Stellungnahme zu diesem Entwurf innerhalb einer Frist ab, die der Vorsitzende unter Berücksichtigung der Dringlichkeit der betreffenden Frage festsetzen kann.

(4) Die Stellungnahme wird in das Protokoll aufgenommen. Darüber hinaus hat jeder Mitgliedstaat das Recht zu verlangen, dass sein Standpunkt im Protokoll festgehalten wird. Der Ausschuss kann empfehlen, dass diese Stellungnahme im *Amtsblatt der Europäischen Union* veröffentlicht wird.

(5) Die Kommission berücksichtigt so weit wie möglich die Stellungnahme des Ausschusses. Sie unterrichtet den Ausschuss darüber, inwieweit sie seine Stellungnahme berücksichtigt hat.

Art. 9 Aufhebung. Die Verordnung (EG) Nr. 994/98 wird aufgehoben.

Verweisungen auf die aufgehobene Verordnung gelten als Verweisungen auf die vorliegende Verordnung und sind nach Maßgabe der Entsprechungstabelle in Anhang II zu lesen.

Art. 10 Inkrafttreten. Diese Verordnung tritt am zwanzigsten Tag nach ihrer Veröffentlichung im *Amtsblatt der Europäischen Union* in Kraft.

Anhang I

Aufgehobene Verordnung mit ihrer Änderung

Verordnung (EG) Nr. 994/98 des Rates
(ABl. L 142 vom 14. 5. 1998, S. 1).
Verordnung (EU) Nr. 733/2013 des Rates
(ABl. L 204 vom 31. 7. 2013, S. 11).

Anhang II

Entsprechungstabelle

Verordnung (EG) Nr. 994/98	Vorliegende Verordnung
Artikel 1 bis 8	Artikel 1 bis 8
–	Artikel 9
Artikel 9	Artikel 10
	Anhang I
–	Anhang II

173. Verordnung (EU) 2015/1589 des Rates über besondere Vorschriften für die Anwendung von Artikel 108 des Vertrags über die Arbeitsweise der Europäischen Union[1)·2)]

(Beihilfeverfahrensordnung)

vom 13. Juli 2015
(ABl. Nr. L 248/9 v. 24. 9. 2015)

DER RAT DER EUROPÄISCHEN UNION –

gestützt auf den Vertrag über die Arbeitsweise der Europäischen Union, insbesondere auf Artikel 109,

auf Vorschlag der Europäischen Kommission,

nach Stellungnahme des Europäischen Parlaments,

in Erwägung nachstehender Gründe:

(1) Die Verordnung (EG) Nr. 659/1999 des Rates wurde mehrfach und erheblich geändert[3)]. Aus Gründen der Klarheit und der Übersichtlichkeit empfiehlt es sich, sie zu kodifizieren.

(2) Unbeschadet der besonderen Verfahrensregeln in Verordnungen für bestimmte Sektoren, sollte diese Verordnung für Beihilfen in allen Sektoren gelten. Im Hinblick auf die Anwendung der Artikel 93 und 107 des Vertrags über die Arbeitsweise der Europäischen Union (AEUV) ist die Kommission nach Artikel 108 AEUV insbesondere für Beschlüsse über die Vereinbarkeit staatlicher Beihilfen mit dem Binnenmarkt zuständig; dies gilt für die Überprüfung bestehender Beihilferegelungen, die Einführung oder Umgestaltung von Beihilfen und die Nichtbefolgung ihrer Beschlüsse oder der Anmeldungspflicht.

(3) Im Rahmen eines modernisierten Systems der Vorschriften für staatliche Beihilfen, mit der sowohl ein Beitrag zur Umsetzung der Wachstumsstrategie „Europa 2020" als auch zur Haushaltskonsolidierung geleistet werden soll, sollte für eine wirksame und einheitliche Anwendung des Artikels 107 AEUV in der Union gesorgt werden. Mit der Verordnung (EG) Nr. 659/1999 wurde die bis dato gängige Praxis der Kommission konsolidiert und verstärkt, um mehr Rechtssicherheit zu schaffen und die Beihilfepolitik in einem transparenten Umfeld weiterzuentwickeln.

(4) Zur Gewährleistung von Rechtssicherheit sollte festgelegt werden, unter welchen Umständen staatliche Beihilfen als bestehende Bei-

---

1) Diese VO ersetzt VO 659/1999; eine Entsprechungstabelle findet sich im Anhang II der VO.

2) Vgl. auch die DurchführungsVO Nr. 794/2004 v. 21. 4. 2004, ABl. Nr. L 140/1 v. 30. 4. 2004, ber. ABl. Nr. L 131/45 v. 25. 5. 2005, zuletzt geänd. durch VO (EG) Nr. 372/2014 v. 9. 4. 2014, ABl. Nr. L 109/14 und VO (EU) 2015/2282 v. 27. 11. 2015, ABl. Nr. L 325/1.

3) Siehe Anhang I.

hilfen zu betrachten sind. Die Vollendung und Vertiefung des Binnenmarkts ist ein schrittweiser Prozess, der sich in der ständigen Entwicklung der Politik im Bereich der staatlichen Beihilfen widerspiegelt. In der Folge dieser Entwicklungen können bestimmte Maßnahmen, die zum Zeitpunkt ihrer Einführung keine staatlichen Beihilfen darstellten, zu Beihilfen geworden sein.

(5) Nach Artikel 108 Absatz 3 AEUV müssen alle Vorhaben zur Gewährung neuer Beihilfen bei der Kommission angemeldet werden und dürfen nicht durchgeführt werden, bevor die Kommission einen abschließenden Beschluss erlassen hat.

(6) Nach Artikel 4 Absatz 3 des Vertrags über die Europäische Union (EUV) sind die Mitgliedstaaten verpflichtet, mit der Kommission zusammenzuarbeiten und ihr alle zur Erfüllung ihrer Verpflichtungen aus dieser Verordnung erforderlichen Informationen bereitzustellen.

(7) Die Frist, innerhalb derer die Kommission die vorläufige Prüfung angemeldeter Beihilfen beendet haben muss, sollte festgesetzt werden auf zwei Monate nach Erhalt einer vollständigen Anmeldung oder nach Erhalt einer gebührend begründeten Erklärung des betreffenden Mitgliedstaats, wonach dieser die Anmeldung als vollständig erachtet, da die von der Kommission erbetenen zusätzlichen Auskünfte nicht verfügbar sind oder bereits erteilt wurden. Diese Prüfung sollte aus Gründen der Rechtssicherheit durch einen Beschluss abgeschlossen werden.

(8) In allen Fällen, in denen die Kommission nach der vorläufigen Prüfung nicht auf die Vereinbarkeit der Beihilfe mit dem Binnenmarkt schließen kann, sollte das förmliche Prüfverfahren eröffnet werden, damit die Kommission alle zur Beurteilung der Vereinbarkeit der Beihilfe zweckdienlichen Auskünfte einholen kann und die Beteiligten ihre Stellungnahmen abgeben können. Die Rechte der Beteiligten können im Rahmen des förmlichen Prüfverfahrens nach Artikel 108 Absatz 2 AEUV am besten gewährleistet werden.

(9) Da nach Artikel 108 AEUV ausschließlich die Kommission dafür zuständig ist zu prüfen, ob eine angemeldete oder rechtswidrige staatliche Beihilfe mit dem Binnenmarkt vereinbar ist, sollte dafür Sorge getragen werden, dass die Kommission über die Befugnis verfügt, für die Zwecke der Durchsetzung der Vorschriften über staatliche Beihilfen Mitgliedstaaten, Unternehmen oder Unternehmensvereinigungen um die erforderlichen Marktauskünfte zu ersuchen, wenn sie aufgrund von Zweifeln an der Vereinbarkeit einer Maßnahme ein förmliches Prüfverfahren eingeleitet hat. Die Kommission sollte diese Befugnis insbesondere in den Fällen ausüben, in denen sich eine umfassende inhaltliche Würdigung als erforderlich erweist. Bei ihrer Entscheidung darüber, ob sie diese Befugnis ausüben wird, sollte sie die Dauer der vorläufigen Prüfung gebührend berücksichtigen.

(10) Nach Einleitung des förmlichen Prüfverfahrens sollte die Kommission die Möglichkeit haben, für die Zwecke der beihilferechtlichen Würdigung der Vereinbarkeit einer Beihilfemaßnahme – insbesondere wenn es um technisch komplexe Fälle geht, die einer inhaltlichen Würdigung bedürfen – einen Mitgliedstaat, ein Unternehmen oder

eine Unternehmensvereinigung oder im Wege eines einfachen Auskunftsersuchens oder eines Beschlusses um die für eine vollumfängliche Würdigung erforderlichen Marktauskünfte zu ersuchen, wenn die Angaben, die ihr der betreffende Mitgliedstaat im Verlauf der vorläufigen Prüfung übermittelt hat, dafür nicht ausreichen; dabei muss insbesondere bei kleinen und mittleren Unternehmen dem Grundsatz der Verhältnismäßigkeit gebührend Rechnung getragen werden.

(11) In Anbetracht der besonderen Beziehungen zwischen den Beihilfeempfängern und dem betreffenden Mitgliedstaat sollte die Kommission mit Einverständnis des betreffenden Mitgliedstaats Auskünfte von einem Beihilfeempfänger einholen dürfen. Die Tatsache, dass der Empfänger der fraglichen Beihilfe Auskünfte erteilt hat, schafft keine Rechtsgrundlage für bilaterale Verhandlungen zwischen dem Empfänger und der Kommission.

(12) Die Kommission sollte die Adressaten der Auskunftsersuchen von Fall zu Fall nach geeigneten objektiven Kriterien auswählen, wobei sie gewährleistet, dass in den Fällen, in denen das Ersuchen an stichprobenartig ausgewählte Unternehmen oder Unternehmensvereinigungen gerichtet wird, die Stichprobe für jede Kategorie repräsentativ ist. Die angeforderten Auskünfte sollten insbesondere aus Unternehmens- und Marktdaten und einer faktengestützten Analyse der Funktionsweise des Marktes bestehen.

(13) Da die Kommission das Verfahren einleitet, sollte sie auch dafür verantwortlich sein, die Auskunftserteilung durch Mitgliedstaaten, Unternehmen oder Unternehmensvereinigungen sowie die angebliche Vertraulichkeit der übermittelten Auskünfte zu überprüfen.

(14) Die Kommission sollte über Möglichkeiten verfügen, dafür zu sorgen, dass die Unternehmen oder Unternehmensvereinigungen den an sie gerichteten Auskunftsersuchen auch wirklich nachkommen, und zu diesem Zweck bei Bedarf auch angemessene Geldbußen oder Zwangsgelder verhängen können. Bei der Festsetzung der Geldbußen und Zwangsgelder sollte die Kommission – insbesondere bei kleinen und mittleren Unternehmen – dem Grundsatz der Verhältnismäßigkeit und der Angemessenheit gebührend Rechnung tragen. Die Rechte derer, die um Auskünfte ersucht werden, sollten gewahrt werden, indem ihnen die Gelegenheit gegeben wird, vor dem etwaigen Erlass eines Beschlusses zur Festlegung von Geldbußen oder Zwangsgeldern ihren Standpunkt darzulegen. Der Gerichtshof der Europäischen Union sollte in Bezug auf Geldbußen und Zwangsgelder über unbeschränkte Ermessensnachprüfungsbefugnisse im Sinne des Artikels 261 AEUV verfügen.

(15) Die Kommission sollt die Zwangsgelder unter gebührender Berücksichtigung des Grundsatzes der Verhältnismäßigkeit und der Angemessenheit senken oder ganz erlassen können, wenn Adressaten von Auskunftsersuchen die angeforderten Auskünfte, wenn auch nach Ablauf der Frist, übermittelt haben.

(16) Geldbußen und Zwangsgelder sind nicht anwendbar auf Mitgliedstaaten, da sie gemäß Artikel 4 Absatz 3 EUV verpflichtet sind, loyal mit der Kommission zusammenzuarbeiten und der Kommission

alle Informationen bereitzustellen, die sie benötigt, um ihre aus dieser Verordnung erwachsenden Verpflichtungen zu erfüllen.

(17) Nachdem die Kommission die Stellungnahmen der Beteiligten gewürdigt hat, sollte sie ihre Prüfung durch einen abschließenden Beschluss beenden, sobald alle Bedenken ausgeräumt sind. Sollte diese Prüfung nach einem Zeitraum von 18 Monaten nach Eröffnung des Verfahrens nicht beendet sein, so empfiehlt es sich, dass der betreffende Mitgliedstaat die Möglichkeit hat, einen Beschluss zu beantragen, den die Kommission innerhalb von zwei Monaten erlassen muss.

(18) Um die Verteidigungsrechte des betreffenden Mitgliedstaats zu wahren, sollte dieser Kopien der Auskunftsersuchen, die an andere Mitgliedstaaten, Unternehmen oder Unternehmensvereinigungen gerichtet wurden, erhalten und die Möglichkeit haben, seinen Standpunkt zu den Stellungnahmen darzulegen. Zudem sollten ihm die Namen der Unternehmen und der Unternehmensvereinigungen mitgeteilt werden, die um Auskunft ersucht werden, sofern diese Stellen nicht nachweislich ein berechtigtes Interesse am Schutz ihrer Identität haben.

(19) Die Kommission sollte das berechtigte Interesse der Unternehmen am Schutz ihrer Geschäftsgeheimnisse gebührend berücksichtigen. Wenn vertrauliche Auskünfte aus Antworten weder durch Aggregation noch auf andere Weise anonymisiert werden können, sollte sie diese Auskünfte nicht in Beschlüssen verwenden dürfen, es sei denn, die Auskunftgeber haben vorab einer Offenlegung der Auskünfte gegenüber dem betreffenden Mitgliedstaat zugestimmt.

(20) Für Fälle, in denen die als vertraulich gekennzeichneten Informationen nicht unter das Berufsgeheimnis zu fallen scheinen, sollte ein Verfahren bestehen, mit dem die Kommission entscheiden kann, inwieweit solche Informationen offengelegt werden können. Wenn die Kommission einem Antrag auf vertrauliche Behandlung zurückweist, sollte sie eine Frist angeben, nach der die Information offengelegt wird, sodass der Auskunftgeber jeden ihm zur Verfügung stehenden gerichtlichen Schutz einschließlich einer einstweiligen Anordnung in Anspruch nehmen kann.

(21) Um eine korrekte und wirksame Anwendung der Vorschriften über staatliche Beihilfen zu gewährleisten, sollte die Kommission die Möglichkeit haben, einen Beschluss, der auf unrichtigen Auskünften beruht, zu widerrufen.

(22) Um die Einhaltung von Artikel 108 AEUV, insbesondere der Anmeldepflicht und des Durchführungsverbots in dessen Absatz 3, zu gewährleisten, sollte die Kommission alle rechtswidrigen Beihilfen überprüfen. Im Interesse der Transparenz und Rechtssicherheit sollten die in diesen Fällen zu befolgenden Verfahren festgelegt werden. Ist ein Mitgliedstaat der Anmeldepflicht oder dem Durchführungsverbot nicht nachgekommen, so sollte die Kommission an keine Fristen gebunden sein.

(23) Die Kommission sollte von Amts wegen Informationen über rechtswidrige Beihilfen ungeachtet der Herkunft dieser Informationen

prüfen können, um die Einhaltung von Artikel 108 AEUV und insbesondere der Anmeldungsverpflichtung und des Durchführungsverbots nach Artikel 108 Absatz 3 AEUV sicherzustellen und die Vereinbarkeit der Beihilfen mit dem Binnenmarkt zu würdigen.

(24) Bei rechtswidrigen Beihilfen sollte die Kommission das Recht haben, alle für ihren Beschluss sachdienlichen Auskünfte einzuholen und gegebenenfalls sofort den unverfälschten Wettbewerb wiederherzustellen. Daher ist es angezeigt, dass sie gegenüber dem betreffenden Mitgliedstaat einstweilige Maßnahmen erlassen kann. Bei diesen einstweiligen Maßnahmen kann es sich um Anordnungen zur Auskunftserteilung sowie zur Aussetzung oder Rückforderung einer Beihilfe handeln. Die Kommission sollte bei Nichtbefolgung einer Anordnung zur Auskunftserteilung ihren Beschluss auf die ihr vorliegenden Informationen stützen und bei Nichtbefolgung einer Aussetzungs- oder Rückforderungsanordnung den Gerichtshof nach Artikel 108 Absatz 2 Unterabsatz 2 AEUV unmittelbar anrufen können.

(25) Bei rechtswidrigen Beihilfen, die mit dem Binnenmarkt nicht vereinbar sind, sollte wirksamer Wettbewerb wiederhergestellt werden. Dazu ist es notwendig, die betreffende Beihilfe einschließlich Zinsen unverzüglich zurückzufordern. Die Rückforderung hat nach den Verfahrensvorschriften des nationalen Rechts zu erfolgen. Die Anwendung dieser Verfahren sollte jedoch die Wiederherstellung eines wirksamen Wettbewerbs durch Verhinderung der sofortigen und tatsächlichen Vollstreckung des Beschlusses der Kommission nicht erschweren. Um zu diesem Ergebnis zu gelangen, sollten die Mitgliedstaaten alle erforderlichen Maßnahmen zur Gewährleistung der Wirksamkeit des Beschlusses der Kommission treffen.

(26) Aus Gründen der Rechtssicherheit sollte in Bezug auf rechtswidrige Beihilfen eine Frist von zehn Jahren vorgesehen werden, nach deren Ablauf keine Rückforderung mehr angeordnet werden kann.

(27) Aus Gründen der Rechtssicherheit sollten Verjährungsfristen für die Verhängung und die Vollstreckung von Geldbußen und Zwangsgeldern vorgesehen werden.

(28) Die missbräuchliche Anwendung von Beihilfen kann sich auf die Funktionsweise des Binnenmarkts in ähnlicher Weise wie eine rechtswidrige Beihilfe auswirken und sollte demnach in ähnlicher Weise behandelt werden. Im Gegensatz zu rechtswidrigen Beihilfen handelt es sich bei Beihilfen, die gegebenenfalls in missbräuchlicher Weise angewandt worden sind, um Beihilfen, die die Kommission zu einem früheren Zeitpunkt genehmigt hat. Deswegen sollte die Kommission bei der missbräuchlichen Anwendung von Beihilfen keine Rückforderungsanordnung erlassen können.

(29) Die Kommission ist nach Artikel 108 Absatz 1 AEUV verpflichtet, fortlaufend in Zusammenarbeit mit den Mitgliedstaaten alle bestehenden Beihilferegelungen zu überprüfen. Im Interesse der Transparenz und Rechtssicherheit ist es angezeigt, den Rahmen dieser Zusammenarbeit festzulegen.

(30) Die Kommission sollte zur Gewährleistung der Vereinbarkeit der bestehenden Beihilferegelungen mit dem Binnenmarkt nach Artikel 108 Absatz 1 AEUV zweckdienliche Maßnahmen vorschlagen, wenn eine solche Regelung nicht oder nicht mehr mit dem Binnenmarkt vereinbar ist, und das Verfahren nach Artikel 108 Absatz 2 AEUV eröffnen, wenn der betreffende Mitgliedstaat die vorgeschlagenen Maßnahmen nicht durchführen will.

(31) Es ist zweckmäßig alle Möglichkeiten vorzusehen, über die Dritte verfügen, um ihre Interessen bei Verfahren für staatliche Beihilfen zu vertreten.

(32) Beschwerden sind eine wichtige Informationsquelle für die Aufdeckung von Verstößen gegen die Unionsvorschriften über staatliche Beihilfen. Um die Qualität der bei der Kommission eingehenden Beschwerden und gleichzeitig mehr Transparenz und Rechtssicherheit zu gewährleisten, sollte vorgesehen werden, welche Voraussetzungen eine Beschwerde erfüllen muss, damit die Kommission durch sie in den Besitz von Informationen über eine mutmaßliche rechtswidrige Beihilfe gelangen und eine vorläufige Prüfung eingeleitet werden kann. Eingaben, die diese Voraussetzungen nicht erfüllen, sollten als allgemeine Marktauskünfte behandelt werden und nicht zwangsläufig zu Untersuchungen von Amts wegen führen.

(33) Beschwerdeführer sollten nachweisen müssen, dass sie Beteiligte im Sinne von Artikel 108 Absatz 2 AEUV und Artikel 1 Buchstabe h der vorliegenden Verordnung sind. Ferner sollten sie ein Mindestmaß an Angaben in einem bestimmten Formular liefern müssen, und die Kommission sollte ermächtigt werden, dieses Formular im Rahmen einer Durchführungsbestimmung zu regeln. Um nicht von Beschwerden abzuschrecken, sollte bei dieser Durchführungsbestimmung darauf geachtet werden, dass die an die Beteiligten gestellten Anforderungen für die Einlegung einer Beschwerde nicht allzu hoch sein sollten.

(34) Mit Blick auf eine kohärente Behandlung ähnlicher Sachverhalte im gesamten Binnenmarkt sollte eine Rechtsgrundlage für die Einleitung von Untersuchungen einzelner Wirtschaftszweige oder Beihilfeinstrumente in mehreren Mitgliedstaaten vorgesehen werden. Aus Gründen der Verhältnismäßigkeit sollten Untersuchungen einzelner Wirtschaftszweige angesichts des hohen Verwaltungsaufwands, den sie verursachen, nur dann durchgeführt werden, wenn aufgrund der vorliegenden Informationen ein hinreichender Verdacht besteht, dass in mehreren Mitgliedstaaten staatliche Beihilfen in einem bestimmten Wirtschaftszweig den Wettbewerb im Binnenmarkt wesentlich einschränken oder verzerren könnten oder dass bestehende Beihilfen in einem bestimmten Wirtschaftszweig in mehreren Mitgliedstaaten nicht oder nicht mehr mit dem Binnenmarkt vereinbar sind. Solche Untersuchungen würden es der Kommission ermöglichen, horizontale Beihilfen effizient und transparent zu behandeln und bereits ex ante einen Überblick über den betreffenden Wirtschaftszweig zu erhalten.

(35) Damit die Kommission die Befolgung ihrer Beschlüsse wirksam überwachen kann und ihre Zusammenarbeit mit den Mitgliedstaaten

bei der fortlaufenden Überprüfung aller bestehenden Beihilferegelungen nach Artikel 108 Absatz 1 AEUV erleichtert wird, ist es notwendig, dass für alle bestehenden Beihilferegelungen eine allgemeine Berichterstattungspflicht vorgesehen wird.

(36) Hat die Kommission ernsthafte Bedenken, ob ihre Beschlüsse befolgt werden, sollte sie über zusätzliche Instrumente verfügen, um die Informationen einholen zu können, die für die Nachprüfung der tatsächlichen Befolgung ihrer Beschlüsse erforderlich sind. In dieser Hinsicht stellen Nachprüfungen vor Ort ein geeignetes und nützliches Instrument dar, und zwar insbesondere in Fällen, in denen Beihilfen missbräuchlich angewandt worden sein könnten. Deshalb sollte die Kommission dazu ermächtigt werden, Nachprüfungen vor Ort durchzuführen, und die zuständigen Behörden der Mitgliedstaaten sollten mit ihr zusammenarbeiten, wenn ein Unternehmen sich einer solchen Nachprüfung vor Ort widersetzt.

(37) Eine kohärente Anwendung der Vorschriften über staatliche Beihilfen erfordert Festlegungen bezüglich der Zusammenarbeit zwischen den mitgliedstaatlichen Gerichten und der Kommission. Diese Zusammenarbeit ist für alle mitgliedstaatlichen Gerichte relevant, die Artikel 107 Absatz 1 und Artikel 108 AEUV anwenden. Die Gerichte der Mitgliedstaaten sollten insbesondere die Möglichkeit haben, die Kommission um Auskünfte oder um Stellungnahmen zu Fragen der Anwendung Vorschriften über staatliche Beihilfen zu ersuchen. Der Kommission wiederum sollte die Möglichkeit gegeben werden, sich mündlich oder schriftlich vor Gerichten der Mitgliedstaaten zu äußern, wenn Artikel 107 Absatz 1 oder Artikel 108 AEUV zur Anwendung kommt. Wenn die Kommission die mitgliedstaatlichen Gerichte in dieser Weise unterstützt, so sollte sie entsprechend ihrer Aufgabe handeln, das öffentliche Interesse zu schützen.

(38) Diese Stellungnahmen der Kommission sollten nicht Artikel 267 AEUV berühren und sollten für die Gerichte der Mitgliedstaaten rechtlich nicht bindend sein. Sie sollten im Einklang mit den einzelstaatlichen Verfahrensregeln und Gepflogenheiten, einschließlich derjenigen, die die Wahrung der Rechte der Parteien betreffen, erfolgen, wobei die Unabhängigkeit der mitgliedstaatlichen Gerichte in vollem Umfang zu achten ist. Die Kommission sollte sich nur dann aus eigener Initiative äußern, wenn dies für die kohärente Anwendung des Artikels 107 Absatz 1 oder des Artikels 108 AEUV erforderlich ist, insbesondere in Fällen, die für die Vollstreckung oder Weiterentwicklung der Rechtsprechung der Union zum Beihilferecht von Bedeutung sind.

(39) Im Interesse der Transparenz und Rechtssicherheit sollten die Beschlüsse der Kommission der Öffentlichkeit zugänglich gemacht werden; gleichzeitig gilt weiterhin der Grundsatz, dass Beschlüsse über staatliche Beihilfen an den betreffenden Mitgliedstaat gerichtet werden. Deswegen ist es zweckmäßig, alle Beschlüsse, die die Interessen der Beteiligten beeinträchtigen könnten, in vollständiger oder zusammengefasster Form zu veröffentlichen oder für die Beteiligten Kopien der-

jenigen Beschlüsse bereitzuhalten, die nicht veröffentlicht oder nicht in vollständiger Form veröffentlicht wurden.

(40) Die Kommission sollte bei der Veröffentlichung ihrer Beschlüsse die Vorschriften über das Berufsgeheimnis nach Artikel 339 AEUV befolgen und insbesondere alle vertraulichen Informationen und personenbezogenen Daten schützen.

(41) Die Kommission sollte in enger Zusammenarbeit mit dem Beratenden Ausschuss für staatliche Beihilfen Durchführungsbestimmungen für die Verfahren nach dieser Verordnung erlassen können –

HAT FOLGENDE VERORDNUNG ERLASSEN:

Kapitel I. Allgemeines

Art. 1 Definitionen. Im Sinne dieser Verordnung bezeichnet der Ausdruck

a) „Beihilfen" alle Maßnahmen, die die Voraussetzungen des Artikels 107 Absatz 1 AEUV erfüllen;

b) „bestehende Beihilfen"

i) unbeschadet der Artikel 144 und 172 der Akte über den Beitritt Österreichs, Finnlands und Schwedens, des Anhangs IV Nummer 3 und der Anlage zu diesem Anhang der Akte über den Beitritt der Tschechischen Republik, Estlands, Zyperns, Lettlands, Litauens, Ungarns, Maltas, Polens, Sloweniens und der Slowakei, des Anhangs V Nummer 2 und Nummer 3 Buchstabe b und der Anlage zu diesem Anhang der Akte über den Beitritt Bulgariens und Rumäniens und des Anhangs IV Nummer 2 und Nummer 3 Buchstabe b und der Anlage zu diesem Anhang der Akte über den Beitritt Kroatiens alle Beihilfen, die vor Inkrafttreten des AEUV in dem entsprechenden Mitgliedstaat bestanden, also Beihilferegelungen und Einzelbeihilfen, die vor Inkrafttreten des AEUV in dem entsprechenden Mitgliedstaat eingeführt worden sind und auch nach dessen Inkrafttreten noch anwendbar sind;

ii) genehmigte Beihilfen, also Beihilferegelungen und Einzelbeihilfen, die von der Kommission oder vom Rat genehmigt wurden;

iii) Beihilfen, die gemäß Artikel 4 Absatz 6 der Verordnung (EG) Nr. 659/1999 oder Artikel 4 Absatz 6 der vorliegenden Verordnung oder vor Erlass der Verordnung (EG) Nr. 659/1999, aber gemäß diesem Verfahren als genehmigt gelten;

iv) Beihilfen, die gemäß Artikel 17 der vorliegenden Verordnung als bereits bestehende Beihilfen gelten;

v) Beihilfen, die als bestehende Beihilfen gelten, weil nachgewiesen werden kann, dass sie zu dem Zeitpunkt, zu dem sie eingeführt wurden, keine Beihilfe waren und später aufgrund der Entwicklung des Binnenmarktes zu Beihilfen wurden, ohne dass sie eine Änderung durch den betreffenden Mitgliedstaat erfahren haben.

Werden bestimmte Maßnahmen im Anschluss an die Liberalisierung einer Tätigkeit durch Rechtsvorschriften der Union zu Beihilfen, so gelten derartige Maßnahmen nach dem für die Liberalisierung festgelegten Termin nicht als bestehende Beihilfen;

c) „neue Beihilfen" alle Beihilfen, also Beihilferegelungen und Einzelbeihilfen, die keine bestehenden Beihilfen sind, einschließlich Änderungen bestehender Beihilfen;

d) „Beihilferegelung" eine Regelung, wonach Unternehmen, die in der Regelung in einer allgemeinen und abstrakten Weise definiert werden, ohne nähere Durchführungsmaßnahmen Einzelbeihilfen gewährt werden können, beziehungsweise eine Regelung, wonach einem oder mehreren Unternehmen nicht an ein bestimmtes Vorhaben gebundene Beihilfen für unbestimmte Zeit und/oder in unbestimmter Höhe gewährt werden können;

e) „Einzelbeihilfen" Beihilfen, die nicht aufgrund einer Beihilferegelung gewährt werden, und einzelne anmeldungspflichtige Zuwendungen aufgrund einer Beihilferegelung;

f) „rechtswidrige Beihilfen" neue Beihilfen, die unter Verstoß gegen Artikel 108 Absatz 3 AEUV eingeführt werden;

g) „missbräuchliche Anwendung von Beihilfen" Beihilfen, die der Empfänger unter Verstoß gegen einen Beschluss nach Artikel 4 Absatz 3 oder Artikel 7 Absätze 3 oder 4 der Verordnung (EG) Nr. 659/1999 oder Artikel 4 Absatz 3 oder Artikel 9 Absätze 3 oder 4 der vorliegenden Verordnung verwendet;

h) „Beteiligte" Mitgliedstaaten, Personen, Unternehmen oder Unternehmensvereinigungen, deren Interessen aufgrund der Gewährung einer Beihilfe beeinträchtigt sein können, insbesondere der Beihilfeempfänger, Wettbewerber und Berufsverbände.

Kapitel II. Verfahren bei angemeldeten Beihilfen

Art. 2 Anmeldung neuer Beihilfen. (1) Soweit die Verordnungen nach Artikel 109 AEUV oder nach anderen einschlägigen Vorschriften des AEUV nichts anderes vorsehen, teilen die Mitgliedstaaten der Kommission ihre Vorhaben zur Gewährung neuer Beihilfen rechtzeitig mit. Die Kommission unterrichtet den betreffenden Mitgliedstaat unverzüglich vom Eingang einer Anmeldung.

(2) Der betreffende Mitgliedstaat übermittelt der Kommission in seiner Anmeldung alle sachdienlichen Auskünfte, damit diese einen Beschluss nach den Artikeln 4 und 9 erlassen kann (im Folgenden „vollständige Anmeldung").

Art. 3 Durchführungsverbot. Anmeldungspflichtige Beihilfen nach Artikel 2 Absatz 1 dürfen nicht eingeführt werden, bevor die Kommission einen diesbezüglichen Genehmigungsbeschluss erlassen hat oder die Beihilfe als genehmigt gilt.

Art. 4 Vorläufige Prüfung der Anmeldung und Beschlüsse der Kommission. (1) Die Kommission prüft die Anmeldung unmittelbar nach deren Eingang. Unbeschadet des Artikels 10 erlässt die Kommission einen Beschluss nach den Absätzen 2, 3 oder 4 des vorliegenden Artikels.

(2) Gelangt die Kommission nach einer vorläufigen Prüfung zu dem Schluss, dass die angemeldete Maßnahme keine Beihilfe darstellt, so stellt sie dies durch Beschluss fest.

(3) Stellt die Kommission nach einer vorläufigen Prüfung fest, dass die angemeldete Maßnahme, insoweit sie in den Anwendungsbereich des Artikels 107 Absatz 1 AEUV fällt, keinen Anlass zu Bedenken hinsichtlich ihrer Vereinbarkeit mit dem Binnenmarkt gibt, so beschließt sie, dass die Maßnahme mit dem Binnenmarkt vereinbar ist (im Folgenden „Beschluss, keine Einwände zu erheben"). In dem Beschluss wird angeführt, welche Ausnahmevorschrift des AEUV zur Anwendung gelangt ist.

(4) Stellt die Kommission nach einer vorläufigen Prüfung fest, dass die angemeldete Maßnahme Anlass zu Bedenken hinsichtlich ihrer Vereinbarkeit mit dem Binnenmarkt gibt, so beschließt sie, das Verfahren nach Artikel 108 Absatz 2 AEUV zu eröffnen (im Folgenden „Beschluss über die Eröffnung des förmlichen Prüfverfahrens").

(5) Die Beschlüsse nach den Absätzen 2, 3 und 4 dieses Artikels werden innerhalb von zwei Monaten erlassen. Diese Frist beginnt am Tag nach dem Eingang der vollständigen Anmeldung. Die Anmeldung gilt als vollständig, wenn die Kommission innerhalb von zwei Monaten nach Eingang der Anmeldung oder nach Eingang der von ihr – gegebenenfalls – angeforderten zusätzlichen Informationen keine weiteren Informationen anfordert. Die Frist kann mit Zustimmung der Kommission und des betreffenden Mitgliedstaats verlängert werden. Die Kommission kann bei Bedarf kürzere Fristen setzen.

(6) Hat die Kommission innerhalb der in Absatz 5 genannten Frist keinen Beschluss nach den Absätzen 2, 3 oder 4 erlassen, so gilt die Beihilfe als von der Kommission genehmigt. Der betreffende Mitgliedstaat kann daraufhin die betreffenden Maßnahmen durchführen, nachdem er die Kommission hiervon in Kenntnis gesetzt hat, es sei denn, dass diese innerhalb einer Frist von 15 Arbeitstagen nach Erhalt der Benachrichtigung einen Beschluss nach diesem Artikel erlässt.

Art. 5 Auskunftsersuchen an den anmeldenden Mitgliedstaat. (1) Vertritt die Kommission die Auffassung, dass die von dem betreffenden Mitgliedstaat vorgelegten Informationen über eine Maßnahme, die nach Artikel 2 angemeldet wurde, unvollständig sind, so fordert sie alle sachdienlichen ergänzenden Auskünfte an. Hat ein Mitgliedstaat auf ein derartiges Ersuchen geantwortet, so unterrichtet die Kommission den Mitgliedstaat vom Eingang der Antwort.

(2) Wird eine von dem betreffenden Mitgliedstaat verlangte Auskunft innerhalb der von der Kommission festgesetzten Frist nicht oder nicht vollständig erteilt, so übermittelt die Kommission ein Erinnerungsschreiben, in dem sie eine zusätzliche Frist für die Auskunftserteilung festsetzt.

(3) Die Anmeldung gilt als zurückgezogen, wenn die angeforderten Auskünfte nicht innerhalb der festgesetzten Frist vorgelegt werden, es sei denn, dass entweder diese Frist mit Zustimmung der Kommission und des betreffenden Mitgliedstaats vor ihrem Ablauf verlängert worden ist oder dass der betreffende Mitgliedstaat der Kommission vor Ablauf der festgesetzten Frist in einer ordnungsgemäß begründeten Erklärung mitteilt, dass er die Anmeldung als vollständig betrachtet, weil die angeforderten ergänzenden Informationen nicht verfügbar oder bereits übermittelt worden sind. In diesem Fall beginnt die in Artikel 4 Absatz 5 genannte Frist am Tag nach dem Eingang der Erklärung. Gilt die Anmeldung als zurückgezogen, so teilt die Kommission dies dem Mitgliedstaat mit.

Art. 6 Förmliches Prüfverfahren. (1) Der Beschluss über die Eröffnung des förmlichen Prüfverfahrens enthält eine Zusammenfassung der wesentlichen Sach- und Rechtsfragen, eine vorläufige Würdigung des Beihilfecharakters der geplanten Maßnahme durch die Kommission und Ausführungen über ihre Bedenken hinsichtlich der Vereinbarkeit mit dem Binnenmarkt. Der betreffende Mitgliedstaat und die anderen Beteiligten werden in diesem Beschluss zu einer Stellungnahme innerhalb einer Frist von normalerweise höchstens einem Monat aufgefordert. In ordnungsgemäß begründeten Fällen kann die Kommission diese Frist verlängern.

(2) Die von der Kommission erhaltenen Stellungnahmen werden dem betreffenden Mitgliedstaat mitgeteilt. Ersucht ein Beteiligter um Nichtbekanntgabe seiner Identität mit der Begründung, dass ihm daraus ein Schaden entstehen könnte, so wird die Identität des Beteiligten dem betreffenden Mitgliedstaat nicht bekannt gegeben. Der betreffende Mitgliedstaat kann sich innerhalb einer Frist von normalerweise höchstens einem Monat zu den Stellungnahmen äußern. In ordnungsgemäß begründeten Fällen kann die Kommission diese Frist verlängern.

Art. 7 Auskunftsersuchen an andere Auskunftgeber. (1) Nach Einleitung des in Artikel 6 vorgesehenen förmlichen Prüfverfahrens, insbesondere in technisch komplexen Fällen, die einer inhaltlichen Würdigung bedürfen, kann die Kommission, wenn die Angaben, die ihr der betreffende Mitgliedstaat im Verlauf der vorläufigen Prüfung übermittelt hat, nicht für die vollumfängliche Würdigung der in Rede stehenden Maßnahme ausreichen, einen anderen Mitgliedstaat, ein Unternehmen oder eine Unternehmensvereinigung auffordern, ihr alle für die vollumfängliche Würdigung der in Rede stehenden Maßnahme erforderlichen Marktauskünfte zu übermitteln, wobei insbesondere bei kleinen und mittleren Unternehmen dem Grundsatz der Verhältnismäßigkeit gebührend Rechnung zu tragen ist.

(2) Die Kommission darf nur unter folgenden Bedingungen Auskunftsersuchen stellen:

a) im Rahmen eines förmlichen Prüfverfahren, das sich ihrer Einschätzung nach bisher als wirkungslos erwiesen hat, und

b) sofern die Ersuchen an Beihilfeempfänger gerichtet sind, wenn der betreffende Mitgliedstaat sein Einverständnis erklärt.

(3) Wenn Unternehmen oder Unternehmensvereinigungen auf ein Marktauskunftsersuchen der Kommission nach den Absätzen 6 und 7 hin Auskünfte erteilen, so übermitteln sie ihre Antwort gleichzeitig der Kommission und dem betreffenden Mitgliedstaat, sofern die übermittelten Dokumente keine Auskünfte enthalten, die der Geheimhaltung gegenüber diesem Mitgliedstaat unterliegen.

Die Kommission lenkt und überwacht den Austausch von Auskünften zwischen den betreffenden Mitgliedstaaten, Unternehmen oder Unternehmensvereinigungen und überprüft die angebliche Vertraulichkeit der erteilten Auskünfte.

(4) Die Kommission fordert nur Auskünfte an, die den betreffenden Mitgliedstaaten, Unternehmen oder Unternehmensvereinigungen zur Verfügung stehen.

(5) Die Mitgliedstaaten erteilen die Auskunft auf der Grundlage eines einfachen Auskunftsersuchens innerhalb einer von der Kommission gesetzten Frist, die unter normalen Umständen nicht mehr als einen Monat betragen sollte. Erteilt ein Mitgliedstaat die angeforderte Auskunft nicht innerhalb dieser Frist oder nur unvollständig, so übermittelt die Kommission ein Erinnerungsschreiben.

(6) Die Kommission kann ein Unternehmen oder eine Unternehmensvereinigung im Wege eines einfachen Auskunftsersuchens zur Erteilung von Auskünften auffordern. In solchen einfachen Auskunftsersuchen an Unternehmen oder Unternehmensvereinigungen gibt die Kommission die Rechtsgrundlage und den Zweck des Auskunftsersuchens sowie die benötigten Auskünfte an und setzt eine angemessene Frist für die Übermittlung dieser Informationen. Ferner weist sie auf die Geldbußen nach Artikel 8 Absatz 1 im Falle unrichtiger oder irreführender Angaben hin.

(7) Die Kommission kann ein Unternehmen oder eine Unternehmensvereinigung durch Beschluss zur Übermittlung von Auskünften auffordern. Wenn die Kommission ein Unternehmen oder eine Unternehmensvereinigung durch Beschluss zur Erteilung von Auskünften auffordert, gibt sie die Rechtsgrundlage und den Zweck des Auskunftsersuchens sowie die benötigten Auskünfte an und setzt eine angemessene Frist für die Übermittlung dieser Informationen. Ferner verweist sie auf die nach Artikel 8 Absatz 1 vorgesehenen Geldbußen

und führt die Zwangsgelder nach Artikel 8 Absatz 2 auf oder verhängt sie gegebenenfalls. Außerdem weist sie auf das Recht des Unternehmens oder der Unternehmensvereinigung hin, vor dem Gerichtshof gegen den Beschluss Einspruch zu erheben.

(8) Wenn die Kommission ein Auskunftsersuchen nach Absatz 1 oder 6 dieses Artikels stellt oder einen Beschluss nach Absatz 7 erlässt, so übermittelt sie gleichzeitig dem betreffenden Mitgliedstaat eine Kopie davon. Die Kommission gibt dabei auch an, nach welchen Kriterien sie die Adressaten des Auskunftsersuchens oder des Beschlusses ausgewählt hat.

(9) Die Inhaber der Unternehmen oder deren Vertreter oder – im Fall von juristischen Personen, Gesellschaften, Betrieben oder Vereinigungen ohne Rechtspersönlichkeit – die nach Gesetz oder Satzung zur Vertretung berufenen Personen erteilen die verlangten oder benötigten Auskünfte im Namen des betreffenden Unternehmens. Ordnungsgemäß bevollmächtigte Personen können die Auskünfte im Namen ihrer Mandanten erteilen. Letztere tragen jedoch die volle Verantwortung dafür, dass die erteilten Auskünfte sachlich richtig, vollständig und nicht irreführend sind.

Art. 8 Geldbußen und Zwangsgelder. (1) Die Kommission kann, sofern sie dies als notwendig und angemessen erachtet, gegen Unternehmen und Unternehmensvereinigungen durch Beschluss Geldbußen von bis zu 1% ihres im vorausgegangenen Geschäftsjahr erzielten Gesamtumsatzes festsetzen, wenn sie vorsätzlich oder grob fahrlässig

a) bei der Erteilung einer nach Artikel 7 Absatz 6 verlangten Auskunft unrichtige oder irreführende Angaben machen,

b) bei der Erteilung einer im Wege eines Beschlusses nach Artikel 7 Absatz 7 verlangten Auskunft unrichtige, unvollständige oder irreführende Angaben machen oder die Angaben nicht innerhalb der gesetzten Frist übermitteln.

(2) Die Kommission kann gegen Unternehmen oder Unternehmensvereinigungen, die es versäumen, die von ihr im durch Beschluss nach Artikel 7 Absatz 7 verlangten Auskunft vollständig und richtig zu erteilen, durch Beschluss Zwangsgelder festsetzen.

Diese Zwangsgelder betragen höchstens 5% des von dem betroffenen Unternehmen oder Unternehmensvereinigung im vorausgegangenen Geschäftsjahr erzielten durchschnittlichen Tagesumsatzes für jeden Tag, um den die in ihrem Beschluss festgesetzte Frist überschritten wird, bis *die von der Kommission* angeforderten oder benötigten Auskünfte vollständig und richtig erteilt werden.

(3) Bei der Festsetzung der Geldbußen oder Zwangsgelder wird der Art, der Schwere und der Dauer der Zuwiderhandlung sowie — insbesondere bei kleinen und mittleren Unternehmen — dem Grundsatz der Verhältnismäßigkeit und der Angemessenheit gebührend Rechnung getragen.

(4) Wenn die Unternehmen oder Unternehmensvereinigungen der Verpflichtung nachgekommen sind, zu deren Erfüllung das Zwangsgeld festgesetzt worden war, kann die Kommission die endgültige Höhe des Zwangsgelds im Vergleich zu dem Betrag, der sich aus dem ursprünglichen Beschluss, mit dem das Zwangsgeld verhängt wurde, ergeben würde, herabsetzen. Die Kommission kann die Zwangsgelder auch erlassen.

(5) Vor Erlass eines Beschlusses nach Absatz 1 oder 2 dieses Artikels setzt die Kommission den betreffenden Unternehmen oder Unternehmensvereinigungen eine endgültige Frist von zwei Wochen für die Übermittlung der fehlenden Marktauskünfte und gibt ihnen zudem Gelegenheit zur Stellungnahme.

(6) Bei Klagen gegen Beschlüsse der Kommission zur Verhängung einer Geldbuße oder eines Zwangsgelds hat der Gerichtshof der Europäischen Union die Befugnis zu unbeschränkter Ermessensnachprüfung des Beschlusses im Sinne von Artikel 261 AEUV. Er kann die festgesetzte Geldbuße oder das festgesetzte Zwangsgeld aufheben, herabsetzen oder erhöhen.

Art. 9 Beschlüsse der Kommission über den Abschluss des förmlichen Prüfverfahrens. (1) Das förmliche Prüfverfahren wird unbeschadet des Artikels 10 durch einen Beschluss nach den Absätzen 2 bis 5 des vorliegenden Artikels abgeschlossen.

(2) Gelangt die Kommission zu dem Schluss, dass die angemeldete Maßnahme, gegebenenfalls nach entsprechenden Änderungen durch den betreffenden Mitgliedstaat, keine Beihilfe darstellt, so stellt sie dies durch Beschluss fest.

(3) Stellt die Kommission fest, dass, gegebenenfalls nach Änderung durch den betreffenden Mitgliedstaat, die Bedenken hinsichtlich der Vereinbarkeit der angemeldeten Maßnahme mit dem Binnenmarkt ausgeräumt sind, so beschließt sie, dass die Beihilfe mit dem Binnenmarkt vereinbar ist (im Folgenden „Positivbeschluss"). In dem Beschluss wird angeführt, welche Ausnahmevorschrift des AEUV zur Anwendung gelangt ist.

(4) Die Kommission kann einen Positivbeschluss mit Bedingungen und Auflagen verbinden, die ihr ermöglichen, die Beihilfe für mit dem Binnenmarkt vereinbar zu erklären bzw. die Befolgung ihres Beschlusses zu überwachen (im Folgenden „mit Bedingungen und Auflagen verbundener Beschluss").

(5) Gelangt die Kommission zu dem Schluss, dass die angemeldete Beihilfe mit dem Binnenmarkt unvereinbar ist, so beschließt sie, dass diese Beihilfe nicht eingeführt werden darf (im Folgenden „Negativbeschluss").

(6) Beschlüsse nach den Absätzen 2 bis 5 werden erlassen, sobald die in Artikel 4 Absatz 4 genannten Bedenken ausgeräumt sind. Die Kommission bemüht sich darum, einen Beschluss möglichst innerhalb von

18 Monaten nach Eröffnung des Prüfverfahrens zu erlassen. Diese Frist kann von der Kommission und dem betreffenden Mitgliedstaat einvernehmlich verlängert werden.

(7) Ist die Frist nach Absatz 6 dieses Artikels abgelaufen, so erlässt die Kommission auf Wunsch des betreffenden Mitgliedstaats innerhalb von zwei Monaten auf der Grundlage der ihr zur Verfügung stehenden Informationen einen Beschluss. Reichen die ihr vorgelegten Informationen nicht aus, um die Vereinbarkeit festzustellen, so erlässt die Kommission gegebenenfalls einen Negativbeschluss.

(8) Vor Erlass eines Beschlusses nach den Absätzen 2 bis 5 gibt die Kommission dem betreffenden Mitgliedstaat Gelegenheit, innerhalb einer Frist von in der Regel höchstens einem Monat zu den Auskünften, die ihr gemäß Artikel 7 Absatz 3 der Kommission erteilt und an den betreffenden Mitgliedstaat übermittelt worden sind, Stellung zu nehmen.

(9) Die Kommission verwendet vertrauliche Auskünfte, die weder durch Aggregation noch auf andere Weise anonymisiert werden können, nur dann in nach den Absätzen 2 bis 5 dieses Artikels erlassenen Beschlüssen, wenn die Auskunftgeber vorher einer Offenlegung dieser Auskünfte gegenüber dem betreffenden Mitgliedstaat zugestimmt haben. Die Kommission kann in einem mit Gründen versehenen Beschluss, der dem betreffenden Unternehmen oder der betreffenden Unternehmensvereinigung bekannt gegeben wird, feststellen, dass ihr übermittelte und als vertraulich gekennzeichnete Informationen nicht geschützt sind, und einen Zeitpunkt festlegen, nach dem diese Informationen offengelegt werden. Diese Frist beträgt mindestens einen Monat.

(10) Die Kommission trägt den berechtigten Interessen der Unternehmen an der Wahrung ihrer Geschäftsgeheimnisse anderer vertraulicher Informationen gebührend Rechnung. Unternehmen oder Unternehmensvereinigungen, die Auskünfte nach Artikel 7 erteilen und nicht die Empfänger der in Rede stehenden Beihilfe sind, können darum ersuchen, dass ihre Identität dem betreffenden Mitgliedstaat nicht bekannt gegeben wird, weil ihnen daraus ein Schaden entstehen könnte.

Art. 10 Rücknahme der Anmeldung. (1) Der betreffende Mitgliedstaat kann die Anmeldung im Sinne des Artikels 2 innerhalb einer angemessenen Frist, bevor die Kommission einen Beschluss nach Artikel 4 oder nach Artikel 9 erlassen hat, zurücknehmen.

(2) *In Fällen, in denen die Kommission* das förmliche Prüfverfahren eingeleitet hat, wird dieses eingestellt.

Art. 11 Widerruf eines Beschlusses. Die Kommission kann, nachdem sie dem betreffenden Mitgliedstaat Gelegenheit zur Stellungnahme gegeben hat, einen nach Artikel 4 Absätze 2 oder 3 oder nach Artikel 9 Absätze 2, 3 oder 4 erlassenen Beschluss widerrufen, wenn dieser auf während des Verfahrens übermittelten unrichtigen Informationen beruht, die ein für den Beschluss ausschlaggebender Faktor waren. Vor dem Widerruf eines Beschlusses und dem Erlass eines neuen Beschlusses eröffnet die Kommission das förmliche Prüfverfahren nach Artikel 4 Absatz 4. Die Artikel 6, 9 und 12, Artikel 13 Absatz 1 sowie die Artikel 15, 16 und 17 gelten entsprechend.

Kapitel III. Verfahren bei rechtswidrigen Beihilfen

Art. 12 Prüfung, Auskunftsersuchen und Anordnung zur Auskunftserteilung. (1) Unbeschadet des Artikels 24 kann die Kommission von Amts wegen Auskünfte über mutmaßliche rechtswidrige Beihilfen prüfen, ungeachtet der Herkunft dieser Auskünfte.

Die Kommission prüft ohne ungebührliche Verzögerung jede nach Artikel 24 Absatz 2 eingelegte Beschwerde von Beteiligten und stellt sicher, dass der betreffende Mitgliedstaat regelmäßig in vollem Umfang über den Stand und das Ergebnis der Prüfung informiert wird.

(2) Falls erforderlich, verlangt die Kommission von dem betreffenden Mitgliedstaat Auskünfte. In diesem Fall gelten Artikel 2 Absatz 2 und Artikel 5 Absätze 1 und 2 entsprechend.

Nach Einleitung des förmlichen Prüfverfahrens kann die Kommission auch gemäß den Artikeln 7 und 8, die entsprechend gelten, von jedem anderen Mitgliedstaat, einem Unternehmen oder einer Unternehmensvereinigung Auskünfte verlangen.

(3) Werden von dem betreffenden Mitgliedstaat trotz eines Erinnerungsschreibens nach Artikel 5 Absatz 2 die verlangten Auskünfte innerhalb der von der Kommission festgesetzten Frist nicht oder nicht vollständig erteilt, so fordert die Kommission die Auskünfte durch Beschluss an (im Folgenden „Anordnung zur Auskunftserteilung"). Der Beschluss bezeichnet die angeforderten Auskünfte und legt eine angemessene Frist zur Erteilung dieser Auskünfte fest.

Art. 13 Anordnung zur Aussetzung oder einstweiligen Rückforderung der Beihilfe. (1) Die Kommission kann, nachdem sie dem betreffenden Mitgliedstaat Gelegenheit zur Äußerung gegeben hat, einen Beschluss erlassen, mit dem dem Mitgliedstaat aufgegeben wird, alle rechtswidrigen Beihilfen so lange auszusetzen, bis die Kommission einen Beschluss über die Vereinbarkeit der Beihilfe mit dem Binnenmarkt erlassen hat (im Folgenden „Aussetzungsanordnung").

(2) Die Kommission kann, nachdem sie dem betreffenden Mitgliedstaat Gelegenheit zur Äußerung gegeben hat, einen Beschluss erlassen, mit dem dem Mitgliedstaat aufgegeben wird, alle rechtswidrigen Beihilfen einstweilig zurückzufordern, bis die Kommission einen Beschluss über die Vereinbarkeit der Beihilfe mit dem Binnenmarkt erlassen hat (im Folgenden „Rückforderungsanordnung"), sofern folgende Kriterien erfüllt sind:

a) Nach geltender Praxis bestehen hinsichtlich des Beihilfecharakters der betreffenden Maßnahme keinerlei Zweifel;

b) ein Tätigwerden ist dringend geboten;

c) ein erheblicher und nicht wiedergutzumachender Schaden für einen Konkurrenten ist ernsthaft zu befürchten.

Die Rückforderung erfolgt nach dem Verfahren des Artikels 16 Absätze 2 und 3. Nachdem die Beihilfe wieder eingezogen worden ist, erlässt die Kommission einen Beschluss innerhalb der für angemeldete Beihilfen geltenden Fristen.

Die Kommission kann den Mitgliedstaat ermächtigen, die Rückerstattung der Beihilfe mit der Zahlung einer Rettungsbeihilfe an das betreffende Unternehmen zu verbinden.

Dieser Absatz gilt nur für die nach dem Inkrafttreten der Verordnung (EG) Nr. 659/1999 gewährten rechtswidrigen Beihilfen.

Art. 14 Nichtbefolgung einer Anordnung. Kommt der betreffende Mitgliedstaat einer Aussetzungs- oder Rückforderungsanordnung nicht nach, so kann die Kommission die Prüfung aufgrund der ihr vorliegenden Informationen fortsetzen sowie den Gerichtshof der Europäischen Union unmittelbar mit der Angelegenheit befassen und um die Feststellung ersuchen, dass die Nichtbefolgung der Anordnung einen Verstoß gegen den AEUV darstellt.

Art. 15 Beschlüsse der Kommission. (1) Nach Prüfung einer etwaigen rechtswidrigen Beihilfe ergeht ein Beschluss nach Artikel 4 Absätze 2, 3 oder 4. Bei Beschlüssen zur Eröffnung eines förmlichen Prüfverfahrens wird das Verfahren durch einen Beschluss nach Artikel 9 abgeschlossen. Bei Nichtbefolgung der Anordnung zur Auskunftserteilung wird der Beschluss auf der Grundlage der verfügbaren Informationen erlassen.

(2) Bei etwaigen rechtswidrigen Beihilfen ist die Kommission – unbeschadet des Artikels 13 Absatz 2 – nicht an die in Artikel 4 Absatz 5 und Artikel 9 Absätze 6 und 7 genannte Frist gebunden.

(3) Artikel 11 gilt entsprechend.

Art. 16 Rückforderung von Beihilfen. (1) In Negativbeschlüssen hinsichtlich rechtswidriger Beihilfen entscheidet die Kommission, dass der betreffende Mitgliedstaat alle notwendigen Maßnahmen ergreift, um die Beihilfe vom Empfänger zurückzufordern (im Folgenden „Rückforderungsbeschluss"). Die Kommission verlangt nicht die Rückforderung der Beihilfe, wenn dies gegen einen allgemeinen Grundsatz des Unionsrechts verstoßen würde.

(2) Die aufgrund eines Rückforderungsbeschlusses zurückzufordernde Beihilfe umfasst Zinsen, die nach einem von der Kommission festgelegten angemessenen Satz berechnet werden. Die Zinsen sind von dem Zeitpunkt, ab dem die rechtswidrige Beihilfe dem Empfänger zur Verfügung stand, bis zu ihrer tatsächlichen Rückzahlung zahlbar.

(3) Unbeschadet einer Entscheidung des Gerichtshofs der Europäischen Union nach Artikel 278 AEUV erfolgt die Rückforderung unverzüglich und nach den Verfahren des betreffenden Mitgliedstaats, sofern hierdurch die sofortige und tatsächliche Vollstreckung des Beschlusses der Kommission ermöglicht wird. Zu diesem Zweck unternehmen die betreffenden Mitgliedstaaten im Fall eines Verfahrens vor nationalen Gerichten unbeschadet des Unionsrechts alle in ihren jeweiligen Rechtsordnungen verfügbaren erforderlichen Schritte einschließlich vorläufiger Maßnahmen.

Kapitel IV. Verjährung

Art. 17 Verjährung der Rückforderung von Beihilfen. (1) Die Befugnisse der Kommission zur Rückforderung von Beihilfen gelten für eine Frist von zehn Jahren.

(2) Diese Frist beginnt mit dem Tag, an dem die rechtswidrige Beihilfe dem Empfänger entweder als Einzelbeihilfe oder im Rahmen einer Beihilferegelung gewährt wird. Jede Maßnahme, die die Kommission oder ein Mitgliedstaat auf Antrag der Kommission bezüglich der rechtswidrigen Beihilfe ergreift, stellt eine Unterbrechung der Frist dar. Nach jeder Unterbrechung läuft die Frist von Neuem an. Die Frist wird ausgesetzt, solange der Beschluss der Kommission Gegenstand von Verhandlungen vor dem Gerichtshof der Europäischen Union ist.

(3) Jede Beihilfe, für die diese Frist ausgelaufen ist, gilt als bestehende Beihilfe.

Art. 18 Verfolgungsverjährung. (1) Die Befugnisse, die der Kommission mit Artikel 8 übertragen wurden, verjähren nach einer Frist von drei Jahren.

(2) Die Frist nach Absatz 1 beginnt mit dem Tag, an dem die Zuwiderhandlung nach Artikel 8 begangen wurde. Bei andauernden oder fortgesetzten Zuwiderhandlungen beginnt die Frist mit dem Tag, an dem die Zuwiderhandlung eingestellt wurde.

(3) Die Verjährung der Befugnis zur Festsetzung von Geldbußen oder Zwangsgeldern wird durch jede auf Ermittlung oder Verfolgung der Zuwiderhandlung nach Artikel 8 gerichtete Handlung der Kommission von dem Tag an unterbrochen, an dem die Handlung dem betreffenden Unternehmen oder der betreffenden Unternehmensvereinigung bekannt gegeben wird.

(4) Nach jeder Unterbrechung läuft die Verjährungsfrist von Neuem an. Die Verjährung tritt jedoch spätestens mit dem Tag ein, an dem eine Frist von sechs Jahren verstrichen ist, ohne dass die Kommission eine Geldbuße oder ein Zwangsgeld festgesetzt hat. Diese Frist verlängert sich um den Zeitraum, in dem die Verjährung nach Absatz 5 dieses Artikels ruht.

(5) Die Verfolgungsverjährung ruht, solange wegen des Beschlusses der Kommission ein Verfahren vor dem Gerichtshof der Europäischen Union anhängig ist.

Art. 19 Vollstreckungsverjährung. (1) Die Befugnis der Kommission zur Vollstreckung von Beschlüssen nach Artikel 8 verjährt nach Ablauf von fünf Jahren.

(2) Die Frist nach Absatz 1 beginnt mit dem Tag, an dem der Beschluss nach Artikel 8 bestandskräftig geworden ist.

(3) Die Frist nach Absatz 1 dieses Artikels wird unterbrochen durch

a) Bekanntgabe eines Beschlusses, durch den der ursprüngliche Betrag der Geldbuße oder des Zwangsgelds abgeändert oder ein Antrag auf eine solche Änderung abgelehnt wird,

b) jede auf zwangsweise Beitreibung der Geldbuße oder des Zwangsgelds gerichtete Handlung eines auf Antrag der Kommission handelnden Mitgliedstaats oder der Kommission.

(4) Nach jeder Unterbrechung läuft die Verjährungsfrist von Neuem an.

(5) Die Vollstreckungsverjährung nach Absatz 1 ist gehemmt, solange

a) eine Zahlungserleichterung bewilligt ist,

b) die Zwangsvollstreckung durch eine Entscheidung des Gerichtshofs ausgesetzt ist.

Kapitel V. Verfahren bei missbräuchlicher Anwendung von Beihilfen

Art. 20 Missbräuchliche Anwendung von Beihilfen. Unbeschadet des Artikels 28 kann die Kommission bei missbräuchlicher Anwendung von Beihilfen das förmliche Prüfverfahren nach Artikel 4 Absatz 4 eröffnen. Die Artikel 6 bis 9, 11 und 12 sowie Artikel 13 Absatz 1 und die Artikel 14 bis 17 gelten entsprechend.

Kapitel VI. Verfahren bei bestehenden Beihilferegelungen

Art. 21 Zusammenarbeit nach Artikel 108 Absatz 1 AEUV.

(1) Für die Überprüfung bestehender Beihilferegelungen in Zusammenarbeit mit dem betreffenden Mitgliedstaat holt die Kommission nach Artikel 108 Absatz 1 AEUV bei diesem alle erforderlichen Auskünfte ein.

(2) Gelangt die Kommission zur vorläufigen Auffassung, dass eine bestehende Beihilferegelung nicht oder nicht mehr mit dem Binnenmarkt vereinbar ist, so setzt sie den betreffenden Mitgliedstaat hiervon in Kenntnis und gibt ihm Gelegenheit zur Stellungnahme innerhalb einer Frist von einem Monat. In ordnungsgemäß begründeten Fällen kann die Kommission diese Frist verlängern.

Art. 22 Vorschlag zweckdienlicher Maßnahmen. Gelangt die Kommission aufgrund der von dem betreffenden Mitgliedstaat nach Artikel 21 übermittelten Auskünfte zu dem Schluss, dass die bestehende Beihilferegelung mit dem Binnenmarkt nicht oder nicht mehr vereinbar ist, so schlägt sie dem betreffenden Mitgliedstaat zweckdienliche Maßnahmen vor. Der Vorschlag kann insbesondere in Folgendem bestehen:

a) inhaltliche Änderung der Beihilferegelung oder

b) Einführung von Verfahrensvorschriften oder

c) Abschaffung der Beihilferegelung.

Art. 23 Rechtsfolgen eines Vorschlags zweckdienlicher Maßnahmen. (1) Wenn der betreffende Mitgliedstaat den vorgeschlagenen Maßnahmen zustimmt und die Kommission hiervon in Kenntnis setzt, hält die Kommission dies fest und unterrichtet den Mitgliedstaat hiervon. Der Mitgliedstaat ist aufgrund seiner Zustimmung verpflichtet, die zweckdienlichen Maßnahmen durchzuführen.

(2) Wenn der betreffende Mitgliedstaat den vorgeschlagenen Maßnahmen nicht zustimmt und die Kommission trotz der von dem Mitgliedstaat vorgebrachten Argumente weiterhin die Auffassung vertritt, dass diese Maßnahmen notwendig sind, so leitet sie das Verfahren nach Artikel 4 Absatz 4 ein. Die Artikel 6, 9 und 11 gelten entsprechend.

Kapitel VII. Beteiligte

Art. 24 Rechte der Beteiligten. (1) Jeder Beteiligte kann nach dem Beschluss der Kommission zur Eröffnung des förmlichen Prüfverfahrens eine Stellungnahme nach Artikel 6 abgeben. Jeder Beteiligte, der eine solche Stellungnahme abgegeben hat, und jeder Empfänger einer Einzelbeihilfe erhält eine Kopie des von der Kommission gemäß Artikel 9 erlassenen Beschlusses.

(2) Jeder Beteiligte kann eine Beschwerde einlegen, um die Kommission über mutmaßliche rechtswidrige Beihilfen oder über eine mutmaßliche missbräuchliche Anwendung von Beihilfen zu informieren. Hierfür füllt der Beteiligte ein in einer Durchführungsvorschrift nach Artikel 33 festgelegtes Formular ordnungsgemäß aus und erteilt alle darin angeforderten obligatorischen Auskünfte.

Wenn die Kommission nach einer ersten Prüfung zu der Auffassung gelangt, dass der Beteiligte dem vorgeschriebenen Beschwerdeformular nicht entsprochen hat oder die von ihm vorgebrachten sachlichen und rechtlichen Gesichtspunkte auf der Grundlage einer Prima-facie-Prüfung nicht als Nachweis für das Vorliegen oder die missbräuchliche Nutzung einer Beihilfe ausreichen, setzt sie ihn davon in Kenntnis und fordert ihn auf, innerhalb einer vorgeschriebenen Frist von höchstens *einem Monat dazu Stellung* zu nehmen. Falls der Beteiligte nicht innerhalb der vorgeschriebenen Frist Stellung nimmt, gilt die Beschwerde als zurückgezogen. Die Kommission unterrichtet den betreffenden Mitgliedstaat, sobald eine Beschwerde als zurückgezogen gilt.

Die Kommission übermittelt dem Beschwerdeführer eine Kopie des Beschlusses zu einer Beihilfesache, die den Gegenstand der Beschwerde betrifft.

(3) Jeder Beteiligte erhält auf Antrag eine Kopie jedes nach den Artikeln 4 und 9, nach Artikel 12 Absatz 3 und Artikel 13 erlassenen Beschlusses.

Kapitel VIII. Untersuchungen einzelner Wirtschaftszweige und Beihilfeinstrumente

Art. 25 Untersuchungen einzelner Wirtschaftszweige und Beihilfeinstrumente. (1) Besteht aufgrund der vorliegenden Informationen ein hinreichender Verdacht, dass in einem bestimmten Wirtschaftszweig oder über ein bestimmtes Beihilfeinstrument gewährte Beihilfen möglicherweise in mehreren Mitgliedstaaten den Wettbewerb im Binnenmarkt wesentlich einschränken oder verzerren oder bestehende Beihilfen in einem bestimmten Wirtschaftszweig nicht oder nicht mehr mit dem Binnenmarkt vereinbar sind, kann die Kommission eine Untersuchung des betreffenden Wirtschaftszweigs oder der Anwendung des betreffenden Beihilfeinstruments in mehreren Mitgliedstaaten durchführen. Im Rahmen dieser Untersuchung kann die Kommission von den betreffenden Mitgliedstaaten und/oder Unternehmen oder Unternehmensvereinigungen unter gebührender Berücksichtigung des Grundsatzes der Verhältnismäßigkeit die Auskünfte verlangen, die für die Anwendung der Artikel 107 und 108 AEUV erforderlich sind.

Die Kommission begründet in allen Auskunftsersuchen, die sie nach diesem Artikel stellt, weshalb sie die Untersuchung eingeleitet und die Adressaten ausgewählt hat.

Sie veröffentlicht einen Bericht über die Ergebnisse ihrer Untersuchung einzelner Wirtschaftszweige oder der Anwendung einzelner Beihilfeinstrumente in verschiedenen Mitgliedstaaten und fordert die betreffenden Mitgliedstaaten, Unternehmen oder Unternehmensvereinigungen auf, dazu Stellung zu nehmen.

(2) Auskünfte, die bei der Untersuchung einzelner Wirtschaftszweige eingeholt wurden, dürfen im Rahmen von Verfahren nach dieser Verordnung verwendet werden.

(3) Die Artikel 5, 7 und 8 dieser Verordnung gelten entsprechend.

Kapitel IX. Überwachung

Art. 26 Jahresberichte. (1) Die Mitgliedstaaten unterbreiten der Kommission Jahresberichte über alle bestehenden Beihilferegelungen, für die keine besonderen Berichterstattungspflichten aufgrund eines mit Bedingungen und Auflagen verbundenen Beschlusses nach Artikel 9 Absatz 4 auferlegt wurden.

(2) Versäumt es der betreffende Mitgliedstaat trotz eines Erinnerungsschreibens, einen Jahresbericht zu übermitteln, so kann die Kommission hinsichtlich der betreffenden Beihilferegelung nach Artikel 22 verfahren.

Art. 27 Nachprüfung vor Ort. (1) Hat die Kommission ernsthafte Zweifel hinsichtlich der Einhaltung eines Beschlusses, keine Einwände zu erheben, eines Positivbeschlusses oder eines mit Bedingungen und Auflagen verbundenen Beschlusses in Bezug auf Einzelbeihilfen, so gestattet der betreffende Mitgliedstaat, nachdem er Gelegenheit zur Stellungnahme erhalten hat, der Kommission eine Nachprüfung vor Ort.

(2) Die von der Kommission beauftragten Bediensteten verfügen über folgende Befugnisse, um die Einhaltung des betreffenden Beschlusses zu überprüfen:

a) Sie dürfen alle Räumlichkeiten und Grundstücke des betreffenden Unternehmens betreten;
b) sie dürfen mündliche Erklärungen an Ort und Stelle anfordern;
c) sie dürfen die Bücher und sonstigen Geschäftsunterlagen prüfen sowie Kopien anfertigen oder verlangen. Die Kommission wird gegebenenfalls von unabhängigen Sachverständigen unterstützt.

(3) Die Kommission unterrichtet den betreffenden Mitgliedstaat rechtzeitig schriftlich von der Nachprüfung vor Ort und nennt die von ihr beauftragten Bediensteten und Sachverständigen. Erhebt der betreffende Mitgliedstaat ordnungsgemäß begründete Einwände gegen die Wahl der Sachverständigen durch die Kommission, so werden die Sachverständigen im Einvernehmen mit dem Mitgliedstaat ernannt. Die mit der Nachprüfung vor Ort beauftragten Bediensteten und Sachverständigen legen einen schriftlichen Prüfungsauftrag vor, in dem Gegenstand und Zweck der Nachprüfung bezeichnet werden.

(4) Bedienstete des Mitgliedstaats, in dessen Hoheitsgebiet die Nachprüfung vorgenommen werden soll, können der Nachprüfung beiwohnen.

(5) Die Kommission übermittelt dem Mitgliedstaat eine Kopie aller Berichte, die aufgrund der Nachprüfung erstellt wurden.

(6) Widersetzt sich ein Unternehmen einer durch einen Beschluss der Kommission nach diesem Artikel angeordneten Nachprüfung, so gewährt der betreffende Mitgliedstaat den Bediensteten und Sachverständigen der Kommission die erforderliche Unterstützung, damit diese ihre Nachprüfung durchführen können.

Art. 28 Nichtbefolgung von Beschlüssen und Urteilen. *(1) Kommt der* betreffende Mitgliedstaat mit Bedingungen und Auflagen verbundenen Beschlüssen oder Negativbeschlüssen, insbesondere in den in Artikel 16 dieser Verordnung genannten Fällen, nicht nach, so kann die Kommission nach Artikel 108 Absatz 2 AEUV den Gerichtshof der Europäischen Union unmittelbar anrufen.

(2) Vertritt die Kommission die Auffassung, dass der betreffende Mitgliedstaat einem Urteil des Gerichtshofs der Europäischen Union nicht nachgekommen ist, so kann sie in der Angelegenheit nach Artikel 260 AEUV weiter verfahren.

Kapitel X. Zusammenarbeit mit Gerichten der Mitgliedstaaten

Art. 29 Zusammenarbeit mit Gerichten der Mitgliedstaaten. (1) Zum Zweck der Anwendung von Artikel 107 Absatz 1 und Artikel 108 AEUV können die Gerichte der Mitgliedstaaten die Kommission um Übermittlung von Informationen, die sich im Besitz der Kommission befinden, oder um Stellungnahme zu Fragen, die die Anwendung der Vorschriften über staatliche Beihilfen betreffen, bitten.

(2) Sofern es die kohärente Anwendung des Artikels 107 Absatz 1 und des Artikels 108 AEUV erfordert, kann die Kommission aus eigener Initiative den Gerichten der Mitgliedstaaten, die für die Anwendung der Vorschriften über staatliche Beihilfen zuständig sind, schriftliche Stellungnahmen übermitteln. Sie kann mit Erlaubnis des betreffenden Gerichts auch mündlich Stellung nehmen.

Sie teilt dem betreffenden Mitgliedstaat im Voraus mit, dass sie beabsichtigt, eine Stellungnahme einzureichen, bevor sie diese förmlich einreicht.

Die Kommission kann ausschließlich für die Ausarbeitung ihrer Stellungnahmen das betreffende Gericht des Mitgliedstaats ersuchen, ihr alle dem Gericht vorliegenden und zur Beurteilung der Beihilfesache durch die Kommission notwendigen Schriftstücke zu übermitteln.

Kapitel XI. Gemeinsame Vorschriften

Art. 30 Berufsgeheimnis. Die Kommission und die Mitgliedstaaten, ihre Beamten und anderen Bediensteten, einschließlich der von der Kommission ernannten unabhängigen Sachverständigen, geben unter das Berufsgeheimnis fallende Informationen, die sie in Anwendung dieser Verordnung erhalten haben, nicht preis.

Art. 31 Adressaten der Beschlüsse. (1) Beschlüsse nach Artikel 7 Absatz 7, Artikel 8 Absätze 1 und 2 sowie Artikel 9 Absatz 9 werden an das betreffende Unternehmen oder die betreffende Unternehmensvereinigung gerichtet. Die Kommission gibt den Adressaten den Beschluss unverzüglich bekannt und bietet ihnen Gelegenheit, der Kommission mitzuteilen, welche Angaben ihrer Ansicht nach unter das Berufsgeheimnis fallen.

(2) Alle anderen Beschlüsse der Kommission, die auf der Grundlage der Kapitel II, III, V, VI und IX erlassen werden, sind an den betreffenden Mitgliedstaat zu richten. Die Kommission gibt dem betreffenden Mitgliedstaat diese Beschlüsse unverzüglich bekannt und bietet ihm Gelegenheit, der Kommission mitzuteilen, welche Angaben seiner Ansicht nach unter das Berufsgeheimnis fallen.

Art. 32 Veröffentlichung der Beschlüsse. (1) Die Kommission veröffentlicht im *Amtsblatt der Europäischen Union* eine Zusammenfassung ihrer Beschlüsse nach Artikel 4 Absätze 2 und 3 und Artikel 22 in Verbindung mit Artikel 23 Absatz 1. In dieser Zusammenfassung wird darauf hingewiesen, dass eine Kopie des Beschlusses in seiner/seinen verbindlichen Sprachfassung/en erhältlich ist.

(2) Die Kommission veröffentlicht im *Amtsblatt der Europäischen Union* ihre Beschlüsse nach Artikel 4 Absatz 4 in der jeweiligen verbindlichen Sprachfassung. In den Amtsblättern, die in einer anderen Sprache als derjenigen der verbindlichen Sprachfassung erscheinen, wird die verbindliche Sprachfassung zusammen mit einer aussagekräftigen Zusammenfassung in der Sprache des jeweiligen Amtsblatts veröffentlicht.

(3) Die Kommission veröffentlicht im *Amtsblatt der Europäischen Union* ihre Beschlüsse nach Artikel 8 Absätze 1 und 2 und Artikel 9.

(4) In Fällen, in denen Artikel 4 Absatz 6 oder Artikel 10 Absatz 2 anwendbar sind, wird eine kurze Mitteilung im *Amtsblatt der Europäischen Union* veröffentlicht.

(5) Der Rat kann einstimmig beschließen, Beschlüsse nach Artikel 108 Absatz 2 Unterabsatz 3 AEUV im *Amtsblatt der Europäischen Union* zu veröffentlichen.

Art. 33 Durchführungsvorschriften. Die Kommission kann nach dem Verfahren des Artikels 34 Durchführungsvorschriften erlassen, um Folgendes zu regeln:

a) Form, Inhalt und andere Einzelheiten von Anmeldungen,

b) Form, Inhalt und andere Einzelheiten von Jahresberichten,

c) Form, Inhalt und andere Einzelheiten der nach Artikel 12 Absatz 1 und Artikel 24 Absatz 2 eingelegten Beschwerden,

d) Einzelheiten zu den Fristen und zur Festlegung der Fristen und

e) die Zinssätze nach Artikel 16 Absatz 2.

Art. 34 Konsultierung des Beratenden Ausschusses für staatliche Beihilfen. (1) Die Kommission konsultiert den durch die Verordnung (EU) 2015/1588 des Rates[1)] eingesetzten Beratenden Ausschuss für staatliche Beihilfen (im Folgenden „Ausschuss“) vor dem Erlass von Durchführungsvorschriften nach Artikel 33.

[1)] Vgl. Nr. **172** in dieser Textsammlung.

(2) Die Konsultierung des Ausschusses erfolgt im Rahmen einer Tagung, die von der Kommission einberufen wird. Der Einberufung sind die zu prüfenden Entwürfe und Dokumente beigefügt. Die Tagung findet frühestens zwei Monate nach Übermittlung der Einberufung statt. Diese Frist kann in dringenden Fällen verkürzt werden.

(3) Der Vertreter der Kommission unterbreitet dem Ausschuss einen Entwurf der zur treffenden Maßnahmen. Der Ausschuss gibt – gegebenenfalls nach Abstimmung – seine Stellungnahme zu diesem Entwurf innerhalb einer Frist ab, die der Vorsitzende unter Berücksichtigung der Dringlichkeit der betreffenden Frage festsetzen kann.

(4) Die Stellungnahme wird in das Protokoll aufgenommen. Darüber hinaus hat jeder Mitgliedstaat das Recht, zu verlangen, dass sein Standpunkt im Protokoll festgehalten wird. Der Ausschuss kann empfehlen, dass diese Stellungnahme im *Amtsblatt der Europäischen Union* veröffentlicht wird.

(5) Die Kommission berücksichtigt so weit wie möglich die Stellungnahme des Ausschusses. Sie unterrichtet den Ausschuss darüber, inwieweit sie seine Stellungnahme berücksichtigt hat.

Art. 35 Aufhebung. Die Verordnung (EG) Nr. 659/1999 wird aufgehoben.

Bezugnahmen auf die aufgehobene Verordnung gelten als Bezugnahmen auf die vorliegende Verordnung und sind nach Maßgabe der Entsprechungstabelle in Anhang II zu lesen.

Art. 36 Inkrafttreten. Diese Verordnung tritt am zwanzigsten Tag nach ihrer Veröffentlichung im *Amtsblatt der Europäischen Union* in Kraft.

Annex I[1)]

Aufgehobene Verordnung mit Liste ihrer nachfolgenden Änderungen

Verordnung (EG) Nr. 659/1999 des Rates
(ABl. L 83 vom 27. 3. 1999, S. 1).

Abschnitt 5 Nummer 6 von Anhang II der Beitrittsakte von 2003

Verordnung (EG) Nr. 1791/2006 des Rates
(ABl. L 363 vom 20. 12. 2006, S. 1).

Verordnung (EU) Nr. 517/2013 des Rates
(ABl. L 158 vom 10. 6. 2013, S. 1).

Verordnung (EU) Nr. 734/2013 des Rates
(ABl. L 204 vom 31. 7. 2013, S. 15).

---

1) Muß wohl richtigerweise „Anhang I" heißen.

Anhang II

Entsprechungstabelle

Verordnung (EG) Nr. 659/1999	Vorliegende Verordnung
Artikel 1 bis 6	Artikel 1 bis 6
Artikel 6 a	Artikel 7
Artikel 6 b	Artikel 8
Artikel 7	Artikel 9
Artikel 8	Artikel 10
Artikel 9	Artikel 11
Artikel 10	Artikel 12
Artikel 11 Absatz 1	Artikel 13 Absatz 1
Artikel 11 Absatz 2 Unterabsatz 1, einleitende Worte	Artikel 13 Absatz 2 Unterabsatz 1, einleitende Worte
Artikel 11 Absatz 2 Unterabsatz 1, erster Gedankenstrich	Artikel 13 Absatz 2 Unterabsatz 1, Buchstabe a
Artikel 11 Absatz 2 Unterabsatz 1, zweiter Gedankenstrich	Artikel 13 Absatz 2 Unterabsatz 1, Buchstabe b
Artikel 11 Absatz 2 Unterabsatz 1, dritter Gedankenstrich	Artikel 13 Absatz 2 Unterabsatz 1, Buchstabe c
Artikel 11 Absatz 2 Unterabsätze 2, 3 und 4	Artikel 13 Absatz 2 Unterabsätze 2, 3 und 4
Artikel 12	Artikel 14
Artikel 13	Artikel 15
Artikel 14	Artikel 16
Artikel 15	Artikel 17
Artikel 15 a	Artikel 18
Artikel 15 b	Artikel 19
Artikel 16	Artikel 20
Artikel 17	Artikel 21
Artikel 18	Artikel 22
Artikel 19	Artikel 23
Artikel 20	Artikel 24
Artikel 20 a	Artikel 25
Artikel 21	Artikel 26
Artikel 22	Artikel 27
Artikel 23	Artikel 28
Artikel 23 a	Artikel 29
Artikel 24	Artikel 30
Artikel 25	Artikel 31
Artikel 26 Absätze 1 und 2	Artikel 32 Absätze 1 und 2
Artikel 26 Absatz 2 a	Artikel 32 Absatz 3
Artikel 26 Absatz 3	Artikel 32 Absatz 3
Artikel 26 Absatz 4	Artikel 32 Absatz 4

Verordnung (EG) Nr. 659/1999	Vorliegende Verordnung
Artikel 26 Absatz 5	Artikel 32 Absatz 5
Artikel 27	Artikel 33
Artikel 28	–
Artikel 29	Artikel 34
–	Artikel 35
Artikel 30	Artikel 36
–	Anhang I
–	Anhang II

177. Richtlinie 2004/38/EG des Europäischen Parlaments und des Rates über das Recht der Unionsbürger und ihrer Familienangehörigen, sich im Hoheitsgebiet der Mitgliedstaaten frei zu bewegen und aufzuhalten

Vom 29. April 2004

(ber. Fassung ABl. Nr. L 229/35)[1) 2)]

DAS EUROPÄISCHE PARLAMENT UND DER RAT DER EUROPÄISCHEN UNION –

gestützt auf den Vertrag zur Gründung der Europäischen Gemeinschaft, insbesondere auf die Artikel 12, 18, 40, 44 und 52,

auf Vorschlag der Kommission[3)],

nach Stellungnahme des Europäischen Wirtschafts- und Sozialausschusses[4)],

nach Stellungnahme des Ausschusses der Regionen[5)],

gemäß dem Verfahren des Artikels 251 des Vertrags[6)],

in Erwägung nachstehender Gründe:

(1) Die Unionsbürgerschaft verleiht jedem Bürger der Union das elementare und persönliche Recht, sich im Hoheitsgebiet der Mitgliedstaaten vorbehaltlich der im Vertrag und in den Durchführungsvorschriften vorgesehenen Beschränkungen und Bedingungen frei zu bewegen und aufzuhalten.

(2) Die Freizügigkeit von Personen stellt eine der Grundfreiheiten des Binnenmarkts dar, der einen Raum ohne Binnengrenzen umfasst, in dem diese Freiheit gemäß den Bestimmungen des Vertrags gewährleistet ist.

(3) Die Unionsbürgerschaft sollte der grundsätzliche Status der Staatsangehörigen der Mitgliedstaaten sein, wenn sie ihr Recht auf Freizügigkeit und Aufenthalt wahrnehmen. Daher müssen die bestehenden Gemeinschaftsinstrumente, die Arbeitnehmer und Selbstständige sowie Studierende und andere beschäftigungslose Personen getrennt behandeln, kodifiziert und überarbeitet werden, um das Freizügigkeits- und Aufenthaltsrecht aller Unionsbürger zu vereinfachen und zu verstärken.

---

1) *Zur Aufhebung der bisherigen* Freizügigkeitsrichtlinien s. Art. 38.

2) Zu den Übergangsmaßnahmen nach dem Beitritt Kroatiens am 1. 7. 2013 s. Anhang V der Akte zum Beitrittsvertrag v. 9. 12. 2011, ABl. 2012 Nr. L 112/67.

3) ABl. C 270 E vom 25. 9. 2001, S. 150.

4) ABl. C 149 vom 21. 6. 2002, S. 46.

5) ABl. C 192 vom 12. 8. 2002, S. 17.

6) Stellungnahme des Europäischen Parlaments vom 11. Februar 2003 (ABl. C 43 E vom 19. 2. 2004, S. 42), Gemeinsamer Standpunkt des Rates vom 5. Dezember 2003 (ABl. C 54 E vom 2. 3. 2004, S. 12) und Standpunkt des Europäischen Parlaments vom 10. März 2004 (noch nicht im Amtsblatt veröffentlicht).

(4) Um diese bereichsspezifischen und fragmentarischen Ansätze des Freizügigkeits- und Aufenthaltsrechts zu überwinden und die Ausübung dieses Rechts zu erleichtern, ist ein einziger Rechtsakt erforderlich, in dem die Verordnung (EWG) Nr. 1612/68 des Rates vom 15. Oktober 1968 über die Freizügigkeit der Arbeitnehmer innerhalb der Gemeinschaft[1] geändert und die folgenden Rechtsakte aufgehoben werden: die Richtlinie 68/360/EWG des Rates vom 15. Oktober 1968 zur Aufhebung der Reise- und Aufenthaltsbeschränkungen für Arbeitnehmer der Mitgliedstaaten und ihre Familienangehörigen innerhalb der Gemeinschaft[2], die Richtlinie 73/148/EWG des Rates vom 21. Mai 1973 zur Aufhebung der Reise- und Aufenthaltsbeschränkungen für Staatsangehörige der Mitgliedstaaten innerhalb der Gemeinschaft auf dem Gebiet der Niederlassung und des Dienstleistungsverkehrs[3], die Richtlinie 90/364/EWG des Rates vom 28. Juni 1990 über das Aufenthaltsrecht[4], die Richtlinie 90/365/EWG des Rates vom 28. Juni 1990 über das Aufenthaltsrecht der aus dem Erwerbsleben ausgeschiedenen Arbeitnehmer und selbstständig Erwerbstätigen[5] und die Richtlinie 93/96/EWG des Rates vom 29. Oktober 1993 über das Aufenthaltsrecht der Studenten[6].

(5) Das Recht aller Unionsbürger, sich im Hoheitsgebiet der Mitgliedstaaten frei zu bewegen und aufzuhalten, sollte, wenn es unter objektiven Bedingungen in Freiheit und Würde ausgeübt werden soll, auch den Familienangehörigen ungeachtet ihrer Staatsangehörigkeit gewährt werden. Für die Zwecke dieser Richtlinie sollte der Begriff des Familienangehörigen auch den eingetragenen Lebenspartner umfassen, wenn nach den Rechtsvorschriften des Aufnahmemitgliedstaats die eingetragene Partnerschaft der Ehe gleichgestellt wird.

(6) Um die Einheit der Familie im weiteren Sinne zu wahren und unbeschadet des Verbots der Diskriminierung aus Gründen der Staatsangehörigkeit sollte die Lage derjenigen Personen, die nicht als Familienangehörige im Sinne dieser Richtlinie gelten und die daher kein automatisches Einreise- und Aufenthaltsrecht im Aufnahmemitgliedstaat genießen, von dem Aufnahmemitgliedstaat auf der Grundlage seiner eigenen innerstaatlichen Rechtsvorschriften daraufhin geprüft werden, ob diesen Personen die Einreise und der Aufenthalt gestattet werden könnte, wobei ihrer Beziehung zu dem Unionsbürger sowie anderen Aspekten, wie ihre finanzielle oder physische Abhängigkeit von dem Unionsbürger, Rechnung zu tragen ist.

(7) Unbeschadet der für die Kontrollen an den nationalen Grenzen geltenden Vorschriften sollten die Formalitäten im Zusammenhang mit

---

[1] ABl. L 257 vom 19. 10. 1968, S. 2. Zuletzt geändert durch die Verordnung (EWG) Nr. 2434/92 (ABl. L 245 vom 26. 8. 1992, S. 1).

[2] ABl. L 257 vom 19. 10. 1968, S. 13. Zuletzt geändert durch die Beitrittsakte von 2003.

[3] ABl. L 172 vom 28. 6. 1973, S. 14.

[4] *ABl. L 180 vom 13. 7. 1990*, S. 26.

[5] ABl. L 180 vom 13. 7. 1990, S. 28.

[6] ABl. L 317 vom 18. 12. 1993, S. 59.

der Freizügigkeit von Unionsbürgern im Hoheitsgebiet der Mitgliedstaaten genau festgelegt werden.

(8) Um die Ausübung der Freizügigkeit für Familienangehörige, die nicht die Staatsangehörigkeit eines Mitgliedstaats besitzen, zu erleichtern, sollten Familienangehörige, die bereits im Besitz einer Aufenthaltskarte sind, von der Pflicht befreit werden, sich ein Einreisevisum gemäß der Verordnung (EG) Nr. 539/2001 des Rates vom 15. März 2001 zur Aufstellung der Liste der Drittländer, deren Staatsangehörige beim Überschreiten der Außengrenzen im Besitz eines Visums sein müssen, sowie der Liste der Drittländer, deren Staatsangehörige von dieser Visumpflicht befreit sind[1], oder gegebenenfalls gemäß den geltenden einzelstaatlichen Rechtsvorschriften zu beschaffen.

(9) Die Unionsbürger sollten das Aufenthaltsrecht im Aufnahmemitgliedstaat für einen Zeitraum von bis zu drei Monaten haben, ohne jegliche Bedingungen oder Formalitäten außer der Pflicht, im Besitz eines gültigen Personalausweises oder Reisepasses zu sein, unbeschadet einer günstigeren Behandlung für Arbeitssuchende gemäß der Rechtsprechung des Gerichtshofs.

(10) Allerdings sollten Personen, die ihr Aufenthaltsrecht ausüben, während ihres ersten Aufenthalts die Sozialhilfeleistungen des Aufnahmemitgliedstaats nicht unangemessen in Anspruch nehmen. Daher sollte das Aufenthaltsrecht von Unionsbürgern und ihren Familienangehörigen für eine Dauer von über drei Monaten bestimmten Bedingungen unterliegen.

(11) Das elementare und persönliche Recht auf Aufenthalt in einem anderen Mitgliedstaat erwächst den Unionsbürgern unmittelbar aus dem Vertrag und hängt nicht von der Einhaltung von Verwaltungsverfahren ab.

(12) Für Aufenthalte von über drei Monaten sollten die Mitgliedstaaten die Möglichkeit haben, eine – durch eine Anmeldebescheinigung bestätigte – Anmeldung des Unionsbürgers bei der zuständigen Behörde des Aufenthaltsortes vorzuschreiben.

(13) Für Aufenthalte von über drei Monaten sollte das Erfordernis der Aufenthaltskarte auf Familienangehörige von Unionsbürgern beschränkt werden, die nicht die Staatsangehörigkeit eines Mitgliedstaats besitzen.

(14) Um zu vermeiden, dass abweichende Verwaltungspraktiken oder Auslegungen die Ausübung des Aufenthaltsrechts der Unionsbürger und ihrer Familienangehörigen unangemessen behindern, sollte *genau und abschließend* festgelegt werden, welche Dokumente erforderlich sind, damit die zuständige Behörde eine Anmeldebescheinigung oder eine Aufenthaltskarte ausstellen kann.

(15) Ferner bedarf es eines rechtlichen Schutzes für die Familienangehörigen, wenn der Unionsbürger verstirbt, die Ehe geschieden oder

---

[1] ABl. L 81 vom 21. 3. 2001, S. 1. Zuletzt geändert durch die Verordnung (EG) Nr. 453/2003 (ABl. L 69 vom 13. 3. 2003, S. 10).

aufgehoben oder die eingetragene Partnerschaft beendet wird. Daher sollten Maßnahmen getroffen werden, damit unter Achtung des Familienlebens und der menschlichen Würde, aber unter bestimmten Voraussetzungen zum Schutz vor Missbrauch sichergestellt ist, dass in solchen Fällen Familienangehörigen, die sich bereits im Hoheitsgebiet des Aufnahmemitgliedstaats aufhalten, das Aufenthaltsrecht ausschließlich auf persönlicher Grundlage erhalten bleibt.

(16) Solange die Aufenthaltsberechtigten die Sozialhilfeleistungen des Aufnahmemitgliedstaats nicht unangemessen in Anspruch nehmen, sollte keine Ausweisung erfolgen. Die Inanspruchnahme von Sozialhilfeleistungen sollte daher nicht automatisch zu einer Ausweisung führen. Der Aufnahmemitgliedstaat sollte prüfen, ob es sich bei dem betreffenden Fall um vorübergehende Schwierigkeiten handelt, und die Dauer des Aufenthalts, die persönlichen Umstände und den gewährten Sozialhilfebetrag berücksichtigen, um zu beurteilen, ob der Leistungsempfänger die Sozialhilfeleistungen unangemessen in Anspruch genommen hat, und in diesem Fall seine Ausweisung zu veranlassen. In keinem Fall sollte eine Ausweisungsmaßnahme gegen Arbeitnehmer, Selbstständige oder Arbeitssuchende in dem vom Gerichtshof definierten Sinne erlassen werden, außer aus Gründen der öffentlichen Ordnung oder Sicherheit.

(17) Wenn Unionsbürger, die beschlossen haben, sich dauerhaft in dem Aufnahmemitgliedstaat niederzulassen, das Recht auf Daueraufenthalt erhielten, würde dies ihr Gefühl der Unionsbürgerschaft verstärken und entscheidend zum sozialen Zusammenhalt – einem grundlegenden Ziel der Union – beitragen. Es gilt daher, für alle Unionsbürger und ihre Familienangehörigen, die sich gemäß den in dieser Richtlinie festgelegten Bedingungen fünf Jahre lang ununterbrochen in dem Aufnahmemitgliedstaat aufgehalten haben und gegen die keine Ausweisungsmaßnahme angeordnet wurde, ein Recht auf Daueraufenthalt vorzusehen.

(18) Um ein wirksames Instrument für die Integration in die Gesellschaft des Aufnahmemitgliedstaats darzustellen, in dem der Unionsbürger seinen Aufenthalt hat, sollte das einmal erlangte Recht auf Daueraufenthalt keinen Bedingungen unterworfen werden.

(19) Bestimmte für abhängig oder selbstständig erwerbstätige Unionsbürger und ihre Familienangehörigen geltende Vergünstigungen sollten aufrechterhalten werden, die diesen Personen gegebenenfalls gestatten, ein Recht auf Daueraufenthalt zu erwerben, bevor sie einen Aufenthalt von fünf Jahren in dem Aufnahmemitgliedstaat vollendet haben, da sie erworbene Rechte aufgrund der Verordnung (EWG) Nr. 1251/70 der Kommission vom 29. Juni 1970 über das Recht der Arbeitnehmer, nach Beendigung einer Beschäftigung im Hoheitsgebiet eines Mitgliedstaats zu verbleiben[1], und der Richtlinie 75/34/EWG des Rates vom 17. Dezember 1974 über das Recht der Staatsangehörigen eines Mitgliedstaats, nach Beendigung der Ausübung einer selbst-

---

[1] ABl. L 142 vom 30. 6. 1970, S. 24.

ständigen Tätigkeit im Hoheitsgebiet eines anderen Mitgliedstaats zu verbleiben[1], darstellen.

(20) Das Verbot der Diskriminierung aus Gründen der Staatsangehörigkeit erfordert, dass alle Unionsbürger und ihre Familienangehörigen, die sich aufgrund dieser Richtlinie in einem Mitgliedstaat aufhalten, in diesem Mitgliedstaat in den Anwendungsbereichen des Vertrags die gleiche Behandlung wie Inländer genießen; dies gilt vorbehaltlich spezifischer und ausdrücklich im Vertrag und im abgeleiteten Recht vorgesehener Bestimmungen.

(21) Allerdings sollte es dem Aufnahmemitgliedstaat überlassen bleiben, zu bestimmen, ob er anderen Personen als Arbeitnehmern oder Selbstständigen, Personen, die diesen Status beibehalten, und ihren Familienangehörigen Sozialhilfe während der ersten drei Monate des Aufenthalts oder im Falle von Arbeitssuchenden für einen längeren Zeitraum gewährt oder vor Erwerb des Rechts auf Daueraufenthalt Unterhaltsbeihilfen für die Zwecke des Studiums, einschließlich einer Berufsausbildung, gewährt.

(22) Der Vertrag sieht Beschränkungen des Rechts auf Freizügigkeit und Aufenthalt aus Gründen der öffentlichen Ordnung, Sicherheit oder Gesundheit vor. Um eine genauere Definition der Umstände und Verfahrensgarantien sicherzustellen, unter denen Unionsbürgern und ihren Familienangehörigen die Erlaubnis zur Einreise verweigert werden kann oder unter denen sie ausgewiesen werden können, sollte die vorliegende Richtlinie die Richtlinie 64/221/EWG des Rates vom 25. Februar 1964 zur Koordinierung der Sondervorschriften für die Einreise und den Aufenthalt von Ausländern, soweit sie aus Gründen der öffentlichen Ordnung, Sicherheit und Gesundheit gerechtfertigt sind[2], ersetzen.

(23) Die Ausweisung von Unionsbürgern und ihren Familienangehörigen aus Gründen der öffentlichen Ordnung oder Sicherheit ist eine Maßnahme, die Personen, die ihre Rechte und Freiheiten aus dem Vertrag in Anspruch genommen haben und vollständig in den Aufnahmemitgliedstaat integriert sind, sehr schaden kann. Die Wirkung derartiger Maßnahmen sollte daher gemäß dem Verhältnismäßigkeitsprinzip begrenzt werden, damit der Grad der Integration der Betroffenen, die Dauer des Aufenthalts im Aufnahmemitgliedstaat, ihr Alter, ihr Gesundheitszustand, die familiäre und wirtschaftliche Situation und die Bindungen zum Herkunftsstaat berücksichtigt werden.

(24) Daher sollte der Schutz vor Ausweisung in dem Maße zunehmen, wie die Unionsbürger und ihre Familienangehörigen in den Aufnahmemitgliedstaat stärker integriert sind. Gegen Unionsbürger, die sich viele Jahre im Hoheitsgebiet des Aufnahmemitgliedstaats aufgehalten haben, insbesondere in Fällen, in denen sie dort geboren sind

---

[1] ABl. L 14 vom 20. 1. 1975, S. 10.

[2] ABl. 56 vom 4. 4. 1964, S. 850. Zuletzt geändert durch die Richtlinie 75/35/EWG (ABl. L 14 vom 20. 1. 1975, S. 14).

und dort ihr ganzes Leben lang ihren Aufenthalt gehabt haben, sollte nur unter außergewöhnlichen Umständen aus zwingenden Gründen der öffentlichen Sicherheit eine Ausweisung verfügt werden. Gemäß dem Übereinkommen der Vereinten Nationen vom 20. November 1989 über die Rechte des Kindes sollten solche außergewöhnlichen Umstände zudem auch für Ausweisungsmaßnahmen gegen Minderjährige gelten, damit die familiären Bande unter Schutz stehen.

(25) Ferner sollten Verfahrensgarantien festgelegt werden, damit einerseits im Falle eines Verbots, in einen anderen Mitgliedstaat einzureisen oder sich dort aufzuhalten, ein hoher Schutz der Rechte des Unionsbürgers und seiner Familienangehörigen gewährleistet ist und andererseits der Grundsatz eingehalten wird, dass behördliche Handlungen ausreichend begründet sein müssen.

(26) Der Unionsbürger und seine Familienangehörigen, denen untersagt wird, in einen anderen Mitgliedstaat einzureisen oder sich dort aufzuhalten, müssen stets die Möglichkeit haben, den Rechtsweg zu beschreiten.

(27) Im Sinne der Rechtsprechung des Gerichtshofs, wonach die Mitgliedstaaten gegen die Begünstigten dieser Richtlinie kein Aufenthaltsverbot auf Lebenszeit verhängen dürfen, sollte bestätigt werden, dass ein Unionsbürger oder einer seiner Familienangehörigen, gegen den ein Mitgliedstaat ein Aufenthaltsverbot verhängt hat, nach einem angemessenen Zeitraum, in jedem Fall aber nach Ablauf von drei Jahren nach Vollstreckung des endgültigen Aufenthaltsverbots, einen neuen Antrag auf Aufhebung des Aufenthaltsverbots stellen kann.

(28) Zum Schutz gegen Rechtsmissbrauch oder Betrug, insbesondere Scheinehen oder andere Arten von Bindungen, die lediglich zum Zweck der Inanspruchnahme des Freizügigkeits- und Aufenthaltsrechts geschlossen wurden, sollten die Mitgliedstaaten die Möglichkeit zum Erlass der erforderlichen Maßnahmen haben.

(29) Diese Richtlinie sollte nicht die Anwendung günstigerer einzelstaatlicher Rechtsvorschriften berühren.

(30) Zur Untersuchung der Frage, wie die Ausübung des Freizügigkeits- und Aufenthaltsrechts weiter erleichtert werden kann, sollte von der Kommission ein Bericht erarbeitet werden, aufgrund dessen die Möglichkeit zur Vorlage etwaiger hierfür erforderlicher Vorschläge abschätzbar ist, insbesondere zur Verlängerung des Zeitraums des nicht an Bedingungen geknüpften Aufenthalts.

(31) Diese Richtlinie steht im Einklang mit den Grundrechten und -freiheiten und den Grundsätzen, die insbesondere mit der Charta der Grundrechte der Europäischen Union anerkannt wurden. Dem in der Charta enthaltenen Diskriminierungsverbot zufolge sollten die Mitgliedstaaten diese Richtlinie ohne Diskriminierung zwischen den Begünstigten dieser Richtlinie etwa aufgrund des Geschlechts, der *Rasse, der Hautfarbe,* der ethnischen oder sozialen Herkunft, der genetischen Merkmale, der Sprache, der Religion oder Weltanschauung, der politischen oder sonstigen Anschauung, der Zugehörigkeit zu

einer nationalen Minderheit, des Vermögens, der Geburt, einer Behinderung, des Alters oder der sexuellen Ausrichtung umsetzen –

HABEN FOLGENDE RICHTLINIE ERLASSEN:

Kapitel I. Allgemeine Bestimmungen

Art. 1 Gegenstand. Diese Richtlinie regelt

a) die Bedingungen, unter denen Unionsbürger und ihre Familienangehörigen das Recht auf Freizügigkeit und Aufenthalt innerhalb des Hoheitsgebiets der Mitgliedstaaten genießen;

b) das Recht auf Daueraufenthalt der Unionsbürger und ihrer Familienangehörigen im Hoheitsgebiet der Mitgliedstaaten;

c) die Beschränkungen der in den Buchstaben a) und b) genannten Rechte aus Gründen der öffentlichen Ordnung, Sicherheit oder Gesundheit.

Art. 2 Begriffsbestimmungen. Im Sinne dieser Richtlinie bezeichnet der Ausdruck

1. „Unionsbürger" jede Person, die die Staatsangehörigkeit eines Mitgliedstaats besitzt;

2. „Familienangehöriger"

a) den Ehegatten;

b) den Lebenspartner, mit dem der Unionsbürger auf der Grundlage der Rechtsvorschriften eines Mitgliedstaats eine eingetragene Partnerschaft eingegangen ist, sofern nach den Rechtsvorschriften des Aufnahmemitgliedstaats die eingetragene Partnerschaft der Ehe gleichgestellt ist und die in den einschlägigen Rechtsvorschriften des Aufnahmemitgliedstaats vorgesehenen Bedingungen erfüllt sind;

c) die Verwandten in gerader absteigender Linie des Unionsbürgers und des Ehegatten oder des Lebenspartners im Sinne von Buchstabe b), die das 21. Lebensjahr noch nicht vollendet haben oder denen von diesen Unterhalt gewährt wird;

d) die Verwandten in gerader aufsteigender Linie des Unionsbürgers und des Ehegatten oder des Lebenspartners im Sinne von Buchstabe b), denen von diesen Unterhalt gewährt wird;

3. „Aufnahmemitgliedstaat" den Mitgliedstaat, in den sich der Unionsbürger begibt, um dort sein Recht auf Freizügigkeit oder Aufenthalt auszuüben.

Art. 3 Berechtigte. (1) Diese Richtlinie gilt für jeden Unionsbürger, der sich in einen anderen als den Mitgliedstaat, dessen Staatsangehörigkeit er besitzt, begibt oder sich dort aufhält, sowie für seine Familienangehörigen im Sinne von Artikel 2 Nummer 2, die ihn begleiten oder ihm nachziehen.

(2) Unbeschadet eines etwaigen persönlichen Rechts auf Freizügigkeit und Aufenthalt der Betroffenen erleichtert der Aufnahmemitgliedstaat nach Maßgabe seiner innerstaatlichen Rechtsvorschriften die Einreise und den Aufenthalt der folgenden Personen:

a) jedes nicht unter die Definition in Artikel 2 Nummer 2 fallenden Familienangehörigen ungeachtet seiner Staatsangehörigkeit, dem der primär aufenthaltsberechtigte Unionsbürger im Herkunftsland Unterhalt gewährt oder der mit ihm im Herkunftsland in häuslicher Gemeinschaft gelebt hat, oder wenn schwerwiegende gesundheitliche Gründe die persönliche Pflege des Familienangehörigen durch den Unionsbürger zwingend erforderlich machen;

b) des Lebenspartners, mit dem der Unionsbürger eine ordnungsgemäß bescheinigte dauerhafte Beziehung eingegangen ist.

Der Aufnahmemitgliedstaat führt eine eingehende Untersuchung der persönlichen Umstände durch und begründet eine etwaige Verweigerung der Einreise oder des Aufenthalts dieser Personen.

Kapitel II. Recht auf Ausreise und Einreise

Art. 4 Recht auf Ausreise. (1) Unbeschadet der für die Kontrollen von Reisedokumenten an den nationalen Grenzen geltenden Vorschriften haben alle Unionsbürger, die einen gültigen Personalausweis oder Reisepass mit sich führen, und ihre Familienangehörigen, die nicht die Staatsangehörigkeit eines Mitgliedstaats besitzen und die einen gültigen Reisepass mit sich führen, das Recht, das Hoheitsgebiet eines Mitgliedstaats zu verlassen und sich in einen anderen Mitgliedstaat zu begeben.

(2) Für die Ausreise von Personen gemäß Absatz 1 darf weder ein Visum noch eine gleichartige Formalität verlangt werden.

(3) Die Mitgliedstaaten stellen ihren Staatsangehörigen gemäß ihren Rechtsvorschriften einen Personalausweis oder einen Reisepass aus, der ihre Staatsangehörigkeit angibt, und verlängern diese Dokumente.

(4) Der Reisepass muss zumindest für alle Mitgliedstaaten und die unmittelbar zwischen den Mitgliedstaaten liegenden Durchreiseländer gelten. Sehen die Rechtsvorschriften eines Mitgliedstaats keinen Personalausweis vor, so ist der Reisepass mit einer Gültigkeit von mindestens fünf Jahren auszustellen oder zu verlängern.

Art. 5 Recht auf Einreise. (1) Unbeschadet der für die Kontrollen von Reisedokumenten an den nationalen Grenzen geltenden Vorschriften gestatten die Mitgliedstaaten Unionsbürgern, die einen gültigen Personalausweis oder Reisepass mit sich führen, und ihren Familienangehörigen, die nicht die Staatsangehörigkeit eines Mitgliedstaats besitzen und die einen gültigen Reisepass mit sich führen, die Einreise.

Für die Einreise von Unionsbürgern darf weder ein Visum noch eine gleichartige Formalität verlangt werden.

(2) Von Familienangehörigen, die nicht die Staatsangehörigkeit eines Mitgliedstaats besitzen, ist gemäß der Verordnung (EG) Nr. 539/2001 oder gegebenenfalls den einzelstaatlichen Rechtsvorschriften lediglich ein Einreisevisum zu fordern. Für die Zwecke dieser Richtlinie entbindet der Besitz einer gültigen Aufenthaltskarte gemäß Artikel 10 diese Familienangehörigen von der Visumspflicht.

Die Mitgliedstaaten treffen alle erforderlichen Maßnahmen, um diesen Personen die Beschaffung der erforderlichen Visa zu erleichtern. Die Visa werden so bald wie möglich nach einem beschleunigten Verfahren unentgeltlich erteilt.

(3) Der Aufnahmemitgliedstaat bringt im Reisepass eines Familienangehörigen, der nicht die Staatsangehörigkeit eines Mitgliedstaats besitzt, keinen Einreise- oder Ausreisestempel an, wenn der Betroffene die Aufenthaltskarte gemäß Artikel 10 mit sich führt.

(4) Verfügt ein Unionsbürger oder ein Familienangehöriger, der nicht die Staatsangehörigkeit eines Mitgliedstaats besitzt, nicht über die erforderlichen Reisedokumente oder gegebenenfalls die erforderlichen Visa, so gewährt der betreffende Mitgliedstaat dieser Person jede angemessene Möglichkeit, sich die erforderlichen Dokumente in einer angemessenen Frist zu beschaffen oder übermitteln zu lassen oder sich mit anderen Mitteln bestätigen zu lassen oder nachzuweisen, dass sie das Recht auf Freizügigkeit und Aufenthalt genießt, bevor er eine Zurückweisung verfügt.

(5) Der Mitgliedstaat kann von dem Betroffenen verlangen, dass er seine Anwesenheit im Hoheitsgebiet dieses Mitgliedstaats innerhalb eines angemessenen und nicht diskriminierenden Zeitraums meldet. Die Nichterfüllung dieser Meldepflicht kann mit verhältnismäßigen und nicht diskriminierenden Sanktionen geahndet werden.

Kapitel III. Aufenthaltsrecht

Art. 6 Recht auf Aufenthalt bis zu drei Monaten. (1) Ein Unionsbürger hat das Recht auf Aufenthalt im Hoheitsgebiet eines anderen Mitgliedstaats für einen Zeitraum von bis zu drei Monaten, wobei er lediglich im Besitz eines gültigen Personalausweises oder Reisepasses sein muss und ansonsten keine weiteren Bedingungen zu erfüllen oder Formalitäten zu erledigen braucht.

(2) Absatz 1 gilt auch für Familienangehörige im Besitz eines gültigen Reisepasses, die nicht die Staatsangehörigkeit eines Mitgliedstaats besitzen und die den Unionsbürger begleiten oder ihm nachziehen.

Art. 7 Recht auf Aufenthalt für mehr als drei Monate. (1) Jeder Unionsbürger hat das Recht auf Aufenthalt im Hoheitsgebiet eines anderen Mitgliedstaats für einen Zeitraum von über drei Monaten, wenn er

a) Arbeitnehmer oder Selbstständiger im Aufnahmemitgliedstaat ist oder

b) für sich und seine Familienangehörigen über ausreichende Existenzmittel verfügt, so dass sie während ihres Aufenthalts keine Sozialhilfeleistungen des Aufnahmemitgliedstaats in Anspruch nehmen müssen, und er und seine Familienangehörigen über einen umfassenden Krankenversicherungsschutz im Aufnahmemitgliedstaat verfügen oder

c) bei einer privaten oder öffentlichen Einrichtung, die von dem Aufnahmemitgliedstaat aufgrund seiner Rechtsvorschriften oder seiner Verwaltungspraxis anerkannt oder finanziert wird, zur Absolvierung einer Ausbildung einschließlich einer Berufsausbildung als Hauptzweck eingeschrieben ist und
über einen umfassenden Krankenversicherungsschutz im Aufnahmemitgliedstaat verfügt und der zuständigen nationalen Behörde durch eine Erklärung oder durch jedes andere gleichwertige Mittel seiner Wahl glaubhaft macht, dass er für sich und seine Familienangehörigen über ausreichende Existenzmittel verfügt, so dass sie während ihres Aufenthalts keine Sozialhilfeleistungen des Aufnahmemitgliedstaats in Anspruch nehmen müssen, oder

d) ein Familienangehöriger ist, der den Unionsbürger, der die Voraussetzungen des Buchstabens a), b) oder c) erfüllt, begleitet oder ihm nachzieht.

(2) Das Aufenthaltsrecht nach Absatz 1 gilt auch für Familienangehörige, die nicht die Staatsangehörigkeit eines Mitgliedstaats besitzen und die den Unionsbürger in den Aufnahmemitgliedstaat begleiten oder ihm nachziehen, sofern der Unionsbürger die Voraussetzungen des Absatzes 1 Buchstabe a), b) oder c) erfüllt.

(3) Für die Zwecke des Absatzes 1 Buchstabe a) bleibt die Erwerbstätigeneigenschaft dem Unionsbürger, der seine Erwerbstätigkeit als Arbeitnehmer oder Selbstständiger nicht mehr ausübt, in folgenden Fällen erhalten:

a) Er ist wegen einer Krankheit oder eines Unfalls vorübergehend arbeitsunfähig;

b) er stellt sich bei ordnungsgemäß bestätigter unfreiwilliger Arbeitslosigkeit nach mehr als einjähriger Beschäftigung dem zuständigen Arbeitsamt zur Verfügung;

c) er stellt sich bei ordnungsgemäß bestätigter unfreiwilliger Arbeitslosigkeit nach Ablauf seines auf weniger als ein Jahr befristeten Arbeitsvertrags oder bei im Laufe der ersten zwölf Monate eintretender unfreiwilliger Arbeitslosigkeit dem zuständigen Arbeitsamt zur Verfügung; in diesem Fall bleibt die Erwerbstätigeneigenschaft während mindestens sechs Monaten aufrechterhalten;

d) er beginnt eine Berufsausbildung; die Aufrechterhaltung der Erwerbstätigeneigenschaft setzt voraus, dass zwischen dieser Ausbildung und der früheren beruflichen Tätigkeit ein Zusammenhang besteht, es sei denn, der Betroffene hat zuvor seinen Arbeitsplatz unfreiwillig verloren.

(4) Abweichend von Absatz 1 Buchstabe d) und Absatz 2 haben nur der Ehegatte, der eingetragene Lebenspartner im Sinne von Artikel 2 Nummer 2 Buchstabe b) und Kinder, denen Unterhalt gewährt wird, das Recht auf Aufenthalt als Familienangehörige eines Unionsbürgers, der die Voraussetzungen des Absatzes 1 Buchstabe c) erfüllt. Artikel 3 Absatz 2 findet Anwendung auf die Verwandten in gerader aufsteigernder Linie des Unionsbürgers und des Ehegatten oder eingetragenen Lebenspartners, denen Unterhalt gewährt wird.

Art. 8 Verwaltungsformalitäten für Unionsbürger. (1) Unbeschadet von Artikel 5 Absatz 5 kann der Aufnahmemitgliedstaat von Unionsbürgern für Aufenthalte von über drei Monaten verlangen, dass sie sich bei den zuständigen Behörden anmelden.

(2) Die Frist für die Anmeldung muss mindestens drei Monate ab dem Zeitpunkt der Einreise betragen. Eine Anmeldebescheinigung wird unverzüglich ausgestellt; darin werden Name und Anschrift der die Anmeldung vornehmenden Person sowie der Zeitpunkt der Anmeldung angegeben. Die Nichterfüllung der Anmeldepflicht kann mit verhältnismäßigen und nicht diskriminierenden Sanktionen geahndet werden.

(3) Für die Ausstellung der Anmeldebescheinigung dürfen die Mitgliedstaaten nur Folgendes verlangen:
von einem Unionsbürger, auf den Artikel 7 Absatz 1 Buchstabe a) Anwendung findet, nur die Vorlage eines gültigen Personalausweises oder Reisepasses, einer Einstellungsbestätigung des Arbeitgebers oder einer Beschäftigungsbescheinigung oder eines Nachweises der Selbstständigkeit;
von einem Unionsbürger, auf den Artikel 7 Absatz 1 Buchstabe b) Anwendung findet, nur die Vorlage eines gültigen Personalausweises oder Reisepasses sowie einen Nachweis, dass er die dort genannten Voraussetzungen erfüllt;
von einem Unionsbürger, auf den Artikel 7 Absatz 1 Buchstabe c) Anwendung findet, nur die Vorlage eines gültigen Personalausweises oder Reisepasses, einer Bescheinigung über die Einschreibung bei einer anerkannten Einrichtung und über den umfassenden Krankenversicherungsschutz sowie einer Erklärung oder eines gleichwertigen Mittels nach Artikel 7 Absatz 1 Buchstabe c). Die Mitgliedstaaten dürfen nicht verlangen, dass sich diese Erklärung auf einen bestimmten Existenzmittelbetrag bezieht.

(4) Die Mitgliedstaaten dürfen keinen festen Betrag für die Existenzmittel festlegen, die sie als ausreichend betrachten, sondern müssen die persönliche Situation des Betroffenen berücksichtigen. Dieser Betrag darf in keinem Fall über dem Schwellenbetrag liegen, unter dem der Aufnahmemitgliedstaat seinen Staatsangehörigen Sozialhilfe gewährt, oder, wenn dieses Kriterium nicht anwendbar ist, über der Mindestrente der Sozialversicherung des Aufnahmemitgliedstaats.

(5) Für die Ausstellung der Anmeldebescheinigung an die Familienangehörigen des Unionsbürgers, die selbst Unionsbürger sind, können die Mitgliedstaaten die Vorlage folgender Dokumente verlangen:

a) gültiger Personalausweis oder Reisepass;

b) Bescheinigung über das Bestehen einer familiären Beziehung oder einer eingetragenen Partnerschaft;

c) gegebenenfalls die Anmeldebescheinigung des Unionsbürgers, den sie begleiten oder dem sie nachziehen;

d) in den Fällen des Artikels 2 Nummer 2 Buchstaben c) und d) der urkundliche Nachweis, dass die dort genannten Voraussetzungen vorliegen;

e) in den Fällen des Artikels 3 Absatz 2 Buchstabe a) ein durch die zuständige Behörde des Ursprungs- oder Herkunftslands ausgestelltes Dokument, aus dem hervorgeht, dass die Betroffenen vom Unionsbürger Unterhalt beziehen oder mit ihm in häuslicher Gemeinschaft gelebt haben, oder der Nachweis schwerwiegender gesundheitlicher Gründe, die die persönliche Pflege des Familienangehörigen durch den Unionsbürger zwingend erforderlich machen;

f) in den Fällen des Artikels 3 Absatz 2 Buchstabe b) der Nachweis über das Bestehen einer dauerhaften Beziehung mit dem Unionsbürger.

Art. 9 Verwaltungsformalitäten für Familienangehörige, die nicht die Staatsangehörigkeit eines Mitgliedstaats besitzen.

(1) Die Mitgliedstaaten stellen den Familienangehörigen eines Unionsbürgers, die nicht die Staatsangehörigkeit eines Mitgliedstaats besitzen, eine Aufenthaltskarte aus, wenn ein Aufenthalt von über drei Monaten geplant ist.

(2) Die Frist für die Einreichung des Antrags auf Ausstellung der Aufenthaltskarte muss mindestens drei Monate ab dem Zeitpunkt der Einreise betragen.

(3) Die Nichterfüllung der Pflicht zur Beantragung einer Aufenthaltskarte kann mit verhältnismäßigen und nicht diskriminierenden Sanktionen geahndet werden.

Art. 10 Ausstellung der Aufenthaltskarte. (1) Zum Nachweis des Aufenthaltsrechts der Familienangehörigen eines Unionsbürgers, die nicht die Staatsangehörigkeit eines Mitgliedstaats besitzen, wird spätestens sechs Monate nach Einreichung des betreffenden Antrags eine „Aufenthaltskarte für Familienangehörige eines Unionsbürgers" ausgestellt. Eine Bescheinigung über die Einreichung des Antrags auf Ausstellung einer Aufenthaltskarte wird unverzüglich ausgestellt.

(2) Für die Ausstellung der Aufenthaltskarte verlangen die Mitgliedstaaten die Vorlage folgender Dokumente:

a) gültiger Reisepass;

b) Bescheinigung über das Bestehen einer familiären Beziehung oder einer eingetragenen Partnerschaft;

c) Anmeldebescheinigung des Unionsbürgers, den sie begleiten oder dem sie nachziehen, oder, wenn kein Anmeldesystem besteht, ein anderer Nachweis über den Aufenthalt des betreffenden Unionsbürgers im Aufnahmemitgliedstaat;

d) in den Fällen des Artikels 2 Nummer 2 Buchstaben c) und d) der urkundliche Nachweis, dass die dort genannten Voraussetzungen vorliegen;

e) in den Fällen des Artikels 3 Absatz 2 Buchstabe a) ein durch die zuständige Behörde des Ursprungs- oder Herkunftslands ausgestelltes Dokument, aus dem hervorgeht, dass die Betroffenen vom Unionsbürger Unterhalt beziehen oder mit ihm in häuslicher Gemeinschaft gelebt haben, oder der Nachweis schwerwiegender gesundheitlicher Gründe, die die persönliche Pflege des Familienangehörigen durch den Unionsbürger zwingend erforderlich machen;

f) in den Fällen des Artikels 3 Absatz 2 Buchstabe b) der Nachweis über das Bestehen einer dauerhaften Beziehung mit dem Unionsbürger.

Art. 11 Gültigkeit der Aufenthaltskarte. (1) Die Aufenthaltskarte gemäß Artikel 10 Absatz 1 gilt für fünf Jahre ab dem Zeitpunkt der Ausstellung oder für die geplante Aufenthaltsdauer des Unionsbürgers, wenn diese weniger als fünf Jahre beträgt.

(2) Die Gültigkeit der Aufenthaltskarte wird weder durch vorübergehende Abwesenheiten von bis zu sechs Monaten im Jahr, noch durch längere Abwesenheiten wegen der Erfüllung militärischer Pflichten, noch durch eine einzige Abwesenheit von höchstens zwölf aufeinander folgenden Monaten aus wichtigen Gründen wie Schwangerschaft und Niederkunft, schwere Krankheit, Studium oder Berufsausbildung oder berufliche Entsendung in einen anderen Mitgliedstaat oder einen Drittstaat berührt.

Art. 12 Aufrechterhaltung des Aufenthaltsrechts der Familienangehörigen bei Tod oder Wegzug des Unionsbürgers. (1) Unbeschadet von Unterabsatz 2 berührt der Tod des Unionsbürgers oder sein Wegzug aus dem Aufnahmemitgliedstaat nicht das Aufenthaltsrecht seiner Familienangehörigen, die die Staatsangehörigkeit eines Mitgliedstaats besitzen.

Bevor die Betroffenen das Recht auf Daueraufenthalt erwerben, müssen sie die Voraussetzungen des Artikels 7 Absatz 1 Buchstabe a), b), c) oder d) erfüllen.

(2) Unbeschadet von Unterabsatz 2 führt der Tod des Unionsbürgers für Familienangehörige, die nicht die Staatsangehörigkeit eines Mitgliedstaats besitzen und die sich im Aufnahmemitgliedstaat als Familienangehörige vor dem Tod des Unionsbürgers mindestens ein Jahr lang aufgehalten haben, nicht zum Verlust des Aufenthaltsrechts.

Bevor die Betroffenen das Recht auf Daueraufenthalt erwerben, bleibt ihr Aufenthaltsrecht an die Voraussetzung geknüpft, dass sie nachweisen können, dass sie Arbeitnehmer oder Selbstständige sind oder für sich und ihre Familienangehörigen über ausreichende Existenzmittel verfügen, so dass sie während ihres Aufenthalts keine Sozialhilfeleistungen des Aufnahmemitgliedstaats in Anspruch nehmen müssen, und dass sie über einen umfassenden Krankenversicherungsschutz im Aufnahmemitgliedstaat verfügen oder dass sie bereits im Aufnahmemitgliedstaat als Familienangehörige einer Person gelten, die diese Voraussetzungen erfüllt. Als ausreichende Existenzmittel gelten die in Artikel 8 Absatz 4 vorgesehenen Beträge.

Die betreffenden Familienangehörigen behalten ihr Aufenthaltsrecht ausschließlich auf persönlicher Grundlage.

(3) Der Wegzug des Unionsbürgers aus dem Aufnahmemitgliedstaat oder sein Tod führt weder für seine Kinder noch für den Elternteil, der die elterliche Sorge für die Kinder tatsächlich wahrnimmt, ungeachtet ihrer Staatsangehörigkeit, bis zum Abschluss der Ausbildung zum Verlust des Aufenthaltsrechts, wenn sich die Kinder im Aufnahmemitgliedstaat aufhalten und in einer Bildungseinrichtung zu Ausbildungszwecken eingeschrieben sind.

Art. 13 Aufrechterhaltung des Aufenthaltsrechts der Familienangehörigen bei Scheidung oder Aufhebung der Ehe oder bei Beendigung der eingetragenen Partnerschaft. (1) Unbeschadet von Unterabsatz 2 berührt die Scheidung oder Aufhebung der Ehe des Unionsbürgers oder die Beendigung seiner eingetragenen Partnerschaft im Sinne von Artikel 2 Nummer 2 Buchstabe b) nicht das Aufenthaltsrecht seiner Familienangehörigen, die die Staatsangehörigkeit eines Mitgliedstaats besitzen.

Bevor die Betroffenen das Recht auf Daueraufenthalt erwerben, müssen sie die Voraussetzungen des Artikels 7 Absatz 1 Buchstabe a), b), c) oder d) erfüllen.

(2) Unbeschadet von Unterabsatz 2 führt die Scheidung oder Aufhebung der Ehe oder die Beendigung der eingetragenen Partnerschaft im Sinne von Artikel 2 Nummer 2 Buchstabe b) für Familienangehörige eines Unionsbürgers, die nicht die Staatsangehörigkeit eines Mitgliedstaats besitzen, nicht zum Verlust des Aufenthaltsrechts, wenn

a) die Ehe oder die eingetragene Partnerschaft im Sinne von Artikel 2 Nummer 2 Buchstabe b) bis zur Einleitung des gerichtlichen Scheidungs- oder Aufhebungsverfahrens oder bis zur Beendigung der eingetragenen Partnerschaft mindestens drei Jahre bestanden hat, davon mindestens ein Jahr im Aufnahmemitgliedstaat, oder

b) dem Ehegatten oder dem Lebenspartner im Sinne von Artikel 2 Nummer 2 Buchstabe b), der nicht die Staatsangehörigkeit eines *Mitgliedstaats besitzt*, aufgrund einer Vereinbarung der Ehegatten oder der Lebenspartner oder durch gerichtliche Entscheidung das Sorgerecht für die Kinder des Unionsbürgers übertragen wird oder

c) es aufgrund besonders schwieriger Umstände erforderlich ist, wie etwa bei Opfern von Gewalt im häuslichen Bereich während der Ehe oder der eingetragenen Partnerschaft, oder

d) dem Ehegatten oder dem Lebenspartner im Sinne von Artikel 2 Nummer 2 Buchstabe b), der nicht die Staatsangehörigkeit eines Mitgliedstaats besitzt, aufgrund einer Vereinbarung der Ehegatten oder der Lebenspartner oder durch gerichtliche Entscheidung das Recht zum persönlichen Umgang mit dem minderjährigen Kind zugesprochen wird, sofern das Gericht zu der Auffassung gelangt ist, dass der Umgang – solange er für nötig erachtet wird – ausschließlich im Aufnahmemitgliedstaat erfolgen darf.

Bevor die Betroffenen das Recht auf Daueraufenthalt erwerben, bleibt ihr Aufenthaltsrecht an die Voraussetzung geknüpft, dass sie nachweisen können, dass sie Arbeitnehmer oder Selbstständige sind oder für sich und ihre Familienangehörigen über ausreichende Existenzmittel verfügen, so dass sie während ihres Aufenthalts keine Sozialhilfeleistungen des Aufnahmemitgliedstaats in Anspruch nehmen müssen, und dass sie über einen umfassenden Krankenversicherungsschutz im Aufnahmemitgliedstaat verfügen oder dass sie bereits im Aufnahmemitgliedstaat als Familienangehörige einer Person gelten, die diese Voraussetzungen erfüllt. Als ausreichende Existenzmittel gelten die in Artikel 8 Absatz 4 vorgesehenen Beträge.

Die betreffenden Familienangehörigen behalten ihr Aufenthaltsrecht ausschließlich auf persönlicher Grundlage.

Art. 14 Aufrechterhaltung des Aufenthaltsrechts. (1) Unionsbürgern und ihren Familienangehörigen steht das Aufenthaltsrecht nach Artikel 6 zu, solange sie die Sozialhilfeleistungen des Aufnahmemitgliedstaats nicht unangemessen in Anspruch nehmen.

(2) Unionsbürgern und ihren Familienangehörigen steht das Aufenthaltsrecht nach den Artikeln 7, 12 und 13 zu, solange sie die dort genannten Voraussetzungen erfüllen.

In bestimmten Fällen, in denen begründete Zweifel bestehen, ob der Unionsbürger oder seine Familienangehörigen die Voraussetzungen der Artikel 7, 12 und 13 erfüllen, können die Mitgliedstaaten prüfen, ob diese Voraussetzungen erfüllt sind. Diese Prüfung wird nicht systematisch durchgeführt.

(3) Die Inanspruchnahme von Sozialhilfeleistungen durch einen Unionsbürger oder einen seiner Familienangehörigen im Aufnahmemitgliedstaat darf nicht automatisch zu einer Ausweisung führen.

(4) Abweichend von den Absätzen 1 und 2 und unbeschadet der Bestimmungen des Kapitels VI darf gegen Unionsbürger oder ihre Familienangehörigen auf keinen Fall eine Ausweisung verfügt werden, wenn

a) die Unionsbürger Arbeitnehmer oder Selbstständige sind oder

b) die Unionsbürger in das Hoheitsgebiet des Aufnahmemitgliedstaats eingereist sind, um Arbeit zu suchen. In diesem Fall dürfen die Unionsbürger und ihre Familienangehörigen nicht ausgewiesen werden, solange die Unionsbürger nachweisen können, dass sie weiterhin Arbeit suchen und dass sie eine begründete Aussicht haben, eingestellt zu werden.

Art. 15 Verfahrensgarantien. (1) Die Verfahren der Artikel 30 und 31 finden sinngemäß auf jede Entscheidung Anwendung, die die Freizügigkeit von Unionsbürgern und ihren Familienangehörigen beschränkt und nicht aus Gründen der öffentlichen Ordnung, Sicherheit oder Gesundheit erlassen wird.

(2) Wird der Personalausweis oder Reisepass, der die Einreise des Betroffenen in den Aufnahmemitgliedstaat sowie die Ausstellung der Anmeldebescheinigung oder der Aufenthaltskarte ermöglicht hat, ungültig, so rechtfertigt dies keine Ausweisung aus dem Aufnahmemitgliedstaat.

(3) Eine Entscheidung gemäß Absatz 1, mit der die Ausweisung verfügt wird, darf nicht mit einem Einreiseverbot des Aufnahmemitgliedstaats einhergehen.

Kapitel IV. Recht auf Daueraufenthalt

Abschnitt I. Erwerb

Art. 16 Allgemeine Regel für Unionsbürger und ihre Familienangehörigen. (1) Jeder Unionsbürger, der sich rechtmäßig fünf Jahre lang ununterbrochen im Aufnahmemitgliedstaat aufgehalten hat, hat das Recht, sich dort auf Dauer aufzuhalten. Dieses Recht ist nicht an die Voraussetzungen des Kapitels III geknüpft.

(2) Absatz 1 gilt auch für Familienangehörige, die nicht die Staatsangehörigkeit eines Mitgliedstaats besitzen und die sich rechtmäßig fünf Jahre lang ununterbrochen mit dem Unionsbürger im Aufnahmemitgliedstaat aufgehalten haben.

(3) Die Kontinuität des Aufenthalts wird weder durch vorübergehende Abwesenheiten von bis zu insgesamt sechs Monaten im Jahr, noch durch längere Abwesenheiten wegen der Erfüllung militärischer Pflichten, noch durch eine einzige Abwesenheit von höchstens zwölf aufeinander folgenden Monaten aus wichtigen Gründen wie Schwangerschaft und Niederkunft, schwere Krankheit, Studium oder Berufsausbildung oder berufliche Entsendung in einen anderen Mitgliedstaat oder einen Drittstaat berührt.

(4) Wenn das Recht auf Daueraufenthalt erworben wurde, führt nur die Abwesenheit vom Aufnahmemitgliedstaat, die zwei aufeinander folgende Jahre überschreitet, zu seinem Verlust.

Art. 17 Ausnahmeregelung für Personen, die im Aufnahmemitgliedstaat aus dem Erwerbsleben ausgeschieden sind, und ihre Familienangehörigen. (1) Abweichend von Artikel 16 haben folgende Personen vor Ablauf des ununterbrochenen Zeitraums von fünf Jahren das Recht auf Daueraufenthalt im Aufnahmemitgliedstaat:

a) Arbeitnehmer oder Selbstständige, die zum Zeitpunkt des Ausscheidens aus dem Erwerbsleben das in dem betreffenden Mitgliedstaat für die Geltendmachung einer Altersrente gesetzlich vorgesehene Alter erreicht haben, oder Arbeitnehmer, die ihre abhängige Erwerbstätigkeit im Rahmen einer Vorruhestandsregelung beenden, sofern sie diese Erwerbstätigkeit in dem betreffenden Mitgliedstaat mindestens während der letzten zwölf Monate ausgeübt und sich dort seit mindestens drei Jahren ununterbrochen aufgehalten haben.
   Haben bestimmte Kategorien von Selbstständigen nach den Rechtsvorschriften des Aufnahmemitgliedstaats keinen Anspruch auf eine Altersrente, so gilt die Altersvoraussetzung als erfüllt, wenn der Betroffene das 60. Lebensjahr vollendet hat.

b) Arbeitnehmer oder Selbstständige, die sich seit mindestens zwei Jahren ununterbrochen im Aufnahmemitgliedstaat aufgehalten haben und ihre Erwerbstätigkeit infolge einer dauernden Arbeitsunfähigkeit aufgeben.
   Ist die Arbeitsunfähigkeit durch einen Arbeitsunfall oder eine Berufskrankheit eingetreten, aufgrund deren ein Anspruch auf eine Rente entsteht, die ganz oder teilweise zulasten eines Trägers des Aufnahmemitgliedstaats geht, entfällt die Voraussetzung der Aufenthaltsdauer.

c) Arbeitnehmer oder Selbstständige, die nach drei Jahren ununterbrochener Erwerbstätigkeit und ununterbrochenen Aufenthalts im Aufnahmemitgliedstaat eine abhängige oder selbstständige Erwerbstätigkeit in einem anderen Mitgliedstaat ausüben, ihren Wohnsitz jedoch im Aufnahmemitgliedstaat beibehalten und in der Regel jeden Tag oder mindestens einmal in der Woche dorthin zurückkehren.
   Für den Erwerb der in den Buchstaben a) und b) genannten Rechte gelten die Zeiten der Erwerbstätigkeit in dem Mitgliedstaat, in dem der Betroffene seine Erwerbstätigkeit ausübt, als im Aufnahmemitgliedstaat abgeleistet.
   Zeiten unfreiwilliger Arbeitslosigkeit, die vom zuständigen Arbeitsamt ordnungsgemäß festgestellt werden, oder vom Willen des Betroffenen unabhängige Arbeitsunterbrechungen sowie krankheits- oder unfallbedingte Fehlzeiten oder Unterbrechungen gelten als Zeiten der Erwerbstätigkeit.

(2) Die Voraussetzungen der Dauer des Aufenthalts und der Dauer der Erwerbstätigkeit in Absatz 1 Buchstabe a) sowie der Aufenthaltsdauer in Absatz 1 Buchstabe b) entfallen, wenn der Ehegatte oder der Lebenspartner im Sinne von Artikel 2 Nummer 2 Buchstabe b) des Arbeitnehmers oder des Selbstständigen die Staatsangehörigkeit des Aufnahmemitgliedstaats besitzt oder die Staatsangehörigkeit jenes Mitgliedstaats durch Eheschließung mit dem Arbeitnehmer oder Selbstständigen verloren hat.

(3) Die Familienangehörigen eines Arbeitnehmers oder eines Selbstständigen, die sich mit ihm im Hoheitsgebiet des Aufnahmemitgliedstaats aufhalten, haben ungeachtet ihrer Staatsangehörigkeit das Recht auf Daueraufenthalt in diesem Mitgliedstaat, wenn der Arbeitnehmer oder Selbstständige für sich das Recht auf Daueraufenthalt gemäß Absatz 1 in diesem Mitgliedstaat erworben hat.

(4) Ist der Arbeitnehmer oder Selbstständige jedoch im Laufe seines Erwerbslebens verstorben, bevor er gemäß Absatz 1 das Recht auf Daueraufenthalt im Aufnahmemitgliedstaat erworben hat, so erwerben seine Familienangehörigen, die sich mit ihm in dem Aufnahmemitgliedstaat aufgehalten haben, das Recht, sich dort dauerhaft aufzuhalten, sofern

a) der Arbeitnehmer oder Selbstständige sich zum Zeitpunkt seines Todes seit zwei Jahren im Hoheitsgebiet dieses Mitgliedstaats ununterbrochen aufgehalten hat oder

b) der Tod infolge eines Arbeitsunfalls oder einer Berufskrankheit eingetreten ist oder

c) sein überlebender Ehegatte die Staatsangehörigkeit dieses Mitgliedstaats durch Eheschließung mit dem Arbeitnehmer oder dem Selbstständigen verloren hat.

Art. 18 Erwerb des Rechts auf Daueraufenthalt durch bestimmte Familienangehörige, die nicht die Staatsangehörigkeit eines Mitgliedstaats besitzen. Unbeschadet des Artikels 17 erwerben die Familienangehörigen eines Unionsbürgers, auf die Artikel 12 Absatz 2 und Artikel 13 Absatz 2 Anwendung finden und die die dort genannten Voraussetzungen erfüllen, das Recht auf Daueraufenthalt, wenn sie sich rechtmäßig fünf Jahre lang ununterbrochen im Aufnahmemitgliedstaat aufgehalten haben.

Abschnitt II. Verwaltungsformalitäten

Art. 19 Dokument für Unionsbürger zur Bescheinigung des Daueraufenthalts. (1) Auf Antrag stellen die Mitgliedstaaten den zum Daueraufenthalt berechtigten Unionsbürgern nach Überprüfung der Dauer ihres Aufenthalts ein Dokument zur Bescheinigung ihres Daueraufenthalts aus.

(2) Das Dokument zur Bescheinigung des Daueraufenthalts wird so bald wie möglich ausgestellt.

Art. 20 Daueraufenthaltskarte für Familienangehörige, die nicht die Staatsangehörigkeit eines Mitgliedstaats besitzen. (1) Die Mitgliedstaaten stellen den Familienangehörigen, die nicht die Staatsangehörigkeit eines Mitgliedstaats besitzen und die zum Daueraufenthalt berechtigt sind, binnen sechs Monaten nach Einreichung des Antrags eine Daueraufenthaltskarte aus. Die Daueraufenthaltskarte ist automatisch alle zehn Jahre verlängerbar.

(2) Der Antrag auf Ausstellung einer Daueraufenthaltskarte muss vor Ablauf der Gültigkeit der Aufenthaltskarte gestellt werden. Die Nichterfüllung der Pflicht zur Beantragung einer Daueraufenthaltskarte kann mit verhältnismäßigen und nicht diskriminierenden Sanktionen geahndet werden.

(3) Aufenthaltsunterbrechungen von bis zu zwei aufeinander folgenden Jahren berühren nicht die Gültigkeit der Daueraufenthaltskarte.

Art. 21 Kontinuität des Aufenthalts. Für die Zwecke dieser Richtlinie wird die Kontinuität des Aufenthalts durch eines der im Aufenthaltsmitgliedstaat üblichen Beweismittel nachgewiesen. Jede rechtmäßig vollstreckte Ausweisungsverfügung gegen den Betroffenen stellt eine Unterbrechung des Aufenthalts dar.

Kapitel V. Gemeinsame Bestimmungen über das Aufenthaltsrecht und das Recht auf Daueraufenthalt

Art. 22 Räumlicher Geltungsbereich. Das Recht auf Aufenthalt und das Recht auf Daueraufenthalt erstrecken sich auf das gesamte Hoheitsgebiet des Aufnahmemitgliedstaats. Die Mitgliedstaaten können das Aufenthaltsrecht und das Recht auf Daueraufenthalt nur in den Fällen räumlich beschränken, in denen sie dieselben Beschränkungen auch für ihre eigenen Staatsangehörigen vorsehen.

Art. 23 Verbundene Rechte. Die Familienangehörigen eines Unionsbürgers, die das Recht auf Aufenthalt oder das Recht auf Daueraufenthalt in einem Mitgliedstaat genießen, sind ungeachtet ihrer Staatsangehörigkeit berechtigt, dort eine Erwerbstätigkeit als Arbeitnehmer oder Selbstständiger aufzunehmen.

Art. 24 Gleichbehandlung. (1) Vorbehaltlich spezifischer und ausdrücklich im Vertrag und im abgeleiteten Recht vorgesehener Bestimmungen genießt jeder Unionsbürger, der sich aufgrund dieser Richtlinie im Hoheitsgebiet des Aufnahmemitgliedstaats aufhält, im Anwendungsbereich des Vertrags die gleiche Behandlung wie die Staatsangehörigen dieses Mitgliedstaats. Das Recht auf Gleichbehandlung erstreckt sich auch auf Familienangehörige, die nicht die Staatsangehörigkeit eines Mitgliedstaats besitzen und das Recht auf Aufenthalt oder das Recht auf Daueraufenthalt genießen.

(2) Abweichend von Absatz 1 ist der Aufnahmemitgliedstaat jedoch nicht verpflichtet, anderen Personen als Arbeitnehmern oder Selbstständigen, Personen, denen dieser Status erhalten bleibt, und ihren Familienangehörigen während der ersten drei Monate des Aufenthalts oder gegebenenfalls während des längeren Zeitraums nach Artikel 14 Absatz 4 Buchstabe b) einen Anspruch auf Sozialhilfe oder vor Erwerb des Rechts auf Daueraufenthalt Studienbeihilfen, einschließlich Bei-

hilfen zur Berufsausbildung, in Form eines Stipendiums oder Studiendarlehens, zu gewähren.

Art. 25 Allgemeine Bestimmungen bezüglich der Aufenthaltsdokumente. (1) Die Ausübung eines Rechts oder die Erledigung von Verwaltungsformalitäten dürfen unter keinen Umständen vom Besitz einer Anmeldebescheinigung nach Artikel 8, eines Dokuments zur Bescheinigung des Daueraufenthalts, einer Bescheinigung über die Beantragung einer Aufenthaltskarte für Familienangehörige, einer Aufenthaltskarte oder einer Daueraufenthaltskarte abhängig gemacht werden, wenn das Recht durch ein anderes Beweismittel nachgewiesen werden kann.

(2) Alle in Absatz 1 genannten Dokumente werden unentgeltlich oder gegen Entrichtung eines Betrags ausgestellt, der die Gebühr für die Ausstellung entsprechender Dokumente an Inländer nicht übersteigt.

Art. 26 Kontrolle. Die Mitgliedstaaten können kontrollieren, ob der sich gegebenenfalls aus ihren Rechtsvorschriften ergebenden Verpflichtung für fremde Staatsangehörige nachgekommen wird, ständig die Anmeldebescheinigung oder die Aufenthaltskarte mit sich zu führen, sofern sie diese Verpflichtung ihren eigenen Staatsangehörigen in Bezug auf deren Personalausweis auferlegen. Wird dieser Verpflichtung nicht nachgekommen, so können die Mitgliedstaaten die Sanktionen verhängen, die sie auch gegen ihre eigenen Staatsangehörigen verhängen, die ihren Personalausweis nicht mit sich führen.

Kapitel VI. Beschränkungen des Einreise- und Aufenthaltsrechts aus Gründen der öffentlichen Ordnung, Sicherheit und Gesundheit

Art. 27 Allgemeine Grundsätze. (1) Vorbehaltlich der Bestimmungen dieses Kapitels dürfen die Mitgliedstaaten die Freizügigkeit und das Aufenthaltsrecht eines Unionsbürgers oder seiner Familienangehörigen, ungeachtet ihrer Staatsangehörigkeit, aus Gründen der öffentlichen Ordnung, Sicherheit oder Gesundheit beschränken. Diese Gründe dürfen nicht zu wirtschaftlichen Zwecken geltend gemacht werden.

(2) Bei Maßnahmen aus Gründen der öffentlichen Ordnung oder Sicherheit ist der Grundsatz der Verhältnismäßigkeit zu wahren und darf ausschließlich das persönliche Verhalten des Betroffenen ausschlaggebend sein. Strafrechtliche Verurteilungen allein können ohne Weiteres diese Maßnahmen nicht begründen.

Das persönliche Verhalten muss eine tatsächliche, gegenwärtige und erhebliche Gefahr darstellen, die ein Grundinteresse der Gesellschaft berührt. Vom Einzelfall losgelöste oder auf Generalprävention verweisende Begründungen sind nicht zulässig.

(3) Um festzustellen, ob der Betroffene eine Gefahr für die öffentliche Ordnung oder Sicherheit darstellt, kann der Aufnahmemitgliedstaat bei der Ausstellung der Anmeldebescheinigung oder – wenn es kein Anmeldesystem gibt – spätestens drei Monate nach dem Zeitpunkt der Einreise des Betroffenen in das Hoheitsgebiet oder nach dem Zeitpunkt, zu dem der Betroffene seine Anwesenheit im Hoheitsgebiet gemäß Artikel 5 Absatz 5 gemeldet hat, oder bei Ausstellung der Aufenthaltskarte den Herkunftsmitgliedstaat und erforderlichenfalls andere Mitgliedstaaten um Auskünfte über das Vorleben des Betroffenen in strafrechtlicher Hinsicht ersuchen, wenn er dies für unerlässlich hält. Diese Anfragen dürfen nicht systematisch erfolgen. Der ersuchte Mitgliedstaat muss seine Antwort binnen zwei Monaten erteilen.

(4) Der Mitgliedstaat, der den Reisepass oder Personalausweis ausgestellt hat, lässt den Inhaber des Dokuments, der aus Gründen der öffentlichen Ordnung, Sicherheit oder Gesundheit aus einem anderen Mitgliedstaat ausgewiesen wurde, ohne jegliche Formalitäten wieder einreisen, selbst wenn der Personalausweis oder Reisepass ungültig geworden ist oder die Staatsangehörigkeit des Inhabers bestritten wird.

Art. 28 Schutz vor Ausweisung. (1) Bevor der Aufnahmemitgliedstaat eine Ausweisung aus Gründen der öffentlichen Ordnung oder Sicherheit verfügt, berücksichtigt er insbesondere die Dauer des Aufenthalts des Betroffenen im Hoheitsgebiet, sein Alter, seinen Gesundheitszustand, seine familiäre und wirtschaftliche Lage, seine soziale und kulturelle Integration im Aufnahmemitgliedstaat und das Ausmaß seiner Bindungen zum Herkunftsstaat.

(2) Der Aufnahmemitgliedstaat darf gegen Unionsbürger oder ihre Familienangehörigen, ungeachtet ihrer Staatsangehörigkeit, die das Recht auf Daueraufenthalt in seinem Hoheitsgebiet genießen, eine Ausweisung nur aus schwerwiegenden Gründen der öffentlichen Ordnung oder Sicherheit verfügen.

(3) Gegen Unionsbürger darf eine Ausweisung nicht verfügt werden, es sei denn, die Entscheidung beruht auf zwingenden Gründen der öffentlichen Sicherheit, die von den Mitgliedstaaten festgelegt wurden, wenn sie

a) ihren Aufenthalt in den letzten zehn Jahren im Aufnahmemitgliedstaat gehabt haben oder

b) minderjährig sind, es sei denn, die Ausweisung ist zum Wohl des Kindes notwendig, wie es im Übereinkommen der Vereinten Nationen vom 20. November 1989 über die Rechte des Kindes vorgesehen ist.

Art. 29 Öffentliche Gesundheit. (1) Als Krankheiten, die eine die Freizügigkeit beschränkende Maßnahme rechtfertigen, gelten ausschließlich die Krankheiten mit epidemischem Potenzial im Sinne der einschlägigen Rechtsinstrumente der Weltgesundheitsorganisation und sonstige übertragbare, durch Infektionserreger oder Parasiten verursachte Krankheiten, sofern gegen diese Krankheiten Maßnahmen zum Schutz der Staatsangehörigen des Aufnahmemitgliedstaats getroffen werden.

(2) Krankheiten, die nach Ablauf einer Frist von drei Monaten ab dem Zeitpunkt der Einreise auftreten, stellen keinen Ausweisungsgrund dar.

(3) Wenn ernsthafte Anhaltspunkte dies rechtfertigen, können die Mitgliedstaaten für die Personen, die zum Aufenthalt berechtigt sind, binnen drei Monaten nach der Einreise eine kostenlose ärztliche Untersuchung anordnen, um feststellen zu lassen, dass sie nicht an einer Krankheit im Sinne von Absatz 1 leiden. Diese ärztlichen Untersuchungen dürfen nicht systematisch angeordnet werden.

Art. 30 Mitteilung der Entscheidungen. (1) Entscheidungen nach Artikel 27 Absatz 1 müssen dem Betroffenen schriftlich in einer Weise mitgeteilt werden, dass er deren Inhalt und Wirkung nachvollziehen kann.

(2) Dem Betroffenen sind die Gründe der öffentlichen Ordnung, Sicherheit oder Gesundheit, die der ihn betreffenden Entscheidung zugrunde liegen, genau und umfassend mitzuteilen, es sei denn, dass Gründe der Sicherheit des Staates dieser Mitteilung entgegenstehen.

(3) In der Mitteilung ist anzugeben, bei welchem Gericht oder bei welcher Verwaltungsbehörde der Betroffene einen Rechtsbehelf einlegen kann, innerhalb welcher Frist der Rechtsbehelf einzulegen ist und gegebenenfalls binnen welcher Frist er das Hoheitsgebiet des Mitgliedstaats zu verlassen hat. Außer in ordnungsgemäß begründeten dringenden Fällen muss die Frist zum Verlassen des Hoheitsgebiets mindestens einen Monat, gerechnet ab dem Zeitpunkt der Mitteilung, betragen.

Art. 31 Verfahrensgarantien. (1) Gegen eine Entscheidung aus Gründen der öffentlichen Ordnung, Sicherheit oder Gesundheit müssen die Betroffenen einen Rechtsbehelf bei einem Gericht und gegebenenfalls bei einer Behörde des Aufnahmemitgliedstaats einlegen können.

(2) Wird neben dem Rechtsbehelf gegen die Entscheidung, mit der die Ausweisung verfügt wurde, auch ein Antrag auf vorläufigen Rechtsschutz gestellt, um die Vollstreckung dieser Entscheidung auszusetzen, so darf die Abschiebung aus dem Hoheitsgebiet nicht erfolgen, solange nicht über den Antrag auf vorläufigen Rechtsschutz entschieden wurde, es sei denn,

die Entscheidung, mit der die Ausweisung verfügt wird, stützt sich auf eine frühere gerichtliche Entscheidung, oder

die Betroffenen hatten bereits früher die Möglichkeit, eine gerichtliche Überprüfung zu beantragen, oder

die Entscheidung, mit der die Ausweisung verfügt wird, beruht auf zwingenden Gründen der öffentlichen Sicherheit nach Artikel 28 Absatz 3.

(3) Im Rechtsbehelfsverfahren sind die Rechtmäßigkeit der Entscheidung sowie die Tatsachen und die Umstände, auf denen die Entscheidung beruht, zu überprüfen. Es gewährleistet, dass die Entscheidung insbesondere im Hinblick auf die Erfordernisse gemäß Artikel 28 nicht unverhältnismäßig ist.

(4) Die Mitgliedstaaten können dem Betroffenen verbieten, sich während des anhängigen Rechtsbehelfsverfahrens in ihrem Hoheitsgebiet aufzuhalten, dürfen ihn jedoch nicht daran hindern, sein Verfahren selbst zu führen, es sei denn, die öffentliche Ordnung oder Sicherheit können durch sein persönliches Erscheinen ernsthaft gestört werden oder der Rechtsbehelf richtet sich gegen die Verweigerung der Einreise in das Hoheitsgebiet.

Art. 32 Zeitliche Wirkung eines Aufenthaltsverbots. (1) Personen, gegen die aus Gründen der öffentlichen Ordnung oder Sicherheit ein Aufenthaltsverbot verhängt worden ist, können nach einem entsprechend den Umständen angemessenen Zeitraum, in jedem Fall aber drei Jahre nach Vollstreckung des nach dem Gemeinschaftsrecht ordnungsgemäß erlassenen endgültigen Aufenthaltsverbots einen Antrag auf Aufhebung des Aufenthaltsverbots unter Hinweis darauf einreichen, dass eine materielle Änderung der Umstände eingetreten ist, die das Aufenthaltsverbot gerechtfertigt haben.

Der betreffende Mitgliedstaat muss binnen sechs Monaten nach Einreichung des Antrags eine Entscheidung treffen.

(2) Die Personen gemäß Absatz 1 sind nicht berechtigt, während der Prüfung ihres Antrags in das Hoheitsgebiet des betreffenden Mitgliedstaats einzureisen.

Art. 33 Ausweisung als Strafe oder Nebenstrafe. (1) Der Aufnahmemitgliedstaat kann eine Ausweisungsverfügung als Strafe oder Nebenstrafe zu einer Freiheitsstrafe nur erlassen, wenn die Voraussetzungen der Artikel 27, 28 und 29 eingehalten werden.

(2) Wird eine Ausweisungsverfügung nach Absatz 1 mehr als zwei Jahre nach ihrem Erlass vollstreckt, so muss der Mitgliedstaat überprüfen, ob von dem Betroffenen eine gegenwärtige und tatsächliche Gefahr für die öffentliche Ordnung oder Sicherheit ausgeht, und beurteilen, ob seit dem Erlass der Ausweisungsverfügung eine materielle Änderung der Umstände eingetreten ist.

Kapitel VII. Schlussbestimmungen

Art. 34 Verbreitung von Informationen. Die Mitgliedstaaten verbreiten die Informationen hinsichtlich der Rechte und Pflichten der Unionsbürger und ihrer Familienangehörigen in den von dieser Richtlinie erfassten Bereichen, insbesondere durch Sensibilisierungskampagnen über nationale und lokale Medien und andere Kommunikationsmittel.

Art. 35 Rechtsmissbrauch. Die Mitgliedstaaten können die Maßnahmen erlassen, die notwendig sind, um die durch diese Richtlinie verliehenen Rechte im Falle von Rechtsmissbrauch oder Betrug – wie z. B. durch Eingehung von Scheinehen – zu verweigern, aufzuheben oder zu widerrufen. Solche Maßnahmen müssen verhältnismäßig sein und unterliegen den Verfahrensgarantien nach den Artikeln 30 und 31.

Art. 36 Sanktionen. Die Mitgliedstaaten legen Bestimmungen über Sanktionen fest, die bei einem Verstoß gegen die einzelstaatlichen Vorschriften zur Umsetzung dieser Richtlinie zu verhängen sind, und treffen die zu ihrer Durchsetzung erforderlichen Maßnahmen. Die Sanktionen müssen wirksam und verhältnismäßig sein. Die Mitgliedstaaten teilen diese Bestimmungen der Kommission spätestens am 30. April 2004 und eventuelle spätere Änderungen so rasch wie möglich mit.

Art. 37 Günstigere innerstaatliche Rechtsvorschriften. Diese Richtlinie lässt Rechts- und Verwaltungsvorschriften der Mitgliedstaaten, die für die in den Anwendungsbereich dieser Richtlinie fallenden Personen günstiger sind, unberührt.

Art. 38 Aufhebung.[1] (1) *(aufgehoben)*

(2)[2] Die Richtlinien 64/221/EWG, 68/360/EWG, 72/194/EWG, 73/148/EWG, 75/34/EWG, 75/35/EWG, 90/364/EWG, 90/365/EWG und 93/96/EWG werden mit Wirkung vom 30. April 2006 aufgehoben.

(3) Bezugnahmen auf die aufgehobenen Bestimmungen oder Richtlinien gelten als Bezugnahmen auf die vorliegende Richtlinie.

Art. 39 Bericht. Spätestens am 30. April 2008 erstattet die Kommission dem Europäischen Parlament und dem Rat Bericht über die Anwendung dieser Richtlinie und schlägt gegebenenfalls die erforderlichen Änderungen vor, insbesondere bezüglich der Möglichkeit, die Zeitspanne zu verlängern, während der Unionsbürger und ihre Familienangehörigen ohne weitere Bedingungen im Hoheitsgebiet des Aufnahmemitgliedstaats verbleiben können. Die Mitgliedstaaten teilen der Kommission die zur Erstellung des Berichts erforderlichen Informationen mit.

Art. 40 Umsetzung. (1) Die Mitgliedstaaten setzen die Rechts- und Verwaltungsvorschriften in Kraft, die erforderlich sind, um dieser Richtlinie bis zum 30. April 2006 nachzukommen.

Wenn die Mitgliedstaaten diese Vorschriften erlassen, nehmen sie in den Vorschriften selbst oder durch einen Hinweis bei der amtlichen Veröffentlichung auf diese Richtlinie Bezug. Die Mitgliedstaaten regeln die Einzelheiten der Bezugnahme.

---

[1] Art. 38 Abs. 1 aufgehoben durch VO 492/ 2011 vom 5. 4. 2011(Nr. **180**).

[2] Die VO Nr. 1251/70 über das Recht der Arbeitnehmer, nach Beendigung einer Beschäftigung im Hoheitsgebiet eines Mitgliedstaats zu verbleiben, ist – ebenfalls mit Wirkung vom 30. April 2006 – durch VO Nr. 635/2006 (ABl. Nr. L 112/9) aufgehoben worden.

(2) Die Mitgliedstaaten teilen der Kommission den Wortlaut der innerstaatlichen Rechtsvorschriften mit, die sie auf dem unter diese Richtlinie fallenden Gebiet erlassen und übermitteln ihr eine Entsprechungstabelle zwischen den Bestimmungen dieser Richtlinie und den von ihnen erlassenen innerstaatlichen Vorschriften.

Art. 41 Inkrafttreten. Diese Richtlinie tritt am Tag ihrer Veröffentlichung im Amtsblatt der Europäischen Union in Kraft.

Art. 42 Adressaten. Diese Richtlinie ist an die Mitgliedstaaten gerichtet.

(2) Die Mitgliedstaaten teilen der Kommission den Wortlaut der innerstaatlichen Rechtsvorschriften mit, die sie auf dem unter diese Richtlinie fallenden Gebiet erlassen und übermitteln ihr eine Entsprechungstabelle zwischen den Bestimmungen dieser Richtlinie und den von ihnen erlassenen innerstaatlichen Vorschriften.

Art. 41 Inkrafttreten. Diese Richtlinie tritt am Tag ihrer Veröffentlichung im Amtsblatt der Europäischen Union in Kraft.

Art. 42 Adressaten. Diese Richtlinie ist an die Mitgliedstaaten gerichtet.

180. Verordnung (EU) Nr. 492/2011 des Europäischen Parlaments und des Rates über die Freizügigkeit der Arbeitnehmer innerhalb der Union[1)·2)·3)]

Vom 5. April 2011

(ABl. Nr. L 141/1 v. 27.5.2011, geänd. durch VO 2016/589 v. 13.4.2016, ABl. Nr. L 107/1 v. 22.4.2016 und VO 2019/1149 v. 20.6.2019, ABl. Nr. L 186/21 v. 11.7.2019)

DAS EUROPÄISCHE PARLAMENT UND DER RAT DER EUROPÄISCHEN UNION –

gestützt auf den Vertrag über die Arbeitsweise der Europäischen Union, insbesondere auf Artikel 46,

auf Vorschlag der Europäischen Kommission,

nach Zuleitung des Entwurfs des Gesetzgebungsakts an die nationalen Parlamente,

nach Stellungnahme des Europäischen Wirtschafts- und Sozialausschusses[4)],

gemäß dem ordentlichen Gesetzgebungsverfahren[5)],

in Erwägung nachstehender Gründe:

(1) Die Verordnung (EWG) Nr. 1612/68 des Rates vom 15. Oktober 1968 über die Freizügigkeit der Arbeitnehmer innerhalb der Gemeinschaft[6)] wurde mehrfach und erheblich geändert[7)]. Aus Gründen der Klarheit und der Übersichtlichkeit empfiehlt es sich, die genannte Verordnung zu kodifizieren.

(2) Die Freizügigkeit der Arbeitnehmer muss innerhalb der Union gewährleistet sein. Dies schließt die Abschaffung jeder auf der Staatsangehörigkeit beruhenden unterschiedlichen Behandlung der Arbeitnehmer der Mitgliedstaaten in Bezug auf Beschäftigung, Entlohnung und sonstige Arbeitsbedingungen ein sowie das Recht für diese Arbeitnehmer, sich vorbehaltlich der aus Gründen der öffentlichen Ordnung,

---

1) Die VO ist am 16. 6. 2011 in Kraft getreten (Art. 42 VO) und ersetzt die VO 1612/68 (vgl. Art. 41 VO). Zum Zwecke der Anpassung von Bezugnahmen in anderen Rechtsakten und um einen Vergleich mit der alten Rechtslage zu erleichtern ist der VO als Anhang II eine Entsprechungstabelle beigefügt.

2) Bezugnahmen auf die durch VO 2016/589 aufgehobenen Bestimmungen (Art. 11, 12, *13, 14 bis 20* und 38) gelten als Bezugnahmen auf eben jene Verordnung und sind nach Maßgabe der Entsprechungstabelle in Anhang II eben jener VO zu lesen (ABl. 2016 Nr. L 107/28 v. 22.4.2016).

3) Vgl. auch Richtlinie 2014/54/EU über Maßnahmen zur Erleichterung der Ausübung der Rechte, die Arbeitnehmern im Rahmen der Freizügigkeit zustehen (Nr. **180a**).

4) **[Amtl. Anm.:]** ABl. C 44 vom 11.2.2011, S. 170.

5) **[Amtl. Anm.:]** Standpunkt des Europäischen Parlaments vom 7. September 2010 (noch nicht im Amtsblatt veröffentlicht) und Beschluss des Rates vom 21. März 2011.

6) **[Amtl. Anm.:]** ABl. L 257 vom 19.10.1968, S. 2.

7) **[Amtl. Anm.:]** Siehe Anhang I.

Sicherheit und Gesundheit gerechtfertigten Beschränkungen innerhalb der Union zur Ausübung einer Beschäftigung im Lohn- oder Gehaltsverhältnis frei zu bewegen.

(3) Es sollten Bestimmungen festgelegt werden, mit denen die in den Artikeln 45 und 46 des Vertrags über die Arbeitsweise der Europäischen Union auf dem Gebiet der Freizügigkeit festgelegten Ziele erreicht werden können.

(4) Die Freizügigkeit ist ein Grundrecht der Arbeitnehmer und ihrer Familien. Die Mobilität der Arbeitskräfte innerhalb der Union soll für den Arbeitnehmer eines der Mittel sein, die ihm die Möglichkeit einer Verbesserung der Lebens- und Arbeitsbedingungen garantieren und damit auch seinen sozialen Aufstieg erleichtern, wobei gleichzeitig der Bedarf der Wirtschaft der Mitgliedstaaten befriedigt wird. Allen Arbeitnehmern der Mitgliedstaaten sollte das Recht zuerkannt werden, eine von ihnen gewählte Tätigkeit innerhalb der Union auszuüben.

(5) Dieses Recht sollte gleichermaßen Dauerarbeitnehmern, Saisonarbeitern, Grenzarbeitnehmern oder Arbeitnehmern zustehen, die ihre Tätigkeit im Zusammenhang mit einer Dienstleistung ausüben.

(6) Damit das Recht auf Freizügigkeit nach objektiven Maßstäben in Freiheit und Menschenwürde wahrgenommen werden kann, muss sich die Gleichbehandlung tatsächlich und rechtlich auf alles erstrecken, was mit der eigentlichen Ausübung einer Tätigkeit im Lohn- oder Gehaltsverhältnis und mit der Beschaffung einer Wohnung im Zusammenhang steht; ferner müssen alle Hindernisse beseitigt werden, die sich der Mobilität der Arbeitnehmer entgegenstellen, insbesondere in Bezug auf die Bedingungen für die Integration der Familie des Arbeitnehmers im Aufnahmeland.

(7) Das Prinzip der Gleichbehandlung aller Arbeitnehmer der Union schließt ein, dass sämtlichen Staatsangehörigen der Mitgliedstaaten der gleiche Vorrang beim Zugang zu einer Beschäftigung zuerkannt wird wie den inländischen Arbeitnehmern.

(8) Die Zusammenführungs- und Ausgleichsverfahren und zwar insbesondere durch das Mittel der unmittelbaren Zusammenarbeit zwischen den zentralen Dienststellen wie auch den regionalen Dienststellen der Arbeitsverwaltungen sowie durch eine koordinierte Information gewährleisten ganz allgemein eine bessere Transparenz des Arbeitsmarktes. Die wanderungswilligen Arbeitnehmer sollten regelmäßig über die Lebens- und Arbeitsbedingungen unterrichtet werden.

(9) Zwischen der Freizügigkeit der Arbeitnehmer, der Beschäftigung und der Berufsausbildung, insbesondere soweit diese zum Ziel hat, die Arbeitnehmer in die Lage zu versetzen, sich auf konkrete Stellenangebote hin zu bewerben, die in anderen Gebieten der Union veröffentlicht worden sind, besteht ein enger Zusammenhang. Infolgedessen ist es notwendig, die Probleme, die sich in dieser Hinsicht stellen, nicht mehr getrennt, sondern in ihrer wechselseitigen Abhängigkeit zu prüfen und hierbei zugleich die Arbeitsmarktprobleme auf regionaler

Ebene zu berücksichtigen. Es ist daher erforderlich, dass sich die Mitgliedstaaten bemühen, ihre Beschäftigungspolitik zu koordinieren –

HABEN FOLGENDE VERORDNUNG ERLASSEN:

Kapitel I. Die Beschäftigung, die Gleichbehandlung und die Familienangehörigen der Arbeitnehmer

Abschnitt 1. Zugang zur Beschäftigung

Art. 1 [Aufnahme einer Tätigkeit] (1) Jeder Staatsangehörige eines Mitgliedstaats ist ungeachtet seines Wohnorts berechtigt, eine Tätigkeit im Lohn- oder Gehaltsverhältnis im Hoheitsgebiet eines anderen Mitgliedstaats nach den für die Arbeitnehmer dieses Staates geltenden Rechts- und Verwaltungsvorschriften aufzunehmen und auszuüben.

(2) Er hat insbesondere im Hoheitsgebiet eines anderen Mitgliedstaats mit dem gleichen Vorrang Anspruch auf Zugang zu den verfügbaren Stellen wie die Staatsangehörigen dieses Staates.

Art. 2 [Stellenangebote, Arbeitsgesuche, Arbeitsverträge] Jeder Staatsangehörige eines Mitgliedstaats und jeder Arbeitgeber, der eine Tätigkeit im Hoheitsgebiet eines Mitgliedstaats ausübt, können nach den geltenden Rechts- und Verwaltungsvorschriften ihre Stellenangebote und Arbeitsgesuche austauschen sowie Arbeitsverträge schließen und erfüllen, ohne dass sich Diskriminierungen daraus ergeben dürfen.

Art. 3 [Verbot diskriminierender Vorschriften] (1) [1]Die folgenden Rechts- und Verwaltungsvorschriften oder Verwaltungspraktiken eines Mitgliedstaats finden im Rahmen dieser Verordnung keine Anwendung:

a) Vorschriften, die das Stellenangebot und das Arbeitsgesuch, den Zugang zur Beschäftigung und deren Ausübung durch Ausländer einschränken oder von Bedingungen abhängig machen, die für Inländer nicht gelten; oder

b) Vorschriften, die, ohne auf die Staatsangehörigkeit abzustellen, ausschließlich oder hauptsächlich bezwecken oder bewirken, dass Angehörige der übrigen Mitgliedstaaten von der angebotenen Stelle ferngehalten werden.

[2]Unterabsatz 1 gilt nicht für Bedingungen, welche die in Anbetracht der Besonderheit der zu vergebenden Stelle erforderlichen Sprachkenntnisse betreffen.

(2) Zu den in Absatz 1 Unterabsatz 1 genannten Vorschriften oder Praktiken gehören insbesondere solche, die in einem Mitgliedstaat

a) ein besonderes Verfahren für die Anwerbung ausländischer Arbeitnehmer zwingend vorschreiben;

b) die Veröffentlichung eines Stellenangebots durch die Presse oder durch irgendwelche anderen Wege einschränken oder von anderen als den Bedingungen abhängig machen, die für den Arbeitgeber, der seine Tätigkeit im Hoheitsgebiet dieses Staates ausübt, gelten;

c) den Zugang zur Beschäftigung von Bedingungen abhängig machen, die sich auf die Einschreibung beim Arbeitsamt beziehen, oder die namentliche Anwerbung eines Arbeitnehmers hindern, soweit dadurch Personen betroffen sind, die nicht im Hoheitsgebiet dieses Mitgliedstaats wohnen.

Art. 4 [Zahlen- und anteilsmäßige Beschränkung] (1) Rechts- und Verwaltungsvorschriften der Mitgliedstaaten, durch welche die Beschäftigung von ausländischen Arbeitnehmern zahlen- oder anteilmäßig nach Unternehmen, Wirtschaftszweigen, Gebieten oder im gesamten Hoheitsgebiet beschränkt wird, finden auf Staatsangehörige der übrigen Mitgliedstaaten keine Anwendung.

(2) Wenn in einem Mitgliedstaat für Unternehmen vorgesehene Vergünstigungen von der Beschäftigung eines bestimmten Hundertsatzes von inländischen Arbeitnehmern abhängig gemacht werden, werden Staatsangehörige der anderen Mitgliedstaaten vorbehaltlich der Richtlinie 2005/36/EG des Europäischen Parlaments und des Rates vom 7. September 2005 über die Anerkennung von Berufsqualifikationen[1] als inländische Arbeitnehmer gezählt.

Art. 5 [Unterstützung durch die Arbeitsämter] Ein Staatsangehöriger eines Mitgliedstaats, der im Hoheitsgebiet eines anderen Mitgliedstaats eine Beschäftigung sucht, erhält dort die gleiche Hilfe, wie sie die Arbeitsämter dieses Staates den eigenen Staatsangehörigen gewähren, die eine Beschäftigung suchen.

Art. 6 [Analoge Maßstäbe] (1) Wird ein Staatsangehöriger eines Mitgliedstaats in einem anderen Mitgliedstaat eingestellt oder für eine Beschäftigung angeworben, so darf bei ihm hinsichtlich des Gesundheitszustands, des Berufes oder sonstiger Anforderungen aufgrund der Staatsangehörigkeit kein anderer Maßstab angelegt werden als bei den Arbeitnehmern, die Staatsangehörige des anderen Mitgliedstaats sind und die gleiche Beschäftigung ausüben wollen.

(2) Besitzt ein Staatsangehöriger eines Mitgliedstaats ein auf seinen Namen lautendes Stellenangebot eines Arbeitgebers aus einem anderen Mitgliedstaat als dem Staat, dessen Staatsangehöriger er ist, so darf er auf seine beruflichen Fähigkeiten hin geprüft werden, wenn der Arbeitgeber eine solche Prüfung bei Abgabe seines Stellenangebots ausdrücklich verlangt.

---

[1] **[Amtl. Anm.:]** ABl. L 255 vom 30.9.2005, S. 22.

Abschnitt 2. Ausübung der Beschäftigung und Gleichbehandlung

Art. 7 [Arbeitsrechtliche Gleichstellung] (1) Ein Arbeitnehmer, der Staatsangehöriger eines Mitgliedstaats ist, darf aufgrund seiner Staatsangehörigkeit im Hoheitsgebiet der anderen Mitgliedstaaten hinsichtlich der Beschäftigungs- und Arbeitsbedingungen, insbesondere im Hinblick auf Entlohnung, Kündigung und, falls er arbeitslos geworden ist, im Hinblick auf berufliche Wiedereingliederung oder Wiedereinstellung, nicht anders behandelt werden als die inländischen Arbeitnehmer.

(2) Er genießt dort die gleichen sozialen und steuerlichen Vergünstigungen wie die inländischen Arbeitnehmer.

(3) Er kann mit dem gleichen Recht und unter den gleichen Bedingungen wie die inländischen Arbeitnehmer Berufsschulen und Umschulungszentren in Anspruch nehmen.

(4) Alle Bestimmungen in Tarif- oder Einzelarbeitsverträgen oder sonstigen Kollektivvereinbarungen betreffend Zugang zur Beschäftigung, Entlohnung und sonstige Arbeits- und Kündigungsbedingungen sind von Rechts wegen nichtig, soweit sie für Arbeitnehmer, die Staatsangehörige anderer Mitgliedstaaten sind, diskriminierende Bedingungen vorsehen oder zulassen.

Art. 8 [Mitbestimmung] (1) [1]Ein Arbeitnehmer, der die Staatsangehörigkeit eines Mitgliedstaats besitzt und im Hoheitsgebiet eines anderen Mitgliedstaats beschäftigt ist, hat Anspruch auf gleiche Behandlung hinsichtlich der Zugehörigkeit zu Gewerkschaften und der Ausübung gewerkschaftlicher Rechte, einschließlich des Wahlrechts sowie des Zugangs zur Verwaltung oder Leitung von Gewerkschaften. [2]Er kann von der Teilnahme an der Verwaltung von Körperschaften des öffentlichen Rechts und der Ausübung eines öffentlichrechtlichen Amtes ausgeschlossen werden. [3]Er hat ferner das Recht auf Wählbarkeit zu den Organen der Arbeitnehmervertretungen in den Betrieben.

(2) Absatz 1 berührt nicht die Rechts- und Verwaltungsvorschriften, durch die in einigen Mitgliedstaaten weitergehende Rechte an Arbeitnehmer aus anderen Mitgliedstaaten eingeräumt werden.

Art. 9 [Wohnrecht] (1) Arbeitnehmer, die die Staatsangehörigkeit eines Mitgliedstaats besitzen und im Hoheitsgebiet eines anderen Mitgliedstaats beschäftigt sind, genießen hinsichtlich einer Wohnung, einschließlich der Erlangung des Eigentums an der von ihnen benötigten Wohnung, alle Rechte und Vergünstigungen wie inländische Arbeitnehmer.

(2) [1]Die Arbeitnehmer gemäß Absatz 1 können sich mit dem gleichen Recht wie die inländischen Arbeitnehmer in dem Gebiet, in dem sie beschäftigt sind, in die Listen der Wohnungssuchenden einschrei-

ben, wo solche geführt werden, und so die gleichen Vergünstigungen und den gleichen Rang erlangen.

2 Ihre im Herkunftsland verbliebene Familie wird zu diesem Zweck als in diesem Gebiet wohnend betrachtet, soweit auch für inländische Arbeitnehmer eine entsprechende Vermutung gilt.

Abschnitt 3. Familienangehörige der Arbeitnehmer

Art. 10. (1) Die Kinder eines Staatsangehörigen eines Mitgliedstaats, der im Hoheitsgebiet eines anderen Mitgliedstaats beschäftigt ist oder beschäftigt gewesen ist, können, wenn sie im Hoheitsgebiet dieses Mitgliedstaats wohnen, unter den gleichen Bedingungen wie die Staatsangehörigen dieses Mitgliedstaats am allgemeinen Unterricht sowie an der Lehrlings- und Berufsausbildung teilnehmen.

(2) Die Mitgliedstaaten fördern die Bemühungen, durch die diesen Kindern ermöglicht werden soll, unter den besten Voraussetzungen am Unterricht teilzunehmen.

Kapitel II. Zusammenführung und Ausgleich von Stellenangeboten und Arbeitsgesuchen

Abschnitt 1. Zusammenarbeit zwischen den Mitgliedstaaten und mit der Kommission

Art. 11–12[1), 2)] *[aufgehoben]*

Abschnitt 2. Ausgleichsverfahren

Art. 13[3), 2)] *[aufgehoben]*

Art. 14–16[4), 2)] *[aufgehoben]*

Abschnitt 3. Regulierende Maßnahmen zur Förderung des Gleichgewichts auf dem Arbeitsmarkt

Art. 17[4)] *[aufgehoben]*

Abschnitt 4. Das Europäische Koordinierungsbüro

Art. 18–20[5), 2)] *[aufgehoben]*

---

1) Art. 11, 12 aufgeh. mWv 12.5.2016 durch VO v. 13.4.2016 (ABl. Nr. L 107 S. 1).

2) Siehe hierzu Entsprechungstabelle in Anhang II der VO (EU) 2016/589 zum EURES-Netz.

3) *Art. 13 aufgeh.* mWv 13.5.2018 durch VO v. 13.4.2016 (ABl. Nr. L 107 S. 1).

4) Art. 14–17 aufgeh. mWv 12.5.2016 durch VO v. 13.4.2016 (ABl. Nr. L 107 S. 1).

5) Art. 18–20 aufgeh. mWv 12.5.2016 durch VO v. 13.4.2016 (ABl. Nr. L 107 S. 1).

Kapitel III. Organe zur Herbeiführung einer engen Zusammenarbeit zwischen den Mitgliedstaaten auf dem Gebiet der Freizügigkeit und der Beschäftigung der Arbeitnehmer

Abschnitt 1. Der Beratende Ausschuss

Art. 21 [Allgemeine Aufgabe] Der Beratende Ausschuss ist beauftragt, die Kommission bei der Prüfung der Fragen zu unterstützen, die sich aus der Anwendung des Vertrags über die Arbeitsweise der Europäischen Union und der zu seiner Durchführung getroffenen Maßnahmen auf dem Gebiet der Freizügigkeit und der Beschäftigung der Arbeitnehmer ergeben.

Art. 22 [Untersuchung und Stellungnahmen] Der Beratende Ausschuss ist insbesondere beauftragt,

a) die Probleme der Freizügigkeit und der Beschäftigung im Rahmen der einzelstaatlichen Arbeitsmarktpolitik im Hinblick auf eine Koordinierung der Beschäftigungspolitik der Mitgliedstaaten auf Unionsebene zu prüfen, die zu einem weiteren Ausbau der Volkswirtschaften sowie zu einer ausgeglicheneren Arbeitsmarktlage beitragen soll;

b) allgemein die Auswirkungen der Durchführung dieser Verordnung und etwaiger ergänzender Bestimmungen zu untersuchen;

c) der Kommission gegebenenfalls mit Gründen versehene Vorschläge zur Änderung dieser Verordnung vorzulegen;

d) auf Ersuchen der Kommission oder von sich aus mit Gründen versehene Stellungnahmen zu allgemeinen oder grundsätzlichen Fragen abzugeben, insbesondere zum Informationsaustausch betreffend die Entwicklung auf dem Arbeitsmarkt, zur Zu- und Abwanderung von Arbeitnehmern zwischen den Mitgliedstaaten, zu den Programmen oder Maßnahmen, die geeignet sind, die Berufsberatung und die Berufsausbildung im Interesse einer größeren Freizügigkeit und besserer Beschäftigungsmöglichkeiten zu fördern, sowie zu jeder Form der Betreuung der Arbeitnehmer und ihrer Familienangehörigen, einschließlich der sozialen Betreuung und der Unterbringung der Arbeitnehmer.

Art. 23 [Zusammensetzung; Amtszeit] (1) Der Beratende Ausschuss besteht aus sechs Mitgliedern je Mitgliedstaat, und zwar zwei Regierungsvertretern, zwei Vertretern der Arbeitnehmerverbände und zwei Vertretern der Arbeitgeberverbände.

(2) Für jede der in Absatz 1 bezeichneten Gruppen wird ein Stellvertreter je Mitgliedstaat ernannt.

(3) [1] Die Amtszeit der Mitglieder und der Stellvertreter beträgt zwei Jahre. [2] Ihre Wiederernennung ist zulässig.

Nach Ablauf der Amtszeit bleiben die Mitglieder und die Stellvertreter im Amt, bis ihre Ersetzung oder ihre Wiederernennung vollzogen ist.

Art. 24 [Ernennung der Mitglieder; Veröffentlichung] (1) Die Mitglieder des Beratenden Ausschusses und ihre Stellvertreter werden vom Rat ernannt, der sich bei der Auswahl der Vertreter der Arbeitnehmer- und Arbeitgeberverbände um eine angemessene Vertretung der verschiedenen in Betracht kommenden Wirtschaftsbereiche bemüht.

(2) Die Liste der Mitglieder und der Stellvertreter wird vom Rat im *Amtsblatt der Europäischen Union* zur Unterrichtung veröffentlicht.

Art. 25 [Vorsitz und Sekretariat] (1) [1]Den Vorsitz im Beratenden Ausschuss führt ein Mitglied der Kommission oder dessen Vertreter. [2]Der Vorsitz nimmt an der Abstimmung nicht teil. [3]Der Ausschuss tritt mindestens zweimal im Jahr zusammen. [4]Er wird von seinem Vorsitz auf eigene Veranlassung oder auf Antrag von mindestens einem Drittel der Mitglieder einberufen.

(2) Die Sekretariatsgeschäfte werden von den Dienststellen der Kommission wahrgenommen.

Art. 26[1)] [Beobachter, Sachverständige, Fachberater] (1) [1]Der Vorsitz kann Personen oder Vertreter von Einrichtungen, die über umfassende Erfahrungen auf dem Gebiet der Beschäftigung und dem Gebiet der Zu- und Abwanderung von Arbeitnehmern verfügen, als Beobachter oder Sachverständige zu den Sitzungen einladen. [2]Er kann Fachberater hinzuziehen.

(2) Die mit der Verordnung (EU) 2019/1149 des Europäischen Parlaments und des Rates[*)] eingerichtete Europäische Arbeitsbehörde nimmt als Beobachterin an den Sitzungen des Beratenden Ausschusses teil und stellt bei Bedarf technischen Input und technisches Fachwissen bereit.

Art. 27 [Beschlussfassung] (1) Der Beratende Ausschuss ist beschlussfähig, wenn zwei Drittel seiner Mitglieder anwesend sind.

(2) Die Stellungnahmen sind mit Gründen zu versehen; sie werden mit der absoluten Mehrheit der gültig abgegebenen Stimmen beschlossen; ihnen ist eine Darstellung der Auffassungen der Minderheit beizufügen, wenn diese es beantragt.

---

1) Art. 26 Abs. 2 angef. mWv 31.7.2019 durch VO v. 20.6.2019 (ABl. Nr. L 186 S. 21).

*) **[Amtl. Anm.:]** Verordnung (EU) 2019/1149 des Europäischen Parlaments und des Rates vom *20. Juni 2019* zur Errichtung einer Europäischen Arbeitsbehörde und zur Änderung der Verordnungen (EG) Nr. 883/2004, (EU) Nr. 492/2011 und (EU) 2016/589 sowie zur Aufhebung des Beschlusses (EU) 2016/344 (ABl. L 186 vom 11.7.2019, S. 21).

Art. 28 [Geschäftsordnung] [1]Der Beratende Ausschuss legt seine Arbeitsmethoden in einer Geschäftsordnung fest, die in Kraft tritt, wenn der Rat sie nach Stellungnahme der Kommission genehmigt hat. [2]Die vom Beratenden Ausschuss eventuell beschlossenen Änderungen treten nach dem gleichen Verfahren in Kraft.

Abschnitt 2. Der Fachausschuss[1)]

Art. 29 [Allgemeine Aufgabe] *Der Fachausschuss ist beauftragt, die Kommission bei der Vorbereitung, der Förderung und der laufenden Beobachtung der Ergebnisse aller technischen Arbeiten und Maßnahmen zur Durchführung dieser Verordnung und etwaiger ergänzender Bestimmungen zu unterstützen.*

Art. 30 [Unterstützung der Verwaltungen] *Der Fachausschuss ist insbesondere beauftragt,*

a) die Zusammenarbeit zwischen den betreffenden Verwaltungen der Mitgliedstaaten in allen fachlichen Fragen, die die Freizügigkeit und die Beschäftigung der Arbeitnehmer betreffen, zu fördern und zu vervollkommnen;

b) Verfahren für die organisatorische Durchführung der gemeinsamen Tätigkeit der betreffenden Verwaltungen auszuarbeiten;

c) die Zusammenstellung zweckdienlicher Auskünfte für die Kommission und die Durchführung der in dieser Verordnung vorgesehenen Untersuchungen und Ermittlungen zu erleichtern, sowie den Informations- und Erfahrungsaustausch zwischen den betreffenden Verwaltungen zu fördern;

d) in technischer Hinsicht zu prüfen, wie die Kriterien, nach denen die Mitgliedstaaten die Lage auf ihrem Arbeitsmarkt beurteilen, einander angeglichen werden können.

Art. 31 [Zusammensetzung] *(1) [1]Der Fachausschuss besteht aus Regierungsvertretern der Mitgliedstaaten. [2]Jede Regierung ernennt als Mitglied des Fachausschusses eines der Mitglieder, die sie im Beratenden Ausschuss vertreten.*

(2) Jede Regierung ernennt einen Stellvertreter aus dem Kreis der übrigen Regierungsvertreter, die dem Beratenden Ausschuss als Mitglieder oder Stellvertreter angehören.

Art. 32 [Vorsitz und Sekretariat] (1) *[1]Den Vorsitz im Fachausschuss führt ein Mitglied der Kommission oder dessen Vertreter. [2]Der Vorsitzende nimmt an der Abstimmung nicht teil. [3]Der Vorsitzende und die Mitglieder des Ausschusses können Fachberater hinzuziehen.*

(2) *Die Sekretariatsgeschäfte werden von den Dienststellen der Kommission wahrgenommen.*

---

1) Die Artikel 29 bis 34 werden mit Wirkung ab dem Zeitpunkt gestrichen, zu dem die Behörde gemäß Artikel 44 Absatz 1 der ÄndVO (Europäische Arbeitsbehörde: 2019/1149, ABl. Nr. L 186/21 v. 11.7.2019) einsatzbereit ist.

Art. **33** ***[Weiterleitung der Vorschläge und Stellungnahmen]*** *1 Die vom Fachausschuss ausgearbeiteten Vorschläge und Stellungnahmen werden der Kommission zugeleitet und dem Beratenden Ausschuss zur Kenntnis gebracht. 2 Diesen Vorschlägen und Stellungnahmen ist eine Darstellung der Auffassungen der einzelnen Mitglieder des Fachausschusses beigefügt, wenn diese es beantragen.*

Art. **34** ***[Geschäftsordnung]*** *1 Der Fachausschuss legt seine Arbeitsmethoden in einer Geschäftsordnung fest, die in Kraft tritt, wenn der Rat sie nach Stellungnahme der Kommission genehmigt hat. 2 Die vom Fachausschuss eventuell beschlossenen Änderungen treten nach dem gleichen Verfahren in Kraft.*

Kapitel IV. Schlussbestimmungen

Art. 35[1)] [Weitergeltende Geschäftsordnungen] Die am 8. November 1968 geltende Geschäftsordnung des Beratenden Ausschusses wird weiter angewandt.

Art. 36 [Prioritäre Geltung der Verträge und früherer Abkommen] (1) 1 Diese Verordnung berührt nicht die Bestimmungen des Vertrags zur Gründung der Europäischen Atomgemeinschaft über den Zugang zu qualifizierten Beschäftigungen auf dem Gebiet der Kernenergie und die Vorschriften zur Durchführung dieses Vertrags.

2 Diese Verordnung gilt jedoch für die in Unterabsatz 1 genannte Gruppe von Arbeitnehmern sowie ihre Familienangehörigen, soweit deren Rechtsstellung in dem in Unterabsatz 1 genannten Vertrag oder den in Unterabsatz 1 genannten Vorschriften nicht geregelt ist.

(2) Diese Verordnung berührt nicht die gemäß Artikel 48 des Vertrags über die Arbeitsweise der Europäischen Union erlassenen Bestimmungen.

(3) 1 Diese Verordnung berührt nicht jene Verpflichtungen der Mitgliedstaaten, die sich aus besonderen Beziehungen zu einzelnen außereuropäischen Ländern oder Gebieten oder aus künftigen Abkommen mit diesen Ländern oder Gebieten aufgrund institutioneller Bindungen herleiten, die am 8. November 1968 bestanden haben oder die sich aus den am 8. November 1968 bestehenden Abkommen mit einzelnen außereuropäischen Ländern oder Gebieten aufgrund institutioneller Bindungen herleiten.

2 Die Arbeitnehmer dieser Länder und Gebiete, die entsprechend der vorliegenden Vorschrift eine Tätigkeit im Lohn- oder Gehaltsverhältnis im Hoheitsgebiet eines der betreffenden Mitgliedstaaten ausüben, können sich im Hoheitsgebiet anderer Mitgliedstaaten nicht auf diese Verordnung berufen.

---

1) Art. 35 neu gef. mWv 31.7.2019 durch VO v. 20.6.2019 (ABl. Nr. L 186 S. 21).

Art. 37 [Unterrichtung über Abkommen, Übereinkommen und Vereinbarungen]. Die Mitgliedstaaten übermitteln der Kommission zur Unterrichtung den Wortlaut der zwischen ihnen auf dem Gebiet der Beschäftigung geschlossenen Abkommen, Übereinkommen oder Vereinbarungen, und zwar in der Zeit von der Unterzeichnung bis zum Inkrafttreten dieser Abkommen, Übereinkommen oder Vereinbarungen.

Art. 38[1] *[aufgehoben]*

Art. 39[2] **[Verwaltungsausgaben]** Die Verwaltungsausgaben des Beratenden Ausschusses werden im Gesamthaushaltsplan der Europäischen Union im Einzelplan der Kommission aufgeführt.

Art. 40 [Geltungsbereich] Diese Verordnung gilt für die Mitgliedstaaten und für deren Staatsangehörige, unbeschadet der Artikel 2 und 3.

Art. 41 [Aufhebung] (1) Die Verordnung (EWG) Nr. 1612/68 wird aufgehoben.

(2) Bezugnahmen auf die aufgehobene Verordnung gelten als Bezugnahmen auf die vorliegende Verordnung und sind nach Maßgabe der Entsprechungstabelle in Anhang II zu lesen.

Art. 42 [Inkrafttreten] Diese Verordnung tritt am zwanzigsten Tag nach ihrer Veröffentlichung[3] im *Amtsblatt der Europäischen Union* in Kraft.

Diese Verordnung ist in allen ihren Teilen verbindlich und gilt unmittelbar in jedem Mitgliedstaat.

Anhang I.
Aufgehobene Verordnung mit ihren nachfolgenden Änderungen

Verordnung (EWG) Nr. 1612/68 des Rates
(ABl. L 257 vom 19.10.1968, S. 2)

Verordnung (EWG) Nr. 312/76 des Rates
(ABl. L 39 vom 14.2.1976, S. 2)

Verordnung (EWG) Nr. 2434/92 des Rates
(ABl. L 245 vom 26.8.1992, S. 1)

Richtlinie 2004/38/EG des Europäischen Parlaments und des Rates
(ABl. L 158 vom 30.4.2004, S. 77)Nur Artikel 38 Absatz 1

---

[1] Art. 38 aufgeh. mWv 12.5.2016 durch VO v. 13.4.2016 (ABl. Nr. L 107 S. 1).
[2] Art. 39 neu gef. mWv 31.7.2019 durch VO v. 20.6.2019 (ABl. Nr. L 186 S. 21).
[3] Veröffentlicht am 27.5.2011.

Anhang II. Entsprechungstabelle

Verordnung (EWG) Nr. 1612/68	Vorliegende Verordnung
Erster Teil	Kapitel I
Titel I	Abschnitt 1
Artikel 1	Artikel 1
Artikel 2	Artikel 2
Artikel 3 Absatz 1 Unterabsatz 1	Artikel 3 Absatz 1 Unterabsatz 1
Artikel 3 Absatz 1 Unterabsatz 1 erster Gedankenstrich	Artikel 3 Absatz 1 Unterabsatz 1 Buchstabe a
Artikel 3 Absatz 1 Unterabsatz 1 zweiter Gedankenstrich	Artikel 3 Absatz 1 Unterabsatz 1 Buchstabe b
Artikel 3 Absatz 1 Unterabsatz 2	Artikel 3 Absatz 1 Unterabsatz 2
Artikel 3 Absatz 2	Artikel 3 Absatz 2
Artikel 4	Artikel 4
Artikel 5	Artikel 5
Artikel 6	Artikel 6
Titel II	Abschnitt 2
Artikel 7	Artikel 7
Artikel 8 Absatz 1	Artikel 8
Artikel 9	Artikel 9
Titel III	Abschnitt 3
Artikel 12	Artikel 10
Zweiter Teil	Kapitel II
Titel I	Abschnitt 1
Artikel 13	Artikel 11
Artikel 14	Artikel 12
Titel II	Abschnitt 2
Artikel 15	Artikel 13
Artikel 16	Artikel 14
Artikel 17	Artikel 15
Artikel 18	Artikel 16

Verordnung (EWG) Nr. 1612/68	Vorliegende Verordnung
Titel III	Abschnitt 3
Artikel 19	Artikel 17
Titel IV	Abschnitt 4
Artikel 21	Artikel 18
Artikel 22	Artikel 19
Artikel 23	Artikel 20
Dritter Teil	Kapitel III
Titel I	Abschnitt 1
Artikel 24	Artikel 21
Artikel 25	Artikel 22
Artikel 26	Artikel 23
Artikel 27	Artikel 24
Artikel 28	Artikel 25
Artikel 29	Artikel 26
Artikel 30	Artikel 27
Artikel 31	Artikel 28
Titel II	Abschnitt 2
Artikel 32	Artikel 29
Artikel 33	Artikel 30
Artikel 34	Artikel 31
Artikel 35	Artikel 32
Artikel 36	Artikel 33
Artikel 37	Artikel 34
Vierter Teil	Kapitel IV
Titel I	–
Artikel 38	–
Artikel 39	Artikel 35
Artikel 40	–
Artikel 41	–
Titel II	–

Verordnung (EWG) Nr. 1612/68	Vorliegende Verordnung
Artikel 42 Absatz 1	Artikel 36 Absatz 1
Artikel 42 Absatz 2	Artikel 36 Absatz 2
Artikel 42 Absatz 3 Unterabsatz 1 erster und zweiter Gedankenstrich	Artikel 36 Absatz 3 Unterabsatz 1
Artikel 42 Absatz 3 Unterabsatz 2	Artikel 36 Absatz 3 Unterabsatz 2
Artikel 43	Artikel 37
Artikel 44	Artikel 38
Artikel 45	–
Artikel 46	Artikel 39
Artikel 47	Artikel 40
–	Artikel 41
Artikel 48	Artikel 42
–	Anhang I
–	Anhang II

180 a. Richtlinie 2014/54/EU des Europäischen Parlaments und des Rates über Maßnahmen zur Erleichterung der Ausübung der Rechte, die Arbeitnehmern im Rahmen der Freizügigkeit zustehen

Vom 16. April 2014

(ABl. Nr. L 128/8 v. 30. 4. 2014)

DAS EUROPÄISCHE PARLAMENT UND DER RAT DER EUROPÄISCHEN UNION –

gestützt auf den Vertrag über die Arbeitsweise der Europäischen Union, insbesondere auf Artikel 46,

auf Vorschlag der Europäischen Kommission,

nach Zuleitung des Entwurfs des Gesetzgebungsakts an die nationalen Parlamente,

nach Stellungnahme des Europäischen Wirtschafts- und Sozialausschusses[1)],

nach Anhörung des Ausschusses der Regionen,

gemäß dem ordentlichen Gesetzgebungsverfahren[2)],

in Erwägung nachstehender Gründe:

(1) Die Freizügigkeit der Arbeitnehmer ist als eine Grundfreiheit der Bürger der Union und als eine der Säulen des Binnenmarkts der Union in Artikel 45 des Vertrags über die Arbeitsweise der Europäischen Union (AEUV) verankert. Ihre Durchführung ist durch das Unionsrecht näher geregelt, das darauf abzielt, die uneingeschränkte Ausübung der den Bürgern der Union sowie deren Familienangehörigen verliehenen Rechte zu gewährleisten. Der Begriff „Familienangehöriger" sollte die gleiche Bedeutung haben wie der in Artikel 2 Nummer 2 der Richtlinie 2004/38/EG des Europäischen Parlaments und des Rates[3)] definierte Begriff und sollte auch für Familienangehörige von Grenzgängern gelten.

(2) Die Freizügigkeit der Arbeitnehmer ist zudem ein wesentlicher Faktor bei der Entwicklung hin zu einem echten Arbeitsmarkt der Union und ermöglicht es den Arbeitnehmern, dorthin zu gehen, wo

---

[1)] ABl. C 341 vom 21. 11. 2013, S. 54.

[2)] Standpunkt des Europäischen Parlaments vom 12. März 2014 (noch nicht im Amtsblatt veröffentlicht) und Beschluss des Rates vom 14. April 2014.

[3)] Richtlinie 2004/38/EG des Europäischen Parlaments und des Rates vom 29. April 2004 über das Recht der Unionsbürger und ihrer Familienangehörigen, sich im Hoheitsgebiet der Mitgliedstaaten frei zu bewegen und aufzuhalten, zur Änderung der Verordnung (EWG) Nr. 1612/68 und zur Aufhebung der Richtlinien 64/221/EWG, 68/360/EWG, 72/194/EWG, 73/148/EWG, 75/34/EWG, 75/35/EWG, 90/364/EWG, 90/365/EWG und 93/96/EWG (ABl. L 158 vom 30. 4. 2004, S. 77).

ein Arbeitskräftemangel herrscht oder bessere Beschäftigungsaussichten bestehen; die Freizügigkeit erleichtert damit den Menschen die Suche nach einem ihren Qualifikationen besser entsprechenden Arbeitsplatz und trägt zur Beseitigung von Engpässen auf dem Arbeitsmarkt bei.

(3) Die Freizügigkeit der Arbeitnehmer verleiht allen Bürgern der Union unabhängig von ihrem Wohnsitz das Recht, sich ohne Einschränkung in einen anderen Mitgliedstaat zu begeben, um dort zu arbeiten und/oder sich dort zu Arbeitszwecken aufzuhalten. Dieses Recht schützt sie – in Bezug auf den Zugang zur Beschäftigung, die Beschäftigungs- und Arbeitsbedingungen, insbesondere hinsichtlich Entlohnung, Kündigung sowie steuerliche und soziale Vergünstigungen – vor Diskriminierungen aus Gründen der Staatsangehörigkeit, indem es gewährleistet, dass sie nach nationalem Recht und nationalen Gepflogenheiten und Tarifverträgen den Staatsangehörigen dieses Mitgliedstaats gleichgestellt sind. Diese Rechte sollten allen Unionsbürgern, die ihr Recht auf Freizügigkeit wahrnehmen, auch Dauerbeschäftigten, Saisonarbeitern und Grenzgängern, ohne Diskriminierung zustehen. Die Freizügigkeit der Arbeitnehmer ist nicht zu verwechseln mit der Dienstleistungsfreiheit, die das Recht von Unternehmen umfasst, Dienstleistungen in einem anderen Mitgliedstaat zu erbringen und zu diesem Zweck ihre Arbeitnehmer vorübergehend in diesen anderen Mitgliedstaat zu entsenden, damit diese dort die für die Erbringung der Dienstleistungen erforderlichen Arbeiten verrichten.

(4) Arbeitnehmern der Union und ihren Familienangehörigen, die von ihrem Recht auf Freizügigkeit Gebrauch machen, verleiht Artikel 45 AEUV materielle Rechte hinsichtlich der Ausübung dieser Grundfreiheit; diese sind in der Verordnung (EU) Nr. 492/2011 des Europäischen Parlaments und des Rates[1] näher geregelt.

(5) Ungeachtet dessen stellt die effektive Ausübung der Freizügigkeit der Arbeitnehmer nach wie vor eine beträchtliche Herausforderung dar, und sehr oft kennen die Arbeitnehmer der Union ihre Rechte auf Freizügigkeit nicht. Unter anderem wegen ihrer potenziell gefährdeteren Stellung können Arbeitnehmer der Union noch immer ungerechtfertigte Einschränkungen oder Behinderungen bei der Ausübung ihres Rechts auf Freizügigkeit, etwa die Verweigerung der Anerkennung ihrer Befähigungsnachweise, der Diskriminierung aus Gründen der Staatsangehörigkeit und der Ausbeutung erfahren, wenn sie sich in einen anderen Mitgliedstaat begeben. Es besteht somit eine Diskrepanz zwischen Recht und Praxis, gegen die etwas unternommen werden muss.

(6) In ihrer Mitteilung vom Juli 2010 mit dem Titel „Bekräftigung der Freizügigkeit der Arbeitnehmer: Rechte und wesentliche Entwicklungen" hat die Kommission angekündigt, dass sie untersuchen wird,

---

[1] *Verordnung (EU) Nr.* 492/2011 des Europäischen Parlaments und des Rates vom 5. April 2011 über die Freizügigkeit der Arbeitnehmer innerhalb der Union (ABl. L 141 vom 27. 5. 2011, S. 1).

welche Möglichkeiten es gibt, auf die neuen Bedürfnisse der Arbeitnehmer der Union und ihrer Familienangehörigen und auf die Herausforderungen einzugehen, denen sie insbesondere angesichts neuer Mobilitätsstrukturen gegenüberstehen. Ferner hat sie mitgeteilt, dass sie im Rahmen der neuen Binnenmarktstrategie prüfen würde, wie sie Mechanismen zur wirksamen Anwendung des Grundsatzes der Gleichbehandlung der Arbeitnehmer der Union und ihrer Familienangehörigen, die von ihrem Recht auf Freizügigkeit Gebrauch machen, fördern und verbessern kann. Die Kommission hat zudem die Entwicklungen in der Gesetzgebung und Rechtsprechung zusammengefasst, insbesondere in Bezug auf den persönlichen Geltungsbereich des Unionsrechts über die Freizügigkeit der Arbeitnehmer und den Inhalt der Rechte, die die Arbeitnehmer der Union und ihre Familienangehörigen in Anspruch nehmen können.

(7) In ihrem Bericht über die Unionsbürgerschaft 2010 mit dem Titel „Weniger Hindernisse für die Ausübung von Unionsbürgerrechten" vom 27. Oktober 2010 hat die Kommission festgestellt, dass die divergierende und fehlerhafte Anwendung des Unionsrechts zum Recht auf Freizügigkeit eines der größten Hindernisse ist, mit denen die Bürger der Union konfrontiert sind, wenn sie die ihnen aufgrund des Unionsrechts zustehenden Rechte wirksam wahrnehmen wollen. Dementsprechend hat die Kommission ihre Absicht bekundet, bewährte Praktiken zu fördern, die Bevölkerung besser über die EU-Regelungen aufzuklären und den EU-Bürgern Informationen über ihre Freizügigkeitsrechte an die Hand zu geben, um Unionsbürgern und ihren Familienmitgliedern aus Drittstaaten durch strikte Durchsetzung der EU-Regelungen, einschließlich derer zum Diskriminierungsverbot, die Freizügigkeit zu erleichtern (Aktion 15 des Berichts über die Unionsbürgerschaft 2010). Außerdem hat die Kommission in ihrem Bericht über die Unionsbürgerschaft 2013 mit dem Titel „Rechte und Zukunft der Bürgerinnen und Bürger der EU" darauf hingewiesen, dass die Verwaltungshürden beseitigt und die Verfahren für Unionsbürger, die in anderen Mitgliedstaaten leben, arbeiten oder dorthin reisen, vereinfacht werden müssen.

(8) In der Mitteilung der Kommission mit dem Titel „Einen arbeitsplatzintensiven Aufschwung gestalten" vom 18. April 2012 (im Folgenden „Beschäftigungspaket") hat die Kommission ihre Absicht angekündigt, einen Gesetzgebungsvorschlag (Information und Beratung) vorzulegen, um mobile Arbeitskräfte bei der Ausübung ihrer im AEUV und in der Verordnung (EU) Nr. 492/2011 festgelegten Rechte zu unterstützen, und sie hat die Mitgliedstaaten aufgefordert, für einen höheren Bekanntheitsgrad der im Unionsrecht verankerten Vorschriften gegen Diskriminierung, zur Gleichstellung der Geschlechter und zur Arbeitnehmerfreizügigkeit zu sorgen und den Zugang zu Stellen im öffentlichen Dienst im Einklang mit der Rechtsprechung des EuGH für Unionsbürger zu öffnen und zu erleichtern. In diesem Zusammenhang hat der Gerichtshof in ständiger Rechtsprechung darauf hinge-

wiesen, dass die Beschränkung des Zugangs zu Stellen im öffentlichen Dienst auf die eigenen Angehörigen eines Mitgliedstaats restriktiv auszulegen ist und nur für Stellen gilt, die eine unmittelbare oder mittelbare Teilnahme an der Ausübung hoheitlicher Befugnisse und an der Wahrnehmung solcher Aufgaben mit sich bringen, die auf die Wahrung der allgemeinen Belange des Staates und anderer öffentlicher Körperschaften gerichtet sind.

(9) Für den Schutz der Rechte und die Gleichbehandlung der Arbeitnehmer der Union und ihrer Familienangehörigen ist es von zentraler Bedeutung, dass Artikel 45 AEUV und die Verordnung (EU) Nr. 492/2011 angemessen und wirksam angewendet und durchgesetzt und die Rechte bekanntgemacht werden, während die mangelhafte Durchsetzung die Wirksamkeit des für diesen Bereich geltenden Unionsrechts untergräbt und die Rechte und den Schutz der Arbeitnehmer der Union und ihrer Familienangehörigen gefährdet.

(10) Eine wirksamere und einheitlichere Anwendung des Unionsrechts im Bereich der Arbeitnehmerfreizügigkeit ist auch für das ordnungsgemäße Funktionieren des Binnenmarkts notwendig.

(11) Anwendung und Überwachung des Unionsrecht im Bereich der Arbeitnehmerfreizügigkeit sollten verbessert werden, um zu gewährleisten, dass Arbeitnehmer der Union und ihre Familienangehörigen sowie Arbeitgeber, staatliche Stellen und andere betroffene Personen besser über die Freizügigkeitsrechte und Verantwortlichkeiten informiert sind und dass Arbeitnehmer der Union und ihre Familienangehörigen bei der Ausübung dieser Rechte unterstützt und geschützt werden, und um die Umgehung dieser Rechtsvorschriften durch Behörden sowie durch öffentliche und private Arbeitgeber zu bekämpfen. Dabei können die Mitgliedstaaten auch die Auswirkungen einer verstärkten Mobilität wie beispielsweise eine Abwanderung von Fachkräften oder jungen Menschen berücksichtigen.

(12) Um zu gewährleisten, dass das materielle Unionsrecht im Bereich der Arbeitnehmerfreizügigkeit ordnungsgemäß angewendet wird, und um seine Einhaltung zu überwachen, sollten die Mitgliedstaaten geeignete Maßnahmen treffen, um die Arbeitnehmer der Union und ihre Familienangehörigen, die ihr Recht auf Freizügigkeit ausüben, vor Diskriminierungen aus Gründen der Staatsangehörigkeit und vor jeglicher ungerechtfertigter Einschränkung oder Behinderung bei der Ausübung ihres Rechts auf Freizügigkeit zu schützen.

(13) Deshalb ist es angezeigt, spezielle Rechtsvorschriften für die wirksame Durchsetzung des materiellen Rechts im Bereich der Arbeitnehmerfreizügigkeit nach Artikel 45 AEUV und der Verordnung (EU) Nr. 492/2011 festzulegen und für seine bessere und einheitlichere Anwendung zu sorgen. Bei der Durchsetzung dieser Grundfreiheit sollte das Prinzip der Gleichstellung von Frauen und Männern und das Verbot der Diskriminierung von Arbeitnehmern der Union und ihrer Familienangehörigen aus den in Artikel 21 der Charta der Grundrechte

der Europäischen Union (im Folgenden „Charta") genannten Gründen, berücksichtigt werden.

(14) Dabei sollte Arbeitnehmern der Union und ihren Familienangehörigen, die aus Gründen der Staatsangehörigkeit diskriminiert oder in deren Recht auf Freizügigkeit ungerechtfertigt eingeschränkt oder behindert wurden, ein echter und wirksamer Rechtsschutz garantiert werden. Sehen Mitgliedstaaten Verwaltungsverfahren als Rechtsbehelfe vor, so sollte dafür gesorgt werden, dass jede Verwaltungsentscheidung vor einem Gericht im Sinne des Artikels 47 der Charta angefochten werden kann. In Anbetracht des Rechts auf einen wirksamen Rechtsschutz sollten Arbeitnehmer der Union vor Benachteiligungen oder Repressalien, die aufgrund einer Beschwerde oder eines Verfahrens zur Durchsetzung ihrer in dieser Richtlinie garantierten Rechte erfolgen, geschützt werden.

(15) Um einen wirksameren Schutz zu gewährleisten, sollten Verbände oder andere Rechtsträger einschließlich der Sozialpartner auch befugt sein, sich entsprechend den Bestimmungen der Mitgliedstaaten im Namen oder zur Unterstützung eines mutmaßlichen Opfers mit dessen Zustimmung an Verfahren zu beteiligen. Dies sollte unbeschadet des nationalen Verfahrensrechts bezüglich der Vertretung und Verteidigung vor Gericht sowie anderer Zuständigkeiten und kollektiver Rechte der Sozialpartner bzw. der Vertreter von Arbeitnehmern und Arbeitgebern etwa gegebenenfalls in Bezug auf die Durchsetzung von Tarifverträgen, einschließlich Maßnahmen zur Verteidigung kollektiver Interessen, die gemäß dem nationalen Recht oder nationalen Gepflogenheiten bestehen, erfolgen. Um einen wirksamen Rechtsschutz sicherzustellen, werden die Mitgliedstaaten unbeschadet der bestehenden Mechanismen für die Verteidigung kollektiver Interessen, die den Sozialpartnern zur Verfügung stehen, und des nationalen Rechts oder der nationalen Gepflogenheiten ersucht, die Einführung gemeinsamer Grundsätze für kollektive Unterlassungs- und Schadensersatzverfahren zu prüfen.

(16) Die nationalen Vorschriften über die Fristen für die Durchsetzung der gemäß dieser Richtlinie bestehenden Rechte sollten im Einklang mit der Rechtsprechung des Gerichtshofes so gestaltet sein, dass sie die Ausübung dieser Rechte nicht praktisch unmöglich machen oder übermäßig erschweren können.

(17) Der Schutz vor Diskriminierungen aus Gründen der Staatsangehörigkeit würde bereits gestärkt, wenn es in allen Mitgliedstaaten *leistungs*fähige Stellen mit angemessenen Fachkenntnissen gäbe, die für die Förderung der Gleichstellung, die Untersuchung der sich im Einzelfall für Arbeitnehmer der Union und ihre Familienangehörigen stellenden Probleme, die Suche nach Lösungen und die Bereitstellung konkreter Hilfen für diese, zuständig sind. Zu den Zuständigkeiten dieser Stellen sollte unter anderem gehören, dass sie Arbeitnehmern der Union und ihren Familienangehörigen unabhängige rechtliche und/oder anderweitig Unterstützung leisten, wie die Bereitstellung rechtli-

cher Beratung über die Anwendung der einschlägigen Regelungen der Union und der nationalen Regelungen auf sie, Informationen über die Beschwerdeverfahren sowie Hilfe beim Schutz der Rechte von Arbeitnehmern und ihren Familienangehörigen. Dazu könnte auch Unterstützung in Gerichtsverfahren gehören.

(18) Es sollte Sache der einzelnen Mitgliedstaaten sein zu beschließen, den vorgenannten Stellen die nach dieser Richtlinie durchzuführenden Aufgaben zu übertragen oder diese Aufgaben bereits existierenden Stellen zu übertragen, die ähnliche Zielsetzungen auf nationaler Ebene verfolgen, wie etwa die Förderung des freien Personenverkehrs, die Umsetzung des Grundsatzes der Gleichbehandlung oder den Schutz der Rechte des Einzelnen. Sollte ein Mitgliedstaat beschließen, das Mandat einer existierenden Stelle auszuweiten, so sollte er dafür sorgen, dass diese Stelle ausreichende Mittel erhält, damit sie ihre derzeitigen und zusätzlichen Aufgaben wirksam und angemessen wahrnehmen kann. Werden die Aufgaben mehr als einer Stelle übertragen, so sollten die Mitgliedstaaten gewährleisten, dass diese sich in ausreichendem Maße koordinieren.

(19) Die Mitgliedstaaten sollten sicherstellen, dass eine Stelle oder mehrere dieser Stellen als Kontaktstellen fungieren und dass diese zusammenarbeiten und mit vergleichbaren Kontaktstellen in anderen Mitgliedstaaten Informationen austauschen wie etwa die Kontaktdaten aller Stellen, die Rechtsbehelfe oder die Kontaktdaten der Verbände, Organisationen oder sonstigen Rechtsträger, die Informationen und Dienste für Arbeitnehmer der Union und ihre Familienangehörigen anbieten. Die Liste der Kontaktstellen sollte der Öffentlichkeit zur Verfügung gestellt werden.

(20) Die Mitgliedstaaten sollten die Zusammenarbeit zwischen den Stellen, die nach dieser Richtlinie benannt wurden, und den bestehenden Informations- und Unterstützungsdiensten fördern, die von den Sozialpartnern, Verbänden, Organisationen oder anderen einschlägigen Rechtsträgern, etwa von für die Koordinierungsregelungen gemäß Verordnung (EG) Nr. 883/2004 des Europäischen Parlaments und des Rates[1] zuständigen Organisationen, sowie gegebenenfalls von den Arbeitsaufsichtsbehörden bereitgestellt werden.

(21) Die Mitgliedstaaten sollten sicherstellen, dass Synergien mit vorhandenen Informations- und Unterstützungsinstrumenten auf Unionsebene gefördert werden und zu diesem Zweck gewährleisten, dass bereits existierende oder neu geschaffene Stellen eng mit den vorhandenen Informations- und Unterstützungsdiensten, etwa mit dem Portal „Ihr Europa“, SOLVIT, dem Netz „Enterprise Europe Network“, den einheitlichen Kontaktstellen und EURES, gegebenenfalls auch mit den grenzüberschreitenden Eures-Partnerschaften, zusammenarbeiten.

---

[1] Verordnung (EG) Nr. 883/2004 des Europäischen Parlaments und des Rates vom 29. April 2004 zur Koordinierung der Systeme der sozialen Sicherheit (ABl. L 166 vom 30. 4. 2004, S. 1).

(22) Zur Bekämpfung ungerechtfertigter Einschränkungen und Behinderungen des Freizügigkeitsrechts oder unterschiedlicher Formen von Diskriminierung aus Gründen der Staatsangehörigkeit sollten die Mitgliedstaaten den Dialog mit den Sozialpartnern und mit geeigneten nichtstaatlichen Organisationen fördern.

(23) Die Mitgliedstaaten sollten festlegen, wie Unionsbürger wie beispielsweise Arbeitnehmer, Studenten und Studenten, die kürzlich ihr Hochschulstudium absolviert haben, sowie Arbeitgeber, Sozialpartner und andere Beteiligte leicht zugängliche sachdienliche Informationen über die Bestimmungen dieser Richtlinie und der Verordnung (EU) Nr. 492/2011 sowie darüber erhalten können, welche Stellen gemäß dieser Richtlinie benannt wurden und welcher Rechtsbehelf und welcher Rechtsschutz zur Verfügung steht. Die Mitgliedstaaten sollten Maßnahmen ergreifen, um diese Informationen in mehr als einer Amtssprache der Union zur Verfügung zu stellen, wobei sie die Nachfrage auf dem Arbeitsmarkt berücksichtigen sollten. Dies sollte die Rechtsvorschriften der Mitgliedstaaten über die Sprachenregelung nicht berühren. Die betreffenden Informationen könnten im Rahmen individueller Beratungsgespräche zur Verfügung gestellt werden und sollten auch über das Portal „Ihr Europa" und EURES leicht zugänglich sein.

(24) Um die Durchsetzung der durch das Unionsrecht garantierten Rechte zu erleichtern, sollte die Richtlinie 91/533/EWG des Rates[1] kohärent umgesetzt und ihre Anwendung kohärent überwacht werden.

(25) In dieser Richtlinie werden Mindestanforderungen festgelegt, so dass es den Mitgliedstaaten freisteht, günstigere Vorschriften einzuführen oder beizubehalten. Die Mitgliedstaaten können auch die Zuständigkeiten der Organisationen, die sie mit den Aufgaben im Zusammenhang mit dem Schutz von Arbeitnehmern der Union vor Diskriminierungen aus Gründen der Staatsangehörigkeit betrauen, in der Weise ausdehnen, dass sie sich auf das Recht auf Gleichbehandlung ohne jede Diskriminierung aus Gründen der Staatsangehörigkeit für alle Unionsbürger erstrecken, die von ihrem Recht auf Freizügigkeit, das in Artikel 21 AEUV und der Richtlinie 2004/38/EG verankert ist, Gebrauch machen, sowie deren Familienangehörige. Die Umsetzung dieser Richtlinie sollte nicht als Begründung für Rückschritte gegenüber der bestehenden Situation in den einzelnen Mitgliedstaaten herangezogen werden können.

(26) Eine wirksame Umsetzung dieser Richtlinie impliziert, dass die Mitgliedstaaten beim Erlass der geeigneten Maßnahmen zur Erfüllung ihrer Verpflichtungen aus dieser Richtlinie oder bei der amtlichen Veröffentlichung der Umsetzungsmaßnahmen auf diese Richtlinie verweisen sollten.

---

[1] Richtlinie 91/533/EWG des Rates vom 14. Oktober 1991 über die Pflicht des Arbeitgebers zur Unterrichtung des Arbeitnehmers über die für seinen Arbeitsvertrag oder sein Arbeitsverhältnis geltenden Bedingungen (ABl. L 288 vom 18. 10. 1991, S. 32).

(27) Gemäß der gemeinsamen politischen Erklärung der Mitgliedstaaten und der Kommission zu erläuternden Dokumenten vom 28. September 2011 haben sich die Mitgliedstaaten verpflichtet, in begründeten Fällen zusätzlich zur Mitteilung ihrer Umsetzungsmaßnahmen ein oder mehrere Dokumente zu übermitteln, in dem bzw. denen der Zusammenhang zwischen den Bestandteilen einer Richtlinie und den entsprechenden Teilen nationaler Umsetzungsinstrumente erläutert wird. Im Hinblick auf die vorliegende Richtlinie betrachtet der Gesetzgeber die Übermittlung solcher Dokumente als gerechtfertigt.

(28) Nach einer angemessen langen Zeit der Anwendung dieser Richtlinie sollte die Kommission einen Bericht über ihre Anwendung ausarbeiten, in dem sie insbesondere beurteilt, ob die Möglichkeit besteht, notwendige Maßnahmen vorzuschlagen, die darauf abzielen, eine bessere Durchsetzung des Freizügigkeitsrechts der Union zu gewährleisten. In diesem Bericht sollte die Kommission insbesondere auf die Schwierigkeiten eingehen, mit denen sich junge Hochschulabsolventen, die unionsweit nach einem Arbeitsplatz suchen, und aus Drittländern stammende Ehegatten von Arbeitnehmern der Union möglicherweise konfrontiert sehen.

(29) Diese Richtlinie steht im Einklang mit den in der Charta anerkannten Grundrechten und Grundsätzen, insbesondere mit der Berufsfreiheit und dem Recht zu arbeiten, dem Recht auf Nichtdiskriminierung, insbesondere mit dem Verbot jeglicher Diskriminierung aus Gründen der Staatsangehörigkeit, dem Recht auf Kollektivverhandlungen und Kollektivmaßnahmen, dem Recht auf gerechte und angemessene Arbeitsbedingungen, dem Recht auf Freizügigkeit und Aufenthaltsfreiheit und dem Recht auf einen wirksamen Rechtsbehelf und ein unparteiisches Gericht. Sie muss unter Wahrung dieser Rechte und Grundsätze umgesetzt werden.

(30) Diese Richtlinie achtet die verschiedenen Arbeitsmarktmodelle der Mitgliedstaaten, einschließlich der tarifvertraglich geregelten Arbeitsmarktmodelle.

(31) Da das Ziel dieser Richtlinie, nämlich einen allgemeinen gemeinsamen Rahmen geeigneter Bestimmungen, Maßnahmen und Verfahren festzulegen, die für eine bessere und einheitlichere Anwendung und Durchsetzung der Freizügigkeitsrechte der Arbeitnehmer gemäß dem AEUV und der Verordnung (EU) Nr. 492/2011 in der Praxis notwendig sind, von den Mitgliedstaaten nicht ausreichend verwirklicht werden kann, sondern vielmehr wegen des Umfangs und der Wirkungen der Maßnahme auf Unionsebene besser zu verwirklichen ist, kann die Union im Einklang mit dem in Artikel 5 des Vertrags über die Europäische Union niedergelegten Subsidiaritätsprinzip tätig werden. Entsprechend dem in demselben Artikel genannten Grundsatz der Verhältnismäßigkeit geht diese Richtlinie nicht über das zur Erreichung dieses Ziels erforderliche Maß hinaus –

HABEN FOLGENDE RICHTLINIE ERLASSEN:

Art. 1 Gegenstand. Diese Richtlinie enthält Bestimmungen, die die einheitliche Anwendung und Durchsetzung der mit Artikel 45 AEUV und mit den Artikeln 1 bis 10 der Verordnung (EU) Nr. 492/2011 gewährten Rechte in der Praxis erleichtern. Diese Richtlinie gilt für Unionsbürger, die diese Rechte ausüben, und für ihre Familienangehörigen (im Folgenden „Arbeitnehmer der Union und ihre Familienangehörigen").

Art. 2 Geltungsbereich. (1) Diese Richtlinie gilt für folgende in den Artikeln 1 bis 10 der Verordnung (EU) Nr. 492/2011 im Einzelnen genannten Angelegenheiten im Bereich der Arbeitnehmerfreizügigkeit:

a) den Zugang zur Beschäftigung;

b) die Beschäftigungs- und Arbeitsbedingungen, insbesondere in Bezug auf Entlohnung, Kündigung, Sicherheit und Gesundheitsschutz am Arbeitsplatz und – falls ein Arbeitnehmer der Union arbeitslos geworden ist – berufliche Wiedereingliederung oder Wiedereinstellung;

c) den Zugang zu sozialen und steuerlichen Vergünstigungen;

d) die Zugehörigkeit zu Gewerkschaften und die Wählbarkeit zu den Organen der Arbeitnehmervertretungen;

e) den Zugang zur beruflichen Bildung;

f) den Zugang zu Wohnraum;

g) den Zugang zur Bildung sowie Lehrlings- und Berufsausbildung für die Kinder von Arbeitnehmern der Union;

h) die Hilfe durch die Arbeitsämter.

(2) Der Geltungsbereich dieser Richtlinie ist identisch mit demjenigen der Verordnung (EU) Nr. 492/2011.

Art. 3 Rechtsschutz. (1) Die Mitgliedstaaten stellen sicher, dass zur Durchsetzung der mit Artikel 45 AEUV und mit den Artikeln 1 bis 10 der Verordnung (EU) Nr. 492/2011 gewährten Rechte, allen Arbeitnehmern der Union und ihren Familienangehörigen, die sich durch eine – vergangene oder gegenwärtige – ungerechtfertigte Einschränkung und Behinderungen ihres Rechts auf Freizügigkeit oder durch die Nichtanwendung des Gleichbehandlungsgrundsatzes in ihren Rechten für verletzt halten, ihre Ansprüche – nach etwaiger Befassung anderer zuständiger Behörden, einschließlich, wenn die Mitgliedstaaten es für angezeigt halten, in Schlichtungsverfahren – auf dem Gerichtsweg geltend machen können, selbst wenn das Verhältnis, während dessen die Einschränkung und Behinderung oder Diskriminierung vorgekommen sein soll, bereits beendet ist.

(2) Die Mitgliedstaaten stellen sicher, dass Verbände, Organisationen einschließlich der Sozialpartner oder sonstige Rechtsträger, die im Einklang mit den nach ihrem nationalen Recht, nationalen Gepflogenheiten oder Tarifverträgen festgelegten Kriterien ein berechtigtes Interesse daran haben, dass diese Richtlinie eingehalten wird, sich mit der Zu-

stimmung von Arbeitnehmern der Union und deren Familienangehörigen in deren Namen oder zu deren Unterstützung an etwaigen Gerichts- und/oder Verwaltungsverfahren zur Durchsetzung der in Artikel 1 genannten Rechte beteiligen können.

(3) Absatz 2 gilt unbeschadet anderer Zuständigkeiten und kollektiver Rechte der Sozialpartner bzw. der Vertreter von Arbeitnehmern und Arbeitgebern, die sich gegebenenfalls auch auf das Recht erstrecken, Maßnahmen zur Verteidigung kollektiver Interessen nach nationalem Recht oder nationalen Gepflogenheiten zu ergreifen.

(4) Absatz 2 gilt unbeschadet des nationalen Verfahrensrechts bezüglich der Vertretung und Verteidigung in Gerichtsverfahren.

(5) Die Absätze 1 und 2 dieses Artikels lassen nationale Regelungen über Fristen für die Durchsetzung der in Artikel 1 genannten Rechte unberührt. Diese nationalen Fristen dürfen allerdings die Ausübung jener Rechte nicht praktisch unmöglich machen oder übermäßig erschweren.

(6) Die Mitgliedstaaten nehmen in ihre nationale Rechtsordnung die Maßnahmen auf, die erforderlich sind, um Arbeitnehmer der Union vor Benachteiligungen oder Repressalien als Reaktion auf eine Beschwerde oder ein Verfahren zur Durchsetzung der in Artikel 1 genannten Rechte zu schützen.

Art. 4 Stellen zur Förderung der Gleichbehandlung und zur Unterstützung von Arbeitnehmern der Union und ihren Familienangehörigen. (1) Jeder Mitgliedstaat benennt eine oder mehrere Strukturen bzw. Stellen (im Folgenden „Stellen") für die Förderung, Analyse, Überwachung und Unterstützung der Gleichbehandlung aller Arbeitnehmer der Union und ihrer Familienangehörigen ohne jegliche Diskriminierung aus Gründen der Staatsangehörigkeit, ungerechtfertigte Einschränkung oder Behinderung ihres Freizügigkeitsrechts und trifft die notwendigen Vorkehrungen für das ordnungsgemäße Funktionieren solcher Stellen. Diese Stellen können Teil bestehender nationaler Stellen sein, die ähnliche Zielsetzungen verfolgen.

(2) Die Mitgliedstaaten stellen sicher, dass die Zuständigkeiten dieser Stellen Folgendes umfassen:

a) Arbeitnehmern der Union und ihren Familienangehörigen unabhängige rechtliche und/oder sonstige Unterstützung zu leisten oder sicherzustellen, dass sie geleistet wird, und zwar unbeschadet ihrer Rechte und der Rechte der in Artikel 3 genannten Verbände, Organisationen und sonstigen Rechtsträger;

b) als Kontaktstellen für vergleichbare Kontaktstellen in anderen Mitgliedstaaten zu fungieren, um mit diesen zusammenzuarbeiten und sachdienliche Informationen auszutauschen;

c) unabhängige Erhebungen und Analysen über ungerechtfertigte Einschränkungen und Behinderungen des Freizügigkeitsrechts oder die Diskriminierung aus Gründen der Staatsangehörigkeit von Arbeitnehmern der Union und ihren Familienangehörigen durchzuführen oder in Auftrag zu geben;

d) die Veröffentlichung von unabhängigen Berichten sicherzustellen und Empfehlungen zu allen Fragen im Zusammenhang mit solchen Einschränkungen und Behinderungen oder Diskriminierung abzugeben;

e) einschlägige Informationen zur Anwendung des Unionsrechts im Bereich der Arbeitnehmerfreizügigkeit auf nationaler Ebene zu veröffentlichen.

Bezüglich Unterabsatz 1 Buchstabe a muss, falls die Stellen Unterstützung in Gerichtsverfahren leisten, diese Unterstützung im Einklang mit nationalem Recht und nationalen Gepflogenheiten für Personen, die nicht über ausreichende finanzielle Mittel verfügen, kostenlos erfolgen.

(3) Die Mitgliedstaaten teilen der Kommission die Namen und die Kontaktdaten der Kontaktstellen sowie alle aktuellen Informationen oder diesbezüglichen Änderungen mit. Die Kommission führt ein Verzeichnis der Kontaktstellen und stellt es den Mitgliedstaaten zur Verfügung.

(4) Die Mitgliedstaaten stellen sicher, dass die existierenden oder neu geschaffenen Stellen die vorhandenen Informations- und Unterstützungsdienste auf Unionsebene wie das Portal „Ihr Europa", SOLVIT, EURES, das Netz „Enterprise Europe Network" und die einheitlichen Kontaktstellen kennen und dass sie sie nutzen und mit ihnen zusammenarbeiten können.

(5) Werden die Aufgaben gemäß Absatz 2 mehr als einer Stelle übertragen, so gewährleisten die Mitgliedstaaten eine angemessene Koordinierung dieser Aufgaben.

Art. 5 Dialog. Die Mitgliedstaaten fördern den Dialog mit den Sozialpartnern und einschlägigen nichtstaatlichen Organisationen, die gemäß dem nationalen Recht oder nationalen Gepflogenheiten ein berechtigtes Interesse daran haben, sich an der Bekämpfung von ungerechtfertigten Einschränkungen und Behinderungen des Freizügigkeitsrechts und Diskriminierungen aus Gründen der Staatsangehörigkeit von Arbeitnehmern der Union und ihrer Familienangehörigen zu beteiligen, um dem Grundsatz der Gleichbehandlung Geltung zu verschaffen.

Art. 6 Zugang zu und Verbreitung von Informationen. (1) Die Mitgliedstaaten stellen sicher, dass die Vorschriften, die gemäß dieser Richtlinie und gemäß den Artikeln 1 bis 10 der Verordnung (EU) Nr. 492/2011 erlassen wurden, in ihrem Hoheitsgebiet allen Betroffenen, insbesondere den Arbeitnehmern und Arbeitgebern der Union, in geeigneter Form bekanntgemacht werden.

(2) Die Mitgliedstaaten stellen in mehr als einer der Amtssprachen der Organe der Union Informationen zu den Freizügigkeitsrechten von Arbeitnehmern bereit, die das Unionsrecht gewährt, die verständlich, kostenlos, leicht zugänglich, umfassend und aktuell ist. Diese In-

formationen sollten auch über das Portal „Ihr Europa" und EURES leicht zugänglich sein.

Art. 7 Mindestanforderungen. (1) Die Mitgliedstaaten können Vorschriften erlassen oder beibehalten, die im Hinblick auf die Wahrung des Gleichbehandlungsgrundsatzes günstiger als die in dieser Richtlinie vorgesehenen Vorschriften sind.

(2) Die Mitgliedstaaten können festlegen, dass sich die Zuständigkeiten der in Artikel 4 dieser Richtlinie genannten Stellen für die Förderung, Analyse, Überwachung und Unterstützung der Gleichbehandlung der Arbeitnehmer der Union und ihrer Familienangehörigen ohne jede Diskriminierung aus Gründen der Staatsangehörigkeit auch auf das Recht aller Unionsbürger, die von ihrem Recht auf Freizügigkeit Gebrauch machen, und ihrer Familienangehörigen auf Gleichbehandlung ohne jede Diskriminierung aus Gründen der Staatsangehörigkeit gemäß Artikel 21 AEUV und der Richtlinie 2004/38/EG erstrecken.

(3) Die Durchführung dieser Richtlinie rechtfertigt in keinem Fall eine Verringerung des Schutzniveaus der Arbeitnehmer der Union und ihrer Familienangehörigen in ihrem Geltungsbereich; das Recht der Mitgliedstaaten, als Reaktion auf eine veränderte Situation Rechts- und Verwaltungsvorschriften zu erlassen, die sich von denen unterscheiden, die am 20. Mai 2014 in Kraft waren, bleibt unberührt, solange diese Richtlinie eingehalten wird.

Art. 8 Umsetzung. (1) Die Mitgliedstaaten setzen die Rechts- und Verwaltungsvorschriften in Kraft, die erforderlich sind, um dieser Richtlinie bis zum 21. Mai 2016 nachzukommen. Sie teilen der Kommission unverzüglich den Wortlaut dieser Vorschriften mit.

Wenn die Mitgliedstaaten diese Vorschriften erlassen, nehmen sie in den Vorschriften selbst oder durch einen Hinweis bei der amtlichen Veröffentlichung auf diese Richtlinie Bezug. Die Mitgliedstaaten regeln die Einzelheiten der Bezugnahme.

(2) Die Mitgliedstaaten teilen der Kommission den Wortlaut der wichtigsten Bestimmungen des nationalen Rechts mit, die sie auf dem unter diese Richtlinie fallenden Gebiet erlassen.

Art. 9 Bericht. Bis zum 21. November 2018 legt die Kommission dem Europäischen Parlament, dem Rat und dem Europäischen Wirtschafts- und Sozialausschuss einen Bericht über die Durchführung dieser Richtlinie vor und schlägt gegebenenfalls die erforderlichen Änderungen vor.

Art. 10 Inkrafttreten. Diese Richtlinie tritt am zwanzigsten Tag nach ihrer Veröffentlichung im Amtsblatt der Europäischen Union in Kraft.

Art. 11 Adressaten. Diese Richtlinie ist an die Mitgliedstaaten gerichtet.

181. Richtlinie 96/71/EG über die Entsendung von Arbeitnehmern im Rahmen der Erbringung von Dienstleistungen

Vom 16. Dezember 1996

(ABl. 1997 Nr. L 18/1, geänd. durch RL v. 28.6.2018, ABl. Nr. L 173/6 v. 9.7.2018, ber. ABl. Nr. L 91/77 v. 29.3.2019)[1)]

DAS EUROPÄISCHE PARLAMENT UND DER RAT DER EUROPÄISCHEN UNION –

gestützt auf den Vertrag zur Gründung der Europäischen Gemeinschaft, insbesondere auf Artikel 57 Absatz 2 und Artikel 66,

auf Vorschlag der Kommission[2)]

nach Stellungnahme der Wirtschafts- und Sozialausschusses[3)],

gemäß dem Verfahren des Artikels 189b des Vertrags[4)],

in Erwägung nachstehender Gründe:

(1) Die Beseitigung der Hindernisse für den freien Personen- und Dienstleistungsverkehr zwischen den Mitgliedstaaten gehört gemäß Artikel 3 Buchstabe c) des Vertrages zu den Zielen der Gemeinschaft.

(2) Für die Erbringung von Dienstleistungen sind nach dem Vertrag seit Ende der Übergangszeit Einschränkungen aufgrund der Staatsangehörigkeit oder einer Wohnsitzvoraussetzung unzulässig.

(3) Die Verwirklichung des Binnenmarktes bietet einen dynamischen Rahmen für die länderübergreifende Erbringung von Dienstleistungen. Das veranlaßt eine wachsende Zahl von Unternehmen, Arbeitnehmer für eine zeitlich begrenzte Arbeitsleistung in das Hoheitsgebiet eines Mitgliedstaats zu entsenden, der nicht der Staat ist, in dem sie normalerweise beschäftigt werden.

---

1) Im Hinblick auf die Umsetzung und Anwendung der ÄnderungsRL 2018/957, durch die entsandte Arbeitnehmer innerhalb der EU besser vor Sozial- und Lohndumping geschützt werden sollen, bestimmt deren Art. 3 (1):

„Die Mitgliedstaaten erlassen und veröffentlichen bis 30. Juli 2020 die Rechts- und Verwaltungsvorschriften, die erforderlich sind, um dieser Richtlinie nachzukommen. Sie teilen der Kommission unverzüglich den Wortlaut dieser Maßnahmen mit.

Sie wenden diese Maßnahmen ab dem 30. Juli 2020 an. Bis zu diesem Zeitpunkt ist die Richtlinie 96/71/EG weiterhin in der Fassung anwendbar, die vor den mit dieser Richtlinie eingeführten Änderungen galt." (ABl. Nr. L 173/24 v. 9.7.2018).

Daher erfolgt die Einarbeitung der Änderungen zunächst ergänzend in Kursivschrift (*Ergänzung* oder *Neufassung 2018/2020*).

2) ABl. Nr. C 225 vom 30.8.1991, S. 6 und ABl. Nr. C 187 vom 9.7.1993, S. 5.

3) ABl. Nr. C 49 vom 24.2.1992, S. 41.

4) Stellungnahme des Europäischen Parlaments vom 10. Februar 1993 (ABl. Nr. C 72 vom 13.3.1993, S. 78), gemeinsamer Standpunkt des Rates vom 3. Juni 1996 (ABl. Nr. C 220 vom 29.7.1996, S. 1) und Beschluß des Europäischen Parlaments vom 18. September 1996 (ABl. Nr. C 320 vom 28.10.1996, S. 73). Beschluß des Rates vom 24. September 1996.

(4) Die Erbringung von Dienstleistungen kann entweder als Ausführung eines Auftrags durch ein Unternehmen, in seinem Namen und unter seiner Leitung im Rahmen eines Vertrags zwischen diesem Unternehmen und dem Leistungsempfänger oder in Form des Zurverfügungstellens von Arbeitnehmern für ein Unternehmen im Rahmen eines öffentlichen oder privaten Auftrags erfolgen.

(5) Voraussetzung für eine solche Förderung des länderübergreifenden Dienstleistungsverkehrs sind ein fairer Wettbewerb sowie Maßnahmen, die die Wahrung der Rechte der Arbeitnehmer garantieren.

(6) Mit der Transnationalisierung der Arbeitsverhältnisse entstehen Probleme hinsichtlich des auf ein Arbeitsverhältnis anwendbaren Rechts. Es liegt im Interesse der betroffenen Parteien, die für das geplante Arbeitsverhältnis geltenden Arbeits- und Beschäftigungsbedingungen festzulegen.

(7) Das Übereinkommen von Rom vom 19. Juni 1980 über das auf vertragliche Schuldverhältnisse anzuwendende Recht[1)], das von zwölf Mitgliedstaaten unterzeichnet wurde, ist am 1. April 1991 in der Mehrheit der Mitgliedstaaten in Kraft getreten.

(8) In Artikel 3 dieses Übereinkommens wird als allgemeine Regel die freie Rechtswahl der Parteien festgelegt. Mangels einer Rechtswahl ist nach Artikel 6 Absatz 2 auf den Arbeitsvertrag das Recht des Staates anzuwenden, in dem der Arbeitnehmer in Erfüllung des Vertrages gewöhnlich seine Arbeit verrichtet, selbst wenn er vorübergehend in einen anderen Staat entsandt ist, oder das Recht des Staates, in dem sich die Niederlassung befindet, die den Arbeitnehmer eingestellt hat, sofern dieser seine Arbeit gewöhnlich nicht in ein und demselben Staat verrichtet, es sei denn, daß sich aus der Gesamtheit der Umstände ergibt, daß der Arbeitsvertrag engere Verbindungen zu einem anderen Staat aufweist; in diesem Fall ist das Recht dieses anderen Staates anzuwenden.

(9) Nach Artikel 6 Absatz 1 dieses Übereinkommens darf die Rechtswahl der Parteien nicht dazu führen, daß dem Arbeitnehmer der Schutz entzogen wird, der ihm durch die zwingenden Bestimmungen des Rechts gewährt wird, das nach Absatz 2 mangels einer Rechtswahl anzuwenden wäre.

(10) Nach Artikel 7 dieses Übereinkommens kann – zusammen mit dem für anwendbar erklärten Recht – den zwingenden Bestimmungen des Rechts eines anderen Staates, insbesondere des Mitgliedstaats, in dessen Hoheitsgebiet der Arbeitnehmer vorübergehend entsandt wird, Wirkung verliehen werden.

(11) Nach dem in Artikel 20 dieses Übereinkommens anerkannten Grundsatz des Vorrangs des Gemeinschaftsrechts berührt das Übereinkommen nicht die Anwendung der Kollisionsnormen für vertragliche Schuldverhältnisse auf besonderen Gebieten, die in Rechtsakten der Organe der Europäischen Gemeinschaften oder

---

[1)] ABl. Nr. L 266 vom 9.10.1980, S. 1.

in dem in Ausführung dieser Akte harmonisierten innerstaatlichen Recht enthalten sind oder enthalten sein werden.

(12) Das Gemeinschaftsrecht hindert die Mitgliedstaaten nicht daran, ihre Gesetze oder die von den Sozialpartnern abgeschlossenen Tarifverträge auf sämtliche Personen anzuwenden, die – auch nur vorübergehend – in ihrem Hoheitsgebiet beschäftigt werden, selbst wenn ihr Arbeitgeber in einem anderen Mitgliedstaat ansässig ist. Das Gemeinschaftsrecht verbietet es den Mitgliedstaaten nicht, die Einhaltung dieser Bestimmungen mit angemessenen Mitteln sicherzustellen.

(13) Die Gesetze der Mitgliedstaaten müssen koordiniert werden, um einen Kern zwingender Bestimmungen über ein Mindestmaß an Schutz festzulegen, das im Gastland von Arbeitgebern zu gewährleisten ist, die Arbeitnehmer für eine zeitlich begrenzte Arbeitsleistung in das Hoheitsgebiet eines Mitgliedstaats entsenden, in dem eine Dienstleistung zu erbringen ist. Eine solche Koordinierung kann nur durch Rechtsvorschriften der Gemeinschaft erfolgen.

(14) Ein „harter Kern“ klar definierter Schutzbestimmungen ist vom Dienstleistungserbringer unabhängig von der Dauer der Entsendung des Arbeitnehmers einzuhalten.

(15) In bestimmten Einzelfällen von Montage- und/oder Einbauarbeiten sind die Bestimmungen über die Mindestlohnsätze und den bezahlten Mindestjahresurlaub nicht anzuwenden.

(16) Die Anwendung der Bestimmungen über die Mindestlohnsätze und den bezahlten Mindestjahresurlaub bedarf außerdem einer gewissen Flexibilität. Beträgt die Dauer der Entsendung nicht mehr als einen Monat, so können die Mitgliedstaaten unter bestimmten Bedingungen von den Bestimmungen über die Mindestlohnsätze abweichen oder die Möglichkeit von Abweichungen im Rahmen von Tarifverträgen vorsehen. Ist der Umfang der zu verrichtenden Arbeiten gering, so können die Mitgliedstaaten von den Bestimmungen über die Mindestlohnsätze und den bezahlten Mindestjahresurlaub abweichen.

(17) Die im Gastland geltenden zwingenden Bestimmungen über ein Mindestmaß an Schutz dürfen jedoch nicht der Anwendung von Arbeitsbedingungen, die für die Arbeitnehmer günstiger sind, entgegenstehen.

(18) Es sollte der Grundsatz eingehalten werden, daß außerhalb der Gemeinschaft ansässige Unternehmen nicht besser gestellt werden dürfen als Unternehmen, die im Hoheitsgebiet eines Mitgliedstaats ansässig sind.

(19) Unbeschadet anderer Gemeinschaftsbestimmungen beinhaltet diese Richtlinie weder die Verpflichtung zur rechtlichen Anerkennung der Existenz von Leiharbeitsunternehmen, noch hindert sie die Mitgliedstaaten, ihre Rechtsvorschriften über das Zurverfügungstellen von Arbeitskräften und über Leiharbeitsunternehmen auf Unternehmen anzuwenden, die nicht in ihrem Hoheitsgebiet nieder-

gelassen, dort aber im Rahmen der Erbringung von Dienstleistungen tätig sind.

(20) Diese Richtlinie berührt weder die von der Gemeinschaft mit Drittländern geschlossenen Übereinkünfte noch die Rechtsvorschriften der Mitgliedstaaten, die den Zugang von Dienstleistungserbringern aus Drittländern zu ihrem Hoheitsgebiet betreffen. Ebenso bleiben die einzelstaatlichen Rechtsvorschriften, die die Einreise und den Aufenthalt von Arbeitnehmern aus Drittländern sowie deren Zugang zur Beschäftigung regeln, von dieser Richtlinie unberührt.

(21) Welche Bestimmungen im Bereich der Sozialversicherungsleistungen und -beiträge anzuwenden sind, ist in der Verordnung (EWG) Nr. 1408/71 des Rates vom 14. Juni 1971 zur Anwendung der Systeme der sozialen Sicherheit auf Arbeitnehmer und deren Familien, die innerhalb der Gemeinschaft zu- und abwandern[1]), geregelt.

(22) Diese Richtlinie berührt nicht das Recht der Mitgliedstaaten über kollektive Maßnahmen zur Verteidigung beruflicher Interessen.

(23) Die zuständigen Stellen in den Mitgliedstaaten müssen bei der Anwendung dieser Richtlinie zusammenarbeiten. Die Mitgliedstaaten haben geeignete Maßnahmen für den Fall der Nichteinhaltung dieser Richtlinie vorzusehen.

(24) Es muß sichergestellt werden, daß diese Richtlinie ordnungsgemäß angewandt wird. Hierzu ist eine enge Zusammenarbeit zwischen der Kommission und den Mitgliedstaaten vorzusehen.

(25) Spätestens fünf Jahre nach Annahme dieser Richtlinie hat die Kommission die Anwendung dieser Richtlinie zu überprüfen und, falls erforderlich, Änderungsvorschläge zu unterbreiten.

HABEN FOLGENDE RICHTLINIE ERLASSEN:

Art. 1 Anwendungsbereich. *Neufassung 2018/2020:* **Gegenstand und Anwendungsbereich.** (1) Diese Richtlinie gilt für Unternehmen mit Sitz in einem Mitgliedstaat, die im Rahmen der länderübergreifenden Erbringung von Dienstleistungen Arbeitnehmer gemäß Absatz 3 in das Hoheitsgebiet eines Mitgliedstaats entsenden.

Ergänzung 2018/2020:

(–1) Mit dieser Richtlinie wird der Schutz entsandter Arbeitnehmer während ihrer Entsendung im Verhältnis zur Dienstleistungsfreiheit sichergestellt, indem zwingende Vorschriften in Bezug auf die Arbeitsbedingungen und den Schutz der Gesundheit und Sicherheit der Arbeitnehmer festgelegt werden, die eingehalten werden müssen.

(–1a) Diese Richtlinie berührt in keiner Weise die Ausübung der in den Mitgliedstaaten und auf Unionsebene anerkannten Grundrechte, einschließlich des Rechts oder der Freiheit zum Streik oder zur Durchführung anderer Maßnahmen, die im Rahmen der jeweiligen Systeme der Mitgliedstaaten im Bereich

---

[1]) ABl. Nr. L 149 vom 5.7.1971, S. 2. Verordnung zuletzt geändert durch die Verordnung (EG) Nr. 3096/95 (ABl. Nr. L 335 vom 30.12.1995, S. 10).

der Arbeitsbeziehungen nach ihren nationalen Rechtsvorschriften und/oder ihren nationalen Gepflogenheiten vorgesehen sind. Sie berührt auch nicht das Recht, im Einklang mit den nationalen Rechtsvorschriften und/oder nationalen Gepflogenheiten Tarifverträge auszuhandeln, abzuschließen und durchzusetzen oder kollektive Maßnahmen zu ergreifen.

(2) Diese Richtlinie gilt nicht für Schiffsbesatzungen von Unternehmen der Handelsmarine.

(3) Diese Richtlinie findet Anwendung, soweit die in Absatz 1 genannten Unternehmen eine der folgenden länderübergreifenden Maßnahmen treffen:

a) einen Arbeitnehmer in ihrem Namen und unter ihrer Leitung in das Hoheitsgebiet eines Mitgliedstaats im Rahmen eines Vertrags entsenden, der zwischen dem entsendenden Unternehmen und dem in diesem Mitgliedstaat tätigen Dienstleistungsempfänger geschlossen wurde, sofern für die Dauer der Entsendung ein Arbeitsverhältnis zwischen dem entsendenden Unternehmen und dem Arbeitnehmer besteht, oder

b) einen Arbeitnehmer in eine Niederlassung oder ein der Unternehmensgruppe angehörendes Unternehmen im Hoheitsgebiet eines Mitgliedstaats entsenden, sofern für die Dauer der Entsendung ein Arbeitsverhältnis zwischen dem entsendenden Unternehmen und dem Arbeitnehmer besteht, oder

c) als Leiharbeitsunternehmen oder als einen Arbeitnehmer zur Verfügung stellendes Unternehmen einen Arbeitnehmer in ein verwendendes Unternehmen entsenden, das seinen Sitz im Hoheitsgebiet eines Mitgliedstaats hat oder dort seine Tätigkeit ausübt, sofern für die Dauer der Entsendung ein Arbeitsverhältnis zwischen dem Leiharbeitunternehmen oder dem einen Arbeitnehmer zur Verfügung stellenden Unternehmen und dem Arbeitnehmer besteht.

Neufassung/Ergänzung 2018/2020:

c) als Leiharbeitsunternehmen oder als einen Arbeitnehmer überlassendes Unternehmen einen Arbeitnehmer einem entleihenden Unternehmen überlassen, das seinen Sitz im Hoheitsgebiet eines Mitgliedstaats hat oder dort seine Tätigkeit ausübt, sofern für die Dauer der Entsendung ein Arbeitsverhältnis zwischen dem Leiharbeitsunternehmen oder dem einen Arbeitnehmer zur Verfügung stellenden Unternehmen und dem Arbeitnehmer besteht.

Muss ein Arbeitnehmer, der von einem Leiharbeitsunternehmen oder einem Arbeitnehmer überlassenden Unternehmen einem entleihenden Unternehmen gemäß Buchstabe c überlassen wird, Arbeit im Rahmen der länderübergreifenden Erbringung von Dienstleistungen im Sinne von Buchstabe a, b oder c im Hoheitsgebiet eines anderen Mitgliedstaats als demjenigen verrichten, in dem der Arbeitnehmer normalerweise entweder für das Leiharbeitsunternehmen oder das Arbeitnehmer zur Verfügung stellende Unternehmen oder das entleihende Unternehmen arbeitet, so gilt der Arbeitnehmer als von dem Leiharbeitsunternehmen oder dem Arbeitnehmer zur Verfügung stellenden Unternehmen, mit dem der Arbeitnehmer in einem Arbeitsverhältnis steht, in das Hoheitsgebiet dieses

Mitgliedstaats entsandt. Das Leiharbeitsunternehmen oder das einen Arbeitnehmer zur Verfügung stellende Unternehmen ist als ein Unternehmen im Sinne von Absatz 1 zu betrachten und hält die entsprechenden Bestimmungen dieser Richtlinie und der Richtlinie 2014/67/EU des Europäischen Parlaments und des Rates uneingeschränkt ein.

Das entleihende Unternehmen unterrichtet das Leiharbeitsunternehmen oder das einen Arbeitnehmer überlassende Unternehmen, das den Arbeitnehmer überlassen hat, rechtzeitig vor Beginn der Arbeit nach Unterabsatz 2.

(4) Unternehmen mit Sitz in einem Nichtmitgliedstaat darf keine günstigere Behandlung zuteil werden als Unternehmen mit Sitz in einem Mitgliedstaat.

Art. 2 Begriffsbestimmung. (1) Im Sinne dieser Richtlinie gilt als entsandter Arbeitnehmer jeder Arbeitnehmer, der während eines begrenzten Zeitraums seine Arbeitsleistung im Hoheitsgebiet eines anderen Mitgliedstaats als demjenigen erbringt, in dessen Hoheitsgebiet er normalerweise arbeitet.

(2) Für die Zwecke dieser Richtlinie wird der Begriff des Arbeitnehmers in dem Sinne verwendet, in dem er im Recht des Mitgliedstaats, in dessen Hoheitsgebiet der Arbeitnehmer entsandt wird, gebraucht wird.

Art. 3 Arbeits- und Beschäftigungsbedingungen. (1) Die Mitgliedstaaten sorgen dafür, daß unabhängig von dem auf das jeweilige Arbeitsverhältnis anwendbaren Recht die in Artikel 1 Absatz 1 genannten Unternehmen den in ihr Hoheitsgebiet entsandten Arbeitnehmern bezüglich der nachstehenden Aspekte die Arbeits- und Beschäftigungsbedingungen garantieren, die in dem Mitgliedstaat, in dessen Hoheitsgebiet die Arbeitsleistung erbracht wird,

– durch Rechts- oder Verwaltungsvorschriften und/oder
– durch für allgemein verbindlich erklärte Tarifverträge oder Schiedssprüche im Sinne des Absatzes 8, sofern sie die im Anhang genannten Tätigkeiten betreffen,

festgelegt sind:

a) Höchstarbeitszeiten und Mindestruhezeiten;

b) bezahlter Mindestjahresurlaub;

c) Mindestlohnsätze einschließlich der Überstundensätze; dies gilt nicht für die zusätzlichen betrieblichen Altersversorgungssysteme;

d) Bedingungen für die Überlassung von Arbeitskräften, insbesondere durch Leiharbeitsunternehmen;

e) Sicherheit, Gesundheitsschutz und Hygiene am Arbeitsplatz;

f) Schutzmaßnahmen im Zusammenhang mit den Arbeits- und Beschäftigungsbedingungen von Schwangeren und Wöchnerinnen, Kindern und Jugendlichen;

g) Gleichbehandlung von Männern und Frauen sowie andere Nichtdiskriminierungsbestimmungen.

Zum Zweck dieser Richtlinie wird der in Unterabsatz 1 Buchstabe c) genannte Begriff der Mindestlohnsätze durch die Rechtsvorschriften und/oder Praktiken des Mitgliedstaats bestimmt, in dessen Hoheitsgebiet der Arbeitnehmer entsandt wird.

Neufassung/Ergänzung 2018/2020:

(1) Die Mitgliedstaaten sorgen dafür, dass unabhängig von dem auf das jeweilige Arbeitsverhältnis anwendbaren Recht die in Artikel 1 Absatz 1 genannten Unternehmen den in ihr Hoheitsgebiet entsandten Arbeitnehmern bezüglich der nachstehenden Aspekte auf der Grundlage der Gleichbehandlung die Arbeits- und Beschäftigungsbedingungen garantieren, die in dem Mitgliedstaat, in dessen Hoheitsgebiet die Arbeitsleistung erbracht wird, festgelegt sind,

– durch Rechts- oder Verwaltungsvorschriften und/oder

– durch für allgemein verbindlich erklärte Tarifverträge oder Schiedssprüche oder durch Tarifverträge oder Schiedssprüche, die anderweitig nach Absatz 8 Anwendung finden:

a) Höchstarbeitszeiten und Mindestruhezeiten;

b) bezahlter Mindestjahresurlaub;

c) Entlohnung, einschließlich der Überstundensätze; dies gilt nicht für die zusätzlichen betrieblichen Altersversorgungssysteme;

d) Bedingungen für die Überlassung von Arbeitskräften, insbesondere durch Leiharbeitsunternehmen;

e) Sicherheit, Gesundheitsschutz und Hygiene am Arbeitsplatz;

f) Schutzmaßnahmen im Zusammenhang mit den Arbeits- und Beschäftigungsbedingungen von Schwangeren und Wöchnerinnen, Kindern und Jugendlichen;

g) Gleichbehandlung von Männern und Frauen sowie andere Nichtdiskriminierungsbestimmungen;

h) Bedingungen für die Unterkünfte von Arbeitnehmern, wenn sie vom Arbeitgeber für Arbeitnehmer, die von ihrem regelmäßigen Arbeitsplatz entfernt sind, zur Verfügung gestellt werden;

i) Zulagen oder Kostenerstattungen zur Deckung von Reise-, Unterbringungs- und Verpflegungskosten für Arbeitnehmer, die aus beruflichen Gründen nicht zu Hause wohnen.

Buchstabe i gilt ausschließlich für die Reise-, Unterbringungs- und Verpflegungskosten, die entsandten Arbeitnehmern entstehen, wenn sie zu und von ihrem regelmäßigen Arbeitsplatz in dem Mitgliedstaat, in dessen Hoheitsgebiet sie entsandt wurden, reisen müssen oder von ihrem Arbeitgeber vorübergehend von diesem regelmäßigen Arbeitsplatz an einen anderen Arbeitsplatz gesandt werden.

Für die Zwecke dieser Richtlinie bestimmt sich der Begriff „Entlohnung" nach den nationalen Rechtsvorschriften und/oder nationalen Gepflogenheiten des Mitgliedstaats, in dessen Hoheitsgebiet der Arbeitnehmer entsandt ist, und umfasst alle die Entlohnung ausmachenden Bestandteile, die gemäß nationalen Rechts- oder Verwaltungsvorschriften oder durch in diesem Mitgliedstaat für allgemeinverbindlich erklärte Tarifverträge oder Schiedssprüche oder durch Tarifverträge oder Schiedssprüche, die nach Absatz 8 anderweitig Anwendung finden, zwingend verbindlich gemacht worden sind.

Unbeschadet des Artikels 5 der Richtlinie 2014/67/EU veröffentlichen die Mitgliedstaaten die Informationen über die Arbeits- und Beschäftigungsbedingungen nach den nationalen Rechtsvorschriften und/oder nationalen Gepflogenheiten unverzüglich und in transparenter Weise auf der einzigen offiziellen nationalen Website nach dem genannten Artikel, einschließlich der die Entlohnung ausmachenden Bestandteile gemäß Unterabsatz 3 des vorliegenden Absatzes und alle Arbeits- und Beschäftigungsbedingungen gemäß Absatz 1a des vorliegenden Artikels.

Die Mitgliedstaaten sorgen dafür, dass die auf der einzigen offiziellen nationalen Website bereitgestellten Informationen korrekt und aktuell sind. Die Kommission veröffentlicht auf ihrer Website die Adressen der einzigen offiziellen nationalen Websites.

Ist den Informationen auf der einzigen offiziellen nationalen Website entgegen den Bestimmungen des Artikels 5 der Richtlinie 2014/67/EU nicht zu entnehmen, welche Arbeits- und Beschäftigungsbedingungen anzuwenden sind, so wird dieser Umstand gemäß den nationalen Rechtsvorschriften und/oder den nationalen Gepflogenheiten bei der Festlegung der Sanktionen im Falle von Verstößen gegen die gemäß dieser Richtlinie erlassenen nationalen Vorschriften so weit berücksichtigt, wie es für die Gewährleistung ihrer Verhältnismäßigkeit erforderlich ist."

(1a) In Fällen, in denen die tatsächliche Entsendungsdauer mehr als 12 Monate beträgt, sorgen die Mitgliedstaaten dafür, dass unabhängig von dem auf das jeweilige Arbeitsverhältnis anwendbaren Recht die in Artikel 1 Absatz 1 genannten Unternehmen den in ihr Hoheitsgebiet entsandten Arbeitnehmern auf der Grundlage der Gleichbehandlung zusätzlich zu den Arbeits- und Beschäftigungsbedingungen gemäß Absatz 1 des vorliegenden Artikels sämtliche anwendbaren Arbeits- und Beschäftigungsbedingungen garantieren, die in dem Mitgliedstaat, in dessen Hoheitsgebiet die Arbeitsleistung erbracht wird, festgelegt sind

- *durch Rechts- oder Verwaltungsvorschriften und/oder*
- *durch für allgemein verbindlich erklärte Tarifverträge oder Schiedssprüche, oder durch Tarifverträge oder Schiedssprüche, die anderweitig nach Absatz 8 anderweitig Anwendung finden.*

Unterabsatz 1 des vorliegenden Absatzes findet keine Anwendung auf folgende Aspekte:

a) Verfahren, Formalitäten und Bedingungen für den Abschluss und die Beendigung des Arbeitsvertrags, einschließlich Wettbewerbsverboten;

b) zusätzliche betriebliche Altersversorgungssysteme.

Legt der Dienstleistungserbringer eine mit einer Begründung versehene Mitteilung vor, so verlängert der Mitgliedstaat, in dem die Dienstleistung erbracht wird, den in Unterabsatz 1 genannten Zeitraum auf 18 Monate.

Ersetzt ein in Artikel 1 Absatz 1 genanntes Unternehmen einen entsandten Arbeitnehmer durch einen anderen entsandten Arbeitnehmer, der die gleiche Tätigkeit am gleichen Ort ausführt, so gilt als Entsendungsdauer für die Zwecke dieses Absatzes die Gesamtdauer der Entsendezeiten der betreffenden einzelnen entsandten Arbeitnehmer.

Der in Unterabsatz 4 dieses Absatzes genannte Begriff „gleiche Tätigkeit am gleichen Ort" wird unter anderem unter Berücksichtigung der Art der zu erbringenden Dienstleistung oder der durchzuführenden Arbeit und der Anschrift(en) des Arbeitsplatzes bestimmt.

(1b) Die Mitgliedstaaten bestimmen, dass die in Artikel 1 Absatz 3 Buchstabe c genannten Unternehmen den entsandten Arbeitnehmern die Arbeits- und Beschäftigungsbedingungen garantieren, die nach Artikel 5 der Richtlinie 2008/104/EG des Europäischen Parlaments und des Rates für Leiharbeitnehmer gelten, die von im Mitgliedstaat der Leistungserbringung niedergelassenen Leiharbeitsunternehmen zur Verfügung gestellt werden.

Das entleihende Unternehmen unterrichtet die in Artikel 1 Absatz 3 Buchstabe c genannten Unternehmen über die Arbeits- und Beschäftigungsbedingungen, die in diesem Unternehmen für die Arbeitsbedingungen und die Entlohnung gelten, soweit sie von Unterabsatz 1 des vorliegenden Absatzes erfasst sind.

(2) Absatz 1 Unterabsatz 1 Buchstaben b) und c) gilt nicht für Erstmontage- und/oder Einbauarbeiten, die Bestandteil eines Liefervertrags sind, für die Inbetriebnahme der gelieferten Güter unerläßlich sind und von Facharbeitern und/oder angelernten Arbeitern des Lieferunternehmens ausgeführt werden, wenn die Dauer der Entsendung acht Tage nicht übersteigt.

Dies gilt nicht für die im Anhang aufgeführten Bauarbeiten.

(3) Die Mitgliedstaaten können gemäß ihren üblichen Verfahren und Praktiken nach Konsultation der Sozialpartner beschließen, Absatz 1 Unterabsatz 1 Buchstabe c) in den in Artikel 1 Absatz 3 Buchstaben a) und b) genannten Fällen nicht anzuwenden, wenn die Dauer der Entsendung einen Monat nicht übersteigt.

(4) Die Mitgliedstaaten können gemäß ihren Rechtsvorschriften und/oder Praktiken vorsehen, daß durch Tarifverträge im Sinne des Absatzes 8 für einen oder mehrere Tätigkeitsbereiche in den in Artikel 1 Absatz 3 Buchstaben a) und b) genannten Fällen von Absatz 1 Unterabsatz 1 Buchstabe c) sowie von dem Beschluß eines Mitgliedstaats nach Absatz 3 abgewichen werden kann, wenn die Dauer der Entsendung einen Monat nicht übersteigt.

(5) Die Mitgliedstaaten können in den in Artikel 1 Absatz 3 Buchstaben a) und b) genannten Fällen eine Ausnahme von Absatz 1 Unterabsatz 1 Buchstaben b) und c) vorsehen, wenn der Umfang der zu verrichtenden Arbeiten gering ist.

Die Mitgliedstaaten, die von der in Unterabsatz 1 gebotenen Möglichkeit Gebrauch machen, legen die Modalitäten fest, denen die zu verrichtenden Arbeiten entsprechen müssen, um als Arbeiten von geringem Umfang zu gelten.

(6) Die Dauer der Entsendung berechnet sich unter Zugrundelegung eines Bezugszeitraums von einem Jahr ab Beginn der Entsendung.

Bei der Berechnung der Entsendungsdauer wird die Dauer einer gegebenenfalls im Rahmen einer Entsendung von einem zu ersetzenden Arbeitnehmer bereits zurückgelegten Entsendungsdauer berücksichtigt.

(7) Die Absätze 1 bis 6 stehen der Anwendung von für die Arbeitnehmer günstigeren Beschäftigungs- und Arbeitsbedingungen nicht entgegen.

Die Entsendungszulagen gelten als Bestandteil des Mindestlohns, soweit sie nicht als Erstattung für infolge der Entsendung tatsächlich entstandene Kosten wie z. B. Reise-, Unterbringungs- und Verpflegungskosten gezahlt werden.

Neufassung 2018/2020:

(7) Die Absätze 1 bis 6 stehen der Anwendung von für die Arbeitnehmer günstigeren Beschäftigungs- und Arbeitsbedingungen nicht entgegen.

Die Entsendungszulagen gelten als Bestandteil der Entlohnung, sofern sie nicht als Erstattung von infolge der Entsendung tatsächlich entstandenen Kosten wie z. B. Reise-, Unterbringungs- und Verpflegungskosten gezahlt werden. Der Arbeitgeber erstattet dem entsandten Arbeitnehmer unbeschadet des Absatzes 1 Unterabsatz 1 Buchstabe i diese Kosten im Einklang mit den auf das Arbeitsverhältnis des entsandten Arbeitnehmers anwendbaren nationalen Rechtsvorschriften und/oder nationalen Gepflogenheiten.

Legen die für das Arbeitsverhältnis geltenden Arbeits- und Beschäftigungsbedingungen nicht fest, ob und wenn ja welche Bestandteile einer Entsendungszulage als Erstattung von infolge der Entsendung tatsächlich entstandenen Kosten gezahlt werden oder welche Teil der Entlohnung sind, so ist davon auszugehen, dass die gesamte Zulage als Erstattung von infolge der Entsendung entstandenen Kosten gezahlt wird."

(8) Unter „für allgemein verbindlich erklärten Tarifverträgen oder Schiedssprüchen" sind Tarifverträge oder Schiedssprüche zu verstehen, die von allen in den jeweiligen geographischen Bereich fallenden und die betreffende Tätigkeit oder das betreffende Gewerbe ausübenden Unternehmen einzuhalten sind.

Gibt es kein System zur Allgemeinverbindlicherklärung von Tarifverträgen oder Schiedssprüchen im Sinne von Unterabsatz 1, so können die Mitgliedstaaten auch beschließen, folgendes zugrunde zu legen:

- die Tarifverträge oder Schiedssprüche, die für alle in den jeweiligen geographischen Bereich fallenden und die betreffende Tätigkeit oder das betreffende Gewerbe ausübenden gleichartigen Unternehmen allgemein wirksam sind, und/oder
- die Tarifverträge, die von den auf nationaler Ebene repräsentativsten Organisationen der Tarifvertragsparteien geschlossen werden und innerhalb des gesamten nationalen Hoheitsgebiets zur Anwendung kommen,

sofern deren Anwendung auf die in Artikel 1 Absatz 1 genannten Unternehmen eine Gleichbehandlung dieser Unternehmen in bezug auf die in Absatz 1 Unterabsatz 1 genannten Aspekte gegenüber den im vorliegenden Unterabsatz genannten anderen Unternehmen, die sich in einer vergleichbaren Lage befinden, gewährleistet.

Gleichbehandlung im Sinne dieses Artikels liegt vor, wenn für die inländischen Unternehmen, die sich in einer vergleichbaren Lage befinden,

- am betreffenden Ort oder in der betreffenden Sparte hinsichtlich der Aspekte des Absatzes 1 Unterabsatz 1 dieselben Anforderungen gelten wie für die Entsendeunternehmen und

– diese Anforderungen ihnen gegenüber mit derselben Wirkung durchgesetzt werden können.

Neufassung 2018/2020 (Unterabsätze 2 und 3):

Mangels eines Systems zur Allgemeinverbindlicherklärung von Tarifverträgen oder Schiedssprüchen im Sinne des Unterabsatzes 1 oder zusätzlich zu einem solchen System können die Mitgliedstaaten auch beschließen, Folgendes zugrunde zu legen:

– die Tarifverträge oder Schiedssprüche, die für alle in den jeweiligen geographischen Bereich fallenden und die betreffende Tätigkeit oder das betreffende Gewerbe ausübenden gleichartigen Unternehmen allgemein wirksam sind, und/oder

– die Tarifverträge, die von den auf nationaler Ebene repräsentativsten Organisationen der Tarifvertragsparteien geschlossen werden und innerhalb des gesamten nationalen Hoheitsgebiets zur Anwendung kommen,

sofern deren Anwendung auf in Artikel 1 Absatz 1 genannte Unternehmen eine Gleichbehandlung dieser Unternehmen in Bezug auf die in Absatz 1 Unterabsatz 1 des vorliegenden Artikels genannten Aspekte und gegebenenfalls bezüglich der den entsandten Arbeitnehmern nach Absatz 1a des vorliegenden Artikels zu garantierenden Arbeits- und Beschäftigungsbedingungen mit den im vorliegenden Unterabsatz genannten anderen Unternehmen, die sich in einer vergleichbaren Lage befinden, gewährleistet.

Gleichbehandlung im Sinne dieses Artikels liegt vor, wenn nationale Unternehmen in einer vergleichbaren Lage:

– am betreffenden Ort oder in der betreffenden Sparte hinsichtlich der Aspekte des Absatzes 1 Unterabsatz 1 des vorliegenden Artikels denselben Anforderungen unterworfen sind, wie die Unternehmen im Sinne des Absatzes 1 Absatz 1 und gegebenenfalls den entsandten Arbeitnehmern zu garantierenden Arbeits- und Beschäftigungsbedingungen nach Absatz 1a des vorliegenden Artikels, und

– wenn sie dieselben Anforderungen mit derselben Wirkung erfüllen müssen.

(9) Die Mitgliedstaaten können vorsehen, daß die in Artikel 1 Absatz 1 genannten Unternehmen Arbeitnehmern im Sinne von Artikel 1 Absatz 3 Buchstabe c) diejenigen Bedingungen garantieren, die in dem Mitgliedstaat, in dessen Hoheitsgebiet die Arbeitsleistung erbracht wird, für Leiharbeitnehmer gelten.

(10) Diese Richtlinie berührt nicht das Recht der Mitgliedstaaten, unter Einhaltung des Vertrags für inländische und ausländische Unternehmen in gleicher Weise

– Arbeits- und Beschäftigungsbedigungen für andere als die in Absatz 1 Unterabsatz 1 aufgeführten Aspekte, soweit es sich um Vorschriften im Bereich der öffentlichen Ordnung handelt,

– Arbeits- und Beschäftigungsbedigungen, die in Tarifverträgen oder Schiedssprüchen nach Absatz 8 festgelegt sind und andere als im Anhang genannte Tätigkeit betreffen,

vorzuschreiben.

Neufassung 2018/2020:

(9) Die Mitgliedstaaten können bestimmen, dass die in Artikel 1 Absatz 1 genannten Unternehmen den Arbeitnehmern im Sinne von Artikel 1 Absatz 3 Buchstabe c zusätzlich zu den in Absatz 1b des vorliegenden Artikels genannten Arbeits- und Beschäftigungsbedingungen andere Arbeits- und Beschäftigungsbedingungen garantieren, die für Leiharbeitnehmer in dem Mitgliedstaat gelten, in dem die Arbeitsleistung erbracht wird.

(10) Diese Richtlinie berührt nicht das Recht der Mitgliedstaaten, unter Einhaltung der Verträge auf inländische Unternehmen und Unternehmen aus anderen Mitgliedstaaten in gleicher Weise Arbeits- und Beschäftigungsbedingungen für andere als die in Absatz 1 Unterabsatz 1 aufgeführten Aspekte, soweit es sich um Vorschriften im Bereich der öffentlichen Ordnung handelt, anzuwenden.

Art. 4[1] **Zusammenarbeit im Informationsbereich.** (1) Zur Durchführung dieser Richtlinie benennen die Mitgliedstaaten gemäß ihren Rechtsvorschriften und/oder Praktiken ein oder mehrere Verbindungsbüros oder eine oder mehrere zuständige einzelstaatliche Stellen.

(2) Die Mitgliedstaaten sehen die Zusammenarbeit der Behörden vor, die entsprechend den einzelstaatlichen Rechtsvorschriften für die Überwachung der in Artikel 3 aufgeführten Arbeits- und Beschäftigungsbedingungen zuständig sind. Diese Zusammenarbeit besteht insbesondere darin, begründete Anfragen dieser Behörden zu beantworten, die das länderübergreifende Zurverfügungstellen von Arbeitnehmern, einschließlich offenkundiger Verstöße oder Fälle von Verdacht auf unzulässige länderübergreifende Tätigkeiten, betreffen.

Neufassung 2018/2020:

(2) Die Mitgliedstaaten sehen die Zusammenarbeit der zuständigen Behörden oder Stellen, einschließlich der öffentlichen Behörden, vor, die entsprechend den einzelstaatlichen Rechtsvorschriften für die Überwachung der in Artikel 3 aufgeführten Arbeits- und Beschäftigungsbedingungen, auch auf Unionsebene, zuständig sind. Diese Zusammenarbeit besteht insbesondere darin, begründete Anfragen dieser Behörden oder Stellen zu beantworten, die das länderübergreifende Zurverfügungstellen von Arbeitnehmern betreffen, und gegen offenkundige Verstöße oder mögliche Fälle unzulässiger Tätigkeiten, wie länderübergreifende Fälle von nicht angemeldeter Erwerbstätigkeit und Scheinselbstständigkeit im Zusammenhang mit der Entsendung von Arbeitnehmern, vorzugehen. Verfügt die zuständige Behörde oder Stelle in dem Mitgliedstaat, aus dem der Arbeitnehmer entsandt wird, nicht über die Informationen, um die die zuständige Behörde oder Stelle des Mitgliedstaats, in dessen Hoheitsgebiet der Arbeitnehmer entsandt wird, ersucht hat, so bemüht sie sich, diese Informationen von anderen Behörden oder Stellen in diesem Mitgliedstaat zu erlangen. Bei anhaltenden Verzögerungen bei der Bereitstellung dieser Informationen an den Mitgliedstaat, in dessen Hoheitsgebiet der Arbeitnehmer entsandt wird, wird die Kommission unterrichtet, die geeignete Maßnahmen ergreift.

---

[1] *Vgl.* nun auch den Beschluss der Kommission vom 19.12.2008 (2009/17/EG) zur Einsetzung des Expertenausschusses für die Entsendung von Arbeitnehmern (ABl. Nr. L 8/26 vom 13.1.2009).

Die Kommission und die in Unterabsatz 1 bezeichneten Behörden arbeiten eng zusammen, um etwaige Schwierigkeiten bei der Anwendung des Artikels 3 Absatz 10 zu prüfen.

Die gegenseitige Amtshilfe erfolgt unentgeltlich.

(3) Jeder Mitgliedstaat ergreift die geeigneten Maßnahmen, damit die Informationen über die nach Artikel 3 maßgeblichen Arbeits- und Beschäftigungsbedingungen allgemein zugänglich sind.

(4) Jeder Mitgliedstaat nennt den anderen Mitgliedstaaten und der Kommission die in Absatz 1 bezeichneten Verbindungsbüros und/oder zuständigen Stellen.

Art. 5 Maßnahmen. Die Mitgliedstaaten sehen geeignete Maßnahmen für den Fall der Nichteinhaltung dieser Richtlinie vor.

Sie stellen insbesondere sicher, daß den Arbeitnehmern und/oder ihren Vertretern für die Durchsetzung der sich aus dieser Richtlinie ergebenden Verpflichtungen geeignete Verfahren zur Verfügung stehen.

Neufassung 2018/2020:

Überwachung, Kontrolle und Durchsetzung

Der Mitgliedstaat, in dessen Hoheitsgebiet der Arbeitnehmer entsandt wird, und der Mitgliedstaat, aus dem der Arbeitnehmer entsandt wird, sind für die Überwachung, Kontrolle und Durchsetzung der in dieser Richtlinie und der Richtlinie 2014/67/EU festgelegten Verpflichtungen verantwortlich und ergreifen geeignete Maßnahmen für den Fall der Nichteinhaltung dieser Richtlinie.

Die Mitgliedstaaten erlassen Vorschriften über Sanktionen, die bei Verstößen gegen die gemäß dieser Richtlinie erlassenen nationalen Vorschriften zu verhängen sind, und treffen alle für die Anwendung der Sanktionen erforderlichen Maßnahmen. Die vorgesehenen Sanktionen müssen wirksam, verhältnismäßig und abschreckend sein.

Die Mitgliedstaaten stellen insbesondere sicher, dass den Arbeitnehmern und/oder den Arbeitnehmervertretern für die Durchsetzung der sich aus dieser Richtlinie ergebenden Verpflichtungen geeignete Verfahren zur Verfügung stehen.

In dem Fall, dass nach einer von einem Mitgliedstaat gemäß Artikel 4 der Richtlinie 2014/67/EU durchgeführten Gesamtbeurteilung festgestellt wird, dass ein Unternehmen fälschlicherweise oder in betrügerischer Absicht den Eindruck erweckt hat, dass die Situation eines Arbeitnehmers in den Anwendungsbereich dieser Richtlinie fällt, stellt dieser Mitgliedstaat sicher, dass der Arbeitnehmer in den Genuss des entsprechenden Rechts und der entsprechenden Gepflogenheiten kommt.

Die Mitgliedstaaten sorgen dafür, dass dieser Artikel nicht dazu führt, dass für den betreffenden Arbeitnehmer ungünstigere Bedingungen gelten als für entsandte Arbeitnehmer.

Art. 6 Gerichtliche Zuständigkeit. Zur Durchsetzung des Rechts auf die in Artikel 3 gewährleisteten Arbeits- und Beschäftigungsbedingungen kann eine Klage in dem Mitgliedstaat erhoben werden, in dessen Hoheitsgebiet der Arbeitnehmer entsandt ist oder war; dies berührt nicht die Möglichkeit, gegebenenfalls gemäß den geltenden internationalen Übereinkommen über die gerichtliche Zuständigkeit in einem anderen Staat Klage zu erheben.

Art. 7 Durchführung. Die Mitgliedstaaten erlassen die Rechts- und Verwaltungsvorschriften, die erforderlich sind, um dieser Richtlinie spätestens ab dem 16. Dezember 1999 nachzukommen. Sie setzen die Kommission hiervon unverzüglich in Kenntnis.

Wenn die Mitgliedstaaten diese Vorschriften erlassen, nehmen sie in den Vorschriften selbst oder durch einen Hinweis bei der amtlichen Veröffentlichung auf diese Richtlinie Bezug. Die Mitgliedstaaten regeln die Einzelheiten dieser Bezugnahme.

Art. 8 Überprüfung durch die Kommission. Spätestens zum 16. Dezember 2001 überprüft die Kommission die Anwendung dieser Richtlinie, um dem Rat erforderlichenfalls entsprechende Änderungen vorzuschlagen.

Art. 9 Diese Richtlinie ist an die Mitgliedstaaten gerichtet.

Geschehen zu Brüssel am 16. Dezember 1996.

Im Namen der Europäischen Parlaments
Der Präsident
K. HÄNSCH

Im Namen des Rates
Der Präsident
I YATES

Anhang

Die in Artikel 3 Absatz 1 zweiter Gedankenstrich genannten Tätigkeiten umfassen alle Bauarbeiten, die der Errichtung, der Instandsetzung, der Instandhaltung, dem Umbau oder dem Abriß von Bauwerken dienen, insbesondere

Neufassung 2018/2020:

Die in Artikel 3 Absatz 2 genannten Tätigkeiten umfassen alle Bauarbeiten, die der Errichtung, der Instandsetzung, der Instandhaltung, dem Umbau oder dem Abriss von Bauwerken dienen, insbesondere.

1. Aushub
2. Erdarbeiten
3. Bauarbeiten im engeren Sinne
4. Errichtung und Abbau von Fertigbauelementen
5. Einrichtung oder Ausstattung
6. Umbau
7. Renovierung
8. Reparatur
9. Abbauarbeiten
10. Abbrucharbeiten
11. Wartung
12. Instandhaltung (Maler- und Reinigungsarbeiten)
13. Sanierung.

182. Richtlinie 98/5/EG zur Erleichterung der ständigen Ausübung des Rechtsanwaltsberufs in einem anderen Mitgliedstaat als dem, in dem die Qualifikation erworben wurde

Vom 16. Februar 1998

(ABl. 1998 Nr. L 77/36, geänd. durch Akte zum Beitrittsvertrag v. 16. 4. 2003, ABl. Nr. L 236/33, 257 v. 23. 9. 2003, RL 2006/100 v. 20. 11. 2006, ABl. Nr. L 363/141 v. 20. 12. 2006) und RL 2013/25 v. 13. 5. 2013, ABl. Nr. L 158/368 v. 10. 6. 2013)

DAS EUROPÄISCHE PARLAMENT UND DER RAT DER EUROPÄISCHEN UNION –

gestützt auf den Vertrag zur Gründung der Europäischen Gemeinschaft, insbesondere auf Artikel 49 und Artikel 57 Absatz 1 und Absatz 2 Sätze 1 und 3,

auf Vorschlag der Kommission[1]),

nach Stellungnahme des Wirtschafts- und Sozialausschusses[2]),

gemäß dem Verfahren des Artikels 189b des Vertrags[3]),

in Erwägung nachstehender Gründe:

(1) Nach Artikel 7a des Vertrags umfaßt der Binnenmarkt einen Raum ohne Binnengrenzen. Nach Artikel 3 Buchstabe c) des Vertrags ist die Beseitigung der Hindernisse für den freien Personen- und Dienstleistungsverkehr zwischen den Mitgliedstaaten eines der Ziele der Gemeinschaft. Für die Angehörigen der Mitgliedstaaten bedeutet die Beseitigung dieser Hindernisse insbesondere, daß sie als Selbständige oder als abhängig Beschäftigte die Möglichkeit haben, einen Beruf in einem anderen Mitgliedstaat als dem auszuüben, in dem sie ihre berufliche Qualifikation erworben haben.

(2) Ein in einem Mitgliedstaat voll qualifizierter Rechtsanwalt kann aufgrund der Richtlinie 89/48/EWG des Rates vom 21. Dezember 1988 über eine allgemeine Regelung zur Anerkennung der Hochschuldiplome, die eine mindestens dreijährige Berufsausbildung abschließen[4]), bereits die Anerkennung seines Diploms beantragen, um sich in einem anderen Mitgliedstaat zwecks Ausübung des Rechtsanwaltsberufs unter der Berufsbezeichnung dieses Mitgliedstaats niederzulassen. Zweck der genannten Richtlinie ist die Integration des Rechtsanwalts in den Berufsstand des Auf-

---

[1]) **Amtl. Anm.:** ABl. C 128 vom 24. 5. 1995, S. 6, und ABl. C 355 vom 25. 11. 1996, S. 19.

[2]) **Amtl. Anm.:** ABl. C 256 vom 2. 10. 1995, S. 14.

[3]) **Amtl. Anm.:** Stellungnahme des Europäischen Parlaments vom 19. Juni 1996 (ABl. C 198 vom 8. 7. 1996, S. 85), gemeinsamer Standpunkt des Rates vom 24. Juli 1997 (ABl. C 297 vom 29. 9. 1997 S. 6) und Beschluß des Europäischen Parlaments vom 19. November 1997. Beschluß des Rates vom 15. Dezember 1997.

[4]) *Amtl. Anm.:* ABl. L 19 vom 24. 1. 1989, S. 16.

nahmestaats. Sie zielt weder darauf ab, daß die dort geltenden Berufs- und Standesregeln geändert werden, noch daß der betreffende Anwalt ihrer Anwendung entzogen wird.

(3) Während sich einige Rechtsanwälte insbesondere durch erfolgreiche Ablegung der in der Richtlinie 89/48/EWG vorgesehenen Eignungsprüfung rasch in den Berufsstand des Aufnahmestaats integrieren können, sollten andere vollständig qualifizierte Rechtsanwälte diese Integration nach einem bestimmten Zeitraum der Berufsausübung im Aufnahmestaat unter ihrer ursprünglichen Berufsbezeichnung erreichen oder aber ihre Tätigkeit unter der ursprünglichen Berufsbezeichnung fortsetzen können.

(4) Dieser Zeitraum soll dem Rechtsanwalt die Eingliederung in den Berufsstand im Aufnahmestaat ermöglichen, wenn nachgeprüft wurde, daß er Berufserfahrung in diesem Mitgliedstaat erworben hat.

(5) Ein Tätigwerden auf Gemeinschaftsebene ist nicht nur gerechtfertigt, weil damit den Rechtsanwälten neben der allgemeinen Anerkennungsregelung eine leichtere Möglichkeit der Eingliederung in den Berufsstand des Aufnahmestaats geboten wird, sondern auch weil dadurch, daß ihnen ermöglicht wird, ihren Beruf ständig unter ihrer ursprünglichen Berufsbezeichnung in einem Aufnahmestaat auszuüben, gleichzeitig den Erfordernissen der Rechtsuchenden entsprochen wird, die aufgrund des zunehmenden Geschäftsverkehrs insbesondere im Zuge der Verwirklichung des Binnenmarktes einer Beratung bei grenzübergreifenden Transaktionen bedürfen, bei denen das internationale Recht, das Gemeinschaftsrecht und nationale Rechtsordnungen häufig miteinander verschränkt sind.

(6) Ein Tätigwerden auf Gemeinschaftsebene ist auch deswegen gerechtfertigt, weil bisher erst einige Mitgliedstaaten gestatten, daß Rechtsanwälte aus anderen Mitgliedstaaten unter ihrer ursprünglichen Berufsbezeichnung eine Anwaltstätigkeit in anderer Form denn als Dienstleistung in ihrem Gebiet ausüben. In den Mitgliedstaaten, in denen diese Möglichkeit gegeben ist, gelten sehr unterschiedliche Modalitäten, beispielsweise was das Tätigkeitsfeld und die Pflicht zur Eintragung bei den zuständigen Stellen betrifft. Solche unterschiedlichen Situationen führen zu Ungleichheiten und Wettbewerbsverzerrungen im Verhältnis zwischen den Rechtsanwälten der Mitgliedstaaten und bilden ein Hindernis für die Freizügigkeit. Nur durch eine Richtlinie zur Regelung der Bedingungen, unter denen Rechtsanwälte, die unter ihrer ursprünglichen Berufsbezeichnung tätig sind, ihren Beruf in anderer Form denn als Dienstleistung ausüben dürfen, können diese Probleme gelöst und in allen Mitgliedstaaten den Rechtsanwälten und Rechtsuchenden die gleichen Möglichkeiten geboten werden.

(7) Diese Richtlinie sieht entsprechend ihrer Zielsetzung davon ab, rein innerstaatliche Situationen zu regeln, und berührt die nationalen Berufsregeln nur insoweit, als dies notwendig ist, damit sie

ihren Zweck tatsächlich erreichen kann. Insbesondere berührt diese Richtlinie nicht die nationalen Regelungen für den Zugang zum Rechtsanwaltsberuf und für die Ausübung dieses Berufs unter der Berufsbezeichnung des Aufnahmestaats.

(8) Für die unter diese Richtlinie fallenden Rechtsanwälte ist eine Pflicht zur Eintragung bei der zuständigen Stelle des Aufnahmestaats vorzusehen, damit sich diese Stelle vergewissern kann, daß die Rechtsanwälte die Berufs- und Standesregeln des Aufnahmestaats beachten. Die Wirkung dieser Eintragung bezüglich der Gerichtsbezirke und der Stufen und Arten der Gerichtsbarkeit, für die die Rechtsanwälte zugelassen sind, richtet sich nach dem für die Rechtsanwälte des Aufnahmestaats geltenden Recht.

(9) Die Rechtsanwälte, die nicht in den Berufsstand des Aufnahmestaats integriert sind, sind gehalten, ihre Anwalttätigkeit in diesem Mitgliedstaat unter ihrer ursprünglichen Berufsbezeichnung auszuüben, damit die Information der Verbraucher gesichert ist und eine Unterscheidung von den Rechtsanwälten des Aufnahmestaats, die unter der Berufsbezeichnung dieses Mitgliedstaats tätig sind, ermöglicht wird.

(10) Den unter diese Richtlinie fallenden Rechtsanwälten ist zu gestatten, Rechtsberatung insbesondere im Recht des Herkunftsstaats, im Gemeinschaftsrecht, im internationalen Recht und im Recht des Aufnahmestaats zu erteilen. Diese Möglichkeit war für die Dienstleistung bereits mit der Richtlinie 77/249/EWG des Rates vom 22. März 1977 zur Erleichterung der tatsächlichen Ausübung des freien Dienstleistungsverkehrs der Rechtsanwälte[1] eröffnet worden. Wie in der Richtlinie 77/249/EWG ist indessen die Möglichkeit vorzusehen, bestimmte grundstücks- und erbschaftsrechtliche Handlungen aus dem Tätigkeitsbereich der Rechtsanwälte, die im Vereinigten Königreich und in Irland unter ihrer ursprünglichen Berufsbezeichnung tätig sind, auszuschließen. Die vorliegende Richtlinie berührt nicht die Vorschriften, mit denen in jedem Mitgliedstaat bestimmte Tätigkeiten anderen Berufen als dem des Rechtsanwalts vorbehalten sind. Auch ist aus der Richtlinie 77/249/EWG die Bestimmung zu übernehmen, wonach der Aufnahmestaat verlangen kann, daß der unter seiner ursprünglichen Berufsbezeichnung tätige Rechtsanwalt für die Vertretung und Verteidigung von Mandanten vor Gericht im Einvernehmen mit einem einheimischen Rechtsanwalt handelt. Die Verpflichtung zum einvernehmlichen Handeln gilt entsprechend der diesbezüglichen Auslegung durch den Gerichtshof der Europäischen Gemeinschaften, insbesondere in dessen Urteil vom 25. Februar 1988 in der Rechtssache 427/85 (Kommission gegen Deutschland)[2].

---

[1] ABl. L 78 vom 26. 3. 1977, S. 17. Richtlinie zuletzt geändert durch die Beitrittsakte von 1994.

[2] EuGH, Slg. 1988, S. 1123.

(11) Um das ordnungsgemäße Funktionieren der Rechtspflege sicherzustellen, muß den Mitgliedstaaten die Möglichkeit belassen werden, den Zugang zu den höchsten Gerichten im Rahmen besonderer Vorschriften spezialisierten Rechtsanwälten vorzubehalten, ohne dadurch die Integration der Rechtsanwälte der Mitgliedstaaten zu behindern, die die geforderten Voraussetzungen hierfür erfüllen.

(12) Der im Aufnahmestaat unter seiner ursprünglichen Berufsbezeichnung eingetragene Rechtsanwalt muß bei der zuständigen Stelle des Herkunftsstaats eingetragen bleiben, um seinen Status als Rechtsanwalt zu behalten und diese Richtlinie in Anspruch nehmen zu können. Aus diesem Grund ist eine enge Zusammenarbeit zwischen den zuständigen Stellen, insbesondere bei etwaigen Disziplinarverfahren, unerläßlich.

(13) Die unter diese Richtlinie fallenden Rechtsanwälte können unabhängig davon, ob sie im Herkunftsstaat als abhängig Beschäftigte oder als Selbständige tätig sind, im Aufnahmestaat als abhängig Beschäftigte praktizieren, sofern der betreffende Aufnahmestaat den eigenen Rechtsanwälten diese Möglichkeit bietet.

(14) Wenn diese Richtlinie es den Rechtsanwälten gestattet, in einem anderen Mitgliedstaat unter der ursprünglichen Berufsbezeichnung tätig zu sein, soll ihnen dadurch auch erleichtert werden, die Berufsbezeichnung des Aufnahmestaats zu erlangen. Aufgrund der Artikel 48 und 52 des Vertags in der Auslegung durch den Gerichtshof ist der Aufnahmestaat stets verpflichtet, in seinem Gebiet erworbene Berufserfahrung zu berücksichtigen. Nach dreijähriger effektiver und regelmäßiger Tätigkeit im Aufnahmestaat im Recht dieses Mitgliedstaats, einschließlich des Gemeinschaftsrechts, darf angenommen werden, daß der betreffende Rechtsanwalt die erforderliche Eignung erworben hat, um sich voll in den Berufsstand des Aufnahmestaats zu integrieren. Am Ende dieses Zeitraums muß der Rechtsanwalt, sofern er – vorbehaltlich einer Überprüfung – den Nachweis der beruflichen Befähigung im Aufnahmestaat erbringen kann, die Befugnis zur Führung der Berufsbezeichnung dieses Mitgliedstaats erhalten können. War der betreffende Rechtsanwalt während der mindestens dreijährigen effektiven und regelmäßigen Tätigkeit nur während eines kürzeren Zeitraums im Recht des Aufnahmestaats tätig, so hat die Stelle alle seine sonstigen Kenntnisse in diesem Recht zu berücksichtigen; sie kann diese in einem Gespräch überprüfen. Wird der Nachweis der Erfüllung dieser Voraussetzungen nicht erbracht, so muß die Entscheidung der zuständigen Stelle des Aufnahmestaats, die Zuerkennung der Berufsbezeichnung dieses Mitgliedstaats nach den mit diesen Voraussetzungen verbundenen erleichterten Modalitäten zu verweigern, begründet werden; gegen diese Entscheidung kann ein gerichtliches Rechtsmittel nach dem innerstaatlichen Recht eingelegt werden.

(15) Die Wirtschafts- und Berufsentwicklung in der Gemeinschaft zeigt, daß die Möglichkeit der gemeinsamen Ausübung des Rechtsanwaltsberufs – auch in Form eines Zusammenschlusses – eine Realität wird. Es muß vermieden werden, daß die Ausübung des Rechtsanwaltberufs in einer Gruppe im Herkunftsstaat als Vorwand benutzt wird, um die Niederlassung der zu dieser Gruppe gehörenden Rechtsanwälte im Aufnahmestaat zu verhindern oder zu erschweren. Die Mitgliedstaaten müssen indessen geeignete Maßnahmen treffen können, um das legitime Ziel der Wahrung der Unabhängigkeit des Berufsstands zu erreichen. In allen Mitgliedstaaten, die die gemeinsame Berufsausübung erlauben, sind bestimmte Garantien vorzusehen –

HABEN FOLGENDE RICHTLINIE ERLASSEN:

Art. 1 Gegenstand, Anwendungsbereich und Begriffsbestimmungen. (1) Diese Richtlinie soll die ständige Ausübung des Rechtsanwaltsberufs als Selbständiger oder abhängig Beschäftigter in einem anderen Mitgliedstaat als dem, in dem die Berufsqualifikation erworben wurde, erleichtern.

(2) Für die Zwecke dieser Richtlinie bezeichnet

a) „Rechtsanwalt" jede Person, die Angehörige eines Mitgliedstaats ist und ihre beruflichen Tätigkeiten unter einer der folgenden Berufsbezeichnungen auszuüben berechtigt ist:

Belgien:	Avocat/Advocaat/Rechtsanwalt
Bulgarien:	Адвокат
Tschechische Republik:	Advokát
Dänemark:	Advokat
Deutschland:	Rechtsanwalt
Estland:	Vandeadvokaat
Griechenland:	Δικηγόρς
Spanien:	Abogado/Advocat/Avogado/Abokatu
Frankreich:	Avocat
Kroatien:	Odvjetnik/Odvietnica
Irland:	Barrister/Solicitor
Italien:	Avvocato
Zypern:	Δικηγόρος
Lettland:	Zvērināts advokāts
Litauen:	Advokatas
Luxemburg:	Avocat
Ungarn:	Ügyvéd
Malta:	Avukat/Prokuratur Legali
Niederlande:	Advocaat
Österreich:	Rechtsanwalt
Polen:	Adwokat/Radca prawny
Portugal:	Advogado
Rumänien:	Avocat

Slowenien:	Odvetnik/Odvetnica
Slowakei:	Advokát/Komerčný právnik
Finnland:	Asianajaja/Advokat
Schweden:	Advokat
Vereinigtes Königreich:	Advocate/Barrister/Solicitor;

b) „Herkunftsstaat" den Mitgliedstaat, in dem der Rechtsanwalt vor Ausübung der Anwaltstätigkeit in einem anderen Mitgliedstaat das Recht erworben hat, eine der unter Buchstabe a) genannten Berufsbezeichnungen zu führen;

c) „Aufnahmestaat" den Mitgliedstaat, in dem der Rechtsanwalt seinen Beruf gemäß den Bestimmungen dieser Richtlinie ausübt;

d) „ursprüngliche Berufsbezeichnung" die Berufsbezeichnung des Mitgliedstaats, in dem der Rechtsanwalt vor Ausübung der Anwaltstätigkeit im Aufnahmestaat das Recht erworben hat, diese Bezeichnung zu führen;

e) „Gruppe" jeden nach dem Recht eines Mitgliedstaats errichteten Zusammenschluß mit oder ohne Rechtspersönlichkeit, in dem Rechtsanwälte ihre Berufstätigkeit gemeinsam und unter einem gemeinsamen Namen ausüben;

f) „jeweilige Berufsbezeichnung" oder „jeweiliger Beruf" jede Berufsbezeichnung oder jeden Beruf, die in den Aufgabenbereich der zuständigen Stelle fallen, bei der sich der Rechtsanwalt gemäß Artikel 3 hat eintragen lassen, und „zuständige Stelle" diese Stelle.

(3) Diese Richtlinie gilt sowohl für selbständige als auch für abhängig beschäftigte Rechtsanwälte, die im Herkunftsstaat und vorbehaltlich des Artikels 8 im Aufnahmestaat eine Rechtsanwaltstätigkeit ausüben.

(4) Die Ausübung des Rechtsanwaltsberufs im Sinne dieser Richtlinie berührt nicht die Erbringung von Dienstleistungen, die unter die Richtlinie 77/249/EWG fallen.

Art. 2 Recht auf Berufsausübung unter der ursprünglichen Berufsbezeichnung. Jeder Rechtsanwalt hat das Recht, die in Artikel 5 genannten Anwaltstätigkeiten auf Dauer in jedem anderen Mitgliedstaat unter seiner ursprünglichen Berufsbezeichnung auszuüben.

Die Eingliederung in den Berufsstand des Aufnahmestaats wird in Artikel 10 geregelt.

Art. 3 Eintragung bei der zuständigen Stelle. (1) Jeder Rechtsanwalt, der seinen Beruf in einem anderen Mitgliedstaat ausüben möchte als dem, in dem er seine Berufsqualifikation erworben hat, hat sich bei der zuständigen Stelle dieses Mitgliedstaats eintragen zu lassen.

(2) Die zuständige Stelle des Aufnahmestaats nimmt die Eintragung des Rechtsanwalts anhand einer Bescheinigung über dessen Eintragung bei der zuständigen Stelle des Herkunftsstaats vor. Sie kann verlangen, daß diese von der zuständigen Stelle des Herkunftsstaats erteilte Bescheinigung im Zeitpunkt ihrer Vorlage nicht älter als drei Monate ist.

Sie setzt die zuständige Stelle des Herkunftsstaats von der Eintragung in Kenntnis.

(3) Für die Anwendung von Absatz 1:

- im Vereinigten Königreich und in Irland trägt sich der Rechtsanwalt, der unter einer anderen Berufsbezeichnung als denjenigen des Vereinigten Königreichs oder Irlands tätig ist, entweder bei der für den Beruf des „barrister" oder „advocate" zuständigen Stelle oder bei der für den Beruf des „solicitor" zuständigen Stelle ein;
- im Vereinigten Königreich ist die für einen irischen „barrister" zuständige Stelle die Stelle für den Beruf des „barrister" oder

(Fortsetzung nächstes Blatt)

„advocate" und die für einen irischen „solicitor" zuständige Stelle die Stelle für den Beruf des „solicitor";

– in Irland ist die für einen „barrister" oder einen „advocate" aus dem Vereinigten Königreich zuständige Stelle die Stelle für den Beruf des „barrister" und die für einen „solicitor" aus dem Vereinigten Königreich zuständige Stelle die Stelle für den Beruf des „solicitor".

(4) Veröffentlicht die zuständige Stelle des Aufnahmestaats die Namen der bei ihr eingetragenen Rechtsanwälte, so veröffentlicht sie auch die Namen der gemäß dieser Richtlinie eingetragenen Rechtsanwälte.

Art. 4 Ausübung der Anwaltstätigkeit unter der ursprünglichen Berufsbezeichnung. (1) Der im Aufnahmestaat unter seiner ursprünglichen Berufsbezeichnung tätige Rechtsanwalt hat diese Berufsbezeichnung in der Amtssprache oder in einer der Amtssprachen des Herkunftsstaats zu führen; die Bezeichnung muß verständlich und so formuliert sein, daß keine Verwechslung mit der Berufsbezeichnung des Aufnahmestaats möglich ist.

(2) Für die Anwendung von Absatz 1 kann der Aufnahmestaat verlangen, daß der unter seiner ursprünglichen Berufsbezeichnung tätige Rechtsanwalt zusätzlich die Berufsorganisation, der er im Herkunftsstaat angehört, oder das Gericht angibt, bei dem er nach den Vorschriften des Herkunftsstaats zugelassen ist. Der Aufnahmestaat kann auch verlangen, daß der unter seiner ursprünglichen Berufsbezeichnung tätige Rechtsanwalt die Eintragung bei der zuständigen Stelle dieses Mitgliedstaats angibt.

Art. 5 Tätigkeitsfeld. (1) Vorbehaltlich der Absätze 2 und 3 übt der unter seiner ursprünglichen Berufsbezeichnung tätige Rechtsanwalt die gleichen beruflichen Tätigkeiten wie der unter der jeweiligen Berufsbezeichnung des Aufnahmestaats niedergelassene Rechtsanwalt aus und kann insbesondere Rechtsberatung im Recht seines Herkunftsstaats, im Gemeinschaftsrecht, im internationalen Recht und im Recht des Aufnahmestaats erteilen. Er hat in jedem Fall die vor den nationalen Gerichten geltenden Verfahrensvorschriften einzuhalten.

(2) Mitgliedstaaten, die in ihrem Gebiet einer bestimmten Gruppe von Rechtsanwälten die Abfassung von Urkunden gestatten, mit denen das Recht auf Verwaltung des Vermögens verstorbener Personen verliehen oder Rechte an Grundstücken begründet oder übertragen werden und die in anderen Mitgliedstaaten anderen Berufen als dem des Rechtsanwalts vorbehalten sind, können den unter seiner ursprünglichen Berufsbezeichnung tätigen Rechtsanwalt aus einem dieser anderen Mitgliedstaaten von diesen Tätigkeiten ausschließen.

(3) Für die Ausübung der Tätigkeiten, die mit der Vertretung und der Verteidigung von Mandanten vor Gerichten verbunden sind, kann der Aufnahmestaat, soweit er diese Tätigkeiten den unter der Berufsbe-

zeichnung des Aufnahmestaats tätigen Rechtsanwälten vorbehält, den unter ihrer ursprünglichen Berufsbezeichnung tätigen Rechtsanwälten als Bedingung auferlegen, daß sie im Einvernehmen mit einem bei dem angerufenen Gericht zugelassenen Rechtsanwalt, der gegebenenfalls diesem Gericht gegenüber die Verantwortung trägt, oder mit einem bei diesem Gericht tätigen „avoué" handeln.

Um das ordnungsgemäße Funktionieren der Rechtspflege sicherzustellen, können die Mitgliedstaaten jedoch besondere Regeln für den Zugang zu den höchsten Gerichten vorsehen und zum Beispiel nur spezialisierte Rechtsanwälte zulassen.

Art. 6 Berufs- und Standesregeln. (1) Der unter seiner ursprünglichen Berufsbezeichnung tätige Rechtsanwalt unterliegt neben den im Herkunftsstaat geltenden Berufs- und Standesregeln hinsichtlich aller Tätigkeiten, die er im Aufnahmestaat ausübt, den gleichen Berufs- und Standesregeln wie die Rechtsanwälte, die unter der jeweiligen Berufsbezeichnung des Aufnahmestaats praktizieren.

(2) Für die unter ihrer ursprünglichen Berufsbezeichnung tätigen Rechtsanwälte ist eine angemessene Vertretung in den Berufsorganisationen des Aufnahmestaats sicherzustellen. Diese Vertretung umfaßt mindestens das aktive Wahlrecht bei der Wahl der Organe dieser Berufsorganisationen.

(3) Der Aufnahmestaat kann dem unter seiner ursprünglichen Berufsbezeichnung tätigen Rechtsanwalt zur Auflage machen, nach den Regeln, die er für die in seinem Gebiet ausgeübten Berufstätigkeiten festlegt, entweder eine Berufshaftpflichtversicherung abzuschließen oder einer Berufsgarantiekasse beizutreten. Der unter seiner ursprünglichen Berufsbezeichnung tätige Rechtsanwalt ist von dieser Verpflichtung jedoch befreit, wenn er eine nach den Regeln des Herkunftsstaats geschlossene Versicherung oder Garantie nachweist, die hinsichtlich der Modalitäten und des Deckungsumfangs gleichwertig ist. Bei nur partieller Gleichwertigkeit kann die zuständige Stelle des Aufnahmestaats den Abschluß einer Zusatzversicherung oder einer ergänzenden Garantie zur Abdeckung der Teile verlangen, die nicht durch die nach den Regeln des Herkunftsstaats geschlossene Versicherung oder Garantie abgedeckt sind.

Art. 7 Disziplinarverfahren. (1) Verletzt der unter seiner ursprünglichen Berufsbezeichnung tätige Rechtsanwalt die im Aufnahmestaat geltenden Verpflichtungen, so sind die in diesem Mitgliedstaat geltenden Bestimmungen über Verfahren, Ahndung und Rechtsmittel anwendbar.

(2) Vor Einleitung eines Disziplinarverfahrens gegen den unter seiner ursprünglichen Berufsbezeichnung tätigen Rechtsanwalt setzt die *zuständige* Stelle des Aufnahmestaats unverzüglich die zuständige Stelle des Herkunftsstaats unter Angabe aller zweckdienlichen Einzelheiten davon in Kenntnis.

Unterabsatz 1 gilt entsprechend, wenn die zuständige Stelle, des Herkunftsstaats ein Disziplinarverfahren einleitet; diese setzt die zuständige Stelle des oder der Aufnahmestaaten davon in Kenntnis.

(3) Unbeschadet ihrer Entscheidungsbefugnis arbeitet die zuständige Stelle des Aufnahmestaats während der gesamten Dauer des Disziplinarverfahrens mit der zuständigen Stelle des Herkunftsstaats zusammen. Insbeondere trifft der Aufnahmestaat die notwendigen Vorkehrungen, damit sich die zuständige Stelle des Herkunftsstaats vor den Rechtsmittelinstanzen Gehör verschaffen kann.

(4) Die zuständige Stelle des Herkunftsstaats entscheidet nach den eigenen Rechts- und Verfahrensregeln über die Folgen der von der zuständigen Stelle des Aufnahmestaats gegen den unter seiner ursprünglichen Berufsbezeichnung tätigen Rechtsanwalt getroffenen Entscheidung.

(5) Die zeitweilige oder endgültige Rücknahme der Genehmigung zur Berufsausübung seitens der zuständigen Stelle des Herkunftsstaats zieht für den betreffenden Rechtsanwalt automatisch das einstweilige oder endgültige Verbot nach sich, seine Anwaltstätigkeit im Aufnahmestaat unter seiner ursprünglichen Berufsbezeichnung auszuüben; sie ist jedoch keine Vorbedingung für die Entscheidung der zuständigen Stelle des Aufnahmestaats.

Art. 8 Berufsausübung im abhängigen Beschäftigungsverhältnis. Der im Aufnahmestaat unter seiner ursprünglichen Berufsbezeichnung eingetragene Rechtsanwalt kann als abhängig Beschäftigter eines anderen Rechtsanwalts, eines Zusammenschlusses von Anwälten oder einer Anwaltssozietät oder eines öffentlichen oder privaten Unternehmens tätig sein, wenn der Aufnahmestaat dies für die unter der Berufsbezeichnung dieses Mitgliedstaats eingetragenen Rechtsanwälte gestattet.

Art. 9 Begründung und Rechtsmittel. Entscheidungen über die Verweigerung der Eintragung nach Artikel 3 oder über die Rücknahme dieser Eintragung sowie Entscheidungen zur Verhängung von Disziplinarstrafen müssen begründet werden.

Gegen diese Entscheidungen kann ein gerichtliches Rechtsmittel nach dem innerstaatlichen Recht eingelegt werden.

Art. 10 Gleichstellung mit den Rechtsanwälten des Aufnahmestaats. (1) Der Rechtsanwalt, der unter seiner ursprünglichen Berufsbezeichnung tätig ist und eine mindestens dreijährige effektive und regelmäßige Tätigkeit im Aufnahmestaat im Recht dieses Mitgliedstaats, einschließlich des Gemeinschaftsrechts, nachweist, wird für den Zugang zum Rechtsanwaltsberuf im Aufnahmestaat von den in Artikel 4 Absatz 1 Buchstabe b) der Richtlinie 89/48/EWG vorgesehenen Voraussetzungen freigestellt. Unter „effektiver und regelmäßiger Tätigkeit" ist die tatsächliche Ausübung des Berufs ohne Unterbrechung zu verstehen; Unterbrechungen aufgrund von Ereignissen des täglichen Lebens bleiben außer Betracht.

Den Nachweis einer mindestens dreijährigen effektiven und regelmäßigen Tätigkeit im Recht des Aufnahmestaats hat der betreffende Rechtsanwalt bei der zuständigen Stelle dieses Mitgliedstaats zu erbringen. Hierzu

a) legt er der zuständigen Stelle des Aufnahmemitgliedstaats alle zweckdienlichen Informationen und Dokumente, insbesondere über die Zahl und die Art der von ihm bearbeiteten Rechtssachen, vor;

b) kann die zuständige Stelle des Aufnahmestaats überprüfen, ob die Tätigkeit effektiv und regelmäßig ausgeübt wurde, und den Rechtsanwalt erforderlichenfalls auffordern, in mündlicher oder schriftlicher Form zusätzliche klärende oder präzisierende Angaben zu den unter Buchstabe a) genannten Informationen und Dokumenten zu machen.

Die Entscheidung der zuständigen Stelle des Aufnahmestaats, die Freistellung nicht zu gewähren, wenn der Nachweis nicht erbracht wurde, daß die in Unterabsatz 1 genannten Anforderungen erfüllt sind, muß begründet werden; gegen diese Entscheidung kann ein gerichtliches Rechtsmittel nach dem innerstaatlichen Recht eingelegt werden.

(2) Der in einem Aufnahmestaat unter seiner ursprünglichen Berufsbezeichnung tätige Rechtsanwalt kann jederzeit die Anerkennung seines Diploms nach der Richtlinie 89/48/EWG beantragen, um zum Rechtsanwaltsberuf im Aufnahmestaat zugelassen zu werden und ihn unter der entsprechenden Berufsbezeichnung dieses Mitgliedstaats auszuüben.

(3) Der unter seiner ursprünglichen Berufsbezeichnung tätige Rechtsanwalt, der den Nachweis einer mindestens dreijährigen effektiven und regelmäßigen Tätigkeit im Aufnahmestaat erbringt, im Recht des Aufnahmestaats jedoch nur während eines kürzeren Zeitraums tätig war, kann bei der zuständigen Stelle dieses Mitgliedstaats die Zulassung zum Rechtsanwaltsberuf im Aufnahmestaat und das Recht erlangen, diesen unter der entsprechenden Berufsbezeichnung dieses Mitgliedstaats auszuüben, ohne daß die Voraussetzungen der Richtlinie 89/48/EWG Artikel 4 Absatz 1 Buchstabe b) auf ihn Anwendung finden. Dafür gilt folgendes:

a) Die zuständige Stelle des Aufnahmestaats berücksichtigt die effektive und regelmäßige Tätigkeit während des genannten Zeitraums sowie sämtliche Kenntnisse und Berufserfahrungen im Recht des Aufnahmestaats, ferner die Teilnahme an Kursen und Seminaren über das Recht des Aufnahmestaats einschließlich des Berufs- und Standesrechts.

b) Der Rechtsanwalt legt der zuständigen Stelle des Aufnahmestaats alle zweckdienlichen Informationen und Unterlagen, insbesondere über die von ihm bearbeiteten Rechtssachen vor. Ob er seine Tätigkeit im Aufnahmestaat effektiv und regelmäßig ausgeübt hat und ob er imstande ist, diese Tätigkeit weiterhin auszuüben, wird in einem Gespräch mit der zuständigen Stelle des Aufnahmestaats überprüft.

Die Entscheidung der zuständigen Stelle des Aufnahmestaats, die Genehmigung nicht zu erteilen, wenn der Nachweis nicht erbracht wurde, daß die in Unterabsatz 1 genannten Anforderungen erfüllt sind, muß begründet werden; gegen diese Entscheidung kann ein gerichtliches Rechtsmittel nach dem innerstaatlichen Recht eingelegt werden.

(4) Die zuständige Stelle des Aufnahmestaats kann durch begründete Entscheidung, gegen die ein gerichtliches Rechtsmittel nach dem innerstaatlichen Recht eingelegt werden kann, einem Rechtsanwalt die Inanspruchnahme der Bestimmungen dieses Artikels verweigern, wenn sie den Eindruck hat, daß sonst insbesondere aufgrund von Disziplinarverfahren, Beschwerden oder Zwischenfällen die öffentliche Ordnung beeinträchtigt würde.

(5) Die mit der Prüfung des Antrags befaßten Vertreter der zuständigen Stelle gewährleisten die Vertraulichkeit der erlangten Informationen.

(6) Der Rechtsanwalt, der im Aufnahmestaat gemäß den Absätzen 1, 2 und 3 zum Rechtsanwaltsberuf zugelassen wird, ist berechtigt, neben der Berufsbezeichnung, die dem Rechtsanwaltsberuf im Aufnahmestaat entspricht, auch die ursprüngliche Berufsbezeichnung in der Amtssprache oder einer der Amtssprachen des Herkunftsstaats zu führen.

Art. 11 Gemeinsame Ausübung des Rechtsanwaltberufs. Sofern die gemeinsame Berufsausübung für Rechtsanwälte, die unter der jeweiligen Berufsbezeichnung tätig sind, im Aufnahmestaat gestattet ist, gelten die folgenden Bestimmungen für Rechtsanwälte, die unter dieser Berufsbezeichnung tätig bleiben wollen oder sich bei der zuständigen Stelle eintragen lassen:

1. Ein oder mehrere in einem Aufnahmestaat unter ihrer ursprünglichen Berufsbezeichnung tätige Rechtsanwälte, die Mitglied ein und derselben Gruppe im Herkunftsstaat sind, können ihre beruflichen Tätigkeiten im Rahmen einer Zweigstelle oder Niederlassung ihrer Gruppe im Aufnahmestaat ausüben. Sind die für diese Gruppe im Herkunftsstaat geltenden grundlegenden Regeln jedoch mit den grundlegenden Regeln nach den Rechts- und Verwaltungsvorschriften des Aufnahmestaats unvereinbar, so finden letztere Vorschriften Anwendung, soweit ihre Beachtung im allgemeinen Interesse zum Schutz der Mandanten und Dritter gerechtfertigt ist.
2. Jeder Mitgliedstaat bietet zwei oder mehr Rechtsanwälten, die ein und derselben Gruppe angehören oder aus ein und demselben Herkunftsstaat kommen und unter ihrer ursprünglichen Berufsbezeichnung in seinem Gebiet tätig sind, die Möglichkeit des Zugangs zu einer Form der gemeinsamen Berufsausübung. Stellt der Aufnahmestaat seinen Rechtsanwälten verschiedene Formen der gemeinsamen

Berufsausübung zur Verfügung, so müssen diese auch den in Satz 1 genannten Rechtsanwälten zugänglich sein. Die Modalitäten, nach denen diese Rechtsanwälte ihre Tätigkeiten im Aufnahmestaat gemeinsam ausüben, richten sich nach den Rechts- und Verwaltungsvorschriften dieses Mitgliedstaats.

3. Der Aufnahmestaat trifft die erforderlichen Maßnahmen, um auch eine gemeinsame Berufsausübung
   a) mehrerer unter ihrer ursprünglichen Berufsbezeichnung tätigen Rechtsanwälte aus verschiedenen Mitgliedstaaten,
   b) eines oder mehrerer Rechtsanwälte im Sinne von Buchstabe a) und eines oder mehrerer Rechtsanwälte des Aufnahmestaats

   zu gestatten.
   Die Modalitäten, nach denen diese Rechtsanwälte ihre Tätigkeiten im Aufnahmestaat gemeinsam ausüben, richten sich nach den Rechts- und Verwaltungsvorschriften dieses Mitgliedstaats.
4. Der Rechtsanwalt, der unter seiner ursprünglichen Berufsbezeichnung tätig sein möchte, setzt die zuständige Stelle des Aufnahmestaats davon in Kenntnis, daß er Mitglied einer Gruppe in seinem Herkunftsstaat ist, und erteilt alle zweckdienlichen Auskünfte über diese Gruppe.
5. Abweichend von den Nummern 1 bis 4 kann der Aufnahmestaat in jenem Ausmaß, in dem er Rechtsanwälten, die unter ihrer jeweiligen Berufsbezeichnung tätig sind, die Ausübung des Rechtsanwaltsberufs in einer Gruppe untersagt, der standesfremde Personen angehören, einem unter seiner ursprünglichen Berufsbezeichnung eingetragenen Rechtsanwalt das Recht verweigern, sich im Aufnahmestaat als Mitglied seiner Gruppe zu betätigen. Eine Gruppe gilt als Gruppe, der standesfremde Personen angehören, wenn Personen, die nicht die Qualifikation eines Rechtsanwalts gemäß Artikel 1 Absatz 2 besitzen,
   - ganz oder teilweise das Kapital dieser Gruppe halten oder
   - die Bezeichnung, unter der die Gruppe tätig ist, benutzen oder
   - de facto oder de jure die Entscheidungsbefugnis darin ausüben.

   Sind die für eine solche Gruppe von Rechtsanwälten im Herkunftsstaat geltenden grundlegenden Regeln entweder mit denen des Aufnahmestaats oder mit Unterabsatz 1 unvereinbar, so kann der Aufnahmestaat ohne die Einschränkungen nach Nummer 1 die Eröffnung einer Zweigstelle oder Niederlassung auf seinem Hoheitsgebiet ablehnen.

Art. 12 Bezeichnung der Gruppe. Unabhängig von den Einzelheiten der Ausübung ihrer Tätigkeit können die im Aufnahmestaat unter ihrer ursprünglichen Berufsbezeichnung tätigen Rechtsanwälte die Bezeichnung der Gruppe angeben, der sie im Herkunftsstaat angehören.

Der Aufnahmestaat kann verlangen, daß neben der Bezeichnung der Gruppe nach Unterabsatz 1 auch deren Rechtsform im Herkunftsstaat und/oder die Namen der im Aufnahmestaat tätigen Mitglieder der Gruppe angegeben werden.

Art. 13 Zusammenarbeit zwischen den zuständigen Stellen des Aufnahme- und des Herkunftsstaats und Vertraulichkeit. Die zuständige Stelle des Aufnahmestaats und die zuständige Stelle des Herkunftsstaats arbeiten eng zusammen und leisten einander Amtshilfe, um die Anwendung dieser Richtlinie zu erleichtern und zu vermeiden, daß die Bestimmungen dieser Richtlinie gegebenenfalls zwecks Umgehung der im Aufnahmestaat geltenden Regeln mißbräuchlich angewendet werden.

Sie gewährleisten die Vertraulichkeit der Informationen, die sie austauschen.

Art. 14 Benennung der zuständigen Stellen. Die Mitgliedstaaten benennen spätestens am 14. März 2000 die zuständigen Stellen, die befugt sind, die in dieser Richtlinie genannten Anträge entgegenzunehmen und die in dieser Richtlinie vorgesehenen Entscheidungen zu treffen. Sie setzen die übrigen Mitgliedstaaten und die Kommission davon in Kenntnis.

Art. 15 Bericht der Kommission. Spätestens zehn Jahre nach Inkrafttreten dieser Richtlinie erstattet die Kommission dem Europäischen Parlament und dem Rat über den Stand der Anwendung dieser Richtlinie Bericht.

Nach Durchführung der erforderlichen Anhörungen legt sie bei dieser Gelegenheit ihre Schlußfolgerungen sowie Vorschläge für etwaige Änderungen an dem geltenden System vor.

Art. 16 Umsetzung. (1) Die Mitgliedstaaten erlassen die erforderlichen Rechts- und Verwaltungsvorschriften, um dieser Richtlinie spätestens am 14. März 2000 nachzukommen. Sie setzen die Kommission unverzüglich davon in Kenntnis. Wenn die Mitgliedstaaten derartige Vorschriften erlassen, nehmen sie in den Vorschriften selbst oder durch einen Hinweis bei der amtlichen Veröffentlichung auf diese Richtlinie Bezug. Die Mitgliedstaaten regeln die Einzelheiten dieser Bezugnahme.

(2) Die Mitgliedstaaten teilen der Kommission den Wortlaut der wichtigsten innerstaatlichen Rechtsvorschriften mit, die sie auf dem unter diese Richtlinie fallenden Gebiet erlassen.

Art. 17. Diese Richtlinie tritt am Tag nach ihrer Veröffentlichung im *Amtsblatt der Europäischen Gemeinschaften* in Kraft.

Art. 18 Adressaten. Diese Richtlinie ist an die Mitgliedstaaten gerichtet.

Der Aufnahmestaat kann verlangen, daß neben der Bezeichnung der Gruppe nach Unterabsatz 1 auch deren Rechtsform im Herkunftsstaat und/oder die Namen der im Aufnahmestaat tätigen Mitglieder der Gruppe angegeben werden.

Art. 13 Zusammenarbeit zwischen den zuständigen Stellen des Aufnahme- und des Herkunftsstaats und Vertraulichkeit. Die zuständige Stelle des Aufnahmestaats und die zuständige Stelle des Herkunftsstaats arbeiten eng zusammen und leisten einander Amtshilfe, um die Anwendung dieser Richtlinie zu erleichtern und zu vermeiden, daß die Bestimmungen dieser Richtlinie gegebenenfalls zwecks Umgehung der im Aufnahmestaat geltenden Regeln mißbräuchlich angewendet werden.

Sie gewährleisten die Vertraulichkeit der Informationen, die sie austauschen.

Art. 14 Benennung der zuständigen Stellen. Die Mitgliedstaaten benennen spätestens am 14. März 2000 die zuständigen Stellen, die befugt sind, die in dieser Richtlinie genannten Anträge entgegenzunehmen und die in dieser Richtlinie vorgesehenen Entscheidungen zu treffen. Sie setzen die übrigen Mitgliedstaaten und die Kommission davon in Kenntnis.

Art. 15 Bericht der Kommission. Spätestens zehn Jahre nach Inkrafttreten dieser Richtlinie erstattet die Kommission dem Europäischen Parlament und dem Rat über den Stand der Anwendung dieser Richtlinie Bericht.

Nach Durchführung der erforderlichen Anhörungen legt sie bei dieser Gelegenheit ihre Schlußfolgerungen sowie Vorschläge für etwaige Änderungen an dem geltenden System vor.

Art. 16 Umsetzung. (1) Die Mitgliedstaaten erlassen die erforderlichen Rechts- und Verwaltungsvorschriften, um dieser Richtlinie spätestens am 14. März 2000 nachzukommen. Sie setzen die Kommission unverzüglich davon in Kenntnis. Wenn die Mitgliedstaaten derartige Vorschriften erlassen, nehmen sie in den Vorschriften selbst oder durch einen Hinweis bei der amtlichen Veröffentlichung auf diese Richtlinie Bezug. Die Mitgliedstaaten regeln die Einzelheiten dieser Bezugnahme.

(2) Die Mitgliedstaaten teilen der Kommission den Wortlaut der wichtigsten innerstaatlichen Rechtsvorschriften mit, die sie auf dem unter diese Richtlinie fallenden Gebiet erlassen.

Art. 17. Diese Richtlinie tritt am Tag nach ihrer Veröffentlichung im *Amtsblatt der Europäischen Gemeinschaften* in Kraft.

Art. 18 Adressaten. Diese Richtlinie ist an die Mitgliedstaaten gerichtet.

183. Richtlinie 2006/123/EG des Europäischen Parlaments und des Rates über Dienstleistungen im Binnenmarkt

Vom 12. Dezember 2006

(ABl. EU Nr. L 376 S. 36)

DAS EUROPÄISCHE PARLAMENT UND DER RAT DER EUROPÄISCHEN UNION –

gestützt auf den Vertrag zur Gründung der Europäischen Gemeinschaft, insbesondere auf Artikel 47 Absatz 2 Sätze 1 und 3 und Artikel 55,

auf Vorschlag der Kommission,

nach Stellungnahme des Europäischen Wirtschafts- und Sozialausschusses[1)],

nach Stellungnahme des Ausschusses der Regionen[2)],

gemäß dem Verfahren des Artikels 251 des Vertrags[3)],

in Erwägung nachstehender Gründe:

(1) Ziel der Europäischen Gemeinschaft ist es, eine immer engere Zusammengehörigkeit der Staaten und Völker Europas zu erreichen und den wirtschaftlichen und sozialen Fortschritt zu sichern. Gemäß Artikel 14 Absatz 2 des Vertrags umfasst der Binnenmarkt einen Raum ohne Binnengrenzen, in dem der freie Verkehr von Dienstleistungen gewährleistet ist. Gemäß Artikel 43 des Vertrags wird die Niederlassungsfreiheit gewährleistet. Artikel 49 des Vertrags regelt den freien Dienstleistungsverkehr innerhalb der Gemeinschaft. Die Beseitigung der Beschränkungen für die Entwicklung von Dienstleistungstätigkeiten zwischen den Mitgliedstaaten ist ein wichtiges Mittel für ein stärkeres Zusammenwachsen der Völker Europas und für die Förderung eines ausgewogenen und nachhaltigen wirtschaftlichen und sozialen Fortschritts. Bei der Beseitigung solcher Beschränkungen muss unbedingt gewährleistet werden, dass die Entfaltung von Dienstleistungstätigkeiten zur Verwirklichung der in Artikel 2 des Vertrags verankerten Aufgaben beiträgt, in der gesamten Gemeinschaft eine harmonische, ausgewogene und nachhaltige Entwicklung des Wirtschaftslebens, ein hohes Beschäftigungsniveau und ein hohes Maß an sozialem Schutz, die Gleichstellung von Män-

---

[1)] ABl. C 221 vom 8. 9. 2005, S. 113.

[2)] ABl. C 43 vom 18. 2. 2005, S. 18.

[3)] Stellungnahme des Europäischen Parlaments vom 16. Februar 2006 (noch nicht im Amtsblatt veröffentlicht), Gemeinsamer Standpunkt des Rates vom 24. Juli 2006 (ABl. C 270 E vom 7. 11. 2006, S. 1) und Standpunkt des Europäischen Parlaments vom 15. November 2006. Beschluss des Rates vom 11. Dezember 2006.

nern und Frauen, ein nachhaltiges, nichtinflationäres Wachstum, einen hohen Grad von Wettbewerbsfähigkeit und Konvergenz der Wirtschaftsleistungen, ein hohes Maß an Umweltschutz und Verbesserung der Umweltqualität, die Hebung der Lebenshaltung und der Lebensqualität, den wirtschaftlichen und sozialen Zusammenhalt und die Solidarität zwischen den Mitgliedstaaten zu fördern.

(2) Ein wettbewerbsfähiger Dienstleistungsmarkt ist für die Förderung des Wirtschaftswachstums und die Schaffung von Arbeitsplätzen in der Europäischen Union wesentlich. Gegenwärtig hindert eine große Anzahl von Beschränkungen im Binnenmarkt Dienstleistungserbringer, insbesondere kleine und mittlere Unternehmen (KMU), daran, über ihre nationalen Grenzen hinauszuwachsen und uneingeschränkt Nutzen aus dem Binnenmarkt zu ziehen. Dies schwächt die globale Wettbewerbsfähigkeit der Dienstleistungserbringer aus der Europäischen Union. Ein freier Markt, der die Mitgliedstaaten zwingt, Beschränkungen im grenzüberschreitenden Dienstleistungsverkehr abzubauen, bei gleichzeitiger größerer Transparenz und besserer Information der Verbraucher, würde für die Verbraucher größere Auswahl und bessere Dienstleistungen zu niedrigeren Preisen bedeuten.

(3) In ihrem Bericht über den „Stand des Binnenmarktes für Dienstleistungen" führt die Kommission eine Vielzahl von Hindernissen auf, die die Entwicklung grenzüberschreitender Dienstleistungstätigkeiten zwischen den Mitgliedstaaten behindern oder bremsen, insbesondere diejenigen von KMU, die im Dienstleistungsgewerbe vorherrschend sind. Der Bericht kommt zu dem Ergebnis, dass ein Jahrzehnt nach der beabsichtigten Vollendung des Binnenmarktes noch immer eine breite Kluft zwischen der Vision einer wirtschaftlich integrierten Europäischen Union und der Wirklichkeit besteht, die die europäischen Bürger und Dienstleistungserbringer erleben. Die Beschränkungen betreffen eine große Bandbreite von Dienstleistungstätigkeiten und sämtliche Phasen der Dienstleistungserbringung und weisen zahlreiche Gemeinsamkeiten auf; so sind sie häufig auf schwerfällige Verwaltungsverfahren, die Rechtsunsicherheit, mit denen grenzüberschreitende Tätigkeiten behaftet sind, oder auf das fehlende gegenseitige Vertrauen zwischen den Mitgliedstaaten zurückzuführen.

(4) Die Dienstleistungen sind zwar der Motor des Wirtschaftswachstums und tragen in den meisten Mitgliedstaaten 70% zu BIP und Beschäftigung bei, aber die Fragmentierung des Binnenmarktes beeinträchtigt die europäische Wirtschaft insgesamt, insbesondere die Wettbewerbsfähigkeit von KMU und die Zu- und Abwanderung von Arbeitskräften, und behindert den Zugang der Verbraucher zu einer größeren Auswahl an Dienstleistungen zu konkurrenzfähigen Preisen. Es ist wichtig darauf hinzuweisen, dass die Dienstleistungsbranche ein Schlüsselsektor insbesondere

für die Beschäftigung von Frauen ist und dass sie deshalb großen Nutzen von den neuen Möglichkeiten, die von der Vollendung des Binnenmarktes für Dienstleistungen geboten werden, zu erwarten haben. Das Europäische Parlament und der Rat haben betont, dass die Beseitigung rechtlicher Beschränkungen, die einen wirklichen Binnenmarkt verhindern, eine der vorrangigen Aufgaben zur Erreichung des vom Europäischen Rat in Lissabon vom 23. und 24. März 2000 vorgegebenen Ziels ist, die Beschäftigungslage und den sozialen Zusammenhalt zu verbessern und zu einem nachhaltigen Wirtschaftswachstum zu gelangen, um die Europäische Union bis zum Jahre 2010 zum wettbewerbsfähigsten und dynamischsten wissensbasierten Wirtschaftsraum der Welt mit mehr und besseren Arbeitsplätzen zu machen. Die Beseitigung dieser Beschränkungen bei gleichzeitiger Gewährleistung eines fortschrittlichen europäischen Gesellschaftsmodells ist somit eine Grundvoraussetzung für die Überwindung der Schwierigkeiten bei der Umsetzung der Lissabon Strategie und für die wirtschaftliche Erholung in Europa, insbesondere für Investitionen und Beschäftigung. Es ist deshalb wichtig, bei der Schaffung eines Binnenmarktes für Dienstleistungen auf Ausgewogenheit zwischen Marktöffnung und dem Erhalt öffentlicher Dienstleistungen sowie der Wahrung sozialer Rechte und der Rechte der Verbraucher zu achten.

(5) Es ist deshalb erforderlich, die Beschränkungen der Niederlassungsfreiheit von Dienstleistungserbringern in den Mitgliedstaaten und des freien Dienstleistungsverkehrs zwischen Mitgliedstaaten zu beseitigen und den Dienstleistungsempfängern und -erbringern die Rechtssicherheit zu garantieren, die sie für die wirksame Wahrnehmung dieser beiden Grundfreiheiten des Vertrags benötigen. Da die Beschränkungen im Binnenmarkt für Dienstleistungen sowohl die Dienstleistungserbringer beeinträchtigen, die sich in einem anderen Mitgliedstaat niederlassen möchten, als auch diejenigen, die in einem anderen Mitgliedstaat Dienstleistungen erbringen, ohne dort niedergelassen zu sein, ist es erforderlich, den Dienstleistungserbringern zu ermöglichen, ihre Dienstleistungstätigkeiten im Binnenmarkt dadurch zu entwickeln, dass sie sich entweder in einem anderen Mitgliedstaat niederlassen oder den freien Dienstleistungsverkehr nutzen. Die Dienstleistungserbringer sollten zwischen diesen beiden Freiheiten wählen und sich für diejenige entscheiden können, die ihrer Geschäftsstrategie für die einzelnen Mitgliedstaaten am besten gerecht wird.

(6) Diese Beschränkungen können nicht allein durch die direkte Anwendung der Artikel 43 und 49 des Vertrags beseitigt werden, weil – insbesondere nach der Erweiterung – die Handhabung von Fall zu Fall im Rahmen von Vertragsverletzungsverfahren sowohl für die nationalen als auch für die gemeinschaftlichen Organe äußerst kompliziert wäre; außerdem können zahlreiche

Beschränkungen nur im Wege der vorherigen Koordinierung der nationalen Regelungen beseitigt werden, einschließlich der Einführung einer Verwaltungszusammenarbeit. Wie vom Europäischen Parlament und vom Rat anerkannt wurde, ermöglicht ein gemeinschaftliches Rechtsinstrument die Schaffung eines wirklichen Binnenmarktes für Dienstleistungen.

(7) Mit dieser Richtlinie wird ein allgemeiner Rechtsrahmen geschaffen, der einem breiten Spektrum von Dienstleistungen zugute kommt und gleichzeitig die Besonderheiten einzelner Tätigkeiten und Berufe und ihre Reglementierung berücksichtigt. Grundlage dieses Rechtsrahmens ist ein dynamischer und selektiver Ansatz, der vorrangig die leicht zu beseitigenden Beschränkungen beseitigt; hinsichtlich der übrigen wird ein Prozess der Evaluierung, Konsultation und ergänzenden Harmonisierung bei besonderen Fragen eingeleitet, um so schrittweise und koordiniert eine Modernisierung der nationalen Regelungen für Dienstleistungstätigkeiten zu erreichen, wie sie für die Schaffung eines wirklichen Binnenmarktes für Dienstleistungen bis zum Jahr 2010 unerlässlich ist. Es ist angezeigt, bei den Maßnahmen eine ausgewogene Kombination aus gezielter Harmonisierung, Verwaltungszusammenarbeit, den Bestimmungen über die Dienstleistungsfreiheit und der Förderung der Erarbeitung von Verhaltenskodizes für bestimmte Bereiche vorzusehen. Diese Koordinierung der nationalen Rechtsvorschriften sollte ein hohes Maß an rechtlicher Integration auf Gemeinschaftsebene und ein hohes Niveau des Schutzes von Gemeinwohlinteressen, insbesondere den Schutz der Verbraucher, sicherstellen, wie es für die Schaffung von Vertrauen zwischen den Mitgliedstaaten unerlässlich ist. Die Richtlinie berücksichtigt auch andere Gemeinwohlinteressen, einschließlich des Schutzes der Umwelt, der öffentlichen Sicherheit und der öffentlichen Gesundheit sowie der Einhaltung des Arbeitsrechts.

(8) Die Bestimmungen dieser Richtlinie über die Niederlassungsfreiheit und die Dienstleistungsfreiheit sollten nur insoweit Anwendung finden, als die betreffenden Tätigkeiten dem Wettbewerb offen stehen, so dass sie die Mitgliedstaaten weder verpflichten, Dienstleistungen von allgemeinem wirtschaftlichem Interesse zu liberalisieren, noch öffentliche Einrichtungen, die solche Dienstleistungen anbieten, zu privatisieren, noch bestehende Monopole für andere Tätigkeiten oder bestimmte Vertriebsdienste abzuschaffen.

(9) Diese Richtlinie findet nur auf die Anforderungen für die Aufnahme oder Ausübung einer Dienstleistungstätigkeit Anwendung. Sie findet somit keine Anwendung auf Anforderungen wie Straßenverkehrsvorschriften, Vorschriften bezüglich der Stadtentwicklung oder Bodennutzung, der Stadtplanung und der Raumordnung, Baunormen sowie verwaltungsrechtliche Sanktionen, die wegen der Nichteinhaltung solcher Vorschriften verhängt

werden, die nicht die Dienstleistungstätigkeit als solche regeln oder betreffen, sondern von Dienstleistungserbringern im Zuge der Ausübung ihrer Wirtschaftstätigkeit genauso beachtet werden müssen wie von Privatpersonen.

(10) Diese Richtlinie betrifft nicht die Anforderungen für den Zugang bestimmter Dienstleistungsanbieter zu öffentlichen Mitteln. Zu diesen Anforderungen gehören insbesondere Anforderungen, die Bedingungen vorsehen, unter denen Dienstleistungserbringer Anspruch auf öffentliche Mittel haben, einschließlich spezifischer Vertragsbedingungen und vor allem Qualitätsnormen, die erfüllt werden müssen, um öffentliche Gelder erhalten zu können, z. B. für soziale Dienstleistungen.

(11) Diese Richtlinie greift nicht in die Maßnahmen ein, die die Mitgliedstaaten im Einklang mit dem Gemeinschaftsrecht treffen, um die kulturelle und sprachliche Vielfalt sowie den Medienpluralismus zu schützen oder zu fördern; dies gilt auch für deren Finanzierung. Diese Richtlinie hindert die Mitgliedstaaten nicht daran, ihre Grundregeln und Prinzipien für die Pressefreiheit und die Freiheit der Meinungsäußerung anzuwenden. Diese Richtlinie berührt nicht die Rechtsvorschriften der Mitgliedstaaten, die Diskriminierungen aus Gründen der Staatsangehörigkeit oder aus Gründen wie den in Artikel 13 des Vertrags genannten verbieten.

(12) Ziel dieser Richtlinie ist die Schaffung eines Rechtsrahmens, der die Niederlassungsfreiheit und den freien Dienstleistungsverkehr zwischen den Mitgliedstaaten garantiert, wobei sie weder zu einer Harmonisierung des Strafrechts führt noch in dieses eingreift. Ein Mitgliedstaat sollte die Dienstleistungsfreiheit jedoch nicht unter Umgehung der Vorschriften dieser Richtlinie durch Anwendung von Strafrechtsbestimmungen einschränken, die die Aufnahme oder Ausübung einer Dienstleistungstätigkeit gezielt regeln oder beeinflussen.

(13) Es ist gleichermaßen wichtig, dass diese Richtlinie uneingeschränkt die Gemeinschaftsinitiativen aufgrund des Artikels 137 des Vertrags zur Verwirklichung der Ziele des Artikels 136 des Vertrags zur Förderung der Beschäftigung und Verbesserung der Lebens- und Arbeitsbedingungen beachtet.

(14) Diese Richtlinie berührt weder Arbeits- und Beschäftigungsbedingungen wie Höchstarbeits- und Mindestruhezeiten, bezahlten Mindestjahresurlaub, Mindestlohnsätze, Gesundheitsschutz, Sicherheit und Hygiene am Arbeitsplatz, die von den Mitgliedstaaten im Einklang mit dem Gemeinschaftsrecht angewandt werden, noch greift sie in die gemäß nationalem Recht und nationalen Praktiken unter Wahrung des Gemeinschaftsrechts geregelten Beziehungen zwischen den Sozialpartnern ein, z. B. in das Recht, Tarifverträge auszuhandeln und abzuschließen, das Streikrecht und das Recht auf Arbeitskampfmaßnahmen, noch ist sie auf Dienstleistungen von Leiharbeitsagenturen anwendbar. Diese

Richtlinie berührt nicht die Rechtsvorschriften der Mitgliedstaaten über die soziale Sicherheit.

(15) Diese Richtlinie wahrt die Ausübung der in den Mitgliedstaaten geltenden Grundrechte, wie sie in der Charta der Grundrechte der Europäischen Union und den zugehörigen Erläuterungen anerkannt werden, und bringt sie mit den in den Artikeln 43 und 49 des Vertrags festgelegten Grundfreiheiten in Einklang. Zu diesen Grundrechten gehört das Recht auf Arbeitskampfmaßnahmen gemäß nationalem Recht und nationalen Praktiken unter Wahrung des Gemeinschaftsrechts.

(16) Diese Richtlinie betrifft ausschließlich Dienstleistungserbringer, die in einem Mitgliedstaat niedergelassen sind und regelt keine externen Aspekte. Sie betrifft nicht Verhandlungen innerhalb internationaler Organisationen über den Handel mit Dienstleistungen, insbesondere im Rahmen des Allgemeinen Abkommens über den Handel mit Dienstleistungen (GATS).

(17) Diese Richtlinie gilt nur für Dienstleistungen, die für eine wirtschaftliche Gegenleistung erbracht werden. Dienstleistungen von allgemeinem Interesse fallen nicht unter die Begriffsbestimmung des Artikels 50 des Vertrags und somit nicht in den Anwendungsbereich dieser Richtlinie. Dienstleistungen von allgemeinem wirtschaftlichem Interesse sind Dienstleistungen, die für eine wirtschaftliche Gegenleistung erbracht werden, und fallen deshalb in den Anwendungsbereich dieser Richtlinie. Gleichwohl sind bestimmte Dienstleistungen von allgemeinem wirtschaftlichem Interesse, wie solche, die gegebenenfalls im Verkehrsbereich erbracht werden, vom Anwendungsbereich dieser Richtlinie ausgenommen und für einige andere Dienstleistungen von allgemeinem wirtschaftlichem Interesse, wie solche, die gegebenenfalls im Bereich der Postdienste erbracht werden, gelten Ausnahmen von den Bestimmungen dieser Richtlinie über die Dienstleistungsfreiheit. Diese Richtlinie regelt nicht die Finanzierung von Dienstleistungen von allgemeinem wirtschaftlichem Interesse und gilt auch nicht für die von den Mitgliedstaaten insbesondere auf sozialem Gebiet im Einklang mit den gemeinschaftlichen Wettbewerbsvorschriften gewährten Beihilfen. Diese Richtlinie betrifft nicht die Folgemaßnahmen zum Weißbuch der Kommission zu Dienstleistungen von allgemeinem Interesse.

(18) Finanzdienstleistungen sollten aus dem Anwendungsbereich dieser Richtlinie ausgeschlossen sein, da diese Tätigkeiten Gegenstand besonderer Gemeinschaftsrechtsvorschriften sind, die wie die vorliegende Richtlinie darauf abzielen, einen wirklichen Binnenmarkt für Dienstleistungen zu schaffen. Folglich sollte dieser Ausschluss für alle Finanzdienstleistungen wie Bankdienstleistungen, Kreditgewährung, Versicherung, einschließlich Rückversicherung, betriebliche oder individuelle Altersversorgung, Wertpapiere, Geldanlagen, Zahlungen und Anlageberatung, einschließlich der in

Anhang I der Richtlinie 2006/48/EG des Europäischen Parlaments und des Rates vom 14. Juni 2006 über die Aufnahme und Ausübung der Tätigkeit der Kreditinstitute[1] aufgeführten Dienstleistungen gelten.

(19) Angesichts der im Jahr 2002 erfolgten Verabschiedung einer Reihe von Rechtsakten über die Netze und Dienste der elektronischen Kommunikation sowie über die damit zusammenhängenden Ressourcen und Dienste, die insbesondere durch die Abschaffung der Mehrzahl der Einzelgenehmigungsverfahren einen Rechtsrahmen für die Erleichterung des Zugangs zu diesen Tätigkeiten im Binnenmarkt geschaffen hat, müssen die durch diese Rechtsakte geregelten Fragen vom Anwendungsbereich der vorliegenden Richtlinie ausgenommen werden.

(20) Die Ausnahmen vom Anwendungsbereich der vorliegenden Richtlinie hinsichtlich Angelegenheiten der elektronischen Kommunikationsdienste im Sinne der Richtlinie 2002/19/EG des Europäischen Parlaments und des Rates vom 7. März 2002 über den Zugang zu elektronischen Kommunikationsnetzen und zugehörigen Einrichtungen sowie deren Zusammenschaltung (Zugangsrichtlinie)[2], der Richtlinie 2002/20/EG des Europäischen Parlaments und des Rates vom 7. März 2002 über die Genehmigung elektronischer Kommunikationsnetze und -dienste (Genehmigungsrichtlinie)[3], der Richtlinie 2002/21/EG des Europäischen Parlaments und des Rates vom 7. März 2002 über einen gemeinsamen Rechtsrahmen für elektronische Kommunikationsnetze und -dienste (Rahmenrichtlinie)[4], der Richtlinie 2002/22/EG des Europäischen Parlaments und des Rates vom 7. März 2002 über den Universaldienst und Nutzerrechte bei elektronischen Kommunikationsnetzen und -diensten (Universaldienstrichtlinie)[5] und der Richtlinie 2002/58/EG des Europäischen Parlaments und des Rates vom 12. Juli 2002 über die Verarbeitung personenbezogener Daten und den Schutz der Privatsphäre in der elektronischen Kommunikation (Datenschutzrichtlinie für elektronische Kommunikation)[6] sollten nicht nur für Fragen gelten, die spezifisch in den genannten Richtlinien geregelt sind, sondern auch für Bereiche, bei denen die Richtlinien den Mitgliedstaaten ausdrücklich die Möglichkeit belassen, bestimmte Maßnahmen auf nationaler Ebene zu erlassen.

(21) Verkehrsdienstleistungen, einschließlich des Personennahverkehrs, Taxis und Krankenwagen sowie Hafendienste, sollten vom Anwendungsbereich dieser Richtlinie ausgenommen sein.

---

[1] ABl. L 177 vom 30. 6. 2006, S. 1.
[2] ABl. L 108 vom 24. 4. 2002, S. 7.
[3] ABl. L 108 vom 24. 4. 2002, S. 21.
[4] ABl. L 108 vom 24. 4. 2002, S. 33.
[5] ABl. L 108 vom 24. 4. 2002, S. 51.
[6] ABl. L 201 vom 31. 7. 2002, S. 37. Geändert durch die Richtlinie 2006/24/EG (ABl. L 105 vom 13. 4. 2006, S. 54).

(22) Der Ausschluss des Gesundheitswesens vom Anwendungsbereich dieser Richtlinie sollte Gesundheits- und pharmazeutische Dienstleistungen umfassen, die von Angehörigen eines Berufs im Gesundheitswesen gegenüber Patienten erbracht werden, um deren Gesundheitszustand zu beurteilen, zu erhalten oder wiederherzustellen, wenn diese Tätigkeiten in dem Mitgliedstaat, in dem die Dienstleistungen erbracht werden, einem reglementierten Gesundheitsberuf vorbehalten sind.

(23) Diese Richtlinie betrifft nicht die Kostenerstattung für eine Gesundheitsdienstleistung, die in einem anderen Mitgliedstaat als demjenigen, in dem der Empfänger der Behandlungsleistung seinen Wohnsitz hat, erbracht wurde. Mit dieser Frage hat sich der Gerichtshof mehrfach befasst, wobei der Gerichtshof die Rechte der Patienten anerkannt hat. Es ist wichtig, dieses Thema, soweit es nicht bereits von der Verordnung (EWG) Nr. 1408/71 des Rates vom 14. Juni 1971 zur Anwendung der Systeme der sozialen Sicherheit auf Arbeitnehmer und deren Familien, die innerhalb der Gemeinschaft zu- und abwandern[1)], erfasst ist, in einem anderen Rechtsakt der Gemeinschaft zu behandeln, um mehr Rechtssicherheit und -klarheit zu erreichen.

(24) Audiovisuelle Dienste, auch in Kinos, sollten unabhängig von der Art ihrer Ausstrahlung ebenfalls vom Anwendungsbereich dieser Richtlinie ausgenommen sein. Ebenso wenig sollte diese Richtlinie für Beihilfen gelten, die von den Mitgliedstaaten im audiovisuellen Sektor gewährt werden und die unter die gemeinschaftlichen Wettbewerbsvorschriften fallen.

(25) Glücksspiele einschließlich Lotterien und Wetten sollten aufgrund der spezifischen Natur dieser Tätigkeiten, die von Seiten der Mitgliedstaaten Politikansätze zum Schutz der öffentlichen Ordnung und zum Schutz der Verbraucher bedingen, vom Anwendungsbereich dieser Richtlinie ausgenommen sein.

(26) Diese Richtlinie lässt die Anwendung des Artikels 45 des Vertrags unberührt.

(27) Diese Richtlinie sollte keine sozialen Dienstleistungen im Bereich Wohnung, Kinderbetreuung und Unterstützung von hilfsbedürftigen Familien und Personen erfassen, die vom Staat selbst – auf nationaler, regionaler oder lokaler Ebene –, durch von ihm beauftragte Dienstleistungserbringer oder durch von ihm anerkannte gemeinnützige Einrichtungen erbracht werden, um Menschen zu unterstützen, die aufgrund ihres unzureichenden Familieneinkommens oder des völligen oder teilweisen Verlustes ihrer Selbstständigkeit dauerhaft oder vorübergehend besonders hilfsbedürftig sind oder Gefahr laufen, marginalisiert zu werden. Diese Dienstleistungen tragen entscheidend dazu bei, das Grund-

---

[1)] *ABl. L 149 vom 5. 7. 1971*, S. 2. Zuletzt geändert durch die Verordnung (EG) Nr. 629/2006 des Europäischen Parlaments und des Rates (ABl. L 114 vom 27. 4. 2006, S. 1).

recht auf Schutz der Würde und Integrität des Menschen zu garantieren; sie sind Ausfluss der Grundsätze des sozialen Zusammenhalts und der Solidarität und sollten daher von dieser Richtlinie unberührt bleiben.

(28) Diese Richtlinie berührt nicht die Finanzierung von sozialen Dienstleistungen oder des damit verbundenen Beihilfesystems. Sie berührt auch nicht die Kriterien und Bedingungen, die von den Mitgliedstaaten festgelegt werden, um zu gewährleisten, dass die sozialen Dienstleistungen dem öffentlichen Interesse und dem sozialen Zusammenhalt dienen. Zudem sollte diese Richtlinie nicht den Grundsatz des Universaldienstes bei den sozialen Dienstleistungen der Mitgliedstaaten berühren.

(29) Angesichts der Tatsache, dass der Vertrag besondere Rechtsgrundlagen im Bereich der Steuern enthält, und angesichts der in diesem Bereich bereits verabschiedeten Gemeinschaftsrechtsakte muss der Bereich der Steuern aus dem Anwendungsbereich dieser Richtlinie ausgenommen sein.

(30) Dienstleistungstätigkeiten sind bereits Gegenstand einer Vielzahl von Gemeinschaftsvorschriften. Diese Richtlinie ergänzt und vervollständigt diesen gemeinschaftsrechtlichen Besitzstand. Kollisionen zwischen dieser Richtlinie und anderen Gemeinschaftsinstrumenten sind festgestellt worden und werden in dieser Richtlinie berücksichtigt, unter anderem durch Ausnahmeregelungen. Dennoch bedarf es einer Regelung für verbleibende Fälle und Ausnahmefälle für den Fall, dass eine Bestimmung dieser Richtlinie mit einer Bestimmung eines anderen Gemeinschaftsinstruments kollidiert. Ob eine Kollision vorliegt, sollte in Übereinstimmung mit den Bestimmungen des Vertrags über die Niederlassungsfreiheit und den freien Dienstleistungsverkehr festgestellt werden.

(31) Diese Richtlinie steht im Einklang mit der Richtlinie 2005/36/EG des Europäischen Parlaments und des Rates vom 7. September 2005 über die Anerkennung von Berufsqualifikationen[1] und lässt diese unberührt. Sie behandelt andere Fragen als diejenigen im Zusammenhang mit Berufsqualifikationen, z.B. Fragen der Berufshaftpflichtversicherung, der kommerziellen Kommunikation, multidisziplinärer Tätigkeiten und der Verwaltungsvereinfachung. Bezüglich der vorübergehen den grenzüberschreitenden Erbringung von Dienstleistungen stellt eine Ausnahme von den Bestimmungen der vorliegenden Richtlinie über die Dienstleistungsfreiheit sicher, dass der Titel II „Dienstleistungsfreiheit" der Richtlinie 2005/36/EG nicht berührt wird. Somit werden keine gemäß der Richtlinie 2005/36/EG im Mitgliedstaat der Dienstleistungserbringung anwendbaren Maßnahmen von den Bestimmungen der vorliegenden Richtlinie über die Dienstleistungsfreiheit berührt.

---

[1] ABl. L 255 vom 30. 9. 2005, S. 22.

(32) Diese Richtlinie steht im Einklang mit der gemeinschaftlichen Gesetzgebung zum Verbraucherschutz wie etwa der Richtlinie 2005/29/EG des Europäischen Parlaments und des Rates vom 11. Mai 2005 über unlautere Geschäftspraktiken im binnenmarktinternen Geschäftsverkehr zwischen Unternehmen und Verbrauchern (Richtlinie über unlautere Geschäftspraktiken)[1] und der Verordnung (EG) Nr. 2006/2004 des Europäischen Parlaments und des Rates vom 27. Oktober 2004 über die Zusammenarbeit zwischen den für die Durchsetzung der Verbraucherschutzgesetze zuständigen nationalen Behörden (Verordnung über die Zusammenarbeit im Verbraucherschutz)[2].

(33) Die von dieser Richtlinie erfassten Dienstleistungen umfassen einen weiten Bereich von Tätigkeiten, die einem ständigen Wandel unterworfen sind, wie etwa Dienstleistungen für Unternehmen wie Unternehmensberatung, Zertifizierungs- und Prüfungstätigkeiten, Anlagenverwaltung einschließlich Unterhaltung von Büroräumen, Werbung, Personalagenturen und die Dienste von Handelsvertretern. Die von dieser Richtlinie erfassten Dienstleistungen umfassen ferner Dienstleistungen, die sowohl für Unternehmen als auch für Verbraucher angeboten werden, wie etwa Rechts- oder Steuerberatung, Dienstleistungen des Immobilienwesens wie die Tätigkeit der Immobilienmakler, Dienstleistungen des Baugewerbes einschließlich Dienstleistungen von Architekten, Handel, die Veranstaltung von Messen, die Vermietung von Kraftfahrzeugen und Dienste von Reisebüros. Hinzu kommen Verbraucherdienstleistungen, beispielsweise im Bereich des Fremdenverkehrs, einschließlich Leistungen von Fremdenführern, Dienstleistungen im Freizeitbereich, Sportzentren und Freizeitparks, und, sofern sie nicht aus dem Anwendungsbereich dieser Richtlinie ausgenommen sind, Unterstützungsdienste im Haushalt wie etwa Hilfeleistungen für ältere Menschen. Hierbei handelt es sich sowohl um Tätigkeiten, die die räumliche Nähe zwischen Dienstleistungserbringer und Dienstleistungsempfänger oder aber auch den Ortswechsel des einen oder anderen erfordern, als auch um Leistungen, die im Fernabsatz, beispielsweise über das Internet, erbracht werden können.

(34) Nach der Rechtsprechung des Gerichtshofs muss die Frage, ob bestimmte Tätigkeiten – insbesondere Tätigkeiten, die mit öffentlichen Mitteln finanziert oder durch öffentliche Einrichtungen erbracht werden – eine „Dienstleistung" darstellen, von Fall zu Fall im Lichte sämtlicher Merkmale, insbesondere der Art, wie die Leistungen im betreffenden Mitgliedstaat erbracht, organisiert und finanziert werden, beurteilt werden. Der Gerichtshof hat entschieden, dass das wesentliche Merkmal eines Entgelts darin liegt, dass es eine Gegenleistung für die betreffenden Dienstleistungen darstellt,

---

[1] ABl. L 149 vom 11. 6. 2005, S. 22.
[2] ABl. L 364 vom 9. 12. 2004, S. 1. Geändert durch die Richtlinie 2005/29/EG.

und hat anerkannt, dass das Merkmal des Entgelts bei Tätigkeiten fehlt, die vom Staat oder für den Staat ohne wirtschaftliche Gegenleistung im Rahmen der sozialen, kulturellen, bildungspolitischen und rechtlichen Verpflichtungen des Staates ausgeübt werden, wie etwa bei im Rahmen des nationalen Bildungssystems erteiltem Unterricht oder der Verwaltung von Systemen der sozialen Sicherheit, die keine wirtschaftliche Tätigkeit bewirken. Die Zahlung einer Gebühr durch den Dienstleistungsempfänger, z.B. eine Unterrichts- oder Einschreibegebühr, die Studenten als Beitrag zu den Betriebskosten eines Systems entrichten, stellt als solche kein Entgelt dar, da die Dienstleistung noch überwiegend aus öffentlichen Mitteln finanziert wird. Diese Tätigkeiten entsprechen daher nicht der in Artikel 50 des Vertrags enthaltenen Definition von „Dienstleistungen" und fallen somit nicht in den Anwendungsbereich dieser Richtlinie.

(35) Der Amateursport, bei dem kein Gewinnzweck verfolgt wird, ist von beträchtlicher sozialer Bedeutung. Er dient oftmals uneingeschränkt sozialen Zielvorgaben oder Freizeitzwecken. Somit stellt er unter Umständen keine Wirtschaftstätigkeit im Sinne des Gemeinschaftsrechts dar und sollte nicht in den Anwendungsbereich dieser Richtlinie fallen.

(36) Der Begriff des Dienstleistungserbringers sollte alle natürlichen Personen mit der Staatsangehörigkeit eines Mitgliedstaats und alle juristischen Personen erfassen, die in einem Mitgliedstaat eine Dienstleistungstätigkeit ausüben, entweder unter Inanspruchnahme der Niederlassungsfreiheit oder des freien Dienstleistungsverkehrs. Der Begriff des Dienstleistungserbringers sollte deshalb nicht nur die Fälle erfassen, in denen die Leistung grenzüberschreitend im Rahmen des freien Dienstleistungsverkehrs erbracht wird, sondern auch die Fälle, in denen sich ein Marktteilnehmer in einem anderen Mitgliedstaat niederlässt, um dort Dienstleistungstätigkeiten zu erbringen. Andererseits sollte der Begriff des Dienstleistungserbringers nicht den Fall der Zweigniederlassung einer Gesellschaft aus einem Drittstaat in einem Mitgliedstaat erfassen, denn die Niederlassungsfreiheit und der freie Dienstleistungsverkehr finden gemäß Artikel 48 des Vertrags nur auf Gesellschaften Anwendung, die nach den Rechtsvorschriften eines Mitgliedstaates gegründet wurden und ihren satzungsmäßigen Sitz, ihre Hauptverwaltung oder ihre Hauptniederlassung in der Gemeinschaft haben. Der Begriff des Dienstleistungsempfängers sollte auch Drittstaatsangehörige erfassen, die bereits in den Genuss von Rechten aus Gemeinschaftsrechtsakten kommen wie etwa der Verordnung (EWG) Nr. 1408/71, der Richtlinie 2003/109/EG des Rates vom 25. November 2003 betreffend die Rechtsstellung der langfristig aufenthaltsberechtigten Drittstaatsangehörigen[1]), der Verordnung (EG) Nr. 859/2003

---

[1]) ABl. L 16 vom 23. 1. 2004, S. 44.

des Rates vom 14. Mai 2003 zur Ausdehnung der Bestimmungen der Verordnung (EWG) Nr. 1408/71 und der Verordnung (EWG) Nr. 574/72 auf Drittstaatsangehörige, die ausschließlich aufgrund ihrer Staatsangehörigkeit nicht bereits unter diese Bestimmungen fallen[1], und der Richtlinie 2004/38/EG des Europäischen Parlaments und des Rates vom 29. April 2004 über das Recht der Unionsbürger und ihrer Familienangehörigen, sich im Hoheitsgebiet der Mitgliedstaaten frei zu bewegen und aufzuhalten[2]. Darüber hinaus können die Mitgliedstaaten den Begriff des Dienstleistungsempfängers auf andere Drittstaatsangehörige ausdehnen, die sich in ihrem Hoheitsgebiet aufhalten.

(37) Der Ort, an dem ein Dienstleistungserbringer niedergelassen ist, sollte nach der Rechtsprechung des Gerichtshofs bestimmt werden, nach der der Begriff der Niederlassung die tatsächliche Ausübung einer wirtschaftlichen Tätigkeit mittels einer festen Einrichtung auf unbestimmte Zeit umfasst. Diese Anforderung kann auch erfüllt sein, wenn ein Unternehmen für einen bestimmten Zeitraum gegründet wird oder es das Gebäude oder die Anlage mietet, von dem bzw. der aus es seine Tätigkeit ausübt. Sie kann ferner erfüllt sein, wenn ein Mitgliedstaat eine befristete Genehmigung ausschließlich für bestimmte Dienstleistungen erteilt. Eine Niederlassung muss nicht die Form einer Tochtergesellschaft, Zweigniederlassung oder Agentur haben, sondern kann aus einer Geschäftsstelle bestehen, die von einem Beschäftigten des Dienstleistungserbringers oder von einem Selbstständigen, der ermächtigt ist, dauerhaft für das Unternehmen zu handeln, betrieben wird, wie dies z.B. bei einer Agentur der Fall ist. Gemäß dieser Definition, die die tatsächliche Ausübung einer wirtschaftlichen Tätigkeit am Ort der Niederlassung des Dienstleistungserbringers erfordert, begründet ein bloßer Briefkasten keine Niederlassung. Hat ein Dienstleistungserbringer mehrere Niederlassungsorte, so ist es wichtig zu bestimmen, von welchem Niederlassungsort aus die betreffende Dienstleistung tatsächlich erbracht wird. In den Fällen, in denen es schwierig ist zu bestimmen, von welchem der verschiedenen Niederlassungsorte aus eine bestimmte Dienstleistung erbracht wird, sollte der Ort als Niederlassungsort angesehen werden, an dem der Dienstleistungserbringer das Zentrum seiner Tätigkeiten in Bezug auf diese konkrete Dienstleistung hat.

(38) Der Begriff der juristischen Person im Sinne der Bestimmungen des Vertrags über die Niederlassung stellt es dem Marktteilnehmer frei, die Rechtsform zu wählen, die er für die Ausübung seiner Tätigkeit für geeignet hält. Folglich sind „juristische Personen" im Sinne des Vertrags sämtliche Einrichtungen, die nach dem Recht eines Mitgliedstaats gegründet wurden oder diesem Recht unterstehen, unabhängig von ihrer Rechtsform.

---

[1] ABl. L 124 vom 20. 5. 2003, S. 1.
[2] ABl. L 158 vom 30. 4. 2004, S. 77.

(39) Der Begriff der Genehmigungsregelung sollte unter anderem die Verwaltungsverfahren, in denen Genehmigungen, Lizenzen, Zulassungen oder Konzessionen erteilt werden, erfassen sowie die Verpflichtung zur Eintragung bei einer Berufskammer oder in einem Berufsregister, einer Berufsrolle oder einer Datenbank, die Zulassung durch eine Einrichtung oder den Besitz eines Ausweises, der die Zugehörigkeit zu einem bestimmten Beruf bescheinigt, falls diese Voraussetzung dafür sind, eine Tätigkeit ausüben zu können. Die Erteilung einer Genehmigung kann nicht nur durch eine förmliche Entscheidung erfolgen, sondern auch durch eine stillschweigende Entscheidung, beispielsweise, wenn die zuständige Behörde nicht reagiert oder der Antragsteller die Empfangsbestätigung einer Erklärung abwarten muss, um eine Tätigkeit aufnehmen oder sie rechtmäßig ausüben zu können.

(40) Der Begriff der zwingenden Gründe des Allgemeininteresses, auf den sich einige Bestimmungen dieser Richtlinie beziehen, ist in der Rechtsprechung des Gerichtshofes zu den Artikeln 43 und 49 des Vertrags entwickelt worden und kann sich noch weiterentwickeln. Der Begriff umfasst entsprechend der Auslegung des Gerichtshofes zumindest folgende Gründe: öffentliche Ordnung, öffentliche Sicherheit und öffentliche Gesundheit im Sinne der Artikel 46 und 55 des Vertrags; Wahrung der gesellschaftlichen Ordnung; sozialpolitische Zielsetzungen; Schutz von Dienstleistungsempfängern; Verbraucherschutz; Schutz der Arbeitnehmer einschließlich des sozialen Schutzes von Arbeitnehmern; Tierschutz; Erhaltung des finanziellen Gleichgewichts des Systems der sozialen Sicherheit; Betrugsvorbeugung; Verhütung von unlauterem Wettbewerb; Schutz der Umwelt und der städtischen Umwelt einschließlich der Stadt- und Raumplanung; Gläubigerschutz; Wahrung der ordnungsgemäßen Rechtspflege; Straßenverkehrssicherheit; Schutz des geistigen Eigentums; kulturpolitische Zielsetzungen einschließlich der Wahrung des Rechts auf freie Meinungsäußerung, insbesondere im Hinblick auf soziale, kulturelle, religiöse und philosophische Werte der Gesellschaft; die Notwendigkeit, ein hohes Bildungsniveau zu gewährleisten; Wahrung der Pressevielfalt und Förderung der Nationalsprache; Wahrung des nationalen historischen und künstlerischen Erbes sowie Veterinärpolitik.

(41) Der Begriff der öffentlichen Ordnung in der Auslegung des Gerichtshofs umfasst den Schutz vor einer tatsächlichen und hinreichend erheblichen Gefahr, die ein Grundinteresse der Gesellschaft berührt; hierunter können insbesondere Fragen der menschlichen Würde, des Schutzes von Minderjährigen und hilfsbedürftigen Erwachsenen sowie der Tierschutz fallen. Entsprechend umfasst der Begriff der öffentlichen Sicherheit auch Fragen der nationalen Sicherheit und Fragen der Sicherheit der Bevölkerung.

(42) Die Bestimmungen in Bezug auf Verwaltungsverfahren sollten nicht darauf abzielen, die Verwaltungsverfahren zu harmonisie-

ren, sondern darauf, übermäßig schwerfällige Genehmigungsregelungen, -verfahren und -formalitäten zu beseitigen, die die Niederlassungsfreiheit und die daraus resultierende Gründung neuer Dienstleistungsunternehmen behindern.

(43) Eine der grundlegenden Schwierigkeiten bei der Aufnahme und Ausübung von Dienstleistungstätigkeiten, insbesondere für KMU, besteht in der Komplexität, Langwierigkeit und mangelnden Rechtssicherheit der Verwaltungsverfahren. Deshalb sind, nach dem Vorbild einiger Initiativen zur Modernisierung und Verbesserung der Verwaltungspraxis auf Gemeinschaftsebene und auf nationaler Ebene, Grundsätze für die Verwaltungsvereinfachung aufzustellen, unter anderem durch die Beschränkung der Pflicht zur Vorabgenehmigung auf die Fälle, in denen diese unerlässlich ist, und die Einführung des Grundsatzes, wonach eine Genehmigung nach Ablauf einer bestimmten Frist als von den zuständigen Behörden stillschweigend erteilt gilt. Eine solche Modernisierung soll – bei gleichzeitiger Sicherstellung der Transparenz und ständiger Aktualisierung der Informationen über die Marktteilnehmer – die Verzögerungen, Kosten und abschreckende Wirkung beseitigen, die beispielsweise durch überflüssige oder zu komplexe und aufwändige Verfahren, Mehrfachanforderungen, überzogene Formerfordernisse für Unterlagen, willkürliche Ausübung von Befugnissen der zuständigen Behörden, vage oder überlange Fristen bis zur Erteilung einer Antwort, die Befristung von erteilten Genehmigungen oder unverhältnismäßige Gebühren und Sanktionen verursacht werden. Die betreffenden Verwaltungspraktiken schrecken ganz besonders Dienstleistungserbringer ab, die in anderen Mitgliedstaaten tätig sein wollen, und erfordern deshalb eine koordinierte Modernisierung in einem auf 25 Mitgliedstaaten erweiterten Binnenmarkt.

(44) Die Mitgliedstaaten sollten, sofern dies angebracht ist, auf Gemeinschaftsebene harmonisierte, von der Kommission erstellte Formblätter einführen, die Zeugnissen, Bescheinigungen oder sonstigen für die Niederlassung erforderlichen Dokumenten gleichwertig sind.

(45) Bei der Prüfung der Frage, ob eine Vereinfachung der Verfahren und Formalitäten erforderlich ist, sollten die Mitgliedstaaten insbesondere die Notwendigkeit und die Zahl der Verfahren und Formalitäten, mögliche Überschneidungen, die Kosten, die Klarheit, die Zugänglichkeit sowie die zeitliche Verzögerung und die praktischen Schwierigkeiten, die die Verfahren und Formalitäten dem betroffenen Dienstleistungserbringer bereiten könnten, berücksichtigen.

(46) Um die Aufnahme und Ausübung von Dienstleistungstätigkeiten im Binnenmarkt zu erleichtern, muss das Ziel der Verwaltungsvereinfachung für alle Mitgliedstaaten festgelegt und müssen Bestimmungen über u. a. das Recht auf Information, die elektronische Abwicklung von Verfahren und die für Genehmigungsregelungen

geltenden Grundsätze vorgesehen werden. Weitere Maßnahmen auf nationaler Ebene zur Verwirklichung dieses Ziels könnten in der Verringerung der Zahl der Verfahren und Formalitäten für Dienstleistungstätigkeiten bestehen sowie in der Beschränkung dieser Verfahren und Formalitäten auf diejenigen, die aus Gründen des Allgemeininteresses unerlässlich sind und nach Zweck oder Inhalt keine Mehrfachanforderungen darstellen.

(47) Um die Verwaltungsabläufe zu vereinfachen sollten nicht generelle formale Anforderungen vorgesehen werden, wie etwa die Vorlage von Originaldokumenten, beglaubigten Kopien oder beglaubigten Übersetzungen, es sei denn, dies ist objektiv durch einen zwingenden Grund des Allgemeininteresses gerechtfertigt, wie etwa durch den Schutz der Arbeitnehmer, die öffentliche Gesundheit, den Schutz der Umwelt oder den Schutz der Verbraucher. Es ist weiterhin erforderlich, dass eine Genehmigung grundsätzlich die Aufnahme und Ausübung einer Dienstleistungstätigkeit im gesamten nationalen Hoheitsgebiet ermöglicht, es sei denn, dass eine Genehmigung für jede einzelne Niederlassung, beispielsweise für jede Verkaufsstätte großer Einkaufszentren, oder eine Genehmigung, die auf einen spezifischen Teil des nationalen Hoheitsgebiets beschränkt ist, objektiv durch einen zwingenden Grund des Allgemeininteresses gerechtfertigt ist.

(48) Um die Verwaltungsverfahren weiter zu vereinfachen, ist es angebracht sicherzustellen, dass jeder Dienstleistungserbringer über eine Kontaktstelle verfügt, über die er alle Verfahren und Formalitäten abwickeln kann (nachstehend „einheitliche Ansprechpartner“ genannt). Die Zahl der einheitlichen Ansprechpartner kann von Mitgliedstaat zu Mitgliedstaat verschieden sein, je nach den regionalen oder lokalen Zuständigkeiten oder den betreffenden Tätigkeiten. Die Schaffung einheitlicher Ansprechpartner sollte die Zuständigkeitsverteilungen zwischen den zuständigen Behörden in den nationalen Systemen unberührt lassen. Sind mehrere Behörden auf regionaler oder lokaler Ebene zuständig, so kann eine von ihnen die Rolle des einheitlichen Ansprechpartners und Koordinators wahrnehmen. Die einheitlichen Ansprechpartner können nicht nur bei Verwaltungsbehörden angesiedelt werden, sondern auch bei Handels- oder Handwerkskammern, Berufsorganisationen oder privaten Einrichtungen, die die Mitgliedstaaten mit dieser Aufgabe betrauen. Den einheitlichen Ansprechpartnern kommt eine wichtige Unterstützerfunktion gegenüber den Dienstleistungserbringern zu, entweder als Behörde, die für die Ausstellung der für die der Aufnahme einer Dienstleistungstätigkeit erforderlichen Dokumente unmittelbar zuständig ist, oder als Mittler zwischen dem Dienstleistungserbringer und den unmittelbar zuständigen Behörden.

(49) Die Gebühr, die die einheitlichen Ansprechpartner erheben können, sollte in einem angemessenen Verhältnis zu den Kosten der

entsprechenden Verfahren und Formalitäten stehen. Dies sollte die Mitgliedstaaten nicht daran hindern, die einheitlichen Ansprechpartner zu ermächtigen, andere Verwaltungsgebühren wie etwa die Gebühren für die Aufsichtsorgane zu erheben.

(50) Dienstleistungserbringer und -empfänger müssen leichten Zugang zu bestimmten Arten von Informationen haben. Jeder Mitgliedstaat sollte im Rahmen dieser Richtlinie selbst bestimmen, wie die Informationen den Dienstleistungserbringern und -empfängern zur Verfügung gestellt werden. Insbesondere kann die Verpflichtung der Mitgliedstaaten sicherzustellen, dass die einschlägigen Informationen für Dienstleistungserbringer und Dienstleistungsempfänger und für die Öffentlichkeit leicht zugänglich sind, dadurch erfüllt werden, dass diese Informationen auf einer Website öffentlich zugänglich gemacht werden. Alle Informationen sollten in einer klaren und unzweideutigen Weise erteilt werden.

(51) Die Informationen, die den Dienstleistungserbringern und -empfängern zur Verfügung gestellt werden, sollten insbesondere die Informationen über Verfahren und Formalitäten, Kontaktinformationen der zuständigen Behörden, Bedingungen für den Zugang zu öffentlichen Registern und Datenbanken sowie Angaben über Rechtsbehelfe und Kontaktinformationen von Vereinigungen und Organisationen, bei denen Dienstleistungserbringer bzw. -empfänger praktische Unterstützung erhalten können, umfassen. Die Verpflichtung der zuständigen Behörden, Dienstleistungserbringer und -empfänger zu unterstützen, sollte nicht die Rechtsberatung in Einzelfällen umfassen. Allgemeine Informationen darüber, wie Anforderungen gewöhnlich ausgelegt oder angewandt werden, sollten jedoch erteilt werden. Fragen wie etwa die Haftung für die Übermittlung unrichtiger oder irreführender Informationen sollten durch die Mitgliedstaaten geregelt werden.

(52) Die Einrichtung eines Systems zur elektronischen Abwicklung von Verfahren und Formalitäten in einer angemessen nahen Zukunft ist unerlässlich für die Verwaltungsvereinfachung im Bereich der Dienstleistungstätigkeiten, was sowohl den Dienstleistungserbringern und -empfängern als auch den zuständigen Behörden zugute kommen wird. Die Erfüllung dieser Verpflichtung, d. h. die Verwirklichung des vorgegebenen Ergebnisses, kann die Anpassung nationaler Rechtsvorschriften sowie anderer für den Dienstleistungssektor geltender Vorschriften erfordern. Diese Verpflichtung sollte die Mitgliedstaaten nicht daran hindern, neben dem elektronischen Weg auch andere Möglichkeiten zur Abwicklung der Verfahren und Formalitäten vorzusehen. Das Erfordernis, die Verfahren und Formalitäten auch aus de Ferne abwickeln zu können, verlangt von den Mitgliedstaaten insbesondere, eine grenzüberschreitende Abwicklung zu ermöglichen. Die Pflicht, das genannte Ergebnis zu erreichen, gilt nicht für Verfahren oder Formalitäten, die sich naturgemäß nicht

aus der Ferne abwickeln lassen. Darüber hinaus bleiben die Rechtsvorschriften der Mitgliedstaaten über die Verwendung von Sprachen hiervon unberührt.

(53) Die Erteilung von Lizenzen für bestimmte Dienstleistungstätigkeiten kann es erforderlich machen, dass die zuständige Behörde ein Gespräch mit dem Antragsteller führt, um zu bewerten, ob er zuverlässig und für die Erbringung des entsprechenden Dienstes geeignet ist. In derartigen Fällen kann eine elektronische Abwicklung der Formalitäten ungeeignet sein.

(54) Die Möglichkeit zur Aufnahme einer Dienstleistungstätigkeit sollte nur von einer Genehmigung der zuständigen Behörde abhängig gemacht werden, wenn diese Entscheidung nicht diskriminierend sowie notwendig und verhältnismäßig ist. Demnach sollten Genehmigungsregelungen insbesondere nur zulässig sein, wenn eine nachträgliche Kontrolle nicht gleich wirksam wäre, weil Mängel der betreffenden Dienstleistung später nicht festgestellt werden können, wobei die Risiken und Gefahren zu berücksichtigen sind, die sich aus dem Verzicht auf eine Vorabkontrolle ergeben könnten. Diese Bestimmungen der Richtlinie können jedoch keine Genehmigungsregelungen rechtfertigen, die durch andere Gemeinschaftsrechtsakte untersagt sind, wie durch die Richtlinie 1999/93/EG des Europäischen Parlaments und des Rates vom 13. Dezember 1999 über gemeinschaftliche Rahmenbedingungen für elektronische Signaturen[1] oder die Richtlinie 2000/31/EG des Europäischen Parlaments und des Rates vom 8. Juni 2000 über bestimmte rechtliche Aspekte der Dienste der Informationsgesellschaft, insbesondere des elektronischen Geschäftsverkehrs, im Binnenmarkt (Richtlinie über den elektronischen Geschäftsverkehr)[2]. Anhand des Ergebnisses der gegenseitigen Evaluierung kann auf Gemeinschaftsebene ermittelt werden, für welche Arten von Tätigkeiten die Genehmigungsregelungen abgeschafft werden sollten.

(55) Diese Richtlinie sollte die Möglichkeit der Mitgliedstaaten unberührt lassen, Genehmigungen nachträglich zu widerrufen, wenn die Voraussetzungen für die Erteilung der Genehmigung nicht mehr erfüllt sind.

(56) Gemäß der Rechtsprechung des Gerichtshofes sind Ziele im Bereich der öffentlichen Gesundheit, des Schutzes der Verbraucher, der Gesundheit von Tieren und der städtischen Umwelt zwingende Gründe des Allgemeininteresses. Solche zwingenden Gründe können die Anwendung von Genehmigungsregelungen und weitere Einschränkungen rechtfertigen. Allerdings sollte keine derartige Genehmigungsregelung oder Einschränkung eine Diskriminierung aus Gründen der Staatsangehörigkeit des Antragstellers bewirken. Darüber hinaus sollten die Grundsätze der

---

[1] ABl. L 13 vom 19. 1. 2000, S. 12.
[2] ABl. L 178 vom 17. 7. 2000, S. 1.

Erforderlichkeit und der Verhältnismäßigkeit immer geachtet werden.

(57) Die Bestimmungen dieser Richtlinie über Genehmigungsregelungen sollten die Fälle betreffen, in denen Marktteilnehmer für die Aufnahme oder Ausübung einer Dienstleistungstätigkeit eine Entscheidung einer zuständigen Behörde benötigen. Dies betrifft weder Entscheidungen der zuständigen Behörden zur Schaffung einer öffentlichen oder privaten Einrichtung für die Erbringung einer bestimmten Dienstleistung noch den Abschluss von Verträgen durch die zuständigen Behörden für die Erbringung einer bestimmten Dienstleistung, die den Vorschriften über das öffentliche Beschaffungswesen unterliegt, da diese Richtlinie Vorschriften über das öffentliche Beschaffungswesen nicht behandelt.

(58) Um die Aufnahme und Ausübung von Dienstleistungstätigkeiten zu erleichtern, ist es wichtig, Genehmigungsregelungen und ihre Begründungen zu evaluieren und darüber Bericht zu erstatten. Diese Berichtspflicht bezieht sich nur auf die Existenz von Genehmigungsregelungen und nicht auf die Kriterien und Voraussetzungen für die Erteilung von Genehmigungen.

(59) Die Genehmigung sollte dem Dienstleistungserbringer in der Regel die Aufnahme oder Ausübung der Dienstleistungstätigkeit im gesamten Hoheitsgebiet des Mitgliedstaats ermöglichen, sofern nicht eine territoriale Einschränkung durch einen zwingenden Grund des Allgemeininteresses gerechtfertigt ist. Zum Beispiel kann der Umweltschutz die Auflage rechtfertigen, eine Einzelgenehmigung für jede Anlage im nationalen Hoheitsgebiet einzuholen. Diese Bestimmung sollte keine regionalen oder lokalen Zuständigkeiten für die Erteilung von Genehmigungen in den Mitgliedstaaten berühren.

(60) Diese Richtlinie, insbesondere ihre Bestimmungen zu den Genehmigungsregelungen und zum territorialen Geltungsbereich einer Genehmigung, sollte nicht die Aufteilung der regionalen oder lokalen Zuständigkeiten in den Mitgliedstaaten, einschließlich der regionalen und lokalen Selbstverwaltung und der Verwendung von Amtssprachen, berühren.

(61) Die Bestimmung über das Verbot der doppelten Anwendung gleichwertiger Voraussetzungen für die Erteilung der Genehmigungen sollte die Mitgliedstaaten nicht daran hindern, ihre eigenen, in der Genehmigungsregelung festgelegten Voraussetzungen anzuwenden. Diese Bestimmung sollte nur verlangen, dass die zuständigen Behörden bei der Prüfung der Frage, ob der Antragsteller diese Voraussetzungen erfüllt, den gleichwertigen Voraussetzungen Rechnung tragen, die der Antragsteller bereits in einem anderen Mitgliedstaat erfüllt hat. Diese Bestimmung sollte nicht die Anwendung der Voraussetzungen für die Erteilung der Genehmigungen vorschreiben, die in der Genehmigungsregelung eines anderen Mitgliedstaats vorgesehen sind.

(62) Ist die Zahl der für eine bestimmte Tätigkeit verfügbaren Genehmigungen aufgrund der Knappheit der natürlichen Ressourcen oder der technischen Kapazitäten begrenzt, so sollte ein Verfahren für die Auswahl zwischen mehreren Antragstellern vorgesehen werden, um mit Hilfe des freien Wettbewerbs höchstmögliche Qualität und optimale Angebotsbedingungen im Interesse der Dienstleistungsempfänger zu erzielen. Ein solches Verfahren sollte Garantien für Transparenz und Neutralität bieten und gewährleisten, dass solchermaßen erteilte Genehmigungen keine übermäßig lange Geltungsdauer besitzen, nicht automatisch verlängert werden und keinerlei Begünstigungen des Dienstleistungserbringers vorsehen, dessen Genehmigung gerade abgelaufen ist. Insbesondere sollte die Geltungsdauer der Genehmigung so bemessen sein, dass sie den freien Wettbewerb nicht über das für die Amortisierung der Investitionen und die Erwirtschaftung einer angemessenen Investitionsrendite notwendige Maß hinaus einschränkt oder begrenzt. Diese Bestimmung sollte die Mitgliedstaaten nicht daran hindern, die Zahl der Genehmigungen aus anderen Gründen als der Knappheit der natürlichen Ressourcen oder der technischen Kapazitäten zu begrenzen. Diese Genehmigungen sollten in jedem Fall den weiteren Vorschriften dieser Richtlinie zu den Genehmigungsregelungen unterworfen sein.

(63) Eine Genehmigung sollte, sofern keine andere Regelung vorliegt, als erteilt gelten, falls keine Antwort binnen einer bestimmten Frist erfolgt. Für bestimmte Tätigkeiten können jedoch andere Regelungen vorgesehen werden, wenn dies durch zwingende Gründe des Allgemeininteresses objektiv gerechtfertigt ist, wozu auch berechtigte Interessen Dritter gehören. Zu diesen anderen Regelungen könnten auch nationale Vorschriften gehören, wonach bei Ausbleiben einer Antwort der zuständigen Behörde der Antrag als abgelehnt gilt, und die Ablehnung einer gerichtlichen Überprüfung zugänglich ist.

(64) Wenn ein wirklicher Binnenmarkt für Dienstleistungen geschaffen werden soll, müssen die in den Rechtsvorschriften bestimmter Mitgliedstaaten noch enthaltenen Beschränkungen der Niederlassungsfreiheit und des freien Dienstleistungsverkehrs, die mit Artikel 43 bzw. 49 des Vertrags unvereinbar sind, beseitigt werden. Die unzulässigen Beschränkungen beeinträchtigen den Binnenmarkt für Dienstleistungen und sollten unverzüglich systematisch abgebaut werden.

(65) Die Niederlassungsfreiheit beruht insbesondere auf dem Grundsatz der Gleichbehandlung, der nicht nur jede Diskriminierung aus Gründen der Staatsangehörigkeit verbietet, sondern auch indirekte Diskriminierungen aufgrund anderer Unterscheidungsmerkmale, die faktisch zum gleichen Ergebnis führen. So sollte die Aufnahme oder Ausübung einer Dienstleistungstätigkeit in einem Mitgliedstaat als Haupt- oder Nebentätigkeit nicht von

Kriterien wie dem Niederlassungsort, dem Wohnsitz oder Aufenthaltsort oder dem Standort der überwiegenden Tätigkeit abhängen. Zu diesen Kriterien sollte jedoch nicht die Anforderung gehören, dass der Dienstleistungserbringer bzw. einer seiner Arbeitnehmer oder Vertreter bei der Ausübung seiner Tätigkeit präsent sein muss, wenn zwingende Gründe des Allgemeininteresses dies rechtfertigen. Zudem sollte ein Mitgliedstaat die Rechts- oder Parteifähigkeit von Gesellschaften nicht beschränken, die nach dem Recht eines anderen Mitgliedstaates, in dessen Hoheitsgebiet sie ihre Hauptniederlassung haben, gegründet wurden. Desgleichen sollte ein Mitgliedstaat keinerlei Begünstigungen für Dienstleistungserbringer vorsehen, die eine besondere Bindung zur nationalen oder regionalen Wirtschaft und Gesellschaft haben; er sollte ferner die Freiheit des Dienstleistungserbringers, Rechte und Güter zu erwerben, zu nutzen oder zu übertragen, sowie seinen Zugang zu verschiedenen Formen von Finanzierungen oder Geschäftsräumen nicht aufgrund des Niederlassungsortes beschränken, soweit diese Möglichkeiten für die Aufnahme und tatsächliche Ausübung seiner Dienstleistungstätigkeit von Nutzen sind.

(66) Die Aufnahme oder Ausübung einer Dienstleistungstätigkeit im Hoheitsgebiet eines Mitgliedstaates sollte nicht von einer Überprüfung eines wirtschaftlichen Bedarfs abhängen. Das Verbot von Überprüfungen eines wirtschaftlichen Bedarfs als Vorbedingung für die Erteilung einer Genehmigung sollte sich auf wirtschaftliche Erwägungen als solche beziehen und nicht auf andere Anforderungen, die objektiv durch zwingende Gründe des Allgemeininteresses gerechtfertigt sind, wie etwa den Schutz der städtischen Umwelt, die Sozialpolitik und Ziele der öffentlichen Gesundheit. Das Verbot sollte nicht die Ausübung der Befugnisse der für das Wettbewerbsrecht zuständigen Behörden betreffen.

(67) Hinsichtlich finanzieller Sicherheiten oder Versicherungen sollte sich die Unzulässigkeit von Anforderungen nur auf die Verpflichtung erstrecken, dass die erforderlichen finanziellen Sicherheiten und Versicherungen von einem in dem betroffenen Mitgliedstaat niedergelassenen Finanzinstitut stammen.

(68) Hinsichtlich der Voreintragung in ein Register sollte sich die Unzulässigkeit von Anforderungen nur auf die Verpflichtung erstrecken, dass der Dienstleistungserbringer bereits vor der Niederlassung für einen bestimmten Zeitraum in einem in dem betroffenen Mitgliedstaat geführten Register eingetragen gewesen sein muss.

(69) Zur Koordinierung der Modernisierung der nationalen Vorschriften zur Anpassung an die Erfordernisse des Binnenmarktes ist es erforderlich, bestimmte nicht diskriminierende nationale Anforderungen, die ihrer Art nach die Aufnahme oder Ausübung einer Tätigkeit unter Inanspruchnahme der Niederlassungsfreiheit maßgeblich einschränken oder sogar verhindern

könnten, zu überprüfen. Diese Überprüfung sollte sich auf die Vereinbarkeit dieser Anforderungen mit den bereits vom Gerichtshof zur Niederlassungsfreiheit festgelegten Kriterien beschränken. Sie sollte nicht die Anwendung des Wettbewerbsrechts der Gemeinschaft betreffen. Sind solche Anforderungen diskriminierend oder nicht objektiv durch einen zwingenden Grund des Allgemeininteresses gerechtfertigt oder unverhältnismäßig, so müssen sie beseitigt oder geändert werden. Das Ergebnis dieser Überprüfung kann je nach Art der betreffenden Tätigkeit und des Allgemeininteresses unterschiedlich ausfallen. Insbesondere könnten solche Anforderungen voll gerechtfertigt sein, wenn damit sozialpolitische Ziele verfolgt werden.

(70) Für die Zwecke dieser Richtlinie und unbeschadet des Artikels 16 des Vertrags können Dienstleistungen nur dann als Dienstleistungen von allgemeinem wirtschaftlichem Interesse angesehen werden, wenn sie der Erfüllung eines besonderen Auftrags von öffentlichem Interesse dienen, mit dem der Dienstleistungserbringer von dem betreffenden Mitgliedstaat betraut wurde. Diese Beauftragung sollte durch einen oder mehrere Akte erfolgen, deren Form von dem betreffenden Mitgliedstaat selbst bestimmt wird; darin sollte die genaue Art des besonderen Auftrags angegeben werden.

(71) Das in dieser Richtlinie vorgesehene Verfahren der gegenseitigen Evaluierung sollte nicht die Freiheit der Mitgliedstaaten berühren, in ihren Rechtsvorschriften ein hohes Schutzniveau in Bezug auf Allgemeininteressen festzusetzen, insbesondere bezüglich sozialpolitischer Ziele. Darüber hinaus ist es erforderlich, dass der Prozess der gegenseitigen Evaluierung der Besonderheit der Dienstleistungen von allgemeinem wirtschaftlichem Interesse und der damit verbundenen besonderen Aufgaben umfassend Rechnung trägt. Diese können bestimmte Einschränkungen der Niederlassungsfreiheit rechtfertigen, insbesondere wenn solche Beschränkungen dem Schutz der öffentlichen Gesundheit oder sozialpolitischen Zielen dienen und wenn sie die Bedingungen des Artikels 15 Absatz 3 Buchstaben a, b und c erfüllen. So hat der Gerichtshof beispielsweise bezüglich der Verpflichtung, eine bestimmte Rechtsform für die Ausübung bestimmter Dienstleistungen im sozialen Bereich zu wählen, anerkannt, dass es gerechtfertigt sein kann, von dem Dienstleistungserbringer die Rechtsform einer gemeinnützigen Gesellschaft zu verlangen.

(72) Dienstleistungen von allgemeinem wirtschaftlichem Interesse sind mit wichtigen Aufgaben für den sozialen und territorialen Zusammenhalt verbunden. Die Durchführung dieser Aufgaben sollte durch den in dieser Richtlinie vorgesehenen Evaluierungsprozess nicht behindert werden. Zur Erfüllung dieser Aufgaben erforderliche Anforderungen sollten von diesem Prozess nicht berührt werden; zugleich sollte aber das Problem ungerechtfertigter Beschränkungen der Niederlassungsfreiheit behandelt werden.

(73) Zu den zu prüfenden Anforderungen gehören nationale Regelungen, die aus nicht mit der beruflichen Qualifikation zusammenhängenden Gründen die Aufnahme bestimmter Tätigkeiten bestimmten Dienstleistungserbringern vorbehalten. Zu diesen Anforderungen zählen auch solche Anforderungen, die vom Dienstleistungserbringer verlangen, eine bestimmte Rechtsform zu wählen, insbesondere die Rechtsform einer juristischen Person, einer Personengesellschaft, einer Gesellschaft ohne Erwerbszweck oder eine Gesellschaft, deren Anteilseigner ausschließlich natürliche Personen sind, oder Anforderungen im Hinblick auf die Beteiligungen am Gesellschaftskapital, insbesondere eine Mindestkapitalausstattung für bestimmte Dienstleistungstätigkeiten oder den Besitz besonderer Qualifikationen für die Anteilseigner oder das Führungspersonal bestimmter Unternehmen. Die Evaluierung der Vereinbarkeit von festgelegten Mindest- und/oder Höchstpreisen mit der Niederlassungsfreiheit betrifft nur Preise, die von zuständigen Behörden spezifisch für die Erbringung bestimmter Dienstleistungen festgelegt werden, und nicht etwa allgemeine Vorschriften über die Festlegung von Preisen, wie z.B. für die Vermietung von Häusern.

(74) Der Prozess der gegenseitigen Evaluierung bedeutet, dass die Mitgliedstaaten während der Umsetzungsfrist zunächst eine Überprüfung ihrer Rechtsvorschriften vornehmen müssen, um festzustellen, ob eine der oben genannten Anforderungen in ihrem Rechtssystem existiert. Spätestens bis zum Ende der Umsetzungsfrist sollten die Mitgliedstaaten einen Bericht über die Ergebnisse dieser Überprüfung erstellen. Jeder Bericht wird allen anderen Mitgliedstaaten und Interessengruppen übermittelt. Die Mitgliedstaaten können dann innerhalb von sechs Monaten ihre Bemerkungen zu diesen Berichten vorlegen. Die Kommission sollte spätestens ein Jahr nach Ablauf der Umsetzungsfrist einen zusammenfassenden Bericht erstellen, gegebenenfalls mit Vorschlägen für weitere Initiativen. Die Kommission könnte – in Zusammenarbeit mit den Mitgliedstaaten – die Mitgliedstaaten erforderlichenfalls bei der Erstellung einer gemeinsamen Methodik unterstützen.

(75) Die Tatsache, dass diese Richtlinie eine Reihe von Anforderungen festlegt, die die Mitgliedstaaten während der Umsetzungsfrist beseitigen oder prüfen müssen, lässt die Möglichkeit der Einleitung von Vertragsverletzungsverfahren gegen einen Mitgliedstaat wegen eines Verstoßes gegen die Artikel 43 oder 49 des Vertrags unberührt.

(76) Diese Richtlinie betrifft nicht die Anwendung der Artikel 28, 29 und 30 des Vertrags über den freien Warenverkehr. Bei den nach den Bestimmungen über die Dienstleistungsfreiheit unzulässigen Beschränkungen handelt es sich um Anforderungen für die Aufnahme und Ausübung von Dienstleistungstätigkeiten und nicht um Anforderungen, die sich auf Waren als solche beziehen.

(77) Begibt sich ein Marktteilnehmer in einen anderen Mitgliedstaat, um dort eine Dienstleistungstätigkeit auszuüben, so sollte zwischen Sachverhalten, die unter die Niederlassungsfreiheit und solchen, die unter den freien Dienstleistungsverkehr fallen, unterschieden werden, je nachdem, ob es sich um eine vorübergehende Tätigkeit handelt oder nicht. Nach der Rechtsprechung des Gerichtshofs ist für die Unterscheidung zwischen der Niederlassungsfreiheit und dem freien Dienstleistungsverkehr ausschlaggebend, ob der Marktteilnehmer in dem Mitgliedstaat, in dem er die betreffende Dienstleistung erbringt, niedergelassen ist oder nicht. Ist der Marktteilnehmer in dem Mitgliedstaat, in dem er seine Dienstleistungen erbringt, niedergelassen, so sollte in seinem Fall die Niederlassungsfreiheit anwendbar sein. Ist der Marktteilnehmer dagegen nicht in dem Mitgliedstaat niedergelassen, in dem die Dienstleistung erbracht wird, so sollte seine Tätigkeit unter den freien Dienstleistungsverkehr fallen. Nach der ständigen Rechtsprechung des Gerichtshofs sollte der vorübergehende Charakter der betreffenden Tätigkeiten nicht nur unter Berücksichtigung der Dauer der Erbringung der Leistung, sondern auch ihrer Häufigkeit, ihrer regelmäßigen Wiederkehr oder ihrer Kontinuität beurteilt werden. Der vorübergehende Charakter der Dienstleistung sollte nicht die Möglichkeit für den Dienstleistungserbringer ausschließen, sich in dem Mitgliedstaat, in dem die Dienstleistung erbracht wird, mit einer bestimmten Infrastruktur, wie etwa Geschäftsräumen, einer Kanzlei oder Praxis auszustatten, soweit diese Infrastruktur für die Erbringung der betreffenden Leistung erforderlich ist.

(78) Um die wirksame Verwirklichung des freien Dienstleistungsverkehrs sicherzustellen und zu gewährleisten, dass Dienstleistungsempfänger und -erbringer gemeinschaftsweit ohne Rücksicht auf die Grenzen Dienstleistungen in Anspruch nehmen und erbringen können, ist es erforderlich, zu klären, inwieweit die Anforderungen des Mitgliedstaats, in dem die Dienstleistung erbracht wird, zur Anwendung kommen können. Es muss unbedingt geregelt werden, dass die Bestimmungen über die Dienstleistungsfreiheit den Mitgliedstaat, in dem die Dienstleistung erbracht wird, nicht daran hindern, gemäß den in Artikel 16 Absatz 1 Buchstaben a bis c festgelegten Grundsätzen seine besonderen Anforderungen aus Gründen der öffentlichen Ordnung oder der öffentlichen Sicherheit oder der öffentlichen Gesundheit oder des Schutzes der Umwelt anzuwenden.

(79) Nach ständiger Rechtsprechung des Gerichtshofs behält ein Mitgliedstaat das Recht, Maßnahmen zu ergreifen, um Dienstleistungserbringer daran zu hindern, die Grundsätze des Binnenmarktes missbräuchlich zu nutzen. Missbrauch durch einen Dienstleistungserbringer sollte auf Einzelfallbasis festgestellt werden.

(80) Es muss sichergestellt werden, dass Dienstleistungserbringer in der Lage sind, Ausrüstungsgegenstände, die für die Erbringung

ihrer Dienstleistung unerlässlich sind, mitzunehmen, wenn sie sich in einen anderen Mitgliedstaat begeben, um dort Dienstleistungen zu erbringen. Insbesondere ist zu vermeiden, dass Dienstleistungserbringern in Fällen, in denen die Dienstleistung ohne die Ausrüstungsgegenstände nicht erbracht werden könnte, zusätzliche Kosten z. B. dadurch entstehen, dass sie andere Ausrüstungsgegenstände als die, die sie gewöhnlich verwenden, mieten oder kaufen müssen oder dass sie die Art und Weise, wie sie ihre Tätigkeit gewöhnlich ausüben, erheblich ändern müssen.

(81) Der Begriff der Ausrüstungsgegenstände bezieht sich nicht auf materielle Gegenstände, die entweder vom Dienstleistungserbringer an den -empfänger geliefert werden oder die – wie beispielsweise Baustoffe oder Ersatzteile – aufgrund der Dienstleistungstätigkeit Teil eines materiellen Gegenstands werden oder – wie beispielsweise Brennstoffe, Sprengstoffe, pyrotechnische Erzeugnisse, Pestizide, Giftstoffe oder Arzneimittel – im Zuge der Erbringung der Dienstleistung verbraucht oder vor Ort belassen werden.

(82) Diese Richtlinie sollte der Anwendung von Vorschriften über Beschäftigungsbedingungen durch einen Mitgliedstaat nicht entgegenstehen. Rechts- und Verwaltungsvorschriften sollten nach dem Vertrag aus Gründen des Schutzes der Arbeitnehmer gerechtfertigt und – nach der Auslegung des Gerichtshofes – nicht diskriminierend, erforderlich und verhältnismäßig sein sowie mit sonstigen einschlägigen Rechtsvorschriften der Gemeinschaft in Einklang stehen.

(83) Es ist erforderlich sicherzustellen, dass Abweichungen von den Bestimmungen über die Dienstleistungsfreiheit nur in den Bereichen zulässig sind, für die Ausnahmeregelungen gelten. Diese Ausnahmeregelungen sind notwendig, um dem Ausmaß der Rechtsvereinheitlichung im Binnenmarkt bzw. bestimmten Gemeinschaftsrechtsakten im Bereich der Dienstleistungen Rechnung zu tragen, nach denen ein Dienstleistungserbringer einem anderen Recht als dem des Niederlassungsmitgliedstaates unterliegt. Darüber hinaus sollten in bestimmten Ausnahmefällen und unter strengen verfahrensrechtlichen und materiellen Voraussetzungen gegenüber einem Dienstleistungserbringer Maßnahmen im Einzelfall ergriffen werden. Des Weiteren sollte jede in Ausnahmefällen zulässige Beschränkung des freien Dienstleistungsverkehrs im Einklang mit den Grundrechten stehen, die integraler Bestandteil der im gemeinschaftlichen Rechtssystem anerkannten allgemeinen Rechtsgrundsätze sind.

(84) Die Ausnahme von den Bestimmungen über die Dienstleistungsfreiheit im Falle der Postdienste sollte sowohl Tätigkeiten, die Universaldiensterbringern vorbehalten sind, als auch sonstige Postdienste betreffen.

(85) Die Ausnahme von den Bestimmungen über die Dienstleistungsfreiheit im Falle der gerichtlichen Beitreibung von Forderungen

und die Bezugnahme auf einen möglichen künftigen Harmonisierungsrechtsakt sollten ausschließlich die Aufnahme und Ausübung von Tätigkeiten betreffen, die im Wesentlichen in der Einreichung von Klagen zur Beitreibung von Forderungen vor einem Gericht bestehen.

(86) Diese Richtlinie sollte nicht die Arbeits- und Beschäftigungsbedingungen berühren, die gemäß der Richtlinie 96/71/EG des Europäischen Parlaments und des Rates vom 16. Dezember 1996 über die Entsendung von Arbeitnehmern im Rahmen der Erbringung von Dienstleistungen[1] für Arbeitnehmer gelten, die für die Erbringung von Dienstleistungen in das Hoheitsgebiet eines anderen Mitgliedstaats entsandt werden. In diesen Fällen sieht die Richtlinie 96/71/EG vor, dass die Dienstleistungserbringer in den im Einzelnen aufgeführten Bereichen die in dem Mitgliedstaat, in dem die Dienstleistung erbracht wird, geltenden Arbeits- und Beschäftigungsbedingungen einhalten müssen. Dabei handelt es sich um folgende Bereiche: Höchstarbeitszeiten und Mindestruhezeiten, bezahlter Mindestjahresurlaub, Mindestlohnsätze einschließlich der Überstundensätze, die Bedingungen für die Überlassung von Arbeitskräften, insbesondere Schutz der von Leiharbeitsunternehmen zur Verfügung gestellten Arbeitskräfte, Gesundheitsschutz, Sicherheit und Hygiene am Arbeitsplatz, Schutzmaßnahmen im Zusammenhang mit den Arbeits- und Beschäftigungsbedingungen von Schwangeren und Wöchnerinnen, Kindern und Jugendlichen, Gleichbehandlung von Männern und Frauen sowie andere Nichtdiskriminierungsbestimmungen. Dies betrifft nicht nur die gesetzlich festgelegten Arbeits- und Beschäftigungsbedingungen, sondern auch die in allgemein verbindlich erklärten oder im Sinne der Richtlinie 96/71/EG de facto allgemein verbindlichen Tarifverträgen oder Schiedssprüchen festgelegten Bedingungen. Außerdem sollte diese Richtlinie die Mitgliedstaaten nicht daran hindern, Arbeits- und Beschäftigungsbedingungen für andere als die in Artikel 3 Absatz 1 der Richtlinie 96/71/EG aufgeführten Aspekte aus Gründen der öffentlichen Ordnung vorzuschreiben.

(87) Diese Richtlinie sollte ebenso wenig die Arbeits- und Beschäftigungsbedingungen in Fällen betreffen, in denen der für die Erbringung einer grenzüberschreitenden Dienstleistung beschäftigte Arbeitnehmer in dem Mitgliedstaat, in dem die Dienstleistung erbracht wird, eingestellt wird. Außerdem sollte diese Richtlinie nicht das Recht der Mitgliedstaaten, in denen die Dienstleistung erbracht wird, berühren, das Bestehen eines Arbeitsverhältnisses zu bestimmen und den Unterschied zwischen Selbstständigen und abhängig beschäftigten Personen, einschließlich so genannter Scheinselbstständiger, festzulegen. In diesem Zusammenhang sollte das wesentliche Merkmal eines Arbeits-

[1] ABl. L 18 vom 21. 1. 1997, S. 1.

verhältnisses im Sinne des Artikels 39 des Vertrags die Tatsache sein, dass jemand während einer bestimmten Zeit für einen anderen nach dessen Weisung Leistungen erbringt, für die er als Gegenleistung eine Vergütung erhält; jedwede Tätigkeit einer Person außerhalb eines Unterordnungsverhältnisses muss als selbstständige Beschäftigung im Sinne der Artikel 43 und 49 des Vertrags angesehen werden.

(88) Die Bestimmungen über die Dienstleistungsfreiheit sollten in Fällen, in denen eine Tätigkeit in einem Mitgliedstaat im Einklang mit dem Gemeinschaftsrecht einem bestimmten Beruf vorbehalten ist, keine Anwendung finden, z. B. wenn Rechtsberatung nur von Juristen durchgeführt werden darf.

(89) Die Ausnahme von den Bestimmungen über die Dienstleistungsfreiheit für die Zulassung von Kraftfahrzeugen, die nicht in dem Mitgliedstaat geleast wurden, in dem sie genutzt werden, ergibt sich aus der Rechtsprechung des Gerichtshofes, der anerkannt hat, dass ein Mitgliedstaat Fahrzeuge, die in seinem Hoheitsgebiet genutzt werden, einer solchen Anforderung unterwerfen kann, sofern sie das Erfordernis der Verhältnismäßigkeit erfüllt. Diese Ausnahme betrifft nicht die gelegentliche oder vorübergehende Anmietung.

(90) Vertragsbeziehungen zwischen dem Dienstleistungserbringer und dem Kunden sowie zwischen Arbeitgeber und Arbeitnehmer sollten nicht unter diese Richtlinie fallen. Die Festlegung des auf vertragliche oder außervertragliche Schuldverhältnisse des Dienstleistungserbringers anzuwendenden Rechts sollte durch die Regeln des internationalen Privatrechts erfolgen.

(91) Den Mitgliedstaaten muss die Möglichkeit gelassen werden, ausnahmsweise in bestimmten Einzelfällen aus Gründen der Sicherheit der Dienstleistungen in Abweichung von den Bestimmungen über die Dienstleistungsfreiheit Maßnahmen gegenüber einem Dienstleistungserbringer zu ergreifen, der in einem anderen Mitgliedstaat niedergelassen ist. Es sollte jedoch nur möglich sein, solche Maßnahmen bei Fehlen einer gemeinschaftlichen Harmonisierung zu ergreifen.

(92) Dieser Richtlinie entgegenstehende Beschränkungen des freien Dienstleistungsverkehrs können sich nicht nur aus Maßnahmen gegenüber den Dienstleistungserbringern, sondern auch aus vielfältigen Beschränkungen ergeben, denen die Dienstleistungsempfänger und insbesondere die Verbraucher bei der Nutzung von Dienstleistungen begegnen. Diese Richtlinie enthält Beispiele für bestimmte Arten von Beschränkungen gegenüber einem Dienstleistungsempfänger, der eine Dienstleistung in Anspruch nehmen möchte, die von einem in einem anderen Mitgliedstaat niedergelassenen Dienstleistungserbringer angeboten wird. Dies umfasst auch Fälle, in denen Dienstleistungsempfänger verpflichtet sind, eine Genehmigung ihrer zuständigen Behörden einzuholen oder bei diesen Behörden eine Erklärung abzugeben, um eine Dienst-

leistung eines Dienstleistungserbringers, der in einem anderen Mitgliedstaat niedergelassen ist, in Anspruch nehmen zu können. Dies betrifft keine allgemeinen Genehmigungsregelungen, die auch für die Inanspruchnahme einer Dienstleistung gelten, die von einem in demselben Mitgliedstaat niedergelassenen Dienstleistungserbringer erbracht wird.

(93) Der Begriff der finanziellen Unterstützung für die Inanspruchnahme einer bestimmten Dienstleistung sollte weder für Beihilferegelungen der Mitgliedstaaten, insbesondere im sozialen oder kulturellen Bereich, die unter die gemeinschaftlichen Wettbewerbsvorschriften fallen, gelten, noch für allgemeine finanzielle Unterstützung, die nicht mit der Inanspruchnahme einer bestimmten Dienstleistung verknüpft ist, z. B. Zuschüsse oder Darlehen für Studenten.

(94) Gemäß den Vorschriften des Vertrags über den freien Dienstleistungsverkehr sind Diskriminierungen des Dienstleistungsempfängers aufgrund seiner Staatsangehörigkeit, seines Wohnsitzstaates oder seines Wohnortes verboten. Eine solche Diskriminierung kann in einer Verpflichtung bestehen, wonach lediglich Staatsangehörige eines anderen Mitgliedstaats Originaldokumente, beglaubigte Kopien, einen Staatsangehörigkeitsnachweis oder beglaubigte Übersetzungen von Unterlagen vorzulegen haben, um in den Genuss bestimmter Dienstleistungen, günstigerer Bedingungen oder Preisvorteile zu kommen. Gleichwohl sollte das Verbot diskriminierender Anforderungen nicht verhindern, dass bestimmte Vergünstigungen, namentlich Preisvorteile, bestimmten Dienstleistungsempfängern vorbehalten sind, wenn dies auf berechtigten und objektiven Kriterien beruht.

(95) Der Grundsatz der Nichtdiskriminierung im Binnenmarkt beinhaltet, dass einem Dienstleistungsempfänger, insbesondere einem Verbraucher, der Zugriff auf allgemein angebotene Dienstleistungen nicht aufgrund eines Kriteriums verwehrt oder erschwert werden darf, das in veröffentlichten allgemeinen Geschäftsbedingungen enthalten ist und an seine Staatsangehörigkeit oder seines Wohnsitzes anknüpft. Hieraus folgt nicht, dass es eine rechtswidrige Diskriminierung darstellt, wenn in solchen allgemeinen Geschäftsbedingungen für eine Dienstleistung unterschiedliche Preise oder Bedingungen festgelegt werden, die durch objektive Gründe gerechtfertigt sind, die von Land zu Land unterschiedlich sein können, wie beispielsweise entfernungsabhängige Zusatzkosten, technische Merkmale der Erbringung der Dienstleistung, unterschiedliche Marktbedingungen wie saisonbedingte stärkere oder geringere Nachfrage, unterschiedliche Ferienzeiten in den Mitgliedstaaten, unterschiedliche Preisgestaltung der Wettbewerber oder zusätzliche Risiken, die damit verbunden sind, dass sich die rechtlichen Rahmenbedingungen von denen des Niederlassungsmitgliedstaates unterscheiden. Hieraus folgt auch nicht, dass es eine rechtswidrige Diskriminierung darstellen

würde, wenn einem Verbraucher eine Dienstleistung nicht erbracht wird, weil die erforderlichen Rechte des geistigen Eigentums in einem bestimmten Hoheitsgebiet nicht vorliegen.

(96) Bei den Möglichkeiten, die der Dienstleistungserbringer hat, um dem Dienstleistungsempfänger die von ihm bereitzustellenden Informationen leicht zugänglich zu machen, sollte die Angabe seiner elektronischen Adresse einschließlich seiner Website vorgesehen werden. Im Übrigen sollte die Verpflichtung des Dienstleistungserbringers, in den ausführlichen Informationsunterlagen über seine Tätigkeit bestimmte Angaben zu machen, nicht für die allgemeine kommerzielle Kommunikation wie etwa Werbung gelten, sondern vielmehr für Dokumente, die ausführliche Angaben über die angebotenen Dienstleistungen enthalten, einschließlich der Dokumente auf einer Website.

(97) Es ist erforderlich, in diese Richtlinie bestimmte Vorschriften zur Gewährleistung einer hohen Qualität der Dienstleistungen, insbesondere in Bezug auf Informations- und Transparenzerfordernisse, aufzunehmen. Diese Vorschriften sollten sowohl für die grenzüberschreitende Erbringung von Dienstleistungen zwischen Mitgliedstaaten als auch für Dienstleistungen, die in einem Mitgliedstaat von einem dort niedergelassenen Anbieter erbracht werden, gelten, ohne dass KMU vermeidbare Belastungen auferlegt werden. Diese Vorschriften sollten die Mitgliedstaaten in keiner Weise daran hindern, in Übereinstimmung mit dieser Richtlinie und anderem Gemeinschaftsrecht zusätzliche oder andere Qualitätsanforderungen zu stellen.

(98) Jeder Marktteilnehmer, dessen Dienstleistungen ein unmittelbares und besonderes Risiko für die Gesundheit, Sicherheit oder die finanzielle Lage des Dienstleistungsempfängers oder eines Dritten darstellen, sollte grundsätzlich über eine angemessene Berufshaftpflichtversicherung oder eine andere gleichwertige oder vergleichbare Sicherheit verfügen, was insbesondere bedeutet, dass ein solcher Marktteilnehmer in der Regel für die Erbringung der Dienstleistung in einem oder mehreren anderen Mitgliedstaaten als dem Niederlassungsmitgliedstaat angemessen versichert sein sollte.

(99) Die Versicherung oder Sicherheit sollte der Art und dem Ausmaß des Risikos angemessen sein. Deshalb sollte ein Dienstleistungserbringer nur dann über eine grenzüberschreitende Deckung verfügen müssen, wenn dieser Dienstleistungserbringer tatsächlich in anderen Mitgliedstaaten Dienstleistungen erbringt. Die Mitgliedstaaten sollten keine detaillierteren Vorschriften für die Versicherungsdeckung festlegen und z. B. Mindestwerte für die Versicherungssumme oder Begrenzungen für Ausnahmen von der Deckung vorsehen. Dienstleistungserbringer und Versicherer sollten weiterhin über die nötige Flexibilität verfügen, um genau auf die Art und das Ausmaß des Risikos abgestimmte Versicherungspolicen auszuhandeln. Darüber hinaus ist es nicht not-

wendig, dass die Verpflichtung zu einer angemessenen Versicherung gesetzlich festgelegt wird. Es sollte ausreichen, wenn die Versicherungspflicht Teil der von den Berufsverbänden festgelegten Standesregeln ist. Ferner sollten Versicherungsunternehmen nicht gezwungen werden, Versicherungsverträge abzuschließen.

(100) Es ist erforderlich absolute Verbote kommerzieller Kommunikation für reglementierte Berufe zu beseitigen, wobei nicht Verbote gemeint sind, die sich auf den Inhalt der kommerziellen Kommunikation beziehen, sondern solche, die diese allgemein und für ganze Berufsgruppen in einer oder mehreren Formen untersagen, beispielsweise ein Verbot von Werbung in einem bestimmten Medium oder in einer Reihe von Medien. Hinsichtlich des Inhalts und der Art und Weise der kommerziellen Kommunikation ist es erforderlich, die Angehörigen der reglementierten Berufe aufzufordern, im Einklang mit dem Gemeinschaftsrecht gemeinschaftsweite Verhaltenskodizes zu erarbeiten.

(101) Es ist erforderlich und im Interesse der Dienstleistungsempfänger, insbesondere der Verbraucher, sicherzustellen, dass die Dienstleistungserbringer die Möglichkeit haben, multidisziplinäre Dienstleistungen anzubieten, und dass die diesbezüglichen Beschränkungen auf das begrenzt werden, was erforderlich ist, um die Unparteilichkeit und Unabhängigkeit sowie die Integrität der reglementierten Berufe zu gewährleisten. Hiervon unberührt bleiben solche Beschränkungen oder Verbote, besondere Tätigkeiten auszuführen, mit denen die Unabhängigkeit in Fällen sichergestellt werden soll, in denen ein Mitgliedstaat einen Dienstleistungserbringer mit einer besonderen Aufgabe, insbesondere im Bereich der Stadtentwicklung, betraut; ferner sollte dies nicht die Anwendung von Wettbewerbsvorschriften berühren.

(102) Um die Transparenz zu erhöhen und sicherzustellen, dass Bewertungen der Qualität der angebotenen und erbrachten Dienstleistungen sich auf vergleichbare Kriterien stützen, ist es wichtig, dass die Informationen über die Bedeutung der Gütesiegel und sonstigen Kennzeichnungen der Dienstleistungen leicht zugänglich sind. Eine solche Transparenzpflicht ist in Bereichen wie dem Fremdenverkehr, namentlich im Hotelgewerbe mit seinen weit verbreiteten Klassifizierungssystemen, besonders wichtig. Im Übrigen ist es angebracht zu untersuchen, in welchem Maß europäische Normung von Nutzen sein kann, um die Vergleichbarkeit und die Qualität der Dienstleistungen zu erleichtern. Europäische Normen werden von den europäischen Normungsorganisationen, dem Europäischen Komitee für Normung (CEN), dem Europäischen Komitee für elektrotechnische Normung (CENELEC) und dem Europäischen Institut für Telekommunikationsnormen (ETS I) erarbeitet. Soweit erforderlich, kann die Kommission nach den in der Richtlinie 98/34/EG des Europäischen Parlaments und des Rates vom 22. Juni 1998 über ein Informationsverfahren auf dem Gebiet der Normen und techni-

schen Vorschriften und der Vorschriften für die Dienste der Informationsgesellschaft[1] vorgesehenen Verfahren einen Auftrag zur Erarbeitung europäischer Normen erteilen.

(103) Um eventuelle Probleme bei der Befolgung einer Gerichtsentscheidung zu lösen, ist es angezeigt, dass die Mitgliedstaaten gleichwertige Sicherheiten anerkennen, die bei in einem anderen Mitgliedstaat niedergelassenen Instituten oder Einrichtungen wie Banken, Versicherern oder anderen Finanzdienstleistungserbringern bestellt wurden.

(104) Die Entwicklung eines Netzes der für den Verbraucherschutz zuständigen Behörden der Mitgliedstaaten, das Gegenstand der Verordnung (EG) Nr. 2006/2004 ist, ergänzt die in dieser Richtlinie vorgesehene Zusammenarbeit. Die Anwendung der Rechtsvorschriften über den Verbraucherschutz in grenzüberschreitenden Fällen, insbesondere im Hinblick auf die Entwicklung neuer Marketing- und Vertriebspraktiken, ebenso wie die Notwendigkeit, bestimmte Hindernisse für die Zusammenarbeit in diesem Bereich zu beseitigen, erfordern ein erhöhtes Maß an Zusammenarbeit zwischen den Mitgliedstaaten. Insbesondere ist es in diesem Bereich erforderlich sicherzustellen, dass die Mitgliedstaaten von Marktteilnehmern die Beendigung rechtswidriger Praktiken in ihrem Hoheitsgebiet fordern, die auf Verbraucher in anderen Mitgliedstaaten abzielen.

(105) Für ein reibungsloses Funktionieren des Binnenmarktes für Dienstleistungen ist eine Zusammenarbeit der Verwaltungen unerlässlich. Mangelnde Zusammenarbeit zwischen Mitgliedstaaten führt zu einer Zunahme von Vorschriften für Dienstleistungserbringer oder zu doppelten Kontrollen von grenzüberschreitenden Tätigkeiten und kann auch von unseriösen Geschäftemachern dazu genutzt werden, sich einer Kontrolle zu entziehen oder auf Dienstleistungen anwendbare nationale Vorschriften zu umgehen. Es ist daher unverzichtbar, klare und rechtsverbindliche Verpflichtungen der Mitgliedstaaten zur wirksamen Zusammenarbeit festzulegen.

(106) Für die Zwecke des Kapitels über Verwaltungszusammenarbeit sollte „Kontrolle" Tätigkeiten wie Überwachung und Faktenermittlung, Problemlösung, Verhängung und Vollstreckung von Sanktionen sowie die damit verbundenen Folgemaßnahmen umfassen.

(107) Unter normalen Umständen sollte die Amtshilfe direkt zwischen den zuständigen Behörden erfolgen. Die von den Mitgliedstaaten benannten Verbindungsstellen sollten nur dann aufgefordert werden, diesen Prozess zu unterstützen, wenn Schwierigkeiten auftreten, z.B. wenn Hilfe erforderlich ist, um die entsprechende zuständige Behörde zu ermitteln.

(108) Bestimmte Verpflichtungen zur Amtshilfe sollten für alle Fragen gelten, auf die sich diese Richtlinie erstreckt; hierzu gehören

[1] ABl. L 204 vom 21. 7. 1998, S. 37. Zuletzt geändert durch die Beitrittsakte von 2003.

auch Verpflichtungen im Zusammenhang mit Fällen, in denen sich der Dienstleistungserbringer in einem anderen Mitgliedstaat niederlässt. Andere Verpflichtungen zur Amtshilfe sollten nur in den Fällen der grenzüberschreitenden Erbringung von Dienstleistungen Anwendung finden, in denen die Bestimmungen über die Dienstleistungsfreiheit gelten. Eine Reihe weiterer Verpflichtungen sollten in allen Fällen der grenzüberschreitenden Erbringung von Dienstleistungen Anwendung finden, also auch in Bereichen, die nicht von den Bestimmungen über die Dienstleistungsfreiheit erfasst werden. Die grenzüberschreitende Erbringung von Dienstleistungen sollte auch solche Fälle umfassen, in denen die Dienstleistungen aus der Ferne erbracht werden, und solche, in denen sich der Dienstleistungsempfänger in den Niederlassungsmitgliedstaat des Dienstleistungserbringers begibt, um die Dienstleistung in Anspruch zu nehmen.

(109) Für die Fälle, in denen sich der Dienstleistungserbringer vorübergehend in einen anderen Mitgliedstaat als seinen Niederlassungsmitgliedstaat begibt, muss eine Amtshilfe zwischen diesen beiden Mitgliedstaaten vorgesehen werden, damit der Bestimmungsmitgliedstaat im Auftrag des Niederlassungsmitgliedstaats Überprüfungen, Kontrollen und Untersuchungen durchführen kann oder aber, wenn es lediglich um die Sachverhaltsfeststellung geht, von sich aus tätig werden kann.

(110) Es sollte Mitgliedstaaten nicht möglich sein, die Vorschriften dieser Richtlinie, einschließlich der Bestimmungen über die Dienstleistungsfreiheit, dadurch zu umgehen, dass sie diskriminierende oder unverhältnismäßige Überprüfungen, Kontrollen oder Ermittlungen durchführen.

(111) Die sich auf den Austausch von Informationen über die Zuverlässigkeit der Dienstleistungserbringer beziehenden Bestimmungen dieser Richtlinie sollten Initiativen im Bereich der polizeilichen und justiziellen Zusammenarbeit in Strafsachen nicht vorgreifen, insbesondere nicht Initiativen zum Austausch von Informationen zwischen den Strafverfolgungsbehörden und über Strafregister der Mitgliedstaaten.

(112) Die Zusammenarbeit zwischen den Mitgliedstaaten erfordert ein gut funktionierendes elektronisches Informationssystem, damit die zuständigen Behörden ihre jeweiligen Ansprechpartner in anderen Mitgliedstaaten leicht ermitteln und wirksam mit ihnen kommunizieren können.

(113) Es ist vorzusehen, dass die Mitgliedstaaten in Zusammenarbeit mit der Kommission Interessengruppen ermutigen, gemeinschaftsweite Verhaltenskodizes auszuarbeiten, die, unter Berücksichtigung der Besonderheiten jedes Berufs, insbesondere die Dienstleistungsqualität verbessern sollen. Diese Verhaltenskodizes sollten mit dem Gemeinschaftsrecht, vor allem dem Wettbewerbsrecht, vereinbar sein. Sie sollten mit rechtsverbindlichen Berufsregeln in den Mitgliedstaaten vereinbar sein.

(114) Die Mitgliedstaaten sollten die Ausarbeitung von Verhaltenskodizes insbesondere durch Berufsverbände, -organisationen und -vereinigungen auf Gemeinschaftsebene unterstützen. Diese Verhaltenskodizes sollten je nach Art der einzelnen Berufe Bestimmungen über die kommerzielle Kommunikation in den reglementierten Berufen sowie die Standesregeln der reglementierten Berufe enthalten, die insbesondere die Wahrung der Unabhängigkeit, der Unparteilichkeit und des Berufsgeheimnisses gewährleisten sollen. Darüber hinaus sollten die Voraussetzungen für die Ausübung der Tätigkeit von Immobilienmaklern in diese Verhaltenskodizes einbezogen werden. Die Mitgliedstaaten sollten begleitende Maßnahmen ergreifen, um die Berufsverbände, -organisationen und -vereinigungen zu ermutigen, die auf Gemeinschaftsebene verabschiedeten Verhaltenskodizes auf nationaler Ebene umzusetzen.

(115) Verhaltenskodizes auf Gemeinschaftsebene sollen dazu dienen, Mindestverhaltensnormen festzulegen, und sie ergänzen die rechtlichen Anforderungen der Mitgliedstaaten. Sie hindern die Mitgliedstaaten nicht daran, im Einklang mit dem Gemeinschaftsrecht strengere rechtliche Maßnahmen zu erlassen, oder die nationalen Berufsverbände, einen stärkeren Schutz in ihren nationalen Verhaltenskodizes vorzusehen.

(116) Da die Ziele dieser Richtlinie, nämlich die Beseitigung von Beschränkungen der Niederlassungsfreiheit von Dienstleistungserbringern in den Mitgliedstaaten und für den freien Dienstleistungsverkehr zwischen den Mitgliedstaaten, auf Ebene der Mitgliedstaaten nicht ausreichend verwirklicht werden können und daher wegen des Umfangs der Maßnahme besser auf Gemeinschaftsebene zu verwirklichen sind, kann die Gemeinschaft im Einklang mit dem in Artikel 5 des Vertrags niedergelegten Subsidiaritätsprinzip tätig werden. Entsprechend dem in demselben Artikel genannten Grundsatz der Verhältnismäßigkeit geht diese Richtlinie nicht über das zur Erreichung dieser Ziele erforderliche Maß hinaus.

(117) Die zur Durchführung dieser Richtlinie erforderlichen Maßnahmen sollten gemäß dem Beschluss 1999/468/EG des Rates vom 28. Juni 1999 zur Festlegung der Modalitäten für die Ausübung der der Kommission übertragenen Durchführungsbefugnisse[1)] erlassen werden.

(118) Gemäß Nummer 34 der Interinstitutionellen Vereinbarung über bessere Rechtsetzung[2)] sind die Mitgliedstaaten aufgefordert, für ihre eigenen Zwecke und im Interesse der Gemeinschaft eigene Tabellen aufzustellen, aus denen im Rahmen des Möglichen die Entsprechungen zwischen dieser Richtlinie und den Umsetzungsmaßnahmen zu entnehmen sind, und diese zu veröffentlichen –

HABEN FOLGENDE RICHTLINIE ERLASSEN:

---

1) ABl. L 184 vom 17. 7. 1999, S. 23. Geändert durch den Beschluss 2006/512/EG (ABl. L 200 vom 22. 7. 2006, S. 11).

2) ABl. C 321 vom 31. 12. 2003, S. 1.

Kapitel I. Allgemeine Bestimmungen

Art. 1 Gegenstand. (1) Diese Richtlinie enthält allgemeine Bestimmungen, die bei gleichzeitiger Gewährleistung einer hohen Qualität der Dienstleistungen die Wahrnehmung der Niederlassungsfreiheit durch Dienstleistungserbringer sowie den freien Dienstleistungsverkehr erleichtern sollen.

(2) Diese Richtlinie betrifft weder die Liberalisierung von Dienstleistungen von allgemeinem wirtschaftlichem Interesse, die öffentlichen oder privaten Einrichtungen vorbehalten sind, noch die Privatisierung öffentlicher Einrichtungen, die Dienstleistungen erbringen.

(3) Diese Richtlinie betrifft weder die Abschaffung von Dienstleistungsmonopolen noch von den Mitgliedstaaten gewährte Beihilfen, die unter die gemeinschaftlichen Wettbewerbsvorschriften fallen.

Diese Richtlinie berührt nicht das Recht der Mitgliedstaaten, im Einklang mit dem Gemeinschaftsrecht festzulegen, welche Leistungen sie als von allgemeinem wirtschaftlichem Interesse erachten, wie diese Dienstleistungen unter Beachtung der Vorschriften über staatliche Beihilfen organisiert und finanziert werden sollten und welchen spezifischen Verpflichtungen sie unterliegen sollten.

(4) Diese Richtlinie berührt nicht die Maßnahmen, die auf gemeinschaftlicher oder nationaler Ebene im Einklang mit dem Gemeinschaftsrecht ergriffen werden, um die kulturelle oder sprachliche Vielfalt oder den Medienpluralismus zu schützen oder zu fördern.

(5) Diese Richtlinie berührt nicht das Strafrecht der Mitgliedstaaten. Die Mitgliedstaaten dürfen jedoch nicht unter Umgehung der Vorschriften dieser Richtlinie die Dienstleistungsfreiheit dadurch einschränken, dass sie Strafrechtsbestimmungen anwenden, die die Aufnahme oder Ausübung einer Dienstleistungstätigkeit gezielt regeln oder beeinflussen.

(6) Diese Richtlinie berührt nicht das Arbeitsrecht, d.h. gesetzliche oder vertragliche Bestimmungen über Arbeits- und Beschäftigungsbedingungen, einschließlich des Gesundheitsschutzes und der Sicherheit am Arbeitsplatz und über die Beziehungen zwischen Arbeitgebern und Arbeitnehmern, die von den Mitgliedstaaten gemäß nationalem Recht unter Wahrung des Gemeinschaftsrechts angewandt werden. In gleicher Weise berührt die Richtlinie auch nicht die Rechtsvorschriften der Mitgliedstaaten über die soziale Sicherheit.

(7) Diese Richtlinie berührt nicht die Ausübung der in den Mitgliedstaaten und durch das Gemeinschaftsrecht anerkannten Grundrechte. Sie berührt auch nicht das Recht, gemäß nationalem Recht und nationalen Praktiken unter Wahrung des Gemeinschaftsrechts Tarifverträge auszuhandeln, abzuschließen und durchzusetzen sowie Arbeitskampfmaßnahmen zu ergreifen.

Art. 2 Anwendungsbereich. (1) Diese Richtlinie gilt für Dienstleistungen, die von einem in einem Mitgliedstaat niedergelassenen Dienstleistungserbringer angeboten werden.

(2) Diese Richtlinie findet auf folgende Tätigkeiten keine Anwendung:

a) nicht-wirtschaftliche Dienstleistungen von allgemeinem Interesse;

b) Finanzdienstleistungen wie Bankdienstleistungen und Dienstleistungen im Zusammenhang mit einer Kreditgewährung, Versicherung und Rückversicherung, betrieblicher oder individueller Altersversorgung, Wertpapieren, Geldanlagen, Zahlungen, Anlageberatung, einschließlich der in Anhang I der Richtlinie 2006/48/EG aufgeführten Dienstleistungen;

c) Dienstleistungen und Netze der elektronischen Kommunikation sowie zugehörige Einrichtungen und Dienste in den Bereichen, die in den Richtlinien 2002/19/EG, 2002/20/EG, 2002/21/EG, 2002/22/EG und 2002/58/EG geregelt sind;

d) Verkehrsdienstleistungen einschließlich Hafendienste, die in den Anwendungsbereich von Titel V des Vertrags fallen;

e) Dienstleistungen von Leiharbeitsagenturen;

f) Gesundheitsdienstleistungen, unabhängig davon, ob sie durch Einrichtungen der Gesundheitsversorgung erbracht werden, und unabhängig davon, wie sie auf nationaler Ebene organisiert und finanziert sind, und ob es sich um öffentliche oder private Dienstleistungen handelt;

g) audiovisuelle Dienste, auch im Kino- und Filmbereich, ungeachtet der Art ihrer Herstellung, Verbreitung und Ausstrahlung, und Rundfunk;

h) Glücksspiele, die einen geldwerten Einsatz verlangen, einschließlich Lotterien, Glücksspiele in Spielkasinos und Wetten;

i) Tätigkeiten, die im Sinne des Artikels 45 des Vertrags mit der Ausübung öffentlicher Gewalt verbunden sind;

j) soziale Dienstleistungen im Zusammenhang mit Sozialwohnungen, der Kinderbetreuung und der Unterstützung von Familien und dauerhaft oder vorübergehend hilfsbedürftigen Personen, die vom Staat, durch von ihm beauftragte Dienstleistungserbringer oder durch von ihm als gemeinnützig anerkannte Einrichtungen erbracht werden;

k) private Sicherheitsdienste;

l) Tätigkeiten von Notaren und Gerichtsvollziehern, die durch staatliche Stellen bestellt werden.

(3) Die Richtlinie gilt nicht für den Bereich der Steuern.

Art. 3 Verhältnis zu geltendem Gemeinschaftsrecht. (1) Widersprechen Bestimmungen dieser Richtlinie einer Bestimmung eines anderen Gemeinschaftsrechtsaktes, der spezifische Aspekte der Aufnahme oder Ausübung einer Dienstleistungstätigkeit in bestimmten Bereichen oder bestimmten Berufen regelt, so hat die Bestimmung des anderen Gemeinschaftsrechtsaktes Vorrang und findet auf die betreffenden Bereiche oder Berufe Anwendung. Dies gilt insbesondere für:

a) die Richtlinie 96/71/EG;

b) die Verordnung (EWG) Nr. 1408/71;

c) die Richtlinie 89/552/EWG des Rates vom 3. Oktober 1989 zur Koordinierung bestimmter Rechts- und Verwaltungsvorschriften der Mitgliedstaaten über die Ausübung der Fernsehtätigkeit[1];

d) die Richtlinie 2005/36/EG.

(2) Diese Richtlinie betrifft nicht die Regeln des internationalen Privatrechts, insbesondere die Regeln des auf vertragliche und außervertragliche Schuldverhältnisse anzuwendenden Rechts, einschließlich der Bestimmungen, die sicherstellen, dass die Verbraucher durch die im Verbraucherrecht ihres Mitgliedstaats niedergelegten Verbraucherschutzregeln geschützt sind.

(3) Die Mitgliedstaaten setzen die Bestimmungen dieser Richtlinie in Übereinstimmung mit den Bestimmungen des Vertrags über die Niederlassungsfreiheit und den freien Dienstleistungsverkehr um.

Art. 4 Begriffsbestimmungen. Für die Zwecke dieser Richtlinie bezeichnet der Ausdruck:

1. „Dienstleistung" jede von Artikel 50 des Vertrags erfasste selbstständige Tätigkeit, die in der Regel gegen Entgelt erbracht wird;
2. „Dienstleistungserbringer" jede natürliche Person, die die Staatsangehörigkeit eines Mitgliedstaats besitzt, und jede in einem Mitgliedstaat niedergelassene juristische Person im Sinne des Artikels 48 des Vertrags, die eine Dienstleistung anbietet oder erbringt;
3. „Dienstleistungsempfänger" jede natürliche Person, die die Staatsangehörigkeit eines Mitgliedstaats besitzt oder die in den Genuss von Rechten aus gemeinschaftlichen Rechtsakten kommt, oder jede in einem Mitgliedstaat niedergelassene juristische Person im Sinne des Artikels 48 des Vertrags, die für berufliche oder andere Zwecke eine Dienstleistung in Anspruch nimmt oder in Anspruch nehmen möchte;
4. „Niederlassungsmitgliedstaat" den Mitgliedstaat, in dessen Hoheitsgebiet der Dienstleistungserbringer niedergelassen ist;
5. „Niederlassung" die tatsächliche Ausübung einer von Artikel 43 des Vertrags erfassten wirtschaftlichen Tätigkeit durch den Dienst*leistungs*erbringer auf unbestimmte Zeit und mittels einer festen Infrastruktur, von der aus die Geschäftstätigkeit der Dienstleistungserbringung tatsächlich ausgeübt wird;
6. „Genehmigungsregelung" jedes Verfahren, das einen Dienstleistungserbringer oder -empfänger verpflichtet, bei einer zuständigen

[1] ABl. L 298 vom 17. 10. 1989, S. 23. Geändert durch Richtlinie 97/36/EG des Europäischen Parlaments und des Rates (ABl. L 202 vom 30. 7. 1997, S. 60).

Behörde eine förmliche oder stillschweigende Entscheidung über die Aufnahme oder Ausübung einer Dienstleistungstätigkeit zu erwirken;

7. „Anforderungen" alle Auflagen, Verbote, Bedingungen oder Beschränkungen, die in den Rechts- oder Verwaltungsvorschriften der Mitgliedstaaten festgelegt sind oder sich aus der Rechtsprechung, der Verwaltungspraxis, den Regeln von Berufsverbänden oder den kollektiven Regeln, die von Berufsvereinigungen oder sonstigen Berufsorganisationen in Ausübung ihrer Rechtsautonomie erlassen wurden, ergeben; Regeln, die in von den Sozialpartnern ausgehandelten Tarifverträgen festgelegt wurden, sind als solche keine Anforderungen im Sinne dieser Richtlinie;
8. „zwingende Gründe des Allgemeininteresses" Gründe, die der Gerichtshof in ständiger Rechtsprechung als solche anerkannt hat, einschließlich folgender Gründe: öffentliche Ordnung; öffentliche Sicherheit; Sicherheit der Bevölkerung; öffentliche Gesundheit; Erhaltung des finanziellen Gleichgewichts der Systeme der sozialen Sicherung; Schutz der Verbraucher, der Dienstleistungsempfänger und der Arbeitnehmer; Lauterkeit des Handelsverkehrs; Betrugsbekämpfung; Schutz der Umwelt und der städtischen Umwelt; Tierschutz; geistiges Eigentum; Erhaltung des nationalen historischen und künstlerischen Erbes; Ziele der Sozialpolitik und Ziele der Kulturpolitik;
9. „zuständige Behörde" jede Stelle oder Behörde, die in einem Mitgliedstaat eine Kontroll- oder Regulierungsfunktion für Dienstleistungstätigkeiten innehat, insbesondere Verwaltungsbehörden, einschließlich der als Verwaltungsbehörden fungierenden Gerichte, Berufsverbände und der Berufsvereinigungen oder sonstigen Berufsorganisationen, die im Rahmen ihrer Rechtsautonomie die Aufnahme oder Ausübung einer Dienstleistungstätigkeit kollektiv regeln;
10. „Mitgliedstaat der Dienstleistungserbringung" den Mitgliedstaat, in dem die Dienstleistung von einem in einem anderen Mitgliedstaat niedergelassenen Dienstleistungserbringer erbracht wird;
11. „reglementierter Beruf" eine berufliche Tätigkeit oder eine Gruppe beruflicher Tätigkeiten im Sinne des Artikels 3 Absatz 1 Buchstabe a der Richtlinie 2005/36/EG;
12. „kommerzielle Kommunikation" alle Formen der Kommunikation, die der unmittelbaren oder mittelbaren Förderung des Absatzes von Waren und Dienstleistungen oder des Erscheinungsbildes eines Unternehmens, einer Organisation oder einer natürlichen Person dienen, die eine Tätigkeit in Handel, Gewerbe oder Handwerk oder einen reglementierten Beruf ausübt. Folgende Angaben stellen als solche keine Form der kommerziellen Kommunikation dar:
   a) Angaben, die direkten Zugang zur Tätigkeit des Unternehmens, der Organisation oder der Person ermöglichen, wie insbesondere ein Domain-Name oder eine E-Mail-Adresse,

b) Angaben in Bezug auf Waren und Dienstleistungen oder das Erscheinungsbild eines Unternehmens, einer Organisation oder einer Person, die unabhängig und insbesondere ohne finanzielle Gegenleistung zusammengestellt werden.

Kapitel II. Verwaltungsvereinfachung

Art. 5 Vereinfachung der Verfahren. (1) Die Mitgliedstaaten prüfen die für die Aufnahme und die Ausübung einer Dienstleistungstätigkeit geltenden Verfahren und Formalitäten. Sind die nach diesem Absatz geprüften Verfahren und Formalitäten nicht einfach genug, so werden sie von den Mitgliedstaaten vereinfacht.

(2) Die Kommission kann nach dem in Artikel 40 Absatz 2 genannten Verfahren auf Gemeinschaftsebene einheitliche Formblätter einführen. Diese Formblätter sind Zeugnissen, Bescheinigungen und sonstigen vom Dienstleistungserbringer vorzulegenden Dokumenten gleichwertig.

(3) Verlangen die Mitgliedstaaten von einem Dienstleistungserbringer oder -empfänger ein Zeugnis, eine Bescheinigung oder ein sonstiges Dokument zum Nachweis der Erfüllung einer Anforderung, so erkennen die Mitgliedstaaten alle Dokumente eines anderen Mitgliedstaates an, die eine gleichwertige Funktion haben oder aus denen hervorgeht, dass die betreffende Anforderung erfüllt ist. Die Mitgliedstaaten dürfen nicht verlangen, dass Dokumente eines anderen Mitgliedstaates im Original, in beglaubigter Kopie oder in beglaubigter Übersetzung vorgelegt werden, außer in den Fällen, in denen dies in anderen Gemeinschaftsrechtsakten vorgesehen ist, oder wenn zwingende Gründe des Allgemeininteresses, einschließlich der öffentlichen Ordnung und Sicherheit, dies erfordern.

Unterabsatz 1 berührt nicht das Recht der Mitgliedstaaten, nicht beglaubigte Übersetzungen von Dokumenten in einer ihrer Amtssprachen zu verlangen.

(4) Absatz 3 gilt nicht für Dokumente im Sinne des Artikels 7 Absatz 2 und des Artikels 50 der Richtlinie 2005/36/EG, des Artikels 45 Absatz 3 und der Artikel 46, 49 und 50 der Richtlinie 2004/18/EG des Europäischen Parlaments und des Rates vom 31. März 2004 über die Koordinierung der Verfahren zur Vergabe öffentlicher Bauaufträge, Lieferaufträge und Dienstleistungsaufträge[1)], des Artikels 3 Absatz 2 der Richtlinie 98/5/EG des Europäischen Parlaments und des Rates vom 16. Februar 1998 zur Erleichterung der ständigen Ausübung des Rechtsanwaltsberufs in einem anderen Mitgliedstaat als dem, in dem die Qualifikation erworben wurde[2)], der Ersten Richtlinie 68/151/

[1)] ABl. L 134 vom 30. 4. 2004, S. 114. Zuletzt geändert durch die Verordnung (EG) Nr. 2083/2005 der Kommission (ABl. L 333 vom 20. 12. 2005, S. 28).

[2)] ABl. L 77 vom 14. 3. 1998, S. 36. Geändert durch die Beitrittsakte von 2003.

EWG des Rates vom 9. März 1968 zur Koordinierung der Schutzbestimmungen, die in den Mitgliedstaaten den Gesellschaften im Sinne des Artikels 58 Absatz 2 des Vertrages im Interesse der Gesellschafter sowie Dritter vorgeschrieben sind, um diese Bestimmungen gleichwertig zu gestalten[1] und der Elften Richtlinie 89/666/EWG des Rates vom 21. Dezember 1989 über die Offenlegung von Zweigniederlassungen, die in einem Mitgliedstaat von Gesellschaften bestimmter Rechtsformen errichtet wurden, die dem Recht eines anderen Staates unterliegen[2].

Art. 6 Einheitliche Ansprechpartner. (1) Die Mitgliedstaaten stellen sicher, dass Dienstleistungserbringer folgende Verfahren und Formalitäten über einheitliche Ansprechpartner abwickeln können:

a) alle Verfahren und Formalitäten, die für die Aufnahme ihrer Dienstleistungstätigkeiten erforderlich sind, insbesondere Erklärungen, Anmeldungen oder die Beantragung von Genehmigungen bei den zuständigen Behörden, einschließlich der Beantragung der Eintragung in Register, Berufsrollen oder Datenbanken oder der Registrierung bei Berufsverbänden oder Berufsorganisationen;

b) die Beantragung der für die Ausübung ihrer Dienstleistungstätigkeit erforderlichen Genehmigungen.

(2) Die Schaffung einheitlicher Ansprechpartner berührt nicht die Verteilung von Zuständigkeiten und Befugnissen zwischen Behörden innerhalb der nationalen Systeme.

Art. 7 Recht auf Information. (1) Die Mitgliedstaaten stellen sicher, dass Dienstleistungserbringern und -empfängern über die einheitlichen Ansprechpartner folgende Informationen leicht zugänglich sind:

a) die Anforderungen, die für in ihrem Hoheitsgebiet niedergelassene Dienstleistungserbringer gelten, insbesondere bezüglich der Verfahren und Formalitäten für die Aufnahme und Ausübung von Dienstleistungstätigkeiten;

b) die Angaben über die zuständigen Behörden, einschließlich der für die Ausübung von Dienstleistungstätigkeiten zuständigen Behörden, um eine direkte Kontaktaufnahme mit diesen zu ermöglichen;

c) die Mittel und Bedingungen für den Zugang zu öffentlichen Registern und Datenbanken über Dienstleistungserbringer und Dienstleistungen;

d) die allgemein verfügbaren Rechtsbehelfe im Falle von Streitigkeiten zwischen den zuständigen Behörden und den Dienstleistungserbringern oder -empfängern oder zwischen Dienstleistungserbringern und -empfängern oder zwischen Dienstleistungserbringern;

---

[1] *ABl. L 65 vom 14. 3. 1968, S. 8.* Zuletzt geändert durch die Richtlinie 2003/58/EG des Europäischen Parlaments und des Rates (ABl. L 221 vom 4. 9. 2003, S. 13).

[2] ABl. L 395 vom 30. 12. 1989, S. 36.

e) die Angaben zu Verbänden oder Organisationen, die, ohne eine zuständige Behörde zu sein, Dienstleistungserbringer oder -empfänger praktisch unterstützen.

(2) Die Mitgliedstaaten stellen sicher, dass die Dienstleistungserbringer und -empfänger von den zuständigen Behörden auf Anfrage Unterstützung in Form von Informationen über die gewöhnliche Auslegung und Anwendung der maßgeblichen Anforderungen gemäß Absatz 1 Buchstabe a erhalten können. Sofern angebracht, schließt diese Beratung einen einfachen Schritt-für-Schritt-Leitfaden ein. Die Informationen sind in einfacher und verständlicher Sprache zu erteilen.

(3) Die Mitgliedstaaten stellen sicher, dass die in den Absätzen 1 und 2 genannten Informationen und Unterstützung in einer klaren und unzweideutigen Weise erteilt werden, aus der Ferne und elektronisch leicht zugänglich sind sowie dem neuesten Stand entsprechen.

(4) Die Mitgliedstaaten stellen sicher, dass die einheitlichen Ansprechpartner und die zuständigen Behörden alle Auskunfts- oder Unterstützungsersuchen gemäß den Absätzen 1 und 2 so schnell wie möglich beantworten und den Antragsteller unverzüglich davon in Kenntnis setzen, wenn sein Ersuchen fehlerhaft oder unbegründet ist.

(5) Die Mitgliedstaaten und die Kommission ergreifen begleitende Maßnahmen, um die Bereitschaft der einheitlichen Ansprechpartner zu fördern, die in diesem Artikel genannten Informationen auch in anderen Gemeinschaftssprachen bereitzustellen. Dies berührt nicht die Rechtsvorschriften der Mitgliedstaaten über die Verwendung von Sprachen.

(6) Die Verpflichtung der zuständigen Behörden zur Unterstützung der Dienstleistungserbringer und -empfänger umfasst keine Rechtsberatung in Einzelfällen, sondern betrifft lediglich allgemeine Informationen darüber, wie Anforderungen gewöhnlich ausgelegt oder angewandt werden.

Art. 8 Elektronische Verfahrensabwicklung. (1) Die Mitgliedstaaten stellen sicher, dass alle Verfahren und Formalitäten, die die Aufnahme oder die Ausübung einer Dienstleistungstätigkeit betreffen, problemlos aus der Ferne und elektronisch über den betreffenden einheitlichen Ansprechpartner oder bei der betreffenden zuständigen Behörde abgewickelt werden können.

(2) Absatz 1 betrifft nicht die Kontrolle des Ortes der Dienstleistungserbringung oder die Überprüfung der vom Dienstleistungserbringer verwendeten Ausrüstungsgegenstände oder die physische Untersuchung der Eignung oder persönlichen Zuverlässigkeit des Dienstleistungserbringers oder seiner zuständigen Mitarbeiter.

(3) Die Kommission erlässt nach dem in Artikel 40 Absatz 2 genannten Verfahren Durchführungsbestimmungen zu Absatz 1 des vorliegenden Artikels, um die Interoperabilität der Informationssysteme und die Nutzung der elektronischen Verfahren zwischen den Mitgliedstaaten zu

erleichtern, wobei auf Gemeinschaftsebene entwickelte gemeinsame Standards berücksichtigt werden.

Kapitel III. Niederlassungsfreiheit der Dienstleistungserbringer

Abschnitt 1. Genehmigung

Art. 9 Genehmigungsregelungen. (1) Die Mitgliedstaaten dürfen die Aufnahme und die Ausübung einer Dienstleistungstätigkeit nur dann Genehmigungsregelungen unterwerfen, wenn folgende Voraussetzungen erfüllt sind:

a) die Genehmigungsregelungen sind für den betreffenden Dienstleistungserbringer nicht diskriminierend;

b) die Genehmigungsregelungen sind durch zwingende Gründe des Allgemeininteresses gerechtfertigt;

c) das angestrebte Ziel kann nicht durch ein milderes Mittel erreicht werden, insbesondere weil eine nachträgliche Kontrolle zu spät erfolgen würde, um wirksam zu sein.

(2) Die Mitgliedstaaten nennen in dem in Artikel 39 Absatz 1 genannten Bericht die in ihrer jeweiligen Rechtsordnung vorgesehenen Genehmigungsregelungen und begründen deren Vereinbarkeit mit Absatz 1 des vorliegenden Artikels.

(3) Dieser Abschnitt gilt nicht für diejenigen Aspekte der Genehmigungsregelungen, die direkt oder indirekt durch andere Gemeinschaftsrechtsakte geregelt sind.

Art. 10 Voraussetzungen für die Erteilung der Genehmigung. (1) Die Genehmigungsregelungen müssen auf Kriterien beruhen, die eine willkürliche Ausübung des Ermessens der zuständigen Behörden verhindern.

(2) Die in Absatz 1 genannten Kriterien müssen:

a) nicht diskriminierend sein;

b) durch einen zwingenden Grund des Allgemeininteresses gerechtfertigt sein;

c) in Bezug auf diesen Grund des Allgemeininteresses verhältnismäßig sein;

d) klar und unzweideutig sein;

e) objektiv sein;

f) im Voraus bekannt gemacht werden;

g) transparent und zugänglich sein.

(3) Die Voraussetzungen für die Erteilung der Genehmigung für eine neue Niederlassung dürfen nicht zu einer doppelten Anwendung von gleichwertigen oder aufgrund ihrer Zielsetzung im Wesentlichen

vergleichbaren Anforderungen und Kontrollen führen, denen der Dienstleistungserbringer bereits in einem anderen oder im selben Mitgliedstaat unterworfen ist. Die in Artikel 28 Absatz 2 genannten Verbindungsstellen und der Dienstleistungserbringer unterstützen die zuständige Behörde durch Übermittlung der im Hinblick auf diese Anforderungen notwendigen Informationen.

(4) Die Genehmigung ermöglicht dem Dienstleistungserbringer die Aufnahme oder die Ausübung der Dienstleistungstätigkeit im gesamten Hoheitsgebiet des betreffenden Mitgliedstaats, einschließlich der Einrichtung von Agenturen, Zweigniederlassungen, Tochtergesellschaften oder Geschäftsstellen, sofern nicht zwingende Gründe des Allgemeininteresses eine Genehmigung für jede einzelne Betriebsstätte oder eine Beschränkung der Genehmigung auf einen bestimmten Teil des Hoheitsgebiets rechtfertigen.

(5) Die Genehmigung wird erteilt, sobald eine angemessene Prüfung ergibt, dass die Genehmigungsvoraussetzungen erfüllt sind.

(6) Abgesehen von dem Fall, in dem eine Genehmigung erteilt wird, sind alle anderen Entscheidungen der zuständigen Behörden, einschließlich der Ablehnung oder des Widerrufs einer Genehmigung, ausführlich zu begründen; sie sind einer Überprüfung durch ein Gericht oder eine andere Rechtsbehelfsinstanz zugänglich.

(7) Dieser Artikel stellt die Verteilung der lokalen oder regionalen Zuständigkeiten der mitgliedstaatlichen Behörden, die solche Genehmigungen erteilen, nicht in Frage.

Art. 11 Geltungsdauer der Genehmigung. (1) Die dem Dienstleistungserbringer erteilte Genehmigung darf nicht befristet werden, es sei denn:

a) die Genehmigung wird automatisch verlängert oder hängt lediglich von der fortbestehenden Erfüllung der Anforderungen ab;

b) die Zahl der verfügbaren Genehmigungen ist durch zwingende Gründe des Allgemeininteresses begrenzt,
oder

c) eine Befristung ist durch einen zwingenden Grund des Allgemeininteresses gerechtfertigt.

(2) Absatz 1 betrifft nicht die Höchstfrist, innerhalb derer der Dienstleistungserbringer nach Erteilung der Genehmigung seine Tätigkeit tatsächlich aufnehmen muss.

(3) Die Mitgliedstaaten verpflichten den Dienstleistungserbringer, den betreffenden in Artikel 6 genannten einheitlichen Ansprechpartner über folgende Änderungen zu informieren:

a) die Gründung von Tochtergesellschaften, deren Tätigkeiten der Genehmigungsregelung unterworfen sind;

b) Änderungen seiner Situation, die dazu führen, dass die Voraussetzungen für die Erteilung der Genehmigung nicht mehr erfüllt sind.

(4) Dieser Artikel lässt die Möglichkeit der Mitgliedstaaten unberührt, Genehmigungen zu widerrufen, wenn die Voraussetzungen für die Erteilung der Genehmigung nicht mehr erfüllt sind.

Art. 12 Auswahl zwischen mehreren Bewerbern. (1) Ist die Zahl der für eine bestimmte Dienstleistungstätigkeit verfügbaren Genehmigungen aufgrund der Knappheit der natürlichen Ressourcen oder der verfügbaren technischen Kapazitäten begrenzt, so wenden die Mitgliedstaaten ein neutrales und transparentes Verfahren zur Auswahl der Bewerber an und machen insbesondere die Eröffnung, den Ablauf und den Ausgang des Verfahrens angemessen bekannt.

(2) In den in Absatz 1 genannten Fällen wird die Genehmigung für einen angemessen befristeten Zeitraum gewährt und darf weder automatisch verlängert werden noch dem Dienstleistungserbringer, dessen Genehmigung gerade abgelaufen ist, oder Personen, die in besonderer Beziehung zu diesem Dienstleistungserbringer stehen, irgendeine andere Begünstigung gewähren.

(3) Vorbehaltlich des Absatzes 1 und der Artikel 9 und 10 können die Mitgliedstaaten bei der Festlegung der Regeln für das Auswahlverfahren unter Beachtung des Gemeinschaftsrechts Überlegungen im Hinblick auf die öffentliche Gesundheit, sozialpolitische Ziele, die Gesundheit und Sicherheit von Arbeitnehmern oder Selbstständigen, den Schutz der Umwelt, die Erhaltung des kulturellen Erbes sowie jeden anderen zwingenden Grund des Allgemeininteresses berücksichtigen.

Art. 13 Genehmigungsverfahren. (1) Die Genehmigungsverfahren und -formalitäten müssen klar, im Voraus bekannt gemacht und so ausgestaltet sein, dass eine objektive und unparteiische Behandlung der Anträge der Antragsteller gewährleistet ist.

(2) Die Genehmigungsverfahren und -formalitäten dürfen weder abschreckend sein noch die Erbringung der Dienstleistung in unangemessener Weise erschweren oder verzögern. Sie müssen leicht zugänglich sein, und eventuelle dem Antragsteller mit dem Antrag entstehende Kosten müssen vertretbar und zu den Kosten der Genehmigungsverfahren verhältnismäßig sein und dürfen die Kosten der Verfahren nicht übersteigen.

(3) Die Genehmigungsverfahren und -formalitäten müssen sicherstellen, dass Anträge unverzüglich und in jedem Fall binnen einer vorab festgelegten und bekannt gemachten angemessenen Frist bearbeitet werden. Die Frist läuft erst, wenn alle Unterlagen vollständig eingereicht wurden. Die zuständige Behörde kann die Frist einmal für eine begrenzte Dauer verlängern, wenn dies durch die Komplexität der Angelegenheit gerechtfertigt ist. Die Fristverlängerung und deren Ende sind ausreichend zu begründen und dem Antragsteller vor Ablauf der ursprünglichen Frist mitzuteilen.

(4) Wird der Antrag nicht binnen der nach Absatz 3 festgelegten oder verlängerten Frist beantwortet, so gilt die Genehmigung als er-

teilt. Jedoch kann eine andere Regelung vorgesehen werden, wenn dies durch einen zwingenden Grund des Allgemeininteresses, einschließlich eines berechtigten Interesses Dritter, gerechtfertigt ist.

(5) Für jeden Genehmigungsantrag wird so schnell wie möglich eine Empfangsbestätigung übermittelt. Die Bestätigung muss folgende Angaben enthalten:

a) die in Absatz 3 genannte Frist;
b) die verfügbaren Rechtsbehelfe;
c) gegebenenfalls eine Erklärung, dass die Genehmigung als erteilt gilt, wenn der Antrag nicht binnen der vorgesehenen Frist beantwortet wird.

(6) Im Falle eines unvollständigen Antrags wird der Antragsteller so schnell wie möglich darüber informiert, dass Unterlagen nachzureichen sind und welche Auswirkungen dies möglicherweise auf die in Absatz 3 genannte Frist hat.

(7) Wird ein Antrag wegen Nichtbeachtung der erforderlichen Verfahren oder Formalitäten abgelehnt, so ist der Antragsteller so schnell wie möglich von der Ablehnung in Kenntnis zu setzten.

Abschnitt 2. Unzulässige oder zu prüfende Anforderungen

Art. 14 Unzulässige Anforderungen. Die Mitgliedstaaten dürfen die Aufnahme oder Ausübung einer Dienstleistungstätigkeit in ihrem Hoheitsgebiet nicht von einer der folgenden Anforderungen abhängig machen:

1. diskriminierenden Anforderungen, die direkt oder indirekt auf der Staatsangehörigkeit oder – für Unternehmen – dem satzungsmäßigen Sitz beruhen, insbesondere:
   a) einem Staatsangehörigkeitserfordernis für den Dienstleistungserbringer, seine Beschäftigten, seine Gesellschafter oder die Mitglieder der Geschäftsführung oder Kontrollorgane;
   b) einer Residenzpflicht des Dienstleistungserbringers, seiner Beschäftigten, der Gesellschafter oder der Mitglieder der Geschäftsführung oder Kontrollorgane im betreffenden Hoheitsgebiet;
2. einem Verbot der Errichtung von Niederlassungen in mehr als einem Mitgliedstaat oder der Eintragung in Register oder der Registrierung bei Berufsverbänden oder -vereinigungen in mehr als einem Mitgliedstaat;
3. Beschränkungen der Wahlfreiheit des Dienstleistungserbringers zwischen einer Hauptniederlassung und einer Zweitniederlassung, insbesondere der Verpflichtung für den Dienstleistungserbringer, seine Hauptniederlassung in ihrem Hoheitsgebiet zu unterhalten, oder Beschränkungen der Wahlfreiheit für eine Niederlassung in Form einer Agentur, einer Zweigstelle oder einer Tochtergesellschaft;
4. Bedingungen der Gegenseitigkeit in Bezug auf den Mitgliedstaat, in dem der Dienstleistungserbringer bereits eine Niederlassung unter-

hält, mit Ausnahme solcher, die durch Gemeinschaftsrechtsakte im Bereich der Energie vorgesehen sind;

5. einer wirtschaftlichen Überprüfung im Einzelfall, bei der die Erteilung der Genehmigung vom Nachweis eines wirtschaftlichen Bedarfs oder einer Marktnachfrage abhängig gemacht wird, oder der Beurteilung der tatsächlichen oder möglichen wirtschaftlichen Auswirkungen der Tätigkeit oder der Bewertung ihrer Eignung für die Verwirklichung wirtschaftlicher, von der zuständigen Behörde festgelegter Programmziele; dieses Verbot betrifft nicht Planungserfordernisse, die keine wirtschaftlichen Ziele verfolgen, sondern zwingenden Gründen des Allgemeininteresses dienen;
6. der direkten oder indirekten Beteiligung von konkurrierenden Marktteilnehmern, einschließlich in Beratungsgremien, an der Erteilung von Genehmigungen oder dem Erlass anderer Entscheidungen der zuständigen Behörden, mit Ausnahme der Berufsverbände und -vereinigungen oder anderen Berufsorganisationen, die als zuständige Behörde fungieren; dieses Verbot gilt weder für die Anhörung von Organisationen wie Handelskammern oder Sozialpartnern zu Fragen, die nicht einzelne Genehmigungsanträge betreffen, noch für die Anhörung der Öffentlichkeit;
7. der Pflicht, eine finanzielle Sicherheit zu stellen oder sich daran zu beteiligen, oder eine Versicherung bei einem Dienstleistungserbringer oder einer Einrichtung, die in ihrem Hoheitsgebiet niedergelassen sind, abzuschließen. Dies berührt weder die Möglichkeit der Mitgliedstaaten, Versicherungen oder finanzielle Sicherheiten als solche zu verlangen, noch Anforderungen, die sich auf die Beteiligung an einem kollektiven Ausgleichsfonds, z.B. für Mitglieder von Berufsverbänden oder -organisationen, beziehen;
8. der Pflicht, bereits vorher während eines bestimmten Zeitraums in den in ihrem Hoheitsgebiet geführten Registern eingetragen gewesen zu sein oder die Tätigkeit vorher während eines bestimmten Zeitraums in ihrem Hoheitsgebiet ausgeübt zu haben.

Art. 15 Zu prüfende Anforderungen. (1) Die Mitgliedstaaten prüfen, ob ihre Rechtsordnungen die in Absatz 2 aufgeführten Anforderungen vorsehen, und stellen sicher, dass diese Anforderungen die Bedingungen des Absatzes 3 erfüllen. Die Mitgliedstaaten ändern ihre Rechts- und Verwaltungsvorschriften, um sie diesen Bedingungen anzupassen.

(2) Die Mitgliedstaaten prüfen, ob ihre Rechtsordnung die Aufnahme oder Ausübung einer Dienstleistungstätigkeit von folgenden nicht diskriminierenden Anforderungen abhängig macht:

a) mengenmäßigen oder territorialen Beschränkungen, insbesondere in Form von Beschränkungen aufgrund der Bevölkerungszahl oder bestimmter Mindestentfernungen zwischen Dienstleistungserbringern;
b) der Verpflichtung des Dienstleistungserbringers, eine bestimmte Rechtsform zu wählen;

c) Anforderungen im Hinblick auf die Beteiligungen am Gesellschaftsvermögen;

d) Anforderungen, die die Aufnahme der betreffenden Dienstleistungstätigkeit aufgrund ihrer Besonderheiten bestimmten Dienstleistungserbringern vorbehalten, mit Ausnahme von Anforderungen, die Bereiche betreffen, die von der Richtlinie 2005/36/EG erfasst werden, oder solchen, die in anderen Gemeinschaftsrechtsakten vorgesehen sind;

e) dem Verbot, in ein und demselben Hoheitsgebiet mehrere Niederlassungen zu unterhalten;

f) Anforderungen, die eine Mindestbeschäftigtenzahl verlangen;

g) der Beachtung von festgesetzten Mindest- und/oder Höchstpreisen durch den Dienstleistungserbringer;

h) der Verpflichtung des Dienstleistungserbringers, zusammen mit seiner Dienstleistung bestimmte andere Dienstleistungen zu erbringen.

(3) Die Mitgliedstaaten prüfen, ob die in Absatz 2 genannten Anforderungen folgende Bedingungen erfüllen:

a) Nicht-Diskriminierung: die Anforderungen dürfen weder eine direkte noch eine indirekte Diskriminierung aufgrund der Staatsangehörigkeit oder – bei Gesellschaften – aufgrund des Orts des satzungsmäßigen Sitzes darstellen;

b) Erforderlichkeit: die Anforderungen müssen durch einen zwingenden Grund des Allgemeininteresses gerechtfertigt sein;

c) Verhältnismäßigkeit: die Anforderungen müssen zur Verwirklichung des mit ihnen verfolgten Ziels geeignet sein; sie dürfen nicht über das hinausgehen, was zur Erreichung dieses Ziels erforderlich ist; diese Anforderungen können nicht durch andere weniger einschneidende Maßnahmen ersetzt werden, die zum selben Ergebnis führen.

(4) Die Absätze 1, 2 und 3 gelten für Rechtsvorschriften im Bereich der Dienstleistungen von allgemeinem wirtschaftlichem Interesse nur insoweit, als die Anwendung dieser Absätze die Erfüllung der anvertrauten besonderen Aufgabe nicht rechtlich oder tatsächlich verhindert.

(5) In dem in Artikel 39 Absatz 1 genannten Bericht für die gegenseitige Evaluierung geben die Mitgliedstaaten an:

a) welche Anforderungen sie beabsichtigen beizubehalten und warum sie der Auffassung sind, dass diese die Bedingungen des Absatzes 3 erfüllen;

b) welche Anforderungen sie aufgehoben oder gelockert haben.

(6) Ab dem 28. Dezember 2006 dürfen die Mitgliedstaaten keine neuen Anforderungen der in Absatz 2 genannten Art ein führen, es sei denn, diese neuen Anforderungen erfüllen die in Absatz 3 aufgeführten Bedingungen.

(7) Die Mitgliedstaaten teilen der Kommission alle neuen Rechts- und Verwaltungsvorschriften mit, die die in Absatz 6 genannten Anfor-

derungen vorsehen, sowie deren Begründung. Die Kommission bringt den anderen Mitgliedstaaten diese Vorschriften zur Kenntnis. Die Mitteilung hindert die Mitgliedstaaten nicht daran, die betreffenden Vorschriften zu erlassen.

Binnen drei Monaten nach Erhalt der Mitteilung prüft die Kommission die Vereinbarkeit aller neuen Anforderungen mit dem Gemeinschaftsrecht und entscheidet gegebenenfalls, den betroffenen Mitgliedstaat aufzufordern, diese neuen Anforderungen nicht zu erlassen oder aufzuheben.

Die Mitteilung eines Entwurfs für einen nationalen Rechtsakt gemäß der Richtlinie 98/34/EG erfüllt gleichzeitig die in der vorliegenden Richtlinie vorgesehene Verpflichtung zur Mitteilung.

Kapitel IV. Freier Dienstleistungsverkehr

Abschnitt 1. Dienstleistungsfreiheit und damit zusammenhängende Ausnahmen

Art. 16 Dienstleistungsfreiheit. (1) Die Mitgliedstaaten achten das Recht der Dienstleistungserbringer, Dienstleistungen in einem anderen Mitgliedstaat als demjenigen ihrer Niederlassung zu erbringen.

Der Mitgliedstaat, in dem die Dienstleistung erbracht wird, gewährleistet die freie Aufnahme und freie Ausübung von Dienstleistungstätigkeiten innerhalb seines Hoheitsgebiets.

Die Mitgliedstaaten dürfen die Aufnahme oder Ausübung einer Dienstleistungstätigkeit in ihrem Hoheitsgebiet nicht von Anforderungen abhängig machen, die gegen folgende Grundsätze verstoßen:

a) Nicht-Diskriminierung: die Anforderung darf weder eine direkte noch eine indirekte Diskriminierung aufgrund der Staatsangehörigkeit oder – bei juristischen Personen – aufgrund des Mitgliedstaats, in dem sie niedergelassen sind, darstellen;

b) Erforderlichkeit: die Anforderung muss aus Gründen der öffentlichen Ordnung, der öffentlichen Sicherheit, der öffentlichen Gesundheit oder des Schutzes der Umwelt gerechtfertigt sein;

c) Verhältnismäßigkeit: die Anforderung muss zur Verwirklichung des mit ihr verfolgten Ziels geeignet sein und darf nicht über das hinausgehen, was zur Erreichung dieses Ziels erforderlich ist.

(2) Die Mitgliedstaaten dürfen die Dienstleistungsfreiheit eines in einem anderen Mitgliedstaat niedergelassenen Dienstleistungserbringers nicht einschränken, indem sie diesen einer der folgenden Anforderungen unterwerfen:

a) der Pflicht, in ihrem Hoheitsgebiet eine Niederlassung zu unterhalten;

b) der Pflicht, bei ihren zuständigen Behörden eine Genehmigung einzuholen; dies gilt auch für die Verpflichtung zur Eintragung in ein Register oder die Mitgliedschaft in einem Berufsverband oder einer Berufsvereinigung in ihrem Hoheitsgebiet, außer in den in dieser

Richtlinie oder anderen Rechtsvorschriften der Gemeinschaft vorgesehenen Fällen;

c) dem Verbot, in ihrem Hoheitsgebiet eine bestimmte Form oder Art von Infrastruktur zu errichten, einschließlich Geschäftsräumen oder einer Kanzlei, die der Dienstleistungserbringer zur Erbringung der betreffenden Leistungen benötigt;

d) der Anwendung bestimmter vertraglicher Vereinbarungen zur Regelung der Beziehungen zwischen dem Dienstleistungserbringer und dem Dienstleistungsempfänger, die eine selbstständige Tätigkeit des Dienstleistungserbringers verhindert oder beschränkt;

e) der Pflicht, sich von ihren zuständigen Behörden einen besonderen Ausweis für die Ausübung einer Dienstleistungstätigkeit ausstellen zu lassen;

f) Anforderungen betreffend die Verwendung von Ausrüstungsgegenständen und Materialien, die integraler Bestandteil der Dienstleistung sind, es sei denn, diese Anforderungen sind für den Schutz der Gesundheit und die Sicherheit am Arbeitsplatz notwendig;

g) der in Artikel 19 genannten Beschränkungen des freien Dienstleistungsverkehrs.

(3) Der Mitgliedstaat, in den sich der Dienstleistungserbringer begibt, ist nicht daran gehindert, unter Beachtung des Absatzes Anforderungen in Bezug auf die Erbringung von Dienstleistungen zu stellen, die aus Gründen der öffentlichen Ordnung, der öffentlichen Sicherheit, der öffentlichen Gesundheit oder des Schutzes der Umwelt gerechtfertigt sind. Dieser Mitgliedstaat ist ferner nicht daran gehindert, im Einklang mit dem Gemeinschaftsrecht seine Bestimmungen über Beschäftigungsbedingungen, einschließlich derjenigen in Tarifverträgen, anzuwenden.

(4) Bis zum 28. Dezember 2011 unterbreitet die Kommission nach Konsultation der Mitgliedstaaten und der Sozialpartner auf Gemeinschaftsebene dem Europäischen Parlament und dem Rat einen Bericht über die Anwendung dieses Artikels, in dem sie prüft, ob es notwendig ist, Harmonisierungsmaßnahmen hinsichtlich der unter diese Richtlinie fallenden Dienstleistungstätigkeiten vorzuschlagen.

Art. 17 Weitere Ausnahmen von der Dienstleistungsfreiheit. Artikel 16 findet keine Anwendung auf:

1. Dienstleistungen von allgemeinem wirtschaftlichem Interesse, die in einem anderen Mitgliedstaat erbracht werden, unter anderem:

   a) *im* Postsektor die von der Richtlinie 97/67/EG des Europäischen Parlaments und des Rates vom 15. Dezember 1997 über gemeinsame Vorschriften für die Entwicklung des Binnenmarktes der Postdienste der Gemeinschaft und die Verbesserung der Dienstqualität[1] erfassten Dienstleistungen;

[1] ABl. L 15 vom 21. 1. 1998, S. 14. Zuletzt geändert durch die Verordnung (EG) Nr. 1882/2003 (ABl. L 284 vom 31. 10. 2003, S. 1).

b) im Elektrizitätssektor die von der Richtlinie 2003/54/EG[1] des Europäischen Parlaments und des Rates vom 26. Juni 2003 über gemeinsame Vorschriften für den Elektrizitätsbinnenmarkt erfassten Dienstleistungen;

c) im Gassektor die von der Richtlinie 2003/55/EG des Europäischen Parlaments und des Rates vom 26. Juni 2003 über gemeinsame Vorschriften für den Erdgasbinnenmarkt[2] erfassten Dienstleistungen;

d) die Dienste der Wasserverteilung und -versorgung sowie der Abwasserbewirtschaftung;

e) Dienste der Abfallbewirtschaftung;

2. die Angelegenheiten, die unter die Richtlinie 96/71/EG fallen;

3. die Angelegenheiten, die unter die Richtlinie 95/46/EG des Europäischen Parlaments und des Rates vom 24. Oktober 1995 zum Schutz natürlicher Personen bei der Verarbeitung personenbezogener Daten und zum freien Datenverkehr[3] fallen;

4. die Angelegenheiten, die unter die Richtlinie 77/249/EWG des Rates vom 22. März 1977 zur Erleichterung der tatsächlichen Ausübung des freien Dienstleistungsverkehrs der Rechtsanwälte[4] fallen;

5. die gerichtliche Beitreibung von Forderungen;

6. die Angelegenheiten, die unter Titel II der Richtlinie 2005/36/EG fallen, sowie Anforderungen im Mitgliedstaat der Dienstleistungserbringung, die eine Tätigkeit den Angehörigen eines bestimmten Berufs vorbehalten;

7. die Angelegenheiten, die unter die Verordnung (EWG) Nr. 1408/71 fallen;

8. bezüglich Verwaltungsformalitäten betreffend die Freizügigkeit von Personen und ihren Wohnsitz die Angelegenheiten, die unter diejenigen Bestimmungen der Richtlinie 2004/38/EG fallen, die Verwaltungsformalitäten vorsehen, die die Begünstigten bei den zuständigen Behörden des Mitgliedstaates, in dem die Dienstleistung erbracht wird, erfüllen müssen;

9. in Bezug auf Drittstaatsangehörige, die sich im Rahmen einer Dienstleistungserbringung in einen anderen Mitgliedstaat begeben, die Möglichkeit der Mitgliedstaaten, Visa oder Aufenthaltstitel für Drittstaatsangehörige zu verlangen, die nicht dem in Artikel 21 des Übereinkommens zur Durchführung des Übereinkommens von Schengen vom 14. Juni 1985 betreffend den schrittweisen Abbau

---

[1] ABl. L 176 vom 15. 7. 2003, S. 37. Zuletzt geändert durch die Entscheidung 2006/653/EG der Kommission (ABl. L 270 vom 29. 9. 2006, S. 72).

[2] ABl. L 176 vom 15. 7. 2003, S. 57.

[3] *ABl. L 281 vom 23. 11. 1995*, S. 31. Geändert durch die Verordnung (EG) Nr. 1882/2003.

[4] ABl. L 78 vom 26. 3. 1977, S. 17. Zuletzt geändert durch die Beitrittsakte von 2003.

der Kontrollen an den gemeinsamen Grenzen[1] vorgesehenen System der gegenseitigen Anerkennung unterfallen, oder die Möglichkeit, Drittstaatsangehörige zu verpflichten, sich bei oder nach der Einreise in den Mitgliedstaat der Dienstleistungserbringung bei den dortigen zuständigen Behörden zu melden;

10. bezüglich der Verbringung von Abfällen die Angelegenheiten, die von der Verordnung (EWG) Nr. 259/93 des Rates vom 1. Februar 1993 zur Überwachung und Kontrolle der Verbringung von Abfällen in der, in die und aus der Europäischen Gemeinschaft[2] erfasst werden;
11. die Urheberrechte, die verwandten Schutzrechte, Rechte im Sinne der Richtlinie 87/54/EWG des Rates vom 16. Dezember 1986 über den Rechtsschutz der Topographien von Halbleitererzeugnissen[3] und der Richtlinie 96/9/EG des Europäischen Parlaments und des Rates vom 11. März 1996 über den rechtlichen Schutz von Datenbanken[4] sowie die Rechte an gewerblichem Eigentum;
12. die Handlungen, für die die Mitwirkung eines Notars gesetzlich vorgeschrieben ist;
13. die Angelegenheiten, die unter die Richtlinie 2006/43/EG des Europäischen Parlaments und des Rates vom 17. Mai 2006 über die Prüfung des Jahresabschlusses und des konsolidierten Abschlusses[5] fallen;
14. die Zulassung von Fahrzeugen, die in einem anderen Mitgliedstaat geleast wurden;
15. Bestimmungen betreffend vertragliche und außervertragliche Schuldverhältnisse, einschließlich der Form von Verträgen, die nach den Vorschriften des internationalen Privatrechts festgelegt werden.

Art. 18 Ausnahmen im Einzelfall. (1) Abweichend von Artikel 16 und nur in Ausnahmefällen können die Mitgliedstaaten Maßnahmen gegenüber einem in einem anderen Mitgliedstaat niedergelassenen Dienstleistungserbringer ergreifen, die sich auf die Sicherheit der Dienstleistungen beziehen.

(2) Die in Absatz 1 genannten Maßnahmen können nur unter Einhaltung des in Artikel 35 genannten Amtshilfeverfahrens und bei Vorliegen aller folgenden Voraussetzungen ergriffen werden:

a) die nationalen Rechtsvorschriften, aufgrund deren die Maßnahme getroffen wird, waren nicht Gegenstand einer Harmonisierung auf

[1] ABl. L 239 vom 22. 9. 2000, S. 19. Zuletzt geändert durch die Verordnung (EG) Nr. 1160/2005 des Europäischen Parlaments und des Rates (ABl. L 191 vom 22. 7. 2005, S. 18).

[2] ABl. L 30 vom 6. 2. 1993, S. 1. Zuletzt geändert durch die Verordnung (EG) Nr. 2557/2001 der Kommission (ABl. L 349 vom 31. 12. 2001, S. 1).

[3] ABl. L 24 vom 27. 1. 1987, S. 36.

[4] ABl. L 77 vom 27. 3. 1996, S. 20.

[5] ABl. L 157 vom 9. 6. 2006, S. 87.

Gemeinschaftsebene im Bereich der Sicherheit von Dienstleistungen;

b) die Maßnahmen bewirken für den Dienstleistungsempfänger einen größeren Schutz als die Maßnahmen, die der Niederlassungsmitgliedstaat aufgrund seiner nationalen Vorschriften ergreifen würde;

c) der Niederlassungsmitgliedstaat hat keine bzw. im Hinblick auf Artikel 35 Absatz 2 unzureichende Maßnahmen ergriffen;

d) die Maßnahmen sind verhältnismäßig.

(3) Die Absätze 1 und 2 lassen die in den Gemeinschaftsrechtsakten festgelegten Bestimmungen zur Gewährleistung der Dienstleistungsfreiheit oder zur Gewährung von Ausnahmen von dieser Freiheit unberührt.

Abschnitt 2. Rechte der Dienstleistungsempfänger

Art. 19 Unzulässige Beschränkungen. Die Mitgliedstaaten dürfen an den Dienstleistungsempfänger keine Anforderungen stellen, die die Inanspruchnahme einer Dienstleistung beschränken, die von einem in einem anderen Mitgliedstaat niedergelassenen Dienstleistungserbringer angeboten wird; dies gilt insbesondere für folgende Anforderungen:

a) die Pflicht, bei den zuständigen Behörden eine Genehmigung einzuholen oder diesen gegenüber eine Erklärung abzugeben;

b) diskriminierende Beschränkungen der Möglichkeit zur Erlangung finanzieller Unterstützung, die auf der Tatsache beruhen, dass der Dienstleistungserbringer in einem anderen Mitgliedstaat niedergelassen ist, oder aufgrund des Ortes, an dem die Dienstleistung erbracht wird.

Art. 20 Nicht-Diskriminierung. (1) Die Mitgliedstaaten stellen sicher, dass dem Dienstleistungsempfänger keine diskriminierenden Anforderungen auferlegt werden, die auf dessen Staatsangehörigkeit oder Wohnsitz beruhen.

(2) Die Mitgliedstaaten stellen sicher, dass die allgemeinen Bedingungen für den Zugang zu einer Dienstleistung, die der Dienstleistungserbringer bekannt gemacht hat, keine auf der Staatsangehörigkeit oder dem Wohnsitz des Dienstleistungsempfängers beruhenden diskriminierenden Bestimmungen enthalten; dies berührt jedoch nicht die Möglichkeit, Unterschiede bei den Zugangsbedingungen vorzusehen, die unmittelbar durch objektive Kriterien gerechtfertigt sind.

Art. 21 Unterstützung der Dienstleistungsempfänger. (1) Die Mitgliedstaaten stellen sicher, dass die Dienstleistungsempfänger in ihrem Wohnsitzstaat folgende Informationen erhalten:

a) allgemeine Informationen über die in anderen Mitgliedstaaten geltenden Anforderungen bezüglich der Aufnahme und der Ausübung von Dienstleistungstätigkeiten, vor allem solche über den Verbraucherschutz;

b) allgemeine Informationen über die bei Streitfällen zwischen Dienstleistungserbringer und -empfänger zur Verfügung stehenden Rechtsbehelfe;

c) Angaben zur Erreichbarkeit der Verbände und Organisationen, die den Dienstleistungserbringer oder -empfänger beraten und unterstützen können, einschließlich der Zentren des Netzes der europäischen Verbraucherzentren.

Sofern angebracht umfasst die Beratung der zuständigen Behörden einen einfachen Schritt-für-Schritt-Leitfaden. Die Informationen und Unterstützung müssen in einer klaren und unzweideutigen Weise erteilt werden, aus der Ferne und elektronisch leicht zugänglich sein und dem neuesten Stand entsprechen.

(2) Die Mitgliedstaaten können die in Absatz 1 genannte Aufgabe den einheitlichen Ansprechpartnern oder jeder anderen Einrichtung, wie beispielsweise den Zentren des Netzes der europäischen Verbraucherzentren, den Verbraucherverbänden oder den Euro Info Zentren, übertragen.

Die Mitgliedstaaten teilen der Kommission die Angaben zur Erreichbarkeit der benannten Einrichtungen mit. Die Kommission leitet sie an die anderen Mitgliedstaaten weiter.

(3) Zur Erfüllung der in den Absätzen 1 und 2 genannten Anforderungen wendet sich die angerufene Einrichtung erforderlichenfalls an die zuständige Einrichtung des betreffenden Mitgliedstaates. Letztere übermittelt die angeforderten Informationen so schnell wie möglich der ersuchenden Einrichtung, die sie an den Dienstleistungsempfänger weiterleitet. Die Mitgliedstaaten stellen sicher, dass diese Einrichtungen einander unterstützen und effizient zusammenarbeiten. Sie treffen gemeinsam mit der Kommission die praktischen Vorkehrungen zur Durchführung des Absatzes 1.

(4) Die Kommission erlässt nach dem in Artikel 40 Absatz 2 genannten Verfahren Durchführungsbestimmungen für die Absätze 1, 2 und 3 des vorliegenden Artikels, die unter Berücksichtigung gemeinsamer Standards die technischen Modalitäten des Austauschs von Informationen zwischen den Einrichtungen der verschiedenen Mitgliedstaaten und insbesondere die Interoperabilität der Informationssysteme regeln.

Kapitel V. Qualität der Dienstleistungen

Art. 22 Informationen über die Dienstleistungserbringer und deren Dienstleistungen. (1) Die Mitgliedstaaten stellen sicher, dass die Dienstleistungserbringer den Dienstleistungsempfängern folgende Informationen zur Verfügung stellen:

a) den Namen des Dienstleistungserbringers, seinen Rechtsstatus und seine Rechtsform, die geografische Anschrift, unter der er niedergelassen ist, und Angaben, die, gegebenenfalls auf elektronischem

Weg, eine schnelle Kontaktaufnahme und eine direkte Kommunikation mit ihm ermöglichen;

b) falls der Dienstleistungserbringer in ein Handelsregister oder ein vergleichbares öffentliches Register eingetragen ist, den Namen dieses Registers und die Nummer der Eintragung des Dienstleistungserbringers oder eine gleichwertige in diesem Register verwendete Kennung;

c) falls die Tätigkeit einer Genehmigungsregelung unterliegt, die Angaben zur zuständigen Behörde oder zum einheitlichen Ansprechpartner;

d) falls der Dienstleistungserbringer eine Tätigkeit ausübt, die der Mehrwertsteuer unterliegt, die Identifikationsnummer gemäß Artikel 22 Absatz 1 der Sechsten Richtlinie 77/388/EWG des Rates vom 17. Mai 1977 zur Harmonisierung der Rechtsvorschriften der Mitgliedstaaten über die Umsatzsteuern – Gemeinsames Mehrwertsteuersystem: einheitliche steuerpflichtige Bemessungsgrundlage[1]);

e) bei den reglementierten Berufen den Berufsverband oder eine ähnliche Einrichtung, dem oder der der Dienstleistungserbringer angehört, sowie die Berufsbezeichnung und den Mitgliedstaat, in dem sie verliehen wurde;

f) gegebenenfalls die vom Dienstleistungserbringer verwendeten allgemeinen Geschäftsbedingungen und Klauseln;

g) gegebenenfalls das Vorliegen vom Dienstleistungserbringer verwendeter Vertragsklauseln über das auf den Vertrag anwendbare Recht und/oder den Gerichtsstand;

h) gegebenenfalls das Vorliegen einer gesetzlich nicht vorgeschriebenen nachvertraglichen Garantie;

i) den Preis der Dienstleistung, falls der Preis für eine bestimmte Art von Dienstleistung im Vorhinein vom Dienstleistungserbringer festgelegt wurde;

j) die Hauptmerkmale der Dienstleistung, wenn diese nicht bereits aus dem Zusammenhang hervorgehen;

k) Angaben zur Versicherung oder zu den Sicherheiten gemäß Artikel 23 Absatz 1, insbesondere den Namen und die Kontaktdaten des Versicherers oder Sicherungsgebers und den räumlichen Geltungsbereich.

(2) Die Mitgliedstaaten stellen sicher, dass die in Absatz 1 genannten Informationen nach Wahl des Dienstleistungserbringers:

a) vom Dienstleistungserbringer von sich aus mitgeteilt werden;

b) für den Dienstleistungsempfänger am Ort der Leistungserbringung oder des Vertragsabschlusses leicht zugänglich sind;

c) für den Dienstleistungsempfänger elektronisch über eine vom Dienstleistungserbringer angegebene Adresse leicht zugänglich sind;

---

[1]) ABl. L 145 vom 13. 6. 1977, S. 1. Zuletzt geändert durch die Richtlinie 2006/18/EG (ABl. L 51 vom 22. 2. 2006, S. 12).

d) in allen von den Dienstleistungserbringern den Dienstleistungsempfängern zur Verfügung gestellten ausführlichen Informationsunterlagen über die angebotene Dienstleistung enthalten sind.

(3) Die Mitgliedstaaten stellen sicher, dass die Dienstleistungserbringer den Dienstleistungsempfängern auf Anfrage folgende Zusatzinformationen mitteilen:

a) falls der Preis nicht im Vorhinein vom Dienstleistungserbringer festgelegt wurde, den Preis der Dienstleistung oder, wenn kein genauer Preis angegeben werden kann, die Vorgehensweise zur Berechnung des Preises, die es dem Dienstleistungsempfänger ermöglicht, den Preis zu überprüfen, oder einen hinreichend ausführlichen Kostenvoranschlag;

b) bei reglementierten Berufen einen Verweis auf die im Niederlassungsmitgliedstaat geltenden berufsrechtlichen Regeln und wie diese zugänglich sind;

c) Informationen über ihre multidisziplinären Tätigkeiten und Partnerschaften, die in direkter Verbindung zu der fraglichen Dienstleistung stehen, und über die Maßnahmen, die sie ergriffen haben, um Interessenkonflikte zu vermeiden. Diese Informationen müssen in allen ausführlichen Informationsunterlagen der Dienstleistungserbringer über ihre Tätigkeit enthalten sein;

d) Verhaltenskodizes, die für den Dienstleistungserbringer gelten, und die Adresse, unter der diese elektronisch abgerufen werden können, sowie Angaben über die Sprachen, in denen sie vorliegen;

e) falls ein Dienstleistungserbringer einem Verhaltenskodex unterliegt oder einer Handelsvereinigung oder einem Berufsverband angehört, die außergerichtliche Verfahren der Streitbeilegung vorsehen, einschlägige Informationen hierzu. Der Dienstleistungserbringer hat näher anzugeben, wie ausführliche Auskünfte über die Merkmale der außergerichtlichen Verfahren der Streitbeilegung und über die Bedingungen, unter denen die Verfahren angewandt werden, eingeholt werden können.

(4) Die Mitgliedstaaten stellen sicher, dass die Informationen, die der Dienstleistungserbringer gemäß diesem Kapitel zur Verfügung stellen oder mitteilen muss, klar und unzweideutig sind und rechtzeitig vor Abschluss des Vertrages oder, wenn kein schriftlicher Vertrag geschlossen wird, vor Erbringung der Dienstleistung bereitgestellt werden.

(5) Die Informationsanforderungen gemäß diesem Kapitel ergänzen die bereits im Gemeinschaftsrecht vorgesehenen Anforderungen und hindern die Mitgliedstaaten nicht daran, zusätzliche Informationsanforderungen für Dienstleistungserbringer, die in ihrem Hoheitsgebiet niedergelassen sind, vorzuschreiben.

(6) Die Kommission kann nach dem in Artikel 40 Absatz 2 genannten Verfahren den Inhalt der in den Absätzen 1 und 3 des vorliegenden Artikels genannten Informationen entsprechend den Besonderheiten bestimmter Tätigkeiten präzisieren und die Modalitäten der praktischen Durchführung von Absatz 2 des vorliegenden Artikels präzisieren.

Art. 23 Berufshaftpflichtversicherungen und Sicherheiten. (1) Die Mitgliedstaaten können sicherstellen, dass die Dienstleistungserbringer, deren Dienstleistungen ein unmittelbares und besonderes Risiko für die Gesundheit oder Sicherheit des Dienstleistungsempfängers oder eines Dritten oder für die finanzielle Sicherheit des Dienstleistungsempfängers darstellen, eine der Art und dem Umfang des Risikos angemessene Berufshaftpflichtversicherung abschließen oder eine aufgrund ihrer Zweckbestimmung im Wesentlichen vergleichbare Sicherheit oder gleichwertige Vorkehrung vorsehen.

(2) Wenn ein Dienstleistungserbringer sich in ihrem Hoheitsgebiet niederlässt, dürfen die Mitgliedstaaten keine Berufshaftpflichtversicherung oder Sicherheit vom Dienstleistungserbringer verlangen, sofern er bereits durch eine gleichwertige oder aufgrund ihrer Zweckbestimmung und der vorgesehenen Deckung bezüglich des versicherten Risikos, der Versicherungssumme oder einer Höchstgrenze der Sicherheit und möglicher Ausnahmen von der Deckung im Wesentlichen vergleichbare Sicherheit in einem anderen Mitgliedstaat, in dem er bereits niedergelassen ist, abgedeckt ist. Besteht nur eine teilweise Gleichwertigkeit, so können die Mitgliedstaaten eine zusätzliche Sicherheit verlangen, um die nicht gedeckten Risiken abzusichern.

Verlangt ein Mitgliedstaat von einem in seinem Hoheitsgebiet niedergelassenen Dienstleistungserbringer den Abschluss einer Berufshaftpflichtversicherung oder eine andere Sicherheit, so hat er die von in anderen Mitgliedstaaten niedergelassenen Kreditinstituten und Versicherern ausgestellten Bescheinigungen, dass ein solcher Versicherungsschutz besteht, als hinreichenden Nachweis anzuerkennen.

(3) Die Absätze 1 und 2 berühren nicht die in anderen Gemeinschaftsrechtsakten vorgesehenen Berufshaftpflichtversicherungen oder Sicherheiten.

(4) Im Rahmen der Durchführung des Absatzes 1 kann die Kommission nach dem in Artikel 40 Absatz 2 genannten Regelungsverfahren Dienstleistungen benennen, die die in Absatz 1 des vorliegenden Artikels genannten Eigenschaften aufweisen. Die Kommission kann ferner nach dem in Artikel 40 Absatz 3 genannten Verfahren Maßnahmen erlassen, die dazu bestimmt sind, nicht wesentliche Bestimmungen dieser Richtlinie zu ändern, indem sie durch Festlegung gemeinsamer Kriterien ergänzt wird, nach denen festgestellt wird, ob eine Versicherung oder Sicherheit im Sinne des Absatzes 1 des vorliegenden Artikels im Hinblick auf die Art und den Umfang des Risikos angemessen ist.

(5) Im Sinne dieses Artikels bedeutet:

– „unmittelbares und besonderes Risiko" ein Risiko, das sich unmittelbar aus der Erbringung der Dienstleistung ergibt;
– „Gesundheit oder Sicherheit" in Bezug auf einen Dienstleistungsempfänger oder einen Dritten die Verhinderung des Todes oder einer schweren Körperverletzung;

– „finanzielle Sicherheit" in Bezug auf einen Dienstleistungsempfänger die Vermeidung erheblicher Geldverluste oder Einbußen bei Vermögenswerten;
– „Berufshaftpflichtversicherung" eine Versicherung, die ein Dienstleistungserbringer bezüglich seiner potenziellen Haftung gegenüber Dienstleistungsempfängern und gegebenenfalls Dritten, die sich aus der Erbringung der Dienstleistung ergibt, abgeschlossen hat.

Art. 24 Kommerzielle Kommunikation für reglementierte Berufe. (1) Die Mitgliedstaaten heben sämtliche absoluten Verbote der kommerziellen Kommunikation für reglementierte Berufe auf.

(2) Die Mitgliedstaaten stellen sicher, dass die kommerzielle Kommunikation durch Angehörige reglementierter Berufe die Anforderungen der berufsrechtlichen Regeln erfüllt, die im Einklang mit dem Gemeinschaftsrecht je nach Beruf insbesondere die Unabhängigkeit, die Würde und die Integrität des Berufsstandes sowie die Wahrung des Berufsgeheimnisses gewährleisten sollen. Berufsrechtliche Regeln über die kommerzielle Kommunikation müssen nicht diskriminierend, durch einen zwingenden Grund des Allgemeininteresses gerechtfertigt und verhältnismäßig sein.

Art. 25 Multidisziplinäre Tätigkeiten. (1) Die Mitgliedstaaten stellen sicher, dass die Dienstleistungserbringer keinen Anforderungen unterworfen werden, die sie verpflichten, ausschließlich eine bestimmte Tätigkeit auszuüben, oder die die gemeinschaftliche oder partnerschaftliche Ausübung unterschiedlicher Tätigkeiten beschränken.

Jedoch können folgende Dienstleistungserbringer solchen Anforderungen unterworfen werden:

a) Angehörige reglementierter Berufe, soweit dies gerechtfertigt ist, um die Einhaltung der verschiedenen Standesregeln im Hinblick auf die Besonderheiten der jeweiligen Berufe sicherzustellen und soweit dies nötig ist, um ihre Unabhängigkeit und Unparteilichkeit zu gewährleisten;
b) Dienstleistungserbringer, die Dienstleistungen auf dem Gebiet der Zertifizierung, der Akkreditierung, der technischen Überwachung oder des Versuchs- oder Prüfwesens erbringen, wenn dies zur Gewährleistung ihrer Unabhängigkeit und Unparteilichkeit erforderlich ist.

(2) Sofern multidisziplinäre Tätigkeiten zwischen den in Absatz 1 Buchstaben a und b genannten Dienstleistungserbringern erlaubt sind, stellen die Mitgliedstaaten sicher, dass

a) Interessenkonflikte und Unvereinbarkeiten zwischen bestimmten Tätigkeiten vermieden werden;
b) die Unabhängigkeit und Unparteilichkeit, die bestimmte Tätigkeiten erfordern, gewährleistet sind;
c) die Anforderungen der Standesregeln für die verschiedenen Tätigkeiten miteinander vereinbar sind, insbesondere im Hinblick auf das Berufsgeheimnis.

(3) Die Mitgliedstaaten nennen in dem in Artikel 39 Absatz 1 genannten Bericht die Dienstleistungserbringer, die den Anforderungen gemäß Absatz 1 des vorliegenden Artikels unterworfen sind, ferner den Inhalt dieser Anforderungen und die Gründe, aus denen sie diese für gerechtfertigt halten.

Art. 26 Maßnahmen zur Qualitätssicherung. (1) Die Mitgliedstaaten ergreifen in Zusammenarbeit mit der Kommission begleitende Maßnahmen, um die Dienstleistungserbringer dazu anzuhalten, freiwillig die Qualität der Dienstleistungen zu sichern, insbesondere durch eine der folgenden Methoden:

a) Zertifizierung ihrer Tätigkeiten oder Bewertung durch unabhängige oder akkreditierte Einrichtungen,

b) Erarbeitung eigener Qualitätscharten oder Beteiligung an auf Gemeinschaftsebene erarbeiteten Qualitätscharten oder Gütesiegeln von Berufsverbänden.

(2) Die Mitgliedstaaten stellen sicher, dass den Dienstleistungserbringern und -empfängern die Informationen über die Bedeutung bestimmter Gütesiegel und die Voraussetzungen zur Verleihung der Gütesiegel und sonstiger Qualitätskennzeichnungen für Dienstleistungen leicht zugänglich sind.

(3) Die Mitgliedstaaten ergreifen in Zusammenarbeit mit der Kommission begleitende Maßnahmen, um die Berufsverbände sowie die Handels- und Handwerkskammern und die Verbraucherverbände in ihrem Hoheitsgebiet zu ermutigen, auf Gemeinschaftsebene zusammenzuarbeiten, um die Dienstleistungsqualität zu fördern, insbesondere indem sie die Einschätzung der Kompetenz eines Dienstleistungserbringers erleichtern.

(4) Die Mitgliedstaaten ergreifen in Zusammenarbeit mit der Kommission begleitende Maßnahmen, um, vor allem durch die Verbraucherverbände, eine unabhängige Bewertung der Qualität und Mängel von Dienstleistungen, insbesondere vergleichende Versuchs- oder Prüfverfahren auf Gemeinschaftsebene sowie die Veröffentlichung ihrer Ergebnisse, zu fördern.

(5) Die Mitgliedstaaten fördern in Zusammenarbeit mit der Kommission die Entwicklung von freiwilligen europäischen Standards, um die Vereinbarkeit der von Dienstleistungserbringern aus verschiedenen Mitgliedstaaten erbrachten Dienstleistungen, die Information der Dienstleistungsempfänger und die Qualität der Dienstleistungen zu verbessern.

Art. 27 Streitbeilegung. (1) Die Mitgliedstaaten ergreifen die erforderlichen allgemeinen Maßnahmen um sicherzustellen, dass die Dienstleistungserbringer Kontaktdaten, insbesondere eine Postanschrift, eine Faxnummer oder eine E-Mail-Adresse und eine Telefonnummer angeben, an die alle Dienstleistungsempfänger, auch diejenigen, die in einem anderen Mitgliedstaat ansässig sind, direkt eine Beschwerde oder eine Bitte um Information über die erbrachte Dienstleistung richten können. Die Dienstleistungserbringer teilen ihre Firmenanschrift mit, falls diese nicht ihre übliche Korrespondenzanschrift ist.

Die Mitgliedstaaten ergreifen die erforderlichen allgemeinen Maßnahmen um sicherzustellen, dass die Dienstleistungserbringer die in Unterabsatz 1 genannten Beschwerden so schnell wie möglich beantworten und sich um zufrieden stellende Lösungen bemühen.

(2) Die Mitgliedstaaten ergreifen die erforderlichen allgemeinen Maßnahmen um sicherzustellen, dass die Dienstleistungserbringer verpflichtet werden nachzuweisen, dass sie die in dieser Richtlinie vorgesehenen Informationspflichten erfüllen und ihre Informationen zutreffend sind.

(3) Ist es um eine Gerichtsentscheidung zu befolgen notwendig, eine finanzielle Sicherheit zu stellen, so erkennen die Mitgliedstaaten gleichwertige Sicherheiten an, die bei einem in einem anderen Mitgliedstaat niedergelassenen Kreditinstitut oder Versicherer bestellt werden. Solche Kreditinstitute müssen nach Maßgabe der Richtlinie 2006/48/EG zugelassen sein, und solche Versicherer müssen nach Maßgabe der Ersten Richtlinie 73/239/EWG des Rates vom 24. Juli 1973 zur Koordinierung der Rechts- und Verwaltungsvorschriften betreffend die Aufnahme und Ausübung der Tätigkeit der Direktversicherung (mit Ausnahme der Lebensversicherung)[1] bzw. der Richtlinie 2002/83/EG des Europäischen Parlaments und des Rates vom 5. November 2002 über Lebensversicherungen[2] zugelassen sein.

(4) Die Mitgliedstaaten ergreifen die erforderlichen allgemeinen Maßnahmen um sicherzustellen, dass die Dienstleistungserbringer, die Verhaltenskodizes unterworfen sind oder Handelsvereinigungen oder Berufsverbänden angehören, die außergerichtliche Verfahren der Streitbeilegung vorsehen, die Dienstleistungsempfänger davon in Kenntnis setzen und in allen ausführlichen Informationsunterlagen über ihre Tätigkeit darauf hinweisen; dabei ist anzugeben, wie ausführliche Informationen über dieses Streitbeilegungsverfahren und die Bedingungen für seine Inanspruchnahme erlangt werden können.

Kapitel VI. Verwaltungszusammenarbeit

Art. 28 Amtshilfe – Allgemeine Verpflichtungen. (1) Die Mitgliedstaaten leisten einander Amtshilfe und ergreifen Maßnahmen, die für eine wirksame Zusammenarbeit bei der Kontrolle der Dienstleistungserbringer und ihrer Dienstleistungen erforderlich sind.

---

[1] ABl. L 228 vom 16. 8. 1973, S. 3. Zuletzt geändert durch die Richtlinie 2005/68/EG des Europäischen Parlaments und des Rates (ABl. L 323 vom 9. 12. 2005, S. 1).

[2] ABl. L 345 vom 19. 12. 2002, S. 1. Zuletzt geändert durch die Richtlinie 2005/68/EG.

(2) Für die Zwecke dieses Kapitels benennen die Mitgliedstaaten eine oder mehrere Verbindungsstellen und teilen den übrigen Mitgliedstaaten und der Kommission die Kontaktdaten dieser Stellen mit. Die Kommission veröffentlicht die Liste der Verbindungsstellen und aktualisiert diese Liste regelmäßig.

(3) Ersuchen um Informationen und um Durchführung von Überprüfungen, Kontrollen und Untersuchungen nach Maßgabe dieses Kapitels müssen ordnungsgemäß begründet sein; insbesondere ist anzugeben, weshalb die betreffenden Informationen angefordert werden. Die ausgetauschten Informationen dürfen nur im Zusammenhang mit der Angelegenheit verwendet werden, für die sie angefordert wurden.

(4) Die Mitgliedstaaten stellen bei Erhalt eines Ersuchens um Amtshilfe von den zuständigen Behörden eines anderen Mitgliedstaats sicher, dass die in ihrem Hoheitsgebiet niedergelassenen Dienstleistungserbringer ihren zuständigen Behörden alle Informationen zur Verfügung stellen, die für die Kontrolle ihrer Tätigkeiten nach Maßgabe ihrer nationalen Gesetze erforderlich sind.

(5) Treten bei der Beantwortung eines Ersuchens um Informationen oder bei der Durchführung von Überprüfungen, Kontrollen und Untersuchungen Schwierigkeiten auf, so informiert der betroffene Mitgliedstaat umgehend den ersuchenden Mitgliedstaat, um eine gemeinsame Lösung zu finden.

(6) Die Mitgliedstaaten stellen die von anderen Mitgliedstaaten oder von der Kommission angeforderten Informationen so schnell wie möglich auf elektronischem Wege zur Verfügung.

(7) Die Mitgliedstaaten stellen sicher, dass die Register, in die die Dienstleistungserbringer eingetragen sind und die von den zuständigen Behörden in ihrem Hoheitsgebiet eingesehen werden können, unter denselben Bedingungen auch von den entsprechenden zuständigen Behörden der anderen Mitgliedstaaten eingesehen werden können.

(8) Die Mitgliedstaaten unterrichten die Kommission über Fälle, in denen andere Mitgliedstaaten ihrer Verpflichtung zur Amtshilfe nicht nachkommen. Soweit erforderlich, ergreift die Kommission geeignete Maßnahmen, einschließlich der Verfahren nach Artikel 226 des Vertrags, um sicherzustellen, dass die betreffenden Mitgliedstaaten ihre Verpflichtungen zur gegenseitigen Amtshilfe erfüllen. Die Kommission informiert die Mitgliedstaaten in regelmäßigen Abständen über das Funktionieren der Bestimmungen über die Amtshilfe.

Art. 29 Amtshilfe – Allgemeine Verpflichtungen für den Niederlassungsmitgliedstaat. (1) In Bezug auf Dienstleistungserbringer, die in einem anderen Mitgliedstaat Dienstleistungen erbringen, übermittelt der Niederlassungsmitgliedstaat die von diesem anderen Mitgliedstaat angeforderten Informationen über Dienstleistungserbringer, die in seinem Hoheitsgebiet niedergelassen sind, und bestätigt insbesondere, dass ein Dienstleistungserbringer in seinem Hoheitsgebiet niedergelassen ist und – seines Wissens – seine Tätigkeiten nicht in rechtswidriger Weise ausübt.

(2) Der Niederlassungsmitgliedstaat nimmt die von einem anderen Mitgliedstaat erbetenen Überprüfungen, Kontrollen und Untersuchungen vor und informiert diesen über die Ergebnisse und, gegebenenfalls, über die veranlassten Maßnahmen. Die zuständigen Behörden werden im Rahmen der Befugnisse tätig, die sie in ihrem Mitgliedstaat besitzen. Die zuständigen Behörden können entscheiden, welche Maßnahmen in jedem Einzelfall am besten zu ergreifen sind, um dem Ersuchen eines anderen Mitgliedstaats nachzukommen.

(3) Sobald der Niederlassungsmitgliedstaat tatsächliche Kenntnis von einem Verhalten oder spezifischen Handlungen eines in seinem Hoheitsgebiet niedergelassenen und in anderen Mitgliedstaaten tätigen Dienstleistungserbringers erhält, von denen – seines Wissens – eine ernste Gefahr für die Gesundheit oder die Sicherheit von Personen oder für die Umwelt ausgehen könnte, unterrichtet er so schnell wie möglich alle anderen Mitgliedstaaten sowie die Kommission.

Art. 30 Kontrolle durch den Niederlassungsmitgliedstaat im Fall eines vorübergehenden Ortswechsels eines Dienstleistungserbringers in einen anderen Mitgliedstaat. (1) In Fällen, die nicht von Artikel 31 Absatz 1 erfasst werden, stellt der Niederlassungsmitgliedstaat sicher, dass die Einhaltung seiner Anforderungen gemäß den in seinem nationalen Recht vorgesehenen Kontrollbefugnissen überwacht wird, insbesondere durch Kontrollmaßnahmen am Ort der Niederlassung des Dienstleistungserbringers.

(2) Der Niederlassungsmitgliedstaat kann die Ergreifung von Kontroll- oder Durchführungsmaßnahmen in seinem Hoheitsgebiet nicht aus dem Grund unterlassen, dass die Dienstleistung in einem anderen Mitgliedstaat erbracht wurde oder dort Schaden verursacht hat.

(3) Die in Absatz 1 genannte Verpflichtung bedeutet für den Niederlassungsmitgliedstaat nicht, dass er verpflichtet ist, Prüfungen des Sachverhalts und Kontrollen im Hoheitsgebiet des Mitgliedstaats durchzuführen, in dem die Dienstleistung erbracht wird. Solche Prüfungen und Kontrollen werden auf Ersuchen der Behörden des Niederlassungsmitgliedstaats und im Einklang mit Artikel 31 von den Behörden des Mitgliedstaats durchgeführt, in dem der Dienstleistungserbringer vorübergehend tätig ist.

Art. 31 Kontrolle durch den Mitgliedstaat, in dem die Dienstleistung erbracht wird, im Fall eines vorübergehenden Ortswechsels des Dienstleistungserbringers. (1) In Bezug auf nationale Anforderungen, die gemäß Artikel 16 oder 17 gestellt werden können, ist der Mitgliedstaat der Dienstleistungserbringung für die Kontrolle der Tätigkeit der Dienstleistungserbringer in seinem Hoheitsgebiet zuständig. Im Einklang mit dem Gemeinschaftsrecht:

a) ergreift der Mitgliedstaat der Dienstleistungserbringung alle erforderlichen Maßnahmen um sicherzustellen, dass die Dienstleistungserbringer die Anforderungen über die Aufnahme und Ausübung der betreffenden Tätigkeit erfüllen;

b) führt der Mitgliedstaat der Dienstleistungserbringung die Überprüfungen, Kontrollen und Untersuchungen durch, die für die Kontrolle der erbrachten Dienstleistung erforderlich sind.

(2) Wechselt ein Dienstleistungserbringer vorübergehend in einen anderen Mitgliedstaat, in dem er keine Niederlassung hat, um eine Dienstleistung zu erbringen, so wirken die zuständigen Behörden dieses Mitgliedstaates in Bezug auf andere Anforderungen als die in Absatz 1 genannten gemäß den Absätzen 3 und 4 an der Kontrolle des Dienstleistungserbringers mit.

(3) Auf Ersuchen des Niederlassungsmitgliedstaats nehmen die zuständigen Behörden des Mitgliedstaats der Dienstleistungserbringung die Überprüfungen, Kontrollen und Untersuchungen vor, die notwendig sind, um die Wirksamkeit der Kontrolle des Niederlassungsmitgliedstaats sicherzustellen. Die zuständigen Behörden werden im Rahmen der Befugnisse tätig, die sie in ihrem Mitgliedstaat besitzen. Die zuständigen Behörden können entscheiden, welche Maßnahmen in jedem Einzelfall am besten zu ergreifen sind, um dem Ersuchen des Niederlassungsmitgliedstaats nachzukommen.

(4) Die zuständigen Behörden des Mitgliedstaats der Dienstleistungserbringung können von Amts wegen Überprüfungen, Kontrollen und Untersuchungen vor Ort durchführen, vorausgesetzt, diese Maßnahmen sind nicht diskriminierend, beruhen nicht darauf, dass der Dienstleistungserbringer seine Niederlassung in einem anderen Mitgliedstaat hat und sind verhältnismäßig.

Art. 32 Vorwarnungsmechanismus. (1) Erhält ein Mitgliedstaat Kenntnis von bestimmten Handlungen oder Umständen im Zusammenhang mit einer Dienstleistungstätigkeit, die einen schweren Schaden für die Gesundheit oder Sicherheit von Personen oder für die Umwelt in seinem Hoheitsgebiet oder im Hoheitsgebiet anderer Mitgliedstaaten verursachen könnten, so unterrichtet dieser Mitgliedstaat so schnell wie möglich den Niederlassungsmitgliedstaat, die übrigen betroffenen Mitgliedstaaten und die Kommission hierüber.

(2) Zur Durchführung von Absatz 1 unterstützt die Kommission den Betrieb eines europäischen Netzes der Behörden der Mitgliedstaaten und beteiligt sich daran.

(3) Nach dem in Artikel 40 Absatz 2 genannten Verfahren erlässt die Kommission detaillierte Regeln zur Verwaltung des in Absatz 2 des vorliegenden Artikels genannten Netzes und aktualisiert diese regelmäßig.

Art. 33 Informationen über die Zuverlässigkeit von Dienstleistungserbringern. (1) Auf Ersuchen einer zuständigen Behörde eines anderen Mitgliedstaats übermitteln die Mitgliedstaaten unter Beachtung ihres nationalen Rechts Informationen über Disziplinar- oder Verwaltungsmaßnahmen oder strafrechtliche Sanktionen und Entscheidungen wegen Insolvenz oder Konkurs mit betrügerischer Absicht, die von ihren zuständigen Behörden gegen einen Dienstleistungserbringer verhängt wurden und die von direkter Bedeutung für die Kompetenz oder berufliche Zuverlässigkeit des Dienstleistungserbringers sind. Der Mitgliedstaat, der die Informationen zur Verfügung stellt, informiert den Dienstleistungserbringer darüber.

Ersuchen gemäß Unterabsatz 1 müssen hinreichend begründet sein, insbesondere bezüglich der Gründe für den Antrag auf Information.

(2) Die in Absatz 1 genannten Sanktionen und Maßnahmen werden nur mitgeteilt, wenn eine endgültige Entscheidung ergangen ist. Hinsichtlich der anderen in Absatz 1 genannten vollstreckbaren Entscheidungen muss der Mitgliedstaat, der die Informationen übermittelt, angeben, ob es sich um eine endgültige Entscheidung handelt oder ob Rechtsbehelfe dagegen eingelegt wurden und wann voraussichtlich über diese entschieden wird.

Dieser Mitgliedstaat muss darüber hinaus angeben, aufgrund welcher nationaler Rechtsvorschriften der Dienstleistungserbringer verurteilt oder bestraft wurde.

(3) Bei der Anwendung der Absätze 1 und 2 müssen die Vorschriften über den Schutz personenbezogener Daten und die Rechte von in den betreffenden Mitgliedstaaten – auch durch Berufsverbände – verurteilten oder bestraften Personen beachtet werden. Alle diesbezüglichen Informationen, die öffentlich zugänglich sind, müssen den Verbrauchern zugänglich sein.

Art. 34 Begleitende Maßnahmen. (1) Die Kommission richtet in Zusammenarbeit mit den Mitgliedstaaten ein elektronisches System für den Austausch von Informationen zwischen den Mitgliedstaaten ein, wobei sie bestehende Informationssysteme berücksichtigt.

(2) Die Mitgliedstaaten ergreifen mit Unterstützung der Kommission begleitende Maßnahmen, um den Austausch der mit der Amtshilfe betrauten Beamten und deren Fortbildung einschließlich Sprach- und Computerkursen zu fördern.

(3) Die Kommission prüft die Erforderlichkeit der Einrichtung eines Mehrjahresprogramms zur Organisation derartiger Beamtenaustausch- und Fortbildungsmaßnahmen.

Art. 35 Amtshilfe bei Ausnahmen im Einzelfall. (1) Beabsichtigt ein Mitgliedstaat, eine Maßnahme gemäß Artikel 18 zu ergreifen, so ist unbeschadet der gerichtlichen Verfahren, einschließlich Vorverfahren und Handlungen, die im Rahmen einer strafrechtlichen Ermittlung durchgeführt werden, die in den Absätzen 2 bis 6 des vorliegenden Artikels festgelegte Vorgehensweise einzuhalten.

(2) Der in Absatz 1 genannte Mitgliedstaat ersucht den Niederlassungsmitgliedstaat, Maßnahmen gegen den betreffenden Dienstleis-

tungserbringer zu ergreifen und übermittelt alle zweckdienlichen Informationen über die in Frage stehende Dienstleistung und den jeweiligen Sachverhalt.

Der Niederlassungsmitgliedstaat stellt unverzüglich fest, ob der Dienstleistungserbringer seine Tätigkeit rechtmäßig ausübt und überprüft den Sachverhalt, der Anlass des Ersuchens ist. Er teilt dem ersuchenden Mitgliedstaat unverzüglich mit, welche Maßnahmen getroffen wurden oder beabsichtigt sind, oder aus welchen Gründen keine Maßnahmen getroffen wurden.

(3) Nachdem eine Mitteilung der Angaben gemäß Absatz 2 Unterabsatz 2 durch den Niederlassungsmitgliedstaat erfolgt ist, unterrichtet der ersuchende Mitgliedstaat die Kommission und den Niederlassungsmitgliedstaat über die von ihm beabsichtigten Maßnahmen, wobei er mitteilt:

a) aus welchen Gründen er die vom Niederlassungsmitgliedstaat getroffenen oder beabsichtigten Maßnahmen für unzureichend hält;

b) warum er der Auffassung ist, dass die von ihm beabsichtigten Maßnahmen die Voraussetzungen des Artikels 18 erfüllen.

(4) Die Maßnahmen dürfen frühestens fünfzehn Arbeitstage nach der in Absatz 3 genannten Mitteilung getroffen werden.

(5) Unbeschadet der Möglichkeit des ersuchenden Mitgliedstaates, nach Ablauf der Frist gemäß Absatz 4 die betreffenden Maßnahmen zu ergreifen, muss die Kommission so schnell wie möglich prüfen, ob die mitgeteilten Maßnahmen mit dem Gemeinschaftsrecht vereinbar sind.

Kommt die Kommission zu dem Ergebnis, dass die Maßnahme nicht mit dem Gemeinschaftsrecht vereinbar ist, so erlässt sie eine Entscheidung, in der sie den betreffenden Mitgliedstaat auffordert, von den beabsichtigten Maßnahmen Abstand zu nehmen oder sie unverzüglich aufzuheben.

(6) In dringenden Fällen kann der Mitgliedstaat, der beabsichtigt, eine Maßnahme zu ergreifen, von den Absätzen 2, 3 und 4 abweichen. In diesen Fällen sind die Maßnahmen der Kommission und dem Niederlassungsmitgliedstaat unverzüglich unter Begründung der Dringlichkeit mitzuteilen.

Art. 36 Durchführungsmaßnahmen. Die Kommission erlässt nach dem in Artikel 40 Absatz 3 genannten Verfahren die zur Änderung nicht wesentlicher Bestimmungen dieses Kapitels bestimmten Durchführungsmaßnahmen, indem sie es durch Angabe der in den Artikeln 28 und 35 genannten Fristen ergänzt. Die Kommission erlässt ferner nach dem in Artikel 40 Absatz 2 genannten Verfahren die praktischen Regelungen des Informationsaustauschs auf elektronischem Wege zwischen den Mitgliedstaaten und insbesondere die Bestimmungen über die Interoperabilität der Informationssysteme.

Kapitel VII. Konvergenzprogramm

Art. 37 Verhaltenskodizes auf Gemeinschaftsebene. (1) Die Mitgliedstaaten ergreifen in Zusammenarbeit mit der Kommission begleitende Maßnahmen, um insbesondere Berufsverbände, -organisationen und -vereinigungen zu ermutigen, auf Gemeinschaftsebene im Einklang mit dem Gemeinschaftsrecht Verhaltenskodizes auszuarbeiten, die die Dienstleistungserbringung oder die Niederlassung von Dienstleistungserbringern in einem anderen Mitgliedstaat erleichtern sollen.

(2) Die Mitgliedstaaten stellen sicher, dass die in Absatz 1 genannten Verhaltenskodizes aus der Ferne und elektronisch zugänglich sind.

Art. 38 Ergänzende Harmonisierung. Die Kommission prüft bis zum 28. Dezember 2010 die Möglichkeit, Vorschläge für harmonisierende Rechtsakte zu folgenden Punkten vorzulegen:

a) die Aufnahme von Tätigkeiten zur gerichtlichen Beitreibung von Forderungen;

b) private Sicherheitsdienste und Beförderung von Geld und Wertgegenständen.

Art. 39 Gegenseitige Evaluierung. (1) Die Mitgliedstaaten legen der Kommission bis zum 28. Dezember 2009 einen Bericht vor, der die folgenden Angaben enthält:

a) Informationen gemäß Artikel 9 Absatz 2 über die Genehmigungsregelungen;

b) Informationen gemäß Artikel 15 Absatz 5 über die zu prüfenden Anforderungen;

c) Informationen gemäß Artikel 25 Absatz 3 über die multidisziplinären Tätigkeiten.

(2) Die Kommission leitet die in Absatz 1 genannten Berichte an die anderen Mitgliedstaaten weiter, die binnen sechs Monaten nach Erhalt zu jedem dieser Berichte ihre Stellungnahme übermitteln. Gleichzeitig konsultiert die Kommission die betroffenen Interessengruppen zu diesen Berichten.

(3) Die Kommission legt die Berichte und Anmerkungen der Mitgliedstaaten dem in Artikel 40 Absatz 1 genannten Ausschuss vor, der dazu Stellung nehmen kann.

(4) Unter Berücksichtigung der in den Absätzen 2 und 3 genannten Stellungnahme legt die Kommission dem Europäischen Parlament und dem Rat spätestens bis zum 28. Dezember 2010 einen zusammenfassenden Bericht vor; diesem fügt sie gegebenenfalls Vorschläge für ergänzende Initiativen bei.

(5) Die Mitgliedstaaten legen der Kommission spätestens bis zum 28. Dezember 2009 einen Bericht über die nationalen Anforderungen

vor, deren Anwendung unter Artikel 16 Absatz 1 Unterabsatz 3 und Absatz 3 Satz 1 fallen könnte; in diesem Bericht legen sie die Gründe dar, aus denen die betreffenden Anforderungen ihres Erachtens mit den Kriterien nach Artikel 16 Absatz 1 Unterabsatz 3 und Artikel 16 Absatz 3 Satz 1 vereinbar sind.

Danach übermitteln die Mitgliedstaaten der Kommission alle Änderungen der vorstehend genannten Anforderungen einschließlich neuer Anforderungen und begründen dies.

Die Kommission setzt die anderen Mitgliedstaaten von den übermittelten Anforderungen in Kenntnis. Diese Übermittlung steht dem Erlass der betreffenden Vorschriften durch den jeweiligen Mitgliedstaat nicht entgegen. Die Kommission legt danach jährlich Analysen und Orientierungshinweise in Bezug auf die Anwendung derartiger Vorschriften im Rahmen dieser Richtlinie vor.

Art. 40 Ausschussverfahren. (1) Die Kommission wird von einem Ausschuss unterstützt.

(2) Wird auf diesen Absatz Bezug genommen, so gelten die Artikel 5 und 7 des Beschlusses 1999/468/EG unter Beachtung von dessen Artikel 8. Der Zeitraum nach Artikel 5 Absatz 6 des Beschlusses 1999/468/EG wird auf drei Monate festgesetzt.

(3) Wird auf diesen Absatz Bezug genommen, so gelten die Artikel 5a Absätze 1 bis 4 und Artikel 7 des Beschlusses 1999/468/EG unter Beachtung von dessen Artikel 8.

Art. 41 Überprüfungsklausel. Die Kommission legt dem Europäischen Parlament und dem Rat bis zum 28. Dezember 2011 und danach alle drei Jahre einen umfassenden Bericht über die Anwendung dieser Richtlinie vor. Im Einklang mit Artikel 16 Absatz 4 geht dieser Bericht insbesondere auf die Anwendung des Artikels 16 ein. Er behandelt ferner die Frage, ob zusätzliche Maßnahmen in Bereichen außerhalb des Anwendungsbereichs dieser Richtlinie erforderlich sind. Er enthält gegebenenfalls Vorschläge für die Anpassung dieser Richtlinie im Hinblick auf die Vollendung des Binnenmarktes für Dienstleistungen.

Art. 42 Änderung der Richtlinie 98/27/EG. Dem Anhang der Richtlinie 98/27/EG des Europäischen Parlaments und des Rates vom 19. Mai 1998 über Unterlassungsklagen zum Schutz der Verbraucherinteressen[1] wird folgende Nummer angefügt:

„13. Richtlinie 2006/123/EG des Europäischen Parlaments und des Rates vom 12. Dezember 2006 über Dienstleistungen im Binnenmarkt (ABl. L 376 vom 27. 12. 2006, S. 36).“

[1] ABl. L 166 vom 11. 6. 1998, S. 51. Zuletzt geändert durch die Richtlinie 2005/29/EG.

Art. 43 Schutz personenbezogener Daten. Bei der Umsetzung und Anwendung dieser Richtlinie und insbesondere der Bestimmungen über Kontrollen werden die Vorschriften zum Schutz personenbezogener Daten, der Richtlinie 95/46/EG und der Richtlinie 2002/58/EG eingehalten.

Kapitel VIII. Schlussbestimmungen

Art. 44 Umsetzung. (1) Die Mitgliedstaaten setzen die erforderlichen Rechts- und Verwaltungsvorschriften in Kraft, die erforderlich sind, um dieser Richtlinie bis spätestens ab dem 28. Dezember 2009 nachzukommen.

Sie teilen der Kommission unverzüglich den Wortlaut dieser Rechtsvorschriften mit.

Wenn die Mitgliedstaaten diese Vorschriften erlassen, nehmen sie in den Vorschriften selbst oder durch einen Hinweis bei der amtlichen Veröffentlichung auf diese Richtlinie Bezug. Die Mitgliedstaaten regeln die Einzelheiten der Bezugnahme.

(2) Die Mitgliedstaaten teilen der Kommission den Wortlaut der wichtigsten innerstaatlichen Rechtsvorschriften mit, die sie auf dem unter diese Richtlinie fallenden Gebiet erlassen.

Art. 45 Inkrafttreten. Diese Richtlinie tritt am Tag nach ihrer Veröffentlichung im *Amtsblatt der Europäischen Union* in Kraft.

Art. 46 Adressaten. Diese Richtlinie ist an die Mitgliedstaaten gerichtet.

Art. 43 Schutz personenbezogener Daten. Bei der Umsetzung und Anwendung dieser Richtlinie und insbesondere der Bestimmungen über Kontrollen werden die Vorschriften zum Schutz personenbezogener Daten, der Richtlinie 95/46/EG und der Richtlinie 2002/58/EG eingehalten.

Kapitel VIII. Schlussbestimmungen

Art. 44 Umsetzung. (1) Die Mitgliedstaaten setzen die erforderlichen Rechts- und Verwaltungsvorschriften in Kraft, die erforderlich sind, um dieser Richtlinie bis spätestens ab dem 28. Dezember 2009 nachzukommen.

Sie teilen der Kommission unverzüglich den Wortlaut dieser Rechtsvorschriften mit.

Wenn die Mitgliedstaaten diese Vorschriften erlassen, nehmen sie in den Vorschriften selbst oder durch einen Hinweis bei der amtlichen Veröffentlichung auf diese Richtlinie Bezug. Die Mitgliedstaaten regeln die Einzelheiten der Bezugnahme.

(2) Die Mitgliedstaaten teilen der Kommission den Wortlaut der wichtigsten innerstaatlichen Rechtsvorschriften mit, die sie auf dem unter diese Richtlinie fallenden Gebiet erlassen.

Art. 45 Inkrafttreten. Diese Richtlinie tritt am Tag nach ihrer Veröffentlichung im *Amtsblatt der Europäischen Union* in Kraft.

Art. 46 Adressaten. Diese Richtlinie ist an die Mitgliedstaaten gerichtet.

184. Richtlinie 2005/36/EG des Europäischen Parlaments und des Rates über die Anerkennung von Berufsqualifikationen[1)]

Vom 7. September 2005

(ABl. Nr. L 255/22 v. 30.9.2005, ber. ABl. Nr. L 271/18 v. 16.10.2007, geänd. durch RL 2006/100/EG, ABl. Nr. L 363/141 v. 20.12.2006, geänd. durch VO Nr. 1137/2008 v. 22.10.2008, ABl. Nr. L 311/1, VO Nr. 279/2009 v. 6.4.2009 ABl. Nr. L 93/11, VO Nr. L 213/2011 v. 3.3.2011, ABl. Nr. L 59/4; Akte zum Beitrittsvertrag v. 9.12.2011, ABl. 2012 Nr. L 112/41; RL 2013/25 v. 13.5.2013, ABl. Nr. L 158/368: RL 2013/55 v. 20.11.2013, ABl. Nr. L 354/132);[2)]

DAS EUROPÄISCHE PARLAMENT UND DER RAT DER EUROPÄISCHEN UNION –

gestützt auf den Vertrag zur Gründung der Europäischen Gemeinschaft, insbesondere auf Artikel 40, Artikel 47 Absatz 1, Artikel 47 Absatz 2 Sätze 1 und 3 und Artikel 55,

auf Vorschlag der Kommission[3)],

nach Stellungnahme des Europäischen Wirtschafts- und Sozialausschusses[4)],

gemäß dem Verfahren des Artikels 251 des Vertrags[5)],

in Erwägung nachstehender Gründe:

(1) Nach Artikel 3 Absatz 1 Buchstabe c des Vertrages ist die Beseitigung der Hindernisse für den freien Personen- und Dienstleistungsverkehr zwischen den Mitgliedstaaten eines der Ziele der Gemeinschaft. Dies bedeutet für die Staatsangehörigen der Mitgliedstaaten insbesondere die Möglichkeit, als Selbstständige oder abhängig Beschäftigte einen Beruf in einem anderen Mitgliedstaat als dem auszuüben, in dem sie ihre Berufsqualifikationen erworben haben. Ferner sieht Artikel 47 Absatz 1 des Vertrags vor, dass Richtlinien für die gegenseitige Anerkennung der Diplome, Prüfungszeugnisse und sonstigen Befähigungsnachweise erlassen werden.

---

1) Die RL 2005/36/EG modernisiert und konsolidiert mWv. 20.10.2007 insgesamt 15 Richtlinien, die – mit Ausnahme der Vorschriften für Rechtsanwälte (Nr. **182**), für Tätigkeiten im Handel und Vertrieb von Giftstoffen sowie für Handelsvertreter – alle bisher existierenden Anerkennungsvorschriften umfassen. Vgl. auch RL (EU) 2018/958 v. 28.6.2018 über eine Verhältnismäßigkeitsprüfung vor Erlass neuer Berufsreglementierungen (ABl. Nr. L 173/25 v. 9.7.2018).

2) Zu Änderungen der Anhänge vgl. die Nachw. ebd. (S. 60 ff.).

3) **[Amtl. Anm.:]** ABl. C 181 E vom 30.7.2002, S. 183.

4) **[Amtl. Anm.:]** ABl. C 61 vom 14.3.2003, S. 67.

5) **[Amtl. Anm.:]** Stellungnahme des Europäischen Parlaments vom 11. Februar 2004 (ABl. C 97 E vom 22.4.2004, S. 230), Gemeinsamer Standpunkt des Rates vom 21. Dezember 2004 (ABl. C 58 E vom 8.3.2005, S. 1) und Standpunkt des Europäischen Parlaments vom 11. Mai 2005 (noch nicht im Amtsblatt veröffentlicht). Beschluss des Rates vom 6. Juni 2005.

(2) Nach der Tagung des Europäischen Rates in Lissabon vom 23. und 24. März 2000 hat die Kommission eine Mitteilung „Eine Binnenmarktstrategie für den Dienstleistungssektor" vorgelegt, die insbesondere darauf abzielt, die Erbringung von Dienstleistungen innerhalb der Gemeinschaft ebenso einfach zu machen wie innerhalb eines Mitgliedstaats. Nach Annahme der Mitteilung „Neue europäische Arbeitsmärkte – offen und zugänglich für alle" durch die Kommission hat der Europäische Rat auf seiner Tagung vom 23. und 24. März 2001 in Stockholm die Kommission beauftragt, für die Frühjahrstagung des Europäischen Rates im Jahr 2002 spezifische Vorschläge für ein einheitlicheres, transparenteres und flexibleres System der Anerkennung von beruflichen Qualifikationen zu unterbreiten.

(3) Diese Richtlinie gibt Personen, die ihre Berufsqualifikationen in einem Mitgliedstaat erworben haben, Garantien hinsichtlich des Zugangs zu demselben Beruf und seiner Ausübung in einem anderen Mitgliedstaat unter denselben Voraussetzungen wie Inländern; sie schließt jedoch nicht aus, dass der Migrant nicht diskriminierende Ausübungsvoraussetzungen, die dieser Mitgliedstaat vorschreibt, erfüllen muss, soweit diese objektiv gerechtfertigt und verhältnismäßig sind.

(4) Es ist angezeigt, zur Erleichterung des freien Dienstleistungsverkehrs besondere Vorschriften zu erlassen, durch die die Möglichkeiten zur Ausübung beruflicher Tätigkeiten unter der im Herkunftsmitgliedstaat erworbenen Berufsbezeichnung erweitert werden. Für Dienstleistungen der Informationsgesellschaft, die im Fernabsatz erbracht werden, gilt neben dieser Richtlinie noch die Richtlinie 2000/31/EG des Europäischen Parlaments und des Rates vom 8. Juni 2000 über bestimmte rechtliche Aspekte der Dienste der Informationsgesellschaft, insbesondere des elektronischen Geschäftsverkehrs, im Binnenmarkt[1].

(5) Da für die zeitweilige und gelegentliche grenzüberschreitende Erbringung von Dienstleistungen einerseits und für die Niederlassung andererseits jeweils unterschiedliche Regelungen gelten, sollten für den Fall, dass sich der Dienstleister in den Aufnahmemitgliedstaat begibt, die Kriterien für die Unterscheidung zwischen diesen beiden Konzepten genauer bestimmt werden.

(6) Im Rahmen der Erleichterung der Erbringung von Dienstleistungen ist der öffentlichen Gesundheit und Sicherheit sowie dem Verbraucherschutz unbedingt Rechnung zu tragen. Daher sollten spezifische Bestimmungen für reglementierte Berufe vorgesehen werden, die die öffentliche Gesundheit oder Sicherheit berühren und deren Angehörige vorübergehend oder gelegentlich grenzüberschreitende Dienstleistungen erbringen.

(7) Die Aufnahmemitgliedstaaten können erforderlichenfalls im Einklang mit dem Gemeinschaftsrecht Meldevorschriften erlassen.

[1] **[Amtl. Anm.:]** ABl. L 178 vom 17.7.2000, S. 1.

Diese Vorschriften sollten nicht zu einer unverhältnismäßig hohen Belastung der Dienstleister führen und die Ausübung des freien Dienstleistungsverkehrs nicht behindern oder weniger attraktiv machen. Die Notwendigkeit derartiger Vorschriften sollte regelmäßig unter Berücksichtigung der Fortschritte, die bei der Schaffung eines Gemeinschaftsrahmens für eine behördliche Zusammenarbeit zwischen den Mitgliedstaaten erzielt worden sind, überprüft werden.

(8) Für den Dienstleister sollten Disziplinarvorschriften des Aufnahmemitgliedstaats gelten, die unmittelbar und konkret mit den Berufsqualifikationen verbunden sind, wie die Definition des Berufes, der Umfang der zu einem Beruf gehörenden oder diesem vorbehaltenen Tätigkeiten, das Führen von Titeln und schwerwiegende berufliche Fehler in unmittelbarem und spezifischem Zusammenhang mit dem Schutz und der Sicherheit der Verbraucher.

(9) Die Grundsätze und Garantien für die Niederlassungsfreiheit, die in den verschiedenen derzeit geltenden Anerkennungsregelungen enthalten sind, sollen aufrechterhalten werden, wobei aber die Vorschriften dieser Anerkennungsregeln im Lichte der Erfahrungen verbessert werden sollten. Außerdem sind die einschlägigen Richtlinien mehrfach geändert worden, und es sollte daher durch eine Vereinheitlichung der geltenden Grundsätze eine Neuordnung und Straffung ihrer Bestimmungen vorgenommen werden. Es ist daher erforderlich, folgende Richtlinien aufzuheben und in einem einzigen neuen Text zusammenzufassen: die Richtlinien 89/48/EWG[1)] und 92/51/EWG[2)] des Rates sowie die Richtlinie 1999/42/EG des Europäischen Parlaments und des Rates über die allgemeine Regelung zur Anerkennung beruflicher Befähigungsnachweise[3)] sowie die Richtlinien 77/452/EWG[4)], 77/453/EWG[5)], 78/686/EWG[6)], 78/687/EWG[7)], 78/1026/EWG[8)], 78/1027/EWG[9)], 80/154/EWG[10)], 80/155/EWG[11)], 85/384/

[1)] **[Amtl. Anm.:]** ABl. L 19 vom 24.1.1989, S. 16. Geändert durch die Richtlinie 2001/19/EG des Europäischen Parlaments und des Rates (ABl. L 206 vom 31.7.2001, S. 1).

[2)] **[Amtl. Anm.:]** ABl. L 209 vom 24.7.1992, S. 25. Zuletzt geändert durch die Entscheidung 2004/108/EG (ABl. L 32 vom 5.2.2004, S. 15).

[3)] **[Amtl. Anm.:]** ABl. L 201 vom 31.7.1999, S. 77.

[4)] **[Amtl. Anm.:]** ABl. L 176 vom 15.7.1977, S. 1. Zuletzt geändert durch die Beitrittsakte von 2003.

[5)] **[Amtl. Anm.:]** ABl. L 176 vom 15.7.1977, S. 8. Zuletzt geändert durch die Richtlinie 2001/19/EG.

[6)] **[Amtl. Anm.:]** ABl. L 233 vom 24.8.1978, S. 1. Zuletzt geändert durch die Beitrittsakte von 2003.

[7)] **[Amtl. Anm.:]** ABl. L 233 vom 24.8.1978, S. 10. Zuletzt geändert durch die Beitrittsakte von 2003.

[8)] **[Amtl. Anm.:]** ABl. L 362 vom 23.12.1978 S. 1. Zuletzt geändert durch die Richtlinie 2001/19/EG.

[9)] **[Amtl. Anm.:]** ABl. L 362 vom 23.12.1978, S. 7. Zuletzt geändert durch die Richtlinie 2001/19/EG.

[10)] **[Amtl. Anm.:]** ABl. L 33 vom 11.2.1980, S. 1. Zuletzt geändert durch die Beitrittsakte von 2003.

[11)] **[Amtl. Anm.:]** ABl. L 33 vom 11.2.1980, S. 8. Zuletzt geändert durch die Richtlinie 2001/19/EG.

EWG[1], 85/432/EWG[2], 85/433/EWG[3] und 93/16/EWG[4] des Rates, die die Tätigkeiten der Krankenschwester und des Krankenpflegers, die für die allgemeine Pflege verantwortlich sind, des Zahnarztes, des Tierarztes, der Hebamme, des Architekten, des Apothekers bzw. des Arztes betreffen.

(10) Diese Richtlinie hindert die Mitgliedstaaten nicht daran, gemäß ihren Rechtsvorschriften Berufsqualifikationen anzuerkennen, die außerhalb des Gebiets der Europäischen Union von einem Staatsangehörigen eines Drittstaats erworben wurden. In jedem Fall sollte die Anerkennung unter Beachtung der Mindestanforderungen an die Ausbildung für bestimmte Berufe erfolgen.

(11) Für die Berufe, die unter die allgemeine Regelung zur Anerkennung von Ausbildungsnachweisen – nachstehend „allgemeine Regelung" genannt – fallen, sollten die Mitgliedstaaten die Möglichkeit behalten, das Mindestniveau der notwendigen Qualifikation festzulegen, um die Qualität der in ihrem Hoheitsgebiet erbrachten Leistungen zu sichern. Nach den Artikeln 10, 39 und 43 des Vertrags sollten sie einem Angehörigen eines Mitgliedstaates jedoch nicht vorschreiben, dass er Qualifikationen, die sie in der Regel durch schlichte Bezugnahme auf die in ihrem innerstaatlichen Bildungssystem ausgestellten Diplome bestimmen, erwirbt, wenn die betreffende Person diese Qualifikationen bereits ganz oder teilweise in einem anderen Mitgliedstaat erworben hat. Deshalb sollte vorgesehen werden, dass jeder Aufnahmemitgliedstaat, in dem ein Beruf reglementiert ist, die in einem anderen Mitgliedstaat erworbenen Qualifikationen berücksichtigen und dabei beurteilen muss, ob sie den von ihm geforderten Qualifikationen entsprechen. Dieses allgemeine System zur Anerkennung steht jedoch dem nicht entgegen, dass ein Mitgliedstaat jeder Person, die einen Beruf in diesem Mitgliedstaat ausübt, spezifische Erfordernisse vorschreibt, die durch die Anwendung der durch das allgemeine Interesse gerechtfertigten Berufsregeln begründet sind. Diese betreffen insbesondere die Regeln hinsichtlich der Organisation des Berufs, die beruflichen Standards, einschließlich der standesrechtlichen Regeln, die Vorschriften für die Kontrolle und die Haftung. Schließlich zielt diese Richtlinie nicht auf einen Eingriff in das berechtigte Interesse der Mitgliedstaaten ab, zu verhindern, dass einige ihrer Staatsangehörigen sich in missbräuchlicher Weise der Anwendung des nationalen Rechts im Bereich der Berufe entziehen.

---

[1] **[Amtl. Anm.:]** ABl. L 223 vom 21.8.1985, S. 15. Zuletzt geändert durch die Beitrittsakte von 2003.

[2] **[Amtl. Anm.:]** ABl. L 253 vom 24.9.1985, S. 34. Geändert durch die Richtlinie 2001/19/EG.

[3] **[Amtl. Anm.:]** ABl. L 253 vom 24.9.1985, S. 37. Zuletzt geändert durch die Beitrittsakte von 2003.

[4] ***[Amtl. Anm.:]*** *ABl. L* 165 vom 7.7.1993, S. 1. Zuletzt geändert durch die Verordnung (EG) Nr. 1882/2003 des Europäischen Parlaments und des Rates (ABl. L 284 vom 31.10.2003, S. 1).

(12) Diese Richtlinie regelt die Anerkennung von in anderen Mitgliedstaaten erworbenen Berufsqualifikationen durch die Mitgliedstaaten. Sie gilt jedoch nicht für die Anerkennung von aufgrund dieser Richtlinie gefassten Anerkennungsbeschlüssen anderer Mitgliedstaaten durch die Mitgliedstaaten. Eine Person, deren Berufsqualifikationen aufgrund dieser Richtlinie anerkannt worden sind, kann sich somit nicht auf diese Anerkennung berufen, um in ihrem Herkunftsmitgliedstaat Rechte in Anspruch zu nehmen, die sich nicht aus der in diesem Mitgliedstaat erworbenen Berufsqualifikation ableiten, es sei denn, sie weist nach, dass sie zusätzliche Berufsqualifikationen im Aufnahmemitgliedstaat erworben hat.

(13) Um den Anerkennungsmechanismus aufgrund der allgemeinen Regelung festzulegen, müssen die einzelstaatlichen Systeme der allgemeinen und beruflichen Bildung in Niveaus unterteilt werden. Diese Niveaus, die nur zum Zweck der Anwendung der allgemeinen Regelung festgelegt werden, haben keine Auswirkungen auf die einzelstaatlichen Strukturen der allgemeinen und beruflichen Bildung oder auf die Zuständigkeit der Mitgliedstaaten auf diesem Gebiet.

(14) Der durch die Richtlinien 89/48/EWG und 92/51/EWG eingeführte Anerkennungsmechanismus ändert sich nicht. Folglich sollte der Inhaber eines Zeugnisses, das den erfolgreichen Abschluss einer postsekundären Ausbildung von mindestens einem Jahr bescheinigt, Zugang zu einem reglementierten Beruf in einem Mitgliedstaat erhalten, in dem dieser Zugang von der Vorlage eines Zeugnisses über den erfolgreichen Abschluss einer Hochschul- oder Universitätsausbildung von vier Jahren abhängt, unabhängig von dem Niveau, zu dem der im Aufnahmemitgliedstaat verlangte Ausbildungsabschluss gehört. Umgekehrt sollte der Zugang zu einem reglementierten Beruf, soweit er vom erfolgreichen Abschluss einer Hochschul- oder Universitätsausbildung von mehr als vier Jahren abhängt, nur den Inhabern eines Zeugnisses über den erfolgreichen Abschluss einer Hochschul- oder Universitätsausbildung von mindestens drei Jahren gewährt werden.

(15) Da die Mindestanforderungen an die Ausbildung für die Aufnahme und Ausübung der unter die allgemeine Regelung fallenden Berufe nicht harmonisiert sind, sollte der Aufnahmemitgliedstaat die Möglichkeit haben, eine Ausgleichsmaßnahme vorzuschreiben. Diese Maßnahme sollte dem Grundsatz der Verhältnismäßigkeit entsprechen und insbesondere die Berufserfahrung des Antragstellers berücksichtigen. Die Erfahrung zeigt, dass die Möglichkeit, dem Migranten nach seiner Wahl einen Eignungstest oder einen Anpassungslehrgang vorzuschreiben, hinreichende Garantien hinsichtlich seines Qualifikationsniveaus bietet, so dass jede Abweichung von dieser Wahlmöglichkeit in jedem Einzelfall durch einen zwingenden Grund des Allgemeininteresses gerechtfertigt sein müsste.

(16) Um die Freizügigkeit von Berufstätigen zu fördern und gleichzeitig ein angemessenes Qualifikationsniveau zu gewährleisten, soll-

ten verschiedene Berufsverbände und -organisationen oder die Mitgliedstaaten auf europäischer Ebene gemeinsame Plattformen vorschlagen können. Unter bestimmten Voraussetzungen und unter Beachtung der Zuständigkeit der Mitgliedstaaten für die Festlegung der für die Ausübung der Berufe in ihrem Hoheitsgebiet erforderlichen beruflichen Qualifikationen sowie für den Inhalt und die Organisation ihrer Systeme für die allgemeine und berufliche Bildung und unter Beachtung des Gemeinschaftsrechts, insbesondere des gemeinschaftlichen Wettbewerbsrechts, sollte diese Richtlinie diesen Initiativen Rechnung tragen, während sie gleichzeitig einen stärkeren Automatismus der Anerkennung im Rahmen der allgemeinen Regelung fördert. Die Berufsverbände, die gemeinsame Plattformen vorlegen können, sollten auf einzelstaatlicher und europäischer Ebene repräsentativ sein. Eine gemeinsame Plattform besteht in einer Reihe von Kriterien, mit denen wesentliche Unterschiede, die zwischen den Ausbildungsanforderungen in mindestens zwei Dritteln der Mitgliedstaaten, einschließlich all jener Mitgliedstaaten, in denen der Beruf reglementiert ist, festgestellt wurden, möglichst umfassend ausgeglichen werden können. Zu den Kriterien könnten beispielsweise Anforderungen wie eine Zusatzausbildung, ein Anpassungslehrgang in der Praxis unter Aufsicht, eine Eignungsprüfung, ein vorgeschriebenes Minimum an Berufserfahrung oder eine Kombination solcher Anforderungen gehören.

(17) Damit alle Sachverhalte berücksichtigt werden, die bisher keiner Regelung zur Anerkennung von Berufsqualifikationen unterliegen, sollte die allgemeine Regelung auf die Fälle ausgedehnt werden, die nicht durch eine Einzelregelung abgedeckt werden, entweder weil der Beruf unter keine der Regelungen fällt oder weil der Beruf zwar unter eine bestimmte Regelung fällt, der Antragsteller aus besonderen und außergewöhnlichen Gründen die Voraussetzungen für die Inanspruchnahme dieser Regelung jedoch nicht erfüllt.

(18) Es ist geboten, die Vorschriften zu vereinfachen, die in den Mitgliedstaaten, in denen die betreffenden Berufe reglementiert sind, die Aufnahme bestimmter Tätigkeiten in Industrie, Handel und Handwerk ermöglichen, sofern die entsprechenden Tätigkeiten in einem Mitgliedstaat während eines angemessenen, nicht zu weit zurückliegenden Zeitraums ausgeübt worden sind; gleichzeitig gilt es aber, an einem System der automatischen Anerkennung auf der Grundlage der Berufserfahrung für diese Tätigkeiten festzuhalten.

(19) Die Freizügigkeit und die gegenseitige Anerkennung der Ausbildungsnachweise der Ärzte, Krankenschwestern und Krankenpfleger, die für die allgemeine Pflege verantwortlich sind, Zahnärzte, Tierärzte, Hebammen, Apotheker und Architekten sollte sich auf den Grundsatz der automatischen Anerkennung der Ausbildungsnachweise im Zuge der Koordinierung der Mindestanforderungen an die Ausbildung stützen. Ferner sollte die Aufnahme und Aus-

übung der Tätigkeiten des Arztes, der Krankenschwester und des Krankenpflegers, die für die allgemeine Pflege verantwortlich sind, des Zahnarztes, des Tierarztes, der Hebamme und des Apothekers vom Besitz eines bestimmten Ausbildungsnachweises abhängig gemacht werden, wodurch gewährleistet wird, dass die betreffenden Personen eine Ausbildung absolviert haben, die den festgelegten Mindestanforderungen genügt. Dieses System sollte durch eine Reihe erworbener Rechte ergänzt werden, auf die sich qualifizierte Berufsangehörige unter bestimmten Voraussetzungen berufen können.

(20) Um den Besonderheiten des Ausbildungssystems der Ärzte und Zahnärzte und dem entsprechenden gemeinschaftlichen Besitzstand im Bereich der gegenseitigen Anerkennung Rechnung zu tragen, ist es gerechtfertigt, für alle Fachrichtungen, die zum Zeitpunkt des Erlasses der vorliegenden Richtlinie anerkannt sind, den Grundsatz der automatischen Anerkennung der medizinischen und zahnmedizinischen Fachrichtungen, die mindestens zwei Mitgliedstaaten gemeinsam sind, beizubehalten. Hingegen sollte sich im Interesse der Vereinfachung des Systems die Erweiterung der automatischen Anerkennung auf neue medizinische Fachrichtungen nach dem Zeitpunkt des Inkrafttretens der vorliegenden Richtlinie auf diejenigen beschränken, die in mindestens zwei Fünfteln der Mitgliedstaaten vertreten sind. Im Übrigen hindert die vorliegende Richtlinie die Mitgliedstaaten nicht daran, untereinander für bestimmte medizinische und zahnmedizinische Fachrichtungen, die sie gemeinsam haben und die nicht Gegenstand einer automatischen Anerkennung im Sinne dieser Richtlinie sind, eine automatische Anerkennung nach ihren eigenen Regeln zu vereinbaren.

(21) Die automatische Anerkennung der Ausbildungsnachweise des Arztes mit Grundausbildung sollte nicht die Zuständigkeit der Mitgliedstaaten berühren, diesen Nachweis mit beruflichen Tätigkeiten zu verbinden oder auch nicht.

(22) Alle Mitgliedstaaten sollten den Beruf des Zahnarztes als eigenen Beruf anerkennen, der sich von dem des Arztes oder Facharztes für Zahn- und Mundheilkunde unterscheidet. Die Mitgliedstaaten sollten sicherstellen, dass dem Zahnarzt in seiner Ausbildung die erforderlichen Fähigkeiten zur Ausübung aller Tätigkeiten der Verhütung, Diagnose und Behandlung von Anomalien und Krankheiten von Zähnen, Mund und Kiefer sowie der dazugehörigen Gewebe vermittelt werden. Die Tätigkeit des Zahnarztes sollte nur von Inhabern eines zahnärztlichen Ausbildungsnachweises im Sinne dieser Richtlinie ausgeübt werden.

(23) Es erscheint nicht wünschenswert, für alle Mitgliedstaaten einen einheitlichen Ausbildungsgang für Hebammen vorzuschreiben. Es ist sogar angezeigt, den Mitgliedstaaten möglichst viel Freiheit bei der Gestaltung der Ausbildung zu lassen.

(24) Im Interesse der Vereinfachung ist es angezeigt, die Bezeichnung „Apotheker" zu verwenden, um den Anwendungsbereich der Be-

stimmungen über die automatische Anerkennung der Ausbildungsnachweise abzugrenzen, unbeschadet der Besonderheiten der nationalen Vorschriften für diese Tätigkeiten.

(25) Inhaber eines Ausbildungsnachweises des Apothekers sind Arzneimittelspezialisten und sollten grundsätzlich in allen Mitgliedstaaten Zugang zu einem Mindesttätigkeitsfeld innerhalb dieses Fachgebiets haben. Mit der Definition dieses Mindesttätigkeitsfeldes sollte diese Richtlinie weder eine Begrenzung der Betätigungsmöglichkeiten für Apotheker in den Mitgliedstaaten, insbesondere hinsichtlich der biomedizinischen Analysen, bewirken noch zugunsten dieser Berufsangehörigen ein Monopol begründen, da die Einräumung eines solchen Monopols weiterhin in die alleinige Zuständigkeit der Mitgliedstaaten fällt. Diese Richtlinie hindert die Mitgliedstaaten nicht daran, die Aufnahme von Tätigkeiten, die nicht in das koordinierte Mindesttätigkeitsfeld einbezogen sind, an zusätzliche Ausbildungsanforderungen zu knüpfen. Daher sollte der Aufnahmemitgliedstaat, der solche Anforderungen stellt, die Möglichkeit haben, Staatsangehörige der Mitgliedstaaten, die im Besitz von Ausbildungsnachweisen sind, die unter die automatische Anerkennung im Sinne dieser Richtlinie fallen, diesen Anforderungen zu unterwerfen.

(26) Diese Richtlinie gewährleistet nicht die Koordinierung aller Bedingungen für die Aufnahme und die Ausübung der Tätigkeiten des Apothekers. Insbesondere sollten die geografische Verteilung der Apotheken und das Abgabemonopol für Arzneimittel weiterhin in die Zuständigkeit der Mitgliedstaaten fallen. Diese Richtlinie berührt keine Rechts- und Verwaltungsvorschriften der Mitgliedstaaten, die Gesellschaften die Ausübung bestimmter Tätigkeiten des Apothekers verbieten oder ihnen für die Ausübung solcher Tätigkeiten bestimmte Auflagen machen.

(27) Die architektonische Gestaltung, die Qualität der Bauwerke, ihre harmonische Einpassung in die Umgebung, der Respekt vor der natürlichen und der städtischen Landschaft sowie vor dem kollektiven und dem privaten Erbe sind von öffentlichem Interesse. Daher sollte sich die gegenseitige Anerkennung der Ausbildungsnachweise auf qualitative und quantitative Kriterien stützen, die gewährleisten, dass die Inhaber der anerkannten Ausbildungsnachweise in der Lage sind, die Bedürfnisse der Einzelpersonen, sozialen Gruppen und Gemeinwesen im Bereich der Raumordnung, der Konzeption, der Vorbereitung und Errichtung von Bauwerken, der Erhaltung und Zurgeltungbringung des architektonischen Erbes sowie des Schutzes der natürlichen Gleichgewichte zu verstehen und ihnen Ausdruck zu verleihen.

(28) Die nationalen Vorschriften für das Gebiet der Architektur und die Aufnahme und Ausübung der Architektentätigkeit sind ihrem Geltungsumfang nach sehr unterschiedlich. In den meisten Mitgliedstaaten werden die Tätigkeiten auf dem Gebiet der Architektur de jure oder de facto von Personen mit dem Berufstitel Archi-

tekt, gegebenenfalls in Verbindung mit einem weiteren Berufstitel, ausgeübt, ohne dass deshalb ausschließlich diese Personen das Recht hätten, diese Tätigkeiten auszuüben, es sei denn, es liegen gegenteilige Rechtsvorschriften vor. Diese Tätigkeiten, oder einige davon, können auch von Angehörigen anderer Berufe ausgeübt werden, insbesondere von Ingenieuren, die auf dem Gebiet des Bauwesens oder der Baukunst eine besondere Ausbildung erhalten haben. Im Interesse der Vereinfachung dieser Richtlinie ist es angezeigt, die Bezeichnung „Architekt" zu verwenden, um den Anwendungsbereich der Bestimmungen über die automatische Anerkennung der Ausbildungsnachweise auf dem Gebiet der Architektur abzugrenzen, unbeschadet der Besonderheiten der nationalen Vorschriften für diese Tätigkeiten.

(29) Wenn die nationale oder europäische Berufsorganisation bzw. der nationale oder europäische Berufsverband eines reglementierten Berufs ein begründetes Ersuchen um eine Sonderregelung für die Anerkennung der Berufsqualifikationen im Hinblick auf die Koordinierung der Mindestanforderungen an die Ausbildung vorlegt, prüft die Kommission die Möglichkeit, einen Vorschlag zur Änderung dieser Richtlinie zu verabschieden.

(30) Um die Wirksamkeit des Systems der Anerkennung von Berufsqualifikationen zu gewährleisten, sollten einheitliche Formalitäten und Verfahrensregeln für seine Anwendung sowie bestimmte Modalitäten für die Ausübung der Berufe festgelegt werden.

(31) Da die Zusammenarbeit zwischen den Mitgliedstaaten sowie zwischen den Mitgliedstaaten und der Kommission die Anwendung dieser Richtlinie und die Beachtung der sich daraus ergebenden Verpflichtungen sicher erleichtert, ist es angezeigt, die Einrichtungen dafür festzulegen.

(32) Mit der Einführung von Berufsausweisen auf europäischer Ebene durch Berufsverbände und -organisationen kann sich die Mobilität von Berufsangehörigen erhöhen, insbesondere durch Beschleunigung des Austauschs von Informationen zwischen dem Aufnahmemitgliedstaat und dem Herkunftsmitgliedstaat. Diese Berufsausweise sollen es ermöglichen, den beruflichen Werdegang von Berufsangehörigen zu verfolgen, die sich in verschiedenen Mitgliedstaaten niederlassen. Die Ausweise könnten unter voller Einhaltung der Datenschutzvorschriften Informationen über die beruflichen Qualifikationen des Berufsangehörigen (Universität bzw. Bildungseinrichtungen, Qualifikationen, Berufserfahrungen), seine Niederlassung und die gegen ihn verhängten berufsbezogenen Sanktionen sowie Einzelangaben der zuständigen Behörde umfassen.

(33) Die Einrichtung eines Systems von Kontaktstellen, die die Bürger der Mitgliedstaaten informieren und unterstützen sollen, wird die Transparenz der Anerkennungsregelung gewährleisten. Die Kontaktstellen liefern den Bürgern die von ihnen angeforderten Informationen und übermitteln der Kommission alle Angaben und

Anschriften, die für das Anerkennungsverfahren von Nutzen sein können. Durch die Benennung einer einzigen Kontaktstelle durch jeden Mitgliedstaat im Rahmen des Netzes bleibt die Zuständigkeitsverteilung auf nationaler Ebene unberührt. Insbesondere steht dies dem nicht entgegen, dass auf nationaler Ebene mehrere Stellen benannt werden, wobei der im Rahmen dieses Netzes benannten Kontaktstelle die Aufgabe zukommt, die anderen Stellen zu koordinieren und den Bürger erforderlichenfalls im Einzelnen über die für ihn zuständige Stelle zu informieren.

(34) Die Verwaltung der unterschiedlichen Anerkennungssysteme, die in den Einzelrichtlinien und in der allgemeinen Regelung festgelegt sind, hat sich als schwerfällig und komplex erwiesen. Es ist daher angezeigt, die Verwaltung dieser Richtlinie und ihre Aktualisierung zwecks Anpassung an den wissenschaftlichen und technischen Fortschritt zu vereinfachen, insbesondere, wenn die Mindestanforderungen an die Ausbildungen zur automatischen Anerkennung der Ausbildungsnachweise koordiniert werden. Zu diesem Zweck sollte ein gemeinsamer Ausschuss für die Anerkennung der Berufsqualifikationen eingesetzt und gleichzeitig eine angemessene Einbindung der Vertreter der Berufsorganisationen, auch auf europäischer Ebene, sichergestellt werden.

(35) Die zur Durchführung dieser Richtlinie erforderlichen Maßnahmen sollten gemäß dem Beschluss 1999/468/EG des Rates vom 28. Juni 1999 zur Festlegung der Modalitäten für die Ausübung der der Kommission übertragenen Durchführungsbefugnisse[1] erlassen werden.

(36) Ein regelmäßig vorgelegter Bericht der Mitgliedstaaten mit statistischen Daten über die Anwendung dieser Richtlinie wird Aufschluss über die Wirkung des Systems zur Anerkennung von Berufsqualifikationen geben.

(37) Für den Fall, dass die Anwendung einer Bestimmung dieser Richtlinie einem Mitgliedstaat erhebliche Schwierigkeiten bereitet, sollte ein geeignetes Verfahren für die Annahme befristeter Maßnahmen vorgesehen werden.

(38) Die Bestimmungen dieser Richtlinie berühren nicht die Zuständigkeit der Mitgliedstaaten für die Gestaltung ihres nationalen Sozialversicherungssystems und die Festlegung der Tätigkeiten, die im Rahmen dieses Systems ausgeübt werden müssen.

(39) Angesichts der raschen Weiterentwicklung von Wissenschaft und Technik ist das lebenslange Lernen in einer Vielzahl von Berufen äußerst wichtig. Vor diesem Hintergrund ist es Aufgabe der Mitgliedstaaten, die Regelungen einer angemessenen Fortbildung im Einzelnen festzulegen, die die Berufsangehörigen auf dem neuesten Stand von Wissenschaft und Technik hält.

(40) Da die Ziele dieser Richtlinie, nämlich die Straffung, Vereinfachung und Verbesserung der Vorschriften für die Anerkennung

[1] **[Amtl. Anm.:]** ABl. L 184 vom 17.7.1999, S. 23.

beruflicher Qualifikationen, auf Ebene der Mitgliedstaaten nicht ausreichend erreicht werden können und daher besser auf Gemeinschaftsebene zu erreichen sind, kann die Gemeinschaft im Einklang mit dem in Artikel 5 des Vertrags niedergelegten Subsidiaritätsprinzip tätig werden. Entsprechend dem in demselben Artikel genannten Verhältnismäßigkeitsprinzip geht diese Richtlinie nicht über das für die Erreichung dieser Ziele erforderliche Maß hinaus.

(41) Diese Richtlinie berührt nicht die Anwendung des Artikels 39 Absatz 4 und des Artikels 45 des Vertrags, insbesondere auf Notare.

(42) In Bezug auf das Niederlassungsrecht und die Erbringung von Dienstleistungen gilt diese Richtlinie unbeschadet anderer spezifischer Rechtsvorschriften über die Anerkennung von Berufsqualifikationen, wie zum Beispiel der bestehenden Vorschriften in den Bereichen Verkehr, Versicherungsvermittler und gesetzlich zugelassene Abschlussprüfer. Diese Richtlinie berührt nicht die Anwendung der Richtlinie 77/249/EWG des Rates vom 22. März 1977 zur Erleichterung der tatsächlichen Ausübung des freien Dienstleistungsverkehrs der Rechtsanwälte[1] oder der Richtlinie 98/5/EG des Europäischen Parlaments und des Rates vom 16. Februar 1998 zur Erleichterung der ständigen Ausübung des Rechtsanwaltsberufs in einem anderen Mitgliedstaat als dem, in dem die Qualifikation erworben wurde[2]. Die Anerkennung der Berufsqualifikationen von Anwälten zum Zwecke der umgehenden Niederlassung unter der Berufsbezeichnung des Aufnahmemitgliedstaats sollte von dieser Richtlinie abgedeckt werden.

(43) Diese Richtlinie betrifft auch freie Berufe soweit sie reglementiert sind, die gemäß den Bestimmungen dieser Richtlinie auf der Grundlage einschlägiger Berufsqualifikationen persönlich, in verantwortungsbewusster Weise und fachlich unabhängig von Personen ausgeübt werden, die für ihre Kunden und die Allgemeinheit geistige und planerische Dienstleistungen erbringen. Die Ausübung der Berufe unterliegt möglicherweise in den Mitgliedstaaten in Übereinstimmung mit dem Vertrag spezifischen gesetzlichen Beschränkungen nach Maßgabe des innerstaatlichen Rechts und des in diesem Rahmen von der jeweiligen Berufsvertretung autonom gesetzten Rechts, das die Professionalität, die Dienstleistungsqualität und die Vertraulichkeit der Beziehungen zu den Kunden gewährleistet und fortentwickelt.

(44) Diese Richtlinie lässt die Maßnahmen unberührt, die erforderlich sind, um ein hohes Gesundheits- und Verbraucherschutzniveau sicherzustellen –

HABEN FOLGENDE RICHTLINIE ERLASSEN:

---

[1] **[Amtl. Anm.:]** ABl. L 78 vom 26.3.1977, S. 17. Zuletzt geändert durch die Beitrittsakte von 2003.

[2] **[Amtl. Anm.:]** ABl. L 77 vom 14.3.1998, S. 36. Geändert durch die Beitrittsakte von 2003.

Titel I. Allgemeine Bestimmungen

Art. 1[1] **Gegenstand.** (1) Diese Richtlinie legt die Vorschriften fest, nach denen ein Mitgliedstaat, der den Zugang zu einem reglementierten Beruf oder dessen Ausübung in seinem Hoheitsgebiet an den Besitz bestimmter Berufsqualifikationen knüpft (im Folgenden „Aufnahmemitgliedstaat" genannt), für den Zugang zu diesem Beruf und dessen Ausübung die in einem oder mehreren anderen Mitgliedstaaten (im Folgenden „Herkunftsmitgliedstaat" genannt) erworbenen Berufsqualifikationen anerkennt, die ihren Inhaber berechtigen, dort denselben Beruf auszuüben.

(2) Mit dieser Richtlinie werden auch Regeln über den partiellen Zugang zu einem reglementierten Beruf sowie die Anerkennung von in einem anderen Mitgliedstaat absolvierten Berufspraktika festgelegt.

Art. 2[2] **Anwendungsbereich.** (1) Diese Richtlinie gilt für alle Staatsangehörigen eines Mitgliedstaats, die als Selbstständige oder abhängig Beschäftigte, einschließlich der Angehörigen der freien Berufe, einen reglementierten Beruf in einem anderen Mitgliedstaat als dem, in dem sie ihre Berufsqualifikationen erworben haben, ausüben wollen.
Diese Richtlinie gilt auch für alle Staatsangehörigen eines Mitgliedstaats, die ein Berufspraktikum außerhalb ihres Herkunftsmitgliedstaats abgeleistet haben.

(2) [1]Jeder Mitgliedstaat kann in seinem Hoheitsgebiet nach Maßgabe seiner Vorschriften den Staatsangehörigen der Mitgliedstaaten, die eine Berufsqualifikation vorweisen können, die nicht in einem Mitgliedstaat erworben wurde, die Ausübung eines reglementierten Berufs im Sinne von Artikel 3 Absatz 1 Buchstabe a gestatten. [2]Für die Berufe in Titel III Kapitel III erfolgt diese erste Anerkennung unter Beachtung der dort genannten Mindestanforderungen an die Ausbildung.

(3) Wurden für einen bestimmten reglementierten Beruf in einem gesonderten gemeinschaftlichen Rechtsakt andere spezielle Regelungen unmittelbar für die Anerkennung von Berufsqualifikationen festgelegt, so finden die entsprechenden Bestimmungen dieser Richtlinie keine Anwendung.

(4) Diese Richtlinie gilt nicht für durch einen Hoheitsakt bestellte Notare.

Art. 3[3] **Begriffsbestimmungen.** (1) Für die Zwecke dieser Richtlinie gelten folgende Begriffsbestimmungen:

---

[1] Art. 1 Abs. 2 angef. mWv 17.1.2014 durch RL v. 20.11.2013 (ABl. Nr. L 354 S. 132).

[2] Art. 2 Abs. 1 UAbs. 2 und Abs. 4 angef. mWv 17.1.2014 durch RL v. 20.11.2013 *(ABl. Nr. L 354 S. 132)*.

[3] Art. 3 Abs. 1 Buchst. f und h neu gef., Buchst. j–n angef., Abs. 2 UAbs. 3 neu gef. und UAbs. 4 angef. mWv 17.1.2014 durch RL v. 20.11.2013 (ABl. Nr. L 354 S. 132).

a) „reglementierter Beruf“ ist eine berufliche Tätigkeit oder eine Gruppe beruflicher Tätigkeiten, bei der die Aufnahme oder Ausübung oder eine der Arten der Ausübung direkt oder indirekt durch Rechts- und Verwaltungsvorschriften an den Besitz bestimmter Berufsqualifikationen gebunden ist; eine Art der Ausübung ist insbesondere die Führung einer Berufsbezeichnung, die durch Rechts- oder Verwaltungsvorschriften auf Personen beschränkt ist, die über eine bestimmte Berufsqualifikation verfügen. Trifft Satz 1 dieser Begriffsbestimmung nicht zu, so wird ein unter Absatz 2 fallender Beruf als reglementierter Beruf behandelt;

b) „Berufsqualifikationen“ sind die Qualifikationen, die durch einen Ausbildungsnachweis, einen Befähigungsnachweis nach Artikel 11 Buchstabe a Ziffer i und/oder Berufserfahrung nachgewiesen werden;

c) „Ausbildungsnachweise“ sind Diplome, Prüfungszeugnisse und sonstige Befähigungsnachweise, die von einer Behörde eines Mitgliedstaats, die entsprechend dessen Rechts- und Verwaltungsvorschriften benannt wurde, für den Abschluss einer überwiegend in der Gemeinschaft absolvierten Berufsausbildung ausgestellt werden. Findet Satz 1 keine Anwendung, so sind Ausbildungsnachweise im Sinne des Absatzes 3 den hier genannten Ausbildungsnachweisen gleichgestellt;

d) „zuständige Behörde“: jede von den Mitgliedstaaten mit der besonderen Befugnis ausgestattete Behörde oder Stelle, Ausbildungsnachweise und andere Dokumente oder Informationen auszustellen bzw. entgegenzunehmen sowie Anträge zu erhalten und Beschlüsse zu fassen, auf die in der vorliegenden Richtlinie abgezielt wird;

e) „reglementierte Ausbildung“ ist eine Ausbildung, die speziell auf die Ausübung eines bestimmten Berufes ausgerichtet ist und aus einem abgeschlossenen Ausbildungsgang oder mehreren abgeschlossenen Ausbildungsgängen besteht, der gegebenenfalls durch eine Berufsausbildung, durch ein Berufspraktikum oder durch Berufspraxis ergänzt wird;

Der Aufbau und das Niveau der Berufsausbildung, des Berufspraktikums oder der Berufspraxis müssen in den Rechts- und Verwaltungsvorschriften des jeweiligen Mitgliedstaats festgelegt sein oder von einer zu diesem Zweck bestimmten Behörde kontrolliert oder genehmigt werden;

f) „Berufserfahrung“: ist die tatsächliche und rechtmäßige Ausübung des betreffenden Berufs als Vollzeitbeschäftigung oder als entsprechende Teilzeitbeschäftigung in einem Mitgliedstaat;

g) „Anpassungslehrgang“ ist die Ausübung eines reglementierten Berufs, die in dem Aufnahmemitgliedstaat unter der Verantwortung eines qualifizierten Berufsangehörigen erfolgt und gegebenenfalls mit einer Zusatzausbildung einhergeht. Der Lehrgang ist Gegenstand einer Bewertung. Die Einzelheiten des Anpassungslehrgangs

und seiner Bewertung sowie die Rechtsstellung des beaufsichtigten zugewanderten Lehrgangsteilnehmers werden von der zuständigen Behörde des Aufnahmemitgliedstaats festgelegt.
Die Rechtsstellung des Lehrgangsteilnehmers im Aufnahmemitgliedstaat, insbesondere im Bereich des Aufenthaltsrechts sowie der Verpflichtungen, sozialen Rechte und Leistungen, Vergütungen und Bezüge wird von den zuständigen Behörden des betreffenden Mitgliedstaats gemäß dem geltenden Gemeinschaftsrecht festgelegt;

h) „Eignungsprüfung“: ist eine die beruflichen Kenntnisse, Fähigkeiten und Kompetenzen des Antragstellers betreffende und von den zuständigen Behörden des Aufnahmemitgliedstaats durchgeführte oder anerkannte Prüfung, mit der die Fähigkeit des Antragstellers, in diesem Mitgliedstaat einen reglementierten Beruf auszuüben, beurteilt werden soll.
Um die Durchführung dieser Prüfung zu ermöglichen, erstellen die zuständigen Behörden ein Verzeichnis der Sachgebiete, die aufgrund eines Vergleichs zwischen der im Aufnahmemitgliedstaat verlangten Ausbildung und der bisherigen Ausbildung des Antragstellers von dem Diplom oder den sonstigen Ausbildungsnachweisen, über die der Antragsteller verfügt, nicht abgedeckt werden.
Bei der Eignungsprüfung muss dem Umstand Rechnung getragen werden, dass der Antragsteller in seinem Herkunftsmitgliedstaat oder dem Mitgliedstaat, aus dem der Antragsteller kommt, über eine berufliche Qualifikation verfügt. Die Eignungsprüfung erstreckt sich auf Sachgebiete, die aus dem Verzeichnis ausgewählt werden und deren Kenntnis eine wesentliche Voraussetzung für die Ausübung des Berufs im Aufnahmemitgliedstaat ist. Diese Prüfung kann sich auch auf die Kenntnis der sich auf die betreffenden Tätigkeiten im Aufnahmemitgliedstaat beziehenden berufsständischen Regeln erstrecken.
Die Einzelheiten der Durchführung der Eignungsprüfung und die Rechtsstellung des Antragstellers in dem Aufnahmemitgliedstaat, in dem er sich auf die Eignungsprüfung vorzubereiten wünscht, werden von den zuständigen Behörden dieses Mitgliedstaats festgelegt.

i) „Betriebsleiter“ ist eine Person, die in einem Unternehmen des entsprechenden Berufszweigs
   i) die Position des Leiters des Unternehmens oder einer Zweigniederlassung innehat oder
   ii) Stellvertreter eines Inhabers oder Leiters eines Unternehmens ist, sofern mit dieser Position eine Verantwortung verbunden ist, die der des vertretenen Inhabers oder Leiters vergleichbar ist, oder
   iii) leitender Stellung mit kaufmännischen und/oder technischen Aufgaben und mit der Verantwortung für eine oder mehrere Abteilungen des Unternehmens tätig ist.

j) „Berufspraktikum“: ist unbeschadet des Artikels 46 Absatz 4 ein Zeitraum der Berufstätigkeit unter Aufsicht, vorausgesetzt, es stellt eine Bedingung für den Zugang zu einem reglementierten Beruf dar; es kann entweder während oder nach dem Abschluss einer Ausbildung stattfinden, die zu einem Diplom führt;

k) „Europäischer Berufsausweis": ist eine elektronische Bescheinigung entweder zum Nachweis, dass der Berufsangehörige sämtliche notwendigen Voraussetzungen für die vorübergehende und gelegentliche Erbringung von Dienstleistungen in einem Aufnahmemitgliedstaat erfüllt oder zum Nachweis der Anerkennung von Berufsqualifikationen für die Niederlassung in einem Aufnahmemitgliedstaat;

l) „lebenslanges Lernen": umfasst jegliche Aktivitäten der allgemeinen Bildung, beruflichen Bildung, nichtformalen Bildung und des informellen Lernens während des gesamten Lebens, aus denen sich eine Verbesserung von Kenntnissen, Fähigkeiten und Kompetenzen ergibt und zu denen auch Berufsethik gehören kann;

m) „zwingende Gründe des Allgemeininteresses": sind Gründe, die als solche in der Rechtsprechung des Gerichtshofs der Europäischen Union anerkannt sind;

n) „Europäisches System zur Übertragung von Studienleistungen oder ECTS-Punkte": ist das Punktesystem für Hochschulausbildung, das im Europäischen Hochschulraum verwendet wird.

(2) Einem reglementierten Beruf gleichgestellt ist ein Beruf, der von Mitgliedern von Verbänden oder Organisationen im Sinne des Anhangs I ausgeübt wird.

[1] Die in Unterabsatz 1 genannten Verbände oder Organisationen verfolgen insbesondere das Ziel der Wahrung und Förderung eines hohen Niveaus in dem betreffenden Beruf. [2] Zur Erreichung dieses Ziels werden sie von einem Mitgliedstaat in besonderer Form anerkannt; sie stellen ihren Mitgliedern einen Ausbildungsnachweis aus, gewähren, dass ihre Mitglieder die von ihnen vorgeschriebenen berufsständischen Regeln beachten und verleihen ihnen das Recht, einen Titel zu führen, eine bestimmte Kurzbezeichnung zu verwenden oder einen diesem Ausbildungsnachweis entsprechenden Status in Anspruch zu nehmen.

[1] Die Mitgliedstaaten unterrichten die Kommission über jede Anerkennung eines Verbandes oder einer Organisation im Sinne des Unterabsatzes 1. [2] Die Kommission prüft, ob dieser Verband oder diese Organisation die Bedingungen nach Unterabsatz 2 erfüllt. [3] Um die ordnungspolitischen Entwicklungen in den Mitgliedstaaten gebührend zu berücksichtigen, wird der Kommission die Befugnis übertragen, gemäß Artikel 57c in Bezug auf die Aktualisierung des Anhangs I delegierte Rechtsakte zu erlassen, wenn die Bedingungen nach Unterabsatz 2 erfüllt sind.

Sind die Bedingungen nach Unterabsatz 2 nicht erfüllt, so erlässt die Kommission einen Durchführungsrechtsakt zur Ablehnung der beantragten Aktualisierung des Anhangs I.

(3) Einem Ausbildungsnachweis gleichgestellt ist jeder in einem Drittland ausgestellte Ausbildungsnachweis, sofern sein Inhaber in dem betreffenden Beruf drei Jahre Berufserfahrung im Hoheitsgebiet des Mitgliedstaats, der diesen Ausbildungsnachweis nach Artikel 2 Absatz 2 anerkannt hat, besitzt und dieser Mitgliedstaat diese Berufserfahrung bescheinigt.

Art. 4[1)] Wirkungen der Anerkennung. (1) Die Anerkennung der Berufsqualifikationen durch den Aufnahmemitgliedstaat ermöglicht es den begünstigten Personen, in diesem Mitgliedstaat denselben Beruf wie den, für den sie in ihrem Herkunftsmitgliedstaat qualifiziert sind, aufzunehmen und unter denselben Voraussetzungen wie Inländer auszuüben.

(2) Für die Zwecke dieser Richtlinie ist der Beruf, den der Antragsteller im Aufnahmemitgliedstaat ausüben möchte, derselbe wie derjenige, für den er in seinem Herkunftsmitgliedstaat qualifiziert ist, wenn die Tätigkeiten, die er umfasst, vergleichbar sind.

(3) Abweichend von Absatz 1 wird partieller Zugang zu einem Beruf im Aufnahmemitgliedstaat unter den in Artikel 4f genannten Bedingungen gewährt.

Art. 4a[2)] Europäischer Berufsausweis. (1) Die Mitgliedstaaten stellen Inhabern einer Berufsqualifikation auf Antrag einen Europäischen Berufsausweis aus, sofern die Kommission die in Absatz 7 vorgesehenen entsprechenden Durchführungsrechtsakte erlassen hat.

(2) Wurde ein Europäischer Berufsausweis für einen bestimmten Beruf mittels entsprechender, nach Absatz 7 erlassener Durchführungsrechtsakte eingeführt, so kann der Inhaber einer betreffenden Berufsqualifikation entscheiden, einen solchen Ausweis zu beantragen oder sich der Verfahren nach den Titeln II und III zu bedienen.

(3) Die Mitgliedstaaten sorgen dafür, dass der Inhaber eines Europäischen Berufsausweises alle Rechte aus den Artikeln 4b bis 4e wahrnehmen kann.

(4) [1]Sofern der Inhaber einer Berufsqualifikation Dienstleistungen im Rahmen von Titel II erbringen will, die nicht von Artikel 7 Absatz 4 erfasst werden, stellt die zuständige Behörde des Herkunftsmitgliedstaats den Europäischen Berufsausweis gemäß den Artikeln 4b und 4c aus. [2]Der Europäische Berufsausweis stellt gegebenenfalls die Meldung nach Artikel 7 dar.

(5) [1]Beabsichtigt der Inhaber einer Berufsqualifikation, sich im Rahmen von Titel III Kapitel I bis IIIa in einem anderen Mitgliedstaat niederzulassen oder dort Dienstleistungen im Rahmen von Artikel 7 Absatz 4 zu erbringen, so muss die zuständige Behörde des Herkunftsmit-

[1)] *Art. 4 Abs. 1 neu gef.*, Abs. 3 angef. mWv 17.1.2014 durch RL v. 20.11.2013 (ABl. Nr. L 354 S. 132).

[2)] Art. 4a eingef. mWv 17.1.2014 durch RL v. 20.11.2013 (ABl. Nr. L 354 S. 132).

gliedstaats alle vorbereitenden Schritte hinsichtlich der eigenen Datei des Antragstellers abschließen, die innerhalb des Binnenmarkt-Informationssystems (im Folgenden „IMI“) entsprechend der Regelung der Artikel 4b und 4d erstellt wird (im Folgenden „IMI-Datei“). 2Die zuständige Behörde des Aufnahmemitgliedstaats stellt den Europäischen Berufsausweis gemäß den Artikeln 4b und 4d aus.

Für die Zwecke der Niederlassung begründet die Ausstellung eines Europäischen Berufsausweises kein automatisches Recht zur Ausübung eines bestimmten Berufs, wenn es im Aufnahmemitgliedstaat bereits vor Einführung des Europäischen Berufsausweises für diesen Beruf Registrierungsanforderungen oder andere Kontrollverfahren gibt.

(6) 1Die Mitgliedstaaten benennen die für die Handhabung der IMI-Dateien und die Ausstellung des Europäischen Berufsausweises zuständigen Behörden. 2Diese Behörden gewährleisten eine unparteiische, objektive und zeitnahe Bearbeitung der Anträge auf Europäische Berufsausweise. 3Die in Artikel 57b genannten Beratungszentren können ebenfalls als zuständige Behörde fungieren. 4Die Mitgliedstaaten gewährleisten, dass die zuständigen Behörden und Beratungszentren die Bürger, einschließlich möglicher Antragsteller, über die Funktion und den zusätzlichen Nutzen eines Europäischen Berufsausweises bei den Berufen, für die er verfügbar ist, informieren.

(7) 1Die Kommission erlässt im Wege von Durchführungsrechtsakten die Maßnahmen, die notwendig sind, um für die einheitliche Anwendung der Vorschriften über den Europäischen Berufsausweis auf diejenigen Berufe zu sorgen, die die Bedingungen nach Unterabsatz 2 dieses Absatzes erfüllen, einschließlich Maßnahmen bezüglich des Formats des Europäischen Berufsausweises, der Bearbeitung schriftlicher Anträge, der Übersetzungen, die der Antragsteller zur Unterstützung einer Beantragung eines Europäischen Berufsausweises vorlegen muss, der Einzelheiten der Dokumente, die nach Artikel 7 Absatz 2 oder Anhang VII für die Einreichung eines vollständigen Antrags erforderlich sind, und der Verfahren für die Leistung und Bearbeitung von Zahlungen für den Europäischen Berufsausweis, und berücksichtigt dabei die Besonderheiten des jeweiligen Berufs. 2Die Kommission legt zudem im Wege von Durchführungsrechtsakten fest, wie, wann und bei welchen Dokumenten die zuständigen Behörden beglaubigte Kopien gemäß Artikel 4b Absatz 3 Unterabsatz 2, Artikel 4d Absatz 2 und Artikel 4d Absatz 3 im Zusammenhang mit dem jeweiligen Beruf verlangen dürfen.

Für die Einführung eines Europäischen Berufsausweises für einen bestimmten Beruf durch den Erlass entsprechender Durchführungsrechtsakte nach Unterabsatz 1 müssen alle folgenden Bedingungen erfüllt sein:

a) Es gibt eine signifikante Mobilität oder ein Potenzial für eine signifikante Mobilität in dem Beruf.

b) Die betroffenen Interessenträger haben ein ausreichendes Interesse geäußert.

c) Der Beruf oder die allgemeine und berufliche Bildung, die auf die Ausübung des Berufs ausgerichtet ist, ist in einer signifikanten Anzahl von Mitgliedstaaten reglementiert.

Diese Durchführungsrechtsakte werden gemäß dem in Artikel 58 Absatz 2 genannten Prüfverfahren erlassen.

(8) Eventuelle den Antragstellern in Verbindung mit den Verwaltungsverfahren zur Ausstellung eines Europäischen Berufsausweises entstehende Gebühren müssen vertretbar und verhältnismäßig sein und den dem Herkunfts- und Aufnahmemitgliedstaat entstandenen Kosten entsprechen; sie dürfen keinen Hinderungsgrund für die Beantragung eines Europäischen Berufsausweises darstellen.

Art. 4b[1)] Beantragung eines Europäischen Berufsausweises und Erstellung einer IMI-Datei. (1) [1]Der Herkunftsmitgliedstaat ermöglicht es dem Inhaber einer Berufsqualifikation, einen Europäischen Berufsausweis über ein durch die Kommission zur Verfügung gestelltes Online-Instrument zu beantragen, durch das eine eigene IMI-Datei für diesen Antragsteller erstellt wird. [2]Lässt der Herkunftsmitgliedstaat auch schriftliche Anträge zu, so trifft er die notwendigen Vorkehrungen für die Erstellung der IMI-Datei, für alle Informationen, die dem Antragsteller zu übermitteln sind, und für die Ausstellung des Europäischen Berufsausweises.

(2) Den Anträgen sind die in den nach Artikel 4a Absatz 7 erlassenen Durchführungsrechtsakten vorgeschriebenen Dokumente beizufügen.

(3) Binnen einer Woche nach Eingang des Antrags bestätigt die zuständige Behörde des Herkunftsmitgliedstaates dem Antragsteller den Empfang der Unterlagen und teilt ihm gegebenenfalls mit, welche Unterlagen fehlen.

[1]Gegebenenfalls stellt die zuständige Behörde des Herkunftsmitgliedstaats alle unterstützenden Bescheinigungen, die nach dieser Richtlinie erforderlich sind, aus. [2]Die zuständige Behörde des Herkunftsmitgliedstaats überprüft, ob der Antragsteller im Herkunftsmitgliedstaat rechtmäßig niedergelassen ist und ob alle notwendigen Dokumente, die im Herkunftsmitgliedstaat ausgestellt wurden, gültig und echt sind. [3]Im Fall hinreichend begründeter Zweifel konsultiert die zuständige Behörde des Herkunftsmitgliedstaats die einschlägige Stelle, und sie kann vom Antragsteller beglaubigte Kopien der Dokumente verlangen. [4]Stellt derselbe Antragsteller mehrere Anträge nacheinander, so dürfen die zuständigen Behörden der Herkunfts- und der Aufnahmemitgliedstaaten nicht die Wiedereinreichung von Dokumenten verlangen, die bereits in der IMI-Datei enthalten und nach wie vor gültig sind.

(4) [1]Die Kommission kann im Wege von Durchführungsrechtsakten die technischen Spezifikationen und Maßnahmen, die zur Gewährleis-

---

[1)] Art. 4b eingef. mWv 17.1.2014 durch RL v. 20.11.2013 (ABl. Nr. L 354 S. 132, ber. 2016 Nr. L 95 S. 20).

tung der Integrität, Vertraulichkeit und Richtigkeit der Angaben im Europäischen Berufsausweis und in der IMI-Datei erforderlich sind, sowie die Bedingungen und Verfahren für die Ausstellung eines Europäischen Berufsausweises festlegen; dazu gehört die Möglichkeit, dass der Inhaber den Ausweis herunterlädt oder aktualisierte Fassungen für die IMI-Datei einreicht. 2 Diese Durchführungsrechtsakte werden nach dem Prüfverfahren gemäß Artikel 58 Absatz 2 erlassen.

Art. 4c[1)] Europäischer Berufsausweis für die vorübergehende und gelegentliche Erbringung von Dienstleistungen, die nicht unter Artikel 7 Absatz 4 fallen. (1) 1 Die zuständige Behörde des Herkunftmitgliedstaats prüft den Antrag und die Dokumente in der IMI-Datei und stellt den Europäischen Berufsausweis für die vorübergehende und gelegentliche Erbringung von Dienstleistungen, die nicht unter Artikel 7 Absatz 4 fallen, binnen drei Wochen aus. 2 Diese Frist beginnt mit dem Eingang der fehlenden Dokumente, die in Artikel 4b Absatz 3 Unterabsatz 1 genannt werden, oder, wenn keine weiteren Dokumente verlangt wurden, nach Ablauf des in jenem Unterabsatz genannten Zeitraums von einer Woche. 3 Daraufhin übermittelt sie den Europäischen Berufsausweis unverzüglich der zuständigen Behörde jedes Aufnahmemitgliedstaats und informiert den Antragsteller darüber. 4 Der Aufnahmemitgliedstaat darf während der folgenden 18 Monate keine weitere Meldung nach Artikel 7 verlangen.

(2) Gegen die Entscheidung der zuständigen Behörde des Herkunftsmitgliedstaats oder das Nichtvorliegen einer Entscheidung innerhalb des in Absatz 1 genannten Zeitraums von drei Wochen müssen Rechtsbehelfe nach innerstaatlichem Recht eingelegt werden können.

(3) 1 Will der Inhaber eines Europäischen Berufsausweises Dienstleistungen in anderen als den ursprünglich in dem Antrag gemäß Absatz 1 genannten Mitgliedstaaten erbringen, so kann dieser Inhaber eine solche Erweiterung beantragen. 2 Will der Inhaber Dienstleistungen über den in Absatz 1 erwähnten Zeitraum von 18 Monaten hinaus erbringen, so informiert dieser Inhaber die zuständige Behörde darüber. 3 In beiden Fällen muss der Inhaber Informationen zu wesentlichen Änderungen der in der IMI-Datei gespeicherten Sachlage liefern, die von der zuständigen Behörde des Herkunftsmitgliedstaats im Einklang mit den nach Artikel 4 Absatz 7 zu erlassenden Durchführungsrechtsakten verlangt werden können. 4 Die zuständige Behörde des Herkunftsmitgliedstaats übermittelt den betroffenen Aufnahmemitgliedstaaten den aktualisierten Europäischen Berufsausweis.

(4) Der Europäische Berufsausweis ist im gesamten Hoheitsgebiet aller betroffenen Aufnahmemitgliedstaaten so lange gültig, wie sein Inhaber das Recht behält, auf der Grundlage der in der IMI-Datei enthaltenen Dokumente und Informationen tätig zu sein.

---

1) Art. 4c eingef. mWv 17.1.2014 durch RL v. 20.11.2013 (ABl. Nr. L 354 S. 132).

Art. 4d[1)] Europäischer Berufsausweis für die Niederlassung und die vorübergehende und gelegentliche Erbringung von Dienstleistungen gemäß Artikel 7 Absatz 4. (1) [1]Die zuständige Behörde des Herkunftsmitgliedstaats prüft binnen eines Monats die Echtheit und Gültigkeit der in der IMI-Datei hinterlegten Dokumente zum Zweck der Ausstellung des Europäischen Berufsausweises für die Niederlassung oder für die vorübergehende und gelegentliche Erbringung von Dienstleistungen gemäß Artikel 7 Absatz 4. [2]Diese Frist beginnt mit dem Eingang der fehlenden Dokumente, die in Artikel 4b Absatz 3 Unterabsatz 1 genannt werden, oder, wenn keine weiteren Dokumente verlangt wurden, nach Ablauf des in jenem Unterabsatz genannten Zeitraums von einer Woche. [3]Sie übermittelt den Antrag dann unverzüglich der zuständigen Behörde des Aufnahmemitgliedstaats. [4]Der Herkunftsmitgliedstaat unterrichtet den Antragsteller über den Verfahrensstand zur gleichen Zeit, zu der er den Antrag dem Aufnahmemitgliedstaat übermittelt.

(2) [1]In den in den Artikeln 16, 21, 49a und 49b genannten Fällen entscheidet ein Aufnahmemitgliedstaat, ob er einen Europäischen Berufsausweis nach Absatz 1 binnen einem Monat nach Eingang des vom Herkunftmitgliedstaat übermittelten Antrags ausstellt. [2]Bei hinreichend begründeten Zweifeln kann der Aufnahmemitgliedstaat vom Herkunftsmitgliedstaat weitere Informationen oder die Beifügung einer beglaubigten Kopie eines Dokuments durch den Herkunftsmitgliedstaat anfordern, die dieser spätestens zwei Wochen nach Einreichung des Ersuchens zur Verfügung stellen muss. [3]Die Frist von einem Monat ist vorbehaltlich des Absatzes 5 Unterabsatz 2 anwendbar, ungeachtet eines solchen Ersuchens.

(3) [1]In den in Artikel 7 Absatz 4 und Artikel 14 genannten Fällen entscheidet ein Aufnahmemitgliedstaat, ob er einen Europäischen Berufsausweis ausstellt oder dem Inhaber einer Berufsqualifikation binnen zwei Monaten nach Eingang des vom Herkunftsmitgliedstaat übermittelten Antrags Ausgleichsmaßnahmen auferlegt. [2]Bei hinreichend begründeten Zweifeln kann der Aufnahmemitgliedstaat vom Herkunftsmitgliedstaat weitere Informationen oder die Beifügung einer beglaubigten Kopie eines Dokuments durch den Herkunftsmitgliedstaat anfordern, die dieser spätestens zwei Wochen nach dem Ersuchen zur Verfügung stellen muss. [3]Die Frist von zwei Monaten ist vorbehaltlich des Absatzes 5 Unterabsatz 2 anwendbar, ungeachtet eines solchen Ersuchens.

(4) [1]Falls der Aufnahmemitgliedstaat nicht die notwendigen Informationen erhält, die er gemäß dieser Richtlinie für eine Entscheidung über die Ausstellung des Europäischen Berufsausweises entweder von dem Herkunftsmitgliedstaat oder dem Antragsteller verlangen kann, darf er die Ausstellung des Ausweises verweigern. [2]Eine solche Verweigerung wird ordnungsgemäß begründet.

[1)] Art. 4d eingef. mWv 17.1.2014 durch RL v. 20.11.2013 (ABl. Nr. L 354 S. 132).

(5) Trifft der Aufnahmemitgliedstaat eine Entscheidung nicht binnen der in den Absätzen 2 und 3 dieses Artikels festgelegten Fristen oder führt er keinen Eignungstest gemäß Artikel 7 Absatz 4 durch, so gilt der Europäische Berufsausweis als ausgestellt, und er wird automatisch über das IMI dem Inhaber einer Berufsqualifikation übermittelt.

1 Der Aufnahmemitgliedstaat hat die Möglichkeit, die Fristen nach den Absätzen 2 und 3 für die automatische Ausstellung des Europäischen Berufsausweises um zwei Wochen zu verlängern. 2 Er erläutert die Gründe für eine solche Verlängerung und unterrichtet den Antragsteller entsprechend. 3 Eine solche Verlängerung kann einmal und nur dann wiederholt werden, wenn dies unbedingt notwendig ist, insbesondere aus Gründen im Zusammenhang mit der öffentlichen Gesundheit oder der Sicherheit der Dienstleistungsempfänger.

(6) Die vom Herkunftsmitgliedstaat gemäß Absatz 1 ergriffenen Maßnahmen ersetzen jeden Antrag auf Anerkennung von Berufsqualifikationen im Rahmen des einzelstaatlichen Rechts des Aufnahmemitgliedstaats.

(7) Gegen die vom Herkunfts- und vom Aufnahmemitgliedstaat nach den Absätzen 1 bis 5 getroffenen Entscheidungen oder das Fehlen einer Entscheidung durch den Herkunftsmitgliedstaat müssen Rechtsbehelfe nach dem innerstaatlichen Recht des betreffenden Mitgliedstaats eingelegt werden können.

Art. 4e[1)] Datenverarbeitung und Zugang zu Daten bezüglich des Europäischen Berufsausweises. (1) 1 Unbeschadet der Unschuldsvermutung aktualisieren die zuständigen Behörden der Herkunfts- und Aufnahmemitgliedstaaten rechtzeitig die entsprechende IMI-Datei mit Angaben über das Vorliegen disziplinarischer oder strafrechtlicher Sanktionen, die sich auf eine Untersagung oder Beschränkung beziehen und die sich auf die Ausübung von Tätigkeiten durch den Inhaber eines Europäischen Berufsausweises nach dieser Richtlinie auswirken. 2 Dabei halten sie die Vorschriften zum Schutz personenbezogener Daten ein, die in der Richtlinie 95/46/EG des Europäischen Parlaments und des Rates vom 24. Oktober 1995 zum Schutz natürlicher Personen bei der Verarbeitung personenbezogener Daten und zum freien Datenverkehr[2)] und der Richtlinie 2002/58/EG des Europäischen Parlaments und des Rates vom 12. Juli 2002 über die Verarbeitung personenbezogener Daten und den Schutz der Privatsphäre in der elektronischen Kommunikation (Datenschutzrichtlinie für elektronische Kommunikation)[3)] festgelegt sind. 3 Zu diesen Aktualisierungen gehört auch das Löschen von Informationen, die nicht mehr benötigt werden. 4 Der Inhaber des Europäischen Berufsausweises und die zuständigen Behörden, die Zugang zu der entsprechenden IMI-Datei haben, werden unverzüglich über etwaige Aktualisierungen informiert.

---

1) Art. 4e eingef. mWv 17.1.2014 durch RL v. 20.11.2013 (ABl. Nr. L 354 S. 132).
2) **[Amtl. Anm.:]** ABl. L 281 vom 23.11.1995, S. 31.
3) **[Amtl. Anm.:]** ABl. L 201 vom 31.7.2002, S. 37.

[5]Durch diese Pflicht werden die Pflichten der Mitgliedstaaten zu Vorwarnungen gemäß Artikel 56a nicht berührt.

(2) [1]Die Aktualisierungen der Informationen nach Absatz 1 beschränken sich inhaltlich auf folgende Angaben:

a) die Identität des Berufsangehörigen,

b) den betroffenen Beruf,

c) Informationen über die nationale Behörde oder das nationale Gericht, die/das die Entscheidung über die Beschränkung oder die Untersagung getroffen hat,

d) den Umfang der Beschränkung oder Untersagung und

e) den Zeitraum, für den die Beschränkung oder Untersagung gilt.

(3) [1]Der Zugang zu den Informationen in der IMI-Datei wird gemäß der Richtlinie 95/46/EG auf die zuständigen Behörden der Herkunfts- und Aufnahmemitgliedstaaten beschränkt. [2]Die zuständigen Behörden unterrichten den Inhaber des Europäischen Berufsausweises über den Inhalt der IMI-Datei, wenn der Inhaber dies beantragt.

(4) [1]Die in den Europäischen Berufsausweis aufgenommenen Angaben beschränken sich auf die Daten, die zur Überprüfung des Rechts des Inhabers auf die Ausübung des Berufs, für den der Ausweis ausgestellt wurde, erforderlich sind, nämlich Vorname, Nachname, Geburtstag und -ort, Beruf, förmliche Qualifikationen des Inhabers, und die anwendbare Regelung, beteiligte zuständige Behörden, Ausweisnummer, Sicherheitsmerkmale, Bezug auf ein gültiges Identitätsdokument. [2]Informationen über die durch den Inhaber des Europäischen Berufsausweises erworbene Berufserfahrung oder bestandene Ausgleichsmaßnahmen werden in die IMI-Datei aufgenommen.

(5) [1]Die in der IMI-Datei enthaltenen personenbezogenen Daten können so lange verarbeitet werden, wie es für die Zwecke des Anerkennungsverfahrens als solchem und als Nachweis der Anerkennung oder der Übermittlung der nach Artikel 7 erforderlichen Meldung notwendig ist. [2]Die Mitgliedstaaten gewährleisten, dass der Inhaber eines Europäischen Berufsausweises jederzeit berechtigt ist, die Berichtigung unrichtiger oder unvollständiger Daten oder die Löschung und Sperrung der entsprechenden IMI-Datei zu verlangen, ohne dass diesem Inhaber hierdurch Kosten entstehen. [3]Der Inhaber wird über dieses Recht zum Zeitpunkt der Ausstellung des Ausweises informiert und alle zwei Jahre danach daran erinnert. [4]Wurde der ursprüngliche Antrag auf einen Europäischen Berufsausweis online eingereicht, wird die Erinnerung automatisch über das IMI übermittelt.

Steht der Antrag auf Löschung einer IMI-Datei im Zusammenhang mit einem Europäischen Berufsausweis für die Zwecke der Niederlassung oder der vorübergehenden und gelegentlichen Erbringung von Dienstleistungen gemäß Artikel 7 Absatz 4, so erteilen die zuständigen Behörden des betroffenen Aufnahmemitgliedstaats dem Inhaber einer Berufsqualifikation einen Nachweis zur Bescheinigung der Anerkennung seiner Berufsqualifikationen.

(6) [1]Bezüglich der Verarbeitung personenbezogener Daten im Europäischen Berufsausweis und allen IMI-Dateien gelten die jeweils zuständigen Behörden der Mitgliedstaaten als für die Verarbeitung Verantwortliche im Sinne von Artikel 2 Buchstabe d der Richtlinie 95/46/EG. [2]Bezüglich ihrer Aufgaben gemäß den Absätzen 1 bis 4 dieses Artikels und die damit verbundene Verarbeitung personenbezogener Daten gilt die Kommission als für die Verarbeitung Verantwortlicher im Sinne von Artikel 2 Buchstabe d der Verordnung (EG) Nr. 45/2001 des Europäischen Parlaments und des Rates vom 18. Dezember 2000 zum Schutz natürlicher Personen bei der Verarbeitung personenbezogener Daten durch die Organe und Einrichtungen der Gemeinschaft und zum freien Datenverkehr[1)].

(7) Unbeschadet des Absatzes 3 bestimmen die Aufnahmemitgliedstaaten, dass Arbeitgeber, Kunden, Behörden, Patienten und andere Interessengruppen die Echtheit und Gültigkeit eines ihnen vom Inhaber vorgelegten Europäischen Berufsausweises prüfen können.
[1]Die Kommission legt im Wege von Durchführungsrechtsakten die Bedingungen für den Zugang zur IMI-Datei, die technischen Mittel und die Verfahren für die in Unterabsatz 1 genannte Prüfung fest. [2]Diese Durchführungsrechtsakte werden nach dem Prüfverfahren gemäß Artikel 58 Absatz 2 erlassen.

Art. 4f[2)] Partieller Zugang. (1) Die zuständige Behörde des Aufnahmemitgliedstaats gewährt auf Einzelfallbasis partiellen Zugang zu einer Berufstätigkeit im Hoheitsgebiet dieses Staates nur, wenn alle folgenden Bedingungen erfüllt sind:

a) der Berufsangehörige ist ohne Einschränkung qualifiziert, im Herkunftsmitgliedstaat die berufliche Tätigkeit auszuüben, für die im Aufnahmemitgliedstaat ein partieller Zugang begehrt wird;

b) die Unterschiede zwischen der rechtmäßig ausgeübten Berufstätigkeit im Herkunftsmitgliedstaat und dem reglementierten Beruf im Aufnahmemitgliedstaat sind so groß, dass die Anwendung von Ausgleichsmaßnahmen der Anforderung an den Antragsteller gleichkäme, das vollständige Ausbildungsprogramm im Aufnahmemitgliedstaat zu durchlaufen, um Zugang zum ganzen reglementierten Beruf im Aufnahmemitgliedstaat zu erlangen;

c) die Berufstätigkeit lässt sich objektiv von anderen im Aufnahmemitgliedstaat unter den reglementierten Beruf fallenden Tätigkeiten trennen.

Für die Zwecke von Buchstabe c berücksichtigt die zuständige Behörde des Aufnahmemitgliedstaats, ob die berufliche Tätigkeit im Herkunftsmitgliedstaat eigenständig ausgeübt werden kann.

---

1) **[Amtl. Anm.:]** ABl. L 8 vom 12.1.2001, S. 1.
2) Art. 4f eingef. mWv 17.1.2014 durch RL v. 20.11.2013 (ABl. Nr. L 354 S. 132).

(2) Der partielle Zugang kann verweigert werden, wenn diese Verweigerung durch zwingende Gründe des Allgemeininteresses gerechtfertigt und geeignet ist, die Erreichung des verfolgten Ziels zu gewährleisten und nicht über das hinaus geht, was zur Erreichung dieses Ziels erforderlich ist.

(3) Anträge für die Zwecke der Niederlassung in einem Aufnahmemitgliedstaat werden gemäß Titel III Kapitel I und IV geprüft.

(4) Anträge für die Zwecke der vorübergehenden und gelegentlichen Erbringung von Dienstleistungen im Aufnahmemitgliedstaat im Zusammenhang mit Berufstätigkeiten, die die öffentliche Gesundheit und Sicherheit berühren, werden gemäß Titel II geprüft.

(5) [1] Abweichend von Artikel 7 Absatz 4 Unterabsatz 6 und Artikel 52 Absatz 1 wird die Berufstätigkeit unter der Berufsbezeichnung des Herkunftsmitgliedstaats ausgeübt, sobald partieller Zugang gewährt worden ist. [2] Der Aufnahmemitgliedstaat kann vorschreiben, dass die Berufsbezeichnung in den Sprachen des Aufnahmemitgliedstaats benutzt wird. Berufsangehörige, denen partieller Zugang gewährt wurde, müssen den Empfängern der Dienstleistung eindeutig den Umfang ihrer beruflichen Tätigkeiten angeben.

(6) Dieser Artikel gilt nicht für Berufsangehörige, für die die automatische Anerkennung ihrer Berufsqualifikationen nach Titel III Kapitel II, III und IIIa gilt.

Titel II. Dienstleistungsfreiheit

Art. 5[1)] Grundsatz der Dienstleistungsfreiheit. (1) Unbeschadet spezifischer Vorschriften des Gemeinschaftsrechts sowie der Artikel 6 und 7 dieser Richtlinie können die Mitgliedstaaten die Dienstleistungsfreiheit nicht aufgrund der Berufsqualifikationen einschränken,

a) wenn der Dienstleister zur Ausübung desselben Berufs rechtmäßig in einem Mitgliedstaat niedergelassen ist (nachstehend „Niederlassungsmitgliedstaat" genannt) und

b) für den Fall, dass sich der Dienstleister in einen anderen Mitgliedstaat begibt, wenn er diesen Beruf in einem oder mehreren Mitgliedstaaten mindestens ein Jahr während der vorhergehenden zehn Jahre ausgeübt hat, sofern der Beruf im Niederlassungsmitgliedstaat nicht reglementiert ist. Die Bedingung, dass der Dienstleister den Beruf ein Jahr ausgeübt haben muss, gilt nicht, wenn der Beruf oder die Ausbildung zu diesem Beruf reglementiert ist.

(2) Die Bestimmungen dieses Titels gelten nur für den Fall, dass sich der Dienstleister zur vorübergehenden und gelegentlichen Ausübung des Berufs nach Absatz 1 in den Aufnahmemitgliedstaat begibt.

[1)] Art. 5 Abs. 1 Buchst. b neu gef. mWv 17.1.2014 durch RL v. 20.11.2013 (ABl. Nr. L 354 S. 132).

Der vorübergehende und gelegentliche Charakter der Erbringung von Dienstleistungen wird im Einzelfall beurteilt, insbesondere anhand der Dauer, der Häufigkeit, der regelmäßigen Wiederkehr und der Kontinuität der Dienstleistung.

(3) Begibt sich der Dienstleister in einen anderen Mitgliedstaat, so unterliegt er im Aufnahmemitgliedstaat den berufsständischen, gesetzlichen oder verwaltungsrechtlichen Berufsregeln, die dort in unmittelbarem Zusammenhang mit den Berufsqualifikationen für Personen gelten, die denselben Beruf wie er ausüben, und den dort geltenden Disziplinarbestimmungen; zu diesen Bestimmungen gehören etwa Regelungen für die Definition des Berufs, das Führen von Titeln und schwerwiegende berufliche Fehler in unmittelbarem und speziellem Zusammenhang mit dem Schutz und der Sicherheit der Verbraucher.

Art. 6 Befreiungen. Gemäß Artikel 5 Absatz 1 befreit der Aufnahmemitgliedstaat den Dienstleister, der in einem anderen Mitgliedstaat niedergelassen ist, insbesondere von den folgenden Erfordernissen, die er an die in seinem Hoheitsgebiet niedergelassenen Berufsangehörigen stellt:

a) Zulassung, Eintragung oder Mitgliedschaft bei einer Berufsorganisation. Um die Anwendung der in ihrem Hoheitsgebiet geltenden Disziplinarbestimmungen gemäß Artikel 5 Absatz 3 zu erleichtern, können die Mitgliedstaaten entweder eine automatische vorübergehende Eintragung oder eine Pro-Forma-Mitgliedschaft bei einer solchen Berufsorganisation vorsehen, sofern diese Eintragung oder Mitgliedschaft die Erbringung der Dienstleistungen in keiner Weise verzögert oder erschwert und für den Dienstleister keine zusätzlichen Kosten verursacht. Die zuständige Behörde übermittelt der betreffenden Berufsorganisation eine Kopie der Meldung und gegebenenfalls der erneuerten Meldung nach Artikel 7 Absatz 1, der im Falle der in Artikel 7 Absatz 4 genannten Berufe, die die öffentliche Gesundheit und Sicherheit berühren, oder im Falle von Berufen, die unter die automatische Anerkennung nach Artikel III Kapitel III fallen, eine Kopie der in Artikel 7 Absatz 2 genannten Dokumente beizufügen ist; für die Zwecke der Befreiung gilt dies als automatische vorübergehende Eintragung oder Pro-Forma-Mitgliedschaft.

b) Mitgliedschaft bei einer Körperschaft des öffentlichen Rechts im Bereich der sozialen Sicherheit zur Abrechnung mit einem Versicherer für Tätigkeiten zugunsten von Sozialversicherten.

Der Dienstleister unterrichtet jedoch zuvor oder in dringenden Fällen nachträglich die in Absatz 1 Buchstabe b bezeichnete Körperschaft von der Erbringung seiner Dienstleistungen.

Art. 7[1)] Vorherige Meldung bei Ortswechsel des Dienstleisters. (1) [1]Die Mitgliedstaaten können verlangen, dass der Dienstleister in dem Fall, dass er zur Erbringung von Dienstleistungen erstmals von einem Mitgliedstaat in einen anderen wechselt, den zuständigen Behörden im Aufnahmemitgliedstaat vorher schriftlich Meldung erstattet und sie dabei über Einzelheiten zu einem Versicherungsschutz oder einer anderen Art des individuellen oder kollektiven Schutzes in Bezug auf die Berufshaftpflicht informiert. [2]Diese Meldung ist einmal jährlich zu erneuern, wenn der Dienstleister beabsichtigt, während des betreffenden Jahres vorübergehend oder gelegentlich Dienstleistungen in dem Mitgliedstaat zu erbringen. [3]Der Dienstleister kann die Meldung in beliebiger Form vornehmen.

(2) Darüber hinaus können die Mitgliedstaaten fordern, dass, wenn Dienstleistungen erstmals erbracht werden oder sich eine wesentliche Änderung gegenüber der in den Dokumenten bescheinigten Situation ergibt, der Meldung folgende Dokumente beigefügt sein müssen:

a) ein Nachweis über die Staatsangehörigkeit des Dienstleisters;

b) eine Bescheinigung darüber, dass der Dienstleister in einem Mitgliedstaat rechtmäßig zur Ausübung der betreffenden Tätigkeiten niedergelassen ist und dass ihm die Ausübung dieser Tätigkeiten zum Zeitpunkt der Vorlage der Bescheinigung nicht, auch nicht vorübergehend, untersagt ist;

c) ein Berufsqualifikationsnachweis;

d) in den in Artikel 5 Absatz 1 Buchstabe b genannten Fällen ein Nachweis in beliebiger Form darüber, dass der Dienstleister die betreffende Tätigkeit mindestens ein Jahr während der vorhergehenden zehn Jahre ausgeübt hat;

e) im Fall von Berufen im Sicherheitssektor, Berufen im Gesundheitswesen und Berufen im Bereich der Erziehung Minderjähriger, einschließlich Kinderbetreuungseinrichtungen und frühkindliche Erziehung, eine Bescheinigung, zur Bestätigung, dass die Ausübung des Berufs weder vorübergehend noch endgültig untersagt wurde und keine Vorstrafen vorliegen, soweit der Mitgliedstaat diesen Nachweis von den eigenen Staatsangehörigen verlangt;

f) für Berufe, die die Patientensicherheit berühren, eine Erklärung über die Sprachkenntnisse des Antragstellers, die für die Ausübung des Berufs im Herkunftsmitgliedstaat notwendig sind;

g) für Berufe, die die Tätigkeiten nach Artikel 16 umfassen und die vom Mitgliedstaat gemäß Artikel 59 Absatz 2 mitgeteilt wurden, eine Bescheinigung über die Art und Dauer der Tätigkeit, die von der zuständigen Behörde oder Stelle des Mitgliedstaats ausgestellt wird, in dem der Dienstleister niedergelassen ist.

---

1) Art. 7 Abs. 2 Buchst. d und e neu gef., Buchst. f und g angef., Abs. 2a eingef., Abs. 4 neu gef. mWv 17.1.2014 durch RL v. 20.11.2013 (ABl. Nr. L 354 S. 132).

(2a) [1]Die Vorlage einer erforderlichen Meldung durch einen Dienstleister gemäß Absatz 1 berechtigt diesen Dienstleister zum Zugang zu der Dienstleistungstätigkeit oder zur Ausübung dieser Tätigkeit im gesamten Hoheitsgebiet des betreffenden Mitgliedstaats. [2]Ein Mitgliedstaat kann die zusätzlichen, in Absatz 2 aufgeführten Informationen bezüglich der Berufsqualifikationen des Dienstleisters vorschreiben, wenn

a) der Beruf in Teilen des Hoheitsgebiets dieses Mitgliedstaats unterschiedlich reglementiert ist,

b) eine solche Reglementierung auch für alle Staatsangehörigen des Mitgliedstaats gilt,

c) die Unterschiede bei dieser Reglementierung aus zwingenden Gründen des Allgemeininteresses im Zusammenhang mit der öffentlichen Gesundheit oder Sicherheit der Empfänger der Dienstleistung gerechtfertigt sind und

d) der Mitgliedstaat diese Informationen nicht auf andere Weise erlangen kann.

(3) [1]Die Dienstleistung wird unter der Berufsbezeichnung des Niederlassungsmitgliedstaats erbracht, sofern in diesem Mitgliedstaat für die betreffende Tätigkeit eine solche Berufsbezeichnung existiert. [2]Die Berufsbezeichnung wird in der Amtssprache oder einer der Amtssprachen des Niederlassungsmitgliedstaats geführt, und zwar so, dass keine Verwechslung mit der Berufsbezeichnung des Aufnahmemitgliedstaats möglich ist. [3]Falls die genannte Berufsbezeichnung im Niederlassungsmitgliedstaat nicht existiert, gibt der Dienstleister seinen Ausbildungsnachweis in der Amtssprache oder einer der Amtssprachen dieses Mitgliedstaats an. [4]In den im Titel III Kapitel III genannten Fällen wird die Dienstleistung ausnahmsweise unter der Berufsbezeichnung des Aufnahmemitgliedstaats erbracht.

(4) [1]Im Fall reglementierter Berufe, die die öffentliche Gesundheit oder Sicherheit berühren und die nicht unter die automatische Anerkennung gemäß Titel III Kapitel II, III oder IIIa fallen, kann die zuständige Behörde im Aufnahmemitgliedstaat bei der erstmaligen Erbringung einer Dienstleistung die Berufsqualifikationen des Dienstleisters vor dieser erstmaligen Erbringung nachprüfen. [2]Eine solche Nachprüfung ist nur möglich, wenn ihr Zweck darin besteht, eine schwerwiegende Beeinträchtigung der Gesundheit oder Sicherheit des Dienstleistungsempfängers aufgrund einer mangelnden Berufsqualifikation des Dienstleisters zu verhindern, und sofern die Nachprüfung nicht über das für diesen Zweck *erforderliche Maß hinausgeht.*

Die zuständige Behörde unterrichtet den Dienstleister spätestens einen Monat nach Eingang der in den Absätzen 1 und 2 genannten Meldung und Begleitdokumente über ihre Entscheidung

a) die Erbringung der Dienstleistungen zuzulassen, ohne seine Berufsqualifikationen nachzuprüfen,

b) nach der Nachprüfung seiner Berufsqualifikationen

i) von dem Dienstleister zu verlangen, sich einem Eignungstest zu unterziehen, oder

ii) die Erbringung der Dienstleistungen zuzulassen.

[1]Sollten Schwierigkeiten auftreten, die zu einer Verzögerung der Entscheidung nach Unterabsatz 2 führen könnten, so unterrichtet die zuständige Behörde den Dienstleister innerhalb derselben Frist über die Gründe für diese Verzögerung. [2]Die Schwierigkeiten werden binnen eines Monats nach dieser Mitteilung behoben und die Entscheidung ergeht binnen zwei Monaten nach Behebung der Schwierigkeiten.

[1]Besteht ein wesentlicher Unterschied zwischen der beruflichen Qualifikation des Dienstleisters und der im Aufnahmemitgliedstaat geforderten Ausbildung und ist er so groß, dass dies der öffentlichen Gesundheit oder Sicherheit abträglich ist und durch Berufserfahrung oder durch Kenntnisse, Fähigkeiten und Kompetenzen des Dienstleisters, die durch lebenslanges Lernen erworben und hierfür förmlich von einer einschlägigen Stelle als gültig anerkannt wurden, nicht ausgeglichen werden kann, so muss der Aufnahmemitgliedstaat diesem Dienstleister die Möglichkeit geben, durch eine in Unterabsatz 2 Buchstabe b genannte Eignungsprüfung nachzuweisen, dass er die fehlenden Kenntnisse, Fähigkeiten oder Kompetenzen erworben hat. [2]Der Aufnahmemitgliedstaat trifft auf dieser Grundlage eine Entscheidung, ob er die Erbringung dieser Dienstleistungen erlaubt. [3]In jedem Fall muss die Erbringung der Dienstleistung innerhalb des Monats erfolgen können, der auf die nach Unterabsatz 2 getroffene Entscheidung folgt.

Bleibt eine Reaktion der zuständigen Behörde binnen der in den Unterabsätzen 2 und 3 festgesetzten Fristen aus, so darf die Dienstleistung erbracht werden.

In den Fällen, in denen die Berufsqualifikationen gemäß diesem Absatz nachgeprüft worden sind, erfolgt die Erbringung der Dienstleistung unter der Berufsbezeichnung des Aufnahmemitgliedstaats.

Art. 8[1)] Verwaltungszusammenarbeit. (1) [1]Die zuständigen Behörden des Aufnahmemitgliedstaats können bei berechtigten Zweifeln von den zuständigen Behörden des Niederlassungsmitgliedstaats alle Informationen über die Rechtmäßigkeit der Niederlassung und die gute Führung des Dienstleisters anfordern sowie Informationen darüber, dass keine berufsbezogenen disziplinarischen oder strafrechtlichen Sanktionen vorliegen. [2]Entscheiden die zuständigen Behörden des Aufnahmemitgliedstaats, die Berufsqualifikationen des Dienstleisters zu kontrollieren, so können sie bei den zuständigen Behörden des Niederlassungsmitgliedstaats Informationen über die Ausbildungsgänge des Dienstleisters anfordern, soweit dies für die Beurteilung der Frage, ob wesentliche Unterschiede vorliegen, die der öffentlichen Gesundheit

---

[1)] Art. 8 Abs. 1 neu gef. mWv 17.1.2014 durch RL v. 20.11.2013 (ABl. Nr. L 354 S. 132).

oder Sicherheit wahrscheinlich abträglich sind, erforderlich ist. [3]Die zuständigen Behörden des Niederlassungsmitgliedstaats übermitteln diese Informationen gemäß Artikel 56. [4]Im Fall von Berufen, die in dem Herkunftsmitgliedstaat nicht reglementiert sind, können auch die in Artikel 57b genannten Beratungszentren diese Informationen zur Verfügung stellen.

(2) [1]Die zuständigen Behörden sorgen für den Austausch aller Informationen, die im Falle von Beschwerden eines Dienstleistungsempfängers gegen einen Dienstleister für ein ordnungsgemäßes Beschwerdeverfahren erforderlich sind. [2]Der Dienstleistungsempfänger wird über das Ergebnis der Beschwerde unterrichtet.

Art. 9 Unterrichtung der Dienstleistungsempfänger. Wird die Dienstleistung unter der Berufsbezeichnung des Niederlassungsmitgliedstaats oder auf der Grundlage des Ausbildungsnachweises des Dienstleisters erbracht, so können die zuständigen Behörden des Aufnahmemitgliedstaats verlangen, dass der Dienstleister zusätzlich zur Erfüllung der sonstigen Informationsanforderungen nach dem Gemeinschaftsrecht dem Dienstleistungsempfänger jeder oder alle der folgenden Informationen liefert:

a) falls der Dienstleister in ein Handelsregister oder ein ähnliches öffentliches Register eingetragen ist, das Register, in das er eingetragen ist, und die Nummer der Eintragung oder gleichwertige, der Identifikation dienende Angaben aus diesem Register;

b) falls die Tätigkeit im Niederlassungsmitgliedstaat zulassungspflichtig ist, den Namen und die Anschrift der zuständigen Aufsichtsbehörde;

c) die Berufskammern oder vergleichbare Organisationen, denen der Dienstleister angehört;

d) die Berufsbezeichnung oder, falls eine solche Berufsbezeichnung nicht existiert, den Ausbildungsnachweis des Dienstleisters und den Mitgliedstaat, in dem die Berufsbezeichnung verliehen bzw. der Ausbildungsnachweis ausgestellt wurde;

e) falls der Dienstleister eine mehrwertsteuerpflichtige Tätigkeit ausübt, die Umsatzsteueridentifikationsnummer nach Artikel 22 Absatz 1 der Richtlinie 77/388/EWG des Rates vom 17. Mai 1977 zur Harmonisierung der Rechtsvorschriften der Mitgliedstaaten über die Umsatzsteuern – Gemeinsames Mehrwertsteuersystem: einheitliche *steuerpflichtige* Bemessungsgrundlage[1)];

f) Einzelheiten zu einem Versicherungsschutz oder einer anderen Art des individuellen oder kollektiven Schutzes in Bezug auf die Berufshaftpflicht.

[1)] **[Amtl. Anm.:]** ABl. L 145 vom 13.6.1977, S. 1. Zuletzt geändert durch die Richtlinie 2004/66/EG (ABl. L 168 vom 1.5.2004, S. 35).

Titel III. Niederlassungsfreiheit

Kapitel I. Allgemeine Regelung für die Anerkennung von Ausbildungsnachweisen

Art. 10 Anwendungsbereich. Dieses Kapitel gilt für alle Berufe, die nicht unter Kapitel II und III dieses Titels fallen, sowie für die folgenden Fälle, in denen der Antragsteller aus besonderen und außergewöhnlichen Gründen die in diesen Kapiteln genannten Voraussetzungen nicht erfüllt:

a) für die in Anhang IV aufgeführten Tätigkeiten, wenn der Migrant die Anforderungen der Artikel 17, 18 und 19 nicht erfüllt,

b) für Ärzte mit Grundausbildung, Fachärzte, Krankenschwestern und Krankenpfleger für allgemeine Pflege, Zahnärzte, Fachzahnärzte, Tierärzte, Hebammen, Apotheker und Architekten, wenn der Migrant die Anforderungen der tatsächlichen und rechtmäßigen Berufspraxis gemäß den Artikeln 23, 27, 33, 37, 39, 43 und 49 nicht erfüllt,

c) für Architekten, wenn der Migrant über einen Ausbildungsnachweis verfügt, der nicht in Anhang V Nummer 5.7. aufgeführt ist,

d) unbeschadet des Artikels 21 Absatz 1 und der Artikel 23 und 27 für Ärzte, Krankenschwestern und Krankenpfleger, Zahnärzte, Tierärzte, Hebammen, Apotheker und Architekten, die über einen Ausbildungsnachweis für eine Spezialisierung verfügen, der nach der Ausbildung zum Erwerb einer der in Anhang V Nummern 5.1.1., 5.2.2., 5.3.2., 5.4.2., 5.5.2., 5.6.2. und 5.7.1. aufgeführten Bezeichnungen erworben worden sein muss, und zwar ausschließlich zum Zwecke der Anerkennung der betreffenden Spezialisierung,

e) für Krankenschwestern und Krankenpfleger für allgemeine Pflege und für spezialisierte Krankenschwestern und Krankenpfleger, die über einen Ausbildungsnachweis für eine Spezialisierung verfügen, der nach der Ausbildung zum Erwerb einer der in Anhang V Nummer 5.2.2. aufgeführten Bezeichnungen erworben wurde, wenn der Migrant die Anerkennung in einem anderen Mitgliedstaat beantragt, in dem die betreffenden beruflichen Tätigkeiten von spezialisierten Krankenschwestern und Krankenpflegern, die keine Ausbildung für die allgemeine Pflege absolviert haben, ausgeübt werden,

f) für spezialisierte Krankenschwestern und Krankenpfleger, die keine Ausbildung für die allgemeine Pflege absolviert haben, wenn der Migrant die Anerkennung in einem anderen Mitgliedstaat beantragt, in dem die betreffenden beruflichen Tätigkeiten von Krankenschwestern und Krankenpflegern für allgemeine Pflege, von spezialisierten Krankenschwestern und Krankenpflegern, die keine Ausbildung für die allgemeine Pflege absolviert haben, oder von spezialisierten Krankenschwestern und Krankenpflegern, die über einen Ausbildungsnachweis für eine Spezialisierung verfügen, der nach der Ausbildung zum Erwerb einer der in Anhang V Nummer 5.2.2. aufgeführten Bezeichnungen erworben wurde, ausgeübt werden,

g) für Migranten, die die Anforderungen nach Artikel 3 Absatz 3 erfüllen.

Art. 11[1] **Qualifikationsniveaus.** Für die Zwecke des Artikels 13 und des Artikels 14 Absatz 6 werden die Berufsqualifikationen den nachstehenden Niveaus wie folgt zugeordnet:

a) Befähigungsnachweis, den eine zuständige Behörde des Herkunftsmitgliedstaats, die entsprechend dessen Rechts- und Verwaltungsvorschriften benannt wurde, ausstellt

i) entweder aufgrund einer Ausbildung, für die kein Zeugnis oder Diplom im Sinne der Buchstaben b, c, d oder e erteilt wird, oder einer spezifischen Prüfung ohne vorhergehende Ausbildung oder aufgrund der Ausübung des Berufs als Vollzeitbeschäftigung in einem Mitgliedstaat während drei aufeinander folgender Jahre oder als Teilzeitbeschäftigung während eines entsprechenden Zeitraums in den letzten zehn Jahren;

ii) oder aufgrund einer allgemeinen Schulbildung von Primär- oder Sekundarniveau, wodurch dem Inhaber des Befähigungsnachweises bescheinigt wird, dass er Allgemeinkenntnisse besitzt.

b) Zeugnis, das nach Abschluss einer Ausbildung auf Sekundarniveau erteilt wird,

i) entweder einer allgemein bildenden Sekundarausbildung, die durch eine Fach- oder Berufsausbildung, die keine Fach- oder Berufsausbildung im Sinne des von Buchstabe c ist, und/oder durch ein neben dem Ausbildungsgang erforderliches Berufspraktikum oder eine solche Berufspraxis ergänzt wird;

ii) oder einer technischen oder berufsbildenden Sekundarausbildung, die gegebenenfalls durch eine Fach- oder Berufsausbildung gemäß Ziffer i und/oder durch ein neben dem Ausbildungsgang erforderliches Berufspraktikum oder eine solche Berufspraxis ergänzt wird.

c) Diplom, das erteilt wird nach Abschluss

i) einer postsekundären Ausbildung von mindestens einem Jahr *oder einer Teilzeitausbildung* von entsprechender Dauer, die keine postsekundäre Ausbildung im Sinne der Buchstaben d und e ist und für die im Allgemeinen eine der Zugangsbedingungen der

---

[1] Art. 11 bish. Wortlaut wird Abs. 1, Buchst. c Ziff. ii Satz 2 aufgeh., Abs. 2 angef. mWv 11.12.2008 durch VO v. 22.10.2008 (ABl. Nr. L 311 S. 1); Abs. 1 einl. Satzteil, Buchst. c Ziff. ii, Buchst. d und e neu gef. und Abs. 2 aufgeh. mWv 17.1.2014 durch RL v. 20.11.2013 (ABl. Nr. L 354 S. 132).

Abschluss einer zum Universitäts- oder Hochschulstudium berechtigenden Sekundarausbildung oder eine abgeschlossene entsprechende Schulbildung der Sekundarstufe II ist, sowie der Berufsausbildung, die gegebenenfalls neben der postsekundären Ausbildung gefordert wird;

ii) eines reglementierten Ausbildungsgangs oder – im Fall eines reglementierten Berufs – einer dem Ausbildungsniveau gemäß Ziffer i entsprechenden besonders strukturierten Berufsausbildung, durch die Kompetenzen vermittelt werden, die über das hinausgehen, was durch das Qualifikationsniveau nach Buchstabe b vermittelt wird, wenn diese Ausbildung eine vergleichbare Berufsbefähigung vermittelt und auf eine vergleichbare berufliche Funktion und Verantwortung vorbereitet, sofern dem Diplom eine Bescheinigung des Herkunftsmitgliedstaats beigefügt ist.

d) Diplom, mit dem nachgewiesen wird, dass der Inhaber eine postsekundäre Ausbildung von mindestens drei und höchstens vier Jahren oder eine Teilzeitausbildung von entsprechender Dauer, die zusätzlich in der entsprechenden Anzahl von ECTS-Punkten ausgedrückt werden kann, an einer Universität oder einer anderen Hochschule oder einer anderen Ausbildungseinrichtung mit gleichwertigem Ausbildungsniveau erfolgreich abgeschlossen sowie gegebenenfalls die Berufsausbildung, die neben dem Studium gefordert wird, erfolgreich abgeschlossen hat.

e) Diplom, mit dem nachgewiesen wird, dass der Inhaber einen postsekundären Ausbildungsgang von mindestens vier Jahren oder eine Teilzeitausbildung von entsprechender Dauer, die zusätzlich in der entsprechenden Anzahl an ECTS-Punkten ausgedrückt werden kann, an einer Universität oder einer anderen Hochschule oder in einer anderen Ausbildungseinrichtung mit gleichwertigem Ausbildungsniveau erfolgreich abgeschlossen sowie gegebenenfalls die Berufsausbildung, die neben dem Studium gefordert wird, erfolgreich abgeschlossen hat.

Art. 12[1)] Gleichgestellte Ausbildungsgänge. Jeder Ausbildungsnachweis oder jede Gesamtheit von Ausbildungsnachweisen, die von einer zuständigen Behörde in einem Mitgliedstaat ausgestellt wurden, sofern sie den erfolgreichen Abschluss einer in der Union auf Voll- oder Teilzeitbasis im Rahmen formaler oder nichtformaler Ausbildungsprogramme erworbenen Ausbildung bescheinigen und von diesem Mitgliedstaat als gleichwertig anerkannt werden und in Bezug auf die Aufnahme oder Ausübung eines Berufs dieselben Rechte verleihen oder auf die Ausübung dieses Berufs vorbereiten, sind Ausbildungsnachweisen nach Artikel 11 gleichgestellt, auch in Bezug auf das entsprechende Niveau.

[1)] Art. 12 UAbs. 1 neu gef. mWv 17.1.2014 durch RL v. 20.11.2013 (ABl. Nr. L 354 S. 132).

[1]Unter den Voraussetzungen des Absatzes 1 sind solchen Ausbildungsnachweisen Berufsqualifikationen gleichgestellt, die zwar nicht den Erfordernissen der Rechts- oder Verwaltungsvorschriften des Herkunftsmitgliedstaats für die Aufnahme oder Ausübung eines Berufs entsprechen, ihrem Inhaber jedoch erworbene Rechte gemäß diesen Vorschriften verleihen. [2]Dies gilt insbesondere, wenn der Herkunftsmitgliedstaat das Niveau der Ausbildung, die für die Zulassung zu einem Beruf oder für dessen Ausübung erforderlich ist, hebt und wenn eine Person, die zuvor eine Ausbildung durchlaufen hat, die nicht den Erfordernissen der neuen Qualifikation entspricht, aufgrund nationaler Rechts- oder Verwaltungsvorschriften erworbene Rechte besitzt; in einem solchen Fall stuft der Aufnahmemitgliedstaat zur Anwendung von Artikel 13 diese zuvor durchlaufene Ausbildung als dem Niveau der neuen Ausbildung entsprechend ein.

Art. 13[1)] Anerkennungsbedingungen. (1) Setzt die Aufnahme oder Ausübung eines reglementierten Berufs in einem Aufnahmemitgliedstaat den Besitz bestimmter Berufsqualifikationen voraus, so gestattet die zuständige Behörde dieses Mitgliedstaats den Antragstellern die Aufnahme oder Ausübung dieses Berufs unter denselben Voraussetzungen wie Inländern, wenn sie den Befähigungs- oder Ausbildungsnachweis nach Artikel 11 besitzen, der in einem anderen Mitgliedstaat erforderlich ist, um in dessen Hoheitsgebiet die Erlaubnis zur Aufnahme und Ausübung dieses Berufs zu erhalten.

Befähigungs- oder Ausbildungsnachweise werden in einem Mitgliedstaat von einer nach dessen Rechts- und Verwaltungsvorschriften benannten zuständigen Behörde ausgestellt.

(2) Aufnahme und Ausübung eines Berufs, wie in Absatz 1 beschrieben, müssen auch den Antragstellern gestattet werden, die den betreffenden Beruf ein Jahr lang in Vollzeit oder während einer entsprechenden Gesamtdauer in Teilzeit in den vorangegangenen zehn Jahren in einem anderen Mitgliedstaat, in dem dieser Beruf nicht reglementiert ist, ausgeübt haben und die im Besitz eines oder mehrerer in einem anderen Mitgliedstaat, in dem dieser Beruf nicht reglementiert ist, ausgestellten Befähigungs- oder Ausbildungsnachweise sind.

Die Befähigungs- oder Ausbildungsnachweise müssen

a) in einem Mitgliedstaat von einer entsprechend dessen Rechts- und Verwaltungsvorschriften benannten zuständigen Behörde ausgestellt *worden sein;*

b) bescheinigen, dass der Inhaber auf die Ausübung des betreffenden Berufs vorbereitet wurde.

Die in Unterabsatz 1 genannte einjährige Berufserfahrung darf allerdings nicht verlangt werden, wenn durch den Ausbildungsnachweis,

---

1) Art. 13 neu gef. mWv 17.1.2014 durch RL v. 20.11.2013 (ABl. Nr. L 354 S. 132).

über die der Antragsteller verfügt, ein reglementierter Ausbildungsgang belegt wird.

(3) Der Aufnahmemitgliedstaat erkennt das vom Herkunftsmitgliedstaat gemäß Artikel 11 bescheinigte Ausbildungsniveau und die Bescheinigung an, durch die der Herkunftsmitgliedstaat bestätigt, dass die in Artikel 11 Buchstabe c Ziffer ii genannte Ausbildung dem in Artikel 11 Buchstabe c Ziffer i vorgesehenen Niveau gleichwertig ist.

(4) Abweichend von den Absätzen 1 und 2 dieses Artikels und von Artikel 14 kann die zuständige Behörde des Aufnahmemitgliedstaats den Inhabern eines Befähigungs- oder Ausbildungsnachweises, der unter Artikel 11 Buchstabe a eingestuft ist, die Aufnahme oder Ausübung eines Berufs verweigern, wenn die zur Ausübung des Berufes im Hoheitsgebiet des Aufnahmemitgliedstaats erforderliche nationale Berufsqualifikation unter Artikel 11 Buchstabe e eingestuft ist.

Art. 14[1)] Ausgleichsmaßnahmen. (1) Artikel 13 hindert den Aufnahmemitgliedstaat nicht daran, in einem der nachstehenden Fälle vom Antragsteller zu verlangen, dass er einen höchstens dreijährigen Anpassungslehrgang absolviert oder eine Eignungsprüfung ablegt,

a) wenn die bisherige Ausbildung des Antragstellers sich hinsichtlich der beruflichen Tätigkeit auf Fächer bezieht, die sich wesentlich von denen unterscheiden, die durch den Ausbildungsnachweis im Aufnahmemitgliedstaat abgedeckt werden,

b) wenn der reglementierte Beruf im Aufnahmemitgliedstaat eine oder mehrere reglementierte berufliche Tätigkeiten umfasst, die im Herkunftsmitgliedstaat des Antragstellers nicht Bestandteil des entsprechenden reglementierten Berufs sind, und wenn sich die im Aufnahmemitgliedstaat geforderte Ausbildung auf Fächer bezieht, die sich wesentlich von denen unterscheiden, die von dem Befähigungs- oder Ausbildungsnachweis des Antragstellers abgedeckt werden.

(2) Wenn der Aufnahmemitgliedstaat von der Möglichkeit nach Absatz 1 Gebrauch macht, muss er dem Antragsteller die Wahl zwischen dem Anpassungslehrgang und der Eignungsprüfung lassen.

Wenn ein Mitgliedstaat es für erforderlich hält, für einen bestimmten Beruf vom Grundsatz der Wahlmöglichkeit des Antragstellers nach Unterabsatz 1 zwischen Anpassungslehrgang und Eignungsprüfung abzuweichen, unterrichtet er vorab die anderen Mitgliedstaaten und die Kommission davon und begründet diese Abweichung in angemessener Weise.

[1]Gelangt die Kommission zu der Ansicht, dass die in Unterabsatz 2 bezeichnete Abweichung nicht angemessen ist oder nicht dem Unionsrecht entspricht, erlässt sie binnen drei Monaten nach Erhalt aller nöti-

---

[1)] *Art. 14 Abs. 1 und* Abs. 2 UAbs. 3 neu gef., Abs. 3 UAbs. 4 und 5 angef., Abs. 4 und 5 neu gef., Abs. 6 und 7 angef. mWv 17.1.2014 durch RL v. 20.11.2013 (ABl. Nr. L 354 S. 132).

gen Informationen einen Durchführungsrechtsakt, um den betreffenden Mitgliedstaat aufzufordern, von der geplanten Maßnahme Abstand zu nehmen. 2 Wenn die Kommission innerhalb dieser Frist nicht tätig wird, darf der Mitgliedstaat von der Wahlfreiheit abweichen.

(3) Abweichend vom Grundsatz der freien Wahl des Antragstellers nach Absatz 2 kann der Aufnahmemitgliedstaat bei Berufen, deren Ausübung eine genaue Kenntnis des einzelstaatlichen Rechts erfordert und bei denen Beratung und/oder Beistand in Bezug auf das einzelstaatliche Recht ein wesentlicher und beständiger Teil der Berufsausübung ist, entweder einen Anpassungslehrgang oder eine Eignungsprüfung vorschreiben.

Dies gilt auch für die Fälle nach Artikel 10 Buchstaben b und c, für die Fälle nach Artikel 10 Buchstabe d – betreffend Ärzte und Zahnärzte –, für die Fälle nach Artikel 10 Buchstabe f – wenn der Migrant die Anerkennung in einem anderen Mitgliedstaat beantragt, in dem die betreffenden beruflichen Tätigkeiten von Krankenschwestern und Krankenpflegern für allgemeine Pflege oder von spezialisierten Krankenschwestern und Krankenpflegern, die über einen Ausbildungsnachweis für eine Spezialisierung verfügen, der nach der Ausbildung zur Erlangung einer der in Anhang V Nummer 5.2.2. aufgeführten Berufsbezeichnungen erworben wurde, ausgeübt werden – sowie für die Fälle nach Artikel 10 Buchstabe g.

In den Fällen nach Artikel 10 Buchstabe a kann der Aufnahmemitgliedstaat einen Anpassungslehrgang oder eine Eignungsprüfung verlangen, wenn Tätigkeiten als Selbstständiger oder als Betriebsleiter ausgeübt werden sollen, die die Kenntnis und die Anwendung der geltenden spezifischen innerstaatlichen Vorschriften erfordern, soweit die zuständige Behörde des Aufnahmemitgliedstaats für die eigenen Staatsangehörigen die Kenntnis und die Anwendung dieser innerstaatlichen Vorschriften für den Zugang zu den Tätigkeiten vorschreibt.

Abweichend von dem Grundsatz, dass der Antragsteller die Wahlmöglichkeit nach Absatz 2 hat, kann der Aufnahmemitgliedstaat entweder einen Anpassungslehrgang oder einen Eignungstest vorschreiben, wenn

a) der Inhaber einer Berufsqualifikation gemäß Artikel 11 Buchstabe a die Anerkennung seiner Berufsqualifikation beantragt und die erforderliche nationale Berufsqualifikation unter Artikel 11 Buchstabe c eingestuft ist, oder

b) der Inhaber einer Berufsqualifikation gemäß Artikel 11 Buchstabe b die Anerkennung seiner Berufsqualifikationen beantragt und die erforderliche nationale Berufsqualifikation unter Artikel 11 Buchstabe d oder e eingestuft ist.

Beantragt ein Inhaber einer Berufsqualifikation gemäß Artikel 11 Buchstabe a die Anerkennung seiner Berufsqualifikationen und ist die erforderliche Berufsqualifikation unter Artikel 11 Buchstabe d eingestuft, so kann der Aufnahmemitgliedstaat sowohl einen Anpassungslehrgang als auch eine Eignungsprüfung vorschreiben.

(4) Für die Zwecke der Absätze 1 und 5 sind unter „Fächer, die sich wesentlich unterscheiden" jene Fächer zu verstehen, bei denen Kenntnis, Fähigkeiten und Kompetenzen eine wesentliche Voraussetzung für die Ausübung des Berufs sind und bei denen die bisherige Ausbildung des Migranten wesentliche Abweichungen hinsichtlich des Inhalts gegenüber der im Aufnahmemitgliedstaat geforderten Ausbildung aufweist.

(5) 1 Bei der Anwendung des Absatzes 1 ist nach dem Grundsatz der Verhältnismäßigkeit zu verfahren. 2 Insbesondere muss der Aufnahmemitgliedstaat, wenn er beabsichtigt, dem Antragsteller einen Anpassungslehrgang oder eine Eignungsprüfung aufzuerlegen, zunächst prüfen, ob die vom Antragsteller im Rahmen seiner Berufspraxis oder durch lebenslanges Lernen in einem Mitgliedstaat oder einem Drittland erworbenen Kenntnisse, Fähigkeiten und Kompetenzen, die hierfür von einer einschlägigen Stelle formell als gültig anerkannt wurden, den wesentlichen Unterschied in Bezug auf die Fächer im Sinne des Absatzes 4 ganz oder teilweise ausgleichen können.

(6) 1 Der Beschluss zur Auferlegung eines Anpassungslehrgangs oder einer Eignungsprüfung muss hinreichend begründet sein. 2 Insbesondere sind dem Antragsteller folgende Informationen mitzuteilen:

a) das Niveau der im Aufnahmemitgliedstaat verlangten Berufsqualifikation und das Niveau der vom Antragsteller vorgelegten Berufsqualifikation gemäß der Klassifizierung in Artikel 11; und

b) die wesentlichen in Absatz 4 genannten Unterschiede und die Gründe, aus denen diese Unterschiede nicht durch Kenntnisse, Fähigkeiten und Kompetenzen, die durch lebenslanges Lernen erworben und hierfür von einer einschlägigen Stelle formell als gültig anerkannt wurden, ausgeglichen werden können.

(7) Die Mitgliedstaaten stellen sicher, dass der Antragsteller die Möglichkeit hat, die Eignungsprüfung nach Absatz 1 spätestens sechs Monate nach der ursprünglichen Entscheidung, dem Antragsteller eine Eignungsprüfung aufzuerlegen, abzulegen.

Art. 15[1)] *[aufgehoben]*

Kapitel II. Anerkennung der Berufserfahrung

Art. 16 Erfordernisse in Bezug auf die Berufserfahrung. 1 Wird in einem Mitgliedstaat die Aufnahme einer der in Anhang IV genannten Tätigkeiten oder ihre Ausübung vom Besitz allgemeiner, kaufmännischer oder fachlicher Kenntnisse und Fertigkeiten abhängig gemacht, so erkennt der betreffende Mitgliedstaat als ausreichenden Nachweis für diese Kenntnisse und Fertigkeiten die vorherige Ausübung der betref-

1) Art. 15 aufgeh. mWv 17.1.2014 durch RL v. 20.11.2013 (ABl. Nr. L 354 S. 132).

fenden Tätigkeit in einem anderen Mitgliedstaat an. [2]Die Tätigkeit muss gemäß den Artikeln 17, 18 und 19 ausgeübt worden sein.

Art. 17 Tätigkeiten nach Anhang IV Verzeichnis I. (1) Im Falle der in Anhang IV Verzeichnis I aufgeführten Tätigkeiten muss die betreffende Tätigkeit zuvor wie folgt ausgeübt worden sein:

a) als ununterbrochene sechsjährige Tätigkeit als Selbstständiger oder als Betriebsleiter; oder

b) als ununterbrochene dreijährige Tätigkeit als Selbstständiger oder als Betriebsleiter, wenn die begünstigte Person für die betreffende Tätigkeit eine mindestens dreijährige vorherige Ausbildung nachweist, die durch ein staatlich anerkanntes Zeugnis bescheinigt oder von einer zuständigen Berufsorganisation als vollwertig anerkannt ist; oder

c) als ununterbrochene vierjährige Tätigkeit als Selbstständiger oder als Betriebsleiter, wenn die begünstigte Person für die betreffende Tätigkeit eine mindestens zweijährige vorherige Ausbildung nachweisen kann, die durch ein staatlich anerkanntes Zeugnis bescheinigt oder von einer zuständigen Berufsorganisation als vollwertig anerkannt ist; oder

d) als ununterbrochene dreijährige Tätigkeit als Selbstständiger, wenn die begünstigte Person für die betreffende Tätigkeit eine mindestens fünfjährige Tätigkeit als abhängig Beschäftigter nachweisen kann; oder

e) als ununterbrochene fünfjährige Tätigkeit in leitender Stellung, davon eine mindestens dreijährige Tätigkeit mit technischen Aufgaben und mit der Verantwortung für mindestens eine Abteilung des Unternehmens, wenn die begünstigte Person für die betreffende Tätigkeit eine mindestens dreijährige Ausbildung nachweisen kann, die durch ein staatlich anerkanntes Zeugnis bescheinigt oder von einer zuständigen Berufsorganisation als vollwertig anerkannt ist.

(2) In den Fällen der Buchstaben a und d darf die Beendigung dieser Tätigkeit nicht mehr als zehn Jahre zurückliegen, gerechnet ab dem Zeitpunkt der Einreichung des vollständigen Antrags der betroffenen Person bei der zuständigen Behörde nach Artikel 56.

(3) Auf Tätigkeiten der Gruppe Ex 855 (Frisiersalons) der ISIC-Systematik findet Absatz 1 Buchstabe e keine Anwendung.

Art. 18 Tätigkeiten nach Anhang IV Verzeichnis II. (1) Im Falle der in Anhang IV Verzeichnis II aufgeführten Tätigkeiten muss die betreffende Tätigkeit zuvor wie folgt ausgeübt worden sein:

a) als ununterbrochene fünfjährige Tätigkeit als Selbstständiger oder als Betriebsleiter; oder

b) als ununterbrochene dreijährige Tätigkeit als Selbstständiger oder als Betriebsleiter, wenn die begünstigte Person für die betreffende Tätigkeit eine mindestens dreijährige vorherige Ausbildung nachweist, die durch ein staatlich anerkanntes Zeugnis bescheinigt oder von einer zuständigen Berufsorganisation als vollwertig anerkannt ist; oder

c) als ununterbrochene vierjährige Tätigkeit als Selbstständiger oder als Betriebsleiter, wenn die begünstigte Person für die betreffende Tätigkeit eine mindestens zweijährige vorherige Ausbildung nachweisen kann, die durch ein staatlich anerkanntes Zeugnis bescheinigt oder von einer zuständigen Berufsorganisation als vollwertig anerkannt ist; oder

d) als ununterbrochene dreijährige Tätigkeit als Selbstständiger oder Betriebsleiter, wenn die begünstigte Person in der betreffenden Tätigkeit eine mindestens fünfjährige Tätigkeit als abhängig Beschäftigter nachweisen kann; oder

e) als ununterbrochene fünfjährige Tätigkeit als abhängig Beschäftigter, wenn die begünstigte Person für die betreffende Tätigkeit eine mindestens dreijährige vorherige Ausbildung nachweisen kann, die durch ein staatlich anerkanntes Zeugnis bescheinigt oder von einer zuständigen Berufsorganisation als vollwertig anerkannt ist; oder

f) als ununterbrochene sechsjährige Tätigkeit als abhängig Beschäftigter, wenn die begünstigte Person für die betreffende Tätigkeit eine mindestens zweijährige vorherige Ausbildung nachweisen kann, die durch ein staatlich anerkanntes Zeugnis bescheinigt oder von einer zuständigen Berufsorganisation als vollwertig anerkannt ist.

(2) In den Fällen der Buchstaben a und d darf die Beendigung dieser Tätigkeit nicht mehr als zehn Jahre zurückliegen, gerechnet ab dem Zeitpunkt der Einreichung des vollständigen Antrags der betroffenen Person bei der zuständigen Behörde nach Artikel 56.

Art. 19 Tätigkeiten nach Anhang IV Verzeichnis III. (1) Im Falle der in Anhang IV Verzeichnis III aufgeführten Tätigkeiten muss die betreffende Tätigkeit zuvor wie folgt ausgeübt worden sein:

a) als ununterbrochene dreijährige Tätigkeit entweder als Selbstständiger oder als Betriebsleiter; oder

b) als ununterbrochene zweijährige Tätigkeit als Selbstständiger oder als Betriebsleiter, wenn die begünstigte Person für die betreffende Tätigkeit eine vorherige Ausbildung nachweisen kann, die durch ein staatlich anerkanntes Zeugnis bescheinigt oder von einer zuständigen Berufsorganisation als vollwertig anerkannt ist; oder

c) als ununterbrochene zweijährige Tätigkeit als Selbstständiger oder als Betriebsleiter, wenn die begünstigte Person nachweist, dass sie die betreffende Tätigkeit mindestens drei Jahre als abhängig Beschäftigter ausgeübt hat; oder

d) als ununterbrochene dreijährige Tätigkeit als abhängig Beschäftigter, wenn die begünstigte Person für die betreffende Tätigkeit eine vorherige Ausbildung nachweisen kann, die durch ein staatlich anerkanntes Zeugnis bescheinigt oder von einer zuständigen Berufsorganisation als vollwertig anerkannt ist.

(2) In den Fällen der Buchstaben a und c darf die Beendigung dieser Tätigkeit nicht mehr als zehn Jahre zurückliegen, gerechnet ab dem Zeitpunkt der Einreichung des vollständigen Antrags der betroffenen Person bei der zuständigen Behörde nach Artikel 56.

Art. 20[1)] Anpassung der Verzeichnisse der Tätigkeiten in Anhang IV. Die Kommission wird ermächtigt, delegierte Rechtsakte nach Artikel 57c zur Anpassung der Verzeichnisse der Tätigkeiten in Anhang IV zu erlassen, für die die Berufserfahrung nach Artikel 16 anerkannt wird, um die in Anhang IV aufgeführten Tätigkeiten zu aktualisieren oder klarzustellen, insbesondere, um den Umfang zu präzisieren und die jüngsten Entwicklungen im Bereich der tätigkeitsbezogenen Nomenklaturen zu berücksichtigen, vorausgesetzt, dass dadurch nicht der Umfang der Tätigkeiten eingeschränkt wird, auf die sich die einzelnen Kategorien beziehen, und dass es keine Übertragung von Tätigkeiten zwischen den bestehenden Verzeichnissen I, II und III in Anhang IV gibt.

Kapitel III. Anerkennung auf der Grundlage der Koordinierung der Mindestanforderungen an die Ausbildung

Abschnitt 1. Allgemeine Bestimmungen

Art. 21[2)] Grundsatz der automatischen Anerkennung. (1) Jeder Mitgliedstaat erkennt die in Anhang V unter den Nummern 5.1.1., 5.1.2., 5.2.2., 5.3.2., 5.3.3., 5.4.2., 5.6.2. und 5.7.1. aufgeführten Ausbildungsnachweise an, die die Mindestanforderungen für die Ausbildung nach den Artikeln 24, 25, 31, 34, 35, 38, 44 und 46 erfüllen und die Aufnahme der beruflichen Tätigkeiten des Arztes mit Grundausbildung und des Facharztes, der Krankenschwester und des Krankenpflegers für allgemeine Pflege, des Zahnarztes und Fachzahnarztes, des Tierarztes, des Apothekers und des Architekten gestatten, und verleiht diesen Nachweisen in Bezug auf die Aufnahme und Ausübung der beruflichen Tätigkeiten in seinem Hoheitsgebiet dieselbe Wirkung wie den von ihm ausgestellten Ausbildungsnachweisen.

Diese Ausbildungsnachweise müssen von den zuständigen Stellen der Mitgliedstaaten ausgestellt und gegebenenfalls mit den Bescheinigungen versehen sein, die in Anhang V unter den Nummern 5.1.1., 5.1.2., 5.2.2., 5.3.2., 5.3.3., 5.4.2., 5.6.2. bzw. 5.7.1. aufgeführt sind.

---

1) Art. 20 neu gef. mWv 17.1.2014 durch RL v. 20.11.2013 (ABl. Nr. L 354 S. 132).

2) Art. 21 Abs. 6 UAbs. 2 neu gef. mWv 11.12.2008 durch VO v. 22.10.2008 (ABl. Nr. L 311 S. 1); Abs. 4 und 6 neu gef., Abs. 7 aufgeh. mWv 17.1.2014 durch RL v. 20.11.2013 (ABl. Nr. L 354 S. 132).

Die Bestimmungen der Unterabsätze 1 und 2 gelten unbeschadet der erworbenen Rechte nach den Artikeln 23, 27, 33, 37, 39 und 49.

(2) Jeder Mitgliedstaat erkennt im Hinblick auf die Ausübung des Berufs des praktischen Arztes im Rahmen seines Sozialversicherungssystems die in Anhang V Nummer 5.1.4. aufgeführten Ausbildungsnachweise an, die andere Mitgliedstaaten den Staatsangehörigen der Mitgliedstaaten unter Beachtung der Mindestanforderungen an die Ausbildung nach Artikel 28 ausgestellt haben.

Die Bestimmung des Unterabsatzes 1 gilt unbeschadet der erworbenen Rechte nach Artikel 30.

(3) [1] Jeder Mitgliedstaat erkennt die in Anhang V Nummer 5.5.2. aufgeführten Ausbildungsnachweise der Hebamme an, die Staatsangehörigen der Mitgliedstaaten von anderen Mitgliedstaaten ausgestellt wurden und die den Mindestanforderungen nach Artikel 40 und den Modalitäten im Sinne von Artikel 41 entsprechen, und verleiht ihnen in seinem Hoheitsgebiet in Bezug auf die Aufnahme und Ausübung der beruflichen Tätigkeiten dieselbe Wirkung wie den von ihm ausgestellten Ausbildungsnachweisen. [2] Diese Bestimmung gilt unbeschadet der erworbenen Rechte nach Artikel 23 und 43.

(4) [1] In Bezug auf den Betrieb von Apotheken, die keinen territorialen Beschränkungen unterliegen, kann ein Mitgliedstaat im Wege einer Ausnahmeregelung entscheiden, Ausbildungsnachweise nach Anhang V Nummer 5.6.2 für die Errichtung neuer, der Öffentlichkeit zugänglicher Apotheken nicht wirksam werden zu lassen. [2] Als solche gelten im Sinne dieses Absatzes auch Apotheken, die vor weniger als drei Jahren eröffnet wurden.

Diese Ausnahmeregelung darf nicht auf Apotheker angewandt werden, deren förmliche Qualifikationen bereits durch die zuständigen Behörden des Aufnahmemitgliedstaats für andere Zwecke anerkannt wurden, und die tatsächlich und rechtmäßig die beruflichen Tätigkeiten eines Apothekers mindestens drei Jahre lang ununterbrochen in diesem Mitgliedstaat ausgeübt haben.

(5) Die in Anhang V Nummer 5.7.1. aufgeführten Ausbildungsnachweise des Architekten, die Gegenstand einer automatischen Anerkennung nach Absatz 1 sind, schließen eine Ausbildung ab, die frühestens in dem in diesem Anhang genannten akademischen Bezugsjahr begonnen hat.

(6) Jeder Mitgliedstaat macht die Aufnahme und Ausübung der beruflichen Tätigkeiten des Arztes, der Krankenschwester und des Krankenpflegers, die für die allgemeine Pflege verantwortlich sind, des Zahnarztes, des Tierarztes, der Hebamme und des Apothekers vom Besitz eines in Anhang V Nummern 5.1.1, 5.1.2, 5.1.4, 5.2.2, 5.3.2, 5.3.3, 5.4.2, 5.5.2 bzw. 5.6.2 aufgeführten Ausbildungsnachweises abhängig, der nachweist, dass der betreffende Berufsangehörige im Verlauf seiner Gesamtausbildungszeit die in Artikel 24 Absatz 3, Artikel 31 Absätze 6 und 7, Artikel 34 Absatz 3, Artikel 38 Absatz 3, Artikel 40

Absatz 3 und Artikel 44 Absatz 3 aufgeführten entsprechenden Kenntnisse, Fähigkeiten und Kompetenzen erworben hat.

Um den allgemein anerkannten wissenschaftlichen und technischen Fortschritt zu berücksichtigen, wird die Kommission ermächtigt, delegierte Rechtsakte nach Artikel 57c zur Aktualisierung der in Artikel 24 Absatz 3, Artikel 31 Absatz 6, Artikel 34 Absatz 3, Artikel 38 Absatz 3, Artikel 40 Absatz 3, Artikel 44 Absatz 3 und Artikel 46 Absatz 4 genannten Kenntnisse und Fähigkeiten zu erlassen, um die Entwicklung des Unionsrechts, das unmittelbare Auswirkungen auf die betroffenen Berufsangehörigen hat, widerzuspiegeln.

[1] Diese Aktualisierungen dürfen keine Änderung der in den Mitgliedstaaten bestehenden wesentlichen gesetzlichen Grundsätze der Struktur der Berufe hinsichtlich der Ausbildung und der Bedingungen für den Zugang natürlicher Personen zu dem Beruf erfordern. [2] Bei diesen Aktualisierungen ist die Verantwortung der Mitgliedstaaten für die Gestaltung der Bildungssysteme entsprechend der Regelung in Artikel 165 Absatz 1 des Vertrags über die Arbeitsweise der Europäischen Union (AEUV) zu achten.

Art. 21a[1)] Meldeverfahren. (1) Jeder Mitgliedstaat teilt der Kommission die von ihm erlassenen Rechts- und Verwaltungsvorschriften über die Ausstellung von Ausbildungsnachweisen in den unter dieses Kapitel fallenden Berufen mit.

Im Fall von Ausbildungsnachweisen im Bereich des Abschnitts 8 wird diese Meldung gemäß Unterabsatz 1 auch an die anderen Mitgliedstaaten gerichtet.

(2) Die Meldung nach Absatz 1 enthält Informationen über die Dauer und den Inhalt der Ausbildungsgänge.

(3) Die Meldung nach Absatz 1 wird über das IMI übermittelt.

(4) Um die legislativen und administrativen Entwicklungen in den Mitgliedstaaten gebührend zu berücksichtigen und unter der Bedingung, dass die gemäß Absatz 1 dieses Artikels mitgeteilten Rechts- und Verwaltungsvorschriften im Einklang mit den in diesem Kapitel festgelegten Bedingungen stehen, wird die Kommission ermächtigt, delegierte Rechtsakte nach Artikel 57c zu erlassen, um Anhang V Nummern 5.1.1 bis 5.1.4, 5.2.2, 5.3.2, 5.3.3, 5.4.2, 5.5.2, 5.6.2 und 5.7.1 zu ändern, die die Aktualisierung der von den Mitgliedstaaten festgelegten Bezeichnungen der Ausbildungsnachweise sowie gegebenenfalls der Stelle, die den Ausbildungsnachweis ausstellt, der zusätzlichen Bescheinigung und der entsprechenden Berufsbezeichnung betreffen.

(5) Stehen die gemäß Absatz 1 mitgeteilten Rechts- und Verwaltungsvorschriften nicht im Einklang mit den in diesem Kapitel festgelegten Bedingungen, so erlässt die Kommission einen Durchführungsrechtsakt zur Ablehnung der beantragten Änderung von Anhang V Nummern 5.1.1 bis 5.1.4, 5.2.2, 5.3.2, 5.3.3, 5.4.2, 5.5.2, 5.6.2 und 5.7.1.

[1)] Art. 21a eingef. mWv 17.1.2014 durch RL v. 20.11.2013 (ABl. Nr. L 354 S. 132).

Art. 22[1] **Gemeinsame Bestimmungen zur Ausbildung.** (1) Bei den in den Artikeln 24, 25, 28, 31, 34, 35, 38, 40, 44 und 46 erwähnten Ausbildungen

a) können die Mitgliedstaaten gestatten, dass die Ausbildung unter von den zuständigen Behörden genehmigten Voraussetzungen auf Teilzeitbasis erfolgt; die Behörden stellen sicher, dass die Gesamtdauer, das Niveau und die Qualität dieser Ausbildung nicht geringer sind als bei einer Vollzeitausbildung;

b) Die Mitgliedstaaten sorgen[2] im Einklang mit den spezifischen Verfahren der einzelnen Mitgliedstaaten durch die Stärkung einer steten beruflichen Fortbildung dafür, dass Berufsangehörige, deren Berufsqualifikation von Kapitel III dieses Titels erfasst wird, ihre Kenntnisse, Fähigkeiten und Kompetenzen aktualisieren können, um eine sichere und effektive Praxis zu wahren und mit den beruflichen Entwicklungen Schritt zu halten.

(2) Die Mitgliedstaaten teilen der Kommission die gemäß Absatz 1 Buchstabe b ergriffenen Maßnahmen bis zum 18. Januar 2016 mit.

Art. 23[3] **Erworbene Rechte.** (1) Unbeschadet der spezifischen erworbenen Rechte in den betreffenden Berufen erkennt jeder Mitgliedstaat bei Staatsangehörigen der Mitgliedstaaten als ausreichenden Nachweis deren von Mitgliedstaaten ausgestellte Ausbildungsnachweise an, die die Aufnahme des Berufes des Arztes mit Grundausbildung und des Facharztes, der Krankenschwester und des Krankenpflegers, die für die allgemeine Pflege verantwortlich sind, des Zahnarztes und des Fachzahnarztes, des Tierarztes, der Hebamme und des Apothekers gestatten, auch wenn diese Ausbildungsnachweise nicht alle Anforderungen an die Ausbildung nach den Artikeln 24, 25, 31, 34, 35, 38, 40 und 44 erfüllen, sofern diese Nachweise den Abschluss einer Ausbildung belegen, die vor den in Anhang V Nummern 5.1.1., 5.1.2., 5.2.2., 5.3.2., 5.3.3., 5.4.2., 5.5.2. bzw. 5.6.2. aufgeführten Stichtagen begonnen wurde, und sofern ihnen eine Bescheinigung darüber beigefügt ist, dass der Inhaber während der letzten fünf Jahre vor Ausstellung der Bescheinigung mindestens drei Jahre lang ununterbrochen tatsächlich und rechtmäßig die betreffenden Tätigkeiten ausgeübt hat.

(2) Dieselben Bestimmungen gelten für auf dem Gebiet der ehemaligen Deutschen Demokratischen Republik erworbene Ausbildungsnachweise, die die Aufnahme des Berufes des Arztes mit Grundausbildung und des Facharztes, der Krankenschwester und des Krankenpflegers, die für die allgemeine Pflege verantwortlich sind, des Zahnarztes und des Fachzahnarztes, des Tierarztes, der Hebamme und des Apo-

---

[1] Art. 22 Abs. 1 Buchst. b neu gef., Abs. 2 angef. mWv 17.1.2014 durch RL v. 20.11.2013 (ABl. Nr. L 354 S. 132).

[2] Richtig wohl: „sorgen die Mitgliedstaaten".

[3] Art. 23 Abs. 5 neu gef. mWv 1.7.2013 durch Akte v. 9.12.2011 (ABl. 2012 Nr. L 112 S. 21).

thekers gestatten, auch wenn sie nicht alle Mindestanforderungen an die Ausbildung gemäß den Artikeln 24, 25, 31, 34, 35, 38, 40 und 44 erfüllen, sofern diese Nachweise den erfolgreichen Abschluss einer Ausbildung belegen, die

a) im Falle von Ärzten mit Grundausbildung, Krankenschwestern und Krankenpflegern, die für die allgemeine Pflege verantwortlich sind, Zahnärzten mit Grundausbildung und Fachzahnärzten, Tierärzten, Hebammen und Apothekern vor dem 3. Oktober 1990 begonnen wurde,

b) im Falle von Fachärzten vor dem 3. April 1992 begonnen wurde.

Die in Unterabsatz 1 aufgeführten Ausbildungsnachweise berechtigen zur Ausübung der beruflichen Tätigkeiten im gesamten Hoheitsgebiet Deutschlands unter denselben Voraussetzungen wie die in Anhang V Nummern 5.1.1., 5.1.2., 5.2.2., 5.3.2., 5.3.3., 5.4.2., 5.5.2. und 5.6.2. aufgeführten Ausbildungsnachweise, die von den zuständigen deutschen Behörden ausgestellt werden.

(3) Unbeschadet des Artikels 37 Absatz 1 erkennt jeder Mitgliedstaat bei den Staatsangehörigen der Mitgliedstaaten, deren Ausbildungsnachweise von der früheren Tschechoslowakei verliehen wurden und die Aufnahme des Berufs des Arztes mit Grundausbildung und des Facharztes, der Krankenschwester und des Krankenpflegers, die für die allgemeine Pflege verantwortlich sind, des Tierarztes, der Hebamme, des Apothekers sowie des Architekten gestatten bzw. deren Ausbildung im Falle der Tschechischen Republik und der Slowakei vor dem 1. Januar 1993 aufgenommen wurde, diese Ausbildungsnachweise an, wenn die Behörden eines der beiden genannten Mitgliedstaaten bescheinigen, dass diese Ausbildungsnachweise hinsichtlich der Aufnahme und Ausübung des Berufs des Arztes mit Grundausbildung und des Facharztes, der Krankenschwester und des Krankenpflegers, die für die allgemeine Pflege verantwortlich sind, des Tierarztes, der Hebamme, des Apothekers – bezüglich der Tätigkeiten nach Artikel 45 Absatz 2 – sowie des Architekten – bezüglich der Tätigkeiten nach Artikel 48 – in ihrem Hoheitsgebiet die gleiche Rechtsgültigkeit haben wie die von ihnen verliehenen Ausbildungsnachweise und, im Falle von Architekten, wie die für diese Mitgliedstaaten in Anhang VI Nummer 6 aufgeführten Ausbildungsnachweise.

Dieser Bescheinigung muss eine von den gleichen Behörden ausgestellte Bescheinigung darüber beigefügt sein, dass die betreffende Person in den fünf Jahren vor Ausstellung der Bescheinigung mindestens *drei Jahre ununterbrochen tatsächlich* und rechtmäßig die betreffenden Tätigkeiten in ihrem Hoheitsgebiet ausgeübt hat.

(4) Bei den Staatsangehörigen der Mitgliedstaaten, deren Ausbildungsnachweise von der früheren Sowjetunion verliehen wurden und die Aufnahme des Berufs des Arztes mit Grundausbildung und des Facharztes, der Krankenschwester und des Krankenpflegers, die für die allgemeine Pflege verantwortlich sind, des Zahnarztes, des Fachzahn-

arztes, des Tierarztes, der Hebamme, des Apothekers sowie des Architekten gestatten bzw. deren Ausbildung

a) im Falle Estlands vor dem 20. August 1991,

b) im Falle Lettlands vor dem 21. August 1991,

c) im Falle Litauens vor dem 11. März 1990

aufgenommen wurde, erkennt jeder der Mitgliedstaaten diese Ausbildungsnachweise an, wenn die Behörden eines der drei genannten Mitgliedstaaten bescheinigen, dass diese Ausbildungsnachweise hinsichtlich der Aufnahme und Ausübung des Berufes des Arztes mit Grundausbildung und des Facharztes, der Krankenschwester und des Krankenpflegers, die für die allgemeine Pflege verantwortlich sind, des Zahnarztes, des Fachzahnarztes, des Tierarztes, der Hebamme, des Apothekers – bezüglich der Tätigkeiten nach Artikel 45 Absatz 2 – sowie des Architekten – bezüglich der Tätigkeiten nach Artikel 48 – in ihrem Hoheitsgebiet die gleiche Rechtsgültigkeit haben wie die von ihnen verliehenen Ausbildungsnachweise und, im Falle von Architekten, wie die für diese Mitgliedstaaten in Anhang VI Nummer 6 aufgeführten Ausbildungsnachweise.

Dieser Bescheinigung muss eine von den gleichen Behörden ausgestellte Bescheinigung darüber beigefügt sein, dass die betreffende Person in den fünf Jahren vor Ausstellung der Bescheinigung mindestens drei Jahre ununterbrochen tatsächlich und rechtmäßig die betreffenden Tätigkeiten in ihrem Hoheitsgebiet ausgeübt hat.

Bei Tierärzten, deren Ausbildungsnachweise von der früheren Sowjetunion verliehen wurden oder deren Ausbildung im Falle Estlands vor dem 20. August 1991 aufgenommen wurde, muss der Bescheinigung nach Unterabsatz 2 eine von den estnischen Behörden ausgestellte Bescheinigung darüber beigefügt sein, dass die betreffende Person in den sieben Jahren vor Ausstellung der Bescheinigung mindestens fünf Jahre ununterbrochen tatsächlich und rechtmäßig die betreffenden Tätigkeiten in ihrem Hoheitsgebiet ausgeübt hat.

(5) Bei den Staatsangehörigen der Mitgliedstaaten, deren Ausbildungsnachweise vom früheren Jugoslawien verliehen wurden und die Aufnahme des Berufes des Arztes mit Grundausbildung und des Facharztes, der Krankenschwester und des Krankenpflegers, die für die allgemeine Pflege verantwortlich sind, des Zahnarztes, des Fachzahnarztes, des Tierarztes, der Hebamme, des Apothekers sowie des Architekten gestatten bzw. deren Ausbildung

a) im Falle Sloweniens vor dem 25. Juni 1991 und

b) im Falle Kroatiens vor dem 8. Oktober 1991

aufgenommen wurde, erkennt jeder der Mitgliedstaaten unbeschadet des Artikels 43b diese Ausbildungsnachweise an, wenn die Behörden der vorgenannten Mitgliedstaaten bescheinigen, dass diese Ausbildungsnachweise hinsichtlich der Aufnahme und Ausübung des Berufes des Arztes mit Grundausbildung und des Facharztes, der Krankenschwester und des Krankenpflegers, die für die allgemeine Pflege verantwortlich sind, des Zahnarztes, des Fachzahnarztes, des Tierarztes, der Hebamme, des Apothekers – bezüglich der Tätigkeiten nach Artikel 45 Absatz 2 – sowie des Architekten – bezüglich der Tätigkeiten nach Artikel 48 – in ihrem Hoheitsgebiet die gleiche Rechtsgültigkeit haben wie die von ihnen verliehenen Ausbildungsnachweise und, im Falle von Architekten, wie die für diese Mitgliedstaaten in Anhang VI Nummer 6 aufgeführten Ausbildungsnachweise.

Dieser Bescheinigung muss eine von den gleichen Behörden ausgestellte Bescheinigung darüber beigefügt sein, dass die betreffende Person in den fünf Jahren vor Ausstellung der Bescheinigung mindestens drei Jahre ununterbrochen tatsächlich und rechtmäßig die betreffenden Tätigkeiten in ihrem Hoheitsgebiet ausgeübt hat.

(6) Jeder Mitgliedstaat erkennt bei Staatsangehörigen der Mitgliedstaaten als ausreichenden Nachweis deren Ausbildungsnachweise des Arztes, der Krankenschwester und des Krankenpflegers, die für die allgemeine Pflege verantwortlich sind, des Zahnarztes, des Tierarztes, der Hebamme und des Apothekers an, auch wenn sie den in Anhang V Nummern 5.1.1., 5.1.2., 5.1.3., 5.1.4., 5.2.2., 5.3.2., 5.3.3., 5.4.2., 5.5.2. bzw. 5.6.2. aufgeführten Bezeichnungen nicht entsprechen, sofern ihnen eine von den zuständigen Behörden oder Stellen ausgestellte Bescheinigung beigefügt ist.

Die Bescheinigung im Sinne des Unterabsatzes 1 gilt als Nachweis, dass diese Ausbildungsnachweise den erforderlichen Abschluss einer Ausbildung bescheinigen, die den in den Artikeln 24, 25, 28, 31, 34, 35, 38, 40 und 44 genannten Bestimmungen entspricht, und dass sie von dem Mitgliedstaat, der sie ausgestellt hat, den Ausbildungsnachweisen gleichgestellt werden, deren Bezeichnungen in Anhang V Nummern 5.1.1., 5.1.2., 5.1.3., 5.1.4., 5.2.2., 5.3.2., 5.3.3., 5.4.2., 5.5.2. bzw. 5.6.2. aufgeführt sind.

Art. 23a[1)] Besondere Umstände. (1) Abweichend von dieser Richtlinie kann Bulgarien den Inhabern eines vor dem 31. Dezember 1999 in Bulgarien ausgestellten Befähigungsnachweises für den Beruf des „фелдшер“ („Feldscher“), die diesen Beruf im Rahmen der staatlichen bulgarischen Sozialversicherung am 1. Januar 2000 ausgeübt haben, gestatten, diesen Beruf weiterhin auszuüben, auch wenn ihre Tätigkeit teilweise unter die Bestimmungen dieser Richtlinie für Ärzte bzw. Krankenschwestern und Krankenpfleger für allgemeine Pflege fällt.

(2) Die Inhaber eines bulgarischen Befähigungsnachweises für den Beruf des „фелдшер“ („Feldscher“) nach Absatz 1 haben keinen Anspruch darauf, dass ihr beruflicher Befähigungsnachweis in anderen Mitgliedstaaten im Rahmen dieser Richtlinie als der eines Arztes oder einer Krankenschwester bzw. eines Krankenpfleger für allgemeine Pflege anerkannt wird.

[1)] Art. 23a eingef. mWv 1.1.2007 durch RL v. 20.11.2006 (ABl. Nr. L 363 S. 141).

Abschnitt 2. Arzt

Art. 24[1)] **Ärztliche Grundausbildung.** (1) Die Zulassung zur ärztlichen Grundausbildung setzt den Besitz eines Diploms oder eines Prüfungszeugnisses voraus, das für das betreffende Studium die Zulassung zu den Universitäten ermöglicht.

(2) Die ärztliche Grundausbildung umfasst mindestens fünf Jahre (kann zusätzlich in der entsprechenden Anzahl von ECTS-Punkten ausgedrückt werden) und besteht aus mindestens 5 500 Stunden theoretischer und praktischer Ausbildung an einer Universität oder unter Aufsicht einer Universität.

Bei Berufsangehörigen, die ihre Ausbildung vor dem 1. Januar 1972 begonnen haben, kann die in Unterabsatz 1 genannte Ausbildung eine praktische Vollzeitausbildung von sechs Monaten auf Universitätsniveau unter Aufsicht der zuständigen Behörden umfassen.

(3) Die ärztliche Grundausbildung gewährleistet, dass die betreffende Person die folgenden Kenntnisse und Fähigkeiten erwirbt:

a) angemessene Kenntnisse in den Wissenschaften, auf denen die Medizin beruht, und ein gutes Verständnis für die wissenschaftlichen Methoden, einschließlich der Grundsätze der Messung biologischer Funktionen, der Bewertung wissenschaftlich festgestellter Sachverhalte sowie der Analyse von Daten;

b) angemessene Kenntnisse über die Struktur, die Funktionen und das Verhalten gesunder und kranker Menschen sowie über die Einflüsse der physischen und sozialen Umwelt auf die Gesundheit des Menschen;

c) angemessene Kenntnisse hinsichtlich der klinischen Sachgebiete und Praktiken, die ihr ein zusammenhängendes Bild von den geistigen und körperlichen Krankheiten, von der Medizin unter den Aspekten der Vorbeugung, der Diagnostik und der Therapeutik sowie von der menschlichen Fortpflanzung vermitteln;

d) angemessene klinische Erfahrung unter entsprechender Leitung in Krankenhäusern.

Art. 25[2)] **Fachärztliche Weiterbildung.** (1) Die Zulassung zur fachärztlichen Weiterbildung setzt voraus, dass eine ärztliche Grundausbildung nach Artikel 24 Absatz 2 abgeschlossen und als gültig anerkannt worden ist, mit der angemessene medizinische Grundkenntnisse erworben wurden.

(2) Die Weiterbildung zum Facharzt umfasst eine theoretische und praktische Ausbildung an einem Universitätszentrum, einer Universi-

---

[1)] Art. 24 Abs. 2 neu gef. mWv 17.1.2014 durch RL v. 20.11.2013 (ABl. Nr. L 354 S. 132).

[2)] Art. 25 Abs. 5 neu gef. mWv 11.12.2008 durch VO v. 22.10.2008 (ABl. Nr. L 311 S. 1); Abs. 1 neu gef., Abs. 3a eingef. und Abs. 5 neu gef. mWv 17.1.2014 durch RL v. 20.11.2013 (ABl. Nr. L 354 S. 132).

tätsklinik oder gegebenenfalls in einer hierzu von den zuständigen Behörden oder Stellen zugelassenen Einrichtung der ärztlichen Versorgung.

[1]Die Mitgliedstaaten sorgen dafür, dass die in Anhang V Nummer 5.1.3. für die verschiedenen Fachgebiete angegebene Mindestdauer der Facharztausbildung eingehalten wird. [2]Die Weiterbildung erfolgt unter Aufsicht der zuständigen Behörden oder Stellen. [3]Die Facharztanwärter müssen in den betreffenden Abteilungen persönlich zur Mitarbeit herangezogen werden und Verantwortung übernehmen.

(3) [1]Die Weiterbildung erfolgt als Vollzeitausbildung an besonderen Weiterbildungsstellen, die von den zuständigen Behörden anerkannt sind. [2]Sie setzt die Beteiligung an sämtlichen ärztlichen Tätigkeiten in dem Bereich voraus, in dem die Weiterbildung erfolgt, einschließlich des Bereitschaftsdienstes, so dass der in der ärztlichen Weiterbildung befindliche Arzt während der gesamten Dauer der Arbeitswoche und während des gesamten Jahres gemäß den von den zuständigen Behörden festgesetzten Bedingungen seine volle berufliche Tätigkeit dieser praktischen und theoretischen Weiterbildung widmet. [3]Dementsprechend werden diese Stellen angemessen vergütet.

(3a) [1]Die Mitgliedstaaten können in ihren nationalen Rechtsvorschriften Befreiungen für Teilbereiche der in Anhang V Nummer 5.1.3 aufgeführten fachärztlichen Weiterbildungen festlegen, über die im Einzelfall zu entscheiden ist, wenn dieser Teil der Ausbildung bereits im Rahmen einer anderen fachärztlichen Weiterbildung nach Anhang V Nummer 5.1.3 absolviert wurde und sofern der Berufsangehörige bereits die frühere fachärztliche Berufsqualifikation in einem Mitgliedstaat erworben hat. [2]Die Mitgliedstaaten sorgen dafür, dass die gewährte Befreiung höchstens der Hälfte der Mindestdauer der jeweiligen Facharztausbildung entspricht.

Jeder Mitgliedstaat teilt der Kommission und den übrigen Mitgliedstaaten die einschlägigen nationalen Rechtsvorschriften für jede dieser teilweisen Befreiungen mit.

(4) Die Mitgliedstaaten machen die Ausstellung eines Ausbildungsnachweises des Facharztes vom Besitz eines der in Anhang V Nummer 5.1.1. aufgeführten Ausbildungsnachweise für die ärztliche Grundausbildung abhängig.

(5) Die Kommission wird ermächtigt, zur Anpassung der Mindestdauer der Weiterbildung nach Anhang V Nummer 5.1.3 an den wissenschaftlichen und technischen Fortschritt delegierte Rechtsakte nach Artikel 57c zu erlassen

Art. 26[1)] Bezeichnungen der fachärztlichen Weiterbildungen. Als Ausbildungsnachweise des Facharztes nach Artikel 21 gelten diejenigen Nachweise, die von einer der in Anhang V Nummer 5.1.2. auf-

[1)] Art. 26 UAbs. 2 neu gef. mWv 11.12.2008 durch VO v. 22.10.2008 (ABl. Nr. L 311 S. 1); UAbs. 2 neu gef. mWv 17.1.2014 durch RL v. 20.11.2013 (ABl. Nr. L 354 S. 132).

geführten zuständigen Behörden oder Stellen ausgestellt sind und hinsichtlich der betreffenden fachärztlichen Weiterbildung den in den einzelnen Mitgliedstaaten geltenden Bezeichnungen entsprechen, die in Anhang V Nummer 5.1.2. aufgeführt sind.

Die Kommission wird ermächtigt, delegierte Rechtsakte nach Artikel 57c zur Aufnahme neuer Facharztrichtungen, die in mindestens zwei Fünfteln der Mitgliedstaaten vertreten sind, in Anhang V Nummer 5.1.3 zu erlassen, um Änderungen der nationalen Rechtsvorschriften gebührend Rechnung zu tragen und diese Richtlinie zu aktualisieren.

Art. 27[1] Besondere erworbene Rechte von Fachärzten. (1) Jeder Aufnahmemitgliedstaat ist berechtigt, von Fachärzten, deren Facharztausbildung auf Teilzeitbasis nach Rechts- und Verwaltungsvorschriften erfolgte, die am 20. Juni 1975 in Kraft waren, und die ihre ärztliche Weiterbildung spätestens am 31. Dezember 1983 begonnen haben, neben ihren Ausbildungsnachweisen eine Bescheinigung darüber zu verlangen, dass sie in den fünf Jahren vor Ausstellung der Bescheinigung mindestens drei Jahre lang ununterbrochen tatsächlich und rechtmäßig die betreffende Tätigkeiten ausgeübt haben.

(2) Jeder Mitgliedstaat erkennt den Facharzttitel an, der in Spanien Ärzten ausgestellt worden ist, die ihre Facharztausbildung vor dem 1. Januar 1995 abgeschlossen haben, auch wenn sie nicht den Mindestanforderungen nach Artikel 25 entspricht, sofern diesem Nachweis eine von den zuständigen spanischen Behörden ausgestellte Bescheinigung beigefügt ist, die bestätigt, dass die betreffende Person den beruflichen Eignungstest erfolgreich abgelegt hat, der im Rahmen der im Königlichen Dekret 1497/99 vorgesehenen außerordentlichen Regulierungsmaßnahmen abgenommen wird, um zu überprüfen, ob die betreffende Person Kenntnisse und Fähigkeiten besitzt, die denen der Ärzte vergleichbar sind, die die Ausbildungsnachweise des Facharztes besitzen, die für Spanien in Anhang V Nummern 5.1.2. und 5.1.3. aufgeführt sind.

(2a) Die Mitgliedstaaten erkennen die in Anhang V Nummern 5.1.2 und 5.1.3 aufgeführten in Italien verliehenen Facharztqualifikationen von Ärzten an, die ihre Facharztausbildung nach dem 31. Dezember 1983 und vor dem 1. Januar 1991 begonnen haben, obgleich deren Ausbildung nicht allen Ausbildungsanforderungen nach Artikel 25 genügt, sofern der Qualifikation eine von den zuständigen italienischen Behörden ausgestellte Bescheinigung beigefügt ist, aus der hervorgeht, dass der betreffende Arzt während der letzten zehn Jahre vor Ausstellung der Bescheinigung mindestens sieben Jahre lang ununterbrochen tatsächlich und rechtmäßig in Italien die Tätigkeiten eines Facharztes auf dem entsprechenden Facharztgebiet ausgeübt hat.

---

[1] Art. 27 Abs. 2a eingef. mWv 17.1.2014 durch RL v. 20.11.2013 (ABl. Nr. L 354 S. 132).

(3) Jeder Mitgliedstaat, der Rechts- oder Verwaltungsvorschriften über die Ausstellung von Ausbildungsnachweisen des Facharztes, die in Anhang V Nummer 5.1.2. und Anhang V Nummer 5.1.3. aufgeführt sind, aufgehoben und Maßnahmen in Bezug auf die erworbenen Rechte zugunsten seiner eigenen Staatsangehörigen getroffen hat, räumt Staatsangehörigen der anderen Mitgliedstaaten das Recht auf die Inanspruchnahme derselben Maßnahmen ein, wenn deren Ausbildungsnachweise vor dem Zeitpunkt ausgestellt wurden, an dem der Aufnahmemitgliedstaat die Ausstellung von Ausbildungsnachweisen für die entsprechende Fachrichtung eingestellt hat.

Der Zeitpunkt der Aufhebung der betreffenden Rechts- und Verwaltungsvorschriften ist in Anhang V Nummer 5.1.3. aufgeführt.

Art. 28[1)] Besondere Ausbildung in der Allgemeinmedizin.

(1) Die Zulassung zur besonderen Ausbildung in der Allgemeinmedizin setzt voraus, dass eine ärztliche Grundausbildung nach Artikel 24 Absatz 2 abgeschlossen und als gültig anerkannt worden ist, mit der der Auszubildende die angemessenen medizinischen Grundkenntnisse erworben hat.

(2) [1] Bei der besonderen Ausbildung in der Allgemeinmedizin, die zum Erwerb von Ausbildungsnachweisen führt, die vor dem 1. Januar 2006 ausgestellt werden, muss es sich um eine mindestens zweijährige Vollzeitausbildung handeln. [2] Für Ausbildungsnachweise, die ab diesem Datum ausgestellt werden, muss eine mindestens dreijährige Vollzeitausbildung abgeschlossen werden.

Umfasst die in Artikel 24 genannte Ausbildung eine praktische Ausbildung in zugelassenen Krankenhäusern mit entsprechender Ausrüstung und entsprechenden Abteilungen für Allgemeinmedizin oder eine Ausbildung in einer zugelassenen Allgemeinpraxis oder einem zugelassenen Zentrum für ärztliche Erstbehandlung, kann für Ausbildungsnachweise, die ab 1. Januar 2006 ausgestellt werden, bis zu einem Jahr dieser praktischen Ausbildung auf die in Unterabsatz 1 vorgeschriebene Ausbildungsdauer angerechnet werden.

Von der in Unterabsatz 2 genannten Möglichkeit können nur die Mitgliedstaaten Gebrauch machen, in denen die spezifische Ausbildung in der Allgemeinmedizin am 1. Januar 2001 zwei Jahre betrug.

(3) [1] Die besondere Ausbildung in der Allgemeinmedizin muss als Vollzeitausbildung unter der Aufsicht der zuständigen Behörden oder Stellen erfolgen. [2] Sie ist mehr praktischer als theoretischer Art.
Die praktische Ausbildung findet zum einen während mindestens sechs Monaten in zugelassenen Krankenhäusern mit entsprechender Ausrüstung und entsprechenden Abteilungen und zum anderen während mindestens sechs Monaten in zugelassenen Allgemeinpraxen oder in zugelassenen Zentren für Erstbehandlung statt.

---

1) Art. 28 Abs. 1 neu gef. mWv 17.1.2014 durch RL v. 20.11.2013 (ABl. Nr. L 354 S. 132).

[1] Sie erfolgt in Verbindung mit anderen Einrichtungen oder Diensten des Gesundheitswesens, die sich mit Allgemeinmedizin befassen. [2] Unbeschadet der in Unterabsatz 2 genannten Mindestzeiten kann die praktische Ausbildung jedoch während eines Zeitraums von höchstens sechs Monaten in anderen zugelassenen Einrichtungen oder Diensten des Gesundheitswesens, die sich mit Allgemeinmedizin befassen, stattfinden.

Die Anwärter müssen von den Personen, mit denen sie beruflich arbeiten, persönlich zur Mitarbeit herangezogen werden und Mitverantwortung übernehmen.

(4) Die Mitgliedstaaten machen die Ausstellung von Ausbildungsnachweisen in der Allgemeinmedizin vom Besitz eines der in Anhang V Nummer 5.1.1. aufgeführten Ausbildungsnachweise für die ärztliche Grundausbildung abhängig.

(5) [1] Die Mitgliedstaaten können die in Anhang V Nummer 5.1.4. aufgeführten Ausbildungsnachweise einem Arzt ausstellen, der zwar nicht die Ausbildung nach diesem Artikel absolviert hat, der aber anhand eines von den zuständigen Behörden eines Mitgliedstaates ausgestellten Ausbildungsnachweises eine andere Zusatzausbildung nachweisen kann. [2] Sie dürfen den Ausbildungsnachweis jedoch nur dann ausstellen, wenn damit Kenntnisse bescheinigt werden, die qualitativ den Kenntnissen nach Absolvierung der in diesem Artikel vorgesehenen Ausbildung entsprechen.

Die Mitgliedstaaten regeln unter anderem, inwieweit die von dem Antragsteller absolvierte Zusatzausbildung sowie seine Berufserfahrung auf die Ausbildung nach diesem Artikel angerechnet werden können.
Die Mitgliedstaaten dürfen den in Anhang V Nummer 5.1.4. aufgeführten Ausbildungsnachweis nur dann ausstellen, wenn der Antragsteller mindestens sechs Monate Erfahrung in der Allgemeinmedizin nachweisen kann, die er nach Absatz 3 in einer Allgemeinpraxis oder in einem Zentrum für Erstbehandlung erworben hat.

Art. 29 Ausübung der Tätigkeit des praktischen Arztes. Jeder Mitgliedstaat macht vorbehaltlich der Vorschriften über erworbene Rechte die Ausübung des ärztlichen Berufs als praktischer Arzt im Rahmen seines Sozialversicherungssystems vom Besitz eines in Anhang V Nummer 5.1.4. aufgeführten Ausbildungsnachweises abhängig.

Von dieser Bedingung können die Mitgliedstaaten jedoch Personen freistellen, die gerade eine spezifische Ausbildung in der Allgemeinmedizin absolvieren.

Art. 30 Besondere erworbene Rechte von praktischen Ärzten.
(1) [1] Jeder Mitgliedstaat bestimmt die erworbenen Rechte. [2] Er muss jedoch das Recht, den ärztlichen Beruf als praktischer Arzt im Rahmen seines Sozialversicherungssystems auszuüben, ohne einen in Anhang V Nummer 5.1.4. aufgeführten Ausbildungsnachweis zu besitzen, im Falle solcher Ärzte als erworbenes Recht betrachten, die dieses

Recht bis zu dem im oben genannten Anhang aufgeführten Stichtag aufgrund der Vorschriften über den Arztberuf, die die Ausübung der beruflichen Tätigkeit des Arztes mit Grundausbildung betreffen, erworben haben und sich bis zu diesem Zeitpunkt unter Inanspruchnahme von Artikel 21 oder Artikel 23 im Gebiet des betreffenden Mitgliedstaats niedergelassen haben.

[1]Die zuständigen Behörden jedes Mitgliedstaats stellen auf Antrag eine Bescheinigung aus, mit der den Ärzten, die gemäß Unterabsatz 1 Rechte erworben haben, das Recht bescheinigt wird, den ärztlichen Beruf als praktischer Arzt im Rahmen des betreffenden einzelstaatlichen Sozialversicherungssystems auszuüben, ohne einen in Anhang V Nummer 5.1.4. aufgeführten Ausbildungsnachweis zu besitzen.

(2) Jeder Mitgliedstaat erkennt die Bescheinigungen nach Absatz 1 Unterabsatz 2 an, die andere Mitgliedstaaten den Staatsangehörigen der Mitgliedstaaten ausstellen, und verleiht ihnen in seinem Hoheitsgebiet dieselbe Wirkung wie den von ihm ausgestellten Ausbildungsnachweisen, die die Ausübung des ärztlichen Berufes als praktischer Arzt im Rahmen seines Sozialversicherungssystems gestatten.

Abschnitt 3. Krankenschwestern und Krankenpfleger für allgemeine Pflege

Art. 31[1)] Ausbildung von Krankenschwestern und Krankenpflegern für allgemeine Pflege. (1) Die Zulassung zur Ausbildung zur Krankenschwester und zum Krankenpfleger, die für die allgemeine Pflege verantwortlich sind, setzt Folgendes voraus:

a) entweder eine zwölfjährige allgemeine Schulausbildung, deren erfolgreicher Abschluss durch ein von den zuständigen Behörden oder Stellen eines Mitgliedstaats ausgestelltes Diplom oder Prüfungszeugnis oder durch einen sonstigen Befähigungsnachweis oder durch ein Zeugnis über eine bestandene Prüfung von gleichwertigem Niveau bescheinigt wird, das zum Besuch von Universitäten oder anderen Hochschuleinrichtungen mit anerkannt gleichwertigem Niveau berechtigt, oder

b) eine mindestens zehnjährige allgemeine Schulausbildung, deren erfolgreicher Abschluss durch ein von den zuständigen Behörden oder Stellen eines Mitgliedstaats ausgestelltes Diplom oder Prüfungszeugnis oder durch einen sonstigen Befähigungsnachweis oder durch ein Zeugnis über eine bestandene Prüfung von gleichwertigem Niveau bescheinigt wird, das zum Besuch von Berufsschulen für Krankenpflege oder zur Teilnahme an Berufsausbildungsgängen für Krankenpflege berechtigt.

[1)] Art. 31 Abs. 2 UAbs. 2 neu gef. mWv 11.12.2008 durch VO v. 22.10.2008 (ABl. Nr. L 311 S. 1); Abs. 1, Abs. 2 UAbs. 2 und 3, Abs. 3 UAbs. 1, Abs. 4, Abs. 5 UAbs. 1 und Abs. 6 neu gef. und Abs. 7 angef. mWv 17.1.2014 durch RL v. 20.11.2013 (ABl. Nr. L 354 S. 132).

(2) Die Ausbildung zur Krankenschwester und zum Krankenpfleger, die für die allgemeine Pflege verantwortlich sind, erfolgt als Vollzeitausbildung und umfasst mindestens das in Anhang V Nummer 5.2.1. aufgeführte Programm.

Die Kommission wird ermächtigt, delegierte Rechtsakte nach Artikel 57c zur Änderung des Verzeichnisses in Anhang V Nummer 5.2.1 zu erlassen, um dieses an den wissenschaftlichen und technischen Fortschritt anzupassen.

1 Die Änderungen nach Unterabsatz 2 dürfen keine Änderung der in den Mitgliedstaaten bestehenden wesentlichen gesetzlichen Grundsätze der Berufsstruktur in den Mitgliedstaaten hinsichtlich der Ausbildung und der Bedingungen für den Zugang natürlicher Personen zu dem Beruf erfordern. 2 Bei derartigen Änderungen ist die Verantwortung der Mitgliedstaaten für die Gestaltung der Bildungssysteme im Sinne des Artikels 165 Absatz 1 AEUV zu achten.

(3) 1 Die Ausbildung zur Krankenschwester und zum Krankenpfleger für allgemeine Pflege umfasst insgesamt mindestens drei Jahre (kann zusätzlich in der entsprechenden Anzahl von ECTS-Punkten ausgedrückt werden) und besteht aus mindestens 4 600 Stunden theoretischer und klinisch-praktischer Ausbildung; die Dauer der theoretischen Ausbildung muss mindestens ein Drittel und die der klinisch-praktischen Ausbildung mindestens die Hälfte der Mindestausbildungsdauer betragen. 2 Ist ein Teil der Ausbildung im Rahmen anderer Ausbildungsgänge von mindestens gleichwertigem Niveau erworben worden, so können die Mitgliedstaaten den betreffenden Berufsangehörigen für Teilbereiche Befreiungen gewähren.

Die Mitgliedstaaten tragen dafür Sorge, dass die mit der Ausbildung der Krankenschwestern und Krankenpfleger betrauten Einrichtungen die Verantwortung dafür übernehmen, dass Theorie und Praxis für das gesamte Ausbildungsprogramm koordiniert werden.

(4) 1 Die theoretische Ausbildung ist der Teil der Krankenpflegeausbildung, in dem die Krankenpflegeschülerinnen und -schüler die in den Absätzen 6 und 7 verlangten beruflichen Kenntnisse, Fähigkeiten und Kompetenzen erwerben. 2 Die Ausbildung wird an Universitäten, an Hochschulen mit anerkannt gleichwertigem Niveau oder Berufsschulen für Krankenpflege oder in Berufsausbildungsgängen für Krankenpflege von Lehrenden für Krankenpflege und anderen fachkundigen Personen durchgeführt.

(5) 1 Die klinisch-praktische Unterweisung ist der Teil der Krankenpflegeausbildung, in dem die Krankenpflegeschülerinnen und -schüler als Mitglied eines Pflegeteams und in unmittelbarem Kontakt mit Gesunden und Kranken und/oder im Gemeinwesen lernen, anhand ihrer erworbenen Kenntnisse, Fähigkeiten und Kompetenzen die erforderliche umfassende Krankenpflege zu planen, durchzuführen und zu bewerten. 2 Die Krankenpflegeschülerinnen und -schüler lernen nicht nur, als Mitglieder eines Pflegeteams tätig zu sein, sondern auch, ein Pflegeteam zu leiten und die umfassende Krankenpflege einschließlich

der Gesundheitserziehung für Einzelpersonen und kleine Gruppen im Rahmen von Gesundheitseinrichtungen oder im Gemeinwesen zu organisieren.

[1] Diese Unterweisung wird in Krankenhäusern und anderen Gesundheitseinrichtungen sowie im Gemeinwesen unter der Verantwortung des Krankenpflegelehrpersonals und in Zusammenarbeit mit anderen fachkundigen Krankenpflegern bzw. mit deren Unterstützung durchgeführt. [2] Auch anderes fachkundiges Personal kann in diesen Unterricht mit einbezogen werden.

Die Krankenpflegeschülerinnen und Krankenpflegeschüler beteiligen sich an dem Arbeitsprozess der betreffenden Abteilungen, soweit diese Tätigkeiten zu ihrer Ausbildung beitragen und es ihnen ermöglichen, verantwortliches Handeln im Zusammenhang mit der Krankenpflege zu erlernen.

(6) Die Ausbildung von Krankenschwestern/Krankenpflegern, die für die allgemeine Pflege verantwortlich sind, stellt sicher, dass der betreffende Berufsangehörige folgende Kenntnisse und Fähigkeiten erwirbt:

a) umfassende Kenntnisse in den Wissenschaften, auf denen die allgemeine Krankenpflege beruht, einschließlich ausreichender Kenntnisse über den Organismus, die Körperfunktionen und das Verhalten des gesunden und des kranken Menschen sowie über die Einflüsse der physischen und sozialen Umwelt auf die Gesundheit des Menschen;
b) Kenntnisse in der Berufskunde und in der Berufsethik sowie über die allgemeinen Grundsätze der Gesundheit und der Krankenpflege;
c) eine angemessene klinische Erfahrung; diese muss der Ausbildung dienen und unter der Aufsicht von qualifiziertem Krankenpflegepersonal an Orten erworben werden, die aufgrund ihrer Ausstattung und wegen des in ausreichender Anzahl vorhandenen Personals für die Krankenpflege geeignet sind;
d) die Fähigkeit, an der praktischen Ausbildung von Angehörigen von Gesundheitsberufen mitzuwirken, und Erfahrung in der Zusammenarbeit mit diesem Personal;
e) Erfahrung in der Zusammenarbeit mit anderen im Gesundheitswesen tätigen Berufsangehörigen.

(7) Formale Qualifikationen von Krankenschwestern/Krankenpflegern, die für die allgemeine Pflege verantwortlich sind, dienen unabhängig davon, ob die Ausbildung an einer Universität, einer Hochschule mit anerkannt gleichwertigem Niveau oder einer Berufsschule für Krankenpflege oder in einem Berufsausbildungsgang für Krankenpflege erfolgte, als Nachweis dafür, dass der betreffende Berufsangehörige mindestens über die folgenden Kompetenzen verfügt:

a) die Kompetenz, den Krankenpflegebedarf unter Rückgriff auf aktuelle theoretische und klinisch-praktische Kenntnisse eigenverantwortlich festzustellen und die Krankenpflege im Rahmen der Behandlung von Patienten auf der Grundlage der gemäß Absatz 6

Buchstaben a, b und c erworbenen Kenntnisse und Fähigkeiten im Hinblick auf die Verbesserung der Berufspraxis zu planen, zu organisieren und durchzuführen;

b) die Kompetenz zur effektiven Zusammenarbeit mit anderen Akteuren im Gesundheitswesen, einschließlich der Mitwirkung an der praktischen Ausbildung von Angehörigen von Gesundheitsberufen, auf der Grundlage der gemäß Absatz 6 Buchstaben d und e erworbenen Kenntnisse und Fähigkeiten;

c) die Kompetenz, Einzelpersonen, Familien und Gruppen auf der Grundlage der gemäß Absatz 6 Buchstaben a und b erworbenen Kenntnisse und Fähigkeiten zu einer gesunden Lebensweise und zur Selbsthilfe zu verhelfen;

d) die Kompetenz, eigenverantwortlich lebenserhaltende Sofortmaßnahmen einzuleiten und in Krisen- und Katastrophenfällen Maßnahmen durchzuführen;

e) die Kompetenz, pflegebedürftige Personen und deren Bezugspersonen eigenverantwortlich zu beraten, anzuleiten und zu unterstützen;

f) die Kompetenz, die Qualität der Krankenpflege eigenverantwortlich sicherzustellen und zu bewerten;

g) die Kompetenz zur umfassenden fachlichen Kommunikation und zur Zusammenarbeit mit anderen im Gesundheitswesen tätigen Berufsangehörigen;

h) die Kompetenz, die Pflegequalität im Hinblick auf die Verbesserung der eigenen Berufspraxis als Krankenschwestern und Krankenpfleger, die für die allgemeine Pflege verantwortlich sind, zu analysieren.

Art. 32 Ausübung der Tätigkeiten der Krankenschwester und des Krankenpflegers für allgemeine Pflege. Für die Zwecke dieser Richtlinie sind die Tätigkeiten der Krankenschwester und des Krankenpflegers, die für die allgemeine Pflege verantwortlich sind, die Tätigkeiten, die unter den in Anhang V Nummer 5.2.2. aufgeführten Berufsbezeichnungen ausgeübt werden.

Art. 33[1)] Besondere erworbene Rechte von Krankenschwestern und Krankenpflegern für allgemeine Pflege. (1) Die allgemeinen Vorschriften über die erworbenen Rechte sind auf Krankenschwestern und Krankenpfleger, die für die allgemeine Pflege verantwortlich sind, nur dann anwendbar, wenn sich die Tätigkeiten nach Artikel 23 auf die volle Verantwortung für die Planung, Organisation und Ausführung der Krankenpflege des Patienten erstreckt haben.

(2) *[aufgehoben]*

[1)] Art. 33 Abs. 2 aufgeh., Abs. 3 neu gef. mWv 17.1.2014 durch RL v. 20.11.2013 (ABl. Nr. L 354 S. 132).

(3) Die Mitgliedstaaten erkennen Ausbildungsnachweise an:

a) die in Polen für Krankenschwestern und Krankenpfleger verliehen wurden, deren Ausbildung vor dem 1. Mai 2004 abgeschlossen wurde und den Mindestanforderungen an die Berufsausbildung gemäß Artikel 31 nicht genügte, und

b) die durch ein „Bakkalaureat"-Diplom bescheinigt sind, das auf der Grundlage eines speziellen Aufstiegsfortbildungsprogramms erworben wurde, welches in folgenden Gesetzen enthalten ist

   i) Artikel 11 des Gesetzes vom 20. April 2004 zur Änderung des Gesetzes über den Beruf der Krankenschwester, des Krankenpflegers und der Hebamme und zu einigen anderen Rechtsakten (Amtsblatt der Republik Polen von 2004 Nr. 92 Pos. 885 und von 2007 Nr. 176 Pos. 1237), und Verordnung des Gesundheitsministers vom 11. Mai 2004 über die Ausbildungsbedingungen für Krankenschwestern, Krankenpfleger und Hebammen, die einen Sekundarschulabschluss (Abschlussexamen – Matura) und eine abgeschlossene medizinische Schul- und Fachschulausbildung für den Beruf der Krankenschwester, des Krankenpflegers und der Hebamme nachweisen können (Amtsblatt der Republik Polen von 2004 Nr. 110 Pos. 1170 und von 2010 Nr. 65 Pos. 420); oder

   ii) Artikel 52.3 Nummer 2 des Gesetzes vom 15. Juli 2011 über den Krankenpfleger- und Hebammenberuf (Amtsblatt der Republik Polen von 2011 Nr. 174 Pos. 1039) und Verordnung des Gesundheitsministers vom 14. Juni 2012 über die genauen Bedingungen der Hochschulkurse für Krankenschwestern, Krankenpfleger und Hebammen, die einen Sekundarschulabschluss (Abschlussexamen – Matura) und eine abgeschlossene medizinische Sekundarschul- oder Postsekundarschulausbildung für den Beruf der Krankenschwester, des Krankenpflegers und der Hebamme nachweisen können (Amtsblatt der Republik Polen von 2012 Pos. 770),

um zu überprüfen, ob die betreffende Krankenschwester bzw. der betreffende Krankenpfleger über einen Kenntnisstand und eine Fachkompetenz verfügt, die mit denen der Krankenschwestern und Krankenpfleger vergleichbar sind, die Inhaber der für Polen in Anhang V Nummer 5.2.2. genannten Ausbildungsnachweise sind.

Art. 33a[1)] [Rumänische Ausbildungsnachweise für Krankenschwestern und Krankenpfleger]. Auf rumänische Ausbildungsnachweise für Krankenschwestern und Krankenpfleger, die für die allgemeine Pflege verantwortlich sind, finden ausschließlich folgende Bestimmungen über die erworbenen Rechte Anwendung:

---

1) Art. 33a neu gef. mWv 17.1.2014 durch RL v. 20.11.2013 (ABl. Nr. L 354 S. 132).

Im Fall der Staatsangehörigen von Mitgliedstaaten, die in Rumänien als Krankenschwester oder Krankenpfleger, die für die allgemeine Pflege verantwortlich sind, ausgebildet wurden und deren Ausbildung den Mindestanforderungen an die Berufsausbildung gemäß Artikel 31 nicht genügt, erkennen die Mitgliedstaaten die nachstehend genannten Ausbildungsnachweise für Krankenschwestern und Krankenpfleger, die für die allgemeine Pflege verantwortlich sind, als hinreichend an, sofern diesen Nachweisen eine Bescheinigung beigefügt ist, aus der hervorgeht, dass diese Staatsangehörigen von Mitgliedstaaten während der letzten fünf Jahre vor der Ausstellung der Bescheinigung mindestens drei Jahre lang ununterbrochen tatsächlich und rechtmäßig in Rumänien die Tätigkeiten einer Krankenschwester bzw. eines Krankenpflegers, die bzw. der für die allgemeine Pflege verantwortlich ist, ausgeübt haben und dabei die volle Verantwortung für Planung, Organisation und Durchführung der Krankenpflege von Patienten hatten:

a) „Certificat de competen e profesionale de asistent medical generalist" mit einer postsekundären Ausbildung an einer „coal postliceal", wobei zu bescheinigen ist, dass die Ausbildung vor dem 1. Januar 2007 begonnen wurde;

b) „Diplom de absolvire de asistent medical generalist" mit einer Hochschulausbildung von kurzer Dauer, wobei zu bescheinigen ist, dass die Ausbildung vor dem 1. Oktober 2003 begonnen wurde;

c) „Diplom de licen de asistent medical generalist" mit einer Hochschulausbildung von langer Dauer, wobei zu bescheinigen ist, dass die Ausbildung vor dem 1. Oktober 2003 begonnen wurde.

Abschnitt 4. Zahnärzte

Art. 34[1)] Grundausbildung des Zahnarztes. (1) Die Zulassung zur zahnärztlichen Grundausbildung setzt den Besitz eines Diploms oder Prüfungszeugnisses voraus, das in einem Mitgliedstaat für das betreffende Studium die Zulassung zu den Universitäten oder den Hochschulen mit anerkannt gleichwertigem Niveau ermöglicht.

(2) Die zahnärztliche Grundausbildung umfasst mindestens fünf Jahre (kann zusätzlich in der entsprechenden Anzahl von ECTS-Punkten ausgedrückt werden) und besteht aus mindestens 5000 Stunden theoretischer und praktischer Ausbildung auf Vollzeitbasis, die mindestens das in Anhang V Nummer 5.3.1 aufgeführte Ausbildungsprogramm umfasst und an einer Universität, einer Hochschule mit anerkannt gleichwertigem Niveau oder unter Aufsicht einer Universität erteilt wurde.

Die Kommission wird ermächtigt, zur Änderung des Verzeichnisses in Anhang V Nummer 5.3.1 delegierte Rechtsakte nach Artikel 57c zu

---

[1)] Art. 34 Abs. 2 UAbs. 2 neu gef. mWv 11.12.2008 durch VO v. 22.10.2008 (ABl. Nr. L 311 S. 1); Abs. 2 neu gef. mWv 17.1.2014 durch RL v. 20.11.2013 (ABl. Nr. L 354 S. 132).

erlassen, um es an den wissenschaftlichen und technischen Fortschritt anzupassen.

[1]Die Änderungen nach Unterabsatz 2 dürfen keine Änderung der in den Mitgliedstaaten bestehenden wesentlichen gesetzlichen Grundsätze der Berufsstruktur hinsichtlich der Ausbildung und der Bedingungen für den Zugang natürlicher Personen zu dem Beruf erfordern. [2]Bei derartigen Änderungen ist die Verantwortung der Mitgliedstaaten für die Gestaltung der Bildungssysteme im Sinne des Artikels 165 Absatz 1 AEUV zu achten.

(3) Die zahnärztliche Grundausbildung gewährleistet, dass die betreffende Person die folgenden Kenntnisse und Fähigkeiten erwirbt:

a) angemessene Kenntnisse in den Wissenschaften, auf denen die Zahnheilkunde beruht, und ein gutes Verständnis für die wissenschaftlichen Methoden, einschließlich der Grundsätze der Messung biologischer Funktionen, der Bewertung wissenschaftlich festgestellter Sachverhalte sowie der Analyse von Daten;

b) angemessene Kenntnisse – soweit für die Ausübung der Zahnheilkunde von Belang – des Körperbaus, der Funktionen und des Verhaltens des gesunden und des kranken Menschen sowie des Einflusses der natürlichen und sozialen Umwelt auf die Gesundheit des Menschen;

c) angemessene Kenntnisse der Struktur und der Funktion der Zähne, des Mundes, des Kiefers und der dazugehörigen Gewebe, jeweils in gesundem und in krankem Zustand, sowie ihr Einfluss auf die allgemeine Gesundheit und das allgemeine physische und soziale Wohlbefinden des Patienten;

d) angemessene Kenntnisse der klinischen Disziplinen und Methoden, die ihr ein zusammenhängendes Bild von den Anomalien, Beschädigungen und Verletzungen sowie Krankheiten der Zähne, des Mundes, des Kiefers und der dazugehörigen Gewebe sowie von der Zahnheilkunde unter dem Gesichtspunkt der Verhütung und Vorbeugung, der Diagnose und Therapie vermitteln;

e) angemessene klinische Erfahrung unter entsprechender Leitung.

Diese Ausbildung vermittelt dem Betroffenen die erforderlichen Fähigkeiten zur Ausübung aller Tätigkeiten der Verhütung, Diagnose und Behandlung von Krankheiten der Zähne, des Mundes, des Kiefers und der dazugehörigen Gewebe.

Art. 35[1)] Ausbildung zum Fachzahnarzt. (1) Die Zulassung zur fachzahnärztlichen Weiterbildung setzt voraus, dass eine zahnärztliche Grundausbildung nach Artikel 34 abgeschlossen und als gültig aner-

---

[1)] Art. 35 Abs. 2 UAbs. 3 neu gef. mWv 11.12.2008 durch VO v. 22.10.2008 (ABl. Nr. L 311 S. 1); Abs. 1 und Abs. 2 UAbs. 2 neu gef., UAbs. 3 aufgeh., Abs. 4 und 5 angef. mWv 17.1.2014 durch RL v. 20.11.2013 (ABl. Nr. L 354 S. 132).

kannt worden ist, oder den Besitz der in den Artikeln 23 und 37 genannten Unterlagen.

(2) Die fachzahnärztliche Ausbildung umfasst ein theoretisches und praktisches Studium in einem Universitätszentrum, einem Ausbildungs- und Forschungszentrum oder gegebenenfalls in einer hierzu von den zuständigen Behörden oder Stellen zugelassenen Gesundheitseinrichtung.

[1] Fachzahnarztlehrgänge auf Vollzeitbasis dauern mindestens drei Jahre und stehen unter Aufsicht der zuständigen Behörden oder Stellen. [2] Die Fachzahnarztanwärter müssen in der betreffenden Einrichtung persönlich zur Mitarbeit herangezogen werden und Verantwortung übernehmen.

(3) Die Mitgliedstaaten machen die Ausstellung eines Ausbildungsnachweises des Fachzahnarztes vom Besitz eines der in Anhang V Nummer 5.3.2. aufgeführten Ausbildungsnachweise für die zahnärztliche Grundausbildung abhängig.

(4) Die Kommission wird ermächtigt, zur Anpassung der Mindestdauer der Weiterbildung nach Absatz 2 an den wissenschaftlichen und technischen Fortschritt delegierte Rechtsakte nach Artikel 57c zu erlassen.

(5) Die Kommission wird ermächtigt, delegierte Rechtsakte nach Artikel 57c zur Aufnahme neuer Fachzahnarztrichtungen, die in mindestens zwei Fünfteln der Mitgliedstaaten vertreten sind, in Anhang V Nummer 5.3.3 zu erlassen, um Änderungen der nationalen Rechtsvorschriften gebührend Rechnung zu tragen und um diese Richtlinie zu aktualisieren.

Art. 36 Ausübung der Tätigkeiten des Zahnarztes. (1) Für die Zwecke dieser Richtlinie sind Tätigkeiten des Zahnarztes die in Absatz 3 definierten Tätigkeiten, die unter den in Anhang V Nummer 5.3.2. aufgeführten Berufsbezeichnungen ausgeübt werden.

(2) [1] Der Beruf des Zahnarztes basiert auf der zahnärztlichen Ausbildung nach Artikel 34 und stellt einen eigenen Beruf dar, der sich von dem des Arztes und des Facharztes unterscheidet. [2] Die Ausübung der Tätigkeiten des Zahnarztes setzt den Besitz eines in Anhang V Nummer 5.3.2. aufgeführten Ausbildungsnachweises voraus. [3] Den Inhabern eines solchen Ausbildungsnachweises gleichgestellt sind Personen, die Artikel 23 oder 37 in Anspruch nehmen können.

(3) Die Mitgliedstaaten sorgen dafür, dass die Zahnärzte allgemein Tätigkeiten der Verhütung, Diagnose und Behandlung von Anomalien und Krankheiten der Zähne, des Mundes und der Kiefer und des dazugehörigen Gewebes aufnehmen und ausüben dürfen, wobei die für den Beruf des Zahnarztes zu den in Anhang V Nummer 5.3.2. aufgeführten Stichtagen maßgeblichen Rechtsvorschriften und Standesregeln einzuhalten sind.

Art. 37[1]) **Erworbene Rechte von Zahnärzten.** (1) Jeder Mitgliedstaat erkennt zum Zwecke der Ausübung der Tätigkeiten des Zahnarztes unter den in Anhang V Nummer 5.3.2. aufgeführten Berufsbezeichnungen die Ausbildungsnachweise des Arztes an, die in Italien, Spanien, Österreich, der Tschechischen Republik, der Slowakei und Rumänien Personen ausgestellt worden sind, die ihre ärztliche Ausbildung spätestens an dem im oben genannten Anhang für den betreffenden Mitgliedstaat aufgeführten Stichtag begonnen haben, sofern ihnen eine von den zuständigen Behörden des betreffenden Mitgliedstaats ausgestellte Bescheinigung darüber beigefügt ist.

Aus dieser Bescheinigung muss hervorgehen, dass die beiden folgenden Bedingungen erfüllt sind:

a) Die betreffende Person hat sich während der letzten fünf Jahre vor Ausstellung der Bescheinigung mindestens drei Jahre lang ununterbrochen tatsächlich und rechtmäßig sowie hauptsächlich den Tätigkeiten nach Artikel 36 gewidmet, und

b) die betreffende Person ist berechtigt, diese Tätigkeiten unter denselben Bedingungen auszuüben wie die Inhaber des für diesen Mitgliedstaat in Anhang V Nummer 5.3.2. aufgeführten Ausbildungsnachweises.

Von dem in Unterabsatz 2 Buchstabe a genannten Erfordernis einer dreijährigen Tätigkeit befreit sind Personen, die ein mindestens dreijähriges Studium erfolgreich absolviert haben, dessen Gleichwertigkeit mit der in Artikel 34 genannten Ausbildung von den zuständigen Behörden des betreffenden Staates bescheinigt wird.

Was die Tschechische Republik und die Slowakei anbelangt, so werden die in der früheren Tschechoslowakei erworbenen Ausbildungsnachweise in gleicher Weise wie die tschechischen und slowakischen Ausbildungsnachweise unter den in den vorstehenden Unterabsätzen genannten Bedingungen anerkannt.

(2) Jeder Mitgliedstaat erkennt die Ausbildungsnachweise des Arztes an, die in Italien Personen ausgestellt wurden, die ihre Universitätsausbildung nach dem 28. Januar 1980, spätestens jedoch am 31. Dezember 1984 begonnen haben, sofern eine diesbezügliche Bescheinigung der zuständigen italienischen Behörden beigefügt ist.

Aus dieser Bescheinigung muss hervorgehen, dass die drei folgenden Bedingungen erfüllt sind:

a) Die betreffende Person hat mit Erfolg eine von den zuständigen italienischen Behörden durchgeführte spezifische Eignungsprüfung abgelegt, bei der überprüft wurde, ob sie Kenntnisse und Fähigkeiten besitzt, die denen derjenigen Personen vergleichbar sind, die Inhaber eines in Anhang V Nummer 5.3.2. für Italien aufgeführten Ausbildungsnachweises sind;

---

[1]) Art. 37 Abs. 1 geänd. mWv 1.1.2007 durch RL v. 20.11.2006 (ABl. Nr. L 363 S. 141); Abs. 3 und 4 angef. mWv 17.1.2014 durch RL v. 20.11.2013 (ABl. Nr. L 354 S. 132).

b) die betreffende Person hat sich während der letzten fünf Jahre vor Ausstellung der Bescheinigung mindestens drei Jahre lang ununterbrochen in Italien tatsächlich und rechtmäßig sowie hauptsächlich den Tätigkeiten nach Artikel 36 gewidmet;

c) die betreffende Person ist berechtigt, die Tätigkeiten nach Artikel 36 unter denselben Bedingungen wie die Inhaber der Ausbildungsnachweise, die für Italien in Anhang V Nummer 5.3.2. aufgeführt sind, auszuüben oder übt diese tatsächlich, rechtmäßig sowie hauptsächlich aus.

Von der in Unterabsatz 2 Buchstabe a genannten Eignungsprüfung befreit sind Personen, die ein mindestens dreijähriges Studium erfolgreich absolviert haben, dessen Gleichwertigkeit mit der Ausbildung nach Artikel 34 von den zuständigen Behörden bescheinigt wird.

Personen, die ihre medizinische Universitätsausbildung nach dem 31. Dezember 1984 begonnen haben, sind den oben genannten Personen gleichgestellt, sofern das im vorstehenden Unterabsatz genannte dreijährige Studium vor dem 31. Dezember 1994 aufgenommen wurde.

(3) Die Mitgliedstaaten erkennen die Ausbildungsnachweise von Zahnärzten gemäß Artikel 21 an, wenn die Antragsteller ihre Ausbildung spätestens am 18. Januar 2016 begonnen haben.

(4) Jeder Mitgliedstaat erkennt die Ausbildungsnachweise von Ärzten an, die in Spanien Berufsangehörigen ausgestellt wurden, die ihre ärztliche Universitätsausbildung zwischen dem 1. Januar 1986 und dem 31. Dezember 1997 begonnen haben, sofern eine diesbezügliche Bescheinigung der zuständigen spanischen Behörden beigefügt ist.

Durch die Bescheinigung ist zu bestätigen, dass folgende Bedingungen erfüllt sind:

a) Der betreffende Berufsangehörige hat ein mindestens dreijähriges Studium erfolgreich abgeschlossen, und die zuständigen spanischen Behörden haben dessen Gleichwertigkeit mit der in Artikel 34 genannten Ausbildung bescheinigt;

b) der betreffende Berufsangehörige hat während der letzten fünf Jahre vor Ausstellung der Bescheinigung mindestens drei Jahre lang ununterbrochen in Spanien tatsächlich, rechtmäßig und hauptsächlich die Tätigkeiten nach Artikel 36 ausgeübt;

c) der betreffende Berufsangehörige ist berechtigt, die Tätigkeiten nach Artikel 36 unter denselben Bedingungen wie die Inhaber der Ausbildungsnachweise, die für Spanien in Anhang V Nummer 5.3.2 aufgeführt sind, auszuüben, oder übt sie tatsächlich, rechtmäßig und hauptsächlich aus.

Abschnitt 5. Tierärzte

Art. 38[1)] Ausbildung des Tierarztes. (1) Die tierärztliche Ausbildung umfasst insgesamt mindestens fünf Jahre theoretischen und praktischen Unterricht auf Vollzeitbasis (kann zusätzlich in der entsprechenden Anzahl von ECTS-Punkten ausgedrückt werden), der mindestens das in Anhang V Nummer 5.4.1 aufgeführte Ausbildungsprogramm umfasst und an einer Universität, einer Hochschule mit anerkannt gleichwertigem Niveau oder unter Aufsicht einer Universität erteilt wurde.

Die Kommission wird ermächtigt, zur Änderung des Verzeichnisses in Anhang V Nummer 5.4.1 delegierte Rechtsakte nach Artikel 57c zu erlassen, um es an den wissenschaftlichen und technischen Fortschritt anzupassen.

[1] Die Änderungen nach Absatz 2 dürfen keine Änderung der in den Mitgliedstaaten bestehenden wesentlichen gesetzlichen Grundsätze der Berufsstruktur hinsichtlich der Ausbildung und der Bedingungen für den Zugang natürlicher Personen zu dem Beruf erfordern. [2] Bei derartigen Änderungen ist die Verantwortung der Mitgliedstaaten für die Gestaltung der Bildungssysteme im Sinne des Artikels 165 Absatz 1 AEUV zu achten.

(2) Die Zulassung zur tierärztlichen Ausbildung setzt den Besitz eines Diploms oder eines Prüfungszeugnisses voraus, das in einem Mitgliedstaat für das betreffende Studium die Zulassung zu den Universitäten oder den Hochschulen mit anerkannt gleichwertigem Niveau ermöglicht.

(3) Die Ausbildung des Tierarztes stellt sicher, dass der betreffende Berufsangehörige folgende Kenntnisse und Fähigkeiten erwirbt:

a) angemessene Kenntnis in den Wissenschaften, auf denen die Tätigkeiten eines Tierarztes beruhen, und der diese Tätigkeiten betreffenden Rechtsvorschriften der Union;

b) angemessene Kenntnisse über die Struktur, die biologischen Funktionen, das Verhalten und die physiologischen Bedürfnisse von Tieren sowie die Fähigkeiten und Kompetenzen, die allgemein zur Zucht, zur Ernährung, zum Wohlergehen, zur Fortpflanzung und zur Hygiene im Allgemeinen im Zusammenhang mit Tieren gehören;

c) die klinischen, epidemiologischen und analytischen Fähigkeiten und Kompetenzen, die für die Prävention, Diagnose und Behandlung der Krankheiten von Tieren erforderlich sind, einschließlich der Anästhesie, der aseptischen Chirurgie und der schmerzlosen Tötung, unabhängig davon, ob sie einzeln oder in Gruppen betrachtet wer-

---

[1)] Art. 38 Abs. 1 UAbs. 2 neu gef. mWv 11.12.2008 durch VO v. 22.10.2008 (ABl. Nr. L 311 S. 1); Abs. 1 und 3 neu gef. mWv 17.1.2014 durch RL v. 20.11.2013 (ABl. Nr. L 354 S. 132).

den, einschließlich besonderer Kenntnisse der auf Menschen übertragbaren Krankheiten;

d) angemessene Kenntnisse, Fähigkeiten und Kompetenzen auf dem Gebiet der Präventivmedizin, einschließlich Kompetenzen in Bezug auf Auskunftsersuchen und Zertifizierung;

e) angemessene Kenntnisse der Hygiene und der Technologie bei der Gewinnung, der Herstellung und dem Inverkehrbringen von Futtermitteln oder von zum menschlichen Verzehr bestimmten Lebensmitteln tierischer Herkunft, einschließlich der Fähigkeiten und Kompetenzen, die zum Verständnis und zur Erläuterung der diesbezüglichen bewährten Praxis notwendig sind;

f) die Kenntnisse, Fähigkeiten und Kompetenzen, die im Hinblick auf die Behandlung von Tieren sowie die Sicherheit der Lebensmittelkette und den Schutz der Umwelt für einen verantwortungsvollen und sinnvollen Umgang mit Tierarzneimitteln benötigt werden.

Art. 39 Erworbene Rechte von Tierärzten. Unbeschadet des Artikels 23 Absatz 4 erkennen die Mitgliedstaaten bei den Staatsangehörigen der Mitgliedstaaten, deren Ausbildungsnachweise des Tierarztes von Estland vor dem 1. Mai 2004 verliehen wurden bzw. deren Ausbildung in Estland vor dem 1. Mai 2004 aufgenommen wurde, diese Ausbildungsnachweise des Tierarztes an, wenn ihnen eine Bescheinigung darüber beigefügt ist, dass die betreffende Person in den sieben Jahren vor Ausstellung der Bescheinigung die betreffenden Tätigkeiten mindestens fünf Jahre ohne Unterbrechung tatsächlich und rechtmäßig in Estland ausgeübt hat.

Abschnitt 6. Hebammen

Art. 40[1] Ausbildung der Hebamme. (1) Die Ausbildung zur Hebamme muss mindestens eine der folgenden Ausbildungen umfassen:

a) eine spezielle Ausbildung zur Hebamme auf Vollzeitbasis, die theoretischen und praktischen Unterricht von mindestens drei Jahren (Ausbildungsmöglichkeit I) umfasst, der mindestens das in Anhang V Nummer 5.5.1. aufgeführte Ausbildungsprogramm beinhaltet; oder

b) eine spezielle Ausbildung zur Hebamme von mindestens 18 Monaten (Ausbildungsmöglichkeit II) auf Vollzeitbasis, die mindestens das in Anhang V Nummer 5.5.1. aufgeführte Ausbildungsprogramm umfasst, das nicht Gegenstand eines gleichwertigen Unterrichts im Rahmen der Ausbildung zur Krankenschwester und zum Krankenpfleger, die für die allgemeine Pflege verantwortlich sind, war.

Die Mitgliedstaaten tragen dafür Sorge, dass die mit der Ausbildung der Hebammen betrauten Einrichtungen die Verantwortung dafür über-

[1] Art. 40 Abs. 1 UAbs. 3 neu gef. mWv 11.12.2008 durch VO v. 22.10.2008 (ABl. Nr. L 311 S. 1); Abs. 1 UAbs. 3 und 4, Abs. 2 und 3 neu gef. mWv 17.1.2014 durch RL v. 20.11.2013 (ABl. Nr. L 354 S. 132).

nehmen, dass Theorie und Praxis für das gesamte Ausbildungsprogramm koordiniert werden.

Die Kommission wird ermächtigt, zur Änderung des Verzeichnisses in Anhang V Nummer 5.5.1 delegierte Rechtsakte nach Artikel 57c zu erlassen, um es an den wissenschaftlichen und technischen Fortschritt anzupassen.

[1]Die Änderungen nach Unterabsatz 3 dürfen keine Änderung der in den Mitgliedstaaten bestehenden wesentlichen gesetzlichen Grundsätze der Berufsstruktur hinsichtlich der Ausbildung und der Bedingungen für den Zugang natürlicher Personen zu dem Beruf erfordern. [2]Bei derartigen Änderungen ist die Verantwortung der Mitgliedstaaten für die Gestaltung der Bildungssysteme im Sinne des Artikels 165 Absatz 1 AEUV zu achten.

(2) Für die Zulassung zur Hebammenausbildung muss eine der folgenden Voraussetzungen erfüllt sein:

a) Abschluss einer mindestens zwölfjährigen allgemeinen Schulausbildung oder der Besitz eines Zeugnisses, durch das eine bestandene Aufnahmeprüfung von gleichwertigem Niveau für die Hebammenschule bescheinigt wird, für Ausbildungsmöglichkeit I;

b) Besitz eines in Anhang V Nummer 5.2.2. aufgeführten Ausbildungsnachweises der Krankenschwester/des Krankenpflegers, die/der für die allgemeine Pflege verantwortlich sind, für Ausbildungsmöglichkeit II.

(3) Die Ausbildung der Hebamme muss sicherstellen, dass der betreffende Berufsangehörige folgende Kenntnisse und Fähigkeiten erwirbt:

a) genaue Kenntnisse der Wissenschaften, auf denen die Tätigkeiten der Hebamme beruhen, insbesondere der Geburtshilfe und der Frauenheilkunde;

b) angemessene Kenntnisse der Berufsethik und der Rechtsvorschriften, die für die Ausübung des Berufs einschlägig sind;

c) angemessene Kenntnisse der Allgemeinmedizin (biologische Funktionen, Anatomie und Physiologie) und der Pharmakologie auf den Gebieten der Geburtshilfe und der perinatalen Medizin, sowie Kenntnisse über den Zusammenhang zwischen dem Gesundheitszustand und der physischen und sozialen Umwelt des Menschen und über sein Verhalten;

d) angemessene, in anerkannten Einrichtungen erworbene klinische Erfahrung, durch die die Hebamme in der Lage ist, unabhängig und in eigener Verantwortung in dem nötigen Umfang und mit Ausnahme von pathologischen Situationen vorgeburtliche Gesundheitsfürsorge zu leisten, die Entbindung und die Folgemaßnahmen in anerkannten Einrichtungen durchzuführen sowie die Wehen und die Geburt, die nachgeburtliche Gesundheitsfürsorge und die Wiederbelebung von Neugeborenen bis zum Eintreffen eines Arztes zu überwachen;

e) angemessenes Verständnis der Ausbildung des Personals im Gesundheitswesen und Erfahrung in der Zusammenarbeit mit diesem Personal.

Art. 41[1] **Bedingungen der Anerkennung der Ausbildungsnachweise der Hebamme.** (1) Die in Anhang V Nummer 5.5.2 aufgeführten Ausbildungsnachweise der Hebamme werden nur dann nach Artikel 21 automatisch anerkannt, wenn sie eine der folgenden Ausbildungen abschließen:

a) eine mindestens dreijährige Hebammenausbildung auf Vollzeitbasis (kann zusätzlich in der entsprechenden Anzahl von ECTS-Punkten ausgedrückt werden), die aus mindestens 4600 Stunden theoretischer und praktischer Ausbildung besteht, mit mindestens einem Drittel der Mindestausbildungsdauer in Form klinisch-praktischer Ausbildung;

b) eine mindestens zweijährige Hebammenausbildung auf Vollzeitbasis (kann zusätzlich in der entsprechenden Anzahl von ECTS-Punkten ausgedrückt werden), die aus mindestens 3600 Stunden besteht und die den Besitz eines der in Anhang V Nummer 5.2.2 aufgeführten Ausbildungsnachweise der Krankenschwester und des Krankenpflegers, die für die allgemeine Pflege verantwortlich sind, voraussetzt;

c) eine mindestens 18-monatige Hebammenausbildung auf Vollzeitbasis (kann zusätzlich in der entsprechenden Anzahl von ECTS-Punkten ausgedrückt werden), die aus mindestens 3000 Stunden besteht und die den Besitz eines der in Anhang V Nummer 5.2.2 genannten Ausbildungsnachweise der Krankenschwester und des Krankenpflegers, die für die allgemeine Pflege verantwortlich sind, voraussetzt, nach deren Abschluss eine einjährige Berufserfahrung erworben wird, über die die in Absatz 2 genannte Bescheinigung ausgestellt wird.

(2) [1]Die in Absatz 1 genannte Bescheinigung wird von den zuständigen Behörden des Herkunftsmitgliedstaats ausgestellt. [2]In ihr wird bescheinigt, dass der Inhaber nach Erhalt des Ausbildungsnachweises der Hebamme in zufrieden stellender Weise alle mit dem Beruf einer Hebamme verbundenen Tätigkeiten in einem Krankenhaus oder in einer Einrichtung des Gesundheitswesens, die im Hinblick auf diesen Zweck anerkannt worden ist, während eines entsprechenden Zeitraums ausgeübt hat.

Art. 42 Ausübung der Tätigkeiten der Hebamme. (1) Dieser Abschnitt gilt für die von den einzelnen Mitgliedstaaten unbeschadet des Absatzes 2 definierten und unter den in Anhang V Nummer 5.5.2. aufgeführten Berufsbezeichnungen ausgeübten Tätigkeiten der Hebamme.

[1] Art. 41 Abs. 1 neu gef. mWv 17.1.2014 durch RL v. 20.11.2013 (ABl. Nr. L 354 S. 132).

(2) Die Mitgliedstaaten sorgen dafür, dass Hebammen zumindest die Aufnahme und Ausübung folgender Tätigkeiten gestattet wird:

a) angemessene Aufklärung und Beratung in Fragen der Familienplanung;

b) Feststellung der Schwangerschaft und Beobachtung der normal verlaufenden Schwangerschaft, Durchführung der zur Beobachtung eines normalen Schwangerschaftsverlaufs notwendigen Untersuchungen;

c) Verschreibung der Untersuchungen, die für eine möglichst frühzeitige Feststellung einer Risikoschwangerschaft notwendig sind, oder Aufklärung über diese Untersuchungen;

d) Vorbereitung auf die Elternschaft, umfassende Vorbereitung auf die Niederkunft und Beratung in Fragen der Hygiene und Ernährung;

e) Betreuung der Gebärenden während der Geburt und Überwachung des Fötus in der Gebärmutter mit Hilfe geeigneter klinischer und technischer Mittel;

f) Durchführung von Normalgeburten bei Kopflage, einschließlich – sofern erforderlich – des Scheidendammschnitts sowie im Dringlichkeitsfall Durchführung von Steißgeburten;

g) Erkennung der Anzeichen von Anomalien bei der Mutter oder beim Kind, die das Eingreifen eines Arztes erforderlich machen, sowie Hilfeleistung bei etwaigen ärztlichen Maßnahmen; Ergreifen der notwendigen Maßnahmen bei Abwesenheit des Arztes, insbesondere manuelle Ablösung der Plazenta, an die sich gegebenenfalls eine manuelle Nachuntersuchung der Gebärmutter anschließt;

h) Untersuchung und Pflege des Neugeborenen; Einleitung und Durchführung der erforderlichen Maßnahmen in Notfällen und, wenn erforderlich, Durchführung der sofortigen Wiederbelebung des Neugeborenen;

i) Pflege der Wöchnerin, Überwachung des Zustandes der Mutter nach der Niederkunft und zweckdienliche Beratung über die bestmögliche Pflege des Neugeborenen;

j) Durchführung der vom Arzt verordneten Behandlung;

k) Abfassen der erforderlichen schriftlichen Berichte.

Art. 43[1)] Erworbene Rechte von Hebammen. (1) Jeder Mitgliedstaat erkennt bei Staatsangehörigen von Mitgliedstaaten, deren Ausbildungsnachweise den in Artikel 40 gestellten Mindestanforderungen an die Ausbildung entsprechen, jedoch gemäß Artikel 41 nur anerkannt werden müssen, wenn gleichzeitig die in Artikel 41 Absatz 2 genannte Bescheinigung über die Berufspraxis vorgelegt wird, die von diesen Mitgliedstaaten vor dem in Anhang V Nummer 5.5.2. aufgeführten

---

[1)] Art. 43 Abs. 1a eingef., Abs. 3 aufgeh. und Abs. 4 neu gef. mWv 17.1.2014 durch RL v. 20.11.2013 (ABl. Nr. L 354 S. 132).

Stichtag ausgestellten Ausbildungsnachweise der Hebamme als ausreichenden Nachweis an, wenn ihnen eine Bescheinigung darüber beigefügt ist, dass die betreffende Person in den letzten fünf Jahren vor Ausstellung der Bescheinigung mindestens zwei Jahre ohne Unterbrechung tatsächlich und rechtmäßig den Beruf der Hebamme ausgeübt hat.

(1a) Bezüglich der Ausbildungsnachweise von Hebammen erkennen die Mitgliedstaaten die Qualifikationen automatisch an, bei denen die Antragsteller die Ausbildung vor dem 18. Januar 2016 begonnen haben und die Zulassungsvoraussetzung für diese Ausbildung eine zehnjährige allgemeine Schulausbildung oder ein gleichwertiges Ausbildungsniveau im Fall der Ausbildungsmöglichkeit I war, oder wenn sie vor Beginn der Hebammenausbildung, die unter Ausbildungsmöglichkeit II fällt, eine Ausbildung zur Krankenschwester/zum Krankenpfleger, die für die allgemeine Pflege verantwortlich sind, bescheinigt durch einen Ausbildungsnachweis gemäß Anhang V Nummer 5.2.2, abgeschlossen haben.

(2) Die Bestimmungen von Absatz 1 gelten für auf dem Gebiet der ehemaligen Deutschen Demokratischen Republik erworbene Ausbildungsnachweise der Hebamme, die den in Artikel 40 gestellten Mindestanforderungen an die Ausbildung entsprechen, jedoch gemäß Artikel 41 nur anerkannt werden, wenn gleichzeitig die in Artikel 41 Absatz 2 genannte Bescheinigung über die Berufspraxis vorgelegt wird, sofern sie eine Ausbildung abschließen, die vor dem 3. Oktober 1990 begonnen wurde.

(3) *[aufgehoben]*

(4) Die Mitgliedstaaten erkennen Ausbildungsnachweise an:

a) wenn sie in Polen für Hebammen verliehen wurden, deren Ausbildung vor dem 1. Mai 2004 abgeschlossen wurde und den Mindestanforderungen an die Berufsausbildung gemäß Artikel 40 nicht genügte, und

b) die durch ein „Bakkalaureat"-Diplom bescheinigt sind, das auf der Grundlage eines speziellen Aufstiegsfortbildungsprogramms erworben wurde, das in folgenden Gesetzen enthalten ist:

  i) Artikel 11 des Gesetzes vom 20. April 2004 zur Änderung des Gesetzes über den Beruf der Krankenschwester, des Krankenpflegers und der Hebamme und zu einigen anderen Rechtsakten (Amtsblatt der Republik Polen von 2004 Nr. 92 Pos. 885 und von 2007 Nr. 176 Pos. 1237) und Verordnung des Gesundheitsministers vom 11. Mai 2004 über die Ausbildungsbedingungen für Krankenschwestern, Krankenpfleger und Hebammen, die einen Sekundarschulabschluss (Abschlussexamen – Matura) und eine abgeschlossene medizinische Schul- und Fachschulausbildung für den Beruf der Krankenschwester, des Krankenpflegers und der Hebamme nachweisen können (Amtsblatt der Republik Polen von 2004 Nr. 110 Pos. 1170 und von 2010 Nr. 65 Pos. 420); oder

ii) Artikel 53.3 Nummer 3 des Gesetzes vom 15. Juli 2011 über den Krankenpfleger- und Hebammenberuf (Amtsblatt der Republik Polen von 2011 Nr. 174 Pos. 1039) und Verordnung des Gesundheitsministers vom 14. Juni 2012 über die genauen Bedingungen der Hochschulabschlüsse für Krankenschwestern, Krankenpfleger und Hebammen, die einen Sekundarschulabschluss (Abschlussexamen – Matura) und eine abgeschlossene medizinische Sekundarschul- und Postsekundarschulausbildung für den Beruf der Krankenschwester, des Krankenpflegers und der Hebamme nachweisen können (Amtsblatt der Republik Polen von 2012 Pos. 770),

um zu überprüfen, ob die Hebamme über einen Kenntnisstand und eine Fachkompetenz verfügt, die mit denen der Herbammen vergleichbar sind, die Inhaber der für Polen in Anhang V Nummer 5.5.2 genannten Ausbildungsnachweise sind.

Art. 43a[1)] [Rumänische Ausbildungsnachweise für Hebammen]. [1] Auf die rumänischen Ausbildungsnachweise für Hebammen finden lediglich die folgenden Bestimmungen über die erworbenen Rechte Anwendung. [2] Bei den Staatsangehörigen der Mitgliedstaaten, deren Ausbildungsnachweis für Hebammen (*asistent medical obstetrică-ginecologie*/Krankenschwestern bzw. Krankenpfleger für Frauenheilkunde und Geburtshilfe) von Rumänien vor dem Tag des Beitritts verliehen wurde und den Mindestanforderungen an die Berufsausbildung nach Artikel 40 nicht genügt, erkennen die Mitgliedstaaten den genannten Ausbildungsnachweis als ausreichenden Nachweis für die Zwecke der Ausübung der Tätigkeiten einer Hebamme an, wenn ihm eine Bescheinigung darüber beigefügt ist, dass die betreffende Person die Tätigkeiten einer Hebamme in den sieben Jahren vor Ausstellung der Bescheinigung mindestens fünf Jahre ohne Unterbrechung in Rumänien tatsächlich und rechtmäßig ausgeübt hat.

Art. 43b[2)] [Kroatische Ausbildungsnachweise für Hebammen]. Erworbene Rechte für die Tätigkeit als Hebamme/Geburtshelfer gelten nicht für die folgenden Ausbildungsnachweise, die in Kroatien vor dem 1. Juli 2013 erworben wurden: viša medicinska sestra ginekološko-opstetri kog smjera (Oberschwester/Oberpfleger für Frauenheilkunde und Geburtshilfe), medicinska sestra ginekološko-*opstetričkogsmjera* (Krankenschwester/Krankenpfleger für Frauenheilkunde und Geburtshilfe), viša medicinska sestra primaljskog smjera (Oberschwester/Oberpfleger mit Hebammen-/Geburtshelferabschluss), medicinska sestra primaljskog smjera (Krankenschwester/Krankenpfleger mit Hebammen-/Geburtshelferabschluss), ginekološko-opstetrička primalja (Hebamme/Geburtshelfer für Frauenheilkunde und Geburtshilfe) und primalja (Hebamme/Geburtshelfer).

[1)] Art. 43a eingef. mWv 1.1.2007 durch RL v. 20.11.2006 (ABl. Nr. L 363 S. 141).
[2)] Art. 43b eingef. mWv 1.7.2013 durch Akte v. 9.12.2011 (ABl. 2012 Nr. L 112 S. 21).

Abschnitt 7. Apotheker

Art. 44[1)] Ausbildung des Apothekers. (1) Die Zulassung zur Apothekerausbildung setzt den Besitz eines Diploms oder eines Prüfungszeugnisses voraus, das in einem Mitgliedstaat für das betreffende Studium die Zulassung zu den Universitäten oder den Hochschulen mit anerkannt gleichwertigem Niveau ermöglicht.

(2) Der Ausbildungsnachweis des Apothekers schließt eine Ausbildung ab, die sich auf einen Zeitraum von mindestens fünf Jahren (kann zusätzlich in der entsprechenden Anzahl von ECTS-Punkten ausgedrückt werden) erstreckt und mindestens Folgendes umfasst:

a) eine vierjährige theoretische und praktische Vollzeitausbildung an einer Universität oder einer Hochschule mit anerkannt gleichwertigem Niveau oder unter der Aufsicht einer Universität;

b) während oder am Ende der theoretischen und praktischen Ausbildung ein sechsmonatiges Praktikum in einer der Öffentlichkeit zugänglichen Apotheke oder in einem Krankenhaus unter der Aufsicht des pharmazeutischen Dienstes dieses Krankenhauses.

[1] Der in diesem Absatz genannte Ausbildungsgang umfasst mindestens das in Anhang V Nummer 5.6.1 aufgeführte Ausbildungsprogramm. [2] Die Kommission wird ermächtigt, zur Änderung des Verzeichnisses in Anhang V Nummer 5.6.1 delegierte Rechtsakte nach Artikel 57c zu erlassen, um es an den wissenschaftlichen und technischen Fortschritt, einschließlich der Entwicklung der pharmazeutischen Praxis, anzupassen.

[1] Die Änderungen nach Unterabsatz 2 dürfen keine Änderung der in den Mitgliedstaaten bestehenden wesentlichen gesetzlichen Grundsätze der Berufsstruktur hinsichtlich der Ausbildung und der Bedingungen für den Zugang natürlicher Personen zu dem Beruf erfordern. [2] Bei derartigen Änderungen ist die Verantwortung der Mitgliedstaaten für die Gestaltung der Bildungssysteme im Sinne des Artikels 165 Absatz 1 AEUV zu achten.

(3) Die Ausbildung des Apothekers gewährleistet, dass die betreffende Person die folgenden Kenntnisse und Fähigkeiten erwirbt:

a) angemessene Kenntnisse der Arzneimittel und der zur Arzneimittelherstellung verwendeten Stoffe;

b) angemessene Kenntnisse der pharmazeutischen Technologie und der physikalischen, chemischen, biologischen und mikrobiologischen Prüfung der Arzneimittel;

c) angemessene Kenntnisse des Metabolismus und der Wirkungen von Arzneimitteln und Giftstoffen sowie der Anwendung von Arzneimitteln;

[1)] *Art. 44 Abs. 2 U*Abs. 2 Satz 2 neu gef., Satz 3 angef. mWv 11.12.2008 durch VO v. 22.10.2008 (ABl. Nr. L 311 S. 1); Abs. 2 neu gef. mWv 17.1.2014 durch RL v. 20.11.2013 (ABl. Nr. L 354 S. 132).

d) angemessene Kenntnisse zur Beurteilung der die Arzneimittel betreffenden wissenschaftlichen Angaben zur Erteilung einschlägiger Informationen;

e) angemessene Kenntnisse der rechtlichen und sonstigen Voraussetzungen im Zusammenhang mit der Ausübung der pharmazeutischen Tätigkeiten.

Art. 45[1)] Ausübung der Tätigkeiten des Apothekers. (1) Für die Zwecke dieser Richtlinie sind Tätigkeiten des Apothekers die Tätigkeiten, deren Aufnahme und Ausübung in einem oder mehreren Mitgliedstaaten beruflichen Eignungsbedingungen unterliegen und die den Inhabern eines der in Anhang V Nummer 5.6.2. aufgeführten Ausbildungsnachweise offen stehen.

(2) Die Mitgliedstaaten sorgen dafür, dass Inhaber eines pharmazeutischen Ausbildungsnachweises einer Universität oder eines als gleichwertig anerkannten Ausbildungsnachweises, der den Anforderungen des Artikels 44 genügt, mindestens die folgenden Tätigkeiten aufnehmen und ausüben dürfen, gegebenenfalls vorbehaltlich des Erfordernisses einer ergänzenden Berufserfahrung:

a) Herstellung der Darreichungsform von Arzneimitteln,

b) Herstellung und Prüfung von Arzneimitteln,

c) Arzneimittelprüfung in einem Laboratorium für die Prüfung von Arzneimitteln,

d) Lagerung, Qualitätserhaltung und Abgabe von Arzneimitteln auf der Großhandelsstufe,

e) Bevorratung, Herstellung, Prüfung, Lagerung, Verteilung und Verkauf von unbedenklichen und wirksamen Arzneimitteln der erforderlichen Qualität in der Öffentlichkeit zugänglichen Apotheken,

f) Herstellung, Prüfung, Lagerung und Verkauf von unbedenklichen und wirksamen Arzneimitteln der erforderlichen Qualität in Krankenhäusern,

g) Information und Beratung über Arzneimittel als solche, einschließlich ihrer angemessenen Verwendung,

h) Meldung von unerwünschten Arzneimittelwirkungen an die zuständigen Behörden,

i) personalisierte Unterstützung von Patienten bei Selbstmedikation,

j) Beiträge zu örtlichen oder landesweiten gesundheitsbezogenen Kampagnen.

(3) Ist in einem Mitgliedstaat die Aufnahme oder Ausübung einer der Tätigkeiten des Apothekers nicht nur vom Besitz eines der in Anhang V Nummer 5.6.2. aufgeführten Ausbildungsnachweise abhängig, sondern auch von dem Erfordernis zusätzlicher Berufserfahrung, so

---

[1)] Art. 45 Abs. 2 neu gef. mWv 17.1.2014 durch RL v. 20.11.2013 (ABl. Nr. L 354 S. 132).

erkennt dieser Mitgliedstaat als ausreichenden Nachweis hierfür die Bescheinigung des Herkunftsmitgliedstaats darüber an, dass die betreffende Person diese Tätigkeiten während einer gleichen Zeitdauer im Herkunftsmitgliedstaat ausgeübt hat.

(4) Die Anerkennung gemäß Absatz 3 gilt nicht für die Berufserfahrung von zwei Jahren, die im Großherzogtum Luxemburg für die Erteilung einer staatlichen Konzession für eine der Öffentlichkeit zugängliche Apotheke vorgeschrieben ist.

(5) War in einem Mitgliedstaat am 16. September 1985 ein Auswahlverfahren aufgrund von Prüfungen vorgeschrieben zur Auswahl der in Absatz 2 genannten Inhaber, die zu Inhabern neuer Apotheken bestellt werden, deren Errichtung im Rahmen eines nationalen Systems geografischer Aufteilung beschlossen worden ist, so kann dieser Mitgliedstaat abweichend von Absatz 1 dieses Auswahlverfahren beibehalten und es auf Staatsangehörige der Mitgliedstaaten anwenden, die Inhaber eines in Anhang V Nummer 5.6.2. aufgeführten Ausbildungsnachweises sind oder Artikel 23 in Anspruch nehmen.

Abschnitt 8. Architekt

Art. 46[1)] Ausbildung von Architekten. (1) Die Ausbildung zum Architekten umfasst

a) insgesamt mindestens fünf Studienjahre auf Vollzeitbasis an einer Hochschule oder einer vergleichbaren Bildungseinrichtung, die mit einer Prüfung auf Hochschulniveau erfolgreich abgeschlossen werden, oder
b) mindestens vier Studienjahre auf Vollzeitbasis an einer Hochschule oder einer vergleichbaren Bildungseinrichtung, die mit einer Prüfung auf Hochschulniveau erfolgreich abgeschlossen werden, und ein Zeugnis, das den Abschluss von zwei Jahren Berufspraktikum gemäß Absatz 4 bescheinigt.

(2) [1]Das Studium nach Absatz 1 muss hauptsächlich auf Architektur ausgerichtet sein. [2]In dem Studium müssen die theoretischen und praktischen Aspekte der Architekturausbildung ausgewogen zur Geltung kommen und mindestens der Erwerb der folgenden Kenntnisse, Fähigkeiten und Kompetenzen sichergestellt werden:

a) die Fähigkeit zu architektonischer Gestaltung, die sowohl ästhetischen als auch technischen Erfordernissen gerecht wird;
b) angemessene Kenntnisse der Geschichte und Lehre der Architektur und damit verwandter Künste, Technologien und Geisteswissenschaften;
c) Kenntnisse in den bildenden Künsten wegen ihres Einflusses auf die Qualität der architektonischen Gestaltung;

[1)] Art. 46 neu gef. mWv 17.1.2014 durch RL v. 20.11.2013 (ABl. Nr. L 354 S. 132).

d) angemessene Kenntnisse in der städtebaulichen Planung und Gestaltung, der Planung im Allgemeinen und in den Planungstechniken;

e) Verständnis der Beziehung zwischen Menschen und Gebäuden sowie zwischen Gebäuden und ihrer Umgebung und Verständnis der Notwendigkeit, Gebäude und die Räume zwischen ihnen mit menschlichen Bedürfnissen und Maßstäben in Beziehung zu bringen;

f) Verständnis des Architekten für seinen Beruf und seine Aufgabe in der Gesellschaft, besonders bei der Erstellung von Entwürfen, die sozialen Faktoren Rechnung tragen;

g) Kenntnis der Methoden zur Prüfung und Erarbeitung des Entwurfs für ein Gestaltungsvorhaben;

h) Kenntnis der strukturellen und bautechnischen Probleme im Zusammenhang mit der Baugestaltung;

i) angemessene Kenntnisse der physikalischen Probleme und der Technologien, die mit der Funktion eines Gebäudes – Schaffung von Komfort und Schutz gegen Witterungseinflüsse – im Rahmen nachhaltiger Entwicklung zusammenhängen;

j) die technischen Fähigkeiten, die erforderlich sind, um den Bedürfnissen der Benutzer eines Gebäudes innerhalb der durch Kostenfaktoren und Bauvorschriften gesteckten Grenzen Rechnung zu tragen;

k) angemessene Kenntnisse derjenigen Gewerbe, Organisationen, Vorschriften und Verfahren, die bei der praktischen Durchführung von Bauplänen betroffen sind, sowie der Eingliederung der Pläne in die Gesamtplanung.

(3) Die Anzahl der Studienjahre auf Hochschulniveau nach den Absätzen 1 und 2 kann zusätzlich in der entsprechenden Anzahl von ECTS-Punkten ausgedrückt werden.

(4) [1] Das Berufspraktikum nach Absatz 1 Buchstabe b darf erst nach Abschluss der ersten drei Studienjahre stattfinden. [2] Mindestens ein Jahr des Berufspraktikums muss auf den während des Studiums nach Absatz 2 erworbenen Kenntnissen, Fähigkeiten und Kompetenzen aufbauen. [3] Hierzu wird das Berufspraktikum unter der Aufsicht einer Person oder einer Stelle absolviert, die von der zuständigen Behörde des Herkunftsmitgliedstaates zugelassen wurde. [4] Ein solches Praktikum unter Aufsicht kann in einem beliebigen Land absolviert werden. [5] Das Berufspraktikum ist von der zuständigen Behörde des Herkunftsmitgliedstaates zu bewerten.

Art. 47[1)] Ausnahmen von den Bedingungen für die Ausbildung des Architekten. [1] Abweichend von Artikel 46 wird ferner als den Bestimmungen des Artikels 21 entsprechend anerkannt: die Ausbildung im Rahmen der sozialen Förderung oder eines Hochschulstu-

[1)] Art. 47 neu gef. mWv 17.1.2014 durch RL v. 20.11.2013 (ABl. Nr. L 354 S. 132).

diums auf Teilzeitbasis, die den Erfordernissen des Artikels 46 entspricht und von einem Berufsangehörigen, der seit mindestens sieben Jahren in der Architektur unter der Aufsicht eines Architekten oder Architekturbüros tätig war, durch eine erfolgreiche Prüfung auf dem Gebiet der Architektur abgeschlossen wird. 2 Diese Prüfung muss Hochschulniveau aufweisen und dem in Artikel 46 Absatz 1 Buchstabe b genannten Abschlussexamen gleichwertig sein.

Art. 48 Ausübung der Tätigkeiten des Architekten. (1) Für die Zwecke dieser Richtlinie sind Tätigkeiten des Architekten die Tätigkeiten, die üblicherweise unter der Berufsbezeichnung „Architekt" ausgeübt werden.

(2) 1 Die Voraussetzungen für die Ausübung der Tätigkeiten des Architekten unter der Berufsbezeichnung „Architekt" sind auch bei Staatsangehörigen eines Mitgliedstaats als gegeben anzusehen, die zur Führung dieses Titels aufgrund eines Gesetzes ermächtigt worden sind, das der zuständigen Behörde eines Mitgliedstaats die Befugnis zuerkennt, diesen Titel Staatsangehörigen der Mitgliedstaaten zu verleihen, die sich durch die Qualität ihrer Leistungen auf dem Gebiet der Architektur besonders ausgezeichnet haben. 2 Den betreffenden Personen wird von ihrem Herkunftsmitgliedstaat bescheinigt, dass ihre Tätigkeit als Architektentätigkeit gilt.

Art. 49[1] Erworbene Rechte von Architekten. (1) Jeder Mitgliedstaat erkennt die in Anhang VI aufgeführten Ausbildungsnachweise des Architekten an, die die anderen Mitgliedstaaten ausgestellt haben und die eine Ausbildung abschließen, die spätestens im akademischen Bezugsjahr begann, das in diesem Anhang angegeben ist, selbst wenn sie den Mindestanforderungen von Artikel 46 nicht genügen, und verleiht ihnen in seinem Hoheitsgebiet dieselbe Wirkung wie den Ausbildungsnachweisen, mit denen er selbst die Aufnahme und Ausübung der Tätigkeiten des Architekten ermöglicht.

Die von den zuständigen Behörden der Bundesrepublik Deutschland ausgestellten Bescheinigungen über die Gleichwertigkeit der nach dem 8. Mai 1945 von den zuständigen Behörden der Deutschen Demokratischen Republik ausgestellten Ausbildungsnachweise und der in diesem Anhang aufgeführten Nachweise werden nach diesen Bedingungen anerkannt.

(1a) Absatz 1 gilt auch für die in Anhang V aufgeführten Ausbildungsnachweise als Architekt, sofern die Ausbildung vor dem 18. Januar 2016 aufgenommen wurde.

(2) Jeder Mitgliedstaat erkennt unbeschadet des Absatzes 1 folgende Ausbildungsnachweise an und verleiht ihnen im Hinblick auf die Auf-

---

[1] Art. 49 Abs. 2 UAbs. 1 Buchst. ba) eingef. mWv 1.7.2013 durch RL v. 13.5.2013 (ABl. Nr. L 158 S. 368); Abs. 1a eingef. und Abs. 3 angef. mWv 17.1.2014 durch RL v. 20.11.2013 (ABl. Nr. L 354 S. 132).

nahme und Ausübung der Tätigkeiten des Architekten in seinem Hoheitsgebiet dieselbe Wirkung wie den von ihm selbst ausgestellten Ausbildungsnachweisen: Bescheinigungen, die Staatsangehörigen der Mitgliedstaaten von denjenigen Mitgliedstaaten ausgestellt wurden, in denen die Aufnahme und Ausübung der Tätigkeiten des Architekten an den nachstehenden Stichtagen reglementiert war:

a) 1. Januar 1995 für Österreich, Finnland und Schweden;

b) 1. Mai 2004 für Tschechische Republik, Estland, Zypern, Lettland, Litauen, Ungarn, Malta, Polen, Slowenien und die Slowakei;

ba) 1. Juli 2013 für Kroatien;

c) 5. August 1987 für alle anderen Mitgliedstaaten.

Die in Unterabsatz 1 genannten Bescheinigungen bestätigen, dass ihr Inhaber spätestens am betreffenden Stichtag die Berechtigung erhielt, die Berufsbezeichnung „Architekt" zu führen und dass er die entsprechend reglementierten Tätigkeiten während der letzten fünf Jahre vor Ausstellung der Bescheinigung mindestens drei Jahre lang ununterbrochen tatsächlich ausgeübt hat.

(3) Jeder Mitgliedstaat erkennt in seinem Hoheitsgebiet folgenden Nachweis als gleichwertig mit den Ausbildungsnachweisen an, die er selbst im Hinblick auf die Aufnahme und die Ausübung der beruflichen Tätigkeiten eines Architekten ausstellt: Nachweis darüber, dass die am 5. August 1985 bestehende dreijährige Ausbildung an den Fachhochschulen in der Bundesrepublik Deutschland, die den Anforderungen des Artikels 46 Absatz 2 entspricht und die Aufnahme der in Artikel 48 genannten Tätigkeiten in diesem Mitgliedstaat unter der Berufsbezeichnung „Architekt" ermöglicht, abgeschlossen und spätestens am 17. Januar 2014 begonnen wurde, sofern die Ausbildung durch eine vierjährige Berufserfahrung in der Bundesrepublik Deutschland ergänzt wurde; diese Berufserfahrung muss durch eine Bescheinigung bestätigt werden, welche von der Architektenkammer ausgestellt wird, in deren Architektenliste der Architekt eingetragen ist, der die Vorschriften dieser Richtlinie in Anspruch nehmen möchte.

Kapitel IIIA.[1] Automatische Anerkennung auf der Grundlage gemeinsamer Ausbildungsgrundsätze

Art. 49a[2] Gemeinsamer Ausbildungsrahmen. (1) [1]Für die Zwecke dieses Artikels bedeutet „gemeinsamer Ausbildungsrahmen" ein gemeinsames Spektrum von für die Ausübung des betreffenden Berufs mindestens erforderlichen Kenntnissen, Fähigkeiten und Kompetenzen. [2]Ein gemeinsamer Ausbildungsrahmen darf nationale Ausbildungspro-

[1] Kapitel IIIA (Art. 49a, 49b) eingef. mWv 17.1.2014 durch RL v. 20.11.2013 (ABl. Nr. L 354 S. 132).

[2] Art. 49a eingef. mWv 17.1.2014 durch RL v. 20.11.2013 (ABl. Nr. L 354 S. 132, ber. 2015 Nr. L 268 S. 35).

gramme nicht ersetzen sofern nicht ein Mitgliedstaat nach innerstaatlichem Recht eine andere Regelung trifft. [3]Für die Zwecke der Aufnahme und Ausübung eines Berufs in Mitgliedstaaten, die diesen Beruf reglementieren, verleiht ein Mitgliedstaat den auf der Grundlage dieses Ausbildungsrahmens erworbenen Ausbildungsnachweisen in seinem Hoheitsgebiet dieselbe Wirkung wie den von ihm ausgestellten Ausbildungsnachweisen, sofern dieser Ausbildungsrahmen die Bedingungen nach Absatz 2 erfüllt.

(2) Ein gemeinsamer Ausbildungsrahmen erfüllt folgende Bedingungen:

a) der gemeinsame Ausbildungsrahmen ermöglicht mehr Berufsangehörigen den Wechsel in einen anderen Mitgliedstaat;

b) der betreffende Beruf, auf den der gemeinsame Ausbildungsrahmen anwendbar ist, oder die Bildung und Ausbildung, die zu dem Beruf hinführt, ist in mindestens einem Drittel der Mitgliedstaaten reglementiert;

c) das gemeinsame Spektrum von Kenntnissen, Fähigkeiten und Kompetenzen kombiniert die in den nationalen Systemen der allgemeinen und beruflichen Bildung von mindestens einem Drittel der Mitgliedstaaten verlangten Kenntnisse, Fähigkeiten und Kompetenzen; es kommt nicht darauf an, ob die jeweiligen Kenntnisse, Fähigkeiten und Kompetenzen im Rahmen einer allgemeinen Ausbildung an einer Universität oder einer anderen Hochschuleinrichtung oder im Rahmen einer beruflichen Ausbildung in Mitgliedstaaten erworben worden sind;

d) der gemeinsame Ausbildungsrahmen beruht auf den Niveaus des EQR gemäß Anhang II der Empfehlung des Europäischen Parlaments und des Rates vom 23. April 2008 zur Einrichtung des Europäischen Qualifikationsrahmens für lebenslanges Lernen[1]);

e) der betreffende Beruf fällt weder unter einen anderen gemeinsamen Ausbildungsrahmen noch unterliegt er der automatischen Anerkennung nach Titel III Kapitel III;

f) der gemeinsame Ausbildungsrahmen wurde in einem geeigneten transparenten Verfahren unter Beteiligung der betroffenen Interessenträger aus Mitgliedstaaten, in denen der Beruf nicht reglementiert ist, festgelegt;

g) der gemeinsame Ausbildungsrahmen ermöglicht es Staatsangehörigen aller Mitgliedstaaten, die Berufsqualifikation innerhalb dieses Rahmens zu erwerben, ohne zunächst Mitglied einer berufsständischen Organisation oder bei einer solchen Organisation registriert sein zu müssen.

(3) Repräsentative Berufsorganisationen auf Unionsebene und nationale Berufsorganisationen oder zuständige Behörden, die mindestens einem Drittel der Mitgliedstaaten angehören, können der Kommission

---

1) **[Amtl. Anm.:]** ABl. C 111 vom 6.5.2008, S. 1.

Vorschläge für gemeinsame Ausbildungsrahmen, die die Bedingungen des Absatzes 2 erfüllen, vorlegen.

(4) Die Kommission wird ermächtigt, delegierte Rechtsakte nach Artikel 57c zu erlassen, um einen gemeinsamen Ausbildungsrahmen für einen bestimmten Beruf nach Maßgabe der Bedingungen des Absatzes 2 dieses Artikels festzulegen.

(5) Ein Mitgliedstaat ist ausgenommen von der Verpflichtung, den gemeinsamen Ausbildungsrahmen nach Absatz 4 auf seinem Hoheitsgebiet einzuführen, und von der Verpflichtung, die in dem gemeinsamen Ausbildungsrahmen erworbenen Berufsqualifikationen automatisch anzuerkennen, wenn eine der folgenden Bedingungen erfüllt ist:

a) Auf seinem Hoheitsgebiet bestehen keine Bildungs- oder Ausbildungseinrichtungen, die die entsprechende Ausbildung für den jeweiligen Beruf anbieten;

b) die Einführung des gemeinsamen Ausbildungsrahmens würde die Organisation seines Bildungs- und Berufsbildungssystems beeinträchtigen;

c) zwischen dem gemeinsamen Ausbildungsrahmen und der auf seinem Hoheitsgebiet verlangten Ausbildung bestehen wesentliche Unterschiede, die erhebliche Risiken für die öffentliche Ordnung, die öffentliche Sicherheit, die öffentliche Gesundheit oder die Sicherheit der Dienstleistungsempfänger oder für den Schutz der Umwelt mit sich bringen.

(6) Die Mitgliedstaaten unterrichten binnen sechs Monaten ab dem Inkrafttreten des delegierten Rechtsakts nach Absatz 4 die Kommission und die übrigen Mitgliedstaaten über

a) die dem gemeinsamen Ausbildungsrahmen entsprechenden nationalen Berufsqualifikationen und, soweit relevant, nationalen Berufsbezeichnungen oder

b) jede Inanspruchnahme der in Absatz 5 aufgeführten Ausnahmen mit einer Begründung, welche der in jenem Absatz genannten Bedingungen erfüllt wurden. Die Kommission kann binnen drei Monaten eine zusätzliche Klarstellung verlangen, wenn sie der Auffassung ist, dass ein Mitgliedstaat nicht oder nicht ausreichend begründet hat, dass eine der genannten Bedingungen erfüllt ist. Der Mitgliedstaat beantwortet eine solche Aufforderung binnen drei Monaten.

Die Kommission kann durch einen Durchführungsrechtsakt ein Verzeichnis der nationalen Berufsqualifikationen und nationalen Berufsbezeichnungen festlegen, die unter die automatische Anerkennung aufgrund des gemäß Absatz 4 festgelegten gemeinsamen Ausbildungsrahmens fallen.

(7) Dieser Artikel gilt auch für Spezialisierungen von Berufen, wenn die Spezialisierungen berufliche Tätigkeiten betreffen, deren Aufnahme und Ausübung in den Mitgliedstaaten reglementiert sind, sofern der Beruf, nicht jedoch die betreffende Spezialisierung, bereits der automatischen Anerkennung gemäß Titel III Kapitel III unterliegt.

Art. 49b[1)] Gemeinsame Ausbildungsprüfungen. (1) [1]Für die Zwecke dieses Artikels bedeutet „gemeinsame Ausbildungsprüfung" eine standardisierte Eignungsprüfung, die in allen teilnehmenden Mitgliedstaaten zur Verfügung steht und den Inhabern einer bestimmten Berufsqualifikation vorbehalten ist. [2]Das Bestehen einer solchen Prüfung in einem Mitgliedstaat berechtigt den Inhaber einer bestimmten Berufsqualifikation zur Ausübung des Berufs in jedem der betroffenen Aufnahmemitgliedstaaten unter den gleichen Bedingungen, wie sie für Inhaber von in diesem Mitgliedstaat erworbenen Berufsqualifikationen gelten.

(2) Die gemeinsame Ausbildungsprüfung muss folgende Bedingungen erfüllen:

a) die gemeinsame Ausbildungsprüfung ermöglicht mehr Berufsangehörigen den Wechsel in einen anderen Mitgliedstaat;

b) der Beruf, auf den die gemeinsame Ausbildungsprüfung angewandt wird, ist in mindestens einem Drittel aller Mitgliedstaaten reglementiert oder die Bildung und Ausbildung, die zu dem Beruf hinführen, sind in mindestens einem Drittel der Mitgliedstaaten reglementiert;

c) die gemeinsame Ausbildungsprüfung wurde in einem geeigneten transparenten Verfahren unter Beteiligung der betroffenen Interessenträger aus Mitgliedstaaten, in denen der Beruf nicht reglementiert ist, festgelegt;

d) die gemeinsame Ausbildungsprüfung ermöglicht es Staatsangehörigen aller Mitgliedstaaten, an einer solchen Prüfung und der praktischen Organisation dieser Prüfungen in den Mitgliedstaaten teilzunehmen, ohne zunächst Mitglied einer berufsständischen Organisation oder bei einer solchen Organisation registriert sein zu müssen.

(3) Repräsentative Berufsorganisationen auf Unionsebene und einzelstaatliche Berufsorganisationen oder zuständige Behörden, die mindestens einem Drittel der Mitgliedstaaten angehören, können der Kommission Vorschläge für gemeinsame Ausbildungsprüfungen, die die Bedingungen des Absatzes 2 erfüllen, vorlegen.

(4) Die Kommission wird ermächtigt, delegierte Rechtsakte nach Artikel 57c zu erlassen, um die Inhalte einer gemeinsamen Ausbildungsprüfung und die Bedingungen für die Teilnahme an der Prüfung und das Bestehen der Prüfung festzulegen.

(5) Ein Mitgliedstaat ist von der Verpflichtung, die gemeinsame Ausbildungsprüfung nach Absatz 4 auf seinem Hoheitsgebiet einzuführen, und den Personen, die die gemeinsame Ausbildungsprüfung bestanden haben, automatische Anerkennung zu gewähren, ausgenommen wenn eine der folgenden Bedingungen erfüllt ist:

a) der jeweilige Beruf ist in seinem Hoheitsgebiet nicht reglementiert;

---

1) Kapitel IIIA (Art. 49a, 49b) eingef. mWv 17.1.2014 durch RL v. 20.11.2013 (ABl. Nr. L 354 S. 132).

b) durch die Inhalte der gemeinsamen Ausbildungsprüfung werden erhebliche und in seinem Hoheitsgebiet relevante Risiken für die öffentliche Gesundheit oder die Sicherheit der Dienstleistungsempfänger nicht ausreichend gemindert;

c) infolge der Inhalte der gemeinsamen Ausbildungsprüfung, verglichen mit nationalen Anforderungen, würde die Aufnahme des Berufs deutlich weniger attraktiv.

(6) Die Mitgliedstaaten unterrichten binnen sechs Monaten ab dem Inkrafttreten des delegierten Rechtsakts nach Absatz 4 die Kommission und die übrigen Mitgliedstaaten über

a) die zur Durchführung solcher Prüfungen verfügbaren Kapazitäten oder

b) eine Inanspruchnahme der in Absatz 5 aufgeführten Ausnahmen mit der Begründung, welche der in jenem Absatz genannten Bedingungen erfüllt wurden. Die Kommission kann binnen drei Monaten eine zusätzliche Klarstellung verlangen, wenn sie der Auffassung ist, dass ein Mitgliedstaat nicht oder nicht ausreichend begründet hat, dass eine der genannten Bedingungen erfüllt ist. Der Mitgliedstaat beantwortet eine solche Aufforderung binnen drei Monaten.

Die Kommission kann im Wege eines Durchführungrechtsakts die Liste der Mitgliedstaaten, in denen die gemäß Absatz 4 verabschiedeten gemeinsamen Ausbildungsprüfungen stattfinden sollen, sowie die Häufigkeit innerhalb eines Kalenderjahrs und andere zur Veranstaltung gemeinsamer Ausbildungsprüfungen in den Mitgliedstaaten notwendige Regelungen festlegen.

Kapitel IV. Gemeinsame Bestimmungen für die Niederlassung

Art. 50[1)] Unterlagen und Formalitäten. (1) Wenn die zuständigen Behörden des Aufnahmemitgliedstaates in Anwendung der Bestimmungen dieses Titels über einen Antrag auf Zulassung zu einem reglementierten Beruf befinden, können sie die in Anhang VII aufgeführten Unterlagen und Bescheinigungen verlangen.

Die in Anhang VII Nummer 1 Buchstaben d, e und f genannten Bescheinigungen dürfen bei ihrer Vorlage nicht älter als drei Monate sein.

Die Mitgliedstaaten, Stellen und sonstigen juristischen Personen sorgen für die Vertraulichkeit der übermittelten Angaben.

(2) Hat der Aufnahmemitgliedstaat berechtigte Zweifel, so kann er von den zuständigen Behörden eines Mitgliedstaats eine Bestätigung der Authentizität der in jenem Mitgliedstaat ausgestellten Bescheinigungen und Ausbildungsnachweise sowie gegebenenfalls eine Bestäti-

[1)] Art. 50 Abs. 3a und 3b eingef. mWv 17.1.2014 durch RL v. 20.11.2013 (ABl. Nr. L 354 S. 132).

gung darüber verlangen, dass der Antragsteller für die in Kapitel III genannten Berufe die Mindestanforderungen der Ausbildung erfüllt, die in den Artikeln 24, 25, 28, 31, 34, 35, 38, 40, 44 und 46 verlangt werden.

(3) Beziehen sich Ausbildungsnachweise nach Artikel 3 Absatz 1 Buchstabe c, die von der zuständigen Behörde eines Mitgliedstaats ausgestellt wurden, auf eine Ausbildung, die ganz oder teilweise in einer rechtmäßig im Hoheitsgebiet eines anderen Mitgliedstaats niedergelassenen Einrichtung absolviert wurde, so kann der Aufnahmemitgliedstaat bei berechtigten Zweifeln bei der zuständigen Stelle des Ausstellungsmitgliedstaats überprüfen,

a) ob der Ausbildungsgang in der betreffenden Einrichtung von der Ausbildungseinrichtung des Ausstellungsmitgliedstaats offiziell bescheinigt worden ist;
b) ob der ausgestellte Ausbildungsnachweis dem entspricht, der verliehen worden wäre, wenn der Ausbildungsgang vollständig im Ausstellungsmitgliedstaat absolviert worden wäre, und
c) ob mit dem Ausbildungsnachweis im Hoheitsgebiet des Ausstellungsmitgliedstaats dieselben beruflichen Rechte verliehen werden.

(3a) Hat der Aufnahmemitgliedstaat berechtigte Zweifel, so kann er von den zuständigen Behörden eines Mitgliedstaats eine Bestätigung der Tatsache verlangen, dass die Ausübung dieses Berufes durch den Antragsteller nicht aufgrund eines schwerwiegenden standeswidrigen Verhaltens oder einer Verurteilung wegen strafbarer Handlungen ausgesetzt oder untersagt wurde.

(3b) Der Informationsaustausch, der aufgrund dieses Artikels zwischen den zuständigen Behörden der einzelnen Mitgliedstaaten stattfindet, erfolgt über das IMI.

(4) Verlangt ein Aufnahmemitgliedstaat von seinen Staatsangehörigen für die Aufnahme oder Ausübung eines reglementierten Berufes eine Eidesleistung oder eine feierliche Erklärung, so sorgt er dafür, dass die Angehörigen der anderen Mitgliedstaaten, die die Formel dieses Eides oder dieser feierlichen Erklärung nicht benutzen können, auf eine geeignete, gleichwertige Formel zurückgreifen können.

Art. 51 Verfahren für die Anerkennung der Berufsqualifikationen. (1) Die zuständige Behörde des Aufnahmemitgliedstaates bestätigt dem Antragsteller binnen eines Monats den Empfang der Unterlagen und teilt ihm gegebenenfalls mit, welche Unterlagen fehlen.

(2) [1] Das Verfahren für die Prüfung eines Antrags auf Zulassung zu einem reglementierten Beruf muss innerhalb kürzester Frist abgeschlossen werden, spätestens jedoch drei Monate nach Einreichung der vollständigen Unterlagen der betreffenden Person; die Entscheidung muss von der zuständigen Behörde des Aufnahmemitgliedstaates ordnungsgemäß begründet werden. [2] Diese Frist kann jedoch in Fällen, die unter die Kapitel I und II dieses Titels fallen, um einen Monat verlängert werden.

(3) Gegen diese Entscheidung bzw. gegen eine nicht fristgerecht getroffene Entscheidung müssen Rechtsbehelfe nach innerstaatlichem Recht eingelegt werden können.

Art. 52[1)] Führen der Berufsbezeichnung. (1) Ist in einem Aufnahmemitgliedstaat das Führen der Berufsbezeichnung im Zusammenhang mit einer der betreffenden beruflichen Tätigkeiten reglementiert, so führen die Angehörigen der übrigen Mitgliedstaaten, die nach Titel III einen reglementierten Beruf ausüben dürfen, die entsprechende Berufsbezeichnung des Aufnahmemitgliedstaats und verwenden deren etwaige Abkürzung.

(2) Wenn ein Beruf im Aufnahmemitgliedstaat durch einen Verband oder eine Organisation im Sinne des Artikels 3 Absatz 2 reglementiert ist, dürfen die Staatsangehörigen der Mitgliedstaaten die von diesem Verband oder dieser Organisation zuerkannte Berufsbezeichnung oder deren Abkürzung nur führen, wenn sie nachweisen, dass sie Mitglied des betreffenden Verbandes oder der betreffenden Organisation sind.

Wenn der Verband oder die Organisation die Mitgliedschaft von bestimmten Qualifikationen abhängig macht, sind bei Angehörigen anderer Mitgliedstaaten, die über die Berufsqualifikationen verfügen, die Vorschriften dieser Richtlinie zu beachten.

(3) Ein Mitgliedstaat darf die Führung der Berufsbezeichnung nicht den Inhabern einer Berufsqualifikation vorbehalten, wenn er der Kommission und den übrigen Mitgliedstaaten nicht nach Artikel 3 Absatz 2 den Verband oder die Organisation gemeldet hat.

Titel IV. Modalitäten der Berufsausübung

Art. 53[2)] Sprachkenntnisse. (1) Berufsangehörige, deren Berufsqualifikation anerkannt wird, müssen über die Spachkenntnisse verfügen, die für die Ausübung ihrer Berufstätigkeit im Aufnahmemitgliedstaat erforderlich sind.

(2) Ein Mitgliedstaat stellt sicher, dass Überprüfungen, die von der zuständigen Behörde oder unter ihrer Aufsicht zur Überprüfung der Einhaltung der Verpflichtung nach Absatz 1 vorgenommen werden, auf die Kenntnis einer Amtssprache des Aufnahmemitgliedstaats oder einer Verwaltungssprache des Aufnahmemitgliedstaats, sofern diese Verwaltungssprache auch Amtssprache der Union ist, beschränkt sind.

(3) [1]Die gemäß Absatz 2 durchgeführten Überprüfungen können vorgeschrieben werden, wenn der auszuübende Beruf Auswirkungen auf die Patientensicherheit hat. [2]Die Überprüfungen können im Fall anderer

---

1) Art. 52 Abs. 3 angef. mWv 17.1.2014 durch RL v. 20.11.2013 (ABl. Nr. L 354 S. 132).

2) Art. 53 neu gef. mWv 17.1.2014 durch RL v. 20.11.2013 (ABl. Nr. L 354 S. 132).

Berufe vorgeschrieben werden, wenn erhebliche und konkrete Zweifel daran bestehen, dass der Berufsangehörige hinsichtlich der beruflichen Tätigkeit, die der Berufsangehörige auszuüben beabsichtigt, über ausreichende Sprachkenntnisse verfügt.

Die Überprüfungen dürfen erst nach der Ausstellung eines Europäischen Berufsausweises gemäß Artikel 4d bzw. nach der Anerkennung einer Berufsqualifikation vorgenommen werden.

(4) [1]Überprüfungen der Sprachkenntnisse müssen in angemessenem Verhältnis zur auszuübenden Tätigkeit stehen. [2]Der betroffene Berufsangehörige kann gegen diese Überprüfungen Rechtsbehelfe nach nationalem Recht einlegen.

Art. 54 Führen von Ausbildungsbezeichnungen. [1]Unbeschadet der Artikel 7 und 52 trägt der Aufnahmemitgliedstaat dafür Sorge, dass die betreffenden Personen zum Führen von Ausbildungsbezeichnungen ihres Herkunftsmitgliedstaats und gegebenenfalls der entsprechenden Abkürzung in der Sprache des Herkunftsmitgliedstaats berechtigt sind. [2]Der Aufnahmemitgliedstaat kann vorschreiben, dass neben dieser Bezeichnung Name und Ort der Lehranstalt oder des Prüfungsausschusses aufgeführt werden, die bzw. der diese Ausbildungsbezeichnung verliehen hat. [3]Kann die Ausbildungsbezeichnung des Herkunftsmitgliedstaats im Aufnahmemitgliedstaat mit einer Bezeichnung verwechselt werden, die in Letzterem eine zusätzliche Ausbildung voraussetzt, die die betreffende Person aber nicht erworben hat, so kann der Aufnahmemitgliedstaat vorschreiben, dass die betreffende Person ihre im Herkunftsmitgliedstaat gültige Ausbildungsbezeichnung in einer vom Aufnahmemitgliedstaat festgelegten Form verwendet.

Art. 55 Kassenzulassung. Unbeschadet des Artikels 5 Absatz 1 und des Artikels 6 Absatz 1 Buchstabe b gilt Folgendes: Mitgliedstaaten, die den Personen, die ihre Berufsqualifikationen in ihrem Hoheitsgebiet erworben haben, nur dann eine Kassenzulassung erteilen, wenn sie einen Vorbereitungslehrgang absolviert und/oder Berufserfahrung erworben haben, befreien die Personen, die ihre Berufsqualifikationen als Arzt bzw. Zahnarzt in einem anderen Mitgliedstaat erworben haben, von dieser Pflicht.

Art. 55a[1)] Anerkennung eines Berufspraktikums. (1) [1]Wenn der Abschluss eines Berufspraktikums Voraussetzung für den Zugang zu einem reglementierten Beruf ist, erkennt die zuständige Behörde des Herkunftsmitgliedstaats bei der Prüfung von Anträgen auf Genehmigung der Ausübung des reglementierten Berufs in einem anderen Mitgliedstaat absolvierte Berufspraktika an, sofern sie den veröffentlichten Leitlinien nach Absatz 2 entsprechen, und berücksichtigt in einem Drittland absolvierte Berufspraktika. [2]Die Mitgliedstaaten können je-

[1)] Art. 55a eingef. mWv 17.1.2014 durch RL v. 20.11.2013 (ABl. Nr. L 354 S. 132).

doch in nationalen Rechtsvorschriften die Dauer des Teils des Berufspraktikums, der im Ausland absolviert werden kann, auf einen angemessenen Zeitraum begrenzen.

(2) [1]Die Anerkennung des Berufspraktikums ersetzt nicht die Erfüllung geltender Anforderungen bezüglich des Bestehens einer Prüfung, die den Zugang zu dem jeweiligen Beruf ermöglicht. [2]Die zuständigen Behörden veröffentlichen Leitlinien zur Organisation und Anerkennung von in einem anderen Mitgliedstaat oder einem Drittland absolvierten Berufspraktika und insbesondere zu den Aufgaben der Person, die das Berufspraktikum überwacht.

Titel V.[1)] Verwaltungszusammenarbeit und Durchführungsbefugnis gegenüber den Bürgern

Art. 56[2)] Zuständige Behörden. (1) [1]Die zuständigen Behörden der Aufnahme- und Herkunftsmitgliedstaaten arbeiten eng zusammen und leisten sich Amtshilfe, um die Anwendung dieser Richtlinie zu erleichtern. [2]Sie stellen die Vertraulichkeit der ausgetauschten Informationen sicher.

(2) [1]Die zuständigen Behörden im Herkunfts- und im Aufnahmemitgliedstaat unterrichten sich gegenseitig über das Vorliegen disziplinarischer oder strafrechtlicher Sanktionen oder über sonstige schwerwiegende, genau bestimmte Sachverhalte, die sich auf die Ausübung der in dieser Richtlinie erfassten Tätigkeiten auswirken könnten. [2]Dabei sind die Rechtsvorschriften über den Schutz personenbezogener Daten im Sinn der Richtlinien 95/46/EG und 2002/58/EG einzuhalten.

Der Herkunftsmitgliedstaat prüft die Richtigkeit der Sachverhalte; seine Behörden befinden über Art und Umfang der durchzuführenden Prüfungen und unterrichten den Aufnahmemitgliedstaat über die Konsequenzen, die sie aus den übermittelten Auskünften ziehen.

(2a) Für die Zwecke der Absätze 1 und 2 nutzen die zuständigen Behörden das IMI.

(3) Jeder Mitgliedstaat benennt bis 20. Oktober 2007 die Behörden und Stellen, die für die Ausstellung oder Entgegennahme der in dieser Richtlinie genannten Ausbildungsnachweise und sonstigen Unterlagen oder Informationen zuständig sind; ferner benennt er die Behörden und Stellen, die die Anträge annehmen und die Entscheidungen treffen können, die im Zusammenhang mit dieser Richtlinie stehen, und unterrichtet unverzüglich die anderen Mitgliedstaaten und die Kommission hiervon.

---

1) 5. Titel Überschrift neu gef. mWv 17.1.2014 durch RL v. 20.11.2013 (ABl. Nr. L 354 S. 132).

2) Art. 56 Abs. 2 UAbs. 1 neu gef., Abs. 2a eingef., Abs. 4 neu gef. mWv 17.1.2014 durch RL v. 20.11.2013 (ABl. Nr. L 354 S. 132).

(4) Jeder Mitgliedstaat benennt einen Koordinator für die Tätigkeiten der in Absatz 1 genannten zuständigen Behörden und setzt die anderen Mitgliedstaaten und die Kommission davon in Kenntnis.

Die Koordinatoren haben folgende Aufgaben:

a) die Förderung der einheitlichen Anwendung dieser Richtlinie;

b) Sammlung aller Informationen, die für die Anwendung dieser Richtlinie nützlich sind, insbesondere aller Informationen über die Bedingungen für den Zugang zu reglementierten Berufen in den Mitgliedstaaten;

c) Prüfung von Vorschlägen für gemeinsame Ausbildungsrahmen und gemeinsame Ausbildungsprüfungen;

d) Austausch von Informationen und bewährten Verfahren im Hinblick auf die Optimierung der ständigen beruflichen Weiterbildung in den Mitgliedstaaten;

e) Austausch von Informationen und bewährten Verfahren zur Anwendung von Ausgleichsmaßnahmen nach Artikel 14.

Zur Erfüllung ihrer Aufgabe nach Buchstabe b dieses Absatzes können die Koordinatoren die Hilfe der in Artikel 57b genannten Kontaktstellen in Anspruch nehmen.

Art. 56a[1)] Vorwarnmechanismus. (1) Die zuständigen Behörden eines Mitgliedstaats unterrichten die zuständigen Behörden aller anderen Mitgliedstaaten über einen Berufsangehörigen, dem von nationalen Behörden oder Gerichten die Ausübung folgender beruflicher Tätigkeiten im Hoheitsgebiet dieses Mitgliedstaats ganz oder teilweise – auch vorübergehend – untersagt worden ist oder diesbezügliche Beschränkungen auferlegt worden sind:

a) Arzt und Arzt für Allgemeinmedizin als Inhaber eines in Anhang V Nummern 5.1.1 und 5.1.4 aufgeführten Ausbildungsnachweises;

b) Facharzt, der eine in Anhang V Nummer 5.1.3 aufgeführten Bezeichnung führt;

c) Krankenschwester/Krankenpfleger, die/der für die allgemeine Pflege verantwortlich ist, als Inhaber eines in Anhang V Nummer 5.2.2 aufgeführten Ausbildungsnachweises;

d) Zahnarzt als Inhaber eines in Anhang V Nummer 5.3.2 aufgeführten Ausbildungsnachweises;

e) Fachzahnarzt als Inhaber eines in Anhang V Nummer 5.3.3 aufgeführten Ausbildungsnachweises;

f) Tierarzt als Inhaber eines in Anhang V Nummer 5.4.2. aufgeführten Ausbildungsnachweises;

g) Hebamme als Inhaber eines in Anhang V Nummer 5.5.2 aufgeführten Ausbildungsnachweises;

[1)] Art. 56a eingef. mWv 17.1.2014 durch RL v. 20.11.2013 (ABl. Nr. L 354 S. 132).

h) Apotheker als Inhaber eines in Anhang V Nummer 5.6.2 aufgeführten Ausbildungsnachweises;

i) Inhaber von in Anhang VII Nummer 2 genannten Bescheinigungen, die bescheinigen, dass der Inhaber eine Ausbildung abgeschlossen hat, die den in den Artikeln 24, 25, 31, 34, 35, 38, 40 oder 44 aufgeführten Mindestanforderungen jeweils entspricht, jedoch vor den in Anhang V Nummer 5.1.3, 5.1.4, 5.2.2, 5.3.2, 5.3.3, 5.4.2, 5.5.2 bzw. 5.6.2 genannten Stichtagen für die Qualifikationen begonnen wurde;

j) Inhaber von Bescheinigungen über die erworbenen Rechte nach den Artikeln 23, 27, 29, 33, 33a, 37, 43 und 43a;

k) sonstige Berufsangehörige, die Tätigkeiten ausüben, die Auswirkungen auf die Patientensicherheit haben, sofern diese Berufsangehörigen einen in dem jeweiligen Mitgliedstaat reglementierten Beruf ausüben;

l) Berufsangehörige, die Tätigkeiten im Bereich der Erziehung Minderjähriger, einschließlich Kinderbetreuungseinrichtungen und frühkindliche Erziehung, ausüben, sofern diese Berufsangehörigen einen in dem jeweiligen Mitgliedstaat reglementierten Beruf ausüben.

(2) 1 Die zuständigen Behörden übermitteln die in Absatz 1 genannten Angaben mittels einer Warnung über das IMI spätestens drei Tage nach Erlass der Entscheidung über die vollständige oder teilweise Beschränkung oder Untersagung der Ausübung der beruflichen Tätigkeit durch den betreffenden Berufsangehörigen. 2 Die Angaben beschränken sich auf Folgendes:

a) Identität des Berufsangehörigen;

b) betroffener Beruf;

c) Angaben über die einzelstaatliche Behörde oder das einzelstaatliche Gericht, die/das die Entscheidung über die Beschränkung oder Untersagung getroffen hat;

d) Umfang der Beschränkung oder Untersagung;

e) Zeitraum, in dem die Beschränkung oder Untersagung gilt.

(3) Die zuständigen Behörden eines betroffenen Mitgliedstaats unterrichten die zuständigen Behörden aller übrigen Mitgliedstaaten spätestens drei Tage nach Annahme der Gerichtsentscheidung mittels einer Warnung über das IMI von der Identität von Berufsangehörigen, die die Anerkennung einer Qualifikation gemäß dieser Richtlinie beantragt haben und bei denen später gerichtlich festgestellt wurde, dass sie dabei gefälschte Berufsqualifikationsnachweise verwendet haben.

(4) 1 Die Verarbeitung personenbezogener Daten für die Zwecke des Informationsaustauschs nach den Absätzen 1 und 3 erfolgt im Einklang mit den Richtlinien 95/46/EG und 2002/58/EG. 2 Die Verarbeitung personenbezogener Daten durch die Kommission erfolgt im Einklang mit der Verordnung (EG) Nr. 45/2001.

(5) [1]Die zuständigen Behörden aller Mitgliedstaaten sind unverzüglich zu unterrichten, wenn die Geltungsdauer einer Untersagung oder Beschränkung nach Absatz 1 abgelaufen ist. [2]Hierzu ist die zuständige Behörde des Mitgliedstaats, der die Informationen nach Absatz 1 übermittelt, auch zu verpflichten, das Datum des Ablaufs der Geltungsdauer und spätere Änderungen dieses Datums anzugeben.

(6) Die Mitgliedstaaten sehen vor, dass Berufsangehörige, bezüglich derer Warnungen an andere Mitgliedstaaten übermittelt werden, gleichzeitig mit der Warnung schriftlich von der Entscheidung über die Warnung unterrichtet werden, nach nationalem Recht Rechtsbehelfe gegen die Entscheidung einlegen oder die Berichtigung dieser Entscheidung verlangen können und Zugang zu Abhilfemaßnahmen im Fall von Schäden haben, die durch zu Unrecht an andere Mitgliedstaaten übermittelte Warnungen entstanden sind; in diesen Fällen wird die Entscheidung über die Warnung durch den Hinweis ergänzt, dass der Berufsangehörige Rechtsmittel gegen die Entscheidung eingelegt hat.

(7) [1]Daten bezüglich Warnungen dürfen nur so lange im IMI bleiben, wie sie gültig sind. [2]Warnungen sind binnen drei Tagen ab dem Datum der Annahme der Entscheidung über ihren Widerruf oder ab dem Zeitpunkt des Ablaufs der Geltungsdauer der Untersagung oder Beschränkung nach Absatz 1 zu löschen.

(8) [1]Die Kommission erlässt Durchführungsrechtsakte für die Anwendung des Vorwarnmechanismus. [2]Diese Durchführungsrechtsakte enthalten Bestimmungen über die Behörden, die berechtigt sind, Warnungen zu übermitteln oder entgegenzunehmen und über Widerruf und Aufhebung von Warnungen und über Maßnahmen zur Gewährleistung der Sicherheit bei der Datenverarbeitung. [3]Die Durchführungsrechtsakte werden nach dem Prüfverfahren gemäß Artikel 58 Absatz 2 erlassen.

Art. 57[1)] Zentraler Online-Zugang zu Informationen. (1) [1]Die Mitgliedstaaten tragen dafür Sorge, dass folgende Informationen über die einheitlichen Ansprechpartner nach Artikel 6 der Richtlinie 2006/123/EG des Europäischen Parlaments und des Rates vom 12. Dezember 2006 über Dienstleistungen im Binnenmarkt[2)] online zugänglich sind und regelmäßig aktualisiert werden:

a) ein Verzeichnis aller in dem Mitgliedstaat reglementierten Berufe im Sinn von Artikel 3 Absatz 1 Buchstabe a sowie die Kontaktdaten der für die einzelnen reglementierten Berufe zuständigen Behörden und der Beratungszentren nach Artikel 57b;

b) ein Verzeichnis aller Berufe, für die ein Europäischer Berufsausweis verfügbar ist, der Funktionsweise des Ausweises – einschließlich aller für die Berufsangehörigen anfallenden Gebühren – und der für seine Ausstellung zuständigen Behörden;

[1)] Art. 57 neu gef. mWv 17.1.2014 durch RL v. 20.11.2013 (ABl. Nr. L 354 S. 132).
[2)] **[Amtl. Anm.:]** ABl. L 376 vom 27.12.2006, S. 36.

c) ein Verzeichnis aller Berufe, auf die nach den nationalen Rechts- und Verwaltungsvorschriften des Mitgliedstaats Artikel 7 Absatz 4 Anwendung findet;

d) ein Verzeichnis der reglementierten Ausbildungsgänge und der besonders strukturierten Ausbildungsgänge nach Artikel 11 Buchstabe c Ziffer ii;

e) die in den Artikeln 7, 50, 51 und 53 aufgeführten Anforderungen und Verfahren für die in den Mitgliedstaaten reglementierten Berufe, einschließlich aller damit verbundenen von den Bürgern zu entrichtenden Gebühren und aller von den Bürgern bei den zuständigen Behörden vorzulegenden Unterlagen;

f) Angaben über das Einlegen von Rechtsbehelfen gemäß den nationalen Rechts- und Verwaltungsvorschriften gegen aufgrund dieser Richtlinie erlassene Entscheidungen der zuständigen Behörden.

(2) Die Mitgliedstaaten stellen sicher, dass die Informationen nach Absatz 1 in für die Nutzer klarer und umfassender Weise erteilt werden, aus der Ferne und elektronisch leicht zugänglich sind und dem neuesten Stand entsprechen.

(3) Die Mitgliedstaaten stellen sicher, dass an die einheitlichen Ansprechpartner gerichtete Informationsersuchen so rasch wie möglich beantwortet werden.

(4) [1] Die Mitgliedstaaten und die Kommission ergreifen begleitende Maßnahmen, um den einheitlichen Ansprechpartnern nahe zu legen, die Informationen nach Absatz 1 auch in anderen Amtssprachen der Union bereitzustellen. [2] Die Rechtsvorschriften der Mitgliedstaaten über die Verwendung von Sprachen bleiben davon unberührt.

(5) Die Mitgliedstaaten arbeiten für die Zwecke der Umsetzung der Absätze 1, 2 und 4 miteinander und mit der Kommission zusammen.

Art. 57a[1] Elektronische Verfahren. (1) [1] Die Mitgliedstaaten stellen sicher, dass alle Verfahren und Formalitäten, die die unter diese Richtlinie fallenden Angelegenheiten betreffen, leicht aus der Ferne und elektronisch über den jeweiligen einheitlichen Ansprechpartner oder die jeweiligen zuständigen Behörden abgewickelt werden können. [2] Dies hindert die zuständigen Behörden der Mitgliedstaaten nicht daran, später im Fall begründeter Zweifel und soweit unbedingt geboten, beglaubigte Kopien zu verlangen.

(2) Absatz 1 findet keine Anwendung auf die Durchführung eines Anpassungslehrgangs oder einer Eignungsprüfung.

(3) Wenn es gerechtfertigt ist, dass die Mitgliedstaaten zur Abwicklung der Verfahren nach Absatz 1 dieses Artikels um die Verwendung fortgeschrittener elektronischer Signaturen im Sinne der Definition in Artikel 2 Nummer 2 der Richtlinie 1999/93/EG des Europäischen

[1] Art. 57a eingef. mWv 17.1.2014 durch RL v. 20.11.2013 (ABl. Nr. L 354 S. 132).

Parlaments und des Rates über gemeinschaftliche Rahmenbedingungen für elektronische Signaturen[1] bitten, akzeptieren die Mitgliedstaaten elektronische Signaturen, die mit der Entscheidung 2009/767/EG der Kommission vom 16. Oktober 2009 über Maßnahmen zur Erleichterung der Nutzung elektronischer Verfahren über „einheitliche Ansprechpartner" gemäß der Richtlinie 2006/123/EG des Europäischen Parlaments und des Rates über Dienstleistungen im Binnenmarkt[2] konform sind, und sorgen für die technischen Mittel zur Verarbeitung von Dokumenten mit fortgeschrittenen elektronischen Signaturen in Formaten, die in dem Beschluss 2011/130/EU der Kommission vom 25. Februar 2011 über Mindestanforderungen für die grenzüberschreitende Verarbeitung von Dokumenten, die gemäß der Richtlinie 2006/123/EG des Europäischen Parlaments und des Rates über Dienstleistungen im Binnenmarkt von zuständigen Behörden elektronisch signiert worden sind[3], festgelegt sind.

(4) [1] Alle Verfahren werden in Einklang mit Artikel 8 der Richtlinie 2006/123/EG, der einheitliche Ansprechpartner betrifft, durchgeführt. [2] Die Verfahrensfristen nach Artikel 7 Absatz 4 und Artikel 51 dieser Richtlinie laufen ab dem Zeitpunkt, in dem ein Bürger seinen Antrag oder ein fehlendes Dokument bei einem einheitlichen Ansprechpartner oder unmittelbar bei der jeweiligen zuständigen Behörde einreicht. [3] Eine Aufforderung zur Vorlage beglaubigter Kopien im Sinn von Absatz 1 dieses Artikels gilt nicht als Aufforderung zur Vorlage fehlender Dokumente.

Art. 57b[4] **Beratungszentren.** (1) Jeder Mitgliedstaat benennt bis spätestens 18. Januar 2016 ein Beratungszentrum, das den Auftrag hat, die Bürger und die Beratungszentren der anderen Mitgliedstaaten hinsichtlich der Anerkennung von Berufsqualifikationen gemäß dieser Richtlinie zu beraten, einschließlich der Information über die nationalen Rechtsvorschriften für die Aufnahme und Ausübung einer Berufstätigkeit, des Sozialrechts, sowie über etwaige Standesregeln und berufsethische Regeln.

(2) Die Beratungszentren in den Aufnahmemitgliedstaaten unterstützen die Bürger bei der Wahrnehmung der Rechte aus dieser Richtlinie, bei Bedarf unter Einschaltung des Beratungszentrums im Herkunftsmitgliedstaat sowie der zuständigen Behörden und des einheitlichen Ansprechpartners im Aufnahmemitgliedstaat.

(3) Alle zuständigen Behörden im Herkunfts- oder im Aufnahmemitgliedstaat sind aufgefordert, mit dem Beratungszentrum im Aufnahmemitgliedstaat und, soweit zweckmäßig, im Herkunftsmitgliedstaat uneingeschränkt zusammenzuarbeiten und diesen Beratungszentren auf Antrag und unter Einhaltung der Datenschutzvorschriften

---

[1] **[Amtl. Anm.:]** ABl. L 13 vom 19.1.2000, S. 12.
[2] **[Amtl. Anm.:]** ABl. L 274 vom 20.10.2009, S. 36.
[3] **[Amtl. Anm.:]** ABl. L 53 vom 26.2.2011, S. 66.
[4] Art. 57b eingef. mWv 17.1.2014 durch RL v. 20.11.2013 (ABl. Nr. L 354 S. 132).

entsprechend den Richtlinien 95/46/EG und 2002/58/EG alle relevanten Informationen über Einzelfälle bereitzustellen.

(4) Auf Ersuchen der Kommission unterrichten die Beratungszentren binnen zwei Monaten nach Eingang dieses Ersuchens die Kommission über die Ergebnisse der Untersuchungen, mit denen sie befasst sind.

Art. 57c[1)] Ausübung der Befugnisübertragung. (1) Die Befugnis zum Erlass delegierter Rechtsakte wird der Kommission unter den in diesem Artikel festgelegten Bedingungen übertragen.

(2) [1]Die Befugnis zum Erlass delegierter Rechtsakte nach Artikel 3 Absatz 2 Unterabsatz 3, Artikel 20, Artikel 21 Absatz 6 Unterabsatz 2, Artikel 21a Absatz 4, Artikel 25 Absatz 5, Artikel 26 Absatz 2, Artikel 31 Absatz 2 Unterabsatz 2, Artikel 34 Absatz 2 Unterabsatz 2, Artikel 35 Absätze 4 und 5, Artikel 38 Absatz 1 Unterabsatz 2, Artikel 40 Absatz 1 Unterabsatz 3, Artikel 44 Absatz 2 Unterabsatz 2, Artikel 49a Absatz 4 und Artikel 49b Absatz 4 wird der Kommission für einen Zeitraum von fünf Jahren ab dem 17. Januar 2014 übertragen. [2]Die Kommission erstellt spätestens neun Monate vor Ablauf des Zeitraums von fünf Jahren einen Bericht über die Befugnisübertragung. [3]Die Befugnisübertragung verlängert sich stillschweigend um Zeiträume gleicher Länge, es sei denn, das Europäische Parlament oder der Rat widersprechen einer solchen Verlängerung spätestens drei Monate vor Ablauf des jeweiligen Zeitraums.

(3) [1]Die Befugnisübertragung nach Artikel 3 Absatz 2 Unterabsatz 3, Artikel 20, Artikel 21 Absatz 6 Unterabsatz 2, Artikel 21a Absatz 4, Artikel 25 Absatz 5, Artikel 26 Absatz 2, Artikel 31 Absatz 2 Unterabsatz 2, Artikel 34 Absatz 2 Unterabsatz 2, Artikel 35 Absätze 4 und 5, Artikel 38 Absatz 1 Unterabsatz 2, Artikel 40 Absatz 1 Unterabsatz 3, Artikel 44 Absatz 2 Unterabsatz 2, Artikel 49a Absatz 4 und Artikel 49b Absatz 4 kann vom Europäischen Parlament oder vom Rat jederzeit widerrufen werden. [2]Der Beschluss über den Widerruf beendet die Übertragung der in diesem Beschluss genannten Befugnis. [3]Er wird am Tag nach seiner Veröffentlichung im *Amtsblatt der Europäischen Union* oder zu einem im Beschluss angegebenen späteren Zeitpunkt wirksam. [4]Die Gültigkeit von delegierten Rechtsakten, die bereits in Kraft sind, wird von dem Beschluss über den Widerruf nicht berührt.

(4) Sobald die Kommission einen delegierten Rechtsakt erlässt, teilt sie ihn gleichzeitig dem Europäischen Parlament und dem Rat mit.

(5) [1]Ein delegierter Rechtsakt, der gemäß Artikel 3 Absatz 2 Unterabsatz 3, Artikel 20, Artikel 21 Absatz 6 Unterabsatz 2, Artikel 21a Absatz 4, Artikel 25 Absatz 5, Artikel 26 Absatz 2, Artikel 31 Absatz 2 Unterabsatz 2, Artikel 34 Absatz 2 Unterabsatz 2, Artikel 35 Absätze 4 und 5, Artikel 38 Absatz 1 Unterabsatz 2, Artikel 40 Absatz 1 Unterabsatz 3, Artikel 44 Absatz 2 Unterabsatz 2, Artikel 49a Absatz 4 und Ar-

---

[1)] Art. 57c eingef. mWv 17.1.2014 durch RL v. 20.11.2013 (ABl. Nr. L 354 S. 132).

tikel 49b Absatz 4 erlassen wurde, tritt nur in Kraft, wenn weder das Europäische Parlament noch der Rat innerhalb von zwei Monaten nach Übermittlung dieses Rechtsakts an das Europäische Parlament und den Rat Einwände erhoben haben oder wenn vor Ablauf dieser Frist das Europäische Parlament und der Rat beide der Kommission mitgeteilt haben, dass sie keine Einwände erheben werden. 2 Auf Initiative des Europäischen Parlaments oder des Rates wird diese Frist um zwei Monate verlängert.

Art. 58[1] Ausschussverfahren. (1) 1 Die Kommission wird von einem Ausschuss für die Anerkennung von Berufsqualifikationen unterstützt. 2 Dabei handelt es sich um einen Ausschuss im Sinne der Verordnung (EU) Nr. 182/2011.

(2) Wird auf diesen Absatz Bezug genommen, so gilt Artikel 5 der Verordnung (EU) Nr. 182/2011.

Art. 59[2] Transparenz. (1) 1 Die Mitgliedstaaten übermitteln der Kommission bis zum 18. Januar 2016 ein Verzeichnis der derzeit reglementierten Berufe mit Angabe der Tätigkeiten, die durch die einzelnen Berufe abgedeckt werden, sowie ein Verzeichnis der in ihrem Hoheitsgebiet reglementierten Ausbildungsgänge und der besonders strukturierten Berufsausbildungen im Sinne von Artikel 11 Buchstabe c Ziffer ii. 2 Auch jede Änderung dieser Verzeichnisse wird der Kommission unverzüglich mitgeteilt. 3 Die Kommission richtet eine öffentlich verfügbare Datenbank der reglementierten Berufe, einschließlich einer allgemeinen Beschreibung der Tätigkeiten, die durch die einzelnen Berufe abgedeckt werden, ein und unterhält sie.

(2) 1 Die Mitgliedstaaten übermitteln der Kommission bis zum 18. Januar 2016 das Verzeichnis der Berufe, bei denen eine Nachprüfung der Qualifikationen gemäß Artikel 7 Absatz 4 erforderlich ist. 2 Die Mitgliedstaaten rechtfertigen gegenüber der Kommission gesondert die Aufnahme jedes einzelnen Berufs in dieses Verzeichnis.

(3) Die Mitgliedstaaten prüfen, ob nach ihrer Rechtsordnung geltende Anforderungen zur Beschränkung der Aufnahme oder Ausübung eines Berufs durch die Inhaber einer bestimmten Berufsqualifikation, einschließlich des Führens der Berufsbezeichnung und der im Rahmen dieser Berufsbezeichnung erlaubten beruflichen Tätigkeiten, die in diesem Artikel als „Anforderungen" bezeichnet werden, mit folgenden Grundsätzen vereinbar sind:

a) Die Anforderungen dürfen weder eine direkte noch eine indirekte Diskriminierung aufgrund der Staatsangehörigkeit oder des Wohnsitzes darstellen;

b) die Anforderungen müssen durch übergeordnete Gründe des Allgemeininteresses gerechtfertigt sein;

---

[1] Art. 58 neu gef. mWv 17.1.2014 durch RL v. 20.11.2013 (ABl. Nr. L 354 S. 132).
[2] Art. 59 neu gef. mWv 17.1.2014 durch RL v. 20.11.2013 (ABl. Nr. L 354 S. 132).

c) die Anforderungen müssen zur Verwirklichung des mit ihnen verfolgten Ziels geeignet sein und dürfen nicht über das hinausgehen, was zur Erreichung dieses Ziels erforderlich ist.

(4) Absatz 1 gilt auch für Berufe, die in einem Mitgliedstaat durch einen Verband oder eine Organisation im Sinne des Artikels 3 Absatz 2 reglementiert sind, sowie für alle Anforderungen in Verbindung mit der Mitgliedschaft dieser Verbände oder Organisationen.

(5) 1 Bis zum 18. Januar 2016 geben die Mitgliedstaaten der Kommission bekannt, welche Anforderungen sie aufrechterhalten wollen und aus welchen Gründen die Anforderungen ihrer Ansicht nach mit Absatz 3 konform sind. 2 Zudem machen die Mitgliedstaaten binnen sechs Monaten nach ihrer Annahme Angaben dazu, welche Anforderungen sie zu einem späteren Zeitpunkt eingeführt haben und aus welchen Gründen die Anforderungen ihrer Ansicht nach mit Absatz 3 konform sind.

(6) Bis zum 18. Januar 2016 und danach alle zwei Jahre erstatten die Mitgliedstaaten der Kommission außerdem Bericht über die Anforderungen, die aufgehoben oder gelockert wurden.

(7) 1 Die Kommission leitet die in Absatz 6 genannten Berichte an die anderen Mitgliedstaaten weiter, die binnen sechs Monaten ihre Anmerkungen dazu vorlegen. 2 Innerhalb desselben Zeitraums konsultiert die Kommission interessierte Parteien einschließlich der Angehörigen der betreffenden Berufe.

(8) Die Kommission erstellt auf der Grundlage der von den Mitgliedstaaten vorgelegten Angaben einen zusammenfassenden Bericht für die durch den Beschluss 2007/172/EG der Kommission vom 19. März 2007 zur Einsetzung einer Koordinatorengruppe auf dem Gebiet der Anerkennung der Berufsqualifikationen eingesetzte Koordinatorengruppe, die dazu Stellung nehmen kann[1]).

(9) Unter Berücksichtigung der in den Absätzen 7 und 8 genannten Stellungnahme legt die Kommission dem Europäischen Parlament und dem Rat bis zum 18. Januar 2017 einen zusammenfassenden Bericht vor; diesem fügt sie gegebenenfalls Vorschläge für ergänzende Initiativen bei.

Titel VI. Sonstige Bestimmungen

Art. 60[2]) **Berichte.** (1) 1 Ab 20. Oktober 2007 legen die Mitgliedstaaten der Kommission alle zwei Jahre einen Bericht über die Anwendung des eingeführten Systems vor. 2 Neben den allgemeinen Ausführungen enthält dieser Bericht eine statistische Aufstellung der getroffe-

---

1) **[Amtl. Anm.:]** ABl. L 79 vom 20.3.2007, S. 38.

2) Art. 60 Abs. 1 UAbs. 2 angef., Abs. 2 neu gef. mWv 17.1.2014 durch RL v. 20.11.2013 (ABl. Nr. L 354 S. 132).

nen Entscheidungen sowie eine Beschreibung der Hauptprobleme, die sich aus der Anwendung dieser Richtlinie ergeben.

Ab dem 18. Januar 2016 umfasst die statistische Aufstellung der getroffenen Entscheidungen nach Unterabsatz 1 ausführliche Angaben über die Anzahl und die Art der aufgrund dieser Richtlinie getroffenen Entscheidungen, einschließlich der Art von Entscheidungen, die die zuständigen Behörden gemäß Artikel 4f über partiellen Zugang treffen, und eine Darlegung der wichtigsten Probleme, die sich aus der Anwendung dieser Richtlinie ergeben.

(2) Bis zum 18. Januar 2019 und danach alle fünf Jahre veröffentlicht die Kommission einen Bericht über die Durchführung dieser Richtlinie.

In dem ersten Bericht ist ein besonderer Schwerpunkt auf die durch diese Richtlinie eingeführten neuen Elemente zu legen, und es sind folgende Themen besonders zu behandeln:

a) Funktion des Europäischen Berufsausweises,
b) Aktualisierung der Kenntnisse, Fähigkeiten und Kompetenzen bei den unter Titel III Kapitel III fallenden Berufen, einschließlich der Liste der Kompetenzen gemäß Artikel 31 Absatz 7,
c) Funktion der gemeinsamen Ausbildungsrahmen und der gemeinsamen Ausbildungsprüfungen,
d) Ergebnisse des in den rumänischen Rechts- und Verwaltungsvorschriften festgelegten speziellen Aufstiegsfortbildungsprogramms für die Inhaber der Ausbildungsnachweise nach Artikel 33a und die Inhaber der Ausbildungsnachweise der postsekundären Stufe, damit geprüft werden kann, ob die aktuellen Bestimmungen über das System der erworbenen Rechte, das auf die rumänischen Ausbildungsnachweise von für die allgemeine Pflege verantwortlichen Krankenschwestern/Krankenpflegern Anwendung findet, geändert werden müssen.

Die Mitgliedstaaten stellen sämtliche Informationen zur Verfügung, die zur Ausarbeitung dieses Berichts notwendig sind.

Art. 61[1)] **Ausnahmebestimmung.** Falls ein Mitgliedstaat bei der Anwendung einer Bestimmung dieser Richtlinie in bestimmten Bereichen auf erhebliche Schwierigkeiten stößt, untersucht die Kommission diese Schwierigkeiten gemeinsam mit diesem Mitgliedstaat.
Bei Bedarf erlässt die Kommission einen Durchführungsrechtsakt, um dem betreffenden Mitgliedstaat zu erlauben, vorübergehend von der Anwendung der betreffenden Vorschrift abzusehen.

Art. 62 Aufhebung. [1]Die Richtlinien 77/452/EWG, 77/453/EWG, 78/686/EWG, 78/687/EWG, 78/1026/EWG, 78/1027/EWG, 80/

[1)] Art. 61 UAbs. 2 neu gef. mWv 17.1.2014 durch RL v. 20.11.2013 (ABl. Nr. L 354 S. 132).

154/EWG, 80/155/EWG, 85/384/EWG, 85/432/EWG, 85/433/EWG, 89/48/EWG, 92/51/EWG, 93/16/EWG und 1999/42/EG werden mit Wirkung vom 20. Oktober 2007 aufgehoben. [2]Bezugnahmen auf die aufgehobenen Richtlinien sind als Bezugnahmen auf diese Richtlinie zu verstehen und erfolgen unbeschadet der auf der Grundlage dieser Richtlinien verabschiedeten Rechtsakte.

Art. 63 Umsetzung. [1]Die Mitgliedstaaten setzen die Rechts- und Verwaltungsvorschriften in Kraft, die erforderlich sind, um dieser Richtlinie bis spätestens bis 20. Oktober 2007 nachzukommen. [2]Sie unterrichten die Kommission unverzüglich darüber.

[1]Wenn die Mitgliedstaaten diese Vorschriften erlassen, nehmen sie in diesen Vorschriften selbst oder durch einen Hinweis bei der amtlichen Veröffentlichung auf diese Richtlinie Bezug. [2]Die Mitgliedstaaten regeln die Einzelheiten der Bezugnahme.

Art. 64 Inkrafttreten. Diese Richtlinie tritt am zwanzigsten Tag nach ihrer Veröffentlichung[1)] im *Amtsblatt der Europäischen Union* in Kraft.

Art. 65 Adressaten. Diese Richtlinie ist an die Mitgliedstaaten gerichtet.

Anhang I
Liste der Berufsverbände oder -organisationen, die die Bedingungen des Artikels 3 Absatz 2 erfüllen

(hier nicht abgedruckt)

Anhänge II und III

(aufgehoben durch RL v. 20.11.2013, ABl. Nr. L 354/132 v. 28.12.2013)

Anhang IV
Tätigkeiten in Verbindung mit den in den Artikeln 17, 18 und 19 genannten Kategorien der Berufserfahrung

Verzeichnis I:	Hauptgruppen der Richtlinie 64/427/EWG, geändert durch die Richtlinie 69/77/EWG, sowie der Richtlinien 68/366/EWG und 82/489/EWG
Verzeichnis II:	Klassen der Richtlinien 75/368/EWG, 75/369/EWG und 82/470/EWG
Verzeichnis III:	Richtlinie 64/222/EWG, 68/364/EWG, 68/368/EWG, 75/368/EWG, 75/369/EWG, 70/523/EWG und 82/470/EWG

(hier nicht abgedruckt)

1) Veröffentlicht am 30.9.2005.

Anhang V
Anerkennung auf der Grundlage der Koordinierung der Mindestanforderungen an die Ausbildung

V.1. ARZT
V.2. KRANKENSCHWESTER UND KRANKENPFLEGER, DIE FÜR DIE ALLGEMEINE PFLEGE VERANTWORTLICH SIND
V.3. ZAHNARZT
V.4. TIERARZT
V.5. HEBAMME
V.6. APOTHEKER
V.7. ARCHITEKT

(hier nicht abgedruckt, völlige Neufassung ABl. Nr. L 104/1 v. 15.4.2019)

Anhang VI
Erworbene Rechte von Angehörigen der Berufe, die auf der Grundlage der Koordinierung der Mindestanforderungen an die Ausbildung anerkannt werden

(hier nicht abgedruckt)

Anhang VII
Unterlagen und Bescheinigungen, die gemäß Artikel 50 Absatz 1 verlangt werden können

1. Unterlagen

a) Staatsangehörigkeitsnachweis der betreffenden Person.

b) Kopie der Befähigungsnachweise oder des Ausbildungsnachweises, der zur Aufnahme des entsprechenden Berufes berechtigt, sowie gegebenenfalls eine Bescheinigung über die von der betreffenden Person erworbene Berufserfahrung.

Ferner können die zuständigen Behörden des Aufnahmemitgliedstaates den Antragsteller auffordern, Informationen zu seiner Ausbildung vorzulegen, soweit dies erforderlich ist, um festzustellen, ob diese möglicherweise von der im betreffenden Staat geforderten Ausbildung gemäß Artikel 14 erheblich abweicht. Ist der Antragsteller nicht in der Lage, diese Informationen vorzulegen, so wenden sich die zuständigen Behörden des Aufnahmestaats an die Kontaktstelle, die zuständige Behörde oder an eine andere einschlägige Stelle des Herkunftsmitgliedstaates.

c) In den in Artikel 16 genannten Fällen eine Bescheinigung über die Art und die Dauer der Tätigkeit, die von der zuständigen Behörde oder Einrichtung des Herkunftsmitgliedstaates oder des Mitgliedstaates, aus dem die Person mit der fremden Staatsangehörigkeit kommt, ausgestellt wird.

d) Die Behörde des Aufnahmemitgliedstaates, die die Aufnahme eines reglementierten Berufs von der Vorlage eines Zuverlässigkeitsnachweises oder einer Bescheinigung über die Konkursfreiheit abhängig macht oder die die Ausübung dieses Berufes im Falle eines schwerwiegenden standeswidrigen Verhaltens oder einer Verurteilung wegen strafbarer Handlungen aussetzt oder untersagt, erkennt bei Angehörigen der Mitgliedstaaten, die diesen Beruf im Hoheitsgebiet des Aufnahmemitgliedstaates ausüben wollen, als hinreichenden Nachweis Unterlagen an, die von den zuständigen Behörden des Herkunftsmitgliedstaats ausgestellt wurden und die belegen, dass die Erfordernisse erfüllt werden. Die Behörden des Herkunftsmitgliedstaats müssen die geforderten Unterlagen binnen zwei Monaten übermitteln.

Werden im Herkunftsmitgliedstaat die vorgenannten Unterlagen nicht ausgestellt, können sie durch eine eidesstattliche Erklärung oder – in den Staaten, in denen es keine eidesstattliche Erklärung gibt – durch eine feierliche Erklärung ersetzt werden, die die betreffende Person vor einer zuständigen Justiz- oder Verwaltungsbehörde oder gegebenenfalls vor einem Notar oder einer entsprechend bevollmächtigten Berufsorganisation des Herkunftsmitgliedstaats, die eine diese eidesstattlichen oder feierlichen Erklärungen bestätigende Bescheinigung ausstellt, abgegeben hat.

e) Verlangt der Aufnahmemitgliedstaat von seinen Staatsangehörigen für die Aufnahme eines reglementierten Berufs einen Nachweis über die körperliche und geistige Gesundheit des Antragstellers, so erkennt dieser Mitgliedstaat den im Herkunftsmitgliedstaat geforderten diesbezüglichen Nachweis als hinreichend an. Wird im Herkunftsmitgliedstaat kein derartiger Nachweis verlangt, erkennt der Aufnahmemitgliedstaat eine von einer zuständigen Behörde dieses Staates ausgestellte Bescheinigung an. In diesem Fall müssen die zuständigen Behörden des Herkunftsmitgliedstaates die geforderte Bescheinigung binnen zwei Monaten übermitteln.

f) Verlangt der Aufnahmemitgliedstaat von seinen Staatsangehörigen für die Aufnahme eines reglementierten Berufes

– einen Nachweis über die finanzielle Leistungsfähigkeit des Antragstellers,
– einen Nachweis darüber, dass der Antragsteller gegen die finanziellen Risiken seiner beruflichen Haftpflicht versichert ist, und zwar gemäß den im Aufnahmemitgliedstaat geltenden Rechts- und Verwaltungsvorschriften über die Einzelheiten und den Umfang einer solchen Garantie,

erkennt dieser Mitgliedstaat als hinreichenden Nachweis eine diesbezügliche Bescheinigung an, die von einer Bank oder einer Versicherung in einem anderen Mitgliedstaat ausgestellt wurde.

g) Eine Bescheinigung darüber, dass die Ausübung des Berufs nicht vorübergehend oder endgültig untersagt wurde und dass keine Vorstrafen vorliegen, sofern der Mitgliedstaat dies von seinen eigenen Staatsangehörigen verlangt.

2. Bescheinigungen

Um die Anwendung von Titel III Kapitel III dieser Richtlinie zu erleichtern, können die Mitgliedstaaten verlangen, dass die Antragsteller, die die geforderten Ausbildungsvoraussetzungen erfüllen, zusammen mit ihren Ausbildungsnachweisen eine Bescheinigung der zuständigen Behörden des Herkunftsmitgliedstaats vorlegen, aus der hervorgeht, dass diese Nachweise den in der Richtlinie verlangten Nachweisen entsprechen.

185. Verordnung (EG) Nr. 883/2004 des Europäischen Parlaments und des Rates zur Koordinierung der Systeme der sozialen Sicherheit[1) · 2)]

Vom 29. April 2004

(ABl. Nr. L 166/1 v. 30.4.2004, ber. Fassung in ABl. Nr. L 200/1 v. 7.6.2004, weitere Ber. in ABl. Nr. L 204/30 v. 4.8.2007; geänd. durch VO (EG) Nr. 988/2009 v. 16.9.2009, ABl. Nr. L 284/43; VO (EU) 465/2012 v. 22.5.2012, ABl. Nr. L 149/4; VO (EU) 517/2013 v. 13.5.2013, ABl. Nr. L 158/1 v. 10.6.2013); VO (EU) 172/2013, ABl. Nr. L 346/27 v. 20.12.2013, ber. ABl. Nr. L 213/65 v. 12.8.2015) und VO (EU) 2019/1149, ABl. Nr. L 186/21 v. 11.7.2019)

DAS EUROPÄISCHE PARLAMENT UND DER RAT DER EUROPÄISCHEN UNION –

gestützt auf den Vertrag zur Gründung der Europäischen Gemeinschaft, insbesondere auf die Artikel 42 und 308,

auf Vorschlag der Kommission, vorgelegt nach Anhörung der Sozialpartner und der Verwaltungskommission für die soziale Sicherheit der Wanderarbeitnehmer[3)],

nach Stellungnahme des Europäischen Wirtschafts- und Sozialausschusses[4)],

gemäß dem Verfahren des Artikels 251 des Vertrags[5)],

in Erwägung nachstehender Gründe:[6)]

(1) Die Vorschriften zur Koordinierung der nationalen Systeme der sozialen Sicherheit sind Teil des freien Personenverkehrs und sollten zur Verbesserung des Lebensstandards und der Arbeitsbedingungen beitragen.

(2) Für die Annahme geeigneter Maßnahmen im Bereich der sozialen Sicherheit für andere Personen als Arbeitnehmer sieht der Vertrag keine anderen Befugnisse als diejenigen des Artikels 308 vor.

---

1) Zur (vorübergehenden) Weitergeltung der VO (EWG) Nr. 1408/71 in bestimmten Fällen vgl. Art. 90 der VO. Gleichzeitig mit der nach Art. 91 VO erforderlichen DurchführungsVO (987/2009, ABl. Nr. L 284/43, zuletzt geänd. durch VO 1372/2013, ABl. Nr. L 346/27), ist die VO 883/2004 am 1.5.2010 nun auch formell in Kraft getreten. Zu Änderungsnachw. betr. die Anhänge vgl. ebd.

2) Zum persönlichen Geltungsbereich stellt VO 1231/2010 v. 24.11.2010 (ABL. Nr. L Nr. 344/1) nunmehr mit Wirkung v. 1.1.2011 folgendes klar: „Art. 1. Die Verordnung (EG) Nr. 883/2004 und die Verordnung (EG) Nr. 987/2009 gelten für Drittstaatsangehörige, die ausschließlich aufgrund ihrer Staatsangehörigkeit nicht bereits unter die genannten Verordnungen fallen, sowie für ihre Familienangehörigen und ihre Hinterbliebenen, wenn sie ihren rechtmäßigen Wohnsitz im Hoheitsgebiet eines Mitgliedstaats haben und sich in *einer Lage befinden*, die *nicht* ausschließlich einen einzigen Mitgliedstaat betrifft.

3) **[Amtl. Anm.:]** ABl. C 38 vom 12.2.1999, S. 10.

4) **[Amtl. Anm.:]** ABl. C 75 vom 15.3.2000, S. 29.

5) **[Amtl. Anm.:]** Stellungnahme des Europäischen Parlaments vom 3. September 2003 (noch nicht im Amtsblatt veröffentlicht), Gemeinsamer Standpunkt des Rates vom 26. Januar 2004 (ABl C 79 E vom 30.3.2004, S. 15) und Standpunkt des Europäischen Parlaments vom 20. April 2004 (noch nicht im Amtsblatt veröffentlicht). Beschluss des Rates vom 26. April 2004.

6) Erwägung 17a und 18a eingef. mWv 1.5.2010 durch VO v. 16.9.2009 (ABl. Nr. L 284 S. 43); Erwägung 18b eingef. mWv 28.6.2012 durch VO v. 22.5.2012 (ABl. Nr. L 149 S. 4).

(3) Die Verordnung (EWG) Nr. 1408/71 des Rates vom 14. Juni 1971 über die Anwendung der Systeme der sozialen Sicherheit auf Arbeitnehmer und Selbstständige sowie deren Familienangehörige, die innerhalb der Gemeinschaft zu- und abwandern[1]), ist mehrfach geändert und aktualisiert worden, um nicht nur den Entwicklungen auf Gemeinschaftsebene – einschließlich der Urteile des Gerichtshofes –, sondern auch den Änderungen der Rechtsvorschriften auf nationaler Ebene Rechnung zu tragen. Diese Faktoren haben dazu beigetragen, dass die gemeinschaftlichen Koordinierungsregeln komplex und umfangreich geworden sind. Zur Erreichung des Ziels des freien Personenverkehrs ist es daher von wesentlicher Bedeutung, diese Vorschriften zu ersetzen und dabei gleichzeitig zu aktualisieren und zu vereinfachen.

(4) Es ist notwendig, die Eigenheiten der nationalen Rechtsvorschriften über soziale Sicherheit zu berücksichtigen und nur eine Koordinierungsregelung vorzusehen.

(5) Es ist erforderlich, bei dieser Koordinierung innerhalb der Gemeinschaft sicherzustellen, dass die betreffenden Personen nach den verschiedenen nationalen Rechtsvorschriften gleich behandelt werden.

(6) Die enge Beziehung zwischen den Rechtsvorschriften der sozialen Sicherheit und den tarifvertraglichen Vereinbarungen, die diese Rechtsvorschriften ergänzen oder ersetzen und die durch eine behördliche Entscheidung für allgemein verbindlich erklärt oder in ihrem Geltungsbereich erweitert wurden, kann einen Schutz bei der Anwendung dieser Bestimmungen erfordern, der demjenigen vergleichbar ist, der durch diese Verordnung gewährt wird. Als erster Schritt könnten die Erfahrungen der Mitgliedstaaten, die solche Regelungen notifiziert haben, evaluiert werden.

(7) Wegen der großen Unterschiede hinsichtlich des persönlichen Geltungsbereichs der nationalen Rechtsvorschriften ist es vorzuziehen, den Grundsatz festzulegen, dass diese Verordnung auf Staatsangehörige eines Mitgliedstaats, Staatenlose und Flüchtlinge mit Wohnort im Hoheitsgebiet eines Mitgliedstaats, für die die Rechtsvorschriften der sozialen Sicherheit eines oder mehrerer Mitgliedstaaten gelten oder galten, sowie auf ihre Familienangehörigen und Hinterbliebenen Anwendung findet.

(8) Der allgemeine Grundsatz der Gleichbehandlung ist für Arbeitnehmer, die nicht im Beschäftigungsmitgliedstaat wohnen, einschließlich Grenzgängern, von besonderer Bedeutung.

(9) Der Gerichtshof hat mehrfach zur Möglichkeit der Gleichstellung von Leistungen, Einkünften und Sachverhalten Stellung genommen; dieser Grundsatz sollte explizit aufgenommen und ausge-

---

[1]) **[Amtl. Anm.:]** ABl. L 149 vom 5.7.1971, S. 2. Zuletzt geändert durch die Verordnung (EG) Nr. 631/2004 des Europäischen Parlaments und des Rates (ABl. L 187 vom 6.4.2004, S. 1).

formt werden, wobei Inhalt und Geist der Gerichtsentscheidungen zu beachten sind.

(10) Der Grundsatz, dass bestimmte Sachverhalte oder Ereignisse, die im Hoheitsgebiet eines anderen Mitgliedstaats eingetreten sind, so zu behandeln sind, als ob sie im Hoheitsgebiet des Mitgliedstaats, dessen Rechtsvorschriften Anwendung finden, eingetreten wären, sollte jedoch nicht zu einem Widerspruch mit dem Grundsatz der Zusammenrechnung von Versicherungszeiten, Beschäftigungszeiten, Zeiten einer selbstständigen Erwerbstätigkeit oder Wohnzeiten, die nach den Rechtsvorschriften eines anderen Mitgliedstaats zurückgelegt worden sind, mit Zeiten, die nach den Rechtsvorschriften des zuständigen Mitgliedstaats zurückgelegt worden sind, führen. Zeiten, die nach den Rechtsvorschriften eines anderen Mitgliedstaats zurückgelegt worden sind, sollten deshalb nur durch die Anwendung des Grundsatzes der Zusammenrechnung der Zeiten berücksichtigt werden.

(11) Die Gleichstellung von Sachverhalten oder Ereignissen, die in einem Mitgliedstaat eingetreten sind, kann in keinem Fall bewirken, dass ein anderer Mitgliedstaat zuständig wird oder dessen Rechtsvorschriften anwendbar werden.

(12) Im Lichte der Verhältnismäßigkeit sollte sichergestellt werden, dass der Grundsatz der Gleichstellung von Sachverhalten oder Ereignissen nicht zu sachlich nicht zu rechtfertigenden Ergebnissen oder zum Zusammentreffen von Leistungen gleicher Art für denselben Zeitraum führt.

(13) Die Koordinierungsregeln müssen den Personen, die sich innerhalb der Gemeinschaft bewegen, sowie ihren Angehörigen und Hinterbliebenen die Wahrung erworbener Ansprüche und Vorteile sowie der Anwartschaften ermöglichen.

(14) Diese Ziele müssen insbesondere durch die Zusammenrechnung aller Zeiten, die nach den verschiedenen nationalen Rechtsvorschriften für die Begründung und Aufrechterhaltung des Leistungsanspruchs und für dessen Berechnung zu berücksichtigen sind, sowie durch die Gewährung von Leistungen an die verschiedenen unter diese Verordnung fallenden Personengruppen, erreicht werden.

(15) Es ist erforderlich, Personen, die sich innerhalb der Gemeinschaft bewegen, dem System der sozialen Sicherheit nur eines Mitgliedstaats zu unterwerfen, um eine Kumulierung anzuwendender nationaler Rechtsvorschriften und die sich daraus möglicherweise ergebenden Komplikationen zu vermeiden.

(16) Innerhalb der Gemeinschaft ist es grundsätzlich nicht gerechtfertigt, Ansprüche der sozialen Sicherheit vom Wohnort der betreffenden Person abhängig zu machen; in besonderen Fällen jedoch – vor allem bei besonderen Leistungen, die an das wirtschaftliche und soziale Umfeld der betreffenden Person gebunden sind – könnte der Wohnort berücksichtigt werden.

(17) Um die Gleichbehandlung aller im Hoheitsgebiet eines Mitgliedstaats erwerbstätigen Personen am besten zu gewährleisten, ist es

zweckmäßig, als allgemeine Regel die Anwendung der Rechtsvorschriften des Mitgliedstaats vorzusehen, in dem die betreffende Person eine Beschäftigung oder eine selbstständige Erwerbstätigkeit ausübt.

(17a) Sobald Rechtsvorschriften eines Mitgliedstaats für eine Person nach Titel II dieser Verordnung anwendbar werden, sollten die Voraussetzungen für einen Anschluss und den Anspruch auf Leistungen durch die Rechtsvorschriften des zuständigen Mitgliedstaats geregelt werden, wobei das Gemeinschaftsrecht einzuhalten ist.

(18) Von dieser allgemeinen Regel ist in besonderen Fällen, die andere Zugehörigkeitskriterien rechtfertigen, abzuweichen.

(18a) Der Grundsatz, dass nur die Rechtsvorschriften eines einzigen Mitgliedstaats anzuwenden sind, ist von großer Bedeutung und sollte hervorgehoben werden. Dies sollte jedoch nicht bedeuten, dass allein die Gewährung einer Leistung nach dieser Verordnung, einschließlich der Zahlung von Versicherungsbeiträgen oder der Gewährung eines Versicherungsschutzes für den Begünstigten, die Rechtsvorschriften des Mitgliedstaats, dessen Träger diese Leistung erbracht hat, zu den für diese Person geltenden Rechtsvorschriften macht.

(18b) In Anhang III der Verordnung (EWG) Nr. 3922/91 des Rates vom 16. Dezember 1991 zur Harmonisierung der technischen Vorschriften und der Verwaltungsverfahren in der Zivilluftfahrt*) ist das Konzept der „Heimatbasis" für Mitglieder von Flug- und Kabinenbesatzungen definiert als der vom Luftfahrtunternehmer gegenüber dem Besatzungsmitglied benannte Ort, wo das Besatzungsmitglied normalerweise eine Dienstzeit oder eine Abfolge von Dienstzeiten beginnt und beendet und wo der Luftfahrtunternehmer normalerweise nicht für die Unterbringung des betreffenden Besatzungsmitglieds verantwortlich ist. Um die Anwendung des Titels II dieser Verordnung auf Mitglieder von Flug- und Kabinenbesatzungen zu erleichtern, ist es gerechtfertigt, das Konzept der „Heimatbasis" als das Kriterium für die Bestimmung der für die Mitglieder von Flug- und Kabinenbesatzungen geltenden Rechtsvorschriften heranzuziehen. Es sollte jedoch für Kontinuität bei den für die Mitglieder von Flug- und Kabinenbesatzungen geltenden Rechtsvorschriften gesorgt werden, und das Prinzip der Heimatbasis sollte nicht zu einem häufigen Wechsel der geltenden Rechtsvorschriften aufgrund der Arbeitsmuster oder des saisonbedingten Bedarfs der Branche führen.

(19) In einigen Fällen können Leistungen bei Mutterschaft und gleichgestellte Leistungen bei Vaterschaft von der Mutter oder dem Vater in Anspruch genommen werden; weil sich für Väter diese Leistungen von Erziehungsleistungen unterscheiden und mit Leistungen bei Mutterschaft im engeren Sinne gleichgesetzt werden

*) **[Amtl. Anm.:]** ABl. L 373 vom 31. 12. 1991, S. 4.

können, da sie in den ersten Lebensmonaten eines Neugeborenen gewährt werden, ist es angezeigt, Leistungen bei Mutterschaft und gleichgestellte Leistungen bei Vaterschaft gemeinsam zu regeln.

(20) In Bezug auf Leistungen bei Krankheit, Leistungen bei Mutterschaft und gleichgestellten Leistungen bei Vaterschaft sollte den Versicherten sowie ihren Familienangehörigen, die in einem anderen als dem zuständigen Mitgliedstaat wohnen oder sich dort aufhalten, Schutz gewährt werden.

(21) Die Bestimmungen über Leistungen bei Krankheit, Leistungen bei Mutterschaft und gleichgestellte Leistungen bei Vaterschaft wurden im Lichte der Rechtsprechung des Gerichtshofes erstellt. Die Bestimmungen über die vorherige Genehmigung wurden unter Berücksichtigung der einschlägigen Entscheidungen des Gerichtshofes verbessert.

(22) Die besondere Lage von Rentenantragstellern und Rentenberechtigten sowie ihrer Familienangehörigen erfordert Bestimmungen auf dem Gebiet der Krankenversicherung, die dieser Situation gerecht werden.

(23) In Anbetracht der Unterschiede zwischen den verschiedenen nationalen Systemen ist es angezeigt, dass die Mitgliedstaaten nach Möglichkeit vorsehen, dass Familienangehörigen von Grenzgängern in dem Mitgliedstaat, in dem die Grenzgänger ihre Tätigkeit ausüben, medizinische Behandlung gewährt wird.

(24) Es ist erforderlich, spezifische Bestimmungen vorzusehen, die ein Zusammentreffen von Sachleistungen bei Krankheit mit Geldleistungen bei Krankheit ausschließen, wie sie Gegenstand der Urteile des Gerichtshofes in den Rechtssachen C-215/99 (Jauch) und C-160/96 (Molenaar) waren, sofern diese Leistungen das gleiche Risiko abdecken.

(25) In Bezug auf Leistungen bei Arbeitsunfällen und Berufskrankheiten sollten Regeln erlassen werden, die Personen, die in einem anderen als dem zuständigen Mitgliedstaat wohnen oder sich dort aufhalten, Schutz gewähren.

(26) Für Leistungen bei Invalidität sollten Koordinierungsregeln vorgesehen werden, die die Eigenheiten der nationalen Rechtsvorschriften, insbesondere im Hinblick auf die Anerkennung des Invaliditätszustands und seiner Verschlimmerung, berücksichtigen.

(27) Es ist erforderlich, ein System zur Feststellung der Leistungen bei Alter und an Hinterbliebene für Personen zu erarbeiten, für die die Rechtsvorschriften eines oder mehrerer Mitgliedstaaten galten.

(28) Es ist erforderlich, den Betrag einer Rente festzulegen, die nach der Zusammenrechnungs- und Zeitenverhältnisregelung berechnet und durch das Gemeinschaftsrecht garantiert ist, wenn sich die Anwendung der nationalen Rechtsvorschriften einschließlich ihrer Kürzungs-, Ruhens- und Entziehungsvorschriften als weniger günstig erweist als die genannte Regelung.

(29) Um Wanderarbeitnehmer und ihre Hinterbliebenen gegen eine übermäßig strenge Anwendung der nationalen Kürzungs-, Ru-

hens- und Entziehungsvorschriften zu schützen, ist es erforderlich, Bestimmungen aufzunehmen, die für die Anwendung dieser Vorschriften strenge Regeln festlegen.

(30) Wie der Gerichtshof stets bekräftigt hat, ist der Rat nicht dafür zuständig, Rechtsvorschriften zu erlassen, mit denen das Zusammentreffen von zwei oder mehr Rentenansprüchen, die in verschiedenen Mitgliedstaaten erworben wurden, dadurch eingeschränkt wird, dass der Betrag einer Rente, deren Anspruch ausschließlich nach nationalen Rechtsvorschriften erworben wurde, gekürzt wird.

(31) Nach Auffassung des Gerichtshofes ist es Sache des nationalen Gesetzgebers, derartige Rechtsvorschriften zu erlassen, wobei der Gemeinschaftsgesetzgeber die Grenzen festlegt, in denen die nationalen Kürzungs-, Ruhens- oder Entziehungsvorschriften anzuwenden sind.

(32) Zur Förderung der Mobilität der Arbeitnehmer ist vor allem ihre Arbeitssuche in den verschiedenen Mitgliedstaaten zu erleichtern; daher ist eine stärkere und wirksamere Koordinierung zwischen den Systemen der Arbeitslosenversicherung und der Arbeitsverwaltung aller Mitgliedstaaten notwendig.

(33) Es ist erforderlich, gesetzliche Vorruhestandsregelungen in den Geltungsbereich dieser Verordnung einzubeziehen und dadurch die Gleichbehandlung und die Möglichkeit des „Exports" von Vorruhestandsleistungen sowie die Feststellung von Familien- und Gesundheitsleistungen für die betreffende Person nach den Bestimmungen dieser Verordnung zu gewährleisten; da es gesetzliche Vorruhestandsregelungen jedoch nur in einer sehr begrenzten Anzahl von Mitgliedstaaten gibt, sollten die Vorschriften über die Zusammenrechnung von Zeiten auf diese Regelungen nicht angewendet werden.

(34) Da die Familienleistungen sehr vielfältig sind und Schutz in Situationen gewähren, die als klassisch beschrieben werden können, sowie in Situationen, die durch ganz spezifische Faktoren gekennzeichnet sind und die Gegenstand der Urteile des Gerichtshofes in den verbundenen Rechtssachen C-245/94 und C-312/94 (Hoever) und (Zachow) und in der Rechtssache C-275/96 (Kuusijärvi) waren, ist es erforderlich, diese Leistungen in ihrer Gesamtheit zu regeln.

(35) Zur Vermeidung ungerechtfertigter Doppelleistungen sind für den Fall des Zusammentreffens von Ansprüchen auf Familienleistungen nach den Rechtsvorschriften des zuständigen Mitgliedstaats mit Ansprüchen auf Familienleistungen nach den Rechtsvorschriften des Wohnmitgliedstaats der Familienangehörigen Prioritätsregeln vorzusehen.

(36) Unterhaltsvorschüsse sind zurückzuzahlende Vorschüsse, mit denen ein Ausgleich dafür geschaffen werden soll, dass ein Elternteil seiner gesetzlichen Verpflichtung zur Leistung von Unterhalt für sein Kind nicht nachkommt; hierbei handelt es sich um eine fami-

lienrechtliche Verpflichtung. Daher sollten diese Vorschüsse nicht als direkte Leistungen aufgrund einer kollektiven Unterstützung zu Gunsten der Familien angesehen werden. Aufgrund dieser Besonderheiten sollten die Koordinierungsregeln nicht für solche Unterhaltsvorschüsse gelten.

(37) Der Gerichtshof hat wiederholt festgestellt, dass Vorschriften, mit denen vom Grundsatz der „Exportierbarkeit" der Leistungen der sozialen Sicherheit abgewichen wird, eng ausgelegt werden müssen. Dies bedeutet, dass sie nur auf Leistungen angewendet werden können, die den genau festgelegten Bedingungen entsprechen. Daraus folgt, dass Titel III Kapitel 9 dieser Verordnung nur auf Leistungen angewendet werden kann, die sowohl besonders als auch beitragsunabhängig sind und in Anhang X dieser Verordnung aufgeführt sind.

(38) Es ist erforderlich, eine Verwaltungskommission einzusetzen, der ein Regierungsvertreter jedes Mitgliedstaats angehört und die insbesondere damit beauftragt ist, alle Verwaltungs- und Auslegungsfragen zu behandeln, die sich aus dieser Verordnung ergeben, und die Zusammenarbeit zwischen den Mitgliedstaaten zu fördern.

(39) Es hat sich herausgestellt, dass die Entwicklung und Benutzung von elektronischen Datenverarbeitungsdiensten für den Informationsaustausch die Einsetzung eines Fachausschusses unter der Verantwortung der Verwaltungskommission mit spezifischen Zuständigkeiten in den Bereichen der Datenverarbeitung erforderlich machen.

(40) Die Benutzung von elektronischen Datenverarbeitungsdiensten für den Datenaustausch zwischen Trägern erfordert Bestimmungen, die gewährleisten, dass elektronisch ausgetauschte oder herausgegebene Dokumente genauso anerkannt werden wie Dokumente in Papierform. Ein solcher Austausch hat unter Beachtung der Gemeinschaftsbestimmungen über den Schutz natürlicher Personen bei der Verarbeitung personenbezogener Daten und den freien Datenverkehr zu erfolgen.

(41) Zur Erleichterung der Anwendung der Koordinierungsregeln ist es erforderlich, besondere Bestimmungen vorzusehen, die den jeweiligen Eigenheiten der nationalen Rechtsvorschriften gerecht werden.

(42) Im Einklang mit dem Verhältnismäßigkeitsprinzip und der Absicht, diese Verordnung auf alle Unionsbürger auszudehnen, und mit dem Ziel, eine Lösung zu erreichen, die allen Zwängen Rechnung trägt, die mit den besonderen Merkmalen von auf dem Wohnortkriterium basierenden Systemen verknüpft sein könnten, wurde eine besondere Ausnahmeregelung in Form eines Eintrags für Dänemark in Anhang XI für zweckdienlich erachtet, die ausschließlich auf Sozialrentenansprüche für die neue Kategorie von nicht erwerbstätigen Personen, auf die diese Verordnung ausgeweitet wurde, beschränkt ist; damit wird den besonderen Merkmalen des dänischen Systems sowie der Tatsache Rechnung getragen, dass diese Renten nach dem geltenden dänischen Recht

(Rentengesetz) nach einer Wohnzeit von zehn Jahren „exportiert" werden können.

(43) Im Einklang mit dem Grundsatz der Gleichbehandlung wird eine besondere Ausnahmeregelung in Form eines Eintrags für Finnland in Anhang XI für zweckdienlich erachtet, die auf wohnsitzabhängige staatliche Renten beschränkt ist, um den besonderen Merkmalen der finnischen Rechtsvorschriften über die soziale Sicherheit Rechnung zu tragen; dadurch soll sichergestellt werden, dass die staatliche Rente nicht niedriger sein darf als die staatliche Rente, die sich ergäbe, wenn sämtliche Versicherungszeiten, die in anderen Mitgliedstaaten zurückgelegt wurden, in Finnland zurückgelegt worden wären.

(44) Es ist erforderlich, eine neue Verordnung zu erlassen, um die Verordnung (EWG) Nr. 1408/71 aufzuheben. Dabei muss die Verordnung (EWG) Nr. 1408/71 jedoch im Hinblick auf bestimmte Rechtsakte der Gemeinschaft und Abkommen, bei denen die Gemeinschaft Vertragspartei ist, zur Wahrung der Rechtssicherheit in Kraft bleiben und weiterhin Rechtsgültigkeit besitzen.

(45) Da das Ziel der beabsichtigten Maßnahme, nämlich Koordinierungsmaßnahmen zur Sicherstellung, dass das Recht auf Freizügigkeit wirksam ausgeübt werden kann, auf Ebene der Mitgliedstaaten nicht ausreichend erreicht werden kann und daher wegen des Umfangs und der Wirkungen der Maßnahme besser auf Gemeinschaftsebene zu erreichen ist, kann die Gemeinschaft im Einklang mit dem in Artikel 5 des Vertrags niedergelegten Subsidiaritätsprinzip tätig werden. Entsprechend dem in demselben Artikel genannten Verhältnismäßigkeitsprinzip geht diese Verordnung nicht über das für die Erreichung dieses Ziels erforderliche Maß hinaus –

HABEN FOLGENDE VERORDNUNG ERLASSEN:

Art. 1[1] **Definitionen.** Für die Zwecke dieser Verordnung bezeichnet der Ausdruck:

a) „Beschäftigung" jede Tätigkeit oder gleichgestellte Situation, die für die Zwecke der Rechtsvorschriften der sozialen Sicherheit des Mitgliedstaats, in dem die Tätigkeit ausgeübt wird oder die gleichgestellte Situation vorliegt, als solche gilt;

b) „selbstständige Erwerbstätigkeit" jede Tätigkeit oder gleichgestellte Situation, die für die Zwecke der Rechtsvorschriften der sozialen Sicherheit des Mitgliedstaats, in dem die Tätigkeit ausgeübt wird oder die gleichgestellte Situation vorliegt, als solche gilt;

c) „Versicherter" in Bezug auf die von Titel III Kapitel 1 und 3 erfassten Zweige der sozialen Sicherheit jede Person, die unter Be-

---

[1] Art. 1 Buchst. va eingef. mWv 1. 5. 2010 durch VO v. 16. 9. 2009 (ABl. Nr. L 284 S. 43).

rücksichtigung der Bestimmungen dieser Verordnung die für einen Leistungsanspruch nach den Rechtsvorschriften des gemäß Titel II zuständigen Mitgliedstaats vorgesehenen Voraussetzungen erfüllt;

d) „Beamter" jede Person, die in dem Mitgliedstaat, dem die sie beschäftigende Verwaltungseinheit angehört, als Beamter oder diesem gleichgestellte Person gilt;

e) „Sondersystem für Beamte" jedes System der sozialen Sicherheit, das sich von dem allgemeinen System der sozialen Sicherheit, das auf die Arbeitnehmer des betreffenden Mitgliedstaats anwendbar ist, unterscheidet und das für alle oder bestimmte Gruppen von Beamten unmittelbar gilt;

f) „Grenzgänger" eine Person, die in einem Mitgliedstaat eine Beschäftigung oder eine selbstständige Erwerbstätigkeit ausübt und in einem anderen Mitgliedstaat wohnt, in den sie in der Regel täglich, mindestens jedoch einmal wöchentlich zurückkehrt;

g) „Flüchtling" eine Person im Sinne des Artikels 1 des am 28. Juli 1951 in Genf unterzeichneten Abkommens über die Rechtsstellung der Flüchtlinge;

h) „Staatenloser" eine Person im Sinne des Artikels 1 des am 28. September 1954 in New York unterzeichneten Abkommens über die Rechtsstellung der Staatenlosen;

i) „Familienangehöriger":

1. i) jede Person, die in den Rechtsvorschriften, nach denen die Leistungen gewährt werden, als Familienangehöriger bestimmt oder anerkannt oder als Haushaltsangehöriger bezeichnet wird;

   ii) in Bezug auf Sachleistungen nach Titel III Kapitel 1 über Leistungen bei Krankheit sowie Leistungen bei Mutterschaft und gleichgestellte Leistungen bei Vaterschaft jede Person, die in den Rechtsvorschriften des Mitgliedstaats, in dem sie wohnt, als Familienangehöriger bestimmt oder anerkannt wird oder als Haushaltsangehöriger bezeichnet wird;

2. unterscheiden die gemäß Nummer 1 anzuwendenden Rechtsvorschriften eines Mitgliedstaats die Familienangehörigen nicht von anderen Personen, auf die diese Rechtsvorschriften anwendbar sind, so werden der Ehegatte, die minderjährigen Kinder und die unterhaltsberechtigten volljährigen Kinder als Familienangehörige angesehen;

3. wird nach den gemäß Nummern 1 und 2 anzuwendenden Rechtsvorschriften eine Person nur dann als Familien- oder *Haushalts*angehöriger angesehen, wenn sie mit dem Versicherten oder dem Rentner in häuslicher Gemeinschaft lebt, so gilt diese Voraussetzung als erfüllt, wenn der Unterhalt der betreffenden Person überwiegend von dem Versicherten oder dem Rentner bestritten wird;

j) „Wohnort" den Ort des gewöhnlichen Aufenthalts einer Person;

k) „Aufenthalt" den vorübergehenden Aufenthalt;

l) „Rechtsvorschriften" für jeden Mitgliedstaat die Gesetze, Verordnungen, Satzungen und alle anderen Durchführungsvorschriften in

Bezug auf die in Artikel 3 Absatz 1 genannten Zweige der sozialen Sicherheit.

Dieser Begriff umfasst keine tarifvertraglichen Vereinbarungen, mit Ausnahme derjenigen, durch die eine Versicherungsverpflichtung, die sich aus den in Unterabsatz 1 genannten Gesetzen oder Verordnungen ergibt, erfüllt wird oder die durch eine behördliche Entscheidung für allgemein verbindlich erklärt oder in ihrem Geltungsbereich erweitert wurden, sofern der betreffende Mitgliedstaat in einer einschlägigen Erklärung den Präsidenten des Europäischen Parlaments und den Präsidenten des Rates der Europäischen Union davon unterrichtet. Diese Erklärung wird im *Amtsblatt der Europäischen Union* veröffentlicht;

m) „zuständige Behörde" in jedem Mitgliedstaat den Minister, die Minister oder eine entsprechende andere Behörde, die im gesamten Gebiet des betreffenden Mitgliedstaates oder einem Teil davon für die Systeme der sozialen Sicherheit zuständig sind;

n) „Verwaltungskommission" die in Artikel 71 genannte Kommission;

na) „Europäische Arbeitsbehörde" die in Artikel 74a genannte, mit der Verordnung (EU) 2019/1149 des Europäischen Parlaments und des Rates[1)] gegründete Einrichtung;

o) „Durchführungsverordnung" die in Artikel 89 genannte Verordnung;

p) „Träger" in jedem Mitgliedstaat die Einrichtung oder Behörde, der die Anwendung aller Rechtsvorschriften oder eines Teils hiervon obliegt;

q) „zuständiger Träger":

i) den Träger, bei dem die betreffende Person zum Zeitpunkt der Stellung des Antrags auf Leistungen versichert ist,
oder

ii) den Träger, gegenüber dem die betreffende Person einen Anspruch auf Leistungen hat oder hätte, wenn sie selbst oder ihr Familienangehöriger bzw. ihre Familienangehörigen in dem Mitgliedstaat wohnen würden, in dem dieser Träger seinen Sitz hat,
oder

iii) den von der zuständigen Behörde des betreffenden Mitgliedstaats bezeichneten Träger,
oder

iv) bei einem System, das die Verpflichtungen des Arbeitgebers hinsichtlich der in Artikel 3 Absatz 1 genannten Leistungen betrifft, den Arbeitgeber oder den betreffenden Versicherer oder, falls es einen solchen nicht gibt, die von der zuständigen Behörde des betreffenden Mitgliedstaats bezeichnete Einrichtung oder Behörde;

[1)] Verordnung (EU) 2019/1149 des Europäischen Parlaments und des Rates vom 20. Juni 2019 zur Errichtung einer Europäischen Arbeitsbehörde und zur Änderung der Verordnungen (EG) Nr. 883/2004, (EU) Nr. 492/2011 und (EU) 2016/589 sowie zur Aufhebung des Beschlusses (EU) 2016/344 (ABl. L 186 vom 11.7.2019, S. 21).

r) „Träger des Wohnorts“ und „Träger des Aufenthaltsorts“ den Träger, der nach den Rechtsvorschriften, die für diesen Träger gelten, für die Gewährung der Leistungen an dem Ort zuständig ist, an dem die betreffende Person wohnt oder sich aufhält, oder, wenn es einen solchen Träger nicht gibt, den von der zuständigen Behörde des betreffenden Mitgliedstaats bezeichneten Träger;

s) „zuständiger Mitgliedstaat“ den Mitgliedstaat, in dem der zuständige Träger seinen Sitz hat;

t) „Versicherungszeiten“ die Beitragszeiten, Beschäftigungszeiten oder Zeiten einer selbstständigen Erwerbstätigkeit, die nach den Rechtsvorschriften, nach denen sie zurückgelegt worden sind oder als zurückgelegt gelten, als Versicherungszeiten bestimmt oder anerkannt sind, sowie alle gleichgestellten Zeiten, soweit sie nach diesen Rechtsvorschriften als den Versicherungszeiten gleichwertig anerkannt sind;

u) „Beschäftigungszeiten“ oder „Zeiten einer selbstständigen Erwerbstätigkeit“ die Zeiten, die nach den Rechtsvorschriften, nach denen sie zurückgelegt worden sind, als solche bestimmt oder anerkannt sind, sowie alle gleichgestellten Zeiten, soweit sie nach diesen Rechtsvorschriften als den Beschäftigungszeiten oder den Zeiten einer selbstständigen Erwerbstätigkeit gleichwertig anerkannt sind;

v) „Wohnzeiten“ die Zeiten, die nach den Rechtsvorschriften, nach denen sie zurückgelegt worden sind oder als zurückgelegt gelten, als solche bestimmt oder anerkannt sind;

va) „Sachleistungen“

i) für Titel III Kapitel 1 (Leistungen bei Krankheit sowie Leistungen bei Mutterschaft und gleichgestellte Leistungen bei Vaterschaft) Sachleistungen, die nach den Rechtsvorschriften eines Mitgliedstaats vorgesehen sind und die den Zweck verfolgen, die ärztliche Behandlung und die diese Behandlung ergänzenden Produkte und Dienstleistungen zu erbringen bzw. zur Verfügung zu stellen oder direkt zu bezahlen oder die diesbezüglichen Kosten zu erstatten. Dazu gehören auch Sachleistungen bei Pflegebedürftigkeit;

ii) für Titel III Kapitel 2 (Leistungen bei Arbeitsunfällen und Berufskrankheiten) alle Sachleistungen im Zusammenhang mit Arbeitsunfällen und Berufskrankheiten gemäß der Definition nach Ziffer i, die nach den Arbeitsunfall- und Berufskrankheitenregelungen der Mitgliedstaaten vorgesehen sind.

w) „Renten“ nicht nur Renten im engeren Sinn, sondern auch Kapitalabfindungen, die an deren Stelle treten können, und Beitragserstattungen sowie, soweit Titel III nichts anderes bestimmt, Anpassungsbeträge und Zulagen;

x) „Vorruhestandsleistungen“ alle anderen Geldleistungen als Leistungen bei Arbeitslosigkeit und vorgezogene Leistungen wegen Alters, die ab einem bestimmten Lebensalter Arbeitnehmern, die ihre berufliche Tätigkeit eingeschränkt oder beendet haben oder ihr vorübergehend nicht mehr nachgehen, bis zu dem Lebensalter gewährt werden, in dem sie Anspruch auf Altersrente oder auf vorzeitiges Altersruhegeld geltend machen können, und deren Bezug nicht davon abhängig ist, dass sie der Arbeitsverwaltung des zuständigen Staates zur Verfügung stehen; eine „vorgezogene Leistung wegen Alters" ist eine Leistung, die vor dem Erreichen des Lebensalters, ab dem üblicherweise Anspruch auf Rente entsteht, gewährt und nach Erreichen dieses Lebensalters weiterhin gewährt oder durch eine andere Leistung bei Alter abgelöst wird;

y) „Sterbegeld" jede einmalige Zahlung im Todesfall, mit Ausnahme der unter Buchstabe w) genannten Kapitalabfindungen;

z) „Familienleistungen" alle Sach- oder Geldleistungen zum Ausgleich von Familienlasten, mit Ausnahme von Unterhaltsvorschüssen und besonderen Geburts- und Adoptionsbeihilfen nach Anhang I.

Art. 2 Persönlicher Geltungsbereich. (1) Diese Verordnung gilt für Staatsangehörige eines Mitgliedstaats, Staatenlose und Flüchtlinge mit Wohnort in einem Mitgliedstaat, für die die Rechtsvorschriften eines oder mehrerer Mitgliedstaaten gelten oder galten, sowie für ihre Familienangehörigen und Hinterbliebenen.

(2) Diese Verordnung gilt auch für Hinterbliebene von Personen, für die die Rechtsvorschriften eines oder mehrerer Mitgliedstaaten galten, und zwar ohne Rücksicht auf die Staatsangehörigkeit dieser Personen, wenn die Hinterbliebenen Staatsangehörige eines Mitgliedstaats sind oder als Staatenlose oder Flüchtlinge in einem Mitgliedstaat wohnen.

Art. 3[1] Sachlicher Geltungsbereich. (1) Diese Verordnung gilt für alle Rechtsvorschriften, die folgende Zweige der sozialen Sicherheit betreffen:

a) Leistungen bei Krankheit;

b) Leistungen bei Mutterschaft und gleichgestellte Leistungen bei Vaterschaft;

c) Leistungen bei Invalidität;

d) Leistungen bei Alter;

e) Leistungen an Hinterbliebene;

f) Leistungen bei Arbeitsunfällen und Berufskrankheiten;

g) Sterbegeld;

h) Leistungen bei Arbeitslosigkeit;

i) Vorruhestandsleistungen;

j) Familienleistungen.

---

[1] Art. 3 Abs. 5 neu gef. mWv 1. 5. 2010 durch VO v. 16. 9. 2009 (ABl. Nr. L 284 S. 43).

(2) Sofern in Anhang XI nichts anderes bestimmt ist, gilt diese Verordnung für die allgemeinen und die besonderen, die auf Beiträgen beruhenden und die beitragsfreien Systeme der sozialen Sicherheit sowie für die Systeme betreffend die Verpflichtungen von Arbeitgebern und Reedern.

(3) Diese Verordnung gilt auch für die besonderen beitragsunabhängigen Geldleistungen gemäß Artikel 70.

(4) Die Rechtsvorschriften der Mitgliedstaaten über die Verpflichtungen von Reedern werden jedoch durch Titel III nicht berührt.

(5) Diese Verordnung gilt nicht für

a) soziale und medizinische Fürsorge oder

b) Leistungen, bei denen ein Mitgliedstaat die Haftung für Personenschäden übernimmt und Entschädigung leistet, beispielsweise für Opfer von Krieg und militärischen Aktionen oder der sich daraus ergebenden Folgen, Opfer von Straftaten, Attentaten oder Terrorakten, Opfer von Schäden, die von Bediensteten eines Mitgliedstaats in Ausübung ihrer Pflichten verursacht wurden, oder für Personen, die aus politischen oder religiösen Gründen oder aufgrund ihrer Abstammung Nachteile erlitten haben.

Art. 4 Gleichbehandlung. Sofern in dieser Verordnung nichts anderes bestimmt ist, haben Personen, für die diese Verordnung gilt, die gleichen Rechte und Pflichten aufgrund der Rechtsvorschriften eines Mitgliedstaats wie die Staatsangehörigen dieses Staates.

Art. 5 Gleichstellung von Leistungen, Einkünften, Sachverhalten oder Ereignissen. Sofern in dieser Verordnung nicht anderes bestimmt ist, gilt unter Berücksichtigung der besonderen Durchführungsbestimmungen Folgendes:

a) Hat nach den Rechtsvorschriften des zuständigen Mitgliedstaats der Bezug von Leistungen der sozialen Sicherheit oder sonstiger Einkünfte bestimmte Rechtswirkungen, so sind die entsprechenden Rechtsvorschriften auch bei Bezug von nach den Rechtsvorschriften eines anderen Mitgliedstaats gewährten gleichartigen Leistungen oder bei Bezug von in einem anderen Mitgliedstaat erzielten Einkünften anwendbar.

b) Hat nach den Rechtsvorschriften des zuständigen Mitgliedstaats der Eintritt bestimmter Sachverhalte oder Ereignisse Rechtswirkungen, so berücksichtigt dieser Mitgliedstaat die in einem anderen Mitgliedstaat eingetretenen entsprechenden Sachverhalte oder Ereignisse, als ob sie im eigenen Hoheitsgebiet eingetreten wären.

Art. 6 Zusammenrechnung der Zeiten. Sofern in dieser Verordnung nichts anderes bestimmt ist, berücksichtigt der zuständige Träger eines Mitgliedstaats, dessen Rechtsvorschriften:

– den Erwerb, die Aufrechterhaltung, die Dauer oder das Wiederaufleben des Leistungsanspruchs,
– die Anwendung bestimmter Rechtsvorschriften, oder
– den Zugang zu bzw. die Befreiung von der Pflichtversicherung, der freiwilligen Versicherung oder der freiwilligen Weiterversicherung,

von der Zurücklegung von Versicherungszeiten, Beschäftigungszeiten, Zeiten einer selbstständigen Erwerbstätigkeit oder Wohnzeiten abhängig machen, soweit erforderlich die nach den Rechtsvorschriften eines anderen Mitgliedstaats zurückgelegten Versicherungszeiten, Beschäftigungszeiten, Zeiten einer selbstständigen Erwerbstätigkeit oder Wohnzeiten, als ob es sich um Zeiten handeln würde, die nach den für diesen Träger geltenden Rechtsvorschriften zurückgelegt worden sind.

Art. 7 Aufhebung der Wohnortklauseln. Sofern in dieser Verordnung nichts anderes bestimmt ist, dürfen Geldleistungen, die nach den Rechtsvorschriften eines oder mehrerer Mitgliedstaaten oder nach dieser Verordnung zu zahlen sind, nicht aufgrund der Tatsache gekürzt, geändert, zum Ruhen gebracht, entzogen oder beschlagnahmt werden, dass der Berechtigte oder seine Familienangehörigen in einem anderen als dem Mitgliedstaat wohnt bzw. wohnen, in dem der zur Zahlung verpflichtete Träger seinen Sitz hat.

Art. 8 Verhältnis zwischen dieser Verordnung und anderen Koordinierungsregelungen. (1) [1] Im Rahmen ihres Geltungsbereichs tritt diese Verordnung an die Stelle aller zwischen den Mitgliedstaaten geltenden Abkommen über soziale Sicherheit. [2] Einzelne Bestimmungen von Abkommen über soziale Sicherheit, die von den Mitgliedstaaten vor dem Beginn der Anwendung dieser Verordnung geschlossen wurden, gelten jedoch fort, sofern sie für die Berechtigten günstiger sind oder sich aus besonderen historischen Umständen ergeben und ihre Geltung zeitlich begrenzt ist. [3] Um weiterhin Anwendung zu finden, müssen diese Bestimmungen in Anhang II aufgeführt sein. [4] Ist es aus objektiven Gründen nicht möglich, einige dieser Bestimmungen auf alle Personen auszudehnen, für die diese Verordnung gilt, so ist dies anzugeben.

(2) Zwei oder mehr Mitgliedstaaten können bei Bedarf nach den Grundsätzen und im Geist dieser Verordnung Abkommen miteinander schließen.

Art. 9[1] Erklärungen der Mitgliedstaaten zum Geltungsbereich dieser Verordnung. (1) [1] Die Mitgliedstaaten notifizieren der Europäischen Kommission schriftlich die Erklärungen gemäß Artikel 1 Buchstabe l, die Rechtsvorschriften, Systeme und Regelungen im Sinne des Artikels 3, die Abkommen im Sinne des Artikels 8 Absatz 2, die

[1] Art. 9 neu gef. mWv 28. 6. 2012 durch VO v. 22. 5. 2012 (ABl. Nr. L 149 S. 4).

Mindestleistungen im Sinne des Artikels 58 und das Fehlen eines Versicherungssystems im Sinne des Artikels 65 a Absatz 1 sowie wesentliche Änderungen. 2 In diesen Notifizierungen ist das Datum anzugeben, ab dem diese Verordnung auf die von den Mitgliedstaaten darin genannten Regelungen Anwendung findet.

(2) Diese Notifizierungen werden der Europäischen Kommission jährlich übermittelt und im erforderlichen Umfang bekannt gemacht.

Art. 10 Verbot des Zusammentreffens von Leistungen. Sofern nichts anderes bestimmt ist, wird aufgrund dieser Verordnung ein Anspruch auf mehrere Leistungen gleicher Art aus derselben Pflichtversicherungszeit weder erworben noch aufrechterhalten.

Titel II. Bestimmung des anwendbaren Rechts

Art. 11[1] Allgemeine Regelung. (1) 1 Personen, für die diese Verordnung gilt, unterliegen den Rechtsvorschriften nur eines Mitgliedstaats. 2 Welche Rechtsvorschriften dies sind, bestimmt sich nach diesem Titel.

(2) 1 Für die Zwecke dieses Titels wird bei Personen, die aufgrund oder infolge ihrer Beschäftigung oder selbstständigen Erwerbstätigkeit eine Geldleistung beziehen, davon ausgegangen, dass sie diese Beschäftigung oder Tätigkeit ausüben. 2 Dies gilt nicht für Invaliditäts-, Alters- oder Hinterbliebenenrenten oder für Renten bei Arbeitsunfällen oder Berufskrankheiten oder für Geldleistungen bei Krankheit, die eine Behandlung von unbegrenzter Dauer abdecken.

(3) Vorbehaltlich der Artikel 12 bis 16 gilt Folgendes:

a) eine Person, die in einem Mitgliedstaat eine Beschäftigung oder selbstständige Erwerbstätigkeit ausübt, unterliegt den Rechtsvorschriften dieses Mitgliedstaats;

b) ein Beamter unterliegt den Rechtsvorschriften des Mitgliedstaats, dem die ihn beschäftigende Verwaltungseinheit angehört;

c) eine Person, die nach den Rechtsvorschriften des Wohnmitgliedstaats Leistungen bei Arbeitslosigkeit gemäß Artikel 65 erhält, unterliegt den Rechtsvorschriften dieses Mitgliedstaats;

d) eine zum Wehr- oder Zivildienst eines Mitgliedstaats einberufene oder wiedereinberufene Person unterliegt den Rechtsvorschriften dieses Mitgliedstaats;

e) jede andere Person, die nicht unter die Buchstaben a) bis d) fällt, unterliegt unbeschadet anders lautender Bestimmungen dieser Verordnung, nach denen ihr Leistungen aufgrund der Rechtsvorschriften eines oder mehrerer anderer Mitgliedstaaten zustehen, den Rechtsvorschriften des Wohnmitgliedstaats.

---

[1] Art. 11 Abs. 5 angef. mWv 28. 6. 2012 durch VO v. 22. 5. 2012 (ABl. Nr. L 149 S. 4).

(4) [1] Für die Zwecke dieses Titels gilt eine Beschäftigung oder selbstständige Erwerbstätigkeit, die gewöhnlich an Bord eines unter der Flagge eines Mitgliedstaats fahrenden Schiffes auf See ausgeübt wird, als in diesem Mitgliedstaat ausgeübt. [2] Eine Person, die einer Beschäftigung an Bord eines unter der Flagge eines Mitgliedstaats fahrenden Schiffes nachgeht und ihr Entgelt für diese Tätigkeit von einem Unternehmen oder einer Person mit Sitz oder Wohnsitz in einem anderen Mitgliedstaat erhält, unterliegt jedoch den Rechtsvorschriften des letzteren Mitgliedstaats, sofern sie in diesem Staat wohnt. [3] Das Unternehmen oder die Person, das bzw. die das Entgelt zahlt, gilt für die Zwecke dieser Rechtsvorschriften als Arbeitgeber.

(5) Eine Tätigkeit, die ein Flug- oder Kabinenbesatzungsmitglied in Form von Leistungen im Zusammenhang mit Fluggästen oder Luftfracht ausübt, gilt als in dem Mitgliedstaat ausgeübte Tätigkeit, in dem sich die „Heimatbasis" im Sinne von Anhang III der Verordnung (EWG) Nr. 3922/91 befindet.

Art. 12[1)] Sonderregelung. (1) Eine Person, die in einem Mitgliedstaat für Rechnung eines Arbeitgebers, der gewöhnlich dort tätig ist, eine Beschäftigung ausübt und die von diesem Arbeitgeber in einen anderen Mitgliedstaat entsandt wird, um dort eine Arbeit für dessen Rechnung auszuführen, unterliegt weiterhin den Rechtsvorschriften des ersten Mitgliedstaats, sofern die voraussichtliche Dauer dieser Arbeit 24 Monate nicht überschreitet und diese Person nicht eine andere entsandte Person ablöst.

(2) Eine Person, die gewöhnlich in einem Mitgliedstaat eine selbstständige Erwerbstätigkeit ausübt und die eine ähnliche Tätigkeit in einem anderen Mitgliedstaat ausübt, unterliegt weiterhin den Rechtsvorschriften des ersten Mitgliedstaats, sofern die voraussichtliche Dauer dieser Tätigkeit vierundzwanzig Monate nicht überschreitet.

Art. 13[2)] Ausübung von Tätigkeiten in zwei oder mehr Mitgliedstaaten. (1) Eine Person, die gewöhnlich in zwei oder mehr Mitgliedstaaten eine Beschäftigung ausübt, unterliegt:

a) den Rechtsvorschriften des Wohnmitgliedstaats, wenn sie dort einen wesentlichen Teil ihrer Tätigkeit ausübt, oder

b) wenn sie im Wohnmitgliedstaat keinen wesentlichen Teil ihrer Tätigkeit ausübt,

   i) den Rechtsvorschriften des Mitgliedstaats, in dem das Unternehmen oder der Arbeitgeber seinen Sitz oder Wohnsitz hat, sofern sie bei einem Unternehmen bzw. einem Arbeitgeber beschäftigt ist, oder

---

1) Art. 12 Abs. 1 neu gef. mWv 28. 6. 2012 durch VO v. 22. 5. 2012 (ABl. Nr. L 149 S. 4).

2) Art. 13 Abs. 1 neu gef. mWv 28. 6. 2012 durch VO v. 22. 5. 2012 (ABl. Nr. L 149 S. 4).

ii) den Rechtsvorschriften des Mitgliedstaats, in dem die Unternehmen oder Arbeitgeber ihren Sitz oder Wohnsitz haben, wenn sie bei zwei oder mehr Unternehmen oder Arbeitgebern beschäftigt ist, die ihren Sitz oder Wohnsitz in nur einem Mitgliedstaat haben, oder

iii) den Rechtsvorschriften des Mitgliedstaats, in dem das Unternehmen oder der Arbeitgeber außerhalb des Wohnmitgliedstaats seinen Sitz oder Wohnsitz hat, sofern sie bei zwei oder mehr Unternehmen oder Arbeitgebern beschäftigt ist, die ihre Sitze oder Wohnsitze in zwei Mitgliedstaaten haben, von denen einer der Wohnmitgliedstaat ist, oder

iv) den Rechtsvorschriften des Wohnmitgliedstaats, sofern sie bei zwei oder mehr Unternehmen oder Arbeitgebern beschäftigt ist, von denen mindestens zwei ihren Sitz oder Wohnsitz in verschiedenen Mitgliedstaaten außerhalb des Wohnmitgliedstaats haben.

(2) Eine Person, die gewöhnlich in zwei oder mehr Mitgliedstaaten eine selbstständige Erwerbstätigkeit ausübt, unterliegt:

a) den Rechtsvorschriften des Wohnmitgliedstaats, wenn sie dort einen wesentlichen Teil ihrer Tätigkeit ausübt,

oder

b) den Rechtsvorschriften des Mitgliedstaats, in dem sich der Mittelpunkt ihrer Tätigkeiten befindet, wenn sie nicht in einem der Mitgliedstaaten wohnt, in denen sie einen wesentlichen Teil ihrer Tätigkeit ausübt.

(3) Eine Person, die gewöhnlich in verschiedenen Mitgliedstaaten eine Beschäftigung und eine selbstständige Erwerbstätigkeit ausübt, unterliegt den Rechtsvorschriften des Mitgliedstaats, in dem sie eine Beschäftigung ausübt, oder, wenn sie eine solche Beschäftigung in zwei oder mehr Mitgliedstaaten ausübt, den nach Absatz 1 bestimmten Rechtsvorschriften.

(4) Eine Person, die in einem Mitgliedstaat als Beamter beschäftigt ist und die eine Beschäftigung und/oder eine selbstständige Erwerbstätigkeit in einem oder mehreren anderen Mitgliedstaaten ausübt, unterliegt den Rechtsvorschriften des Mitgliedstaats, dem die sie beschäftigende Verwaltungseinheit angehört.

(5) Die in den Absätzen 1 bis 4 genannten Personen werden für die Zwecke der nach diesen Bestimmungen ermittelten Rechtsvorschriften so behandelt, als ob sie ihre gesamte Beschäftigung oder selbstständige Erwerbstätigkeit in dem betreffenden Mitgliedstaat ausüben und dort ihre gesamten Einkünfte erzielen würden.

Art. 14[1] **Freiwillige Versicherung oder freiwillige Weiterversicherung.** (1) Die Artikel 11 bis 13 gelten nicht für die freiwillige

[1] Art. 14 Abs. 4 neu gef. mWv 1. 5. 2010 durch VO v. 16. 9. 2009 (ABl. Nr. L 284 S. 43).

Versicherung oder die freiwillige Weiterversicherung, es sei denn, in einem Mitgliedstaat gibt es für einen der in Artikel 3 Absatz 1 genannten Zweige nur ein System der freiwilligen Versicherung.

(2) [1]Unterliegt die betreffende Person nach den Rechtsvorschriften eines Mitgliedstaats der Pflichtversicherung in diesem Mitgliedstaat, so darf sie in einem anderen Mitgliedstaat keiner freiwilligen Versicherung oder freiwilligen Weiterversicherung unterliegen. [2]In allen übrigen Fällen, in denen für einen bestimmten Zweig eine Wahlmöglichkeit zwischen mehreren Systemen der freiwilligen Versicherung oder der freiwilligen Weiterversicherung besteht, tritt die betreffende Person nur dem System bei, für das sie sich entschieden hat.

(3) Für Leistungen bei Invalidität, Alter und an Hinterbliebene kann die betreffende Person jedoch auch dann der freiwilligen Versicherung oder der freiwilligen Weiterversicherung eines Mitgliedstaats beitreten, wenn sie nach den Rechtsvorschriften eines anderen Mitgliedstaats pflichtversichert ist, sofern sie in der Vergangenheit zu einem Zeitpunkt ihrer beruflichen Laufbahn aufgrund oder infolge einer Beschäftigung oder selbstständigen Erwerbstätigkeit den Rechtsvorschriften des ersten Mitgliedstaats unterlag und ein solches Zusammentreffen nach den Rechtsvorschriften des ersten Mitgliedstaats ausdrücklich oder stillschweigend zugelassen ist.

(4) Hängt nach den Rechtsvorschriften eines Mitgliedstaats das Recht auf freiwillige Versicherung oder freiwillige Weiterversicherung davon ab, dass der Berechtigte seinen Wohnort in diesem Mitgliedstaat hat oder dass er zuvor beschäftigt bzw. selbstständig erwerbstätig war, so gilt Artikel 5 Buchstabe b ausschließlich für Personen, die zu irgendeinem Zeitpunkt in der Vergangenheit den Rechtsvorschriften dieses Mitgliedstaats unterlagen, weil sie dort eine Beschäftigung oder eine selbstständige Erwerbstätigkeit ausgeübt haben.

Art. 15[1)] Vertragsbedienstete der Europäischen Gemeinschaften. [1]Die Vertragsbedienstete der Europäischen Gemeinschaften können zwischen der Anwendung der Rechtsvorschriften des Mitgliedstaats, in dem sie beschäftigt sind, der Rechtsvorschriften des Mitgliedstaats, denen sie zuletzt unterlagen, oder der Rechtsvorschriften des Mitgliedstaats, dessen Staatsangehörigkeit sie besitzen, wählen; ausgenommen hiervon sind die Vorschriften über Familienbeihilfen, die nach den Beschäftigungsbedingungen für diese Vertragsbedienstete gewährt werden. [2]Dieses Wahlrecht kann nur einmal ausgeübt werden und wird mit dem Tag des Dienstantritts wirksam.

Art. 16 Ausnahmen von den Artikeln 11 bis 15. (1) Zwei oder mehr Mitgliedstaaten, die zuständigen Behörden dieser Mitgliedstaaten oder die von diesen Behörden bezeichneten Einrichtungen können im

---

[1)] Art. 15 Überschr. und Satz 1 geänd. mWv 1. 5. 2010 durch VO v. 16. 9. 2009 (ABl. Nr. L 284 S. 43).

gemeinsamen Einvernehmen Ausnahmen von den Artikeln 11 bis 15 im Interesse bestimmter Personen oder Personengruppen vorsehen.

(2) Wohnt eine Person, die eine Rente oder Renten nach den Rechtsvorschriften eines oder mehrerer Mitgliedstaaten erhält, in einem anderen Mitgliedstaat, so kann sie auf Antrag von der Anwendung der Rechtsvorschriften des letzteren Staates freigestellt werden, sofern sie diesen Rechtsvorschriften nicht aufgrund der Ausübung einer Beschäftigung oder selbstständigen Erwerbstätigkeit unterliegt.

Titel III. Besondere Bestimmungen über die verschiedenen Arten von Leistungen

Kapitel 1. Leistungen bei Krankheit sowie Leistungen bei Mutterschaft und gleichgestellte Leistungen bei Vaterschaft

Abschnitt 1. Versicherte und ihre Familienangehörigen mit Ausnahme von Rentnern und deren Familienangehörigen

Art. 17 Wohnort in einem anderen als dem zuständigen Mitgliedstaat. Ein Versicherter oder seine Familienangehörigen, die in einem anderen als dem zuständigen Mitgliedstaat wohnen, erhalten in dem Wohnmitgliedstaat Sachleistungen, die vom Träger des Wohnorts nach den für ihn geltenden Rechtsvorschriften für Rechnung des zuständigen Trägers erbracht werden, als ob sie nach diesen Rechtsvorschriften versichert wären.

Art. 18[1] Aufenthalt in dem zuständigen Mitgliedstaat, wenn sich der Wohnort in einem anderen Mitgliedstaat befindet – Besondere Vorschriften für die Familienangehörigen von Grenzgängern. (1) [1]Sofern in Absatz 2 nichts anderes bestimmt ist, haben der in Artikel 17 genannte Versicherte und seine Familienangehörigen auch während des Aufenthalts in dem zuständigen Mitgliedstaat Anspruch auf Sachleistungen. [2]Die Sachleistungen werden vom zuständigen Träger für dessen Rechnung nach den für ihn geltenden Rechtsvorschriften erbracht, als ob die betreffenden Personen in diesem Mitgliedstaat wohnen würden.

(2) Die Familienangehörigen von Grenzgängern haben Anspruch auf Sachleistungen während ihres Aufenthalts im zuständigen Mitgliedstaat.

Ist dieser Mitgliedstaat jedoch in Anhang III aufgeführt, haben die Familienangehörigen von Grenzgängern, die im selben Mitgliedstaat wie der Grenzgänger wohnen, im zuständigen Mitgliedstaat nur unter den Voraussetzungen des Artikels 19 Absatz 1 Anspruch auf Sachleistungen.

---

[1] Art. 18 Abs. 2 neu gef. mWv 1. 5. 2010 durch VO v. 16. 9. 2009 (ABl. Nr. L 284 S. 43).

Art. 19 Aufenthalt außerhalb des zuständigen Mitgliedstaats.

(1) [1] Sofern in Absatz 2 nichts anderes bestimmt ist, haben ein Versicherter und seine Familienangehörigen, die sich in einem anderen als dem zuständigen Mitgliedstaat aufhalten, Anspruch auf die Sachleistungen, die sich während ihres Aufenthalts als medizinisch notwendig erweisen, wobei die Art der Leistungen und die voraussichtliche Dauer des Aufenthalts zu berücksichtigen sind. [2] Diese Leistungen werden vom Träger des Aufenthaltsorts nach den für ihn geltenden Rechtsvorschriften für Rechnung des zuständigen Trägers erbracht, als ob die betreffenden Personen nach diesen Rechtsvorschriften versichert wären.

(2) Die Verwaltungskommission erstellt eine Liste der Sachleistungen, für die aus praktischen Gründen eine vorherige Vereinbarung zwischen der betreffenden Person und dem die medizinische Leistung erbringenden Träger erforderlich ist, damit sie während eines Aufenthalts in einem anderen Mitgliedstaat erbracht werden können.

Art. 20 Reisen zur Inanspruchnahme von Sachleistungen.

(1) Sofern in dieser Verordnung nichts anderes bestimmt ist, muss ein Versicherter, der sich zur Inanspruchnahme von Sachleistungen in einen anderen Mitgliedstaat begibt, die Genehmigung des zuständigen Trägers einholen.

(2) [1] Ein Versicherter, der vom zuständigen Träger die Genehmigung erhalten hat, sich in einen anderen Mitgliedstaat zu begeben, um eine seinem Zustand angemessene Behandlung zu erhalten, erhält Sachleistungen, die vom Träger des Aufenthaltsorts nach den für ihn geltenden Rechtsvorschriften für Rechnung des zuständigen Trägers erbracht werden, als ob er nach diesen Rechtsvorschriften versichert wäre. [2] Die Genehmigung wird erteilt, wenn die betreffende Behandlung Teil der Leistungen ist, die nach den Rechtsvorschriften des Wohnmitgliedstaats der betreffenden Person vorgesehen sind, und ihr diese Behandlung nicht innerhalb eines in Anbetracht ihres derzeitigen Gesundheitszustands und des voraussichtlichen Verlaufs ihrer Krankheit medizinisch vertretbaren Zeitraums gewährt werden kann.

(3) Die Absätze 1 und 2 gelten für die Familienangehörigen des Versicherten entsprechend.

(4) [1] Wohnen die Familienangehörigen eines Versicherten in einem anderen Mitgliedstaat als der Versicherte selbst und hat sich dieser Mitgliedstaat für die Erstattung in Form von Pauschalbeträgen entschieden, so werden die Sachleistungen nach Absatz 2 für Rechnung des Trägers des Wohnorts der Familienangehörigen erbracht. [2] In diesem Fall gilt für die Zwecke des Absatzes 1 der Träger des Wohnorts der Familienangehörigen als zuständiger Träger.

Art. 21 Geldleistungen. (1) [1] Ein Versicherter und seine Familienangehörigen, die in einem anderen als dem zuständigen Mitgliedstaat wohnen oder sich dort aufhalten, haben Anspruch auf Geldleistungen, die vom zuständigen Träger nach den für ihn geltenden Rechtsvorschriften erbracht werden. [2]Im Einvernehmen zwischen dem zuständigen Träger und dem Träger des Wohn- oder Aufenthaltsorts können diese Leistungen jedoch vom Träger des Wohn- oder Aufenthaltsorts nach den Rechtsvorschriften des zuständigen Mitgliedstaats für Rechnung des zuständigen Trägers erbracht werden.

(2) Der zuständige Träger eines Mitgliedstaats, nach dessen Rechtsvorschriften Geldleistungen anhand eines Durchschnittserwerbseinkommens oder einer durchschnittlichen Beitragsgrundlage zu berechnen sind, ermittelt das Durchschnittserwerbseinkommen oder die durchschnittliche Beitragsgrundlage ausschließlich anhand der Erwerbseinkommen oder Beitragsgrundlagen, die für die nach diesen Rechtsvorschriften zurückgelegten Zeiten festgestellt worden sind.

(3) Der zuständige Träger eines Mitgliedstaats, nach dessen Rechtsvorschriften Geldleistungen anhand eines pauschalen Erwerbseinkommens zu berechnen sind, berücksichtigt ausschließlich das pauschale Erwerbseinkommen oder gegebenenfalls den Durchschnitt der pauschalen Erwerbseinkommen für Zeiten, die nach diesen Rechtsvorschriften zurückgelegt worden sind.

(4) Die Absätze 2 und 3 gelten entsprechend, wenn nach den für den zuständigen Träger geltenden Rechtsvorschriften ein bestimmter Bezugszeitraum vorgesehen ist, der in dem betreffenden Fall ganz oder teilweise den Zeiten entspricht, die die betreffende Person nach den Rechtsvorschriften eines oder mehrerer anderer Mitgliedstaaten zurückgelegt hat.

Art. 22 Rentenantragsteller. (1) [1]Ein Versicherter, der bei der Einreichung eines Rentenantrags oder während dessen Bearbeitung nach den Rechtsvorschriften des letzten zuständigen Mitgliedstaats den Anspruch auf Sachleistungen verliert, hat weiterhin Anspruch auf Sachleistungen nach den Rechtsvorschriften des Mitgliedstaats, in dem er wohnt, sofern der Rentenantragsteller die Versicherungsvoraussetzungen nach den Rechtsvorschriften des in Absatz 2 genannten Mitgliedstaats erfüllt. [2]Der Anspruch auf Sachleistungen in dem Wohnmitgliedstaat besteht auch für die Familienangehörigen des Rentenantragstellers.

(2) Die Sachleistungen werden für Rechnung des Trägers des Mitgliedstaats erbracht, der im Falle der Zuerkennung der Rente nach den Artikeln 23 bis 25 zuständig wäre.

Abschnitt 2. Rentner und ihre Familienangehörigen

Art. 23 Sachleistungsanspruch nach den Rechtsvorschriften des Wohnmitgliedstaats. Eine Person, die eine Rente oder Renten nach den Rechtsvorschriften von zwei oder mehr Mitgliedstaaten erhält, wovon einer der Wohnmitgliedstaat ist, und die Anspruch auf Sachleistungen nach den Rechtsvorschriften dieses Mitgliedstaats hat, erhält wie auch ihre Familienangehörigen diese Sachleistungen vom Träger des Wohnorts für dessen Rechnung, als ob sie allein nach den Rechtsvorschriften dieses Mitgliedstaats Anspruch auf Rente hätte.

Art. 24 Nichtvorliegen eines Sachleistungsanspruchs nach den Rechtsvorschriften des Wohnmitgliedstaats. (1) [1] Eine Person, die eine Rente oder Renten nach den Rechtsvorschriften eines oder mehrerer Mitgliedstaaten erhält und die keinen Anspruch auf Sachleistungen nach den Rechtsvorschriften des Wohnmitgliedstaats hat, erhält dennoch Sachleistungen für sich selbst und ihre Familienangehörigen, sofern nach den Rechtsvorschriften des für die Zahlung ihrer Rente zuständigen Mitgliedstaats oder zumindest eines der für die Zahlung ihrer Rente zuständigen Mitgliedstaaten Anspruch auf Sachleistungen bestünde, wenn sie in diesem Mitgliedstaat wohnte. [2] Die Sachleistungen werden vom Träger des Wohnorts für Rechnung des in Absatz 2 genannten Trägers erbracht, als ob die betreffende Person Anspruch auf Rente und Sachleistungen nach den Rechtsvorschriften dieses Mitgliedstaats hätte.

(2) In den in Absatz 1 genannten Fällen werden die Kosten für die Sachleistungen von dem Träger übernommen, der nach folgenden Regeln bestimmt wird:

a) hat der Rentner nur Anspruch auf Sachleistungen nach den Rechtsvorschriften eines einzigen Mitgliedstaats, so übernimmt der zuständige Träger dieses Mitgliedstaats die Kosten;

b) hat der Rentner Anspruch auf Sachleistungen nach den Rechtsvorschriften von zwei oder mehr Mitgliedstaaten, so übernimmt der zuständige Träger des Mitgliedstaats die Kosten, dessen Rechtsvorschriften für die betreffende Person am längsten gegolten haben; sollte die Anwendung dieser Regel dazu führen, dass die Kosten von mehreren Trägern zu übernehmen wären, gehen die Kosten zulasten des Trägers, der für die Anwendung der Rechtsvorschriften zuständig ist, die für den Rentner zuletzt gegolten haben.

Art. 25 Renten nach den Rechtsvorschriften eines oder mehrerer anderer Mitgliedstaaten als dem Wohnmitgliedstaat, wenn ein Sachleistungsanspruch in diesem Mitgliedstaat besteht. Wohnt eine Person, die eine Rente oder Renten nach den Rechtsvorschriften eines oder mehrerer Mitgliedstaaten erhält, in einem Mitgliedstaat, nach dessen Rechtsvorschriften der Anspruch auf Sachleistungen nicht vom Bestehen einer Versicherung, einer Beschäftigung oder einer selbstständigen Erwerbstätigkeit abhängt und von dem sie keine Rente erhält, so werden die Kosten für die Sachleistungen, die ihr oder ihren Familienangehörigen gewährt werden, von dem Träger eines der für die Zahlung ihrer Rente zuständigen Mitgliedstaaten übernommen, der nach Artikel 24 Absatz 2 bestimmt wird, soweit dieser Rentner und seine Familienangehörigen Anspruch auf diese Leistungen hätten, wenn sie in diesem Mitgliedstaat wohnen würden.

Art. 26 *Famili*enangehörige, die in einem anderen Mitgliedstaat als dem Wohnmitgliedstaat des Rentners wohnen. [1] Familienangehörige einer Person, die eine Rente oder Renten nach den Rechtsvorschriften eines oder mehrerer Mitgliedstaaten erhält, haben, wenn sie in einem anderen Mitgliedstaat als der Rentner wohnen, Anspruch auf Sachleistungen vom Träger ihres Wohnorts nach den für ihn geltenden Rechtsvorschriften, sofern der Rentner nach den Rechtsvorschriften eines Mitgliedstaats Anspruch auf Sachleistungen hat. [2] Die Kosten übernimmt der zuständige Träger, der auch die Kosten für die dem Rentner in dessen Wohnmitgliedstaat gewährten Sachleistungen zu tragen hat.

Art. 27 Aufenthalt des Rentners oder seiner Familienangehörigen in einem anderen Mitgliedstaat als ihrem Wohnmitgliedstaat – Aufenthalt im zuständigen Mitgliedstaat – Zulassung zu einer notwendigen Behandlung außerhalb des Wohnmitgliedstaats. (1) Artikel 19 gilt entsprechend für eine Person, die eine Rente oder Renten nach den Rechtsvorschriften eines oder mehrerer Mitgliedstaaten erhält und Anspruch auf Sachleistungen nach den Rechtsvorschriften eines der ihre Rente(n) gewährenden Mitgliedstaaten hat, oder für ihre Familienangehörigen, wenn sie sich in einem anderen Mitgliedstaat als ihrem Wohnmitgliedstaat aufhalten.

(2) Artikel 18 Absatz 1 gilt entsprechend für die in Absatz 1 genannten Personen, wenn sie sich in dem Mitgliedstaat aufhalten, in dem der zuständige Träger seinen Sitz hat, der die Kosten für die dem Rentner in dessen Wohnmitgliedstaat gewährten Sachleistungen zu tragen hat, und wenn dieser Mitgliedstaat sich dafür entschieden hat und in Anhang IV aufgeführt ist.

(3) Artikel 20 gilt entsprechend für einen Rentner und/oder seine Familienangehörigen, die sich in einem anderen Mitgliedstaat als ihrem Wohnmitgliedstaat aufhalten, um dort die ihrem Zustand angemessene Behandlung zu erhalten.

(4) Sofern in Absatz 5 nichts anderes bestimmt ist, übernimmt der zuständige Träger die Kosten für die Sachleistungen nach den Absätzen 1 bis 3, der auch die Kosten für die dem Rentner in dessen Wohnmitgliedstaat gewährten Sachleistungen zu tragen hat.

(5) [1] Die Kosten für die Sachleistungen nach Absatz 3 werden vom Träger des Wohnortes des Rentners oder seiner Familienangehörigen übernommen, wenn diese Personen in einem Mitgliedstaat wohnen, der sich für die Erstattung in Form von Pauschalbeträgen entschieden hat. [2] In diesen Fällen gilt für die Zwecke des Absatzes 3 der Träger des Wohnorts des Rentners oder seiner Familienangehörigen als zuständiger Träger.

Art. 28[1] Besondere Vorschriften für Grenzgänger in Rente.

(1) [1] Ein Grenzgänger, der wegen Alters oder Invalidität Rentner wird, hat bei Krankheit weiterhin Anspruch auf Sachleistungen in dem

[1] Art. 28 Abs. 1 neu gef. mWv 1. 5. 2010 durch VO v. 16. 9. 2009 (ABl. Nr. L 284 S. 43).

Mitgliedstaat, in dem er zuletzt eine Beschäftigung oder eine selbstständige Erwerbstätigkeit ausgeübt hat, soweit es um die Fortsetzung einer Behandlung geht, die in diesem Mitgliedstaat begonnen wurde. [2] Als „Fortsetzung einer Behandlung" gilt die fortlaufende Untersuchung, Diagnose und Behandlung einer Krankheit während ihrer gesamten Dauer.

Unterabsatz 1 gilt entsprechend für die Familienangehörigen eines ehemaligen Grenzgängers, es sei denn, der Mitgliedstaat, in dem der Grenzgänger seine Erwerbstätigkeit zuletzt ausübte, ist in Anhang III aufgeführt.

(2) Ein Rentner, der in den letzten fünf Jahren vor dem Zeitpunkt des Anfalls einer Alters- oder Invaliditätsrente mindestens zwei Jahre als Grenzgänger eine Beschäftigung oder eine selbstständige Erwerbstätigkeit ausgeübt hat, hat Anspruch auf Sachleistungen in dem Mitgliedstaat, in dem er als Grenzgänger eine solche Beschäftigung oder Tätigkeit ausgeübt hat, wenn dieser Mitgliedstaat und der Mitgliedstaat, in dem der zuständige Träger seinen Sitz hat, der die Kosten für die dem Rentner in dessen Wohnmitgliedstaat gewährten Sachleistungen zu tragen hat, sich dafür entschieden haben und beide in Anhang V aufgeführt sind.

(3) Absatz 2 gilt entsprechend für die Familienangehörigen eines ehemaligen Grenzgängers oder für seine Hinterbliebenen, wenn sie während der in Absatz 2 genannten Zeiträume Anspruch auf Sachleistungen nach Artikel 18 Absatz 2 hatten, und zwar auch dann, wenn der Grenzgänger vor dem Anfall seiner Rente verstorben ist, sofern er in den letzten fünf Jahren vor seinem Tod mindestens zwei Jahre als Grenzgänger eine Beschäftigung oder eine selbstständige Erwerbstätigkeit ausgeübt hat.

(4) Die Absätze 2 und 3 gelten so lange, bis auf die betreffende Person die Rechtsvorschriften eines Mitgliedstaats aufgrund der Ausübung einer Beschäftigung oder einer selbstständigen Erwerbstätigkeit Anwendung finden.

(5) Die Kosten für die Sachleistungen nach den Absätzen 1 bis 3 übernimmt der zuständige Träger, der auch die Kosten für die dem Rentner oder seinen Hinterbliebenen in ihrem jeweiligen Wohnmitgliedstaat gewährten Sachleistungen zu tragen hat.

Art. 29 Geldleistungen für Rentner. (1) [1] Geldleistungen werden einer Person, die eine Rente oder Renten nach den Rechtsvorschriften eines oder mehrerer Mitgliedstaaten erhält, vom zuständigen Träger des Mitgliedstaats gewährt, in dem der zuständige Träger seinen Sitz hat, der die Kosten für die dem Rentner in dessen Wohnmitgliedstaat gewährten Sachleistungen zu tragen hat. [2] Artikel 21 gilt entsprechend.

(2) Absatz 1 gilt auch für die Familienangehörigen des Rentners.

Art. 30 Beiträge der Rentner. (1) Der Träger eines Mitgliedstaats, der nach den für ihn geltenden Rechtsvorschriften Beiträge zur Deckung der Leistungen bei Krankheit sowie der Leistungen bei Mutterschaft und der gleichgestellten Leistungen bei Vaterschaft einzubehalten hat, kann diese Beiträge, die nach den für ihn geltenden Rechtsvorschriften berechnet werden, nur verlangen und erheben, soweit die Kosten für die Leistungen nach den Artikeln 23 bis 26 von einem Träger in diesem Mitgliedstaat zu übernehmen sind.

(2) Sind in den in Artikel 25 genannten Fällen nach den Rechtsvorschriften des Mitgliedstaats, in dem der betreffende Rentner wohnt, Beiträge zu entrichten oder ähnliche Zahlungen zu leisten, um Anspruch auf Leistungen bei Krankheit sowie auf Leistungen bei Mutterschaft und gleichgestellte Leistungen bei Vaterschaft zu haben, können solche Beiträge nicht eingefordert werden, weil der Rentner dort wohnt.

Abschnitt 3. Gemeinsame Vorschriften

Art. 31 Allgemeine Bestimmung. [1]Die Artikel 23 bis 30 finden keine Anwendung auf einen Rentner oder seine Familienangehörigen, die aufgrund einer Beschäftigung oder einer selbstständigen Erwerbstätigkeit Anspruch auf Leistungen nach den Rechtsvorschriften eines Mitgliedstaats haben. [2]In diesem Fall gelten für die Zwecke dieses Kapitels für die betreffende Person die Artikel 17 bis 21.

Art. 32 Rangfolge der Sachleistungsansprüche – Besondere Vorschrift für den Leistungsanspruch von Familienangehörigen im Wohnmitgliedstaat. (1) [1]Ein eigenständiger Sachleistungsanspruch aufgrund der Rechtsvorschriften eines Mitgliedstaats oder dieses Kapitels hat Vorrang vor einem abgeleiteten Anspruch auf Leistungen für Familienangehörige. [2]Ein abgeleiteter Anspruch auf Sachleistungen hat jedoch Vorrang vor eigenständigen Ansprüchen, wenn der eigenständige Anspruch im Wohnmitgliedstaat unmittelbar und ausschließlich aufgrund des Wohnorts der betreffenden Person in diesem Mitgliedstaat besteht.

(2) Wohnen die Familienangehörigen eines Versicherten in einem Mitgliedstaat, nach dessen Rechtsvorschriften der Anspruch auf Sachleistungen nicht vom Bestehen einer Versicherung, einer Beschäftigung oder einer selbstständigen Erwerbstätigkeit abhängt, so werden die Sachleistungen für Rechnung des zuständigen Trägers in dem Mitgliedstaat erbracht, in dem sie wohnen, sofern der Ehegatte oder die Person, die das Sorgerecht für die Kinder des Versicherten hat, eine Beschäftigung oder eine selbstständige Erwerbstätigkeit in diesem Mitgliedstaat ausübt oder von diesem Mitgliedstaat aufgrund einer Beschäftigung oder einer selbstständigen Erwerbstätigkeit eine Rente erhält.

Art. 33 Sachleistungen von erheblicher Bedeutung. (1) Hat ein Träger eines Mitgliedstaats einem Versicherten oder einem seiner Familienangehörigen vor dessen Versicherung nach den für einen Träger eines anderen Mitgliedstaats geltenden Rechtsvorschriften den Anspruch auf ein Körperersatzstück, ein größeres Hilfsmittel oder andere Sachleistungen von erheblicher Bedeutung zuerkannt, so werden diese Leistungen auch dann für Rechnung des ersten Trägers gewährt, wenn die betreffende Person zum Zeitpunkt der Gewährung dieser Leistungen bereits nach den für den zweiten Träger geltenden Rechtsvorschriften versichert ist.

(2) Die Verwaltungskommission legt die Liste der von Absatz 1 erfassten Leistungen fest.

Art. 34 Zusammentreffen von Leistungen bei Pflegebedürftigkeit. (1) Kann der Bezieher von Geldleistungen bei Pflegebedürftigkeit, die als Leistungen bei Krankheit gelten und daher von dem für die Gewährung von Geldleistungen zuständigen Mitgliedstaat nach den Artikeln 21 oder 29 erbracht werden, im Rahmen dieses Kapitels gleichzeitig für denselben Zweck vorgesehene Sachleistungen vom Träger des Wohn- oder Aufenthaltsortes in einem anderen Mitgliedstaat in Anspruch nehmen, für die ebenfalls ein Träger des ersten Mitgliedstaats die Kosten nach Artikel 35 zu erstatten hat, so ist das allgemeine Verbot des Zusammentreffens von Leistungen nach Artikel 10 mit der folgenden Einschränkung anwendbar: Beantragt und erhält die betreffende Person die Sachleistung, so wird die Geldleistung um den Betrag der Sachleistung gemindert, der dem zur Kostenerstattung verpflichteten Träger des ersten Mitgliedstaats in Rechnung gestellt wird oder gestellt werden könnte.

(2) Die Verwaltungskommission legt die Liste der von Absatz 1 erfassten Geldleistungen und Sachleistungen fest.

(3) Zwei oder mehr Mitgliedstaaten oder deren zuständige Behörden können andere oder ergänzende Regelungen vereinbaren, die für die betreffenden Personen nicht ungünstiger als die Grundsätze des Absatzes 1 sein dürfen.

Art. 35 Erstattungen zwischen Trägern. (1) Die von dem Träger eines Mitgliedstaats für Rechnung des Trägers eines anderen Mitgliedstaats nach diesem Kapitel gewährten Sachleistungen sind in voller Höhe zu erstatten.

(2) Die Erstattungen nach Absatz 1 werden nach Maßgabe der Durchführungsverordnung festgestellt und vorgenommen, und zwar entweder gegen Nachweis der tatsächlichen Aufwendungen oder auf der Grundlage von Pauschalbeträgen für Mitgliedstaaten, bei deren Rechts- und Verwaltungsstruktur eine Erstattung auf der Grundlage der tatsächlichen Aufwendungen nicht zweckmäßig ist.

(3) Zwei oder mehr Mitgliedstaaten und deren zuständige Behörden können andere Erstattungsverfahren vereinbaren oder auf jegliche Erstattung zwischen den in ihre Zuständigkeit fallenden Trägern verzichten.

Kapitel 2. Leistungen bei Arbeitsunfällen und Berufskrankheiten

Art. 36[1)] **Anspruch auf Sach- und Geldleistungen.** (1) Unbeschadet der günstigeren Bestimmungen der Absätze 2 und 2a des vorliegenden Artikels gelten Artikel 17, Artikel 18 Absatz 1, Artikel 19 Absatz 1 und Artikel 20 Absatz 1 auch für Leistungen als Folge eines Arbeitsunfalls oder einer Berufskrankheit.

(2) Eine Person, die einen Arbeitsunfall erlitten oder sich eine Berufskrankheit zugezogen hat und in einem anderen als dem zuständigen Mitgliedstaat wohnt oder sich dort aufhält, hat Anspruch auf die besonderen Sachleistungen bei Arbeitsunfällen und Berufskrankheiten, die vom Träger des Wohn- oder Aufenthaltsorts nach den für ihn geltenden Rechtsvorschriften für Rechnung des zuständigen Trägers erbracht werden, als ob die betreffende Person nach diesen Rechtsvorschriften versichert wäre.

(2a) Der zuständige Träger kann die in Artikel 20 Absatz 1 vorgesehene Genehmigung einer Person nicht verweigern, die einen Arbeitsunfall erlitten hat oder die an einer Berufskrankheit leidet und die zu Lasten dieses Trägers leistungsberechtigt geworden ist, wenn ihr die ihrem Zustand angemessene Behandlung im Gebiet ihres Wohnmitgliedstaats nicht innerhalb eines in Anbetracht ihres derzeitigen Gesundheitszustands und des voraussichtlichen Verlaufs der Krankheit medizinisch vertretbaren Zeitraums gewährt werden kann.

(3) Artikel 21 gilt auch für Leistungen nach diesem Kapitel.

Art. 37 Transportkosten. (1) [1]Der zuständige Träger eines Mitgliedstaats, nach dessen Rechtsvorschriften die Übernahme der Kosten für den Transport einer Person, die einen Arbeitsunfall erlitten hat oder an einer Berufskrankheit leidet, bis zu ihrem Wohnort oder bis zum Krankenhaus vorgesehen ist, übernimmt die Kosten für den Transport bis zu dem entsprechenden Ort in einem anderen Mitgliedstaat, in dem die Person wohnt, sofern dieser Träger den Transport unter gebührender Berücksichtigung der hierfür sprechenden Gründe zuvor genehmigt hat. [2]Eine solche Genehmigung ist bei Grenzgängern nicht erforderlich.

(2) Der zuständige Träger eines Mitgliedstaats, nach dessen Rechtsvorschriften bei einem tödlichen Arbeitsunfall die Übernahme der Kosten für die Überführung der Leiche bis zur Begräbnisstätte vorgesehen ist, übernimmt nach den für ihn geltenden Rechtsvorschriften die Kosten der Überführung bis zu dem entsprechenden Ort in einem anderen Mitgliedstaat, in dem die betreffende Person zum Zeitpunkt des Unfalls gewohnt hat.

[1)] Art. 36 Abs. 1 neu gef., Abs. 2a eingef. mWv 1. 5. 2010 durch VO v. 16. 9. 2009 (ABl. Nr. L 284 S. 43); Abs. 2a neu gef. mWv 28. 6. 2012 durch VO v. 22. 5. 2012 (ABl. Nr. L 149 S. 4).

Art. 38 Leistungen bei Berufskrankheiten, wenn die betreffende Person in mehreren Mitgliedstaaten dem gleichen Risiko ausgesetzt war. Hat eine Person, die sich eine Berufskrankheit zugezogen hat, nach den Rechtsvorschriften von zwei oder mehr Mitgliedstaaten eine Tätigkeit ausgeübt, die ihrer Art nach geeignet ist, eine solche Krankheit zu verursachen, so werden die Leistungen, auf die sie oder ihre Hinterbliebenen Anspruch haben, ausschließlich nach den Rechtsvorschriften des letzten dieser Mitgliedstaaten gewährt, dessen Voraussetzungen erfüllt sind.

Art. 39 Verschlimmerung einer Berufskrankheit. Bei Verschlimmerung einer Berufskrankheit, für die die betreffende Person nach den Rechtsvorschriften eines Mitgliedstaats Leistungen bezogen hat oder bezieht, gilt Folgendes:

a) Hat die betreffende Person während des Bezugs der Leistungen keine Beschäftigung oder selbstständige Erwerbstätigkeit nach den Rechtsvorschriften eines anderen Mitgliedstaats ausgeübt, die geeignet war, eine solche Krankheit zu verursachen oder zu verschlimmern, so übernimmt der zuständige Träger des ersten Mitgliedstaats die Kosten für die Leistungen nach den für ihn geltenden Rechtsvorschriften unter Berücksichtigung der Verschlimmerung der Krankheit.

b) Hat die betreffende Person während des Bezugs der Leistungen eine solche Tätigkeit nach den Rechtsvorschriften eines anderen Mitgliedstaats ausgeübt, so übernimmt der zuständige Träger des ersten Mitgliedstaats die Kosten für die Leistungen nach den für ihn geltenden Rechtsvorschriften ohne Berücksichtigung der Verschlimmerung der Krankheit. Der zuständige Träger des zweiten Mitgliedstaats gewährt der betreffenden Person eine Zulage in Höhe des Unterschiedsbetrags zwischen dem Betrag der nach der Verschlimmerung geschuldeten Leistungen und dem Betrag, den er vor der Verschlimmerung aufgrund der für ihn geltenden Rechtsvorschriften geschuldet hätte, wenn die betreffende Person sich die Krankheit zugezogen hätte, während die Rechtsvorschriften dieses Mitgliedstaats für sie galten.

c) Die in den Rechtsvorschriften eines Mitgliedstaats vorgesehenen Bestimmungen über die Kürzung, das Ruhen oder die Entziehung sind nicht auf die Empfänger von Leistungen anwendbar, die gemäß Buchstabe b) von den Trägern zweier Mitgliedstaaten gewährt werden.

Art. 40 Regeln zur Berücksichtigung von Besonderheiten bestimmter Rechtsvorschriften. (1) Besteht in dem Mitgliedstaat, in dem die betreffende Person wohnt oder sich aufhält, keine Versicherung gegen Arbeitsunfälle oder Berufskrankheiten oder besteht dort zwar eine derartige Versicherung, ist jedoch kein für die Gewährung von Sachleistungen zuständiger Träger vorgesehen, so werden diese

Leistungen von dem Träger des Wohn- oder Aufenthaltsorts gewährt, der für die Gewährung von Sachleistungen bei Krankheit zuständig ist.

(2) [1]Besteht in dem zuständigen Mitgliedstaat keine Versicherung gegen Arbeitsunfälle oder Berufskrankheiten, so finden die Bestimmungen dieses Kapitels über Sachleistungen dennoch auf eine Person Anwendung, die bei Krankheit, Mutterschaft oder gleichgestellter Vaterschaft nach den Rechtsvorschriften dieses Mitgliedstaats Anspruch auf diese Leistungen hat, falls die betreffende Person einen Arbeitsunfall erleidet oder an einer Berufskrankheit leidet, während sie in einem anderen Mitgliedstaat wohnt oder sich dort aufhält. [2]Die Kosten werden von dem Träger übernommen, der nach den Rechtsvorschriften des zuständigen Mitgliedstaats für die Sachleistungen zuständig ist.

(3) Artikel 5 gilt für den zuständigen Träger eines Mitgliedstaats in Bezug auf die Gleichstellung von später nach den Rechtsvorschriften eines anderen Mitgliedstaats eingetretenen oder festgestellten Arbeitsunfällen und Berufskrankheiten bei der Bemessung des Grades der Erwerbsminderung, der Begründung des Leistungsbetrags oder der Festsetzung des Leistungsbetrags, sofern:

a) für einen bzw. eine früher nach den für ihn geltenden Rechtsvorschriften eingetretene(n) oder festgestellte(n) Arbeitsunfall oder Berufskrankheit kein Leistungsanspruch bestand,

und

b) für einen bzw. eine später eingetretene(n) oder festgestellte(n) Arbeitsunfall oder Berufskrankheit kein Leistungsanspruch nach den Rechtsvorschriften des anderen Mitgliedstaats, nach denen der Arbeitsunfall oder die Berufskrankheit eingetreten ist oder festgestellt wurde, besteht.

Art. 41 Erstattungen zwischen Trägern. (1) Artikel 35 gilt auch für Leistungen nach diesem Kapitel; die Erstattung erfolgt auf der Grundlage der tatsächlichen Aufwendungen.

(2) Zwei oder mehr Mitgliedstaaten oder ihre zuständigen Behörden können andere Erstattungsverfahren vereinbaren oder auf jegliche Erstattung zwischen den in ihre Zuständigkeit fallenden Trägern verzichten.

Kapitel 3. Sterbegeld

Art. 42 Anspruch auf Sterbegeld, wenn der Tod in einem anderen als dem zuständigen Mitgliedstaat eintritt oder wenn die berechtigte Person in einem anderen als dem zuständigen Mitgliedstaat wohnt. (1) Tritt der Tod eines Versicherten oder eines seiner Familienangehörigen in einem anderen als dem zuständigen Mitgliedstaat ein, so gilt der Tod als in dem zuständigen Mitgliedstaat eingetreten.

(2) Der zuständige Träger ist zur Gewährung von Sterbegeld nach den für ihn geltenden Rechtsvorschriften auch dann verpflichtet, wenn die berechtigte Person in einem anderen als dem zuständigen Mitgliedstaat wohnt.

(3) Die Absätze 1 und 2 finden auch dann Anwendung, wenn der Tod als Folge eines Arbeitsunfalls oder einer Berufskrankheit eingetreten ist.

Art. 43 Gewährung von Leistungen bei Tod eines Rentners. (1) Bei Tod eines Rentners, der Anspruch auf eine Rente nach den Rechtsvorschriften eines Mitgliedstaats oder auf Renten nach den Rechtsvorschriften von zwei oder mehr Mitgliedstaaten hatte und in einem anderen als dem Mitgliedstaat wohnte, in dem der für die Übernahme der Kosten für die nach den Artikeln 24 und 25 gewährten Sachleistungen zuständige Träger seinen Sitz hat, so wird das Sterbegeld nach den für diesen Träger geltenden Rechtsvorschriften zu seinen Lasten gewährt, als ob der Rentner zum Zeitpunkt seines Todes in dem Mitgliedstaat gewohnt hätte, in dem dieser Träger seinen Sitz hat.

(2) Absatz 1 gilt für die Familienangehörigen eines Rentners entsprechend.

Kapitel 4. Leistungen bei Invalidität

Arti. 44 Personen, für die ausschließlich Rechtsvorschriften des Typs A galten. (1) Im Sinne dieses Kapitels bezeichnet der Ausdruck „Rechtsvorschriften des Typs A" alle Rechtsvorschriften, nach denen die Höhe der Leistungen bei Invalidität von der Dauer der Versicherungs- oder Wohnzeiten unabhängig ist und die durch den zuständigen Mitgliedstaat ausdrücklich in Anhang VI aufgenommen wurden, und der Ausdruck „Rechtsvorschriften des Typs B" alle anderen Rechtsvorschriften.

(2) Eine Person, für die nacheinander oder abwechselnd die Rechtsvorschriften von zwei oder mehr Mitgliedstaaten galten und die Versicherungs- oder Wohnzeiten ausschließlich unter Rechtsvorschriften des Typs A zurückgelegt hat, hat Anspruch auf Leistungen – gegebenenfalls unter Berücksichtigung des Artikels 45 – nur gegenüber dem Träger des Mitgliedstaats, dessen Rechtsvorschriften bei Eintritt der Arbeitsunfähigkeit mit anschließender Invalidität anzuwenden waren; sie erhält diese Leistungen nach diesen Rechtsvorschriften.

(3) Eine Person, die keinen Leistungsanspruch nach Absatz 2 hat, erhält die Leistungen, auf die sie nach den Rechtsvorschriften eines anderen Mitgliedstaats – gegebenenfalls unter Berücksichtigung des Artikels 45 – noch Anspruch hat.

(4) Sehen die in Absatz 2 oder 3 genannten Rechtsvorschriften bei *Zusammentreffen mit* anderen Einkünften oder mit Leistungen unterschiedlicher Art im Sinne des Artikels 53 Absatz 2 Bestimmungen über

die Kürzung, das Ruhen oder die Entziehung von Leistungen bei Invalidität vor, so gelten die Artikel 53 Absatz 3 und Artikel 55 Absatz 3 entsprechend.

Art. 45 Besondere Vorschriften für die Zusammenrechnung von Zeiten. Der zuständige Träger eines Mitgliedstaats, nach dessen Rechtsvorschriften der Erwerb, die Aufrechterhaltung oder das Wiederaufleben des Leistungsanspruchs davon abhängig ist, dass Versicherungs- oder Wohnzeiten zurückgelegt wurden, wendet, soweit erforderlich, Artikel 51 Absatz 1 entsprechend an.

Art. 46 Personen, für die entweder ausschließlich Rechtsvorschriften des Typs B oder sowohl Rechtsvorschriften des Typs A als auch des Typs B galten. (1) Eine Person, für die nacheinander oder abwechselnd die Rechtsvorschriften von zwei oder mehr Mitgliedstaaten galten, erhält, sofern die Rechtsvorschriften mindestens eines dieser Staaten nicht Rechtsvorschriften des Typs A sind, Leistungen nach Kapitel 5, das unter Berücksichtigung von Absatz 3 entsprechend gilt.

(2) Wird jedoch eine Person, für die ursprünglich Rechtsvorschriften des Typs B galten, im Anschluss an eine Arbeitsunfähigkeit invalide, während für sie Rechtsvorschriften des Typs A gelten, so erhält sie Leistungen nach Artikel 44 unter folgenden Voraussetzungen:

– Sie erfüllt – gegebenenfalls unter Berücksichtigung des Artikels 45 – ausschließlich die in diesen oder anderen Rechtsvorschriften gleicher Art vorgesehenen Voraussetzungen, ohne jedoch Versicherungs- oder Wohnzeiten einzubeziehen, die nach Rechtsvorschriften des Typs B zurückgelegt wurden,
  und
– sie macht keine Ansprüche auf Leistungen bei Alter – unter Berücksichtigung des Artikels 50 Absatz 1 – geltend.

(3) Eine vom Träger eines Mitgliedstaats getroffene Entscheidung über den Grad der Invalidität eines Antragstellers ist für den Träger jedes anderen in Betracht kommenden Mitgliedstaats verbindlich, sofern die in den Rechtsvorschriften dieser Mitgliedstaaten festgelegten Definitionen des Grads der Invalidität in Anhang VII als übereinstimmend anerkannt sind.

Art. 47 Verschlimmerung des Invaliditätszustands. (1) Bei Verschlimmerung des Invaliditätszustands, für den eine Person nach den Rechtsvorschriften eines oder mehrerer Mitgliedstaaten Leistungen erhält, gilt unter Berücksichtigung dieser Verschlimmerung Folgendes:

a) Die Leistungen werden nach Kapitel 5 gewährt, das entsprechend gilt.

b) Unterlag die betreffende Person jedoch zwei oder mehr Rechtsvorschriften des Typs A und waren die Rechtsvorschriften eines anderen Mitgliedstaats seit dem Bezug der Leistungen auf sie nicht anwendbar, so werden die Leistungen nach Artikel 44 Absatz 2 gewährt.

(2) Ist der nach Absatz 1 geschuldete Gesamtbetrag der Leistung oder Leistungen niedriger als der Betrag der Leistung, den die betreffende Person zulasten des zuvor für die Zahlung zuständigen Trägers erhalten hat, so gewährt ihr dieser Träger eine Zulage in Höhe des Unterschiedsbetrags.

(3) Hat die betreffende Person keinen Anspruch auf Leistungen zulasten des Trägers eines anderen Mitgliedstaats, so hat der zuständige Träger des zuvor zuständigen Mitgliedstaats die Leistungen nach den für ihn geltenden Rechtsvorschriften unter Berücksichtigung der Verschlimmerung und gegebenenfalls des Artikel 45 zu gewähren.

Art. 48 Umwandlung von Leistungen bei Invalidität in Leistungen bei Alter. (1) Die Leistungen bei Invalidität werden gegebenenfalls nach Maßgabe der Rechtsvorschriften des Staates oder der Staaten, nach denen sie gewährt worden sind und nach Kapitel 5 in Leistungen bei Alter umgewandelt.

(2) Kann eine Person, die Leistungen bei Invalidität erhält, nach den Rechtsvorschriften eines oder mehrerer anderer Mitgliedstaaten nach Artikel 50 Ansprüche auf Leistungen bei Alter geltend machen, so gewährt jeder nach den Rechtsvorschriften eines Mitgliedstaats zur Gewährung der Leistungen bei Invalidität verpflichtete Träger bis zu dem Zeitpunkt, zu dem für diesen Träger Absatz 1 Anwendung findet, die Leistungen bei Invalidität weiter, auf die nach den für diesen Träger geltenden Rechtsvorschriften Anspruch besteht; andernfalls werden die Leistungen gewährt, solange die betreffende Person die Voraussetzungen für ihren Bezug erfüllt.

(3) Werden Leistungen bei Invalidität, die nach den Rechtsvorschriften eines Mitgliedstaats nach Artikel 44 gewährt werden, in Leistungen bei Alter umgewandelt und erfüllt die betreffende Person noch nicht die für den Anspruch auf diese Leistungen nach den Rechtsvorschriften eines oder mehrerer anderer Mitgliedstaaten geltenden Voraussetzungen, so erhält sie von diesem Mitgliedstaat oder diesen Mitgliedstaaten vom Tag der Umwandlung an Leistungen bei Invalidität.

Diese Leistungen werden nach Kapitel 5 gewährt, als ob dieses Kapitel bei Eintritt der Arbeitsunfähigkeit mit nachfolgender Invalidität anwendbar gewesen wäre, und zwar bis die betreffende Person die für den Anspruch auf Leistung bei Alter nach den Rechtsvorschriften des oder der anderen betreffenden Staaten geltenden Voraussetzungen erfüllt, oder, sofern eine solche Umwandlung nicht vorgesehen ist, so lange, wie sie Anspruch auf Leistungen bei Invalidität nach den Rechtsvorschriften des betreffenden Staates oder der betreffenden Staaten hat.

(4) Die nach Artikel 44 gewährten Leistungen bei Invalidität werden nach Kapitel 5 neu berechnet, sobald die berechtigte Person die Voraussetzungen für den Anspruch auf Leistungen bei Invalidität nach den

Rechtsvorschriften des Typs B erfüllt oder Leistungen bei Alter nach den Rechtsvorschriften eines anderen Mitgliedstaats erhält.

Art. 49 Besondere Vorschriften für Beamte. Die Artikel 6, 44, 46, 47, 48 und Artikel 60 Absätze 2 und 3 gelten entsprechend für Personen, die von einem Sondersystem für Beamte erfasst sind.

Kapitel 5. Alters- und Hinterbliebenenrenten

Art. 50 Allgemeine Vorschriften. (1) Wird ein Leistungsantrag gestellt, so stellen alle zuständigen Träger die Leistungsansprüche nach den Rechtsvorschriften aller Mitgliedstaaten fest, die für die betreffende Person galten, es sei denn, die betreffende Person beantragt ausdrücklich, die Feststellung der nach den Rechtsvorschriften eines oder mehrerer Mitgliedstaaten erworbenen Ansprüche auf Leistungen bei Alter aufzuschieben.

(2) Erfüllt die betreffende Person zu einem bestimmten Zeitpunkt nicht oder nicht mehr die Voraussetzungen für die Leistungsgewährung nach den Rechtsvorschriften aller Mitgliedstaaten, die für sie galten, so lassen die Träger, nach deren Rechtsvorschriften die Voraussetzungen erfüllt sind, bei der Berechnung nach Artikel 52 Absatz 1 Buchstabe a) oder b) die Zeiten, die nach den Rechtsvorschriften zurückgelegt wurden, deren Voraussetzungen nicht oder nicht mehr erfüllt sind, unberücksichtigt, wenn diese Berücksichtigung zu einem niedrigeren Leistungsbetrag führt.

(3) Hat die betreffende Person ausdrücklich beantragt, die Feststellung von Leistungen bei Alter aufzuschieben, so gilt Absatz 2 entsprechend.

(4) Sobald die Voraussetzungen nach den anderen Rechtsvorschriften erfüllt sind oder die betreffende Person die Feststellung einer nach Absatz 1 aufgeschobenen Leistung bei Alter beantragt, werden die Leistungen von Amts wegen neu berechnet, es sei denn, die Zeiten, die nach den anderen Rechtsvorschriften zurückgelegt wurden, sind bereits nach Absatz 2 oder 3 berücksichtigt worden.

Art. 51[1] Besondere Vorschriften über die Zusammenrechnung von Zeiten. (1) Ist nach den Rechtsvorschriften eines Mitgliedstaats die Gewährung bestimmter Leistungen davon abhängig, dass die Versicherungszeiten nur in einer bestimmten Beschäftigung oder selbstständigen Erwerbstätigkeit oder einem Beruf zurückgelegt wurden, für die ein Sondersystem für beschäftigte oder selbstständig erwerbstätige Personen gilt, so berücksichtigt der zuständige Träger dieses Mitgliedstaats die nach den Rechtsvorschriften eines anderen Mitgliedstaats zurückgelegten Zeiten nur dann, wenn sie in einem ent-

[1] Art. 51 Abs. 3 neu gef. mWv 1. 5. 2010 durch VO v. 16. 9. 2009 (ABl. Nr. L 284 S. 43).

sprechenden System, oder, falls es ein solches nicht gibt, in dem gleichen Beruf oder gegebenenfalls in der gleichen Beschäftigung oder selbstständigen Erwerbstätigkeit zurückgelegt wurden.

Erfüllt die betreffende Person auch unter Berücksichtigung solcher Zeiten nicht die Anspruchsvoraussetzungen für Leistungen im Rahmen eines Sondersystems, so werden diese Zeiten für die Gewährung von Leistungen des allgemeinen Systems oder, falls es ein solches nicht gibt, des Systems für Arbeiter bzw. Angestellte berücksichtigt, sofern die betreffende Person dem einen oder anderen dieser Systeme angeschlossen war.

(2) Die im Rahmen eines Sondersystems eines Mitgliedstaats zurückgelegten Versicherungszeiten werden für die Gewährung von Leistungen des allgemeinen Systems oder, falls es ein solches nicht gibt, des Systems für Arbeiter bzw. Angestellte eines anderen Mitgliedstaats berücksichtigt, sofern die betreffende Person dem einen oder anderen dieser Systeme angeschlossen war, selbst wenn diese Zeiten bereits in dem letztgenannten Mitgliedstaat im Rahmen eines Sondersystems berücksichtigt wurden.

(3) [1]Machen die Rechtsvorschriften oder ein bestimmtes System eines Mitgliedstaats den Erwerb, die Aufrechterhaltung oder das Wiederaufleben des Leistungsanspruchs davon abhängig, dass die betreffende Person bei Eintritt des Versicherungsfalls versichert ist, gilt diese Voraussetzung als erfüllt, wenn die betreffende Person zuvor nach den Rechtsvorschriften bzw. in dem bestimmten System dieses Mitgliedstaats versichert war und wenn sie beim Eintreten des Versicherungsfalls nach den Rechtsvorschriften eines anderen Mitgliedstaats für denselben Versicherungsfall versichert ist oder wenn ihr in Ermangelung dessen nach den Rechtsvorschriften eines anderen Mitgliedstaats für denselben Versicherungsfall eine Leistung zusteht. [2]Die letztgenannte Voraussetzung gilt jedoch in den in Artikel 57 genannten Fällen als erfüllt.

Art. 52[1)] Feststellung der Leistungen. (1) Der zuständige Träger berechnet den geschuldeten Leistungsbetrag:

a) allein nach den für ihn geltenden Rechtsvorschriften, wenn die Voraussetzungen für den Leistungsanspruch ausschließlich nach nationalem Recht erfüllt wurden (autonome Leistung);

b) indem er einen theoretischen Betrag und im Anschluss daran einen tatsächlichen Betrag (anteilige Leistung) wie folgt berechnet:

   i) Der theoretische Betrag der Leistung entspricht der Leistung, auf die die betreffende Person Anspruch hätte, wenn alle nach den Rechtsvorschriften der anderen Mitgliedstaaten zurückgelegten Versicherungs- und/oder Wohnzeiten nach den für diesen Träger zum Zeitpunkt der Feststellung der Leistung geltenden

---

[1)] Art. 52 Abs. 4 neu gef., Abs. 5 angef. mWv 1. 5. 2010 durch VO v. 16. 9. 2009 (ABl. Nr. L 284 S. 43).

Rechtsvorschriften zurückgelegt worden wären. Ist nach diesen Rechtsvorschriften die Höhe der Leistung von der Dauer der zurückgelegten Zeiten unabhängig, so gilt dieser Betrag als theoretischer Betrag.

ii) Der zuständige Träger ermittelt sodann den tatsächlichen Betrag der anteiligen Leistung auf der Grundlage des theoretischen Betrags nach dem Verhältnis zwischen den nach den für ihn geltenden Rechtsvorschriften vor Eintritt des Versicherungsfalls zurückgelegten Zeiten und den gesamten nach den Rechtsvorschriften aller beteiligten Mitgliedstaaten vor Eintritt des Versicherungsfalls zurückgelegten Zeiten.

(2) Der zuständige Träger wendet gegebenenfalls auf den nach Absatz 1 Buchstaben a) und b) berechneten Betrag innerhalb der Grenzen der Artikel 53 bis 55 alle Bestimmungen über die Kürzung, das Ruhen oder die Entziehung nach den für ihn geltenden Rechtsvorschriften an.

(3) Die betreffende Person hat gegenüber dem zuständigen Träger jedes Mitgliedstaats Anspruch auf den höheren der Leistungsbeträge, die nach Absatz 1 Buchstaben a) und b) berechnet wurden.

(4) Führt in einem Mitgliedstaat die Berechnung nach Absatz 1 Buchstabe a immer dazu, dass die autonome Leistung gleich hoch oder höher als die anteilige Leistung ist, die nach Absatz 1 Buchstabe b berechnet wird, verzichtet der zuständige Träger auf die Berechnung der anteiligen Leistung unter der Bedingung, dass

i) dieser Fall in Anhang VIII Teil 1 aufgeführt ist, und

ii) keine Doppelleistungsbestimmungen im Sinne der Artikel 54 und 55 anwendbar sind, es sei denn, die in Artikel 55 Absatz 2 enthaltenen Bedingungen sind erfüllt, und

iii) Artikel 57 in diesem bestimmten Fall nicht auf Zeiten anwendbar ist, die nach den Rechtsvorschriften eines anderen Mitgliedstaats zurückgelegt wurden.

(5) [1]Unbeschadet der Absätze 1, 2 und 3 wird die anteilige Berechnung nicht auf Systeme angewandt, die Leistungen vorsehen, bei denen Zeiträume für die Berechnung keine Rolle spielen, sofern solche Systeme in Anhang VIII Teil 2 aufgeführt sind. [2]In diesen Fällen hat die betroffene Person Anspruch auf die gemäß den Rechtsvorschriften des betreffenden Mitgliedstaats berechnete Leistung.

Art. 53 Doppelleistungsbestimmungen. (1) Jedes Zusammentreffen von Leistungen bei Invalidität, bei Alter oder an Hinterbliebene, die auf der Grundlage der von derselben Person zurückgelegten Versicherungs- und/oder Wohnzeiten berechnet oder gewährt wurden, gilt als Zusammentreffen von Leistungen gleicher Art.

(2) Das Zusammentreffen von Leistungen, die nicht als Leistungen gleicher Art im Sinne des Absatzes 1 angesehen werden können, gilt als Zusammentreffen von Leistungen unterschiedlicher Art.

(3) Für die Zwecke von Doppelleistungsbestimmungen, die in den Rechtsvorschriften eines Mitgliedstaats für den Fall des Zusammentreffens von Leistungen bei Invalidität, bei Alter oder an Hinterbliebene mit Leistungen gleicher Art oder Leistungen unterschiedlicher Art oder mit sonstigen Einkünften festgelegt sind, gilt Folgendes:

a) Der zuständige Träger berücksichtigt die in einem anderen Mitgliedstaat erworbenen Leistungen oder erzielten Einkünfte nur dann, wenn die für ihn geltenden Rechtsvorschriften die Berücksichtigung von im Ausland erworbenen Leistungen oder erzielten Einkünften vorsehen.

b) Der zuständige Träger berücksichtigt nach den in der Durchführungsverordnung festgelegten Bedingungen und Verfahren den von einem anderen Mitgliedstaat zu zahlenden Leistungsbetrag vor Abzug von Steuern, Sozialversicherungsbeiträgen und anderen individuellen Abgaben oder Abzügen, sofern nicht die für ihn geltenden Rechtsvorschriften vorsehen, dass die Doppelleistungsbestimmungen nach den entsprechenden Abzügen anzuwenden sind.

c) Der zuständige Träger berücksichtigt nicht den Betrag der Leistungen, die nach den Rechtsvorschriften eines anderen Mitgliedstaats auf der Grundlage einer freiwilligen Versicherung oder einer freiwilligen Weiterversicherung erworben wurden.

d) Wendet ein einzelner Mitgliedstaat Doppelleistungsbestimmungen an, weil die betreffende Person Leistungen gleicher oder unterschiedlicher Art nach den Rechtsvorschriften anderer Mitgliedstaaten bezieht oder in anderen Mitgliedstaaten Einkünfte erzielt hat, so kann die geschuldete Leistung nur um den Betrag dieser Leistungen oder Einkünfte gekürzt werden.

Art. 54 Zusammentreffen von Leistungen gleicher Art.

(1) Treffen Leistungen gleicher Art, die nach den Rechtsvorschriften von zwei oder mehr Mitgliedstaaten geschuldet werden, zusammen, so gelten die in den Rechtsvorschriften eines Mitgliedstaats vorgesehenen Doppelleistungsbestimmungen nicht für eine anteilige Leistung.

(2) Doppelleistungsbestimmungen gelten nur dann für eine autonome Leistung, wenn es sich:

a) um eine Leistung handelt, deren Höhe von der Dauer der zurückgelegten Versicherungs- oder Wohnzeiten unabhängig ist,

oder

b) um eine Leistung handelt, deren Höhe unter Berücksichtigung einer fiktiven Zeit bestimmt wird, die als zwischen dem Eintritt des Versicherungsfalls und einem späteren Zeitpunkt zurückgelegt angesehen wird, und die zusammentrifft:

i) mit einer Leistung gleicher Art, außer wenn zwei oder mehr Mitgliedstaaten ein Abkommen zur Vermeidung einer mehrfachen Berücksichtigung der gleichen fiktiven Zeit geschlossen haben, oder

ii) mit einer Leistung nach Buchstabe a).

Die unter den Buchstaben a) und b) genannten Leistungen und Abkommen sind in Anhang IX aufgeführt.

Art. 55 Zusammentreffen von Leistungen unterschiedlicher Art. (1) Erfordert der Bezug von Leistungen unterschiedlicher Art oder von sonstigen Einkünften die Anwendung der in den Rechtsvorschriften der betreffenden Mitgliedstaaten vorgesehenen Doppelleistungsbestimmungen:

a) auf zwei oder mehrere autonome Leistungen, so teilen die zuständigen Träger die Beträge der Leistung oder Leistungen oder sonstigen Einkünfte, die berücksichtigt worden sind, durch die Zahl der Leistungen, auf die diese Bestimmungen anzuwenden sind;
die Anwendung dieses Buchstabens darf jedoch nicht dazu führen, dass der betreffenden Person ihr Status als Rentner für die Zwecke der übrigen Kapitel dieses Titels nach den in der Durchführungsverordnung festgelegten Bedingungen und Verfahren aberkannt wird;

b) auf eine oder mehrere anteilige Leistungen, so berücksichtigen die zuständigen Träger die Leistung oder Leistungen oder sonstigen Einkünfte sowie alle für die Anwendung der Doppelleistungsbestimmungen vorgesehenen Bezugsgrößen nach dem Verhältnis zwischen den Versicherungs- und/oder Wohnzeiten, die für die Berechnung nach Artikel 52 Absatz 1 Buchstabe b) Ziffer ii) berücksichtigt wurden;

c) auf eine oder mehrere autonome Leistungen und eine oder mehrere anteilige Leistungen, so wenden die zuständigen Träger Buchstabe a) auf die autonomen Leistungen und Buchstabe b) auf die anteiligen Leistungen entsprechend an.

(2) Der zuständige Träger nimmt keine für autonome Leistungen vorgesehene Teilung vor, wenn die für ihn geltenden Rechtsvorschriften die Berücksichtigung von Leistungen unterschiedlicher Art und/oder sonstiger Einkünfte und aller übrigen Bezugsgrößen in Höhe eines Teils ihres Betrags entsprechend dem Verhältnis zwischen den nach Artikel 52 Absatz 1 Buchstabe b) Ziffer ii) zu berücksichtigenden Versicherungs- und/oder Wohnzeiten vorsehen.

(3) Die Absätze 1 und 2 gelten entsprechend, wenn nach den Rechtsvorschriften eines oder mehrerer Mitgliedstaaten bei Bezug einer Leistung unterschiedlicher Art nach den Rechtsvorschriften eines anderen Mitgliedstaats oder bei sonstigen Einkünften kein Leistungsanspruch entsteht.

Art. 56[1] Ergänzende Vorschriften für die Berechnung der Leistungen. (1) Für die Berechnung des theoretischen Betrags und

[1] Art. 56 Abs. 1 Buchst. c geänd., Buchst. d angef. mWv 1. 5. 2010 durch VO v. 16. 9. 2009 (ABl. Nr. L 284 S. 43).

des anteiligen Betrags nach Artikel 52 Absatz 1 Buchstabe b) gilt Folgendes:

a) Übersteigt die Gesamtdauer der vor Eintritt des Versicherungsfalls nach den Rechtsvorschriften aller beteiligten Mitgliedstaaten zurückgelegten Versicherungs- und/oder Wohnzeiten die in den Rechtsvorschriften eines dieser Mitgliedstaaten für die Gewährung der vollen Leistung vorgeschriebene Höchstdauer, so berücksichtigt der zuständige Träger dieses Mitgliedstaats diese Höchstdauer anstelle der Gesamtdauer der zurückgelegten Zeiten; diese Berechnungsmethode verpflichtet diesen Träger nicht zur Gewährung einer Leistung, deren Betrag die volle nach den für ihn geltenden Rechtsvorschriften vorgesehene Leistung übersteigt. Diese Bestimmung gilt nicht für Leistungen, deren Höhe nicht von der Versicherungsdauer abhängig ist.

b) Das Verfahren zur Berücksichtigung sich überschneidender Zeiten ist in der Durchführungsverordnung geregelt.

c) Erfolgt nach den Rechtsvorschriften eines Mitgliedstaats die Berechnung von Leistungen auf der Grundlage von Einkünften, Beiträgen, Beitragsgrundlagen, Steigerungsbeträgen, Entgelten, anderen Beträgen oder einer Kombination mehrerer von ihnen (durchschnittlich, anteilig, pauschal oder fiktiv), so verfährt der zuständige Träger gegebenenfalls nach den in Anhang XI für den betreffenden Mitgliedstaat genannten Verfahren wie folgt:
   i) Er ermittelt die Berechnungsgrundlage der Leistungen ausschließlich aufgrund der Versicherungszeiten, die nach den für ihn geltenden Rechtsvorschriften zurückgelegt wurden.
   ii) Er zieht zur Berechnung des Betrags aufgrund von Versicherungs- und/oder Wohnzeiten, die nach den Rechtsvorschriften anderer Mitgliedstaaten zurückgelegt wurden, die gleichen Bezugsgrößen heran, die für die Versicherungszeiten festgestellt oder aufgezeichnet wurden, die nach den für ihn geltenden Rechtsvorschriften zurückgelegt wurden.

d) Für den Fall, dass Buchstabe c nicht gilt, da die Leistung nach den Rechtsvorschriften eines Mitgliedstaats nicht aufgrund von Versicherungs- oder Wohnzeiten, sondern aufgrund anderer nicht mit Zeit verknüpfter Faktoren berechnet werden muss, berücksichtigt der zuständige Träger für jede nach den Rechtsvorschriften eines anderen Mitgliedstaats zurückgelegte Versicherungs- oder Wohnzeit den Betrag des angesparten Kapitals, das Kapital, das als angespart gilt, und alle anderen Elemente für die Berechnung nach den von ihm angewandten Rechtsvorschriften, geteilt durch die entsprechenden Zeiteinheiten in dem betreffenden Rentensystem.

(2) Die Rechtsvorschriften eines Mitgliedstaats über die Anpassung *der Bezugsgrößen*, die für die Berechnung der Leistungen berücksichtigt wurden, gelten gegebenenfalls für die Bezugsgrößen, die der zu-

ständige Träger dieses Mitgliedstaats nach Absatz 1 für Versicherungs- oder Wohnzeiten berücksichtigen muss, die nach den Rechtsvorschriften anderer Mitgliedstaaten zurückgelegt wurden.

Art. 57[1)] Versicherungs- oder Wohnzeiten von weniger als einem Jahr. (1) Ungeachtet des Artikels 52 Absatz 1 Buchstabe b) ist der Träger eines Mitgliedstaats nicht verpflichtet, Leistungen für Zeiten zu gewähren, die nach den für ihn geltenden Rechtsvorschriften zurückgelegt wurden und bei Eintritt des Versicherungsfalls zu berücksichtigen sind, wenn:

– die Dauer dieser Zeiten weniger als ein Jahr beträgt,
  und
– aufgrund allein dieser Zeiten kein Leistungsanspruch nach diesen Rechtsvorschriften erworben wurde.

Für die Zwecke dieses Artikels bezeichnet der Ausdruck „Zeiten“ alle Versicherungszeiten, Beschäftigungszeiten, Zeiten einer selbstständigen Erwerbstätigkeit oder Wohnzeiten, die entweder für den Leistungsanspruch oder unmittelbar für die Leistungshöhe heranzuziehen sind.

(2) Für die Zwecke des Artikels 52 Absatz 1 Buchstabe b) Ziffer i) werden die in Absatz 1 genannten Zeiten vom zuständigen Träger jedes betroffenen Mitgliedstaats berücksichtigt.

(3) Würde die Anwendung des Absatzes 1 zur Befreiung aller Träger der betreffenden Mitgliedstaaten von der Leistungspflicht führen, so werden die Leistungen ausschließlich nach den Rechtsvorschriften des letzten dieser Mitgliedstaaten gewährt, dessen Voraussetzungen erfüllt sind, als ob alle zurückgelegten und nach Artikel 6 und Artikel 51 Absätze 1 und 2 berücksichtigten Versicherungs- und Wohnzeiten nach den Rechtsvorschriften dieses Mitgliedstaats zurückgelegt worden wären.

(4) Dieser Artikel gilt nicht für die in Teil 2 des Anhangs VIII aufgeführten Systeme.

Art. 58 Gewährung einer Zulage. (1) Ein Leistungsempfänger, auf den dieses Kapitel Anwendung findet, darf in dem Wohnmitgliedstaat, nach dessen Rechtsvorschriften ihm eine Leistung zusteht, keinen niedrigeren Leistungsbetrag als die Mindestleistung erhalten, die in diesen Rechtsvorschriften für eine Versicherungs- oder Wohnzeit festgelegt ist, die den Zeiten insgesamt entspricht, die bei der Feststellung der Leistung nach diesem Kapitel berücksichtigt wurden.

(2) Der zuständige Träger dieses Mitgliedstaats zahlt der betreffenden Person während der gesamten Zeit, in der sie in dessen Hoheitsgebiet wohnt, eine Zulage in Höhe des Unterschiedsbetrags zwischen der Summe der nach diesem Kapitel geschuldeten Leistungen und dem Betrag der Mindestleistung.

---

1) Art. 57 Abs. 4 angef. mWv 1. 5. 2010 durch VO v. 16. 9. 2009 (ABl. Nr. L 284 S. 43).

Art. 59 Neuberechnung und Anpassung der Leistungen.

(1) Tritt nach den Rechtsvorschriften eines Mitgliedstaats eine Änderung des Feststellungsverfahrens oder der Berechnungsmethode für die Leistungen ein oder erfährt die persönliche Situation der betreffenden Personen eine erhebliche Veränderung, die nach diesen Rechtsvorschriften zu einer Anpassung des Leistungsbetrags führen würde, so ist eine Neuberechnung nach Artikel 52 vorzunehmen.

(2) Der Prozentsatz oder der Betrag, um den bei einem Anstieg der Lebenshaltungskosten, bei Änderung des Lohnniveaus oder aus anderen Anpassungsgründen die Leistungen des betreffenden Mitgliedstaats geändert werden, gilt unmittelbar für die nach Artikel 52 festgestellten Leistungen, ohne dass eine Neuberechnung vorzunehmen ist.

Art. 60 Besondere Vorschriften für Beamte. (1) Die Artikel 6, 50, Artikel 51 Absatz 3 und die Artikel 52 bis 59 gelten entsprechend für Personen, die von einem Sondersystem für Beamte erfasst sind.

(2) Ist jedoch nach den Rechtsvorschriften eines zuständigen Mitgliedstaats der Erwerb, die Auszahlung, die Aufrechterhaltung oder das Wiederaufleben des Leistungsanspruchs aufgrund eines Sondersystems für Beamte davon abhängig, dass alle Versicherungszeiten in einem oder mehreren Sondersystemen für Beamte in diesem Mitgliedstaat zurückgelegt wurden oder durch die Rechtsvorschriften dieses Mitgliedstaats solchen Zeiten gleichgestellt sind, so berücksichtigt der zuständige Träger dieses Staates nur die Zeiten, die nach den für ihn geltenden Rechtsvorschriften anerkannt werden können.

Erfüllt die betreffende Person auch unter Berücksichtigung solcher Zeiten nicht die Voraussetzungen für den Bezug dieser Leistungen, so werden diese Zeiten für die Feststellung von Leistungen im allgemeinen System oder, falls es ein solches nicht gibt, im System für Arbeiter bzw. Angestellte berücksichtigt.

(3) Werden nach den Rechtsvorschriften eines Mitgliedstaats die Leistungen eines Sondersystems für Beamte auf der Grundlage des bzw. der in einem Bezugszeitraum zuletzt erzielten Entgelts berechnet, so berücksichtigt der zuständige Träger dieses Staates als Berechnungsgrundlage unter entsprechender Anpassung nur das Entgelt, das in dem Zeitraum bzw. den Zeiträumen bezogen wurden, während dessen bzw. deren die betreffende Person diesen Rechtsvorschriften unterlag.

Kapitel 6. Leistungen bei Arbeitslosigkeit

Art. 61 Besondere Vorschriften für die Zusammenrechnung von Versicherungszeiten, Beschäftigungszeiten und Zeiten einer selbstständigen Erwerbstätigkeit. (1) Der zuständige Träger eines Mitgliedstaats, nach dessen Rechtsvorschriften der Erwerb, die Aufrechterhaltung, das Wiederaufleben oder die Dauer des Leistungsanspruchs von der Zurücklegung von Versicherungszeiten, Beschäftigungszeiten oder Zeiten einer selbstständigen Erwerbstätigkeit abhängig ist, berücksichtigt, soweit erforderlich, die Versicherungszeiten, Beschäftigungszeiten oder Zeiten einer selbstständigen Erwerbstätigkeit, die nach den Rechtsvorschriften eines anderen Mitgliedstaats zurückgelegt wurden, als ob sie nach den für ihn geltenden Rechtsvorschriften zurückgelegt worden wären.

Ist jedoch nach den anzuwendenden Rechtsvorschriften der Leistungsanspruch von der Zurücklegung von Versicherungszeiten abhängig, so werden die nach den Rechtsvorschriften eines anderen Mitgliedstaats zurückgelegten Beschäftigungszeiten oder Zeiten einer selbstständigen Erwerbstätigkeit nicht berücksichtigt, es sei denn, sie hätten als Versicherungszeiten gegolten, wenn sie nach den anzuwendenden Rechtsvorschriften zurückgelegt worden wären.

(2) Außer in den Fällen des Artikels 65 Absatz 5 Buchstabe a) gilt Absatz 1 des vorliegenden Artikels nur unter der Voraussetzung, dass die betreffende Person unmittelbar zuvor nach den Rechtsvorschriften, nach denen die Leistungen beantragt werden, folgende Zeiten zurückgelegt hat:
– Versicherungszeiten, sofern diese Rechtsvorschriften Versicherungszeiten verlangen,
– Beschäftigungszeiten, sofern diese Rechtsvorschriften Beschäftigungszeiten verlangen,
oder
– Zeiten einer selbstständigen Erwerbstätigkeit, sofern diese Rechtsvorschriften Zeiten einer selbstständigen Erwerbstätigkeit verlangen.

Art. 62[1)] Berechnung der Leistungen. (1) Der zuständige Träger eines Mitgliedstaats, nach dessen Rechtsvorschriften bei der Berechnung der Leistungen die Höhe des früheren Entgelts oder Erwerbseinkommens zugrunde zu legen ist, berücksichtigt ausschließlich das Entgelt oder Erwerbseinkommen, das die betreffende Person während ihrer letzten Beschäftigung oder selbstständigen Erwerbstätigkeit nach diesen Rechtsvorschriften erhalten hat.

(2) Absatz 1 findet auch Anwendung, wenn nach den für den zuständigen Träger geltenden Rechtsvorschriften ein bestimmter Bezugszeitraum für die Ermittlung des als Berechnungsgrundlage für die Leistungen heranzuziehenden Entgelts vorgesehen ist und die betreffende Person während dieses Zeitraums oder eines Teils davon den Rechtsvorschriften eines anderen Mitgliedstaats unterlag.

(3) Abweichend von den Absätzen 1 und 2 berücksichtigt der Träger des Wohnorts im Falle von Arbeitslosen, auf die Artikel 65 Absatz 5 Buchstabe a anzuwenden ist, nach Maßgabe der Durchführungsverordnung das Entgelt oder Erwerbseinkommen, das die betreffende Person in dem Mitgliedstaat erhalten hat, dessen Rechtsvorschriften für

1) Art. 62 Abs. 3 geänd. mWv 1. 5. 2010 durch VO v. 16. 9. 2009 (ABl. Nr. L 284 S. 43).

sie während ihrer letzten Beschäftigung oder selbstständigen Erwerbstätigkeit galten.

Art. 63[1] **Besondere Bestimmungen für die Aufhebung der Wohnortklauseln.** Für die Zwecke dieses Kapitels gilt Artikel 7 nur in den in den Artikeln 64, 65 und 65a vorgesehenen Fällen und Grenzen.

Art. 64 Arbeitslose, die sich in einen anderen Mitgliedstaat begeben. (1) Eine vollarbeitslose Person, die die Voraussetzungen für einen Leistungsanspruch nach den Rechtsvorschriften des zuständigen Mitgliedstaats erfüllt und sich zur Arbeitsuche in einen anderen Mitgliedstaat begibt, behält den Anspruch auf Geldleistungen bei Arbeitslosigkeit unter folgenden Bedingungen und innerhalb der folgenden Grenzen:

a) vor der Abreise muss der Arbeitslose während mindestens vier Wochen nach Beginn der Arbeitslosigkeit bei der Arbeitsverwaltung des zuständigen Mitgliedstaats als Arbeitsuchender gemeldet gewesen sein und zur Verfügung gestanden haben. Die zuständige Arbeitsverwaltung oder der zuständige Träger kann jedoch die Abreise vor Ablauf dieser Frist genehmigen;

b) der Arbeitslose muss sich bei der Arbeitsverwaltung des Mitgliedstaats, in den er sich begibt, als Arbeitsuchender melden, sich dem dortigen Kontrollverfahren unterwerfen und die Voraussetzungen der Rechtsvorschriften dieses Mitgliedstaats erfüllen. Diese Bedingung gilt für den Zeitraum vor der Meldung als erfüllt, wenn sich die betreffende Person innerhalb von sieben Tagen ab dem Zeitpunkt meldet, ab dem sie der Arbeitsverwaltung des Mitgliedstaats, den sie verlassen hat, nicht mehr zur Verfügung gestanden hat. In Ausnahmefällen kann diese Frist von der zuständigen Arbeitsverwaltung oder dem zuständigen Träger verlängert werden;

c) der Leistungsanspruch wird während drei Monaten von dem Zeitpunkt an aufrechterhalten, ab dem der Arbeitslose der Arbeitsverwaltung des Mitgliedstaats, den er verlassen hat, nicht mehr zur Verfügung gestanden hat, vorausgesetzt die Gesamtdauer der Leistungsgewährung überschreitet nicht den Gesamtzeitraum, für den nach den Rechtsvorschriften dieses Mitgliedstaats ein Leistungsanspruch besteht; der Zeitraum von drei Monaten kann von der zuständigen Arbeitsverwaltung oder dem zuständigen Träger auf höchstens sechs Monate verlängert werden;

d) die Leistungen werden vom zuständigen Träger nach den für ihn geltenden Rechtsvorschriften und für seine Rechnung gewährt.

(2) [1]Kehrt die betreffende Person bei Ablauf oder vor Ablauf des Zeitraums, für den sie nach Absatz 1 Buchstabe c) einen Leistungsan-

---

[1]) Art. 63 neu gef. mWv 28. 6. 2012 durch VO v. 22. 5. 2012 (ABl. Nr. L 149 S. 4).

spruch hat, in den zuständigen Mitgliedstaat zurück, so hat sie weiterhin einen Leistungsanspruch nach den Rechtsvorschriften dieses Mitgliedstaats. [2]Sie verliert jedoch jeden Leistungsanspruch nach den Rechtsvorschriften des zuständigen Mitgliedstaats, wenn sie nicht bei Ablauf oder vor Ablauf dieses Zeitraums dorthin zurückkehrt, es sei denn, diese Rechtsvorschriften sehen eine günstigere Regelung vor. [3]In Ausnahmefällen kann die zuständige Arbeitsverwaltung oder der zuständige Träger der betreffenden Person gestatten, zu einem späteren Zeitpunkt zurückzukehren, ohne dass sie ihren Anspruch verliert.

(3) Der Höchstzeitraum, für den zwischen zwei Beschäftigungszeiten ein Leistungsanspruch nach Absatz 1 aufrechterhalten werden kann, beträgt drei Monate, es sei denn, die Rechtsvorschriften des zuständigen Mitgliedstaats sehen eine günstigere Regelung vor; dieser Zeitraum kann von der zuständigen Arbeitsverwaltung oder dem zuständigen Träger auf höchstens sechs Monate verlängert werden.

(4) Die Einzelheiten des Informationsaustauschs, der Zusammenarbeit und der gegenseitigen Amtshilfe zwischen den Trägern und Arbeitsverwaltungen des zuständigen Mitgliedstaats und des Mitgliedstaats, in den sich die betreffende Person zur Arbeitssuche begibt, werden in der Durchführungsverordnung geregelt.

Art. 65 Arbeitslose, die in einem anderen als dem zuständigen Mitgliedstaat gewohnt haben. (1) [1]Eine Person, die während ihrer letzten Beschäftigung oder selbstständigen Erwerbstätigkeit in einem anderen als dem zuständigen Mitgliedstaat gewohnt hat, muss sich bei Kurzarbeit oder sonstigem vorübergehendem Arbeitsausfall ihrem Arbeitgeber oder der Arbeitsverwaltung des zuständigen Mitgliedstaats zur Verfügung stellen. [2]Sie erhält Leistungen nach den Rechtsvorschriften des zuständigen Mitgliedstaats, als ob sie in diesem Mitgliedstaat wohnen würde. [3]Diese Leistungen werden von dem Träger des zuständigen Mitgliedstaats gewährt.

(2) [1]Eine vollarbeitslose Person, die während ihrer letzten Beschäftigung oder selbstständigen Erwerbstätigkeit in einem anderen als dem zuständigen Mitgliedstaat gewohnt hat und weiterhin in diesem Mitgliedstaat wohnt oder in ihn zurückkehrt, muss sich der Arbeitsverwaltung des Wohnmitgliedstaats zur Verfügung stellen. [2]Unbeschadet des Artikels 64 kann sich eine vollarbeitslose Person zusätzlich der Arbeitsverwaltung des Mitgliedstaats zur Verfügung stellen, in dem sie zuletzt eine Beschäftigung oder eine selbstständige Erwerbstätigkeit ausgeübt hat.

Ein Arbeitsloser, der kein Grenzgänger ist und nicht in seinen Wohnmitgliedstaat zurückkehrt, muss sich der Arbeitsverwaltung des Mitgliedstaats zur Verfügung stellen, dessen Rechtsvorschriften zuletzt für ihn gegolten haben.

(3) [1]Der in Absatz 2 Satz 1 genannte Arbeitslose muss sich bei der zuständigen Arbeitsverwaltung des Wohnmitgliedstaats als Arbeitsuchender melden, sich dem dortigen Kontrollverfahren unterwerfen

und die Voraussetzungen der Rechtsvorschriften dieses Mitgliedstaats erfüllen. 2 Entscheidet er sich dafür, sich auch in dem Mitgliedstaat, in dem er zuletzt eine Beschäftigung oder eine selbstständige Erwerbstätigkeit ausgeübt hat, als Arbeitsuchender zu melden, so muss er den in diesem Mitgliedstaat geltenden Verpflichtungen nachkommen.

(4) Die Durchführung des Absatzes 2 Satz 2 und des Absatzes 3 Satz 2 sowie die Einzelheiten des Informationsaustauschs, der Zusammenarbeit und der gegenseitigen Amtshilfe zwischen den Trägern und Arbeitsverwaltungen des Wohnmitgliedstaats und des Mitgliedstaats, in dem er zuletzt eine Erwerbstätigkeit ausgeübt hat, werden in der Durchführungsverordnung geregelt.

(5)

a) Der in Absatz 2 Sätze 1 und 2 genannte Arbeitslose erhält Leistungen nach den Rechtsvorschriften des Wohnmitgliedstaats, als ob diese Rechtsvorschriften für ihn während seiner letzten Beschäftigung oder selbstständigen Erwerbstätigkeit gegolten hätten. Diese Leistungen werden von dem Träger des Wohnorts gewährt.

b) Jedoch erhält ein Arbeitnehmer, der kein Grenzgänger war und dem zulasten des zuständigen Trägers des Mitgliedstaats, dessen Rechtsvorschriften zuletzt für ihn gegolten haben, Leistungen gewährt wurden, bei seiner Rückkehr in den Wohnmitgliedstaat zunächst Leistungen nach Artikel 64; der Bezug von Leistungen nach Buchstabe a) ist während des Bezugs von Leistungen nach den Rechtsvorschriften, die zuletzt für ihn gegolten haben, ausgesetzt.

(6) 1 Die Leistungen des Trägers des Wohnorts nach Absatz 5 werden zu seinen Lasten erbracht. 2 Vorbehaltlich des Absatzes 7 erstattet der zuständige Träger des Mitgliedstaats, dessen Rechtsvorschriften zuletzt für ihn gegolten haben, dem Träger des Wohnorts den Gesamtbetrag der Leistungen, die dieser Träger während der ersten drei Monate erbracht hat. 3 Der zu erstattende Betrag für diesen Zeitraum darf nicht höher sein als der Betrag, der nach den Rechtsvorschriften des zuständigen Mitgliedstaats bei Arbeitslosigkeit zu zahlen gewesen wäre. 4 In den Fällen des Absatzes 5 Buchstabe b) wird der Zeitraum, während dessen Leistungen nach Artikel 64 erbracht werden, von dem in Satz 2 des vorliegenden Absatzes genannten Zeitraum abgezogen. 5 Die Einzelheiten der Erstattung werden in der Durchführungsverordnung geregelt.

(7) Der Zeitraum, für den nach Absatz 6 eine Erstattung erfolgt, wird jedoch auf fünf Monate ausgedehnt, wenn die betreffende Person in den vorausgegangenen 24 Monaten Beschäftigungszeiten oder Zeiten einer selbstständigen Erwerbstätigkeit von mindestens 12 Monaten in dem Mitgliedstaat zurückgelegt hat, dessen Rechtsvorschriften zuletzt für sie gegolten haben, sofern diese Zeiten einen Anspruch auf Leistungen bei Arbeitslosigkeit begründen würden.

(8) Für die Zwecke der Absätze 6 und 7 können zwei oder mehr Mitgliedstaaten oder ihre zuständigen Behörden andere Erstattungsver-

fahren vereinbaren oder auf jegliche Erstattung zwischen den in ihre Zuständigkeit fallenden Trägern verzichten.

Art. 65 a[1] Besondere Bestimmungen für vollarbeitslose selbständig erwerbstätige Grenzgänger, sofern in dem Wohnmitgliedstaat für selbständig Erwerbstätige kein System der Leistungen bei Arbeitslosigkeit besteht. (1) [1] Abweichend von Artikel 65 hat sich eine vollarbeitslose Person, die als Grenzgänger zuletzt in einem anderen Mitgliedstaat als ihrem Wohnmitgliedstaat Versicherungszeiten als Selbständiger oder Zeiten einer selbständigen Erwerbstätigkeit zurückgelegt hat, die für die Zwecke der Gewährung von Leistungen bei Arbeitslosigkeit anerkannt werden, und deren Wohnmitgliedstaat gemeldet hat, dass für keine Kategorie von Selbständigen ein System der Leistungen bei Arbeitslosigkeit dieses Mitgliedstaats besteht, bei der zuständigen Arbeitsverwaltung in dem Mitgliedstaat, in dem sie zuletzt eine selbständige Erwerbstätigkeit ausgeübt hat, anzumelden und sich zu ihrer Verfügung zu stellen sowie, wenn sie Leistungen beantragt, ununterbrochen die Voraussetzungen der Rechtsvorschriften dieses Mitgliedstaats zu erfüllen. [2] Zusätzlich kann die vollarbeitslose Person sich der Arbeitsverwaltung des Wohnmitgliedstaats zur Verfügung stellen.

(2) Die vollarbeitslose Person nach Absatz 1 erhält Leistungen des Mitgliedstaats, dessen Rechtsvorschriften sie zuletzt unterlag, entsprechend den Rechtsvorschriften, die dieser Mitgliedstaat anwendet.

(3) [1] Sollte die vollarbeitslose Person nach Absatz 1 sich der Arbeitsverwaltung des Mitgliedstaats der letzten Erwerbstätigkeit nicht oder nicht länger zur Verfügung stellen wollen, nachdem sie sich dort gemeldet hat, und in dem Wohnmitgliedstaat nach Arbeit suchen wollen, gilt Artikel 64 mit Ausnahme seines Absatzes 1 Buchstabe a entsprechend. [2] Der zuständige Träger kann den in Artikel 64 Absatz 1 Buchstabe c Satz 1 genannten Zeitraum bis zum Ende des Berechtigungszeitraums verlängern.

Kapitel 7. Vorruhestandsleistungen

Art. 66 Leistungen. Sind nach den anzuwendenden Rechtsvorschriften Ansprüche auf Vorruhestandsleistungen von der Zurücklegung von Versicherungszeiten, Beschäftigungszeiten oder Zeiten einer selbstständigen Erwerbstätigkeit abhängig, so findet Artikel 6 keine Anwendung.

Kapitel 8. Familienleistungen

Art. 67 Familienangehörige, die in einem anderen Mitgliedstaat wohnen. [1] Eine Person hat auch für Familienangehörige, die in

[1] Art. 65 a eingef. mWv 28. 6. 2012 durch VO v. 22. 5. 2012 (ABl. Nr. L 149 S. 4).

einem anderen Mitgliedstaat wohnen, Anspruch auf Familienleistungen nach den Rechtsvorschriften des zuständigen Mitgliedstaats, als ob die Familienangehörigen in diesem Mitgliedstaat wohnen würden. 2 Ein Rentner hat jedoch Anspruch auf Familienleistungen nach den Rechtsvorschriften des für die Rentengewährung zuständigen Mitgliedstaats.

Art. 68 Prioritätsregeln bei Zusammentreffen von Ansprüchen. (1) Sind für denselben Zeitraum und für dieselben Familienangehörigen Leistungen nach den Rechtsvorschriften mehrerer Mitgliedstaaten zu gewähren, so gelten folgende Prioritätsregeln:

a) Sind Leistungen von mehreren Mitgliedstaaten aus unterschiedlichen Gründen zu gewähren, so gilt folgende Rangfolge: an erster Stelle stehen die durch eine Beschäftigung oder eine selbstständige Erwerbstätigkeit ausgelösten Ansprüche, darauf folgen die durch den Bezug einer Rente ausgelösten Ansprüche und schließlich die durch den Wohnort ausgelösten Ansprüche.

b) Sind Leistungen von mehreren Mitgliedstaaten aus denselben Gründen zu gewähren, so richtet sich die Rangfolge nach den folgenden subsidiären Kriterien:
   i) bei Ansprüchen, die durch eine Beschäftigung oder eine selbstständige Erwerbstätigkeit ausgelöst werden: der Wohnort der Kinder, unter der Voraussetzung, dass dort eine solche Tätigkeit ausgeübt wird, und subsidiär gegebenenfalls die nach den widerstreitenden Rechtsvorschriften zu gewährende höchste Leistung. Im letztgenannten Fall werden die Kosten für die Leistungen nach in der Durchführungsverordnung festgelegten Kriterien aufgeteilt;
   ii) bei Ansprüchen, die durch den Bezug einer Rente ausgelöst werden: der Wohnort der Kinder, unter der Voraussetzung, dass nach diesen Rechtsvorschriften eine Rente geschuldet wird, und subsidiär gegebenenfalls die längste Dauer der nach den widerstreitenden Rechtsvorschriften zurückgelegten Versicherungs- oder Wohnzeiten;
   iii) bei Ansprüchen, die durch den Wohnort ausgelöst werden: der Wohnort der Kinder.

(2) 1 Bei Zusammentreffen von Ansprüchen werden die Familienleistungen nach den Rechtsvorschriften gewährt, die nach Absatz 1 Vorrang haben. 2 Ansprüche auf Familienleistungen nach anderen widerstreitenden Rechtsvorschriften werden bis zur Höhe des nach den vorrangig geltenden Rechtsvorschriften vorgesehenen Betrags ausgesetzt; erforderlichenfalls ist ein Unterschiedsbetrag in Höhe des darüber hinausgehenden Betrags der Leistungen zu gewähren. 3 Ein derartiger Unterschiedsbetrag muss jedoch nicht für Kinder gewährt werden, die in einem anderen Mitgliedstaat wohnen, wenn der entsprechende Leistungsanspruch ausschließlich durch den Wohnort ausgelöst wird.

(3) Wird nach Artikel 67 beim zuständigen Träger eines Mitgliedstaats, dessen Rechtsvorschriften gelten, aber nach den Prioritätsregeln

der Absätze 1 und 2 des vorliegenden Artikels nachrangig sind, ein Antrag auf Familienleistungen gestellt, so gilt Folgendes:

a) Dieser Träger leitet den Antrag unverzüglich an den zuständigen Träger des Mitgliedstaats weiter, dessen Rechtsvorschriften vorrangig gelten, teilt dies der betroffenen Person mit und zahlt unbeschadet der Bestimmungen der Durchführungsverordnung über die vorläufige Gewährung von Leistungen erforderlichenfalls den in Absatz 2 genannten Unterschiedsbetrag;

b) der zuständige Träger des Mitgliedstaats, dessen Rechtsvorschriften vorrangig gelten, bearbeitet den Antrag, als ob er direkt bei ihm gestellt worden wäre; der Tag der Einreichung des Antrags beim ersten Träger gilt als der Tag der Einreichung bei dem Träger, der vorrangig zuständig ist.

Art. 68 a[1] Gewährung von Leistungen. Verwendet die Person, der die Familienleistungen zu gewähren sind, diese nicht für den Unterhalt der Familienangehörigen, zahlt der zuständige Träger auf Antrag des Trägers im Mitgliedstaat des Wohnorts der Familienangehörigen, des von der zuständigen Behörde im Mitgliedstaat ihres Wohnorts hierfür bezeichneten Trägers oder der von dieser Behörde hierfür bestimmten Stelle die Familienleistungen mit befreiender Wirkung über diesen Träger bzw. über diese Stelle an die natürliche oder juristische Person, die tatsächlich für die Familienangehörigen sorgt.

Art. 69 Ergänzende Bestimmungen. (1) [1]Besteht nach den gemäß den Artikeln 67 und 68 bestimmten Rechtsvorschriften kein Anspruch auf zusätzliche oder besondere Familienleistungen für Waisen, so werden diese Leistungen grundsätzlich in Ergänzung zu den anderen Familienleistungen, auf die nach den genannten Rechtsvorschriften ein Anspruch besteht, nach den Rechtsvorschriften des Mitgliedstaats gewährt, die für den Verstorbenen die längste Zeit gegolten haben, sofern ein Anspruch nach diesen Rechtsvorschriften besteht. [2]Besteht kein Anspruch nach diesen Rechtsvorschriften, so werden die Anspruchsvoraussetzungen nach den Rechtsvorschriften der anderen Mitgliedstaaten in der Reihenfolge der abnehmenden Dauer der nach den Rechtsvorschriften dieser Mitgliedstaaten zurückgelegten Versicherungs- oder Wohnzeiten geprüft und die Leistungen entsprechend gewährt.

(2) Leistungen in Form von Renten oder Rentenzuschüssen werden nach Kapitel 5 berechnet und gewährt.

Kapitel 9. Besondere beitragsunabhängige Geldleistungen

Art. 70 Allgemeine Vorschrift. (1) Dieser Artikel gilt für besondere beitragsunabhängige Geldleistungen, die nach Rechtsvorschriften

[1] Art. 68 a eingef. mWv 1. 5. 2010 durch VO v. 16. 9. 2009 (ABl. Nr. L 284 S. 43).

gewährt werden, die aufgrund ihres persönlichen Geltungsbereichs, ihrer Ziele und/oder ihrer Anspruchsvoraussetzungen sowohl Merkmale der in Artikel 3 Absatz 1 genannten Rechtsvorschriften der sozialen Sicherheit als auch Merkmale der Sozialhilfe aufweisen.

(2) Für die Zwecke dieses Kapitels bezeichnet der Ausdruck „besondere beitragsunabhängige Geldleistungen" die Leistungen:

a) die dazu bestimmt sind:

i) einen zusätzlichen, ersatzweisen oder ergänzenden Schutz gegen die Risiken zu gewähren, die von den in Artikel 3 Absatz 1 genannten Zweigen der sozialen Sicherheit gedeckt sind, und den betreffenden Personen ein Mindesteinkommen zur Bestreitung des Lebensunterhalts garantieren, das in Beziehung zu dem wirtschaftlichen und sozialen Umfeld in dem betreffenden Mitgliedstaat steht,

oder

ii) allein dem besonderen Schutz des Behinderten zu dienen, der eng mit dem sozialen Umfeld dieser Person in dem betreffenden Mitgliedstaat verknüpft ist,

und

b) deren Finanzierung ausschließlich durch obligatorische Steuern zur Deckung der allgemeinen öffentlichen Ausgaben erfolgt und deren Gewährung und Berechnung nicht von Beiträgen hinsichtlich der Leistungsempfänger abhängen. Jedoch sind Leistungen, die zusätzlich zu einer beitragsabhängigen Leistung gewährt werden, nicht allein aus diesem Grund als beitragsabhängige Leistungen zu betrachten,

und

c) die in Anhang X aufgeführt sind.

(3) Artikel 7 und die anderen Kapitel dieses Titels gelten nicht für die in Absatz 2 des vorliegenden Artikels genannten Leistungen.

(4) [1]Die in Absatz 2 genannten Leistungen werden ausschließlich in dem Mitgliedstaat, in dem die betreffenden Personen wohnen, und nach dessen Rechtsvorschriften gewährt. [2]Die Leistungen werden vom Träger des Wohnorts und zu seinen Lasten gewährt.

Titel IV. Verwaltungskommission und beratender Ausschuss

Art. 71[1)] Zusammensetzung und Arbeitsweise der Verwaltungskommission. (1) [1]Der bei der Kommission der Europäischen Gemeinschaften eingesetzten Verwaltungskommission für die Koordinierung der Systeme der sozialen Sicherheit (im Folgenden „Verwal-

[1)] Art. 71 Abs. 2 neu gef. mWv 28. 6. 2012 durch VO v. 22. 5. 2012 (ABl. Nr. L 149 S. 4).

tungskommission" genannt) gehört je ein Regierungsvertreter jedes Mitgliedstaats an, der erforderlichenfalls von Fachberatern unterstützt wird. [2]Ein Vertreter der Kommission der Europäischen Gemeinschaften nimmt mit beratender Stimme an den Sitzungen der Verwaltungskommission teil.

(2) Die Verwaltungskommission beschließt mit der in den Verträgen festgelegten qualifizierten Mehrheit; dies gilt nicht für die Annahme ihrer Satzung, die von ihren Mitgliedern im gegenseitigen Einvernehmen erstellt wird.

Entscheidungen zu den in Artikel 72 Buchstabe a genannten Auslegungsfragen werden im erforderlichen Umfang bekannt gemacht.

(3) Die Sekretariatsgeschäfte der Verwaltungskommission werden von der Kommission der Europäischen Gemeinschaften wahrgenommen.

Art. 72 Aufgaben der Verwaltungskommission. Die Verwaltungskommission hat folgende Aufgaben:

a) Sie behandelt alle Verwaltungs- und Auslegungsfragen, die sich aus dieser Verordnung oder der Durchführungsverordnung oder in deren Rahmen geschlossenen Abkommen oder getroffenen Vereinbarungen ergeben; jedoch bleibt das Recht der betreffenden Behörden, Träger und Personen, die Verfahren und Gerichte in Anspruch zu nehmen, die nach den Rechtsvorschriften der Mitgliedstaaten, nach dieser Verordnung sowie nach dem Vertrag vorgesehen sind, unberührt.

b) Sie erleichtert die einheitliche Anwendung des Gemeinschaftsrechts, insbesondere, indem sie den Erfahrungsaustausch und die Verbreitung der besten Verwaltungspraxis fördert.

c) Sie fördert und stärkt die Zusammenarbeit zwischen den Mitgliedstaaten und ihren Trägern im Bereich der sozialen Sicherheit, um u. a. spezifische Fragen in Bezug auf bestimmte Personengruppen zu berücksichtigen; sie erleichtert die Durchführung von Maßnahmen der grenzüberschreitenden Zusammenarbeit auf dem Gebiet der Koordinierung der sozialen Sicherheit.

d) Sie fördert den größtmöglichen Einsatz neuer Technologien, um den freien Personenverkehr zu erleichtern, insbesondere durch die Modernisierung der Verfahren für den Informationsaustausch und durch die Anpassung des Informationsflusses zwischen den Trägern zum Zweck des Austauschs mit elektronischen Mitteln unter Berücksichtigung des Entwicklungsstands der Datenverarbeitung in dem jeweiligen Mitgliedstaat; die Verwaltungskommission erlässt die gemeinsamen strukturellen Regeln für die elektronischen Datenverarbeitungsdienste, insbesondere zu Sicherheit und Normenverwendung, und legt die Einzelheiten für den Betrieb des gemeinsamen Teils dieser Dienste fest.

e) Sie nimmt alle anderen Aufgaben wahr, für die sie nach dieser Verordnung, der Durchführungsverordnung und aller in deren Rahmen geschlossenen Abkommen oder getroffenen Vereinbarungen zuständig ist.

f) Sie unterbreitet der Kommission der Europäischen Gemeinschaften geeignete Vorschläge zur Koordinierung der Systeme der sozialen Sicherheit mit dem Ziel, den gemeinschaftlichen Besitzstand durch die Erarbeitung weiterer Verordnungen oder durch andere im Vertrag vorgesehene Instrumente zu verbessern und zu modernisieren.

g) Sie stellt die Unterlagen zusammen, die für die Rechnungslegung der Träger der Mitgliedstaaten über deren Aufwendungen aufgrund dieser Verordnung zu berücksichtigen sind, und stellt auf der Grundlage eines Berichts des in Artikel 74 genannten Rechnungsausschusses die Jahresabrechnung zwischen diesen Trägern auf.

Art. 73 Fachausschuss für Datenverarbeitung. (1) [1]Der Verwaltungskommission ist ein Fachausschuss für Datenverarbeitung (im Folgenden „Fachausschuss" genannt) angeschlossen. [2]Der Fachausschuss unterbreitet der Verwaltungskommission Vorschläge für die gemeinsamen Architekturregeln zur Verwaltung der elektronischen Datenverarbeitungsdienste, insbesondere zu Sicherheit und Normenverwendung; er erstellt Berichte und gibt eine mit Gründen versehene Stellungnahme ab, bevor die Verwaltungskommission eine Entscheidung nach Artikel 72 Buchstabe d) trifft. [3]Die Zusammensetzung und die Arbeitsweise des Fachausschusses werden von der Verwaltungskommission bestimmt.

(2) Zu diesem Zweck hat der Fachausschuss folgende Aufgaben:

a) Er trägt die einschlägigen fachlichen Unterlagen zusammen und übernimmt die zur Erledigung seiner Aufgaben erforderlichen Untersuchungen und Arbeiten.

b) Er legt der Verwaltungskommission die in Absatz 1 genannten Berichte und mit Gründen versehenen Stellungnahmen vor.

c) Er erledigt alle sonstigen Aufgaben und Untersuchungen zu Fragen, die die Verwaltungskommission an ihn verweist.

d) Er stellt den Betrieb der gemeinschaftlichen Pilotprojekte unter Einsatz elektronischer Datenverarbeitungsdienste und, für den gemeinschaftlichen Teil, der operativen Systeme unter Einsatz elektronischer Datenverarbeitungsdienste sicher.

Art. 74 Rechnungsausschuss. (1) [1]Der Verwaltungskommission ist ein Rechnungsausschuss angeschlossen. [2]Seine Zusammensetzung und seine Arbeitsweise werden von der Verwaltungskommission bestimmt.

Der Rechnungsausschuss hat folgende Aufgaben:

a) Er prüft die Methode zur Feststellung und Berechnung der von den Mitgliedstaaten vorgelegten durchschnittlichen jährlichen Kosten.

b) Er trägt die erforderlichen Daten zusammen und führt die Berechnungen aus, die erforderlich sind, um den jährlichen Forderungsstand jedes einzelnen Mitgliedstaats festzustellen.

c) Er erstattet der Verwaltungskommission regelmäßig Bericht über die Ergebnisse der Anwendung dieser Verordnung und der Durchführungsverordnung, insbesondere in finanzieller Hinsicht.

d) Er stellt die für die Beschlussfassung der Verwaltungskommission gemäß Artikel 72 Buchstabe g) erforderlichen Daten und Berichte zur Verfügung.

e) Er unterbreitet der Verwaltungskommission alle geeigneten Vorschläge im Zusammenhang mit den Buchstaben a), b) und c), einschließlich derjenigen, die diese Verordnung betreffen.

f) Er erledigt alle Arbeiten, Untersuchungen und Aufträge zu Fragen, die die Verwaltungskommission an ihn verweist.

Art. 74a Europäische Arbeitsbehörde. (1) Unbeschadet der Aufgaben und Tätigkeiten der Verwaltungskommission unterstützt die Europäische Arbeitsbehörde die Anwendung dieser Verordnung gemäß ihren Aufgaben nach der Verordnung (EU) 2019/1149. Die Verwaltungskommission arbeitet mit der Europäischen Arbeitsbehörde zusammen, um die Tätigkeiten einvernehmlich aufeinander abzustimmen und Überschneidungen zu vermeiden. Dazu schließt sie eine Kooperationsvereinbarung mit der Europäischen Arbeitsbehörde.

(2) Die Verwaltungskommission kann die Europäische Arbeitsbehörde auffordern, gemäß Artikel 13 Absatz 11 Unterabsatz 3 der Verordnung (EU) 2019/1149 Fragen, die in den Bereich der sozialen Sicherheit fallen und Gegenstand eines Mediationsverfahrens sind, an sie zu verweisen.

Art. 75 Beratender Ausschuss für die Koordinierung der Systeme der sozialen Sicherheit. (1) Es wird ein Beratender Ausschuss für die Koordinierung der Systeme der sozialen Sicherheit (im Folgenden „Beratender Ausschuss" genannt) eingesetzt, der sich für jeden Mitgliedstaat wie folgt zusammensetzt:

a) ein Vertreter der Regierung,

b) ein Vertreter der Arbeitnehmerverbände,

c) ein Vertreter der Arbeitgeberverbände.

Für jede der oben aufgeführten Kategorien wird für jeden Mitgliedstaat ein stellvertretendes Mitglied ernannt.

[1] Die Mitglieder und stellvertretenden Mitglieder des Beratenden Ausschusses werden vom Rat ernannt. [2] Den Vorsitz im Beratenden Ausschuss führt ein Vertreter der Kommission der Europäischen Gemeinschaften. [3] Der Beratende Ausschuss gibt sich eine Geschäftsordnung.

(2) Der Beratende Ausschuss ist befugt, auf Antrag der Kommission der Europäischen Gemeinschaften, der Verwaltungskommission oder auf eigene Initiative:

a) über allgemeine oder grundsätzliche Fragen und über die Probleme zu beraten, die die Anwendung der gemeinschaftlichen Bestimmungen über die Koordinierung der Systeme der sozialen Sicherheit, insbesondere in Bezug auf bestimmte Personengruppen, aufwirft;

b) Stellungnahmen zu diesen Bereichen für die Verwaltungskommission sowie Vorschläge für eine etwaige Überarbeitung der genannten Bestimmungen zu formulieren.

Titel V. Verschiedene Bestimmungen

Art. 76 Zusammenarbeit. (1) Die zuständigen Behörden der Mitgliedstaaten unterrichten einander über:

a) alle zur Anwendung dieser Verordnung getroffenen Maßnahmen;

b) alle Änderungen ihrer Rechtsvorschriften, die die Anwendung dieser Verordnung berühren können.

(2) [1] Für die Zwecke dieser Verordnung unterstützen sich die Behörden und Träger der Mitgliedstaaten, als handelte es sich um die Anwendung ihrer eigenen Rechtsvorschriften. [2] Die gegenseitige Amtshilfe dieser Behörden und Träger ist grundsätzlich kostenfrei. [3] Die Verwaltungskommission legt jedoch die Art der erstattungsfähigen Ausgaben und die Schwellen für die Erstattung dieser Ausgaben fest.

(3) Die Behörden und Träger der Mitgliedstaaten können für die Zwecke dieser Verordnung miteinander sowie mit den betroffenen Personen oder deren Vertretern unmittelbar in Verbindung treten.

(4) Die Träger und Personen, die in den Geltungsbereich dieser Verordnung fallen, sind zur gegenseitigen Information und Zusammenarbeit verpflichtet, um die ordnungsgemäße Anwendung dieser Verordnung zu gewährleisten.

Die Träger beantworten gemäß dem Grundsatz der guten Verwaltungspraxis alle Anfragen binnen einer angemessenen Frist und übermitteln den betroffenen Personen in diesem Zusammenhang alle erforderlichen Angaben, damit diese die ihnen durch diese Verordnung eingeräumten Rechte ausüben können.

Die betroffenen Personen müssen die Träger des zuständigen Mitgliedstaats und des Wohnmitgliedstaats so bald wie möglich über jede Änderung ihrer persönlichen oder familiären Situation unterrichten, die sich auf ihre Leistungsansprüche nach dieser Verordnung auswirkt.

(5) [1] Die Verletzung der Informationspflicht gemäß Absatz 4 Unterabsatz 3 kann angemessene Maßnahmen nach dem nationalen Recht nach sich ziehen. [2] Diese Maßnahmen müssen jedoch denjenigen entsprechen, die für vergleichbare Tatbestände der nationalen Rechtsordnung gelten, und dürfen die Ausübung der den Antragstellern durch diese Verordnung eingeräumten Rechte nicht praktisch unmöglich machen oder übermäßig erschweren.

(6) [1]Werden durch Schwierigkeiten bei der Auslegung oder Anwendung dieser Verordnung die Rechte einer Person im Geltungsbereich der Verordnung in Frage gestellt, so setzt sich der Träger des zuständigen Mitgliedstaats oder des Wohnmitgliedstaats der betreffenden Person mit dem Träger des anderen betroffenen Mitgliedstaats oder den Trägern der anderen betroffenen Mitgliedstaaten in Verbindung. [2]Wird binnen einer angemessenen Frist keine Lösung gefunden, so können die betreffenden Behörden die Verwaltungskommission befassen.

(7) Die Behörden, Träger und Gerichte eines Mitgliedstaats dürfen die bei ihnen eingereichten Anträge oder sonstigen Schriftstücke nicht deshalb zurückweisen, weil sie in einer Amtssprache eines anderen Mitgliedstaats abgefasst sind, die gemäß Artikel 290 des Vertrags als Amtssprache der Organe der Gemeinschaft anerkannt ist.

Art. 77 Schutz personenbezogener Daten. (1) [1]Werden personenbezogene Daten aufgrund dieser Verordnung oder der Durchführungsverordnung von den Behörden oder Trägern eines Mitgliedstaats den Behörden oder Trägern eines anderen Mitgliedstaats übermittelt, so gilt für diese Datenübermittlung das Datenschutzrecht des übermittelnden Mitgliedstaats. [2]Für jede Weitergabe durch die Behörde oder den Träger des Empfängermitgliedstaats sowie für die Speicherung, Veränderung oder Löschung der Daten durch diesen Mitgliedstaat gilt das Datenschutzrecht des Empfängermitgliedstaats.

(2) Die für die Anwendung dieser Verordnung und der Durchführungsverordnung erforderlichen Daten werden durch einen Mitgliedstaat an einen anderen Mitgliedstaat unter Beachtung der Gemeinschaftsbestimmungen über den Schutz natürlicher Personen bei der Verarbeitung personenbezogener Daten und den freien Datenverkehr übermittelt.

Art. 78[1)] Elektronische Datenverarbeitung. (1) [1]Die Mitgliedstaaten verwenden schrittweise die neuen Technologien für den Austausch, den Zugang und die Verarbeitung der für die Anwendung dieser Verordnung und der Durchführungsverordnung erforderlichen Daten. [2]Die Europäische Kommission gewährt bei Aufgaben von gemeinsamem Interesse Unterstützung, sobald die Mitgliedstaaten diese elektronischen Datenverarbeitungsdienste eingerichtet haben.

(2) Jeder Mitgliedstaat betreibt seinen Teil der elektronischen Datenverarbeitungsdienste in eigener Verantwortung unter Beachtung der *Gemeinschafts*bestimmungen über den Schutz natürlicher Personen bei der Verarbeitung personenbezogener Daten und den freien Datenverkehr.

(3) [1]Ein von einem Träger nach dieser Verordnung und der Durchführungsverordnung versandtes oder herausgegebenes elektronisches

[1)] Art. 78 Abs. 1 Satz 2 geänd. mWv 28.6.2012 durch VO v. 22.5.2012 (ABl. Nr. L 149 S. 4).

Dokument darf von einer Behörde oder einem Träger eines anderen Mitgliedstaats nicht deshalb abgelehnt werden, weil es elektronisch empfangen wurde, wenn der Empfängerträger zuvor erklärt hat, dass er in der Lage ist, elektronische Dokumente zu empfangen. [2]Bei der Wiedergabe und der Aufzeichnung solcher Dokumente wird davon ausgegangen, dass sie eine korrekte und genaue Wiedergabe des Originaldokuments oder eine Darstellung der Information ist, auf die sich dieses Dokument bezieht, sofern kein gegenteiliger Beweis vorliegt.

(4) [1]Ein elektronisches Dokument wird als gültig angesehen, wenn das EDV-System, in dem dieses Dokument aufgezeichnet wurde, die erforderlichen Sicherheitselemente aufweist, um jede Veränderung, Übermittlung oder jeden unberechtigten Zugang zu dieser Aufzeichnung zu verhindern. [2]Die aufgezeichnete Information muss jederzeit in einer sofort lesbaren Form reproduziert werden können. [3]Wird ein elektronisches Dokument von einem Träger der sozialen Sicherheit an einen anderen Träger übermittelt, so werden geeignete Sicherheitsmaßnahmen gemäß den Gemeinschaftsbestimmungen über den Schutz natürlicher Personen bei der Verarbeitung personenbezogener Daten und den freien Datenverkehr getroffen.

Art. 79[1)] Finanzierung von Maßnahmen im Bereich der sozialen Sicherheit. Im Zusammenhang mit dieser Verordnung und der Durchführungsverordnung kann die Europäische Kommission folgende Tätigkeiten ganz oder teilweise finanzieren:

a) Tätigkeiten, die der Verbesserung des Informationsaustauschs – insbesondere des elektronischen Datenaustauschs – zwischen Behörden und Trägern der sozialen Sicherheit der Mitgliedstaaten dienen,

b) jede andere Tätigkeit, die dazu dient, den Personen, die in den Geltungsbereich dieser Verordnung fallen, und ihren Vertretern auf dem dazu am besten geeigneten Wege Informationen über die sich aus dieser Verordnung ergebenden Rechte und Pflichten zu vermitteln.

Art. 80 Befreiungen. (1) Jede in den Rechtsvorschriften eines Mitgliedstaats vorgesehene Befreiung oder Ermäßigung von Steuern, Stempel-, Gerichts- oder Eintragungsgebühren für Schriftstücke oder Urkunden, die gemäß den Rechtsvorschriften dieses Mitgliedstaats vorzulegen sind, findet auch auf die entsprechenden Schriftstücke und Urkunden Anwendung, die gemäß den Rechtsvorschriften eines anderen Mitgliedstaats oder gemäß dieser Verordnung einzureichen sind.

(2) Urkunden, Dokumente und Schriftstücke jeglicher Art, die in Anwendung dieser Verordnung vorzulegen sind, brauchen nicht durch diplomatische oder konsularische Stellen legalisiert zu werden.

Art. 81 Anträge, Erklärungen oder Rechtsbehelfe. [1]Anträge, *Erklärungen oder* Rechtsbehelfe, die gemäß den Rechtsvorschriften

[1)] Art. 79 geänd. mWv 28.6.2012 durch VO v. 22.5.2012 (ABl. Nr. L 149 S. 4).

eines Mitgliedstaats innerhalb einer bestimmten Frist bei einer Behörde, einem Träger oder einem Gericht dieses Mitgliedstaats einzureichen sind, können innerhalb der gleichen Frist bei einer entsprechenden Behörde, einem entsprechenden Träger oder einem entsprechenden Gericht eines anderen Mitgliedstaats eingereicht werden. [2]In diesem Fall übermitteln die in Anspruch genommenen Behörden, Träger oder Gerichte diese Anträge, Erklärungen oder Rechtsbehelfe entweder unmittelbar oder durch Einschaltung der zuständigen Behörden der beteiligten Mitgliedstaaten unverzüglich der zuständigen Behörde, dem zuständigen Träger oder dem zuständigen Gericht des ersten Mitgliedstaats. [3]Der Tag, an dem diese Anträge, Erklärungen oder Rechtsbehelfe bei einer Behörde, einem Träger oder einem Gericht des zweiten Mitgliedstaats eingegangen sind, gilt als Tag des Eingangs bei der zuständigen Behörde, dem zuständigen Träger oder dem zuständigen Gericht.

Art. 82 Ärztliche Gutachten. Die in den Rechtsvorschriften eines Mitgliedstaats vorgesehenen ärztlichen Gutachten können auf Antrag des zuständigen Trägers in einem anderen Mitgliedstaat vom Träger des Wohn- oder Aufenthaltsorts des Antragstellers oder des Leistungsberechtigten unter den in der Durchführungsverordnung festgelegten Bedingungen oder den von den zuständigen Behörden der beteiligten Mitgliedstaaten vereinbarten Bedingungen angefertigt werden.

Art. 83 Anwendung von Rechtsvorschriften. Die besonderen Bestimmungen zur Anwendung der Rechtsvorschriften bestimmter Mitgliedstaaten sind in Anhang XI aufgeführt.

Art. 84 Einziehung von Beiträgen und Rückforderung von Leistungen. (1) Beiträge, die einem Träger eines Mitgliedstaats geschuldet werden, und nichtgeschuldete Leistungen, die von dem Träger eines Mitgliedstaats gewährt wurden, können in einem anderen Mitgliedstaat nach den Verfahren und mit den Sicherungen und Vorrechten eingezogen bzw. zurückgefordert werden, die für die Einziehung der dem entsprechenden Träger des letzteren Mitgliedstaats geschuldeten Beiträge bzw. für die Rückforderung der vom entsprechenden Träger des letzteren Mitgliedstaats nichtgeschuldeten Leistungen gelten.

(2) [1]Vollstreckbare Entscheidungen der Gerichte und Behörden über die Einziehung von Beiträgen, Zinsen und allen sonstigen Kosten oder die Rückforderung nichtgeschuldeter Leistungen gemäß den Rechtsvorschriften eines Mitgliedstaats werden auf Antrag des zuständigen Trägers in einem anderen Mitgliedstaat innerhalb der Grenzen und nach Maßgabe der in diesem Mitgliedstaat für ähnliche Entscheidungen geltenden Rechtsvorschriften und anderen Verfahren anerkannt und vollstreckt. [2]Solche Entscheidungen sind in diesem Mit-

gliedstaat für vollstreckbar zu erklären, sofern die Rechtsvorschriften und alle anderen Verfahren dieses Mitgliedstaats dies erfordern.

(3) Bei Zwangsvollstreckung, Konkurs oder Vergleich genießen die Forderungen des Trägers eines Mitgliedstaats in einem anderen Mitgliedstaat die gleichen Vorrechte, die die Rechtsvorschriften des letzteren Mitgliedstaats Forderungen gleicher Art einräumen.

(4) Das Verfahren zur Durchführung dieses Artikels, einschließlich der Kostenerstattung, wird durch die Durchführungsverordnung und, soweit erforderlich, durch ergänzende Vereinbarungen zwischen den Mitgliedstaaten geregelt.

Art. 85 Ansprüche der Träger. (1) Werden einer Person nach den Rechtsvorschriften eines Mitgliedstaats Leistungen für einen Schaden gewährt, der sich aus einem in einem anderen Mitgliedstaat eingetretenen Ereignis ergibt, so gilt für etwaige Ansprüche des zur Leistung verpflichteten Trägers gegenüber einem zum Schadenersatz verpflichteten Dritten folgende Regelung:

a) Sind die Ansprüche, die der Leistungsempfänger gegenüber dem Dritten hat, nach den für den zur Leistung verpflichteten Träger geltenden Rechtsvorschriften auf diesen Träger übergegangen, so erkennt jeder Mitgliedstaat diesen Übergang an.

b) Hat der zur Leistung verpflichtete Träger einen unmittelbaren Anspruch gegen den Dritten, so erkennt jeder Mitgliedstaat diesen Anspruch an.

(2) Werden einer Person nach den Rechtsvorschriften eines Mitgliedstaats Leistungen für einen Schaden gewährt, der sich aus einem in einem anderen Mitgliedstaat eingetretenen Ereignis ergibt, so gelten für die betreffende Person oder den zuständigen Träger die Bestimmungen dieser Rechtsvorschriften, in denen festgelegt ist, in welchen Fällen die Arbeitgeber oder ihre Arbeitnehmer von der Haftung befreit sind.

Absatz 1 gilt auch für etwaige Ansprüche des zur Leistung verpflichteten Trägers gegenüber Arbeitgebern oder ihren Arbeitnehmern, wenn deren Haftung nicht ausgeschlossen ist.

(3) Haben zwei oder mehr Mitgliedstaaten oder ihre zuständigen Behörden gemäß Artikel 35 Absatz 3 und/oder Artikel 41 Absatz 2 eine Vereinbarung über den Verzicht auf Erstattung zwischen Trägern, die in ihre Zuständigkeit fallen, geschlossen oder erfolgt die Erstattung unabhängig von dem Betrag der tatsächlich gewährten Leistungen, so gilt für etwaige Ansprüche gegenüber einem für den Schaden haftenden Dritten folgende Regelung:

a) Gewährt der Träger des Wohn- oder Aufenthaltsmitgliedstaats einer Person Leistungen für einen in seinem Hoheitsgebiet erlittenen Schaden, so übt dieser Träger nach den für ihn geltenden Rechtsvorschriften das Recht auf Forderungsübergang oder direktes Vorgehen gegen den schadenersatzpflichtigen Dritten aus.

b) Für die Anwendung von Buchstabe a) gilt
   i) der Leistungsempfänger als beim Träger des Wohn- oder Aufenthaltsorts versichert
   und
   ii) dieser Träger als zur Leistung verpflichteter Träger.

c) Die Absätze 1 und 2 bleiben für alle Leistungen anwendbar, die nicht unter die Verzichtsvereinbarung fallen oder für die keine Erstattung gilt, die unabhängig von dem Betrag der tatsächlich gewährten Leistungen erfolgt.

Art. 86 Bilaterale Vereinbarungen. Bezüglich der Beziehungen zwischen Luxemburg einerseits und Frankreich, Deutschland und Belgien andererseits werden über die Anwendung und die Dauer des in Artikel 65 Absatz 7 genannten Zeitraums bilaterale Vereinbarungen geschlossen.

Titel VI. Übergangs- und Schlussbestimmungen

Art. 87[1] Übergangsbestimmungen. (1) Diese Verordnung begründet keinen Anspruch für den Zeitraum vor dem Beginn ihrer Anwendung.

(2) Für die Feststellung des Leistungsanspruchs nach dieser Verordnung werden alle Versicherungszeiten sowie gegebenenfalls auch alle Beschäftigungszeiten, Zeiten einer selbstständigen Erwerbstätigkeit oder Wohnzeiten berücksichtigt, die nach den Rechtsvorschriften eines Mitgliedstaats vor dem Beginn der Anwendung dieser Verordnung in dem betreffenden Mitgliedstaat zurückgelegt worden sind.

(3) Vorbehaltlich des Absatzes 1 begründet diese Verordnung einen Leistungsanspruch auch für Ereignisse vor dem Beginn der Anwendung dieser Verordnung in dem betreffenden Mitgliedstaat.

(4) Leistungen jeder Art, die wegen der Staatsangehörigkeit oder des Wohnorts der betreffenden Person nicht festgestellt worden sind oder geruht haben, werden auf Antrag dieser Person ab dem Beginn der Anwendung dieser Verordnung in dem betreffenden Mitgliedstaat gewährt oder wieder gewährt, vorausgesetzt, dass Ansprüche, aufgrund deren früher Leistungen gewährt wurden, nicht durch Kapitalabfindung abgegolten wurden.

(5) Die Ansprüche einer Person, der vor dem Beginn der Anwendung dieser Verordnung in einem Mitgliedstaat eine Rente gewährt wurde, können auf Antrag der betreffenden Person unter Berücksichtigung dieser Verordnung neu festgestellt werden.

(6) Wird ein Antrag nach Absatz 4 oder 5 innerhalb von zwei Jahren nach dem Beginn der Anwendung dieser Verordnung in einem Mit-

[1] Art. 87 Abs. 8 neu gef., Abs. 10a und 10b eingef. mWv 1.5.2010 durch VO v. 16.9.2009 (ABl. Nr. L 284 S. 43).

gliedstaat gestellt, so werden die Ansprüche aufgrund dieser Verordnung mit Wirkung von diesem Zeitpunkt an erworben, ohne dass der betreffenden Person Ausschlussfristen oder Verjährungsfristen eines Mitgliedstaats entgegengehalten werden können.

(7) Wird ein Antrag nach Absatz 4 oder 5 erst nach Ablauf von zwei Jahren nach dem Beginn der Anwendung dieser Verordnung in dem betreffenden Mitgliedstaat gestellt, so werden nicht ausgeschlossene oder verjährte Ansprüche – vorbehaltlich etwaiger günstigerer Rechtsvorschriften eines Mitgliedstaats – vom Tag der Antragstellung an erworben.

(8) [1] Gelten für eine Person infolge dieser Verordnung die Rechtsvorschriften eines anderen Mitgliedstaats als desjenigen, der durch Titel II der Verordnung (EWG) Nr. 1408/71 bestimmt wird, bleiben diese Rechtsvorschriften so lange, wie sich der bis dahin vorherrschende Sachverhalt nicht ändert, und auf jeden Fall für einen Zeitraum von höchstens zehn Jahren ab dem Geltungsbeginn dieser Verordnung anwendbar, es sei denn, die betreffende Person beantragt, den nach dieser Verordnung anzuwendenden Rechtsvorschriften unterstellt zu werden. [2] Der Antrag ist innerhalb von drei Monaten nach dem Geltungsbeginn dieser Verordnung bei dem zuständigen Träger des Mitgliedstaats, dessen Rechtsvorschriften nach dieser Verordnung anzuwenden sind, zu stellen, wenn die betreffende Person den Rechtsvorschriften dieses Mitgliedstaats ab dem Beginn der Anwendung dieser Verordnung unterliegen soll. [3] Wird der Antrag nach Ablauf dieser Frist gestellt, gelten diese Rechtsvorschriften für die betreffende Person ab dem ersten Tag des darauf folgenden Monats.

(9) Artikel 55 dieser Verordnung findet ausschließlich auf Renten Anwendung, für die Artikel 46c der Verordnung (EWG) Nr. 1408/71 bei Beginn der Anwendung dieser Verordnung nicht gilt.

(10) Die Bestimmungen des Artikels 65 Absatz 2 Satz 2 und Absatz 3 Satz 2 gelten in Luxemburg spätestens zwei Jahre nach dem Beginn der Anwendung dieser Verordnung.

(10a) Die auf Estland, Spanien, Italien, Litauen, Ungarn und die Niederlande bezogenen Einträge in Anhang III treten vier Jahre nach dem Geltungsbeginn dieser Verordnung außer Kraft.

(10b) [1] Die Liste in Anhang III wird spätestens bis zum 31. Oktober 2014 auf der Grundlage eines Berichts der Verwaltungskommission überprüft. [2] Dieser Bericht enthält eine Folgenabschätzung sowohl unter absoluten als auch relativen Gesichtspunkten in Bezug auf die Relevanz, die Häufigkeit, den Umfang und die Kosten der Anwendung der Vorschriften des Anhang III. [3] Der Bericht enthält auch mögliche Auswirkungen einer Aufhebung jener Vorschriften für diejenigen Mitgliedstaaten, die nach dem in Absatz 10a genannten Zeitpunkt weiterhin in jenem Anhang aufgeführt sind. [4] Auf der Grundlage dieses Berichts entscheidet die Kommission über die Vorlage eines Vorschlags zur Überarbeitung dieser Liste, grundsätzlich mit dem Ziel, die Liste aufzuheben, es sei denn der Bericht der Verwaltungskommission enthält zwingende Gründe, die dagegen sprechen.

(11) Die Mitgliedstaaten stellen sicher, dass ausreichende Informationen über die mit dieser Verordnung und der Durchführungsverordnung eingeführten Änderungen der Rechte und Pflichten zur Verfügung gestellt werden.

Art. 87a[1] Übergangsvorschrift für die Anwendung der Verordnung (EU) Nr. 465/2012. (1) [1]Gelten für eine Person aufgrund des Inkrafttretens der Verordnung (EU) Nr. 465/2012 nach deren Inkrafttreten die Rechtsvorschriften eines anderen Mitgliedstaats als desjenigen, der durch Titel II dieser Verordnung bestimmt wird, bleiben diese Rechtsvorschriften für einen Übergangszeitraum, der so lange andauert, wie sich der bis dahin vorherrschende Sachverhalt nicht ändert, und in jedem Fall für nicht länger als zehn Jahre ab dem Datum des Inkrafttretens der Verordnung (EU) Nr. 465/2012 anwendbar. [2]Die betreffende Person kann beantragen, dass der Übergangszeitraum auf sie nicht mehr Anwendung findet. [3]Der Antrag ist bei dem von der zuständigen Behörde des Wohnmitgliedstaats bezeichneten Träger zu stellen. [4]Bis zum 29. September 2012 gestellte Anträge gelten ab dem 28. Juni 2012 als wirksam. [5]Nach dem 29. September 2012 gestellte Anträge gelten ab dem ersten Tag des darauf folgenden Monats als wirksam.

(2) [1]Spätestens am 29. Juni 2014 beurteilt die Verwaltungskommission die Umsetzung der Bestimmungen des Artikels 65a dieser Verordnung und legt einen Bericht über deren Anwendung vor. [2]Auf der Grundlage dieses Berichts kann die Kommission gegebenenfalls Vorschläge zur Änderung dieser Bestimmungen vorlegen.

Art. 88 Aktualisierung der Anhänge. Die Anhänge dieser Verordnung werden regelmäßig überarbeitet.

Art. 89 Durchführungsverordnung. Die Durchführung dieser Verordnung wird in einer weiteren Verordnung geregelt.

Art. 90 Aufhebung. (1) Die Verordnung (EWG) Nr. 1408/71 wird mit dem Beginn der Anwendung dieser Verordnung aufgehoben.

Die Verordnung (EWG) Nr. 1408/71 bleibt jedoch in Kraft und behält ihre Rechtswirkung für die Zwecke

a) der Verordnung (EG) Nr. 859/2003 des Rates vom 14. Mai 2003 *zur* Ausdehnung der Bestimmungen der Verordnung (EWG) Nr. 1408/71 und der Verordnung (EWG) Nr. 574/72 auf Drittstaatsangehörige, die ausschließlich aufgrund ihrer Staatsangehörigkeit nicht bereits unter diese Bestimmungen fallen[2], solange jene Verordnung nicht aufgehoben oder geändert ist;

---

[1] Art. 87a eingef. mWv 28.6.2012 durch VO v. 22.5.2012 (ABl. Nr. L 149 S. 4).
[2] **[Amtl. Anm.:]** ABl. L 124 vom 20.5.2003, S. 1.

b) der Verordnung (EWG) Nr. 1661/85 des Rates vom 13. Juni 1985 zur Festlegung der technischen Anpassungen der Gemeinschaftsregelung auf dem Gebiet der sozialen Sicherheit der Wanderarbeitnehmer in Bezug auf Grönland[1)], solange jene Verordnung nicht aufgehoben oder geändert ist;

c) des Abkommens über den Europäischen Wirtschaftsraum[2)] und des Abkommens zwischen der Europäischen Gemeinschaft und ihren Mitgliedstaaten einerseits und der Schweizerischen Eidgenossenschaft andererseits über die Freizügigkeit[3)] sowie anderer Abkommen, die auf die Verordnung (EWG) Nr. 1408/71 Bezug nehmen, solange diese Abkommen nicht infolge der vorliegenden Verordnung geändert worden sind.

(2) Bezugnahmen auf die Verordnung (EWG) Nr. 1408/71 in der Richtlinie 98/49/EG des Rates vom 29. Juni 1998 zur Wahrung ergänzender Rentenansprüche von Arbeitnehmern und Selbstständigen, die innerhalb der Europäischen Gemeinschaft zu- und abwandern[4)], gelten als Bezugnahmen auf die vorliegende Verordnung.

Art. 91 Inkrafttreten. Diese Verordnung tritt am zwanzigsten Tag nach ihrer Veröffentlichung[5)] im Amtsblatt der Europäischen Union in Kraft.

Sie gilt ab dem Tag des Inkrafttretens der Durchführungsverordnung.

Diese Verordnung ist in allen ihren Teilen verbindlich und gilt unmittelbar in jedem Mitgliedstaat.

(Fortsetzung nächste Seite)

[1)] **[Amtl. Anm.:]** ABl. L 160 vom 20.6.1985, S. 7.

[2)] **[Amtl. Anm.:]** ABl. L 1 vom 3.1.1994, S. 1.

[3)] **[Amtl. Anm.:]** ABl. L 114 vom 30.4.2002, S. 6. Zuletzt geändert durch den Beschluss Nr. 2/2003 des Gemischten Ausschusses EU-Schweiz (ABl. L 187 vom 26.7.2003, S. 55).

[4)] **[Amtl. Anm.:]** ABl. L 209 vom 25.7.1998, S. 46.

[5)] Veröffentlicht am 30.4.2004.

Anhänge

(hier nicht abgedruckt, zuletzt geänd. durch VO 1372/2013 v. 19. 12. 2013, ABl. Nr. L 346/27 v. 20. 12. 2013, ber. ABl. Nr. L 213/65 v. 12. 8. 2015)

Anhang I
Unterhaltsvorschüsse und besondere Geburts- und Adoptionsbeihilfen

(Artikel 1 Buchstabe z))

Anhang II
Bestimmungen von Abkommen, die weiter in Kraft bleiben und gegebenenfalls auf die Personen beschränkt sind, für die diese Bestimmungen gelten

(Artikel 8 Absatz 1)

Anhang III
Beschränkung des Anspruchs auf Sachleistungen für Familienangehörige von Grenzgängern

(Artikel 18 Absatz 2)

Anhang IV
Mehr Rechte für Rentner, die in den zuständigen Mitgliedstaat zurückkehren

(Artikel 27 Absatz 2)

Anhang V
Mehr Rechte für ehemalige Grenzgänger, die in den Mitgliedstaat zurückkehren, in dem sie zuvor eine Beschäftigung oder eine selbständige Erwerbstätigkeit ausgeübt haben (findet nur Anwendung, wenn der Mitgliedstaat, in dem der Träger, der die Kosten der dem Rentner in seinem Wohnmitgliedstaat gewährten Sachleistungen zu tragen hat, seinen Sitz hat, auch aufgeführt ist)

(Artikel 28 Absatz 2)

Anhang VI
Rechtsvorschriften des Typs A, die der Sonderkoordinierung unterliegen sollten

(Artikel 44 Absatz 1)

Anhang VII
Übereinstimmung zwischen den Rechtsvorschriften der Mitgliedstaaten in Bezug auf den Grad der Invalidität

(Artikel 46 Absatz 3 der Verordnung)

Anhang VIII
Fälle, in denen auf die anteilige Berechnung verzichtet wird oder diese keine Anwendung findet

(Artikel 52 Absätze 4 und 5)

Anhang IX
Leistungen und Abkommen, die es ermöglichen, Artikel 54 anzuwenden

Anhang X
Besondere beitragsunabhängige Geldleistungen

(Artikel 70 Absatz 2 Buchstabe c))

Anhang XI
Besondere Vorschriften für die Anwendung der Rechtsvorschriften der Mitgliedstaaten

(Artikel 51 Absatz 3, 56 Absatz 1 und 83)

187b. Richtlinie 79/7/EWG zur schrittweisen Verwirklichung des Grundsatzes der Gleichbehandlung von Männern und Frauen im Bereich der sozialen Sicherheit

Vom 19. Dezember 1978

(ABl. Nr. L 6/24)

Der Rat der Europäischen Gemeinschaft –
gestützt auf den Vertrag zur Gründung der Europäischen Wirtschaftsgemeinschaft, insbesondere auf Artikel 235,
auf Vorschlag der Kommission[1],
nach Stellungnahme des Europäischen Parlaments[2],
nach Stellungnahme des Wirtschafts- und Sozialausschusses[3],
in Erwägung nachstehender Gründe:

In Artikel 1 Absatz 2 der Richtlinie 76/207/EWG des Rates vom 9. Februar 1976 zur Verwirklichung des Grundsatzes der Gleichbehandlung von Männern und Frauen hinsichtlich des Zugangs zur Beschäftigung, zur Berufsbildung und zum beruflichen Aufstieg sowie in bezug auf die Arbeitsbedingungen[4] ist vorgesehen, daß der Rat im Hinblick auf die schrittweise Verwirklichung des Grundsatzes der Gleichbehandlung im Bereich der sozialen Sicherheit auf Vorschlag der Kommission Bestimmungen erläßt, in denen dazu insbesondere der Inhalt, die Tragweite und die Anwendungsmodalitäten angegeben sind. Im Vertrag sind die besonderen, hierfür erforderlichen Befugnisse nicht vorgesehen.

Es ist angezeigt, den Grundsatz der Gleichbehandlung im Bereich der sozialen Sicherheit in erster Linie bei den gesetzlichen Systemen, die Schutz gegen die Risiken Krankheit, Invalidität, Alter, Arbeitsunfall, Berufskrankheit und Arbeitslosigkeit bieten, sowie bei den Sozialhilferegelungen, soweit sie die vorgenannten Systeme ergänzen oder ersetzen sollen, zu verwirklichen.

Die Verwirklichung des Grundsatzes der Gleichbehandlung im Bereich der sozialen Sicherheit steht Bestimmungen, die sich auf den Schutz der Frau wegen Mutterschaft beziehen, nicht entgegen, und die Mitgliedstaaten können in diesem Rahmen zugunsten der Frauen besondere Bestimmungen erlassen, um die tatsächlich bestehenden Ungleichheiten zu beseitigen –

---

[1] ABl. Nr. C 34 vom 11. 2. 1977, S. 3.
[2] ABl. Nr. C 299 vom 12. 12. 1977, S. 13.
[3] ABl. Nr. C 180 vom 28. 7. 1977, S. 36.
[4] ABl. Nr. L 39 vom 14. 2. 1976, S. 40.

Hat folgende Richtlinie erlassen:

Art. 1 [Zielsetzung]. Diese Richtlinie hat zum Ziel, daß auf dem Gebiet der sozialen Sicherheit und der sonstigen Bestandteile der sozialen Sicherung im Sinne von Artikel 3 der Grundsatz der Gleichbehandlung von Männern und Frauen im Bereich der sozialen Sicherheit – im folgenden „Grundsatz der Gleichbehandlung" genannt – schrittweise verwirklicht wird.

Art. 2 [Persönlicher Anwendungsbereich]. Diese Richtlinie findet Anwendung auf die Erwerbsbevölkerung – einschließlich der selbständigen, deren Erwerbstätigkeit durch Krankheit, Unfall oder unverschuldete Arbeitslosigkeit unterbrochen ist, und der Arbeitsuchenden – sowie auf die im Ruhestand befindlichen oder arbeitsunfähigen Arbeitnehmer und Selbständigen.

Art. 3 [Sachlicher Anwendungsbereich]. (1) Diese Richtlinie findet Anwendung

a) auf die gesetzlichen Systeme, die Schutz gegen folgende Risiken bieten:
   - Krankheit,
   - Invalidität,
   - Alter,
   - Arbeitsunfall und Berufskrankheit,
   - Arbeitslosigkeit;

b) auf Sozialhilferegelungen, soweit sie die unter Buchstabe a) genannten Systeme ergänzen oder ersetzen sollen.

(2) Diese Richtlinie gilt nicht für Regelungen betreffend Leistungen für Hinterbliebene sowie für Regelungen betreffend Familienleistungen, es sei denn, daß es sich um Familienleistungen handelt, die als Zuschläge zu den Leistungen aufgrund der in Absatz 1 Buchstabe a) genannten Risiken gewährt werden.

(3) Zur Verwirklichung des Grundsatzes der Gleichbehandlung in betrieblichen Systemen erläßt der Rat auf Vorschlag der Kommission Bestimmungen, in denen dazu der Inhalt, die Tragweite und die Anwendungsmodalitäten angegeben sind.

Art. 4 [Definition; Ausnahme]. (1) Der Grundsatz der Gleichbehandlung beinhaltet den Fortfall jeglicher unmittelbaren oder mittelbaren Diskriminierung aufgrund des Geschlechts, insbesondere unter Bezugnahme auf den Ehe- oder Familienstand, und zwar im besonderen betreffend:

- den Anwendungsbereich der Systeme und die Bedingungen für den Zugang zu den Systemen,
- die Beitragspflicht und die Berechnung der Beiträge,
- die Berechnung der Leistungen, einschließlich der Zuschläge für den

Ehegatten und für unterhaltsberechtigte Personen, sowie die Bedingungen betreffend die Geltungsdauer und die Aufrechterhaltung des Anspruchs auf die Leistungen.

(2) Der Grundsatz der Gleichbehandlung steht den Bestimmungen zum Schutz der Frau wegen Mutterschaft nicht entgegen.

Art. 5 [Beseitigung widersprechender Rechtsvorschriften]. Die Mitgliedstaaten die notwendigen Maßnahmen, um sicherzustellen, daß die mit dem Grundsatz der Gleichbehandlung unvereinbaren Rechts- und Verwaltungsvorschriften beseitigt werden.

Art. 6 [Klagebefugnis]. Die Mitgliedstaaten erlassen die innerstaatlichen Vorschriften, die notwendig sind, damit jeder, der sich wegen Nichtanwendung des Grundsatzes der Gleichbehandlung für beschwert hält, nach etwaiger Befassung anderer zuständiger Stellen seine Rechte gerichtlich geltend machen kann.

Art. 7 [Ausnahmen] (1) Diese Richtlinie steht nicht der Befugnis der Mitgliedstaaten entgegen, folgendes von ihrem Anwendungsbereich auszuschließen:

a) die Festsetzung des Rentenalters für die Gewährung der Altersrente oder Ruhestandsrente und etwaige Auswirkungen daraus auf andere Leistungen;
b) die Vergünstigungen, die Personen, welche Kinder aufgezogen haben, auf dem Gebiet der Altersversicherung gewährt werden; den Erwerb von Ansprüchen auf Leistungen im Anschluß an Zeiträume der Beschäftigungsunterbrechung wegen Kindererziehung;
c) die Gewährung von Ansprüchen auf Leistungen wegen Alter oder Invalidität aufgrund abgeleiteter Ansprüche der Ehefrau;
d) die Gewährung von Zuschlägen zu langfristigen Leistungen wegen Invalidität, Alter, Arbeitsunfall oder Berufskrankheit für die unterhaltsberechtigte Ehefrau;
e) die Folgen der zeitlich von der Verabschiedung dieser Richlinie liegenden Ausübung eines Rechts, keine Ansprüche zu erwerben oder keine Verpflichtungen im Rahmen eines gesetzlichen Systems einzugehen.

(2) Die Mitgliedstaaten überprüfen in regelmäßigen Abständen die aufgrund des Absatzes 1 ausgeschlossenen Bereiche, um festzustellen, ob es unter Berücksichtigung der sozialen Entwicklung in dem Bereich gerechtfertigt ist, die betreffenden Ausnahmen aufrechtzuerhalten.

Art. 8 [Umsetzungsfrist]. (1) Die Mitgliedstaaten setzen die erforderlichen Rechts- und Verwaltungsvorschriften in Kraft, um dieser Richtlinie binnen sechs Jahren nach ihrer Bekanntgabe nachzukommen. Sie unterrichten hiervon unverzüglich die Kommission.

(2) Die Mitgliedstaaten teilen der Kommission den Wortlaut der Rechts- und Verwaltungsvorschriften mit, die sie im Anwendungsbereich dieser Richtlinie erlassen, einschließlich der von ihnen in Anwendung von Artikel 7 Absatz 2 getroffenen Maßnahmen.

Sie unterrichten die Kommission über die Gründe, die eine etwaige Beibehaltung der geltenden Bestimmungen in den unter Artikel 7 Absatz 1 genannten Bereichen rechtfertigen, sowie über die Möglichkeiten einer diesbezüglichen späteren Revision.

Art. 9 [Bericht der Kommission]. Binnen sieben Jahren nach Bekanntgabe dieser Richtlinie übermitteln die Mitgliedstaaten der Kommission alle zweckdienlichen Angaben, damit diese für den Rat einen Bericht über die Anwendung dieser Richtlinie erstellen und Vorschläge für weitere Maßnahmen vorlegen kann, die für die Verwirklichung des Grundsatzes der Gleichbehandlung erforderlich sind.

Art. 10 [Adreassat]. Diese Richtlinie ist an die Mitgliedstaaten gerichtet.

Geschehen zu Brüssel am 19. Dezember 1978.

187 d. Richtlinie 2010/41/EU des Europäischen Parlaments und des Rates zur Verwirklichung des Grundsatzes der Gleichbehandlung von Männern und Frauen, die eine selbständige Erwerbstätigkeit ausüben, und zur Aufhebung der Richtlinie 86/613/EWG des Rates

Vom 7. Juli 2010

(ABl. EU Nr. L 180 S. 1)

DAS EUROPÄISCHE PARLAMENT UND DER RAT DER EUROPÄISCHEN UNION –

gestützt auf den Vertrag über die Arbeitsweise der Europäischen Union, insbesondere auf Artikel 157 Absatz 3,

auf Vorschlag der Europäischen Kommission,

nach Stellungnahme des Europäischen Wirtschafts- und Sozialausschusses[1]),

gemäß dem ordentlichen Gesetzgebungsverfahren[2]),

in Erwägung nachstehender Gründe:

(1) Mit der Richtlinie 86/613/EWG des Rates vom 11. Dezember 1986 zur Verwirklichung des Grundsatzes der Gleichbehandlung von Männern und Frauen, die eine selbständige Erwerbstätigkeit – auch in der Landwirtschaft – ausüben, sowie über den Mutterschutz[3]) wird der Grundsatz der Gleichbehandlung von Männern und Frauen, die eine selbständige Erwerbstätigkeit ausüben oder zur Ausübung einer solchen beitragen, in den Mitgliedstaaten verwirklicht. In Bezug auf selbständige Erwerbstätige und Ehepartner von selbständigen Erwerbstätigen war die Richtlinie 86/613/EWG nicht sehr wirksam, und ihr Geltungsbereich sollte neu definiert werden, da Diskriminierungen aufgrund des Geschlechts und Belästigungen auch in Bereichen außerhalb der abhängigen Beschäftigung auftreten. Aus Gründen der Klarheit sollte die Richtlinie 86/613/EWG durch die vorliegende Richtlinie ersetzt werden.

(2) In ihrer Mitteilung vom 1. März 2006 mit dem Titel „Fahrplan für die Gleichstellung von Frauen und Männern" hat die Kommission angekündigt, die bestehenden, 2005 nicht überarbeiteten Rechtsvorschriften der Union zur Gleichstellung der Geschlechter

---

[1]) ABl. C 228 vom 22. 9. 2009, S. 107.

[2]) Standpunkt des Europäischen Parlaments vom 6. Mai 2009 (noch nicht im Amtsblatt veröffentlicht), Standpunkt des Rates in erster Lesung vom 8. März 2010 (ABl. C 123 E vom 12. 5. 2010, S. 5), Standpunkt des Europäischen Parlaments vom 18. Mai 2010.

[3]) ABl. L 359 vom 19. 12. 1986, S. 56.

zu überprüfen, um sie – falls nötig – zu aktualisieren, zu modernisieren und zu überarbeiten und so die Entscheidungsstrukturen im Bereich der Gleichstellung der Geschlechter zu verbessern. Die Richtlinie 86/613/EWG gehört nicht zu den überarbeiteten Texten.

(3) Der Rat hat die Kommission in seinen Schlussfolgerungen vom 5. und 6. Dezember 2007 zum Thema „Ausgewogenheit zwischen Frauen und Männern bei Arbeitsplätzen, Wachstum und sozialem Zusammenhalt" aufgefordert zu prüfen, ob die Richtlinie 86/613/EWG gegebenenfalls überarbeitet werden sollte, um die mit Mutterschaft und Vaterschaft verbundenen Rechte von selbständigen Erwerbstätigen und mitarbeitenden Ehepartnern zu gewährleisten.

(4) Das Europäische Parlament hat die Kommission beständig dazu aufgerufen, die Richtlinie 86/613/EWG zu überarbeiten, um insbesondere den Mutterschutz von selbständig erwerbstätigen Frauen zu verstärken und die Situation von Ehepartnern von selbständigen Erwerbstätigen zu verbessern.

(5) Das Europäische Parlament hat seinen Standpunkt in diesem Bereich bereits in seiner Entschließung vom 21. Februar 1997 zur Situation der mitarbeitenden Ehepartner von selbständigen Erwerbstätigen[1] deutlich gemacht.

(6) In ihrer Mitteilung vom 2. Juli 2008 mit dem Titel „Eine erneuerte Sozialagenda: Chancen, Zugangsmöglichkeiten und Solidarität im Europa des 21. Jahrhunderts" hat die Kommission die Notwendigkeit unterstrichen, Maßnahmen zur Beseitigung des Ungleichgewichts zwischen den Geschlechtern im Unternehmertum zu ergreifen und die Vereinbarkeit von Privatleben und Beruf zu verbessern.

(7) Es bestehen bereits einige Rechtsinstrumente zur Verwirklichung des Grundsatzes der Gleichbehandlung, die auch selbständige Tätigkeiten abdecken, insbesondere die Richtlinie 79/7/EWG des Rates vom 19. Dezember 1978 zur schrittweisen Verwirklichung des Grundsatzes der Gleichbehandlung von Männern und Frauen im Bereich der sozialen Sicherheit[2] und die Richtlinie 2006/54/EG des Europäischen Parlaments und des Rates vom 5. Juli 2006 zur Verwirklichung des Grundsatzes der Chancengleichheit und Gleichbehandlung von Männern und Frauen in Arbeits- und Beschäftigungsfragen[3]. Daher sollte die vorliegende Richtlinie nicht für die Bereiche gelten, die bereits von den anderen Richtlinien erfasst werden.

(8) Diese Richtlinie berührt nicht die Befugnisse der Mitgliedstaaten zur Gestaltung ihrer Sozialschutzsysteme. Die ausschließliche Zuständigkeit der Mitgliedstaaten für die Gestaltung ihrer Sozial-

---

[1] ABl. C 85 vom 17. 3. 1997, S. 186.
[2] ABl. L 6 vom 10. 1. 1979, S. 24.
[3] ABl. L 204 vom 26. 7. 2006, S. 23.

schutzsysteme umfasst unter anderem Entscheidungen über die Errichtung, Finanzierung und Verwaltung dieser Systeme und der damit verbundenen Einrichtungen sowie über den Inhalt und die Bereitstellung von Leistungen, die Höhe der Beiträge und die Zugangsbedingungen.

(9) Diese Richtlinie sollte für selbständige Erwerbstätige und deren Ehepartner oder – wenn und soweit sie nach innerstaatlichem Recht anerkannt sind – Lebenspartner gelten, wenn diese nach den Bedingungen des innerstaatlichen Rechts für gewöhnlich an der Unternehmenstätigkeit mitwirken. Die Arbeit dieser Ehepartner und – wenn und soweit sie nach innerstaatlichem Recht anerkannt sind – Lebenspartner von selbständigen Erwerbstätigen sollte im Hinblick auf eine Verbesserung ihrer Situation anerkannt werden.

(10) Diese Richtlinie sollte nicht für Sachverhalte gelten, die bereits durch andere Richtlinien zur Verwirklichung des Grundsatzes der Gleichbehandlung von Männern und Frauen, vor allem durch die Richtlinie 2004/113/EG des Rates vom 13. Dezember 2004 zur Verwirklichung des Grundsatzes der Gleichbehandlung von Männern und Frauen beim Zugang zu und bei der Versorgung mit Gütern und Dienstleistungen[1], geregelt werden. Unter anderem behält Artikel 5 der Richtlinie 2004/113/EG in Bezug auf Versicherungsverträge und verwandte Finanzdienstleistungen weiter Gültigkeit.

(11) Um Diskriminierungen aus Gründen des Geschlechts zu verhindern, sollte diese Richtlinie sowohl für unmittelbare als auch für mittelbare Diskriminierungen gelten. Belästigung und sexuelle Belästigung sollten als Diskriminierung angesehen und somit verboten werden.

(12) Diese Richtlinie sollte die Rechte und Pflichten, die aus dem Ehe- oder Familienstand nach innerstaatlichem Recht hervorgehen, nicht berühren.

(13) Der Grundsatz der Gleichbehandlung sollte die Beziehungen zwischen selbständigen Erwerbstätigen und Dritten innerhalb des Geltungsbereichs dieser Richtlinie umfassen, jedoch nicht die Beziehungen zwischen selbständigen Erwerbstätigen und ihren Ehepartnern oder Lebenspartnern.

(14) Im Bereich der selbständigen Erwerbstätigkeit bedeutet die Verwirklichung des Grundsatzes der Gleichbehandlung, dass es etwa in Bezug auf die Gründung, Einrichtung oder Erweiterung eines Unternehmens bzw. die Aufnahme oder Ausweitung irgendeiner anderen Form der selbständigen Tätigkeit zu keinerlei Diskriminierungen aufgrund des Geschlechts kommen darf.

(15) Die Mitgliedstaaten können gemäß Artikel 157 Absatz 4 des Vertrags über die Arbeitsweise der Europäischen Union zur Erleichterung der selbständigen Tätigkeit des unterrepräsentierten Ge-

[1] ABl. L 373 vom 21. 12. 2004, S. 37.

schlechts oder zur Verhinderung bzw. zum Ausgleich von Benachteiligungen in der beruflichen Laufbahn Maßnahmen für spezifische Vergünstigungen beibehalten oder beschließen. Grundsätzlich sollten Maßnahmen zur Gewährleistung der Gleichstellung der Geschlechter in der Praxis, wie z. B. positive Maßnahmen, nicht als Verstoß gegen den Grundsatz der Gleichbehandlung von Männern und Frauen angesehen werden.

(16) Es muss sichergestellt werden, dass die Bedingungen für die gemeinsame Gründung eines Unternehmens durch Ehepartner oder – wenn und soweit sie nach innerstaatlichem Recht anerkannt sind – Lebenspartner nicht restriktiver sind als die Bedingungen für die gemeinsame Gründung eines Unternehmens durch andere Personen.

(17) In Anbetracht ihrer Beteiligung an der Tätigkeit des Familienunternehmens sollten Ehepartner oder – wenn und soweit sie nach innerstaatlichem Recht anerkannt sind – Lebenspartner von selbständigen Erwerbstätigen, die Zugang zu einem Sozialschutzsystem haben, auch sozialen Schutz in Anspruch nehmen können. Die Mitgliedstaaten sollten verpflichtet sein, die notwendigen Maßnahmen zu ergreifen, um diesen Sozialschutz im Einklang mit ihrem innerstaatlichen Recht zu organisieren. Insbesondere ist es Aufgabe der Mitgliedstaaten, darüber zu entscheiden, ob die Verwirklichung dieses Sozialschutzes auf obligatorischer oder freiwilliger Basis erfolgen sollte. Die Mitgliedstaaten können vorsehen, dass dieser Sozialschutz im Verhältnis zur Beteiligung an der Tätigkeit des selbständigen Erwerbstätigen und/oder zur Höhe des Beitrags stehen kann.

(18) Schwangere selbständige Erwerbstätige und schwangere Ehepartnerinnen und – wenn und soweit sie nach innerstaatlichem Recht anerkannt sind – schwangere Lebenspartnerinnen von selbständigen Erwerbstätigen sind in wirtschaftlicher und körperlicher Hinsicht verletzlich; deshalb ist es notwendig, ihnen ein Recht auf Mutterschaftsleistungen zu gewähren. Die Mitgliedstaaten sind – vorbehaltlich der Einhaltung der in dieser Richtlinie festgelegten Mindestanforderungen – weiterhin dafür zuständig, diese Leistungen zu organisieren, wozu auch die Festlegung der Beitragshöhe sowie sämtlicher Modalitäten im Zusammenhang mit Leistungen und Zahlungen gehört. Insbesondere können sie festlegen, in welchem Zeitraum vor und/oder nach der Entbindung das Recht auf Mutterschaftsleistungen besteht.

(19) Der Zeitraum, in dem selbständig erwerbstätigen Frauen sowie Ehepartnerinnen oder – wenn und soweit sie nach innerstaatlichem Recht anerkannt sind – Lebenspartnerinnen von selbständigen Erwerbstätigen Mutterschaftsleistungen gewährt werden, ähnelt der Dauer des Mutterschaftsurlaubs für Arbeitnehmerinnen, wie er derzeit auf Unionsebene gilt. Falls die Dauer des Mutterschaftsurlaubs für Arbeitnehmerinnen auf Unionsebene geändert wird, sollte die Kommission dem Europäischen Parlament und dem Rat Bericht erstatten und prüfen, ob die Dauer der Mutter-

schaftsleistungen für selbständig erwerbstätige Frauen sowie Ehepartnerinnen und Lebenspartnerinnen gemäß Artikel 2 ebenfalls geändert werden sollte.

(20) Um den Besonderheiten der selbständigen Tätigkeit Rechnung zu tragen, sollten selbständig erwerbstätige Frauen und Ehepartnerinnen oder – wenn und soweit sie nach innerstaatlichem Recht anerkannt sind – Lebenspartnerinnen von selbständigen Erwerbstätigen Zugang erhalten zu jeglichen bestehenden Diensten zur Bereitstellung einer zeitlich befristeten Vertretung, die eine Unterbrechung ihrer Erwerbstätigkeit wegen Schwangerschaft oder Mutterschaft ermöglichen, oder zu bestehenden sozialen Diensten auf nationaler Ebene. Der Zugang zu diesen Diensten kann als Alternative zu den Mutterschaftsleistungen oder als Teil davon gelten.

(21) Opfer von Diskriminierungen aufgrund des Geschlechts sollten über einen geeigneten Rechtsschutz verfügen. Um einen effektiveren Schutz zu gewährleisten, sollten Verbände, Organisationen oder andere juristische Personen – wenn die Mitgliedstaaten dies beschließen – die Befugnis erhalten, sich unbeschadet der nationalen Verfahrensregeln bezüglich der Vertretung und Verteidigung vor Gericht im Namen eines Opfers oder zu seiner Unterstützung an Verfahren zu beteiligen.

(22) Der Schutz von selbständigen Erwerbstätigen und deren Ehepartnern und – wenn und soweit sie nach innerstaatlichem Recht anerkannt sind – Lebenspartnern von selbständig Erwerbstätigen vor Diskriminierung aufgrund des Geschlechts sollte verstärkt werden, indem in jedem Mitgliedstaat eine oder mehrere Stellen vorgesehen werden, die für die Analyse der mit Diskriminierungen verbundenen Probleme, die Prüfung möglicher Lösungen und die Bereitstellung konkreter Hilfsangebote für die Opfer zuständig sind. Bei dieser Stelle oder bei diesen Stellen kann es sich um dieselbe oder dieselben Stellen handeln, die auf nationaler Ebene die Aufgabe haben, für die Verwirklichung des Grundsatzes der Gleichbehandlung einzutreten.

(23) In dieser Richtlinie werden Mindestanforderungen festgelegt, weshalb es den Mitgliedstaaten freisteht, günstigere Vorschriften einzuführen oder beizubehalten.

(24) Da das Ziel der zu ergreifenden Maßnahmen, nämlich die Gewährleistung eines einheitlichen, hohen Niveaus des Schutzes vor Diskriminierung in allen Mitgliedstaaten, auf Ebene der Mitgliedstaaten nicht ausreichend verwirk-licht werden kann und besser auf Unionsebene zu verwirklichen ist, kann die Union im Einklang mit dem in Artikel 5 des Vertrags über die Europäische Union niedergelegten Subsidiaritätsprinzip tätig werden. Entsprechend dem in demselben Artikel genannten Grundsatz der Verhältnismäßigkeit geht diese Richtlinie nicht über das zur Erreichung dieses Ziels erforderliche Maß hinaus –

HABEN FOLGENDE RICHTLINIE ERLASSEN:

Art. 1 Gegenstand. (1) Diese Richtlinie legt für die nicht von den Richtlinien 2006/54/EG und 79/7/EWG erfassten Bereiche einen Rahmen für die Verwirklichung des Grundsatzes der Gleichbehandlung von Männern und Frauen, die eine selbständige Erwerbstätigkeit ausüben oder zur Ausübung einer solchen beitragen, in den Mitgliedstaaten fest.

(2) Für die Verwirklichung des Grundsatzes der Gleichbehandlung von Männern und Frauen beim Zugang zu und bei der Versorgung mit Gütern und Dienstleistungen gilt weiterhin die Richtlinie 2004/113/EG.

Art. 2 Geltungsbereich. Diese Richtlinie betrifft:

a) selbständige Erwerbstätige, das heißt alle Personen, die nach den Bedingungen des innerstaatlichen Rechts eine Erwerbstätigkeit auf eigene Rechnung ausüben;

b) die Ehepartner oder – wenn und soweit sie nach innerstaatlichem Recht anerkannt sind – Lebenspartner von selbständigen Erwerbstätigen, die weder abhängig Beschäftigte noch Gesellschafter sind und sich nach den Bedingungen des innerstaatlichen Rechts gewöhnlich an den Tätigkeiten des selbständigen Erwerbstätigen beteiligen, indem sie dieselben Aufgaben oder Hilfsaufgaben erfüllen.

Art. 3 Begriffsbestimmungen. Im Sinne dieser Richtlinie bezeichnet der Ausdruck

a) „unmittelbare Diskriminierung" eine Situation, in der eine Person aufgrund ihres Geschlechts eine weniger günstige Behandlung erfährt, als eine andere Person in einer vergleichbaren Situation erfährt, erfahren hat oder erfahren würde;

b) „mittelbare Diskriminierung" eine Situation, in der dem Anschein nach neutrale Vorschriften, Kriterien oder Verfahren Personen des einen Geschlechts in besonderer Weise gegenüber Personen des anderen Geschlechts benachteiligen können, es sei denn, die betreffenden Vorschriften, Kriterien oder Verfahren sind durch ein rechtmäßiges Ziel sachlich gerechtfertigt und die Mittel sind zur Erreichung dieses Ziels angemessen und erforderlich;

c) „Belästigung" unerwünschte auf das Geschlecht einer Person bezogene Verhaltensweisen, die bezwecken oder bewirken, dass die Würde der betreffenden Person verletzt und ein von Einschüchterungen, Anfeindungen, Erniedrigungen, Entwürdigungen oder Beleidigungen gekennzeichnetes Umfeld geschaffen wird;

d) „sexuelle Belästigung" jede Form von unerwünschtem Verhalten sexueller Natur, das sich in verbaler, nicht verbaler oder physischer Form äußert und das bezweckt oder bewirkt, dass die Würde der betreffenden Person verletzt wird, insbesondere wenn ein von Einschüchterungen, Anfeindungen, Erniedrigungen, Entwürdigungen und Beleidigungen gekennzeichnetes Umfeld geschaffen wird.

Art. 4 Grundsatz der Gleichbehandlung. (1) Gemäß dem Grundsatz der Gleichbehandlung hat jegliche unmittelbare oder mittelbare Diskriminierung aufgrund des Geschlechts im öffentlichen oder privaten Sektor, etwa in Verbindung mit der Gründung, Einrichtung oder Erweiterung eines Unternehmens bzw. der Aufnahme oder mit der Ausweitung jeglicher anderen Art von selbständiger Tätigkeit zu unterbleiben.

(2) In den durch Absatz 1 erfassten Bereichen gelten Belästigung und sexuelle Belästigung als Diskriminierung aufgrund des Geschlechts und sind daher verboten. Die Zurückweisung oder Duldung solcher Verhaltensweisen durch die betreffende Person darf nicht als Grundlage für eine Entscheidung herangezogen werden, die diese Person berührt.

(3) In den durch Absatz 1 erfassten Bereichen gilt die Anweisung zur Diskriminierung einer Person aufgrund des Geschlechts als Diskriminierung.

Art. 5 Positive Maßnahmen. Im Hinblick auf die effektive Gewährleistung der vollen Gleichstellung von Männern und Frauen im Arbeitsleben können die Mitgliedstaaten Maßnahmen im Sinne von Artikel 157 Absatz 4 des Vertrags über die Arbeitsweise der Europäischen Union beibehalten oder beschließen, beispielsweise mit dem Ziel, unter-nehmerische Initiativen von Frauen zu fördern.

Art. 6 Gründung einer Gesellschaft. Unbeschadet der in gleicher Weise für beide Geschlechter geltenden besonderen Bedingungen für den Zugang zu bestimmten Tätigkeiten ergreifen die Mitgliedstaaten die erforderlichen Maßnahmen, um sicherzustellen, dass die Bedingungen für die gemeinsame Gründung einer Gesellschaft durch Ehepartner oder – wenn und soweit sie nach innerstaatlichem Recht anerkannt sind – Lebenspartner nicht restriktiver sind als die Bedingungen für die gemeinsame Gründung einer Gesellschaft durch andere Personen.

Art. 7 Sozialer Schutz. (1) Besteht in einem Mitgliedstaat ein System für den sozialen Schutz selbständiger Erwerbstätiger, so ergreift dieser Mitgliedstaat die erforderlichen Maßnahmen, um sicherzustellen, dass Ehepartner und Lebenspartner gemäß Artikel 2 Buchstabe b einen sozialen Schutz im Einklang mit innerstaatlichem Recht erhalten können.

(2) Die Mitgliedstaaten können darüber entscheiden, ob die Verwirklichung des Sozialschutzes gemäß Absatz 1 auf obligatorischer oder freiwilliger Basis erfolgt.

Art. 8 Mutterschaftsleistungen. (1) Die Mitgliedstaaten ergreifen die erforderlichen Maßnahmen, um sicherzustellen, dass selbständig erwerbstätige Frauen sowie Ehepartnerinnen und Lebenspartnerinnen gemäß Artikel 2 im Einklang mit dem innerstaatlichen Recht ausreichende Mutterschaftsleistungen erhalten können, die eine Unterbrechung ihrer Erwerbstätigkeit wegen Schwangerschaft oder Mutterschaft während mindestens 14 Wochen ermöglichen.

(2) Die Mitgliedstaaten können darüber entscheiden, ob die Mutterschaftsleistungen gemäß Absatz 1 auf obligatorischer oder freiwilliger Basis gewährt werden.

(3) Die Leistungen nach Absatz 1 gelten als ausreichend, wenn sie ein Einkommen garantieren, das mindestens Folgendem entspricht:

a) der Leistung, die die betreffende Person im Falle einer Unterbrechung ihrer Erwerbstätigkeit aus gesundheitlichen Gründen erhalten würde; und/oder

b) dem durchschnittlichen Einkommens- oder Gewinnverlust gegenüber einem vergleichbaren vorherigen Zeitraum, vorbehaltlich etwaiger Obergrenzen nach innerstaatlichem Recht; und/oder

c) jeglicher anderer familienbezogenen Leistung nach innerstaatlichem Recht, vorbehaltlich etwaiger Obergrenzen nach innerstaatlichem Recht.

(4) Die Mitgliedstaaten ergreifen die erforderlichen Maßnahmen, um sicherzustellen, dass selbständig erwerbstätige Frauen sowie Ehepartnerinnen und Lebenspartnerinnen gemäß Artikel 2 Zugang erhalten zu jeglichen bestehenden Diensten zur Bereitstellung einer zeitlich befristeten Vertretung oder zu jeglichen bestehenden sozialen Diensten auf nationaler Ebene. Die Mitgliedstaaten können vorsehen, dass der Zugang zu diesen Diensten als Alternative zu der Leistung gemäß Absatz 1 dieses Artikels oder als Teil davon gilt.

Art. 9 Rechtsschutz. (1) Die Mitgliedstaaten stellen sicher, dass alle Personen, die nach eigener Auffassung durch die Nichtanwendung des Grundsatzes der Gleichbehandlung einen Verlust oder Schaden erlitten haben, ihre Ansprüche aus dieser Richtlinie auf dem Gerichts- bzw. Verwaltungsweg sowie, wenn die Mitgliedstaaten es für angezeigt halten, in Schlichtungsverfahren geltend machen können, selbst wenn das Verhältnis, während dessen die Diskriminierung vorgekommen sein soll, bereits beendet ist.

(2) Die Mitgliedstaaten stellen sicher, dass Verbände, Organisationen oder andere juristische Personen, die gemäß den in ihrem innerstaatlichen Recht festgelegten Kriterien ein rechtmäßiges Interesse daran haben, die Einhaltung dieser Richtlinie sicherzustellen, sich entweder im Namen der beschwerten Person oder zu deren Unterstützung und mit deren Einwilligung an jeglichen zur Durchsetzung der Ansprüche aus dieser Richtlinie vorgesehenen Gerichts- und/oder Verwaltungsverfahren beteiligen können.

(3) Die Absätze 1 und 2 lassen nationale Regelungen über Fristen für die Rechtsverfolgung in Fällen, in denen es um den Grundsatz der Gleichbehandlung geht, unberührt.

Art. 10 Schadensersatz oder Entschädigung. Die Mitgliedstaaten ergreifen im Rahmen ihrer nationalen Rechtsordnung die erforderlichen Maßnahmen, um sicherzustellen, dass der einer Person durch eine Diskriminierung aufgrund des Geschlechts entstandene Verlust oder Schaden gemäß den von den Mitgliedstaaten festzulegenden Modalitäten tatsächlich und wirksam ausgeglichen oder ersetzt wird, wobei dieser Schadensersatz oder diese Entschädigung abschreckend und dem erlittenen Verlust oder Schaden angemessen sein muss. Eine im Voraus festgelegte Obergrenze für einen solchen Schadensersatz oder eine solche Entschädigung ist nicht zulässig.

Art. 11 Stellen zur Förderung der Gleichbehandlung. (1) Jeder Mitgliedstaat ergreift die erforderlichen Maßnahmen, um sicherzustellen, dass die Stelle oder die Stellen, die gemäß Artikel 20 der Richtlinie 2006/54/EG bezeichnet wurde bzw. wurden, auch dafür zuständig ist bzw. sind, die Verwirklichung der Gleichbehandlung aller Personen, die unter diese Richtlinie fallen, ohne Diskriminierung aufgrund des Geschlechts zu fördern, zu analysieren, zu beobachten und zu unterstützen.

(2) Die Mitgliedstaaten stellen sicher, dass es zu den Aufgaben der in Absatz 1 genannten Stellen gehört:

a) unbeschadet der Rechte der Opfer sowie der Verbände, Organisationen und anderen juristischen Personen nach Artikel 9 Absatz 2, die Opfer von Diskriminierung auf un-abhängige Weise dabei zu unterstützen, ihrer Beschwerde wegen Diskriminierung nachzugehen;
b) unabhängige Untersuchungen zum Thema Diskriminierung durchzuführen;
c) unabhängige Berichte zu veröffentlichen und Empfehlungen zu allen Aspekten vorzulegen, die mit dieser Diskriminierung in Zusammenhang stehen;
d) auf geeigneter Ebene die verfügbaren Informationen mit den entsprechenden europäischen Einrichtungen wie dem Europäischen Institut für Gleichstellungsfragen auszutauschen.

Art. 12 Durchgängige Berücksichtigung des Gleichstellungsaspekts. Die Mitgliedstaaten berücksichtigen aktiv das Ziel der Gleichstellung von Frauen und Männern, wenn sie Rechts- und Verwaltungsvorschriften sowie politische Maßnahmen und Tätigkeiten in den unter diese Richtlinie fallenden Bereichen ausarbeiten und umsetzen.

Art. 13 Verbreitung von Informationen. Die Mitgliedstaaten stellen sicher, dass in ihrem Hoheitsgebiet die gemäß dieser Richtlinie getroffenen Maßnahmen sowie die bereits geltenden einschlägigen Vorschriften allen Betroffenen mit allen geeigneten Mitteln zur Kenntnis gebracht werden.

Art. 14 Schutzniveau. Die Mitgliedstaaten können Vorschriften einführen oder beibehalten, die im Hinblick auf die Wahrung des

Grundsatzes der Gleichbehandlung von Männern und Frauen günstiger sind als die in dieser Richtlinie vorgesehenen Vorschriften.

Die Umsetzung dieser Richtlinie darf keinesfalls als Rechtfertigung für eine Absenkung des von den Mitgliedstaaten bereits garantierten Niveaus des Schutzes vor Diskriminierung in den von der Richtlinie erfassten Bereichen benutzt werden.

Art. 15 Berichte. (1) Die Mitgliedstaaten übermitteln der Kommission bis zum 5. August 2015 sämtliche verfügbaren Informationen über die Anwendung dieser Richtlinie.

Die Kommission erstellt bis spätestens 5. August 2016 einen zusammenfassenden Bericht und legt diesen dem Europäischen Parlament und dem Rat vor. Dieser Bericht sollte jegliche gesetzliche Änderung in Bezug auf die Dauer des Mutterschaftsurlaubs für Arbeitnehmerinnen berücksichtigen. Dem Bericht sind, soweit erforderlich, Vorschläge zur Anpassung dieser Richtlinie beizufügen.

(2) Die Kommission berücksichtigt in ihrem Bericht die Standpunkte der einschlägigen Interessengruppen.

Art. 16 Umsetzung. (1) Die Mitgliedstaaten setzen die erforderlichen Rechts- und Verwaltungsvorschriften in Kraft, um dieser Richtlinie spätestens bis zum 5. August 2012 nachzukommen. Sie teilen der Kommission unverzüglich den Wortlaut dieser Rechtsvorschriften mit.

Bei Erlass dieser Vorschriften nehmen die Mitgliedstaaten in den Vorschriften selbst oder durch einen Hinweis bei der amtlichen Veröffentlichung auf diese Richtlinie Bezug. Die Mitgliedstaaten regeln die Einzelheiten der Bezugnahme.

(2) Wenn dies durch besondere Schwierigkeiten gerechtfertigt ist, kann den Mitgliedstaaten erforderlichenfalls ein zusätzlicher Zeitraum von zwei Jahren bis zum 5. August 2014 eingeräumt werden, um den Verpflichtungen nach Artikel 7 sowie den Verpflichtungen nach Artikel 8 in Bezug auf Ehepartnerinnen und Lebenspartnerinnen im Sinne von Artikel 2 Buchstabe b nachzukommen.

(3) Die Mitgliedstaaten teilen der Kommission den Wortlaut der wichtigsten innerstaatlichen Rechtsvorschriften mit, die sie auf dem unter diese Richtlinie fallenden Gebiet erlassen.

Art. 17 Aufhebung. Die Richtlinie 86/613/EWG wird mit Wirkung vom 5. August 2012 aufgehoben.
Verweisungen auf die aufgehobene Richtlinie gelten als Verweisungen auf die vorliegende Richtlinie.

Art. 18 Inkrafttreten. Diese Richtlinie tritt am zwanzigsten Tag nach ihrer Veröffentlichung im *Amtsblatt der Europäischen Union* in Kraft.

Art. 19 Adressaten. Diese Richtlinie ist an die Mitgliedstaaten gerichtet.

187 e. Richtlinie 2004/113/EG zur Verwirklichung des Grundsatzes der Gleichbehandlung von Männern und Frauen beim Zugang zu und bei der Versorgung mit Gütern und Dienstleistungen

Vom 13. Dezember 2004

(ABl. Nr. L 373/37)

DER RAT DER EUROPÄISCHEN UNION –

GESTÜTZT auf den Vertrag zur Gründung der Europäischen Gemeinschaft, insbesondere auf Artikel 13 Absatz 1,

AUF VORSCHLAG der Kommission,

NACH STELLUNGNAHME des Europäischen Parlaments[1]),

NACH STELLUNGNAHME des Ausschusses der Regionen[2]),

NACH STELLUNGNAHME des Europäischen Wirtschafts- und Sozialausschusses[3]),

IN ERWÄGUNG nachstehender Gründe:

(1) Nach Artikel 6 des Vertrags über die Europäische Union beruht die Union auf den Grundsätzen der Freiheit, der Demokratie, der Achtung der Menschenrechte und Grundfreiheiten sowie der Rechtsstaatlichkeit; diese Grundsätze sind den Mitgliedstaaten gemeinsam; sie achtet ferner die Grundrechte, wie sie in der Europäischen Konvention zum Schutz der Menschenrechte und Grundfreiheiten gewährleistet sind und wie sie sich aus den gemeinsamen Verfassungsüberlieferungen der Mitgliedstaaten als allgemeine Grundsätze des Gemeinschaftsrechts ergeben.

(2) Die Gleichheit aller Menschen vor dem Gesetz und der Schutz vor Diskriminierung ist ein allgemeines Menschenrecht; dieses Recht wurde in der Allgemeinen Erklärung der Menschenrechte, im Übereinkommen der Vereinten Nationen über die Beseitigung aller Formen der Diskriminierung von Frauen, im Internationalen Übereinkommen zur Beseitigung jeder Form von Rassendiskriminierung, im Internationalen Pakt der Vereinten Nationen über bürgerliche und politische Rechte, im Internationalen Pakt der Vereinten Nationen über wirtschaftliche, soziale und kulturelle Rechte und in der Europäischen Konvention zum Schutz der Menschenrechte und Grundfreiheiten anerkannt, die von allen Mitgliedstaaten unterzeichnet wurden.

(3) Durch das Diskriminierungsverbot dürfen andere Grundrechte und Freiheiten nicht beeinträchtigt werden; hierzu gehören der Schutz des Privat- und Familienlebens und der in diesem Kontext stattfindenden Transaktionen sowie die Religionsfreiheit.

---

[1]) Stellungnahme vom 30. März 2004 (noch nicht im Amtsblatt veröffentlicht).

[2]) ABl. C 121 vom 30. 4. 2004, S. 27.

[3]) ABl. C 241 vom 28. 9. 2004, S. 44.

(4) Die Gleichstellung von Männern und Frauen ist ein grundlegendes Prinzip der Europäischen Union. Nach Artikel 21 und 23 der Charta der Grundrechte der Europäischen Union ist jegliche Diskriminierung wegen des Geschlechts verboten und muss die Gleichheit von Männern und Frauen in allen Bereichen gewährleistet werden.

(5) Gemäß Artikel 2 des Vertrags zur Gründung der Europäischen Gemeinschaft ist die Förderung der Gleichstellung von Männern und Frauen eine der Hauptaufgaben der Gemeinschaft. Außerdem muss die Gemeinschaft gemäß Artikel 3 Absatz 2 des Vertrags bei all ihren Tätigkeiten darauf hinwirken, Ungleichheiten zu beseitigen und die Gleichstellung von Männern und Frauen zu fördern.

(6) In ihrer Mitteilung zur sozialpolitischen Agenda hat die Kommission ihre Absicht angekündigt, eine Richtlinie zur Diskriminierung aufgrund des Geschlechts vorzulegen, die über den Bereich des Arbeitsmarktes hinausgeht. Dieser Vorschlag steht in vollem Einklang mit der Entscheidung 2001/51/EG des Rates vom 20. Dezember 2000 über ein Aktionsprogramm der Gemeinschaft betreffend die Gemeinschaftsstrategie für die Gleichstellung von Frauen und Männern (2001–2005)[1], die sämtliche Gemeinschaftspolitiken umfasst und darauf abzielt, die Gleichstellung von Männern und Frauen durch eine Anpassung dieser Politiken und durch konkrete Maßnahmen zur Verbesserung der Stellung von Männern und Frauen in der Gesellschaft zu fördern.

(7) Auf seiner Tagung in Nizza am 7. und 9. Dezember 2000 hat der Europäische Rat die Kommission aufgefordert, die Gleichstellungsrechte durch Verabschiedung einer Richtlinie zur Förderung der Gleichbehandlung von Männern und Frauen in anderen Bereichen als der Beschäftigung und dem Erwerbsleben zu stärken.

(8) Die Gemeinschaft hat eine Reihe von Rechtsinstrumenten zur Verhütung und Bekämpfung geschlechtsbedingter Diskriminierungen am Arbeitsmarkt verabschiedet. Diese Instrumente haben den Nutzen von Rechtsvorschriften im Kampf gegen Diskriminierung deutlich gemacht.

(9) Diskriminierungen aufgrund des Geschlechts, einschließlich Belästigungen und sexuellen Belästigungen, gibt es auch in Bereichen außerhalb des Arbeitsmarktes. Solche Diskriminierungen können dieselben negativen Auswirkungen haben und ein Hindernis für eine vollständige, erfolgreiche Eingliederung von Männern und Frauen in das wirtschaftliche und soziale Leben darstellen.

(10) Besonders augenfällig sind die Probleme im Bereich des Zugangs zu und der Versorgung mit Gütern und Dienstleistungen. Daher sollte dafür gesorgt werden, dass Diskriminierungen aufgrund des Geschlechts in diesem Bereich verhindert bzw. beseitigt werden. Wie dies bei der Richtlinie 2000/43/EG des Rates vom 29. Juni 2000 zur Anwendung des Gleichbehandlungsgrundsatzes ohne Unterschied der Rasse oder der ethnischen Herkunft[2] der Fall war, kann dieses

[1] ABl. L 17 vom 19. 1. 2001, S. 22.
[2] ABl. L 180 vom 19. 7. 2000, S. 22.

Ziel im Wege gemeinschaftlicher Rechtsvorschriften besser erreicht werden.

(11) Diese Rechtsvorschriften sollten die Diskriminierung aus Gründen des Geschlechts beim Zugang zu und bei der Versorgung mit Gütern und Dienstleistungen verhindern. Unter Gütern sollten Güter im Sinne der den freien Warenverkehr betreffenden Bestimmungen des Vertrags zur Gründung der Europäischen Gemeinschaft verstanden werden. Unter Dienstleistungen sollten Dienstleistungen im Sinne des Artikels 50 dieses Vertrags verstanden werden.

(12) Um Diskriminierungen aus Gründen des Geschlechts zu verhindern, sollte diese Richtlinie sowohl für unmittelbare als auch für mittelbare Diskriminierungen gelten. Eine unmittelbare Diskriminierung liegt nur dann vor, wenn eine Person aufgrund ihres Geschlechts in einer vergleichbaren Situation eine weniger günstige Behandlung erfährt. Somit liegt beispielsweise bei auf körperliche Unterschiede bei Mann und Frau zurückzuführenden unterschiedlichen Gesundheitsdienstleistungen für Männer und Frauen keine Diskriminierung vor, weil es sich nicht um vergleichbare Situationen handelt.

(13) Das Diskriminierungsverbot sollte für Personen gelten, die Güter und Dienstleistungen liefern bzw. erbringen, die der Öffentlichkeit zur Verfügung stehen und die außerhalb des Bereichs des Privat- und Familienlebens und der in diesem Kontext stattfindenden Transaktionen angeboten werden. Nicht gelten sollte es dagegen für Medien- und Werbeinhalte sowie für das staatliche oder private Bildungswesen.

(14) Für jede Person gilt der Grundsatz der Vertragsfreiheit, der die freie Wahl des Vertragspartners für eine Transaktion einschließt. Eine Person, die Güter oder Dienstleistungen bereitstellt, kann eine Reihe von subjektiven Gründen für die Auswahl eines Vertragspartners haben. Diese Richtlinie sollte die freie Wahl des Vertragspartners durch eine Person solange nicht berühren, wie die Wahl des Vertragspartners nicht von dessen Geschlecht abhängig gemacht wird.

(15) Es bestehen bereits zahlreiche Rechtsinstrumente zur Verwirklichung des Grundsatzes der Gleichbehandlung von Männern und Frauen im Bereich Beschäftigung und Beruf. Diese Richtlinie sollte deshalb nicht für diesen Bereich gelten. Das Gleiche gilt für selbstständige Tätigkeiten, wenn sie von bestehenden Rechtsvorschriften erfasst werden. Diese Richtlinie sollte nur für private, freiwillige und von Beschäftigungsverhältnissen unabhängige Versicherungen und Rentensysteme gelten.

(16) Eine unterschiedliche Behandlung kann nur dann zulässig sein, wenn sie durch ein legitimes Ziel gerechtfertigt ist. Ein legitimes Ziel kann beispielsweise sein: der Schutz von Opfern sexueller Gewalt (wie die Einrichtung einer Zufluchtsstätte für Personen gleichen Geschlechts), der Schutz der Privatsphäre und des sittlichen Empfindens (wie etwa bei der Vermietung von Wohnraum durch den Eigentümer in der Wohnstätte, in der er selbst wohnt), die Förderung der Gleichstellung der Geschlechter oder der Interessen von Männern und Frauen (wie ehrenamtliche Einrichtungen, die nur den Angehörigen eines

Geschlechts zugänglich sind), die Vereinsfreiheit (Mitgliedschaft in privaten Klubs die nur den Angehörigen eines Geschlechts zugänglich sind) und die Organisation sportlicher Tätigkeiten (z. B. Sportveranstaltungen, zu denen ausschließlich die Angehörigen eines Geschlechts zugelassen sind). Beschränkungen sollten jedoch im Einklang mit den in der Rechtsprechung des Gerichtshofs der Europäischen Gemeinschaften festgelegten Kriterien angemessen und erforderlich sein.

(17) Der Grundsatz der Gleichbehandlung beim Zugang zu Gütern und Dienstleistungen bedeutet nicht, dass Einrichtungen Männern und Frauen in jedem Fall zur gemeinsamen Nutzung bereitgestellt werden müssen, sofern dabei nicht Angehörige des einen Geschlechts besser gestellt sind als die des anderen.

(18) Die Anwendung geschlechtsspezifischer versicherungsmathematischer Faktoren ist im Bereich des Versicherungswesens und anderer verwandter Finanzdienstleistungen weit verbreitet. Zur Gewährleistung der Gleichbehandlung von Männern und Frauen sollte die Berücksichtigung geschlechtsspezifischer versicherungsmathematischer Faktoren nicht zu Unterschieden bei den Prämien und Leistungen führen. Damit es nicht zu einer abrupten Umstellung des Marktes kommen muss, sollte die Anwendung dieser Regel nur für neue Verträge gelten, die nach dem Zeitpunkt der Umsetzung dieser Richtlinie abgeschlossen werden.

(19) Bestimmte Risikokategorien können bei Männern und Frauen unterschiedlich sein. In einigen Fällen ist das Geschlecht ein bestimmender Faktor bei der Beurteilung der versicherten Risiken, wenn auch nicht unbedingt der Einzige. Bei Verträgen, mit denen diese Arten von Risiken versichert werden, können die Mitgliedstaaten entscheiden, Ausnahmen von der Regel geschlechtsneutraler Prämien und Leistungen zuzulassen, sofern sie sicherstellen können, dass die zugrunde liegenden versicherungsmathematischen und statistischen Daten, auf die sich die Berechnungen stützen, verlässlich sind, regelmäßig aktualisiert werden und der Öffentlichkeit zugänglich sind. Ausnahmen sind nur dann zulässig, wenn das betreffende nationale Recht die Regel der Geschlechtsneutralität bisher noch nicht vorsah. Fünf Jahre nach der Umsetzung dieser Richtlinie sollten die Mitgliedstaaten prüfen, inwieweit diese Ausnahmen noch gerechtfertigt sind, wobei die neuesten versicherungsmathematischen und statistischen Daten sowie ein Bericht, den die Kommission drei Jahre nach der Umsetzung dieser Richtlinie vorlegen wird, zu berücksichtigen sind.

(20) Eine Schlechterstellung von Frauen aufgrund von Schwangerschaft oder Mutterschaft sollte als eine Form der direkten Diskriminierung aufgrund des Geschlechts angesehen und daher im Bereich der Versicherungsdienstleistungen und der damit zusammenhängenden Finanzdienstleistungen unzulässig sein. Mit den Risiken der Schwangerschaft und der Mutterschaft verbundene Kosten sollten daher nicht den Angehörigen eines einzigen Geschlechts zugeordnet werden.

(21) Opfer von Diskriminierungen aufgrund des Geschlechts sollten über einen angemessenen Rechtsschutz verfügen. Um einen effekti-

veren Schutz zu gewährleisten, sollten Verbände, Organisationen oder andere juristische Personen bei einem entsprechenden Beschluss der Mitgliedstaaten auch die Möglichkeit haben, sich unbeschadet der nationalen Verfahrensregeln bezüglich der Vertretung und Verteidigung vor Gericht im Namen eines Opfers oder zu seiner Unterstützung an einem Verfahren zu beteiligen.

(22) Die Beweislastregeln sollten für die Fälle, in denen der Anschein einer Diskriminierung besteht und zur wirksamen Anwendung des Grundsatzes der Gleichbehandlung, angepasst werden; die Beweislast sollte wieder auf die beklagte Partei verlagert werden, wenn eine solche Diskriminierung nachgewiesen ist.

(23) Voraussetzung für eine effektive Anwendung des Grundsatzes der Gleichbehandlung ist ein angemessener gerichtlicher Schutz vor Viktimisierung.

(24) Die Mitgliedstaaten sollten zur Förderung des Grundsatzes der Gleichbehandlung den Dialog zwischen den einschlägigen Interessengruppen unterstützen, die im Einklang mit den nationalen Rechtsvorschriften und Gepflogenheiten ein rechtmäßiges Interesse daran haben, sich an der Bekämpfung von Diskriminierungen aufgrund des Geschlechts im Bereich des Zugangs zu und der Versorgung mit Gütern und Dienstleistungen zu beteiligen.

(25) Der Schutz vor Diskriminierung aufgrund des Geschlechts sollte verstärkt werden, indem in jedem Mitgliedstaat eine oder mehrere Stellen vorgesehen werden, die für die Analyse der mit Diskriminierungen verbundenen Probleme, die Prüfung möglicher Lösungen und die Bereitstellung konkreter Hilfsangebote für die Opfer zuständig wäre. Bei diesen Stellen kann es sich um dieselben Stellen handeln, die auf nationaler Ebene die Aufgabe haben, für den Schutz der Menschenrechte, für die Wahrung der Rechte des Einzelnen oder für die Verwirklichung des Grundsatzes der Gleichbehandlung einzutreten.

(26) In dieser Richtlinie werden Mindestanforderungen festgelegt; den Mitgliedstaaten steht es somit frei, günstigere Vorschriften einzuführen oder beizubehalten. Die Umsetzung dieser Richtlinie sollte nicht der Rechtfertigung einer Absenkung des in den Mitgliedstaaten bereits bestehenden Schutzniveaus dienen.

(27) Die Mitgliedstaaten sollten für die Verletzung der aus dieser Richtlinie erwachsenden Verpflichtungen wirksame, verhältnismäßige und abschreckende Sanktionen vorsehen.

(28) Da die Ziele dieser Richtlinie, nämlich die Gewährleistung eines einheitlichen, hohen Niveaus des Schutzes vor Diskriminierung in allen Mitgliedstaaten, auf Ebene der Mitgliedstaaten nicht ausreichend erreicht werden können und sich daher wegen des Umfangs und der Wirkung besser auf Gemeinschaftsebene zu erreichen sind, kann die Gemeinschaft im Einklang mit dem in Artikel 5 des Vertrags niedergelegten Subsidiaritätsprinzip tätig werden. Entsprechend dem in demselben Artikel genannten Verhältnismäßigkeitsprinzip geht diese Richtlinie nicht über das für die Erreichung dieser Ziele erforderliche Maß hinaus.

(29) Entsprechend der Nummer 34 der Interinstitutionellen Vereinbarung über bessere Rechtsetzung[1] sollten die Mitgliedstaaten für ihre eigenen Zwecke und im Interesse der Gemeinschaft eigene Tabellen aufstellen, denen im Rahmen des Möglichen die Entsprechungen zwischen dieser Richtlinie und den Umsetzungsmaßnahmen zu entnehmen sind, und diese veröffentlichen –

HAT FOLGENDE RICHTLINIE ERLASSEN:

Kapitel I. Allgemeine Bestimmungen

Art. 1 Zweck. Zweck dieser Richtlinie ist die Schaffung eines Rahmens für die Bekämpfung geschlechtsspezifischer Diskriminierungen beim Zugang zu und der Versorgung mit Gütern und Dienstleistungen zur Umsetzung des Grundsatzes der Gleichbehandlung von Männern und Frauen in den Mitgliedstaaten.

Art. 2 Begriffsbestimmungen. Im Sinne dieser Richtlinie bezeichnet der Ausdruck

a) unmittelbare Diskriminierung: wenn eine Person aufgrund ihres Geschlechts in einer vergleichbaren Situation eine weniger günstige Behandlung erfährt, als eine andere Person erfährt, erfahren hat oder erfahren würde;

b) mittelbare Diskriminierung: wenn dem Anschein nach neutrale Vorschriften, Kriterien oder Verfahren Personen, die einem Geschlecht angehören, in besonderer Weise gegenüber Personen des anderen Geschlechts benachteiligen können, es sei denn, die betreffenden Vorschriften, Kriterien oder Verfahren sind durch ein rechtmäßiges Ziel sachlich gerechtfertigt und die Mittel sind zur Erreichung dieses Ziels angemessen und erforderlich;

c) Belästigung: wenn unerwünschte geschlechtsbezogene Verhaltensweisen gegenüber einer Person erfolgen, die bezwecken oder bewirken, dass die Würde der betreffenden Person verletzt und ein von Einschüchterungen, Anfeindungen, Erniedrigungen, Entwürdigungen oder Beleidigungen gekennzeichnetes Umfeld geschaffen wird;

d) sexuelle Belästigung: jede Form von unerwünschtem Verhalten sexueller Natur, das sich in verbaler, nichtverbaler oder physischer Form äußert und das bezweckt oder bewirkt, dass die Würde der betreffenden Person verletzt wird, insbesondere wenn ein von Einschüchterungen, Anfeindungen, Erniedrigungen, Entwürdigungen oder Beleidigungen gekennzeichnetes Umfeld geschaffen wird.

Art. 3 Geltungsbereich. (1) Im Rahmen der auf die Gemeinschaft *übertragenen Zuständig*keiten gilt diese Richtlinie für alle Personen,

[1] ABl. C 321 vom 31. 12. 2003, S. 1.

die Güter und Dienstleistungen bereitstellen, die der Öffentlichkeit ohne Ansehen der Person zur Verfügung stehen, und zwar in öffentlichen und privaten Bereichen, einschließlich öffentlicher Stellen, und die außerhalb des Bereichs des Privat- und Familienlebens und der in diesem Kontext stattfindenden Transaktionen angeboten werden.

(2) Diese Richtlinie berührt nicht die freie Wahl des Vertragspartners durch eine Person, solange diese ihre Wahl nicht vom Geschlecht des Vertragspartners abhängig macht.

(3) Diese Richtlinie gilt weder für den Inhalt von Medien und Werbung noch im Bereich der Bildung.

(4) Diese Richtlinie gilt nicht im Bereich Beschäftigung und Beruf. Diese Richtlinie gilt nicht für selbstständige Tätigkeiten, soweit diese von anderen Rechtsvorschriften der Gemeinschaft erfasst werden.

Art. 4 Grundsatz der Gleichbehandlung. (1) Im Sinne dieser Richtlinie bedeutet der Grundsatz der Gleichbehandlung von Männern und Frauen,

a) dass keine unmittelbare Diskriminierung aufgrund des Geschlechts, auch keine Schlechterstellung von Frauen aufgrund von Schwangerschaft oder Mutterschaft, erfolgen darf;

b) dass keine mittelbare Diskriminierung aufgrund des Geschlechts erfolgen darf.

(2) Diese Richtlinie gilt unbeschadet günstigerer Bestimmungen zum Schutz der Frauen in Bezug auf Schwangerschaft oder Mutterschaft.

(3) Belästigung und sexuelle Belästigung im Sinne dieser Richtlinie gelten als Diskriminierung aufgrund des Geschlechts und sind daher verboten. Die Zurückweisung oder Duldung solcher Verhaltensweisen durch die betreffende Person darf nicht als Grundlage für eine Entscheidung herangezogen werden, die diese Person berührt.

(4) Eine Anweisung zur unmittelbaren oder mittelbaren Diskriminierung aufgrund des Geschlechts gilt als Diskriminierung im Sinne dieser Richtlinie.

(5) Diese Richtlinie schließt eine unterschiedliche Behandlung nicht aus, wenn es durch ein legitimes Ziel gerechtfertigt ist, die Güter und Dienstleistungen ausschließlich oder vorwiegend für die Angehörigen eines Geschlechts bereitzustellen, und die Mittel zur Erreichung dieses Ziels angemessen und erforderlich sind.

Art. 5 Versicherungsmathematische Faktoren. (1) Die Mitgliedstaaten tragen dafür Sorge, dass spätestens bei den nach dem 21. Dezember 2007 neu abgeschlossenen Verträgen die Berücksichtigung des Faktors Geschlecht bei der Berechnung von Prämien und Leistungen im Bereich des Versicherungswesens und verwandter Finanzdienstleistungen nicht zu unterschiedlichen Prämien und Leistungen führt.

(2) Unbeschadet des Absatzes 1 können die Mitgliedstaaten vor dem 21. Dezember 2007 beschließen, proportionale Unterschiede bei den Prämien und Leistungen dann zuzulassen, wenn die Berücksichtigung des Geschlechts bei einer auf relevanten und genauen versicherungsmathematischen und statistischen Daten beruhenden Risikobewertung ein bestimmender Faktor ist. Die betreffenden Mitgliedstaaten informieren die Kommission und stellen sicher, dass genaue Daten in Bezug auf die Berücksichtigung des Geschlechts als bestimmender versicherungsmathematischer Faktor erhoben, veröffentlicht und regelmäßig aktualisiert werden. Diese Mitgliedstaaten überprüfen ihre Entscheidung fünf Jahre nach dem 21. Dezember 2007, wobei sie dem in Artikel 16 genannten Bericht der Kommission Rechnung tragen, und übermitteln der Kommission die Ergebnisse dieser Überprüfung.

(3) Kosten im Zusammenhang mit Schwangerschaft und Mutterschaft dürfen auf keinen Fall zu unterschiedlichen Prämien und Leistungen führen.

Die Mitgliedstaaten können die Durchführung der aufgrund dieses Absatzes erforderlichen Maßnahmen bis spätestens zwei Jahre nach dem 21. Dezember 2007 aufschieben. In diesem Fall unterrichten die betreffenden Mitgliedstaaten unverzüglich die Kommission.

Art. 6 Positive Maßnahmen. Der Gleichbehandlungsgrundsatz hindert die Mitgliedstaaten nicht daran, zur Gewährleistung der vollen Gleichstellung von Männern und Frauen in der Praxis spezifische Maßnahmen, mit denen geschlechtsspezifische Benachteiligungen verhindert oder ausgeglichen werden, beizubehalten oder zu beschließen.

Art. 7 Mindestanforderungen. (1) Die Mitgliedstaaten können Vorschriften einführen oder beibehalten, die im Hinblick auf die Wahrung des Grundsatzes der Gleichbehandlung von Männern und Frauen günstiger sind, als die in dieser Richtlinie vorgesehenen Vorschriften.

(2) Die Umsetzung dieser Richtlinie darf keinesfalls der Rechtfertigung einer Absenkung des von den Mitgliedstaaten bereits garantierten Schutzniveaus in Bezug auf Diskriminierungen in den von der Richtlinie erfassten Bereichen dienen.

Kapitel II. Rechtsbehelfe und Rechtsdurchsetzung

Art. 8 Rechtsschutz. (1) Die Mitgliedstaaten stellen sicher, dass alle Personen, die sich durch die Nichtanwendung des Grundsatzes der Gleichbehandlung in ihren Rechten für verletzt halten, ihre Ansprüche aus dieser Richtlinie auf dem Gerichts- und/oder Verwaltungsweg sowie, wenn die Mitgliedstaaten es für angezeigt halten, in Schlichtungsverfahren geltend machen können, selbst wenn das Verhältnis, während dessen die Diskriminierung vorgekommen sein soll, bereits beendet ist.

(2) Die Mitgliedstaaten treffen im Rahmen ihrer nationalen Rechtsordnung die erforderlichen Maßnahmen, um sicherzustellen, dass der einer Person durch eine Diskriminierung im Sinne dieser Richtlinie entstandene Schaden gemäß den von den Mitgliedstaaten festzulegenden Modalitäten tatsächlich und wirksam ausgeglichen oder ersetzt wird, wobei dies auf eine abschreckende und dem erlittenen Schaden angemessene Art und Weise geschehen muss. Die vorherige Festlegung einer Höchstgrenze schränkt diese Ausgleichs- oder Ersatzpflicht nicht ein.

(3) Die Mitgliedstaaten stellen sicher, dass Verbände, Organisationen oder andere juristische Personen, die gemäß den in ihrem nationalen Recht festgelegten Kriterien ein rechtmäßiges Interesse daran haben, für die Einhaltung der Bestimmungen dieser Richtlinie zu sorgen, sich im Namen der beschwerten Person oder zu deren Unterstützung und mit deren Einwilligung an den zur Durchsetzung der Ansprüche aus dieser Richtlinie vorgesehenen Gerichts- und/oder Verwaltungsverfahren beteiligen können.

(4) Die Absätze 1 und 3 lassen nationale Regelungen über Fristen für die Rechtsverfolgung in Fällen, in denen es um den Grundsatz der Gleichbehandlung geht, unberührt.

Art. 9 Beweislast. (1) Die Mitgliedstaaten ergreifen im Einklang mit ihrem nationalen Gerichtswesen die erforderlichen Maßnahmen, um zu gewährleisten, dass immer dann, wenn Personen, die sich durch die Nichtanwendung des Grundsatzes der Gleichbehandlung in ihren Rechten für verletzt halten und bei einem Gericht oder einer anderen zuständigen Behörde Tatsachen glaubhaft machen, die das Vorliegen einer unmittelbaren oder mittelbaren Diskriminierung vermuten lassen, es dem Beklagten obliegt zu beweisen, dass keine Verletzung des Grundsatzes der Gleichbehandlung vorgelegen hat.

(2) Absatz 1 lässt das Recht der Mitgliedstaaten, eine für die Kläger günstigere Beweislastregelung vorzusehen, unberührt.

(3) Absatz 1 gilt nicht für Strafverfahren.

(4) Die Absätze 1, 2 und 3 gelten auch für Verfahren gemäß Artikel 8 Absatz 3.

(5) Die Mitgliedstaaten können davon absehen, Absatz 1 auf Verfahren anzuwenden, in denen die Ermittlung des Sachverhalts dem Gericht oder anderen zuständigen Behörde obliegt.

Art. 10 Viktimisierung. Die Mitgliedstaaten treffen im Rahmen ihrer nationalen Rechtsordnung die erforderlichen Maßnahmen, um den Einzelnen vor Benachteiligungen zu schützen, die als Reaktion auf eine Beschwerde oder auf die Einleitung eines Verfahrens zur Durchsetzung des Grundsatzes der Gleichbehandlung erfolgen.

Art. 11 Dialog mit einschlägigen Interessengruppen. Zur Förderung des Grundsatzes der Gleichbehandlung unterstützen die Mitgliedstaaten den Dialog mit den einschlägigen Interessengruppen, die gemäß ihren nationalen Rechtsvorschriften und Gepflogenheiten ein rechtmäßiges Interesse daran haben, sich an der Bekämpfung von Diskriminierungen aufgrund des Geschlechts im Bereich des Zugangs zu und der Versorgung mit Gütern und Dienstleistungen zu beteiligen.

Kapitel III. Mit der Förderung der Gleichbehandlung befasste Stellen

Art. 12. (1) Jeder Mitgliedstaat bezeichnet eine oder mehrere Stellen, deren Aufgabe darin besteht, die Verwirklichung der Gleichbehandlung aller Personen ohne Diskriminierung aufgrund des Geschlechts zu fördern, zu analysieren, zu beobachten und zu unterstützen und trifft die erforderlichen Vorkehrungen. Diese Stellen können Teil von Einrichtungen sein, die auf nationaler Ebene die Aufgabe haben, für den Schutz der Menschenrechte, für die Wahrung der Rechte des Einzelnen oder für die Verwirklichung des Grundsatzes der Gleichbehandlung einzutreten.

(2) Die Mitgliedstaaten stellen sicher, dass es zu den Zuständigkeiten der in Absatz 1 genannten Stellen gehört,

a) unbeschadet der Rechte der Opfer und der Verbände, der Organisationen oder anderer juristischer Personen nach Artikel 8 Absatz 3 die Opfer von Diskriminierungen auf unabhängige Weise dabei zu unterstützen, ihrer Beschwerde wegen Diskriminierung nachzugehen;

b) unabhängige Untersuchungen zum Thema Diskriminierung durchzuführen;

c) unabhängige Berichte zu veröffentlichen und Empfehlungen zu allen Aspekten vorzulegen, die mit diesen Diskriminierungen in Zusammenhang stehen.

Kapitel IV. Schlussbestimmungen

Art. 13 Einhaltung. Die Mitgliedstaaten treffen die erforderlichen Maßnahmen, um sicherzustellen, dass der Grundsatz der Gleichbehandlung in Bezug auf den Zugang zu und die Versorgung mit Gütern und Dienstleistungen im Rahmen des Geltungsbereichs dieser Richtlinie beachtet wird; insbesondere ist sicherzustellen, dass

a) Rechts- und Verwaltungsvorschriften, die dem Grundsatz der Gleichbehandlung zuwiderlaufen, aufgehoben werden;

b) vertragliche Bestimmungen, Betriebsordnungen, Statuten von Vereinigungen mit oder ohne Erwerbszweck, die dem Grundsatz der Gleichbehandlung zuwiderlaufen, für nichtig erklärt werden oder erklärt werden können oder geändert werden.

Art. 14 Sanktionen. Die Mitgliedstaaten legen die Sanktionen fest, die bei einem Verstoß gegen die nationalen Vorschriften zur Anwendung dieser Richtlinie zu verhängen sind, und treffen alle geeigneten Maßnahmen, um deren Durchsetzung zu gewährleisten. Die Sanktionen, die auch Schadenersatzleistungen an die Opfer umfassen können, müssen wirksam, verhältnismäßig und abschreckend sein. Die Mitgliedstaaten teilen der Kommission diese Bestimmungen bis spätestens zum 21. Dezember 2007 mit und melden alle sie betreffenden Änderungen unverzüglich.

Art. 15 Unterrichtung. Die Mitgliedstaaten tragen dafür Sorge, dass die gemäß dieser Richtlinie getroffenen Maßnahmen sowie die bereits geltenden einschlägigen Vorschriften allen Betroffenen in geeigneter Form in ihrem gesamten Hoheitsgebiet bekannt gemacht werden.

Art. 16 Berichte. (1) Die Mitgliedstaaten übermitteln der Kommission spätestens am 21. Dezember 2009 und in der Folge alle fünf Jahre sämtliche verfügbaren Informationen über die Anwendung dieser Richtlinie.

Die Kommission erstellt einen zusammenfassenden Bericht, der eine Prüfung der aktuellen Praxis der Mitgliedstaaten im Zusammenhang mit Artikel 5 in Bezug auf die Berücksichtigung des Faktors Geschlecht bei der Berechnung von Prämien und Leistungen enthält. Sie legt diesen Bericht dem Europäischen Parlament und dem Rat spätestens am 21. Dezember 2010 vor. Erforderlichenfalls fügt die Kommission diesem Bericht Vorschläge zur Änderung der Richtlinie bei.

(2) Die Kommission berücksichtigt in ihrem Bericht die Standpunkte der einschlägigen Interessengruppen.

Art. 17 Umsetzung. (1) Die Mitgliedstaaten setzen die Rechts- und Verwaltungsvorschriften in Kraft, die erforderlich sind, um dieser Richtlinie spätestens am 21. Dezember 2007 nachzukommen. Sie teilen der Kommission unverzüglich den Wortlaut dieser Rechtsvorschriften mit.

Wenn die Mitgliedstaaten diese Vorschriften erlassen, nehmen sie in den Vorschriften selbst oder durch einen Hinweis bei der amtlichen Veröffentlichung auf diese Richtlinie Bezug. Die Mitgliedstaaten regeln die Einzelheiten der Bezugnahme.

(2) Die Mitgliedstaaten teilen der Kommission den Wortlaut der wichtigsten innerstaatlichen Rechtsvorschriften, die sie auf dem unter diese Richtlinie fallenden Gebiet erlassen, mit.

Art. 18 Inkrafttreten. Diese Richtlinie tritt am Tag ihrer Veröffentlichung im *Amtsblatt der Europäischen Union* in Kraft.

Art. 19 Adressaten. Diese Richtlinie ist an die Mitgliedstaaten gerichtet.

Art. 14 Sanktionen. Die Mitgliedstaaten legen die Sanktionen fest, die bei einem Verstoß gegen die nationalen Vorschriften zur Anwendung dieser Richtlinie zu verhängen sind, und treffen alle geeigneten Maßnahmen, um deren Durchsetzung zu gewährleisten. Die Sanktionen, die auch Schadenersatzleistungen an die Opfer umfassen können, müssen wirksam, verhältnismäßig und abschreckend sein. Die Mitgliedstaaten teilen der Kommission diese Bestimmungen bis spätestens zum 21. Dezember 2007 mit und melden alle sie betreffenden Änderungen unverzüglich.

Art. 15 Unterrichtung. Die Mitgliedstaaten tragen dafür Sorge, dass die gemäß dieser Richtlinie getroffenen Maßnahmen sowie die bereits geltenden einschlägigen Vorschriften allen Betroffenen in geeigneter Form in ihrem gesamten Hoheitsgebiet bekannt gemacht werden.

Art. 16 Berichte. (1) Die Mitgliedstaaten übermitteln der Kommission spätestens am 21. Dezember 2009 und in der Folge alle fünf Jahre sämtliche verfügbaren Informationen über die Anwendung dieser Richtlinie.

Die Kommission erstellt einen zusammenfassenden Bericht, der eine Prüfung der aktuellen Praxis der Mitgliedstaaten im Zusammenhang mit Artikel 5 in Bezug auf die Berücksichtigung des Faktors Geschlecht bei der Berechnung von Prämien und Leistungen enthält. Sie legt diesen Bericht dem Europäischen Parlament und dem Rat spätestens am 21. Dezember 2010 vor. Erforderlichenfalls fügt die Kommission diesem Bericht Vorschläge zur Änderung der Richtlinie bei.

(2) Die Kommission berücksichtigt in ihrem Bericht die Standpunkte der einschlägigen Interessengruppen.

Art. 17 Umsetzung. (1) Die Mitgliedstaaten setzen die Rechts- und Verwaltungsvorschriften in Kraft, die erforderlich sind, um dieser Richtlinie spätestens am 21. Dezember 2007 nachzukommen. Sie teilen der Kommission unverzüglich den Wortlaut dieser Rechtsvorschriften mit.

Wenn die Mitgliedstaaten diese Vorschriften erlassen, nehmen sie in den Vorschriften selbst oder durch einen Hinweis bei der amtlichen Veröffentlichung auf diese Richtlinie Bezug. Die Mitgliedstaaten regeln die Einzelheiten der Bezugnahme.

(2) Die Mitgliedstaaten teilen der Kommission den Wortlaut der wichtigsten innerstaatlichen Rechtsvorschriften mit, die sie auf dem unter diese Richtlinie fallenden Gebiet erlassen.

Art. 18 Inkrafttreten. Diese Richtlinie tritt am Tag ihrer Veröffentlichung im *Amtsblatt der Europäischen Union* in Kraft.

Art. 19 Adressaten. Diese Richtlinie ist an die Mitgliedstaaten gerichtet.

190. Gemeinschaftscharta der Sozialen Grundrechte der Arbeitnehmer[1]

Vom 9. Dezember 1989

(KOM (89) 248 endg.)

DIE STAATS- UND REGIERUNGSCHEFS DER MITGLIEDSTAATEN DER EUROPÄISCHEN GEMEINSCHAFT HABEN AUF IHRER TAGUNG AM ...
IN ...
IN ERWÄGUNG NACHSTEHENDER GRÜNDE:

Die Mitgliedstaaten sind sich nach Artikel 117 des EWG-Vertrags über die Notwendigkeit einig, auf eine Verbesserung der Lebens- und Arbeitsbedingungen der Arbeitnehmer hinzuwirken und dadurch auf dem Wege des Fortschritts ihre Angleichung zu ermöglichen.

Der Europäische Rat in Madrid hat auf der Grundlage der Ergebnisse seiner Tagungen in Hannover und Rhodos die Ansicht vertreten, daß den sozialen Fragen im Zuge der Schaffung des europäischen Binnenmarkts die gleiche Bedeutung wie den wirtschaftlichen Fragen beizumessen ist und sie daher in ausgewogener Weise weiterzuentwickeln sind.

Das Europäische Parlament hat dazu am 15. 3. 1989 und am 14. 9. 1989 Entschließungen verabschiedet, und der Wirtschafts- und Sozialausschuß hat am 22. 2. 1989 eine entsprechende Stellungnahme abgegeben.

Die Verwirklichung des Binnenmarkts ist das wirksamste Mittel zur Schaffung von Arbeitsplätzen und zur Gewährleistung eines Höchstmaßes an Wohlstand in der Gemeinschaft; bei der Verwirklichung des Binnenmarkts ist der Förderung und Schaffung neuer Arbeitsplätze erste Priorität einzuräumen; die Gemeinschaft hat sich den Herausforderungen der Zukunft hinsichtlich der wirtschaftlichen Wettbewerbsfähigkeit insbesondere unter Berücksichtigung der regionalen Ungleichgewichte zu stellen.

Der soziale Konsens trägt zur Stärkung der Wettbewerbsfähigkeit der Unternehmen und der gesamten Wirtschaft sowie zur Schaffung von Arbeitsplätzen bei; daher ist er eine wesentliche Voraussetzung für eine kräftige Wirtschaftsentwicklung.

Die Verwirklichung des Binnenmarkts soll die Angleichung der Lebens- und Arbeitsbedingungen auf dem Wege des Fortschritts fördern und den wirtschaftlichen und sozialen Zusammenhalt der Europäischen Gemeinschaft begünstigen, wobei Wettbewerbsverzerrungen zu vermeiden sind.

Die Verwirklichung des Binnenmarkts soll allen Arbeitnehmern der Europäischen Gemeinschaft Verbesserungen im sozialen Bereich vornehmlich

[1] Quelle: EG-Kommission (Hrsg.), Die Gemeinschaftscharta der sozialen Grundrechte der Arbeitnehmer, in: Stichwort Europa, 6/90.

hinsichtlich der Freizügigkeit, der Lebens- und Arbeitsbedingungen, des Gesundheitsschutzes und der Sicherheit in der Arbeitsumwelt, des sozialen Schutzes sowie der allgemeinen und beruflichen Bildung bringen.

Zur Wahrung der Gleichbehandlung ist gegen Diskriminierungen jeglicher Art, insbesondere aufgrund von Geschlecht, Hautfarbe, Rasse, Meinung oder Glauben, vorzugehen; die soziale Ausgrenzung ist im Geiste der Solidarität zu bekämpfen.

Es ist Sache der Mitgliedstaaten zu gewährleisten, daß Arbeitnehmern aus Drittländern und ihren Familienangehörigen, die sich rechtmäßig in einem Mitgliedstaat der Europäischen Gemeinschaft aufhalten, im Hinblick auf ihre Lebens- und Arbeitsbedingungen eine Behandlung zuteil wird, die derjenigen vergleichbar ist, welche die Arbeitnehmer des betreffenden Mitgliedstaats genießen.

Es erscheint geboten, sich von den Übereinkommen der Internationalen Arbeitsorganisation und der Europäischen Sozialcharta leiten zu lassen.

Der Vertrag in seiner durch die Einheitliche Europäische Akte geänderten Fassung enthält Bestimmungen, die eine Zuständigkeit der Gemeinschaft insbesondere für die Freizügigkeit der Arbeitnehmer (Artikel 7 und 48 bis 51), die Niederlassungsfreiheit (Artikel 52 bis 58), soziale Fragen unter den in den Artikeln 117 bis 122 vorgesehenen Bedingungen – vor allem Verbesserung der Sicherheit und des Gesundheitsschutzes in der Arbeitsumwelt (Artikel 118a), Entwicklung des Dialogs zwischen den Sozialpartnern auf europäischer Ebene (Artikel 118b), gleiches Entgelt für Männer und Frauen bei gleicher Arbeit (Artikel 119) –, die allgemeinen Grundsätze für die Durchführung einer gemeinsamen Berufsbildungspolitik (Artikel 128), den wirtschaftlichen und sozialen Zusammenhalt (Artikel 130a bis 130e) und generell die Angleichung der Rechtsvorschriften (Artikel 100, 100a und 235) begründen. Die Durchführung der Charta darf nicht zu einer Ausweitung der im Vertrag festgelegten Befugnisse der Gemeinschaft führen.

Diese Charta soll zum einen die Fortschritte festschreiben, die im sozialen Bereich durch das Vorgehen der Mitgliedstaaten, der Sozialpartner und der Gemeinschaft bereits erzielt wurden.

Mit ihr soll zum anderen feierlich bekräftigt werden, daß bei der Durchführung der Einheitlichen Akte die soziale Dimension der Gemeinschaft vollauf berücksichtigt ist und die sozialen Rechte der Erwerbstätigen in der Europäischen Gemeinschaft, insbesondere der Arbeitnehmer und der Selbständigen, daher auf den geeigneten Ebenen weiterzuentwickeln sind.

Gemäß den Schlußfolgerungen der Tagung des Europäischen Rates in Madrid muß die Rolle, die die Gemeinschaftsnormen sowie die einzelstaatlichen Rechtsvorschriften und die vertraglichen Beziehungen zu spielen haben, eindeutig festgelegt werden. Aufgrund des Subsidiaritätsprinzips sind für die Schritte zur Verwirklichung dieser sozialen Rechte die Mitgliedstaaten und ihre Gebietskörperschaften und im Rahmen ihrer Befugnisse die Europäische Gemeinschaft zuständig. Diese Umsetzung kann durch Gesetze oder Tarifverträge erfolgen oder sich nach den Gepflogenheiten auf den verschiedenen Ebenen richten; sie erfordert in zahlreichen Bereichen die aktive Beteiligung der Sozialpartner. Die feierliche Verkündung der sozialen Grundrechte in der Europäischen Gemeinschaft darf bei ihrer Verwirklichung keinen Rückschritt in den Mitgliedstaaten gegenüber der derzeitigen Lage bewirken.

DIE FOLGENDE ERKLÄRUNG ANGENOMMEN, DIE DIE „GEMEINSCHAFTSCHARTA DER SOZIALEN GRUNDRECHTE DER ARBEITNEHMER" DARSTELLT:

Titel I. Soziale Grundrechte der Arbeitnehmer

Freizügigkeit

1. Jeder Arbeitnehmer der Europäischen Gemeinschaft hat vorbehaltlich der aus Gründen der öffentlichen Ordnung, Sicherheit und Gesundheit gerechtfertigten Beschränkungen das Recht auf Freizügigkeit im gesamten Gebiet der Gemeinschaft.
2. Das Recht auf Freizügigkeit ermöglicht jedem Arbeitnehmer die Ausübung jedes Berufs oder jeder Beschäftigung in der Gemeinschaft, wobei hinsichtlich des Zugangs zur Beschäftigung, der Arbeitsbedingungen und des sozialen Schutzes des Aufnahmelandes der Grundsatz der Gleichbehandlung gilt.
3. Das Recht auf Freizügigkeit umfaßt ferner
   - die Harmonisierung der Aufenthaltsbedingungen in allen Mitgliedstaaten, insbesondere für die Familienzusammenführung;
   - die Beseitigung von Hindernissen, die sich aus der Nichtanerkennung von Diplomen oder gleichwertigen beruflichen Befähigungsnachweisen ergeben;
   - die Verbesserung der Lebens- und Arbeitsbedingungen der Grenzgänger.

Beschäftigung und Arbeitsentgelt

4. Jeder hat das Recht auf freie Wahl und Ausübung eines Berufs nach den für den jeweiligen Beruf geltenden Vorschriften.
5. Für jede Beschäftigung ist ein gerechtes Entgelt zu zahlen.

   Zu diesem Zweck empfiehlt es sich, daß entsprechend den Gegebenheiten eines jeden Landes
   - den Arbeitnehmern ein gerechtes Arbeitsentgelt garantiert wird, das heißt, ein Arbeitsentgelt, das ausreicht, um ihnen einen angemessenen Lebensstandard zu erlauben;

– die Arbeitnehmer mit einer anderen Arbeitsregelung als dem unbefristeten Vollzeitvertrag ein gerechtes Bezugsentgelt erhalten;
– das Entgelt nur gemäß den einzelstaatlichen Vorschriften einbehalten, gepfändet oder abgetreten werden darf; nach diesen Vorschriften sollten dem Arbeitnehmer die erforderlichen Mittel belassen werden, damit er seinen eigenen Lebensunterhalt und den seiner Familie bestreiten kann.

6. Jeder muß die Dienste der Arbeitsämter unentgeltlich in Anspruch nehmen können.

Verbesserung der Lebens- und Arbeitsbedingungen

7. Die Verwirklichung des Binnenmarktes muß zu einer Verbesserung der Lebens- und Arbeitsbedingungen der Arbeitnehmer in der Europäischen Gemeinschaft führen. Dieser Prozeß erfolgt durch eine Angleichung dieser Bedingungen auf dem Wege des Fortschritts und betrifft namentlich die Arbeitszeit und die Arbeitszeitgestaltung sowie andere Arbeitsformen als das unbefristete Arbeitsverhältnis, wie das befristete Arbeitsverhältnis, Teilzeitarbeit, Leiharbeit und Saisonsarbeit.
Diese Verbesserung muß, soweit nötig, dazu führen, daß bestimmte Bereiche des Arbeitsrechts wie die Verfahren bei Massenentlassungen oder bei Konkursen ausgestaltet werden.

8. Jeder Arbeitnehmer der Europäischen Gemeinschaft hat Anspruch auf die wöchentliche Ruhezeit und auf einen bezahlten Jahresurlaub, deren Dauer gemäß den einzelstaatlichen Gepflogenheiten auf dem Wege des Fortschritts in den einzelnen Staaten einander anzunähern ist.

9. Die Arbeitsbedingungen eines jeden abhängig Beschäftigten der Europäischen Gemeinschaft müssen entsprechend den Gegebenheiten der einzelnen Länder durch das Gesetz, durch einen Tarifvertrag oder in einem Beschäftigungsvertrag geregelt sein.

Sozialer Schutz

10. Entsprechend den Gegebenheiten der einzelnen Länder
– hat jeder Arbeitnehmer der Europäischen Gemeinschaft Anspruch auf einen angemessenen sozialen Schutz und muß unabhängig von seiner Stellung und von der Größe des Unternehmens, in dem er arbeitet, Leistungen der sozialen Sicherheit in ausreichender Höhe erhalten;
– müssen alle, die vom Arbeitsmarkt ausgeschlossen sind, weil sie keinen Zugang dazu fanden oder sich nicht wieder eingliedern konnten, und die nicht über Mittel für ihren Unterhalt verfügen, ausreichende Leistungen empfangen und Zuwendungen beziehen können, die ihrer persönlichen Lage angemessen sind.

Koalitionsfreiheit und Tarifverhandlungen

11. Die Arbeitgeber und Arbeitnehmer in der Europäischen Gemeinschaft haben das Recht, sich zur Bildung beruflicher oder gewerkschaftlicher Vereinigungen ihrer Wahl frei zusammenzuschließen, um ihre wirtschaftlichen und sozialen Interessen zu vertreten.
Jedem Arbeitgeber und jedem Arbeitnehmer steht es frei, diesen Organisationen beizutreten oder nicht, ohne daß ihm daraus ein persönlicher oder beruflicher Nachteil erwachsen darf.

12. Die Arbeitgeber und Arbeitgebervereinigungen einerseits und die Arbeitnehmervereinigungen andererseits haben das Recht, unter den Bedingungen der einzelstaatlichen Rechtsvorschriften und Gepflogenheiten Tarifverträge auszuhandeln und zu schließen.
Der auszubauende europaweite Dialog zwischen den Sozialpartnern kann, falls sie dies als wünschenwert ansehen, zu Vertragsverhältnissen namentlich auf branchenübergreifender und sektorieller Ebene führen.

13. Das Recht, bei Interessenkonflikten Kollektivmaßnahmen zu ergreifen, schließt vorbehaltlich der Verpflichtung aufgrund der einzelstaatlichen Regelungen und der Tarifverträge das Streikrecht ein.
Um die Beilegung von Arbeitsstreitigkeiten zu erleichtern, ist in Übereinstimmung mit den einzelstaatlichen Gepflogenheiten die Einführung und Anwendung von Vermittlungs-, Schlichtungs- und Schiedsverfahren auf geeigneter Ebene zu erleichtern.

14. Die Rechtsordnung der Mitgliedstaaten bestimmt, unter welchen Bedingungen und inwieweit die Rechte gemäß Artikel 11 bis 13 für die Streitkräfte, die Polizei und den öffentlichen Dienst gelten.

Berufsausbildung

15. Jeder Arbeitnehmer in der Europäischen Gemeinschaft muß Zugang zur Berufsausbildung haben und ihn während seines gesamten Erwerbslebens behalten. Die Bedingungen für den Zugang zur Berufsausbildung dürfen nicht aufgrund der Staatsangehörigkeit diskriminieren.
Die zuständigen öffentlichen Gebietskörperschaften, die Unternehmen oder die Sozialpartner müßten in ihrem jeweiligen Zuständigkeitsbereich die Voraussetzungen für eine Fort- und Weiterbildung schaffen, die es jedem ermöglichen, sich insbesondere durch einen Bildungsurlaub umzuschulen, sich weiterzubilden und vor allem im Zuge der technischen Entwicklungen neue Kenntnisse zu erwerben.

Gleichbehandlung von Männern und Frauen

16. Die Gleichbehandlung von Männern und Frauen ist zu gewährleisten. Die Chancengleichheit für Männer und Frauen ist weiter auszubauen. Zu diesem Zweck sind überall dort, wo dies erforderlich ist, die Maßnahmen zu verstärken, mit denen die Verwirklichung der Gleichheit von Männern und Frauen vor allem im Hinblick auf den Zugang zu Beschäftigung, Arbeitsentgelt, Arbeitsbedingungen, sozialen Schutz, allgemeine und berufliche Bildung sowie beruflichen Aufstieg sichergestellt wird.
Auch sind die Maßnahmen auszubauen, die es Männern und Frauen ermöglichen, ihre beruflichen und familiären Pflichten besser miteinander in Einklang zu bringen.

Unterrichtung, Anhörung und Mitwirkung der Arbeitnehmer

17. Unterrichtung, Anhörung und Mitwirkung der Arbeitnehmer müssen in geeigneter Weise unter Berücksichtigung der in den verschiedenen Mitgliedstaaten herrschenden Gepflogenheiten weiterentwickelt werden.
Dies gilt insbesondere für Unternehmen und Unternehmenszusammenschlüsse mit Betriebsstätten bzw. Unternehmen in mehreren Mitgliedstaaten der Europäischen Gemeinschaft.
18. Unterrichtung, Anhörung und Mitwirkung sind rechtzeitig vor allem in folgenden Fällen vorzusehen:
   - bei der Einführung technologischer Veränderungen in den Unternehmen, wenn diese die Arbeitsbedingungen und die Arbeitsorganisation der Arbeitnehmer einschneidend verändern;
   - bei der Umstrukturierung oder Verschmelzung von Unternehmen, wenn dadurch die Beschäftigung der Arbeitnehmer berührt wird;
   - bei Massenentlassungen;
   - im Falle von Arbeitnehmern, insbesondere Grenzgängern, die von den Beschäftigungsmaßnahmen des sie beschäftigenden Unternehmens betroffen sind.

Gesundheitsschutz und Sicherheit in der Arbeitsumwelt

19. Jeder Arbeitnehmer muß in seiner Arbeitsumwelt zufriedenstellende Bedingungen für Gesundheitsschutz und Sicherheit vorfinden. Es sind geeignete Maßnahmen zu ergreifen, um die Harmonisierung der auf diesem Gebiet bestehenden Bedingungen auf dem Wege des Fortschritts weiterzuführen.
Bei den Maßnahmen wird namentlich die Notwendigkeit einer Ausbildung, Unterrichtung, Anhörung und ausgewogenen Mitwirkung der Arbeitnehmer hinsichtlich der Risiken, denen sie unterliegen, und der

Maßnahmen, die zur Beseitigung oder Verringerung dieser Risiken getroffen werden, berücksichtigt.
Die Vorschriften über die Verwirklichung des Binnenmarktes haben zu diesem Schutz beizutragen.

Kinder- und Jugendschutz

20. Unbeschadet günstigerer Vorschriften für Jugendliche, vor allem solcher Vorschriften, die ihre berufliche Eingliederung durch Berufsausbildung gewährleisten und abgesehen von auf bestimmte leichte Arbeiten beschränkten Ausnahmen darf das Mindestalter für den Eintritt in das Arbeitsleben das Alter, in dem die Schulpflicht erlischt, nicht unterschreiten und in keinem Fall unter 15 Jahren liegen.

21. Jeder Jugendliche, der eine Beschäftigung ausübt, muß ein angemessenes Arbeitsentgelt gemäß den einzelstaatlichen Gepflogenheiten erhalten.

22. Es sind die notwendigen Maßnahmen zu ergreifen, um die arbeitsrechtlichen Vorschriften für junge Arbeitnehmer so umzugestalten, daß sie den Erfordernissen ihrer persönlichen Entwicklung und ihrem Bedarf an beruflicher Bildung und an Zugang zur Beschäftigung entsprechen.
Namentlich die Arbeitszeit der Arbeitnehmer unter achtzehn Jahren ist zu begrenzen – ohne daß dieses Gebot durch den Rückgriff auf Überstunden umgangen werden kann – und die Nachtarbeit zu untersagen, wobei für bestimmte durch die einzelstaatlichen Rechtsvorschriften und Regelungen festgelegte berufliche Tätigkeiten Ausnahmen gelten können.

23. Jugendliche müssen nach Ablauf der Schulpflicht die Möglichkeit haben, eine hinreichend lange berufliche Grundausbildung zu erhalten, um sich den Erfordernissen ihres künftigen Erwerbslebens anpassen zu können; für die jungen Arbeitnehmer müßte diese Ausbildung während der Arbeitszeit stattfinden.

Ältere Menschen

Entsprechend den jeweiligen Gegebenheiten der einzelnen Länder

24. muß jeder Arbeitnehmer in der Europäischen Gemeinschaft, wenn er in den Ruhestand geht, über Mittel verfügen können, die ihm einen angemessenen Lebensstandard sichern.

25. muß jeder, der das Rentenalter erreicht hat, aber keinen Rentenanspruch besitzt oder über keine sonstigen ausreichenden Unterhaltsmittel verfügt, ausreichende Zuwendungen, Sozialhilfeleistungen und Sachleistungen bei Krankheit erhalten können, die seinen spezifischen Bedürfnissen angemessen sind.

Behinderte

26. Alle Behinderten müssen unabhängig von der Ursache und Art ihrer Behinderung konkrete ergänzende Maßnahmen, die ihre berufliche und soziale Eingliederung fördern, in Anspruch nehmen können.
Diese Maßnahmen zur Verbesserung der Lebensbedingungen müssen sich je nach den Fähigkeiten der Betreffenden auf berufliche Bildung, Ergonomie, Zugänglichkeit, Mobilität, Verkehrsmittel und Wohnung erstrecken.

Titel II. Anwendung der Charta

27. Für die Gewährleistung der sozialen Grundrechte dieser Charta und die Durchführung der für den reibungslosen Ablauf des Binnenmarktgeschehens notwendigen Sozialmaßnahmen im Rahmen einer Strategie für den wirtschaftlichen und sozialen Zusammenhalt sind die Mitgliedstaaten entsprechend den einzelstaatlichen Gepflogenheiten, insbesondere von Rechtsvorschriften und Tarifverträgen, zuständig.

28. Der Europäische Rat fordert die Kommission auf, so rasch wie möglich die unter ihre Zuständigkeit im Sinne der Verträge fallenden Vorschläge für Rechtsakte vorzulegen, mit denen die in den Zuständigkeitsbereich der Gemeinschaft gehörenden Rechte im Zuge der Verwirklichung des Binnenmarktes effektiv umgesetzt werden.

29. Die Kommission erstellt im letzten Quartal eines jeden Jahres einen Bericht über die Durchführung der Charta seitens der Mitgliedstaaten und der Europäischen Gemeinschaft.

30. Der Bericht der Kommission wird dem Europäischen Rat, dem Europäischen Parlament und dem Wirtschafts- und Sozialausschuß zugeleitet.

195. Richtlinie 2006/54/EG des Europäischen Parlaments und des Rates vom 5. Juli 2006 zur Verwirklichung des Grundsatzes der Chancengleichheit und Gleichbehandlung von Männern und Frauen in Arbeits- und Beschäftigungsfragen[1)]

(ABl. Nr. L 204 S. 23)

DAS EUROPÄISCHE PARLAMENT UND DER RAT DER EUROPÄISCHEN UNION –

gestützt auf den Vertrag zur Gründung der Europäischen Gemeinschaft[2)], insbesondere auf Artikel 141 Absatz 3,

auf Vorschlag der Kommission,

nach Stellungnahme des Europäischen Wirtschafts- und Sozialausschusses[3)],

gemäß dem Verfahren des Artikels 251 des Vertrags[4)],

in Erwägung nachstehender Gründe:

(1) Die Richtlinie 76/207/EWG des Rates vom 9. Februar 1976 zur Verwirklichung des Grundsatzes der Gleichbehandlung von Männern und Frauen hinsichtlich des Zugangs zur Beschäftigung, zur Berufsbildung und zum beruflichen Aufstieg sowie in Bezug auf die Arbeitsbedingungen[5)] und die Richtlinie 86/378/EWG des Rates vom 24. Juli 1986 zur Verwirklichung des Grundsatzes der Gleichbehandlung von Männern und Frauen bei den betrieblichen Systemen der sozialen Sicherheit[6)] wurden erheblich geändert[7)]. Die Richtlinie 75/117/EWG des Rates vom 10. Februar 1975 zur Angleichung der Rechtsvorschriften der Mitgliedstaaten über die Anwendung des Grundsatzes des gleichen Entgelts für Männer und Frauen[8)] und die Richtlinie 97/80/EG des Rates vom 15. Dezember 1997 über die Beweislast bei Diskriminierung aufgrund des Geschlechts[9)] enthalten

---

1) Die Umsetzungsfrist dieser RL läuft am 15. 8. 2008 ab (Art. 33). MWv. 15. 8. 2009 werden mehrere GleichbehandlungsRL aufgehoben (Art. 34); Näheres (incl. Entsprechungstabelle) s. Anlage I und II.

2) Nr. **150**.

3) **Amtl. Anm.:** ABl. C 157 vom 28. 6. 2005, S. 83.

4) **Amtl. Anm.:** Stellungnahme des Europäischen Parlaments vom 6. Juli 2005 (noch nicht im Amtsblatt veröffentlicht), Gemeinsamer Standpunkt des Rates vom 10. März 2006 (*ABl. C 126 E* vom 30. 5. 2006, S. 33) und Standpunkt des Europäischen Parlaments vom 1. Juni 2006 (noch nicht im Amtsblatt veröffentlicht).

5) **Amtl. Anm.:** ABl. L 39 vom 14. 2. 1976, S. 40. Geändert durch die Richtlinie 2002/73/EG des Europäischen Parlaments und des Rates (ABl. L 269 vom 5. 10. 2002, S. 15).

6) **Amtl. Anm.:** ABl. L 225 vom 12. 8. 1986, S. 40. Geändert durch die Richtlinie 96/97/EG (ABl. L 46 vom 17. 2. 1997, S. 20).

7) **Amtl. Anm.:** Siehe Anhang I Teil A.

8) **Amtl. Anm.:** ABl. L 45 vom 19. 2. 1975, S. 19.

9 **Amtl. Anm.:** ABl. L 14 vom 20. 1. 1998, S. 6. Geändert durch die Richtlinie 98/52/EG (ABl. L 205 vom 22. 7. 1998, S. 66).

ebenfalls Bestimmungen, deren Ziel die Verwirklichung des Grundsatzes der Gleichbehandlung von Männern und Frauen ist. Anlässlich neuerlicher Änderungen der genannten Richtlinien empfiehlt sich aus Gründen der Klarheit eine Neufassung sowie die Zusammenfassung der wichtigsten Bestimmungen auf diesem Gebiet mit verschiedenen Entwicklungen aufgrund der Rechtsprechung des Gerichtshofs der Europäischen Gemeinschaften (im Folgenden „Gerichtshof") in einem einzigen Text.

(2) Die Gleichstellung von Männern und Frauen stellt nach Artikel 2 und Artikel 3 Absatz 2 des Vertrags sowie nach der Rechtsprechung des Gerichtshofs ein grundlegendes Prinzip dar. In diesen Vertragsbestimmungen wird die Gleichstellung von Männern und Frauen als Aufgabe und Ziel der Gemeinschaft bezeichnet, und es wird eine positive Verpflichtung begründet, sie bei allen Tätigkeiten der Gemeinschaft zu fördern.

(3) Der Gerichtshof hat festgestellt, dass die Tragweite des Grundsatzes der Gleichbehandlung von Männern und Frauen nicht auf das Verbot der Diskriminierung aufgrund des natürlichen Geschlechts einer Person beschränkt werden kann. Angesichts seiner Zielsetzung und der Art der Rechte, die damit geschützt werden sollen, gilt er auch für Diskriminierungen aufgrund einer Geschlechtsumwandlung.

(4) Artikel 141 Absatz 3 des Vertrags bietet nunmehr eine spezifische Rechtsgrundlage für den Erlass von Gemeinschaftsmaßnahmen zur Sicherstellung des Grundsatzes der Chancengleichheit und der Gleichbehandlung in Arbeits- und Beschäftigungsfragen, einschließlich des gleichen Entgelts für gleiche oder gleichwertige Arbeit.

(5) Die Artikel 21 und 23 der Charta der Grundrechte der Europäischen Union[1)] verbieten ebenfalls jegliche Diskriminierung aufgrund des Geschlechts und verankern das Recht auf Gleichbehandlung von Männern und Frauen in allen Bereichen, einschließlich Beschäftigung, Arbeit und Entgelt.

(6) Die Belästigung einer Person und die sexuelle Belästigung stellen einen Verstoß gegen den Grundsatz der Gleichbehandlung von Männern und Frauen dar und sind somit als Diskriminierung aufgrund des Geschlechts im Sinne dieser Richtlinie anzusehen. Diese Formen der Diskriminierung kommen nicht nur am Arbeitsplatz vor, sondern auch im Zusammenhang mit dem Zugang zur Beschäftigung, zur Berufsbildung und zum beruflichen Aufstieg. Diese Formen der Diskriminierung sollten daher verboten werden, und es sollten wirksame, verhältnismäßige und abschreckende Sanktionen vorgesehen werden.

(7) In diesem Zusammenhang sollten die Arbeitgeber und die für Berufsbildung zuständigen Personen ersucht werden, Maßnahmen zu ergreifen, um im Einklang mit den innerstaatlichen Rechtsvorschriften und Gepflogenheiten gegen alle Formen der Diskriminierung aufgrund

---

1) Nr. **146**.

des Geschlechts vorzugehen und insbesondere präventive Maßnahmen zur Bekämpfung der Belästigung und der sexuellen Belästigung am Arbeitsplatz ebenso wie beim Zugang zur Beschäftigung, zur Berufsbildung und zum beruflichen Aufstieg zu treffen.

(8) Der Grundsatz des gleichen Entgelts für gleiche oder gleichwertige Arbeit, gemäß Artikel 141 des Vertrags, der vom Gerichtshof in ständiger Rechtsprechung bestätigt wurde, ist ein wichtiger Aspekt des Grundsatzes der Gleichbehandlung von Männern und Frauen und ein wesentlicher und unverzichtbarer Bestandteil sowohl des gemeinschaftlichen Besitzstands als auch der Rechtsprechung des Gerichtshofs im Bereich der Diskriminierung aufgrund des Geschlechts. Daher sollten weitere Bestimmungen zu seiner Verwirklichung festgelegt werden.

(9) Um festzustellen, ob Arbeitnehmer eine gleiche oder gleichwertige Arbeit verrichten, sollte gemäß der ständigen Rechtsprechung des Gerichtshofs geprüft werden, ob sich diese Arbeitnehmer in Bezug auf verschiedene Faktoren, zu denen unter anderem die Art der Arbeit und der Ausbildung und die Arbeitsbedingungen gehören, in einer vergleichbaren Lage befinden.

(10) Der Gerichtshof hat festgestellt, dass der Grundsatz des gleichen Entgelts unter bestimmten Umständen nicht nur für Situationen gilt, in denen Männer und Frauen für denselben Arbeitgeber arbeiten.

(11) Die Mitgliedstaaten sollten weiterhin gemeinsam mit den Sozialpartnern dem Problem des anhaltenden geschlechtsspezifischen Lohngefälles und der nach wie vor ausgeprägten Geschlechtertrennung auf dem Arbeitsmarkt beispielsweise durch flexible Arbeitszeitregelungen entgegenwirken, die es sowohl Männern als auch Frauen ermöglichen, Familie und Beruf besser miteinander in Einklang zu bringen. Dies könnte auch angemessene Regelungen für den Elternurlaub, die von beiden Elternteilen in Anspruch genommen werden könnten, sowie die Bereitstellung zugänglicher und erschwinglicher Einrichtungen für die Kinderbetreuung und die Betreuung pflegebedürftiger Personen einschließen.

(12) Es sollten spezifische Maßnahmen erlassen werden, um die Verwirklichung des Grundsatzes der Gleichbehandlung in den betrieblichen Systemen der sozialen Sicherheit zu gewährleisten und seinen Geltungsbereich klarer zu definieren.

(13) Mit seinem Urteil vom 17. Mai 1990 in der Rechtssache C-262/88[1] befand der Gerichtshof, dass alle Formen von Betriebsrenten Bestandteil des Entgelts im Sinne von Artikel 141 des Vertrags[2] sind.

(14) Auch wenn sich der Begriff des Entgelts im Sinne des Artikels 141 des Vertrags[2] nicht auf Sozialversicherungsleistungen erstreckt, steht nunmehr fest, dass ein Rentensystem für Beschäftigte im öffentlichen Dienst unter den Grundsatz des gleichen Entgelts fällt, wenn die aus einem solchen System zu zahlenden Leistungen dem Arbeitnehmer auf-

[1] **Amtl. Anm.:** Rechtssache C-262/88: Barber gegen Guardian Royal Exchange Assurance Group, Slg. 1990, I-1889.
[2] Nr. **150**.

grund seines Beschäftigungsverhältnisses mit dem öffentlichen Arbeitgeber gezahlt werden, ungeachtet der Tatsache, dass ein solches System Teil eines allgemeinen, durch Gesetz geregelten Systems ist. Nach den Urteilen des Gerichtshofs vom 28. August 1984 in der Rechtssache C-7/93[1] und vom 12. August in der Rechtssache C-351/00[2] ist diese Bedingung erfüllt, wenn das Rentensystem eine bestimmte Gruppe von Arbeitnehmern betrifft und die Leistungen unmittelbar von der abgeleisteten Dienstzeit abhängig sind und ihre Höhe aufgrund der letzten Bezüge des Beamten berechnet wird. Um der Klarheit willen ist es daher angebracht, entsprechende spezifische Bestimmungen zu erlassen.

(15) Der Gerichtshof hat bestätigt, dass, auch wenn die Beiträge männlicher und weiblicher Arbeitnehmer zu einem Rentensystem mit Leistungszusage unter Artikel 141 des Vertrags fallen, Ungleichheiten bei den im Rahmen von durch Kapitalansammlung finanzierten Systemen mit Leistungszusage gezahlten Arbeitgeberbeiträgen, die sich aus der Verwendung je nach Geschlecht unterschiedlicher versicherungsmathematischer Faktoren ergeben, nicht im Lichte dieser Bestimmung beurteilt werden können.

(16) Beispielsweise ist bei durch Kapitalansammlung finanzierten Systemen mit Leistungszusage hinsichtlich einiger Punkte, wie der Umwandlung eines Teils der regelmäßigen Rentenzahlungen in Kapital, der Übertragung der Rentenansprüche, der Hinterbliebenenrente, die an einen Anspruchsberechtigten auszuzahlen ist, der im Gegenzug auf einen Teil der jährlichen Rentenbezüge verzichtet oder einer gekürzten Rente, wenn der Arbeitnehmer sich für den vorgezogenen Ruhestand entscheidet, eine Ungleichbehandlung gestattet, wenn die Ungleichheit der Beträge darauf zurückzuführen ist, dass bei der Durchführung der Finanzierung des Systems je nach Geschlecht unterschiedliche versicherungstechnische Berechnungsfaktoren angewendet worden sind.

(17) Es steht fest, dass Leistungen, die aufgrund eines betrieblichen Systems der sozialen Sicherheit zu zahlen sind, nicht als Entgelt gelten, insofern sie auf Beschäftigungszeiten vor dem 17. Mai 1990 zurückgeführt werden können, außer im Fall von Arbeitnehmern oder ihren anspruchsberechtigten Angehörigen, die vor diesem Zeitpunkt eine Klage bei Gericht oder ein gleichwertiges Verfahren nach geltendem einzelstaatlichen Recht angestrengt haben. Es ist daher notwendig, die Anwendung des Grundsatzes der Gleichbehandlung entsprechend einzuschränken.

(18) Nach der ständigen Rechtsprechung des Gerichtshofs hat das Barber-Protokoll[3] keine Auswirkung auf den Anspruch auf Anschluss an ein Betriebsrentensystem, und die zeitliche Beschränkung der Wir-

---

[1] **Amtl. Anm.:** Rechtssache C-7/93: Bestuur van het Algemeen Burgerlijk Pensioensfonds gegen G. A. Beune, Slg. 1994, I-4471.

[2] ***Amtl. Anm.:*** *Rechtssache* C-351/00: Pirkko Niemi, Slg. 2002, I-7007.

[3] **Amtl. Anm.:** Protokoll Nr. 17 zu Artikel 141 des Vertrags zur Gründung der Europäischen Gemeinschaft (1992).

kungen des Urteils in der Rechtssache C-262/88 gilt nicht für den Anspruch auf Anschluss an ein Betriebsrentensystem. Der Gerichtshof hat auch für Recht erkannt, dass Arbeitnehmern, die ihren Anspruch auf Anschluss an ein Betriebsrentensystem geltend machen, die einzelstaatlichen Vorschriften über die Fristen für die Rechtsverfolgung entgegengehalten werden können, sofern sie für derartige Klagen nicht ungünstiger sind als für gleichartige Klagen, die das innerstaatliche Recht betreffen, und sofern sie die Ausübung der durch das Gemeinschaftsrecht gewährten Rechte nicht praktisch unmöglich machen. Der Gerichtshof hat zudem dargelegt, dass ein Arbeitnehmer, der Anspruch auf den rückwirkenden Anschluss an ein Betriebsrentensystem hat, sich der Zahlung der Beiträge für den betreffenden Anschlusszeitraum nicht entziehen kann.

(19) Die Sicherstellung des gleichen Zugangs zur Beschäftigung und zur entsprechenden Berufsbildung ist grundlegend für die Anwendung des Grundsatzes der Gleichbehandlung von Männern und Frauen in Arbeitsund Beschäftigungsfragen. Jede Einschränkung dieses Grundsatzes sollte daher auf diejenigen beruflichen Tätigkeiten beschränkt bleiben, die aufgrund ihrer Art oder der Bedingungen ihrer Ausübung die Beschäftigung einer Person eines bestimmten Geschlechts erfordern, sofern damit ein legitimes Ziel verfolgt und dem Grundsatz der Verhältnismäßigkeit entsprochen wird.

(20) Diese Richtlinie berührt nicht die Vereinigungsfreiheit, einschließlich des Rechts jeder Person, zum Schutz ihrer Interessen Gewerkschaften zu gründen und Gewerkschaften beizutreten. Maßnahmen im Sinne von Artikel 141 Absatz 4 des Vertrags können die Mitgliedschaft in oder die Fortsetzung der Tätigkeit von Organisationen oder Gewerkschaften einschließen, deren Hauptziel es ist, dem Grundsatz der Gleichbehandlung von Männern und Frauen in der Praxis Geltung zu verschaffen.

(21) Das Diskriminierungsverbot sollte nicht der Beibehaltung oder dem Erlass von Maßnahmen entgegenstehen, mit denen bezweckt wird, Benachteiligungen von Personen eines Geschlechts zu verhindern oder auszugleichen. Diese Maßnahmen lassen die Einrichtung und Beibehaltung von Organisationen von Personen desselben Geschlechts zu, wenn deren Hauptzweck darin besteht, die besonderen Bedürfnisse dieser Personen zu berücksichtigen und die Gleichstellung von Männern und Frauen zu fördern.

(22) In Übereinstimmung mit Artikel 141 Absatz 4 des Vertrags hindert der Grundsatz der Gleichbehandlung die Mitgliedstaaten im Hinblick auf die effektive Gewährleistung der vollen Gleichstellung von Männern und Frauen im Arbeitsleben nicht daran, zur Erleichterung der Berufstätigkeit des unterrepräsentierten Geschlechts oder zur Verhinderung bzw. zum Ausgleich von Benachteiligungen in der beruflichen Laufbahn spezifische Vergünstigungen beizubehalten oder zu beschließen. Angesichts der derzeitigen Lage und in Kenntnis der Erklärung Nr. 28 zum Vertrag von Amsterdam sollten die Mitgliedstaaten

in erster Linie darauf hinwirken, die Lage der Frauen im Arbeitsleben zu verbessern.

(23) Aus der Rechtsprechung des Gerichtshofs ergibt sich klar, dass die Schlechterstellung einer Frau im Zusammenhang mit Schwangerschaft oder Mutterschaft eine unmittelbare Diskriminierung aufgrund des Geschlechts darstellt. Eine solche Behandlung sollte daher von der vorliegenden Richtlinie ausdrücklich erfasst werden.

(24) Der Gerichtshof hat in ständiger Rechtsprechung anerkannt, dass der Schutz der körperlichen Verfassung der Frau während und nach einer Schwangerschaft sowie Maßnahmen zum Mutterschutz legitime Mittel zur Erreichung einer nennenswerten Gleichstellung sind. Diese Richtlinie sollte somit die Richtlinie 92/85/EWG des Rates vom 19. Oktober 1992 über die Durchführung von Maßnahmen zur Verbesserung der Sicherheit und des Gesundheitsschutzes von schwangeren Arbeitnehmerinnen, Wöchnerinnen und stillenden Arbeitnehmerinnen am Arbeitsplatz[1] unberührt lassen. Sie sollte ferner die Richtlinie 96/34/EG des Rates vom 3. Juni 1996 zu der von UNICE, CEEP und EGB geschlossenen Rahmenvereinbarung über Elternurlaub[2] unberührt lassen.

(25) Aus Gründen der Klarheit ist es außerdem angebracht, ausdrücklich Bestimmungen zum Schutz der Rechte der Frauen im Bereich der Beschäftigung im Falle des Mutterschaftsurlaubs aufzunehmen, insbesondere den Anspruch auf Rückkehr an ihren früheren Arbeitsplatz oder einen gleichwertigen Arbeitsplatz ohne Verschlechterung der Arbeitsbedingungen aufgrund dieses Mutterschaftsurlaubs sowie darauf, dass ihnen auch alle Verbesserungen der Arbeitsbedingungen zugute kommen, auf die sie während ihrer Abwesenheit Anspruch gehabt hätten.

(26) In der Entschließung des Rates und der im Rat vereinigten Minister für Beschäftigung und Sozialpolitik vom 29. Juni 2000 über eine ausgewogene Teilhabe von Frauen und Männern am Berufs- und Familienleben[3] wurden die Mitgliedstaaten ermutigt, die Möglichkeit zu prüfen, in ihren jeweiligen Rechtsordnungen männlichen Arbeitnehmern unter Wahrung ihrer bestehenden arbeitsbezogenen Rechte ein individuelles, nicht übertragbares Recht auf Vaterschaftsurlaub zuzuerkennen.

(27) Ähnliche Bedingungen gelten für die Zuerkennung – durch die Mitgliedstaaten – eines individuellen, nicht übertragbaren Rechts auf Urlaub nach Adoption eines Kindes an Männer und Frauen. Es ist Sache der Mitgliedstaaten zu entscheiden, ob sie ein solches Recht auf Vaterschaftsurlaub und/oder Adoptionsurlaub zuerkennen oder nicht, sowie alle außerhalb des Geltungsbereichs dieser Richtlinie liegenden

---

[1] **Amtl. Anm.:** ABl. L 348 vom 28. 11. 1992, S. 1.

[2] **Amtl. Anm.:** *ABl. L 145* vom 19. 6. 1996, S. 4. Geändert durch die Richtlinie 97/75/EG (ABl. L 10 vom 16. 1. 1998, S. 24).

[3] **Amtl. Anm.:** ABl. C 218 vom 31. 7. 2000, S. 5.

Bedingungen, mit Ausnahme derjenigen, die die Entlassung und die Rückkehr an den Arbeitsplatz betreffen, festzulegen.

(28) Die wirksame Anwendung des Grundsatzes der Gleichbehandlung erfordert die Schaffung angemessener Verfahren durch die Mitgliedstaaten.

(29) Die Schaffung angemessener rechtlicher und administrativer Verfahren zur Durchsetzung der Verpflichtungen aufgrund der vorliegenden Richtlinie ist wesentlich für die tatsächliche Verwirklichung des Grundsatzes der Gleichbehandlung.

(30) Der Erlass von Bestimmungen zur Beweislast ist wesentlich, um sicherzustellen, dass der Grundsatz der Gleichbehandlung wirksam durchgesetzt werden kann. Wie der Gerichtshof entschieden hat, sollten daher Bestimmungen vorgesehen werden, die sicherstellen, dass die Beweislast – außer im Zusammenhang mit Verfahren, in denen die Ermittlung des Sachverhalts dem Gericht oder der zuständigen nationalen Stelle obliegt – auf die beklagte Partei verlagert wird, wenn der Anschein einer Diskriminierung besteht. Es ist jedoch klarzustellen, dass die Bewertung der Tatsachen, die das Vorliegen einer unmittelbaren oder mittelbaren Diskriminierung vermuten lassen, weiterhin der einschlägigen einzelstaatlichen Stelle im Einklang mit den innerstaatlichen Rechtsvorschriften oder Gepflogenheiten obliegt. Außerdem bleibt es den Mitgliedstaaten überlassen, auf jeder Stufe des Verfahrens eine für die klagende Partei günstigere Beweislastregelung vorzusehen.

(31) Um den durch diese Richtlinie gewährleisteten Schutz weiter zu verbessern, sollte auch die Möglichkeit bestehen, dass sich Verbände, Organisationen und andere juristische Personen unbeschadet der nationalen Verfahrensregeln bezüglich der Vertretung und Verteidigung bei einem entsprechenden Beschluss der Mitgliedstaaten im Namen der beschwerten Person oder zu deren Unterstützung an einem Verfahren beteiligen.

(32) In Anbetracht des grundlegenden Charakters des Anspruchs auf einen effektiven Rechtsschutz ist es angebracht, dass Arbeitnehmer diesen Schutz selbst noch nach Beendigung des Verhältnisses genießen, aus dem sich der behauptete Verstoß gegen den Grundsatz der Gleichbehandlung ergibt. Ein Arbeitnehmer, der eine Person, die nach dieser Richtlinie Schutz genießt, verteidigt oder für sie als Zeuge aussagt, sollte den gleichen Schutz genießen.

(33) Der Gerichtshof hat eindeutig festgestellt, dass der Gleichbehandlungsgrundsatz nur dann als tatsächlich verwirklicht angesehen werden kann, wenn bei allen Verstößen eine dem erlittenen Schaden angemessene Entschädigung zuerkannt wird. Es ist daher angebracht, die Vorabfestlegung irgendeiner Höchstgrenze für eine solche Entschädigung auszuschließen, außer in den Fällen, in denen der Arbeitgeber nachweisen kann, dass der einem Bewerber infolge einer Diskriminierung im Sinne dieser Richtlinie entstandene Schaden allein darin besteht, dass die Berücksichtigung seiner Bewerbung verweigert wurde.

(34) Um die wirksame Umsetzung des Grundsatzes der Gleichbehandlung zu verstärken, sollten die Mitgliedstaaten den Dialog zwischen den Sozialpartnern und – im Rahmen der einzelstaatlichen Praxis – mit den Nichtregierungsorganisationen fördern.

(35) Die Mitgliedstaaten sollten wirksame, verhältnismäßige und abschreckende Sanktionen festlegen, die bei einer Verletzung der aus dieser Richtlinie erwachsenden Verpflichtungen zu verhängen sind.

(36) Da die Ziele dieser Richtlinie auf Ebene der Mitgliedstaaten nicht ausreichend verwirklicht werden können und daher besser auf Gemeinschaftsebene zu erreichen sind, kann die Gemeinschaft im Einklang mit dem in Artikel 5 des Vertrags niedergelegten Subsidiaritätsprinzip tätig werden. Entsprechend dem in demselben Artikel genannten Grundsatz der Verhältnismäßigkeit geht diese Richtlinie nicht über das zur Erreichung dieser Ziele erforderliche Maß hinaus.

(37) Zum besseren Verständnis der Ursachen der unterschiedlichen Behandlung von Männern und Frauen in Arbeits- und Beschäftigungsfragen sollten vergleichbare, nach Geschlechtern aufgeschlüsselte Statistiken weiterhin erstellt, ausgewertet und auf den geeigneten Ebenen zur Verfügung gestellt werden.

(38) Die Gleichbehandlung von Männern und Frauen in Arbeits- und Beschäftigungsfragen kann sich nicht auf gesetzgeberische Maßnahmen beschränken. Die Europäische Union und die Mitgliedstaaten sind vielmehr aufgefordert, den Prozess der Bewusstseinsbildung für das Problem der Lohndiskriminierung und ein Umdenken verstärkt zu fördern und dabei alle betroffenen Kräfte auf öffentlicher wie privater Ebene so weit wie möglich einzubinden. Dabei kann der Dialog zwischen den Sozialpartnern einen wichtigen Beitrag leisten.

(39) Die Verpflichtung zur Umsetzung dieser Richtlinie in nationales Recht sollte auf diejenigen Bestimmungen beschränkt werden, die eine inhaltliche Veränderung gegenüber den früheren Richtlinien darstellen. Die Verpflichtung zur Umsetzung derjenigen Bestimmungen, die inhaltlich unverändert bleiben, ergibt sich aus den früheren Richtlinien.

(40) Diese Richtlinie sollte unbeschadet der Verpflichtungen der Mitgliedstaaten in Bezug auf die Fristen zur Umsetzung der in Anhang I Teil B aufgeführten Richtlinien in einzelstaatliches Recht und zu ihrer Anwendung gelten.

(41) Entsprechend Nummer 34 der Interinstitutionellen Vereinbarung über bessere Rechtsetzung[1] sollten die Mitgliedstaaten für ihre eigenen Zwecke und im Interesse der Gemeinschaft eigene Tabellen aufstellen, denen im Rahmen des Möglichen die Entsprechungen zwischen dieser Richtlinie und den Umsetzungsmaßnahmen zu entnehmen sind, und diese veröffentlichen –

HABEN FOLGENDE RICHTLINIE ERLASSEN:

[1] **Amtl. Anm.:** ABl. C 321 vom 1. 12. 2003, S. 1.

Titel I. Allgemeine Bestimmungen

Art. 1 Gegenstand. Ziel der vorliegenden Richtlinie ist es, die Verwirklichung des Grundsatzes der Chancengleichheit und Gleichbehandlung von Männern und Frauen in Arbeits- und Beschäftigungsfragen sicherzustellen.

Zu diesem Zweck enthält sie Bestimmungen zur Verwirklichung des Grundsatzes der Gleichbehandlung in Bezug auf

a) den Zugang zur Beschäftigung einschließlich des beruflichen Aufstiegs und zur Berufsbildung,

b) Arbeitsbedingungen einschließlich des Entgelts,

c) betriebliche Systeme der sozialen Sicherheit.

Weiter enthält sie Bestimmungen, mit denen sichergestellt werden soll, dass die Verwirklichung durch die Schaffung angemessener Verfahren wirksamer gestaltet wird.

Art. 2 Begriffsbestimmungen. (1) Im Sinne dieser Richtlinie bezeichnet der Ausdruck

a) „unmittelbare Diskriminierung" eine Situation, in der eine Person aufgrund ihres Geschlechts eine weniger günstige Behandlung erfährt, als eine andere Person in einer vergleichbaren Situation erfährt, erfahren hat oder erfahren würde;

b) „mittelbare Diskriminierung" eine Situation, in der dem Anschein nach neutrale Vorschriften, Kriterien oder Verfahren Personen des einen Geschlechts in besonderer Weise gegenüber Personen des anderen Geschlechts benachteiligen können, es sei denn, die betreffenden Vorschriften, Kriterien oder Verfahren sind durch ein rechtmäßiges Ziel sachlich gerechtfertigt und die Mittel sind zur Erreichung dieses Ziels angemessen und erforderlich;

c) „Belästigung" unerwünschte auf das Geschlecht einer Person bezogene Verhaltensweisen, die bezwecken oder bewirken, dass die Würde der betreffenden Person verletzt und ein von Einschüchterungen, Anfeindungen, Erniedrigungen, Entwürdigungen oder Beleidigungen gekennzeichnetes Umfeld geschaffen wird;

d) „sexuelle Belästigung" jede Form von unerwünschtem Verhalten sexueller Natur, das sich in unerwünschter verbaler, nicht-verbaler oder physischer Form äußert und das bezweckt oder bewirkt, dass die Würde der betreffenden Person verletzt wird, insbesondere wenn ein von Einschüchterungen, Anfeindungen, Erniedrigungen, Entwürdigungen und Beleidigungen gekennzeichnetes Umfeld geschaffen wird;

e) „Entgelt" die üblichen Grund- oder Mindestlöhne und -gehälter sowie alle sonstigen Vergütungen, die der Arbeitgeber aufgrund des Dienstverhältnisses dem Arbeitnehmer mittelbar oder unmittelbar als Geld- oder Sachleistung zahlt;

f) „betriebliche Systeme der sozialen Sicherheit" Systeme, die nicht durch die Richtlinie 79/7/EWG[1] des Rates vom 19. Dezember 1978 zur schrittweisen Verwirklichung des Grundsatzes der Gleichbehandlung von Männern und Frauen im Bereich der sozialen Sicherheit[2] geregelt werden und deren Zweck darin besteht, den abhängig Beschäftigten und den Selbständigen in einem Unternehmen oder einer Unternehmensgruppe, in einem Wirtschaftszweig oder den Angehörigen eines Berufes oder einer Berufsgruppe Leistungen zu gewähren, die als Zusatzleistungen oder Ersatzleistungen die gesetzlichen Systeme der sozialen Sicherheit ergänzen oder an ihre Stelle treten, unabhängig davon, ob der Beitritt zu diesen Systemen Pflicht ist oder nicht.

(2) Im Sinne dieser Richtlinie gelten als Diskriminierung

a) Belästigung und sexuelle Belästigung sowie jede nachteilige Behandlung aufgrund der Zurückweisung oder Duldung solcher Verhaltensweisen durch die betreffende Person;

b) die Anweisung zur Diskriminierung einer Person aufgrund des Geschlechts;

c) jegliche ungünstigere Behandlung einer Frau im Zusammenhang mit Schwangerschaft oder Mutterschaftsurlaub im Sinne der Richtlinie 92/85/ EWG.

Art. 3 Positive Maßnahmen. Die Mitgliedstaaten können im Hinblick auf die Gewährleistung der vollen Gleichstellung von Männern und Frauen im Arbeitsleben Maßnahmen im Sinne von Artikel 141 Absatz 4 des Vertrags beibehalten oder beschließen.

Titel II. Besondere Bestimmungen

Kapitel 1. Gleiches Entgelt

Art. 4 Diskriminierungsverbot. Bei gleicher Arbeit oder bei einer Arbeit, die als gleichwertig anerkannt wird, wird mittelbare und unmittelbare Diskriminierung aufgrund des Geschlechts in Bezug auf sämtliche Entgeltbestandteile und -bedingungen beseitigt.

Insbesondere wenn zur Festlegung des Entgelts ein System beruflicher Einstufung verwendet wird, muss dieses System auf für männliche und weibliche Arbeitnehmer gemeinsamen Kriterien beruhen und so beschaffen sein, dass Diskriminierungen aufgrund des Geschlechts ausgeschlossen werden.

Kapitel 2. Gleichbehandlung in betrieblichen Systemen der sozialen Sicherheit

Art. 5 Diskriminierungsverbot. Unbeschadet des Artikels 4 darf es in betrieblichen Systemen der sozialen Sicherheit keine unmittelbare

[1] Nr. **187 b**.
[2] **Amtl. Anm.:** ABl. L 6 vom 10. 1. 1979, S. 24.

oder mittelbare Diskriminierung aufgrund des Geschlechts geben, insbesondere hinsichtlich

a) des Anwendungsbereichs solcher Systeme und die Bedingungen für den Zugang zu ihnen,

b) der Beitragspflicht und der Berechnung der Beiträge,

c) der Berechnung der Leistungen, einschließlich der Zuschläge für den Ehegatten und für unterhaltsberechtigte Personen, sowie der Bedingungen betreffend die Geltungsdauer und die Aufrecherhaltung des Leistungsanspruchs.

Art. 6 Persönlicher Anwendungsbereich. Dieses Kapitel findet entsprechend den einzelstaatlichen Rechtsvorschriften und/oder Gepflogenheiten Anwendung auf die Erwerbsbevölkerung einschließlich der Selbständigen, der Arbeitnehmer, deren Erwerbstätigkeit durch Krankheit, Mutterschaft, Unfall oder unverschuldete Arbeitslosigkeit unterbrochen ist, und der Arbeitssuchenden sowie auf die sich im Ruhestand befindlichen oder arbeitsunfähigen Arbeitnehmer und auf ihre anspruchsberechtigten Angehörigen.

Art. 7 Sachlicher Anwendungsbereich. (1) Dieses Kapitel findet Anwendung

a) auf betriebliche Systeme der sozialen Sicherheit, die Schutz gegen folgende Risiken bieten:

   i) Krankheit,

   ii) Invalidität,

   iii) Alter, einschließlich vorzeitige Versetzung in den Ruhestand,

   iv) Arbeitsunfall und Berufskrankheit,

   v) Arbeitslosigkeit;

b) auf betriebliche Systeme der sozialen Sicherheit, die sonstige Sozialleistungen in Form von Geld- oder Sachleistungen vorsehen, insbesondere Leistungen an Hinterbliebene und Familienleistungen, wenn diese Leistungen als vom Arbeitgeber aufgrund des Beschäftigungsverhältnisses an den Arbeitnehmer gezahlte Vergütungen gelten.

(2) Dieses Kapitel findet auch Anwendung auf Rentensysteme für eine besondere Gruppe von Arbeitnehmern wie beispielsweise Beamte, wenn die aus dem System zu zahlenden Leistungen aufgrund des Beschäftigungsverhältnisses mit dem öffentlichen Arbeitgeber gezahlt *werden. Die Tatsache,* dass ein solches System Teil eines allgemeinen durch Gesetz geregelten Systems ist, steht dem nicht entgegen.

Art. 8 Ausnahmen vom sachlichen Anwendungsbereich. (1) Dieses Kapitel gilt nicht

a) für Einzelverträge Selbständiger,

b) für Systeme Selbständiger mit nur einem Mitglied,

c) im Fall von abhängig Beschäftigten für Versicherungsverträge, bei denen der Arbeitgeber nicht Vertragspartei ist,

d) für fakultative Bestimmungen betrieblicher Systeme der sozialen Sicherheit, die einzelnen Mitgliedern eingeräumt werden, um ihnen

   i) entweder zusätzliche Leistungen

   ii) oder die Wahl des Zeitpunkts, zu dem die regulären Leistungen für Selbständige einsetzen, oder die Wahl zwischen mehreren Leistungen zu garantieren,

e) für betriebliche Systeme der sozialen Sicherheit, sofern die Leistungen durch freiwillige Beiträge der Arbeitnehmer finanziert werden.

(2) Diesem Kapitel steht nicht entgegen, dass ein Arbeitgeber Personen, welche die Altersgrenze für die Gewährung einer Rente aus einem betrieblichen System der sozialen Sicherheit, jedoch noch nicht die Altersgrenze für die Gewährung einer gesetzlichen Rente erreicht haben, eine Zusatzrente gewährt, damit der Betrag der gesamten Leistungen dem Betrag entspricht oder nahe kommt, der Personen des anderen Geschlechts in derselben Lage, die bereits das gesetzliche Rentenalter erreicht haben, gewährt wird, bis die Bezieher der Zusatzrente das gesetzliche Rentenalter erreicht haben.

Art. 9 Beispiele für Diskriminierung. (1) Dem Grundsatz der Gleichbehandlung entgegenstehende Bestimmungen sind solche, die sich unmittelbar oder mittelbar auf das Geschlecht stützen und Folgendes bewirken:

a) Festlegung der Personen, die zur Mitgliedschaft in einem betrieblichen System der sozialen Sicherheit zugelassen sind;

b) Regelung der Zwangsmitgliedschaft oder der freiwilligen Mitgliedschaft in einem betrieblichen System der sozialen Sicherheit;

c) unterschiedliche Regeln für das Beitrittsalter zum System oder für die Mindestdauer der Beschäftigung oder Zugehörigkeit zum System, die einen Leistungsanspruch begründen;

d) Festlegung – außer in den unter den Buchstaben h und j genannten Fällen – unterschiedlicher Regeln für die Erstattung der Beiträge, wenn der Arbeitnehmer aus dem System ausscheidet, ohne die Bedingungen erfüllt zu haben, die ihm einen aufgeschobenen Anspruch auf die langfristigen Leistungen garantieren;

e) Festlegung unterschiedlicher Bedingungen für die Gewährung der Leistungen oder die Beschränkung dieser Leistungen auf eines der beiden Geschlechter;

f) Festsetzung unterschiedlicher Altersgrenzen für den Eintritt in den Ruhestand;

g) Unterbrechung der Aufrechterhaltung oder des Erwerbs von Ansprüchen während eines gesetzlich oder tarifvertraglich festgelegten Mutterschaftsurlaubs oder Urlaubs aus familiären Gründen, der vom Arbeitgeber bezahlt wird;

h) Gewährung unterschiedlicher Leistungsniveaus, es sei denn, dass dies notwendig ist, um versicherungstechnischen Berechnungsfaktoren Rechnung zu tragen, die im Fall von Festbeitragssystemen je nach Geschlecht unterschiedlich sind; bei durch Kapitalansammlung finanzierten Festleistungssystemen ist hinsichtlich einiger Punkte eine Ungleichbehandlung gestattet, wenn die Ungleichheit der Beträge darauf zurückzuführen ist, dass bei der Durchführung der Finanzierung des Systems je nach Geschlecht unterschiedliche versicherungstechnische Berechnungsfaktoren angewendet worden sind;

i) Festlegung unterschiedlicher Höhen für die Beiträge der Arbeitnehmer;

j) Festlegung unterschiedlicher Höhen für die Beiträge der Arbeitgeber, außer

   i) im Fall von Festbeitragssystemen, sofern beabsichtigt wird, die Höhe der auf diesen Beiträgen beruhenden Rentenleistungen für Männer und Frauen auszugleichen oder anzunähern;

   ii) im Fall von durch Kapitalansammlung finanzierten Festleistungssystemen, sofern die Arbeitgeberbeiträge dazu bestimmt sind, die zur Deckung der Aufwendungen für die zugesagten Leistungen unerlässliche Finanzierungsgrundlage zu ergänzen;

k) Festlegung unterschiedlicher oder nur für Arbeitnehmer eines der Geschlechter geltender Regelungen – außer in den unter den Buchstaben h und j vorgesehenen Fällen – hinsichtlich der Garantie oder der Aufrechterhaltung des Anspruchs auf spätere Leistungen, wenn der Arbeitnehmer aus dem System ausscheidet.

(2) Steht die Gewährung von unter dieses Kapitel fallenden Leistungen im Ermessen der für das System zuständigen Verwaltungsstellen, so beachten diese den Grundsatz der Gleichbehandlung.

Art. 10 Durchführung in Bezug auf Selbständige. (1) Die Mitgliedstaaten treffen die notwendigen Maßnahmen, um sicherzustellen, dass Bestimmungen betrieblicher Systeme der sozialen Sicherheit selbständig Erwerbstätiger, die dem Grundsatz der Gleichbehandlung entgegenstehen, spätestens mit Wirkung vom 1. Januar 1993 oder – für Mitgliedstaaten, die nach diesem Datum beigetreten sind – ab dem Datum, zu dem die Richtlinie 86/378/EG in ihrem Hoheitsgebiet anwendbar wurde, geändert werden.

(2) Dieses Kapitel steht dem nicht entgegen, dass für die Rechte und Pflichten, die sich aus einer vor dem Zeitpunkt der Änderung eines betrieblichen Systems der sozialen Sicherheit Selbständiger liegenden Zeit der Mitgliedschaft in dem betreffenden System ergeben, weiterhin die Bestimmungen des Systems gelten, die während dieses Versicherungszeitraums galten.

Art. 11 Möglichkeit des Aufschubs in Bezug auf Selbständige. Was die betrieblichen Systeme der sozialen Sicherheit Selbständiger betrifft, können die Mitgliedstaaten die obligatorische Anwendung des Grundsatzes der Gleichbehandlung aufschieben

a) für die Festsetzung des Rentenalters für die Gewährung von Altersrenten oder Ruhestandsrenten sowie die Folgen, die sich daraus für andere Leistungen ergeben können, und zwar
   i) entweder bis zu dem Zeitpunkt, zu dem diese Gleichbehandlung in den gesetzlichen Systemen verwirklicht ist,
   ii) oder längstens bis zu dem Zeitpunkt, zu dem eine Richtlinie diese Gleichbehandlung vorschreibt;
b) für Hinterbliebenenrenten bis zu dem Zeitpunkt, zu dem für diese der Grundsatz der Gleichbehandlung in den gesetzlichen Systemen der sozialen Sicherheit durch das Gemeinschaftsrecht vorgeschrieben ist;
c) für die Anwendung des Artikels 9 Absatz 1 Buchstabe i in Bezug auf die Anwendung von versicherungstechnischen Berechnungsfaktoren bis zum 1. Januar 1999 oder – für Mitgliedstaaten, die nach diesem Datum beigetreten sind – bis zu dem Datum, zu dem die Richtlinie 86/378/EG in ihrem Hoheitsgebiet anwendbar wurde.

Art. 12 Rückwirkung. (1) Jede Maßnahme zur Umsetzung dieses Kapitels in Bezug auf die Arbeitnehmer deckt alle Leistungen der betrieblichen Systeme der sozialen Sicherheit ab, die für Beschäftigungszeiten nach dem 17. Mai 1990 gewährt werden, und gilt rückwirkend bis zu diesem Datum, außer im Fall von Arbeitnehmern oder ihren anspruchsberechtigten Angehörigen, die vor diesem Zeitpunkt Klage bei Gericht oder ein gleichwertiges Verfahren nach dem geltenden einzelstaatlichen Recht angestrengt haben. In diesem Fall werden die Umsetzungsmaßnahmen rückwirkend bis zum 8. April 1976 angewandt und decken alle Leistungen ab, die für Beschäftigungszeiten nach diesem Zeitpunkt gewährt werden. Für Mitgliedstaaten, die der Gemeinschaft nach dem 8. April 1976 und vor dem 17. Mai 1990 beigetreten sind, gilt anstelle dieses Datums das Datum, an dem Artikel 141 des Vertrags auf ihrem Hoheitsgebiet anwendbar wurde.

(2) Absatz 1 Satz 2 steht dem nicht entgegen, dass den Arbeitnehmern oder ihren Anspruchsberechtigten, die vor dem 17. Mai 1990 Klage erhoben haben, einzelstaatliche Vorschriften über die Fristen für die Rechtsverfolgung nach innerstaatlichem Recht entgegengehalten werden können, sofern sie für derartige Klagen nicht ungünstiger sind als für gleichartige Klagen, die das innerstaatliche Recht betreffen, und sofern sie die Ausübung der durch das Gemeinschaftsrecht gewährten Rechte nicht praktisch unmöglich machen.

(3) Für Mitgliedstaaten, die nach dem 17. Mai 1990 der Gemeinschaft beigetreten sind und zum 1. Januar 1994 Vertragsparteien des Abkommens über den Europäischen Wirtschaftsraum waren, wird das Datum „17. Mai 1990" in Absatz 1 Satz 1 durch „1. Januar 1994" ersetzt.

(4) Für andere Mitgliedstaaten, die nach dem 17. Mai 1990 beigetreten sind, wird das Datum „17. Mai 1990“ in den Absätzen 1 und 2 durch das Datum ersetzt, zu dem Artikel 141 des Vertrags in ihrem Hoheitsgebiet anwendbar wurde.

Art. 13 Flexibles Rentenalter. Haben Frauen und Männer zu gleichen Bedingungen Anspruch auf ein flexibles Rentenalter, so ist dies nicht als mit diesem Kapitel unvereinbar anzusehen.

Kapitel 3. Gleichbehandlung hinsichtlich des Zugangs zur Beschäftigung zur Berufsbildung und zum beruflichen Aufstieg sowie in Bezug auf die Arbeitsbedingungen

Art. 14 Diskriminierungsverbot. (1) Im öffentlichen und privaten Sektor einschließlich öffentlicher Stellen darf es in Bezug auf folgende Punkte keinerlei unmittelbare oder mittelbare Diskriminierung aufgrund des Geschlechts geben:

a) die Bedingungen – einschließlich Auswahlkriterien und Einstellungsbedingungen – für den Zugang zur Beschäftigung oder zu abhängiger oder selbständiger Erwerbstätigkeit, unabhängig von Tätigkeitsfeld und beruflicher Position einschließlich des beruflichen Aufstiegs;

b) den Zugang zu allen Formen und allen Ebenen der Berufsberatung, der Berufsausbildung, der beruflichen Weiterbildung und der Umschulung einschließlich der praktischen Berufserfahrung;

c) die Beschäftigungs- und Arbeitsbedingungen einschließlich der Entlassungsbedingungen sowie das Arbeitsentgelt nach Maßgabe von Artikel 141 des Vertrags;

d) die Mitgliedschaft und Mitwirkung in einer Arbeitnehmer- oder Arbeitgeberorganisation oder einer Organisation, deren Mitglieder einer bestimmten Berufsgruppe angehören, einschließlich der Inanspruchnahme der Leistungen solcher Organisationen.

(2) Die Mitgliedstaaten können im Hinblick auf den Zugang zur Beschäftigung einschließlich der zu diesem Zweck erfolgenden Berufsbildung vorsehen, dass eine Ungleichbehandlung wegen eines geschlechtsbezogenen Merkmals keine Diskriminierung darstellt, wenn das betreffende Merkmal aufgrund der Art einer bestimmten beruflichen Tätigkeit oder der Bedingungen ihrer Ausübung eine wesentliche und entscheidende berufliche Anforderung darstellt, sofern es sich um einen rechtmäßigen Zweck und eine angemessene Anforderung handelt.

Art. 15 Rückkehr aus dem Mutterschaftsurlaub. Frauen im Mutterschaftsurlaub haben nach Ablauf des Mutterschaftsurlaubs Anspruch darauf, an ihren früheren Arbeitsplatz oder einen gleichwertigen Arbeitsplatz unter Bedingungen, die für sie nicht weniger günstig sind, zurückzukehren, und darauf, dass ihnen auch alle Verbesserungen der

Arbeitsbedingungen, auf die sie während ihrer Abwesenheit Anspruch gehabt hätten, zugute kommen.

Art. 16 Vaterschaftsurlaub und Adoptionsurlaub. Diese Richtlinie lässt das Recht der Mitgliedstaaten unberührt, eigene Rechte auf Vaterschaftsurlaub und/oder Adoptionsurlaub anzuerkennen. Die Mitgliedstaaten, die derartige Rechte anerkennen, treffen die erforderlichen Maßnahmen, um männliche und weibliche Arbeitnehmer vor Entlassung infolge der Inanspruchnahme dieser Rechte zu schützen, und gewährleisten, dass sie nach Ablauf des Urlaubs Anspruch darauf haben, an ihren früheren Arbeitsplatz oder einen gleichwertigen Arbeitsplatz unter Bedingungen, die für sie nicht weniger günstig sind, zurückzukehren, und darauf, dass ihnen auch alle Verbesserungen der Arbeitsbedingungen, auf die sie während ihrer Abwesenheit Anspruch gehabt hätten, zugute kommen.

Titel III. Horizontale Bestimmungen

Kapitel 1. Rechtsmittel und Rechtsdurchsetzung

Abschnitt 1. Rechtsmittel

Art. 17 Rechtsschutz. (1) Die Mitgliedstaaten stellen sicher, dass alle Personen, die sich durch die Nichtanwendung des Gleichbehandlungsgrundsatzes in ihren Rechten für verletzt halten, ihre Ansprüche aus dieser Richtlinie gegebenenfalls nach Inanspruchnahme anderer zuständiger Behörden oder, wenn die Mitgliedstaaten es für angezeigt halten, nach einem Schlichtungsverfahren auf dem Gerichtsweg geltend machen können, selbst wenn das Verhältnis, während dessen die Diskriminierung vorgekommen sein soll, bereits beendet ist.

(2) Die Mitgliedstaaten stellen sicher, dass Verbände, Organisationen oder andere juristische Personen, die gemäß den in ihrem einzelstaatlichen Recht festgelegten Kriterien ein rechtmäßiges Interesse daran haben, für die Einhaltung der Bestimmungen dieser Richtlinie zu sorgen, sich entweder im Namen der beschwerten Person oder zu deren Unterstützung mit deren Einwilligung an den in dieser Richtlinie zur Durchsetzung der Ansprüche vorgesehenen Gerichts- und/oder Verwaltungsverfahren beteiligen können.

(3) Die Absätze 1 und 2 lassen einzelstaatliche Regelungen über Fristen für die Rechtsverfolgung betreffend den Grundsatz der Gleichbehandlung unberührt.

Art. 18 Schadenersatz oder Entschädigung. Die Mitgliedstaaten treffen im Rahmen ihrer nationalen Rechtsordnungen die erforderlichen Maßnahmen, um sicherzustellen, dass der einer Person durch eine Diskriminierung aufgrund des Geschlechts entstandene Schaden – je nach den Rechtsvorschriften der Mitgliedstaaten – tatsächlich und wirksam ausgeglichen oder ersetzt wird, wobei dies auf eine abschreckende und dem erlittenen Schaden angemessene Art und Weise geschehen muss. Dabei darf ein solcher Ausgleich oder eine solche Entschädigung nur in den Fällen durch eine im Voraus festgelegte Höchstgrenze begrenzt werden, in denen der Arbeitgeber nachweisen kann, dass der einem Bewerber durch die Diskriminierung im Sinne dieser Richtlinie entstandene Schaden allein darin besteht, dass die Berücksichtigung seiner Bewerbung verweigert wurde.

Abschnitt 2. Beweislast

Art. 19 Beweislast. (1) Die Mitgliedstaaten ergreifen im Einklang mit dem System ihrer nationalen Gerichtsbarkeit die erforderlichen Maßnahmen, nach denen dann, wenn Personen, die sich durch die Verletzung des Gleichbehandlungsgrundsatzes für beschwert halten und bei einem Gericht bzw. einer anderen zuständigen Stelle Tatsachen glaubhaft machen, die das Vorliegen einer unmittelbaren oder mittelbaren Diskriminierung vermuten lassen, es dem Beklagten obliegt zu beweisen, dass keine Verletzung des Gleichbehandlungsgrundsatzes vorgelegen hat.

(2) Absatz 1 lässt das Recht der Mitgliedstaaten, eine für die klagende Partei günstigere Beweislastregelung vorzusehen, unberührt.

(3) Die Mitgliedstaaten können davon absehen, Absatz 1 auf Verfahren anzuwenden, in denen die Ermittlung des Sachverhalts dem Gericht oder einer anderen zuständigen Stelle obliegt.

(4) Die Absätze 1, 2 und 3 finden ebenfalls Anwendung auf

a) die Situationen, die von Artikel 141 des Vertrags und – sofern die Frage einer Diskriminierung aufgrund des Geschlechts angesprochen ist – von den Richtlinien 92/85/EWG und 96/34/EG erfasst werden;

b) zivil- und verwaltungsrechtliche Verfahren sowohl im öffentlichen als auch im privaten Sektor, die Rechtsbehelfe nach innerstaatlichem Recht bei der Anwendung der Vorschriften gemäß Buchstabe a vorsehen, mit Ausnahme der freiwilligen oder in den innerstaatlichen Rechtsvorschriften vorgesehenen außergerichtlichen Verfahren.

(5) Soweit von den Mitgliedstaaten nicht anders geregelt, gilt dieser Artikel nicht für Strafverfahren.

Kapitel 2. Förderung der Gleichbehandlung – Dialog

Art. 20 Stellen zur Förderung der Gleichbehandlung. (1) Jeder Mitgliedstaat bezeichnet eine oder mehrere Stellen, deren Aufgabe darin besteht, die Verwirklichung der Gleichbehandlung aller Personen ohne Diskriminierung aufgrund des Geschlechts zu fördern, zu analysieren, zu beobachten und zu unterstützen. Diese Stellen können Teil von Einrichtungen sein, die auf nationaler Ebene für den Schutz der Menschenrechte oder der Rechte des Einzelnen verantwortlich sind.

(2) Die Mitgliedstaaten stellen sicher, dass es zu den Befugnissen dieser Stellen gehört,

a) unbeschadet der Rechte der Opfer und der Verbände, Organisationen oder anderer juristischer Personen nach Artikel 17 Absatz 2 die Opfer von Diskriminierungen auf unabhängige Weise dabei zu unterstützen, ihre Beschwerde wegen Diskriminierung zu verfolgen;

b) unabhängige Untersuchungen zum Thema der Diskriminierung durchzuführen;

c) unabhängige Berichte zu veröffentlichen und Empfehlungen zu allen Aspekten vorzulegen, die mit diesen Diskriminierungen in Zusammenhang stehen;

d) auf geeigneter Ebene mit entsprechenden europäischen Einrichtungen, wie beispielsweise einem künftigen Europäischen Institut für Gleichstellungsfragen verfügbare Informationen auszutauschen.

Art. 21 Sozialer Dialog. (1) Die Mitgliedstaaten treffen im Einklang mit den nationalen Gepflogenheiten und Verfahren geeignete Maßnahmen zur Förderung des sozialen Dialogs zwischen den Sozialpartnern mit dem Ziel, die Verwirklichung der Gleichbehandlung voranzubringen, beispielsweise durch Beobachtung der Praktiken am Arbeitsplatz und beim Zugang zur Beschäftigung, zur Berufsbildung und zum beruflichen Aufstieg sowie durch Beobachtung der Tarifverträge und durch Verhaltenskodizes, Forschungsarbeiten oder den Austausch von Erfahrungen und bewährten Verfahren.

(2) Soweit mit den nationalen Gepflogenheiten und Verfahren vereinbar, ersuchen die Mitgliedstaaten die Sozialpartner ohne Eingriff in deren Autonomie, die Gleichstellung von Männern und Frauen durch flexible Arbeitsbedingungen zur besseren Vereinbarkeit von Privatleben und Beruf zu fördern und auf geeigneter Ebene Antidiskriminierungsvereinbarungen zu schließen, die die in Artikel 1 genannten Bereiche betreffen, soweit diese in den Verantwortungsbereich der Tarifparteien fallen. Die Vereinbarungen müssen den Bestimmungen dieser Richtlinie sowie den einschlägigen nationalen Durchführungsbestimmungen entsprechen.

(3) Die Mitgliedstaaten ersuchen in Übereinstimmung mit den nationalen Gesetzen, Tarifverträgen oder Gepflogenheiten die Arbeitgeber, die Gleichbehandlung von Männern und Frauen am Arbeitsplatz sowie beim Zugang zur Beschäftigung, zur Berufsbildung und zum beruflichen Aufstieg in geplanter und systematischer Weise zu fördern.

(4) Zu diesem Zweck werden die Arbeitgeber ersucht, den Arbeitnehmern und/oder den Arbeitnehmervertretern in regelmäßigen angemessenen Abständen Informationen über die Gleichbehandlung von Männern und Frauen in ihrem Betrieb zu geben.

Diese Informationen können Übersichten über den Anteil von Männern und Frauen auf den unterschiedlichen Ebenen des Betriebs, ihr Entgelt sowie Unterschiede beim Entgelt und mögliche Maßnahmen zur Verbesserung der Situation in Zusammenarbeit mit den Arbeitnehmervertretern enthalten.

Art. 22 Dialog mit Nichtregierungsorganisationen. Die Mitgliedstaaten fördern den Dialog mit den jeweiligen Nichtregierungsorganisationen, die gemäß den einzelstaatlichen Rechtsvorschriften und Gepflogenheiten ein rechtmäßiges Interesse daran haben, sich an der Bekämpfung von Diskriminierung aufgrund des Geschlechts zu beteiligen, um die Einhaltung des Grundsatzes der Gleichbehandlung zu fördern.

Kapitel 3. Allgemeine horizontale Bestimmungen

Art. 23 Einhaltung. Die Mitgliedstaaten treffen alle erforderlichen Maßnahmen, um sicherzustellen, dass

a) die Rechts- und Verwaltungsvorschriften, die dem Gleichbehandlungsgrundsatz zuwiderlaufen, aufgehoben werden;

b) mit dem Gleichbehandlungsgrundsatz nicht zu vereinbarende Bestimmungen in Arbeits- und Tarifverträgen, Betriebsordnungen und Statuten der freien Berufe und der Arbeitgeber- und Arbeitnehmerorganisationen und allen sonstigen Vereinbarungen und Regelungen nichtig sind, für nichtig erklärt werden können oder geändert werden;

c) betriebliche Systeme der sozialen Sicherheit, die solche Bestimmungen enthalten, nicht durch Verwaltungsmaßnahmen genehmigt oder für allgemeinverbindlich erklärt werden können.

Art. 24 Viktimisierung. Die Mitgliedstaaten treffen im Rahmen ihrer nationalen Rechtsordnungen die erforderlichen Maßnahmen, um die Arbeitnehmer sowie die aufgrund der innerstaatlichen Rechtsvorschriften und/oder Gepflogenheiten vorgesehenen Arbeitnehmervertreter vor Entlassung oder anderen Benachteiligungen durch den Arbeitgeber zu schützen, die als Reaktion auf eine Beschwerde innerhalb des betreffenden Unternehmens oder auf die Einleitung eines Verfahrens zur Durchsetzung des Gleichbehandlungsgrundsatzes erfolgen.

Art. 25 Sanktionen. Die Mitgliedstaaten legen die Regeln für die Sanktionen fest, die bei einem Verstoß gegen die einzelstaatlichen Vorschriften zur Umsetzung dieser Richtlinie zu verhängen sind, und treffen alle erforderlichen Maßnahmen, um deren Anwendung zu gewährleisten. Die Sanktionen, die auch Schadenersatzleistungen an die Opfer umfassen können, müssen wirksam, verhältnismäßig und abschreckend sein. Die Mitgliedstaaten teilen diese Vorschriften der Kommission spätestens bis zum 5. Oktober 2005 mit und unterrichten sie unverzüglich über alle späteren Änderungen dieser Vorschriften.

Art. 26 Vorbeugung von Diskriminierung. Die Mitgliedstaaten ersuchen in Einklang mit ihren nationalen Rechtsvorschriften, Tarifverträgen oder Gepflogenheiten die Arbeitgeber und die für Berufsbildung zuständigen Personen, wirksame Maßnahmen zu ergreifen, um allen Formen der Diskriminierung aufgrund des Geschlechts und insbesondere Belästigung und sexueller Belästigung am Arbeitsplatz sowie beim Zugang zur Beschäftigung, zur Berufsbildung und zum beruflichen Aufstieg vorzubeugen.

Art. 27 Mindestanforderungen. (1) Die Mitgliedstaaten können Vorschriften erlassen oder beibehalten, die im Hinblick auf die Wahrung des Gleichbehandlungsgrundsatzes günstiger als die in dieser Richtlinie vorgesehenen Vorschriften sind.

(2) Die Durchführung dieser Richtlinie rechtfertigt in keinem Fall eine Beeinträchtigung des Schutzniveaus der Arbeitnehmer in dem von ihr abgedeckten Bereich; das Recht der Mitgliedstaaten, als Reaktion auf eine veränderte Situation Rechts- und Verwaltungsvorschriften zu erlassen, die sich von denen unterscheiden, die zum Zeitpunkt der Bekanntgabe dieser Richtlinie in Kraft waren, bleibt unberührt, solange die Bestimmungen dieser Richtlinie eingehalten werden.

Art. 28 Verhältnis zu gemeinschaftlichen und einzelstaatlichen Vorschriften. (1) Diese Richtlinie steht Vorschriften zum Schutz der Frau, insbesondere bei Schwangerschaft und Mutterschaft, nicht entgegen.

(2) Diese Richtlinie berührt nicht die Bestimmungen der Richtlinien 96/ 34/EG und 92/85/EWG.

Art. 29 Durchgängige Berücksichtigung des Gleichstellungsaspekts. Die Mitgliedstaaten berücksichtigen aktiv das Ziel der Gleichstellung von Männern und Frauen bei der Formulierung und Durchführung von Rechtsund Verwaltungsvorschriften, Politiken und Tätigkeiten in den in dieser Richtlinie genannten Bereichen.

Art. 30 Verbreitung von Informationen. Die Mitgliedstaaten tragen dafür Sorge, dass die in Anwendung dieser Richtlinie ergehenden Maßnahmen sowie die bereits geltenden einschlägigen Vorschriften allen Betroffenen in geeigneter Form und gegebenenfalls in den Betrieben bekannt gemacht werden.

Titel IV. Schlussbestimmungen

Art. 31 Berichte. (1) Die Mitgliedstaaten übermitteln der Kommission bis zum 15. Februar 2011 alle Informationen, die diese benötigt, um einen Bericht an das Europäische Parlament und den Rat über die Anwendung der Richtlinie zu erstellen.

(2) Unbeschadet des Absatzes 1 übermitteln die Mitgliedstaaten der Kommission alle vier Jahre den Wortlaut aller Maßnahmen nach Arti-

kel 141 Absatz 4 des Vertrags sowie Berichte über diese Maßnahmen und deren Durchführung. Auf der Grundlage dieser Informationen verabschiedet und veröffentlicht die Kommission alle vier Jahre einen Bericht, der eine vergleichende Bewertung solcher Maßnahmen unter Berücksichtigung der Erklärung Nr. 28 in der Schlussakte des Vertrags von Amsterdam enthält.

(3) Die Mitgliedstaaten prüfen in regelmäßigen Abständen die in Artikel 14 Absatz 2 genannten beruflichen Tätigkeiten, um unter Berücksichtigung der sozialen Entwicklung festzustellen, ob es gerechtfertigt ist, die betreffenden Ausnahmen aufrechtzuerhalten. Sie übermitteln der Kommission das Ergebnis dieser Prüfung regelmäßig, zumindest aber alle acht Jahre.

Art. 32 Überprüfung. Die Kommission überprüft spätestens bis zum 15. Februar 2013 die Anwendung dieser Richtlinie und schlägt, soweit sie dies für erforderlich hält, Änderungen vor.

Art. 33 Umsetzung. Die Mitgliedstaaten setzen die Rechts- und Verwaltungsvorschriften in Kraft, die erforderlich sind, um dieser Richtlinie spätestens ab dem 15. August 2008 nachzukommen, oder stellen bis zu diesem Zeitpunkt sicher, dass die Sozialpartner im Wege einer Vereinbarung die erforderlichen Bestimmungen einführen. Den Mitgliedstaaten kann längstens ein weiteres Jahr eingeräumt werden, um dieser Richtlinie nachzukommen, wenn dies aufgrund besonderer Schwierigkeiten erforderlich ist. Die Mitgliedstaaten treffen alle notwendigen Maßnahmen, um jederzeit gewährleisten zu können, dass die durch die Richtlinie vorgeschriebenen Ergebnisse erzielt werden. Sie teilen der Kommission unverzüglich den Wortlaut dieser Vorschriften mit.

Wenn die Mitgliedstaaten diese Vorschriften erlassen, nehmen sie in den Vorschriften selbst oder durch einen Hinweis bei der amtlichen Veröffentlichung auf diese Richtlinie Bezug. Diese Bezugnahme enthält außerdem eine Erklärung, wonach Bezugnahmen in bestehenden Rechts- oder Verwaltungsvorschriften auf durch diese Richtlinie aufgehobene Richtlinien als Bezugnahmen auf die vorliegende Richtlinie zu verstehen sind. Die Mitgliedstaaten regeln die Einzelheiten der Bezugnahme und die Formulierung der genannten Erklärung.

Die Verpflichtung zur Umsetzung dieser Richtlinie in innerstaatliches Recht beschränkt sich auf diejenigen Bestimmungen, die eine inhaltliche Veränderung gegenüber den früheren Richtlinien darstellen. Die Verpflichtung zur Umsetzung derjenigen Bestimmungen, die inhaltlich unverändert bleiben, ergibt sich aus den früheren Richtlinien.

Die Mitgliedstaaten teilen der Kommission den Wortlaut der wichtigsten innerstaatlichen Rechtsvorschriften mit, die sie auf dem unter diese Richtlinie fallenden Gebiet erlassen.

Art. 34 Aufhebung. (1) Die Richtlinien 75/117/EWG, 76/207/EWG, 86/378/EWG und 97/80/EG werden mit Wirkung vom 15. August 2009 aufgehoben; die Verpflichtung der Mitgliedstaaten hinsichtlich der Fristen für die Umsetzung der in Anhang I Teil B genannten Richtlinien in einzelstaatliches Recht und für ihre Anwendung bleibt hiervon unberührt.

(2) Verweisungen auf die aufgehobenen Richtlinien gelten als Verweisungen auf die vorliegende Richtlinie und sind nach der Entsprechungstabelle in Anhang II zu lesen.

Art. 35 Inkrafttreten. Diese Richtlinie tritt am zwanzigsten Tag nach ihrer Veröffentlichung[1] im *Amtsblatt der Europäischen Union* in Kraft.

Art. 36 Adressaten. Diese Richtlinie ist an die Mitgliedstaaten gerichtet.

Anhang I. Aufhebungen; Umsetzungsfristen

Teil A. Aufgehobene Richtlinien und Änderungsrichtlinien

Richtlinie 75/117/EWG des Rates	ABl. L 45 vom 19. 2. 1975, S. 19
Richtlinie 76/207/EWG des Rates	ABl. L 39 vom 14. 2. 1976, S. 40
Richtlinie 2002/73/EG des Europäischen Parlaments und des Rates	ABl. L 269 vom 5. 10. 2002, S. 15
Richtlinie 86/378/EWG des Rates	ABl. L 225 vom 12. 8. 1986, S. 40
Richtlinie 96/97/EG des Rates	ABl. L 46 vom 17. 2. 1997, S. 20
Richtlinie 97/80/EG des Rates	ABl. L 14 vom 20. 1. 1998, S. 6
Richtlinie 98/52/EG des Rates	ABl. L 205 vom 22. 7. 1998, S. 66

Teil B. Fristen für die Umsetzung in nationales Recht und Datum der Anwendung

(gemäß Artikel 34 Absatz 1)

Richtlinie	Frist für die Umsetzung	Datum der Anwendung
Richtlinie 75/117/EWG	19. 2. 1976	
Richtlinie 76/207/EWG	14. 8. 1978	
Richtlinie 86/378/EWG	1. 1. 1993	
Richtlinie 96/97/EG	1. 7. 1997	17. 5. 1990 in Bezug auf Arbeitnehmer, außer im Fall von Arbeitnehmern oder deren anspruchsberechtigten Angehörigen, die vor diesem Zeitpunkt eine Klage bei

[1] Veröffentlicht am 26. 7. 2006.

Richtlinie	Frist für die Umsetzung	Datum der Anwendung
		Gericht oder ein gleichwertiges Verfahren nach geltendem einzelstaatlichen Recht anhängig gemacht haben Artikel 8 der Richtlinie 86/ 378/EWG – spätestens 1. 1. 1993 Artikel 6 Absatz 1 Buchstabe i erster Gedankenstrich der Richtlinie 86/378/EWG – spätestens 1. 1. 1999
Richtlinie 97/80/EG	1. 1. 2001	In Bezug auf das Vereinigte Königreich von Großbritannien und Nordirland: 22. 7. 2001
Richtlinie 98/52/EG	22. 7. 2001	
Richtlinie 2002/73/EG	5. 10. 2005	

Anhang II. Entsprechungstabelle

Richtlinie 75/ 117/EWG	Richtlinie 76/ 207/EWG	Richtlinie 86/ 378/EWG	Richtlinie 97/80/ EG	Vorliegende Richtlinie
–	Artikel 1 Absatz 1	Artikel 1	Artikel 1	Artikel 1
–	Artikel 1 Absatz 2	–	–	
	Artikel 2 Absatz 2 erster Gedankenstrich			Artikel 2 Absatz 1 Buchstabe a
	Artikel 2 Absatz 2 zweiter Gedankenstrich		Artikel 2 Absatz 2	Artikel 2 Absatz 1 Buchstabe b
	Artikel 2 Absatz 2, dritter und vierter Gedankenstrich			Artikel 2 Absatz 1, Buchstaben c und d
–	–	–	–	Artikel 2 Absatz 1 Buchstabe e

Richtlinie 75/117/EWG	Richtlinie 76/207/EWG	Richtlinie 86/378/EWG	Richtlinie 97/80/ EG	Vorliegende Richtlinie
–	–	Artikel 2 Absatz 1	–	Artikel 2 Absatz 1 Buchstabe f
	Artikel 2 Absätze 3 und 4 sowie Absatz 7 Unterabsatz 3			Artikel 2 Absatz 2
–	Artikel 2 Absatz 8		–	Artikel 3
Artikel 1	–	–	–	Artikel 4
–	–	Artikel 5 Absatz 1	–	Artikel 5
–	–	Artikel 3	–	Artikel 6
–	–	Artikel 4	–	Artikel 7 Absatz 1
–	–	–	–	Artikel 7 Absatz 2
–	–	Artikel 2 Absatz 2	–	Artikel 8 Absatz 1
–	–	Artikel 2 Absatz 3	–	Artikel 8 Absatz 2
–	–	Artikel 6	–	Artikel 9
–	–	Artikel 8	–	Artikel 10
–	–	Artikel 9	–	Artikel 11
–	–	Richtlinie 96/97/EG Artikel 2	–	Artikel 12
–	–	Artikel 9 a	–	Artikel 13
	Artikel 2 Absatz 1 und Artikel 3 Absatz 1		Artikel 2 Absatz 1	Artikel 14 Absatz 1
–	Artikel 2 Absatz 6	–	–	Artikel 14 Absatz 2
	Artikel 2 Absatz 7 Unterabsatz 2			Artikel 15

Richtlinie 75/117/EWG	Richtlinie 76/207/EWG	Richtlinie 86/378/EWG	Richtlinie 97/80/ EG	Vorliegende Richtlinie
	Artikel 2 Absatz 7 Unterabsatz 4 Sätze 2 und 3			Artikel 16
Artikel 2	Artikel 6 Absatz 1	Artikel 10	–	Artikel 17 Absatz 1
–	Artikel 6 Absatz 3	–	–	Artikel 17 Absatz 2
–	Artikel 6 Absatz 4	–	–	Artikel 17 Absatz 3
–	Artikel 6 Absatz 2	–	–	Artikel 18
–	–	–	Artikel 3 und 4	Artikel 19
–	Artikel 8 a	–	–	Artikel 20
–	Artikel 8 b	–	–	Artikel 21
–	Artikel 8 c	–	–	Artikel 22
Artikel 3 und 6	Artikel 3 Absatz 2 Buchstabe a			Artikel 23 Buchstabe a
Artikel 4	Artikel 3 Absatz 2 Buchstabe b	Artikel 7 Buchstabe a		Artikel 23 Buchstabe b
–	–	Artikel 7 Buchstabe b	–	Artikel 23 Buchstabe c
Artikel 5	Artikel 7	Artikel 11	–	Artikel 24
Artikel 6	–	–	–	
–	Artikel 8 d	–	–	Artikel 25
–	Artikel 2 Absatz 5	–	–	Artikel 26
–	Artikel 8 e Absatz 1	–	Artikel 4 Absatz 2	Artikel 27 Absatz 1
–	Artikel 8 e Absatz 2	–	Artikel 6	Artikel 27 Absatz 2
	Artikel 2 Absatz 7 Unterabsatz 1	Artikel 5 Absatz 2		Artikel 28 Absatz 1

Richtlinie 75/117/EWG	Richtlinie 76/207/EWG	Richtlinie 86/378/EWG	Richtlinie 97/80/ EG	Vorliegende Richtlinie
	Artikel 2 Absatz 7 Unterabsatz 4 Satz 1			Artikel 28 Absatz 2
–	Artikel 1 Absatz 1 a	–	–	Artikel 29
Artikel 7	Artikel 8	–	Artikel 5	Artikel 30
Artikel 9	Artikel 10	Artikel 12 Absatz 2	Artikel 7 Unterabsatz 4	Artikel 31 Absätze 1 und 2
–	Artikel 9 Absatz 2	–	–	Artikel 31 Absatz 3
–	–	–	–	Artikel 32
Artikel 8	Artikel 9 Absatz 1 Unterabsatz 1 sowie Absätze 2 und 3	Artikel 12 Absatz 1	Artikel 7 Unterabsätze 1, 2 und 3	Artikel 33
	Artikel 9 Absatz 1 Unterabsatz 2			
–	–	–	–	Artikel 34
–	–	–	–	Artikel 35
–	–	–	–	Artikel 36
		Anhang		

198. Verordnung (EU) 2016/679 des Europäischen Parlamentes und des Rates zum Schutz natürlicher Personen bei der Verarbeitung personenbezogener Daten, zum freien Datenverkehr und zur Aufhebung der Richtlinie 95/46/EG

(Datenschutz-Grundverordnung – DSGVO)

Vom 27. April 2016[1) · 2)]

(ABl. Nr. L 119/1 v. 4.5.2016, ber. ABl. Nr. L 314/72 v. 22.11.2016, ber. ABl. Nr. 127/2 v. 23.5.2018 und ABl. Nr. L 74/35 v. 4.3.2021)

DAS EUROPÄISCHE PARLAMENT UND DER RAT DER EUROPÄISCHEN UNION –

gestützt auf den Vertrag über die Arbeitsweise der Europäischen Union, insbesondere auf Artikel 16,

auf Vorschlag der Europäischen Kommission,

nach Zuleitung des Entwurfs des Gesetzgebungsakts an die nationalen Parlamente,

nach Stellungnahme des Europäischen Wirtschafts- und Sozialausschusses[3)],

nach Stellungnahme des Ausschusses der Regionen[4)],

gemäß dem ordentlichen Gesetzgebungsverfahren[5)],

in Erwägung nachstehender Gründe:

---

1) Die Verordnung ist zwar bereits im Mai 2016 in Kraft getreten, sie galt aber (unmittelbar) erst ab dem 25.5.2018 (Art. 99 Abs. 2 VO). Mit einer großen Zahl von Öffnungsklauseln räumt die VO den Mitgliedstaaten nämlich durchaus erheblichen normativen Gestaltungsspielraum ein, für deren Ausnutzung ihnen damit ein 2-Jahreszeitraum eingeräumt wird – insoweit trägt die VO in Teilen eher Richtlinien- als Verordnungscharakter. Das eigentlich zeitgleich geplante Inkrafttreten der VO über Privatsphäre und elektronische Kommunikation, sog. E-privacy VO (Konkretisierung der DSGVO im Hinblick auf datenschutzfreundliche Software-Technik), welche die bisher geltende sog. „ePrivacy-Richtlinie" 2002/58 (ABl. Nr. L 201/37 v. 31.7.2002, zuletzt geänd. ABl. 2009 Nr. L 337/11, ber. ABl. L 241/9 v. 10.9.2013 und ABl. Nr. L 162/56 v. 23.6.2017) und die sog. „Cookie-Richtlinie" 2009/136 (ABl. Nr. L 337/11 v. 18.12.2009, ber. ABl. Nr. L 162/56 v. 23.6.2017) ersetzen soll, verzögert sich weiter (Entwurf: COM (2017) 10 final v. 10.1.2017).

2) Vgl. in diesem Zusammenhang auch RL (EU) 2016/680 v. 27.4.2016 zum Schutz natürlicher Personen bei der Verarbeitung personenbezogener Daten durch die zuständigen Behörden zum Zwecke der Verhütung, Ermittlung, Aufdeckung oder Verfolgung von Straftaten oder der Strafvollstreckung sowie zum freien Datenverkehr und zur Aufhebung des Rahmenbeschlusses 2008/977/JI des Rates (ABl. Nr. L 119/89 v. 4.5.2016) sowie RL (EU) 2016/681 v. 27.4.2016 über die Verwendung von Fluggastdatensätzen (PNR-Daten) zur Verhütung, Aufdeckung, Ermittlung und Verfolgung von terroristischen Straftaten und schwerer Kriminalität (ABl. Nr. L 119/132 v. 4.5.2016).

3) ABl. C 229 vom 31.7.2012, S. 90.

4) ABl. C 391 vom 18.12.2012, S. 127.

5) Standpunkt des Europäischen Parlaments vom 12. März 2014 (noch nicht im Amtsblatt veröffentlicht) und Standpunkt des Rates in erster Lesung vom 8. April 2016 (noch nicht im Amtsblatt veröffentlicht). Standpunkt des Europäischen Parlaments vom 14. April 2016.

(1) Der Schutz natürlicher Personen bei der Verarbeitung personenbezogener Daten ist ein Grundrecht. Gemäß Artikel 8 Absatz 1 der Charta der Grundrechte der Europäischen Union (im Folgenden „Charta") sowie Artikel 16 Absatz 1 des Vertrags über die Arbeitsweise der Europäischen Union (AEUV) hat jede Person das Recht auf Schutz der sie betreffenden personenbezogenen Daten.

(2) Die Grundsätze und Vorschriften zum Schutz natürlicher Personen bei der Verarbeitung ihrer personenbezogenen Daten sollten gewährleisten, dass ihre Grundrechte und Grundfreiheiten und insbesondere ihr Recht auf Schutz personenbezogener Daten ungeachtet ihrer Staatsangehörigkeit oder ihres Aufenthaltsorts gewahrt bleiben. Diese Verordnung soll zur Vollendung eines Raums der Freiheit, der Sicherheit und des Rechts und einer Wirtschaftsunion, zum wirtschaftlichen und sozialen Fortschritt, zur Stärkung und zum Zusammenwachsen der Volkswirtschaften innerhalb des Binnenmarkts sowie zum Wohlergehen natürlicher Personen beitragen.

(3) Zweck der Richtlinie 95/46/EG des Europäischen Parlaments und des Rates5 ist die Harmonisierung der Vorschriften zum Schutz der Grundrechte und Grundfreiheiten natürlicher Personen bei der Datenverarbeitung sowie die Gewährleistung des freien Verkehrs personenbezogener Daten zwischen den Mitgliedstaaten.

(4) Die Verarbeitung personenbezogener Daten sollte im Dienste der Menschheit stehen. Das Recht auf Schutz der personenbezogenen Daten ist kein uneingeschränktes Recht; es muss im Hinblick auf seine gesellschaftliche Funktion gesehen und unter Wahrung des Verhältnismäßigkeitsprinzips gegen andere Grundrechte abgewogen werden. Diese Verordnung steht im Einklang mit allen Grundrechten und achtet alle Freiheiten und Grundsätze, die mit der Charta anerkannt wurden und in den Europäischen Verträgen verankert sind, insbesondere Achtung des Privat- und Familienlebens, der Wohnung und der Kommunikation, Schutz personenbezogener Daten, Gedanken-, Gewissens- und Religionsfreiheit, Freiheit der Meinungsäußerung und Informationsfreiheit, unternehmerische Freiheit, Recht auf einen wirksamen Rechtsbehelf und ein faires Verfahren und Vielfalt der Kulturen, Religionen und Sprachen.

(5) Die wirtschaftliche und soziale Integration als Folge eines funktionierenden Binnenmarkts hat zu einem deutlichen Anstieg des grenzüberschreitenden Verkehrs personenbezogener Daten geführt. Der unionsweite Austausch personenbezogener Daten zwischen öffentlichen und privaten Akteuren einschließlich natürlichen Personen, Vereinigungen und Unternehmen hat zugenommen. Das Unionsrecht verpflichtet die Verwaltungen der Mitgliedstaaten, zusammenzuarbeiten und personenbezogene Daten auszutauschen, damit sie ihren Pflichten nachkommen oder für eine Behörde eines anderen Mitgliedstaats Aufgaben durchführen können.

*(6) R*asche technologische Entwicklungen und die Globalisierung haben den Datenschutz vor neue Herausforderungen gestellt. Das

Ausmaß der Erhebung und des Austauschs personenbezogener Daten hat eindrucksvoll zugenommen. Die Technik macht es möglich, dass private Unternehmen und Behörden im Rahmen ihrer Tätigkeiten in einem noch nie dagewesenen Umfang auf personenbezogene Daten zurückgreifen. Zunehmend machen auch natürliche Personen Infor-

(Fortsetzung nächstes Blatt)

mationen öffentlich weltweit zugänglich. Die Technik hat das wirtschaftliche und gesellschaftliche Leben verändert und dürfte den Verkehr personenbezogener Daten innerhalb der Union sowie die Datenübermittlung an Drittländer und internationale Organisationen noch weiter erleichtern, wobei ein hohes Datenschutzniveau zu gewährleisten ist.

(7) Diese Entwicklungen erfordern einen soliden, kohärenteren und klar durchsetzbaren Rechtsrahmen im Bereich des Datenschutzes in der Union, da es von großer Wichtigkeit ist, eine Vertrauensbasis zu schaffen, die die digitale Wirtschaft dringend benötigt, um im Binnenmarkt weiter wachsen zu können. Natürliche Personen sollten die Kontrolle über ihre eigenen Daten besitzen. Natürliche Personen, Wirtschaft und Staat sollten in rechtlicher und praktischer Hinsicht über mehr Sicherheit verfügen.

(8) Wenn in dieser Verordnung Präzisierungen oder Einschränkungen ihrer Vorschriften durch das Recht der Mitgliedstaaten vorgesehen sind, können die Mitgliedstaaten Teile dieser Verordnung in ihr nationales Recht aufnehmen, soweit dies erforderlich ist, um die Kohärenz zu wahren und die nationalen Rechtsvorschriften für die Personen, für die sie gelten, verständlicher zu machen.

(9) Die Ziele und Grundsätze der Richtlinie 95/46/EG besitzen nach wie vor Gültigkeit, doch hat die Richtlinie nicht verhindern können, dass der Datenschutz in der Union unterschiedlich gehandhabt wird, Rechtsunsicherheit besteht oder in der Öffentlichkeit die Meinung weit verbreitet ist, dass erhebliche Risiken für den Schutz natürlicher Personen bestehen, insbesondere im Zusammenhang mit der Benutzung des Internets. Unterschiede beim Schutzniveau für die Rechte und Freiheiten von natürlichen Personen im Zusammenhang mit der Verarbeitung personenbezogener Daten in den Mitgliedstaaten, vor allem beim Recht auf Schutz dieser Daten, können den unionsweiten freien Verkehr solcher Daten behindern. Diese Unterschiede im Schutzniveau können daher ein Hemmnis für die unionsweite Ausübung von Wirtschaftstätigkeiten darstellen, den Wettbewerb verzerren und die Behörden an der Erfüllung der ihnen nach dem Unionsrecht obliegenden Pflichten hindern. Sie erklären sich aus den Unterschieden bei der Umsetzung und Anwendung der Richtlinie 95/46/EG.

(10) Um ein gleichmäßiges und hohes Datenschutzniveau für natürliche Personen zu gewährleisten und die Hemmnisse für den Verkehr personenbezogener Daten in der Union zu beseitigen, sollte das Schutzniveau für die Rechte und Freiheiten von natürlichen Personen bei der Verarbeitung dieser Daten in allen Mitgliedstaaten gleichwertig sein. Die Vorschriften zum Schutz der Grundrechte und Grundfreiheiten von natürlichen Personen bei der Verarbeitung personenbezogener Daten sollten unionsweit gleichmäßig und einheitlich angewandt werden. Hinsichtlich der Verarbeitung personenbezogener Daten zur Erfüllung einer rechtlichen Verpflichtung oder zur Wahrnehmung einer Aufgabe, die im öffentlichen Interesse liegt oder in Ausübung öffentlicher Gewalt erfolgt, die dem Verantwortlichen übertragen wurde, soll-

ten die Mitgliedstaaten die Möglichkeit haben, nationale Bestimmungen, mit denen die Anwendung der Vorschriften dieser Verordnung genauer festgelegt wird, beizubehalten oder einzuführen. In Verbindung mit den allgemeinen und horizontalen Rechtsvorschriften über den Datenschutz zur Umsetzung der Richtlinie 95/46/EG gibt es in den Mitgliedstaaten mehrere sektorspezifische Rechtsvorschriften in Bereichen, die spezifischere Bestimmungen erfordern. Diese Verordnung bietet den Mitgliedstaaten zudem einen Spielraum für die Spezifizierung ihrer Vorschriften, auch für die Verarbeitung besonderer Kategorien von personenbezogenen Daten (im Folgenden „sensible Daten“). Diesbezüglich schließt diese Verordnung nicht Rechtsvorschriften der Mitgliedstaaten aus, in denen die Umstände besonderer Verarbeitungssituationen festgelegt werden, einschließlich einer genaueren Bestimmung der Voraussetzungen, unter denen die Verarbeitung personenbezogener Daten rechtmäßig ist.

(11) Ein unionsweiter wirksamer Schutz personenbezogener Daten erfordert die Stärkung und präzise Festlegung der Rechte der betroffenen Personen sowie eine Verschärfung der Verpflichtungen für diejenigen, die personenbezogene Daten verarbeiten und darüber entscheiden, ebenso wie – in den Mitgliedstaaten – gleiche Befugnisse bei der Überwachung und Gewährleistung der Einhaltung der Vorschriften zum Schutz personenbezogener Daten sowie gleiche Sanktionen im Falle ihrer Verletzung.

(12) Artikel 16 Absatz 2 AEUV ermächtigt das Europäische Parlament und den Rat, Vorschriften über den Schutz natürlicher Personen bei der Verarbeitung personenbezogener Daten und zum freien Verkehr solcher Daten zu erlassen.

(13) Damit in der Union ein gleichmäßiges Datenschutzniveau für natürliche Personen gewährleistet ist und Unterschiede, die den freien Verkehr personenbezogener Daten im Binnenmarkt behindern könnten, beseitigt werden, ist eine Verordnung erforderlich, die für die Wirtschaftsteilnehmer einschließlich Kleinstunternehmen sowie kleiner und mittlerer Unternehmen Rechtssicherheit und Transparenz schafft, natürliche Personen in allen Mitgliedstaaten mit demselben Niveau an durchsetzbaren Rechten ausstattet, dieselben Pflichten und Zuständigkeiten für die Verantwortlichen und Auftragsverarbeiter vorsieht und eine gleichmäßige Kontrolle der Verarbeitung personenbezogener Daten und gleichwertige Sanktionen in allen Mitgliedstaaten sowie eine wirksame Zusammenarbeit zwischen den Aufsichtsbehörden der einzelnen Mitgliedstaaten gewährleistet. Das reibungslose Funktionieren des Binnenmarkts erfordert, dass der freie Verkehr personenbezogener Daten in der Union nicht aus Gründen des Schutzes natürlicher Personen bei der Verarbeitung personenbezogener Daten eingeschränkt oder verboten wird. Um der besonderen Situation der Kleinstunternehmen sowie der kleinen und mittleren Unternehmen Rechnung zu tragen, enthält diese Verordnung eine abweichende Regelung hinsichtlich des Führens eines Verzeichnisses für Einrichtungen, die weniger als 250 Mitarbeiter beschäftigen. Außerdem werden die Organe und Einrich-

tungen der Union sowie die Mitgliedstaaten und deren Aufsichtsbehörden dazu angehalten, bei der Anwendung dieser Verordnung die besonderen Bedürfnisse von Kleinstunternehmen sowie von kleinen und mittleren Unternehmen zu berücksichtigen. Für die Definition des Begriffs „Kleinstunternehmen sowie kleine und mittlere Unternehmen" sollte Artikel 2 des Anhangs zur Empfehlung 2003/361/EG der Kommission[1)] maßgebend sein.

(14) Der durch diese Verordnung gewährte Schutz sollte für die Verarbeitung der personenbezogenen Daten natürlicher Personen ungeachtet ihrer Staatsangehörigkeit oder ihres Aufenthaltsorts gelten. Diese Verordnung gilt nicht für die Verarbeitung personenbezogener Daten juristischer Personen und insbesondere als juristische Person gegründeter Unternehmen, einschließlich Name, Rechtsform oder Kontaktdaten der juristischen Person.

(15) Um ein ernsthaftes Risiko einer Umgehung der Vorschriften zu vermeiden, sollte der Schutz natürlicher Personen technologieneutral sein und nicht von den verwendeten Techniken abhängen. Der Schutz natürlicher Personen sollte für die automatisierte Verarbeitung personenbezogener Daten ebenso gelten wie für die manuelle Verarbeitung von personenbezogenen Daten, wenn die personenbezogenen Daten in einem Dateisystem gespeichert sind oder gespeichert werden sollen. Akten oder Aktensammlungen sowie ihre Deckblätter, die nicht nach bestimmten Kriterien geordnet sind, sollten nicht in den Anwendungsbereich dieser Verordnung fallen.

(16) Diese Verordnung gilt nicht für Fragen des Schutzes von Grundrechten und Grundfreiheiten und des freien Verkehrs personenbezogener Daten im Zusammenhang mit Tätigkeiten, die nicht in den Anwendungsbereich des Unionsrechts fallen, wie etwa die nationale Sicherheit betreffende Tätigkeiten. Diese Verordnung gilt nicht für die von den Mitgliedstaaten im Rahmen der Gemeinsamen Außen- und Sicherheitspolitik der Union durchgeführte Verarbeitung personenbezogener Daten.

(17) Die Verordnung (EG) Nr. 45/2001 des Europäischen Parlaments und des Rates[2)] gilt für die Verarbeitung personenbezogener Daten durch die Organe, Einrichtungen, Ämter und Agenturen der Union. Die Verordnung (EG) Nr. 45/2001 und sonstige Rechtsakte der Union, die diese Verarbeitung personenbezogener Daten regeln, sollten an die Grundsätze und Vorschriften der vorliegenden Verordnung angepasst und im Lichte der vorliegenden Verordnung angewandt werden. Um einen soliden und kohärenten Rechtsrahmen im Bereich des Datenschutzes in der Union zu gewährleisten, sollten die erforderlichen

---

[1)] **[Amtl. Anm.:]** Empfehlung der Kommission vom 6. Mai 2003 betreffend die Definition der Kleinstunternehmen sowie der kleinen und mittleren Unternehmen (C (2003) 1422) (ABl. L 124 vom 20.5.2003, S. 36).

[2)] **[Amtl. Anm.:]** Verordnung (EG) Nr. 45/2001 des Europäischen Parlaments und des Rates vom 18. Dezember 2000 zum Schutz natürlicher Personen bei der Verarbeitung personenbezogener Daten durch die Organe und Einrichtungen der Gemeinschaft und zum freien Datenverkehr (ABl. L 8 vom 12.1.2001, S. 1).

Anpassungen der Verordnung (EG) Nr. 45/2001 im Anschluss an den Erlass der vorliegenden Verordnung vorgenommen werden, damit sie gleichzeitig mit der vorliegenden Verordnung angewandt werden können.

(18) Diese Verordnung gilt nicht für die Verarbeitung von personenbezogenen Daten, die von einer natürlichen Person zur Ausübung ausschließlich persönlicher oder familiärer Tätigkeiten und somit ohne Bezug zu einer beruflichen oder wirtschaftlichen Tätigkeit vorgenommen wird. Als persönliche oder familiäre Tätigkeiten könnte auch das Führen eines Schriftverkehrs oder von Anschriftenverzeichnissen oder die Nutzung sozialer Netze und Online-Tätigkeiten im Rahmen solcher Tätigkeiten gelten. Diese Verordnung gilt jedoch für die Verantwortlichen oder Auftragsverarbeiter, die die Instrumente für die Verarbeitung personenbezogener Daten für solche persönlichen oder familiären Tätigkeiten bereitstellen.

(19) Der Schutz natürlicher Personen bei der Verarbeitung personenbezogener Daten durch die zuständigen Behörden zum Zwecke der Verhütung, Ermittlung, Aufdeckung oder Verfolgung von Straftaten oder der Strafvollstreckung, einschließlich des Schutzes vor und der Abwehr von Gefahren für die öffentliche Sicherheit, sowie der freie Verkehr dieser Daten sind in einem eigenen Unionsrechtsakt geregelt. Deshalb sollte diese Verordnung auf Verarbeitungstätigkeiten dieser Art keine Anwendung finden. Personenbezogene Daten, die von Behörden nach dieser Verordnung verarbeitet werden, sollten jedoch, wenn sie zu den vorstehenden Zwecken verwendet werden, einem spezifischeren Unionsrechtsakt, nämlich der Richtlinie (EU) 2016/680 des Europäischen Parlaments und des Rates[1] unterliegen. Die Mitgliedstaaten können die zuständigen Behörden im Sinne der Richtlinie (EU) 2016/680 mit Aufgaben betrauen, die nicht zwangsläufig für die Zwecke der Verhütung, Ermittlung, Aufdeckung oder Verfolgung von Straftaten oder der Strafvollstreckung, einschließlich des Schutzes vor und der Abwehr von Gefahren für die öffentliche Sicherheit, ausgeführt werden, so dass die Verarbeitung von personenbezogenen Daten für diese anderen Zwecke insoweit in den Anwendungsbereich dieser Verordnung fällt,

als sie in den Anwendungsbereich des Unionsrechts fällt. In Bezug auf die Verarbeitung personenbezogener Daten durch diese Behörden für Zwecke, die in den Anwendungsbereich dieser Verordnung fallen, sollten die Mitgliedstaaten spezifischere Bestimmungen beibehalten oder einführen können, um die Anwendung der Vorschriften dieser Verordnung anzupassen. In den betreffenden Bestimmungen können die Auflagen für die Verarbeitung personenbezogener Daten durch diese zu-

[1] **[Amtl. Anm.:]** Richtlinie (EU) 2016/680 des Europäischen Parlaments und des Rates vom 27. April 2016 zum Schutz natürlicher Personen bei der Verarbeitung personenbezogener Daten durch die zuständigen Behörden zum Zwecke der Verhütung, Aufdeckung, *Untersuchung* oder Verfolgung von Straftaten oder der Strafvollstreckung sowie zum freien Datenverkehr und zur Aufhebung des Rahmenbeschlusses 2000/383/JI des Rates (siehe Seite 89 dieses Amtsblatts).

ständigen Behörden für jene anderen Zwecke präziser festgelegt werden, wobei der verfassungsmäßigen, organisatorischen und administrativen Struktur des betreffenden Mitgliedstaats Rechnung zu tragen ist. Soweit diese Verordnung für die Verarbeitung personenbezogener Daten durch private Stellen gilt, sollte sie vorsehen, dass die Mitgliedstaaten einige Pflichten und Rechte unter bestimmten Voraussetzungen mittels Rechtsvorschriften beschränken können, wenn diese Beschränkung in einer demokratischen Gesellschaft eine notwendige und verhältnismäßige Maßnahme zum Schutz bestimmter wichtiger Interessen darstellt, wozu auch die öffentliche Sicherheit und die Verhütung, Ermittlung, Aufdeckung und Verfolgung von Straftaten oder die Strafvollstreckung zählen, einschließlich des Schutzes vor und der Abwehr von Gefahren für die öffentliche Sicherheit. Dies ist beispielsweise im Rahmen der Bekämpfung der Geldwäsche oder der Arbeit kriminaltechnischer Labors von Bedeutung.

(20) Diese Verordnung gilt zwar unter anderem für die Tätigkeiten der Gerichte und anderer Justizbehörden, doch könnte im Unionsrecht oder im Recht der Mitgliedstaaten festgelegt werden, wie die Verarbeitungsvorgänge und Verarbeitungsverfahren bei der Verarbeitung personenbezogener Daten durch Gerichte und andere Justizbehörden im Einzelnen auszusehen haben. Damit die Unabhängigkeit der Justiz bei der Ausübung ihrer gerichtlichen Aufgaben einschließlich ihrer Beschlussfassung unangetastet bleibt, sollten die Aufsichtsbehörden nicht für die Verarbeitung personenbezogener Daten durch Gerichte im Rahmen ihrer justiziellen Tätigkeit zuständig sein. Mit der Aufsicht über diese Datenverarbeitungsvorgänge sollten besondere Stellen im Justizsystem des Mitgliedstaats betraut werden können, die insbesondere die Einhaltung der Vorschriften dieser Verordnung sicherstellen, Richter und Staatsanwälte besser für ihre Pflichten aus dieser Verordnung sensibilisieren und Beschwerden in Bezug auf derartige Datenverarbeitungsvorgänge bearbeiten sollten.

(21) Die vorliegende Verordnung berührt nicht die Anwendung der Richtlinie 2000/31/EG des Europäischen Parlaments und des Rates[1)] und insbesondere die der Vorschriften der Artikel 12 bis 15 jener Richtlinie zur Verantwortlichkeit von Anbietern reiner Vermittlungsdienste. Die genannte Richtlinie soll dazu beitragen, dass der Binnenmarkt einwandfrei funktioniert, indem sie den freien Verkehr von Diensten der Informationsgesellschaft zwischen den Mitgliedstaaten sicherstellt.

(22) Jede Verarbeitung personenbezogener Daten im Rahmen der Tätigkeiten einer Niederlassung eines Verantwortlichen oder eines Auftragsverarbeiters in der Union sollte gemäß dieser Verordnung erfolgen, gleich, ob die Verarbeitung in oder außerhalb der Union stattfindet.

[1)] **[Amtl. Anm.:]** Richtlinie 2000/31/EG des Europäischen Parlaments und des Rates vom 8. Juni 2000 über bestimmte rechtliche Aspekte der Dienste der Informationsgesellschaft, insbesondere des elektronischen Geschäftsverkehrs, im Binnenmarkt („Richtlinie über den elektronischen Geschäftsverkehr") (ABl. L 178 vom 17.7.2000, S. 1).

Eine Niederlassung setzt die effektive und tatsächliche Ausübung einer Tätigkeit durch eine feste Einrichtung voraus. Die Rechtsform einer solchen Einrichtung, gleich, ob es sich um eine Zweigstelle oder eine Tochtergesellschaft mit eigener Rechtspersönlichkeit handelt, ist dabei nicht ausschlaggebend.

(23) Damit einer natürlichen Person der gemäß dieser Verordnung gewährleistete Schutz nicht vorenthalten wird, sollte die Verarbeitung personenbezogener Daten von betroffenen Personen, die sich in der Union befinden, durch einen nicht in der Union niedergelassenen Verantwortlichen oder Auftragsverarbeiter dieser Verordnung unterliegen, wenn die Verarbeitung dazu dient, diesen betroffenen Personen gegen Entgelt oder unentgeltlich Waren oder Dienstleistungen anzubieten. Um festzustellen, ob dieser Verantwortliche oder Auftragsverarbeiter betroffenen Personen, die sich in der Union befinden, Waren oder Dienstleistungen anbietet, sollte festgestellt werden, ob der Verantwortliche oder Auftragsverarbeiter offensichtlich beabsichtigt, betroffenen Personen in einem oder mehreren Mitgliedstaaten der Union Dienstleistungen anzubieten. Während die bloße Zugänglichkeit der Website des Verantwortlichen, des Auftragsverarbeiters oder eines Vermittlers in der Union, einer E-Mail-Adresse oder anderer Kontaktdaten oder die Verwendung einer Sprache, die in dem Drittland, in dem der Verantwortliche niedergelassen ist, allgemein gebräuchlich ist, hierfür kein ausreichender Anhaltspunkt ist, können andere Faktoren wie die Verwendung einer Sprache oder Währung, die in einem oder mehreren Mitgliedstaaten gebräuchlich ist, in Verbindung mit der Möglichkeit, Waren und Dienstleistungen in dieser anderen Sprache zu bestellen, oder die Erwähnung von Kunden oder Nutzern, die sich in der Union befinden, darauf hindeuten, dass der Verantwortliche beabsichtigt, den Personen in der Union Waren oder Dienstleistungen anzubieten.

(24) Die Verarbeitung personenbezogener Daten von betroffenen Personen, die sich in der Union befinden, durch einen nicht in der Union niedergelassenen Verantwortlichen oder Auftragsverarbeiter sollte auch dann dieser Verordnung unterliegen, wenn sie dazu dient, das Verhalten dieser betroffenen Personen zu beobachten, soweit ihr Verhalten in der Union erfolgt. Ob eine Verarbeitungstätigkeit der Beobachtung des Verhaltens von betroffenen Personen gilt, sollte daran festgemacht werden, ob ihre Internetaktivitäten nachvollzogen werden, einschließlich der möglichen nachfolgenden Verwendung von Techniken zur Verarbeitung personenbezogener Daten, durch die von einer natürlichen Person ein Profil erstellt wird, das insbesondere die Grundlage für sie betreffende Entscheidungen bildet oder anhand dessen ihre persönlichen Vorlieben, Verhaltensweisen oder Gepflogenheiten analysiert oder vorausgesagt werden sollen.

(25) Ist nach Völkerrecht das Recht eines Mitgliedstaats anwendbar, z. B. in einer diplomatischen oder konsularischen Vertretung eines Mitgliedstaats, so sollte die Verordnung auch auf einen nicht in der Union niedergelassenen Verantwortlichen Anwendung finden.

(26) Die Grundsätze des Datenschutzes sollten für alle Informationen gelten, die sich auf eine identifizierte oder identifizierbare natürliche Person beziehen. Einer Pseudonymisierung unterzogene personenbezogene Daten, die durch Heranziehung zusätzlicher Informationen einer natürlichen Person zugeordnet werden könnten, sollten als Informationen über eine identifizierbare natürliche Person betrachtet werden. Um festzustellen, ob eine natürliche Person identifizierbar ist, sollten alle Mittel berücksichtigt werden, die von dem Verantwortlichen oder einer anderen Person nach allgemeinem Ermessen wahrscheinlich genutzt werden, um die natürliche Person direkt oder indirekt zu identifizieren, wie beispielsweise das Aussondern. Bei der Feststellung, ob Mittel nach allgemeinem Ermessen wahrscheinlich zur Identifizierung der natürlichen Person genutzt werden, sollten alle objektiven Faktoren, wie die Kosten der Identifizierung und der dafür erforderliche Zeitaufwand, herangezogen werden, wobei die zum Zeitpunkt der Verarbeitung verfügbare Technologie und technologische Entwicklungen zu berücksichtigen sind. Die Grundsätze des Datenschutzes sollten daher nicht für anonyme Informationen gelten, d. h. für Informationen, die sich nicht auf eine identifizierte oder identifizierbare natürliche Person beziehen, oder personenbezogene Daten, die in einer Weise anonymisiert worden sind, dass die betroffene Person nicht oder nicht mehr identifiziert werden kann. Diese Verordnung betrifft somit nicht die Verarbeitung solcher anonymer Daten, auch für statistische oder für Forschungszwecke.

(27) Diese Verordnung gilt nicht für die personenbezogenen Daten Verstorbener. Die Mitgliedstaaten können Vorschriften für die Verarbeitung der personenbezogenen Daten Verstorbener vorsehen.

(28) Die Anwendung der Pseudonymisierung auf personenbezogene Daten kann die Risiken für die betroffenen Personen senken und die Verantwortlichen und die Auftragsverarbeiter bei der Einhaltung ihrer Datenschutzpflichten unterstützen. Durch die ausdrückliche Einführung der „Pseudonymisierung" in dieser Verordnung ist nicht beabsichtigt, andere Datenschutzmaßnahmen auszuschließen.

(29) Um Anreize für die Anwendung der Pseudonymisierung bei der Verarbeitung personenbezogener Daten zu schaffen, sollten Pseudonymisierungsmaßnahmen, die jedoch eine allgemeine Analyse zulassen, bei demselben Verantwortlichen möglich sein, wenn dieser die erforderlichen technischen und organisatorischen Maßnahmen getroffen hat, um – für die jeweilige Verarbeitung – die Umsetzung dieser *Verordnung* zu gewährleisten, wobei sicherzustellen ist, dass zusätzliche Informationen, mit denen die personenbezogenen Daten einer speziellen betroffenen Person zugeordnet werden können, gesondert aufbewahrt werden. Der für die Verarbeitung der personenbezogenen Daten Verantwortliche,[1] sollte die befugten Personen bei diesem Verantwortlichen angeben.

---

[1] Zeichensetzung amtlich.

(30) Natürlichen Personen werden unter Umständen Online-Kennungen wie IP-Adressen und Cookie-Kennungen, die sein Gerät oder Software-Anwendungen und -Tools oder Protokolle liefern, oder sonstige Kennungen wie Funkfrequenzkennzeichnungen zugeordnet. Dies kann Spuren hinterlassen, die insbesondere in Kombination mit eindeutigen Kennungen und anderen beim Server eingehenden Informationen dazu benutzt werden können, um Profile der natürlichen Personen zu erstellen und sie zu identifizieren.

(31) Behörden, gegenüber denen personenbezogene Daten aufgrund einer rechtlichen Verpflichtung für die Ausübung ihres offiziellen Auftrags offengelegt werden, wie Steuer- und Zollbehörden, Finanzermittlungsstellen, unabhängige Verwaltungsbehörden oder Finanzmarktbehörden, die für die Regulierung und Aufsicht von Wertpapiermärkten zuständig sind, sollten nicht als Empfänger gelten, wenn sie personenbezogene Daten erhalten, die für die Durchführung – gemäß dem Unionsrecht oder dem Recht der Mitgliedstaaten – eines einzelnen Untersuchungsauftrags im Interesse der Allgemeinheit erforderlich sind. Anträge auf Offenlegung, die von Behörden ausgehen, sollten immer schriftlich erfolgen, mit Gründen versehen sein und gelegentlichen Charakter haben, und sie sollten nicht vollständige Dateisysteme betreffen oder zur Verknüpfung von Dateisystemen führen. Die Verarbeitung personenbezogener Daten durch die genannten Behörden sollte den für die Zwecke der Verarbeitung geltenden Datenschutzvorschriften entsprechen.

(32) Die Einwilligung sollte durch eine eindeutige bestätigende Handlung erfolgen, mit der freiwillig, für den konkreten Fall, in informierter Weise und unmissverständlich bekundet wird, dass die betroffene Person mit der Verarbeitung der sie betreffenden personenbezogenen Daten einverstanden ist, etwa in Form einer schriftlichen Erklärung, die auch elektronisch erfolgen kann, oder einer mündlichen Erklärung. Dies könnte etwa durch Anklicken eines Kästchens beim Besuch einer Internetseite, durch die Auswahl technischer Einstellungen für Dienste der Informationsgesellschaft oder durch eine andere Erklärung oder Verhaltensweise geschehen, mit der die betroffene Person in dem jeweiligen Kontext eindeutig ihr Einverständnis mit der beabsichtigten Verarbeitung ihrer personenbezogenen Daten signalisiert. Stillschweigen, bereits angekreuzte Kästchen oder Untätigkeit der betroffenen Person sollten daher keine Einwilligung darstellen. Die Einwilligung sollte sich auf alle zu demselben Zweck oder denselben Zwecken vorgenommenen Verarbeitungsvorgänge beziehen. Wenn die Verarbeitung mehreren Zwecken dient, sollte für alle diese Verarbeitungszwecke eine Einwilligung gegeben werden. Wird die betroffene Person auf elektronischem Weg zur Einwilligung aufgefordert, so muss die Aufforderung in klarer und knapper Form und ohne unnötige Unterbrechung des Dienstes, für den die Einwilligung gegeben wird, erfolgen.

(33) Oftmals kann der Zweck der Verarbeitung personenbezogener Daten für Zwecke der wissenschaftlichen Forschung zum Zeitpunkt

der Erhebung der personenbezogenen Daten nicht vollständig angegeben werden. Daher sollte es betroffenen Personen erlaubt sein, ihre Einwilligung für bestimmte Bereiche wissenschaftlicher Forschung zu geben, wenn dies unter Einhaltung der anerkannten ethischen Standards der wissenschaftlichen Forschung geschieht. Die betroffenen Personen sollten Gelegenheit erhalten, ihre Einwilligung nur für bestimme Forschungsbereiche oder Teile von Forschungsprojekten in dem vom verfolgten Zweck zugelassenen Maße zu erteilen.

(34) Genetische Daten sollten als personenbezogene Daten über die ererbten oder erworbenen genetischen Eigenschaften einer natürlichen Person definiert werden, die aus der Analyse einer biologischen Probe der betreffenden natürlichen Person, insbesondere durch eine *Chromosomen*[1]*,* Desoxyribonukleinsäure (DNS)- oder Ribonukleinsäure (RNS)-Analyse oder der Analyse eines anderen Elements, durch die gleichwertige Informationen erlangt werden können, gewonnen werden.

(35) Zu den personenbezogenen Gesundheitsdaten sollten alle Daten zählen, die sich auf den Gesundheitszustand einer betroffenen Person beziehen und aus denen Informationen über den früheren, gegenwärtigen und künftigen körperlichen oder geistigen Gesundheitszustand der betroffenen Person hervorgehen. Dazu gehören auch Informationen über die natürliche Person, die im Zuge der Anmeldung für sowie der Erbringung von Gesundheitsdienstleistungen im Sinne der Richtlinie 2011/24/EU des Europäischen Parlaments und des Rates[2] für die natürliche Person erhoben werden, Nummern, Symbole oder Kennzeichen, die einer natürlichen Person zugeteilt wurden, um diese natürliche Person für gesundheitliche Zwecke eindeutig zu identifizieren, Informationen, die von der Prüfung oder Untersuchung eines Körperteils oder einer körpereigenen Substanz, auch aus genetischen Daten und biologischen Proben, abgeleitet wurden, und Informationen etwa über Krankheiten, Behinderungen, Krankheitsrisiken, Vorerkrankungen, klinische Behandlungen oder den physiologischen oder biomedizinischen Zustand der betroffenen Person unabhängig von der Herkunft der Daten, ob sie nun von einem Arzt oder sonstigem Angehörigen eines Gesundheitsberufes, einem Krankenhaus, einem Medizinprodukt oder einem In-Vitro-Diagnostikum stammen.

(36) Die Hauptniederlassung des Verantwortlichen in der Union sollte der Ort seiner Hauptverwaltung in der Union sein, es sei denn, dass Entscheidungen über die Zwecke und Mittel der Verarbeitung personenbezogener Daten in einer anderen Niederlassung des Verantwortlichen in der Union getroffen werden; in diesem Fall sollte die letztgenannte als Hauptniederlassung gelten. Zur Bestimmung der Hauptniederlassung eines Verantwortlichen in der Union sollten objek-

---

[1] Richtig wohl: „Chromosomen".

[2] **[Amtl. Anm.:]** Richtlinie 2011/24/EU des Europäischen Parlaments und des Rates vom 9. März 2011 über die Ausübung der Patientenrechte in der grenzüberschreitenden Gesundheitsversorgung (ABl. L 88 vom 4.4.2011, S. 45).

tive Kriterien herangezogen werden; ein Kriterium sollte dabei die effektive und tatsächliche Ausübung von Managementtätigkeiten durch eine feste Einrichtung sein, in deren Rahmen die Grundsatzentscheidungen zur Festlegung der Zwecke und Mittel der Verarbeitung getroffen werden. Dabei sollte nicht ausschlaggebend sein, ob die Verarbeitung der personenbezogenen Daten tatsächlich an diesem Ort ausgeführt wird. Das Vorhandensein und die Verwendung technischer Mittel und Verfahren zur Verarbeitung personenbezogener Daten oder Verarbeitungstätigkeiten begründen an sich noch keine Hauptniederlassung und sind daher kein ausschlaggebender Faktor für das Bestehen einer Hauptniederlassung. Die Hauptniederlassung des Auftragsverarbeiters sollte der Ort sein, an dem der Auftragsverarbeiter seine Hauptverwaltung in der Union hat, oder – wenn er keine Hauptverwaltung in der Union hat – der Ort, an dem die wesentlichen Verarbeitungstätigkeiten in der Union stattfinden. Sind sowohl der Verantwortliche als auch der Auftragsverarbeiter betroffen, so sollte die Aufsichtsbehörde des Mitgliedstaats, in dem der Verantwortliche seine Hauptniederlassung hat, die zuständige federführende Aufsichtsbehörde bleiben, doch sollte die Aufsichtsbehörde des Auftragsverarbeiters als betroffene Aufsichtsbehörde betrachtet werden und diese Aufsichtsbehörde sollte sich an dem in dieser Verordnung vorgesehenen Verfahren der Zusammenarbeit beteiligen. Auf jeden Fall sollten die Aufsichtsbehörden des Mitgliedstaats oder der Mitgliedstaaten, in dem bzw. denen der Auftragsverarbeiter eine oder mehrere Niederlassungen hat, nicht als betroffene Aufsichtsbehörden betrachtet werden, wenn sich der Beschlussentwurf nur auf den Verantwortlichen bezieht. Wird die Verarbeitung durch eine Unternehmensgruppe vorgenommen, so sollte die Hauptniederlassung des herrschenden Unternehmens als Hauptniederlassung der Unternehmensgruppe gelten, es sei denn, die Zwecke und Mittel der Verarbeitung werden von einem anderen Unternehmen festgelegt.

(37) Eine Unternehmensgruppe sollte aus einem herrschenden Unternehmen und den von diesem abhängigen Unternehmen bestehen, wobei das herrschende Unternehmen dasjenige sein sollte, das zum Beispiel aufgrund der Eigentumsverhältnisse, der finanziellen Beteiligung oder der für das Unternehmen geltenden Vorschriften oder der Befugnis, Datenschutzvorschriften umsetzen zu lassen, einen beherrschenden Einfluss auf die übrigen Unternehmen ausüben kann. Ein Unternehmen, das die Verarbeitung personenbezogener Daten in ihm angeschlossenen Unternehmen kontrolliert, sollte zusammen mit diesen als eine „Unternehmensgruppe" betrachtet werden.

(38) Kinder verdienen bei ihren personenbezogenen Daten besonderen Schutz, da Kinder sich der betreffenden Risiken, Folgen und Garantien und ihrer Rechte bei der Verarbeitung personenbezogener Daten möglicherweise weniger bewusst sind. Ein solcher besonderer Schutz sollte insbesondere die Verwendung personenbezogener Daten von Kindern für Werbezwecke oder für die Erstellung von Persönlichkeits- oder Nutzerprofilen und die Erhebung von personenbezogenen Daten von Kindern bei der Nutzung von Diensten, die Kindern direkt

angeboten werden, betreffen. Die Einwilligung des Trägers der elterlichen Verantwortung sollte im Zusammenhang mit Präventions- oder Beratungsdiensten, die unmittelbar einem Kind angeboten werden, nicht erforderlich sein.

(39) Jede Verarbeitung personenbezogener Daten sollte rechtmäßig und nach Treu und Glauben erfolgen. Für natürliche Personen sollte Transparenz dahingehend bestehen, dass sie betreffende personenbezogene Daten erhoben, verwendet, eingesehen oder anderweitig verarbeitet werden und in welchem Umfang die personenbezogenen Daten verarbeitet werden und künftig noch verarbeitet werden. Der Grundsatz der Transparenz setzt voraus, dass alle Informationen und Mitteilungen zur Verarbeitung dieser personenbezogenen Daten leicht zugänglich und verständlich und in klarer und einfacher Sprache abgefasst sind. Dieser Grundsatz betrifft insbesondere die Informationen über die Identität des Verantwortlichen und die Zwecke der Verarbeitung und sonstige Informationen, die eine faire und transparente Verarbeitung im Hinblick auf die betroffenen natürlichen Personen gewährleisten, sowie deren Recht, eine Bestätigung und Auskunft darüber zu erhalten, welche sie betreffende personenbezogene Daten verarbeitet werden. Natürliche Personen sollten über die Risiken, Vorschriften, Garantien und Rechte im Zusammenhang mit der Verarbeitung personenbezogener Daten informiert und darüber aufgeklärt werden, wie sie ihre diesbezüglichen Rechte geltend machen können. Insbesondere sollten die bestimmten Zwecke, zu denen die personenbezogenen Daten verarbeitet werden, eindeutig und rechtmäßig sein und zum Zeitpunkt der Erhebung der personenbezogenen Daten feststehen. Die personenbezogenen Daten sollten für die Zwecke, zu denen sie verarbeitet werden, angemessen und erheblich sowie auf das für die Zwecke ihrer Verarbeitung notwendige Maß beschränkt sein. Dies erfordert insbesondere, dass die Speicherfrist für personenbezogene Daten auf das unbedingt erforderliche Mindestmaß beschränkt bleibt. Personenbezogene Daten sollten nur verarbeitet werden dürfen, wenn der Zweck der Verarbeitung nicht in zumutbarer Weise durch andere Mittel erreicht werden kann. Um sicherzustellen, dass die personenbezogenen Daten nicht länger als nötig gespeichert werden, sollte der Verantwortliche Fristen für ihre Löschung oder regelmäßige Überprüfung vorsehen. Es sollten alle vertretbaren Schritte unternommen werden, damit unrichtige personenbezogene Daten gelöscht oder berichtigt werden. Personenbezogene Daten sollten so verarbeitet werden, dass ihre Sicherheit und Vertraulichkeit hinreichend gewährleistet ist, wozu auch gehört, dass Unbefugte keinen Zugang zu den Daten haben und weder die Daten noch die Geräte, mit denen diese verarbeitet werden, benutzen können.

(40) Damit die Verarbeitung rechtmäßig ist, müssen personenbezogene Daten mit Einwilligung der betroffenen Person oder auf einer sonstigen zulässigen Rechtsgrundlage verarbeitet werden, die sich aus dieser Verordnung oder – wann immer in dieser Verordnung darauf Bezug genommen wird – aus dem sonstigen Unionsrecht oder dem Recht der Mitgliedstaaten ergibt, so unter anderem auf der Grundlage,

dass sie zur Erfüllung der rechtlichen Verpflichtung, der der Verantwortliche unterliegt, oder zur Erfüllung eines Vertrags, dessen Vertragspartei die betroffene Person ist, oder für die Durchführung vorvertraglicher Maßnahmen, die auf Anfrage der betroffenen Person erfolgen, erforderlich ist.

(41) Wenn in dieser Verordnung auf eine Rechtsgrundlage oder eine Gesetzgebungsmaßnahme Bezug genommen wird, erfordert dies nicht notwendigerweise einen von einem Parlament angenommenen Gesetzgebungsakt; davon unberührt bleiben Anforderungen gemäß der Verfassungsordnung des betreffenden Mitgliedstaats. Die entsprechende Rechtsgrundlage oder Gesetzgebungsmaßnahme sollte jedoch klar und präzise sein und ihre Anwendung sollte für die Rechtsunterworfenen gemäß der Rechtsprechung des Gerichtshofs der Europäischen Union (im Folgenden „Gerichtshof") und des Europäischen Gerichtshofs für Menschenrechte vorhersehbar sein.

(42) Erfolgt die Verarbeitung mit Einwilligung der betroffenen Person, sollte der Verantwortliche nachweisen können, dass die betroffene Person ihre Einwilligung zu dem Verarbeitungsvorgang gegeben hat. Insbesondere bei Abgabe einer schriftlichen Erklärung in anderer Sache sollten Garantien sicherstellen, dass die betroffene Person weiß, dass und in welchem Umfang sie ihre Einwilligung erteilt. Gemäß der Richtlinie 93/13/EWG des Rates[1)] sollte eine vom Verantwortlichen vorformulierte Einwilligungserklärung in verständlicher und leicht zugänglicher Form in einer klaren und einfachen Sprache zur Verfügung gestellt werden, und sie sollte keine missbräuchlichen Klauseln beinhalten. Damit sie in Kenntnis der Sachlage ihre Einwilligung geben kann, sollte die betroffene Person mindestens wissen; wer der Verantwortliche ist und für welche Zwecke ihre personenbezogenen Daten verarbeitet werden sollen. Es sollte nur dann davon ausgegangen werden, dass sie ihre Einwilligung freiwillig gegeben hat, wenn sie eine echte oder freie Wahl hat und somit in der Lage ist, die Einwilligung zu verweigern oder zurückzuziehen, ohne Nachteile zu erleiden.

(43) Um sicherzustellen, dass die Einwilligung freiwillig erfolgt ist, sollte diese in besonderen Fällen, wenn zwischen der betroffenen Person und dem Verantwortlichen ein klares Ungleichgewicht besteht, insbesondere wenn es sich bei dem Verantwortlichen um eine Behörde handelt, und es deshalb in Anbetracht aller Umstände in dem speziellen Fall unwahrscheinlich ist, dass die Einwilligung freiwillig gegeben wurde, keine gültige Rechtsgrundlage liefern. Die Einwilligung gilt nicht als freiwillig erteilt, wenn zu verschiedenen Verarbeitungsvorgängen von personenbezogenen Daten nicht gesondert eine Einwilligung erteilt werden kann, obwohl dies im Einzelfall angebracht ist, oder wenn die Erfüllung eines Vertrags, einschließlich der Erbringung einer Dienstleistung, von der Einwilligung abhängig ist, obwohl diese Einwilligung für die Erfüllung nicht erforderlich ist.

[1)] **[Amtl. Anm.:]** Richtlinie 93/13/EWG des Rates vom 5. April 1993 über missbräuchliche Klauseln in Verbraucherverträgen (ABl. L 95 vom 21.4.1993, S. 29).

(44) Die Verarbeitung von Daten sollte als rechtmäßig gelten, wenn sie für die Erfüllung oder den geplanten Abschluss eines Vertrags erforderlich ist.

(45) Erfolgt die Verarbeitung durch den Verantwortlichen aufgrund einer ihm obliegenden rechtlichen Verpflichtung oder ist die Verarbeitung zur Wahrnehmung einer Aufgabe im öffentlichen Interesse oder in Ausübung öffentlicher Gewalt erforderlich, muss hierfür eine Grundlage im Unionsrecht oder im Recht eines Mitgliedstaats bestehen. Mit dieser Verordnung wird nicht für jede einzelne Verarbeitung ein spezifisches Gesetz verlangt. Ein Gesetz als Grundlage für mehrere Verarbeitungsvorgänge kann ausreichend sein, wenn die Verarbeitung aufgrund einer dem Verantwortlichen obliegenden rechtlichen Verpflichtung erfolgt oder wenn die Verarbeitung zur Wahrnehmung einer Aufgabe im öffentlichen Interesse oder in Ausübung öffentlicher Gewalt erforderlich ist. Desgleichen sollte im Unionsrecht oder im Recht der Mitgliedstaaten geregelt werden, für welche Zwecke die Daten verarbeitet werden dürfen. Ferner könnten in diesem Recht die allgemeinen Bedingungen dieser Verordnung zur Regelung der Rechtmäßigkeit der Verarbeitung personenbezogener Daten präzisiert und es könnte darin festgelegt werden, wie der Verantwortliche zu bestimmen ist, welche Art von personenbezogenen Daten verarbeitet werden, welche Personen betroffen sind, welchen Einrichtungen die personenbezogenen Daten offengelegt, für welche Zwecke und wie lange sie gespeichert werden dürfen und welche anderen Maßnahmen ergriffen werden, um zu gewährleisten, dass die Verarbeitung rechtmäßig und nach Treu und Glauben erfolgt. Desgleichen sollte im Unionsrecht oder im Recht der Mitgliedstaaten geregelt werden, ob es sich bei dem Verantwortlichen, der eine Aufgabe wahrnimmt, die im öffentlichen Interesse liegt oder in Ausübung öffentlicher Gewalt erfolgt, um eine Behörde oder um eine andere unter das öffentliche Recht fallende natürliche oder juristische Person oder, sofern dies durch das öffentliche Interesse einschließlich gesundheitlicher Zwecke, wie die öffentliche Gesundheit oder die soziale Sicherheit oder die Verwaltung von Leistungen der Gesundheitsfürsorge, gerechtfertigt ist, eine natürliche oder juristische Person des Privatrechts, wie beispielsweise eine Berufsvereinigung, handeln sollte.

(46) Die Verarbeitung personenbezogener Daten sollte ebenfalls als rechtmäßig angesehen werden, wenn sie erforderlich ist, um ein lebenswichtiges Interesse der betroffenen Person oder einer anderen natürlichen Person zu schützen. Personenbezogene Daten sollten grundsätzlich nur dann aufgrund eines lebenswichtigen Interesses einer anderen natürlichen Person verarbeitet werden, wenn die Verarbeitung offensichtlich nicht auf eine andere Rechtsgrundlage gestützt werden kann. Einige Arten der Verarbeitung können sowohl wichtigen Gründen des öffentlichen Interesses als auch lebenswichtigen Interessen der betroffenen Person dienen; so kann beispielsweise die Verarbeitung für humanitäre Zwecke einschließlich der Überwachung von Epidemien und deren Ausbreitung oder in humanitären Notfällen insbesondere bei

Naturkatastrophen oder vom Menschen verursachten Katastrophen erforderlich sein.

(47)[1] Die Rechtmäßigkeit der Verarbeitung kann durch die berechtigten Interessen eines Verantwortlichen, auch eines Verantwortlichen, dem die personenbezogenen Daten offengelegt werden dürfen, oder eines Dritten begründet sein, sofern die Interessen oder die Grundrechte und Grundfreiheiten der betroffenen Person nicht überwiegen; dabei sind die vernünftigen Erwartungen der betroffenen Personen, die auf ihrer Beziehung zu dem Verantwortlichen beruhen, zu berücksichtigen. Ein berechtigtes Interesse könnte beispielsweise vorliegen, wenn eine maßgebliche und angemessene Beziehung zwischen der betroffenen Person und dem Verantwortlichen besteht, z. B. wenn die betroffene Person ein Kunde des Verantwortlichen ist oder in seinen Diensten steht. Auf jeden Fall wäre das Bestehen eines berechtigten Interesses besonders sorgfältig abzuwägen, wobei auch zu prüfen ist, ob eine betroffene Person zum Zeitpunkt der Erhebung der personenbezogenen Daten und angesichts der Umstände, unter denen sie erfolgt, vernünftigerweise absehen kann, dass möglicherweise eine Verarbeitung für diesen Zweck erfolgen wird. Insbesondere dann, wenn personenbezogene Daten in Situationen verarbeitet werden, in denen eine betroffene Person vernünftigerweise nicht mit einer weiteren Verarbeitung rechnen muss, könnten die Interessen und Grundrechte der betroffenen Person das Interesse des Verantwortlichen überwiegen. Da es dem Gesetzgeber obliegt, per Rechtsvorschrift die Rechtsgrundlage für die Verarbeitung personenbezogener Daten durch die Behörden zu schaffen, sollte diese Rechtsgrundlage nicht für Verarbeitungen durch Behörden gelten, die diese in Erfüllung ihrer Aufgaben vornehmen. Die Verarbeitung personenbezogener Daten im für die Verhinderung von Betrug unbedingt erforderlichen Umfang stellt ebenfalls ein berechtigtes Interesse des jeweiligen Verantwortlichen dar. Die Verarbeitung personenbezogener Daten zum Zwecke der Direktwerbung kann als eine einem berechtigten Interesse dienende Verarbeitung betrachtet werden.

(48) Verantwortliche, die Teil einer Unternehmensgruppe oder einer Gruppe von Einrichtungen sind, die einer zentralen Stelle zugeordnet sind können ein berechtigtes Interesse haben, personenbezogene Daten innerhalb der Unternehmensgruppe für interne Verwaltungszwecke, einschließlich der Verarbeitung personenbezogener Daten von Kunden und Beschäftigten, zu übermitteln. Die Grundprinzipien für die Übermittlung personenbezogener Daten innerhalb von Unternehmensgruppen an ein Unternehmen in einem Drittland bleiben unberührt.

(49) Die Verarbeitung von personenbezogenen Daten durch Behörden, Computer-Notdienste (Computer Emergency Response Teams – CERT, beziehungsweise Computer Security Incident Response Teams – CSIRT), Betreiber von elektronischen Kommunikationsnetzen und -diensten sowie durch Anbieter von Sicherheitstechnologien und

[1] Erwägungsgrund 47 ber. ABl. 2018 Nr. L 127 S. 2.

-diensten stellt in dem Maße ein berechtigtes Interesse des jeweiligen Verantwortlichen dar, wie dies für die Gewährleistung der Netz- und Informationssicherheit unbedingt notwendig und verhältnismäßig ist, d. h. soweit dadurch die Fähigkeit eines Netzes oder Informationssystems gewährleistet wird, mit einem vorgegebenen Grad der Zuverlässigkeit Störungen oder widerrechtliche oder mutwillige Eingriffe abzuwehren, die die Verfügbarkeit, Authentizität, Vollständigkeit und Vertraulichkeit von gespeicherten oder übermittelten personenbezogenen Daten sowie die Sicherheit damit zusammenhängender Dienste, die über diese Netze oder Informationssysteme angeboten werden bzw. zugänglich sind, beeinträchtigen. Ein solches berechtigtes Interesse könnte beispielsweise darin bestehen, den Zugang Unbefugter zu elektronischen Kommunikationsnetzen und die Verbreitung schädlicher Programmcodes zu verhindern sowie Angriffe in Form der gezielten Überlastung von Servern („Denial of service"-Angriffe) und Schädigungen von Computer- und elektronischen Kommunikationssystemen abzuwehren.

(50)[1] Die Verarbeitung personenbezogener Daten für andere Zwecke als die, für die die personenbezogenen Daten ursprünglich erhoben wurden, sollte nur zulässig sein, wenn die Verarbeitung mit den Zwecken, für die die personenbezogenen Daten ursprünglich erhoben wurden, vereinbar ist. In diesem Fall ist keine andere gesonderte Rechtsgrundlage erforderlich als diejenige für die Erhebung der personenbezogenen Daten. Ist die Verarbeitung für die Wahrnehmung einer Aufgabe erforderlich, die im öffentlichen Interesse liegt oder in Ausübung öffentlicher Gewalt erfolgt, die dem Verantwortlichen übertragen wurde, so können im Unionsrecht oder im Recht der Mitgliedstaaten die Aufgaben und Zwecke bestimmt und konkretisiert werden, für die eine Weiterverarbeitung als vereinbar und rechtmäßig erachtet wird. Die Weiterverarbeitung für im öffentlichen Interesse liegende Archivzwecke, für wissenschaftliche oder historische Forschungszwecke oder für statistische Zwecke sollte als vereinbarer und rechtmäßiger Verarbeitungsvorgang gelten. Die im Unionsrecht oder im Recht der Mitgliedstaaten vorgesehene Rechtsgrundlage für die Verarbeitung personenbezogener Daten kann auch als Rechtsgrundlage für eine Weiterverarbeitung dienen. Um festzustellen, ob ein Zweck der Weiterverarbeitung mit dem Zweck, für den die personenbezogenen Daten ursprünglich erhoben wurden, vereinbar ist, sollte der Verantwortliche nach Einhaltung aller Anforderungen für die Rechtmäßigkeit der ursprünglichen Verarbeitung unter anderem prüfen, ob ein Zusammenhang zwischen den Zwecken, für die die personenbezogenen Daten erhoben wurden, und den Zwecken der beabsichtigten Weiterverarbeitung besteht, in welchem Kontext die Daten erhoben wurden, insbesondere die vernünftigen Erwartungen der betroffenen Personen, die auf ihrer Beziehung zu dem Verantwortlichen beruhen, in Bezug auf die weitere Verwendung dieser Daten, um welche Art von personenbe-

[1] Erwägungsgrund 50 ber. ABl. 2018 Nr. L 127 S. 2.

zogenen Daten es sich handelt, welche Folgen die beabsichtigte Weiterverarbeitung für die betroffenen Personen hat und ob sowohl beim ursprünglichen als auch beim beabsichtigten Weiterverarbeitungsvorgang geeignete Garantien bestehen.

Hat die betroffene Person ihre Einwilligung erteilt oder beruht die Verarbeitung auf Unionsrecht oder dem Recht der Mitgliedstaaten, was in einer demokratischen Gesellschaft eine notwendige und verhältnismäßige Maßnahme zum Schutz insbesondere wichtiger Ziele des allgemeinen öffentlichen Interesses darstellt, so sollte der Verantwortliche die personenbezogenen Daten ungeachtet der Vereinbarkeit der Zwecke weiterverarbeiten dürfen. In jedem Fall sollte gewährleistet sein, dass die in dieser Verordnung niedergelegten Grundsätze angewandt werden und insbesondere die betroffene Person über diese anderen Zwecke und über ihre Rechte einschließlich des Widerspruchsrechts unterrichtet wird. Der Hinweis des Verantwortlichen auf mögliche Straftaten oder Bedrohungen der öffentlichen Sicherheit und die Übermittlung der maßgeblichen personenbezogenen Daten in Einzelfällen oder in mehreren Fällen, die im Zusammenhang mit derselben Straftat oder derselben Bedrohung der öffentlichen Sicherheit stehen, an eine zuständige Behörde sollten als berechtigtes Interesse des Verantwortlichen gelten. Eine derartige Übermittlung personenbezogener Daten im berechtigten Interesse des Verantwortlichen oder deren Weiterverarbeitung sollte jedoch unzulässig sein, wenn die Verarbeitung mit einer rechtlichen, beruflichen oder sonstigen verbindlichen Pflicht zur Geheimhaltung unvereinbar ist.

(51) Personenbezogene Daten, die ihrem Wesen nach hinsichtlich der Grundrechte und Grundfreiheiten besonders sensibel sind, verdienen einen besonderen Schutz, da im Zusammenhang mit ihrer Verarbeitung erhebliche Risiken für die Grundrechte und Grundfreiheiten auftreten können. Diese personenbezogenen Daten sollten personenbezogene Daten umfassen, aus denen die rassische oder ethnische Herkunft hervorgeht, wobei die Verwendung des Begriffs „rassische Herkunft" in dieser Verordnung nicht bedeutet, dass die Union Theorien, mit denen versucht wird, die Existenz verschiedener menschlicher Rassen zu belegen, gutheißt. Die Verarbeitung von Lichtbildern sollte nicht grundsätzlich als Verarbeitung besonderer Kategorien von personenbezogenen Daten angesehen werden, da Lichtbilder nur dann von der Definition des Begriffs „biometrische Daten" erfasst werden, wenn sie mit speziellen technischen Mitteln verarbeitet werden, die die eindeutige Identifizierung oder Authentifizierung einer natürlichen Person ermöglichen. Derartige personenbezogene Daten sollten nicht verarbeitet werden, es sei denn, die Verarbeitung ist in den in dieser Verordnung dargelegten besonderen Fällen zulässig, wobei zu berücksichtigen ist, dass im Recht der Mitgliedstaaten besondere Datenschutzbestimmungen festgelegt sein können, um die Anwendung der Bestimmungen dieser Verordnung anzupassen, *damit* die Einhaltung einer rechtlichen Verpflichtung oder die Wahrnehmung einer Aufgabe im öffentlichen Interesse oder die Ausübung öffentlicher Gewalt, die dem Verantwortlichen übertragen wurde,

möglich ist. Zusätzlich zu den speziellen Anforderungen an eine derartige Verarbeitung sollten die allgemeinen Grundsätze und andere Bestimmungen dieser Verordnung, insbesondere hinsichtlich der Bedingungen für eine rechtmäßige Verarbeitung, gelten. Ausnahmen von dem allgemeinen Verbot der Verarbeitung dieser besonderen Kategorien personenbezogener Daten sollten ausdrücklich vorgesehen werden, unter anderem bei ausdrücklicher Einwilligung der betroffenen Person oder bei bestimmten Notwendigkeiten, insbesondere wenn die Verarbeitung im Rahmen rechtmäßiger Tätigkeiten bestimmter Vereinigungen oder Stiftungen vorgenommen wird, die sich für die Ausübung von Grundfreiheiten einsetzen.

(52) Ausnahmen vom Verbot der Verarbeitung besonderer Kategorien von personenbezogenen Daten sollten auch erlaubt sein, wenn sie im Unionsrecht oder dem Recht der Mitgliedstaaten vorgesehen sind, und – vorbehaltlich angemessener Garantien zum Schutz der personenbezogenen Daten und anderer Grundrechte – wenn dies durch das öffentliche Interesse gerechtfertigt ist, insbesondere für die Verarbeitung von personenbezogenen Daten auf dem Gebiet des Arbeitsrechts und des Rechts der sozialen Sicherheit einschließlich Renten und zwecks Sicherstellung und Überwachung der Gesundheit und Gesundheitswarnungen, Prävention oder Kontrolle ansteckender Krankheiten und anderer schwerwiegender Gesundheitsgefahren. Eine solche Ausnahme kann zu gesundheitlichen Zwecken gemacht werden, wie der Gewährleistung der öffentlichen Gesundheit und der Verwaltung von Leistungen der Gesundheitsversorgung, insbesondere wenn dadurch die Qualität und Wirtschaftlichkeit der Verfahren zur Abrechnung von Leistungen in den sozialen Krankenversicherungssystemen sichergestellt werden soll, oder wenn die Verarbeitung im öffentlichen Interesse liegenden Archivzwecken, wissenschaftlichen oder historischen Forschungszwecken oder statistischen Zwecken dient. Die Verarbeitung solcher personenbezogener Daten sollte zudem ausnahmsweise erlaubt sein, wenn sie erforderlich ist, um rechtliche Ansprüche, sei es in einem Gerichtsverfahren oder in einem Verwaltungsverfahren oder einem außergerichtlichen Verfahren, geltend zu machen, auszuüben oder zu verteidigen.

(53) Besondere Kategorien personenbezogener Daten, die *eines höheren Schutzes*[1] verdienen, sollten nur dann für gesundheitsbezogene Zwecke verarbeitet werden, wenn dies für das Erreichen dieser Zwecke im Interesse einzelner natürlicher Personen und der Gesellschaft insgesamt erforderlich ist, insbesondere im Zusammenhang mit der Verwaltung der Dienste und Systeme des Gesundheits- oder Sozialbereichs, einschließlich der Verarbeitung dieser Daten durch die Verwaltung und die zentralen nationalen Gesundheitsbehörden zwecks Qualitätskontrolle, Verwaltungsinformationen und der allgemeinen nationalen und lokalen Überwachung des Gesundheitssystems oder des Sozialsystems und zwecks Gewährleistung der Kontinuität der Gesundheits- und Sozialfürsorge und der grenzüberschreitenden Gesundheitsversorgung

[1] Richtig wohl: „einen höheren Schutz".

oder Sicherstellung und Überwachung der Gesundheit und Gesundheitswarnungen oder für im öffentlichen Interesse liegende Archivzwecke, zu wissenschaftlichen oder historischen Forschungszwecken oder statistischen Zwecken, die auf Rechtsvorschriften der Union oder der Mitgliedstaaten beruhen, die einem im öffentlichen Interesse liegenden Ziel dienen müssen, sowie für Studien, die im öffentlichen Interesse im Bereich der öffentlichen Gesundheit durchgeführt werden. Diese Verordnung sollte daher harmonisierte Bedingungen für die Verarbeitung besonderer Kategorien personenbezogener Gesundheitsdaten im Hinblick auf bestimmte Erfordernisse harmonisieren, insbesondere wenn die Verarbeitung dieser Daten für gesundheitsbezogene Zwecke von Personen durchgeführt wird, die gemäß einer rechtlichen Verpflichtung dem Berufsgeheimnis unterliegen. Im Recht der Union oder der Mitgliedstaaten sollten besondere und angemessene Maßnahmen zum Schutz der Grundrechte und der personenbezogenen Daten natürlicher Personen vorgesehen werden. Den Mitgliedstaaten sollte gestattet werden, weitere Bedingungen einschließlich Beschränkungen – in Bezug auf die Verarbeitung von genetischen Daten, biometrischen Daten oder Gesundheitsdaten beizubehalten oder einzuführen. Dies sollte jedoch den freien Verkehr personenbezogener Daten innerhalb der Union nicht beeinträchtigen, falls die betreffenden Bedingungen für die grenzüberschreitende Verarbeitung solcher Daten gelten.

(54) Aus Gründen des öffentlichen Interesses in Bereichen der öffentlichen Gesundheit kann es notwendig sein, besondere Kategorien personenbezogener Daten auch ohne Einwilligung der betroffenen Person zu verarbeiten. Diese Verarbeitung sollte angemessenen und besonderen Maßnahmen zum Schutz der Rechte und Freiheiten natürlicher Personen unterliegen. In diesem Zusammenhang sollte der Begriff „öffentliche Gesundheit" im Sinne der Verordnung (EG) Nr. 1338/2008 des Europäischen Parlaments und des Rates[1] ausgelegt werden und alle Elemente im Zusammenhang mit der Gesundheit wie den Gesundheitszustand einschließlich Morbidität und Behinderung, die sich auf diesen Gesundheitszustand auswirkenden Determinanten, den Bedarf an Gesundheitsversorgung, die der Gesundheitsversorgung zugewiesenen Mittel, die Bereitstellung von Gesundheitsversorgungsleistungen und den allgemeinen Zugang zu diesen Leistungen sowie die entsprechenden Ausgaben und die Finanzierung und schließlich die Ursachen der Mortalität einschließen. Eine solche Verarbeitung von Gesundheitsdaten aus Gründen des öffentlichen Interesses darf nicht dazu führen, dass Dritte, unter anderem Arbeitgeber oder Versicherungs- und Finanzunternehmen, solche *personenbezogene*[2] Daten zu anderen Zwecken verarbeiten.

---

[1] **[Amtl. Anm.:]** Verordnung (EG) Nr. 1338/2008 des Europäischen Parlaments und des Rates vom 16. Dezember 2008 zu Gemeinschaftsstatistiken über öffentliche Gesundheit und über Gesundheitsschutz und Sicherheit am Arbeitsplatz (ABl. L 354 vom 31.12.2008, S. 70).

[2] Richtig wohl: „personenbezogenen".

(55) Auch die Verarbeitung personenbezogener Daten durch staatliche Stellen zu verfassungsrechtlich oder völkerrechtlich verankerten Zielen von staatlich anerkannten Religionsgemeinschaften erfolgt aus Gründen des öffentlichen Interesses.

(56) Wenn es in einem Mitgliedstaat das Funktionieren des demokratischen Systems erfordert, dass die politischen Parteien im Zusammenhang mit Wahlen personenbezogene Daten über die politische Einstellung von Personen sammeln, kann die Verarbeitung derartiger Daten aus Gründen des öffentlichen Interesses zugelassen werden, sofern geeignete Garantien vorgesehen werden.

(57) Kann der Verantwortliche anhand der von ihm verarbeiteten personenbezogenen Daten eine natürliche Person nicht identifizieren, so sollte er nicht verpflichtet sein, zur bloßen Einhaltung einer Vorschrift dieser Verordnung zusätzliche Daten einzuholen, um die betroffene Person zu identifizieren. Allerdings sollte er sich nicht weigern, zusätzliche Informationen entgegenzunehmen, die von der betroffenen Person beigebracht werden, um ihre Rechte geltend zu machen. Die Identifizierung sollte die digitale Identifizierung einer betroffenen Person beispielsweise durch Authentifizierungsverfahren etwa mit denselben Berechtigungsnachweisen, wie sie die betroffene Person verwendet, um sich bei dem von dem Verantwortlichen bereitgestellten Online-Dienst anzumelden – einschließen.

(58) Der Grundsatz der Transparenz setzt voraus, dass eine für die Öffentlichkeit oder die betroffene Person bestimmte Information präzise, leicht zugänglich und verständlich sowie in klarer und einfacher Sprache abgefasst ist und gegebenenfalls zusätzlich visuelle Elemente verwendet werden. Diese Information könnte in elektronischer Form bereitgestellt werden, beispielsweise auf einer Website, wenn sie für die Öffentlichkeit bestimmt ist. Dies gilt insbesondere für Situationen, wo die große Zahl der Beteiligten und die Komplexität der dazu benötigten Technik es der betroffenen Person schwer machen, zu erkennen und nachzuvollziehen, ob, von wem und zu welchem Zweck sie betreffende personenbezogene Daten erfasst werden, wie etwa bei der Werbung im Internet. Wenn sich die Verarbeitung an Kinder richtet, sollten aufgrund der besonderen Schutzwürdigkeit von Kindern Informationen und Hinweise in einer dergestalt klaren und einfachen Sprache erfolgen, dass ein Kind sie verstehen kann.

(59) Es sollten Modalitäten festgelegt werden, die einer betroffenen Person die Ausübung der Rechte, die ihr nach dieser Verordnung zustehen, erleichtern, darunter auch Mechanismen, die dafür sorgen, dass sie unentgeltlich insbesondere Zugang zu personenbezogenen Daten und deren Berichtigung oder Löschung beantragen und gegebenenfalls erhalten oder von ihrem Widerspruchsrecht Gebrauch machen kann. So sollte der Verantwortliche auch dafür sorgen, dass Anträge elektronisch gestellt werden können, insbesondere wenn die personenbezogenen Daten elektronisch verarbeitet werden. Der Verantwortliche sollte verpflichtet werden, den Antrag der betroffenen Person unverzüglich,

spätestens aber innerhalb eines Monats zu beantworten und gegebenenfalls zu begründen, warum er den Antrag ablehnt.

(60) Die Grundsätze einer fairen und transparenten Verarbeitung machen es erforderlich, dass die betroffene Person über die Existenz des Verarbeitungsvorgangs und seine Zwecke unterrichtet wird. Der Verantwortliche sollte der betroffenen Person alle weiteren Informationen zur Verfügung stellen, die unter Berücksichtigung der besonderen Umstände und Rahmenbedingungen, unter denen die personenbezogenen Daten verarbeitet werden, notwendig sind, um eine faire und transparente Verarbeitung zu gewährleisten. Darüber hinaus sollte er die betroffene Person darauf hinweisen, dass Profiling stattfindet und welche Folgen dies hat. Werden die personenbezogenen Daten bei der betroffenen Person erhoben, so sollte dieser darüber hinaus mitgeteilt werden, ob sie verpflichtet ist, die personenbezogenen Daten bereitzustellen, und welche Folgen eine Zurückhaltung der Daten nach sich ziehen würde. Die betreffenden Informationen können in Kombination mit standardisierten Bildsymbolen bereitgestellt werden, um in leicht wahrnehmbarer, verständlicher und klar nachvollziehbarer Form einen aussagekräftigen Überblick über die beabsichtigte Verarbeitung zu vermitteln. Werden die Bildsymbole in elektronischer Form dargestellt, so sollten sie maschinenlesbar sein.

(61) Dass sie betreffende personenbezogene Daten verarbeitet werden, sollte der betroffenen Person zum Zeitpunkt der Erhebung mitgeteilt werden oder, falls die Daten nicht von ihr, sondern aus einer anderen Quelle erlangt werden, innerhalb einer angemessenen Frist, die sich nach dem konkreten Einzelfall richtet. Wenn die personenbezogenen Daten rechtmäßig einem anderen Empfänger offengelegt werden dürfen, sollte die betroffene Person bei der erstmaligen Offenlegung der personenbezogenen Daten für diesen Empfänger darüber aufgeklärt werden. Beabsichtigt der Verantwortliche, die personenbezogenen Daten für einen anderen Zweck zu verarbeiten als den, für den die Daten erhoben wurden, so sollte er der betroffenen Person vor dieser Weiterverarbeitung Informationen über diesen anderen Zweck und andere erforderliche Informationen zur Verfügung stellen. Konnte der betroffenen Person nicht mitgeteilt werden, woher die personenbezogenen Daten stammen, weil verschiedene Quellen benutzt wurden, so sollte die Unterrichtung allgemein gehalten werden.

(62) Die Pflicht, Informationen zur Verfügung zu stellen, erübrigt sich jedoch, wenn die betroffene Person die Information bereits hat, wenn die Speicherung oder Offenlegung der personenbezogenen Daten ausdrücklich durch Rechtsvorschriften geregelt ist oder wenn sich die Unterrichtung der betroffenen Person als unmöglich erweist oder mit unverhältnismäßig hohem Aufwand verbunden ist. Letzteres könnte insbesondere bei Verarbeitungen für im öffentlichen Interesse liegende Archivzwecke, zu wissenschaftlichen oder historischen Forschungszwecken oder zu statistischen Zwecken der Fall sein. Als Anhaltspunkte sollten dabei die Zahl der betroffenen Personen, das Alter der Daten oder etwaige geeignete Garantien in Betracht gezogen werden.

(63) Eine betroffene Person sollte ein Auskunftsrecht hinsichtlich der sie betreffenden personenbezogenen Daten, die erhoben worden sind, besitzen und dieses Recht problemlos und in angemessenen Abständen wahrnehmen können, um sich der Verarbeitung bewusst zu sein und deren Rechtmäßigkeit überprüfen zu können. Dies schließt das Recht betroffene Personen auf Auskunft über ihre eigenen gesundheitsbezogenen Daten ein, etwa Daten in ihren Patientenakten, die Informationen wie beispielsweise Diagnosen, Untersuchungsergebnisse, Befunde der behandelnden Ärzte und Angaben zu Behandlungen oder Eingriffen enthalten. Jede betroffene Person sollte daher ein Anrecht darauf haben zu wissen und zu erfahren, insbesondere zu welchen Zwecken die personenbezogenen Daten verarbeitet werden und, wenn möglich, wie lange sie gespeichert werden, wer die Empfänger der personenbezogenen Daten sind, nach welcher Logik die automatische Verarbeitung personenbezogener Daten erfolgt und welche Folgen eine solche Verarbeitung haben kann, zumindest in Fällen, in denen die Verarbeitung auf Profiling beruht. Nach Möglichkeit sollte der Verantwortliche den Fernzugang zu einem sicheren System bereitstellen können, der der betroffenen Person direkten Zugang zu ihren personenbezogenen Daten ermöglichen würde. Dieses Recht sollte die Rechte und Freiheiten anderer Personen, etwa Geschäftsgeheimnisse oder Rechte des geistigen Eigentums und insbesondere das Urheberrecht an Software, nicht beeinträchtigen. Dies darf jedoch nicht dazu führen, dass der betroffenen Person jegliche Auskunft verweigert wird. Verarbeitet der Verantwortliche eine große Menge von Informationen über die betroffene Person, so sollte er verlangen können, dass die betroffene Person präzisiert, auf welche Information oder welche Verarbeitungsvorgänge sich ihr Auskunftsersuchen bezieht, bevor er ihr Auskunft erteilt.

(64) Der Verantwortliche sollte alle vertretbaren Mittel nutzen, um die Identität einer Auskunft suchenden betroffenen Person zu überprüfen, insbesondere im Rahmen von Online-Diensten und im Fall von Online-Kennungen. Ein Verantwortlicher sollte personenbezogene Daten nicht allein zu dem Zweck speichern, auf mögliche Auskunftsersuchen reagieren zu können.

(65) Eine betroffene Person sollte ein Recht auf Berichtigung der sie betreffenden personenbezogenen Daten besitzen sowie ein „Recht auf Vergessenwerden", wenn die Speicherung ihrer Daten gegen diese Verordnung oder gegen das Unionsrecht oder das Recht der Mitgliedstaaten, dem der Verantwortliche unterliegt, verstößt. Insbesondere sollten betroffene Personen Anspruch darauf haben, dass ihre personenbezogenen Daten gelöscht und nicht mehr verarbeitet werden, wenn die personenbezogenen Daten hinsichtlich der Zwecke, für die sie erhoben bzw. anderweitig verarbeitet wurden, nicht mehr benötigt werden, wenn die betroffenen Personen ihre Einwilligung in die Verarbeitung widerrufen oder Widerspruch gegen die Verarbeitung der sie betreffenden personenbezogenen Daten eingelegt haben oder wenn die Verarbeitung ihrer personenbezogenen Daten aus anderen Gründen gegen diese Verordnung verstößt. Dieses Recht ist insbesondere wich-

tig in Fällen, in denen die betroffene Person ihre Einwilligung noch im Kindesalter gegeben hat und insofern die mit der Verarbeitung verbundenen Gefahren nicht in vollem Umfang absehen konnte und die personenbezogenen Daten – insbesondere die im Internet gespeicherten – später löschen möchte. Die betroffene Person sollte dieses Recht auch dann ausüben können, wenn sie kein Kind mehr ist. Die weitere Speicherung der personenbezogenen Daten sollte jedoch rechtmäßig sein, wenn dies für die Ausübung des Rechts auf freie Meinungsäußerung und Information, zur Erfüllung einer rechtlichen Verpflichtung, für die Wahrnehmung einer Aufgabe, die im öffentlichen Interesse liegt oder in Ausübung öffentlicher Gewalt erfolgt, die dem Verantwortlichen übertragen wurde, aus Gründen des öffentlichen Interesses im Bereich der öffentlichen Gesundheit, für im öffentlichen Interesse liegende Archivzwecke, zu wissenschaftlichen oder historischen Forschungszwecken oder zu statistischen Zwecken oder zur Geltendmachung, Ausübung oder Verteidigung von Rechtsansprüchen erforderlich ist.

(66) Um dem „Recht auf Vergessenwerden" im Netz mehr Geltung zu verschaffen, sollte das Recht auf Löschung ausgeweitet werden, indem ein Verantwortlicher, der die personenbezogenen Daten öffentlich gemacht hat, verpflichtet wird, den Verantwortlichen, die diese personenbezogenen Daten verarbeiten, mitzuteilen, alle Links zu diesen personenbezogenen Daten oder Kopien oder Replikationen der personenbezogenen Daten zu löschen. Dabei sollte der Verantwortliche, unter Berücksichtigung der verfügbaren Technologien und der ihm zur Verfügung stehenden Mittel, angemessene Maßnahmen – auch technischer Art – treffen, um die Verantwortlichen, die diese personenbezogenen Daten verarbeiten, über den Antrag der betroffenen Person zu informieren.

(67) Methoden zur Beschränkung der Verarbeitung personenbezogener Daten könnten unter anderem darin bestehen, dass ausgewählte personenbezogenen Daten vorübergehend auf ein anderes Verarbeitungssystem übertragen werden, dass sie für Nutzer gesperrt werden oder dass *veröffentliche*[1] Daten vorübergehend von einer Website entfernt werden. In automatisierten Dateisystemen sollte die Einschränkung der Verarbeitung grundsätzlich durch technische Mittel so erfolgen, dass die personenbezogenen Daten in keiner Weise weiterverarbeitet werden und nicht verändert werden können. Auf die Tatsache, dass die Verarbeitung der personenbezogenen Daten beschränkt wurde, sollte in dem System unmissverständlich hingewiesen werden.

(68) Um im Fall der Verarbeitung personenbezogener Daten mit automatischen Mitteln eine bessere Kontrolle über die eigenen Daten zu haben, sollte die betroffene Person außerdem berechtigt sein, die sie betreffenden personenbezogenen Daten, die sie einem Verantwortlichen bereitgestellt hat, in einem strukturierten, gängigen, maschinenlesbaren und interoperablen Format zu erhalten und sie einem anderen Verantwortlichen zu übermitteln. Die Verantwortlichen sollten dazu

[1] Richtig wohl: „veröffentlichte".

aufgefordert werden, interoperable Formate zu entwickeln, die die Datenübertragbarkeit ermöglichen. Dieses Recht sollte dann gelten, wenn die betroffene Person die personenbezogenen Daten mit ihrer Einwilligung zur Verfügung gestellt hat oder die Verarbeitung zur Erfüllung eines Vertrags erforderlich ist. Es sollte nicht gelten, wenn die Verarbeitung auf einer anderen Rechtsgrundlage als ihrer Einwilligung oder eines Vertrags erfolgt. Dieses Recht sollte naturgemäß nicht gegen Verantwortliche ausgeübt werden, die personenbezogenen Daten in Erfüllung ihrer öffentlichen Aufgaben verarbeiten. Es sollte daher nicht gelten, wenn die Verarbeitung der personenbezogenen Daten zur Erfüllung einer rechtlichen Verpflichtung, der der Verantwortliche unterliegt, oder für die Wahrnehmung einer ihm übertragenen Aufgabe, die im öffentlichen Interesse liegt oder in Ausübung einer ihm übertragenen öffentlichen Gewalt erfolgt, erforderlich ist. Das Recht der betroffenen Person, sie betreffende personenbezogene Daten zu übermitteln oder zu empfangen, sollte für den Verantwortlichen nicht die Pflicht begründen, technisch kompatible Datenverarbeitungssysteme zu übernehmen oder beizubehalten. Ist im Fall eines bestimmten Satzes personenbezogener Daten mehr als eine betroffene Person tangiert, so sollte das Recht auf Empfang der Daten die Grundrechte und Grundfreiheiten anderer betroffener Personen nach dieser Verordnung unberührt lassen. Dieses Recht sollte zudem das Recht der betroffenen Person auf Löschung ihrer personenbezogenen Daten und die Beschränkungen dieses Rechts gemäß dieser Verordnung nicht berühren und insbesondere nicht bedeuten, dass die Daten, die sich auf die betroffene Person beziehen und von ihr zur Erfüllung eines Vertrags zur Verfügung gestellt worden sind, gelöscht werden, soweit und solange diese personenbezogenen Daten für die Erfüllung des Vertrags notwendig sind. Soweit technisch machbar, sollte die betroffene Person das Recht haben, zu erwirken, dass die personenbezogenen Daten direkt von einem Verantwortlichen einem anderen Verantwortlichen übermittelt werden.

(69) Dürfen die personenbezogenen Daten möglicherweise rechtmäßig verarbeitet werden, weil die Verarbeitung für die Wahrnehmung einer Aufgabe, die im öffentlichen Interesse liegt oder in Ausübung öffentlicher Gewalt – die dem Verantwortlichen übertragen wurde, – oder aufgrund des berechtigten Interesses des Verantwortlichen oder eines Dritten erforderlich ist, sollte jede betroffene Person trotzdem das Recht haben, Widerspruch gegen die Verarbeitung der sich aus ihrer besonderen Situation ergebenden personenbezogenen Daten einzulegen. Der für die Verarbeitung Verantwortliche sollte darlegen müssen, dass seine zwingenden berechtigten Interessen Vorrang vor den Interessen oder Grundrechten und Grundfreiheiten der betroffenen Person haben.

(70) Werden personenbezogene Daten verarbeitet, um Direktwerbung zu betreiben, so sollte die betroffene Person jederzeit unentgeltlich insoweit Widerspruch gegen eine solche – ursprüngliche oder spätere – Verarbeitung einschließlich des Profilings einlegen können, als

sie mit dieser Direktwerbung zusammenhängt. Die betroffene Person sollte ausdrücklich auf dieses Recht hingewiesen werden; dieser Hinweis sollte in einer verständlichen und von anderen Informationen getrennten Form erfolgen.

(71)[1] Die betroffene Person sollte das Recht haben, keiner Entscheidung – was eine Maßnahme einschließen kann – zur Bewertung von sie betreffenden persönlichen Aspekten unterworfen zu werden, die ausschließlich auf einer automatisierten Verarbeitung beruht und die rechtliche Wirkung für die betroffene Person entfaltet oder sie in ähnlicher Weise erheblich beeinträchtigt, wie die automatische Ablehnung eines Online-Kreditantrags oder Online-Einstellungsverfahren ohne jegliches menschliche Eingreifen. Zu einer derartigen Verarbeitung zählt auch das „Profiling", das in jeglicher Form automatisierter Verarbeitung personenbezogener Daten unter Bewertung der persönlichen Aspekte in Bezug auf eine natürliche Person besteht, insbesondere zur Analyse oder Prognose von Aspekten bezüglich Arbeitsleistung, wirtschaftliche Lage, Gesundheit, persönliche Vorlieben oder Interessen, Zuverlässigkeit oder Verhalten, Aufenthaltsort oder Ortswechsel der betroffenen Person, soweit dies rechtliche Wirkung für die betroffene Person entfaltet oder sie in ähnlicher Weise erheblich beeinträchtigt. Eine auf einer derartigen Verarbeitung, einschließlich des Profilings, beruhende Entscheidungsfindung sollte allerdings erlaubt sein, wenn dies nach dem Unionsrecht oder dem Recht der Mitgliedstaaten, dem der für die Verarbeitung Verantwortliche unterliegt, ausdrücklich zulässig ist, auch um im Einklang mit den Vorschriften, Standards und Empfehlungen der Institutionen der Union oder der nationalen Aufsichtsgremien Betrug und Steuerhinterziehung zu überwachen und zu verhindern und die Sicherheit und Zuverlässigkeit eines von dem Verantwortlichen bereitgestellten Dienstes zu gewährleisten, oder wenn dies für den Abschluss oder die Erfüllung eines Vertrags zwischen der betroffenen Person und einem Verantwortlichen erforderlich ist oder wenn die betroffene Person ihre ausdrückliche Einwilligung hierzu erteilt hat. In jedem Fall sollte eine solche Verarbeitung mit angemessenen Garantien verbunden sein, einschließlich der spezifischen Unterrichtung der betroffenen Person und des Anspruchs auf direktes Eingreifen einer Person, auf Darlegung des eigenen Standpunkts, auf Erläuterung der nach einer entsprechenden Bewertung getroffenen Entscheidung sowie des Rechts auf Anfechtung der Entscheidung. Diese Maßnahme sollte kein Kind betreffen.

Um unter Berücksichtigung der besonderen Umstände und Rahmenbedingungen, unter denen die personenbezogenen Daten verarbeitet werden, der betroffenen Person gegenüber eine faire und transparente Verarbeitung zu gewährleisten, sollte der für die Verarbeitung Verantwortliche geeignete mathematische oder statistische Verfahren für das Profiling verwenden, technische und organisatorische Maßnahmen treffen, mit denen in geeigneter Weise insbesondere sichergestellt wird,

[1] Erwägungsgrund 71 ber. ABl. 2018 Nr. L 127 S. 2.

dass Faktoren, die zu unrichtigen personenbezogenen Daten führen, korrigiert werden und das Risiko von Fehlern minimiert wird, und personenbezogene Daten in einer Weise sichern, dass den potenziellen Bedrohungen für die Interessen und Rechte der betroffenen Person Rechnung getragen wird und unter anderem verhindern, dass es gegenüber natürlichen Personen aufgrund von Rasse, ethnischer Herkunft, politischer Meinung, Religion oder Weltanschauung, Gewerkschaftszugehörigkeit, genetischer Anlagen oder Gesundheitszustand sowie sexueller Orientierung zu diskriminierenden Wirkungen oder zu einer Verarbeitung kommt, die eine solche Wirkung hat.

Automatisierte Entscheidungsfindung und Profiling auf der Grundlage besonderer Kategorien von personenbezogenen Daten sollten nur unter bestimmten Bedingungen erlaubt sein.

(72) Das Profiling unterliegt den Vorschriften dieser Verordnung für die Verarbeitung personenbezogener Daten, wie etwa die Rechtsgrundlage für die Verarbeitung oder die Datenschutzgrundsätze. Der durch diese Verordnung eingerichtete Europäische Datenschutzausschuss (im Folgenden „Ausschuss") sollte,[1] diesbezüglich Leitlinien herausgeben können.

(73) Im Recht der Union oder der Mitgliedstaaten können Beschränkungen hinsichtlich bestimmter Grundsätze und hinsichtlich des Rechts auf Unterrichtung, Auskunft zu und Berichtigung oder Löschung personenbezogener Daten, des Rechts auf Datenübertragbarkeit und Widerspruch, Entscheidungen, die auf der Erstellung von Profilen beruhen, sowie Mitteilungen über eine Verletzung des Schutzes personenbezogener Daten an eine betroffene Person und bestimmten damit zusammenhängenden Pflichten der Verantwortlichen vorgesehen werden, soweit dies in einer demokratischen Gesellschaft notwendig und verhältnismäßig ist, um die öffentliche Sicherheit aufrechtzuerhalten, wozu unter anderem der Schutz von Menschenleben insbesondere bei Naturkatastrophen oder vom Menschen verursachten Katastrophen, die Verhütung, Aufdeckung und Verfolgung von Straftaten oder die Strafvollstreckung – was auch den Schutz vor und die Abwehr von Gefahren für die öffentliche Sicherheit einschließt – oder die Verhütung, Aufdeckung und Verfolgung von Verstößen gegen Berufsstandsregeln bei reglementierten Berufen, das Führen öffentlicher Register aus Gründen des allgemeinen öffentlichen Interesses sowie die Weiterverarbeitung von archivierten personenbezogenen Daten zur Bereitstellung spezifischer Informationen im Zusammenhang mit dem politischen Verhalten unter ehemaligen totalitären Regimen gehört, und *zum Schutz* sonstiger wichtiger Ziele des allgemeinen öffentlichen Interesses der Union oder eines Mitgliedstaats, etwa wichtige wirtschaftliche oder finanzielle Interessen, oder die betroffene Person und die Rechte und Freiheiten anderer Personen, einschließlich in den Bereichen soziale Sicherheit, öffentliche Gesundheit und humanitäre Hilfe, zu schützen. Diese Beschränkungen sollten mit der Charta und mit der

[1] Zeichensetzung amtlich.

Europäischen Konvention zum Schutz der Menschenrechte und Grundfreiheiten im Einklang stehen.

(74) Die Verantwortung und Haftung des Verantwortlichen für jedwede Verarbeitung personenbezogener Daten, die durch ihn oder in seinem Namen erfolgt, sollte geregelt werden. Insbesondere sollte der Verantwortliche geeignete und wirksame Maßnahmen treffen müssen und nachweisen können, dass die Verarbeitungstätigkeiten im Einklang mit dieser Verordnung stehen und die Maßnahmen auch wirksam sind. Dabei sollte er die Art, den Umfang, die Umstände und die Zwecke der Verarbeitung und das Risiko für die Rechte und Freiheiten natürlicher Personen berücksichtigen.

(75) Die Risiken für die Rechte und Freiheiten natürlicher Personen – mit unterschiedlicher Eintrittswahrscheinlichkeit und Schwere – können aus einer Verarbeitung personenbezogener Daten hervorgehen, die zu einem physischen, materiellen oder immateriellen Schaden führen könnte, insbesondere wenn die Verarbeitung zu einer Diskriminierung, einem Identitätsdiebstahl oder -betrug, einem finanziellen Verlust, einer Rufschädigung, einem Verlust der Vertraulichkeit von dem Berufsgeheimnis unterliegenden personenbezogenen Daten, der unbefugten Aufhebung der Pseudonymisierung oder anderen erheblichen wirtschaftlichen oder gesellschaftlichen Nachteilen führen kann, wenn die betroffenen Personen um ihre Rechte und Freiheiten gebracht oder daran gehindert werden, die sie betreffenden personenbezogenen Daten zu kontrollieren, wenn personenbezogene Daten, aus denen die rassische oder ethnische Herkunft, politische Meinungen, religiöse oder weltanschauliche Überzeugungen oder die Zugehörigkeit zu einer Gewerkschaft hervorgehen, und genetische Daten, Gesundheitsdaten oder das Sexualleben oder strafrechtliche Verurteilungen und Straftaten oder damit zusammenhängende Sicherungsmaßregeln betreffende Daten verarbeitet werden, wenn persönliche Aspekte bewertet werden, insbesondere wenn Aspekte, die die Arbeitsleistung, wirtschaftliche Lage, Gesundheit, persönliche Vorlieben oder Interessen, die Zuverlässigkeit oder das Verhalten, den Aufenthaltsort oder Ortswechsel betreffen, analysiert oder prognostiziert werden, um persönliche Profile zu erstellen oder zu nutzen, wenn personenbezogene Daten schutzbedürftiger natürlicher Personen, insbesondere Daten von Kindern, verarbeitet werden oder wenn die Verarbeitung eine große Menge personenbezogener Daten und eine große Anzahl von betroffenen Personen betrifft.

(76) Eintrittswahrscheinlichkeit und Schwere des Risikos für die Rechte und Freiheiten der betroffenen Person sollten in Bezug auf die Art, den Umfang, die Umstände und die Zwecke der Verarbeitung bestimmt werden. Das Risiko sollte anhand einer objektiven Bewertung beurteilt werden, bei der festgestellt wird, ob die Datenverarbeitung ein Risiko oder ein hohes Risiko birgt.

(77) Anleitungen, wie der Verantwortliche oder Auftragsverarbeiter geeignete Maßnahmen durchzuführen hat und wie die Einhaltung der Anforderungen nachzuweisen ist, insbesondere was die Ermittlung des

mit der Verarbeitung verbundenen Risikos, dessen Abschätzung in Bezug auf Ursache, Art, Eintrittswahrscheinlichkeit und Schwere und die Festlegung bewährter Verfahren für dessen Eindämmung betrifft, könnten insbesondere in Form von genehmigten Verhaltensregeln, genehmigten Zertifizierungsverfahren, Leitlinien des Ausschusses oder Hinweisen eines Datenschutzbeauftragten gegeben werden. Der Ausschuss kann ferner Leitlinien für Verarbeitungsvorgänge ausgeben, bei denen davon auszugehen ist, dass sie kein hohes Risiko für die Rechte und Freiheiten natürlicher Personen mit sich bringen, und angeben, welche Abhilfemaßnahmen in diesen Fällen ausreichend sein können.

(78) Zum Schutz der in Bezug auf die Verarbeitung personenbezogener Daten bestehenden Rechte und Freiheiten natürlicher Personen ist es erforderlich, dass geeignete technische und organisatorische Maßnahmen getroffen werden, damit die Anforderungen dieser Verordnung erfüllt werden. Um die Einhaltung dieser Verordnung nachweisen zu können, sollte der Verantwortliche interne Strategien festlegen und Maßnahmen ergreifen, die insbesondere den Grundsätzen des Datenschutzes durch Technik (data protection by design) und durch datenschutzfreundliche Voreinstellungen (data protection by default) Genüge tun. Solche Maßnahmen könnten unter anderem darin bestehen, dass die Verarbeitung personenbezogener Daten minimiert wird, personenbezogene Daten so schnell wie möglich pseudonymisiert werden, Transparenz in Bezug auf die Funktionen und die Verarbeitung personenbezogener Daten hergestellt wird, der betroffenen Person ermöglicht wird, die Verarbeitung personenbezogener Daten zu überwachen, und der Verantwortliche in die Lage versetzt wird, Sicherheitsfunktionen zu schaffen und zu verbessern. In Bezug auf Entwicklung, Gestaltung, Auswahl und Nutzung von Anwendungen, Diensten und Produkten, die entweder auf der Verarbeitung von personenbezogenen Daten beruhen oder zur Erfüllung ihrer Aufgaben personenbezogene Daten verarbeiten, sollten die Hersteller der Produkte, Dienste und Anwendungen ermutigt werden, das Recht auf Datenschutz bei der Entwicklung und Gestaltung der Produkte, Dienste und Anwendungen zu berücksichtigen und unter gebührender Berücksichtigung des Stands der Technik sicherzustellen, dass die Verantwortlichen und die Verarbeiter in der Lage sind, ihren Datenschutzpflichten nachzukommen. Den Grundsätzen des Datenschutzes durch Technik und durch datenschutzfreundliche Voreinstellungen sollte auch bei öffentlichen Ausschreibungen Rechnung getragen werden.

(79) Zum Schutz der Rechte und Freiheiten der betroffenen Personen sowie bezüglich der Verantwortung und Haftung der Verantwortlichen und der Auftragsverarbeiter bedarf es – auch mit Blick auf die Überwachungs- und sonstigen Maßnahmen von Aufsichtsbehörden – einer klaren Zuteilung der Verantwortlichkeiten durch diese Verordnung, einschließlich der Fälle, in denen ein Verantwortlicher die Verarbeitungszwecke und -mittel gemeinsam mit anderen Verantwortlichen festlegt oder ein Verarbeitungsvorgang im Auftrag eines Verantwortlichen durchgeführt wird.

(80) Jeder Verantwortliche oder Auftragsverarbeiter ohne Niederlassung in der Union, dessen Verarbeitungstätigkeiten sich auf betroffene Personen beziehen, die sich in der Union aufhalten, und dazu dienen, diesen Personen in der Union Waren oder Dienstleistungen anzubieten – unabhängig davon, ob von der betroffenen Person eine Zahlung verlangt wird – oder deren Verhalten, soweit dieses innerhalb der Union erfolgt, zu beobachten, sollte einen Vertreter benennen müssen, es sei denn, die Verarbeitung erfolgt gelegentlich, schließt nicht die umfangreiche Verarbeitung besonderer Kategorien personenbezogener Daten oder die Verarbeitung von personenbezogenen Daten über strafrechtliche Verurteilungen und Straftaten ein und bringt unter Berücksichtigung ihrer Art, ihrer Umstände, ihres Umfangs und ihrer Zwecke wahrscheinlich kein Risiko für die Rechte und Freiheiten natürlicher Personen mit sich oder bei dem Verantwortlichen handelt es sich um eine Behörde oder öffentliche Stelle. Der Vertreter sollte im Namen des Verantwortlichen oder des Auftragsverarbeiters tätig werden und den Aufsichtsbehörden als Anlaufstelle dienen. Der Verantwortliche oder der Auftragsverarbeiter sollte den Vertreter ausdrücklich bestellen und schriftlich beauftragen, in Bezug auf die ihm nach dieser Verordnung obliegenden Verpflichtungen an seiner Stelle zu handeln. Die Benennung eines solchen Vertreters berührt nicht die Verantwortung oder Haftung des Verantwortlichen oder des Auftragsverarbeiters nach Maßgabe dieser Verordnung. Ein solcher Vertreter sollte seine Aufgaben entsprechend dem Mandat des Verantwortlichen oder Auftragsverarbeiters ausführen und insbesondere mit den zuständigen Aufsichtsbehörden in Bezug auf Maßnahmen, die die Einhaltung dieser Verordnung sicherstellen sollen, zusammenarbeiten. Bei Verstößen des Verantwortlichen oder Auftragsverarbeiters sollte der bestellte Vertreter Durchsetzungsverfahren unterworfen werden.

(81) Damit die Anforderungen dieser Verordnung in Bezug auf die vom Auftragsverarbeiter im Namen des Verantwortlichen vorzunehmende Verarbeitung eingehalten werden, sollte ein Verantwortlicher, der einen Auftragsverarbeiter mit Verarbeitungstätigkeiten betrauen will, nur Auftragsverarbeiter heranziehen, die – insbesondere im Hinblick auf Fachwissen, Zuverlässigkeit und Ressourcen – hinreichende Garantien dafür bieten, dass technische und organisatorische Maßnahmen – auch für die Sicherheit der Verarbeitung – getroffen werden, die den Anforderungen dieser Verordnung genügen. Die Einhaltung genehmigter Verhaltensregeln oder eines genehmigten Zertifizierungsverfahrens durch einen Auftragsverarbeiter kann als Faktor herangezogen werden, um die Erfüllung der Pflichten des Verantwortlichen nachzuweisen. Die Durchführung einer Verarbeitung durch einen Auftragsverarbeiter sollte auf Grundlage eines Vertrags oder eines anderen Rechtsinstruments nach dem Recht der Union oder der Mitgliedstaaten erfolgen, der bzw. das den Auftragsverarbeiter an den Verantwortlichen bindet und in dem Gegenstand und Dauer der Verarbeitung, Art und Zwecke der Verarbeitung, die Art der personenbezogenen Daten und die Kategorien von betroffenen Personen festgelegt sind, wobei die

besonderen Aufgaben und Pflichten des Auftragsverarbeiters bei der geplanten Verarbeitung und das Risiko für die Rechte und Freiheiten der betroffenen Person zu berücksichtigen sind. Der Verantwortliche und der Auftragsverarbeiter können entscheiden, ob sie einen individuellen Vertrag oder Standardvertragsklauseln verwenden, die entweder unmittelbar von der Kommission erlassen oder aber nach dem Kohärenzverfahren von einer Aufsichtsbehörde angenommen und dann von der Kommission erlassen wurden. Nach Beendigung der Verarbeitung im Namen des Verantwortlichen sollte der Auftragsverarbeiter die personenbezogenen Daten nach Wahl des Verantwortlichen entweder zurückgeben oder löschen, sofern nicht nach dem Recht der Union oder der Mitgliedstaaten, dem der Auftragsverarbeiter unterliegt, eine Verpflichtung zur Speicherung der personenbezogenen Daten besteht.

(82) Zum Nachweis der Einhaltung dieser Verordnung sollte der Verantwortliche oder der Auftragsverarbeiter ein Verzeichnis der Verarbeitungstätigkeiten, die seiner Zuständigkeit unterliegen, führen. Jeder Verantwortliche und jeder Auftragsverarbeiter sollte verpflichtet sein, mit der Aufsichtsbehörde zusammenzuarbeiten und dieser auf Anfrage das entsprechende Verzeichnis vorzulegen, damit die betreffenden Verarbeitungsvorgänge anhand dieser Verzeichnisse kontrolliert werden können.

(83) Zur Aufrechterhaltung der Sicherheit und zur Vorbeugung gegen eine gegen diese Verordnung verstoßende Verarbeitung sollte der Verantwortliche oder der Auftragsverarbeiter die mit der Verarbeitung verbundenen Risiken ermitteln und Maßnahmen zu ihrer Eindämmung, wie etwa eine Verschlüsselung, treffen. Diese Maßnahmen sollten unter Berücksichtigung des Stands der Technik und der Implementierungskosten ein Schutzniveau – auch hinsichtlich der Vertraulichkeit – gewährleisten, das den von der Verarbeitung ausgehenden Risiken und der Art der zu schützenden personenbezogenen Daten angemessen ist. Bei der Bewertung der Datensicherheitsrisiken sollten die mit der Verarbeitung personenbezogener Daten verbundenen Risiken berücksichtigt werden, wie etwa – ob unbeabsichtigt oder unrechtmäßig – Vernichtung, Verlust, Veränderung oder unbefugte Offenlegung von oder unbefugter Zugang zu personenbezogenen Daten, die übermittelt, gespeichert oder auf sonstige Weise verarbeitet wurden, insbesondere wenn dies zu einem physischen, materiellen oder immateriellen Schaden führen könnte.

(84) Damit diese Verordnung in Fällen, in denen die Verarbeitungsvorgänge wahrscheinlich ein hohes Risiko für die Rechte und Freiheiten natürlicher Personen mit sich bringen, besser eingehalten wird, sollte der Verantwortliche für die Durchführung einer Datenschutz-Folgenabschätzung, mit der insbesondere die Ursache, Art, Besonderheit und Schwere dieses Risikos evaluiert werden, verantwortlich sein. Die Ergebnisse der Abschätzung sollten berücksichtigt werden, wenn darüber entschieden wird, welche geeigneten Maßnahmen ergriffen werden müssen, um nachzuweisen, dass die Verarbeitung der personenbezogenen Daten mit dieser Verordnung in Einklang steht. Geht

aus einer Datenschutz-Folgenabschätzung hervor, dass Verarbeitungsvorgänge ein hohes Risiko bergen, das der Verantwortliche nicht durch geeignete Maßnahmen in Bezug auf verfügbare Technik und Implementierungskosten eindämmen kann, so sollte die Aufsichtsbehörde vor der Verarbeitung konsultiert werden.

(85) Eine Verletzung des Schutzes personenbezogener Daten kann – wenn nicht rechtzeitig und angemessen reagiert wird – einen physischen, materiellen oder immateriellen Schaden für natürliche Personen nach sich ziehen, wie etwa Verlust der Kontrolle über ihre personenbezogenen Daten oder Einschränkung ihrer Rechte, Diskriminierung, Identitätsdiebstahl oder -betrug, finanzielle Verluste, unbefugte Aufhebung der Pseudonymisierung, Rufschädigung, Verlust der Vertraulichkeit von dem Berufsgeheimnis unterliegenden Daten oder andere erhebliche wirtschaftliche oder gesellschaftliche Nachteile für die betroffene natürliche Person. Deshalb sollte der Verantwortliche, sobald ihm eine Verletzung des Schutzes personenbezogener Daten bekannt wird, die Aufsichtsbehörde von der Verletzung des Schutzes personenbezogener Daten unverzüglich und, falls möglich, binnen höchstens 72 Stunden, nachdem ihm die Verletzung bekannt wurde, unterrichten, es sei denn, der Verantwortliche kann im Einklang mit dem Grundsatz der Rechenschaftspflicht nachweisen, dass die Verletzung des Schutzes personenbezogener Daten voraussichtlich nicht zu einem Risiko für die persönlichen Rechte und Freiheiten natürlicher Personen führt. Falls diese Benachrichtigung nicht binnen 72 Stunden erfolgen kann, sollten in ihr die Gründe für die Verzögerung angegeben werden müssen, und die Informationen können schrittweise ohne unangemessene weitere Verzögerung bereitgestellt werden.

(86) Der für die Verarbeitung Verantwortliche sollte die betroffene Person unverzüglich von der Verletzung des Schutzes personenbezogener Daten benachrichtigen, wenn diese Verletzung des Schutzes personenbezogener Daten voraussichtlich zu einem hohen Risiko für die persönlichen Rechte und Freiheiten natürlicher Personen führt, damit diese die erforderlichen Vorkehrungen treffen können. Die Benachrichtigung sollte eine Beschreibung der Art der Verletzung des Schutzes personenbezogener Daten sowie an die betroffene natürliche Person gerichtete Empfehlungen zur Minderung etwaiger nachteiliger Auswirkungen dieser Verletzung enthalten. Solche Benachrichtigungen der betroffenen Person sollten stets so rasch wie nach allgemeinem Ermessen möglich, in enger Absprache mit der Aufsichtsbehörde und nach Maßgabe der von dieser oder von anderen zuständigen Behörden wie beispielsweise Strafverfolgungsbehörden erteilten Weisungen erfolgen. Um beispielsweise das Risiko eines unmittelbaren Schadens mindern zu können, müssten betroffene Personen sofort benachrichtigt werden, wohingegen eine längere Benachrichtigungsfrist gerechtfertigt sein kann, wenn es darum geht, geeignete Maßnahmen gegen fortlaufende oder vergleichbare Verletzungen des Schutzes personenbezogener Daten zu treffen.

(87) Es sollte festgestellt werden, ob alle geeigneten technischen Schutz- sowie organisatorischen Maßnahmen getroffen wurden, um

sofort feststellen zu können, ob eine Verletzung des Schutzes personenbezogener Daten aufgetreten ist, und um die Aufsichtsbehörde und die betroffene Person umgehend unterrichten zu können. Bei der Feststellung, ob die Meldung unverzüglich erfolgt ist, sollten die Art und Schwere der Verletzung des Schutzes personenbezogener Daten sowie deren Folgen und nachteilige Auswirkungen für die betroffene Person berücksichtigt werden. Die entsprechende Meldung kann zu einem Tätigwerden der Aufsichtsbehörde im Einklang mit ihren in dieser Verordnung festgelegten Aufgaben und Befugnissen führen.

(88) Bei der detaillierten Regelung des Formats und der Verfahren für die Meldung von Verletzungen des Schutzes personenbezogener Daten sollten die Umstände der Verletzung hinreichend berücksichtigt werden, beispielsweise ob personenbezogene Daten durch geeignete technische Sicherheitsvorkehrungen geschützt waren, die die Wahrscheinlichkeit eines Identitätsbetrugs oder anderer Formen des Datenmissbrauchs wirksam verringern. Überdies sollten solche Regeln und Verfahren den berechtigten Interessen der Strafverfolgungsbehörden in Fällen Rechnung tragen, in denen die Untersuchung der Umstände einer Verletzung des Schutzes personenbezogener Daten durch eine frühzeitige Offenlegung in unnötiger Weise behindert würde.

(89) Gemäß der Richtlinie 95/46/EG waren Verarbeitungen personenbezogener Daten bei den Aufsichtsbehörden generell meldepflichtig. Diese Meldepflicht ist mit einem bürokratischen und finanziellen Aufwand verbunden und hat dennoch nicht in allen Fällen zu einem besseren Schutz personenbezogener Daten geführt. Diese unterschiedslosen allgemeinen Meldepflichten sollten daher abgeschafft und durch wirksame Verfahren und Mechanismen ersetzt werden, die sich stattdessen vorrangig mit denjenigen Arten von Verarbeitungsvorgängen befassen, die aufgrund ihrer Art, ihres Umfangs, ihrer Umstände und ihrer Zwecke wahrscheinlich ein hohes Risiko für die Rechte und Freiheiten natürlicher Personen mit sich bringen. Zu solchen Arten von Verarbeitungsvorgängen gehören insbesondere solche, bei denen neue Technologien eingesetzt werden oder die neuartig sind und bei denen der Verantwortliche noch keine Datenschutz-Folgenabschätzung durchgeführt hat bzw. bei denen aufgrund der seit der ursprünglichen Verarbeitung vergangenen Zeit eine Datenschutz-Folgenabschätzung notwendig geworden ist.

(90) In derartigen Fällen sollte der Verantwortliche vor der Verarbeitung eine Datenschutz-Folgenabschätzung durchführen, mit der die spezifische Eintrittswahrscheinlichkeit und die Schwere dieses hohen Risikos unter Berücksichtigung der Art, des Umfangs, der Umstände *und der Zwecke* der Verarbeitung und der Ursachen des Risikos bewertet werden. Diese Folgenabschätzung sollte sich insbesondere mit den Maßnahmen, Garantien und Verfahren befassen, durch die dieses Risiko eingedämmt, der Schutz personenbezogener Daten sichergestellt und die Einhaltung der Bestimmungen dieser Verordnung nachgewiesen werden soll.

(91) Dies sollte insbesondere für umfangreiche Verarbeitungsvorgänge gelten, die dazu dienen, große Mengen personenbezogener Daten

auf regionaler, nationaler oder supranationaler Ebene zu verarbeiten, eine große Zahl von Personen betreffen könnten und – beispielsweise aufgrund ihrer Sensibilität – wahrscheinlich ein hohes Risiko mit sich bringen und bei denen entsprechend dem jeweils aktuellen Stand der Technik in großem Umfang eine neue Technologie eingesetzt wird, sowie für andere Verarbeitungsvorgänge, die ein hohes Risiko für die Rechte und Freiheiten der betroffenen Personen mit sich bringen, insbesondere dann, wenn diese Verarbeitungsvorgänge den betroffenen Personen die Ausübung ihrer Rechte erschweren. Eine Datenschutz-Folgenabschätzung sollte auch durchgeführt werden, wenn die personenbezogenen Daten für das Treffen von Entscheidungen in Bezug auf bestimmte natürliche Personen im Anschluss an eine systematische und eingehende Bewertung persönlicher Aspekte natürlicher Personen auf der Grundlage eines Profilings dieser Daten oder im Anschluss an die Verarbeitung besonderer Kategorien von personenbezogenen Daten, biometrischen Daten oder von Daten über strafrechtliche Verurteilungen und Straftaten sowie damit zusammenhängende Sicherungsmaßregeln verarbeitet werden. Gleichermaßen erforderlich ist eine Datenschutz-Folgenabschätzung für die weiträumige Überwachung öffentlich zugänglicher Bereiche, insbesondere mittels optoelektronischer Vorrichtungen, oder für alle anderen Vorgänge, bei denen nach Auffassung der zuständigen Aufsichtsbehörde die Verarbeitung wahrscheinlich ein hohes Risiko für die Rechte und Freiheiten der betroffenen Personen mit sich bringt, insbesondere weil sie die betroffenen Personen an der Ausübung eines Rechts oder der Nutzung einer Dienstleistung bzw. Durchführung eines Vertrags hindern oder weil sie systematisch in großem Umfang erfolgen. Die Verarbeitung personenbezogener Daten sollte nicht als umfangreich gelten, wenn die Verarbeitung personenbezogene Daten von Patienten oder von Mandanten betrifft und durch einen einzelnen Arzt, sonstigen Angehörigen eines Gesundheitsberufes oder Rechtsanwalt erfolgt. In diesen Fällen sollte eine Datenschutz-Folgenabschätzung nicht zwingend vorgeschrieben sein.

(92) Unter bestimmten Umständen kann es vernünftig und unter ökonomischen Gesichtspunkten zweckmäßig sein, eine Datenschutz-Folgenabschätzung nicht lediglich auf ein bestimmtes Projekt zu beziehen, sondern sie thematisch breiter anzulegen – beispielsweise wenn Behörden oder öffentliche Stellen eine gemeinsame Anwendung oder Verarbeitungsplattform schaffen möchten oder wenn mehrere Verantwortliche eine gemeinsame Anwendung oder Verarbeitungsumgebung für einen gesamten Wirtschaftssektor, für ein bestimmtes Marktsegment oder für eine weit verbreitete horizontale Tätigkeit einführen möchten.

(93) Anlässlich des Erlasses des Gesetzes des Mitgliedstaats, auf dessen Grundlage die Behörde oder öffentliche Stelle ihre Aufgaben wahrnimmt und das den fraglichen Verarbeitungsvorgang oder die fraglichen Arten von Verarbeitungsvorgängen regelt, können die Mitgliedstaaten es für erforderlich erachten, solche Folgeabschätzungen vor den Verarbeitungsvorgängen durchzuführen.

(94) Geht aus einer Datenschutz-Folgenabschätzung hervor, dass die Verarbeitung bei Fehlen von Garantien, Sicherheitsvorkehrungen und Mechanismen zur Minderung des Risikos ein hohes Risiko für die Rechte und Freiheiten natürlicher Personen mit sich bringen würde, und ist der Verantwortliche der Auffassung, dass das Risiko nicht durch in Bezug auf verfügbare Technologien und Implementierungskosten vertretbare Mittel eingedämmt werden kann, so sollte die Aufsichtsbehörde vor Beginn der Verarbeitungstätigkeiten konsultiert werden. Ein solches hohes Risiko ist wahrscheinlich mit bestimmten Arten der Verarbeitung und dem Umfang und der Häufigkeit der Verarbeitung verbunden, die für natürliche Personen auch eine Schädigung oder eine Beeinträchtigung der persönlichen Rechte und Freiheiten mit sich bringen können. Die Aufsichtsbehörde sollte das Beratungsersuchen innerhalb einer bestimmten Frist beantworten. Allerdings kann sie, auch wenn sie nicht innerhalb dieser Frist reagiert hat, entsprechend ihren in dieser Verordnung festgelegten Aufgaben und Befugnissen eingreifen, was die Befugnis einschließt, Verarbeitungsvorgänge zu untersagen. Im Rahmen dieses Konsultationsprozesses kann das Ergebnis einer im Hinblick auf die betreffende Verarbeitung personenbezogener Daten durchgeführten Datenschutz-Folgenabschätzung der Aufsichtsbehörde unterbreitet werden; dies gilt insbesondere für die zur Eindämmung des Risikos für die Rechte und Freiheiten natürlicher Personen geplanten Maßnahmen.

(95) Der Auftragsverarbeiter sollte erforderlichenfalls den Verantwortlichen auf Anfrage bei der Gewährleistung der Einhaltung der sich aus der Durchführung der Datenschutz-Folgenabschätzung und der vorherigen Konsultation der Aufsichtsbehörde ergebenden Auflagen unterstützen.

(96) Eine Konsultation der Aufsichtsbehörde sollte auch während der Ausarbeitung von Gesetzes- oder Regelungsvorschriften, in denen eine Verarbeitung personenbezogener Daten vorgesehen ist, erfolgen, um die Vereinbarkeit der geplanten Verarbeitung mit dieser Verordnung sicherzustellen und insbesondere das mit ihr für die betroffene Person verbundene Risiko einzudämmen.

(97) In Fällen, in denen die Verarbeitung durch eine Behörde – mit Ausnahmen von Gerichten oder unabhängigen Justizbehörden, die im Rahmen ihrer justiziellen Tätigkeit handeln –, im privaten Sektor durch einen Verantwortlichen erfolgt, dessen Kerntätigkeit in Verarbeitungsvorgängen besteht, die eine regelmäßige und systematische Überwachung der betroffenen Personen in großem Umfang erfordern, *oder wenn* die Kerntätigkeit des Verantwortlichen oder des Auftragsverarbeiters in der umfangreichen Verarbeitung besonderer Kategorien von personenbezogenen Daten oder von Daten über strafrechtliche Verurteilungen und Straftaten besteht, sollte der Verantwortliche oder der Auftragsverarbeiter bei der Überwachung der internen Einhaltung der Bestimmungen dieser Verordnung von einer weiteren Person, die über Fachwissen auf dem Gebiet des Datenschutzrechts und der Datenschutzverfahren verfügt, unterstützt werden. Im privaten Sektor bezieht

sich die Kerntätigkeit eines Verantwortlichen auf seine Haupttätigkeiten und nicht auf die Verarbeitung personenbezogener Daten als Nebentätigkeit. Das erforderliche Niveau des Fachwissens sollte sich insbesondere nach den durchgeführten Datenverarbeitungsvorgängen und dem erforderlichen Schutz für die von dem Verantwortlichen oder dem Auftragsverarbeiter verarbeiteten personenbezogenen Daten richten. Derartige Datenschutzbeauftragte sollten unabhängig davon, ob es sich bei ihnen um Beschäftigte des Verantwortlichen handelt oder nicht, ihre Pflichten und Aufgaben in vollständiger Unabhängigkeit ausüben können.

(98) Verbände oder andere Vereinigungen, die bestimmte Kategorien von Verantwortlichen oder Auftragsverarbeitern vertreten, sollten ermutigt werden, in den Grenzen dieser Verordnung Verhaltensregeln auszuarbeiten, um eine wirksame Anwendung dieser Verordnung zu erleichtern, wobei den Besonderheiten der in bestimmten Sektoren erfolgenden Verarbeitungen und den besonderen Bedürfnissen der Kleinstunternehmen sowie der kleinen und mittleren Unternehmen Rechnung zu tragen ist. Insbesondere könnten in diesen Verhaltensregeln – unter Berücksichtigung des mit der Verarbeitung wahrscheinlich einhergehenden Risikos für die Rechte und Freiheiten natürlicher Personen – die Pflichten der Verantwortlichen und der Auftragsverarbeiter bestimmt werden.

(99) Bei der Ausarbeitung oder bei der Änderung oder Erweiterung solcher Verhaltensregeln sollten Verbände und/oder andere Vereinigungen, die bestimmte Kategorien von Verantwortlichen oder Auftragsverarbeitern vertreten, die maßgeblichen Interessenträger, möglichst auch die betroffenen Personen, konsultieren und die Eingaben und Stellungnahmen, die sie dabei erhalten, berücksichtigen.

(100) Um die Transparenz zu erhöhen und die Einhaltung dieser Verordnung zu verbessern, sollte angeregt werden, dass Zertifizierungsverfahren sowie Datenschutzsiegel und -prüfzeichen eingeführt werden, die den betroffenen Personen einen raschen Überblick über das Datenschutzniveau einschlägiger Produkte und Dienstleistungen ermöglichen.

(101) Der Fluss personenbezogener Daten aus Drittländern und internationalen Organisationen und in Drittländer und internationale Organisationen ist für die Ausweitung des internationalen Handels und der internationalen Zusammenarbeit notwendig. Durch die Zunahme dieser Datenströme sind neue Herausforderungen und Anforderungen in Bezug auf den Schutz personenbezogener Daten entstanden. Das durch diese Verordnung unionsweit gewährleistete Schutzniveau für natürliche Personen sollte jedoch bei der Übermittlung personenbezogener Daten aus der Union an Verantwortliche, Auftragsverarbeiter oder andere Empfänger in Drittländern oder an internationale Organisationen nicht untergraben werden, und zwar auch dann nicht, wenn aus einem Drittland oder von einer internationalen Organisation personenbezogene Daten an Verantwortliche oder Auftragsverarbeiter in demselben oder einem anderen Drittland oder an dieselbe oder eine

andere internationale Organisation weiterübermittelt werden. In jedem Fall sind derartige Datenübermittlungen an Drittländer und internationale Organisationen nur unter strikter Einhaltung dieser Verordnung zulässig. Eine Datenübermittlung könnte nur stattfinden, wenn die in dieser Verordnung festgelegten Bedingungen zur Übermittlung personenbezogener Daten an Drittländer oder internationale Organisationen vorbehaltlich der übrigen Bestimmungen dieser Verordnung von dem Verantwortlichen oder dem Auftragsverarbeiter erfüllt werden.

(102) Internationale Abkommen zwischen der Union und Drittländern über die Übermittlung von personenbezogenen Daten einschließlich geeigneter Garantien für die betroffenen Personen werden von dieser Verordnung nicht berührt. Die Mitgliedstaaten können völkerrechtliche Übereinkünfte schließen, die die Übermittlung personenbezogener Daten an Drittländer oder internationale Organisationen beinhalten, sofern sich diese Übereinkünfte weder auf diese Verordnung noch auf andere Bestimmungen des Unionsrechts auswirken und ein angemessenes Schutzniveau für die Grundrechte der betroffenen Personen umfassen.

(103) Die Kommission darf mit Wirkung für die gesamte Union beschließen, dass ein bestimmtes Drittland, ein Gebiet oder ein bestimmter Sektor eines Drittlands oder eine internationale Organisation ein angemessenes Datenschutzniveau bietet, und auf diese Weise in Bezug auf das Drittland oder die internationale Organisation, das bzw. die für fähig gehalten wird, ein solches Schutzniveau zu bieten, in der gesamten Union Rechtssicherheit schaffen und eine einheitliche Rechtsanwendung sicherstellen. In derartigen Fällen dürfen personenbezogene Daten ohne weitere Genehmigung an dieses Land oder diese internationale Organisation übermittelt werden. Die Kommission kann, nach Abgabe einer ausführlichen Erklärung, in der dem Drittland oder der internationalen Organisation eine Begründung gegeben wird, auch entscheiden, eine solche Feststellung zu widerrufen.

(104) In Übereinstimmung mit den Grundwerten der Union, zu denen insbesondere der Schutz der Menschenrechte zählt, sollte die Kommission bei der Bewertung des Drittlands oder eines Gebiets oder eines bestimmten Sektors eines Drittlands berücksichtigen, inwieweit dort die Rechtsstaatlichkeit gewahrt ist, der Rechtsweg gewährleistet ist und die internationalen Menschenrechtsnormen und -Standards eingehalten werden und welche allgemeinen und sektorspezifischen Vorschriften, wozu auch die Vorschriften über die öffentliche Sicherheit, die Landesverteidigung und die nationale Sicherheit sowie die öffentliche Ordnung und das Strafrecht zählen, dort gelten. Die Annahme eines Angemessenheitsbeschlusses in Bezug auf ein Gebiet oder einen bestimmten Sektor eines Drittlands sollte unter Berücksichtigung eindeutiger und objektiver Kriterien wie bestimmter Verarbeitungsvorgänge und des Anwendungsbereichs anwendbarer Rechtsnormen und geltender Rechtsvorschriften in dem Drittland erfolgen. Das Drittland sollte Garantien für ein angemessenes Schutzniveau bieten, das dem innerhalb der Union gewährleisteten Schutzniveau der Sache nach

gleichwertig ist, insbesondere in Fällen, in denen personenbezogene Daten in einem oder mehreren spezifischen Sektoren verarbeitet werden. Das Drittland sollte insbesondere eine wirksame unabhängige Überwachung des Datenschutzes gewährleisten und Mechanismen für eine Zusammenarbeit mit den Datenschutzbehörden der Mitgliedstaaten vorsehen, und den betroffenen Personen sollten wirksame und durchsetzbare Rechte sowie wirksame verwaltungsrechtliche und gerichtliche Rechtsbehelfe eingeräumt werden.

(105) Die Kommission sollte neben den internationalen Verpflichtungen, die das Drittland oder die internationale Organisation eingegangen ist, die Verpflichtungen, die sich aus der Teilnahme des Drittlands oder der internationalen Organisation an multilateralen oder regionalen Systemen insbesondere im Hinblick auf den Schutz personenbezogener Daten ergeben, sowie die Umsetzung dieser Verpflichtungen berücksichtigen. Insbesondere sollte der Beitritt des Drittlands zum Übereinkommen des Europarates vom 28. Januar 1981 zum Schutz des Menschen bei der automatischen Verarbeitung personenbezogener Daten und dem dazugehörigen Zusatzprotokoll berücksichtigt werden. Die Kommission sollte den Ausschuss konsultieren, wenn sie das Schutzniveau in Drittländern oder internationalen Organisationen bewertet.

(106) Die Kommission sollte die Wirkungsweise von Feststellungen zum Schutzniveau in einem Drittland, einem Gebiet oder einem bestimmten Sektor eines Drittlands oder einer internationalen Organisation überwachen; sie sollte auch die Wirkungsweise der Feststellungen, die auf der Grundlage des Artikels 25 Absatz 6 oder des Artikels 26 Absatz 4 der Richtlinie 95/46/EG erlassen werden, überwachen. In ihren Angemessenheitsbeschlüssen sollte die Kommission einen Mechanismus für die regelmäßige Überprüfung von deren Wirkungsweise vorsehen. Diese regelmäßige Überprüfung sollte in Konsultation mit dem betreffenden Drittland oder der betreffenden internationalen Organisation erfolgen und allen maßgeblichen Entwicklungen in dem Drittland oder der internationalen Organisation Rechnung tragen. Für die Zwecke der Überwachung und der Durchführung der regelmäßigen Überprüfungen sollte die Kommission die Standpunkte und Feststellungen des Europäischen Parlaments und des Rates sowie der anderen einschlägigen Stellen und Quellen berücksichtigen. Die Kommission sollte innerhalb einer angemessenen Frist die Wirkungsweise der letztgenannten Beschlüsse bewerten und dem durch diese Verordnung eingesetzten Ausschuss im Sinne der Verordnung (EU) Nr. 182/2011 des Europäischen Parlaments und des Rates[1)] sowie dem Europäischen Parlament und dem Rat über alle maßgeblichen Feststellungen Bericht erstatten.

---

1) **[Amtl. Anm.:]** Verordnung (EU) Nr. 182/2011 des Europäischen Parlaments und des Rates vom 16. Februar 2011 zur Festlegung der allgemeinen Regeln und Grundsätze, nach denen die Mitgliedstaaten die Wahrnehmung der Durchführungsbefugnisse durch die Kommission kontrollieren (ABl. L 55 vom 28.2.2011, S. 13).

(107) Die Kommission kann feststellen, dass ein Drittland, ein Gebiet oder ein bestimmter Sektor eines Drittlands oder eine internationale Organisation kein angemessenes Datenschutzniveau mehr bietet. Die Übermittlung personenbezogener Daten an dieses Drittland oder an diese internationale Organisation sollte daraufhin verboten werden, es sei denn, die Anforderungen dieser Verordnung in Bezug auf die Datenübermittlung vorbehaltlich geeigneter Garantien, einschließlich verbindlicher interner Datenschutzvorschriften und auf Ausnahmen für bestimmte Fälle werden erfüllt. In diesem Falle sollten Konsultationen zwischen der Kommission und den betreffenden Drittländern oder internationalen Organisationen vorgesehen werden. Die Kommission sollte dem Drittland oder der internationalen Organisation frühzeitig die Gründe mitteilen und Konsultationen aufnehmen, um Abhilfe für die Situation zu schaffen.

(108) Bei Fehlen eines Angemessenheitsbeschlusses sollte der Verantwortliche oder der Auftragsverarbeiter als Ausgleich für den in einem Drittland bestehenden Mangel an Datenschutz geeignete Garantien für den Schutz der betroffenen Person vorsehen. Diese geeigneten Garantien können darin bestehen, dass auf verbindliche interne Datenschutzvorschriften, von der Kommission oder von einer Aufsichtsbehörde angenommene Standarddatenschutzklauseln oder von einer Aufsichtsbehörde genehmigte Vertragsklauseln zurückgegriffen wird. Diese Garantien sollten sicherstellen, dass die Datenschutzvorschriften und die Rechte der betroffenen Personen auf eine der Verarbeitung innerhalb der Union angemessene Art und Weise beachtet werden; dies gilt auch hinsichtlich der Verfügbarkeit von durchsetzbaren Rechten der betroffenen Person und von wirksamen Rechtsbehelfen einschließlich des Rechts auf wirksame verwaltungsrechtliche oder gerichtliche Rechtsbehelfe sowie des Rechts auf Geltendmachung von Schadenersatzansprüchen in der Union oder in einem Drittland. Sie sollten sich insbesondere auf die Einhaltung der allgemeinen Grundsätze für die Verarbeitung personenbezogener Daten, die Grundsätze des Datenschutzes durch Technik und durch datenschutzfreundliche Voreinstellungen beziehen. Datenübermittlungen dürfen auch von Behörden oder öffentlichen Stellen an Behörden oder öffentliche Stellen in Drittländern oder an internationale Organisationen mit entsprechenden Pflichten oder Aufgaben vorgenommen werden, auch auf der Grundlage von Bestimmungen, die in Verwaltungsvereinbarungen – wie beispielsweise einer gemeinsamen Absichtserklärung –, mit denen den betroffenen Personen durchsetzbare und wirksame Rechte eingeräumt werden, aufzunehmen sind. Die Genehmigung der zuständigen Aufsichtsbehörde sollte erlangt werden, wenn die Garantien in nicht rechtsverbindlichen Verwaltungsvereinbarungen vorgesehen sind.

(109) Die dem Verantwortlichen oder dem Auftragsverarbeiter offenstehende Möglichkeit, auf die von der Kommission oder einer Aufsichtsbehörde festgelegten Standard-Datenschutzklauseln zurückzugreifen, sollte den Verantwortlichen oder den Auftragsverarbeiter weder daran hindern, die Standard-Datenschutzklauseln auch in umfangrei-

cheren Verträgen, wie zum Beispiel Verträgen zwischen dem Auftragsverarbeiter und einem anderen Auftragsverarbeiter, zu verwenden, noch ihn daran hindern, ihnen weitere Klauseln oder zusätzliche Garantien hinzuzufügen, solange diese weder mittelbar noch unmittelbar im Widerspruch zu den von der Kommission oder einer Aufsichtsbehörde erlassenen Standard-Datenschutzklauseln stehen oder die Grundrechte und Grundfreiheiten der betroffenen Personen beschneiden. Die Verantwortlichen und die Auftragsverarbeiter sollten ermutigt werden, mit vertraglichen Verpflichtungen, die die Standard-Schutzklauseln ergänzen, zusätzliche Garantien zu bieten.

(110) Jede Unternehmensgruppe oder jede Gruppe von Unternehmen, die eine gemeinsame Wirtschaftstätigkeit ausüben, sollte für ihre internationalen Datenübermittlungen aus der Union an Organisationen derselben Unternehmensgruppe oder derselben Gruppe von Unternehmen, die eine gemeinsame Wirtschaftstätigkeit ausüben, genehmigte verbindliche interne Datenschutzvorschriften anwenden dürfen, sofern diese sämtliche Grundprinzipien und durchsetzbaren Rechte enthalten, die geeignete Garantien für die Übermittlungen beziehungsweise Kategorien von Übermittlungen personenbezogener Daten bieten.

(111) Datenübermittlungen sollten unter bestimmten Voraussetzungen zulässig sein, nämlich wenn die betroffene Person ihre ausdrückliche Einwilligung erteilt hat, wenn die Übermittlung gelegentlich erfolgt und im Rahmen eines Vertrags oder zur Geltendmachung von Rechtsansprüchen, sei es vor Gericht oder auf dem Verwaltungswege oder in außergerichtlichen Verfahren, wozu auch Verfahren vor Regulierungsbehörden zählen, erforderlich ist. Die Übermittlung sollte zudem möglich sein, wenn sie zur Wahrung eines im Unionsrecht oder im Recht eines Mitgliedstaats festgelegten wichtigen öffentlichen Interesses erforderlich ist oder wenn sie aus einem durch Rechtsvorschriften vorgesehenen Register erfolgt, das von der Öffentlichkeit oder Personen mit berechtigtem Interesse eingesehen werden kann. In letzterem Fall sollte sich eine solche Übermittlung nicht auf die Gesamtheit oder ganze Kategorien der im Register enthaltenen personenbezogenen Daten erstrecken dürfen. Ist das betreffende Register zur Einsichtnahme durch Personen mit berechtigtem Interesse bestimmt, sollte die Übermittlung nur auf Anfrage dieser Personen oder nur dann erfolgen, wenn diese Personen die Adressaten der Übermittlung sind, wobei den Interessen und Grundrechten der betroffenen Person in vollem Umfang Rechnung zu tragen ist.

(112) Diese Ausnahmen sollten insbesondere für Datenübermittlungen gelten, die aus wichtigen Gründen des öffentlichen Interesses erforderlich sind, beispielsweise für den internationalen Datenaustausch zwischen Wettbewerbs-, Steuer- oder Zollbehörden, zwischen Finanzaufsichtsbehörden oder zwischen für Angelegenheiten der sozialen Sicherheit oder für die öffentliche Gesundheit zuständigen Diensten, beispielsweise im Falle der Umgebungsuntersuchung bei ansteckenden Krankheiten oder zur Verringerung und/oder Beseitigung des Dopings

im Sport. Die Übermittlung personenbezogener Daten sollte ebenfalls als rechtmäßig angesehen werden, wenn sie erforderlich ist, um ein Interesse, das für die lebenswichtigen Interessen – einschließlich der körperlichen Unversehrtheit oder des Lebens – der betroffenen Person oder einer anderen Person wesentlich ist, zu schützen und die betroffene Person außerstande ist, ihre Einwilligung zu geben. Liegt kein Angemessenheitsbeschluss vor, so können im Unionsrecht oder im Recht der Mitgliedstaaten aus wichtigen Gründen des öffentlichen Interesses ausdrücklich Beschränkungen der Übermittlung bestimmter Kategorien von Daten an Drittländer oder internationale Organisationen vorgesehen werden. Die Mitgliedstaaten sollten solche Bestimmungen der Kommission mitteilen. Jede Übermittlung personenbezogener Daten einer betroffenen Person, die aus physischen oder rechtlichen Gründen außerstande ist, ihre Einwilligung zu erteilen, an eine internationale humanitäre Organisation, die erfolgt, um eine nach den Genfer Konventionen obliegende Aufgabe auszuführen oder um dem in bewaffneten Konflikten anwendbaren humanitären Völkerrecht nachzukommen, könnte als aus einem wichtigen Grund im öffentlichen Interesse notwendig oder als im lebenswichtigen Interesse der betroffenen Person liegend erachtet werden.

(113) Übermittlungen, die als nicht wiederholt erfolgend gelten können und nur eine begrenzte Zahl von betroffenen Personen betreffen, könnten auch zur Wahrung der zwingenden berechtigten Interessen des Verantwortlichen möglich sein, sofern die Interessen oder Rechte und Freiheiten der betroffenen Person nicht überwiegen und der Verantwortliche sämtliche Umstände der Datenübermittlung geprüft hat. Der Verantwortliche sollte insbesondere die Art der personenbezogenen Daten, den Zweck und die Dauer der vorgesehenen Verarbeitung, die Situation im Herkunftsland, in dem betreffenden Drittland und im Endbestimmungsland berücksichtigen und angemessene Garantien zum Schutz der Grundrechte und Grundfreiheiten natürlicher Personen in Bezug auf die Verarbeitung ihrer personenbezogener Daten vorsehen. Diese Übermittlungen sollten nur in den verbleibenden Fällen möglich sein, in denen keiner der anderen Gründe für die Übermittlung anwendbar ist. Bei wissenschaftlichen oder historischen Forschungszwecken oder bei statistischen Zwecken sollten die legitimen gesellschaftlichen Erwartungen in Bezug auf einen Wissenszuwachs berücksichtigt werden. Der Verantwortliche sollte die Aufsichtsbehörde und die betroffene Person von der Übermittlung in Kenntnis setzen.

(114) In allen Fällen, in denen kein Kommissionsbeschluss zur Angemessenheit des in einem Drittland bestehenden Datenschutzniveaus vorliegt, sollte der Verantwortliche oder der Auftragsverarbeiter auf Lösungen zurückgreifen, mit denen den betroffenen Personen durchsetzbare und wirksame Rechte in Bezug auf die Verarbeitung ihrer personenbezogenen Daten in der Union nach der Übermittlung dieser Daten eingeräumt werden, damit sie weiterhin die Grundrechte und Garantien genießen können.

(115) Manche Drittländer erlassen Gesetze, Vorschriften und sonstige Rechtsakte, die vorgeben, die Verarbeitungstätigkeiten natürlicher und juristischer Personen, die der Rechtsprechung der Mitgliedstaaten unterliegen, unmittelbar zu regeln. Dies kann Urteile von Gerichten und Entscheidungen von Verwaltungsbehörden in Drittländern umfassen, mit denen von einem Verantwortlichen oder einem Auftragsverarbeiter die Übermittlung oder Offenlegung personenbezogener Daten verlangt wird und die nicht auf eine in Kraft befindliche internationale Übereinkunft wie etwa ein Rechtshilfeabkommen zwischen dem ersuchenden Drittland und der Union oder einem Mitgliedstaat gestützt sind. Die Anwendung dieser Gesetze, Verordnungen und sonstigen Rechtsakte außerhalb des Hoheitsgebiets der betreffenden Drittländer kann gegen internationales Recht verstoßen und dem durch diese Verordnung in der Union gewährleisteten Schutz natürlicher Personen zuwiderlaufen. Datenübermittlungen sollten daher nur zulässig sein, wenn die Bedingungen dieser Verordnung für Datenübermittlungen an Drittländer eingehalten werden. Dies kann unter anderem der Fall sein, wenn die Offenlegung aus einem wichtigen öffentlichen Interesse erforderlich ist, das im Unionsrecht oder im Recht des Mitgliedstaats, dem der Verantwortliche unterliegt, anerkannt ist.

(116) Wenn personenbezogene Daten in ein anderes Land außerhalb der Union übermittelt werden, besteht eine erhöhte Gefahr, dass natürliche Personen ihre Datenschutzrechte nicht wahrnehmen können und sich insbesondere gegen die unrechtmäßige Nutzung oder Offenlegung dieser Informationen zu schützen. Ebenso kann es vorkommen, dass Aufsichtsbehörden Beschwerden nicht nachgehen oder Untersuchungen nicht durchführen können, die einen Bezug zu Tätigkeiten außerhalb der Grenzen ihres Mitgliedstaats haben. Ihre Bemühungen um grenzüberschreitende Zusammenarbeit können auch durch unzureichende Präventiv- und Abhilfebefugnisse, widersprüchliche Rechtsordnungen und praktische Hindernisse wie Ressourcenknappheit behindert werden. Die Zusammenarbeit zwischen den Datenschutzaufsichtsbehörden muss daher gefördert werden, damit sie Informationen austauschen und mit den Aufsichtsbehörden in anderen Ländern Untersuchungen durchführen können. Um Mechanismen der internationalen Zusammenarbeit zu entwickeln, die die internationale Amtshilfe bei der Durchsetzung von Rechtsvorschriften zum Schutz personenbezogener Daten erleichtern und sicherstellen, sollten die Kommission und die Aufsichtsbehörden Informationen austauschen und bei Tätigkeiten, die mit der Ausübung ihrer Befugnisse in Zusammenhang stehen, mit den zuständigen Behörden der Drittländer nach dem Grundsatz der Gegenseitigkeit und gemäß dieser Verordnung zusammenarbeiten.

(117) Die Errichtung von Aufsichtsbehörden in den Mitgliedstaaten, die befugt sind, ihre Aufgaben und Befugnisse völlig unabhängig wahrzunehmen, ist ein wesentlicher Bestandteil des Schutzes natürlicher Personen bei der Verarbeitung personenbezogener Daten. Die Mitgliedstaaten sollten mehr als eine Aufsichtsbehörde errichten können,

wenn dies ihrer verfassungsmäßigen, organisatorischen und administrativen Struktur entspricht.

(118) Die Tatsache, dass die Aufsichtsbehörden unabhängig sind, sollte nicht bedeuten, dass sie hinsichtlich ihrer Ausgaben keinem Kontroll- oder Überwachungsmechanismus unterworfen werden bzw. sie keiner gerichtlichen Überprüfung unterzogen werden können.

(119) Errichtet ein Mitgliedstaat mehrere Aufsichtsbehörden, so sollte er mittels Rechtsvorschriften sicherstellen, dass diese Aufsichtsbehörden am Kohärenzverfahren wirksam beteiligt werden. Insbesondere sollte dieser Mitgliedstaat eine Aufsichtsbehörde bestimmen, die als zentrale Anlaufstelle für eine wirksame Beteiligung dieser Behörden an dem Verfahren fungiert und eine rasche und reibungslose Zusammenarbeit mit anderen Aufsichtsbehörden, dem Ausschuss und der Kommission gewährleistet.

(120) Jede Aufsichtsbehörde sollte mit Finanzmitteln, Personal, Räumlichkeiten und einer Infrastruktur ausgestattet werden, wie sie für die wirksame Wahrnehmung ihrer Aufgaben, einschließlich derer im Zusammenhang mit der Amtshilfe und Zusammenarbeit mit anderen Aufsichtsbehörden in der gesamten Union, notwendig sind. Jede Aufsichtsbehörde sollte über einen eigenen, öffentlichen, jährlichen Haushaltsplan verfügen, der Teil des gesamten Staatshaushalts oder nationalen Haushalts sein kann.

(121) Die allgemeinen Anforderungen an das Mitglied oder die Mitglieder der Aufsichtsbehörde sollten durch Rechtsvorschriften von jedem Mitgliedstaat geregelt werden und insbesondere vorsehen, dass diese Mitglieder im Wege eines transparenten Verfahrens entweder – auf Vorschlag der Regierung, eines Mitglieds der Regierung, des Parlaments oder einer Parlamentskammer – vom Parlament, der Regierung oder dem Staatsoberhaupt des Mitgliedstaats oder von einer unabhängigen Stelle ernannt werden, die nach dem Recht des Mitgliedstaats mit der Ernennung betraut wird. Um die Unabhängigkeit der Aufsichtsbehörde zu gewährleisten, sollten ihre Mitglieder ihr Amt integer ausüben, von allen mit den Aufgaben ihres Amts nicht zu vereinbarenden Handlungen absehen und während ihrer Amtszeit keine andere mit ihrem Amt nicht zu vereinbarende entgeltliche oder unentgeltliche Tätigkeit ausüben. Die Aufsichtsbehörde sollte über eigenes Personal verfügen, das sie selbst oder eine nach dem Recht des Mitgliedstaats eingerichtete unabhängige Stelle auswählt und das ausschließlich der Leitung des Mitglieds oder der Mitglieder der Aufsichtsbehörde unterstehen sollte.

(122) Jede Aufsichtsbehörde sollte dafür zuständig sein, im Hoheitsgebiet ihres Mitgliedstaats die Befugnisse auszuüben und die Aufgaben zu erfüllen, die ihr mit dieser Verordnung übertragen wurden. Dies sollte insbesondere für Folgendes gelten: die Verarbeitung im Rahmen der Tätigkeiten einer Niederlassung des Verantwortlichen oder Auftragsverarbeiters im Hoheitsgebiet ihres Mitgliedstaats, die Verarbeitung personenbezogener Daten durch Behörden oder private Stellen, die im öffentlichen Interesse handeln, Verarbeitungstätigkeiten, die Auswir-

kungen auf betroffene Personen in ihrem Hoheitsgebiet haben, oder Verarbeitungstätigkeiten eines Verantwortlichen oder Auftragsverarbeiters ohne Niederlassung in der Union, sofern sie auf betroffene Personen mit Wohnsitz in ihrem Hoheitsgebiet ausgerichtet sind. Dies sollte auch die Bearbeitung von Beschwerden einer betroffenen Person, die Durchführung von Untersuchungen über die Anwendung dieser Verordnung sowie die Förderung der Information der Öffentlichkeit über Risiken, Vorschriften, Garantien und Rechte im Zusammenhang mit der Verarbeitung personenbezogener Daten einschließen.

(123) Die Aufsichtsbehörden sollten die Anwendung der Bestimmungen dieser Verordnung überwachen und zu ihrer einheitlichen Anwendung in der gesamten Union beitragen, um natürliche Personen im Hinblick auf die Verarbeitung ihrer Daten zu schützen und den freien Verkehr personenbezogener Daten im Binnenmarkt zu erleichtern. Zu diesem Zweck sollten die Aufsichtsbehörden untereinander und mit der Kommission zusammenarbeiten, ohne dass eine Vereinbarung zwischen den Mitgliedstaaten über die Leistung von Amtshilfe oder über eine derartige Zusammenarbeit erforderlich wäre.

(124) Findet die Verarbeitung personenbezogener Daten im Zusammenhang mit der Tätigkeit einer Niederlassung eines Verantwortlichen oder eines Auftragsverarbeiters in der Union statt und hat der Verantwortliche oder der Auftragsverarbeiter Niederlassungen in mehr als einem Mitgliedstaat oder hat die Verarbeitungstätigkeit im Zusammenhang mit der Tätigkeit einer einzigen Niederlassung eines Verantwortlichen oder Auftragsverarbeiters in der Union erhebliche Auswirkungen auf betroffene Personen in mehr als einem Mitgliedstaat bzw. wird sie voraussichtlich solche Auswirkungen haben, so sollte die Aufsichtsbehörde für die Hauptniederlassung des Verantwortlichen oder Auftragsverarbeiters oder für die einzige Niederlassung des Verantwortlichen oder Auftragsverarbeiters als federführende Behörde fungieren. Sie sollte mit den anderen Behörden zusammenarbeiten, die betroffen sind, weil der Verantwortliche oder Auftragsverarbeiter eine Niederlassung im Hoheitsgebiet ihres Mitgliedstaats hat, weil die Verarbeitung erhebliche Auswirkungen auf betroffene Personen mit Wohnsitz in ihrem Hoheitsgebiet hat oder weil bei ihnen eine Beschwerde eingelegt wurde. Auch wenn eine betroffene Person ohne Wohnsitz in dem betreffenden Mitgliedstaat eine Beschwerde eingelegt hat, sollte die Aufsichtsbehörde, bei der Beschwerde eingelegt wurde, auch eine betroffene Aufsichtsbehörde sein. Der Ausschuss sollte – im Rahmen seiner Aufgaben in Bezug auf die Herausgabe von Leitlinien zu allen Fragen im Zusammenhang mit der Anwendung dieser Verordnung – insbesondere Leitlinien zu den Kriterien ausgeben können, die bei der Feststellung zu berücksichtigen sind, ob die fragliche Verarbeitung erhebliche Auswirkungen auf betroffene Personen in mehr als einem Mitgliedstaat hat und was einen maßgeblichen und begründeten Einspruch darstellt.

(125) Die federführende Behörde sollte berechtigt sein, verbindliche Beschlüsse über Maßnahmen zu erlassen, mit denen die ihr gemäß die-

ser Verordnung übertragenen Befugnisse ausgeübt werden. In ihrer Eigenschaft als federführende Behörde sollte diese Aufsichtsbehörde für die enge Einbindung und Koordinierung der betroffenen Aufsichtsbehörden im Entscheidungsprozess sorgen. Wird beschlossen, die Beschwerde der betroffenen Person vollständig oder teilweise abzuweisen, so sollte dieser Beschluss von der Aufsichtsbehörde angenommen werden, bei der die Beschwerde eingelegt wurde.

(126) Der Beschluss sollte von der federführenden Aufsichtsbehörde und den betroffenen Aufsichtsbehörden gemeinsam vereinbart werden und an die Hauptniederlassung oder die einzige Niederlassung des Verantwortlichen oder Auftragsverarbeiters gerichtet sein und für den Verantwortlichen und den Auftragsverarbeiter verbindlich sein. Der Verantwortliche oder Auftragsverarbeiter sollte die erforderlichen Maßnahmen treffen, um die Einhaltung dieser Verordnung und die Umsetzung des Beschlusses zu gewährleisten, der der Hauptniederlassung des Verantwortlichen oder Auftragsverarbeiters im Hinblick auf die Verarbeitungstätigkeiten in der Union von der federführenden Aufsichtsbehörde mitgeteilt wurde.

(127) Jede Aufsichtsbehörde, die nicht als federführende Aufsichtsbehörde fungiert, sollte in örtlichen Fällen zuständig sein, wenn der Verantwortliche oder Auftragsverarbeiter Niederlassungen in mehr als einem Mitgliedstaat hat, der Gegenstand der spezifischen Verarbeitung aber nur die Verarbeitungstätigkeiten in einem einzigen Mitgliedstaat und nur betroffene Personen in diesem einen Mitgliedstaat betrifft, beispielsweise wenn es um die Verarbeitung von personenbezogenen Daten von Arbeitnehmern im spezifischen Beschäftigungskontext eines Mitgliedstaats geht. In solchen Fällen sollte die Aufsichtsbehörde unverzüglich die federführende Aufsichtsbehörde über diese Angelegenheit unterrichten. Nach ihrer Unterrichtung sollte die federführende Aufsichtsbehörde entscheiden, ob sie den Fall nach den Bestimmungen zur Zusammenarbeit zwischen der federführenden Aufsichtsbehörde und anderen betroffenen Aufsichtsbehörden gemäß der Vorschrift zur Zusammenarbeit zwischen der federführenden Aufsichtsbehörde und anderen betroffenen Aufsichtsbehörden (im Folgenden „Verfahren der Zusammenarbeit und Kohärenz") regelt oder ob die Aufsichtsbehörde, die sie unterrichtet hat, den Fall auf örtlicher Ebene regeln sollte. Dabei sollte die federführende Aufsichtsbehörde berücksichtigen, ob der Verantwortliche oder der Auftragsverarbeiter in dem Mitgliedstaat, dessen Aufsichtsbehörde sie unterrichtet hat, eine Niederlassung hat, damit Beschlüsse gegenüber dem Verantwortlichen oder dem Auftragsverarbeiter wirksam durchgesetzt werden. Entscheidet die federführende Aufsichtsbehörde, den Fall selbst zu regeln, sollte die Aufsichtsbehörde, die sie unterrichtet hat, die Möglichkeit haben, einen Beschlussentwurf vorzulegen, dem die federführende Aufsichtsbehörde bei der Ausarbeitung ihres Beschlussentwurfs im Rahmen dieses Verfahrens der Zusammenarbeit und Kohärenz weitestgehend Rechnung tragen sollte.

(128) Die Vorschriften über die federführende Behörde und das Verfahren der Zusammenarbeit und Kohärenz sollten keine Anwendung

finden, wenn die Verarbeitung durch Behörden oder private Stellen im öffentlichen Interesse erfolgt. In diesen Fällen sollte die Aufsichtsbehörde des Mitgliedstaats, in dem die Behörde oder private Einrichtung ihren Sitz hat, die einzige Aufsichtsbehörde sein, die dafür zuständig ist, die Befugnisse auszuüben, die ihr mit dieser Verordnung übertragen wurden.

(129) Um die einheitliche Überwachung und Durchsetzung dieser Verordnung in der gesamten Union sicherzustellen, sollten die Aufsichtsbehörden in jedem Mitgliedstaat dieselben Aufgaben und wirksamen Befugnisse haben, darunter, insbesondere im Fall von Beschwerden natürlicher Personen, Untersuchungsbefugnisse, Abhilfebefugnisse und Sanktionsbefugnisse und Genehmigungsbefugnisse und beratende Befugnisse, sowie – unbeschadet der Befugnisse der Strafverfolgungsbehörden nach dem Recht der Mitgliedstaaten – die Befugnis, Verstöße gegen diese Verordnung den Justizbehörden zur Kenntnis zu bringen und Gerichtsverfahren anzustrengen. Dazu sollte auch die Befugnis zählen, eine vorübergehende oder endgültige Beschränkung der Verarbeitung, einschließlich eines Verbots, zu verhängen. Die Mitgliedstaaten können andere Aufgaben im Zusammenhang mit dem Schutz personenbezogener Daten im Rahmen dieser Verordnung festlegen. Die Befugnisse der Aufsichtsbehörden sollten in Übereinstimmung mit den geeigneten Verfahrensgarantien nach dem Unionsrecht und dem Recht der Mitgliedstaaten unparteiisch, gerecht und innerhalb einer angemessenen Frist ausgeübt werden. Insbesondere sollte jede Maßnahme im Hinblick auf die Gewährleistung der Einhaltung dieser Verordnung geeignet, erforderlich und verhältnismäßig sein, wobei die Umstände des jeweiligen Einzelfalls zu berücksichtigen sind, das Recht einer jeden Person, gehört zu werden, bevor eine individuelle Maßnahme getroffen wird, die nachteilige Auswirkungen auf diese Person hätte, zu achten ist und überflüssige Kosten und übermäßige Unannehmlichkeiten für die Betroffenen zu vermeiden sind. Untersuchungsbefugnisse im Hinblick auf den Zugang zu Räumlichkeiten sollten im Einklang mit besonderen Anforderungen im Verfahrensrecht der Mitgliedstaaten ausgeübt werden, wie etwa dem Erfordernis einer vorherigen richterlichen Genehmigung. Jede rechtsverbindliche Maßnahme der Aufsichtsbehörde sollte schriftlich erlassen werden und sie sollte klar und eindeutig sein; die Aufsichtsbehörde, die die Maßnahme erlassen hat, und das Datum, an dem die Maßnahme erlassen wurde, sollten angegeben werden und die Maßnahme sollte vom Leiter oder von einem von ihm bevollmächtigten Mitglied der Aufsichtsbehörde unterschrieben sein und eine Begründung für die Maßnahme sowie einen Hinweis auf das Recht auf einen wirksamen Rechtsbehelf enthalten. Dies sollte zusätzliche Anforderungen nach dem Verfahrensrecht der Mitgliedstaaten nicht ausschließen. Der Erlass eines rechtsverbindlichen Beschlusses setzt voraus, dass er in dem Mitgliedstaat der Aufsichtsbehörde, die den Beschluss erlassen hat, gerichtlich überprüft werden kann.

(130) Ist die Aufsichtsbehörde, bei der die Beschwerde eingereicht wurde, nicht die federführende Aufsichtsbehörde, so sollte die feder-

führende Aufsichtsbehörde gemäß den Bestimmungen dieser Verordnung über Zusammenarbeit und Kohärenz eng mit der Aufsichtsbehörde zusammenarbeiten, bei der die Beschwerde eingereicht wurde. In solchen Fällen sollte die federführende Aufsichtsbehörde bei Maßnahmen, die rechtliche Wirkungen entfalten sollen, unter anderem bei der Verhängung von Geldbußen, den Standpunkt der Aufsichtsbehörde, bei der die Beschwerde eingereicht wurde und die weiterhin befugt sein sollte, in Abstimmung mit der zuständigen Aufsichtsbehörde Untersuchungen im Hoheitsgebiet ihres eigenen Mitgliedstaats durchzuführen, weitestgehend berücksichtigen.

(131) Wenn eine andere Aufsichtsbehörde als federführende Aufsichtsbehörde für die Verarbeitungstätigkeiten des Verantwortlichen oder des Auftragsverarbeiters fungieren sollte, der konkrete Gegenstand einer Beschwerde oder der mögliche Verstoß jedoch nur die Verarbeitungstätigkeiten des Verantwortlichen oder des Auftragsverarbeiters in dem Mitgliedstaat betrifft, in dem die Beschwerde eingereicht wurde oder der mögliche Verstoß aufgedeckt wurde, und die Angelegenheit keine erheblichen Auswirkungen auf betroffene Personen in anderen Mitgliedstaaten hat oder haben dürfte, sollte die Aufsichtsbehörde, bei der eine Beschwerde eingereicht wurde oder die Situationen, die mögliche Verstöße gegen diese Verordnung darstellen, aufgedeckt hat bzw. auf andere Weise darüber informiert wurde, versuchen, eine gütliche Einigung mit dem Verantwortlichen zu erzielen; falls sich dies als nicht erfolgreich erweist, sollte sie die gesamte Bandbreite ihrer Befugnisse wahrnehmen. Dies sollte auch Folgendes umfassen: die spezifische Verarbeitung im Hoheitsgebiet des Mitgliedstaats der Aufsichtsbehörde oder im Hinblick auf betroffene Personen im Hoheitsgebiet dieses Mitgliedstaats; die Verarbeitung im Rahmen eines Angebots von Waren oder Dienstleistungen, das speziell auf betroffene Personen im Hoheitsgebiet des Mitgliedstaats der Aufsichtsbehörde ausgerichtet ist; oder eine Verarbeitung, die unter Berücksichtigung der einschlägigen rechtlichen Verpflichtungen nach dem Recht der Mitgliedstaaten bewertet werden muss.

(132) Auf die Öffentlichkeit ausgerichtete Sensibilisierungsmaßnahmen der Aufsichtsbehörden sollten spezifische Maßnahmen einschließen, die sich an die Verantwortlichen und die Auftragsverarbeiter, einschließlich Kleinstunternehmen sowie kleiner und mittlerer Unternehmen, und an natürliche Personen, insbesondere im Bildungsbereich, richten.

(133) Die Aufsichtsbehörden sollten sich gegenseitig bei der Erfüllung ihrer Aufgaben unterstützen und Amtshilfe leisten, damit eine einheitliche Anwendung und Durchsetzung dieser Verordnung im Binnenmarkt gewährleistet ist. Eine Aufsichtsbehörde, die um Amtshilfe ersucht hat, kann eine einstweilige Maßnahme erlassen, wenn sie nicht binnen eines Monats nach Eingang des Amtshilfeersuchens bei der ersuchten Aufsichtsbehörde eine Antwort von dieser erhalten hat.

(134) Jede Aufsichtsbehörde sollte gegebenenfalls an gemeinsamen Maßnahmen von anderen Aufsichtsbehörden teilnehmen. Die ersuchte

Aufsichtsbehörde sollte auf das Ersuchen binnen einer bestimmten Frist antworten müssen.

(135) Um die einheitliche Anwendung dieser Verordnung in der gesamten Union sicherzustellen, sollte ein Verfahren zur Gewährleistung einer einheitlichen Rechtsanwendung (Kohärenzverfahren) für die Zusammenarbeit zwischen den Aufsichtsbehörden eingeführt werden. Dieses Verfahren sollte insbesondere dann angewendet werden, wenn eine Aufsichtsbehörde beabsichtigt, eine Maßnahme zu erlassen, die rechtliche Wirkungen in Bezug auf Verarbeitungsvorgänge entfalten soll, die für eine bedeutende Zahl betroffener Personen in mehreren Mitgliedstaaten erhebliche Auswirkungen haben. Ferner sollte es zur Anwendung kommen, wenn eine betroffene Aufsichtsbehörde oder die Kommission beantragt, dass die Angelegenheit im Rahmen des Kohärenzverfahrens behandelt wird. Dieses Verfahren sollte andere Maßnahmen, die die Kommission möglicherweise in Ausübung ihrer Befugnisse nach den Verträgen trifft, unberührt lassen.

(136) Bei Anwendung des Kohärenzverfahrens sollte der Ausschuss, falls von der Mehrheit seiner Mitglieder so entschieden wird oder falls eine andere betroffene Aufsichtsbehörde oder die Kommission darum ersuchen, binnen einer festgelegten Frist eine Stellungnahme abgeben. Dem Ausschuss sollte auch die Befugnis übertragen werden, bei Streitigkeiten zwischen Aufsichtsbehörden rechtsverbindliche Beschlüsse zu erlassen. Zu diesem Zweck sollte er in klar bestimmten Fällen, in denen die Aufsichtsbehörden insbesondere im Rahmen des Verfahrens der Zusammenarbeit zwischen der federführenden Aufsichtsbehörde und den betroffenen Aufsichtsbehörden widersprüchliche Standpunkte zu dem Sachverhalt, vor allem in der Frage, ob ein Verstoß gegen diese Verordnung vorliegt, vertreten, grundsätzlich mit einer Mehrheit von zwei Dritteln seiner Mitglieder rechtsverbindliche Beschlüsse erlassen.

(137) Es kann dringender Handlungsbedarf zum Schutz der Rechte und Freiheiten von betroffenen Personen bestehen, insbesondere wenn eine erhebliche Behinderung der Durchsetzung des Rechts einer betroffenen Person droht. Eine Aufsichtsbehörde sollte daher hinreichend begründete einstweilige Maßnahmen in ihrem Hoheitsgebiet mit einer festgelegten Geltungsdauer von höchstens drei Monaten erlassen können.

(138) Die Anwendung dieses Verfahrens sollte in den Fällen, in denen sie verbindlich vorgeschrieben ist, eine Bedingung für die Rechtmäßigkeit einer Maßnahme einer Aufsichtsbehörde sein, die rechtliche Wirkungen entfalten soll. In anderen Fällen von grenzüberschreitender Relevanz sollte das Verfahren der Zusammenarbeit zwischen der federführenden Aufsichtsbehörde und den betroffenen Aufsichtsbehörden zur Anwendung gelangen, und die betroffenen Aufsichtsbehörden können auf bilateraler oder multilateraler Ebene Amtshilfe leisten und gemeinsame Maßnahmen durchführen, ohne auf das Kohärenzverfahren zurückzugreifen.

(139) Zur Förderung der einheitlichen Anwendung dieser Verordnung sollte der Ausschuss als unabhängige Einrichtung der Union ein-

gesetzt werden. Damit der Ausschuss seine Ziele erreichen kann, sollte er Rechtspersönlichkeit besitzen. Der Ausschuss sollte von seinem Vorsitz vertreten werden. Er sollte die mit der Richtlinie 95/46/EG eingesetzte Arbeitsgruppe für den Schutz der Rechte von Personen bei der Verarbeitung personenbezogener Daten ersetzen. Er sollte aus dem Leiter einer Aufsichtsbehörde jedes Mitgliedstaats und dem Europäischen Datenschutzbeauftragten oder deren jeweiligen Vertretern gebildet werden. An den Beratungen des Ausschusses sollte die Kommission ohne Stimmrecht teilnehmen und der Europäische Datenschutzbeauftragte sollte spezifische Stimmrechte haben. Der Ausschuss sollte zur einheitlichen Anwendung der Verordnung in der gesamten Union beitragen, die Kommission insbesondere im Hinblick auf das Schutzniveau in Drittländern oder internationalen Organisationen beraten und die Zusammenarbeit der Aufsichtsbehörden in der Union fördern. Der Ausschuss sollte bei der Erfüllung seiner Aufgaben unabhängig handeln.

(140)[1] Der Ausschuss sollte von einem Sekretariat unterstützt werden, das von dem Europäischen Datenschutzbeauftragten bereitgestellt wird. Das Personal des Europäischen Datenschutzbeauftragten, das an der Wahrnehmung der dem Ausschuss gemäß dieser Verordnung übertragenen Aufgaben beteiligt ist, sollte diese Aufgaben ausschließlich gemäß den Anweisungen des Vorsitzes des Ausschusses durchführen und diesem Bericht erstatten.

(141) Jede betroffene Person sollte das Recht haben, bei einer einzigen Aufsichtsbehörde insbesondere in dem Mitgliedstaat ihres gewöhnlichen Aufenthalts eine Beschwerde einzureichen und gemäß Artikel 47 der Charta einen wirksamen gerichtlichen Rechtsbehelf einzulegen, wenn sie sich in ihren Rechten gemäß dieser Verordnung verletzt sieht oder wenn die Aufsichtsbehörde auf eine Beschwerde hin nicht tätig wird, eine Beschwerde teilweise oder ganz abweist oder ablehnt oder nicht tätig wird, obwohl dies zum Schutz der Rechte der betroffenen Person notwendig ist. Die auf eine Beschwerde folgende Untersuchung sollte vorbehaltlich gerichtlicher Überprüfung so weit gehen, wie dies im Einzelfall angemessen ist. Die Aufsichtsbehörde sollte die betroffene Person innerhalb eines angemessenen Zeitraums über den Fortgang und die Ergebnisse der Beschwerde unterrichten. Sollten weitere Untersuchungen oder die Abstimmung mit einer anderen Aufsichtsbehörde erforderlich sein, sollte die betroffene Person über den Zwischenstand informiert werden. Jede Aufsichtsbehörde sollte Maßnahmen zur Erleichterung der Einreichung von Beschwerden treffen, wie etwa die Bereitstellung eines Beschwerdeformulars, das auch elektronisch ausgefüllt werden kann, ohne dass andere Kommunikationsmittel ausgeschlossen werden.

(142) Betroffene Personen, die sich in ihren Rechten gemäß dieser Verordnung verletzt sehen, sollten das Recht haben, nach dem Recht eines Mitgliedstaats gegründete Einrichtungen, Organisationen oder

[1] Erwägungsgrund 140 ber. ABl. 2018 Nr. L 127 S. 2.

Verbände ohne Gewinnerzielungsabsicht, deren satzungsmäßige Ziele im öffentlichem Interesse liegen und die im Bereich des Schutzes personenbezogener Daten tätig sind, zu beauftragen, in ihrem Namen Beschwerde bei einer Aufsichtsbehörde oder einen gerichtlichen Rechtsbehelf einzulegen oder das Recht auf Schadensersatz in Anspruch zu nehmen, sofern dieses im Recht der Mitgliedstaaten vorgesehen ist. Die Mitgliedstaaten können vorsehen, dass diese Einrichtungen, Organisationen oder Verbände das Recht haben, unabhängig vom Auftrag einer betroffenen Person in dem betreffenden Mitgliedstaat eine eigene Beschwerde einzulegen, und das Recht auf einen wirksamen gerichtlichen Rechtsbehelf haben sollten, wenn sie Grund zu der Annahme haben, dass die Rechte der betroffenen Person infolge einer nicht im Einklang mit dieser Verordnung stehenden Verarbeitung verletzt worden sind. Diesen Einrichtungen, Organisationen oder Verbänden kann unabhängig vom Auftrag einer betroffenen Person nicht gestattet werden, im Namen einer betroffenen Person Schadenersatz zu verlangen.

(143) Jede natürliche oder juristische Person hat das Recht, unter den in Artikel 263 AEUV genannten Voraussetzungen beim Gerichtshof eine Klage auf Nichtigerklärung eines Beschlusses des Ausschusses zu erheben. Als Adressaten solcher Beschlüsse müssen die betroffenen Aufsichtsbehörden, die diese Beschlüsse anfechten möchten, binnen zwei Monaten nach deren Übermittlung gemäß Artikel 263 AEUV Klage erheben. Sofern Beschlüsse des Ausschusses einen Verantwortlichen, einen Auftragsverarbeiter oder den Beschwerdeführer unmittelbar und individuell betreffen, so können diese Personen binnen zwei Monaten nach Veröffentlichung der betreffenden Beschlüsse auf der Website des Ausschusses im Einklang mit Artikel 263 AEUV eine Klage auf Nichtigerklärung erheben. Unbeschadet dieses Rechts nach Artikel 263 AEUV sollte jede natürliche oder juristische Person das Recht auf einen wirksamen gerichtlichen Rechtsbehelf bei dem zuständigen einzelstaatlichen Gericht gegen einen Beschluss einer Aufsichtsbehörde haben, der gegenüber dieser Person Rechtswirkungen entfaltet. Ein derartiger Beschluss betrifft insbesondere die Ausübung von Untersuchungs-, Abhilfe- und Genehmigungsbefugnissen durch die Aufsichtsbehörde oder die Ablehnung oder Abweisung von Beschwerden. Das Recht auf einen wirksamen gerichtlichen Rechtsbehelf umfasst jedoch nicht rechtlich nicht bindende Maßnahmen der Aufsichtsbehörden wie von ihr abgegebene Stellungnahmen oder Empfehlungen. Verfahren gegen eine Aufsichtsbehörde sollten bei den Gerichten des Mitgliedstaats angestrengt werden, in dem die Aufsichtsbehörde ihren Sitz hat, und sollten im Einklang mit dem Verfahrensrecht dieses Mitgliedstaats durchgeführt werden. Diese Gerichte sollten eine uneingeschränkte Zuständigkeit besitzen, was die Zuständigkeit, sämtliche für den bei ihnen anhängigen Rechtsstreit maßgebliche Sach- und Rechtsfragen zu prüfen, einschließt. Wurde eine Beschwerde von einer Aufsichtsbehörde abgelehnt oder abgewiesen, kann der Beschwerdeführer Klage bei den Gerichten desselben Mitgliedstaats erheben.

Im Zusammenhang mit gerichtlichen Rechtsbehelfen in Bezug auf die Anwendung dieser Verordnung können einzelstaatliche Gerichte, die eine Entscheidung über diese Frage für erforderlich halten, um ihr Urteil erlassen zu können, bzw. müssen einzelstaatliche Gerichte in den Fällen nach Artikel 267 AEUV den Gerichtshof um eine Vorabentscheidung zur Auslegung des Unionsrechts – das auch diese Verordnung einschließt – ersuchen. Wird darüber hinaus der Beschluss einer Aufsichtsbehörde zur Umsetzung eines Beschlusses des Ausschusses vor einem einzelstaatlichen Gericht angefochten und wird die Gültigkeit des Beschlusses des Ausschusses in Frage gestellt, so hat dieses einzelstaatliche Gericht nicht die Befugnis, den Beschluss des Ausschusses für nichtig zu erklären, sondern es muss im Einklang mit Artikel 267 AEUV in der Auslegung des Gerichtshofs den Gerichtshof mit der Frage der Gültigkeit befassen, wenn es den Beschluss für nichtig hält. Allerdings darf ein einzelstaatliches Gericht den Gerichtshof nicht auf Anfrage einer natürlichen oder juristischen Person mit Fragen der Gültigkeit des Beschlusses des Ausschusses befassen, wenn diese Person Gelegenheit hatte, eine Klage auf Nichtigerklärung dieses Beschlusses zu erheben – insbesondere wenn sie unmittelbar und individuell von dem Beschluss betroffen war –, diese Gelegenheit jedoch nicht innerhalb der Frist gemäß Artikel 263 AEUV genutzt hat.

(144) Hat ein mit einem Verfahren gegen die Entscheidung einer Aufsichtsbehörde befasstes Gericht Anlass zu der Vermutung, dass ein dieselbe Verarbeitung betreffendes Verfahren – etwa zu demselben Gegenstand in Bezug auf die Verarbeitung durch denselben Verantwortlichen oder Auftragsverarbeiter oder wegen desselben Anspruchs – vor einem zuständigen Gericht in einem anderen Mitgliedstaat anhängig ist, so sollte es mit diesem Gericht Kontakt aufnehmen, um sich zu vergewissern, dass ein solches verwandtes Verfahren existiert. Sind verwandte Verfahren vor einem Gericht in einem anderen Mitgliedstaat anhängig, so kann jedes später angerufene Gericht das Verfahren aussetzen oder sich auf Anfrage einer Partei auch zugunsten des zuerst angerufenen Gerichts für unzuständig erklären, wenn dieses später angerufene Gericht für die betreffenden Verfahren zuständig ist und die Verbindung von solchen verwandten Verfahren nach seinem Recht zulässig ist. Verfahren gelten als miteinander verwandt, wenn zwischen ihnen eine so enge Beziehung gegeben ist, dass eine gemeinsame Verhandlung und Entscheidung geboten erscheint, um zu vermeiden, dass in getrennten Verfahren einander widersprechende Entscheidungen ergehen.

(145)[1] Bei Verfahren gegen Verantwortliche oder Auftragsverarbeiter sollte es dem Kläger überlassen bleiben, ob er die Gerichte des Mitgliedstaats anruft, in dem der Verantwortliche oder der Auftragsverarbeiter eine Niederlassung hat, oder des Mitgliedstaats, in dem die betroffene Person wohnt; dies gilt nicht, wenn es sich bei dem Verant-

[1] Erwägungsgrund 145 ber. ABl. 2018 Nr. L 127 S. 2.

wortlichen um eine Behörde eines Mitgliedstaats handelt, die in Ausübung ihrer hoheitlichen Befugnisse tätig geworden ist.

(146) Der Verantwortliche oder der Auftragsverarbeiter sollte Schäden, die einer Person aufgrund einer Verarbeitung entstehen, die mit dieser Verordnung nicht im Einklang steht, ersetzen. Der Verantwortliche oder der Auftragsverarbeiter sollte von seiner Haftung befreit werden, wenn er nachweist, dass er in keiner Weise für den Schaden verantwortlich ist. Der Begriff des Schadens sollte im Lichte der Rechtsprechung des Gerichtshofs weit auf eine Art und Weise ausgelegt werden, die den Zielen dieser Verordnung in vollem Umfang entspricht. Dies gilt unbeschadet von Schadenersatzforderungen aufgrund von Verstößen gegen andere Vorschriften des Unionsrechts oder des Rechts der Mitgliedstaaten. Zu einer Verarbeitung, die mit der vorliegenden Verordnung nicht im Einklang steht, zählt auch eine Verarbeitung, die nicht mit den nach Maßgabe der vorliegenden Verordnung erlassenen delegierten Rechtsakten und Durchführungsrechtsakten und Rechtsvorschriften der Mitgliedstaaten zur Präzisierung von Bestimmungen der vorliegenden Verordnung im Einklang steht. Die betroffenen Personen sollten einen vollständigen und wirksamen Schadenersatz für den erlittenen Schaden erhalten. Sind Verantwortliche oder Auftragsverarbeiter an derselben Verarbeitung beteiligt, so sollte jeder Verantwortliche oder Auftragsverarbeiter für den gesamten Schaden haftbar gemacht werden. Werden sie jedoch nach Maßgabe des Rechts der Mitgliedstaaten zu demselben Verfahren hinzugezogen, so können sie im Verhältnis zu der Verantwortung anteilmäßig haftbar gemacht werden, die jeder Verantwortliche oder Auftragsverarbeiter für den durch die Verarbeitung entstandenen Schaden zu tragen hat, sofern sichergestellt ist, dass die betroffene Person einen vollständigen und wirksamen Schadenersatz für den erlittenen Schaden erhält. Jeder Verantwortliche oder Auftragsverarbeiter, der den vollen Schadenersatz geleistet hat, kann anschließend ein Rückgriffsverfahren gegen andere an derselben Verarbeitung beteiligte Verantwortliche oder Auftragsverarbeiter anstrengen.

(147) Soweit in dieser Verordnung spezifische Vorschriften über die Gerichtsbarkeit – insbesondere in Bezug auf Verfahren im Hinblick auf einen gerichtlichen Rechtsbehelf einschließlich Schadenersatz gegen einen Verantwortlichen oder Auftragsverarbeiter – enthalten sind, sollten die allgemeinen Vorschriften über die Gerichtsbarkeit, wie sie etwa in der Verordnung (EU) Nr. 1215/2012 des Europäischen Parlaments und des Rates[1)] enthalten sind, der Anwendung dieser spezifischen Vorschriften nicht entgegenstehen.

(148) Im Interesse einer konsequenteren Durchsetzung der Vorschriften dieser Verordnung sollten bei Verstößen gegen diese Verord-

---

[1)] **[Amtl. Anm.:]** Verordnung (EU) Nr. 1215/2012 des Europäischen Parlaments und des Rates vom 12. Dezember 2012 über die gerichtliche Zuständigkeit und die Anerkennung und Vollstreckung von Entscheidungen in Zivil- und Handelssachen (ABl. L 351 vom 20.12.2012, S. 1).

nung zusätzlich zu den geeigneten Maßnahmen, die die Aufsichtsbehörde gemäß dieser Verordnung verhängt, oder an Stelle solcher Maßnahmen Sanktionen einschließlich Geldbußen verhängt werden. Im Falle eines geringfügigeren Verstoßes oder falls voraussichtlich zu verhängende Geldbuße eine unverhältnismäßige Belastung für eine natürliche Person bewirken würde, kann anstelle einer Geldbuße eine Verwarnung erteilt werden. Folgendem sollte jedoch gebührend Rechnung getragen werden: der Art, Schwere und Dauer des Verstoßes, dem vorsätzlichen Charakter des Verstoßes, den Maßnahmen zur Minderung des entstandenen Schadens, dem Grad der Verantwortlichkeit oder jeglichem früheren Verstoß, der Art und Weise, wie der Verstoß der Aufsichtsbehörde bekannt wurde, der Einhaltung der gegen den Verantwortlichen oder Auftragsverarbeiter angeordneten Maßnahmen, der Einhaltung von Verhaltensregeln und jedem anderen erschwerenden oder mildernden Umstand. Für die Verhängung von Sanktionen einschließlich Geldbußen sollte es angemessene Verfahrensgarantien geben, die den allgemeinen Grundsätzen des Unionsrechts und der Charta, einschließlich des Rechts auf wirksamen Rechtsschutz und ein faires Verfahren, entsprechen.

(149) Die Mitgliedstaaten sollten die strafrechtlichen Sanktionen für Verstöße gegen diese Verordnung, auch für Verstöße gegen auf der Grundlage und in den Grenzen dieser Verordnung erlassene nationale Vorschriften, festlegen können. Diese strafrechtlichen Sanktionen können auch die Einziehung der durch die Verstöße gegen diese Verordnung erzielten Gewinne ermöglichen. Die Verhängung von strafrechtlichen Sanktionen für Verstöße gegen solche nationalen Vorschriften und von verwaltungsrechtlichen Sanktionen sollte jedoch nicht zu einer Verletzung des Grundsatzes „ne bis in idem", wie er vom Gerichtshof ausgelegt worden ist, führen.

(150) Um die verwaltungsrechtlichen Sanktionen bei Verstößen gegen diese Verordnung zu vereinheitlichen und ihnen mehr Wirkung zu verleihen, sollte jede Aufsichtsbehörde befugt sein, Geldbußen zu verhängen. In dieser Verordnung sollten die Verstöße sowie die Obergrenze der entsprechenden Geldbußen und die Kriterien für ihre Festsetzung genannt werden, wobei diese Geldbußen von der zuständigen Aufsichtsbehörde in jedem Einzelfall unter Berücksichtigung aller besonderen Umstände und insbesondere der Art, Schwere und Dauer des Verstoßes und seiner Folgen sowie der Maßnahmen, die ergriffen worden sind, um die Einhaltung der aus dieser Verordnung erwachsenden Verpflichtungen zu gewährleisten und die Folgen des Verstoßes abzuwenden oder abzumildern, festzusetzen sind. Werden Geldbußen Unternehmen auferlegt, sollte zu diesem Zweck der Begriff „Unternehmen" im Sinne der Artikel 101 und 102 AEUV verstanden werden. Werden Geldbußen Personen auferlegt, bei denen es sich nicht um Unternehmen handelt, so sollte die Aufsichtsbehörde bei der Erwägung des angemessenen Betrags für die Geldbuße dem allgemeinen Einkommensniveau in dem betreffenden Mitgliedstaat und der wirtschaftlichen Lage der Personen Rechnung tragen. Das Kohärenzverfah-

ren kann auch genutzt werden, um eine kohärente Anwendung von Geldbußen zu fördern. Die Mitgliedstaaten sollten bestimmen können, ob und inwieweit gegen Behörden Geldbußen verhängt werden können. Auch wenn die Aufsichtsbehörden bereits Geldbußen verhängt oder eine Verwarnung erteilt haben, können sie ihre anderen Befugnisse ausüben oder andere Sanktionen nach Maßgabe dieser Verordnung verhängen.

(151) Nach den Rechtsordnungen Dänemarks und Estlands sind die in dieser Verordnung vorgesehenen Geldbußen nicht zulässig. Die Vorschriften über die Geldbußen können so angewandt werden, dass die Geldbuße in Dänemark durch die zuständigen nationalen Gerichte als Strafe und in Estland durch die Aufsichtsbehörde im Rahmen eines Verfahrens bei Vergehen verhängt wird, sofern eine solche Anwendung der Vorschriften in diesen Mitgliedstaaten die gleiche Wirkung wie die von den Aufsichtsbehörden verhängten Geldbußen hat. Daher sollten die zuständigen nationalen Gerichte die Empfehlung der Aufsichtsbehörde, die die Geldbuße in die Wege geleitet hat, berücksichtigen. In *jeden*[1] Fall sollten die verhängten Geldbußen wirksam, verhältnismäßig und abschreckend sein.

(152) Soweit diese Verordnung verwaltungsrechtliche Sanktionen nicht harmonisiert oder wenn es in anderen Fällen – beispielsweise bei schweren Verstößen gegen diese Verordnung – erforderlich ist, sollten die Mitgliedstaaten eine Regelung anwenden, die wirksame, verhältnismäßige und abschreckende Sanktionen vorsieht. Es sollte im Recht der Mitgliedstaaten geregelt werden, ob diese Sanktionen strafrechtlicher oder verwaltungsrechtlicher Art sind.

(153) Im Recht der Mitgliedstaaten sollten die Vorschriften über die freie Meinungsäußerung und Informationsfreiheit, auch von Journalisten, Wissenschaftlern, Künstlern und/oder Schriftstellern, mit dem Recht auf Schutz der personenbezogenen Daten gemäß dieser Verordnung in Einklang gebracht werden. Für die Verarbeitung personenbezogener Daten ausschließlich zu journalistischen Zwecken oder zu wissenschaftlichen, künstlerischen oder literarischen Zwecken sollten Abweichungen und Ausnahmen von bestimmten Vorschriften dieser Verordnung gelten, wenn dies erforderlich ist, um das Recht auf Schutz der personenbezogenen Daten mit dem Recht auf Freiheit der Meinungsäußerung und Informationsfreiheit, wie es in Artikel 11 der Charta garantiert ist, in Einklang zu bringen. Dies sollte insbesondere für die Verarbeitung personenbezogener Daten im audiovisuellen Bereich sowie in Nachrichten- und Pressearchiven gelten. Die Mitgliedstaaten sollten daher Gesetzgebungsmaßnahmen zur Regelung der Abweichungen und Ausnahmen erlassen, die zum Zwecke der Abwägung zwischen diesen Grundrechten notwendig sind. Die Mitgliedstaaten sollten solche Abweichungen und Ausnahmen in Bezug auf die allgemeinen Grundsätze, die Rechte der betroffenen Person, den Verantwortlichen und den Auftragsverarbeiter, die Übermittlung von perso-

[1] Richtig wohl: „jedem".

nenbezogenen Daten an Drittländer oder an internationale Organisationen, die unabhängigen Aufsichtsbehörden, die Zusammenarbeit und Kohärenz und besondere Datenverarbeitungssituationen erlassen. Sollten diese Abweichungen oder Ausnahmen von Mitgliedstaat zu Mitgliedstaat unterschiedlich sein, sollte das Recht des Mitgliedstaats angewendet werden, dem der Verantwortliche unterliegt. Um der Bedeutung des Rechts auf freie Meinungsäußerung in einer demokratischen Gesellschaft Rechnung zu tragen, müssen Begriffe wie Journalismus, die sich auf diese Freiheit beziehen, weit ausgelegt werden.

(154) Diese Verordnung ermöglicht es, dass bei ihrer Anwendung der Grundsatz des Zugangs der Öffentlichkeit zu amtlichen Dokumenten berücksichtigt wird. Der Zugang der Öffentlichkeit zu amtlichen Dokumenten kann als öffentliches Interesse betrachtet werden. Personenbezogene Daten in Dokumenten, die sich im Besitz einer Behörde oder einer öffentlichen Stelle befinden, sollten von dieser Behörde oder Stelle öffentlich offengelegt werden können, sofern dies im Unionsrecht oder im Recht der Mitgliedstaaten, denen sie unterliegt, vorgesehen ist. Diese Rechtsvorschriften sollten den Zugang der Öffentlichkeit zu amtlichen Dokumenten und die Weiterverwendung von Informationen des öffentlichen Sektors mit dem Recht auf Schutz personenbezogener Daten in Einklang bringen und können daher die notwendige Übereinstimmung mit dem Recht auf Schutz personenbezogener Daten gemäß dieser Verordnung regeln. Die Bezugnahme auf Behörden und öffentliche Stellen sollte in diesem Kontext sämtliche Behörden oder sonstigen Stellen beinhalten, die vom Recht des jeweiligen Mitgliedstaats über den Zugang der Öffentlichkeit zu Dokumenten erfasst werden. Die Richtlinie 2003/98/EG des Europäischen Parlaments und des Rates[1] lässt das Schutzniveau für natürliche Personen in Bezug auf die Verarbeitung personenbezogener Daten gemäß den Bestimmungen des Unionsrechts und des Rechts der Mitgliedstaaten unberührt und beeinträchtigt diesen in keiner Weise, und sie bewirkt insbesondere keine Änderung der in dieser Verordnung dargelegten Rechte und Pflichten. Insbesondere sollte die genannte Richtlinie nicht für Dokumente gelten, die nach den Zugangsregelungen der Mitgliedstaaten aus Gründen des Schutzes personenbezogener Daten nicht oder nur eingeschränkt zugänglich sind, oder für Teile von Dokumenten, die nach diesen Regelungen zugänglich sind, wenn sie personenbezogene Daten enthalten, bei denen Rechtsvorschriften vorsehen, dass ihre Weiterverwendung nicht mit dem Recht über den Schutz natürlicher Personen in Bezug auf die Verarbeitung personenbezogener Daten vereinbar ist.

(155) Im Recht der Mitgliedstaaten oder in Kollektivvereinbarungen (einschließlich „Betriebsvereinbarungen") können spezifische Vorschriften für die Verarbeitung personenbezogener Beschäftigtendaten

---

[1] **[Amtl. Anm.:]** Richtlinie 2003/98/EG des Europäischen Parlaments und des Rates vom 17. November 2003 über die Weiterverwendung von Informationen des öffentlichen Sektors (ABl. L 345 vom 31.12.2003, S. 90).

im Beschäftigungskontext vorgesehen werden, und zwar insbesondere Vorschriften über die Bedingungen, unter denen personenbezogene Daten im Beschäftigungskontext auf der Grundlage der Einwilligung des Beschäftigten verarbeitet werden dürfen, über die Verarbeitung dieser Daten für Zwecke der Einstellung, der Erfüllung des Arbeitsvertrags einschließlich der Erfüllung von durch Rechtsvorschriften oder durch Kollektivvereinbarungen festgelegten Pflichten, des Managements, der Planung und der Organisation der Arbeit, der Gleichheit und Diversität am Arbeitsplatz, der Gesundheit und Sicherheit am Arbeitsplatz sowie für Zwecke der Inanspruchnahme der mit der Beschäftigung zusammenhängenden individuellen oder kollektiven Rechte und Leistungen und für Zwecke der Beendigung des Beschäftigungsverhältnisses.

(156) Die Verarbeitung personenbezogener Daten für im öffentlichen Interesse liegende Archivzwecke, zu wissenschaftlichen oder historischen Forschungszwecken oder zu statistischen Zwecken sollte geeigneten Garantien für die Rechte und Freiheiten der betroffenen Person gemäß dieser Verordnung unterliegen. Mit diesen Garantien sollte sichergestellt werden, dass technische und organisatorische Maßnahmen bestehen, mit denen insbesondere der Grundsatz der Datenminimierung gewährleistet wird. Die Weiterverarbeitung personenbezogener Daten zu im öffentlichen Interesse liegende Archivzwecken, zu wissenschaftlichen oder historischen Forschungszwecken oder zu statistischen Zwecken erfolgt erst dann, wenn der Verantwortliche geprüft hat, ob es möglich ist, diese Zwecke durch die Verarbeitung von personenbezogenen Daten, bei der die Identifizierung von betroffenen Personen nicht oder nicht mehr möglich ist, zu erfüllen, sofern geeignete Garantien bestehen (wie z. B. die Pseudonymisierung von personenbezogenen Daten). Die Mitgliedstaaten sollten geeignete Garantien in Bezug auf die Verarbeitung personenbezogener Daten für im öffentlichen Interesse liegende Archivzwecke, zu wissenschaftlichen oder historischen Forschungszwecken oder zu statistischen Zwecken vorsehen. Es sollte den Mitgliedstaaten erlaubt sein, unter bestimmten Bedingungen und vorbehaltlich geeigneter Garantien für die betroffenen Personen Präzisierungen und Ausnahmen in Bezug auf die Informationsanforderungen sowie der Rechte auf Berichtigung, Löschung, Vergessenwerden, zur Einschränkung der Verarbeitung, auf Datenübertragbarkeit sowie auf Widerspruch bei der Verarbeitung personenbezogener Daten zu im öffentlichen Interesse liegende Archivzwecken, zu wissenschaftlichen oder historischen Forschungszwecken oder zu statistischen Zwecken vorzusehen. Im Rahmen der betreffenden Bedingungen und Garantien können spezifische Verfahren für die Ausübung dieser Rechte durch die betroffenen Personen vorgesehen sein – sofern dies angesichts der mit der spezifischen Verarbeitung verfolgten Zwecke angemessen ist – sowie technische und organisatorische Maßnahmen zur *Minimierung der Verarbeitung* personenbezogener Daten im *Hinblick* auf die Grundsätze der Verhältnismäßigkeit und der Notwendigkeit. Die Verarbeitung personenbezogener Daten zu wissenschaftli-

chen Zwecken sollte auch anderen einschlägigen Rechtsvorschriften, beispielsweise für klinische Prüfungen, genügen.

(157) Durch die Verknüpfung von Informationen aus Registern können Forscher neue Erkenntnisse von großem Wert in Bezug auf weit verbreiteten Krankheiten wie Herz-Kreislauferkrankungen, Krebs und Depression erhalten. Durch die Verwendung von Registern können bessere Forschungsergebnisse erzielt werden, da sie auf einen größeren Bevölkerungsanteil gestützt sind. Im Bereich der Sozialwissenschaften ermöglicht die Forschung anhand von Registern es den Forschern, entscheidende Erkenntnisse über den langfristigen Zusammenhang einer Reihe sozialer Umstände zu erlangen, wie Arbeitslosigkeit und Bildung mit anderen Lebensumständen. Durch Register erhaltene Forschungsergebnisse bieten solide, hochwertige Erkenntnisse, die die Basis für die Erarbeitung und Umsetzung wissensgestützter politischer Maßnahmen darstellen, die Lebensqualität zahlreicher Menschen verbessern und die Effizienz der Sozialdienste verbessern können. Zur Erleichterung der wissenschaftlichen Forschung können daher personenbezogene Daten zu wissenschaftlichen Forschungszwecken verarbeitet werden, wobei sie angemessenen Bedingungen und Garantien unterliegen, die im Unionsrecht oder im Recht der Mitgliedstaaten festgelegt sind.

(158) Diese Verordnung sollte auch für die Verarbeitung personenbezogener Daten zu Archivzwecken gelten, wobei darauf hinzuweisen ist, dass die Verordnung nicht für verstorbene Personen gelten sollte. Behörden oder öffentliche oder private Stellen, die Aufzeichnungen von öffentlichem Interesse führen, sollten gemäß dem Unionsrecht oder dem Recht der Mitgliedstaaten rechtlich verpflichtet sein, Aufzeichnungen von bleibendem Wert für das allgemeine öffentliche Interesse zu erwerben, zu erhalten, zu bewerten, aufzubereiten, zu beschreiben, mitzuteilen, zu fördern, zu verbreiten sowie Zugang dazu bereitzustellen. Es sollte den Mitgliedstaaten ferner erlaubt sein vorzusehen, dass personenbezogene Daten zu Archivzwecken weiterverarbeitet werden, beispielsweise im Hinblick auf die Bereitstellung spezifischer Informationen im Zusammenhang mit dem politischen Verhalten unter ehemaligen totalitären Regimen, Völkermord, Verbrechen gegen die Menschlichkeit, insbesondere dem Holocaust, und Kriegsverbrechen.

(159) Diese Verordnung sollte auch für die Verarbeitung personenbezogener Daten zu wissenschaftlichen Forschungszwecken gelten. Die Verarbeitung personenbezogener Daten zu wissenschaftlichen Forschungszwecken im Sinne dieser Verordnung sollte weit ausgelegt werden und die Verarbeitung für beispielsweise die technologische Entwicklung und die Demonstration, die Grundlagenforschung, die angewandte Forschung und die privat finanzierte Forschung einschließen. Darüber hinaus sollte sie dem in Artikel 179 Absatz 1 AEUV festgeschriebenen Ziel, einen europäischen Raum der Forschung zu schaffen, Rechnung tragen. Die wissenschaftlichen Forschungszwecke sollten auch Studien umfassen, die im öffentlichen Interesse im Bereich

der öffentlichen Gesundheit durchgeführt werden. Um den Besonderheiten der Verarbeitung personenbezogener Daten zu wissenschaftlichen Forschungszwecken zu genügen, sollten spezifische Bedingungen insbesondere hinsichtlich der Veröffentlichung oder sonstigen Offenlegung personenbezogener Daten im Kontext wissenschaftlicher Zwecke gelten. Geben die Ergebnisse wissenschaftlicher Forschung insbesondere im Gesundheitsbereich Anlass zu weiteren Maßnahmen im Interesse der betroffenen Person, sollten die allgemeinen Vorschriften dieser Verordnung für diese Maßnahmen gelten.

(160) Diese Verordnung sollte auch für die Verarbeitung personenbezogener Daten zu historischen Forschungszwecken gelten. Dazu sollte auch historische Forschung und Forschung im Bereich der Genealogie zählen, wobei darauf hinzuweisen ist, dass diese Verordnung nicht für verstorbene Personen gelten sollte.

(161) Für die Zwecke der Einwilligung in die Teilnahme an wissenschaftlichen Forschungstätigkeiten im Rahmen klinischer Prüfungen sollten die einschlägigen Bestimmungen der Verordnung (EU) Nr. 536/2014 des Europäischen Parlaments und des Rates[1)] gelten.

(162) Diese Verordnung sollte auch für die Verarbeitung personenbezogener Daten zu statistischen Zwecken gelten. Das Unionsrecht oder das Recht der Mitgliedstaaten sollte in den Grenzen dieser Verordnung den statistischen Inhalt, die Zugangskontrolle, die Spezifikationen für die Verarbeitung personenbezogener Daten zu statistischen Zwecken und geeignete Maßnahmen zur Sicherung der Rechte und Freiheiten der betroffenen Personen und zur Sicherstellung der statistischen Geheimhaltung bestimmen. Unter dem Begriff „statistische Zwecke" ist jeder für die Durchführung statistischer Untersuchungen und die Erstellung statistischer Ergebnisse erforderliche Vorgang der Erhebung und Verarbeitung personenbezogener Daten zu verstehen. Diese statistischen Ergebnisse können für verschiedene Zwecke, so auch für wissenschaftliche Forschungszwecke, weiterverwendet werden. Im Zusammenhang mit den statistischen Zwecken wird vorausgesetzt, dass die Ergebnisse der Verarbeitung zu statistischen Zwecken keine personenbezogenen Daten, sondern aggregierte Daten sind und diese Ergebnisse oder personenbezogenen Daten nicht für Maßnahmen oder Entscheidungen gegenüber einzelnen natürlichen Personen verwendet werden.

(163) Die vertraulichen Informationen, die die statistischen Behörden der Union und der Mitgliedstaaten zur Erstellung der amtlichen europäischen und der amtlichen nationalen Statistiken erheben, sollten geschützt werden. Die europäischen Statistiken sollten im Einklang mit den in Artikel 338 Absatz 2 AEUV dargelegten statistischen Grundsätzen entwickelt, erstellt und verbreitet werden, wobei die nationalen

---

1) **[Amtl. Anm.:]** Verordnung (EU) Nr. 536/2014 des Europäischen Parlaments und des *Rates vom 16. April 2014* über klinische Prüfungen mit Humanarzneimitteln und zur Aufhebung der Richtlinie 2001/20/EG Text von Bedeutung für den EWR (ABl. L 158 vom 27.5.2014, S. 1).

Statistiken auch mit dem Recht der Mitgliedstaaten übereinstimmen müssen. Die Verordnung (EG) Nr. 223/2009 des Europäischen Parlaments und des Rates[1] enthält genauere Bestimmungen zur Vertraulichkeit europäischer Statistiken.

(164) Hinsichtlich der Befugnisse der Aufsichtsbehörden, von dem Verantwortlichen oder vom Auftragsverarbeiter Zugang zu personenbezogenen Daten oder zu seinen Räumlichkeiten zu erlangen, können die Mitgliedstaaten in den Grenzen dieser Verordnung den Schutz des Berufsgeheimnisses oder anderer gleichwertiger Geheimhaltungspflichten durch Rechtsvorschriften regeln, soweit dies notwendig ist, um das Recht auf Schutz der personenbezogenen Daten mit einer Pflicht zur Wahrung des Berufsgeheimnisses in Einklang zu bringen. Dies berührt nicht die bestehenden Verpflichtungen der Mitgliedstaaten zum Erlass von Vorschriften über das Berufsgeheimnis, wenn dies aufgrund des Unionsrechts erforderlich ist.

(165) Im Einklang mit Artikel 17 AEUV achtet diese Verordnung den Status, den Kirchen und religiöse Vereinigungen oder Gemeinschaften in den Mitgliedstaaten nach deren bestehenden verfassungsrechtlichen Vorschriften genießen, und beeinträchtigt ihn nicht.

(166) Um die Zielvorgaben dieser Verordnung zu erfüllen, d. h. die Grundrechte und Grundfreiheiten natürlicher Personen und insbesondere ihr Recht auf Schutz ihrer personenbezogenen Daten zu schützen und den freien Verkehr personenbezogener Daten innerhalb der Union zu gewährleisten, sollte der Kommission die Befugnis übertragen werden, gemäß Artikel 290 AEUV Rechtsakte zu erlassen. Delegierte Rechtsakte sollten insbesondere in Bezug auf die für Zertifizierungsverfahren geltenden Kriterien und Anforderungen, die durch standardisierte Bildsymbole darzustellenden Informationen und die Verfahren für die Bereitstellung dieser Bildsymbole erlassen werden. Es ist von besonderer Bedeutung, dass die Kommission im Zuge ihrer Vorbereitungsarbeit angemessene Konsultationen, auch auf der Ebene von Sachverständigen, durchführt. Bei der Vorbereitung und Ausarbeitung delegierter Rechtsakte sollte die Kommission gewährleisten, dass die einschlägigen Dokumente dem Europäischen Parlament und dem Rat gleichzeitig, rechtzeitig und auf angemessene Weise übermittelt werden.

(167) Zur Gewährleistung einheitlicher Bedingungen für die Durchführung dieser Verordnung sollten der Kommission Durchführungsbefugnisse übertragen werden, wenn dies in dieser Verordnung vorgesehen ist. Diese Befugnisse sollten nach Maßgabe der Verordnung (EU)

---

[1] **[Amtl. Anm.:]** Verordnung (EG) Nr. 223/2009 des Europäischen Parlaments und des Rates vom 11. März 2009 über europäische Statistiken und zur Aufhebung der Verordnung (EG, Euratom) Nr. 1101/2008 des Europäischen Parlaments und des Rates über die Übermittlung von unter die Geheimhaltungspflicht fallenden Informationen an das Statistische Amt der Europäischen Gemeinschaften, der Verordnung (EG) Nr. 322/97 des Rates über die Gemeinschaftsstatistiken und des Beschlusses 89/382/EWG, Euratom des Rates zur Einsetzung eines Ausschusses für das Statistische Programm der Europäischen Gemeinschaften (ABl. L 87 vom 31.3.2009, S. 164).

Nr. 182/2011 des Europäischen Parlaments und des Rates ausgeübt werden. In diesem Zusammenhang sollte die Kommission besondere Maßnahmen für Kleinstunternehmen sowie kleine und mittlere Unternehmen erwägen.

(168) Für den Erlass von Durchführungsrechtsakten bezüglich Standardvertragsklauseln für Verträge zwischen Verantwortlichen und Auftragsverarbeitern sowie zwischen Auftragsverarbeitern; Verhaltensregeln; technische Standards und Verfahren für die Zertifizierung; Anforderungen an die Angemessenheit des Datenschutzniveaus in einem Drittland, einem Gebiet oder bestimmten Sektor dieses Drittlands oder in einer internationalen Organisation; Standardschutzklauseln; Formate und Verfahren für den Informationsaustausch zwischen Verantwortlichen, Auftragsverarbeitern und Aufsichtsbehörden im Hinblick auf verbindliche interne Datenschutzvorschriften; Amtshilfe; sowie Vorkehrungen für den elektronischen Informationsaustausch zwischen Aufsichtsbehörden und zwischen Aufsichtsbehörden und dem Ausschuss sollte das Prüfverfahren angewandt werden.

(169) Die Kommission sollte sofort geltende Durchführungsrechtsakte erlassen, wenn anhand vorliegender Beweise festgestellt wird, dass ein Drittland, ein Gebiet oder ein bestimmter Sektor in diesem Drittland oder eine internationale Organisation kein angemessenes Schutzniveau gewährleistet, und dies aus Gründen äußerster Dringlichkeit erforderlich ist.

(170) Da das Ziel dieser Verordnung, nämlich die Gewährleistung eines gleichwertigen Datenschutzniveaus für natürliche Personen und des freien Verkehrs personenbezogener Daten in der Union, von den Mitgliedstaaten nicht ausreichend verwirklicht werden kann, sondern vielmehr wegen des Umfangs oder der Wirkungen der Maßnahme auf Unionsebene besser zu verwirklichen ist, kann die Union im Einklang mit dem in Artikel 5 des Vertrags über die Europäische Union (EUV) verankerten Subsidiaritätsprinzip tätig werden. Entsprechend dem in demselben Artikel genannten Grundsatz der Verhältnismäßigkeit geht diese Verordnung nicht über das für die Verwirklichung dieses Ziels erforderliche Maß hinaus.

(171) Die Richtlinie 95/46/EG sollte durch diese Verordnung aufgehoben werden. Verarbeitungen, die zum Zeitpunkt der Anwendung dieser Verordnung bereits begonnen haben, sollten innerhalb von zwei Jahren nach dem Inkrafttreten dieser Verordnung mit ihr in Einklang gebracht werden. Beruhen die Verarbeitungen auf einer Einwilligung gemäß der Richtlinie 95/46/EG, so ist es nicht erforderlich, dass die betroffene Person erneut ihre Einwilligung dazu erteilt, wenn die Art der bereits erteilten Einwilligung den Bedingungen dieser Verordnung entspricht, so dass der Verantwortliche die Verarbeitung nach dem Zeitpunkt der Anwendung der vorliegenden Verordnung fortsetzen kann. Auf der Richtlinie 95/46/EG beruhende Entscheidungen bzw. Beschlüsse der Kommission und Genehmigungen der Aufsichtsbehörden bleiben in Kraft, bis sie geändert, ersetzt oder aufgehoben werden.

(172) Der Europäische Datenschutzbeauftragte wurde gemäß Artikel 28 Absatz 2 der Verordnung (EG) Nr. 45/2001 konsultiert und hat am 7. März 2012[1] eine Stellungnahme abgegeben.

(173) Diese Verordnung sollte auf alle Fragen des Schutzes der Grundrechte und Grundfreiheiten bei der Verarbeitung personenbezogener Daten Anwendung finden, die nicht den in der Richtlinie 2002/58/EG des Europäischen Parlaments und des Rates[2] bestimmte Pflichten, die dasselbe Ziel verfolgen, unterliegen, einschließlich der Pflichten des Verantwortlichen und der Rechte natürlicher Personen. Um das Verhältnis zwischen der vorliegenden Verordnung und der Richtlinie 2002/58/EG klarzustellen, sollte die Richtlinie entsprechend geändert werden. Sobald diese Verordnung angenommen ist, sollte die Richtlinie 2002/58/EG einer Überprüfung unterzogen werden, um insbesondere die Kohärenz mit dieser Verordnung zu gewährleisten –

HABEN FOLGENDE VERORDNUNG ERLASSEN:

Kapitel I. Allgemeine Bestimmungen

Art. 1 Gegenstand und Ziele. (1) Diese Verordnung enthält Vorschriften zum Schutz natürlicher Personen bei der Verarbeitung personenbezogener Daten und zum freien Verkehr solcher Daten.

(2) Diese Verordnung schützt die Grundrechte und Grundfreiheiten natürlicher Personen und insbesondere deren Recht auf Schutz personenbezogener Daten.

(3) Der freie Verkehr personenbezogener Daten in der Union darf aus Gründen des Schutzes natürlicher Personen bei der Verarbeitung personenbezogener Daten weder eingeschränkt noch verboten werden.

Art. 2 Sachlicher Anwendungsbereich. (1) Diese Verordnung gilt für die ganz oder teilweise automatisierte Verarbeitung personenbezogener Daten sowie für die nichtautomatisierte Verarbeitung personenbezogener Daten, die in einem Dateisystem gespeichert sind oder gespeichert werden sollen.

(2) Diese Verordnung findet keine Anwendung auf die Verarbeitung personenbezogener Daten

a) im Rahmen einer Tätigkeit, die nicht in den Anwendungsbereich des Unionsrechts fällt,

---

[1] **[Amtl. Anm.:]** ABl. C 192 vom 30.6.2012, S. 7.

[2] **[Amtl. Anm.:]** Richtlinie 2002/58/EG des Europäischen Parlaments und des Rates vom 12. Juli 2002 über die Verarbeitung personenbezogener Daten und den Schutz der Privatsphäre in der elektronischen Kommunikation (Datenschutzrichtlinie für elektronische Kommunikation) (ABl. L 201 vom 31.7.2002, S. 37).

b) durch die Mitgliedstaaten im Rahmen von Tätigkeiten, die in den Anwendungsbereich von Titel V Kapitel 2 EUV fallen,

c) durch natürliche Personen zur Ausübung ausschließlich persönlicher oder familiärer Tätigkeiten,

d) durch die zuständigen Behörden zum Zwecke der Verhütung, Ermittlung, Aufdeckung oder Verfolgung von Straftaten oder der Strafvollstreckung, einschließlich des Schutzes vor und der Abwehr von Gefahren für die öffentliche Sicherheit.

(3) [1] Für die Verarbeitung personenbezogener Daten durch die Organe, Einrichtungen, Ämter und Agenturen der Union gilt die Verordnung (EG) Nr. 45/2001. [2] Die Verordnung (EG) Nr. 45/2001 und sonstige Rechtsakte der Union, die diese Verarbeitung personenbezogener Daten regeln, werden im Einklang mit Artikel 98 an die Grundsätze und Vorschriften der vorliegenden Verordnung angepasst.

(4) Die vorliegende Verordnung lässt die Anwendung der Richtlinie 2000/31/EG und speziell die Vorschriften der Artikel 12 bis 15 dieser Richtlinie zur Verantwortlichkeit der Vermittler unberührt.

Art. 3 Räumlicher Anwendungsbereich. (1) Diese Verordnung findet Anwendung auf die Verarbeitung personenbezogener Daten, soweit diese im Rahmen der Tätigkeiten einer Niederlassung eines Verantwortlichen oder eines Auftragsverarbeiters in der Union erfolgt, unabhängig davon, ob die Verarbeitung in der Union stattfindet.

(2) Diese Verordnung findet Anwendung auf die Verarbeitung personenbezogener Daten von betroffenen Personen, die sich in der Union befinden, durch einen nicht in der Union niedergelassenen Verantwortlichen oder Auftragsverarbeiter, wenn die Datenverarbeitung im Zusammenhang damit steht

a) betroffenen Personen in der Union Waren oder Dienstleistungen anzubieten, unabhängig davon, ob von diesen betroffenen Personen eine Zahlung zu leisten ist;

b) das Verhalten betroffener Personen zu beobachten, soweit ihr Verhalten in der Union erfolgt.

(3) Diese Verordnung findet Anwendung auf die Verarbeitung personenbezogener Daten durch einen nicht in der Union niedergelassenen Verantwortlichen an einem Ort, der aufgrund Völkerrechts dem Recht eines Mitgliedstaats unterliegt.

Art. 4[1)] Begriffsbestimmungen. Im Sinne dieser Verordnung bezeichnet der Ausdruck:

1. „personenbezogene Daten" alle Informationen, die sich auf eine identifizierte oder identifizierbare natürliche Person (im Folgenden „betroffene Person") beziehen; als identifizierbar wird eine natürli-

[1)] Art. 4 Nr. 18 ber. ABl. 2018 Nr. L 127 S. 2.

che Person angesehen, die direkt oder indirekt, insbesondere mittels Zuordnung zu einer Kennung wie einem Namen, zu einer Kennnummer, zu Standortdaten, zu einer Online-Kennung oder zu einem oder mehreren besonderen Merkmalen, die Ausdruck der physischen, physiologischen, genetischen, psychischen, wirtschaftlichen, kulturellen oder sozialen Identität dieser natürlichen Person sind, identifiziert werden kann;

2. „Verarbeitung" jeden mit oder ohne Hilfe automatisierter Verfahren ausgeführten Vorgang oder jede solche Vorgangsreihe im Zusammenhang mit personenbezogenen Daten wie das Erheben, das Erfassen, die Organisation, das Ordnen, die Speicherung, die Anpassung oder Veränderung, das Auslesen, das Abfragen, die Verwendung, die Offenlegung durch Übermittlung, Verbreitung oder eine andere Form der Bereitstellung, den Abgleich oder die Verknüpfung, die Einschränkung, das Löschen oder die Vernichtung;
3. „Einschränkung der Verarbeitung" die Markierung gespeicherter personenbezogener Daten mit dem Ziel, ihre künftige Verarbeitung einzuschränken;
4. „Profiling" jede Art der automatisierten Verarbeitung personenbezogener Daten, die darin besteht, dass diese personenbezogenen Daten verwendet werden, um bestimmte persönliche Aspekte, die sich auf eine natürliche Person beziehen, zu bewerten, insbesondere um Aspekte bezüglich Arbeitsleistung, wirtschaftliche Lage, Gesundheit, persönliche Vorlieben, Interessen, Zuverlässigkeit, Verhalten, Aufenthaltsort oder Ortswechsel dieser natürlichen Person zu analysieren oder vorherzusagen;
5. „Pseudonymisierung" die Verarbeitung personenbezogener Daten in einer Weise, dass die personenbezogenen Daten ohne Hinzuziehung zusätzlicher Informationen nicht mehr einer spezifischen betroffenen Person zugeordnet werden können, sofern diese zusätzlichen Informationen gesondert aufbewahrt werden und technischen und organisatorischen Maßnahmen unterliegen, die gewährleisten, dass die personenbezogenen Daten nicht einer identifizierten oder identifizierbaren natürlichen Person zugewiesen werden;
6. „Dateisystem" jede strukturierte Sammlung personenbezogener Daten, die nach bestimmten Kriterien zugänglich sind, unabhängig davon, ob diese Sammlung zentral, dezentral oder nach funktionalen oder geografischen Gesichtspunkten geordnet geführt wird;
7. „Verantwortlicher" die natürliche oder juristische Person, Behörde, Einrichtung oder andere Stelle, die allein oder gemeinsam mit anderen über die Zwecke und Mittel der Verarbeitung von personenbezogenen Daten entscheidet; sind die Zwecke und Mittel dieser Verarbeitung durch das Unionsrecht oder das Recht der Mitgliedstaaten vorgegeben, so kann der Verantwortliche beziehungsweise können die bestimmten Kriterien seiner Benennung nach dem Unionsrecht oder dem Recht der Mitgliedstaaten vorgesehen werden;

8. „Auftragsverarbeiter“ eine natürliche oder juristische Person, Behörde, Einrichtung oder andere Stelle, die personenbezogene Daten im Auftrag des Verantwortlichen verarbeitet;
9. „Empfänger“ eine natürliche oder juristische Person, Behörde, Einrichtung oder andere Stelle, der personenbezogene Daten offengelegt werden, unabhängig davon, ob es sich bei ihr um einen Dritten handelt oder nicht. Behörden, die im Rahmen eines bestimmten Untersuchungsauftrags nach dem Unionsrecht oder dem Recht der Mitgliedstaaten möglicherweise personenbezogene Daten erhalten, gelten jedoch nicht als Empfänger; die Verarbeitung dieser Daten durch die genannten Behörden erfolgt im Einklang mit den geltenden Datenschutzvorschriften gemäß den Zwecken der Verarbeitung;
10. „Dritter“ eine natürliche oder juristische Person, Behörde, Einrichtung oder andere Stelle, außer der betroffenen Person, dem Verantwortlichen, dem Auftragsverarbeiter und den Personen, die unter der unmittelbaren Verantwortung des Verantwortlichen oder des Auftragsverarbeiters befugt sind, die personenbezogenen Daten zu verarbeiten;
11. „Einwilligung“ der betroffenen Person jede freiwillig für den bestimmten Fall, in informierter Weise und unmissverständlich abgegebene Willensbekundung in Form einer Erklärung oder einer sonstigen eindeutigen bestätigenden Handlung, mit der die betroffene Person zu verstehen gibt, dass sie mit der Verarbeitung der sie betreffenden personenbezogenen Daten einverstanden ist;
12. „Verletzung des Schutzes personenbezogener Daten“ eine Verletzung der Sicherheit, die, ob unbeabsichtigt oder unrechtmäßig, zur Vernichtung, zum Verlust, zur Veränderung, oder zur unbefugten Offenlegung von beziehungsweise zum unbefugten Zugang zu personenbezogenen Daten führt, die übermittelt, gespeichert oder auf sonstige Weise verarbeitet wurden;
13. „genetische Daten“ personenbezogene Daten zu den ererbten oder erworbenen genetischen Eigenschaften einer natürlichen Person, die eindeutige Informationen über die Physiologie oder die Gesundheit dieser natürlichen Person liefern und insbesondere aus der Analyse einer biologischen Probe der betreffenden natürlichen Person gewonnen wurden;
14. „biometrische Daten“ mit speziellen technischen Verfahren gewonnene personenbezogene Daten zu den physischen, physiologischen oder verhaltenstypischen Merkmalen einer natürlichen Person, die die eindeutige Identifizierung dieser natürlichen Person ermöglichen oder bestätigen, wie Gesichtsbilder oder daktyloskopische Daten;
15. „Gesundheitsdaten“ personenbezogene Daten, die sich auf die körperliche oder geistige Gesundheit einer natürlichen Person, einschließlich der Erbringung von Gesundheitsdienstleistungen, be-

ziehen und aus denen Informationen über deren Gesundheitszustand hervorgehen;

16. „Hauptniederlassung"

a) im Falle eines Verantwortlichen mit Niederlassungen in mehr als einem Mitgliedstaat den Ort seiner Hauptverwaltung in der Union, es sei denn, die Entscheidungen hinsichtlich der Zwecke und Mittel der Verarbeitung personenbezogener Daten werden in einer anderen Niederlassung des Verantwortlichen in der Union getroffen und diese Niederlassung ist befugt, diese Entscheidungen umsetzen zu lassen; in diesem Fall gilt die Niederlassung, die derartige Entscheidungen trifft, als Hauptniederlassung;

b) im Falle eines Auftragsverarbeiters mit Niederlassungen in mehr als einem Mitgliedstaat den Ort seiner Hauptverwaltung in der Union oder, sofern der Auftragsverarbeiter keine Hauptverwaltung in der Union hat, die Niederlassung des Auftragsverarbeiters in der Union, in der die Verarbeitungstätigkeiten im Rahmen der Tätigkeiten einer Niederlassung eines Auftragsverarbeiters hauptsächlich stattfinden, soweit der Auftragsverarbeiter spezifischen Pflichten aus dieser Verordnung unterliegt;

17. „Vertreter" eine in der Union niedergelassene natürliche oder juristische Person, die von dem Verantwortlichen oder Auftragsverarbeiter schriftlich gemäß Artikel 27 bestellt wurde und den Verantwortlichen oder Auftragsverarbeiter in Bezug auf die ihnen jeweils nach dieser Verordnung obliegenden Pflichten vertritt;

18. „Unternehmen" eine natürliche oder juristische Person, die eine wirtschaftliche Tätigkeit ausübt, unabhängig von ihrer Rechtsform, einschließlich Personengesellschaften oder Vereinigungen, die regelmäßig einer wirtschaftlichen Tätigkeit nachgehen;

19. „Unternehmensgruppe" eine Gruppe, die aus einem herrschenden Unternehmen und den von diesem abhängigen Unternehmen besteht;

20. „verbindliche interne Datenschutzvorschriften" Maßnahmen zum Schutz personenbezogener Daten, zu deren Einhaltung sich ein im Hoheitsgebiet eines Mitgliedstaats niedergelassener Verantwortlicher oder Auftragsverarbeiter verpflichtet im Hinblick auf Datenübermittlungen oder eine Kategorie von Datenübermittlungen personenbezogener Daten an einen Verantwortlichen oder Auftragsverarbeiter derselben Unternehmensgruppe oder derselben Gruppe von Unternehmen, die eine gemeinsame Wirtschaftstätigkeit ausüben, in einem oder mehreren Drittländern;

21. „Aufsichtsbehörde" eine von einem Mitgliedstaat gemäß Artikel 51 eingerichtete unabhängige staatliche Stelle;

22. „betroffene Aufsichtsbehörde" eine Aufsichtsbehörde, die von der Verarbeitung personenbezogener Daten betroffen ist, weil

a) der Verantwortliche oder der Auftragsverarbeiter im Hoheitsgebiet des Mitgliedstaats dieser Aufsichtsbehörde niedergelassen ist,

b) diese Verarbeitung erhebliche Auswirkungen auf betroffene Personen mit Wohnsitz im Mitgliedstaat dieser Aufsichtsbehörde hat oder haben kann oder

c) eine Beschwerde bei dieser Aufsichtsbehörde eingereicht wurde;

23. „grenzüberschreitende Verarbeitung" entweder

a) eine Verarbeitung personenbezogener Daten, die im Rahmen der Tätigkeiten von Niederlassungen eines Verantwortlichen oder eines Auftragsverarbeiters in der Union in mehr als einem Mitgliedstaat erfolgt, wenn der Verantwortliche oder Auftragsverarbeiter in mehr als einem Mitgliedstaat niedergelassen ist, oder

b) eine Verarbeitung personenbezogener Daten, die im Rahmen der Tätigkeiten einer einzelnen Niederlassung eines Verantwortlichen oder eines Auftragsverarbeiters in der Union erfolgt, die jedoch erhebliche Auswirkungen auf betroffene Personen in mehr als einem Mitgliedstaat hat oder haben kann;

24. „maßgeblicher und begründeter Einspruch" einen Einspruch gegen einen Beschlussentwurf im Hinblick darauf, ob ein Verstoß gegen diese Verordnung vorliegt oder ob beabsichtigte Maßnahmen gegen den Verantwortlichen oder den Auftragsverarbeiter im Einklang mit dieser Verordnung steht, wobei aus diesem Einspruch die Tragweite der Risiken klar hervorgeht, die von dem Beschlussentwurf in Bezug auf die Grundrechte und Grundfreiheiten der betroffenen Personen und gegebenenfalls den freien Verkehr personenbezogener Daten in der Union ausgehen;

25. „Dienst der Informationsgesellschaft" eine Dienstleistung im Sinne des Artikels 1 Nummer 1 Buchstabe b der Richtlinie (EU) 2015/1535 des Europäischen Parlaments und des Rates[1]);

26. „internationale Organisation" eine völkerrechtliche Organisation und ihre nachgeordneten Stellen oder jede sonstige Einrichtung, die durch eine zwischen zwei oder mehr Ländern geschlossene Übereinkunft oder auf der Grundlage einer solchen Übereinkunft geschaffen wurde.

Kapitel II. Grundsätze

Art. 5 Grundsätze für die Verarbeitung personenbezogener Daten. (1) Personenbezogene Daten müssen

a) auf rechtmäßige Weise, nach Treu und Glauben und in einer für die betroffene Person nachvollziehbaren Weise verarbeitet werden

1) **[Amtl. Anm.:]** Richtlinie (EU) 2015/1535 des Europäischen Parlaments und des Rates vom 9. September 2015 über ein Informationsverfahren auf dem Gebiet der technischen Vorschriften und der Vorschriften für die Dienste der Informationsgesellschaft (ABl. L 241 vom 17.9.2015, S. 1).

(„Rechtmäßigkeit, Verarbeitung nach Treu und Glauben, Transparenz“);

b) für festgelegte, eindeutige und legitime Zwecke erhoben werden und dürfen nicht in einer mit diesen Zwecken nicht zu vereinbarenden Weise weiterverarbeitet werden; eine Weiterverarbeitung für im öffentlichen Interesse liegende Archivzwecke, für wissenschaftliche oder historische Forschungszwecke oder für statistische Zwecke gilt gemäß Artikel 89 Absatz 1 nicht als unvereinbar mit den ursprünglichen Zwecken („Zweckbindung“);

c) dem Zweck angemessen und erheblich sowie auf das für die Zwecke der Verarbeitung notwendige Maß beschränkt sein („Datenminimierung“);

d) sachlich richtig und erforderlichenfalls auf dem neuesten Stand sein; es sind alle angemessenen Maßnahmen zu treffen, damit personenbezogene Daten, die im Hinblick auf die Zwecke ihrer Verarbeitung unrichtig sind, unverzüglich gelöscht oder berichtigt werden („Richtigkeit“);

e) in einer Form gespeichert werden, die die Identifizierung der betroffenen Personen nur so lange ermöglicht, wie es für die Zwecke, für die sie verarbeitet werden, erforderlich ist; personenbezogene Daten dürfen länger gespeichert werden, soweit die personenbezogenen Daten vorbehaltlich der Durchführung geeigneter technischer und organisatorischer Maßnahmen, die von dieser Verordnung zum Schutz der Rechte und Freiheiten der betroffenen Person gefordert werden, ausschließlich für im öffentlichen Interesse liegende Archivzwecke oder für wissenschaftliche und historische Forschungszwecke oder für statistische Zwecke gemäß Artikel 89 Absatz 1 verarbeitet werden („Speicherbegrenzung“);

f) in einer Weise verarbeitet werden, die eine angemessene Sicherheit der personenbezogenen Daten gewährleistet, einschließlich Schutz vor unbefugter oder unrechtmäßiger Verarbeitung und vor unbeabsichtigtem Verlust, unbeabsichtigter Zerstörung oder unbeabsichtigter Schädigung durch geeignete technische und organisatorische Maßnahmen („Integrität und Vertraulichkeit“);[1)]

(2) Der Verantwortliche ist für die Einhaltung des Absatzes 1 verantwortlich und muss dessen Einhaltung nachweisen können („Rechenschaftspflicht“).

Art. 6 Rechtmäßigkeit der Verarbeitung. (1) Die Verarbeitung ist nur rechtmäßig, wenn mindestens eine der nachstehenden Bedingungen erfüllt ist:

a) Die betroffene Person hat ihre Einwilligung zu der Verarbeitung der sie betreffenden personenbezogenen Daten für einen oder mehrere bestimmte Zwecke gegeben;

---

1) Zeichensetzung amtlich.

b) die Verarbeitung ist für die Erfüllung eines Vertrags, dessen Vertragspartei die betroffene Person ist, oder zur Durchführung vorvertraglicher Maßnahmen erforderlich, die auf Anfrage der betroffenen Person erfolgen;

c) die Verarbeitung ist zur Erfüllung einer rechtlichen Verpflichtung erforderlich, der der Verantwortliche unterliegt;

d) die Verarbeitung ist erforderlich, um lebenswichtige Interessen der betroffenen Person oder einer anderen natürlichen Person zu schützen;

e) die Verarbeitung ist für die Wahrnehmung einer Aufgabe erforderlich, die im öffentlichen Interesse liegt oder in Ausübung öffentlicher Gewalt erfolgt, die dem Verantwortlichen übertragen wurde;

f) die Verarbeitung ist zur Wahrung der berechtigten Interessen des Verantwortlichen oder eines Dritten erforderlich, sofern nicht die Interessen oder Grundrechte und Grundfreiheiten der betroffenen Person, die den Schutz personenbezogener Daten erfordern, überwiegen, insbesondere dann, wenn es sich bei der betroffenen Person um ein Kind handelt.

Unterabsatz 1 Buchstabe f gilt nicht für die von Behörden in Erfüllung ihrer Aufgaben vorgenommene Verarbeitung.

(2) Die Mitgliedstaaten können spezifischere Bestimmungen zur Anpassung der Anwendung der Vorschriften dieser Verordnung in Bezug auf die Verarbeitung zur Erfüllung von Absatz 1 Buchstaben c und e beibehalten oder einführen, indem sie spezifische Anforderungen für die Verarbeitung sowie sonstige Maßnahmen präziser bestimmen, um eine rechtmäßig und nach Treu und Glauben erfolgende Verarbeitung zu gewährleisten, einschließlich für andere besondere Verarbeitungssituationen gemäß Kapitel IX.

(3) [1]Die Rechtsgrundlage für die Verarbeitungen gemäß Absatz 1 Buchstaben c und e wird festgelegt durch

a) Unionsrecht oder

b) das Recht der Mitgliedstaaten, dem der Verantwortliche unterliegt.

[2]Der Zweck der Verarbeitung muss in dieser Rechtsgrundlage festgelegt oder hinsichtlich der Verarbeitung gemäß Absatz 1 Buchstabe e für die Erfüllung einer Aufgabe erforderlich sein, die im öffentlichen Interesse liegt oder in Ausübung öffentlicher Gewalt erfolgt, die dem Verantwortlichen übertragen wurde. [3]Diese Rechtsgrundlage kann spezifische Bestimmungen zur Anpassung der Anwendung der Vorschriften dieser Verordnung enthalten, unter anderem Bestimmungen darüber, welche allgemeinen Bedingungen für die Regelung der Rechtmäßigkeit der Verarbeitung durch den Verantwortlichen gelten, welche Arten von Daten verarbeitet werden, welche Personen betroffen sind, an welche Einrichtungen und für welche Zwecke die personenbezogenen Daten offengelegt werden dürfen, welcher Zweckbindung sie unterliegen, wie lange sie gespeichert werden dürfen und

welche Verarbeitungsvorgänge und -verfahren angewandt werden dürfen, einschließlich Maßnahmen zur Gewährleistung einer rechtmäßig und nach Treu und Glauben erfolgenden Verarbeitung, wie solche für sonstige besondere Verarbeitungssituationen gemäß Kapitel IX. [4]Das Unionsrecht oder das Recht der Mitgliedstaaten müssen ein im öffentlichen Interesse liegendes Ziel verfolgen und in einem angemessenen Verhältnis zu dem verfolgten legitimen Zweck stehen.

(4) Beruht die Verarbeitung zu einem anderen Zweck als zu demjenigen, zu dem die personenbezogenen Daten erhoben wurden, nicht auf der Einwilligung der betroffenen Person oder auf einer Rechtsvorschrift der Union oder der Mitgliedstaaten, die in einer demokratischen Gesellschaft eine notwendige und verhältnismäßige Maßnahme zum Schutz der in Artikel 23 Absatz 1 genannten Ziele darstellt, so berücksichtigt der Verantwortliche – um festzustellen, ob die Verarbeitung zu einem anderen Zweck mit demjenigen, zu dem die personenbezogenen Daten ursprünglich erhoben wurden, vereinbar ist – unter anderem

a) jede Verbindung zwischen den Zwecken, für die die personenbezogenen Daten erhoben wurden, und den Zwecken der beabsichtigten Weiterverarbeitung,

b) den Zusammenhang, in dem die personenbezogenen Daten erhoben wurden, insbesondere hinsichtlich des Verhältnisses zwischen den betroffenen Personen und dem Verantwortlichen,

c) die Art der personenbezogenen Daten, insbesondere ob besondere Kategorien personenbezogener Daten gemäß Artikel 9 verarbeitet werden oder ob personenbezogene Daten über strafrechtliche Verurteilungen und Straftaten gemäß Artikel 10 verarbeitet werden,

d) die möglichen Folgen der beabsichtigten Weiterverarbeitung für die betroffenen Personen,

e) das Vorhandensein geeigneter Garantien, wozu Verschlüsselung oder Pseudonymisierung gehören kann.

Art. 7 Bedingungen für die Einwilligung. (1) Beruht die Verarbeitung auf einer Einwilligung, muss der Verantwortliche nachweisen können, dass die betroffene Person in die Verarbeitung ihrer personenbezogenen Daten eingewilligt hat.

(2) [1]Erfolgt die Einwilligung der betroffenen Person durch eine schriftliche Erklärung, die noch andere Sachverhalte betrifft, so muss das *Ersuchen um* Einwilligung in verständlicher und leicht zugänglicher Form in einer klaren und einfachen Sprache so erfolgen, dass es von den anderen Sachverhalten klar zu unterscheiden ist. [2]Teile der Erklärung sind dann nicht verbindlich, wenn sie einen Verstoß gegen diese Verordnung darstellen.

(3) [1]Die betroffene Person hat das Recht, ihre Einwilligung jederzeit zu widerrufen. [2]Durch den Widerruf der Einwilligung wird die

Rechtmäßigkeit der aufgrund der Einwilligung bis zum Widerruf erfolgten Verarbeitung nicht berührt. [3]Die betroffene Person wird vor Abgabe der Einwilligung hiervon in Kenntnis gesetzt. [4]Der Widerruf der Einwilligung muss so einfach wie die Erteilung der Einwilligung sein.

(4) Bei der Beurteilung, ob die Einwilligung freiwillig erteilt wurde, muss dem Umstand in größtmöglichem Umfang Rechnung getragen werden, ob unter anderem die Erfüllung eines Vertrags, einschließlich der Erbringung einer Dienstleistung, von der Einwilligung zu einer Verarbeitung von personenbezogenen Daten abhängig ist, die für die Erfüllung des Vertrags nicht erforderlich sind.

Art. 8 Bedingungen für die Einwilligung eines Kindes in Bezug auf Dienste der Informationsgesellschaft. (1) [1]Gilt Artikel 6 Absatz 1 Buchstabe a bei einem Angebot von Diensten der Informationsgesellschaft, das einem Kind direkt gemacht wird, so ist die Verarbeitung der personenbezogenen Daten des Kindes rechtmäßig, wenn das Kind das sechzehnte Lebensjahr vollendet hat. [2]Hat das Kind noch nicht das sechzehnte Lebensjahr vollendet, so ist diese Verarbeitung nur rechtmäßig, sofern und soweit diese Einwilligung durch den Träger der elterlichen Verantwortung für das Kind oder mit dessen Zustimmung erteilt wird.

Die Mitgliedstaaten können durch Rechtsvorschriften zu diesen Zwecken eine niedrigere Altersgrenze vorsehen, die jedoch nicht unter dem vollendeten dreizehnten Lebensjahr liegen darf.

(2) Der Verantwortliche unternimmt unter Berücksichtigung der verfügbaren Technik angemessene Anstrengungen, um sich in solchen Fällen zu vergewissern, dass die Einwilligung durch den Träger der elterlichen Verantwortung für das Kind oder mit dessen Zustimmung erteilt wurde.

(3) Absatz 1 lässt das allgemeine Vertragsrecht der Mitgliedstaaten, wie etwa die Vorschriften zur Gültigkeit, zum Zustandekommen oder zu den Rechtsfolgen eines Vertrags in Bezug auf ein Kind, unberührt.

Art. 9 Verarbeitung besonderer Kategorien personenbezogener Daten. (1) Die Verarbeitung personenbezogener Daten, aus denen die rassische und ethnische Herkunft, politische Meinungen, religiöse oder weltanschauliche Überzeugungen oder die Gewerkschaftszugehörigkeit hervorgehen, sowie die Verarbeitung von genetischen Daten, biometrischen Daten zur eindeutigen Identifizierung einer natürlichen Person, Gesundheitsdaten oder Daten zum Sexualleben oder der sexuellen Orientierung einer natürlichen Person ist untersagt.

(2) Absatz 1 gilt nicht in folgenden Fällen:

a) Die betroffene Person hat in die Verarbeitung der genannten personenbezogenen Daten für einen oder mehrere festgelegte Zwecke ausdrücklich eingewilligt, es sei denn, nach Unionsrecht oder dem Recht der Mitgliedstaaten kann das Verbot nach Absatz 1 durch die Einwilligung der betroffenen Person nicht aufgehoben werden,

b) die Verarbeitung ist erforderlich, damit der Verantwortliche oder die betroffene Person die ihm bzw. ihr aus dem Arbeitsrecht und dem Recht der sozialen Sicherheit und des Sozialschutzes erwachsenden Rechte ausüben und seinen bzw. ihren diesbezüglichen Pflichten nachkommen kann, soweit dies nach Unionsrecht oder dem Recht der Mitgliedstaaten oder einer Kollektivvereinbarung nach dem Recht der Mitgliedstaaten, das geeignete Garantien für die Grundrechte und die Interessen der betroffenen Person vorsieht, zulässig ist,

c) die Verarbeitung ist zum Schutz lebenswichtiger Interessen der betroffenen Person oder einer anderen natürlichen Person erforderlich und die betroffene Person ist aus körperlichen oder rechtlichen Gründen außerstande, ihre Einwilligung zu geben,

d) die Verarbeitung erfolgt auf der Grundlage geeigneter Garantien durch eine politisch, weltanschaulich, religiös oder gewerkschaftlich ausgerichtete Stiftung, Vereinigung oder sonstige Organisation ohne Gewinnerzielungsabsicht im Rahmen ihrer rechtmäßigen Tätigkeiten und unter der Voraussetzung, dass sich die Verarbeitung ausschließlich auf die Mitglieder oder ehemalige Mitglieder der Organisation oder auf Personen, die im Zusammenhang mit deren Tätigkeitszweck regelmäßige Kontakte mit ihr unterhalten, bezieht und die personenbezogenen Daten nicht ohne Einwilligung der betroffenen Personen nach außen offengelegt werden,

e) die Verarbeitung bezieht sich auf personenbezogene Daten, die die betroffene Person offensichtlich öffentlich gemacht hat,

f) die Verarbeitung ist zur Geltendmachung, Ausübung oder Verteidigung von Rechtsansprüchen oder bei Handlungen der Gerichte im Rahmen ihrer justiziellen Tätigkeit erforderlich,

g) die Verarbeitung ist auf der Grundlage des Unionsrechts oder des Rechts eines Mitgliedstaats, das in angemessenem Verhältnis zu dem verfolgten Ziel steht, den Wesensgehalt des Rechts auf Datenschutz wahrt und angemessene und spezifische Maßnahmen zur Wahrung der Grundrechte und Interessen der betroffenen Person vorsieht, aus Gründen eines erheblichen öffentlichen Interesses erforderlich,

h) die Verarbeitung ist für Zwecke der Gesundheitsvorsorge oder der Arbeitsmedizin, für die Beurteilung der Arbeitsfähigkeit des Beschäftigten, für die medizinische Diagnostik, die Versorgung oder Behandlung im Gesundheits- oder Sozialbereich oder für die Verwaltung von Systemen und Diensten im Gesundheits- oder Sozialbereich auf der Grundlage des Unionsrechts oder des Rechts eines Mitgliedstaats oder aufgrund eines Vertrags mit einem Angehörigen eines Gesundheitsberufs und vorbehaltlich der in Absatz 3 genannten Bedingungen und Garantien erforderlich,

i) die Verarbeitung ist aus Gründen des öffentlichen Interesses im Bereich der öffentlichen Gesundheit, wie dem Schutz vor schwerwiegenden grenzüberschreitenden Gesundheitsgefahren oder zur Gewährleistung hoher Qualitäts- und Sicherheitsstandards bei der Gesundheitsversorgung und bei Arzneimitteln und Medizinprodukten, auf der Grundlage des Unionsrechts oder des Rechts eines Mitgliedstaats, das angemessene und spezifische Maßnahmen zur Wahrung der Rechte und Freiheiten der betroffenen Person, insbesondere des Berufsgeheimnisses, vorsieht, erforderlich, oder

j) die Verarbeitung ist auf der Grundlage des Unionsrechts oder des Rechts eines Mitgliedstaats, das in angemessenem Verhältnis zu dem verfolgten Ziel steht, den Wesensgehalt des Rechts auf Datenschutz wahrt und angemessene und spezifische Maßnahmen zur Wahrung der Grundrechte und Interessen der betroffenen Person vorsieht, für im öffentlichen Interesse liegende Archivzwecke, für wissenschaftliche oder historische Forschungszwecke oder für statistische Zwecke gemäß Artikel 89 Absatz 1 erforderlich.

(3) Die in Absatz 1 genannten personenbezogenen Daten dürfen zu den in Absatz 2 Buchstabe h genannten Zwecken verarbeitet werden, wenn diese Daten von Fachpersonal oder unter dessen Verantwortung verarbeitet werden und dieses Fachpersonal nach dem Unionsrecht oder dem Recht eines Mitgliedstaats oder den Vorschriften nationaler zuständiger Stellen dem Berufsgeheimnis unterliegt, oder wenn die Verarbeitung durch eine andere Person erfolgt, die ebenfalls nach dem Unionsrecht oder dem Recht eines Mitgliedstaats oder den Vorschriften nationaler zuständiger Stellen einer Geheimhaltungspflicht unterliegt.

(4) Die Mitgliedstaaten können zusätzliche Bedingungen, einschließlich Beschränkungen, einführen oder aufrechterhalten, soweit die Verarbeitung von genetischen, biometrischen oder Gesundheitsdaten betroffen ist.

Art. 10 Verarbeitung von personenbezogenen Daten über strafrechtliche Verurteilungen und Straftaten. [1]Die Verarbeitung personenbezogener Daten über strafrechtliche Verurteilungen und Straftaten oder damit zusammenhängende Sicherungsmaßregeln aufgrund von Artikel 6 Absatz 1 darf nur unter behördlicher Aufsicht vorgenommen werden oder wenn dies nach dem Unionsrecht oder dem Recht der Mitgliedstaaten, das geeignete Garantien für die Rechte und Freiheiten der betroffenen Personen vorsieht, zulässig ist. [2]Ein umfassendes Register der strafrechtlichen Verurteilungen darf nur unter behördlicher Aufsicht geführt werden.

Art. 11 Verarbeitung, für die eine Identifizierung der betroffenen Person nicht erforderlich ist. (1) Ist für die Zwecke, für die ein Verantwortlicher personenbezogene Daten verarbeitet, die Identifizierung der betroffenen Person durch den Verantwortlichen nicht oder nicht mehr erforderlich, so ist dieser nicht verpflichtet, zur bloßen Einhaltung dieser Verordnung zusätzliche Informationen aufzubewahren, einzuholen oder zu verarbeiten, um die betroffene Person zu identifizieren.

(2) [1]Kann der Verantwortliche in Fällen gemäß Absatz 1 des vorliegenden Artikels nachweisen, dass er nicht in der Lage ist, die betroffene Person zu identifizieren, so unterrichtet er die betroffene Person hierüber, sofern möglich. [2]In diesen Fällen finden die Artikel 15 bis 20 keine Anwendung, es sei denn, die betroffene Person stellt zur Ausübung ihrer in diesen Artikeln niedergelegten Rechte zusätzliche Informationen bereit, die ihre Identifizierung ermöglichen.

Kapitel III. Rechte der betroffenen Person

Abschnitt 1. Transparenz und Modalitäten

Art. 12 Transparente Information, Kommunikation und Modalitäten für die Ausübung der Rechte der betroffenen Person.

(1) [1]Der Verantwortliche trifft geeignete Maßnahmen, um der betroffenen Person alle Informationen gemäß den Artikeln 13 und 14 und alle Mitteilungen gemäß den Artikeln 15 bis 22 und Artikel 34, die sich auf die Verarbeitung beziehen, in präziser, transparenter, verständlicher und leicht zugänglicher Form in einer klaren und einfachen Sprache zu übermitteln; dies gilt insbesondere für Informationen, die sich speziell an Kinder richten. [2]Die Übermittlung der Informationen erfolgt schriftlich oder in anderer Form, gegebenenfalls auch elektronisch. [3]Falls von der betroffenen Person verlangt, kann die Information mündlich erteilt werden, sofern die Identität der betroffenen Person in anderer Form nachgewiesen wurde.

(2) [1]Der Verantwortliche erleichtert der betroffenen Person die Ausübung ihrer Rechte gemäß den Artikeln 15 bis 22. [2]In den in Artikel 11 Absatz 2 genannten Fällen darf sich der Verantwortliche nur dann weigern, aufgrund des Antrags der betroffenen Person auf Wahrnehmung ihrer Rechte gemäß den Artikeln 15 bis 22 tätig zu werden, wenn er glaubhaft macht, dass er nicht in der Lage ist, die betroffene Person zu identifizieren.

(3) [1]Der Verantwortliche stellt der betroffenen Person Informationen über die auf Antrag gemäß den Artikeln 15 bis 22 ergriffenen Maßnahmen unverzüglich, in jedem Fall aber innerhalb eines Monats nach Eingang des Antrags zur Verfügung. [2]Diese Frist kann um weitere zwei Monate verlängert werden, wenn dies unter Berücksichtigung der Komplexität und der Anzahl von Anträgen erforderlich ist. [3]Der Verantwortliche unterrichtet die betroffene Person innerhalb eines Monats nach Eingang des Antrags über eine Fristverlängerung, zusammen mit den Gründen für die Verzögerung. [4]Stellt die betroffene Person den Antrag elektronisch, so ist sie nach Möglichkeit auf elektronischem Weg zu unterrichten, sofern sie nichts anderes angibt.

(4) Wird der Verantwortliche auf den Antrag der betroffenen Person hin nicht tätig, so unterrichtet er die betroffene Person ohne Verzögerung, spätestens aber innerhalb eines Monats nach Eingang des Antrags über die Gründe hierfür und über die Möglichkeit, bei einer Aufsichtsbehörde Beschwerde einzulegen oder einen gerichtlichen Rechtsbehelf einzulegen.

(5) [1] Informationen gemäß den Artikeln 13 und 14 sowie alle Mitteilungen und Maßnahmen gemäß den Artikeln 15 bis 22 und Artikel 34 werden unentgeltlich zur Verfügung gestellt. [2] Bei offenkundig unbegründeten oder – insbesondere im Fall von häufiger Wiederholung – exzessiven Anträgen einer betroffenen Person kann der Verantwortliche entweder

a) ein angemessenes Entgelt verlangen, bei dem die Verwaltungskosten für die Unterrichtung oder die Mitteilung oder die Durchführung der beantragten Maßnahme berücksichtigt werden, oder

b) sich weigern, aufgrund des Antrags tätig zu werden.

[3] Der Verantwortliche hat den Nachweis für den offenkundig unbegründeten oder exzessiven Charakter des Antrags zu erbringen.

(6) Hat der Verantwortliche begründete Zweifel an der Identität der natürlichen Person, die den Antrag gemäß den Artikeln 15 bis 21 stellt, so kann er unbeschadet des Artikels 11 zusätzliche Informationen anfordern, die zur Bestätigung der Identität der betroffenen Person erforderlich sind.

(7) [1] Die Informationen, die den betroffenen Personen gemäß den Artikeln 13 und 14 bereitzustellen sind, können in Kombination mit standardisierten Bildsymbolen bereitgestellt werden, um in leicht wahrnehmbarer, verständlicher und klar nachvollziehbarer Form einen aussagekräftigen Überblick über die beabsichtigte Verarbeitung zu vermitteln. [2] Werden die Bildsymbole in elektronischer Form dargestellt, müssen sie maschinenlesbar sein.

(8) Der Kommission wird die Befugnis übertragen, gemäß Artikel 92 delegierte Rechtsakte zur Bestimmung der Informationen, die durch Bildsymbole darzustellen sind, und der Verfahren für die Bereitstellung standardisierter Bildsymbole zu erlassen.

Abschnitt 2. Informationspflicht und Recht auf Auskunft zu personenbezogenen Daten

Art. 13 Informationspflicht bei Erhebung von personenbezogenen Daten bei der betroffenen Person. (1) Werden personenbezogene Daten bei der betroffenen Person erhoben, so teilt der Verantwortliche der betroffenen Person zum Zeitpunkt der Erhebung dieser Daten Folgendes mit:

a) den Namen und die Kontaktdaten des Verantwortlichen sowie gegebenenfalls seines Vertreters;

b) gegebenenfalls die Kontaktdaten des Datenschutzbeauftragten;

c) die Zwecke, für die die personenbezogenen Daten verarbeitet werden sollen, sowie die Rechtsgrundlage für die Verarbeitung;

d) wenn die Verarbeitung auf Artikel 6 Absatz 1 Buchstabe f beruht, die berechtigten Interessen, die von dem Verantwortlichen oder einem Dritten verfolgt werden;

e) gegebenenfalls die Empfänger oder Kategorien von Empfängern der personenbezogenen Daten und

f) gegebenenfalls die Absicht des Verantwortlichen, die personenbezogenen Daten an ein Drittland oder eine internationale Organisation zu übermitteln, sowie das Vorhandensein oder das Fehlen eines Angemessenheitsbeschlusses der Kommission oder im Falle von Übermittlungen gemäß Artikel 46 oder Artikel 47 oder Artikel 49 Absatz 1 Unterabsatz 2 einen Verweis auf die geeigneten oder angemessenen Garantien und die Möglichkeit, wie eine Kopie von ihnen zu erhalten ist, oder wo sie verfügbar sind.

(2) Zusätzlich zu den Informationen gemäß Absatz 1 stellt der Verantwortliche der betroffenen Person zum Zeitpunkt der Erhebung dieser Daten folgende weitere Informationen zur Verfügung, die notwendig sind, um eine faire und transparente Verarbeitung zu gewährleisten:

a) die Dauer, für die die personenbezogenen Daten gespeichert werden oder, falls dies nicht möglich ist, die Kriterien für die Festlegung dieser Dauer;

b) das Bestehen eines Rechts auf Auskunft seitens des Verantwortlichen über die betreffenden personenbezogenen Daten sowie auf Berichtigung oder Löschung oder auf Einschränkung der Verarbeitung oder eines Widerspruchsrechts gegen die Verarbeitung sowie des Rechts auf Datenübertragbarkeit;

c) wenn die Verarbeitung auf Artikel 6 Absatz 1 Buchstabe a oder Artikel 9 Absatz 2 Buchstabe a beruht, das Bestehen eines Rechts, die Einwilligung jederzeit zu widerrufen, ohne dass die Rechtmäßigkeit der aufgrund der Einwilligung bis zum Widerruf erfolgten Verarbeitung berührt wird;

d) das Bestehen eines Beschwerderechts bei einer Aufsichtsbehörde;

e) ob die Bereitstellung der personenbezogenen Daten gesetzlich oder vertraglich vorgeschrieben oder für einen Vertragsabschluss erforderlich ist, ob die betroffene Person verpflichtet ist, die personenbezogenen Daten bereitzustellen, und welche *mögliche*[1] Folgen die Nichtbereitstellung hätte und

f) das Bestehen einer automatisierten Entscheidungsfindung einschließlich Profiling gemäß Artikel 22 Absätze 1 und 4 und – zumindest in diesen Fällen – aussagekräftige Informationen über die involvierte Logik sowie die Tragweite und die angestrebten Auswirkungen einer derartigen Verarbeitung für die betroffene Person.

---

[1] Richtig wohl: „möglichen".

(3) Beabsichtigt der Verantwortliche, die personenbezogenen Daten für einen anderen Zweck weiterzuverarbeiten als den, für den die personenbezogenen Daten erhoben wurden, so stellt er der betroffenen Person vor dieser Weiterverarbeitung Informationen über diesen anderen Zweck und alle anderen maßgeblichen Informationen gemäß Absatz 2 zur Verfügung.

(4) Die Absätze 1, 2 und 3 finden keine Anwendung, wenn und soweit die betroffene Person bereits über die Informationen verfügt.

Art. 14 Informationspflicht, wenn die personenbezogenen Daten nicht bei der betroffenen Person erhoben wurden. (1) Werden personenbezogene Daten nicht bei der betroffenen Person erhoben, so teilt der Verantwortliche der betroffenen Person Folgendes mit:

a) den Namen und die Kontaktdaten des Verantwortlichen sowie gegebenenfalls seines Vertreters;

b) zusätzlich die Kontaktdaten des Datenschutzbeauftragten;

c) die Zwecke, für die die personenbezogenen Daten verarbeitet werden sollen, sowie die Rechtsgrundlage für die Verarbeitung;

d) die Kategorien personenbezogener Daten, die verarbeitet werden;

e) gegebenenfalls die Empfänger oder Kategorien von Empfängern der personenbezogenen Daten;

f) gegebenenfalls die Absicht des Verantwortlichen, die personenbezogenen Daten an einen Empfänger in einem Drittland oder einer internationalen Organisation zu übermitteln, sowie das Vorhandensein oder das Fehlen eines Angemessenheitsbeschlusses der Kommission oder im Falle von Übermittlungen gemäß Artikel 46 oder Artikel 47 oder Artikel 49 Absatz 1 Unterabsatz 2 einen Verweis auf die geeigneten oder angemessenen Garantien und die Möglichkeit, eine Kopie von ihnen zu erhalten, oder wo sie verfügbar sind.

(2) Zusätzlich zu den Informationen gemäß Absatz 1 stellt der Verantwortliche der betroffenen Person die folgenden Informationen zur Verfügung, die erforderlich sind, um der betroffenen Person gegenüber eine faire und transparente Verarbeitung zu gewährleisten:

a) die Dauer, für die die personenbezogenen Daten gespeichert werden oder, falls dies nicht möglich ist, die Kriterien für die Festlegung dieser Dauer;

b) wenn die Verarbeitung auf Artikel 6 Absatz 1 Buchstabe f beruht, die berechtigten Interessen, die von dem Verantwortlichen oder einem Dritten verfolgt werden;

c) das Bestehen eines Rechts auf Auskunft seitens des Verantwortlichen über die betreffenden personenbezogenen Daten sowie auf Berichtigung oder Löschung oder auf Einschränkung der Verarbeitung und eines Widerspruchsrechts gegen die Verarbeitung sowie des Rechts auf Datenübertragbarkeit;

d) wenn die Verarbeitung auf Artikel 6 Absatz 1 Buchstabe a oder Artikel 9 Absatz 2 Buchstabe a beruht, das Bestehen eines Rechts, die Einwilligung jederzeit zu widerrufen, ohne dass die Rechtmäßigkeit der aufgrund der Einwilligung bis zum Widerruf erfolgten Verarbeitung berührt wird;

e) das Bestehen eines Beschwerderechts bei einer Aufsichtsbehörde;

f) aus welcher Quelle die personenbezogenen Daten stammen und gegebenenfalls ob sie aus öffentlich zugänglichen Quellen stammen;

g) das Bestehen einer automatisierten Entscheidungsfindung einschließlich Profiling gemäß Artikel 22 Absätze 1 und 4 und – zumindest in diesen Fällen – aussagekräftige Informationen über die involvierte Logik sowie die Tragweite und die angestrebten Auswirkungen einer derartigen Verarbeitung für die betroffene Person.

(3) Der Verantwortliche erteilt die Informationen gemäß den Absätzen 1 und 2

a) unter Berücksichtigung der spezifischen Umstände der Verarbeitung der personenbezogenen Daten innerhalb einer angemessenen Frist nach Erlangung der personenbezogenen Daten, längstens jedoch innerhalb eines Monats,

b) falls die personenbezogenen Daten zur Kommunikation mit der betroffenen Person verwendet werden sollen, spätestens zum Zeitpunkt der ersten Mitteilung an sie, oder,

c) falls die Offenlegung an einen anderen Empfänger beabsichtigt ist, spätestens zum Zeitpunkt der ersten Offenlegung.

(4) Beabsichtigt der Verantwortliche, die personenbezogenen Daten für einen anderen Zweck weiterzuverarbeiten als den, für den die personenbezogenen Daten erlangt wurden, so stellt er der betroffenen Person vor dieser Weiterverarbeitung Informationen über diesen anderen Zweck und alle anderen maßgeblichen Informationen gemäß Absatz 2 zur Verfügung.

(5) Die Absätze 1 bis 4 finden keine Anwendung, wenn und soweit

a) die betroffene Person bereits über die Informationen verfügt,

b) die Erteilung dieser Informationen sich als unmöglich erweist oder einen unverhältnismäßigen Aufwand erfordern würde; dies gilt insbesondere für die Verarbeitung für im öffentlichen Interesse liegende Archivzwecke, für wissenschaftliche oder historische Forschungszwecke oder für statistische Zwecke vorbehaltlich der in Artikel 89 Absatz 1 genannten Bedingungen und Garantien oder soweit die in Absatz 1 des vorliegenden Artikels genannte Pflicht voraussichtlich die Verwirklichung der Ziele dieser Verarbeitung unmöglich macht oder ernsthaft beeinträchtigt. In diesen Fällen ergreift der Verantwortliche geeignete Maßnahmen zum Schutz der Rechte und Freiheiten sowie der berechtigten Interessen der betroffenen Person, einschließlich der Bereitstellung dieser Informationen für die Öffentlichkeit,

c) die Erlangung oder Offenlegung durch Rechtsvorschriften der Union oder der Mitgliedstaaten, denen der Verantwortliche unterliegt und die geeignete Maßnahmen zum Schutz der berechtigten Interessen der betroffenen Person vorsehen, ausdrücklich geregelt ist oder

d) die personenbezogenen Daten gemäß dem Unionsrecht oder dem Recht der Mitgliedstaaten dem Berufsgeheimnis, einschließlich einer satzungsmäßigen Geheimhaltungspflicht, unterliegen und daher vertraulich behandelt werden müssen.

Art. 15[1)] Auskunftsrecht der betroffenen Person. (1) Die betroffene Person hat das Recht, von dem Verantwortlichen eine Bestätigung darüber zu verlangen, ob sie betreffende personenbezogene Daten verarbeitet werden; ist dies der Fall, so hat sie ein Recht auf Auskunft über diese personenbezogenen Daten und auf folgende Informationen:

a) die Verarbeitungszwecke;

b) die Kategorien personenbezogener Daten, die verarbeitet werden;

c) die Empfänger oder Kategorien von Empfängern, gegenüber denen die personenbezogenen Daten offengelegt worden sind oder noch offengelegt werden, insbesondere bei Empfängern in Drittländern oder bei internationalen Organisationen;

d) falls möglich die geplante Dauer, für die die personenbezogenen Daten gespeichert werden, oder, falls dies nicht möglich ist, die Kriterien für die Festlegung dieser Dauer;

e) das Bestehen eines Rechts auf Berichtigung oder Löschung der sie betreffenden personenbezogenen Daten oder auf Einschränkung der Verarbeitung durch den Verantwortlichen oder eines Widerspruchsrechts gegen diese Verarbeitung;

f) das Bestehen eines Beschwerderechts bei einer Aufsichtsbehörde;

g) wenn die personenbezogenen Daten nicht bei der betroffenen Person erhoben werden, alle verfügbaren Informationen über die Herkunft der Daten;

h) das Bestehen einer automatisierten Entscheidungsfindung einschließlich Profiling gemäß Artikel 22 Absätze 1 und 4 und – zumindest in diesen Fällen – aussagekräftige Informationen über die involvierte Logik sowie die Tragweite und die angestrebten Auswirkungen einer derartigen Verarbeitung für die betroffene Person.

(2) Werden personenbezogene Daten an ein Drittland oder an eine internationale Organisation übermittelt, so hat die betroffene Person das Recht, über die geeigneten Garantien gemäß Artikel 46 im Zusammenhang mit der Übermittlung unterrichtet zu werden.

(3) [1]Der Verantwortliche stellt eine Kopie der personenbezogenen Daten, die Gegenstand der Verarbeitung sind, zur Verfügung. [2]Für alle

[1)] Art. 15 Abs. 4 ber. ABl. 2018 Nr. L 127 S. 2.

weiteren Kopien, die die betroffene Person beantragt, kann der Verantwortliche ein angemessenes Entgelt auf der Grundlage der Verwaltungskosten verlangen. [3]Stellt die betroffene Person den Antrag elektronisch, so sind die Informationen in einem gängigen elektronischen Format zur Verfügung zu stellen, sofern sie nichts anderes angibt.

(4) Das Recht auf Erhalt einer Kopie gemäß Absatz 3 darf die Rechte und Freiheiten anderer Personen nicht beeinträchtigen.

Abschnitt 3. Berichtigung und Löschung

Art. 16 Recht auf Berichtigung. [1]Die betroffene Person hat das Recht, von dem Verantwortlichen unverzüglich die Berichtigung sie betreffender unrichtiger personenbezogener Daten zu verlangen. [2]Unter Berücksichtigung der Zwecke der Verarbeitung hat die betroffene Person das Recht, die Vervollständigung unvollständiger personenbezogener Daten – auch mittels einer ergänzenden Erklärung – zu verlangen.

Art. 17 Recht auf Löschung („Recht auf Vergessenwerden").

(1) Die betroffene Person hat das Recht, von dem Verantwortlichen zu verlangen, dass sie betreffende personenbezogene Daten unverzüglich gelöscht werden, und der Verantwortliche ist verpflichtet, personenbezogene Daten unverzüglich zu löschen, sofern einer der folgenden Gründe zutrifft:

a) Die personenbezogenen Daten sind für die Zwecke, für die sie erhoben oder auf sonstige Weise verarbeitet wurden, nicht mehr notwendig.

b) Die betroffene Person widerruft ihre Einwilligung, auf die sich die Verarbeitung gemäß Artikel 6 Absatz 1 Buchstabe a oder Artikel 9 Absatz 2 Buchstabe a stützte, und es fehlt an einer anderweitigen Rechtsgrundlage für die Verarbeitung.

c) Die betroffene Person legt gemäß Artikel 21 Absatz 1 Widerspruch gegen die Verarbeitung ein und es liegen keine vorrangigen berechtigten Gründe für die Verarbeitung vor, oder die betroffene Person legt gemäß Artikel 21 Absatz 2 Widerspruch gegen die Verarbeitung ein.

d) Die personenbezogenen Daten wurden unrechtmäßig verarbeitet.

e) Die Löschung der personenbezogenen Daten ist zur Erfüllung einer rechtlichen Verpflichtung nach dem Unionsrecht oder dem Recht der *Mitgliedstaaten* erforderlich, dem der Verantwortliche unterliegt.

f) Die personenbezogenen Daten wurden in Bezug auf angebotene Dienste der Informationsgesellschaft gemäß Artikel 8 Absatz 1 erhoben.

(2) Hat der Verantwortliche die personenbezogenen Daten öffentlich gemacht und ist er gemäß Absatz 1 zu deren Löschung verpflichtet, so trifft er unter Berücksichtigung der verfügbaren Technologie und der

Implementierungskosten angemessene Maßnahmen, auch technischer Art, um für die Datenverarbeitung Verantwortliche, die die personenbezogenen Daten verarbeiten, darüber zu informieren, dass eine betroffene Person von ihnen die Löschung aller Links zu diesen personenbezogenen Daten oder von Kopien oder Replikationen dieser personenbezogenen Daten verlangt hat.

(3) Die Absätze 1 und 2 gelten nicht, soweit die Verarbeitung erforderlich ist

a) zur Ausübung des Rechts auf freie Meinungsäußerung und Information;

b) zur Erfüllung einer rechtlichen Verpflichtung, die die Verarbeitung nach dem Recht der Union oder der Mitgliedstaaten, dem der Verantwortliche unterliegt, erfordert, oder zur Wahrnehmung einer Aufgabe, die im öffentlichen Interesse liegt oder in Ausübung öffentlicher Gewalt erfolgt, die dem Verantwortlichen übertragen wurde;

c) aus Gründen des öffentlichen Interesses im Bereich der öffentlichen Gesundheit gemäß Artikel 9 Absatz 2 Buchstaben h und i sowie Artikel 9 Absatz 3;

d) für im öffentlichen Interesse liegende Archivzwecke, wissenschaftliche oder historische Forschungszwecke oder für statistische Zwecke gemäß Artikel 89 Absatz 1, soweit das in Absatz 1 genannte Recht voraussichtlich die Verwirklichung der Ziele dieser Verarbeitung unmöglich macht oder ernsthaft beeinträchtigt, oder

e) zur Geltendmachung, Ausübung oder Verteidigung von Rechtsansprüchen.

Art. 18 Recht auf Einschränkung der Verarbeitung. (1) Die betroffene Person hat das Recht, von dem Verantwortlichen die Einschränkung der Verarbeitung zu verlangen, wenn eine der folgenden Voraussetzungen gegeben ist:

a) die Richtigkeit der personenbezogenen Daten von der betroffenen Person bestritten wird, und zwar für eine Dauer, die es dem Verantwortlichen ermöglicht, die Richtigkeit der personenbezogenen Daten zu überprüfen,

b) die Verarbeitung unrechtmäßig ist und die betroffene Person die Löschung der personenbezogenen Daten ablehnt und stattdessen die Einschränkung der Nutzung der personenbezogenen Daten verlangt;[1)]

c) der Verantwortliche die personenbezogenen Daten für die Zwecke der Verarbeitung nicht länger benötigt, die betroffene Person sie jedoch zur Geltendmachung, Ausübung oder Verteidigung von Rechtsansprüchen benötigt, oder

---

[1)] Zeichensetzung amtlich.

d) die betroffene Person Widerspruch gegen die Verarbeitung gemäß Artikel 21 Absatz 1 eingelegt hat, solange noch nicht feststeht, ob die berechtigten Gründe des Verantwortlichen gegenüber denen der betroffenen Person überwiegen.

(2) Wurde die Verarbeitung gemäß Absatz 1 eingeschränkt, so dürfen diese personenbezogenen Daten – von ihrer Speicherung abgesehen – nur mit Einwilligung der betroffenen Person oder zur Geltendmachung, Ausübung oder Verteidigung von Rechtsansprüchen oder zum Schutz der Rechte einer anderen natürlichen oder juristischen Person oder aus Gründen eines wichtigen öffentlichen Interesses der Union oder eines Mitgliedstaats verarbeitet werden.

(3) Eine betroffene Person, die eine Einschränkung der Verarbeitung gemäß Absatz 1 erwirkt hat, wird von dem Verantwortlichen unterrichtet, bevor die Einschränkung aufgehoben wird.

Art. 19 Mitteilungspflicht im Zusammenhang mit der Berichtigung oder Löschung personenbezogener Daten oder der Einschränkung der Verarbeitung. [1]Der Verantwortliche teilt allen Empfängern, denen personenbezogenen Daten offengelegt wurden, jede Berichtigung oder Löschung der personenbezogenen Daten oder eine Einschränkung der Verarbeitung nach Artikel 16, Artikel 17 Absatz 1 und Artikel 18 mit, es sei denn, dies erweist sich als unmöglich oder ist mit einem unverhältnismäßigen Aufwand verbunden. [2]Der Verantwortliche unterrichtet die betroffene Person über diese Empfänger, wenn die betroffene Person dies verlangt.

Art. 20[1] Recht auf Datenübertragbarkeit. (1) Die betroffene Person hat das Recht, die sie betreffenden personenbezogenen Daten, die sie einem Verantwortlichen bereitgestellt hat, in einem strukturierten, gängigen und maschinenlesbaren Format zu erhalten, und sie hat das Recht, diese Daten einem anderen Verantwortlichen ohne Behinderung durch den Verantwortlichen, dem die personenbezogenen Daten bereitgestellt wurden, zu übermitteln, sofern

a) die Verarbeitung auf einer Einwilligung gemäß Artikel 6 Absatz 1 Buchstabe a oder Artikel 9 Absatz 2 Buchstabe a oder auf einem Vertrag gemäß Artikel 6 Absatz 1 Buchstabe b beruht und

b) die Verarbeitung mithilfe automatisierter Verfahren erfolgt.

(2) Bei der Ausübung ihres Rechts auf Datenübertragbarkeit gemäß Absatz 1 hat die betroffene Person das Recht, zu erwirken, dass die personenbezogenen Daten direkt von einem Verantwortlichen einem anderen Verantwortlichen übermittelt werden, soweit dies technisch machbar ist.

(3) [1]Die Ausübung des Rechts nach Absatz 1 des vorliegenden Artikels lässt Artikel 17 unberührt. [2]Dieses Recht gilt nicht für eine Verarbeitung, die für die Wahrnehmung einer Aufgabe erforderlich ist, die

[1] Art. 20 Abs. 4 ber. ABl. 2018 Nr. L 127 S. 2.

im öffentlichen Interesse liegt oder in Ausübung öffentlicher Gewalt erfolgt, die dem Verantwortlichen übertragen wurde.

(4) Das Recht gemäß Absatz 1 darf die Rechte und Freiheiten anderer Personen nicht beeinträchtigen.

Abschnitt 4. Widerspruchsrecht und automatisierte Entscheidungsfindung im Einzelfall

Art. 21 Widerspruchsrecht. (1) [1]Die betroffene Person hat das Recht, aus Gründen, die sich aus ihrer besonderen Situation ergeben, jederzeit gegen die Verarbeitung sie betreffender personenbezogener Daten, die aufgrund von Artikel 6 Absatz 1 Buchstaben e oder f erfolgt, Widerspruch einzulegen; dies gilt auch für ein auf diese Bestimmungen gestütztes Profiling. [2]Der Verantwortliche verarbeitet die personenbezogenen Daten nicht mehr, es sei denn, er kann zwingende schutzwürdige Gründe für die Verarbeitung nachweisen, die die Interessen, Rechte und Freiheiten der betroffenen Person überwiegen, oder die Verarbeitung dient der Geltendmachung, Ausübung oder Verteidigung von Rechtsansprüchen.

(2) Werden personenbezogene Daten verarbeitet, um Direktwerbung zu betreiben, so hat die betroffene Person das Recht, jederzeit Widerspruch gegen die Verarbeitung sie betreffender personenbezogener Daten zum Zwecke derartiger Werbung einzulegen; dies gilt auch für das Profiling, soweit es mit solcher Direktwerbung in Verbindung steht.

(3) Widerspricht die betroffene Person der Verarbeitung für Zwecke der Direktwerbung, so werden die personenbezogenen Daten nicht mehr für diese Zwecke verarbeitet.

(4) Die betroffene Person muss spätestens zum Zeitpunkt der ersten Kommunikation mit ihr ausdrücklich auf das in den Absätzen 1 und 2 genannte Recht hingewiesen werden; dieser Hinweis hat in einer verständlichen und von anderen Informationen getrennten Form zu erfolgen.

(5) Im Zusammenhang mit der Nutzung von Diensten der Informationsgesellschaft kann die betroffene Person ungeachtet der Richtlinie 2002/58/EG ihr Widerspruchsrecht mittels automatisierter Verfahren ausüben, bei denen technische Spezifikationen verwendet werden.

(6) Die betroffene Person hat das Recht, aus Gründen, die sich aus ihrer besonderen Situation ergeben, gegen die sie betreffende Verarbeitung sie betreffender personenbezogener Daten, die zu wissenschaftlichen oder historischen Forschungszwecken oder zu statistischen Zwecken gemäß Artikel 89 Absatz 1 erfolgt, Widerspruch einzulegen, es sei denn, die Verarbeitung ist zur Erfüllung einer im öffentlichen Interesse liegenden Aufgabe erforderlich.

Art. 22 Automatisierte Entscheidungen im Einzelfall einschließlich Profiling. (1) Die betroffene Person hat das Recht, nicht *einer ausschließlich* auf einer automatisierten Verarbeitung – einschließlich Profiling – beruhenden Entscheidung unterworfen zu werden, die ihr gegenüber rechtliche Wirkung entfaltet oder sie in ähnlicher Weise erheblich beeinträchtigt.

(2) Absatz 1 gilt nicht, wenn die Entscheidung

a) für den Abschluss oder die Erfüllung eines Vertrags zwischen der betroffenen Person und dem Verantwortlichen erforderlich ist,
b) aufgrund von Rechtsvorschriften der Union oder der Mitgliedstaaten, denen der Verantwortliche unterliegt, zulässig ist und diese Rechtsvorschriften angemessene Maßnahmen zur Wahrung der Rechte und Freiheiten sowie der berechtigten Interessen der betroffenen Person enthalten oder
c) mit ausdrücklicher Einwilligung der betroffenen Person erfolgt.

(3) In den in Absatz 2 Buchstaben a und c genannten Fällen trifft der Verantwortliche angemessene Maßnahmen, um die Rechte und Freiheiten sowie die berechtigten Interessen der betroffenen Person zu wahren, wozu mindestens das Recht auf Erwirkung des Eingreifens einer Person seitens des Verantwortlichen, auf Darlegung des eigenen Standpunkts und auf Anfechtung der Entscheidung gehört.

(4) Entscheidungen nach Absatz 2 dürfen nicht auf besonderen Kategorien personenbezogener Daten nach Artikel 9 Absatz 1 beruhen, sofern nicht Artikel 9 Absatz 2 Buchstabe a oder g gilt und angemessene Maßnahmen zum Schutz der Rechte und Freiheiten sowie der berechtigten Interessen der betroffenen Person getroffen wurden.

Abschnitt 5. Beschränkungen

Art. 23 Beschränkungen. (1) Durch Rechtsvorschriften der Union oder der Mitgliedstaaten, denen der Verantwortliche oder der Auftragsverarbeiter unterliegt, können die Pflichten und Rechte gemäß den Artikeln 12 bis 22 und Artikel 34 sowie Artikel 5, insofern dessen Bestimmungen den in den Artikeln 12 bis 22 vorgesehenen Rechten und Pflichten entsprechen, im Wege von Gesetzgebungsmaßnahmen beschränkt werden, sofern eine solche Beschränkung den Wesensgehalt der Grundrechte und Grundfreiheiten achtet und in einer demokratischen Gesellschaft eine notwendige und verhältnismäßige Maßnahme darstellt, die Folgendes sicherstellt:

a) die nationale Sicherheit;
b) die Landesverteidigung;
c) die öffentliche Sicherheit;
d) die Verhütung, Ermittlung, Aufdeckung oder Verfolgung von Straftaten oder die Strafvollstreckung, einschließlich des Schutzes vor und der Abwehr von Gefahren für die öffentliche Sicherheit;
e) den Schutz sonstiger wichtiger Ziele des allgemeinen öffentlichen Interesses der Union oder eines Mitgliedstaats, insbesondere eines wichtigen wirtschaftlichen oder finanziellen Interesses der Union oder eines Mitgliedstaats, etwa im Währungs-, Haushalts- und Steu-

erbereich sowie im Bereich der öffentlichen Gesundheit und der sozialen Sicherheit;

f) den Schutz der Unabhängigkeit der Justiz und den Schutz von Gerichtsverfahren;

g) die Verhütung, Aufdeckung, Ermittlung und Verfolgung von Verstößen gegen die berufsständischen Regeln reglementierter Berufe;

h) Kontroll-, Überwachungs- und Ordnungsfunktionen, die dauernd oder zeitweise mit der Ausübung öffentlicher Gewalt für die unter den Buchstaben a bis e und g genannten Zwecke verbunden sind;

i) den Schutz der betroffenen Person oder der Rechte und Freiheiten anderer Personen;

j) die Durchsetzung zivilrechtlicher Ansprüche.

(2) Jede Gesetzgebungsmaßnahme im Sinne des Absatzes 1 muss insbesondere gegebenenfalls spezifische Vorschriften enthalten zumindest in Bezug auf

a) die Zwecke der Verarbeitung oder die Verarbeitungskategorien,

b) die Kategorien personenbezogener Daten,

c) den Umfang der vorgenommenen Beschränkungen,

d) die Garantien gegen Missbrauch oder unrechtmäßigen Zugang oder unrechtmäßige Übermittlung;

e) die Angaben zu dem Verantwortlichen oder den Kategorien von Verantwortlichen,

f) die jeweiligen Speicherfristen sowie die geltenden Garantien unter Berücksichtigung von Art, Umfang und Zwecken der Verarbeitung oder der Verarbeitungskategorien,

g) die Risiken für die Rechte und Freiheiten der betroffenen Personen und

h) das Recht der betroffenen Personen auf Unterrichtung über die Beschränkung, sofern dies nicht dem Zweck der Beschränkung abträglich ist.

Kapitel IV. Verantwortlicher und Auftragsverarbeiter

Abschnitt 1. Allgemeine Pflichten

Art. 24 Verantwortung des für die Verarbeitung Verantwortlichen. (1) [1]Der Verantwortliche setzt unter Berücksichtigung der Art, des Umfangs, der Umstände und der Zwecke der Verarbeitung sowie der unterschiedlichen Eintrittswahrscheinlichkeit und Schwere der Risiken für die Rechte und Freiheiten natürlicher Personen geeignete technische und organisatorische Maßnahmen um, um sicherzustellen und den Nachweis dafür erbringen zu können, dass die Verarbeitung gemäß dieser Verordnung erfolgt. [2]Diese Maßnahmen werden erforderlichenfalls überprüft und aktualisiert.

(2) Sofern dies in einem angemessenen Verhältnis zu den Verarbeitungstätigkeiten steht, müssen die Maßnahmen gemäß Absatz 1 die Anwendung geeigneter Datenschutzvorkehrungen durch den Verantwortlichen umfassen.

(3) Die Einhaltung der genehmigten Verhaltensregeln gemäß Artikel 40 oder eines genehmigten Zertifizierungsverfahrens gemäß Artikel 42 kann als Gesichtspunkt herangezogen werden, um die Erfüllung der Pflichten des Verantwortlichen nachzuweisen.

Art. 25[1)] Datenschutz durch Technikgestaltung und durch datenschutzfreundliche Voreinstellungen. (1) Unter Berücksichtigung des Stands der Technik, der Implementierungskosten und der Art, des Umfangs, der Umstände und der Zwecke der Verarbeitung sowie der unterschiedlichen Eintrittswahrscheinlichkeit und Schwere der mit der Verarbeitung verbundenen Risiken für die Rechte und Freiheiten natürlicher Personen trifft der Verantwortliche sowohl zum Zeitpunkt der Festlegung der Mittel für die Verarbeitung als auch zum Zeitpunkt der eigentlichen Verarbeitung geeignete technische und organisatorische Maßnahmen – wie z. B. Pseudonymisierung –, die dafür ausgelegt sind, die Datenschutzgrundsätze wie etwa Datenminimierung wirksam umzusetzen und die notwendigen Garantien in die Verarbeitung aufzunehmen, um den Anforderungen dieser Verordnung zu genügen und die Rechte der betroffenen Personen zu schützen.

(2) [1]Der Verantwortliche trifft geeignete technische und organisatorische Maßnahmen, die sicherstellen, dass durch Voreinstellung nur personenbezogene Daten, deren Verarbeitung für den jeweiligen bestimmten Verarbeitungszweck erforderlich ist, verarbeitet werden. [2]Diese Verpflichtung gilt für die Menge der erhobenen personenbezogenen Daten, den Umfang ihrer Verarbeitung, ihre Speicherfrist und ihre Zugänglichkeit. [3]Solche Maßnahmen müssen insbesondere sicherstellen, dass personenbezogene Daten durch Voreinstellungen nicht ohne Eingreifen der Person einer unbestimmten Zahl von natürlichen Personen zugänglich gemacht werden.

(3) Ein genehmigtes Zertifizierungsverfahren gemäß Artikel 42 kann als Faktor herangezogen werden, um die Erfüllung der in den Absätzen 1 und 2 des vorliegenden Artikels genannten Anforderungen nachzuweisen.

Art. 26[2)] Gemeinsam Verantwortliche. (1) [1]Legen zwei oder mehr Verantwortliche gemeinsam die Zwecke der und die Mittel zur Verarbeitung fest, so sind sie gemeinsam Verantwortliche. [2]Sie legen in einer Vereinbarung in transparenter Form fest, wer von ihnen welche Verpflichtung gemäß dieser Verordnung erfüllt, insbesondere was die Wahrnehmung der Rechte der betroffenen Person angeht, und wer

[1)] Art. 25 Abs. 1 und 2 Satz 1 ber. ABl. 2018 Nr. L 127 S. 2.
[2)] Art. 26 Überschrift ber. ABl. 2018 Nr. L 127 S. 2.

welchen Informationspflichten gemäß den Artikeln 13 und 14 nachkommt, sofern und soweit die jeweiligen Aufgaben der Verantwortlichen nicht durch Rechtsvorschriften der Union oder der Mitgliedstaaten, denen die Verantwortlichen unterliegen, festgelegt sind. [3]In der Vereinbarung kann eine Anlaufstelle für die betroffenen Personen angegeben werden.

(2) [1]Die Vereinbarung gemäß Absatz 1 muss die jeweiligen tatsächlichen Funktionen und Beziehungen der gemeinsam Verantwortlichen gegenüber betroffenen Personen gebührend widerspiegeln. [2]Das wesentliche der Vereinbarung wird der betroffenen Person zur Verfügung gestellt.

(3) Ungeachtet der Einzelheiten der Vereinbarung gemäß Absatz 1 kann die betroffene Person ihre Rechte im Rahmen dieser Verordnung bei und gegenüber jedem einzelnen der Verantwortlichen geltend machen.

Art. 27 Vertreter von nicht in der Union niedergelassenen Verantwortlichen oder Auftragsverarbeitern. (1) In den Fällen gemäß Artikel 3 Absatz 2 benennt der Verantwortliche oder der Auftragsverarbeiter schriftlich einen Vertreter in der Union.

(2) Die Pflicht gemäß Absatz 1 des vorliegenden Artikels gilt nicht für

a) eine Verarbeitung, die gelegentlich erfolgt, nicht die umfangreiche Verarbeitung besonderer Datenkategorien im Sinne des Artikels 9 Absatz 1 oder die umfangreiche Verarbeitung von personenbezogenen Daten über strafrechtliche Verurteilungen und Straftaten im Sinne des Artikels 10 einschließt und unter Berücksichtigung der Art, der Umstände, des Umfangs und der Zwecke der Verarbeitung voraussichtlich nicht zu einem Risiko für die Rechte und Freiheiten natürlicher Personen führt, oder

b) Behörden oder öffentliche Stellen.

(3) Der Vertreter muss in einem der Mitgliedstaaten niedergelassen sein, in denen die betroffenen Personen, deren personenbezogene Daten im Zusammenhang mit den ihnen angebotenen Waren oder Dienstleistungen verarbeitet werden oder deren Verhalten beobachtet wird, sich befinden.

(4) Der Vertreter wird durch den Verantwortlichen oder den Auftragsverarbeiter beauftragt, zusätzlich zu diesem oder an seiner Stelle insbesondere für Aufsichtsbehörden und betroffene Personen bei sämtlichen Fragen im Zusammenhang mit der Verarbeitung zur Gewährleistung der Einhaltung dieser Verordnung als Anlaufstelle zu dienen.

(5) Die Benennung eines Vertreters durch den Verantwortlichen oder den Auftragsverarbeiter erfolgt unbeschadet etwaiger rechtlicher *Schritte* gegen den Verantwortlichen oder den Auftragsverarbeiter selbst.

Art. 28[1)] Auftragsverarbeiter. (1) Erfolgt eine Verarbeitung im Auftrag eines Verantwortlichen, so arbeitet dieser nur mit Auftragsverarbeitern, die hinreichend Garantien dafür bieten, dass geeignete technische und organisatorische Maßnahmen so durchgeführt werden, dass die Verarbeitung im Einklang mit den Anforderungen dieser Verordnung erfolgt und den Schutz der Rechte der betroffenen Person gewährleistet.

(2) [1]Der Auftragsverarbeiter nimmt keinen weiteren Auftragsverarbeiter ohne vorherige gesonderte oder allgemeine schriftliche Genehmigung des Verantwortlichen in Anspruch. [2]Im Fall einer allgemeinen schriftlichen Genehmigung informiert der Auftragsverarbeiter den Verantwortlichen immer über jede beabsichtigte Änderung in Bezug auf die Hinzuziehung oder die Ersetzung anderer Auftragsverarbeiter, wodurch der Verantwortliche die Möglichkeit erhält, gegen derartige Änderungen Einspruch zu erheben.

(3) [1]Die Verarbeitung durch einen Auftragsverarbeiter erfolgt auf der Grundlage eines Vertrags oder eines anderen Rechtsinstruments nach dem Unionsrecht oder dem Recht der Mitgliedstaaten, der bzw. das den Auftragsverarbeiter in Bezug auf den Verantwortlichen bindet und in dem Gegenstand und Dauer der Verarbeitung, Art und Zweck der Verarbeitung, die Art der personenbezogenen Daten, die Kategorien betroffener Personen und die Pflichten und Rechte des Verantwortlichen festgelegt sind. [2]Dieser Vertrag bzw. dieses andere Rechtsinstrument sieht insbesondere vor, dass der Auftragsverarbeiter

a) die personenbezogenen Daten nur auf dokumentierte Weisung des Verantwortlichen – auch in Bezug auf die Übermittlung personenbezogener Daten an ein Drittland oder eine internationale Organisation – verarbeitet, sofern er nicht durch das Recht der Union oder der Mitgliedstaaten, dem der Auftragsverarbeiter unterliegt, hierzu verpflichtet ist; in einem solchen Fall teilt der Auftragsverarbeiter dem Verantwortlichen diese rechtlichen Anforderungen vor der Verarbeitung mit, sofern das betreffende Recht eine solche Mitteilung nicht wegen eines wichtigen öffentlichen Interesses verbietet;

b) gewährleistet, dass sich die zur Verarbeitung der personenbezogenen Daten befugten Personen zur Vertraulichkeit verpflichtet haben oder einer angemessenen gesetzlichen Verschwiegenheitspflicht unterliegen;

c) alle gemäß Artikel 32 erforderlichen Maßnahmen ergreift;

d) die in den Absätzen 2 und 4 genannten Bedingungen für die Inanspruchnahme der Dienste eines weiteren Auftragsverarbeiters einhält;

e) angesichts der Art der Verarbeitung den Verantwortlichen nach Möglichkeit mit geeigneten technischen und organisatorischen

---

[1)] Art. 28 Abs. 7 ber. ABl. 2016 Nr. L 314 S. 72; Abs. 3 Buchst. g ber. ABl. 2018 Nr. L 127 S. 2.

Maßnahmen dabei unterstützt, seiner Pflicht zur Beantwortung von Anträgen auf Wahrnehmung der in Kapitel III genannten Rechte der betroffenen Person nachzukommen;

f) unter Berücksichtigung der Art der Verarbeitung und der ihm zur Verfügung stehenden Informationen den Verantwortlichen bei der Einhaltung der in den Artikeln 32 bis 36 genannten Pflichten unterstützt;

g) nach Abschluss der Erbringung der Verarbeitungsleistungen alle personenbezogenen Daten nach Wahl des Verantwortlichen entweder löscht oder zurückgibt und die vorhandenen Kopien löscht, sofern nicht nach dem Unionsrecht oder dem Recht der Mitgliedstaaten eine Verpflichtung zur Speicherung der personenbezogenen Daten besteht;

h) dem Verantwortlichen alle erforderlichen Informationen zum Nachweis der Einhaltung der in diesem Artikel niedergelegten Pflichten zur Verfügung stellt und Überprüfungen – einschließlich Inspektionen –, die vom Verantwortlichen oder einem anderen von diesem beauftragten Prüfer durchgeführt werden, ermöglicht und dazu beiträgt.

Mit Blick auf Unterabsatz 1 Buchstabe h informiert der Auftragsverarbeiter den Verantwortlichen unverzüglich, falls er der Auffassung ist, dass eine Weisung gegen diese Verordnung oder gegen andere Datenschutzbestimmungen der Union oder der Mitgliedstaaten verstößt.

(4) [1]Nimmt der Auftragsverarbeiter die Dienste eines weiteren Auftragsverarbeiters in Anspruch, um bestimmte Verarbeitungstätigkeiten im Namen des Verantwortlichen auszuführen, so werden diesem weiteren Auftragsverarbeiter im Wege eines Vertrags oder eines anderen Rechtsinstruments nach dem Unionsrecht oder dem Recht des betreffenden Mitgliedstaats dieselben Datenschutzpflichten auferlegt, die in dem Vertrag oder anderen Rechtsinstrument zwischen dem Verantwortlichen und dem Auftragsverarbeiter gemäß Absatz 3 festgelegt sind, wobei insbesondere hinreichende Garantien dafür geboten werden muss, dass die geeigneten technischen und organisatorischen Maßnahmen so durchgeführt werden, dass die Verarbeitung entsprechend den Anforderungen dieser Verordnung erfolgt. [2]Kommt der weitere Auftragsverarbeiter seinen Datenschutzpflichten nicht nach, so haftet der erste Auftragsverarbeiter gegenüber dem Verantwortlichen für die Einhaltung der Pflichten jenes anderen Auftragsverarbeiters.

(5) Die Einhaltung genehmigter Verhaltensregeln gemäß Artikel 40 oder eines genehmigten Zertifizierungsverfahrens gemäß Artikel 42 durch einen Auftragsverarbeiter kann als Faktor herangezogen werden, um hinreichende Garantien im Sinne der Absätze 1 und 4 des vorliegenden Artikels nachzuweisen.

(6) Unbeschadet eines individuellen Vertrags zwischen dem Verantwortlichen und dem Auftragsverarbeiter kann der Vertrag oder das andere Rechtsinstrument im Sinne der Absätze 3 und 4 des vorliegenden Artikels ganz oder teilweise auf den in den Absätzen 7 und 8 des vorlie-

genden Artikels genannten Standardvertragsklauseln beruhen, auch wenn diese Bestandteil einer dem Verantwortlichen oder dem Auftragsverarbeiter gemäß den Artikeln 42 und 43 erteilten Zertifizierung sind.

(7) Die Kommission kann im Einklang mit dem Prüfverfahren gemäß Artikel 93 Absatz 2 Standardvertragsklauseln zur Regelung der in den Absätzen 3 und 4 des vorliegenden Artikels genannten Fragen festlegen.

(8) Eine Aufsichtsbehörde kann im Einklang mit dem Kohärenzverfahren gemäß Artikel 63 Standardvertragsklauseln zur Regelung der in den Absätzen 3 und 4 des vorliegenden Artikels genannten Fragen festlegen.

(9) Der Vertrag oder das andere Rechtsinstrument im Sinne der Absätze 3 und 4 ist schriftlich abzufassen, was auch in einem elektronischen Format erfolgen kann.

(10) Unbeschadet der Artikel 82, 83 und 84 gilt ein Auftragsverarbeiter, der unter Verstoß gegen diese Verordnung die Zwecke und Mittel der Verarbeitung bestimmt, in Bezug auf diese Verarbeitung als Verantwortlicher.

Art. 29 Verarbeitung unter der Aufsicht des Verantwortlichen oder des Auftragsverarbeiters. Der Auftragsverarbeiter und jede dem Verantwortlichen oder dem Auftragsverarbeiter unterstellte Person, die Zugang zu personenbezogenen Daten hat, dürfen diese Daten ausschließlich auf Weisung des Verantwortlichen verarbeiten, es sei denn, dass sie nach dem Unionsrecht oder dem Recht der Mitgliedstaaten zur Verarbeitung verpflichtet sind.

Art. 30[1] Verzeichnis von Verarbeitungstätigkeiten. (1) [1]Jeder Verantwortliche und gegebenenfalls sein Vertreter führen ein Verzeichnis aller Verarbeitungstätigkeiten, die ihrer Zuständigkeit unterliegen. [2]Dieses Verzeichnis enthält sämtliche folgenden Angaben:

a) den Namen und die Kontaktdaten des Verantwortlichen und gegebenenfalls des gemeinsam mit ihm Verantwortlichen, des Vertreters des Verantwortlichen sowie eines etwaigen Datenschutzbeauftragten;

b) die Zwecke der Verarbeitung;

c) eine Beschreibung der Kategorien betroffener Personen und der Kategorien personenbezogener Daten;

d) die Kategorien von Empfängern, gegenüber denen die personenbezogenen Daten offengelegt worden sind oder noch offengelegt werden, einschließlich Empfänger in Drittländern oder internationalen Organisationen;

e) gegebenenfalls Übermittlungen von personenbezogenen Daten an ein Drittland oder an eine internationale Organisation, einschließlich der Angabe des betreffenden Drittlands oder der betreffenden

[1] Art. 30 Abs. 5 ber. ABl. 2016 Nr. L 314 S. 72.

internationalen Organisation, sowie bei den in Artikel 49 Absatz 1 Unterabsatz 2 genannten Datenübermittlungen die Dokumentierung geeigneter Garantien;

f) wenn möglich, die vorgesehenen Fristen für die Löschung der verschiedenen Datenkategorien;

g) wenn möglich, eine allgemeine Beschreibung der technischen und organisatorischen Maßnahmen gemäß Artikel 32 Absatz 1.

(2) Jeder Auftragsverarbeiter und gegebenenfalls sein Vertreter führen ein Verzeichnis zu allen Kategorien von im Auftrag eines Verantwortlichen durchgeführten Tätigkeiten der Verarbeitung, das Folgendes enthält:

a) den Namen und die Kontaktdaten des Auftragsverarbeiters oder der Auftragsverarbeiter und jedes Verantwortlichen, in dessen Auftrag der Auftragsverarbeiter tätig ist, sowie gegebenenfalls des Vertreters des Verantwortlichen oder des Auftragsverarbeiters und eines etwaigen Datenschutzbeauftragten;

b) die Kategorien von Verarbeitungen, die im Auftrag jedes Verantwortlichen durchgeführt werden;

c) gegebenenfalls Übermittlungen von personenbezogenen Daten an ein Drittland oder an eine internationale Organisation, einschließlich der Angabe des betreffenden Drittlands oder der betreffenden internationalen Organisation, sowie bei den in Artikel 49 Absatz 1 Unterabsatz 2 genannten Datenübermittlungen die Dokumentierung geeigneter Garantien;

d) wenn möglich, eine allgemeine Beschreibung der technischen und organisatorischen Maßnahmen gemäß Artikel 32 Absatz 1.

(3) Das in den Absätzen 1 und 2 genannte Verzeichnis ist schriftlich zu führen, was auch in einem elektronischen Format erfolgen kann.

(4) Der Verantwortliche oder der Auftragsverarbeiter sowie gegebenenfalls der Vertreter des Verantwortlichen oder des Auftragsverarbeiters stellen der Aufsichtsbehörde das Verzeichnis auf Anfrage zur Verfügung.

(5) Die in den Absätzen 1 und 2 genannten Pflichten gelten nicht für Unternehmen oder Einrichtungen, die weniger als 250 Mitarbeiter beschäftigen, es sei denn, die von ihnen vorgenommene Verarbeitung birgt ein Risiko für die Rechte und Freiheiten der betroffenen Personen, die Verarbeitung erfolgt nicht nur gelegentlich oder es erfolgt eine Verarbeitung besonderer Datenkategorien gemäß Artikel 9 Absatz 1 bzw. die Verarbeitung von personenbezogenen Daten über strafrechtliche Verurteilungen und Straftaten im Sinne des Artikels 10.

Art. 31 Zusammenarbeit mit der Aufsichtsbehörde. Der Verantwortliche und der Auftragsverarbeiter und gegebenenfalls deren Vertreter arbeiten auf Anfrage mit der Aufsichtsbehörde bei der Erfüllung ihrer Aufgaben zusammen.

Abschnitt 2. Sicherheit personenbezogener Daten

Art. 32[1)] Sicherheit der Verarbeitung. (1) Unter Berücksichtigung des Stands der Technik, der Implementierungskosten und der Art, des Umfangs, der Umstände und der Zwecke der Verarbeitung sowie der unterschiedlichen Eintrittswahrscheinlichkeit und Schwere des Risikos für die Rechte und Freiheiten natürlicher Personen treffen der Verantwortliche und der Auftragsverarbeiter geeignete technische und organisatorische Maßnahmen, um ein dem Risiko angemessenes Schutzniveau zu gewährleisten; diese Maßnahmen schließen gegebenenfalls unter anderem Folgendes ein:

a) die Pseudonymisierung und Verschlüsselung personenbezogener Daten;

b) die Fähigkeit, die Vertraulichkeit, Integrität, Verfügbarkeit und Belastbarkeit der Systeme und Dienste im Zusammenhang mit der Verarbeitung auf Dauer sicherzustellen;

c) die Fähigkeit, die Verfügbarkeit der personenbezogenen Daten und den Zugang zu ihnen bei einem physischen oder technischen Zwischenfall rasch wiederherzustellen;

d) ein Verfahren zur regelmäßigen Überprüfung, Bewertung und Evaluierung der Wirksamkeit der technischen und organisatorischen Maßnahmen zur Gewährleistung der Sicherheit der Verarbeitung.

(2) Bei der Beurteilung des angemessenen Schutzniveaus sind insbesondere die Risiken zu berücksichtigen, die mit der Verarbeitung verbunden sind, insbesondere durch – ob unbeabsichtigt oder unrechtmäßig – Vernichtung, Verlust, Veränderung oder unbefugte Offenlegung von beziehungsweise unbefugten Zugang zu personenbezogenen Daten, die übermittelt, gespeichert oder auf andere Weise verarbeitet wurden.

(3) Die Einhaltung genehmigter Verhaltensregeln gemäß Artikel 40 oder eines genehmigten Zertifizierungsverfahrens gemäß Artikel 42 kann als Faktor herangezogen werden, um die Erfüllung der in Absatz 1 des vorliegenden Artikels genannten Anforderungen nachzuweisen.

(4) Der Verantwortliche und der Auftragsverarbeiter unternehmen Schritte, um sicherzustellen, dass ihnen unterstellte natürliche Personen, die Zugang zu personenbezogenen Daten haben, diese nur auf Anweisung des Verantwortlichen verarbeiten, es sei denn, sie sind nach dem Recht der Union oder der Mitgliedstaaten zur Verarbeitung verpflichtet.

Art. 33[2)] Meldung von Verletzungen des Schutzes personenbezogener Daten an die Aufsichtsbehörde. (1) [1]Im Falle einer Verletzung des Schutzes personenbezogener Daten meldet der Verant-

[1)] Art. 32 Abs. 1 einl. Satzteil ber. ABl. 2018 Nr. L 127 S. 2.
[2)] Art. 33 Abs. 1 Satz 1 ber. ABl. 2016 Nr. L 314 S. 72.

wortliche unverzüglich und möglichst binnen 72 Stunden, nachdem ihm die Verletzung bekannt wurde, diese der gemäß Artikel 55 zuständigen Aufsichtsbehörde, es sei denn, dass die Verletzung des Schutzes personenbezogener Daten voraussichtlich nicht zu einem Risiko für die Rechte und Freiheiten natürlicher Personen führt. [2]Erfolgt die Meldung an die Aufsichtsbehörde nicht binnen 72 Stunden, so ist ihr eine Begründung für die Verzögerung beizufügen.

(2) Wenn dem Auftragsverarbeiter eine Verletzung des Schutzes personenbezogener Daten bekannt wird, meldet er diese dem Verantwortlichen unverzüglich.

(3) Die Meldung gemäß Absatz 1 enthält zumindest folgende Informationen:

a) eine Beschreibung der Art der Verletzung des Schutzes personenbezogener Daten, soweit möglich mit Angabe der Kategorien und der ungefähren Zahl der betroffenen Personen, der betroffenen Kategorien und der ungefähren Zahl der betroffenen personenbezogenen Datensätze;

b) den Namen und die Kontaktdaten des Datenschutzbeauftragten oder einer sonstigen Anlaufstelle für weitere Informationen;

c) eine Beschreibung der wahrscheinlichen Folgen der Verletzung des Schutzes personenbezogener Daten;

d) eine Beschreibung der von dem Verantwortlichen ergriffenen oder vorgeschlagenen Maßnahmen zur Behebung der Verletzung des Schutzes personenbezogener Daten und gegebenenfalls Maßnahmen zur Abmilderung ihrer möglichen nachteiligen Auswirkungen.

(4) Wenn und soweit die Informationen nicht zur gleichen Zeit bereitgestellt werden können, kann der Verantwortliche diese Informationen ohne unangemessene weitere Verzögerung schrittweise zur Verfügung stellen.

(5) [1]Der Verantwortliche dokumentiert Verletzungen des Schutzes personenbezogener Daten einschließlich aller im Zusammenhang mit der Verletzung des Schutzes personenbezogener Daten stehenden Fakten, ihrer Auswirkungen und der ergriffenen Abhilfemaßnahmen. [2]Diese Dokumentation muss der Aufsichtsbehörde die Überprüfung der Einhaltung der Bestimmungen dieses Artikels ermöglichen.

Art. 34 Benachrichtigung der von einer Verletzung des Schutzes personenbezogener Daten betroffenen Person. (1) Hat die Verletzung des Schutzes personenbezogener Daten voraussichtlich ein hohes Risiko für die persönlichen Rechte und Freiheiten natürlicher Personen zur Folge, so benachrichtigt der Verantwortliche die betroffene Person unverzüglich von der Verletzung.

(2) Die in Absatz 1 genannte Benachrichtigung der betroffenen Person beschreibt in klarer und einfacher Sprache die Art der Verletzung des Schutzes personenbezogener Daten und enthält zumindest die in

Artikel 33 Absatz 3 Buchstaben b, c und d genannten Informationen und Maßnahmen.

(3) Die Benachrichtigung der betroffenen Person gemäß Absatz 1 ist nicht erforderlich, wenn eine der folgenden Bedingungen erfüllt ist:

a) der Verantwortliche hat geeignete technische und organisatorische Sicherheitsvorkehrungen getroffen und diese Vorkehrungen wurden auf die von der Verletzung betroffenen personenbezogenen Daten angewandt, insbesondere solche, durch die die personenbezogenen Daten für alle Personen, die nicht zum Zugang zu den personenbezogenen Daten befugt sind, unzugänglich gemacht werden, etwa durch Verschlüsselung;

b) der Verantwortliche hat durch nachfolgende Maßnahmen sichergestellt, dass das hohe Risiko für die Rechte und Freiheiten der betroffenen Personen gemäß Absatz 1 aller Wahrscheinlichkeit nach nicht mehr besteht;

c) die Benachrichtigung wäre mit einem unverhältnismäßigen Aufwand verbunden. In diesem Fall hat stattdessen eine öffentliche Bekanntmachung oder eine ähnliche Maßnahme zu erfolgen, durch die die betroffenen Personen vergleichbar wirksam informiert werden.

(4) Wenn der Verantwortliche die betroffene Person nicht bereits über die Verletzung des Schutzes personenbezogener Daten benachrichtigt hat, kann die Aufsichtsbehörde unter Berücksichtigung der Wahrscheinlichkeit, mit der die Verletzung des Schutzes personenbezogener Daten zu einem hohen Risiko führt, von dem Verantwortlichen verlangen, dies nachzuholen, oder sie kann mit einem Beschluss feststellen, dass bestimmte der in Absatz 3 genannten Voraussetzungen erfüllt sind.

Abschnitt 3. Datenschutz-Folgenabschätzung und vorherige Konsultation

Art. 35 Datenschutz-Folgenabschätzung. (1) [1] Hat eine Form der Verarbeitung, insbesondere bei Verwendung neuer Technologien, aufgrund der Art, des Umfangs, der Umstände und der Zwecke der Verarbeitung voraussichtlich ein hohes Risiko für die Rechte und Freiheiten natürlicher Personen zur Folge, so führt der Verantwortliche vorab eine Abschätzung der Folgen der vorgesehenen Verarbeitungsvorgänge für den Schutz personenbezogener Daten durch. [2] Für die Untersuchung mehrerer ähnlicher Verarbeitungsvorgänge mit ähnlich hohen Risiken kann eine einzige Abschätzung vorgenommen werden.

(2) Der Verantwortliche holt bei der Durchführung einer Datenschutz-Folgenabschätzung den Rat des Datenschutzbeauftragten, sofern ein solcher benannt wurde, ein.

(3) Eine Datenschutz-Folgenabschätzung gemäß Absatz 1 ist insbesondere in folgenden Fällen erforderlich:

a) systematische und umfassende Bewertung persönlicher Aspekte natürlicher Personen, die sich auf automatisierte Verarbeitung einschließlich Profiling gründet und die ihrerseits als Grundlage für Entscheidungen dient, die Rechtswirkung gegenüber natürlichen Personen entfalten oder diese in ähnlich erheblicher Weise beeinträchtigen;

b) umfangreiche Verarbeitung besonderer Kategorien von personenbezogenen Daten gemäß Artikel 9 Absatz 1 oder von personenbezogenen Daten über strafrechtliche Verurteilungen und Straftaten gemäß Artikel 10 oder

c) systematische umfangreiche Überwachung öffentlich zugänglicher Bereiche.

(4) [1]Die Aufsichtsbehörde erstellt eine Liste der Verarbeitungsvorgänge, für die gemäß Absatz 1 eine Datenschutz-Folgenabschätzung durchzuführen ist, und veröffentlicht diese. [2]Die Aufsichtsbehörde übermittelt diese Listen dem in Artikel 68 genannten Ausschuss.

(5) [1]Die Aufsichtsbehörde kann des Weiteren eine Liste der Arten von Verarbeitungsvorgängen erstellen und veröffentlichen, für die keine Datenschutz-Folgenabschätzung erforderlich ist. [2]Die Aufsichtsbehörde übermittelt diese Listen dem Ausschuss.

(6) Vor Festlegung der in den Absätzen 4 und 5 genannten Listen wendet die zuständige Aufsichtsbehörde das Kohärenzverfahren gemäß Artikel 63 an, wenn solche Listen Verarbeitungstätigkeiten umfassen, die mit dem Angebot von Waren oder Dienstleistungen für betroffene Personen oder der Beobachtung des Verhaltens dieser Personen in mehreren Mitgliedstaaten im Zusammenhang stehen oder die den freien Verkehr personenbezogener Daten innerhalb der Union erheblich beeinträchtigen könnten.

(7) Die Folgenabschätzung enthält zumindest Folgendes:

a) eine systematische Beschreibung der geplanten Verarbeitungsvorgänge und der Zwecke der Verarbeitung, gegebenenfalls einschließlich der von dem Verantwortlichen verfolgten berechtigten Interessen;

b) eine Bewertung der Notwendigkeit und Verhältnismäßigkeit der Verarbeitungsvorgänge in Bezug auf den Zweck;

c) eine Bewertung der Risiken für die Rechte und Freiheiten der betroffenen Personen gemäß Absatz 1 und

d) die zur Bewältigung der Risiken geplanten Abhilfemaßnahmen, einschließlich Garantien, Sicherheitsvorkehrungen und Verfahren, durch die der Schutz personenbezogener Daten sichergestellt und der Nachweis dafür erbracht wird, dass diese Verordnung eingehalten wird, wobei den Rechten und berechtigten Interessen der betroffenen Personen und sonstiger Betroffener Rechnung getragen wird.

(8) Die Einhaltung genehmigter Verhaltensregeln gemäß Artikel 40 *durch die zuständigen* Verantwortlichen oder die zuständigen Auftragsverarbeiter ist bei der Beurteilung der Auswirkungen der von diesen

durchgeführten Verarbeitungsvorgänge, insbesondere für die Zwecke einer Datenschutz-Folgenabschätzung, gebührend zu berücksichtigen.

(9) Der Verantwortliche holt gegebenenfalls den Standpunkt der betroffenen Personen oder ihrer Vertreter zu der beabsichtigten Verarbeitung unbeschadet des Schutzes gewerblicher oder öffentlicher Interessen oder der Sicherheit der Verarbeitungsvorgänge ein.

(10) Falls die Verarbeitung gemäß Artikel 6 Absatz 1 Buchstabe c oder e auf einer Rechtsgrundlage im Unionsrecht oder im Recht des Mitgliedstaats, dem der Verantwortliche unterliegt, beruht und falls diese Rechtsvorschriften den konkreten Verarbeitungsvorgang oder die konkreten Verarbeitungsvorgänge regeln und bereits im Rahmen der allgemeinen Folgenabschätzung im Zusammenhang mit dem Erlass dieser Rechtsgrundlage eine Datenschutz-Folgenabschätzung erfolgte, gelten die Absätze 1 bis 7 nur, wenn es nach dem Ermessen der Mitgliedstaaten erforderlich ist, vor den betreffenden Verarbeitungstätigkeiten eine solche Folgenabschätzung durchzuführen.

(11) Erforderlichenfalls führt der Verantwortliche eine Überprüfung durch, um zu bewerten, ob die Verarbeitung gemäß der Datenschutz-Folgenabschätzung durchgeführt wird; dies gilt zumindest, wenn hinsichtlich des mit den Verarbeitungsvorgängen verbundenen Risikos Änderungen eingetreten sind.

Art. 36 Vorherige Konsultation. (1) Der Verantwortliche konsultiert vor der Verarbeitung die Aufsichtsbehörde, wenn aus einer Datenschutz-Folgenabschätzung gemäß Artikel 35 hervorgeht, dass die Verarbeitung ein hohes Risiko zur Folge hätte, sofern der Verantwortliche keine Maßnahmen zur Eindämmung des Risikos trifft.

(2) [1] Falls die Aufsichtsbehörde der Auffassung ist, dass die geplante Verarbeitung gemäß Absatz 1 nicht im Einklang mit dieser Verordnung stünde, insbesondere weil der Verantwortliche das Risiko nicht ausreichend ermittelt oder nicht ausreichend eingedämmt hat, unterbreitet sie dem Verantwortlichen und gegebenenfalls dem Auftragsverarbeiter innerhalb eines Zeitraums von bis zu acht Wochen nach Erhalt des Ersuchens um Konsultation entsprechende schriftliche Empfehlungen und kann ihre in Artikel 58 genannten Befugnisse ausüben. [2] Diese Frist kann unter Berücksichtigung der Komplexität der geplanten Verarbeitung um sechs Wochen verlängert werden. [3] Die Aufsichtsbehörde unterrichtet den Verantwortlichen oder gegebenenfalls den Auftragsverarbeiter über eine solche Fristverlängerung innerhalb eines Monats nach Eingang des Antrags auf Konsultation zusammen mit den Gründen für die Verzögerung. [4] Diese Fristen können ausgesetzt werden, bis die Aufsichtsbehörde die für die Zwecke der Konsultation angeforderten Informationen erhalten hat.

(3) Der Verantwortliche stellt der Aufsichtsbehörde bei einer Konsultation gemäß Absatz 1 folgende Informationen zur Verfügung:

a) gegebenenfalls Angaben zu den jeweiligen Zuständigkeiten des Verantwortlichen, der gemeinsam Verantwortlichen und der an der

Verarbeitung beteiligten Auftragsverarbeiter, insbesondere bei einer Verarbeitung innerhalb einer Gruppe von Unternehmen;

b) die Zwecke und die Mittel der beabsichtigten Verarbeitung;

c) die zum Schutz der Rechte und Freiheiten der betroffenen Personen gemäß dieser Verordnung vorgesehenen Maßnahmen und Garantien;

d) gegebenenfalls die Kontaktdaten des Datenschutzbeauftragten;

e) die Datenschutz-Folgenabschätzung gemäß Artikel 35 und

f) alle sonstigen von der Aufsichtsbehörde angeforderten Informationen.

(4) Die Mitgliedstaaten konsultieren die Aufsichtsbehörde bei der Ausarbeitung eines Vorschlags für von einem nationalen Parlament zu erlassende Gesetzgebungsmaßnahmen oder von auf solchen Gesetzgebungsmaßnahmen basierenden Regelungsmaßnahmen, die die Verarbeitung betreffen.

(5) Ungeachtet des Absatzes 1 können Verantwortliche durch das Recht der Mitgliedstaaten verpflichtet werden, bei der Verarbeitung zur Erfüllung einer im öffentlichen Interesse liegenden Aufgabe, einschließlich der Verarbeitung zu Zwecken der sozialen Sicherheit und der öffentlichen Gesundheit, die Aufsichtsbehörde zu konsultieren und deren vorherige Genehmigung einzuholen.

Abschnitt 4. Datenschutzbeauftragter

Art. 37[1)] Benennung eines Datenschutzbeauftragten. (1) Der Verantwortliche und der Auftragsverarbeiter benennen auf jeden Fall einen Datenschutzbeauftragten, wenn

a) die Verarbeitung von einer Behörde oder öffentlichen Stelle durchgeführt wird, mit Ausnahme von Gerichten, soweit sie im Rahmen ihrer justiziellen Tätigkeit handeln,

b) die Kerntätigkeit des Verantwortlichen oder des Auftragsverarbeiters in der Durchführung von Verarbeitungsvorgängen besteht, welche aufgrund ihrer Art, ihres Umfangs und/oder ihrer Zwecke eine umfangreiche regelmäßige und systematische Überwachung von betroffenen Personen erforderlich machen, oder

c) die Kerntätigkeit des Verantwortlichen oder des Auftragsverarbeiters in der umfangreichen Verarbeitung besonderer Kategorien von Daten gemäß Artikel 9 oder von personenbezogenen Daten über strafrechtliche Verurteilungen und Straftaten gemäß Artikel 10 besteht.

(2) Eine Unternehmensgruppe darf einen gemeinsamen Datenschutzbeauftragten ernennen, sofern von jeder Niederlassung aus der Datenschutzbeauftragte leicht erreicht werden kann.

(3) Falls es sich bei dem Verantwortlichen oder dem Auftragsverarbeiter um eine Behörde oder öffentliche Stelle handelt, kann für meh-

[1)] Art. 37 Abs. 1 Buchst. a ber. ABl. 2018 Nr. L 127 S. 2.

rere solcher Behörden oder Stellen unter Berücksichtigung ihrer Organisationsstruktur und ihrer Größe ein gemeinsamer Datenschutzbeauftragter benannt werden.

(4) [1] In anderen als den in Absatz 1 genannten Fällen können der Verantwortliche oder der Auftragsverarbeiter oder Verbände und andere Vereinigungen, die Kategorien von Verantwortlichen oder Auftragsverarbeitern vertreten, einen Datenschutzbeauftragten benennen; falls dies nach dem Recht der Union oder der Mitgliedstaaten vorgeschrieben ist, müssen sie einen solchen benennen. [2] Der Datenschutzbeauftragte kann für derartige Verbände und andere Vereinigungen, die Verantwortliche oder Auftragsverarbeiter vertreten, handeln.

(5) Der Datenschutzbeauftragte wird auf der Grundlage seiner beruflichen Qualifikation und insbesondere des Fachwissens benannt, das er auf dem Gebiet des Datenschutzrechts und der Datenschutzpraxis besitzt, sowie auf der Grundlage seiner Fähigkeit zur Erfüllung der in Artikel 39 genannten Aufgaben.

(6) Der Datenschutzbeauftragte kann Beschäftigter des Verantwortlichen oder des Auftragsverarbeiters sein oder seine Aufgaben auf der Grundlage eines Dienstleistungsvertrags erfüllen.

(7) Der Verantwortliche oder der Auftragsverarbeiter veröffentlicht die Kontaktdaten des Datenschutzbeauftragten und teilt diese Daten der Aufsichtsbehörde mit.

Art. 38 Stellung des Datenschutzbeauftragten. (1) Der Verantwortliche und der Auftragsverarbeiter stellen sicher, dass der Datenschutzbeauftragte ordnungsgemäß und frühzeitig in alle mit dem Schutz personenbezogener Daten zusammenhängenden Fragen eingebunden wird.

(2) Der Verantwortliche und der Auftragsverarbeiter unterstützen den Datenschutzbeauftragten bei der Erfüllung seiner Aufgaben gemäß Artikel 39, indem sie die für die Erfüllung dieser Aufgaben erforderlichen Ressourcen und den Zugang zu personenbezogenen Daten und Verarbeitungsvorgängen sowie die zur Erhaltung seines Fachwissens erforderlichen Ressourcen zur Verfügung stellen.

(3) [1] Der Verantwortliche und der Auftragsverarbeiter stellen sicher, dass der Datenschutzbeauftragte bei der Erfüllung seiner Aufgaben keine Anweisungen bezüglich der Ausübung dieser Aufgaben erhält. [2] Der Datenschutzbeauftragte darf von dem Verantwortlichen oder dem Auftragsverarbeiter wegen der Erfüllung seiner Aufgaben nicht abberufen oder benachteiligt werden. [3] Der Datenschutzbeauftragte berichtet unmittelbar der höchsten Managementebene des Verantwortlichen oder des Auftragsverarbeiters.

(4) Betroffene Personen können den Datenschutzbeauftragten zu allen mit der Verarbeitung ihrer personenbezogenen Daten und mit der Wahrnehmung ihrer Rechte gemäß dieser Verordnung im Zusammenhang stehenden Fragen zu Rate ziehen.

(5) Der Datenschutzbeauftragte ist nach dem Recht der Union oder der Mitgliedstaaten bei der Erfüllung seiner Aufgaben an die Wahrung der Geheimhaltung oder der Vertraulichkeit gebunden.

(6) [1]Der Datenschutzbeauftragte kann andere Aufgaben und Pflichten wahrnehmen. [2]Der Verantwortliche oder der Auftragsverarbeiter stellt sicher, dass derartige Aufgaben und Pflichten nicht zu einem Interessenkonflikt führen.

Art. 39 Aufgaben des Datenschutzbeauftragten. (1) Dem Datenschutzbeauftragten obliegen zumindest folgende Aufgaben:

a) Unterrichtung und Beratung des Verantwortlichen oder des Auftragsverarbeiters und der Beschäftigten, die Verarbeitungen durchführen, hinsichtlich ihrer Pflichten nach dieser Verordnung sowie nach sonstigen Datenschutzvorschriften der Union bzw. der Mitgliedstaaten;

b) Überwachung der Einhaltung dieser Verordnung, anderer Datenschutzvorschriften der Union bzw. der Mitgliedstaaten sowie der Strategien des Verantwortlichen oder des Auftragsverarbeiters für den Schutz personenbezogener Daten einschließlich der Zuweisung von Zuständigkeiten, der Sensibilisierung und Schulung der an den Verarbeitungsvorgängen beteiligten Mitarbeiter und der diesbezüglichen Überprüfungen;

c) Beratung – auf Anfrage – im Zusammenhang mit der Datenschutz-Folgenabschätzung und Überwachung ihrer Durchführung gemäß Artikel 35;

d) Zusammenarbeit mit der Aufsichtsbehörde;

e) Tätigkeit als Anlaufstelle für die Aufsichtsbehörde in mit der Verarbeitung zusammenhängenden Fragen, einschließlich der vorherigen Konsultation gemäß Artikel 36, und gegebenenfalls Beratung zu allen sonstigen Fragen.

(2) Der Datenschutzbeauftragte trägt bei der Erfüllung seiner Aufgaben dem mit den Verarbeitungsvorgängen verbundenen Risiko gebührend Rechnung, wobei er die Art, den Umfang, die Umstände und die Zwecke der Verarbeitung berücksichtigt.

Abschnitt 5. Verhaltensregeln und Zertifizierung

Art. 40[1)] Verhaltensregeln. (1) Die Mitgliedstaaten, die Aufsichtsbehörden, der Ausschuss und die Kommission fördern die Ausarbeitung von Verhaltensregeln, die nach Maßgabe der Besonderheiten der einzelnen Verarbeitungsbereiche und der besonderen Bedürfnisse von Kleinstunternehmen sowie kleinen und mittleren Unternehmen zur ordnungsgemäßen Anwendung dieser Verordnung beitragen sollen.

(2) Verbände und andere Vereinigungen, die Kategorien von Verantwortlichen oder Auftragsverarbeitern vertreten, können Verhaltens-

[1)] Art. 40 Abs. 3 Satz 1 ber. ABl. 2018 Nr. L 127 S. 2.

regeln ausarbeiten oder ändern oder erweitern, mit denen die Anwendung dieser Verordnung beispielsweise zu dem Folgenden präzisiert wird:

a) faire und transparente Verarbeitung;

b) die berechtigten Interessen des Verantwortlichen in bestimmten Zusammenhängen;

c) Erhebung personenbezogener Daten;

d) Pseudonymisierung personenbezogener Daten;

e) Unterrichtung der Öffentlichkeit und der betroffenen Personen;

f) Ausübung der Rechte betroffener Personen;

g) Unterrichtung und Schutz von Kindern und Art und Weise, in der die Einwilligung des Trägers der elterlichen Verantwortung für das Kind einzuholen ist;

h) die Maßnahmen und Verfahren gemäß den Artikeln 24 und 25 und die Maßnahmen für die Sicherheit der Verarbeitung gemäß Artikel 32;

i) die Meldung von Verletzungen des Schutzes personenbezogener Daten an Aufsichtsbehörden und die Benachrichtigung der betroffenen Person von solchen Verletzungen des Schutzes personenbezogener Daten;

j) die Übermittlung personenbezogener Daten an Drittländer oder an internationale Organisationen oder

k) außergerichtliche Verfahren und sonstige Streitbeilegungsverfahren zur Beilegung von Streitigkeiten zwischen Verantwortlichen und betroffenen Personen im Zusammenhang mit der Verarbeitung, unbeschadet der Rechte betroffener Personen gemäß den Artikeln 77 und 79.

(3) 1 Zusätzlich zur Einhaltung durch die unter diese Verordnung fallenden Verantwortlichen oder Auftragsverarbeiter können Verhaltensregeln, die gemäß Absatz 5 des vorliegenden Artikels genehmigt wurden und gemäß Absatz 9 des vorliegenden Artikels allgemeine Gültigkeit besitzen, auch von Verantwortlichen oder Auftragsverarbeitern, die gemäß Artikel 3 nicht unter diese Verordnung fallen, eingehalten werden, um geeignete Garantien im Rahmen der Übermittlung personenbezogener Daten an Drittländer oder internationale Organisationen nach Maßgabe des Artikels 46 Absatz 2 Buchstabe e zu bieten. 2 Diese Verantwortlichen oder Auftragsverarbeiter gehen mittels vertraglicher oder sonstiger rechtlich bindender Instrumente die verbindliche und durchsetzbare Verpflichtung ein, die geeigneten Garantien anzuwenden, auch im Hinblick auf die Rechte der betroffenen Personen.

(4) Die Verhaltensregeln gemäß Absatz 2 des vorliegenden Artikels müssen Verfahren vorsehen, die es der in Artikel 41 Absatz 1 genannten Stelle ermöglichen, die obligatorische Überwachung der Einhaltung ihrer Bestimmungen durch die Verantwortlichen oder die

Auftragsverarbeiter, die sich zur Anwendung der Verhaltensregeln verpflichten, vorzunehmen, unbeschadet der Aufgaben und Befugnisse der Aufsichtsbehörde, die nach Artikel 55 oder 56 zuständig ist.

(5) [1]Verbände und andere Vereinigungen gemäß Absatz 2 des vorliegenden Artikels, die beabsichtigen, Verhaltensregeln auszuarbeiten oder bestehende Verhaltensregeln zu ändern oder zu erweitern, legen den Entwurf der Verhaltensregeln bzw. den Entwurf zu deren Änderung oder Erweiterung der Aufsichtsbehörde vor, die nach Artikel 55 zuständig ist. [2]Die Aufsichtsbehörde gibt eine Stellungnahme darüber ab, ob der Entwurf der Verhaltensregeln bzw. der Entwurf zu deren Änderung oder Erweiterung mit dieser Verordnung vereinbar ist und genehmigt diesen Entwurf der Verhaltensregeln bzw. den Entwurf zu deren Änderung oder Erweiterung, wenn sie der Auffassung ist, dass er ausreichende geeignete Garantien bietet.

(6) Wird durch die Stellungnahme nach Absatz 5 der Entwurf der Verhaltensregeln bzw. der Entwurf zu deren Änderung oder Erweiterung genehmigt und beziehen sich die betreffenden Verhaltensregeln nicht auf Verarbeitungstätigkeiten in mehreren Mitgliedstaaten, so nimmt die Aufsichtsbehörde die Verhaltensregeln in ein Verzeichnis auf und veröffentlicht sie.

(7) Bezieht sich der Entwurf der Verhaltensregeln auf Verarbeitungstätigkeiten in mehreren Mitgliedstaaten, so legt die nach Artikel 55 zuständige Aufsichtsbehörde – bevor sie den Entwurf der Verhaltensregeln bzw. den Entwurf zu deren Änderung oder Erweiterung genehmigt – ihn nach dem Verfahren gemäß Artikel 63 dem Ausschuss vor, der zu der Frage Stellung nimmt, ob der Entwurf der Verhaltensregeln bzw. der Entwurf zu deren Änderung oder Erweiterung mit dieser Verordnung vereinbar ist oder – im Fall nach Absatz 3 dieses Artikels – geeignete Garantien vorsieht.

(8) Wird durch die Stellungnahme nach Absatz 7 bestätigt, dass der Entwurf der Verhaltensregeln bzw. der Entwurf zu deren Änderung oder Erweiterung mit dieser Verordnung vereinbar ist oder – im Fall nach Absatz 3 – geeignete Garantien vorsieht, so übermittelt der Ausschuss seine Stellungnahme der Kommission.

(9) [1]Die Kommission kann im Wege von Durchführungsrechtsakten beschließen, dass die ihr gemäß Absatz 8 übermittelten genehmigten Verhaltensregeln bzw. deren genehmigte Änderung oder Erweiterung allgemeine Gültigkeit in der Union besitzen. [2]Diese Durchführungsrechtsakte werden gemäß dem Prüfverfahren nach Artikel 93 Absatz 2 erlassen.

(10) Die Kommission trägt dafür Sorge, dass die genehmigten Verhaltensregeln, denen gemäß Absatz 9 allgemeine Gültigkeit zuerkannt wurde, in geeigneter Weise veröffentlicht werden.

(11) Der Ausschuss nimmt alle genehmigten Verhaltensregeln bzw. deren genehmigte Änderungen oder Erweiterungen in ein Register auf und veröffentlicht sie in geeigneter Weise.

Art. 41[1)] Überwachung der genehmigten Verhaltensregeln. (1) Unbeschadet der Aufgaben und Befugnisse der zuständigen Aufsichtsbehörde gemäß den Artikeln 57 und 58 kann die Überwachung der Einhaltung von Verhaltensregeln gemäß Artikel 40 von einer Stelle durchgeführt werden, die über das geeignete Fachwissen hinsichtlich des Gegenstands der Verhaltensregeln verfügt und die von der zuständigen Aufsichtsbehörde zu diesem Zweck akkreditiert wurde.

(2) Eine Stelle gemäß Absatz 1 kann zum Zwecke der Überwachung der Einhaltung von Verhaltensregeln akkreditiert werden, wenn sie

a) ihre Unabhängigkeit und ihr Fachwissen hinsichtlich des Gegenstands der Verhaltensregeln zur Zufriedenheit der zuständigen Aufsichtsbehörde nachgewiesen hat;

b) Verfahren festgelegt hat, die es ihr ermöglichen, zu bewerten, ob Verantwortliche und Auftragsverarbeiter die Verhaltensregeln anwenden können, die Einhaltung der Verhaltensregeln durch die Verantwortlichen und Auftragsverarbeiter zu überwachen und die Anwendung der Verhaltensregeln regelmäßig zu überprüfen;

c) Verfahren und Strukturen festgelegt hat, mit denen sie Beschwerden über Verletzungen der Verhaltensregeln oder über die Art und Weise, in der die Verhaltensregeln von dem Verantwortlichen oder dem Auftragsverarbeiter angewendet werden oder wurden, nachgeht und diese Verfahren und Strukturen für betroffene Personen und die Öffentlichkeit transparent macht, und

d) zur Zufriedenheit der zuständigen Aufsichtsbehörde nachgewiesen hat, dass ihre Aufgaben und Pflichten nicht zu einem Interessenkonflikt führen.

(3) Die zuständige Aufsichtsbehörde übermittelt den Entwurf der Anforderungen an die Akkreditierung einer Stelle nach Absatz 1 gemäß dem Kohärenzverfahren nach Artikel 63 an den Ausschuss.

(4) [1]Unbeschadet der Aufgaben und Befugnisse der zuständigen Aufsichtsbehörde und der Bestimmungen des Kapitels VIII ergreift eine Stelle gemäß Absatz 1 vorbehaltlich geeigneter Garantien im Falle einer Verletzung der Verhaltensregeln durch einen Verantwortlichen oder einen Auftragsverarbeiter geeignete Maßnahmen, einschließlich eines vorläufigen oder endgültigen Ausschlusses des Verantwortlichen oder Auftragsverarbeiters von den Verhaltensregeln. [2]Sie unterrichtet die zuständige Aufsichtsbehörde über solche Maßnahmen und deren Begründung.

(5) Die zuständige Aufsichtsbehörde widerruft die Akkreditierung einer Stelle gemäß Absatz 1, wenn die Anforderungen an ihre Akkreditierung nicht oder nicht mehr erfüllt sind oder wenn die Stelle Maßnahmen ergreift, die nicht mit dieser Verordnung vereinbar sind.

(6) Dieser Artikel gilt nicht für die Verarbeitung durch Behörden oder öffentliche Stellen.

[1)] Art. 41 Abs. 3 und 5 ber. ABl. 2018 Nr. L 127 S. 2.

Art. 42[1)] **Zertifizierung.** (1) [1]Die Mitgliedstaaten, die Aufsichtsbehörden, der Ausschuss und die Kommission fördern insbesondere auf Unionsebene die Einführung von datenschutzspezifischen Zertifizierungsverfahren sowie von Datenschutzsiegeln und -prüfzeichen, die dazu dienen, nachzuweisen, dass diese Verordnung bei Verarbeitungsvorgängen von Verantwortlichen oder Auftragsverarbeitern eingehalten wird. [2]Den besonderen Bedürfnissen von Kleinstunternehmen sowie kleinen und mittleren Unternehmen wird Rechnung getragen.

(2) [1]Zusätzlich zur Einhaltung durch die unter diese Verordnung fallenden Verantwortlichen oder Auftragsverarbeiter können auch datenschutzspezifische Zertifizierungsverfahren, Siegel oder Prüfzeichen, die gemäß Absatz 5 des vorliegenden Artikels genehmigt worden sind, vorgesehen werden, um nachzuweisen, dass die Verantwortlichen oder Auftragsverarbeiter, die gemäß Artikel 3 nicht unter diese Verordnung fallen, im Rahmen der Übermittlung personenbezogener Daten an Drittländer oder internationale Organisationen nach Maßgabe von Artikel 46 Absatz 2 Buchstabe f geeignete Garantien bieten. [2]Diese Verantwortlichen oder Auftragsverarbeiter gehen mittels vertraglicher oder sonstiger rechtlich bindender Instrumente die verbindliche und durchsetzbare Verpflichtung ein, diese geeigneten Garantien anzuwenden, auch im Hinblick auf die Rechte der betroffenen Personen.

(3) Die Zertifizierung muss freiwillig und über ein transparentes Verfahren zugänglich sein.

(4) Eine Zertifizierung gemäß diesem Artikel mindert nicht die Verantwortung des Verantwortlichen oder des Auftragsverarbeiters für die Einhaltung dieser Verordnung und berührt nicht die Aufgaben und Befugnisse der Aufsichtsbehörden, die gemäß Artikel 55 oder 56 zuständig sind.

(5) [1]Eine Zertifizierung nach diesem Artikel wird durch die Zertifizierungsstellen nach Artikel 43 oder durch die zuständige Aufsichtsbehörde anhand der von dieser zuständigen Aufsichtsbehörde gemäß Artikel 58 Absatz 3 oder – gemäß Artikel 63 – durch den Ausschuss genehmigten Kriterien erteilt. [2]Werden die Kriterien vom Ausschuss genehmigt, kann dies zu einer gemeinsamen Zertifizierung, dem Europäischen Datenschutzsiegel, führen.

(6) Der Verantwortliche oder der Auftragsverarbeiter, der die von ihm durchgeführte Verarbeitung dem Zertifizierungsverfahren unterwirft, stellt der Zertifizierungsstelle nach Artikel 43 oder gegebenenfalls der zuständigen Aufsichtsbehörde alle für die Durchführung des Zertifizierungsverfahrens erforderlichen Informationen zur Verfügung und gewährt ihr den in diesem Zusammenhang erforderlichen Zugang zu seinen Verarbeitungstätigkeiten.

(7) [1]Die Zertifizierung wird einem Verantwortlichen oder einem Auftragsverarbeiter für eine Höchstdauer von drei Jahren erteilt und

---

1) Art. 42 Abs. 7 Sätze 1 und 2 ber. ABl. 2018 Nr. L 127 S. 2.

kann unter denselben Bedingungen verlängert werden, sofern die einschlägigen Kriterien weiterhin erfüllt werden. [2]Die Zertifizierung wird gegebenenfalls durch die Zertifizierungsstellen nach Artikel 43 oder durch die zuständige Aufsichtsbehörde widerrufen, wenn die Kriterien für die Zertifizierung nicht oder nicht mehr erfüllt werden.

(8) Der Ausschuss nimmt alle Zertifizierungsverfahren und Datenschutzsiegel und -prüfzeichen in ein Register auf und veröffentlicht sie in geeigneter Weise.

Art. 43[1)] **Zertifizierungsstellen.** (1) [1]Unbeschadet der Aufgaben und Befugnisse der zuständigen Aufsichtsbehörde gemäß den Artikeln 57 und 58 erteilen oder verlängern Zertifizierungsstellen, die über das geeignete Fachwissen hinsichtlich des Datenschutzes verfügen, nach Unterrichtung der Aufsichtsbehörde – damit diese erforderlichenfalls von ihren Befugnissen gemäß Artikel 58 Absatz 2 Buchstabe h Gebrauch machen kann – die Zertifizierung. [2]Die Mitgliedstaaten stellen sicher, dass diese Zertifizierungsstellen von einer oder beiden der folgenden Stellen akkreditiert werden:

a) der gemäß Artikel 55 oder 56 zuständigen Aufsichtsbehörde;
b) der nationalen Akkreditierungsstelle, die gemäß der Verordnung (EG) Nr. 765/2008 des Europäischen Parlaments und des Rates[2)] im Einklang mit EN-ISO/IEC 17065/2012 und mit den zusätzlichen von der gemäß Artikel 55 oder 56 zuständigen Aufsichtsbehörde festgelegten Anforderungen benannt wurde.

(2) Zertifizierungsstellen nach Absatz 1 dürfen nur dann gemäß dem genannten Absatz akkreditiert werden, wenn sie

a) ihre Unabhängigkeit und ihr Fachwissen hinsichtlich des Gegenstands der Zertifizierung zur Zufriedenheit der zuständigen Aufsichtsbehörde nachgewiesen haben;
b) sich verpflichtet haben, die Kriterien nach Artikel 42 Absatz 5, die von der gemäß Artikel 55 oder 56 zuständigen Aufsichtsbehörde oder – gemäß Artikel 63 – von dem Ausschuss genehmigt wurden, einzuhalten;
c) Verfahren für die Erteilung, die regelmäßige Überprüfung und den Widerruf der Datenschutzzertifizierung sowie der Datenschutzsiegel und -prüfzeichen festgelegt haben;
d) Verfahren und Strukturen festgelegt haben, mit denen sie Beschwerden über Verletzungen der Zertifizierung oder die Art und Weise, in der die Zertifizierung von dem Verantwortlichen oder dem Auftragsverarbeiter umgesetzt wird oder wurde, nachgehen und diese

---

1) Art. 43 Abs. 3 Satz 1 und Abs. 6 ber. ABl. 2018 Nr. L 127 S. 2.

2) **[Amtl. Anm.:]** Verordnung (EG) Nr. 765/2008 des Europäischen Parlaments und des Rates vom 9. Juli 2008 über die Vorschriften für die Akkreditierung und Marktüberwachung im Zusammenhang mit der Vermarktung von Produkten und zur Aufhebung der Verordnung (EWG) Nr. 339/93 des Rates (ABl. L 218 vom 13.8.2008, S. 30)..

Verfahren und Strukturen für betroffene Personen und die Öffentlichkeit transparent machen, und

e) zur Zufriedenheit der zuständigen Aufsichtsbehörde nachgewiesen haben, dass ihre Aufgaben und Pflichten nicht zu einem Interessenkonflikt führen.

(3) [1]Die Akkreditierung von Zertifizierungsstellen nach den Absätzen 1 und 2 erfolgt anhand der Anforderungen, die von der ge-äß Artikel 55 oder 56 zuständigen Aufsichtsbehörde oder – gemäß Artikel 63 – von dem Ausschuss genehmigt wurden. [2]Im Fall einer Akkreditierung nach Absatz 1 Buchstabe b des vorliegenden Artikels ergänzen diese Anforderungen diejenigen, die in der Verordnung (EG) Nr. 765/2008 und in den technischen Vorschriften, in denen die Methoden und Verfahren der Zertifizierungsstellen beschrieben werden, vorgesehen sind.

(4) [1]Die Zertifizierungsstellen nach Absatz 1 sind unbeschadet der Verantwortung, die der Verantwortliche oder der Auftragsverarbeiter für die Einhaltung dieser Verordnung hat, für die angemessene Bewertung, die der Zertifizierung oder dem Widerruf einer Zertifizierung zugrunde liegt, verantwortlich. [2]Die Akkreditierung wird für eine Höchstdauer von fünf Jahren erteilt und kann unter denselben Bedingungen verlängert werden, sofern die Zertifizierungsstelle die Anforderungen dieses Artikels erfüllt.

(5) Die Zertifizierungsstellen nach Absatz 1 teilen den zuständigen Aufsichtsbehörden die Gründe für die Erteilung oder den Widerruf der beantragten Zertifizierung mit.

(6) [1]Die Anforderungen nach Absatz 3 des vorliegenden Artikels und die Kriterien nach Artikel 42 Absatz 5 werden von der Aufsichtsbehörde in leicht zugänglicher Form veröffentlicht. [2]Die Aufsichtsbehörden übermitteln diese Anforderungen und Kriterien auch dem Ausschuss.

(7) Unbeschadet des Kapitels VIII widerruft die zuständige Aufsichtsbehörde oder die nationale Akkreditierungsstelle die Akkreditierung einer Zertifizierungsstelle nach Absatz 1, wenn die Voraussetzungen für die Akkreditierung nicht oder nicht mehr erfüllt sind oder wenn eine Zertifizierungsstelle Maßnahmen ergreift, die nicht mit dieser Verordnung vereinbar sind.

(8) Der Kommission wird die Befugnis übertragen, gemäß Artikel 92 delegierte Rechtsakte zu erlassen, um die Anforderungen festzulegen, die für die in Artikel 42 Absatz 1 genannten datenschutzspezifischen Zertifizierungsverfahren zu berücksichtigen sind.

(9) [1]Die Kommission kann Durchführungsrechtsakte erlassen, mit denen technische Standards für Zertifizierungsverfahren und Datenschutzsiegel und -prüfzeichen sowie Mechanismen zur Förderung und Anerkennung dieser Zertifizierungsverfahren und Datenschutzsiegel und -prüfzeichen festgelegt werden. [2]Diese Durchführungsrechtsakte werden gemäß dem in Artikel 93 Absatz 2 genannten Prüfverfahren erlassen.

Kapitel V. Übermittlungen personenbezogener Daten an Drittländer oder an internationale Organisationen

Art. 44[1)] **Allgemeine Grundsätze der Datenübermittlung.** [1]Jedwede Übermittlung personenbezogener Daten, die bereits verarbeitet werden oder nach ihrer Übermittlung an ein Drittland oder eine internationale Organisation verarbeitet werden sollen, ist nur zulässig, wenn der Verantwortliche und der Auftragsverarbeiter die in diesem Kapitel niedergelegten Bedingungen einhalten und auch die sonstigen Bestimmungen dieser Verordnung eingehalten werden; dies gilt auch für die etwaige Weiterübermittlung personenbezogener Daten aus dem betreffenden Drittland oder der betreffenden internationalen Organisation an ein anderes Drittland oder eine andere internationale Organisation. [2]Alle Bestimmungen dieses Kapitels sind anzuwenden, um sicherzustellen, dass das durch diese Verordnung gewährleistete Schutzniveau für natürliche Personen nicht untergraben wird.

Art. 45 Datenübermittlung auf der Grundlage eines Angemessenheitsbeschlusses. (1) [1]Eine Übermittlung personenbezogener Daten an ein Drittland oder eine internationale Organisation darf vorgenommen werden, wenn die Kommission beschlossen hat, dass das betreffende Drittland, ein Gebiet oder ein oder mehrere spezifische Sektoren in diesem Drittland oder die betreffende internationale Organisation ein angemessenes Schutzniveau bietet. [2]Eine solche Datenübermittlung bedarf keiner besonderen Genehmigung.

(2) Bei der Prüfung der Angemessenheit des gebotenen Schutzniveaus berücksichtigt die Kommission insbesondere das Folgende:

a) die Rechtsstaatlichkeit, die Achtung der Menschenrechte und Grundfreiheiten, die in dem betreffenden Land bzw. bei der betreffenden internationalen Organisation geltenden einschlägigen Rechtsvorschriften sowohl allgemeiner als auch sektoraler Art – auch in Bezug auf öffentliche Sicherheit, Verteidigung, nationale Sicherheit und Strafrecht sowie Zugang der Behörden zu personenbezogenen Daten – sowie die Anwendung dieser Rechtsvorschriften, Datenschutzvorschriften, Berufsregeln und Sicherheitsvorschriften einschließlich der Vorschriften für die Weiterübermittlung personenbezogener Daten an ein anderes Drittland bzw. eine andere internationale Organisation, die Rechtsprechung sowie wirksame und durchsetzbare Rechte der betroffenen Person und wirksame verwaltungsrechtliche und gerichtliche Rechtsbehelfe für betroffene Personen, deren personenbezogene Daten übermittelt werden,

b) die Existenz und die wirksame Funktionsweise einer oder mehrerer unabhängiger Aufsichtsbehörden in dem betreffenden Drittland oder denen eine internationale Organisation untersteht und die für die Einhaltung und Durchsetzung der Datenschutzvorschriften, ein-

---

1) Art. 44 Satz 1 ber. ABl. 2018 Nr. L 127 S. 2.

schließlich angemessener Durchsetzungsbefugnisse, für die Unterstützung und Beratung der betroffenen Personen bei der Ausübung ihrer Rechte und für die Zusammenarbeit mit den Aufsichtsbehörden der Mitgliedstaaten zuständig sind, und

c) die von dem betreffenden Drittland bzw. der betreffenden internationalen Organisation eingegangenen internationalen Verpflichtungen oder andere Verpflichtungen, die sich aus rechtsverbindlichen Übereinkünften oder Instrumenten sowie aus der Teilnahme des Drittlands oder der internationalen Organisation an multilateralen oder regionalen Systemen insbesondere in Bezug auf den Schutz personenbezogener Daten ergeben.

(3) [1]Nach der Beurteilung der Angemessenheit des Schutzniveaus kann die Kommission im Wege eines Durchführungsrechtsaktes beschließen, dass ein Drittland, ein Gebiet oder ein oder mehrere spezifische Sektoren in einem Drittland oder eine internationale Organisation ein angemessenes Schutzniveau im Sinne des Absatzes 2 des vorliegenden Artikels bieten. [2]In dem Durchführungsrechtsakt ist ein Mechanismus für eine regelmäßige Überprüfung, die mindestens alle vier Jahre erfolgt, vorzusehen, bei der allen maßgeblichen Entwicklungen in dem Drittland oder bei der internationalen Organisation Rechnung getragen wird. [3]Im Durchführungsrechtsakt werden der territoriale und der sektorale Anwendungsbereich sowie gegebenenfalls die in Absatz 2 Buchstabe b des vorliegenden Artikels genannte Aufsichtsbehörde bzw. genannten Aufsichtsbehörden angegeben. [4]Der Durchführungsrechtsakt wird gemäß dem in Artikel 93 Absatz 2 genannten Prüfverfahren erlassen.

(4) Die Kommission überwacht fortlaufend die Entwicklungen in Drittländern und bei internationalen Organisationen, die die Wirkungsweise der nach Absatz 3 des vorliegenden Artikels erlassenen Beschlüsse und der nach Artikel 25 Absatz 6 der Richtlinie 95/46/EG erlassenen Feststellungen beeinträchtigen könnten.

(5) [1]Die Kommission widerruft, ändert oder setzt die in Absatz 3 des vorliegenden Artikels genannten Beschlüsse im Wege von Durchführungsrechtsakten aus, soweit dies nötig ist und ohne rückwirkende Kraft, soweit entsprechende Informationen – insbesondere im Anschluss an die in Absatz 3 des vorliegenden Artikels genannte Überprüfung – dahingehend vorliegen, dass ein Drittland, ein Gebiet oder ein oder mehrere spezifischer Sektor in einem Drittland oder eine internationale Organisation kein angemessenes Schutzniveau im Sinne des Absatzes 2 des vorliegenden Artikels mehr gewährleistet. [2]Diese Durchführungsrechtsakte werden gemäß dem Prüfverfahren nach Artikel 93 Absatz 2 erlassen.

In hinreichend begründeten Fällen äußerster Dringlichkeit erlässt die Kommission gemäß dem in Artikel 93 Absatz 3 genannten Verfahren sofort geltende Durchführungsrechtsakte.

(6) Die Kommission nimmt Beratungen mit dem betreffenden Drittland bzw. der betreffenden internationalen Organisation auf, um Abhil-

fe für die Situation zu schaffen, die zu dem gemäß Absatz 5 erlassenen Beschluss geführt hat.

(7) Übermittlungen personenbezogener Daten an das betreffende Drittland, das Gebiet oder einen oder mehrere spezifische Sektoren in diesem Drittland oder an die betreffende internationale Organisation gemäß den Artikeln 46 bis 49 werden durch einen Beschluss nach Absatz 5 des vorliegenden Artikels nicht berührt.

(8) Die Kommission veröffentlicht im Amtsblatt der Europäischen Union und auf ihrer Website eine Liste aller Drittländer beziehungsweise Gebiete und spezifischen Sektoren in einem Drittland und aller internationalen Organisationen, für die sie durch Beschluss festgestellt hat, dass sie ein angemessenes Schutzniveau gewährleisten bzw. nicht mehr gewährleisten.

(9) Von der Kommission auf der Grundlage von Artikel 25 Absatz 6 der Richtlinie 95/46/EG erlassene Feststellungen bleiben so lange in Kraft, bis sie durch einen nach dem Prüfverfahren gemäß den Absätzen 3 oder 5 des vorliegenden Artikels erlassenen Beschluss der Kommission geändert, ersetzt oder aufgehoben werden.

Art. 46 Datenübermittlung vorbehaltlich geeigneter Garantien. (1) Falls kein Beschluss nach Artikel 45 Absatz 3 vorliegt, darf ein Verantwortlicher oder ein Auftragsverarbeiter personenbezogene Daten an ein Drittland oder eine internationale Organisation nur übermitteln, sofern der Verantwortliche oder der Auftragsverarbeiter geeignete Garantien vorgesehen hat und sofern den betroffenen Personen durchsetzbare Rechte und wirksame Rechtsbehelfe zur Verfügung stehen.

(2) Die in Absatz 1 genannten geeigneten Garantien können, ohne dass hierzu eine besondere Genehmigung einer Aufsichtsbehörde erforderlich wäre, bestehen in

a) einem rechtlich bindenden und durchsetzbaren Dokument zwischen den Behörden oder öffentlichen Stellen,
b) verbindlichen internen Datenschutzvorschriften gemäß Artikel 47,
c) Standarddatenschutzklauseln, die von der Kommission gemäß dem Prüfverfahren nach Artikel 93 Absatz 2 erlassen werden,
d) von einer Aufsichtsbehörde angenommenen Standarddatenschutzklauseln, die von der Kommission gemäß dem Prüfverfahren nach Artikel 93 Absatz 2 genehmigt wurden,
e) genehmigten Verhaltensregeln gemäß Artikel 40 zusammen mit rechtsverbindlichen und durchsetzbaren Verpflichtungen des Verantwortlichen oder des Auftragsverarbeiters in dem Drittland zur Anwendung der geeigneten Garantien, einschließlich in Bezug auf die Rechte der betroffenen Personen, oder
f) einem genehmigten Zertifizierungsmechanismus gemäß Artikel 42 zusammen mit rechtsverbindlichen und durchsetzbaren Verpflichtungen des Verantwortlichen oder des Auftragsverarbeiters in dem

Drittland zur Anwendung der geeigneten Garantien, einschließlich in Bezug auf die Rechte der betroffenen Personen.

(3) Vorbehaltlich der Genehmigung durch die zuständige Aufsichtsbehörde können die geeigneten Garantien gemäß Absatz 1 auch insbesondere bestehen in

a) Vertragsklauseln, die zwischen dem Verantwortlichen oder dem Auftragsverarbeiter und dem Verantwortlichen, dem Auftragsverarbeiter oder dem Empfänger der personenbezogenen Daten im Drittland oder der internationalen Organisation vereinbart wurden, oder

b) Bestimmungen, die in Verwaltungsvereinbarungen zwischen Behörden oder öffentlichen Stellen aufzunehmen sind und durchsetzbare und wirksame Rechte für die betroffenen Personen einschließen.

(4) Die Aufsichtsbehörde wendet das Kohärenzverfahren nach Artikel 63 an, wenn ein Fall gemäß Absatz 3 des vorliegenden Artikels vorliegt.

(5) [1] Von einem Mitgliedstaat oder einer Aufsichtsbehörde auf der Grundlage von Artikel 26 Absatz 2 der Richtlinie 95/46/EG erteilte Genehmigungen bleiben so lange gültig, bis sie erforderlichenfalls von dieser Aufsichtsbehörde geändert, ersetzt oder aufgehoben werden. [2] Von der Kommission auf der Grundlage von Artikel 26 Absatz 4 der Richtlinie 95/46/EG erlassene Feststellungen bleiben so lange in Kraft, bis sie erforderlichenfalls mit einem nach Absatz 2 des vorliegenden Artikels erlassenen Beschluss der Kommission geändert, ersetzt oder aufgehoben werden.

Art. 47 Verbindliche interne Datenschutzvorschriften. (1) Die zuständige Aufsichtsbehörde genehmigt gemäß dem Kohärenzverfahren nach Artikel 63 verbindliche interne Datenschutzvorschriften, sofern diese

a) rechtlich bindend sind, für alle betreffenden Mitglieder der Unternehmensgruppe oder einer Gruppe von Unternehmen, die eine gemeinsame Wirtschaftstätigkeit ausüben, gelten und von diesen Mitgliedern durchgesetzt werden, und dies auch für ihre Beschäftigten gilt,

b) den betroffenen Personen ausdrücklich durchsetzbare Rechte in Bezug auf die Verarbeitung ihrer personenbezogenen Daten übertragen und

c) die in Absatz 2 festgelegten Anforderungen erfüllen.

(2) Die verbindlichen internen Datenschutzvorschriften nach Absatz 1 enthalten mindestens folgende Angaben:

a) Struktur und Kontaktdaten der Unternehmensgruppe oder Gruppe von Unternehmen, die eine gemeinsame Wirtschaftstätigkeit ausüben, und jedes ihrer Mitglieder;

b) *die betreffenden* Datenübermittlungen oder Reihen von Datenübermittlungen einschließlich der betreffenden Arten personenbe-

zogener Daten, Art und Zweck der Datenverarbeitung, Art der betroffenen Personen und das betreffende Drittland beziehungsweise die betreffenden Drittländer;

c) interne und externe Rechtsverbindlichkeit der betreffenden internen Datenschutzvorschriften;

d) die Anwendung der allgemeinen Datenschutzgrundsätze, insbesondere Zweckbindung, Datenminimierung, begrenzte Speicherfristen, Datenqualität, Datenschutz durch Technikgestaltung und durch datenschutzfreundliche Voreinstellungen, Rechtsgrundlage für die Verarbeitung, Verarbeitung besonderer Kategorien von personenbezogenen Daten, Maßnahmen zur Sicherstellung der Datensicherheit und Anforderungen für die Weiterübermittlung an nicht an diese internen Datenschutzvorschriften gebundene Stellen;

e) die Rechte der betroffenen Personen in Bezug auf die Verarbeitung und die diesen offenstehenden Mittel zur Wahrnehmung dieser Rechte einschließlich des Rechts, nicht einer ausschließlich auf einer automatisierten Verarbeitung – einschließlich Profiling – beruhenden Entscheidung nach Artikel 22 unterworfen zu werden sowie des in Artikel 79 niedergelegten Rechts auf Beschwerde bei der zuständigen Aufsichtsbehörde beziehungsweise auf Einlegung eines Rechtsbehelfs bei den zuständigen Gerichten der Mitgliedstaaten und im Falle einer Verletzung der verbindlichen internen Datenschutzvorschriften Wiedergutmachung und gegebenenfalls Schadenersatz zu erhalten;

f) die von dem in einem Mitgliedstaat niedergelassenen Verantwortlichen oder Auftragsverarbeiter übernommene Haftung für etwaige Verstöße eines nicht in der Union niedergelassenen betreffenden Mitglieds der Unternehmensgruppe gegen die verbindlichen internen Datenschutzvorschriften; der Verantwortliche oder der Auftragsverarbeiter ist nur dann teilweise oder vollständig von dieser Haftung befreit, wenn er nachweist, dass der Umstand, durch den der Schaden eingetreten ist, dem betreffenden Mitglied nicht zur Last gelegt werden kann;

g) die Art und Weise, wie die betroffenen Personen über die Bestimmungen der Artikel 13 und 14 hinaus über die verbindlichen internen Datenschutzvorschriften und insbesondere über die unter den Buchstaben d, e und f dieses Absatzes genannten Aspekte informiert werden;

h) die Aufgaben jedes gemäß Artikel 37 benannten Datenschutzbeauftragten oder jeder anderen Person oder Einrichtung, die mit der Überwachung der Einhaltung der verbindlichen internen Datenschutzvorschriften in der Unternehmensgruppe oder Gruppe von Unternehmen, die eine gemeinsame Wirtschaftstätigkeit ausüben, sowie mit der Überwachung der Schulungsmaßnahmen und dem Umgang mit Beschwerden befasst ist;

i) die Beschwerdeverfahren;

j) die innerhalb der Unternehmensgruppe oder Gruppe von Unternehmen, die eine gemeinsame Wirtschaftstätigkeit ausüben, bestehenden Verfahren zur Überprüfung der Einhaltung der verbindlichen internen Datenschutzvorschriften. Derartige Verfahren beinhalten Datenschutzüberprüfungen und Verfahren zur Gewährleistung von Abhilfemaßnahmen zum Schutz der Rechte der betroffenen Person. Die Ergebnisse derartiger Überprüfungen sollten der in Buchstabe h genannten Person oder Einrichtung sowie dem Verwaltungsrat des herrschenden Unternehmens einer Unternehmensgruppe oder der Gruppe von Unternehmen, die eine gemeinsame Wirtschaftstätigkeit ausüben, mitgeteilt werden und sollten der zuständigen Aufsichtsbehörde auf Anfrage zur Verfügung gestellt werden;

k) die Verfahren für die Meldung und Erfassung von Änderungen der Vorschriften und ihre Meldung an die Aufsichtsbehörde;

l) die Verfahren für die Zusammenarbeit mit der Aufsichtsbehörde, die die Befolgung der Vorschriften durch sämtliche Mitglieder der Unternehmensgruppe oder Gruppe von Unternehmen, die eine gemeinsame Wirtschaftstätigkeit ausüben, gewährleisten, insbesondere durch Offenlegung der Ergebnisse von Überprüfungen der unter Buchstabe j genannten Maßnahmen gegenüber der Aufsichtsbehörde;

m) die Meldeverfahren zur Unterrichtung der zuständigen Aufsichtsbehörde über jegliche für ein Mitglied der Unternehmensgruppe oder Gruppe von Unternehmen, die eine gemeinsame Wirtschaftstätigkeit ausüben, in einem Drittland geltenden rechtlichen Bestimmungen, die sich nachteilig auf die Garantien auswirken könnten, die die verbindlichen internen Datenschutzvorschriften bieten, und

n) geeignete Datenschutzschulungen für Personal mit ständigem oder regelmäßigem Zugang zu personenbezogenen Daten.

(3) 1 Die Kommission kann das Format und die Verfahren für den Informationsaustausch über verbindliche interne Datenschutzvorschriften im Sinne des vorliegenden Artikels zwischen Verantwortlichen, Auftragsverarbeitern und Aufsichtsbehörden festlegen. 2 Diese Durchführungsrechtsakte werden gemäß dem Prüfverfahren nach Artikel 93 Absatz 2 erlassen.

Art. 48 Nach dem Unionsrecht nicht zulässige Übermittlung oder Offenlegung. Jegliches Urteil eines Gerichts eines Drittlands und jegliche Entscheidung einer Verwaltungsbehörde eines Drittlands, mit denen von einem Verantwortlichen oder einem Auftragsverarbeiter die Übermittlung oder Offenlegung personenbezogener Daten verlangt wird, dürfen unbeschadet anderer Gründe für die Übermittlung gemäß diesem Kapitel jedenfalls nur dann anerkannt oder vollstreckbar werden, wenn sie auf eine in Kraft befindliche internationale Übereinkunft

wie etwa ein Rechtshilfeabkommen zwischen dem ersuchenden Drittland und der Union oder einem Mitgliedstaat gestützt sind.

Art. 49 Ausnahmen für bestimmte Fälle. (1) Falls weder ein Angemessenheitsbeschluss nach Artikel 45 Absatz 3 vorliegt noch geeignete Garantien nach Artikel 46, einschließlich verbindlicher interner Datenschutzvorschriften, bestehen, ist eine Übermittlung oder eine Reihe von Übermittlungen personenbezogener Daten an ein Drittland oder an eine internationale Organisation nur unter einer der folgenden Bedingungen zulässig:

a) die betroffene Person hat in die vorgeschlagene Datenübermittlung ausdrücklich eingewilligt, nachdem sie über die für sie bestehenden möglichen Risiken derartiger Datenübermittlungen ohne Vorliegen eines Angemessenheitsbeschlusses und ohne geeignete Garantien unterrichtet wurde,

b) die Übermittlung ist für die Erfüllung eines Vertrags zwischen der betroffenen Person und dem Verantwortlichen oder zur Durchführung von vorvertraglichen Maßnahmen auf Antrag der betroffenen Person erforderlich,

c) die Übermittlung ist zum Abschluss oder zur Erfüllung eines im Interesse der betroffenen Person von dem Verantwortlichen mit einer anderen natürlichen oder juristischen Person geschlossenen Vertrags erforderlich,

d) die Übermittlung ist aus wichtigen Gründen des öffentlichen Interesses notwendig,

e) die Übermittlung ist zur Geltendmachung, Ausübung oder Verteidigung von Rechtsansprüchen erforderlich,

f) die Übermittlung ist zum Schutz lebenswichtiger Interessen der betroffenen Person oder anderer Personen erforderlich, sofern die betroffene Person aus physischen oder rechtlichen Gründen außerstande ist, ihre Einwilligung zu geben,

g) die Übermittlung erfolgt aus einem Register, das gemäß dem Recht der Union oder der Mitgliedstaaten zur Information der Öffentlichkeit bestimmt ist und entweder der gesamten Öffentlichkeit oder allen Personen, die ein berechtigtes Interesse nachweisen können, zur Einsichtnahme offensteht, aber nur soweit die im Recht der Union oder der Mitgliedstaaten festgelegten Voraussetzungen für die Einsichtnahme im Einzelfall gegeben sind.

[1] Falls die Übermittlung nicht auf eine Bestimmung der Artikel 45 oder 46 – einschließlich der verbindlichen internen Datenschutzvorschriften – gestützt werden könnte und keine der Ausnahmen für einen bestimmten Fall gemäß dem ersten Unterabsatz anwendbar ist, darf eine Übermittlung an ein Drittland oder eine internationale Organisation nur dann erfolgen, wenn die Übermittlung nicht wiederholt erfolgt, nur eine begrenzte Zahl von betroffenen Personen betrifft, für die Wahrung der zwingenden berechtigten Interessen des Verantwortli-

chen erforderlich ist, sofern die Interessen oder die Rechte und Freiheiten der betroffenen Person nicht überwiegen, und der Verantwortliche alle Umstände der Datenübermittlung beurteilt und auf der Grundlage dieser Beurteilung geeignete Garantien in Bezug auf den Schutz personenbezogener Daten vorgesehen hat. [2]Der Verantwortliche setzt die Aufsichtsbehörde von der Übermittlung in Kenntnis. [3]Der Verantwortliche unterrichtet die betroffene Person über die Übermittlung und seine zwingenden berechtigten Interessen; dies erfolgt zusätzlich zu den der betroffenen Person nach den Artikeln 13 und 14 mitgeteilten Informationen.

(2) [1]Datenübermittlungen gemäß Absatz 1 Unterabsatz 1 Buchstabe g dürfen nicht die Gesamtheit oder ganze Kategorien der im Register enthaltenen personenbezogenen Daten umfassen. [2]Wenn das Register der Einsichtnahme durch Personen mit berechtigtem Interesse dient, darf die Übermittlung nur auf Anfrage dieser Personen oder nur dann erfolgen, wenn diese Personen die Adressaten der Übermittlung sind.

(3) Absatz 1 Unterabsatz 1 Buchstaben a, b und c und sowie Absatz 1 Unterabsatz 2 gelten nicht für Tätigkeiten, die Behörden in Ausübung ihrer hoheitlichen Befugnisse durchführen.

(4) Das öffentliche Interesse im Sinne des Absatzes 1 Unterabsatz 1 Buchstabe d muss im Unionsrecht oder im Recht des Mitgliedstaats, dem der Verantwortliche unterliegt, anerkannt sein.

(5) [1]Liegt kein Angemessenheitsbeschluss vor, so können im Unionsrecht oder im Recht der Mitgliedstaaten aus wichtigen Gründen des öffentlichen Interesses ausdrücklich Beschränkungen der Übermittlung bestimmter Kategorien von personenbezogenen Daten an Drittländer oder internationale Organisationen vorgesehen werden. [2]Die Mitgliedstaaten teilen der Kommission derartige Bestimmungen mit.

(6) Der Verantwortliche oder der Auftragsverarbeiter erfasst die von ihm vorgenommene Beurteilung sowie die angemessenen Garantien im Sinne des Absatzes 1 Unterabsatz 2 des vorliegenden Artikels in der Dokumentation gemäß Artikel 30.

Art. 50 Internationale Zusammenarbeit zum Schutz personenbezogener Daten. In Bezug auf Drittländer und internationale Organisationen treffen die Kommission und die Aufsichtsbehörden geeignete Maßnahmen zur

a) Entwicklung von Mechanismen der internationalen Zusammenarbeit, durch die die wirksame Durchsetzung von Rechtsvorschriften zum Schutz personenbezogener Daten erleichtert wird,

b) gegenseitigen Leistung internationaler Amtshilfe bei der Durchsetzung von Rechtsvorschriften zum Schutz personenbezogener Daten, unter anderem durch Meldungen, Beschwerdeverweisungen, Amtshilfe bei Untersuchungen und Informationsaustausch, sofern geeignete Garantien für den Schutz personenbezogener Daten und anderer Grundrechte und Grundfreiheiten bestehen,

c) Einbindung maßgeblicher Interessenträger in Diskussionen und Tätigkeiten, die zum Ausbau der internationalen Zusammenarbeit bei der Durchsetzung von Rechtsvorschriften zum Schutz personenbezogener Daten dienen,

d) Förderung des Austauschs und der Dokumentation von Rechtsvorschriften und Praktiken zum Schutz personenbezogener Daten einschließlich Zuständigkeitskonflikten mit Drittländern.

Kapitel VI. Unabhängige Aufsichtsbehörden

Abschnitt 1. Unabhängigkeit

Art. 51 Aufsichtsbehörde. (1) Jeder Mitgliedstaat sieht vor, dass eine oder mehrere unabhängige Behörden für die Überwachung der Anwendung dieser Verordnung zuständig sind, damit die Grundrechte und Grundfreiheiten natürlicher Personen bei der Verarbeitung geschützt werden und der freie Verkehr personenbezogener Daten in der Union erleichtert wird (im Folgenden „Aufsichtsbehörde").

(2) [1]Jede Aufsichtsbehörde leistet einen Beitrag zur einheitlichen Anwendung dieser Verordnung in der gesamten Union. [2]Zu diesem Zweck arbeiten die Aufsichtsbehörden untereinander sowie mit der Kommission gemäß Kapitel VII zusammen.

(3) Gibt es in einem Mitgliedstaat mehr als eine Aufsichtsbehörde, so bestimmt dieser Mitgliedstaat die Aufsichtsbehörde, die diese Behörden im Ausschuss vertritt, und führt ein Verfahren ein, mit dem sichergestellt wird, dass die anderen Behörden die Regeln für das Kohärenzverfahren nach Artikel 63 einhalten.

(4) Jeder Mitgliedstaat teilt der Kommission bis spätestens 25. Mai 2018 die Rechtsvorschriften, die er aufgrund dieses Kapitels erlässt, sowie unverzüglich alle folgenden Änderungen dieser Vorschriften mit.

Art. 52 Unabhängigkeit. (1) Jede Aufsichtsbehörde handelt bei der Erfüllung ihrer Aufgaben und bei der Ausübung ihrer Befugnisse gemäß dieser Verordnung völlig unabhängig.

(2) Das Mitglied oder die Mitglieder jeder Aufsichtsbehörde unterliegen bei der Erfüllung ihrer Aufgaben und der Ausübung ihrer Befugnisse gemäß dieser Verordnung weder direkter noch indirekter Beeinflussung von außen und ersuchen weder um Weisung noch nehmen sie Weisungen entgegen.

(3) Das Mitglied oder die Mitglieder der Aufsichtsbehörde sehen von allen mit den Aufgaben ihres Amtes nicht zu vereinbarenden Handlungen ab und üben während ihrer Amtszeit keine andere mit ihrem Amt nicht zu vereinbarende entgeltliche oder unentgeltliche Tätigkeit aus.

(4) Jeder Mitgliedstaat stellt sicher, dass jede Aufsichtsbehörde mit den personellen, technischen und finanziellen Ressourcen, Räumlichkeiten und Infrastrukturen ausgestattet wird, die sie benötigt, um ihre

Aufgaben und Befugnisse auch im Rahmen der Amtshilfe, Zusammenarbeit und Mitwirkung im Ausschuss effektiv wahrnehmen zu können.

(5) Jeder Mitgliedstaat stellt sicher, dass jede Aufsichtsbehörde ihr eigenes Personal auswählt und hat, das ausschließlich der Leitung des Mitglieds oder der Mitglieder der betreffenden Aufsichtsbehörde untersteht.

(6) Jeder Mitgliedstaat stellt sicher, dass jede Aufsichtsbehörde einer Finanzkontrolle unterliegt, die ihre Unabhängigkeit nicht beeinträchtigt und dass sie über eigene, öffentliche, jährliche Haushaltspläne verfügt, die Teil des gesamten Staatshaushalts oder nationalen Haushalts sein können.

Art. 53 Allgemeine Bedingungen für die Mitglieder der Aufsichtsbehörde. (1) Die Mitgliedstaaten sehen vor, dass jedes Mitglied ihrer Aufsichtsbehörden im Wege eines transparenten Verfahrens ernannt wird, und zwar

– vom Parlament,
– von der Regierung,
– vom Staatsoberhaupt oder
– von einer unabhängigen Stelle, die nach dem Recht des Mitgliedstaats mit der Ernennung betraut wird.

(2) Jedes Mitglied muss über die für die Erfüllung seiner Aufgaben und Ausübung seiner Befugnisse erforderliche Qualifikation, Erfahrung und Sachkunde insbesondere im Bereich des Schutzes personenbezogener Daten verfügen.

(3) Das Amt eines Mitglieds endet mit Ablauf der Amtszeit, mit seinem Rücktritt oder verpflichtender Versetzung in den Ruhestand gemäß dem Recht des betroffenen Mitgliedstaats.

(4) Ein Mitglied wird seines Amtes nur enthoben, wenn es eine schwere Verfehlung begangen hat oder die Voraussetzungen für die Wahrnehmung seiner Aufgaben nicht mehr erfüllt.

Art. 54 Errichtung der Aufsichtsbehörde. (1) Jeder Mitgliedstaat sieht durch Rechtsvorschriften Folgendes vor:

a) die Errichtung jeder Aufsichtsbehörde;

b) die erforderlichen Qualifikationen und sonstigen Voraussetzungen für die Ernennung zum Mitglied jeder Aufsichtsbehörde;

c) die Vorschriften und Verfahren für die Ernennung des Mitglieds oder der Mitglieder jeder Aufsichtsbehörde;

d) die Amtszeit des Mitglieds oder der Mitglieder jeder Aufsichtsbehörde von mindestens vier Jahren; dies gilt nicht für die erste Amtszeit *nach*[1] 24. Mai 2016, die für einen Teil der Mitglieder kürzer sein kann, wenn eine zeitlich versetzte Ernennung zur Wahrung der Unabhängigkeit der Aufsichtsbehörde notwendig ist;

---

[1] Richtig wohl: „nach dem".

e) die Frage, ob und – wenn ja – wie oft das Mitglied oder die Mitglieder jeder Aufsichtsbehörde wiederernannt werden können;

f) die Bedingungen im Hinblick auf die Pflichten des Mitglieds oder der Mitglieder und der Bediensteten jeder Aufsichtsbehörde, die Verbote von Handlungen, beruflichen Tätigkeiten und Vergütungen während und nach der Amtszeit, die mit diesen Pflichten unvereinbar sind, und die Regeln für die Beendigung des Beschäftigungsverhältnisses.

(2) [1] Das Mitglied oder die Mitglieder und die Bediensteten jeder Aufsichtsbehörde sind gemäß dem Unionsrecht oder dem Recht der Mitgliedstaaten sowohl während ihrer Amts- beziehungsweise Dienstzeit als auch nach deren Beendigung verpflichtet, über alle vertraulichen Informationen, die ihnen bei der Wahrnehmung ihrer Aufgaben oder der Ausübung ihrer Befugnisse bekannt geworden sind, Verschwiegenheit zu wahren. [2] Während dieser Amts- beziehungsweise Dienstzeit gilt diese Verschwiegenheitspflicht insbesondere für die von natürlichen Personen gemeldeten Verstößen gegen diese Verordnung.

Abschnitt 2. Zuständigkeit, Aufgaben und Befugnisse

Art. 55 Zuständigkeit. (1) Jede Aufsichtsbehörde ist für die Erfüllung der Aufgaben und die Ausübung der Befugnisse, die ihr mit dieser Verordnung übertragen wurden, im Hoheitsgebiet ihres eigenen Mitgliedstaats zuständig.

(2) [1] Erfolgt die Verarbeitung durch Behörden oder private Stellen auf der Grundlage von Artikel 6 Absatz 1 Buchstabe c oder e, so ist die Aufsichtsbehörde des betroffenen Mitgliedstaats zuständig. [2] In diesem Fall findet Artikel 56 keine Anwendung.

(3) Die Aufsichtsbehörden sind nicht zuständig für die Aufsicht über die von Gerichten im Rahmen ihrer justiziellen Tätigkeit vorgenommenen Verarbeitungen.

Art. 56 Zuständigkeit der federführenden Aufsichtsbehörde. (1) Unbeschadet des Artikels 55 ist die Aufsichtsbehörde der Hauptniederlassung oder der einzigen Niederlassung des Verantwortlichen oder des Auftragsverarbeiters gemäß dem Verfahren nach Artikel 60 die zuständige federführende Aufsichtsbehörde für die von diesem Verantwortlichen oder diesem Auftragsverarbeiter durchgeführte grenzüberschreitende Verarbeitung.

(2) Abweichend von Absatz 1 ist jede Aufsichtsbehörde dafür zuständig, sich mit einer bei ihr eingereichten Beschwerde oder einem etwaigen Verstoß gegen diese Verordnung zu befassen, wenn der Gegenstand nur mit einer Niederlassung in ihrem Mitgliedstaat zusammenhängt oder betroffene Personen nur ihres Mitgliedstaats erheblich beeinträchtigt.

(3) [1] In den in Absatz 2 des vorliegenden Artikels genannten Fällen unterrichtet die Aufsichtsbehörde unverzüglich die federführende Auf-

sichtsbehörde über diese Angelegenheit. 2 Innerhalb einer Frist von drei Wochen nach der Unterrichtung entscheidet die federführende Aufsichtsbehörde, ob sie sich mit dem Fall gemäß dem Verfahren nach Artikel 60 befasst oder nicht, wobei sie berücksichtigt, ob der Verantwortliche oder der Auftragsverarbeiter in dem Mitgliedstaat, dessen Aufsichtsbehörde sie unterrichtet hat, eine Niederlassung hat oder nicht.

(4) 1 Entscheidet die federführende Aufsichtsbehörde, sich mit dem Fall zu befassen, so findet das Verfahren nach Artikel 60 Anwendung. 2 Die Aufsichtsbehörde, die die federführende Aufsichtsbehörde unterrichtet hat, kann dieser einen Beschlussentwurf vorlegen. 3 Die federführende Aufsichtsbehörde trägt diesem Entwurf bei der Ausarbeitung des Beschlussentwurfs nach Artikel 60 Absatz 3 weitestgehend Rechnung.

(5) Entscheidet die federführende Aufsichtsbehörde, sich mit dem Fall nicht selbst zu befassen, so befasst die Aufsichtsbehörde, die die federführende Aufsichtsbehörde unterrichtet hat, sich mit dem Fall gemäß den Artikeln 61 und 62.

(6) Die federführende Aufsichtsbehörde ist der einzige Ansprechpartner der Verantwortlichen oder der Auftragsverarbeiter für Fragen der von diesem Verantwortlichen oder diesem Auftragsverarbeiter durchgeführten grenzüberschreitenden Verarbeitung.

Art. 57[1)] Aufgaben. (1) Unbeschadet anderer in dieser Verordnung dargelegter Aufgaben muss jede Aufsichtsbehörde in ihrem Hoheitsgebiet

a) die Anwendung dieser Verordnung überwachen und durchsetzen;

b) die Öffentlichkeit für die Risiken, Vorschriften, Garantien und Rechte im Zusammenhang mit der Verarbeitung sensibilisieren und sie darüber aufklären. Besondere Beachtung finden dabei spezifische Maßnahmen für Kinder;

c) im Einklang mit dem Recht des Mitgliedsstaats das nationale Parlament, die Regierung und andere Einrichtungen und Gremien über legislative und administrative Maßnahmen zum Schutz der Rechte und Freiheiten natürlicher Personen in Bezug auf die Verarbeitung beraten;

d) die Verantwortlichen und die Auftragsverarbeiter für die ihnen aus dieser Verordnung entstehenden Pflichten sensibilisieren;

e) auf Anfrage jeder betroffenen Person Informationen über die Ausübung ihrer Rechte aufgrund dieser Verordnung zur Verfügung stellen und gegebenenfalls zu diesem Zweck mit den Aufsichtsbehörden in anderen Mitgliedstaaten zusammenarbeiten;

f) sich mit Beschwerden einer betroffenen Person oder Beschwerden einer Stelle, einer Organisation oder eines Verbandes gemäß Arti-

---

1) Art. 57 Abs. 1 Buchst. p ber. ABl. 2018 Nr. L 127 S. 2.

kel 80 befassen, den Gegenstand der Beschwerde in angemessenem Umfang untersuchen und den Beschwerdeführer innerhalb einer angemessenen Frist über den Fortgang und das Ergebnis der Untersuchung unterrichten, insbesondere, wenn eine weitere Untersuchung oder Koordinierung mit einer anderen Aufsichtsbehörde notwendig ist;

g) mit anderen Aufsichtsbehörden zusammenarbeiten, auch durch Informationsaustausch, und ihnen Amtshilfe leisten, um die einheitliche Anwendung und Durchsetzung dieser Verordnung zu gewährleisten;

h) Untersuchungen über die Anwendung dieser Verordnung durchführen, auch auf der Grundlage von Informationen einer anderen Aufsichtsbehörde oder einer anderen Behörde;

i) maßgebliche Entwicklungen verfolgen, soweit sie sich auf den Schutz personenbezogener Daten auswirken, insbesondere die Entwicklung der Informations- und Kommunikationstechnologie und der Geschäftspraktiken;

j) Standardvertragsklauseln im Sinne des Artikels 28 Absatz 8 und des Artikels 46 Absatz 2 Buchstabe d festlegen;

k) eine Liste der Verarbeitungsarten erstellen und führen, für die gemäß Artikel 35 Absatz 4 eine Datenschutz-Folgenabschätzung durchzuführen ist;

l) Beratung in Bezug auf die in Artikel 36 Absatz 2 genannten Verarbeitungsvorgänge leisten;

m) die Ausarbeitung von Verhaltensregeln gemäß Artikel 40 Absatz 1 fördern und zu diesen Verhaltensregeln, die ausreichende Garantien im Sinne des Artikels 40 Absatz 5 bieten müssen, Stellungnahmen abgeben und sie billigen;

n) die Einführung von Datenschutzzertifizierungsmechanismen und von Datenschutzsiegeln und -prüfzeichen nach Artikel 42 Absatz 1 anregen und Zertifizierungskriterien nach Artikel 42 Absatz 5 billigen;

o) gegebenenfalls die nach Artikel 42 Absatz 7 erteilten Zertifizierungen regelmäßig überprüfen;

p) die Anforderungen an die Akkreditierung einer Stelle für die Überwachung der Einhaltung der Verhaltensregeln gemäß Artikel 41 und einer Zertifizierungsstelle gemäß Artikel 43 abfassen und veröffentlichen;

q) die Akkreditierung einer Stelle für die Überwachung der Einhaltung der Verhaltensregeln gemäß Artikel 41 und einer Zertifizierungsstelle gemäß Artikel 43 vornehmen;

r) Vertragsklauseln und Bestimmungen im Sinne des Artikels 46 Absatz 3 genehmigen;

s) verbindliche interne Vorschriften gemäß Artikel 47 genehmigen;

t) Beiträge zur Tätigkeit des Ausschusses leisten;

u) interne Verzeichnisse über Verstöße gegen diese Verordnung und gemäß Artikel 58 Absatz 2 ergriffene Maßnahmen und

v) jede sonstige Aufgabe im Zusammenhang mit dem Schutz personenbezogener Daten erfüllen.

(2) Jede Aufsichtsbehörde erleichtert das Einreichen von in Absatz 1 Buchstabe f genannten Beschwerden durch Maßnahmen wie etwa die Bereitstellung eines Beschwerdeformulars, das auch elektronisch ausgefüllt werden kann, ohne dass andere Kommunikationsmittel ausgeschlossen werden.

(3) Die Erfüllung der Aufgaben jeder Aufsichtsbehörde ist für die betroffene Person und gegebenenfalls für den Datenschutzbeauftragten unentgeltlich.

(4) [1] Bei offenkundig unbegründeten oder – insbesondere im Fall von häufiger Wiederholung – exzessiven Anfragen kann die Aufsichtsbehörde eine angemessene Gebühr auf der Grundlage der Verwaltungskosten verlangen oder sich weigern, aufgrund der Anfrage tätig zu werden. [2] In diesem Fall trägt die Aufsichtsbehörde die Beweislast für den offenkundig unbegründeten oder exzessiven Charakter der Anfrage.

Art. 58[1)] Befugnisse. (1) Jede Aufsichtsbehörde verfügt über sämtliche folgenden Untersuchungsbefugnisse, die es ihr gestatten,

a) den Verantwortlichen, den Auftragsverarbeiter und gegebenenfalls den Vertreter des Verantwortlichen oder des Auftragsverarbeiters anzuweisen, alle Informationen bereitzustellen, die für die Erfüllung ihrer Aufgaben erforderlich sind,

b) Untersuchungen in Form von Datenschutzüberprüfungen durchzuführen,

c) eine Überprüfung der nach Artikel 42 Absatz 7 erteilten Zertifizierungen durchzuführen,

d) den Verantwortlichen oder den Auftragsverarbeiter auf einen vermeintlichen Verstoß gegen diese Verordnung hinzuweisen,

e) von dem Verantwortlichen und dem Auftragsverarbeiter Zugang zu allen personenbezogenen Daten und Informationen, die zur Erfüllung ihrer Aufgaben notwendig sind, zu erhalten,

f) gemäß dem Verfahrensrecht der Union oder dem Verfahrensrecht des Mitgliedstaats Zugang zu den Räumlichkeiten, einschließlich aller Datenverarbeitungsanlagen und -geräte, des Verantwortlichen und des Auftragsverarbeiters zu erhalten.

(2) Jede Aufsichtsbehörde verfügt über sämtliche folgenden Abhilfebefugnisse, die es ihr gestatten,

a) einen Verantwortlichen oder einen Auftragsverarbeiter zu warnen, dass beabsichtigte Verarbeitungsvorgänge voraussichtlich gegen diese Verordnung verstoßen,

---

1) Art. 58 Abs. 1 Buchst. f und Abs. 2 Buchst. e ber. ABl. 2018 Nr. L 127 S. 2.

b) einen Verantwortlichen oder einen Auftragsverarbeiter zu verwarnen, wenn er mit Verarbeitungsvorgängen gegen diese Verordnung verstoßen hat,

c) den Verantwortlichen oder den Auftragsverarbeiter anzuweisen, den Anträgen der betroffenen Person auf Ausübung der ihr nach dieser Verordnung zustehenden Rechte zu entsprechen,

d) den Verantwortlichen oder den Auftragsverarbeiter anzuweisen, Verarbeitungsvorgänge gegebenenfalls auf bestimmte Weise und innerhalb eines bestimmten Zeitraums in Einklang mit dieser Verordnung zu bringen,

e) den Verantwortlichen anzuweisen, die von einer Verletzung des Schutzes personenbezogener Daten betroffene Person entsprechend zu benachrichtigen,

f) eine vorübergehende oder endgültige Beschränkung der Verarbeitung, einschließlich eines Verbots, zu verhängen,

g) die Berichtigung oder Löschung von personenbezogenen Daten oder die Einschränkung der Verarbeitung gemäß den Artikeln 16, 17 und 18 und die Unterrichtung der Empfänger, an die diese personenbezogenen Daten gemäß Artikel 17 Absatz 2 und Artikel 19 offengelegt wurden, über solche Maßnahmen anzuordnen,

h) eine Zertifizierung zu widerrufen oder die Zertifizierungsstelle anzuweisen, eine gemäß den Artikel[1] 42 und 43 erteilte Zertifizierung zu widerrufen, oder die Zertifizierungsstelle anzuweisen, keine Zertifizierung zu erteilen, wenn die Voraussetzungen für die Zertifizierung nicht oder nicht mehr erfüllt werden,

i) eine Geldbuße gemäß Artikel 83 zu verhängen, zusätzlich zu oder anstelle von in diesem Absatz genannten Maßnahmen, je nach den Umständen des Einzelfalls,

j) die Aussetzung der Übermittlung von Daten an einen Empfänger in einem Drittland oder an eine internationale Organisation anzuordnen.

(3) Jede Aufsichtsbehörde verfügt über sämtliche folgenden Genehmigungsbefugnisse und beratenden Befugnisse, die es ihr gestatten,

a) gemäß dem Verfahren der vorherigen Konsultation nach Artikel 36 den Verantwortlichen zu beraten,

b) zu allen Fragen, die im Zusammenhang mit dem Schutz personenbezogener Daten stehen, von sich aus oder auf Anfrage Stellungnahmen an das nationale Parlament, die Regierung des Mitgliedstaats oder im Einklang mit dem Recht des Mitgliedstaats an sonstige Einrichtungen und Stellen sowie an die Öffentlichkeit zu richten,

c) die Verarbeitung gemäß Artikel 36 Absatz 5 zu genehmigen, falls im Recht des Mitgliedstaats eine derartige vorherige Genehmigung verlangt wird,

---

[1] Richtig wohl: „Artikeln".

d) eine Stellungnahme abzugeben und Entwürfe von Verhaltensregeln gemäß Artikel 40 Absatz 5 zu billigen,

e) Zertifizierungsstellen gemäß Artikel 43 zu akkreditieren,

f) im Einklang mit Artikel 42 Absatz 5 Zertifizierungen zu erteilen und Kriterien für die Zertifizierung zu billigen,

g) Standarddatenschutzklauseln nach Artikel 28 Absatz 8 und Artikel 46 Absatz 2 Buchstabe d festzulegen,

h) Vertragsklauseln gemäß Artikel 46 Absatz 3 Buchstabe a zu genehmigen,

i) Verwaltungsvereinbarungen gemäß Artikel 46 Absatz 3 Buchstabe b zu genehmigen[1)]

j) verbindliche interne Vorschriften gemäß Artikel 47 zu genehmigen.

(4) Die Ausübung der der Aufsichtsbehörde gemäß diesem Artikel übertragenen Befugnisse erfolgt vorbehaltlich geeigneter Garantien einschließlich wirksamer gerichtlicher Rechtsbehelfe und ordnungsgemäßer Verfahren gemäß dem Unionsrecht und dem Recht des Mitgliedstaats im Einklang mit der Charta.

(5) Jeder Mitgliedstaat sieht durch Rechtsvorschriften vor, dass seine Aufsichtsbehörde befugt ist, Verstöße gegen diese Verordnung den Justizbehörden zur Kenntnis zu bringen und gegebenenfalls die Einleitung eines gerichtlichen Verfahrens zu betreiben oder sich sonst daran zu beteiligen, um die Bestimmungen dieser Verordnung durchzusetzen.

(6) [1]Jeder Mitgliedstaat kann durch Rechtsvorschriften vorsehen, dass seine Aufsichtsbehörde neben den in den Absätzen 1, 2 und 3 aufgeführten Befugnissen über zusätzliche Befugnisse verfügt. [2]Die Ausübung dieser Befugnisse darf nicht die effektive Durchführung des Kapitels VII beeinträchtigen.

Art. 59 Tätigkeitsbericht. [1]Jede Aufsichtsbehörde erstellt einen Jahresbericht über ihre Tätigkeit, der eine Liste der Arten der gemeldeten Verstöße und der Arten der getroffenen Maßnahmen nach Artikel 58 Absatz 2 enthalten kann. [2]Diese Berichte werden dem nationalen Parlament, der Regierung und anderen nach dem Recht der Mitgliedstaaten bestimmten Behörden übermittelt. [3]Sie werden der Öffentlichkeit, der Kommission und dem Ausschuss zugänglich gemacht.

Kapitel VII. Zusammenarbeit und Kohärenz

Abschnitt 1. Zusammenarbeit

Art. 60 Zusammenarbeit zwischen der federführenden Aufsichtsbehörde und den anderen betroffenen Aufsichtsbehörden.

(1) [1]Die federführende Aufsichtsbehörde arbeitet mit den anderen betroffenen Aufsichtsbehörden im Einklang mit diesem Artikel zu-

1) Fehlende Zeichensetzung amtlich.

sammen und bemüht sich dabei, einen Konsens zu erzielen. [2]Die federführende Aufsichtsbehörde und die betroffenen Aufsichtsbehörden tauschen untereinander alle zweckdienlichen Informationen aus.

(2) Die federführende Aufsichtsbehörde kann jederzeit andere betroffene Aufsichtsbehörden um Amtshilfe gemäß Artikel 61 ersuchen und gemeinsame Maßnahmen gemäß Artikel 62 durchführen, insbesondere zur Durchführung von Untersuchungen oder zur Überwachung der Umsetzung einer Maßnahme in Bezug auf einen Verantwortlichen oder einen Auftragsverarbeiter, der in einem anderen Mitgliedstaat niedergelassen ist.

(3) [1]Die federführende Aufsichtsbehörde übermittelt den anderen betroffenen Aufsichtsbehörden unverzüglich die zweckdienlichen Informationen zu der Angelegenheit. [2]Sie legt den anderen betroffenen Aufsichtsbehörden unverzüglich einen Beschlussentwurf zur Stellungnahme vor und trägt deren Standpunkten gebührend Rechnung.

(4) Legt eine der anderen betroffenen Aufsichtsbehörden innerhalb von vier Wochen, nachdem sie gemäß Absatz 3 des vorliegenden Artikels konsultiert wurde, gegen diesen Beschlussentwurf einen maßgeblichen und begründeten Einspruch ein und schließt sich die federführende Aufsichtsbehörde dem maßgeblichen und begründeten Einspruch nicht an oder ist der Ansicht, dass der Einspruch nicht maßgeblich oder nicht begründet ist, so leitet die federführende Aufsichtsbehörde das Kohärenzverfahren gemäß Artikel 63 für die Angelegenheit ein.

(5) [1]Beabsichtigt die federführende Aufsichtsbehörde, sich dem maßgeblichen und begründeten Einspruch anzuschließen, so legt sie den anderen betroffenen Aufsichtsbehörden einen überarbeiteten Beschlussentwurf zur Stellungnahme vor. [2]Der überarbeitete Beschlussentwurf wird innerhalb von zwei Wochen dem Verfahren nach Absatz 4 unterzogen.

(6) Legt keine der anderen betroffenen Aufsichtsbehörden Einspruch gegen den Beschlussentwurf ein, der von der federführenden Aufsichtsbehörde innerhalb der in den Absätzen 4 und 5 festgelegten Frist vorgelegt wurde, so gelten die federführende Aufsichtsbehörde und die betroffenen Aufsichtsbehörden als mit dem Beschlussentwurf einverstanden und sind an ihn gebunden.

(7) [1]Die federführende Aufsichtsbehörde erlässt den Beschluss und teilt ihn der Hauptniederlassung oder der einzigen Niederlassung des Verantwortlichen oder gegebenenfalls des Auftragsverarbeiters mit und setzt die anderen betroffenen Aufsichtsbehörden und den Ausschuss von dem betreffenden Beschluss einschließlich einer Zusammenfassung der maßgeblichen Fakten und Gründe in Kenntnis. [2]Die Aufsichtsbehörde, bei der eine Beschwerde eingereicht worden ist, unterrichtet den Beschwerdeführer über den Beschluss.

(8) Wird eine Beschwerde abgelehnt oder abgewiesen, so erlässt die Aufsichtsbehörde, bei der die Beschwerde eingereicht wurde, abwei-

chend von Absatz 7 den Beschluss, teilt ihn dem Beschwerdeführer mit und setzt den Verantwortlichen in Kenntnis.

(9) [1] Sind sich die federführende Aufsichtsbehörde und die betreffenden Aufsichtsbehörden darüber einig, Teile der Beschwerde abzulehnen oder abzuweisen und bezüglich anderer Teile dieser Beschwerde tätig zu werden, so wird in dieser Angelegenheit für jeden dieser Teile ein eigener Beschluss erlassen. [2] Die federführende Aufsichtsbehörde erlässt den Beschluss für den Teil, der das Tätigwerden in Bezug auf den Verantwortlichen betrifft, teilt ihn der Hauptniederlassung oder einzigen Niederlassung des Verantwortlichen oder des Auftragsverarbeiters im Hoheitsgebiet ihres Mitgliedstaats mit und setzt den Beschwerdeführer hiervon in Kenntnis, während die für den Beschwerdeführer zuständige Aufsichtsbehörde den Beschluss für den Teil erlässt, der die Ablehnung oder Abweisung dieser Beschwerde betrifft, und ihn diesem Beschwerdeführer mitteilt und den Verantwortlichen oder den Auftragsverarbeiter hiervon in Kenntnis setzt.

(10) [1] Nach der Unterrichtung über den Beschluss der federführenden Aufsichtsbehörde gemäß den Absätzen 7 und 9 ergreift der Verantwortliche oder der Auftragsverarbeiter die erforderlichen Maßnahmen, um die Verarbeitungstätigkeiten all seiner Niederlassungen in der Union mit dem Beschluss in Einklang zu bringen. [2] Der Verantwortliche oder der Auftragsverarbeiter teilt der federführenden Aufsichtsbehörde die Maßnahmen mit, die zur Einhaltung des Beschlusses ergriffen wurden; diese wiederum unterrichtet die anderen betroffenen Aufsichtsbehörden.

(11) Hat – in Ausnahmefällen – eine betroffene Aufsichtsbehörde Grund zu der Annahme, dass zum Schutz der Interessen betroffener Personen dringender Handlungsbedarf besteht, so kommt das Dringlichkeitsverfahren nach Artikel 66 zur Anwendung.

(12) Die federführende Aufsichtsbehörde und die anderen betroffenen Aufsichtsbehörden übermitteln einander die nach diesem Artikel geforderten Informationen auf elektronischem Wege unter Verwendung eines standardisierten Formats.

Art. 61 Gegenseitige Amtshilfe. (1) [1] Die Aufsichtsbehörden übermitteln einander maßgebliche Informationen und gewähren einander Amtshilfe, um diese Verordnung einheitlich durchzuführen und anzuwenden, und treffen Vorkehrungen für eine wirksame Zusammenarbeit. [2] Die Amtshilfe bezieht sich insbesondere auf Auskunftsersuchen und aufsichtsbezogene Maßnahmen, beispielsweise Ersuchen um vorherige Genehmigungen und eine vorherige Konsultation, um Vornahme von Nachprüfungen und Untersuchungen.

(2) [1] Jede Aufsichtsbehörde ergreift alle geeigneten Maßnahmen, um einem Ersuchen einer anderen Aufsichtsbehörde unverzüglich und spätestens innerhalb eines Monats nach Eingang des Ersuchens nachzukommen. [2] Dazu kann insbesondere auch die Übermittlung maßgeblicher Informationen über die Durchführung einer Untersuchung gehören.

(3) 1 Amtshilfeersuchen enthalten alle erforderlichen Informationen, einschließlich Zweck und Begründung des Ersuchens. 2 Die übermittelten Informationen werden ausschließlich für den Zweck verwendet, für den sie angefordert wurden.

(4) Die ersuchte Aufsichtsbehörde lehnt das Ersuchen nur ab, wenn

a) sie für den Gegenstand des Ersuchens oder für die Maßnahmen, die sie durchführen soll, nicht zuständig ist oder

b) ein Eingehen auf das Ersuchen gegen diese Verordnung verstoßen würde oder gegen das Unionsrecht oder das Recht der Mitgliedstaaten, dem die Aufsichtsbehörde, bei der das Ersuchen eingeht, unterliegt.

(5) 1 Die ersuchte Aufsichtsbehörde informiert die ersuchende Aufsichtsbehörde über die Ergebnisse oder gegebenenfalls über den Fortgang der Maßnahmen, die getroffen wurden, um dem Ersuchen nachzukommen. 2 Die ersuchte Aufsichtsbehörde erläutert gemäß Absatz 4 die Gründe für die Ablehnung des Ersuchens.

(6) Die ersuchten Aufsichtsbehörden übermitteln die Informationen, um die von einer anderen Aufsichtsbehörde ersucht wurde, in der Regel auf elektronischem Wege unter Verwendung eines standardisierten Formats.

(7) 1 Ersuchte Aufsichtsbehörden verlangen für Maßnahmen, die sie aufgrund eines Amtshilfeersuchens getroffen haben, keine Gebühren. 2 Die Aufsichtsbehörden können untereinander Regeln vereinbaren, um einander in Ausnahmefällen besondere aufgrund der Amtshilfe entstandene Ausgaben zu erstatten.

(8) 1 Erteilt eine ersuchte Aufsichtsbehörde nicht binnen eines Monats nach Eingang des Ersuchens einer anderen Aufsichtsbehörde die Informationen gemäß Absatz 5, so kann die ersuchende Aufsichtsbehörde eine einstweilige Maßnahme im Hoheitsgebiet ihres Mitgliedstaats gemäß Artikel 55 Absatz 1 ergreifen. 2 In diesem Fall wird von einem dringenden Handlungsbedarf gemäß Artikel 66 Absatz 1 ausgegangen, der einen im Dringlichkeitsverfahren angenommenen verbindlichen Beschluss des Ausschuss gemäß Artikel 66 Absatz 2 erforderlich macht.

(9) 1 Die Kommission kann im Wege von Durchführungsrechtsakten Form und Verfahren der Amtshilfe nach diesem Artikel und die Ausgestaltung des elektronischen Informationsaustauschs zwischen den Aufsichtsbehörden sowie zwischen den Aufsichtsbehörden und dem Ausschuss, insbesondere das in Absatz 6 des vorliegenden Artikels genannte standardisierte Format, festlegen. 2 Diese Durchführungsrechtsakte werden gemäß dem in Artikel 93 Absatz 2 genannten Prüfverfahren erlassen.

Art. 62 Gemeinsame Maßnahmen der Aufsichtsbehörden. (1) Die Aufsichtsbehörden führen gegebenenfalls gemeinsame Maßnahmen einschließlich gemeinsamer Untersuchungen und gemeinsamer Durchsetzungsmaßnahmen durch, an denen Mitglieder oder Bedienstete der Aufsichtsbehörden anderer Mitgliedstaaten teilnehmen.

(2) [1] Verfügt der Verantwortliche oder der Auftragsverarbeiter über Niederlassungen in mehreren Mitgliedstaaten oder werden die Verarbeitungsvorgänge voraussichtlich auf eine bedeutende Zahl betroffener Personen in mehr als einem Mitgliedstaat erhebliche Auswirkungen haben, ist die Aufsichtsbehörde jedes dieser Mitgliedstaaten berechtigt, an den gemeinsamen Maßnahmen teilzunehmen. [2] Die gemäß Artikel 56 Absatz 1 oder Absatz 4 zuständige Aufsichtsbehörde lädt die Aufsichtsbehörde jedes dieser Mitgliedstaaten zur Teilnahme an den gemeinsamen Maßnahmen ein und antwortet unverzüglich auf das Ersuchen einer Aufsichtsbehörde um Teilnahme.

(3) [1] Eine Aufsichtsbehörde kann gemäß dem Recht des Mitgliedstaats und mit Genehmigung der unterstützenden Aufsichtsbehörde den an den gemeinsamen Maßnahmen beteiligten Mitgliedern oder Bediensteten der unterstützenden Aufsichtsbehörde Befugnisse einschließlich Untersuchungsbefugnisse übertragen oder, soweit dies nach dem Recht des Mitgliedstaats der einladenden Aufsichtsbehörde zulässig ist, den Mitgliedern oder Bediensteten der unterstützenden Aufsichtsbehörde gestatten, ihre Untersuchungsbefugnisse nach dem Recht des Mitgliedstaats der unterstützenden Aufsichtsbehörde auszuüben. [2] Diese Untersuchungsbefugnisse können nur unter der Leitung und in Gegenwart der Mitglieder oder Bediensteten der einladenden Aufsichtsbehörde ausgeübt werden. [3] Die Mitglieder oder Bediensteten der unterstützenden Aufsichtsbehörde unterliegen dem Recht des Mitgliedstaats der einladenden Aufsichtsbehörde.

(4) Sind gemäß Absatz 1 Bedienstete einer unterstützenden Aufsichtsbehörde in einem anderen Mitgliedstaat im Einsatz, so übernimmt der Mitgliedstaat der einladenden Aufsichtsbehörde nach Maßgabe des Rechts des Mitgliedstaats, in dessen Hoheitsgebiet der Einsatz erfolgt, die Verantwortung für ihr Handeln, einschließlich der Haftung für alle von ihnen bei ihrem Einsatz verursachten Schäden.

(5) [1] Der Mitgliedstaat, in dessen Hoheitsgebiet der Schaden verursacht wurde, ersetzt diesen Schaden so, wie er ihn ersetzen müsste, wenn seine eigenen Bediensteten ihn verursacht hätten. [2] Der Mitgliedstaat der unterstützenden Aufsichtsbehörde, deren Bedienstete im Hoheitsgebiet eines anderen Mitgliedstaats einer Person Schaden zugefügt haben, erstattet diesem anderen Mitgliedstaat den Gesamtbetrag des Schadenersatzes, den dieser an die Berechtigten geleistet hat.

(6) Unbeschadet der Ausübung seiner Rechte gegenüber Dritten und mit Ausnahme des Absatzes 5 verzichtet jeder Mitgliedstaat in dem Fall des Absatzes 1 darauf, den in Absatz 4 genannten Betrag des erlittenen Schadens anderen Mitgliedstaaten gegenüber geltend zu machen.

(7) [1] Ist eine gemeinsame Maßnahme geplant und kommt eine Aufsichtsbehörde binnen eines Monats nicht der Verpflichtung nach Absatz 2 Satz 2 des vorliegenden Artikels nach, so können die anderen Aufsichts-

behörden eine einstweilige Maßnahme im Hoheitsgebiet ihres Mitgliedstaats gemäß Artikel 55 ergreifen. [2] In diesem Fall wird von einem dringenden Handlungsbedarf gemäß Artikel 66 Absatz 1 ausgegangen, der eine im Dringlichkeitsverfahren angenommene Stellungnahme oder einen im Dringlichkeitsverfahren angenommenen verbindlichen Beschluss des Ausschusses gemäß Artikel 66 Absatz 2 erforderlich macht.

Abschnitt 2. Kohärenz

Art. 63 Kohärenzverfahren. Um zur einheitlichen Anwendung dieser Verordnung in der gesamten Union beizutragen, arbeiten die Aufsichtsbehörden im Rahmen des in diesem Abschnitt beschriebenen Kohärenzverfahrens untereinander und gegebenenfalls mit der Kommission zusammen.

Art. 64[1)] Stellungnahme des Ausschusses. (1) [1] Der Ausschuss gibt eine Stellungnahme ab, wenn die zuständige Aufsichtsbehörde beabsichtigt, eine der nachstehenden Maßnahmen zu erlassen. [2] Zu diesem Zweck übermittelt die zuständige Aufsichtsbehörde dem Ausschuss den Entwurf des Beschlusses, wenn dieser

a) der Annahme einer Liste der Verarbeitungsvorgänge dient, die der Anforderung einer Datenschutz-Folgenabschätzung gemäß Artikel 35 Absatz 4 unterliegen,

b) eine Angelegenheit gemäß Artikel 40 Absatz 7 und damit die Frage betrifft, ob ein Entwurf von Verhaltensregeln oder eine Änderung oder Ergänzung von Verhaltensregeln mit dieser Verordnung in Einklang steht,

c) der Billigung der Anforderungen an die Akkreditierung einer Stelle nach Artikel 41 Absatz 3, einer Zertifizierungsstelle nach Artikel 43 Absatz 3 oder der Kriterien für die Zertifizierung gemäß Artikel 42 Absatz 5 dient,

d) der Festlegung von Standard-Datenschutzklauseln gemäß Artikel 46 Absatz 2 Buchstabe d und Artikel 28 Absatz 8 dient,

e) der Genehmigung von Vertragsklauseln gemäß Artikels 46 Absatz 3 Buchstabe a dient, oder

f) der Annahme verbindlicher interner Vorschriften im Sinne von Artikel 47 dient.

(2) Jede Aufsichtsbehörde, der Vorsitz des Ausschuss oder die Kommission können beantragen, dass eine Angelegenheit mit allgemeiner Geltung oder mit Auswirkungen in mehr als einem Mitgliedstaat vom Ausschuss geprüft wird, um eine Stellungnahme zu erhalten, insbesondere wenn eine zuständige Aufsichtsbehörde den Verpflichtungen zur Amtshilfe gemäß Artikel 61 oder zu gemeinsamen Maßnahmen gemäß Artikel 62 nicht nachkommt.

---

1) Art. 64 Überschrift, Abs. 1 Buchst. c, Abs. 6, 7 und 8 ber. ABl. 2018 Nr. L 127 S. 2.

(3) [1]In den in den Absätzen 1 und 2 genannten Fällen gibt der Ausschuss eine Stellungnahme zu der Angelegenheit ab, die ihm vorgelegt wurde, sofern er nicht bereits eine Stellungnahme zu derselben Angelegenheit abgegeben hat. [2]Diese Stellungnahme wird binnen acht Wochen mit der einfachen Mehrheit der Mitglieder des Ausschusses angenommen. [3]Diese Frist kann unter Berücksichtigung der Komplexität der Angelegenheit um weitere sechs Wochen verlängert werden. [4]Was den in Absatz 1 genannten Beschlussentwurf angeht, der gemäß Absatz 5 den Mitgliedern des Ausschusses übermittelt wird, so wird angenommen, dass ein Mitglied, das innerhalb einer vom Vorsitz angegebenen angemessenen Frist keine Einwände erhoben hat, dem Beschlussentwurf zustimmt.

(4) Die Aufsichtsbehörden und die Kommission übermitteln unverzüglich dem Ausschuss auf elektronischem Wege unter Verwendung eines standardisierten Formats alle zweckdienlichen Informationen, einschließlich – je nach Fall – einer kurzen Darstellung des Sachverhalts, des Beschlussentwurfs, der Gründe, warum eine solche Maßnahme ergriffen werden muss, und der Standpunkte anderer betroffener Aufsichtsbehörden.

(5) Der Vorsitz des Ausschusses unterrichtet unverzüglich auf elektronischem Wege

a) unter Verwendung eines standardisierten Formats die Mitglieder des Ausschusses und die Kommission über alle zweckdienlichen Informationen, die ihm zugegangen sind. Soweit erforderlich stellt das Sekretariat des Ausschusses Übersetzungen der zweckdienlichen Informationen zur Verfügung und

b) je nach Fall die in den Absätzen 1 und 2 genannte Aufsichtsbehörde und die Kommission über die Stellungnahme und veröffentlicht sie.

(6) Die in Absatz 1 genannte zuständige Aufsichtsbehörde nimmt den in Absatz 1 genannten Beschlussentwurf nicht vor Ablauf der in Absatz 3 genannten Frist an.

(7) Die in Absatz 1 genannte zuständige Aufsichtsbehörde trägt der Stellungnahme des Ausschusses weitestgehend Rechnung und teilt dessen Vorsitz binnen zwei Wochen nach Eingang der Stellungnahme auf elektronischem Wege unter Verwendung eines standardisierten Formats mit, ob sie den Beschlussentwurf beibehalten oder ändern wird; gegebenenfalls übermittelt sie den geänderten Beschlussentwurf.

(8) Teilt die in Absatz 1 genannte zuständige Aufsichtsbehörde dem Vorsitz des Ausschusses innerhalb der Frist nach Absatz 7 des vorliegenden Artikels unter Angabe der maßgeblichen Gründe mit, dass sie beabsichtigt, der Stellungnahme des Ausschusses insgesamt oder teilweise nicht zu folgen, so gilt Artikel 65 Absatz 1.

Art. 65[1)] Streitbeilegung durch den Ausschuss. (1) Um die ordnungsgemäße und einheitliche Anwendung dieser Verordnung in Ein-

---

1) Art. 65 Abs. 1 Buchst. a ber. ABl. 2018 Nr. L 127 S. 2.

zelfällen sicherzustellen, erlässt der Ausschuss in den folgenden Fällen einen verbindlichen Beschluss:

a) wenn eine betroffene Aufsichtsbehörde in einem Fall nach Artikel 60 Absatz 4 einen maßgeblichen und begründeten Einspruch gegen einen Beschlussentwurf der federführenden Aufsichtsbehörde eingelegt hat und sich die federführende Aufsichtsbehörde dem Einspruch nicht angeschlossen hat oder den Einspruch als nicht maßgeblich oder nicht begründet abgelehnt hat. Der verbindliche Beschluss betrifft alle Angelegenheiten, die Gegenstand des maßgeblichen und begründeten Einspruchs sind, insbesondere die Frage, ob ein Verstoß gegen diese Verordnung vorliegt;

b) wenn es widersprüchliche Standpunkte dazu gibt, welche der betroffenen Aufsichtsbehörden für die Hauptniederlassung zuständig ist,

c) wenn eine zuständige Aufsichtsbehörde in den in Artikel 64 Absatz 1 genannten Fällen keine Stellungnahme des Ausschusses einholt oder der Stellungnahme des Ausschusses gemäß Artikel 64 nicht folgt. In diesem Fall kann jede betroffene Aufsichtsbehörde oder die Kommission die Angelegenheit dem Ausschuss vorlegen.

(2) [1]Der in Absatz 1 genannte Beschluss wird innerhalb eines Monats nach der Befassung mit der Angelegenheit mit einer Mehrheit von zwei Dritteln der Mitglieder des Ausschusses angenommen. [2]Diese Frist kann wegen der Komplexität der Angelegenheit um einen weiteren Monat verlängert werden. [3]Der in Absatz 1 genannte Beschluss wird begründet und an die federführende Aufsichtsbehörde und alle betroffenen Aufsichtsbehörden übermittelt und ist für diese verbindlich.

(3) [1]War der Ausschuss nicht in der Lage, innerhalb der in Absatz 2 genannten Fristen einen Beschluss anzunehmen, so nimmt er seinen Beschluss innerhalb von zwei Wochen nach Ablauf des in Absatz 2 genannten zweiten Monats mit einfacher Mehrheit der Mitglieder des Ausschusses an. [2]Bei Stimmengleichheit zwischen den Mitgliedern des Ausschusses gibt die Stimme des Vorsitzes den Ausschlag.

(4) Die betroffenen Aufsichtsbehörden nehmen vor Ablauf der in den Absätzen 2 und 3 genannten Fristen keinen Beschluss über die dem Ausschuss vorgelegte Angelegenheit an.

(5) [1]Der Vorsitz des Ausschusses unterrichtet die betroffenen Aufsichtsbehörden unverzüglich über den in Absatz 1 genannten Beschluss. [2]Er setzt die Kommission hiervon in Kenntnis. [3]Der Beschluss wird unverzüglich auf der Website des Ausschusses veröffentlicht, nachdem die Aufsichtsbehörde den in Absatz 6 genannten endgültigen Beschluss mitgeteilt hat.

(6) [1]Die federführende Aufsichtsbehörde oder gegebenenfalls die Aufsichtsbehörde, bei der die Beschwerde eingereicht wurde, trifft den endgültigen Beschluss auf der Grundlage des in Absatz 1 des vorliegenden Artikels genannten Beschlusses unverzüglich und spätestens einen Monat, nachdem der Europäische Datenschutzausschuss seinen Be-

schluss mitgeteilt hat. [2]Die federführende Aufsichtsbehörde oder gegebenenfalls die Aufsichtsbehörde, bei der die Beschwerde eingereicht wurde, setzt den Ausschuss von dem Zeitpunkt, zu dem ihr endgültiger Beschluss dem Verantwortlichen oder dem Auftragsverarbeiter bzw. der betroffenen Person mitgeteilt wird, in Kenntnis. [3]Der endgültige Beschluss der betroffenen Aufsichtsbehörden wird gemäß Artikel 60 Absätze 7, 8 und 9 angenommen. [4]Im endgültigen Beschluss wird auf den in Absatz 1 genannten Beschluss verwiesen und festgelegt, dass der in Absatz 1 des vorliegenden Artikels genannte Beschluss gemäß Absatz 5 auf der Website des Ausschusses veröffentlicht wird. [5]Dem endgültigen Beschluss wird der in Absatz 1 des vorliegenden Artikels genannte Beschluss beigefügt.

Art. 66 Dringlichkeitsverfahren. (1) [1]Unter außergewöhnlichen Umständen kann eine betroffene Aufsichtsbehörde abweichend vom Kohärenzverfahren nach Artikel 63, 64 und 65 oder dem Verfahren nach Artikel 60 sofort einstweilige Maßnahmen mit festgelegter Geltungsdauer von höchstens drei Monaten treffen, die in ihrem Hoheitsgebiet rechtliche Wirkung entfalten sollen, wenn sie zu der Auffassung gelangt, dass dringender Handlungsbedarf besteht, um Rechte und Freiheiten von betroffenen Personen zu schützen. [2]Die Aufsichtsbehörde setzt die anderen betroffenen Aufsichtsbehörden, den Ausschuss und die Kommission unverzüglich von diesen Maßnahmen und den Gründen für deren Erlass in Kenntnis.

(2) Hat eine Aufsichtsbehörde eine Maßnahme nach Absatz 1 ergriffen und ist sie der Auffassung, dass dringend endgültige Maßnahmen erlassen werden müssen, kann sie unter Angabe von Gründen im Dringlichkeitsverfahren um eine Stellungnahme oder einen verbindlichen Beschluss des Ausschusses ersuchen.

(3) Jede Aufsichtsbehörde kann unter Angabe von Gründen, auch für den dringenden Handlungsbedarf, im Dringlichkeitsverfahren um eine Stellungnahme oder gegebenenfalls einen verbindlichen Beschluss des Ausschusses ersuchen, wenn eine zuständige Aufsichtsbehörde trotz dringenden Handlungsbedarfs keine geeignete Maßnahme getroffen hat, um die Rechte und Freiheiten von betroffenen Personen zu schützen.

(4) Abweichend von Artikel 64 Absatz 3 und Artikel 65 Absatz 2 wird eine Stellungnahme oder ein verbindlicher Beschluss im Dringlichkeitsverfahren nach den Absätzen 2 und 3 binnen zwei Wochen mit einfacher Mehrheit der Mitglieder des Ausschusses angenommen.

Art. 67 Informationsaustausch. Die Kommission kann Durchführungsrechtsakte von allgemeiner Tragweite zur Festlegung der Ausgestaltung des elektronischen Informationsaustauschs zwischen den Aufsichtsbehörden sowie zwischen den Aufsichtsbehörden und dem Ausschuss, insbesondere des standardisierten Formats nach Artikel 64, erlassen.

Diese Durchführungsrechtsakte werden gemäß dem Prüfverfahren nach Artikel 93 Absatz 2 erlassen.

Abschnitt 3. Europäischer Datenschutzausschuss

Art. 68 Europäischer Datenschutzausschuss. (1) Der Europäische Datenschutzausschuss (im Folgenden „Ausschuss") wird als Einrichtung der Union mit eigener Rechtspersönlichkeit eingerichtet.

(2) Der Ausschuss wird von seinem Vorsitz vertreten.

(3) Der Ausschuss besteht aus dem Leiter einer Aufsichtsbehörde jedes Mitgliedstaats und dem Europäischen Datenschutzbeauftragten oder ihren jeweiligen Vertretern.

(4) Ist in einem Mitgliedstaat mehr als eine Aufsichtsbehörde für die Überwachung der Anwendung der nach Maßgabe dieser Verordnung erlassenen Vorschriften zuständig, so wird im Einklang mit den Rechtsvorschriften dieses Mitgliedstaats ein gemeinsamer Vertreter benannt.

(5) [1]Die Kommission ist berechtigt, ohne Stimmrecht an den Tätigkeiten und Sitzungen des Ausschusses teilzunehmen. [2]Die Kommission benennt einen Vertreter. [3]Der Vorsitz des Ausschusses unterrichtet die Kommission über die Tätigkeiten des Ausschusses.

(6) In den in Artikel 65 genannten Fällen ist der Europäische Datenschutzbeauftragte nur bei Beschlüssen stimmberechtigt, die Grundsätze und Vorschriften betreffen, die für die Organe, Einrichtungen, Ämter und Agenturen der Union gelten und inhaltlich den Grundsätzen und Vorschriften dieser Verordnung entsprechen.

Art. 69[1)] Unabhängigkeit. (1) Der Ausschuss handelt bei der Erfüllung seiner Aufgaben oder in Ausübung seiner Befugnisse gemäß den Artikeln 70 und 71 unabhängig.

(2) Unbeschadet der Ersuchen der Kommission gemäß Artikel 70 Absätze 1 und 2 ersucht der Ausschuss bei der Erfüllung seiner Aufgaben oder in Ausübung seiner Befugnisse weder um Weisung noch nimmt er Weisungen entgegen.

Art. 70[2)] Aufgaben des Ausschusses. (1) [1]Der Ausschuss stellt die einheitliche Anwendung dieser Verordnung sicher. [2]Hierzu nimmt der Ausschuss von sich aus oder gegebenenfalls auf Ersuchen der Kommission insbesondere folgende Tätigkeiten wahr:

a) Überwachung und Sicherstellung der ordnungsgemäßen Anwendung dieser Verordnung in den in den Artikeln 64 und 65 genannten Fällen unbeschadet der Aufgaben der nationalen Aufsichtsbehörden;

b) Beratung der Kommission in allen Fragen, die im Zusammenhang mit dem Schutz personenbezogener Daten in der Union stehen,

---

[1)] Art. 69 Abs. 2 ber. ABl. 2018 Nr. L 127 S. 2.

[2)] Art. 70 Abs. 1 Buchst. l, o und p ber. ABl. 2018 Nr. L 127 S. 2.

einschließlich etwaiger Vorschläge zur Änderung dieser Verordnung;

c) Beratung der Kommission über das Format und die Verfahren für den Austausch von Informationen zwischen den Verantwortlichen, den Auftragsverarbeitern und den Aufsichtsbehörden in Bezug auf verbindliche interne Datenschutzvorschriften;

d) Bereitstellung von Leitlinien, Empfehlungen und bewährten Verfahren zu Verfahren für die Löschung gemäß Artikel 17 Absatz 2 von Links zu personenbezogenen Daten oder Kopien oder Replikationen dieser Daten aus öffentlich zugänglichen Kommunikationsdiensten;

e) Prüfung – von sich aus, auf Antrag eines seiner Mitglieder oder auf Ersuchen der Kommission – von die Anwendung dieser Verordnung betreffenden Fragen und Bereitstellung von Leitlinien, Empfehlungen und bewährten Verfahren zwecks Sicherstellung einer einheitlichen Anwendung dieser Verordnung;

f) Bereitstellung von Leitlinien, Empfehlungen und bewährten Verfahren gemäß Buchstabe e des vorliegenden Absatzes zur näheren Bestimmung der Kriterien und Bedingungen für die auf Profiling beruhenden Entscheidungen gemäß Artikel 22 Absatz 2;

g) Bereitstellung von Leitlinien, Empfehlungen und bewährten Verfahren gemäß Buchstabe e des vorliegenden Absatzes für die Feststellung von Verletzungen des Schutzes personenbezogener Daten und die Festlegung der Unverzüglichkeit im Sinne des Artikels 33 Absätze 1 und 2, und zu den spezifischen Umständen, unter denen der Verantwortliche oder der Auftragsverarbeiter die Verletzung des Schutzes personenbezogener Daten zu melden hat;

h) Bereitstellung von Leitlinien, Empfehlungen und bewährten Verfahren gemäß Buchstabe e des vorliegenden Absatzes zu den Umständen, unter denen eine Verletzung des Schutzes personenbezogener Daten voraussichtlich ein hohes Risiko für die Rechte und Freiheiten natürlicher Personen im Sinne des Artikels 34 Absatz 1 zur Folge hat;

i) Bereitstellung von Leitlinien, Empfehlungen und bewährten Verfahren gemäß Buchstabe e des vorliegenden Absatzes zur näheren Bestimmung der in Artikel 47 aufgeführten Kriterien und Anforderungen für die Übermittlungen personenbezogener Daten, die auf verbindlichen internen Datenschutzvorschriften von Verantwortlichen oder Auftragsverarbeitern beruhen, und der dort aufgeführten weiteren erforderlichen Anforderungen zum Schutz personenbezogener Daten der betroffenen Personen;

j) Bereitstellung von Leitlinien, Empfehlungen und bewährten Verfahren gemäß Buchstabe e des vorliegenden Absatzes zur näheren Bestimmung der Kriterien und Bedingungen für die Übermittlungen personenbezogener Daten gemäß Artikel 49 Absatz 1;

k) Ausarbeitung von Leitlinien für die Aufsichtsbehörden in Bezug auf die Anwendung von Maßnahmen nach Artikel 58 Absätze 1, 2 und 3 und die Festsetzung von Geldbußen gemäß Artikel 83;

l) Überprüfung der praktischen Anwendung der Leitlinien, Empfehlungen und bewährten Verfahren;

m) Bereitstellung von Leitlinien, Empfehlungen und bewährten Verfahren gemäß Buchstabe e des vorliegenden Absatzes zur Festlegung gemeinsamer Verfahren für die von natürlichen Personen vorgenommene Meldung von Verstößen gegen diese Verordnung gemäß Artikel 54 Absatz 2;

n) Förderung der Ausarbeitung von Verhaltensregeln und der Einrichtung von datenschutzspezifischen Zertifizierungsverfahren sowie Datenschutzsiegeln und -prüfzeichen gemäß den Artikeln 40 und 42;

o) Genehmigung der Zertifizierungskriterien gemäß Artikel 42 Absatz 5 und Führung eines öffentlichen Registers der Zertifizierungsverfahren sowie von Datenschutzsiegeln und -prüfzeichen gemäß Artikel 42 Absatz 8 und der in Drittländern niedergelassenen zertifizierten Verantwortlichen oder Auftragsverarbeiter gemäß Artikel 42 Absatz 7;

p) Genehmigung der in Artikel 43 Absatz 3 genannten Anforderungen im Hinblick auf die Akkreditierung von Zertifizierungsstellen gemäß Artikel 43;

q) Abgabe einer Stellungnahme für die Kommission zu den Zertifizierungsanforderungen gemäß Artikel 43 Absatz 8;

r) Abgabe einer Stellungnahme für die Kommission zu den Bildsymbolen gemäß Artikel 12 Absatz 7;

s) Abgabe einer Stellungnahme für die Kommission zur Beurteilung der Angemessenheit des in einem Drittland oder einer internationalen Organisation gebotenen Schutzniveaus einschließlich zur Beurteilung der Frage, ob das Drittland, das Gebiet, ein oder mehrere spezifische Sektoren in diesem Drittland oder eine internationale Organisation kein angemessenes Schutzniveau mehr gewährleistet. Zu diesem Zweck gibt die Kommission dem Ausschuss alle erforderlichen Unterlagen, darunter den Schriftwechsel mit der Regierung des Drittlands, dem Gebiet oder spezifischen Sektor oder der internationalen Organisation;

t) Abgabe von Stellungnahmen im Kohärenzverfahren gemäß Artikel 64 Absatz 1 zu Beschlussentwürfen von Aufsichtsbehörden, zu Angelegenheiten, die nach Artikel 64 Absatz 2 vorgelegt wurden und um Erlass verbindlicher Beschlüsse gemäß Artikel 65, einschließlich der in Artikel 66 genannten Fälle;

u) Förderung der Zusammenarbeit und eines wirksamen bilateralen und multilateralen Austauschs von Informationen und bewährten Verfahren zwischen den Aufsichtsbehörden;

v) Förderung von Schulungsprogrammen und Erleichterung des Personalaustausches zwischen Aufsichtsbehörden sowie gegebenenfalls mit Aufsichtsbehörden von Drittländern oder mit internationalen Organisationen;

w) Förderung des Austausches von Fachwissen und von Dokumentationen über Datenschutzvorschriften und -praxis mit Datenschutzaufsichtsbehörden in aller Welt;

x) Abgabe von Stellungnahmen zu den auf Unionsebene erarbeiteten Verhaltensregeln gemäß Artikel 40 Absatz 9 und

y) Führung eines öffentlich zugänglichen elektronischen Registers der Beschlüsse der Aufsichtsbehörden und Gerichte in Bezug auf Fragen, die im Rahmen des Kohärenzverfahrens behandelt wurden.

(2) Die Kommission kann, wenn sie den Ausschuss um Rat ersucht, unter Berücksichtigung der Dringlichkeit des Sachverhalts eine Frist angeben.

(3) Der Ausschuss leitet seine Stellungnahmen, Leitlinien, Empfehlungen und bewährten Verfahren an die Kommission und an den in Artikel 93 genannten Ausschuss weiter und veröffentlicht sie.

(4) [1] Der Ausschuss konsultiert gegebenenfalls interessierte Kreise und gibt ihnen Gelegenheit, innerhalb einer angemessenen Frist Stellung zu nehmen. [2] Unbeschadet des Artikels 76 macht der Ausschuss die Ergebnisse der Konsultation der Öffentlichkeit zugänglich.

Art. 71 Berichterstattung. (1) [1] Der Ausschuss erstellt einen Jahresbericht über den Schutz natürlicher Personen bei der Verarbeitung in der Union und gegebenenfalls in Drittländern und internationalen Organisationen. [2] Der Bericht wird veröffentlicht und dem Europäischen Parlament, dem Rat und der Kommission übermittelt.

(2) Der Jahresbericht enthält eine Überprüfung der praktischen Anwendung der in Artikel 70 Absatz 1 Buchstabe 1 genannten Leitlinien, Empfehlungen und bewährten Verfahren sowie der in Artikel 65 genannten verbindlichen Beschlüsse.

Art. 72 Verfahrensweise. (1) Sofern in dieser Verordnung nichts anderes bestimmt ist, fasst der Ausschuss seine Beschlüsse mit einfacher Mehrheit seiner Mitglieder.

(2) Der Ausschuss gibt sich mit einer Mehrheit von zwei Dritteln seiner Mitglieder eine Geschäftsordnung und legt seine Arbeitsweise fest.

Art. 73 Vorsitz. (1) Der Ausschuss wählt aus dem Kreis seiner Mitglieder mit einfacher Mehrheit einen Vorsitzenden und zwei stellvertretende Vorsitzende.

(2) Die Amtszeit des Vorsitzenden und seiner beiden Stellvertreter beträgt fünf Jahre; ihre einmalige Wiederwahl ist zulässig.

Art. 74 Aufgaben des Vorsitzes. (1) Der Vorsitz hat folgende Aufgaben:

a) Einberufung der Sitzungen des Ausschusses und Erstellung der Tagesordnungen,

b) Übermittlung der Beschlüsse des Ausschusses nach Artikel 65 an die federführende Aufsichtsbehörde und die betroffenen Aufsichtsbehörden,

c) Sicherstellung einer rechtzeitigen Ausführung der Aufgaben des Ausschusses, insbesondere der Aufgaben im Zusammenhang mit dem Kohärenzverfahren nach Artikel 63.

(2) Der Ausschuss legt die Aufteilung der Aufgaben zwischen dem Vorsitzenden und dessen Stellvertretern in seiner Geschäftsordnung fest.

Art. 75 Sekretariat. (1) Der Ausschuss wird von einem Sekretariat unterstützt, das von dem Europäischen Datenschutzbeauftragten bereitgestellt wird.

(2) Das Sekretariat führt seine Aufgaben ausschließlich auf Anweisung des Vorsitzes des Ausschusses aus.

(3) Das Personal des Europäischen Datenschutzbeauftragten, das an der Wahrnehmung der dem Ausschuss gemäß dieser Verordnung übertragenen Aufgaben beteiligt ist, unterliegt anderen Berichtspflichten als das Personal, das an der Wahrnehmung der dem Europäischen Datenschutzbeauftragten übertragenen Aufgaben beteiligt ist.

(4) Soweit angebracht, erstellen und veröffentlichen der Ausschuss und der Europäische Datenschutzbeauftragte eine Vereinbarung zur Anwendung des vorliegenden Artikels, in der die Bedingungen ihrer Zusammenarbeit festgelegt sind und die für das Personal des Europäischen Datenschutzbeauftragten gilt, das an der Wahrnehmung der dem Ausschuss gemäß dieser Verordnung übertragenen Aufgaben beteiligt ist.

(5) Das Sekretariat leistet dem Ausschuss analytische, administrative und logistische Unterstützung.

(6) Das Sekretariat ist insbesondere verantwortlich für

a) das Tagesgeschäft des Ausschusses,

b) die Kommunikation zwischen den Mitgliedern des Ausschusses, seinem Vorsitz und der Kommission,

c) die Kommunikation mit anderen Organen und mit der Öffentlichkeit,

d) den Rückgriff auf elektronische Mittel für die interne und die externe Kommunikation,

e) die Übersetzung sachdienlicher Informationen,

f) die Vor- und Nachbereitung der Sitzungen des Ausschusses,

g) die Vorbereitung, Abfassung und Veröffentlichung von Stellungnahmen, von Beschlüssen über die Beilegung von Streitigkeiten zwischen Aufsichtsbehörden und von sonstigen vom Ausschuss angenommenen Dokumenten.

Art. 76 Vertraulichkeit. (1) Die Beratungen des Ausschusses sind gemäß seiner Geschäftsordnung vertraulich, wenn der Ausschuss dies für erforderlich hält.

(2) Der Zugang zu Dokumenten, die Mitgliedern des Ausschusses, Sachverständigen und Vertretern von Dritten vorgelegt werden, wird durch die Verordnung (EG) Nr. 1049/2001 des Europäischen Parlaments und des Rates[1] geregelt.

Kapitel VIII. Rechtsbehelfe, Haftung und Sanktionen

Art. 77[2] Recht auf Beschwerde bei einer Aufsichtsbehörde. (1) Jede betroffene Person hat unbeschadet eines anderweitigen verwaltungsrechtlichen oder gerichtlichen Rechtsbehelfs das Recht auf Beschwerde bei einer Aufsichtsbehörde, insbesondere in dem Mitgliedstaat ihres gewöhnlichen Aufenthaltsorts, ihres Arbeitsplatzes oder des Orts des mutmaßlichen Verstoßes, wenn die betroffene Person der Ansicht ist, dass die Verarbeitung der sie betreffenden personenbezogenen Daten gegen diese Verordnung verstößt.

(2) Die Aufsichtsbehörde, bei der die Beschwerde eingereicht wurde, unterrichtet den Beschwerdeführer über den Stand und die Ergebnisse der Beschwerde einschließlich der Möglichkeit eines gerichtlichen Rechtsbehelfs nach Artikel 78.

Art. 78 Recht auf wirksamen gerichtlichen Rechtsbehelf gegen eine Aufsichtsbehörde. (1) Jede natürliche oder juristische Person hat unbeschadet eines anderweitigen verwaltungsrechtlichen oder außergerichtlichen Rechtsbehelfs das Recht auf einen wirksamen gerichtlichen Rechtsbehelf gegen einen sie betreffenden rechtsverbindlichen Beschluss einer Aufsichtsbehörde.

(2) Jede betroffene Person hat unbeschadet eines anderweitigen verwaltungsrechtlichen oder außergerichtlichen Rechtbehelfs das Recht auf einen wirksamen gerichtlichen Rechtsbehelf, wenn die nach den Artikeln 55 und 56 zuständige Aufsichtsbehörde sich nicht mit einer Beschwerde befasst oder die betroffene Person nicht innerhalb von drei Monaten über den Stand oder das Ergebnis der gemäß Artikel 77 erhobenen Beschwerde in Kenntnis gesetzt hat.

(3) Für Verfahren gegen eine Aufsichtsbehörde sind die Gerichte des Mitgliedstaats zuständig, in dem die Aufsichtsbehörde ihren Sitz hat.

---

1) **[Amtl. Anm.:]** Verordnung (EG) Nr. 1049/2001 des Europäischen Parlaments und des Rates vom 30. Mai 2001 über den Zugang der Öffentlichkeit zu Dokumenten des Europäischen Parlaments, des Rates und der Kommission (ABl. L 145 vom 31.5.2001, S. 43).

2) Art. 77 Abs. 1 ber. ABl. 2018 Nr. L 127 S. 2.

(4) Kommt es zu einem Verfahren gegen den Beschluss einer Aufsichtsbehörde, dem eine Stellungnahme oder ein Beschluss des Ausschusses im Rahmen des Kohärenzverfahrens vorangegangen ist, so leitet die Aufsichtsbehörde diese Stellungnahme oder diesen Beschluss dem Gericht zu.

Art. 79[1)] Recht auf wirksamen gerichtlichen Rechtsbehelf gegen Verantwortliche oder Auftragsverarbeiter. (1) Jede betroffene Person hat unbeschadet eines verfügbaren verwaltungsrechtlichen oder außergerichtlichen Rechtsbehelfs einschließlich des Rechts auf Beschwerde bei einer Aufsichtsbehörde gemäß Artikel 77 das Recht auf einen wirksamen gerichtlichen Rechtsbehelf, wenn sie der Ansicht ist, dass die ihr aufgrund dieser Verordnung zustehenden Rechte infolge einer nicht im Einklang mit dieser Verordnung stehenden Verarbeitung ihrer personenbezogenen Daten verletzt wurden.

(2) [1] Für Klagen gegen einen Verantwortlichen oder gegen einen Auftragsverarbeiter sind die Gerichte des Mitgliedstaats zuständig, in dem der Verantwortliche oder der Auftragsverarbeiter eine Niederlassung hat. [2] Wahlweise können solche Klagen auch bei den Gerichten des Mitgliedstaats erhoben werden, in dem die betroffene Person ihren gewöhnlichen Aufenthaltsort hat, es sei denn, es handelt sich bei dem Verantwortlichen oder dem Auftragsverarbeiter um eine Behörde eines Mitgliedstaats, die in Ausübung ihrer hoheitlichen Befugnisse tätig geworden ist.

Art. 80 Vertretung von betroffenen Personen. (1) Die betroffene Person hat das Recht, eine Einrichtung, Organisationen oder Vereinigung ohne Gewinnerzielungsabsicht, die ordnungsgemäß nach dem Recht eines Mitgliedstaats gegründet ist, deren satzungsmäßige Ziele im öffentlichem Interesse liegen und die im Bereich des Schutzes der Rechte und Freiheiten von betroffenen Personen in Bezug auf den Schutz ihrer personenbezogenen Daten tätig ist, zu beauftragen, in ihrem Namen eine Beschwerde einzureichen, in ihrem Namen die in den Artikeln 77, 78 und 79 genannten Rechte wahrzunehmen und das Recht auf Schadensersatz gemäß Artikel 82 in Anspruch zu nehmen, sofern dieses im Recht der Mitgliedstaaten vorgesehen ist.

(2) Die Mitgliedstaaten können vorsehen, dass jede der in Absatz 1 des vorliegenden Artikels genannten Einrichtungen, Organisationen oder Vereinigungen unabhängig von einem Auftrag der betroffenen Person in diesem Mitgliedstaat das Recht hat, bei der gemäß Artikel 77 zuständigen Aufsichtsbehörde eine Beschwerde einzulegen und die in den Artikeln 78 und 79 aufgeführten Rechte in Anspruch zu nehmen, wenn ihres Erachtens die Rechte einer betroffenen Person gemäß dieser Verordnung infolge einer Verarbeitung verletzt worden sind.

---

1) Art. 79 Abs. 2 Satz 2 ber. ABl. 2018 Nr. L 127 S. 2.

Art. 81 Aussetzung des Verfahrens. (1) Erhält ein zuständiges Gericht in einem Mitgliedstaat Kenntnis von einem Verfahren zu demselben Gegenstand in Bezug auf die Verarbeitung durch denselben Verantwortlichen oder Auftragsverarbeiter, das vor einem Gericht in einem anderen Mitgliedstaat anhängig ist, so nimmt es mit diesem Gericht Kontakt auf, um sich zu vergewissern, dass ein solches Verfahren existiert.

(2) Ist ein Verfahren zu demselben Gegenstand in Bezug auf die Verarbeitung durch denselben Verantwortlichen oder Auftragsverarbeiter vor einem Gericht in einem anderen Mitgliedstaat anhängig, so kann jedes später angerufene zuständige Gericht das bei ihm anhängige Verfahren aussetzen.

(3) Sind diese Verfahren in erster Instanz anhängig, so kann sich jedes später angerufene Gericht auf Antrag einer Partei auch für unzuständig erklären, wenn das zuerst angerufene Gericht für die betreffenden Klagen zuständig ist und die Verbindung der Klagen nach seinem Recht zulässig ist.

Art. 82 Haftung und Recht auf Schadenersatz. (1) Jede Person, der wegen eines Verstoßes gegen diese Verordnung ein materieller oder immaterieller Schaden entstanden ist, hat Anspruch auf Schadenersatz gegen den Verantwortlichen oder gegen den Auftragsverarbeiter.

(2) [1]Jeder an einer Verarbeitung beteiligte Verantwortliche haftet für den Schaden, der durch eine nicht dieser Verordnung entsprechende Verarbeitung verursacht wurde. [2]Ein Auftragsverarbeiter haftet für den durch eine Verarbeitung verursachten Schaden nur dann, wenn er seinen speziell den Auftragsverarbeitern auferlegten Pflichten aus dieser Verordnung nicht nachgekommen ist oder unter Nichtbeachtung der rechtmäßig erteilten Anweisungen des für die Datenverarbeitung Verantwortlichen oder gegen diese Anweisungen gehandelt hat.

(3) Der Verantwortliche oder der Auftragsverarbeiter wird von der Haftung gemäß Absatz 2 befreit, wenn er nachweist, dass er in keinerlei Hinsicht für den Umstand, durch den der Schaden eingetreten ist, verantwortlich ist.

(4) Ist mehr als ein Verantwortlicher oder mehr als ein Auftragsverarbeiter bzw. sowohl ein Verantwortlicher als auch ein Auftragsverarbeiter an derselben Verarbeitung beteiligt und sind sie gemäß den Absätzen 2 und 3 für einen durch die Verarbeitung verursachten Schaden verantwortlich, so haftet jeder Verantwortliche oder jeder Auftragsverarbeiter für den gesamten Schaden, damit ein wirksamer Schadensersatz für die betroffene Person sichergestellt ist.

(5) Hat ein Verantwortlicher oder Auftragsverarbeiter gemäß Absatz 4 vollständigen Schadenersatz für den erlittenen Schaden gezahlt, so ist dieser Verantwortliche oder Auftragsverarbeiter berechtigt, von den übrigen an *derselben Verarbeitung* beteiligten für die Datenverarbeitung Verantwortlichen oder Auftragsverarbeitern den Teil des Scha-

denersatzes zurückzufordern, der unter den in Absatz 2 festgelegten Bedingungen ihrem Anteil an der Verantwortung für den Schaden entspricht.

(6) Mit Gerichtsverfahren zur Inanspruchnahme des Rechts auf Schadenersatz sind die Gerichte zu befassen, die nach den in Artikel 79 Absatz 2 genannten Rechtsvorschriften des Mitgliedstaats zuständig sind.

Art. 83[1] Allgemeine Bedingungen für die Verhängung von Geldbußen. (1) Jede Aufsichtsbehörde stellt sicher, dass die Verhängung von Geldbußen gemäß diesem Artikel für Verstöße gegen diese Verordnung gemäß den Absätzen 4, 5 und 6 in jedem Einzelfall wirksam, verhältnismäßig und abschreckend ist.

(2) [1]Geldbußen werden je nach den Umständen des Einzelfalls zusätzlich zu oder anstelle von Maßnahmen nach Artikel 58 Absatz 2 Buchstaben a bis h und j verhängt. [2]Bei der Entscheidung über die Verhängung einer Geldbuße und über deren Betrag wird in jedem Einzelfall Folgendes gebührend berücksichtigt:

a) Art, Schwere und Dauer des Verstoßes unter Berücksichtigung der Art, des Umfangs oder des Zwecks der betreffenden Verarbeitung sowie der Zahl der von der Verarbeitung betroffenen Personen und des Ausmaßes des von ihnen erlittenen Schadens;
b) Vorsätzlichkeit oder Fahrlässigkeit des Verstoßes;
c) jegliche von dem Verantwortlichen oder dem Auftragsverarbeiter getroffenen Maßnahmen zur Minderung des den betroffenen Personen entstandenen Schadens;
d) Grad der Verantwortung des Verantwortlichen oder des Auftragsverarbeiters unter Berücksichtigung der von ihnen gemäß den Artikeln 25 und 32 getroffenen technischen und organisatorischen Maßnahmen;
e) etwaige einschlägige frühere Verstöße des Verantwortlichen oder des Auftragsverarbeiters;
f) Umfang der Zusammenarbeit mit der Aufsichtsbehörde, um dem Verstoß abzuhelfen und seine möglichen nachteiligen Auswirkungen zu mindern;
g) Kategorien personenbezogener Daten, die von dem Verstoß betroffen sind;
h) Art und Weise, wie der Verstoß der Aufsichtsbehörde bekannt wurde, insbesondere ob und gegebenenfalls in welchem Umfang der Verantwortliche oder der Auftragsverarbeiter den Verstoß mitgeteilt hat;
i) Einhaltung der nach Artikel 58 Absatz 2 früher gegen den für den betreffenden Verantwortlichen oder Auftragsverarbeiter in Bezug auf

---

[1] Art. 83 Abs. 1 und Abs. 2 Satz 1 ber. ABl. 2018 Nr. L 127 S. 2.

denselben Gegenstand angeordneten Maßnahmen, wenn solche Maßnahmen angeordnet wurden;

j) Einhaltung von genehmigten Verhaltensregeln nach Artikel 40 oder genehmigten Zertifizierungsverfahren nach Artikel 42 und

k) jegliche anderen erschwerenden oder mildernden Umstände im jeweiligen Fall, wie unmittelbar oder mittelbar durch den Verstoß erlangte finanzielle Vorteile oder vermiedene Verluste.

(3) Verstößt ein Verantwortlicher oder ein Auftragsverarbeiter bei gleichen oder miteinander verbundenen Verarbeitungsvorgängen vorsätzlich oder fahrlässig gegen mehrere Bestimmungen dieser Verordnung, so übersteigt der Gesamtbetrag der Geldbuße nicht den Betrag für den schwerwiegendsten Verstoß.

(4) Bei Verstößen gegen die folgenden Bestimmungen werden im Einklang mit Absatz 2 Geldbußen von bis zu 10 000 000 EUR oder im Fall eines Unternehmens von bis zu 2 % seines gesamten weltweit erzielten Jahresumsatzes des vorangegangenen Geschäftsjahrs verhängt, je nachdem, welcher der Beträge höher ist:

a) die Pflichten der Verantwortlichen und der Auftragsverarbeiter gemäß den Artikeln 8, 11, 25 bis 39, 42 und 43;

b) die Pflichten der Zertifizierungsstelle gemäß den Artikeln 42 und 43;

c) die Pflichten der Überwachungsstelle gemäß Artikel 41 Absatz 4.

(5) Bei Verstößen gegen die folgenden Bestimmungen werden im Einklang mit Absatz 2 Geldbußen von bis zu 20 000 000 EUR oder im Fall eines Unternehmens von bis zu 4 % seines gesamten weltweit erzielten Jahresumsatzes des vorangegangenen Geschäftsjahrs verhängt, je nachdem, welcher der Beträge höher ist:

a) die Grundsätze für die Verarbeitung, einschließlich der Bedingungen für die Einwilligung, gemäß den Artikeln 5, 6, 7 und 9;

b) die Rechte der betroffenen Person gemäß den Artikeln 12 bis 22;

c) die Übermittlung personenbezogener Daten an einen Empfänger in einem Drittland oder an eine internationale Organisation gemäß den Artikeln 44 bis 49;

d) alle Pflichten gemäß den Rechtsvorschriften der Mitgliedstaaten, die im Rahmen des Kapitels IX erlassen wurden;

e) Nichtbefolgung einer Anweisung oder einer vorübergehenden oder endgültigen Beschränkung oder Aussetzung der Datenübermittlung durch die Aufsichtsbehörde gemäß Artikel 58 Absatz 2 oder Nichtgewährung des Zugangs unter Verstoß gegen Artikel 58 Absatz 1.

(6) Bei Nichtbefolgung einer Anweisung der Aufsichtsbehörde gemäß Artikel 58 Absatz 2 werden im Einklang mit Absatz 2 des vorliegenden Artikels Geldbußen von bis zu 20 000 000 EUR oder im Fall eines Unternehmens von bis zu 4 % seines gesamten weltweit erzielten Jahresumsatzes des vorangegangenen Geschäftsjahrs verhängt, je nachdem, welcher der Beträge höher ist.

(7) Unbeschadet der Abhilfebefugnisse der Aufsichtsbehörden gemäß Artikel 58 Absatz 2 kann jeder Mitgliedstaat Vorschriften dafür festlegen, ob und in welchem Umfang gegen Behörden und öffentliche Stellen, die in dem betreffenden Mitgliedstaat niedergelassen sind, Geldbußen verhängt werden können.

(8) Die Ausübung der eigenen Befugnisse durch eine Aufsichtsbehörde gemäß diesem Artikel muss angemessenen Verfahrensgarantien gemäß dem Unionsrecht und dem Recht der Mitgliedstaaten, einschließlich wirksamer gerichtlicher Rechtsbehelfe und ordnungsgemäßer Verfahren, unterliegen.

(9) [1]Sieht die Rechtsordnung eines Mitgliedstaats keine Geldbußen vor, kann dieser Artikel so angewandt werden, dass die Geldbuße von der zuständigen Aufsichtsbehörde in die Wege geleitet und von den zuständigen nationalen Gerichten verhängt wird, wobei sicherzustellen ist, dass diese Rechtsbehelfe wirksam sind und die gleiche Wirkung wie die von Aufsichtsbehörden verhängten Geldbußen haben. [2]In jeden Fall müssen die verhängten Geldbußen wirksam, verhältnismäßig und abschreckend sein. [3]Die betreffenden Mitgliedstaaten teilen der Kommission bis zum 25. Mai 2018 die Rechtsvorschriften mit, die sie aufgrund dieses Absatzes erlassen, sowie unverzüglich alle späteren Änderungsgesetze oder Änderungen dieser Vorschriften.

Art. 84 Sanktionen. (1) [1]Die Mitgliedstaaten legen die Vorschriften über andere Sanktionen für Verstöße gegen diese Verordnung – insbesondere für Verstöße, die keiner Geldbuße gemäß Artikel 83 unterliegen – fest und treffen alle zu deren Anwendung erforderlichen Maßnahmen. [2]Diese Sanktionen müssen wirksam, verhältnismäßig und abschreckend sein.

(2) Jeder Mitgliedstaat teilt der Kommission bis zum 25. Mai 2018 die Rechtsvorschriften, die er aufgrund von Absatz 1 erlässt, sowie unverzüglich alle späteren Änderungen dieser Vorschriften mit.

Kapitel IX. Vorschriften für besondere Verarbeitungssituationen

Art. 85 Verarbeitung und Freiheit der Meinungsäußerung und Informationsfreiheit. (1) Die Mitgliedstaaten bringen durch Rechtsvorschriften das Recht auf den Schutz personenbezogener Daten gemäß dieser Verordnung mit dem Recht auf freie Meinungsäußerung *und Informations*freiheit, einschließlich der Verarbeitung zu journalistischen Zwecken und zu wissenschaftlichen, künstlerischen oder literarischen Zwecken, in Einklang.

(2) Für die Verarbeitung, die zu journalistischen Zwecken oder zu wissenschaftlichen, künstlerischen oder literarischen Zwecken erfolgt, sehen die Mitgliedstaaten Abweichungen oder Ausnahmen von Kapitel II (Grundsätze), Kapitel III (Rechte der betroffenen Person), Kapi-

tel IV (Verantwortlicher und Auftragsverarbeiter), Kapitel V (Übermittlung personenbezogener Daten an Drittländer oder an internationale Organisationen), Kapitel VI (Unabhängige Aufsichtsbehörden), Kapitel VII (Zusammenarbeit und Kohärenz) und Kapitel IX (Vorschriften für besondere Verarbeitungssituationen) vor, wenn dies erforderlich ist, um das Recht auf Schutz der personenbezogenen Daten mit der Freiheit der Meinungsäußerung und der Informationsfreiheit in Einklang zu bringen.

(3) Jeder Mitgliedstaat teilt der Kommission die Rechtsvorschriften, die er aufgrund von Absatz 2 erlassen hat, sowie unverzüglich alle späteren Änderungsgesetze oder Änderungen dieser Vorschriften mit.

Art. 86 Verarbeitung und Zugang der Öffentlichkeit zu amtlichen Dokumenten. Personenbezogene Daten in amtlichen Dokumenten, die sich im Besitz einer Behörde oder einer öffentlichen Einrichtung oder einer privaten Einrichtung zur Erfüllung einer im öffentlichen Interesse liegenden Aufgabe befinden, können von der Behörde oder der Einrichtung gemäß dem Unionsrecht oder dem Recht des Mitgliedstaats, dem die Behörde oder Einrichtung unterliegt, offengelegt werden, um den Zugang der Öffentlichkeit zu amtlichen Dokumenten mit dem Recht auf Schutz personenbezogener Daten gemäß dieser Verordnung in Einklang zu bringen.

Art. 87 Verarbeitung der nationalen Kennziffer. [1]Die Mitgliedstaaten können näher bestimmen, unter welchen spezifischen Bedingungen eine nationale Kennziffer oder andere Kennzeichen von allgemeiner Bedeutung Gegenstand einer Verarbeitung sein dürfen. [2]In diesem Fall darf die nationale Kennziffer oder das andere Kennzeichen von allgemeiner Bedeutung nur unter Wahrung geeigneter Garantien für die Rechte und Freiheiten der betroffenen Person gemäß dieser Verordnung verwendet werden.

Art. 88[1)] Datenverarbeitung im Beschäftigungskontext. (1) Die Mitgliedstaaten können durch Rechtsvorschriften oder durch Kollektivvereinbarungen spezifischere Vorschriften zur Gewährleistung des Schutzes der Rechte und Freiheiten hinsichtlich der Verarbeitung personenbezogener Beschäftigtendaten im Beschäftigungskontext, insbesondere für Zwecke der Einstellung, der Erfüllung des Arbeitsvertrags einschließlich der Erfüllung von durch Rechtsvorschriften oder durch Kollektivvereinbarungen festgelegten Pflichten, des Managements, der Planung und der Organisation der Arbeit, der Gleichheit und Diversität am Arbeitsplatz, der Gesundheit und Sicherheit am Arbeitsplatz, des Schutzes des Eigentums der Arbeitgeber oder der Kunden sowie für Zwecke der Inanspruchnahme der mit der Beschäftigung zusammenhängenden individuellen oder kollektiven Rechte und Leistungen und für Zwecke der Beendigung des Beschäftigungsverhältnisses vorsehen.

---

1) Art. 88 Abs. 1 und 2 ber. ABl. 2018 Nr. L 127 S. 2.

(2) Diese Vorschriften umfassen geeignete und besondere Maßnahmen zur Wahrung der menschlichen Würde, der berechtigten Interessen und der Grundrechte der betroffenen Person, insbesondere im Hinblick auf die Transparenz der Verarbeitung, die Übermittlung personenbezogener Daten innerhalb einer Unternehmensgruppe oder einer Gruppe von Unternehmen, die eine gemeinsame Wirtschaftstätigkeit ausüben, und die Überwachungssysteme am Arbeitsplatz.

(3) Jeder Mitgliedstaat teilt der Kommission bis zum 25. Mai 2018 die Rechtsvorschriften, die er aufgrund von Absatz 1 erlässt, sowie unverzüglich alle späteren Änderungen dieser Vorschriften mit.

Art. 89 Garantien und Ausnahmen in Bezug auf die Verarbeitung zu im öffentlichen Interesse liegenden Archivzwecken, zu wissenschaftlichen oder historischen Forschungszwecken und zu statistischen Zwecken. (1) [1] Die Verarbeitung zu im öffentlichen Interesse liegenden Archivzwecken, zu wissenschaftlichen oder historischen Forschungszwecken oder zu statistischen Zwecken unterliegt geeigneten Garantien für die Rechte und Freiheiten der betroffenen Person gemäß dieser Verordnung. [2] Mit diesen Garantien wird sichergestellt, dass technische und organisatorische Maßnahmen bestehen, mit denen insbesondere die Achtung des Grundsatzes der Datenminimierung gewährleistet wird. [3] Zu diesen Maßnahmen kann die Pseudonymisierung gehören, sofern es möglich ist, diese Zwecke auf diese Weise zu erfüllen. [4] In allen Fällen, in denen diese Zwecke durch die Weiterverarbeitung, bei der die Identifizierung von betroffenen Personen nicht oder nicht mehr möglich ist, erfüllt werden können, werden diese Zwecke auf diese Weise erfüllt.

(2) Werden personenbezogene Daten zu wissenschaftlichen oder historischen Forschungszwecken oder zu statistischen Zwecken verarbeitet, können vorbehaltlich der Bedingungen und Garantien gemäß Absatz 1 des vorliegenden Artikels im Unionsrecht oder im Recht der Mitgliedstaaten insoweit Ausnahmen von den Rechten gemäß der Artikel 15, 16, 18 und 21 vorgesehen werden, als diese Rechte voraussichtlich die Verwirklichung der spezifischen Zwecke unmöglich machen oder ernsthaft beeinträchtigen und solche Ausnahmen für die Erfüllung dieser Zwecke notwendig sind.

(3) Werden personenbezogene Daten für im öffentlichen Interesse liegende Archivzwecke verarbeitet, können vorbehaltlich der Bedingungen und Garantien gemäß Absatz 1 des vorliegenden Artikels im Unionsrecht oder im Recht der Mitgliedstaaten insoweit Ausnahmen von den Rechten gemäß der Artikel 15, 16, 18, 19, 20 und 21 vorgesehen werden, als diese Rechte voraussichtlich die Verwirklichung der spezifischen Zwecke unmöglich machen oder ernsthaft beeinträchtigen und solche Ausnahmen für die Erfüllung dieser Zwecke notwendig sind.

(4) Dient die in den Absätzen 2 und 3 genannte Verarbeitung gleichzeitig einem anderen Zweck, gelten die Ausnahmen nur für die Verarbeitung zu den in diesen Absätzen genannten Zwecken.

Art. 90 Geheimhaltungspflichten. (1) [1]Die Mitgliedstaaten können die Befugnisse der Aufsichtsbehörden im Sinne des Artikels 58 Absatz 1 Buchstaben e und f gegenüber den Verantwortlichen oder den Auftragsverarbeitern, die nach Unionsrecht oder dem Recht der Mitgliedstaaten oder nach einer von den zuständigen nationalen Stellen erlassenen Verpflichtung dem Berufsgeheimnis oder einer gleichwertigen Geheimhaltungspflicht unterliegen, regeln, soweit dies notwendig und verhältnismäßig ist, um das Recht auf Schutz der personenbezogenen Daten mit der Pflicht zur Geheimhaltung in Einklang zu bringen. [2]Diese Vorschriften gelten nur in Bezug auf personenbezogene Daten, die der Verantwortliche oder der Auftragsverarbeiter bei einer Tätigkeit erlangt oder erhoben hat, die einer solchen Geheimhaltungspflicht unterliegt.

(2) Jeder Mitgliedstaat teilt der Kommission bis zum 25. Mai 2018 die Vorschriften mit, die er aufgrund von Absatz 1 erlässt, und setzt sie unverzüglich von allen weiteren Änderungen dieser Vorschriften in Kenntnis.

Art. 91 Bestehende Datenschutzvorschriften von Kirchen und religiösen Vereinigungen oder Gemeinschaften. (1) Wendet eine Kirche oder eine religiöse Vereinigung oder Gemeinschaft in einem Mitgliedstaat zum Zeitpunkt des Inkrafttretens dieser Verordnung umfassende Regeln zum Schutz natürlicher Personen bei der Verarbeitung an, so dürfen diese Regeln weiter angewandt werden, sofern sie mit dieser Verordnung in Einklang gebracht werden.

(2) Kirchen und religiöse Vereinigungen oder Gemeinschaften, die gemäß Absatz 1 umfassende Datenschutzregeln anwenden, unterliegen der Aufsicht durch eine unabhängige Aufsichtsbehörde, die spezifischer Art sein kann, sofern sie die in Kapitel VI niedergelegten Bedingungen erfüllt.

Kapitel X. Delegierte Rechtsakte und Durchführungsrechtsakte

Art. 92 Ausübung der Befugnisübertragung. (1) Die Befugnis zum Erlass delegierter Rechtsakte wird der Kommission unter den in diesem Artikel festgelegten Bedingungen übertragen.

(2) Die Befugnis zum Erlass delegierter Rechtsakte gemäß Artikel 12 Absatz 8 und Artikel 43 Absatz 8 wird der Kommission auf unbestimmte Zeit ab dem 24. Mai 2016 übertragen.

(3) [1]Die Befugnisübertragung gemäß Artikel 12 Absatz 8 und Artikel 43 Absatz 8 kann vom Europäischen Parlament oder vom Rat jederzeit widerrufen werden. [2]Der Beschluss über den Widerruf beendet die Übertragung der in diesem Beschluss angegebenen Befugnis. [3]Er wird am Tag nach seiner Veröffentlichung im Amtsblatt der Europäischen Union oder zu einem im Beschluss über den Widerruf angege-

benen späteren Zeitpunkt wirksam. [4]Die Gültigkeit von delegierten Rechtsakten, die bereits in Kraft sind, wird von dem Beschluss über den Widerruf nicht berührt.

(4) Sobald die Kommission einen delegierten Rechtsakt erlässt, übermittelt sie ihn gleichzeitig dem Europäischen Parlament und dem Rat.

(5) [1]Ein delegierter Rechtsakt, der gemäß Artikel 12 Absatz 8 und Artikel 43 Absatz 8 erlassen wurde, tritt nur in Kraft, wenn weder das Europäische Parlament noch der Rat innerhalb einer Frist von drei Monaten nach Übermittlung dieses Rechtsakts an das Europäische Parlament und den Rat Einwände erhoben haben oder wenn vor Ablauf dieser Frist das Europäische Parlament und der Rat beide der Kommission mitgeteilt haben, dass sie keine Einwände erheben werden. [2]Auf Veranlassung des Europäischen Parlaments oder des Rates wird diese Frist um drei Monate verlängert.

Art. 93 Ausschussverfahren. (1) [1]Die Kommission wird von einem Ausschuss unterstützt. [2]Dieser Ausschuss ist ein Ausschuss im Sinne der Verordnung (EU) Nr. 182/2011.

(2) Wird auf diesen Absatz Bezug genommen, so gilt Artikel 5 der Verordnung (EU) Nr. 182/2011.

(3) Wird auf diesen Absatz Bezug genommen, so gilt Artikel 8 der Verordnung (EU) Nr. 182/2011 in Verbindung mit deren Artikel 5.

Kapitel XI. Schlussbestimmungen

Art. 94 Aufhebung der Richtlinie 95/46/EG. (1) Die Richtlinie 95/46/EG wird mit Wirkung vom 25. Mai 2018 aufgehoben.

(2) [1]Verweise auf die aufgehobene Richtlinie gelten als Verweise auf die vorliegende Verordnung. [2]Verweise auf die durch Artikel 29 der Richtlinie 95/46/EG eingesetzte Gruppe für den Schutz von Personen bei der Verarbeitung personenbezogener Daten gelten als Verweise auf den kraft dieser Verordnung errichteten Europäischen Datenschutzausschuss.

Art. 95 Verhältnis zur Richtlinie 2002/58/EG. Diese Verordnung erlegt natürlichen oder juristischen Personen in Bezug auf die Verarbeitung in Verbindung mit der Bereitstellung öffentlich zugänglicher elektronischer Kommunikationsdienste in öffentlichen Kommunikationsnetzen in der Union keine zusätzlichen Pflichten auf, soweit sie besonderen in der Richtlinie 2002/58/EG festgelegten Pflichten unterliegen, die dasselbe Ziel verfolgen.

Art. 96 Verhältnis zu bereits geschlossenen Übereinkünften. Internationale Übereinkünfte, die die Übermittlung personenbezogener Daten an Drittländer oder internationale Organisationen mit sich bringen, die von den Mitgliedstaaten vor dem 24. Mai 2016 abgeschlossen wurden und die im Einklang mit dem vor diesem Tag geltenden Unionsrecht stehen, bleiben in Kraft, bis sie geändert, ersetzt oder gekündigt werden.

Art. 97 Berichte der Kommission. (1) [1]Bis zum 25. Mai 2020 und danach alle vier Jahre legt die Kommission dem Europäischen Parlament und dem Rat einen Bericht über die Bewertung und Überprüfung dieser Verordnung vor. [2]Die Berichte werden öffentlich gemacht.

(2) Im Rahmen der Bewertungen und Überprüfungen nach Absatz 1 prüft die Kommission insbesondere die Anwendung und die Wirkungsweise

a) des Kapitels V über die Übermittlung personenbezogener Daten an Drittländer oder an internationale Organisationen insbesondere im Hinblick auf die gemäß Artikel 45 Absatz 3 der vorliegenden Verordnung erlassenen Beschlüsse sowie die gemäß Artikel 25 Absatz 6 der Richtlinie 95/46/EG erlassenen Feststellungen,

b) des Kapitels VII über Zusammenarbeit und Kohärenz.

(3) Für den in Absatz 1 genannten Zweck kann die Kommission Informationen von den Mitgliedstaaten und den Aufsichtsbehörden anfordern.

(4) Bei den in den Absätzen 1 und 2 genannten Bewertungen und Überprüfungen berücksichtigt die Kommission die Standpunkte und Feststellungen des Europäischen Parlaments, des Rates und anderer einschlägiger Stellen oder Quellen.

(5) Die Kommission legt erforderlichenfalls geeignete Vorschläge zur Änderung dieser Verordnung vor und berücksichtigt dabei insbesondere die Entwicklungen in der Informationstechnologie und die Fortschritte in der Informationsgesellschaft.

Art. 98 Überprüfung anderer Rechtsakte der Union zum Datenschutz. [1]Die Kommission legt gegebenenfalls Gesetzgebungsvorschläge zur Änderung anderer Rechtsakte der Union zum Schutz personenbezogener Daten vor, damit ein einheitlicher und kohärenter Schutz natürlicher Personen bei der Verarbeitung sichergestellt wird. [2]Dies betrifft insbesondere die Vorschriften zum Schutz natürlicher Personen bei der Verarbeitung solcher Daten durch die Organe, Einrichtungen, Ämter und Agenturen der Union und zum freien Verkehr solcher Daten.

Art. 99 Inkrafttreten und Anwendung. (1) Diese Verordnung tritt am zwanzigsten Tag nach ihrer Veröffentlichung[1] im Amtsblatt der Europäischen Union in Kraft.

(2) Sie gilt ab dem 25. Mai 2018.

[1] Veröffentlicht am 4.5.2016.

Schlussformel

Diese Verordnung ist in allen ihren Teilen verbindlich und gilt unmittelbar in jedem Mitgliedstaat.

Geschehen zu Brüssel am 27. April 2016.

200. Vertrag zur Gründung der Europäischen Atomgemeinschaft (EURATOM)[1]

Vom 25. März 1957

(BGBl. II S. 1014; i. d. F. des Europäischen Unionsvertrages vom 7.2.1992, BGBl. II S. 1253/1286, geänd. durch Beitrittsvertrag vom 24.6.1994, BGBl. II S. 2022, i. d. F. des Beschlusses vom 1.1.1995, ABl. Nr. L 1/1, ber. ABl. 1997 Nr. L 179/12, geänd. durch den Amsterdamer Vertrag vom 2.10.1997, BGBl. 1998 II S. 387, geänd. durch den Vertrag von Nizza vom 26.2.2001, BGBl. 2001 II S. 1667, geänd. durch die Akte zum Beitrittsvertrag v. 25.4.2005, ABl. Nr. L 157/203 v. 21.6.2005), zuletzt geänd. durch Prot. 2 zum Vertrag von Lissabon v. 13.12.2007, ABl. Nr. 306 v. 17.12.2007 S. 199, ber. ABl. 2009 Nr. C 290 S. 1; Akte zum Beitrittsvertrag v. 9.12.2011, ABl. Nr. L 112/21 v. 24.4.2012 (m. W. v. 1.7.2013))

Inhaltsübersicht

Anhänge

---

[1] Siehe hierzu das Ges. v. 27.7.1957 (BGBl. II S. 753), geänd. durch § 88 ZollG v. 14.6.1961 (BGBl. I S. 737). Der Vertrag ist in seiner ursprünglichen Fassung am 1.1.1958 in Kraft getreten gem. Bek. v. 27.12.1957 (BGBl. 1958 II S. 1). In seiner durch die Beitrittsakte vom 25.4.2005 geänderten Fassung ist er am 1.1.2007 in Kraft getreten. Die Änderungen durch den Vertrag von Lissabon gelten seit dem 1.12.2009. Zum Verhältnis zwischen der EAG und dem Vereinigen Königreich ab dem 1.1.2021 vgl. das Abkommen über die Zusammenarbeit auf dem Gebiet der sicheren und friedlichen Nutzung der Kernenergie v. 30.12.2020 (ABl. Nr. 445/5 v. 31.12.2020).

[2] Die Seitenzahlen sind nicht Vertragsbestandteil.

SEINE MAJESTÄT DER KÖNIG DER BELGIER, DER PRÄSIDENT DER BUNDESREPUBLIK DEUTSCHLAND, DER PRÄSIDENT DER FRANZÖSISCHEN REPUBLIK, DER PRÄSIDENT DER ITALIENISCHEN REPUBLIK, IHRE KÖNIGLICHE HOHEIT DIE GROßHERZOGIN VON LUXEMBURG, IHRE MAJESTÄT DIE KÖNIGIN DER NIEDERLANDE –

IN DEM BEWUSSTSEIN, daß die Kernenergie eine unentbehrliche Hilfsquelle für die Entwicklung und Belebung der Wirtschaft und für den friedlichen Fortschritt darstellt,

IN DER ÜBERZEUGUNG, daß nur ein gemeinsames Vorgehen, ohne Verzug unternommen, Aussicht bietet, die Leistungen zu verwirklichen, die der schöpferischen Kraft ihrer Länder entsprechen,

ENTSCHLOSSEN, die Voraussetzungen für die Entwicklung einer mächtigen Kernindustrie zu schaffen, welche die Energieerzeugung erweitert, die Technik modernisiert und auf zahlreichen anderen Gebieten zum Wohlstand ihrer Völker beiträgt,

IN DEM BESTREBEN, die Sicherheiten zu schaffen, die erforderlich sind, um alle Gefahren für das Leben und die Gesundheit ihrer Völker auszuschließen,

IN DEM WUNSCH, andere Länder an ihrem Werk zu beteiligen und mit den zwischenstaatlichen Einrichtungen zusammenzuarbeiten, die sich mit der friedlichen Entwicklung der Kernenergie befassen –

HABEN BESCHLOSSEN, eine Europäische Atomgemeinschaft (EURATOM) zu gründen; sie haben zu diesem Zweck zu ihren Bevollmächtigten ernannt: *(vom Abdruck der Namen der Bevollmächtigten wurde abgesehen)*.

DIESE SIND nach Austausch ihrer in guter und gehöriger Form befundenen Vollmachten wie folgt ÜBEREINGEKOMMEN:

Erster Titel. Aufgaben der Gemeinschaft

Art. 1 [Ordnung und Aufgabe der Euratom] Durch diesen Vertrag gründen die Hohen Vertragsparteien untereinander eine EUROPÄISCHE ATOMGEMEINSCHAFT (EURATOM).

Aufgabe der Atomgemeinschaft ist es, durch die Schaffung der für die schnelle Bildung und Entwicklung von Kernindustrien erforderlichen Voraussetzungen zur Hebung der Lebenshaltung in den Mitgliedstaaten und zur Entwicklung der Beziehungen mit den anderen Ländern beizutragen.

Art. 2 [Aufgaben der Euratom] Zur Erfüllung ihrer Aufgabe hat die Gemeinschaft nach Maßgabe des Vertrags

a) die *Forschung* zu entwickeln und die Verbreitung der technischen Kenntnisse sicherzustellen;

b) einheitliche Sicherheitsnormen für den Gesundheitsschutz der Bevölkerung und der Arbeitskräfte aufzustellen und für ihre Anwendung zu sorgen;

c) die Investitionen zu erleichtern und, insbesondere durch Förderung der Initiative der Unternehmen, die Schaffung der wesentlichen Anlagen sicherzustellen, die für die Entwicklung der Kernenergie in der Gemeinschaft notwendig sind;

d) für regelmäßige und gerechte Versorgung aller Benutzer der Gemeinschaft mit Erzen und Kernbrennstoffen Sorge zu tragen;

e) durch geeignete Überwachung zu gewährleisten, daß die Kernstoffe nicht anderen als den vorgesehenen Zwecken zugeführt werden;

f) das ihr zuerkannte Eigentumsrecht an besonderen spaltbaren Stoffen auszuüben;

g) ausgedehnte Absatzmärkte und den Zugang zu den besten technischen Mitteln sicherzustellen, und zwar durch die Schaffung eines Gemeinsamen Marktes für die besonderen auf dem Kerngebiet verwendeten Stoffe und Ausrüstungen, durch den freien Kapitalverkehr für Investitionen auf dem Kerngebiet und durch die Freiheit der Beschäftigung für die Fachkräfte innerhalb der Gemeinschaft;

h)[1] zu den anderen Ländern und den zwischenstaatlichen Einrichtungen alle Verbindungen herzustellen, die geeignet sind, den Fortschritt bei der friedlichen Verwendung der Kernenergie zu fördern.

Art. 3. *(aufgehoben)*

Zweiter Titel. Förderung des Fortschritts auf dem Gebiet der Kernenergie

Kapitel I. Förderung der Forschung

Art. 4 [Förderung der Forschung und Ausbildung] (1) Die Kommission hat die Kernforschung in den Mitgliedstaaten zu fördern und zu erleichtern und zu ihrer Ergänzung das Forschungs- und Ausbildungsprogramm der Gemeinschaft durchzuführen.

(2) Die Kommission übt diese Tätigkeit auf den Gebieten aus, die in der diesem Vertrag als Anhang I beigefügten Liste bezeichnet sind.

Diese Liste kann vom Rat mit qualifizierter Mehrheit auf Vorschlag der Kommission geändert werden. Die Kommission hört den in Artikel 134 vorgesehenen Ausschuß für Wissenschaft und Technik an.

---

[1] Beachte hierzu die Abkommen zwischen der Euratom und den Regierungen der USA (v. 29. 5./19. 6. 1958, ABl. 1959 S. 309 und v. 8. 11. 1958, ABl. 1959 S. 327) und des Vereinigten Königreichs von Großbritannien und Nordirland (v. 4. 2. 1959, ABl. S. 341) über die Zusammenarbeit bei der friedlichen Verwendung der Atomenergie.

Art. 5 [Koordinierung und Ergänzung staatlicher Forschungen] Um die Koordinierung der in den Mitgliedstaaten betriebenen Forschung zu fördern und sie zu ergänzen, fordert die Kommission die Mitgliedstaaten sowie Personen oder Unternehmen auf, ihr die in dieser Aufforderung bezeichneten Forschungsprogramme zu übermitteln. Sie tut dies entweder durch an bestimmte Empfänger gerichtete und ihrer Regierung mitgeteilte Anfragen oder durch allgemeine Bekanntmachung.

Nachdem die Kommission den Beteiligten jede Möglichkeit zur Äußerung gegeben hat, kann sie zu jedem ihr übermittelten Forschungsprogramm eine mit Gründen versehene Stellungnahme abgeben. Sie muß dies tun, wenn der Staat oder die Person oder das Unternehmen, die ein Forschungsprogramm übermittelt haben, es beantragen.

Durch diese Stellungnahmen rät die Kommission von überflüssiger Doppelarbeit ab und weist die Forschung auf noch unzureichend bearbeitete Gebiete hin. Die Kommission darf die Programme nur mit Zustimmung der Staaten, Personen oder Unternehmen veröffentlichen, die sie übermittelt haben.

Die Kommission veröffentlicht in regelmäßigen Abständen eine Liste der Kernforschungsgebiete, die nach ihrer Auffassung noch unzureichend bearbeitet sind.

Die Kommission kann die Vertreter öffentlicher und privater Forschungszentren sowie alle Sachverständigen, die auf demselben oder einem verwandten Gebiet Forschungsarbeit leisten, zu Tagungen einladen, die der gegenseitigen Beratung und Unterrichtung dienen.

Art. 6 [Förderung der Forschungsprogramme] Um die Durchführung der ihr übermittelten Forschungsprogramme zu fördern, kann die Kommission

a) im Rahmen von Forschungsverträgen finanzielle Hilfen gewähren, wobei jedoch Subventionen ausgeschlossen sind,

b) Ausgangsstoffe oder besondere spaltbare Stoffe, die ihr zur Verfügung stehen, für die Durchführung dieser Programme entgeltlich oder unentgeltlich liefern,

c) den Mitgliedstaaten, Personen oder Unternehmen Anlagen, Ausrüstungen oder die Hilfe von Fachkräften entgeltlich oder unentgeltlich zur Verfügung stellen,

d) die betreffenden Mitgliedstaaten, Personen oder Unternehmen zu gemeinsamen Finanzierungen veranlassen.

Art. 7 [Festlegung und Durchführung der Forschungsprogramme] Der Rat legt einstimmig auf Vorschlag der Kommission, die den Ausschuß für Wissenschaft und Technik anhört, die Forschungs- und Ausbildungsprogramme der Gemeinschaft fest.

Sie werden jeweils für einen Zeitraum von höchstens fünf Jahren festgelegt.

Die zur Durchführung dieser Programme erforderlichen Mittel werden jährlich in den Forschungs- und Investitionshaushalt der Gemeinschaft aufgenommen.

Die Kommission sorgt für die Durchführung der Programme und erstattet dem Rat hierüber jährlich Bericht.

Die Kommission übermittelt dem Wirtschafts- und Sozialausschuß laufend eine allgemeine Übersicht über die genannten Programme.

Art. 8 [Errichtung und Aufgaben der Gemeinsamen Kernforschungsstelle] (1) Die Kommission errichtet nach Anhörung des Ausschusses für Wissenschaft und Technik eine Gemeinsame Kernforschungsstelle.

Diese sorgt für die Durchführung der Forschungsprogramme und der anderen ihr von der Kommission übertragenen Aufgaben.

Sie sorgt ferner für die Festlegung einer einheitlichen Fachsprache und eines einheitlichen Maßsystems auf dem Kerngebiet.

Sie errichtet eine Zentralstelle für das Meßwesen auf dem Kerngebiet.

(2) Die Tätigkeit der Kernforschungsstelle kann aus geographischen oder arbeitstechnischen Gründen in getrennten Anlagen ausgeübt werden.

Art. 9 [Gründung von Schulen und einer Universität] (1) Die Kommission kann, nachdem sie die Stellungnahme des Wirtschafts- und Sozialausschusses eingeholt hat, im Rahmen der Gemeinsamen Kernforschungsstelle Schulen für die Ausbildung von Fachkräften gründen, insbesondere auf den Gebieten der Erzschürfung, der Herstellung von Kernstoffen von hohem Reinheitsgrad, der Aufbereitung bestrahlter Kernbrennstoffe, der Bautechnik für Atomanlagen, des Gesundheitsschutzes und der Herstellung und Verwendung von radioaktiven Elementen.

Die Kommission legt die Einzelheiten für die Durchführung der Ausbildung fest.

(2) Es wird eine Anstalt im Range einer Universität gegründet; die Einzelheiten ihrer Einrichtung werden vom Rat mit qualifizierter Mehrheit auf Vorschlag der Kommission festgelegt.

Art. 10 [Vertragliche Betreuung anderer mit der Durchführung von Teilen des Forschungsprogramms] Die Kommission kann Mitgliedstaaten, Personen oder Unternehmen sowie dritte Staa*ten, zwischenstaatliche Einrichtungen* oder Angehörige dritter Staaten durch Vertrag mit der Durchführung bestimmter Teile des Forschungsprogramms der Gemeinschaft betrauen.

Art. 11 [Veröffentlichung der Forschungsprogramme und Berichte] Die Kommission veröffentlicht die in den Artikeln 7, 8 und 10 genannten Forschungsprogramme sowie in regelmäßigen Zeitabständen Berichte über den Stand und Fortgang dieser Arbeiten.

Kapitel II. Verbreitung der Kenntnisse

Abschnitt I. Kenntnisse, über welche die Kommission verfügen kann

Art. 12 [Erteilung von Lizenzen und Unterlizenzen] Auf Antrag bei der Kommission können die Mitgliedstaaten sowie Personen und Unternehmen die Einräumung nichtausschließlicher Lizenzen an den Patenten, vorläufig geschützten Rechten, Gebrauchsmustern oder Patentanmeldungen verlangen, deren Inhaberin die Gemeinschaft ist, soweit sie die Erfindungen, die Gegenstand solcher Rechte oder Anmeldungen sind, wirksam zu nutzen vermögen.

Unter den gleichen Voraussetzungen erteilt die Kommission Unterlizenzen an Patenten, vorläufig geschützten Rechten, Gebrauchsmustern oder Patentanmeldungen, sofern die Gemeinschaft Inhaberin vertraglicher Lizenzen ist, die eine derartige Möglichkeit vorsehen.

Die Kommission erteilt diese Lizenzen oder Unterlizenzen zu Bedingungen, die im Einvernehmen mit den Lizenznehmern festzulegen sind, und stellt ihnen alle zur Nutzung der Lizenzen erforderlichen Kenntnisse zur Verfügung. Diese Bedingungen umfassen insbesondere eine angemessene Vergütung sowie gegebenenfalls die Befugnis des Lizenznehmers, dritten Personen Unterlizenzen zu erteilen, und gegebenenfalls die Verpflichtung, die mitgeteilten Kenntnisse als Betriebsgeheimnis zu behandeln.

Wird über die in Absatz 3 genannten Bedingungen ein Einvernehmen nicht erzielt, so können die Lizenznehmer beim Gerichtshof der Europäischen Union die Festsetzung angemessener Bedingungen beantragen.

Art. 13 [Mitteilung von Kenntnissen] Die Kommission teilt den Mitgliedstaaten, Personen und Unternehmen die nicht den Bestimmungen des Artikels 12 unterliegenden, von der Gemeinschaft erworbenen Kenntnisse mit, welche sie entweder in Durchführung ihres eigenen Forschungsprogramms erlangt hat oder die ihr zur freien Verfügung mitgeteilt wurden.

Die Kommission kann jedoch die Mitteilung dieser Kenntnisse davon abhängig machen, daß sie vertraulich behandelt und nicht an Dritte weitergegeben werden.

Erwirbt die Kommission Kenntnisse, deren Erwerb an gewisse Beschränkungen hinsichtlich ihrer Nutzung und Verbreitung geknüpft ist – zum Beispiel sogenannte Verschlußsachen –, so dürfen sie nur unter Beachtung dieser Beschränkungen mitgeteilt werden.

Abschnitt II. Sonstige Kenntnisse

a) Verbreitung auf gütlichem Wege

Art. 14 [Verbreitung auf gütlichem Wege] Die Kommission bemüht sich im Wege gütlicher Verhandlung um die Mitteilung der Kenntnisse, die für die Erreichung der Ziele der Gemeinschaft nützlich sind, und um die Einräumung von Nutzungslizenzen an Patenten, vorläufig geschützten Rechten, Gebrauchsmustern oder Patentanmeldungen, die derartige Kenntnisse zum Gegenstand haben.

Art. 15 [Verfahren über Austausch von Forschungsarbeiten]

Die Kommission legt ein Verfahren fest, nach dem durch ihre Vermittlung Mitgliedstaaten, Personen und Unternehmen die vorläufigen oder endgültigen Ergebnisse ihrer Forschungsarbeiten austauschen können, soweit es sich nicht um Ergebnisse handelt, welche der Gemeinschaft aus der Durchführung von Forschungsaufträgen der Kommission zustehen.

Dieses Verfahren muß den vertraulichen Charakter des Austausches gewährleisten. Die mitgeteilten Ergebnisse können jedoch von der Kommission an die Gemeinsame Kernforschungsstelle zu Dokumentationszwecken weitergeleitet werden; dies hat keinerlei Nutzungsrecht zur Folge, soweit nicht derjenige, von dem die Mitteilung ausgeht, zugestimmt hat.

b) Mitteilung an die Kommission von Amts wegen

Art. 16 [Mitteilung von Amts wegen] (1) Unverzüglich nach Eingang der Anmeldung eines Patents oder Gebrauchsmusters in einem Mitgliedstaat, das für das Kerngebiet eigentümlich ist, sucht dieser Mitgliedstaat um das Einverständnis des Anmelders nach, den Inhalt der Anmeldung sofort der Kommission mitzuteilen.

Stimmt der Anmelder zu, so erfolgt diese Mitteilung binnen drei Monaten nach Eingang der Anmeldung. Stimmt der Anmelder nicht zu, so zeigt der Mitgliedstaat der Kommission innerhalb derselben Frist das Vorliegen der Anmeldung an.

Die Kommission kann den Mitgliedstaat ersuchen, ihr den Inhalt einer Anmeldung mitzuteilen, deren Vorliegen ihr angezeigt worden ist.

Die Kommission überreicht ihr Ersuchen binnen zwei Monaten nach der Anzeige. Jede Verlängerung dieser Frist hat eine entsprechende Verlängerung der im sechsten Unterabsatz vorgesehenen Frist zur Folge.

Erhält ein Mitgliedstaat ein solches Ersuchen der Kommission, so fordert er den Anmelder erneut auf, der Mitteilung des Inhalts seiner Anmeldung zuzustimmen. Stimmt der Anmelder zu, so erfolgt diese Mitteilung unverzüglich.

Stimmt der Anmelder nicht zu, so ist der Mitgliedstaat gleichwohl verpflichtet, nach Ablauf von achtzehn Monaten nach Eingang der Anmeldung der Kommission diese Mitteilung zu machen.

(2) Die Mitgliedstaaten teilen der Kommission binnen achtzehn Monaten nach Eingang das Vorliegen jeder noch nicht veröffentlichten Anmeldung eines Patents oder Gebrauchsmusters mit, das auf Grund einer ersten Prüfung ihres Erachtens zwar nicht für das Kerngebiet eigentümlich ist, jedoch mit der Entwicklung der Kernenergie innerhalb

der Gemeinschaft unmittelbar zusammenhängt und hierfür von wesentlicher Bedeutung ist.

Auf Ersuchen der Kommission wird ihr der Inhalt der Anmeldung binnen zwei Monaten mitgeteilt.

(3) Die Mitgliedstaaten werden die Dauer des Anmeldeverfahrens für Patente oder Gebrauchsmuster, welche die in den Absätzen 1 und 2 bezeichneten Gebiete betreffen und Gegenstand eines Ersuchens der Kommission sind, soweit wie möglich verringern, damit die Veröffentlichung in kürzester Frist erfolgen kann.

(4) Die genannten Mitteilungen sind von der Kommission vertraulich zu behandeln. Sie erfolgen nur zu Dokumentationszwecken. Die Kommission kann die mitgeteilten Erfindungen nur mit Zustimmung des Anmelders oder nach Maßgabe der Artikel 17 bis 23 benutzen.

(5) Steht ein mit einem dritten Staat oder einer zwischenstaatlichen Einrichtung geschlossenes Abkommen der Mitteilung entgegen, so findet dieser Artikel keine Anwendung.

c) Erteilung von Lizenzen im Wege des Schiedsverfahrens oder von Amts wegen

Art. 17 [Lizenzerteilung durch Schiedsverfahren oder von Amts wegen] (1) Wird ein gütliches Einvernehmen nicht erzielt, so können nach Maßgabe der Artikel 18 bis 23 im Wege des Schiedsverfahrens oder von Amts wegen nichtausschließliche Lizenzen erteilt werden:

a) an die Gemeinschaft oder die nach Artikel 48 hierzu berechtigten gemeinsamen Unternehmen – für Patente, vorläufig geschützte Rechte oder Gebrauchsmuster betreffend Erfindungen im unmittelbaren Zusammenhang mit der Kernforschung, soweit die Erteilung dieser Lizenzen für die Fortführung ihrer eigenen Forschung notwendig oder für den Betrieb ihrer Anlagen unerläßlich ist.
Auf Antrag der Kommission wird mit diesen Lizenzen das Recht verbunden, die Befugnis zur Nutzung der Erfindung Dritten zuzusprechen, soweit sie Arbeiten oder Aufträge für die Gemeinschaft oder gemeinsame Unternehmen ausführen;

b) an Personen oder Unternehmen, die bei der Kommission einen entsprechenden Antrag gestellt haben – für Patente, vorläufig geschützte Rechte oder Gebrauchsmuster, die eine Erfindung betreffen, welche mit der Entwicklung der Kernenergie innerhalb der Gemeinschaft unmittelbar zusammenhängt und hierfür von maßgeblicher Bedeutung ist, soweit alle nachstehend aufgeführten Bedingungen erfüllt sind:

i) daß nach Eingang der Patentanmeldung eine Frist von mindestens vier Jahren verstrichen ist, es sei denn, daß es sich um eine für das Kerngebiet eigentümliche Erfindung handelt;

ii) daß in einem Mitgliedstaat, in dem eine Erfindung geschützt ist, die Bedürfnisse der nach Ansicht der Kommission erwünschten

Entwicklung der Kernenergie hinsichtlich dieser Erfindung nicht gedeckt sind;

iii) daß der Patentinhaber aufgefordert wurde, diese Bedürfnisse selbst oder durch seine Lizenznehmer zu decken, und dieser Aufforderung nicht nachgekommen ist;

iv) daß die Personen und Unternehmen, welche die Lizenz beantragen, in der Lage sind, diese Bedürfnisse durch ihre Nutzung der Erfindung wirksam zu decken.

Die Mitgliedstaaten können zur Befriedigung der genannten Bedürfnisse ohne vorherigen Antrag der Kommission keine in ihren innerstaatlichen Rechtsvorschriften vorgesehenen Zwangsmaßnahmen treffen, die den dieser Erfindung zustehenden Schutz einschränken.

(2) Eine nichtausschließliche Lizenz nach Maßgabe des Absatzes 1 kann nicht erteilt werden, wenn der Inhaber berechtigte Gründe, insbesondere den Umstand geltend macht, daß ihm keine angemessene Frist zur Verfügung stand.

(3) Die Gewährung einer Lizenz gemäß Absatz 1 berechtigt zu voller Entschädigung, deren Höhe zwischen dem Inhaber des Patents, des vorläufig geschützten Rechts oder Gebrauchsmusters einerseits und dem Lizenznehmer andererseits zu vereinbaren ist.

(4) Die Pariser Verbandsübereinkunft zum Schutz des gewerblichen Eigentums wird durch diesen Artikel nicht berührt.

Art. 18 [Schiedsausschuß, Rechtsmittel gegen seine Entscheidung] Zu den in diesem Abschnitt vorgesehenen Zwecken wird ein Schiedsausschuß gebildet; der Rat bestellt die Mitglieder und legt die Geschäftsordnung dieses Ausschusses auf Vorschlag des Gerichtshofes der Europäischen Union fest.

Die Parteien können gegen die Entscheidungen des Schiedsausschusses binnen einem Monat nach deren Zustellung beim Gerichtshof der Europäischen Union ein Rechtsmittel mit aufschiebender Wirkung einlegen. Die Nachprüfung des Gerichtshofes der Europäischen Union beschränkt sich auf die förmliche Rechtmäßigkeit der Entscheidung und auf die Auslegung dieses Vertrags durch den Schiedsausschuß.

Die endgültigen Entscheidungen des Schiedsausschusses haben unter den Parteien Rechtskraft. Sie sind gemäß Artikel 164 vollstreckbar.

Art. 19 [Benachrichtigung des Rechtsinhabers] Will die Kommission in Ermangelung einer gütlichen Einigung die Erteilung einer Lizenz gemäß Artikel 17 erwirken, so benachrichtigt sie den Inhaber des Patents, des vorläufig geschützten Rechts, des Gebrauchsmusters oder der Patentanmeldung und bezeichnet gleichzeitig den Lizenzantragsteller und den Umfang der Lizenz.

Art. 20 [Zuständigkeit des Schiedsausschusses durch Schiedsvertrag] Der Inhaber kann binnen einem Monat nach Eingang der in

Artikel 19 bezeichneten Benachrichtigung der Kommission wie auch gegebenenfalls dem lizenzantragstellenden Dritten vorschlagen, einen Schiedsvertrag zu schließen, der die Zuständigkeit des Schiedsausschusses begründet.

Lehnt die Kommission oder der Lizenzantragsteller den Abschluß eines solchen Schiedsvertrags ab, so kann die Kommission den Mitgliedstaat oder seine zuständigen Stellen nicht ersuchen, die Lizenz zu erteilen oder erteilen zu lassen.

Stellt der auf Grund eines Schiedsvertrags angerufene Schiedsausschuß fest, daß das Ersuchen der Kommission den Bestimmungen des Artikels 17 entspricht, so erläßt er eine mit Gründen versehene Entscheidung, welche die Lizenzerteilung zugunsten des Lizenzantragstellers beinhaltet und in der die Bedingungen und die Vergütung für die Lizenz festgesetzt werden, soweit sich die Parteien hierüber nicht geeinigt haben.

Art. 21 [Verfahren bei Ablehnung der Lizenzerteilung durch Mitgliedstaat] Schlägt der Inhaber nicht vor, den Schiedsausschuß anzurufen, so kann die Kommission den betreffenden Mitgliedstaat oder seine zuständigen Stellen ersuchen, die Lizenz zu erteilen oder erteilen zu lassen.

Sind der Mitgliedstaat – oder seine zuständigen Stellen – nach Anhörung des Inhabers der Auffassung, daß die Voraussetzungen des Artikels 17 nicht erfüllt sind, so teilen sie der Kommission mit, daß sie es ablehnen, die Lizenz zu erteilen oder erteilen zu lassen.

Lehnen sie es ab, die Lizenz zu erteilen oder erteilen zu lassen, oder äußern sie sich binnen vier Monaten nach dem Ersuchen nicht zur Frage der Lizenzerteilung, so kann die Kommission binnen zwei Monaten den Gerichtshof der Europäischen Union anrufen.

Der Inhaber wird in dem Verfahren vor dem Gerichtshof der Europäischen Union gehört.

Wird in dem Urteil des Gerichtshofes der Europäischen Union festgestellt, daß die Voraussetzungen des Artikels 17 erfüllt sind, so sind der betreffende Mitgliedstaat oder seine zuständigen Stellen verpflichtet, die zur Vollstreckung dieses Urteils erforderlichen Maßnahmen zu treffen.

Art. 22 [Entschädigungsfestsetzung] (1) Können sich der Inhaber des Patents, des vorläufig geschützten Rechts oder des Gebrauchsmusters und der Lizenznehmer über die Höhe der Entschädigung nicht einigen, so können die Beteiligten einen Schiedsvertrag schließen, der die Zuständigkeit des Schiedsausschusses begründet.

Die Parteien verzichten damit auf jede Klage; Artikel 18 bleibt unberührt.

(2) Lehnt der Lizenznehmer den Abschluß eines Schiedsvertrags ab, so gilt die Lizenzerteilung als nichtig.

Lehnt der Inhaber den Abschluß eines Schiedsvertrags ab, so wird die in diesem Artikel vorgesehene Entschädigung von den zuständigen innerstaatlichen Stellen festgesetzt.

Art. 23 [Überprüfung der Entscheidung des Schiedsausschusses] Nach Ablauf eines Jahres können die Entscheidungen des Schiedsausschusses oder der zuständigen innerstaatlichen Stellen hinsichtlich der Lizenzbedingungen überprüft werden, soweit neue Tatsachen dies rechtfertigen.

Die Überprüfung obliegt der Stelle, welche die Entscheidung erlassen hat.

Abschnitt III. Bestimmungen über die Geheimhaltung

Art. 24 [Geheimhaltung][1)] Die von der Gemeinschaft in Durchführung ihres Forschungsprogramms erworbenen Kenntnisse, deren Preisgabe den Verteidigungsinteressen eines oder mehrerer Mitgliedstaaten schaden kann, werden unter Geheimschutz gestellt; hierbei gelten folgende Bestimmungen:

1. Auf Vorschlag der Kommission beschließt der Rat eine Verschlußsachen-Verordnung, die unter Berücksichtigung dieses Artikels die verschiedenen zur Anwendung gelangenden Geheimschutzgrade und die entsprechenden Sicherheitsmaßnahmen festlegt.

2. Die Kommission stuft die Kenntnisse, deren Preisgabe nach ihrer Ansicht den Verteidigungsinteressen eines oder mehrerer Mitgliedstaaten schaden kann, vorläufig in den hierfür in der Verschlußsachen-Verordnung vorgesehenen Geheimschutzgrad ein.

Sie teilt den Mitgliedstaaten diese Kenntnisse unverzüglich mit; diese stellen den Geheimschutz vorläufig in der gleichen Weise sicher.

Die Mitgliedstaaten teilen der Kommission binnen drei Monaten mit, ob sie den vorläufig angewandten Geheimschutzgrad beibehalten, durch einen anderen ersetzen oder den Geheimschutz aufheben wollen.

Nach Ablauf dieser Frist gelangt der strengste der beantragten Geheimschutzgrade zur Anwendung. Die Kommission zeigt dies den Mitgliedstaaten an.

Auf Antrag der Kommission oder eines Mitgliedstaates kann der Rat jederzeit einstimmig die Anwendung eines anderen Geheimschutzgrades oder die Aufhebung des Geheimschutzes beschließen. Vor der Beschlußfassung über den Antrag eines Mitgliedstaates holt der Rat die *Stellungnahme* der Kommission ein.

3. Die Artikel 12 und 13 gelten nicht für die in einen Geheimschutzgrad eingestuften Kenntnisse.

Vorbehaltlich der Beachtung der anzuwendenden Sicherheitsmaßnahmen

---

1) Beachte hierzu die VO Nr. 3 zur Anwendung des Artikels 24 des EAG-Vertrages v. 31. 7. 1958 (Nr. **205**).

a) kann die Kommission jedoch die in den Artikeln 12 und 13 bezeichneten Kenntnisse mitteilen:

i) einem gemeinsamen Unternehmen,

ii) einer Person oder einem nicht gemeinsamen Unternehmen durch Vermittlung des Mitgliedstaates, in dessen Hoheitsgebieten diese Person oder dieses Unternehmen tätig ist;

b) kann ein Mitgliedstaat die in Artikel 13 bezeichneten Kenntnisse einer Person oder einem nicht gemeinsamen Unternehmen, die in seinen Hoheitsgebieten tätig sind, mitteilen; die Mitteilung ist der Kommission anzuzeigen;

c) ist ferner jeder Mitgliedstaat berechtigt, von der Kommission für seine eigenen Bedürfnisse oder diejenigen einer Person oder eines Unternehmens, die in seinen Hoheitsgebieten tätig sind, die Erteilung einer Lizenz gemäß Artikel 12 zu verlangen.

Art. 25 [Bestimmung des Geheimschutzgrades] (1) Teilt ein Mitgliedstaat das Bestehen oder den Inhalt einer Patent- oder Gebrauchsmusteranmeldung mit, die einen in Artikel 16 Absatz 1 oder 2 bezeichneten Gegenstand betrifft, so weist er gegebenenfalls auf die Notwendigkeit hin, diese Anmeldung aus Verteidigungsgründen in den von ihm angegebenen Geheimschutzgrad einzustufen; hierbei teilt er die voraussichtliche Dauer des Geheimschutzes mit.

Die Kommission leitet alle Mitteilungen, die sie gemäß dem vorstehenden Unterabsatz erhält, an die anderen Mitgliedstaaten weiter. Die Kommission und die Mitgliedstaaten beachten die Vorkehrungen, welche der von dem Ursprungsstaat verlangte Geheimschutzgrad nach der Verschlußsachen-Verordnung erfordert.

(2) Die Kommission kann diese Mitteilungen ferner an die gemeinsamen Unternehmen oder durch Vermittlung eines Mitgliedstaates an eine Person oder ein nicht gemeinsames Unternehmen weiterleiten, die in den Hoheitsgebieten dieses Staates tätig sind.

Die Erfindungen, die Gegenstand der in Absatz 1 genannten Anmeldungen sind, können nur mit Zustimmung des Anmelders oder nach Maßgabe der Artikel 17 bis 23 genutzt werden.

Die Mitteilungen und gegebenenfalls die Nutzung nach Maßgabe des vorliegenden Absatzes unterliegen den Maßnahmen, die der von dem Ursprungsstaat verlangte Geheimschutzgrad gemäß der Verschlußsachen-Verordnung erfordert.

Die Mitteilungen bedürfen in allen Fällen der Zustimmung des Ursprungsstaates. Die Mitteilung und die Nutzung können nur aus Verteidigungsgründen verweigert werden.

(3) Der Rat kann jederzeit auf Antrag der Kommission oder eines Mitgliedstaates einstimmig die Anwendung eines anderen Geheimschutzgrades oder die Aufhebung des Geheimschutzes beschließen. Vor der Beschlußfassung über den Antrag eines Mitgliedstaates holt der Rat die Stellungnahme der Kommission ein.

Art. 26 [Schutzmaßnahmen zur Geheimhaltung, Anmeldung in dritten Staaten] (1) Werden Kenntnisse, die Gegenstand von Patenten, Patentanmeldungen, vorläufig geschützten Rechten, Gebrauchsmustern oder Gebrauchsmusteranmeldungen sind, nach Maßgabe der Artikel 24 und 25 unter Geheimschutz gestellt, so können Staaten, welche die Anwendung des Geheimschutzes beantragt haben, die Genehmigung zu entsprechenden Anmeldungen in den anderen Mitgliedstaaten nicht verweigern.

Jeder Mitgliedstaat trifft die notwendigen Maßnahmen, damit derartige Rechte und Anmeldungen nach dem in seinen innerstaatlichen Rechts- und Verwaltungsvorschriften vorgesehenen Verfahren weiterhin unter Geheimschutz bleiben.

(2) Die gemäß Artikel 24 unter Geheimschutz gestellten Kenntnisse können nur mit Zustimmung aller Mitgliedstaaten Gegenstand von Anmeldungen außerhalb dieser Staaten werden. Nehmen diese Staaten nicht Stellung, so gilt die Zustimmung nach Ablauf von sechs Monaten, nachdem die Kommission den Mitgliedstaaten diese Kenntnisse übermittelt hat, als erteilt.

Art. 27 [Schadensersatzansprüche] Der Ersatz des Schadens, der dem Anmelder durch die Stellung unter Geheimschutz aus Verteidigungsgründen erwächst, unterliegt den Rechtsvorschriften der Mitgliedstaaten; er fällt dem Staat zur Last, der die Stellung unter Geheimschutz beantragt, oder entweder eine Verschärfung oder eine Verlängerung des Geheimschutzes oder das Verbot der Anmeldung außerhalb der Gemeinschaft erwirkt hat.

Haben mehrere Mitgliedstaaten eine Verschärfung oder Verlängerung des Geheimschutzes oder das Verbot der Anmeldung außerhalb der Gemeinschaft erwirkt, so haben sie für den aus ihrem Antrag erwachsenen Schaden gesamtschuldnerisch aufzukommen.

Die Gemeinschaft kann keine Schadensersatzansprüche auf Grund dieses Artikels geltend machen.

Abschnitt IV. Besondere Bestimmungen

Art. 28 [Schadensersatz bei Bekanntgabe von Rechten durch Unbefugte] Werden Patent- oder Gebrauchsmusteranmeldungen, die noch nicht veröffentlicht sind, oder Patente oder Gebrauchsmuster, die aus Verteidigungsgründen geheimgehalten werden, infolge ihrer Mitteilung an die Kommission unbefugt genutzt oder einem Unbefugten bekannt, so ersetzt die Gemeinschaft dem Berechtigten den hieraus entstehenden Schaden.

Der Schadensersatzanspruch der Berechtigten gegen Dritte geht unbeschadet der eigenen Ansprüche der Gemeinschaft gegen den Urheber des Schadens auf die Gemeinschaft über, soweit sie diesen ersetzt. Das Recht der Gemeinschaft, gegen den Urheber des Schadens nach den geltenden allgemeinen Vorschriften vorzugehen, bleibt unberührt.

Art. 29 [Abkommen mit dritten Staaten] Alle Abkommen oder Verträge über den Austausch von wissenschaftlichen oder gewerblichen Kenntnissen auf dem Kerngebiet zwischen einem Mitgliedstaat oder einer Person oder einem Unternehmen einerseits und einem dritten Staat oder einer zwischenstaatlichen Einrichtung oder einem Angehörigen eines dritten Staates andererseits sind von der Kommission zu schließen, falls sie bei einer Partei die Unterzeichnung durch einen Staat in Ausübung seiner Hoheitsrechte erfordern.

Die Kommission kann jedoch einen Mitgliedstaat oder eine Person oder ein Unternehmen ermächtigen, derartige Abkommen unter den von ihr als angemessen erachteten Voraussetzungen vorbehaltlich der Artikel 103 und 104 selbst zu schließen.

Kapitel III. Der Gesundheitsschutz

Art. 30[1] [Grundnormen für Gesundheitsschutz] In der Gemeinschaft werden Grundnormen für den Gesundheitsschutz der Bevölkerung und der Arbeitskräfte gegen die Gefahren ionisierender Strahlungen festgesetzt.

Unter Grundnormen sind zu verstehen:

a) die zulässigen Höchstdosen, die ausreichende Sicherheit gewähren,

b) die Höchstgrenze für die Aussetzung gegenüber schädlichen Einflüssen und für schädlichen Befall,

c) die Grundsätze für die ärztliche Überwachung der Arbeitskräfte.

Art. 31[1] [Festlegung der Grundnormen] Die Grundnormen werden von der Kommission nach Stellungnahme einer Gruppe von Persönlichkeiten ausgearbeitet, die der Ausschuß für Wissenschaft und Technik aus wissenschaftlichen Sachverständigen der Mitgliedstaaten, insbesondere aus Sachverständigen für Volksgesundheit, ernennt. Die Kommission holt zu den in dieser Weise ausgearbeiteten Grundnormen die Stellungnahme des Wirtschafts- und Sozialausschusses ein.

Nach Anhörung des Europäischen Parlaments legt der Rat die Grundnormen auf Vorschlag der Kommission, die ihm die von ihr eingeholten Stellungnahmen der Ausschüsse zuleitet, mit qualifizierter Mehrheit fest.

Art. 32 [Überprüfung und Ergänzung der Grundnormen] Die Grundnormen können auf Antrag der Kommission oder eines Mitgliedstaates nach dem Verfahren des Artikels 31 überprüft oder ergänzt werden.

Die Kommission hat jeden von einem Mitgliedstaat gestellten Antrag zu prüfen.

---

[1] Beachte zu Art. 30 und 31 die Richtlinien zur Festlegung der Grundnormen für den Gesundheitsschutz der Bevölkerung und der Arbeitskräfte v. 2. 2. 1959 (BGBl. II S. 1231), geänd. durch RL v. 5. 3. 1962 (BGBl. II S. 944).

Art. 33 [Durchführungsbestimmungen, Koordinierung] Jeder Mitgliedstaat erläßt die geeigneten Rechts- und Verwaltungsvorschriften, um die Beachtung der festgesetzten Grundnormen sicherzustellen, und trifft die für den Unterricht, die Erziehung und Berufsausbildung erforderlichen Maßnahmen.

Die Kommission erläßt die geeigneten Empfehlungen, um die auf diesem Gebiet in den Mitgliedstaaten geltenden Bestimmungen miteinander in Einklang zu bringen.

Zu diesem Zweck haben die Mitgliedstaaten der Kommission diese Bestimmungen nach dem Stande im Zeitpunkt des Inkrafttretens dieses Vertrags sowie die späteren Entwürfe gleichartiger Bestimmungen bekanntzugeben.

Etwaige Empfehlungen der Kommission zu diesen Entwürfen sind innerhalb von drei Monaten nach deren Mitteilung zu erlassen.

Art. 34 [Zusätzliche Vorkehrungen bei gefährlichen Versuchen] Jeder Mitgliedstaat, in dessen Hoheitsgebiet besonders gefährliche Versuche stattfinden sollen, ist verpflichtet, zusätzliche Vorkehrungen für den Gesundheitsschutz zu treffen; er hat hierzu vorher die Stellungnahme der Kommission einzuholen.

Besteht die Möglichkeit, daß sich die Auswirkungen der Versuche auf die Hoheitsgebiete anderer Mitgliedstaaten erstrecken, so ist die Zustimmung der Kommission erforderlich.

Art. 35 [Überwachung der Radioaktivität von Luft, Wasser und Boden] Jeder Mitgliedstaat schafft die notwendigen Einrichtungen zur ständigen Überwachung des Gehalts der Luft, des Wassers und des Bodens an Radioaktivität sowie zur Überwachung der Einhaltung der Grundnormen.

Die Kommission hat Zugang zu diesen Überwachungseinrichtungen; sie kann ihre Arbeitsweise und Wirksamkeit nachprüfen.

Art. 36 [Auskünfte über Überwachungsmaßnahmen] Die Auskünfte über die in Artikel 35 genannten Überwachungsmaßnahmen sind der Kommission von den zuständigen Behörden regelmäßig zu übermitteln, damit die Kommission ständig über den Gehalt an Radioaktivität unterrichtet ist, dem die Bevölkerung ausgesetzt ist.

Art. 37 [Ableitung radioaktiver Stoffe] Jeder Mitgliedstaat ist verpflichtet, der Kommission über jeden Plan zur Ableitung radioaktiver Stoffe aller Art die allgemeinen Angaben zu übermitteln, auf Grund deren festgestellt werden kann, ob die Durchführung dieses Plans eine radioaktive Verseuchung des Wassers, des Bodens oder des Luftraums eines anderen Mitgliedstaates verursachen kann.[1)]

[1)] S. zur Anwendung dieser Vorschrift die Empfehlung der Kommission 2010/635/ Euratom v. 11. 10. 2010 über die Anwendung des Artikels 37 des Euratom-Vertrags (ABl. Nr. L 279, S. 36; ber. ABl. 2011 L 220, S. 24).

Die Kommission gibt nach Anhörung der in Artikel 31 genannten Sachverständigengruppe innerhalb einer Frist von sechs Monaten ihre Stellungnahme ab.

Art. 38 [Empfehlungen und Richtlinien betr. Radioaktivität] Die Kommission richtet an die Mitgliedstaaten Empfehlungen über den radioaktiven Gehalt der Luft, des Wassers und des Bodens.

In dringenden Fällen erläßt die Kommission eine Richtlinie, mit der sie dem betreffenden Mitgliedstaat aufgibt, innerhalb einer von ihr festgesetzten Frist alle erforderlichen Maßnahmen zu treffen, um eine Überschreitung der Grundnormen zu vermeiden und die Beachtung der Vorschriften zu gewährleisten.

Kommt der Staat innerhalb der festgesetzten Frist der Richtlinie der Kommission nicht nach, so kann diese oder jeder beteiligte Mitgliedstaat in Abweichung von den Artikeln 226 und 227 des Vertrags über die Arbeitsweise der Europäischen Union unmittelbar den Gerichtshof der Europäischen Union anrufen.

Art. 39 [Studien- und Dokumentationsabteilung für Fragen des Gesundheitsschutzes] Die Kommission errichtet im Rahmen der Gemeinsamen Kernforschungsstelle unmittelbar nach deren Gründung eine Studien- und Dokumentationsabteilung für Fragen des Gesundheitsschutzes.

Die Aufgabe dieser Abteilung besteht vor allem darin, die in den Artikeln 33, 36 und 37 genannten Unterlagen und Auskünfte zusammenzustellen und die Kommission bei der Erfüllung der ihr durch dieses Kapitel übertragenen Aufgaben zu unterstützen.

Kapitel IV. Investitionen

Art. 40 [Programme für erforderliche Investitionen] Um die Initiative der Personen und Unternehmen anzuregen und eine abgestimmte Entwicklung ihrer Investitionen auf dem Kerngebiet zu erleichtern, veröffentlicht die Kommission in regelmäßigen Abständen hinweisende Programme, insbesondere hinsichtlich der Ziele für die Erzeugung von Kernenergie und der im Hinblick hierauf erforderlichen Investitionen aller Art.

Vor der Veröffentlichung holt die Kommission die Stellungnahme des Wirtschafts- und Sozialausschusses zu diesen Programmen ein.

Art. 41 [Anzeigepflicht für Investitionen][1] Personen und Unternehmen, die zu den in Anhang II dieses Vertrags genannten Industriezweigen gehören, haben der Kommission Investitionsvorhaben für neue Anlagen sowie für Ersatzanlagen oder Umstellungen anzuzeigen; Art und Umfang der anzuzeigenden Vorhaben bestimmen sich nach Merkmalen, die der Rat auf Vorschlag der Kommission festlegt.

---

[1] Vgl. hierzu auch die durch VO (EG) Nr. 1209/2000 der Kommission v. 8. 7. 2000 erlassenen Durchführungsbestimmungen (ABl. Nr. L 138/12).

Die Liste der vorgenannten Industriezweige kann vom Rat auf Vorschlag der Kommission, die zuvor die Stellungnahme des Wirtschafts- und Sozialausschusses einholt, mit qualifizierter Mehrheit geändert werden.[1)]

Art. 42 [Frist für die Anzeige][1)] Die in Artikel 41 bezeichneten Vorhaben sind der Kommission sowie zur Unterrichtung dem betreffenden Mitgliedstaat spätestens drei Monate vor Abschluß der ersten Lieferverträge oder, falls die Arbeiten mit Eigenmitteln des Unternehmens durchgeführt werden sollen, spätestens drei Monate vor Beginn der Arbeiten mitzuteilen.

Der Rat kann auf Vorschlag der Kommission eine Änderung dieser Frist beschließen.

Art. 43 [Erörterung der Investitionsvorhaben] Die Kommission erörtert mit den Personen oder Unternehmen alle Gesichtspunkte der Investitionsvorhaben, die mit den Zielen dieses Vertrags in Zusammenhang stehen.

Sie teilt ihre Auffassung dem beteiligten Mitgliedstaat mit.

Art. 44 [Veröffentlichung der Investitionsvorhaben] Die Kommission kann die ihr mitgeteilten Investitionsvorhaben mit Zustimmung der beteiligten Mitgliedstaaten, Personen und Unternehmen veröffentlichen.

Kapitel V. Gemeinsame Unternehmen

Art. 45 [Errichtung gemeinsamer Unternehmen] Unternehmen, die für die Entwicklung der Kernindustrie in der Gemeinschaft von ausschlaggebender Bedeutung sind, können als gemeinsame Unternehmen im Sinne dieses Vertrags nach Maßgabe der folgenden Artikel errichtet werden.

Art. 46 [Plan über ein gemeinsames Unternehmen] (1) Jeder Plan zur Errichtung eines gemeinsamen Unternehmens, der von der Kommission, einem Mitgliedstaat oder einer anderen Seite ausgeht, wird von der Kommission geprüft.

Hierzu holt die Kommission die Stellungnahme der Mitgliedstaaten sowie aller öffentlichen oder privaten Stellen ein, die nach ihrer Auffassung in der Lage sind, ihr Aufschlüsse zu erteilen.

(2) Die Kommission übermittelt dem Rat jeden Plan zur Errichtung eines gemeinsamen Unternehmens mit ihrer begründeten Stellungnahme.

[1)] Siehe hierzu die Bekanntmachung zu den Art. 41 und 42 des Vertrages zur Gründung der Europäischen Atomgemeinschaft v. 3. 11. 1958 (BAnz. Nr. 216) sowie die VO Nr. 1 der Kommission zur Festlegung der Durchführungsbestimmungen für die in Art. 41 des Vertrages vorgeschriebenen Anzeigen v. 5. 11. 1958 (ABl. S. 511) und die VO Nr. 4 zur Bestimmung der Investitionsvorhaben nach Art. 41 (abgedr. in BAnz. 1958 Nr. 216).

Bejaht sie die Notwendigkeit des geplanten gemeinsamen Unternehmens, so unterbreitet sie dem Rat Vorschläge über

a) den Standort,

b) die Satzung,

c) den Umfang und die Zeitfolge der Finanzierung,

d) die etwaige Beteiligung der Gemeinschaft an der Finanzierung des gemeinsamen Unternehmens,

e) die etwaige Beteiligung eines dritten Staates, einer zwischenstaatlichen Einrichtung oder eines Angehörigen eines dritten Staates an der Finanzierung oder Geschäftsführung des gemeinsamen Unternehmens,

f) die vollständige oder teilweise Gewährung der in Anhang III dieses Vertrags genannten Vergünstigungen.

Sie fügt einen eingehenden Bericht über den gesamten Plan bei.

Art. 47 [Beschlußfassung über den Plan] Hat die Kommission sich in dieser Weise an den Rat gewandt, so kann er sie um zusätzliche Auskünfte und Prüfungen ersuchen, soweit er diese als notwendig erachtet.

Ist der Rat mit qualifizierter Mehrheit der Auffassung, daß ein von der Kommission mit ablehnender Stellungnahme übermittelter Plan trotzdem durchzuführen ist, so hat die Kommission ihm die Vorschläge und den eingehenden Bericht gemäß Artikel 46 vorzulegen.

Im Fall einer günstigen Stellungnahme der Kommission oder im Fall des vorstehenden Unterabsatzes beschließt der Rat mit qualifizierter Mehrheit über jeden Vorschlag der Kommission.

Jedoch ist Einstimmigkeit erforderlich hinsichtlich

a) der Beteiligung der Gemeinschaft an der Finanzierung des gemeinsamen Unternehmens;

b) der Beteiligung eines dritten Staates, einer zwischenstaatlichen Einrichtung oder eines Angehörigen eines dritten Staates an der Finanzierung oder Geschäftsführung des gemeinsamen Unternehmens.

Art. 48 [Beschlußfassung über Vergünstigungen] Der Rat kann auf Vorschlag der Kommission durch einstimmigen Beschluß die in Anhang III dieses Vertrags genannten Vergünstigungen auf jedes gemeinsame Unternehmen ganz oder teilweise in Anwendung bringen; jeder Mitgliedstaat ist alsdann in seinem Bereich zu deren Gewährung verpflichtet.

Der Rat kann nach demselben Verfahren die Bedingungen für die Gewährung dieser Vergünstigungen festlegen.

Art. 49 [Errichtung, Rechtsform und Rechtsstellung des gemeinsamen Unternehmens] Die Errichtung eines gemeinsamen *Unternehmens erfolgt durch Beschluss* des Rates.

Jedes gemeinsame Unternehmen hat Rechtspersönlichkeit.

Es hat in jedem Mitgliedstaat die weitestgehende Rechts- und Geschäftsfähigkeit, die das jeweilige innerstaatliche Recht juristischen Personen zuerkennt; es kann insbesondere bewegliches und unbewegliches Vermögen erwerben und veräußern sowie klagen und verklagt werden.

Soweit die Bestimmungen dieses Vertrags oder seine Satzung nichts anderes vorsehen, unterliegt jedes gemeinsame Unternehmen den für gewerbliche oder kaufmännische Unternehmen geltenden Vorschriften; die Satzung kann hilfsweise auf das innerstaatliche Recht der Mitgliedstaaten Bezug nehmen.

Soweit nicht nach den Bestimmungen dieses Vertrags der Gerichtshof der Europäischen Union zuständig ist, werden Streitigkeiten, bei denen gemeinsame Unternehmen beteiligt sind, durch die zuständigen innerstaatlichen Rechtsprechungsorgane entschieden.

Art. 50 [Änderungen der Satzungen der gemeinsamen Unternehmen] Die Satzungen der gemeinsamen Unternehmen werden gegebenenfalls nach den darin vorgesehenen besonderen Vorschriften geändert.

Diese Änderungen können jedoch erst in Kraft treten, nachdem sie auf Vorschlag der Kommission durch den Rat nach Maßgabe des Artikels 47 gebilligt worden sind.

Art. 51 [Übergangsbestimmung] Solange die mit dem Betrieb der gemeinsamen Unternehmen betrauten Organe noch nicht eingesetzt sind, sorgt die Kommission für die Durchführung des Beschlusses des Rates über die Errichtung dieser Unternehmen.

Kapitel VI. Versorgung

Art. 52 [Versorgung mit Grundstoffen; Errichtung einer Agentur] (1) Die Versorgung mit Erzen, Ausgangsstoffen und besonderen spaltbaren Stoffen wird gemäß den Bestimmungen dieses Kapitels nach dem Grundsatz des gleichen Zugangs zu den Versorgungsquellen durch eine gemeinsame Versorgungspolitik sichergestellt.

(2) Zu diesem Zweck und nach Maßgabe dieses Kapitels

a) ist jedes Gebaren verboten, das darauf abzielt, einzelnen Verbrauchern eine bevorzugte Stellung zu sichern,

b) wird eine Agentur geschaffen, die über ein Bezugsrecht für Erze, Ausgangsstoffe und besondere spaltbare Stoffe, die im Gebiet der Mitgliedstaaten erzeugt werden, sowie über das ausschließliche Recht verfügt, Verträge über die Lieferung von Erzen, Ausgangsstoffen oder besonderen spaltbaren Stoffen aus Ländern innerhalb oder außerhalb der Gemeinschaft abzuschließen.

Die Agentur darf die Verbraucher nicht auf Grund der von ihnen beabsichtigten Verwendung der beantragten Lieferungen irgendwie unterschiedlich behandeln, es sei denn, daß diese Verwendung unzulässig ist oder daß sie den Bedingungen widerspricht, von denen die nicht der Gemeinschaft angehörenden Lieferer die Lieferung abhängig gemacht haben.

Abschnitt I. Die Agentur

Art. 53 [Aufsicht über die Agentur] Die Agentur steht unter der Aufsicht der Kommission; diese erteilt ihr Richtlinien, hat gegen ihre Entscheidungen ein Einspruchsrecht und ernennt ihren Generaldirektor sowie ihren stellvertretenden Generaldirektor.

Jede ausdrückliche oder stillschweigende Handlung der Agentur bei Ausübung ihres Bezugsrechts oder ihres ausschließlichen Rechts zum Abschluß von Lieferverträgen kann durch die Beteiligten der Kommission unterbreitet werden, die hierüber innerhalb eines Monats zu beschließen hat.

Art. 54 [Rechtsform und Satzung der Agentur] Die Agentur hat Rechtspersönlichkeit und genießt finanzielle Autonomie.

Der Rat legt auf Vorschlag der Kommission mit qualifizierter Mehrheit die Satzung der Agentur fest.

Die Satzung kann in derselben Weise geändert werden.

Sie bestimmt das Kapital der Agentur und die Art und Weise, in der es aufgebracht wird. Die Mehrheit des Kapitals muß in jedem Falle der Gemeinschaft und den Mitgliedstaaten gehören. Die Aufteilung des Kapitals wird von den Mitgliedstaaten im gemeinsamen Einvernehmen beschlossen.

Die Satzung legt die Art und Weise der kaufmännischen Geschäftsführung der Agentur fest. Sie kann zur Deckung der Betriebskosten der Agentur die Erhebung einer Abgabe auf die Umsätze vorsehen.

Art. 55 [Pflicht zur Auskunftserteilung] Die Mitgliedstaaten erteilen der Agentur alle Auskünfte oder lassen ihr alle Auskünfte erteilen, die zur Ausübung ihres Bezugsrechts und ihres ausschließlichen Rechts zum Abschluß von Lieferverträgen erforderlich sind.

Art. 56 [Gewährleistung freier Ausübung der Tätigkeit] Die Mitgliedstaaten gewährleisten die freie Ausübung der Tätigkeit der Agentur in ihren Hoheitsgebieten.

Sie können das Organ oder die Organe einsetzen, die zur Vertretung der Erzeuger und Verbraucher aus den ihnen unterstehenden außereuropäischen Hoheitsgebieten in den Beziehungen zur Agentur zuständig sind.

Abschnitt II. Erze, Ausgangsstoffe und besondere spaltbare Stoffe aus dem Aufkommen der Gemeinschaft

Art. 57 [Bezugsrecht, Anbietungspflicht der Mitgliedstaaten]
(1) Das Bezugsrecht der Agentur erstreckt sich

a) auf den Erwerb der Rechte zur Nutzung und zum Verbrauch der Stoffe, die auf Grund der Bestimmungen des Kapitels VIII Eigentum der Gemeinschaft sind;

b) auf den Erwerb des Eigentumsrechts in allen anderen Fällen.

(2) Die Agentur übt ihr Bezugsrecht durch den Abschluß von Verträgen mit den Erzeugern von Erzen, Ausgangsstoffen oder besonderen spaltbaren Stoffen aus.

Vorbehaltlich der Artikel 58, 62 und 63 ist jeder Erzeuger verpflichtet, der Agentur die von ihm in den Hoheitsgebieten der Mitgliedstaaten erzeugten Erze, Ausgangsstoffe oder besonderen spaltbaren Stoffe vor ihrer Verwendung, Übertragung oder Lagerung anzubieten.

Art. 58 [Wahlrecht des Erzeugers bei mehreren Produktionsstufen] Erstreckt sich die Tätigkeit eines Erzeugers auf mehrere Produktionsstufen, beginnend mit der Gewinnung des Erzes bis zur Herstellung des Metalls einschließlich, so ist er nur verpflichtet, der Agentur das Erzeugnis in der von ihm gewählten Produktionsstufe anzubieten.

Das gleiche gilt für mehrere Unternehmen, zwischen denen Verbindungen bestehen, die der Kommission rechtzeitig mitgeteilt und mit ihr nach dem in den Artikeln 43 und 44 vorgesehenen Verfahren erörtert worden sind.

Art. 59 [Rechte des Erzeugers bei nur teilweiser Ausübung des Bezugsrechts] Übt die Agentur ihr Bezugsrecht entweder auf die gesamte Produktion oder auf einen Teil der Produktion nicht aus, so

a) kann der Erzeuger die Erze, Ausgangsstoffe oder besonderen spaltbaren Stoffe entweder mit eigenen Mitteln oder im Wege von Lohnveredelungsverträgen unter dem Vorbehalt verarbeiten oder verarbeiten lassen, daß er der Agentur das bei dieser Verarbeitung gewonnene Erzeugnis anbietet,

b) wird der Erzeuger durch Beschluss der Kommission ermächtigt, die verfügbaren Erzeugnisse außerhalb der Gemeinschaft unter dem Vorbehalt abzusetzen, daß er hierbei keine günstigeren Bedingungen gewährt, als sie in dem der Agentur vorher unterbreiteten Angebot enthalten waren. Besondere spaltbare Stoffe können jedoch nur durch die Agentur gemäß Artikel 62 ausgeführt werden.

Die Kommission kann die Ermächtigung nicht erteilen, wenn die Empfänger dieser Lieferungen nicht alle Garantien dafür bieten, daß die allgemeinen Interessen der Gemeinschaft gewahrt werden, oder wenn die Klauseln und Bedingungen dieser Verträge den Zielen dieses Vertrags zuwiderlaufen.

Art. 60 [Bedarfsmeldung und Bedarfsdeckung; Vollzugsordnung] Die Verbraucher teilen der Agentur in regelmäßigen Abständen ihren Bedarf mit; sie geben dabei die Mengen, die physikalische und chemische Beschaffenheit, den Herkunftsort, die Verwendung, die einzelnen Lieferfristen und die Preisbestimmungen an, die als Klauseln und Bedingungen in den von ihnen gewünschten Liefervertrag aufzunehmen wären.

Ebenso teilen die Erzeuger der Agentur die Angebote, die sie machen können, mit; sie geben dabei alle Einzelheiten, insbesondere die Laufzeit der Verträge, an, die für die Aufstellung ihrer Produktionsprogramme erforderlich sind. Die Laufzeit dieser Verträge darf zehn Jahre nicht überschreiten, es sei denn, daß die Kommission zustimmt.

Die Agentur teilt den Verbrauchern die Angebote und den Umfang der bei ihr eingegangenen Nachfragen mit und fordert sie auf, innerhalb einer bestimmten Frist Aufträge zu erteilen.

Ist die Agentur im Besitz aller Aufträge, so teilt sie die Bedingungen mit, unter denen sie diese ausführen kann.

Kann die Agentur nicht alle eingegangenen Aufträge vollständig ausführen, so verteilt sie die Stoffe nach dem Verhältnis der Aufträge zu jedem Angebot, vorbehaltlich der Artikel 68 und 69.

Eine Vollzugsordnung der Agentur, die der Billigung der Kommission bedarf, regelt im einzelnen, wie Angebote und Nachfragen einander gegenüberzustellen sind.

Art. 61 [Verpflichtung zur Auftragsausführung; Vorauszahlungen] Die Agentur ist verpflichtet, alle Aufträge auszuführen, es sei denn, daß rechtliche oder sachliche Hindernisse ihrer Ausführung entgegenstehen.

Bei Abschluß eines Vertrages kann sie unter Beachtung der Vorschriften des Artikels 52 von den Verbrauchern angemessene Vorauszahlungen als Garantie oder zur Erleichterung ihrer eigenen, zur Ausführung des Auftrags erforderlichen langfristigen Verpflichtungen gegenüber den Erzeugern verlangen.

Art. 62 [Ausübung des Bezugsrechts der Agentur] (1) Die Agentur übt ihr Bezugsrecht auf die in den Hoheitsgebieten der Mitgliedstaaten erzeugten besonderen spaltbaren Stoffe zu folgenden Zwecken aus:

a) um die Nachfrage der Verbraucher der Gemeinschaft nach Maßgabe des Artikels 60 zu decken,

b) um diese Stoffe selbst zu lagern oder

c) um sie mit Genehmigung der Kommission, die hierbei Artikel 59 Buchstabe b) Unterabsatz 2 beachtet, auszuführen.

(2) Jedoch sind diese Stoffe und die zur Aufarbeitung geeigneten Rückstände zu folgenden Zwecken dem Erzeuger zu belassen:

a) um mit Genehmigung der Agentur gelagert zu werden,

b) um im Rahmen des eigenen Bedarfs des Erzeugers verwendet zu werden oder

c) um Unternehmen im Gebiet der Gemeinschaft im Rahmen ihres Bedarfs zur Verfügung gestellt zu werden, soweit diese mit dem Erzeuger zur Durchführung eines der Kommission rechtzeitig mitgeteilten Programms in unmittelbarer Verbindung stehen; Voraussetzung ist, daß die Verbindung weder eine Beschränkung der Produktion, der technischen Entwicklung oder der Investitionen noch die mißbräuchliche Schaffung von Ungleichheiten zwischen den Verbrauchern der Gemeinschaft bezweckt oder bewirkt.

Die Anwendung der Vorschriften des Kapitels VII wird hierdurch nicht berührt.

(3) Auf die in den Hoheitsgebieten der Mitgliedstaaten erzeugten besonderen spaltbaren Stoffe, bezüglich derer die Agentur ihr Bezugsrecht nicht ausgeübt hat, findet Artikel 89 Absatz 1 Buchstabe a) Anwendung.

Art. 63 [Zuteilung der Produkte von gemeinsamen Unternehmen] Die Erze, Ausgangsstoffe oder besonderen spaltbaren Stoffe, die von den gemeinsamen Unternehmen erzeugt werden, werden den Verbrauchern nach den satzungsmäßigen oder vertragsmäßigen Bestimmungen dieser Unternehmen zugeteilt.

Abschnitt III. Erze, Ausgangsstoffe und besondere spaltbare Stoffe aus dem Aufkommen außerhalb der Gemeinschaft

Art. 64 [Ausschließliches Abschlußrecht über Leistungen von dritter Seite] Die Agentur hat, soweit nicht in diesem Vertrag Ausnahmen vorgesehen sind, das ausschließliche Recht, Abkommen oder Übereinkünfte mit dem Hauptzweck der Lieferung von Erzen, Ausgangsstoffen oder besonderen spaltbaren Stoffen aus dem Aufkommen außerhalb der Gemeinschaft abzuschließen; sie wird dabei gegebenenfalls im Rahmen der zwischen der Gemeinschaft und einem dritten Staat oder einer zwischenstaatlichen Einrichtung abgeschlossenen Abkommen tätig.

Art. 65 [Verfahren bei Bedarfsmeldung] Artikel 60 findet auf die Nachfragen der Verbraucher und die Verträge zwischen den Verbrauchern und der Agentur Anwendung, soweit es sich um die Lieferung von Erzen, Ausgangsstoffen oder besonderen spaltbaren Stoffen aus dem Aufkommen außerhalb der Gemeinschaft handelt.

Die Agentur kann jedoch den Herkunftsort der Stoffe bestimmen, soweit sie dem Verbraucher Lieferungsbedingungen zukommen läßt, *die mindestens* ebenso günstig sind wie die in dem Auftrag angegebenen.

Art. 66 [Recht zum Abschluß unmittelbarer Lieferverträge]

Stellt die Kommission auf Antrag der beteiligten Verbraucher fest, daß die Agentur nicht oder nur zu mißbräuchlichen Preisen in der Lage ist, die bestellten Stoffe ganz oder zum Teil innerhalb einer angemessenen Frist zu liefern, so sind die Verbraucher berechtigt, unmittelbar Verträge über Lieferungen aus dem Aufkommen außerhalb der Gemeinschaft zu schließen, soweit die Verträge in den wesentlichen Punkten dem in ihrer Bestellung angegebenen Bedarf entsprechen.

Dieses Recht wird auf ein Jahr gewährt; es kann verlängert werden, wenn die Lage, die seine Gewährung gerechtfertigt hat, fortdauert.

Die Verbraucher, die von diesem Recht Gebrauch machen, haben der Kommission die beabsichtigten unmittelbaren Verträge mitzuteilen. Die Kommission kann innerhalb eines Monats gegen den Abschluß dieser Verträge Einspruch erheben, wenn sie den Zielen dieses Vertrags zuwiderlaufen.

Abschnitt IV. Preise

Art. 67 [Preise nach Angebot und Nachfrage] Soweit in diesem Vertrag keine Ausnahmen vorgesehen sind, ergeben sich die Preise aus der Gegenüberstellung von Angebot und Nachfrage nach Maßgabe des Artikels 60; widersprechende innerstaatliche Vorschriften der Mitgliedstaaten sind unzulässig.

Art. 68 [Verbot der Verschaffung einer bevorzugten Stellung] Verboten ist ein Preisgebaren, das darauf abzielt, einzelnen Verbrauchern unter Umgehung des Grundsatzes des gleichen Zugangs, der sich aus diesem Kapitel ergibt, eine bevorzugte Stellung zu verschaffen.

Stellt die Agentur ein derartiges Gebaren fest, so zeigt sie es der Kommission an.

Erachtet die Kommission die Feststellung für begründet, so kann sie für die strittigen Angebote die Preise in einer Höhe neu festsetzen, die dem Grundsatz des gleichen Zugangs entspricht.

Art. 69 [Preisfestsetzung durch den Rat; Vorschlag für Preisangebot] Der Rat kann auf Vorschlag der Kommission durch einstimmigen Beschluß Preise festsetzen.

Die Agentur kann, wenn sie gemäß Artikel 60 die Bedingungen für die Ausführung der Aufträge festlegt, den Verbrauchern, die Aufträge erteilt haben, einen Preisausgleich vorschlagen.

Abschnitt V. Bestimmungen über die Versorgungspolitik

Art. 70 [Einfluß auf Schürfungsvorhaben] Die Kommission kann sich im Rahmen des Haushaltsplans der Gemeinschaft finanziell unter den von ihr festgelegten Bedingungen an Schürfungsvorhaben in den Hoheitsgebieten der Mitgliedstaaten beteiligen.

Die Kommission kann an die Mitgliedstaaten Empfehlungen für die Entwicklung der Schürfung und der Erzgewinnung richten.

Die Mitgliedstaaten haben der Kommission jährlich einen Bericht über die Entwicklung der Schürfung und der Erzeugung, die voraussichtlichen Reserven und die in ihren Hoheitsgebieten durchgeführten oder geplanten Investitionen im Bergbau vorzulegen. Die Berichte werden dem Rat mit der Stellungnahme der Kommission vorgelegt;

diese Stellungnahme hat insbesondere auf die Maßnahmen einzugehen, welche die Mitgliedstaaten auf die gemäß vorstehendem Absatz ausgesprochenen Empfehlungen getroffen haben.

Stellt der Rat, nachdem die Kommission ihn angerufen hat, mit qualifizierter Mehrheit fest, daß die Schürfungsmaßnahmen und die Steigerung der Erzgewinnung in erheblichem Maße unzureichend bleiben, obwohl Erzeugungsmöglichkeiten wirtschaftlich auf lange Sicht gerechtfertigt erscheinen, so wird unterstellt, daß der betreffende Mitgliedstaat, solange er diese Lage nicht behebt, für sich und für seine Staatsangehörigen auf das Recht des gleichen Zugangs zu dem sonstigen Aufkommen innerhalb der Gemeinschaft verzichtet.

Art. 71 [Empfehlungen über steuer- oder bergrechtliche Regelungen] Die Kommission richtet an die Mitgliedstaaten sachdienliche Empfehlungen über steuer- oder bergrechtliche Regelungen.

Art. 72 [Anlegung von Handels- und Sicherheitsbeständen] Die Agentur kann aus den innerhalb oder außerhalb der Gemeinschaft zur Verfügung stehenden Mengen die notwendigen Handelsbestände anlegen, um die Versorgung oder die laufenden Lieferungen der Gemeinschaft zu erleichtern.

Die Kommission kann gegebenenfalls die Einrichtung von Sicherheitsbeständen beschließen. Die Art und Weise der Finanzierung dieser Bestände wird vom Rat auf Vorschlag der Kommission mit qualifizierter Mehrheit gebilligt.

Abschnitt VI. Besondere Vorschriften

Art. 73 [Vereinbarungen mit dritten Staaten, die auch die Lieferung spaltbarer Stoffe u. a. zum Gegenstand haben] Umfaßt ein Abkommen oder eine Vereinbarung zwischen einem Mitgliedstaat, einer Person oder einem Unternehmen einerseits und einem dritten Staat, einer zwischenstaatlichen Einrichtung oder einem Angehörigen eines dritten Staates andererseits auch die Lieferung von Erzeugnissen, die in die Zuständigkeit der Agentur fallen, so ist zum Abschluß oder zur Erneuerung des Abkommens oder der Vereinbarung die vorherige Zustimmung der Kommission erforderlich, soweit es sich um die Lieferung dieser Erzeugnisse handelt.

Art. 74 [Ausnahme für kleinere Mengen] Die Kommission kann die Übertragung, die Einfuhr oder die Ausfuhr kleiner Mengen von Erzen, Ausgangsstoffen oder besonderen spaltbaren Stoffen in dem Maße, wie sie üblicherweise für die Forschung benutzt werden, von den Vorschriften dieses Kapitels ausnehmen.

Jede Übertragung, Einfuhr oder Ausfuhr auf Grund dieser Bestimmung ist der Agentur anzuzeigen.

Art. 75 [Ausnahmen, insbesondere bei Rückgabe der aufbereiteten Stoffe] Die Bestimmungen dieses Kapitels finden keine Anwendung auf Verpflichtungen, welche die Aufbereitung, Umwandlung oder Formung von Erzen, Ausgangsstoffen oder besonderen spaltbaren Stoffen zum Gegenstand haben,

a) bei Verpflichtungen zwischen Personen oder Unternehmen untereinander – falls die aufbereiteten, umgewandelten oder geformten Stoffe an die Person oder das Unternehmen, von denen sie stammen, zurückgegeben werden müssen;

b) bei Verpflichtungen zwischen einer Person oder einem Unternehmen einerseits und einer zwischenstaatlichen Einrichtung oder einem Angehörigen eines dritten Staates andererseits – falls die Stoffe außerhalb der Gemeinschaft aufbereitet, umgewandelt oder geformt werden und an die Person oder das Unternehmen, von denen sie stammen, zurückgegeben werden;

c) bei Verpflichtungen zwischen einer Person oder einem Unternehmen einerseits und einer zwischenstaatlichen Einrichtung oder einem Angehörigen eines dritten Staates andererseits – falls die Stoffe in der Gemeinschaft aufbereitet, umgewandelt oder geformt werden und an die Einrichtung oder den Staatsangehörigen, von denen sie stammen, oder an einen anderen von dieser Einrichtung oder diesem Staatsangehörigen bestimmten Empfänger, der seinen Sitz ebenfalls außerhalb der Gemeinschaft hat, zurückgegeben werden.

Die beteiligten Personen oder Unternehmen müssen jedoch der Agentur das Bestehen derartiger Verpflichtungen und sofort nach Unterzeichnung der Verträge die Mengen der Stoffe anzeigen, die Gegenstand dieser Umsätze sind. Den unter Buchstabe b) genannten Verpflichtungen kann die Kommission widersprechen, wenn sie der Auffassung ist, daß die Umwandlung oder Formung nicht wirksam und sicher und ohne Substanzverlust zum Nachteil der Gemeinschaft gewährleistet werden kann.

Die Stoffe, die Gegenstand dieser Verpflichtungen sind, unterliegen in den Hoheitsgebieten der Mitgliedstaaten den in Kapitel VII vorgesehenen Überwachungsmaßnahmen. Die Bestimmungen des Kapitels VIII finden jedoch keine Anwendung auf die besonderen spaltbaren Stoffe, die Gegenstand von Verpflichtungen nach Buchstabe c) sind.

Art. 76 [Änderung dieser Bestimmungen] Die Vorschriften dieses Kapitels können, insbesondere falls unvorhergesehene Umstände eine allgemeine Mangellage hervorrufen, auf Vorschlag der Kommission und nach Anhörung des Europäischen Parlaments durch einstimmigen Beschluß des Rates geändert werden; die Veranlassung dazu kann von einem Mitgliedstaat oder von der Kommission ausgehen. Die Kommission hat jeden Antrag eines Mitgliedstaates zu untersuchen.

Nach Ablauf von sieben Jahren ab dem 1. Januar 1958 kann der Rat diese Bestimmungen in ihrer Gesamtheit bestätigen. Bestätigt er sie nicht, so werden nach dem im vorstehenden Absatz bestimmten Verfahren neue Vorschriften über den Gegenstand dieses Kapitels erlassen.

Kapitel VII. Überwachung der Sicherheit[1]

Art. 77 [Überwachung der Verwendung und Kontrollen] Die Kommission hat sich nach Maßgabe dieses Kapitels in den Hoheitsgebieten der Mitgliedstaaten zu vergewissern, daß

a) die Erze, die Ausgangsstoffe und besonderen spaltbaren Stoffe nicht zu anderen als den von ihren Benutzern angegebenen Zwecken verwendet werden,

b) die Vorschriften über die Versorgung und alle besonderen Kontrollverpflichtungen geachtet werden, welche die Gemeinschaft in einem Abkommen mit einem dritten Staat oder einer zwischenstaatlichen Einrichtung übernommen hat.

Art. 78 [Bekanntgabe der technischen Merkmale einer Anlage] Wer eine Anlage zur Erzeugung, Trennung oder sonstigen Verwendung von Ausgangsstoffen und besonderen spaltbaren Stoffen oder zur Aufbereitung bestrahlter Kernbrennstoffe errichtet oder betreibt, hat der Kommission die grundlegenden technischen Merkmale der Anlage anzugeben, soweit deren Kenntnis für die Zwecke des Artikels 77 erforderlich ist.

Die Verfahren für die chemische Aufbereitung bestrahlter Stoffe bedürfen insoweit der Genehmigung der Kommission, als dies für die Zwecke des Artikels 77 erforderlich ist.

Art. 79 [Vorlage der Betriebsvorgänge] Die Kommission verlangt, daß Aufstellungen über Betriebsvorgänge geführt und vorgelegt werden, um die Buchführung über verwendete oder erzeugte Erze, Ausgangsstoffe und besondere spaltbare Stoffe zu ermöglichen. Das gleiche gilt für die Beförderung der Ausgangsstoffe und besonderen spaltbaren Stoffe.[2]

Die Betroffenen geben den Behörden des betreffenden Mitgliedstaates[3] die Mitteilungen bekannt, die sie gemäß Artikel 78 und Absatz 1 dieses Artikels an die Kommission richten.

Art und Umfang der Verpflichtungen des Absatzes 1 dieses Artikels *werden in einer* Verordnung bestimmt, die von der Kommission mit Billigung des Rates erlassen wird.

---

[1] Vgl. VO (Euratom) der Kommission v. 8. 2. 2005 über die Anwendung der Euratom-Sicherheitsmaßnahmen (ABl. Nr. L 54/1 v. 28. 2. 2005).

[2] S. die VO Nr. 2 der Kommission zur Festlegung der Durchführungsbestimmungen für die in Art. 78 des Vertrags vorgeschriebenen Anzeigen v. 18. 2. 1959.

[3] Zu den insoweit zuständigen dt. Behörden s. Bek. des BMWiT v. 19. 8. 1999 (BGBl. II S. 811).

Art. 80 [Hinterlegung der Nebenprodukte] Die Kommission kann verlangen, daß alle überschüssigen besonderen spaltbaren Stoffe, die als Nebenprodukt wieder- oder neugewonnen und nicht tatsächlich verwendet oder zur Verwendung bereitgestellt werden, bei der Agentur oder in anderen Lagern hinterlegt werden, die der Überwachung der Kommission unterstehen oder zugänglich sind.

Die so hinterlegten besonderen spaltbaren Stoffe sind den Beteiligten auf Antrag unverzüglich zurückzugeben.

Art. 81 [Entsendung von Inspektoren] Die Kommission kann in die Hoheitsgebiete der Mitgliedstaaten Inspektoren entsenden. Sie hört den Mitgliedstaat, bevor sie einen Inspektor mit seiner ersten Überwachungsaufgabe in den Hoheitsgebieten dieses Staates betraut; diese Anhörung wirkt auch für alle späteren Aufgaben dieses Inspektors.

Soweit dies für die Überwachung der Erze, Ausgangsstoffe und besonderen spaltbaren Stoffe und zu der Feststellung erforderlich ist, ob die Bestimmungen des Artikels 77 beachtet werden, haben die Inspektoren unter Vorlage eines Ausweises über ihre Amtseigenschaft jederzeit zu allen Orten, Unterlagen und Personen Zugang, die sich von Berufs wegen mit Stoffen, Ausrüstungsgegenständen oder Anlagen beschäftigen, welche gemäß diesem Kapitel der Überwachung unterliegen. Die von der Kommission ernannten Inspektoren werden auf Antrag des beteiligten Staates von Vertretern der Behörden dieses Staates begleitet; doch darf hierdurch für die Inspektoren bei der Wahrnehmung ihrer Aufgabe keine Verzögerung oder sonstige Behinderung eintreten.

Wird der Durchführung einer Überwachungsmaßnahme widersprochen, so hat die Kommission beim Präsidenten des Gerichtshofes der Europäischen Union einen Gerichtsbefehl zu beantragen, um die Durchführung dieser Überwachung im Zwangswege sicherzustellen. Der Präsident des Gerichtshofes der Europäischen Union entscheidet innerhalb von drei Tagen.

Bei Gefahr im Verzuge kann die Kommission durch einen eigenen Beschluss eine schriftliche Anordnung der Überwachungsmaßnahmen erlassen. Diese Anordnung ist dem Präsidenten des Gerichtshofes der Europäischen Union unverzüglich zur nachträglichen Genehmigung vorzulegen.

Nach Erlaß des Befehls oder des Beschlusses haben die Behörden des betreffenden Staates den Inspektoren Zugang zu den Orten zu verschaffen, die in dem Befehl oder dem Beschluss bezeichnet sind.

Art. 82 [Einstellung der Inspektoren, Verfahren bei gemeldeten Verstößen] Die Inspektoren werden von der Kommission eingestellt.

Ihnen liegt ob, sich die in Artikel 79 vorgesehene Buchführung vorlegen zu lassen und sie zu prüfen. Sie berichten der Kommission über jeden Verstoß.

Die Kommission kann eine Richtlinie erlassen, mit der sie dem betreffenden Mitgliedstaat aufgibt, innerhalb einer von ihr festgesetzten

Frist alle erforderlichen Maßnahmen zu treffen, um dem festgestellten Verstoß ein Ende zu setzen. Sie gibt dem Rat hiervon Kenntnis.

Kommt der Mitgliedstaat dieser Richtlinie der Kommission innerhalb der festgesetzten Frist nicht nach, so kann diese oder jeder beteiligte Mitgliedstaat, in Abweichung von den Artikeln 226 und 227 des Vertrages über die Arbeitsweise der Europäischen Union, unmittelbar den Gerichtshof der Europäischen Union anrufen.

Art. 83 [Zwangsmaßnahmen] (1) Verletzen Personen oder Unternehmen die ihnen durch dieses Kapitel auferlegten Verpflichtungen, so kann die Kommission gegen sie Zwangsmaßnahmen verhängen.

Diese werden in folgenden Stufen verhängt:

a) Verwarnung,

b) Entzug besonderer Vorteile, wie finanzielle Unterstützung oder technische Hilfe,

c) Übertragung der Verwaltung des Unternehmens für eine Höchstdauer von vier Monaten an eine Person oder eine Personengruppe, die im gemeinsamen Einvernehmen zwischen der Kommission und dem Staat, dem das Unternehmen untersteht, bestellt werden,

d) vollständiger oder teilweiser Entzug der Ausgangsstoffe oder besonderen spaltbaren Stoffe.

(2) Der zur Durchführung des vorstehenden Absatzes erlassene Beschluss der Kommission, die eine Herausgabeverpflichtung enthalten, sind vollstreckbar. Sie können in den Hoheitsgebieten der Mitgliedstaaten nach Maßgabe des Artikels 164 vollstreckt werden.

In Abweichung von Artikel 157 haben Klagen, die gegen den Beschluss der Kommission über die Verhängung der im vorstehenden Absatz vorgesehenen Zwangsmaßnahmen beim Gerichtshof der Europäischen Union erhoben werden, aufschiebende Wirkung. Der Gerichtshof der Europäischen Union kann jedoch auf Antrag der Kommission oder jedes beteiligten Mitgliedstaates die sofortige Vollstreckung des Beschlusses anordnen.

Der Schutz der verletzten Interessen ist durch ein angemessenes Rechtsverfahren zu gewährleisten.

(3) Die Kommission kann an die Mitgliedstaaten Empfehlungen über Rechtsvorschriften richten, welche die Beachtung der Verpflichtungen dieses Kapitels in ihren Hoheitsgebieten sicherstellen sollen.

(4) Die Mitgliedstaaten haben dafür Sorge zu tragen, daß die Zwangsmaßnahmen vollstreckt und daß die Verletzungen gegebenenfalls durch deren Urheber behoben werden.

Art. 84 [Bereich, Art und Weise der Überwachung] Bei der Überwachung wird kein Unterschied nach dem Verwendungszweck der Erze, der Ausgangsstoffe und der besonderen spaltbaren Stoffe gemacht.

Der Bereich, die Art und Weise der Überwachung sowie die Befugnisse der mit der Überwachung beauftragten Organe sind auf die Verwirklichung der in diesem Kapitel bestimmten Ziele beschränkt.

Die Überwachung erstreckt sich nicht auf Stoffe, die für die Zwecke der Verteidigung bestimmt sind, soweit sie sich im Vorgang der Einfügung in Sondergeräte für diese Zwecke befinden oder soweit sie nach Abschluß dieser Einfügung gemäß einem Operationsplan in eine militärische Anlage eingesetzt oder dort gelagert werden.

Art. 85 [Änderung der Überwachungsbestimmungen] Die Einzelheiten der in diesem Kapitel vorgesehenen Überwachung können, falls neu eingetretene Umstände es erfordern, auf Vorschlag der Kommission und nach Anhörung des Europäsichen Parlaments durch einstimmigen Beschluß des Rates diesen Umständen angepaßt werden; die Veranlassung dazu kann von einem Mitgliedstaat oder der Kommission ausgehen. Die Kommission hat jeden Antrag eines Mitgliedstaates zu untersuchen.

Kapitel VIII. Das Eigentum

Art. 86 [Eigentum der Gemeinschaft an den besonderen spaltbaren Stoffen] Die besonderen spaltbaren Stoffe sind Eigentum der Gemeinschaft.

Das Eigentumsrecht der Gemeinschaft umfaßt alle besonderen spaltbaren Stoffe, die von einem Mitgliedstaat, einer Person oder einem Unternehmen erzeugt oder eingeführt werden und der in Kapitel VII vorgesehenen Sicherheitsüberwachung unterliegen.

Art. 87 [Nutzungs- und Verbrauchsrecht] Die Mitgliedstaaten, Personen oder Unternehmen haben an den besonderen spaltbaren Stoffen, die ordnungsgemäß in ihren Besitz gelangt sind, das unbeschränkte Nutzungs- und Verbrauchsrecht, soweit nicht für sie Verpflichtungen aus diesem Vertrag, insbesondere bezüglich der Sicherheitsüberwachung, des Bezugsrechts der Agentur und des Gesundheitsschutzes, entgegenstehen.

Art. 88 [Finanzkonto der besonderen spaltbaren Stoffe] Die Agentur führt im Namen der Gemeinschaft ein besonderes Konto mit der Bezeichnung „Finanzkonto der besonderen spaltbaren Stoffe".

Art. 89 [Führung des Finanzkontos] (1) Das Finanzkonto der besonderen spaltbaren Stoffe wird wie folgt geführt:

a) Der Gemeinschaft wird der Wert der besonderen spaltbaren Stoffe gutgeschrieben, die einem Mitgliedstaat, einer Person oder einem Unternehmen überlassen oder zur Verfügung gestellt werden; der Mitgliedstaat, die Person oder das Unternehmen werden mit diesem Wert belastet;

b) die Gemeinschaft wird mit dem Wert der besonderen spaltbaren Stoffe belastet, die von einem Mitgliedstaat, einer Person oder einem Unternehmen erzeugt oder eingeführt und Eigentum der Gemeinschaft werden; dieser Wert wird dem Mitgliedstaat, der Person oder dem Unternehmen gutgeschrieben. Eine entsprechende Buchung wird vorgenommen, wenn ein Mitgliedstaat, eine Person oder ein Unternehmen der Gemeinschaft besondere spaltbare Stoffe zurückgibt, die diesem Staat, dieser Person oder diesem Unternehmen vorher überlassen oder zur Verfügung gestellt worden waren.

(2) Die Wertschwankungen, denen die besonderen spaltbaren Stoffe unterliegen, werden rechnungsmäßig so behandelt, daß für die Gemeinschaft weder Verlust noch Gewinn entsteht. Die Gefahren gehen zu Lasten und Gewinn der Besitzer.

(3) Die Salden aus den obengenannten Vorgängen sind auf Verlangen des Gläubigers sofort fällig.

(4) Soweit die Agentur auf eigene Rechnung Geschäfte vornimmt, gilt sie für die Anwendung dieses Kapitels als Unternehmen.

Art. 90 [Änderung dieser Vorschriften] Die Vorschriften dieses Kapitels über das Eigentumsrecht der Gemeinschaft können, falls neu eingetretene Umstände das erfordern, auf Vorschlag der Kommission und nach Anhörung des Europäischen Parlaments durch einstimmigen Beschluß des Rates diesen Umständen angepaßt werden; die Veranlassung dazu kann von einem Mitgliedstaat oder von der Kommission ausgehen. Die Kommission hat jeden Antrag eines Mitgliedstaates zu untersuchen.

Art. 91 [Eigentumsordnung für nicht der Gemeinschaft gehörende Werte] Die Ordnung des Eigentums an den Gegenständen, Stoffen und Vermögenswerten, an denen kein Eigentumsrecht der Gemeinschaft auf Grund dieses Kapitels besteht, richtet sich nach dem Recht der einzelnen Mitgliedstaaten.

Kapitel IX. Der Gemeinsame Markt auf dem Kerngebiet

Art. 92 [Anwendungsbereich dieses Kapitels] Die Bestimmungen dieses Kapitels finden auf die Güter und Erzeugnisse Anwendung, die in den Listen des Anhangs IV dieses Vertrags aufgeführt sind.

Diese Listen können vom Rat auf Vorschlag der Kommission geändert werden; die Veranlassung dazu kann von der Kommission oder einem Mitgliedstaat ausgehen.

Art. 93 [Beseitigung der Zölle und Abgaben] Die Mitgliedstaaten verbieten untereinander alle Ein- und Ausfuhrzölle oder Abgaben gleicher Wirkung und alle mengenmäßigen Beschränkungen der Ein- und Ausfuhr:

a) für die in den Listen A_1 und A_2 aufgeführten Erzeugnisse,

b) für die in der Liste B aufgeführten Erzeugnisse, soweit für diese Erzeugnisse ein gemeinsamer Zolltarif gilt und sie mit einer Bescheinigung der Kommission versehen sind, aus der ihre Bestimmung für auf dem Kerngebiet liegende Zwecke hervorgeht.

Die einem Mitgliedstaat unterstehenden außereuropäischen Hoheitsgebiete können weiterhin Ein- und Ausfuhrzölle oder Abgaben gleicher Wirkung erheben, soweit sie ausschließlich fiskalischen Charakter haben. Höhe und System dieser Zölle und Abgaben dürfen nicht zu einer Diskriminierung dieses Staates und der übrigen Mitgliedstaaten führen.

Art. 94. *(aufgehoben)*

Art. 95. *(aufgehoben)*

Art. 96 [Freizügigkeit bei qualifizierter Beschäftigung auf dem Kerngebiet] Die Mitgliedstaaten beseitigen gegenüber den Angehörigen eines Mitgliedstaates alle auf die Staatsangehörigkeit gegründeten Beschränkungen des Zugangs zu qualifizierten Beschäftigungen auf dem Kerngebiet; vorbehalten sind lediglich die Einschränkungen, die sich aus den grundlegenden Erfordernissen der öffentlichen Ordnung, der öffentlichen Sicherheit und der Volksgesundheit ergeben.

Der Rat kann nach Anhörung des Europäischen Parlaments auf Vorschlag der Kommission, die zuvor die Stellungnahme des Wirtschafts- und Sozialausschusses einholt, mit qualifizierter Mehrheit die Richtlinien für die Art und Weise der Anwendung dieses Artikels erlassen.

Art. 97 [Freie Beteiligung am Bau von Atomanlagen] Natürliche oder juristische Personen des öffentlichen oder privaten Rechts, die der Gerichtsbarkeit eines Mitgliedstaates unterstehen, unterliegen keiner Beschränkung auf Grund ihrer Staatszugehörigkeit, wenn sie sich am Bau von Atomanlagen wissenschaftlicher oder gewerblicher Art in der Gemeinschaft beteiligen wollen.

Art. 98 [Abschluß von Versicherungsverträgen] (1) Die Mitgliedstaaten treffen alle Maßnahmen, die erforderlich sind, um den Abschluß von Versicherungsverträgen zur Deckung der Gefahren auf dem Kerngebiet zu erleichtern.

(2) Der Rat erläßt nach Anhörung der Versammlung auf Vorschlag der Kommission, die zuvor die Stellungnahme des Wirtschafts- und Sozialausschusses einholt, mit qualifizierter Mehrheit die Richtlinien für die Art und Weise der Anwendung dieses Artikels.

Art. 99 [Erleichterung des Kapitalverkehrs] Die Kommission kann Empfehlungen zur Erleichterung des Kapitalverkehrs aussprechen, der dazu bestimmt ist, die in der Liste des Anhangs II dieses Vertrags genannten Erzeugungszweige zu finanzieren.

Art. 100. *(aufgehoben)*

Kapitel X. Außenbeziehungen

Art. 101 [Abkommen mit dritten Staaten oder deren Angehörigen] Die Gemeinschaft kann im Rahmen ihrer Zuständigkeit Verpflichtungen durch Abkommen und Vereinbarungen mit einem dritten Staat, einer zwischenstaatlichen Einrichtung oder einem Angehörigen eines dritten Staates eingehen.

Die Abkommen und Vereinbarungen werden von der Kommission nach den Richtlinien des Rates ausgehandelt; sie werden von der Kommission mit Zustimmung des Rates abgeschlossen; dieser beschließt mit qualifizierter Mehrheit.

Jedoch werden Abkommen und Vereinbarungen, deren Durchführung keine Mitwirkung des Rates erfordert und im Rahmen des betreffenden Haushaltsplans möglich ist, von der Kommission allein ausgehandelt und abgeschlossen; die Kommission hat lediglich den Rat hierüber ständig zu unterrichten.

Art. 102 [Beteiligung von Mitgliedstaaten an den Abkommen] Falls außer der Gemeinschaft ein oder mehrere Mitgliedstaaten an den Abkommen und Vereinbarungen mit einem dritten Staat, einer zwischenstaatlichen Einrichtung oder einem Angehörigen eines dritten Staates beteiligt sind, so können diese Abkommen und Vereinbarungen erst in Kraft treten, wenn alle beteiligten Mitgliedstaaten der Kommission mitgeteilt haben, daß sie nach den Vorschriften ihrer innerstaatlichen Rechtsordnung anwendbar geworden sind.

Art. 103 [Abkommen zwischen Mitgliedstaaten und Dritten][1] Die Mitgliedstaaten haben der Kommission ihre Entwürfe von Abkommen und Vereinbarungen mit einem dritten Staat, einer zwischenstaatlichen Einrichtung oder einem Angehörigen eines dritten Staates mitzuteilen, soweit diese Abkommen und Vereinbarungen den Anwendungsbereich dieses Vertrags berühren.

Enthält der Entwurf Bestimmungen, welche die Anwendung dieses Vertrags beeinträchtigen, so gibt die Kommission dem betreffenden Mitgliedstaat innerhalb eines Monats nach Eingang der an sie gerichteten Mitteilung ihre Einwendungen bekannt.

Der Staat kann das beabsichtigte Abkommen oder die beabsichtigte Vereinbarung erst schließen, wenn er die Bedenken der Kommission beseitigt hat oder wenn er durch Antrag im Dringlichkeitsverfahren einen *Beschluß des Gerichtshofes* der Europäischen Union über die Vereinbarkeit der beabsichtigten Bestimmungen mit den Vorschriften dieses Vertrags herbeigeführt und diesem Beschluß entsprochen hat. Der Antrag kann dem Gerichtshof der Europäischen Union jederzeit vorgelegt werden, sobald der Staat die Einwendungen der Kommission erhalten hat.

---

[1] Vgl. hierzu auch die Empfehlung (Euratom) 2016/538 der Kommission v. 4.4.2016 über die Anwendung des Artikels 103 des Euratom-Vertrags (ABl. Nr. L 89/20 v. 6.4.2016).

Art. 104 [Verhältnis und Vereinbarkeit solcher Abkommen mit den auf Grund des Vertrages geschlossenen] (1) Personen oder Unternehmen, die nach dem 1. Januar 1958 oder, im Falle später beigetretener Staaten, nach dem Zeitpunkt ihres Beitritts Abkommen oder Vereinbarungen mit einem dritten Staat, einer zwischenstaatlichen Einrichtung oder einem Angehörigen eines dritten Staates schließen oder erneuern, können sich auf diese Abkommen oder Vereinbarungen nicht berufen, um sich den Verpflichtungen zu entziehen, die ihnen nach diesem Vertrag obliegen.

(2) Jeder Mitgliedstaat trifft alle Maßnahmen, die er für erforderlich hält, um der Kommission auf deren Ersuchen alle Auskünfte über die Abkommen oder Vereinbarungen zu erteilen, die nach den in Absatz 1 genannten Zeitpunkten im Anwendungsbereich dieses Vertrags von Personen oder Unternehmen mit einem dritten Staat, einer zwischenstaatlichen Einrichtung oder einem Angehörigen eines dritten Staates abgeschlossen worden sind. Die Kommission darf diese Mitteilung nur anfordern, um zu prüfen, ob die Abkommen oder Vereinbarungen nicht Bestimmungen enthalten, welche die Anwendung dieses Vertrags beeinträchtigen.

Der Gerichtshof der Europäischen Union entscheidet auf Antrag der Kommission über die Vereinbarkeit dieser Abkommen und Vereinbarungen mit den Bestimmungen dieses Vertrags.

Art. 105 [Vor Inkrafttreten des Vertrags geschlossene Abkommen] (1) Die Durchführung von Abkommen und Vereinbarungen, die vor dem 1. Januar 1958 oder, im Falle später beigetretener Staaten, vor dem Zeitpunkt ihres Beitritts von einem Mitgliedstaat, einer Person oder einem Unternehmen mit einem dritten Staat, einer zwischenstaatlichen Einrichtung oder einem Angehörigen eines dritten Staates abgeschlossen worden sind, kann nicht auf Grund der Vorschriften des Vertrags beanstandet werden, wenn diese Abkommen oder Vereinbarungen der Kommission spätestens 30 Tage nach den genannten Zeitpunkten mitgeteilt worden sind.

(2) Jedoch ist die Berufung auf Abkommen und Vereinbarungen gegenüber diesem Vertrag unzulässig, wenn sie zwischen dem 25. März 1957 und dem 1. Januar 1958 oder, im Falle später beigetretener Staaten, zwischen der Unterzeichnung der Beitrittsakte und dem Zeitpunkt ihres Beitritts von einer Person oder einem Unternehmen mit einem dritten Staat, einer zwischenstaatlichen Einrichtung oder einem Angehörigen eines dritten Staates geschlossen worden sind und wenn die Absicht, sich den Vorschriften dieses Vertrags zu entziehen, nach Auffassung des Gerichtshofes der Europäischen Union, der auf Antrag der Kommission entscheidet, für eine der Vertragsparteien ein bestimmender Grund für den Abschluß war.

Art. 106 [Übernahme der Rechte und Pflichten aus Verträgen durch die Gemeinschaft] (1) Die Mitgliedstaaten, die vor dem

1. Januar 1958 oder, im Falle später beigetretener Staaten, vor dem Zeitpunkt ihres Beitritts Abkommen mit dritten Staaten über die Zusammenarbeit auf dem Gebiet der Kernenergie geschlossen haben, sind verpflichtet, gemeinsam mit der Kommission Verhandlungen mit diesen dritten Staaten zu führen, damit die Gemeinschaft soweit wie möglich die Rechte und Pflichten aus den Abkommen übernimmt.

(2) Jedes neue Abkommen, das sich aus diesen Verhandlungen ergibt, bedarf der Zustimmung des Mitgliedstaates oder der Mitgliedstaaten, welche die obengenannten Abkommen unterzeichnet haben, sowie der Genehmigung des Rates, der mit qualifizierter Mehrheit beschließt.

Dritter Titel. Vorschriften über die Organe und Finanzvorschriften

Kapitel I. Anwendung von bestimmten Bestimmungen des Vertrags über die Europäische Union und des Vertrags über die Arbeitsweise der Euroäischen Union

Art. 106 a. (1) Artikel 7, die Artikel 13 bis 19, Artikel 48 Absätze 2 bis 5 und die Artikel 49 und 50 des Vertrags über die Europäische Union, Artikel 15, die Artikel 223 bis 236, die Artikel 237 bis 244, Artikel 245, die Artikel 246 bis 270, die Artikel 272, 273 und 274, die Artikel 277 bis 281, die Artikel 285 bis 304, die Artikel 310 bis 320, die Artikel 322 bis 325 und die Artikel 336, 342 und 344 des Vertrags über die Arbeitsweise der Europäischen Union sowie das Protokoll über die Übergangsbestimmungen gelten auch für diesen Vertrag.

(2) Im Rahmen dieses Vertrags sind die Bezugnahmen auf die Union, auf den „Vertrag über die Europäsiche Union“, auf den „Vertrag über die Arbeitsweise der Europäischen Union“ oder auf die „Verträge“ in den in Absatz 1 aufgeführten Bestimmungen sowie in den Bestimmungen der Protokolle, die den Verträgen sowie diesem Vertrag beigefügt sind, als Bezugnahmen auf die Europäische Atomgemeinschaft und diesen Vertrag zu verstehen.

(3) Die Vorschriften des Vertrags über die Europäische Union und des Vertrags über die Arbeitsweise der Europäischen Union beeinträchtigen *nicht* Vorschriften dieses Vertrags.

Kapitel II. Die Organe der Gemeinschaft

Abschnitte I.–III. *(aufgehoben)*

Art. 107–133. *(aufgehoben)*

Art. 134 [Ausschuß für Wissenschaft und Technik] (1) Bei der Kommission wird ein Ausschuß für Wissenschaft und Technik mit beratender Aufgabe errichtet.

Der Ausschuß muß in den in diesem Vertrag vorgesehenen Fällen gehört werden. Er kann außerdem in allen Fällen gehört werden, in denen die Kommission es für angebracht hält.

(2) Der Ausschuss besteht aus zweiundvierzig Mitgliedern, die vom Rat nach Anhörung der Kommission ernannt werden.

Die Mitglieder werden für ihre Person auf fünf Jahre ernannt. Wiederernennung ist zulässig. Sie sind an keine Weisungen gebunden.

Der Ausschuß wählt jährlich aus seiner Mitte seinen Präsidenten und sein Präsidium.

Art. 135 [Einholung von Gutachten; Studienausschüsse] Die Kommission kann zur Erfüllung ihrer Aufgabe jederzeit Gutachten einholen und Studienausschüsse einsetzen.

Abschnitt IV. Der Gerichtshof

Art. 136–143. *(aufgehoben)*

Art. 144 [Zuständigkeit des Gerichtshofs der Europäischen Union] Die Zuständigkeit des Gerichtshofs der Europäischen Union umfaßt die Befugnis zu unbeschränkter Ermessensnachprüfung sowie zur Änderung oder Verhängung von Zwangsmaßnahmen

a) bei Klagen, die gemäß Artikel 12 zur Festlegung angemessener Bedingungen für die Erteilung von Lizenzen oder Unterlizenzen durch die Kommission erhoben werden;

b) bei Klagen, die von Personen oder Unternehmen wegen Zwangsmaßnahmen erhoben werden, die gegen sie von der Kommission gemäß Artikel 83 verhängt werden.

Art. 145 [Verfahren bei Verletzungen durch Personen oder Unternehmen] Ist die Kommission der Auffassung, daß eine Person oder ein Unternehmen eine Verletzung dieses Vertrags begangen hat, auf welche Artikel 83 keine Anwendung findet, so fordert sie den für diese Person oder dieses Unternehmen zuständigen Mitgliedstaat auf, wegen dieser Verletzung Zwangsmaßnahmen nach seinen innerstaatlichen Rechtsvorschriften zu verhängen.

Kommt der betreffende Staat innerhalb der von der Kommission gesetzten Frist der Aufforderung nicht nach, so kann die Kommission den Gerichtshof der Europäischen Union zur Feststellung der Verletzung anrufen, die der betreffenden Person oder dem betreffenden Unternehmen zur Last gelegt wird.

Art. 146–156. *(aufgehoben)*

Art. 157 [Wirkung der Klageerhebung; Aussetzung der angefochtenen Handlung] Soweit dieser Vertrag nichts anderes bestimmt, haben Klagen bei dem Gerichtshof der Europäischen Union keine aufschiebende Wirkung. Der Gerichtshof der Europäischen Union kann jedoch, wenn er es den Umständen nach für nötig hält, die Durchführung der angefochtenen Handlung aussetzen.

Art. 158–160. *(aufgehoben)*

Kapitel III. Gemeinsame Vorschriften für mehrere Organe

Art. 161–163. *(aufgehoben)*

Art. 164 [Zwangsvollstreckung] Die Zwangsvollstreckung erfolgt nach den Vorschriften des Zivilprozeßrechts des Staates, in dessen Hoheitsgebiet sie stattfindet. Die Vollstreckungsklausel wird nach einer Prüfung, die sich lediglich auf die Echtheit des Titels erstrecken darf, von der staatlichen Behörde erteilt, welche die Regierung jedes Mitgliedstaates zu diesem Zweck bestimmt und der Kommission, dem Gerichtshof sowie dem gemäß Artikel 18 eingesetzten Schiedsausschuß benennt.[1)]

Sind diese Formvorschriften auf Antrag der die Vollstreckung betreibenden Partei erfüllt, so kann diese die Zwangsvollstreckung nach innerstaatlichem Recht betreiben, indem sie die zuständige Stelle unmittelbar anruft.

Die Zwangsvollstreckung kann nur durch eine Entscheidung des Gerichtshofes ausgesetzt werden. Für die Prüfung der Ordnungsmäßigkeit der Vollstreckungsmaßnahmen sind jedoch die einzelstaatlichen Rechtsprechungsorgane zuständig.

Kapitel IV. Der Wirtschafts- und Sozialausschuß

Art. 165–170. *(aufgehoben)*

Vierter Titel. Besondere Finanzvorschriften[2)]

Art. 171 [Haushaltsplan] (1) Alle Einnahmen und Ausgaben der Gemeinschaft mit Ausnahme derjenigen der Agentur oder der gemeinsamen Unternehmen werden für jedes Haushaltsjahr veranschlagt und *in den Verwaltungs*haushalt oder den Forschungs- und Investitionshaushalt eingesetzt.

---

1) Für die Erteilung einer Vollstreckungsklausel nach dieser Bestimmung ist das Bundesamt für Justiz zuständig, s. Bek. v. 27. 2. 2007, BGBl. II S. 231.

2) Vgl. das Protokoll Nr. 2 zur Änderung des Vertrags zur Gründung der Europäischen Atomgemeinschaft (ABl. 2007 Nr. C 306 S. 199), Art. 10: „Die Einnahmen und Ausgaben der Europäischen Atomgemeinschaft werden mit Ausnahme derjenigen der Versorgungsagentur und der gemeinsamen Unternehmen im Haushaltsplan der Union ausgewiesen."

Jeder Haushaltsplan ist in Einnahmen und Ausgaben auszugleichen.

(2) Die Einnahmen und Ausgaben der nach kaufmännischen Gesichtspunkten arbeitenden Agentur werden in einen eigenen Voranschlag aufgenommen.

Die Bedingungen für die Veranschlagung, Durchführung und Kontrolle dieser Einnahmen und Ausgaben werden unter Berücksichtigung der Satzung der Agentur in einer gemäß Artikel 279 des Vertrages über die Arbeitsweise der Europäischen Union festgelegten Haushaltsordnung bestimmt.

(3) Die Voranschläge für die Einnahmen und Ausgaben sowie die Betriebskonten und Bilanzen der gemeinsamen Unternehmen werden der Kommission, dem Rat und der Versammlung für jedes Haushaltsjahr nach Maßgabe der Satzungen dieser Unternehmen übermittelt.

Art. 172 [Anleihen] (1) *(aufgehoben)*

(2) *(aufgehoben)*

(3) *(aufgehoben)*

(4) Anleihen, die zur Finanzierung der Forschungen oder der Investitionen bestimmt sind, werden unter den vom Rat festgelegten Bedingungen aufgenommen; der Rat beschließt hierbei nach Maßgabe des Artikels 272 des Vertrages über die Arbeitsweise der Europäischen Union.

Die Gemeinschaft kann auf dem Kapitalmarkt eines Mitgliedstaates Anleihen aufnehmen, und zwar entweder nach den dort für Inlandsemissionen geltenden Vorschriften oder in Ermangelung solcher Vorschriften auf Grund einer entsprechenden Vereinbarung zwischen der Kommission und dem betreffenden Staat.

Die zuständigen Stellen des Mitgliedstaates können ihre Zustimmung nur versagen, wenn auf dem Kapitalmarkt dieses Staates schwere Störungen zu befürchten sind.

Art. 173, 173 a. *(aufgehoben)*

Art. 174 [Ausgaben] (1) Die im Verwaltungshaushalt enthaltenen Ausgaben umfassen insbesondere

a) die Verwaltungskosten und

b) die Ausgaben für die Überwachung der Sicherheit und den Gesundheitsschutz.

(2) Die im Forschungs- und Investitionshaushalt enthaltenen Ausgaben umfassen insbesondere

a) die Ausgaben für die Duchführung des Forschungsprogramms der Gemeinschaft,

b) die etwaige Beteiligung an dem Kapital der Agentur und an deren Investitionsausgaben,

c) die Ausgaben für die Ausstattung von Unterrichtsanstalten,

d) die etwaige Beteiligung an den gemeinsamen Unternehmen und an bestimmten gemeinsamen Vorhaben.

Art. 175. *(aufgehoben)*

Art. 176 [Mittel für Forschungs- und Investitionsausgaben]

(1) Die Zuweisungen für die Forschungs- und Investitionsausgaben umfassen vorbehaltlich der Grenzen, die sich aus den mit Ausgaben verbundenen Programmen oder Beschlüssen ergeben, welche auf Grund dieses Vertrags die Einstimmigkeit des Rates erfordern,

a) Verpflichtungsermächtigungen zur Deckung einer Tranche, die eine gesonderte Einheit darstellt und ein zusammenhängendes Ganzes bildet;

b) Zahlungsermächtigungen, welche die Höchstgrenze der Ausgaben darstellen, die jährlich zur Deckung der gemäß Buchstabe a) eingegangenen Verbindlichkeiten geleistet werden können.

(2) Der Fälligkeitsplan für die Verbindlichkeiten und Zahlungen wird dem Vorschlag der Kommission für den entsprechenden Haushaltsplan-Entwurf als Anlage beigefügt.

(3) Die für Forschungs- und Investitionsausgaben bereitgestellten Mittel werden nach Kapiteln gegliedert, in denen die Beiträge nach Art oder Bestimmung zusammengefaßt sind; soweit erforderlich, werden die Kapitel nach der gemäß Artikel 279 des Vertrages über die Arbeitsweise der Europäischen Union festgelegten Haushaltsordnung unterteilt.

(4) Die verfügbaren Zahlungsermächtigungen werden durch Beschluss der Kommission auf das nächste Haushaltsjahr übertragen, soweit der Rat nicht anders entscheidet.

Art. 177–179 a. *(aufgehoben)*

Art. 180. *(aufgehoben)*

Art. 180 a. *(aufgehoben)*

Art. 180 b. *(aufgehoben)*

Art. 181. *(aufgehoben)*

Art. 182 [Transferierungsmaßnahmen; Finanzgeschäfte]

(1) Die Kommission kann vorbehaltlich der Unterrichtung der zuständigen Behörden der betreffenden Mitgliedstaaten ihre Guthaben in der Währung eines dieser Staaten in die Währung eines anderen Mitgliedstaates transferieren, soweit dies erforderlich ist, um diese Guthaben für die in diesem Vertrag vorgesehenen Zwecke zu verwenden.

Besitzt die Kommission verfügbare oder flüssige Guthaben in der benötigten Währung, so vermeidet sie, soweit möglich, derartige Transferierungen.

(2) Die Kommission verkehrt mit jedem Mitgliedstaat über die von diesem bezeichnete Behörde. Bei der Durchführung ihrer Finanzgeschäfte nimmt sie die Notenbank des betreffenden Mitgliedstaates oder ein anderes von diesem genehmigtes Finanzinstitut in Anspruch.

(3) Für Ausgaben, welche die Gemeinschaft in den Währungen dritter Länder vorzunehmen hat, unterbreitet die Kommission dem Rat vor der endgültigen Feststellung der Haushaltspläne einen als Hinweis dienenden Plan über die Einnahmen und Ausgaben in den verschiedenen Währungen.

Dieser Plan wird vom Rat mit qualifizierter Mehrheit genehmigt. Er kann im Laufe des Haushaltsjahres nach demselben Verfahren geändert werden.

(4) Die Währungsbeträge dritter Länder, die für Ausgaben nach dem in Absatz 3 erwähnten Plan erforderlich sind, werden von den Mitgliedstaaten nach den in Artikel 172 festgelegten Aufbringungsschlüsseln an die Kommission übertragen. Die von der Kommission vereinnahmten Währungsbeträge dritter Länder werden nach denselben Schlüsseln an die Mitgliedstaaten übertragen.

(5) Die Kommission kann frei über Währungsbeträge dritter Länder verfügen, die aus in diesen Ländern aufgenommenen Anleihen stammen.

(6) Der Rat kann die in den Absätzen 1 bis 5 vorgesehene Regelung des Devisenverkehrs auf Vorschlag der Kommission einstimmig ganz oder teilweise auf die Agentur und die gemeinsamen Unternehmen für anwendbar erklären und gegebenenfalls den Erfordernissen ihrer Arbeitsweise anpassen.

Art. 183. *(aufgehoben)*

Art. 183a. *(aufgehoben)*

Fünfter Titel. Allgemeine Bestimmungen

Art. 184 [Rechtspersönlichkeit der Gemeinschaft] Die Gemeinschaft besitzt Rechtspersönlichkeit.

Art. 185 [Rechts- und Geschäftsfähigkeit der Gemeinschaft] Die Gemeinschaft besitzt in jedem Mitgliedstaat die weitestgehende Rechts- und Geschäftsfähigkeit, die juristischen Personen nach dessen Rechtsvorschriften zuerkannt ist; sie kann insbesondere bewegliches und unbewegliches Vermögen erwerben und veräußern sowie vor Gericht stehen. Zu diesem Zweck wird sie von der Kommission vertreten.

Art. 186. *(aufgehoben)*

Art. 187 [Einholung von Auskünften; Nachprüfungen] Zur Erfüllung der ihr übertragenen Aufgaben kann die Kommission alle erforderlichen Auskünfte einholen und alle erforderlichen Nachprüfungen vornehmen; der Rahmen und die nähere Maßgabe hierfür werden vom Rat gemäß den Bestimmungen dieses Vertrags festgelegt.

Art. 188 [Haftung der Gemeinschaft und der Bediensteten] Die vertragliche Haftung der Gemeinschaft bestimmt sich nach dem Recht, das auf den betreffenden Vertrag anzuwenden ist.

Im Bereich der außervertraglichen Haftung ersetzt die Gemeinschaft den durch ihre Organe oder Bediensteten in Ausübung ihrer Amtstätigkeit verursachten Schaden nach den allgemeinen Rechtsgrundsätzen, die den Rechtsordnungen der Mitgliedstaaten gemeinsam sind.

Die persönliche Haftung der Bediensteten gegenüber der Gemeinschaft bestimmt sich nach den Vorschriften ihres Statuts oder der für sie geltenden Beschäftigungsbedingungen.

Art. 189 [Sitz der Organe] Der Sitz der Organe der Gemeinschaft wird im Einvernehmen zwischen den Regierungen der Mitgliedstaaten bestimmt.

Art. 190. *(aufgehoben)*

Art. 191. Die Gemeinschaft genießt im Hoheitsgebiet der Mitgliedstaaten die zur Erfüllung ihrer Aufgabe erforderlichen Vorrechte und Befreiungen nach Maßgabe des Protokolls über die Vorrechte und Befreiungen der Europäischen Union.

Art. 192 [Loyalität der Mitgliedstaaten gegenüber der Gemeinschaft] Die Mitgliedstaaten treffen alle geeigneten Maßnahmen allgemeiner oder besonderer Art zur Erfüllung der Verpflichtungen, die sich aus diesem Vertrag oder aus Handlungen der Organe der Gemeinschaft ergeben. Sie erleichtern dieser die Erfüllung ihrer Aufgabe.

Sie unterlassen alle Maßnahmen, welche die Verwirklichung der Ziele dieses Vertrags gefährden könnten.

Art. 193 [Behandlung von Streitigkeiten] Die Mitgliedstaaten verpflichten sich, Streitigkeiten über die Auslegung oder Anwendung dieses Vertrags nicht anders als hierin vorgesehen zu regeln.

Art. 194 [Geheimhaltung] (1) Die Mitglieder der Organe der Gemeinschaft, die Mitglieder der Ausschüsse, die Beamten und Bediensteten der Gemeinschaft sowie alle anderen Personen, die durch ihre Amtstätigkeit oder durch ihre öffentlichen oder privaten Verbindungen mit den Organen oder Einrichtungen der Gemeinschaft oder mit den gemeinsamen Unternehmen von den Vorgängen, Informationen,

Kenntnissen, Unterlagen oder Gegenständen, die auf Grund der von einem Mitgliedstaat oder einem Organ der Gemeinschaft erlassenen Vorschriften unter Geheimschutz stehen, Kenntnis nehmen oder Kenntnis erhalten, sind verpflichtet, diese Vorgänge, Informationen, Kenntnisse, Unterlagen oder Gegenstände, auch nach Beendigung dieser Amtstätigkeit oder dieser Verbindungen, gegenüber allen nicht berechtigten Personen sowie gegenüber der Öffentlichkeit geheimzuhalten.

Jeder Mitgliedstaat behandelt eine Verletzung dieser Verpflichtung als einen Verstoß gegen seine Geheimhaltungsvorschriften; er wendet dabei hinsichtlich des sachlichen Rechts und der Zuständigkeit seine Rechtsvorschriften über die Verletzung der Staatssicherheit oder die Preisgabe von Berufsgeheimnissen an. Er verfolgt jeden seiner Gerichtsbarkeit unterstehenden Urheber einer derartigen Verletzung auf Antrag eines beteiligten Mitgliedstaates oder der Kommission.

(2) Jeder Mitgliedstaat teilt der Kommission alle Vorschriften mit, die in seinen Hoheitsgebieten die Einstufung und die Geheimhaltung der Informationen, Kenntnisse, Unterlagen oder Gegenstände regeln, welche in den Anwendungsbereich dieses Vertrags gehören.

Die Kommission sorgt für die Mitteilung dieser Vorschriften an die übrigen Mitgliedstaaten.

Jeder Mitgliedstaat trifft alle zweckdienlichen Maßnahmen zur Erleichterung der fortschreitenden Einführung eines möglichst einheitlichen und weitgehenden Geheimschutzes. Die Kommission kann nach Anhörung der beteiligten Mitgliedstaaten zu diesem Zweck Empfehlungen aussprechen.

(3) Die Organe der Gemeinschaft und ihre Einrichtungen sowie die gemeinsamen Unternehmen haben die Bestimmungen über den Geheimschutz anzuwenden, die in dem Gebiet, in dem sie ihren Sitz haben, gelten.

(4) Jede durch ein Organ der Gemeinschaft oder durch einen Mitgliedstaat einer Person, die ihre Tätigkeit im Anwendungsbereich dieses Vertrags ausübt, erteilte Ermächtigung, von den Vorgängen, Informationen, Unterlagen oder Gegenständen Kenntnis zu nehmen, die sich auf den Anwendungsbereich dieses Vertrags beziehen und dem Geheimschutz unterliegen, wird von jedem Organ und jedem anderen Mitgliedstaat anerkannt.

(5) Die Vorschriften dieses Artikels stehen der Anwendung besonderer Vorschriften nicht entgegen, die sich aus Abkommen zwischen einem Mitgliedstaat und einem dritten Staat oder einer zwischenstaatlichen Einrichtung ergeben.

Art. 195 [Beachtung der Vorschriften betr. öffentliche Ordnung und Volksgesundheit] Die Organe der Gemeinschaft sowie die Agentur und die gemeinsamen Unternehmen haben bei der Anwendung dieses Vertrags die Bedingungen zu beachten, denen nach den aus Gründen der öffentlichen Ordnung oder der Volksgesundheit erlassenen einzelstaatlichen Vorschriften der Zugang zu den Erzen, Ausgangsstoffen und besonderen spaltbaren Stoffen unterliegt.

Art. 196 [Begriffsbestimmungen „Person“ und „Unternehmen“] Im Sinne dieses Vertrags bedeutet, soweit nichts anderes darin bestimmt ist,

a) „Person“: jede natürliche Person, die ihre Tätigkeit ganz oder teilweise in den Hoheitsgebieten der Mitgliedstaaten auf dem Gebiet ausübt, das in dem entsprechenden Kapitel dieses Vertrags bezeichnet ist;

b) „Unternehmen“: jedes Unternehmen oder jede Einrichtung, die ihre Tätigkeit ganz oder teilweise in den Hoheitsgebieten der Mitgliedstaaten auf dem Gebiet ausübt, das in dem entsprechenden Kapitel dieses Vertrags bezeichnet ist; die öffentlich-rechtliche oder privatrechtliche Stellung der Unternehmen und Einrichtungen spielt dabei keine Rolle.

Art. 197 [Begriffsbestimmung „spaltbare Stoffe“ usw.] Im Sinne dieses Vertrags bedeutet

1. „besondere spaltbare Stoffe“: Plutonium 239; Uran 233; mit Uran 235 oder 233 angereichertes Uran; jedes Erzeugnis, in dem eines oder mehrere der obengenannten Isotope enthalten sind, und sonstige spaltbare Stoffe, die durch den Rat auf Vorschlag der Kommission mit qualifizierter Mehrheit bestimmt werden; doch zählen Ausgangsstoffe in keinem Fall zu den besonderen spaltbaren Stoffen;

2. „mit Uran 235 oder 233 angereichertes Uran“: Uran, welches entweder Uran 235 oder Uran 233 oder diese beiden Isotope in einer solchen Menge enthält, daß das Verhältnis zwischen der Summe dieser beiden Isotope und dem Isotop 238 über dem Verhältnis zwischen dem Isotop 235 und dem Isotop 238 in natürlichem Uran liegt;

3. „Ausgangsstoffe“: Uran, welches das in der Natur vorkommende Isotopengemisch enthält; Uran, dessen Gehalt an Uran 235 unter dem normalen Gehalt liegt; Thorium; alle obengenannten Stoffe in Form von Metall, Legierungen, chemischen Verbindungen oder Konzentraten; jeden anderen Stoff, der einen oder mehrere der obengenannten Stoffe mit Konzentrierungen enthält, welche der Rat auf Vorschlag der Kommission mit qualifizierter Mehrheit bestimmt;

4. „Erze“: alle Erze, die mit mittleren Konzentrierungen Stoffe enthalten, die durch geeignete chemische und physikalische Aufbereitung die Gewinnung der obengenannten Ausgangsstoffe ermöglichen; die vorstehende mittlere Konzentrierung wird durch den Rat auf Vorschlag der Kommission mit qualifizierter Mehrheit bestimmt.

Art. 198 [Erstreckung des Vertrages auf europäische und außereuropäische Hoheitsgebiete] (1) Soweit nichts anderes bestimmt ist, finden die Vorschriften dieses Vertrags auf die europäischen Hoheitsgebiete der Mitgliedstaaten sowie auf die ihnen unterstehenden außereuropäischen Hoheitsgebiete Anwendung.

(2) Ebenso finden sie auf die europäischen Hoheitsgebiete Anwendung, deren auswärtige Beziehungen ein Mitgliedstaat wahrnimmt.

(3) Dieser Vertrag findet entsprechend den Bestimmungen des Protokolls Nr. 2 zur Akte über die Bedingungen des Beitritts der Republik Österreich, der Republik Finnland und des Königreichs Schweden auf die Ålandinseln Anwendung.

(4) Abweichend von den vorstehenden Absätzen gilt:

a) Dieser Vertrag findet auf die Färöer keine Anwendung.

b) Dieser Vertrag findet auf die Hoheitszonen des Vereinigten Königreichs Großbritannien und Nordirland auf Zypern keine Anwendung.

c) Dieser Vertrag findet keine Anwendung auf die überseeischen Länder und Hoheitsgebiete, die besondere Beziehungen zum Vereinigten Königreich Großbritannien und Nordirland unterhalten und die in Anhang II des Vertrags über die Europäische Union und des Vertrags über die Arbeitsweise der Europäischen Union nicht aufgeführt sind.

d) Dieser Vertrag findet auf die Kanalinseln und die Insel Man nur insoweit Anwendung, als dies erforderlich ist, um die Anwendung der Regelung sicherzustellen, die in dem am 22. Januar 1972 unterzeichneten Vertrag über den Beitritt neuer Mitgliedstaaten zur Europäischen Wirtschaftsgemeinschaft und zur Europäischen Atomgemeinschaft für diese Inseln vorgesehen ist.

Art. 199 [Beziehungen der Kommission zu den UN u.a. internationalen Organisationen] Die Kommission unterhält alle zweckdienlichen Beziehungen zu den Organen der Vereinten Nationen, ihrer Fachorganisationen und der Welthandelsorganisation.

Sie unterhält ferner, soweit zweckdienlich, Beziehungen zu allen internationalen Organisationen.

Art. 200 [Zusammenarbeit mit Europarat] Die Gemeinschaft führt jede zweckdienliche Zusammenarbeit mit dem Europarat herbei.

Art. 201 [Zusammenwirken mit der Europäischen Organisation für Wirtschaftliche Zusammenarbeit] Die Gemeinschaft führt ein enges Zusammenwirken mit der Organisation für Wirtschaftliche Zusammenarbeit und Entwicklung herbei; die Einzelheiten werden gemeinsam festgelegt.

Art. 202 [Verhältnis des Vertrages zum Zusammenschluß der Benelux-Länder] Dieser Vertrag steht dem Bestehen und der Durchführung der regionalen Zusammenschlüsse zwischen Belgien und Luxemburg sowie zwischen Belgien, Luxemburg und den Niederlanden nicht entgegen, soweit die Ziele dieser Zusammenschlüsse durch Anwendung dieses Vertrags nicht erreicht sind.

Art. 203 [Erlaß weiterer Vorschriften] Erscheint ein Tätigwerden der Gemeinschaft erforderlich, um eines ihrer Ziele zu verwirklichen, und sind in diesem Vertrag die hierfür erforderlichen Befugnisse nicht vorgesehen, so erläßt der Rat einstimmig auf Vorschlag der Kommission und nach Anhörung des Europäischen Parlaments die geeigneten Vorschriften.

Art. 204. *(aufgehoben)*

Art. 205. *(aufgehoben)*

Art. 206. Die Gemeinschaft kann mit einem Staat oder mehreren Staaten oder einer oder mehreren internationalen Organisationen Abkommen schließen, durch die eine Assoziation mit gegenseitigen Rechten und Pflichten, gemeinsamem Vorgehen und besonderen Verfahren begründet wird.

Diese Abkommen werden nach Anhörung des Europäischen Parlaments einstimmig vom Rat geschlossen.

Werden durch diese Abkommen Änderungen dieses Vertrags erforderlich, so müssen diese zuvor nach dem Verfahren des Artikels 48 Absätze 2 bis 5 des Vertrags über die Europäische Union beschlossen werden.

Art. 207 [Protokolle als Bestandteile des Vertrages] Die diesem Vertrag im gegenseitigen Einvernehmen der Mitgliedstaaten beigefügten Protokolle sind Bestandteil dieses Vertrags.

Art. 208 [Geltungsdauer des Vertrages] Dieser Vertrag gilt auf unbegrenzte Zeit.

Sechster Titel. Vorschriften über die Anlaufzeit

Abschnitt I. Einsetzung der Organe

Art. 209 [Zusammentreten des Rates] Der Rat tritt binnen einem Monat nach Inkrafttreten dieses Vertrags zusammen.

Art. 210 [Einsetzung des Wirtschafts- und Sozialausschusses] Der Rat trifft alle zweckdienlichen Maßnahmen, um binnen drei Monaten nach seinem ersten Zusammentreten den Wirtschafts- und Sozialausschuß einzusetzen.

Art. 211 [Zusammentreten des Europäischen Parlaments; Wahl des Präsidiums] Das Europäische Parlament tritt binnen zwei Monaten nach der ersten Sitzung des Rates auf Einberufung durch dessen Präsidenten zusammen, um ihr Präsidium zu wählen und ihre Geschäftsordnung auszuarbeiten. Bis zur Wahl des Präsidiums führt der Alterspräsident den Vorsitz.

Art. 212 [Tätigkeitsaufnahme des Gerichtshofs] Der Gerichtshof nimmt seine Tätigkeit mit Ernennung seiner Mitglieder auf. Die Ernennung des ersten Präsidenten erfolgt nach dem für die Ernennung der Mitglieder geltenden Verfahren für die Dauer von drei Jahren.

Der Gerichtshof legt binnen drei Monaten nach Aufnahme seiner Tätigkeit seine Verfahrensordnung fest.

Der Gerichtshof kann nicht vor der Veröffentlichung der Verfahrensordnung angerufen werden. Die Fristen für die Klageerhebung laufen erst von diesem Zeitpunkt an.

Der Präsident des Gerichtshofes übt von seiner Ernennung an die ihm durch diesen Vertrag übertragenen Befugnisse aus.

Art. 213 [Tätigkeitsaufnahme der Kommission] Mit Ernennung ihrer Mitglieder nimmt die Kommission ihre Tätigkeit auf und übernimmt gleichzeitig die ihr in diesem Vertrag übertragenen Aufgaben.

Mit Aufnahme ihrer Tätigkeit leitet die Kommission die Untersuchungen ein und stellt die Verbindungen mit den Mitgliedstaaten, den Unternehmen, den Arbeitnehmern und den Verbrauchern her, die zur Erstellung einer Übersicht über die Lage der Kernindustrien in der Gemeinschaft erforderlich sind. Die Kommission legt der *Versammlung* binnen sechs Monaten hierüber einen Bericht vor.

Art. 214 [Das erste Haushaltsjahr; Vorschußzahlungen; Personaleinstellungen] (1) Das erste Haushaltsjahr beginnt mit dem Inkrafttreten dieses Vertrags und endet am 31. Dezember desselben Jahres. Tritt der Vertrag in der zweiten Jahreshälfte in Kraft, so endet das Haushaltsjahr am 31. Dezember des folgenden Jahres.

(2) Bis zur Aufstellung der Haushaltspläne für das erste Haushaltsjahr zahlen die Mitgliedstaaten der Gemeinschaft unverzinsliche Vorschüsse; diese werden von den Finanzbeiträgen für die Durchführung dieser Haushaltspläne abgezogen.

(3) Bis zur Aufstellung des Statuts der Beamten und der für die sonstigen Bediensteten der Gemeinschaft geltenden Beschäftigungsbedingungen gemäß Artikel 186 stellt jedes Organ das erforderliche Personal ein und schließt zu diesem Zweck befristete Verträge.

Jedes Organ *prüft gemeinsam mit* dem Rat die mit der Anzahl, der Vergütung und der Verteilung der Stellen zusammenhängenden Fragen.

Abschnitt II.
Erste Durchführungsbestimmungen zu diesem Vertrag

Art. 215 [Das erste Forschungs- und Ausbildungsprogramm]

(1) Ein erstes Forschungs- und Ausbildungsprogramm, das in Anhang V dieses Vertrags enthalten ist und dessen Durchführungskosten vorbehaltlich einer abweichenden einstimmigen Entscheidung des Rates 215 Millionen EZU-Rechnungseinheiten nicht überschreiten dürfen, ist innerhalb von fünf Jahren nach Inkrafttreten des Vertrags durchzuführen.

(2) Die Aufschlüsselung der für die Durchführung dieses Programms erforderlichen Ausgaben nach großen Posten ist als Hinweis in Anhang V des Vertrags enthalten.

Der Rat kann dieses Programm auf Vorschlag der Kommission mit qualifizierter Mehrheit ändern.

Art. 216 [Vorschläge zur Arbeitsweise der Universität] Die Vorschläge der Kommission über die Arbeitsweise der in Artikel 9 genannten Anstalt im Range einer Universität werden dem Rat innerhalb eines Jahres nach Inkrafttreten dieses Vertrags unterbreitet.

Art. 217 [Erlaß der Verschlußsachen-Verordnung] Die in Artikel 24 vorgesehene Verschlußsachen-Verordnung bezüglich der für die Verbreitung der Kenntnisse geltenden Geheimschutzgrade wird vom Rat innerhalb von sechs Monaten nach Inkrafttreten dieses Vertrags erlassen.

Art. 218 [Festlegung der Grundnormen] Die Grundnormen werden gemäß Artikel 31 innerhalb eines Jahres nach dem Inkrafttreten dieses Vertrags festgelegt.

Art. 219 [Mitteilung der erlassenen Gesundheitsschutzvorschriften] Die Rechts- und Verwaltungsvorschriften, die in den Hoheitsgebieten der Mitgliedstaaten den Gesundheitsschutz der Bevölkerung und der Arbeitskräfte gegen die Gefahren ionisierender Strahlen gewährleisten sollen, werden gemäß Artikel 33 durch diese Staaten innerhalb von drei Monaten nach Inkrafttreten dieses Vertrags der Kommission mitgeteilt.

Art. 220 [Vorschläge der Kommission zur Satzung der Agentur] Die Vorschläge der Kommission über die in Artikel 54 genannte Satzung der Agentur werden dem Rat innerhalb von drei Monaten nach Inkrafttreten dieses Vertrags unterbreitet.

Abschnitt III. Übergangsbestimmungen

Art. 221 [Vor Inkrafttreten des Vertrages geschützte Rechte und Patente] Die Artikel 14 bis 23 und die Artikel 25 bis 28 finden auf die Patente, vorläufig geschützten Rechte und Gebrauchsmuster sowie Patent- und Gebrauchsmusteranmeldungen, die schon vor Inkrafttreten dieses Vertrags bestanden, mit folgender Maßgabe Anwendung:

1. Bei der Anwendung der in Artikel 17 Absatz 2 vorgesehenen Frist ist zugunsten des Inhabers die durch das Inkrafttreten des Vertrags eingetretene neue Lage zu berücksichtigen.

2. Sind für die Mitteilung einer nicht geheimen Erfindung die in Artikel 16 genannten Fristen von drei und achtzehn Monaten oder eine dieser Fristen bei Inkrafttreten des Vertrags abgelaufen, so läuft von diesem Zeitpunkt an eine neue Frist von sechs Monaten.

Laufen diese Fristen oder eine dieser Fristen zu diesem Zeitpunkt noch, so werden sie vom Tage ihres normalen Ablaufs an gerechnet um sechs Monate verlängert.

3. Die gleichen Bestimmungen finden nach Artikel 16 und 25 Absatz 1 auf die Mitteilung einer geheimen Erfindung mit der Maßgabe Anwendung, daß in einem derartigen Fall als Ausgangspunkt für die neuen Fristen oder für die Verlängerung der noch laufenden Fristen der Zeitpunkt des Inkrafttretens der in Artikel 24 genannten Verschlußsachen-Verordnung dient.

Art. 222 [Abschluß von Lieferungsverträgen vor Tätigwerden der Agentur] Zwischen dem Inkrafttreten dieses Vertrags und dem von der Kommission festgesetzten Zeitpunkt, zu dem die Agentur ihre Tätigkeit aufnimmt, bedarf der Abschluß oder die Erneuerung von Abkommen und Vereinbarungen über die Lieferung von Erzen, Ausgangsstoffen oder besonderen spaltbaren Stoffen der vorherigen Genehmigung der Kommission.

Diese hat ihre Genehmigung zum Abschluß oder zur Verlängerung von Abkommen und Vereinbarungen zu verweigern, die nach ihrer Auffassung die Anwendung dieses Vertrags gefährden können. Sie kann ihre Genehmigung insbesondere davon abhängig machen, daß in die Abkommen oder Vereinbarungen Klauseln aufgenommen werden, die es der Agentur gestatten, sich an deren Durchführung zu beteiligen.

Art. 223 [Bevorzugte Belieferung bereits erstellter Reaktoren und Isotopentrennanlagen] In Abweichung von Artikel 60 und zur Berücksichtigung der bereits eingeleiteten Untersuchungen und Arbeiten werden die Reaktoren, die in den Hoheitsgebieten eines Mitgliedstaates erstellt worden sind und die vor Ablauf von sieben Jahren nach Inkrafttreten dieses Vertrags kritisch werden können, während eines Zeitraums von höchstens zehn Jahren nach dem genannten Zeitpunkt bevorzugt aus dem Aufkommen an Erzen und Ausgangsstoffen aus den Hoheitsgebieten dieses Staates oder mit den Ausgangsstoffen oder den besonderen spaltbaren Stoffen versorgt, die Gegenstand eines vor Inkrafttreten dieses Vertrags geschlossenen zweiseitigen Abkommens sind, das der Kommission gemäß Artikel 105 mitgeteilt wurde.

Der gleiche Vorrang wird während des gleichen Zeitraums von zehn Jahren für die Versorgung aller Isotopentrennanlagen eingeräumt, die im Hoheitsgebiet eines Mitgliedstaates vor Ablauf einer Frist von sieben Jahren nach Inkrafttreten dieses Vertrags als gemeinsames oder nicht gemeinsames Unternehmen in Betrieb genommen werden.

Die Agentur schließt die entsprechenden Verträge, nachdem die Kommission festgestellt hat, daß die Bedingungen für die Einräumung des Vorrangs erfüllt sind.

Schlußbestimmungen

Art. 224 [Ratifizierung und Inkrafttreten des Vertrages] Dieser Vertrag bedarf der Ratifizierung durch die Hohen Vertragsparteien gemäß ihren verfassungsrechtlichen Vorschriften. Die Ratifikationsurkunden werden bei der Regierung der Italienischen Republik hinterlegt.

Dieser Vertrag tritt am ersten Tag des auf die Hinterlegung der letzten Ratifikationsurkunde folgenden Monats in Kraft.[1] Findet diese Hinterlegung weniger als fünfzehn Tage vor Beginn des folgenden Monats statt, so tritt der Vertrag am ersten Tag des zweiten Monats nach dieser Hinterlegung in Kraft.

Art. 225 [Verbindlicher Wortlaut] Dieser Vertrag ist in einer Urschrift in deutscher, französischer, italienischer und niederländischer Sprache abgefaßt, wobei jeder Wortlaut gleichermaßen verbindlich ist; er wird im Archiv der Regierung der Italienischen Republik hinterlegt; diese übermittelt der Regierung jedes anderen Unterzeichnerstaates eine beglaubigte Abschrift.

Nach den Beitrittsverträgen ist der Wortlaut dieses Vertrags auch in bulgarischer, dänischer, englischer, estnischer, finnischer, griechischer, irischer, kroatischer, lettischer, litauischer, maltesischer, polnischer, portugiesischer, rumänischer, schwedischer, slowakischer, slowenischer, spanischer, tschechischer und ungarischer Sprache verbindlich.

ZU URKUND DESSEN haben die unterzeichneten Bevollmächtigten ihre Unterschriften unter diesen Vertrag gesetzt.

GESCHEHEN zu Rom am fünfundzwanzigsten März neunzehnhundertsiebenundfünfzig.

(Es folgen die Unterschriften der zwölf Bevollmächtigten.)

---

[1] Gemäß Bekanntmachung vom 27. 12. 1957 (BGBl. 1958 II S. 1) ist der Vertrag in seiner ursprünglichen Fassung am 1. 1. 1958 in Kraft getreten.

Anhänge

Anhang I. Forschungsgebiet betreffend die Kernenergie gemäß Artikel 4 dieses Vertrages

I. Rohstoffe

1. Verfahren für die Schürfung und den Abbau von Lagern, die Grundstoffe enthalten (Uran, Thorium und andere Erzeugnisse, die für die Kernenergie von besonderer Bedeutung sind).
2. Verfahren für die Konzentrierung dieser Stoffe und für die Umwandlung in technisch reine Verbindungen.
3. Verfahren für die Umwandlung dieser technisch reinen Verbindungen in Verbindungen und Metalle nuklearer Qualität.
4. Verfahren für die Umwandlung und die Verarbeitung dieser Verbindungen und Metalle – sowie von reinem oder an diese Verbindungen oder Metalle gebundenem Plutonium, Uran 235 oder 233 – in Brennstoffelemente durch die chemische, keramische oder Hüttenindustrie.
5. Verfahren für den Schutz dieser Brennstoffelemente gegen äußere Korrosions- oder Erosionsfaktoren.
6. Verfahren für die Erzeugung, Reinigung, Verarbeitung und Aufbewahrung betreffend die übrigen besonderen Stoffe auf dem Gebiet der Kernenergie, insbesondere:
   a) Moderatoren wie schweres Wasser, Graphit nuklearer Qualität, Beryllium und Berilliumoxyd,
   b) Konstruktionsmaterial wie (hafniumfreies) Zirkonium, Niobium, Lanthan, Titan, Beryllium und ihre Oxyde, Kohlenstoffverbindungen und andere Verbindungen, die auf dem Gebiet der Kernenergie verwendet werden können,
   c) Kühlmittel wie Helium, organische Thermofluide, Natrium, Natriumkaliumlegierungen, Wismut, Bleiwismutlegierungen.
7. Verfahren für die Isotopentrennung
   a) von Uran,
   b) von Stoffen in wägbaren Mengen, die für die Kernenergie-Erzeugung gebraucht werden können, wie Lithium 6 und 7, Stickstoff 15, Bor 10,
   c) von Isotopen, die in kleinen Mengen für Forschungsarbeiten verwendet werden.

II. Angewandte Physik auf dem Gebiet der Kernenergie

1. Angewandte theoretische Physik
   a) Kernreaktionen mit geringer Energie, insbesondere durch Neutronen hervorgerufene Reaktionen,
   b) Spaltung,

c) Wechselwirkungen von ionisierenden Strahlungen und Photonen mit der Materie,

d) Festkörpertheorie,

e) Untersuchung über die Fusion, insbesondere über das Verhalten eines ionisierten Plasmas unter Einwirkung elektromagnetischer Kräfte und die Thermodynamik außergewöhnlich hoher Temperaturen.

2. Angewandte experimentelle Physik

a) dieselben Sachgebiete wie unter Ziffer 1,

b) Untersuchung der Eigenschaften der Transurane, die für die Kernenergie von Bedeutung sind.

3. Berechnung der Reaktoren

a) makroskopische Neutronentheorie,

b) experimentelle Neutronenmessungen: exponentielle und kritische Messungen,

c) thermodynamische Berechnungen und Berechnungen über die Beständigkeit der Stoffe,

d) entsprechende experimentelle Messungen,

e) Kinetik der Reaktoren, Problem der Kontrolle ihres Betriebes und entsprechende Versuche,

f) Berechnungen über den Strahlenschutz und entsprechende Versuche.

III. Physikalische Chemie der Reaktoren

1. Untersuchung der physikalischen und chemischen Strukturänderungen und der Wandlung der technischen Eigenschaften verschiedener Stoffe in den Reaktoren

a) unter Hitzewirkung,

b) bei Berührung, auf Grund der Art der Stoffe,

c) durch mechanische Wirkung.

2. Untersuchung der Zersetzung und anderer Wirkungen, die durch Bestrahlung hervorgerufen werden

a) bei den Brennstoffelementen,

b) beim Konstruktionsmaterial und bei den Kühlmitteln,

c) bei den Moderatoren.

3. Analytische und physikalische Chemie d. Reaktorbestandteile.

4. Physikalische Chemie der homogenen Reaktoren: Radiochemie, Korrosion.

IV. Behandlung der radioaktiven Stoffe

1. Verfahren für die Gewinnung von Plutonium und Uran 233 aus bestrahlten Brennstoffen, gegebenenfalls Rückgewinnung von Uran oder Thorium.

2. Chemie und Metallurgie des Plutoniums.

3. Verfahren für Gewinnung und Chemie der anderen Transurane.

4. Verfahren für Gewinnung und Chemie verwertbarer Radioisotope:
   a) Spaltprodukte,
   b) mittels Bestrahlung gewonnener Radioisotope.
5. Konzentrierung und Aufbewahrung der unbrauchbaren radioaktiven Abfälle.

V. Verwendung der Radioelemente

Als Bestrahlungselemente oder als Spürelemente:
a) in Industrie und Wissenschaft,
b) in Therapie und Biologie,
c) in der Landwirtschaft.

VI. Untersuchung der schädlichen Auswirkungen der Strahlungen auf Lebewesen

1. Untersuchungen über Auffindung und Messung schädlicher Strahlungen.
2. Untersuchung geeigneter Vorbeugungs- und Schutzmaßnahmen sowie der entsprechenden Sicherheitsnormen.
3. Untersuchung über Therapie gegen Strahlenwirkungen.

VII. Ausrüstungen

Untersuchungen über die Herstellung und Verbesserung von besonderen Ausrüstungen für Reaktoren und für sämtliche Forschungs- und industriellen Anlagen, die für die vorstehend erwähnten Forschungen erforderlich sind, z. B.:

1. folgende mechanische Ausrüstungen:
   a) Pumpen für besondere Flüssigkeiten,
   b) Wärmeaustauscher,
   c) Apparate für kernphysikalische Forschung (wie z. B. Selektoren für Neutronengeschwindigkeiten),
   d) Geräte für Fernbedienung;
2. folgende elektrische Ausrüstungen:
   a) Geräte für Auffinden und Messung von Strahlungen, insbesondere zur Verwendung bei
      – der Schürfung von Erzen,
      – der wissenschaftlichen und technischen Forschung,
      – der Kontrolle von Reaktoren,
      – dem Gesundheitsschutz,
   b) Geräte für die Steuerung der Reaktoren,
   c) Teilchenbeschleuniger mit geringer Energie bis 10 MeV.

VIII. Wirtschaftliche Gesichtspunkte der Energieerzeugung

1. Vergleichende theoretische und experimentelle Untersuchung der verschiedenen Reaktortypen.
2. Technisch-wirtschaftliche Untersuchung der Brennstoffzyklen.

Anhang II. Industriezweige, auf die in Artikel 41 dieses Vertrages Bezug genommen wird

1. Gewinnung von Uran- und Thoriumerzen.
2. Konzentrierung dieser Erze.
3. Chemische Aufbereitung und Raffinierung der Uran- und Thoriumkonzentrate.
4. Aufbereitung der Kernbrennstoffe in jeglicher Form.
5. Herstellung von Kernbrennstoffelementen.
6. Herstellung von Uranhexafluorid.
7. Erzeugung angereicherten Urans.
8. Aufbereitung bestrahlter Brennstoffe zur Trennung aller oder eines Teils der darin enthaltenen Elemente.
9. Herstellung von Reaktormoderatoren.
10. Erzeugung von hafniumfreiem Zirkonium oder von Verbindungen hafniumfreien Zirkoniums.
11. Kernreaktoren aller Typen und für jeglichen Zweck.
12. Anlagen für die industrielle Aufbereitung radioaktiver Abfälle, die in Verbindung mit einer oder mehreren der in der Liste genannten Anlagen errichtet werden.
13. Halbindustrielle Einrichtungen für die Vorbereitung des Baues von Anlagen, die unter die Ziffern 3 bis 10 fallen.

Anhang III. Vergünstigungen, die den gemeinsamen Unternehmen nach Artikel 48 dieses Vertrages gewährt werden können

1. a) Anerkennung des öffentlichen Interesses für den Erwerb von Grundstücken, die für die Errichtung der gemeinsamen Unternehmen erforderlich sind, nach dem einzelstaatlichen Recht;
   b) Anwendung des einzelstaatlichen Enteignungsverfahrens aus Gründen des öffentlichen Interesses zur Herbeiführung des Grundstückerwerbs in Fällen, in denen eine gütliche Einigung nicht zustande kommt.
2. Lizenzerteilung durch Schiedsverfahren oder von Amts wegen nach Artikel 17 bis 23 dieses Vertrages.
3. Befreiung von allen Abgaben und Gebühren für die Errichtung gemeinsamer Unternehmen und für die eingebrachten Einlagen.
4. Befreiung von Abgaben und Gebühren beim Erwerb von Grundstücken sowie von allen Gebühren für die Umschreibung und die Eintragung.
5. Befreiung von allen direkten Steuern, denen die gemeinsamen Unternehmen, ihr Vermögen, ihre Guthaben oder Einkünfte unterliegen könnten.

6. Befreiung von allen Zöllen und Abgaben gleicher Wirkung sowie von allen Ein- und Ausfuhrverboten und allen Ein- und Ausfuhrbeschränkungen wirtschaftlicher oder fiskalischer Art für
   a) wissenschaftliches und technisches Material, mit Ausnahme des Baumaterials und des Materials für Verwaltungszwecke,
   b) die Stoffe, die in dem gemeinsamen Unternehmen aufbereitet wurden oder dort aufbereitet werden sollen.
7. Erleichterungen auf dem Gebiet des Devisenverkehrs nach Artikel 182 Absatz 6.
8. Befreiung der im Dienste der gemeinsamen Unternehmen stehenden Staatsangehörigen der Mitgliedstaaten sowie ihrer Ehegatten und ihrer Familienmitglieder, für deren Unterhalt sie aufkommen, von Einreise- und Aufenthaltsbeschränkungen.

Anhang IV. Listen der Güter und Erzeugnisse, die den Bestimmungen des Kapitels IX über den Gemeinsamen Markt auf dem Kerngebiet unterliegen

Liste A_1

Uranerze, deren Gehalt an natürlichem Uran gewichtsmäßig mehr als 5 v. H. beträgt.

Pechblende, deren Gehalt an natürlichem Uran gewichtsmäßig mehr als 5 v. H. beträgt.

Uranoxyd.

Anorganische Verbindungen des natürlichen Urans außer Oxyd und Hexafluorid.

Organische Verbindungen des natürlichen Urans.

Natürliches Uran, roh oder bearbeitet.

Plutoniumhaltige Legierungen.

Organische oder anorganische Uranverbindungen, die mit organischen oder anorganischen Verbindungen des Uran 235 angereichert sind.

Organische oder anorganische Verbindungen des Uran 233.

Mit Uran 233 angereichertes Thorium.

Organische und anorganische Plutoniumverbindungen.

Mit Plutonium angereichertes Uran.

Mit Uran 235 angereichertes Uran.

Legierungen, die mit Uran 235 angereichertes Uran oder Uran 233 enthalten.

Plutonium.

Uran 233.

Uranhexafluorid.

Monazit.

Thoriumerze, die gewichtsmäßig mehr als 20 v. H. Thorium enthalten.

Uran-Thorianit mit einem Thoriumgehalt von mehr als 20 v. H.

Thorium, roh oder bearbeitet.

Thoriumoxyd.

Anorganische Thoriumverbindungen außer Oxyd.

Organische Thoriumverbindungen.

Liste A_2

Deuterium und seine Verbindungen (einschließlich des schweren Wassers), bei denen das Verhältnis der Deuteriumatome zu den Wasserstoffatomen zahlenmäßig 1 : 5000 überschreitet.

Schweres Paraffin, bei dem das Verhältnis der Deuteriumatome zu den Wasserstoffatomen zahlenmäßig 1 : 5000 überschreitet.

Mischungen und Lösungen, bei denen das Verhältnis der Deuteriumatome zu den Wasserstoffatomen zahlenmäßig 1 : 5000 überschreitet.

Kernreaktoren.

Geräte für die Trennung der Uranisotope durch Gasdiffusion oder andere Verfahren.

Geräte für die Erzeugung von Deuterium, seinen Verbindungen (einschließlich des schweren Wassers), seinen Derivaten sowie von deuteriumhaltigen Mischungen und Lösungen, bei denen das Verhältnis der Deuteriumatome zu den Wasserstoffatomen zahlenmäßig 1 : 5000 überschreitet:
- Geräte, die mit Wasserelektrolyse arbeiten;
- Geräte, die mit Destillation des Wassers, des flüssigen Wasserstoffs usw. arbeiten;
- Geräte, die mit Isotopenaustausch zwischen Schwefelwasserstoff und Wasser als Funktion einer Temperaturänderung arbeiten;
- Geräte, die mit anderen Techniken arbeiten.

Eigens für die chemische Behandlung radioaktiver Stoffe konstruierte Geräte:
- Geräte für die Trennung bestrahlter Brennstoffe:
  - auf chemischem Wege (durch Lösungsmittel, Ausfälle), Ionenaustausch usw.,
  - auf physikalischem Wege (durch fraktionierte Destillation usw.);
- Geräte für die Behandlung der Abfälle;
- Geräte für die Aufbereitung der Brennstoffe zur Wiederverwendung (recyclage).

Fahrzeuge, die eigens für den Transport von Erzeugnissen mit starker Radioaktivität konstruiert sind:
- Wagen und Loren zum Fahren auf Gleisen aller Spurweiten;
- Lastkraftwagen;

– Verladewagen mit Motoren;
– Anhänger und Sattelanhänger, sowie andere Fahrzeuge ohne Eigenantrieb.

Verpackungsmittel mit Abschirmung aus Blei gegen Strahlung für den Transport oder die Lagerung radioaktiver Stoffe.

Künstliche radioaktive Isotope und ihre anorganischen oder organischen Verbindungen.

Ferngesteuerte mechanische Greifer, die eigens für die Handhabung hochradioaktiver Stoffe konstruiert sind:
– mechanische Greifgeräte, fest oder beweglich, jedoch nicht mit der Hand führbar.

Liste B[1)]

Lithiumerze und -konzentrate.

Metalle nuklearer Qualität:
– Beryllium (Glucinium), roh;
– Wismut, roh;
– Niobium (Columbium), roh;
– Zirkonium (hafniumfrei), roh;
– Lithium, roh;
– Aluminium, roh;
– Kalzium, roh;
– Magnesium, roh.

Bortrifluorid.

Wasserfreie Fluorwasserstoffsäure.

Chlortrifluorid.

Bromtrifluorid.

Lithiumhydroxyd.

Lithiumfluorid.

Lithiumchlorid.

Lithiumhydrid.

Lithiumkarbonat.

Berylliumoxyd (Glucin) nuklearer Qualität.

Hitzebeständige Steine aus Berylliumoxyd nuklearer Qualität.

Andere hitzebeständige Erzeugnisse aus Berylliumoxyd nuklearer Qualität.

Künstlicher Graphit in Form von Blöcken oder Stäben mit einem Borgehalt von eins oder weniger zu einer Million und einem mikroskopischen Gesamtwirkungsquerschnitt für die Absorption thermischer Neutronen von 5 Millibarns/Atom oder weniger.

---

1) Liste B i. d. F. der VO Nr. 5 des Rates der Euratom v. 22. 12. 1958 (ABl. S. 185).

Stabile Isotope, künstlich getrennt.

Elektromagnetische Ionentrenner, einschließlich der Massenspektrographen und Massenspektrometer.

Reaktorsimulatoren (Analogkalkulatoren besonderer Art).

Ferngesteuerte mechanische Greifer:

– für den Handgebrauch (d.h. mit der Hand führbar wie ein Werkzeug).

Pumpen für Metalle in flüssigem Zustand.

Hochvakuumpumpen.

Wärmeaustauscher, die eigens für eine Kernzentrale konstruiert sind.

Strahlungsdetektorengeräte (und entsprechende Ersatzteile) einer der folgenden Typen, die eigens für den Nachweis oder die Messung nuklearer Strahlen wie der Alpha- und Betateilchen, der Gammastrahlung, der Neutronen und Protonen konstruiert sind oder diesen Zwecken angepaßt werden können:

– Geigerzählrohre und Proportionalzählrohre;
– Geräte für den Nachweis oder die Messung, die Geiger-Müller-Rohre oder Proportionalzählrohre enthalten;
– Ionisationskammern;
– Instrumente, die Ionisationskammern enthalten;
– Geräte für den Nachweis oder die Messung von Strahlen bei der Schürfung nach Erzen, der Kontrolle der Reaktoren, der Luft, des Wassers und des Bodens;
– Neutronendetektoren, bei denen Bor, Bortrifluorid, Wasserstoff oder ein spaltbares Element verwendet wird;
– Geräte für den Nachweis oder die Messung mit Neutronendetektoren, bei denen Bor, Bortrifluorid, Wasserstoff oder ein spaltbares Element verwendet wird;
– Szintillationskristalle, montiert oder mit Metalleinhüllung (feste Szintillatoren);
– Geräte für den Nachweis oder die Messung, die flüssige, feste oder gasförmige Szintillatoren enthalten;
– Verstärker, die eigens für nukleare Messungen konstruiert sind, einschließlich der Linearverstärker, der Vorverstärker und der „Verteilerverstärker" (distributed amplifiers) und der Analysatoren (pulse height analysers);
– Koinzidenzgeräte zur Verwendung mit Strahlendetektoren;
– Elektroskope und Elektrometer, einschließlich der Dosimeter (jedoch ausschließlich der Geräte für den Unterricht, der einfachen Elektroskope mit Metallplättchen, der Dosimeter, die eigens für die Verwendung mit medizinischen Röntgenapparaten konstruiert sind, sowie der elektrostatischen Meßgeräte);
– Instrumente, mit denen ein Strom schwächer als 1 Mikromikroampere gemessen werden kann;
– Photovervielfacherröhren mit einer Photokathode, die mindestens 10 Mikroampere je Lumen ergibt, eine mittlere Verstärkung größer

als 10^5 haben, sowie jedes andere System elektrischer Vervielfacher, das durch positive Ionen aktiviert wird;
– „Skalers“ und elektronische Intergratoren für Strahlendetektoren.

Zyklotrone, elektrostatische Generatoren des Typs „Van de Graaf“ oder „Cockroft und Walton“, Linearbeschleuniger und andere „elektronukleare“ Maschinen, mit denen ein Kernpartikel auf mehr als 1 MeV beschleunigt werden kann.

Magnete, die eigens für die vorgenannten Maschinen und Geräte (Zyklotrone usw.) konstruiert sind.

Beschleunigungsröhren und Röhren zum Fokussieren derjenigen Typen, die in Massenspektrometern und Massenspektrographen verwendet werden.

Intensive elektronische Quellen positiver Ionen für eine Verwendung mit Teilchenbeschleunigern, Massenspektrometern und anderen Geräten derselben Art.

Spiegelglas (Strahlenschutzglas):
– Gußglas (gegossenes oder gewalztes Flachglas) [auch bereits bei der Herstellung mit Drahteinlagen verstärkt oder überfangen], nur auf einer oder auf beiden Seiten geschliffen oder poliert, in quadratischen oder rechteckigen Platten oder Tafeln;
– Gußglas (gegossen oder gewalzt) [geschliffen, poliert oder nicht] anders als quadratisch oder rechteckig zugeschnitten oder gekrümmt oder anderweitig bearbeitet (schräg abgeschnitten oder graviert usw.);
– Sicherheitsglas, auch bearbeitet, bestehend aus getempertem Glas oder aus zwei oder mehreren Glasschichten.

Schutzanzüge gegen Bestrahlung oder radioaktive Verseuchung:
– aus Kunststoff;
– aus Gummi;
– aus imprägnierten oder mit einer Schutzschicht belegten Geweben:
  – für Männer,
  – für Frauen.

Diphenyl (wenn es sich tatsächlich um aromatischen Kohlenwasserstoff handelt: $C_6H_5C_6H_5$).

Triphenyl.

205. Verordnung Nr. 3 zur Anwendung des Artikels 24 des Vertrages zur Gründung der Europäischen Atomgemeinschaft[1]

Vom 31. Juli 1958

(BGBl. 1959 II S. 1102/ABl. S. 406)

DER RAT DER EUROPÄISCHEN ATOMGEMEINSCHAFT –

gestützt auf die Artikel 24, 25 und 217 des Vertrages zur Gründung der Europäischen Atomgemeinschaft,

gestützt auf den Vorschlag der Kommission,

in der Erwägung, daß für jeden Geheimschutzgrad, der für Kenntnisse gilt, deren Preisgabe den Verteidigungsinteressen eines oder mehrerer Mitgliedstaaten schaden kann, Schutzmaßnahmen durchgeführt werden müssen und daß diese unter der Aufsicht der Kommission sowohl auf die sachlichen Bestandteile dieser Kenntnisse als auch auf Personen und Unternehmen anzuwenden sind, die zu deren Entgegennahme im Hoheitsgebiet der Mitgliedstaaten berufen sind,

HAT FOLGENDE VERORDNUNG ERLASSEN:

Erster Teil. Allgemeine Bestimmungen

Abschnitt I: Anwendungsbereich

Art. 1 Sachlicher Anwendungsbereich. (1) Diese Verordnung bestimmt die Geheimschutzgrade und die Schutzmaßnahmen für die seitens der Gemeinschaft erworbenen oder von den Mitgliedstaaten mitgeteilten Kenntnisse, die in den Artikeln 24 und 25 des Vertrages zur Gründung der Europäischen Atomgemeinschaft,[1] im folgenden als „Vertrag" bezeichnet, erwähnt sind.

Diese Kenntnisse werden im folgenden als „EVS" (Euratom-Verschlußsachen) bezeichnet.

Teilt ein Staat in Artikel 25 erwähnte Kenntnisse mit, so findet die Verordnung auf ihn jedoch nur Anwendung, wenn die Verwendung dieser Kenntnisse durch ihn in den Anwendungsbereich des Vertrages fällt.

(2) EVS sind auch Informationen, Auskünfte, Schriftstücke, Gegenstände, Vervielfältigungsmittel und andere Sachen, die mit den in Absatz (1) genannten Kenntnissen im Zusammenhang stehen.

[1] Nr. 200.

Art. 2 Eine Berufung auf Verträge, Abschlüsse oder Vereinbarungen, die zwischen einem Mitgliedstaat und einer natürlichen oder juristischen Person nach Inkrafttreten dieser Verordnung eingegangen, verlängert oder erneuert werden, ist nicht zulässig, soweit sich diese Übereinkünfte auf Tätigkeiten beziehen, die in den Anwendungsbereich des Vertrages fallen.

Geheimschutzmaßnahmen vertraglichen Ursprungs, die vor Inkrafttreten dieser Verordnung zur Anwendung gelangt sind, können noch bis zu dem vertraglich vorgesehenen Zeitpunkt anstelle der Bestimmungen dieser Verordnung angewandt werden.

Art. 3 Persönlicher Anwendungsbereich. Die Anwendung der in dieser Verordnung festgelegten Geheimschutzmaßnahmen auf die EVS und der Erlaß der erforderlichen Anweisungen zur Beachtung dieser Maßnahmen obliegt

a) den Organen, Ausschüssen, Dienststellen und Einrichtungen der Gemeinschaft;

b) den Mitgliedstaaten und ihren Dienststellen;

c) den Gemeinsamen Unternehmen;

d) den in Artikel 196 des Vertrages bezeichneten Personen oder Unternehmen.

Art. 4 Gemeinsame Unternehmen. In der Satzung jedes Gemeinsamen Unternehmens wird bestimmt, ob es bezüglich der Anwendung dieser Verordnung den Organen, Dienststellen und Einrichtungen der Gemeinschaft oder den in Artikel 196 des Vertrages bezeichneten Personen und Unternehmen gleichzustellen ist.

Art. 5 Ergänzung der Verschlußsachen-Verordnung. (1) Die in dieser Verordnung zum Schutz der EVS vorgesehenen Vorschriften sind als Mindestvorschriften anzusehen.

(2) Die Gemeinschaft und die Mitgliedstaaten ergänzen gegebenenfalls die Verschlußsachen-Verordnung für ihren Bereich zur Berücksichtigung örtlicher Verhältnisse; sie können sie durch eigene Bestimmungen verschärfen, soweit dadurch nicht die einheitliche Behandlung der EVS gefährdet wird.

Abschnitt II: Organisation

Art. 6 Das Sicherheitsbüro. Das von der Kommission gebildete und unter ihrer Aufsicht und Verantwortlichkeit arbeitende Sicherheitsbüro

a) koordiniert – und sorgt für – die allgemeine Anwendung der Geheimschutzmaßnahmen;

b) überprüft die Anwendung dieser Maßnahmen innerhalb der Organe, Ausschüsse, Dienststellen und Einrichtungen der Gemeinschaft;

c) kann die staatlichen Behörden veranlassen, im Hoheitsgebiet des betreffenden Mitgliedstaates die Anwendung der in dieser Verordnung vorgesehenen Geheimschutzmaßnahmen auf EVS zu überprüfen; es kann, wenn es dies für notwendig erachtet, die Überprüfung in Verbindung mit ihnen durchführen;

d) schlägt alle Änderungen vor, die es zur Anwendung dieser Verordnung für notwendig erachtet.

Art. 7 Geheimschutzbehörden der Mitgliedstaaten. Jeder Mitgliedstaat bestimmt eine staatliche Behörde, die in seinem Hoheitsbereich die in dieser Verordnung vorgesehenen Geheimschutzmaßnahmen durchzuführen oder für deren Durchführung zu sorgen hat.

Art. 8 Geheimschutzbeauftragte. (1) In den Organen, Dienststellen und Einrichtungen der Gemeinschaft, in denen EVS bearbeitet oder aufbewahrt werden, ernennt das Sicherheitsbüro je einen Bediensteten, im folgenden als „Geheimschutzbeauftragter" bezeichnet, der für die Anwendung dieser Verordnung verantwortlich ist.

(2) Die Dienststellen der Mitgliedstaaten sowie die Personen und Unternehmen im Sinne des Artikels 196 des Vertrages, welche EVS bearbeiten oder im Besitz haben, ernennen mit Zustimmung der in Artikel 7 bezeichneten Geheimschutzbehörde je einen Bediensteten, im folgenden als „Geheimschutzbeauftragter" bezeichnet, der für die Anwendung dieser Verordnung verantwortlich ist.

(3) Die Geheimschutzbeauftragten sind insbesondere verantwortlich

a) für die Registrierung von EVS gemäß Artikel 23;

b) für die Führung einer nach Kategorien geordneten Liste aller Personen, die zum Zugang zu EVS ermächtigt sind;

c) für die Belehrung des Personals über seine Pflichten auf dem Gebiet des Geheimschutzes;

d) für die Anwendung der materiellen Schutzmaßnahmen.

Abschnitt III: Einstufung, Umstufung und Offenlegung von EVS

Art. 9 Grundsatz. Geheimschutzgrade sind nur in dem unbedingt notwendigen Umfang anzuwenden.

Art. 10 Geheimschutzgrade. EVS werden in Geheimschutzgrade wie folgt eingestuft:

(1) Eura-Streng geheim: wenn eine unbefugte Preisgabe zu einer außerordentlich schwerwiegenden Schädigung der Verteidigungsinteressen eines oder mehrerer Mitgliedstaaten führen würde;

(2) Eura-Geheim: wenn eine unbefugte Preisgabe zu einer schwerwiegenden Schädigung der Verteidigungsinteressen eines oder mehrerer Mitgliedstaaten führen würde;

(3) Euro-Vertraulich: wenn eine unbefugte Preisgabe für die Verteidigungsinteressen eines oder mehrerer Mitgliedstaaten nachteilig wäre;

(4) Eura-Nur für den Dienstgebrauch: wenn eine unbefugte Preisgabe die Verteidigungsinteressen eines oder mehrerer Mitgliedstaaten zwar berühren würde, das Geheimschutzbedürfnis aber geringer ist als bei EVS des Geheimschutzgrades Eura-Vertraulich.

Art. 11 Für die Einstufung zuständige Stellen. (1) Kenntnisse im Sinne des Artikels 24 des Vertrages[1] werden wie folgt von der Kommission eingestuft:

a) zunächst vorläufig, sobald sie der Ansicht ist, daß ihre Preisgabe den Verteidigungsinteressen eines oder mehrerer Mitgliedstaaten schaden kann;

b) sodann endgültig, sobald die Mitgliedstaaten den Geheimschutzgrad bekanntgegeben haben, dessen Anwendung sie beantragen. Der strengste der beantragten Geheimschutzgrade wird angewandt. Die Kommission zeigt dies den Mitgliedstaaten an.

In Verbindung mit den zuständigen Stellen der Mitgliedstaaten stellt die Kommission eine nicht erschöpfende Liste der Kategorien von Kenntnissen auf, für die ein Geheimschutz angebracht ist, und überprüft diese Liste in regelmäßigen Zeitabständen.

(2) Die Kommission teilt bei Patent- oder Gebrauchsmusteranmeldungen nach Artikel 25 des Vertrages den vom Ursprungsstaat geforderten Geheimschutzgrad den zuständigen Organen und Einrichtungen der Gemeinschaft und den anderen Mitgliedstaaten mit.

Art. 12 Einstufung von Schriftstücken. (1) Für die Wahl des Geheimschutzgrades eines Schriftstückes, das sich auf eine EVS bezieht, ist nicht deren Geheimschutzgrad, sondern allein der Inhalt des Schriftstückes maßgebend.

Um die Geheimhaltung von Schriftstücken der Geheimschutzgrade Eura-Streng geheim und Eura-Geheim nicht zu gefährden, sind Bezugnahmen auf solche Schriftstücke auf ein Mindestmaß zu beschränken, so daß weder ihr Inhalt noch ihr Geheimschutzgrad offenbart wird.

---

[1] Nr. 200.

Der Geheimschutzgrad eines Schriftstückes gilt auch

a) für dessen Kopien;

b) für Schriftstücke, die Forschungen oder Produktionen zum Gegenstand haben, welche auf diesem Schriftstück beruhen.

(2) Besteht eine EVS aus mehreren Teilen, so bestimmt sich der Geheimschutzgrad der gesamten EVS stets nach dem Teil, der den höchsten Geheimschutzgrad erfordert.

Art. 13 Änderungen des Geheimschutzgrades und Offenlegung. Eine EVS kann nach Maßgabe des Artikels 24 Absatz 2 Unterabsatz 5 und des Artikels 25 Absatz 3 des Vertrages umgestuft oder offengelegt werden.

Zweiter Teil. Personeller Geheimschutz

Art. 14 Zugang zu EVS. (1) Der Zugang zu EVS und deren Besitz steht nur Personen zu, die hierzu ermächtigt sind und sie auf Grund ihrer Tätigkeit unbedingt zur Kenntnis nehmen oder erhalten müssen.

(2) Für den Zugang zu EVS mit dem Geheimschutzgrad EURA-NUR FÜR DEN DIENSTGEBRAUCH ist keine Ermächtigung erforderlich.

Art. 15 Ermächtigung. (1) Soweit der Rat keine Ausnahmen beschließt, wird die Ermächtigung nur Personen erteilt, die einer Sicherheitsüberprüfung gemäß Artikel 16 unterzogen und entsprechend Artikel 17 belehrt worden sind.

(2) Die Ermächtigung bedarf der Schriftform. Dieses Dokument darf sich nicht im Besitz der ermächtigten Person befinden.

(3) Geheimschutzbeauftragte im Sinne des Artikels 8 sind unter den gleichen Voraussetzungen zu ermächtigen.

(4) Zuständig für die Erteilung der Ermächtigung ist

a) bei den Mitgliedern der Organe und Ausschüsse sowie den Beamten und sonstigen Bediensteten oder Beauftragten der Gemeinschaft das Sicherheitsbüro;

b) in allen übrigen Fällen der Mitgliedstaat, der nach Artikel 16 Absatz (2) Unterabsatz 1 für die Sicherheitsüberprüfung verantwortlich ist.

Ermächtigungen, die vom Sicherheitsbüro oder von einem Mitgliedstaat erteilt worden sind, werden von jeder Einrichtung der Gemeinschaft und von jedem Mitgliedstaat anerkannt.

(5) Das Sicherheitsbüro und die in Artikel 7 bezeichneten Geheimschutzbehörden führen jeweils für ihren Bereich eine Liste der Personen, die zum Zugang zu EVS der Geheimschutzgrade EURA-STRENG GEHEIM und EURA-GEHEIM ermächtigt sind.

Art. 16 Sicherheitsüberprüfung. (1) Gegenstand der Sicherheitsüberprüfung ist die Feststellung, ob die zu überprüfende Person die zum Zugang zu EVS erforderliche Zuverlässigkeit besitzt.

Der Umfang der Sicherheitsüberprüfung bestimmt sich nach dem Geheimschutzgrad, für den die Ermächtigung beantragt worden ist.

(2) Die Sicherheitsüberprüfung ist in allen Fällen unter der Verantwortung des Mitgliedstaates durchzuführen, dessen Staatsangehörigkeit die zu überprüfende Person besitzt. Besitzt sie nicht die Staatsangehörigkeit eines der Mitgliedstaaten, so ist der Mitgliedstaat verantwortlich, in dessen Hoheitsgebiet sie ihren Wohnsitz oder gewöhnlichen Aufenthalt hat.

Hat die betreffende Person längere Zeit in einem anderen als dem im Unterabsatz 1 bezeichneten Mitgliedstaat gelebt oder hat sie nähere Beziehungen zu Personen in einem solchen anderen Staat, so beteiligt der für die Sicherheitsüberprüfung verantwortliche Mitgliedstaat den anderen an der Überprüfung. Der beteiligte Staat unterrichtet den für die Sicherheitsüberprüfung verantwortlichen Mitgliedstaat über das Ergebnis seiner Ermittlungen.

(3) Das Verfahren der Sicherheitsüberprüfung richtet sich in jedem Mitgliedstaat nach dessen einschlägigen Vorschriften und Richtlinien.

Soweit der Rat keine Ausnahmen beschließt, werden die Überprüfungsanträge des Sicherheitsbüros für die Mitglieder der Organe sowie für die Beamten und sonstigen Bediensteten oder Beauftragten der Gemeinschaft bei der zuständigen Behörde des Mitgliedstaates gestellt, der nach Absatz (2) Unterabsatz 1 für die Durchführung der Sicherheitsüberprüfung verantwortlich ist. Diesen Anträgen ist ein von den Betreffenden als richtig bestätigter Personalbogen beizufügen, der insbesondere alle Angaben über ihren Personenstand und den ihrer Familie sowie ihre Tätigkeiten und Wohnsitze während der letzten zehn Jahre enthält.

Für die Beamten und sonstigen Bediensteten oder Beauftragten der Mitgliedstaaten sowie für die in Artikel 196 des Vertrages bezeichneten Personen und Unternehmen und deren Personal wird die Sicherheitsüberprüfung von dem betreffenden Mitgliedstaat veranlaßt.

(4) Hinsichtlich der Mitglieder der Organe sowie der Beamten und sonstigen Bediensteten oder Beauftragten der Gemeinschaft gilt beim Abschluß der Sicherheitsüberprüfung folgendes Verfahren:

a) Der Mitgliedstaat, unter dessen Verantwortung gemäß Absatz (2) Unterabsatz 1 die Sicherheitsüberprüfung durchgeführt worden ist, erteilt nach deren Abschluß dem Sicherheitsbüro einen Bescheid. In diesem ist zu erwähnen, ob nach dem Ergebnis der Überprüfung Bedenken bestehen, der überprüften Person eine Ermächtigung zum

Zugang zu EVS eines bestimmten Geheimschutzgrades zu erteilen, oder ob solche Bedenken nicht bestehen. Bei der Erstellung des Bescheides berücksichtigt der Mitgliedstaat alle Informationen und Auskünfte, die er von einem anderen an der Durchführung der Sicherheitsüberprüfung beteiligten Mitgliedstaat erhalten hat.

b) Enthält der nach Buchstabe a) ausgestellte Bescheid keine Bedenken, so kann das Sicherheitsbüro der überprüften Person die beantragte Ermächtigung erteilten; es wird sie erteilten, falls es der Ansicht ist, daß dem keine schwerwiegenden Gründe entgegenstehen. Der für die Durchführung der Sicherheitsüberprüfung verantwortliche Mitgliedstaat wird von der Entscheidung des Sicherheitsbüros unterrichtet

c) Enthält der nach Buchstabe a) ausgestellte Bescheid eine negative Stellungnahme, so ist das Sicherheitsbüro hieran gebunden und kann die Ermächtigung nicht erteilen.

d) Werden nach Erteilung einer Ermächtigung dem Sicherheitsbüro oder einem Mitgliedstaat Informationen bekannt, die geeignet sind, Bedenken gegen die Zuverlässigkeit der ermächtigten Person zu begründen, so sind diese Informationen sofort dem Mitgliedstaat mitzuteilen, der für die Durchführung der Sicherheitsüberprüfung nach Absatz (2) Unterabsatz 1 verantwortlich ist. Dieser Mitgliedstaat überprüft seinen ursprünglichen Bescheid und teilt dem Sicherheitsbüro mit, ob die Ermächtigung nach seiner Auffassung aufzuheben ist. Das Sicherheitsbüro wird dem Bescheid des Mitgliedstaates entsprechen, es sei denn, daß bei einem günstigen Bescheid nach seiner Ansicht schwerwiegende Gründe dem entgegenstehen.

Art. 17 Belehrung. (1) Alle Angehörigen von Dienststellen der Gemeinschaft und der Mitgliedstaaten und die in Artikel 196 des Vertrages[1] bezeichneten Personen, die auf Grund ihrer Tätigkeit Zugang zu EVS haben, sind bei Beginn dieser Tätigkeit und danach in regelmäßigen Zeitabständen von dem in Artikel 8 bezeichneten Geheimschutzbeauftragten über die Notwendigkeit des Geheimschutzes und über seine Durchführung zu belehren.

(2) Bei diesen Belehrungen ist darauf hinzuweisen, daß eine Verletzung der Pflicht zur Geheimhaltung von EVS insbesondere als Verstoß gegen die Strafvorschriften zum Schutze der Staatssicherheit angesehen werden kann.

(3) Die belehrten Personen haben eine Erklärung zu unterzeichnen, daß sie belehrt worden sind und sich verpflichten, diese Belehrung zu beachten.

---

[1] Nr. 200.

Art. 18 Besuche und Informationsaustausch. (1) Soll ein Besucher, der einem Organ, einer Dienststelle oder einer Einrichtung der Gemeinschaft angehört oder der Hoheitsgewalt eines Mitgliedstaates untersteht, Kenntnis von EVS der Geheimschutzgrade EURA-STRENG GEHEIM oder EURA-GEHEIM erhalten, die sich bei einer anderen als der Stelle, welcher der Besucher angehört, oder bei einer Person befinden, die der Hoheitsgewalt eines anderen Mitgliedstaates untersteht, oder soll der Besucher Besprechungen über solche EVS führen, so wird zwischen diesen Stellen oder Personen eine vorherige Vereinbarung getroffen. In dieser Vereinbarung ist vorzusehen, daß der Leiter der Dienststelle des Besuchers oder, wenn er keiner Dienststelle angehört, der in Artikel 7 bezeichneten Geheimschutzbehörde rechtzeitig ein – gegebenenfalls vom Geheimschutzbeauftragten abgezeichnetes – Dokument einsendet, das den Zweck des Besuchs erwähnt und alle Angaben zur Feststellung der Personalien des Besuchers enthält. Gegebenenfalls ist in diesem Dokument auch der Ermächtigungsgrad des Besuchers zu erwähnen.

(2) Der Geheimschutzbeauftragte der Stelle, bei welcher der Besuch stattfindet, steht dem Besucher helfend und beratend zur Seite.

Dritter Teil. Materieller Geheimschutz

Abschnitt I: Kennzeichnung und Vervielfältigung von EVS

Art. 19 Kennzeichnung. (1) Die Geheimschutzgrade EURA-STRENG GEHEIM, EURA-GEHEIM und EURA-VERTRAULICH sind am Kopf und Fuß jeder Seite einer EVS durch auffallenden Stempelaufdruck kenntlich zu machen.

Bei EVS des Geheimschutzgrades EURA-NUR FÜR DEN DIENSTGEBRAUCH genügt es, diesen Geheimschutzgrad durch Stempelaufdruck oder in Maschinenschrift am Kopf jeder Seite der EVS anzubringen. Wird ein solches Schriftstück in gebundener Form herausgegeben, so ist dieser Geheimschutzgrad lediglich am Kopf der ersten Seite anzubringen.

(2) Jede Seite einer EVS des Geheimschutzgrades EURA-VERTRAULICH oder höher ist zu numerieren. Bei EVS des Geheimschutzgrades EURA-STRENG GEHEIM ist die Gesamtzahl der Seiten auf der ersten Seite anzugeben und jede Ausfertigung mit einer Ausfertigungsnummer zu versehen. Das Geschäftszeichen einer EVS des Geheimschutzgrades EURA-STRENG GEHEIM ist auf jeder dazu gehörenden Seite zu vermerken.

(3) Wird der Geheimschutzgrad einer EVS geändert, so erhalten die sie betreffenden Schriftstücke die Kennzeichen, die der neuen Einstufung *entsprechen*.

Art. 20 Vervielfältigungen. (1) Vollständige oder teilweise Vervielfältigungen einer EVS, gleichviel in welcher Form oder mit welchem Mittel sie angefertigt werden, dürfen nicht in größerer Anzahl hergestellt werden, als zur Deckung des jeweiligen Bedarfs unbedingt erforderlich ist.

(2) Vervielfältigungen (z. B. Abzüge, Abschriften, Auszüge, Übersetzungen usw.) einer EVS des Geheimschutzgrades EURA-STRENG GEHEIM dürfen, wenn es sich um eine gemäß Artikel 24 des Vertrages[1] mitgeteilte EVS handelt, nur mit Zustimmung des Sicherheitsbüros, und wenn es sich um eine gemäß Artikel 25 des Vertrages[1] mitgeteilte EVS handelt, nur mit Zustimmung des Mitgliedstaates hergestellt werden, der die EVS herausgegeben hat.

(3) Vor jeder Vervielfältigung einer EVS des Geheimschutzgrades EURA-GEHEIM ist der Geheimschutzbeauftragte des Unternehmens oder der Stelle zu verständigen, welche die EVS besitzt.

(4) Alle Bezugszeichen, die eine EVS im Zeitpunkt ihrer Vervielfältigung kennzeichnen, haben zwangsläufig auf jeder Vervielfältigung zu erscheinen, die von ihr angefertigt wird.

(5) Jede Vervielfältigung einer EVS erhält das Kennzeichen der Person oder Stelle, welche die Vervielfältigung veranlaßt; bei Vervielfältigungen von EVS der Geheimschutzgrade EURA-STRENG GEHEIM und EURA-GEHEIM wird die Gesamtzahl der hergestellten Stücke und die Nummer jeder Ausfertigung hinzugefügt.

Abschnitt II: Geheimschutz in Gebäuden

Art. 21 (1) Die Dienststellen der Gemeinschaft oder der Mitgliedstaaten haben dafür zu sorgen, daß Gebäude oder Gebäudeteile, in denen EVS des Geheimschutzgrades EURA-VERTRAULICH oder höher aufbewahrt werden, leicht zu überwachen sind und nur von hierzu befugten Personen betreten werden können.

(2) Zur Kontrolle des Zutritts von Personen zu solchen Gebäuden oder Gebäudeteilen treffen die in Betracht kommenden Dienststellen Vorkehrungen, die eine zuverlässige Personenfeststellung der Beschäftigten und Besucher gewährleisten. Besucher dürfen in Räumen, die EVS enthalten, nicht allein gelassen werden.

(3) Nach Ende der normalen Dienststunden sind Gebäude oder Gebäudeteile, in denen EVS der in Absatz (1) genannten Geheimschutzgrade aufbewahrt werden, zu kontrollieren, um festzustellen, ob Panzerschränke, Aktenschränke usw. verschlossen und die EVS sicher untergebracht sind.

---

[1] Nr. 200.

(4) Gebäude oder Gebäudeteile, in denen EVS des Geheimschutzgrades Eura-Streng geheim aufbewahrt werden, sind durch Wachpersonal und ein Alarmsystem zu sichern.

Abschnitt III: Aufbewahrung von EVS

Art. 22 Panzerschränke. (1) EVS des Geheimschutzgrades Eura-Streng geheim sind in Panzerschränken mit dreifachem Kombinationsschloß aufzubewahren.

Die Geheimkombinationen sind bei jeder Versetzung von Personal, das die betreffende Kombination kennt, sowie stets dann zu ändern, wenn sie tatsächlich oder möglicherweise bekannt wurden; in jedem Fall sind sie alle sechs Monate zu ändern.

(2) EVS der Geheimschutzgrade Eura-Geheim und Eura-Vertraulich sind in Panzerschränken oder in Stahlbehältnissen aufzubewahren, deren Verschlußvorrichtungen regelmäßig überprüft werden und als sicher bekannt sind.

(3) EVS des Geheimschutzgrades Eura–Nur für den Dienstgebrauch sind so aufzubewahren, daß Unbefugte keinen Zugang zu ihnen haben.

Abschnitt IV: Registrierung von EVS

Art. 23 Jede EVS der Geheimschutzgrade Eura-Streng geheim und Eura-Geheim ist besonders zu registrieren.

Diese Registrierung soll es ermöglichen,

- sofort alle Personen festzustellen, die derartige EVS eingesehen haben oder im Besitz hatten,
- sofort den Inhaber jeder Ausfertigung und ihrer Abschriften festzustellen.

Abschnitt V: Beförderung von EVS

Art. 24 Sachliche Vorkehrungen. (1) Werden EVS innerhalb eines Gebäudes oder einer geschlossenen Gebäudegruppe befördert, so sind sie so zu behandeln, daß jede Gefahr einer Preisgabe ausgeschlossen ist.

(2) Werden EVS des Geheimschutzgrades Eura-Vertraulich oder höher außerhalb eines Gebäudes oder einer geschlossenen Gebäudegruppe befördert, so sind sie mit doppeltem Umschlag zu versehen. Auf dem inneren Umschlag ist der Geheimschutzgrad anzugeben. Er darf unter keinen Umständen auf dem äußeren Umschlag vermerkt werden.

Jede Person, die eine EVS erhält, hat den Empfang sofort durch Empfangsschein zu bestätigen. Auf dem Empfangsschein, der keines Geheimschutzgrades bedarf, ist lediglich das Aktenzeichen, die Ausfertigungsnummer und das Datum der EVS, nicht aber ihr Inhalt oder ihr Geheimschutzgrad anzugeben. Der Empfangsschein ist von dem Empfänger unverzüglich an den Absender zurückzusenden; dieser hat sich von der Durchführung dieser Vorschrift zu vergewissern.

(3) EVS des Geheimschutzgrades Eura-Nur für den Dienstgebrauch sind so zu behandeln, daß ihre Sicherheit gewährleistet ist.

Art. 25 Beförderung von EVS innerhalb der Gemeinschaft. (1) EVS des Geheimschutzgrades Eura-Streng geheim sind im grenzüberschreitenden Verkehr durch diplomatischen Postbeutel zu befördern, der von einem Kurier und einer anderen Person begleitet sein muß.

EVS der Geheimschutzgrade Eura-Geheim und Eura-Vertraulich sind im grenzüberschreitenden Verkehr durch diplomatischen Postbeutel zu befördern.

Das gleiche gilt für eine Beförderung nach den Artikeln 4 und 5 des Protokolls über die Vorrechte und Befreiungen der Europäischen Atomgemeinschaft.

(2) In Ausnahmefällen können die in Absatz (1) genannten EVS auch durch andere Personen befördert werden, vorausgesetzt,

a) daß diese zum Zugang zu EVS des entsprechenden Geheimschutzgrades ermächtigt sind;

b) daß die Sendungen, die EVS enthalten, mit einem amtlichen Siegel verschlossen sind, das sie von zollamtlicher Untersuchung befreit;

c) daß der Überbringer eine Bescheinigung mit sich führt, die von allen Durchgangsstaaten anerkannt ist und ihn ermächtigt, die Sendung bis zu der angegebenen Anschrift zu begleiten;

d) daß der Überbringer über seine Pflichten während der Beförderung von EVS eingehend belehrt ist.

(3) Für die Beförderung von EVS des Geheimschutzgrades Euro-Nur für den Dienstgebrauch gelten keine besonderen Vorschriften. Es ist jedoch dafür zu sorgen, daß Unbefugte keine Kenntnis von ihnen erhalten.

Art. 26. Beförderung von EVS innerhalb eines Mitgliedstaates.

(1) EVS des Geheimschutzgrades Eura-Vertraulich oder höher sind durch Kurier zu befördern. Dieser muß die Voraussetzungen des Artikels 25 Absatz (2) Buchstaben a) und d) erfüllen. Bei der Beförderung von EVS des Geheimschutzgrades Eura-Streng geheim muß der Kurier von einer zweiten Person begleitet sein.

(2) EVS des Geheimschutzgrades Eura-Geheim können auch auf dem Postwege als Wertbrief versandt werden. EVS des Geheimschutzgrades Eura-Vertraulich können auch als Einschreibsendung befördert werden.

(3) Für die Beförderung von EVS des Geheimschutzgrades Eura-Nur für den Dienstgebrauch gilt Artikel 25 Absatz (3).

Art. 27. Mitnahme von EVS auf Dienstreisen und zu Sitzungen.

(1) Die Mitnahme von EVS auf Dienstreisen oder zu Sitzungen außerhalb des Gebäudes, in dem sie aufbewahrt werden, ist auf das Notwendigste zu beschränken.

(2) Werden EVS auf Dienstreisen nicht gebraucht, so sind sie an einem Ort zu hinterlegen, der eine sichere Aufbewahrung im Sinne der Artikel 21 und 22 gewährleistet. Die Dienststellen des Mitgliedstaates, in dessen Hoheitsgebiet die Sitzung oder die Dienstreise stattfindet, haben jede notwendige Hilfe hierfür zu gewähren. Ist eine derartige Hinterlegung nicht möglich, so bleibt der Reisende für eine sichere Aufbewahrung der EVS persönlich verantwortlich, gleichgültig, welche Sicherheitsvorkehrungen er trifft. Ist eine genügend sichere Aufbewahrung nicht möglich, so müssen die EVS im persönlichen Gewahrsam des Reisenden bleiben.

Insbesondere dürfen EVS in Hotelsafes und in Fahrzeugen auch nicht vorübergehend zurückgelassen werden.

(3) In der Öffentlichkeit dürfen EVS nicht gelesen werden.

Art. 28. Weitergabe von EVS auf Fernmeldewegen. (1) EVS des Geheimschutzgrades Eura-Vertraulich oder höher dürfen als Telegramm, Funkspruch, Fernspruch oder Fernschreiben nur übermittelt werden, wenn sie entsprechend dem Geheimschutzgrad der betreffenden EVS verschlüsselt sind.

(2) EVS des Geheimschutzgrades Eura-Streng geheim dürfen nur in dringenden Fällen und bei unbedingter Notwendigkeit gemäß Absatz (1) übermittelt werden.

(3) Unverschlüsselte Ferngespräche über EVS des Geheimschutzgrades Eura-Vertraulich oder höher dürfen nicht geführt werden.

Abschnitt VI: Vernichtung von EVS

Art. 29. Systematische Vernichtung. (1) Um eine unnötige Ansammlung von EVS zu verhindern, sind überholte oder überzählige Stücke zu vernichten.

Bei EVS der Geheimschutzgrade Eura-Streng geheim und Eura-Geheim ist vorher die Zustimmung der für ihre Einstufung zuständigen Stelle einzuholen.

(2) Die Vernichtung erfolgt durch Verbrennen, Einstampfen oder Zerschnitzeln durch Aktenwolf, und zwar bei EVS der Geheimschutzgrade Eura-Streng geheim und Eura-Geheim in Anwesenheit des Geheimschutzbeauftragten oder eines von diesem entsprechend Bevollmächtigten, der hierüber eine Niederschrift aufnimmt.

(3) Alle Vervielfältigungsmittel, gleich welcher Art, zum Beispiel Matrizen, Kohlepapier, Farbbänder, handschriftliche Notizen sowie Filmnegative, die zur Herstellung oder Vervielfältigung verwendet wurden, sind nach Herstellung der aufzubewahrenden Stücke unbedingt, und zwar nach den Weisungen des Geheimschutzbeauftragten, zu vernichten.

Art. 30. Vernichtung im Dringlichkeitsfall. Jede Stelle, in deren Besitz sich EVS befinden, hat einen Plan für die sofortige Vernichtung aufzustellen, der es verhindert, daß EVS des Geheimschutzgrades Eura-Vertraulich oder höher beim Eintreten außergewöhnlicher Umstände Unbefugten in die Hände fallen.

Abschnitt VII: Besondere Vorschriften

Art. 31 Soweit auf EVS ihrer Natur nach einzelne der vorstehenden Vorschriften nicht angewandt werden können, hat der Geheimschutzbeauftragte Maßnahmen zu ergreifen oder zu veranlassen, die einen gleichwertigen Schutz gewährleisten.

Vierter Teil. Verfahren bei Verstößen gegen die Verschlußsachen-Verordnung

Art. 32. Meldepflicht. (1) Wer gemäß dieser Verordnung belehrt worden ist und feststellt oder vermutet, daß eine Zuwiderhandlung gegen diese Verschlußsachen-Verordnung oder die Geheimschutzmaßnahmen vorliegt, hat dies sofort dem Geheimschutzbeauftragten oder dem Dienststellenleiter zu melden.

(2) Sobald die Ermittlungen bei einer Zuwiderhandlung oder Vermutung im Sinne des Absatzes (1) den Gedanken nahelegen, daß ein Unbefugter von EVS des Geheimschutzgrades Eura-Vertraulich oder höher Kenntnis erlangt hat, ist das Sicherheitsbüro oder die in Artikel 7 bezeichnete Geheimschutzbehörde unverzüglich mit der Angelegenheit zu befassen; die befaßte Stelle hat den Tatbestand unverzüglich festzustellen.

(3) Bestätigt sich die Vermutung im Sinne des Absatzes (2), so benachrichtigt die befaßte Stelle, wenn diese das Sicherheitsbüro ist, die in Artikel 7 bezeichneten Geheimschutzbehörden sämtlicher Mitgliedstaaten; ist die befaßte Stelle eine dieser Behörden, so benachrichtigt sie das Sicherheitsbüro; beide ergreifen für ihren Bereich die erforderlichen Maßnahmen, um

a) den verursachten Schaden auf ein Mindestmaß zu beschränken;

b) die Wiederholung eines solchen Falles zu verhindern.

Art. 33. Unterrichtung der Mitgliedstaaten und Einleitung von Maßnahmen. Das Sicherheitsbüro unterrichtet die Mitgliedstaaten über die in Artikel 7 bezeichneten Geheimschutzbehörden von dem festgestellten Tatbestand.

Der oder die beteiligten Staaten beantragen, falls sie es für erforderlich halten, bei der zuständigen staatlichen Behörde die Einleitung des in Artikel 194 Absatz 1 Unterabsatz 2 des Vertrages vorgesehenen Verfahrens.

Fünfter Teil. Schlußbestimmungen

Art. 34. Übereinkünfte mit Dritten. Diese Verordnung läßt die Verpflichtungen unberührt, die sich für die Gemeinschaft und/oder die Mitgliedstaaten auf diesem Gebiet aus Übereinkünften mit dritten Staaten, einer internationalen Organisation oder einem Angehörigen eines dritten Staates ergeben.

Art. 35. Inkrafttreten. Diese Verordnung tritt am 40. Tage nach ihrer Veröffentlichung im Amtsblatt der Europäischen Gemeinschaften in Kraft.[1]

Diese Verordnung ist in allen ihren Teilen verbindlich und gilt unmittelbar in jedem Mitgliedstaat.

---

[1] Veröffentlicht am 6. 10. 1958.

210. Verordnung Nr. 1 des Rates zur Regelung der Sprachenfrage für die Europäische Gemeinschaft

Vom 15. April 1958

(ABl. Nr. L 17/395, geänd. durch Beitrittsvertrag vom 24. 6. 1994, ABl. Nr. C 241/285, Akte zum Beitrittsvertrag v. 16. 4. 2003, ABl. Nr. L 236/33, 791 v. 23. 9. 2003, VO Nr. 920/2005 v. 13. 6. 2005, ABl. Nr. L 156/3, VO 1791/2006 v. 20. 11. 2006, ABl. Nr. L 363/80, VO 517/2013 v. 13. 5. 2013, ABl. Nr. L 158/1)[1)]

DER RAT DER EUROPÄISCHEN WIRTSCHAFTSGEMEINSCHAFT,

gestützt auf Artikel 217 des Vertrages, nach dem die Regelung der Sprachenfrage für die Organe der Gemeinschaft unbeschadet der Verfahrensordnung des Gerichtshofes vom Rat einstimmig getroffen wird,

in der Erwägung, daß jeder der vier Sprachen, in denen der Vertrag abgefaßt ist, in einem oder in mehreren Mitgliedstaaten der Gemeinschaft Amtssprache ist,

HAT FOLGENDE VERORDNUNG ERLASSEN:

Art. 1 [Amts- und Arbeitssprachen]. Die Amtssprachen und die Arbeitssprachen der Organe der Union sind Bulgarisch, Dänisch, Deutsch, Englisch, Estnisch, Finnisch, Französisch, Griechisch, Irisch,[2)] Italienisch, Kroatisch, Lettisch, Litauisch, Maltesisch, Niederländisch, Polnisch, Portugiesisch, Rumänisch, Schwedisch, Slowakisch, Slowenisch, Spanisch, Tschechisch und Ungarisch.

Art. 2 [Wahlrecht des Absenders]. Schriftstücke, die ein Mitgliedstaat oder eine der Hoheitsgewalt eines Mitgliedstaates unterstehende Person an Organe der Gemeinschaft richtet, können nach Wahl des Absenders in einer der Amtssprachen abgefaßt werden. Die Antwort ist in derselben Sprache zu erteilen.

---

1) Die ÄnderungsVO v. 13. 6. 2005 (Gleichstellung der irischen Sprache mit den übrigen Amts- und Arbeitssprachen) ist am 1. 1. 2007 wirksam geworden (vgl. Art. 4 der VO).

2) Vgl. hierzu aber VO 920/2005 (ABl. Nr. L 156/3):

„**Art. 2.** Abweichend von der Verordnung Nr. 1 sind die Organe der Europäischen Union für einen verlängerbaren Zeitraum von fünf Jahren ab dem Tag des Wirksamwerdens dieser Verordnung von der Verpflichtung entbunden, alle Rechtsakte in irischer Sprache abzufassen und sie in dieser Sprache im Amtsblatt der Europäischen Union zu veröffentlichen.

Dieser Artikel gilt nicht für Verordnungen, die gemeinsam vom Europäischen Parlament und vom Rat erlassen werden."

VO (EU, Euratom) 2015/2264 des Rates v. 3. 12. 2015 zur Verlängerung und schrittweisen Beendigung der durch die VO (EG) Nr. 920/2005 eingeführten befristeten Ausnahmeregelungen (ABl. Nr. L 322/1 v. 8. 12. 2015) sieht nunmehr zwar eine weitere Verlängerung dieser Ausnahmeregelung bis zum 31. 12. 2021 vor (Art. 1), bestimmt nunmehr aber gleichzeitig:

„**Art. 4.** Sofern keine anderslautende Verordnung des Rates erlassen wird, endet die Anwendung der in Artikel 2 Absatz 1 der Verordnung (EG) Nr. 920/2005 genannten Ausnahmeregelung mit dem 1. Januar 2022."

Art. 3 [Schriftverkehr durch die Gemeinschaft]. Schriftstücke, die ein Organ der Gemeinschaft an einen Mitgliedstaat oder an eine der Hoheitsgewalt eines Mitgliedstaats unterstehende Person richtet, sind in der Sprache dieses Staates abzufassen.

Art. 4 [Rechtsakte und andere Schriftstücke]. Verordnungen und andere Schriftstücke von allgemeiner Geltung werden in den Amtssprachen abgefaßt.

Art. 5 [Amtsblatt]. Das *Amtsblatt der Europäischen Union* erscheint in den Amtssprachen.

Art. 6 [Spezialregelungen in GOen]. Die Organe der Gemeinschaft können in ihren Geschäftsordnungen festlegen, wie diese Regelung der Sprachenfrage im einzelnen anzuwenden ist.

Art. 7 [Gerichtssprache]. Die Sprachenfrage für das Verfahren des Gerichtshofes wird in dessen Verfahrensordnung geregelt.

Art. 8 [Mehrsprachige Mitgliedstaaten]. Hat ein Mitgliedstaat mehrere Amtssprachen, so bestimmt sich der Gebrauch der Sprache auf Antrag dieses Staates nach den auf seinem Recht beruhenden allgemeinen Regeln.

Diese Verordnung ist in allen ihren Teilen verbindlich und gilt unmittelbar in jedem Mitgliedstaat.

212. Protokoll (Nr. 7) über die Vorrechte und Befreiungen der Europäischen Union[1), 2), 3)]

Vom 8. April 1965

(BGBl. II S. 1482, in der Fassung des Vertrags von Nizza vom 26. 2. 2001, BGBl. 2001 II S. 1667), geänd. durch Prot. v. 13. 12. 2007 (ABl. Nr. C 306 S. 163), ber. (der authentischen dt. Fassung) BGBl. 2015 II S. 1683

DIE HOHEN VERTRAGSPARTEIEN[4)] –

IN DER ERWÄGUNG, daß die Europäische Union und die Europäische Atomgemeinschaft nach Artikel 343 des Vertrags über die Arbeitsweise der Europäischen Union[5)] und Artikel 191 des Vertrags zur Gründung der Europäischen Atomgemeinschaft im Hoheitsgebiet der Mitgliedstaaten die zur Erfüllung ihrer Aufgabe erforderlichen Vorrechte und Befreiungen genießen –

SIND über folgende Bestimmungen ÜBEREINGEKOMMEN, die dem Vertrag über die Europäische Union[6)] und dem Vertrag über die Arbeitsweise der Europäischen Union[5)] beigefügt sind:

Kapitel I. Vermögensgegenstände, Liegenschaften, Guthaben und Geschäfte der Europäischen Union

Art. 1 [Schutz der Räumlichkeiten] [1]Die Räumlichkeiten und Gebäude der Union sind unverletzlich. [2]Sie dürfen nicht durchsucht, beschlagnahmt, eingezogen oder enteignet werden. [3]Die Vermögensgegenstände und Guthaben der Union dürfen ohne Ermächtigung des Gerichtshofs der Europäischen Union nicht Gegenstand von Zwangsmaßnahmen der Verwaltungsbehörden oder Gerichte sein.

Art. 2 [Schutz der Archive] Die Archive der Union sind unverletzlich.

Art. 3 [Steuerbefreiung] Die Union, ihre Guthaben, Einkünfte und sonstigen Vermögensgegenstände sind von jeder direkten Steuer befreit.

---

1) Titel geänd. mWv 1. 12. 2009 durch Prot. v. 13. 12. 2007 (ABl. Nr. C 306 S. 163).

2) Dieses Protokoll stellte ursprünglich einen Anhang zum Abkommen zur Einsetzung eines gemeinsamen Rates und einer Gemeinsamen Kommission der Europäischen Gemeinschaften v. 8. 4. 1965 (ABl. 1967 Nr. 152 S. 2) dar.

3) Die Artikelfolge wurde gem. Art. 2 Abs. 1 des Protokolls Nr. 1 zum Vertrag von Lissabon (ABl. 2007 Nr. C 306 S. 193) iVm der Übereinstimmungstabelle aus dem Anh. umnummeriert.

4) Präambel geänd. mWv 1. 12. 2009 durch Prot. v. 13. 12. 2007 (ABl. Nr. C 306 S. 163).

5) Nr. **146**.

6) Nr. **145**.

[1]Die Regierungen der Mitgliedstaaten treffen in allen Fällen, in denen es ihnen möglich ist, geeignete Maßnahmen für den Erlaß oder die Erstattung des Betrages der indirekten Steuern und Verkaufsabgaben, die in den Preisen für bewegliche oder unbewegliche Güter inbegriffen sind, wenn die Union für ihren Dienstbedarf größere Einkäufe tätigen, bei denen derartige Steuern und Abgaben im Preis enthalten sind. [2]Die Durchführung dieser Maßnahmen darf jedoch den Wettbewerb innerhalb der Union nicht verfälschen.

Von den Abgaben, die lediglich die Vergütung für Leistungen gemeinnütziger Versorgungsbetriebe darstellen, wird keine Befreiung gewährt.

Art. 4 [Zollfreiheit] Die Union ist von allen Zöllen sowie Ein- und Ausfuhrverboten und -beschränkungen bezüglich der zu ihrem Dienstgebrauch bestimmten Gegenstände befreit; die in dieser Weise eingeführten Gegenstände dürfen im Hoheitsgebiet des Staates, in das sie eingeführt worden sind, weder entgeltlich noch unentgeltlich veräußert werden, es sei denn zu Bedingungen, welche die Regierung dieses Staates genehmigt.

Der Union steht ferner für ihre Veröffentlichungen Befreiung von allen Zöllen sowie Ein- und Ausfuhrverboten und -beschränkungen zu.

Kapitel II. Nachrichtenübermittlung und Ausweise

Art. 5[1)] [Nachrichtenübermittlung] Den Organen der Union steht für ihre amtliche Nachrichtenübermittlung und die Übermittlung aller ihrer Schriftstücke im Hoheitsgebiet jedes Mitgliedstaats die gleiche Behandlung wie den diplomatischen Vertretungen zu.

Der amtliche Schriftverkehr und die sonstige amtliche Nachrichtenübermittlung der Organe der Union unterliegen nicht der Zensur.

Art. 6[2)] [Ausweise] [1]Die Präsidenten der Organe der Union können den Mitgliedern und Bediensteten dieser Organe Ausweise ausstellen, deren Form vom Rat bestimmt wird und die von den Behörden der Mitgliedstaaten als gültige Reiseausweise anerkannt werden. [2]Diese Ausweise werden den Beamten und sonstigen Bediensteten nach Maßgabe des Statuts der Beamten und der Beschäftigungsbedingungen für die sonstigen Bediensteten der Union ausgestellt.

Die Kommission kann Abkommen zur Anerkennung dieser Ausweise als im Hoheitsgebiet dritter Länder gültige Reiseausweise schließen.

[1)] Bish. Art. 6 wird Art. 5 mWv 1. 12. 2009 durch Prot. v. 13. 12. 2007 (ABl. Nr. C 306 S. 163).

[2)] Bish. Art. 7 wird Art. 6, Abs. 2 aufgeh. mWv 1. 12. 2009 durch Prot. v. 13. 12. 2007 (ABl. Nr C 306 S. 163).

Kapitel III. Mitglieder des Europäischen Parlaments

Art. 7[1)] [Reisen der Parlamentsmitglieder] Die Reise der Mitglieder des Europäischen Parlaments zum und vom Tagungsort des Europäischen Parlaments unterliegt keinen verwaltungsmäßigen oder sonstigen Beschränkungen.

Die Mitglieder des Europäischen Parlaments erhalten bei der Zollabfertigung und Devisenkontrolle

a) seitens ihrer eigenen Regierung dieselben Erleichterungen wie hohe Beamte, die sich in offiziellem Auftrag vorübergehend ins Ausland begeben;
b) seitens der Regierungen der anderen Mitgliedstaaten dieselben Erleichterungen wie ausländische Regierungsvertreter mit vorübergehendem offiziellem Auftrag.

Art. 8[2)] [Indemnität] Wegen einer in Ausübung ihres Amtes erfolgten Äußerung oder Abstimmung dürfen Mitglieder des Europäischen Parlaments weder in ein Ermittlungsverfahren verwickelt noch festgenommen oder verfolgt werden.

Art. 9[3)] [Immunität] Während der Dauer der Sitzungsperiode des Europäischen Parlaments

a) steht ihren Mitgliedern im Hoheitsgebiet ihres eigenen Staates die den Parlamentsmitgliedern zuerkannte Unverletzlichkeit zu,
b) können ihre Mitglieder im Hoheitsgebiet jedes anderen Mitgliedstaates weder festgehalten noch gerichtlich verfolgt werden.

Die Unverletzlichkeit besteht auch während der Reise zum und vom Tagungsort des Europäischen Parlaments.

Bei Ergreifung auf frischer Tat kann die Unverletzlichkeit nicht geltend gemacht werden; sie steht auch nicht der Befugnis des Europäischen Parlaments entgegen, die Unverletzlichkeit eines ihrer Mitglieder aufzuheben.

Kapitel IV. Vertreter der Mitgliedstaaten, die an den Arbeiten der Organe der Europäischen Union teilnehmen

Art. 10[4)] [Vertreter der Mitgliedstaaten] Den Vertretern der Mitgliedstaaten, die an den Arbeiten der Organe der Union teilnehmen,

---

[1)] Bish. Art. 8 wird Art. 7 mWv 1. 12. 2009 durch Prot. v. 13. 12. 2007 (ABl. Nr. C 306 S. 163).

[2)] Bish. Art. 9 wird Art. 8 mWv 1. 12. 2009 durch Prot. v. 13. 12. 2007 (ABl. Nr. C 306 S. 163).

[3)] Bish. Art. 10 wird Art. 9 mWv 1. 12. 2009 durch Prot. v. 13. 12. 2007 (ABl. Nr. C 306 S. 163).

[4)] Bish. Art. 11 wird Art. 10 mWv 1. 12. 2009 durch Prot. v. 13. 12. 2007 (ABl. Nr. C 306 S. 163).

sowie ihren Beratern und Sachverständigen stehen während der Ausübung ihrer Tätigkeit und auf der Reise zum und vom Tagungsort die üblichen Vorrechte, Befreiungen und Erleichterungen zu.

Dies gilt auch für die Mitglieder der beratenden Organe der Union.

Kapitel V. Beamte und sonstige Bedienstete der Europäischen Union

Art. 11[1] **[Beschäftigte der Union]** Den Beamten und sonstigen Bediensteten der Union stehen im Hoheitsgebiet jedes Mitgliedstaats ohne Rücksicht auf ihre Staatsangehörigkeit folgende Vorrechte und Befreiungen zu:

a) Befreiung von der Gerichtsbarkeit bezüglich der von ihnen in amtlicher Eigenschaft vorgenommenen Handlungen, einschließlich ihrer mündlichen und schriftlichen Äußerungen, jedoch vorbehaltlich der Anwendung der Bestimmungen der Verträge über die Vorschriften betreffend die Haftung der Beamten und sonstigen Bediensteten gegenüber der Union und über die Zuständigkeit des Gerichtshofs der Europäischen Union für Streitsachen zwischen der Union und ihren Beamten sowie sonstigen Bediensteten. Diese Befreiung gilt auch nach Beendigung ihrer Amtstätigkeit;

b) Befreiung von Einwanderungsbeschränkungen und von der Meldepflicht für Ausländer; das gleiche gilt für ihre Ehegatten und die von ihnen unterhaltenen Familienmitglieder;

c) die den Beamten der internationalen Organisationen üblicherweise gewährten Erleichterungen auf dem Gebiet der Vorschriften des Währungs- und Devisenrechts;

d) das Recht, ihre Wohnungseinrichtung und ihre persönlichen Gebrauchsgegenstände bei Antritt ihres Dienstes in das in Frage stehende Land zollfrei einzuführen und bei Beendigung ihrer Amtstätigkeit in diesem Land ihre Wohnungseinrichtung und ihre persönlichen Gebrauchsgegenstände zollfrei wiederauszuführen, vorbehaltlich der Bedingungen, welche die Regierung des Landes, in dem dieses Recht ausgeübt wird, in dem einen und anderen Fall für erforderlich erachtet;

e) das Recht, das zu ihrem eigenen Gebrauch bestimmte Kraftfahrzeug, sofern es im Land ihres letzten ständigen Aufenthalts oder in dem Land, dem sie angehören, zu den auf dem Binnenmarkt dieses Landes geltenden Bedingungen erworben worden ist, zollfrei einzuführen und es zollfrei wiederauszuführen, vorbehaltlich der Bedingungen, welche die Regierung des in Frage stehenden Landes in dem einen und anderen Fall für erforderlich erachtet.

---

[1] Bish. Art. 12 wird Art. 11 und geänd. mWv 1. 12. 2009 durch Prot. v. 13. 12. 2007 (ABl. Nr. C 306 S. 163).

Art. 12[1)] **[Unionssteuer]** Von den Gehältern, Löhnen und anderen Bezügen, welche die Union ihren Beamten und sonstigen Bediensteten zahlen, wird zugunsten der Union eine Steuer gemäß den Bestimmungen und dem Verfahren erhoben, die vom Europäischen Parlament und vom Rat durch Verordnungen nach dem ordentlichen Gesetzgebungsverfahren und nach Anhörung der betroffenen Organe festgelegt werden[2)].

Die Beamten und sonstigen Bediensteten sind von innerstaatlichen Steuern auf die von der Union gezahlten Gehälter, Löhne und Bezüge befreit.

Art. 13[3)] **[Wohnsitzregelung]** [1]Die Beamten und sonstigen Bediensteten der Union, die sich lediglich zur Ausübung einer Amtstätigkeit im Dienst der Union im Hoheitsgebiet eines anderen Mitgliedstaats als des Staates niederlassen, in dem sie zur Zeit des Dienstantritts bei der Union ihren steuerlichen Wohnsitz haben, werden in den beiden genannten Staaten für die Erhebung der Einkommen-, Vermögen- und Erbschaftssteuer sowie für die Anwendung der zur Vermeidung der Doppelbesteuerung zwischen den Mitgliedstaaten der Union geschlossenen Abkommen so behandelt, als hätten sie ihren früheren Wohnsitz beibehalten, sofern sich dieser in einem Mitgliedstaat der Union befindet. [2]Dies gilt auch für den Ehegatten, soweit dieser keine eigene Berufstätigkeit ausübt, sowie für die Kinder, die unter der Aufsicht der in diesem Artikel bezeichneten Personen stehen und von ihnen unterhalten werden.

Das im Hoheitsgebiet des Aufenthaltsstaats befindliche bewegliche Vermögen der in Absatz 1 bezeichneten Personen ist in diesem Staat von der Erbschaftsteuer befreit; für die Veranlagung dieser Steuer wird es vorbehaltlich der Rechte dritter Länder und der etwaigen Anwendung internationaler Abkommen über die Doppelbesteuerung als in dem Staat des steuerlichen Wohnsitzes befindlich betrachtet.

Ein lediglich zur Ausübung einer Amtstätigkeit im Dienste anderer internationaler Organisationen begründeter Wohnsitz bleibt bei der Anwendung dieses Artikels unberücksichtigt.

Art. 14[4)] **[Sozialleistungen]** Das Europäische Parlament und der Rat legen durch Verordnungen gemäß dem ordentlichen Gesetzgebungsverfahren nach Anhörung der betroffenen Organe das System der

---

1) Bish. Art. 13 wird Art. 12, UAbs. 1 geänd. mWv 1. 12. 2009 durch Prot. v. 13. 12. 2007 (ABl. Nr. C 306 S. 163).

2) S. die VO Nr. 260/68 des Rates v. 29. 2. 1968 zur Festlegung der Bestimmungen und des Verfahrens für die Erhebung der Steuer zugunsten der Europäischen Gemeinschaften v. 29. 2. 1968 (ABl. Nr. L 56 S. 8), zuletzt geänd. durch VO v. 17. 12. 2007 (ABl. Nr. L 340 S. 1).

3) Bish. Art. 14 wird Art. 13 mWv 1. 12. 2009 durch Prot. v. 13. 12. 2007 (ABl. Nr. C 306 S. 163).

4) Bish. Art. 15 wird Art. 14 und geänd. mWv 1. 12. 2009 durch Prot. v. 13. 12. 2007 (ABl. Nr. C 306 S. 163).

Sozialleistungen für die Beamten und sonstigen Bediensteten der Union fest.

Art. 15[1)] [Kreis der privilegierten Personen] Das Europäische Parlament und der Rat bestimmen durch Verordnungen gemäß dem ordentlichen Gesetzgebungsverfahren und nach Anhörung der anderen betroffenen Organe die Gruppen von Beamten und sonstigen Bediensteten der Union, auf welche die Artikel 11, 12 Absatz 2 und Artikel 13 ganz oder teilweise Anwendung finden[2)].

Namen, Dienstrang und -stellung sowie Anschrift der Beamten und sonstigen Bediensteten dieser Gruppen werden den Regierungen der Mitgliedstaaten in regelmäßigen Zeitabständen mitgeteilt.

Kapitel VI. Vorrechte und Befreiungen der Vertretungen dritter Länder, die bei den Europäischen Union beglaubigt sind

Art. 16[3)] [Diplomatischen Vorrechte und Befreiungen] Der Mitgliedstaat, in dessen Hoheitsgebiet sich der Sitz der Union befindet, gewährt den bei der Union beglaubigten Vertretungen dritter Länder die üblichen diplomatischen Vorrechte und Befreiungen.

Kapitel VII. Allgemeine Bestimmungen

Art. 17[4)] [Interessen der Union] Die Vorrechte, Befreiungen und Erleichterungen werden den Beamten und sonstigen Bediensteten der Union ausschließlich im Interesse der Union gewährt.

Jedes Organ der Union hat die Befreiung eines Beamten oder sonstigen Bediensteten in allen Fällen aufzuheben, in denen dies nach seiner Auffassung den Interessen der Union nicht zuwiderläuft.

Art. 18[5)] [Gegenseitiges Einvernehmen] Bei der Anwendung dieses Protokolls handeln die Organe der Union und die verantwortlichen Behörden der beteiligten Mitgliedstaaten im gegenseitigen Einvernehmen.

---

1) Bish. Art. 16 wird Art. 15, UAbs. 1 geänd. mWv 1. 12. 2009 durch Prot. v. 13. 12. 2007 (ABl. Nr. C 306 S. 163).

2) Vgl. hierzu die VO (Euratom, EGKS, EWG) Nr. 549/69.

3) Bish. Art. 17 wird Art. 16 mWv 1. 12. 2009 durch Prot. v. 13. 12. 2007 (ABl. Nr. C 306 S. 163).

4) Bish. Art. 18 wird Art. 17 mWv 1. 12. 2009 durch Prot. v. 13. 12. 2007 (ABl. Nr. C 306 *S. 163).*

5) Bish. Art. 19 wird Art. 18 mWv 1. 12. 2009 durch Prot. v. 13. 12. 2007 (ABl. Nr. C 306 S. 163).

Art. 19[1] **[Präsident des Europäischen Rates; Mitglieder der Kommission]** Die Artikel 11 bis 14 finden auf den Präsidenten des Europäischen Rates Anwendung.

Sie finden auch auf die Mitglieder der Kommission Anwendung.

Art. 20[2] **[Mitglieder des Gerichtshofs der Europäischen Union]** Die Artikel 11 bis 14 und 17 finden auf die Richter, die Generalanwälte, die Kanzler und die Hilfsberichterstatter des Gerichtshofes der Europäischen Union Anwendung; die Bestimmungen des Artikels 3 der Protokolle über die Satzung des Gerichtshofs betreffend die Befreiung der Richter und Generalanwälte von der Gerichtsbarkeit bleiben hiervon unberührt.

Art. 21[3] **[Anwendung auf die EIB]** Dieses Protokoll gilt auch für die Europäische Investitionsbank, die Mitglieder ihrer Organe, ihr Personal und die Vertreter der Mitgliedstaaten, die an ihren Arbeiten teilnehmen; die Bestimmungen des Protokolls über die Satzung der Bank bleiben hiervon unberührt.

[1] Die Europäische Investitionsbank ist außerdem von allen Steuern und sonstigen Abgaben anläßlich der Erhöhungen ihres Kapitals sowie von den verschiedenen Förmlichkeiten befreit, die hiermit in dem Staat, in dem sie ihren Sitz hat, verbunden sind. [2] Desgleichen werden bei ihrer etwaigen Auflösung und Liquidation keine Abgaben erhoben. [3] Ferner unterliegt die Tätigkeit der Bank und ihrer Organe, soweit sie nach Maßgabe der Satzung ausgeübt wird, nicht der Umsatzsteuer.

Art. 22[4] **[Anwendung auf die EZB]** Dieses Protokoll gilt auch für die Europäische Zentralbank, die Mitglieder ihrer Beschlußorgane und ihre Bediensteten; die Bestimmungen des Protokolls über die Satzung des Europäischen Systems der Zentralbanken und der Europäischen Zentralbank bleiben hiervon unberührt.

[1] Die Europäische Zentralbank ist außerdem von allen Steuern und sonstigen Abgaben anläßlich der Erhöhungen ihres Kapitals sowie von den verschiedenen Förmlichkeiten befreit, die hiermit in dem Staat, in dem sie ihren Sitz hat, verbunden sind. [2] Ferner unterliegt die Tätigkeit der Bank und ihrer Beschlußorgane, soweit sie nach Maßgabe der Satzung des Europäischen Systems der Zentralbanken und der Europäischen Zentralbank ausgeübt wird, nicht der Umsatzsteuer.

---

[1] Bish. Art. 20 wird Art. 19 mWv 1. 12. 2009 durch Prot. v. 13. 12. 2007 (ABl. Nr. C 306 S. 163). *Wortlaut* der authentischen dt. Fassung dieser Bestimmung ber. BGBl. 2015 II S. 1683.

[2] Art. 20 (bish. Art. 21) neu gef. mWv 1. 2. 2003 durch V v. 26. 2. 2001 (ABl. Nr. C 80 S. 1); bish. Art. 21 wird Art. 20 und geänd. mWv 1. 12. 2009 durch Prot. v. 13. 12. 2007 (ABl. Nr. C 306 S. 163).

[3] Bish. Art. 22 wird Art. 21 mWv 1. 12. 2009 durch Prot. v. 13. 12. 2007 (ABl. Nr. C 306 S. 163).

[4] Art. 22 (bish. Art. 23) eingef. mWv 1. 5. 1999 durch V v. 2. 10. 1997 (ABl. Nr. C 340 S. 1); bish. Art. 23 wird Art. 22, UAbs. 3 aufgeh. mWv 1. 12. 2009 durch Prot. v. 13. 12. 2007 (ABl. Nr. C 306 S. 163).

214. Protokoll (Nr. 6) über die Festlegung der Sitze der Organe und bestimmter Einrichtungen, sonstiger Stellen und Dienststellen der Europäischen Union

Vom 2. Oktober 1997

(BGBl. 1998 II S. 437, geänd durch Prot. v. 13. 12. 2007, ABl. Nr. C 306 S. 163)

DIE VERTRETER DER REGIERUNGEN DER MITGLIEDSTAATEN[1] –

GESTÜTZT auf Artikel 341 des Vertrags über die Arbeitsweise der Europäischen Union[2] und Artikel 189 des Vertrags zur Gründung der Europäischen Atomgemeinschaft,

EINGEDENK UND IN BESTÄTIGUNG des Beschlusses vom 8. April 1965, jedoch unbeschadet der Beschlüsse über den Sitz künftiger Organe, Einrichtungen und Dienststellen –

SIND über folgende Bestimmungen ÜBEREINGEKOMMEN, die dem Vertrag über die Europäische Union[3] und dem Vertrag über die Arbeitsweise der Europäischen Union[2] beigefügt sind:

Einziger Artikel[4]

a) Das Europäische Parlament hat seinen Sitz in Straßburg; dort finden die 12 monatlichen Plenartagungen einschließlich der Haushaltstagung statt. Zusätzliche Plenartagungen finden in Brüssel statt. Die Ausschüsse des Europäischen Parlaments treten in Brüssel zusammen. Das Generalsekretariat des Europäischen Parlaments und dessen Dienststellen verbleiben in Luxemburg.

b) Der Rat hat seinen Sitz in Brüssel. In den Monaten April, Juni und Oktober hält der Rat seine Tagungen in Luxemburg ab.

c) Die Kommission hat ihren Sitz in Brüssel. Die in den Artikeln 7, 8 und 9 des Beschlusses vom 8. April 1965[5] aufgeführten Dienststellen sind in Luxemburg untergebracht.

---

[1] Präambel geänd. mWv 1. 12. 2009 durch Prot. v. 13. 12. 2007 (ABl. Nr. C 306 S. 163).

[2] Nr. **146**.

[3] Nr. **145**.

[4] Einziger Art. Buchst. d und i geänd. mWv 1. 12. 2009 durch Prot. v. 13. 12. 2007 (*ABl. Nr.* C 306 S. 163).

[5] Diese Vorschriften lauten:

„**Art. 7:** Die für finanzielle Interventionen zuständigen Dienststellen der Europäischen Gemeinschaft für Kohle und Stahl werden in Luxemburg untergebracht. Diese Dienststellen umfassen die Generaldirektion Kredit und Investitionen sowie die mit der Erhebung der Umlage betrauten Dienststelle und die dazugehörigen Buchhaltungen.

Art. 8: Ein Amt für amtliche Veröffentlichungen der Gemeinschaften, dem eine gemeinsame Vertriebsstelle und eine Dienststelle für mittel- und langfristig zu erledigende Übersetzungen angegliedert werden, wird in Luxemburg untergebracht.

(Fortsetzung der Fußnote nächste Seite)

d) Der Gerichtshof der Europäischen Union hat seinen Sitz in Luxemburg.

e) Der Rechnungshof hat seinen Sitz in Luxemburg.

f) Der Wirtschafts- und Sozialausschuß hat seinen Sitz in Brüssel.

g) Der Ausschuß der Regionen hat seinen Sitz in Brüssel.

h) Die Europäische Investitionsbank hat ihren Sitz in Luxemburg.

i) Die Europäische Zentralbank hat ihren Sitz in Frankfurt.

j) Das Europäische Polizeiamt (Europol) hat seinen Sitz in Den Haag.

(Fortsetzung der Fußnote)

Art. 9: Ferner werden folgende Dienststellen der Kommission in Luxemburg untergebracht:

a) das Statistische Amt und die Dienststelle Rechenzentrum;

b) die Dienststellen der Europäischen Wirtschaftsgemeinschaft und der Europäischen Gemeinschaft für Kohle und Stahl, für Gesundheitsschutz und Betriebssicherheit;

c) die Generaldirektion Verbreitung der Kenntnisse, die Direktion Gesundheitsschutz, die Direktion Sicherheitskontrolle der Europäischen Atomgemeinschaft

sowie die erforderlichen Verwaltungs- und technischen Einrichtungen."

(siehe Beschluss 67/446/EWG v. 8. 4. 1965 (ABl. 1967 Nr. L 152 S. 18)).

225. Beschluss (EU, Euratom) 2020/2053 des Rates über das Eigenmittelsystem der Europäischen Union[1)]

Vom 14. Dezember 2020
(ABl. Nr. L 168/105 v. 7.6.2014)

DER RAT DER EUROPÄISCHEN UNION –

gestützt auf den Vertrag über die Arbeitsweise der Europäischen Union, insbesondere auf Artikel 311 Absatz 3,
gestützt auf den Vertrag zur Gründung der Europäischen Atomgemeinschaft, insbesondere auf Artikel 106a,
auf Vorschlag der Europäischen Kommission,
nach Zuleitung des Entwurfs des Gesetzgebungsakts an die nationalen Parlamente,
nach Stellungnahme des Europäischen Parlaments[2)]
gemäß einem besonderen Gesetzgebungsverfahren,
in Erwägung nachstehender Gründe:

(1) Das Eigenmittelsystem der Union muss gewährleisten, dass die Union über angemessene Mittel für eine geordnete Entwicklung ihrer Politikbereiche verfügt; dabei ist eine strikte Haushaltsdisziplin zu wahren. Die Entwicklung des Eigenmittelsystems kann und sollte auch in größtmöglichem Umfang zur Entwicklung der Politikbereiche der Union beitragen.

(2) Mit dem Vertrag von Lissabon wurden die Regelungen zum Eigenmittelsystem der Union in einer Weise geändert, die es nunmehr ermöglicht, bestehende Eigenmittelkategorien abzuschaffen und eine neue Kategorie einzuführen.

(3) Auf seiner Tagung vom 7. und 8. Februar 2013 hat der Europäische Rat den Rat aufgefordert, die Arbeit an dem Vorschlag der Kommission für eine neue Eigenmittelkategorie auf der Grundlage der Mehrwertsteuer fortzusetzen, um sie so einfach und transparent wie möglich zu gestalten, die Verbindung zwischen der Mehrwertsteuerpolitik der Union und den tatsächlichen Mehrwertsteuereinnahmen zu stärken und für die Gleichbehandlung der Steuerzahler in allen Mitgliedstaaten zu sorgen.

---

1) Dieser Beschluss gilt ab dem 1.1.2021. Er tritt jedoch gem. Art. 311 Abs. 3 AEUV erst nach Ratifizierung durch alle Mitgliedstaaten in Kraft. In Deutschland ist der Abschluss des Ratifikationsverfahrens am 26.3.2021 durch (Hänge-)Beschluss des BVerfG (2 BvR 547/21) (vorläufig) gestoppt worden (Untersagung der Ausfertigung des Ratifizierungsgesetzes durch den Bundespräsidenten). Nachdem das BVerfG vom 15. April 2021 (2 BvR 547/21) den Weg für die Ratifizierung freigemacht hat, ist das Gesetz am 23.4.2021 vom Bundespräsidenten ausgefertigt worden.

2) Stellungnahme vom 16. September 2020 (noch nicht im *Amtsblatt* veröffentlicht).

(4) Im Juni 2017 hat die Kommission ein Reflexionspapier über die Zukunft der EU-Finanzen angenommen. Darin schlug die Kommission eine Reihe von Optionen vor, um die Eigenmittel sichtbarer mit den Unionspolitiken zu verknüpfen, insbesondere mit den Bereichen Binnenmarkt und nachhaltiges Wachstum. Demnach sollte bei der Einführung neuer Eigenmittel auf deren Transparenz, Einfachheit und Stabilität, ihre Vereinbarkeit mit den politischen Zielen der Union, ihre Auswirkungen auf die Wettbewerbsfähigkeit und das nachhaltige Wachstum sowie ihre gerechte Aufteilung zwischen den Mitgliedstaaten geachtet werden.

(5) Das derzeitige System zur Bestimmung der MwSt-Eigenmittel wurde vom Rechnungshof, dem Europäischen Parlament und den Mitgliedstaaten wiederholt als überkomplex kritisiert. Der Europäische Rat hat daher auf seiner Tagung vom 17. bis 21. Juli 2020 in seinen Schlussfolgerungen festgehalten, dass es angebracht ist, die Berechnung dieser Eigenmittel zu vereinfachen.

(6) Um die Finanzierungsinstrumente der Union besser auf deren politische Prioritäten abzustimmen, der Rolle des Gesamthaushaltsplans der Union (im Folgenden „Unionshaushalt") für das Funktionieren des Binnenmarkts besser Rechnung zu tragen, die Ziele der Unionspolitiken stärker zu unterstützen und die Beiträge der Mitgliedstaaten auf der Grundlage des Bruttonationaleinkommens (BNE) zum Jahreshaushalt der Union zu verringern, ist der Europäische Rat auf seiner Tagung vom 17. bis 21. Juli 2020 übereingekommen, dass die Union in den kommenden Jahren auf eine Reform des Systems der Eigenmittel hinarbeiten und neue Eigenmittel einführen wird.

(7) Als erster Schritt sollte eine neue Eigenmittelkategorie eingeführt werden, die auf nationalen Beiträgen beruht, die auf der Grundlage nicht recycelter Verpackungsabfälle aus Kunststoff berechnet werden. Im Einklang mit der europäischen Strategie für Kunststoffe kann der Unionshaushalt dazu beitragen, die Umweltbelastung durch Verpackungsabfälle aus Kunststoff zu reduzieren. Eine Eigenmittelkategorie auf der Grundlage nationaler Beiträge, die im Verhältnis zur Menge an Verpackungsabfällen aus Kunststoff berechnet wird, die in den einzelnen Mitgliedstaaten nicht recycelt werden, wird einen Anreiz zur Verringerung des Verbrauchs von Einwegkunststoffen, zur Förderung des Recyclings und zur Unterstützung der Kreislaufwirtschaft schaffen. Gleichzeitig steht es den Mitgliedstaaten nach dem Subsidiaritätsprinzip frei, die am besten geeigneten Maßnahmen zu ergreifen, um diese Ziele zu erreichen. Um eine übermäßig regressive Wirkung auf die nationalen Beiträge zu vermeiden, sollte ein Anpassungsmechanismus mit einer jährlichen pauschalen Ermäßigung auf die Beiträge von Mitgliedstaaten, die 2017 ein Pro-Kopf-BNE unterhalb des EU-Durchschnitts hatten, angewandt werden. Diese Ermäßigung sollte 3,8 Kilogramm, multipliziert mit der Bevölkerungszahl der betreffenden Mitgliedstaaten im Jahr 2017, entsprechen.

(8) Der Europäische Rat hat auf seiner Tagung vom 17. bis 21. Juli *2020 zur Kenntnis genommen*, dass die Kommission als Grundlage für zusätzliche Eigenmittel im ersten Halbjahr 2021 Vorschläge für ein

CO_2-Grenzausgleichssystem und für eine Digitalabgabe vorlegen wird, mit dem Ziel, diese spätestens zum 1. Januar 2023 einzuführen. Er hat die Kommission aufgefordert, einen Vorschlag für ein überarbeitetes Emissionshandelssystem der EU vorzulegen, das möglicherweise auf den Luft- und Seeverkehr ausgeweitet wird. Er hat in seinen Schlussfolgerungen festgehalten, dass die Union im Laufe des Mehrjährigen Finanzrahmens für den Zeitraum 2021–2027 (im Folgenden „MFR 2021–2027") auf die Einführung anderer Eigenmittel hinarbeiten wird, zu denen auch eine Finanztransaktionssteuer gehören kann.

(9) Der Europäische Rat hat auf seiner Tagung vom 17. bis 21. Juli 2020 festgestellt, dass die allgemeinen Ziele der Einfachheit, Transparenz und Gerechtigkeit – einschließlich einer fairen Lastenteilung – Richtschnur für die Eigenmittelvereinbarungen sein sollte. Ferner sollte für den Zeitraum 2021-2027 der jährliche BNE-basierte Beitrag Dänemarks, der Niederlande, Österreichs und Schwedens und – im Rahmen der Unterstützung für Aufbau und Resilienz auch Deutschlands – durch Pauschalkorrekturen ermäßigt werden.

(10) Die Mitgliedstaaten sollten von den von ihnen erhobenen traditionellen Eigenmitteln 25 % als Erhebungskosten einbehalten.

(11) Mit der Einbeziehung des Europäischen Entwicklungsfonds in den Unionshaushalt sollten die in diesem Beschluss festgesetzten Obergrenzen der Eigenmittel erhöht werden. Zudem ist zwischen der Obergrenze für die Mittel für Zahlungen und der Eigenmittelobergrenze ein ausreichender Spielraum einzuplanen, damit die Union unter allen Umständen ihren finanziellen Verpf lichtungen nachkommen kann, selbst in Zeiten wirtschaftlichen Abschwungs.

(12) Damit die Union alle ihre in einem bestimmten Jahr fällig werdenden finanziellen Verpf lichtungen und Eventualverbindlichkeiten decken kann, sollten ausreichende Spielräume im Rahmen der Obergrenzen der Eigenmittel gewährleistet werden. Der Gesamtbetrag der Eigenmittel, der der Union für die jährlichen Mittel für Zahlungen zur Verfügung steht, sollte 1,40 % der Summe der BNE aller Mitgliedstaaten nicht überschreiten. Der Gesamtbetrag der jährlichen Mittel für Verpf lichtungen, die in den Unionshaushalt eingesetzt werden, sollte 1,46 % der Summe der BNE aller Mitgliedstaaten nicht übersteigen.

(13) Um die Höhe der Finanzmittel, die der Union zur Verfügung gestellt werden, unverändert zu belassen, ist es angebracht, die Obergrenzen der Eigenmittel für Zahlungen und Verpflichtungen – ausgedrückt in Prozent des BNE – für den Fall anzupassen, dass Änderungen der Verordnung (EU) Nr. 549/2013 des Europäischen Parlaments und des Rates[1] erfolgen, die zu erheblichen Anpassungen der Höhe des BNE führen.

(14) Die wirtschaftlichen Folgen der COVID-19-Krise verdeutlichen, wie wichtig es ist, dass die Union im Falle wirtschaftlicher

---

[1] Verordnung (EU) Nr. 549/2013 des Europäischen Parlaments und des Rates vom 21. Mai 2013 zum Europäischen System Volkswirtschaftlicher Gesamtrechnungen auf nationaler und regionaler Ebene in der Europäischen Union (ABl. L 174 vom 26.6.2013, S. 1).

Schocks über ausreichende finanzielle Kapazitäten verfügt. Die Union muss sich zur Erreichung ihrer Ziele mit den erforderlichen Mitteln ausstatten. Finanzmittel in außerordentlicher Höhe werden benötigt, um die Folgen der COVID-19-Krise zu bewältigen, ohne den Druck auf die Finanzen der Mitgliedstaaten in einer Zeit zu erhöhen, in der ihre Haushalte aufgrund der Finanzierung ihrer nationalen wirtschaftlichen und sozialen Maßnahmen im Zusammenhang mit der Krise bereits einem enormen Druck ausgesetzt sind. Daher sollte auf Unionsebene eine außerordentliche Reaktion erfolgen. Aus diesem Grund ist es angemessen, die Kommission ausnahmsweise zu ermächtigen, im Namen der Union an den Kapitalmärkten vorübergehend Mittel in Höhe von bis zu 750 Mrd. EUR zu Preisen von 2018 aufzunehmen. Bis zu 360 Mrd. EUR der aufgenommenen Mittel zu Preisen von 2018 würden für Darlehen und bis zu 390 Mrd. EUR zu Preisen von 2018 der aufgenommenen Mittel würden für Ausgaben, beide zum ausschließlichen Zweck der Bewältigung der Folgen der COVID-19-Krise, verwendet werden.

(15) Diese außerordentliche Reaktion sollte zur Bewältigung der Folgen der COVID-19-Krise dienen und deren Wiederauftreten verhindern. Daher sollte die Unterstützung zeitlich begrenzt sein und der Großteil der Mittel unmittelbar nach der Krise bereitgestellt werden, was bedeutet, dass die rechtlichen Verpflichtungen für ein Programm, das aus diesen zusätzlichen Mitteln finanziert wird, bis zum 31. Dezember 2023 eingegangen werden sollten. Die Genehmigung von Zahlungen im Rahmen der Aufbau- und Resilienzfazilität wird an die zufriedenstellende Erfüllung der einschlägigen Etappenziele und Zielvorgaben des Aufbau- und Resilienzplans geknüpft werden, die nach dem einschlägigen Verfahren gemäß der Verordnung zur Einrichtung einer Aufbau- und Resilienzfazilität bewertet wird, welche die Schlussfolgerungen des Europäischen Rates vom 17. bis 21. Juli 2020 widerspiegelt.

(16) Um die Haftung im Zusammenhang mit der geplanten Mittelaufnahme tragen zu können, ist eine außerordentliche und vorübergehende Anhebung der Eigenmittelobergrenzen erforderlich. Daher sollten die Obergrenze der Mittel für Zahlungen und die Obergrenze der Mittel für Verpflichtungen zum alleinigen Zweck der Deckung sämtlicher Verbindlichkeiten der Union, die sich aus ihrer Mittelaufnahme zur Bewältigung der Folgen der COVID-19-Krise ergeben, um jeweils 0,6 Prozentpunkte angehoben werden. Die Ermächtigung der Kommission, im Namen der Union zum alleinigen und ausschließlichen Zweck der Finanzierung der Maßnahmen zur Bewältigung der Folgen der COVID-19-Krise Mittel an den Kapitalmärkten aufzunehmen, steht in engem Zusammenhang mit der in diesem Beschluss vorgesehenen Anhebung der Eigenmittelobergrenzen und letztlich mit dem Funktionieren des Eigenmittelsystems der Union. Folglich sollte diese Ermächtigung in den vorliegenden Beschluss aufgenommen werden. Der beispiellose Charakter dieses Vorhabens und die außerordentliche Höhe der aufzunehmenden Mittel erfordern, dass Gewissheit über die Gesamthöhe der Haftung der Union und die wesentlichen

Merkmale der Rückzahlung besteht und dass eine diversifizierte Mittelaufnahmestrategie umgesetzt wird.

(17) Die Anhebung der Eigenmittelobergrenzen ist notwendig, da die Obergrenzen anderenfalls nicht ausreichen würden, um die Verfügbarkeit angemessener Mittel zu gewährleisten, die die Union zur Deckung der Verbindlichkeiten benötigt, die sich aus der außerordentlichen und befristeten Ermächtigung zur Mittelaufnahme ergeben. Die Notwendigkeit, auf diese zusätzliche Mittelzuweisung zurückzugreifen, wird ebenfalls nur vorübergehend bestehen, da die betreffenden finanziellen Verpflichtungen und Eventualverbindlichkeiten im Laufe der Zeit abnehmen werden, während die aufgenommenen Mittel zurückgezahlt und die Darlehen getilgt werden. Die Anhebung sollte daher enden, sobald alle aufgenommenen Mittel zurückgezahlt sind und alle Eventualverbindlichkeiten aus Darlehen, die auf der Grundlage dieser Mittel gewährt wurden, nicht mehr bestehen, was spätestens am 31. Dezember 2058 der Fall sein sollte.

(18) Die Maßnahmen der Union zur Bewältigung der Folgen der COVID-19-Krise müssen erheblich sein und über einen relativ kurzen Zeitraum erfolgen. Die Mittelaufnahme muss entsprechend diesen zeitlichen Vorgaben erfolgen. Daher sollte die Aufnahme neuer Nettomittel spätestens Ende 2026 eingestellt werden. Nach 2026 sollten die Mittelaufnahmen strikt auf Refinanzierungsgeschäfte beschränkt werden, um ein wirksames Schuldenmanagement zu gewährleisten. Die Kommission sollte bei der Umsetzung der Mittelaufnahmen durch eine diversifizierte Finanzierungsstrategie die Kapazität der Märkte, solche beträchtlichen Beträge aufzunehmen mit unterschiedlichen Laufzeiten einschließlich kurzfristiger Finanzierungen zum Zweck des Liquiditätsmanagements, bestmöglich nutzen und die günstigsten Rückzahlungsbedingungen gewährleisten. Zusätzlich sollte die Kommission das Europäische Parlament und den Rat regelmäßig und umfassend über alle Aspekte ihres Schuldenmanagements unterrichten. Sobald die Zahlungszeitpläne für die Politikbereiche, die durch die Mittelaufnahme finanziert werden sollen, bekannt sind, wird die Kommission dem Europäischen Parlament und dem Rat einen Emissionszeitplan mit den voraussichtlichen Emissionsterminen und voraussichtlichen Volumen für das kommende Jahr sowie einen Plan mit den voraussichtlichen Tilgungs- und Zinszahlungen übermitteln. Die Kommission sollte diesen Zeitplan regelmäßig aktualisieren.

(19) Die Rückzahlung der Mittel, die zur Bereitstellung nicht rückzahlbarer Unterstützung, zur Bereitstellung rückzahlbarer Unterstützung durch Finanzierungsinstrumente oder zur Bildung von Rückstellungen für Haushaltsgarantien aufgenommen wurden, sowie die Zahlung fälliger Zinsen sollten aus dem Unionshaushalt finanziert werden. Die aufgenommenen Mittel, die den Mitgliedstaaten als Darlehen gewährt werden, sollten unter Verwendung der von den Empfängermitgliedstaaten erhaltenen Beträge zurückgezahlt werden. Der Union müssen die erforderlichen Mittel zugewiesen und bereitgestellt werden, damit sie gemäß Artikel 310 Absatz 4 und Artikel 323 des Vertrags

über die Arbeitsweise der Europäischen Union (AEUV) in jedem Jahr und unter allen Umständen in der Lage ist, alle ihre finanziellen Verpflichtungen und Eventualverbindlichkeiten zu decken, die sich aus der außerordentlichen und befristeten Ermächtigung zur Mittelaufnahme ergeben.

(20) Beträge, die nicht wie vorgesehen für Zinszahlungen verwendet werden, werden unter Beachtung eines Mindestbetrags für vorzeitige Rückzahlungen vor Ende des Mehrjährigen Finanzrahmens 2021–2027 verwendet, und können über diesen Betrag hinaus angehoben werden, sofern nach 2021 gemäß dem Verfahren nach Artikel 311 Absatz 3 AEUV neue Eigenmittel eingeführt worden sind. Alle Verbindlichkeiten, die sich aus der außerordentlichen und befristeten Ermächtigung zur Mittelaufnahme ergeben, sollten bis 31. Dezember 2058 vollständig zurückgezahlt sein. Um für die Mittel, die zur Deckung der Rückzahlungen der aufgenommenen Mittel erforderlich sind, eine wirtschaftliche Haushaltsführung zu gewährleisten, ist es angebracht, die Möglichkeit vorzusehen, dass die zugrunde liegenden Mittelbindungen in Jahrestranchen erfolgen.

(21) Der Zeitplan für Rückzahlungen sollte den Grundsatz der Wirtschaftlichkeit der Haushaltsführung wahren und das gesamte Volumen der im Rahmen der Ermächtigung der Kommission aufgenommenen Mittel abdecken, damit eine stetige und vorhersehbare Verringerung der Verbindlichkeiten während des Gesamtzeitraums erreicht wird. Zu diesem Zweck sollten die von der Union in einem bestimmten Jahr für die Rückzahlung des Kapitalbetrags zu entrichtenden Beträge 7,5 % des Höchstbetrags von 390 Mrd. EUR für Ausgaben nicht übersteigen.

(22) Angesichts der Besonderheiten der außerordentlichen, befristeten und begrenzten Ermächtigung der Kommission, zur Bewältigung der Folgen der COVID-19-Krise Mittel aufzunehmen, sollte klargestellt werden, dass die Union an den Kapitalmärkten aufgenommene Mittel grundsätzlich nicht zur Finanzierung operativer Ausgaben verwenden sollte.

(23) Um sicherzustellen, dass die Union ihren rechtlichen Verpflichtungen gegenüber Dritten stets fristgerecht nachkommen kann, sollten in diesem Beschluss besondere Vorschriften vorgesehen werden, mit denen die Kommission ermächtigt wird, während des Zeitraums der vorübergehenden Anhebung der Eigenmittelobergrenzen die Mitgliedstaaten aufzufordern, die entsprechenden Kassenmittel vorläufig bereitzustellen, wenn die bewilligten, in den Unionshaushalt eingesetzten Mittel nicht ausreichen, um die aus der Mittelaufnahme im Zusammenhang mit dieser vorübergehenden Anhebung entstehenden Verbindlichkeiten zu decken. Die Kommission sollte als letztes Mittel Kassenmittel nur dann abrufen dürfen, wenn sie die erforderliche Liquidität nicht durch andere Maßnahmen der aktiven Kassenmittelverwaltung, einschließlich erforderlichenfalls durch Rückgriff auf kurzfristige Finanzierungen an den Kapitalmärkten, erreichen kann, um die fristgerechte Erfüllung der Verpflichtungen der Union gegenüber Kreditgebern zu

gewährleisten. Es ist angebracht vorzusehen, dass ein derartiger Abruf den Mitgliedstaaten von der Kommission rechtzeitig im Voraus mitgeteilt wird und strikt anteilsmäßig zu den Einnahmen, die im Haushaltsplan je Mitgliedstaat veranschlagt sind, erfolgen und in jedem Fall auf ihren Anteil an der vorübergehend angehobenen Eigenmittelobergrenze, d.h. 0,6 % des BNE der Mitgliedstaaten, begrenzt sein sollte. Kommt ein Mitgliedstaat jedoch einem Abruf ganz oder teilweise nicht rechtzeitig nach, oder teilt er der Kommission mit, dass er nicht in der Lage sein wird, einem Abruf nachzukommen, so sollte die Kommission dennoch ermächtigt sein, vorläufig und anteilsmäßig von anderen Mitgliedstaaten zusätzliche Mittel abzurufen. Es ist angebracht, einen Höchstbetrag vorzusehen, den die Kommission jährlich von den einzelnen Mitgliedstaaten abrufen kann. Es wird erwartet, dass die Kommission die erforderlichen Vorschläge für die Einsetzung der Ausgaben, die durch die von den Mitgliedstaaten vorläufig bereitgestellten Kassenmittel abgedeckt werden, in den Unionshaushalt vorlegt, um sicherzustellen, dass diese Mittel so früh wie möglich für die Gutschrift der Eigenmittel auf den Konten durch die Mitgliedstaaten berücksichtigt werden, d. h. nach Maßgabe des geltenden Rechtsrahmens und somit auf Grundlage der jeweiligen BNE-Schlüssel und unbeschadet sonstiger Eigenmittel und sonstiger Einnahmen.

(24) Gemäß Artikel 311 Absatz 4 AEUV wird eine Verordnung des Rates mit Durchführungsmaßnahmen zu dem System der Eigenmittel der Union erlassen werden. Diese Maßnahmen sollten Bestimmungen allgemeiner und technischer Art einschließen, die für alle Eigenmittelkategorien gelten. Diese Maßnahmen sollten detaillierte Vorschriften für die Berechnung und Budgetierung des Haushaltssaldos sowie die notwendigen Bestimmungen und Regelungen zur Kontrolle und Überwachung der Erhebung der Eigenmittel umfassen.

(25) Dieser Beschluss sollte erst in Kraft treten, wenn ihm alle Mitgliedstaaten gemäß ihren jeweiligen verfassungsrechtlichen Vorschriften zugestimmt haben und somit die Souveränität der Mitgliedstaaten in vollem Umfang gewahrt ist. Der Europäische Rat hat auf seiner Tagung vom 17. bis 21. Juli 2020 die Absicht der Mitgliedstaaten zur Kenntnis genommen, diesen Beschluss so bald wie möglich zu billigen.

(26) Aus Gründen der Kohärenz, der Kontinuität und der Rechtssicherheit ist es notwendig, Bestimmungen für den reibungslosen Übergang von dem mit dem Beschluss 2014/335/EU, Euratom des Rates[1]) eingeführten System auf das mit dem vorliegenden Beschluss eingeführte System festzulegen.

(27) Der Beschluss 2014/335/EU, Euratom sollte aufgehoben werden.

(28) Für die Zwecke dieses Beschlusses sollten alle Geldbeträge in Euro ausgedrückt werden.

---

1) Beschluss 2014/335/EU, Euratom des Rates vom 26. Mai 2014 über das Eigenmittelsystem der Europäischen Union (ABl. L 168 vom 7.6.2014, S. 105).

(29) Da es dringend geboten ist, die Mittelaufnahme mit dem Ziel der Finanzierung von Maßnahmen zur Bewältigung der Folgen der COVID-19-Krise zu ermöglichen, sollte dieser Beschluss am ersten Tag des ersten Monats in Kraft treten, der auf den Monat des Eingangs der letzten Mitteilung über den Abschluss der Verfahren für die Annahme dieses Beschlusses folgt.

(30) Damit der Übergang auf das überarbeitete Eigenmittelsystem mit dem Haushaltsjahr zusammenfällt, sollte dieser Beschluss vom 1. Januar 2021 an gelten –

HAT FOLGENDEN BESCHLUSS ERLASSEN:

Art. 1 Gegenstand. Dieser Beschluss enthält die Vorschriften für die Bereitstellung der Eigenmittel der Union, damit die Finanzierung des Jahreshaushalts der Union gewährleistet ist.

Art. 2 Eigenmittelkategorien und konkrete Methoden für ihre Berechnung. (1) Folgende Einnahmen stellen in den Unionshaushalt einzusetzende Eigenmittel dar:

a) traditionelle Eigenmittel in Form von Abschöpfungen, Prämien, Zusatz- oder Ausgleichsbeträgen, zusätzlichen Teilbeträgen und anderen Abgaben, Zöllen des Gemeinsamen Zolltarifs und anderen Zöllen auf den Warenverkehr mit Drittländern, die von den Organen der Union eingeführt worden sind oder noch eingeführt werden, Zöllen auf die unter den ausgelaufenen Vertrag über die Gründung der Europäischen Gemeinschaft für Kohle und Stahl fallenden Erzeugnisse sowie Abgaben, die im Rahmen der gemeinsamen Marktorganisation für Zucker vorgesehen sind;

b) Einnahmen, die sich aus der Anwendung eines einheitlichen Abrufsatzes für alle Mitgliedstaaten in Höhe von 0,30 % auf den Gesamtbetrag der auf alle steuerpflichtigen Lieferungen erhobenen Mehrwertsteuer (MwSt), geteilt durch den für das jeweilige Kalenderjahr gemäß der Verordnung (EWG, Euratom) Nr. 1553/89 des Rates[1] berechneten gewogenen mittleren MwSt-Satz, ergeben. Die für diesen Zweck zu berücksichtigende MwSt-Bemessungsgrundlage darf für keinen Mitgliedstaat 50 % des BNE überschreiten;

c) Einnahmen, die sich aus der Anwendung eines einheitlichen Abrufsatzes auf das Gewicht der in dem jeweiligen Mitgliedstaat angefallenen nicht recycelten Verpackungsabfälle aus Kunststoff ergeben. Der einheitliche Abrufsatz beträgt 0,80 EUR pro Kilogramm. Für bestimmte Mitgliedstaaten gilt eine jährliche pauschale Ermäßigung gemäß Absatz 2 Unterabsatz 3;

---

[1] *Verordnung (EWG, Euratom)* Nr. 1553/89 des Rates vom 29. Mai 1989 über die endgültige einheitliche Regelung für die Erhebung der Mehrwertsteuereigenmittel (ABl. L 155 vom 7.6.1989, S. 9).

d) Einnahmen, die sich aus der Anwendung eines im Rahmen des Haushaltsverfahrens unter Berücksichtigung aller übrigen Einnahmen festzulegenden einheitlichen Abrufsatzes auf den Gesamtbetrag der BNE aller Mitgliedstaaten ergeben.

(2) Für die Zwecke des Absatzes 1 Buchstabe c des vorliegenden Artikels bezeichnet „Kunststoff" ein Polymer im Sinne des Artikels 3 Nummer 5 der Verordnung (EG) Nr. 1907/2006 des Europäischen Parlaments und des Rates[1], dem Zusätze oder andere Stoffe hinzugefügt worden sein können; „Verpackungsabfälle" und „Recycling" haben die in Artikel 3 Nummern 2 bzw. 2c der Richtlinie 94/62/EG des Europäischen Parlaments und des Rates[2] und in dem Durchführungsbeschluss (EU) 2005/270/EG der Kommission[3] festgelegte Bedeutung.

Das Gewicht nicht recycelter Verpackungsabfälle aus Kunststoff wird berechnet als die Differenz zwischen dem Gewicht der in einem Mitgliedstaat in einem bestimmten Jahr angefallenen Verpackungsabfälle aus Kunststoff und der nach der Richtlinie 94/62/EG in demselben Jahr recycelten Verpackungsabfälle aus Kunststoff.

Die folgenden Mitgliedstaaten haben Anspruch auf jährliche pauschale Ermäßigungen, ausgedrückt in jeweiligen Preisen, die auf den in Unterabsatz 1 Buchstabe c genannten Beitrag anzuwenden ist: Bulgarien in Höhe von 22 Mio. EUR, Tschechien in Höhe von 32,1876 Mio. EUR, Estland in Höhe von 4 Mio. EUR, Griechenland in Höhe von 33 Mio. EUR, Spanien in Höhe von 142 Mio. EUR, Kroatien in Höhe von 13 Mio. EUR, Italien in Höhe von 184,0480 Mio. EUR, Zypern in Höhe von 3 Mio. EUR, Lettland in Höhe von 6 Mio. EUR, Litauen in Höhe von 9 Mio. EUR, Ungarn in Höhe von 30 Mio. EUR, Malta in Höhe von 1,4159 Mio. EUR, Polen in Höhe von 117 Mio. EUR, Portugal in Höhe von 31,3220 Mio. EUR, Rumänien in Höhe von 60 Mio. EUR, Slowenien in Höhe von 6,2797 Mio. EUR und die Slowakei in Höhe von 17 Mio. EUR.

(3) Für die Zwecke des Absatzes 1 Buchstabe d wird der einheitliche Abrufsatz auf das BNE der einzelnen Mitgliedstaaten angewendet.

Das BNE gemäß Absatz 1 Buchstabe d ist das in Anwendung der Verordnung (EU) Nr. 549/2013 von der Kommission errechnete jährliche BNE zu Marktpreisen.

---

[1] Verordnung (EG) Nr. 1907/2006 des Europäischen Parlaments und des Rates vom 18. Dezember 2006 zur Registrierung, Bewertung, Zulassung und Beschränkung chemischer Stoffe (REACH), zur Schaffung einer Europäischen Agentur für chemische Stoffe, zur Änderung der Richtlinie 1999/45/EG und zur Aufhebung der Verordnung (EWG) Nr. 793/93 des Rates, der Verordnung (EG) Nr. 1488/94 der Kommission, der Richtlinie 76/769/EWG des Rates sowie der Richtlinien 91/155/EWG, 93/67/EWG, 93/105/EG und 2000/21/EG der Kommission (ABl. L 396 vom 30.12.2006, S. 1).

[2] Richtlinie 94/62/EG des Europäischen Parlaments und des Rates vom 20. Dezember 1994 über Verpackungen und Verpackungsabfälle (ABl. L 365 vom 31.12.1994, S. 10).

[3] Entscheidung 2005/270/EG der Kommission vom 22. März 2005 zur Festlegung der Tabellenformate für die Datenbank gemäß der Richtlinie 94/62/EG des Europäischen Parlaments und des Rates über Verpackungen und Verpackungsabfälle (ABl. L 86 vom 5.4.2005, S. 6).

(4) Für den Zeitraum 2021–2027 erhalten folgende Mitgliedstaaten eine Bruttoermäßigung ihrer jährlichen BNE- Beiträge gemäß Absatz 1 Buchstabe d: Österreich in Höhe von 565 Mio. EUR, Dänemark in Höhe von 377 Mio. EUR, Deutschland in Höhe von 3671 Mio. EUR, die Niederlande in Höhe von 1921 Mio. EUR und Schweden in Höhe von 1069 Mio. EUR. Diese Beträge werden in Preisen von 2020 ausgedrückt und in jeweilige Preise umgerechnet, indem der jeweils jüngste von der Kommission errechnete Deflator für das Bruttoinlandsprodukt für die Union in Euro herangezogen wird, der zum Zeitpunkt der Aufstellung des Haushaltsplanentwurfs vorliegt. Diese Bruttokürzungen werden von allen Mitgliedstaaten finanziert.

(5) Ist der Unionshaushalt zu Beginn des Haushaltsjahres der Union noch nicht angenommen, so bleiben die vorherigen einheitlichen BNE-gestützten Abrufsätze bis zum Inkrafttreten der neuen Sätze gültig.

Art. 3 Eigenmittelobergrenzen. (1) Der Gesamtbetrag der Eigenmittel, der der Union für die jährlichen Mittel für Zahlungen zur Verfügung steht, darf 1,40 % der Summe der BNE aller Mitgliedstaaten nicht übersteigen.

(2) Der Gesamtbetrag der jährlichen Mittel für Verpflichtungen, die in den Unionshaushalt eingesetzt werden, darf 1,46 % der Summe der BNE aller Mitgliedstaaten nicht übersteigen.

(3) Es ist für ein angemessenes Verhältnis zwischen Mitteln für Verpflichtungen und Mitteln für Zahlungen zu sorgen, um zu gewährleisten, dass sie miteinander vereinbar sind und dass die in Absatz 1 festgelegte Obergrenze in den folgenden Jahren eingehalten werden kann.

(4) Führen Änderungen der Verordnung (EU) Nr. 549/2013 zu erheblichen Änderungen bei der Höhe des BNE, so nimmt die Kommission eine Neuberechnung der in den Absätzen 1 und 2 festgelegten, vorübergehend gemäß Artikel 6 angehobenen Obergrenzen anhand der folgenden Formel vor:

$$x\ \%\ (y\ \%) \times \frac{BNE_{t-2} + BNE_{t-1} + BNE_t\ ESVG\ aktuell}{BNE_{t-2} + BNE_{t-1} + BNE_t\ ESVG\ geändert}$$

wobei
- „x %" die Eigenmittelobergrenze für Mittel für Zahlungen,
- „y %" die Eigenmittelobergrenze für Mittel für Verpflichtungen und,
- „t" das letzte volle Jahr, für das Angaben nach der Verordnung (EU) 2019/516 des Europäischen Parlaments und des Rates[1] zur Verfügung stehen, ist.
- „ESVG" steht für das Europäische System Volkswirtschaftlicher Gesamtrechnungen auf nationaler und regionaler Ebene in der Union.

[1] Verordnung (EU) 2019/516 des Europäischen Parlaments und des Rates vom 19. März 2019 zur Harmonisierung des Bruttonationaleinkommens zu Marktpreisen und zur Aufhebung der Richtlinie 89/130/EWG, Euratom des Rates und der Verordnung (EG, Euratom) Nr. 1287/2003 des Rates (BNE-Verordnung) (ABl. L 91 vom 29.3.2019, S. 19).

Art. 4 Nutzung der an den Kapitalmärkten aufgenommenen Mittel. Die Union verwendet die an den Kapitalmärkten aufgenommenen Mittel nicht zur Finanzierung operativer Ausgaben.

Art. 5 Außerordentliche und zeitlich befristete zusätzliche Mittel zur Bewältigung der Folgen der COVID-19-Krise.

(1) Folgendes gilt ausschließlich zur Bewältigung der Folgen der COVID-19-Krise durch die Verordnung des Rates zur Schaffung eines Aufbauinstruments der Europäischen Union und die darin genannten sektoralen Rechtsvorschriften:

a) Die Kommission wird ermächtigt, an den Kapitalmärkten im Namen der Union Mittel bis zu 750 Mrd. EUR zu Preisen von 2018 aufzunehmen. Die Mittelaufnahme wird in Euro abgewickelt.

b) Von den aufgenommenen Mitteln können bis zu 360 Mrd. EUR zu Preisen von 2018 für die Gewährung von Darlehen und abweichend von Artikel 4 bis zu 390 Mrd. EUR zu Preisen von 2018 für Ausgaben verwendet werden.

Der in Unterabsatz 1 Buchstabe a genannte Betrag wird auf der Grundlage eines festen Deflators von 2 % pro Jahr angepasst. Die Kommission teilt dem Europäischen Parlament und dem Rat jedes Jahr den angepassten Betrag mit.

Die Kommission steuert die in Unterabsatz 1 Buchstabe a genannte Mittelaufnahme so, dass nach 2026 keine Aufnahme neuer Nettomittel mehr erfolgt.

(2) Die Rückzahlung des Kapitalbetrags der aufgenommenen Mittel, die für die in Absatz 1 Unterabsatz 1 Buchstabe b des vorliegenden Artikels genannten Ausgaben zu verwenden sind, und die dafür fälligen Zinsen gehen zulasten des Unionshaushalts. Die Mittelbindungen können gemäß Artikel 112 Absatz 2 der Verordnung (EU, Euratom) 2018/1046 des Europäischen Parlaments und des Rates[1)] in mehreren Jahrestranchen erfolgen.

Die Rückzahlung der in Absatz 1 Unterabsatz 1 Buchstabe a des vorliegenden Artikels genannten Mittel wird nach dem Grundsatz der Wirtschaftlichkeit der Haushaltsführung so geplant, dass eine stetige und vorhersehbare Verringerung der Verbindlichkeiten gewährleistet ist. Die Rückzahlung des Kapitalbetrags der Mittel beginnt vor Ablauf des MFR-Zeitraums 2021–2027 mit einem Mindestbetrag, sofern nicht genutzte Beträge für Zinszahlungen, die für die Mittelaufnahme nach Absatz 1 dieses Artikels fällig sind, das zulassen, wobei das Verfahren nach Artikel 314 AEUV gebührend zu berücksichtigen ist. Alle Verbindlichkeiten, die sich aus der in Absatz 1 dieses Artikels genann-

---

[1)] Verordnung (EU, Euratom) 2018/1046 des Europäischen Parlaments und des Rates vom 18. Juli 2018 über die Haushaltsordnung für den Gesamthaushaltsplan der Union, zur Änderung der Verordnungen (EU) Nr. 1296/2013, (EU) Nr. 1301/2013, (EU) Nr. 1303/2013, (EU) Nr. 1304/2013, (EU) Nr. 1309/2013, (EU) Nr. 1316/2013, (EU) Nr. 223/2014, (EU) Nr. 283/2014 und des Beschlusses Nr. 541/2014/EU sowie zur Aufhebung der Verordnung (EU, Euratom) Nr. 966/2012 (ABl. L 193 vom 30.7.2018, S. 1).

ten außerordentlichen und befristeten Ermächtigung der Kommission zur Mittelaufnahme ergeben, sind bis spätestens 31. Dezember 2058 vollständig zurückzuzahlen.

Die von der Union in einem bestimmten Jahr für die Rückzahlung des Kapitalbetrags der Mittel gemäß Unterabsatz 1 des vorliegenden Absatzes zahlbaren Beträge dürfen 7,5 % des in Absatz 1 Unterabsatz 1 Buchstabe b genannten Höchstbetrags für Ausgaben nicht übersteigen.

(3) Die Kommission trifft die für die Verwaltung der Mittelaufnahme notwendigen Vorkehrungen. Die Kommission unterrichtet das Europäische Parlament und den Rat regelmäßig und umfassend über alle Aspekte ihrer Schuldenmanagementstrategie. Die Kommission erstellt einen Emissionszeitplan mit den voraussichtlichen Emissionsterminen und -volumen für das kommende Jahr sowie einen Plan mit den voraussichtlichen Tilgungs- und Zinszahlungen und übermittelt ihn dem Europäischen Parlament und dem Rat. Die Kommission aktualisiert diesen Zeitplan regelmäßig.

Art. 6 Außerordentliche und vorübergehende Anhebung der Eigenmittelobergrenzen für die Bereitstellung der zur Bewältigung der Folgen der COVID-19-Krise erforderlichen Mittel.

Die in Artikel 3 Absätze 1 und 2 jeweils festgelegten Obergrenzen werden ausschließlich zur Deckung aller Verbindlichkeiten der Union, die sich aus der in Artikel 5 genannten Mittelaufnahme ergeben, vorübergehend um jeweils 0,6 Prozentpunkte angehoben, bis alle derartigen Verbindlichkeiten nicht mehr bestehen, längstens jedoch bis zum 31. Dezember 2058.

Die Anhebung der Eigenmittelobergrenzen darf nicht zur Deckung sonstiger Verbindlichkeiten der Union verwendet werden.

Art. 7 Grundsatz der Gesamtdeckung. Die in Artikel 2 genannten Einnahmen dienen unterschiedslos der Finanzierung aller im Jahreshaushaltsplan der Union ausgewiesenen Ausgaben.

Art. 8 Übertragung von Überschüssen. Ein etwaiger Mehrbetrag der Einnahmen der Union gegenüber den tatsächlichen Gesamtausgaben im Verlauf eines Haushaltsjahres wird auf das folgende Haushaltsjahr übertragen.

Art. 9 Erhebung der Eigenmittel und deren Bereitstellung für die Kommission. (1) Die in Artikel 2 Absatz 1 Buchstabe a genannten Eigenmittel werden von den Mitgliedstaaten nach ihren innerstaatlichen Rechts- und Verwaltungsvorschriften erhoben. Die Mitgliedstaaten passen diese Vorschriften gegebenenfalls den Erfordernissen der Unionsvorschriften an.

Die Kommission prüft die einschlägigen innerstaatlichen Vorschriften, die ihr von den Mitgliedstaaten mitgeteilt werden, teilt den Mitgliedstaaten die Anpassungen mit, die sie zur Gewährleistung der

Übereinstimmung mit den Unionsvorschriften für notwendig hält, und erstattet erforderlichenfalls dem Europäischen Parlament und dem Rat Bericht.

(2) Die Mitgliedstaaten behalten von den in Artikel 2 Absatz 1 Buchstabe a genannten Einnahmen 25 % als Erhebungskosten ein.

(3) Die Mitgliedstaaten stellen der Kommission die in Artikel 2 Absatz 1 dieses Beschlusses genannten Eigenmittel gemäß den Verordnungen zur Verfügung, die im Rahmen des Artikels 322 Absatz 2 AEUV erlassen wurden.

(4) Reichen die bewilligten, in den Unionshaushalt eingesetzten Mittel nicht dafür aus, dass die Union ihren Verpflichtungen aus der Mittelaufnahme nach Artikel 5 des vorliegenden Beschlusses nachkommen kann, und kann die Kommission die erforderliche Liquidität nicht durch das Ergreifen anderer, in den Finanzierungsregelungen für solche Mittelaufnahmen vorgesehener Maßnahmen rechtzeitig erreichen, um die Erfüllung der Verpflichtungen der Union sicherzustellen – unter anderem durch aktive Kassenmittelverwaltung und erforderlichenfalls durch Rückgriff auf kurzfristige Finanzierungen an den Kapitalmärkten entsprechend den Bedingungen und Einschränkungen nach Artikel 5 Absatz 1 Unterabsatz 1 Buchstabe a und Artikel 5 Absatz 2 des vorliegenden Beschlusses –, so stellen die Mitgliedstaaten – als letztes Mittel der Kommission – unbeschadet des Artikels 14 Absatz 2 der Verordnung (EU, Euratom) Nr. 609/2014 des Rates[1)] der Kommission die hierfür erforderlichen Mittel zur Verfügung. In diesem Fall kommen abweichend von Artikel 14 Absatz 3 und Artikel 14 Absatz 4 Unterabsatz 1 der Verordnung (EU, Euratom) Nr. 609/2014 die Absätze 5 bis 9 des vorliegenden Artikels zur Anwendung.

(5) Vorbehaltlich des Artikels 14 Absatz 4 Unterabsatz 2 der Verordnung (EU, Euratom) Nr. 609/2014 kann die Kommission die Mitgliedstaaten auffordern, anteilsmäßig *(„pro rata")* zu den Einnahmen, die im Haushaltsplan je Mitgliedstaat veranschlagt sind, die Differenz zwischen den Gesamtguthaben und dem Kassenmittelbedarf vorläufig zur Verfügung zu stellen. Die Kommission kündigt den Mitgliedstaaten solche Abrufe rechtzeitig im Voraus an. Die Kommission wird mit den nationalen Schuldenverwaltungsstellen und Finanzministerien einen strukturierten Dialog über die Emissions- und Rückzahlungszeitpläne aufbauen.

Kommt ein Mitgliedstaat einem Abruf ganz oder teilweise nicht rechtzeitig nach oder teilt er der Kommission mit, dass er einem Abruf *nicht nachkommen* kann, so hat die Kommission vorläufig das Recht, von anderen Mitgliedstaaten zusätzliche Mittel abzurufen, um den entsprechenden Anteil des betreffenden Mitgliedstaats abzudecken. Ein

---

[1)] Verordnung (EU, Euratom) Nr. 609/2014 des Rates vom 26. Mai 2014 zur Festlegung der Methoden und Verfahren für die Bereitstellung der traditionellen, der MwSt- und der BNE-Eigenmittel sowie der Maßnahmen zur Bereitstellung der erforderlichen Kassenmittel (ABl. L 168 vom 7.6.2014, S. 39).

solcher Abruf erfolgt anteilsmäßig zu den Einnahmen, die jeweils im Haushaltsplan für jeden der anderen Mitgliedstaaten veranschlagt sind. Der Mitgliedstaat, der einem Abruf nicht nachgekommen ist, bleibt weiterhin verpflichtet, diesem nachzukommen.

(6) Der jährliche Höchstbetrag an Kassenmitteln, der gemäß Absatz 5 von einem Mitgliedstaat abgerufen werden kann, ist in jedem Fall auf seinen BNE-gestützten relativen Anteil an der außerordentlichen und vorübergehenden Anhebung der Eigenmittelobergrenze gemäß Artikel 6 begrenzt. Zu diesem Zweck berechnet sich der BNE-gestützte relative Anteil als der Anteil am gesamten BNE der Union, wie er sich aus der entsprechenden Spalte des Einnahmenteils des letzten verabschiedeten Jahreshaushalts der Union der Union ergibt.

(7) Jede Bereitstellung von Kassenmitteln gemäß den Absätzen 5 und 6 wird unverzüglich gemäß dem geltenden Rechtsrahmen für den Unionshaushalt ausgeglichen.

(8) Ausgaben, die durch die von den Mitgliedstaaten gemäß Absatz 5 vorläufig bereitgestellten Kassenmittel gedeckt sind, werden unverzüglich in den Unionshaushalt eingesetzt, um sicherzustellen, dass die entsprechenden Einnahmen so früh wie möglich für die Gutschrift der Eigenmittel auf den Konten durch die Mitgliedstaaten gemäß den einschlägigen Bestimmungen der Verordnung (EU, Euratom) Nr. 609/2014 berücksichtigt werden.

(9) Die Anwendung des Absatzes 5 darf nicht dazu führen, dass innerhalb eines Jahres Kassenmittel in einem Umfang abgerufen werden, der die gemäß Artikel 6 angehobenen Eigenmittelobergrenzen nach Artikel 3 überschreitet.

Art. 10 Durchführungsmaßnahmen. Der Rat legt nach dem Verfahren des Artikels 311 Absatz 4 AEUV Durchführungsmaßnahmen für folgende Elemente des Eigenmittelsystems der Union fest:

a) das Verfahren zur Berechnung und Budgetierung des jährlichen Haushaltssaldos gemäß Artikel 8;

b) die notwendigen Bestimmungen und Regelungen zur Kontrolle und Überwachung der Erhebung der in Artikel 2 Absatz 1 genannten Eigenmittel und etwaiger einschlägiger Mitteilungspflichten.

Art. 11 Schluss- und Übergangsbestimmungen. (1) Der Beschluss 2014/335/EU, Euratom wird vorbehaltlich des Absatzes 2 aufgehoben. Verweise auf den Beschluss 70/243/EGKS, EWG, Euratom des Rates[1], den Beschluss 85/257/EWG, Euratom des Rates[2], den

---

[1] 70/243/EGKS, EWG, Euratom: Beschluss des Rates vom 21. April 1970 über die Ersetzung der Finanzbeiträge der Mitgliedstaaten durch eigene Mittel der Gemeinschaften (*ABl. L 94 vom 28.4.1970*, S. 19).

[2] 85/257/EWG, Euratom: Beschluss des Rates vom 7. Mai 1985 über das System der eigenen Mittel der Gemeinschaften (ABl. L 128 vom 14.5.1985, S. 15).

Beschluss 88/376/EWG, Euratom des Rates[1], den Beschluss 94/728/EG, Euratom des Rates[2], den Beschluss 2000/597/EG, Euratom des Rates[3], den Beschluss 2007/436/EG, Euratom des Rates[4] oder auf den Beschluss 2014/335/EU, Euratom gelten als Verweise auf den vorliegenden Beschluss; Verweise auf den aufgehobenen Beschluss gelten gemäß der Entsprechungstabelle im Anhang dieses Beschlusses.

(2) Die Artikel 2, 4 und 5 des Beschlusses 94/728/EG, Euratom, die Artikel 2, 4 und 5 des Beschlusses 2000/597/EG, Euratom, die Artikel 2, 4 und 5 des Beschlusses 2007/436/EG, Euratom und die Artikel 2, 4 und 5 des Beschlusses 2014/335/EU, Euratom finden für die betreffenden Jahre weiterhin Anwendung bei der Berechnung und der Anpassung der Einnahmen, die sich aus der Anwendung des Abrufsatzes auf die für alle Mitgliedstaaten einheitlich festgelegte, auf 50 % bis 55 % des BSP oder des BNE eines jeden Mitgliedstaats begrenzte MwSt-Bemessungsgrundlage ergeben, bei der Berechnung der Korrektur der Haushaltsungleichgewichte zugunsten des Vereinigten Königreichs für die Haushaltsjahre 1995 bis 2020 und bei der Berechnung der Finanzierung der Korrekturen zugunsten des Vereinigten Königreichs durch andere Mitgliedstaaten.

(3) Die Mitgliedstaaten behalten als Erhebungskosten weiterhin 10 % der Beträge nach Artikel 2 Absatz 1 Buchstabe a ein, die nach dem geltenden Unionsrecht bis zum 28. Februar 2001 von den Mitgliedstaaten hätten zur Verfügung gestellt werden müssen.

(4) Die Mitgliedstaaten behalten als Erhebungskosten weiterhin 25 % der Beträge nach Artikel 2 Absatz 1 Buchstabe a ein, die nach dem geltenden Unionsrecht zwischen dem 1. März 2001 und dem 28. Februar 2014 von den Mitgliedstaaten hätten zur Verfügung gestellt werden müssen.

(5) Die Mitgliedstaaten behalten als Erhebungskosten weiterhin 20 % der Beträge gemäß Artikel 2 Absatz 1 Buchstabe a ein, die nach dem geltenden Unionsrecht zwischen dem 1. März 2014 und dem 28. Februar 2021 von den Mitgliedstaaten hätten zur Verfügung gestellt werden müssen.

(6) Für die Zwecke dieses Beschlusses werden alle Geldbeträge in Euro ausgedrückt.

Art. 12 Inkrafttreten. Der Generalsekretär des Rates gibt den Mitgliedstaaten diesen Beschluss bekannt.

---

[1] Beschluss 88/376/EWG, Euratom des Rates vom 24. Juni 1988 über das System der Eigenmittel der Gemeinschaften (ABl. L 185 vom 15.7.1988, S. 24).

[2] 94/728/EG, Euratom: Beschluss des Rates vom 31. Oktober 1994 über das System der Eigenmittel der Europäischen Gemeinschaften (ABl. L 293 vom 12.11.1994, S. 9).

[3] 2000/597/EG, Euratom: Beschluss des Rates vom 29. September 2000 über das System der Eigenmittel der Europäischen Gemeinschaften (ABl. L 253 vom 7.10.2000, S. 42).

[4] 2007/436/EG, Euratom: Beschluss des Rates vom 7. Juni 2007 über das System der Eigenmittel der Europäischen Gemeinschaften (ABl. L 163 vom 23.6.2007, S. 17).

Die Mitgliedstaaten teilen dem Generalsekretär des Rates unverzüglich den Abschluss der Verfahren mit, die nach ihren verfassungsrechtlichen Vorschriften zur Annahme dieses Beschlusses erforderlich sind.

Dieser Beschluss tritt am ersten Tag des ersten Monats in Kraft, der auf den Monat des Eingangs der letzten Mitteilung nach Absatz 2 folgt.

Er gilt ab dem 1. Januar 2021.

Art. 13 Adressaten. Dieser Beschluss ist an die Mitgliedstaaten gerichtet.

Anhang

Entsprechungstabelle

Beschluss 2014/335/EU, Euratom	Vorliegender Beschluss
Artikel 1	Artikel 1
Artikel 2 Absatz 1 Buchstabe a	Artikel 2 Absatz 1 Buchstabe a
Artikel 2 Absatz 1 Buchstabe b	Artikel 2 Absatz 1 Buchstabe b
–	Artikel 2 Absatz 1 Buchstabe c
Artikel 2 Absatz 1 Buchstabe c	Artikel 2 Absatz 1 Buchstabe d
Artikel 2 Absatz 2	–
–	Artikel 2 Absatz 2
Artikel 2 Absatz 3	Artikel 9 Absatz 2
Artikel 2 Absatz 4	Artikel 2 Absatz 1 Buchstabe b
Artikel 2 Absatz 5	Artikel 2 Absatz 3 Unterabsatz 1 und Artikel 2 Absatz 4
Artikel 2 Absatz 6	Artikel 2 Absatz 5
Artikel 2 Absatz 7	Artikel 2 Absatz 3 Unterabsatz 2 und Artikel 3 Absatz 4
Artikel 3 Absatz 1	Artikel 3 Absatz 1
Artikel 3 Absatz 2	Artikel 3 Absätze 2 und 3
Artikel 3 Absatz 3	–
Artikel 3 Absatz 4	Artikel 3 Absatz 4
Artikel 4	–
–	Artikel 4
Artikel 5	–
–	Artikel 5
–	Artikel 6
Artikel 6	Artikel 7
Artikel 7	Artikel 8
Artikel 8 Absatz 1	Artikel 9 Absatz 1
Artikel 8 Absatz 2	Artikel 9 Absatz 3
–	Artikel 9 Absätze 4 bis 9
Artikel 9	Artikel 10

Beschluss 2014/335/EU, Euratom	Vorliegender Beschluss
Artikel 10 Absatz 1	Artikel 11 Absatz 1
Artikel 10 Absatz 2	Artikel 11 Absatz 2
Artikel 10 Absatz 3 Satz 1	Artikel 11 Absatz 3
Artikel 10 Absatz 3 Unterabsatz 2	Artikel 11 Absatz 4
–	Artikel 11 Absatz 5
Artikel 10 Absatz 4	Artikel 11 Absatz 6
Artikel 11	Artikel 12
Artikel 12	–
–	Artikel 13

225a. Verordnung (EU, Euratom) Nr. 609/2014 des Rates zur Festlegung der Methoden und Verfahren für die Bereitstellung der traditionellen, der MwSt.- und der BNE-Eigenmittel sowie der Maßnahmen zur Bereitstellung der erforderlichen Kassenmittel[1)]

Vom 26. Mai 2014

(ABl. Nr. L 168/39 v. 7.6.2014, geänd. durch VO 2016/804 v. 17.5.2016, ABl. Nr. l 132/85 v. 21.5.2016)

DER RAT DER EUROPÄISCHEN UNION –

gestützt auf den Vertrag über die Arbeitsweise der Europäischen Union, insbesondere auf Artikel 322 Absatz 2,

gestützt auf den Vertrag zur Gründung der Europäischen Atomgemeinschaft, insbesondere auf Artikel 106a,

auf Vorschlag der Europäischen Kommission,

nach Stellungnahme des Europäischen Parlaments,

nach Stellungnahme des Europäischen Rechnungshofs[2)],

in Erwägung nachstehender Gründe:

(1) Die Verordnung (EG, Euratom) Nr. 1150/2000 des Rates[3)] ist mehrfach in wesentlichen Punkten geändert worden. Es empfiehlt sich daher aus Gründen der Klarheit, im Rahmen der jetzt anstehenden Änderungen eine Neufassung vorzunehmen.

(2) Einige Bestimmungen der Verordnung (EG, Euratom) Nr. 1150/2000 wurden in die Verordnung (EU, Euratom) Nr. 608/2014 des Rates[4)] aufgenommen und sind nicht von der vorliegenden Verordnung umfasst. Diese Bestimmungen betreffen die Berechnung und Budgetierung des Haushaltssaldos, die Kontrolle und Überwachung der Eigenmittel und die entsprechenden Mitteilungspflichten sowie den Beratenden Ausschuss für Eigenmittel (BAEM).

(3) Da die Union über die in Artikel 2 des Beschlusses des Rates 2014/335/EU[5)] vorgesehenen Eigenmittel unter den bestmöglichen Bedingungen verfügen muss, sind die Vorschriften festzulegen, nach denen

---

1) Veröffentlicht am 7.6.2014.

2) **[Amtl. Anm.:]** Stellungnahme Nr. 2/2012 vom 20. März 2012 (ABl. C 112 vom 18.4.2012, S. 1).

3) **[Amtl. Anm.:]** Verordnung (EG, Euratom) Nr. 1150/2000 des Rates vom 22. Mai 2000 zur Durchführung des Beschlusses 2007/436/EG, Euratom über das System der Eigenmittel der Gemeinschaften (ABl. L 130 vom 31.5.2000, S. 1).

4) **[Amtl. Anm.:]** Verordnung (EU, Euratom) Nr. 608/2014 des Rates vom 26. Mai 2014 zur Festlegung von Durchführungsbestimmungen für das Eigenmittelsystem der Europäischen Union (siehe Seite 29 dieses Amtsblatts [Anm. d.Red.: ABl. L 168 vom 7.6.2014]).

5) **[Amtl. Anm.:]** Beschluss 2014/335/ EU, Euratom des Rates vom 26. Mai 2014 über das Eigenmittelsystem der Europäischen Union (siehe Seite 105 dieses Amtsblatts [Anm. d.Red.: ABl. L 168 vom 7.6.2014]).

die Mitgliedstaaten diese Eigenmittel der Kommission zur Verfügung stellen. Die vorliegende Verordnung enthält die Vorschriften für die Bereitstellung der traditionellen Eigenmittel nach Artikel 2 Absatz 1 Buchstabe a des Beschlusses 2014/335/EU, Euratom der Eigenmittel auf Grundlage der Mehrwertsteuer nach Artikel 2 Absatz 1 Buchstabe b des genannten Beschlusses (im Folgenden „MwSt.-Eigenmittel") sowie der Eigenmittel auf Grundlage des Bruttonationaleinkommens nach Artikel 2 Absatz 1 Buchstabe c des genannten Beschlusses (im Folgenden „BNE-Eigenmittel"), die zuvor in der Verordnung (EG, Euratom) Nr. 1150/2000 enthalten waren.

(4) Der Begriff der „Feststellung" sollte in Bezug auf die Eigenmittel definiert werden, und die Bedingungen, unter denen die Pflicht zur Feststellung der traditionellen Eigenmittel nach Artikel 2 Absatz 1 Buchstabe a des Beschlusses 2014/335/EU, Euratom zu erfüllen ist, sollten genauer festgelegt werden.

(5) Im Fall der Eigenmittel aus Zuckerabgaben, bei denen die Übereinstimmung zwischen der Einziehung dieser Einnahmen und dem Haushaltsjahr einerseits sowie den Ausgaben für dasselbe Wirtschaftsjahr andererseits zu gewährleisten ist, ist vorzusehen, dass die Mitgliedstaaten der Kommission die Eigenmittel aus den Zuckerabgaben in dem Haushaltsjahr zur Verfügung stellen, in dem sie festgestellt wurden.

(6) Die Mitgliedstaaten sollten für die Kommission die Unterlagen und Angaben, die diese für die Ausübung der ihr in Bezug auf die Eigenmittel der Union übertragenen Befugnisse benötigt, bereithalten und sie ihr gegebenenfalls übermitteln.

(7) Die für die Erhebung der Eigenmittel zuständigen einzelstaatlichen Behörden sollten die Nachweise dieser Erhebung jederzeit zur Verfügung der Kommission halten.

(8) Es sollte eine getrennte Buchführung für die nicht eingezogenen Ansprüche vorgesehen werden. Diese Buchführung sowie die Übermittlung einer diesbezüglichen Vierteljahresübersicht sollten es der Kommission ermöglichen, das Vorgehen der Mitgliedstaaten bei der Einziehung der Eigenmittel, insbesondere der durch betrügerische Praktiken und Unregelmäßigkeiten in Frage gestellten Eigenmittel, besser zu verfolgen.

(9) Es erscheint notwendig, in den Beziehungen zwischen den Mitgliedstaaten und der Kommission Verpflichtungen unter Berücksichtigung dessen zu befristen, dass die von einem Mitgliedstaat zulasten seiner Abgabenschuldner vorgenommenen neuen Feststellungen für frühere Haushaltsjahre als Feststellungen des laufenden Haushaltsjahres anzusehen sind.

(10) Um sicherzustellen, dass der Union in jedem Fall ausreichend Haushaltsmittel zur Verfügung stehen, ist für die MwSt.-Eigenmittel und die im Einklang mit der Verordnung (EG, Euratom) Nr. 1287/2003 des Rates[1] geschaffenen BNE-Eigenmittel vorzusehen, dass die

---

[1] **[Amtl. Anm.:]** Verordnung (EG, Euratom) Nr. 1287/2003 des Rates vom 15. Juli 2003 zur Harmonisierung des Bruttonationaleinkommens zu Marktpreisen („BNE-Verordnung") (ABl. L 181 vom 19.7.2003, S. 1).

Mitgliedstaaten der Union die im Haushaltsplan veranschlagten Eigenmittel in Form gleichbleibender monatlicher Zwölftel zur Verfügung stellen und die so bereitgestellten Beträge später nach Maßgabe der tatsächlichen Grundlage der MwSt.-Eigenmittel und der relevanten Änderungen des BNE, sobald diese vollständig bekannt sind, verrechnen.

(11) Es sollte geklärt werden, wie sich eine nach Ende des Haushaltsjahres vorgenommene Änderung der BNE-Daten auf die Finanzierung der Bruttokürzungen auswirkt.

(12) Die Bereitstellung der Eigenmittel muss in Form einer Gutschrift der fälligen Beträge auf einem zu diesem Zweck für die Kommission bei der Haushaltsverwaltung der einzelnen Mitgliedstaaten oder den von ihnen bestimmten Einrichtungen eingerichteten Konto erfolgen. Um die Bewegung von Mitteln auf das für die Ausführung des Haushaltsplans erforderliche Maß einzuschränken, muss sich die Union darauf beschränken, eine Entnahme von diesen Konten nur vorzunehmen, um den Mittelbedarf der Kommission zu decken.

(13) Die Kommission muss über entsprechende Kassenmittel verfügen, damit sie den Bestimmungen für Zahlungen, die sich hauptsächlich auf die ersten Monate des Haushaltsjahrs konzentrieren, nachkommen kann; dies gilt insbesondere für den speziellen Bedarf im Zusammenhang mit den Ausgaben des Europäischen Garantiefonds für die Landwirtschaft (EGFL) gemäß der Verordnung (EG) Nr. 73/2009 des Rates[1)].

(14) Entsprechend dem Grundsatz der Wirtschaftlichkeit der Haushaltsführung ist dafür Sorge zu tragen, dass die Kosten der Einziehung von Zinsen, die für verspätet bereitgestellte Eigenmittel fällig werden, den Betrag der fälligen Zinsen nicht übersteigen.

(15) Hinsichtlich der Mitteilung von Fällen festgestellter Ansprüche, die für uneinbringlich erklärt wurden oder als uneinbringlich gelten und aus der Buchführung herauszunehmen sind, besteht Harmonisierungsbedarf.

(16) Eine enge Zusammenarbeit zwischen den Mitgliedstaaten und der Kommission kann die ordnungsgemäße Anwendung der Finanzvorschriften über die Eigenmittel erleichtern.

(17) Um einheitliche Bedingungen für die Umsetzung der vorliegenden Verordnung zu gewährleisten, sollten der Kommission Durchführungsbefugnisse übertragen werden. Diese Befugnisse sollten im Einklang mit der Verordnung (EU) Nr. 182/2011 des Europäischen Parlaments und des Rates[2)], ausgeübt werden.

[1)] **[Amtl. Anm.:]** Verordnung (EG) Nr. 73/2009 des Rates vom 19. Januar 2009 mit gemeinsamen Regeln für Direktzahlungen im Rahmen der Gemeinsamen Agrarpolitik und mit bestimmten Stützungsregelungen für Inhaber landwirtschaftlicher Betriebe und zur Änderung der Verordnungen (EG) Nr. 1290/2005, (EG) Nr. 247/2006, (EG) Nr. 378/2007 sowie zur Aufhebung der Verordnung (EG) Nr. 1782/2003 (ABl. L 30 vom 31.1.2009, S. 16).

[2)] **[Amtl. Anm.:]** Verordnung (EU) Nr. 182/2011 des Europäischen Parlaments und des Rates vom 16. Februar 2011 zur Festlegung der allgemeinen Regeln und Grundsätze, nach denen die Mitgliedstaaten die Wahrnehmung der Durchführungsbefugnisse durch die Kommission kontrollieren (ABl. L 55 vom 28.2.2011, S. 13).

(18) In Anbetracht der Technizität der für die Festlegung der Mitteilungspflichten erforderlichen Durchführungsrechtsakte sollten diese Rechtsakte zur Festlegung von detaillierten Vorschriften für die Monatsübersichten über die Eigenmittelansprüche, für die Vierteljahresübersichten über die gesonderte Buchführung und für die Mitteilung uneinbringlicher Beträge von über 50 000 EUR im Beratungsverfahren angenommen werden.

(19) Die Verordnung (EG, Euratom) Nr. 1150/2000 sollte aufgehoben werden.

(20) Aus Gründen der Kohärenz und unter Berücksichtigung des Artikels 11 des Beschlusses 2014/335/EU, Euratom sollte diese Verordnung am selben Tag in Kraft treten wie der genannte Beschluss und ab 1. Januar 2014 gelten –

HAT FOLGENDE VERORDNUNG ERLASSEN:

Kapitel I. Allgemeine Bestimmungen

Art. 1 Gegenstand. Die vorliegende Verordnung legt fest, nach welchen Vorschriften die Eigenmittel der Union nach Artikel 2 Absatz 1 Buchstaben a, b und c des Beschlusses 2014/335/EU, Euratom der Kommission zur Verfügung zu stellen sind.

Art. 2 Zeitpunkt der Feststellung traditioneller Eigenmittel. (1) Für diese Verordnung gilt ein Anspruch der Union auf traditionelle Eigenmittel nach Artikel 2 Absatz 1 Buchstabe a des Beschlusses 2014/335/EU, Euratom als festgestellt, sobald die Bedingungen der Zollvorschriften für die buchmäßige Erfassung des Betrags der Abgabe und dessen Mitteilung an den Abgabenschuldner erfüllt sind.

(2) Der Zeitpunkt der Feststellung im Sinne von Absatz 1 ist der Zeitpunkt der buchmäßigen Erfassung im Sinne der Zollvorschriften.

Bei den im Rahmen der gemeinsamen Marktorganisation für Zucker vorgesehenen Abgaben und sonstigen Beträgen ist als Zeitpunkt der Feststellung im Sinne von Absatz 1 der Zeitpunkt der in der Zuckerregelung vorgesehenen Mitteilung zugrunde zu legen.

Ist diese Mitteilung nicht ausdrücklich vorgesehen, so ist der Zeitpunkt maßgebend, zu dem die Mitgliedstaaten die von den Abgabenschuldnern gegebenenfalls als Anzahlung oder Restzahlung geschuldeten Beträge feststellen.

(3) In Streitfällen wird davon ausgegangen, dass die zuständigen Verwaltungsbehörden zum Zwecke der Feststellung im Sinne von Absatz 1 die Höhe der geschuldeten Abgabe spätestens anlässlich der ersten Verwaltungsentscheidung, mit der dem Abgabenschuldner die Schuld mitgeteilt wird, oder anlässlich der Einleitung eines Gerichtsverfahrens, wenn dies zuerst erfolgt, bestimmen können.

Als Zeitpunkt der Feststellung im Sinne von Absatz 1 ist der Zeitpunkt der Verwaltungsentscheidung oder der im Anschluss an die

Einleitung des Gerichtsverfahrens durchzuführenden Berechnung zugrunde zu legen.

(4) Absatz 1 findet Anwendung, wenn die Mitteilung berichtigt werden muss.

Art. 3[1)] Aufbewahrung von Belegen. Die Mitgliedstaaten treffen alle zweckdienlichen Maßnahmen, damit die Unterlagen über die Feststellung und die Bereitstellung der Eigenmittel mindestens drei Kalenderjahre lang aufbewahrt werden; diese Frist beginnt mit dem Ende des Jahres, auf das sich diese Unterlagen beziehen.

[1]Die Unterlagen zu den in Artikel 3 der Verordnung (EG, Euratom) Nr. 1287/2003 genannten statistischen Verfahren und Grundlagen werden von den Mitgliedstaaten bis zum 30. November des vierten auf das betreffende Haushaltsjahr folgenden Jahres aufbewahrt. [2]Die Unterlagen zur Grundlage der MwSt.-Eigenmittel werden für denselben Zeitraum aufbewahrt.

Zeigt sich bei der nach Artikel 2 Absatz 3 der Verordnung (EU, Euratom) Nr. 608/2014 oder nach Artikel 11 der Verordnung (EWG, Euratom) Nr. 1553/89 des Rates[2)] vorgenommenen Überprüfung der in den Absätzen 1 und 2 genannten Unterlagen, dass eine Berichtigung vorgenommen werden muss, so sind diese Unterlagen über die in Absatz 1 genannte Frist hinaus so lange aufzubewahren, wie es erforderlich ist, damit die Berichtigung und deren Kontrolle erfolgen können.

Wird ein Streitfall zwischen einem Mitgliedstaat und der Kommission in Bezug auf die Verpflichtung zur Bereitstellung eines bestimmten Eigenmittelbetrags einvernehmlich oder im Wege einer Entscheidung des Gerichtshofs der Europäischen Union beigelegt, so übermittelt der Mitgliedstaat der Kommission innerhalb von zwei Monaten nach der Streitbeilegung die für die finanzielle Weiterverfolgung erforderlichen Unterlagen.

Art. 4 Verwaltungszusammenarbeit. (1) Jeder Mitgliedstaat teilt der Kommission Folgendes mit:

a) die Bezeichnung der für die Feststellung, Erhebung, Bereitstellung und Kontrolle der Eigenmittel verantwortlichen Dienststellen oder Einrichtungen sowie die wichtigsten Bestimmungen über deren Rolle und Arbeitsweise;

b) die allgemeinen Rechts-, Verwaltungs- und Buchungsvorschriften, welche die Feststellung, Erhebung und Bereitstellung sowie die Kontrolle der Eigenmittel durch die Kommission betreffen;

c) die genaue Bezeichnung aller verwaltungs- und buchführungstechnischen Unterlagen, in die die festgestellten Ansprüche nach Artikel 2 eingetragen sind, und zwar insbesondere diejenigen, die für die

---

1) Art. 3 Abs. 2 neu gef. mWv 1.1.2014 durch VO (EU, Euratom) 2016/804 v. 17.5. 2016 (ABl. L 132, S. 85).

2) **[Amtl. Anm.:]** Verordnung (EWG, Euratom) Nr. 1553/89 des Rates vom 29. Mai 1989 über die endgültige einheitliche Regelung für die Erhebung der Mehrwertsteuereigenmittel (ABl. L 155 vom 7.6.1989, S. 9).

Erstellung der in Artikel 6 vorgesehenen Buchführungen herangezogen werden.

Jede Änderung dieser Bezeichnungen oder Vorschriften ist der Kommission unverzüglich mitzuteilen.

(2) Die Kommission teilt die in Absatz 1 genannten Angaben auf Antrag eines Mitgliedstaats allen Mitgliedstaaten mit.

Art. 5 Geltende Sätze. Der einheitliche Satz gemäß Artikel 2 Absatz 1 Buchstabe c des Beschlusses 2014/335/EU, Euratom wird im Laufe des Haushaltsverfahrens festgelegt und als Prozentsatz der Summe der veranschlagten Bruttonationaleinkommen (BNE) der Mitgliedstaaten berechnet, um den Teil des Haushaltsplans vollständig zu decken, der nicht durch Einnahmen gemäß Artikel 2 Absatz 1 Buchstaben a und b des Beschlusses 2014/335/EU, Euratom, durch Finanzbeiträge zu den ergänzenden Programmen auf dem Gebiet der Forschung und technologischen Entwicklung und durch sonstige Einnahmen finanziert wird.

Dieser Satz wird im Haushaltsplan durch eine Zahl mit so vielen Dezimalstellen ausgedrückt, wie notwendig sind, um die auf dem BNE beruhenden Eigenmittel vollständig auf die Mitgliedstaaten aufzuteilen.

Kapitel II. Verbuchung der Eigenmittel

Art. 6[1] Verbuchung und Mitteilungspflicht. (1) [1]Bei der Haushaltsverwaltung jedes Mitgliedstaats oder einer ähnliche Funktionen ausübenden öffentlichen Einrichtung (im Folgenden „Haushaltsverwaltung") oder der nationalen Zentralbank jedes Mitgliedstaats wird über die Eigenmittel Buch geführt. [2]Diese Buchführung wird nach der Art der Mittel aufgegliedert.

(2) Für die Zwecke der Eigenmittel-Buchführung erfolgt der Rechnungsabschluss frühestens am letzten Arbeitstag des Monats der Feststellung um 13.00 Uhr.

(3) Die nach Artikel 2 festgestellten Ansprüche werden vorbehaltlich des zweiten Unterabsatzes dieses Absatzes spätestens am ersten Arbeitstag nach dem Neunzehnten des zweiten Monats, der auf den Monat folgt, in dem der Anspruch festgestellt wurde, in die Buchführung aufgenommen.

[1]Festgestellte Ansprüche, die in die Buchführung nach Unterabsatz 1 nicht aufgenommen wurden, weil sie noch nicht eingezogen wurden und keine Sicherheit geleistet worden ist, werden innerhalb der Frist nach Unterabsatz 1 in einer gesonderten Buchführung ausgewiesen. [2]Die Mitgliedstaaten können auf die gleiche Weise vorgehen, wenn festgestellte Ansprüche, für die eine Sicherheit geleistet worden ist, an-

[1] Art. 6 Abs. 1 neu gef., Abs. 3 UAbs. 3 geänd. mWv 1.1.2014 durch VO (EU, Euratom) 2016/804 v. 17.5.2016 (ABl. L 132, S. 85).

gefochten werden und durch Regelung des betreffenden Streitfalls Veränderungen unterworfen sein können.

Die MwSt.- und die BNE-Eigenmittel werden jedoch unter Berücksichtigung der Auswirkungen, die die Korrektur der Haushaltsungleichgewichte zugunsten des Vereinigten Königreichs sowie die Dänemark, den Niederlanden, Österreich und Schweden gewährten Bruttokürzungen auf diese Einnahmen haben, wie folgt in die Buchführung nach Unterabsatz 1 aufgenommen:

– am ersten Arbeitstag jedes Monats in Höhe des in Artikel 10a Absatz 1 genannten Zwölftels;
– jährlich, was das Ergebnis der in Artikel 10b Absatz 5 Unterabsatz 1 genannten Berechnung betrifft, mit Ausnahme der in Artikel 10b Absatz 2 Buchstabe b vorgesehenen besonderen Angleichungen, die am ersten Arbeitstag des Monats, der auf die Feststellung des Einvernehmens zwischen dem betreffenden Mitgliedstaat und der Kommission folgt, in die Buchführung aufgenommen werden.

[1] Die festgestellten Ansprüche betreffend die im Rahmen der gemeinsamen Marktorganisation für Zucker vorgesehenen Abgaben und sonstigen Beträge werden in die Buchführung nach Unterabsatz 1 aufgenommen. [2] Werden diese Ansprüche später nicht fristgerecht eingezogen, so können die Mitgliedstaaten die Buchung berichtigen und die Ansprüche ausnahmsweise in die gesonderte Buchführung aufnehmen.

(4) Jeder Mitgliedstaat übermittelt der Kommission innerhalb der Frist gemäß Absatz 3

a) eine monatliche Übersicht über seine Buchführung betreffend die in Absatz 3 Unterabsatz 1 genannten Ansprüche,
b) eine Vierteljahresübersicht über die gesonderte Buchführung nach Absatz 3 Unterabsatz 2.

Zu den Monatsübersichten übermitteln die betroffenen Mitgliedstaaten Angaben oder Übersichten über die Abzüge, die auf der Grundlage der Bestimmungen über die Gebiete mit Sonderstatus bei den Eigenmitteln vorgenommen wurden.

Der letzten Vierteljahresübersicht eines Haushaltsjahres ist jeweils eine Schätzung des Gesamtbetrags der Ansprüche beizufügen, die zum 31. Dezember des betreffenden Jahres in der gesonderten Buchführung ausgewiesen sind, deren Einziehung jedoch fraglich erscheint.

[1] Die Kommission legt die Einzelheiten der Monats- und Vierteljahresübersichten in Durchführungsrechtsakten fest. [2] Diese Durchführungsrechtsakte werden gemäß dem in Artikel 16 Absatz 2 genannten Beratungsverfahren erlassen.

Art. 7 Berichtigungen in der Buchführung. Nach dem 31. Dezember des dritten Jahres, das auf ein gegebenes Haushaltsjahr folgt, wird der Gesamtbetrag für dieses Haushaltsjahr, wie er sich aus den von den Mitgliedstaaten übermittelten Monatsübersichten gemäß Artikel 6 Absatz 4 Unterabsatz 1 ergibt, nicht mehr berichtigt; hiervon ausgenommen sind die vor diesem Termin von der Kommission oder von dem betreffenden Mitgliedstaat mitgeteilten Punkte.

Art. 8 Berichtigungen der Feststellungen. [1]Die Berichtigungen gemäß Artikel 2 Absatz 4 erhöhen oder vermindern den Gesamtbetrag der festgestellten Ansprüche. [2]Sie werden in die in Artikel 6 Absatz 3 Unterabsätze 1 und 2 vorgesehenen Buchführungen sowie in die Übersichten gemäß Artikel 6 Absatz 4, die dem Zeitpunkt der Berichtigungen entsprechen, aufgenommen.

Kapitel III. Bereitstellung der Eigenmittel

Art. 9[1] Gutschrift und Verbuchung. (1) [1]Jeder Mitgliedstaat schreibt die Eigenmittel nach dem Verfahren der Artikel 10, 10a und 10b dem Konto gut, das zu diesem Zweck auf den Namen der Kommission bei der Haushaltsverwaltung oder bei der nationalen Zentralbank des Mitgliedstaats eingerichtet wurde. [2]Vorbehaltlich der Anrechnung von Negativzinsen gemäß Unterabsatz 3 darf dieses Konto nur auf Anweisung der Kommission belastet werden.

Das Konto wird in der Landeswährung, gebührenfrei und zinsfrei geführt.

Werden auf das Konto Negativzinsen erhoben, so schreibt der betroffene Mitgliedstaat dem Konto den Betrag gut, der dem Betrag der auf dieses Konto erhobenen Negativzinsen entspricht, und zwar spätestens am ersten Arbeitstag des zweiten Monats, der auf den Monat folgt, in dem diese Negativzinsen erhoben wurden.

(2) Die Mitgliedstaaten oder ihre nationalen Zentralbanken übermitteln der Kommission auf elektronischem Wege Folgendes:

a) an dem Arbeitstag, an dem die Eigenmittel dem Konto der Kommission gutgeschrieben werden, einen Kontoauszug oder eine Gutschriftsanzeige, in dem bzw. in der die Gutschrift der Eigenmittel ausgewiesen sind;

b) unbeschadet des Buchstabens a spätestens am zweiten Arbeitstag nach Gutschreibung der Eigenmittel auf dem Konto der Kommission einen Kontoauszug, in dem die Gutschrift der Eigenmittel ausgewiesen sind.

(3) Die gutgeschriebenen Beträge werden gemäß der Verordnung (EU, Euratom) Nr. 966/2012 des Europäischen Parlaments und des Rates[2] (im Folgenden „Haushaltsordnung") und der Delegierten Verordnung (EU) Nr. 1268/2012 der Kommission[3] in Euro verbucht.

---

[1] Art. 9 Abs. 1 UAbs. 1 u. 2 neu gef., UAbs. 3 angef., Abs. 2 neu gef. mWv 1.1.2014 durch VO (EU, Euratom) 2016/804 v. 17.5.2016 (ABl. L 132, S. 85).

[2] **[Amtl. Anm.:]** Verordnung (EU, Euratom) Nr. 966/2012 des Europäischen Parlaments und des Rates vom 25. Oktober 2012 über die Haushaltsordnung für den Gesamthaushaltsplan der Union und zur Aufhebung der Verordnung (EG, Euratom) Nr. 1605/2002 des Rates (ABl. L 298 vom 26.10.2012, S. 1).

[3] **[Amtl. Anm.:]** Delegierte Verordnung (EU) Nr. 1268/2012 der Kommission vom 29. Oktober 2012 über die Anwendungsbestimmungen für die Verordnung (EU, Euratom) Nr. 966/2012 des Europäischen Parlaments und des Rates über die Haushaltsordnung für den Gesamthaushaltsplan der Union (ABl. L 362 vom 31.12.2012, S. 1).

Art. 10[1)] Bereitstellung der traditionellen Eigenmittel. (1) Nach Abzug der Erhebungskosten gemäß Artikel 2 Absatz 3 und Artikel 10 Absatz 3 des Beschlusses 2014/335/EU, Euratom erfolgt die Gutschrift der traditionellen Eigenmittel nach Artikel 2 Absatz 1 Buchstabe a des genannten Beschlusses spätestens am ersten Arbeitstag nach dem Neunzehnten des zweiten Monats, der auf den Monat folgt, in dem der Anspruch nach Artikel 2 der vorliegenden Verordnung festgestellt wurde.

Bei den nach Artikel 6 Absatz 3 Unterabsatz 2 in einer gesonderten Buchführung ausgewiesenen Ansprüchen erfolgt die Gutschrift spätestens am ersten Arbeitstag nach dem Neunzehnten des zweiten Monats, der auf den Monat folgt, in dem die Ansprüche eingezogen wurden.

(2) Im Bedarfsfall können die Mitgliedstaaten von der Kommission ersucht werden, andere Mittel als MwSt.- und BNE-Eigenmittel einen Monat vorher anhand der Angaben gutzuschreiben, über die sie zum Fünfzehnten des gleichen Monats verfügen.

Jede vorgezogene Gutschrift wird im darauffolgenden Monat, wenn die Gutschrift nach Absatz 1 erfolgt, verrechnet. Hierbei wird eine Lastschrift in Höhe der vorgezogenen Gutschrift vorgenommen.

Art. 10a[2)] Bereitstellung der MwSt.- und BNE-Eigenmittel. (1) Die Gutschrift der MwSt.- und der BNE-Eigenmittel erfolgt unter Berücksichtigung der Auswirkungen, die die Korrektur der Haushaltsungleichgewichte zugunsten des Vereinigten Königreichs sowie die Dänemark, den Niederlanden, Österreich und Schweden gewährten Bruttokürzungen auf diese Einnahmen haben, am ersten Arbeitstag jedes Monats, und zwar in Höhe eines Zwölftels der entsprechenden Gesamtbeträge im Haushaltsplan, das zu den im Amtsblatt der Europäischen Union, Reihe C, veröffentlichten Umrechnungskursen des letzten Börsentages des dem Haushaltsjahr vorangehenden Kalenderjahres in Landeswährung umzurechnen ist.

(2) Für den spezifischen Bedarf im Zusammenhang mit den Ausgaben des EGFL gemäß der Verordnung (EU) Nr. 1307/2013 des Europäischen Parlaments und des Rates[3)] können die Mitgliedstaaten je nach Stand der Kassenmittel der Union von der Kommission ersucht werden, die Gutschrift eines Zwölftels oder eines Bruchteils eines Zwölftels der Beträge, die im Haushaltsplan für die MwSt.- und die BNE-Eigenmittel veranschlagt sind, im ersten Vierteljahr des Haushaltsjahres um bis zu zwei Monate vorzuziehen; bei diesen Beträgen werden die Auswirkungen berücksichtigt, die die Korrektur der Haus-

[1)] Art. 10 neu gef. mWv 1.1.2014 durch VO (EU, Euratom) 2016/804 v. 17.5.2016 (ABl. L 132, S. 85).

[2)] Art. 10a eingef. mWv 1.1.2014 durch VO (EU, Euratom) 2016/804 v. 17.5.2016 (ABl. L 132, S. 85).

[3)] **[Amtl. Anm.:]** Verordnung (EU) Nr. 1307/2013 des Europäischen Parlaments und des Rates vom 17. Dezember 2013 mit Vorschriften über Direktzahlungen an Inhaber landwirtschaftlicher Betriebe im Rahmen von Stützungsregelungen der Gemeinsamen Agrarpolitik und zur Aufhebung der Verordnung (EG) Nr. 637/2008 und der Verordnung (EG) Nr. 73/2009 des Rates (ABl. L 347 vom 20.12.2013, S. 608).

haltsungleichgewichte zugunsten des Vereinigten Königreichs sowie die Dänemark, den Niederlanden, Österreich und Schweden gewährten Bruttokürzungen auf diese Einnahmen haben.

Vorbehaltlich des Unterabsatzes 3 können die Mitgliedstaaten für den spezifischen Bedarf im Zusammenhang mit den Ausgaben des europäischen Struktur- und Investitionsfonds gemäß der Verordnung (EU) Nr. 1303/2013 des Europäischen Parlaments und des Rates[1] je nach Stand der Kassenmittel der Union von der Kommission ersucht werden, die Gutschrift von zusätzlich bis zur Hälfte eines Zwölftels der Beträge, die im Haushaltsplan für die MwSt.- und die BNE-Eigenmittel veranschlagt sind, in den ersten sechs Monaten des Haushaltsjahres vorzuziehen; bei diesen Beträgen werden die Auswirkungen berücksichtigt, die die Korrektur der Haushaltsungleichgewichte zugunsten des Vereinigten Königreichs sowie die Dänemark, den Niederlanden, Österreich und Schweden gewährten Bruttokürzungen auf diese Einnahmen haben.

Der Gesamtbetrag, den die Mitgliedstaaten auf Ersuchen der Kommission von im selben Monat gemäß den Unterabsätzen 1 und 2 gegebenenfalls vorziehen, darf keinesfalls den Betrag von zusätzlich zwei Zwölfteln überschreiten.

Nach den ersten sechs Monaten dürfen nur noch monatliche Gutschriften in Höhe von jeweils maximal einem Zwölftel der MwSt.- und der BNE-Eigenmittel beantragt werden; dabei dürfen die im Haushaltsplan eingesetzten Beträge nicht überschritten werden.
Die Kommission macht den Mitgliedstaaten spätestens zwei Wochen vor einem gemäß den Unterabsätzen 1 und 2 gewünschten Gutschriftstermin entsprechend Mitteilung.

Die Kommission unterrichtet die Mitgliedstaaten frühzeitig, spätestens jedoch sechs Wochen vor einem gemäß Unterabsatz 2 gewünschten Gutschriftstermin von ihrer Absicht, eine solche Gutschrift zu beantragen.

Die Bestimmungen des Absatzes 4 über die Gutschrift für den Monat Januar jedes Haushaltsjahres und die Bestimmungen des Absatzes 5, die anwendbar sind, wenn der Haushaltsplan vor Beginn des Haushaltsjahres nicht endgültig festgestellt ist, gelten für die vorgezogenen Gutschriften.

(3) Jede Änderung des einheitlichen Satzes der MwSt.-Eigenmittel, des Satzes der BNE-Eigenmittel, der Korrektur der Haushaltsungleichgewichte zugunsten des Vereinigten Königreichs und ihrer Finanzierung nach den Artikeln 4 und 5 des Beschlusses 2014/335/EU, Eura-

---

[1] **[Amtl. Anm.:]** Verordnung (EU) Nr. 1303/2013 des Europäischen Parlaments und des Rates vom 17. Dezember 2013 mit gemeinsamen Bestimmungen über den Europäischen Fonds für regionale Entwicklung, den Europäischen Sozialfonds, den Kohäsionsfonds, den Europäischen Landwirtschaftsfonds für die Entwicklung des ländlichen Raums und den Europäischen Meeres- und Fischereifonds sowie mit allgemeinen Bestimmungen über den Europäischen Fonds für regionale Entwicklung, den Europäischen Sozialfonds, den Kohäsionsfonds und den Europäischen Meeres- und Fischereifonds und zur Aufhebung der Verordnung (EG) Nr. 1083/2006 des Rates (ABl. L 347 vom 20.12.2013, S. 320).

tom sowie der Finanzierung der Bruttokürzungen der BNE-Beiträge Dänemarks, der Niederlande, Österreichs und Schwedens erfordert die endgültige Feststellung eines Berichtigungshaushaltsplans; dabei werden die seit Beginn des Haushaltsjahres gutgeschriebenen Zwölftel entsprechend angeglichen.

Diese Angleichungen erfolgen bei der ersten Gutschrift nach der endgültigen Feststellung des Berichtigungshaushaltsplans, sofern dieser vor dem Sechzehnten des Monats festgestellt wird. Ist das nicht der Fall, so erfolgen die Angleichungen bei der zweiten Gutschrift nach der endgültigen Feststellung. Abweichend von Artikel 11 der Haushaltsordnung werden diese Angleichungen für das Haushaltsjahr des betreffenden Berichtigungshaushaltsplans ausgewiesen.

(4) Die Zwölftel für den Monat Januar jedes Haushaltsjahres werden auf der Grundlage der Mittelansätze im Entwurf des Haushaltsplans gemäß Artikel 314 Absatz 2 des Vertrags über die Arbeitsweise der Europäischen Union (AEUV) berechnet und zu den Umrechnungskursen des ersten Börsentages, der auf den 15. Dezember des dem Haushaltsjahr vorhergehenden Kalenderjahres folgt, in Landeswährung umgerechnet; die Angleichung dieser Beträge erfolgt bei der Buchung für den folgenden Monat.

(5) [1] Ist der Haushaltsplan zwei Wochen vor dem Termin der für den Monat Januar des folgenden Haushaltsjahres bestimmten Gutschrift nicht endgültig festgestellt, so schreiben die Mitgliedstaaten am ersten Arbeitstag jedes Monats, einschließlich Januar, ein Zwölftel der Beträge gut, die im letzten endgültig festgestellten Haushaltsplan für die MwSt.-Eigenmittel und die BNE-Eigenmittel veranschlagt waren, und zwar unter Berücksichtigung der Auswirkungen, die die Korrektur der Haushaltsungleichgewichte zugunsten des Vereinigten Königreichs und die Bruttokürzungen der BNE-Beiträge Dänemarks, der Niederlande, Österreichs und Schwedens auf diese Einnahmen haben; die Angleichung erfolgt beim ersten Termin nach der endgültigen Feststellung des Haushaltsplans, sofern diese vor dem Sechzehnten des Monats stattfindet. [2] Andernfalls erfolgt die Angleichung beim zweiten Termin nach der endgültigen Feststellung des Haushaltsplans.

(6) Die Finanzierung der Dänemark, den Niederlanden, Österreich und Schweden gewährten Bruttokürzung bleibt auch bei etwaigen Berichtigungen der BNE-Angaben gemäß Artikel 2 Absatz 2 der Verordnung (EG, Euratom) Nr. 1287/2003 unverändert.

Art. 10b[1)] Angleichungen der MwSt.- und BNE-Eigenmittel vorangegangener Haushaltsjahre. (1) [1] Auf der Grundlage der jährlichen Übersicht über die Grundlage für die MwSt.-Eigenmittel nach Artikel 7 Absatz 1 der Verordnung (EWG, Euratom) Nr. 1553/89 wird jedem Mitgliedstaat in dem Jahr, das auf das Jahr der Übermittlung der

---

1) Art. 10b eingef. mWv 1.1.2014 durch VO (EU, Euratom) 2016/804 v. 17.5.2016 (ABl. L 132, S. 85).

Übersicht folgt, mit dem Betrag belastet, der sich – unter Zugrundelegung des einheitlichen Satzes, der in dem Haushaltsjahr gilt, auf das sich die Übersicht bezieht – aus den Angaben in der genannten Übersicht errechnet, und werden die für dieses Haushaltsjahr erfolgten zwölf Gutschriften gutgeschrieben. [2]Die Grundlage für die MwSt.-Eigenmittel eines Mitgliedstaats, auf die der vorgenannte Satz angewendet wird, darf jedoch den in Artikel 2 Absatz 1 Buchstabe b des Beschlusses 2014/335/EU, Euratom festgesetzten Prozentsatz seines BNE im Sinne von Artikel 2 Absatz 7 Unterabsatz 1 jenes Beschlusses nicht überschreiten.

(2) Im Fall von Berichtigungen der Grundlage für die MwSt.-Eigenmittel gemäß Artikel 9 Absatz 1 der Verordnung (EWG, Euratom) Nr. 1553/89 ist für jeden Mitgliedstaat, dessen Grundlage unter Berücksichtigung dieser Berichtigungen die in Artikel 2 Absatz 1 Buchstabe b und Artikel 10 Absatz 2 des Beschlusses 2014/335/EU, Euratom festgesetzten Prozentsätze nicht übersteigt, eine Angleichung des gemäß Absatz 1 ermittelten Saldos wie folgt vorzunehmen:

a) Für die bis zum 31. Juli durchgeführten Berichtigungen gemäß Artikel 9 Absatz 1 Unterabsatz 1 der Verordnung (EWG, Euratom) Nr. 1553/89 wird im nachfolgenden Jahr eine globale Angleichung vorgenommen.

b) Gemäß Artikel 9 Absatz 1 Unterabsatz 1 der Verordnung (EWG, Euratom) Nr. 1553/89 kann eine besondere Angleichung jederzeit gebucht werden, wenn der betreffende Mitgliedstaat und die Kommission damit einverstanden sind.

c) Führen die von der Kommission für die Berichtigung der Grundlage ergriffenen Maßnahmen gemäß Artikel 9 Absatz 1 Unterabsatz 2 der Verordnung (EWG, Euratom) Nr. 1553/89 zu einer besonderen Angleichung der Gutschriften auf dem in Artikel 9 Absatz 1 der vorliegenden Verordnung genannten Konto, so erfolgt diese Angleichung zu dem von der Kommission im Rahmen der Anwendung dieser Maßnahmen festgesetzten Termin.

Im Falle der in Absatz 4 des vorliegenden Artikels genannten Änderungen des BNE ist ebenfalls eine Angleichung des Saldos jedes Mitgliedstaats vorzunehmen, dessen Grundlage für die MwSt.-Eigenmittel unter Berücksichtigung der Berichtigungen gemäß Unterabsatz 1 des vorliegenden Absatzes auf die in Artikel 2 Absatz 1 Buchstabe b und Artikel 10 Absatz 2 des Beschlusses 2014/335/EU, Euratom festgesetzten Prozentsätze begrenzt ist.

(3) Auf der Grundlage der von den Mitgliedstaaten gemäß Artikel 2 Absatz 2 der Verordnung (EG, Euratom) Nr. 1287/2003 übermittelten Zahlen für das Gesamtaggregat BNE zu Marktpreisen und seine Bestandteile des vorhergehenden Haushaltsjahres wird jeder Mitgliedstaat in dem Jahr, das auf das Jahr der Übermittlung der Zahlen folgt, mit dem Betrag belastet, der sich aus der Anwendung des – für das der Übermittlung vorangegangene Jahr festgesetzten – Satzes auf sein BNE

ergibt, und werden die im Laufe dieses Haushaltsjahres erfolgten Gutschriften gutgeschrieben.

(4) [1]Die gemäß Artikel 2 Absatz 2 der Verordnung (EG, Euratom) Nr. 1287/2003 vorbehaltlich des Artikels 5 derselben Verordnung gegebenenfalls an dem BNE der früheren Haushaltsjahre vorgenommenen Änderungen haben für jeden betroffenen Mitgliedstaat eine Angleichung des Saldos zur Folge, der gemäß Absatz 3 des vorliegenden Artikels festgestellt wurde. [2]Nach dem 30. November des vierten auf ein bestimmtes Haushaltsjahr folgenden Jahres werden etwaige Änderungen des BNE nur für die Punkte berücksichtigt, die die Kommission oder der betreffende Mitgliedstaat vor diesem Termin mitgeteilt hat.

(5) Die Kommission berechnet für jeden Mitgliedstaat die Differenz zwischen dem Betrag, der sich aus den in den Absätzen 1 bis 4 genannten Angleichungen mit Ausnahme der besonderen Angleichungen nach Absatz 2 Buchstaben b und c ergibt, und dem Ergebnis aus der Multiplikation des Gesamtbetrags der Angleichungen mit dem prozentualen Anteil des BNE dieses Mitgliedstaats am Gesamt-BNE aller Mitgliedstaaten, der zum 15. Januar auf den für das Jahr, das auf das Jahr der Übermittlung der Angleichungsdaten folgt, geltenden Haushaltsplan angewendet wird (im Folgenden „Nettobetrag").

Bei dieser Berechnung werden die Beträge zwischen der Landeswährung und dem Euro zu den im Amtsblatt der Europäischen Union, Reihe C, veröffentlichten Umrechnungskursen des letzten Börsentages des dem Jahr der Buchung vorangegangenen Kalenderjahrs umgerechnet.

Die Kommission teilt den Mitgliedstaaten die auf diese Weise berechneten Beträge vor dem 1. Februar des Jahres mit, das auf das Jahr der Übermittlung der Angleichungsdaten folgt. Jeder Mitgliedstaat bucht den Nettobetrag am ersten Arbeitstag im Juni desselben Jahres auf das in Artikel 9 Absatz 1 genannte Konto.

(6) Die in den Absätzen 1 bis 5 des vorliegenden Artikels genannten Vorgänge gelten als Einnahmenvorgänge für das Haushaltsjahr, in dem sie in dem in Artikel 9 Absatz 1 genannten Konto zu verbuchen sind.

Art. 11[1)] Nichtbeteiligung. (1) Beteiligt sich ein Mitgliedstaat in Anwendung des AEUV und der zugehörigen Protokolle 21 und 22 nicht an der Finanzierung einer bestimmten Maßnahme oder Politik der Union, so hat er Anspruch auf eine gemäß Absatz 2 dieses Artikels berechnete Angleichung des Betrags der Eigenmittel, die er für jedes Jahr seiner Nichtbeteiligung abgeführt hat.

(2) Die Kommission nimmt die Berechnung der Angleichung im Laufe des auf das betreffende Haushaltsjahr folgenden Jahres vor.

Bei der Berechnung werden folgende Daten des betreffenden Haushaltsjahres zugrunde gelegt:

---

1) Art. 11 Abs. 2 neu gef. mWv 1.1.2014 durch VO (EU, Euratom) 2016/804 v. 17.5. 2016 (ABl. L 132, S. 85).

a) von den Mitgliedstaaten nach Artikel 2 Absatz 2 der Verordnung (EG, Euratom) Nr. 1287/2003 vorgelegte Zahlen für das Gesamtaggregat BNE zu Marktpreisen und dessen Bestandteile;

b) die effektive Ausführung der operativen Ausgaben für die entsprechende Maßnahme oder Politik.

[1] Zur Berechnung der Angleichung wird der Gesamtbetrag der betreffenden Ausgaben, mit Ausnahme der von beteiligten Drittländern finanzierten Ausgaben, mit dem Prozentsatz multipliziert, der dem Anteil des BNE des Mitgliedstaats, der Anspruch auf eine Angleichung hat, am Gesamt-BNE aller Mitgliedstaaten entspricht. [2] Die Angleichung wird von den beteiligten Mitgliedstaaten finanziert; dabei wird der Finanzierungsanteil jedes einzelnen Mitgliedstaats ermittelt, indem sein BNE durch das Gesamt-BNE aller beteiligten Mitgliedstaaten geteilt wird. [3] Bei der Berechnung der Angleichung werden die Beträge zwischen der Landeswährung und dem Euro zu den im Amtsblatt der Europäischen Union, Reihe C, veröffentlichten Umrechnungskursen des letzten Börsentages des dem Jahr der Buchung vorangegangenen Kalenderjahrs umgerechnet.

Die Angleichung für das jeweilige Jahr ist einmalig und endgültig, ungeachtet etwaiger späterer Berichtigungen der BNE-Bemessungsgrundlagen.

(3) Die Kommission teilt den Mitgliedstaaten den Betrag der Angleichung so frühzeitig mit, dass diese ihn am ersten Werktag des Monats Dezember auf das in Artikel 9 Absatz 1 genannte Konto buchen können.

Art. 12[1)] Verzugszinsen für verspätet gutgeschriebene Beträge.

(1) Bei verspäteter Gutschrift auf dem in Artikel 9 Absatz 1 genannten Konto hat der betreffende Mitgliedstaat Verzugszinsen zu entrichten.

(2) Bei MwSt.- und BNE-Eigenmitteln sind Verzugszinsen nur bei verspäteter Gutschrift folgender Beträge zu entrichten:

a) Beträge gemäß Artikel 10a,

b) Beträge, die sich aus der Berechnung nach Artikel 10b Absatz 5 Unterabsatz 1 zu dem in dessen Unterabsatz 3 genannten Zeitpunkt ergeben,

c) Beträge, die sich aus besonderen Angleichungen der MwSt.-Eigenmittel nach Artikel 10b Absatz 2 Buchstabe c der vorliegenden Verordnung zu dem Zeitpunkt ergeben, der von der Kommission gemäß den Maßnahmen festgelegt wird, die sie nach Artikel 9 Absatz 1 Unterabsatz 2 der Verordnung (EWG, Euratom) Nr. 1553/89 trifft;

d) Beträge, die daraus entstehen, dass ein Mitgliedstaat es versäumt, innerhalb der von der Kommission ausdrücklich festgelegten Frist die

---

[1)] Art. 12 neu gef. mWv 1.1.2014 durch VO (EU, Euratom) 2016/804 v. 17.5.2016 (ABl. L 132, S. 85).

Berichtigungen an den BNE-Daten vorzulegen, die zur Behandlung der von der Kommission oder einem Mitgliedstaat mitgeteilten Punkte gemäß Artikel 10b Absatz 4 notwendig sind. Die Zinsen auf die Angleichungen, die sich aus entsprechenden Berichtigungen ergeben, werden ab dem ersten Arbeitstag im Juni des Jahres berechnet, das auf das Jahr folgt, in dem die von der Kommission festgelegte Frist abläuft.

(3) Auf die Einziehung von Verzugszinsbeträgen von unter 500 EUR wird verzichtet.

(4) Für die an der Wirtschafts- und Währungsunion teilnehmenden Mitgliedstaaten entspricht der Zinssatz dem im Amtsblatt der Europäischen Union, Reihe C, veröffentlichten Satz, den die Europäische Zentralbank am ersten Tag des Fälligkeitsmonats bei ihren Kapitalrefinanzierungen angewandt hat, oder 0 Prozent, je nachdem, welcher Satz höher ist, zuzüglich 2,5 Prozentpunkten.

Dieser Satz erhöht sich um weitere 0,25 Prozentpunkte für jeden Verzugsmonat.

[1]Die Gesamterhöhung gemäß den Unterabsätzen 1 und 2 darf 16 Prozentpunkte nicht übersteigen. [2]Der erhöhte Satz findet auf die gesamte Dauer des Verzugs Anwendung.

(5) [1]Für die nicht an der Wirtschafts- und Währungsunion teilnehmenden Mitgliedstaaten entspricht der Zinssatz dem Satz, der am ersten Tag des Fälligkeitsmonats von den Zentralbanken bei ihren Hauptrefinanzierungsgeschäften angewandt wird, oder einem Zinssatz von 0 Prozent, je nachdem, welcher Satz höher ist, zuzüglich 2,5 Prozentpunkten. [2]Für die Mitgliedstaaten, für die der Zentralbanksatz nicht vorliegt, entspricht der Zinssatz dem am ehesten entsprechenden Satz, der am ersten Tag des Fälligkeitsmonats auf dem Geldmarkt des jeweiligen Mitgliedstaats angewandt wird, oder ein Zinssatz von 0 Prozent, je nachdem, welcher Satz höher ist, zuzüglich 2,5 Prozentpunkten.

Dieser Satz erhöht sich um weitere 0,25 Prozentpunkte für jeden Verzugsmonat.

[1]Die Gesamterhöhung gemäß den Unterabsätzen 1 und 2 darf 16 Prozentpunkte nicht übersteigen. [2]Der erhöhte Satz findet auf die gesamte Dauer des Verzugs Anwendung.

(6) Für die Zahlung der Verzugszinsen gemäß den Absätzen 1 und 2 des vorliegenden Artikels findet Artikel 9 Absätze 2 und 3 sinngemäß Anwendung.

Art. 13[1)] Uneinbringliche Beträge. (1) Die Mitgliedstaaten haben alle erforderlichen Maßnahmen zu treffen, damit die Beträge, die den gemäß Artikel 2 festgestellten Ansprüchen entsprechen, der Kommission nach Maßgabe dieser Verordnung zur Verfügung gestellt werden.

---

1) Art. 13 Abs. 2 UAbs. 6 angef., und Abs. 3 UAbs. 1 neu gef. mWv 1.1.2014 durch VO (EU, Euratom) 2016/804 v. 17.5.2016 (ABl. L 132, S. 85).

(2) Die Mitgliedstaaten sind nicht verpflichtet, der Kommission die den gemäß Artikel 2 festgestellten Ansprüchen entsprechenden Beträge zur Verfügung zu stellen, wenn diese aus einem der folgenden Gründe uneinbringlich sind:

a) aus Gründen höherer Gewalt,

b) aus anderen, nicht von den Mitgliedstaaten zu vertretenden Gründen.

Beträge festgestellter Ansprüche werden durch eine Entscheidung der zuständigen Verwaltungsbehörde für uneinbringlich erklärt, nachdem diese sich von der Unmöglichkeit ihrer Einziehung überzeugt hat.

Als uneinbringlich gelten Beträge festgestellter Ansprüche spätestens nach Ablauf einer Frist von fünf Jahren, gerechnet ab dem Zeitpunkt ihrer Feststellung gemäß Artikel 2 oder, falls ein administratives oder gerichtliches Rechtsmittel eingelegt wurde, ab dem Zeitpunkt, an dem die endgültige Entscheidung über das Rechtsmittel ergangen ist bzw. mitgeteilt oder veröffentlicht wurde.

Sind Teilzahlungen oder Zahlungen eingegangen, so beginnt der vorgenannte Fünfjahreszeitraum spätestens am Tag der letzten effektiven Zahlungsleistung, sofern mit dieser die Restschuld nicht vollständig beglichen wurde.

[1] Für uneinbringlich erklärte bzw. als uneinbringlich geltende Beträge werden aus der gesonderten Buchführung gemäß Artikel 6 Absatz 3 Unterabsatz 2 endgültig herausgenommen. [2] Sie werden in einem Anhang zur Vierteljahresübersicht gemäß Artikel 6 Absatz 4 Unterabsatz 1 sowie gegebenenfalls in der vierteljährlichen Beschreibung gemäß Artikel 5 der Verordnung (EU, Euratom) Nr. 608/2014 aufgeführt.

Die Mitgliedstaaten können von der Pflicht, der Kommission die Beträge zur Verfügung zu stellen, die den gemäß Artikel 2 festgestellten Ansprüchen entsprechen, entbunden werden, wenn sich diese Ansprüche als uneinbringlich erweisen, weil die buchmäßige Erfassung oder Mitteilung der Zollschuld aufgeschoben wurde, um strafrechtliche Ermittlungen zum Schutz der finanziellen Interessen der Union nicht zu beeinträchtigen.

(3) Binnen drei Monaten nach Ergehen der Verwaltungsentscheidung gemäß Absatz 2 oder nach Ablauf der in jenem Absatz genannten Fristen machen die Mitgliedstaaten der Kommission Mitteilung über die Fälle, in denen Absatz 2 angewandt wurde und die festgestellten Ansprüche 100 000 EUR übersteigen.

Diese Mitteilung muss sämtliche Angaben enthalten, die erforderlich sind, um die in Absatz 2 Buchstaben a und b genannten Gründe, die den Mitgliedstaat an der Bereitstellung der fraglichen Beträge gehindert haben, sowie die von Letzterem ergriffenen Einziehungsmaßnahmen uneingeschränkt prüfen zu können.

[1] Die Mitteilung hat auf einem von der Kommission vorgegebenen Formular zu erfolgen. [2] Dies wird in Durchführungsrechtsakten der Kommission festgelegt. [3] Diese Durchführungsrechtsakte werden gemäß dem in Artikel 16 Absatz 2 genannten Beratungsverfahren erlassen.

(4) Die Kommission verfügt ab dem Tag, an dem die Mitteilung gemäß Absatz 3 bei ihr eingeht, über sechs Monate, um dem betreffenden Mitgliedstaat ihre Bemerkungen zu übermitteln.

Wurden von der Kommission zusätzliche Informationen angefordert, so beginnt der Sechsmonatszeitraum an dem Tag, an dem diese Informationen bei ihr eingehen.

Kapitel IV. Kassenführung

Art. 14[1)] **Deckung des Kassenmittelbedarfs.** (1) Die Kommission verfügt über die den in Artikel 9 Absatz 1 genannten Konten gutgeschriebenen Beträge, soweit dies zur Deckung ihres mit der Ausführung des Haushaltsplans verbundenen Kassenmittelbedarfs notwendig ist.

(2) [1]Übersteigt der Kassenmittelbedarf die Guthaben der Konten, so kann die Kommission nach Maßgabe der im Haushaltsplan verfügbaren Mittel für Zahlungen und innerhalb der dort vorgesehenen Grenzen der Eigenmittel Belastungen über den Gesamtbetrag dieser Guthaben hinaus vornehmen. [2]In diesem Fall unterrichtet sie vorher die Mitgliedstaaten über die voraussichtlich erforderlichen Überschreitungen.

(3) Lediglich bei Zahlungsausfall im Rahmen eines Darlehens, das gemäß den vom Rat oder vom Europäischen Parlament und dem Rat erlassenen Verordnungen oder Beschlüssen begeben oder garantiert wurde, können – sofern die Kommission nicht rechtzeitig andere Maßnahmen gemäß den Finanzregelungen für diese Darlehen ergreifen kann, um die Einhaltung der gesetzlichen Verpflichtungen der Union gegenüber den Gläubigern zu gewährleisten – die Absätze 2 und 4 ungeachtet der in Absatz 2 vorgesehenen Einschränkungen vorläufig angewandt werden, um die Schulden der Union zu bedienen.

(4) Vorbehaltlich des Unterabsatzes 2 wird die Differenz zwischen den Gesamtguthaben und dem Kassenmittelbedarf auf die Mitgliedstaaten möglichst anteilmäßig zu den Einnahmen aufgeteilt, die im Haushaltsplan je Mitgliedstaat veranschlagt sind.

Bei der Deckung ihres Kassenmittelbedarfs bemüht sich die Kommission, die Auswirkungen der Verpflichtung der Mitgliedstaaten gemäß Artikel 9 Absatz 1 Unterabsatz 3, Beträge an Negativzinsen gutzuschreiben, gering zu halten, indem sie vorrangig auf die den betreffenden Konten gutgeschriebenen Beträge zurückgreift.

Art. 15[2)] **Ausführung von Zahlungsanweisungen.** (1) [1]Die Mitgliedstaaten oder ihre nationale Zentralbank führen die Zahlungsanweisungen der Kommission gemäß den Weisungen der Kommission

---

[1)] Art. 14 Abs. 3 u. 4 neu gef. mWv 1.1.2014 durch VO (EU, Euratom) 2016/804 v. 17.5.2016 (ABl. L 132, S. 85).

[2)] Art. 15 neu gef. mWv 1.1.2014 durch VO (EU, Euratom) 2016/804 v. 17.5.2016 (ABl. L 132, S. 85).

und spätestens binnen drei Arbeitstagen nach Eingang der Weisungen aus. [2]Bei Kassenbewegungen betreffenden Vorgängen führen die Mitgliedstaaten oder ihre nationale Zentralbank die Anweisungen innerhalb der von der Kommission gesetzten Frist aus; außer in Ausnahmefällen mindestens einen Tag vor dem Tag der erwarteten Ausführung der Anweisung mit.

(2) Die Mitgliedstaaten oder ihre nationale Zentralbank übermitteln der Kommission auf elektronischem Weg und spätestens am zweiten Arbeitstag nach Abschluss eines jeden Vorgangs einen Kontoauszug, in dem die betreffenden Bewegungen ausgewiesen sind.

Kapitel V. Schlussbestimmungen

Art. 16 Ausschussverfahren. (1) [1]Die Kommission wird von dem Beratenden Ausschuss für Eigenmittel, der gemäß Artikel 7 der Verordnung (EU. Euratom) Nr. 608/2014 eingesetzt wurde, unterstützt. [2]Dieser Ausschuss ist ein Ausschuss im Sinne der Verordnung (EU) Nr. 182/2011.

(2) Wird auf diesen Absatz Bezug genommen, so gilt Artikel 4 der Verordnung (EU) Nr. 182/2011.

Art. 17 Übergangsbestimmung für Verzugszinsen. Der in Artikel 11 der Verordnung (EG, Euratom) Nr. 1150/2000 in ihrer Fassung vor dem Inkrafttreten der Verordnung (EG, Euratom) Nr. 2028/2004 des Rates[1)] genannte Satz für die Berechnung der Verzugszinsen kommt auch in den Fällen zur Anwendung, in denen das Fälligkeitsdatum vor dem 1. Dezember 2004 liegt.

Art. 18[2)] Aufhebung. (1) Vorbehaltlich des Absatzes 2 wird die Verordnung (EG, Euratom) Nr. 1150/2000 mit Wirkung vom 1. Januar 2014 aufgehoben.

(2) Artikel 10 Absatz 7a der Verordnung (EG, Euratom) Nr. 1150/2000 wird mit Wirkung ab dem Tag des Inkrafttretens der vorliegenden Verordnung aufgehoben.

(3) Bezugnahmen auf die aufgehobene Verordnung gelten als Bezugnahmen auf die vorliegende Verordnung und sind nach Maßgabe der Entsprechungstabelle in Anhang II zu lesen.

Art. 19 Inkrafttreten. Diese Verordnung tritt am Tag des Inkrafttretens des Beschlusses 2014/335/EU, Euratom in Kraft.

---

1) **[Amtl. Anm.:]** Verordnung (EG, Euratom) Nr. 2028/2004 des Rates vom 16. November 2004 zur Änderung der Verordnung (EG, Euratom) Nr. 1150/2000 zur Durchführung des Beschlusses 94/728/EG, Euratom über das System der Eigenmittel der Gemeinschaften (ABl. L 352 vom 27.11.2004, S. 1).

2) Art. 18 neu gef. mWv 1.1.2014 durch VO (EU, Euratom) 2016/804 v. 17.5.2016 (ABl. L 132, S. 85).

Sie gilt ab dem 1. Januar 2014.

Diese Verordnung ist in allen ihren Teilen verbindlich und gilt unmittelbar in jedem Mitgliedstaat.

Anhang I. Aufgehobene Verordnung mit Liste ihrer nachfolgenden Änderungen

Verordnung (EG, Euratom) Nr. 1150/2000 des Rates (ABl. L 130 vom 31.5.2000, S. 1).

Verordnung (EG, Euratom) Nr. 2028/2004 des Rates (ABl. L 352 vom 27.11.2004, S. 1).

Verordnung (EG, Euratom) Nr. 105/2009 des Rates (ABl. L 36 vom 5.2.2009, S. 1).

Anhang II. Entsprechungstabelle

Verordnung (EG, Euratom) Nr. 1150/2000	Vorliegende Verordnung
Artikel 1	–
–	Artikel 1
Artikel 2	Artikel 2
Artikel 3 Absätze 1, 2 und 3	Artikel 3 Absätze 1, 2 und 3
–	Artikel 3 Absatz 4
Artikel 4	Artikel 4
Artikel 5	Artikel 5
Artikel 6 Absätze 1 und 2	Artikel 6 Absätze 1 und 2
Artikel 6 Absatz 3 Buchstabe a	Artikel 6 Absatz 3 Unterabsatz 1
Artikel 6 Absatz 3 Buchstabe b	Artikel 6 Absatz 3 Unterabsatz 2
Artikel 6 Absatz 3 Buchstabe c	Artikel 6 Absatz 3 Unterabsatz 3
Artikel 6 Absatz 3 Buchstabe d	Artikel 6 Absatz 3 Unterabsatz 4
Artikel 6 Absatz 4 Unterabsatz 1 Buchstabe a Satz 1	Artikel 6 Absatz 4 Unterabsatz 1 Buchstabe a
Artikel 6 Absatz 4 Unterabsatz 1 Buchstabe a Satz 2	Artikel 6 Absatz 4 Unterabsatz 2
Artikel 6 Absatz 4 Unterabsatz 1 Buchstabe b Satz 1	Artikel 6 Absatz 4 Unterabsatz 1 Buchstabe b
Artikel 6 Absatz 4 Unterabsatz 1 Buchstabe b Satz 2	Artikel 6 Absatz 4 Unterabsatz 3
Artikel 6 Absatz 4 Unterabsatz 2	Artikel 6 Absatz 4 Unterabsatz 4
Artikel 6 Absatz 5	–
Artikel 7	Artikel 7
Artikel 8 Absatz 1	Artikel 8
Artikel 8 Absatz 2	–
Artikel 9 Absatz 1	Artikel 9 Absatz 1
Artikel 9 Absatz 1a	Artikel 9 Absatz 2
Artikel 9 Absatz 2	Artikel 9 Absatz 3
Artikel 10 Absätze 1, 2, 3, 4, 5, 6 und 7	Artikel 10 Absätze 1, 2, 3, 4, 5, 6 und 7

Verordnung (EG, Euratom) Nr. 1150/2000	Vorliegende Verordnung
Artikel 10 Absatz 8	Artikel 10 Absatz 8 Unterabsatz 1
Artikel 10 Absatz 9	Artikel 10 Absatz 9
Artikel 10 Absatz 10	–
Artikel 10a	Artikel 11
Artikel 11 Absatz 1	Artikel 12 Absatz 1 Unterabsatz 1
–	Artikel 12 Absatz 1 Unterabsatz 2
Artikel 11 Absätze 2, 3 und 4	Artikel 12 Absätze 2, 3 und 4
Artikel 12 Absätze 1, 2, 3 und 4	Artikel 14
Artikel 12 Absatz 5, Unterabsatz 1	Artikel 15 Absatz 1
Artikel 12 Absatz 5 Unterabsatz 2	Artikel 15 Absatz 2
Artikel 15	–
Artikel 16 Absätze 1 und 2	–
Artikel 16 Absatz 3	Artikel 10 Absatz 8 Unterabsatz 2
Artikel 17 Absätze 1 und 2	Artikel 13 Absätze 1 und 2
Artikel 17 Absatz 3 Unterabsatz 1	Artikel 13 Absatz 3 Unterabsatz 1
Artikel 17 Absatz 3 Unterabsatz 2	–
Artikel 17 Absatz 3 Unterabsatz 3	Artikel 13 Absatz 3 Unterabsatz 2
–	Artikel 13 Absatz 3 Unterabsatz 3
Artikel 17 Absatz 4	Artikel 13 Absatz 4
Artikel 17 Absatz 5	–
Artikel 18	–
Artikel 19	–
Artikel 20	–
Artikel 21	–
–	Artikel 16
Artikel 21a	Artikel 17
Artikel 22	–
Artikel 23	–
–	Artikel 18
–	Artikel 19
Anhang	–
–	Anhang I
–	Anhang II

225 b. Verordnung (EU, Euratom) Nr. 608/2014 des Rates zur Festlegung von Durchführungsbestimmungen für das Eigenmittelsystem der Europäischen Union

Vom 26. Mai 2014

(ABl. Nr. L 168/29 v. 7. 6. 2014)

DER RAT DER EUROPÄISCHEN UNION –

gestützt auf den Vertrag über die Arbeitsweise der Europäischen Union, insbesondere auf Artikel 311 Absatz 4,

gestützt auf den Vertrag zur Gründung der Europäischen Atomgemeinschaft, insbesondere auf Artikel 106 a,

gestützt auf den Beschluss 2014/335/EU, Euratom des Rates vom 26. Mai 2014 über das Eigenmittelsystem der Europäischen Union[1]), insbesondere auf Artikel 9,

auf Vorschlag der Europäischen Kommission,

nach Zuleitung des Entwurfs des Gesetzgebungsakts an die nationalen Parlamente,

nach Zustimmung des Europäischen Parlaments,

gemäß einem besonderen Gesetzgebungsverfahren,

in Erwägung nachstehender Gründe:

(1) Die Transparenz des Eigenmittelsystems der Union sollte gewährleistet werden, indem der Haushaltsbehörde angemessene Informationen zur Verfügung gestellt werden. Daher sollten die Mitgliedstaaten für die Kommission die Unterlagen und Angaben, die diese für die Ausübung der ihr in Bezug auf die Eigenmittel übertragenen Befugnisse benötigt, bereithalten und ihr diese gegebenenfalls übermitteln.

(2) Die Modalitäten für die Unterrichtung der Kommission durch die für die Erhebung zuständigen Mitgliedstaaten sollten der Kommission die Überwachung von deren Maßnahmen zur Einziehung der Eigenmittel ermöglichen; dies gilt insbesondere bei Betrugsfällen und bei Unregelmäßigkeiten.

(3) Um einen ausgeglichenen Haushalt zu gewährleisten, sollten am Ende des Haushaltsjahres verbleibende Einnahmenüberschüsse auf das *nächste Haushaltsjahr übertragen* werden. Hierzu muss der zu übertragende Saldo bestimmt werden.

(4) Die Mitgliedstaaten sollten Prüfungen und Nachforschungen in Bezug auf die Feststellung und Bereitstellung der Eigenmittel der Union durchführen. Um die Anwendung der Finanzvorschriften über die

[1]) Siehe Seite 105 dieses Amtsblatts.

Eigenmittel zu erleichtern, ist es erforderlich, die Kooperation zwischen den Mitgliedstaaten und der Kommission zu gewährleisten.

(5) Aus Gründen der Kohärenz und Klarheit sollten unter Berücksichtigung der Besonderheit der verschiedenen Arten von Eigenmitteln der Union die für die Kontrollbeauftragten der Kommission geltenden Rechte und Pflichten festgelegt werden. Es sollten die Bedingungen festgelegt werden, unter denen die Kontrollbeauftragten ihren Aufgaben nachzukommen haben, und insbesondere Regeln aufgestellt werden, die von allen Beamten und Bediensteten der Union sowie von den abgeordneten nationalen Sachverständigen in Bezug auf die Wahrung des Berufsgeheimnisses und den Schutz personenbezogener Daten einzuhalten sind. Es ist erforderlich, den Status der abgeordneten nationalen Sachverständigen festzulegen und zu regeln, dass der betroffene Mitgliedstaat die Möglichkeit hat, gegen die Anwesenheit eines Beamten eines anderen Mitgliedstaats bei einer Kontrolle Einwände zu erheben.

(6) Aus Kohärenzgründen sollten bestimmte Vorschriften der Verordnung (EG, Euratom) Nr. 1150/2000 des Rates[1] in die vorliegende Verordnung aufgenommen werden. Diese Bestimmungen betreffen die Berechnung und Budgetierung des Haushaltssaldos, die Kontrolle und Überwachung der Eigenmittel und die entsprechenden Mitteilungspflichten sowie den Beratenden Ausschuss für Eigenmittel.

(7) Zur Gewährleistung einheitlicher Bedingungen für die Durchführung der vorliegenden Verordnung sollten der Kommission Durchführungsbefugnisse übertragen werden. Diese Befugnisse sollten im Einklang mit der Verordnung (EU) Nr. 182/2011 des Europäischen Parlaments und des Rates[2] ausgeübt werden.

(8) In Anbetracht des technischen Charakters der für die Festlegung der Mitteilungspflichten erforderlichen Durchführungsrechtsakte sollte für den Erlass von Durchführungsrechtsakten zur Festlegung detaillierter Vorschriften für die Mitteilung von Betrugsfällen und Unregelmäßigkeiten, die Ansprüche auf traditionelle Eigenmittel betreffen, und für die Jahresberichte der Mitgliedstaaten über ihre Kontrollen das Beratungsverfahren angewendet werden.

(9) Bei allgemeinen Bestimmungen, die für alle Arten von Eigenmitteln gelten und auch die Kontrolle und Überwachung der Einnahmen einschließlich entsprechender Mitteilungspflichten erfassen, ist eine angemessene parlamentarische Kontrolle – wie in den Verträgen vorgesehen – erforderlich.

---

[1] Verordnung (EG, Euratom) Nr. 1150/2000 des Rates vom 22. Mai2000 zur Durchführung des Beschlusses 94/728/EG, Euratom über das System der Eigenmittel der Europäischen Gemeinschaft (ABl. L 130 vom 31. 5. 2000, S. 1).

[2] Verordnung (EU) Nr. 182/2011 des Europäischen Parlaments und des Rates vom *16. Februar 2011* zur Festlegung der allgemeinen Regeln und Grundsätze, nach denen die Mitgliedstaaten die Wahrnehmung der Durchführungsbefugnisse durch die Kommission kontrollieren (ABl. L 55 vom 28. 2. 2011, S. 13).

(10) Die Verordnung (EG, Euratom) Nr. 1026/1999 des Rates[1] sollte aufgehoben werden.

(11) Der Europäische Rechnungshof und der Europäische Wirtschafts- und Sozialausschuss wurden angehört und haben Stellungnahmen[2] abgegeben.

(12) Aus Gründen der Kohärenz und unter Berücksichtigung von Artikel 11 des Beschlusses 2014/335/EU, Euratom sollte diese Verordnung am selben Tag in Kraft treten wie der genannte Beschluss und ab 1. Januar 2014 gelten –

HAT FOLGENDE VERORDNUNG ERLASSEN:

Kapitel I. Ermittlung der Eigenmittel

Art. 1 Berechnung und Budgetierung des Haushaltssaldos. (1) Für die Anwendung von Artikel 7 des Beschlusses 2014/335/EU, Euratom entspricht der Saldo eines Haushaltsjahres der Differenz zwischen dem Gesamtbetrag der Einnahmen des betreffenden Haushaltsjahres und dem Betrag der aus den Mitteln dieses Haushaltsjahres zu buchenden Zahlungen zuzüglich der Mittel desselben Haushaltsjahres, die gemäß Artikel 13 der Verordnung (EU, Euratom) Nr. 966/2012 des Europäischen Parlaments und des Rates[3] (im Folgenden „Haushaltsordnung") übertragen wurden.

Dieser Differenzbetrag wird um den Nettobetrag erhöht oder vermindert, der sich aus dem Verfall der Mittelübertragungen aus früheren Haushaltsjahren ergibt. Abweichend von Artikel 8 Absatz 1 der Haushaltsordnung wird der Differenzbetrag außerdem um die folgenden Beträge erhöht bzw. vermindert:

a) die Überschreitungen, die infolge der Schwankungen des Euro-Kurses bei den Zahlungen zu Lasten der nichtgetrennten Mittel entstanden sind, die gemäß Artikel 13 Absätze 1 und 4 der Haushaltsordnung vom vorangegangenen Haushaltsjahr übertragen worden sind,

b) den Saldo, der sich aus den Kursgewinnen und -verlusten während des Haushaltsjahres ergeben hat.

(2) Vor Ende Oktober jedes Haushaltsjahres schätzt die Kommission anhand der ihr zu diesem Zeitpunkt vorliegenden Angaben die Höhe

---

[1] *Verordnung (EG, Euratom)* Nr. 1026/1999 des Rates vom 10. Mai 1999 zur Festlegung der Rechte und Pflichten der von der Kommission mit der Kontrolle der Eigenmittel der Gemeinschaft beauftragten Bediensteten (ABl. L 126 vom 20. 5. 1999, S. 1).

[2] Stellungnahme Nr. 2/2012 des Europäischen Rechnungshofs vom 20. März 2012 (ABl. C 112 vom 18. 4. 2012, S. 1) undStellungnahme des Europäischen Wirtschafts- und Sozialausschusses vom 29. März 2012 (ABl. C 181 vom 21. 6. 2012, S. 45).

[3] Verordnung (EU, Euratom) Nr. 966/2012 des Europäischen Parlaments und des Rates vom 25. Oktober 2012 über die Haushaltsordnung für den Gesamthaushaltsplan der Union und zur Aufhebung der Verordnung (EG, Euratom) Nr. 1605/2002 des Rates (ABl. L 298 vom 26. 10. 2012, S. 1).

der für das ganze Jahr vereinnahmten Eigenmittel. Treten im Vergleich zu den ursprünglichen Voranschlägen spürbare Unterschiede auf, so kann ein Berichtigungsschreiben zum Entwurf des Haushaltsplans für das folgende Haushaltsjahr oder ein Berichtigungshaushaltsplan für das laufende Haushaltsjahr erstellt werden.

Kapitel II. Kontrolle und Überwachung der Einnahmen sowie entsprechende Mitteilungspflichten

Art. 2 Kontrolle und Überwachung. (1) Die Eigenmittel nach Artikel 2 Absatz 1 des Beschlusses 2014/335/EU, Euratom werden unbeschadet der Verordnung (EWG, Euratom) Nr. 1553/89 des Rates[1] und der Verordnung (EG, Euratom) Nr. 1287/2003 des Rates[2] nach Maßgabe der vorliegenden Verordnung kontrolliert.

(2) Die Mitgliedstaaten treffen alle erforderlichen Maßnahmen, um sicherzustellen, dass die Eigenmittel gemäß Artikel 2 Absatz 1 des Beschlusses 2014/335/EU, Euratom der Kommission zur Verfügung gestellt werden.

(3) Betreffen Kontrolle und Überwachung die traditionellen Eigenmittel nach Artikel 2 Absatz 1 Buchstabe a des Beschlusses 2014/335/EU, Euratom, so gilt Folgendes:

a) Die Mitgliedstaaten führen in Bezug auf die Feststellung und Bereitstellung dieser Eigenmittel Prüfungen und Nachforschungen durch.

b) Die Mitgliedstaaten führen auf Antrag der Kommission zusätzliche Kontrollen durch. Die Kommission gibt in ihrem Antrag die Gründe für eine zusätzliche Kontrolle an. Die Kommission kann auch die Übermittlung bestimmter Unterlagen verlangen.

c) Die Mitgliedstaaten ziehen die Kommission auf deren Antrag zu den von ihnen durchgeführten Kontrollen hinzu. Wird die Kommission zu einer Kontrolle hinzugezogen, so hat sie – soweit es für die Anwendung dieser Verordnung erforderlich ist – Zugang zu den Unterlagen über die Feststellung und Bereitstellung der Eigenmittel und zu allen anderen sachdienlichen Schriftstücken, die mit diesen Unterlagen zusammenhängen.

d) Die Kommission kann selbst Kontrollen vor Ort vornehmen. Die von der Kommission mit diesen Kontrollen beauftragten Bediensteten haben den gleichen Zugang zu Unterlagen, wie er für die Kontrollen nach Buchstabe c vorgesehen ist. Die Mitgliedstaaten erleichtern diese Kontrollen.

---

[1] Verordnung (EWG, Euratom) Nr. 1553/89 des Rates vom 29. Mai 1989 über die endgültige einheitliche Regelung für die Erhebung der Mehrwertsteuereigenmittel (ABl. L 155 vom 7. 6. 1989, S. 9).

[2] Verordnung (EG, Euratom) Nr. 1287/2003 des Rates vom 15. Juli 2003 zur Harmonisierung des Bruttonationaleinkommens zu Marktpreisen („BNE-Verordnung") (ABl. L 181 vom 19. 7. 2003, S. 1).

e) Unberührt von den Kontrollen nach den Buchstaben a bis d bleiben:
   i) die von den Mitgliedstaaten nach ihren nationalen Rechts- und Verwaltungsvorschriften durchgeführten Kontrollen;
   ii) die Maßnahmen gemäß den Artikeln 287 und 319 des Vertrags über die Arbeitsweise der Europäischen Union (AEUV);
   iii) die Kontrollen gemäß Artikel 322 Absatz 1 Buchstabe b AEUV.

(4) Betreffen Kontrolle und Überwachung die Eigenmittel auf der Grundlage der Mehrwertsteuer (MwSt.) nach Artikel 2 Absatz 1 Buchstabe b des Beschlusses 2014/335/EU, Euratom, so werden sie nach Maßgabe von Artikel 11 der Verordnung (EWG, Euratom) Nr. 1553/89 durchgeführt.

(5) Betreffen Kontrolle und Überwachung die Eigenmittel auf der Grundlage des Bruttonationaleinkommens (BNE) nach Artikel 2 Absatz 1 Buchstabe c des Beschlusses 2014/335/EU, Euratom, so gilt Folgendes:

a) Die Kommission prüft jährlich gemeinsam mit dem betreffenden Mitgliedstaat die übermittelten Aggregate auf Fehlerfassung, insbesondere in Fällen, die durch den gemäß der Verordnung (EG, Euratom) Nr. 1287/2003 geschaffenen BNE-Ausschuss aufgezeigt werden. Dabei kann sie im Einzelfall auch Berechnungen und statistische Grundlagen – mit Ausnahme der Angaben über bestimmte juristische oder natürliche Personen – einsehen, wenn andernfalls eine sachgerechte Beurteilung nicht möglich sein sollte.

b) Die Kommission erhält Zugang zu den Unterlagen betreffend die in Artikel 3 der Verordnung (EG, Euratom) Nr. 1287/2003 genannten statistischen Verfahren und Basisdaten.

(6) Die Kommission kann für die Zwecke der Kontrolle und Überwachung nach den Absätzen 3, 4 und 5 dieses Artikels von den Mitgliedstaaten verlangen, dass sie ihr die einschlägigen Unterlagen oder Berichte über die Systeme zur Erhebung der Eigenmittel oder zu deren Bereitstellung für die Kommission übermitteln.

Art. 3 Rechte und Pflichten der Kontrollbeauftragten der Kommission. (1) Die Kommission beauftragt eigens zur Durchführung der in Artikel 2 genannten Kontrollen Beamte oder sonstige Bedienstete (im Folgenden „Kontrollbeauftragte").

Die Kontrollbeauftragten erhalten von der Kommission für jede Kontrolle einen schriftlichen Auftrag, der über ihre Person und ihre Dienststellung Auskunft gibt.

An den Kontrollen können Personen teilnehmen, die von den Mitgliedstaaten als nationale Sachverständige zur Kommission abgestellt wurden.

Mit ausdrücklicher vorheriger Zustimmung des betreffenden Mitgliedstaats kann die Kommission Bedienstete anderer Mitgliedstaaten als Beobachter heranziehen. Die Kommission stellt sicher, dass diese

Bediensteten die in Absatz 3 dieses Artikels genannten Vorschriften einhalten.

(2) Bei den Kontrollen der traditionellen Eigenmittel und der MwSt.-basierten Eigenmittel gemäß Artikel 2 Absätze 3 bzw. 4 beachten die Kontrollbeauftragten die für die Beamten des betreffenden Mitgliedstaats geltenden Vorschriften. Sie haben das Berufsgeheimnis nach Maßgabe von Absatz 3 dieses Artikels zu wahren.

Für die Zwecke der Kontrollen der BNE-Eigenmittel nach Artikel 2 Absatz 5 hat die Kommission die innerstaatlichen Rechtsvorschriften über die statistische Geheimhaltung zu beachten.

Ein Kontrollbeauftragter darf sich erforderlichenfalls mit den Abgabepflichtigen in Verbindung setzen, allerdings nur im Rahmen der Kontrollen der traditionellen Eigenmittel und nur über die zuständigen Behörden, deren Verfahren für die Erhebung der Eigenmittel Gegenstand der Kontrolle sind.

(3) Für die Informationen, die gemäß dieser Verordnung – in welcher Form auch immer – erteilt oder erlangt werden, gelten das Berufsgeheimnis und der Schutz der entsprechenden Informationen gemäß dem innerstaatlichen Recht des Mitgliedstaats, in dem sie eingeholt wurden, und gemäß den entsprechenden Vorschriften, die auf die Organe der Union Anwendung finden.

Diese Informationen dürfen anderen Personen als denjenigen, die aufgrund ihrer Aufgaben in den Organen der Union oder in den Mitgliedstaaten von ihnen Kenntnis erhalten müssen, weder mitgeteilt noch zu anderen Zwecken als in dieser Verordnung vorgesehen verwendet werden, es sei denn, der Mitgliedstaat, in dem die Informationen eingeholt wurden, hat zuvor seine Zustimmung hierzu erteilt.

Die Unterabsätze 1 und 2 gelten für Beamte und sonstige Bedienstete der Union sowie für abgeordnete nationale Sachverständige.

(4) Die Kommission trägt dafür Sorge, dass die Kontrollbeauftragten und sonstigen Personen, die unter ihrer Aufsicht tätig sind, die Richtlinie 95/46/EG des Europäischen Parlaments und des Rates[1)], die Verordnung (EG) Nr. 45/2001 des Europäischen Parlaments und des Rates[2)] sowie sonstige Bestimmungen der Union und der Mitgliedstaaten über den Schutz personenbezogener Daten beachten.

Art. 4 Vorbereitung und Durchführung von Kontrollen. (1) Die Kommission benachrichtigt den Mitgliedstaat, in dem die Kontrolle stattfinden soll, rechtzeitig über die geplante Durchführung einer Kon-

---

[1)] Richtlinie 95/46/EG des Europäischen Parlaments und des Rates vom 24. Oktober 1995 zum Schutz natürlicher Personen bei der Verarbeitung personenbezogener Daten und zum freien Datenverkehr (ABl. L 281 vom 23. 11. 1995, S. 31).

[2)] Verordnung (EG) Nr. 45/2001 des Europäischen Parlaments und des Rates vom 18. Dezember 2000 zum Schutz natürlicher Personen bei der Verarbeitung personenbezogener Daten durch die Organe und Einrichtungen der Gemeinschaft und zum freien Datenverkehr (ABl. L 8 vom 12. 1. 2001, S. 1).

trolle und teilt die Gründe hierfür mit. Zu der Kontrolle können Bedienstete des betroffenen Mitgliedstaats hinzugezogen werden.

(2) Bei Kontrollen der traditionellen Eigenmittel, zu denen die Kommission gemäß Artikel 2 Absatz 3 hinzugezogen wird, und bei Kontrollen der MwSt.-basierten Eigenmittel gemäß Artikel 2 Absatz 4 ist die vom betreffenden Mitgliedstaat bestimmte Dienststelle für die Arbeitsorganisation und die Beziehungen zu den von der Kontrolle betroffenen Dienststellen zuständig.

(3) Vor-Ort-Kontrollen der traditionellen Eigenmittel gemäß Artikel 2 Absatz 3 Buchstabe d werden von den Kontrollbeauftragten durchgeführt. Für die Arbeitsorganisation und die Beziehungen zu den in die Prüfung involvierten Dienststellen bzw. Abgabepflichtigen stellen die Kontrollbeauftragten vor jeglicher Vor-Ort-Kontrolle geeignete Kontakte zu den vom betreffenden Mitgliedstaat benannten Beamten her. Bei dieser Art der Kontrolle ist dem schriftlichen Auftrag ein Dokument beizufügen, aus dem Ziel und Zweck der Kontrolle hervorgehen.

(4) Kontrollen der BNE-Eigenmittel gemäß Artikel 2 Absatz 5 werden von den Kontrollbeauftragten durchgeführt. Für die Arbeitsorganisation stellen diese Beauftragten die geeigneten Kontakte zu den zuständigen Behörden der Mitgliedstaaten her.

(5) Die Mitgliedstaaten stellen sicher, dass die für die Feststellung, Erhebung und Bereitstellung der Eigenmittel verantwortlichen Dienststellen oder Einrichtungen sowie die von ihnen mit der Durchführung der Kontrolle beauftragten Behörden den Kontrollbeauftragten die für die Erfüllung ihrer Aufgabe erforderliche Unterstützung gewähren.

Für die Zwecke der Vor-Ort-Kontrollen der traditionellen Eigenmittel gemäß Artikel 2 Absatz 3 Buchstabe d teilen die betreffenden Mitgliedstaaten der Kommission rechtzeitig Namen und Dienststellung der Personen mit, die an den Kontrollen teilnehmen und den Kontrollbeauftragten die für die Erfüllung ihrer Aufgabe erforderliche Unterstützung gewähren sollen.

(6) Die Ergebnisse der Kontrollen nach Artikel 2, mit Ausnahme der Kontrollen der von den Mitgliedstaaten nach Maßgabe des Artikels 2 Absatz 3 Buchstaben a und b durchgeführten Kontrollen, werden dem betreffenden Mitgliedstaat binnen drei Monaten auf geeignetem Wege mitgeteilt. Der Mitgliedstaat nimmt hierzu binnen drei Monaten nach Erhalt des Berichts Stellung. Die Kommission kann den Mitgliedstaat jedoch durch hinreichend begründeten Antrag auffordern, zu einzelnen Punkten innerhalb eines Monats nach Erhalt des Berichts Stellung zu nehmen. Der betreffende Mitgliedstaat muss diesem Antrag nicht entsprechen; er muss in diesem Falle jedoch in einer Mitteilung begründen, warum er der Aufforderung der Kommission nicht nachkommt.

Im Anschluss daran werden die Ergebnisse und Stellungnahmen nach Unterabsatz 1 samt dem zusammenfassenden Bericht, der im Zusammenhang mit den Kontrollen der MwSt.-basierten Eigenmittel erstellt wird, allen Mitgliedstaaten zur Kenntnis gebracht.

Wird bei den Vor-Ort-Kontrollen oder den gemeinsamen Kontrollen der traditionellen Eigenmittel festgestellt, dass die Angaben der an die Kommission übermittelten Eigenmittel-Übersichten oder -Erklärungen geändert oder korrigiert werden müssen und die entsprechenden Korrekturen in einer aktuellen Übersicht oder Erklärung auszuweisen sind, so sind die relevanten Änderungen darin durch geeignete Anmerkungen zu kennzeichnen.

Art. 5 Mitteilung von Betrugsfällen und Unregelmäßigkeiten, die Ansprüche auf traditionelle Eigenmittel betreffen. (1) Für die traditionellen Eigenmittel gemäß Artikel 2 Absatz 1 Buchstabe a des Beschlusses 2014/335/EU, Euratom übermitteln die Mitgliedstaaten der Kommission binnen zwei Monaten nach Ablauf eines jeden Vierteljahres eine Beschreibung der aufgedeckten Betrugsfälle und Unregelmäßigkeiten, die Ansprüche von über 10 000 EUR betreffen.

Die Mitgliedstaaten übermitteln innerhalb der in Unterabsatz 1 genannten Frist eine Übersicht über den Stand der Betrugsfälle und Unregelmäßigkeiten, die der Kommission bereits mitgeteilt wurden und für die zuvor noch kein Vermerk betreffend Einziehung, Annullierung oder Nichteinziehung existierte.

(2) Die Kommission legt die Einzelheiten für die in Absatz 1 genannten Beschreibungen in Durchführungsrechtsakten fest. Diese Durchführungsrechtsakte werden gemäß dem in Artikel 7 Absatz 2 genannten Beratungsverfahren erlassen.

(3) Die Kommission nimmt eine Zusammenfassung der Beschreibungen nach Absatz 1 dieses Artikels in ihren Bericht gemäß Artikel 325 Absatz 5 AEUV auf.

Art. 6 Mitteilung der Mitgliedstaaten über die von ihnen durchgeführten Kontrollen der traditionellen Eigenmittel.

(1) Die Mitgliedstaaten übermitteln der Kommission einen detaillierten Jahresbericht über ihre Kontrollen in Bezug auf traditionelle Eigenmittel, in dem sie die jeweiligen Ergebnisse, allgemeinen Angaben und Grundsatzfragen zu den wichtigsten Problemen mitteilen, die – insbesondere durch strittige Fälle – bei der Anwendung der einschlägigen Bestimmungen zur Durchführung des Beschlusses 2014/335/EU, Euratom aufgeworfen werden. Diese Berichte werden der Kommission bis zum 1. März des Jahres, das auf das betreffende Haushaltsjahr folgt, übermittelt. Die Kommission verfasst auf Grundlage dieser Berichte einen zusammenfassenden Bericht, der allen Mitgliedstaaten zur Kenntnis gebracht wird.

(2) Die Kommission erlässt Durchführungsrechtsakte zur Festlegung der Form der in Absatz 1 dieses Artikels genannten Jahresberichte der Mitgliedstaaten. Diese Durchführungsrechtsakte werden gemäß dem in Artikel 7 Absatz 2 genannten Beratungsverfahren erlassen.

(3) Die Kommission berichtet dem Europäischen Parlament und dem Rat alle drei Jahre über das Funktionieren des in Artikel 3 genannten Kontrollsystems für traditionelle Eigenmittel gemäß Artikel 2 Absatz 3.

Kapitel III. Ausschuss und Schlussbestimmungen

Art. 7 Ausschussverfahren. (1) Die Kommission wird von dem Beratenden Ausschuss für Eigenmittel (BAEM) unterstützt. Dieser Ausschuss ist ein Ausschuss im Sinne der Verordnung (EU) Nr. 182/2011.

(2) Wird auf diesen Absatz Bezug genommen, so gilt Artikel 4 der Verordnung (EU) Nr. 182/2011.

Art. 8 Schlussbestimmungen. Die Verordnung (EG, Euratom) Nr. 1026/1999 wird aufgehoben.

Verweise auf die aufgehobene Verordnung und auf die Bestimmungen der Verordnung (EG, Euratom) Nr. 1150/2000, aufgehoben durch die Verordnung (EU, Euratom) Nr. 609/2014 des Rates[1]), gelten als Verweise auf die vorliegende Verordnung nach der Entsprechungstabelle im Anhang zu dieser Verordnung.

Art. 9 Inkrafttreten. Diese Verordnung tritt am Tag des Inkrafttretens des Beschlusses 2014/335/EU, Euratom in Kraft. Sie gilt ab dem 1. Januar 2014.

Diese Verordnung ist in allen ihren Teilen verbindlich und gilt unmittelbar in jedem Mitgliedstaat.

Anhang

Entsprechungstabelle

Verordnung (EG, Euratom) Nr. 1026/1999	Verordnung (EG, Euratom) Nr. 1150/2000	Diese Verordnung
	Artikel 1 bis Artikel 6 Absatz 4	–
	Artikel 6 Absatz 5	Artikel 5 Absatz 1
	Artikel 7 bis 12	–
	Artikel 15	Artikel 1 Absatz 1
	Artikel 16 Absätze 1 und 2	Artikel 1 Absatz 2

1) Verordnung (EU, Euratom) Nr. 609/2014 des Rates vom 26. Mai 2014 zur Festlegung der Methoden und Verfahren für die Bereitstellung der traditionellen, der MwSt.- und der BNE-Eigenmittel sowie der Maßnahmen zur Bereitstellung der erforderlichen Kassenmittel (siehe Seite 39 dieses Amtsblatts).

Verordnung (EG, Euratom) Nr. 1026/1999	Verordnung (EG, Euratom) Nr. 1150/2000	Diese Verordnung
	Artikel 16 Absatz 3	–
	Artikel 17 Absätze 1 bis 4	–
–	–	Artikel 2 Absatz 1
–	–	Artikel 2 Absatz 2
	Artikel 17 Absatz 5 Sätze 1, 2 und 4	Artikel 6 Absatz 1
	Artikel 17 Absatz 5 Satz 3	Artikel 5 Absatz 3
	Artikel 18 Absatz 1	Artikel 2 Absatz 3 Buchstabe a
	Artikel 18 Absatz 2 Unterabsatz 1 Buchstabe a	Artikel 2 Absatz 3 Buchstabe b Sätze 1 und 2
	Artikel 18 Absatz 2 Unterabsatz 1 Buchstabe b	Artikel 2 Absatz 3 Buchstabe c Satz 1
	Artikel 18 Absatz 2 Unterabsatz 2 Satz 1	Artikel 2 Absatz 3 Buchstabe d Satz 3
	Artikel 18 Absatz 2 Unterabsatz 2 Satz 2	Artikel 2 Absatz 3 Buchstabe c Satz 2
	Artikel 18 Absatz 2 Unterabsatz 3 Buchstabe a	Artikel 2 Absatz 3 Buchstabe b Satz 3
	Artikel 18 Absatz 2 Unterabsatz 3 Buchstabe b	Artikel 4 Absatz 6 Unterabsatz 3
	Artikel 18 Absatz 3 Satz 1	Artikel 2 Absatz 3 Buchstabe d Satz 1
	Artikel 18 Absatz 3 Satz 2	Artikel 2 Absatz 3 Buchstabe d Satz 2
	Artikel 18 Absatz 3 Sätze 3 und 4	Artikel 4 Absatz 1
–	–	Artikel 2 Absatz 3 Buchstabe d Satz 2
	Artikel 18 Absatz 4	Artikel 2 Absatz 3 Buchstabe e
	Artikel 18 Absatz 5	Artikel 6 Absatz 3
–	–	Artikel 2 Absatz 4
	Artikel 19 Sätze 1 und 2	Artikel 2 Absatz 5 Buchstabe a

Verordnung (EG, Euratom) Nr. 1026/1999	Verordnung (EG, Euratom) Nr. 1150/2000	Diese Verordnung
–	–	Artikel 2 Absatz 5 Buchstabe b
–	–	Artikel 2 Absatz 6
Artikel 1 Absatz 1		Artikel 3 Absatz 1 Unterabsatz 1
Artikel 1 Absatz 2		Artikel 3 Absatz 1 Unterabsatz 3
Artikel 1 Absatz 3		Artikel 3 Absatz 1 Unterabsatz 4
Artikel 2 Absätze 1 und 2		–
Artikel 2 Absatz 3 Satz 1		Artikel 3 Absatz 1 Unterabsatz 2
Artikel 2 Absatz 3 Satz 2		Artikel 4 Absatz 3 Satz 3
Artikel 3 Absatz 1 Buchstaben a und b		Artikel 3 Absatz 2 Unterabsatz 1
	Artikel 19 Satz 3	Artikel 3 Absatz 2 Unterabsatz 2
Artikel 3 Absatz 1 Buchstabe c		Artikel 3 Absatz 2 Unterabsatz 3
Artikel 3 Absatz 2 Buchstabe a		Artikel 4 Absatz 2
Artikel 3 Absatz 2 Buchstabe b		Artikel 4 Absatz 3 Sätze 1 und 2
Artikel 3 Absatz 2 Buchstabe c		Artikel 4 Absatz 4
Artikel 4		Artikel 4 Absatz 5
Artikel 5 Absätze 1 und 2		Artikel 3 Absatz 3
Artikel 5 Absatz 3		Artikel 3 Absatz 4
Artikel 6		Artikel 4 Absatz 6 Unterabsätze 1 und 2
Artikel 7		–
Artikel 8		–
	Artikel 20 bis 23	–
–	–	Artikel 5 Absatz 2
–	–	Artikel 6 Absatz 2
	–	Artikel 7
–	–	Artikel 8
–	–	Artikel 9

230. Verordnung (EU) 2019/788 des Europäischen Parlaments und des Rates vom 17. April 2019 über die Europäische Bürgerinitiative[1)]

Vom 17. April 2019

(ABl. Nr. L 130/55 v. 17.5.2019 ber. ABl. Nr. L 334/168 v. 27.12.2019 und ABl. Nr. L 424/60 v. 15.12.2020)

DAS EUROPÄISCHE PARLAMENT UND DER RAT DER EUROPÄISCHEN UNION –

gestützt auf den Vertrag über die Arbeitsweise der Europäischen Union, insbesondere auf Artikel 24,

auf Vorschlag der Europäischen Kommission,

nach Zuleitung des Entwurfs des Gesetzgebungsakts an die nationalen Parlamente,

nach Stellungnahme des Europäischen Wirtschafts- und Sozialausschusses[2)],

nach Stellungnahme des Ausschusses der Regionen[3)],

gemäß dem ordentlichen Gesetzgebungsverfahren[4)],

in Erwägung nachstehender Gründe:

(1) Mit dem Vertrag über die Europäische Union (EUV) wird die Unionsbürgerschaft geschaffen. Ähnlich wie das Recht, das dem Europäischen Parlament gemäß Artikel 225 des Vertrags über die Arbeitsweise der Europäischen Union (AEUV) und dem Rat gemäß Artikel 241 AEUV eingeräumt wird, wird für Unionsbürger (im Folgenden „Bürger") mit der Europäischen Bürgerinitiative das Recht begründet, sich direkt mit der Aufforderung an die Europäische Kommission zu wenden, einen Vorschlag für einen Rechtsakt der Union zur Umsetzung der Verträge zu unterbreiten. Durch die Europäische Bürgerinitiative wird somit die demokratische Funktionsweise der Union verbessert, indem die Bürger am demokratischen und politischen Leben der Union beteiligt werden. Wie aus der Gestaltung von Artikel 11 EUV und Artikel 24 AEUV deutlich wird, sollte die Europäische Bürgerinitiative im Zusammenhang mit anderen Instrumenten gesehen werden, mit deren Hilfe die Bürger die Organe der Union auf bestimmte Themen hinweisen können, wobei diese Instrumente insbesondere den Dialog mit repräsentativen Verbänden und der Zivilgesellschaft, Ab-

---

1) Diese VO hebt m. W. v. 1.1.2020 die (Vorgänger-)VO 211/2011 auf (vgl. Art. 26 VO). Zu Übergangsbestimmungen vgl. Art. 27 VO.

2) **[Amtl. Anm.:]** ABl. C 237 vom 6.7.2018, S. 74.

3) **[Amtl. Anm.:]** ABl. C 247 vom 13.7.2018, S. 62.

4) **[Amtl. Anm.:]** Standpunkt des Europäischen Parlaments vom 12. März 2019 (noch nicht im Amtsblatt veröffentlicht) und Beschluss des Rates vom 9. April 2019.

stimmungen mit den betroffenen Parteien, Petitionen und Anträge an den Bürgerbeauftragten umfassen.

(2) Die Verordnung (EU) Nr. 211/2011 des Europäischen Parlaments und des Rates[1] legte die Regeln und Verfahren für die Europäische Bürgerinitiative fest und wurde durch die Durchführungsverordnung (EU) Nr. 1179/2011 der Kommission[2] ergänzt.

(3) Die Kommission wies in ihrem Bericht über die Anwendung der Verordnung (EU) Nr. 211/2011 vom 31. März 2015 auf eine Reihe von Fragen im Zusammenhang mit der Durchführung der genannten Verordnung hin und sagte zu, die Auswirkungen dieser Fragen auf die Wirksamkeit des Instruments der Europäischen Bürgerinitiative weiter zu analysieren und sein Funktionieren zu verbessern.

(4) Das Europäische Parlament forderte die Kommission in seiner Entschließung vom 28. Oktober 2015 zur Europäischen Bürgerinitiative[3] und seinem Entwurf eines legislativen Initiativberichts vom 26. Juni 2017[4] auf, die Verordnung (EU) Nr. 211/2011 und die Durchführungsverordnung (EU) Nr. 1179/2011 zu überprüfen.

(5) Die vorliegende Verordnung zielt darauf ab, die Europäische Bürgerinitiative für Organisatoren und Teilnehmer zugänglicher, unbürokratischer und leichter handhabbar zu gestalten und ihre Weiterbehandlung zu verbessern, damit sie ihr Potenzial als Instrument zur Förderung der öffentlichen Debatte voll entfalten kann. Auf diesem Wege sollte auch die Beteiligung möglichst vieler Bürger am demokratischen Beschlussfassungsverfahren der Union ermöglicht werden.

(6) Um diese Ziele zu verwirklichen, sollten die Verfahren und Bedingungen für die Europäische Bürgerinitiative wirksam, transparent, klar, einfach, nutzerfreundlich, für Menschen mit Behinderungen zugänglich und dem Wesen dieses Instruments angemessen sein. Sie sollten einen vernünftigen Ausgleich zwischen Rechten und Pflichten schaffen und sollten sicherstellen, dass die Kommission gültige Initiativen angemessen prüft und entsprechend darauf reagiert.

(7) Es ist angebracht, ein Mindestalter für die Unterstützung einer Initiative festzusetzen. Dieses Mindestalter sollte dem Alter entsprechen, das zur Ausübung des aktiven Wahlrechts bei Wahlen zum Europäischen Parlament berechtigt. Um die Beteiligung der jungen Bürger am demokratischen Leben der Union zu erhöhen und so das Potenzial der Europäischen Bürgerinitiative als Instrument der partizipativen Demokratie voll auszuschöpfen, sollten die Mitgliedstaaten, die es für geboten erachten, das Mindestalter für die Unterstützung einer Initia-

---

[1] **[Amtl. Anm.:]** Verordnung (EU) Nr. 211/2011 des Europäischen Parlaments und des Rates vom 16. Februar 2011 über die Bürgerinitiative (ABl. L 65 vom 11.3.2011, S. 1).

[2] **[Amtl. Anm.:]** Durchführungsverordnung (EU) Nr. 1179/2011 der Kommission vom 17. November 2011 zur Festlegung der technischen Spezifikationen für Online-Sammelsysteme gemäß der Verordnung (EU) Nr. 211/2011 des Europäischen Parlaments und des Rates über die Bürgerinitiative (ABl. L 301 vom 18.11.2011, S. 3).

[3] **[Amtl. Anm.:]** ABl. C 355 vom 20.10.2017, S. 17.

[4] **[Amtl. Anm.:]** 2017/2024 (INL).

tive auf 16 Jahre festsetzen können und die Kommission entsprechend unterrichten. Die Kommission sollte die Funktionsweise der Europäischen Bürgerinitiative auch im Hinblick auf das Mindestalter für die Unterstützung von Initiativen regelmäßig überprüfen. Den Mitgliedstaaten wird nahegelegt, gemäß ihren einzelstaatlichen Rechtsvorschriften die Festlegung des Mindestalters auf 16 Jahre in Betracht zu ziehen.

(8) Gemäß Artikel 11 Absatz 4 EUV kann die Kommission von Bürgern, deren Anzahl mindesten eine Million betragen und bei denen es sich um Staatsangehörige einer erheblichen Anzahl von Mitgliedstaaten handeln muss, aufgefordert werden, im Rahmen ihrer Befugnisse Vorschläge zu Themen zu unterbreiten, zu denen es nach Ansicht jener Bürger eines Rechtsakts der Union bedarf, um die Verträge umzusetzen.

(9) Um sicherzustellen, dass eine Initiative eine Sache von unionsweitem Interesse betrifft, und gleichzeitig dafür zu sorgen, dass das Instrument weiterhin leicht zu handhaben ist, sollte festgelegt werden, dass es sich bei den teilnehmenden Bürgern um Staatsangehörige aus mindestens einem Viertel der Mitgliedstaaten handeln muss.

(10) Um zu gewährleisten, dass eine Initiative repräsentativ ist und dass ähnliche Bedingungen für die Unterstützung einer Initiative herrschen, ist es ebenfalls angebracht, die Mindestzahl der Unterzeichner aus jedem dieser Mitgliedstaaten festzulegen. Die in den einzelnen Mitgliedstaaten erforderliche Mindestzahl an Unterzeichnern sollte nach dem Prinzip der degressiven Proportionalität festgelegt werden und der Anzahl der im jeweiligen Mitgliedstaat gewählten Mitglieder des Europäischen Parlaments, multipliziert mit der Gesamtzahl der Mitglieder des Europäischen Parlaments, entsprechen.

(11) Damit Europäische Bürgerinitiativen verstärkt auf Inklusion ausgerichtet sind und einen höheren Bekanntheitsgrad erlangen, können die Organisatoren bei ihren Tätigkeiten zur Bekanntmachung und Verbreitung einer Initiative Sprachen verwenden, die keine Amtssprachen der Organe der Union sind, aber gemäß der verfassungsmäßigen Ordnung der Mitgliedstaaten Amtssprache in ihrem gesamten Hoheitsgebiet oder einem Teil davon sind.

(12) Zu den personenbezogenen Daten, die in Anwendung dieser Verordnung verarbeitet werden, können zwar auch sensible Daten gehören, doch ist es aufgrund des Charakters der Europäischen Bürgerinitiative als Instrument der partizipativen Demokratie gerechtfertigt, die Bereitstellung personenbezogener Daten im Zusammenhang mit der Unterstützung einer Initiative zu verlangen und diese Daten in *dem erforderlichen* Umfang zu verarbeiten, um die Unterstützungsbekundungen gemäß den einzelstaatlichen Rechtsvorschriften und der einzelstaatlichen Praxis überprüfen zu können.

(13) Um die Zugänglichkeit der Europäischen Bürgerinitiative zu verbessern, sollte die Kommission Bürgern und Organisatorengruppen vor allem zu den Aspekten der vorliegenden Verordnung, die in ihre Zuständigkeit fallen, Informationen zur Verfügung stellen und Unterstützung, auch praktischer Art, bieten. Zur Vervollständigung die-

ser Informationen und der entsprechenden Unterstützung sollte die Kommission auch eine Online-Kooperationsplattform zur Verfügung stellen, die als spezielles Diskussionsforum dient und unabhängige Unterstützung, Informationen und Rechtsberatung zur Europäischen Bürgerinitiative bietet. Die Plattform sollte Bürgern, Organisatorengruppen, Organisationen und externen Sachverständigen, die mit der Organisation Europäischer Bürgerinitiativen vertraut sind, offenstehen. Die Plattform sollte für Menschen mit Behinderungen zugänglich sein.

(14) Damit Organisatorengruppen ihre Initiative während des gesamten Verfahrens verwalten können, sollte die Kommission ein Online-Register (im Folgenden „Register") für die Europäische Bürgerinitiative zur Verfügung stellen. Um dafür zu sorgen, dass alle Initiativen bekannter werden und transparent sind, sollte das Register mit einer öffentlich zugänglichen Internetseite flankiert werden, die umfassende allgemeine Informationen zu dem Instrument der Europäischen Bürgerinitiative sowie aktuelle Informationen zu einzelnen Initiativen, ihrem Status und den angegebenen Quellen der Unterstützung und Finanzierung bieten, wobei sich diese Informationen auf die von der Organisatorengruppe übermittelten Angaben stützen.

(15) Um Bürgernähe zu gewährleisten und für die Europäische Bürgerinitiative zu sensibilisieren, sollten die Mitgliedstaaten eine oder mehrere Kontaktstellen in ihrem jeweiligen Hoheitsgebiet einrichten, um die Bürger über die Europäische Bürgerinitiative zu informieren und darin zu unterstützen. Diese Informationen und diese Unterstützung sollten insbesondere die Aspekte der vorliegenden Verordnung betreffen, für deren Umsetzung die nationalen Behörden in den Mitgliedstaten verantwortlich sind oder die die geltenden einzelstaatlichen Rechtsvorschriften betreffen, weshalb diese Behörden am besten geeignet sind, Bürger und Organisatorengruppen über diese Aspekte zu informieren und zu unterstützen. Die Mitgliedstaaten sollten, falls angezeigt, Synergien mit Diensten anstreben, die Unterstützung bei der Anwendung vergleichbarer nationaler Instrumente bieten. Die Kommission, einschließlich ihrer Vertretungen in den Mitgliedstaaten, sollte eine enge Zusammenarbeit mit den nationalen Kontaktstellen bei diesen Informations- und Unterstützungstätigkeiten sicherstellen, wozu gegebenenfalls auch Kommunikationstätigkeiten auf Unionsebene gehören können.

(16) Für die erfolgreiche Einleitung und Durchführung einer Bürgerinitiative ist eine minimale Organisationsstruktur erforderlich. Diese Struktur sollte die Form einer Organisatorengruppe haben, die sich aus natürlichen Personen, die in mindestens sieben verschiedenen Mitgliedstaaten ihren Wohnsitz haben, zusammensetzt und die Aufgabe hat, bestimmte Fragen europaweit zu thematisieren und das Nachdenken darüber zu fördern. Im Interesse der Transparenz und einer reibungslosen und effizienten Kommunikation sollte die Organisatorengruppe einen Vertreter benennen, der während der gesamten Dauer des Verfahrens als Bindeglied zwischen der Organisatorengruppe und den Organen der Union dient. Die Organisatorengruppe sollte die

Möglichkeit haben, nach Maßgabe der einzelstaatlichen Rechtsvorschriften eine juristische Person zu schaffen, die die jeweilige Initiative verwaltet. Für die Zwecke dieser Verordnung sollte die Organisatorengruppe als diese juristische Person gelten.

(17) Fragen der Haftung und Sanktionen im Zusammenhang mit der Verarbeitung personenbezogener Daten werden zwar der Verordnung (EU) 2016/679 des Europäischen Parlaments und des Rates[1] unterliegen, doch haftet die Organisatorengruppe auch nach Maßgabe des geltenden einzelstaatlichen Rechts gesamtschuldnerisch für Schäden, die ihre Mitglieder bei der Organisation einer Initiative durch rechtswidrige und vorsätzlich oder grob fahrlässig begangene Handlungen verursacht. Die Mitgliedstaaten sollten sicherstellen, dass die Organisatorengruppe bei Verstößen gegen die vorliegende Verordnung geeigneten Sanktionen unterliegt.

(18) Um die Kohärenz und Transparenz der Initiativen zu gewährleisten und zu verhindern, dass Unterschriften für eine Initiative gesammelt werden, die die Bedingungen gemäß den Verträgen und dieser Verordnung nicht erfüllt, sollten Initiativen, die die in dieser Verordnung festgelegten Bedingungen erfüllen, vor Beginn der Sammlung von Unterstützungsbekundungen von der Kommission registriert werden. Die Kommission sollte die Registrierung unter uneingeschränkter Achtung der Begründungspflicht nach Artikel 296 Absatz 2 AEUV und gemäß dem in Artikel 41 der Charta der Grundrechte der Europäischen Union genannten allgemeinen Grundsatz der guten Verwaltung vornehmen.

(19) Um die Europäische Bürgerinitiative wirkungsvoll und zugänglicher zu machen, wobei der Tatsache Rechnung zu tragen ist, dass die für die Europäische Bürgerinitiative erforderlichen Verfahren und Bedingungen klar, einfach, nutzerfreundlich und verhältnismäßig sein müssen, und um sicherzustellen, dass möglichst viele Initiativen registriert werden, ist es angebracht, in Fällen, in denen eine Initiative nur teilweise die Registrierungsbedingungen nach dieser Verordnung erfüllt, die betreffende Initiative auch nur teilweise zu registrieren. Eine Initiative sollte dann teilweise registriert werden, wenn sie zum Teil offenkundig nicht außerhalb des Rahmens liegt, in dem die Kommission befugt ist, einen Vorschlag für einen Rechtsakt der Union vorzulegen, um die Verträge umzusetzen, und alle sonstigen Registrierungsbedingungen erfüllt. Es sollte für Klarheit und Transparenz bei dem Umfang der Registrierung gesorgt werden, und die potenziellen Unterzeichner sollten sowohl über den Umfang der Registrierung als auch *darüber informiert werden,* dass Unterstützungsbekundungen nur für den registrierten Teil der Initiative gesammelt werden. Die Kommission sollte die Organisatorengruppe hinreichend detailliert über die Gründe

---

[1] **[Amtl. Anm.:]** Verordnung (EU) 2016/679 des Europäischen Parlaments und des Rates vom 27. April 2016 zum Schutz natürlicher Personen bei der Verarbeitung personenbezogener Daten, zum freien Datenverkehr und zur Aufhebung der Richtlinie 95/46/EG (Datenschutz-Grundverordnung) (ABl. L 119 vom 4.5.2016, S. 1).

für ihre Entscheidung, eine Initiative nicht oder nur teilweise zu registrieren, sowie über alle möglichen gerichtlichen und außergerichtlichen Rechtsbehelfe, die der Organisatorengruppe zur Verfügung stehen, in Kenntnis setzen.

(20) Die Sammlung der Unterstützungsbekundungen sollte innerhalb einer bestimmten Frist erfolgen. Um zu gewährleisten, dass eine Initiative ihre Relevanz behält, und gleichzeitig der Schwierigkeit Rechnung zu tragen, unionsweit Unterstützungsbekundungen zu sammeln, sollte diese Frist nicht länger als zwölf Monate ab dem von der Organisatorengruppe festgelegten Beginn der Sammlung von Unterstützungsbekundungen sein. Die Organisatorengruppe sollte die Möglichkeit haben, innerhalb von sechs Monaten nach der Registrierung der Initiative den Tag für den Beginn der Sammlungsfrist auszuwählen. Die Organisatorengruppe sollte der Kommission den gewählten Tag spätestens zehn Arbeitstage vor diesem Tag mitteilen. Im Sinne der Koordinierung mit den nationalen Behörden sollte die Kommission die Mitgliedstaaten über den von der Organisatorengruppe mitgeteilten Tag unterrichten.

(21) Damit die Europäische Bürgerinitiative zugänglicher, unbürokratischer und für Organisatoren und Bürger leichter zu handhaben wird, sollte die Kommission ein zentrales System für die Online-Sammlung von Unterstützungsbekundungen einrichten und betreiben. Dieses System sollte der Organisatorengruppe kostenlos zur Verfügung gestellt werden und die für die Online-Sammlung erforderlichen technischen Merkmale, unter anderem für Hosting und Software, sowie die Zugänglichkeitsmerkmale aufweisen, mit denen sichergestellt wird, dass auch Bürger mit Behinderungen eine Initiative unterstützen können. Dieses System sollte gemäß dem Beschluss (EU, Euratom) 2017/46[1] eingerichtet und gepflegt werden.

(22) Bürger sollten die Möglichkeit haben, Initiativen online oder in Papierform zu unterstützen, indem sie lediglich die in Anhang III der vorliegenden Verordnung genannten personenbezogenen Daten bereitstellen. Die Mitgliedstaaten sollten die Kommission darüber informieren, ob sie in Teil A oder Teil B des Anhangs III aufgenommen werden wollen. Bürger, die das zentrale Online-Sammelsystem für eine Europäische Bürgerinitiative nutzen, sollten eine Initiative online durch Nutzung notifizierter elektronischer Identifizierungsmittel oder einer elektronischen Signatur im Sinne der Verordnung (EU) Nr. 910/2014 des Europäischen Parlaments und des Rates[2] unterstützen können.Die Kommission und die Mitgliedstaaten sollten die dazu erforderlichen technischen Merkmale gemäß der genannten Verordnung vorsehen.

[1] **[Amtl. Anm.:]** Beschluss (EU, Euratom) 2017/46 der Kommission vom 10. Januar 2017 über die Sicherheit von Kommunikations- und Informationssystemen in der Europäischen Kommission (ABl. L 6 vom 11.1.2017, S. 40).

[2] ***[Amtl. Anm.:]*** Verordnung (EU) Nr. 910/2014 des Europäischen Parlaments und des Rates vom 23. Juli 2014 über elektronische Identifizierung und Vertrauensdienste für elektronische Transaktionen im Binnenmarkt und zur Aufhebung der Richtlinie 1999/93/EG (ABl. L 257 vom 28.8.2014, S. 73).

Die Bürger sollten eine Unterstützungsbekundung nur einmal unterzeichnen.

(23) Um den Übergang zu dem neuen zentralen Online-Sammelsystem zu erleichtern, sollten Organisatorengruppen bis 31. Dezember 2022 weiterhin die Möglichkeit haben, ihr eigenes Online-System zur unionsweiten Sammlung einzurichten und über dieses System Unterstützungsbekundungen für Initiativen zu sammeln, die gemäß dieser Verordnung registriert wurden. Sie sollten für jede Initiative ein gesondertes individuelles Online-Sammelsystem nutzen. Die von einer Organisatorengruppe eingerichteten und betriebenen individuellen Online-Sammelsysteme sollten mit den technischen und sicherheitsspezifischen Funktionen ausgestattet sein, die erforderlich sind, um während des gesamten Verfahrens die Sicherheit der Datensammlung, -speicherung und -übertragung zu gewährleisten. Zu diesem Zweck sollte die Kommission in Zusammenarbeit mit den Mitgliedstaaten detaillierte technische Spezifikationen für Online-Sammelsysteme festlegen. Die Kommission sollte sich dabei von der Agentur der Europäischen Union für Netz- und Informationssicherheit (ENISA), die die Organe der Union bei der Entwicklung und Durchführung von Maßnahmen im Zusammenhang mit der Sicherheit von Netz- und Informationssystemen unterstützt, beraten lassen dürfen.

(24) Die Mitgliedstaaten sollten vor Beginn der Sammlung von Unterstützungsbekundungen die Übereinstimmung der von der Organisatorengruppe eingerichteten individuellen Online-Sammelsysteme mit den Anforderungen dieser Verordnung überprüfen und eine Konformitätsbescheinigung ausstellen. Die Zertifizierung der Online-Sammelsysteme sollte von der zuständigen nationalen Behörde des Mitgliedstaats durchgeführt werden, in dem die mittels der einzelnen Online-Sammelsysteme gesammelten Daten gespeichert werden. Unbeschadet der Befugnisse der nationalen Aufsichtsbehörden gemäß der Verordnung (EU) 2016/679 sollten die Mitgliedstaaten die nationalen Behörden benennen, die für die Zertifizierung der Systeme zuständig sind. Die Mitgliedstaaten sollten die von ihren jeweils zuständigen Behörden ausgestellten Bescheinigungen gegenseitig anerkennen.

(25) Sind bei einer Initiative Unterstützungsbekundungen in ausreichender Zahl eingegangen, so sollte jeder Mitgliedstaat die Überprüfung und Bescheinigung der von seinen Staatsangehörigen unterzeichneten Unterstützungsbekundungen veranlassen, um festzustellen, ob die erforderliche Mindestzahl von Unterzeichnern, die berechtigt sind, eine Europäischen Bürgerinitiative zu unterstützen, erreicht worden ist. Angesichts der Notwendigkeit zur Begrenzung des Verwaltungsaufwands für die Mitgliedstaaten sollte diese Überprüfung auf angemessene Weise, auch anhand von Stichproben, durchgeführt werden. Die Mitgliedstaaten sollten ein Dokument ausstellen, in dem die Zahl der gültigen Unterstützungsbekundungen bescheinigt wird.

(26) Wenn der Kommission eine Initiative vorgelegt wird, die von der erforderlichen Anzahl von Unterzeichnern unterstützt wird und den anderen Anforderungen der vorliegenden Verordnung entspricht,

sollte die Organisatorengruppe berechtigt sein, diese Initiative auf einer öffentlichen Anhörung auf der Ebene der Union vorzustellen, um die Teilnahme an Initiativen und die öffentliche Debatte über damit verbundenen Fragen zu fördern. Die öffentliche Anhörung sollte vom Europäischen Parlament innerhalb von drei Monaten nach der Einreichung der Initiative bei der Kommission veranstaltet werden. Das Europäische Parlament sollte für eine ausgewogene Vertretung der Interessen der relevanten Interessenträger, darunter der Zivilgesellschaft, der Sozialpartner und der Sachverständigen sorgen. Die Kommission sollte auf einer angemessenen Ebene vertreten sein. Der Rat, andere Organe und beratende Gremien der Union sowie betroffene Interessenträger sollten an der Anhörung teilnehmen können, damit deren integrativer Charakter garantiert und das mit ihr verbundene öffentliche Interesse gefördert wird.

(27) Das Europäische Parlament sollte als das Organ, in dem die Bürger auf Unionsebene unmittelbar vertreten sind, berechtigt sein, die Unterstützung für eine gültige Initiative nach deren Einreichung und im Anschluss an eine öffentliche Anhörung zu bewerten. Das Europäische Parlament sollte auch die Maßnahmen bewerten dürfen, die die Kommission aufgrund der Initiative ergriffen hat und die in einer Mitteilung aufgeführt werden.

(28) Um die wirksame Teilnahme der Bürger am demokratischen Leben in der Union zu gewährleisten, sollte die Kommission jede gültige Initiative prüfen und auf sie reagieren. Daher sollte die Kommission innerhalb von sechs Monaten nach Eingang der Initiative ihre rechtlichen und politischen Schlussfolgerungen sowie die von ihr beabsichtigten Maßnahmen darlegen. Die Kommission sollte auf klare, verständliche und detaillierte Weise die Gründe für ihr beabsichtigtes Vorgehen erläutern, auch dazu, ob sie als Reaktion auf die Initiative einen Vorschlag für einen Rechtsakt annehmen wird, und ebenfalls die Gründe angeben, falls sie nicht beabsichtigt, Maßnahmen zu ergreifen. Die Kommission sollte die Initiativen gemäß den in Artikel 41 der Charta der Grundrechte der Europäischen Union genannten allgemeinen Grundsätzen der guten Verwaltung prüfen.

(29) Um Transparenz bei ihrer Finanzierung und Unterstützung zu gewährleisten, sollte die Organisatorengruppe in der Zeit zwischen dem Tag der Registrierung und dem Tag der Einreichung ihrer Initiativen bei der Kommission regelmäßig aktualisierte und detaillierte Informationen über die Quellen der Finanzierung und Unterstützung ihrer Initiativen vorlegen. Diese Informationen sollten im Register und auf der öffentlich zugänglichen Internetseite über die Europäische Bürgerinitiative veröffentlicht werden. Die von den Organisatorengruppen abgegebene Erklärung über die Quellen der Finanzierung und Unterstützung sollte Angaben zu finanzieller Unterstützung, deren Umfang 500 EUR pro Sponsor überschreitet, sowie zu Organisationen enthalten, die die Organisatorengruppen ehrenamtlich unterstützen, wenn die entsprechende Unterstützung wirtschaftlich nicht messbar ist. Juristische Personen, insbesondere Organisationen, die gemäß den Verträgen

zur Herausbildung eines europäischen politischen Bewusstseins und zum Ausdruck des Willens der Bürger beitragen, sollten eine Bürgerinitiative fördern, finanzieren und unterstützen können, sofern das gemäß den Verfahren und Bedingungen dieser Verordnung erfolgt.

(30) Damit für umfassende Transparenz gesorgt wird, sollte die Kommission ein Kontaktformular im Rahmen des Registers und auf der öffentlich zugänglichen Internetseite über die Europäische Bürgerinitiative zur Verfügung stellen, um Bürgern die Möglichkeit zu eröffnen, Beschwerde über die Vollständigkeit und Richtigkeit der von den Organisatorengruppen angegebenen Quellen der Finanzierung und Unterstützung einzulegen. Die Kommission sollte befugt sein, im Zusammenhang mit den Beschwerden von den Organisatorengruppen zusätzliche Informationen anzufordern und erforderlichenfalls die Information über die angegebenen Quellen der Unterstützung und Finanzierung im Register zu aktualisieren.

(31) Für die Verarbeitung personenbezogener Daten gemäß der vorliegenden Verordnung gilt die Verordnung (EU) 2016/679. Dabei ist aus Gründen der Rechtssicherheit Folgendes angebracht: Zum einen sollte präzisiert werden, dass – im Zusammenhang mit der Verarbeitung personenbezogener Daten bei der Sammlung von Unterstützungsbekundungen, der Erfassung von E-Mail-Adressen und Daten zu den Sponsoren der Initiativen und zur Überprüfung und Bescheinigung von Unterstützungsbekundungen – der Vertreter der Organisatorengruppe oder gegebenenfalls die zur Verwaltung der Initiative geschaffene juristische Person und die zuständigen Behörden der Mitgliedstaaten als die für die Verarbeitung der Daten Verantwortlichen im Sinne der Verordnung (EU) 2016/679 gelten; zum anderen sollte die Höchstdauer für die Aufbewahrung personenbezogener Daten, die zum Zwecke einer Bürgerinitiative gesammelt werden, festgelegt werden. In ihrer Eigenschaft als die für die Verarbeitung Verantwortlichen sollten der Vertreter der Organisatorengruppe beziehungsweise die zur Verwaltung der Initiative geschaffene juristische Person und die zuständigen Behörden der Mitgliedstaaten alle geeigneten Maßnahmen treffen, um die Verpflichtungen gemäß der Verordnung (EU) 2016/679, insbesondere in Bezug auf die Rechtmäßigkeit der Verarbeitung und die Sicherheit der Verarbeitungsvorgänge, die Bereitstellung von Informationen und die Rechte der betroffenen Personen, zu erfüllen.

(32) Bei der Verarbeitung personenbezogener Daten durch die Kommission im Rahmen der Anwendung der vorliegenden Verordnung gilt die Verordnung (EU) 2018/1725 des Europäischen Parlaments und des Rates[1]. Es sollte präzisiert werden, dass die Kommission im Zusammenhang mit der Verarbeitung personenbezogener Daten im

---

[1] [12] [Amtl. Anm.:] Verordnung (EU) 2018/1725 des Europäischen Parlaments und des Rates vom 23. Oktober 2018 zum Schutz natürlicher Personen bei der Verarbeitung personenbezogener Daten durch die Organe, Einrichtungen und sonstigen Stellen der Union, zum freien Datenverkehr und zur Aufhebung der Verordnung (EG) Nr. 45/2001 und des Beschlusses Nr. 1247/2002/EG (ABl. L 295 vom 21.11.2018, S. 39).

Register, auf der Online-Kooperationsplattform, im zentralen Online-Sammelsystem und bei der Erfassung von E-Mail-Adressen als die für die Datenverarbeitung Verantwortliche im Sinne der Verordnung (EU) 2018/1725 gilt. Die Kommission sollte das zentrale Online-Sammelsystem, mit dem die Organisatorengruppen Unterstützungsbekundungen für ihre Initiativen online sammeln können, gemäß der vorliegenden Verordnung einrichten und betreiben. Die Kommission und der Vertreter der Organisatorengruppe oder gegebenenfalls die zur Verwaltung der Initiative geschaffene juristische Person sollten gemeinsam Verantwortliche im Sinne der Verordnung (EU) 2016/679 bei der Verarbeitung personenbezogener Daten im zentralen Online-Sammelsystem sein.

(33) Als Beitrag zur Förderung der aktiven Teilnahme der Bürger am politischen Leben der Union sollte die Kommission die Öffentlichkeit für die Europäische Bürgerinitiative – unter besonderer Nutzung digitaler Technologien und sozialer Medien – und im Rahmen der Maßnahmen zur Förderung der Unionsbürgerschaft und der Bürgerrechte sensibilisieren. Das Europäische Parlament sollte einen Beitrag zu den Kommunikationsaktivitäten der Kommission leisten.

(34) Um die Kommunikation mit den Unterzeichnern zu vereinfachen und sie über die Folgemaßnahmen zu informieren, die als Reaktion auf eine Initiative ergriffen werden, sollten die Kommission und die Organisatorengruppe die E-Mail-Adressen der Unterzeichner unter Achtung der Datenschutzbestimmungen sammeln können. Die Erfassung von E-Mail-Adressen sollte fakultativ sein und der ausdrücklichen Zustimmung der Unterzeichner unterliegen. Die E-Mail-Adressen sollten nicht in den Formularen für Unterstützungsbekundungen erfasst werden, und potenzielle Unterzeichner sollte darüber informiert werden, dass ihr Recht auf Unterstützung einer Initiative nicht von ihrer Zustimmung zur Erfassung ihrer E-Mail-Adressen abhängt.

(35) Um diese Verordnung an den künftigen Bedarf anzupassen, sollte der Kommission die Befugnis übertragen werden, gemäß Artikel 290 AEUV Rechtsakte zur Änderung der Anhänge dieser Verordnung zu erlassen. Es ist von besonderer Bedeutung, dass die Kommission im Zuge ihrer Vorbereitungsarbeit angemessene Konsultationen, auch auf der Ebene von Sachverständigen, durchführt, die mit den Grundsätzen in Einklang stehen, die in der Interinstitutionellen Vereinbarung vom 13. April 2016 über bessere Rechtsetzung[1)] niedergelegt wurden. Um insbesondere für eine gleichberechtigte Beteiligung an der Vorbereitung delegierter Rechtsakte zu sorgen, erhalten das Europäische Parlament und der Rat alle Dokumente zur gleichen Zeit wie die Sachverständigen der Mitgliedstaaten, und ihre Sachverständigen haben systematisch Zugang zu den Sitzungen der Sachverständigengruppen der Kommission, die mit der Vorbereitung der delegierten Rechtsakte *befasst sind.*

---

1) **[Amtl. Anm.:]** ABl. L 123 vom 12.5.2016, S. 1.

(36) Zur Gewährleistung einheitlicher Bedingungen für die Anwendung dieser Verordnung sollten der Kommission Durchführungsbefugnisse insbesondere zur Festlegung der technischen Spezifikationen für Online-Sammelsysteme gemäß dieser Verordnung übertragen werden. Diese Befugnisse sollten nach Maßgabe der Verordnung (EU) Nr. 182/2011 des Europäischen Parlaments und des Rates[1)] ausgeübt werden.

(37) Damit das grundlegende Ziel, die demokratische Funktionsweise der Europäischen Union zu verbessern, entsprechend dem Grundsatz der Verhältnismäßigkeit verwirklicht werden kann, ist es erforderlich und angemessen, Vorschriften für die Europäische Bürgerinitiative festzulegen. Die vorliegende Verordnung geht gemäß Artikel 5 Absatz 4 EUV nicht über das zur Verwirklichung dieses Ziels erforderliche Maß hinaus

(38) Diese Verordnung steht im Einklang mit den in der Charta der Grundrechte der Europäischen Union verankerten Grundrechten und Grundsätzen.

(39) Aus Gründen der Rechtssicherheit und Klarheit sollte die Verordnung (EU) Nr. 211/2011 aufgehoben werden.

(40) Der Europäische Datenschutzbeauftragte wurde gemäß Artikel 28 Absatz 2 der Verordnung (EG) Nr. 45/2001 des Europäischen Parlaments und des Rates[2)] angehört und hat am 19. Dezember 2017 offizielle Kommentare abgegeben –

HABEN FOLGENDE VERORDNUNG ERLASSEN:

Kapitel I. Allgemeine Bestimmungen

Art. 1. Gegenstand. Mit dieser Verordnung werden die Verfahren und Bedingungen für eine Initiative festgelegt, mit der die Kommission aufgefordert wird, im Rahmen ihrer Befugnisse geeignete Vorschläge zu Themen zu unterbreiten, zu denen es nach Ansicht von Bürgern eines Rechtsakts der Union bedarf, um die Verträge umzusetzen (im Folgenden „Europäische Bürgerinitiative" oder „Initiative").

Art. 2 Recht auf Unterstützung einer Europäischen Bürgerinitiative. (1) [1] Jeder Bürger, der das zur Ausübung des aktiven Wahlrechts bei Wahlen zum Europäischen Parlament erforderliche Mindestalter erreicht hat, hat das Recht, eine Initiative durch Unterzeichnung einer Unterstützungsbekundung gemäß der vorliegenden Verordnung zu unterstützen.

---

1) **[Amtl. Anm.:]** Verordnung (EU) Nr. 182/2011 des Europäischen Parlaments und des Rates vom 16. Februar 2011 zur Festlegung der allgemeinen Regeln und Grundsätze, nach denen die Mitgliedstaaten die Wahrnehmung der Durchführungsbefugnisse durch die Kommission kontrollieren (ABl. L 55 vom 28.2.2011, S. 13).

2) **[Amtl. Anm.:]** Verordnung (EG) Nr. 45/2001 des Europäischen Parlaments und des Rates vom 18. Dezember 2000 zum Schutz natürlicher Personen bei der Verarbeitung personenbezogener Daten durch die Organe und Einrichtungen der Gemeinschaft und zum freien Datenverkehr (ABl. L 8 vom 12.1.2001, S. 1).

[2] Die Mitgliedstaaten können gemäß ihren einzelstaatlichen Rechtsvorschriften das Mindestalter für die Unterstützung einer Initiative auf 16 Jahre festsetzen; in diesem Fall unterrichten sie die Kommission entsprechend.

(2) Die Mitgliedstaaten und die Kommission stellen gemäß dem geltenden Recht sicher, dass Personen mit Behinderungen ihr Recht auf Unterstützung von Initiativen wahrnehmen können und in gleicher Weise wie andere Bürger Zugang zu allen einschlägigen Quellen von Informationen über Initiativen haben.

Art. 3 Erforderliche Anzahl von Unterzeichnern. (1) Eine Initiative ist gültig, wenn

a) sie die Unterstützung von mindestens einer Million Bürger im Sinne von Artikel 2 Absatz 1 (im Folgenden „Unterzeichner") aus mindestens einem Viertel der Mitgliedstaaten erhalten hat und

b) in mindestens einem Viertel der Mitgliedstaaten die Anzahl der Unterzeichner zum Zeitpunkt der Registrierung der Initiative mindestens der in Anhang I genannten Mindestzahl, d.h. der Anzahl der in jedem Mitgliedstaat gewählten Mitglieder des Europäischen Parlaments, multipliziert mit der Gesamtzahl der Mitglieder des Europäischen Parlaments, entspricht.

(2) Für die Zwecke des Absatzes 1 wird ein Unterzeichner, ungeachtet des Orts der Unterzeichnung der Unterstützungsbekundung durch den Unterzeichner, in dem Mitgliedstaat gezählt, dessen Staatsangehörigkeit er besitzt.

Art. 4 Information und Unterstützung durch die Kommission und die Mitgliedstaaten. (1) [1] Die Kommission stellt Bürgern und Organisatorengruppen leicht zugängliche und umfassende Informationen über die Europäische Bürgerinitiative bereit und leistet ihnen dabei Unterstützung, indem sie sie unter anderem zu den einschlägigen Quellen der Information und Unterstützung weiterleitet.

[2] Die Kommission veröffentlicht einen Leitfaden zur Europäischen Bürgerinitiative sowohl online als auch auf Papier und in allen Amtssprachen der Organe der Union.

(2) [1] Die Kommission stellt kostenlos eine Online-Kooperationsplattform für die Europäische Bürgerinitiative zur Verfügung.

[2] Die Plattform bietet praktische und rechtliche Beratung und ein Forum für die Diskussion über die Europäische Bürgerinitiative, damit Bürger, Organisatorengruppen, Interessenträger, nichtstaatliche Organisationen, Sachverständige und andere Organe und Einrichtungen der Union, die daran teilnehmen möchten, Informationen und bewährte Verfahren austauschen können.

[3] Die Plattform muss für Personen mit Behinderungen zugänglich *sein.*

[4] Die Kosten für den Betrieb und die Pflege der Plattform gehen zulasten des Gesamthaushaltsplans der Europäischen Union.

(3) [1] Die Kommission stellt ein Online-Register zur Verfügung, das es den Organisatorengruppen ermöglicht, ihre Initiativen während des gesamten Verfahrens zu verwalten.

[5] Das Register umfasst eine öffentlich zugängliche Internetseite, auf der Informationen sowohl über die Europäische Bürgerinitiative im Allgemeinen als auch über einzelne Initiativen und ihren jeweiligen Status bereitgestellt werden.

[3] Die Kommission aktualisiert das Register regelmäßig und stellt in diesem Zusammenhang die von der Organisatorengruppe übermittelten Informationen bereit.

(4) [1] Nachdem die Kommission eine Initiative gemäß Artikel 6 registriert hat, veranlasst sie die Übersetzung des Inhalts der Initiative, einschließlich ihres Anhangs, in alle Amtssprachen der Organe der Union in dem in Anhang II vorgegebenen Rahmen zur Veröffentlichung im Register und Nutzung zur Sammlung von Unterstützungsbekundungen gemäß dieser Verordnung.

[2] [1]Die Organisatorengruppe kann überdies Übersetzungen zusätzlicher Informationen über die Initiative und erforderlichenfalls auch eines in Anhang II genannten und gemäß Artikel 6 Absatz 2 vorgelegten Entwurfs eines Rechtsakts in alle Amtssprachen der Organe der Union zur Verfügung stellen. [2]Für diese Übersetzungen ist die Organisatorengruppe verantwortlich. [3]Inhaltlich müssen die von der Organisatorengruppe bereitgestellten Übersetzungen der von der Organisatorengruppe gemäß Artikel 6 Absatz 2 vorgelegten Initiative entsprechen.

[3] Die Kommission stellt sicher, dass die gemäß Artikel 6 Absatz 2 übermittelten Informationen und die gemäß dem vorliegenden Absatz vorgelegten Übersetzungen im Register und auf der öffentlich zugänglichen Internetseite über die Europäische Bürgerinitiative veröffentlicht werden.

(5) Die Kommission entwickelt ein Datenaustauschsystem für die Übermittlung von Unterstützungsbekundungen an die zuständigen Behörden der Mitgliedstaaten gemäß Artikel 12 und macht es den Organisatorengruppen kostenlos zugänglich.

(6) Jeder Mitgliedstaat richtet eine oder mehrere Kontaktstellen ein, die die Organisatorengruppen gemäß dem geltenden Unionsrecht und dem geltenden einzelstaatlichen Recht bei der Einleitung einer Europäischen Bürgerinitiative durch Informationen und sonstige Hilfestellung kostenlos unterstützen.

Kapitel II. Verfahrensbestimmungen

Art. 5 Organisatorengruppe. (1) [1]Eine Initiative wird von einer Gruppe von mindestens sieben natürlichen Personen (im Folgenden „Organisatorengruppe") vorbereitet und verwaltet. [2]Mitglieder des

Europäischen Parlaments werden für die Zwecke dieser Mindestzahl nicht mitgerechnet.[1)]

(2) [1] Bei den Mitgliedern der Organisatorengruppe muss es sich um Bürger handeln, die zum Zeitpunkt der Registrierung der Initiative das zur Ausübung des aktiven Wahlrechts bei Wahlen zum Europäischen Parlament erforderliche Mindestalter erreicht haben; die Mitglieder der Gruppe müssen in mindestens sieben verschiedenen Mitgliedstaaten ansässig sein.

[2] Für jede Initiative veröffentlicht die Kommission die Namen aller Mitglieder der Organisatorengruppe im Register gemäß der Verordnung (EU) 2018/1725.

(3) [1] Die Organisatorengruppe ernennt zwei ihrer Mitglieder als Vertreter bzw. Stellvertreter, die während des gesamten Verfahrens als Bindeglieder zwischen der Organisatorengruppe und den Organen der Europäischen Union dienen und dazu ermächtigt werden, im Namen der Organisatorengruppe zu handeln (im Folgenden „Kontaktpersonen").

[2] Die Organisatorengruppe kann außerdem höchstens zwei weitere natürliche Personen aus der Mitte ihrer Mitglieder ernennen, die bevollmächtigt sind, während des gesamten Verfahrens im Namen der Kontaktpersonen zu handeln, um Kontakt mit den Organen der Union zu halten.

(4) [1] Während des gesamten Verfahrens teilt die Organisatorengruppe der Kommission jede Änderung ihrer Zusammensetzung mit und legt geeignete Nachweise dafür vor, dass die in den Absätzen 1 und 2 niedergelegten Anforderungen erfüllt sind. [2] Änderungen in der Zusammensetzung der Organisatorengruppe spiegeln sich in den Formularen für Unterstützungsbekundungen wider, und die Namen der Mitglieder und der ehemaligen Mitglieder der Organisatorengruppe bleiben während des gesamten Verfahrens im Register verfügbar.

(5) Unbeschadet der Haftung des Vertreters der Organisatorengruppe als für die Verarbeitung Verantwortlicher im Sinne von Artikel 82 Absatz 2 der Verordnung (EU) 2016/679 haften die Mitglieder einer Organisatorengruppe gemäß dem geltenden einzelstaatlichen Recht gesamtschuldnerisch für Schäden, die bei der Organisation einer Initiative durch rechtswidrige Handlungen entstehen, die vorsätzlich oder grob fahrlässig begangen wurden.

(6) Unbeschadet der Sanktionen nach Artikel 84 der Verordnung (EU) 2016/679 stellen die Mitgliedstaaten sicher, dass gegen die Mitglieder einer Organisatorengruppe gemäß dem einzelstaatlichen Recht wirksame, verhältnismäßige und abschreckende Sanktionen für Verstöße gegen die vorliegende Verordnung verhängt werden, insbesondere für:

[1)] Vgl. DurchführungsVO (EU) 2019/1799 der Kommission v. 22.10.2019 (ABl. Nr. L 274/3 v. 28.10.2019).

a) falsche Erklärungen,

b) Datenmissbrauch.

(7) Wurde eine juristische Person gemäß dem einzelstaatlichen Recht eines Mitgliedstaats speziell zur Verwaltung einer bestimmten Initiative geschaffen, so gilt diese juristische Person je nach Anwendbarkeit für die Zwecke der Absätze 5 und 6 des vorliegenden Artikels, des Artikels 6 Absatz 2 und Absätze 4 bis 7, der Artikel 7 bis 19 sowie der Anhänge II bis VII als die Organisatorengruppe bzw. als die Mitglieder der Organisatorengruppe, sofern das als ihr Vertreter benannte Mitglied der Organisatorengruppe dazu ermächtigt wird, im Namen der juristischen Person zu handeln.

Art. 6 Registrierung. (1) Mit der Sammlung von Unterstützungsbekundungen für eine Initiative kann erst nach der Registrierung der Initiative durch die Kommission begonnen werden.

(2) [1] Die Organisatorengruppe reicht den Antrag auf Registrierung über das Register bei der Kommission ein.

[2] Bei der Einreichung des Antrags unternimmt die Organisatorengruppe ebenfalls folgende Schritte:

a) Sie übermittelt die Informationen gemäß Anhang II in einer der Amtssprachen der Organe der Union.

b) Sie nennt, sofern eine solche Gruppe aus mehr als sieben Mitgliedern besteht, die sieben Mitglieder, die für die Zwecke von Artikel 5 Absätze 1 und 2 zu berücksichtigen sind.

c) Sie gibt gegebenenfalls an, dass eine juristische Person im Sinne von Artikel 5 Absatz 7 geschaffen wurde.

[3] Unbeschadet des Absatzes 4 des vorliegenden Artikels entscheidet die Kommission über den Antrag auf Registrierung innerhalb von zwei Monaten nach seiner Einreichung.

(3) [1] Die Kommission registriert die Initiative, sofern

a) die Organisatorengruppe geeignete Nachweise dafür vorgelegt hat, dass sie die Anforderungen des Artikels 5 Absätze 1 und 2 erfüllt und die Kontaktpersonen gemäß Artikel 5 Absatz 3 Unterabsatz 1 benannt hat,

b) in den Fällen des Artikels 5 Absatz 7 eine juristische Person speziell zum Zweck der Verwaltung der Initiative geschaffen wurde und das als Vertreter der Organisatorengruppe benannte Mitglied ermächtigt ist, im Namen der juristischen Person zu handeln,

c) kein Teil der Initiative offenkundig außerhalb des Rahmens liegt, in dem die Kommission befugt ist, einen Vorschlag für einen Rechtsakt der Union vorzulegen, um die Verträge umzusetzen,

d) die Initiative nicht offenkundig missbräuchlich, unseriös oder schikanös ist,

e) die Initiative nicht offenkundig gegen die Werte der Union, wie sie in Artikel 2 EUV festgeschrieben sind, oder gegen die in der Charta der Grundrechte der Europäischen Union verankerten Rechte verstößt.

[2] Zur Beurteilung, ob die Anforderungen der Buchstaben a bis e des vorliegenden Absatzes erfüllt sind, bewertet die Kommission die von der Organisatorengruppe gemäß Absatz 2 vorgelegten Informationen.

[3] Sind eine oder mehrere der Anforderungen des vorliegenden Absatzes, Unterabsatz 1 Buchstaben a bis e nicht erfüllt, so lehnt die Kommission unbeschadet des Absatzes 4 die Registrierung der Initiative ab.

(4) [1] Ist die Kommission der Ansicht, dass die Anforderungen des Absatzes 3 Unterabsatz 1 Buchstaben a, b, d und e erfüllt sind, die Anforderung des Absatzes 3 Unterabsatz 1 Buchstabe c jedoch nicht, so unterrichtet sie die Organisatorengruppe über ihre Bewertung und die Gründe dafür innerhalb eines Monats nach Einreichung des Antrags.

[2] [1] In einem solchen Fall kann die Organisatorengruppe entweder die Initiative ändern, um der Bewertung der Kommission Rechnung zu tragen und zu gewährleisten, dass die Initiative die Anforderung des Absatzes 3 Unterabsatz 1 Buchstabe c erfüllt, oder die ursprüngliche Initiative beibehalten oder zurückziehen. [2] Die Organisatorengruppe teilt der Kommission ihre Entscheidung innerhalb von zwei Monaten nach Erhalt der mit Gründen versehenen Bewertung der Kommission mit und legt gegebenenfalls Änderungen, der ursprünglichen Fassung der Initiative vor.

[3] Wenn die Organisatorengruppe ihre ursprüngliche Initiative gemäß Unterabsatz 2 dieses Absatzes ändert oder beibehält, so geht die Kommission wie folgt vor:

a) Sie registriert die Initiative, wenn diese die Anforderungen des Absatzes 3 Unterabsatz 1 Buchstabe c erfüllt.

b) Sie registriert die Initiative teilweise, wenn ein Teil der Initiative, einschließlich der wichtigsten Ziele, nicht offenkundig außerhalb des Rahmens liegt, in dem die Kommission befugt ist, einen Vorschlag für einen Rechtsakt der Union vorzulegen, um die Verträge umzusetzen.

c) In allen anderen Fällen lehnt sie die Initiative ab.

[4] Die Kommission entscheidet über den Antrag innerhalb eines Monats nach Erhalt der in Unterabsatz 2 dieses Absatzes genannten Informationen von der Organisatorengruppe.

(5) [1] Eine Initiative, die registriert worden ist, wird im Register veröffentlicht.

[2] Wird eine Initiative von der Kommission teilweise registriert, so veröffentlicht sie Informationen über den Umfang der Registrierung der Initiative im Register.

[3] In einem solchen Fall stellt die Organisatorengruppe sicher, dass potenzielle Unterzeichner über den Umfang der Registrierung der Initiative und auch darüber informiert werden, dass Unterstützungsbekundungen nur entsprechend dem Umfang der Registrierung gesammelt werden.

(6) Die Kommission registriert eine Initiative unter einer einheitlichen Registrierungsnummer und setzt die Organisatorengruppe davon in Kenntnis.

(7) [1] 1 Lehnt die Kommission eine Initiative ab oder registriert sie eine Initiative gemäß Absatz 4 nur teilweise, führt sie Gründe für ihre Entscheidung an und unterrichtet die Organisatorengruppe. 2 Ferner unterrichtet sie die Organisatorengruppe über alle möglichen gerichtlichen und außergerichtlichen Rechtsbehelfe, die der Organisatorengruppe zur Verfügung stehen.

[2] Die Kommission veröffentlicht alle Beschlüsse über Anträge auf Registrierung, die sie gemäß diesem Artikel annimmt, im Register und auf der öffentlich zugänglichen Internetseite über die Europäische Bürgerinitiative.

(8) Die Kommission unterrichtet das Europäische Parlament, den Rat, den Europäischen Wirtschafts- und Sozialausschuss und den Ausschuss der Regionen über die Registrierung einer Initiative.

Art. 7 Rücknahme einer Initiative. 1 Die Organisatorengruppe kann eine gemäß Artikel 6 registrierte Initiative jederzeit zurückziehen, bevor sie eine Initiative bei der Kommission gemäß Artikel 13 einreicht. 2 Die Rücknahme wird im Register öffentlich bekannt gemacht.

Art. 8 Sammlungsfrist. (1) [1] 1 Alle Unterstützungsbekundungen werden unbeschadet des Artikels 11 Absatz 6 innerhalb einer Frist von höchstens zwölf Monaten ab dem von der Organisatorengruppe gewählten Tag (im Folgenden „Sammlungsfrist") gesammelt. 2 Dieser Tag darf höchstens sechs Monate nach dem Tag der Registrierung der Initiative gemäß Artikel 6 liegen.

[2] Die Organisatorengruppe teilt der Kommission den gewählten Tag spätestens zehn Arbeitstage vor diesem Tag mit.

[3] Will die Organisatorengruppe während des Sammlungszeitraums die Sammlung von Unterstützungsbekundungen vor Ablauf der Sammlungsfrist beenden, so setzt sie die Kommission spätestens zehn Arbeitstage vor dem neuen Tag, der für den Ablauf der Sammlungsfrist ausgewählt wurde, von dieser Absicht in Kenntnis.

[4] Die Kommission teilt den Mitgliedstaaten den in Unterabsatz 1 genannten Tag mit.

(2) Die Kommission gibt das Datum des Beginns und des Endes der Sammlungsfrist im Register an.

(3) Die Kommission stellt den Betrieb des zentralen Online-Sammelsystems gemäß Artikel 10 und die Organisatorengruppe den Betrieb des individuellen Online-Sammelsystems gemäß Artikel 11 an dem Tag ein, an dem die Sammlungsfrist endet.

Art. 9 Verfahren zur Sammlung von Unterstützungsbekundungen. (1) Unterstützungsbekundungen können in Papierform oder online unterzeichnet werden.

(2) [1] Nur Formulare, die den Mustern in Anhang III entsprechen, dürfen zur Sammlung von Unterstützungsbekundungen verwendet werden.

[2] 1 Die Organisatorengruppe füllt die in Anhang III bestimmten Formulare aus, bevor sie mit der Sammlung von Unterstützungsbekundungen beginnt. 2 Die in den Formularen angegebenen Informationen müssen den im Register enthaltenen Informationen entsprechen.

[3] Entscheidet sich die Organisatorengruppe dafür, die Unterstützungsbekundungen online über das zentrale Online-Sammelsystem gemäß Artikel 10 zu sammeln, so ist die Kommission für die Bereitstellung der entsprechenden Formulare gemäß Anhang III zuständig.

[4] 1 Wurde eine Initiative gemäß Artikel 6 Absatz 4 teilweise registriert, so tragen die Formulare in Anhang III bzw. das zentrale Online-Sammelsystem bzw. jedes individuelle Online-Sammelsystem der Organisatorengruppe dem Umfang der Registrierung der Initiative Rechnung. 2 Die Formulare für Unterstützungsbekundungen können zum Zwecke der Online-Sammlung oder der Sammlung in Papierform angepasst werden.

[5] 1 Annex III findet keine Anwendung in den Fällen, in denen Bürger eine Initiative über das in Artikel 10 genannte zentrale Online-Sammelsystem mithilfe ihrer in Artikel 10 Absatz 4 dieser Verordnung genannten notifizierten elektronischen Identifizierungsmittel im Sinne der Verordnung (EU) Nr. 910/2014 unterstützen. 2 Bürger geben ihre Staatsangehörigkeit an, und die Mitgliedstaaten akzeptieren den Mindestdatensatz einer natürlichen Person gemäß der Durchführungsverordnung (EU) 2015/1501 der Kommission[1)].

(3) Von einer Person, die eine Unterstützungsbekundung unterzeichnet, wird lediglich verlangt, die personenbezogenen Daten gemäß Anhang III bereitzustellen.

(4) [1] 1 Die Mitgliedstaaten teilen der Kommission bis zum 30. Juni 2019 mit, ob sie in Anhang III Teil A oder Teil B aufgenommen werden wollen. 2 Die Mitgliedstaaten, die in Anhang III Teil B aufgenommen werden wollen, nennen die darin genannte(n) Art(en) der

1) **[Amtl. Anm.:]** Durchführungsverordnung (EU) 2015/1501 der Kommission vom 8. September 2015 über den Interoperabilitätsrahmen gemäß Artikel 12 Absatz 8 der Verordnung (EU) Nr. 910/2014 des Europäischen Parlaments und des Rates über elektronische Identifizierung und Vertrauensdienste für elektronische Transaktionen im Binnenmarkt (ABl. L 235 vom 9.9.2015, S. 1).

persönlichen Identifikationsnummer bzw. der Nummer eines persönlichen Ausweispapiers.

[2] Die Kommission veröffentlicht bis zum 1. Januar 2020 die Formulare gemäß Anhang III dieser Verordnung im Register.

[3] [1]Ein Mitgliedstaat, der in einen der Teile des Anhangs III aufgenommen wurde, kann bei der Kommission beantragen, in den jeweils anderen Teil des Anhangs III aufgenommen zu werden. [2]Er setzt die Kommission mindestens sechs Monate vor dem Tag, ab dem die neuen Formulare gelten, davon in Kenntnis.

(5) Die Organisatorengruppe ist für die Sammlung der in Papierform unterzeichneten Unterstützungsbekundungen zuständig.

(6) Eine Person darf eine Unterstützungsbekundung für eine bestimmte Initiative nur einmal unterzeichnen.

(7) [1] Während der Sammlungsfrist teilt die Organisatorengruppe der Kommission mindestens alle zwei Monate die Anzahl der in jedem Mitgliedstaat gesammelten Unterstützungsbekundungen mit; die endgültige Anzahl teilt sie innerhalb von drei Monaten nach Ablauf der Sammlungsfrist zur Veröffentlichung im Register mit.

[2] Wird die erforderliche Anzahl von Unterstützungsbekundungen nicht erreicht, oder erhält die Kommission keine Mitteilung der Organisatorengruppe innerhalb von drei Monaten nach Ablauf der Sammlungsfrist, so schließt die Kommission die Initiative und veröffentlicht eine Bekanntmachung darüber im Register.

Art. 10 Zentrales Online-Sammelsystem. (1) [1] Zum Zwecke der Online-Sammlung von Unterstützungsbekundungen richtet die Kommission bis zum 1. Januar 2020 ein zentrales Online-Sammelsystem gemäß dem Beschluss (EU, Euratom) 2017/46 ein und nimmt es zu diesem Zeitpunkt in Betrieb.

[2] [1]Die Kosten für die Einrichtung und den Betrieb des Online-Sammelsystems gehen zulasten des Gesamthaushaltsplans der Europäischen Union. [2]Die Nutzung des zentralen Online-Sammelsystems ist kostenlos.

[3] Das zentrale Online-Sammelsystem muss für Personen mit Behinderungen zugänglich sein.

[4] Die über das zentrale Online-Sammelsystem erfassten Daten werden auf Servern gespeichert, die von der Kommission zu diesem Zweck zur Verfügung gestellt werden.

[5] Das zentrale Online-Sammelsystem ermöglicht das Hochladen von in Papierform gesammelten Unterstützungsbekundungen.

(2) Für jede Initiative stellt die Kommission sicher, dass Unterstützungsbekundungen während der gesamten Sammlungsfrist gemäß Artikel 8 über das zentrale Sammelsystem gesammelt werden können.

(3) [1] Spätestens zehn Arbeitstage vor Beginn der Sammlungsfrist setzt die Organisatorengruppe die Kommission davon in Kenntnis, ob

sie die Absicht hat, das zentrale Online-Sammelsystem zu nutzen und in Papierform gesammelte Unterstützungsbekundungen hochzuladen.

[2] Beabsichtigt eine Organisatorengruppe das Hochladen von in Papierform gesammelten Unterstützungsbekundungen, so lädt sie sämtliche in Papierform gesammelten Unterstützungsbekundungen spätestens zwei Monate nach Ablauf der Sammlungsfrist hoch und setzt die Kommission davon in Kenntnis.

(4) Die Mitgliedstaaten stellen sicher, dass

a) Bürger die Möglichkeit haben, Initiativen online mittels Unterstützungsbekundungen durch Nutzung notifizierter elektronischer Identifizierungsmittel oder durch die Unterzeichnung einer Unterstützungsbekundung mit einer elektronischen Signatur im Sinne der Verordnung (EU) Nr. 910/2014 zu unterstützen,

b) der im Rahmen der Verordnung (EU) Nr. 910/2014 und der Durchführungsverordnung (EU) 2015/1501 entwickelte e-IDAS-Knotenpunkt der Kommission anerkannt ist.

(5) Die Kommission konsultiert die Interessenträger zu weiteren Entwicklungen und Verbesserungen des zentralen Online-Sammelsystems und trägt ihren Vorschlägen und Bedenken Rechnung.

Art. 11 Individuelle Online-Sammelsysteme. (1) [1] Macht eine Organisatorengruppe vom zentralen Online-Sammelsystem keinen Gebrauch, so kann sie über ein anderes individuelles Online-Sammelsystem (im Folgenden „individuelles Online-Sammelsystem") Unterstützungsbekundungen in mehreren oder allen Mitgliedstaaten online sammeln.

[2] Die über ein individuelles Online-Sammelsystem erfassten Daten werden im Hoheitsgebiet eines Mitgliedstaats gespeichert.

(2) Die Organisatorengruppe stellt sicher, dass das individuelle Online-Sammelsystem während der gesamten Sammlungsfrist die Anforderungen gemäß Absatz 4 des vorliegenden Artikels und gemäß Artikel 18 Absatz 3 erfüllt.

(3) [1] Nach der Registrierung der Initiative und vor Beginn der Sammlungsfrist sowie unbeschadet der Befugnisse der nationalen Aufsichtsbehörden gemäß Kapitel VI der Verordnung (EU) 2016/679 beantragt die Organisatorengruppe bei der zuständigen Behörde des Mitgliedstaats, in dem die über das individuelle Online-Sammelsystem erfassten Daten gespeichert werden sollen, eine Bescheinigung, dass dieses System die Anforderungen des Absatzes 4 des vorliegenden Artikels erfüllt.

[2] [1] Erfüllt ein individuelles Online-Sammelsystem die Anforderungen des Absatzes 4 des vorliegenden Artikels, so stellt die zuständige Behörde eine entsprechende Bescheinigung nach dem Muster in Anhang IV innerhalb eines Monats nach dem Antrag aus. [2] Die Organisatorengruppe veröffentlicht eine Kopie dieser Bescheinigung

auf der für das individuelle Online-Sammelsystem genutzten Internetseite.

[3] Die Mitgliedstaaten erkennen die von den zuständigen Behörden anderer Mitgliedstaaten ausgestellten Bescheinigungen an.

(4) Individuelle Online-Sammelsysteme müssen über hinreichende Sicherheits- und sonstige technische Merkmale verfügen, um zu gewährleisten, dass während der gesamten Sammlungsfrist

a) nur natürliche Personen in der Lage sind, eine Unterstützungsbekundung zu unterzeichnen,
b) die bereitgestellten Informationen über die Initiative mit den im Register veröffentlichten Informationen übereinstimmen,
c) die Daten von Unterzeichnern gemäß Anhang III erfasst werden und
d) die von den Unterzeichnern bereitgestellten Daten sicher gesammelt und gespeichert werden.

(5) [1] [1] Die Kommission erlässt bis zum 1. Januar 2020 Durchführungsrechtsakte, die die technischen Spezifikationen für die Umsetzung von Absatz 4 des vorliegenden Artikels festlegen. [2] Diese Durchführungsrechtsakte werden gemäß dem Ausschussverfahren gemäß Artikel 22 erlassen.

[2] Die Kommission kann sich bei der Entwicklung der in Unterabsatz 1 genannten technischen Spezifikationen von der Agentur der Europäischen Union für Netz- und Informationssicherheit (ENISA) beraten lassen.

(6) Werden Unterstützungsbekundungen über ein individuelles Online-Sammelsystem gesammelt, so darf die Sammlungsfrist erst beginnen, nachdem für dieses System eine Bescheinigung gemäß Absatz 3 ausgestellt wurde.

(7) Der vorliegende Artikel gilt nur für Initiativen, die gemäß Artikel 6 bis zum 31. Dezember 2022 registriert werden.

Art. 12 Überprüfung und Bescheinigung von Unterstützungsbekundungen durch die Mitgliedstaaten. (1) Jeder Mitgliedstaat überprüft die von seinen Staatsangehörigen unterzeichneten Unterstützungsbekundungen und bescheinigt, dass sie den Bestimmungen dieser Verordnung entsprechen (im Folgenden „zuständiger Mitgliedstaat").

(2) [1] Innerhalb von drei Monaten nach Ablauf der Sammlungsfrist legt die Organisatorengruppe unbeschadet des Absatzes 3 des vorliegenden Artikels die in Papierform oder online gesammelten Unterstützungsbekundungen den in Artikel 20 Absatz 2 genannten zuständigen Behörden des zuständigen Mitgliedstaats vor.

[2] Die Organisatorengruppe legt den zuständigen Behörden die Unterstützungsbekundungen nur dann vor, wenn die Mindestzahl der Unterzeichner gemäß Artikel 3 erreicht wurde.

[3] Die Unterstützungsbekundungen werden jeder zuständigen Behörde im zuständigen Mitgliedstaat nur einmal unter Verwendung des Formulars in Anhang V vorgelegt.

[4] Online gesammelte Unterstützungsbekundungen werden in einem elektronischen Format vorgelegt, das von der Kommission öffentlich zugänglich gemacht wird.

[7] Unterstützungsbekundungen, die in Papierform und solche, die über ein individuelles Online-Sammelsystem gesammelt wurden, werden gesondert vorgelegt.

(3) [1] Die Kommission übermittelt sowohl die online über das zentrale Online-Sammelsystem gesammelten als auch die in Papierform gesammelten und gemäß Artikel 10 Absatz 3 hochgeladenen Unterstützungsbekundungen an die zuständige Behörde des zuständigen Mitgliedstaats, sobald die Organisatorengruppe das Formular in Anhang V der zuständigen Behörde des zuständigen Mitgliedstaats gemäß Absatz 2 des vorliegenden Artikels vorgelegt hat.

[2] Hat eine Organisatorengruppe Unterstützungsbekundungen über ein individuelles Online-Sammelsystem gesammelt, so kann sie die Kommission ersuchen, diese Unterstützungsbekundungen der zuständigen Behörde des zuständigen Mitgliedstaats zu übermitteln.

[3] Die Kommission übermittelt die Unterstützungsbekundungen gemäß Absatz 2 Unterabsätze 2 bis 4 des vorliegenden Artikels unter Nutzung des Datenaustauschsystems gemäß Artikel 4 Absatz 5.

(4) [1] Binnen drei Monaten nach Eingang der Unterstützungsbekundungen überprüfen die zuständigen Behörden diese auf angemessene Weise, gegebenenfalls anhand von Stichproben, gemäß den einzelstaatlichen Rechtsvorschriften und der einzelstaatlichen Praxis.

[2] Werden online und in Papierform gesammelte Unterstützungsbekundungen getrennt übermittelt, so beginnt diese Frist nach Eingang aller Unterstützungsbekundungen bei der zuständigen Behörde.

[3] Eine Authentifizierung der Unterschriften ist für die Zwecke der Überprüfung der in Papierform gesammelten Unterstützungsbekundungen nicht erforderlich.

(5) [1] [1]Auf der Grundlage der durchgeführten Überprüfungen bescheinigt die zuständige Behörde die Anzahl der gültigen Unterstützungsbekundungen für den jeweiligen Mitgliedstaat. [2]Diese Bescheinigung wird der Organisatorengruppe kostenlos unter Verwendung des Musters in Anhang VI übermittelt.

[2] In der Bescheinigung wird die Anzahl der gültigen in Papierform und online gesammelten Unterstützungsbekundungen, einschließlich jener, die in Papierform gesammelt und gemäß Artikel 10 Absatz 3 Unterabsatz 2 hochgeladen wurden, angegeben.

Art. 13 Einreichung bei der Kommission. [1] Innerhalb von drei Monaten nach Erhalt der letzten in Artikel 12 Absatz 5 genannten Bescheinigung reicht die Organisatorengruppe die Initiative bei der Kommission ein.

[2] Die Organisatorengruppe füllt das Formular in Anhang VII aus und reicht es zusammen mit Kopien – in Papierform oder in elektronischer Form – der in Artikel 12 Absatz 5 genannten Bescheinigungen ein.

[3] Das Formular in Anhang VII wird von der Kommission im Register öffentlich zugänglich gemacht.

Art. 14 Veröffentlichung und öffentliche Anhörung. (1) Erhält die Kommission eine gültige Initiative, bei der die Unterstützungsbekundungen gemäß den Artikeln 8 bis 12 gesammelt und bescheinigt wurden, so veröffentlicht sie unverzüglich eine Mitteilung darüber im Register und übermittelt die Initiative an das Europäische Parlament, den Rat, den Europäischen Wirtschafts- und Sozialausschuss, den Ausschuss der Regionen und die nationalen Parlamente.

(2) [1] Innerhalb von drei Monaten nach Einreichung der Initiative erhält die Organisatorengruppe die Möglichkeit, die Initiative in einer vom Europäischen Parlament veranstalteten öffentlichen Anhörung vorzustellen.

[2] Das Europäische Parlament richtet die öffentliche Anhörung in seinen Räumlichkeiten aus.

[3] Die Kommission wird bei der Anhörung auf geeigneter Ebene vertreten.

[4] Der Rat, Vertreter anderer Organe und beratender Gremien der Union, der nationalen Parlamente und der Zivilgesellschaft erhalten Gelegenheit, an der Anhörung teilzunehmen.

[5] Das Europäische Parlament sorgt für eine ausgewogene Vertretung der einschlägigen öffentlichen und privaten Interessen.

(3) Nach der Anhörung bewertet das Europäische Parlament, inwieweit die Initiative politisch unterstützt wird.

Art. 15 Prüfung durch die Kommission. (1) Innerhalb eines Monats nach der Einreichung der Initiative gemäß Artikel 13 empfängt die Kommission die Organisatorengruppe auf geeigneter Ebene, damit die Organisatorengruppe die Ziele der Initiative im Einzelnen erläutern kann.

(2) [1] Binnen sechs Monaten nach der Veröffentlichung der Initiative gemäß Artikel 14 Absatz 1 und nach der öffentlichen Anhörung gemäß Artikel 14 Absatz 2 legt die Kommission in einer Mitteilung ihre rechtlichen und politischen Schlussfolgerungen zu der Initiative sowie ihr weiteres Vorgehen bzw. den Verzicht auf ein weiteres Vorgehen und die jeweiligen Gründe hierfür dar.

[2] Beabsichtigt die Kommission, auf die Initiative hin tätig zu werden, gegebenenfalls einschließlich der Annahme eines Vorschlages oder mehrerer Vorschläge für einen Rechtsakt der Union, so wird in der Mitteilung auch der für diese Maßnahmen vorgesehene Zeitplan festgelegt.

[3] Die Mitteilung wird der Organisatorengruppe sowie dem Europäischen Parlament, dem Rat, dem Europäischen Wirtschafts- und Sozialausschuss und dem Ausschuss der Regionen übermittelt und veröffentlicht.

(3) [1] Die Kommission und die Organisatorengruppe unterrichten die Unterzeichner über die Reaktion auf die Initiative gemäß Artikel 18 Absätze 2 und 3.

[2] Die Kommission stellt im Register und auf der öffentlich zugänglichen Internetseite über die Europäische Bürgerinitiative aktuelle Informationen über die Umsetzung der Maßnahmen zur Verfügung, die in der als Reaktion auf die Initiative erlassenen Mitteilung genannt werden.

Art. 16 Weiterbehandlung erfolgreicher Bürgerinitiativen durch das Europäische Parlament. Das Europäische Parlament bewertet die Maßnahmen, die die Kommission infolge ihrer Mitteilung gemäß Artikel 15 Absatz 2 ergreift.

Kapitel III. Sonstige Bestimmungen

Art. 17 Transparenz. (1) [1] Die Organisatorengruppe stellt zur Veröffentlichung im Register und gegebenenfalls auf ihrer Internetseite klare, präzise und umfassende Informationen über die Quellen der Finanzierung der Initiative bereit, deren Umfang 500 EUR pro Sponsor überschreitet.

[2] Die angegebenen Quellen der Finanzierung und Unterstützung, einschließlich der Sponsoren, und die entsprechenden Beträge müssen eindeutig erkennbar sein.

[3] Die Organisatorengruppe legt außerdem die Bezeichnungen der Organisationen vor, von denen sie ehrenamtlich unterstützt wird, sofern diese Unterstützung wirtschaftlich nicht messbar ist.

[4] [1]Diese Informationen werden ab dem Tag der Eintragung in das Register bis zu dem Tag, an dem die Initiative bei der Kommission gemäß Artikel 13 eingereicht wird, mindestens alle zwei Monate aktualisiert. [2]Sie werden von der Kommission in klarer und verständlicher Form im Register und auf der öffentlich zugänglichen Internetseite über die Europäische Bürgerinitiative veröffentlicht.

(2) Die Kommission ist befugt, von den Organisatorengruppen zusätzliche Informationen und Erläuterungen zu den gemäß dieser Verordnung angegebenen Quellen der Finanzierung und Unterstützung anzufordern.

(3) [1] Die Kommission eröffnet Bürgern die Möglichkeit, Be*schwerde über* die Vollständigkeit und Richtigkeit der von den Organisatorengruppen angegebenen Quellen der Finanzierung und Unterstützung einzulegen, und veröffentlicht zu diesem Zweck ein

Kontaktformular im Rahmen des Registers und auf der öffentlich zugänglichen Internetseite über die Europäische Bürgerinitiative.

[2] Die Kommission kann von der Organisatorengruppe alle zusätzlichen Informationen in Zusammenhang mit Beschwerden, die gemäß diesem Absatz eingegangen sind, anfordern und gegebenenfalls im Register die Informationen über die angegebenen Quellen der Finanzierung und Unterstützung aktualisieren.

Art. 18 Öffentlichkeitsarbeit. (1) [1] Die Kommission sensibilisiert durch Kommunikationsmaßnahmen und Informationskampagnen die Öffentlichkeit für die Europäische Bürgerinitiative sowie für deren Ziele und Funktionsweise und fördert so die aktive Teilnahme der Bürger am politischen Leben in der Union.

[2] Das Europäische Parlament trägt zu den Kommunikationsmaßnahmen der Kommission bei.

(2) [1] Für Kommunikations- und Informationszwecke im Zusammenhang mit der betreffenden Initiative und vorbehaltlich der ausdrücklichen Zustimmung der Unterzeichner, können deren E-Mail-Adressen von einer Organisatorengruppe oder von der Kommission erfasst werden.

[2] Potenzielle Unterzeichner sind davon in Kenntnis zu setzen, dass ihr Recht auf Unterstützung einer Initiative nicht von ihrer Zustimmung zur Erfassung ihrer E-Mail-Adressen abhängt.

(3) [1] E-Mail-Adressen dürfen nicht in den Formularen für Unterstützungsbekundungen erfasst werden. [2] Sie können jedoch gleichzeitig mit den Unterstützungsbekundungen erfasst werden, sofern sie getrennt verarbeitet werden.

Art. 19 Schutz personenbezogener Daten. (1) [1] Der Vertreter der Organisatorengruppe ist für die Verarbeitung personenbezogener Daten bei der Sammlung von Unterstützungsbekundungen und der Erfassung von E-Mail-Adressen und Informationen über die Sponsoren der Initiative der für die Datenverarbeitung Verantwortliche im Sinne der Verordnung (EU) 2016/679. [2] Wird die in Artikel 5 Absatz 7 der vorliegenden Verordnung genannte juristische Person geschaffen, so ist diese für die Verarbeitung der Daten verantwortlich.

(2) Die gemäß Artikel 20 Absatz 2 der vorliegenden Verordnung benannten zuständigen Behörden sind für die Verarbeitung personenbezogener Daten zur Überprüfung und Bescheinigung von Unterstützungsbekundungen die für die Datenverarbeitung Verantwortlichen im Sinne der Verordnung (EU) 2016/679.

(3) Die Kommission ist für die Verarbeitung personenbezogener Daten im Register, auf der Online-Kooperationsplattform, im zentralen Online-Sammelsystem gemäß Artikel 10 der vorliegenden Verordnung und bei der Erfassung von E-Mail-Adressen die für die Datenverarbeitung Verantwortliche im Sinne der Verordnung (EU) 2018/1725.

(4) Die personenbezogenen Daten in den Formularen für Unterstützungsbekundungen werden für die Zwecke der Maßnahmen erfasst, die für eine sichere Datenerfassung und -speicherung nach den Artikeln 9 bis 11, für die Übermittlung an die Mitgliedstaaten, für die Überprüfung und Bescheinigung nach Artikel 12 und für die erforderlichen Qualitätsprüfungen und statistischen Analysen erforderlich sind.

(5) [1]Die Organisatorengruppe und gegebenenfalls die Kommission vernichten alle Unterstützungsbekundungen für eine Initiative und alle Kopien davon spätestens einen Monat nach Einreichung dieser Initiative bei der Kommission gemäß Artikel 13 bzw. spätestens 21 Monate nach dem Beginn der Sammlungsfrist, je nachdem, welcher Zeitpunkt früher liegt. [2]Wird eine Initiative nach dem Beginn der Sammlungsfrist zurückgezogen, so werden alle Unterstützungsbekundungen sowie etwaige Kopien davon spätestens einen Monat nach der Rücknahme gemäß Artikel 7 vernichtet.

(6) Die zuständige Behörde vernichtet alle Unterstützungsbekundungen sowie etwaige Kopien davon spätestens drei Monate nach Ausstellung der Bescheinigung nach Artikel 12 Absatz 5.

(7) [1]Unterstützungsbekundungen für eine bestimmte Initiative und Kopien davon dürfen über die in den Absätzen 5 und 6 genannten Fristen hinaus aufbewahrt werden, wenn das für die Zwecke der rechtlichen oder verwaltungstechnischen Vorgänge im Zusammenhang mit der betreffenden Initiative notwendig ist. [2]Sie werden spätestens einen Monat nach Abschluss der genannten Verfahren durch eine endgültige Beschlussfassung vernichtet.

(8) [1]Die Kommission und die Organisatorengruppe vernichten die Aufzeichnungen der gemäß Artikel 18 Absatz 2 erfassten E-Mail-Adressen jeweils spätestens einen Monat nach der Rücknahme einer Initiative oder zwölf Monate nach dem Ablauf der Sammlungsfrist oder der Einreichung der Initiative bei der Kommission. [2]Legt die Kommission in einer Mitteilung die Maßnahmen dar, die sie gemäß Artikel 15 Absatz 2 zu ergreifen beabsichtigt, werden die Aufzeichnungen der E-Mail-Adressen spätestens drei Jahre nach der Veröffentlichung der Mitteilung vernichtet.

(9) Unbeschadet ihrer Rechte gemäß der Verordnung (EU) 2018/1725 haben die Mitglieder der Organisatorengruppe das Recht, nach Ablauf von zwei Jahren ab dem Tag der Registrierung der jeweiligen Initiative die Löschung ihrer personenbezogenen Daten aus dem Register zu verlangen.

Art. 20 Zuständige Behörden in den Mitgliedstaaten. (1) Für die Zwecke des Artikels 11 benennen die Mitgliedstaaten eine oder mehrere Behörden, die für die Ausstellung der Bescheinigung nach Artikel 11 Absatz 3 zuständig sind.

(2) Für die Zwecke des Artikels 12 benennt jeder Mitgliedstaat eine zuständige Behörde, die für die Koordinierung der Überprüfung der Unterstützungsbekundungen sowie für die Ausstellung der Bescheinigungen nach Artikel 12 Absatz 5 zuständig ist.

(3) [1] 1 Bis zum 1. Januar 2020 übermitteln die Mitgliedstaaten der Kommission die Bezeichnungen und Anschriften der gemäß den Absätzen 1 und 2 benannten zuständigen Behörden. 2Sie unterrichten die Kommission über jede Änderung dieser Angaben.

[2] Die Kommission veröffentlicht die Bezeichnungen und Anschriften der gemäß den Absätzen 1 und 2 benannten Behörden im Register.

Art. 21 Mitteilung von einzelstaatlichen Vorschriften. (1) Bis zum 1. Januar 2020 teilt jeder Mitgliedstaat der Kommission die besonderen Bestimmungen mit, die er zur Umsetzung dieser Verordnung erlassen hat.

(2) Diese Bestimmungen werden von der Kommission in der jeweiligen Sprache der Mitteilung der Mitgliedstaaten nach Absatz 1 im Register veröffentlicht.

Kapitel IV. Delegierte Rechtsakte und Durchführungsrechtsakte

Art. 22 Ausschussverfahren. (1) 1 Für die Zwecke der Umsetzung von Artikel 11 Absatz 5 dieser Verordnung wird die Kommission von einem Ausschuss unterstützt. 2 Dieser Ausschuss ist ein Ausschuss im Sinne der Verordnung (EU) Nr. 182/2011.

(2) Wird auf diesen Absatz Bezug genommen, so gilt Artikel 5 der Verordnung (EU) Nr. 182/2011.

Art. 23 Übertragene Befugnisse. Die Kommission ist befugt, im Rahmen der für die Anhänge dieser Verordnung relevanten Bestimmungen dieser Verordnung delegierte Rechtsakte gemäß Artikel 24 zur Änderung dieser Anhänge zu erlassen.

Art. 24 Ausübung der Befugnisübertragung. (1) Die Befugnis zum Erlass delegierter Rechtsakte wird der Kommission unter den in diesem Artikel festgelegten Bedingungen übertragen.

(2) Die Befugnis zum Erlass delegierter Rechtsakte gemäß Artikel 23 wird der Kommission für einen Zeitraum von fünf Jahren ab dem 6. Juni 2019 übertragen.

(3) 1 Die Befugnisübertragung gemäß Artikel 23 kann vom Europäischen Parlament oder vom Rat jederzeit widerrufen werden. 2 Der Beschluss über den Widerruf beendet die Übertragung der in diesem Beschluss angegebenen Befugnis. 3 Er wird am Tag nach seiner Veröffentlichung im Amtsblatt der Europäischen Union oder zu einem im

Beschluss über den Widerruf angegebenen späteren Zeitpunkt wirksam. [4]Die Gültigkeit von delegierten Rechtsakten, die bereits in Kraft sind, wird von dem Beschluss über den Widerruf nicht berührt.

(4) Vor dem Erlass eines delegierten Rechtsakts konsultiert die Kommission die von den einzelnen Mitgliedstaaten benannten Sachverständigen im Einklang mit den in der Interinstitutionellen Vereinbarung vom 13. April 2016 über bessere Rechtsetzung enthaltenen Grundsätzen.

(5) Sobald die Kommission einen delegierten Rechtsakt erlässt, übermittelt sie ihn gleichzeitig dem Europäischen Parlament und dem Rat.

(6) [1]Ein delegierter Rechtsakt, der gemäß Artikel 23 erlassen wurde, tritt nur in Kraft, wenn weder das Europäische Parlament noch der Rat innerhalb einer Frist von zwei Monaten nach Übermittlung dieses Rechtsakts an das Europäische Parlament und den Rat Einwände erhoben haben oder wenn vor Ablauf dieser Frist das Europäische Parlament und der Rat beide der Kommission mitgeteilt haben, dass sie keine Einwände erheben werden. [2]Auf Initiative des Europäischen Parlaments oder des Rates wird diese Frist um zwei Monate verlängert.

Kapitel V. Schlussbestimmungen

Art. 25 Überprüfung. [1]Die Kommission überprüft regelmäßig das Funktionieren der Europäischen Bürgerinitiative und legt dem Europäischen Parlament und dem Rat spätestens am 1. Januar 2024 und anschließend alle vier Jahre einen Bericht über die Anwendung dieser Verordnung vor. [2]Diese Berichte thematisieren auch das für die Unterstützung Europäischer Bürgerinitiativen in den Mitgliedstaaten festgelegte Mindestalter. [3]Die Berichte werden veröffentlicht.

Art. 26 Aufhebung. [1] Die Verordnung (EU) Nr. 211/2011 wird mit Wirkung vom 1. Januar 2020 aufgehoben.

[2] Bezugnahmen auf die aufgehobene Verordnung gelten als Bezugnahmen auf die vorliegende Verordnung.

Art. 27 Übergangsbestimmungen. Die Artikel 5 bis 9 der Verordnung (EU) Nr. 211/2011 gelten auch nach dem 1. Januar 2020 für Europäische Bürgerinitiativen, die vor dem 1. Januar 2020 registriert wurden.

Art. 28 Inkrafttreten und Geltung. [1] Diese Verordnung tritt am *zwanzigsten* Tag nach ihrer Veröffentlichung im Amtsblatt der Europäischen Union in Kraft.

[2] Sie gilt ab dem 1. Januar 2020.

[3] Artikel 9 Absatz 4, Artikel 10, Artikel 11 Absatz 5 und die Artikel 20 bis 24 gelten jedoch bereits ab dem Inkrafttreten dieser Verordnung.

Diese Verordnung ist in allen ihren Teilen verbindlich und gilt unmittelbar in jedem Mitgliedstaat.

Anhang I. Mindestzahl der Unterzeichner pro Mitgliedstaat

Belgien	15 771
Bulgarien	12 767
Tschechien	15 771
Dänemark	9 763
Deutschland	72 096
Estland	4 506
Irland	8 261
Griechenland	15 771
Spanien	40 554
Frankreich	55 574
Kroatien	8 261
Italien	54 823
Zypern	4 506
Lettland	6 008
Litauen	8 261
Luxemburg	4 506
Ungarn	15 771
Malta	4 506
Niederlande	19 526
Österreich	13 518
Polen	38 301
Portugal	15 771
Rumänien	24 032
Slowenien	6 008
Slowakei	9 763
Finnland	9 763
Schweden	15 020
Vereinigtes Königreich	54 823

Anhang II. Für die Registrierung einer Initiative erforderliche Informationen

1. Bezeichnung der Initiative in höchstens 100 Zeichen;*);
2. Ziele der Initiative, in deren Zusammenhang die Kommission zum Tätigwerden aufgefordert wird, in höchstens 1100 Zeichen (Leerzeichen nicht eingerechnet); (bereinigter Mittelwert pro Sprache*);
   die Organisatorengruppe kann Informationen zu dem Gegenstand, den Zielen und dem Hintergrund der Initiative in einem Anhang mit höchstens 5000 Zeichen (Leerzeichen nicht eingerechnet) zur Verfügung stellen; (bereinigter Mittelwert pro Sprache*);
   die Organisatorengruppe kann zusätzliche Informationen zu dem Gegenstand, den Zielen und dem Hintergrund der Initiative zur Verfügung stellen. Sie kann, sofern sie es wünscht, ebenfalls einen Entwurf für einen Rechtsakt unterbreiten.
3. Vertragsvorschriften, die von der Organisatorengruppe als für die geplante Initiative relevant erachtet werden;
4. vollständige Namen, Postanschriften, Staatsangehörigkeiten und Geburtsdaten der sieben Mitglieder der Gruppe der in sieben verschiedenen Mitgliedstaaten wohnhaften Organisatoren, wobei insbesondere der Vertreter und dessen Stellvertreter der Gruppe anzugeben sind, sowie deren E-Mail-Adressen und Telefonnummern[1];
   befinden sich der Vertreter und/oder Stellvertreter nicht unter den sieben in Unterabsatz 1 genannten Mitgliedern, sind ihre vollständigen Namen, Postanschriften, Staatsangehörigkeiten und Geburtsdaten sowie E-Mail-Adressen und Telefonnummern anzugeben.
5. Belege über die vollständigen Namen, Postanschriften, Staatsangehörigkeiten und Geburtsdaten der sieben Mitglieder gemäß Punkt 4 sowie des Vertreters und Stellvertreters, sofern sich diese nicht unter den genannten sieben Mitgliedern befinden;
6. die Namen der übrigen Mitglieder der Organisatorengruppe;
7. in dem in Artikel 5 Absatz 7 der Verordnung (EU) 2019/788 genannten Fall gegebenenfalls die Belege darüber, dass eine Rechtsperson gemäß dem nationalen Recht eines Mitgliedstaats speziell für die Verwaltung einer bestimmten Initiative gegründet wurde und das als Vertreter der Organisatorengruppe ernannte Mitglied ermächtigt ist, im Namen der Rechtsperson zu handeln;
8. alle Quellen der Unterstützung und Finanzierung für die Initiative zum Zeitpunkt der Registrierung.

---

*) **[Amtl. Anm.:]** Die Kommission veranlasst die Übersetzung dieser Elemente in alle Amtssprachen der Organe der Union, und zwar für alle registrierten Initiativen.

1) **[Amtl. Anm.:]** Im Register der Kommission werden nur die vollständigen Namen der Mitglieder der Organisatorengruppe, das Land des Wohnsitzes des Vertreters oder gegebenenfalls Name und Land des Sitzes der Rechtsperson, die E-Mail-Adressen der Kontaktpersonen sowie Angaben zu den Quellen der Unterstützung und Finanzierung veröffentlicht. Die betroffenen Personen haben das Recht, gegen die Veröffentlichung ihrer personenbezogenen Daten aus zwingenden berechtigten Gründen, die sich aus ihrer persönlichen Situation ergeben, Widerspruch einzulegen.

Anhang III

nicht abgedruckt

online abrufbar unter: https://europa.eu/citizens-initiative-forum/sites/default/files/2020-01/guidane_how_to_collect_DE.pdf

Anhang IV. Bescheinigung über die Übereinstimmung eines Online-Sammelsystems mit der Verordnung (EU) 2019/788 des Europäischen Parlaments und des Rates vom 17. April 2019 über die Europäische Bürgerinitiative

… (Bezeichnung der zuständigen Behörde) aus … (Name des Mitgliedstaats) bestätigt hiermit, dass das Online-Sammelsystem … (Internetadresse) zur Sammlung von Unterstützungsbekundungen für … (Bezeichnung der Initiative) mit den einschlägigen Vorschriften der Verordnung (EU) 2019/788 des Europäischen Parlaments und des Rates vom 17. April 2019 … über die Europäische Bürgerinitiative übereinstimmt.
Datum, Unterschrift und Dienststempel der zuständigen Behörde:

Anhang V. Formular für die Übermittlung von Unterstützungsbekundungen an die zuständigen Behörden der Mitgliedstaaten

1. Vollständige Namen, Postanschriften und E-Mail-Adressen der Kontaktpersonen (Vertreter und Stellvertreter der Organisatorengruppe) oder der für die Verwaltung der Initiative zuständigen Rechtsperson und ihres Vertreters:
2. Bezeichnung der Initiative:
3. Registriernummer der Kommission:
4. Datum der Registrierung:
5. Anzahl der Unterzeichner, die Staatsangehörige von (Name des Mitgliedstaats) sind:
6. Gesamtzahl der gesammelten Unterstützungsbekundungen:
7. Zahl der Mitgliedstaaten, in denen die Mindestzahl der Unterzeichner erreicht ist:
8. Anhänge:
   (Beizufügen sind alle Unterstützungsbekundungen von Unterzeichnern, die Staatsangehörige des betreffenden Mitgliedstaats sind.
   Gegebenenfalls sind die entsprechenden Bescheinigungen über die Übereinstimmung des individuellen Online-Sammelsystems mit der Verordnung (EU) 2019/788 des Europäischen Parlaments und des Rates vom 17. April 2019 über die Europäische Bürgerinitiative beizufügen.)

9. Hiermit erkläre ich, dass die Angaben in diesem Formular zutreffend sind und dass die Sammlung der Unterstützungsbekundungen gemäß Artikel 9 der Verordnung (EU) 2019/788 des Europäischen Parlaments und des Rates vom 17. April 2019 über die Europäische Bürgerinitiative erfolgt ist.
10. Datum und Unterschrift einer der Kontaktpersonen (Vertreter/Stellvertreter[1]) oder des Vertreters der Rechtsperson:

Anhang VI. Bescheinigung der Zahl der in … (Name des Mitgliedstaats) gesammelten gültigen Unterstützungsbekundungen

… (Bezeichnung der zuständigen Behörde) aus … (Name des Mitgliedstaats), bestätigt nach Durchführung der notwendigen Prüfungen gemäß Artikel 12 der Verordnung (EU) 2019/788 des Europäischen Parlaments und des Rates vom 17. April 2019 über die Europäische Bürgerinitiative, dass … (Anzahl der gültigen Unterstützungsbekundungen) Unterstützungsbekundungen für die Initiative mit der Registriernummer … (Registriernummer der Initiative) gemäß den Bestimmungen dieser Verordnung gültig sind.
Datum, Unterschrift und Dienststempel

Anhang VII. Formular zur Einreichung einer Initiative bei der Europäischen Kommission

1. Bezeichnung der Initiative:
2. Registriernummer der Kommission:
3. Datum der Registrierung:
4. Anzahl der eingegangenen gültigen Unterstützungsbekundungen (mindestens eine Million):
5. Anzahl der von den Mitgliedstaaten bestätigten Unterzeichner:

	BE	BG	CZ	DK	DE	EE	IE	EL	ES	FR	HR	IT	CY	LV	LT	LU
Anzahl der Unterzeichner																

	HU	MT	NL	AT	PL	PT	RO	SI	SK	FI	SE	UK	GESAMT
Anzahl der Unterzeichner													

1) **[Amtl. Anm.:]** Nichtzutreffendes streichen.

6. Vollständige Namen, Postanschriften und E-Mail-Adressen der Kontaktpersonen (Vertreter und Stellvertreter der Organisatorengruppe)[1] oder der für die Verwaltung der Initiative zuständigen Rechtsperson und ihres Vertreters.
7. Alle Quellen der Unterstützung und Finanzierung für die Initiative einschließlich der Höhe der finanziellen Unterstützung zum Zeitpunkt der Einreichung sind anzugeben.
8. Hiermit erkläre ich, dass die Angaben in diesem Formular zutreffend sind und dass alle in der Verordnung (EU) 2019/788 des Europäischen Parlaments und des Rates vom 17. April 2019 über die Europäische Bürgerinitiative festgelegten einschlägigen Verfahren und Bedingungen eingehalten wurden.
   Datum und Unterschrift einer der Kontaktpersonen (Vertreter/Stellvertreter[[2]) oder des Vertreters der Rechtsperson:
9. Anhänge: (Alle Bescheinigungen sind beizufügen.)

---

[1] **[Amtl. Anm.:]** Im Register der Kommission werden nur die vollständigen Namen der Mitglieder der Organisatorengruppe, das Land des Wohnsitzes des Vertreters oder gegebenenfalls Name und Land des Sitzes der Rechtsperson, die E-Mail-Adressen der Kontaktpersonen und Angaben zu den Quellen der Unterstützung und Finanzierung veröffentlicht. Die betroffenen Personen haben das Recht, gegen die Veröffentlichung ihrer personenbezogenen Daten aus zwingenden berechtigten Gründen, die sich aus ihrer persönlichen Situation ergeben, Widerspruch einzulegen.

[2] **[Amtl. Anm.:]** Nichtzutreffendes streichen.

235. Geschäftsordnung der Kommission

In der Fassung des Beschlusses 2010/138/EU, Euratom
vom 24. Februar 2010

(ABl. Nr. L 55/60 v. 5.3.2010; geänd. durch Beschluss der Kommission v. 9.11.2011, ABl. Nr. L 296/58 v. 15.11.2011 und Beschluss (EU, Euratom) 2020/555 der Kommission v. 22.4.2020, ABl. Nr. L 127 I/1 v. 22.4.2020)

Kapitel I. Die Kommission

Art. 1 Das Kollegialprinzip. Die Kommission handelt als Kollegium nach Maßgabe dieser Geschäftsordnung sowie unter Beachtung der Prioritäten, die sie im Rahmen der vom Präsidenten nach Artikel 17 Absatz 6 des Vertrags über die Europäische Union (EUV) festgelegten politischen Leitlinien formuliert hat.

Art. 2 Die politischen Leitlinien, die Prioritäten, das Arbeitsprogramm und der Haushalt. Unter Beachtung der vom Präsidenten festgelegten politischen Leitlinien formuliert die Kommission ihre Prioritäten und setzt diese im Arbeitsprogramm sowie im Entwurf des jährlich verabschiedeten Haushaltsplans um.

Art. 3 Der Präsident. (1) Der Präsident legt die politischen Leitlinien fest, nach denen die Kommission ihre Aufgaben ausübt[1]. Er lenkt die Arbeiten der Kommission, um ihre Durchführung sicherzustellen.

(2) Der Präsident beschließt über die interne Organisation der Kommission, um die Kohärenz, die Effizienz und das Kollegialitätsprinzip im Rahmen ihrer Tätigkeit sicherzustellen[2].

Unbeschadet des Artikels 18 Absatz 4 EUV kann der Präsident den Mitgliedern der Kommission spezielle Aufgabenbereiche zuweisen, in denen sie für die vorbereitenden Arbeiten der Kommission und die Durchführung ihrer Beschlüsse in besonderem Maße verantwortlich sind[3].

Der Präsident kann die Kommissionsmitglieder bitten, besondere Maßnahmen durchzuführen, um die Umsetzung der von ihm festgelegten politischen Leitlinien und der von der Kommission formulierten Prioritäten zu gewährleisten.

Er kann die Zuständigkeitsverteilung jederzeit ändern[4].

Die Mitglieder der Kommission üben die ihnen vom Präsidenten übertragenen Aufgaben unter dessen Leitung aus[4].

---

[1] Vertrag über die Europäische Union, Artikel 17 Absatz 6 Buchstabe a.
[2] Vertrag über die Europäische Union, Artikel 17 Absatz 6 Buchstabe b.
[3] Vertrag über die Arbeitsweise der Europäischen Union, Artikel 248.
[4] Siehe Fußnote 3.

(3) Der Präsident ernennt, mit Ausnahme des Hohen Vertreters der Union für Außen- und Sicherheitspolitik, die Vizepräsidenten aus dem Kreis der Mitglieder der Kommission[1] und legt die Rangfolge innerhalb der Kommission fest.

(4) Der Präsident kann unter den Mitgliedern der Kommission Gruppen bilden, deren Vorsitzende er benennt, deren Auftrag und Arbeitsweise er bestimmt, und deren Zusammensetzung und Bestandsdauer er festlegt.

(5) Der Präsident nimmt die Vertretung der Kommission wahr. Er benennt die Mitglieder der Kommission, die ihn bei dieser Aufgabe unterstützen.

(6) Unbeschadet des Artikels 18 Absatz 1 EUV legt ein Mitglied der Kommission sein Amt nieder, wenn es vom Präsidenten dazu aufgefordert wird[2].

Art. 4 Beschlussverfahren. Die Kommission fasst ihre Beschlüsse

a) in gemeinschaftlicher Sitzung im Wege des mündlichen Verfahrens gemäß Artikel 8 der Geschäftsordnung oder

b) im schriftlichen Verfahren gemäß Artikel 12 der Geschäftsordnung oder

c) im Ermächtigungsverfahren gemäß Artikel 13 der Geschäftsordnung oder

d) im Verfahren der Delegation gemäß Artikel 14 der Geschäftsordnung.

Abschnitt 1. Sitzungen der Kommission

Art. 5 Einberufung. (1) Die Kommission wird vom Präsidenten zu den Sitzungen einberufen.

(2) Die Kommission tritt in der Regel mindestens einmal wöchentlich zusammen. Sie tagt ferner, wenn dies erforderlich ist.

Sind einige oder alle Mitglieder der Kommission verhindert, persönlich an einer Sitzung der Kommission teilzunehmen, kann der Präsident sie in Ausnahmefällen zur Teilnahme über Telekommunikationssysteme, die ihre Identifizierung und wirksame Beteiligung ermöglichen, auffordern.

(3) Die Mitglieder der Kommission sind verpflichtet, an allen Sitzungen teilzunehmen. Bei einer Verhinderung unterrichten sie den Präsidenten rechtzeitig über die Gründe ihrer Abwesenheit. Der Präsident beurteilt, ob eine Situation vorliegt, die sie von dieser Pflicht entbinden könnte.

Art. 6 Tagesordnung der Kommissionssitzungen. (1) Der Präsident legt für jede Sitzung der Kommission eine Tagesordnung fest.

---

[1] Vertrag über die Europäische Union, Artikel 17 Absatz 6 Buchstabe c.
[2] Vertrag über die Europäische Union, Artikel 17 Absatz 6 Unterabsatz 2.

(2) Unbeschadet der Befugnis des Präsidenten zur Festlegung der Tagesordnung sind mit größeren Ausgaben verbundene Vorschläge im Einvernehmen mit dem für Haushalt zuständigen Kommissionsmitglied vorzulegen.

(3) Punkte, deren Aufnahme in die Tagesordnung von einem Mitglied der Kommission vorgeschlagen wird, müssen dem Präsidenten nach den Bedingungen zugeleitet werden, die die Kommission entsprechend den in Artikel 28 dieser Geschäftsordnung vorgesehenen Durchführungsbestimmungen (‚die Durchführungsbestimmungen') festgelegt hat.

(4) Die Tagesordnung und die notwendigen Unterlagen sind den Kommissionsmitgliedern unter den entsprechend den Durchführungsbestimmungen festgelegten Bedingungen zu übermitteln.

(5) Die Kommission kann auf Vorschlag des Präsidenten beschließen, über einen Punkt zu beraten, der in der Tagesordnung nicht enthalten war oder zu dem die erforderlichen Unterlagen verspätet verteilt worden sind.

Art. 7 Beschlussfähigkeit. Die Kommission ist beschlussfähig, wenn die Mehrheit der im Vertrag vorgesehenen Zahl ihrer Mitglieder anwesend ist.

Macht der Präsident von Artikel 5 Absatz 2 Unterabsatz 2 Gebrauch, gelten die Mitglieder der Kommission, die mittels der dort genannten Telekommunikationssysteme an den Beratungen teilnehmen, für die Zwecke der Beschlussfähigkeit als anwesend.

Art. 8 Beschlussfassung. (1) Die Kommission beschließt auf Vorschlag eines oder mehrerer ihrer Mitglieder.

(2) Die Kommission nimmt auf Antrag eines ihrer Mitglieder eine Abstimmung vor. Gegenstand der Abstimmung ist der ursprüngliche oder der von dem (oder den) für die betreffende Initiative verantwortlichen Mitglieder(n) oder dem Präsidenten abgeänderte Entwurf.

(3) Die Beschlüsse der Kommission werden mit der Mehrheit der im Vertrag vorgesehenen Zahl der Mitglieder gefasst.

(4) Das Ergebnis der Beratungen wird vom Präsidenten festgestellt und in das Protokoll der Kommissionssitzung gemäß Artikel 11 der Geschäftsordnung aufgenommen.

Art. 9 Vertraulichkeit. Die Sitzungen der Kommission sind nicht öffentlich. Ihre Beratungen sind vertraulich.

Art. 10 Anwesenheit von Beamten und anderen Personen. (1) Sofern die Kommission nichts anderes beschließt, nehmen der Generalsekretär und der Kabinettchef des Präsidenten an den Sitzungen teil. In den Durchführungsbestimmungen wird festgelegt, unter welchen Voraussetzungen andere Personen an den Sitzungen teilnehmen dürfen.

(2) Ist ein Mitglied der Kommission abwesend, so kann sein Kabinettschef an der Sitzung teilnehmen und auf Aufforderung des Präsidenten die Meinung des abwesenden Mitglieds vortragen.

(3) Die Kommission kann beschließen, jede andere Person in der Sitzung zu hören.

(4) Macht der Präsident von Artikel 5 Absatz 2 Unterabsatz 2 Gebrauch, können die in den Absätzen 1 bis 3 genannten Personen mittels der in dem betreffenden Unterabsatz genannten Telekommunikationssysteme an den Sitzungen teilnehmen.

Art. 11 Sitzungsprotokolle. (1) Über jede Sitzung der Kommission wird ein Protokoll angefertigt.

(2) Der Protokollentwurf wird der Kommission in einer späteren Sitzung zur Genehmigung vorgelegt. Das genehmigte Protokoll wird durch die Unterschrift des Präsidenten und des Generalsekretärs festgestellt.

Abschnitt 2. Sonstige Beschlussfassungsverfahren

Art. 12 Beschlüsse im schriftlichen Verfahren. (1) Die Zustimmung der Kommission zu einer Vorlage, die von einem oder mehreren ihrer Mitglieder unterbreitet wurde, kann im schriftlichen Verfahren festgestellt werden, sofern der Juristische Dienst zuvor eine befürwortende Stellungnahme zu der Vorlage abgegeben hat, und die Dienste, die gemäß Artikel 23 der Geschäftsordnung gehört werden müssen, der Vorlage zugestimmt haben.

Diese befürwortende Stellungnahme bzw. diese Zustimmung kann durch die einvernehmliche Zustimmung der Kommissionsmitglieder ersetzt werden, wenn das Kollegium auf Vorschlag des Präsidenten die Einleitung eines in den Durchführungsbestimmungen festgelegten schriftlichen Finalisierungsverfahrens beschließt.

(2) Zu diesem Zweck wird der Wortlaut der Vorlage allen Mitgliedern der Kommission nach den Bedingungen zugeleitet, die die Kommission entsprechend den Durchführungsbestimmungen festgelegt hat, wobei eine Frist gesetzt wird, vor deren Ablauf die Vorbehalte oder Änderungsanträge mitzuteilen sind, zu denen die Vorlage Anlass geben kann.

(3) Jedes Mitglied der Kommission kann während des schriftlichen Verfahrens beantragen, dass die Vorlage in der Sitzung erörtert wird. Dazu stellt es einen mit Gründen versehenen Antrag an den Präsidenten.

(4) Eine Vorlage, zu der kein Mitglied der Kommission bis zum Ablauf der für das schriftliche Verfahren gesetzten Frist einen Antrag auf Aussetzung vorgelegt oder aufrecht erhalten hat, gilt als angenommen.

(5) Jedes Mitglied der Kommission, das die Aussetzung eines schriftlichen Verfahrens im Bereich der Koordinierung und der Überwachung der Wirtschafts- und Haushaltspolitik der Mitgliedstaaten – insbesondere im Euro-Währungsgebiet – beantragen möchte, stellt einen mit Gründen versehenen Antrag an den Präsidenten; in dem Antrag sind auf der Grundlage einer unparteiischen und objektiven Bewertung des Zeitpunkts, der Struktur, der Erwägungen oder des Ergebnisses des vorgeschlagenen Beschlusses die betreffenden Aspekte explizit zu nennen.

Hat diese Begründung nach Ansicht des Präsidenten keinen Bestand und wird der Antrag auf Aussetzung aufrechterhalten, kann der Präsident die Aussetzung ablehnen und die Fortsetzung des schriftlichen Verfahrens beschließen; in diesem Fall holt der Generalsekretär die Stellungnahme der anderen Mitglieder der Kommission ein, um sich zu vergewissern, dass die in Artikel 250 des Vertrags über die Arbeitsweise der Europäischen Union festgelegte Mehrheit gewahrt ist. Der Präsident kann die Angelegenheit auch zur Beschlussfassung auf die Tagesordnung der nächsten Kommissionssitzung setzen.

Art. 13 Beschlüsse im Ermächtigungsverfahren. (1) Die Kommission kann – unter der Voraussetzung, dass der Grundsatz der kollegialen Verantwortlichkeit voll gewahrt bleibt – eines oder mehrere ihrer Mitglieder ermächtigen, in ihrem Namen innerhalb der Grenzen und gemäß den Bedingungen, die sie festlegt, Maßnahmen der Geschäftsführung und der Verwaltung zu treffen.

(2) Sie kann auch eines oder mehrere ihrer Mitglieder beauftragen, den Wortlaut eines Beschlusses oder eines den übrigen Organen vorzulegenden Vorschlags, dessen wesentlichen Inhalt sie bereits in ihren Beratungen festgelegt hat, im Einvernehmen mit dem Präsidenten endgültig anzunehmen.

(3) Die so zugewiesenen Befugnisse können durch Subdelegation auf die Generaldirektoren und Dienststellenleiter weiterübertragen werden, soweit die Ermächtigungsentscheidung dies nicht ausdrücklich untersagt.

(4) Die Bestimmungen der Absätze 1, 2 und 3 gelten unbeschadet der Regeln über die Delegation in Finanzangelegenheiten und der Befugnisse der Anstellungsbehörde sowie der zum Abschluss von Einstellungsverträgen ermächtigten Behörde.

Art. 14 Beschlüsse im Verfahren der Befugnisübertragung (Delegation). Die Kommission kann – unter der Voraussetzung, dass der Grundsatz der kollegialen Verantwortung voll gewahrt bleibt – den Generaldirektoren und Dienststellenleitern die Befugnis übertragen, in ihrem Namen innerhalb der Grenzen und gemäß den Bedingungen, die sie festlegt, Maßnahmen der Geschäftsführung und der Verwaltung zu treffen.

Art. 15 Weiterübertragung der Befugnisse für Einzelentscheidungen über die Gewährung von Finanzhilfen und die Vergabe von Aufträgen. Der Generaldirektor oder Dienststellenleiter, dem im Wege der Delegation oder der Subdelegation gemäß den Artikeln 13 und 14 Befugnisse zur Annahme von Finanzierungsbeschlüssen übertragen oder weiterübertragen wurden, kann beschließen, innerhalb der Grenzen und unter Einhaltung der Bedingungen, die in den Durchführungsbestimmungen festgelegt sind, die Befugnis zur Annahme bestimmter Entscheidungen betreffend die Auswahl von Projekten sowie bestimmter Einzelentscheidungen über die Gewährung von Finanzhilfen und die Vergabe öffentlicher Aufträge im Wege der Subdelegation auf den zuständigen Direktor, bzw., im Einvernehmen mit dem verantwortlichen Mitglied der Kommission, auf den zuständigen Referatsleiter zu übertragen.

Art. 16 Unterrichtung über gefasste Beschlüsse. Die im schriftlichen Verfahren, im Verfahren der Ermächtigung und im Verfahren der Delegation gefassten Beschlüsse werden in einem Tages- oder Wochenvermerk aufgeführt, auf den im Protokoll der nächsten Kommissionssitzung Bezug genommen wird.

Abschnitt 3. Gemeinsame Bestimmungen für Beschlussverfahren

Art. 17 Feststellung der von der Kommission angenommenen Akte. (1) Die von der Kommission in einer Sitzung gefassten Beschlüsse sind in der Sprache oder in den Sprachen, in denen sie verbindlich sind, untrennbar mit der Zusammenfassung verbunden, die bei der Kommissionssitzung, in der sie angenommen wurden, erstellt wird. Diese Akte werden durch die Unterschrift des Präsidenten und des Generalsekretärs auf der letzten Seite der Zusammenfassung festgestellt.

Macht der Präsident von Artikel 5 Absatz 2 Unterabsatz 2 Gebrauch und verhindern die Umstände die Unterzeichnung der Zusammenfassung, kann die ausdrückliche schriftliche Zustimmung des Präsidenten und des Generalsekretärs der Kommission deren jeweilige Unterschrift ausnahmsweise ersetzen und wird mit der Zusammenfassung verbunden.

(2) Die in Artikel 297 Absatz 2 des Vertrags über die Arbeitsweise der Europäischen Union (AEUV) genannten und im schriftlichen Verfahren von der Kommission erlassenen Rechtsakte ohne Gesetzescharakter werden durch die Unterschrift des Präsidenten und des Generalsekretärs auf der letzten Seite der im vorstehenden Absatz genannten Zusammenfassung festgestellt, es sei denn, diese Akte erfordern eine Veröffentlichung und ein Datum des Inkrafttretens, die nicht bis zur nächsten Sitzung der Kommission aufgeschoben werden können. Zum Zwecke dieser Feststellung ist eine Kopie der in Artikel 16 der Geschäftsordnung erwähnten Tagesvermerke untrennbar mit der im vorstehenden Absatz genannten Zusammenfassung verbunden.

Die übrigen im schriftlichen Verfahren und die gemäß Artikel 12 sowie Artikel 13 Absätze 1 und 2 der Geschäftsordnung im Ermächtigungsverfahren gefassten Beschlüsse sind in der Sprache oder in den Sprachen, in denen sie verbindlich sind, untrennbar mit dem in Artikel 16 der Geschäftsordnung genannten Tagesvermerk verbunden. Diese Akte werden durch die Unterschrift des Generalsekretärs auf der letzten Seite des Tagesvermerks festgestellt.

(3) Die im Verfahren der Delegation oder durch Subdelegation gefassten Beschlüsse sind mittels der hierfür vorgesehenen EDV-Anwendung in der Sprache oder in den Sprachen, in denen sie verbind-

lich sind, untrennbar mit dem in Artikel 16 der Geschäftsordnung genannten Tagesvermerk verbunden. Diese Beschlüsse werden durch eine Selbstbescheinigungserklärung festgestellt, die gemäß Artikel 13 Absatz 3 sowie gemäß den Artikeln 14 und 15 der Geschäftsordnung der nachgeordnet befugte bzw. befugte Beamte unterzeichnet.

(4) Im Sinne dieser Geschäftsordnung bezeichnet der Begriff ‚Beschluss' die in Artikel 288 AEUV genannten Rechtsakte.

(5) Im Sinne dieser Geschäftsordnung bezeichnet der Begriff ‚verbindliche Sprachen' unbeschadet der Anwendung der Verordnung (EG) Nr. 920/2005 des Rates[1)] alle Amtssprachen der Europäischen Union, sofern es sich um Rechtsakte mit allgemeiner Geltung handelt; andernfalls bezeichnet er die Sprache(n) der Adressaten.

Abschnitt 4. Vorbereitung und Durchführung der Kommissionsbeschlüsse

Art. 18 Gruppen der Kommissionsmitglieder. Die Gruppen der Kommissionsmitglieder tragen nach Maßgabe der vom Präsidenten festgelegten politischen Leitlinien und Aufgaben zur Koordinierung und Vorbereitung der Kommissionsarbeiten bei.

(Fortsetzung nächstes Blatt)

[1)] ABl. L 156 vom 18.6.2005, S. 3.

Art. 19 Kabinette und Beziehungen zu den Diensten. (1) Die Kommissionsmitglieder verfügen über einen eigenen Mitarbeiterstab (‚Kabinett'), der sie bei der Wahrnehmung ihrer Aufgaben und der Vorbereitung der Kommissionsbeschlüsse unterstützt. Die Regeln für die Zusammensetzung und die Arbeitsweise der Kabinette werden vom Präsidenten erlassen.

(2) Unter Wahrung der vom Präsidenten festgelegten Grundsätze bestätigt das Kommissionsmitglied die Modalitäten für die Arbeit mit den seiner Verantwortung unterstehenden Dienststellen. Diese Modalitäten regeln insbesondere die Art und Weise, wie das Kommissionsmitglied den beteiligten Dienststellen, die ihm regelmäßig alle seinen Tätigkeitsbereich betreffenden und für die Wahrnehmung seiner Verantwortung erforderlichen Informationen übermitteln, Anweisung erteilt.

Art. 20 Der Generalsekretär. (1) Der Generalsekretär unterstützt den Präsidenten, damit die Kommission die Prioritäten, die sie sich gesetzt hat, im Rahmen der vom Präsidenten vorgegebenen politischen Leitlinien verwirklichen kann.

(2) Der Generalsekretär trägt zur Gewährleistung der politischen Kohärenz bei, indem er gemäß Artikel 23 der Geschäftsordnung für die bei den vorbereitenden Arbeiten notwendige Koordinierung zwischen den Dienststellen sorgt.

Er trägt dafür Sorge, dass bei den Dokumenten, die der Kommission vorgelegt werden, die inhaltliche Qualität gesichert ist und die Formerfordernisse beachtet werden, und gewährleistet hierdurch, dass sie den Grundsätzen der Subsidiarität und der Verhältnismäßigkeit, externen Anforderungen, interinstitutionellen Erwägungen und der Kommunikationsstrategie der Kommission entsprechen.

(3) Der Generalsekretär unterstützt den Präsidenten bei der Vorbereitung der Arbeiten und bei der Abhaltung der Sitzungen der Kommission.

Er unterstützt auch die Vorsitzenden der gemäß Artikel 3 Absatz 4 der Geschäftsordnung gebildeten Gruppen bei der Vorbereitung und Abhaltung der Gruppensitzungen. Er nimmt die Sekretariatsaufgaben dieser Gruppen wahr.

(4) Der Generalsekretär gewährleistet die Anwendung der Beschlussfassungsverfahren und sorgt für den Vollzug der Beschlüsse gemäß Artikel 4 der Geschäftsordnung.

Außer in Sonderfällen trifft er insbesondere die erforderlichen Maßnahmen für die amtliche Bekanntgabe und die Veröffentlichung der Kommissionsbeschlüsse im *Amtsblatt der Europäischen Union* sowie für die Übermittlung der Dokumente der Kommission und ihrer Dienste an die anderen Organe der Europäischen Union und an die Parlamente der Mitgliedstaaten.

Er sorgt für die Verteilung der Unterlagen, die die Mitglieder der Kommission ihren Kollegen zukommen lassen möchten.

(5) Der Generalsekretär unterhält die offiziellen Beziehungen zu den anderen Organen der Europäischen Union vorbehaltlich der Zuständigkeiten, die die Kommission selbst auszuüben beschließt oder die sie einem ihrer Mitglieder oder ihrer Verwaltung überträgt.

In diesem Zusammenhang sorgt er durch eine Koordinierung zwischen den Dienststellen dafür, dass die allgemeine Kohärenz während der Arbeiten der anderen Organe gewährleistet ist.

(6) Der Generalsekretär sorgt für eine angemessene Unterrichtung der Kommission über den Stand der internen und interinstitutionellen Verfahren.

Kapitel II. Dienststellen der Kommission

Art. 21 Struktur der Dienststellen. Die Kommission richtet zur Vorbereitung und zur Durchführung ihrer Amtstätigkeit und zur Verwirklichung der vom Präsidenten festgelegten Prioritäten und politischen Leitlinien eine Reihe von Dienststellen ein, die in Generaldirektionen und gleichgestellte Dienste gegliedert sind.

In der Regel sind die Generaldirektionen und die gleichgestellten Dienste in Direktionen, die Direktionen in Referate gegliedert.

Art. 22 Einrichtung besonderer Funktionen und Strukturen. Um speziellen Anforderungen gerecht zu werden, kann der Präsident besondere Funktionen und Verwaltungsstrukturen einrichten, denen er genau umschriebene Aufgaben überträgt und deren Befugnisse und Arbeitsbedingungen er festlegt.

Art. 23 Zusammenarbeit und Koordinierung der Dienststellen. (1) Um die Effizienz der Amtstätigkeit der Kommission sicherzustellen, arbeiten die Dienstellen, die an der Ausarbeitung oder Durchführung von Beschlüssen mitwirken, bereits mit Beginn der jeweiligen Arbeiten so eng wie möglich zusammen.

(2) Die für die Vorbereitung einer Initiative federführende Dienststelle trägt bereits mit Beginn der Vorarbeiten dafür Sorge, dass eine wirkungsvolle Koordinierung zwischen allen Dienststellen gewährleistet ist, die nach den Zuständigkeitsbereichen und Befugnissen oder nach der Natur der Sache ein berechtigtes Interesse an dieser Initiative haben.

(3) Bevor der Kommission eine Vorlage unterbreitet wird, hat die federführende Dienststelle die Dienststellen, die ein berechtigtes Interesse an der betreffenden Vorlage haben, nach Maßgabe der Durchführungsbestimmungen rechtzeitig zu hören.

(4) Der Juristische Dienst ist zu allen Entwürfen von Beschlüssen und Vorschlägen von Rechtsakten sowie zu allen Vorlagen, die rechtliche Wirkungen haben können, zu hören.

Der Juristische Dienst muss ebenfalls gehört werden bei der Einleitung der Beschlussfassungsverfahren gemäß den Artikeln 12, 13 und 14 der Geschäftsordnung, ausgenommen Beschlüsse über Standardrechtsakte, die zuvor die Zustimmung des Juristischen Dienstes erhalten haben (Rechtsakte mit Wiederholungscharakter). Für die in Artikel 15 der Geschäftsordnung genannten Entscheidungen ist die Anhörung des Juristischen Dienstes nicht erforderlich.

(5) Das Generalsekretariat muss bei allen Initiativen gehört werden, die
– im mündlichen Verfahren genehmigt werden müssen (hiervon unberührt bleiben individuelle Personalfragen) oder
– von politischer Bedeutung sind oder
– im Jahresarbeitsprogramm der Kommission sowie im geltenden Programmierungsinstrument der Kommission aufgeführt sind oder
– institutionelle Aspekte betreffen oder
– einer Folgenabschätzung oder öffentlichen Konsultation unterzogen werden

sowie bei allen Stellungnahmen oder gemeinsame Initiativen, die die Kommission gegenüber anderen Organen oder Einrichtungen verpflichten können.

(5 a) Die für Wirtschaft und Finanzen zuständige Generaldirektion muss zu allen Initiativen konsultiert werden, die das Wachstum, die Wettbewerbsfähigkeit oder die wirtschaftliche Stabilität in der Europäischen Union oder im Euro-Währungsgebiet betreffen oder sich darauf auswirken können.

(6) Die mit dem Haushalt sowie mit den Humanressourcen und der Sicherheit befassten Generaldirektionen sind zu allen Vorlagen, mit Ausnahme der Rechtsakte gemäß Artikel 15 der Geschäftsordnung, zu hören, die Auswirkungen auf den Haushaltsplan, die Finanzen, das Personal und die Verwaltung haben können. Gleiches gilt, soweit erforderlich, auch für den mit der Betrugsbekämpfung befassten Dienst.

(7) Die federführende Dienststelle ist bemüht, einen Vorschlag zu erarbeiten, der die Zustimmung der gehörten Dienststellen findet. Unbeschadet des Artikels 12 der Geschäftsordnung hat sie – falls es zu keiner Einigung kommt – abweichende Stellungnahmen dieser Dienststellen in ihrem Vorschlag zu erwähnen.

Kapitel III. Vertretung

Art. 24 Die Kontinuität des Dienstes. Die Mitglieder der Kommission und die Dienststellen treffen alle zweckdienlichen Maßnahmen, um die *Kontinuität des Dienstes unter* Beachtung der hierfür von der Kommission oder vom Präsidenten erlassenen Bestimmungen sicherzustellen.

Art. 25 Vertretung des Präsidenten. Die Aufgaben des Präsidenten werden im Fall seiner Verhinderung von einem Vizepräsidenten oder einem Mitglied in der vom Präsidenten festgelegten Reihenfolge wahrgenommen.

Art. 26 Vertretung des Generalsekretärs. Die Aufgaben des Generalsekretärs werden, falls dieser verhindert ist oder die Stelle des Generalsekretärs nicht besetzt ist, von dem in der höchsten Besoldungsgruppe anwesenden stellvertretenden Generalsekretär und, bei gleicher Besoldungsgruppe, von dem in seiner Besoldungsgruppe dienstältesten anwesenden stellvertretenden Generalsekretär und, bei gleichem Dienstalter, vom ältesten anwesenden stellvertretenden Generalsekretär oder von einem von der Kommission bestimmten Beamten wahrgenommen.

Ist kein stellvertretender Generalsekretär anwesend oder hat die Kommission keinen Beamten zur Vertretung bestimmt, wird diese von dem anwesenden Untergebenen in der höchsten Funktionsgruppe und innerhalb dieser der höchsten Besoldungsgruppe und, bei gleicher Besoldungsgruppe, von dem in seiner Besoldungsgruppe dienstältesten anwesenden Untergebenen und, bei gleichem Dienstalter, vom ältesten anwesenden Untergebenen wahrgenommen.

Art. 27 Vertretung der Dienstvorgesetzten. (1) Der Generaldirektor wird, falls er verhindert ist oder die Stelle des Generaldirektors nicht besetzt ist, von dem in der höchsten Besoldungsgruppe anwesenden stellvertretenden Generaldirektor und, bei gleicher Besoldungsgruppe, von dem in seiner Besoldungsgruppe dienstältesten anwesenden stellvertretenden Generaldirektor und, bei gleichem Dienstalter, vom ältesten anwesenden stellvertretenden Generaldirektor oder von einem von der Kommission bestimmten Beamten wahrgenommen.

Ist kein stellvertretender Generaldirektor anwesend oder hat die Kommission keinen Beamten zur Vertretung bestimmt, wird diese von dem anwesenden Untergebenen in der höchsten Funktionsgruppe und innerhalb dieser der höchsten Besoldungsgruppe und, bei gleicher Besoldungsgruppe, von dem in seiner Besoldungsgruppe dienstältesten anwesenden Untergebenen und, bei gleichem Dienstalter, vom ältesten anwesenden Untergebenen wahrgenommen.

(2) Der Referatsleiter wird, falls er verhindert ist oder die Stelle des Referatsleiters nicht besetzt ist, vom stellvertretenden Referatsleiter oder von einem vom Generaldirektor bestimmten Beamten vertreten.

Ist kein stellvertretender Referatsleiter anwesend oder hat der Generaldirektor keinen Beamten zur Vertretung bestimmt, wird diese von dem anwesenden Untergebenen in der höchsten Funktionsgruppe und innerhalb dieser der höchsten Besoldungsgruppe und, bei gleicher Besoldungsgruppe, von dem in seiner Besoldungsgruppe dienstältesten anwesenden Untergebenen und, bei gleichem Dienstalter, vom ältesten anwesenden Untergebenen wahrgenommen.

(3) Jeder andere Dienstvorgesetzte wird im Fall seiner Verhinderung oder wenn die Stelle nicht besetzt ist, von einem vom Generaldirektor im Einvernehmen mit dem zuständigen Kommissionsmitglied bestimmten Beamten vertreten. Hat der Generaldirektor keinen Beamten zur Vertretung bestimmt, wird diese von dem anwesenden Untergebe-

nen in der höchsten Funktionsgruppe und innerhalb dieser der höchsten Besoldungsgruppe und, bei gleicher Besoldungsgruppe, von dem in seiner Besoldungsgruppe dienstältesten anwesenden Untergebenen und, bei gleichem Dienstalter, vom ältesten anwesenden Untergebenen wahrgenommen.

Kapitel IV. Schlussbestimmungen

Art. 28[1] Die Kommission erlässt, soweit erforderlich, Durchführungsbestimmungen zu dieser Geschäftsordnung. Die Kommission kann in Bezug auf ihre Arbeitsweise und auf die ihrer Dienstellen weitere Maßnahmen ergreifen.

Art. 29 Diese Geschäftsordnung tritt am Tag nach ihrer Veröffentlichung im *Amtsblatt der Europäischen Union* in Kraft.

Anhang I
Kodex für gute Verwaltungspraxis in den Beziehungen der Bediensteten der Europäischen Kommission zur Öffentlichkeit

(hier nicht abgedruckt)

Anhang II
Sicherheitsvorschriften der Europäischen Kommission

(hier nicht abgedruckt, vgl. ABl. Nr. L 317/4 v. 3.12.2001)

Anhang III
Durchführungsbestimmungen zur Verordnung (EG) Nr. 1049/2001 des Europäischen Parlaments und des Rates über den Zugang der Öffentlichkeit *zu Dokumenten des Europäischen Parlaments,* des Rates und der Kommission

(hier nicht abgedruckt)

---

[1] S. nunmehr Beschluss (EU, Euratom) 2017/46 der Kommission v. 10.1.2017 über die Sicherheit von Kommunikations- und Informationssystemen in der Europäischen Kommission, ABl. Nr. L 6 S. 40.

Anhang IV

Bestimmungen zur Verwaltung von Dokumenten

(hier nicht abgedruckt, vgl. ABl. Nr. L 21/24 v. 24.1.2002)

Anhang V

Vorschriften der Kommission über operationelle Verfahren für das Krisenmanagement

(hier nicht abgedruckt, vgl. die Neufassung durch Beschluss v. 15.12.2006 (ABl. Nr. L 32/144 v. 6.2.2007)

Anhang VI

Bestimmungen über elektronische und nummerisierte Dokumente

(hier nicht abgedruckt, vgl. ABl. Nr. 251/10 v. 27.7.2004)

Anhang VII

Kommissionsbestimmungen zur Einrichtung des Allgemeinen Frühwarnsystems „ARGUS"

(hier nicht abgedruckt)

Anhang VIII

Durchführungsbestimmungen zur Verordnung (EG) Nr. 1367/2006 des Europäischen Parlaments und des Rates über die Anwendung der Bestimmungen des Übereinkommens von Århus über den Zugang zu Informationen, die Öffentlichkeitsbeteiligung an Entscheidungsverfahren und den Zugang zu Gerichten in Umweltangelegenheiten auf Organe und Einrichtungen der Gemeinschaft

(hier nicht abgedruckt, vgl. ABl. Nr. L 140/24 v. 30.5.2008)

236. Verordnung (EU) Nr. 182/2011 des Europäischen Parlaments und des Rates zur Festlegung der allgemeinen Regeln und Grundsätze, nach denen die Mitgliedstaaten die Wahrnehmung der Durchführungsbefugnisse durch die Kommission kontrollieren

Vom 16. Februar 2011

(ABl. EU Nr. L 55 S. 13)

DAS EUROPÄISCHE PARLAMENT UND DER RAT DER EUROPÄISCHEN UNION –

gestützt auf den Vertrag über die Arbeitsweise der Europäischen Union, insbesondere auf Artikel 291 Absatz 3,

auf Vorschlag der Europäischen Kommission,

nach Zuleitung des Entwurfs des Gesetzgebungsakts an die nationalen Parlamente,

nach dem ordentlichen Gesetzgebungsverfahren[1)],

in Erwägung nachstehender Gründe:

(1) Bedarf es einheitlicher Bedingungen für die Durchführung der verbindlichen Rechtsakte der Union, so werden mit diesen Rechtsakten (nachstehend „Basisrechtsakte" genannt) der Kommission oder, in entsprechend begründeten Sonderfällen und den in den Artikeln 24 und 26 des Vertrags über die Europäische Union vorgesehenen Fällen, dem Rat Durchführungsbefugnisse übertragen.

(2) Es ist Sache des Gesetzgebers, unter Beachtung aller im Vertrag über die Arbeitsweise der Europäischen Union („AEUV") festgelegten Kriterien im Hinblick auf den jeweiligen Basisrechtsakt zu entscheiden, ob der Kommission Durchführungsbefugnisse gemäß Artikel 291 Absatz 2 AEUV übertragen werden.

(3) Bisher wurde die Ausübung der Durchführungsbefugnisse durch die Kommission durch den Beschluss 1999/468/EG des Rates[2)] geregelt.

(4) Gemäß dem AEUV sind nunmehr das Europäische Parlament und der Rat gehalten, allgemeine Regeln und Grundsätze festzulegen, *nach denen die* Mitgliedstaaten die Wahrnehmung der Durchführungsbefugnisse durch die Kommission kontrollieren.

(5) Es muss sichergestellt werden, dass die Verfahren für eine solche Kontrolle transparent, wirksam und der Art der Durchführungs-

---

[1)] Standpunkt des Europäischen Parlaments vom 16. Dezember 2010 (noch nicht im Amtsblatt veröffentlicht) und Beschluss des Rates vom 14. Februar 2011.

[2)] ABl. L 184 vom 17. 7. 1999, S. 23.

rechtsakte angemessen sind und dass sie die institutionellen Anforderungen des AEUV sowie die bisherigen Erfahrungen und die gängige Praxis bei der Durchführung des Beschlusses 1999/468/EG widerspiegeln.

(6) Für jene Basisrechtsakte, bei denen die Kontrolle der Mitgliedstaaten Bedingung für den Erlass von Durchführungsrechtsakten durch die Kommission ist, sollten zum Zwecke dieser Kontrolle Ausschüsse eingerichtet werden, die sich aus Vertretern der Mitgliedstaaten zusammensetzen und in denen die Kommission den Vorsitz führt.

(7) Gegebenenfalls sollte der Kontrollmechanismus die Befassung eines Berufungsausschusses einschließen, der auf der geeigneten Ebene zusammentreten sollte.

(8) Im Interesse einer Vereinfachung sollte die Kommission die Durchführungsbefugnisse nur nach einem von zwei Verfahren wahrnehmen: dem Beratungsverfahren oder dem Prüfverfahren.

(9) Zur weiteren Vereinfachung sollten für die Ausschüsse einheitliche Verfahrensregeln gelten, einschließlich der wichtigsten Bestimmungen über ihre Funktionsweise und die Möglichkeit, eine Stellungnahme im schriftlichen Verfahren abzugeben.

(10) Es sollten Kriterien festgelegt werden, nach denen das Verfahren für den Erlass von Durchführungsrechtsakten durch die Kommission bestimmt wird. Im Hinblick auf eine stärkere Kohärenz sollten die verfahrensrechtlichen Anforderungen in einem angemessenen Verhältnis zur Art und zu den Auswirkungen der zu erlassenden Durchführungsrechtsakte stehen.

(11) Das Prüfverfahren sollte insbesondere beim Erlass von Rechtsakten von allgemeiner Tragweite zur Umsetzung von Basisrechtsakten und von spezifischen Durchführungsrechtsakten mit potenziell bedeutenden Auswirkungen zur Anwendung kommen. Dieses Verfahren sollte sicherstellen, dass die Kommission keine Durchführungsrechtsakte erlassen kann, die nicht im Einklang mit der Stellungnahme des Ausschusses stehen, es sei denn, es liegen sehr außergewöhnliche Umstände vor; dann sollten sie für einen begrenzten Zeitraum gelten. Das Verfahren sollte auch sicherstellen, dass die Kommission die Möglichkeit hat, den Entwurf des Durchführungsrechtsakts unter Berücksichtigung der im Ausschuss vorgetragenen Standpunkte zu überarbeiten, wenn der Ausschuss keine Stellungnahme abgibt.

(12) Sofern der Basisrechtsakt der Kommission Durchführungsbefugnisse in Bezug auf Programme überträgt, die erhebliche Auswirkungen auf den Haushalt haben oder sich an Drittländer richten, sollte das Prüfverfahren zur Anwendung gelangen.

(13) Der Vorsitz eines Ausschusses sollte sich um Lösungen bemühen, die im Ausschuss bzw. Berufungsausschuss eine möglichst breite Unterstützung finden, und sollte erläutern, inwieweit die Beratungen und die vorgeschlagenen Änderungen berücksichtigt wurden. Hierfür sollte die Kommission den im Ausschuss bzw. Beru-

fungsausschuss vorgetragenen Standpunkten hinsichtlich von Entwürfen für endgültige Antidumping- oder Ausgleichsmaßnahmen besondere Aufmerksamkeit schenken.

(14) Erwägt die Kommission die Annahme von Entwürfen von anderen Durchführungsrechtsakten in besonders sensiblen Bereichen, insbesondere Besteuerung, Gesundheit der Verbraucher, Nahrungsmittelsicherheit und Umweltschutz, wird sie es im Bemühen um eine ausgewogene Lösung so weit wie möglich vermeiden, sich einem gegebenenfalls im Berufungsausschuss vorherrschenden Standpunkt, dass der Durchführungsrechtsakt nicht angemessen sei, entgegenzustellen.

(15) Das Beratungsverfahren sollte grundsätzlich in allen anderen Fällen, oder wann immer dies für zweckmäßiger erachtet wird, zur Anwendung gelangen.

(16) Sofern dies im Basisrechtsakt vorgesehen ist, sollte es möglich sein, in Fällen äußerster Dringlichkeit sofort geltende Durchführungsrechtsakte zu erlassen.

(17) Das Europäische Parlament und der Rat sollten rasch und regelmäßig über die Ausschussverfahren informiert werden.

(18) Angesichts ihrer Rechte im Zusammenhang mit der Überprüfung der Rechtmäßigkeit von Rechtsakten der Union sollten das Europäische Parlament oder der Rat die Kommission jederzeit darauf hinweisen können, dass der Entwurf eines Durchführungsrechtsakts ihres Erachtens die im Basisrechtsakt vorgesehenen Durchführungsbefugnisse überschreitet.

(19) Der Zugang der Öffentlichkeit zu Informationen über die Ausschussverfahren sollte im Einklang mit der Verordnung (EG) Nr. 1049/2001 des Europäischen Parlaments und des Rates vom 30. Mai 2001 über den Zugang der Öffentlichkeit zu Dokumenten des Europäischen Parlaments, des Rates und der Kommission[1)] sichergestellt werden.

(20) Die Kommission sollte ein Register führen, das Informationen über Ausschussverfahren enthält. Folglich sollten die für die Kommission geltenden Vorschriften zum Schutz von als vertraulich eingestuften Dokumenten auch für die Benutzung des Registers gelten.

(21) Der Beschluss 1999/468/EG sollte aufgehoben werden. Um den Übergang von der Regelung gemäß Beschluss 1999/468/EG auf die Regelung gemäß der vorliegenden Verordnung sicherzustellen, sollte jede Bezugnahme in bestehenden Vorschriften auf in dem Beschluss vorgesehene Verfahren, mit Ausnahme des Regelungsverfahrens mit Kontrolle im Sinne von Artikel 5 a jenes Beschlusses, als Bezugnahme auf die entsprechenden Verfahren dieser Verordnung gelten. Artikel 5 a des Beschlusses 1999/468/EG sollte für die Zwecke bestehender Basisrechtsakte, in denen auf jenen Artikel verwiesen wird, vorläufig weiterhin seine Wirkung entfalten.

---

1) ABl. L 145 vom 31. 5. 2001, S. 43.

(22) Diese Verordnung berührt nicht die im AEUV niedergelegten Befugnisse der Kommission zur Durchführung der Wettbewerbsvorschriften –

HABEN FOLGENDE VERORDNUNG ERLASSEN:

Art. 1 Gegenstand. Diese Verordnung legt die allgemeinen Regeln und Grundsätze fest, die anzuwenden sind, wenn ein verbindlicher Rechtsakt der Union (nachstehend „Basisrechtsakt" genannt) die Notwendigkeit einheitlicher Durchführungsbedingungen feststellt und vorschreibt, dass Durchführungsrechtsakte von der Kommission vorbehaltlich einer Kontrolle durch die Mitgliedstaaten erlassen werden.

Art. 2 Wahl des Verfahrens. (1) Ein Basisrechtsakt kann die Anwendung des Beratungsverfahrens oder des Prüfverfahrens vorsehen, wobei die Art oder die Auswirkungen des erforderlichen Durchführungsrechtsakts berücksichtigt werden.

(2) Das Prüfverfahren wird insbesondere angewendet zum Erlass von:

a) Durchführungsrechtsakten von allgemeiner Tragweite;

b) sonstigen Durchführungsrechtsakten in Bezug auf:

i) Programme mit wesentlichen Auswirkungen;

ii) die gemeinsame Agrarpolitik und die gemeinsame Fischereipolitik;

iii) die Umwelt, Sicherheit oder den Schutz der Gesundheit oder der Sicherheit von Menschen, Tieren und Pflanzen;

iv) die gemeinsame Handelspolitik;

v) die Besteuerung.

(3) Das Beratungsverfahren wird grundsätzlich zum Erlass von Durchführungsrechtsakten angewendet, die nicht in den Anwendungsbereich des Absatzes 2 fallen. Das Beratungsverfahren kann jedoch in hinreichend begründeten Fällen zum Erlass von in Absatz 2 genannten Durchführungsrechtsakten angewendet werden.

Art. 3 Gemeinsame Bestimmungen. (1) Die in diesem Artikel genannten gemeinsamen Bestimmungen werden auf alle in den Artikeln 4 bis 8 genannten Verfahren angewendet.

(2) Die Kommission wird von einem Ausschuss unterstützt, der sich aus Vertretern der Mitgliedstaaten zusammensetzt. Den Vorsitz führt ein Vertreter der Kommission. Der Vorsitz nimmt nicht an den Abstimmungen im Ausschuss teil.

(3) Der Vorsitz unterbreitet dem Ausschuss den Entwurf des von der Kommission zu erlassenden Durchführungsrechtsakts.

Außer in hinreichend begründeten Fällen setzt der Vorsitz eine Sitzung frühestens 14 Tage, nachdem der Entwurf des Durchführungsrechtsakts und der Entwurf der Tagesordnung dem Ausschuss vorgelegt wurden, an. Der Ausschuss gibt seine Stellungnahme zu dem Entwurf des Durchführungsrechtsakts innerhalb einer Frist ab, die der Vorsitz entsprechend der Dringlichkeit der betreffenden Sache festsetzen kann. Die Frist muss angemessen sein und den Ausschussmitgliedern frühzeitig und effektiv die Möglichkeit geben, den Entwurf des Durchführungsrechtsakts zu prüfen und dazu Stellung zu nehmen.

(4) Bis der Ausschuss eine Stellungnahme abgibt, kann jedes Ausschussmitglied Änderungen vorschlagen und der Vorsitz kann geänderte Fassungen des Entwurfs des Durchführungsrechtsakts vorlegen.

Der Vorsitz bemüht sich um Lösungen, die im Ausschuss eine möglichst breite Unterstützung finden. Der Vorsitz unterrichtet den Ausschuss darüber, in welcher Form die Beratungen und die vorgeschlagenen Änderungen berücksichtigt wurden, insbesondere was diejenigen Vorschläge angeht, die im Ausschuss breite Unterstützung gefunden haben.

(5) Der Vorsitz kann in hinreichend begründeten Fällen die Stellungnahme des Ausschusses im schriftlichen Verfahren einholen. Hierzu übermittelt der Vorsitz den Ausschussmitgliedern den Entwurf des Durchführungsrechtsakts und setzt entsprechend der Dringlichkeit der betreffenden Sache eine Frist für die Stellungnahme fest. Wenn ein Ausschussmitglied den Entwurf des Durchführungsrechtsakts nicht innerhalb der festgesetzten Frist ablehnt oder sich nicht ausdrücklich innerhalb der festgesetzten Frist der Stimme enthält, so gilt dies als stillschweigende Zustimmung zum Entwurf des Durchführungsrechtsakts.

Sofern im Basisrechtsakt nichts anderes vorgesehen ist, wird das schriftliche Verfahren ohne Ergebnis abgeschlossen, wenn der Vorsitz dies innerhalb der in Unterabsatz 1 genannten Frist beschließt oder ein Ausschussmitglied dies innerhalb der in Unterabsatz 1 genannten Frist verlangt. In einem solchen Fall beruft der Vorsitz innerhalb einer angemessenen Frist eine Ausschusssitzung ein.

(6) Die Stellungnahme des Ausschusses wird im Protokoll vermerkt. Jedes Ausschussmitglied kann verlangen, dass sein Standpunkt im Protokoll festgehalten wird. Der Vorsitz übermittelt das Protokoll unverzüglich den Ausschussmitgliedern.

(7) Gegebenenfalls schließt der Kontrollmechanismus die Befassung eines Berufungsausschusses ein.

Der Berufungsausschuss gibt sich auf Vorschlag der Kommission mit einfacher Mehrheit seiner Mitglieder eine Geschäftsordnung.

Wird der Berufungsausschuss befasst, so tritt er – außer in hinreichend begründeten Fällen – frühestens 14 Tage und spätestens sechs Wochen nach dem Zeitpunkt der Befassung zusammen. Unbeschadet des Absatzes 3 gibt der Berufungsausschuss seine Stellungnahme innerhalb von zwei Monaten nach dem Zeitpunkt der Befassung ab.

Den Vorsitz im Berufungsausschuss führt ein Vertreter der Kommission.

Der Vorsitz legt in enger Zusammenarbeit mit den Ausschussmitgliedern den Zeitpunkt für die Sitzung des Berufungsausschusses fest, damit die Mitgliedstaaten und die Kommission für eine Vertretung auf angemessener Ebene sorgen können. Die Kommission beruft bis zum 1. April 2011 die erste Sitzung des Berufungsausschusses zur Annahme seiner Geschäftsordnung ein.

Art. 4 Beratungsverfahren. (1) Findet das Beratungsverfahren Anwendung, so gibt der Ausschuss – erforderlichenfalls auf der Grundlage einer Abstimmung – seine Stellungnahme ab. Im Falle einer Abstimmung gibt der Ausschuss seine Stellungnahme mit der einfachen Mehrheit seiner Mitglieder ab.

(2) Die Kommission beschließt über den zu erlassenden Entwurf des Durchführungsrechtsakts; wobei sie soweit wie möglich das Ergebnis der Beratungen im Ausschuss und die abgegebene Stellungnahme berücksichtigt.

Art. 5 Prüfverfahren. (1) Findet das Prüfverfahren Anwendung, so gibt der Ausschuss seine Stellungnahme mit der Mehrheit nach Artikel 16 Absätze 4 und 5 des Vertrags über die Europäische Union und gegebenenfalls nach Artikel 238 Absatz 3 AEUV bei Rechtsakten, die auf Vorschlag der Kommission zu erlassen sind, ab. Die Stimmen der Vertreter der Mitgliedstaaten im Ausschuss werden gemäß den vorgenannten Artikeln gewichtet.

(2) Gibt der Ausschuss eine befürwortende Stellungnahme ab, so erlässt die Kommission den im Entwurf vorgesehenen Durchführungsrechtsakt.

(3) Unbeschadet des Artikels 7 erlässt die Kommission den im Entwurf vorgesehenen Durchführungsrechtsakt nicht, wenn der Ausschuss eine ablehnende Stellungnahme abgibt. Wird ein Durchführungsrechtsakt für erforderlich erachtet, so kann der Vorsitz entweder demselben Ausschuss innerhalb von zwei Monaten nach Abgabe der ablehnenden Stellungnahme eine geänderte Fassung des Entwurfs des Durchführungsrechtsakts unterbreiten oder den Entwurf des Durchführungsrechtsakts innerhalb eines Monats nach Abgabe der ablehnenden Stellungnahme dem Berufungsausschuss zur weiteren Beratung vorlegen.

(4) Wird keine Stellungnahme abgegeben, so kann die Kommission außer in den in Unterabsatz 2 vorgesehenen Fällen den im Entwurf vorgesehenen Durchführungsrechtsakt erlassen. Erlässt die Kommission den im Entwurf vorgesehenen Durchführungsrechtsakt nicht, so kann der Vorsitz dem Ausschuss eine geänderte Fassung des Entwurfs des Durchführungsrechtsakts unterbreiten.

Unbeschadet des Artikels 7 erlässt die Kommission den im Entwurf vorgesehenen Durchführungsrechtsakt nicht,

a) wenn dieser Rechtsakt die Besteuerung, Finanzdienstleistungen, den Schutz der Gesundheit oder der Sicherheit von Menschen, Tieren oder Pflanzen oder endgültige multilaterale Schutzmaßnahmen betrifft,

b) wenn im Basisrechtsakt vorgesehen ist, dass der im Entwurf vorgesehene Durchführungsrechtsakt ohne Stellungnahme nicht erlassen werden darf, oder

c) wenn die Mitglieder des Ausschusses ihn mit einfacher Mehrheit ablehnen.

In allen in Unterabsatz 2 genannten Fällen kann der Vorsitz, wenn ein Durchführungsrechtsakt für erforderlich erachtet wird, entweder dem selben Ausschuss innerhalb von zwei Monaten nach der Abstimmung eine geänderte Fassung des Entwurfs des Durchführungsrechtsakts unterbreiten oder den Entwurf des Durchführungsrechtsakts innerhalb eines Monats nach der Abstimmung dem Berufungsausschuss zur weiteren Beratung vorlegen.

(5) Abweichend von Absatz 4 gilt das folgende Verfahren für die Annahme von Entwürfen für endgültige Antidumping- oder Ausgleichsmaßnahmen, wenn keine Stellungnahme im Ausschuss abgegeben wird und die Mitglieder des Ausschusses den Entwurf des Durchführungsrechtsakts mit einfacher Mehrheit ablehnen.

Die Kommission führt Konsultationen mit den Mitgliedstaaten durch. Frühestens 14 Tage und spätestens einen Monat nach der Sitzung des Ausschusses unterrichtet die Kommission die Ausschussmitglieder über die Ergebnisse dieser Konsultationen und legt dem Berufungsausschuss den Entwurf eines Durchführungsrechtsakts vor. Abweichend von Artikel 3 Absatz 7 tritt der Berufungsausschuss frühestens 14 Tage und spätestens einen Monat nach der Vorlage des Entwurfs des Durchführungsrechtsakts zusammen. Der Berufungsausschuss gibt seine Stellungnahme gemäß Artikel 6 ab. Die in diesem Absatz festgelegten Fristen lassen die Notwendigkeit, die Einhaltung der in dem betreffenden Basisrechtsakt festgelegten Fristen zu wahren, unberührt.

Art. 6 Befassung des Berufungsausschusses. (1) Der Berufungsausschuss gibt seine Stellungnahme mit der in Artikel 5 Absatz 1 vorgesehenen Mehrheit ab.

(2) Bis zur Abgabe einer Stellungnahme kann jedes Mitglied des Berufungsausschusses Änderungen am Entwurf des Durchführungsrechtsakts vorschlagen und der Vorsitz kann beschließen, ihn zu ändern bzw. nicht zu ändern.

Der Vorsitz bemüht sich um Lösungen, die im Berufungsausschuss möglichst breite Unterstützung finden.

Der Vorsitz unterrichtet den Berufungsausschuss darüber, in welcher Form die Beratungen und die vorgeschlagenen Änderungen berücksichtigt wurden, insbesondere was Änderungsvorschläge angeht, die im Berufungsausschuss breite Unterstützung gefunden haben.

(3) Gibt der Berufungsausschuss eine befürwortende Stellungnahme ab, so erlässt die Kommission den im Entwurf vorgesehenen Durchführungsrechtsakt.

Wird keine Stellungnahme abgegeben, so kann die Kommission den im Entwurf vorgesehenen Durchführungsrechtsakt erlassen.

Gibt der Berufungsausschuss eine ablehnende Stellungnahme ab, so erlässt die Kommission den im Entwurf vorgesehenen Durchführungsrechtsakt nicht.

(4) Abweichend von Absatz 3 erlässt die Kommission bei der Annahme endgültiger multilateraler Schutzmaßnahmen die im Entwurf vorgesehenen Maßnahmen nicht, wenn keine befürwortende Stellungnahme vorliegt, die mit der in Artikel 5 Absatz 1 genannten Mehrheit angenommen wurde.

(5) Abweichend von Absatz 1 gibt der Berufungsausschuss bis zum 1. September 2012 seine Stellungnahme zu Entwürfen für endgültige Antidumping- oder Ausgleichsmaßnahmen mit der einfachen Mehrheit seiner Mitglieder ab.

Art. 7 Erlass von Durchführungsrechtsakten in Ausnahmefällen. Abweichend von Artikel 5 Absatz 3 und Artikel 5 Absatz 4 Unterabsatz 2 kann die Kommission den im Entwurf vorgesehenen Durchführungsrechtsakt erlassen, wenn er unverzüglich erlassen werden muss, um eine erhebliche Störung der Agrarmärkte oder eine Gefährdung der finanziellen Interessen der Union im Sinne des Artikels 325 AEUV abzuwenden.

In diesem Fall legt die Kommission den erlassenen Durchführungsrechtsakt unverzüglich dem Berufungsausschuss vor. Gibt der Berufungsausschuss eine ablehnende Stellungnahme zu dem erlassenen Durchführungsrechtsakt ab, so hebt die Kommission diesen Rechtsakt unverzüglich auf. Gibt der Berufungsausschuss eine befürwortende Stellungnahme oder keine Stellungnahme ab, so bleibt der Durchführungsrechtsakt in Kraft.

Art. 8 Sofort geltende Durchführungsrechtsakte. (1) Abweichend von den Artikeln 4 und 5 kann ein Basisrechtsrecht vorsehen, dass in hinreichend begründeten Fällen äußerster Dringlichkeit dieser Artikel anzuwenden ist.

(2) Die Kommission erlässt einen Durchführungsrechtsakt, der sofort gilt, ohne dass er vorher einem Ausschuss unterbreitet wurde, und für einen Zeitraum von höchstens sechs Monaten in Kraft bleibt, sofern im Basisrechtsakt nicht etwas anderes bestimmt ist.

(3) Der Vorsitz legt den in Absatz 2 genannten Rechtsakt spätestens 14 Tage nach seinem Erlass dem zuständigen Ausschuss zur Stellungnahme vor.

(4) Findet das Prüfverfahren Anwendung und gibt der Ausschuss eine ablehnende Stellungnahme ab, so hebt die Kommission den gemäß Absatz 2 erlassenen Durchführungsrechtsakt unverzüglich auf.

(5) Nimmt die Kommission vorläufige Antidumping- oder Ausgleichsmaßnahmen an, so findet das in diesem Artikel vorgesehene Verfahren Anwendung. Die Kommission ergreift solche Maßnahmen

nach Konsultation oder – bei äußerster Dringlichkeit – nach Unterrichtung der Mitgliedstaaten. In letzterem Fall finden spätestens zehn Tage, nachdem die von der Kommission ergriffenen Maßnahmen den Mitgliedstaaten mitgeteilt wurden, Konsultationen statt.

Art. 9 Geschäftsordnung. (1) Jeder Ausschuss gibt sich mit der einfachen Mehrheit seiner Mitglieder auf Vorschlag seines Vorsitzes sowie auf der Grundlage der von der Kommission nach Konsultation mit den Mitgliedstaaten festzulegenden Standardgeschäftsordnung eine Geschäftsordnung. Die Standardgeschäftsordnung wird von der Kommission im Amtsblatt der Europäischen Union veröffentlicht.

Soweit erforderlich passen bestehende Ausschüsse ihre Geschäftsordnung an die Standardgeschäftsordnung an.

(2) Die für die Kommission geltenden Grundsätze und Bedingungen für den Zugang der Öffentlichkeit zu Dokumenten und die für sie geltenden Datenschutzvorschriften gelten auch für die Ausschüsse.

Art. 10 Information über Ausschussverfahren. (1) Die Kommission führt ein Register der Ausschussverfahren, das Folgendes enthält:

a) eine Liste der Ausschüsse,

b) die Tagesordnungen der Ausschusssitzungen,

c) die Kurzniederschriften sowie Listen der Behörden und Stellen, denen die Personen angehören, die die Mitgliedstaaten in deren Auftrag vertreten,

d) die Entwürfe der Durchführungsrechtsakte, zu denen die Ausschüsse um eine Stellungnahme ersucht werden,

e) die Abstimmungsergebnisse,

f) die endgültigen Entwürfe der Durchführungsrechtsakte nach Abgabe der Stellungnahme der Ausschüsse,

g) Angaben zum Erlass der im endgültigen Entwurf vorgesehenen Durchführungsrechtsakte durch die Kommission sowie

h) statistische Angaben zur Arbeit der Ausschüsse.

(2) Die Kommission veröffentlicht darüber hinaus einen jährlichen Bericht über die Arbeit der Ausschüsse.

(3) Das Europäische Parlament und der Rat haben im Einklang mit den geltenden Vorschriften Zugriff auf die in Absatz 1 genannten Angaben.

(4) Die Kommission stellt die in Absatz 1 Buchstaben b, d und f genannten Dokumente dem Europäischen Parlament und dem Rat zur gleichen Zeit, zu der sie den Ausschussmitgliedern übermittelt werden, zur Verfügung und unterrichtet sie über die Verfügbarkeit dieser Dokumente.

(5) Die Fundstellen der in Absatz 1 Buchstaben a bis g genannten Dokumente sowie die in Absatz 1 Buchstabe h genannten Angaben werden in dem Register öffentlich zugänglich gemacht.

Art. 11 Kontrollrecht des Europäischen Parlaments und des Rates. Wurde der Basisrechtsakt nach dem ordentlichen Gesetzgebungsverfahren erlassen, so können das Europäische Parlament oder der Rat die Kommission jederzeit darauf hinweisen, dass der Entwurf eines Durchführungsrechtsakts ihres Erachtens die im Basisrechtsakt vorgesehenen Durchführungsbefugnisse überschreitet. In diesem Fall überprüft die Kommission den Entwurf des Durchführungsrechtsakts unter Berücksichtigung der vorgetragenen Standpunkte und unterrichtet das Europäische Parlament und den Rat darüber, ob sie beabsichtigt, den Entwurf des Durchführungsrechtsakts beizubehalten, abzuändern oder zurückzuziehen.

Art. 12 Aufhebung des Beschlusses 1999/468/EG. Der Beschluss 1999/468/EG wird aufgehoben.

Artikel 5 a des Beschlusses 1999/468/EG behält bei bestehenden Basisrechtsakten, in denen darauf verwiesen wird, weiterhin seine Wirkung.[1)]

---

1) Art. 5 a des Beschlusses 1999/468/EG lautete:

Art 5 a Regelungsverfahren mit Kontrolle. (1) Die Kommission wird von einem Regelungskontrollausschuss unterstützt, der sich aus Vertretern der Mitgliedstaaten zusammensetzt und in dem der Vertreter der Kommission den Vorsitz führt.

(2) Der Vertreter der Kommission unterbreitet dem Ausschuss einen Entwurf der zu ergreifenden Maßnahmen. Der Ausschuss gibt seine Stellungnahme zu diesem Entwurf innerhalb einer Frist ab, die der Vorsitzende unter Berücksichtigung der Dringlichkeit der betreffenden Frage festsetzen kann. Die Stellungnahme wird mit der Mehrheit abgegeben, die in Artikel 205 Absätze 2 und 4 des Vertrags für die Annahme der vom Rat auf Vorschlag der Kommission zu fassenden Beschlüsse vorgesehen ist. Bei der Abstimmung im Ausschuss werden die Stimmen der Vertreter der Mitgliedstaaten gemäß dem vorgenannten Artikel gewogen. Der Vorsitzende nimmt an der Abstimmung nicht teil.

(3) Stehen die von der Kommission beabsichtigten Maßnahmen mit der Stellungnahme des Ausschusses im Einklang, so findet folgendes Verfahren Anwendung:

a) Die Kommission unterbreitet dem Europäischen Parlament und dem Rat unverzüglich den Entwurf von Maßnahmen zur Kontrolle.
b) Der Erlass dieses Entwurfs durch die Kommission kann vom Europäischen Parlament mit der Mehrheit seiner Mitglieder oder vom Rat mit qualifizierter Mehrheit abgelehnt werden, wobei diese Ablehnung darin begründet sein muss, dass der von der Kommission vorgelegte Entwurf von Maßnahmen über die im Basisrechtsakt vorgesehenen Durchführungsbefugnisse hinausgeht oder dass dieser Entwurf mit dem Ziel oder dem Inhalt des Basisrechtsakts unvereinbar ist oder gegen die Grundsätze der Subsidiarität oder Verhältnismäßigkeit verstößt.
c) Spricht sich das Europäische Parlament oder der Rat innerhalb von drei Monaten nach seiner Befassung gegen den Entwurf von Maßnahmen aus, so werden diese nicht von der Kommission erlassen. In diesem Fall kann die Kommission dem Ausschuss einen geänderten Entwurf von Maßnahmen unterbreiten oder einen Vorschlag für einen Rechtsakt auf der Grundlage des Vertrags vorlegen.
d) Hat sich nach Ablauf dieser Frist weder das Europäische Parlament noch der Rat gegen den Entwurf von Maßnahmen ausgesprochen, so werden sie von der Kommission erlassen.

(4) Stehen die von der Kommission beabsichtigten Maßnahmen nicht mit der Stellungnahme des Ausschusses im Einklang oder liegt keine Stellungnahme vor, so findet folgendes Verfahren Anwendung:

a) Die Kommission unterbreitet dem Rat unverzüglich einen Vorschlag für die zu ergreifenden Maßnahmen und übermittelt diesen Vorschlag gleichzeitig dem Europäischen Parlament.
b) Der Rat befindet innerhalb von zwei Monaten nach seiner Befassung mit qualifizierter Mehrheit über diesen Vorschlag.

(Fortsetzung der Fußnote nächste Seite)

Art. 13 Übergangsbestimmungen: Anpassung bestehender Basisrechtsakte. (1) Wenn vor Inkrafttreten dieser Verordnung erlassene Basisrechtsakte die Wahrnehmung von Durchführungsbefugnissen durch die Kommission gemäß dem Beschluss 1999/468/EG vorsehen, gelten folgende Regeln:

(Fortsetzung der Fußnote)

c) Spricht sich der Rat innerhalb dieser Frist mit qualifizierter Mehrheit gegen die vorgeschlagenen Maßnahmen aus, so werden diese nicht erlassen. In diesem Fall kann die Kommission dem Rat einen geänderten Vorschlag unterbreiten oder einen Vorschlag für einen Rechtsakt auf der Grundlage des Vertrags vorlegen.

d) Beabsichtigt der Rat den Erlass der vorgeschlagenen Maßnahmen, so unterbreitet er diese unverzüglich dem Europäischen Parlament. Befindet der Rat nicht innerhalb der genannten Frist von zwei Monaten, so unterbreitet die Kommission dem Europäischen Parlament unverzüglich die Maßnahmen.

e) Der Erlass dieser Maßnahmen kann vom Europäischen Parlament innerhalb einer Frist von vier Monaten ab Übermittlung des Vorschlags gemäß Buchstabe a mit der Mehrheit seiner Mitglieder abgelehnt werden, wobei diese Ablehnung darin begründet sein muss, dass die vorgeschlagenen Maßnahmen über die im Basisrechtsakt vorgesehenen Durchführungsbefugnisse hinausgehen oder dass diese Maßnahmen mit dem Ziel oder dem Inhalt des Basisrechtsakts unvereinbar sind oder gegen die Grundsätze der Subsidiarität oder Verhältnismäßigkeit verstoßen.

f) Spricht sich das Europäische Parlament innerhalb dieser Frist gegen die vorgeschlagenen Maßnahmen aus, so werden diese nicht erlassen. In diesem Fall kann die Kommission dem Ausschuss einen geänderten Entwurf von Maßnahmen unterbreiten oder einen Vorschlag für einen Rechtsakt auf der Grundlage des Vertrags vorlegen.

g) Hat sich das Europäische Parlament nach Ablauf der genannten Frist nicht gegen die vorgeschlagenen Maßnahmen ausgesprochen, so werden sie je nach Fall vom Rat oder von der Kommission erlassen.

(5) Abweichend von den Absätzen 3 und 4 kann ein Basisrechtsakt in wohlbegründeten Ausnahmefällen vorsehen,

a) dass die in Absatz 3 Buchstabe c sowie in Absatz 4 Buchstaben b und e vorgesehenen Fristen um einen weiteren Monat verlängert werden, wenn die Komplexität der Maßnahmen dies rechtfertigt; oder

b) dass die in Absatz 3 Buchstabe c sowie in Absatz 4 Buchstaben b und e vorgesehenen Fristen verkürzt werden, wenn dies aus Gründen der Effizienz erforderlich ist.

(6) Ein Basisrechtsakt kann vorsehen, dass in Fällen äußerster Dringlichkeit, in denen die in den Absätzen 3, 4 und 5 vorgesehenen Fristen für das Regelungsverfahren mit Kontrolle nicht eingehalten werden können, folgendes Verfahren Anwendung findet:

a) Stehen die von der Kommission beabsichtigten Maßnahmen mit der Stellungnahme des Ausschusses im Einklang, so erlässt die Kommission diese Maßnahmen, die unmittelbar durchgeführt werden. Sie teilt diese Maßnahmen unverzüglich dem Europäischen Parlament und dem Rat mit.

b) Innerhalb einer Frist von einem Monat ab dieser Mitteilung können die von der Kommission erlassenen Maßnahmen vom Europäischen Parlament mit der Mehrheit seiner Mitglieder oder vom Rat mit qualifizierter Mehrheit abgelehnt werden, wobei diese Ablehnung darin begründet sein muss, dass die Maßnahmen über die im Basisrechtsakt vorgesehenen Durchführungsbefugnisse hinausgehen oder dass die Maßnahmen mit dem Ziel oder dem Inhalt des Basisrechtsakts unvereinbar sind oder aber gegen die Grundsätze der Subsidiarität oder Verhältnismäßigkeit verstoßen.

c) Im Falle der Ablehnung der Maßnahmen durch das Europäische Parlament oder durch den Rat, hebt die Kommission die Maßnahmen auf. Sie kann die Maßnahmen jedoch vorläufig aufrecht erhalten, wenn dies aus Gründen des Schutzes der Gesundheit, der Sicherheit oder des Umweltschutzes gerechtfertigt ist. In diesem Fall legt die Kommission dem Ausschuss unverzüglich einen geänderten Entwurf von Maßnahmen oder einen Vorschlag für einen Rechtsakt auf der Grundlage des Vertrags vor. Die vorläufigen Maßnahmen bleiben in Kraft, bis sie durch einen endgültigen Rechtsakt ersetzt werden."

a) Wird im Basisrechtsakt auf Artikel 3 des Beschlusses 1999/468/EG Bezug genommen, so findet das in Artikel 4 der vorliegenden Verordnung genannte Beratungsverfahren Anwendung;

b) wird im Basisrechtsakt auf Artikel 4 des Beschlusses 1999/468/EG Bezug genommen, so findet das in Artikel 5 der vorliegenden Verordnung genannte Prüfverfahren Anwendung, mit Ausnahme von Artikel 5 Absatz 4 Unterabsätze 2 und 3;

c) wird im Basisrechtsakt auf Artikel 5 des Beschlusses 1999/468/EG Bezug genommen, so findet das in Artikel 5 der vorliegenden Verordnung genannte Prüfverfahren Anwendung und es wird davon ausgegangen, dass der Basisrechtsakt vorsieht, dass die Kommission, wie in Artikel 5 Absatz 4 Unterabsatz 2 Buchstabe b vorgesehen, den im Entwurf vorgesehenen Durchführungsrechtsakt ohne Stellungnahme nicht erlassen darf;

d) wird im Basisrechtsakt auf Artikel 6 des Beschlusses 1999/468/EG Bezug genommen, so findet Artikel 8 der vorliegenden Verordnung Anwendung;

e) wird im Basisrechtsakt auf die Artikel 7 und 8 des Beschlusses 1999/468/EG Bezug genommen, so finden die Artikel 10 und 11 der vorliegenden Verordnung Anwendung.

(2) Die Artikel 3 und 9 dieser Verordnung gelten für die Zwecke von Absatz 1 für alle bestehenden Ausschüsse.

(3) Artikel 7 dieser Verordnung gilt nur für bestehende Verfahren, in denen auf Artikel 4 des Beschlusses 1999/468/EG Bezug genommen wird.

(4) Die Übergangsbestimmungen nach diesem Artikel greifen der Art der betreffenden Rechtsakte nicht vor.

Art. 14 Übergangsregelung. Laufende Verfahren, in denen ein Ausschuss bereits eine Stellungnahme gemäß dem Beschluss 1999/468/EG abgegeben hat, bleiben von dieser Verordnung unberührt.

Art. 15 Überprüfung. Die Kommission legt dem Europäischen Parlament und dem Rat bis zum 1. März 2016 einen Bericht über die Durchführung dieser Verordnung vor, dem erforderlichenfalls geeignete Gesetzgebungsvorschläge beigefügt werden.

Art. 16 Inkrafttreten. Diese Verordnung tritt am 1. März 2011 in Kraft.

Diese Verordnung ist in allen ihren Teilen verbindlich und gilt unmittelbar in jedem Mitgliedstaat.

237. Geschäftsordnung des Rates

(ABl. Nr. L 325/35 v. 11.12.2009; zuletzt geänd. (Anhang III), ABl. Nr. L 419/24 v. 11.12.2020)

Art. 1 Allgemeine Bestimmungen, Einberufung und Tagungsorte. (1) Der Rat wird von seinem Präsidenten aus eigenem Entschluss oder auf Antrag eines seiner Mitglieder oder der Kommission einberufen[1)].

(2) Der Vorsitz teilt nach den entsprechenden Konsultationen sieben Monate vor dem Beginn des betreffenden Halbjahres für alle Zusammensetzungen des Rates die Termine mit, die er für die Tagungen vorsieht, zu denen der Rat zusammentreten muss, um seine Aufgabe als Gesetzgeber zu erfüllen oder operative Entscheidungen zu treffen. Diese Termine werden in einem einheitlichen Dokument zusammengefasst, das für alle Zusammensetzungen des Rates gilt.

(3) Der Rat hat seinen Sitz in Brüssel. In den Monaten April, Juni und Oktober hält der Rat seine Tagungen in Luxemburg ab[2)].

Unter außergewöhnlichen Umständen und in hinreichend begründeten Fällen kann der Rat oder der Ausschuss der Ständigen Vertreter der Regierungen der Mitgliedstaaten (nachstehend „AStV" genannt) einstimmig beschließen, dass eine Tagung des Rates an einem anderen Ort abgehalten wird.

(4)[3)] Der Vorsitz im Rat, außer in der Zusammensetzung „Auswärtige Angelegenheiten", wird von zuvor festgelegten Gruppen von drei Mitgliedstaaten für einen Zeitraum von 18 Monaten wahrgenommen. Diese Gruppen werden in gleichberechtigter Rotation der Mitgliedstaaten unter Berücksichtigung ihrer Verschiedenheit und des geografischen Gleichgewichts innerhalb der Union zusammengestellt.

Jedes Mitglied der Gruppe nimmt den Vorsitz in allen Zusammensetzungen des Rates außer in der Zusammensetzung „Auswärtige Angelegenheiten" im Wechsel für einen Zeitraum von sechs Monaten wahr. Die anderen Mitglieder der Gruppe unterstützen den Vorsitz auf der Grundlage eines gemeinsamen Programms bei all seinen Aufgaben. Die Mitglieder der Gruppe können untereinander alternative Regelungen beschließen.

(5) Die Beschlüsse, die der Rat oder der AStV auf der Grundlage dieser Geschäftsordnung fasst, werden mit einfacher Mehrheit ange-

---

1) Dieser Absatz stimmt mit Artikel 237 des Vertrags über die Arbeitsweise der Europäischen Union (nachstehend „AEUV" genannt) überein.

2) Dieser Absatz stimmt mit Buchstabe b des einzigen Artikels des Protokolls über die Festlegung der Sitze der Organe und bestimmter Einrichtungen, sonstiger Stellen und Dienststellen der Europäischen Union überein.

3) Dieser Absatz stimmt mit Artikel 1 des Beschlusses des Europäischen Rates vom 1. Dezember 2009 über die Ausübung des Vorsitzes im Rat überein (ABl. L 315 vom 2.12.2009, S. 50).

nommen, es sei denn, die Geschäftsordnung sieht andere Abstimmungsmodalitäten vor.

Sofern nichts anderes angegeben ist, gelten in dieser Geschäftsordnung die Bezugnahmen auf den Vorsitz oder auf den Präsidenten für jede Person, die den Vorsitz in einer der Zusammensetzungen des Rates oder gegebenenfalls in einem der Vorbereitungsgremien des Rates wahrnimmt.

Art. 2 Zusammensetzungen des Rates, Rolle der Zusammensetzung „Allgemeine Angelegenheiten" und der Zusammensetzung „Auswärtige Angelegenheiten" und Arbeitsplanung.

(1) Der Rat tagt – je nach behandeltem Sachgebiet – in verschiedenen Zusammensetzungen. Die Liste der Zusammensetzungen des Rates, mit Ausnahme des Rates „Allgemeine Angelegenheiten" und des Rates „Auswärtige Angelegenheiten", wird vom Europäischen Rat mit qualifizierter Mehrheit angenommen[1]. Die Liste der Zusammensetzungen des Rates ist in Anhang I enthalten.

(2) Der Rat „Allgemeine Angelegenheiten" stellt die Kohärenz der Arbeiten des Rates in seinen verschiedenen Zusammensetzungen sicher. In Verbindung mit dem Präsidenten des Europäischen Rates und mit der Kommission bereitet er die Tagungen des Europäischen Rates vor und sorgt für das weitere Vorgehen[2]. Er ist verantwortlich für die Gesamtkoordinierung der Politiken, für institutionelle und administrative Fragen, für Querschnittsthemen mit Bezug zu mehreren Politikbereichen der Europäischen Union, wie den mehrjährigen Finanzrahmen und die Erweiterung, sowie für alle sonstigen Themen, mit denen er vom Europäischen Rat befasst wurde, unter Berücksichtigung der Verfahrensregeln der Wirtschafts- und Währungsunion.

(3) Die Modalitäten für die Vorbereitung der Tagungen des Europäischen Rates sind in Artikel 3 der Geschäftsordnung des Europäischen Rates niedergelegt.

a) Zur Vorbereitung nach Artikel 2 Absatz 2 der Geschäftsordnung des Europäischen Rates legt der Präsident in enger Zusammenarbeit mit dem Mitglied des Europäischen Rates, das den Mitgliedstaat vertritt, der den halbjährlichen Vorsitz des Rates wahrnimmt, und mit dem Präsidenten der Kommission dem Rat „Allgemeine Angelegenheiten" mindestens vier Wochen vor jeder ordentlichen Tagung des Europäischen Rates im Sinne des Artikels 1 Absatz 1 der Geschäftsordnung des Europäischen Rates einen Entwurf einer erläuterten Tagesordnung vor.

Die Beiträge der anderen Ratsformationen zu den Beratungen des Europäischen Rates werden dem Rat „Allgemeine Angelegenhei-

---

[1] Diese beiden Sätze stimmen – mit angepasstem Wortlaut – mit Artikel 16 Absatz 6 *Unterabsatz 1 des Vertrags* über die Europäische Union (nachstehend „EUV" genannt) und Artikel 236 Buchstabe a des AEUV überein.

[2] Diese beiden Sätze stimmen mit Artikel 16 Absatz 6 Unterabsatz 2 des EUV überein.

ten" spätestens zwei Wochen vor der Tagung des Europäischen Rates übermittelt. Der Präsident des Europäischen Rates erstellt in enger Zusammenarbeit im Sinne des Unterabsatzes 1 einen Entwurf von Leitlinien für die Schlussfolgerungen des Europäischen Rates und gegebenenfalls die Entwürfe von Schlussfolgerungen und die Entwürfe von Beschlüssen des Europäischen Rates; diese Entwürfe sind Gegenstand einer Aussprache des Rates „Allgemeine Angelegenheiten".

Der Rat „Allgemeine Angelegenheiten" tritt innerhalb der letzten fünf Tage vor der Tagung des Europäischen Rates zu einer letzten Tagung zusammen. Der Präsident des Europäischen Rates erstellt die vorläufige Tagesordnung auf der Grundlage dieser letzten Aussprache.

b) Außer aus zwingendem und unvorhergesehenem Anlass, z. B. im Zusammenhang mit dem internationalen Tagesgeschehen, darf keine andere Ratsformation und kein anderes Vorbereitungsgremium zwischen der Tagung des Rates „Allgemeine Angelegenheiten", auf der die vorläufige Tagesordnung des Europäischen Rates erstellt wird, und der Tagung des Europäischen Rates ein Thema erörtern, das dem Europäischen Rat unterbreitet wird.

c) Der Europäische Rat setzt seine Tagesordnung zu Beginn seiner Tagung fest.

In der Regel sollten die auf die Tagesordnung gesetzten Themen zuvor gemäß diesem Absatz geprüft worden sein.

(4) Der Rat „Allgemeine Angelegenheiten" sorgt im Rahmen einer Mehrjahresplanung gemäß Absatz 6 in Zusammenarbeit mit der Kommission für die Kohärenz und die Kontinuität der Arbeiten des Rates in seinen verschiedenen Zusammensetzungen[1].

(5) Der Rat „Auswärtige Angelegenheiten" gestaltet das auswärtige Handeln der Union entsprechend den strategischen Vorgaben des Europäischen Rates und sorgt für die Kohärenz des Handelns der Union[2]. Er ist verantwortlich für die Durchführung sämtlichen auswärtigen Handelns der Europäischen Union, nämlich der Gemeinsamen Außen- und Sicherheitspolitik, der Gemeinsamen Sicherheits- und Verteidigungspolitik, der gemeinsamen Handelspolitik sowie der Entwicklungszusammenarbeit und der humanitären Hilfe.

Den Vorsitz im Rat „Auswärtige Angelegenheiten" führt der Hohe Vertreter der Union für Außen- und Sicherheitspolitik, der sich erforderlichenfalls von dem Mitglied dieser Zusammensetzung des Rates vertreten lassen kann, das den Mitgliedstaat vertritt, der den halbjährlichen Vorsitz des Rates wahrnimmt[3].

---

[1] Dieser Absatz stimmt mit Artikel 3 Satz 1 des Beschlusses des Europäischen Rates vom 1. Dezember 2009 über die Ausübung des Vorsitzes im Rat überein.

[2] Dieser Satz stimmt mit Artikel 16 Absatz 6 Unterabsatz 3 des EUV überein.

[3] Siehe nachstehende Erklärung a:

a) Zu Artikel 2 Absatz 5 Unterabsatz 2:

„Im Falle der Einberufung des Rates ‚Auswärtige Angelegenheiten' im Zusammenhang mit Fragen der gemeinsamen Handelspolitik lässt sich sein Präsident vom halbjährlichen Vorsitz vertreten, wie in Artikel 2 Absatz 5 Unterabsatz 2 vorgesehen."

(6) Die zuvor festgelegte Gruppe von drei Mitgliedstaaten im Sinne des Artikels 1 Absatz 4, die den Vorsitz des Rates während eines Zeitraums von 18 Monaten wahrnehmen, erstellt jeweils einen Entwurf eines Programms für die Tätigkeiten des Rates in diesem Zeitraum. Für die Tätigkeiten des Rates „Auswärtige Angelegenheiten" in diesem Zeitraum wird der Entwurf zusammen mit dem Präsidenten dieser Zusammensetzung des Rates erstellt. Der Programmentwurf wird in enger Zusammenarbeit mit der Kommission und dem Präsidenten des Europäischen Rates und nach entsprechenden Konsultationen erstellt. Er wird spätestens einen Monat vor dem betreffenden Zeitraum in einem einheitlichen Dokument vorgelegt, das vom Rat „Allgemeine Angelegenheiten" gebilligt wird[1)].

(7) Der in dem betreffenden Zeitraum amtierende Vorsitz erstellt für jede Zusammensetzung des Rates und nach entsprechenden Konsultationen indikative Tagesordnungsentwürfe für die im kommenden Halbjahr vorgesehenen Tagungen des Rates unter Angabe der geplanten Rechtsetzungsschritte und operativen Entscheidungen. Diese Entwürfe werden spätestens eine Woche vor dem Beginn des betreffenden Halbjahres auf der Grundlage des Achtzehnmonatsprogramms des Rates und in Absprache mit der Kommission erstellt. Sie werden in einem einheitlichen Dokument zusammengefasst, das für alle Zusammensetzungen des Rates gilt. Erforderlichenfalls können über die zuvor geplanten Tagungen des Rates hinaus zusätzliche Tagungen des Rates vorgesehen werden.

Erweist sich während einer Halbjahresperiode eine für diese Zeit geplante Tagung als nicht länger gerechtfertigt, so beruft der Vorsitz sie nicht ein.

Art. 3[2)] Tagesordnung. (1) Unter Berücksichtigung des Achtzehnmonatsprogramms des Rates stellt der Präsident die vorläufige Tages-

---

[1)] Siehe nachstehende Erklärung b:

b) Zu Artikel 2 Absatz 6:

„Das Achtzehnmonatsprogramm umfasst eine allgemeine Einleitung, in der das Programm in den Kontext der langfristigen strategischen Leitlinien der Union gestellt wird. Im Rahmen der ‚entsprechenden Konsultationen' gemäß Absatz 6 Satz 3 konsultieren die drei für die Erstellung des Entwurfs des Achtzehnmonatsprogramms zuständigen Vorsitze dazu die drei nachfolgenden Vorsitze. Der Entwurf des Achtzehnmonatsprogramms berücksichtigt unter anderem auch die einschlägigen Ergebnisse des Dialogs über die für das jeweilige Jahr geltenden politischen Prioritäten, der auf Initiative der Kommission stattfindet."

[2)] Siehe nachstehende Erklärungen c und d:

c) Zu Artikel 3 Absätze 1 und 2:

„Der Präsident bemüht sich, dafür zu sorgen, dass die Mitglieder des Rates die vorläufige Tagesordnung für jede Tagung des Rates über die Durchführung der Bestimmungen des Titels des AEUV über den Raum der Freiheit, der Sicherheit und des Rechts sowie die Unterlagen über die auf der Tagesordnung stehenden Punkte grundsätzlich mindestens 21 Tage vor Beginn dieser Tagung erhalten."

d) Zu den Artikeln 1 und 3:

„Unbeschadet des Artikels 30 Absatz 2 des EUV, wonach in den Fällen, in denen eine rasche Entscheidung notwendig ist, in kürzester Zeit eine außerordentliche Tagung des Rates einberufen werden kann, ist sich der Rat der Notwendigkeit bewusst, Fragen der *Gemeinsamen Außen-* und Sicherheitspolitik zügig und wirksam zu behandeln. Die Bestimmungen des Artikels 3 stehen dem nicht entgegen, dass dieser Notwendigkeit Rechnung getragen wird."

ordnung jeder Tagung auf. Diese wird den anderen Ratsmitgliedern und der Kommission spätestens 14 Tage vor Beginn der Tagung übersandt. Sie wird gleichzeitig den nationalen Parlamenten der Mitgliedstaaten zugeleitet.

(2) Die vorläufige Tagesordnung enthält die Punkte, für die der Aufnahmeantrag eines Ratsmitglieds oder der Kommission und gegebenenfalls die hierauf bezüglichen Unterlagen dem Generalsekretariat spätestens 16 Tage vor Beginn der betreffenden Tagung zugegangen sind. In der vorläufigen Tagesordnung ist ferner durch ein Sternchen vermerkt, über welche Punkte der Vorsitz, ein Ratsmitglied oder die Kommission eine Abstimmung verlangen können. Ein solcher Vermerk erfolgt, wenn alle Verfahrensvorschriften der Verträge erfüllt sind.

(3) Ist die in dem Protokoll über die Rolle der nationalen Parlamente in der Europäischen Union und in dem Protokoll über die Anwendung der Grundsätze der Subsidiarität und der Verhältnismäßigkeit vorgesehene Frist von acht Wochen anwendbar, so werden die Punkte, die die Annahme eines Gesetzgebungsakts oder eines Standpunkts in erster Lesung im Rahmen des ordentlichen Gesetzgebungsverfahrens betreffen, erst dann im Hinblick auf einen Beschluss auf die vorläufige Tagesordnung gesetzt, wenn die Achtwochenfrist abgelaufen ist.

Der Rat kann von der Achtwochenfrist nach Unterabsatz 1 abweichen, wenn die Aufnahme eines Tagesordnungspunktes ein dringender Ausnahmefall im Sinne des Artikels 4 des Protokolls über die Rolle der nationalen Parlamente in der Europäischen Union ist. Der Rat beschließt gemäß den für den Erlass des betreffenden Gesetzgebungsakts oder die Festlegung des betreffenden Standpunkts geltenden Abstimmungsmodalitäten.

Außer in ordnungsgemäß begründeten dringenden Fällen müssen zwischen der Aufnahme des Entwurfs eines Gesetzgebungsakts in die vorläufige Tagesordnung für die Tagung des Rates und der Festlegung eines Standpunkts zehn Tage liegen[1)].

(4) In die vorläufige Tagesordnung können nur die Punkte aufgenommen werden, für die die Unterlagen den Ratsmitgliedern und der Kommission spätestens am Tag der Übersendung dieser Tagesordnung übermittelt werden.

(5) Das Generalsekretariat übermittelt den Ratsmitgliedern und der Kommission die Aufnahmeanträge und die hierauf bezüglichen Unterlagen, für die die vorstehend vorgeschriebenen Fristen nicht eingehalten worden sind.

Sofern nicht aus Dringlichkeitsgründen etwas anderes erforderlich ist und unbeschadet des Absatzes 3 werden Punkte, die Entwürfe von Gesetzgebungsakten betreffen und deren Prüfung durch den AStV bis zum Ende der Woche, die der Woche vor der Tagung des Rates voran-

[1)] Dieser Satz stimmt mit Artikel 4 letzter Satz des Protokolls über die Rolle der nationalen Parlamente in der Europäischen Union überein.

geht, nicht abgeschlossen ist, vom Vorsitz von der vorläufigen Tagesordnung abgesetzt.

(6) Die vorläufige Tagesordnung besteht aus zwei Teilen, von denen der eine den Beratungen über die Gesetzgebungsakte und der andere den nicht die Gesetzgebung betreffenden Tätigkeiten gewidmet ist. Der erste Teil trägt den Titel „Beratungen über Gesetzgebungsakte", der zweite Teil den Titel „Nicht die Gesetzgebung betreffende Tätigkeiten".

Die Punkte in beiden Teilen der vorläufigen Tagesordnung sind jeweils in A-Punkte und B-Punkte gegliedert. Als A-Punkte werden die Punkte aufgenommen, die der Rat ohne Aussprache annehmen kann; dies schließt nicht aus, dass ein Ratsmitglied oder die Kommission bei der Annahme dieser Punkte Meinungen äußert und Erklärungen in das Ratsprotokoll aufnehmen lässt.

(7) Der Rat setzt die Tagesordnung zu Beginn jeder Tagung fest. Für die Aufnahme von Punkten, die nicht auf der vorläufigen Tagesordnung stehen, ist Einstimmigkeit im Rat erforderlich. Zu den dieserart aufgenommenen Punkten kann eine Abstimmung erfolgen, wenn alle Verfahrensvorschriften der Verträge erfüllt sind.

(8) Könnte eine Stellungnahme zu einem A-Punkt jedoch zu einer erneuten Aussprache führen oder stellt ein Ratsmitglied oder die Kommission einen entsprechenden Antrag, so wird der Punkt von der Tagesordnung abgesetzt, es sei denn, dass der Rat anders entscheidet.

(9) Bei jedem Antrag auf Aufnahme eines Punktes unter „Sonstiges" ist ein erläuterndes Dokument vorzulegen.

Art. 4 Vertretung eines Ratsmitglieds. Vorbehaltlich der Bestimmungen über die Übertragung des Stimmrechts gemäß Artikel 11 kann ein Ratsmitglied sich vertreten lassen, wenn es verhindert ist, an einer Tagung teilzunehmen.

Art. 5 Tagungen. (1) Der Rat tagt öffentlich, wenn er über Entwürfe zu Gesetzgebungsakten berät und abstimmt[1]. In allen anderen Fällen, außer in den in Artikel 8 genannten Fällen, sind die Tagungen des Rates nicht öffentlich.

(2) Die Kommission ist zur Teilnahme an den Tagungen des Rates eingeladen. Dies gilt auch für die Europäische Zentralbank in den Fällen, in denen diese ihr Initiativrecht wahrnimmt. Der Rat kann jedoch beschließen, in Abwesenheit der Kommission oder der Europäischen Zentralbank zu beraten.

(3) Die Mitglieder des Rates und der Kommission können zu ihrer Unterstützung Beamte hinzuziehen. Name und Dienststellung dieser Beamten werden dem Generalsekretariat zuvor mitgeteilt. Der Rat kann eine Höchstzahl von Personen je Delegation festlegen, die einschließlich der Ratsmitglieder gleichzeitig im Sitzungssaal des Rates anwesend sein dürfen.

---

[1] Dieser Satz stimmt mit Artikel 16 Absatz 8 Satz 1 des EUV überein.

(4) Für den Zugang zu den Tagungen des Rates ist die Vorlage eines vom Generalsekretariat ausgestellten Einlassscheins erforderlich.

Art. 6 Geheimhaltungspflicht und Vorlage von Dokumenten vor Gericht. (1) Unbeschadet der Artikel 7, 8 und 9 sowie der Bestimmungen über den Zugang der Öffentlichkeit zu Dokumenten unterliegen die Beratungen des Rates der Geheimhaltungspflicht, es sei denn, dass der Rat anders entscheidet.

(2) Der Rat oder der AStV kann die Vorlage einer Kopie oder eines Auszugs der Ratsdokumente vor Gericht genehmigen, wenn diese nicht gemäß den Bestimmungen über den Zugang der Öffentlichkeit zu Dokumenten der Öffentlichkeit zugänglich gemacht wurden.

Art. 7 Gesetzgebungsverfahren und Öffentlichkeit. (1) Der Rat tagt öffentlich, wenn er über Entwürfe zu Gesetzgebungsakten berät und abstimmt. Zu diesem Zweck enthält seine Tagesordnung einen Teil mit dem Titel „Beratungen über Gesetzgebungsakte".

(2) Die dem Rat vorgelegten Dokumente, die unter einem Punkt im Teil „Beratungen über Gesetzgebungsakte" seiner Tagesordnung aufgeführt sind, sowie die Abschnitte des Ratsprotokolls, die diesen Teil der Tagesordnung betreffen, werden veröffentlicht.

(3) Die Öffentlichkeit der Tagungen des Rates betreffend den Teil „Beratungen über Gesetzgebungsakte" seiner Tagesordnung wird durch eine öffentliche audiovisuelle Übertragung sichergestellt, insbesondere in einen „Mithörsaal" und durch die Übertragung in allen Amtssprachen der Organe der Europäischen Union per Video-Stream. Eine Aufzeichnung verbleibt mindestens einen Monat lang auf der Website des Rates. Die Abstimmungsergebnisse werden visuell angezeigt.

Das Generalsekretariat informiert die Öffentlichkeit im Voraus über den Tag und die voraussichtliche Uhrzeit der audiovisuellen Übertragung und trifft die praktischen Vorkehrungen zur korrekten Anwendung dieses Artikels.

(4) Die Abstimmungsergebnisse und die Erklärungen zur Stimmabgabe der Ratsmitglieder oder ihrer Vertreter in dem nach dem ordentlichen Gesetzgebungsverfahren vorgesehenen Vermittlungsausschuss sowie die Erklärungen für das Ratsprotokoll und die im Ratsprotokoll enthaltenen und die Sitzung des Vermittlungsausschusses betreffenden Punkte werden veröffentlicht.

(5) Werden dem Rat Gesetzgebungsvorschläge oder -initiativen unterbreitet, so nimmt der Rat davon Abstand, Akte anzunehmen, die in den Verträgen nicht vorgesehen sind, beispielsweise Entschließungen, Schlussfolgerungen oder andere Erklärungen als diejenigen, die bei der Annahme des Aktes abgegeben wurden und in das Ratsprotokoll aufzunehmen sind.

Art. 8 Sonstige öffentliche Beratungen und öffentliche Aussprachen des Rates. (1) Wird der Rat mit einem Vorschlag für einen

Rechtsakt ohne Gesetzescharakter betreffend den Erlass von Vorschriften, die in den Mitgliedstaaten oder für die Mitgliedstaaten rechtlich bindend sind, befasst, wobei er auf der Grundlage der einschlägigen Bestimmungen der Verträge im Wege von Verordnungen, Richtlinien oder Entscheidungen und Beschlüssen tätig wird, so sind die ersten Beratungen des Rates über wichtige neue Vorschläge öffentlich; ausgenommen sind hierbei interne Maßnahmen, Verwaltungsakte oder Haushaltsmaßnahmen, Rechtsakte betreffend die interinstitutionellen oder die internationalen Beziehungen oder nicht bindende Rechtsakte wie Schlussfolgerungen, Empfehlungen oder Entschließungen. Der Vorsitz legt fest, welche neuen Vorschläge wichtig sind; der Rat oder der AStV können gegebenenfalls etwas anderes beschließen.

Der Vorsitz kann fallweise entscheiden, dass die anschließenden Beratungen des Rates über einen der Vorschläge im Sinne des Unterabsatzes 1 für die Öffentlichkeit zugänglich sein sollen, sofern der Rat oder der AStV nicht etwas anderes beschließt.

(2) Auf einen mit qualifizierter Mehrheit gefassten Beschluss des Rates oder des AStV führt der Rat öffentliche Aussprachen über wichtige Fragen, die die Interessen der Europäischen Union und ihrer Bürger berühren.

Es obliegt dem Vorsitz, den Ratsmitgliedern oder der Kommission, spezifische Fragen oder Themen für solche Aussprachen vorzuschlagen, wobei sie berücksichtigen, welche Bedeutung der Beratungsgegenstand hat und von welchem Interesse er für die Bürger ist.

(3) Der Rat „Allgemeine Angelegenheiten" führt eine öffentliche Orientierungsaussprache über das Achtzehnmonatsprogramm des Rates. Orientierungsaussprachen in anderen Zusammensetzungen des Rates über ihre Prioritäten sind ebenfalls öffentlich. Die Vorstellung des Fünfjahresprogramms der Kommission, ihres Jahresarbeitsprogramms und ihrer jährlichen Strategieplanung sowie die daran anschließende Aussprache sind öffentlich.

(4) Sobald die vorläufige Tagesordnung gemäß Artikel 3 übersandt worden ist,

a) werden die Punkte auf der Tagesordnung des Rates, die gemäß Absatz 1 der Öffentlichkeit zugänglich sind, mit den Worten „öffentliche Beratung" gekennzeichnet;
b) werden die Punkte auf der Tagesordnung des Rates, die gemäß den Absätzen 2 und 3 der Öffentlichkeit zugänglich sind, mit den Worten „öffentliche Aussprache" gekennzeichnet.

Die Öffentlichkeit der Beratungen und öffentlichen Aussprachen des Rates im Sinne dieses Artikels wird durch eine öffentliche Übertragung gemäß Artikel 7 Absatz 3 sichergestellt.

Art. 9 Öffentlichkeit der Abstimmungen, Erklärungen zur Stimmabgabe und Protokolle in den anderen Fällen. (1) Erlässt der Rat Rechtsakte ohne Gesetzescharakter im Sinne des Artikels 8 Absatz 1, so werden die Abstimmungsergebnisse und die Erklärungen der Ratsmitglieder zur Stimmabgabe sowie die Erklärungen für das Ratsprotokoll und die im Ratsprotokoll enthaltenen und die Verabschiedung solcher Akte betreffenden Punkte öffentlich zugänglich gemacht.

(2) Die Abstimmungsergebnisse werden ferner öffentlich zugänglich gemacht,

a) wenn der Rat im Rahmen des Titels V des EUV handelt, nach einstimmigem Beschluss des Rates oder des AStV auf Antrag eines ihrer Mitglieder;

b) in den anderen Fällen nach Beschluss des Rates oder des AStV auf Antrag eines ihrer Mitglieder.

In den Fällen, in denen die Abstimmungsergebnisse des Rates gemäß Unterabsatz 1 Buchstaben a und b öffentlich zugänglich gemacht werden, können auf Antrag der betroffenen Ratsmitglieder auch die bei der Abstimmung abgegebenen Erklärungen zur Stimmabgabe im Einklang mit dieser Geschäftsordnung und unter Wahrung der Rechtssicherheit und der Interessen des Rates veröffentlicht werden.

Die in das Ratsprotokoll aufgenommenen Erklärungen und diejenigen Punkte dieses Protokolls, die die Annahme der Rechtsakte gemäß Unterabsatz 1 Buchstaben a und b betreffen, werden durch Beschluss des Rates oder des AStV auf Antrag eines ihrer Mitglieder veröffentlicht.

(3) Außer in den Fällen, in denen die Beratungen des Rates gemäß den Artikeln 7 und 8 öffentlich sind, werden die Abstimmungsergebnisse bei Entscheidungsprozessen, die zu Probeabstimmungen oder zur Annahme vorbereitender Rechtsakte führen, nicht öffentlich zugänglich gemacht.

Art. 10 Zugang der Öffentlichkeit zu den Dokumenten des Rates. Die besonderen Bestimmungen für den Zugang der Öffentlichkeit zu den Dokumenten des Rates sind in Anhang II festgelegt.

Art. 11 Modalitäten der Abstimmung und Beschlussfähigkeit. (1) Die Abstimmung im Rat erfolgt auf Veranlassung seines Präsidenten.

Der Präsident ist ferner verpflichtet, auf Veranlassung eines Ratsmitglieds oder der Kommission ein Abstimmungsverfahren einzuleiten, sofern sich die Mehrheit der dem Rat angehörenden Mitglieder dafür ausspricht.

(2) Die Ratsmitglieder stimmen in der gemäß der Liste der aufeinanderfolgenden *Vorsitze* festgelegten Reihenfolge der Mitgliedstaaten ab, beginnend mit dem Mitglied, das nach dieser Reihenfolge auf das den Vorsitz führende Mitglied folgt.

(3) Jedes Mitglied kann sich das Stimmrecht höchstens eines anderen Mitglieds übertragen lassen[1)].

---

1) Dieser Absatz stimmt mit Artikel 239 des AEUV überein.

(4) Für eine Abstimmung im Rat ist die Anwesenheit der Mehrheit der gemäß den Verträgen stimmberechtigten Ratsmitglieder erforderlich. Bei der Abstimmung vergewissert sich der Präsident mit Unterstützung des Generalsekretariats, dass die Beschlussfähigkeit gegeben ist.

(5) Ist ein Beschluss des Rates mit qualifizierter Mehrheit zu fassen, so werden 65% der Bevölkerung der Union oder – wenn sich nicht alle Mitgliedstaaten an der Abstimmung beteiligen – der Bevölkerung der beteiligten Mitgliedstaaten und die Mindestzahl von Mitgliedern des Rates, die zusammen mehr als 35% der Bevölkerung der beteiligten Mitgliedstaaten vertreten, gemäß den Bevölkerungszahlen in Anhang III berechnet. Diese Zahlen finden auch im Zeitraum vom 1. November 2014 bis zum 31. März 2017 Anwendung, wenn gemäß Artikel 3 Absatz 2 des dem Vertrag über die Europäische Union, dem Vertrag über die Arbeitsweise der Europäischen Union und dem Vertrag zur Gründung der Europäischen Atomgemeinschaft beigefügten Protokolls Nr. 36 über die Übergangsmaßnahmen ein Mitglied des Rates beantragt, dass die Beschlussfassung mit der qualifizierten Mehrheit nach Absatz 3 des genannten Artikels erfolgt und ein Mitglied des Rates beantragt, dass überprüft wird, ob die Mitgliedstaaten, die diese qualifizierte Mehrheit bilden, mindestens 62% der Gesamtbevölkerung der Union ausmachen.

(6) Der Rat aktualisiert mit Wirkung vom 1. Januar jedes Jahres die in Anhang III genannten Zahlen auf der Grundlage der zum 30. September des Vorjahres beim Statistischen Amt der Europäischen Union verfügbaren Daten. Dieser Beschluss wird im Amtsblatt der Europäischen Union veröffentlicht.

Art. 12 Gewöhnliches schriftliches Verfahren und Verfahren der stillschweigenden Zustimmung. (1) Rechtsakte des Rates über eine dringende Angelegenheit können durch schriftliche Abstimmung angenommen werden, wenn der Rat oder der AStV die Anwendung dieses Verfahrens einstimmig beschließt. Der Präsident kann unter besonderen Umständen ebenfalls vorschlagen, dieses Verfahren anzuwenden; in diesem Fall kann die schriftliche Abstimmung erfolgen, wenn sich alle Mitgliedstaaten mit diesem Verfahren einverstanden erklären.

Die Zustimmung der Kommission zum schriftlichen Verfahren ist erforderlich, wenn die schriftliche Abstimmung einen Gegenstand betrifft, mit dem die Kommission den Rat befasst hat.[1]

---

[1] Vgl. hierzu den im Zusammenhang mit der COVID 19 Pandemie gefassten und auf einen Monat befristeten Beschluss (EU) 2020/430 des Rates vom 23.3.2020 (ABl. Nr. L 88I/1 v. 24.3.2020; zuletzt verlängert bis 21.5.2021 durch Beschluss (EU) 2021/454 des Rates vom 12. März 2021 (ABl. Nr. L 89/15 v. 16.3.2021):

„Abweichend von Artikel 12 Absatz 1 Unterabsatz 1 der Geschäftsordnung des Rates *wird ein Beschluss zur* Anwendung des gewöhnlichen schriftlichen Verfahrens, der vom AStV gefasst wird, nach der Abstimmungsregel gefasst, die für den Erlass des betreffenden Gesetzgebungsakts des Rates gilt."

Das Generalsekretariat erstellt allmonatlich ein Verzeichnis der im schriftlichen Verfahren erlassenen Rechtsakte. Dieses Verzeichnis enthält die abgegebenen Erklärungen für das Ratsprotokoll. Die Teile dieses Verzeichnisses, die den Erlass von Gesetzgebungsakten betreffen, werden veröffentlicht.

(2) Auf Veranlassung des Vorsitzes kann der Rat in folgenden Fällen im Weg des vereinfachten schriftlichen Verfahrens („Verfahren der stillschweigenden Zustimmung") tätig werden:

(Fortsetzung nächstes Blatt)

a) zur Annahme eine Antwort auf eine schriftliche Anfrage oder gegebenenfalls auf eine mündliche Anfrage, die dem Rat von einem Mitglied des Europäischen Parlaments gestellt wurde, nach Prüfung des Antwortentwurfs durch den AStV[1]);

b) zur Ernennung von Mitgliedern des Wirtschafts- und Sozialausschusses und von Mitgliedern und stellvertretenden Mitgliedern des Ausschusses der Regionen, nach Prüfung des Beschlussentwurfs durch den AStV;

c) bei Beschlüssen, andere Organe, Einrichtungen oder sonstige Stellen zu konsultieren, wenn die Verträge eine solche Konsultation vorsehen;

(Fortsetzung nächstes Blatt)

---

1) Siehe nachstehende Erklärung e:

e) Zu Artikel 12 Absatz 2 Buchstaben a, b und c:
„Gemäß der üblichen Praxis des Rates beträgt die Frist normalerweise drei Arbeitstage."

d) zur Durchführung der gemeinsamen Außen- und Sicherheitspolitik über das „COREU"-Netz („COREU-Verfahren der stillschweigenden Zustimmung")[1].

In diesem Fall gilt der betreffende Text nach Ablauf der vom Vorsitz entsprechend der Dringlichkeit der Angelegenheit festgesetzten Frist als angenommen, wenn kein Ratsmitglied einen Einwand erhebt.

(3) Das Generalsekretariat stellt den Abschluss der schriftlichen Verfahren fest.

Art. 13 Protokoll. (1) Über jede Tagung wird ein Protokoll angefertigt; dieses wird, nachdem es gebilligt ist, vom Generalsekretär unterzeichnet. Dieser kann seine Unterzeichnungsbefugnis an die Generaldirektoren des Generalsekretariats delegieren.

Im Protokoll wird in der Regel zu jedem Punkt der Tagesordnung Folgendes verzeichnet:
– die dem Rat vorgelegten Schriftstücke;
– die gefassten Beschlüsse oder die Schlussfolgerungen, zu denen der Rat gelangt ist;
– die vom Rat abgegebenen Erklärungen und die Erklärungen, deren Aufnahme von einem Ratsmitglied oder von der Kommission beantragt worden ist.

(2) Der Entwurf des Protokolls wird vom Generalsekretariat binnen fünfzehn Tagen erstellt und dem Rat oder dem AStV zur Genehmigung vorgelegt.

(3) Jedes Ratsmitglied oder die Kommission kann vor der Genehmigung des Protokolls beantragen, dass darin ein bestimmter Punkt der Tagesordnung ausführlicher behandelt wird. Dahingehende Anträge können im AStV gestellt werden.

(4) Die Protokolle über den Teil „Beratungen über Gesetzgebungsakte" der Tagungen des Rates werden nach ihrer Genehmigung gleichzeitig mit der Übermittlung an die Regierungen der Mitgliedstaaten den nationalen Parlamenten direkt zugeleitet.

Art. 14 Beratungen und Beschlüsse auf der Grundlage von Schriftstücken und Entwürfen in den in der geltenden Sprachenregelung vorgesehenen Sprachen. (1) Der Rat berät und beschließt nur auf der Grundlage von Schriftstücken und Entwürfen, die in den in der geltenden Sprachenregelung vorgesehenen Sprachen vorliegen, es sei denn, dass er aus Dringlichkeitsgründen einstimmig anders entscheidet.

(2) Jedes Ratsmitglied kann gegen die Beratung Einspruch erheben, wenn der Wortlaut etwaiger Änderungsvorschläge nicht in denjenigen

---

[1] Siehe nachstehende Erklärung f:

f) Zu Artikel 12 Absatz 2 Buchstabe d:

„Der Rat erinnert daran, dass das COREU-Netz gemäß den Schlussfolgerungen des Rates vom 12. Juni 1995 (Dok. 7896/95) zu den Arbeitsmethoden des Rates verwendet werden muss."

der in Absatz 1 genannten Sprachen abgefasst ist, die von ihm bezeichnet werden.

Art. 15 Unterzeichnung der Rechtsakte. Der Wortlaut der vom Europäischen Parlament und vom Rat nach dem ordentlichen Gesetzgebungsverfahren angenommenen sowie der vom Rat angenommenen Rechtsakte wird von dem zum Zeitpunkt ihrer Annahme amtierenden Präsidenten und vom Generalsekretär unterzeichnet. Der Generalsekretär kann seine Unterzeichnungsbefugnis an Generaldirektoren des Generalsekretariats delegieren.

Art. 16[1] Mangelnde Abstimmungsbefugnis. Bei der Anwendung dieser Geschäftsordnung sind unter Berücksichtigung des Anhangs IV die Fälle gebührend zu berücksichtigen, in denen ein oder mehrere Ratsmitglieder gemäß den Verträgen nicht an der Abstimmung teilnehmen können.

Art. 17 Veröffentlichung der Rechtsakte im Amtsblatt. (1) Im *Amtsblatt der Europäischen Union* (nachstehend „Amtsblatt" genannt) wird auf Veranlassung des Generalsekretärs Folgendes veröffentlicht:

a) Rechtsakte im Sinne des Artikels 297 Absatz 1 und Absatz 2 Unterabsatz 2 des AEUV;
b) Standpunkte in erster Lesung, die der Rat nach dem ordentlichen Gesetzgebungsverfahren festgelegt hat, einschließlich ihrer Begründung;
c) dem Rat vorgelegte Initiativen gemäß Artikel 76 des AEUV für den Erlass eines Gesetzgebungsakts;
d) von der Union geschlossene internationale Übereinkünfte. Das Inkrafttreten dieser Übereinkünfte wird im Amtsblatt bekanntgegeben;
e) von der Union geschlossene Übereinkünfte im Bereich der gemeinsamen Außen- und Sicherheitspolitik, sofern der Rat nicht aufgrund der Artikel 4 und 9 der Verordnung (EG) Nr. 1049/2001 des Europäischen Parlaments und des Rates vom 30. Mai 2001 über den Zugang der Öffentlichkeit zu den Dokumenten des Europäischen Parlaments, des Rates und der Kommission[2] etwas anderes beschließt.

Das Inkrafttreten der im Amtsblatt veröffentlichten Übereinkünfte wird im Amtsblatt bekanntgegeben.

---

[1] Siehe nachstehende Erklärung g:

g) Zu Artikel 16 und Anhang IV

„Der Rat kommt überein, dass die Bestimmungen von Artikel 16 und Anhang IV für die Rechtsakte gelten, für deren Annahme bestimmte Mitglieder des Rates gemäß den Verträgen nicht stimmberechtigt sind. Der Fall, in dem Artikel 7 des EUV Anwendung findet, fällt jedoch nicht unter diese Bestimmungen. Was den ersten Fall der Anwendung der Bestimmungen über die verstärkte Zusammenarbeit anbelangt, so wird der Rat im Lichte der in anderen Bereichen gesammelten Erfahrungen prüfen, ob Artikel 16 und Anhang IV der Geschäftsordnung angepasst werden müssen."

[2] ABl. L 145 vom 31. 5. 2001, S. 43.

(2) Sofern der Rat oder der AStV nichts anderes beschließt, wird Folgendes auf Veranlassung des Generalsekretärs im Amtsblatt veröffentlicht:

a) dem Rat vorgelegte Initiativen gemäß Artikel 76 des AEUV in anderen als den in Absatz 1 Buchstabe c genannten Fällen;

b) Richtlinien und Beschlüsse im Sinne des Artikels 297 Absatz 2 Unterabsatz 3 des AEUV, sowie Empfehlungen und Stellungnahmen, mit Ausnahme der Beschlüsse im Sinne des Absatzes 3 des vorliegenden Artikels.

(3) Der Rat oder der AStV entscheidet von Fall zu Fall einstimmig, ob auf Veranlassung des Generalsekretärs Beschlüsse im Sinne des Artikels 25 des EUV im Amtsblatt zu veröffentlichen sind.

(4) Der Rat oder der AStV entscheidet von Fall zu Fall unter Berücksichtigung der etwaigen Veröffentlichung des Basisrechtsakts, ob Folgendes auf Veranlassung des Generalsekretärs im Amtsblatt zu veröffentlichen ist:

a) Beschlüsse zur Durchführung der Beschlüsse im Sinne des Artikels 25 des EUV;

b) Beschlüsse, die gemäß Artikel 31 Absatz 2 erster und zweiter Gedankenstrich des EUV erlassen wurden;

c) sonstige Rechtsakte des Rates wie Schlussfolgerungen oder Entschließungen.

(5) Wird im Rahmen eines zwischen der Union oder der Europäischen Atomgemeinschaft und einem oder mehreren Staaten oder internationalen Organisationen geschlossenen Abkommens ein Organ mit Beschlussfassungsbefugnis eingesetzt, so entscheidet der Rat zum Zeitpunkt des Abschlusses dieses Abkommens, ob die Beschlüsse dieses Organs im Amtsblatt zu veröffentlichen sind.

Art. 18 Notifikation der Rechtsakte. (1) Richtlinien und Beschlüsse im Sinne des Artikels 297 Absatz 2 Unterabsatz 3 des AEUV werden denjenigen, für die sie bestimmt sind, vom Generalsekretär oder einem in seinem Namen handelnden Generaldirektor notifiziert.

(2) Folgende Rechtsakte werden, wenn sie nicht im Amtsblatt veröffentlicht werden, denjenigen, für die sie bestimmt sind, vom Generalsekretär oder einem in seinem Namen handelnden Generaldirektor notifiziert:

a) *Empfehlungen;*

b) Beschlüsse im Sinne des Artikels 25 des EUV;

(3) Der Generalsekretär oder ein in seinem Namen handelnder Generaldirektor übermittelt den Regierungen der Mitgliedstaaten und der Kommission beglaubigte Kopien der Richtlinien und der Beschlüsse des Rates im Sinne des Artikels 297 Absatz 2 Unterabsatz 3 des AEUV, sowie Empfehlungen des Rates.

Art. 19[1]) AStV, Ausschüsse und Arbeitsgruppen. (1) Der AStV ist verantwortlich für die Vorbereitung der Arbeiten aller Tagungen des Rates und für die Ausführung der ihm vom Rat übertragenen Aufgaben. Er achtet in jedem Falle[2]) auf die Kohärenz der Politiken und Maßnahmen der Europäischen Union wie auch darauf, dass Folgendes beachtet wird:

a) die Grundsätze der Legalität, der Subsidiarität, der Verhältnismäßigkeit und der Begründungspflicht bei Rechtsakten;
b) die Vorschriften über die Befugnisse der Organe, Einrichtungen und sonstigen Stellen der Union;
c) die Haushaltsbestimmungen;
d) Verfahrensregeln, Transparenz und redaktionelle Qualität.

(2) Alle Punkte auf der Tagesordnung einer Ratstagung werden vom AStV, sofern dieser nichts anderes beschließt, einer vorherigen Prüfung unterzogen. Der AStV bemüht sich, auf seiner Ebene Einvernehmen zu erzielen, so dass er den betreffenden Text dem Rat zur Annahme unterbreiten kann. Er sorgt dafür, dass die Dossiers dem Rat in angemessener Form vorgelegt werden, und legt dem Rat gegebenenfalls Leitlinien, Optionen oder Lösungsvorschläge vor. Im Falle der Dringlichkeit kann der Rat einstimmig beschließen, dass er ohne diese vorherige Prüfung berät.

(3) Vom AStV oder mit Zustimmung des AStV können Ausschüsse oder Arbeitsgruppen eingesetzt werden, um zuvor bestimmte vorbereitende Arbeiten oder Untersuchungen durchzuführen.

Das Generalsekretariat bringt das Verzeichnis der Vorbereitungsgremien auf den neuesten Stand und macht es öffentlich zugänglich. Nur die in diesem Verzeichnis aufgeführten Ausschüsse und Arbeitsgruppen dürfen als Vorbereitungsgremien des Rates zusammentreten.

(4) Den Vorsitz im AStV führt nach Maßgabe der Punkte, die auf seiner Tagesordnung stehen, der Ständige Vertreter oder der Stellvertreter des Ständigen Vertreters desjenigen Mitgliedstaats, der den Vorsitz im Rat „Allgemeine Angelegenheiten" wahrnimmt.

Der Vorsitz im Politischen und Sicherheitspolitischen Komitee wird von einem Vertreter des Hohen Vertreters der Union für Außen- und Sicherheitspolitik wahrgenommen.

Den Vorsitz in den anderen Vorbereitungsgremien des Rates in seinen verschiedenen Zusammensetzungen, außer in der Zusammensetzung „Auswärtige Angelegenheiten", führt ein Delegierter des Mitgliedstaats, der den Vorsitz der betreffenden Zusammensetzung wahr-

---

[1]) Diese Bestimmungen berühren nicht die Rolle des Wirtschafts- und Finanzausschusses gemäß Artikel 134 des AEUV und den bereits vorliegenden einschlägigen Beschlüssen des Rates (ABl. L 358 vom 31. 12. 1998, S. 109, und ABl. L 5 vom 9. 1. 1999, S. 71).

[2]) Siehe nachstehende Erklärung h:

h) Zu Artikel 19 Absatz 1

„*Der AStV achtet auf die Kohärenz* und die Einhaltung der in Absatz 1 genannten Grundsätze, insbesondere bei Dossiers, zu denen umfangreiche Vorbereitungsarbeiten in anderen Gremien im Gange sind."

nimmt, sofern der Rat nicht mit qualifizierter Mehrheit etwas anderes beschließt. In dem Verzeichnis nach Absatz 3 Unterabsatz 2 sind auch die Vorbereitungsgremien aufgeführt, für die der Rat gemäß Artikel 4 des Beschlusses des Europäischen Rates über die Ausübung des Vorsitzes im Rat eine andere Art des Vorsitzes beschlossen hat.

(5) Bei der Vorbereitung der Tagungen des Rates in den Zusammensetzungen, in denen er einmal je Halbjahr im ersten Quartal zusammentritt, wird der Vorsitz in den Ausschüssen, mit Ausnahme des AStV, und in den Arbeitsgruppen, die im Halbjahr davor zusammentreten, von einem Delegierten des Mitgliedstaats geführt, der den Vorsitz auf den genannten Tagungen des Rates wahrzunehmen hat.

(6) Vorbehaltlich der Fälle, in denen eine andere Art des Vorsitzes anwendbar ist, gilt Folgendes: Soll ein Dossier im Wesentlichen innerhalb eines bestimmten Halbjahres behandelt werden, so kann ein Delegierter des Mitgliedstaats, der in diesem Halbjahr den Vorsitz führen wird, bereits im vorausgehenden Halbjahr in Sitzungen von anderen Ausschüssen als dem AStV und in Sitzungen von Arbeitsgruppen den Vorsitz führen, wenn sie dieses Dossier erörtern. Über die praktische Durchführung dieses Absatzes treffen die beiden betreffenden Vorsitze eine Vereinbarung.

In dem besonderen Falle der Prüfung des Haushalts der Union für ein bestimmtes Haushaltsjahr führt ein Delegierter des Mitgliedstaats, der im Rat den Vorsitz während des dem betreffenden Haushaltsjahr vorangehenden Halbjahres wahrnehmen wird, in Sitzungen von anderen Vorbereitungsgremien des Rates als dem AStV, die die Tagesordnungspunkte des Rates im Zusammenhang mit der Prüfung des Haushaltsplans vorzubereiten haben, den Vorsitz. Dasselbe gilt mit Zustimmung des anderen Vorsitzes für den Vorsitz auf Tagungen des Rates zur Behandlung der betreffenden Haushaltsfragen. Die betreffenden Vorsitze setzen sich über die praktischen Vorkehrungen miteinander ins Benehmen.

(7) Im Einklang mit den einschlägigen nachstehenden Bestimmungen kann der AStV folgende Verfahrensbeschlüsse annehmen, sofern die entsprechenden Punkte mindestens drei Arbeitstage vor der jeweiligen Tagung auf seine Tagesordnung gesetzt wurden. Von dieser Frist kann der AStV nur einstimmig abweichen[1)].

a) Beschluss, dass eine Tagung des Rates an einem anderen Ort als Brüssel oder Luxemburg abgehalten wird (Artikel 1 Absatz 3);
b) Genehmigung zur Vorlage einer Abschrift oder eines Auszugs eines Ratsdokuments vor Gericht (Artikel 6 Absatz 2);
c) Beschluss, dass eine öffentliche Aussprache des Rates abgehalten wird oder eine bestimmte Beratung des Rates nicht öffentlich stattfindet (Artikel 8 Absätze 1, 2 und 3);

---

1) Siehe nachstehende Erklärung i:
i) Zu Artikel 19 Absatz 7
„Ist ein Ratsmitglied der Auffassung, dass ein Verfahrensbeschlussentwurf, der dem AStV gemäß Artikel 19 Absatz 7 zur Billigung vorgelegt worden ist, eine Frage zum Inhalt aufwirft, so wird der Beschlussentwurf dem Rat unterbreitet."

d) Beschluss, dass das Abstimmungsergebnis und die in das Ratsprotokoll aufgenommenen Erklärungen in den in Artikel 9 Absatz 2 vorgesehenen Fällen öffentlich gemacht werden;

e) Beschluss zur Anwendung des schriftlichen Verfahrens (Artikel 12 Absatz 1);

f) Genehmigung oder Änderung des Ratsprotokolls (Artikel 13 Absätze 2 und 3);

g) Beschluss, einen Text oder einen Rechtsakt im Amtsblatt zu veröffentlichen oder nicht zu veröffentlichen (Artikel 17 Absätze 2, 3 und 4);

h) Beschluss, ein Organ oder eine Einrichtung zu hören, wenn eine solche Anhörung nicht in den Verträgen vorgesehen ist;

i) Beschluss, eine Frist für die Anhörung eines Organs oder einer Einrichtung festzusetzen oder zu verlängern;

j) Beschluss, die in Artikel 294 Absatz 14 des AEUV genannten Fristen zu verlängern;

k) Genehmigung des Wortlauts eines Schreibens an ein Organ oder eine Einrichtung.

Art. 20 Vorsitz und ordnungsgemäßer Ablauf der Beratungen. (1) Der Vorsitz sorgt für die Anwendung dieser Geschäftsordnung und den ordnungsgemäßen Ablauf der Aussprachen. Insbesondere beachtet der Vorsitz die Bestimmungen des Anhangs V zu den Arbeitsmethoden des Rates und sorgt für ihre Einhaltung.

Um den ordnungsgemäßen Ablauf der Aussprachen sicherzustellen, kann er darüber hinaus, sofern der Rat nicht etwas anderes beschließt, jede geeignete Maßnahme treffen, um sicherzustellen, dass die verfügbare Zeit während der Sitzungen optimal genutzt wird, und insbesondere

a) für die Behandlung eines bestimmten Punktes die Zahl der während der Sitzung im Sitzungssaal anwesenden Delegationsmitglieder beschränken und entscheiden, ob ein Mithörsaal geöffnet werden darf oder nicht;

b) die Reihenfolge der zu behandelnden Punkte bestimmen und die Zeit für deren Erörterung festlegen;

c) die für die Erörterung eines bestimmten Punktes vorgesehene Zeit strukturieren und insbesondere zu diesem Zweck die Redezeit der einzelnen Teilnehmer begrenzen und die Reihenfolge festlegen, in der sie das Wort ergreifen können;

d) die Delegationen bitten, ihre Änderungsvorschläge zu dem zur Beratung vorliegenden Text bis zu einem bestimmten Zeitpunkt schriftlich vorzulegen, gegebenenfalls mit einer kurzen Erläuterung;

e) die Delegationen, die zu einem bestimmten Punkt, Text oder Textteil eine übereinstimmende oder ähnliche Position haben, bitten, eine dieser Delegationen zu bestimmen, die in der Sitzung oder im Voraus schriftlich in ihrem Namen den Standpunkt darlegt, den diese Delegationen teilen.

(2) Unbeschadet der Bestimmungen des Artikels 19 Absätze 4 bis 6 sowie unbeschadet seiner Befugnisse und seiner politischen Gesamtverantwortung wird der halbjährliche Vorsitz bei all seinen Aufgaben von den anderen Mitgliedstaaten der zuvor festgelegten Gruppe von drei Mitgliedstaaten im Sinne des Artikels 1 Absatz 1 auf der Grundlage des Achtzehnmonatsprogramms oder anderer zwischen den Mitgliedstaaten vereinbarter Regelungen unterstützt. Er wird darüber hinaus gegebenenfalls von dem Vertreter des Mitgliedstaats unterstützt, der den nächsten Vorsitz wahrnehmen wird. Dieser oder ein Mitglied der genannten Gruppe handelt auf Ersuchen und auf Weisung des Vorsitzes, vertritt ihn im Bedarfsfall, nimmt ihm erforderlichenfalls gewisse Aufgaben ab und sorgt für die Kontinuität der Arbeit des Rates.

Art. 21[1), 2)] **Berichte der Ausschüsse und Arbeitsgruppen.** Unbeschadet der übrigen Bestimmungen dieser Geschäftsordnung organisiert der Vorsitz die Sitzungen der verschiedenen Ausschüsse und Arbeitsgruppen so, dass ihre Berichte vor der Tagung des AStV vorliegen, auf der sie geprüft werden.

Sofern nicht aus Dringlichkeitsgründen etwas anderes erforderlich ist, werden die Punkte, die Gesetzgebungsakte betreffen und zu denen der Ausschuss bzw. die Arbeitsgruppe seine bzw. ihre Arbeiten nicht spätestens fünf Arbeitstage vor der Tagung des AStV abgeschlossen hat, vom Vorsitz bis zu einer späteren Tagung des AStV zurückgestellt.

Art. 22 Redaktionelle Qualität.[3)] Um den Rat bei seiner Aufgabe zu unterstützen, für die redaktionelle Qualität der von ihm erlassenen Rechtsakte Sorge zu tragen, hat der Juristische Dienst die Aufgabe, gemäß der Interinstitutionellen Vereinbarung vom 22. Dezember 1998 „Gemeinsame Leitlinien für die redaktionelle Qualität der gemein-

---

1) Diese Bestimmungen berühren nicht die Rolle des Wirtschafts- und Finanzausschusses gemäß Artikel 134 des AEUV und den bereits vorliegenden einschlägigen Beschlüssen des Rates (ABl. L 358 vom 31. 12. 1998, S. 109, und ABl. L 5 vom 9. 1. 1999, S. 71).

2) Siehe nachstehende Erklärung j:

j) Zu Artikel 21

„Die Berichte der Arbeitsgruppen und die übrigen Unterlagen, die den Beratungen des AStV als Grundlage dienen, sollten den Delegationen so zeitig übermittelt werden, dass diese sie prüfen können."

3) Siehe nachstehende Erklärung k:

k) Zu Artikel 22

„Der Juristische Dienst des Rates hat ferner die Aufgabe, die Mitgliedstaaten, von denen eine Initiative im Sinne des Artikels 76 Buchstabe b des AEUV ausgeht, zu unterstützen, *um insbesondere die redaktionelle* Qualität dieser Initiativen zu überprüfen, falls eine solche Unterstützung von dem betroffenen Mitgliedstaat beantragt wird. Siehe nachstehende Erklärung l: l) Zu Artikel 22

„Die Mitglieder des Rates bringen ihre Bemerkungen zu den Vorschlägen für eine amtliche Kodifizierung von Rechtsetzungstexten binnen 30 Tagen nach der Verteilung dieser Vorschläge durch das Generalsekretariat vor. Die Mitglieder des Rates tragen dafür Sorge, dass die Prüfung derjenigen Bestimmungen eines Vorschlags für eine Neufassung von Rechtsetzungstexten, die aus dem vorangegangenen Rechtsetzungsakt ohne inhaltliche Änderung übernommen wurden, nach dem für die Prüfung von Kodifizierungsvorschlägen angewandten Verfahren vorgenommen wird."

schaftlichen Rechtsvorschriften“[1] rechtzeitig die redaktionelle Qualität der Vorschläge und Entwürfe von Rechtsakten zu überprüfen und dem Rat und seinen Gremien redaktionelle Vorschläge zu unterbreiten.

Während des gesamten Gesetzgebungsverfahrens achten diejenigen, die im Rahmen der Arbeiten des Rates Texte unterbreiten, besonders auf deren redaktionelle Qualität.

Art. 23 Der Generalsekretär und das Generalsekretariat. (1) Der Rat wird von einem Generalsekretariat unterstützt, das einem Generalsekretär untersteht, der vom Rat mit qualifizierter Mehrheit ernannt wird.

(2) Der Rat beschließt über die Organisation des Generalsekretariats[2].

Unter der Aufsicht des Rates trifft der Generalsekretär alle erforderlichen Maßnahmen für das reibungslose Arbeiten des Generalsekretariats.

(3) Der Generalsekretär wird an der Gestaltung, der Koordinierung und der Überwachung der Kohärenz der Arbeiten des Rates und der Durchführung seines Achtzehnmonatsprogramms ständig eng beteiligt. Unter Verantwortung und Federführung des Vorsitzes unterstützt er diesen bei der Suche nach Lösungen.

(4) Der Generalsekretär legt dem Rat den Entwurf eines Haushaltsvoranschlags für die Ausgaben des Rates so frühzeitig vor, dass die in den Finanzvorschriften festgesetzten Fristen gewahrt werden können.

(5) Der Generalsekretär hat die uneingeschränkte Verantwortung für die Verwaltung der in Einzelplan II – Europäischer Rat und Rat – des Haushaltsplans aufgenommenen Mittel und ergreift alle erforderlichen Maßnahmen für deren einwandfreie Verwaltung. Er verwendet diese Mittel gemäß der für den Haushalt der Union geltenden Haushaltsordnung.

Art. 24 Sicherheit. Die Regeln über die Sicherheit werden vom Rat mit qualifizierter Mehrheit angenommen.

Art. 25 Aufgaben des Verwahrers von Abkommen. Wird der Generalsekretär für ein zwischen der Union oder der Europäischen Atomgemeinschaft und einem oder mehreren Staaten oder internationalen Organisationen geschlossenes Abkommen als Verwahrer benannt, so werden die Ratifikations-, Annahme- bzw. Genehmigungsurkunden zu diesen Abkommen am Sitz des Rates hinterlegt.

In diesen Fällen nimmt der Generalsekretär die Aufgaben des Verwahrers wahr und trägt außerdem dafür Sorge, dass der Zeitpunkt des Inkrafttretens der betreffenden Abkommen im Amtsblatt veröffentlicht wird.

---

[1] *ABl.* C 73 vom 17. 3. 1999, S. 1.

[2] Absatz 1 und Absatz 2 Unterabsatz 1 stimmen mit Artikel 240 Absatz 2 des AEUV überein.

Art. 26 Vertretung vor dem Europäischen Parlament. Der Rat wird vor dem Europäischen Parlament oder einem seiner Ausschüsse vom Vorsitz oder mit Zustimmung des Vorsitzes von einem Mitglied der zuvor festgelegten Gruppe von drei Mitgliedstaaten im Sinne des Artikels 1 Absatz 4, vom nächsten Vorsitz oder vom Generalsekretär vertreten. Im Auftrag des Vorsitzes kann sich der Rat vor den Ausschüssen des Europäischen Parlaments auch von hohen Beamten des Generalsekretariats vertreten lassen.

Was den Rat „Auswärtige Angelegenheiten" betrifft, so wird der Rat vor dem Europäischen Parlament und seinen Ausschüssen von seinem Präsidenten vertreten. Er kann sich erforderlichenfalls von demjenigen Mitglied dieser Ratsformation vertreten lassen, das den Mitgliedstaat vertritt, der den halbjährlichen Vorsitz des Rates wahrnimmt. Im Auftrag seines Präsidenten kann sich der Rat „Auswärtige Angelegenheiten" vor den Ausschüssen des Europäischen Parlaments auch von hohen Beamten des Europäischen Auswärtigen Dienstes oder gegebenenfalls des Generalsekretariats vertreten lassen.

Der Rat kann dem Europäischen Parlament seine Ansichten auch schriftlich mitteilen.

Art. 27 Bestimmungen über die Form der Rechtsakte. Die Bestimmungen über die Form der Rechtsakte sind in Anhang VI enthalten.

Art. 28 Für den Rat bestimmte Schreiben. Die für den Rat bestimmten Schreiben werden an den Präsidenten am Sitz des Rates gerichtet; die Anschrift lautet:

Rat der Europäischen Union
Rue de la Loi/Wetstraat 175
B-1048 Brüssel

Anhang I

Liste der Ratsformationen

1. Allgemeine Angelegenheiten[1];
2. Auswärtige Angelegenheiten[2];
3. Wirtschaft und Finanzen[3];
4. Justiz und Inneres[4];
5. Beschäftigung, Sozialpolitik, Gesundheit und Verbraucherschutz;
6. Wettbewerbsfähigkeit (Binnenmarkt, Industrie und Forschung)[5];
7. Verkehr, Telekommunikation und Energie;

---

1) Diese Formation wird durch Artikel 16 Absatz 6 Unterabsatz 2 eingerichtet.
2) Diese Formation wird durch Artikel 16 Absatz 6 Unterabsatz 3 eingerichtet.
3) Einschließlich Haushalt.
4) Einschließlich Katastrophenschutz.
5) Einschließlich Tourismus.

8. Landwirtschaft und Fischerei;
9. Umwelt;
10. Bildung, Jugend und Kultur[1].

Jeder Mitgliedstaat entscheidet selbst darüber, auf welche Weise er sich gemäß Artikel 16 Absatz 2 des EUV vertreten lässt.

An derselben Ratsformation können mehrere Minister als Amtsinhaber teilnehmen, wobei die Tagesordnung und der Ablauf der Beratungen angepasst werden[2].

Anhang II

Sonderbestimmungen für den Zugang der Öffentlichkeit zu Dokumenten des Rates

Art. 1 Anwendungsbereich. Jeder natürlichen oder juristischen Person wird vorbehaltlich der in der Verordnung (EG) Nr. 1049/2001 festgelegten Grundsätze, Bedingungen und Einschränkungen und der in diesem Anhang festgelegten Sonderbestimmungen Zugang zu Dokumenten des Rates gewährt.

Art. 2 Konsultation bezüglich Dokumenten Dritter. (1) In Anwendung des Artikels 4 Absatz 5 und des Artikels 9 Absatz 3 der Verordnung (EG) Nr. 1049/2001 ist – abgesehen von den Fällen, in denen nach Prüfung des Dokuments im Lichte des Artikels 4 Absätze 1, 2 und 3 der Verordnung (EG) Nr. 1049/2001 feststeht, dass das Dokument nicht verbreitet wird – der betreffende Dritte zu konsultieren, wenn

a) das Dokument ein sensibles Dokument gemäß Artikel 9 Absatz 1 der Verordnung (EG) Nr. 1049/2001 ist;
b) das Dokument aus einem Mitgliedstaat stammt und
   – dem Rat vor dem 3. Dezember 2001 vorgelegt wurde, oder
   – der betreffende Mitgliedstaat darum gebeten hat, es nicht ohne seine vorherige Zustimmung zu verbreiten.

(2) In allen anderen Fällen, in denen dem Rat ein Antrag auf Zugang zu einem in seinem Besitz befindlichen Dokument zugeht, das von Dritten erstellt wurde, konsultiert das Generalsekretariat in Anwendung des Artikels 4 Absatz 4 der Verordnung (EG) Nr. 1049/2001 den betreffenden Dritten, es sei denn, dass nach Prüfung des Dokuments in Anbetracht des Artikels 4 Absätze 1, 2 und 3 der Verordnung

[1] Einschließlich audiovisueller Bereich.
[2] Siehe nachstehende Erklärung m:
m) zu Anhang I Absatz 2:
„Der Vorsitz wird Tagesordnungen für die Ratstagungen so gestalten, dass Tagesordnungspunkte, die miteinander im Zusammenhang stehen, derart zusammengefasst werden, dass den zuständigen nationalen Vertretern die Teilnahme erleichtert wird, insbesondere dann, wenn sich eine bestimmte Ratsformation mit deutlich voneinander unterscheidbaren Themenkomplexen befassen muss."

(EG) Nr. 1049/2001 feststeht, dass das Dokument verbreitet wird bzw. dass es nicht verbreitet wird.

(3) Der Dritte wird schriftlich (einschließlich über E-Mail) konsultiert und erhält eine angemessene Antwortfrist unter Berücksichtigung der Frist nach Artikel 7 der Verordnung (EG) Nr. 1049/2001. In den Fällen nach Absatz 1 wird der Dritte gebeten, schriftlich Stellung zu nehmen.

(4) Fällt das Dokument nicht unter Absatz 1 Buchstabe a oder b und ist das Generalsekretariat aufgrund der ablehnenden Stellungnahme des Dritten nicht davon überzeugt, dass Artikel 4 Absatz 1 oder 2 der Verordnung (EG) Nr. 1049/2001 anzuwenden ist, so wird der Rat mit der Angelegenheit befasst.

Erwägt der Rat die Freigabe des Dokuments, so wird der Dritte unverzüglich schriftlich über die Absicht des Rates unterrichtet, das Dokument nach einem Zeitraum von mindestens zehn Arbeitstagen freizugeben. Gleichzeitig wird der Dritte auf Artikel 279 des AEUV hingewiesen.

Art. 3 Konsultationsersuchen anderer Organe oder von Mitgliedstaaten. Konsultationsersuchen eines anderen Organs oder eines Mitgliedstaats zu einem ein Ratsdokument betreffenden Antrag sind per E-Mail an access@consilium.europa.eu oder per Telefax unter der Nummer +32(0)2 281 63 61 an den Rat zu richten.
Das Generalsekretariat gibt seine Stellungnahme im Namen des Rates unverzüglich unter Berücksichtigung einer im Hinblick auf eine Entscheidung des betreffenden Organs oder Mitgliedstaats einzuhaltenden Frist, spätestens aber binnen fünf Arbeitstagen ab.

Art. 4 Aus den Mitgliedstaaten stammende Dokumente. Ein Antrag eines Mitgliedstaats nach Artikel 4 Absatz 5 der Verordnung (EG) Nr. 1049/2001 muss beim Generalsekretariat schriftlich eingereicht werden.

Art. 5 Weiterleitung von Anträgen durch Mitgliedstaaten. Leitet ein Mitgliedstaat einen Antrag an den Rat weiter, so wird dieser Antrag gemäß den Artikeln 7 und 8 der Verordnung (EG) Nr. 1049/2001 und den einschlägigen Bestimmungen dieses Anhangs bearbeitet. Wird der Zugang ganz oder teilweise verweigert, so wird dem Antragsteller mitgeteilt, dass ein etwaiger Zweitantrag unmittelbar an den Rat zu richten ist.

Art. 6 Anschrift für die Einreichung von Anträgen. Anträge auf *Zugang zu* Dokumenten sind schriftlich zu richten an den Generalsekretär des Rates, Rue de la Loi/Wetstraat 175, B-1048 Brüssel oder per E-Mail an access@consilium.europa.eu oder per Telefax unter der Nummer +32(0)2 281 63 61.

Art. 7 Behandlung von Erstanträgen. Vorbehaltlich des Artikels 9 Absätze 2 und 3 der Verordnung (EG) Nr. 1049/2001 werden Anträge auf Zugang zu einem Ratsdokument vom Generalsekretariat bearbeitet.

Art. 8 Behandlung von Zweitanträgen. Vorbehaltlich des Artikels 9 Absätze 2 und 3 der Verordnung (EG) Nr. 1049/2001 wird über Zweitanträge vom Rat entschieden.

Art. 9 Gebühren. Die Gebühren für die Anfertigung und Übersendung von Kopien von Ratsdokumenten werden vom Generalsekretär festgesetzt.

Art. 10 Öffentliches Register der Ratsdokumente. (1) Das Generalsekretariat ist dafür verantwortlich, das Register der Ratsdokumente öffentlich zugänglich zu machen.

(2) Zusätzlich zu den Verweisen auf Dokumente wird in dem Register vermerkt, welche nach dem 1. Juli 2000 erstellten Dokumente bereits freigegeben wurden. Vorbehaltlich der Verordnung (EG) Nr. 45/2001 des Europäischen Parlaments und des Rates vom 18. Dezember 2000 zum Schutz natürlicher Personen bei der Verarbeitung personenbezogener Daten durch die Organe und Einrichtungen der Gemeinschaft und zum freien Datenverkehr[1] und des Artikels 16 der Verordnung (EG) Nr. 1049/2001 wird ihr Inhalt über das Internet zugänglich gemacht.

Art. 11 Direkt öffentlich zugängliche Dokumente. (1) Dieser Artikel gilt für alle Dokumente des Rates, sofern sie nicht als Verschlusssache eingestuft sind und unbeschadet der Möglichkeit, einen schriftlichen Antrag gemäß Artikel 6 der Verordnung (EG) Nr. 1049/2001 zu stellen.

(2) Im Sinne dieses Artikels bezeichnet der Ausdruck

– „Verteilung" die Weitergabe der endgültigen Fassung eines Dokuments an die Mitglieder des Rates, ihre Vertreter oder Beauftragten;
– „legislative Dokumente" Dokumente, die im Laufe der Verfahren zur Annahme von Gesetzgebungsakten erstellt worden oder eingegangen sind.

(3) Das Generalsekretariat macht folgende Dokumente umgehend nach ihrer Verteilung der Öffentlichkeit zugänglich:

a) weder vom Rat noch von einem Mitgliedstaat verfasste Dokumente, die von ihrem Verfasser oder mit dessen Zustimmung veröffentlicht wurden;

b) vorläufige Tagesordnungen für Tagungen des Rates in seinen verschiedenen Zusammensetzungen;

c) alle Texte, die vom Rat angenommen worden sind und die im Amtsblatt veröffentlicht werden sollen.

(4) Das Generalsekretariat kann ferner folgende Dokumente umgehend nach ihrer Verteilung der Öffentlichkeit zugänglich machen, vorausgesetzt, dass sie eindeutig nicht unter eine der Ausnahmen gemäß Artikel 4 der Verordnung (EG) Nr. 1049/2001 fallen:

---

[1] ABl. L 8 vom 12. 1. 2001, S. 1.

a) vorläufige Tagesordnungen für Ausschuss- oder Arbeitsgruppensitzungen;

b) andere Dokumente wie z. B. informatorische Vermerke, Berichte, Zwischenberichte und Berichte über den Stand der Beratungen im Rat oder in einem seiner Vorbereitungsgremien, in denen keine Standpunkte einzelner Delegationen wiedergegeben sind, mit Ausnahme von Gutachten und Beiträgen des Juristischen Dienstes.

(5) Zusätzlich zu den in den Absätzen 3 und 4 aufgeführten Dokumenten macht das Generalsekretariat folgende legislative Dokumente und andere Dokumente umgehend nach ihrer Verteilung der Öffentlichkeit zugänglich:

a) die Gesetzgebungsakte und in Artikel 8 Absatz 1 der Geschäftsordnung aufgeführte Dokumente betreffenden Übermittlungsvermerke und Kopien von an den Rat gerichteten Schreiben anderer Organe oder Einrichtungen der Europäischen Union oder – vorbehaltlich des Artikels 4 Absatz 5 der Verordnung (EG) Nr. 1049/2001 – eines Mitgliedstaats;

b) dem Rat vorgelegte Dokumente, die unter einem Tagesordnungspunkt aufgeführt sind, der im Teil „Beratungen über Gesetzgebungsakte" enthalten oder nach Artikel 8 der Geschäftsordnung mit den Worten „öffentliche Beratung" oder „öffentliche Aussprache" gekennzeichnet ist;

c) dem AStV und/oder dem Rat vorgelegte Annahmevermerke (I/A- und A-Punkt-Vermerke), die Entwürfe von Gesetzgebungsakten und von in Artikel 8 Absatz 1 der Geschäftsordnung aufgeführten Dokumenten betreffen, sowie die Entwürfe von Gesetzgebungsakten und von in Artikel 8 Absatz 1 der Geschäftsordnung aufgeführten Dokumenten, auf die sie sich beziehen;

d) vom Rat im Laufe eines ordentlichen oder besonderen Gesetzgebungsverfahrens angenommene Gesetzgebungsakte und vom Vermittlungsausschuss im Rahmen des ordentlichen Gesetzgebungsverfahrens gebilligte gemeinsame Entwürfe.

(6) Nach Annahme eines der in Absatz 5 Buchstabe d aufgeführten Akte oder der endgültigen Annahme des betreffenden Akts macht das Generalsekretariat alle mit diesem Akt zusammenhängenden Dokumente, die vor dem betreffenden Akt verfasst wurden und die nicht unter eine der Ausnahmen nach Artikel 4 Absätze 1 und 2 und Absatz 3 Unterabsatz 2 der Verordnung (EG) Nr. 1049/2001 fallen, wie informatorische Vermerke, Berichte, Zwischenberichte und Berichte über den Stand der Beratungen im Rat oder in einem seiner Vorbereitungsgremien („Beratungsergebnisse"), mit Ausnahme von Gutachten und Beiträgen des Juristischen Dienstes, der Öffentlichkeit zugänglich.

Auf Verlangen eines Mitgliedstaats werden Dokumente, die unter Unterabsatz 1 fallen und den individuellen Standpunkt der Delegation dieses Mitgliedstaats im Rat wiedergeben, nicht der Öffentlichkeit zugänglich gemacht.

Anhang III

Zahlenangaben zur Bevölkerung der Union und zur Bevölkerung jedes Mitgliedstaats zur Umsetzung der Bestimmungen über die Abstimmung im Rat mit qualifizierter Mehrheit

Mitgliedstaat	Bevölkerung	Prozentualer Anteil an der Bevölkerung der Union (%)
Deutschland	83 100 961	18,54
Frankreich	67 098 824	14,97
Italien	60 897 891	13,58
Spanien	47 329 981	10,56
Polen	37 958 138	8,47
Rumänien	19 317 984	4,31
Niederlande	17 549 457	3,91
Belgien	11 549 888	2,58
Griechenland	10 709 739	2,39
Tschechien	10 557 001	2,35
Schweden	10 330 000	2,30
Portugal	10 295 909	2,30
Ungarn	9 769 526	2,18
Österreich	8 897 000	1,98
Bulgarien	6 951 482	1,55
Dänemark	5 816 443	1,30
Finnland	5 521 292	1,23
Slowakei	5 457 873	1,22
Irland	4 964 440	1,11
Kroatien	4 058 165	0,91
Litauen	2 794 090	0,62
Slowenien	2 095 861	0,47
Lettland	1 907 675	0,43
Estland	1 328 976	0,30
Zypern	888 005	0,20
Luxemburg	623 962	0,14
Malta	514 564	0,11
EU 27	448 285 127	
Schwelle (65 %)	291 385 333	

Anhang IV

Gemäß Art. 16. (1) Bei der Anwendung der nachstehenden Bestimmungen der Geschäftsordnung werden im Falle von Beschlüssen, hinsichtlich deren ein Mitglied oder bestimmte Mitglieder des Ra*tes oder des AStV* gemäß den Verträgen nicht an der Abstimmung teilnehmen können, die Stimmen dieser Mitglieder nicht berücksichtigt:

a) Artikel 1 Absatz 3 Unterabsatz (Tagung an einem anderen Ort als Brüssel oder Luxemburg);

b) Artikel 3 Absatz 7 (Aufnahme von Punkten in die Tagesordnung, die nicht auf der vorläufigen Tagesordnung stehen);

c) Artikel 3 Absatz 8 (Beibehaltung eines A-Punkts, der andernfalls von der Tagesordnung hätte abgesetzt werden müssen, als B-Punkt);

d) Artikel 5 Absatz 2 betreffend die Anwesenheit der Europäischen Zentralbank (Beratung in Abwesenheit der Europäischen Zentralbank);

e) Artikel 9 Absatz 2 Unterabsatz 1 Buchstabe b sowie Unterabsätze 2 und 3 (Veröffentlichung der Abstimmungsergebnisse, der Erklärungen zur Stimmabgabe, der in das Ratsprotokoll aufgenommenen Erklärungen und der Punkte des Ratsprotokolls, die andere als die in Absatz 1 genannten Fälle betreffen);

f) Artikel 11 Absatz 1 Unterabsatz 2 (Einleitung eines Abstimmungsverfahrens);

g) Artikel 12 Absatz 1 (Anwendung des schriftlichen Verfahrens);

h) Artikel 14 Absatz 1 (Beschluss, ausnahmsweise auf der Grundlage von Schriftstücken und Entwürfen zu beraten und zu beschließen, die nicht in allen Sprachen vorliegen)[1];

i) Artikel 17 Absatz 2 Buchstabe a (Nichtveröffentlichung im Amtsblatt einer von einem Mitgliedstaat gemäß Artikel 76 des AEUV unterbreiteten Initiative);

j) Artikel 17 Absatz 2 Buchstabe b (Nichtveröffentlichung im Amtsblatt bestimmter Richtlinien, Beschlüsse, Empfehlungen und Stellungnahmen);

(Fortsetzung nächstes Blatt)

---

[1] Siehe die nachstehende Erklärung n:

n) zu Anhang IV Nummer 1 Buchstabe h:
„Der Rat bestätigt, dass die derzeitige Praxis, wonach die Texte, auf die sich seine Beratungen stützen, in allen Sprachen erstellt werden, weiterhin Anwendung findet."

k) Artikel 17 Absatz 5 (Veröffentlichung oder Nichtveröffentlichung im Amtsblatt von Beschlüssen eines durch ein internationales Abkommen eingesetzten Organs).

(2) Ein Mitglied des Rates oder des AStV kann die folgenden Bestimmungen der Geschäftsordnung nicht im Zusammenhang mit Beschlüssen geltend machen, hinsichtlich deren es gemäß den Verträgen nicht an der Abstimmung teilnehmen kann:

a) Artikel 3 Absatz 8 (einem Mitglied des Rates offenstehende Möglichkeit zu beantragen, dass ein A-Punkt von der Tagesordnung abgesetzt wird);
b) Artikel 11 Absatz 1 Unterabsatz 2 (einem Mitglied des Rates offenstehende Möglichkeit, die Einleitung eines Abstimmungsverfahrens zu beantragen);
c) Artikel 11 Absatz 3 (einem Mitglied des Rates offenstehende Möglichkeit, sich Stimmrechte übertragen zu lassen);
d) Artikel 14 Absatz 2 (jedem Mitglied des Rates offenstehende Möglichkeit, gegen eine Beratung Einspruch zu erheben, wenn der Wortlaut etwaiger Änderungsvorschläge nicht in der von ihm bezeichneten Sprache abgefasst ist).

Anhang V
Arbeitsmethoden des Rates

Vorbereitung der Tagungen

1. Der Vorsitz gewährleistet, dass ein Dossier nur dann von einer Gruppe oder von einem Ausschuss an den AStV überwiesen wird, wenn hinreichende Aussicht besteht, dass auf dieser Ebene Fortschritte erzielt oder die Positionen geklärt werden. Umgekehrt werden Dossiers nur dann an eine Gruppe oder einen Ausschuss zurückverwiesen, wenn dies erforderlich ist, und auf jeden Fall nur mit dem Auftrag, genau umschriebene Probleme zu lösen.
2. Der Vorsitz ergreift die erforderlichen Maßnahmen, um die Arbeit in der Zeit zwischen den Tagungen voranzubringen. Mit Zustimmung der Gruppe bzw. des Ausschusses kann er z. B. auf möglichst effiziente Weise die erforderlichen Konsultationen zu speziellen Problemen führen, um dann der entsprechenden Gruppe bzw. dem entsprechenden Ausschuss eventuelle Lösungsmöglichkeiten zu unterbreiten. Er kann auch schriftliche Konsultationen führen, indem er die Delegationen ersucht, vor der nächsten Sitzung der Gruppe oder des Ausschusses schriftlich auf einen Vorschlag zu reagieren.
3. Die Delegationen legen die Positionen, die sie auf einer bevorstehenden Tagung voraussichtlich vertreten werden, gegebenenfalls

vor der Tagung schriftlich vor. Umfassen diese Positionen Vorschläge zur Änderung von Texten, so schlagen sie einen bestimmten Wortlaut vor. So weit wie möglich legen Delegationen, die dieselbe Position vertreten, gemeinsam schriftliche Beiträge vor.

4. Der AStV vermeidet es, sich erneut mit Angelegenheiten zu befassen, die bereits im Rahmen der Vorbereitung seiner Tagung abschließend erörtert worden sind. Dies gilt insbesondere für I-Punkte, Informationen über die Organisation und die Reihenfolge der behandelten Punkte sowie Informationen über die Tagesordnung und die Organisation künftiger Tagungen des Rates. So weit wie möglich bringen die Delegationen Punkte unter „Sonstiges" im Rahmen der Vorbereitung der AStV-Tagungen und nicht im AStV selbst vor.

5. Der Vorsitz übermittelt den Delegationen im Rahmen der Vorbereitung der AStV-Tagungen so rasch wie möglich alle Informationen, die für eine eingehende Vorbereitung dieser Tagungen erforderlich sind, einschließlich Informationen darüber, welches Ziel der Vorsitz am Ende der Erörterung der einzelnen Tagesordnungspunkte zu erreichen gedenkt. Andererseits fordert der Vorsitz gegebenenfalls die Delegationen auf, die anderen Delegationen im Rahmen der Vorbereitung der AStV-Tagungen über die Positionen zu informieren, die sie auf der AStV-Tagung zu vertreten gedenken. Auf dieser Grundlage stellt der Vorsitz die Tagesordnung des AStV endgültig auf. Wenn die Umstände dies erfordern, kann der Vorsitz die an den Arbeiten zur Vorbereitung der AStV-Tagungen beteiligten Gruppen häufiger einberufen.

Durchführung der Tagungen

6. Es werden keine Punkte in die Tagesordnung des Rates aufgenommen, bei denen es lediglich um Erläuterungen durch die Kommission oder Mitglieder des Rates geht, außer wenn neue größere Initiativen erörtert werden sollen.

7. Der Vorsitz vermeidet es, reine Informationspunkte auf die Tagesordnung des AStV zu setzen. Die entsprechenden Informationen (z. B. über die Ergebnisse der Beratungen in anderen Gremien oder mit einem Drittstaat oder einem anderen Organ, über verfahrenstechnische oder organisatorische Fragen u. a.) sollten den Delegationen im Rahmen der Vorbereitung der AStV-Tagungen möglichst in schriftlicher Form übermittelt und auf den AStV-Tagungen nicht noch einmal gegeben werden.

8. Zu Beginn einer Tagung erteilt der Vorsitz alle notwendigen weiteren Informationen über den Ablauf der Tagung und gibt insbesondere an, wie viel Zeit er jedem einzelnen Punkt zu widmen beabsichtigt. Er vermeidet lange Einleitungen und die Wiederholung von Informationen, die den Delegationen bereits bekannt sind.

9. Zu Beginn der Erörterung einer inhaltlichen Frage teilt der Vorsitz den Delegationen mit, wie lange sie sich – abhängig von der Art der erforderlichen Erörterung – maximal hierzu äußern dürfen. In den meisten Fällen sollten die Wortbeiträge nicht länger als zwei Minuten dauern.
10. Vollständige Tischumfragen sind grundsätzlich nicht zulässig; auf sie sollte nur unter besonderen Umständen und bei speziellen Fragen zurückgegriffen werden, wobei der Vorsitz eine Höchstzeit für die Wortbeiträge festlegt.
11. Der Vorsitz lenkt so weit wie möglich die Erörterungen, indem er insbesondere die Delegationen ersucht, auf Kompromisstexte oder spezielle Vorschläge zu reagieren.
12. Der Vorsitz gibt während und am Ende der Tagung bzw. Sitzung keine langen Zusammenfassungen der Erörterungen und beschränkt sich darauf, kurz die erzielten Ergebnisse (in Bezug auf den Inhalt und/oder das Verfahren) festzuhalten.
13. Die Delegationen tragen bereits von Vorrednern gemachte Ausführungen nicht noch einmal vor. Wortbeiträge sollen kurz und aufs Wesentliche beschränkt sein und den Kern einer Frage betreffen.
14. Delegationen, die dieselbe Auffassung vertreten, werden ersucht, sich abzusprechen, so dass ein einziger Redner ihre gemeinsame Position zu einem bestimmten Punkt vorträgt.
15. Bei der Erörterung von Texten legen die Delegationen schriftlich konkrete Formulierungsvorschläge vor und beschränken sich nicht darauf, ihre Ablehnung eines bestimmten Vorschlags zum Ausdruck zu bringen.
16. Wenn der Vorsitz nichts anderes angegeben hat, ergreifen die Delegationen nicht das Wort, um ihre Zustimmung zu einem bestimmten Vorschlag zum Ausdruck zu bringen; Stillschweigen gilt als grundsätzliche Zustimmung.

Anhang VI
Bestimmungen über die Form der Rechtsakte

A. Form der Verordnungen

1. Die gemeinsam vom Europäischen Parlament und vom Rat angenommenen Verordnungen sowie die Verordnungen des Rates enthalten
   a) in der Überschrift die Bezeichnung „Verordnung“, eine Ordnungsnummer, den Zeitpunkt der Annahme und die Bezeichnung des Gegenstands. Durchführungsverordnungen, die vom Rat gemäß Artikel 291 Absatz 2 des AEUV angenommen werden, tragen in der Überschrift die Bezeichnung „Durchführungsverordnung“;

b) die Formel „Das Europäische Parlament und der Rat der Europäischen Union“ bzw. „Der Rat der Europäischen Union“;

c) die Angabe der Bestimmungen, aufgrund deren die Verordnung angenommen wird; voranzustellen sind die Worte „gestützt auf“;

d) den Hinweis auf die erfolgten Vorschläge sowie auf Stellungnahmen und Konsultationen;

e) die Begründung der Verordnung; voranzustellen sind die Worte „in Erwägung nachstehender Gründe:“; die Erwägungsgründe werden nummeriert;

f) die Formel „haben folgende Verordnung erlassen“ bzw. die Formel „hat folgende Verordnung erlassen“, an die sich der Wortlaut der Verordnung anschließt.

2. Die Verordnungen werden in Artikel eingeteilt, die gegebenenfalls zu Kapiteln oder Abschnitten zusammengefasst sind.

3. Der letzte Artikel einer Verordnung bestimmt den Zeitpunkt des Inkrafttretens, falls dieser vor oder nach dem zwanzigsten auf die Veröffentlichung folgenden Tag liegt.

4. Nach dem letzten Artikel einer Verordnung folgen

a) i) die Formel „Diese Verordnung ist in allen ihren Teilen verbindlich und gilt unmittelbar in jedem Mitgliedstaat“ oder

ii) für die Fälle, in denen ein Rechtsakt nicht für alle und in allen Mitgliedstaaten gilt, die Formel „Diese Verordnung ist in allen ihren Teilen verbindlich und gilt gemäß den Verträgen unmittelbar in den Mitgliedstaaten“[1]);

b) die Formel „Geschehen zu … am …“; als Datum ist der Zeitpunkt einzusetzen, zu dem die Verordnung erlassen worden ist,
und

c) im Falle

i) einer gemeinsam vom Europäischen Parlament und vom Rat erlassenen Verordnung die Formel

„Im Namen des Europäischen Parlaments Der Präsident“ *„Im Namen des Rates Der Präsident“*;

es folgen der Name des Präsidenten des Europäischen Parlaments und der Name des bei Annahme der Verordnung amtierenden Präsidenten des Rates;

[1]) Siehe die nachstehende Erklärung o:

o) zu Anhang VI Abschnitt A Nummer 4 Buchstabe a Ziffer ii:

„Der Rat erinnert daran, dass in den in den Verträgen vorgesehenen Fällen, in denen ein Rechtsakt nicht auf alle oder in allen Mitgliedstaaten anwendbar ist, der räumliche Anwendungsbereich in der Begründung und im Inhaltsteil des Rechtsakts deutlich hervorzuheben ist.“

ii) einer Verordnung des Rates die Formel
„Im Namen des Rates
Der Präsident“;
es folgt der Name des bei Annahme der Verordnung amtierenden Präsidenten des Rates.

B. Form der Richtlinien, Beschlüsse, Empfehlungen und Stellungnahmen

1. Die gemeinsam vom Europäischen Parlament und vom Rat erlassenen Richtlinien und Beschlüsse sowie die Richtlinien und Beschlüsse des Rates tragen die Überschrift „Richtlinie“ bzw. „Beschluss“.

   Durchführungsrichtlinien oder -beschlüsse, die vom Rat gemäß Artikel 291 Absatz 2 des AEUV angenommen werden, enthalten in der Überschrift die Bezeichnung „Durchführungsrichtlinie“ bzw. „Durchführungsbeschluss“.

2. Die Empfehlungen und Stellungnahmen des Rates tragen die Überschrift „Empfehlung“ bzw. „Stellungnahme“.

3. Die unter Buchstabe A vorgesehenen Bestimmungen über die Verordnungen finden vorbehaltlich der anwendbaren Bestimmungen der Verträge sinngemäß auf die Richtlinien und Beschlüsse Anwendung.

C. Form der Beschlüsse nach Artikel 25 des EUV.
Die Beschlüsse im Sinne des Artikels 25 des EUV tragen als Überschrift diese Bezeichnung „Beschluss des Rates“, eine Ordnungsnummer (Jahr/Nummer/GASP), den Zeitpunkt der Annahme und die Bezeichnung des Gegenstands.

iii) einer Verordnung des Rates die Formel:

„Im Namen des Rates

Der Präsident"*;*

es folgt der Name des bei Annahme der Verordnung amtierenden Präsidenten des Rates.

B. Form der Richtlinien, Beschlüsse, Empfehlungen und Stellungnahmen

1. Die gemeinsam vom Europäischen Parlament und vom Rat erlassenen Richtlinien und Beschlüsse sowie die Richtlinien und Beschlüsse des Rates tragen die Überschrift „Richtlinie" bzw. „Beschluss".

Durchführungsrichtlinien oder -beschlüsse, die vom Rat gemäß Artikel 291 Absatz 2 des AEUV angenommen werden, enthalten in der Überschrift die Bezeichnung „Durchführungsrichtlinie" bzw. „Durchführungsbeschluss".

2. Die Empfehlungen und Stellungnahmen des Rates tragen die Überschrift „Empfehlung" bzw. „Stellungnahme".

3. Die unter Buchstabe A vorgesehenen Bestimmungen über die Verordnungen finden vorbehaltlich der anwendbaren Bestimmungen der Verträge sinngemäß auf die Richtlinien und Beschlüsse Anwendung.

C. Form der Beschlüsse nach Artikel 25 des EUV

Die Beschlüsse im Sinne des Artikels 25 des EUV tragen als Überschrift diese Bezeichnung „Beschluss des Rates", eine Ordnungsnummer (Jahr/Nummer/GASP), den Zeitpunkt der Annahme und die Bezeichnung des Gegenstands.

245. Protokoll (Nr. 3) über die Satzung des Gerichtshofs der Europäischen Union[1)]

Vom 26. Februar 2001

(BGBl. 2001 II S. 1687, geänd. durch die Akte zum Beitrittsvertrag v. 16.4.2003, BGBl. 2003 II S. 1410, Beschlüsse des Rates v. 15.7.2003, ABl. Nr. L 188/1 v. 26.7. 2003, v. 19.4.2004, v. 26.4.2004, ABl. Nr. L 132/1, 5 v. 29.4.2004, ber. ABl. Nr. L 194/3 v. 2.6.2004, v. 2.11.2004, ABl. Nr. L 333/7 v. 9.11.2004 und v. 3.10.2005, ABl. Nr. L 266/60 v. 11.10.2005, ber. ABl. Nr. L 301/21 v. 18.11.2005, durch die Akte zum Beitrittsvertrag v. 25.4.2005, ABl. Nr. L 157/203 v. 21.6.2005, Prot. v. 13.12.2007, ABl. Nr. C 306 S. 163, durch Beschluss des Rates v. 20.12.2007, ABl. Nr. L 24/42 v. 29.1.2008 und durch VO (EU, EURATOM) 741/2012 v. 11.8.2012, ABl. Nr. L 228/1 v. 23.8.2012; Akte zum Beitrittsvertrag v. 9.12.2011, ABl. Nr. L 112/21 v. 24.4.2012 (m. W. v. 1.7.2013); VO (EU, Euratom) 2015/2422 des Europäischen Parlaments und des Rates v. 16.12.2015, ABl. Nr. L 341/14 v. 24.12.2015[2)]), VO (EU, Euratom) 2016/1192 des Europäischen Parlaments und des Rates v. 6.7.2016, ABl. Nr. L 200/137 v. 26.7.2016 und VO (EU, Euratom) 2019/629 des Europäischen Parlaments und des Rates v. 17.4.2019, ABl. Nr. L 111/1 v. 25.4.2019)

---

1) Titel geänd. mWv 1.12.2009 durch Prot. v. 13.12.2007 (ABl. Nr. C 306 S. 163).

2) Neben der Änderung der Art. 9 und 48 des Protokolls, enthält die ÄnderungsVO folgende Bestimmungen:

Art. 2: Für die Amtszeit der zusätzlichen Richter des Gerichts, die nach Artikel 48 des Protokolls Nr. 3 über die Satzung des Gerichtshofs der Europäischen Union zu ernennen sind, gilt Folgendes:

a) Die Amtszeit von sechs der zwölf zusätzlichen Richter, die mit Wirkung vom 25. Dezember 2015 zu ernennen sind, endet am 31. August 2016. Diese sechs Richter werden so ausgewählt, dass die Regierungen von sechs Mitgliedstaaten zwei Richter für die teilweise Neubesetzung des Gerichts 2016 vorschlagen. Die Amtszeit der anderen sechs Richter endet am 31. August 2019.

b) Die Amtszeit von drei der sieben zusätzlichen Richter, die mit Wirkung vom 1. September 2016 zu ernennen sind, endet am 31. August 2019. Diese drei Richter werden so ausgewählt, dass die Regierungen von drei Mitgliedstaaten zwei Richter für die teilweise Neubesetzung des Gerichts 2019 vorschlagen. Die Amtszeit der anderen vier Richter endet am 31. August 2022.

c) Die Amtszeit von vier der neun zusätzlichen Richter, die mit Wirkung vom 1. September 2019 zu ernennen sind, endet am 31. August 2022. Diese vier Richter werden so ausgewählt, dass die Regierungen von vier Mitgliedstaaten zwei Richter für die teilweise Neubesetzung des Gerichts 2022 vorschlagen. Die Amtszeit der anderen fünf Richter endet am 31. August 2025.

Art. 3: (1) Bis zum 26. Dezember 2020 erstellt der Gerichtshof unter Rückgriff auf einen externen Berater einen Bericht für das Europäische Parlament, den Rat und die Kommission über die Arbeitsweise des Gerichts.

In diesem Bericht wird der Schwerpunkt insbesondere auf die Effizienz des Gerichts, die Notwendigkeit und Wirksamkeit der Erhöhung der Zahl der Richter auf 56, den Nutzen und die Wirksamkeit der Mittel und die weitere Einsetzung von spezialisierten Kammern und/oder sonstige strukturelle Änderungen gelegt werden.

Der Gerichtshof unterbreitet gegebenenfalls entsprechende legislative Anträge zur Änderung seiner Satzung.

(2) Bis zum 26. Dezember 2017 erstellt der Gerichtshof einen Bericht für das Europäische Parlament, den Rat und die Kommission über mögliche Änderungen an der Verteilung der Zuständigkeit für Vorabentscheidungen gemäß Artikel 267 AEUV. Der Bericht wird gegebenenfalls von legislativen Anträgen begleitet.

Inhaltsübersicht
(nicht amtlich)

DIE HOHEN VERTRAGSPARTEIEN[1] –

IN DEM WUNSCH, die in Artikel 281 des Vertrags über die Arbeitsweise der Europäischen Union[2] vorgesehene Satzung des Gerichtshofs festzulegen –

SIND über folgende Bestimmungen ÜBEREINGEKOMMEN, die dem Vertrag über die Europäische Union[3] und dem Vertrag über die Arbeitsweise der Europäischen Union[1] beigefügt sind:

Art. 1[4] **[Vertragliche Grundlagen]** Für die Errichtung und die Tätigkeit des Gerichtshofs gelten die Bestimmungen der Verträge, des Vertrags zur Gründung der Europäischen Atomgemeinschaft (EAG-Vertrag) und dieser Satzung.

Titel I. Die Richter und die Generalanwälte

Art. 2[5] **[Eidesleistung]** Jeder Richter leistet vor Aufnahme seiner *Amtstätigkeit vor dem in* öffentlicher Sitzung tagenden Gerichtshof den Eid, sein Amt unparteiisch und gewissenhaft auszuüben und das Beratungsgeheimnis zu wahren.

---

[1] Präambel geänd. mWv 1.12.2009 durch Prot. v. 13.12.2007 (ABl. Nr. C 306 S. 163).
[2] Nr. **146**.
[3] Nr. **145**.
[4] Art. 1 geänd. mWv 1.12.2009 durch Prot. v. 13.12.2007 (ABl. Nr. C 306 S. 163).
[5] Art. 2 geänd. mWv 1.12.2009 durch Prot. v. 13.12.2007 (ABl. Nr. C 306 S. 163).

Art. 3[1)] [Immunität] [1]Die Richter sind keiner Gerichtsbarkeit unterworfen. [2]Hinsichtlich ihrer in amtlicher Eigenschaft vorgenommenen Handlungen, einschließlich ihrer mündlichen und schriftlichen Äußerungen, steht ihnen diese Befreiung auch nach Abschluss ihrer Amtstätigkeit zu.

[1]Der Gerichtshof kann die Befreiung durch Plenarentscheidung aufheben. [2]Betrifft die Entscheidung ein Mitglied des Gerichts oder eines Fachgerichts, so entscheidet der Gerichtshof nach Anhörung des betreffenden Gerichts.

Wird nach Aufhebung der Befreiung ein Strafverfahren gegen einen Richter eingeleitet, so darf dieser in jedem Mitgliedstaat nur vor ein Gericht gestellt werden, das für Verfahren gegen Richter der höchsten Gerichte dieses Mitgliedstaats zuständig ist.

Die Artikel 12 bis 15 und Artikel 18 des Protokolls über die Vorrechte und Befreiungen der Europäischen Union finden auf die Richter, die Generalanwälte, den Kanzler und die Hilfsberichterstatter des Gerichtshofs Anwendung; die Bestimmungen der Absätze 1 bis 3 betreffend die Befreiung der Richter von der Gerichtsbarkeit bleiben hiervon unberührt.

Art. 4[2)] [Verbot der Nebentätigkeit] Die Richter dürfen weder ein politisches Amt noch ein Amt in der Verwaltung ausüben.

Sie dürfen keine entgeltliche oder unentgeltliche Berufstätigkeit ausüben, es sei denn, dass der Rat mit einfacher Mehrheit ausnahmsweise von dieser Vorschrift Befreiung erteilt.

Bei der Aufnahme ihrer Tätigkeit übernehmen sie die feierliche Verpflichtung, während der Ausübung und nach Ablauf ihrer Amtstätigkeit die sich aus ihrem Amt ergebenden Pflichten zu erfüllen, insbesondere die Pflicht, bei der Annahme bestimmter Tätigkeiten oder Vorteile nach Ablauf dieser Tätigkeit ehrenhaft und zurückhaltend zu sein.

[1]Im Zweifelsfalle entscheidet der Gerichtshof. [2]Betrifft die Entscheidung ein Mitglied des Gerichts oder eines Fachgerichts, so entscheidet der Gerichtshof nach Anhörung des betreffenden Gerichts.

Art. 5 [Beendigung des Richteramtes] Abgesehen von den regelmäßigen Neubesetzungen und von Todesfällen endet das Amt eines Richters durch Rücktritt.

[1]Bei Rücktritt eines Richters ist das Rücktrittsschreiben an den Präsidenten des Gerichtshofs zur Weiterleitung an den Präsidenten des Rates zu richten. [2]Mit der Benachrichtigung des Letzteren wird der Sitz frei.

Mit Ausnahme der Fälle, in denen Artikel 6 Anwendung findet, bleibt jeder Richter bis zum Amtsantritt seines Nachfolgers im Amt.

[1)] Art. 3 Abs. 2 Satz 2 angef., Abs. 4 geänd. mWv 1.12.2009 durch Prot. v. 13.12.2007 (ABl. Nr. C 306 S. 163).

[2)] Art. 4 Abs. 2 geänd., Abs. 4 Satz 2 angef. mWv 1.12.2009 durch Prot. v. 13.12.2007 (ABl. Nr. C 306 S. 163).

Art. 6[1] **[Amtsenthebung]** [1]Ein Richter kann nur dann seines Amtes enthoben oder seiner Ruhegehaltsansprüche oder anderer an ihrer Stelle gewährter Vergünstigungen für verlustig erklärt werden, wenn er nach einstimmigem Urteil der Richter und Generalanwälte des Gerichtshofs nicht mehr die erforderlichen Voraussetzungen erfüllt oder den sich aus seinem Amt ergebenden Verpflichtungen nicht mehr nachkommt. [2]Der Betroffene wirkt bei der Beschlussfassung nicht mit. Ist der Betroffene ein Mitglied des Gerichts oder eines Fachgerichts, so entscheidet der Gerichtshof nach Anhörung des betreffenden Gerichts.

Der Kanzler bringt den Präsidenten des Europäischen Parlaments und der Kommission die Entscheidung des Gerichtshofs zur Kenntnis und übermittelt sie dem Präsidenten des Rates.

Wird durch eine solche Entscheidung ein Richter seines Amtes enthoben, so wird sein Sitz mit der Benachrichtigung des Präsidenten des Rates frei.

Art. 7 [Füllung außerplanmäßiger Vakanzen] Endet das Amt eines Richters vor Ablauf seiner Amtszeit, so wird es für die verbleibende Amtszeit neu besetzt.

Art. 8 [Entsprechende Anwendung für Generalanwälte] Die Artikel 2 bis 7 finden auf die Generalanwälte Anwendung.

Titel II.[2] Organisation des Gerichtshofs

Art. 9[3] **[Wahl der Richter und Generalanwälte]** Bei der alle drei Jahre stattfindenden teilweisen Neubesetzung der Richterstellen wird die Hälfte der Richterstellen neu besetzt. Ist die Zahl der Richterstellen ungerade, so ist die Zahl der neu zu besetzenden Richterstellen abwechselnd die Zahl, die direkt über bzw. direkt unter der Hälfte der Anzahl der Richterstellen liegt.

Absatz 1 gilt auch für die alle drei Jahre stattfindende teilweise Neubesetzung der Stellen der Generalanwälte.

Art. 9a [Wahl des Präsidenten, Wahl und Aufgaben des Vizepräsidenten] Die Richter wählen aus ihrer Mitte den Präsidenten und den Vizepräsidenten des Gerichtshofs für die Dauer von drei Jahren. Die Wiederwahl ist zulässig.

Der Vizepräsident unterstützt den Präsidenten nach Maßgabe der Verfahrensordnung. Er vertritt den Präsidenten, wenn dieser verhindert *oder sein Amt unbesetzt ist.*

---

[1] Art. 6 Abs. 1 Satz 3 angef. mWv 1.12.2009 durch Prot. v. 13.12.2007 (ABl. Nr. C 306 S. 163).

[2] Titel II Überschr. geänd. mWv 1.12.2009 durch Prot. v. 13.12.2007 (ABl. Nr. C 306 S. 163).

[3] Art. 9 Abs. 1 geänd. mWv 1.5.2004 durch Akte v. 16.4.2003 (ABl. Nr. L 236 S. 33); Abs. 1 geänd. mWv 1.1.2007 durch Akte v. 25.4.2005 (ABl. Nr. L 157 S. 203); Art. 9 geänd. durch VO v. 16.12.2015 (ABl. Nr. L 341/14).

Art. 10 [Vereidigung des Kanzlers] Der Kanzler leistet vor dem Gerichtshof den Eid, sein Amt unparteiisch und gewissenhaft auszuüben und das Beratungsgeheimnis zu wahren.

Art. 11 [Vertretung des Kanzlers] Der Gerichtshof regelt die Vertretung des Kanzlers für den Fall seiner Verhinderung.

Art. 12 [Personal des Gerichtshofs] 1 Dem Gerichtshof werden Beamte und sonstige Bedienstete beigegeben, um ihm die Erfüllung seiner Aufgaben zu ermöglichen. 2 Sie unterstehen dem Kanzler unter Aufsicht des Präsidenten.

Art. 13[1)] [Hilfsberichterstatter] 1 Das Europäische Parlament und der Rat können gemäß dem ordentlichen Gesetzgebungsverfahren auf Antrag des Gerichtshofs die Ernennung von Hilfsberichterstattern vorsehen und ihre Stellung bestimmen. 2 Die Hilfsberichterstatter können nach Maßgabe der Verfahrensordnung berufen werden, an der Bearbeitung der beim Gerichtshof anhängigen Sachen teilzunehmen und mit dem Berichterstatter zusammenzuarbeiten.

1 Zu Hilfsberichterstattern sind Persönlichkeiten auszuwählen, die jede Gewähr für Unabhängigkeit bieten und die erforderlichen juristischen Befähigungsnachweise erbringen; sie werden vom Rat mit einfacher Mehrheit ernannt. 2 Sie leisten vor dem Gerichtshof den Eid, ihr Amt unparteiisch und gewissenhaft auszuüben und das Beratungsgeheimnis zu wahren.

Art. 14 [Residenzpflicht] Die Richter, die Generalanwälte und der Kanzler sind verpflichtet, am Sitz des Gerichtshofs zu wohnen.

Art. 15 [Gerichtsferien] 1 Der Gerichtshof übt seine Tätigkeit ständig aus. 2 Die Dauer der Gerichtsferien wird vom Gerichtshof unter Berücksichtigung der dienstlichen Erfordernisse festgesetzt.

Art. 16[2)] [Plenum und Kammern] 1 Der Gerichtshof bildet aus seiner Mitte Kammern mit drei und mit fünf Richtern. 2 Die Richter wählen aus ihrer Mitte die Präsidenten der Kammern. 3 Die Präsidenten der Kammern mit fünf Rchtern werden für drei Jahre gewählt. 4 Einmalige Wiederwahl ist zulässig.

1 Die Große Kammer ist mit fünfzehn Richtern besetzt. 2 Den Vorsitz führt der Präsident des Gerichtshofs. 3 Der Großen Kammer gehören außerdem der Vizepräsident des Gerichtshofs sowie nach Maßgabe der Verfahrensordnung drei der Präsidenten der Kammern mit fünf Richtern und weitere Richter an.

---

1) Art. 13 Abs. 1 Satz 1, Abs. 2 Satz 1 geänd. mWv 1.12.2009 durch Prot. v. 13.12.2007 (*ABl. Nr. C 306 S. 163*).

2) Art. 16 Abs. 2 geänd. mWv 1.5.2004 durch Beschl. v. 19.4.2004 (ABl. Nr. L 132 S. 1); Abs. 4 geänd. mWv 1.12.2009 durch Prot. v. 13.12.2007 (ABl. Nr. C 306 S. 163).

Der Gerichtshof tagt als Große Kammer, wenn ein am Verfahren beteiligter Mitgliedstaat oder ein am Verfahren beteiligtes Gemeinschaftsorgan dies beantragt.

Der Gerichthof tagt als Plenum, wenn er gemäß Artikel 228 Absatz 2, Artikel 245 Absatz 2, Artikel 247 oder Artikel 286 Absatz 7 AEUV[1)] befasst wird.

Außerdem kann der Gerichtshof, wenn er zu der Auffassung gelangt, dass eine Rechtssache, mit der er befasst ist, von außergewöhnlicher

(Fortsetzung nächstes Blatt)

---

1) Nr. **146**.

Bedeutung ist, nach Anhörung des Generalanwalts entscheiden, diese Rechtssache an das Plenum zu verweisen.

Art. 17[1)] **[Quorum, Mehrheiten]** Der Gerichtshof kann nur in der Besetzung mit einer ungeraden Zahl von Richtern rechtswirksam entscheiden.

Die Entscheidungen der Kammern mit drei oder fünf Richtern sind nur dann gültig, wenn sie von drei Richtern getroffen werden.

Die Entscheidungen der Großen Kammer sind nur dann gültig, wenn elf Richter anwesend sind.

Die vom Plenum getroffenen Entscheidungen des Gerichtshofs sind nur dann gültig, wenn siebzehn Richter anwesend sind.

Bei Verhinderung eines Richters einer Kammer kann nach Maßgabe der Verfahrensordnung ein Richter einer anderen Kammer herangezogen werden.

Art. 18 **[Befangenheit und Ablehnung von Richtern]** Die Richter und Generalanwälte dürfen nicht an der Erledigung einer Sache teilnehmen, in der sie vorher als Bevollmächtigte, Beistände oder Anwälte einer der Parteien tätig gewesen sind oder über die zu befinden sie als Mitglied eines Gerichts, eines Untersuchungsausschusses oder in anderer Eigenschaft berufen waren.

[1] Glaubt ein Richter oder Generalanwalt, bei der Entscheidung oder Untersuchung einer bestimmten Sache aus einem besonderen Grund nicht mitwirken zu können, so macht er davon dem Präsidenten Mitteilung. [2] Hält der Präsident die Teilnahme eines Rchters oder Generalanwalts an der Verhandlung oder Entscheidung einer bestimmten Sache aus einem besonderen Grund für unangebracht, so setzt er diesen hiervon in Kenntnis.

Ergibt sich bei der Anwendung dieses Artikels eine Schwierigkeit, so entscheidet der Gerichtshof.

Eine Partei kann den Antrag auf Änderung der Zusammensetzung des Gerichtshofs oder einer seiner Kammern weder mit der Staatsangehörigkeit eines Richters noch damit begründen, dass dem Gerichtshof oder einer seiner Kammern kein Richter ihrer Staatsangehörigkeit angehört.

Titel III.[2)] Verfahren vor dem Gerichtshof

Art. 19[3)] **[Postulationsfähigkeit]** Die Mitgliedstaaten sowie die Organe der Union werden vor dem Gerichtshof durch einen Bevollmäch-

---

[1)] Art. 17 Abs. 4 geänd. mWv 1. 5. 2004 durch Beschl. v. 19. 4. 2004 (ABl. Nr. L 132 S. 1).

[2)] Titel III Überschr. geänd. mWv 1. 12. 2009 durch Prot. v. 13. 12. 2007 (ABl. Nr. C 306 S. 163).

[3)] Art. 19 Abs. 1 geänd. mWv 1. 12. 2009 durch Prot. v. 13. 12. 2007 (ABl. Nr. C 306 S. 163).

tigten vertreten, der für jede Sache bestellt wird; der Bevollmächtigte kann sich der Hilfe eines Beistands oder eines Anwalts bedienen.

Die Vertragsstaaten des Abkommens über den Europäischen Wirtschaftsraum, die nicht Mitgliedstaaten sind, und die in jenem Abkommen genannte EFTA-Überwachungsbehörde werden in der gleichen Weise vertreten.

Die anderen Parteien müssen durch einen Anwalt vertreten sein.

Nur ein Anwalt, der berechtigt ist, vor einem Gericht eines Mitgliedstaats oder eines anderen Vertragsstaats des Abkommens über den Europäischen Wirtschaftsraum aufzutreten, kann vor dem Gerichtshof als Vertreter oder Beistand einer Partei auftreten.

Die vor dem Gerichtshof auftretenden Bevollmächtigten, Beistände und Anwälte genießen nach Maßgabe der Verfahrensordnung die zur unabhängigen Ausübung ihrer Aufgaben erforderlichen Rechte und Sicherheiten.

Der Gerichtshof hat nach Maßgabe der Verfahrensordnung gegenüber den vor ihm auftretenden Beiständen und Anwälten die den Gerichten üblicherweise zuerkannten Befugnisse.

Hochschullehrer, die Angehörige von Mitgliedstaaten sind, deren Rechtsordnung ihnen gestattet, vor Gericht als Vertreter einer Partei aufzutreten, haben vor dem Gerichtshof die durch diesen Artikel den Anwälten eingeräumte Rechtsstellung.

Art. 20[1)] **[Schriftliches und mündliches Verfahren]** Das Verfahren vor dem Gerichtshof gliedert sich in ein schriftliches und ein mündliches Verfahren.

Das schriftliche Verfahren umfasst die Übermittlung der Klageschriften, Schriftsätze, Klagebeantwortungen und Erklärungen und gegebenenfalls der Repliken sowie aller zur Unterstützung vorgelegten Belegstücke und Urkunden oder ihrer beglaubigten Abschriften an die Parteien sowie an diejenigen Organe der Union, deren Entscheidungen Gegenstand des Verfahrens sind.

Die Übermittlung obliegt dem Kanzler in der Reihenfolge und innerhalb der Fristen, die die Verfahrensordnung bestimmt.

Das mündliche Verfahren umfasst die Anhörung der Bevollmächtigten, Beistände und Anwälte und der Schlussanträge des Generalanwalts durch den Gerichtshof sowie gegebenenfalls die Vernehmung von Zeugen und Sachverständigen.

Ist der Gerichtshof der Auffassung, dass eine Rechtssache keine neue Rechtsfrage aufwirft, so kann er nach Anhörung des Generalanwalts beschließen, dass ohne Schlussanträge des Generalanwalts über die Sache entschieden wird.

Art. 21[2)] **[Klageerhebung]** [1]Die Klageerhebung bei dem Gerichtshof erfolgt durch Einreichung einer an den Kanzler zu richtenden Kla-

---

[1)] Art. 20 Abs. 2 geänd. mWv 1. 12. 2009 durch Prot. v. 13. 12. 2007 (ABl. Nr. C 306 S. 163).

[2)] Art. 21 Abs. 2 Satz 1 geänd. mWv 1. 12. 2009 durch Prot. v. 13. 12. 2007 (ABl. Nr. C 306 S. 163).

geschrift. [2]Die Klageschrift muss Namen und Wohnsitz des Klägers, die Stellung des Unterzeichnenden, die Partei oder die Parteien, gegen die die Klage erhoben wird, und den Streitgegenstand angeben sowie die Anträge und eine kurze Darstellung der Klagegründe enthalten.

[1]Ihr ist gegebenenfalls der Rechtsakt beizufügen, dessen Nichtigerklärung beantragt wird, oder in dem in Artikel 265 AEUV[1)] geregelten Fall eine Unterlage, aus der sich der Zeitpunkt der in dem genannten Artikel vorgesehenen Aufforderung ergibt. [2]Sind der Klageschrift diese Unterlagen nicht beigefügt, so fordert der Kanzler den Kläger auf, sie innerhalb einer angemessenen Frist beizubringen; die Klage kann nicht deshalb zurückgewiesen werden, weil die Beibringung erst nach Ablauf der für die Klageerhebung vorgeschriebenen Frist erfolgt.

Art. 22 [Rechtsmitteleinlegung nach Art. 18 EAG-Vertrag] [1]In den Fällen nach Artikel 18 des EAG-Vertrags erfolgt die Klageerhebung bei dem Gerichtshof durch Einreichung einer an den Kanzler zu richtenden Klageschrift. [2]Die Klageschrift muss Namen und Wohnsitz des Klägers, die Stellung des Unterzeichnenden, die Entscheidung, gegen die Klage erhoben wird, die Gegenparteien und den Streitgegenstand angeben sowie die Anträge und eine kurze Darstellung der Klagegründe enthalten.

Eine beglaubigte Abschrift der angefochtenen Entscheidung des Schiedsausschusses ist beizufügen.

Weist der Gerichtshof die Klage ab, so wird die Entscheidung des Schiedsausschusses rechtskräftig.

[1]Hebt der Gerichtshof die Entscheidung des Schiedsausschusses auf, so kann das Verfahren gegebenenfalls auf Betreiben einer Prozesspartei vor dem Schiedsausschuss wieder aufgenommen werden. [2]Dieser ist an die vom Gerichtshof gegebene rechtliche Beurteilung gebunden.

Art. 23[2)] [Vorabentscheidungsverfahren] [1]In den Fällen nach Artikel 267 AEUV[1)] obliegt es dem Gericht des Mitgliedstaats, das ein Verfahren aussetzt und den Gerichtshof anruft, diese Entscheidung dem Gerichtshof zu übermitteln. [2]Der Kanzler des Gerichtshofs stellt diese Entscheidung den beteiligten Parteien, den Mitgliedstaaten und der Kommission zu und außerdem den Organen, Einrichtungen oder sonstigen Stellen der Union, von denen die Handlung, deren Gültigkeit oder Auslegung streitig ist, ausgegangen ist.

Binnen zwei Monaten nach dieser Zustellung können die Parteien, die Mitgliedstaaten, die Kommission und gegebenenfalls die Organe, Einrichtungen oder sonstigen Stellen der Union, von denen die Handlung, deren Gültigkeit oder Auslegung streitig ist, ausgegangen ist, beim Gerichtshof Schriftsätze einreichen oder schriftliche Erklärungen abgeben.

[1)] Nr. **146**.

[2)] Art. 23 Abs. 4 angef. mWv 26. 7. 2003 durch Beschl. v. 15. 7. 2003 (ABl. Nr. L 188 S. 1); Abs. 1 Sätze 1 und 2, Abs. 2 und 3 geänd. mWv 1. 12. 2009 durch Prot. v. 13. 12. 2007 (ABl. Nr. C 306 S. 163).

In den Fällen nach Artikel 267 AEUV stellt der Kanzler des Gerichtshofs die Entscheidung des Gerichts des Mitgliedstaats darüber hinaus den Vertragsstaaten des Abkommens über den Europäischen Wirtschaftsraum, die nicht Mitgliedstaaten sind, und der in jenem Abkommen genannten EFTA-Über-wachungsbehörde zu, die binnen zwei Monaten nach der Zustellung beim Gerichtshof Schriftsätze einreichen oder schriftliche Erklärungen abgeben können, wenn einer der Anwendungsbereiche des Abkommens betroffen ist.

Sieht ein vom Rat mit einem oder mehreren Drittstaaten über einen bestimmten Bereich geschlossenes Abkommen vor, dass diese Staaten Schriftsätze einreichen oder schriftliche Erklärungen abgeben können, wenn ein Gericht eines Mitgliedstaats dem Gerichtshof eine in den Anwendungsbereich des Abkommens fallende Frage zur Vorabentscheidung vorgelegt hat, so wird die Entscheidung des Gerichts des Mitgliedstaats, die eine solche Frage enthält, auch den betreffenden Drittstaaten zugestellt, die binnen zwei Monaten nach der Zustellung beim Gerichtshof Schriftsätze einreichen oder schriftliche Erklärungen abgeben können.

Art. 23 a[1)] [Beschleunigtes Verfahren] In der Verfahrensordnung können ein beschleunigtes Verfahren und für Vorabentscheidungsersuchen zum Raum der Freiheit, der Sicherheit und des Rechts ein Eilverfahren vorgesehen werden.

Diese Verfahren können vorsehen, dass für die Einreichung von Schriftsätzen oder schriftlichen Erklärungen eine kürzere Frist als die des Artikels 23 gilt und dass abweichend von Artikel 20 Absatz 4 keine Schlussanträge des Generalanwalts gestellt werden.

Das Eilverfahren kann außerdem eine Beschränkung der in Artikel 23 bezeichneten Parteien und sonstigen Beteiligten, die Schriftsätze einreichen oder schriftliche Erklärungen abgeben können, und in Fällen äußerster Dringlichkeit das Entfallen des schriftlichen Verfahrens vorsehen.

Art. 24[2)] [Urkundenvorlage- und Auskunftserteilungsverlangen] [1]Der Gerichtshof kann von den Parteien die Vorlage aller Urkunden und die Erteilung aller Auskünfte verlangen, die er für wünschenswert hält. [2]Im Falle einer Weigerung stellt der Gerichtshof diese ausdrücklich fest.

Der Gerichtshof kann ferner von den Mitgliedstaaten und den Organen, Einrichtungen oder sonstigen Stellen, die nicht Parteien in einem Rechtsstreit sind, alle Auskünfte verlangen, die er zur Regelung dieses Rechtsstreits für erforderlich erachtet.

---

1) Art. 23 a eingef. mWv 1. 3. 2008 durch Beschl. v. 20. 12. 2007 (ABl. 2008 Nr. L 24 S. 42).

2) Art. 24 Abs. 2 geänd. mWv 1. 12. 2009 durch Prot. v. 13. 12. 2007 (ABl. Nr. C 306 S. 163).

Art. 25 [Einholung von Gutachten] Der Gerichtshof kann jederzeit Personen, Personengemeinschaften, Dienststellen, Ausschüsse oder Einrichtungen seiner Wahl mit der Abgabe von Gutachten betrauen.

Art. 26 [Zeugenvernehmung] Zeugen können nach Maßgabe der Verfahrensordnung vernommen werden.

Art. 27 [Zwangsmittel gegen ausbleibende Zeugen] Nach Maßgabe der Verfahrensordnung kann der Gerichtshof gegenüber ausbleibenden Zeugen die den Gerichten allgemein zuerkannten Befugnisse ausüben und Geldbußen verhängen.

Art. 28 [Verteidigung von Zeugen und Sachverständigen] Zeugen und Sachverständige können unter Benutzung der in der Verfahrensordnung vorgeschriebenen Eidesformel oder in der in der Rechtsordnung ihres Landes vorgesehenen Weise eidlich vernommen werden.

Art. 29 [Vernehmung durch Wohnsitzgericht] Der Gerichtshof kann anordnen, dass ein Zeuge oder Sachverständiger von dem Gericht seines Wohnsitzes vernommen wird.

[1] Diese Anordnung ist gemäß den Bestimmungen der Verfahrensordnung zur Ausführung an das zuständige Gericht zu richten. [2] Die in Ausführung des Rechtshilfeersuchens abgefassten Schriftstücke werden dem Gerichtshof nach denselben Bestimmungen übermittelt.

Der Gerichtshof übernimmt die anfallenden Auslagen; er erlegt sie gegebenenfalls den Parteien auf.

Art. 30 [Strafrechtliche Ahndung von Eidesverletzungen] [1] Jeder Mitgliedstaat behandelt die Eidesverletzung eines Zeugen oder Sachverständigen wie eine vor seinen eigenen in Zivilsachen zuständigen Gerichten begangene Straftat. [2] Auf Anzeige des Gerichtshofs verfolgt er den Täter vor seinen zuständigen Gerichten.

Art. 31 [Öffentlichkeit der Verhandlung] Die Verhandlung ist öffentlich, es sei denn, dass der Gerichtshof von Amts wegen oder auf Antrag der Parteien aus wichtigen Gründen anders beschließt.

Art. 32 [Vernehmung während der mündlichen Verhandlung] [1] Der Gerichtshof kann während der Verhandlung Sachverständige, Zeugen sowie die Parteien selbst vernehmen. [2] Für die Letzteren können jedoch nur ihre bevollmächtigten Vertreter mündlich verhandeln.

Art. 33 [Protokoll] Über jede mündliche Verhandlung ist ein vom Präsidenten und vom Kanzler zu unterschreibendes Protokoll aufzunehmen.

Art. 34 [Terminliste] Die Terminliste wird vom Präsidenten festgelegt.

Art. 35 [Beratungsgeheimnis] Die Beratungen des Gerichtshofs sind und bleiben geheim.

Art. 36 [Begründung der Urteile] [1]Die Urteile sind mit Gründen zu versehen. [2]Sie enthalten die Namen der Richter, die bei der Entscheidung mitgewirkt haben.

Art. 37 [Unterzeichnung und Verlesung] [1]Die Urteile sind vom Präsidenten und vom Kanzler zu unterschreiben. [2]Sie werden in öffentlicher Sitzung verlesen.

Art. 38 [Kostenentscheid] Der Gerichtshof entscheidet über die Kosten.

Art. 39[1)] [Abgekürztes Verfahren] Der Präsident des Gerichtshofs kann in einem abgekürzten Verfahren, das erforderlichenfalls von einzelnen Bestimmungen dieser Satzung abweichen kann und in der Verfahrensordnung geregelt ist, über Anträge auf Aussetzung gemäß Artikel 278 AEUV[2)], auf Erlass einstweiliger Anordnungen gemäß Artikel 279 AEUV oder auf Aussetzung der Zwangsvollstreckung gemäß Artikel 299 Absatz 4 AEUV entscheiden.

Die in Absatz 1 genannten Befugnisse können nach Maßgabe der Verfahrensordnung vom Vizepräsidenten des Gerichtshofs ausgeübt werden.[3)]

Bei Verhinderung des Präsidenten und des Vizepräsidenten werden diese durch einen anderen Richter nach Maßgabe der Verfahrensordnung vertreten.

Die von dem Präsidenten oder seinem Vertreter getroffene Anordnung stellt eine einstweilige Regelung dar und greift der Entscheidung des Gerichtshofs in der Hauptsache nicht vor.

Art. 40[4)] [Beitritt zum Verfahren] Die Mitgliedstaaten und die Organe der Union können einem bei dem Gerichtshof anhängigen Rechtsstreit beitreten.

[1]Dasselbe gilt für die Einrichtungen und sonstigen Stellen der Union sowie alle anderen Personen, sofern sie ein berechtigtes Interesse am Ausgang eines bei dem Gerichtshof anhängigen Rechtsstreits glaubhaft machen können. [2]Natürliche oder juristische Personen können Rechtssachen zwischen Mitgliedstaaten, zwischen Organen der Union oder zwischen Mitgliedstaaten und Organen der Union nicht beitreten.

Unbeschadet des Absatzes 2 können die Vertragsstaaten des Abkommens über den Europäischen Wirtschaftsraum, die nicht Mitglied-

---

1) Art. 39 Abs. 1 geänd. mWv 1. 12. 2009 durch Prot. v. 13. 12. 2007 (ABl. Nr. C 306 S. 163).

2) Nr. **146**.

3) Vgl. hierzu den Beschluss des Gerichtshofs v. 23. 10. 2012 über die richterlichen Aufgaben des Vizepräsidenten des Gerichtshofs (ABl. Nr. L 300/47 v. 30. 10. 2012).

4) Art. 40 Abs. 1 geänd., Abs. 2 neu gef. mWv 1. 12. 2009 durch Prot. v. 13. 12. 2007 (ABl. Nr C 306 S. 163).

staaten sind, und die in jenem Abkommen genannte EFTA-Überwachungsbehörde einem bei dem Gerichtshof anhängigen Rechtsstreit beitreten, wenn dieser einen der Anwendungsbereiche jenes Abkommens betrifft.

Mit den aufgrund des Beitritts gestellten Anträgen können nur die Anträge einer Partei unterstützt werden.

Art. 41 [Versäumnisurteil] [1] Stellt der ordnungsmäßig geladene Beklagte keine schriftlichen Anträge, so ergeht gegen ihn Versäumnisurteil. [2] Gegen dieses Urteil kann binnen einem Monat nach Zustellung Einspruch eingelegt werden. [3] Der Einspruch hat keine Aussetzung der Vollstreckung aus dem Versäumnisurteil zur Folge, es sei denn, dass der Gerichtshof anders beschließt.

Art. 42[1)] **[Drittwiderspruch]** Mitgliedstaaten, Organe, Einrichtungen oder sonstige Stellen der Union und alle sonstigen natürlichen und juristischen Personen können nach Maßgabe der Verfahrensordnung in den dort genannten Fällen Drittwiderspruch gegen ein Urteil erheben, wenn dieses Urteil ihre Rechte beeinträchtigt und in einem Rechtsstreit erlassen worden ist, an dem sie nicht teilgenommen haben.

Art. 43[2)] **[Auslegungsurteil]** Bestehen Zweifel über Sinn und Tragweite eines Urteils, so ist der Gerichtshof zuständig, dieses Urteil auf Antrag einer Partei oder eines Organs der Union auszulegen, wenn diese ein berechtigtes Interesse hieran glaubhaft machen.

Art. 44 [Wiederaufnahme] Die Wiederaufnahme des Verfahrens kann beim Gerichtshof nur dann beantragt werden, wenn eine Tatsache von entscheidender Bedeutung bekannt wird, die vor Verkündung des Urteils dem Gerichtshof und der die Wiederaufnahme beantragenden Partei unbekannt war.

Das Wiederaufnahmeverfahren wird durch eine Entscheidung des Gerichtshofs eröffnet, die das Vorliegen der neuen Tatsache ausdrücklich feststellt, ihr die für die Eröffnung des Wiederaufnahmeverfahrens erforderlichen Merkmale zuerkennt und deshalb den Antrag für zulässig erklärt.

Nach Ablauf von zehn Jahren nach Erlass des Urteils kann kein Wiederaufnahmeantrag mehr gestellt werden.

Art. 45 [Festlegung von Fristen] In der Verfahrensordnung sind besondere, den Entfernungen Rechnung tragende Fristen festzulegen.

Der Ablauf von Fristen hat keinen Rechtsnachteil zur Folge, wenn der Betroffene nachweist, dass ein Zufall oder ein Fall höherer Gewalt vorliegt.

---

1) Art. 42 geänd. mWv 1. 12. 2009 durch Prot. v. 13. 12. 2007 (ABl. Nr. C 306 S. 163).
2) Art. 43 geänd. mWv 1. 12. 2009 durch Prot. v. 13. 12. 2007 (ABl. Nr. C 306 S. 163).

Art. 46[1)] **[Verjährung der Ansprüche aus außervertraglicher Haftung]** [1]Die aus außervertraglicher Haftung der Union hergeleiteten Ansprüche verjähren in fünf Jahren nach Eintritt des Ereignisses, das ihnen zugrunde liegt. [2]Die Verjährung wird durch Einreichung der Klageschrift beim Gerichtshof oder dadurch unterbrochen, dass der Geschädigte seinen Anspruch vorher gegenüber dem zuständigen Organ der Union geltend macht. [3]In letzterem Fall muss die Klage innerhalb der in Artikel 263 des AEUV[2)] vorgesehenen Frist von zwei Monaten erhoben werden; gegebenenfalls findet Artikel 265 Absatz 2 des AEUV Anwendung.

Dieser Artikel gilt auch für Ansprüche, die aus außervertraglicher Haftung der Europäischen Zentralbank hergeleitet werden.

Titel IV.[3)] Das Gericht

Art. 47[4)] **[Entsprechende Anwendung von Vorschriften der Titel I und II]** Artikel 9 Absatz 1, Artikel 9 a, Artikel 14 und 15, Artikel 17 Absätze 1, 2, 4 und 5 sowie Artikel 18 finden auf das Gericht und dessen Mitglieder Anwendung.

Artikel 3 Absatz 4 sowie die Artikel 10, 11 und 14 finden auf den Kanzler des Gerichts entsprechende Anwendung.

Art. 48[5)] **[Anzahl der Richter]** Das Gericht besteht

a) ab dem 25. Dezember 2015 aus 40 Mitgliedern,

b) ab dem 1. September 2016 aus 47 Mitgliedern,

c) ab dem 1. September 2019 aus zwei Mitgliedern je Mitgliedstaat.

Art. 49 Bestellung zum Generalanwalt] Die Mitglieder des Gerichts können dazu bestellt werden, die Tätigkeit eines Generalanwalts auszuüben.

Der Generalanwalt hat in völliger Unparteilichkeit und Unabhängigkeit begründete Schlussanträge zu bestimmten dem Gericht unterbreiteten Rechtssachen öffentlich zu stellen, um das Gericht bei der Erfüllung seiner Aufgaben zu unterstützen.

Die Kriterien für die Bestimmung solcher Rechtssachen sowie die Einzelheiten für die Bestellung der Generalanwälte werden in der Verfahrensordnung des Gerichts festgelegt.

---

1) Art. 46 Abs. 1 Sätze 1, 2 und 3 geänd., Abs. 2 angef. mWv 1. 12. 2009 durch Prot. v. 13. 12. 2007 (ABl. Nr. C 306 S. 163).

2) Nr. **146**.

3) Titel IV Überschr. neu gef. mWv 1. 12. 2009 durch Prot. v. 13. 12. 2007 (ABl. Nr. C 306 S. 163).

4) Art. 47 Abs. 1 neu gef. mWv 1. 12. 2009 durch Prot. v. 13. 12. 2007 (ABl. Nr. C 306 S. 163).

5) *Art. 48 geänd.* mWv 1. 5. *2004* durch Akte v. 16. 4. 2003 (ABl. Nr. L 236 S. 33); geänd. mWv 1. 1. 2007 durch Akte v. 25. 4. 2005 (ABl. Nr. L 157 S. 203), Art. 48 geänd. durch VO v. 16. 12. 2015 (ABl. Nr. L 341/14).

Ein in einer Rechtssache zum Generalanwalt bestelltes Mitglied darf bei der Entscheidung dieser Rechtssache nicht mitwirken.

Art. 50 [Zusammensetzung der Spruchkörper] [1]Das Gericht tagt in Kammern mit drei oder mit fünf Richtern. [2]Die Richter wählen aus ihrer Mitte die Präsidenten der Kammern. [3]Die Präsidenten der Kammern mit fünf Richtern werden für drei Jahre gewählt. [4]Einmalige Wiederwahl ist zulässig.

[1]Die Besetzung der Kammern und die Zuweisung der Rechtssachen an sie richten sich nach der Verfahrensordnung. [2]In bestimmten in der Verfahrensordnung festgelegten Fällen kann das Gericht als Plenum oder als Einzelrichter tagen.

Die Verfahrensordnung kann auch vorsehen, dass das Gericht in den Fällen und unter den Bedingungen, die in der Verfahrensordnung festgelegt sind, als Große Kammer tagt.)

Art. 50a[1)] [Zuständigkeit für Dienstrechtsstreitigkeiten] (1) Das Gericht ist für die Entscheidung im ersten Rechtszug über Rechtsstreitigkeiten zwischen der Union und deren Bediensteten gemäß Artikel 270 des Vertrags über die Arbeitsweise der Europäischen Union zuständig, einschließlich der Rechtsstreitigkeiten zwischen den Organen, Einrichtungen und sonstigen Stellen einerseits und deren Bediensteten andererseits, für die der Gerichtshof der Europäischen Union zuständig ist.

(2) Das Gericht kann in jedem Verfahrensstadium, auch bereits ab der Einreichung der Klageschrift, die Möglichkeiten für eine gütliche Beilegung des Rechtsstreits prüfen und versuchen, eine solche Beilegung zu erleichtern.

Art. 51[2)] [Abweichung von Art. 256 Abs. 1 AEUV[3)]] Abweichend von der in Artikel 256 Absatz 1 AEUV vorgesehenen Regelung sind dem Gerichtshof vorbehalten:

---

1) Eingefügt durch Art. 2 Ziff. 1 VO (EU, Euratom) 2016/1192 (ABl. Nr. L 200/137 v. 26.7.2016). Als Übergangsregelungen sieht die VO zusätzlich folgendes vor:

Art. 3: Rechtssachen, die am 31. August 2016 beim Gericht für den öffentlichen Dienst anhängig sind, werden auf das Gericht übertragen. Sie werden vom Gericht in dem Stadium, in dem sie sich zu diesem Zeitpunkt befinden, und gemäß seiner Verfahrensordnung weiterbearbeitet. Wird eine Rechtssache nach Abschluss des mündlichen Verfahrens an das Gericht übertragen, so wird das mündliche Verfahren wiedereröffnet.

Art. 4: Ungeachtet des Artikels 2 Nummer 3 dieser Verordnung [*Aufhebung von Anhang I der Satzung*] gelten die Artikel 9 bis 12 des Anhangs I des Protokolls Nr. 3 für Rechtsmittel gegen Entscheidungen des Gerichts für den öffentlichen Dienst, mit denen das Gericht am 31. August 2016 befasst ist oder die nach diesem Zeitpunkt eingelegt werden, weiter. Hebt das Gericht eine Entscheidung des Gerichts für den öffentlichen Dienst auf und stellt es zugleich fest, dass der Rechtsstreit nicht zur Entscheidung reif ist, so weist es die Rechtssache einer anderen Kammer als derjenigen zu, die über das Rechtsmittel entschieden hat.

2) Art. 51 neu gef. mWv 1.5.2019 durch VO 2019/629 v. 17.4.2019 (ABl. Nr. L 111/1 v. 25.4.2019).

3) Nr. **146**.

a) die Klagen gemäß den Artikeln 263 und 265 AEUV, die von einem Mitgliedstaat erhoben werden
   i) gegen einen Gesetzgebungsakt, eine Handlung des Europäischen Parlaments, des Europäischen Rates oder des Rates oder wegen unterlassener Beschlussfassung eines oder mehrerer dieser Organe, mit Ausnahme
   – der Beschlüsse des Rates gemäß Artikel 108 Absatz 2 Unterabsatz 3 AEUV;
   – der Rechtsakte, die der Rat aufgrund einer Verordnung des Rates über handelspolitische Schutzmaßnahmen im Sinne von Artikel 207 AEUV erlässt;
   – der Handlungen des Rates, mit denen dieser gemäß Artikel 291 Absatz 2 AEUV Durchführungsbefugnisse ausübt;
   ii) gegen eine Handlung oder wegen unterlassener Beschlussfassung der Kommission gemäß Artikel 331 Absatz 1 AEUV;

b) die Klagen gemäß den Artikeln 263 und 265 AEUV, die von einem Unionsorgan gegen einen Gesetzgebungsakt, eine Handlung des Europäischen Parlaments, des Europäischen Rates, des Rates, der Kommission oder der Europäischen Zentralbank oder wegen unterlassener Beschlussfassung eines oder mehrerer dieser Organe erhoben werden;

c) die Klagen gemäß Artikel 263 AEUV, die von einem Mitgliedstaat erhoben werden und die gegen eine Handlung der Kommission wegen einer fehlenden Durchführung eines Urteils gerichtet sind, das der Gerichtshof gemäß Artikel 260 Absatz 2 Unterabsatz 2 oder Absatz 3 Unterabsatz 2 AEUV erlassen hat.

Art. 52 [Personalressourcen] [1]Der Präsident des Gerichtshofs und der Präsident des Gerichts legen einvernehmlich fest, in welcher Weise Beamte und sonstige Bedienstete, die dem Gerichtshof beigegeben sind, dem Gericht Dienste leisten, um ihm die Erfüllung seiner Aufgaben zu ermöglichen. [2]Einzelne Beamte oder sonstige Bedienstete unterstehen dem Kanzler des Gerichts unter Aufsicht des Präsidenten des Gerichts.

Art. 53 [Verfahrensregeln] Das Verfahren vor dem Gericht bestimmt sich nach Titel III.

[1]Das Verfahren vor dem Gericht wird, soweit dies erforderlich ist, durch seine Verfahrensordnung im Einzelnen geregelt und ergänzt. [2]Die Verfahrensordnung kann von Artikel 40 Absatz 4 und Artikel 41 abweichen, um den Besonderheiten der Rechtsstreitigkeiten auf dem Gebiet des geistigen Eigentums Rechnung zu tragen.

Abweichend von Artikel 20 Absatz 4 kann der Generalanwalt seine begründeten Schlussanträge schriftlich stellen.

Art. 54[1] **[Verweisung, Aussetzung des Verfahrens]** Wird eine Klageschrift oder ein anderer Schriftsatz, die an das Gericht gerichtet sind, irrtümlich beim Kanzler des Gerichtshofs eingereicht, so übermittelt dieser sie unverzüglich an den Kanzler des Gerichts; wird eine Klageschrift oder ein anderer Schriftsatz, die an den Gerichtshof gerichtet sind, irrtümlich beim Kanzler des Gerichts eingereicht, so übermittelt dieser sie unverzüglich an den Kanzler des Gerichtshofs.

Stellt das Gericht fest, dass es für eine Klage nicht zuständig ist, die in die Zuständigkeit des Gerichtshofs fällt, so verweist es den Rechtsstreit an den Gerichtshof; stellt der Gerichtshof fest, dass eine Klage in die Zuständigkeit des Gerichts fällt, so verweist er den Rechtsstreit an das Gericht, das sich dann nicht für unzuständig erklären kann.

[1] Sind bei dem Gerichtshof und dem Gericht Rechtssachen anhängig, die den gleichen Gegenstand haben, die gleiche Auslegungsfrage aufwerfen oder die Gültigkeit desselben Rechtsaktes betreffen, so kann das Gericht nach Anhörung der Parteien das Verfahren bis zum Erlass des Urteils des Gerichtshofs aussetzen, oder, wenn es sich um Klagen gemäß Artikel 263 AEUV[2] handelt, sich für nicht zuständig erklären, damit der Gerichtshof über diese Klagen entscheidet. [2] Unter den gleichen Voraussetzungen kann auch der Gerichtshof die Aussetzung[3] des bei ihm anhängigen Verfahrens beschließen; in diesem Fall wird das Verfahren vor dem Gericht fortgeführt.

Fechten ein Mitgliedstaat und ein Gemeinschaftsorgan denselben Rechtsakt an, so erklärt sich das Gericht für nicht zuständig, damit der Gerichtshof über diese Klagen entscheidet.

Art. 55 [Entscheidungsübermittlung] Der Kanzler des Gerichts übermittelt jeder Partei sowie allen Mitgliedstaaten und den Gemeinschaftsorganen, auch wenn diese vor dem Gericht der Rechtssache nicht als Streithelfer beigetreten sind, die Endentscheidungen des Gerichts und die Entscheidungen, die über einen Teil des Streitgegenstands ergangen sind oder die einen Zwischenstreit beenden, der eine Einrede wegen Unzuständigkeit oder Unzulässigkeit zum Gegenstand hat.

---

[1] Art. 54 Abs. 3 neu gef., Abs. 4 angef. mWv 30.6.2004 durch Beschl. v. 26.4.2004 (ABl. Nr. L 132 S. 5, ber. ABl. Nr. L 194 S. 3); Abs. 3 geänd. mWv 1.12.2009 durch Prot. v. 13.12.2007 (ABl. Nr. C 306 S. 163).

[2] Nr. **146**.

[3] Die Rechtssachen, die aufgrund des Beschlusses (2004/407/EG, Euratom) v. 26.4.2004 (ABl. Nr. L 132 S. 5, ber. ABl. Nr. L 194 S. 3) in die Zuständigkeit des Gerichts fallen und die zum Zeitpunkt des Inkrafttretens dieses Beschlusses beim Gerichtshof anhängig sind,

in denen jedoch

a) das Verfahren zu diesem Zeitpunkt gemäß Artikel 54 Absatz 3 letzter Satz des Protokolls über die Satzung des Gerichtshofs ausgesetzt ist

oder

b) das Verfahren zu diesem Zeitpunkt noch nicht das Ende des schriftlichen Abschnitts nach Artikel 44 der Verfahrensordnung des Gerichtshofes erreicht hat,

werden an das Gericht verwiesen.

Art. 56[1] **[Rechtsmittel]** Gegen die Endentscheidungen des Gerichts und gegen die Entscheidungen, die über einen Teil des Streitgegenstands ergangen sind oder die einen Zwischenstreit beenden, der eine Einrede der Unzuständigkeit oder Unzulässigkeit zum Gegenstand hat, kann ein Rechtsmittel beim Gerichtshof eingelegt werden; die Rechtsmittelfrist beträgt zwei Monate und beginnt mit der Zustellung der angefochtenen Entscheidung.

[1] Dieses Rechtsmittel kann von einer Partei eingelegt werden, die mit ihren Anträgen ganz oder teilweise unterlegen ist. [2] Andere Streithelfer als Mitgliedstaaten oder Gemeinschaftsorgane können dieses Rechtsmittel jedoch nur dann einlegen, wenn die Entscheidung des Gerichts sie unmittelbar berührt.

[1] Mit Ausnahme von Fällen, die sich auf Streitsachen zwischen der Union und ihren Bediensteten beziehen, kann dieses Rechtsmittel auch von den Mitgliedstaaten und den Gemeinschaftsorganen eingelegt werden, die dem Rechtsstreit vor dem Gericht nicht beigetreten sind. [2] In diesem Fall befinden sie sich in derselben Stellung wie Mitgliedstaaten und Organe, die dem Rechtsstreit im ersten Rechtszug beigetreten sind.

Art. 57[2] **[Rechtsmittel bei Ablehnung als Streithelfer]** Wird ein Antrag auf Zulassung als Streithelfer von dem Gericht abgelehnt, so kann der Antragsteller binnen zwei Wochen nach Zustellung der ablehnenden Entscheidung ein Rechtsmittel beim Gerichtshof einlegen.

Gegen die aufgrund des Artikels 278, des Artikels 279 oder des Artikels 299 Absatz 4 AEUV[3] oder aufgrund des Artikels 157 oder des Artikels 164 Absatz 3 des EAG-Vertrags ergangenen Entscheidungen des Gerichts können die Parteien des Verfahrens binnen zwei Monaten nach Zustellung ein Rechtsmittel beim Gerichtshof einlegen.

Die Entscheidung über gemäß den Absätzen 1 und 2 eingelegte Rechtsmittel ergeht nach Maßgabe des Artikels 39.

Art. 58 [Rechtsmittelgründe] [1] Das beim Gerichtshof eingelegte Rechtsmittel ist auf Rechtsfragen beschränkt. [2] Es kann nur auf die Unzuständigkeit des Gerichts, auf einen Verfahrensfehler, durch den die Interessen des Rechtsmittelführers beeinträchtigt werden, sowie auf eine Verletzung des Gemeinschaftsrechts durch das Gericht gestützt werden.

Ein Rechtsmittel nur gegen die Kostenentscheidung oder gegen die Kostenfestsetzung ist unzulässig.

---

[1] Art. 56 Abs. 3 Satz 1 geänd. mWv 1.12.2009 durch Prot. v. 13.12.2007 (ABl. Nr. *C 306 S. 163).*

[2] Art. 57 Abs. 2 geänd. mWv 1.12.2009 durch Prot. v. 13.12.2007 (ABl. Nr. C 306 S. 163).

[3] Nr. **146**.

Art. 58a[1] **[Zulassung von Rechtsmitteln in bestimmten Fällen]** Werden gegen eine Entscheidung des Gerichts, die eine Entscheidung einer unabhängigen Beschwerdekammer einer der folgenden sonstigen Stellen der Union betrifft, Rechtsmittel eingelegt, so entscheidet der Gerichtshof vorab über deren Zulassung:

a) Amt der Europäischen Union für geistiges Eigentum;

b) Gemeinschaftliches Sortenamt;

c) Europäische Chemikalienagentur;

d) Agentur der Europäischen Union für Flugsicherheit.

Das in Absatz 1 genannte Verfahren gilt auch für Rechtsmittel gegen Entscheidungen des Gerichts, die eine Entscheidung einer unabhängigen Beschwerdekammer betreffen, die nach dem 1. Mai 2019 innerhalb einer sonstigen Stelle der Union eingerichtet wurde und die anzurufen ist, bevor eine Klage vor dem Gericht eingereicht werden kann.

Ein Rechtsmittel wird nach den in der Verfahrensordnung im Einzelnen festgelegten Modalitäten ganz oder in Teilen nur dann zugelassen, wenn damit eine für die Einheit, die Kohärenz oder die Entwicklung des Unionsrechts bedeutsame Frage aufgeworfen wird.

Der Beschluss über die Zulassung oder Nichtzulassung des Rechtsmittels ist mit Gründen zu versehen und zu veröffentlichen.

Art. 59 [Verfahren vor Gericht] [1]Wird gegen eine Entscheidung des Gerichts ein Rechtsmittel eingelegt, so besteht das Verfahren vor dem Gerichtshof aus einem schriftlichen und einem mündlichen Verfahren. [2]Unter den in der Verfahrensordnung festgelegten Voraussetzungen kann der Gerichtshof nach Anhörung des Generalanwalts und der Parteien ohne mündliches Verfahren entscheiden.

Art. 60[2] **[Aufschiebende Wirkung]** Unbeschadet der Artikel 278 und 279 AEUV[3] oder des Artikels 157 des EAG-Vertrags haben Rechtsmittel keine aufschiebende Wirkung.

Abweichend von Artikel 280 AEUV werden die Entscheidungen des Gerichts, in denen eine Verordnung für nichtig erklärt wird, erst nach Ablauf der in Artikel 56 Absatz 1 dieser Satzung vorgesehenen Frist oder, wenn innerhalb dieser Frist ein Rechtsmittel eingelegt worden ist, nach dessen Zurückweisung wirksam; ein Beteiligter kann jedoch gemäß den Artikeln 278 und 279 AEUV oder dem Artikel 157 des EAG-Vertrags beim Gerichtshof die Aussetzung der Wirkungen der für nichtig erklärten Verordnung oder sonstige einstweilige Anordnungen beantragen.

Art. 61 [Rechtsmittelentscheidung] [1]Ist das Rechtsmittel begründet, so hebt der Gerichtshof die Entscheidung des Gerichts auf.

---

[1] Art. 58a eingefügt mWv 1.5.2019 durch VO 2019/629 v. 17.4.2019 (ABl. Nr. L 111/1 v. 25.4.2019).

[2] Art. 60 Abs. 1 und 2 geänd. mWv 1.12.2009 durch Prot. v. 13.12.2007 (ABl. Nr. C 306 S. 163).

[3] Nr. **146**.

[2]Er kann sodann den Rechtsstreit selbst endgültig entscheiden, wenn dieser zur Entscheidung reif ist, oder die Sache zur Entscheidung an das Gericht zurückverweisen.

Im Falle der Zurückverweisung ist das Gericht an die rechtliche Beurteilung in der Entscheidung des Gerichtshofs gebunden.

Ist das von einem Mitgliedstaat oder einem Gemeinschaftsorgan, die dem Rechtsstreit vor dem Gericht nicht beigetreten sind, eingelegte Rechtsmittel begründet, so kann der Gerichtshof, falls er dies für notwendig hält, diejenigen Wirkungen der aufgehobenen Entscheidung des Gerichts bezeichnen, die für die Parteien des Rechtsstreits als fortgeltend zu betrachten sind.

Art. 62[1)] [Vorschlag auf Urteilsüberprüfung durch Generalanwalt] Wenn in Fällen nach Artikel 256 Absätze 2 und 3 AEUV[2)] der Erste Generalanwalt der Auffassung ist, dass die ernste Gefahr einer Beeinträchtigung der Einheit oder der Kohärenz des Gemeinschaftsrechts besteht, so kann er dem Gerichtshof vorschlagen, die Entscheidung des Gerichts zu überprüfen.

[1]Der Vorschlag muss innerhalb eines Monats nach Verkündung der Entscheidung des Gerichts erfolgen. [2]Der Gerichtshof entscheidet innerhalb eines Monats nach Vorlage des Vorschlags durch den Ersten Generalanwalt, ob die Entscheidung zu überprüfen ist oder nicht.

Art. 62a[2)] [Entscheidungsgrundlagen] Der Gerichtshof entscheidet über die Fragen, die Gegenstand der Überprüfung sind, im Wege eines Eilverfahrens auf der Grundlage der ihm vom Gericht übermittelten Akten.

Die in Artikel 23 dieses Statuts bezeichneten Beteiligten sowie – in den Fällen des Artikels 256 Absatz 2 des AEUV[3)] – die Parteien des Verfahrens vor dem Gericht können zu den Fragen, die Gegenstand der Überprüfung sind, beim Gerichtshof innerhalb einer hierfür bestimmten Frist Schriftsätze einreichen oder schriftliche Erklärungen abgeben.

Der Gerichtshof kann beschließen, vor einer Entscheidung das mündliche Verfahren zu eröffnen.

Art. 62b[4)] [Überprüfung; Verweisung; Fristen] [1]In den Fällen des Artikels 256 Absatz 2 AEUV[1)] haben unbeschadet der Artikel 278 und 279 des AEUV der Vorschlag einer Überprüfung und die Entscheidung, das Überprüfungsverfahren zu eröffnen, keine aufschiebende Wirkung. [2]Stellt der Gerichtshof fest, dass die Entscheidung des Ge-

---

1) Art. 62 Abs. 1 geänd. mWv 1.12.2009 durch Prot. v. 13.12.2007 (ABl. Nr. C 306 S. 163).

2) Art. 62a eingef. mWv 11.10.2005 durch Beschl. v. 3.10.2005 (ABl. Nr. L 266 S. 60, ber ABl. Nr. L 301 S. 21); Abs. 2 geänd. mWv 1.12.2009 durch Prot. v. 13.12.2007 (ABl. Nr. C 306 S. 163).

3) *Nr.* ***146***.

4) Art. 62b eingef. mWv 11.10.2005 durch Beschl. v. 3.10.2005 (ABl. Nr. L 266 S. 60, ber. ABl. Nr. L 301 S. 21); Abs. 1 Satz 1, Abs. 2 Satz 1 geänd. mWv 1.12.2009 durch Prot. v. 13.12.2007 (ABl. Nr. C 306 S. 163).

richts die Einheit oder die Kohärenz des Gemeinschaftsrechts beeinträchtigt, verweist er die Sache an das Gericht zurück, das an die rechtliche Beurteilung durch den Gerichtshof gebunden ist; der Gerichtshof kann die Wirkungen der Entscheidung des Gerichts bezeichnen, die für die Parteien des Rechtsstreits als endgültig zu betrachten sind. 3 Ergibt sich jedoch der Ausgang des Rechtsstreits unter Berücksichtigung des Ergebnisses der Überprüfung aus den Tatsachenfeststellungen, auf denen die Entscheidung des Gerichts beruht, so entscheidet der Gerichtshof endgültig.

1 In den Fällen des Artikels 256 Absatz 3 des AEUV werden, sofern ein Überprüfungsvorschlag oder eine Entscheidung zur Eröffnung des Überprüfungsverfahrens nicht vorliegt, die Antwort oder die Antworten des Gerichts auf die ihm unterbreiteten Fragen nach Ablauf der hierzu in Artikel 62 Absatz 2 vorgesehenen Fristen wirksam. 2 Im Fall der Eröffnung eines Überprüfungsverfahrens werden die Antwort oder die Antworten, die Gegenstand der Überprüfung sind, am Ende dieses Verfahrens wirksam, es sei denn, dass der Gerichtshof anders beschließt. 3 Stellt der Gerichtshof fest, dass die Entscheidung des Gerichts die Einheit oder die Kohärenz des Gemeinschaftsrechts beeinträchtigt, so ersetzt die Antwort des Gerichtshofs auf die Fragen, die Gegenstand der Überprüfung waren, die Antwort des Gerichts.

Titel IVa.[1] Die gerichtlichen Kammern

Art. 62c[2] [Zuständigkeit, Zusammensetzung, Organisation, Verfahren] Die Bestimmungen über die Zuständigkeiten, die Zusammensetzung, die Organisation und das Verfahren von gemäß Artikel 257 des Vertrags über die Arbeitsweise der Europäischen Union errichteten Fachgerichten werden in einem Anhang dieser Satzung aufgeführt.

Titel V. Schlussbestimmungen

Art. 63 [Ergänzung und Konkretisierung durch Verfahrensordnungen] Die Verfahrensordnungen des Gerichtshofs und des Gerichts enthalten alle Bestimmungen, die für die Anwendung dieser Satzung und erforderlichenfalls für ihre Ergänzung notwendig sind.

Art. 64[3] [Sprachenfrage] 1 Die Vorschriften über die Regelung der Sprachenfrage für den Gerichtshof der Europäischen Union werden in

[1] Titel IVa eingef. mWv 10.11.2004 durch Beschl. v. 2.11.2004 (ABl. Nr. L 333 S. 7).

[2] Geändert durch Art. 2 Ziff. 1 VO (EU, Euratom) 2016/1192 (ABl. Nr. L 200/137 v. 26.7.2016).

[3] Art. 64 Abs. 1 eingef., bish. Wortlaut wird Abs. 2 und neu gef. mWv 1.12.2009 durch Prot. v. 13.12.2007 (ABl. Nr. C 306 S. 163).

einer vom Rat einstimmig erlassenen Verordnung festgelegt. [2] Diese Verordnung wird entweder auf Antrag des Gerichtshofs nach Anhörung der Kommission und des Europäischen Parlaments oder auf Vorschlag der Kommission nach Anhörung des Gerichtshofs und des Europäischen Parlaments erlassen.

[1] Bis zum Erlass dieser Vorschriften gelten die Bestimmungen der Verfahrensordnung des Gerichtshofs und der Verfahrensordnung des Gerichts, die die Regelung der Sprachenfrage betreffen, fort. [2] Abweichend von den Artikeln 253 und 254 AEUV[1)] bedürfen Änderungen der genannten Bestimmungen oder deren Aufhebung der einstimmigen Genehmigung durch den Rat.

---

1) Nr. **146**.

250. Verfahrensordnung des Gerichtshofs[1)] · [2)]

vom 25. September 2012

(ABl. Nr. L 265/1 v. 29.9.2012; geänd. am 18.6.2013, ABl. Nr. L 173/65 v. 26.6.2013, am 19.7.2016, ABl. Nr. L 217/69 v. 12.8.2016 und am 9.4.2019, ABl. Nr. L 111/73 v. 25.4.2019, am 26.11.2019, ABl. Nr. L 3126/103 v. 6.12.2019)

Inhaltsverzeichnis

Eingangsbestimmungen

---

1) Die ihre Vorgängerin v. 19.6.1991 ersetzende (vgl. Art. 209) und, insbesondere um den zwischenzeitlich eingetretenen fundamentalen Veränderungen des EU-Rechtsschutzsystems Rechnung zu tragen, auch stark modifizierte neue VerfO ist nach ihrem Art. 210 am 1.11.2012 in Kraft getreten.

2) Die zusätzliche Verfahrensordnung v. 4.12.1974 (Nr. 250a) bleibt vorläufig in Kraft (vgl. auch Art. 207 VerfO); die bisherige Anlage (Beschluss über die gesetzlichen Feiertage) wird durch eine jährliche Mitteilung im Amtsblatt ersetzt (vgl. Art. 24 Abs. 6 VerfO).

Seite

Verfahrensordnung des Gerichtshofs

DER GERICHTSHOF

aufgrund des Vertrags über die Europäische Union, insbesondere seines Artikels 19,

aufgrund des Vertrags über die Arbeitsweise der Europäischen Union, insbesondere seines Artikels 253 Absatz 6,

aufgrund des Vertrags zur Gründung der Europäischen Atomgemeinschaft, insbesondere seines Artikels 106 a Absatz 1,
aufgrund des Protokolls über die Satzung des Gerichtshofs der Europäischen Union, insbesondere seiner Artikel 63 und 64 Absatz 2,
in Erwägung nachstehender Gründe:

(1) Obwohl die Verfahrensordnung des Gerichtshofs im Lauf der Jahre mehrfach geändert wurde, hat sich ihre Struktur seit ihrem ursprünglichen Erlass am 4. März 1953 nicht grundlegend verändert. Die derzeit geltende Verfahrensordnung vom 19. Juni 1991 spiegelt immer noch das anfängliche Überwiegen der Klageverfahren wider, während in Wirklichkeit heute das Gericht für die meisten Klageverfahren zuständig ist und die Vorabentscheidungsersuchen der Gerichte der Mitgliedstaaten quantitativ die Hauptkategorie der Rechtssachen beim Gerichtshof ausmachen. Dieser Wirklichkeit ist Rechnung zu tragen, so dass Struktur und Inhalt der Verfahrensordnung des Gerichtshofs der Entwicklung der von ihr geregelten Streitsachen anzupassen sind.

(2) Außer dass den Vorlagen zur Vorabentscheidung in der Verfahrensordnung der ihnen zukommende Platz eingeräumt wird, ist in dieser auch klarer zwischen den für alle Verfahrensarten geltenden Vorschriften und den spezifischen Bestimmungen für jede einzelne Verfahrensart zu unterscheiden, indem diese Bereiche in separaten Titeln geregelt werden. Der Klarheit halber sind deshalb in einem vorangestellten Titel die allgemeinen Verfahrensbestimmungen für alle Verfahren beim Gerichtshof zusammenzuziehen.

(3) Im Licht der Erfahrungen mit der Durchführung der verschiedenen Verfahren erscheint es zudem geboten, die jeweils für sie geltenden Vorschriften zu vervollständigen oder für den Einzelnen wie für die nationalen Gerichte klarer zu gestalten. Diese Vorschriften betreffen insbesondere die Begriffe der Partei des Ausgangsrechtsstreits, der Streithilfepartei und der Partei des Verfahrens vor dem Gericht oder, in Vorlagesachen, die Vorschriften über die Befassung des Gerichtshofs und über den Inhalt der Vorlageentscheidung. Hinsichtlich der Rechtsmittel gegen die Entscheidungen des Gerichts ist zudem klarer zwischen Rechtsmitteln und nach deren Zustellung eingelegten Anschlussrechtsmitteln zu unterscheiden.

(4) Umgekehrt hat die Durchführung mancher Verfahren wie des Überprüfungsverfahrens gezeigt, dass diese zu komplex sind. Sie sind deshalb zu vereinfachen, indem u. a. vorgesehen wird, dass für die Dauer eines Jahres eine Kammer mit fünf Richtern für die Entscheidung sowohl über den Überprüfungsvorschlag des Ersten Generalanwalts als auch über die Fragen, die Gegenstand der Überprüfung sind, bestimmt wird.

(5) In der gleichen Perspektive sind die Verfahrensmodalitäten für die Behandlung der Gutachten zu entschlacken, indem sie den für die übrigen Sachen geltenden Verfahrensmodalitäten angepasst werden und folglich vorgesehen wird, dass nur ein Generalanwalt an der Behand-

lung des Antrags auf Gutachten beteiligt ist. Der besseren Lesbarkeit halber sind ferner alle besonderen Verfahrensarten, die zurzeit über mehrere verschiedene Titel und Kapitel der Verfahrensordnung verstreut sind, in einem einzigen Titel zusammenzuführen.

(6) Zur Wahrung der Fähigkeit des mit immer mehr Rechtssachen konfrontierten Gerichtshofs, die Sachen, mit denen er befasst wird, in einem angemessenen Zeitraum zu erledigen, müssen außerdem die Bemühungen um eine Verkürzung der Dauer der vor ihm geführten Verfahren fortgesetzt werden, insbesondere durch die Ausweitung der Möglichkeiten für den Gerichtshof, durch mit Gründen versehenen Beschluss zu entscheiden, durch die Vereinfachung der Vorschriften über den Streitbeitritt der in Artikel 40 Absätze 1 und 3 der Satzung bezeichneten Staaten und Organe und dadurch, dass für den Gerichtshof die Möglichkeit vorgesehen wird, ohne mündliche Verhandlung zu entscheiden, wenn er sich durch den gesamten in einer Rechtssache eingegangenen Schriftverkehr für ausreichend unterrichtet hält.

(7) Zur besseren Lesbarkeit der vom Gerichtshof angewandten Regeln ist es schließlich erforderlich, bestimmte obsolete oder nicht angewandte Vorschriften abzuschaffen, alle Absätze der Artikel dieser Verfahrensordnung zu nummerieren, alle Artikel mit einem eigenen Titel, der summarisch ihren Inhalt beschreibt, zu versehen und eine sprachliche Harmonisierung vorzunehmen;

mit Genehmigung des Rates, die am 24. September 2012 –

ERTEILT WORDEN IST – ERLÄSST FOLGENDE VERFAHRENSORDNUNG:

Eingangsbestimmungen

Art. 1 Definitionen. (1) In dieser Verfahrensordnung werden bezeichnet:

a) die Bestimmungen des Vertrags über die Europäische Union (EU-Vertrag) mit der Nummer des betreffenden Artikels dieses Vertrags, gefolgt von dem Kürzel „EUV";

b) die Bestimmungen des Vertrags über die Arbeitsweise der Europäischen Union (AEU-Vertrag) mit der Nummer des betreffenden Artikels dieses Vertrags, gefolgt von dem Kürzel „AEUV";

c) die Bestimmungen des Vertrags zur Gründung der Europäischen Atomgemeinschaft (EAG-Vertrag) mit der Nummer des betreffenden Artikels dieses Vertrags, gefolgt von dem Kürzel „EAGV";

d) das Protokoll über die Satzung des Gerichtshofs der Europäischen Union als „Satzung";

e) das Abkommen über den Europäischen Wirtschaftsraum[1] als „EWR-Abkommen";

[1] ABl. L 1 vom 3. 1. 1994, S. 27.

f) die Verordnung Nr. 1 des Rates vom 15. April 1958 zur Regelung der Sprachenfrage für die Europäische Wirtschaftsgemeinschaft[1] als „Verordnung Nr. 1 des Rates“.

(2) In dieser Verfahrensordnung bezeichnet:

a) der Ausdruck „Organe“ die in Artikel 13 Absatz 1 EUV genannten Organe der Union und die Einrichtungen oder sonstigen Stellen, die durch die Verträge oder einen zu deren Durchführung erlassenen Rechtsakt geschaffen worden sind und die in Verfahren vor dem Gerichtshof Partei sein können;
b) der Ausdruck „EFTA-Überwachungsbehörde“ die im EWR-Abkommen genannte Überwachungsbehörde;
c) die Wendung „in Artikel 23 der Satzung bezeichnete Beteiligte“ alle Parteien, Staaten, Organe, Einrichtungen und Stellen, die nach jenem Artikel berechtigt sind, im Rahmen eines Vorlageverfahrens Schriftsätze einzureichen oder Erklärungen abzugeben.

Art. 2 Regelungszweck der Verfahrensordnung. Mit den Bestimmungen dieser Verfahrensordnung werden die einschlägigen Bestimmungen des EU-Vertrags, des AEU-Vertrags und des EAG-Vertrags sowie der Satzung umgesetzt und, soweit erforderlich, ergänzt.

Erster Titel. Organisation des Gerichtshofs

Erstes Kapitel. Richter und Generalanwälte

Art. 3 Beginn der Amtszeit der Richter und der Generalanwälte. Die Amtszeit eines Richters oder eines Generalanwalts beginnt mit dem im Ernennungsakt dafür bestimmten Tag. Wird in diesem Akt der Tag des Beginns der Amtszeit nicht bestimmt, so beginnt die Amtszeit mit dem Tag der Veröffentlichung des Ernennungsakts im *Amtsblatt der Europäischen Union*.

Art. 4 Eidesleistung. Die Richter und die Generalanwälte leisten vor Aufnahme ihrer Amtstätigkeit in der ersten öffentlichen Sitzung des Gerichtshofs, an der sie nach ihrer Ernennung teilnehmen, folgenden Eid gemäß Artikel 2 der Satzung:

„Ich schwöre, dass ich mein Amt unparteiisch und gewissenhaft ausüben und das Beratungsgeheimnis wahren werde.“

Art. 5 Feierliche Verpflichtung. Unmittelbar nach der Eidesleistung unterzeichnen die Richter und die Generalanwälte eine Erklärung, in der sie die in Artikel 4 Absatz 3 der Satzung vorgesehene feierliche Verpflichtung übernehmen.

---

[1] ABl. 17 vom 6. 10. 1958, S. 385.

Art. 6 Amtsenthebung eines Richters oder Generalanwalts. (1) Hat der Gerichtshof nach Artikel 6 der Satzung darüber zu entscheiden, ob ein Richter oder Generalanwalt die erforderlichen Voraussetzungen nicht mehr erfüllt oder den sich aus seinem Amt ergebenden Verpflichtungen nicht mehr nachkommt, so fordert der Präsident den Betroffenen auf, sich hierzu zu äußern.

(2) Bei der Entscheidung des Gerichtshofs ist der Kanzler nicht zugegen.

Art. 7 Dienstaltersrang. (1) Das Dienstalter der Richter und der Generalanwälte wird ohne Unterschied beginnend mit der Aufnahme ihrer Amtstätigkeit berechnet.

(2) Bei gleichem Dienstalter bestimmt sich der Dienstaltersrang nach dem Lebensalter.

(3) Richter und Generalanwälte, die wiederernannt werden, behalten ihren bisherigen Rang.

Zweites Kapitel. Präsidentschaft des Gerichtshofs, Bildung der Kammern und Bestimmung des ersten Generalanwalts

Art. 8 Wahl des Präsidenten und des Vizepräsidenten des Gerichtshofs. (1) Die Richter wählen sogleich nach der teilweisen Neubesetzung von Richterstellen gemäß Artikel 253 Absatz 2 AEUV aus ihrer Mitte den Präsidenten des Gerichtshofs für die Dauer von drei Jahren.

(2) Endet die Amtszeit des Präsidenten des Gerichtshofs vor ihrem regelmäßigen Ablauf, so wird das Amt für die verbleibende Zeit neu besetzt.

(3) Die in diesem Artikel vorgesehenen Wahlen sind geheim. Gewählt ist der Richter, der die Stimmen von mehr als der Hälfte der Richter des Gerichtshofs erhält. Erreicht keiner der Richter diese Mehrheit, so finden weitere Wahlgänge statt, bis sie erreicht wird.

(4) Die Richter wählen sodann gemäß dem Verfahren des Absatzes 3 aus ihrer Mitte den Vizepräsidenten des Gerichtshofs für die Dauer von drei Jahren. Endet dessen Amtszeit vor ihrem regelmäßigen Ablauf, so findet Absatz 2 Anwendung.

(5) Die Namen des Präsidenten und des Vizepräsidenten, die gemäß diesem Artikel gewählt worden sind, werden im *Amtsblatt der Europäischen Union* veröffentlicht.

Art. 9 Zuständigkeit des Präsidenten des Gerichtshofs. (1) Der Präsident vertritt den Gerichtshof.

(2) Der Präsident leitet die Tätigkeit des Gerichtshofs. Er führt den Vorsitz in den Sitzungen der Generalversammlung der Mitglieder des

Gerichtshofs sowie in den mündlichen Verhandlungen und bei den Beratungen des Plenums und der Großen Kammer.

(3) Der Präsident sorgt für einen ordnungsgemäßen Arbeitsgang der Dienststellen des Organs.

Art. 10 Zuständigkeit des Vizepräsidenten des Gerichtshofs. (1) Der Vizepräsident steht dem Präsidenten des Gerichtshofs bei der Erfüllung seiner Aufgaben zur Seite und vertritt ihn, wenn dieser verhindert ist.

(2) Er vertritt ihn auf dessen Aufforderung bei der Erfüllung der Aufgaben gemäß Artikel 9 Absätze 1 und 3.

(3) Der Gerichtshof legt durch Beschluss die Voraussetzungen fest, unter denen der Vizepräsident den Präsidenten des Gerichtshofs bei der Erfüllung seiner richterlichen Aufgaben vertritt. Der Beschluss wird im *Amtsblatt der Europäischen Union* veröffentlicht.

Art. 11 Bildung der Kammern. (1) Der Gerichtshof bildet aus seiner Mitte gemäß Artikel 16 der Satzung Kammern mit fünf und mit drei Richtern und teilt ihnen die Richter zu.

(2) Der Gerichtshof bestimmt die Kammern mit fünf Richtern, die für die Dauer eines Jahres mit den in Artikel 107 sowie in den Artikeln 193 und 194 genannten Rechtssachen betraut sind.

(3) Für die Rechtssachen, die gemäß Artikel 60 an einen Spruchkörper verwiesen worden sind, bezeichnet der Ausdruck „Gerichtshof" in dieser Verfahrensordnung diesen Spruchkörper.

(4) In den Rechtssachen, die an eine Kammer mit fünf oder mit drei Richtern verwiesen worden sind, übt der Kammerpräsident die Befugnisse des Präsidenten des Gerichtshofs aus.

(5) Die Zuteilung der Richter zu den Kammern und die Bestimmung der Kammern, die mit den in Artikel 107 sowie in den Artikeln 193 und 194 genannten Rechtssachen betraut sind, werden im *Amtsblatt der Europäischen Union* veröffentlicht.

Art. 12 Wahl der Kammerpräsidenten. (1) Die Richter wählen sogleich nach der Wahl des Präsidenten und des Vizepräsidenten des Gerichtshofs die Präsidenten der Kammern mit fünf Richtern für die Dauer von drei Jahren.

(2) Die Richter wählen sodann für die Dauer eines Jahres die Präsidenten der Kammern mit drei Richtern.

(3) Artikel 8 Absätze 2 und 3 findet Anwendung.

(4) Die Namen der Kammerpräsidenten, die gemäß diesem Artikel gewählt worden sind, werden im *Amtsblatt der Europäischen Union* veröffentlicht.

Art. 13 Verhinderung des Präsidenten und des Vizepräsidenten des Gerichtshofs. Sind der Präsident und der Vizepräsident des

Gerichtshofs verhindert, so wird das Amt des Präsidenten gemäß der in Artikel 7 festgelegten Rangordnung von einem der Präsidenten der Kammern mit fünf Richtern oder in Ermangelung dessen von einem der Präsidenten der Kammern mit drei Richtern oder in Ermangelung dessen von einem der übrigen Richter wahrgenommen.

Art. 14 Wahl des Ersten Generalanwalts. (1) Die Generalanwälte wählen sogleich nach der teilweisen Neubesetzung der Stellen der Generalanwälte gemäß Artikel 253 Absatz 2 AEUV aus ihrer Mitte den Ersten Generalanwalt für die Dauer von drei Jahren.

(2) Endet die Amtszeit des Ersten Generalanwalts vor ihrem regelmäßigen Ablauf, so wird das Amt für die verbleibende Zeit neu besetzt.

(3) Die in diesem Artikel vorgesehenen Wahlen sind geheim. Gewählt List der Generalanwalt, der die Stimmen von mehr als der Hälfte der Generalanwälte des Gerichtshofs erhält. Erreicht keiner der Generalanwälte diese Mehrheit, so finden weitere Wahlgänge statt, bis sie erreicht wird.

(4) Der Name des gemäß diesem Artikel gewählten Ersten Generalanwalts wird im Amtsblatt der Europäischen Union veröffentlicht.

Drittes Kapitel. Zuweisung der Rechtssachen an die Berichterstatter und die Generalanwälte

Art. 15 Bestimmung des Berichterstatters. (1) Der Präsident des Gerichtshofs bestimmt nach Eingang des verfahrenseinleitenden Schriftstücks so bald wie möglich den Berichterstatter für die Rechtssache.

(2) Der Berichterstatter für die in Artikel 107 sowie in den Artikeln 193 und 194 genannten Rechtssachen wird unter den Richtern der nach Artikel 11 Absatz 2 bestimmten Kammer auf Vorschlag des Präsidenten dieser Kammer ausgewählt. Entscheidet die Kammer gemäß Artikel 109, die Vorlage nicht dem Eilverfahren zu unterwerfen, kann der Präsident des Gerichtshofs die Rechtssache einem einer anderen Kammer zugeteilten Berichterstatter neu zuweisen.

(3) Der Präsident des Gerichtshofs trifft bei Verhinderung eines Berichterstatters die erforderlichen Maßnahmen.

Art. 16 Bestimmung des Generalanwalts. (1) Der Erste Generalanwalt entscheidet über die Zuweisung der Rechtssachen an die Generalanwälte.

(2) Der Erste Generalanwalt trifft bei Verhinderung eines Generalanwalts die erforderlichen Maßnahmen.

Viertes Kapitel. Hilfsberichterstatter

Art. 17 Hilfsberichterstatter. (1) Der Gerichtshof schlägt gemäß Artikel 13 der Satzung die Ernennung von Hilfsberichterstattern vor, wenn er dies für die Bearbeitung und Untersuchung der bei ihm anhängigen Rechtssachen für erforderlich hält.

(2) Die Hilfsberichterstatter werden insbesondere damit beauftragt,

a) den Präsidenten des Gerichtshofs im Verfahren des vorläufigen Rechtsschutzes zu unterstützen,

b) die Berichterstatter bei der Erfüllung ihrer Aufgaben zu unterstützen.

(3) Die Hilfsberichterstatter unterstehen bei der Ausübung ihres Amtes dem Präsidenten des Gerichtshofs, dem Präsidenten einer Kammer oder einem Berichterstatter.

(4) Vor Aufnahme ihrer Amtstätigkeit leisten die Hilfsberichterstatter vor dem Gerichtshof den in Artikel 4 vorgesehenen Eid.

Fünftes Kapitel. Kanzlei

Art. 18 Ernennung des Kanzlers. (1) Der Gerichtshof ernennt den Kanzler.

(2) Ist die Stelle des Kanzlers unbesetzt, wird eine Anzeige im *Amtsblatt der Europäischen Union* veröffentlicht. Interessenten werden aufgefordert, innerhalb einer Frist von mindestens drei Wochen ihre Bewerbung einzureichen, die genaue Angaben über ihre Staatsangehörigkeit, akademischen Grade, Sprachkenntnisse, gegenwärtige und frühere Tätigkeit und etwaigen gerichtlichen und internationalen Erfahrungen enthalten muss.

(3) Die Abstimmung, an der die Richter und die Generalanwälte teilnehmen, erfolgt nach dem Verfahren des Artikels 8 Absatz 3.

(4) Der Kanzler wird für die Dauer von sechs Jahren ernannt. Wiederernennung ist zulässig. Der Gerichtshof kann entscheiden, die Amtszeit des amtierenden Kanzlers zu verlängern, ohne von dem in Absatz 2 vorgesehenen Verfahren Gebrauch zu machen.

(5) Der Kanzler leistet den in Artikel 4 vorgesehenen Eid und unterzeichnet die in Artikel 5 vorgesehene Erklärung.

(6) Der Kanzler kann seines Amtes nur enthoben werden, wenn er die erforderlichen Voraussetzungen nicht mehr erfüllt oder den sich aus seinem Amt ergebenden Verpflichtungen nicht mehr nachkommt. Der Gerichtshof entscheidet, nachdem er dem Kanzler Gelegenheit zur Äußerung gegeben hat.

(7) Endet die Amtszeit des Kanzlers vor ihrem regelmäßigen Ablauf, so ernennt der Gerichtshof einen neuen Kanzler für die Dauer von sechs Jahren.

(8) Der Name des gemäß diesem Artikel gewählten Kanzlers wird im *Amtsblatt der Europäischen Union* veröffentlicht.

Art. 19 Beigeordneter Kanzler. Der Gerichtshof kann nach dem für die Ernennung des Kanzlers geltenden Verfahren einen Beigeordneten Kanzler ernennen, der den Kanzler unterstützt und ihn bei Verhinderung vertritt.

Art. 20 Zuständigkeit des Kanzlers. (1) Der Kanzler ist unter der Aufsicht des Präsidenten des Gerichtshofs mit der Entgegennahme, Übermittlung und Aufbewahrung aller Schriftstücke sowie mit den Zustellungen, die mit der Anwendung dieser Verfahrensordnung verbunden sind, beauftragt.

(2) Der Kanzler steht den Mitgliedern des Gerichtshofs bei allen Amtshandlungen zur Seite.

(3) Der Kanzler verwahrt die Siegel und ist für das Archiv verantwortlich. Er sorgt für die Veröffentlichungen des Gerichtshofs, insbesondere der Sammlung der Rechtsprechung.

(4) Der Kanzler leitet unter der Aufsicht des Präsidenten des Gerichtshofs die Dienststellen des Organs. Er ist für die Leitung des Personals und der Verwaltung sowie für die Vorbereitung und Ausführung des Haushaltsplans verantwortlich.

Art. 21 Registerführung. (1) Die Kanzlei führt unter der Verantwortung des Kanzlers ein Register, in das fortlaufend und in der Reihenfolge ihres Eingangs alle Verfahrensschriftstücke sowie die zur Unterstützung eingereichten Belegstücke und Unterlagen einzutragen sind.

(2) Der Kanzler vermerkt die Eintragung in das Register auf dem Original und, auf Antrag der Parteien, auf den von ihnen zu diesem Zweck vorgelegten Kopien.

(3) Die Eintragung in das Register und die im vorstehenden Absatz vorgesehenen Vermerke stellen öffentliche Urkunden dar.

(4) Im Amtsblatt der Europäischen Union wird eine Mitteilung veröffentlicht, die den Tag der Eintragung des verfahrenseinleitenden Schriftsatzes, die Namen der Parteien oder gegebenenfalls die diese Namen ersetzenden Initialen, die Anträge und die Angabe der geltend gemachten Gründe und wesentlichen Argumente enthält.

(5) In den Fällen des Dritten Titels enthält die im Amtsblatt der Europäischen Union veröffentlichte Mitteilung den Tag des Eingangs des Vorabentscheidungsersuchens, die Angabe des vorlegenden Gerichts, die Namen der Parteien des Ausgangsrechtsstreits oder gegebenenfalls die diese Namen ersetzenden Initialen und die dem Gerichtshof unterbreiteten Vorlagefragen.

Art. 22 Konsultation des Registers, der Urteile und der Beschlüsse. (1) Jeder kann das Register bei der Kanzlei einsehen und nach Maßgabe der vom Gerichtshof auf Vorschlag des Kanzlers erlassenen Gebührenordnung der Kanzlei Kopien oder Auszüge daraus erhalten.

(2) Jede Partei kann nach Maßgabe der Gebührenordnung der Kanzlei Ausfertigungen der Verfahrensschriftstücke erhalten.

(3) Außerdem kann jeder nach Maßgabe der Gebührenordnung der Kanzlei Ausfertigungen der Urteile und der Beschlüsse erhalten.

Sechstes Kapitel. Geschäftsgang des Gerichtshofs

Art. 23 Ort der Sitzungen des Gerichtshofs. Der Gerichtshof kann einzelne Sitzungen an einem anderen Ort als seinem Sitz abhalten.

Art. 24 Arbeitskalender des Gerichtshofs. (1) Das Gerichtsjahr beginnt am 7. Oktober des Kalenderjahrs und endet am 6. Oktober des darauffolgenden Jahres.

(2) Die Gerichtsferien werden vom Gerichtshof festgesetzt.

(3) Während der Gerichtsferien kann der Präsident die Richter und die Generalanwälte in dringenden Fällen einberufen.

(4) Der Gerichtshof hält die am Ort seines Sitzes geltenden gesetzlichen Feiertage ein.

(5) Der Gerichtshof kann den Richtern und den Generalanwälten in begründeten Fällen Urlaub gewähren.

(6) Die Daten der Gerichtsferien und das Verzeichnis der gesetzlichen Feiertage werden jährlich im *Amtsblatt der Europäischen Union* veröffentlicht.

Art. 25 Generalversammlung. Die Entscheidungen über Verwaltungsfragen oder über die Vorschläge, die in dem Vorbericht gemäß Artikel 59 enthalten sind, werden vom Gerichtshof in der Generalversammlung getroffen, an der alle Richter und Generalanwälte mit beschließender Stimme teilnehmen. Der Kanzler ist zugegen, sofern der Gerichtshof nichts anderes bestimmt.

Art. 26 Protokollaufnahme. Tagt der Gerichtshof in Abwesenheit des Kanzlers, so beauftragt er den im Sinne des Artikels 7 dienstjüngsten Richter mit der Aufnahme eines etwa erforderlichen Protokolls, das vom Präsidenten und von dem genannten Richter unterzeichnet wird.

Siebtes Kapitel. Spruchkörper

Erster Abschnitt. Besetzung der Spruchkörper

Art. 27 Besetzung der Großen Kammer. (1) Die Große Kammer ist für jede Rechtssache mit dem Präsidenten und dem Vizepräsidenten des Gerichtshofs, drei Präsidenten einer Kammer mit fünf Richtern, dem Berichterstatter und der für die Erreichung der Zahl fünfzehn erforderlichen Zahl von Richtern besetzt. Letztere und die drei Präsidenten einer Kammer mit fünf Richtern werden anhand der in den

Absätzen 3 und 4 genannten Listen in der dort festgelegten Reihenfolge bestimmt. Ausgangspunkt auf jeder dieser Listen ist für jede an die Große Kammer verwiesene Rechtssache der Name des Richters, der unmittelbar auf den Richter folgt, der für die zuvor an diesen Spruchkörper verwiesene Rechtssache als Letzter anhand der betreffenden Liste bestimmt worden ist.

(2) Nach der Wahl des Präsidenten und des Vizepräsidenten des Gerichtshofs sowie danach der Präsidenten der Kammern mit fünf Richtern werden im Hinblick auf die Besetzung der Großen Kammer eine Liste der Präsidenten der Kammern mit fünf Richtern und eine Liste der übrigen Richter erstellt.

(3) Die Liste der Präsidenten der Kammern mit fünf Richtern wird gemäß der in Artikel 7 festgelegten Rangordnung erstellt.

(4) Die Liste der übrigen Richter wird erstellt, indem abwechselnd der in Artikel 7 festgelegten Rangordnung und deren Umkehrung gefolgt wird: Der erste Richter in dieser Liste ist der erste nach der in Artikel 7 festgelegten Rangordnung, der zweite Richter in der Liste ist der letzte nach dieser Rangordnung, der dritte Richter ist der zweite nach dieser Rangordnung, der vierte Richter ist der vorletzte nach dieser Rangordnung und so fort.

(5) Die in den Absätzen 3 und 4 genannten Listen werden im *Amtsblatt der Europäischen Union* veröffentlicht.

(6) In Rechtssachen, die vom Beginn eines Kalenderjahrs, in dem eine teilweise Neubesetzung der Richterstellen stattfindet, bis zur tatsächlichen Neubesetzung an die Große Kammer verwiesen werden, können zwei Ergänzungsrichter bestimmt werden, um den Spruchkörper zu ergänzen, solange Ungewissheit über das Erreichen der gemäß Artikel 17 Absatz 3 der Satzung für die Beschlussfähigkeit erforderlichen Zahl von Richtern besteht. Als Ergänzungsrichter fungieren die beiden Richter, die auf der in Absatz 4 genannten Liste unmittelbar nach dem Richter geführt werden, der als Letzter für die Besetzung der Großen Kammer in der Rechtssache bestimmt worden ist.

(7) Die Ergänzungsrichter ersetzen in der Reihenfolge der in Absatz 4 genannten Liste die Richter, die gegebenenfalls nicht an der Entscheidung der Rechtssache mitwirken können.

Art. 28 Besetzung der Kammern mit fünf und mit drei Richtern. (1) Die Kammern mit fünf und mit drei Richtern sind für jede Rechtssache mit dem Kammerpräsidenten, dem Berichterstatter und der für die Erreichung der Zahl von fünf oder drei Richtern erforderlichen Zahl von Richtern besetzt. Letztere werden anhand der in den Absätzen 2 und 3 genannten Listen in der dort festgelegten Reihenfolge bestimmt. Ausgangspunkt auf diesen Listen ist für jede an eine Kammer verwiesene Rechtssache der Name des Richters, der unmittelbar auf den Richter folgt, der für die zuvor an diese Kammer verwiesene Rechtssache als Letzter anhand der Liste bestimmt worden ist.

(2) Für die Besetzung der Kammern mit fünf Richtern werden nach der Wahl der Präsidenten dieser Kammern Listen erstellt, in denen sämtliche Richter, die der jeweiligen Kammer zugeteilt sind, mit Ausnahme des Kammerpräsidenten aufgeführt sind. Die Listen werden in derselben Weise erstellt wie die in Artikel 27 Absatz 4 genannte Liste.

(3) Für die Besetzung der Kammern mit drei Richtern werden nach der Wahl der Präsidenten dieser Kammern Listen erstellt, in denen sämtliche Richter, die der jeweiligen Kammer zugeteilt sind, mit Ausnahme des Kammerpräsidenten aufgeführt sind. Die Listen werden gemäß der in Artikel 7 festgelegten Rangordnung erstellt.

(4) Die in den Absätzen 2 und 3 genannten Listen werden im *Amtsblatt der Europäischen Union* veröffentlicht.

Art. 29 Besetzung der Kammern bei Zusammenhang oder Abgabe. (1) Ist der Gerichtshof der Auffassung, dass mehrere Rechtssachen zusammen von demselben Spruchkörper zu entscheiden sind, so entspricht dessen Besetzung derjenigen, die für die Rechtssache festgelegt wurde, deren Vorbericht zuerst geprüft wurde.

(2) Regt eine Kammer, an die eine Rechtssache verwiesen worden ist, beim Gerichtshof an, die Rechtssache nach Artikel 60 Absatz 3 an einen größeren Spruchkörper zu verweisen, so umfasst dieser Spruchkörper die Mitglieder der abgebenden Kammer.

Art. 30 Verhinderung eines Kammerpräsidenten. (1) Ist der Präsident einer Kammer mit fünf Richtern verhindert, so werden die Aufgaben des Kammerpräsidenten von einem Präsidenten einer Kammer mit drei Richtern wahrgenommen, gegebenenfalls gemäß der in Artikel 7 festgelegten Rangordnung, oder, wenn kein Präsident einer Kammer mit drei Richtern dem Spruchkörper angehört, von einem der übrigen Richter gemäß der in Artikel 7 festgelegten Rangordnung.

(2) Ist der Präsident einer Kammer mit drei Richtern verhindert, so werden die Aufgaben des Kammerpräsidenten von einem Richter des Spruchkörpers gemäß der in Artikel 7 festgelegten Rangordnung wahrgenommen.

Art. 31 Verhinderung eines Mitglieds des Spruchkörpers.

(1) Ist ein Mitglied der Großen Kammer verhindert, so wird es durch einen anderen Richter in der Reihenfolge ersetzt, die in der Liste nach Artikel 27 Absatz 4 festgelegt ist.

(2) Ist ein Mitglied einer Kammer mit fünf Richtern verhindert, so wird es durch einen anderen Richter derselben Kammer in der Reihenfolge ersetzt, die in der Liste nach Artikel 28 Absatz 2 festgelegt ist. Ist eine Ersetzung des verhinderten Richters durch einen Richter derselben Kammer nicht möglich, so benachrichtigt der Kammerpräsident den Präsidenten des Gerichtshofs, der einen anderen Richter bestimmen kann, durch den die Kammer ergänzt wird.

(3) Ist ein Mitglied einer Kammer mit drei Richtern verhindert, so wird es durch einen anderen Richter derselben Kammer in der Reihenfolge ersetzt, die in der Liste nach Artikel 28 Absatz 3 festgelegt ist. Ist eine Ersetzung des verhinderten Richters durch einen Richter derselben Kammer nicht möglich, so benachrichtigt der Kammerpräsident den Präsidenten des Gerichtshofs, der einen anderen Richter bestimmen kann, durch den die Kammer ergänzt wird.

Zweiter Abschnitt. Beratungen

Art. 32 Beratungsmodalitäten. (1) Die Beratungen des Gerichtshofs sind und bleiben geheim.

(2) Hat eine mündliche Verhandlung stattgefunden, nehmen an der Beratung nur die an der Verhandlung beteiligten Richter und gegebenenfalls der Hilfsberichterstatter für die Rechtssache teil.

(3) Jeder Richter, der an der Beratung teilnimmt, trägt seine Auffassung vor und begründet sie.

(4) Das Ergebnis, auf das sich die Mehrheit der Richter nach der abschließenden Erörterung geeinigt hat, ist für die Entscheidung des Gerichtshofs maßgebend.

Art. 33 Zahl der an der Beratung teilnehmenden Richter. Ergibt sich infolge Verhinderung eine gerade Zahl von Richtern, so nimmt der im Sinne des Artikels 7 dienstjüngste Richter an der Beratung nicht teil, es sei denn, er ist Berichterstatter. Im letzten Fall nimmt der Richter mit dem nächstniedrigen Dienstaltersrang an der Beratung nicht teil.

Art. 34 Beschlussfähigkeit der Großen Kammer. (1) Kann für eine an die Große Kammer verwiesene Rechtssache die gemäß Artikel 17 Absatz 3 der Satzung für die Beschlussfähigkeit erforderliche Zahl von Richtern nicht erreicht werden, so bestimmt der Präsident des Gerichtshofs einen oder mehrere andere Richter in der Reihenfolge, die in der Liste nach Artikel 27 Absatz 4 festgelegt ist.

(2) Hat eine mündliche Verhandlung stattgefunden, bevor der oder die anderen Richter bestimmt werden, so werden die Parteien mit ihren mündlichen Ausführungen und der Generalanwalt mit seinen Schlussanträgen erneut gehört.

Art. 35 Beschlussfähigkeit der Kammern mit fünf und mit drei Richtern. (1) Ist für eine an eine Kammer mit fünf oder mit drei Richtern verwiesene Rechtssache ein Erreichen der gemäß Artikel 17 Absatz 2 der Satzung für die Beschlussfähigkeit erforderlichen Zahl von Richtern nicht möglich, bestimmt der Präsident des Gerichtshofs einen oder mehrere andere Richter in der Reihenfolge, die in den Listen nach Artikel 28 Absätze 2 und 3 festgelegt ist. Ist eine Ersetzung des verhinderten Richters durch einen Richter derselben Kammer nicht möglich, so benachrichtigt der Kammerpräsident sogleich den Präsidenten des Gerichtshofs, der einen anderen Richter bestimmt, durch den die Kammer ergänzt wird.

(2) Artikel 34 Absatz 2 findet auf die Kammern mit fünf und mit drei Richtern entsprechende Anwendung.

Achtes Kapitel. Sprachenregelung

Art. 36 Verfahrenssprachen. Die Verfahrenssprachen sind Bulgarisch, Dänisch, Deutsch, Englisch, Estnisch, Finnisch, Französisch, Griechisch, Irisch, Italienisch, Kroatisch, Lettisch, Litauisch, Maltesisch, Niederländisch, Polnisch, Portugiesisch, Rumänisch, Schwedisch, Slowakisch, Slowenisch, Spanisch, Tschechisch und Ungarisch.

Art. 37 Bestimmung der Verfahrenssprache. (1) In Klageverfahren wählt der Kläger vorbehaltlich der nachstehenden Bestimmungen die Verfahrenssprache:

a) Ist die Klage gegen einen Mitgliedstaat gerichtet, so ist die Amtssprache dieses Staates Verfahrenssprache; gibt es mehrere Amtssprachen, so ist der Kläger berechtigt, eine von ihnen zu wählen.

b) Auf gemeinsamen Antrag der Parteien kann eine andere der in Artikel 36 genannten Sprachen ganz oder teilweise zugelassen werden.

c) Auf Antrag einer Partei kann nach Anhörung der Gegenpartei und des Generalanwalts abweichend von den Buchstaben a und b eine andere der in Artikel 36 genannten Sprachen ganz oder teilweise als Verfahrenssprache zugelassen werden; dieser Antrag kann nicht von einem der Organe der Europäischen Union gestellt werden.

(2) Unbeschadet des vorstehenden Absatzes Buchstaben b und c sowie des Artikels 38 Absätze 4 und 5

a) ist bei Rechtsmitteln gegen die Entscheidungen des Gerichts nach den Artikeln 56 und 57 der Satzung Verfahrenssprache diejenige Sprache, die für die mit dem Rechtsmittel angefochtene Entscheidung des Gerichts Verfahrenssprache war;

b) ist bei Entscheidungen des Gerichtshofs gemäß Artikel 62 Absatz 2 der Satzung, eine Entscheidung des Gerichts zu überprüfen, Verfahrenssprache diejenige Sprache, die für die Entscheidung des Gerichts, die Gegenstand der Überprüfung ist, Verfahrenssprache war;

c) ist bei Streitigkeiten über die erstattungsfähigen Kosten, Einsprüchen gegen Versäumnisurteile, Drittwidersprüchen und Anträgen auf Auslegung, auf Wiederaufnahme oder auf Abhilfe gegen Unterlassen einer Entscheidung Verfahrenssprache diejenige Sprache, die für die Entscheidung, auf die sich diese Anträge oder Streitigkeiten beziehen, Verfahrenssprache war.

(3) In Vorabentscheidungsverfahren ist die Sprache des vorlegenden Gerichts Verfahrenssprache. Auf gebührend begründeten Antrag einer Partei des Ausgangsrechtsstreits kann nach Anhörung der Gegenpartei des Ausgangsrechtsstreits und des Generalanwalts eine andere der in

Artikel 36 genannten Sprachen für das mündliche Verfahren zugelassen werden. Wird die Zulassung dieser anderen Sprache erteilt, so gilt sie für alle in Artikel 23 der Satzung bezeichneten Beteiligten.

(4) Die Entscheidung über die vorgenannten Anträge kann vom Präsidenten gefasst werden; dieser kann die Entscheidung dem Gerichtshof übertragen; will er den Anträgen ohne Einverständnis aller Parteien stattgeben, so muss er sie dem Gerichtshof übertragen.

Art. 38 Verwendung der Verfahrenssprache. (1) Die Verfahrenssprache ist insbesondere in den Schriftsätzen und bei den mündlichen Ausführungen der Parteien, einschließlich der vorgelegten oder beigefügten Belegstücke und Unterlagen, sowie in den Protokollen und Entscheidungen des Gerichtshofs zu verwenden.

(2) Vorgelegten oder beigefügten Belegstücken und Unterlagen, die in einer anderen Sprache abgefasst sind, ist eine Übersetzung in der Verfahrenssprache beizugeben.

(3) Bei umfangreichen Belegstücken und Unterlagen können jedoch auszugsweise Übersetzungen vorgelegt werden. Der Gerichtshof kann jederzeit von Amts wegen oder auf Antrag einer Partei eine ausführlichere oder vollständige Übersetzung verlangen.

(4) Abweichend von den vorstehenden Bestimmungen können sich die Mitgliedstaaten ihrer eigenen Amtssprache bedienen, wenn sie sich an einem Vorabentscheidungsverfahren beteiligen, einem beim Gerichtshof anhängigen Rechtsstreit als Streithelfer beitreten oder den Gerichtshof nach Artikel 259 AEUV anrufen. Dies gilt sowohl für Schriftstücke als auch für mündliche Erklärungen. Der Kanzler veranlasst in jedem Fall die Übersetzung in die Verfahrenssprache.

(5) Den Vertragsstaaten des EWR-Abkommens, die nicht Mitgliedstaaten sind, und der EFTA-Überwachungsbehörde ist es gestattet, sich statt der Verfahrenssprache einer anderen der in Artikel 36 genannten Sprachen zu bedienen, wenn sie sich an einem Vorabentscheidungsverfahren beteiligen oder einem beim Gerichtshof anhängigen Rechtsstreit als Streithelfer beitreten. Dies gilt sowohl für Schriftstücke als auch für mündliche Erklärungen. Der Kanzler veranlasst in jedem Fall die Übersetzung in die Verfahrenssprache.

(6) Den Drittstaaten, die sich gemäß Artikel 23 Absatz 4 der Satzung an einem Vorabentscheidungsverfahren beteiligen, ist es gestattet, sich statt der Verfahrenssprache einer anderen der in Artikel 36 genannten Sprachen zu bedienen. Dies gilt sowohl für Schriftstücke als auch für mündliche Erklärungen. Der Kanzler veranlasst in jedem Fall die Übersetzung in die Verfahrenssprache.

(7) Erklären Zeugen oder Sachverständige, dass sie sich nicht hinlänglich in einer der in Artikel 36 genannten Sprachen ausdrücken können, so kann ihnen der Gerichtshof gestatten, ihre Erklärungen in einer anderen Sprache abzugeben. Der Kanzler veranlasst die Übersetzung in die Verfahrenssprache.

(8) Der Präsident und der Vizepräsident des Gerichtshofs sowie die Kammerpräsidenten können sich bei der Leitung der Verhandlung statt der Verfahrenssprache einer anderen der in Artikel 36 genannten Sprachen bedienen; die gleiche Befugnis haben die Richter und die Generalanwälte für ihre Fragen und die Generalanwälte für ihre Schlussanträge. Der Kanzler veranlasst die Übersetzung in die Verfahrenssprache.

Art. 39 Verantwortlichkeit des Kanzlers in sprachlichen Angelegenheiten. (1) Der Kanzler veranlasst die Übersetzung der während des schriftlichen Verfahrens eingereichten Verfahrensschriftstücke in die Verfahrenssprache und gegebenenfalls in eine andere in Artikel 36 genannte Sprache.

(2) Der Kanzler sorgt auch dafür, dass die Verdolmetschung der in der mündlichen Verhandlung getätigten Äußerungen in die Verfahrenssprache sowie in die anderen in Artikel 36 genannten Sprachen gewährleistet ist, deren sich die in der mündlichen Verhandlung anwesenden Parteien bedienen oder die als für den ordnungsgemäßen Ablauf der mündlichen Verhandlung erforderlich erachtet werden.

Art. 40 Sprachenregelung für die Veröffentlichungen des Gerichtshofs. Die Veröffentlichungen des Gerichtshofs erscheinen in den in Artikel 1 der Verordnung Nr. 1 des Rates genannten Sprachen.

Art. 41 Verbindliche Fassungen. Verbindlich ist die Fassung in der Verfahrenssprache oder, falls der Gerichtshof gemäß den Artikeln 37 oder 38 eine andere Sprache zugelassen hat, die Fassung in dieser Sprache.

Art. 42 Sprachendienst des Gerichtshofs. Der Gerichtshof richtet einen Sprachendienst ein, dessen Angehörige eine angemessene juristische Ausbildung und gründliche Kenntnisse in mehreren Amtssprachen der Union aufweisen müssen.

Zweiter Titel. Allgemeine Verfahrensbestimmungen

Erstes Kapitel. Rechte und Pflichten der Bevollmächtigten, Beistände und Anwälte

Art. 43 Vorrechte, Befreiungen und Erleichterungen. (1) Die Bevollmächtigten, Beistände und Anwälte, die vor dem Gerichtshof oder vor einem von diesem um Rechtshilfe ersuchten Gericht erscheinen, können wegen mündlicher und schriftlicher Äußerungen, die sich auf die Sache oder auf die Parteien beziehen, nicht gerichtlich verfolgt werden.

(2) Die Bevollmächtigten, Beistände und Anwälte genießen ferner folgende Vorrechte und Erleichterungen:

a) Schriftstücke und Urkunden, die sich auf das Verfahren beziehen, dürfen weder durchsucht noch beschlagnahmt werden. Im Streitfall können die Zoll- oder Polizeibeamten die betreffenden Schriftstücke

und Urkunden versiegeln, die dann dem Gerichtshof zum Zwecke der Untersuchung im Beisein des Kanzlers und des Beteiligten umgehend übermittelt werden.

b) Die Bevollmächtigten, Beistände und Anwälte genießen die zur Erfüllung ihrer Aufgaben erforderliche Reisefreiheit.

Art. 44 Vertretereigenschaft. (1) Um die im vorstehenden Artikel genannten Vorrechte, Befreiungen und Erleichterungen in Anspruch nehmen zu können, weisen zuvor ihre Eigenschaft nach

a) die Bevollmächtigten durch eine von ihrem Vollmachtgeber ausgestellte amtliche Urkunde, die Letzterer dem Kanzler umgehend in Kopie übermittelt;

b) die Anwälte durch einen Ausweis, mit dem ihre Berechtigung, vor einem Gericht eines Mitgliedstaats oder eines anderen Vertragsstaats des EWR-Abkommens aufzutreten, bescheinigt wird, und, wenn die von ihnen vertretene Partei eine juristische Person des Privatrechts ist, durch eine Vollmacht dieser Partei;

c) die Beistände durch eine Vollmacht der Partei, der sie beistehen.

(2) Der Kanzler des Gerichtshofs stellt ihnen erforderlichenfalls ein Berechtigungspapier aus. Dessen Gültigkeit ist auf eine bestimmte Zeit begrenzt; sie kann je nach der Dauer des Verfahrens verlängert oder verkürzt werden.

Art. 45 Aufhebung der Befreiung von gerichtlicher Verfolgung. (1) Die in Artikel 43 genannten Vorrechte, Befreiungen und Erleichterungen werden ausschließlich im Interesse des Verfahrens gewährt.

(2) Der Gerichtshof kann die Befreiung von gerichtlicher Verfolgung aufheben, wenn dies nach seiner Auffassung dem Interesse des Verfahrens nicht zuwiderläuft.

Art. 46 Ausschluss vom Verfahren. (1) Ist der Gerichtshof der Auffassung, dass das Verhalten eines Bevollmächtigten, Beistands oder Anwalts gegenüber dem Gerichtshof mit der Würde des Gerichtshofs oder mit den Erfordernissen einer geordneten Rechtspflege unvereinbar ist oder dass ein Bevollmächtigter, Beistand oder Anwalt seine Befugnisse missbraucht, so unterrichtet er den Betroffenen davon. Unterrichtet der Gerichtshof die zuständigen Stellen, denen der Betroffene untersteht, davon, so wird Letzterem eine Kopie des an diese Stellen gerichteten Schreibens übermittelt.

(2) Aus denselben Gründen kann der Gerichtshof nach Anhörung des Betroffenen und des Generalanwalts jederzeit durch mit Gründen versehenen Beschluss entscheiden, einen Bevollmächtigten, Beistand oder Anwalt vom Verfahren auszuschließen. Der Beschluss ist sofort vollziehbar.

(3) Wird ein Bevollmächtigter, Beistand oder Anwalt vom Verfahren ausgeschlossen, so wird das Verfahren bis zum Ablauf einer Frist aus-

gesetzt, die der Präsident der betroffenen Partei zur Bestimmung eines anderen Bevollmächtigten, Beistands oder Anwalts setzt.

(4) Die gemäß diesem Artikel getroffenen Entscheidungen können wieder aufgehoben werden.

Art. 47 Hochschullehrer und Parteien des Ausgangsrechtsstreits. (1) Die Bestimmungen dieses Kapitels finden Anwendung auf Hochschullehrer, die gemäß Artikel 19 der Satzung das Recht haben, vor dem Gerichtshof aufzutreten.

(2) In Vorlageverfahren finden sie auch Anwendung auf die Parteien des Ausgangsrechtsstreits, wenn diese nach den anwendbaren nationalen Verfahrensvorschriften berechtigt sind, ohne den Beistand eines Anwalts vor Gericht aufzutreten, sowie auf die Personen, die nach diesen Vorschriften zu ihrer Vertretung berechtigt sind.

Zweites Kapitel. Zustellungen

Art. 48 Zustellungsarten. (1) Der Kanzler veranlasst die in dieser Verfahrensordnung vorgesehenen Zustellungen an die Zustellungsanschrift des Adressaten durch Übersendung einer Kopie des zuzustellenden Schriftstücks per Einschreiben mit Rückschein oder durch Übergabe der Kopie gegen Empfangsbestätigung. Die Kopien des zuzustellenden Originals werden vom Kanzler ausgefertigt und beglaubigt, es sei denn, dass sie gemäß Artikel 57 Absatz 2 von den Parteien eingereicht werden.

(2) Hat sich der Adressat damit einverstanden erklärt, dass Zustellungen an ihn mittels Telefax oder sonstiger technischer Kommunikationsmittel erfolgen, so kann jedes Verfahrensschriftstück einschließlich der Urteile und Beschlüsse des Gerichtshofs durch Übermittlung einer Kopie auf diesem Wege zugestellt werden.

(3) Ist eine solche Übermittlung aus technischen Gründen oder wegen der Art oder des Umfangs des Schriftstücks nicht möglich, so wird dieses dem Adressaten, wenn er keine Zustellungsanschrift angegeben hat, gemäß dem Verfahren des Absatzes 1 an seine Anschrift zugestellt. Der Adressat wird davon mittels Telefax oder sonstiger technischer Kommunikationsmittel benachrichtigt. Ein Einschreiben gilt dann am zehnten Tag nach der Aufgabe zur Post am Ort des Sitzes des Gerichtshofs als dem Adressaten übergeben, sofern nicht durch den Rückschein nachgewiesen wird, dass der Zugang zu einem anderen Zeitpunkt erfolgt ist, oder der Adressat den Kanzler innerhalb von drei Wochen *nach der Benachrich*tigung mittels Telefax oder sonstiger technischer Kommunikationsmittel davon unterrichtet, dass ihm das zuzustellende Schriftstück nicht zugegangen ist.

(4) Der Gerichtshof kann durch Beschluss die Voraussetzungen festlegen, unter denen ein Verfahrensschriftstück elektronisch zugestellt werden kann. Der Beschluss wird im *Amtsblatt der Europäischen Union* veröffentlicht.

Drittes Kapitel. Fristen

Art. 49 Fristberechnung. (1) Die in den Verträgen, in der Satzung und in dieser Verfahrensordnung vorgesehenen Verfahrensfristen werden wie folgt berechnet:

a) Ist eine nach Tagen, Wochen, Monaten oder Jahren bemessene Frist von dem Zeitpunkt an zu berechnen, zu dem ein Ereignis eintritt oder eine Handlung vorgenommen wird, so wird der Tag, an dem das Ereignis eintritt oder die Handlung vorgenommen wird, nicht mitgerechnet.

b) Eine nach Wochen, Monaten oder Jahren bemessene Frist endet mit Ablauf des Tages, der in der letzten Woche, im letzten Monat oder im letzten Jahr dieselbe Bezeichnung oder dieselbe Zahl wie der Tag trägt, an dem das Ereignis eingetreten oder die Handlung vorgenommen worden ist, von denen an die Frist zu berechnen ist. Fehlt bei einer nach Monaten oder Jahren bemessenen Frist im letzten Monat der für ihren Ablauf maßgebende Tag, so endet die Frist mit Ablauf des letzten Tages dieses Monats.

c) Ist eine Frist nach Monaten und nach Tagen bemessen, so werden zunächst die vollen Monate und dann die Tage berücksichtigt.

d) Die Fristen umfassen die Samstage, die Sonntage und die gesetzlichen Feiertage im Sinne des Artikels 24 Absatz 6.

e) Der Fristlauf wird durch die Gerichtsferien nicht gehemmt.

(2) Fällt das Fristende auf einen Samstag, Sonntag oder gesetzlichen Feiertag, so endet die Frist mit dem Ablauf des nächstfolgenden Werktags.

Art. 50 Klage gegen eine Handlung eines Organs. Beginnt eine Frist für die Erhebung einer Klage gegen eine Handlung eines Organs mit der Veröffentlichung der Handlung, so ist diese Frist im Sinne von Artikel 49 Absatz 1 Buchstabe a vom Ablauf des vierzehnten Tages nach der Veröffentlichung der Handlung im *Amtsblatt der Europäischen Union* an zu berechnen.

Art. 51 Entfernungsfrist. Die Verfahrensfristen werden um eine pauschale Entfernungsfrist von zehn Tagen verlängert.

Art. 52 Fristsetzung und Fristverlängerung. (1) Die vom Gerichtshof gemäß dieser Verfahrensordnung gesetzten Fristen können verlängert werden.

(2) Der Präsident und die Kammerpräsidenten können dem Kanzler die Zeichnungsbefugnis übertragen, bestimmte Fristen, die sie aufgrund dieser Verfahrensordnung anzuordnen haben, festzusetzen oder deren Verlängerung zu gewähren.

Viertes Kapitel. Die verschiedenen Arten der Behandlung der Rechtssachen

Art. 53 Arten der Behandlung der Rechtssachen. (1) Unbeschadet besonderer Bestimmungen der Satzung oder dieser Verfahrensordnung umfasst das Verfahren vor dem Gerichtshof ein schriftliches und ein mündliches Verfahren.

(2) Ist der Gerichtshof für die Entscheidung über eine Rechtssache offensichtlich unzuständig oder ist ein Ersuchen oder eine Klage offensichtlich unzulässig, so kann er nach Anhörung des Generalanwalts jederzeit die Entscheidung treffen, durch mit Gründen versehenen Beschluss zu entscheiden, ohne das Verfahren fortzusetzen.

(3) Der Präsident kann in Anbetracht besonderer Umstände entscheiden, dass eine Rechtssache mit Vorrang entschieden wird.

(4) Eine Rechtssache kann unter den in dieser Verfahrensordnung vorgesehenen Voraussetzungen einem beschleunigten Verfahren unterworfen werden.

(5) Eine Vorlage zur Vorabentscheidung kann unter den in dieser Verfahrensordnung vorgesehenen Voraussetzungen einem Eilverfahren unterworfen werden.

Art. 54 Verbindung. (1) Mehrere gleichartige Rechtssachen, die den gleichen Gegenstand haben, können jederzeit wegen Zusammenhangs zu gemeinsamem schriftlichen oder mündlichen Verfahren oder zu gemeinsamem Endurteil verbunden werden.

(2) Die Verbindung wird vom Präsidenten nach Anhörung des Berichterstatters und des Generalanwalts, falls die betreffende Rechtssache bereits zugewiesen worden ist, und – außer in Vorlageverfahren – nach Anhörung auch der Parteien beschlossen. Der Präsident kann die Entscheidung hierüber dem Gerichtshof übertragen.

(3) Die Verbindung von Rechtssachen kann nach Maßgabe des Absatzes 2 wieder aufgehoben werden.

Art. 55 Aussetzung des Verfahrens. (1) Das Verfahren kann ausgesetzt werden:

a) in den in Artikel 54 Absatz 3 der Satzung vorgesehenen Fällen durch Beschluss des Gerichtshofs nach Anhörung des Generalanwalts;
b) in allen übrigen Fällen durch Entscheidung des Präsidenten nach Anhörung des Berichterstatters und des Generalanwalts sowie – außer in Vorlageverfahren – der Parteien.

(2) Die Fortsetzung des Verfahrens kann nach demselben Verfahren beschlossen oder entschieden werden.

(3) Die in den vorstehenden Absätzen vorgesehenen Beschlüsse oder Entscheidungen werden den Parteien oder in Artikel 23 der Satzung bezeichneten Beteiligten zugestellt.

(4) Die Aussetzung des Verfahrens wird zu dem in dem Aussetzungsbeschluss oder der Aussetzungsentscheidung angegebenen Zeitpunkt oder, wenn ein solcher nicht angegeben ist, zu dem Zeitpunkt dieses Beschlusses oder dieser Entscheidung wirksam.

(5) Während der Aussetzung läuft keine Verfahrensfrist gegenüber den Parteien oder in Artikel 23 der Satzung bezeichneten Beteiligten ab.

(6) Ist in dem Aussetzungsbeschluss oder der Aussetzungsentscheidung das Ende der Aussetzung nicht festgelegt, so endet die Aussetzung zu dem in dem Beschluss oder der Entscheidung über die Fortsetzung des Verfahrens angegebenen Zeitpunkt oder, wenn ein solcher nicht angegeben ist, zu dem Zeitpunkt des Beschlusses oder der Entscheidung über die Fortsetzung.

(7) An die Stelle der unterbrochenen Verfahrensfristen treten ab dem Zeitpunkt der Fortsetzung des Verfahrens nach einer Aussetzung neue Fristen, die zu dem Zeitpunkt der Fortsetzung zu laufen beginnen.

Art. 56 Zurückstellung der Entscheidung einer Rechtssache. Der Präsident kann nach Anhörung des Berichterstatters, des Generalanwalts und der Parteien in Anbetracht besonderer Umstände von Amts wegen oder auf Antrag einer Partei entscheiden, dass eine Rechtssache zu späterer Entscheidung zurückgestellt wird.

Fünftes Kapitel. Schriftliches Verfahren

Art. 57 Einreichung der Verfahrensschriftstücke. (1) Das Original jedes Verfahrensschriftstücks muss von dem Bevollmächtigten oder Anwalt der Partei oder, wenn es sich um im Rahmen eines Vorabentscheidungsverfahrens eingereichte Erklärungen handelt und die für den Ausgangsrechtsstreit geltenden nationalen Verfahrensvorschriften es zulassen, von der Partei des Ausgangsrechtsstreits oder ihrem Vertreter handschriftlich unterzeichnet sein.

(2) Mit diesem Schriftstück und allen darin erwähnten Anlagen sind fünf Kopien für den Gerichtshof und, wenn es sich um andere Verfahren als Vorabentscheidungsverfahren handelt, je eine Kopie für jede andere am Rechtsstreit beteiligte Partei einzureichen. Die Kopien sind von der Partei, die sie einreicht, zu beglaubigen.

(3) Die Organe haben außerdem innerhalb der vom Gerichtshof festgesetzten Fristen von jedem Verfahrensschriftstück Übersetzungen in den anderen in Artikel 1 der Verordnung Nr. 1 des Rates genannten Sprachen vorzulegen. Der vorstehende Absatz findet Anwendung.

(4) Den Verfahrensschriftstücken ist ein Aktenstück beizufügen, das die zur Unterstützung herangezogenen Belegstücke und Unterlagen zusammen mit einem Verzeichnis dieser Belegstücke und Unterlagen enthält.

(5) Werden dem Schriftstück von einem Belegstück oder einer Unterlage mit Rücksicht auf deren Umfang nur Auszüge beigefügt, so ist das gesamte Belegstück, die gesamte Unterlage oder eine vollständige Kopie bei der Kanzlei einzureichen.

(6) Jedes Verfahrensschriftstück ist mit Datum zu versehen. Für die Berechnung der Verfahrensfristen sind allein der Tag und die Uhrzeit des Eingangs des Originals bei der Kanzlei maßgebend.

(7) Unbeschadet der Absätze 1 bis 6 sind für die Wahrung der Verfahrensfristen der Tag und die Uhrzeit des Eingangs einer Kopie des unterzeichneten Originals eines Verfahrensschriftstücks einschließlich des in Absatz 4 genannten Verzeichnisses der Belegstücke und Unterlagen mittels Telefax oder sonstiger beim Gerichtshof vorhandener technischer Kommunikationsmittel bei der Kanzlei maßgebend, sofern das unterzeichnete Original des Schriftstücks zusammen mit den in Absatz 2 genannten Anlagen und Kopien spätestens zehn Tage danach bei der Kanzlei eingereicht wird. Artikel 51 findet auf die letztgenannte Frist keine Anwendung

(8) Unbeschadet der Absätze 3 bis 6 kann der Gerichtshof durch Beschluss die Voraussetzungen festlegen, unter denen ein der Kanzlei elektronisch übermitteltes Verfahrensschriftstück als Original dieses Schriftstücks gilt. Der Beschluss wird im *Amtsblatt der Europäischen Union* veröffentlicht.

Art. 58 Länge der Verfahrensschriftstücke. Unbeschadet besonderer Bestimmungen dieser Verfahrensordnung kann der Gerichtshof durch Beschluss die maximale Länge der Schriftsätze oder Erklärungen festlegen, die bei ihm eingereicht werden. Der Beschluss wird im *Amtsblatt der Europäischen Union* veröffentlicht.

Sechstes Kapitel. Vorbericht und Verweisung an die Spruchkörper

Art. 59 Vorbericht. (1) Wenn das schriftliche Verfahren abgeschlossen ist, bestimmt der Präsident den Zeitpunkt, zu dem der Berichterstatter der Generalversammlung des Gerichtshofs einen Vorbericht vorzulegen hat.

(2) Der Vorbericht enthält Vorschläge zu der Frage, ob besondere prozessleitende Maßnahmen, eine Beweisaufnahme oder gegebenenfalls ein Klarstellungsersuchen an das vorlegende Gericht erforderlich sind, sowie dazu, an welchen Spruchkörper die Rechtssache verwiesen werden sollte. Der Vorbericht enthält ferner den Vorschlag des Berichterstatters zu einem etwaigen Absehen von der mündlichen Verhandlung und zu einem etwaigen Absehen von Schlussanträgen des Generalanwalts gemäß Artikel 20 Absatz 5 der Satzung.

(3) Der Gerichtshof entscheidet nach Anhörung des Generalanwalts über die Vorschläge des Berichterstatters.

Art. 60 Verweisung an die Spruchkörper. (1) Der Gerichtshof verweist alle bei ihm anhängigen Rechtssachen an die Kammern mit fünf oder mit drei Richtern, sofern nicht die Schwierigkeit oder die Bedeutung der Rechtssache oder besondere Umstände eine Verweisung an die Große Kammer erfordern, es sei denn, eine solche Verweisung ist gemäß Artikel 16 Absatz 3 der Satzung von einem am Verfahren beteiligten Mitgliedstaat oder Unionsorgan beantragt worden.

(2) Der Gerichtshof tagt als Plenum, wenn er gemäß Artikel 16 Absatz 4 der Satzung befasst wird. Er kann eine Rechtssache an das Plenum verweisen, wenn er gemäß Artikel 16 Absatz 5 der Satzung zu der Auffassung gelangt, dass die Rechtssache von außergewöhnlicher Bedeutung ist.

(3) Der Spruchkörper, an den eine Rechtssache verwiesen worden ist, kann in jedem Verfahrensstadium beim Gerichtshof anregen, die Rechtssache an einen größeren Spruchkörper zu verweisen.

(4) Wird das mündliche Verfahren ohne Beweisaufnahme eröffnet, so bestimmt der Präsident des Spruchkörpers den Termin dafür.

Siebtes Kapitel. Prozessleitende Maßnahmen und Beweisaufnahme

Erster Abschnitt. Prozessleitende Maßnahmen

Art. 61 Vom Gerichtshof beschlossene prozessleitende Maßnahmen. (1) Außer den Maßnahmen, die gemäß Artikel 24 der Satzung beschlossen werden können, kann der Gerichtshof die Parteien oder die in Artikel 23 der Satzung bezeichneten Beteiligten zur schriftlichen Beantwortung bestimmter Fragen innerhalb der von ihm gesetzten Frist oder zu deren Beantwortung in der mündlichen Verhandlung auffordern. Die schriftlichen Antworten werden den anderen Parteien oder den in Artikel 23 der Satzung bezeichneten Beteiligten übermittelt.

(2) Wenn eine mündliche Verhandlung durchgeführt wird, fordert der Gerichtshof, wann immer möglich, die Teilnehmer an dieser Verhandlung auf, ihre mündlichen Ausführungen auf eine oder mehrere festgelegte Fragen zu konzentrieren.

Art. 62 Vom Berichterstatter oder vom Generalanwalt beschlossene prozessleitende Maßnahmen. (1) Der Berichterstatter oder der Generalanwalt können die Parteien oder die in Artikel 23 der Satzung bezeichneten Beteiligten auffordern, innerhalb einer bestimmten Frist von ihnen für relevant erachtete Auskünfte zum Sachverhalt, Schriftstücke oder sonstige Angaben zu übermitteln. Die erhaltenen Antworten und Schriftstücke werden den anderen Parteien oder den in Artikel 23 der Satzung bezeichneten Beteiligten übermittelt.

(2) Der Berichterstatter oder der Generalanwalt können den Parteien oder den in Artikel 23 der Satzung bezeichneten Beteiligten ferner

Fragen zur Beantwortung in der mündlichen Verhandlung übermitteln lassen.

Zweiter Abschnitt. Beweisaufnahme

Art. 63 Entscheidung über die Beweisaufnahme. (1) Der Gerichtshof entscheidet in Generalversammlung, ob eine Beweisaufnahme durchzuführen ist.

(2) Ist die Rechtssache bereits an einen Spruchkörper verwiesen worden, so entscheidet dieser.

Art. 64 Festlegung der Beweisaufnahme. (1) Der Gerichtshof bestimmt nach Anhörung des Generalanwalts die Beweismittel durch Beschluss, der die zu beweisenden Tatsachen bezeichnet.

(2) Unbeschadet der Artikel 24 und 25 der Satzung sind folgende Beweismittel zulässig:

a) persönliches Erscheinen der Parteien;
b) Einholung von Auskünften und Aufforderung zur Vorlage von Urkunden;
c) Zeugenbeweis;
d) Sachverständigengutachten;
e) Einnahme des Augenscheins.

(3) Gegenbeweis und Erweiterung der Beweisangebote bleiben vorbehalten.

Art. 65 Teilnahme an der Beweisaufnahme. (1) Führt der Spruchkörper die Beweisaufnahme nicht selbst durch, so beauftragt er den Berichterstatter damit.

(2) Der Generalanwalt nimmt an der Beweisaufnahme teil.

(3) Die Parteien können der Beweisaufnahme beiwohnen.

Art. 66 Zeugenbeweis. (1) Der Gerichtshof beschließt die Vernehmung von Zeugen über bestimmte Tatsachen nach Anhörung des Generalanwalts von Amts wegen oder auf Antrag einer Partei.

(2) In dem Antrag einer Partei auf Vernehmung eines Zeugen sind die Tatsachen, über die der Zeuge vernommen werden soll, und die Gründe, die dessen Vernehmung rechtfertigen, genau zu bezeichnen.

(3) Über einen Antrag im Sinne des vorstehenden Absatzes entscheidet der Gerichtshof durch mit Gründen versehenen Beschluss. Wird dem Antrag stattgegeben, sind in dem Beschluss die Tatsachen zu bezeichnen, über die Beweis zu erheben ist, und die Zeugen zu benennen, die zu den einzelnen Tatsachen vernommen werden sollen.

(4) Die Zeugen werden vom Gerichtshof geladen, gegebenenfalls nach Hinterlegung des Vorschusses gemäß Artikel 73 Absatz 1.

Art. 67 Zeugenvernehmung. (1) Der Präsident weist die Zeugen nach Feststellung ihrer Identität darauf hin, dass sie die Richtigkeit ihrer Aussagen nach den Bestimmungen dieser Verfahrensordnung zu versichern haben.

(2) Die Zeugen werden vom Gerichtshof vernommen; die Parteien werden hierzu geladen. Der Präsident kann nach Beendigung der Aussage auf Antrag einer Partei oder von Amts wegen Fragen an die Zeugen richten.

(3) Die gleiche Befugnis steht den einzelnen Richtern und dem Generalanwalt zu.

(4) Die Vertreter der Parteien können unter der Aufsicht des Präsidenten Fragen an die Zeugen richten.

Art. 68 Beeidigung der Zeugen. (1) Der Zeuge leistet nach Beendigung seiner Aussage folgenden Eid:

„Ich schwöre, dass ich die Wahrheit, die ganze Wahrheit und nichts als die Wahrheit gesagt habe."

(2) Der Gerichtshof kann nach Anhörung der Parteien auf die Beeidigung des Zeugen verzichten.

Art. 69 Geldbußen. (1) Zeugen, die ordnungsgemäß geladen sind, haben der Ladung Folge zu leisten und in der mündlichen Verhandlung zu erscheinen.

(2) Erscheint ein ordnungsgemäß geladener Zeuge ohne berechtigten Grund nicht vor dem Gerichtshof, so kann dieser eine Geldbuße von bis zu 5000 Euro gegen ihn verhängen und die erneute Ladung des Zeugen auf dessen Kosten beschließen.

(3) Die gleiche Sanktion kann gegen einen Zeugen verhängt werden, der ohne berechtigten Grund die Aussage oder die Eidesleistung verweigert.

Art. 70 Sachverständigengutachten. (1) Der Gerichtshof kann die Einholung eines Sachverständigengutachtens beschließen. In dem Beschluss, der den Sachverständigen ernennt, ist dessen Auftrag genau zu umschreiben und eine Frist für die Abgabe des Gutachtens zu bestimmen.

(2) Nach Abgabe des Gutachtens und seiner Zustellung an die Parteien kann der Gerichtshof die Anhörung des Sachverständigen beschließen; die Parteien werden hierzu geladen. Der Präsident kann auf Antrag einer Partei oder von Amts wegen Fragen an den Sachverständigen richten.

(3) Die gleiche Befugnis steht den einzelnen Richtern und dem Generalanwalt zu.

(4) Die Vertreter der Parteien können unter der Aufsicht des Präsidenten Fragen an den Sachverständigen richten.

Art. 71 Beeidigung des Sachverständigen. (1) Der Sachverständige leistet nach Abgabe des Gutachtens folgenden Eid:

„Ich schwöre, dass ich meinen Auftrag nach bestem Wissen und Gewissen und unparteiisch erfüllt habe."

(2) Der Gerichtshof kann nach Anhörung der Parteien auf die Beeidigung des Sachverständigen verzichten.

Art. 72 Ablehnung von Zeugen oder Sachverständigen. (1) Lehnt eine Partei einen Zeugen oder Sachverständigen wegen Unfähigkeit, Unwürdigkeit oder aus sonstigen Gründen ab oder verweigert ein Zeuge oder Sachverständiger die Aussage, die Erstattung des Gutachtens oder die Eidesleistung, so entscheidet der Gerichtshof.

(2) Die Ablehnung eines Zeugen oder Sachverständigen ist innerhalb von zwei Wochen nach Zustellung des Beschlusses, durch den der Zeuge geladen oder der Sachverständige ernannt worden ist, mit Schriftsatz zu erklären, der die Ablehnungsgründe und die Beweisangebote enthalten muss.

Art. 73 Kosten der Zeugen und der Sachverständigen. (1) Beschließt der Gerichtshof die Vernehmung von Zeugen oder die Einholung eines Sachverständigengutachtens, so kann er von den Parteien oder von einer Partei die Hinterlegung eines Vorschusses zur Deckung der Kosten der Zeugen und der Sachverständigen verlangen.

(2) Zeugen und Sachverständige haben Anspruch auf Erstattung ihrer Reise- und Aufenthaltskosten. Die Kasse des Gerichtshofs kann ihnen einen Vorschuss auf diese Kosten gewähren.

(3) Zeugen haben Anspruch auf Entschädigung für Verdienstausfall, Sachverständige auf Vergütung ihrer Tätigkeit. Diese Leistungen werden den Zeugen und Sachverständigen von der Kasse des Gerichtshofs nach Erfüllung ihrer Pflicht oder ihres Auftrags gezahlt.

Art. 74 Protokoll der Beweistermine. (1) Der Kanzler nimmt über jeden Beweistermin ein Protokoll auf. Das Protokoll wird vom Präsidenten und vom Kanzler unterzeichnet. Es stellt eine öffentliche Urkunde dar.

(2) Handelt es sich um einen Termin zur Vernehmung von Zeugen oder Anhörung von Sachverständigen, wird das Protokoll vom Präsidenten oder von dem mit der Vernehmung oder Anhörung beauftragten Berichterstatter sowie vom Kanzler unterzeichnet. Vor dieser Unterzeichnung ist dem Zeugen oder Sachverständigen Gelegenheit zu geben, den Inhalt des Protokolls zu überprüfen und es zu unterzeichnen.

(3) Das Protokoll wird den Parteien zugestellt.

Art. 75 Eröffnung des mündlichen Verfahrens nach Beweisaufnahme. (1) Nach Abschluss der Beweisaufnahme bestimmt der

Präsident den Termin für die Eröffnung des mündlichen Verfahrens, es sei denn, der Gerichtshof entscheidet, den Parteien eine Frist zur schriftlichen Stellungnahme zu setzen.

(2) Ist eine Frist zur schriftlichen Stellungnahme gesetzt, so bestimmt der Präsident den Termin für die Eröffnung des mündlichen Verfahrens nach Ablauf dieser Frist.

Achtes Kapitel. Mündliches Verfahren

Art. 76 Mündliche Verhandlung. (1) Etwaige mit Gründen versehene Anträge auf mündliche Verhandlung sind innerhalb von drei Wochen, nachdem die Bekanntgabe des Abschlusses des schriftlichen Verfahrens an die Parteien oder die in Artikel 23 der Satzung bezeichneten Beteiligten erfolgt ist, zu stellen. Diese Frist kann vom Präsidenten verlängert werden.

(2) Der Gerichtshof kann auf Vorschlag des Berichterstatters und nach Anhörung des Generalanwalts entscheiden, keine mündliche Verhandlung abzuhalten, wenn er sich durch die im schriftlichen Verfahren eingereichten Schriftsätze oder Erklärungen für ausreichend unterrichtet hält, um eine Entscheidung zu erlassen.

(3) Der vorstehende Absatz findet keine Anwendung, wenn ein mit Gründen versehener Antrag auf mündliche Verhandlung von einem in Artikel 23 der Satzung bezeichneten Beteiligten, der nicht am schriftlichen Verfahren teilgenommen hat, gestellt worden ist.

Art. 77 Gemeinsame mündliche Verhandlung. Wenn die zwischen mehreren gleichartigen Rechtssachen bestehenden Gemeinsamkeiten es zulassen, kann der Gerichtshof entscheiden, eine gemeinsame mündliche Verhandlung für diese Rechtssachen durchzuführen.

Art. 78 Leitung der Verhandlung. Der Präsident eröffnet und leitet die Verhandlung; ihm obliegt die Aufrechterhaltung der Ordnung in der Sitzung.

Art. 79 Ausschluss der Öffentlichkeit. (1) Der Gerichtshof kann aus wichtigen Gründen, insbesondere solchen der Sicherheit der Mitgliedstaaten oder des Schutzes Minderjähriger, die Öffentlichkeit ausschließen.

(2) Mit der Entscheidung über den Ausschluss der Öffentlichkeit geht das Verbot einer Veröffentlichung der Verhandlung einher.

Art. 80 Fragen. Die Mitglieder des Spruchkörpers und der Generalanwalt können in der mündlichen Verhandlung Fragen an die Bevollmächtigten, Beistände oder Anwälte der Parteien und unter den Umständen des Artikels 47 Absatz 2 an die Parteien des Ausgangsrechtsstreits oder deren Vertreter richten.

Art. 81 Schließung der mündlichen Verhandlung. Der Präsident erklärt nach Anhörung der mündlichen Ausführungen der Parteien oder der in Artikel 23 der Satzung bezeichneten Beteiligten die mündliche Verhandlung für geschlossen.

Art. 82 Stellung der Schlussanträge des Generalanwalts. (1) Findet eine mündliche Verhandlung statt, so werden die Schlussanträge des Generalanwalts nach deren Schließung gestellt.

(2) Der Präsident erklärt nach der Stellung der Schlussanträge des Generalanwalts das mündliche Verfahren für abgeschlossen.

Art. 83 Eröffnung oder Wiedereröffnung des mündlichen Verfahrens. Der Gerichtshof kann jederzeit nach Anhörung des Generalanwalts die Eröffnung oder Wiedereröffnung des mündlichen Verfahrens beschließen, insbesondere wenn er sich für unzureichend unterrichtet hält, wenn eine Partei nach Abschluss des mündlichen Verfahrens eine neue Tatsache unterbreitet hat, die von entscheidender Bedeutung für die Entscheidung des Gerichtshofs ist, oder wenn ein zwischen den Parteien oder den in Artikel 23 der Satzung bezeichneten Beteiligten nicht erörtertes Vorbringen entscheidungserheblich ist.

Art. 84 Protokoll der mündlichen Verhandlungen. (1) Der Kanzler nimmt über jede mündliche Verhandlung ein Protokoll auf. Das Protokoll wird vom Präsidenten und vom Kanzler unterzeichnet. Es stellt eine öffentliche Urkunde dar.

(2) Die Parteien und die in Artikel 23 der Satzung bezeichneten Beteiligten können die Protokolle bei der Kanzlei einsehen und Kopien davon erhalten.

Art. 85 Aufzeichnung der mündlichen Verhandlung. Der Präsident kann den Parteien oder den in Artikel 23 der Satzung bezeichneten Beteiligten, die am schriftlichen oder mündlichen Verfahren teilgenommen haben, auf gebührend begründeten Antrag gestatten, die Tonaufzeichnung der mündlichen Verhandlung in der vom Vortragenden in der Verhandlung verwendeten Sprache in den Räumen des Gerichtshofs anzuhören.

Neuntes Kapitel. Urteile und Beschlüsse

Art. 86 *Termin der Urteils*verkündung. Die Parteien oder die in Artikel 23 der Satzung bezeichneten Beteiligten werden vom Termin der Urteilsverkündung benachrichtigt.

Art. 87 Inhalt der Urteile. Das Urteil enthält:

a) die Angabe, dass es vom Gerichtshof erlassen ist;

b) die Bezeichnung des Spruchkörpers;

c) das Datum der Verkündung;
d) die Namen des Präsidenten und der Richter, die bei der Beratung mitgewirkt haben, unter Bezeichnung des Berichterstatters;
e) den Namen des Generalanwalts;
f) den Namen des Kanzlers;
g) die Bezeichnung der Parteien oder der in Artikel 23 der Satzung bezeichneten Beteiligten, die am Verfahren teilgenommen haben;
h) die Namen ihrer Vertreter;
i) in Klage- und in Rechtsmittelverfahren die Anträge der Parteien;
j) gegebenenfalls das Datum der mündlichen Verhandlung;
k) den Hinweis, dass der Generalanwalt gehört worden ist, und gegebenenfalls das Datum seiner Schlussanträge;
l) eine kurze Darstellung des Sachverhalts;
m) die Entscheidungsgründe;
n) die Urteilsformel, gegebenenfalls einschließlich der Entscheidung über die Kosten.

Art. 88 Verkündung und Zustellung der Urteile. (1) Das Urteil wird in öffentlicher Sitzung verkündet.

(2) Der Präsident, die Richter, die an der Beratung mitgewirkt haben, und der Kanzler unterzeichnen die Urschrift des Urteils, die sodann mit einem Siegel versehen und in der Kanzlei hinterlegt wird; den Parteien und gegebenenfalls dem vorlegenden Gericht, den in Artikel 23 der Satzung bezeichneten Beteiligten und dem Gericht wird eine Ausfertigung der Urschrift zugestellt.

Art. 89 Inhalt der Beschlüsse. (1) Der Beschluss enthält:
a) die Angabe, dass er vom Gerichtshof erlassen ist;
b) die Bezeichnung des Spruchkörpers;
c) das Datum des Erlasses;
d) die Angabe der Rechtsgrundlage, auf der er beruht;
e) den Namen des Präsidenten und gegebenenfalls die Namen der Richter, die bei der Beratung mitgewirkt haben, unter Bezeichnung des Berichterstatters;
f) den Namen des Generalanwalts;
g) den Namen des Kanzlers;
h) die Bezeichnung der Parteien oder der in Artikel 23 der Satzung bezeichneten Beteiligten, die am Verfahren teilgenommen haben;
i) die Namen ihrer Vertreter;
j) den Hinweis, dass der Generalanwalt gehört worden ist;
k) die Beschlussformel, gegebenenfalls einschließlich der Entscheidung über die Kosten.

(2) Ist ein Beschluss nach dieser Verfahrensordnung mit Gründen zu versehen, so enthält er ferner:

a) in Klage- und in Rechtsmittelverfahren die Anträge der Parteien;
b) eine kurze Darstellung des Sachverhalts;
c) die Entscheidungsgründe.

Art. 90 Unterzeichnung und Zustellung der Beschlüsse. Der Präsident und der Kanzler unterzeichnen die Urschrift des Beschlusses, die sodann mit einem Siegel versehen und in der Kanzlei hinterlegt wird; den Parteien und gegebenenfalls dem vorlegenden Gericht, den in Artikel 23 der Satzung bezeichneten Beteiligten und dem Gericht wird eine Ausfertigung der Urschrift zugestellt.

Art. 91 Rechtskraft der Urteile und der Beschlüsse. (1) Das Urteil wird mit dem Tag seiner Verkündung rechtskräftig.

(2) Der Beschluss wird mit dem Tag seiner Zustellung rechtskräftig.

Art. 92 Veröffentlichung im Amtsblatt der Europäischen Union. Eine Mitteilung, die das Datum und die Urteils- oder Beschlussformel der Endurteile und der das Verfahren beendenden Beschlüsse des Gerichtshofs enthält, wird im *Amtsblatt der Europäischen Union* veröffentlicht.

Dritter Titel. Vorlagen zur Vorabentscheidung

Erstes Kapitel. Allgemeine Bestimmungen

Art. 93 Anwendungsbereich. Die Bestimmungen dieses Titels gelten für das Verfahren

a) in den in Artikel 23 der Satzung genannten Fällen;
b) im Fall von Vorlagen, die in Abkommen vorgesehen werden können, bei denen die Union oder Mitgliedstaaten Vertragsparteien sind.

Art. 94 Inhalt des Vorabentscheidungsersuchens. Das Vorabentscheidungsersuchen muss außer den dem Gerichtshof zur Vorabentscheidung vorgelegten Fragen enthalten:

a) eine kurze Darstellung des Streitgegenstands und des maßgeblichen Sachverhalts, wie er vom vorlegenden Gericht festgestellt worden ist, oder zumindest eine Darstellung der tatsächlichen Umstände, auf denen die Fragen beruhen;
b) den Wortlaut der möglicherweise auf den Fall anwendbaren nationalen Vorschriften und gegebenenfalls die einschlägige nationale Rechtsprechung;

c) eine Darstellung der Gründe, aus denen das vorlegende Gericht Zweifel bezüglich der Auslegung oder der Gültigkeit bestimmter Vorschriften des Unionsrechts hat, und den Zusammenhang, den es zwischen diesen Vorschriften und dem auf den Ausgangsrechtsstreit anwendbaren nationalen Recht herstellt.

Art. 95 Anonymität. (1) Ist vom vorlegenden Gericht Anonymität gewährt worden, so wahrt der Gerichtshof diese Anonymität in dem bei ihm anhängigen Verfahren.

(2) Der Gerichtshof kann außerdem auf Ersuchen des vorlegenden Gerichts, auf Antrag einer Partei des Ausgangsrechtsstreits oder von Amts wegen eine oder mehrere Personen oder Einrichtungen, die von dem Rechtsstreit betroffen sind, anonymisieren.

Art. 96 Beteiligung am Vorabentscheidungsverfahren. (1) Gemäß Artikel 23 der Satzung können vor dem Gerichtshof Erklärungen abgeben

a) die Parteien des Ausgangsrechtsstreits;
b) die Mitgliedstaaten;
c) die Europäische Kommission;
d) das Organ, von dem die Handlung, deren Gültigkeit oder Auslegung streitig ist, ausgegangen ist;
e) die Vertragsstaaten des EWR-Abkommens, die nicht Mitgliedstaaten sind, und die EFTA-Überwachungsbehörde, wenn dem Gerichtshof eine Frage zur Vorabentscheidung vorgelegt wird, die einen der Anwendungsbereiche des genannten Abkommens betrifft;
f) Drittstaaten, die Vertragsstaaten eines vom Rat über einen bestimmten Bereich geschlossenen Abkommens sind, wenn dieses Abkommen die Möglichkeit der Abgabe von Erklärungen vorsieht und wenn ein Gericht eines Mitgliedstaats dem Gerichtshof eine Frage zur Vorabentscheidung vorlegt, die in den Anwendungsbereich des betreffenden Abkommens fällt.

(2) Die Nichtteilnahme am schriftlichen Verfahren hindert nicht an der Teilnahme am mündlichen Verfahren.

Art. 97 Parteien des Ausgangsrechtsstreits. (1) Parteien des Ausgangsrechtsstreits sind diejenigen, die vom vorlegenden Gericht gemäß den nationalen Verfahrensvorschriften als solche bezeichnet werden.

(2) Unterrichtet das vorlegende Gericht den Gerichtshof von der Zulassung einer neuen Partei im Ausgangsrechtsstreit, während das Verfahren vor dem Gerichtshof bereits anhängig ist, so muss diese Partei das Verfahren in der Lage annehmen, in der es sich zum Zeitpunkt der Unterrichtung befindet. Der Partei werden alle den in Artikel 23 der Satzung bezeichneten Beteiligten bereits zugestellten Verfahrensschriftstücke übermittelt.

(3) Hinsichtlich der Vertretung und des persönlichen Erscheinens der Parteien des Ausgangsrechtsstreits trägt der Gerichtshof den vor dem vorlegenden Gericht geltenden Verfahrensvorschriften Rechnung. Bestehen Zweifel, ob eine Person eine Partei des Ausgangsrechtsstreits nach dem nationalen Recht vertreten kann, so kann sich der Gerichtshof beim vorlegenden Gericht über die anwendbaren Verfahrensvorschriften kundig machen.

Art. 98 Übersetzung und Zustellung des Vorabentscheidungsersuchens. (1) Die Vorabentscheidungsersuchen im Sinne dieses Titels werden den Mitgliedstaaten in der Originalfassung zusammen mit einer Übersetzung in der Amtssprache des Empfängerstaats zugestellt. Sofern dies aufgrund der Länge des Ersuchens angebracht ist, wird diese Übersetzung durch die Übersetzung einer Zusammenfassung des Ersuchens in der Amtssprache des Empfängerstaats ersetzt, die dann als Grundlage für die Stellungnahme dieses Staates dient. Die Zusammenfassung enthält den vollständigen Wortlaut der zur Vorabentscheidung vorgelegten Frage(n). Sie umfasst insbesondere, soweit das Vorabentscheidungsersuchen diese Angaben enthält, den Gegenstand des Ausgangsrechtsstreits, die wesentlichen Argumente der Parteien des Ausgangsrechtsstreits, eine kurze Darstellung der Begründung der Vorlage sowie die angeführte Rechtsprechung und die angeführten Vorschriften des nationalen Rechts und des Unionsrechts.

(2) In den in Artikel 23 Absatz 3 der Satzung bezeichneten Fällen werden die Vorabentscheidungsersuchen den Vertragsstaaten des EWR-Abkommens, die nicht Mitgliedstaaten sind, und der EFTA-Überwachungsbehörde in der Originalfassung zusammen mit einer Übersetzung des Ersuchens, gegebenenfalls einer Zusammenfassung, in einer der in Artikel 36 genannten Sprachen zugestellt, die vom Empfänger zu wählen ist.

(3) Kann sich ein Drittstaat gemäß Artikel 23 Absatz 4 der Satzung an einem Vorabentscheidungsverfahren beteiligen, so wird ihm das Vorabentscheidungsersuchen in der Originalfassung zusammen mit einer Übersetzung des Ersuchens, gegebenenfalls einer Zusammenfassung, in einer der in Artikel 36 genannten Sprachen zugestellt, die von dem betreffenden Drittstaat zu wählen ist.

Art. 99 Antwort durch mit Gründen versehenen Beschluss. Wenn eine zur Vorabentscheidung vorgelegte Frage mit einer Frage übereinstimmt, über die der Gerichtshof bereits entschieden hat, wenn die Antwort auf eine solche Frage klar aus der Rechtsprechung abgeleitet werden kann oder wenn die Beantwortung der zur Vorabentscheidung vorgelegten Frage keinen Raum für vernünftige Zweifel lässt, kann der Gerichtshof auf Vorschlag des Berichterstatters und nach Anhörung des Generalanwalts jederzeit die Entscheidung treffen, durch mit Gründen versehenen Beschluss zu entscheiden.

Art. 100 Befassung des Gerichtshofs. (1) Der Gerichtshof bleibt mit einem Vorabentscheidungsersuchen befasst, solange das vorlegende Gericht es nicht zurückgenommen hat. Die Rücknahme eines Ersuchens kann bis zur Bekanntgabe des Termins der Urteilsverkündung an die in Artikel 23 der Satzung bezeichneten Beteiligten berücksichtigt werden.

(2) Der Gerichtshof kann jedoch jederzeit feststellen, dass die Voraussetzungen für seine Zuständigkeit nicht mehr erfüllt sind.

Art. 101 Ersuchen um Klarstellung. (1) Unbeschadet der in dieser Verfahrensordnung vorgesehenen prozessleitenden Maßnahmen und Beweisaufnahme kann der Gerichtshof nach Anhörung des Generalanwalts das vorlegende Gericht um Klarstellungen innerhalb einer von ihm festgesetzten Frist ersuchen.

(2) Die Antwort des vorlegenden Gerichts auf ein solches Ersuchen wird den in Artikel 23 der Satzung bezeichneten Beteiligten zugestellt.

Art. 102 Kosten des Vorabentscheidungsverfahrens. Die Entscheidung über die Kosten des Vorabentscheidungsverfahrens ist Sache des vorlegenden Gerichts.

Art. 103 Berichtigung von Urteilen und Beschlüssen.

(1) Schreib- oder Rechenfehler und offenbare Unrichtigkeiten in Urteilen und Beschlüssen können vom Gerichtshof von Amts wegen oder auf Antrag eines in Artikel 23 der Satzung bezeichneten Beteiligten, vorausgesetzt, ein solcher wird innerhalb von zwei Wochen nach Verkündung des Urteils oder Zustellung des Beschlusses gestellt, berichtigt werden.

(2) Der Gerichtshof entscheidet nach Anhörung des Generalanwalts.

(3) Die Urschrift des Beschlusses, der die Berichtigung ausspricht, wird mit der Urschrift der berichtigten Entscheidung verbunden. Ein Hinweis auf den Beschluss ist am Rande der Urschrift der berichtigten Entscheidung anzubringen.

Art. 104 Auslegung von Vorabentscheidungen. (1) Artikel 158 über die Auslegung von Urteilen und Beschlüssen findet keine Anwendung auf Entscheidungen, die in Beantwortung eines Vorabentscheidungsersuchens ergehen.

(2) Es ist Sache der nationalen Gerichte, zu beurteilen, ob sie sich durch eine Vorabentscheidung für hinreichend unterrichtet halten oder ob es ihnen erforderlich erscheint, den Gerichtshof erneut anzurufen.

Zweites Kapitel. Beschleunigtes Vorabentscheidungsverfahren

Art. 105 Beschleunigtes Verfahren. (1) Der Präsident des Gerichtshofs kann auf Antrag des vorlegenden Gerichts oder ausnahmsweise von Amts wegen, nach Anhörung des Berichterstatters und des Generalanwalts, entscheiden, eine Vorlage zur Vorabentscheidung einem beschleunigten Verfahren unter Abweichung von den Bestimmungen dieser Verfahrensordnung zu unterwerfen, wenn die Art der Rechtssache ihre rasche Erledigung erfordert.

(2) In diesem Fall bestimmt der Präsident umgehend den Termin für die mündliche Verhandlung, der den in Artikel 23 der Satzung bezeichneten Beteiligten mit der Zustellung des Vorabentscheidungsersuchens mitgeteilt wird.

(3) Die im vorstehenden Absatz genannten Beteiligten können innerhalb einer vom Präsidenten gesetzten Frist von mindestens 15 Tagen Schriftsätze oder schriftliche Erklärungen einreichen. Der Präsident kann diese Beteiligten auffordern, ihre Schriftsätze oder schriftlichen Erklärungen auf die wesentlichen mit dem Vorabentscheidungsersuchen aufgeworfenen Rechtsfragen zu beschränken.

(4) Die etwaigen Schriftsätze oder schriftlichen Erklärungen werden allen in Artikel 23 der Satzung bezeichneten Beteiligten vor der mündlichen Verhandlung übermittelt.

(5) Der Gerichtshof entscheidet nach Anhörung des Generalanwalts.

Art. 106 Übermittlung der Verfahrensschriftstücke. (1) Die im vorstehenden Artikel vorgesehenen Verfahrensschriftstücke gelten mit der Übermittlung einer Kopie des unterzeichneten Originals sowie der zur Unterstützung herangezogenen Belegstücke und Unterlagen mit dem in Artikel 57 Absatz 4 genannten Verzeichnis mittels Telefax oder sonstiger beim Gerichtshof vorhandener technischer Kommunikationsmittel an die Kanzlei als eingereicht. Das Original des Schriftstücks und die vorstehend genannten Anlagen sind der Kanzlei umgehend zu übermitteln.

(2) Die im vorstehenden Artikel vorgesehenen Zustellungen und Übermittlungen können durch Übersendung einer Kopie des Schriftstücks mittels Telefax oder sonstiger beim Gerichtshof und beim Empfänger vorhandener technischer Kommunikationsmittel bewirkt werden.

Drittes Kapitel. Eilvorabentscheidungsverfahren

Art. 107 Anwendungsbereich des Eilvorabentscheidungsverfahrens. (1) Eine Vorlage zur Vorabentscheidung, die eine oder mehrere Fragen zu den von Titel V des Dritten Teils des AEU-Vertrags erfassten Bereichen aufwirft, kann auf Antrag des vorlegenden Gerichts oder ausnahmsweise von Amts wegen einem Eilverfahren unter Abweichung von den Bestimmungen dieser Verfahrensordnung unterworfen werden.

(2) Das vorlegende Gericht stellt die rechtlichen und tatsächlichen Umstände dar, aus denen sich die Dringlichkeit ergibt und die die An-

wendung dieses abweichenden Verfahrens rechtfertigen, und gibt, soweit möglich, an, welche Antwort es auf die zur Vorabentscheidung vorgelegten Fragen vorschlägt.

(3) Hat das vorlegende Gericht keinen Antrag auf Durchführung des Eilverfahrens gestellt, so kann der Präsident des Gerichtshofs, wenn die Anwendung dieses Verfahrens dem ersten Anschein nach geboten ist, die in Artikel 108 bezeichnete Kammer zur Prüfung der Frage auffordern, ob es erforderlich ist, die Vorlage dem Eilverfahren zu unterwerfen.

Art. 108 Entscheidung über die Dringlichkeit. (1) Die Entscheidung, eine Vorlage dem Eilverfahren zu unterwerfen, wird von der für Eilverfahren bestimmten Kammer auf Vorschlag des Berichterstatters und nach Anhörung des Generalanwalts getroffen. Die Besetzung der Kammer wird, wenn die Anwendung des Eilverfahrens vom vorlegenden Gericht beantragt wird, am Tag der Zuweisung der Rechtssache an den Berichterstatter oder, wenn die Anwendung dieses Verfahrens auf Aufforderung durch den Präsidenten des Gerichtshofs geprüft wird, am Tag des Ergehens dieser Aufforderung gemäß Artikel 28 Absatz 2 bestimmt.

(2) Weist die Rechtssache einen Zusammenhang mit einer anhängigen Rechtssache auf, die einem Berichterstatter zugewiesen ist, der nicht der für Eilverfahren bestimmten Kammer angehört, so kann diese Kammer dem Präsidenten des Gerichtshofs vorschlagen, die Rechtssache jenem Berichterstatter zuzuweisen. Im Fall einer Neuzuweisung der Rechtssache an diesen Berichterstatter nimmt die Kammer mit fünf Richtern, der er angehört, für diese Rechtssache die Aufgaben der für Eilverfahren bestimmten Kammer wahr. Artikel 29 Absatz 1 findet Anwendung.

Art. 109 Schriftlicher Abschnitt des Eilverfahrens. (1) Wenn das vorlegende Gericht die Anwendung des Eilverfahrens beantragt hat oder der Präsident die für Eilverfahren bestimmte Kammer zur Prüfung der Frage aufgefordert hat, ob es erforderlich ist, die Vorlage dem Eilverfahren zu unterwerfen, so veranlasst der Kanzler sogleich die Zustellung des Vorabentscheidungsersuchens an die Parteien des Ausgangsrechtsstreits, den Mitgliedstaat des vorlegenden Gerichts, die Europäische Kommission und das Organ, von dem die Handlung, deren Gültigkeit oder Auslegung streitig ist, ausgegangen ist.

(2) Die Entscheidung, die Vorlage zur Vorabentscheidung dem Eilverfahren zu unterwerfen oder nicht zu unterwerfen, wird dem vorlegenden Gericht sowie den im vorstehenden Absatz bezeichneten Parteien, dem dort genannten Mitgliedstaat und den dort angeführten Organen umgehend zugestellt. In der Entscheidung, die Vorlage dem Eilverfahren zu unterwerfen, wird die Frist festgesetzt, innerhalb deren sie Schriftsätze oder schriftliche Erklärungen einreichen können. In der Entscheidung kann festgelegt werden, auf welche Rechtsfragen sich die

Schriftsätze und schriftlichen Erklärungen beziehen sollen und welche Länge sie höchstens haben dürfen.

(3) Nimmt ein Vorabentscheidungsersuchen Bezug auf ein in einem anderen Mitgliedstaat als dem des vorlegenden Gerichts geführtes Verwaltungs- oder Gerichtsverfahren, so kann der Gerichtshof diesen Mitgliedstaat auffordern, schriftlich oder in der mündlichen Verhandlung alle sachdienlichen Angaben zu machen.

(4) Sogleich nach der in Absatz 1 genannten Zustellung wird das Vorabentscheidungsersuchen außerdem den in Artikel 23 der Satzung bezeichneten Beteiligten, die nicht Adressaten dieser Zustellung sind, übermittelt, und die Entscheidung, die Vorlage dem Eilverfahren zu unterwerfen oder nicht zu unterwerfen, wird diesen Beteiligten sogleich nach der in Absatz 2 genannten Zustellung übermittelt.

(5) Die in Artikel 23 der Satzung bezeichneten Beteiligten werden so bald wie möglich vom voraussichtlichen Termin der mündlichen Verhandlung benachrichtigt.

(6) Wird die Vorlage nicht dem Eilverfahren unterworfen, bestimmt sich das Verfahren nach Artikel 23 der Satzung und den anwendbaren Vorschriften dieser Verfahrensordnung.

Art. 110 Zustellungen und Mitteilungen nach Abschluss des schriftlichen Verfahrens. (1) Wird eine Vorlage zur Vorabentscheidung dem Eilverfahren unterworfen, so werden das Vorabentscheidungsersuchen und die eingereichten Schriftsätze oder schriftlichen Erklärungen den in Artikel 23 der Satzung bezeichneten Beteiligten, die nicht zu den in Artikel 109 Absatz 1 genannten Parteien und Beteiligten zählen, zugestellt. Dem Vorabentscheidungsersuchen wird eine Übersetzung, gegebenenfalls nach Maßgabe des Artikels 98 eine Zusammenfassung, beigefügt.

(2) Die eingereichten Schriftsätze oder schriftlichen Erklärungen werden außerdem den in Artikel 109 Absatz 1 genannten Parteien und sonstigen Beteiligten zugestellt.

(3) Der Termin für die mündliche Verhandlung wird den in Artikel 23 der Satzung bezeichneten Beteiligten mit den Zustellungen nach den vorstehenden Absätzen mitgeteilt.

Art. 111 Absehen vom schriftlichen Verfahren. Die für Eilverfahren bestimmte Kammer kann in Fällen äußerster Dringlichkeit entscheiden, von dem in Artikel 109 Absatz 2 vorgesehenen schriftlichen Verfahren abzusehen.

Art. 112 Entscheidung in der Sache. Die für Eilverfahren bestimmte Kammer entscheidet nach Anhörung des Generalanwalts.

Art. 113 Spruchkörper. (1) Die für Eilverfahren bestimmte Kammer kann entscheiden, mit drei Richtern zu tagen. Sie ist in diesem

Fall mit dem Kammerpräsidenten, dem Berichterstatter und dem ersten oder gegebenenfalls den ersten beiden Richtern besetzt, die bei der Besetzung dieser Kammer nach Artikel 108 Absatz 1 anhand der in Artikel 28 Absatz 2 genannten Liste bestimmt werden.

(2) Die für Eilverfahren bestimmte Kammer kann auch beim Gerichtshof anregen, die Rechtssache an einen größeren Spruchkörper zu verweisen. Das Eilverfahren wird vor dem neuen Spruchkörper fortgeführt, gegebenenfalls nach Wiedereröffnung des mündlichen Verfahrens.

Art. 114 Übermittlung der Verfahrensschriftstücke. Die Übermittlung der Verfahrensschriftstücke erfolgt entsprechend Artikel 106.

Viertes Kapitel. Prozesskostenhilfe

Art. 115 Antrag auf Bewilligung von Prozesskostenhilfe.

(1) Ist eine Partei des Ausgangsrechtsstreits außerstande, die Kosten des Verfahrens ganz oder teilweise zu bestreiten, so kann sie jederzeit die Bewilligung von Prozesskostenhilfe beantragen.

(2) Dem Antrag sind alle Auskünfte und Belege beizufügen, die eine Beurteilung der wirtschaftlichen Lage des Antragstellers ermöglichen, wie etwa eine Bescheinigung einer zuständigen nationalen Stelle über die wirtschaftliche Lage.

(3) Hat der Antragsteller bereits Prozesskostenhilfe vor dem vorlegenden Gericht bezogen, so hat er den Beschluss dieses Gerichts vorzulegen und genau anzugeben, was von den bereits bewilligten Beträgen gedeckt ist.

Art. 116 Entscheidung über die Bewilligung von Prozesskostenhilfe. (1) Der Präsident weist den Antrag auf Bewilligung von Prozesskostenhilfe sogleich nach dessen Einreichung dem Berichterstatter für die Rechtssache zu, in der der Antrag gestellt worden ist.

(2) Die Kammer mit drei Richtern, der der Berichterstatter zugeteilt ist, entscheidet auf dessen Vorschlag und nach Anhörung des Generalanwalts, ob die Prozesskostenhilfe ganz oder teilweise bewilligt oder ob sie versagt wird. Der Spruchkörper ist in diesem Fall mit dem Kammerpräsidenten, dem Berichterstatter und dem ersten oder gegebenenfalls den ersten beiden Richtern besetzt, die anhand der in Artikel 28 Absatz 3 genannten Liste zu dem Zeitpunkt bestimmt werden, zu dem die Kammer vom Berichterstatter mit dem Antrag auf Bewilligung von Prozesskostenhilfe befasst wird.

(3) Gehört der Berichterstatter keiner Kammer mit drei Richtern an, so entscheidet die Kammer mit fünf Richtern, der er zugeteilt ist, unter denselben Voraussetzungen. Der Spruchkörper ist neben dem Berichterstatter mit vier Richtern besetzt, die anhand der in Artikel 28 Absatz 2 genannten Liste zu dem Zeitpunkt bestimmt werden, zu dem

die Kammer vom Berichterstatter mit dem Antrag auf Bewilligung von Prozesskostenhilfe befasst wird.

(4) Der Spruchkörper entscheidet durch Beschluss. Wird die Bewilligung von Prozesskostenhilfe ganz oder teilweise versagt, so ist die Versagung in dem Beschluss zu begründen.

Art. 117 Im Rahmen der Prozesskostenhilfe zu zahlende Beträge. Wird die Prozesskostenhilfe bewilligt, so trägt die Kasse des Gerichtshofs – gegebenenfalls in den vom Spruchkörper festgesetzten Grenzen – die Kosten der Unterstützung und der Vertretung des Antragstellers vor dem Gerichtshof. Auf Antrag des Antragstellers oder seines Vertreters kann ein Vorschuss auf diese Kosten ausbezahlt werden.

Art. 118 Entziehung der Prozesskostenhilfe. Der Spruchkörper, der über den Antrag auf Bewilligung von Prozesskostenhilfe entschieden hat, kann diese jederzeit von Amts wegen oder auf Antrag entziehen, wenn sich die Voraussetzungen, unter denen sie bewilligt wurde, im Laufe des Verfahrens ändern.

Vierter Titel. Klageverfahren

Erstes Kapitel. Vertretung der Parteien

Art. 119 Vertretungszwang. (1) Die Parteien können nur durch ihren Bevollmächtigten oder Anwalt vertreten werden.

(2) Die Bevollmächtigten und Anwälte haben bei der Kanzlei eine amtliche Urkunde oder eine Vollmacht der Partei, die sie vertreten, zu hinterlegen.

(3) Anwälte, die als Beistand oder Vertreter einer Partei auftreten, haben bei der Kanzlei außerdem einen Ausweis zu hinterlegen, mit dem ihre Berechtigung, vor einem Gericht eines Mitgliedstaats oder eines anderen Vertragsstaats des EWR-Abkommens aufzutreten, bescheinigt wird.

(4) Werden diese Papiere nicht hinterlegt, so setzt der Kanzler der betroffenen Partei eine angemessene Frist zur Beibringung der Papiere. In Ermangelung einer fristgemäßen Beibringung entscheidet der Präsident nach Anhörung des Berichterstatters und des Generalanwalts, ob die Nichtbeachtung dieser Förmlichkeit die formale Unzulässigkeit der Klageschrift oder des Schriftsatzes zur Folge hat. Der Präsident kann die Entscheidung, wenn er dies für erforderlich erachtet, dem Gerichtshof übertragen.

Zweites Kapitel. Schriftliches Verfahren

Art. 120 Inhalt der Klageschrift. Die Klageschrift im Sinne von Artikel 21 der Satzung muss enthalten:

a) Namen und Wohnsitz des Klägers;

b) die Bezeichnung des Beklagten;

c) den Streitgegenstand, die geltend gemachten Klagegründe und Argumente sowie eine kurze Darstellung der Klagegründe;

d) die Anträge des Klägers;

e) gegebenenfalls die Beweise und Beweisangebote.

Art. 121 Angaben für Zustellungen. (1) Die Klageschrift muss für die Zwecke des Verfahrens eine Zustellungsanschrift enthalten. Dazu ist der Name einer Person anzugeben, die ermächtigt ist und sich bereit erklärt hat, die Zustellungen entgegenzunehmen.

(2) Zusätzlich zu oder statt der in Absatz 1 genannten Zustellungsanschrift kann in der Klageschrift angegeben werden, dass sich der Anwalt oder Bevollmächtigte damit einverstanden erklärt, dass Zustellungen an ihn mittels Telefax oder sonstiger technischer Kommunikationsmittel bewirkt werden.

(3) Entspricht die Klageschrift nicht den in Absatz 1 oder 2 genannten Voraussetzungen, so setzt der Kanzler dem Kläger eine angemessene Frist zur Beibringung der vorstehend genannten Unterlagen. Bei Ausbleiben dieser Mängelbehebung entscheidet der Präsident nach Anhörung des Berichterstatters und des Generalanwalts, ob die Nichtbeachtung dieser Voraussetzungen die formale Unzulässigkeit der Klageschrift zur Folge hat. Der Präsident kann die Entscheidung, wenn er dies für erforderlich erachtet, dem Gerichtshof übertragen.

Art. 122 Anlagen zur Klageschrift. (1) Der Klageschrift sind gegebenenfalls die in Artikel 21 Absatz 2 der Satzung bezeichneten Unterlagen beizufügen.

(2) Bei Klagen gemäß Artikel 273 AEUV ist der Klageschrift eine Ausfertigung des zwischen den beteiligten Mitgliedstaaten abgeschlossenen Schiedsvertrags beizufügen.

(3) Entspricht die Klageschrift nicht den in Absatz 1 oder 2 genannten Voraussetzungen, so setzt der Kanzler dem Kläger eine angemessene Frist zur Beibringung der vorstehend genannten Unterlagen. Bei Ausbleiben dieser Mängelbehebung entscheidet der Gerichtshof nach Anhörung des Berichterstatters und des Generalanwalts, ob die Nichtbeachtung dieser Voraussetzungen die formale Unzulässigkeit der Klageschrift zur Folge hat.

Art. 123 Zustellung der Klageschrift. Die Klageschrift wird dem Beklagten zugestellt. In den Fällen der Artikel 119 Absatz 4 und 122 Absatz 3 erfolgt die Zustellung sogleich nach der Mängelbehebung oder nachdem der Präsident oder der Gerichtshof in Anbetracht der in diesen beiden Artikeln aufgeführten Voraussetzungen die Zulässigkeit bejaht hat.

Art. 124 Inhalt der Klagebeantwortung. (1) Innerhalb von zwei Monaten nach Zustellung der Klageschrift hat der Beklagte eine Klagebeantwortung einzureichen. Diese muss enthalten:

a) Namen und Wohnsitz des Beklagten;

b) die geltend gemachten Verteidigungsgründe und -argumente;

c) die Anträge des Beklagten;

d) gegebenenfalls die Beweise und Beweisangebote.

(2) Artikel 121 findet auf die Klagebeantwortung Anwendung.

(3) Der Präsident kann die in Absatz 1 vorgesehene Frist auf gebührend begründeten Antrag des Beklagten ausnahmsweise verlängern.

Art. 125 Übermittlung von Schriftsätzen. Sind das Europäische Parlament, der Rat oder die Europäische Kommission nicht Partei einer Rechtssache, so übermittelt ihnen der Gerichtshof eine Kopie der Klageschrift und der Klagebeantwortung mit Ausnahme der diesen Schriftsätzen beigefügten Anlagen, damit sie feststellen können, ob im Sinne des Artikels 277 AEUV die Unanwendbarkeit eines ihrer Rechtsakte geltend gemacht wird.

Art. 126 Erwiderung und Gegenerwiderung. (1) Die Klageschrift und die Klagebeantwortung können durch eine Erwiderung des Klägers und eine Gegenerwiderung des Beklagten ergänzt werden.

(2) Der Präsident bestimmt die Fristen für die Einreichung dieser Verfahrensschriftstücke. Er kann festlegen, auf welche Punkte sich die Erwiderung und die Gegenerwiderung beziehen sollten.

Drittes Kapitel. Klage- und Verteidigungsgründe, Beweise

Art. 127 Neue Klage- und Verteidigungsgründe. (1) Das Vorbringen neuer Klage- und Verteidigungsgründe im Laufe des Verfahrens ist unzulässig, es sei denn, dass sie auf rechtliche oder tatsächliche Gesichtspunkte gestützt werden, die erst während des Verfahrens zutage getreten sind.

(2) Unbeschadet der späteren Entscheidung über die Zulässigkeit des Klage- oder Verteidigungsgrundes kann der Präsident der Gegenpartei auf Vorschlag des Berichterstatters und nach Anhörung des Generalanwalts eine Frist zur Erwiderung auf diesen Klage- oder Verteidigungsgrund setzen.

Art. 128 Beweise und Beweisangebote. (1) Die Parteien können für ihr Vorbringen noch in der Erwiderung oder in der Gegenerwiderung Beweise oder Beweisangebote vorlegen. Sie haben die Verspätung der Vorlage zu begründen.

(2) Ausnahmsweise können die Parteien noch nach Abschluss des schriftlichen Verfahrens Beweise oder Beweisangebote vorlegen. Sie haben die Verspätung der Vorlage zu begründen. Der Präsident kann der Gegenpartei auf Vorschlag des Berichterstatters und nach Anhö-

rung des Generalanwalts eine Frist zur Stellungnahme zu diesen Beweisen oder Beweisangeboten setzen.

Viertes Kapitel. Streithilfe

Art. 129 Gegenstand und Wirkungen der Streithilfe. (1) Die Streithilfe kann nur die völlige oder teilweise Unterstützung der Anträge einer Partei zum Gegenstand haben. Sie verleiht nicht die gleichen Verfahrensrechte, wie sie den Parteien zustehen, und insbesondere nicht das Recht, eine mündliche Verhandlung zu beantragen.

(2) Die Streithilfe ist akzessorisch zum Rechtsstreit zwischen den Hauptparteien. Sie wird gegenstandslos, wenn die Rechtssache im Register des Gerichtshofs nach Klagerücknahme oder nach einer Vereinbarung zwischen diesen Parteien gestrichen wird oder wenn die Klage für unzulässig erklärt wird.

(3) Der Streithelfer muss den Rechtsstreit in der Lage annehmen, in der dieser sich zum Zeitpunkt des Streitbeitritts befindet.

(4) Ein Antrag auf Zulassung zur Streithilfe, der nach Ablauf der in Artikel 130 bezeichneten Frist, aber vor der in Artikel 60 Absatz 4 vorgesehenen Entscheidung über die Eröffnung des mündlichen Verfahrens gestellt wird, kann berücksichtigt werden. In diesem Fall kann der Streithelfer, wenn der Präsident die Streithilfe zulässt, in der mündlichen Verhandlung Stellung nehmen, wenn eine solche stattfindet.

Art. 130 Antrag auf Zulassung zur Streithilfe. (1) Anträge auf Zulassung zur Streithilfe müssen innerhalb von sechs Wochen nach der Veröffentlichung im Sinne des Artikels 21 Absatz 4 gestellt werden.

(2) Der Antrag auf Zulassung zur Streithilfe muss enthalten:

a) die Bezeichnung der Rechtssache;

b) die Bezeichnung der Hauptparteien;

c) Namen und Wohnsitz des Antragstellers;

d) die Anträge, zu deren Unterstützung der Antragsteller beitreten möchte;

e) die Darstellung der Umstände, aus denen sich das Recht zum Streitbeitritt ergibt, wenn der Antrag gemäß Artikel 40 Absatz 2 oder 3 der Satzung gestellt wird.

(3) Der Streithelfer muss gemäß Artikel 19 der Satzung vertreten werden.

(4) Die Artikel 119, 121 und 122 finden Anwendung.

Art. 131 Entscheidung über den Antrag auf Zulassung zur Streithilfe. (1) Der Antrag auf Zulassung zur Streithilfe wird den Parteien zugestellt, um ihre etwaige schriftliche oder mündliche Stellungnahme zu diesem Antrag einzuholen.

(2) Wird der Antrag gemäß Artikel 40 Absatz 1 der Satzung gestellt, so wird die Streithilfe durch Entscheidung des Präsidenten zugelassen und dem Streithelfer sind alle den Parteien zugestellten Verfahrensschriftstücke zu übermitteln, es sei denn, die Parteien haben innerhalb von zehn Tagen nach der Zustellung im Sinne von Absatz 1 geheime oder vertrauliche Belegstücke oder Unterlagen, deren Übermittlung an den Streithelfer ihnen zum Nachteil gereichen kann, bezeichnet. In diesem Fall entscheidet der Präsident über den Antrag auf Zulassung zur Streithilfe nach Anhörung des Berichterstatters und des Generalanwalts durch Beschluss, und dem Streithelfer sind alle den Parteien zugestellten Verfahrensschriftstücke zu übermitteln, mit Ausnahme gegebenenfalls der geheimen oder vertraulichen Belegstücke oder Dokumente, die von der Übermittlung ausgenommen sind.

(3) Wird der Antrag gemäß Artikel 40 Absatz 2 der Satzung gestellt, so entscheidet der Präsident über den Antrag auf Zulassung zur Streithilfe nach Anhörung des Berichterstatters und des Generalanwalts durch Beschluss oder überträgt die Entscheidung dem Gerichtshof. Wird dem Antrag auf Zulassung zur Streithilfe stattgegeben, so sind dem Streithelfer alle den Parteien zugestellten Verfahrensschriftstücke zu übermitteln, mit Ausnahme gegebenenfalls der geheimen oder vertraulichen Belegstücke oder Dokumente, die von der Übermittlung ausgenommen sind.

(4) Wird der Antrag gemäß Artikel 40 Absatz 3 der Satzung gestellt, so wird die Streithilfe durch Entscheidung des Präsidenten; zugelassen und dem Streithelfer sind alle den Parteien zugestellten Verfahrensschriftstücke zu übermitteln, es sei denn, die Parteien haben innerhalb von zehn Tagen nach der Zustellung im Sinne von Absatz 1 zu dem Antrag auf Zulassung zur Streithilfe Stellung genommen oder innerhalb derselben Frist geheime oder vertrauliche Belegstücke oder Unterlagen, deren Übermittlung an den Streithelfer ihnen zum Nachteil gereichen kann, bezeichnet. In diesem Fall entscheidet der Präsident über den Antrag auf Zulassung zur Streithilfe nach Anhörung des Berichterstatters und des Generalanwalts durch Beschluss, und dem Streithelfer sind alle den Parteien zugestellten Verfahrensschriftstücke zu übermitteln, mit Ausnahme gegebenenfalls der geheimen oder vertraulichen Belegstücke oder Dokumente, die von der Übermittlung ausgenommen sind.

Art. 132 Einreichung der Schriftsätze. (1) Der Streithelfer kann innerhalb eines Monats nach Übermittlung der im vorstehenden Artikel bezeichneten Verfahrensschriftstücke einen Streithilfeschriftsatz einreichen. Diese Frist kann vom Präsidenten auf gebührend begründeten Antrag des Streithelfers verlängert werden.

(2) Der Streithilfeschriftsatz muss enthalten:

a) die Anträge des Streithelfers, die der vollständigen oder teilweisen Unterstützung der Anträge einer Partei zu dienen bestimmt sind;

b) die vom Streithelfer geltend gemachten Gründe und Argumente;

c) gegebenenfalls die Beweise und Beweisangebote.

(3) Nach Einreichung des Streithilfeschriftsatzes setzt der Präsident den Parteien gegebenenfalls eine Frist, innerhalb deren sie sich zu diesem Schriftsatz äußern können.

Fünftes Kapitel. Beschleunigtes Verfahren

Art. 133 Entscheidung über das beschleunigte Verfahren. (1) Der Präsident des Gerichtshofs kann auf Antrag des Klägers oder des Beklagten und nach Anhörung der Gegenpartei, des Berichterstatters und des Generalanwalts entscheiden, eine Rechtssache einem beschleunigten Verfahren unter Abweichung von den Bestimmungen dieser Verfahrensordnung zu unterwerfen, wenn die Art der Rechtssache ihre rasche Erledigung erfordert.

(2) Der Antrag, eine Rechtssache dem beschleunigten Verfahren zu unterwerfen, ist mit gesondertem Schriftsatz gleichzeitig mit der Klageschrift oder der Klagebeantwortung einzureichen.

(3) Der Präsident kann eine solche Entscheidung ausnahmsweise auch von Amts wegen nach Anhörung der Parteien, des Berichterstatters und des Generalanwalts treffen.

Art. 134 Schriftliches Verfahren. (1) Wird ein beschleunigtes Verfahren durchgeführt, so können die Klageschrift und die Klagebeantwortung nur dann durch eine Erwiderung und eine Gegenerwiderung ergänzt werden, wenn der Präsident dies nach Anhörung des Berichterstatters und des Generalanwalts für erforderlich hält.

(2) Streithelfer können einen Streithilfeschriftsatz nur dann einreichen, wenn der Präsident dies nach Anhörung des Berichterstatters und des Generalanwalts für erforderlich hält.

Art. 135 Mündliches Verfahren. (1) Der Präsident bestimmt sogleich nach Eingang der Klagebeantwortung oder, wenn die Entscheidung, die Rechtssache einem beschleunigten Verfahren zu unterwerfen, erst nach Eingang dieses Schriftsatzes ergeht, sogleich nach dieser Entscheidung den Termin für die mündliche Verhandlung, der umgehend den Parteien mitgeteilt wird. Er kann den Termin für die mündliche Verhandlung verschieben, wenn eine Beweisaufnahme durchzuführen ist oder prozessleitende Maßnahmen es gebieten.

(2) Unbeschadet der Artikel 127 und 128 können die Parteien im mündlichen Verfahren ihr Vorbringen ergänzen und Beweise oder Beweisangebote vorlegen. Sie haben die Verspätung des Vorbringens oder der Vorlage zu begründen.

Art. 136 Entscheidung in der Sache. Der Gerichtshof entscheidet nach Anhörung des Generalanwalts.

Sechstes Kapitel. Kosten

Art. 137 Entscheidung über die Kosten. Über die Kosten wird im Endurteil oder in dem das Verfahren beendenden Beschluss entschieden.

Art. 138 Allgemeine Kostentragungsregeln. (1) Die unterliegende Partei ist auf Antrag zur Tragung der Kosten zu verurteilen.

(2) Unterliegen mehrere Parteien, so entscheidet der Gerichtshof über die Verteilung der Kosten.

(3) Wenn jede Partei teils obsiegt, teils unterliegt, trägt jede Partei ihre eigenen Kosten. Der Gerichtshof kann jedoch entscheiden, dass eine Partei außer ihren eigenen Kosten einen Teil der Kosten der Gegenpartei trägt, wenn dies in Anbetracht der Umstände des Einzelfalls gerechtfertigt erscheint.

Art. 139 Ohne angemessenen Grund oder böswillig verursachte Kosten. Der Gerichtshof kann auch der obsiegenden Partei die

(Fortsetzung nächstes Blatt)

Kosten auferlegen, die sie der Gegenpartei ohne angemessenen Grund oder böswillig verursacht hat.

Art. 140 Kosten der Streithelfer. (1) Die Mitgliedstaaten und die Organe, die dem Rechtsstreit als Streithelfer beigetreten sind, tragen ihre eigenen Kosten.

(2) Die Vertragsstaaten des EWR-Abkommens, die nicht Mitgliedstaaten sind, und die EFTA-Überwachungsbehörde tragen ebenfalls ihre eigenen Kosten, wenn sie dem Rechtsstreit als Streithelfer beigetreten sind.

(3) Der Gerichtshof kann entscheiden, dass ein anderer Streithelfer als die in den vorstehenden Absätzen genannten seine eigenen Kosten trägt.

Art. 141 Kosten bei Klage- oder Antragsrücknahme.
(1) Nimmt eine Partei die Klage oder einen Antrag zurück, so wird sie zur Tragung der Kosten verurteilt, wenn die Gegenpartei dies in ihrer Stellungnahme zu der Rücknahme beantragt.

(2) Die Kosten werden jedoch auf Antrag der Partei, die die Rücknahme erklärt, der Gegenpartei auferlegt, wenn dies wegen des Verhaltens dieser Partei gerechtfertigt erscheint.

(3) Einigen sich die Parteien über die Kosten, so wird gemäß der Vereinbarung entschieden.

(4) Werden keine Kostenanträge gestellt, so trägt jede Partei ihre eigenen Kosten.

Art. 142 Kosten bei Erledigung der Hauptsache. Erklärt der Gerichtshof die Hauptsache für erledigt, so entscheidet er über die Kosten nach freiem Ermessen.

Art. 143 Verfahrenskosten. Das Verfahren vor dem Gerichtshof ist vorbehaltlich der nachstehenden Bestimmungen kostenfrei:

a) Der Gerichtshof kann nach Anhörung des Generalanwalts Kosten, die vermeidbar gewesen wären, der Partei auferlegen, die sie veranlasst hat.
b) Kosten für Schreib- und Übersetzungsarbeiten, die nach Ansicht des Kanzlers das gewöhnliche Maß überschreiten, hat die Partei, die diese Arbeiten beantragt hat, nach Maßgabe der in Artikel 22 bezeichneten Gebührenordnung der Kanzlei zu erstatten.

Art. 144 Erstattungsfähige Kosten. Unbeschadet des vorstehenden Artikels gelten als erstattungsfähige Kosten:

a) Leistungen an Zeugen und Sachverständige gemäß Artikel 73;
b) Aufwendungen der Parteien, die für das Verfahren notwendig waren, insbesondere Reise- und Aufenthaltskosten sowie die Vergütung der Bevollmächtigten, Beistände oder Anwälte.

Art. 145 Streitigkeiten über die erstattungsfähigen Kosten. (1) Bei Streitigkeiten über die erstattungsfähigen Kosten entscheidet die Kammer mit drei Richtern, der der für die Rechtssache zuständige Berichterstatter zugeteilt ist, auf Antrag einer Partei und nach Anhörung der Gegenpartei sowie des Generalanwalts durch Beschluss. Der Spruchkörper ist in diesem Fall mit dem Kammerpräsidenten, dem Berichterstatter und dem ersten oder gegebenenfalls den ersten beiden Richtern besetzt, die anhand der in Artikel 28 Absatz 3 genannten Liste zu dem Zeitpunkt bestimmt werden, zu dem die Kammer vom Berichterstatter mit der Streitigkeit befasst wird.

(2) Gehört der Berichterstatter keiner Kammer mit drei Richtern an, so entscheidet die Kammer mit fünf Richtern, der er zugeteilt ist, unter denselben Voraussetzungen. Der Spruchkörper ist neben dem Berichterstatter mit vier Richtern besetzt, die anhand der in Artikel 28 Absatz 2 genannten Liste zu dem Zeitpunkt bestimmt werden, zu dem die Kammer vom Berichterstatter mit der Streitigkeit befasst wird.

(3) Die Parteien können eine Ausfertigung des Beschlusses zum Zweck der Vollstreckung beantragen.

Art. 146 Zahlungsmodalitäten. (1) Die Kasse des Gerichtshofs und dessen Schuldner leisten ihre Zahlungen in Euro.

(2) Sind die zu erstattenden Auslagen in einer anderen Währung als dem Euro entstanden oder sind die Handlungen, deretwegen die Zahlung geschuldet wird, in einem Land vorgenommen worden, dessen Währung nicht der Euro ist, so ist der Umrechnung der am Zahlungstag geltende Referenzwechselkurs der Europäischen Zentralbank zugrunde zu legen.

Siebtes Kapitel. Gütliche Einigung, Klagerücknahme, Erledigung der Hauptsache und Zwischenstreit

Art. 147 Gütliche Einigung. (1) Einigen sich die Parteien auf eine Lösung zur Beilegung des Rechtsstreits, bevor der Gerichtshof entschieden hat, und erklären sie gegenüber dem Gerichtshof, dass sie auf die Geltendmachung ihrer Ansprüche verzichten, so beschließt der Präsident durch Beschluss die Streichung der Rechtssache im Register und entscheidet gemäß Artikel 141 über die Kosten, gegebenenfalls unter Berücksichtigung der insoweit von den Parteien gemachten Vorschläge.

(2) Absatz 1 findet keine Anwendung auf Klagen im Sinne der Artikel 263 AEUV und 265 AEUV.

Art. 148 Klagerücknahme. Erklärt der Kläger gegenüber dem Gerichtshof schriftlich oder in der mündlichen Verhandlung die Rücknahme der Klage, so beschließt der Präsident die Streichung der Rechtssache im Register und entscheidet gemäß Artikel 141 über die Kosten.

Art. 149 Erledigung der Hauptsache. Stellt der Gerichtshof fest, dass die Klage gegenstandslos geworden und die Hauptsache erledigt ist, so kann er auf Vorschlag des Berichterstatters und nach Anhörung der Parteien und des Generalanwalts jederzeit von Amts wegen die Entscheidung treffen, durch mit Gründen versehenen Beschluss zu entscheiden. Er entscheidet über die Kosten.

Art. 150 Unverzichtbare Prozessvoraussetzungen. Der Gerichtshof kann auf Vorschlag des Berichterstatters und nach Anhörung der Parteien und des Generalanwalts jederzeit von Amts wegen die Entscheidung treffen, durch mit Gründen versehenen Beschluss darüber zu entscheiden, ob unverzichtbare Prozessvoraussetzungen fehlen.

Art. 151 Prozesshindernde Einreden und Zwischenstreit.

(1) Will eine Partei vorab eine Entscheidung des Gerichtshofs über eine prozesshindernde Einrede oder einen Zwischenstreit herbeiführen, so hat sie dies mit gesondertem Schriftsatz zu beantragen.

(2) Die Antragsschrift muss eine Darstellung der sie tragenden Gründe und Argumente, die Anträge und als Anlage die zur Unterstützung herangezogenen Belegstücke und Unterlagen enthalten.

(3) Sogleich nach Eingang der Antragsschrift setzt der Präsident der Gegenpartei eine Schriftsatzfrist zur Einreichung ihrer Gründe und Anträge.

(4) Über den Antrag wird mündlich verhandelt, sofern der Gerichtshof nichts anderes bestimmt.

(5) Nach Anhörung des Generalanwalts entscheidet der Gerichtshof so bald wie möglich über den Antrag oder behält die Entscheidung dem Endurteil vor, wenn besondere Umstände dies rechtfertigen.

(6) Weist der Gerichtshof den Antrag zurück oder behält er die Entscheidung dem Endurteil vor, so bestimmt der Präsident neue Fristen für die Fortsetzung des Verfahrens.

Achtes Kapitel. Versäumnisurteil

Art. 152 Versäumnisurteil. (1) Reicht der Beklagte, gegen den ordnungsgemäß Klage erhoben ist, seine Klagebeantwortung nicht form- und fristgerecht ein, so kann der Kläger beim Gerichtshof Versäumnis-urteil beantragen.

(2) Der Antrag wird dem Beklagten zugestellt. Der Gerichtshof kann entscheiden, das mündliche Verfahren über den Antrag zu eröffnen.

(3) Vor Erlass eines Versäumnisurteils prüft der Gerichtshof nach Anhörung des Generalanwalts, ob die Klage zulässig ist, ob die Formerfordernisse ordnungsgemäß erfüllt worden sind und ob die Anträge des Klägers begründet erscheinen. Er kann prozessleitende Maßnahmen ergreifen oder eine Beweisaufnahme beschließen.

(4) Das Versäumnisurteil ist vollstreckbar. Der Gerichtshof kann jedoch die Vollstreckung aussetzen, bis er über einen gemäß Artikel 156 eingelegten Einspruch entschieden hat, oder sie von der Leistung einer Sicherheit abhängig machen, deren Höhe und Art nach Maßgabe der Umstände festzusetzen sind; wird kein Einspruch eingelegt oder wird der Einspruch zurückgewiesen, so ist die Sicherheit freizugeben.

Neuntes Kapitel. Anträge und Rechtsbehelfe in Bezug auf Urteile und Beschlüsse

Art. 153 Zuständiger Spruchkörper. (1) Anträge und Rechtsbehelfe im Sinne dieses Kapitels mit Ausnahme der Anträge gemäß Artikel 159 werden dem Berichterstatter für die Rechtssache, auf die sich der Antrag oder Rechtsbehelf bezieht, zugewiesen und an den Spruchkörper verwiesen, der in dieser Rechtssache entschieden hat.

(2) Bei Verhinderung des Berichterstatters weist der Präsident des Gerichtshofs den Antrag oder Rechtsbehelf im Sinne dieses Kapitels einem Richter zu, der dem Spruchkörper angehörte, der in der von dem Antrag oder Rechtsbehelf betroffenen Rechtssache entschieden hat.

(3) Ist ein Erreichen der gemäß Artikel 17 der Satzung für die Beschlussfähigkeit erforderlichen Zahl von Richtern nicht mehr möglich, so wird der Antrag oder Rechtsbehelf vom Gerichtshof auf Vorschlag des Berichterstatters und nach Anhörung des Generalanwalts an einen neuen Spruchkörper verwiesen.

Art. 154 Berichtigung. (1) Unbeschadet der Bestimmungen über die Auslegung von Urteilen und Beschlüssen können Schreib- oder Rechenfehler und offenbare Unrichtigkeiten vom Gerichtshof von Amts wegen oder auf Antrag einer Partei, vorausgesetzt, ein solcher wird innerhalb von zwei Wochen nach Verkündung des Urteils oder Zustellung des Beschlusses gestellt, berichtigt werden.

(2) Bezieht sich ein Berichtigungsantrag auf die Entscheidungsformel oder einen sie tragenden Entscheidungsgrund, so können die Parteien, die vom Kanzler ordnungsgemäß benachrichtigt werden, innerhalb einer vom Präsidenten gesetzten Frist schriftlich Stellung nehmen.

(3) Der Gerichtshof entscheidet nach Anhörung des Generalanwalts.

(4) Die Urschrift des Beschlusses, der die Berichtigung ausspricht, wird mit der Urschrift der berichtigten Entscheidung verbunden. Ein Hinweis auf den Beschluss ist am Rande der Urschrift der berichtigten Entscheidung anzubringen.

Art. 155 Unterlassen einer Entscheidung. (1) Hat der Gerichtshof eine Entscheidung über einen einzelnen Punkt der Anträge oder die Kostenentscheidung unterlassen, so hat die Partei, die dies geltend machen möchte, ihn innerhalb eines Monats nach Zustellung der Entscheidung durch Antragsschrift anzurufen.

(2) Die Antragsschrift wird der Gegenpartei zugestellt, der vom Präsidenten eine Frist zur schriftlichen Stellungnahme gesetzt wird.

(3) Nach Eingang dieser Stellungnahme entscheidet der Gerichtshof nach Anhörung des Generalanwalts zugleich über die Zulässigkeit und die Begründetheit des Antrags.

Art. 156 Einspruch. (1) Gegen das Versäumnisurteil kann gemäß Artikel 41 der Satzung Einspruch eingelegt werden.

(2) Der Einspruch ist innerhalb eines Monats nach Zustellung des Urteils einzulegen; für ihn gelten die Formvorschriften der Artikel 120 bis 122.

(3) Nach der Zustellung des Einspruchs setzt der Präsident der Gegenpartei eine Frist zur schriftlichen Stellungnahme.

(4) Auf das weitere Verfahren finden die Artikel 59 bis 92 Anwendung.

(5) Der Gerichtshof entscheidet durch Urteil, gegen das weiterer Einspruch nicht zulässig ist.

(6) Die Urschrift dieses Urteils wird mit der Urschrift des Versäumnisurteils verbunden. Ein Hinweis auf das Urteil über den Einspruch ist am Rande der Urschrift des Versäumnisurteils anzubringen.

Art. 157 Drittwiderspruch. (1) Auf den Drittwiderspruch nach Artikel 42 der Satzung finden die Artikel 120 bis 122 Anwendung; er muss ferner enthalten:

a) die Bezeichnung des angefochtenen Urteils oder Beschlusses;
b) die Angabe, in welchen Punkten die angefochtene Entscheidung die Rechte des Dritten beeinträchtigt;
c) die Gründe, aus denen der Dritte nicht in der Lage war, sich an dem Rechtsstreit zu beteiligen.

(2) Der Drittwiderspruch ist gegen sämtliche Parteien des Rechtsstreits zu richten.

(3) Der Drittwiderspruch muss innerhalb von zwei Monaten nach der Veröffentlichung der Entscheidung im *Amtsblatt der Europäischen Union* eingelegt werden.

(4) Auf Antrag des Dritten kann die Aussetzung der Vollstreckung der angefochtenen Entscheidung beschlossen werden. Die Bestimmungen des Zehnten Kapitels dieses Titels finden Anwendung.

(5) Die angefochtene Entscheidung wird insoweit geändert, als dem Drittwiderspruch stattgegeben wird.

(6) Die Urschrift des Urteils über den Drittwiderspruch wird mit der Urschrift der angefochtenen Entscheidung verbunden. Ein Hinweis auf

das Urteil über den Drittwiderspruch ist am Rande der Urschrift der angefochtenen Entscheidung anzubringen.

Art. 158 Auslegung. (1) Der Gerichtshof ist nach Artikel 43 der Satzung bei Zweifeln über Sinn und Tragweite eines Urteils oder Beschlusses zuständig, das Urteil oder den Beschluss auf Antrag einer Partei oder eines Organs der Union auszulegen, wenn die Partei oder das Organ ein Interesse hieran glaubhaft macht.

(2) Der Auslegungsantrag ist innerhalb von zwei Jahren nach dem Tag der Verkündung des Urteils oder der Zustellung des Beschlusses zu stellen.

(3) Auf den Auslegungsantrag finden die Artikel 120 bis 122 Anwendung. Er muss ferner bezeichnen:

a) die auszulegende Entscheidung;

b) die Stellen, deren Auslegung beantragt wird.

(4) Er ist gegen sämtliche Parteien des Rechtsstreits zu richten, in dem die Entscheidung, deren Auslegung beantragt wird, ergangen ist.

(5) Der Gerichtshof entscheidet, nachdem er den Parteien Gelegenheit zur Stellungnahme gegeben hat, nach Anhörung des Generalanwalts.

(6) Die Urschrift der auslegenden Entscheidung wird mit der Urschrift der ausgelegten Entscheidung verbunden. Ein Hinweis auf die auslegende Entscheidung ist am Rande der Urschrift der ausgelegten Entscheidung anzubringen.

Art. 159 Wiederaufnahme. (1) Die Wiederaufnahme des Verfahrens kann nach Artikel 44 der Satzung beim Gerichtshof nur beantragt werden, wenn eine Tatsache von entscheidender Bedeutung bekannt wird, die vor Verkündung des Urteils oder Zustellung des Beschlusses dem Gerichtshof und der die Wiederaufnahme beantragenden Partei unbekannt war.

(2) Unbeschadet der in Artikel 44 Absatz 3 der Satzung vorgesehenen Frist von zehn Jahren ist die Wiederaufnahme innerhalb von drei Monaten nach dem Tag zu beantragen, an dem der Antragsteller Kenntnis von der Tatsache erhalten hat, auf die er seinen Wiederaufnahmeantrag stützt.

(3) Auf den Wiederaufnahmeantrag finden die Artikel 120 bis 122 Anwendung. Er muss ferner enthalten:

a) die Bezeichnung des angefochtenen Urteils oder Beschlusses;

b) die Angabe der Punkte, in denen die Entscheidung angefochten wird;

c) die Bezeichnung der Tatsachen, auf die der Antrag gestützt wird;

d) die Benennung der Beweismittel für das Vorliegen der Tatsachen, die die Wiederaufnahme rechtfertigen, und für die Wahrung der in Absatz 2 genannten Fristen.

(4) Der Wiederaufnahmeantrag ist gegen sämtliche Parteien des Verfahrens zu richten, dessen Wiederaufnahme beantragt wird.

(5) Der Gerichtshof entscheidet nach Anhörung des Generalanwalts in Ansehung der schriftlichen Stellungnahmen der Parteien durch Beschluss über die Zulässigkeit des Antrags, ohne der Entscheidung in der Sache vorzugreifen.

(6) Erklärt der Gerichtshof den Antrag für zulässig, so fährt er mit der Prüfung in der Sache fort und entscheidet durch Urteil gemäß den Bestimmungen dieser Verfahrensordnung.

(7) Die Urschrift des abändernden Urteils wird mit der Urschrift der abgeänderten Entscheidung verbunden. Ein Hinweis auf das abändernde Urteil ist am Rande der Urschrift der abgeänderten Entscheidung anzubringen.

Art. 159a Offensichtlich unzulässige oder offensichtlich unbegründete Anträge und Rechtsbehelfe. Ist ein Antrag oder ein Rechtsbehelf im Sinne dieses Kapitels ganz oder teilweise offensichtlich unzulässig oder offensichtlich unbegründet, so kann der Gerichtshof ihn jederzeit nach Anhörung des Berichterstatters und des Generalanwalts ganz oder teilweise durch mit Gründen versehenen Beschluss zurückweisen.

Zehntes Kapitel. Vorläufiger Rechtsschutz: Aussetzung und sonstige einstweilige Anordnungen

Art. 160 Anträge auf Aussetzung oder einstweilige Anordnungen. (1) Anträge auf Aussetzung der Vollziehung von Handlungen eines Organs im Sinne der Artikel 278 AEUV und 157 EAGV sind nur zulässig, wenn der Antragsteller die betreffende Handlung durch Klage beim Gerichtshof angefochten hat.

(2) Anträge auf sonstige einstweilige Anordnungen im Sinne des Artikels 279 AEUV sind nur zulässig, wenn sie von einer Partei eines beim Gerichtshof anhängigen Rechtsstreits gestellt werden und sich auf diesen beziehen.

(3) Die in den vorstehenden Absätzen genannten Anträge müssen den Streitgegenstand bezeichnen und die Umstände, aus denen sich die Dringlichkeit ergibt, sowie die den Erlass der beantragten einstweiligen Anordnung dem ersten Anschein nach rechtfertigenden Sach- und Rechtsgründe anführen.

(4) Der Antrag ist mit gesondertem Schriftsatz und nach Maßgabe der Artikel 120 bis 122 einzureichen.

(5) Die Antragsschrift wird der Gegenpartei zugestellt, der vom Präsidenten eine kurze Frist zur schriftlichen oder mündlichen Stellungnahme gesetzt wird.

(6) Der Präsident beurteilt, ob es angebracht ist, eine Beweisaufnahme zu beschließen.

(7) Der Präsident kann dem Antrag stattgeben, bevor die Stellungnahme der Gegenpartei eingeht. Die betreffende Anordnung kann später, auch von Amts wegen, abgeändert oder wieder aufgehoben werden.

Art. 161 Entscheidung über den Antrag. (1) Der Präsident entscheidet selbst oder überträgt die Entscheidung umgehend dem Gerichtshof.

(2) Bei Verhinderung des Präsidenten finden die Artikel 10 und 13 Anwendung.

(3) Wird die Entscheidung dem Gerichtshof übertragen, so entscheidet dieser, nach Anhörung des Generalanwalts, umgehend.

Art. 162 Beschluss über die Aussetzung der Vollziehung oder über einstweilige Anordnungen. (1) Die Entscheidung über den Antrag ergeht durch mit Gründen versehenen und unanfechtbaren Beschluss. Der Beschluss wird den Parteien umgehend zugestellt.

(2) Die Vollstreckung des Beschlusses kann von der Leistung einer Sicherheit durch den Antragsteller abhängig gemacht werden, deren Höhe und Art nach Maßgabe der Umstände festzusetzen sind.

(3) In dem Beschluss kann ein Zeitpunkt festgesetzt werden, zu dem die Anordnung außer Kraft tritt. Geschieht dies nicht, tritt die Anordnung mit der Verkündung des Endurteils außer Kraft.

(4) Der Beschluss ist nur einstweiliger Natur und greift der Entscheidung des Gerichtshofs zur Hauptsache nicht vor.

Art. 163 Änderung der Umstände. Auf Antrag einer Partei kann der Beschluss jederzeit infolge einer Änderung der Umstände abgeändert oder wieder aufgehoben werden.

Art. 164 Neuer Antrag. Die Zurückweisung eines Antrags auf einstweilige Anordnung hindert den Antragsteller nicht, einen weiteren, auf neue Tatsachen gestützten Antrag zu stellen.

Art. 165 Anträge gemäß den Artikeln 280 AEUV und 299 AEUV sowie 164 EAGV. (1) Für Anträge gemäß den Artikeln 280 AEUV und 299 AEUV sowie 164 EAGV auf Aussetzung der Zwangsvollstreckung von Entscheidungen des Gerichtshofs oder von Rechtsakten des Rates, der Kommission oder der Europäischen Zentralbank gelten die Bestimmungen dieses Kapitels.

(2) In dem Beschluss, mit dem dem Antrag stattgegeben wird, wird gegebenenfalls der Zeitpunkt festgesetzt, zu dem die einstweilige Anordnung außer Kraft tritt.

Art. 166 Anträge gemäß Artikel 81 EAGV. (1) Der Antrag im Sinne des Artikels 81 Absätze 3 und 4 EAGV muss enthalten:

a) Namen und Wohnsitz bzw. Sitz der Personen oder Unternehmen, die der Überwachungsmaßnahme unterworfen werden sollen;

b) die Angabe von Gegenstand und Zweck der Überwachungsmaßnahme.

(2) Der Präsident entscheidet durch Beschluss. Artikel 162 findet Anwendung.

(3) Bei Verhinderung des Präsidenten finden die Artikel 10 und 13 Anwendung.

Fünfter Titel. Rechtsmittel gegen Entscheidungen des Gerichts

Erstes Kapitel. Form des Rechtsmittels, Inhalt und Anträge der Rechtsmittelschrift

Art. 167 Einreichung der Rechtsmittelschrift. (1) Das Rechtsmittel wird durch Einreichung einer Rechtsmittelschrift bei der Kanzlei des Gerichtshofs oder des Gerichts eingelegt. Wird die Rechtsmittelschrift bei der Kanzlei des Gerichts eingereicht, so wird sie sogleich der Kanzlei des Gerichtshofs übermittelt.

(2) Sogleich nach ihrer Unterrichtung vom Vorliegen eines Rechtsmittels übermittelt die Kanzlei des Gerichts der Kanzlei des Gerichtshofs die erstinstanzlichen Akten und gegebenenfalls die Verfahrensakten der Beschwerdekammer, die dem Gericht gemäß den Bestimmungen von dessen Verfahrensordnung über die Rechtsstreitigkeiten betreffend die Rechte des geistigen Eigentums übermittelt worden sind.

Art. 168 Inhalt der Rechtsmittelschrift. (1) Die Rechtsmittelschrift muss enthalten:

a) Namen und Wohnsitz des Rechtsmittelführers;

b) die Bezeichnung der angefochtenen Entscheidung des Gerichts;

c) die Bezeichnung der anderen Parteien der betreffenden Rechtssache vor dem Gericht;

d) die geltend gemachten Rechtsgründe und -argumente sowie eine kurze Darstellung dieser Gründe;

e) die Anträge des Rechtsmittelführers.

(2) Die Artikel 119, 121 und 122 Absatz 1 finden auf die Rechtsmittelschrift Anwendung.

(3) Es ist zu vermerken, an welchem Tag die angefochtene Entscheidung dem Rechtsmittelführer zugestellt worden ist.

(4) Entspricht die Rechtsmittelschrift nicht den Absätzen 1 bis 3, so setzt der Kanzler dem Rechtsmittelführer eine angemessene Frist zur Mängelbehebung. In Ermangelung einer fristgemäßen Mängelbehebung entscheidet der Präsident nach Anhörung des Berichterstatters und des Generalanwalts, ob die Nichtbeachtung dieser Förmlichkeit die formale Unzulässigkeit der Rechtsmittelschrift zur Folge hat. Der

Präsident kann die Entscheidung, wenn er dies ihr erforderlich erachtet, dem Gerichtshof übertragen.

Art. 169 Rechtsmittelanträge, -gründe und -argumente. (1) Die Rechtsmittelanträge müssen auf die vollständige oder teilweise Aufhebung der Entscheidung des Gerichts in der Gestalt der Entscheidungsformel gerichtet sein.

(2) Die geltend gemachten Rechtsgründe und -argumente müssen die beanstandeten Punkte der Begründung der Entscheidung des Gerichts genau bezeichnen.

Art. 170 Anträge für den Fall der Stattgabe des Rechtsmittels. (1) Die Rechtsmittelanträge müssen für den Fall, dass das Rechtsmittel für begründet erklärt werden sollte, darauf gerichtet sein, dass den erstinstanzlichen Anträgen vollständig oder teilweise stattgegeben wird; neue Anträge sind nicht zulässig. Das Rechtsmittel kann den vor dem Gericht verhandelten Streitgegenstand nicht verändern.

(2) Beantragt der Rechtsmittelführer für den Fall der Aufhebung der angefochtenen Entscheidung, dass die Rechtssache an das Gericht zurückverwiesen wird, so hat er die Gründe darzulegen, aus denen der Rechtsstreit nicht zur Entscheidung durch den Gerichtshof reif ist.

Kapitel 1a. Vorherige Zulassung von Rechtsmitteln gemäß Artikel 58a der Satzung

Art. 170a Antrag auf Zulassung des Rechtsmittels. (1) In den Fällen des Artikels 58a Absätze 1 und 2 der Satzung hat der Rechtsmittelführer seiner Rechtsmittelschrift einen Antrag auf Zulassung des Rechtsmittels als Anlage beizufügen, in dem er die für die Einheit, die Kohärenz oder die Entwicklung des Unionsrechts bedeutsame Frage darlegt, die mit dem Rechtsmittel aufgeworfen wird, und der sämtliche Angaben enthalten muss, die erforderlich sind, um es dem Gerichtshof zu ermöglichen, über diesen Antrag zu entscheiden. Fehlt es an einem solchen Antrag, so erklärt der Vizepräsident des Gerichtshofs das Rechtsmittel für unzulässig.

(2) Der Antrag auf Zulassung des Rechtsmittels darf sieben Seiten nicht überschreiten, die unter Berücksichtigung sämtlicher formeller Vorschriften der Praktischen Anweisungen für die Parteien in den Rechtssachen vor dem Gerichtshof, die auf der Grundlage dieser Verfahrensordnung erlassen worden sind, abzufassen sind.

(3) Entspricht der Antrag auf Zulassung des Rechtsmittels nicht den im vorstehenden Absatz genannten Anforderungen, so setzt der Kanzler dem Rechtsmittelführer eine kurze Frist zur Mängelbehebung. In Ermangelung einer fristgemäßen Mängelbehebung entscheidet der Vizepräsident des Gerichtshofs auf Vorschlag des Berichterstatters nach Anhörung des Generalanwalts, ob die Nichtbeachtung dieser Förmlichkeit die formale Unzulässigkeit des Rechtsmittels zur Folge hat.

Art. 170b Entscheidung über den Antrag auf Zulassung des Rechtsmittels. (1) Der Gerichtshof entscheidet über den Antrag auf Zulassung des Rechtsmittels so rasch wie möglich.

(2) Die Entscheidung über den Antrag wird auf Vorschlag des Berichterstatters nach Anhörung des Generalanwalts durch eine speziell zu diesem Zweck eingerichtete Kammer getroffen, deren Präsident der Vizepräsident des Gerichtshofs ist und die darüber hinaus den Berichterstatter und den Präsidenten der Kammer mit drei Richtern umfasst, der der Berichterstatter zum Zeitpunkt der Antragstellung zugeteilt ist.

(3) Über den Antrag auf Zulassung des Rechtsmittels ist durch mit Gründen versehenen Beschluss zu entscheiden.

(4) Wird das Rechtsmittel im Hinblick auf die in Artikel 58a Absatz 3 der Satzung angeführten Kriterien ganz oder teilweise zugelassen, so wird das Verfahren gemäß den Artikeln 171 bis 190a fortgesetzt. Der Beschluss gemäß vorstehendem Absatz wird den Parteien der betreffenden Rechtssache vor dem Gericht mit der Rechtsmittelschrift zugestellt; wird das Rechtsmittel teilweise zugelassen, so sind in diesem Beschluss die Gründe oder Teile des Rechtsmittels anzuführen, auf die sich die Rechtsmittelbeantwortung beziehen muss.

(5) Der Kanzler benachrichtigt sogleich das Gericht und, sofern sie nicht Partei der betreffenden Rechtssache vor dem Gericht waren, die Mitgliedstaaten, das Europäische Parlament, den Rat und die Europäische Kommission von der Entscheidung, das Rechtsmittel zuzulassen.

Zweites Kapitel. Rechtsmittelbeantwortung, Erwiderung und Gegenerwiderung

Art. 171 Zustellung der Rechtsmittelschrift. (1) Die Rechtsmittelschrift wird den anderen Parteien der betreffenden Rechtssache vor dem Gericht zugestellt.

(2) Im Fall des Artikels 168 Absatz 4 erfolgt die Zustellung sogleich nach der Mängelbehebung oder nachdem der Präsident oder der Gerichtshof in Anbetracht der in dem genannten Artikel bezeichneten formalen Voraussetzungen die Zulässigkeit bejaht hat.

Art. 172 Parteien, die eine Rechtsmittelbeantwortung einreichen können. Jede Partei der betreffenden Rechtssache vor dem Gericht, die ein Interesse an der Stattgabe oder der Zurückweisung des Rechtsmittels hat, kann innerhalb von zwei Monaten nach Zustellung der Rechtsmittelschrift eine Rechtsmittelbeantwortung einreichen. Eine Verlängerung der Beantwortungsfrist ist nicht möglich.

Art. 173 Inhalt der Rechtsmittelbeantwortung. (1) Die Rechtsmittelbeantwortung muss enthalten:

a) Namen und Wohnsitz der Partei, die sie einreicht;

b) das Datum, an dem dieser die Rechtsmittelschrift zugestellt worden ist;

c) die geltend gemachten Rechtsgründe und -argumente;

d) die Anträge.

(2) Die Artikel 119 und 121 finden auf die Rechtsmittelbeantwortung Anwendung.

Art. 174 Anträge der Rechtsmittelbeantwortung. Die Anträge der Rechtsmittelbeantwortung müssen auf die vollständige oder teilweise Stattgabe oder Zurückweisung des Rechtsmittels gerichtet sein.

Art. 175 Erwiderung und Gegenerwiderung. (1) Die Rechtsmittelschrift und die Rechtsmittelbeantwortung können nur dann durch eine Erwiderung und eine Gegenerwiderung ergänzt werden, wenn der Präsident dies auf einen entsprechenden, innerhalb von sieben Tagen nach Zustellung der Rechtsmittelbeantwortung gestellten und gebührend begründeten Antrag des Rechtsmittelführers nach Anhörung des Berichterstatters und des Generalanwalts für erforderlich hält, insbesondere damit der Rechtsmittelführer zu einer Unzulässigkeitseinrede oder zu in der Rechtsmittelbeantwortung geltend gemachten neuen Gesichtspunkten Stellung nehmen kann.

(2) Der Präsident bestimmt die Frist für die Einreichung der Erwiderung und anlässlich der Zustellung dieses Schriftsatzes die Frist für die Einreichung der Gegenerwiderung. Er kann die Seitenzahl und den Gegenstand der Schriftsätze begrenzen.

Drittes Kapitel. Form des Anschlussrechtsmittels, Inhalt und Anträge der Anschlussrechtsmittelschrift

Art. 176 Anschlussrechtsmittel. (1) Die in Artikel 172 bezeichneten Parteien können innerhalb der gleichen Frist, wie sie für die Einreichung der Rechtsmittelbeantwortung gilt, Anschlussrechtsmittel einlegen.

(2) Das Anschlussrechtsmittel ist mit gesondertem, von der Rechtsmittelbeantwortung getrenntem Schriftsatz einzulegen.

Art. 177 Inhalt der Anschlussrechtsmittelschrift. (1) Die Anschlussrechtsmittelschrift muss enthalten:

a) Namen und Wohnsitz der Partei, die das Anschlussrechtsmittel einlegt;

b) das Datum, an dem dieser die Rechtsmittelschrift zugestellt worden ist;

c) die geltend gemachten Rechtsgründe und -argumente;

d) die Anträge.

(2) Die Artikel 119, 121 und 122 Absätze 1 und 3 finden auf die Anschlussrechtsmittelschrift Anwendung.

Art. 178 Anschlussrechtsmittelanträge, -gründe und -argumente. (1) Die Anschlussrechtsmittelanträge müssen auf die vollständige oder teilweise Aufhebung der Entscheidung des Gerichts gerichtet sein.

(2) Sie können auch auf die Aufhebung einer ausdrücklichen oder stillschweigenden Entscheidung über die Zulässigkeit der Klage vor dem Gericht gerichtet sein.

(3) Die geltend gemachten Rechtsgründe und -argumente müssen die beanstandeten Punkte der Begründung der Entscheidung des Gerichts genau bezeichnen. Sie müssen sich von den in der Rechtsmittelbeantwortung geltend gemachten Gründen und Argumenten unterscheiden.

(Fortsetzung nächstes Blatt)

Viertes Kapitel. Auf das Anschlussrechtsmittel folgende Schriftsätze

Art. 179 Anschlussrechtsmittelbeantwortung. Wird Anschlussrechtsmittel eingelegt, so kann der Rechtsmittelführer oder jede andere Partei der betreffenden Rechtssache vor dem Gericht, die ein Interesse an der Stattgabe oder der Zurückweisung des Anschlussrechtsmittels hat, innerhalb von zwei Monaten nach Zustellung der Anschlussrechtsmittelschrift eine Beantwortung einreichen, deren Gegenstand auf die mit dem Anschlussrechtsmittel geltend gemachten Gründe zu begrenzen ist. Eine Verlängerung der Frist ist nicht möglich.

Art. 180 Erwiderung und Gegenerwiderung nach Anschlussrechtsmittel. (1) Die Anschlussrechtsmittelschrift und ihre Beantwortung können nur dann durch eine Erwiderung und eine Gegenerwiderung ergänzt werden, wenn der Präsident dies auf einen entsprechenden, innerhalb von sieben Tagen nach Zustellung der Anschlussrechtsmittelbeantwortung gestellten und gebührend begründeten Antrag des Anschlussrechtsmittelführers nach Anhörung des Berichterstatters und des Generalanwalts für erforderlich hält, insbesondere damit der Anschlussrechtsmittelführer zu einer Unzulässigkeitseinrede oder zu in der Anschlussrechtsmittelbeantwortung geltend gemachten neuen Gesichtspunkten Stellung nehmen kann.

(2) Der Präsident bestimmt die Frist für die Einreichung der Erwiderung und anlässlich der Zustellung dieses Schriftsatzes die Frist für die Einreichung der Gegenerwiderung. Er kann die Seitenzahl und den Gegenstand der Schriftsätze begrenzen.

Fünftes Kapitel. Durch Beschluss erledigte Rechtsmittel

Art. 181 Offensichtlich unzulässiges oder offensichtlich unbegründetes Rechtsmittel oder Anschlussrechtsmittel. Ist das Rechtsmittel oder Anschlussrechtsmittel ganz oder teilweise offensichtlich unzulässig oder offensichtlich unbegründet, so kann der Gerichtshof es jederzeit auf Vorschlag des Berichterstatters und nach Anhörung des Generalanwalts ganz oder teilweise durch mit Gründen versehenen Beschluss zurückweisen.

Art. 182 Offensichtlich begründetes Rechtsmittel oder An*schlussrechtsmittel*. Hat der Gerichtshof bereits über eine oder mehrere Rechtsfragen entschieden, die mit den durch die Rechtsmittel- oder Anschlussrechtsmittelgründe aufgeworfenen übereinstimmen, und hält er das Rechtsmittel oder Anschlussrechtsmittel für offen-sichtlich begründet, so kann er es auf Vorschlag des Berichterstatters und nach Anhörung der Parteien und des Generalanwalts durch mit Gründen versehenen Beschluss, der einen Verweis auf die einschlägige Rechtsprechung enthält, für offen-sichtlich begründet erklären.

Sechstes Kapitel. Folgen der Streichung des Rechtsmittels für das Anschlussrechtsmittel

Art. 183 Folgen einer Rücknahme oder offensichtlichen Unzulässigkeit des Rechtsmittels für das Anschlussrechtsmittel. Das Anschlussrechtsmittel gilt als gegenstandslos,

a) wenn der Rechtsmittelführer sein Rechtsmittel zurücknimmt;

b) wenn das Rechtsmittel wegen Nichteinhaltung der Rechtsmittelfrist für offensichtlich unzulässig erklärt wird;

c) wenn das Rechtsmittel allein deshalb für offensichtlich unzulässig erklärt wird, weil es nicht gegen eine Endentscheidung des Gerichts oder gegen eine Entscheidung im Sinne des Artikels 56 Absatz 1 der Satzung gerichtet ist, die über einen Teil des Streitgegenstands ergangen ist oder die einen Zwischenstreit über eine Einrede der Unzuständigkeit oder Unzulässigkeit beendet.

Siebtes Kapitel. Kosten und Prozesskostenhilfe in Rechtsmittelverfahrens

Art. 184 Kostenentscheidung in Rechtsmittelverfahren.

(1) Vorbehaltlich der nachstehenden Bestimmungen finden die Artikel 137 bis 146 auf das Verfahren vor dem Gerichtshof, das ein Rechtsmittel gegen eine Entscheidung des Gerichts zum Gegenstand hat, entsprechende Anwendung.

(2) Wenn das Rechtsmittel unbegründet ist oder wenn das Rechtsmittel begründet ist und der Gerichtshof den Rechtsstreit selbst endgültig entscheidet, so entscheidet er über die Kosten.

(3) Ist ein Rechtsmittel eines dem Rechtsstreit vor dem Gericht nicht beigetretenen Mitgliedstaats oder Organs der Union begründet, so kann der Gerichtshof die Kosten zwischen den Parteien teilen oder dem obsiegenden Rechtsmittelführer die Kosten auferlegen, die das Rechtsmittel einer unterliegenden Partei verursacht hat.

(4) Hat eine erstinstanzliche Streithilfepartei das Rechtsmittel nicht selbst eingelegt, so können ihr im Rechtsmittelverfahren Kosten nur dann auferlegt werden, wenn sie am schriftlichen oder mündlichen Verfahren vor dem Gerichtshof teilgenommen hat. Nimmt eine solche Partei am Verfahren teil, so kann der Gerichtshof ihr ihre eigenen Kosten auferlegen.

Art. 185 Prozesskostenhilfe in Rechtsmittelverfahren. (1) Ist eine Partei außerstande, die Kosten des Verfahrens ganz oder teilweise zu bestreiten, so kann sie jederzeit die Bewilligung von Prozesskostenhilfe beantragen.

(2) Dem Antrag sind alle Auskünfte und Belege beizufügen, die eine *Beurteilung* der wirtschaftlichen Lage des Antragstellers ermöglichen, wie eine Bescheinigung einer zuständigen nationalen Stelle über die wirtschaftliche Lage.

Art. 186 Vorabantrag auf Bewilligung von Prozesskostenhilfe. (1) Wird der Antrag vor dem vom Antragsteller beabsichtigten Rechtsmittel eingereicht, so ist darin der Gegenstand des Rechtsmittels kurz darzustellen.

(2) Der Antrag unterliegt nicht dem Anwaltszwang.

(3) Die Einreichung eines Antrags auf Bewilligung von Prozesskostenhilfe hemmt für den Antragsteller den Lauf der Rechtsmittelfrist bis zum Zeitpunkt der Zustellung des Beschlusses, mit dem über diesen Antrag entschieden wird.

(4) Der Präsident weist den Antrag sogleich nach Eingang einem Berichterstatter zu, der rasch einen Vorschlag für eine Entscheidung über den Antrag vorlegt.

Art. 187 Entscheidung über die Bewilligung von Prozesskostenhilfe. (1) Die Kammer mit drei Richtern, der der Berichterstatter zugeteilt ist, entscheidet auf dessen Vorschlag und nach Anhörung des Generalanwalts, ob die Prozesskostenhilfe ganz oder teilweise bewilligt oder ob sie versagt wird. Der Spruchkörper ist in diesem Fall mit dem Kammerpräsidenten, dem Berichterstatter und dem ersten oder gegebenenfalls den ersten beiden Richtern besetzt, die anhand der in Artikel 28 Absatz 3 genannten Liste zu dem Zeitpunkt bestimmt werden, zu dem die Kammer vom Berichterstatter mit dem Antrag auf Bewilligung von Prozesskostenhilfe befasst wird. Gegebenenfalls prüft sie, ob das Rechtsmittel nicht offensichtlich unbegründet erscheint.

(2) Gehört der Berichterstatter keiner Kammer mit drei Richtern an, so entscheidet die Kammer mit fünf Richtern, der er zugeteilt ist, unter denselben Voraussetzungen. Der Spruchkörper ist neben dem Berichterstatter mit vier Richtern besetzt, die anhand der in Artikel 28 Absatz 2 genannten Liste zu dem Zeitpunkt bestimmt werden, zu dem die Kammer vom Berichterstatter mit dem Antrag auf Bewilligung von Prozesskostenhilfe befasst wird.

(3) Der Spruchkörper entscheidet durch Beschluss. Wird die Bewilligung von Prozesskostenhilfe ganz oder teilweise versagt, so ist die Versagung in dem Beschluss zu begründen.

Art. 188 Im Rahmen der Prozesskostenhilfe zu zahlende Beträge. (1) Wird die Prozesskostenhilfe bewilligt, so trägt die Kasse des Gerichtshofs – gegebenenfalls in den vom Spruchkörper festgesetzten Grenzen – die Kosten der Unterstützung und der Vertretung des Antragstellers vor dem Gerichtshof. Auf Antrag des Antragstellers oder seines Vertreters kann ein Vorschuss auf diese Kosten ausbezahlt werden.

(2) In der Kostenentscheidung kann die Einziehung der als Prozesskostenhilfe gezahlten Beträge zugunsten der Kasse des Gerichtshofs ausgesprochen werden.

(3) Der Kanzler veranlasst die Einziehung dieser Beträge von der Partei, die zu ihrer Erstattung verurteilt worden ist.

Art. 189 Entziehung der Prozesskostenhilfe. Der Spruchkörper, der über den Antrag auf Bewilligung von Prozesskostenhilfe entschieden hat, kann diese jederzeit von Amts wegen oder auf Antrag entziehen, wenn sich die Voraussetzungen, unter denen sie bewilligt wurde, im Laufe des Verfahrens ändern.

Achtes Kapitel. Sonstige in Rechtsmittelverfahren anwendbare Vorschriften

Art. 190 Sonstige in Rechtsmittelverfahren anwendbare Vorschriften. (1) Die Artikel 127, 129 bis 136, 147 bis 150, 153 bis 155 und 157 bis 166 finden auf das Verfahren vor dem Gerichtshof, das ein Rechtsmittel gegen eine Entscheidung des Gerichts zum Gegenstand hat, Anwendung.

(2) Abweichend von Artikel 130 Absatz 1 müssen Anträge auf Zulassung zur Streithilfe jedoch innerhalb eines Monats nach der Veröffentlichung im Sinne des Artikels 21 Absatz 4 gestellt werden.

(3) Artikel 95 findet auf das Verfahren vor dem Gerichtshof, das ein Rechtsmittel gegen eine Entscheidung des Gerichts zum Gegenstand hat, entsprechende Anwendung.

Art. 190a Behandlung der vor dem Gericht nach Artikel 105 seiner Verfahrensordnung vorgelegten Auskünfte oder Unterlagen. (1) Wird gegen eine Entscheidung des Gerichts, die im Rahmen eines Verfahrens erlassen worden ist, in dem von einer Hauptpartei nach Artikel 105 der Verfahrensordnung des Gerichts Auskünfte oder Unterlagen vorgelegt und der anderen Hauptpartei nicht bekannt gegeben wurden, ein Rechtsmittel eingelegt, so stellt die Kanzlei des Gerichts diese Auskünfte oder Unterlagen dem Gerichtshof nach Maßgabe des in Absatz 11 dieser Vorschrift genannten Beschlusses zur Verfügung.

(2) Die Auskünfte oder Unterlagen nach Absatz 1 werden den Parteien des Verfahrens vor dem Gerichtshof nicht bekannt gegeben.

(3) Der Gerichtshof stellt sicher, dass die in den Auskünften oder Unterlagen nach Absatz 1 enthaltenen vertraulichen Informationen weder in der das Verfahren beendenden Entscheidung noch, gegebenenfalls, in den Schlussanträgen des Generalanwalts offengelegt werden.

(4) Die Auskünfte oder Unterlagen nach Absatz 1 werden der Partei, die sie dem Gericht vorgelegt hat, sogleich nach der Zustellung der das Verfahren vor dem Gerichtshof beendenden Entscheidung zurückgegeben, es sei denn, die Sache wird an das Gericht zurückverwiesen. Im letztgenannten Fall werden die betreffenden Auskünfte oder Unterlagen nach Maßgabe des in Absatz 5 genannten Beschlusses wieder dem Gericht zur Verfügung gestellt.

*(5) Der Gerichtsh*of erlässt durch Beschluss die Sicherheitsvorschriften zum Schutz der Auskünfte oder Unterlagen nach Absatz 1. Der Beschluss wird im Amtsblatt der Europäischen Union veröffentlicht.

Sechster Titel. Überprüfung von Entscheidungen des Gerichts

Art. 191 Überprüfungskammer. Für die Entscheidung nach Maßgabe der Artikel 193 und 194, ob eine Entscheidung des Gerichts gemäß Artikel 62 der Satzung zu überprüfen ist, wird eine Kammer mit fünf Richtern für die Dauer eines Jahres bestimmt.

Art. 192 Anzeige und Übermittlung der Entscheidungen, die Gegenstand einer Überprüfung sein können. (1) Sobald der Termin für die Verkündung oder Unterzeichnung einer Entscheidung im Sinne des Artikels 256 Absatz 2 oder 3 AEUV bestimmt ist, zeigt die Kanzlei des Gerichts dies der Kanzlei des Gerichtshofs an.

(2) Sie übermittelt ihr die Entscheidung sogleich nach deren Verkündung oder Unterzeichnung sowie die Verfahrensakten, die sogleich dem Ersten Generalanwalt zur Verfügung gestellt werden.

Art. 193 Überprüfung von Rechtsmittelentscheidungen. (1) Der Vorschlag des Ersten Generalanwalts, eine Entscheidung des Gerichts im Sinne des Artikels 256 Absatz 2 AEUV zu überprüfen, wird dem Präsidenten des Gerichtshofs und dem Präsidenten der Überprüfungskammer übermittelt. Gleichzeitig wird der Kanzler von der Übermittlung unterrichtet.

(2) Sogleich nach seiner Unterrichtung vom Vorliegen eines Vorschlags übermittelt der Kanzler den Mitgliedern der Überprüfungskammer die Akten des Verfahrens vor dem Gericht.

(3) Der Präsident des Gerichtshofs bestimmt unter den Richtern der Überprüfungskammer auf Vorschlag des Präsidenten dieser Kammer sogleich nach Erhalt des Überprüfungsvorschlags den Berichterstatter. Die Besetzung des Spruchkörpers wird am Tag der Zuweisung der Rechtssache an den Berichterstatter gemäß Artikel 28 Absatz 2 bestimmt.

(4) Diese Kammer entscheidet auf Vorschlag des Berichterstatters, ob die Entscheidung des Gerichts zu überprüfen ist. In der Entscheidung, die Entscheidung des Gerichts zu überprüfen, sind nur die Fragen anzugeben, die Gegenstand der Überprüfung sind.

(5) Der Kanzler benachrichtigt sogleich das Gericht, die Parteien des Verfahrens vor dem Gericht und die sonstigen in Artikel 62a Absatz 2 der Satzung bezeichneten Beteiligten von der Entscheidung des Gerichtshofs, die Entscheidung des Gerichts zu überprüfen.

(6) Eine Mitteilung, die das Datum der Entscheidung, die Entscheidung des Gerichts zu überprüfen, und die Fragen, die Gegenstand der Überprüfung sind, enthält, wird im *Amtsblatt der Europäischen Union* veröffentlicht.

Art. 194 Überprüfung von Vorabentscheidungen. (1) Der Vorschlag des Ersten Generalanwalts, eine Entscheidung des Gerichts im Sinne des Artikels 256 Absatz 3 AEUV zu überprüfen, wird dem Präsidenten des Gerichtshofs und dem Präsidenten der Überprüfungskammer übermittelt. Gleichzeitig wird der Kanzler von der Übermittlung unterrichtet.

(2) Sogleich nach seiner Unterrichtung vom Vorliegen eines Vorschlags übermittelt der Kanzler den Mitgliedern der Überprüfungskammer die Akten des Verfahrens vor dem Gericht.

(3) Der Kanzler benachrichtigt auch das Gericht, das vorlegende Gericht, die Parteien des Ausgangsrechtsstreits und die sonstigen in Artikel 62a Absatz 2 der Satzung bezeichneten Beteiligten vom Vorliegen eines Überprüfungsvorschlags.

(4) Der Präsident des Gerichtshofs bestimmt unter den Richtern der Überprüfungskammer auf Vorschlag des Präsidenten dieser Kammer sogleich nach Erhalt des Überprüfungsvorschlags den Berichterstatter. Die Besetzung des Spruchkörpers wird am Tag der Zuweisung der Rechtssache an den Berichterstatter gemäß Artikel 28 Absatz 2 bestimmt.

(5) Diese Kammer entscheidet auf Vorschlag des Berichterstatters, ob die Entscheidung des Gerichts zu überprüfen ist. In der Entscheidung, die Entscheidung des Gerichts zu überprüfen, sind nur die Fragen anzugeben, die Gegenstand der Überprüfung sind.

(6) Der Kanzler benachrichtigt sogleich das Gericht und das vorlegende Gericht, die Parteien des Ausgangsrechtsstreits und die sonstigen in Artikel 62a Absatz 2 der Satzung bezeichneten Beteiligten von der Entscheidung des Gerichtshofs, die Entscheidung des Gerichts zu überprüfen oder nicht zu überprüfen.

(Fortsetzung nächste Seite)

(7) Eine Mitteilung, die das Datum der Entscheidung, die Entscheidung des Gerichts zu überprüfen, und die Fragen, die Gegenstand der Überprüfung sind, enthält, wird im *Amtsblatt der Europäischen Union* veröffentlicht.

Art. 195 Urteil in der Sache nach Überprüfungsentscheidung. (1) Die Entscheidung, eine Entscheidung des Gerichts zu überprüfen, wird den Parteien und den sonstigen in Artikel 62a Absatz 2 der Satzung bezeichneten Beteiligten zugestellt. Die Zustellung an die Mitgliedstaaten, an die Vertragsstaaten des EWR-Abkommens, die nicht Mitgliedstaaten sind, und an die EFTA-Überwachungsbehörde erfolgt unter Beifügung einer Übersetzung der Entscheidung des Gerichtshofs nach Maßgabe des Artikels 98. Die Entscheidung des Gerichtshofs wird außerdem dem Gericht und gegebenenfalls dem vorlegenden Gericht übermittelt.

(2) Innerhalb eines Monats nach der Zustellung im Sinne von Absatz 1 können die Parteien und die sonstigen Beteiligten, denen die Entscheidung des Gerichtshofs zugestellt worden ist, Schriftsätze oder schriftliche Erklärungen zu den Fragen einreichen, die Gegenstand der Überprüfung sind.

(3) Sogleich nach der Entscheidung, eine Entscheidung des Gerichts zu überprüfen, weist der Erste Generalanwalt die Überprüfung einem Generalanwalt zu.

(4) Nach Anhörung des Generalanwalts entscheidet die Überprüfungskammer in der Sache.

(5) Sie kann jedoch beim Gerichtshof anregen, die Rechtssache an einen größeren Spruchkörper zu verweisen.

(6) Ist die Entscheidung des Gerichts, die Gegenstand der Überprüfung ist, nach Artikel 256 Absatz 2 AEUV ergangen, entscheidet der Gerichtshof über die Kosten.

Siebter Titel. Gutachtenanträge

Art. 196 Schriftliches Verfahren. (1) Ein Antrag auf Gutachten kann gemäß Artikel 218 Absatz 11 AEUV von einem Mitgliedstaat, dem Europäischen Parlament, dem Rat oder der Europäischen Kommission gestellt werden.

(2) Der Antrag auf Gutachten kann sich sowohl auf die Vereinbarkeit der beabsichtigten Übereinkunft mit den Verträgen als auch auf die Zuständigkeit der Union oder eines ihrer Organe für den Abschluss der Übereinkunft beziehen.

(3) Er wird den Mitgliedstaaten und den in Absatz 1 bezeichneten Organen zugestellt, denen vom Präsidenten eine Frist zur schriftlichen Stellungnahme gesetzt wird.

Art. 197 Bestimmung des Berichterstatters und des Generalanwalts. Sogleich nach Eingang des Antrags auf Gutachten bestimmt der Präsident den Berichterstatter und weist der Erste Generalanwalt die Sache einem Generalanwalt zu.

Art. 198 Mündliche Verhandlung. Der Gerichtshof kann entscheiden, dass das Verfahren vor ihm auch eine mündliche Verhandlung umfasst.

Art. 199 Zeitraum, innerhalb dessen das Gutachten erstattet wird. Der Gerichtshof erstattet sein Gutachten, nach Anhörung des Generalanwalts, so rasch wie möglich.

Art. 200 Bekanntgabe des Gutachtens. (1) Das Gutachten wird vom Präsidenten, den Richtern, die an der Beratung mitgewirkt haben, und dem Kanzler unterzeichnet und in öffentlicher Sitzung bekannt gegeben.

(2) Es wird allen Mitgliedstaaten und den in Artikel 196 Absatz 1 bezeichneten Organen zugestellt.

Achter Titel. Besondere Verfahrensarten

Art. 201 Rechtsmittel gegen Entscheidungen des Schiedsausschusses. (1) Der Schriftsatz, mit dem das in Artikel 18 Absatz 2 EAGV bezeichnete Rechtsmittel eingelegt wird, muss enthalten:

a) Namen und Wohnsitz des Rechtsmittelführers;

b) die Stellung des Unterzeichneten;

c) die Bezeichnung der angefochtenen Entscheidung des Schiedsausschusses;

d) die Bezeichnung der Gegenparteien;

e) eine kurze Darstellung des Sachverhalts;

f) die geltend gemachten Gründe und Argumente sowie eine kurze Darstellung der Gründe;

g) die Anträge des Rechtsmittelführers.

(2) Die Artikel 119 und 121 finden auf dieses Rechtsmittel Anwendung.

(3) Der Rechtsmittelschrift ist außerdem eine beglaubigte Kopie der angefochtenen Entscheidung beizufügen.

(4) Der Kanzler des Gerichtshofs ersucht sogleich nach Eingang der Rechtsmittelschrift die Kanzlei des Schiedsausschusses um Übermittlung der Akten der Sache an den Gerichtshof.

(5) Auf das weitere Verfahren finden die Artikel 123 und 124 Anwendung. Der Gerichtshof kann entscheiden, dass das Verfahren vor ihm auch eine mündliche Verhandlung umfasst.

(6) Der Gerichtshof entscheidet durch Urteil. Hebt er die Entscheidung des Ausschusses auf, so verweist er die Sache gegebenenfalls an den Ausschuss zurück.

Art. 202 Verfahren im Sinne des Artikels 103 EAGV. (1) In dem in Artikel 103 Absatz 3 EAGV bezeichneten Fall ist die Antragsschrift in vier Ausfertigungen einzureichen. Ihr sind der Entwurf des betreffenden Abkommens oder der in Rede stehenden Vereinbarung, die Einwendungen der Europäischen Kommission gegenüber dem betroffenen Staat und alle sonstigen Belegunterlagen beizufügen.

(2) Die Antragsschrift und ihre Anlagen werden der Europäischen Kommission zugestellt, die nach Zustellung über eine Frist von zehn Tagen zur schriftlichen Stellungnahme verfügt. Die Frist kann vom Präsidenten nach Anhörung des betroffenen Staates verlängert werden.

(3) Nach Eingang dieser Stellungnahme, die dem betroffenen Staat zugestellt wird, entscheidet der Gerichtshof rasch nach Anhörung des Generalanwalts und, falls beantragt, des betroffenen Staates und der Europäischen Kommission.

Art. 203 Verfahren im Sinne der Artikel 104 EAGV und 105 EAGV. Für Anträge im Sinne von Artikel 104 Absatz 3 EAGV und Artikel 105 Absatz 2 EAGV gelten die Bestimmungen der Titel II und IV. Sie werden auch dem Staat zugestellt, dem die Personen oder Unternehmen, gegen die der Antrag gerichtet ist, angehören.

Art. 204 Verfahren gemäß Artikel 111 Absatz 3 EWR-Abkommen. (1) In dem in Artikel 111 Absatz 3 EWR-Abkommen bezeichneten Fall wird der Gerichtshof durch ein Ersuchen der an dem Streit beteiligten Vertragsparteien angerufen. Das Ersuchen wird den anderen Vertragsparteien, der Europäischen Kommission, der EFTA-Überwachungsbehörde und gegebenenfalls den anderen Beteiligten zugestellt, denen ein Vorabentscheidungsersuchen, das die gleiche Frage nach der Auslegung des Unionsrechts aufwirft, zugestellt würde.

(2) Der Präsident setzt den Vertragsparteien und den anderen Beteiligten, denen das Ersuchen zugestellt wird, eine Frist zur schriftlichen Stellungnahme.

(3) Das Ersuchen ist in einer der in Artikel 36 genannten Sprachen einzureichen. Artikel 38 findet Anwendung. Artikel 98 findet entsprechende Anwendung.

(4) Sogleich nach Eingang des Ersuchens im Sinne von Absatz 1 bestimmt der Präsident den Berichterstatter. Der Erste Generalanwalt weist das Ersuchen sogleich danach einem Generalanwalt zu.

(5) Der Gerichtshof erlässt nach Anhörung des Generalanwalts eine mit Gründen versehene Entscheidung über das Ersuchen.

(6) Die Entscheidung des Gerichtshofs wird vom Präsidenten, den Richtern, die an der Beratung mitgewirkt haben, und dem Kanzler

unterzeichnet und den Vertragsparteien sowie den sonstigen in den Absätzen 1 und 2 bezeichneten Beteiligten zugestellt.

Art. 205 Entscheidungen über Streitigkeiten im Sinne von Artikel 35 EUV in seiner vor Inkrafttreten des Vertrags von Lissabon geltenden Fassung. *(aufgehoben)*

Art. 206 Anträge im Sinne von Artikel 269 AEUV. (1) In dem in Artikel 269 AEUV bezeichneten Fall ist die Antragsschrift in vier Ausfertigungen einzureichen. Ihr sind alle einschlägigen Unterlagen und insbesondere gegebenenfalls die gemäß Artikel 7 EUV abgegebenen Stellungnahmen und Empfehlungen beizufügen.

(2) Die Antragsschrift und ihre Anlagen werden je nach Lage des Falles dem Europäischen Rat oder dem Rat zugestellt, der nach Zustellung über eine nicht verlängerbare Frist von zehn Tagen zur schriftlichen Stellungnahme verfügt. Artikel 51 findet auf diese Frist keine Anwendung.

(3) Die Antragsschrift und ihre Anlagen werden auch den anderen Mitgliedstaaten als dem betroffenen Staat sowie dem Europäischen Parlament und der Europäischen Kommission übermittelt.

(4) Nach Eingang der in Absatz 2 bezeichneten Stellungnahme, die dem betroffenen Mitgliedstaat sowie den in Absatz 3 bezeichneten Staaten und Organen zugestellt wird, entscheidet der Gerichtshof nach Anhörung des Generalanwalts innerhalb eines Monats nach Eingang der Antragsschrift. Der Gerichtshof kann auf Antrag des betroffenen Mitgliedstaats, des Europäischen Rates oder des Rates oder von Amts wegen entscheiden, dass das Verfahren vor ihm auch eine mündliche Verhandlung umfasst, zu der alle in diesem Artikel bezeichneten Staaten und Organe geladen werden.

Schlussbestimmungen

Art. 207 Zusätzliche Verfahrensordnung. Vorbehaltlich des Artikels 253 AEUV erlässt der Gerichtshof im Benehmen mit den beteiligten Regierungen für sich eine zusätzliche Verfahrensordnung mit Vorschriften über

a) Rechtshilfeersuchen;

b) Prozesskostenhilfe;

c) Anzeigen des Gerichtshofs wegen Eidesverletzungen von Zeugen und Sachverständigen gemäß Artikel 30 der Satzung.

Art. 208 Durchführungsbestimmungen. Der Gerichtshof kann durch gesonderten Rechtsakt praktische Durchführungsbestimmungen zu dieser Verfahrensordnung erlassen.

Art. 209 Aufhebung. Diese Verfahrensordnung tritt an die Stelle der Verfahrensordnung des Gerichtshofs der Europäischen Gemeinschaften vom 19. Juni 1991 in ihrer zuletzt am 24. Mai 2011 geänderten Fassung (*Amtsblatt der Europäischen Union*, L 162 vom 22. Juni 2011, Seite 17).

Art. 210 Veröffentlichung und Inkrafttreten der vorliegenden Verfahrensordnung. Diese in den in Artikel 36 genannten Sprachen verbindliche Verfahrensordnung wird im *Amtsblatt der Europäischen Union* veröffentlicht und tritt am ersten Tag des zweiten Monats nach ihrer Veröffentlichung in Kraft.

Anhang[1)]

Praktische Anweisungen für die Parteien in den Rechtssachen vor dem Gerichtshof

Inhalt

[1)] *ABl. Nr. L 42 I/1* v. 14.2.2020. Die Praktischen Anweisungen für die Parteien in den Rechtssachen vor dem Gerichtshof vom 25. November 2013 werden durch diese am 1.3.2020 in Kraft getretenen Praktischen Anweisungen aufgehoben und ersetzt.

DER GERICHTSHOF –

gestützt auf die Verfahrensordnung, insbesondere Art. 208, in Erwägung nachstehender Gründe:

(1) Am 25. November 2013 hat der Gerichtshof auf der Grundlage von Art. 208 seiner Verfahrensordnung neue Praktische Anweisungen für die Parteien in den Rechtssachen vor dem Gerichtshof[1] erlassen. Diese Anweisungen sollten den Parteien und ihren Vertretern konkrete Anweisungen an die Hand geben, die auf die neue Verfahrensordnung vom 25. September 2012[2] gestützt waren, und insbesondere die Erfahrungen berücksichtigen, die im ersten Jahr der Umsetzung dieser Verfahrensordnung erworben wurden.

(2) Seit dem Inkrafttreten dieser Anweisungen am 1. Februar 2014 hat es jedoch einige wichtige Entwicklungen gegeben, und zwar sowohl in technischer Hinsicht als auch im Bereich der Rechtsetzung.

(3) Zum einen nutzen die Parteien zunehmend elektronische Kommunikationsmittel für die Übermittlung ihrer Verfahrensschriftstücke, was zu einer zügigeren Bearbeitung der Rechtssachen beiträgt, zugleich aber voraussetzt, dass zuvor näher geregelt wird, wie eine solche Übermittlung erfolgt, und welche Maßnahmen zu ergreifen sind, um die Behandlung und die Übersetzung des eingereichten Schriftstücks zu erleichtern und gegebenenfalls die Vertraulichkeit der darin enthaltenen Informationen zu wahren.

(4) Zum anderen ist die Verfahrensordnung des Gerichtshofs seit 2012 mehrfach geändert worden, um Einzelheiten von Handlungen der Parteien vor dem Rechtsprechungsorgan zu klären und zu präzisieren sowie die Änderungen widerzuspiegeln, die der Unionsgesetzgeber in Bereichen wie dem Schutz personenbezogener Daten oder der Behandlung von Rechtsmitteln im Sinne von Art. 58a des Protokolls über die Satzung des Gerichtshofs der Europäischen Union vorgenommen hat.

(5) Im Interesse einer geordneten Rechtspflege und der besseren Lesbarkeit halber sind daher neue Praktische Anweisungen zu erlassen, die den genannten Entwicklungen Rechnung tragen.

---

1) ABl. L 31 vom 31.1.2014, S. 1.

2) ABl. L 265 vom 29.9.2012, S. 1, in der zuletzt am 26. November 2019 (ABl. L 316 vom 6.12.2019, S. 103) geänderten Fassung.

(6) Diese neuen Anweisungen, die für alle beim Gerichtshof anhängigen Kategorien von Rechtssachen gelten, sollen die einschlägigen Bestimmungen der Satzung und der Verfahrensordnung nicht ersetzen. Sie sollen es den Parteien und ihren Vertretern ermöglichen, die Tragweite dieser Bestimmungen besser zu verstehen und den Ablauf des Verfahrens vor dem Gerichtshof genauer zu erfassen, insbesondere die Zwänge, denen der Gerichtshof vor allem hinsichtlich der Behandlung und Übersetzung der Verfahrensschriftstücke oder der Simultanverdolmetschung der in den mündlichen Verhandlungen abgegebenen Erklärungen unterliegt. Die Beachtung und Berücksichtigung dieser Anweisungen stellen sowohl für die Parteien als auch für den Gerichtshof die beste Garantie für eine optimale Behandlung der Rechtssachen durch das Rechtsprechungsorgan dar –

ERLÄSST FOLGENDE PRAKTISCHE ANWEISUNGEN:

I. Allgemeine Bestimmungen

Abschnitte des Verfahrens vor dem Gerichtshof und ihre wesentlichen Merkmale

1. Vorbehaltlich besonderer Bestimmungen des Protokolls über die Satzung des Gerichtshofs der Europäischen Union (im Folgenden: Satzung) oder der Verfahrensordnung umfasst das Verfahren vor dem Gerichtshof in der Regel ein schriftliches und ein mündliches Verfahren. Das schriftliche Verfahren dient dem Zweck, dem Gerichtshof die Rügen, die Klage- und Verteidigungsgründe oder Argumente der Parteien des Verfahrens oder, in Vorlagesachen, die Erklärungen darzulegen, die die in Art. 23 der Satzung bezeichneten Beteiligten zu den von den Gerichten der Mitgliedstaaten der Union gestellten Fragen abgeben möchten. Das darauf folgende mündliche Verfahren soll es dem Gerichtshof ermöglichen, seine Kenntnis der Rechtssache durch eine etwaige Anhörung der Parteien oder Beteiligten in einer mündlichen Verhandlung und gegebenenfalls durch die Anhörung der Schlussanträge des Generalanwalts zu vervollständigen.

Vertretung der Parteien vor dem Gerichtshof

2. Gemäß Art. 19 der Satzung müssen die Parteien im Verfahren vor dem Gerichtshof zwingend durch eine insoweit ordnungsgemäß ermächtigte Person vertreten sein. Anders als die Mitgliedstaaten, die anderen Vertragsstaaten des Abkommens des Europäischen Wirtschaftsraums (im Folgenden: EWR-Abkommen), die Überwachungsbehörde der Europäischen Freihandelsassoziation (im Folgenden: EFTA) sowie die Unionsorgane, die in der Regel durch einen Bevollmächtigten vertreten werden, der für jede Sache bestellt wird, werden die anderen Parteien des Verfahrens durch ei-

nen Anwalt vertreten, der berechtigt ist, vor einem Gericht eines Mitgliedstaats oder eines anderen Vertragsstaats des EWR-Abkommens aufzutreten. Der entsprechende Nachweis muss auf Verlangen in jedem Verfahrensstadium erbracht werden können. Den Anwälten gleichgestellt sind nach Art. 19 Abs. 7 der Satzung Hochschullehrer, die Angehörige von Mitgliedstaaten sind, deren Rechtsordnung ihnen gestattet, vor Gericht als Vertreter einer Partei aufzutreten.

3. In Vorabentscheidungsverfahren trägt der Gerichtshof hinsichtlich der Vertretung der Parteien des Ausgangsrechtsstreits jedoch den vor dem vorlegenden Gericht geltenden Verfahrensvorschriften Rechnung. Jede Person, die vor diesem Gericht befugt ist, eine Partei zu vertreten, kann sie daher auch vor dem Gerichtshof vertreten. Lassen die nationalen Verfahrensvorschriften dies zu, können die Parteien des Ausgangsrechtsstreits selbst schriftliche und mündliche Ausführungen machen. Bestehen insoweit Zweifel, kann der Gerichtshof jederzeit Auskünfte von diesen Parteien, ihren Vertretern oder dem vorlegenden Gericht einholen.

Kosten des Verfahrens vor dem Gerichtshof und Prozesskostenhilfe

4. Vorbehaltlich Art. 143 der Verfahrensordnung ist das Verfahren vor dem Gerichtshof kostenfrei; für die Erhebung einer Klage oder die Einreichung eines Verfahrensschriftstücks fallen dem Gerichtshof gegenüber keinerlei Gebühren oder sonstige Abgaben an. Die in den Art. 137 ff. der Verfahrensordnung genannten Kosten umfassen ausschließlich die sogenannten „erstattungsfähigen" Kosten, d. h. etwaige Leistungen an Zeugen und Sachverständige sowie die für das Verfahren vor dem Gerichtshof notwendigen Aufwendungen der Parteien im Zusammenhang mit der Vergütung ihres Vertreters und dessen Aufwendungen für die Reise und den Aufenthalt in Luxemburg, wenn eine mündliche Verhandlung durchgeführt wird. Der Gerichtshof entscheidet im Endurteil oder in dem das Verfahren beendenden Beschluss über die Kosten und setzt diese fest, während es in Vorlagesachen dem vorlegenden Gericht obliegt, über die Kosten des Verfahrens zu entscheiden.

5. Ist eine Partei oder, in Vorlagesachen, eine Partei des Ausgangsrechtsstreits außerstande, die Kosten des Verfahrens ganz oder teilweise zu bestreiten, so kann sie jederzeit unter den Voraussetzungen der Art. 115 bis 118 und 185 bis 189 der Verfahrensordnung die Bewilligung von Prozesskostenhilfe beantragen. Ein solcher Antrag kann jedoch nur berücksichtigt werden, wenn ihm alle notwendigen Auskünfte und Belege beigefügt sind, die dem Gerichtshof eine Beurteilung der tatsächlichen wirtschaftlichen Lage des Antragstellers ermöglichen. Da der Gerichtshof in Vorlagesachen auf Ersuchen eines Gerichts eines Mitgliedstaats entscheidet, müssen die Parteien des Ausgangsrechtsstreits Prozesskostenhilfe

vorrangig bei diesem Gericht oder den zuständigen Stellen des betreffenden Mitgliedstaats beantragen; die vom Gerichtshof gewährte Hilfe ist gegenüber der auf nationaler Ebene gewährten Hilfe nachrangig.

6. Gibt der Gerichtshof einem Antrag auf Bewilligung von Prozesskostenhilfe statt, trägt er ausschließlich – gegebenenfalls in den vom Spruchkörper festgesetzten Grenzen – die Kosten der Unterstützung und der Vertretung des Antragstellers vor dem Gerichtshof. Nach den Bestimmungen der Verfahrensordnung können diese Kosten später mit der Entscheidung, mit der das Verfahren beendet und über die Kosten entschieden wird, vom Gerichtshof wieder zurückgefordert werden. Der Spruchkörper, der über den Antrag auf Bewilligung von Prozesskostenhilfe entschieden hat, kann diese außerdem jederzeit entziehen, wenn sich die Voraussetzungen, unter denen sie bewilligt wurde, im Lauf des Verfahrens ändern.

Schutz personenbezogener Daten

7. In dem Bestreben, einen bestmöglichen Schutz personenbezogener Daten, insbesondere im Rahmen der Veröffentlichungen, die der Gerichtshof hinsichtlich der bei ihm anhängig gemachten Rechtssachen vornimmt, zu erreichen, behandelt er die Vorlagesachen in der Regel in anonymisierter Form. Dies bedeutet in der Praxis, dass der Gerichtshof, sofern nicht besondere Umstände vorliegen, Namen und Vornamen der im Vorabentscheidungsersuchen genannten natürlichen Personen sowie gegebenenfalls weitere Angaben, die eine Wiedererkennung ermöglichen könnten, weglässt, falls das vorlegende Gericht dies nicht schon vor dem Versenden seines Ersuchens getan hat. Sämtliche in Art. 23 der Satzung bezeichneten Beteiligten sind aufgefordert, in ihren schriftlichen oder mündlichen Erklärungen die so gewährte Anonymität zu wahren.
8. Dasselbe gilt für Rechtsmittel. Sofern nicht besondere Umstände vorliegen, wahrt der Gerichtshof die vom Gericht gewährte Anonymität, und die Parteien des Verfahrens sind aufgefordert, diese Anonymität im Rahmen des Verfahrens vor dem Gerichtshof ebenfalls zu wahren.
9. Wünscht eine Partei eines Verfahrens vor dem Gerichtshof, dass ihre Identität oder bestimmte sie betreffende Angaben im Rahmen einer beim Gerichtshof anhängigen Rechtssache vertraulich behandelt werden – oder umgekehrt, dass ihre Identität oder diese Angaben im Rahmen dieser Rechtssache nicht vertraulich behandelt werden –, kann sie sich an den Gerichtshof wenden, damit dieser entscheidet, ob eine vollständige oder teilweise Anonymisierung der fraglichen Rechtssache vorzunehmen bzw. die bereits gewährte Anonymität beizubehalten ist. Ein solches Ersuchen muss allerdings, um wirksam zu sein, so rasch wie möglich gestellt werden. Wegen der zunehmenden Nutzung der neuen Informations-

und Kommunikationstechnologien ist es nämlich sehr viel schwieriger, eine Anonymisierung durchzuführen, wenn die Mitteilung zur betreffenden Rechtssache bereits im *Amtsblatt der Europäischen Union* veröffentlicht oder, in Vorlagesachen, das Vorabentscheidungsersuchen – ungefähr einen Monat nach seiner Einreichung beim Gerichtshof – bereits an die in Art. 23 der Satzung bezeichneten Beteiligten zugestellt worden ist.

II. Schriftliches Verfahren

Zweck des schriftlichen Verfahrens

10. Das schriftliche Verfahren spielt eine wesentliche Rolle bei der Befassung des Gerichtshofs mit der Rechtssache. Dieser Verfahrensabschnitt muss es ihm ermöglichen, sich durch die eingereichten Schriftsätze oder Erklärungen eine genaue Vorstellung vom Gegenstand der bei ihm anhängigen Rechtssache und deren Bedeutung zu machen. Auch wenn dies für alle beim Gerichtshof anhängigen Rechtssachen gilt, sind Ablauf und Konturen des schriftlichen Verfahrens bei den verschiedenen Verfahrensarten jedoch unterschiedlich. Während die Parteien in Klage- und Rechtsmittelverfahren aufgefordert sind, zu den von den anderen Parteien des Verfahrens eingereichten Schriftsätzen Stellung zu nehmen, ist das schriftliche Verfahren bei Vorlagen zur Vorabentscheidung nicht kontradiktorisch, da die in Art. 23 der Satzung bezeichneten Beteiligten lediglich aufgefordert sind, ihre etwaigen Erklärungen zu den Vorlagefragen eines nationalen Gerichts einzureichen, ohne grundsätzlich Kenntnis davon zu haben, wie sich die anderen Beteiligten zu diesen Fragen verhalten. Daraus ergeben sich andere Anforderungen sowohl hinsichtlich der Form und des Inhalts dieser Erklärungen als auch bezüglich des weiteren Ablaufs des Verfahrens. Zu beachten ist jedoch, dass die Mehrzahl der im schriftlichen Verfahren eingereichten Schriftsätze oder Erklärungen übersetzt werden müssen. Daher sind kurze und einfache Sätze vorzuziehen, und die Argumentation der Parteien muss in dem Schriftsatz oder den Erklärungen und nicht in den eventuell beigefügten Anlagen, die in der Regel nicht übersetzt werden, enthalten sein.

Das schriftliche Verfahren bei Vorlagen zur Vorabentscheidung

11. Da das Vorabentscheidungsverfahren kein streitiges Verfahren ist, unterliegt die Einreichung der schriftlichen Erklärungen durch die in Art. 23 der Satzung bezeichneten Beteiligten keinen besonderen Formerfordernissen. Wird ihnen durch den Gerichtshof ein Vorabentscheidungsersuchen zugestellt, können sie daher, wenn sie es wünschen, einen Schriftsatz einreichen, in dem sie zum Ersuchen des vorlegenden Gerichts Stellung nehmen. Der Zweck dieses Schriftsatzes – der innerhalb einer nicht verlängerbaren Frist von

zwei Monaten (zuzüglich einer pauschalen Entfernungsfrist von zehn Tagen) ab Zustellung des Vorabentscheidungsersuchens einzureichen ist – liegt darin, dem Gerichtshof Aufschluss über die Tragweite dieses Ersuchens und insbesondere darüber zu verschaffen, wie die vom vorlegenden Gericht gestellten Fragen zu beantworten sind.

12. Diese Stellungnahme sollte zwar vollständig sein und vor allem die Argumentation enthalten, die die Antwort des Gerichtshofs auf die Vorlagefragen stützen kann, es ist jedoch nicht erforderlich, den in der Vorlageentscheidung dargelegten rechtlichen oder tatsächlichen Rahmen des Rechtsstreits noch einmal aufzugreifen, es sei denn, er gibt Anlass zu ergänzenden Bemerkungen. Vorbehaltlich besonderer Umstände oder spezieller Bestimmungen der Verfahrensordnung, in denen wegen der Dringlichkeit der Rechtssache eine Beschränkung der Länge der Schriftsätze vorgesehen ist, sollten die in einem Vorabentscheidungsverfahren eingereichten schriftlichen Erklärungen 20 Seiten nicht überschreiten.

Das schriftliche Verfahren in Klageverfahren

Klageschrift

13. Da das Klageverfahren ein streitiges Verfahren ist, unterliegt sein schriftliches Verfahren strengeren Regeln. Diese sind in den Art. 119ff. (Vierter Titel) der Verfahrensordnung niedergelegt und betreffen sowohl die Vorgabe, dass die Parteien durch einen Bevollmächtigten oder Anwalt vertreten sein müssen, als auch die formellen Anforderungen an den Inhalt und die Vorlage von Schriftsätzen. Insbesondere ergibt sich aus Art. 120 der Verfahrensordnung, dass in der Klageschrift neben Namen und Wohnsitz des Klägers und der Bezeichnung des Beklagten der Streitgegenstand, die geltend gemachten Klagegründe und Argumente, gegebenenfalls durch Beweise oder Beweisangebote untermauert, sowie die Anträge des Klägers genau anzugeben sind. Die Nichteinhaltung dieser Vorgaben führt zur Unzulässigkeit der Klageschrift, die, sofern keine besonderen Umstände vorliegen, 30 Seiten nicht überschreiten sollte.

14. Nach Art. 120 Buchst. c der Verfahrensordnung ist der Klageschrift außerdem zwingend eine kurze Darstellung der Klagegründe beizufügen. Diese Darstellung – die nicht länger sein sollte als zwei Seiten – soll die Abfassung der Mitteilung zu jeder beim Gerichtshof anhängig gemachten Rechtssache erleichtern, die nach Art. 21 Abs. 4 der Verfahrensordnung im *Amtsblatt der Europäischen Union* zu veröffentlichen ist.

Klagebeantwortung

15. Für die in Art. 124 der Verfahrensordnung geregelte Klagebeantwortung gelten grundsätzlich dieselben Formerfordernisse wie für die Klageschrift. Sie ist binnen zwei Monaten nach Zustellung der

Klageschrift einzureichen. Diese Frist – zu der die pauschale Entfernungsfrist von zehn Tagen hinzukommt – kann nur ausnahmsweise verlängert werden; hierfür muss rechtzeitig ein gebührend begründeter Antrag gestellt werden, in dem die Umstände dargelegt sind, die eine solche Verlängerung rechtfertigen können.

16. Da der rechtliche Rahmen des Verfahrens durch die Klageschrift festgelegt wird, ist das Vorbringen in der Klagebeantwortung so weit wie möglich anhand der in der Klageschrift geltend gemachten Klagegründe oder Rügen zu gliedern. Das Vorbringen neuer Klage- und Verteidigungsgründe im Lauf des Verfahrens ist unzulässig, es sei denn, dass sie auf rechtliche oder tatsächliche Gesichtspunkte gestützt werden, die erst während des Verfahrens zutage getreten sind. Darüber hinaus ist der rechtliche und tatsächliche Rahmen des Rechtsstreits in der Klagebeantwortung nur insoweit vorzutragen, als seine Darstellung in der Klageschrift bestritten wird oder weiterer Angaben bedarf. Wie die Klageschrift sollte auch die Klagebeantwortung, sofern keine besonderen Umstände vorliegen, 30 Seiten nicht überschreiten.

Erwiderung und Gegenerwiderung

17. Wenn sie es für erforderlich halten, können Kläger und Beklagter ihr Vorbringen ergänzen, und zwar der Kläger durch eine Erwiderung und der Beklagte durch eine Gegenerwiderung. Für diese Schriftsätze gelten dieselben Formerfordernisse wie für die Klageschrift und die Klagebeantwortung, sie müssen aufgrund ihres fakultativen und ergänzenden Charakters jedoch zwangsläufig kürzer sein als diese. Da der Rahmen des Rechtsstreits und die in Rede stehenden Klage- und Verteidigungsgründe oder Rügen in der Klageschrift und der Klagebeantwortung eingehend dargelegt (bzw. bestritten) wurden, liegt der Zweck der Erwiderung und der Gegenerwiderung allein darin, es dem Kläger und dem Beklagten zu ermöglichen, ihre Auffassung zu erläutern oder ihr Vorbringen zu einer wichtigen Frage zu präzisieren, wobei der Präsident im Übrigen gemäß Art. 126 der Verfahrensordnung selbst auch festlegen kann, auf welche Punkte sich die Erwiderung und die Gegenerwiderung beziehen sollten. Sofern keine besonderen Umstände vorliegen, sollten Erwiderung und Gegenerwiderung daher nicht länger sein als etwa zehn Seiten. Sie sind innerhalb der vom Gerichtshof bestimmten Fristen bei der Kanzlei einzureichen; eine Verlängerung wird vom Präsidenten nur ausnahmsweise und auf gebührend begründeten Antrag gewährt.

Antrag auf beschleunigtes Verfahren

18. Erfordert die Art der Rechtssache ihre rasche Erledigung, kann der Kläger oder der Beklagte beantragen, die Rechtssache einem von den Bestimmungen der Verfahrensordnung abweichenden beschleunigten Verfahren zu unterwerfen. Diese in Art. 133 der Verfahrensordnung vorgesehene Möglichkeit besteht jedoch nur, wenn

mit gesondertem Schriftsatz ein entsprechender Antrag eingereicht wird, in dem ausführlich die Gründe dargelegt werden, die die Durchführung eines solchen Verfahrens rechtfertigen können. Wird dem Antrag stattgegeben, kommt es zu einer Anpassung des schriftlichen Verfahrens. Die üblichen Fristen für die Einreichung von Schriftsätzen werden nämlich verkürzt, wie auch deren zulässige Länge gekürzt wird, und eine Erwiderung, eine Gegenerwiderung oder ein Streithilfeschriftsatz kann gemäß Art. 134 der Verfahrensordnung nur dann eingereicht werden, wenn der Präsident dies für erforderlich hält.

Anträge auf Aussetzung der Vollziehung oder auf einstweilige Anordnungen (Verfahren des vorläufigen Rechtsschutzes)

19. Mit einer Klage kann auch ein Antrag auf Aussetzung der Vollziehung der angefochtenen Handlung oder ein Antrag auf einstweilige Anordnungen nach den Art. 278 bzw. 279 des Vertrags über die Arbeitsweise der Europäischen Union (im Folgenden: AEUV) verbunden werden. Gemäß Art. 160 der Verfahrensordnung ist ein solcher Antrag jedoch nur dann zulässig, wenn er von dem Antragsteller, der die betreffende Handlung beim Gerichtshof angefochten hat, oder von einer Partei des beim Gerichtshof anhängigen Rechtsstreits gestellt wird. Der Antrag ist mit gesondertem Schriftsatz einzureichen und muss sowohl den Streitgegenstand bezeichnen und die Umstände, aus denen sich die Dringlichkeit einer Entscheidung ergibt, als auch die den Erlass der beantragten Anordnung dem ersten Anschein nach rechtfertigenden Sach- und Rechtsgründe anführen. In der Regel wird die Antragsschrift dann der anderen Partei des Verfahrens zugestellt, der vom Präsidenten eine kurze Frist zur schriftlichen oder mündlichen Stellungnahme gesetzt wird. Bei besonderer Dringlichkeit kann der Präsident dem Antrag auch schon vor einer solchen Stellungnahme vorläufig stattgeben. In diesem Fall kann die Entscheidung, mit der das Verfahren des vorläufigen Rechtsschutzes abgeschlossen wird, jedoch erst nach Anhörung dieser anderen Partei erlassen werden.

Das schriftliche Verfahren im Rechtsmittelverfahren

20. Das schriftliche Verfahren im Rechtsmittelverfahren weist zahlreiche Ähnlichkeiten mit dem schriftlichen Verfahren in Klageverfahren auf. Die einschlägigen Vorschriften finden sich in den Art. 167 ff. (Fünfter Titel) der Verfahrensordnung, die auch den notwendigen Inhalt einer Rechtsmittelschrift und einer Rechtsmittelbeantwortung sowie die Tragweite der darin enthaltenen Anträge regeln.

Rechtsmittelschrift

21. Wie sich aus den Art. 168 und 169 der Verfahrensordnung – die insoweit die Art. 56 bis 58 der Satzung ergänzen – ergibt, kann sich ein Rechtsmittel nicht gegen eine Handlung eines Organs, ei-

ner Einrichtung oder einer sonstigen Stelle der Union richten, sondern muss gegen die Entscheidung des Gerichts gerichtet sein, mit dem dieses in erster Instanz über die Klage gegen diese Handlung entschieden hat. Daraus folgt, dass die Rechtsmittelanträge zwingend auf die vollständige oder teilweise Aufhebung der Entscheidung des Gerichts in der Gestalt der Entscheidungsformel gerichtet sein müssen und sich nicht auf die Nichtigerklärung der vor dem Gericht angefochtenen Handlung richten dürfen. Ferner müssen die in der Rechtsmittelschrift – die, sofern keine besonderen Umstände vorliegen, 25 Seiten nicht überschreiten sollte – geltend gemachten Rechtsgründe und -argumente die beanstandeten Punkte der Begründung dieser Entscheidung genau bezeichnen und substantiiert die Gründe darlegen, aus denen diese rechtsfehlerhaft sein soll; andernfalls ist das Rechtsmittel unzulässig.

22. Um die Abfassung der Mitteilung zu erleichtern, die nach Art. 21 Abs. 4 der Verfahrensordnung im *Amtsblatt der Europäischen Union* veröffentlicht wird, muss der Rechtsmittelführer der Rechtsmittelschrift außerdem eine kurze Darstellung der Rechtsmittelgründe von höchstens zwei Seiten Länge beifügen und die Belegstücke und Unterlagen bei der Kanzlei hinterlegen, die die Einhaltung der in Art. 19 der Satzung festgelegten und in Art. 119 der Verfahrensordnung übernommenen Anforderungen bescheinigen.

23. In den Fällen des Art. 58a der Satzung muss der Kläger seiner Rechtsmittelschrift außerdem einen Antrag auf Zulassung des Rechtsmittels von höchstens sieben Seiten Länge als Anlage beifügen, der sämtliche Angaben enthalten muss, die erforderlich sind, um es dem Gerichtshof zu ermöglichen, über die Zulassung des Rechtsmittels zu entscheiden und, sollte dieses teilweise zugelassen werden, die Rechtsmittelgründe zu bestimmen, auf die sich die Rechtsmittelbeantwortung beziehen muss.

24. Der Antrag auf Zulassung des Rechtsmittels muss in jedem Fall klar und genau die Gründe angeben, auf die das Rechtsmittel gestützt wird, ebenso genau und klar die mit jedem Rechtsmittelgrund aufgeworfene Rechtsfrage benennen, und darlegen, warum diese Frage für die Einheit, die Kohärenz oder die Entwicklung des Unionsrechts bedeutsam ist.

25. Nach Art. 170a Abs. 1 der Verfahrensordnung führt das Fehlen eines solchen Antrags dazu, dass das Rechtsmittel insgesamt unzulässig ist.

Rechtsmittelbeantwortung

26. Innerhalb einer nicht verlängerbaren Frist von zwei Monaten ab Zustellung der Rechtsmittelschrift – zu der die pauschale Entfernungsfrist von zehn Tagen hinzukommt – kann jede Partei der betreffenden Rechtssache vor dem Gericht eine Rechtsmittelbeantwortung einreichen. Deren Inhalt unterliegt den Anforderungen des Art. 173 der Verfahrensordnung, und die Anträge müssen nach Art. 174 der Verfahrensordnung auf die vollständige oder teilweise

Stattgabe oder Zurückweisung des Rechtsmittels gerichtet sein. Die Rechtsausführungen in der Rechtsmittelbeantwortung sollten so weit wie möglich anhand der vom Rechtsmittelführer geltend gemachten Rechtsmittelgründe gegliedert sein. Es ist jedoch nicht erforderlich, darin den tatsächlichen und rechtlichen Rahmen des Rechtsstreits wiederzugeben, es sei denn, seine Darstellung in der Rechtsmittelschrift wird bestritten oder gibt Anlass zu weiteren Erläuterungen. Dagegen muss eine vollständige oder teilweise Unzulässigkeit des Rechtsmittels in der Rechtsmittelbeantwortung selbst gerügt werden, da die – in Art. 151 der Verfahrensordnung vorgesehene – Möglichkeit, mit gesondertem Schriftsatz eine Einrede der Unzulässigkeit der Klage zu erheben, bei Rechtsmitteln nicht besteht. Wie die Rechtsmittelschrift sollte auch die Rechtsmittelbeantwortung, sofern keine besonderen Umstände vorliegen, 25 Seiten nicht überschreiten.

Anschlussrechtsmittel

27. Will eine Partei der betreffenden Rechtssache vor dem Gericht, der die Rechtsmittelschrift zugestellt worden ist, die Entscheidung des Gerichts in einem Aspekt beanstanden, der in der Rechtsmittelschrift nicht aufgegriffen worden ist, muss sie ein Anschlussrechtsmittel gegen die Entscheidung des Gerichts einlegen. Dieses Rechtsmittel ist mit gesondertem Schriftsatz innerhalb derselben, nicht verlängerbaren Frist, wie sie für die Einreichung der Rechtsmittelbeantwortung gilt, einzulegen und muss den Anforderungen der Art. 177 und 178 der Verfahrensordnung entsprechen. Die geltend gemachten Rechtsgründe und -argumente müssen sich von den in der Rechtsmittelbeantwortung geltend gemachten unterscheiden.

Anschlussrechtsmittelbeantwortung

28. Wird ein solches Anschlussrechtsmittel eingelegt, kann der Rechtsmittelführer ebenso wie jede andere Partei der betreffenden Rechtssache vor dem Gericht, die ein Interesse an der Stattgabe oder der Zurückweisung des Anschlussrechtsmittels hat, eine Beantwortung einreichen, deren Gegenstand auf die mit dem Anschlussrechtsmittel geltend gemachten Gründe zu begrenzen ist. Nach Art. 179 der Verfahrensordnung ist diese Anschlussrechtsmittelbeantwortung innerhalb einer nicht verlängerbaren Frist von zwei Monaten nach Zustellung der Anschlussrechtsmittelschrift (zuzüglich der pauschalen Entfernungsfrist von zehn Tagen) einzureichen.

Erwiderung und Gegenerwiderung

29. Die Rechtsmittelschrift und ihre Beantwortung sowie die Anschlussrechtsmittelschrift und ihre Beantwortung können durch eine Erwiderung und eine Gegenerwiderung ergänzt werden, insbesondere damit die Parteien zu einer Unzulässigkeitseinrede oder

zu in der Beantwortung geltend gemachten neuen Gesichtspunkten Stellung nehmen können. Im Unterschied zur Regelung bei den Klageverfahren setzt dies jedoch eine ausdrückliche Genehmigung durch den Präsidenten des Gerichtshofs voraus. Zu diesem Zweck muss der (Anschluss-)Rechtsmittelführer innerhalb von sieben Tagen (zuzüglich der pauschalen Entfernungsfrist von zehn Tagen) nach Zustellung der (Anschluss-)Rechtsmittelbeantwortung einen gebührend begründeten Antrag stellen, in dem er die Gründe darlegt, aus denen er eine Erwiderung für erforderlich hält. Dieser Antrag – der drei Seiten nicht überschreiten sollte – muss aus sich heraus verständlich sein, ohne dass es einer Heranziehung der (Anschluss-)Rechtsmittelschrift oder ihrer Beantwortung bedarf.

30. Aufgrund der Besonderheit der Rechtsmittel, die auf die Prüfung von Rechtsfragen beschränkt sind, kann der Präsident außerdem, wenn er dem Antrag auf Erwiderung stattgibt, den Gegenstand und die Seitenzahl dieses Schriftsatzes sowie der darauf folgenden Gegenerwiderung begrenzen. Die Einhaltung dieser Vorgaben ist wesentliche Voraussetzung für den ordnungsgemäßen Ablauf des Verfahrens. Das Überschreiten der zulässigen Seitenzahl oder das Aufwerfen anderer Fragen in der Erwiderung oder Gegenerwiderung führt dazu, dass der Schriftsatz seinem Verfasser zurückgesandt wird.

Rechtsmittel gemäß Art. 57 der Satzung

31. Die in den Nrn. 20 bis 30 dieser Anweisungen angeführten Regeln gelten allerdings nicht uneingeschränkt für die Rechtsmittel gegen Entscheidungen des Gerichts, mit denen ein Antrag auf Zulassung zur Streithilfe abgelehnt wird, oder solche, die auf einen Antrag auf vorläufigen Rechtsschutz nach den Art. 278 oder 279 AEUV ergehen. Gemäß Art. 57 Abs. 3 der Satzung unterliegen solche Rechtsmittel nämlich demselben Verfahren wie ein unmittelbar beim Gerichtshof gestellter Antrag auf Erlass einstweiliger Anordnungen. Den Parteien wird daher eine kurze Frist für die Einreichung etwaiger Stellungnahmen zum Rechtsmittel gesetzt, und der Gerichtshof entscheidet über dieses ohne zusätzliches schriftliches Verfahren und ohne mündliches Verfahren.

Vertraulichkeit in Rechtsmittelverfahren

32. Wie sich aus den vorstehenden Bestimmungen ergibt, werden die Rechtsmittelschrift und die in der Folge eingereichten Schriftsätze sämtlichen Parteien der betreffenden Rechtssache vor dem Gericht zugestellt, und zwar unabhängig von der verfahrensrechtlichen Stellung, die sie vor dem Gericht hatten (Hauptpartei oder Streithelfer). Da Rechtsmittel nach Art. 58 der Satzung auf Rechtsfragen beschränkt sind, dürften die Parteien in ihren Schriftsätzen grundsätzlich keine geheimen oder vertraulichen Angaben machen. Sollte dies ausnahmsweise doch der Fall sein, ist die Partei, die sich auf die Vertraulichkeit bestimmter Angaben in ihrem

Schriftsatz beruft, aufgefordert, mit gesondertem Schriftsatz einen gebührend begründeten Antrag auf vertrauliche Behandlung (in dem präzisiert wird, welche Angaben der Vertraulichkeit unterliegen sollen und welche Parteien von diesem Antrag betroffen sind) und eine nicht vertrauliche Fassung ihres Schriftsatzes vorzulegen, der diesen anderen Parteien zugestellt werden kann. Falls diesem Antrag auf vertrauliche Behandlung – die jedenfalls nicht über die vertrauliche Behandlung hinausgehen kann, die das Gericht bereits gegenüber einem Streithelfer gewährt hat – teilweise stattgegeben wird, ist die Partei, der diese Vertraulichkeit gewährt wird, aufgefordert, unverzüglich eine neue, nicht vertrauliche Fassung ihres Schriftsatzes zu erstellen, der den anderen Parteien des Verfahrens zugestellt werden kann.

Streithilfe in Klage- und Rechtsmittelverfahren

Antrag auf Zulassung zur Streithilfe

33. Gemäß Art. 40 der Satzung können zum einen die Mitgliedstaaten und die Unionsorgane und zum anderen, unter den Voraussetzungen der Abs. 2 und 3 dieses Artikels, dritte Vertragsstaaten des EWR-Abkommens, die EFTA- Überwachungsbehörde, Einrichtungen und sonstige Stellen der Union sowie alle anderen natürlichen oder juristischen Personen einem beim Gerichtshof anhängigen Rechtsstreit beitreten, um die Anträge einer Partei in vollem Umfang oder teilweise zu unterstützen. Ein Antrag auf Zulassung zur Streithilfe kann nur berücksichtigt werden, wenn er innerhalb der Frist des Art. 130 Abs. 1 (Klageverfahren) oder des Art. 190 Abs. 2 (Rechtsmittelverfahren) der Verfahrensordnung gestellt wird und den Anforderungen des Art. 130 Abs. 2 bis 4 der Verfahrensordnung entspricht.

Streithilfeschriftsatz

34. Wird dem Antrag auf Zulassung zur Streithilfe stattgegeben, werden dem Streithelfer alle den Parteien zugestellten Verfahrensschriftstücke übermittelt, mit Ausnahme gegebenenfalls der geheimen oder vertraulichen Belegstücke oder Dokumente. Der Streithelfer verfügt über einen Monat nach Erhalt dieser Schriftstücke, um einen Streithilfeschriftsatz einzureichen. Dieser Schriftsatz muss den Anforderungen des Art. 132 Abs. 2 der Verfahrensordnung genügen, dabei aber inhaltlich knapper gefasst sein als der Schriftsatz der unterstützten Partei; er sollte nicht länger als zehn Seiten sein. Da die Streithilfe akzessorisch zum Rechtsstreit zwischen den Hauptparteien ist, hat sich der Streithelfer einer Wiederholung der in den Schriftsätzen der von ihm unterstützten Partei enthaltenen Gründe oder Argumente in seinem Schriftsatz zu enthalten und darf nur zusätzliche Gründe oder Argumente darlegen, die die Auffassung dieser Partei bestätigen. Eine Wiedergabe des rechtlichen und tatsächlichen Rahmens des Rechtsstreits ist überflüssig, es

sei denn, seine Darstellung in den Schriftsätzen der Hauptparteien wird bestritten oder bedarf zusätzlicher Angaben.

Stellungnahme zum Streithilfeschriftsatz

35. Nach Einreichung des Streithilfeschriftsatzes kann der Präsident, wenn er es für erforderlich erachtet, eine Frist für die Einreichung einer kurzen Stellungnahme zu diesem Schriftsatz setzen. Die Einreichung dieser Stellungnahme, deren Länge fünf Seiten nicht überschreiten sollte, ist jedoch fakultativ. Eine solche Stellungnahme dient allein dazu, es den Hauptparteien zu ermöglichen, auf bestimmte Behauptungen des Streithelfers einzugehen oder sich zu neuen Gründen oder Argumenten zu äußern, die der Streithelfer vorgebracht hat. Sind solche Gesichtspunkte nicht gegeben, sollte von einer Einreichung einer Stellungnahme abgesehen werden, um das schriftliche Verfahren nicht unnötig zu verlängern.

Verspätete Anträge auf Zulassung zur Streithilfe

36. Soweit er den Anforderungen des Art. 130 Abs. 2 bis 4 der Verfahrensordnung entspricht, kann auch ein Antrag auf Zulassung zur Streithilfe berücksichtigt werden, der nach Ablauf der in Art. 130 Abs. 1 oder Art. 190 Abs. 2 der Verfahrensordnung bezeichneten Frist gestellt wird, vorausgesetzt er geht vor der in Art. 60 Abs. 4 der Verfahrensordnung vorgesehenen Entscheidung über die Eröffnung des mündlichen Verfahrens beim Gerichtshof ein. In diesem Fall kann der Streithelfer in der mündlichen Verhandlung Stellung nehmen, wenn eine solche stattfindet.

Streithilfe im Rahmen eines Antrags auf vorläufigen Rechtsschutz oder eines beschleunigten Verfahrens

37. Das Gleiche gilt grundsätzlich im Rahmen eines Antrags auf vorläufigen Rechtsschutz oder bei Durchführung eines beschleunigten Verfahrens. Außer bei besonderen Umständen, die die Einreichung schriftlicher Stellungnahmen rechtfertigen, kann sich die in einem solchen Verfahren zur Streithilfe zugelassene Person oder Stelle nur mündlich äußern, falls eine mündliche Verhandlung durchgeführt wird.

Ausschluss der Streithilfe in Vorabentscheidungssachen

38. Die vorstehenden Regeln zur Streithilfe gelten dagegen nicht für Vorlagen zur Vorabentscheidung. Da es sich bei dieser Kategorie von Rechtssachen nicht um streitige Verfahren handelt und der Gerichtshof, wenn er sich im Wege der Vorabentscheidung zur Auslegung oder zur Gültigkeit des Unionsrechts äußert, eine besondere Funktion ausübt, können nur die in Art. 23 der Satzung bezeichneten Beteiligten – und gegebenenfalls die nach Art. 24 Abs. 2 der Satzung ersuchten Organe, Einrichtungen oder sonstigen Stellen der Union – schriftliche oder mündliche Erklärungen zu den dem Gerichtshof von den Gerichten der Mitgliedstaaten vorgelegten Fragen abgeben.

Form und Struktur der Verfahrensschriftstücke

39. Abgesehen vom Vorstehenden und den Vorgaben zum Inhalt von Verfahrensschriftstücken, die sich aus der Satzung und der Verfahrensordnung ergeben, müssen die beim Gerichtshof eingereichten Schriftsätze und schriftlichen Erklärungen bestimmten zusätzlichen Anforderungen genügen, um dem Gerichtshof ihre Lektüre und Behandlung, insbesondere auf elektronischem Weg, zu erleichtern. Diese Anforderungen betreffen sowohl die Form und Einreichung der Verfahrensschriftstücke als auch ihre Struktur und Länge.
40. Zunächst ist es im Hinblick auf die Form unerlässlich, dass die Schriftsätze und schriftlichen Erklärungen so eingereicht werden, dass sie vom Gerichtshof elektronisch verwaltet, insbesondere gescannt und mit Texterkennungsprogrammen bearbeitet werden können. In diesem Zusammenhang sollte deshalb Folgendes beachtet werden:
    - der Schriftsatz oder die Erklärungen sind auf weißem unliniertem Papier in DIN-A4-Format abgefasst, das nur einseitig (also nicht auf Vorder- und Rückseite) beschrieben wird;
    - es ist eine gängige Schrifttype (z. B. Times New Roman, Courier oder Arial) mit einer Schriftgröße von mindestens 12 pt im Haupttext und 10 pt in den Fußnoten zu verwenden, bei einem Zeilenabstand von 1,5 sowie einem Abstand von mindestens 2,5 cm (zum linken und rechten sowie zum oberen und unteren Rand);
    - sämtliche Absätze des Schriftsatzes oder der Erklärungen sind fortlaufend zu nummerieren;
    - dies gilt auch für die Seiten des Schriftsatzes oder der Erklärungen, einschließlich ihrer etwaigen Anlagen und des Anlagenverzeichnisses, die in der rechten oberen Ecke fortlaufend zu nummerieren sind;
    - die Seiten des Schriftsatzes oder der Erklärungen umfassen jeweils höchstens 1500 Zeichen, Leerzeichen nicht mitgezählt;
    - die Seiten des Schriftsatzes oder der Erklärungen sind, wenn sie dem Gerichtshof nicht auf elektronischem Weg zugesandt werden, so miteinander zu verbinden, dass die Verbindung leicht entfernt werden kann, d. h., sie sollen nicht z. B. mit Klebstoff oder Heftklammern fest zusammengefügt werden.
41. Über diese formalen Anforderungen hinaus sind die beim Gerichtshof eingereichten Verfahrensschriftstücke so abzufassen, dass ihre Struktur und Tragweite von den ersten Seiten an verstanden werden können. Nachdem auf der ersten Seite die Bezeichnung des Schriftstücks, die Nummer der Rechtssache (sofern von der Kanzlei bereits mitgeteilt) und die von ihr betroffenen Parteien oder ihre Initialen (wenn die Rechtssache anonymisiert ist) angegeben worden sind, beginnen der Schriftsatz oder die schriftlichen Erklärungen mit einer kurzen Darstellung der vom Verfasser gewählten Gliederung oder mit einem Inhaltsverzeichnis. Der

Schriftsatz oder die Erklärungen enden zwingend mit den Anträgen des Verfassers oder, in Vorlagesachen, mit den Antworten, die er auf die vom vorlegenden Gericht gestellten Fragen zu geben vorschlägt.

42. Die dem Gerichtshof übermittelten Schriftstücke unterliegen zwar – mit Ausnahme der sich aus der Satzung oder der Verfahrensordnung ergebenden – keinen weiteren inhaltlichen Vorgaben, es ist jedoch zu beachten, dass sie die Grundlage für das Aktenstudium durch den Gerichtshof bilden und dass sie in der Regel vom Gerichtshof oder vom Organ, von dem sie stammen, übersetzt werden müssen. Im Interesse eines ordnungsgemäßen Verfahrensablaufs und im eigenen Interesse der Parteien sind *die Schriftsätze oder schriftlichen Erklärungen daher in einfacher und klarer Sprache* ohne Verwendung von Fachbegriffen eines nationalen Rechtssystems abzufassen. Wiederholungen sind zu vermeiden, und kurze Sätze sind langen und komplexen Sätzen mit Einschüben und Nebensätzen möglichst vorzuziehen.

43. Berufen sich die Parteien in ihren Schriftsätzen oder Erklärungen auf eine bestimmte Vorschrift oder Regelung des nationalen oder des Unionsrechts, *ist die entsprechende Fundstelle genau anzugeben,* sowohl bezüglich des Zeitpunkts ihres Erlasses und, wenn möglich, ihrer Veröffentlichung als auch hinsichtlich ihrer zeitlichen Anwendbarkeit. Wird aus einer Gerichtsentscheidung oder Schlussanträgen eines Generalanwalts zitiert, sind sowohl die Bezeichnung und die Nummer der betreffenden Rechtssache als auch die ECLI („European Case Law Identifier")-Nummer der Entscheidung oder Schlussanträge und die genaue Fundstelle des fraglichen Auszugs oder der fraglichen Passage anzugeben.

44. Schließlich ist darauf hinzuweisen, dass die *rechtliche Argumentation der Parteien oder der in Art. 23 der Satzung bezeichneten Beteiligten in den Schriftsätzen oder schriftlichen Erklärungen und nicht in den eventuell beigefügten Anlagen,* die in der Regel nicht übersetzt werden, *enthalten sein muss.* Nur die Unterlagen, die im Text des Schriftsatzes oder der Erklärungen erwähnt werden und erforderlich sind, um den Inhalt zu verdeutlichen oder zu stützen, sind dem Schriftsatz oder den Erklärungen als Anlagen beizufügen. Gemäß Art. 57 Abs. 4 der Verfahrensordnung werden Anlagen nur entgegengenommen, wenn sie mit einem Anlagenverzeichnis eingereicht werden. Dieses Verzeichnis muss für jedes beigefügte Schriftstück folgende Angaben enthalten: die Nummer der Anlage, eine kurze Angabe ihrer Art sowie die Angabe, auf welcher Seite oder in welchem Absatz des Schriftsatzes oder der Erklärungen das Schriftstück angeführt wird, wodurch seine Einreichung gerechtfertigt ist.

45. Weicht ein Verfahrensschriftstück offensichtlich von den vorstehenden Vorgaben, insbesondere denjenigen, die seine Länge betreffen, ab, kann der Kanzler den Verfasser auffordern, die Mängel des eingereichten Schriftstücks innerhalb einer kurzen Frist zu beheben.

Einreichung und Übermittlung der Verfahrensschriftstücke

46. Nur die in den Verfahrensvorschriften ausdrücklich vorgesehenen Schriftstücke können bei der Kanzlei eingereicht werden. Sie sind innerhalb der gesetzten Fristen unter Einhaltung der Anforderungen des Art. 57 der Verfahrensordnung einzureichen.
47. Die vom Gerichtshof empfohlene Art, ein Verfahrensschriftstück einzureichen, ist die Einreichung im Wege der *Anwendung e-Curia*. Sie ermöglicht es, Verfahrensschriftstücke auf ausschließlich elektronischem Weg einzureichen und zuzustellen, ohne dass es einer Erstellung beglaubigter Kopien des dem Gerichtshof übermittelten Schriftstücks oder dessen zusätzlicher Übersendung auf dem Postweg bedarf. Die Modalitäten des Zugangs zur Anwendung e-Curia und die Voraussetzungen für ihre Nutzung sind im Beschluss des Gerichtshofs vom 16. Oktober 2018 über die Einreichung und die Zustellung von Verfahrensschriftstücken im Wege der Anwendung e-Curia sowie in den Voraussetzungen für die Nutzung, auf die der Beschluss verweist, genau beschrieben. Diese Dokumente sind auf der Website des Unionsorgans (https://curia.europa.eu/jcms/jcms/P_78957/de/) verfügbar.
48. Wird ein Verfahrensschriftstück dem Gerichtshof nicht über diese Anwendung übermittelt, kann es auch *auf dem Postweg* an den Gerichtshof gerichtet werden. Die das Schriftstück enthaltende Sendung ist an die Kanzlei des Gerichtshofs, Rue du Fort Niedergrünewald – L-2925 Luxemburg, zu richten. In diesem Zusammenhang ist darauf hinzuweisen, dass nach Art. 57 Abs. 7 der Verfahrensordnung für die Berechnung der Verfahrensfristen allein Tag und Uhrzeit des Eingangs des Originals bei der Kanzlei maßgebend sind. Um eine Verfristung zu vermeiden, wird daher nachdrücklich empfohlen, die fragliche Sendung einige Tage vor Ablauf der für die Einreichung des Schriftstücks gesetzten Frist per Einschreiben oder per Eilbrief zu versenden oder aber das fragliche Schriftstück in der Kanzlei des Gerichtshofs oder, außerhalb ihrer Öffnungszeiten, an der Rezeption der Gebäude des Gerichtshofs (rue du Fort Niedergrünewald) abzugeben, wo der diensthabende Pförtner den Empfang des Schriftstücks bestätigt und darauf Tag und Uhrzeit der Einreichung vermerkt.
49. Derzeit ist es auch möglich, der Kanzlei die Kopie des unterzeichneten Originals eines Verfahrensschriftstücks als Anlage zu einer *E-Mail* (ecj.registry@curia.europa.eu) oder *per Telefax* [(+352) 43 37 66] zu übermitteln. Da diese Arten der Übermittlung allerdings technischen Grenzen unterliegen, ist zu beachten, dass die Einreichung eines Verfahrensschriftstücks per E-Mail oder Telefax für die Wahrung der Verfahrensfristen nur dann maßgebend ist, wenn das unterzeichnete Original des Schriftstücks mit den in Art. 57 Abs. 2 der Verfahrensordnung genannten Anlagen und Kopien spätestens zehn Tage nach Übermittlung der Kopie des unterzeichneten Originals per Fax oder E-Mail bei der Kanzlei eingeht. Das Original

ist daher unverzüglich, unmittelbar nach der Übermittlung der Kopie abzuschicken oder abzugeben, ohne dass an ihm irgendwelche Korrekturen oder Änderungen, seien sie auch noch so unbedeutend, vorgenommen werden. Bei Abweichungen zwischen dem unterzeichneten Original und der zuvor übermittelten Kopie wird nur der Tag des Eingangs des unterzeichneten Originals berücksichtigt.

50. Um die Behandlung der eingereichten Schriftstücke und Erklärungen und insbesondere deren Übersetzung in eine oder mehrere Amtssprachen der Union zu erleichtern, werden die Parteien gebeten, zusätzlich zum fristgerechten Versand der Originalfassung ihres Schriftstücks oder ihrer Erklärungen, die allein maßgebend ist, eine editierbare Fassung (Textverarbeitungssoftware wie „Word", „Open-Office" oder „LibreOffice") des Schriftstücks oder der Erklärungen an folgende Adresse zu übermitteln: editable-versions@curia.europa.eu.

III. Mündliches Verfahren

51. Wie sich aus Art. 20 Abs. 4 der Satzung ergibt, umfasst die mündliche Verhandlung im Wesentlichen zwei getrennte Abschnitte: die Anhörung der Parteien oder der in Art. 23 der Satzung bezeichneten Beteiligten und die Stellung der Schlussanträge des Generalanwalts. Nach Art. 20 Abs. 5 der Satzung kann der Gerichtshof, wenn er der Auffassung ist, dass die Rechtssache keine neue Rechtsfrage aufwirft, jedoch beschließen, ohne Schlussanträge des Generalanwalts über die Sache zu entscheiden. Eine mündliche Verhandlung wird nicht systematisch durchgeführt.

Zweck der mündlichen Verhandlung

52. In Anbetracht der Bedeutung, die dem schriftlichen Verfahren im Rahmen der beim Gerichtshof anhängigen Rechtssachen zukommt, ist vorbehaltlich der Anwendung von Art. 76 Abs. 3 der Verfahrensordnung für die Frage, ob eine mündliche Verhandlung durchgeführt wird, in Vorabentscheidungsverfahren nicht entscheidend darauf abzustellen, ob ein entsprechender Antrag gestellt worden ist, sondern darauf, wie der Gerichtshof den Mehrwert dieser Verhandlung und ihren möglichen Beitrag zur Entscheidung des Rechtsstreits oder zur Ermittlung der Antworten beurteilt, die er auf die von einem mitgliedstaatlichen Gericht gestellten Fragen geben könnte. *Eine mündliche Verhandlung wird vom Gerichtshof daher stets dann durchgeführt, wenn sie zu einem besseren Verständnis der Rechtssache und deren Bedeutung beitragen kann, unabhängig davon, ob die Parteien oder die in Art. 23 der Satzung bezeichneten Beteiligten einen entsprechenden Antrag gestellt haben.*

Antrag auf Durchführung einer mündlichen Verhandlung

53. Halten die Parteien oder Beteiligten die Durchführung einer mündlichen Verhandlung in einer Rechtssache für erforderlich, müssen sie, nachdem sie über den Abschluss des schriftlichen Verfahrens unterrichtet worden sind, *dem Gerichtshof* jedenfalls *schriftlich die genauen Gründe mitteilen, aus denen sie von ihm gehört werden möchten.* Diese Begründung – die nicht mit einem Schriftsatz oder schriftlichen Erklärungen zu verwechseln ist und drei Seiten nicht überschreiten darf – muss sich aus einer konkreten Beurteilung der Zweckmäßigkeit einer mündlichen Verhandlung für die betreffende Partei ergeben, und es ist anzugeben, in Bezug auf welche Aktenbestandteile oder Ausführungen diese Partei eine eingehendere Darlegung oder Widerlegung in einer mündlichen Verhandlung für erforderlich hält. Eine allgemeine Begründung unter Bezugnahme auf die Bedeutung der Rechtssache oder der vom Gerichtshof zu behandelnden Fragen genügt als solche nicht.

Ladung zur mündlichen Verhandlung und Notwendigkeit einer raschen Beantwortung dieser Ladung

54. Beschließt der Gerichtshof, in einer bestimmten Rechtssache eine mündliche Verhandlung durchzuführen, setzt er hierfür den genauen Tag und die genaue Uhrzeit fest. Die Parteien oder die in Art. 23 der Satzung bezeichneten Beteiligten werden umgehend von der Kanzlei geladen, die sie auch über die Besetzung des Spruchkörpers, an den die Rechtssache verwiesen wurde, über vom Gerichtshof beschlossene prozessleitende Maßnahmen und gegebenenfalls über das Unterbleiben von Schlussanträgen des Generalanwalts unterrichtet. Damit der Gerichtshof die mündliche Verhandlung unter den bestmöglichen Bedingungen durchführen kann, *werden die Parteien oder die Beteiligten gebeten, das Schreiben der Kanzlei rasch zu beantworten* und dabei insbesondere mitzuteilen, ob sie beabsichtigen, an der Sitzung tatsächlich teilzunehmen, sowie den Namen des Anwalts oder Bevollmächtigten anzugeben, der sie in der Sitzung vertreten wird. Eine späte Antwort auf die Ladungen der Kanzlei gefährdet die ordnungsgemäße Durchführung der Sitzung sowohl hinsichtlich der Redezeit, die der Gerichtshof der betreffenden Partei gewährt, als auch hinsichtlich der Erfordernisse, die sich aus der Verwaltung des Dolmetscherdienstes ergeben.

Vorkehrungen im Hinblick auf die mündliche Verhandlung

55. Unabhängig von ihrem Titel und ihrer Eigenschaft müssen die vor dem Gerichtshof auftretenden Personen eine Robe tragen. Die an einer mündlichen Verhandlung teilnehmenden Bevollmächtigten *und* Anwälte sollten daher ihre eigene Robe mitbringen. Der Gerichtshof hält einige Roben für Parteien oder Vertreter vor, die nicht über eine solche verfügen. Da diese Roben jedoch nach Zahl

und Größe nur begrenzt verfügbar sind, werden die betroffenen Parteien und Vertreter gebeten, den Gerichtshof in ihrer Antwort auf die Ladung zur mündlichen Verhandlung im Vorhinein entsprechend zu informieren.

56. In dieser Antwort sollten die Parteien und ihre Vertreter, damit eine bestmögliche Durchführung der mündlichen Verhandlung gewährleistet ist, dem Gerichtshof auch mitteilen, ob besondere Maßnahmen zu ergreifen sind, um ihre tatsächliche Teilnahme an der Verhandlung, insbesondere im Fall einer Behinderung oder eingeschränkter Mobilität, zu ermöglichen.

57. Sowohl aufgrund der bisweilen schwierigen Verkehrsverhältnisse in Luxemburg als auch wegen der für den Zugang zu den Gebäuden des Gerichtshofs geltenden Sicherheitsmaßnahmen wird empfohlen, die nötigen Vorkehrungen zu treffen, um sich am betreffenden Tag einige Zeit vor der für die Eröffnung der Sitzung festgelegten Uhrzeit im Sitzungssaal einzufinden. Vor Beginn der Sitzung bitten die Mitglieder des Spruchkörpers nämlich üblicherweise die Parteien oder die in Art. 23 der Satzung bezeichneten Beteiligten zu einer kurzen Unterredung über die Gestaltung der Sitzung. Der Berichterstatter und der Generalanwalt können die Parteien oder Beteiligten bei dieser Gelegenheit auffordern, in der Sitzung zusätzliche Erläuterungen zu bestimmten Fragen abzugeben oder den einen oder anderen besonderen Aspekt der fraglichen Rechtssache zu vertiefen.

Üblicher Ablauf einer mündlichen Verhandlung

58. Auch wenn ihr Ablauf je nach den besonderen Umständen des Einzelfalls verschieden sein kann, umfasst eine mündliche Verhandlung vor dem Gerichtshof in der Regel drei getrennte Teile: die eigentlichen mündlichen Ausführungen, Fragen von Mitgliedern des Gerichtshofs und Erwiderungen.

Erster Abschnitt der mündlichen Verhandlung: mündliche Ausführungen

Zweck der mündlichen Ausführungen

59. Sofern keine besonderen Umstände vorliegen, beginnt die Sitzung üblicherweise mit den mündlichen Ausführungen der Parteien oder der in Art. 23 der Satzung bezeichneten Beteiligten. In Anbetracht der Kenntnis, die der Gerichtshof am Ende des schriftlichen Verfahrens bereits von der Rechtssache hat, dienen diese Ausführungen nicht dazu, den Inhalt der eingereichten Schriftsätze oder schriftlichen Erklärungen zu wiederholen. Sie sollen den Parteien oder Beteiligten ermöglichen, etwaigen Aufforderungen zur Konzentration der mündlichen Ausführungen nachzukommen oder Fragen zu beantworten, die der Gerichtshof vor der Sitzung an sie gerichtet hat. Teilnehmer an der mündlichen Verhandlung, die die gleiche Auffassung vertreten oder den gleichen Standpunkt

einnehmen, sollten sich so weit wie möglich vor der Sitzung absprechen, um unnötige Wiederholungen zu vermeiden.

Redezeit und deren etwaige Verlängerung

60. Die Redezeit wird vom Präsidenten des Spruchkörpers nach Anhörung des Berichterstatters und gegebenenfalls des für die Rechtssache bestimmten Generalanwalts festgelegt. In der Regel beträgt die Redezeit unabhängig davon, an welchen Spruchkörper die Rechtssache verwiesen wurde, 15 Minuten; sie kann jedoch je nach Art oder besonderer Komplexität der Rechtssache, der Zahl und der Verfahrensstellung der Teilnehmer an der mündlichen Verhandlung sowie etwaiger prozessleitender Maßnahmen verlängert oder verkürzt werden. Der Präsident des Spruchkörpers kann ausnahmsweise auf gebührend begründeten Antrag einer Partei oder eines in Art. 23 der Satzung bezeichneten Beteiligten eine längere Redezeit gewähren. Ein solcher Antrag kann jedoch nur berücksichtigt werden, wenn er von der Partei oder dem Beteiligten in der Antwort auf die Ladung zur mündlichen Verhandlung gestellt wird und jedenfalls spätestens zwei Wochen vor dem Sitzungstermin beim Gerichtshof eingeht.

Zahl der Vor tragenden

61. Aus Gründen des ordnungsgemäßen Ablaufs der Sitzung darf für die in der Sitzung auftretenden Parteien oder Beteiligten jeweils nur eine Person mündlich vortragen. Ausnahmsweise kann gleichwohl eine zweite Person zum Vortrag zugelassen werden, wenn die Art oder die besondere Komplexität der Rechtssache dies rechtfertigt und ein entsprechender, gebührend begründeter Antrag in der Antwort der Partei oder des Beteiligten auf die Ladung zur mündlichen Verhandlung jedenfalls spätestens zwei Wochen vor dem Sitzungstermin gestellt wird. Die Zulassung einer zweiten Person bedeutet jedoch keine Verlängerung der Redezeit; die beiden Vortragenden müssen sich vielmehr die der betreffenden Partei eingeräumte Redezeit teilen.

Sprache der mündlichen Ausführungen

62. Unbeschadet der Möglichkeit für die Mitgliedstaaten, sich ihrer eigenen Amtssprache zu bedienen, wenn sie an einer mündlichen Verhandlung teilnehmen, und der Möglichkeit für Drittstaaten, sich einer der in Art. 36 der Verfahrensordnung genannten Sprachen zu bedienen, wenn sie sich an einem Vorabentscheidungsverfahren beteiligen oder einem beim Gerichtshof anhängigen Rechtsstreit beitreten, müssen sich die anderen Parteien des Verfahrens bei ihren mündlichen Ausführungen der Verfahrenssprache bedienen, die nach den in Art. 37 der Verfahrensordnung genannten Regeln bestimmt wurde.

63. In Vorabentscheidungsverfahren können die Parteien des Ausgangsrechtsstreits ausnahmsweise beim Gerichtshof beantragen, sich

im mündlichen Verfahren einer anderen als der Sprache des vorlegenden Gerichts bedienen zu dürfen. Dieser Antrag – der in der Antwort der betreffenden Partei auf die Ladung zur mündlichen Verhandlung zu stellen ist – muss gebührend begründet sein und erläutern, warum die Verwendung einer anderen Sprache beantragt wird und was für diese andere Sprache unter den in Art. 36 der Verfahrensordnung genannten Sprachen spricht. Über diesen Antrag entscheidet nach Art. 37 Abs. 4 der Verfahrensordnung je nach Fall der Präsident des Spruchkörpers, an den die Rechtssache verwiesen wurde, oder der Gerichtshof nach Anhörung der anderen Partei(en) des Ausgangsrechtsstreits und des Generalanwalts. Wird dem Antrag stattgegeben, kann die beantragte Sprache von allen in Art. 23 der Satzung bezeichneten Beteiligten verwendet werden.

64. Die in der vorstehenden Nummer genannte Ausnahme gilt allerdings nur für Vorabentscheidungsverfahren. Liegt keiner der in Nr. 62 dieser Anweisungen genannten Fälle vor, müssen sich die Parteien des Verfahrens in einem Klage- oder Rechtsmittelverfahren, wenn sie ihre mündlichen Ausführungen machen, erwidern oder etwaige Fragen des Gerichtshofs beantworten, der Verfahrenssprache bedienen.[1)]

Zweiter Abschnitt der mündlichen Verhandlung: Fragen der Mitglieder des Gerichtshofs

65. Unabhängig von den Fragen, die die Mitglieder des Gerichtshofs vor oder in der mündlichen Verhandlung stellen können, können die Vortragenden nach ihren mündlichen Ausführungen aufgefordert werden, zusätzliche Fragen der Mitglieder des Gerichtshofs zu beantworten. Diese Fragen dienen dazu, die Aktenkenntnis der Mitglieder des Gerichtshofs zu vervollständigen, und ermöglichen es den Vortragenden, bestimmte Punkte zu erläutern oder zu vertiefen, die nach dem schriftlichen Verfahren und den mündlichen Ausführungen gegebenenfalls noch zusätzlicher Erläuterungen bedürfen.

Dritter Abschnitt der mündlichen Verhandlung: Erwiderungen

66. Nach diesem Austausch haben die Parteien oder die in Art. 23 der Satzung bezeichneten Beteiligten schließlich die Möglichkeit, eine kurze Erwiderung abzugeben, wenn sie es für erforderlich halten. *Diese Erwiderungen* von jeweils höchstens fünf Minuten Dauer stellen *keine zweite Runde mündlicher* Ausführungen dar. Sie dienen allein dazu, es den Vortragenden zu ermöglichen, kurz auf die von den an-

---

[1)] Bei Vertragsverletzungsverfahren darf sich der beklagte Mitgliedstaat im mündlichen Verfahren einer anderen Sprache als der im schriftlichen Verfahren verwendeten bedienen, sofern diese andere Sprache eine der Amtssprachen dieses Staates ist und rechtzeitig – möglichst in der Antwort auf die Ladung zur mündlichen Verhandlung – ein entsprechender Antrag gestellt wurde. Wird dem Antrag stattgegeben, kann die beantragte Sprache von allen in Art. 23 der Satzung bezeichneten Beteiligten verwendet werden.

deren Teilnehmern an der mündlichen Verhandlung oder den Mitgliedern des Gerichtshofs in der Sitzung abgegebenen Stellungnahmen oder gestellten Fragen einzugehen. Sind für eine Partei zwei Vortragende zugelassen worden, darf nur einer von ihnen erwidern.

Bedeutung und Erfordernisse des Simultandolmetschens

67. Unabhängig davon, ob es sich um die mündlichen Ausführungen, die Erwiderungen oder die Beantwortung von Fragen handelt, müssen sich die Vortragenden bewusst sein, dass die Mitglieder des Spruchkörpers, der Generalanwalt und die in Art. 23 der Satzung bezeichneten Beteiligten ihren Ausführungen häufig in einer simultan gedolmetschten Fassung folgen. Im Interesse eines ordnungsgemäßen Ablaufs der Sitzung und zur Gewährleistung der Qualität des Dolmetschens sollten die Vertreter der Parteien oder der in Art. 23 der Satzung bezeichneten Beteiligten daher, wenn sie über einen – auch kurzen – Text, Notizen oder eine Gliederung für ihre Ausführungen verfügen, diese(n) möglichst frühzeitig vor der Sitzung per E-Mail (Interpretation@curia.europa.eu) oder Fax ([+352] 43 03 36 97) der Direktion Dolmetschen übermitteln. Dieser Text bzw. diese Notizen sind ausschließlich für die Dolmetscher bestimmt und werden nach der Sitzung vernichtet. Sie werden weder an die Mitglieder des Spruchkörpers oder den für die Rechtssache bestimmten Generalanwalt weitergeleitet noch zu den Akten der Rechtssache genommen.

68. Um das Dolmetschen und damit das Verständnis der mündlichen Ausführungen seitens der Mitglieder des Spruchkörpers, des für die Rechtssache zuständigen Generalanwalts und der anderen an der mündlichen Verhandlung teilnehmenden Parteien zu erleichtern, ist es unerlässlich, dass in der Sitzung in einem natürlichen Rhythmus, ruhig und nicht zu schnell in das Mikrofon gesprochen wird. Das Dolmetschen wird erleichtert, wenn der Vortragende vorab die Gliederung seiner Ausführungen angibt und kurze und einfache Sätze verwendet. Wenn er in seinen Ausführungen auf eine Entscheidung des Gerichtshofs oder des Gerichts Bezug nimmt, sollte er das Datum der Entscheidung sowie die Nummer und die Bezeichnung der betreffenden Rechtssache angeben.

Nach Schluss der mündlichen Verhandlung

69. Die aktive Teilnahme der Parteien oder der in Art. 23 der Satzung bezeichneten Beteiligten endet nach Schluss der mündlichen Verhandlung. Vorbehaltlich des außergewöhnlichen Falles einer Wiedereröffnung des mündlichen Verfahrens gemäß Art. 83 der Verfahrensordnung können die Parteien oder Beteiligten keine schriftlichen oder mündlichen Erklärungen insbesondere in Reaktion auf *die Schlussanträge* des Generalanwalts mehr abgeben, wenn der Präsident des Spruchkörpers die mündliche Verhandlung für geschlossen erklärt hat.

IV. Schlussbestimmungen

70. Die Praktischen Anweisungen für die Parteien in den Rechtssachen vor dem Gerichtshof vom 25. November 2013 werden durch diese Praktischen Anweisungen aufgehoben und ersetzt.
71. Diese Praktischen Anweisungen werden im *Amtsblatt der Europäischen Union* veröffentlicht. Sie treten am ersten Tag des Monats, der auf den Monat ihrer Veröffentlichung folgt, in Kraft.

Geschehen zu Luxemburg, den 10. Dezember 2019.

250 a. Zusätzliche Verfahrensordnung des Gerichtshofs

vom 14. Januar 2014

(ABl. Nr. L 32/37 v. 1. 2. 2014)

Inhaltsverzeichnis

DER GERICHTSHOF –

aufgrund des Artikels 207 der Verfahrensordnung[1]),

aufgrund des Artikels 46 Absatz 3 der Akte über die Bedingungen des Beitritts der Republik Bulgarien und Rumäniens und die Anpassungen der Verträge, auf denen die Europäische Union beruht[2]),

aufgrund des Artikels 45 der Akte über die Bedingungen des Beitritts der Republik Kroatien und die Anpassungen des Vertrags über die Europäische Union, des Vertrags über die Arbeitsweise der Europäischen Union und des Vertrags zur Gründung der Europäischen Atomgemeinschaft[3]),

in Erwägung nachstehender Gründe:

(1) Der Gerichtshof hat am 25. September 2012 eine neue Verfahrensordnung erlassen, die mehrere inhaltliche und redaktionelle Änderungen gegenüber der von ihr aufgehobenen vorherigen Verfahrensordnung enthält. Diese Änderungen betreffen u. a. die in der neuen Verfahrensordnung verwendete Terminologie und das Verfahren zur Bewilligung von Prozesskostenhilfe. Sie sollten daher in den Text der Zusätzlichen Verfahrensordnung übernommen werden.

(2) Nach der Benennung neuer für die Behandlung der in den Artikeln 2, 4 und 6 der Zusätzlichen Verfahrensordnung geregelten Angelegenheiten zuständiger Stellen durch mehrere Mitgliedstaaten und dem Beitritt zur Europäischen Union der Republik Bulgarien und Rumäniens am 1. Januar 2007 sowie der Republik Kroatien

---

[1]) ABl. L 265 vom 29. 9. 2012, S. 1, in der Fassung vom 18. Juni 2013 (ABl. L 173 vom 26. 6. 2013, S. 65).

[2]) ABl. L 157 vom 21. 6. 2005, S. 203.

[3]) ABl. L 112 vom 24. 4. 2012, S. 21.

am 1. Juli 2013 ist außerdem eine Aktualisierung der in den drei Anlagen zur Zusätzlichen Verfahrensordnung enthaltenen Listen erforderlich;

mit Genehmigung des Rates, die am 17. Dezember 2013 erteilt worden ist –

ERLÄSST FOLGENDE ZUSÄTZLICHE VERFAHRENSORDNUNG:

Kapitel I. Rechtshilfeersuchen

Art. 1. (1) Das Rechtshilfeersuchen ergeht durch Beschluss; dieser Beschluss muss enthalten: Namen, Vornamen, Stellung und Anschrift der Zeugen oder Sachverständigen, die Bezeichnung der Tatsachen, über die die Zeugen oder Sachverständigen zu vernehmen sind, die Bezeichnung der Parteien, ihrer Bevollmächtigten, Anwälte oder Beistände und ihrer Zustellungsanschrift sowie eine kurze Darstellung des Streitgegenstands.

(2) Der Kanzler stellt den Beschluss den Parteien zu.

Art. 2. (1) Der Kanzler übermittelt den Beschluss der in Anlage I genannten zuständigen Stelle desjenigen Mitgliedstaats, in dessen Gebiet die Vernehmung der Zeugen oder Sachverständigen stattfinden soll. Er fügt dem Rechtshilfeersuchen gegebenenfalls eine Übersetzung in die Sprache oder die Sprachen dieses Mitgliedstaats bei.

(2) Die in Absatz 1 bezeichnete Stelle leitet den Beschluss an das nach innerstaatlichem Recht zuständige Gericht weiter.

(3) Das Gericht erledigt das Rechtshilfeersuchen nach den Vorschriften seines innerstaatlichen Rechts. Nach Erledigung des Rechtshilfeersuchens gibt das ersuchte Gericht das Rechtshilfeersuchen und die im Zuge der Erledigung angefallenen Vorgänge mit einer Aufstellung der entstandenen Kosten an die in Absatz 1 bezeichnete Stelle zurück. Diese Unterlagen werden dem Kanzler des Gerichtshofs übermittelt.

(4) Der Kanzler veranlasst die Übersetzung der betreffenden Schriftstücke in die Verfahrenssprache.

Art. 3. Der Gerichtshof übernimmt die durch die Rechtshilfe anfallenden Kosten; er kann sie gegebenenfalls den Parteien auferlegen.

Kapitel II. Prozesskostenhilfe

Art. 4. *(1)* Der Gerichtshof bestimmt in dem Beschluss, mit dem er die Prozesskostenhilfe bewilligt, dass dem Antragsteller ein Anwalt beizuordnen ist.

(2) Schlägt der Antragsteller nicht selbst einen Anwalt vor oder hält es der Gerichtshof für untunlich, dem Vorschlag des Antragstellers zu folgen, so übermittelt der Kanzler eine Ausfertigung des Beschlusses und eine Kopie des Antrags auf Bewilligung von Prozesskostenhilfe der zuständigen Stelle des betroffenen Staates, die in Anlage II genannt ist.

(3) Unter Berücksichtigung der von dieser Stelle übermittelten Vorschläge bestimmt der Gerichtshof von Amts wegen den Anwalt, der dem Antragsteller beizuordnen ist.

Art. 5. Der Gerichtshof setzt die Kosten und Vergütung des Anwalts fest; auf Antrag kann ein Vorschuss auf diese Kosten und Vergütung ausbezahlt werden.

Kapitel III. Anzeigen wegen Eidesverletzungen von Zeugen und Sachverständigen

Art. 6. Hat ein Zeuge oder Sachverständiger vor dem Gerichtshof unter Eid falsch ausgesagt, so kann der Gerichtshof nach Anhörung des Generalanwalts beschließen, dies der in Anlage III genannten zuständigen Stelle des Mitgliedstaats anzuzeigen, dessen Gerichte für eine Strafverfolgung zuständig sind.

Art. 7. Der Kanzler veranlasst die Zustellung des Beschlusses des Gerichtshofs. In diesem Beschluss sind die Tatsachen und Umstände anzugeben, auf denen die Anzeige beruht.

Schlussbestimmungen

Art. 8. Diese Zusätzliche Verfahrensordnung tritt an die Stelle der Zusätzlichen Verfahrensordnung vom 4. Dezember 1974 (ABl. L 350 vom 28. 12. 1974, S. 29) in ihrer zuletzt am 21. Februar 2006 geänderten Fassung (ABl. L 72 vom 11. 3. 2006, S. 1).

Art. 9. (1) Diese Zusätzliche Verfahrensordnung ist in den in Artikel 36 der Verfahrensordnung genannten Sprachen verbindlich. Sie wird im *Amtsblatt der Europäischen Union* veröffentlicht.

(2) Sie tritt mit dem Tag ihrer Veröffentlichung in Kraft.

Geschehen zu Luxemburg am 14. Januar 2014.

Anlage I

Liste gemäß Artikel 2 Absatz 1 Belgien

Belgien
Service public fédéral Justice – Federale Overheidsdienst Justitie

Bulgarien
Министър на правосъпието

Tschechische Republik
Ministr spravedlnosti

Dänemark
Justitsministeriet

Deutschland
Bundesministerium der Justiz

Estland
Justiitsministeerium

Irland
Minister for Justice and Equality

Griechenland
Υπονργείο Δικαιοσύνης, Διαφάνειας και Ανθρωπίνων Δικαιωμάτων

Spanien
Ministerio de Justicia

Frankreich
Ministère de la justice

Kroatien
Ministarstvo pravosuda

Italien
Ministero della Giustizia

Zypern
Υπουργὸς Δικαιοσύνης και Δημὸσίας Ταζεως

Lettland
Latvijas Republikas Tieslietu ministrija

Litauen
Lietuvos Respublikos teisingumo ministerija

Luxemburg
Parquet général

Ungarn
Közigazgatási és Igazságügyi Minisztérium

Malta
Avukat Ġenerali

Niederlande
Minister van Veiligheid en Justitie

Österreich
Bundesministerium für Justiz

Polen
Ministerstwo Sprawiedliwości

Portugal
Ministro da Justiça

Rumänien
Ministerul Justitiei

Slowenien
Ministrstvo za pravosodje

Slowakei
Minister spravodlivosti

Finnland
Oikeusministeriö

Schweden
Regeringskansliet Justitiedepartementet

Vereinigtes Königreich
Secretary of Statet for the Home Department

Anlage II

Liste gemäß Artikel 4 Absatz 2

Belgien
Service public fédéral Justice – Federale Overheidsdienst Justitie

Bulgarien
Министър на правосьпието

Tschechische Republik
Česká advokátní komora

Dänemark
Justitsministeriet

Deutschland
Bundesrechtsanwaltskammer

Estland
Justiitsministeerium

Irland
Minister for Justice and Equality

Griechenland
Υπουργείο Δικαιοσύνης, Διαφάνειας και Ανθρωπίνων Δικαιωμάτων

Spanien
Consejo General de la Abogacía Española

Frankreich
Ministère de la justice

Kroatien
Ministarstvo pravosuda

Italien
Ministero della Giustizia

Zypern
Υπουργὸς Δικαιοσύνης και Δημὸσιας Ταζεως

Lettland
Latvijas Republikas Tieslietu ministrija

Litauen
Lietuvos Respublikos teisingumo ministerija

Luxemburg
Ministère de la justice

Ungarn
Közigazgatási és Igazságügyi Minisztérium

Malta
Segretarju Parlamentari għall-Gustizzja

Niederlande
Algemene Raad van de Nederlandse Orde van Advocaten

Österreich
Bundesministerium für Justiz

Polen
Ministerstwo Sprawiedliwości

Portugal
Ministro da Justiça

Rumänien
Uniunea Natională a Barourilor din România

Slowenien
Ministrstvo za pravosodje

Slowakei
Slovenská advokátska komora

Finnland
Oikeusministeriö

Schweden
Sveriges advokatsamfund

Vereinigtes Königreich
The Law Society, London (for applicants residing in England or Wales)The Law Society of Scotland, Edinburgh (for applicants residing in Scotland)
The Law Society of Northern Ireland, Belfast (for applicants residing in Northern Ireland)

Anlage III

Liste gemäß Artikel 6

Belgien
Service public fédéral Justice – Federale Overheidsdienst Justitie

Bulgarien
Върховна касапионна прокуратура на Репуспика Бъпгария

Tschechische Republik
Nejvyšší státní zastupitelství

Dänemark
Justitsministeriet

Deutschland
Bundesministerium der Justiz

Estland
Riigiprokuratuur

Irland
The Office of the Attorney General

Griechenland
Υπουργείο Δικαιοσύνης, Διαφάνειας και Ανθρωπίνων Δικαιωμάτων

Spanien
Consejo General del Poder Judicial

Frankreich
Ministère de la justice

Kroatien
Zamjenik Glavnog državnog odvjetnika

Italien
Ministero della Giustizia

Zypern
Γενικός Εισαγγελέας της Δημοκρατίας

Lettland
Latvijas Republikas Ģenerālprokuratūra

Litauen
Lietuvos Respublikos generalin prokuratūra

Luxemburg
Parquet général

Ungarn
Közigazgatási és Igazságügyi Minisztérium

Malta
Avukat Ġenerali

Niederlande
Minister van Veiligheid en Justitie

Österreich
Bundesministerium für Justiz

Polen
Ministerstwo Sprawiedliwości

Portugal
Ministro da Justiça

Rumänien
Parchetul de pe lângă Înalta Curte de Casaţie şi Justiţie

Slowenien
Ministrstvo za pravosodje

Slowakei
Minister spravodlivosti

Finnland
Keskusrikospoliisi

Schweden
Åklagarmyndigheten

Vereinigtes Königreich
Her Majesty's Attorney General (for witnesses or experts residing in England or Wales)
Her Majesty's Advocate General (for witnesses or experts residing in Scotland)
Her Majesty's Attorney General (for witnesses or experts residing in Northern Ireland)

252. Verfahrensordnung des Gerichts

Vom 4. März 2015

(ABl. Nr. L 105/1 v. 23.4.2015; geänd. am 13.7.2016, ABl. Nr. L 217/69 v. 12.8.2016, am 11.7.2018 und am 31.7.2018, ABl. Nr. L 240/67 und 68 v. 25.9.2018)

Inhaltsübersicht[1)]

---

1) Die Inhaltsübersicht wurde nichtamtlich mWv 1.9.2016 an die Änderungen v. 13.7.2016 (ABl. Nr. L 217 S. 73) angepasst.

Seite

VERFAHRENSORDNUNG DES GERICHTS

DAS GERICHT –

aufgrund des Vertrags über die Europäische Union, insbesondere seines Artikels 19,

aufgrund des Vertrags über die Arbeitsweise der Europäischen Union, insbesondere seines Artikels 254 Absatz 5,

aufgrund des Vertrags zur Gründung der Europäischen Atomgemeinschaft, insbesondere seines Artikels 106a Absatz 1,

aufgrund des Protokolls über die Satzung des Gerichtshofs der Europäischen Union, insbesondere seines Artikels 19 Absatz 6, seines Artikels 63 und seines Artikels 64 Absatz 2,

in Erwägung nachstehender Gründe:

(1) Die Verfahrensordnung vom 2. Mai 1991 ist wiederholt geändert worden, um dem Gericht schrittweise Vorschriften an die Hand zu geben, die es ihm ermöglichen, Rechtssachen unterschiedlicher Art aus

Bereichen mit einer immer größer werdenden Vielfalt unter den bestmöglichen Voraussetzungen zu bearbeiten.

(2) Eine vollständige Überarbeitung der Verfahrensordnung ist notwendig, um dieser Gesamtheit von Vorschriften eine neue Kohärenz zu geben, die Einheitlichkeit des verfahrensrechtlichen Instrumentariums zu fördern, mit dem die Streitsachen geregelt werden, die vor die Gerichte der Europäischen Union gebracht werden, die Fähigkeit des Gerichts zu erhalten, innerhalb eines angemessenen Zeitraums zu entscheiden, die den Parteien zuerkannten Rechte zu klären, die Erwartungen des Gerichts gegenüber den Vertretern der Parteien näher darzulegen und eine Reihe von Bestimmungen anzupassen, um bestimmten, auch technischen, Entwicklungen Rechnung zu tragen, was die Einreichung und die Zustellung von Verfahrensschriftstücken und Schwierigkeiten betrifft, die bei ihrer Anwendung zutage getreten sind.

(3) Für die auf dem Gebiet des geistigen Eigentums erhobenen Klagen und die gegen die Entscheidungen des Gerichts für den öffentlichen Dienst der Europäischen Union eingelegten Rechtsmittel müssen aufgrund ihrer spezifischen Besonderheiten spezielle, in besondere Titel aufzunehmende Verfahrensvorschriften, darüber hinaus jedoch die für Klageverfahren vorgesehenen Verfahrensbestimmungen, gelten. Somit bilden die Vorschriften für Klageverfahren, für Klagen auf dem Gebiet des geistigen Eigentums und für Rechtsmittel das Gerüst dieser Verfahrensordnung.

(4) Im Licht der Erfahrungen erscheint es zudem geboten, die jeweils für diese Verfahren geltenden Vorschriften zu vervollständigen oder für den Einzelnen klarer zu gestalten. Diese Vorschriften betreffen u. a. den Umfang der den Hauptparteien eingeräumten Rechte und den Umfang der den Streithelfern zuerkannten Rechte bzw., bei den Rechtssachen des geistigen Eigentums, den Erwerb der Eigenschaft als Streithelfer und den Umfang der diesem zustehenden Rechte. Die Achtung des Grundsatzes des kontradiktorischen Verfahrens und die Notwendigkeit, in bestimmten Situationen die Vertraulichkeit sensibler Informationen zu wahren, die für die Entscheidung des Rechtsstreits von Bedeutung sind, sind Gegenstand spezieller Bestimmungen. Was die Rechtsmittel gegen die Entscheidungen des Gerichts für den öffentlichen Dienst betrifft, ist zudem klarer zwischen Rechtsmitteln und nach deren Zustellung eingelegten Anschlussrechtsmitteln zu unterscheiden. Desgleichen ist bei Rechtssachen auf dem Gebiet des geistigen Eigentums zwischen Klage und vom Streithelfer nach Zustellung der das Verfahren einleitenden Klageschrift erhobener Anschlussklage zu unterscheiden.

(5) Die Durchführung mancher Verfahren hat gezeigt, dass diese zu komplex sind. Sie sind deshalb zu vereinfachen. Insoweit stellen die Vorschriften zur Bestimmung der Verfahrenssprache in den Rechtssachen des geistigen Eigentums sicher, dass die Betroffenen die Situationen besser einschätzen können und die Bearbeitung durch das Gericht vereinfacht wird. Die Vorschriften über das Versäumnisverfahren sollen eine raschere Erledigung der Rechtssache im Interesse des Klägers er-

möglichen, der, wenn er obsiegt, dem Risiko eines Einspruchs des unterlegenen Beklagten ausgesetzt ist.

(6) Der besseren Lesbarkeit halber sind ferner alle Anträge, die sich auf Urteile oder Beschlüsse beziehen und gegenwärtig über mehrere verschiedene Titel und Kapitel der Verfahrensordnung verstreut sind, im Titel über Klageverfahren zusammenzuführen. Um die Lesbarkeit des Textes zu erhöhen, werden auch die Verfahren nach einer Zurückverweisung durch den Gerichtshof – sei es nach einer Aufhebung, sei es nach einer Überprüfung – in einem einzigen Titel dargestellt.

(7) Obgleich das Gericht immer mehr Streitsachen zu bewältigen hat, muss es seine Entscheidungen weiterhin in angemessener Zeit erlassen. Es ist daher wesentlich, die Bemühungen um eine Verkürzung der Dauer der vor ihm geführten Verfahren fortzusetzen, indem insbesondere das schriftliche Verfahren in den Rechtssachen des geistigen Eigentums auf einen einzigen Schriftsatzwechsel beschränkt wird, indem ein Rahmen für Anträge auf Anpassung der Anträge in der Klageschrift geschaffen wird, indem bestimmte gesetzliche Fristen verkürzt werden, indem die für die Streithilfe geltende Regelung dadurch vereinfacht wird, dass die Möglichkeit der Zulassung zur Streithilfe nach Ablauf der gesetzlichen Frist nach der Veröffentlichung im *Amtsblatt der Europäischen Union* beseitigt wird, indem das Gericht die Möglichkeit erhält, in Klageverfahren ohne mündliches Verfahren zu entscheiden, wenn keine der Hauptparteien die Durchführung einer mündlichen Verhandlung beantragt und es sich durch die Aktenstücke der Rechtssache für ausreichend unterrichtet hält, sowie die Möglichkeit, über ein Rechtsmittel ohne ein mündliches Verfahren zu entscheiden, indem die Entscheidungsbefugnisse der Kammerpräsidenten erweitert werden, und schließlich, indem die Zahl der Fälle erhöht wird, in denen durch einfachen Beschluss entschieden wird.

(8) Aus diesem Grund wurde auch der Titel über die Organisation des Gerichts um Vorschriften erweitert, mit denen u. a. die Fälle, in denen eine Rechtssache neu zugewiesen werden kann, genau bezeichnet werden und die eine Erweiterung der Zuständigkeit des Einzelrichters bezwecken, um ihm die Entscheidung in Rechtssachen des geistigen Eigentums zu ermöglichen.

(9) Die Durchführung des Verfahrens unter Achtung des Grundsatzes des kontradiktorischen Verfahrens wird dadurch bekräftigt, dass diesem Grundsatz ein eigener Artikel gewidmet ist und dass die Fälle, in denen die Wahrung der Vertraulichkeit bestimmter, von einer Hauptpartei erteilter Informationen, die für die Entscheidung über den Rechtsstreit *unerlässlich sind*, es rechtfertigt, diese Informationen ausnahmsweise nicht der anderen Hauptpartei bekannt zu geben, in einen engen rechtlichen Rahmen eingefasst werden. Neue Bestimmungen geben dem Gericht auch einen formalen Rahmen für die Fälle der Selbstablehnung eines Richters oder dessen Entbindung an die Hand. Außerdem soll die Reform Vorschriften auf die Ebene der Verfahrensordnung anheben, die zuvor in den Praktischen Anweisungen für die Parteien enthalten waren, wie diejenige zur Länge der Schriftsätze, oder in der Dienstan-

weisung für den Kanzler des Gerichts, wie diejenige zur Anonymität und diejenige, mit der die Voraussetzungen näher geregelt werden, unter denen ein Dritter die Akten der Rechtssache einsehen darf.

(10) Schließlich wird die Lesbarkeit des Textes dadurch erleichtert, dass bestimmte obsolete oder nicht angewandte Vorschriften entfallen, alle Absätze der Artikel dieser Verfahrensordnung nummeriert werden, jedem Artikel eine Überschrift gegeben wird und Begriffe vereinheitlicht werden.

im Einvernehmen mit dem Gerichtshof,

mit Genehmigung des Rates, die am 10. Februar 2015 erteilt worden ist –

ERLÄSST FOLGENDE VERFAHRENSORDNUNG:

Eingangsbestimmungen

Art. 1[1] Definitionen. (1) In dieser Verfahrensordnung werden bezeichnet:

a) die Bestimmungen des Vertrags über die Europäische Union (EU-Vertrag) mit der Nummer des betreffenden Artikels dieses Vertrags, gefolgt von dem Kürzel „EUV";

b) die Bestimmungen des Vertrags über die Arbeitsweise der Europäischen Union (AEU-Vertrag) mit der Nummer des betreffenden Artikels dieses Vertrags, gefolgt von dem Kürzel „AEUV";

c) die Bestimmungen des Vertrags zur Gründung der Europäischen Atomgemeinschaft (EAG-Vertrag) mit der Nummer des betreffenden Artikels dieses Vertrags, gefolgt von dem Kürzel „EAGV";

d) das Protokoll über die Satzung des Gerichtshofs der Europäischen Union als „Satzung";

e) das Abkommen über den Europäischen Wirtschaftsraum[2] als „EWR-Abkommen";

f) die Verordnung Nr. 1 des Rates vom 15. April 1958 zur Regelung der Sprachenfrage für die Europäische Wirtschaftsgemeinschaft[3] als „Verordnung Nr. 1 des Rates".

(2) In dieser Verfahrensordnung bezeichnen:

a) der Begriff „Gericht" bei den Rechtssachen, die einer Kammer zugewiesen oder an diese verwiesen worden sind, diese Kammer und bei Rechtssachen, die dem Einzelrichter übertragen oder zugewiesen worden sind, den Einzelrichter;

b) der Begriff „Präsident" ohne weitere Angabe

– bei Rechtssachen, die noch keinem Spruchkörper zugewiesen worden sind, den Präsidenten des Gerichts;

---

[1] Art. 1 Abs. 2 Buchst. g geänd. mWv 12.8.2016 durch Änderung v. 13.7.2016 (ABl. Nr. L 217 S. 71); Abs. 2 Buchst. i neu gef., Buchst. j angef. mWv 1.9.2016 durch Änderung v. *13.7.2016* (ABl. Nr. L 217 S. 73); Abs. 2 Buchst. j geänd., Buchst. k angef. mWv. 1.10.2018 durch Änd. v. 25.9.2018 (ABl. Nr. L 240 S. 68).

[2] **[Amtl. Anm.:]** ABl. L 1 vom 3.1.1994, S. 3.

[3] **[Amtl. Anm.:]** ABl. 17 vom 6.10.1958, S. 385/58.

– bei Rechtssachen, die Kammern zugewiesen worden sind, den Präsidenten der Kammer, der die Rechtssache zugewiesen worden ist;
– bei Rechtssachen, die dem Einzelrichter übertragen oder zugewiesen worden sind, den Einzelrichter;

c) die Begriffe „Partei" und „Parteien" ohne weitere Angabe jeden am Verfahren Beteiligten, einschließlich der Streithelfer;
d) die Begriffe „Hauptpartei" und „Hauptparteien" je nach Fall den Kläger oder den Beklagten oder beide bzw. den Rechtsmittelführer oder den Rechtsmittelgegner oder beide;
e) der Ausdruck „Vertreter der Parteien" Anwälte und Bevollmächtigte – Letztere gegebenenfalls unterstützt von einem Beistand oder einem Anwalt –, die die Parteien gemäß Artikel 19 der Satzung vor dem das Gericht vertreten;
f) die Begriffe „Organ" und „Organe" die in Artikel 13 Absatz 1 EUV genannten Organe der Union und die Einrichtungen oder sonstigen Stellen, die durch die Verträge oder einen zu deren Durchführung erlassenen Rechtsakt geschaffen worden sind und die in Verfahren vor dem Gericht Partei sein können;
g) der Begriff „Amt" je nach Fall das Amt der Europäischen Union für geistiges Eigentum oder das Sortenamt der Gemeinschaft;
h) der Ausdruck „EFTA-Überwachungsbehörde" die im EWR-Abkommen genannte Überwachungsbehörde der Europäischen Freihandelsassoziation;
i) der Begriff „Klageverfahren" Klagen auf der Grundlage der Artikel 263 AEUV, 265 AEUV, 268 AEUV, 270 AEUV und 272 AEUV;
j) der Begriff „Beamtenstatut" die Verordnung zur Festlegung des Statuts der Beamten der Europäischen Union und der Beschäftigungsbedingungen für die sonstigen Bediensteten der Union.
k) der Begriff „e-Curia" die Informatikanwendung des Gerichtshofs der Europäischen Union, die die Einreichung und Zustellung von Verfahrensschriftstücken auf elektronischem Weg ermöglicht.

Art. 2 Regelungszweck der Verfahrensordnung. Mit den Bestimmungen dieser Verfahrensordnung werden die einschlägigen Bestimmungen des EU-Vertrags, des AEU-Vertrags und des EAG-Vertrags sowie der Satzung umgesetzt und, soweit erforderlich, ergänzt.

Erster Titel. Organisation des Gerichts

Erstes Kapitel. Mitglieder des Gerichts

Art. 3[1)] Tätigkeit als Richter und Tätigkeit als Generalanwalt. (1) Jedes Mitglied des Gerichts übt grundsätzlich die Tätigkeit eines Richters aus.

[1)] Art. 3 Abs. 3 geänd. mWv 1.10.2018 durch Änderung v. 25.9.2018 (ABl. Nr. L 240 S. 67).

(2) Die Mitglieder des Gerichts werden im Folgenden „Richter“ genannt.

(3) Mit Ausnahme des Präsidenten und der Kammerpräsidenten des Gerichts kann jeder Richter in einer bestimmten Rechtssache nach Maßgabe der Artikel 30 und 31 die Tätigkeit eines Generalanwalts ausüben.

(4) Die Bezugnahmen auf den Generalanwalt in dieser Verfahrensordnung gelten nur für die Fälle, in denen ein Richter zum Generalanwalt bestellt worden ist.

Art. 4 Beginn der Amtszeit der Richter. [1]Die Amtszeit eines Richters beginnt mit dem im Ernennungsakt dafür bestimmten Tag. [2]Wird in diesem Akt der Tag des Beginns der Amtszeit nicht bestimmt, so beginnt die Amtszeit mit dem Tag der Veröffentlichung des Ernennungsakts im Amtsblatt der Europäischen Union.

Art. 5 Eidesleistung. Die Richter leisten vor Aufnahme ihrer Amtstätigkeit vor dem Gerichtshof folgenden Eid gemäß Artikel 2 der Satzung:

„Ich schwöre, dass ich mein Amt unparteiisch und gewissenhaft ausüben und das Beratungsgeheimnis wahren werde.“

Art. 6 Feierliche Verpflichtung. Unmittelbar nach der Eidesleistung unterzeichnen die Richter eine Erklärung, in der sie die in Artikel 4 Absatz 3 der Satzung vorgesehene feierliche Verpflichtung übernehmen.

Art. 7 Amtsenthebung eines Richters. (1) Hat der Gerichtshof nach Artikel 6 der Satzung nach Stellungnahme des Gerichts darüber zu entscheiden, ob ein Richter die erforderlichen Voraussetzungen nicht mehr erfüllt oder den sich aus seinem Amt ergebenden Verpflichtungen nicht mehr nachkommt, so fordert der Präsident des Gerichts den Betroffenen auf, sich hierzu zu äußern; dabei ist der Kanzler nicht zugegen.

(2) Die Stellungnahme des Gerichts ist mit Gründen zu versehen.

(3) [1]Für eine Stellungnahme, durch die festgestellt wird, dass ein Richter nicht mehr die für sein Amt erforderlichen Voraussetzungen erfüllt oder den sich aus diesem Amt ergebenden Verpflichtungen nicht mehr nachkommt, sind mindestens die Stimmen der Mehrheit der Richter erforderlich, aus denen das Gericht nach Artikel 48 der Satzung besteht. [2]In diesem Fall ist das zahlenmäßige Abstimmungsergebnis dem Gerichtshof mitzuteilen.

(4) Die Abstimmung, bei der der Kanzler nicht zugegen ist, ist geheim; der Betroffene wirkt bei der Beschlussfassung nicht mit.

Art. 8 Dienstaltersrang. (1) Das Dienstalter der Richter wird beginnend mit der Aufnahme ihrer Amtstätigkeit berechnet.

(2) Bei gleichem Dienstalter bestimmt sich der Dienstaltersrang nach dem Lebensalter.

(3) Richter, die wiederernannt werden, behalten ihren bisherigen Dienstaltersrang.

Zweites Kapitel. Präsidentschaft des Gerichts

Art. 9 Wahl des Präsidenten und des Vizepräsidenten des Gerichts. (1) Die Richter wählen sogleich nach der teilweisen Neubesetzung von Richterstellen gemäß Artikel 254 Absatz 2 AEUV aus ihrer Mitte den Präsidenten des Gerichts für die Dauer von drei Jahren.

(2) Endet die Amtszeit des Präsidenten des Gerichts vor ihrem regelmäßigen Ablauf, so wird das Amt für die verbleibende Zeit neu besetzt.

(3) 1 Die in diesem Artikel vorgesehenen Wahlen sind geheim. 2 Gewählt ist der Richter, der die Stimmen von mehr als der Hälfte der Richter erhält, die gemäß Artikel 48 der Satzung das Gericht bilden. 3 Erreicht keiner der Richter diese Mehrheit, so finden weitere Wahlgänge statt, bis sie erreicht wird.

(4) 1 Die Richter wählen sodann gemäß dem Verfahren des Absatzes 3 aus ihrer Mitte den Vizepräsidenten des Gerichts für die Dauer von drei Jahren. 2 Endet dessen Amtszeit vor ihrem regelmäßigen Ablauf, so findet Absatz 2 Anwendung.

(5) Die Namen des Präsidenten und des Vizepräsidenten des Gerichts, die gemäß diesem Artikel gewählt worden sind, werden im Amtsblatt der Europäischen Union veröffentlicht.

Art. 10 Zuständigkeit des Präsidenten des Gerichts. (1) Der Präsident des Gerichts vertritt das Gericht.

(2) Der Präsident des Gerichts leitet die Tätigkeit und die Dienststellen des Gerichts.

(3) Der Präsident des Gerichts führt den Vorsitz in der Vollversammlung nach Artikel 42.

(4) 1 Der Präsident des Gerichts führt den Vorsitz in der Großen Kammer. 2 In diesem Fall findet Artikel 19 Anwendung.

(5) 1 Ist der Präsident des Gerichts einer Kammer zugeteilt, so führt er den Vorsitz in dieser Kammer. 2 In diesem Fall findet Artikel 19 Anwendung.

(6) In den Rechtssachen, die noch keinem Spruchkörper zugewiesen worden sind, kann der Präsident des Gerichts prozessleitende Maßnahmen gemäß Artikel 89 treffen.

Art. 11 Zuständigkeit des Vizepräsidenten des Gerichts. (1) Der Vizepräsident des Gerichts steht dem Präsidenten des Gerichts bei der Erfüllung seiner Aufgaben zur Seite und vertritt ihn, wenn dieser verhindert ist.

(2) Er vertritt ihn auf dessen Aufforderung bei der Erfüllung der Aufgaben gemäß Artikel 10 Absätze 1 und 2.

(3) [1]Das Gericht legt durch Beschluss die Voraussetzungen fest, unter denen der Vizepräsident des Gerichts den Präsidenten des Gerichts bei der Erfüllung seiner richterlichen Aufgaben vertritt. [2]Der Beschluss wird im Amtsblatt der Europäischen Union veröffentlicht.

(4) [1]Ist der Vizepräsident des Gerichts einer Kammer zugeteilt, so führt er vorbehaltlich des Artikels 10 Absatz 5 den Vorsitz in dieser Kammer. [2]In diesem Fall findet Artikel 19 Anwendung.

Art. 12 Verhinderung des Präsidenten und des Vizepräsidenten des Gerichts. Sind der Präsident und der Vizepräsident des Gerichts gleichzeitig verhindert, so wird das Amt des Präsidenten gemäß der in Artikel 8 festgelegten Rangordnung von einem der Kammerpräsidenten oder in Ermangelung dessen von einem der übrigen Richter wahrgenommen.

Drittes Kapitel. Kammern und Spruchkörper

Abschnitt 1. Bildung der Kammern und Besetzung der Spruchkörper

Art. 13 Bildung der Kammern. (1) Das Gericht bildet aus seiner Mitte Kammern, die mit drei Richtern und mit fünf Richtern tagen.

(2) Das Gericht beschließt auf Vorschlag des Präsidenten des Gerichts über die Zuteilung der Richter zu den Kammern.

(3) Die gemäß diesem Artikel getroffenen Beschlüsse werden im Amtsblatt der Europäischen Union veröffentlicht.

Art. 14 Zuständiger Spruchkörper. (1) Die Rechtssachen, mit denen das Gericht befasst ist, werden von den gemäß Artikel 13 mit drei Richtern oder mit fünf Richtern tagenden Kammern entschieden.

(2) Die Rechtssachen können nach Maßgabe des Artikels 28 von der Großen Kammer entschieden werden.

(3) Die Rechtssachen können vom Einzelrichter entschieden werden, wenn sie ihm nach Maßgabe des Artikels 29 zugewiesen worden sind.

Art. 15 Besetzung der Großen Kammer. (1) Die Große Kammer ist mit 15 Richtern besetzt.

(2) [1]Das Gericht beschließt, auf welche Weise die Richter bestimmt werden, mit denen die Große Kammer besetzt wird. [2]Der Beschluss wird im Amtsblatt der Europäischen Union veröffentlicht.

Art. 16 Selbstablehnung eines Richters und Entbindung. (1) Glaubt ein Richter, gemäß Artikel 18 Absätze 1 und 2 der Satzung bei der Erledigung einer Rechtssache nicht mitwirken zu können, so teilt er dies dem Präsidenten mit, der ihn von der Mitwirkung freistellt.

(2) Ist der Präsident des Gerichts der Ansicht, dass ein Richter gemäß Artikel 18 Absätze 1 und 2 der Satzung bei der Erledigung einer Rechtssache nicht mitwirken kann, so teilt er dies dem betroffenen Richter mit und gibt ihm Gelegenheit zur Stellungnahme, bevor er eine Entscheidung trifft.

(3) 1 Ergibt sich bei der Anwendung dieses Artikels eine Schwierigkeit gemäß Artikel 18 Absatz 3 der Satzung, so überträgt der Präsident des Gerichts die Entscheidungen nach den Absätzen 1 und 2 der Vollversammlung. 2 In diesem Fall findet eine geheime Abstimmung statt, nachdem dem betroffenen Richter, der an der Beschlussfassung nicht mitwirkt, Gelegenheit zur Stellungnahme gegeben wurde; der Kanzler ist bei der Abstimmung nicht zugegen.

Art. 17 Verhinderung eines Mitglieds des Spruchkörpers. (1) Wird in der Großen Kammer infolge einer vor der Eröffnung der mündlichen Verhandlung oder der Beratung eingetretenen Verhinderung eines Richters die in Artikel 15 vorgesehene Zahl von Richtern nicht erreicht, so wird diese Kammer zur Wiederherstellung der vorgesehenen Richterzahl durch einen vom Präsidenten des Gerichts bestimmten Richter ergänzt.

(2) 1 Wird in einer mit drei Richtern oder mit fünf Richtern tagenden Kammer infolge einer vor der Eröffnung der mündlichen Verhandlung oder der Beratung eingetretenen Verhinderung eines Richters die vorgesehene Zahl von Richtern nicht erreicht, so bestimmt der Präsident dieser Kammer einen anderen Richter derselben Kammer, um den verhinderten Richter zu ersetzen. 2 Ist eine Ersetzung des verhinderten Richters durch einen Richter derselben Kammer nicht möglich, so benachrichtigt der Präsident der betreffenden Kammer den Präsidenten des Gerichts, der zur Wiederherstellung der vorgesehenen Richterzahl nach den vom Gericht beschlossenen Kriterien einen anderen Richter bestimmt. 3 Der Beschluss über diese Kriterien wird im Amtsblatt der Europäischen Union veröffentlicht.

(3) Ist der Richter, dem die Rechtssache als Einzelrichter übertragen oder zugewiesen worden ist, verhindert, so bestimmt der Präsident des Gerichts einen anderen Richter, der ihn ersetzt.

Abschnitt 2. Kammerpräsidenten

Art. 18 Wahl der Kammerpräsidenten. (1) Die Richter wählen aus ihrer Mitte gemäß Artikel 9 Absatz 3 die Präsidenten der mit drei Richtern und der mit fünf Richtern tagenden Kammern.

(2) 1 Die Präsidenten der mit fünf Richtern tagenden Kammern werden jeweils für drei Jahre gewählt. 2 Einmalige Wiederwahl ist zulässig.

(3) Die Präsidenten der mit drei Richtern tagenden Kammern werden für einen bestimmten Zeitraum gewählt.

(4) Die Präsidenten der mit fünf Richtern tagenden Kammern werden sogleich nach der gemäß Artikel 9 erfolgten Wahl des Vizepräsidenten des Gerichts gewählt.

(5) Endet die Amtszeit eines Kammerpräsidenten vor ihrem regelmäßigen Ablauf, so wird das Amt für die verbleibende Zeit neu besetzt.

(6) Die Namen der Kammerpräsidenten, die gemäß diesem Artikel gewählt worden sind, werden im Amtsblatt der Europäischen Union veröffentlicht.

Art. 19 Befugnisse des Kammerpräsidenten. (1) Der Kammerpräsident übt die ihm durch diese Verfahrensordnung übertragenen Befugnisse nach Anhörung des Berichterstatters aus.

(2) Der Kammerpräsident kann jede in seine Zuständigkeit fallende Entscheidung auf die Kammer übertragen.

Art. 20 Verhinderung des Kammerpräsidenten. Ist der Kammerpräsident verhindert, so werden seine Aufgaben unbeschadet des Artikels 10 Absatz 5 und des Artikels 11 Absatz 4 von einem Richter des Spruchkörpers gemäß der in Artikel 8 festgelegten Rangordnung wahrgenommen.

Abschnitt 3. Beratungen

Art. 21 Beratungsmodalitäten. (1) Die Beratungen des Gerichts sind und bleiben geheim.

(2) Hat eine mündliche Verhandlung stattgefunden, nehmen an der Beratung nur die an der Verhandlung beteiligten Richter teil.

(3) Jeder Richter, der an der Beratung teilnimmt, trägt seine Auffassung vor und begründet sie.

(4) 1 Das Ergebnis, auf das sich die Mehrheit der Richter nach der abschließenden Erörterung geeinigt hat, ist für die Entscheidung des Gerichts maßgebend. 2 Die Richter stimmen in der umgekehrten Reihenfolge der in Artikel 8 festgelegten Rangordnung ab, mit Ausnahme des Berichterstatters, der seine Stimme als Erster abgibt, und des Präsidenten, der seine Stimme zuletzt abgibt.

Art. 22 Zahl der an der Beratung teilnehmenden Richter. 1 Ergibt sich infolge einer Verhinderung eine gerade Zahl von Richtern, so nimmt der im Sinne des Artikels 8 dienstjüngste Richter an *der Beratung nicht teil*, es sei denn, dieser Richter ist Präsident oder Berichterstatter. 2 Im letzten Fall nimmt der Richter mit dem nächstniedrigen Dienstaltersrang an der Beratung nicht teil.

Art. 23 Beschlussfähigkeit der Großen Kammer. (1) Die Entscheidungen der Großen Kammer sind nur dann gültig, wenn elf Richter anwesend sind.

(2) Wird diese für die Beschlussfähigkeit erforderliche Zahl von Richtern infolge einer Verhinderung nicht erreicht, so bestimmt der Präsident des Gerichts einen anderen Richter, mit dem die für die Beschlussfähigkeit der Großen Kammer erforderliche Zahl von Richtern erreicht wird.

(3) [1] Wird die für die Beschlussfähigkeit erforderliche Zahl von Richtern nicht mehr erreicht, nachdem die mündliche Verhandlung stattgefunden hat, so erfolgt eine Ersetzung nach Maßgabe des Absatzes 2; auf Antrag einer Hauptpartei ist eine erneute mündliche Verhandlung durchzuführen. [2] Das Gericht kann eine erneute mündliche Verhandlung auch von Amts wegen durchführen. [3] Eine erneute mündliche Verhandlung ist zwingend durchzuführen, wenn eine Beweisaufnahme nach Artikel 91 Buchstaben a und d sowie nach Artikel 96 Absatz 2 durchgeführt worden ist. [4] Wird keine erneute mündliche Verhandlung durchgeführt, so findet Artikel 21 Absatz 2 keine Anwendung.

Art. 24 Beschlussfähigkeit der mit drei Richtern oder mit fünf Richtern tagenden Kammern. (1) Die Entscheidungen der mit drei Richtern oder mit fünf Richtern tagenden Kammern sind nur dann gültig, wenn drei Richter anwesend sind.

(2) [1] Wird in einer der mit drei Richtern oder mit fünf Richtern tagenden Kammern die für die Beschlussfähigkeit erforderliche Zahl von Richtern infolge einer Verhinderung nicht erreicht, so bestimmt der Präsident dieser Kammer einen anderen Richter derselben Kammer, um den verhinderten Richter zu ersetzen. [2] Ist eine Ersetzung des verhinderten Richters durch einen Richter derselben Kammer nicht möglich, so benachrichtigt der Präsident der betreffenden Kammer den Präsidenten des Gerichts, der nach den vom Gericht beschlossenen Kriterien einen anderen Richter bestimmt, damit die für die Beschlussfähigkeit der Kammer erforderliche Zahl von Richtern erreicht wird. [3] Der Beschluss über diese Kriterien wird im Amtsblatt der Europäischen Union veröffentlicht.

(3) [1] Wird die für die Beschlussfähigkeit erforderliche Zahl von Richtern nicht mehr erreicht, nachdem die mündliche Verhandlung stattgefunden hat, so erfolgt eine Ersetzung nach Maßgabe des Absatzes 2; auf Antrag einer Hauptpartei ist eine erneute mündliche Verhandlung durchzuführen. [2] Das Gericht kann eine erneute mündliche Verhandlung auch von Amts wegen durchführen. [3] Eine erneute mündliche Verhandlung ist zwingend durchzuführen, wenn eine Beweisaufnahme nach Artikel 91 Buchstaben a und d sowie nach Artikel 96 Absatz 2 durchgeführt worden ist. [4] Eine erneute mündliche Verhandlung ist zwingend durchzuführen, wenn die Verhinderung mehr als einen an der ursprünglichen mündlichen Verhandlung beteiligten Richter be-

trifft. [5]Wird keine erneute mündliche Verhandlung durchgeführt, so findet Artikel 21 Absatz 2 keine Anwendung.

Viertes Kapitel. Zuweisung und Neuzuweisung der Rechtssachen, Bestimmung der Berichterstatter, Verweisung an die Spruchkammern und Übertragung auf den Einzelrichter

Art. 25 Kriterien für die Zuweisung. (1) [1]Das Gericht legt die Kriterien fest, nach denen sich die Verteilung der Rechtssachen auf die Kammern richtet. [2]Das Gericht kann eine oder mehrere Kammern mit der Entscheidung von Rechtssachen in speziellen Sachgebieten beauftragen.

(2) Der Beschluss wird im Amtsblatt der Europäischen Union veröffentlicht.

Art. 26 Zuweisung einer Rechtssache nach Eingang und Bestimmung des Berichterstatters. (1) Der Präsident des Gerichts weist die Rechtssache nach Eingang des verfahrenseinleitenden Schriftstücks so bald wie möglich gemäß den vom Gericht nach Artikel 25 festgelegten Kriterien einer Kammer zu.

(2) [1]Der Kammerpräsident schlägt dem Präsidenten des Gerichts für jede der Kammer zugewiesene Rechtssache die Bestimmung eines Berichterstatters vor. [2]Der Präsident des Gerichts entscheidet.

(3) Sind einer mit drei Richtern oder mit fünf Richtern tagenden Kammer mehr als drei oder fünf Richter zugeteilt, so bestimmt der Kammerpräsident die Richter, die an der Entscheidung der Rechtssache mitwirken sollen.

Art. 27 Bestimmung eines neuen Berichterstatters und Neuzuweisung einer Rechtssache. (1) [1]Bei Verhinderung des Berichterstatters benachrichtigt der Präsident des zuständigen Spruchkörpers den Präsidenten des Gerichts, der einen neuen Berichterstatter bestimmt. [2]Ist dieser nicht der Kammer zugeteilt, der die Rechtssache ursprünglich zugewiesen war, so wird die Rechtssache von der Kammer entschieden, der der neue Berichterstatter angehört.

(2) [1]Um dem Sachzusammenhang zwischen bestimmten Rechtssachen Rechnung zu tragen, kann der Präsident des Gerichts durch mit Gründen versehene Entscheidung und nach Anhörung der betroffenen Berichterstatter Rechtssachen neu zuweisen, um die Vorbereitung aller betroffenen Rechtssachen durch denselben Berichterstatter zu ermöglichen. [2]Ist der Berichterstatter, dem die Rechtssachen neu zugewiesen werden, nicht der Kammer zugeteilt, der die Rechtssachen ursprünglich zugewiesen waren, so werden die Rechtssachen von der Kammer *entschieden,* der der neue Berichterstatter angehört.

(3) [1]Im Interesse einer geordneten Rechtspflege kann der Präsident des Gerichts ausnahmsweise vor der Vorlage des Vorberichts gemäß Ar-

tikel 87 durch eine mit Gründen versehene Entscheidung und nach Anhörung der betroffenen Richter einen anderen Berichterstatter bestimmen. [2] Ist dieser nicht der Kammer zugeteilt, der die Rechtssache ursprünglich zugewiesen war, so wird die Rechtssache von der Kammer entschieden, der der neue Berichterstatter angehört.

(4) Bevor der Präsident des Gerichts die Bestimmungen nach den Absätzen 1 bis 3 trifft, holt er die Stellungnahmen der betroffenen Kammerpräsidenten ein.

(5) Bei einer Neubesetzung der Kammern infolge eines Beschlusses des Gerichts über die Zuteilung der Richter an die Kammern wird die Rechtssache von der Kammer entschieden, der der Berichterstatter aufgrund dieser Entscheidung angehört, sofern nicht bereits über die Rechtssache beraten wird oder das mündliche Verfahren eröffnet wurde.

Art. 28[1)] Verweisung an eine mit einer anderen Richterzahl tagende Kammer. (1) Sofern die rechtliche Schwierigkeit oder die Bedeutung der Rechtssache oder besondere Umstände es rechtfertigen, kann eine Rechtssache an die Große Kammer oder an eine mit einer anderen Richterzahl tagende Kammer verwiesen werden.

(2) Die mit der Rechtssache befasste Kammer, der Vizepräsident oder der Präsident des Gerichts kann der Vollversammlung in jedem Verfahrensstadium von Amts wegen oder auf Antrag einer Hauptpartei eine Verweisung nach Absatz 1 vorschlagen.

(3) Über die Verweisung einer Rechtssache an eine mit einer höheren Richterzahl tagende Kammer entscheidet die Vollversammlung.

(4) Über die Verweisung einer Rechtssache an eine mit einer geringeren Richterzahl tagende Kammer entscheidet die Vollversammlung nach Anhörung der Hauptparteien.

(5) Die Rechtssache wird von einer mit mindestens fünf Richtern tagenden Kammer entschieden, wenn ein Mitgliedstaat oder ein Organ der Union als Partei dies beantragt.

Art. 29[2)] Übertragung auf den Einzelrichter. (1) Die nachstehend bezeichneten Rechtssachen, die einer mit drei Richtern tagenden Kammer zugewiesen sind, können vom Berichterstatter als Einzelrichter entschieden werden, wenn sie sich wegen fehlender Schwierigkeit der aufgeworfenen Tatsachen- und Rechtsfragen, begrenzter Bedeutung der Rechtssache und des Fehlens anderer besonderer Umstände dazu eignen *und nach Maßgabe dieses* Artikels übertragen worden sind:

a) die in Artikel 171 bezeichneten Rechtssachen;

b) Rechtssachen, die aufgrund des Artikels 263 Absatz 4 AEUV, des Artikels 265 Absatz 3 AEUV, des Artikels 268 AEUV und des Arti-

[1)] Art. 28 Abs. 2 geänd. mWv 1.10.2018 durch Änderung v. 25.9.2018 (ABl. Nr. L 240 S. 67).

[2)] Art. 29 Abs. 1 Buchst. b geänd., Abs. 2 Buchst. b eingef., bish. Buchst. b wird Buchst. c mWv 1.9.2016 durch Änderung v. 13.7.2016 (ABl. Nr. L 217 S. 73).

kels 270 AEUV anhängig gemacht worden sind und die ausschließlich Fragen aufwerfen, die bereits durch eine gesicherte Rechtsprechung geklärt sind, oder zu einer Reihe von Rechtssachen gehören, die den gleichen Gegenstand haben und von denen eine bereits rechtskräftig entschieden ist;

c) Rechtssachen, die aufgrund des Artikels 272 AEUV anhängig gemacht worden sind.

(2) Die Übertragung auf den Einzelrichter ist ausgeschlossen

a) bei Nichtigkeitsklagen gegen Handlungen mit allgemeiner Geltung oder bei Rechtssachen, in denen ausdrücklich eine Einrede der Rechtswidrigkeit gegen eine Handlung mit allgemeiner Geltung erhoben worden ist;

b) bei Klagen gemäß Artikel 270 AEUV, in denen ausdrücklich eine Einrede der Rechtswidrigkeit gegen einen Rechtsakt mit allgemeiner Geltung erhoben worden ist, es sei denn, über die mit dieser Einrede aufgeworfenen Fragen ist vom Gerichtshof oder vom Gericht bereits entschieden worden;

c) bei Rechtssachen betreffend die Durchführung
- der Wettbewerbsregeln oder der Vorschriften über die Kontrolle von Unternehmenszusammenschlüssen,
- der Vorschriften über staatliche Beihilfen,
- der Vorschriften über handelspolitische Schutzmaßnahmen,
- der Vorschriften über die gemeinsame Organisation der Agrarmärkte mit Ausnahme von Rechtssachen, die zu einer Reihe von Rechtssachen gehören, die den gleichen Gegenstand haben und von denen eine bereits rechtskräftig entschieden ist.

(3) [1] Die Entscheidung über die Übertragung einer Rechtssache auf den Einzelrichter trifft die mit drei Richtern tagende Kammer, bei der die Rechtssache anhängig ist, nach Anhörung der Hauptparteien. [2] Widerspricht ein Mitgliedstaat oder ein Organ der Union als Partei der Entscheidung der Rechtssache durch den Einzelrichter, so bleibt die Kammer, der der Berichterstatter angehört, mit der Rechtssache befasst.

(4) Der Einzelrichter verweist die Rechtssache an die Kammer zurück, wenn er feststellt, dass die Voraussetzungen für die Übertragung nicht mehr erfüllt sind.

Fünftes Kapitel. Bestellung der Generalanwälte

Art. 30 Bestellung eines Generalanwalts. Das Gericht kann von einem Generalanwalt unterstützt werden, wenn die rechtliche Schwierigkeit oder die Komplexität des Sachverhalts der Rechtssache dies nach Ansicht des Gerichts gebietet.

Art. 31 Modalitäten der Bestellung eines Generalanwalts. (1) Die Entscheidung über die Bestellung eines Generalanwalts für eine bestimmte Rechtssache wird auf Antrag der Kammer, der die Rechtssache zugewiesen oder an die diese verwiesen worden ist, von der Vollversammlung getroffen.

(2) Der Präsident des Gerichts bestimmt den Richter, der in dieser Rechtssache die Tätigkeit eines Generalanwalts ausübt.

(3) Ist diese Bestimmung erfolgt, so wird der Generalanwalt gehört, bevor die Entscheidungen nach den Artikeln 16, 28, 45, 68, 70, 83, 87, 90, 92, 98, 103, 105, 106, 113, 126 bis 132, 144, 151, 165, 168, 169 und 207 bis 209 ergehen.

Sechstes Kapitel. Kanzlei

Abschnitt 1. Kanzler

Art. 32 Ernennung des Kanzlers. (1) Das Gericht ernennt den Kanzler.

(2) 1 Ist die Stelle des Kanzlers unbesetzt, wird eine Anzeige im Amtsblatt der Europäischen Union veröffentlicht. 2 Interessenten werden aufgefordert, innerhalb einer Frist von mindestens drei Wochen ihre Bewerbung einzureichen, die genaue Angaben über ihre Staatsangehörigkeit, akademischen Grade, Sprachkenntnisse, gegenwärtige und frühere berufliche Tätigkeit und etwaigen gerichtlichen und internationalen Erfahrungen enthalten muss.

(3) Die Abstimmung erfolgt nach dem Verfahren des Artikels 9 Absatz 3.

(4) 1 Der Kanzler wird für die Dauer von sechs Jahren ernannt. 2 Wiederernennung ist zulässig. 3 Das Gericht kann entscheiden, die Amtszeit des amtierenden Kanzlers zu verlängern, ohne von dem in Absatz 2 vorgesehenen Verfahren Gebrauch zu machen. 4 In diesem Fall findet Absatz 3 Anwendung.

(5) Der Kanzler leistet den in Artikel 5 vorgesehenen Eid und unterzeichnet die in Artikel 6 vorgesehene Erklärung.

(6) 1 Der Kanzler kann seines Amtes nur enthoben werden, wenn er die erforderlichen Voraussetzungen nicht mehr erfüllt oder den sich aus seinem Amt ergebenden Verpflichtungen nicht mehr nachkommt. 2 Das Gericht entscheidet, ohne dass der Kanzler dabei zugegen ist, nachdem es diesem Gelegenheit zur Äußerung gegeben hat.

(7) Endet die Amtszeit des Kanzlers vor ihrem regelmäßigen Ablauf, so ernennt das Gericht einen neuen Kanzler für die Dauer von sechs Jahren.

(8) Der Name des gemäß diesem Artikel gewählten Kanzlers wird im Amtsblatt der Europäischen Union veröffentlicht.

Art. 33 Beigeordneter Kanzler. Das Gericht kann nach dem für die Ernennung des Kanzlers geltenden Verfahren einen oder mehrere

Beigeordnete Kanzler ernennen, die den Kanzler unterstützen und ihn bei Verhinderung vertreten.

Art. 34 Verhinderung des Kanzlers und des Beigeordneten Kanzlers. Sind der Kanzler und gegebenenfalls der Beigeordnete Kanzler verhindert, so beauftragt der Präsident des Gerichts Beamte oder sonstige Bedienstete mit der Wahrnehmung der Geschäfte des Kanzlers.

Art. 35 Zuständigkeit des Kanzlers. (1) Der Kanzler ist unter der Aufsicht des Präsidenten des Gerichts mit der Entgegennahme, Übermittlung und Aufbewahrung aller Schriftstücke sowie mit den Zustellungen, die mit der Anwendung dieser Verfahrensordnung verbunden sind, beauftragt.

(2) Der Kanzler steht den Mitgliedern des Gerichts bei allen Amtshandlungen zur Seite.

(3) [1] Der Kanzler verwahrt die Siegel und ist für das Archiv verantwortlich. [2] Er sorgt für die Veröffentlichungen des Gerichts, insbesondere der Sammlung der Rechtsprechung, und die Verbreitung der das Gericht betreffenden Dokumente über das Internet.

(4) Der Kanzler nimmt die Aufgaben der Verwaltung, der Finanzverwaltung und der Buchführung unter der Aufsicht des Präsidenten des Gerichts wahr; dabei stehen ihm die Dienststellen des Gerichtshofs der Europäischen Union zur Seite.

(5) Soweit in dieser Verfahrensordnung nichts anderes bestimmt ist, ist der Kanzler bei allen Sitzungen des Gerichts zugegen.

Art. 36[1)] Registerführung. (1) Die Kanzlei führt unter der Verantwortung des Kanzlers ein Register, in das fortlaufend und in der Reihenfolge ihres Eingangs alle Verfahrensschriftstücke einzutragen sind.

(2) Der Kanzler vermerkt die Eintragung in das Register auf den zu den Akten der Rechtssache gegebenen Verfahrensschriftstücken und, auf Antrag der Parteien, auf den von ihnen zu diesem Zweck vorgelegten Kopien.

(3) Die Eintragung in das Register und die in Absatz 2 vorgesehenen Vermerke stellen öffentliche Urkunden dar.

Art. 37 Einsichtnahme in das Register. Jeder kann das Register bei der Kanzlei einsehen und nach Maßgabe der vom Gericht auf Vorschlag des Kanzlers erlassenen Gebührenordnung der Kanzlei Kopien oder Auszüge daraus erhalten.

Art. 38 Einsichtnahme in die Akten der Rechtssache.

(1) Vorbehaltlich des Artikels 68 Absatz 4, der Artikel 103 bis 105 und des Artikels 144 Absatz 7 kann jede Partei Einsicht in die Akten

1) Art. 36 Abs. 2 neu gef. mWv 1.12.2018 durch Änderung v. 25.9.2018 (ABl. Nr. L 240 S. 68).

der Rechtssache erhalten und gemäß der in Artikel 37 genannten Gebührenordnung der Kanzlei Kopien der Verfahrensschriftstücke sowie Ausfertigungen von Beschlüssen und Urteilen erhalten.

(2) [1]Kein Dritter, sei es mit privatrechtlichem oder öffentlich-rechtlichem Status, kann ohne ausdrückliche, nach Anhörung der Parteien vom Präsidenten des Gerichts erteilte Genehmigung Einsicht in die Akten einer Rechtssache erhalten. [2]Diese Genehmigung kann, umfassend oder eingeschränkt, nur auf schriftlichen Antrag erteilt werden, dem eine eingehende Begründung für das berechtigte Interesse an der Einsichtnahme in die betreffenden Akten beizufügen ist.

Abschnitt 2. Dienststellen

Art. 39[1)] Beamte und sonstige Bedienstete. (1) [1]Die Beamten und die sonstigen Bediensteten, die den Präsidenten, die Richter und den Kanzler unmittelbar unterstützen, werden nach Maßgabe des Beamtenstatuts ernannt. [2]Sie unterstehen dem Kanzler unter der Aufsicht des Präsidenten des Gerichts.

(2) Sie leisten vor dem Präsidenten des Gerichts in Gegenwart des Kanzlers einen der beiden folgenden Eide:

„Ich schwöre, dass ich das mir vom Gericht anvertraute Amt pflichtgetreu, verschwiegen und gewissenhaft ausüben werde."

oder

„Ich verspreche feierlich, dass ich das mir vom Gericht anvertraute Amt pflichtgetreu, verschwiegen und gewissenhaft ausüben werde."

Siebtes Kapitel. Geschäftsgang des Gerichts

Art. 40 Ort der Sitzungen des Gerichts. Das Gericht kann einzelne Sitzungen an einem anderen Ort als seinem Sitz abhalten.

Art. 41 Arbeitskalender des Gerichts. (1) Das Gerichtsjahr beginnt am 1. September des Kalenderjahrs und endet am 31. August des darauffolgenden Jahres.

(2) Die Gerichtsferien werden vom Gericht festgesetzt.

(3) Während der Gerichtsferien können der Präsident des Gerichts und die Kammerpräsidenten in dringenden Fällen die Richter und gegebenenfalls den Generalanwalt einberufen.

(4) Das Gericht hält die am Ort seines Sitzes geltenden gesetzlichen Feiertage ein.

(5) Das Gericht kann den Richtern in begründeten Fällen Urlaub gewähren.

---

1) Art. 39 Abs. 1 Satz 1 neu gef. mWv 1.9.2016 durch Änderung v. 13.7.2016 (ABl. Nr. L 217 S. 73).

(6) Die Daten der Gerichtsferien werden jährlich im Amtsblatt der Europäischen Union veröffentlicht.

Art. 42[1] **Vollversammlung.** (1) [1]Die Entscheidungen über Verwaltungsfragen sowie die in den Artikeln 7, 9, 11, 13, 15, 16, 18, 25, 28, 31 bis 33, 41, 56a und 224 genannten Entscheidungen werden vom Gericht in der Vollversammlung getroffen, an der alle Richter mit beschließender Stimme teilnehmen, soweit in dieser Verfahrensordnung nichts anderes bestimmt ist. [2]Der Kanzler ist zugegen, sofern das Gericht nichts anderes bestimmt.

(2) Erweist es sich nach Einberufung der Vollversammlung, dass die in Artikel 17 Absatz 4 der Satzung genannte Zahl von Richtern, die für die Beschlussfähigkeit erforderlich ist, nicht erreicht wird, so vertagt der Präsident des Gerichts die Sitzung bis zu dem Zeitpunkt, zu dem diese Richterzahl erreicht ist.

Art. 43 Protokollaufnahme. (1) Tagt das Gericht in Anwesenheit des Kanzlers, so nimmt dieser ein etwa erforderliches Protokoll auf, das je nach Fall vom Präsidenten des Gerichts oder vom Kammerpräsidenten und vom Kanzler unterzeichnet wird.

(2) Tagt das Gericht in Abwesenheit des Kanzlers, so beauftragt es den im Sinne des Artikels 8 dienstjüngsten Richter mit der Aufnahme eines etwa erforderlichen Protokolls, das je nach Fall vom Präsidenten des Gerichts oder vom Kammerpräsidenten und von dem genannten Richter unterzeichnet wird.

Zweiter Titel. Sprachregelung

Art. 44 Verfahrenssprachen. Die Verfahrenssprachen sind Bulgarisch, Dänisch, Deutsch, Englisch, Estnisch, Finnisch, Französisch, Griechisch, Irisch, Italienisch, Kroatisch, Lettisch, Litauisch, Maltesisch, Niederländisch, Polnisch, Portugiesisch, Rumänisch, Schwedisch, Slowakisch, Slowenisch, Spanisch, Tschechisch und Ungarisch.

Art. 45 Bestimmung der Verfahrenssprache. (1) Bei Klageverfahren im Sinne des Artikels 1 wählt der Kläger vorbehaltlich der nachstehenden Bestimmungen die Verfahrenssprache:

a) Ist die Klage gegen einen Mitgliedstaat oder gegen eine natürliche oder juristische Person gerichtet, die einem Mitgliedstaat angehört, so ist die Amtssprache dieses Staates Verfahrenssprache; gibt es mehrere Amtssprachen, so ist der Kläger berechtigt, eine von ihnen zu wählen.

b) Auf gemeinsamen Antrag der Hauptparteien kann eine andere der in Artikel 44 genannten Sprachen ganz oder teilweise zugelassen werden.

---

[1] Art. 42 Abs. 1 geänd. mWv 1.12.2018 durch Änderung v. 25.9.2018 (ABl. Nr. L 240 S. 68).

c) Auf Antrag einer Partei kann nach Anhörung der anderen Parteien abweichend von Buchstabe b eine andere der in Artikel 44 genannten Sprachen ganz oder teilweise als Verfahrenssprache zugelassen werden; dieser Antrag kann nicht von einem der Organe gestellt werden.

(2) Die Entscheidung über die vorgenannten Anträge wird vom Präsidenten getroffen; dieser muss, will er den Anträgen ohne Einverständnis aller Parteien stattgeben, die Entscheidung dem Gericht übertragen.

(3) Unbeschadet des Absatzes 1 Buchstaben b und c

a) ist bei Rechtsmitteln gegen die Entscheidungen des Gerichts für den öffentlichen Dienst nach den Artikeln 9 und 10 des Anhangs I der Satzung Verfahrenssprache diejenige Sprache, die für die mit dem Rechtsmittel angefochtene Entscheidung des Gerichts für den öffentlichen Dienst Verfahrenssprache war;

b) ist bei Berichtigungsanträgen, Anträgen auf Abhilfe gegen das Unterlassen einer Entscheidung, Einsprüchen gegen Versäumnisurteile, Drittwidersprüchen sowie bei Anträgen auf Auslegung und auf Wiederaufnahme oder bei Streitigkeiten über die erstattungsfähigen Kosten Verfahrenssprache diejenige Sprache, die für die Entscheidung, auf die sich diese Anträge oder Streitigkeiten beziehen, Verfahrenssprache war.

(4) Unbeschadet des Absatzes 1 Buchstaben b und c gilt bei Klagen gegen die Entscheidungen der Beschwerdekammern des in Artikel 1 bezeichneten Amtes, die die Anwendung der Vorschriften im Rahmen einer Regelung über das geistige Eigentum betreffen:

a) Der Kläger wählt die Verfahrenssprache, wenn er einziger Beteiligter im Verfahren vor der Beschwerdekammer des Amtes war.

b) Die vom Kläger aus den in Artikel 44 genannten Sprachen mit der Klageschrift gewählte Sprache wird Verfahrenssprache, wenn kein anderer im Verfahren vor der Beschwerdekammer des Amtes Beteiligter innerhalb der vom Kanzler nach Eingang der Klageschrift hierfür gesetzten Frist widerspricht.

c) Im Fall des Widerspruchs eines anderen im Verfahren vor der Beschwerdekammer des Amtes Beteiligten als des Klägers gegen die Sprache der Klageschrift wird die Sprache der beim Gericht angefochtenen Entscheidung Verfahrenssprache; in diesem Fall veranlasst *der Kanzler die* Übersetzung der Klageschrift in die Verfahrenssprache.

Art. 46 Verwendung der Verfahrenssprache. (1) Die Verfahrenssprache ist insbesondere in den Schriftsätzen und bei den mündlichen Ausführungen der Parteien, einschließlich der beigefügten Unterlagen, sowie in den Protokollen und Entscheidungen des Gerichts zu verwenden.

(2) Vorgelegten oder beigefügten Unterlagen, die in einer anderen Sprache abgefasst sind, ist eine Übersetzung in der Verfahrenssprache beizugeben.

(3) [1] Bei umfangreichen Unterlagen können jedoch auszugsweise Übersetzungen vorgelegt werden. [2] Der Präsident kann jederzeit von Amts wegen oder auf Antrag einer Partei eine ausführlichere oder vollständige Übersetzung verlangen.

(4) [1] Abweichend von den vorstehenden Bestimmungen können sich die Mitgliedstaaten ihrer eigenen Amtssprache bedienen, wenn sie einem beim Gericht anhängigen Rechtsstreit als Streithelfer beitreten. [2] Dies gilt sowohl für Schriftstücke als auch für mündliche Erklärungen. [3] Der Kanzler veranlasst jeweils die Übersetzung in die Verfahrenssprache.

(5) [1] Den Vertragsstaaten des EWR-Abkommens, die nicht Mitgliedstaaten sind, und der EFTA-Überwachungsbehörde kann gestattet werden, sich statt der Verfahrenssprache einer anderen der in Artikel 44 genannten Sprachen zu bedienen, wenn sie einem beim Gericht anhängigen Rechtsstreit als Streithelfer beitreten. [2] Dies gilt sowohl für Schriftstücke als auch für mündliche Erklärungen. [3] Der Kanzler veranlasst jeweils die Übersetzung in die Verfahrenssprache.

(6) [1] Erklären Zeugen oder Sachverständige, dass sie sich nicht hinlänglich in einer der in Artikel 44 genannten Sprachen ausdrücken können, so kann ihnen der Präsident gestatten, ihre Erklärungen in einer anderen Sprache abzugeben. [2] Der Kanzler veranlasst die Übersetzung in die Verfahrenssprache.

(7) [1] Der Präsident kann sich bei der Leitung der Verhandlung statt der Verfahrenssprache einer anderen der in Artikel 44 genannten Sprachen bedienen; die gleiche Befugnis haben die Richter und gegebenenfalls der Generalanwalt für ihre Fragen und der Generalanwalt für seine Schlussanträge. [2] Der Kanzler veranlasst die Übersetzung in die Verfahrenssprache.

Art. 47 Verantwortlichkeit des Kanzlers in sprachlichen Angelegenheiten. Auf Ersuchen eines Richters oder des Generalanwalts oder auf Antrag einer Partei veranlasst der Kanzler die Übersetzung der mündlichen oder schriftlichen Äußerungen im Verfahren vor dem Gericht in die in Artikel 44 genannten Sprachen, die gewünscht werden.

Art. 48 Sprachenregelung für die Veröffentlichungen des Gerichts. Die Veröffentlichungen des Gerichts erscheinen in den in Artikel 1 der Verordnung Nr. 1 des Rates genannten Sprachen.

Art. 49 Verbindliche Fassungen. Verbindlich ist die Fassung in der Verfahrenssprache oder, falls das Gericht gemäß den Artikeln 45 und 46 eine andere Sprache zugelassen hat, die Fassung in dieser Sprache.

Dritter Titel. Klageverfahren

Art. 50 Anwendungsbereich. Die Bestimmungen dieses Titels finden auf Klageverfahren im Sinne des Artikels 1 Anwendung.

Erstes Kapitel. Allgemeine Bestimmungen

Abschnitt 1. Vertretung der Parteien

Art. 51 Vertretungszwang. (1) Die Parteien müssen nach Maßgabe des Artikels 19 der Satzung durch einen Bevollmächtigten oder einen Anwalt vertreten sein.

(2) Anwälte, die als Vertreter oder Beistand einer Partei auftre ten, haben bei der Kanzlei einen Ausweis zu hinterlegen, mit dem ihre Berechtigung, vor einem Gericht eines Mitgliedstaats oder eines anderen Vertragsstaats des EWR-Abkommens aufzutreten, bescheinigt wird.

(3) Anwälte, die eine juristische Person des Privatrechts als Partei vertreten, haben bei der Kanzlei eine Vollmacht dieser Partei zu hinterlegen.

(4) [1] Werden die in den Absätzen 2 und 3 genannten Papiere nicht hinterlegt, so setzt der Kanzler der betroffenen Partei eine angemessene Frist zur Beibringung der Papiere. [2] Bei Ausbleiben einer fristgemäßen Beibringung entscheidet das Gericht, ob die Nichtbeachtung dieser Förmlichkeit die formale Unzulässigkeit der Klageschrift oder des Schriftsatzes zur Folge hat.

Abschnitt 2. Rechte und Pflichten der Parteivertreter

Art. 52 Vorrechte, Befreiungen und Erleichterungen. (1) Die Bevollmächtigten, Beistände und Anwälte, die vor dem Gericht oder vor einem von diesem um Rechtshilfe ersuchten Gericht erscheinen, können wegen mündlicher und schriftlicher Äußerungen, die sich auf die Sache oder auf die Parteien beziehen, nicht gerichtlich verfolgt werden.

(2) Die Bevollmächtigten, Beistände und Anwälte genießen ferner folgende Vorrechte und Erleichterungen:

a) *Schriftstücke und Urkunden, die sich* auf das Verfahren beziehen, dürfen weder durchsucht noch beschlagnahmt werden. Im Streitfall können die Zoll- oder Polizeibeamten die betreffenden Schriftstücke und Urkunden versiegeln, die dann dem Gericht zum Zwecke der Untersuchung im Beisein des Kanzlers und des Beteiligten umgehend übermittelt werden.

b) Die Bevollmächtigten, Beistände und Anwälte genießen die zur Erfüllung ihrer Aufgaben erforderliche Reisefreiheit.

Art. 53 Vertretereigenschaft. (1) Um die in Artikel 52 genannten Vorrechte, Befreiungen und Erleichterungen in Anspruch nehmen zu können, weisen zuvor ihre Eigenschaft nach

a) die Bevollmächtigten durch eine von ihrem Vollmachtgeber ausgestellte amtliche Urkunde, die Letzterer dem Kanzler umgehend in Kopie übermittelt;

b) die Anwälte durch einen Ausweis, mit dem ihre Berechtigung, vor einem Gericht eines Mitgliedstaats oder eines anderen Vertragsstaats des EWR-Abkommens aufzutreten, bescheinigt wird, und, wenn die von ihnen vertretene Partei eine juristische Person des Privatrechts ist, durch eine Vollmacht dieser Partei;

c) die Beistände durch eine Vollmacht der Partei, der sie beistehen.

(2) 1 Der Kanzler stellt ihnen erforderlichenfalls ein Berechtigungspapier aus. 2 Dessen Gültigkeit ist auf eine bestimmte Zeit begrenzt. 3 Sie kann je nach der Dauer des Verfahrens verlängert oder verkürzt werden.

Art. 54 Aufhebung der Befreiung von gerichtlicher Verfolgung. (1) Die in Artikel 52 genannten Vorrechte, Befreiungen und Erleichterungen werden ausschließlich im Interesse des Verfahrens gewährt.

(2) Das Gericht kann die Befreiung von gerichtlicher Verfolgung aufheben, wenn dies nach seiner Auffassung dem Interesse des Verfahrens nicht zuwiderläuft.

Art. 55 Ausschluss vom Verfahren. (1) 1 Ist das Gericht der Auffassung, dass das Verhalten eines Bevollmächtigten, Beistands oder Anwalts gegenüber dem Gericht, dem Präsidenten, einem Richter oder dem Kanzler mit der Würde des Gerichts oder mit den Erfordernissen einer geordneten Rechtspflege unvereinbar ist oder dass ein Bevollmächtigter, Beistand oder Anwalt seine Befugnisse missbraucht, so unterrichtet es den Betroffenen davon. 2 Das Gericht kann die zuständigen Stellen, denen der Betroffene untersteht, davon unterrichten. 3 Letzterem wird eine Kopie des an diese Stellen gerichteten Schreibens übermittelt.

(2) 1 Aus denselben Gründen kann das Gericht nach Anhörung des Betroffenen jederzeit durch mit Gründen versehenen Beschluss entscheiden, einen Bevollmächtigten, Beistand oder Anwalt vom Verfahren auszuschließen. 2 Der Beschluss ist sofort vollziehbar.

(3) Wird ein Bevollmächtigter, Beistand oder Anwalt vom Verfahren ausgeschlossen, so wird das Verfahren bis zum Ablauf einer Frist ausgesetzt, die der Präsident der betroffenen Partei zur Bestimmung eines *anderen* Bevollmächtigten, Beistands oder Anwalts setzt.

(4) Die gemäß diesem Artikel getroffenen Entscheidungen können wieder aufgehoben werden.

Art. 56 Hochschullehrer. Die Bestimmungen dieses Abschnitts finden Anwendung auf die in Artikel 19 Absatz 7 der Satzung bezeichneten Hochschullehrer.

Abschnitt 2a.[1)] Kommunikation mit den Vertretern der Parteien mittels e-Curia

Art. 56a[1)] e-Curia. (1) Unbeschadet der in Artikel 57 Absatz 2, Artikel 72 Absatz 4, Artikel 80 Absatz 1, Artikel 105 Absätze 1 und 2, Artikel 147 Absatz 6, Artikel 148 Absatz 9 und Artikel 178 Absätze 2 und 3 genannten Fälle ist jedes Verfahrensschriftstück mittels e-Curia einzureichen und hat jede Zustellung mittels e-Curia zu erfolgen.

(2) [1]Die Voraussetzungen für die Einreichung und die Zustellung eines Verfahrensschriftstücks mittels e-Curia werden in einem vom Gericht zu erlassenden Beschluss im Einzelnen festgelegt. [2]Der Beschluss wird im Amtsblatt der Europäischen Union veröffentlicht.[2)]

(3) Voraussetzung für die Nutzung von e-Curia ist die Eröffnung eines Zugangskontos gemäß den in dem Beschluss nach Absatz 2 genannten Voraussetzungen.

(4) [1]Wird ein Verfahrensschriftstück mittels e-Curia eingereicht, bevor die für die Validierung des Zugangskontos erforderlichen Belege vorgelegt wurden, so müssen diese Belege in Papierform innerhalb einer Frist von zehn Tagen nach der Einreichung des Verfahrensschriftstücks bei der Kanzlei des Gerichts eingehen. [2]Diese Frist kann nicht verlängert werden; Artikel 60 findet keine Anwendung. [3]Bei nicht fristgemäßem Eingang der Belege erklärt das Gericht das mittels e-Curia eingereichte Verfahrensschriftstück für unzulässig.

(5) [1]Erweist sich die Verwendung von e-Curia als technisch unmöglich, so kann ein Verfahrensschriftstück auf jede geeignete, verfügbare Art und Weise eingereicht oder zugestellt werden; Artikel 45 Absatz 2 der Satzung bleibt unberührt. [2]Die in einem solchen Fall zu befolgenden Schritte werden in dem Beschluss nach Absatz 2 im Einzelnen festgelegt.

Abschnitt 3. Zustellungen

Art. 57[3)] Zustellungsarten. (1) Unbeschadet des Artikels 80 Absatz 1, des Artikels 148 Absatz 9 und des Artikels 178 Absätze 2 und 3 veranlasst der Kanzler die in der Satzung und in dieser Verfahrensordnung vorgesehenen Zustellungen mittels e-Curia.

(2) [1]Ist eine Zustellung gemäß Absatz 1 wegen der Art des Schriftstücks nicht möglich, so erfolgt die Zustellung an die Anschrift des Vertreters der betroffenen Partei durch Übersendung einer Kopie des zuzustellenden Schriftstücks per Einschreiben mit Rückschein oder durch

---

1) Abschnitt 2a (Art. 56a) eingef. mWv 1.12.2018 durch Änderung v. 25.9.2018 (ABl. Nr. L 240 S. 68).

2) Vgl. Beschluss v. 11.7.2018 über die Einreichung und die Zustellung von Verfahrensschriftstücken im Wege der Anwendung e-Curia, ABl. Nr. L 240/72 v. 25.9.2018.

3) Art. 57 Abs. 1 und 3 neu gef., Abs. 2 Sätze 1–3 geänd., Abs. 4 aufgeh. mWv 1.12.2018 durch Änderung v. 25.9.2018 (ABl. Nr. L 240 S. 68).

Übergabe der Kopie gegen Empfangsbestätigung. [2]Der Adressat wird davon mittels e-Curia benachrichtigt. [3]Ein Einschreiben gilt dann am zehnten Tag nach der Aufgabe zur Post am Ort des Sitzes des Gerichts als dem Adressaten übergeben, sofern nicht durch den Rückschein nachgewiesen wird, dass der Zugang zu einem anderen Zeitpunkt erfolgt ist, oder der Adressat den Kanzler innerhalb von drei Wochen nach der mittels e-Curia erfolgten Benachrichtigung davon unterrichtet, dass ihm das zuzustellende Schriftstück nicht zugegangen ist.

(3) Die Kopien des gemäß Absatz 2 zuzustellenden Originals werden vom Kanzler unbeschadet des Artikels 72 Absatz 4 ausgefertigt und beglaubigt.

Abschnitt 4. Fristen

Art. 58 Fristberechnung. (1) Die in den Verträgen, in der Satzung und in dieser Verfahrensordnung vorgesehenen Verfahrensfristen werden wie folgt berechnet:

a) Ist eine nach Tagen, Wochen, Monaten oder Jahren bemessene Frist von dem Zeitpunkt an zu berechnen, zu dem ein Ereignis eintritt oder eine Handlung vorgenommen wird, so wird der Tag, an dem das Ereignis eintritt oder die Handlung vorgenommen wird, nicht mitgerechnet.

b) Eine nach Wochen, Monaten oder Jahren bemessene Frist endet mit Ablauf des Tages, der in der letzten Woche, im letzten Monat oder im letzten Jahr dieselbe Bezeichnung oder dieselbe Zahl wie der Tag trägt, an dem das Ereignis eingetreten oder die Handlung vorgenommen worden ist, von denen an die Frist zu berechnen ist. Fehlt bei einer nach Monaten oder Jahren bemessenen Frist im letzten Monat der für ihren Ablauf maßgebende Tag, so endet die Frist mit Ablauf des letzten Tages dieses Monats.

c) Ist eine Frist nach Monaten und nach Tagen bemessen, so werden zunächst die vollen Monate und dann die Tage berücksichtigt.

d) Die Fristen umfassen die Samstage, die Sonntage und die gesetzlichen Feiertage.

e) Der Fristlauf wird durch die Gerichtsferien nicht gehemmt.

(2) Fällt das Fristende auf einen Samstag, Sonntag oder gesetzlichen Feiertag, so endet die Frist mit dem Ablauf des nächstfolgenden Werktags.

(3) Das vom Gerichtshof aufgestellte und im Amtsblatt der Europäischen Union veröffentlichte Verzeichnis der gesetzlichen Feiertage gilt auch für das Gericht.

Art. 59 Klage gegen eine im Amtsblatt der Europäischen Union veröffentlichte Handlung eines Organs. Beginnt eine Frist für die Erhebung einer Klage gegen eine Handlung eines Organs mit der *Veröffentlichung* der Handlung im Amtsblatt der Europäischen Union, so ist diese Frist im Sinne von Artikel 58 Absatz 1 Buchstabe a vom Ablauf des vierzehnten Tages nach dieser Veröffentlichung an zu berechnen.

Art. 60 Entfernungsfrist. Die Verfahrensfristen werden um eine pauschale Entfernungsfrist von zehn Tagen verlängert.

Art. 61 Fristsetzung und Fristverlängerung. (1) Aufgrund dieser Verfahrensordnung festgesetzte Fristen können von der fristsetzenden Stelle verlängert werden.

(2) Der Präsident kann dem Kanzler die Zeichnungsbefugnis übertragen, bestimmte Fristen, die er aufgrund dieser Verfahrensordnung anzuordnen hat, festzusetzen oder deren Verlängerung zu gewähren.

Art. 62 Nicht fristgemäß eingereichte Verfahrensschriftstücke. Ein Verfahrensschriftstück, das bei der Kanzlei nach Ablauf der vom Präsidenten oder vom Kanzler gemäß dieser Verfahrensordnung gesetzten Frist eingeht, kann nur aufgrund einer entsprechenden Entscheidung des Präsidenten berücksichtigt werden.

Abschnitt 5. Verfahrensablauf und Behandlung der Rechtssachen

Art. 63 Verfahrensablauf. Unbeschadet besonderer Bestimmungen der Satzung oder dieser Verfahrensordnung umfasst das Verfahren vor dem Gericht ein schriftliches und ein mündliches Verfahren.

Art. 64 Kontradiktorisches Verfahren. Vorbehaltlich des Artikels 68 Absatz 4, des Artikels 104, des Artikels 105 Absatz 8 und des Artikels 144 Absatz 7 berücksichtigt das Gericht nur Verfahrensschriftstücke und Unterlagen, von denen die Vertreter der Parteien Kenntnis nehmen konnten und zu denen sie Stellung nehmen konnten.

Art. 65 Zustellung der Verfahrensschriftstücke und der im Laufe des Verfahrens getroffenen Entscheidungen. (1) Vorbehaltlich des Artikels 68 Absatz 4, der Artikel 103 bis 105 und des Artikels 144 Absatz 7 werden zu den Akten der Rechtssache gegebene Verfahrensschriftstücke und Unterlagen den Parteien zugestellt.

(2) Entscheidungen, die im Laufe des Verfahrens getroffen und zu den Akten der Rechtssache gegeben werden, werden den Parteien auf Veranlassung des Kanzlers bekannt gegeben.

Art. 66 Anonymität und Weglassen bestimmter Angaben gegenüber der Öffentlichkeit. Das Gericht kann auf mit gesondertem Schriftsatz gestellten begründeten Antrag einer Partei oder von Amts wegen den Namen einer Partei des Rechtsstreits oder sonstiger im Rahmen des Verfahrens erwähnter Personen sowie bestimmte Angaben in öffentlich zugänglichen Unterlagen der Rechtssache weglassen, wenn berechtigte Gründe es rechtfertigen, dass die Identität einer Person oder der Inhalt dieser Angaben vertraulich behandelt wird.

Art. 67 Reihenfolge der Behandlung der Rechtssachen. (1) Das Gericht erledigt die bei ihm anhängigen Rechtssachen in der Reihenfolge, in der sie zur Entscheidung reif sind.

(2) Der Präsident kann in Anbetracht besonderer Umstände entscheiden, dass eine Rechtssache mit Vorrang entschieden wird.

Art. 68[1] **Verbindung.** (1) Mehrere Rechtssachen, die den gleichen Gegenstand haben, können jederzeit von Amts wegen oder auf Antrag einer Hauptpartei wegen Zusammenhangs alternativ oder kumulativ zu gemeinsamem schriftlichen oder mündlichen Verfahren oder zu gemeinsamer das Verfahren beendender Entscheidung verbunden werden.

(2) [1]Über die Verbindung entscheidet der Präsident. [2]Vor dieser Entscheidung setzt der Präsident den Hauptparteien eine Frist zur Stellungnahme zu einer möglichen Verbindung, sofern sie sich hierzu nicht bereits geäußert haben.

(3) Die Verbindung von Rechtssachen kann nach Maßgabe des Absatzes 2 aufgehoben werden.

(4) [1]Die zu den Akten der verbundenen Rechtssachen gegebenen Verfahrensschriftstücke werden den Parteien auf Antrag mittels e-curia zugestellt. [2]Der Präsident kann jedoch auf Antrag einer Partei durch Beschluss bestimmte Angaben in den Akten der Rechtssache deren vertraulicher Charakter geltend gemacht wurde, von der Zustellung ausnehmen.

Art. 69 Fälle der Aussetzung. Unbeschadet des Artikels 163 kann ein anhängiges Verfahren ausgesetzt werden:

a) in den in Artikel 54 Absatz 3 der Satzung vorgesehenen Fällen;

b) wenn beim Gerichtshof ein Rechtsmittel gegen eine Entscheidung des Gerichts eingelegt wird, die über einen Teil des Streitgegenstands ergangen ist, die einen Zwischenstreit über eine Einrede der Unzuständigkeit oder Unzulässigkeit beendet oder mit der ein Streitbeitritt abgelehnt wird;

c) auf Antrag einer Hauptpartei mit der Zustimmung der anderen Hauptpartei;

d) in sonstigen besonderen Fällen, wenn eine geordnete Rechtspflege es erfordert.

Art. 70 Aussetzungsentscheidung und Entscheidung über die Fortsetzung des Verfahrens. (1) [1]Die Entscheidung über die Aussetzung des Verfahrens trifft der Präsident. [2]Vor dieser Entscheidung setzt der Präsident den Hauptparteien eine Frist zur Stellungnahme zu einer möglichen Aussetzung des Verfahrens, sofern sie sich hierzu nicht bereits geäußert haben.

(2) Die Entscheidung über die Fortsetzung des Verfahrens vor dem Ende der Aussetzung oder gemäß Artikel 71 Absatz 3 wird nach Maßgabe des Absatzes 1 getroffen.

---

[1] Art. 68 Abs. 4 neu gef., Abs. 5 aufgeh. mWv 1.12.2018 durch Änderung v. 25.9.2018 (ABl. Nr. L 240 S. 68).

Art. 71 Dauer und Wirkungen der Aussetzung. (1) Die Aussetzung des Verfahrens wird zu dem in der Aussetzungsentscheidung angegebenen Zeitpunkt oder, wenn ein solcher nicht angegeben ist, zum Zeitpunkt dieser Entscheidung wirksam.

(2) Die Aussetzung unterbricht alle Verfahrensfristen; dies gilt nicht für die in Artikel 143 Absatz 1 vorgesehene Streithilfefrist.

(3) Ist in der Aussetzungsentscheidung das Ende der Aussetzung nicht festgelegt, so endet die Aussetzung zu dem in der Entscheidung über die Fortsetzung des Verfahrens angegebenen Zeitpunkt oder, wenn ein solcher nicht angegeben ist, zum Zeitpunkt der Entscheidung über die Fortsetzung.

(4) An die Stelle der unterbrochenen Verfahrensfristen treten ab dem Zeitpunkt der Fortsetzung des Verfahrens nach einer Aussetzung neue Fristen, die zu dem Zeitpunkt der Fortsetzung zu laufen beginnen.

Zweites Kapitel. Verfahrensschriftstücke

Art. 72[1] Gemeinsame Regeln für die Einreichung von Verfahrensschriftstücken mittels e-Curia. (1) Mit Ausnahme der Einreichungen nach Artikel 105 Absätze 1 und 2 und Artikel 147 Absatz 6 ist jedes Verfahrensschriftstück bei der Kanzlei mittels e-Curia einzureichen.

(2) [1]Jedes Verfahrensschriftstück ist mit Datum zu versehen. [2]Für die Berechnung der Verfahrensfristen sind ausschließlich Tag und Uhrzeit des Eingangs bei der Kanzlei nach der im Großherzogtum Luxemburg geltenden Zeit maßgebend.

(3) Den Verfahrensschriftstücken sind die zur Unterstützung herangezogenen Unterlagen und ein Verzeichnis dieser Unterlagen beizufügen.

(4) [1]Kann eine Anlage zu einem Verfahrensschriftstück ihrer Art nach nicht mittels e-Curia eingereicht werden, so ist die betreffende Anlage getrennt über den Postweg zu übermitteln oder der Kanzlei zu übergehen. [2]Von dieser Anlage sind ein Exemplar für das Gericht und je ein Exemplar für jede andere am Rechtsstreit beteiligte Partei einzureichen. [3]Die Übereinstimmung dieser Exemplare mit dem Original ist von der Partei, die sie einreicht, zu bestätigen.

(5) Werden dem Verfahrensschriftstück von einer Unterlage mit Rücksicht auf deren Umfang nur Auszüge beigefügt, so ist die gesamte Unterlage oder eine vollständige Kopie bei der Kanzlei einzureichen.

---

[1] Art. 72 Überschrift und Abs. 1 neu gef., Abs. 4 eingef., bish. Abs. 4 und 5 werden Abs. 5 und 6 mWv 1.12.2018 durch Änderung v. 25.9.2018 (ABl. Nr. L 240 S. 68).

(6) Die Organe haben innerhalb der vom Präsidenten festgesetzten Fristen Übersetzungen sämtlicher Verfahrensschriftstücke in den anderen in Artikel 1 der Verordnung Nr. 1 genannten Sprachen vorzulegen.

Art. 73[1] *(aufgehoben)*

Art. 74[1] *(aufgehoben)*

Art. 75 Länge der Schriftsätze. (1) Das Gericht legt gemäß Artikel 224 die maximale Länge der Schriftsätze fest, die im Rahmen dieses Titels eingereicht werden.

(2) Eine Überschreitung der maximalen Länge der Schriftsätze kann der Präsident nur in Fällen genehmigen, die in rechtlicher oder tatsächlicher Hinsicht besonders komplex sind.

Drittes Kapitel. Schriftliches Verfahren

Art. 76 Inhalt der Klageschrift. Die Klageschrift im Sinne von Artikel 21 der Satzung muss enthalten:

a) Namen und Wohnsitz des Klägers;

b) die Angabe der Stellung und der Anschrift des Vertreters des Klägers;

c) die Bezeichnung der Hauptpartei, gegen die sich die Klage richtet;

d) den Streitgegenstand, die geltend gemachten Klagegründe und Argumente sowie eine kurze Darstellung der Klagegründe;

e) die Anträge des Klägers;

f) gegebenenfalls die Beweise und Beweisangebote.

Art. 77[1] *(aufgehoben)*

Art. 78[2] **Anlagen zur Klageschrift.** (1) Der Klageschrift sind gegebenenfalls die in Artikel 21 Absatz 2 der Satzung bezeichneten Unterlagen beizufügen.

(2) Klagen gemäß Artikel 270 AEUV ist gegebenenfalls die Beschwerde im Sinne von Artikel 90 Absatz 2 des Beamtenstatuts und die Entscheidung über die Beschwerde mit Angabe des Datums der Einreichung der Beschwerde und der Mitteilung der Entscheidung beizufügen.

---

[1] *Art. 73, Art. 74 und Art. 77* aufgeh. mWv 1.12.2018 durch Änderung v. 25.9.2018 (ABl. Nr. L 240 S. 68).

[2] Art. 78 Abs. 2 eingef., bish. Abs. 2–5 werden Abs. 3–6, neuer Abs. 6 geänd. mWv 1.9.2016 durch Änderung v. 13.7.2016 (ABl. Nr. L 217 S. 73).

(3) Wird gemäß Artikel 272 AEUV eine Klage aufgrund einer Schiedsklausel erhoben, die in einem von der Union oder für ihre Rechnung abgeschlossenen öffentlich-rechtlichen oder privatrechtlichen Vertrag enthalten ist, so ist mit der Klageschrift eine Ausfertigung des diese Klausel enthaltenden Vertrags einzureichen.

(4) Ist der Kläger eine juristische Person des Privatrechts, so hat er mit der Klageschrift einen Nachweis jüngeren Datums für seine Rechtspersönlichkeit einzureichen (Handelsregisterauszug, Vereinsregisterauszug oder eine andere amtliche Urkunde).

(5) Der Klageschrift sind die in Artikel 51 Absätze 2 und 3 genannten Papiere beizufügen.

(6) [1]Entspricht die Klageschrift nicht den in den Absätzen 1 bis 5 genannten Voraussetzungen, so setzt der Kanzler dem Kläger eine angemessene Frist zur Beibringung der vorstehend genannten Unterlagen. [2]Bei Ausbleiben einer fristgemäßen Mängelbehebung entscheidet das Gericht, ob die Nichtbeachtung dieser Voraussetzungen die formale Unzulässigkeit der Klageschrift zur Folge hat.

Art. 79 Mitteilung im Amtsblatt der Europäischen Union. Im Amtsblatt der Europäischen Union wird eine Mitteilung veröffentlicht, die den Tag des Eingangs des verfahrenseinleitenden Schriftsatzes, die Namen der Hauptparteien, die Anträge und die Angabe der geltend gemachten Gründe und wesentlichen Argumente enthält.

Art. 80[1)] Zustellung der Klageschrift. (1) [1]Die Klageschrift wird dem Beklagten mittels e-Curia zugestellt, wenn er über ein Zugangskonto zu e-Curia verfügt. [2]Andernfalls wird die Klageschrift dem Beklagten durch Übersendung einer beglaubigten Kopie der Klageschrift per Einschreiben mit Rückschein oder durch Übergabe der Kopie gegen Empfangsbestätigung zugestellt.

(2) In den Fällen des Artikels 78 Absatz 6 erfolgt die Zustellung sogleich nach der Mängelbehebung oder nachdem das Gericht in Anbetracht der in dem genannten Artikel aufgeführten Voraussetzungen die Zulässigkeit bejaht hat.

Art. 81[2)] Klagebeantwortung. (1) [1]Innerhalb von zwei Monaten nach Zustellung der Klageschrift hat der Beklagte eine Klagebeantwortung einzureichen. [2]Diese muss enthalten:

a) Namen und Wohnsitz des Beklagten;

b) Angabe der Stellung und der Anschrift des Vertreters des Beklagten;

[1)] Art. 80 Abs. 2 geänd. mWv 1.9.2016 durch Änderung v. 13.7.2016 (ABl. Nr. L 217 S. 73); Abs. 1 neu gef. mWv 1.12.2018 durch Änderung v. 25.9.2018 (ABl. Nr. L 240 S. 68).

[2)] Art. 81 Abs. 2 geänd. mWv 1.9.2016 durch Änderung v. 13.7.2016 (ABl. Nr. L 217 S. 73); Abs. 2 neu gef. mWv 1.12.2018 durch Änderung v. 25.9.2018 (ABl. Nr. L 240 S. 68).

c) die geltend gemachten Verteidigungsgründe und -argumente;

d) die Anträge des Beklagten;

e) gegebenenfalls die Beweise und Beweisangebote.

(2) Artikel 78 Absätze 4 bis 6 findet auf die Klagebeantwortung Anwendung.

(3) Der Präsident kann die in Absatz 1 vorgesehene Frist bei Vorliegen außergewöhnlicher Umstände auf begründeten Antrag des Beklagten verlängern.

Art. 82 Übermittlung von Schriftsätzen. Sind das Europäische Parlament, der Rat oder die Europäische Kommission nicht Partei einer Rechtssache, so übermittelt ihnen das Gericht eine Kopie der Klageschrift und der Klagebeantwortung mit Ausnahme der diesen Schriftsätzen beigefügten Anlagen, damit sie feststellen können, ob im Sinne des Artikels 277 AEUV die Unanwendbarkeit eines ihrer Rechtsakte geltend gemacht wird.

Art. 83 Erwiderung und Gegenerwiderung. (1) Klageschrift und Klagebeantwortung können durch eine Erwiderung des Klägers und eine Gegenerwiderung des Beklagten ergänzt werden, es sei denn, das Gericht entscheidet, dass ein zweiter Schriftsatzwechsel nicht erforderlich ist, weil der Inhalt der Akten der Rechtssache hinreichend vollständig ist.

(2) Entscheidet das Gericht, dass ein zweiter Schriftsatzwechsel nicht erforderlich ist, so kann es den Hauptparteien noch gestatten, die Akten der Rechtssache zu ergänzen, wenn der Kläger innerhalb von zwei Wochen nach Zustellung dieser Entscheidung einen dahin gehenden begründeten Antrag stellt.

(3) 1 Der Präsident bestimmt die Fristen für die Einreichung dieser Verfahrensschriftstücke. 2 Er kann festlegen, auf welche Punkte sich die Erwiderung und die Gegenerwiderung beziehen sollten.

Viertes Kapitel. Klage- und Verteidigungsgründe, Beweise und Anpassung der Klageschrift

Art. 84 Neue Klage- und Verteidigungsgründe. (1) Das Vorbringen neuer Klage- und Verteidigungsgründe im Laufe des Verfahrens ist unzulässig, es sei denn, dass sie auf rechtliche oder tatsächliche Gesichtspunkte gestützt werden, die erst während des Verfahrens zutage getreten sind.

(2) 1 Neue Klage- und Verteidigungsgründe sind gegebenenfalls im zweiten Schriftsatzwechsel vorzubringen und als solche kenntlich zu machen. 2 Werden die rechtlichen oder tatsächlichen Gesichtspunkte, die ein Vorbringen neuer Klage- und Verteidigungsgründe rechtfertigen, nach dem zweiten Schriftsatzwechsel oder nachdem entschieden

wurde, dass ein solcher Schriftsatzwechsel nicht zugelassen wird, bekannt, so hat die betreffende Hauptpartei die neuen Klage- und Verteidigungsgründe vorzubringen, sobald sie von diesen Gesichtspunkten Kenntnis erlangt.

(3) Unbeschadet der späteren Entscheidung des Gerichts über die Zulässigkeit der neuen Klage- oder Verteidigungsgründe gibt der Präsident den anderen Parteien Gelegenheit, zu diesen Klage- oder Verteidigungsgründen Stellung zu nehmen.

Art. 85 Beweise und Beweisangebote. (1) Beweise und Beweisangebote sind im Rahmen des ersten Schriftsatzwechsels vorzulegen.

(2) Die Hauptparteien können für ihr Vorbringen noch in der Erwiderung oder in der Gegenerwiderung Beweise oder Beweisangebote vorlegen, sofern die Verspätung der Vorlage gerechtfertigt ist.

(3) Sofern die Verspätung der Vorlage gerechtfertigt ist, können die Hauptparteien ausnahmsweise noch vor Abschluss des mündlichen Verfahrens oder vor einer Entscheidung des Gerichts, ohne mündliches Verfahren zu entscheiden, Beweise oder Beweisangebote vorlegen.

(4) Unbeschadet der späteren Entscheidung des Gerichts über die Zulässigkeit der gemäß den Absätzen 2 und 3 vorgebrachten Beweise oder Beweisangebote gibt der Präsident den anderen Parteien Gelegenheit, hierzu Stellung zu nehmen.

Art. 86[1)] Anpassung der Klageschrift. (1) Wird ein Rechtsakt, dessen Nichtigerklärung beantragt wird, durch einen anderen Rechtsakt mit demselben Gegenstand ersetzt oder geändert, so kann der Kläger vor Abschluss des mündlichen Verfahrens oder vor der Entscheidung des Gerichts, ohne mündliches Verfahren zu entscheiden, die Klageschrift anpassen, um diesem neuen Umstand Rechnung zu tragen.

(2) Die Anpassung der Klageschrift muss mit gesondertem Schriftsatz und innerhalb der in Artikel 263 Absatz 6 AEUV vorgesehenen Frist erfolgen, innerhalb deren die Nichtigerklärung des die Anpassung der Klageschrift rechtfertigenden Rechtsakts beantragt werden kann.

(3) Bei Rechtssachen, die aufgrund des Artikels 270 AEUV anhängig gemacht worden sind, muss die Anpassung der Klageschrift mit gesondertem Schriftsatz und, abweichend von Absatz 2, innerhalb der in Artikel 91 Absatz 3 des Beamtenstatuts vorgesehenen Frist erfolgen, innerhalb deren die Nichtigerklärung des die Anpassung der Klageschrift rechtfertigenden Rechtsakts beantragt werden kann.

(4) Der Anpassungsschriftsatz muss enthalten:

a) die angepassten Anträge;

b) erforderlichenfalls die angepassten Klagegründe und Argumente;

---

1) Art. 86 Abs. 3 eingef., bish. Abs. 3–6 werden Abs. 4–7 mWv 1.9.2016 durch Änderung v. 13.7.2016 (ABl. Nr. L 217 S. 73).

c) erforderlichenfalls die mit der Anpassung der Anträge in Zusammenhang stehenden Beweise und Beweisangebote.

(5) [1]Dem Anpassungsschriftsatz ist der die Anpassung der Klageschrift rechtfertigende Rechtsakt beizufügen. [2]Wird dieser Rechtsakt nicht vorgelegt, so setzt der Kanzler dem Kläger eine angemessene Frist zur Vorlage. [3]Bei Ausbleiben einer fristgemäßen Mängelbehebung entscheidet das Gericht, ob die Nichtbeachtung dieses Erfordernisses die Unzulässigkeit des Schriftsatzes zur Anpassung der Klageschrift zur Folge hat.

(6) Unbeschadet der späteren Entscheidung des Gerichts über die Zulässigkeit des Schriftsatzes zur Anpassung der Klageschrift setzt der Präsident dem Beklagten eine Frist zur Erwiderung auf den Anpassungsschriftsatz.

(7) [1]Der Präsident setzt gegebenenfalls den Streithelfern eine Frist zur Ergänzung ihrer Streithilfeschriftsätze im Licht des Schriftsatzes zur Anpassung der Klageschrift und des Erwiderungsschriftsatzes. [2]Zu diesem Zweck werden diese Schriftsätze den Streithelfern gleichzeitig zugestellt.

Fünftes Kapitel. Vorbericht

Art. 87 Vorbericht. (1) Wenn das schriftliche Verfahren abgeschlossen ist, bestimmt der Präsident den Zeitpunkt, zu dem der Berichterstatter dem Gericht einen Vorbericht vorzulegen hat.

(2) Der Vorbericht enthält eine Prüfung der relevanten Tatsachen- und Rechtsfragen, die die Klage aufwirft, sowie Vorschläge zu der Frage, ob prozessleitende Maßnahmen oder eine Beweisaufnahme erforderlich sind, zur Durchführung des mündlichen Verfahrens sowie zu einer etwaigen Verweisung der Rechtssache an die Große Kammer oder an eine mit einer anderen Richterzahl tagende Kammer und zu einer möglichen Übertragung der Rechtssache auf den Einzelrichter.

(3) Das Gericht entscheidet über die Vorschläge des Berichterstatters und gegebenenfalls über die Eröffnung des mündlichen Verfahrens.

Sechstes Kapitel. Prozessleitende Maßnahmen und Beweisaufnahme

Art. 88 Allgemeines. (1) Prozessleitende Maßnahmen und Maßnahmen der Beweisaufnahme können in jedem Verfahrensstadium von Amts wegen oder auf Antrag einer Hauptpartei getroffen oder abgeändert werden.

(2) [1]In dem Antrag nach Absatz 1 sind der Gegenstand der beantragten Maßnahmen und die sie rechtfertigenden Gründe genau zu bezeichnen. [2]Wird der Antrag nach dem ersten Schriftsatzwechsel gestellt, so hat die antragstellende Partei die Gründe darzulegen, aus denen ihr eine frühere Antragstellung unmöglich war.

(3) Bei einem Antrag auf prozessleitende Maßnahmen oder Maßnahmen der Beweisaufnahme gibt der Präsident den anderen Parteien Gelegenheit, hierzu Stellung zu nehmen.

Abschnitt 1. Prozessleitende Maßnahmen

Art. 89 Gegenstand. (1) Prozessleitende Maßnahmen sollen die Vorbereitung der Entscheidungen, den Ablauf der Verfahren und die Beilegung der Rechtsstreitigkeiten unter den bestmöglichen Bedingungen gewährleisten.

(2) Prozessleitende Maßnahmen haben insbesondere zum Ziel,

a) den ordnungsgemäßen Ablauf des schriftlichen oder des mündlichen Verfahrens zu gewährleisten und die Beweiserhebung zu erleichtern;

b) die Punkte zu bestimmen, zu denen die Parteien ihr Vorbringen ergänzen sollen oder die eine Beweisaufnahme erfordern;

c) die Tragweite der Anträge sowie der Gründe und Argumente der Parteien zu verdeutlichen und die zwischen den Parteien streitigen Punkte zu klären;

d) die gütliche Beilegung der Rechtsstreitigkeiten zu erleichtern.

(3) Zu den prozessleitenden Maßnahmen, die beschlossen werden können, gehören unter anderem:

a) Fragen an die Parteien;

b) die Aufforderung an die Parteien, schriftlich oder mündlich zu bestimmten Aspekten des Rechtsstreits Stellung zu nehmen;

c) Auskunftsverlangen an die Parteien oder Dritte gemäß Artikel 24 Absatz 2 der Satzung;

d) die Aufforderung an die Parteien, mit der Rechtssache im Zusammenhang stehende Unterlagen vorzulegen;

e) die Ladung der Parteien zu Sitzungen.

(4) Wenn eine mündliche Verhandlung durchgeführt wird, fordert das Gericht, wann immer möglich, die Parteien auf, ihre mündlichen Ausführungen auf eine oder mehrere festgelegte Fragen zu konzentrieren.

Art. 90 Verfahren. (1) Prozessleitende Maßnahmen werden vom Gericht beschlossen.

(2) Beschließt das Gericht prozessleitende Maßnahmen, die es nicht selbst durchführt, so beauftragt es den Berichterstatter mit ihrer Durchführung.

Abschnitt 2. Beweisaufnahme

Art. 91 Gegenstand. Unbeschadet der Artikel 24 und 25 der Satzung sind folgende Beweismittel zulässig:

a) persönliches Erscheinen der Parteien;

b) die Einholung von Auskünften bei einer Partei oder die Aufforderung an eine Partei, mit der Rechtssache im Zusammenhang stehende Unterlagen vorzulegen;

c) die Aufforderung zur Vorlage von Schriftstücken, in die ein Organ die Einsicht verweigert hat, in einem Verfahren zur Prüfung der Rechtmäßigkeit dieser Verweigerung;

d) Zeugenbeweis;

e) Sachverständigengutachten;

f) Einnahme des Augenscheins.

Art. 92 Verfahren. (1) Das Gericht bestimmt die Beweismittel durch Beschluss, der die zu beweisenden Tatsachen bezeichnet.

(2) Bevor das Gericht die Beweiserhebungen nach Artikel 91 Buchstaben d bis f beschließt, werden die Parteien gehört.

(3) [1]Eine Beweiserhebung nach Artikel 91 Buchstabe b kann erst beschlossen werden, wenn die von der Beweiserhebung betroffene Partei einer zuvor zu diesem Zweck erlassenen prozessleitenden Maßnahme nicht nachgekommen ist oder wenn die von der Beweiserhebung betroffene Partei eine solche Beweiserhebung ausdrücklich beantragt, wobei sie nachzuweisen hat, dass für diese Beweiserhebung ein Beweisbeschluss erforderlich ist. [2]Der Beweisbeschluss kann vorsehen, dass die Vertreter der Parteien die Auskünfte und Unterlagen, die das Gericht aufgrund dieses Beschlusses erhält, ausschließlich bei der Kanzlei einsehen dürfen und dass keine Kopien angefertigt werden dürfen.

(4) Beschließt das Gericht eine Beweisaufnahme, die nicht vor ihm selbst stattfinden soll, so beauftragt es den Berichterstatter mit ihrer Durchführung.

(5) Der Generalanwalt nimmt an der Beweisaufnahme teil.

(6) Die Parteien können der Beweisaufnahme beiwohnen.

(7) Gegenbeweis und Erweiterung der Beweisangebote bleiben vorbehalten.

Art. 93 Ladung von Zeugen. (1) Zeugen, deren Vernehmung für erforderlich erachtet wird, werden aufgrund eines Beschlusses nach Artikel 92 Absatz 1 geladen; der Beschluss muss enthalten:

a) Namen, Stellung und Anschrift der Zeugen;

b) Termin und Ort der Vernehmung;

c) die Benennung der Tatsachen, über die Beweis zu erheben ist, und der Zeugen, die zu den einzelnen Tatsachen vernommen werden sollen.

(2) Die Zeugen werden vom Gericht geladen, gegebenenfalls nach Hinterlegung des Vorschusses gemäß Artikel 100 Absatz 1.

Art. 94 Zeugenvernehmung. (1) Der Präsident weist die Zeugen nach Feststellung ihrer Identität darauf hin, dass sie die Richtigkeit ihrer Aussagen nach den Bestimmungen des Absatzes 5 und des Artikels 97 zu versichern haben.

(2) [1]Die Zeugen werden vom Gericht vernommen; die Parteien sind hierzu zu laden. [2]Der Präsident kann nach Beendigung der Aussage auf Antrag der Parteien oder von Amts wegen Fragen an die Zeugen richten.

(3) Die gleiche Befugnis steht den einzelnen Richtern und dem Generalanwalt zu.

(4) Die Vertreter der Parteien können unter der Aufsicht des Präsidenten Fragen an die Zeugen richten.

(5) Vorbehaltlich des Artikels 97 leistet der Zeuge nach Beendigung seiner Aussage folgenden Eid:

„Ich schwöre, dass ich die Wahrheit, die ganze Wahrheit und nichts als die Wahrheit gesagt habe."

(6) Das Gericht kann nach Anhörung der Hauptparteien auf die Beeidigung des Zeugen verzichten.

Art. 95 Pflichten der Zeugen. (1) Zeugen, die ordnungsgemäß geladen sind, haben der Ladung Folge zu leisten und zur Vernehmung zu erscheinen.

(2) Erscheint ein ordnungsgemäß geladener Zeuge ohne berechtigten Grund nicht vor dem Gericht, so kann dieses eine Geldbuße von bis zu 5000 Euro gegen ihn verhängen und die erneute Ladung des Zeugen auf dessen Kosten beschließen.

(3) Die gleiche Sanktion kann gegen einen Zeugen verhängt werden, der ohne berechtigten Grund die Aussage oder die Eidesleistung verweigert.

Art. 96 Sachverständigengutachten. (1) In dem Beschluss, der den Sachverständigen ernennt, ist dessen Auftrag genau zu umschreiben und eine Frist für die Abgabe des Gutachtens zu bestimmen.

(2) [1]Nach Abgabe des Gutachtens und seiner Zustellung an die Parteien kann das Gericht die Anhörung des Sachverständigen beschließen; die Parteien werden hierzu geladen. [2]Der Präsident kann auf Antrag einer Partei oder von Amts wegen Fragen an den Sachverständigen richten.

(3) Die gleiche Befugnis steht den einzelnen Richtern und dem Generalanwalt zu.

(4) Die Vertreter der Parteien können unter der Aufsicht des Präsidenten Fragen an den Sachverständigen richten.

(5) Vorbehaltlich des Artikels 97 leistet der Sachverständige nach Abgabe des Gutachtens folgenden Eid:

„Ich schwöre, dass ich meinen Auftrag nach bestem Wissen und Gewissen und unparteiisch erfüllt habe."

(6) Das Gericht kann nach Anhörung der Hauptparteien auf die Beeidigung des Sachverständigen verzichten.

Art. 97 Eidesleistung von Zeugen und Sachverständigen. (1) Wer als Zeuge oder Sachverständiger vor dem Gericht zur Eidesleistung aufgefordert wird, wird vom Präsidenten ermahnt, seine Aussage wahrheitsgemäß zu machen bzw. seinen Auftrag nach bestem Wissen und Gewissen und unparteiisch zu erfüllen, und wird von ihm über die nach dem Recht seines Heimatstaats vorgesehenen strafrechtlichen Folgen einer Verletzung dieser Pflicht belehrt.

(2) Zeugen und Sachverständige leisten den Eid entweder gemäß Artikel 94 Absatz 5 bzw. Artikel 96 Absatz 5 oder in den nach dem Recht ihres Heimatstaats vorgesehenen Formen.

Art. 98 Eidesverletzung durch Zeugen und Sachverständige. (1) Hat ein Zeuge oder Sachverständiger vor dem Gericht unter Eid falsch ausgesagt, so kann das Gericht entscheiden, dies der in der Zusätzlichen Verfahrensordnung des Gerichtshofs genannten zuständigen Stelle des Mitgliedstaats anzuzeigen, dessen Gerichte für eine Strafverfolgung zuständig sind.

(2) [1] Der Kanzler veranlasst die Zustellung der Entscheidung des Gerichts. [2] In dieser Entscheidung sind die Tatsachen und Umstände anzugeben, auf denen die Anzeige beruht.

Art. 99 Ablehnung von Zeugen oder Sachverständigen. (1) Lehnt eine Partei einen Zeugen oder Sachverständigen wegen Unfähigkeit, Unwürdigkeit oder aus sonstigen Gründen ab oder verweigert ein Zeuge oder Sachverständiger die Aussage, die Erstattung des Gutachtens oder die Eidesleistung, so entscheidet das Gericht.

(2) Die Ablehnung eines Zeugen oder Sachverständigen ist innerhalb von zwei Wochen nach Zustellung des Beschlusses, durch den der Zeuge geladen oder der Sachverständige ernannt worden ist, mit Schriftsatz zu erklären, der die Ablehnungsgründe und die Beweisangebote enthalten muss.

Art. 100 Kosten der Zeugen und Sachverständigen. (1) Beschließt das Gericht die Vernehmung von Zeugen oder die Einholung eines Sachverständigengutachtens, so kann es von den Hauptparteien oder von einer Hauptpartei die Hinterlegung eines Vorschusses zur Deckung der Kosten der Zeugen und der Sachverständigen verlangen.

(2) [1] Zeugen und Sachverständige haben Anspruch auf Erstattung ihrer Reise- und Aufenthaltskosten. [2] Die Kasse des Gerichts kann ihnen einen Vorschuss auf diese Kosten gewähren.

(3) 1 Zeugen haben Anspruch auf Entschädigung für Verdienstausfall, Sachverständige auf Vergütung ihrer Tätigkeit. 2 Diese Leistungen werden den Zeugen und Sachverständigen von der Kasse des Gerichts nach Erfüllung ihrer Pflicht oder ihres Auftrags gezahlt.

Art. 101 Rechtshilfeersuchen. (1) Das Gericht kann auf Antrag der Hauptparteien oder von Amts wegen Rechtshilfeersuchen zur Vernehmung von Zeugen oder Sachverständigen stellen.

(2) 1 Das Rechtshilfeersuchen ergeht durch Beschluss. 2 Dieser Beschluss muss enthalten: Namen, Stellung und Anschrift der Zeugen oder Sachverständigen, die Bezeichnung der Tatsachen, über die die Zeugen oder Sachverständigen zu vernehmen sind, die Bezeichnung der Parteien, ihrer Vertreter und ihrer Anschrift sowie eine kurze Darstellung des Streitgegenstands.

(3) 1 Der Kanzler übermittelt den Beschluss der in der Zusätzlichen Verfahrensordnung des Gerichtshofs genannten zuständigen Stelle desjenigen Mitgliedstaats, in dessen Gebiet die Vernehmung der Zeugen oder Sachverständigen stattfinden soll. 2 Er fügt dem Rechtshilfeersuchen gegebenenfalls eine Übersetzung in die Amtssprache oder -sprachen dieses Mitgliedstaats bei.

(4) Die in Absatz 3 bezeichnete Stelle leitet den Beschluss an das nach innerstaatlichem Recht zuständige Gericht weiter.

(5) 1 Das ersuchte Gericht erledigt das Rechtshilfeersuchen nach den Vorschriften seines innerstaatlichen Rechts. 2 Nach Erledigung des Rechtshilfeersuchens gibt das ersuchte Gericht das Rechtshilfeersuchen und die im Zuge der Erledigung angefallenen Vorgänge mit einer Aufstellung der entstandenen Kosten an die in Absatz 3 bezeichnete Stelle zurück. 3 Diese Unterlagen werden dem Kanzler übermittelt.

(6) Der Kanzler veranlasst die Übersetzung der betreffenden Unterlagen in die Verfahrenssprache.

(7) Das Gericht übernimmt die anfallenden Auslagen; es erlegt sie gegebenenfalls den Hauptparteien auf.

Art. 102 Protokoll der Beweistermine. (1) 1 Der Kanzler nimmt über jeden Beweistermin ein Protokoll auf. 2 Das Protokoll wird vom Präsidenten und vom Kanzler unterzeichnet. 3 Es stellt eine öffentliche Urkunde dar.

(2) 1 Handelt es sich um einen Termin zur Vernehmung von Zeugen oder Anhörung von Sachverständigen, wird das Protokoll vom Präsidenten oder von dem mit der Vernehmung oder Anhörung beauftragten Berichterstatter sowie vom Kanzler unterzeichnet. 2 Vor dieser Unterzeichnung ist dem Zeugen oder Sachverständigen Gelegenheit zu geben, den Inhalt des Protokolls zu überprüfen und es zu unterzeichnen.

(3) Das Protokoll wird den Parteien zugestellt.

Abschnitt 3. Behandlung vertraulicher Auskünfte, Belegstücke und Unterlagen, die im Rahmen der Beweisaufnahme erteilt und vorgelegt werden

Art. 103 Behandlung vertraulicher Auskünfte und Unterlagen. (1) Hat das Gericht auf der Grundlage rechtlicher und tatsächlicher Gesichtspunkte, die von einer Hauptpartei geltend gemacht werden, den gegenüber der anderen Hauptpartei vertraulichen Charakter bestimmter Auskünfte oder Unterlagen, die ihm im Rahmen einer Beweiserhebung nach Artikel 91 Buchstabe b vorgelegt worden sind und die für die Entscheidung über den Rechtsstreit erheblich sein können, zu prüfen, so werden diese Auskünfte oder Unterlagen dieser anderen Partei in der Phase dieser Prüfung nicht bekannt gegeben.

(2) Gelangt das Gericht bei der Prüfung nach Absatz 1 zu dem Ergebnis, dass bestimmte ihm vorgelegte Auskünfte oder Unterlagen für die Entscheidung über den Rechtsstreit erheblich sind und gegenüber der anderen Hauptpartei vertraulich zu behandeln sind, so wägt es den vertraulichen Charakter und die Erfordernisse, die mit dem Recht auf effektiven gerichtlichen Rechtsschutz, insbesondere der Einhaltung des Grundsatzes des kontradiktorischen Verfahrens, verbunden sind, gegeneinander ab.

(3) Nach der Abwägung gemäß Absatz 2 kann das Gericht entscheiden, der anderen Hauptpartei die vertraulichen Auskünfte oder Unterlagen zur Kenntnis zu bringen, gegebenenfalls, indem es deren Offenlegung von der Unterzeichnung besonderer Verpflichtungen abhängig macht, oder entscheiden, sie nicht bekannt zu geben und durch mit Gründen versehenen Beschluss die Modalitäten klarzustellen, die es dieser anderen Hauptpartei ermöglichen, so weitgehend wie möglich Stellung zu nehmen, indem insbesondere die Vorlage einer nichtvertraulichen Fassung oder einer nichtvertraulichen Zusammenfassung der Auskünfte oder Unterlagen, die deren wesentlichen Inhalt wiedergibt, angeordnet wird.

(4) Die in diesem Artikel enthaltene Verfahrensregelung findet auf die in Artikel 105 bezeichneten Fälle keine Anwendung.

Art. 104 Schriftstücke, in die ein Organ die Einsicht verweigert hat. Ist ein Schriftstück, in das ein Organ die Einsicht verweigert hat, dem Gericht infolge einer Beweiserhebung nach Artikel 91 Buchstabe c in einem Verfahren zur Prüfung der Rechtmäßigkeit dieser Verweigerung vorgelegt worden, so wird es den übrigen Parteien nicht bekannt gegeben.

Siebtes Kapitel. Auskünfte oder Unterlagen, die die Sicherheit der Union oder eines oder mehrerer ihrer Mitgliedstaaten oder die Gestaltung ihrer internationalen Beziehungen berühren

Art. 105[1]·[2] Behandlung von Auskünften oder Unterlagen, die die Sicherheit der Union oder eines oder mehrerer ihrer Mitgliedstaaten oder die Gestaltung ihrer internationalen Beziehungen berühren. (1) [1]Möchte eine Hauptpartei ihre Ansprüche entgegen dem in Artikel 64 genannten Grundsatz des kontradiktorischen Verfahrens, aus dem sich ergibt, dass sämtliche Auskünfte und Unterlagen den Parteien in vollem Umfang bekannt zu geben sind, auf bestimmte Auskünfte oder Unterlagen stützen, bezüglich deren sie geltend macht, dass ihre Bekanntgabe die Sicherheit der Union oder eines oder mehrerer ihrer Mitgliedstaaten oder die Gestaltung ihrer internationalen Beziehungen verletzen würde, so legt sie diese Auskünfte oder Unterlagen mit gesondertem Schriftsatz vor. [2]Mit dieser Vorlage ist ein Antrag auf vertrauliche Behandlung dieser Auskünfte oder Unterlagen einzureichen, in dem die zwingenden Gründe angeführt werden, die in dem Umfang, den die Situation unbedingt erfordert, die Wahrung ihres vertraulichen Charakters rechtfertigen und der Bekanntgabe an die andere Hauptpartei entgegenstehen. [3]Der Antrag auf vertrauliche Behandlung ist ebenfalls mit gesondertem Schriftsatz einzureichen und darf keine vertraulichen Angaben enthalten. [4]Wurden die Auskünfte oder Unterlagen, deren vertrauliche Behandlung beantragt wird, der Hauptpartei von einem oder von mehreren Mitgliedstaaten übermittelt, so können die von der Hauptpartei zur Rechtfertigung ihrer vertraulichen Behandlung vorgetragenen zwingenden Gründe die von dem oder den betreffenden Mitgliedstaaten vorgebrachten zwingenden Gründe einschließen.

(2) [1]Das Gericht kann die Vorlage von Auskünften oder Unterlagen, deren vertraulicher Charakter auf die in Absatz 1 genannten Erwägungen gestützt wird, durch eine Maßnahme der Beweisaufnahme verlangen. [2]Im Fall einer Weigerung stellt das Gericht diese ausdrücklich fest. [3]Abweichend von Artikel 103 gilt für diese infolge einer Maßnahme der Beweisaufnahme vorgelegten Auskünfte oder Unterlagen die Verfahrensregelung dieses Artikels.

(3) Im Stadium der Prüfung, ob die von einer Hauptpartei gemäß den Absätzen 1 oder 2 vorgelegten Auskünfte oder Unterlagen für die Entscheidung über den Rechtsstreit erheblich sind und ob sie vertraulichen Charakter gegenüber der anderen Hauptpartei haben, werden diese Auskünfte oder Unterlagen der anderen Hauptpartei nicht bekannt gegeben.

---

[1] Art. 105 Abs. 10 neu gef. mWv 12.8.2016 durch Änderung v. 13.7.2016 (ABl. Nr. L 217 S. 72).

[2] Vgl. Beschluss (EU) 2016/2387 des Gerichts v. 14.9.2016 über die Sicherheitsvorschriften für Auskünfte oder Unterlagen, die nach Artikel 105 Absatz 1 oder Absatz 2 der Verfahrensordnung vorgelegt werden, ABl. Nr. L 355/18 v. 24.12.2016.

(4) [1] Entscheidet das Gericht nach der Prüfung gemäß Absatz 3, dass die ihm vorgelegten Auskünfte oder Unterlagen für die Entscheidung über den Rechtsstreit erheblich sind und für das Verfahren vor dem Gericht keinen vertraulichen Charakter aufweisen, so ersucht es die betroffene Partei um die Genehmigung zur Bekanntgabe dieser Auskünfte oder Unterlagen an die andere Hauptpartei. [2] Widerspricht die Partei innerhalb einer vom Präsidenten gesetzten Frist der Bekanntgabe oder antwortet sie bis zum Ende dieser Frist nicht, so werden diese Auskünfte oder Unterlagen bei der Entscheidung über die Rechtssache nicht berücksichtigt und an sie zurückgegeben.

(5) [1] Entscheidet das Gericht nach der Prüfung gemäß Absatz 3, dass die ihm vorgelegten Auskünfte oder Unterlagen für die Entscheidung über den Rechtsstreit erheblich sind und gegenüber der anderen Hauptpartei einen vertraulichen Charakter aufweisen, so gibt es sie dieser Hauptpartei nicht bekannt. [2] Sodann wägt es die Erfordernisse, die mit dem Recht auf effektiven gerichtlichen Rechtsschutz, insbesondere der Einhaltung des Grundsatzes des kontradiktorischen Verfahrens, verbunden sind, und die Erfordernisse der Sicherheit der Union oder eines oder mehrerer ihrer Mitgliedstaaten oder der Gestaltung ihrer internationalen Beziehungen gegeneinander ab.

(6) Nach der Abwägung gemäß Absatz 5 erlässt das Gericht einen mit Gründen versehenen Beschluss, in dem die Modalitäten eindeutig bezeichnet werden, nach denen die in Absatz 5 bezeichneten Erfordernisse miteinander in Einklang gebracht werden können, wie die Vorlage einer nichtvertraulichen Fassung oder einer nichtvertraulichen Zusammenfassung der Auskünfte oder Unterlagen – die deren wesentlichen Inhalt wiedergibt und es der anderen Hauptpartei ermöglicht, so weitgehend wie möglich Stellung zu nehmen – durch die betroffene Partei zur späteren Bekanntgabe an die andere Hauptpartei.

(7) [1] Die Auskünfte oder Unterlagen, die gegenüber der anderen Hauptpartei einen vertraulichen Charakter aufweisen, können von der Hauptpartei, die sie nach den Absätzen 1 oder 2 vorgelegt hat, innerhalb von zwei Wochen nach Zustellung der Entscheidung nach Absatz 5 ganz oder teilweise zurückgezogen werden. [2] Die zurückgezogenen Auskünfte oder Unterlagen werden bei der Entscheidung über die Rechtssache nicht berücksichtigt und an die betreffende Hauptpartei zurückgegeben.

(8) [1] Hält das Gericht die Auskünfte oder Unterlagen, die aufgrund ihres vertraulichen Charakters der anderen Hauptpartei nicht gemäß den in Absatz 6 bezeichneten Modalitäten bekannt gegeben worden sind, für die Entscheidung über den Rechtsstreit für unerlässlich, so kann es abweichend von Artikel 64 und unter Beschränkung auf das unbedingt Erforderliche seine Entscheidung auf diese Auskünfte oder Unterlagen stützen. [2] Bei der Würdigung dieser Auskünfte oder Unterlagen trägt das Gericht dem Umstand Rechnung, dass eine Hauptpartei zu diesen Auskünften oder Unterlagen nicht hat Stellung nehmen können.

(9) Das Gericht stellt sicher, dass die in den von einer Hauptpartei nach den Absätzen 1 oder 2 vorgelegten Auskünften oder Unterlagen

enthaltenen vertraulichen Informationen, die der anderen Hauptpartei nicht bekannt gegeben wurden, weder in dem nach Absatz 6 erlassenen Beschluss noch in der das Verfahren beendenden Entscheidung offengelegt werden.

(10) 1 Die Auskünfte oder Unterlagen im Sinne von Absatz 5, die von der Hauptpartei, die sie vorgelegt hat, nicht nach Absatz 7 zurückgezogen worden sind, werden der betroffenen Partei sogleich nach Ablauf der in Artikel 56 Absatz 1 der Satzung genannten Frist zurückgegeben, es sei denn, innerhalb dieser Frist wurde ein Rechtsmittel gegen die Entscheidung des Gerichts eingelegt. 2 Wurde ein Rechtsmittel eingelegt, so werden diese Auskünfte oder Unterlagen dem Gerichtshof nach Maßgabe des in Absatz 11 genannten Beschlusses zur Verfügung gestellt.

(11) 1 Das Gericht legt durch Beschluss die Sicherheitsvorschriften für die Zwecke des Schutzes der je nach Fall gemäß Absatz 1 oder Absatz 2 vorgelegten Auskünfte oder Unterlagen fest. 2 Der Beschluss wird im Amtsblatt der Europäischen Union veröffentlicht.

Achtes Kapitel. Mündliches Verfahren

Art. 106 Mündliches Verfahren. (1) Das Verfahren vor dem Gericht umfasst im Rahmen des mündlichen Verfahrens eine mündliche Verhandlung, die entweder von Amts wegen oder auf Antrag einer Hauptpartei durchgeführt wird.

(2) 1 In dem von einer Hauptpartei gestellten Antrag auf mündliche Verhandlung sind die Gründe anzugeben, aus denen diese Hauptpartei gehört werden möchte. 2 Der Antrag ist innerhalb von drei Wochen, nachdem die Bekanntgabe des Abschlusses des schriftlichen Verfahrens an die Parteien erfolgt ist, zu stellen. 3 Diese Frist kann vom Präsidenten verlängert werden.

(3) 1 Wird kein Antrag nach Absatz 2 gestellt, so kann das Gericht, wenn es sich für durch die Aktenstücke der Rechtssache hinreichend unterrichtet hält, beschließen, über die Klage ohne mündliches Verfahren zu entscheiden. 2 In diesem Fall kann es gleichwohl später beschließen, das mündliche Verfahren zu eröffnen.

Art. 107 Termin der mündlichen Verhandlung. (1) Beschließt das Gericht die Eröffnung des mündlichen Verfahrens, so bestimmt der Präsident den Termin für die mündliche Verhandlung.

(2) Bei Vorliegen außergewöhnlicher Umstände kann der Präsident von Amts wegen oder auf begründeten Antrag einer Hauptpartei den Termin für die mündliche Verhandlung verschieben.

Art. 108 Nichterscheinen der Parteien in der mündlichen Verhandlung. (1) Teilt eine Partei dem Gericht mit, dass sie an der mündlichen Verhandlung nicht teilnehmen werde, oder stellt das Gericht in der mündlichen Verhandlung das ungerechtfertigte Nichterscheinen einer ordnungsgemäß geladenen Partei fest, so wird die mündliche Verhandlung in Abwesenheit der betreffenden Partei durchgeführt.

(2) Teilen die Hauptparteien dem Gericht mit, dass sie an der mündlichen Verhandlung nicht teilnehmen werden, so entscheidet der Präsident, ob das mündliche Verfahren geschlossen werden kann.

Art. 109 Ausschluss der Öffentlichkeit. (1) Nach Anhörung der Parteien kann das Gericht gemäß Artikel 31 der Satzung die Öffentlichkeit ausschließen.

(2) Ein von einer Partei eingereichter Antrag auf Ausschluss der Öffentlichkeit muss die Gründe angeben, auf die er gestützt wird, und die Angabe enthalten, ob er sich auf die Verhandlung insgesamt oder auf einen Teil derselben bezieht.

(3) Mit der Entscheidung über den Ausschluss der Öffentlichkeit geht das Verbot einer Veröffentlichung der Verhandlung einher.

Art. 110[1] Ablauf der mündlichen Verhandlung. (1) Der Präsident eröffnet und leitet die Verhandlung; ihm obliegt die Aufrechterhaltung der Ordnung in der Sitzung.

(2) Die Parteien können nur durch ihren Vertreter verhandeln.

(3) Die Mitglieder des Spruchkörpers und der Generalanwalt können in der mündlichen Verhandlung Fragen an die Vertreter der Parteien richten.

(4) Bei Rechtssachen, die aufgrund des Artikels 270 AEUV anhängig gemacht worden sind, können die Mitglieder des Spruchkörpers und der Generalanwalt in der mündlichen Verhandlung die Parteien selbst auffordern, zu bestimmten Aspekten des Rechtsstreits Stellung zu nehmen.

Art. 111 Schließung des mündlichen Verfahrens. Ist in einer Rechtssache kein Generalanwalt bestellt worden, so erklärt der Präsident am Ende der Verhandlung das mündliche Verfahren für abgeschlossen.

Art. 112 Stellung der Schlussanträge des Generalanwalts. (1) Ist in einer Rechtssache ein Generalanwalt bestellt worden und stellt er seine Schlussanträge schriftlich, so übergibt er sie der Kanzlei, die sie den Parteien übermittelt.

(2) Der Präsident erklärt nach dem Vortrag oder dem Eingang der Schlussanträge des Generalanwalts das mündliche Verfahren für abgeschlossen.

---

[1] Art. 110 Abs. 4 angef. mWv 1.9.2016 durch Änderung v. 13.7.2016 (ABl. Nr. L 217 S. 73).

Art. 113 Wiedereröffnung des mündlichen Verfahrens. (1) Das Gericht beschließt die Wiedereröffnung des mündlichen Verfahrens, wenn die in Artikel 23 Absatz 3 oder in Artikel 24 Absatz 3 genannten Voraussetzungen vorliegen.

(2) Das Gericht kann die Wiedereröffnung des mündlichen Verfahrens beschließen,

a) wenn es sich für unzureichend unterrichtet hält;

b) wenn ein zwischen den Parteien nicht erörtertes Vorbringen entscheidungserheblich ist;

c) wenn eine Hauptpartei dies beantragt und sich dabei auf Tatsachen stützt, die für die Entscheidung des Gerichts von maßgeblicher Bedeutung sind und die sie vor Abschluss des mündlichen Verfahrens nicht geltend machen konnte.

Art. 114 Protokoll der mündlichen Verhandlung. (1) [1]Der Kanzler nimmt über jede mündliche Verhandlung ein Protokoll auf. [2]Das Protokoll wird vom Präsidenten und vom Kanzler unterzeichnet. [3]Es stellt eine öffentliche Urkunde dar.

(2) Das Protokoll wird den Parteien zugestellt.

Art. 115 Aufzeichnung der mündlichen Verhandlung. Der Präsident des Gerichts kann den Parteien, die am schriftlichen oder mündlichen Verfahren teilgenommen haben, auf gebührend begründeten Antrag gestatten, die Tonaufzeichnung der mündlichen Verhandlung in der von den Vortragenden in der Verhandlung verwendeten Sprache in den Räumen des Gerichts anzuhören.

Neuntes Kapitel. Urteile und Beschlüsse

Art. 116 Termin der Urteilsverkündung. Die Parteien werden vom Termin der Urteilsverkündung benachrichtigt.

Art. 117 Inhalt der Urteile. Das Urteil enthält

a) die Angabe, dass es vom Gericht erlassen ist;

b) die Bezeichnung des Spruchkörpers;

c) das Datum der Verkündung;

d) die Namen des Präsidenten und der Richter, die bei der Beratung mitgewirkt haben, unter Bezeichnung des Berichterstatters;

e) gegebenenfalls den Namen des Generalanwalts;

f) den Namen des Kanzlers;

g) die Bezeichnung der Parteien;

h) die Namen ihrer Vertreter;

i) die Anträge der Parteien;

j) gegebenenfalls das Datum der mündlichen Verhandlung;
k) erforderlichenfalls den Hinweis, dass der Generalanwalt gehört worden ist, und gegebenenfalls das Datum seiner Schlussanträge;
l) eine kurze Darstellung des Sachverhalts;
m) die Entscheidungsgründe;
n) die Urteilsformel einschließlich der Entscheidung über die Kosten.

Art. 118 Verkündung und Zustellung der Urteile. (1) Das Urteil wird in öffentlicher Sitzung verkündet.

(2) [1]Der Präsident, die Richter, die an der Beratung mitgewirkt haben, und der Kanzler unterzeichnen die Urschrift des Urteils, die sodann mit einem Siegel versehen und in der Kanzlei hinterlegt wird. [2]Den Parteien wird eine Kopie zugestellt.

Art. 119 Inhalt der Beschlüsse. Jeder Beschluss, der mit einem Rechtsmittel nach Artikel 56 oder Artikel 57 der Satzung angefochten werden kann, enthält

a) die Angabe, dass er, je nach Fall, vom Gericht, vom Präsidenten oder von dem für die Gewährung vorläufigen Rechtsschutzes zuständigen Richter erlassen ist;
b) gegebenenfalls die Bezeichnung des Spruchkörpers;
c) das Datum des Erlasses;
d) die Angabe der Rechtsgrundlage, auf der er beruht;
e) den Namen des Präsidenten und gegebenenfalls die Namen der Richter, die bei der Beratung mitgewirkt haben, unter Bezeichnung des Berichterstatters;
f) gegebenenfalls den Namen des Generalanwalts;
g) den Namen des Kanzlers;
h) die Bezeichnung der Parteien;
i) die Namen ihrer Vertreter;
j) die Anträge der Parteien;
k) erforderlichenfalls den Hinweis, dass der Generalanwalt gehört worden ist;
l) eine kurze Darstellung des Sachverhalts;
m) die Entscheidungsgründe;
n) die Beschlussformel einschließlich der Entscheidung über die Kosten.

Art. 120[1)] Unterzeichnung und Zustellung der Beschlüsse. [1]*Der Präsident und* der Kanzler unterzeichnen die Urschrift jedes

[1)] Art. 120 Satz 2 geänd. mWv 1.9.2016 durch Änderung v. 13.7.2016 (ABl. Nr. L 217 S. 73).

Beschlusses, die sodann mit einem Siegel versehen und in der Kanzlei hinterlegt wird. [2]Den Parteien und gegebenenfalls dem Gerichtshof wird eine Kopie zugestellt.

Art. 121 Wirksamwerden der Urteile und der Beschlüsse. (1) Urteile werden vorbehaltlich des Artikels 60 der Satzung mit dem Tag ihrer Verkündung wirksam.

(2) Beschlüsse werden vorbehaltlich des Artikels 60 der Satzung mit dem Tag ihrer Zustellung wirksam.

Art. 122 Veröffentlichung im Amtsblatt der Europäischen Union. Eine Mitteilung, die das Datum und die Urteils- oder Beschlussformel der Endurteile und der das Verfahren beendenden Beschlüsse des Gerichts enthält, wird im Amtsblatt der Europäischen Union veröffentlicht; dies gilt nicht in den Fällen, in denen die Entscheidung vor Zustellung der Klageschrift an den Beklagten erlassen wird.

Zehntes Kapitel. Versäumnisurteil

Art. 123 Versäumnisurteil. (1) Stellt das Gericht fest, dass der Beklagte, gegen den ordnungsgemäß Klage erhoben ist, seine Klagebeantwortung nicht gemäß der in Artikel 81 vorgeschriebenen Form und Frist eingereicht hat, so kann der Kläger innerhalb einer vom Präsidenten gesetzten Frist beim Gericht Versäumnisurteil beantragen; Artikel 45 Absatz 2 der Satzung bleibt unberührt.

(2) Der säumige Beklagte ist am Versäumnisverfahren nicht beteiligt, und mit Ausnahme der das Verfahren beendenden Entscheidung werden ihm keine Verfahrensschriftstücke zugestellt.

(3) Das Gericht gibt den Anträgen des Klägers mit einem Versäumnisurteil statt, es sei denn, es ist für die Entscheidung über die Klage offensichtlich unzuständig oder die Klage ist offensichtlich unzulässig oder ihr fehlt offensichtlich jede rechtliche Grundlage.

(4) [1]Das Versäumnisurteil ist vollstreckbar. [2]Das Gericht kann jedoch die Vollstreckung aussetzen, bis es über einen gemäß Artikel 166 eingelegten Einspruch entschieden hat, oder sie von der Leistung einer Sicherheit abhängig machen, deren Höhe und Art nach Maßgabe der Umstände festzusetzen sind. [3]Wird kein Einspruch eingelegt oder wird der Einspruch zurückgewiesen, so ist die Sicherheit freizugeben.

Elftes Kapitel. Gütliche Einigung und Klagerücknahme

Art. 124[1)] Gütliche Einigung. (1) Einigen sich die Hauptparteien außergerichtlich auf eine Lösung zur Beilegung des Rechtsstreits, bevor

[1)] Art. 124 Abs. 1 geänd. mWv 1.9.2016 durch Änderung v. 13.7.2016 (ABl. Nr. L 217 S. 73).

das Gericht entschieden hat, und erklären sie gegenüber dem Gericht, dass sie auf die Geltendmachung ihrer Ansprüche verzichten, so beschließt der Präsident die Streichung der Rechtssache im Register und entscheidet gemäß den Artikeln 136 und 138 über die Kosten, gegebenenfalls unter Berücksichtigung der insoweit von den Parteien gemachten Vorschläge.

(2) Absatz 1 findet keine Anwendung auf Klagen im Sinne der Artikel 263 AEUV und 265 AEUV.

Art. 125 Klagerücknahme. Erklärt der Kläger gegenüber dem Gericht schriftlich oder in der mündlichen Verhandlung die Rücknahme der Klage, so beschließt der Präsident die Streichung der Rechtssache im Register und entscheidet gemäß den Artikeln 136 und 138 über die Kosten.

Elftes Kapitel a.[1] Vom Gericht in Rechtssachen, die aufgrund von Artikel 270 AEUV anhängig gemacht worden sind, initiiertes Verfahren zur gütlichen Beilegung

Art. 125a[1] Modalitäten. (1) Das Gericht kann in jedem Verfahrensstadium die Möglichkeiten für eine gütliche, auch teilweise Beilegung des Streites zwischen den Hauptparteien prüfen.

(2) Das Gericht beauftragt den Berichterstatter, sich um die gütliche Beilegung des Rechtsstreits zu bemühen, wobei ihm der Kanzler zur Seite steht.

(3) [1]Der Berichterstatter kann eine oder mehrere Lösungen zur Beendigung des Rechtsstreits vorschlagen, die Maßnahmen treffen, die geeignet sind, seine gütliche Beilegung zu erleichtern, und die Maßnahmen durchführen, die er zu diesem Zweck beschlossen hat. [2]Er kann insbesondere

a) die Hauptparteien auffordern, Informationen oder Auskünfte zu erteilen;
b) die Hauptparteien auffordern, Unterlagen vorzulegen;
c) die Vertreter der Hauptparteien, die Hauptparteien selbst oder Beamte oder Bedienstete des Organs, die zur Aushandlung einer etwaigen Vereinbarung ermächtigt sind, zu Güteverhandlungen laden;
d) anlässlich der in Buchstabe c genannten Güteverhandlungen mit jeder Hauptpartei getrennt in Kontakt treten, sofern die Hauptparteien damit einverstanden sind.

(4) Die Absätze 1 bis 3 finden auch im Rahmen von Verfahren des vorläufigen Rechtsschutzes Anwendung.

---

[1] Elftes Kapitel a (Art. 125a–125d) eingef. mWv 1.9.2016 durch Änderung v. 13.7.2016 (ABl. Nr. L 217 S. 73).

Art. 125b[1)] Wirkung der Einigung zwischen den Hauptparteien. (1) [1]Einigen sich die Hauptparteien vor dem Berichterstatter auf eine Lösung zur Beendigung des Rechtsstreits, können sie verlangen, dass der Inhalt dieser Einigung in einer Urkunde festgehalten wird, die vom Berichterstatter sowie vom Kanzler unterzeichnet wird. [2]Diese Urkunde wird den Hauptparteien zugestellt und stellt eine öffentliche Urkunde dar.

(2) [1]Die Streichung der Rechtssache im Register erfolgt durch mit Gründen versehenen Beschluss des Präsidenten. [2]Der Inhalt der Einigung, zu der die Hauptparteien gelangt sind, wird auf Antrag einer Hauptpartei mit Zustimmung der anderen Hauptpartei im Streichungsbeschluss schriftlich niedergelegt.

(3) [1]Der Präsident entscheidet über die Kosten nach Maßgabe der Einigung oder, in Ermangelung einer Einigung, nach freiem Ermessen. [2]Gegebenenfalls entscheidet er gemäß Artikel 138 über die Kosten des Streithelfers.

Art. 125c[1)] Gesondertes Register und gesonderte Akte. (1) Die im Rahmen des Verfahrens zur gütlichen Beilegung im Sinne von Artikel 125a vorgelegten Unterlagen

– werden in ein gesondertes Register eingetragen, das nicht der Regelung der Artikel 36 und 37 unterliegt;
– werden in einer von der Akte der Rechtssache gesonderten Akte abgelegt.

(2) Die im Rahmen des Verfahrens zur gütlichen Beilegung im Sinne von Artikel 125a vorgelegten Unterlagen werden den Hauptparteien bekannt gegeben, mit Ausnahme der Unterlagen, die eine von ihnen dem Berichterstatter anlässlich eines getrennten Kontakts nach Artikel 125a Absatz 3 Buchstabe d übermittelt hat.

(3) Die Hauptparteien erhalten Zugang zu den Unterlagen in der von der Akte der Rechtssache gesonderten Akte im Sinne von Absatz 1, mit Ausnahme der Unterlagen, die eine von ihnen dem Berichterstatter anlässlich eines getrennten Kontakts nach Artikel 125a Absatz 3 Buchstabe d übermittelt hat.

(4) Der Streithelfer erhält keinen Zugang zu den Unterlagen in der von der Akte der Rechtssache gesonderten Akte im Sinne von Absatz 1.

(5) Die Parteien können das gesonderte Register im Sinne von Absatz 1 bei der Kanzlei einsehen.

Art. 125d[1)] Gütliche Beilegung und gerichtliches Verfahren. Das Gericht und die Hauptparteien dürfen die Ansichten, Vorschlä-

[1)] Elftes Kapitel a (Art. 125a–125d) eingef. mWv 1.9.2016 durch Änderung v. 13.7.2016 (ABl. Nr. L 217 S. 73)

ge, Angebote, Zugeständnisse oder Unterlagen, die für die Zwecke der gütlichen Beilegung geäußert, gemacht oder erstellt worden sind, im gerichtlichen Verfahren nicht verwerten.

Zwölftes Kapitel. Klagen und verfahrensrelevante Vorkommnisse, über die durch Beschluss entschieden wird

Art. 126 Offensichtlich abzuweisende Klage. Ist das Gericht für die Entscheidung über eine Klage offensichtlich unzuständig oder ist eine Klage offensichtlich unzulässig oder fehlt ihr offensichtlich jede rechtliche Grundlage, so kann es auf Vorschlag des Berichterstatters jederzeit die Entscheidung treffen, durch mit Gründen versehenen Beschluss zu entscheiden, ohne das Verfahren fortzusetzen.

Art. 127[1] Verweisung einer Rechtssache an den Gerichtshof. Über eine Verweisung nach Artikel 54 Absatz 2 der Satzung entscheidet das Gericht auf Vorschlag des Berichterstatters durch mit Gründen versehenen Beschluss.

Art. 128 Abgabe. Abgabeentscheidungen gemäß Artikel 54 Absatz 3 der Satzung erlässt das Gericht auf Vorschlag des Berichterstatters durch mit Gründen versehenen Beschluss.

Art. 129 Unverzichtbare Prozessvoraussetzungen. Das Gericht kann auf Vorschlag des Berichterstatters und nach Anhörung der Hauptparteien jederzeit von Amts wegen die Entscheidung treffen, durch mit Gründen versehenen Beschluss darüber zu entscheiden, ob unverzichtbare Prozessvoraussetzungen fehlen.

Art. 130[2] Prozesshindernde Einreden und Zwischenstreit. (1) Will der Beklagte vorab eine Entscheidung des Gerichts über die Unzulässigkeit oder die Unzuständigkeit herbeiführen, so hat er dies mit gesondertem Schriftsatz innerhalb der in Artikel 81 genannten Frist zu beantragen.

(2) Der Antrag einer Partei auf Feststellung durch das Gericht, dass die Klage gegenstandslos geworden und die Hauptsache erledigt ist oder auf eine Entscheidung des Gerichts über einen anderen Zwischenstreit ist mit gesondertem Schriftsatz zu stellen.

(3) Die Antragsschriften nach den Absätzen 1 und 2 müssen eine Darstellung der sie tragenden Argumente, die Anträge und als Anlage die zur Unterstützung herangezogenen Unterlagen enthalten.

---

[1] Art. 127 Überschrift neu gef. und Wortlaut geänd. mWv 1.9.2016 durch Änderung v. 13.7.2016 (ABl. Nr. L 217 S. 73).

[2] Art. 130 Abs. 7 Satz 2 neu gef. mWv 1.9.2016 durch Änderung v. 13.7.2016 (ABl. Nr. L 217 S. 73.

(4) Sogleich nach Eingang der Antragsschrift nach Absatz 1 setzt der Präsident dem Kläger eine Frist zur schriftlichen Einreichung seiner Gründe und Anträge.

(5) Sogleich nach Eingang der Antragsschrift nach Absatz 2 setzt der Präsident den anderen Parteien eine Frist für eine schriftliche Stellungnahme zu diesem Antrag.

(6) [1]Das Gericht kann beschließen, das mündliche Verfahren über die Anträge nach den Absätzen 1 und 2 zu eröffnen. [2]Artikel 106 findet keine Anwendung.

(7) [1]Das Gericht entscheidet so bald wie möglich über den Antrag oder behält die Entscheidung dem Endurteil vor, wenn besondere Umstände dies rechtfertigen. [2]Es verweist die Rechtssache an den Gerichtshof, wenn sie in dessen Zuständigkeit fällt.

(8) Weist das Gericht den Antrag zurück oder behält es die Entscheidung dem Endurteil vor, so bestimmt der Präsident neue Fristen für die Fortsetzung des Verfahrens.

Art. 131 Feststellung der Erledigung der Hauptsache von Amts wegen. (1) Stellt das Gericht fest, dass die Klage gegenstandslos geworden und die Hauptsache erledigt ist, so kann es auf Vorschlag des Berichterstatters und nach Anhörung der Parteien jederzeit von Amts wegen die Entscheidung treffen, durch mit Gründen versehenen Beschluss zu entscheiden.

(2) Das Gericht kann, wenn der Kläger auf seine Ersuchen nicht mehr reagiert, auf Vorschlag des Berichterstatters nach Anhörung der Parteien von Amts wegen die Erledigung der Hauptsache feststellen.

Art. 132 Offensichtlich begründete Klage. Hat der Gerichtshof oder das Gericht bereits über eine oder mehrere Rechtsfragen entschieden, die mit den durch die Klagegründe aufgeworfenen übereinstimmen, und stellt das Gericht fest, dass der Sachverhalt erwiesen ist, so kann es die Klage nach Abschluss des schriftlichen Verfahrens auf Vorschlag des Berichterstatters und nach Anhörung der Parteien durch mit Gründen versehenen Beschluss, der einen Verweis auf die einschlägige Rechtsprechung enthält, für offensichtlich begründet erklären.

Dreizehntes Kapitel. Parteikosten und Verfahrenskosten

Art. 133 Entscheidung über die Kosten. Über die Kosten wird im Endurteil oder in dem das Verfahren beendenden Beschluss entschieden.

Art. 134 Allgemeine Kostentragungsregeln. (1) Die unterliegende Partei ist auf Antrag zur Tragung der Kosten zu verurteilen.

(2) Unterliegen mehrere Parteien, so entscheidet das Gericht über die Verteilung der Kosten.

(3) [1]Wenn jede Partei teils obsiegt, teils unterliegt, trägt jede Partei ihre eigenen Kosten. [2]Das Gericht kann jedoch entscheiden, dass eine Partei außer ihren eigenen Kosten einen Teil der Kosten der Gegenpartei trägt, wenn dies in Anbetracht der Umstände des Einzelfalls gerechtfertigt erscheint.

Art. 135[1)] Billigkeit und ohne angemessenen Grund oder böswillig verursachte Kosten. (1) Das Gericht kann aus Gründen der Billigkeit entscheiden, dass eine unterliegende Partei neben ihren eigenen Kosten nur einen Teil der Kosten der Gegenpartei trägt oder gar nicht zur Tragung dieser Kosten zu verurteilen ist.

(2) Das Gericht kann auch eine obsiegende Partei zur Tragung eines Teils der Kosten oder sämtlicher Kosten verurteilen, wenn dies wegen ihres Verhaltens, auch vor Klageerhebung, gerechtfertigt erscheint; dies gilt insbesondere für Kosten, die sie der Gegenpartei nach Ansicht des Gerichts ohne angemessenen Grund oder böswillig verursacht hat.

Art. 136 Kosten bei Klage- oder Antragsrücknahme. (1) Nimmt eine Partei die Klage oder einen Antrag zurück, so wird sie zur Tragung der Kosten verurteilt, wenn die Gegenpartei dies in ihrer Stellungnahme zu der Rücknahme beantragt.

(2) Die Kosten werden jedoch auf Antrag der Partei, die die Rücknahme erklärt, der Gegenpartei auferlegt, wenn dies wegen des Verhaltens dieser Partei gerechtfertigt erscheint.

(3) Einigen sich die Parteien über die Kosten, so wird gemäß der Vereinbarung entschieden.

(4) Werden keine Kostenanträge gestellt, so trägt jede Partei ihre eigenen Kosten.

Art. 137 Kosten bei Erledigung der Hauptsache. Erklärt das Gericht die Hauptsache für erledigt, so entscheidet es über die Kosten nach freiem Ermessen.

Art. 138 Kosten der Streithelfer. (1) Die Mitgliedstaaten und die Organe, die dem Rechtsstreit als Streithelfer beigetreten sind, tragen ihre eigenen Kosten.

(2) Die Vertragsstaaten des EWR-Abkommens, die nicht Mitgliedstaaten sind, und die EFTA-Überwachungsbehörde tragen ebenfalls ihre eigenen Kosten, wenn sie dem Rechtsstreit als Streithelfer beigetreten sind.

(3) Das Gericht kann entscheiden, dass ein anderer Streithelfer als die in den Absätzen 1 und 2 genannten seine eigenen Kosten trägt.

---

1) Art. 135 Abs. 1 geänd. mWv 1.9.2016 durch Änderung v. 13.7.2016 (ABl. Nr. L 217 S. 73).

Art. 139 Verfahrenskosten. Das Verfahren vor dem Gericht ist vorbehaltlich der nachstehenden Bestimmungen kostenfrei:

a) Das Gericht kann Kosten, die vermeidbar gewesen wären, insbesondere im Fall einer offensichtlich missbräuchlichen Klage, der Partei auferlegen, die sie veranlasst hat.

b) Kosten für Schreib- und Übersetzungsarbeiten, die nach Ansicht des Kanzlers das gewöhnliche Maß überschreiten, hat die Partei, die diese Arbeiten beantragt hat, nach Maßgabe der in Artikel 37 bezeichneten Gebührenordnung der Kanzlei zu erstatten.

c) Bei wiederholten, eine Aufforderung zur Mängelbehebung erfordernden Verstößen gegen die Bestimmungen dieser Verfahrensordnung oder der praktischen Durchführungsbestimmungen nach Artikel 224 sind die mit der erforderlichen Bearbeitung durch das Gericht verbundenen Kosten auf Verlangen des Kanzlers von der betreffenden Partei nach Maßgabe der in Artikel 37 bezeichneten Gebührenordnung der Kanzlei zu erstatten.

Art. 140 Erstattungsfähige Kosten. Unbeschadet des Artikels 139 gelten als erstattungsfähige Kosten:

a) Leistungen an Zeugen und Sachverständige gemäß Artikel 100;

b) Aufwendungen der Parteien, die für das Verfahren notwendig waren, insbesondere Reise- und Aufenthaltskosten sowie die Vergütung der Bevollmächtigten, Beistände oder Anwälte.

Art. 141 Zahlungsmodalitäten. (1) Die Kasse des Gerichts und dessen Schuldner leisten ihre Zahlungen in Euro.

(2) Sind die zu erstattenden Auslagen in einer anderen Währung als dem Euro entstanden oder sind die Handlungen, derentwegen die Zahlung geschuldet wird, in einem Land vorgenommen worden, dessen Währung nicht der Euro ist, so ist der Umrechnung der am Zahlungstag geltende Referenzwechselkurs der Europäischen Zentralbank zugrunde zu legen.

Vierzehntes Kapitel. Streithilfe

Art. 142 Gegenstand und Wirkungen der Streithilfe. (1) [1]Die Streithilfe kann nur die völlige oder teilweise Unterstützung der Anträge einer Hauptpartei zum Gegenstand haben. [2]Sie verleiht nicht die *gleichen Verfahren*srechte, wie sie den Hauptparteien zustehen, und insbesondere nicht das Recht, eine mündliche Verhandlung zu beantragen.

(2) [1]Die Streithilfe ist akzessorisch zum Rechtsstreit zwischen den Hauptparteien. [2]Sie wird gegenstandslos, wenn die Rechtssache im Register des Gerichts nach Klagerücknahme oder nach einer Vereinbarung zwischen diesen Hauptparteien gestrichen wird oder wenn die Klage für unzulässig erklärt wird.

(3) Der Streithelfer muss den Rechtsstreit in der Lage annehmen, in der dieser sich zum Zeitpunkt des Streitbeitritts befindet.

Art. 143[1)] Antrag auf Zulassung zur Streithilfe. (1) Anträge auf Zulassung zur Streithilfe müssen innerhalb von sechs Wochen nach der Veröffentlichung im Sinne des Artikels 79 gestellt werden.

(2) Der Antrag auf Zulassung zur Streithilfe muss enthalten:

a) die Bezeichnung der Rechtssache;
b) die Bezeichnung der Hauptparteien;
c) Namen und Wohnsitz des Antragstellers;
d) die Angabe der Stellung und der Anschrift des Vertreters des Antragstellers;
e) die Anträge, zu deren Unterstützung der Antragsteller beitreten möchte;
f) die Darstellung der Umstände, aus denen sich das Recht zum Streitbeitritt ergibt, wenn der Antrag gemäß Artikel 40 Absatz 2 oder 3 der Satzung gestellt wird.

(3) Der Antragsteller muss gemäß Artikel 19 der Satzung vertreten werden.

(4) Artikel 78 Absätze 4 bis 6 und Artikel 139 finden auf den Antrag auf Zulassung zur Streithilfe Anwendung.

Art. 144 Entscheidung über den Antrag auf Zulassung zur Streithilfe. (1) Der Antrag auf Zulassung zur Streithilfe wird den Hauptparteien zugestellt.

(2) Der Präsident gibt den Hauptparteien Gelegenheit, zu dem Antrag auf Zulassung zur Streithilfe schriftlich oder mündlich Stellung zu nehmen und erforderlichenfalls zu beantragen, dass bestimmte, in den Akten der Rechtssache enthaltene Angaben, die vertraulich sind, von der Übermittlung an einen Streithelfer ausgenommen sind.

(3) Erhebt der Beklagte nach Artikel 130 Absatz 1 eine Einrede der Unzulässigkeit oder der Unzuständigkeit, so wird über den Antrag auf Zulassung zur Streithilfe erst entschieden, nachdem die Einrede zurückgewiesen wurde oder die Entscheidung darüber dem Endurteil vorbehalten wurde.

(4) Wird der Antrag gemäß Artikel 40 Absatz 1 der Satzung gestellt und haben die Hauptparteien keine in den Akten der Rechtssache enthaltenen vertraulichen Angaben bezeichnet, deren Übermittlung an den Streithelfer ihnen zum Nachteil gereichen kann, so wird die Streithilfe durch Entscheidung des Präsidenten zugelassen.

(5) In den übrigen Fällen entscheidet der Präsident so bald wie möglich durch Beschluss über den Antrag auf Zulassung zur Streithilfe und

---

[1)] Art. 143 Abs. 4 geänd. mWv 1.9.2016 durch Änderung v. 13.7.2016 (ABl. Nr. L 217 S. 73); Abs. 4 geänd. mWv 1.12.2018 durch Änd. v. 25.9.2018 (ABl. Nr. L 240 S. 68).

gegebenenfalls über die Übermittlung der Angaben, deren vertraulicher Charakter geltend gemacht wurde, an den Streithelfer.

(6) Wird der Antrag auf Zulassung zur Streithilfe zurückgewiesen, so ist der Beschluss nach Absatz 5 mit Gründen zu versehen und muss eine Entscheidung gemäß den Artikeln 134 und 135 über die im Zusammenhang mit dem Antrag auf Zulassung zur Streithilfe entstandenen Kosten, einschließlich der Kosten des Antragstellers, enthalten.

(7) Wird dem Antrag auf Zulassung zur Streithilfe stattgegeben, so sind dem Streithelfer alle den Hauptparteien zugestellten Verfahrensschriftstücke zu übermitteln, gegebenenfalls mit Ausnahme der vertraulichen Angaben, die nach Absatz 5 von der Übermittlung ausgenommen sind.

(8) Wird der Antrag auf Zulassung zur Streithilfe zurückgenommen, so beschließt der Präsident die Streichung des Antragstellers bezüglich der Rechtssache und entscheidet gemäß Artikel 136 über die Kosten, einschließlich der Kosten des Antragstellers.

(9) Wird der Streitbeitritt zurückgenommen, so beschließt der Präsident die Streichung des Streithelfers bezüglich der Rechtssache und entscheidet gemäß den Artikeln 136 und 138 über die Kosten.

(10) [1]Wird das Verfahren in der Hauptsache beendet, bevor über den Antrag auf Zulassung zur Streithilfe entschieden wurde, so tragen der Antragsteller und die Hauptparteien jeweils ihre eigenen im Zusammenhang mit dem Antrag auf Zulassung zur Streithilfe entstandenen Kosten. [2]Dem Antragsteller wird eine Kopie des das Verfahren beendenden Beschlusses übermittelt.

Art. 145 Einreichung der Schriftsätze. (1) Der Streithelfer kann innerhalb der vom Präsidenten festgesetzten Frist einen Streithilfeschriftsatz einreichen.

(2) Der Streithilfeschriftsatz muss enthalten:

a) die Anträge des Streithelfers, die der vollständigen oder teilweisen Unterstützung der Anträge einer Hauptpartei zu dienen bestimmt sind;
b) die vom Streithelfer geltend gemachten Gründe und Argumente;
c) gegebenenfalls die Beweise und Beweisangebote.

(3) Nach Einreichung des Streithilfeschriftsatzes setzt der Präsident den Hauptparteien eine Frist, innerhalb deren sie sich zu diesem Schriftsatz äußern können.

Fünfzehntes Kapitel. Prozesskostenhilfe

Art. 146 Allgemeines. (1) Personen, die aufgrund ihrer wirtschaftlichen Lage vollständig oder teilweise außerstande sind, die Kosten des Verfahrens zu tragen, haben Anspruch auf Prozesskostenhilfe.

(2) Die Bewilligung von Prozesskostenhilfe wird abgelehnt, wenn das Gericht für die Rechtsverfolgung, für die sie beantragt ist, offensichtlich unzuständig ist oder wenn diese Rechtsverfolgung offensichtlich unzulässig oder offensichtlich jeder rechtlichen Grundlage entbehrend erscheint.

Art. 147[1] **Antrag auf Bewilligung von Prozesskostenhilfe.**

(1) Die Bewilligung von Prozesskostenhilfe kann vor Erhebung der Klage beantragt werden oder solange diese anhängig ist.

(2) [1]Der Antrag auf Bewilligung von Prozesskostenhilfe ist mittels eines im Amtsblatt der Europäischen Union veröffentlichten Formulars zu stellen, das auf der Internetseite des Gerichtshofs der Europäischen Union abrufbar ist. [2]Ein nicht mittels dieses Formulars gestellter Antrag auf Bewilligung von Prozesskostenhilfe wird nicht berücksichtigt.

(3) Dem Antrag auf Bewilligung von Prozesskostenhilfe sind alle Auskünfte und Belege beizufügen, die eine Beurteilung der wirtschaftlichen Lage des Antragstellers ermöglichen, wie etwa eine Bescheinigung einer zuständigen nationalen Stelle über die wirtschaftliche Lage.

(4) [1]Wird der Antrag auf Bewilligung von Prozesskostenhilfe vor Klageerhebung eingereicht, so hat der Antragsteller den Gegenstand der beabsichtigten Klage, den Sachverhalt und das Vorbringen zur Stützung der Klage kurz darzulegen. [2]Mit dem Antrag sind entsprechende Belege einzureichen.

(5) [1]Dem Antrag auf Bewilligung von Prozesskostenhilfe sind erforderlichenfalls die in Artikel 51 Absätze 2 und 3 und Artikel 78 Absatz 4 bezeichneten Unterlagen beizufügen. [2]In diesem Fall finden Artikel 51 Absatz 4 und Artikel 78 Absatz 6 Anwendung.

(6) [1]Ist der Antragsteller nicht anwaltlich vertreten, so ist das Original des Antrags auf Bewilligung von Prozesskostenhilfe bei der Kanzlei in Papierform einzureichen. [2]Das Original des Antrags muss vom Antragsteller handschriftlich unterzeichnet sein.

(7) Die Einreichung eines Antrags auf Bewilligung von Prozesskostenhilfe hemmt für den Antragsteller den Lauf der Klagefrist bis zu dem Zeitpunkt, zu dem der Beschluss, mit dem über diesen Antrag entschieden wird, oder, in den Fällen des Artikels 148 Absatz 6, der Beschluss, in dem der mit der Vertretung des Antragstellers beauftragte Anwalt bestimmt wird, zugestellt wird.

Art. 148[2] **Entscheidung über die Bewilligung von Prozesskostenhilfe.** (1) Bevor das Gericht über den Antrag auf Bewilligung von Prozesskostenhilfe entscheidet, setzt der Präsident der anderen Hauptpartei eine Frist zur schriftlichen Stellungnahme, sofern nicht be-

---

[1] Art. 147 Abs. 5 Sätze 1 und 2 geänd. mWv 1.9.2016 durch Änderung v. 13.7.2016 *(ABl. Nr. L 217 S. 73); Abs. 2 Satz 2 aufgeh.*, bish. Satz 3 wird Satz 2, Abs. 6 neu gef. mWv 1.12.2018 durch Änderung v. 25.9.2018 (ABl. Nr. L 240 S. 68).

[2] Art. 148 Abs. 9 neu gef. mWv 1.12.2018 durch Änderung v. 25.9.2018 (ABl. Nr. L 240 S. 68).

reits aus den gemachten Angaben hervorgeht, dass die Voraussetzungen nach Artikel 146 Absatz 1 nicht erfüllt oder die Voraussetzungen nach Artikel 146 Absatz 2 erfüllt sind.

(2) Der Präsident entscheidet durch Beschluss über den Antrag auf Bewilligung von Prozesskostenhilfe.

(3) Der Beschluss, mit dem die Bewilligung von Prozesskostenhilfe abgelehnt wird, ist mit Gründen zu versehen.

(4) In dem Beschluss, mit dem die Prozesskostenhilfe bewilligt wird, kann ein Anwalt zur Vertretung des Antragstellers bestimmt werden, wenn dieser Anwalt vom Antragsteller in seinem Antrag auf Bewilligung von Prozesskostenhilfe vorgeschlagen wurde und zugestimmt hat, den Antragsteller vor dem Gericht zu vertreten.

(5) [1] Hat der Antragsteller in seinem Antrag auf Bewilligung von Prozesskostenhilfe oder infolge des Beschlusses, mit dem die Prozesskostenhilfe bewilligt wird, nicht selbst einen Anwalt vorgeschlagen oder ist es untunlich, seinem Vorschlag zu folgen, so übermittelt der Kanzler der in der Zusätzlichen Verfahrensordnung des Gerichtshofs bezeichneten zuständigen Stelle des betroffenen Staates den Beschluss, mit dem die Prozesskostenhilfe bewilligt wird, und eine Kopie des Antrags. [2] Hat der Antragsteller keinen Wohnsitz oder Sitz in der Union, so übermittelt der Kanzler den Beschluss, mit dem die Prozesskostenhilfe bewilligt wird, der zuständigen Stelle des Staates, in dem der Gerichtshof der Europäischen Union seinen Sitz hat.

(6) Unbeschadet des Absatzes 4 wird der mit der Vertretung des Antragstellers beauftragte Anwalt durch Beschluss bestimmt, je nach Fall unter Berücksichtigung der Vorschläge des Antragstellers oder der Vorschläge der in Absatz 5 bezeichneten Stelle.

(7) [1] In dem Beschluss, mit dem die Prozesskostenhilfe bewilligt wird, kann ein Betrag festgesetzt werden, der dem mit der Vertretung des Antragstellers beauftragten Anwalt zu zahlen ist, oder eine Obergrenze festgelegt werden, die die Auslagen und Gebühren des Anwalts grundsätzlich nicht überschreiten dürfen. [2] Der Beschluss kann eine Beteiligung des Antragstellers an den in Artikel 149 Absatz 1 genannten Kosten unter Berücksichtigung seiner wirtschaftlichen Lage vorsehen.

(8) Die nach diesem Artikel erlassenen Beschlüsse sind unanfechtbar.

(9) [1] Ist der Antragsteller nicht anwaltlich vertreten, so erfolgen Zustellungen an ihn durch Übersendung einer beglaubigten Kopie des zuzustellenden Schriftstücks per Einschreiben mit Rückschein oder durch Übergabe der Kopie gegen Empfangsbestätigung. [2] Zustellungen an die anderen Parteien erfolgen auf die in Artikel 80 Absatz 1 vorgesehene Weise.

Art. 149 Vorschüsse und Tragung der Kosten. (1) [1] Wird die Prozesskostenhilfe bewilligt, so trägt die Kasse des Gerichts – gegebenenfalls in den festgesetzten Grenzen – die Kosten der Unterstützung und der Vertretung des Antragstellers vor dem Gericht. [2] Der Präsident kann auf Antrag des gemäß Artikel 148 bestimmten Anwalts entscheiden, dass diesem ein Vorschuss gewährt wird.

(2) Hat der Empfänger der Prozesskostenhilfe aufgrund der das Verfahren beendenden Entscheidung seine eigenen Kosten zu tragen, so setzt der Präsident durch mit Gründen versehenen, unanfechtbaren Beschluss diejenigen Auslagen und Gebühren des Anwalts fest, die von der Kasse des Gerichts getragen werden.

(3) Hat das Gericht in der das Verfahren beendenden Entscheidung die Kosten des Empfängers der Prozesskostenhilfe einer anderen Partei auferlegt, so hat diese andere Partei der Kasse des Gerichts die als Prozesskostenhilfe vorgestreckten Beträge zu erstatten.

(4) Der Kanzler veranlasst die Einziehung der in Absatz 3 genannten Beträge von der Partei, die zu ihrer Erstattung verurteilt worden ist.

(5) Unterliegt der Empfänger der Prozesskostenhilfe, so kann das Gericht in der das Verfahren beendenden Entscheidung im Rahmen der Kostenentscheidung aus Gründen der Billigkeit entscheiden, dass eine oder mehrere andere Parteien ihre eigenen Kosten tragen oder dass diese vollständig oder zum Teil von der Kasse des Gerichts als Prozesskostenhilfe getragen werden.

Art. 150 Entziehung der Prozesskostenhilfe. (1) Ändern sich die Voraussetzungen, unter denen die Prozesskostenhilfe bewilligt wurde, im Laufe des Verfahrens, so kann der Präsident von Amts wegen oder auf Antrag nach Anhörung des Betroffenen die Prozesskostenhilfe entziehen.

(2) Der Beschluss, mit dem die Prozesskostenhilfe entzogen wird, ist mit Gründen zu versehen und ist unanfechtbar.

Sechzehntes Kapitel. Eilverfahren

Abschnitt 1. Beschleunigtes Verfahren

Art. 151 Entscheidung über das beschleunigte Verfahren.

(1) [1]Das Gericht kann in Anbetracht der besonderen Dringlichkeit und der Umstände der Rechtssache auf Antrag des Klägers oder des Beklagten nach Anhörung der anderen Hauptpartei beschließen, im beschleunigten Verfahren zu entscheiden. [2]Der Beschluss ergeht so bald wie möglich.

(2) Auf Vorschlag des Berichterstatters kann das Gericht bei Vorliegen außergewöhnlicher Umstände nach Anhörung der Hauptparteien von Amts wegen beschließen, im beschleunigten Verfahren zu entscheiden.

(3) Der Beschluss des Gerichts, im beschleunigten Verfahren zu entscheiden, kann mit Bedingungen hinsichtlich des Umfangs und der *Präsentation* der *Schriftsätze* der Hauptparteien, des weiteren Verfahrensablaufs oder der dem Gericht zur Entscheidung unterbreiteten Gründe und Argumente verbunden werden.

(4) [1]Erfüllt eine der Hauptparteien eine der in Absatz 3 genannten Bedingungen nicht, so kann der Beschluss, im beschleunigten Verfahren zu entscheiden, aufgehoben werden. [2]Das Verfahren wird dann als gewöhnliches Verfahren fortgesetzt.

Art. 152 Antrag auf Durchführung des beschleunigten Verfahrens. (1) Der Antrag auf Durchführung des beschleunigten Verfahrens ist mit gesondertem Schriftsatz gleichzeitig mit der Klageschrift oder der Klagebeantwortung einzureichen und muss eine Begründung enthalten, in der die besondere Dringlichkeit der Rechtssache und die sonstigen relevanten Umstände dargelegt werden.

(2) In dem Antrag auf Durchführung des beschleunigten Verfahrens kann angegeben werden, dass bestimmte Gründe oder Argumente oder bestimmte Abschnitte der Klageschrift oder Klagebeantwortung nur für den Fall vorgetragen werden, dass nicht im beschleunigten Verfahren entschieden wird, insbesondere, indem dem Antrag eine Kurzfassung der Klageschrift sowie ein Verzeichnis der Anlagen und die Anlagen beigefügt werden, die bei der Entscheidung im beschleunigten Verfahren allein zu berücksichtigen sind.

Art. 153 Vorrangige Behandlung. Abweichend von Artikel 67 Absatz 1 werden Rechtssachen, in denen das Gericht eine Entscheidung im beschleunigten Verfahren beschlossen hat, mit Vorrang entschieden.

Art. 154 Schriftliches Verfahren. (1) [1]Hat der Kläger beantragt, im beschleunigten Verfahren zu entscheiden, so beträgt die Frist für die Einreichung der Klagebeantwortung abweichend von Artikel 81 Absatz 1 einen Monat. [2]Diese Frist kann nach Artikel 81 Absatz 3 verlängert werden.

(2) Beschließt das Gericht, einem Antrag auf Durchführung des beschleunigten Verfahrens nicht stattzugeben, so wird dem Beklagten eine zusätzliche Frist von einem Monat für die Einreichung oder gegebenenfalls Ergänzung der Klagebeantwortung gewährt.

(3) Im beschleunigten Verfahren können die in den Artikeln 83 Absatz 1 und 145 Absätze 1 und 3 genannten Schriftsätze nur eingereicht werden, wenn das Gericht dies im Rahmen prozessleitender Maßnahmen gemäß den Artikeln 88 bis 90 gestattet.

(4) Im beschleunigten Verfahren berücksichtigt der Präsident bei der Festsetzung der in dieser Verfahrensordnung vorgesehenen Fristen die besondere Dringlichkeit der Entscheidung über die Klage.

Art. 155 Mündliches Verfahren. (1) [1]Wurde die Durchführung des beschleunigten Verfahrens beschlossen, so entscheidet das Gericht nach Abgabe des Vorberichts durch den Berichterstatter so bald wie möglich über die Eröffnung des mündlichen Verfahrens. [2]Das Gericht kann jedoch beschließen, ohne mündliches Verfahren zu entscheiden, wenn die Hauptparteien auf eine Teilnahme an der mündlichen Verhandlung verzichten und das Gericht sich für durch die Aktenstücke der Rechtssache hinreichend unterrichtet hält.

(2) Unbeschadet der Artikel 84 und 85 können die Hauptparteien ihr Vorbringen im mündlichen Verfahren ergänzen und Beweisangebote vorlegen, sofern die verspätete Vorlage dieser Beweisangebote gerechtfertigt ist.

Abschnitt 2. Vorläufiger Rechtsschutz: Aussetzung und sonstige einstweilige Anordnungen

Art. 156[1] Anträge auf Aussetzung oder sonstige einstweilige Anordnungen. (1) Anträge auf Aussetzung der Vollziehung von Handlungen eines Organs im Sinne der Artikel 278 AEUV und 157 EAGV sind nur zulässig, wenn der Antragsteller die betreffende Handlung durch Klage beim Gericht angefochten hat.

(2) Anträge auf sonstige einstweilige Anordnungen im Sinne des Artikels 279 AEUV sind nur zulässig, wenn sie von einer Hauptpartei eines beim Gericht anhängigen Rechtsstreits gestellt werden und sich auf diesen beziehen.

(3) Bei Rechtssachen, die aufgrund des Artikels 270 AEUV anhängig gemacht worden sind, können die in den Absätzen 1 und 2 genannten Anträge ab Einreichung der Beschwerde nach Artikel 90 Absatz 2 des Beamtenstatuts unter den in Artikel 91 Absatz 4 des Beamtenstatuts festgelegten Voraussetzungen gestellt werden.

(4) [1]Die in den Absätzen 1 und 2 genannten Anträge müssen den Streitgegenstand bezeichnen und die Umstände, aus denen sich die Dringlichkeit ergibt, sowie die den Erlass der beantragten einstweiligen Anordnung dem ersten Anschein nach rechtfertigenden Sach- und Rechtsgründe anführen. [2]Sie müssen sämtliche verfügbaren Beweise und Beweisangebote enthalten, die dazu bestimmt sind, den Erlass dieser einstweiligen Anordnungen zu rechtfertigen.

(5) Der Antrag ist mit gesondertem Schriftsatz und nach Maßgabe der Artikel 76 und 78 einzureichen.

Art. 157 Verfahren. (1) Die Antragsschrift wird der Gegenpartei zugestellt, der vom Präsidenten des Gerichts eine kurze Frist zur schriftlichen oder mündlichen Stellungnahme gesetzt wird.

(2) [1]Der Präsident des Gerichts kann dem Antrag stattgeben, bevor die Stellungnahme der Gegenpartei eingeht. [2]Die betreffende Anordnung kann später, auch von Amts wegen, abgeändert oder wieder aufgehoben werden.

(3) Der Präsident des Gerichts entscheidet gegebenenfalls über prozessleitende Maßnahmen und Maßnahmen der Beweisaufnahme.

---

[1] Art. 156 Abs. 3 eingef., bish. Abs. 3 und 4 werden Abs. 4 und 5 mWv 1.9.2016 durch Änderung v. 13.7.2016 (ABl. Nr. L 217 S. 73); Abs. 5 geänd. mWv 1.12.2018 durch Änd. v. 25.9.2018 (ABl. Nr. L 240 S. 68).

(4) Ist der Präsident des Gerichts verhindert, so finden die Artikel 11 und 12 Anwendung.

Art. 158 Entscheidung über den Antrag. (1) [1]Der Präsident des Gerichts entscheidet über den Antrag durch mit Gründen versehenen Beschluss. [2]Der Beschluss wird den Parteien umgehend zugestellt.

(2) Die Vollstreckung des Beschlusses kann von der Leistung einer Sicherheit durch den Antragsteller abhängig gemacht werden, deren Höhe und Art nach Maßgabe der Umstände festzusetzen sind.

(3) [1]In dem Beschluss kann ein Zeitpunkt festgesetzt werden, zu dem die Anordnung außer Kraft tritt. [2]Geschieht dies nicht, tritt die Anordnung mit der Verkündung des Endurteils außer Kraft.

(4) Der Beschluss ist nur einstweiliger Natur und greift der Entscheidung des Gerichts zur Hauptsache nicht vor.

(5) [1]In dem Beschluss, der das Verfahren der einstweiligen Anordnung beendet, wird bestimmt, dass die Kostenentscheidung der Entscheidung des Gerichts zur Hauptsache vorbehalten bleibt. [2]Erscheint es jedoch in Anbetracht der Umstände des Einzelfalls gerechtfertigt, so wird in dem Beschluss gemäß den Artikeln 134 bis 138 über die Kosten des Verfahrens des vorläufigen Rechtsschutzes entschieden.

Art. 159 Änderung der Umstände. Auf Antrag einer Partei kann der Beschluss jederzeit infolge einer Änderung der Umstände abgeändert oder wieder aufgehoben werden.

Art. 160 Neuer Antrag. Die Zurückweisung eines Antrags auf einstweilige Anordnung hindert die antragstellende Hauptpartei nicht, einen weiteren, auf neue Tatsachen gestützten Antrag zu stellen.

Art. 161 Anträge gemäß den Artikeln 280 AEUV, 299 AEUV und 164 EAGV. (1) Für Anträge gemäß den Artikeln 280 AEUV, 299 AEUV und 164 EAGV auf Aussetzung der Zwangsvollstreckung von Entscheidungen des Gerichts oder von Rechtsakten des Rates, der Kommission oder der Europäischen Zentralbank gelten die Bestimmungen dieses Abschnitts.

(2) In dem Beschluss, mit dem dem Antrag stattgegeben wird, wird gegebenenfalls der Zeitpunkt festgesetzt, zu dem die einstweilige Anordnung außer Kraft tritt.

Siebzehntes Kapitel. Anträge in Bezug auf Urteile und Beschlüsse

Art. 162 Zuweisung der Anträge. (1) Anträge nach diesem Kapitel werden dem Spruchkörper zugewiesen, der die Entscheidung erlassen hat, auf die sich der Antrag bezieht.

(2) [1]Ist ein Erreichen der gemäß den Artikeln 23 und 24 für die Beschlussfähigkeit erforderlichen Zahl von Richtern nicht mehr möglich,

so wird der Antrag einem anderen, mit derselben Richterzahl tagenden Spruchkörper zugewiesen. 2 Wurde die Entscheidung von einem Richter als Einzelrichter erlassen und ist dieser Richter verhindert, so wird der Antrag einem anderen Richter zugewiesen.

Art. 163 Aussetzung des Verfahrens. Beziehen sich ein Rechtsmittel vor dem Gerichtshof und einer der in diesem Kapitel bezeichneten Anträge, mit Ausnahme der in den Artikeln 164 und 165 bezeichneten Anträge, auf dieselbe Entscheidung des Gerichts, so kann der Präsident nach Anhörung der Parteien beschließen, das Verfahren auszusetzen, bis der Gerichtshof über das Rechtsmittel entschieden hat.

Art. 164 Berichtigung von Urteilen und Beschlüssen.

(1) Unbeschadet der Bestimmungen über die Auslegung von Urteilen und Beschlüssen können Schreib- oder Rechenfehler und offenbare Unrichtigkeiten vom Gericht von Amts wegen oder auf Antrag einer Partei berichtigt werden.

(2) Der Berichtigungsantrag ist innerhalb von zwei Wochen nach Verkündung des Urteils oder Zustellung des Beschlusses zu stellen.

(3) Bezieht sich die Berichtigung auf die Entscheidungsformel oder einen sie tragenden Entscheidungsgrund, so können die Parteien innerhalb der vom Präsidenten festgesetzten Frist schriftlich Stellung nehmen.

(4) Das Gericht entscheidet durch Beschluss.

(5) 1 Die Urschrift des Beschlusses, der die Berichtigung ausspricht, wird mit der Urschrift der berichtigten Entscheidung verbunden. 2 Ein Hinweis auf den Beschluss ist am Rande der Urschrift der berichtigten Entscheidung anzubringen.

Art. 165 Unterlassen einer Entscheidung. (1) Hat das Gericht eine Entscheidung über einen einzelnen Punkt der Anträge oder die Kostenentscheidung unterlassen, so hat die Partei, die dies geltend machen möchte, das Gericht durch Antragsschrift anzurufen.

(2) Der Antrag ist innerhalb eines Monats nach der Verkündung des Urteils oder der Zustellung des Beschlusses zu stellen.

(3) Der Antrag wird den anderen Parteien zugestellt, die innerhalb der vom Präsidenten festgesetzten Frist schriftlich Stellung nehmen können.

(4) Nachdem den Parteien Gelegenheit zur Stellungnahme gegeben wurde, entscheidet das Gericht durch Beschluss zugleich über die Zulässigkeit und die Begründetheit des Antrags.

Art. 166[1] Einspruch gegen ein Versäumnisurteil. (1) Gegen das Versäumnisurteil kann gemäß Artikel 41 der Satzung Einspruch eingelegt werden.

[1] Art. 166 Abs. 2 Satz 2 geänd. mWv 1.12.2018 durch Änderung v. 25.9.2018 (ABl. Nr. L 240 S. 68).

(2) 1 Der unterliegende Beklagte hat den Einspruch innerhalb eines Monats nach Zustellung des Versäumnisurteils einzulegen. 2 Für den Einspruch gelten die Formvorschriften der Artikel 76 und 78.

(3) Nach der Zustellung des Einspruchs setzt der Präsident der Gegenpartei eine Frist zur schriftlichen Stellungnahme.

(4) Auf das weitere Verfahren finden, je nach Fall, die Bestimmungen des Dritten Titels oder des Vierten Titels Anwendung.

(5) Das Gericht entscheidet durch Urteil, gegen das weiterer Einspruch nicht zulässig ist.

(6) 1 Die Urschrift dieses Urteils wird mit der Urschrift des Versäumnisurteils verbunden. 2 Ein Hinweis auf das Urteil über den Einspruch ist am Rande der Urschrift des Versäumnisurteils anzubringen.

Art. 167[1)] Drittwiderspruch. (1) Auf den Drittwiderspruch nach Artikel 42 der Satzung finden die Artikel 76 und 78 Anwendung; er muss ferner enthalten:

a) die Bezeichnung des angefochtenen Urteils oder Beschlusses;
b) die Angabe, in welchen Punkten das angefochtene Urteil oder der angefochtene Beschluss die Rechte des Dritten beeinträchtigt;
c) die Gründe, aus denen der Dritte nicht in der Lage war, sich an dem Rechtsstreit vor dem Gericht zu beteiligen.

(2) Der Drittwiderspruch muss innerhalb von zwei Monaten nach der in Artikel 122 genannten Veröffentlichung eingelegt werden.

(3) 1 Auf Antrag des Dritten kann die Aussetzung der Vollstreckung des angefochtenen Urteils oder Beschlusses beschlossen werden. 2 Die Artikel 156 bis 161 finden Anwendung.

(4) Die Drittwiderspruchsschrift wird den Parteien zugestellt, die innerhalb der vom Präsidenten festgesetzten Frist schriftlich Stellung nehmen können.

(5) Nachdem den Parteien Gelegenheit zur Stellungnahme gegeben wurde, entscheidet das Gericht.

(6) Das angefochtene Urteil oder der angefochtene Beschluss wird insoweit geändert, als dem Drittwiderspruch stattgegeben wird.

(7) 1 Die Urschrift der Entscheidung über den Drittwiderspruch wird mit der Urschrift des angefochtenen Urteils oder Beschlusses verbunden. 2 Ein Hinweis auf die Entscheidung über den Drittwiderspruch ist am Rande der Urschrift des angefochtenen Urteils oder Beschlusses anzubringen.

Art. 168[2)] Auslegung von Urteilen und Beschlüssen. (1) Das Gericht ist nach Artikel 43 der Satzung bei Zweifeln über Sinn und Trag-

---

1) Art. 167 Abs. 1 geänd. mWv 1.12.2018 durch Änderung v. 25.9.2018 (ABl. Nr. L 240 S. 68).

2) Art. 168 Abs. 3 Satz 1 geänd. mWv 1.12.2018 durch Änderung v. 25.9.2018 (ABl. Nr. L 240 S. 68).

weite eines Urteils oder Beschlusses zuständig, das Urteil oder den Beschluss auf Antrag einer Partei oder eines Organs der Union auszulegen, wenn die Partei oder das Organ ein Interesse hieran glaubhaft macht.

(2) Der Auslegungsantrag ist innerhalb von zwei Jahren nach dem Tag der Verkündung des Urteils oder der Zustellung des Beschlusses zu stellen.

(3) [1] Für den Auslegungsantrag gelten die Formvorschriften der Artikel 76 und 78. [2] Er muss ferner bezeichnen:

a) das auszulegende Urteil oder den auszulegenden Beschluss;

b) die Stellen, deren Auslegung beantragt wird.

(4) Der Auslegungsantrag wird den anderen Parteien zugestellt, die innerhalb der vom Präsidenten festgesetzten Frist schriftlich Stellung nehmen können.

(5) Nachdem den Parteien Gelegenheit zur Stellungnahme gegeben wurde, entscheidet das Gericht.

(6) [1] Die Urschrift der auslegenden Entscheidung wird mit der Urschrift der ausgelegten Entscheidung verbunden. [2] Ein Hinweis auf die auslegende Entscheidung ist am Rande der Urschrift der ausgelegten Entscheidung anzubringen.

Art. 169[1)] Wiederaufnahme. (1) Die Wiederaufnahme des Verfahrens kann nach Artikel 44 der Satzung beim Gericht nur beantragt werden, wenn eine Tatsache von entscheidender Bedeutung bekannt wird, die vor Verkündung des Urteils oder Zustellung des Beschlusses dem Gericht und der die Wiederaufnahme beantragenden Partei unbekannt war.

(2) Unbeschadet der in Artikel 44 Absatz 3 der Satzung vorgesehenen Frist von zehn Jahren ist die Wiederaufnahme innerhalb von drei Monaten nach dem Tag zu beantragen, an dem der Antragsteller Kenntnis von der Tatsache erhalten hat, auf die er seinen Wiederaufnahmeantrag stützt.

(3) Auf den Wiederaufnahmeantrag finden die Artikel 76 und 78 Anwendung; er muss ferner enthalten:

a) die Bezeichnung des angefochtenen Urteils oder Beschlusses;

b) die Angabe der Punkte, in denen das Urteil oder der Beschluss angefochten wird;

c) die Bezeichnung der Tatsachen, auf die der Antrag gestützt wird;

d) die Benennung der Beweismittel für das Vorliegen der Tatsachen, die die Wiederaufnahme rechtfertigen, und für die Wahrung der in Absatz 2 genannten Fristen.

(4) Der Wiederaufnahmeantrag wird den anderen Parteien zugestellt, die innerhalb der vom Präsidenten festgesetzten Frist schriftlich Stellung nehmen können.

---

1) Art. 169 Abs. 3 einl. Satzteil geänd. mWv 1.12.2018 durch Änderung v. 25.9.2018 (ABl. Nr. L 240 S. 68).

(5) Nachdem den Parteien Gelegenheit zur Stellungnahme gegeben wurde, entscheidet das Gericht durch Beschluss über die Zulässigkeit des Antrags, ohne der Entscheidung in der Sache vorzugreifen.

(6) Erklärt das Gericht den Antrag für zulässig, so entscheidet es in der Sache gemäß den Bestimmungen dieser Verfahrensordnung.

(7) [1]Die Urschrift der abändernden Entscheidung wird mit der Urschrift der abgeänderten Entscheidung verbunden. [2]Ein Hinweis auf die abändernde Entscheidung ist am Rande der Urschrift der abgeänderten Entscheidung anzubringen.

Art. 170[1)] Streitigkeiten über die erstattungsfähigen Kosten. (1) [1]Bei Streitigkeiten über die erstattungsfähigen Kosten stellt die betroffene Partei beim Gericht einen Antrag. [2]Für diesen Antrag gelten die Formvorschriften der Artikel 76 und 78.

(2) Der Antrag wird der Partei, die von diesem Antrag betroffen ist, zugestellt, die innerhalb der vom Präsidenten festgesetzten Frist schriftlich Stellung nehmen kann.

(3) Nachdem der von dem Antrag betroffenen Partei Gelegenheit zur Stellungnahme gegeben wurde, entscheidet das Gericht durch unanfechtbaren Beschluss.

(4) Die Parteien können eine Ausfertigung des Beschlusses zum Zweck der Vollstreckung beantragen.

Vierter Titel. Rechtsstreitigkeiten betreffend die Rechte des geistigen Eigentums

Art. 171 Anwendungsbereich. Die Bestimmungen dieses Titels gelten für Klagen gegen die Entscheidungen der Beschwerdekammern des in Artikel 1 bezeichneten Amtes, die die Anwendung der Vorschriften im Rahmen einer Regelung über das geistige Eigentum betreffen.

Erstes Kapitel. Parteien des Verfahrens

Art. 172 Beklagter. Die Klage wird gegen das Amt als Beklagten erhoben, zu dem die Beschwerdekammer gehört, die die angefochtene Entscheidung erlassen hat.

Art. 173[2)] Stellung der anderen im Verfahren vor der Beschwerdekammer Beteiligten vor dem Gericht. (1) Ein Beteiligter im Verfahren vor der Beschwerdekammer mit Ausnahme des Klägers kann sich als Streithelfer am Verfahren vor dem Gericht beteiligen, indem er form- und fristgerecht eine Klagebeantwortung einreicht.

[1)] Art. 170 Abs. 1 Satz 2 geänd. mWv 1.12.2018 durch Änderung v. 25.9.2018 (ABl. Nr. L 240 S. 68).

[2)] Art. 173 Abs. 5 geänd. mWv 1.9.2016 durch Änderung v. 13.7.2016 (ABl. Nr. L 217 S. 73); Abs. 5 geänd. mWv 1.12.2018 durch Änderung v. 25.9.2018 (ABl. Nr. L 240 S. 68).

(2) [1]Ein Beteiligter im Verfahren vor der Beschwerdekammer mit Ausnahme des Klägers wird vor Ablauf der für die Einreichung der Klagebeantwortung vorgesehenen Frist mit der Einreichung eines Verfahrensschriftstücks als Streithelfer Partei des Verfahrens vor dem Gericht. [2]Er verliert seine Stellung als Streithelfer vor dem Gericht, wenn er nicht form- und fristgerecht eine Klagebeantwortung einreicht. [3]In diesem Fall trägt der Streithelfer seine eigenen, mit den von ihm eingereichten Verfahrensschriftstücken in Zusammenhang stehenden Kosten.

(3) [1]Der in den Absätzen 1 und 2 bezeichnete Streithelfer verfügt über dieselben prozessualen Rechte wie die Hauptparteien. [2]Er kann die Anträge einer Hauptpartei unterstützen sowie Anträge stellen und Gründe vorbringen, die gegenüber denen der Hauptparteien eigenständig sind.

(4) Ein Beteiligter im Verfahren vor der Beschwerdekammer – mit Ausnahme des Klägers –, der nach den Absätzen 1 und 2 die Eigenschaft als Partei vor dem Gericht erlangt, muss gemäß Artikel 19 der Satzung vertreten werden.

(5) Artikel 78 Absätze 4 bis 6 findet auf die in Absatz 2 bezeichneten Verfahrensschriftstücke Anwendung.

(6) Abweichend von Artikel 123 gelten die Bestimmungen über das Versäumnisverfahren nicht, wenn ein in den Absätzen 1 und 2 bezeichneter Streithelfer die Klageschrift form- und fristgerecht beantwortet hat.

Art. 174 Ersetzung einer Partei. Ist das von dem Rechtsstreit betroffene Recht des geistigen Eigentums von einem im Verfahren vor der Beschwerdekammer des Amtes Beteiligten auf einen Dritten übertragen worden, so kann der Rechtsnachfolger beantragen, an die Stelle der ursprünglichen Partei im Verfahren vor dem Gericht zu treten.

Art. 175[1)] Ersetzungsantrag. (1) [1]Der Ersetzungsantrag ist mit gesondertem Schriftsatz einzureichen. [2]Er kann in jedem Verfahrensstadium gestellt werden.

(2) Der Antrag muss enthalten:

a) die Bezeichnung der Rechtssache;

b) die Bezeichnung der Parteien der Rechtssache und der Partei, an deren Stelle der Antragsteller treten möchte;

c) Namen und Wohnsitz des Antragstellers;

d) die Angabe der Stellung und der Anschrift des Vertreters des Antragstellers;

e) die Darstellung der die Ersetzung rechtfertigenden Umstände unter Beifügung von Nachweisen.

(3) Der Antragsteller muss gemäß Artikel 19 der Satzung vertreten werden.

---

1) Art. 175 Abs. 4 geänd. mWv 1.9.2016 durch Änderung v. 13.7.2016 (ABl. Nr. L 217 S. 73); Abs. 4 geänd. mWv 1.12.2018 durch Änderung v. 25.9.2018 (ABl. Nr. L 240 S. 68).

(4) Artikel 78 Absätze 4 bis 6 und Artikel 139 finden auf den Ersetzungsantrag Anwendung.

Art. 176 Entscheidung über den Ersetzungsantrag. (1) Der Ersetzungsantrag wird den Parteien zugestellt.

(2) Der Präsident gibt den Parteien Gelegenheit, schriftlich oder mündlich zu dem Ersetzungsantrag Stellung zu nehmen.

(3) Die Entscheidung über den Ersetzungsantrag ergeht durch mit Gründen versehenen Beschluss des Präsidenten oder in der das Verfahren beendenden Entscheidung.

(4) Wird der Ersetzungsantrag zurückgewiesen, so ist gemäß den Artikeln 134 und 135 über die im Zusammenhang mit dem Antrag entstandenen Kosten einschließlich der Kosten des Antragstellers zu entscheiden.

(5) [1] Wird dem Ersetzungsantrag stattgegeben, so muss der Rechtsnachfolger den Rechtsstreit in der Lage annehmen, in der dieser sich zum Zeitpunkt der Ersetzung befindet. [2] Er ist an die Verfahrensschriftstücke gebunden, die von der Partei eingereicht wurden, an deren Stelle er tritt.

Zweites Kapitel. Klageschrift und Klagebeantwortungen

Art. 177[1)] Klageschrift. (1) Die Klageschrift muss enthalten:

a) Namen und Wohnsitz des Klägers;

b) die Angabe der Stellung und der Anschrift des Vertreters des Klägers;

c) die Bezeichnung des Amtes, gegen das die Klage erhoben wird;

d) den Streitgegenstand, die geltend gemachten Klagegründe und Argumente sowie eine kurze Darstellung der Klagegründe;

e) die Anträge des Klägers.

(2) War der Kläger nicht der einzige Beteiligte im Verfahren vor der Beschwerdekammer des Amtes, so muss die Klageschrift außerdem die Namen aller Beteiligten dieses Verfahrens und die Anschriften enthalten, die diese Beteiligten für Zustellungszwecke angegeben haben.

(3) [1] Die angefochtene Entscheidung der Beschwerdekammer ist der Klageschrift beizufügen. [2] Das Datum der Zustellung dieser Entscheidung an den Kläger ist anzugeben.

(4) Ist der Kläger eine juristische Person des Privatrechts, so hat er *mit der Klageschrift einen* Nachweis jüngeren Datums für seine Rechtspersönlichkeit einzureichen (Handelsregisterauszug, Vereinsregisterauszug oder eine andere amtliche Urkunde).

(5) Der Klageschrift sind die in Artikel 51 Absätze 2 und 3 genannten Schriftstücke beizufügen.

---

1) Art. 177 Abs. 6 aufgeh., bish. Abs. 7 wird Abs. 6 mWv 1.12.2018 durch Änderung v. 25.9.2018 (ABl. Nr. L 240 S. 68).

(6) 1 Entspricht die Klageschrift nicht den Absätzen 2 bis 5, so setzt der Kanzler dem Kläger eine angemessene Frist zur Behebung des Mangels. 2 Bei Ausbleiben einer fristgemäßen Mängelbehebung entscheidet das Gericht, ob die Nichtbeachtung dieser Förmlichkeit die formale Unzulässigkeit der Klageschrift zur Folge hat.

Art. 178[1] Zustellung der Klageschrift. (1) 1 Der Kanzler benachrichtigt den Beklagten und alle im Verfahren vor der Beschwerdekammer Beteiligten in der in Artikel 80 Absatz 1 vorgesehenen Art und Weise von der Einreichung der Klageschrift. 2 Nach Bestimmung der Verfahrenssprache gemäß Artikel 45 Absatz 4 stellt er die Klageschrift und gegebenenfalls die Übersetzung der Klageschrift in die Verfahrenssprache zu.

(2) 1 Die Klageschrift wird dem Beklagten mittels e-Curia zugestellt, wenn er über ein Zugangskonto zu e-Curia verfügt. 2 Andernfalls wird die Klageschrift dem Beklagten durch Übersendung einer beglaubigten Kopie der Klageschrift per Einschreiben mit Rückschein oder durch Übergabe der Kopie gegen Empfangsbestätigung zugestellt.

(3) 1 Die Zustellung der Klageschrift an einen im Verfahren vor der Beschwerdekammer Beteiligten erfolgt mittels e-Curia, wenn er gemäß Artikel 173 Absatz 2 Partei des Verfahrens vor dem Gericht geworden ist. 2 Handelt es sich bei dem im Verfahren vor der Beschwerdekammer Beteiligten um ein Organ, das über ein Zugangskonto zu e-Curia verfügt, so erfolgt die Zustellung der Klageschrift mittels e-Curia. 3 Andernfalls wird die Klageschrift durch Übersendung eines Einschreibens mit Rückschein an die Anschrift zugestellt, die der betroffene Beteiligte für die Zwecke der im Verfahren vor der Beschwerdekammer vorzunehmenden Zustellungen angegeben hat.

(4) In den Fällen des Artikels 177 Absatz 6 erfolgt die Zustellung sogleich nach der Mängelbehebung oder nachdem das Gericht in Anbetracht der in dem genannten Artikel aufgeführten Voraussetzungen die Zulässigkeit bejaht hat.

(5) Unmittelbar nach Zustellung der Klageschrift übermittelt der Beklagte dem Gericht die Akten des Verfahrens vor der Beschwerdekammer.

Art. 179 Parteien, die eine Klagebeantwortung einreichen können. 1 Der Beklagte und die Beteiligten im Verfahren vor der Beschwerdekammer mit Ausnahme des Klägers reichen innerhalb einer Frist von zwei Monaten nach Zustellung der Klageschrift Klagebeantwortungen ein. 2 Der Präsident kann diese Frist bei Vorliegen außergewöhnlicher Umstände auf begründeten Antrag der betreffenden Partei verlängern.

Art. 180[2] Klagebeantwortung. (1) Die Klagebeantwortung muss enthalten:

---

[1] *Art. 178 Abs. 2 und 3 neu gef.*, Abs. 4 geänd. mWv 1.12.2018 durch Änderung v. 25.9.2018 (ABl. Nr. L 240 S. 68).

[2] Art. 180 Abs. 2 geänd. mWv 1.12.2018 durch Änderung v. 25.9.2018 (ABl. Nr. L 240 S. 68).

a) Namen und Wohnsitz der Partei, die die Klagebeantwortung einreicht;

b) Angabe der Stellung und der Anschrift des Vertreters der Partei;

c) die geltend gemachten Verteidigungsgründe und -argumente;

d) die Anträge der Partei, die die Klagebeantwortung einreicht.

(2) Artikel 177 Absätze 4 bis 6 findet auf die Klagebeantwortung Anwendung.

Art. 181 Abschluss des schriftlichen Verfahrens. Unbeschadet der Bestimmungen des Dritten Kapitels wird das schriftliche Verfahren nach der Einreichung der Klagebeantwortung des Beklagten und, gegebenenfalls, des Streithelfers im Sinne des Artikels 173 abgeschlossen.

Drittes Kapitel. Anschlussklage

Art. 182 Anschlussklage. (1) Die Beteiligten im Verfahren vor der Beschwerdekammer mit Ausnahme des Klägers können innerhalb der gleichen Frist, wie sie für die Einreichung der Klagebeantwortung gilt, Anschlussklage erheben.

(2) Die Anschlussklage ist mit gesondertem, von der Klagebeantwortung getrenntem Schriftsatz zu erheben.

Art. 183 Inhalt der Anschlussklageschrift. Die Anschlussklageschrift muss enthalten:

a) Namen und Wohnsitz der Partei, die die Anschlussklage erhebt;

b) Angabe der Stellung und der Anschrift des Vertreters der Partei;

c) die geltend gemachten Klagegründe und -argumente;

d) die Anträge.

Art. 184 Anschlussklageanträge, -gründe und -argumente. (1) Die Anschlussklageanträge müssen auf Aufhebung oder Abänderung der Entscheidung der Beschwerdekammer in einem in der Klageschrift nicht geltend gemachten Punkt gerichtet sein.

(2) Die geltend gemachten Gründe und Argumente müssen die beanstandeten Punkte der Begründung der angefochtenen Entscheidung genau bezeichnen.

Art. 185 Anschlussklagebeantwortung. [1] Wird eine Anschlussklage erhoben, so können die anderen Parteien innerhalb von zwei Monaten nach Zustellung der Anschlussklageschrift einen Schriftsatz einreichen, der auf die Beantwortung der mit der Anschlussklage geltend gemachten Anträge, Gründe und Argumente zu begrenzen ist. [2] Der Präsident kann diese Frist bei Vorliegen außergewöhnlicher Umstände auf begründeten Antrag der betreffenden Partei verlängern.

Art. 186 Abschluss des schriftlichen Verfahrens. Wurde Anschlussklage erhoben, so wird das schriftliche Verfahren nach der Einreichung der letzten Klagebeantwortung zu dieser Anschlussklage abgeschlossen.

Art. 187 Verhältnis zwischen Klage und Anschlussklage. Die Anschlussklage gilt als gegenstandslos,

a) wenn der Kläger seine Klage zurücknimmt;

b) wenn die Klage für offensichtlich unzulässig erklärt wird.

Viertes Kapitel. Andere Aspekte des Verfahrens

Art. 188 Gegenstand des Rechtsstreits vor dem Gericht. Die im Rahmen des Verfahrens vor dem Gericht eingereichten Schriftsätze der Parteien können den vor der Beschwerdekammer verhandelten Streitgegenstand nicht ändern.

Art. 189 Länge der Schriftsätze. (1) Das Gericht legt gemäß Artikel 224 die maximale Länge der Schriftsätze fest, die im Rahmen dieses Titels eingereicht werden.

(2) Eine Überschreitung der maximalen Länge der Schriftsätze kann der Präsident nur in Fällen genehmigen, die in rechtlicher oder tatsächlicher Hinsicht besonders komplex sind.

Art. 190 Kostenentscheidung. (1) Wird einer Klage gegen eine Entscheidung einer Beschwerdekammer stattgegeben, so kann das Gericht beschließen, dass der Beklagte nur seine eigenen Kosten trägt.

(2) Die Aufwendungen der Parteien, die für das Verfahren vor der Beschwerdekammer notwendig waren, gelten als erstattungsfähige Kosten.

Art. 191 Sonstige anwendbare Vorschriften. Vorbehaltlich der besonderen Vorschriften dieses Titels finden auf die von diesem Titel erfassten Verfahren die Vorschriften des Dritten Titels Anwendung.

Fünfter Titel. Rechtsmittel gegen die Entscheidungen des Gerichts für den öffentlichen Dienst

Art. 192 Anwendungsbereich. Die Bestimmungen dieses Titels finden auf die in den Artikeln 9 und 10 des Anhangs I der Satzung bezeichneten Rechtsmittel gegen die Entscheidungen des Gerichts für den öffentlichen Dienst Anwendung.

Erstes Kapitel. Rechtsmittelschrift

Art. 193[1] Einreichung der Rechtsmittelschrift. Das Rechtsmittel wird durch Einreichung einer Rechtsmittelschrift bei der Kanzlei des Gerichts eingelegt.

[1] Art. 193 Abs. 2 aufgeh., bish. Abs. 1 wird alleiniger Wortlaut und geänd. mWv 1.9.2016 durch Änderung v. 13.7.2016 (ABl. Nr. L 217 S. 73.

Art. 194[1] **Inhalt der Rechtsmittelschrift.** (1) Die Rechtsmittelschrift muss enthalten:

a) Namen und Wohnsitz des Rechtsmittelführers;

b) Stellung und Anschrift des Vertreters des Rechtsmittelführers;

c) die Bezeichnung der angefochtenen Entscheidung des Gerichts für den öffentlichen Dienst;

d) die Bezeichnung der anderen Parteien der betreffenden Rechtssache vor dem Gericht für den öffentlichen Dienst;

e) die geltend gemachten Rechtsgründe und -argumente sowie eine kurze Darstellung dieser Gründe;

f) die Anträge des Rechtsmittelführers.

(2) Es ist zu vermerken, an welchem Tag die angefochtene Entscheidung dem Rechtsmittelführer zugestellt worden ist.

(3) Ist der Rechtsmittelführer eine juristische Person des Privatrechts, so hat er mit der Rechtsmittelschrift einen Nachweis jüngeren Datums für seine Rechtspersönlichkeit einzureichen (Handelsregisterauszug, Vereinsregisterauszug oder eine andere amtliche Urkunde).

(4) Der Rechtsmittelschrift sind die in Artikel 51 Absätze 2 und 3 genannten Schriftstücke beizufügen.

(5) [1]Entspricht die Rechtsmittelschrift nicht den Absätzen 2 bis 4, so setzt der Kanzler dem Rechtsmittelführer eine angemessene Frist zur Mängelbehebung. [2]Bei Ausbleiben einer fristgemäßen Mängelbehebung entscheidet das Gericht, ob die Nichtbeachtung dieser Förmlichkeit die formale Unzulässigkeit der Rechtsmittelschrift zur Folge hat.

Art. 195 Rechtsmittelanträge, -gründe und -argumente. (1) Die Rechtsmittelanträge müssen auf die vollständige oder teilweise Aufhebung der Entscheidung des Gerichts für den öffentlichen Dienst in der Gestalt der Entscheidungsformel gerichtet sein.

(2) Die geltend gemachten Rechtsgründe und -argumente müssen die beanstandeten Punkte der Begründung der Entscheidung des Gerichts für den öffentlichen Dienst genau bezeichnen.

Art. 196[2] **Anträge für den Fall der Stattgabe des Rechtsmittels.** (1) [1]Die Rechtsmittelanträge müssen für den Fall, dass das Rechtsmittel für begründet erklärt werden sollte, darauf gerichtet sein, dass den erstinstanzlichen Anträgen vollständig oder teilweise stattgegeben wird; neue Anträge sind nicht zulässig. [2]Das Rechtsmittel kann den vor dem Gericht für den öffentlichen Dienst verhandelten Streitgegenstand nicht verändern.

(2) Beantragt der Rechtsmittelführer für den Fall der Aufhebung der angefochtenen Entscheidung, dass die Rechtssache an das Gericht als

---

[1] Art. 194 Abs. 5 aufgeh., bish. Abs. 6 wird Abs. 5 mWv 1.12.2018 durch Änderung v. 25.9.2018 (ABl. Nr. L 240 S. 68.

[2] Art. 196 Abs. 2 geänd. mWv 1.9.2016 durch Änderung v. 13.7.2016 (ABl. Nr. L 217 S. 73).

erstinstanzliches Gericht zurückverwiesen wird, so hat er die Gründe darzulegen, aus denen der Rechtsstreit nicht zur Entscheidung durch das Gericht als Rechtsmittelgericht reif ist.

Zweites Kapitel. Rechtsmittelbeantwortung, Erwiderung und Gegenerwiderung

Art. 197[1)] Zustellung der Rechtsmittelschrift. (1) [1]Die Rechtsmittelschrift wird den anderen Parteien der betreffenden Rechtssache vor dem Gericht für den öffentlichen Dienst zugestellt. [2]Artikel 80 Absatz 1 findet Anwendung.

(2) Im Fall des Artikels 194 Absatz 5 erfolgt die Zustellung sogleich nach der Mängelbehebung oder nachdem das Gericht in Anbetracht der in dem genannten Artikel bezeichneten formalen Voraussetzungen die Zulässigkeit bejaht hat.

Art. 198 Parteien, die eine Rechtsmittelbeantwortung einreichen können. [1]Jede Partei der betreffenden Rechtssache vor dem Gericht für den öffentlichen Dienst, die ein Interesse an der Stattgabe oder der Zurückweisung des Rechtsmittels hat, kann innerhalb von zwei Monaten nach Zustellung der Rechtsmittelschrift eine Rechtsmittelbeantwortung einreichen. [2]Eine Verlängerung der Beantwortungsfrist ist nicht möglich.

Art. 199[2)] Inhalt der Rechtsmittelbeantwortung. (1) Die Rechtsmittelbeantwortung muss enthalten:

a) Namen und Wohnsitz der Partei, die sie einreicht;
b) Stellung und Anschrift des Vertreters der Partei;
c) das Datum, an dem der Partei die Rechtsmittelschrift zugestellt worden ist;
d) die geltend gemachten Rechtsgründe und -argumente;
e) die Anträge.

(2) Artikel 194 Absätze 3 bis 5 findet auf die Rechtsmittelbeantwortung Anwendung.

Art. 200 Anträge der Rechtsmittelbeantwortung. Die Anträge der Rechtsmittelbeantwortung müssen auf die vollständige oder teilweise Stattgabe oder Zurückweisung des Rechtsmittels gerichtet sein.

Art. 201 Erwiderung und Gegenerwiderung. (1) Die Rechtsmittelschrift und die Rechtsmittelbeantwortung können nur dann

---

1) *Art. 197* Abs. 2 geänd. mWv 1.12.2018 durch Änderung v. 25.9.2018 (ABl. Nr. L 240 S. 68.

2) Art. 199 Abs. 2 geänd. mWv 1.12.2018 durch Änderung v. 25.9.2018 (ABl. Nr. L 240 S. 68.

durch eine Erwiderung und eine Gegenerwiderung ergänzt werden, wenn der Präsident dies auf einen entsprechenden, innerhalb von sieben Tagen nach Zustellung der Rechtsmittelbeantwortung gestellten begründeten Antrag des Rechtsmittelführers für erforderlich hält, insbesondere damit der Rechtsmittelführer zu einer Unzulässigkeitseinrede oder zu in der Rechtsmittelbeantwortung geltend gemachten neuen Gesichtspunkten Stellung nehmen kann.

(2) [1]Der Präsident bestimmt die Frist für die Einreichung der Erwiderung und anlässlich der Zustellung dieses Schriftsatzes die Frist für die Einreichung der Gegenerwiderung. [2]Er kann die Seitenzahl und den Gegenstand der Schriftsätze begrenzen.

Drittes Kapitel. Anschlussrechtsmittel

Art. 202 Anschlussrechtsmittel. (1) Die in Artikel 198 bezeichneten Parteien können innerhalb der gleichen Frist, wie sie für die Einreichung der Rechtsmittelbeantwortung gilt, Anschlussrechtsmittel einlegen.

(2) Das Anschlussrechtsmittel ist mit gesondertem, von der Rechtsmittelbeantwortung getrenntem Schriftsatz einzulegen.

Art. 203 Inhalt der Anschlussrechtsmittelschrift. Die Anschlussrechtsmittelschrift muss enthalten:

a) Namen und Wohnsitz der Partei, die das Anschlussrechtsmittel einlegt;

b) Stellung und Anschrift des Vertreters der Partei;

c) das Datum, an dem der Partei die Rechtsmittelschrift zugestellt worden ist;

d) die geltend gemachten Rechtsgründe und -argumente;

e) die Anträge.

Art. 204 Anschlussrechtsmittelanträge, -gründe und -argumente. (1) Die Anschlussrechtsmittelanträge müssen auf die vollständige oder teilweise Aufhebung der Entscheidung des Gerichts für den öffentlichen Dienst gerichtet sein.

(2) Sie können auch auf die Aufhebung einer ausdrücklichen oder stillschweigenden Entscheidung über die Zulässigkeit der Klage vor *dem Gericht für den öffentlichen Dienst* gerichtet sein.

(3) [1]Die geltend gemachten Rechtsgründe und -argumente müssen die beanstandeten Punkte der Begründung der Entscheidung des Gerichts für den öffentlichen Dienst genau bezeichnen. [2]Sie müssen sich von den in der Rechtsmittelbeantwortung geltend gemachten Gründen und Argumenten unterscheiden.

Viertes Kapitel. Auf das Anschlussrechtsmittel folgende Schriftsätze

Art. 205 Anschlussrechtsmittelbeantwortung. [1]Wird Anschlussrechtsmittel eingelegt, so kann der Rechtsmittelführer oder jede andere Partei der betreffenden Rechtssache vor dem Gericht für den öffentlichen Dienst, die ein Interesse an der Stattgabe oder der Zurückweisung des Anschlussrechtsmittels hat, innerhalb von zwei Monaten nach Zustellung der Anschlussrechtsmittelschrift eine Beantwortung einreichen, deren Gegenstand auf die mit dem Anschlussrechtsmittel geltend gemachten Gründe zu begrenzen ist. [2]Eine Verlängerung der Frist ist nicht möglich.

Art. 206 Erwiderung und Gegenerwiderung nach Anschlussrechtsmittel. (1) Die Anschlussrechtsmittelschrift und ihre Beantwortung können nur dann durch eine Erwiderung und eine Gegenerwiderung ergänzt werden, wenn der Präsident dies auf einen entsprechenden, innerhalb von sieben Tagen nach Zustellung der Anschlussrechtsmittelbeantwortung gestellten begründeten Antrag des Anschlussrechtsmittelführers für erforderlich hält, insbesondere damit der Anschlussrechtsmittelführer zu einer Unzulässigkeitseinrede oder zu in der Anschlussrechtsmittelbeantwortung geltend gemachten neuen Gesichtspunkten Stellung nehmen kann.

(2) [1]Der Präsident bestimmt die Frist für die Einreichung der Erwiderung und anlässlich der Zustellung dieses Schriftsatzes die Frist für die Einreichung der Gegenerwiderung. [2]Er kann die Seitenzahl und den Gegenstand der Schriftsätze begrenzen.

Fünftes Kapitel. Mündliches Verfahren

Art. 207 Mündliches Verfahren. (1) [1]Die Parteien des Rechtsmittelverfahrens können beantragen, im Rahmen einer mündlichen Verhandlung gehört zu werden. [2]Der Antrag ist zu begründen und innerhalb von drei Wochen, nachdem die Bekanntgabe des Abschlusses des schriftlichen Verfahrens an die Parteien erfolgt ist, zu stellen. [3]Diese Frist kann vom Präsidenten verlängert werden.

(2) [1]Auf Vorschlag des Berichterstatters kann das Gericht, wenn es sich für durch die Aktenstücke der Rechtssache hinreichend unterrichtet hält, beschließen, über das Rechtsmittel ohne mündliches Verfahren zu entscheiden. [2]Gleichwohl kann es später beschließen, das mündliche Verfahren zu eröffnen.

Sechstes Kapitel. Durch Beschluss erledigte Rechtsmittel

Art. 208 Offensichtlich unzulässiges oder offensichtlich unbegründetes Rechtsmittel oder Anschlussrechtsmittel. Ist das

Rechtsmittel oder Anschlussrechtsmittel ganz oder teilweise offensichtlich unzulässig oder offensichtlich unbegründet, so kann das Gericht es jederzeit auf Vorschlag des Berichterstatters ganz oder teilweise durch mit Gründen versehenen Beschluss zurückweisen.

Art. 209 Offensichtlich begründetes Rechtsmittel oder Anschlussrechtsmittel. Hat der Gerichtshof oder das Gericht bereits über eine oder mehrere Rechtsfragen entschieden, die mit den durch die Rechtsmittel- oder Anschlussrechtsmittelgründe aufgeworfenen übereinstimmen, und hält das Gericht das Rechtsmittel oder Anschlussrechtsmittel für offensichtlich begründet, so kann er es auf Vorschlag des Berichterstatters und nach Anhörung der Parteien durch mit Gründen versehenen Beschluss, der einen Verweis auf die einschlägige Rechtsprechung enthält, für offensichtlich begründet erklären.

Siebtes Kapitel. Folgen der Streichung des Rechtsmittels für das Anschlussrechtsmittel

Art. 210 Folgen einer Rücknahme oder offensichtlichen Unzulässigkeit des Rechtsmittels für das Anschlussrechtsmittel. Das Anschlussrechtsmittel gilt als gegenstandslos,

a) wenn der Rechtsmittelführer sein Rechtsmittel zurücknimmt;

b) wenn das Rechtsmittel wegen Nichteinhaltung der Rechtsmittelfrist für offensichtlich unzulässig erklärt wird;

c) wenn das Rechtsmittel allein deshalb für offensichtlich unzulässig erklärt wird, weil es nicht gegen eine Endentscheidung des Gerichts für den öffentlichen Dienst oder gegen eine Entscheidung im Sinne des Artikels 9 Absatz 1 des Anhangs I der Satzung gerichtet ist, die über einen Teil des Streitgegenstands ergangen ist oder die einen Zwischenstreit über eine Einrede der Unzuständigkeit oder Unzulässigkeit beendet.

Achtes Kapitel. Parteikosten und Verfahrenskosten in Rechtsmittelverfahren

Art. 211 Kostenentscheidung in Rechtsmittelverfahren. (1) Vorbehaltlich der nachstehenden Bestimmungen finden die Artikel 133 bis 141 auf das Verfahren vor dem Gericht, das ein Rechtsmittel gegen eine Entscheidung des Gerichts für den öffentlichen Dienst zum Gegenstand hat, entsprechende Anwendung.

(2) Wenn das Rechtsmittel unbegründet ist oder wenn das Rechtsmittel begründet ist und das Gericht den Rechtsstreit selbst entscheidet, so entscheidet es über die Kosten.

(3) Legt ein Organ Rechtsmittel ein, so trägt es die ihm entstehenden Kosten unbeschadet der Bestimmungen des Artikels 135 Absatz 2 selbst.

(4) Abweichend von Artikel 134 Absätze 1 und 2 kann das Gericht bei Rechtsmitteln, die von Beamten oder sonstigen Bediensteten eines Organs eingelegt werden, die Kosten zwischen den Parteien teilen, sofern dies aus Gründen der Billigkeit geboten ist.

(5) [1] Hat ein erstinstanzlicher Streithelfer das Rechtsmittel nicht selbst eingelegt, so können ihm im Rechtsmittelverfahren Kosten nur dann auferlegt werden, wenn er am schriftlichen oder mündlichen Verfahren vor dem Gericht teilgenommen hat. [2] Nimmt eine solche Partei am Verfahren teil, so kann das Gericht ihr ihre eigenen Kosten auferlegen.

Neuntes Kapitel. Sonstige in Rechtsmittelverfahren anwendbare Vorschriften

Art. 212 Länge der Schriftsätze. (1) Das Gericht legt gemäß Artikel 224 die maximale Länge der Schriftsätze fest, die im Rahmen dieses Titels eingereicht werden können.

(2) Eine Überschreitung der maximalen Länge der Schriftsätze kann der Präsident nur in Fällen genehmigen, die besonders komplex sind.

Art. 213[1] Sonstige in Rechtsmittelverfahren anwendbare Vorschriften. (1) Die Artikel 51 bis 58, 60 bis 72, 79, 84, 87, 89, 90, 107 bis 122, 124, 125, 129, 131, 142 bis 162, 164, 165 und 167 bis 170 finden auf das Verfahren vor dem Gericht, das ein Rechtsmittel gegen eine Entscheidung des Gerichts für den öffentlichen Dienst zum Gegenstand hat, Anwendung.

(2) Abweichend von Artikel 143 Absatz 1 müssen Anträge auf Zulassung zur Streithilfe innerhalb eines Monats nach der Veröffentlichung im Sinne des Artikels 79 gestellt werden.

(3) Entscheidungen nach Artikel 256 Absatz 2 AEUV werden dem Gerichtshof bekannt gegeben.

Zehntes Kapitel. Rechtsmittel gegen Entscheidungen, mit denen ein Antrag auf Zulassung zur Streithilfe zurückgewiesen wurde, und gegen Entscheidungen im Wege des vorläufigen Rechtsschutzes

Art. 214 Rechtsmittel gegen Entscheidungen, mit denen ein Antrag auf Zulassung zur Streithilfe zurückgewiesen wurde, und gegen Entscheidungen im Wege des vorläufigen Rechtsschutzes. Abweichend von den Bestimmungen dieses Titels entscheidet der Präsident des Gerichts über die in Artikel 10 Absätze 1 und 2 des Anhangs I der Satzung bezeichneten Rechtsmittel gemäß dem in

[1] Art. 213 Abs. 3 geänd. mWv 1.9.2016 durch Änderung v. 13.7.2016 (ABl. Nr. L 217 S. 73); Abs. 1 geänd. mWv 1.12.2018 durch Änderung v. 25.9.2018 (ABl. Nr. L 240 S. 68).

Artikel 157 Absätze 1 und 3 und in Artikel 158 Absatz 1 vorgesehenen Verfahren.

Sechster Titel. Verfahren nach Zurückverweisung

Erstes Kapitel. Entscheidungen des Gerichts nach Aufhebung und Zurückverweisung

Art. 215 Aufhebung und Zurückverweisung durch den Gerichtshof. Hebt der Gerichtshof ein Urteil oder einen Beschluss des Gerichts auf und verweist er die Sache zur Entscheidung an das Gericht zurück, so wird die Sache durch die zurückverweisende Entscheidung beim Gericht anhängig.

Art. 216 Zuweisung der Rechtssache. (1) Hebt der Gerichtshof ein Urteil oder einen Beschluss einer Kammer auf, so kann der Präsident des Gerichts die Sache einer anderen, mit der gleichen Richterzahl tagenden Kammer zuweisen.

(2) Hebt der Gerichtshof ein Urteil oder einen Beschluss der Großen Kammer des Gerichts auf, so wird die Sache diesem Spruchkörper zugewiesen.

(3) Hebt der Gerichtshof ein Urteil oder einen Beschluss eines Richters auf, der als Einzelrichter entschieden hat, so kann der Präsident des Gerichts die Sache dem Einzelrichter zuweisen; diesem bleibt es unbenommen, die Sache an die Kammer zu verweisen, der er angehört.

Art. 217 Ablauf des Verfahrens. (1) [1]Ist die später vom Gerichtshof aufgehobene Entscheidung ergangen, nachdem das schriftliche Verfahren zur Sache vor dem Gericht bereits abgeschlossen war, so können die am Verfahren vor dem Gericht beteiligten Parteien innerhalb einer Frist von zwei Monaten nach Zustellung der Entscheidung des Gerichtshofs schriftlich Stellung dazu nehmen, welche Schlussfolgerungen aus der Entscheidung des Gerichtshofs für die Entscheidung des Rechtsstreits zu ziehen sind. [2]Diese Frist kann nicht verlängert werden.

(2) Ist die später vom Gerichtshof aufgehobene Entscheidung ergangen, als das schriftliche Verfahren zur Sache vor dem Gericht noch nicht abgeschlossen war, so wird es in dem Stadium fortgesetzt, in dem es sich befand.

(3) Wenn die Umstände es rechtfertigen, kann der Präsident die Einreichung zusätzlicher Schriftsätze gestatten.

Art. 218 Anwendbare Verfahrensbestimmungen. Vorbehaltlich des Artikels 217 finden auf das Verfahren, je nach Fall, die Bestimmungen des Dritten Titels oder des Vierten Titels Anwendung.

Art. 219 Kosten. Das Gericht entscheidet über die Kosten des Rechtsstreits vor dem Gericht und über die Kosten des Rechtsmittelverfahrens vor dem Gerichtshof.

Zweites Kapitel. Entscheidungen des Gerichts nach Überprüfung und Zurückverweisung

Art. 220 Überprüfung und Zurückverweisung durch den Gerichtshof. Überprüft der Gerichtshof ein Urteil oder einen Beschluss des Gerichts und verweist er die Sache zur Entscheidung an das Gericht zurück, so wird die Sache durch das zurückverweisende Urteil beim Gericht anhängig.

Art. 221 Zuweisung der Rechtssache. (1) Verweist der Gerichtshof eine Sache zurück, die ursprünglich von einer Kammer entschieden worden ist, so kann der Präsident des Gerichts die Sache einer anderen, mit der gleichen Richterzahl tagenden Kammer zuweisen.

(2) Verweist der Gerichtshof eine Sache zurück, die ursprünglich von der Großen Kammer des Gerichts entschieden worden ist, so wird die Sache diesem Spruchkörper zugewiesen.

Art. 222 Ablauf des Verfahrens. (1) [1]Die am Verfahren vor dem Gericht beteiligten Parteien können innerhalb einer Frist von einem Monat nach Zustellung des Urteils des Gerichtshofs schriftlich Stellung dazu nehmen, welche Schlussfolgerungen aus diesem Urteil für die Entscheidung des Rechtsstreits zu ziehen sind. [2]Diese Frist kann nicht verlängert werden.

(2) Das Gericht kann im Rahmen prozessleitender Maßnahmen die am Verfahren vor ihm beteiligten Parteien zur Einreichung von Schriftsätzen auffordern und kann entscheiden, sie in einer mündlichen Verhandlung anzuhören.

Art. 223 Kosten. Das Gericht entscheidet über die Kosten des nach der Überprüfung bei ihm anhängig gewordenen Rechtsstreits.

Schlussbestimmungen

Art. 224 Durchführungsbestimmungen. Das Gericht erlässt durch gesonderten Rechtsakt praktische Durchführungsbestimmungen[1] zu dieser Verfahrensordnung.

Art. 225 Zwangsvollstreckung. Auf die Zwangsvollstreckung der nach dieser Verfahrensordnung verhängten Sanktionen oder sonstigen

[1] Siehe hierzu ua: Praktische Durchführungsbestimmungen zur Verfahrensordnung des Gerichts.

Maßnahmen finden die Artikel 280 AEUV, 299 AEUV und 164 EAGV entsprechende Anwendung.

Art. 226 Aufhebung. Diese Verfahrensordnung tritt an die Stelle der Verfahrensordnung des Gerichts vom 2. Mai 1991 in ihrer zuletzt am 19. Juni 2013 geänderten Fassung.

Art. 227 Veröffentlichung und Inkrafttreten dieser Verfahrensordnung. (1) Diese in den in Artikel 44 genannten Sprachen verbindliche Verfahrensordnung wird im Amtsblatt der Europäischen Union veröffentlicht.

(2) Diese Verfahrensordnung tritt am ersten Tag des dritten Monats nach ihrer Veröffentlichung[1] in Kraft.

(3) Artikel 105 findet erst Anwendung, wenn der Beschluss nach Artikel 105 Absatz 11 in Kraft getreten ist.

(4) Artikel 45 Absatz 4, Artikel 139 Buchstabe c und Artikel 181 finden nur auf nach dem Inkrafttreten dieser Verfahrensordnung beim Gericht eingereichte Klagen Anwendung.

(5) Die Artikel 106 und 207 finden nur auf Rechtssachen Anwendung, in denen das schriftliche Verfahren im Zeitpunkt des Inkrafttretens dieser Verfahrensordnung noch nicht abgeschlossen ist.

(6) Artikel 115 Absatz 1, Artikel 116 Absatz 6, Artikel 131 und Artikel 135 Absatz 2 der Verfahrensordnung des Gerichts vom 2. Mai 1991 in ihrer zuletzt am 19. Juni 2013 geänderten Fassung finden auf vor dem Inkrafttreten dieser Verfahrensordnung beim Gericht eingereichte Klagen weiterhin Anwendung.

(7) Die Artikel 135a und 146 der Verfahrensordnung des Gerichts vom 2. Mai 1991 in ihrer zuletzt am 19. Juni 2013 geänderten Fassung finden auf beim Gericht anhängige Klagen, bei denen das schriftliche Verfahren vor dem Inkrafttreten dieser Verfahrensordnung abgeschlossen wurde, weiterhin Anwendung.

(Fortsetzung nächstes Blatt)

---

[1] Veröffentlicht am 23.4.2015.

Anhang
Praktische Durchführungsbestimmungen zur Verfahrensordnung des Gerichts[1]

Vom 20. Mai 2015

(ABl. Nr. L 152/1 vom 18.6.2015, geänd. am 13.7.2016, ABl. Nr. L 217/78 v. 12.8.2016 und am 17.10.2018, ABl. Nr. L 294/23 v. 21.11.2018, ber. ABl. Nr. L 296/40 v. 22.11.2018)

Inhaltsübersicht

[1] Die Durchführungsbestimmungen v. 20.5.2015 (ABl. Nr. L 152/1 v. 18.6.2015) sind am 1.7.2015 in Kraft getreten und ersetzen die Praktischen Anweisungen für die Parteien vor dem Gericht v. 24.1.2012. Die Änderungen v. 17.10.2018 sind am 1.12.2018 in Kraft getreten. Ein (hier nicht abgedrucktes) Prozesskostenformular findet sich in ABl. Nr. L 152/31 v. 18.6.2015.

DAS GERICHT –

gestützt auf Art. 224 seiner Verfahrensordnung[1)],

in Erwägung nachstehender Gründe:[2)]

Im Hinblick auf Transparenz, Rechtssicherheit und eine ordnungsgemäße Durchführung der Verfahrensordnung sind für die Zuständigkeit des Kanzlers, insbesondere was die Führung des Registers und der Akten der Rechtssachen, die Behebung von Mängeln der Verfahrensschriftstücke und Unterlagen, deren Zustellung sowie die Gebührenordnung der Kanzlei betrifft, Durchführungsbestimmungen festzulegen.

Gemäß Art. 37 der Verfahrensordnung ist die Gebührenordnung der Kanzlei zu erlassen.

Im Interesse einer geordneten Rechtspflege sind den Vertretern der Parteien, seien es Anwälte oder Bevollmächtigte im Sinne von Art. 19 des Protokolls über die Satzung des Gerichtshofs der Europäischen Union (im Folgenden: Satzung), praktische Anweisungen darüber zu erteilen, in welcher Weise sie die Verfahrensschriftstücke und Unterlagen einreichen und die mündliche Verhandlung vor dem Gericht bestmöglich vorbereiten sollen.

Diese Praktischen Durchführungsbestimmungen erläutern, präzisieren und ergänzen bestimmte Vorschriften der Verfahrensordnung und sollen es den Vertretern der Parteien ermöglichen, vom Gericht zu berücksichtigenden Aspekten Rechnung zu tragen, insbesondere solchen bezüglich der Einreichung von Verfahrensschriftstücken und Unterlagen, deren Gestaltung und Übersetzung sowie dem Dolmetschen in mündlichen Verhandlungen.

---

1) **[Amtl. Anm.:]** Verfahrensordnung des Gerichts (ABl. L 105 vom 23.4.2015, S. 1).

2) Erwägungsgrund 10 geänd., 11 eingf. mWv 1.12.2018 durch Beschl. des Gerichtshofs v. 21.11.2018 (ABl. L 294 S. 23).

Im Zusammenhang mit der vertraulichen Behandlung der Verfahrensschriftstücke und Unterlagen ergeben sich spezifische Fragen.
Der Kanzler hat darauf zu achten, dass die zu den Akten der Rechtssache gegebenen Verfahrensschriftstücke und Unterlagen den Bestimmungen der Satzung, der Verfahrensordnung und diesen Praktischen Durchführungsbestimmungen entsprechen.
Die Einreichung von Verfahrensschriftstücken und Unterlagen, die nicht den Bestimmungen der Satzung, der Verfahrensordnung und diesen Praktischen Durchführungsbestimmungen entsprechen, bewirken eine zum Teil erhebliche Verlängerung der Verfahrensdauer und eine Erhöhung der Verfahrenskosten.
Mit der Einhaltung dieser Praktischen Durchführungsbestimmungen tragen die Vertreter der Parteien in ihrer Eigenschaft als Hilfsorgane der Rechtspflege durch ihre prozessuale Redlichkeit zur Wirksamkeit der Justiz bei, indem sie es dem Gericht ermöglichen, die von ihnen eingereichten Verfahrensschriftstücke und Unterlagen sachgerecht zu bearbeiten, und setzen sich hinsichtlich der in diesen Praktischen Durchführungsbestimmungen behandelten Punkte nicht der Anwendung von Art. 139 Buchst. a der Verfahrensordnung aus.
Wiederholte, eine Aufforderung zur Mängelbehebung erfordernde Verstöße gegen die Bestimmungen der Verfahrensordnung oder diese Praktischen Durchführungsbestimmungen können die Pflicht zur Erstattung der mit der erforderlichen Bearbeitung durch das Gericht verbundenen Kosten gemäß Art. 139 Buchst. c der Verfahrensordnung zur Folge haben.
Die Behandlung der nach Art. 105 Abs. 1 oder 2 der Verfahrensordnung vorgelegten Auskünfte oder Unterlagen wird durch den vom Gericht auf der Grundlage von Art. 105 Abs. 11 der Verfahrensordnung erlassenen Beschluss[1] geregelt.
Die Bestimmungen zur Einreichung und Zustellung von Verfahrensschriftstücken im Wege der Anwendung e-Curia sind in dem vom Gericht auf der Grundlage von Art. 56a Abs. 2 der Verfahrensordnung erlassenen Beschluss[2] festgelegt –
nach Anhörung der Bevollmächtigten der Mitgliedstaaten, der den Verfahren vor dem Gericht beitretenden Organen, des Harmonisierungsamts für den Binnenmarkt (Marken, Muster und Modelle) (HABM), jetzt Amt der Europäischen Union für geistiges Eigentum (EUIPO), sowie des Rates der Europäischen Anwaltschaften (CCBE),

ERLÄSST FOLGENDE PRAKTISCHE DURCHFÜHRUNGSBESTIMMUNGEN:

---

1) **[Amtl. Anm.:]** Beschluss (EU) 2016/2387 des Gerichts vom 14. September 2016 über die Sicherheitsvorschriften für Auskünfte oder Unterlagen, die nach Artikel 105 Absatz 1 oder Absatz 2 der Verfahrensordnung vorgelegt werden (ABl. L 355 vom *24.12.2016, S. 18) (im Folgenden:* Beschluss des Gerichts vom 14. September 2016).

2) **[Amtl. Anm.:]** Beschluss des Gerichts vom 11. Juli 2018 über die Einreichung und die Zustellung von Verfahrensschriftstücken im Wege der Anwendung e-Curia (ABl. L 240 vom 25.9.2018, S. 72) (im Folgenden: Beschluss des Gerichts vom 11. Juli 2018).

I. Kanzlei

A. Aufgaben des Kanzlers

1. Der Kanzler ist für die Führung des Registers des Gerichts und der Akten der anhängigen Rechtssachen, für die Entgegennahme, Weiterleitung, Zustellung und Aufbewahrung der Schriftstücke, für den Schriftverkehr mit den Parteien und den Antragstellern bei Anträgen auf Zulassung zur Streithilfe und auf Bewilligung von Prozesskostenhilfe sowie für die Verwahrung der Siegel des Gerichts verantwortlich. Er sorgt für die Erhebung der Gebühren der Kanzlei und für die Eintreibung der der Kasse des Gerichts geschuldeten Beträge. Er besorgt die Veröffentlichungen des Gerichts und die Veröffentlichung von das Gericht betreffenden Dokumenten auf der Internetseite des Gerichtshofs der Europäischen Union.
2. Der Kanzler wird in den in vorstehender Nr. 1 bezeichneten Aufgaben von einem oder mehreren Beigeordneten Kanzlern unterstützt. Ist der Kanzler verhindert, so trägt einer der Beigeordneten Kanzler – in der Reihenfolge des Dienstalters – die Verantwortung für die Wahrnehmung dieser Aufgaben und trifft die Entscheidungen, die dem Kanzler aufgrund der Verfahrensordnung des Gerichts und dieser Praktischen Durchführungsbestimmungen sowie aufgrund der ihm in deren Anwendung übertragenen Befugnisse obliegen.

B. Öffnungszeiten der Kanzlei

3. Die Kanzlei ist an allen Werktagen geöffnet. Als Werktage gelten alle Tage außer den Samstagen, den Sonntagen und den gesetzlichen Feiertagen, die in dem in Art. 58 Abs. 3 der Verfahrensordnung vorgesehenen Verzeichnis aufgeführt sind.
4. Ist ein Werktag im Sinne der vorstehenden Nr. 3 für die Beamten und sonstigen Bediensteten des Organs ein Feiertag, wird durch einen Bereitschaftsdienst die Möglichkeit gewährleistet, sich während der Öffnungszeiten mit der Kanzlei in Verbindung zu setzen.
5. Die Kanzlei ist zu folgenden Zeiten geöffnet:
   – am Vormittag: montags bis freitags von 9.30 Uhr bis 12.00 Uhr,
   – am Nachmittag: montags bis donnerstags von 14.30 Uhr bis 17.30 Uhr und freitags von 14.30 Uhr bis 16.30 Uhr.
6. Die Kanzlei ist eine halbe Stunde vor Beginn jeder mündlichen Verhandlung für die Vertreter der zu dieser Verhandlung geladenen Parteien zugänglich.
7. Außerhalb der Öffnungszeiten der Kanzlei können die in Art. 72 Abs. 4 der Verfahrensordnung bezeichnete Anlage und das in Art. 147 Abs. 6 der Verfahrensordnung bezeichnete Verfahrens-

schriftstück[1] zu jeder Tages- und Nachtzeit beim diensthabenden Pförtner an den Eingängen der Gebäude des Gerichtshofs der Europäischen Union rechtswirksam eingereicht werden. Dieser vermerkt mit verbindlicher Wirkung Tag und Uhrzeit der Einreichung und stellt auf Verlangen eine Empfangsbestätigung aus.

C. Register

8. In das Register werden alle in den beim Gericht anhängigen Rechtssachen zu den Akten gegebenen Schriftstücke eingetragen.
9. In das Register werden auch die gemäß Art. 105 Abs. 1 oder 2 der Verfahrensordnung[2] vorgelegten Auskünfte oder Unterlagen eingetragen, deren Behandlung durch den Beschluss des Gerichts vom 14. September 2016 geregelt wird.
10. Die Eintragungen in das Register werden in aufsteigender Folge mit einer Nummer versehen, die unmittelbar an die Nummer der letzten Eintragung anschließt. Sie erfolgen in der Verfahrenssprache und enthalten die zur Kennzeichnung des Schriftstücks erforderlichen Angaben, insbesondere die Daten der Einreichung und der Eintragung, die Rechtssachennummer und die Art des Schriftstücks.
11. Das in elektronischer Form geführte Register ist so gestaltet, dass keine Registrierung gelöscht werden kann und dass jede spätere Änderung einer Eintragung erkennbar ist.
12. Die Ordnungsnummer der Eintragung in das Register wird bei allen vom Gericht ausgestellten Schriftstücken auf der ersten Seite angegeben.
13. Auf dem zu den Akten der Rechtssache gegebenen Verfahrensschriftstück[3] sowie auf jeder den Parteien zugestellten Kopie wird ein Vermerk über die Eintragung im Register mit Angabe der Ordnungsnummer, des Datums der Einreichung und des Datums der Eintragung in das Register angebracht. Dieser Vermerk erfolgt in der Verfahrenssprache.
14. Das in vorstehender Nr. 13 genannte Datum der Einreichung ist – je nach Fall – das in Art. 5 des Beschlusses des Gerichts vom 11. Juli 2018 bezeichnete Datum, das Datum, an dem das Schriftstück von der Kanzlei entgegengenommen worden ist, das oben in Nr. 7 bezeichnete Datum oder das in Art. 3 zweiter Gedankenstrich des Beschlusses des Gerichts vom 14. September 2016 bezeichnete Datum. In den in Art. 54 Abs. 1 der Satzung genannten Fällen ist das Datum der Einreichung im Sinne der vorstehenden

---

[1] Nr. 7 geänd. mWv 1.12.2018 durch Beschl. des Gerichtshofs v. 21.11.2018 (ABl. L 294 S. 23).

[2] Nr. 9 geänd. mWv 1.12.2018 durch Beschl. des Gerichtshofs v. 21.11.2018 (ABl. L 294 S. 23).

[3] Nr. 13 geänd. mWv 1.12.2018 durch Beschl. des Gerichtshofs v. 21.11.2018 (ABl. L 294 S. 23).

Nr. 13 das Datum der Einreichung des Verfahrensschriftstücks[1] über e-Curia beim Kanzler des Gerichtshofs oder, wenn es sich um eine Einreichung nach Art. 147 Abs. 6 der Verfahrensordnung handelt, das Datum der Einreichung des Schriftstücks beim Kanzler des Gerichtshofs.

15. Gemäß Art. 125c der Verfahrensordnung werden die im Rahmen des Verfahrens zur gütlichen Beilegung im Sinne der Art. 125a bis 125d der Verfahrensordnung vorgelegten Unterlagen in ein spezielles Register eingetragen, das nicht der Regelung der Art. 36 und 37 der Verfahrensordnung unterliegt.

D. Rechtssachennummer

16. Jede Rechtssache erhält bei der Eintragung der Klageschrift in das Register eine Ordnungsnummer mit einem vorangestellten „T-" und nachgestellter Jahresangabe.
17. Anträge auf vorläufigen Rechtsschutz, Anträge auf Zulassung zur Streithilfe, Anträge auf Berichtigung oder Auslegung, Anträge auf Abhilfe gegen das Unterlassen einer Entscheidung, Wiederaufnahmeanträge, Einsprüche gegen Versäumnisurteile oder Drittwidersprüche, Kostenfestsetzungsanträge und Anträge auf Bewilligung von Prozesskostenhilfe in Bezug auf anhängige Klagen erhalten dieselbe Ordnungsnummer wie die Hauptsache mit einem nachgestellten Hinweis, der anzeigt, dass es sich um getrennte besondere Verfahren handelt.
18. Ein Antrag auf Prozesskostenhilfe, der im Hinblick auf eine Klage gestellt wird, erhält eine Ordnungsnummer mit einem vorangestellten „T-" und nachgestellter Jahresangabe sowie einem speziellen Zusatz.
19. Eine Klage, vor deren Einreichung ein sich auf sie beziehender Antrag auf Bewilligung von Prozesskostenhilfe gestellt worden ist, erhält dieselbe Rechtssachennummer wie der Antrag.
20. Eine Rechtssache, die vom Gerichtshof nach einer Aufhebung oder einer Überprüfung zurückverwiesen worden ist, erhält die Nummer, die sie zuvor beim Gericht erhalten hatte, mit einem nachgestellten speziellen Zusatz.
21. Die Ordnungsnummer der Rechtssache mit Angabe der Parteien wird bei den Verfahrensschriftstücken, beim Schriftverkehr in Bezug auf die Rechtssache sowie – unbeschadet des Art. 66 der Verfahrensordnung – bei den Veröffentlichungen des Gerichts und in den Dokumenten des Gerichts angegeben, die auf der Internetseite des Gerichtshofs der Europäischen Union veröffentlicht werden.

---

[1] Nrn. 14 bis 229 sowie die dazugehörigen Überschriften neu gef.; Nrn. 230 bis 270 gegenstandslos mWv 1.12.2018 durch Beschl. des Gerichtshofs v. 21.11.2018 (ABl. L 294 S. 23).

E. Akten der Rechtssache und Einsicht in die Akten der Rechtssache

E.1. *Führung der Akten der Rechtssache*

22. Die Akten der Rechtssache enthalten: die Verfahrensschriftstücke – gegebenenfalls mit ihren Anlagen –, die bei der Entscheidung über die Rechtssache berücksichtigt werden, versehen mit dem oben in Nr. 13 genannten, vom Kanzler unterzeichneten Vermerk; den Schriftverkehr mit den Parteien; gegebenenfalls das Protokoll über die Zusammenkunft mit den Parteien, den Sitzungsbericht, das Protokoll über die mündliche Verhandlung und das Protokoll über den Beweistermin sowie die in dieser Rechtssache erlassenen Entscheidungen.
23. Die zu den Akten der Rechtssache genommenen Schriftstücke werden fortlaufend nummeriert.
24. Die vertraulichen und die nicht vertraulichen Fassungen der Verfahrensschriftstücke mit ihren Anlagen werden in den Akten der Rechtssache getrennt abgelegt.
25. Schriftstücke in Bezug auf die besonderen, oben in Nr. 17 genannten Verfahren werden in den Akten der Rechtssache getrennt abgelegt.
26. Die im Rahmen eines Verfahrens zur gütlichen Beilegung im Sinne von Art. 125a der Verfahrensordnung vorgelegten Unterlagen werden in einer von der Akte der Rechtssache gesonderten Akte abgelegt.
27. Verfahrensschriftstücke nebst Anlagen, die in einer Rechtssache eingereicht und zu den Akten dieser Rechtssache genommen worden sind, können nicht bei der Vorbereitung der Entscheidung in einer anderen Rechtssache berücksichtigt werden.
28. Nach dem Abschluss des Verfahrens vor dem Gericht sorgt die Kanzlei für die Schließung und die Archivierung der Akten der Rechtssache und der in Art. 125c Abs. 1 der Verfahrensordnung bezeichneten Akte. Die geschlossenen Akten enthalten ein Verzeichnis aller zu den Akten der Rechtssache gegebenen Schriftstücke mit der Angabe ihrer Nummer sowie ein Vorsatzblatt, auf dem die Ordnungsnummer der Rechtssache, die Parteien und das Datum der Schließung der Akten der Rechtssache vermerkt sind.
29. Die Behandlung der nach Art. 105 Abs. 1 oder 2 der Verfahrensordnung vorgelegten Auskünfte oder Unterlagen wird durch den Beschluss des Gerichts vom 14. September 2016 geregelt.

E.2. *Einsicht in die Akten der Rechtssache*

30. Die Vertreter der Hauptparteien einer Rechtssache vor dem Gericht können die Akten der Rechtssache einschließlich der dem Gericht vorgelegten Verwaltungsakten in den Diensträumen der Kanzlei einsehen und Kopien der Verfahrensschriftstücke oder

Auszüge aus den Akten der Rechtssache und des Registers verlangen.

31. Die Vertreter der nach Art. 144 der Verfahrensordnung zur Streithilfe zugelassenen Parteien haben vorbehaltlich des Art. 144 Abs. 5 und 7 der Verfahrensordnung das gleiche Recht auf Einsicht in die Akten der Rechtssache wie die Hauptparteien.
32. In verbundene Rechtssachen haben die Vertreter aller Parteien vorbehaltlich des Art. 68 Abs. 4 der Verfahrensordnung das Recht auf Einsicht in die Akten der von der Verbindung betroffenen Rechtssachen.
33. Personen, die ohne Mitwirkung eines Anwalts einen Antrag auf Bewilligung von Prozesskostenhilfe nach Art. 147 der Verfahrensordnung gestellt haben, haben das Recht auf Einsicht in die die Prozesskostenhilfe betreffenden Akten.
34. Die Einsichtnahme in die vertrauliche Fassung der Verfahrensschriftstücke und gegebenenfalls deren Anlagen wird nur den Parteien gewährt, denen gegenüber keine vertrauliche Behandlung angeordnet worden ist.
35. Betreffend die gemäß Art. 105 Abs. 1 oder 2 der Verfahrensordnung vorgelegten Auskünfte oder Unterlagen wird auf Nr. 29 verwiesen.
36. Die Bestimmungen der vorstehenden Nrn. 30 bis 35 betreffen nicht den Zugang zu der in Art. 125c Abs. 1 der Verfahrensordnung bezeichneten Akte. Der Zugang zu dieser speziellen Akte wird durch Art. 125c der Verfahrensordnung geregelt.

F. Urschriften von Urteilen und Beschlüssen

37. Die Urschriften der Urteile und Beschlüsse des Gerichts werden in chronologischer Reihenfolge im Archiv der Kanzlei aufbewahrt. Eine beglaubigte Kopie wird zu den Akten der Rechtssache genommen.
38. Der Kanzler erteilt den Parteien auf ihren Antrag eine Kopie der Urschrift des Urteils oder des Beschlusses, gegebenenfalls in einer nicht vertraulichen Fassung.
39. Der Kanzler kann Dritten auf ihren Antrag eine einfache Kopie der Urteile oder Beschlüsse erteilen, jedoch nur insoweit, als diese Entscheidungen nicht bereits öffentlich zugänglich sind und keine vertraulichen Angaben enthalten.
40. Auf Beschlüsse, durch die ein Urteil oder ein Beschluss berichtigt wird, auf Urteile oder Beschlüsse, durch die ein Urteil oder ein Beschluss ausgelegt wird, auf Urteile, die auf Einspruch gegen ein Versäumnisurteil ergehen, auf Urteile und Beschlüsse, die auf Drittwiderspruch oder einen Wiederaufnahmeantrag ergehen, sowie auf Urteile oder Beschlüsse, die der Gerichtshof auf ein Rechtsmittel oder eine Überprüfung erlässt, ist am Rand des be-

treffenden Urteils oder Beschlusses hinzuweisen; die Urschrift oder eine beglaubigte Kopie dieser Entscheidungen ist mit der Urschrift des Urteils oder Beschlusses zu verbinden.

G. Übersetzungen

41. Der Kanzler veranlasst, dass gemäß Art. 47 der Verfahrensordnung alle während des Verfahrens abgegebenen mündlichen oder schriftlichen Äußerungen auf Ersuchen eines Richters oder eines Generalanwalts oder auf Antrag einer Partei in die Verfahrenssprache oder gegebenenfalls in eine andere, in Art. 45 Abs. 1 der Verfahrensordnung genannte Sprache übersetzt werden. Der Kanzler veranlasst ferner die Übersetzung in eine andere, in Art. 44 der Verfahrensordnung vorgesehene Sprache, soweit dies für den ordnungsgemäßen Ablauf des Verfahrens erforderlich ist.

H. Zeugen und Sachverständige

42. Der Kanzler trifft die zur Durchführung der Beschlüsse über die Erstattung von Sachverständigengutachten oder die Vernehmung von Zeugen erforderlichen Maßnahmen.
43. Der Kanzler lässt sich von den Zeugen einen Beleg über ihre Auslagen und ihren Verdienstausfall und von den Sachverständigen eine Rechnung über ihre Vergütung mit einem Nachweis ihrer Tätigkeit und ihrer Auslagen aushändigen.
44. Der Kanzler veranlasst, dass die Kasse des Gerichts die den Zeugen und Sachverständigen gemäß der Verfahrensordnung geschuldeten Beträge auszahlt. Besteht Streit über diese Beträge, so legt der Kanzler die Angelegenheit dem Präsidenten zur Entscheidung vor.

I. Gebührenordnung der Kanzlei

45. Wird gemäß Art. 37 der Verfahrensordnung ein Auszug aus den Akten erteilt, so erhebt der Kanzler eine Kanzleigebühr, die für beglaubigte Kopien 3,50 Euro je Seite und für einfache Kopien 2,50 Euro je Seite beträgt.
46. Wird einer Partei auf ihren Antrag gemäß Art. 38 Abs. 1 der Verfahrensordnung eine Kopie eines Verfahrensschriftstücks oder ein Auszug aus den Akten der Rechtssache auf Papier erteilt, so erhebt der Kanzler eine Kanzleigebühr, die für beglaubigte Kopien 3,50 Euro je Seite und für einfache Kopien 2,50 Euro je Seite beträgt.
47. Wird einer Partei auf ihren Antrag gemäß Art. 38 Abs. 1 oder Art. 170 der Verfahrensordnung eine Ausfertigung eines Beschlusses oder eines Urteils zum Zweck der Vollstreckung erteilt, so erhebt der Kanzler eine Kanzleigebühr, die 3,50 Euro je Seite beträgt.

48. Wird einem Dritten auf seinen Antrag gemäß Nr. 39 eine einfache Kopie eines Beschlusses oder eines Urteils erteilt, so erhebt der Kanzler eine Kanzleigebühr, die 2,50 Euro je Seite beträgt.

49. Lässt der Kanzler auf Antrag einer Partei eine Übersetzung eines Verfahrensschriftstücks oder eines Auszugs aus den Akten der Rechtssache anfertigen, deren Umfang als im Sinne von Art. 139 Buchst. b der Verfahrensordnung das gewöhnliche Maß überschreitend anzusehen ist, so wird eine Kanzleigebühr erhoben, die 1,25 Euro je Zeile beträgt.

50. Hat eine Partei oder ein Antragsteller eines Antrags auf Zulassung zur Streithilfe wiederholt gegen die Verfahrensordnung oder diese Praktischen Durchführungsbestimmungen verstoßen, so erhebt der Kanzler gemäß Art. 139 Buchst. c der Verfahrensordnung eine Kanzleigebühr, die den Betrag von 7000 Euro (2000-mal die oben in den Nrn. 45 bis 47 genannte Gebühr von 3,50 Euro) nicht übersteigen darf.

J. Erstattung von Beträgen

51. Sind der Kasse des Gerichts Beträge, die als Prozesskostenhilfe ausgezahlt oder an Zeugen oder Sachverständige gezahlt worden sind, oder im Sinne von Art. 139 Buchst. a der Verfahrensordnung vermeidbare, vom Gericht verauslagte Kosten zu erstatten, so fordert der Kanzler diese Beträge von der Partei ein, die sie zu tragen hat.

52. Erfolgt innerhalb der vom Kanzler festgesetzten Frist keine Zahlung der in vorstehender Nr. 51 genannten Beträge, so kann der Kanzler das Gericht ersuchen, einen vollstreckbaren Beschluss zu erlassen, und gegebenenfalls dessen Zwangsvollstreckung veranlassen.

53. Sind der Kasse des Gerichts Kanzleigebühren zu erstatten, so fordert der Kanzler diese Beträge bei der Partei oder dem Dritten ein, die bzw. der sie zu tragen hat.

54. Erfolgt innerhalb der vom Kanzler festgesetzten Frist keine Zahlung der in vorstehender Nr. 53 genannten Beträge, so kann der Kanzler auf der Grundlage von Art. 35 Abs. 4 der Verfahrensordnung eine vollstreckbare Entscheidung erlassen und gegebenenfalls deren Zwangsvollstreckung veranlassen.

K. Veröffentlichungen und Einstellen von Dokumenten in das Internet

55. Der Kanzler veranlasst, dass die Namen des Präsidenten und des Vizepräsidenten des Gerichts sowie der vom Gericht gewählten Kammerpräsidenten, die Besetzung der Kammern und die für die Zuweisung der Rechtssachen an die Kammern festgelegten Kriterien, die Kriterien, die festgelegt worden sind, um bei Verhinde-

rung eines Mitglieds des Spruchkörpers – je nach Fall – den Spruchkörper zu ergänzen oder die für die Beschlussfähigkeit erforderliche Zahl von Richtern zu erreichen, der Name des Kanzlers und gegebenenfalls des oder der vom Gericht gewählten Beigeordneten Kanzler sowie die Daten der Gerichtsferien im *Amtsblatt der Europäischen Union* veröffentlicht werden.

56. Der Kanzler veranlasst, dass die Beschlüsse nach Art. 11 Abs. 3, Art. 56a Abs. 2 und Art. 105 Abs. 11 der Verfahrensordnung im *Amtsblatt der Europäischen Union* veröffentlicht werden.

57. Der Kanzler veranlasst, dass das Prozesskostenhilfeformular im *Amtsblatt der Europäischen Union* veröffentlicht wird.

58. Der Kanzler veranlasst, dass die Mitteilungen über die eingereichten Klagen und die verfahrensbeendenden Entscheidungen im Amtsblatt *der Europäischen Union* veröffentlicht werden; dies gilt nicht in den Fällen, in denen die verfahrensbeendende Entscheidung vor Zustellung der Klageschrift an den Beklagten erlassen wird.

59. Der Kanzler sorgt für die Bekanntmachung der Rechtsprechung des Gerichts gemäß den von diesem beschlossenen Modalitäten. Diese Modalitäten sind auf der Internetseite des Gerichtshofs der Europäischen Union verfügbar.

II. Allgemeine Bestimmungen zur Behandlung der Rechtssachen

A. Zustellungen

60. Die Zustellungen werden von der Kanzlei gemäß Art. 57 der Verfahrensordnung vorgenommen.

61. Die Kopie des zuzustellenden Schriftstücks wird von einem Schreiben begleitet, in dem die Rechtssachennummer, die Registernummer und eine kurze Bezeichnung der Art des Schriftstücks angegeben sind.

62. Im Fall der Zustellung eines Schriftstücks gemäß Art. 57 Abs. 2 der Verfahrensordnung wird der Adressat durch Übermittlung einer Kopie des Begleitschreibens der Zustellung unter Hinweis auf Art. 57 Abs. 2 der Verfahrensordnung über die Anwendung e-Curia von dieser Zustellung benachrichtigt.

63. Der Nachweis über die Zustellung wird in den Akten der Rechtssache aufbewahrt.

64. Ist erfolglos versucht worden, dem Beklagten die Klageschrift zuzustellen, setzt der Kanzler dem Kläger – je nach Fall – eine Frist zur Mitteilung zusätzlicher Angaben oder fordert ihn unter Setzung einer Frist auf, mitzuteilen, ob er einwilligt, auf seine Kosten einen Gerichtsvollzieher zu beauftragen, um einen erneuten Zustellungsversuch zu unternehmen.

B. Fristen

65. Was Art. 58 Abs. 1 Buchst. a und b der Verfahrensordnung betrifft, endet eine nach Wochen, Monaten oder Jahren bemessene Frist mit Ablauf des Tages, der in der letzten Woche, im letzten Monat oder im letzten Jahr dieselbe Bezeichnung oder dieselbe Zahl wie der Tag trägt, an dem die Frist in Lauf gesetzt wurde, d.h. der Tag, an dem das Ereignis eingetreten oder die Handlung vorgenommen worden ist, das bzw. die die Frist in Lauf gesetzt hat, und nicht der folgende Tag.
66. Art. 58 Abs. 2 der Verfahrensordnung, wonach die Frist, wenn das Fristende auf einen Samstag, Sonntag oder gesetzlichen Feiertag fällt, mit dem Ablauf des nächstfolgenden Werktags endet, findet nur dann Anwendung, wenn das Ende der gesamten Frist einschließlich der Entfernungsfrist auf einen Samstag, Sonntag oder gesetzlichen Feiertag fällt.
67. Der Kanzler setzt die in der Verfahrensordnung vorgesehenen Fristen gemäß den ihm vom Präsidenten übertragenen Befugnissen fest.
68. Gemäß Art. 62 der Verfahrensordnung können Verfahrensschriftstücke oder Unterlagen, die nach Ablauf der für ihre Einreichung festgesetzten Frist bei der Kanzlei eingehen, nur mit Genehmigung des Präsidenten angenommen werden.
69. Der Kanzler kann die festgesetzten Fristen im Rahmen der ihm vom Präsidenten übertragenen Befugnisse verlängern; gegebenenfalls unterbreitet er dem Präsidenten Vorschläge für die Verlängerung der Fristen. Anträge auf Fristverlängerung sind gebührend zu begründen und rechtzeitig vor Ablauf der festgesetzten Frist zu stellen.
70. Eine Frist kann nur aus außergewöhnlichen Gründen mehr als einmal verlängert werden.

C. Anonymität

71. Hält eine Partei es für erforderlich, dass ihre Identität oder bestimmte sie betreffende Angaben im Rahmen einer beim Gericht anhängigen Rechtssache vertraulich behandelt werden, so hat sie sich gemäß Art. 66 der Verfahrensordnung an das Gericht zu wenden, damit dieses die betreffende Rechtssache gegebenenfalls vollständig oder teilweise anonymisiert.
72. Der Antrag auf Anonymität ist mit gesondertem Schriftsatz und mit einer angemessenen Begründung versehen einzureichen.
73. Um die Wirksamkeit der Anonymität zu wahren, ist es wichtig, den Antrag gleich zu Beginn des Verfahrens zu stellen. Wegen der Verbreitung der die Rechtssache betreffenden Informationen im Internet ist die praktische Wirksamkeit der Anonymisierung gefährdet, wenn die betreffende Rechtssache in der Liste der

beim Gericht anhängig gemachten Rechtssachen, die auf der Internetseite des Gerichtshofs der Europäischen Union zugänglich ist, aufgeführt wurde, oder wenn die Mitteilung zur betreffenden Rechtssache bereits im *Amtsblatt der Europäischen Union* veröffentlicht worden ist.

D. Weglassen von Angaben gegenüber der Öffentlichkeit

74. Unter den in Art. 66 der Verfahrensordnung genannten Voraussetzungen kann eine Partei beantragen, Angaben zur Identität von im Rahmen des Verfahrens erwähnten Dritten oder bestimmte vertrauliche Angaben in öffentlich zugänglichen Schriftstücken der Rechtssache wegzulassen.

75. Der Antrag auf Weglassen ist mit gesondertem Schriftsatz einzureichen. Er muss die betreffenden Angaben genau bezeichnen und eine Begründung für die Vertraulichkeit jeder dieser Angaben enthalten.

76. Um die Wirksamkeit des Weglassens von Angaben gegenüber der Öffentlichkeit zu wahren, wird empfohlen, den Antrag – je nach Fall – gleich zu Beginn des Verfahrens, bei der Einreichung des Verfahrensschriftstücks, das die betreffenden Angaben enthält, oder unmittelbar nach Kenntniserlangung von diesem Schriftstück zu stellen. Wegen der Verbreitung der die Rechtssache betreffenden Informationen im Internet ist das Weglassen von Angaben gegenüber der Öffentlichkeit sehr schwierig, wenn die Mitteilung zur betreffenden Rechtssache bereits im *Amtsblatt der Europäischen Union* veröffentlicht worden ist oder wenn die im Laufe des Verfahrens ergangene oder das Verfahren beendende Entscheidung des Gerichts auf der Internetseite des Gerichtshofs der Europäischen Union zugänglich gemacht worden ist.

III. Verfahrensschriftstücke und zugehörige Anlagen

A. Einreichung von Verfahrensschriftstücken und zugehörigen Anlagen über e-Curia

77. Jedes Verfahrensschriftstück ist, vorbehaltlich der in den Nrn. 89 bis 91 genannten Fälle, bei der Kanzlei des Gerichts auf ausschließlich elektronischem Weg unter Nutzung der Anwendung e-Curia (https://curia.europa.eu/e-Curia) einzureichen, wobei der Beschluss des Gerichts vom 11. Juli 2018 und die Voraussetzungen für die Nutzung der Anwendung e-Curia zu beachten sind. Diese Dokumente sind auf der Internetseite des Gerichtshofs der Europäischen Union verfügbar.

78. Der Vertreter, der die Einreichung über e-Curia vornimmt, muss *sämtliche* Anforderungen nach Art. 19 der Satzung erfüllen und, wenn es sich um einen Anwalt handelt, über die erforderliche Unabhängigkeit gegenüber der Partei verfügen, die er vertritt.

79. Die Verwendung der Benutzerkennung und des persönlichen Passworts des Vertreters gilt nach Art. 3 des Beschlusses des Gerichts vom 11. Juli 2018 als Unterzeichnung des eingereichten Verfahrensschriftstücks und soll die Echtheit dieses Schriftstücks gewährleisten. Durch die Verwendung seiner Benutzerkennung und seines persönlichen Passworts übernimmt der Vertreter die Verantwortung für den Inhalt des eingereichten Schriftstücks.

B. Gestaltung der Verfahrensschriftstücke und zugehöriger Anlagen

B.1. *Verfahrensschriftstücke*

80. Die erste Seite eines jeden Verfahrensschriftstücks enthält folgende Angaben:

a) die Rechtssachennummer (T-…/…), sofern von der Kanzlei bereits mitgeteilt;

b) die Bezeichnung des Verfahrensschriftstücks (Klageschrift, Rechtsmittelschrift, Klagebeantwortung, Rechtsmittelbeantwortung, Erwiderung, Gegenerwiderung, Antrag auf Zulassung zur Streithilfe, Streithilfeschriftsatz, Einrede der Unzulässigkeit, Stellungnahme zu …, Antworten auf Fragen usw.);

c) den Namen des Klägers oder Rechtsmittelführers, des Beklagten oder Rechtsmittelgegners, gegebenenfalls des Streithelfers sowie aller anderen Parteien des Verfahrens in das geistige Eigentum betreffenden Rechtssachen;

d) den Namen der Partei, für die das Verfahrensschriftstück eingereicht wird.

81. Zur Vereinfachung der elektronischen Einsichtnahme müssen die Verfahrensschriftstücke folgende Formerfordernisse erfüllen:

a) A4-Format;

b) gängige Schrifttype (z. B. Times New Roman, Courier oder Arial) mit einer Schriftgröße von mindestens 12 pt im Haupttext und mindestens 10 pt in den Fußnoten zu verwenden, bei einem Zeilenabstand von 1 sowie einem Abstand von mindestens 2,5 cm zum linken und rechten sowie zum oberen und unteren Rand;

c) fortlaufende, aufsteigende Nummerierung aller Absätze;

d) fortlaufende, aufsteigende Nummerierung aller Seiten.

B.2. *Anlagenverzeichnis*

82. Das Anlagenverzeichnis muss sich am Schluss des Verfahrensschriftstücks befinden. Anlagen, die nicht im Anlagenverzeichnis aufgeführt sind, werden nicht angenommen.

83. Das Anlagenverzeichnis muss für jede Anlage enthalten:
   a) die Nummer der Anlage (die Unterlagen sind mit einem Buchstaben für das Verfahrensschriftstück, dem sie beigefügt sind, zu bezeichnen und zu nummerieren: z. B. Anlage A.1, A.2, … für Anlagen zur Klageschrift; B.1, B.2, … für Anlagen zur Klagebeantwortung; C.1, C.2, … für Anlagen zur Erwiderung; D.1, D.2, … für Anlagen zur Gegenerwiderung);
   b) eine kurze Beschreibung der Anlage mit Angabe ihrer Art (z. B. „Schreiben" mit Angabe des Datums, des Verfassers, des Adressaten und der Zahl der Seiten dieser Anlage);
   c) die Angabe des Beginns und des Schlusses jeder Anlage gemäß der fortlaufenden Paginierung der Anlagen (z. B.: S. 43 bis 49 der Anlagen);
   d) die Angabe der Nummer des Absatzes, in dem das Schriftstück erstmals erwähnt ist und der dessen Einreichung rechtfertigt.
84. Zur Optimierung der Bearbeitung durch die Kanzlei ist es erforderlich, Anlagen mit Farbdruck im Anlagenverzeichnis als solche kenntlich zu machen.

B.3. *Anlagen*

85. Einem Verfahrensschriftstück dürfen nur die darin erwähnten und im Anlagenverzeichnis aufgeführten Unterlagen, die zum Beweis oder zur Erläuterung des Inhalts des Verfahrensschriftstücks erforderlich sind, als Anlage beigefügt werden.
86. Die Anlagen zu einem Verfahrensschriftstück sind so einzureichen, dass die elektronische Einsichtnahme in diese durch das Gericht erleichtert wird und dass jede Möglichkeit einer Verwechslung ausgeschlossen ist. Daher sind folgende Anforderungen zu beachten:
   a) Jede Anlage ist entsprechend Nr. 83 Buchst. a mit einer Nummer zu versehen;
   b) es wird empfohlen, die Anlagen jeweils durch ein besonderes Vorblatt anzukündigen;
   c) Anlagen, die ihrerseits Anlagen enthalten, sind so zu nummerieren und zu gestalten, dass jede Möglichkeit einer Verwechslung ausgeschlossen ist.
   d) Die einem Verfahrensschriftstück beigefügten Anlagen sind in der oberen rechten Ecke in aufsteigender Folge zu paginieren. Die Anlagen sind fortlaufend, aber getrennt von dem Verfahrensschriftstück, dem sie beigefügt sind, zu paginieren;
   e) die Anlagen müssen gut lesbar sein.
87. Bei Bezugnahmen auf eingereichte Unterlagen sind die Nummer *der betreffenden* Anlage, wie sie im Anlagenverzeichnis aufgeführt ist, und das Verfahrensschriftstück, mit dem die Anlage eingereicht wird, anzugeben (z. B. Anlage A.1 zur Klageschrift).

C. Gestaltung der über die Anwendung e-Curia eingereichten Dateien

88. Die über die Anwendung e-Curia eingereichten Verfahrensschriftstücke und deren Anlagen haben die Form von Dateien. Um ihre Bearbeitung durch die Kanzlei zu erleichtern, wird empfohlen, die praktischen Ratschläge im Benutzerhandbuch e-Curia zu befolgen, das auf der Internetseite des Gerichtshofs der Europäischen Union verfügbar ist. Sie lauten:
– Die Dateien müssen Namen tragen, aus denen die Art des Verfahrensschriftstücks hervorgeht (Schriftsatz, Anlagen Teil 1, Anlagen Teil 2, Begleitschreiben usw.).
– Der mit der Textverarbeitungssoftware erstellte Text kann direkt im PDF-Format gespeichert werden, ohne dass ein Einscannen erforderlich ist.
– Der Schriftsatz muss ein Anlagenverzeichnis enthalten.
– Dateien mit Anlagen müssen von der das Verfahrensschriftstück enthaltenden Datei getrennt sein. Eine Datei darf mehrere Anlagen enthalten. Es muss nicht zwingend für jede Anlage eine eigene Datei erstellt werden. Es wird empfohlen, die Anlagen bei der Einreichung in aufsteigender Reihenfolge beizufügen und sie hinreichend genau zu benennen (z. B.: Anlagen 1 bis 3, Anlagen 4 bis 6 usw.).

D. Einreichung auf andere Weise als über e-Curia

89. Die Grundregel, wonach jedes Verfahrensschriftstück bei der Kanzlei über e-Curia einzureichen ist, gilt unbeschadet der in Art. 105 Abs. 1 und 2 sowie Art. 147 Abs. 6 der Verfahrensordnung bezeichnete Fälle.

90. Darüber hinaus können Anlagen zu einem Verfahrensschriftstück, die in dem Schriftstück erwähnt werden und ihrer Art nach nicht über e-Curia eingereicht werden können, in Anwendung von Art. 72 Abs. 4 der Verfahrensordnung gesondert auf dem Postweg übermittelt oder der Kanzlei übergeben werden, sofern sie im Anlagenverzeichnis des über e-Curia eingereichten Schriftstücks aufgeführt sind. Im Anlagenverzeichnis ist anzugeben, welche Anlagen gesondert eingereicht werden. Diese Anlagen müssen spätestens zehn Tage nach der Einreichung des Verfahrensschriftstücks über e-Curia bei der Kanzlei eingehen. Die Einreichung muss an folgende Adresse erfolgen:

Kanzlei des Gerichts der Europäischen Union
Rue du Fort Niedergrünewald
L–2925 Luxemburg

91. Erweist sich die Einreichung eines Verfahrensschriftstücks über e-Curia als technisch unmöglich, so hat der Vertreter die in Art. 7 des Beschlusses des Gerichts vom 11. Juli 2018 vorgesehenen Schritte zu befolgen. Die Kopie eines Schriftstücks, das nach

Art. 7 Abs. 2 des Beschlusses des Gerichts vom 11. Juli 2018 in einer anderen Weise als über e-Curia eingereicht wird, muss das Anlagenverzeichnis sowie alle darin bezeichneten Anlagen enthalten. Eine handschriftliche Unterzeichnung der Kopie des so eingereichten Verfahrensschriftstücks ist nicht erforderlich.

E. Zurückweisung von Verfahrensschriftstücken und Unterlagen

92. Der Kanzler verweigert die Eintragung von Verfahrensschriftstücken – und gegebenenfalls Unterlagen –, die in der Verfahrensordnung nicht vorgesehen sind, in das Register und ihre Aufnahme in die Akten der Rechtssache. In Zweifelsfällen legt er die Angelegenheit dem Präsidenten zur Entscheidung vor.
93. Außer in den in der Verfahrensordnung ausdrücklich vorgesehenen Fällen und vorbehaltlich der folgenden Nrn. 99 und 100 verweigert der Kanzler die Eintragung von Verfahrensschriftstücken oder Unterlagen, die in einer anderen Sprache als der Verfahrenssprache abgefasst sind, in das Register und ihre Aufnahme in die Akten der Rechtssache.
94. Erhebt eine Partei Einwendungen gegen die Weigerung des Kanzlers, ein Verfahrensschriftstück oder Unterlagen in das Register einzutragen und zu den Akten der Rechtssache zu nehmen, so legt dieser die Angelegenheit dem Präsidenten zur Entscheidung über die Annahme des fraglichen Verfahrensschriftstücks oder der fraglichen Unterlagen vor.

F. Behebung von Mängeln der Verfahrensschriftstücke und der zugehörigen Anlagen

F.1. *Allgemeines*

95. Der Kanzler achtet darauf, dass die zu den Akten der Rechtssache gegebenen Verfahrensschriftstücke und deren Anlagen den Bestimmungen der Satzung und der Verfahrensordnung sowie diesen Praktischen Durchführungsbestimmungen entsprechen.
96. Gegebenenfalls setzt er den Parteien eine Frist für die Behebung formaler Mängel der eingereichten Verfahrensschriftstücke.
97. Bei wiederholten, eine Aufforderung zur Mängelbehebung erfordernden Verstößen gegen die Bestimmungen der Verfahrensordnung oder diese Praktischen Durchführungsbestimmungen verlangt der Kanzler gemäß Art. 139 Buchst. c der Verfahrensordnung von der Partei oder dem Antragsteller eines Antrags auf Zulassung zur Streithilfe Erstattung der mit der erforderlichen Bearbeitung durch das Gericht verbundenen Kosten.
98. Entsprechen die Anlagen trotz ergangener Aufforderungen zur Mängelbehebung noch immer nicht den Bestimmungen der Verfahrensordnung oder diesen Praktischen Durchführungsbestimmungen, legt der Kanzler die Angelegenheit dem Präsidenten vor, damit dieser entscheidet, ob die Anlagen zurückzuweisen sind.

99. Liegt Anlagen zu einem Verfahrensschriftstück keine Übersetzung in die Verfahrenssprache bei, fordert der Kanzler die betreffende Partei auf, diesen Mangel zu beheben, wenn diese Übersetzung für den ordnungsgemäßen Ablauf des Verfahrens erforderlich erscheint. Wird der Mangel nicht behoben, werden die Anlagen aus den Akten der Rechtssache entfernt.

100. Ist ein von einem Dritten, der kein Mitgliedstaat ist, gestellter Antrag auf Zulassung zur Streithilfe nicht in der Verfahrenssprache abgefasst, so verlangt der Kanzler die Behebung dieses Mangels, bevor er den Antrag den Parteien zustellt. Wird eine in der Verfahrenssprache erstellte Fassung dieses Antrags innerhalb der vom Kanzler hierfür festgesetzten Frist eingereicht, gilt das Datum der Einreichung der ersten Fassung in einer anderen Sprache als Datum der Einreichung des Verfahrensschriftstücks.

F.2. *Behebung von Mängeln der Klageschrift*

101. Entspricht eine Klageschrift nicht den in Anhang 1 dieser Praktischen Durchführungsbestimmungen genannten Voraussetzungen, so wird sie von der Kanzlei nicht zugestellt, und es wird eine angemessene Frist zur Behebung des Mangels festgesetzt. Wird der Mangel nicht behoben, kann dies die Abweisung der Klage wegen Unzulässigkeit nach Art. 78 Abs. 6, Art. 177 Abs. 6 und Art. 194 Abs. 5 der Verfahrensordnung zur Folge haben.

102. Entspricht eine Klageschrift nicht den in Anhang 2 dieser Praktischen Durchführungsbestimmungen genannten Formvorschriften, so verzögert sich ihre Zustellung, und es wird eine angemessene Frist zur Behebung des Mangels festgesetzt.

103. Entspricht eine Klageschrift nicht den in Anhang 3 dieser Praktischen Durchführungsbestimmungen genannten Formvorschriften, so wird die Klageschrift zugestellt, und es wird eine angemessene Frist zur Behebung des Mangels festgesetzt.

F.3. *Behebung von Mängeln bei anderen Verfahrensschriftstücken*

104. Die Nrn. 101 bis 103 finden erforderlichenfalls auf die Behebung von Mängeln anderer Verfahrensschriftstücke als der Klageschrift Anwendung.

IV. Schriftliches Verfahren

A. Länge der Schriftsätze

A.1. *Klageverfahren*

105. In Klageverfahren im Sinne des Art. 1 der Verfahrensordnung gelten für die Länge der Schriftsätze[1] die folgenden Obergrenzen.

[1] **[Amtl. Anm.:]** Der Text muss den in Nr. 81 Buchst. b dieser Praktischen Durchführungsbestimmungen enthaltenen Vorgaben entsprechen.

In Klageverfahren, die nicht nach Art. 270 AEUV anhängig gemacht worden sind:
- 50 Seiten für die Klageschrift und die Klagebeantwortung;
- 25 Seiten für die Erwiderung und die Gegenerwiderung;
- 20 Seiten für einen Schriftsatz, mit dem eine Einrede der Unzulässigkeit erhoben wird, und für die Stellungnahme zu dieser Einrede;
- 20 Seiten für einen Streithilfeschriftsatz und 15 Seiten für die Stellungnahme zu diesem Schriftsatz.

In Klageverfahren, die nach 270 AEUV anhängig gemacht worden sind:
- 30 Seiten für die Klageschrift und die Klagebeantwortung;
- 15 Seiten für die Erwiderung und die Gegenerwiderung;
- 10 Seiten für einen Schriftsatz, mit dem eine Einrede der Unzulässigkeit erhoben wird, und für die Stellungnahme zu dieser Einrede;
- 10 Seiten für einen Streithilfeschriftsatz und 5 Seiten für die Stellungnahme zu diesem Schriftsatz.

106. Eine Überschreitung dieser Obergrenzen wird nur in Fällen genehmigt, die in rechtlicher oder tatsächlicher Hinsicht besonders komplex sind.

A.2. *Rechtssachen des geistigen Eigentums*

107. In Rechtssachen des geistigen Eigentums gelten für die Länge der Schriftsätze[1] folgende Obergrenzen:
- 20 Seiten für die Klageschrift und die Klagebeantwortungen;
- 15 Seiten für die Anschlussklage und für die Klagebeantwortungen auf diese Anschlussklage;
- 10 Seiten für einen Schriftsatz, mit dem eine Einrede der Unzulässigkeit erhoben wird, und für die Stellungnahme zu dieser Einrede;
- 10 Seiten für einen Streithilfeschriftsatz und 5 Seiten für die Stellungnahme zu diesem Schriftsatz.

108. Eine Überschreitung dieser Obergrenzen wird nur in Fällen genehmigt, die in rechtlicher oder tatsächlicher Hinsicht besonders komplex sind.

A.3. *Behebung des Mangels übermäßig langer Schriftsätze*

109. Ein Schriftsatz, dessen Seitenzahl die – je nach Fall – in den Nrn. 105 und 107 vorgeschriebene Obergrenze um 40% übersteigt, führt zu einer Mängelrüge, sofern der Präsident nichts anderes verfügt.

110. Ein Schriftsatz, dessen Seitenzahl die – je nach Fall – in den Nrn. 105 und 107 vorgeschriebene Obergrenze um weniger als 40%

---

[1] **[Amtl. Anm.:]** Der Text muss den in Nr. 81 Buchst. b dieser Praktischen Durchführungsbestimmungen enthaltenen Vorgaben entsprechen.

übersteigt, kann auf entsprechende Verfügung des Präsidenten zu einer Mängelrüge führen.

111. Wird eine Partei zur Behebung des Mangels eines übermäßig langen Schriftsatzes aufgefordert, so verzögert sich die Zustellung des Schriftsatzes, dessen Umfang die Mängelrüge begründet.

B. Aufbau und Inhalt der Schriftsätze

B.1. *Klagen*

1. Klageschrift

112. Die Angaben, die in der Klageschrift zwingend enthalten sein müssen, sind in Art. 76 der Verfahrensordnung aufgeführt.

113. Auf den einleitenden Teil der Klageschrift sollte eine kurze Darstellung des dem Rechtsstreit zugrunde liegenden Sachverhalts folgen.

114. Die Klageanträge sind am Anfang oder am Ende der Klageschrift genau anzugeben.

115. Die Rechtsausführungen sollten nach den geltend gemachten Klagegründen gegliedert sein. Im Allgemeinen ist es zweckdienlich, eine Gliederung dieser Klagegründe voranzustellen. Außerdem empfiehlt es sich sehr, jedem der geltend gemachten Klagegründe eine Überschrift zuzuordnen, um sie leichter identifizierbar zu machen.

116. Mit der Klageschrift sind die in Art. 51 Abs. 2 und 3 sowie Art. 78 der Verfahrensordnung genannten Dokumente einzureichen.

117. Für die Vorlage des in Art. 51 Abs. 2 der Verfahrensordnung vorgesehenen Ausweises, aus dem hervorgeht, dass der Anwalt, der eine Partei vertritt oder ihren Bevollmächtigten unterstützt, in einem Mitgliedstaat als Anwalt zugelassen ist, kann auf ein bereits im Rahmen einer Rechtssache vor dem Gericht hinterlegtes Schriftstück verwiesen werden.

118. Der Klageschrift ist eine Zusammenfassung der Klagegründe und wesentlichen Argumente beizufügen, die dazu dient, die Abfassung der gemäß Art. 79 der Verfahrensordnung im *Amtsblatt der Europäischen Union* zu veröffentlichenden Mitteilung zu erleichtern.

119. Um dem Gericht die Behandlung der Zusammenfassung der Klagegründe und wesentlichen Argumente zu erleichtern, wird um Einhaltung der folgenden Voraussetzungen gebeten:
- Die Zusammenfassung ist getrennt von der Klageschrift und den darin erwähnten Anlagen einzureichen;
- sie soll zwei Seiten nicht überschreiten;
- sie ist entsprechend dem Muster auf der Internetseite des Gerichtshofs der Europäischen Union in der Verfahrenssprache zu erstellen;

– sie ist als einfache, mit einem Textverarbeitungsprogramm erstellte elektronische Datei unter Angabe der Rechtssache, auf die sie sich bezieht, per E-Mail an die Adresse GC.Registry@curia.europa.eu zu übermitteln.

120. Wird die Klage nach Stellung eines Antrags auf Bewilligung von Prozesskostenhilfe erhoben, der gemäß Art. 147 Abs. 7 der Verfahrensordnung den Lauf der Klagefrist hemmt, ist dies am Anfang der Klageschrift anzugeben.

121. Wird die Klageschrift nach Zustellung des Beschlusses eingereicht, mit dem über den Antrag auf Bewilligung von Prozesskostenhilfe entschieden wird, oder, wenn in diesem Beschluss kein Anwalt zur Vertretung des Antragstellers bestimmt wird, nach Zustellung des Beschlusses, in dem der mit der Vertretung des Antragstellers beauftragte Anwalt bestimmt wird, so ist in der Klageschrift auch anzugeben, wann der Beschluss dem Kläger zugestellt worden ist.

122. Die Vertreter der Parteien werden ersucht, zur Erleichterung der Vorbereitung der Klageschrift in formeller Hinsicht das Dokument „Merkliste – Klageschrift" heranzuziehen, das auf der Internetseite des Gerichtshofs der Europäischen Union verfügbar ist.

2. Klagebeantwortung

123. Die Angaben, die in der Klagebeantwortung zwingend enthalten sein müssen, sind in Art. 81 Abs. 1 der Verfahrensordnung aufgeführt.

124. Die Anträge des Beklagten sind am Anfang oder am Ende der Klagebeantwortung genau anzugeben.

125. Das Bestreiten von Tatsachen, die vom Kläger behauptet werden, hat ausdrücklich und unter genauer Angabe der betreffenden Tatsachen zu erfolgen.

126. Da der rechtliche Rahmen des Verfahrens durch die Klageschrift festgelegt wird, ist das Vorbringen in der Klagebeantwortung so weit wie möglich anhand der in der Klageschrift geltend gemachten Klagegründe oder Rügen zu gliedern.

127. Die Nrn. 116 und 117 finden auf die Klagebeantwortung Anwendung.

128. Bei Rechtssachen, die nach Art. 270 AEUV anhängig gemacht worden sind, ist es wünschenswert, dass die Organe der Klagebeantwortung die von ihnen angeführten und nicht im *Amtsblatt der Europäischen Union* veröffentlichten Rechtsakte mit allgemeiner Geltung mit Angabe des Datums ihres Erlasses, ihres Inkrafttretens und gegebenenfalls ihrer Aufhebung beifügen.

3. Erwiderung und Gegenerwiderung

129. Erfolgt ein zweiter Schriftsatzwechsel, so können die Hauptparteien ihr Vorbringen durch eine Erwiderung bzw. eine Gegenerwiderung ergänzen.

130. Da der Rahmen des Rechtsstreits und die in Rede stehenden Klage- und Verteidigungsgründe oder Rügen in der Klageschrift und der Klagebeantwortung eingehend dargelegt (bzw. bestritten) wurden, liegt der Zweck der Erwiderung und der Gegenerwiderung darin, es dem Kläger und dem Beklagten zu ermöglichen, ihre Auffassung zu erläutern oder ihr Vorbringen zu einer wichtigen Frage zu präzisieren und auf Gesichtspunkte zu antworten, die in der Klagebeantwortung und der Erwiderung erstmals vorgebracht wurden. Der Präsident kann im Übrigen gemäß Art. 83 Abs. 3 der Verfahrensordnung selbst festlegen, auf welche Punkte sich diese Verfahrensschriftstücke beziehen sollten.

B.2. Rechtssachen des geistigen Eigentums

1. Klageschrift

131. Die Angaben, die in der Klageschrift zwingend enthalten sein müssen, sind in Art. 177 Abs. 1 der Verfahrensordnung aufgeführt.

132. Die Klageschrift muss außerdem die Angaben nach Art. 177 Abs. 2 und 3 der Verfahrensordnung enthalten.

133. Mit der Klageschrift sind die in Art. 177 Abs. 3 bis 5 der Verfahrensordnung genannten Dokumente einzureichen.

134. Die Nrn. 113 bis 115, 117 und 120 bis 122 finden auf die Klageschriften in Rechtssachen des geistigen Eigentums Anwendung.

2. Klagebeantwortung

135. Die Angaben, die in der Klagebeantwortung zwingend enthalten sein müssen, sind in Art. 180 Abs. 1 der Verfahrensordnung aufgeführt.

136. Die Anträge des Beklagten oder des Streithelfers sind am Anfang oder am Ende der Klagebeantwortung genau anzugeben.

137. Mit der vom Streithelfer eingereichten Klagebeantwortung sind auch die in Art. 177 Abs. 4 und 5 der Verfahrensordnung genannten Dokumente einzureichen, sofern diese Dokumente nicht bereits früher gemäß Art. 173 Abs. 5 der Verfahrensordnung eingereicht worden sind.

138. Die Nrn. 117, 125 und 126 finden auf die Klagebeantwortung Anwendung.

3. Anschlussklage und Anschlussklagebeantwortung

139. Will ein anderer Beteiligter im Verfahren vor der Beschwerdekammer – dem die Klageschrift zugestellt worden ist – als der Kläger die angefochtene Entscheidung in einem Aspekt beanstanden, der in der Klageschrift nicht vorgebracht worden ist, so muss er neben der Einreichung seiner Klagebeantwortung eine Anschlussklage erheben. Die Anschlussklage ist mit gesondertem Schriftsatz zu erheben und muss den Anforderungen der Art. 183 und 184 der Verfahrensordnung entsprechen.

140. Wird eine solche Anschlussklage erhoben, so können die anderen Parteien des Verfahrens eine Beantwortung einreichen, deren Gegenstand auf die mit der Anschlussklage geltend gemachten Anträge, Gründe und Argumente zu begrenzen ist.

V. Mündliches Verfahren

A. Anträge auf Durchführung einer mündlichen Verhandlung

141. Wie sich aus Art. 106 der Verfahrensordnung ergibt, führt das Gericht eine mündliche Verhandlung entweder von Amts wegen oder auf Antrag einer Hauptpartei durch.

142. Eine Hauptpartei, die in einer mündlichen Verhandlung gehört werden möchte, hat innerhalb von drei Wochen, nachdem die Parteien über den Abschluss des schriftlichen Verfahrens unterrichtet worden sind, einen dahin gehenden begründeten Antrag zu stellen. Diese Begründung – die nicht mit einem Schriftsatz oder einer schriftlichen Stellungnahme zu verwechseln ist und drei Seiten nicht überschreiten sollte – muss sich aus einer konkreten Beurteilung der Zweckmäßigkeit einer mündlichen Verhandlung für die betreffende Partei ergeben, und es ist anzugeben, in Bezug auf welche Bestandteile der Akten der Rechtssache oder welche Ausführungen diese Partei eine eingehendere Darlegung oder Widerlegung in einer mündlichen Verhandlung für erforderlich hält. Im Hinblick auf eine einfachere Verhandlungsführung in der mündlichen Verhandlung sollte die Begründung nicht allgemein gehalten werden, indem sie sich beispielsweise auf eine Bezugnahme auf die Bedeutung der Rechtssache beschränkt.

143. Reicht keine der Hauptparteien fristgemäß einen begründeten Antrag ein, kann das Gericht beschließen, über die Klage ohne mündliches Verfahren zu entscheiden.

B. Vorbereitung der mündlichen Verhandlung

144. Die Parteien werden auf Veranlassung der Kanzlei mindestens einen Monat vor Durchführung der mündlichen Verhandlung zu dieser geladen; hiervon unberührt bleiben die Fälle, in denen die Umstände eine Ladung der Parteien mit einer kürzeren Frist rechtfertigen.

145. Gemäß Art. 107 Abs. 2 der Verfahrensordnung wird Anträgen auf Verschiebung des Termins für die mündliche Verhandlung nur bei Vorliegen außergewöhnlicher Umstände stattgegeben. Ein solcher Antrag kann nur von einer Hauptpartei gestellt werden; er ist gebührend zu begründen, mit geeigneten Belegen zu versehen und dem Gericht so rasch wie möglich nach der Ladung zu übermitteln.

146. Beabsichtigt der Vertreter einer Partei, an der mündlichen Verhandlung nicht teilzunehmen, so soll er dies dem Gericht so rasch wie möglich nach der Ladung mitteilen.

147. Das Gericht ist bestrebt, den Vertretern der Parteien drei Wochen vor der Verhandlung einen summarischen Sitzungsbericht zukommen zu lassen. Der Sitzungsbericht dient der Vorbereitung der mündlichen Verhandlung.

148. Der vom Berichterstatter verfasste summarische Sitzungsbericht beschränkt sich auf die Darstellung der Klagegründe und eine kurze Zusammenfassung des Vorbringens der Parteien.

149. Etwaige Bemerkungen zum summarischen Sitzungsbericht können die Parteien in der mündlichen Verhandlung vorbringen. In diesem Fall werden diese Bemerkungen im Verhandlungsprotokoll vermerkt.

150. Der summarische Sitzungsbericht wird am Tag der mündlichen Verhandlung vor dem Sitzungssaal öffentlich zugänglich gemacht, soweit nicht die Öffentlichkeit von der Verhandlung insgesamt ausgeschlossen ist.

151. Vor Beginn jeder öffentlichen Verhandlung lässt der Kanzler die folgenden Informationen in der Verfahrenssprache vor dem Sitzungssaal aushängen: Tag und Uhrzeit der mündlichen Verhandlung, zuständiger Spruchkörper, die zur Verhandlung gelangende(n) Rechtssache(n) und die Namen der Parteien.

152. Ein Antrag auf Verwendung bestimmter technischer Mittel zum Zweck einer Präsentation muss mindestens zwei Wochen vor dem Tag der mündlichen Verhandlung gestellt werden. Gibt der Präsident dem Antrag statt, so sind die Modalitäten der Verwendung solcher Mittel mit der Kanzlei abzusprechen, um etwaigen technischen oder praktischen Bedürfnissen Rechnung tragen zu können. Der Zweck der Präsentation darf allein darin bestehen, die in den Akten der Rechtssache enthaltenen Angaben zu veranschaulichen; die Präsentation darf somit keine neuen Angriffs- oder Verteidigungsmittel und keine neuen Beweise enthalten. Die Trägermedien dieser Präsentationen werden nicht zu den Akten der Rechtssache gegeben und werden den anderen Parteien folglich nicht zugestellt, es sei denn, der Präsident entscheidet anders.

153. In Anbetracht der für den Zutritt zu den Gebäuden des Gerichtshofs der Europäischen Union geltenden Sicherheitsmaßnahmen wird den *Vertretern der Parteien empfohlen*, die notwendigen Vorkehrungen zu treffen, um mindestens 15 Minuten vor Beginn der mündlichen Verhandlung im Sitzungssaal anwesend sein zu können, da die Mitglieder des Spruchkörpers üblicherweise die Gestaltung der mündlichen Verhandlung mit ihnen besprechen.

154. Die Vertreter der Parteien werden ersucht, zur Vorbereitung der Teilnahme an einer mündlichen Verhandlung das Dokument

„Merkliste – Mündliche Verhandlung" heranzuziehen, das auf der Internetseite des Gerichtshofs der Europäischen Union verfügbar ist.

C. Ablauf der mündlichen Verhandlung

155. Für die Vertreter der Parteien besteht Robenpflicht.

156. Die mündliche Verhandlung dient dazu,
   - gegebenenfalls den eingenommenen Standpunkt unter Hervorhebung der wesentlichen schriftlich vorgetragenen Gesichtspunkte ganz knapp zusammenzufassen;
   - soweit erforderlich, bestimmte im schriftlichen Verfahren vorgetragene Argumente zu verdeutlichen und eventuell neue Gesichtspunkte vorzutragen, die sich aus Ereignissen ergeben, die nach Abschluss des schriftlichen Verfahrens eingetreten sind und daher nicht in den Schriftsätzen dargelegt werden konnten;
   - Fragen des Gerichts zu beantworten.

157. Es ist Sache jeder Partei, unter Berücksichtigung des in Nr. 156 umschriebenen Zwecks der mündlichen Verhandlung zu prüfen, ob mündliche Ausführungen wirklich sachdienlich sind oder ob nicht eine bloße Bezugnahme auf das schriftliche Vorbringen ausreicht. Die mündliche Verhandlung kann dann auf die Beantwortung von Fragen des Gerichts konzentriert werden. Hält ein Vertreter es für erforderlich, das Wort zu ergreifen, so wird empfohlen, sich auf die Darlegung bestimmter Gesichtspunkte zu beschränken und im Übrigen auf die Schriftsätze Bezug zu nehmen.

158. Fordert das Gericht die Parteien vor der mündlichen Verhandlung nach Art. 89 Abs. 4 der Verfahrensordnung auf, ihre mündlichen Ausführungen auf eine oder mehrere festgelegte Fragen zu konzentrieren, so sind diese Fragen bei den mündlichen Ausführungen vorrangig zu behandeln.

159. Der Verzicht einer Partei auf mündliche Ausführungen gilt nicht als Zustimmung zu mündlichen Ausführungen einer anderen Partei, wenn das betreffende Vorbringen bereits schriftlich zurückgewiesen wurde. Ein solcher Verzicht hindert die Partei nicht daran, auf mündliche Ausführungen der anderen Partei zu erwidern.

160. Im Interesse der Klarheit und um den Mitgliedern des Gerichts das Verständnis der mündlichen Ausführungen zu erleichtern, ist ein freier Vortrag anhand von Notizen im Allgemeinen dem Verlesen eines Textes vorzuziehen. Die Vertreter der Parteien werden zudem gebeten, ihre Darstellung der Rechtssache soweit wie möglich zu vereinfachen und sich vorzugsweise in kurzen Sätzen *zu äußern*. Das Gericht würde es zudem begrüßen, wenn die Vertreter der Parteien ihre mündlichen Ausführungen strukturieren und mit einer kurzen Gliederung einleiten würden.

161. Um zu ermöglichen, dass das Gericht über bestimmte technische Fragen unterrichtet wird, kann der Präsident des Spruchkörpers den Vertretern der Parteien gestatten, Personen das Wort zu erteilen, die zwar nicht die Eigenschaft als Vertreter besitzen, aber besser zu einer Stellungnahme in der Lage sind. Diese Personen treten nur in Anwesenheit und unter der Verantwortung des Vertreters der betreffenden Partei auf. Bevor diese Personen das Wort ergreifen, haben sie ihre Identität bekannt zu geben.

162. Die Dauer der mündlichen Ausführungen hängt vom Schwierigkeitsgrad der Rechtssache und davon ab, ob neue tatsächliche oder rechtliche Gesichtspunkte vorliegen oder nicht. Jeder Hauptpartei stehen für ihre mündlichen Ausführungen 15 Minuten und jedem Streithelfer 10 Minuten zur Verfügung (in verbundenen Rechtssachen stehen jeder Partei 15 Minuten für die jeweilige Rechtssache und jedem Streithelfer 10 Minuten für die jeweilige Rechtssache zur Verfügung), es sei denn, sie hätten von der Kanzlei insoweit einen anderen Hinweis erhalten. Diese Begrenzung betrifft nur die eigentlichen Plädoyers und schließt nicht die Zeit ein, die für die Beantwortung von Fragen in der mündlichen Verhandlung oder für die abschließenden Erwiderungen erforderlich ist.

163. Falls die Umstände es erfordern, kann bei der Kanzlei spätestens zwei Wochen vor der mündlichen Verhandlung (unter außergewöhnlichen Umständen, deren Vorliegen gebührend zu begründen ist, auch später) eine Ausnahme von dieser Regeldauer beantragt werden; der Antrag ist gebührend zu begründen, und es ist anzugeben, wie viel Redezeit für erforderlich gehalten wird. Den Vertretern der Parteien wird mitgeteilt, wie viel Zeit ihnen auf einen solchen Antrag hin für ihre mündlichen Ausführungen zur Verfügung steht.

164. Werden für eine Partei mehrere Vertreter tätig, so können grundsätzlich nur zwei von ihnen mündliche Ausführungen machen; die Gesamtlänge ihrer mündlichen Ausführungen darf die in Nr. 162 genannten Redezeiten nicht überschreiten. Auf Fragen des Gerichts und Schlussausführungen können jedoch auch andere Vertreter antworten bzw. erwidern als die, die mündliche Ausführungen gemacht haben.

165. Vertreten mehrere Parteien vor dem Gericht dieselbe Auffassung (was namentlich im Fall der Streithilfe und in verbundenen *Rechtssachen vorkommt*), werden ihre Vertreter gebeten, sich vor der mündlichen Verhandlung abzustimmen, um Wiederholungen zu vermeiden.

166. Die Vertreter der Parteien werden gebeten, bei der Anführung von Entscheidungen des Gerichtshofs, des Gerichts oder des Gerichts für den öffentlichen Dienst die übliche Bezeichnung der Entscheidung, die Rechtssachennummer und gegebenenfalls die einschlägige(n) Randnummer(n) anzugeben.

167. Gemäß Art. 85 Abs. 3 der Verfahrensordnung können die Hauptparteien ausnahmsweise noch während der mündlichen Verhandlung Beweise vorlegen. In diesem Fall werden die anderen Parteien zu deren Zulässigkeit und Inhalt gehört. Gegebenenfalls ist es ratsam, eine ausreichende Zahl an Exemplaren bereitzuhalten.

D. Dolmetschen

168. Um das Dolmetschen zu erleichtern, werden die Vertreter der Parteien gebeten, gegebenenfalls den Text oder die schriftliche Grundlage ihrer Ausführungen vorab der Direktion Dolmetschen per E-Mail (interpret@curia.europa.eu) zu übermitteln.

169. Die Vertraulichkeit der übermittelten schriftlichen Fassung der mündlichen Ausführungen ist gewährleistet. Um jegliches Missverständnis zu vermeiden, ist der Name der Partei anzugeben. Die schriftliche Fassung der mündlichen Ausführungen wird nicht zu den Akten der Rechtssache genommen.

170. Die Vertreter der Parteien werden darauf hingewiesen, dass – je nach Fall – nur einige Mitglieder des Gerichts den mündlichen Ausführungen in der Sprache des Vortrags folgen, während die übrigen auf die Vermittlung durch die Simultandolmetscher angewiesen sind. Den Vertretern der Parteien wird dringend empfohlen, im Interesse des bestmöglichen Ablaufs der mündlichen Verhandlung und der Gewährleistung des Qualitätsstandards des Simultandolmetschens langsam und in das Mikrofon zu sprechen.

171. Beabsichtigen die Vertreter der Parteien, Passagen bestimmter Texte oder Dokumente, insbesondere solche, die nicht in den Akten der Rechtssache erwähnt sind, wörtlich zu zitieren, ist es zweckmäßig, dies den Dolmetschern vor der Verhandlung anzuzeigen. Ebenso kann es zweckmäßig sein, die Dolmetscher auf möglicherweise schwer zu übersetzende Begriffe hinzuweisen.

E. Protokoll der mündlichen Verhandlung

172. Der Kanzler erstellt von jeder mündlichen Verhandlung ein Protokoll in der Verfahrenssprache mit folgendem Inhalt: Bezeichnung der Rechtssache; Tag, Uhrzeit und Ort der Verhandlung; gegebenenfalls die Angabe, dass die Verhandlung nicht öffentlich ist; die Namen der anwesenden Richter und des anwesenden Kanzlers; Namen und Eigenschaft der anwesenden Vertreter der Parteien; gegebenenfalls Stellungnahmen zum summarischen Sitzungsbericht; Namen, Vornamen, Stellung und Wohnsitz gegebenenfalls gehörter Zeugen oder Sachverständigen; gegebenenfalls Angabe der in der Verhandlung vorgelegten Verfahrensschriftstücke oder Unterlagen; soweit erforderlich, die in der Verhandlung abgegebenen Erklärungen sowie die in der Verhandlung erlassenen Entscheidungen des Gerichts oder des Präsidenten.

VI. Vertrauliche Behandlung

A. Allgemeines

173. Nach Art. 64 und vorbehaltlich Art. 68 Abs. 4, Art. 104, Art. 105 Abs. 8 und Art. 144 Abs. 7 der Verfahrensordnung berücksichtigt das Gericht nur Verfahrensschriftstücke und Unterlagen, von denen die Vertreter der Parteien Kenntnis nehmen und zu denen sie Stellung nehmen konnten.

174. Daraus folgt, dass ein Antrag des Klägers auf vertrauliche Behandlung bestimmter Angaben in den Akten der Rechtssache gegenüber dem Beklagten unbeschadet der Art. 103 bis 105 der Verfahrensordnung nicht berücksichtigt werden kann. Ebenso wenig kann ein solcher Antrag des Beklagten auf vertrauliche Behandlung gegenüber dem Kläger berücksichtigt werden.

175. Eine Hauptpartei kann jedoch nach Art. 144 Abs. 7 der Verfahrensordnung beantragen, bestimmte in den Akten der Rechtssache enthaltene Angaben, die vertraulich sind, von der Übermittlung an einen Streithelfer auszunehmen.

176. Jede Partei kann auch beantragen, dass eine Partei verbundener Rechtssachen zu bestimmten Angaben in den von der Verbindung betroffenen Akten wegen deren geltend gemachter Vertraulichkeit nach Art. 68 Abs. 4 der Verfahrensordnung keinen Zugang erhält.

B. Vertrauliche Behandlung im Fall eines Antrags auf Zulassung zur Streithilfe

177. Wird in einer Rechtssache ein Antrag auf Zulassung zur Streithilfe gestellt, werden die Hauptparteien aufgefordert, binnen der vom Kanzler gesetzten Frist anzugeben, ob sie die vertrauliche Behandlung bestimmter Angaben in den bereits zu den Akten der Rechtssache gereichten Verfahrensschriftstücken oder Unterlagen beantragen.

178. Die Hauptparteien müssen für alle später eingereichten Verfahrensschriftstücke und Unterlagen gleichzeitig mit der Einreichung gegebenenfalls einen Antrag auf vertrauliche Behandlung stellen. Wird ein solcher Antrag nicht gestellt, werden die eingereichten Verfahrensschriftstücke und Unterlagen dem Streithelfer übermittelt.

179. Der Antrag auf vertrauliche Behandlung ist mit gesondertem Schriftsatz zu stellen. Er kann nicht in vertraulicher Fassung eingereicht werden und darf folglich keine vertraulichen Angaben enthalten.

180. In dem Antrag auf vertrauliche Behandlung ist anzugeben, gegenüber welcher Partei die vertrauliche Behandlung beantragt wird.

181. Der Antrag auf vertrauliche Behandlung ist auf das unbedingt Erforderliche zu beschränken und darf sich keinesfalls auf ein gesamtes Verfahrensschriftstück und nur ausnahmsweise auf eine gesamte Anlage beziehen. In der Regel kann eine nicht vertrauliche Fassung von Verfahrensschriftstücken oder von Unterlagen, in denen bestimmte Abschnitte, Wörter oder Zahlen entfernt wurden, übermittelt werden, ohne die betreffenden Interessen zu beeinträchtigen.

182. In dem Antrag auf vertrauliche Behandlung sind die betreffenden Angaben oder Abschnitte genau zu bezeichnen, und er muss für jede dieser Angaben oder Abschnitte eine Begründung ihres vertraulichen Charakters enthalten. Fehlt es daran, kann dies die Zurückweisung des Antrags durch das Gericht rechtfertigen.

183. Mit dem Antrag auf vertrauliche Behandlung eines oder mehrerer Verfahrensschriftstücke ist eine vollständige nicht vertrauliche Fassung des oder der betreffenden Verfahrensschriftstücke bzw. Unterlagen einzureichen, worin die Angaben oder Abschnitte, auf die sich der Antrag bezieht, entfernt sind.

184. Entspricht der Antrag auf vertrauliche Behandlung nicht den Vorgaben der Nrn. 179, 180 und 183, so fordert der Kanzler die betreffende Partei zur Behebung des Mangels auf. Wird der Antrag auf vertrauliche Behandlung trotz dieser Aufforderung nicht mit diesen Praktischen Durchführungsbestimmungen in Einklang gebracht, ist seine sachgerechte Behandlung nicht möglich, so dass dem Streithelfer sämtliche betreffende Verfahrensschriftstücke und Unterlagen übermittelt werden.

C. Vertrauliche Behandlung im Fall der Verbindung von Rechtssachen

185. Wird die Verbindung mehrerer Rechtssachen in Betracht gezogen, so werden die Parteien aufgefordert, binnen der vom Kanzler gesetzten Frist anzugeben, ob sie die vertrauliche Behandlung bestimmter Angaben in den bereits zu den Akten der von der Verbindung betroffenen Rechtssachen gereichten Verfahrensschriftstücken und Unterlagen beantragen.

186. Die Parteien haben für alle später eingereichten Verfahrensschriftstücke und Unterlagen gleichzeitig mit der Einreichung gegebenenfalls einen Antrag auf vertrauliche Behandlung zu stellen. Wird ein solcher Antrag nicht gestellt, so werden die eingereichten Verfahrensschriftstücke und Unterlagen den anderen Parteien der verbundenen Rechtssachen zugänglich gemacht.

187. Die Nrn. 179 bis 184 finden Anwendung auf Anträge auf vertrauliche Behandlung, die im Fall der Verbindung von Rechtssachen gestellt werden.

D. Vertrauliche Behandlung im Rahmen des Art. 103 der Verfahrensordnung

188. Das Gericht kann gegenüber einer Partei im Wege der Beweisaufnahme nach Art. 91 der Verfahrensordnung durch Beschluss anordnen, auf die Rechtssache bezogene Auskünfte zu erteilen oder Unterlagen vorzulegen. Nach Art. 92 Abs. 3 der Verfahrensordnung kann dies erst angeordnet werden, wenn die betreffende Partei einer zuvor zu diesem Zweck erlassenen prozessleitenden Maßnahme nicht nachgekommen ist oder wenn die von der Beweiserhebung betroffene Partei eine solche Beweiserhebung ausdrücklich beantragt, wobei sie nachzuweisen hat, dass für diese Beweiserhebung ein Beweisbeschluss erforderlich ist.

189. Macht eine Hauptpartei den vertraulichen Charakter von Auskünften oder Unterlagen geltend, um deren Übermittlung in ihrer Antwort auf einen Antrag auf eine prozessleitende Maßnahme zu verweigern oder um eine Beweisaufnahme anzuregen, so ordnet das Gericht, wenn es der Ansicht ist, dass diese Auskünfte oder Unterlagen für die Entscheidung über den Rechtsstreit erheblich sein können, ihre Erteilung bzw. Vorlage durch einen Beweisbeschluss nach Art. 91 Buchst. b der Verfahrensordnung an. Die Behandlung der vertraulichen Auskünfte oder Unterlagen, die daraufhin erteilt bzw. vorgelegt werden, wird durch Art. 103 der Verfahrensordnung geregelt. Die betreffende Regelung sieht keine Abweichung vom Grundsatz des kontradiktorischen Verfahrens vor, legt aber Modalitäten für die Umsetzung dieses Grundsatzes fest.

190. Gemäß dieser Vorschrift prüft das Gericht die Erheblichkeit der Auskünfte oder Unterlagen für die Entscheidung des Rechtsstreits und überprüft ihren vertraulichen Charakter. Ist das Gericht der Ansicht, dass die betreffenden Informationen sowohl für die Entscheidung des Rechtsstreits erheblich als auch vertraulich sind, so wägt es den vertraulichen Charakter und die Erfordernisse, die mit dem Recht auf effektiven gerichtlichen Rechtsschutz, insbesondere der Einhaltung des Grundsatzes des kontradiktorischen Verfahrens, verbunden sind, gegeneinander ab; nach dieser Abwägung stehen dem Gericht zwei Möglichkeiten offen.

191. Das Gericht kann entscheiden, dass die Auskunft oder die Unterlagen trotz ihres vertraulichen Charakters der anderen Hauptpartei zur Kenntnis zu bringen sind. Insoweit kann das Gericht die Vertreter der anderen Parteien als der, die die vertraulichen Angaben eingereicht hat, durch eine prozessleitende Maßnahme auffordern, eine Erklärung über die Verpflichtung zu unterzeichnen, die Vertraulichkeit des Schriftstücks oder der Unterlagen zu wahren und die Angaben, von denen sie Kenntnis erlangen, nicht ihren jeweiligen Mandanten oder Dritten mitzuteilen. Jeder Verstoß gegen

diese Verpflichtung kann die Anwendung von Art. 55 der Verfahrensordnung zur Folge haben.

192. Alternativ kann das Gericht entscheiden, die vertraulichen Angaben nicht bekannt zu geben, der anderen Hauptpartei aber nicht vertrauliche Angaben zur Verfügung zu stellen, damit sie unter Wahrung des Grundsatzes des kontradiktorischen Verfahrens so weitgehend wie möglich Stellung nehmen kann. Das Gericht ordnet dann durch Beschluss gegenüber der Hauptpartei, die die vertraulichen Angaben vorgelegt hat, an, bestimmte Informationen in einer Weise bekannt zu geben, die es ermöglicht, die Wahrung der Vertraulichkeit der Angaben und das kontradiktorische Verfahren miteinander in Einklang zu bringen. Die Information kann beispielsweise in Form einer Zusammenfassung übermittelt werden. Ist das Gericht der Ansicht, dass die andere Hauptpartei ihre Verteidigungsrechte nicht sachgerecht ausüben kann, so kann es einen oder mehrere Beschlüsse erlassen, bis es der Auffassung ist, dass das Verfahren tatsächlich kontradiktorisch fortgesetzt werden kann.

193. Ist das Gericht der Ansicht, dass die – nach den in dem Beschluss gemäß Art. 103 Abs. 3 der Verfahrensordnung vorgesehenen Modalitäten erfolgte – Übermittlung der Information an die andere Hauptpartei es dieser Partei ermöglicht hat, sachgerecht Stellung zu nehmen, werden die vertraulichen Auskünfte oder Unterlagen, die dieser Partei nicht zur Kenntnis gebracht wurden, vom Gericht nicht berücksichtigt. Die vertraulichen Auskünfte oder Unterlagen werden aus den Akten entfernt; die Parteien werden darüber in Kenntnis gesetzt.

E. Vertrauliche Behandlung im Rahmen des Art. 104 der Verfahrensordnung

194. Das Gericht kann im Rahmen seiner Kontrolle der Rechtmäßigkeit einer Handlung eines Organs, mit der die Einsicht in ein Schriftstück verweigert wird, im Wege einer Beweiserhebung nach Art. 91 Buchst. c der Verfahrensordnung durch Beschluss die Vorlage dieses Schriftstücks anordnen.

195. Das von dem Organ vorgelegte Schriftstück wird den übrigen Parteien nicht bekannt gegeben, es sei denn, dem Rechtsstreit würde dadurch sein Gegenstand entzogen.

F. Vertrauliche Behandlung im Rahmen des Art. 105 der Verfahrensordnung

196. Nach Art. 105 Abs. 1 und 2 der Verfahrensordnung kann eine Hauptpartei des Rechtsstreits spontan oder auf eine vom Gericht *getroffenen* Maßnahme der Beweisaufnahme hin Auskünfte oder Unterlagen vorlegen, die die Sicherheit der Europäischen Union oder eines oder mehrerer ihrer Mitgliedstaaten oder die Gestal-

tung ihrer internationalen Beziehungen berühren. Art. 105 Abs. 3 bis 10 der Verfahrensordnung enthält die für solche Auskünfte und Unterlagen geltende Verfahrensregelung.

197. In Anbetracht der Sensibilität und Vertraulichkeit von Auskünften oder Unterlagen, die die Sicherheit der Union oder eines oder mehrerer ihrer Mitgliedstaaten oder die Gestaltung ihrer internationalen Beziehungen berühren, erfordert die Durchführung der mit Art. 105 der Verfahrensordnung geschaffenen Regelung die Errichtung einer geeigneten Sicherheitseinrichtung, die einen hohen Grad des Schutzes dieser Auskünfte oder Unterlagen gewährleistet. Diese Einrichtung wird im Beschluss des Gerichts vom 14. September 2016 festgelegt.

VII. Prozesskostenhilfe

198. Gemäß Art. 147 Abs. 2 der Verfahrensordnung ist für den Antrag auf Bewilligung von Prozesskostenhilfe ein Formular zu verwenden. Dieses Formular ist auf der Internetseite des Gerichtshofs der Europäischen Union verfügbar.

199. Der Antragsteller, der bei der Einreichung des Prozesskostenhilfeformulars nicht anwaltlich vertreten ist, kann nach Art. 147 Abs. 6 der Verfahrensordnung das ordnungsgemäß ausgefüllte und unterzeichnete Formular bei der Kanzlei in Papierform auf dem Postweg oder durch physische Übergabe an der in Nr. 90 angegeben Anschrift einreichen. Ein Formular, das nicht handschriftlich unterzeichnet ist, wird nicht bearbeitet.

200. Ist der Antragsteller bei der Einreichung des Prozesskostenhilfeformulars anwaltlich vertreten, so findet für die Einreichung Art. 72 Abs. 1 der Verfahrensordnung unter Berücksichtigung der Bestimmungen Nrn. 77 bis 79 Anwendung.

201. Das Prozesskostenhilfeformular soll dem Gericht die Angaben gemäß Art. 147 Abs. 3 und 4 der Verfahrensordnung an die Hand geben, die erforderlich sind, um sachgerecht über den Antrag entscheiden zu können. Dabei handelt es sich um
- Angaben zur wirtschaftlichen Lage des Antragstellers und,
- sofern die Klage noch nicht erhoben worden ist, Angaben zu ihrem Gegenstand, zum Sachverhalt und zum Klagevorbringen.

202. Der Antragsteller hat mit dem Prozesskostenhilfeformular Unterlagen einzureichen, die die in Nr. 201 angeführten Angaben belegen.

203. Mit dem Prozesskostenhilfeformular sind gegebenenfalls die in Art. 51 Abs. 2 und 3 sowie Art. 78 Abs. 4 der Verfahrensordnung genannten Schriftstücke einzureichen.

204. Das ordnungsgemäß ausgefüllte Prozesskostenhilfeformular und die Belege müssen aus sich heraus verständlich sein.

205. Unbeschadet der Möglichkeit für das Gericht, nach den Art. 89 und 90 der Verfahrensordnung Informationen oder die Vorlage weiterer Unterlagen zu verlangen, kann der Antrag auf Bewilligung von Prozesskostenhilfe nicht durch die spätere Einreichung von Nachträgen ergänzt werden. Nachträge, die eingereicht werden, ohne vom Gericht angefordert worden zu sein, werden zurückgewiesen. In Ausnahmefällen können Belege zum Nachweis der Bedürftigkeit des Antragstellers gleichwohl später entgegengenommen werden, sofern ihre verspätete Einreichung angemessen erläutert wird.

206. Nach Art. 147 Abs. 7 der Verfahrensordnung hemmt die Einreichung eines Antrags auf Bewilligung von Prozesskostenhilfe den Lauf der für die Erhebung der Klage, auf die sich der Antrag bezieht, vorgesehenen Frist bis zum Zeitpunkt der Zustellung des Beschlusses, mit dem über den Antrag entschieden wird, oder, wenn in diesem Beschluss kein Anwalt zur Vertretung des Antragstellers bestimmt wird, des Beschlusses, in dem ein Anwalt zur Vertretung des Antragstellers bestimmt wird.

207. Da die Einreichung des Antrags auf Bewilligung von Prozesskostenhilfe die Klagefrist bis zur Zustellung des in Nr. 206 genannten Beschlusses hemmt, kann die für die Einreichung der Klageschrift verbleibende Klagefrist extrem kurz sein. Dem ordnungsgemäß anwaltlich vertretenen Prozesskostenhilfeempfänger wird daher empfohlen, besonderes Augenmerk auf die Einhaltung der gesetzlichen Frist zu legen.

VIII. Eilverfahren

A. Beschleunigtes Verfahren

A.1. *Antrag auf Durchführung des beschleunigten Verfahrens*

208. Gemäß Art. 152 Abs. 1 der Verfahrensordnung ist der Antrag auf Durchführung des beschleunigten Verfahrens mit gesondertem Schriftsatz gleichzeitig – je nach Fall – mit der Klageschrift oder der Klagebeantwortung einzureichen und muss eine Begründung enthalten, in der die besondere Dringlichkeit der Rechtssache und die sonstigen relevanten Umstände dargelegt werden.

209. Zur Erleichterung der sofortigen Behandlung durch die Kanzlei muss die erste Seite des Antrags auf Durchführung des beschleunigten Verfahrens die Angabe enthalten, dass der Antrag auf der Grundlage der Art. 151 und 152 der Verfahrensordnung eingereicht wird.

210. Eine Klageschrift, in Bezug auf die eine Entscheidung im beschleunigten Verfahren beantragt wird, darf grundsätzlich nicht

länger als 25 Seiten sein. Sie muss den Vorgaben der Nrn. 112 bis 121 entsprechen.

211. Es wird empfohlen, dass die Partei, die eine Entscheidung im beschleunigten Verfahren beantragt, in ihrem Antrag die Gründe, Argumente oder Abschnitte des betreffenden Schriftsatzes (Klageschrift oder Klagebeantwortung) angibt, die nur für den Fall vorgetragen werden, dass nicht im beschleunigten Verfahren entschieden wird. Diese Angaben nach Art. 152 Abs. 2 der Verfahrensordnung sind im Antrag genau und unter Nennung der Nummern der betreffenden Absätze zu machen.

A.2. *Gekürzte Fassung*

212. Es wird empfohlen, dem Antrag auf Entscheidung im beschleunigten Verfahren mit den in Nr. 211 genannten Angaben die gekürzte Fassung des betreffenden Schriftsatzes als Anlage beizufügen.

213. Wird eine gekürzte Fassung beigefügt, muss sie folgenden Anweisungen entsprechen:

a) Die gekürzte Fassung hat die Form der ursprünglichen Fassung des betreffenden Schriftsatzes; die Auslassungen sind durch das in eckige Klammern gesetzte Wort „omissis" gekennzeichnet.

b) Die auch in der gekürzten Fassung enthaltenen Absätze behalten die Nummern, die sie in der ursprünglichen Fassung des betreffenden Schriftsatzes hatten.

c) Das der gekürzten Fassung beigefügte Anlagenverzeichnis enthält, wenn diese Fassung nicht auf sämtliche Anlagen der ursprünglichen Fassung des betreffenden Schriftsatzes verweist, den Vermerk „omissis" zur Kenntlichmachung jeder weggefallenen Anlage.

d) Die auch in der gekürzten Fassung enthaltenen Anlagen behalten die Nummern, die sie im Anlagenverzeichnis der ursprünglichen Fassung des betreffenden Schriftsatzes hatten.

e) Die im Anlagenverzeichnis der gekürzten Fassung aufgeführten Anlagen sind dieser Fassung beizufügen.

214. Für eine zügige Behandlung muss die gekürzte Fassung den vorstehenden Anweisungen entsprechen.

215. Verlangt das Gericht nach Art. 151 Abs. 3 der Verfahrensordnung die Einreichung einer gekürzten Fassung des Schriftsatzes, ist diese nach den vorstehenden Anweisungen zu erstellen, soweit keine anderen Vorgaben gemacht werden.

A.3. *Klagebeantwortung*

216. Hat der Kläger in seinem Antrag nicht die Gründe, Argumente oder Abschnitte seiner Klageschrift bezeichnet, die nur für den Fall vorgetragen werden, dass nicht im beschleunigten Verfahren entschieden wird, so muss der Beklagte innerhalb einer Frist von einem Monat auf die Klageschrift antworten.

217. Hat der Kläger in seinem Antrag die Gründe, Argumente oder Abschnitte seiner Klageschrift angegeben, die nur für den Fall vorgetragen werden, dass nicht im beschleunigten Verfahren entschieden wird, so muss der Beklagte innerhalb einer Frist von einem Monat auf die Klagegründe und das Vorbringen in der Klageschrift – wie sie im Licht der Angaben im Antrag auf Entscheidung im beschleunigten Verfahren zu verstehen ist – antworten.

218. Hat der Kläger seinem Antrag eine gekürzte Fassung der Klageschrift beigefügt, so muss der Beklagte innerhalb einer Frist von einem Monat auf die Klagegründe und das Vorbringen in dieser gekürzten Fassung der Klageschrift antworten.

219. Beschließt das Gericht, den Antrag auf Entscheidung im beschleunigten Verfahren zurückzuweisen, bevor der Beklagte seine Klagebeantwortung eingereicht hat, so wird die in Art. 154 Abs. 1 der Verfahrensordnung für die Einreichung dieses Schriftsatzes vorgesehene Frist von einem Monat um einen weiteren Monat verlängert.

220. Beschließt das Gericht, den Antrag auf Entscheidung im beschleunigten Verfahren zurückzuweisen, nachdem der Beklagte seine Klagebeantwortung innerhalb der Monatsfrist des Art. 154 Abs. 1 der Verfahrensordnung eingereicht hat, so wird ihm eine neue Frist von einem Monat nach Zustellung der Entscheidung über die Zurückweisung des Antrags auf Entscheidung im beschleunigten Verfahren gewährt, damit er seine Klagebeantwortung ergänzen kann.

A.4. *Mündliches Verfahren*

221. Da im beschleunigten Verfahren das schriftliche Verfahren grundsätzlich auf einen Schriftsatzwechsel beschränkt ist, liegt ein Schwerpunkt auf dem mündlichen Verfahren, und es wird innerhalb kurzer Frist nach Abschluss des schriftlichen Verfahrens eine mündliche Verhandlung durchgeführt. Das Gericht kann jedoch beschließen, ohne mündliches Verfahren zu entscheiden, wenn die Hauptparteien innerhalb einer vom Präsidenten gesetzten Frist anzeigen, dass sie auf eine Teilnahme an der mündlichen Verhandlung verzichten und das Gericht sich durch die Aktenstücke der Rechtssache für hinreichend unterrichtet hält.

222. Hat das Gericht die Einreichung eines Streithilfeschriftsatzes nicht gestattet, kann der Streithelfer nur mündlich Stellung nehmen, wenn eine mündliche Verhandlung durchgeführt wird.

B. Vorläufiger Rechtsschutz: Aussetzung und sonstige einstweilige Anordnungen

223. Nach Art. 156 Abs. 5 der Verfahrensordnung ist der Antrag auf Aussetzung der Vollziehung oder sonstige einstweilige Anord-

nungen mit gesondertem Schriftsatz einzureichen. Er muss aus sich selbst heraus und ohne Bezugnahme auf die Klageschrift, einschließlich der Anlagen zu dieser, verständlich sein.

224. Zur Erleichterung der sofortigen Behandlung durch die Kanzlei muss die erste Seite des Antrags auf Aussetzung der Vollziehung oder auf Erlass sonstiger einstweiliger Anordnungen die Angabe enthalten, dass der Antrag auf der Grundlage von Art. 156 der Verfahrensordnung eingereicht wird und, gegebenenfalls, dass er einen auf Art. 157 Abs. 2 der Verfahrensordnung gestützten Antrag enthält.

225. Im Antrag auf Aussetzung der Vollziehung oder sonstige einstweilige Anordnungen sind in äußerst knapper und gedrängter Form der Streitgegenstand, die Sach- und Rechtsgründe, auf die die Klage gestützt wird und die dem ersten Anschein nach auf dessen Begründetheit schließen lassen *(fumus boni iuris),* sowie die Umstände anzuführen, aus denen sich die Dringlichkeit ergibt. Die beantragten Anordnungen sind in dem Antrag genau zu bezeichnen. Außerdem muss der Antrag sämtliche verfügbaren Beweise und Beweisangebote enthalten, die dazu bestimmt sind, den Erlass dieser einstweiligen Anordnungen zu rechtfertigen.

226. Da der Antrag auf vorläufigen Rechtsschutz eine Beurteilung des *fumus boni iuris* in einem summarischen Verfahren ermöglichen soll, darf der Wortlaut der Klageschrift nicht vollständig wiederholt werden.

227. Um eine beschleunigte Bearbeitung des Antrags auf vorläufigen Rechtsschutz zu ermöglichen, darf er je nach dem Gegenstand und den Umständen der Rechtssache die Obergrenze von 25 Seiten grundsätzlich nicht überschreiten.

IX. Inkrafttreten dieser praktischen Durchführungsbestimmungen

228. Durch diese Praktischen Durchführungsbestimmungen werden die Dienstanweisung für den Kanzler vom 5. Juli 2007 (ABl. L 232 vom 4.9.2007, S. 1) in der am 17. Mai 2010 (ABl. L 170 vom 6.7.2010, S. 53) und am 24. Januar 2012 (ABl. L 68 vom 7.3.2012, S. 20) geänderten Fassung sowie die Praktischen Anweisungen für die Parteien vor dem Gericht vom 24. Januar 2012 (ABl. L 68 vom 7.3.2012, S. 23) aufgehoben und ersetzt.

229. Diese Praktischen Durchführungsbestimmungen werden im *Amtsblatt der Europäischen Union* veröffentlicht. Sie treten am ersten Tag des auf ihre Veröffentlichung folgenden Monats in Kraft.

Anhang 1[1]

Voraussetzungen, bei deren Nichtbeachtung die Klageschrift nicht zugestellt wird (Nr. 101 dieser Praktischen Durchführungsbestimmungen)

Unterbleibt eine Mängelbehebung bezüglich der folgenden Punkte, so kann dies die Abweisung der Klage wegen Unzulässigkeit gemäß Art. 78 Abs. 6, Art. 177 Abs. 6 und Art. 194 Abs. 5 der Verfahrensordnung zur Folge haben.

	Klageverfahren	**Rechtssachen des geistigen Eigentums**
a)	Einreichung der Bescheinigung über die Zulassung als Anwalt (Art. 51 Abs. 2 der Verfahrensordnung)	Einreichung der Bescheinigung über die Zulassung als Anwalt (Art. 51 Abs. 2 der Verfahrensordnung)
b)	Einreichung eines Nachweises jüngeren Datums der Rechtspersönlichkeit der juristischen Person des Privatrechts (Art. 78 Abs. 4 der Verfahrensordnung)	Einreichung eines Nachweises jüngeren Datums der Rechtspersönlichkeit der juristischen Person des Privatrechts (Art. 177 Abs. 4 der Verfahrensordnung)
c)	Einreichung der Vollmacht, wenn die vertretene Partei eine juristische Person des Privatrechts ist (Art. 51 Abs. 3 der Verfahrensordnung)	Einreichung der Vollmacht, wenn die vertretene Partei eine juristische Person des Privatrechts ist (Art. 51 Abs. 3 der Verfahrensordnung)
d)	Einreichung des angefochtenen Rechtsakts (Nichtigkeitsklage) oder der Unterlage, aus der sich der Zeitpunkt der Aufforderung zum Handeln ergibt (Untätigkeitsklage) (Art. 21 Abs. 2 der Satzung; Art. 78 Abs. 1 der Verfahrensordnung)	Einreichung der angefochtenen Entscheidung der Beschwerdekammer (Art. 177 Abs. 3 der Verfahrensordnung)
e)	Einreichung der Beschwerde im Sinne des Art. 90 Abs. 2 des Beamtenstatuts und der Entscheidung über die Beschwerde (Art. 78 Abs. 2 der Verfahrensordnung)	

[1] Anh. 1 geänd. mWv 1.12.2018 durch Beschl. des Gerichtshofs v. 21.11.2018 (ABl. L 294 S. 23).

	Klageverfahren	Rechtssachen des geistigen Eigentums
f)	Einreichung einer Ausfertigung des Vertrags, der die Schiedsklausel enthält (Art. 78 Abs. 3 der Verfahrensordnung)	
g)		Angabe der Namen sämtlicher Beteiligter des Verfahrens vor der Beschwerdekammer und der von diesen für die Zwecke der Zustellungen angegebenen Anschriften (Art. 177 Abs. 2 der Verfahrensordnung)
h)	Angabe des Datums der Einreichung der Beschwerde im Sinne des Art. 90 Abs. 2 des Beamtenstatuts und der Mitteilung der Entscheidung über die Beschwerde (Art. 78 Abs. 2 der Verfahrensordnung)	Angabe des Datums der Zustellung der Entscheidung der Beschwerdekammer (Art. 177 Abs. 3 der Verfahrensordnung)

Anhang 2[1)]

Formvorschriften, bei deren Nichtbeachtung sich die Zustellung verzögert (Nr. 102 dieser Praktischen Durchführungsbestimmungen)

a)	Angabe des Wohnsitzes des Klägers bzw. Rechtsmittelführers (Art. 21 Abs. 1 der Satzung; Art. 76 Buchst. a, Art. 177 Abs. 1 Buchst. a und Art. 194 Abs. 1 Buchst. a der Verfahrensordnung)
b)	Angabe der Anschrift des Vertreters des Klägers bzw. Rechtsmittelführers (Art. 76 Buchst. b, Art. 177 Abs. 1 Buchst. b und Art. 194 Abs. 1 Buchst. b der Verfahrensordnung)
c)	Neues Original der gekürzten Klageschrift (Nrn. 109 und 110 dieser Praktischen Durchführungsbestimmungen)
d)	Neues Original der Klageschrift mit identischem Inhalt mit Nummerierung der Absätze (Nr. 81 Buchst. c dieser Praktischen Durchführungsbestimmungen)
e)	Neues, paginiertes Original der Klageschrift mit identischem Inhalt (Nr. 81 Buchst. d dieser Praktischen Durchführungsbestimmungen)

[1)] Anh. 2 geänd. mWv 1.12.2018 durch Beschl. des Gerichtshofs v. 21.11.2018 (ABl. L 294 S. 23).

f)	Einreichung des Anlagenverzeichnis mit den Pflichtangaben (Art. 72 Abs. 3 der Verfahrensordnung; Nr. 83 dieser Praktischen Durchführungsbestimmungen)
g)	Einreichung der in der Klageschrift aufgeführten, jedoch nicht eingereichten Anlagen (Art. 72 Abs. 3 der Verfahrensordnung)
h)	Einreichung der paginierten Anlagen (Nr. 86 Buchst. d dieser Praktischen Durchführungsbestimmungen)
i)	Einreichung der mit einer Nummer versehenen Anlagen (Nr. 86 Buchst. a dieser Praktischen Durchführungsbestimmungen)

Anhang 3[1)]

Formvorschriften, deren Nichtbeachtung die Zustellung nicht hindert (Nr. 103 dieser Praktischen Durchführungsbestimmungen)

a)	Einreichung der Bescheinigung für etwaige weitere Anwälte (Art. 51 Abs. 2 der Verfahrensordnung)
b)	In anderen Rechtssachen als denen des geistigen Eigentums: Einreichung der Zusammenfassung der Klagegründe und wesentlichen Argumente (Nrn. 118 und 119 dieser Praktischen Durchführungsbestimmungen)
c)	Einreichung der Übersetzung eines in einer anderen Sprache abgefassten Schriftstücks in die Verfahrenssprache (Art. 46 Abs. 2 der Verfahrensordnung; Nr. 99 dieser Praktischen Durchführungsbestimmungen)

1) Anh. 3 geänd. mWv 1.12.2018 durch Beschl. des Gerichtshofs v. 21.11.2018 (ABl. L 294 S. 23).

260. Geschäftsordnung des Europäischen Parlaments[1)]

In der Fassung vom Juli 2019

(ABl. 2019 Nr. L 302/1 v. 22.11.2019)

Inhaltsübersicht

Titel I. Mitglieder, Organe des Parlaments und Fraktionen

[1)] **Amtl. Anm.:** Hinweis für Leser:
Gemäß den Beschlüssen des Parlaments über den geschlechtergerechten Sprachgebrauch in seinen Dokumenten wurde die Geschäftsordnung angepasst, um den diesbezüglichen Leitlinien, die die Hochrangigen Gruppe für die Gleichstellung der Geschlechter und Vielfalt am 11. April 2018 gebilligt hat, Rechnung zu tragen.
Auslegungen zu dieser Geschäftsordnung (gemäß Artikel 236) sind in Kursivschrift wiedergegeben.

Abschnitt 3. Interinstitutionelle Verhandlungen im Rahmendes Ordentlichen Gesetzgebungsverfahrens

Titel VIII. Ausschüsse und Delegationen

Seite

Kapitel 1. Ausschüsse

Kapitel 2. Interparlamentarische Delegationen

Titel IX. Petitionen

Titel X. Bürgerbeauftragter

Titel XI. Generalsekretariat des Parlaments

Titel XII. Befugnisse und Zuständigkeiten bezüglich der Europäischen Politischen Parteien und der Europäischen Politischen Stiftungen

Titel XIII. Anwendung und Änderung der Geschäftsordnung

Titel I. Mitglieder, Organe des Parlaments und Fraktionen

Kapitel 1. Mitglieder des Europäischen Parlaments

Art. 1 Das Europäische Parlament. 1. Das Europäische Parlament ist die auf der Grundlage der Verträge, des Akts vom 20. September 1976 zur Einführung allgemeiner unmittelbarer Wahlen der Mitglieder des Europäischen Parlaments und der in Anwendung der Verträge erlassenen nationalen Rechtsvorschriften gewählte Versammlung.

2. Die in das Europäische Parlament gewählten Abgeordneten werden bezeichnet als
„Членове на Европейския парламент" in bulgarischer Sprache,
„Diputados al Parlamento Europeo" in spanischer Sprache,
„Poslanci Evropského parlamentu" in tschechischer Sprache,
„Medlemmer af Europa-Parlamentet" in dänischer Sprache,
„Mitglieder des Europäischen Parlaments" in deutscher Sprache,
„Euroopa Parlamendi liikmed" in estnischer Sprache,
„Βουλευτές του Ευρωπαϊκού Κοινοβουλίου" in griechischer Sprache,
„Members of the European Parliament" in englischer Sprache,
„Députés au Parlement européen" in französischer Sprache,
„Feisirí de Pharlaimint na hEorpa" in irischer Sprache,
„Zastupnici u Europskom parlamentu" in kroatischer Sprache,
„Deputati al Parlamento europeo" in italienischer Sprache,

[1] Vgl. ABl. 2019 Nr. L 302/110 ff. v. 22.11.2019.

„Eiropas Parlamenta deput ti" in lettischer Sprache,
„Europos Parlamento nariai" in litauischer Sprache,
„Európai Parlamenti Képvisel k" in ungarischer Sprache,
„Membri tal-Parlament Ewropew" in maltesischer Sprache,
„Leden van het Europees Parlement" in niederländischer Sprache,
„Posłowie do Parlamentu Europejskiego" in polnischer Sprache,
„Deputados ao Parlamento europeu" in portugiesischer Sprache,
„Deputa i în Parlamentul European" in rumänischer Sprache,
„Poslanci Európskeho parlamentu" in slowakischer Sprache,
„Poslanci Evropskega parlamenta" in slowenischer Sprache,
„Euroopan parlamentin jäsenet" in finnischer Sprache,
„Ledamöter av Europaparlamentet" in schwedischer Sprache.

Art. 2 Freies Mandat. Gemäß Artikel 6 Absatz 1 des Akts vom 20. September 1976 sowie Artikel 2 Absatz 1 und Artikel 3 Absatz 1 des Abgeordnetenstatuts des Europäischen Parlaments üben die Mitglieder ihr Mandat frei und unabhängig aus und sind weder an Aufträge noch an Weisungen gebunden.

Art. 3 Prüfung der Mandate. 1. Im Anschluss an die allgemeinen Wahlen zum Europäischen Parlament fordert der Präsident die zuständigen Behörden der Mitgliedstaaten auf, dem Parlament unverzüglich die Namen der gewählten Mitglieder mitzuteilen, damit sämtliche Mitglieder ihre Sitze im Parlament ab der Eröffnung der ersten Sitzung im Anschluss an die Wahlen einnehmen können.

Gleichzeitig macht der Präsident die genannten Behörden auf die einschlägigen Bestimmungen des Akts vom 20. September 1976 aufmerksam und ersucht sie, die notwendigen Maßnahmen zu ergreifen, um jedweder Unvereinbarkeit mit der Ausübung eines Mandats als Mitglied des Europäischen Parlaments vorzubeugen.

2. Die Mitglieder, deren Wahl dem Parlament bekannt gegeben worden ist, geben vor der Einnahme des Sitzes im Parlament eine schriftliche Erklärung dahingehend ab, dass sie kein Amt innehaben, das im Sinne des Artikels 7 Absätze 1 und 2 des Akts vom 20. September 1976 mit der Ausübung eines Mandats als Mitglied des Europäischen Parlaments unvereinbar ist. Nach allgemeinen Wahlen ist diese Erklärung, soweit möglich, spätestens sechs Tage vor der ersten auf die Wahlen folgenden Sitzung des Parlaments abzugeben. Solange das Mandat eines Mitglieds nicht geprüft oder über eine Anfechtung noch nicht befunden worden ist, nimmt das Mitglied unter der Voraussetzung, dass es *zuvor die vorgenannte schriftliche* Erklärung unterzeichnet hat, an den Sitzungen des Parlaments und seiner Organe mit vollen Rechten teil.

Steht aufgrund von Tatsachen, die anhand öffentlich zugänglicher Quellen nachprüfbar sind, fest, dass ein Mitglied ein Amt innehat, das im Sinne des Artikels 7 Absätze 1 oder 2 des Akts vom 20. September 1976 mit der Ausübung eines Mandats als Mitglied des Europäischen Parlaments unvereinbar ist, stellt das Parlament nach Unterrichtung durch seinen Präsidenten das Freiwerden des Sitzes fest.

3. Auf der Grundlage eines Berichts seines zuständigen Ausschusses prüft das Parlament unverzüglich die Mandate und entscheidet über die Gültigkeit der Mandate jedes seiner neu gewählten Mitglieder sowie über etwaige Anfechtungen, die aufgrund der Bestimmungen des Akts vom 20. September 1976 geltend gemacht werden, mit Ausnahme derjenigen, die aufgrund dieses Akts ausschließlich unter die innerstaatlichen Vorschriften fallen, auf die sich der Akt bezieht.

Der Bericht des Ausschusses stützt sich auf die offizielle Mitteilung sämtlicher Mitgliedstaaten über die Gesamtheit der Wahlergebnisse unter genauer Angabe der gewählten Kandidaten und ihrer etwaigen Stellvertreter sowie ihrer Rangfolge aufgrund des Wahlergebnisses.

Das Mandat eines Mitglieds kann nicht für gültig erklärt werden, wenn das Mitglied die schriftlichen Erklärungen nicht abgegeben hat, zu denen es aufgrund dieses Artikels und der Anlage I dieser Geschäftsordnung verpflichtet ist.

4. Auf der Grundlage eines Vorschlags des zuständigen Ausschusses prüft das Parlament unverzüglich die Mandate einzelner Mitglieder, die scheidende Mitglieder ersetzen, und kann sich jederzeit zu etwaigen Anfechtungen der Gültigkeit des Mandats eines Mitglieds äußern.

5. Wird ein Mitglied benannt, weil Kandidaten derselben Liste zurücktreten, dann vergewissert sich der zuständige Ausschuss, dass ihr Rücktritt gemäß Geist und Buchstaben des Akts vom 20. September 1976 sowie Artikel 4 Absatz 2 dieser Geschäftsordnung erfolgt ist.

6. Der zuständige Ausschuss wacht darüber, dass alle Angaben, die die Wählbarkeit eines Mitglieds bzw. die Wählbarkeit oder die Rangfolge der Stellvertreter beeinflussen können, dem Parlament unverzüglich von den Behörden der Mitgliedstaaten oder der Union – unter Angabe des Zeitpunkts des Wirksamwerdens im Falle einer Benennung – übermittelt werden.

Falls die zuständigen Behörden der Mitgliedstaaten gegen ein Mitglied ein Verfahren eröffnen, das den Verlust des Mandats zur Folge haben könnte, ersucht der Präsident sie darum, ihn regelmäßig über den Stand des Verfahrens zu unterrichten und befasst damit den zuständigen Ausschuss, auf dessen Vorschlag das Parlament Stellung nehmen kann.

Art. 4 Dauer des Mandats. 1. Beginn und Ende des Mandats erfolgen nach Maßgabe der Artikel 5 und 13 des Akts vom 20. September 1976.

2. Zurücktretende Mitglieder teilen dem Präsidenten ihren Rücktritt sowie den entsprechenden Stichtag mit, der innerhalb eines Zeitraums von drei Monaten nach der Mitteilung liegen muss. Diese Mitteilung erfolgt in Form eines Protokolls, das in Gegenwart des Generalsekretärs oder seines Vertreters aufgenommen, von diesem sowie dem betreffenden Mitglied unterzeichnet und unverzüglich dem zuständigen Ausschuss vorgelegt wird, der sie auf die Tagesordnung seiner ersten Sitzung nach Eingang dieses Dokuments setzt.

Ist der zuständige Ausschuss der Auffassung, dass der Rücktritt mit dem Akt vom 20. September 1976 vereinbar ist, wird das Freiwerden eines Sitzes erklärt, und zwar mit Wirkung von dem Zeitpunkt, der von dem zurücktretenden Mitglied im Rücktrittsprotokoll angegeben wird, und der Präsident unterrichtet das Parlament hierüber.

Ist der zuständige Ausschuss der Auffassung, dass der Rücktritt nicht mit dem Akt vom 20. September 1976 vereinbar ist, schlägt er dem Parlament vor, das Freiwerden eines Sitzes nicht zu erklären.

3. Ist vor der nächstfolgenden Tagung keine Sitzung des zuständigen Ausschusses vorgesehen, prüft der Berichterstatter des zuständigen Ausschusses unverzüglich jeden ordnungsgemäß mitgeteilten Rücktritt. Falls sich eine Verzögerung bei der Prüfung nachteilig auswirken könnte, befasst der Berichterstatter den Ausschussvorsitz, damit dieser gemäß den Bestimmungen des Absatzes 2

– entweder im Namen des Ausschusses den Präsidenten unterrichtet, dass das Freiwerden eines Sitzes erklärt werden kann, oder
– eine Sondersitzung seines Ausschusses einberuft, damit vom Berichterstatter festgestellte besondere Probleme behandelt werden können.

4. Geben die zuständigen Behörden der Mitgliedstaaten oder der Union oder das betroffene Mitglied dem Präsidenten eine Ernennung oder eine Wahl in ein Amt bekannt, das mit der Ausübung eines Mandats als Mitglied des Europäischen Parlaments im Sinne von Artikel 7 Absätze 1 oder 2 des Akts vom 20. September 1976 unvereinbar ist, unterrichtet der Präsident hierüber das Parlament, welches das Freiwerden des Sitzes ab dem Zeitpunkt der Unvereinbarkeit feststellt.

Geben die zuständigen Behörden der Mitgliedstaaten dem Präsidenten das Erlöschen des Mandats eines Mitglieds des Europäischen Parlaments entweder aufgrund zusätzlicher Unvereinbarkeiten mit dem Recht dieses Mitgliedstaats gemäß Artikel 7 Absatz 3 des Akts vom 20. September 1976 oder aufgrund eines Entzugs des Mandats gemäß Artikel 13 Absatz 3 dieses Akts bekannt, unterrichtet dieser das Parlament darüber, dass das Mandat dieses Mitglieds zu dem von den zuständigen Behörden des Mitgliedstaats mitgeteilten Zeitpunkt erloschen ist. Wird kein solcher Zeitpunkt mitgeteilt, gilt als Stichtag für das Erlöschen des Mandats der Zeitpunkt der Benachrichtigung durch den Mitgliedstaat.

5. Wenn die Behörden der Mitgliedstaaten oder der Union den Präsidenten über eine Aufgabe unterrichten, die sie einem Mitglied zu übertragen gedenken, befasst der Präsident den zuständigen Ausschuss mit der Prüfung der Vereinbarkeit der geplanten Aufgabe mit dem Akt vom 20. September 1976 und bringt dem Parlament, dem Mitglied und den betreffenden Behörden die Schlussfolgerungen dieses Ausschusses zur Kenntnis.

6. In den Fällen, in denen das Parlament das Freiwerden des Sitzes feststellt, unterrichtet der Präsident den betreffenden Mitgliedstaat hierüber und fordert ihn auf, den Sitz unverzüglich zu besetzen.

7. Stehen der Annahme oder Beendigung des Mandats offenbar Fehlerhaftigkeit oder Willensmängel entgegen, kann das Parlament das geprüfte Mandat für ungültig erklären oder sich weigern, das Freiwerden des Sitzes festzustellen.

Art. 5 Vorrechte und Befreiungen. 1. Die Mitglieder genießen die Vorrechte und Befreiungen, die im Protokoll Nr. 7 über die Vorrechte und Befreiungen der Europäischen Union vorgesehen sind.

2. Bei der Wahrnehmung seiner Befugnisse hinsichtlich der Vorrechte und Befreiungen handelt das Parlament so, dass es seine Integrität als demokratische gesetzgebende Versammlung bewahrt und die Unabhängigkeit seiner Mitglieder bei der Wahrnehmung ihrer Aufgaben sicherstellt. Die parlamentarische Immunität ist kein persönliches Vorrecht eines Mitglieds, sondern eine Garantie der Unabhängigkeit des Parlaments als Ganzes und seiner Mitglieder.

3. Einem Mitglied wird auf dessen Antrag von der Europäischen Union vorbehaltlich der Genehmigung durch den Präsidenten des Parlaments ein Ausweis der Europäischen Union ausgestellt, mit dem sich das Mitglied in den Mitgliedstaaten und anderen Staaten, die ihn als gültiges Reisedokument anerkennen, frei bewegen kann.

4. Zur Ausübung seines Mandates verfügt jedes Mitglied über das Recht, sich im Rahmen der Bestimmungen dieser Geschäftsordnung aktiv an der Arbeit der Ausschüsse und Delegationen des Parlaments zu beteiligen.

5. Die Mitglieder haben das Recht, alle im Besitz des Parlaments oder eines Ausschusses befindlichen Akten einzusehen, mit Ausnahme der persönlichen Akten und Abrechnungen, in die nur die betreffenden Mitglieder Einsicht nehmen dürfen. Ausnahmen von diesem Grundsatz für den Umgang mit Dokumenten des Europäischen Parlaments, des Rates und der Kommission, zu denen der Öffentlichkeit der Zugang gemäß der Verordnung (EG) Nr. 1049/2001 des Europäischen Parlaments und des Rates[1] versagt werden kann, sind in Artikel 221 geregelt.

Mit Zustimmung des Präsidiums kann einem Mitglied durch einen mit Gründen versehenen Beschluss die Einsichtnahme in ein Dokument des Parlaments verweigert werden, wenn das Präsidium nach Anhörung des Mitglieds zu dem Ergebnis gelangt, dass die Einsichtnahme eine nicht hinnehmbare Beeinträchtigung der institutionellen Belange des Parlaments oder des öffentlichen Interesses mit sich brächte und dass sie von dem Mitglied aus privaten und persönlichen Motiven gewünscht wird. Das Mitglied kann gegen den Beschluss innerhalb eines Monats nach seiner Bekanntgabe schriftlich Beschwerde erheben. Schriftliche Beschwerden sind nur zulässig, wenn sie mit Gründen versehen sind. Über die Beschwerde entscheidet das Parlament ohne Aussprache im Laufe der Tagung, die auf seine Einlegung folgt.

---

[1] Verordnung (EG) Nr. 1049/2001 des Europäischen Parlaments und des Rates vom 30. Mai 2001 über den Zugang der Öffentlichkeit zu Dokumenten des Europäischen Parlaments, des Rates und der Kommission (ABl. L 145, 31.5.2001, S. 43).

Der Zugang zu vertraulichen Informationen unterliegt den Bestimmungen, die in den vom Parlament geschlossenen interinstitutionellen Vereinbarungen in Bezug auf die Behandlung von vertraulichen Informationen[1] *festgelegt wurden, und den internen Bestimmungen für ihre Umsetzung, die von den zuständigen Organen*[2] *des Parlaments angenommen wurden.*

Art. 6 Aufhebung der Immunität. 1. Jeder Antrag auf Aufhebung der Immunität wird gemäß den Artikeln 7, 8 und 9 des Protokolls Nr. 7 über die Vorrechte und Befreiungen der Europäischen Union und nach den Grundsätzen des Artikels 5 Absatz 2 dieser Geschäftsordnung geprüft.

2. Werden Mitglieder aufgefordert, als Zeugen oder Sachverständige auszusagen, muss kein Antrag auf Aufhebung der Immunität gestellt werden, sofern

– der Termin, zu dem sie erscheinen müssen, nicht so festgesetzt wurde, dass sie dadurch an der Ausübung ihres Mandats gehindert werden oder die Erfüllung dieser Aufgaben erschwert wird, oder sofern sie schriftlich oder in einer anderen Form, durch die sie nicht an der Ausübung ihres Mandats gehindert werden, aussagen können; und
– sie nicht gezwungen werden, über Themen auszusagen, zu denen sie aufgrund der Ausübung ihres Mandats vertrauliche Informationen erhalten haben, deren Preisgabe sie für nicht zweckmäßig halten.

Art. 7 Schutz der Vorrechte und der Immunität. 1. In Fällen, in denen geltend gemacht wird, dass eine Verletzung der Vorrechte oder der Immunität eines Mitglieds oder eines ehemaligen Mitglieds durch die Behörden eines Mitgliedstaats stattgefunden hat oder bevorsteht, kann ein Antrag auf einen Beschluss des Parlaments, ob eine Verletzung dieser Vorrechte oder der Immunität vorlag oder wahrscheinlich vorliegen wird, gemäß Artikel 9 Absatz 1 eingereicht werden.

2. Ein solcher Antrag auf Schutz der Vorrechte und der Immunität kann insbesondere dann gestellt werden, wenn die Auffassung vertreten

---

[1] Interinstitutionelle Vereinbarung vom 20. November 2002 zwischen dem Europäischen Parlament und dem Rat über den Zugang des Europäischen Parlaments zu sensiblen Informationen des Rates im Bereich der Sicherheits- und Verteidigungspolitik (ABl. C 298 vom 30.11.2002, S. 1).

Rahmenvereinbarung vom 20. Oktober 2010 über die Beziehungen zwischen dem Europäischen Parlament und der Europäischen Kommission (ABl. L 304 vom 20.11.2010, S. 47).

Interinstitutionelle Vereinbarung vom 12. März 2014 zwischen dem Europäischen Parlament und dem Rat über die Übermittlung an und die Bearbeitung durch das Europäische Parlament von im Besitz des Rates befindlichen Verschlusssachen in Bezug auf Angelegenheiten, die nicht unter die Gemeinsame Außen- und Sicherheitspolitik fallen (ABl. C 95 vom 1.4.2014, S. 1).

[2] Beschluss des Europäischen Parlaments vom 23. Oktober 2002 über die Durchführung der Interinstitutionellen Vereinbarung über den Zugang des Europäischen Parlaments zu sensiblen Informationen des Rates im Bereich der Sicherheits- und Verteidigungspolitik (ABl. C 298 vom 30.11.2002, S. 4).

Beschluss des Präsidiums des Europäischen Parlaments vom 15. April 2013 über die Regeln zur Behandlung vertraulicher Informationen durch das Europäische Parlament (ABl. C 96 vom 1.4.2014, S. 1).

wird, die Umstände würden eine verwaltungsmäßige oder sonstige Beschränkung der Bewegungsfreiheit der Mitglieder bei der An- oder Abreise zum bzw. vom Tagungsort des Parlaments oder eine verwaltungsmäßige oder sonstige Beschränkung einer in Ausübung ihres Amtes erfolgten Äußerung oder Abstimmung darstellen oder dass die Umstände in den Anwendungsbereich von Artikel 9 des Protokolls Nr. 7 über die Vorrechte und Befreiungen der Europäischen Union fallen.

3. Ein Antrag auf Schutz der Vorrechte und der Immunität eines Mitglieds ist unzulässig, wenn ein Antrag auf Aufhebung oder Schutz der Immunität dieses Mitglieds bereits in Bezug auf denselben Sachverhalt eingegangen ist, unabhängig davon, ob dieser frühere Antrag zu einem Beschluss geführt hat.

4. Ein Antrag auf Schutz der Vorrechte und der Immunität eines Mitglieds wird nicht weiter geprüft, wenn ein Antrag auf Aufhebung der Immunität dieses Mitglieds in Bezug auf denselben Sachverhalt eingeht.

5. In Fällen, in denen ein Beschluss gefasst wurde, die Vorrechte und die Immunität eines Mitglieds nicht zu schützen, kann das Mitglied durch die Vorlage neuen Beweismaterials gemäß Artikel 9 Absatz 1 ausnahmsweise einen Antrag auf Überprüfung des Beschlusses stellen. Der Antrag auf Überprüfung ist unzulässig, wenn gemäß Artikel 263 des Vertrags über die Arbeitsweise der Europäischen Union gegen den Beschluss Klage erhoben wurde oder wenn der Präsident die Auffassung vertritt, dass das neu vorgelegte Beweismaterial nicht hinreichend substantiiert ist, um eine Überprüfung zu rechtfertigen.

Art. 8 Dringliche Maßnahmen des Präsidenten zur Bestätigung der Immunität. 1. In dringenden Fällen kann der Präsident, falls ein Mitglied unter mutmaßlichem Verstoß gegen seine Vorrechte und seine Immunität festgenommen oder in seiner Bewegungsfreiheit beschränkt wurde, nach Rücksprache mit dem Vorsitz und dem Berichterstatter des zuständigen Ausschusses von sich aus tätig werden, um die Vorrechte und die Immunität des betreffenden Mitglieds zu bestätigen. Der Präsident teilt dem Ausschuss seine Maßnahme mit und unterrichtet das Parlament.

2. Macht der Präsident von den ihm durch Absatz 1 übertragenen Befugnissen Gebrauch, so wird der Ausschuss in seiner nächsten Sitzung über die Initiative des Präsidenten unterrichtet. Der Ausschuss kann einen Bericht an das Parlament ausarbeiten, falls er dies für erforderlich halt.

Art. 9 Immunitätsverfahren. 1. Jeder an den Präsidenten gerichtete Antrag einer zuständigen Behörde eines Mitgliedstaates, die Immunität eines Mitglieds aufzuheben, oder eines Mitglieds oder ehemaligen Mitglieds, Vorrechte und Immunität zu schützen, wird dem Parlament mitgeteilt und an den zuständigen Ausschuss überwiesen.

2. Mit Zustimmung des betroffenen Mitglieds oder ehemaligen Mitglieds kann der Antrag von einem anderen Mitglied gestellt werden,

das das betroffene Mitglied oder ehemalige Mitglied in sämtlichen Stadien des Verfahrens vertritt.

Das Mitglied, das das betroffene Mitglied oder ehemalige Mitglied vertritt, darf an den vom Ausschuss gefassten Beschlüssen nicht beteiligt sein.

3. Der Ausschuss prüft die Anträge auf Aufhebung der Immunität oder auf Schutz der Vorrechte und der Immunität unverzüglich, aber unter Berücksichtigung ihrer relativen Komplexität.

4. Der Ausschuss unterbreitet einen Vorschlag für einen mit Gründen versehenen Beschluss, in dem die Annahme oder Ablehnung des Antrags auf Aufhebung der Immunität oder auf Schutz der Vorrechte und der Immunität empfohlen wird. Änderungsanträge sind nicht zulässig. Wird ein Vorschlag abgelehnt, gilt der gegenteilige Beschluss als angenommen.

5. Der Ausschuss kann die betreffende Behörde um jede Information oder Auskunft ersuchen, die er für erforderlich hält, um sich eine Meinung darüber bilden zu können, ob die Immunität aufzuheben oder zu schützen ist.

6. Das betreffende Mitglied erhält die Möglichkeit, gehört zu werden, und kann alle Schriftstücke vorlegen, die ihm in diesem Zusammenhang zweckmäßig erscheinen.

Das betreffende Mitglied ist während der Diskussionen über den Antrag auf Aufhebung oder Schutz seiner Immunität nicht anwesend, außer bei seiner eigenen Anhörung.

Der Vorsitz des Ausschusses lädt das Mitglied unter Angabe eines Datums und Zeitpunkts zur Anhörung. Das betreffende Mitglied kann auf das Anhörungsrecht verzichten.

Nimmt das betreffende Mitglied nicht an der Anhörung gemäß dieser Ladung teil, wird davon ausgegangen, dass es auf das Anhörungsrecht verzichtet hat, es sei denn, das Mitglied hat unter Angabe von Gründen um Freistellung von der Anhörung zu diesem Datum und diesem Zeitpunkt gebeten. Der Vorsitz des Ausschusses entscheidet darüber, ob einem solchen Antrag auf Freistellung in Anbetracht der angegebenen Gründe stattzugeben ist. Das betreffende Mitglied hat bezüglich dieser Entscheidung kein Beschwerderecht.

Gibt der Vorsitz des Ausschusses dem Freistellungsantrag statt, lädt er das betreffende Mitglied zu einer Anhörung zu einem neuen Datum und Zeitpunkt. Kommt das betreffende Mitglied der zweiten Ladung zur Anhörung nicht nach, wird das Verfahren ohne die Anhörung des Mitglieds fortgesetzt. In diesem Fall können keine weiteren Anträge auf Freistellung oder Anhörung zugelassen werden.

7. Wurde der Antrag auf Aufhebung oder Schutz der Immunität aufgrund von mehreren Anklagepunkten formuliert, kann jeder davon Gegenstand eines gesonderten Beschlusses sein. In Ausnahmefällen kann im Bericht des Ausschusses vorgeschlagen werden, dass die Aufhebung oder der Schutz der Immunität ausschließlich die Strafverfolgung betrifft, ohne dass gegen das Mitglied, solange das Urteil nicht

rechtskräftig ist, Maßnahmen wie Festnahme, Haft oder sonstige Maßnahmen ergriffen werden können, die es an der Ausübung des Mandats hindern.

8. Der Ausschuss kann eine mit Gründen versehene Stellungnahme zur Zuständigkeit der betreffenden Behörde und zur Zulässigkeit des Antrags abgeben, doch äußert er sich in keinem Fall zur Schuld oder Nichtschuld des Mitglieds bzw. zur Zweckmäßigkeit einer Strafverfolgung der dem Mitglied zugeschriebenen Äußerungen oder Tätigkeiten, selbst wenn der Ausschuss durch die Prüfung des Antrags umfassende Kenntnis von dem zugrunde liegenden Sachverhalt erlangt.

9. Der Vorschlag des Ausschusses für einen Beschluss wird auf die Tagesordnung der unmittelbar auf seine Vorlage folgenden Sitzung gesetzt. Änderungsanträge zu einem derartigen Vorschlag sind nicht zulässig.

Die Aussprache erstreckt sich nur auf die Gründe, die für und gegen die einzelnen Vorschläge für die Aufhebung oder Aufrechterhaltung der Immunität oder den Schutz eines Vorrechts oder der Immunität sprechen.

Unbeschadet der Bestimmungen des Artikels 173 darf ein Mitglied, dessen Vorrechte oder Immunität Gegenstand des Falls sind, in der Aussprache nicht das Wort ergreifen.

Über den in dem Bericht enthaltenen Vorschlag bzw. die Vorschläge für einen Beschluss wird in der ersten Abstimmungsstunde nach der Aussprache abgestimmt.

Nach Prüfung durch das Parlament findet eine gesonderte Abstimmung über jeden einzelnen in dem Bericht enthaltenen Vorschlag statt. Im Falle der Ablehnung eines Vorschlags gilt der gegenteilige Beschluss als angenommen.

10. Der Präsident teilt den Beschluss des Parlaments unverzüglich dem betroffenen Mitglied und der zuständigen Behörde des betreffenden Mitgliedstaates mit und ersucht darum, dass er über alle Entwicklungen und Gerichtsentscheidungen in dem betreffenden Verfahren unterrichtet wird. Sobald der Präsident diese Information erhält, unterrichtet er das Parlament, gegebenenfalls nach Rücksprache mit dem zuständigen Ausschuss, auf dem Wege, der ihm am angemessensten erscheint.

11. Der Ausschuss behandelt den Vorgang und die eingegangenen Unterlagen mit größter Vertraulichkeit. Die Prüfung von Anträgen im Zusammenhang mit Immunitätsverfahren durch den Ausschuss findet stets unter Ausschluss der Öffentlichkeit statt.

12. Das Parlament prüft nur solche Anträge auf Aufhebung der Immunität eines Mitglieds, die ihm von der Justiz oder den Ständigen Vertretungen der Mitgliedstaaten übermittelt wurden.

13. Der Ausschuss legt die Grundsätze für die Anwendung dieses Artikels fest.

14. Jede Anfrage einer zuständigen Behörde zum Geltungsbereich der Vorrechte oder Immunität der Mitglieder wird gemäß den vorstehenden Bestimmungen geprüft.

Art. 10 Verhaltensregeln. 1. Das Verhalten der Mitglieder ist geprägt von gegenseitigem Respekt und beruht auf den in den Verträgen und insbesondere in der Charta der Grundrechte festgelegten Werten und Grundsätzen. Die Mitglieder achten die Würde des Parlaments und schädigen seinen Ruf nicht.

2. Die Mitglieder dürfen weder den ordnungsgemäßen Ablauf der parlamentarischen Arbeit noch die Aufrechterhaltung der Sicherheit und Ordnung in den Gebäuden des Parlaments oder die Funktionsfähigkeit seiner Ausstattung beeinträchtigen.

3. Die Mitglieder stören die Ordnung im Plenarsaal nicht und sehen von unangemessenem Verhalten ab. Sie stellen keine Transparente aus.

4. Die Mitglieder unterlassen in Parlamentsdebatten im Plenarsaal beleidigende Äußerungen.

Bei der Beurteilung, ob die Äußerungen eines Mitglieds in einer Parlamentsdebatte beleidigend sind oder nicht, sollten unter anderem die identifizierbaren Absichten der Person, die die Äußerungen tätigt, der Eindruck, den die Äußerungen bei der Öffentlichkeit erwecken, das Ausmaß, in dem die Würde und der Ruf des Parlaments Schaden davontragen, und die Redefreiheit des betreffenden Mitglieds berücksichtigt werden. Verleumderische Äußerungen, Hetze und Aufstachelung zur Diskriminierung insbesondere aus den in Artikel 21 der Charta der Grundrechte genannten Gründen wären beispielsweise in der Regel Fälle von beleidigenden Äußerungen im Sinne dieses Artikels.

5. Die Mitglieder halten die Vorschriften des Parlaments über die Behandlung vertraulicher Informationen ein.

6. Die Mitglieder nehmen von Mobbing oder sexueller Belästigung aller Art Abstand und wahren den Kodex für angemessenes Verhalten für Mitglieder des Europäischen Parlaments im Rahmen ihres Mandats, der dieser Geschäftsordnung als Anlage beigefügt ist.[1)]

Mitglieder, die die Erklärung zu diesem Kodex nicht unterzeichnet haben, können nicht zu Amtsträgern des Parlaments oder eines seiner Organe gewählt oder als Berichterstatter benannt werden oder in einer offiziellen Delegation oder bei interinstitutionellen Verhandlungen mitwirken.

7. Hält eine Person, die für ein Mitglied arbeitet oder der ein Mitglied Zutritt zu den Gebäuden oder Zugang zur Ausstattung des Parlaments verschafft hat, die Verhaltensregeln nach diesem Artikel nicht ein, kann dieses Verhalten erforderlichenfalls dem betroffenen Mitglied angelastet werden.

8. Die Anwendung dieses Artikels schränkt weder die Lebhaftigkeit der Parlamentsdebatten noch die Redefreiheit der Mitglieder anderweitig ein.

9. Dieser Artikel gilt entsprechend in den Organen, Ausschüssen und Delegationen des Parlaments.

---

1) See Annex II.

Art. 11 Finanzielle Interessen der Mitglieder und Transparenz-Register. 1. Das Parlament beschließt Regeln über die Transparenz der finanziellen Interessen seiner Mitglieder in Form eines Verhaltenskodex, der mit der Mehrheit der ihm angehörenden Mitglieder angenommen und dieser Geschäftsordnung als Anlage[1] beigefügt wird.

Diese Regeln dürfen die Ausübung des Mandats und damit zusammenhängender politischer oder anderer Tätigkeiten nicht anderweitig beeinträchtigen oder einschränken.

2. Die Mitglieder sollten sich systematisch nur mit Interessenvertretern treffen, die im durch die Vereinbarung zwischen dem Europäischen Parlament und der Europäischen Kommission eingerichteten Transparenz-Register[2] registriert sind.

3. Die Mitglieder sollten alle geplanten Treffen mit Interessenvertretern, die in den Geltungsbereich des Transparenz-Registers fallen, im Internet veröffentlichen. Unbeschadet des Artikels 4 Absatz 6 der Anlage I veröffentlichen Berichterstatter, Schattenberichterstatter und Ausschussvorsitze für jeden Bericht alle geplanten Treffen mit Interessenvertretern, die in den Geltungsbereich des Transparenz-Registers fallen, im Internet. Das Präsidium stellt auf der Website des Parlaments die erforderliche Infrastruktur zur Verfügung.

4. Das Präsidium stellt auf der Seite der Mitglieder auf der Website des Parlaments die erforderliche Infrastruktur für die Mitglieder zur Verfügung, die eine freiwillige Prüfung oder Bestätigung gemäß den geltenden Bestimmungen des Abgeordnetenstatuts und den entsprechenden Durchführungsbestimmungen veröffentlichen möchten, dass ihre Nutzung der allgemeinen Kostenvergütung den geltenden Bestimmungen des Abgeordnetenstatuts und den entsprechenden Durchführungsmaßnahmen entspricht.

5. Diese Regeln dürfen die Ausübung des Mandats und damit zusammenhängender politischer oder anderer Tätigkeiten nicht in sonstiger Weise beeinträchtigen oder einschränken.

6. Das Präsidium legt durch Beschluss die Verhaltensregeln, Vorrechte und Befreiungen für die ehemaligen Mitglieder fest. Bei der Behandlung der ehemaligen Mitglieder werden keine Unterschiede gemacht.

Art. 12 Interne Untersuchungen des Europäischen Amtes für Betrugsbekämpfung (OLAF). Die in der Interinstitutionellen Vereinbarung über die internen Untersuchungen des Europäischen Amtes für Betrugsbekämpfung (OLAF)[3] enthaltene gemeinsame Regelung

---

[1] Siehe Anlage I.

[2] Vereinbarung vom 16. April 2014 zwischen dem Europäischen Parlament und der Europäischen Kommission über das Transparenz-Register für Organisationen und selbstständige Einzelpersonen, die sich mit der Gestaltung und Umsetzung von EU-Politik befassen (ABl. L 277 vom 19.9.2014, S. 11).

[3] Interinstitutionelle Vereinbarung vom 25. Mai 1999 zwischen dem Europäischen Parlament, dem Rat der Europäischen Union und der Kommission der Europäischen Gemeinschaften über die internen Untersuchungen des Europäischen Amtes für Betrugsbekämpfung (OLAF) (ABl. L 136, 31.5.1999, S. 15).

mit den erforderlichen Maßnahmen zur Erleichterung eines reibungslosen Ablaufs der Untersuchungen des Amtes findet gemäß dem Beschluss des Parlaments vom 18. November 1999[1] innerhalb des Parlaments Anwendung.

Art. 13 Beobachter. 1. Nach der Unterzeichnung eines Vertrags über den Beitritt eines Staates zur Europäischen Union kann der Präsident nach Zustimmung der Konferenz der Präsidenten das Parlament des Beitrittsstaats auffordern, aus den Reihen seiner Mitglieder Beobachter zu benennen, deren Anzahl der Zahl der Sitze, die dem Staat nach dem Beitritt im Europäischen Parlament zugewiesenen werden entspricht.

2. Diese Beobachter nehmen bis zum Inkrafttreten des Beitrittsvertrags an den Verhandlungen des Parlaments teil und können in den Ausschüssen und Fraktionen das Wort ergreifen. Sie sind weder berechtigt, an Abstimmungen teilzunehmen oder sich innerhalb des Parlaments in ein Amt wählen zu lassen, noch dürfen sie das Parlament nach außen vertreten. Ihre Teilnahme hat keinerlei rechtliche Auswirkungen auf die Verhandlungen des Parlaments.

3. Hinsichtlich der Nutzung von Einrichtungen des Parlaments und der Erstattung der mit ihrer Tätigkeit als Beobachter verbundenen Reise- und Aufenthaltskosten sind sie einem Mitglied gleichgestellt.

Kapitel 2. Amtsträger des Parlaments

Art. 14 Vorläufiger Vorsitz.[2] 1. In der in Artikel 154 Absatz 2 vorgesehenen Sitzung wie auch in jeder anderen Sitzung, die der Wahl des Präsidenten und des Präsidiums gewidmet ist, führt der scheidende Präsident oder andernfalls einer der scheidenden Vizepräsidenten entsprechend der Rangfolge oder, falls keiner von diesen anwesend ist, das Mitglied mit der längsten Mandatszeit den Vorsitz, bis der Präsident gewählt ist.

2. Unter dem Vorsitz eines Mitglieds, das gemäß Absatz 1 vorläufig den Vorsitz führt, darf keine Aussprache stattfinden, deren Gegenstand nicht die Wahl des Präsidenten oder die Prüfung der Mandate gemäß Artikel 3 Absatz 2 Unterabsatz 2 betrifft. Jede andere mit der Prüfung der Mandate zusammenhängende Angelegenheit, die aufgeworfen wird, während es den Vorsitz führt, wird an den zuständigen Ausschuss überwiesen.

Art. 15 Kandidaturen und allgemeine Bestimmungen.[3] 1. Der Präsident und anschließend die Vizepräsidenten und die Quästoren werden gemäß Artikel 191 in geheimer Wahl gewählt.

---

[1] Beschluss des Parlaments vom 18. November 1999 über die Bedingungen und Modalitäten der internen Untersuchungen zur Bekämpfung von Betrug, Korruption und sonstigen rechtswidrigen Handlungen zum Nachteil der Interessen der Gemeinschaften.

[2] Artikel 14 gilt entsprechend für Ausschüsse (siehe Artikel 213 Absatz 3).

[3] Artikel 15 gilt entsprechend für Ausschüsse (siehe Artikel 213 Absatz 3).

Die Kandidaten werden mit ihrem Einverständnis vorgeschlagen und Vorschläge können nur von einer Fraktion oder von Mitgliedern, durch die mindestens die niedrige Schwelle erreicht wird, gemacht werden. Neue Vorschläge können vor jedem Wahlgang eingereicht werden.

Wenn die Zahl der Kandidaten die Zahl der freien Sitze nicht überschreitet, werden die Kandidaten durch Zuruf gewählt, es sei denn, Mitglieder oder eine oder mehrere Fraktionen, durch die mindestens die hohe Schwelle erreicht wird, beantragen eine geheime Abstimmung.

Ist in einem Wahlgang mehr als ein Amtsträger zu wählen, ist der Stimmzettel nur gültig, wenn mehr als die Hälfte der verfügbaren Stimmen abgegeben wurden.

2. Bei den Wahlen des Präsidenten, der Vizepräsidenten und der Quästoren soll insgesamt einer gerechten Vertretung nach politischen Richtungen, sowie einem ausgewogenen Geschlechterverhältnis und einer geografischen Ausgewogenheit Rechnung getragen werden.

Art. 16 Wahl des Präsidenten – Eröffnungsansprache.[1] 1. Kandidaturen für das Amt des Präsidenten sind dem Mitglied, das gemäß Artikel 14 vorläufig den Vorsitz führt, zu unterbreiten, das sie dem Parlament zur Kenntnis bringt. Hat nach drei Wahlgängen kein Kandidat die absolute Mehrheit der abgegebenen Stimmen erhalten, können beim vierten Wahlgang abweichend von Artikel 15 Absatz 1 nur die beiden Mitglieder Kandidaten sein, die im dritten Wahlgang die höchste Stimmenzahl erhalten haben. Bei Stimmengleichheit gilt der Kandidat mit dem höheren Lebensalter als gewählt.

2. Sobald der Präsident gewählt ist, überlässt ihm das Mitglied, das gemäß Artikel 14 vorläufig den Vorsitz führt, den Vorsitz. Nur der gewählte Präsident kann eine Eröffnungsansprache halten.

Art. 17 Wahl der Vizepräsidenten. 1. Anschließend werden die Vizepräsidenten in einem einzigen Wahlgang gewählt. Im ersten Wahlgang gelten bis zu 14 Kandidaten, wenn sie die absolute Mehrheit der abgegebenen Stimmen erhalten, in der Reihenfolge der für sie abgegebenen Stimmenzahl als gewählt. Wenn danach nicht alle Vizepräsidenten gewählt sind, findet unter den gleichen Bedingungen ein zweiter Wahlgang statt, um die noch freien Sitze zu besetzen. Ist dafür ein dritter Wahlgang erforderlich, genügt die relative Mehrheit. Bei Stimmengleichheit gelten die Kandidaten mit dem höheren Lebensalter als gewählt.

2. Die Rangfolge der Vizepräsidenten wird vorbehaltlich der Bestimmungen von Artikel 20 Absatz 1 durch die Reihenfolge ihrer Wahl bestimmt; bei Stimmengleichheit entscheidet das Lebensalter.

Wenn Vizepräsidenten durch Wahl durch Zuruf gewählt werden, *wird die Rangfolge in* geheimer Abstimmung festgelegt.

---

[1] Artikel 16 gilt entsprechend für Ausschüsse (siehe Artikel 213 Absatz 3).

Art. 18 Wahl der Quästoren. Das Parlament wählt fünf Quästoren nach demselben Verfahren wie bei der Wahl der Vizepräsidenten.

Art. 19 Amtszeit.[1] 1. Die Amtszeit des Präsidenten, der Vizepräsidenten und der Quästoren beträgt zweieinhalb Jahre.

Wechseln Mitglieder die Fraktion, behalten sie ihren etwaigen Sitz im Präsidium oder als Quästoren während des verbleibenden Teils ihrer Amtszeit von zweieinhalb Jahren.

2. Wird eines dieser Ämter vor Ablauf dieser Zeit frei, bleibt das für dieses Amt gewählte Mitglied nur für die restliche Amtszeit des Vorgängers im Amt.

Art. 20 Freiwerdende Ämter.[2] 1. Falls der Präsident, ein Vizepräsident oder ein Quästor ersetzt werden muss, wird der Nachfolger gemäß den jeweiligen Bestimmungen über die Wahlen für das betreffende Amt gewählt.

Jeder neue Vizepräsident nimmt in der Rangfolge die Stelle desjenigen ein, den er ersetzt.

2. Wird das Amt des Präsidenten frei, übt ein gemäß der Rangfolge bestimmter Vizepräsident dieses Amt bis zur Wahl des neuen Präsidenten aus.

Art. 21 Vorzeitige Beendigung der Amtszeit. Die Konferenz der Präsidenten kann mit der Mehrheit von drei Fünfteln der abgegebenen Stimmen, die mindestens drei Fraktionen vertreten, dem Parlament vorschlagen, die Amtszeit des Präsidenten, eines Vizepräsidenten, eines Quästors, eines Vorsitzes oder eines stellvertretenden Vorsitzes eines Ausschusses, eines Vorsitzes oder eines stellvertretenden Vorsitzes einer interparlamentarischen Delegation oder eines anderen Amtstinhabers innerhalb des Parlaments zu beenden, wenn sie der Auffassung ist, dass das betreffende Mitglied eine schwere Verfehlung begangen hat. Das Parlament entscheidet über diesen Vorschlag mit der Mehrheit von zwei Dritteln der abgegebenen Stimmen und der Mehrheit der Mitglieder des Parlaments.

Verstößt ein Berichterstatter gegen die Vorschriften des Verhaltenskodex für die Mitglieder des Europäischen Parlaments im Bereich finanzielle Interessen und Interessenkonflikte,[3] der dieser Geschäftsordnung als Anlage beigefügt ist, kann ihn der Ausschuss, der ihn benannt hat, von dieser Aufgabe auf Initiative des Präsidenten und auf Vorschlag der Konferenz der Präsidenten entbinden. Die gemäß Absatz 1 erforderlichen Mehrheiten finden entsprechend auf jeden der Abschnitte dieses Verfahrens Anwendung.

---

[1] Artikel 19 gilt entsprechend für Ausschüsse (siehe Artikel 213 Absatz 3).
[2] Artikel 20 gilt entsprechend für Ausschüsse (siehe Artikel 213 Absatz 3).
[3] Siehe Anlage I.

Kapitel 3. Organe und Aufgaben

Art. 22 Aufgaben des Präsidenten. 1. Der Präsident leitet im Einklang mit dieser Geschäftsordnung sämtliche Arbeiten des Parlaments und seiner Organe und besitzt alle Befugnisse, um bei den Beratungen des Parlaments den Vorsitz zu führen und deren ordnungsgemäßen Ablauf zu gewährleisten.

2. Der Präsident eröffnet, unterbricht und schließt die Sitzungen; er entscheidet über die Zulässigkeit von Änderungsanträgen und anderen Texten, über die abgestimmt werden soll, sowie über die Zulässigkeit parlamentarischer Anfragen; er achtet auf die Einhaltung dieser Geschäftsordnung, wahrt die Ordnung, erteilt das Wort, erklärt die Aussprachen für geschlossen, lässt abstimmen und verkündet die Ergebnisse der Abstimmungen; er übermittelt den Ausschüssen die Mitteilungen, die ihre Tätigkeit betreffen.

3. Der Präsident darf in einer Aussprache das Wort nur ergreifen, um den Stand der Sache festzustellen und die Aussprache zum Beratungsgegenstand zurückzuführen. Will er sich an der Aussprache beteiligen, gibt er den Vorsitz ab und kann ihn erst wieder übernehmen, wenn die Aussprache über den Gegenstand beendet ist.

4. Der Präsident vertritt das Parlament im internationalen Bereich, bei offiziellen Anlässen sowie in Verwaltungs-, Gerichts- und Finanzangelegenheiten; er kann diese Befugnisse übertragen.

5. Der Präsident ist für die Sicherheit und die Unverletzlichkeit der Gebäude des Europäischen Parlaments verantwortlich.

Art. 23 Aufgaben der Vizepräsidenten. 1. Ist der Präsident abwesend oder verhindert oder will er sich gemäß Artikel 22 Absatz 3 an der Aussprache beteiligen, übernimmt einer der unter der Beachtung der Rangfolge bestimmten Vizepräsidenten den Vorsitz.

2. Die Vizepräsidenten nehmen ferner die Aufgaben wahr, die ihnen gemäß Artikel 25, Artikel 27 Absätze 3 und 5 sowie Artikel 77 Absatz 3 übertragen werden.

3. Der Präsident kann den Vizepräsidenten Aufgaben wie die Vertretung des Parlaments bei offiziellen Anlässen oder in bestimmten Angelegenheiten übertragen. Insbesondere kann der Präsident einen Vizepräsidenten damit beauftragen, in Artikel 137 und Artikel 138 Absatz 2 festgelegten Aufgaben des Präsidenten wahrzunehmen.

Art. 24 Zusammensetzung des Präsidiums. 1. Das Präsidium besteht aus dem Präsidenten und den 14 Vizepräsidenten des Parlaments.

2. Die Quästoren sind Mitglieder des Präsidiums mit beratender Stimme.

3. Bei Beschlüssen des Präsidiums gibt im Falle der Stimmengleichheit die Stimme des Präsidenten den Ausschlag.

Art. 25 Aufgaben des Präsidiums. 1. Das Präsidium nimmt die ihm in dieser Geschäftsordnung übertragenen Aufgaben wahr.

2. Das Präsidium trifft finanzielle, organisatorische und administrative Entscheidungen in Angelegenheiten der internen Organisation des Parlaments, seines Generalsekretariats und seiner Organe.

3. Das Präsidium trifft auf Vorschlag des Generalsekretärs oder einer Fraktion finanzielle, organisatorische und administrative Entscheidungen in Angelegenheiten der Mitglieder.

4. Das Präsidium regelt die Fragen im Zusammenhang mit der Durchführung der Tagungen.

5. Das Präsidium legt die in Artikel 36 vorgesehenen Bestimmungen für die fraktionslosen Mitglieder fest.

6. Das Präsidium bestimmt den Stellenplan für das Generalsekretariat des Parlaments und die die dienstrechtliche und finanzielle Stellung der Beamten und sonstigen Bediensteten betreffenden Dienstordnungen.

7. Das Präsidium stellt den Vorentwurf des Haushaltsvoranschlags des Parlaments auf.

8. Das Präsidium erlässt die Leitlinien für die Quästoren und kann die Quästoren zur Durchführung bestimmter Aufgaben auffordern.

9. Das Präsidium ist zuständig für die Genehmigung von Ausschusssitzungen oder -reisen außerhalb der üblichen Arbeitsorte, von Anhörungen sowie von Studien- und Informationsreisen der Berichterstatter.

Bei der Genehmigung solcher Sitzungen und Veranstaltungen oder Reisen wird die Sprachenregelung auf der Grundlage des vom Präsidium angenommenen Verhaltenskodex Mehrsprachigkeit festgelegt. Dieselbe Regelung gilt auch für die Delegationen.

10. Das Präsidium ernennt den Generalsekretär gemäß Artikel 234.

11. Das Präsidium legt die Durchführungsbestimmungen zu den Regelungen über die politischen Parteien und Stiftungen auf europäischer Ebene und ihre Finanzierung fest.

12. Das Präsidium legt unter Berücksichtigung einschlägiger interinstitutioneller Vereinbarungen Vorschriften über die Behandlung vertraulicher Informationen durch das Parlament und seine Organe, Amtsinhaber und andere Mitglieder fest. Diese Vorschriften werden im *Amtsblatt der Europäischen Union* veröffentlicht.

13. Der Präsident oder das Präsidium können ein oder mehrere Mitglieder des Präsidiums mit allgemeinen oder besonderen Aufgaben aus dem Zuständigkeitsbereich des Präsidenten oder des Präsidiums betrauen. Gleichzeitig wird die Art und Weise der Ausführung dieser Aufgaben festgelegt.

14. Das Präsidium benennt zwei Vizepräsidenten, die mit der Wahrnehmung der Beziehungen zu den nationalen Parlamenten beauftragt werden.

15. Das Präsidium benennt einen Vizepräsidenten, der mit der Durchführung einer strukturierten Konsultation der europäischen Zivilgesellschaft zu wichtigen Themen beauftragt wird.

16. Das Präsidium ist für die Anwendung des Abgeordnetenstatuts zuständig und entscheidet auf der Grundlage des jährlichen Haushaltsplans über die Höhe der Bezüge.

Art. 26 Zusammensetzung der Konferenz der Präsidenten. 1. Die Konferenz der Präsidenten besteht aus dem Präsidenten und den Vorsitzen der Fraktionen. Die Vorsitze der Fraktionen können sich durch Mitglieder ihrer Fraktion vertreten lassen.

2. Der Präsident ersucht, nachdem er den fraktionslosen Mitgliedern die Möglichkeit zur Darlegung ihrer Ansichten gegeben hat, eines von ihnen, ohne Stimmrecht an den Sitzungen der Konferenz der Präsidenten teilzunehmen.

3. Die Konferenz der Präsidenten sucht in den Fragen, mit denen sie befasst ist, einen Konsens zu erreichen.

Kann ein solcher Konsens nicht erreicht werden, wird abgestimmt, und zwar entsprechend der Mitgliederstärke jeder Fraktion.

Art. 27 Aufgaben der Konferenz der Präsidenten. 1. Die Konferenz der Präsidenten nimmt die ihr von dieser Geschäftsordnung übertragenen Aufgaben wahr.

2. Die Konferenz der Präsidenten beschließt über die Arbeitsorganisation des Parlaments sowie über die Fragen im Zusammenhang mit dem Gesetzgebungsprogramm.

3. Die Konferenz der Präsidenten ist zuständig für Fragen, die die Beziehungen des Parlaments zu den anderen Organen und Einrichtungen der Europäischen Union sowie zu den nationalen Parlamenten der Mitgliedstaaten betreffen. Entscheidungen über das Mandat und die Zusammensetzung der Vertretung des Parlaments, die an den Beratungen im Rat und in anderen Organen der Europäischen Union zu grundlegenden Fragen der Entwicklung der Europäischen Union (Sherpa-Prozess) teilnehmen wird, werden auf der Grundlage relevanter vom Parlament angenommener Standpunkte sowie unter Berücksichtigung der im Parlament vertretenen Vielfalt politischer Richtungen getroffen. Die Vizepräsidenten, die mit der Wahrnehmung der Beziehungen des Parlaments zu den nationalen Parlamenten beauftragt sind, erstatten der Konferenz der Präsidenten regelmäßig Bericht über ihre diesbezüglichen Tätigkeiten.

4. Die Konferenz der Präsidenten ist zuständig für Fragen, die die Beziehungen zu Drittländern und zu Institutionen oder Organisationen außerhalb der Europäischen Union betreffen.

5. *Die Konferenz* der Präsidenten ist zuständig für die Organisation einer strukturierten Konsultation der europäischen Zivilgesellschaft zu wichtigen Themen. Diese Konsultation kann die Abhaltung öffentli-

cher Aussprachen über Themen von allgemeinem europäischem Interesse umfassen, an denen interessierte Bürger teilnehmen können. Der für die Durchführung dieser Konsultationen zuständige Vizepräsident erstattet der Konferenz der Präsidenten regelmäßig Bericht über seine Tätigkeiten in diesem Bereich.

6. Die Konferenz der Präsidenten stellt den Entwurf der Tagesordnung für die Tagungen des Parlaments auf.

7. Die Konferenz der Präsidenten unterbreitet dem Parlament Vorschläge in Bezug auf die Zusammensetzung und die Zuständigkeiten der Ausschüsse und der Untersuchungsausschüsse sowie der Gemischten Parlamentarischen Ausschüsse und der ständigen Delegationen. Die Konferenz der Präsidenten ist zuständig für die Genehmigung von *Ad-hoc*-Delegationen.

8. Die Konferenz der Präsidenten beschließt über die Sitzordnung im Plenarsaal gemäß Artikel 37.

9. Die Konferenz der Präsidenten ist zuständig für die Genehmigung zur Ausarbeitung von Initiativberichten.

10. Die Konferenz der Präsidenten legt dem Präsidium Vorschläge zur Lösung von Verwaltungs- und Haushaltsproblemen der Fraktionen vor.

Art. 28 Aufgaben der Quästoren. Die Quästoren sind gemäß der vom Präsidium erlassenen Leitlinien mit Verwaltungs- und Finanzaufgaben betraut, die die Mitglieder direkt betreffen, und für weitere Aufgaben zuständig, die ihnen übertragen werden.

Art. 29 Konferenz der Ausschussvorsitze. 1. Der Konferenz der Ausschussvorsitze gehören die Vorsitze aller ständigen Ausschüsse und aller Sonderausschüsse an. Sie wählt einen Vorsitz.

2. Bei Abwesenheit des Vorsitzes leitet das älteste anwesende Mitglied die Sitzung der Konferenz.

3. Die Konferenz der Ausschussvorsitze kann der Konferenz der Präsidenten Vorschläge für die Arbeit der Ausschüsse und zur Aufstellung der Tagesordnung der Plenartagung unterbreiten.

4. Das Präsidium und die Konferenz der Präsidenten können der Konferenz der Ausschussvorsitze bestimmte Aufgaben übertragen.

Art. 30 Konferenz der Delegationsvorsitze. 1. Der Konferenz der Delegationsvorsitze gehören die Vorsitze aller ständigen interparlamentarischen Delegationen an. Sie wählt einen Vorsitz.

2. Bei Abwesenheit des Vorsitzes leitet das älteste anwesende Mitglied die Sitzung der Konferenz.

3. Die Konferenz der Delegationsvorsitze kann der Konferenz der Präsidenten Vorschläge für die Arbeit der Delegationen unterbreiten.

4. Das Präsidium und die Konferenz der Präsidenten können der Konferenz der Delegationsvorsitze bestimmte Aufgaben übertragen.

Art. 31 Kontinuität von Ämtern während der Wahlperiode. Bei der Neuwahl des Parlaments bleiben alle scheidenden Organe und Amtsinhaber bis zur ersten Sitzung des neuen Parlaments im Amt.

Art. 32 Auskunftspflicht des Präsidiums und der Konferenz der Präsidenten. 1. Die Protokolle des Präsidiums und der Konferenz der Präsidenten werden in die Amtssprachen übersetzt und an alle Mitglieder des Parlaments verteilt. Sie sind öffentlich zugänglich, sofern das Präsidium oder die Konferenz der Präsidenten nicht in Ausnahmefällen aus Gründen der Vertraulichkeit, die Artikel 4 Absätze 1 bis 4 der Verordnung (EG) Nr. 1049/2001 unterliegen, in Bezug auf bestimmte Punkte der Protokolle etwas anderes beschließt.

2. Jedes Mitglied des Parlaments kann Anfragen zu der Wahrnehmung der Aufgaben des Präsidiums, der Konferenz der Präsidenten bzw. der Quästoren stellen. Solche Anfragen sind dem Präsidenten schriftlich zu übermitteln und den Mitgliedern bekannt zu geben; sie werden zusammen mit den Antworten innerhalb von 30 Tagen nach ihrer Vorlage auf der Website des Parlaments veröffentlicht.

Kapitel 4. Fraktionen

Art. 33 Konstituierung und Auflösung der Fraktionen. 1. Die Mitglieder können ihrer politischen Zugehörigkeit entsprechende Fraktionen bilden.

Das Parlament braucht grundsätzlich die politische Zugehörigkeit von Mitgliedern einer Fraktion nicht zu bewerten. Bilden Mitglieder nach diesem Artikel miteinander eine Fraktion, akzeptieren die Mitglieder definitionsgemäß, dass sie eine politische Zusammengehörigkeit aufweisen. Nur wenn dies von den betreffenden Mitgliedern in Abrede gestellt wird, ist es erforderlich, dass das Parlament bewertet, ob die Fraktion gemäß den Bestimmungen dieser Geschäftsordnung gebildet wurde.

2. Jeder Fraktion müssen Mitglieder angehören, die in mindestens einem Viertel der Mitgliedstaaten gewählt wurden. Zur Bildung einer Fraktion bedarf es mindestens 25 Mitglieder.

3. Geht die Zahl der Mitglieder einer Fraktion unter einen der vorgeschriebenen Schwellenwerte zurück, kann der Präsident mit Zustimmung der Konferenz der Präsidenten ihr Weiterbestehen bis zur nächsten konstituierenden Sitzung des Parlaments gestatten, sofern folgende Voraussetzungen erfüllt sind:
– Die Mitglieder vertreten weiterhin mindestens ein Fünftel der Mitgliedstaaten;
– Die Fraktion besteht bereits länger als ein Jahr.

Der Präsident wendet diese Ausnahmeregelung nicht an, wenn es hinreichend Anhaltspunkte für die Vermutung gibt, dass sie missbräuchlich in Anspruch genommen wird.

4. Ein Mitglied kann nur einer Fraktion angehören.

5. Die Bildung einer Fraktion muss gegenüber dem Präsidenten erklärt werden. In dieser Erklärung ist Folgendes anzugeben:

– der Name der Fraktion,
– eine politische Erklärung, in der der Zweck der Fraktion dargelegt wird, und
Die politische Erklärung einer Fraktion legt die Werte fest, für die die Fraktion steht sowie die wichtigsten Ziele, die ihre Mitglieder im Rahmen der Ausübung ihres Mandats gemeinsam verfolgen wollen. Die Erklärung beschreibt die gemeinsame politische Ausrichtung der Fraktion auf eine wesentliche, unterscheidungsfähige und authentische Weise.
– die Namen der Mitglieder und die Zusammensetzung des Vorstands.

Alle Fraktionsmitglieder erklären schriftlich in einer Anlage zu der Erklärung, dass sie dieselbe politische Zugehörigkeit haben.

6. Die Erklärung wird dem Protokoll der Tagung, während der die Konstituierung der Fraktion bekannt gegeben wird, als Anlage beigefügt.

7. Der Präsident gibt die Konstituierung von Fraktionen im Plenum bekannt. Diese Bekanntgabe entfaltet rückwirkend ab dem Zeitpunkt Rechtswirkung, zu dem die Fraktion ihre Konstituierung nach Maßgabe dieses Artikels gegenüber dem Präsidenten erklärt hat.

Der Präsident gibt zudem die Auflösung von Fraktionen im Plenum bekannt. Diese Bekanntgabe entfaltet an dem Tag Rechtswirkung, der auf den Tag folgt, an dem die Fraktion die Voraussetzungen für das Bestehen nicht mehr erfüllt.

Art. 34 Tätigkeiten und Rechtsstellung der Fraktionen. 1. Die Fraktionen nehmen ihre Funktionen im Rahmen der Tätigkeiten der Union wahr, einschließlich der Aufgaben, die ihnen in dieser Geschäftsordnung zugewiesen werden. Die Fraktionen verfügen über ein Sekretariat im Rahmen des Stellenplans des Generalsekretariats des Parlaments, über Verwaltungseinrichtungen und über die im Haushaltsplan des Parlaments vorgesehenen Mittel.

2. Zu Beginn jeder neuen Wahlperiode bemüht sich die Konferenz der Präsidenten darum, sich auf Verfahren für die Abbildung der politischen Vielfalt des Parlamentes in den Ausschüssen und Delegationen sowie den Beschlussfassungsorganen zu einigen.

3. Das Präsidium erlässt unter Beachtung von Vorschlägen der Konferenz der Präsidenten die Regelungen zur Bereitstellung, Ausführung und Kontrolle der in Absatz 1 genannten Einrichtungen und Mittel sowie zur Übertragung der diesbezüglichen Befugnisse für die Ausführung des Haushaltsplans und zu den Folgen bei Verstößen gegen diese Regelungen.

4. In diesen Regelungen werden die administrativen und finanziellen Konsequenzen der Auflösung einer Fraktion vorgesehen.

Art. 35 Interfraktionelle Arbeitsgruppen. 1. Einzelne Mitglieder können interfraktionelle Arbeitsgruppen oder andere inoffizielle Mitgliedergruppierungen bilden, um einen informellen fraktionsübergreifenden Meinungsaustausch über spezifische Themen unter Einbeziehung von Mitgliedern verschiedener Ausschüsse zu führen, und um den Kontakt zwischen den Mitgliedern und der Zivilgesellschaft zu fördern.

2. Interfraktionelle Arbeitsgruppen und andere inoffizielle Gruppierungen müssen sich in ihren Handlungen uneingeschränkt transparent verhalten und dürfen keinen Tätigkeiten nachgehen, die zu Verwechslungen mit den offiziellen Tätigkeiten des Parlaments oder seiner Organe führen könnten. Sie dürfen keine Veranstaltungen in Drittstaaten organisieren, die mit einer Mission eines offiziellen Organs des Parlaments zusammenfallen, wozu auch offizielle Wahlbeobachtungsmissionen zählen.

3. Sofern die in den internen Vorschriften des Parlaments für die Bildung dieser Gruppierungen erlassene Regelung eingehalten wird, kann eine Fraktion ihre Tätigkeiten erleichtern, indem sie ihnen logistische Unterstützung leistet.

4. Interfraktionelle Arbeitsgruppen sind gehalten, eine jährliche Erklärung über jedwede Unterstützung in Form von Geld- oder Sachleistungen (z. B. Unterstützung im Sekretariatsbereich) abzugeben, die, falls sie einzelnen Mitgliedern angeboten würde, gemäß Anlage I angegeben werden müsste.

Andere inoffizielle Gruppierungen sind ebenfalls gehalten, bis zum Ende des darauffolgenden Monats eine Erklärung über jedwede Unterstützung in Form von Geld- oder Sachleistungen abzugeben, die die Mitglieder nicht gemäß ihren Verpflichtungen aus Anlage I einzeln angegeben haben.

5. Nur Interessenvertreter, die im Transparenz-Register eingetragen sind, dürfen an den Tätigkeiten interfraktioneller Arbeitsgruppen und anderer inoffizieller Gruppierungen teilnehmen, die in den Gebäuden des Parlaments organisiert werden, indem sie beispielsweise an Sitzungen oder Veranstaltungen der interfraktionellen Arbeitsgruppen bzw. anderen inoffiziellen Gruppierungen teilnehmen, ihre Unterstützung anbieten oder zusammen mit anderen ihre Veranstaltungen organisieren.

6. Die Quästoren führen ein Register der Erklärungen gemäß Absatz 4. Die Quästoren legen die detaillierten Regelungen für diese Erklärungen und ihre Veröffentlichung auf der Website des Parlaments fest.

7. Die Quästoren sorgen für die wirksame Durchsetzung dieses Artikels.

Art. 36 Fraktionslose Mitglieder. 1. Mitgliedern, die keiner Fraktion angehören, steht ein Sekretariat zur Verfügung. Die Einzelheiten in Bezug auf die Zurverfügungstellung solcher Sekretariate bestimmt das Präsidium auf Vorschlag des Generalsekretärs.

2. Das Präsidium regelt die Stellung und die parlamentarischen Rechte fraktionsloser Mitglieder.

3. Das Präsidium erlässt ferner die Regelungen zur Bereitstellung, Ausführung und Kontrolle der zur Deckung der Sekretariatskosten und der Ausgaben für Verwaltungseinrichtungen zugunsten der fraktionslosen Mitglieder im Haushaltsplan des Parlaments vorgesehenen Mittel.

Art. 37 Sitzordnung. Die Konferenz der Präsidenten beschließt über die Sitzordnung für die Fraktionen, die fraktionslosen Mitglieder und die Organe der Union im Plenarsaal.

Titel II. Legislativverfahren, Haushaltsverfahren, Entlastung und sonstige Verfahren

Kapitel 1. Legislativverfahren – allgemeine Bestimmungen

Art. 38 Jahresplanung. 1. Das Parlament nimmt gemeinsam mit der Kommission und dem Rat an der Festsetzung des Gesetzgebungsprogramms der Union teil.

Das Parlament und die Kommission arbeiten bei der Vorbereitung des Arbeitsprogramms der Kommission, das als Beitrag der Kommission zur jährlichen und mehrjährigen Programmplanung der Union dient, gemäß einem Zeitplan und Modalitäten zusammen, die zwischen den beiden Organen vereinbart werden.[1)]

2. Nach der Annahme des Arbeitsprogramms der Kommission führen das Parlament, der Rat und die Kommission gemäß Nummer 7 der Interinstitutionellen Vereinbarung über bessere Rechtsetzung[2)] einen Meinungsaustausch und vereinbaren eine gemeinsame Erklärung über die jährliche interinstitutionelle Programmplanung, in der breit angelegte Ziele und Prioritäten festgelegt sind.

Vor Verhandlungen mit dem Rat und der Kommission über die gemeinsame Erklärung führt der Präsident einen Meinungsaustausch mit der Konferenz der Präsidenten und der Konferenz der Ausschussvorsitze über die breit angelegten Ziele und Prioritäten des Parlaments.

Vor der Unterzeichnung der gemeinsamen Erklärung holt der Präsident die Zustimmung der Konferenz der Präsidenten ein.

3. Der Präsident übermittelt vom Parlament angenommene Entschließungen, die die Planung und die Prioritäten der Gesetzgebungstätigkeit betreffen, den übrigen Organen, die im Rahmen der Legislativverfahren der Union zusammenarbeiten, und den Parlamenten der Mitgliedstaaten.

4. Beabsichtigt die Kommission, einen Vorschlag zurückzuziehen, wird das betreffende Mitglied der Kommission vom zuständigen Aus-

---

1) Rahmenvereinbarung vom 20. Oktober 2010 über die Beziehungen zwischen dem Europäischen Parlament und der Europäischen Kommission (ABl. L 304 vom 20.11.2010, S. 47).

2) Interinstitutionelle Vereinbarung zwischen dem Europäischen Parlament, dem Rat der Europäischen Union und der Europäischen Kommission vom 13. April 2016 über bessere Rechtsetzung (ABl. L 123 vom 12.5.2016, S. 1).

schuss zwecks einer Aussprache über diese Absicht zu einer Sitzung eingeladen. Der Vorsitz des Rates kann auch zu dieser Sitzung eingeladen werden. Ist der zuständige Ausschuss mit der Absicht, den Vorschlag zurückzuziehen, nicht einverstanden, kann er die Kommission auffordern, vor dem Parlament eine Erklärung abzugeben. Artikel 132 findet Anwendung.

Art. 39 Einhaltung der Grundrechte. 1. Das Parlament achtet bei allen seinen Tätigkeiten uneingeschränkt die Rechte, Freiheiten und Grundsätze, die in Artikel 6 des Vertrags über die Europäische Union anerkannt werden, und die Werte, die in Artikel 2 dieses Vertrags verankert sind.

2. Wenn der in der Sache zuständige Ausschuss, eine Fraktion oder Mitglieder, durch die mindestens die niedrige Schwelle erreicht wird, der Auffassung sind, dass ein Vorschlag für einen Rechtsakt im Ganzen oder teilweise nicht mit den Grundrechten der Europäischen Union vereinbar sind, wird die Angelegenheit auf seinen/ihren Antrag hin an den für den Schutz der Grundrechte zuständigen Ausschuss überwiesen.

3. Dieses Ersuchen wird binnen vier Arbeitswochen nach Bekanntgabe der Überweisung an den in der Sache zuständigen Ausschuss im Plenum eingereicht.

4. Die Stellungnahme des für den Schutz der Grundrechte zuständigen Ausschusses wird dem Bericht des in der Sache zuständigen Ausschusses als Anlage beigefügt.

Art. 40 Prüfung der Rechtsgrundlage. 1. Wird ein Vorschlag für einen verbindlichen Rechtsakt an den in der Sache zuständigen Ausschuss überwiesen, prüft dieser Ausschuss zunächst die dafür gewählte Rechtsgrundlage.

2. Stellt der in der Sache zuständige Ausschuss die Gültigkeit oder Richtigkeit der Rechtsgrundlage in Frage – dies umfasst auch die Prüfung der Einhaltung von Artikel 5 des Vertrags über die Europäische Union –, ersucht er um die Stellungnahme des für Rechtsfragen zuständigen Ausschusses.

3. Der für Rechtsfragen zuständige Ausschuss kann sich auch aus eigener Initiative in einer beliebigen Phase des Legislativverfahrens mit Fragen im Zusammenhang mit der Rechtsgrundlage befassen. In einem solchen Fall unterrichtet er ordnungsgemäß den für den in der Sache zuständigen Ausschuss.

4. Beschließt der für Rechtsfragen zuständige Ausschuss – gegebenenfalls nach dem Meinungsaustausch mit Rat und Kommission gemäß den auf interinstitutioneller Ebene vereinbarten Regelungen[1] –, die Gültigkeit oder Richtigkeit der Rechtsgrundlage in Frage zu stellen,

[1] Interinstitutionelle Vereinbarung über bessere Rechtsetzung, Nummer 25.

teilt er dem Parlament seine Feststellung mit. Unbeschadet des Artikels 61 stimmt das Parlament darüber vor der Abstimmung über den Inhalt des Vorschlags ab.

5. Im Plenum eingereichte Änderungsanträge, die darauf abzielen, die Rechtsgrundlage zu ändern, ohne dass der in der Sache zuständige Ausschuss bzw. der für Rechtsfragen zuständige Ausschuss deren Gültigkeit oder Richtigkeit in Frage gestellt haben, sind unzulässig.

Art. 41 Übertragung von Rechtsetzungsbefugnissen und Durchführungsbefugnissen. 1. Bei der Prüfung eines Vorschlags für einen Gesetzgebungsakt, in dem der Kommission Befugnisse gemäß Artikel 290 des Vertrags über die Arbeitsweise der Europäischen Union übertragen werden, achtet das Parlament insbesondere auf Ziele, Inhalt, Geltungsbereich und Dauer der Befugnisübertragung sowie auf die Bedingungen, denen die Übertragung unterliegt.

2. Bei der Prüfung eines Vorschlags für einen Rechtsakt, in dem Durchführungsbefugnisse gemäß Artikel 291 des Vertrags über die Arbeitsweise der Europäischen Union übertragen werden, achtet das Parlament insbesondere darauf, dass die Kommission bei der Ausübung von Durchführungsbefugnissen den Rechtsakt selbst in seinen nicht wesentlichen Teilen weder ändern noch ergänzen darf.

3. Der in der Sache zuständige Ausschuss kann jederzeit um die Stellungnahme des für die Auslegung und Anwendung des Unionsrechts zuständigen Ausschusses ersuchen.

4. Der für die Auslegung und Anwendung des Unionsrechts zuständige Ausschuss kann sich außerdem aus eigener Initiative mit Fragen im Zusammenhang mit der Übertragung von Rechtsetzungsbefugnissen und Durchführungsbefugnissen befassen. In einem solchen Fall unterrichtet er ordnungsgemäß den in der Sache zuständigen Ausschuss.

Art. 42 Prüfung der finanziellen Vereinbarkeit. 1. Wenn ein Vorschlag für einen verbindlichen Rechtsakt finanzielle Auswirkungen hat, stellt das Parlament fest, ob ausreichende Finanzmittel vorgesehen sind.

2. Bei jedem Vorschlag für einen verbindlichen Rechtsakt prüft der in der Sache zuständige Ausschuss die finanzielle Vereinbarkeit des Rechtsakts mit der Verordnung zur Festlegung des mehrjährigen Finanzrahmens.

3. Ändert der in der Sache zuständige Ausschuss die Mittelausstattung des geprüften Rechtsakts, ersucht er um die Stellungnahme des für Haushaltsfragen zuständigen Ausschusses.

4. Der für Haushaltsfragen zuständige Ausschuss kann sich auch aus eigener Initiative mit Fragen im Zusammenhang mit der finanziellen Vereinbarkeit der Vorschläge für verbindliche Rechtsakte befassen. In einem solchen Fall unterrichtet er ordnungsgemäß den für den in der Sache zuständigen Ausschuss.

5. Beschließt der für Haushaltsfragen zuständige Ausschuss, die finanzielle Vereinbarkeit des Vorschlags in Frage zu stellen, berichtet er dem Parlament über seine Schlussfolgerungen, bevor das Parlament über den Vorschlag abstimmt.

Art. 43 Prüfung der Einhaltung der Grundsätze der Subsidiarität und der Verhältnismäßigkeit. 1. Bei der Prüfung eines Vorschlags für einen Rechtsakt achtet das Parlament insbesondere darauf, dass dieser Vorschlag die Grundsätze der Subsidiarität und der Verhältnismäßigkeit einhält.

2. Nur der für die Einhaltung des Subsidiaritätsprinzips zuständige Ausschuss kann Empfehlungen zu einem Vorschlag für einen Rechtsakt an den in der Sache zuständigen Ausschuss richten.

3. Außer in dringenden Fällen gemäß Artikel 4 des Protokolls Nr. 1 über die Rolle der nationalen Parlamente in der Europäischen Union findet die Schlussabstimmung in dem in der Sache zuständigen Ausschuss nicht vor Ablauf der Frist von acht Wochen statt, die in Artikel 6 des Protokolls Nr. 2 über die Anwendung der Grundsätze der Subsidiarität und der Verhältnismäßigkeit festgelegt ist.

4. Wenn ein nationales Parlament dem Präsidenten gemäß Artikel 3 des Protokolls Nr.1 eine begründete Stellungnahme übermittelt, wird dieses Dokument an den in der Sache zuständigen Ausschuss überwiesen und dem für die Einhaltung des Subsidiaritätsprinzips zuständigen Ausschuss zur Information übermittelt.

5. Erreicht die Anzahl begründeter Stellungnahmen, gemäß denen der Vorschlag für einen Rechtsakt nicht mit dem Subsidiaritätsprinzip in Einklang steht, mindestens ein Drittel der Gesamtzahl der den nationalen Parlamenten gemäß Artikel 7 Absatz 1 Unterabsatz 2 des Protokolls Nr. 2 zugewiesenen Stimmen oder ein Viertel der Stimmen, wenn es sich um einen Vorschlag für einen Rechtsakt auf der Grundlage von Artikel 76 des Vertrags über die Arbeitsweise der Europäischen Union handelt, fasst das Parlament erst dann einen Beschluss, wenn der Verfasser des Vorschlags erklärt hat, wie er vorzugehen beabsichtigt.

6. Erreicht die Anzahl begründeter Stellungnahmen, gemäß denen ein Vorschlag für einen Rechtsakt nicht mit dem Subsidiaritätsprinzip in Einklang steht, im Rahmen des ordentlichen Gesetzgebungsverfahrens mindestens die einfache Mehrheit der den nationalen Parlamenten gemäß Artikel 7 Absatz 1 Unterabsatz 2 des Protokolls Nr. 2 zugewiesenen Stimmen, kann der in der Sache zuständige Ausschuss, nachdem er die begründeten Stellungnahmen der nationalen Parlamente und der Kommission geprüft und die Ansichten des für die Einhaltung des Subsidiaritätsprinzips zuständigen Ausschusses gehört hat, dem Parlament empfehlen, den Vorschlag wegen Verstoßes gegen das Subsidiaritäts*prinzip abzulehnen,* oder dem Parlament eine andere Empfehlung vorlegen, die auch Vorschläge für Änderungen im Hinblick auf die Einhaltung des Subsidiaritätsprinzips enthalten kann. Die Stellungnahme

des für die Einhaltung des Subsidiaritätsprinzips zuständigen Ausschusses wird einer solchen Empfehlung beigefügt.

Die Empfehlung wird dem Parlament zur Aussprache und Abstimmung unterbreitet. Wird eine Empfehlung zur Ablehnung des Vorschlags mit der Mehrheit der abgegebenen Stimmen angenommen, erklärt der Präsident das Verfahren für abgeschlossen. Lehnt das Parlament den Vorschlag nicht ab, wird das Verfahren fortgesetzt, wobei alle vom Parlament gebilligten Empfehlungen berücksichtigt werden.

Art. 44 Information und Zugang des Parlaments zu Dokumenten. 1. Während des gesamten Legislativverfahrens verlangen das Parlament und seine Ausschüsse Zugang zu allen die Vorschläge für Rechtsakte betreffenden Dokumenten, und zwar zu den gleichen Bedingungen, wie sie für den Rat und dessen Arbeitsgruppen gelten.

2. Bei der Prüfung eines Vorschlags für einen Rechtsakt ersucht der zuständige Ausschuss die Kommission und den Rat, ihn über den Fortgang der Beratungen über diesen Vorschlag im Rat und dessen Arbeitsgruppen, insbesondere aber über jeden sich abzeichnenden Kompromiss, der den ursprünglichen Vorschlag entscheidend ändern würde, oder über die etwaige Absicht des Verfassers, seinen Vorschlag zurückzuziehen, auf dem Laufenden zu halten.

Art. 45 Vertretung des Parlaments auf Ratstagungen. Fordert der Rat das Parlament zur Teilnahme an einer Tagung des Rates auf, ersucht der Präsident den Vorsitz oder den Berichterstatter des in der Sache zuständigen Ausschusses oder ein anderes von diesem Ausschuss benanntes Mitglied, das Parlament zu vertreten.

Art. 46 Recht des Parlaments zur Vorlage von Vorschlägen. In Fällen, in denen die Verträge dem Parlament ein Initiativrecht übertragen, kann der zuständige Ausschuss beschließen, einen Initiativbericht gemäß Artikel 54 auszuarbeiten.

Der Bericht enthält:

a) einen Entschließungsantrag;

b) einen Entwurf eines Vorschlags;

c) eine Begründung, gegebenenfalls einschließlich eines Finanzbogens.

Erfordert die Annahme eines Rechtsakts durch das Parlament die Billigung oder die Zustimmung des Rates und die Stellungnahme oder die Zustimmung der Kommission, kann das Parlament im Anschluss an die Abstimmung über den vorgeschlagenen Rechtsakt und auf Vorschlag des Berichterstatters beschließen, die Abstimmung über den Entschließungsantrag zu verschieben, bis der Rat oder die Kommission ihren Standpunkt dargelegt haben.

Art. 47 Ersuchen an die Kommission um die Vorlage von Vorschlägen. 1. Das Parlament kann die Kommission gemäß Artikel 225 des Vertrags über die Arbeitsweise der Europäischen Union auffordern, ihm geeignete Vorschläge für den Erlass neuer oder die Änderung bestehender Unionsakte zu unterbreiten. Das Parlament tut dies durch Annahme einer Entschließung auf der Grundlage eines gemäß Artikel 54 ausgearbeiteten Initiativberichts des zuständigen Ausschusses. Die Entschließung wird in der Schlussabstimmung mit der Mehrheit der Mitglieder des Parlaments angenommen. Das Parlament kann zugleich eine Frist für die Vorlage eines solchen Vorschlags festlegen.

2. Jedes Mitglied kann einen Vorschlag für einen Unionsakt im Rahmen des Initiativrechts des Parlaments gemäß Artikel 225 des Vertrags über die Arbeitsweise der Europäischen Union einbringen.

Ein solcher Vorschlag kann von bis zu zehn Mitgliedern gemeinsam eingebracht werden. Der Vorschlag muss die Rechtsgrundlage für seine Vorlage enthalten und ggf. eine Erklärung mit einem Umfang von höchstens 150 Wörtern.

Der Vorschlag ist beim Präsidenten einzureichen, der überprüft, ob die rechtlichen Auflagen erfüllt sind. Er kann den Vorschlag an den für eine solche Prüfung zuständigen Ausschuss überweisen, damit dieser Stellung zur Richtigkeit der Rechtsgrundlage nehmen kann. Erklärt der Präsident den Vorschlag für zulässig, gibt er dies im Plenum bekannt und überweist ihn an den in der Sache zuständigen Ausschuss.

Vor der Überweisung an den in der Sache zuständigen Ausschuss wird der Vorschlag in die Amtssprachen übersetzt, die der Vorsitz dieses Ausschusses für eine summarische Prüfung als erforderlich erachtet.

Der in der Sache zuständige Ausschuss beschließt über das weitere Verfahren innerhalb von drei Monaten ab der Überweisung und nachdem den Verfassern des Vorschlags die Möglichkeit einer Anhörung im Ausschuss gegeben wurde.

Die Verfasser des Vorschlags werden im Titel des Berichts namentlich genannt.

3. In der Entschließung des Parlaments ist die richtige Rechtsgrundlage angegeben, und sie enthält Empfehlungen zum Inhalt der angeforderten Vorschläge.

4. Hat der angeforderte Vorschlag finanzielle Auswirkungen, gibt das Parlament an, wie eine ausreichende finanzielle Deckung bereitgestellt werden kann.

5. Der in der Sache zuständige Ausschuss überwacht die Fortschritte bei der Ausarbeitung eines Vorschlags für einen Rechtsakt der Union auf der Grundlage eines besonderen Ersuchens des Parlaments.

6. Die Konferenz der Ausschussvorsitze überwacht regelmäßig die Einhaltung von Nummer 10 der Interinstitutionellen Vereinbarung über bessere Rechtsetzung durch die Kommission, der zufolge die Kommission auf Ersuchen um die Vorlage von Vorschlägen binnen drei Monaten durch die Annahme einer spezifischen Mitteilung mit Angabe der geplanten Folgemaßnahmen, die ergriffen werden sollen, zu antworten hat. Die Konferenz der Ausschussvorsitze berichtet regelmäßig der Konferenz der Präsidenten über die Ergebnisse dieser Überwachung.

Art. 48 Prüfung verbindlicher Rechtsakte. 1. Der Präsident überweist Vorschläge für verbindliche Rechtsakte, die von anderen Organen oder Mitgliedstaaten eingehen, an den zuständigen Ausschuss zur Prüfung durch ihn.

2. Im Zweifelsfall kann der Präsident, bevor die Überweisung an den zuständigen Ausschuss im Parlament bekannt gegeben wird, der Konferenz der Präsidenten eine Zuständigkeitsfrage vorlegen. Die Konferenz der Präsidenten beschließt im Einklang mit Artikel 211 Absatz 2 auf der Grundlage einer Empfehlung der Konferenz der Ausschussvorsitze oder des Vorsitzes der Konferenz der Ausschussvorsitze.

3. Der zuständige Ausschuss kann jederzeit beschließen, einen Berichterstatter zu benennen, um die Ausarbeitung eines Vorschlags zu verfolgen. Dies erwägt er insbesondere dann, wenn der Vorschlag im Arbeitsprogramm der Kommission aufgeführt ist.

4. Bei einem Widerspruch zwischen einer Bestimmung dieser Geschäftsordnung über die zweite und dritte Lesung und einer anderen Bestimmung dieser Geschäftsordnung hat die die zweite und dritte Lesung betreffende Bestimmung Vorrang.

Art. 49 Beschleunigung von Legislativverfahren. In Abstimmung mit dem Rat und der Kommission kann von dem oder den zuständigen Ausschüssen hinsichtlich bestimmter Vorschläge, ins besondere solcher Vorschläge, die in der gemeinsamen Erklärung über die jährliche interinstitutionelle Planung gemäß Artikel 38 Absatz 2 als Prioritäten ausgewählt wurden, die Beschleunigung der Legislativverfahren vereinbart werden.

Art. 50 Legislativverfahren bei Initiativen, die von anderen Organen als der Kommission oder von Mitgliedstaaten vorgelegt werden. 1. Bei der Bearbeitung von Initiativen, die von anderen Organen als der Kommission oder von Mitgliedstaaten vorgelegt werden, kann der zuständige Ausschuss Vertreter der Organe oder der vorlegenden Mitgliedstaaten auffordern, ihre Initiative dem Ausschuss vorzustellen. Die Vertreter der vorlegenden Mitgliedstaaten können vom Vorsitz des Rates begleitet werden.

2. Vor der Abstimmung im zuständigen Ausschuss fragt dieser die Kommission, ob sie eine Stellungnahme zu der Initiative vorbereitet oder ob sie beabsichtigt, innerhalb einer kurzen Zeitspanne einen alternativen Vorschlag vorzulegen. Ist dies der Fall, nimmt der Ausschuss seinen Bericht nicht an, bevor ihm diese Stellungnahme oder dieser alternative Vorschlag vorliegt.

3. Liegen dem Parlament zum gleichen Thema zwei oder mehr Vorschläge der Kommission und/oder anderer Organe und/oder der Mitgliedstaaten vor, die gleichzeitig oder in kurzem Abstand vorgelegt werden, behandelt das Parlament sie in einem einzigen Bericht. In seinem Bericht gibt der zuständige Ausschuss an, zu welchem Text er Änderungen vorschlägt, und verweist in der legislativen Entschließung auf alle anderen Texte.

Kapitel 2. Verfahren im Ausschuss

Art. 51 Legislativberichte. 1. Der Vorsitz des Ausschusses, an den ein Vorschlag für einen verbindlichen Rechtsakt überwiesen wurde, schlägt dem Ausschuss das anzuwendende Verfahren vor.

2. Nachdem ein Beschluss über das anzuwendende Verfahren gefasst wurde und vorausgesetzt, dass das vereinfachte Verfahren nach Artikel 52 keine Anwendung findet, benennt der Ausschuss aus den Reihen seiner Mitglieder oder deren fester Stellvertreter einen Berichterstatter für den Vorschlag für einen verbindlichen Rechtsakt, falls er dies noch nicht auf der Grundlage des Artikels 48 Absatz 3 getan hat.

3. Der Bericht des Ausschusses enthält:

a) die etwaigen Änderungsanträge zur Änderung des Vorschlags, gegebenenfalls versehen mit kurzen Begründungen, die in Verantwortung des Verfassers erstellt werden und die nicht zur Abstimmung kommen;

b) den Entwurf einer legislativen Entschließung gemäß Artikel 59 Absatz 5;

c) gegebenenfalls eine Begründung einschließlich, falls erforderlich, eines Finanzbogens, der den Umfang der finanziellen Auswirkungen des Berichts, sofern es welche gibt, und seine Vereinbarkeit mit dem mehrjährigen Finanzrahmen ausweist;

d) eine Bezugnahme auf die Folgenabschätzung durch das Parlament, falls sie vorliegt.

Art. 52 Vereinfachtes Verfahren. 1. Nach einer ersten Aussprache über einen Vorschlag für einen verbindlichen Rechtsakt kann der Vorsitz vorschlagen, dass dieser ohne Änderung angenommen wird. Das vorgeschlagene Verfahren gilt angenommen, es sei denn, Mitglieder oder eine oder mehrere Fraktionen, durch die im Ausschuss mindestens die mittlere Schwelle erreicht wird, erheben Einspruch dagegen. Der Vorsitz oder, falls benannt, der Berichterstatter legt dem Parlament einen Bericht vor, in dem der Vorschlag gebilligt wird. Artikel 159 Absatz 1 Unterabsatz 2 sowie dessen Absätze 2 und 4 finden Anwendung.

2. Stattdessen kann der Vorsitz vorschlagen, dass er oder der Berichterstatter eine Reihe von Änderungsanträgen erarbeitet, die der Aussprache im Ausschuss Rechnung tragen. Das vorgeschlagene Verfahren gilt als angenommen und die Änderungsanträge werden den Mitgliedern des Ausschusses übermittelt, es sei denn, Mitglieder oder eine oder mehrere Fraktionen, durch die im Ausschuss mindestens die mittlere Schwelle erreicht wird, erheben Einspruch dagegen.

Der Bericht gilt als vom Ausschuss angenommen, es sei denn, Mitglieder oder eine oder mehrere Fraktionen, durch im Ausschuss mindestens die mittlere Schwelle erreicht wird, erheben vor Ablauf einer *Frist von mindestens* 10 Arbeitstagen ab der Übermittlung Einspruch gegen die Änderungsanträge. In diesem Fall werden der Entwurf einer legislativen Entschließung und die Änderungsanträge dem Parlament gemäß Artikel 159 Absatz 1 Unterabsatz 2 sowie Absätze 2 und 4 ohne Aussprache unterbreitet.

Wenn Mitglieder oder eine oder mehrere Fraktionen, durch die im Ausschuss mindestens die mittlere Schwelle erreicht wird, Einspruch gegen die Änderungsanträge erhebt, werden sie in der nächsten Sitzung des Ausschusses zur Abstimmung gestellt.

3. Mit Ausnahme der Bestimmungen über die Vorlage beim Parlament findet dieser Artikel auf die Stellungnahmen der Ausschüsse gemäß Artikel 56 entsprechend Anwendung.

Art. 53 Nichtlegislative Berichte. 1. Wenn ein Ausschuss einen nichtlegislativen Bericht ausarbeitet, benennt er aus den Reihen seiner Mitglieder oder ihrer festen Stellvertreter einen Berichterstatter.

2. Der Bericht des Ausschusses enthält:

a) einen Entschließungsantrag;
b) eine Begründung einschließlich, falls erforderlich, eines Finanzbogens, der den Umfang der finanziellen Auswirkungen des Berichts, sofern vorhanden, und seine Vereinbarkeit mit dem mehrjährigen Finanzrahmen ausweist;
c) gegebenenfalls die Texte der Entschließungsanträge, die gemäß Artikel 143 Absatz 7 aufzunehmen sind.

Art. 54 Initiativberichte. 1. Beabsichtigt ein Ausschuss, zu einem Gegenstand seiner Zuständigkeit, zu dem keine Überweisung erfolgt ist, einen nichtlegislativen Bericht oder einen Bericht nach Artikel 46 oder 47 auszuarbeiten, bedarf es hierzu der Genehmigung der Konferenz der Präsidenten.

Die Konferenz der Präsidenten entscheidet über Anträge auf Genehmigung zur Ausarbeitung eines Berichts nach Unterabsatz 1 gemäß den von ihr festgelegten Anwendungsbestimmungen.

2. Entscheidet die Konferenz der Präsidenten eine Genehmigung zu verweigern, begründet sie dies.

Fällt das Thema eines Berichts unter das Initiativrecht des Parlaments gemäß Artikel 46, kann die Konferenz der Präsidenten die Verweigerung der Genehmigung nur beschließen, wenn die in den Verträgen vorgesehenen Voraussetzungen nicht erfüllt sind.

3. In den in den Artikeln 46 und 47 genannten Fällen entscheidet die Konferenz der Präsidenten binnen zwei Monaten.

4. *Dem Parlament* vorgelegte Entschließungsanträge werden gemäß dem Verfahren der kurzen Darstellung in Artikel 160 geprüft. Änderungsanträge zu solchen Entschließungsanträgen und Anträge auf getrennte oder gesonderte Abstimmung sind für eine Prüfung im Plenum nur zulässig, wenn sie entweder vom Berichterstatter eingereicht werden, um neuen Informationen Rechnung zu tragen, oder wenn sie von mindestens einem Zehntel der Mitglieder eingereicht werden. Fraktionen können gemäß Artikel 181 Absatz 3 alternative Entschließungsan-

träge einreichen. Auf den Entschließungsantrag des Ausschusses und Änderungsanträge hierzu findet Artikel 190 Anwendung. Artikel 190 findet auch auf die einzige Abstimmung über alternative Entschließungsanträge Anwendung.

5. Absatz 4 findet keine Anwendung, wenn das Thema des Berichts die Voraussetzungen für eine Aussprache zu einem Schwerpunktthema im Plenum erfüllt, wenn der Bericht aufgrund eines in Artikel 46 oder Artikel 47 genannten Initiativrechts ausgearbeitet wird oder wenn der Bericht als Strategiebericht genehmigt worden ist.[1)]

Art. 55 Ausarbeitung von Berichten. 1. Der Berichterstatter ist dafür verantwortlich, den Ausschussbericht auszuarbeiten und ihn im Namen dieses Ausschusses dem Parlament vorzulegen.

2. Die Begründung wird in Verantwortung des Berichterstatters erstellt: Sie kommt nicht zur Abstimmung. Die Begründung muss jedoch dem Wortlaut des Entschließungsantrags, wie er angenommen wurde, und etwaigen vom Ausschuss vorgeschlagenen Änderungsanträgen entsprechen. Wenn dies nicht der Fall ist, kann der Vorsitz die Begründung streichen.

3. In dem Bericht wird das Ergebnis der Abstimmung über den gesamten Bericht und im Einklang mit Artikel 218 Absatz 3 die Stimmabgabe jedes einzelnen Mitglieds angegeben.

4. Anlässlich der Abstimmung über den gesamten Text können Minderheitenansichten zum Ausdruck gebracht werden und auf Antrag ihrer Verfasser Gegenstand einer schriftlichen Erklärung von höchstens 200 Wörtern sein, die der Begründung als Anlage beigefügt wird.

Über Streitigkeiten, die aus der Anwendung dieses Absatzes entstehen können, entscheidet der Vorsitz.

5. Auf Vorschlag seines Vorsitzes kann der Ausschuss eine Frist festsetzen, innerhalb derer ihm der Berichterstatter den Berichtsentwurf vorlegen muss. Diese Frist kann verlängert werden, oder es kann ein neuer Berichterstatter benannt werden.

6. Wenn diese Frist abgelaufen ist, kann der Ausschuss seinen Vorsitz beauftragen zu beantragen, dass der Gegenstand, mit dem er befasst worden ist, auf die Tagesordnung einer der nächsten Sitzungen des Parlaments gesetzt wird. In diesem Fall kann auf der Grundlage eines mündlichen Berichts des betreffenden Ausschusses beraten und abgestimmt werden.

Art. 56 Stellungnahmen der Ausschüsse. 1. Will der zuerst mit einem Gegenstand befasste Ausschuss die Stellungnahme eines anderen Ausschusses einholen oder wünscht ein anderer Ausschuss, zu dem Gegenstand des Berichts des zuerst befassten Ausschusses Stellung zu nehmen, so können sie beim Präsidenten beantragen, dass gemäß Arti-

[1)] Siehe den entsprechenden Beschluss der Konferenz der Präsidenten.

kel 210 Absatz 2 ein Ausschuss als federführender und der andere als mitberatender Ausschuss bestimmt wird.

Der mitberatende Ausschuss kann aus den Reihen seiner Mitglieder oder ihrer festen Stellvertreter einen Verfasser der Stellungnahme benennen oder in Form eines Briefs des Vorsitzes Stellung nehmen.

2. Wenn die Stellungnahme einen Vorschlag für einen verbindlichen Rechtsakt betrifft, enthält sie Änderungsanträge zu dem Text, mit dem der Ausschuss befasst wurde, gegebenenfalls versehen mit kurzen Begründungen. Solche Begründungen werden in Verantwortung ihres Verfassers erstellt und kommen nicht zur Abstimmung. Der mitberatende Ausschuss kann nötigenfalls eine kurze schriftliche Begründung für die gesamte Stellungnahme vorlegen. Diese kurze schriftliche Begründung wird in der Verantwortung des Berichterstatters für die Stellungnahme erstellt.

Wenn die Stellungnahme keinen Vorschlag für einen verbindlichen Rechtsakt betrifft, besteht sie aus Vorschlägen für Teile des Entschließungsantrags des federführenden Ausschusses.

Der federführende Ausschuss lässt über diese Änderungsanträge bzw. Vorschläge abstimmen.

Die Stellungnahmen betreffen ausschließlich Angelegenheiten, die in die Zuständigkeit des mitberatenden Ausschusses fallen.

3. Der federführende Ausschuss setzt eine Frist fest, innerhalb derer der mitberatende Ausschuss seine Stellungnahme abgeben muss, wenn sie vom federführenden Ausschuss berücksichtigt werden soll. Änderungen des angekündigten Zeitplans sind dem mitberatenden Ausschuss oder den mitberatenden Ausschüssen vom federführenden Ausschuss unverzüglich mitzuteilen. Der federführende Ausschuss zieht seine endgültigen Schlussfolgerungen nicht vor Ablauf dieser Frist.

4. Stattdessen kann der mitberatende Ausschuss beschließen, seinen Standpunkt in Form von Änderungsanträgen, die nach ihrer Annahme direkt im federführenden Ausschuss einzureichen sind, darzulegen. Diese Änderungsanträge werden vom Vorsitz oder vom Verfasser der Stellungnahme im Namen des Ausschusses eingereicht.

5. Der mitberatende Ausschuss reicht die in Absatz 4 genannten Änderungsanträge innerhalb der vom federführenden Ausschuss festgelegten Frist für Änderungsanträge ein.

6. Alle vom mitberatenden Ausschuss angenommenen Stellungnahmen und Änderungsanträge werden dem Bericht des federführenden Ausschusses als Anlage beigefügt.

7. Mitberatende Ausschüsse im Sinne dieses Artikels können keine Änderungsanträge zur Prüfung durch das Parlament einreichen.

8. Der Vorsitz und der Berichterstatter des mitberatenden Ausschusses werden aufgefordert, an den Sitzungen des federführenden Ausschusses, soweit sie den gemeinsamen Gegenstand betreffen, mit beratender Stimme teilzunehmen.

Art. 57 Verfahren mit assoziierten Ausschüssen. 1. Wird die Konferenz der Präsidenten gemäß Artikel 211 mit einer Zuständigkeitsfrage befasst und ist die Konferenz der Präsidenten auf der Grundlage von Anlage VI der Auffassung, dass der Gegenstand fast zu gleichen Teilen in die Zuständigkeit von zwei oder mehr Ausschüssen fällt oder dass verschiedene Teile des Gegenstands in die Zuständigkeit von zwei oder mehr Ausschüssen fallen, findet Artikel 56 mit den folgenden zusätzlichen Bestimmungen Anwendung:

– Der Zeitplan wird gemeinsam von den betroffenen Ausschüssen vereinbart.
– Der Berichterstatter und die Verfasser der Stellungnahmen unterrichten sich laufend gegenseitig und bemühen sich, eine Einigung über die Texte, die sie ihren Ausschüssen vorschlagen, und über ihre Haltung zu den Änderungsanträgen zu erzielen.
– Die betroffenen Vorsitze, Berichterstatter und Verfasser von Stellungnahmen sind an den Grundsatz der loyalen Zusammenarbeit gehalten; sie bestimmen gemeinsam Teile des Textes, die in ihre ausschließliche oder geteilte Zuständigkeit fallen, und verständigen sich über die genauen Modalitäten ihrer Zusammenarbeit; besteht Uneinigkeit über die Abgrenzung der Zuständigkeiten, wird die Angelegenheit auf Antrag eines der beteiligten Ausschüsse an die Konferenz der Präsidenten überwiesen; die Konferenz der Präsidenten kann über die Frage der jeweiligen Zuständigkeiten entscheiden oder die Anwendung des Verfahrens mit gemeinsamen Ausschusssitzungen gemäß Artikel 58 beschließen; sie fasst ihren Beschluss nach dem Verfahren und innerhalb der Frist gemäß Artikel 211.
– Der federführende Ausschuss übernimmt Änderungsanträge eines assoziierten Ausschusses ohne Abstimmung, wenn sie Fragen betreffen, die in die ausschließliche Zuständigkeit dieses assoziierten Ausschusses fallen; falls der zuständige Ausschuss die ausschließliche Zuständigkeit des assoziierten Ausschusses missachtet, kann dieser assoziierte Ausschuss Änderungsanträge unmittelbar im Plenum einreichen; werden Änderungsanträge zu Fragen, die in die geteilte Zuständigkeit des federführenden Ausschusses und eines assoziierten Ausschusses fallen, vom federführenden Ausschuss nicht angenommen, kann der assoziierte Ausschuss diese Änderungsanträge unmittelbar im Plenum einreichen.
– Findet ein Vermittlungsverfahren zu dem Vorschlag statt, gehören der Delegation des Parlaments die Verfasser der Stellungnahme der assoziierten Ausschüsse an.

Ein Beschluss der Konferenz der Präsidenten, das Verfahren mit assoziierten Ausschüssen anzuwenden, gilt für sämtliche Stadien des jeweiligen Verfahrens.

Die mit dem Status des „zuständigen Ausschusses“ verbundenen Rechte werden vom federführenden Ausschuss wahrgenommen. Bei der Wahrnehmung dieser Rechte achtet dieser die Vorrechte des assoziierten Ausschusses. Insbesondere hat der federführende Ausschuss die Verpflichtung zur redlichen Zusammenarbeit bezüglich des Zeitplans und das Recht des assoziierten Ausschusses, auf dem Gebiet seiner ausschließlichen Zuständigkeit die Änderungsanträge festzulegen, die dem Parlament vorgelegt werden.

2. Das Verfahren nach diesem Artikel ist auf die gemäß Artikel 105 vom federführenden Ausschuss anzunehmende Empfehlung nicht anwendbar.

Art. 58 Gemeinsames Ausschussverfahren. 1. Wird die Konferenz der Präsidenten mit einer Frage der Zuständigkeit gemäß Artikel 211 befasst, kann sie die Anwendung des Verfahrens mit gemeinsamen Ausschusssitzungen und einer gemeinsamen Abstimmung beschließen, wenn folgende Voraussetzungen erfüllt sind:
– Die Angelegenheit fällt gemäß Anlage VI in die unteilbare Zuständigkeit mehrerer Ausschüsse; und
– sie ist davon überzeugt, dass das Thema von großer Bedeutung ist.

2. In diesem Fall arbeiten die jeweiligen Berichterstatter einen einzigen gemeinsamen Berichtsentwurf aus, der von den beteiligten Ausschüssen in gemeinsamen Sitzungen, in denen die Vorsitze der beteiligten Ausschüsse gemeinsam den Vorsitz führen, geprüft und zur Abstimmung gebracht wird.

Die mit dem Status des zuständigen Ausschusses einhergehenden Rechte können in sämtlichen Phasen des Verfahrens von den beteiligten Ausschüssen nur gemeinsam wahrgenommen werden. Die beteiligten Ausschüsse können Arbeitsgruppen zur Vorbereitung der Sitzungen und Abstimmungen einsetzen.

3. In zweiter Lesung des ordentlichen Gesetzgebungsverfahrens wird der Standpunkt des Rates in einer gemeinsamen Sitzung der beteiligten Ausschüsse geprüft, die in Ermangelung einer Einigung zwischen den Vorsitzen der betreffenden Ausschüsse am Mittwoch der ersten für die Sitzung parlamentarischer Organe vorgesehenen Woche, die auf die Übermittlung des Standpunkts des Rates an das Parlament folgt, stattfindet. In Ermangelung einer Einigung über die Einberufung einer weiteren Sitzung wird diese vom Vorsitz der Konferenz der Ausschussvorsitze einberufen. Über die Empfehlung für die zweite Lesung wird in einer gemeinsamen Sitzung auf der Grundlage eines gemeinsamen Texts abgestimmt, der von den jeweiligen Berichterstattern der beteiligten Ausschüsse ausgearbeitet wird; in Ermangelung eines gemeinsamen Texts wird über die in den beteiligten Ausschüssen eingereichten Änderungsanträge abgestimmt.

In dritter Lesung des ordentlichen Gesetzgebungsverfahrens sind die Vorsitze und Berichterstatter der beteiligten Ausschüse von Amts wegen Mitglieder der Delegation im Vermittlungsausschuss.

Kapitel 3. Ordentliches Gesetzgebungsverfahren

Abschnitt 1 – Erste Lesung

Art. 59 Abstimmung im Parlament – erste Lesung. 1. Das Parlament kann den Entwurf des Rechtsakts annehmen, ändern oder ablehnen.

2. Das Parlament stimmt zunächst über Vorschläge zur unmittelbaren Ablehnung des Entwurfs eines Rechtsakts ab, die von dem zuständigen Ausschuss, einer Fraktion oder Mitgliedern, durch die mindestens die niedrige Schwelle erreicht wird, schriftlich eingereicht wurden.

Wird der Vorschlag zur Ablehnung angenommen, fordert der Präsident das vorlegende Organ auf, den Entwurf des Rechtsakts zurückzuziehen.

Zieht das vorlegende Organ den Entwurf zurück, erklärt der Präsident das Verfahren für beendet.

Zieht das vorlegende Organ den Entwurf des Rechtsakts nicht zurück, gibt der Präsident bekannt, dass die erste Lesung des Parlaments beendet ist, es sei denn, das Parlament beschließt auf Vorschlag des Vorsitzes oder des Berichterstatters des zuständigen Ausschusses oder einer Fraktion oder Mitgliedern, durch die mindestens die niedrige Schwelle erreicht wird, den Gegenstand zur erneuten Prüfung an den zuständigen Ausschuss zurückzuüberweisen.

Wird der Vorschlag zur Ablehnung nicht angenommen, geht das Parlament anschließend gemäß den Absätzen 3, 4 und 5 vor.

3. Über jede vom zuständigen Ausschuss gemäß Artikel 74 Absatz 4 vorgelegte vorläufige Einigung wird vorrangig abgestimmt, und zwar durch eine einzige Abstimmung, es sei denn, das Parlament beschließt stattdessen auf Antrag einer Fraktion oder von Mitgliedern, durch die mindestens die niedrige Schwelle erreicht wird, gemäß Absatz 4 über Änderungsanträge abzustimmen. In diesem Fall beschließt das Parlament außerdem, ob die Abstimmung über die Änderungsanträge unmittelbar im Anschluss stattfindet. Anderenfalls legt das Parlament eine neue Frist für Änderungsanträge fest, und die Abstimmung findet in einer späteren Sitzung statt.

Wird die vorläufige Einigung durch diese einzige Abstimmung angenommen, gibt der Präsident bekannt, dass die erste Lesung des Parlaments beendet ist.

Erhält die vorläufige Einigung in dieser einzigen Abstimmung nicht die Mehrheit der abgegebenen Stimmen, legt der Präsident eine neue Frist für Änderungsanträge zum Entwurf eines Rechtsakts fest. Diese Änderungsanträge kommen in diesem Fall in einer der folgenden Sitzungen zur Abstimmung, damit das Parlament seine erste Lesung abschließen kann.

4. Sofern nicht ein Vorschlag zur Ablehnung gemäß Absatz 2 angenommen wurde oder eine vorläufige Einigung gemäß Absatz 3 angenommen wurde, kommen Änderungsanträge zum Entwurf eines Rechtsakts anschließend zur Abstimmung, einschließlich gegebenenfalls einzelner Teile der vorläufigen Einigung, wenn Anträge auf getrennte oder gesonderte Abstimmung oder konkurrierende Änderungsanträge eingereicht wurden.

Bevor das Parlament über die Änderungsanträge abstimmt, kann der Präsident die Kommission um Mitteilung ihres Standpunkts und den Rat um Erläuterungen ersuchen.

Nachdem es über diese Änderungsanträge abgestimmt hat, stimmt das Parlament über den gegebenenfalls geänderten gesamten Entwurf eines Rechtsakts ab.

Wird der gegebenenfalls geänderte gesamte Entwurf eines Rechtsakts angenommen, gibt der Präsident bekannt, dass die erste Lesung beendet ist, es sei denn, das Parlament beschließt auf Vorschlag des Vorsitzes oder des Berichterstatters des zuständigen Ausschusses oder einer Fraktion oder von Mitgliedern, durch die mindestens die niedrige Schwelle erreicht wird, den Gegenstand zwecks interinstitutioneller Verhandlungen gemäß den Artikeln 60 und 74 an den zuständigen Ausschuss zurückzuüberweisen.

Erhält der gesamte Entwurf eines Rechtsakts in der geänderten oder der nicht geänderten Fassung nicht die Mehrheit der abgegebenen Stimmen, gibt der Präsident bekannt, dass die erste Lesung beendet ist, es sei denn, das Parlament beschließt auf Vorschlag des Vorsitzes oder des Berichterstatters des zuständigen Ausschusses oder einer Fraktion oder von Mitgliedern, durch die mindestens die niedrige Schwelle erreicht wird, den Gegenstand zur erneuten Prüfung an den zuständigen Ausschuss zurückzuüberweisen.

5. Nach den Abstimmungen gemäß den Absätzen 2, 3 und 4 und den anschließenden Abstimmungen über Änderungsanträge zum Entwurf einer legislativen Entschließung, die gegebenenfalls aufgrund von Anträgen zum Verfahren vorliegen, gilt die legislative Entschließung als angenommen. Falls erforderlich, wird sie gemäß Artikel 203 Absatz 2 an das Ergebnis der gemäß den Absätzen 2, 3 und 4 durchgeführten Abstimmungen angepasst.

Der Präsident übermittelt den Text der legislativen Entschließung und des Standpunkts des Parlaments dem Rat und der Kommission sowie der Gruppe der vorlegenden Mitgliedstaaten, dem Gerichtshof oder der Europäischen Zentralbank, wenn der Entwurf eines Rechtsaktes von ihnen vorgelegt wurde.

Art. 60 Rücküberweisung an den zuständigen Ausschuss. Wird ein Gegenstand gemäß Artikel 59 zur Prüfung oder zu interinstitutionellen Verhandlungen gemäß Artikel 74 an den zuständigen Ausschuss zurücküberwiesen, erstattet der zuständige Ausschuss dem Parlament innerhalb einer Frist von vier Monaten mündlich oder schriftlich Bericht. Diese Frist kann von der Konferenz der Präsidenten verlängert werden.

Nach einer Rücküberweisung an den Ausschuss gibt der federführende Ausschuss, bevor er seine Entscheidung über das Verfahren trifft, einem assoziierten Ausschuss gemäß Artikel 57 die Möglichkeit, hinsichtlich der in dessen ausschließliche Zuständigkeit fallenden Änderungsanträge seine Entscheidung zu treffen, insbesondere was die Auswahl der Änderungsanträge angeht, die dem Parlament erneut vorzulegen sind.

Das Parlament ist nicht daran gehindert, gegebenenfalls zu beschließen, eine abschließende Aussprache im Anschluss an den Bericht des zuständigen Ausschusses, an den der Gegenstand zurücküberwiesen wurde, zu führen.

Art. 61 Erneute Befassung des Parlaments. 1. Der Präsident fordert die Kommission auf Antrag des zuständigen Ausschusses auf, das Parlament erneut mit ihrem Vorschlag zu befassen, wenn:
- die Kommission, nachdem das Parlament seinen Standpunkt festgelegt hat, ihren ursprünglichen Vorschlag ersetzt, entscheidend ändert oder zu ändern beabsichtigt, es sei denn, dies geschieht, um den Standpunkt des Parlaments zu berücksichtigen;
- sich die Art des Problems, mit dem sich der Vorschlag befasst, aufgrund Zeitablaufs oder durch eine Änderung der Umstände entscheidend ändert; oder
- nach Festlegung des Standpunkts des Parlaments Wahlen zum Parlament stattgefunden haben und die Konferenz der Präsidenten dies für wünschenswert hält.

2. Wird beabsichtigt, die Rechtsgrundlage eines Vorschlags mit dem Ergebnis zu ändern, dass das ordentliche Gesetzgebungsverfahren nicht länger auf diesen Vorschlag Anwendung finden würde, führen das Parlament, der Rat und die Kommission gemäß Nummer 25 der Interinstitutionellen Vereinbarung über bessere Rechtsetzung über ihre Präsidenten oder Vertreter einen Gedankenaustausch darüber durch.

3. Nach dem in Absatz 2 genannten Gedankenaustausch ersucht der Präsident auf Antrag des zuständigen Ausschusses den Rat, das Parlament erneut mit dem Entwurf des verbindlichen Rechtsakts zu befassen, wenn die Kommission oder der Rat beabsichtigt, die im Standpunkt des Parlaments in erster Lesung vorgesehene Rechtsgrundlage mit dem Ergebnis zu ändern, dass das ordentliche Gesetzgebungsverfahren nicht länger Anwendung finden würde.

Art. 62 Einigung in erster Lesung. Falls der Rat das Parlament gemäß Artikel 294 Absatz 4 des Vertrags über die Arbeitsweise der Europäischen Union darüber unterrichtet hat, dass er den Standpunkt des Parlaments übernommen hat, gibt der Präsident nach der Überarbeitung gemäß Artikel 203 im Plenum bekannt, dass der Rechtsakt in der Fassung, die dem Standpunkt des Parlaments entspricht, angenommen ist.

Abschnitt 2. Zweite Lesung

Art. 63 Übermittlung des Standpunkts des Rates. 1. Die Übermittlung des Standpunkts des Rates gemäß Artikel 294 des Vertrags über die Arbeitsweise der Europäischen Union erfolgt, indem der Präsident ihn in der Plenarsitzung des Parlaments bekannt gibt. Die Bekanntgabe durch den Präsidenten erfolgt, sobald er die Dokumente mit dem Standpunkt selbst mit allen anlässlich der Annahme des Standpunkts in das Protokoll des Rates aufgenommenen Erklärungen des Rates, mit den Gründen, aus denen der Rat seinen Standpunkt festgelegt hat, und mit dem Standpunkt der Kommission einschließlich der Übersetzung in die Amtssprachen der Europäischen Union erhalten hat. Die Bekanntgabe durch den Präsidenten erfolgt während der auf den Eingang dieser Dokumente folgenden Tagung.

Vor der Bekanntgabe vergewissert sich der Präsident in Absprache mit dem Vorsitz des zuständigen Ausschusses oder dem Berichterstatter oder mit beiden, dass es sich bei dem übermittelten Dokument tatsächlich um einen Standpunkt des Rates der ersten Lesung handelt und dass die in Artikel 61 genannten Fälle nicht gegeben sind. Anderenfalls bemüht sich der Präsident im Einvernehmen mit dem zuständigen Ausschuss und, wenn möglich, in Übereinstimmung mit dem Rat um eine angemessene Lösung.

2. Am Tag seiner Bekanntgabe im Parlament gilt der Standpunkt des Rates als automatisch an den in erster Lesung zuständigen Ausschuss überwiesen.

3. Eine Auflistung dieser Übermittlungen wird im Sitzungsprotokoll unter Angabe der zuständigen Ausschüsse veröffentlicht.

Art. 64 Verlängerung von Fristen. 1. Auf Antrag des Vorsitzes des zuständigen Ausschusses verlängert der Präsident die Fristen für zweite Lesungen gemäß Artikel 294 Absatz 14 des Vertrags über die Arbeitsweise der Europäischen Union.

2. Der Präsident teilt dem Parlament jede gemäß Artikel 294 Absatz 14 des Vertrags über die Arbeitsweise der Europäischen Union erfolgte Fristverlängerung mit, unabhängig davon, ob diese Verlängerungen auf Initiative des Parlaments oder des Rates erfolgt.

Art. 65 Verfahren im federführenden Ausschuss. 1. Der Standpunkt des Rates wird als Priorität auf die Tagesordnung der ersten Sitzung des federführenden Ausschusses gesetzt, die auf das Datum der Übermittlung folgt. Der Rat kann aufgefordert werden, seinen Standpunkt zu erläutern.

2. Wenn der federführende Ausschuss nichts anderes beschließt, wird der Berichterstatter aus der ersten Lesung für die zweite Lesung beibehalten.

3. Die Bestimmungen der Artikel 68 Absatz 2 und 3 über die Zulässigkeit der Änderungsanträge zum Standpunkt des Rates gelten auch für das Verfahren im federführenden Ausschuss. Nur Mitglieder dieses Ausschusses oder deren feste Stellvertreter können Ablehnungsvorschläge oder Änderungsanträge einreichen. Der Ausschuss beschließt mit der Mehrheit der abgegebenen Stimmen.

4. Der federführende Ausschuss legt eine Empfehlung für die zweite Lesung vor mit dem Vorschlag, den vom Rat festgelegten Standpunkt zu billigen, zu ändern oder abzulehnen. Die Empfehlung enthält eine kurze Begründung für den vorgeschlagenen Beschluss.

5. Die Artikel 51, 52, 56 und 198 finden auf die zweite Lesung keine Anwendung.

Art. 66 Vorlage beim Parlament. Der Standpunkt des Rates und, wenn verfügbar, die Empfehlung des zuständigen Ausschusses für die zweite Lesung werden automatisch auf den Entwurf der Tagesordnung für die letzte Tagung gesetzt, deren Mittwoch dem Ablauf der Frist von drei oder, falls gemäß Artikel 64 verlängert, vier Monaten unmittelbar vorangeht, es sei denn, der Gegenstand wurde bereits auf einer vorangegangenen Tagung behandelt.

Art. 67 Abstimmungen im Parlament – zweite Lesung. 1. Das Parlament stimmt zunächst über Vorschläge zur unmittelbaren Ablehnung des Standpunkts des Rates ab, die vom zuständigen Ausschuss, einer Fraktion oder von Mitgliedern, durch die mindestens die niedrige Schwelle erreicht wird, schriftlich eingereicht wurden. Die Annahme eines solchen Vorschlags zur Ablehnung bedarf der Mehrheit der Mitglieder des Parlaments.

Wird dieser Vorschlag zur Ablehnung angenommen, ist der Standpunkt des Rates abgelehnt und der Präsident gibt im Plenum bekannt, dass das Gesetzgebungsverfahren beendet ist.

Wird der Vorschlag zur Ablehnung nicht angenommen, geht das Parlament anschließend gemäß den Absätzen 2 bis 5 vor.

2. Über jede vom zuständigen Ausschuss gemäß Artikel 74 Absatz 4 vorgelegte vorläufige Einigung wird vorrangig abgestimmt, und zwar in einer einzigen Abstimmung, es sei denn, das Parlament beschließt auf Antrag einer Fraktion oder von Mitgliedern, durch die mindestens die niedrige Schwelle erreicht wird, unverzüglich gemäß Absatz 3 über Änderungsanträge abzustimmen.

Erhält die vorläufige Einigung in einer einzigen Abstimmung die Stimmen der Mehrheit der Mitglieder des Parlaments, gibt der Präsident im Plenum bekannt, dass die zweite Lesung des Parlaments beendet ist.

Erhält die vorläufige Einigung in einer einzigen Abstimmung nicht die Stimmen der Mehrheit der Mitglieder des Parlaments, geht das Parlament anschließend gemäß den Absätzen 3, 4 und 5 vor.

3. Sofern nicht ein Vorschlag zur Ablehnung gemäß Absatz 1 oder eine vorläufige Einigung gemäß Absatz 2 angenommen wurde, kommen anschließend etwaige Änderungsanträge zum Standpunkt des Rates, einschließlich der Änderungsanträge in der vom zuständigen Ausschuss gemäß Artikel 74 Absatz 4 vorgelegten vorläufigen Einigung, zur Abstimmung. Eine Änderung des Standpunkts des Rates bedarf der Mehrheit der Mitglieder des Parlaments.

Vor der Abstimmung über die Änderungsanträge kann der Präsident die Kommission um Mitteilung ihres Standpunkts und den Rat um Erläuterungen ersuchen.

4. Auch wenn das Parlament den ursprünglichen Vorschlag zur Ablehnung des Standpunkts des Rates gemäß Absatz 1 ablehnt, kann es auf Vorschlag des Vorsitzes oder des Berichterstatters des zuständigen Ausschusses oder einer Fraktion oder von Mitgliedern, durch die mindestens die niedrige Schwelle erreicht wird, nach der Abstimmung über die Änderungsanträge gemäß Absatz 2 oder Absatz 3 einen weiteren Vorschlag zur Ablehnung prüfen. Die Annahme eines solchen Vorschlags bedarf der Mehrheit der Mitglieder des Parlaments.

Wird der Standpunkt des Rates abgelehnt, gibt der Präsident im Plenum bekannt, dass das Gesetzgebungsverfahren beendet ist.

5. Nach Durchführung der Abstimmungen gemäß den Absätzen 1 bis 4 und den anschließenden Abstimmungen über Änderungsanträge zum Entwurf einer legislativen Entschließung aufgrund von Anträgen zum Verfahren gibt der Präsident bekannt, dass die zweite Lesung des Parlaments beendet ist, und die legislative Entschließung gilt als angenommen. Falls erforderlich, wird die legislative Entschließung gemäß Artikel 203 Absatz 2 an das Ergebnis der gemäß den Absätzen 1 bis 4 durchgeführten Abstimmungen oder der Anwendung des Artikels 69 angepasst.

Der Präsident übermittelt den Text der legislativen Entschließung und gegebenenfalls des Standpunkts des Parlaments dem Rat und der Kommission.

Liegt kein Vorschlag zur Ablehnung oder Änderung des Standpunkts des Rates vor, gilt dieser als gebilligt.

Art. 68 Zulässigkeit von Änderungsanträgen zum Standpunkt des Rates. 1. Der federführende Ausschuss, eine Fraktion oder Mitglieder, durch die mindestens die niedrige Schwelle erreicht wird, können Änderungsanträge zum Standpunkt des Rates zur Prüfung im Plenum einreichen.

2. Ein Änderungsantrag zum Standpunkt des Rates ist nur dann zulässig, wenn er im Einklang mit den Artikeln 180 und 181 steht und darauf abzielt:

a) den vom Parlament in seiner ersten Lesung angenommenen Standpunkt ganz oder teilweise wieder einzusetzen,

b) einen Kompromiss zwischen Rat und Parlament zu erreichen,

c) einen Textteil des Standpunkts des Rates abzuändern, der in dem zur ersten Lesung unterbreiteten Vorschlag nicht oder mit anderem Inhalt enthalten war, oder

d) einen neuen Sachverhalt bzw. eine neue Rechtslage zu berücksichtigen, der/die seit der Annahme des Standpunkts des Parlaments in erster Lesung eingetreten ist.

Die Entscheidung des Präsidenten, einen Änderungsantrag für zulässig oder unzulässig zu erklären, ist unanfechtbar.

3. Haben seit der ersten Lesung Wahlen stattgefunden, ohne dass das Verfahren nach Artikel 61 durchgeführt wurde, kann der Präsident entscheiden, die in Absatz 2 aufgeführten Beschränkungen für die Zulässigkeit aufzuheben.

Art. 69 Einigung in zweiter Lesung. Wenn innerhalb der Fristen, die für die Einreichung von Änderungsanträgen oder Vorschlägen zur Ablehnung und für die Abstimmung darüber festgelegt wurden, kein Vorschlag zur Ablehnung des Standpunkts des Rates und keine Änderungsanträge zu dem Standpunkt gemäß den Artikeln 67 und 68 eingereicht werden, gibt der Präsident im Plenum bekannt, dass der vorgeschlagene Rechtsakt angenommen ist.

Abschnitt 3 – Interinstitutionelle Verhandlungen im Rahmen des ordentlichen Gesetzgebungsverfahrens

Art. 70 Allgemeine Bestimmungen. Verhandlungen mit den anderen Organen, die auf eine Einigung im Verlauf eines Gesetzgebungsverfahrens abzielen, können nur nach einem Beschluss aufgrund Artikel 71, Artikel 72 oder Artikel 73 oder nach einer Rücküberweisung durch das Parlament zum Zweck interinstitutioneller Verhandlungen aufgenommen werden. Diese Verhandlungen werden unter Beachtung des von der Konferenz der Präsidenten erstellten Verhaltenskodexes geführt.[1)]

Art. 71 Verhandlungen vor der ersten Lesung des Parlaments.
1. Nimmt ein Ausschuss einen Legislativbericht gemäß Artikel 51 an, kann er mit der Mehrheit seiner Mitglieder einen Beschluss über die Aufnahme von Verhandlungen auf der Grundlage dieses Berichts fassen.

2. Beschlüsse über die Aufnahme von Verhandlungen werden zu Beginn der Tagung, die auf ihre Annahme im Ausschuss folgt, bekannt gegeben. Bis zum Ende des Tages nach der Bekanntgabe im Parlament können Mitglieder oder eine oder mehrere Fraktionen, durch die mindestens die mittlere Schwelle erreicht wird, schriftlich beantragen, dass ein Beschluss eines Ausschusses über die Aufnahme von Verhandlungen zur Abstimmung gebracht wird. Das Parlament führt diese Abstimmung während derselben Tagung durch.

Geht bis zum Ablauf der Frist nach Unterabsatz 1 kein solcher Antrag ein, unterrichtet der Präsident das Parlament darüber. Wird ein Antrag gestellt, kann der Präsident unmittelbar vor der Abstimmung einem Redner zugunsten des Beschlusses des Ausschusses über die Aufnahme von Verhandlungen und einem Redner gegen diesen Beschluss das Wort erteilen. Jeder Redner kann eine Erklärung von höchstens zwei Minuten Dauer abgeben.

3. Lehnt das Parlament den Beschluss des Ausschusses über die Aufnahme von Verhandlungen ab, werden der Entwurf des Rechtsakts und der Bericht des zuständigen Ausschusses auf die Tagesordnung der nächsten Tagung gesetzt, und der Präsident setzt eine Frist für Änderungsanträge fest. Artikel 59 Absatz 4 findet Anwendung.

4. Verhandlungen können jederzeit nach Ablauf der Frist nach Absatz 2 Unterabsatz 1 aufgenommen werden, sofern kein Antrag auf Abstimmung im Parlament über den Beschluss zur Aufnahme von Verhandlungen gestellt wurde. Wenn ein solcher Antrag gestellt wurde,

---

[1)] Verhaltenskodex für Verhandlungen im Rahmen des ordentlichen Gesetzgebungsverfahrens.

können die Verhandlungen jederzeit, nachdem der Beschluss des Ausschusses über die Aufnahme von Verhandlungen im Parlament gebilligt wurde, aufgenommen werden.

Art. 72 Verhandlungen vor der ersten Lesung des Rates. Hat das Parlament seinen Standpunkt in erster Lesung angenommen, stellt dieser Standpunkt das Mandat für Verhandlungen mit anderen Organen dar. Der zuständige Ausschuss kann zu jedem beliebigen Zeitpunkt danach mit der Mehrheit seiner Mitglieder beschließen, Verhandlungen aufzunehmen. Die Beschlüsse werden während der Tagung, die auf die Abstimmung im Ausschuss folgt, bekannt gegeben, und im Protokoll wird auf sie verwiesen.

Art. 73 Verhandlungen vor der zweiten Lesung des Parlaments. Wurde der Standpunkt des Rates in erster Lesung an den zuständigen Ausschuss überwiesen, stellt der Standpunkt des Parlaments in erster Lesung vorbehaltlich der Bestimmungen von Artikel 68 das Mandat für Verhandlungen mit anderen Organen dar. Der zuständige Ausschuss kann zu jedem beliebigen Zeitpunkt danach beschließen, Verhandlungen aufzunehmen.

Enthält der Standpunkt des Rates in erster Lesung Elemente, die im Entwurf des Rechtsakts oder im Standpunkt des Parlaments in erster Lesung nicht enthalten waren, kann der Ausschuss Leitlinien für das Verhandlungsteam annehmen, z.B. in Form von Änderungsanträgen zum Standpunkt des Rates.

Art. 74 Verhandlungsführung. 1. Das Verhandlungsteam des Parlaments wird vom Berichterstatter geleitet, und den Vorsitz führt der Vorsitz des zuständigen Ausschusses oder ein vom Vorsitz benannter stellvertretender Vorsitz. Dem Verhandlungsteam gehören mindestens die Schattenberichterstatter jeder Fraktion, die sich beteiligen will, an.

2. Jedes Dokument, über das in einer Sitzung mit dem Rat und der Kommission („Trilog“) beraten werden soll, wird mindestens 48 Stunden oder in dringenden Fällen mindestens 24 Stunden vor dem Trilog an das Verhandlungsteam verteilt.

3. Nach jedem Trilog erstatten der Vorsitz des Verhandlungsteams und der Berichterstatter im Namen des Verhandlungsteams dem zuständigen Ausschuss in dessen nächster Sitzung Bericht.

Ist es nicht möglich, rechtzeitig eine Sitzung des Ausschusses einzuberufen, erstatten der Vorsitz des Verhandlungsteams und der Berichterstatter im Namen des Verhandlungsteams den Koordinatoren des Ausschusses in einer Sitzung Bericht.

4. Wird in Verhandlungen eine vorläufige Einigung erzielt, wird der zuständige Ausschuss unverzüglich davon unterrichtet. Dokumente, die die Ergebnisse des abschließenden Trilogs widergeben, werden dem zuständigen Ausschuss zur Verfügung gestellt und veröffentlicht. Die vorläufige Einigung wird dem zuständigen Ausschuss vorgelegt, der in

einer einzigen Abstimmung mit der Mehrheit der abgegebenen Stimmen über deren Annahme beschließt. Im Fall der Annahme wird die vorläufige Einigung im Plenum zur Prüfung eingereicht, wobei die Änderungen an dem Entwurf eines Rechtsakts deutlich im Text angegeben werden.

5. Bei Meinungsverschiedenheiten zwischen den betroffenen Ausschüssen gemäß Artikel 57 und 58 werden die detaillierten Regelungen für die Einleitung von Verhandlungen und die Verhandlungsführung vom Vorsitz der Konferenz der Ausschussvorsitze entsprechend den in den genannten Artikeln aufgeführten Grundsätzen festgelegt.

Abschnitt 4 – Vermittlung und dritte Lesung

Art. 75 Verlängerung von Fristen. 1. Auf Antrag der Delegation des Parlaments im Vermittlungsausschuss verlängert der Präsident die Fristen im Rahmen der dritten Lesung gemäß Artikel 294 Absatz 14 des Vertrags über die Arbeitsweise der Europäischen Union.

2. Der Präsident teilt dem Parlament jede gemäß Artikel 294 Absatz 14 des Vertrags über die Arbeitsweise der Europäischen Union erfolgte Fristverlängerung mit, unabhängig davon, ob diese Verlängerungen auf Initiative des Parlamentes oder des Rates erfolgt.

Art. 76 Einberufung des Vermittlungsausschusses. Setzt der Rat das Parlament davon in Kenntnis, dass er nicht alle Abänderungen des Parlaments am Standpunkt des Rates billigen kann, vereinbart der Präsident mit dem Rat einen Termin und Ort für eine erste Sitzung des Vermittlungsausschusses. Die sechswöchige oder, im Falle einer Verlängerung, achtwöchige Frist gemäß Artikel 294 Absatz 10 des Vertrags über die Arbeitsweise der Europäischen Union gilt vom Tag der ersten Sitzung dieses Ausschusses an.

Art. 77 Delegation im Vermittlungsausschuss. 1. Die Delegation des Parlaments im Vermittlungsausschuss besteht aus derselben Anzahl von Mitgliedern wie die Delegation des Rates.

2. Die politische Zusammensetzung der Delegation entspricht der Fraktionszusammensetzung des Parlaments. Die Konferenz der Präsidenten legt die genaue Zahl der Mitglieder aus jeder Fraktion fest, die Mitglieder der Delegation des Parlaments sein sollen.

3. Die Mitglieder der Delegation werden für jedes einzelne Vermittlungsverfahren von den Fraktionen benannt, vorzugsweise aus den Reihen der Mitglieder des zuständigen Ausschusses, abgesehen von drei Mitgliedern, die als ständige Mitglieder der aufeinanderfolgenden Delegationen für einen Zeitraum von zwölf Monaten benannt werden. Die drei ständigen Mitglieder werden von den Fraktionen aus der Mitte der Vizepräsidenten benannt und vertreten mindestens zwei verschiedene Fraktionen. Der Vorsitz und der Berichterstatter des zustän-

digen Ausschusses in der zweiten Lesung sowie die Berichterstatter von assoziierten Ausschüssen sind in jedem Fall Delegationsmitglieder.

4. Die in der Delegation vertretenen Fraktionen benennen Stellvertreter.

5. In der Delegation nicht vertretene Fraktionen können je einen Vertreter zu internen Vorbereitungssitzungen der Delegation entsenden. Gehören der Delegation keine fraktionslosen Mitglieder an, kann ein fraktionsloses Mitglied an internen Vorbereitungssitzungen der Delegation teilnehmen.

6. Die Delegation wird vom Präsidenten oder einem der drei ständigen Mitglieder geleitet.

7. Die Delegation beschließt mit der Mehrheit ihrer Mitglieder. Ihre Beratungen sind nicht öffentlich.

Die Konferenz der Präsidenten legt weitere Verfahrensleitlinien für die Arbeit der Delegation im Vermittlungsausschuss fest.

8. Die Delegation erstattet dem Parlament Bericht über die Ergebnisse der Vermittlung.

Art. 78 Gemeinsamer Entwurf. 1. Wird im Vermittlungsausschuss eine Einigung über einen gemeinsamen Entwurf erzielt, wird der Gegenstand auf die Tagesordnung für eine Plenarsitzung des Parlaments gesetzt, die innerhalb von sechs oder, im Falle einer Verlängerung, acht Wochen vom Zeitpunkt der Annahme durch den Vermittlungsausschuss an stattfindet.

2. Der Vorsitz oder ein anderes dazu bestimmtes Mitglied der Delegation des Parlaments im Vermittlungsausschuss gibt eine Erklärung zu dem gemeinsamen Entwurf ab, dem ein Bericht beigefügt wird.

3. Zu dem gemeinsamen Entwurf können keine Änderungsanträge eingereicht werden.

4. Über den gemeinsame Entwurf wird als Ganzes in einer einzigen Abstimmung abgestimmt. Für die Annahme bedarf es der Mehrheit der abgegebenen Stimmen.

5. Wird im Vermittlungsausschuss keine Einigung über einen gemeinsamen Entwurf erzielt, gibt der Vorsitz oder ein anderes dazu bestimmtes Mitglied der Delegation des Parlaments im Vermittlungsausschuss eine Erklärung ab. Auf diese Erklärung folgt eine Aussprache.

6. Während des Vermittlungsverfahrens zwischen Parlament und Rat nach der zweiten Lesung erfolgt keine Überweisung an den Ausschuss.

7. Die Artikel 51, 52 und 56 finden während der dritten Lesung keine Anwendung.

Abschnitt 5 – Abschluss des Verfahrens

Art. 79 Unterzeichnung und Veröffentlichung angenommener Rechtsakte. Nachdem der angenommene Text gemäß Artikel 203 und Anlage VIII überarbeitet wurde und überprüft worden ist, dass alle Verfahren ordnungsgemäß abgeschlossen worden sind, werden nach dem ordentlichen Gesetzgebungsverfahren erlassene Rechtsakte vom Präsidenten und vom Generalsekretär unterzeichnet.

Nach der Unterzeichnung des Rechtsakts veranlassen die Generalsekretäre des Parlaments und des Rates anschließend die Veröffentlichung im *Amtsblatt der Europäischen Union*.

Kapitel 4. Spezifische Bestimmungen über das Anhörungsverfahren

Art. 80 Geänderter Vorschlag für einen verbindlichen Rechtsakt. Beabsichtigt die Kommission, ihren Vorschlag für einen verbindlichen Rechtsakt zu ersetzen oder zu ändern, kann der zuständige Ausschuss seine Prüfung des Gegenstands vertagen, bis ihm der neue Vorschlag oder die Änderungen der Kommission vorliegen.

Art. 81 Standpunkt der Kommission zu Änderungsanträgen. Vor der Schlussabstimmung über einen Vorschlag für einen verbindlichen Rechtsakt im zuständigen Ausschuss kann der Ausschuss die Kommission ersuchen, ihren Standpunkt zu allen vom Ausschuss zu diesem Vorschlag angenommenen Änderungsanträgen mitzuteilen.

Dieser Standpunkt wird gegebenenfalls in den Bericht aufgenommen.

Art. 82 Abstimmung im Parlament. Artikel 59 Absätze 1, 2, 4 und 5 finden entsprechend Anwendung.

Art. 83 Weiterverfolgung des Standpunkts des Parlaments. 1. In der Zeit nach der Annahme des Standpunkts des Parlaments zu einem Entwurf eines verbindlichen Rechtsakts verfolgen der Vorsitz und der Berichterstatter des zuständigen Ausschusses die weitere Behandlung dieses Entwurfs im Verlauf des Verfahrens bis zu seiner Annahme durch den Rat, insbesondere um sicherzustellen, dass etwaige Zusicherungen des Rates oder der Kommission gegenüber dem Parlament in Bezug auf dessen Standpunkt genau eingehalten werden. Der Vorsitz und der Berichterstatter des zuständigen Ausschusses erstatten dem Ausschuss regelmäßig Bericht hierüber.

2. Der zuständige Ausschuss kann die Kommission und den Rat auffordern, die Angelegenheit mit dem Ausschuss zu erörtern.

3. Der zuständige Ausschuss kann, wenn er es für notwendig erachtet, in jeder Phase des Weiterverfolgungsverfahrens einen Entschließungsantrag einreichen und darin dem Parlament empfehlen:
– die Kommission aufzufordern, ihren Vorschlag zurückzuziehen,
– die Kommission oder den Rat aufzufordern, das Parlament gemäß Artikel 84 erneut zu befassen, oder die Kommission aufzufordern, einen neuen Vorschlag vorzulegen, oder
– andere Maßnahmen zu beschließen, die es für angebracht hält.

Ein derartiger Entschließungsantrag wird in den Entwurf der Tagesordnung der Tagung aufgenommen, die auf seine Annahme durch den Ausschuss folgt.

Art. 84 Erneute Befassung des Parlaments. 1. Auf Antrag des zuständigen Ausschusses ersucht der Präsident den Rat, das Parlament unter den gleichen Umständen und Bedingungen wie den in Artikel 61 Absatz 1 vorgesehenen erneut anzuhören. Auf Antrag des zuständigen Ausschusses ersucht der Präsident den Rat außerdem, das Parlament erneut anzuhören, wenn der Rat den Entwurf eines verbindlichen Rechtsakts, zu dem das Parlament ursprünglich Stellung genommen hat, entscheidend ändert oder zu ändern beabsichtigt, es sei denn, dies geschieht, um die vom Parlament angenommenen Änderungen zu übernehmen.

2. Der Präsident ersucht auch dann um eine erneute Befassung mit einem Entwurf eines verbindlichen Rechtsakts unter den in diesem Artikel festgelegten Umständen, wenn das Parlament auf Antrag einer Fraktion oder von Mitgliedern, durch die mindestens die niedrige Schwelle erreicht wird, einen entsprechenden Beschluss fasst.

Kapitel 5. Konstitutionelle Fragen

Art. 85 Ordentliche Vertragsänderung. 1. Der zuständige Ausschuss kann dem Parlament gemäß den Artikeln 46 und 54 einen Bericht vorlegen, der Vorschläge an den Rat zur Änderung der Verträge enthält.

2. Wird das Parlament gemäß Artikel 48 Absatz 3 des Vertrags über die Europäische Union zu einem Vorschlag für einen Beschluss des Europäischen Rates zur Prüfung von Änderungen der Verträge angehört, wird die Angelegenheit an den zuständigen Ausschuss überwiesen. Der Ausschuss erstellt einen Bericht, der Folgendes umfasst:
– einen Entschließungsantrag, aus dem hervorgeht, ob das Parlament den vorgeschlagenen Beschluss billigt oder ablehnt, und der auch Vorschläge für den Konvent oder die Konferenz der Vertreter der Regierungen der Mitgliedstaaten enthalten kann;
– gegebenenfalls eine Begründung.

3. Beschließt der Europäische Rat die Einberufung eines Konvents, so benennt das Parlament auf Vorschlag der Konferenz der Präsidenten die Vertreter des Parlaments für diesen Konvent.

Die Delegation des Parlaments wählt ihren Leiter und ihre Kandidaten für die Mitgliedschaft in einer Lenkungsgruppe oder einem Präsidium, die bzw. das gegebenenfalls vom Konvent eingesetzt wird.

4. Ersucht der Europäische Rat das Parlament um seine Zustimmung zu einem Beschluss, für die Prüfung von Änderungsvorschlägen zu den Verträgen keinen Konvent einzuberufen, wird das Ersuchen gemäß Artikel 105 an den zuständigen Ausschuss überwiesen.

Art. 86 Vereinfachte Vertragsänderung. 1. Der zuständige Ausschuss kann dem Parlament gemäß den Artikeln 46 und 54 nach dem in Artikel 48 Absatz 6 des Vertrags über die Europäische Union vorgesehenen Verfahren einen Bericht vorlegen, der an den Europäischen Rat gerichtete Vorschläge zur Änderung aller oder eines Teils der Bestimmungen des Dritten Teils des Vertrags über die Arbeitsweise der Europäischen Union enthält.

2. Wird das Parlament gemäß Artikel 48 Absatz 6 des Vertrags über die Europäische Union zu einem Vorschlag für einen Beschluss des Europäischen Rates zur Änderung des Dritten Teils des Vertrags über die Arbeitsweise der Europäischen Union angehört, gilt Artikel 85 Absatz 2 dieser Geschäftsordnung entsprechend. In diesem Fall darf der Entschließungsantrag nur Änderungsvorschläge zu den Bestimmungen des Dritten Teils des Vertrags über die Arbeitsweise der Europäischen Union enthalten.

Art. 87 Beitrittsverträge. 1. Jeder aufgrund des Artikels 49 des Vertrags über die Europäische Union gestellte Antrag eines europäischen Staates auf Mitgliedschaft in der Europäischen Union wird an den zuständigen Ausschuss zur Prüfung überwiesen.

2. Das Parlament kann auf Vorschlag des zuständigen Ausschusses, einer Fraktion oder von Mitgliedern, durch die mindestens die niedrige Schwelle erreicht wird, beschließen, den Rat oder die Kommission zu ersuchen, vor der Aufnahme von Beitrittsverhandlungen mit dem antragstellenden Staat an einer Aussprache teilzunehmen.

3. Der zuständige Ausschuss ersucht den Rat und die Kommission um umfassende und regelmäßige Unterrichtung über den Fortgang der Beitrittsverhandlungen, erforderlichenfalls vertraulich.

4. Zu jedem Zeitpunkt der Beitrittsverhandlungen kann das Parlament auf der Grundlage eines Berichts des zuständigen Ausschusses Empfehlungen annehmen mit dem Ersuchen, diese Empfehlungen vor Abschluss eines Vertrags über den Beitritt eines antragstellenden Staates zur Europäischen Union zu berücksichtigen.

5. Nach Abschluss der Beitrittsverhandlungen, jedoch vor der Unterzeichnung eines Abkommens wird dessen Entwurf dem Parlament gemäß Artikel 105 zur Zustimmung unterbreitet. Gemäß Artikel 49 des Vertrags über die Europäische Union erteilt das Parlament seine Zustimmung mit der Mehrheit seiner Mitglieder.

Art. 88 Austritt aus der Union. Wenn ein Mitgliedstaat gemäß Artikel 50 des Vertrags über die Europäische Union beschließt, aus der Union auszutreten, wird die Angelegenheit an den zuständigen Ausschuss überwiesen. Artikel 87 der Geschäftsordnung gilt entsprechend. Das Parlament beschließt über die Erteilung seiner Zustimmung zu dem Abkommen über den Austritt mit der Mehrheit der abgegebenen Stimmen.

Art. 89 Verletzung von wesentlichen Grundsätzen und Werten durch einen Mitgliedstaat. 1. Das Parlament kann auf der Grundlage eines Sonderberichts des zuständigen Ausschusses gemäß den Artikeln 46 und 54:

a) über einen begründeten Vorschlag abstimmen, mit dem der Rat aufgefordert wird, Maßnahmen nach Artikel 7 Absatz 1 des Vertrags über die Europäische Union zu treffen;

b) über einen Vorschlag abstimmen, mit dem die Kommission oder die Mitgliedstaaten aufgefordert werden, einen Vorschlag nach Artikel 7 Absatz 2 des Vertrags über die Europäische Union vorzulegen;

c) über einen Vorschlag abstimmen, mit dem der Rat aufgefordert wird, Maßnahmen nach Artikel 7 Absatz 3 oder – zu einem späteren Zeitpunkt – nach Artikel 7 Absatz 4 des Vertrags über die Europäische Union zu treffen.

2. Alle Ersuchen des Rates um Zustimmung zu einem Vorschlag gemäß Artikel 7 Absätze 1 und 2 des Vertrags über die Europäische Union werden zusammen mit der Stellungnahme des betroffenen Mitgliedstaats dem Parlament bekannt gegeben und gemäß Artikel 105 an den zuständigen Ausschuss überwiesen. Das Parlament beschließt außer in dringlichen und begründeten Fällen auf Vorschlag des zuständigen Ausschusses.

3. Gemäß Artikel 354 des Vertrags über die Arbeitsweise der Europäischen Union bedürfen die in den Absätzen 1 und 2 dieses Artikels genannten Beschlüsse zu ihrer Annahme durch das Parlament der Mehrheit von zwei Dritteln der abgegebenen Stimmen und der Mehrheit der Mitglieder des Parlaments.

4. Der zuständige Ausschuss kann vorbehaltlich der Genehmigung der Konferenz der Präsidenten einen begleitenden Entschließungsantrag vorlegen. In einem derartigen Entschließungsantrag werden die Auffassungen des Parlaments zu einer schwerwiegenden Verletzung durch einen Mitgliedstaat sowie zu den geeigneten Maßnahmen und zur Änderung oder Aufhebung dieser Maßnahmen dargelegt.

5. Der zuständige Ausschuss gewährleistet, dass das Parlament vollständig auf dem Laufenden gehalten wird und, falls erforderlich, zu allen aufgrund seiner gemäß Absatz 3 erteilten Zustimmung zu treffenden Folgemaßnahmen angehört wird. Der Rat wird ersucht, die jeweiligen Entwicklungen darzulegen. Auf Vorschlag des zuständigen Ausschusses, für dessen Ausarbeitung die Genehmigung der Konferenz der Präsidenten einzuholen ist, kann das Parlament Empfehlungen an den Rat annehmen.

Art. 90 Zusammensetzung des Parlaments. Rechtzeitig vor dem Ende einer Wahlperiode kann das Parlament auf der Grundlage eines von seinem zuständigen Ausschuss gemäß Artikel 14 Absatz 2 des Vertrags über die Europäische Union sowie den Artikeln 46 und 54 der Geschäftsordnung ausgearbeiteten Berichts einen Vorschlag zur Änderung seiner Zusammensetzung unterbreiten. Der Entwurf eines Beschlusses des Europäischen Rates über die Zusammensetzung des Parlaments wird vom Parlament gemäß Artikel 105 geprüft.

Art. 91 Verstärkte Zusammenarbeit zwischen den Mitgliedstaaten. 1. Die Anträge auf Einführung einer verstärkten Zusammenarbeit zwischen den Mitgliedstaaten gemäß Artikel 20 des Vertrags über die Europäische Union werden vom Präsidenten zwecks Prüfung an den zuständigen Ausschuss überwiesen. Artikel 105 findet Anwendung.

2. Der zuständige Ausschuss überprüft die Einhaltung von Artikel 20 des Vertrags über die Europäische Union sowie der Artikel 326 bis 334 des Vertrags über die Arbeitsweise der Europäischen Union.

3. Rechtsakte, die nach Einführung einer verstärkten Zusammenarbeit in deren Rahmen vorgeschlagen werden, werden vom Parlament nach den Verfahren behandelt, die gelten, wenn keine verstärkte Zusammenarbeit gegeben ist. Artikel 48 findet Anwendung.

Kapitel 6. Haushaltsverfahren

Art. 92 Mehrjähriger Finanzrahmen. Wenn der Rat das Parlament um dessen Zustimmung zu dem Vorschlag für eine Verordnung zur Festlegung des mehrjährigen Finanzrahmens ersucht, wird die Angelegenheit nach Maßgabe des Artikels 105 behandelt. In Übereinstimmung mit Artikel 312 Absatz 2 Unterabsatz 1 des Vertrags über die Arbeitsweise der Europäischen Union bedarf die Zustimmung des Parlaments der Mehrheit seiner Mitglieder.

Art. 93 Jährliches Haushaltsverfahren. Unter Beachtung des Anhangs der Interinstitutionellen Vereinbarung über die Haushaltsdisziplin, die Zusammenarbeit im Haushaltsbereich und die wirtschaftliche Haushaltsführung[1] kann der zuständige Ausschuss beschließen, einen für angemessen erachteten Bericht über den Haushaltsplan auszuarbeiten.

Andere Ausschüsse können innerhalb der vom zuständigen Ausschuss festgelegten Frist eine Stellungnahme abgeben.

Art. 94 Standpunkt des Parlaments zum Entwurf des Haushaltsplans. 1. Änderungsanträge zum Standpunkt des Rates zum Entwurf des Haushaltsplans können von einzelnen Mitgliedern im zuständigen Ausschuss eingereicht werden.

Änderungsanträge zum Standpunkt des Rates können von einer Fraktion oder von Mitgliedern, durch die mindestens die niedrige

[1] Interinstitutionelle Vereinbarung vom 2. Dezember 2013 zwischen dem Europäischen Parlament, dem Rat und der Kommission über die Haushaltsdisziplin, die Zusammenarbeit im Haushaltsbereich und die wirtschaftliche Haushaltsführung (ABl. C 373 vom 20.12. 2013, S. 1).

Schwelle erreicht wird, oder von einem Ausschuss oder einer Fraktion im Plenum eingereicht werden.

2. Änderungsanträge werden schriftlich vorgelegt und begründet, tragen die Unterschrift ihrer Verfasser und enthalten einen Hinweis auf die Haushaltslinie, auf die sie sich beziehen.

3. Der Präsident setzt die Frist für die Einreichung der Änderungsanträge fest.

4. Der zuständige Ausschuss stimmt über die Änderungsanträge vor ihrer Prüfung im Parlament ab.

5. Im Parlament eingereichte Änderungsanträge, die im zuständigen Ausschuss abgelehnt wurden, dürfen nur dann zur Abstimmung kommen, wenn ein Ausschuss oder eine Fraktion oder Mitglieder, durch die mindestens die niedrige Schwelle erreicht wird, vor Ablauf einer vom Präsidenten festgesetzten Frist schriftlich darum ersucht haben. Diese Frist darf keinesfalls weniger als 24 Stunden vor Eröffnung der Abstimmung betragen.

6. Bei Änderungsanträgen zum Haushaltsvoranschlag des Parlaments, die einen ähnlichen Inhalt haben wie diejenigen, die vom Parlament schon bei der Aufstellung dieses Haushaltsvoranschlags abgelehnt wurden, prüft das Parlament diese nur, wenn der zuständige Ausschuss sie in seiner Stellungnahme befürwortet.

7. Das Parlament stimmt in aufeinanderfolgenden Abstimmungen ab:
- über die Änderungsanträge zum Standpunkt des Rates zum Entwurf des Haushaltsplans nach Einzelplänen,
- über einen Entschließungsantrag zum Entwurf des Haushaltsplans.

Artikel 183 Absätze 4 bis 10 finden jedoch Anwendung.

8. Die Artikel, Kapitel, Titel und Einzelpläne des Entwurfs des Haushaltsplans, zu denen keine Änderungsanträge eingereicht wurden, gelten als angenommen.

9. Nach Artikel 314 Absatz 4 Buchstabe c des Vertrags über die Arbeitsweise der Europäischen Union bedarf die Annahme von Änderungsanträgen der Mehrheit der Mitglieder des Parlaments.

10. Hat das Parlament den Standpunkt des Rates zum Entwurf des Haushaltsplans abgeändert, wird der so geänderte Standpunkt mit den Begründungen und dem Protokoll der Sitzung, in der die Abänderungen angenommen wurden, dem Rat und der Kommission zugeleitet.

Art. 95 Vermittlung in Haushaltsfragen. 1. Der Präsident beruft *den Vermittlungs*ausschuss gemäß Artikel 314 Absatz 4 des Vertrags über die Arbeitsweise der Europäischen Union ein.

2. Die das Parlament bei den Sitzungen des Vermittlungsausschusses im Rahmen des Haushaltsverfahrens vertretende Delegation besteht aus derselben Anzahl von Mitgliedern wie die Delegation des Rates.

3. Die Mitglieder der Delegation des Parlaments für den Vermittlungsausschuss werden von den Fraktionen alljährlich vor der Abstimmung des

Parlaments über den Standpunkt des Rates benannt, vorzugsweise aus den Reihen der Mitglieder des für Haushaltsfragen zuständigen Ausschusses und anderer betroffener Ausschüsse. Die Delegation wird vom Präsidenten des Parlaments geleitet. Der Präsident kann diese Aufgabe einem Vizepräsidenten mit Erfahrung in Haushaltsangelegenheiten oder dem Vorsitz des für Haushaltsfragen zuständigen Ausschusses übertragen.

4. Artikel 77 Absätze 2, 4, 5, 7 und 8 finden Anwendung.

5. Wird im Vermittlungsausschuss eine Einigung über einen gemeinsamen Entwurf erzielt, so wird die Angelegenheit auf die Tagesordnung einer Plenarsitzung des Parlaments gesetzt, die innerhalb von 14 Tagen ab dem Zeitpunkt dieser Einigung stattfindet. Der gemeinsame Entwurf wird allen Mitgliedern zur Verfügung gestellt. Artikel 78 Absätze 2 und 3 finden Anwendung.

6. Über den gemeinsamen Entwurf wird als Ganzes in einer einzigen Abstimmung abgestimmt. Die Abstimmung erfolgt namentlich. Der gemeinsame Entwurf gilt als angenommen, sofern er nicht von der Mehrheit der Mitglieder des Parlaments abgelehnt wird.

7. Wird der gemeinsame Entwurf vom Parlament gebilligt, während er vom Rat abgelehnt wird, so kann der für Haushaltsfragen zuständige Ausschuss alle oder einige der Abänderungen des Parlaments am Standpunkt des Rates einreichen, damit sie gemäß Artikel 314 Absatz 7 Buchstabe d des Vertrags über die Arbeitsweise der Europäischen Union bestätigt werden.

Die Abstimmung über die Bestätigung wird auf die Tagesordnung einer Plenarsitzung des Parlaments gesetzt, die innerhalb von 14 Tagen ab dem Zeitpunkt der Mitteilung des Rates über seine Ablehnung des gemeinsamen Entwurfs stattfindet.

Die Abänderungen gelten als bestätigt, wenn sie von der Mehrheit der Mitglieder des Parlaments und mit drei Fünfteln der abgegebenen Stimmen angenommen werden.

Art. 96 Endgültiger Erlass des Haushaltsplans. Ist der Präsident der Auffassung, dass der Haushaltsplan gemäß den Bestimmungen von Artikel 314 des Vertrags über die Arbeitsweise der Europäischen Union angenommen wurde, erklärt er im Parlament, dass der Haushaltsplan endgültig erlassen ist. Er veranlasst seine Veröffentlichung im *Amtsblatt der Europäischen Union*.

Art. 97 Regelung der vorläufigen Zwölftel. 1. Beschlüsse des Rates, mit denen Ausgaben genehmigt werden, die über das vorläufige Zwölftel der Haushaltsmittel des vorausgegangenen Haushaltsjahres hinausgehen, werden an den zuständigen Ausschuss überwiesen.

2. Der zuständige Ausschuss kann einen Entwurf eines Beschlusses zur Kürzung der in Absatz 1 genannten Ausgaben einreichen. Das Parlament entscheidet über diesen Beschluss binnen 30 Tagen nach Erlass des Beschlusses des Rates.

3. Das Parlament entscheidet mit der Mehrheit seiner Mitglieder.

Art. 98 Ausführung des Haushaltsplans. 1. Das Parlament kontrolliert die Ausführung des laufenden Haushaltsplans. Es beauftragt mit dieser Aufgabe seine für den Haushalt und die Haushaltskontrolle zuständigen Ausschüsse sowie die übrigen betroffenen Ausschüsse.

2. Das Parlament prüft jedes Jahr die sich aus der Ausführung des laufenden Haushaltsplans ergebenden Probleme, gegebenenfalls auf der Grundlage eines Entschließungsantrags seines zuständigen Ausschusses, und zwar vor seiner Lesung des Entwurfs des Haushaltsplans für das folgende Haushaltsjahr.

Art. 99 Entlastung der Kommission für die Ausführung des Haushaltsplans. Die Vorschriften über das Verfahren zur Entlastung der Kommission für die Ausführung des Haushaltsplans in Übereinstimmung mit den Finanzvorschriften des Vertrags über die Arbeitsweise der Europäischen Union und der Verordnung (EU, Euratom) Nr. 966/2012 des Europäischen Parlaments und des Rates [1] (im Folgenden „Haushaltsordnung") sind dieser Geschäftsordnung als Anlage beigefügt.[2]

Art. 100 Andere Verfahren zur Entlastung. Die Vorschriften über das Verfahren zur Entlastung der Kommission für die Ausführung des Haushaltsplans im Einklang mit Artikel 319 des Vertrags über die Arbeitsweise der Europäischen Union gelten auch für:
– das Verfahren zur Entlastung des Präsidenten des Europäischen Parlaments für die Ausführung des Einzelhaushaltsplans des Europäischen Parlaments,
– das Verfahren zur Entlastung der Personen, die für die Ausführung der Einzelhaushaltspläne anderer Organe und Einrichtungen der Europäischen Union wie Rat, Gerichtshof der Europäischen Union, Rechnungshof, Europäischer Wirtschafts- und Sozialausschuss und Ausschuss der Regionen verantwortlich sind;
– das Verfahren zur Entlastung der Kommission für die Ausführung des Haushaltsplans des Europäischen Entwicklungsfonds;
– das Verfahren zur Entlastung der für die Haushaltsführung verantwortlichen Organe von rechtlich selbständigen Einrichtungen, die Unionsaufgaben wahrnehmen, soweit in den für ihre Tätigkeit geltenden Rechtsvorschriften eine Entlastung durch das Parlament vorgesehen ist.

Art. 101 Interinstitutionelle Zusammenarbeit. Gemäß Artikel 324 des Vertrags über die Arbeitsweise der Europäischen Union nimmt der Präsident an regelmäßigen Treffen der Präsidenten des Eu-

---

[1] Verordnung (EU, Euratom) Nr. 966/2012 des Europäischen Parlaments und des Rates vom 25. Oktober 2012 über die Haushaltsordnung für den Gesamthaushaltsplan der Union und zur Aufhebung der Verordnung (EG, Euratom) Nr. 1605/2002 des Rates (ABl. L 298 vom 26.10.2012, S. 1).

[2] Siehe Anlage V.

ropäischen Parlaments, des Rates und der Kommission teil, die auf Initiative der Kommission im Rahmen der nach Titel II des Sechsten Teils des Vertrags über die Arbeitsweise der Europäischen Union vorgesehenen Haushaltsverfahren einberufen werden. Der Präsident trifft alle erforderlichen Maßnahmen, um die Abstimmung und Annäherung der Standpunkte der Organe zu fördern und so die Durchführung der oben genannten Verfahren zu erleichtern.

Der Präsident des Parlaments kann diese Aufgabe einem Vizepräsidenten mit Erfahrung in Haushaltsangelegenheiten oder dem Vorsitz des für Haushaltsfragen zuständigen Ausschusses übertragen.

Kapitel 7. Interne Haushaltsverfahren

Art. 102 Haushaltsvoranschlag des Parlaments. 1. Das Präsidium stellt den Vorentwurf des Haushaltsvoranschlags auf der Grundlage eines vom Generalsekretär vorbereiteten Berichts auf.

2. Der Präsident übermittelt diesen Vorentwurf dem zuständigen Ausschuss, der den Entwurf des Haushaltsvoranschlags aufstellt und dem Parlament Bericht erstattet.

3. Der Präsident setzt eine Frist für die Einreichung von Änderungsanträgen zum Entwurf des Haushaltsvoranschlags fest.

Der zuständige Ausschuss nimmt zu diesen Änderungsanträgen Stellung.

4. Das Parlament stellt den Haushaltsvoranschlag fest.

5. Der Präsident übermittelt den Haushaltsvoranschlag der Kommission und dem Rat.

6. Voranschläge für Berichtigungshaushaltspläne werden ebenfalls nach dem in diesem Artikel festgelegten Verfahren geprüft.

Art. 103 Verfahren für die Aufstellung des Haushaltsvoranschlags des Parlaments. 1. In Bezug auf den Haushaltsplan des Parlaments beschließen das Präsidium und der für Haushaltsfragen zuständige Ausschuss in aufeinander folgenden Phasen über:

a) den Stellenplan,
b) den Vorentwurf und den Entwurf des Haushaltsvoranschlags.

2. Die Beschlüsse über den Stellenplan werden nach folgendem Verfahren gefasst:

a) Das Präsidium stellt den Stellenplan für jedes Haushaltsjahr auf;
b) gegebenenfalls findet eine Konzertierung zwischen dem Präsidium und dem für Haushaltsfragen zuständigen Ausschuss statt, falls die Stellungnahme des letzteren von den ursprünglichen Beschlüssen des Präsidiums abweicht;
c) am Ende des Verfahrens obliegt die letzte Entscheidung über die den Stellenplan betreffenden Aspekte des Haushaltsvoranschlags gemäß Artikel 234 Absatz 3 dieser Geschäftsordnung unbeschadet der

gemäß Artikel 314 des Vertrags über die Arbeitsweise der Europäischen Union gefassten Beschlüsse dem Präsidium.

3. Hinsichtlich des Haushaltsvoranschlags als solchen beginnt das Aufstellungsverfahren, sobald das Präsidium einen endgültigen Beschluss über den Stellenplan gefasst hat. Der Ablauf dieses Verfahrens ist in Artikel 102 festgelegt. Falls der Standpunkt des für Haushaltsfragen zuständigen Ausschusses erheblich von dem des Präsidiums abweicht, wird ein Konzertierungsverfahren eingeleitet.

Art. 104 Befugnis zum Eingehen von Zahlungsverpflichtungen, zur Anweisung von Zahlungen, zur Festlegung der Jahresrechnung und zur Erteilung der Entlastung. 1. Der Präsident geht Zahlungsverpflichtungen ein und weist Zahlungen an oder veranlasst dies im Rahmen der vom Präsidium nach Anhörung des zuständigen Ausschusses erlassenen internen Finanzordnung.

2. Der Präsident übermittelt dem zuständigen Ausschuss den Entwurf der Jahresrechnung.

3. Das Parlament legt auf der Grundlage des Berichts seines zuständigen Ausschusses seine Jahresrechnung fest und beschließt über die Entlastung.

Kapitel 8. Zustimmungsverfahren

Art. 105 Zustimmungsverfahren. 1. Wird das Parlament um seine Zustimmung zu einem verbindlichen Rechtsakt ersucht, legt der zuständige Ausschuss dem Parlament eine Empfehlung zur Genehmigung oder Ablehnung des vorgeschlagenen Akts vor.

Die Empfehlung enthält Bezugsvermerke, jedoch keine Erwägungen. Änderungsanträge im Ausschuss sind nur zulässig, wenn sie darauf abzielen, die vom Berichterstatter vorgeschlagene Empfehlung umzukehren.

Die Empfehlung kann mit einer kurzen Begründung versehen sein. Die Begründung wird in der alleinigen Verantwortung des Berichterstatters erstellt und kommt nicht zur Abstimmung. Artikel 55 Absatz 2 findet entsprechend Anwendung.

2. Der zuständige Ausschuss kann, sofern erforderlich, auch einen Bericht einreichen, der einen nichtlegislativen Entschließungsantrag umfasst und aus dem die Gründe hervorgehen, aus denen das Parlament seine Zustimmung erteilen oder verweigern soll, und der gegebenenfalls Empfehlungen für die Umsetzung des vorgeschlagenen Rechtsakts enthält.

3. Der zuständige Ausschuss behandelt das Ersuchen um Zustimmung unverzüglich. Hat der zuständige Ausschuss innerhalb von sechs Monaten nach der Übermittlung des Ersuchens um Zustimmung an ihn seine Empfehlung nicht angenommen, kann die Konferenz der Präsidenten den Gegenstand entweder auf die Tagesordnung zur Prü-

fung auf einer der nächsten Tagungen aufnehmen oder, in einem hinreichend begründeten Fall, beschließen, die Frist von sechs Monaten zu verlängern.

4. Das Parlament beschließt über den vorgeschlagenen Rechtsakt in einer einzigen Abstimmung über die Zustimmung, unabhängig davon, ob in der Empfehlung des zuständigen Ausschusses die Billigung oder Ablehnung des Rechtsakts empfohlen wird, wobei keine Änderungsanträge eingereicht werden können. Wird die notwendige Mehrheit nicht erreicht, gilt der vorgeschlagene Rechtsakt als abgelehnt.

5. Ist die Zustimmung des Parlaments erforderlich, kann der zuständige Ausschuss dem Parlament jederzeit einen Zwischenbericht mit einem Entschließungsantrag unterbreiten, der Empfehlungen zur Änderung oder Durchführung des vorgeschlagenen Rechtsakts enthält.

Kapitel 9. Sonstige Verfahren

Art. 106 Verfahren der Stellungnahme zu Ausnahmeregelungen bezüglich der Einführung des Euro. 1. Wird das Parlament um seine Stellungnahme gemäß Artikel 140 Absatz 2 des Vertrags über die Arbeitsweise der Europäischen Union ersucht, legt der zuständige Ausschuss dem Parlament einen Bericht über die Annahme oder Ablehnung des vorgeschlagenen Rechtsakts vor, auf dessen Grundlage das Parlament berät.

2. Das Parlament stimmt in einer einzigen Abstimmung über den vorgeschlagenen Rechtsakt ab, wobei keine Änderungsanträge eingereicht werden können.

Art. 107 Verfahren im Zusammenhang mit dem sozialen Dialog. 1. Der Präsident übermittelt jedes von der Kommission gemäß Artikel 154 des Vertrags über die Arbeitsweise der Europäischen Union ausgearbeitete Dokument bzw. Vereinbarungen der Sozialpartner gemäß Artikel 155 Absatz 1 dieses Vertrags sowie Vorschläge, die von der Kommission gemäß Artikel 155 Absatz 2 dieses Vertrags unterbreitet werden, dem zuständigen Ausschuss zur Prüfung.

2. Teilen die Sozialpartner der Kommission mit, dass sie den Prozess nach Artikel 155 des Vertrags über die Arbeitsweise der Europäischen Union in Gang setzen wollen, kann der zuständige Ausschuss einen Bericht über den betreffenden Gegenstand ausarbeiten.

3. In den Fällen, in denen die Sozialpartner eine Vereinbarung erzielt und gemeinsam beantragt haben, dass die Vereinbarung durch einen Beschluss des Rates auf Vorschlag der Kommission gemäß Artikel 155 Absatz 2 des Vertrags über die Arbeitsweise der Europäischen Union umgesetzt wird, reicht der zuständige Ausschuss einen Entschließungsantrag ein, in dem empfohlen wird, den Antrag anzunehmen oder abzulehnen.

Art. 108 Verfahren für die Prüfung geplanter freiwilliger Vereinbarungen. 1. Unterrichtet die Kommission das Parlament über ihre Absicht, die Anwendung freiwilliger Vereinbarungen als Alternative zum Erlass von Rechtsvorschriften zu prüfen, kann der zuständige Ausschuss gemäß Artikel 54 einen Bericht über den betreffenden Gegenstand ausarbeiten.

2. Teilt die Kommission mit, dass sie beabsichtigt, eine freiwillige Vereinbarung zu schließen, kann der zuständige Ausschuss einen Entschließungsantrag einreichen, in dem empfohlen wird, dass das Parlament den Vorschlag annimmt oder ablehnt, und in dem die entsprechenden Bedingungen genannt werden.

Art. 109 Kodifizierung. 1. Wird dem Parlament ein Vorschlag der Kommission für eine Kodifizierung von Rechtsakten der Union unterbreitet, wird er an den für Rechtsfragen zuständigen Ausschuss überwiesen. Dieser Ausschuss prüft den Vorschlag gemäß den auf institutioneller Ebene vereinbarten Modalitäten,[1] um sicherzustellen, dass der Vorschlag sich auf eine reine Kodifizierung ohne inhaltliche Änderung beschränkt.

2. Der Ausschuss, der für die Rechtsakte, welche Gegenstand der Kodifizierung sind, zuständig war, kann auf seinen Antrag oder auf Antrag des für Rechtsfragen zuständigen Ausschusses mitberatend mit der Frage der Zweckmäßigkeit der Kodifizierung befasst werden.

3. Änderungsanträge zum Text des Vorschlags sind unzulässig.

Allerdings kann der Vorsitz des für Rechtsfragen zuständigen Ausschusses auf Antrag des Berichterstatters diesem Ausschuss technische Anpassungen zur Billigung unterbreiten, sofern der Vorschlag durch diese Anpassungen inhaltlich nicht geändert wird und sie notwendig sind, um die Übereinstimmung des Vorschlags mit den Kodifizierungsregeln sicherzustellen.

4. Ist der für Rechtsfragen zuständige Ausschuss der Auffassung, dass der Vorschlag keine inhaltliche Änderung von Rechtsakten der Union bewirkt, unterbreitet er ihn dem Parlament zur Billigung.

Ist der für Rechtsfragen zuständige Ausschuss der Auffassung, dass der Vorschlag eine inhaltliche Änderung bewirkt, schlägt er dem Parlament die Ablehnung des Vorschlags vor.

In beiden Fällen nimmt das Parlament in einer einzigen Abstimmung ohne Änderungsanträge und ohne Aussprache Stellung.

Art. 110 Neufassung. *1.* Wird dem Parlament ein Vorschlag zur Neufassung von Rechtsvorschriften der Union unterbreitet, wird er an den für Rechtsfragen zuständigen Ausschuss und an den in der Sache zuständigen Ausschuss überwiesen.

---

[1] Interinstitutionelle Vereinbarung vom 20. Dezember 1994 über ein beschleunigtes Arbeitsverfahren für die amtliche Kodifizierung von Rechtstexten, Nummer 4 (ABl. C 102 vom 4.4.1996, S. 2).

2. Der für Rechtsfragen zuständige Ausschuss prüft ihn gemäß den auf interinstitutioneller Ebene vereinbarten Modalitäten,[1] um sicherzustellen, dass er keine anderen inhaltlichen Änderungen bewirkt als diejenigen, die darin als solche ausgewiesen sind.

Im Rahmen dieser Prüfung sind Änderungsanträge zum Text des Vorschlags unzulässig. Allerdings findet Artikel 109 Absatz 3 Unterabsatz 2 auf die Bestimmungen Anwendung, die im Vorschlag für eine Neufassung unverändert geblieben sind.

3. Ist der für Rechtsfragen zuständige Ausschuss der Auffassung, dass der Vorschlag keine anderen inhaltlichen Änderungen bewirkt als diejenigen, die darin als solche ausgewiesen sind, unterrichtet er den in der Sache zuständigen Ausschuss darüber.

In diesem Falle sind – über die in den Artikeln 180 und 181 festgelegten Bedingungen hinaus – Änderungsanträge im in der Sache zuständigen Ausschuss nur dann zulässig, wenn sie Teile des Vorschlags betreffen, die Änderungen enthalten.

Änderungsanträge zu den Teilen, die in dem Vorschlag unverändert geblieben sind, können jedoch ausnahmsweise und von Fall zu Fall vom Vorsitz des in der Sache zuständigen Ausschusses akzeptiert werden, wenn er der Auffassung ist, dass zwingende Gründe der internen Logik des Textes oder der untrennbaren Verbindung mit anderen zulässigen Änderungsanträgen dies erfordern. Diese Gründe müssen in einer schriftlichen Begründung der Änderungsanträge angegeben werden.

4. Ist der für Rechtsfragen zuständige Ausschuss der Auffassung, dass der Vorschlag andere inhaltliche Änderungen bewirkt als diejenigen, die darin als solche ausgewiesen sind, schlägt er dem Parlament die Ablehnung des Vorschlags vor und unterrichtet den in der Sache zuständigen Ausschuss darüber.

In diesem Fall fordert der Präsident die Kommission auf, ihn zurückzuziehen. Zieht die Kommission ihren Vorschlag zurück, stellt der Präsident fest, dass das Verfahren im Parlament gegenstandslos geworden ist und unterrichtet den Rat darüber. Zieht die Kommission ihren Vorschlag nicht zurück, überweist das Parlament ihn an den in der Sache zuständigen Ausschuss, der ihn nach dem regulären Verfahren prüft.

Kapitel 10. Delegierte Rechtsakte und Durchführungsrechtsakte

Art. 111 Delegierte Rechtsakte. 1. Übermittelt die Kommission dem Parlament einen delegierten Rechtsakt, leitet der Präsident ihn an den für den Basisrechtsakt zuständigen Ausschuss weiter, der beschließen kann, ein für die Prüfung eines delegierten Rechtsakts oder mehrerer delegierter Rechtsakte zuständiges Mitglied zu benennen.

---

[1] Interinstitutionelle Vereinbarung vom 28. November 2001 über die systematischere Neufassung von Rechtsakten (ABl. C 77 vom 28.3.2002, S. 1), Nummer 9.

2. Während der Tagung, die auf den Eingang des delegierten Rechtsakts folgt, gibt der Präsident dem Parlament den Tag des Eingangs des delegierten Rechtsakts in allen Amtssprachen und die Frist für Einwände bekannt. Diese Frist gilt ab dem Tag des Eingangs.

Die Bekanntgabe wird im Sitzungsprotokoll unter Angabe des zuständigen Ausschusses veröffentlicht.

3. Der zuständige Ausschuss kann dem Parlament unter Einhaltung der Bestimmungen des Basisrechtsakts und, sofern er dies für angemessen hält, nach Anhörung aller betroffenen Ausschüsse einen mit Gründen versehenen Entschließungsantrag mit Einwänden gegen den Rechtsakt unterbreiten. Hat der zuständige Ausschuss zehn Arbeitstage vor Beginn der Tagung, deren Mittwoch dem Ablauf der in Absatz 5 genannten Frist unmittelbar vorausgeht, keinen Entschließungsantrag eingereicht, können eine Fraktion oder Mitglieder, durch die mindestens die niedrige Schwelle erreicht wird, einen Entschließungsantrag zu diesem Gegenstand zwecks Aufnahme in die Tagesordnung der genannten Tagung einreichen.

4. In einem gemäß Absatz 3 eingereichten Entschließungsantrag werden die Gründe für die Einwände des Parlaments genannt, und die Kommission kann darin aufgefordert werden, einen neuen delegierten Rechtsakt vorzulegen, mit dem den Empfehlungen des Parlaments Rechnung getragen wird.

5. Das Parlament nimmt einen solchen Entschließungsantrag innerhalb der im Basisrechtsakt genannten Frist nach Maßgabe von Artikel 290 Absatz 2 Unterabsatz 2 des Vertrags über die Arbeitsweise der Europäischen Union mit der Mehrheit seiner Mitglieder an.

Gelangt der zuständige Ausschuss zu dem Schluss, dass es unter Einhaltung der Bestimmungen des Basisrechtsakts angemessen erscheint, die Frist für die Erhebung von Einwänden gegen den delegierten Rechtsakt zu verlängern, unterrichtet der Vorsitz des zuständigen Ausschusses im Namen des Parlaments den Rat und die Kommission über diese Fristverlängerung.

6. Empfiehlt der zuständige Ausschuss, dass das Parlament vor Ablauf der im Basisrechtsakt genannten Frist erklären sollte, dass es keine Einwände gegen den delegierten Rechtsakt erhebt, findet folgendes Verfahren Anwendung:

– Der zuständige Ausschuss unterrichtet den Vorsitz der Konferenz der Ausschussvorsitze hierüber schriftlich unter Angabe von Gründen und unterbreitet eine entsprechende Empfehlung.
– Werden weder in der folgenden Sitzung der Konferenz der Ausschussvorsitze noch in Dringlichkeitsfällen in schriftlicher Form Einwände erhoben, unterrichtet der Vorsitz der Konferenz der Ausschussvorsitze den Präsidenten des Parlaments hierüber, der seinerseits unverzüglich das Plenum hiervon in Kenntnis setzt.
– Sprechen sich eine Fraktion oder Mitglieder, durch die mindestens die niedrige Schwelle erreicht wird, innerhalb einer Frist von 24 Stunden nach der Bekanntgabe im Plenum gegen die Empfehlung aus, wird über diese abgestimmt.

– Werden innerhalb derselben Frist keine Einwände erhoben, gilt die Empfehlung als angenommen.
– Mit der Annahme einer solchen Empfehlung werden spätere Vorschläge für Einwände gegen den delegiert Rechtsakt unzulässig.

7. Der zuständige Ausschuss kann dem Parlament unter Einhaltung der Bestimmungen des Basisrechtsakts auf eigenes Betreiben einen Entschließungsantrag unterbreiten, in dem diese Befugnisübertragung vollständig oder teilweise widerrufen oder die stillschweigende Verlängerung der Befugnisübertragung abgelehnt wird.

Gemäß Artikel 290 Absatz 2 Unterabsatz 2 des Vertrags über die Arbeitsweise der Europäischen Union bedarf ein Beschluss zum Widerruf der Befugnisübertragung der Mehrheit der Mitglieder des Parlaments.

8. Der Präsident unterrichtet den Rat und die Kommission über die gemäß diesem Artikel getroffenen Entscheidungen.

Art. 112 Durchführungsrechtsakte und Durchführungsmaßnahmen. 1. Übermittelt die Kommission dem Parlament den Entwurf eines Durchführungsrechtsakts oder einer Durchführungsmaßnahme, überweist der Präsident ihn an den für den Basisrechtsakt zuständigen Ausschuss, wobei dieser Ausschuss beschließen kann, ein für die Prüfung des Entwurfs oder mehrerer Entwürfe eines Durchführungsrechtsakts oder einer Durchführungsmaßnahme zuständiges Mitglied zu benennen.

2. Der zuständige Ausschuss kann dem Parlament einen mit Gründen versehenen Entschließungsantrag unterbreiten, in dem dargelegt wird, dass der Entwurf eines Durchführungsrechtsakts oder einer Durchführungsmaßnahme über die in dem Basisrechtsakt übertragene Durchführungsbefugnisse hinausgeht oder dem Unionsrecht aus anderen Gründen nicht entspricht.

3. Der Entschließungsantrag kann eine Aufforderung an die Kommission beinhalten, den Entwurf eines Durchführungsrechtsakts oder einer Durchführungsmaßnahme zurückzuziehen, unter Berücksichtigung der Einwände des Parlaments zu ändern oder einen neuen Legislativvorschlag vorzulegen. Der Präsident unterrichtet den Rat und die Kommission über die getroffene Entscheidung.

4. Wenn die von der Kommission beabsichtigten Durchführungsmaßnahmen unter das „Regelungsverfahren mit Kontrolle" im Sinne des Beschlusses 1999/468/EG des Rates[1)] fallen, finden die folgenden zusätzlichen Bestimmungen Anwendung:

a) Die für die Kontrolle zur Verfügung stehende Frist beginnt, wenn dem Parlament der Entwurf der Durchführungsmaßnahme in allen Amtssprachen übermittelt worden ist. Im Falle einer verkürzten Frist gemäß Artikel 5a Absatz 5 Buchstabe b des Beschlusses 1999/468/EG sowie in Fällen von Dringlichkeit gemäß Artikel 5a Absatz 6

[1)] *Beschluss 1999/468/EG* des Rates vom 28. Juni 1999 zur Festlegung der Modalitäten für die Ausübung der der Kommission übertragenen Durchführungsbefugnisse (ABl. L 184, 17.7.1999, S. 23).

dieses Beschlusses, beginnt die Frist am Tag des Eingangs des endgültigen Entwurfs der Durchführungsmaßnahme im Parlament in den Sprachfassungen zu laufen, die den Mitgliedern des gemäß diesem Beschluss eingesetzten Ausschusses vorgelegt werden, es sei denn, der Vorsitz des zuständigen Ausschusses spricht sich dagegen aus. Artikel 167 findet in den beiden vorstehend genannten Fällen keine Anwendung;

b) Wenn sich der Entwurf einer Durchführungsmaßnahme auf Artikel 5a Absatz 5 oder 6 des Beschlusses 1999/468/EG, der verkürzte Fristen für die Ablehnung des Parlaments vorsieht, stützt, kann vom Vorsitz des zuständigen Ausschusses ein Entschließungsantrag zur Ablehnung der Annahme des Entwurfs der Durchführungsmaßnahme eingereicht werden, wenn der Ausschuss in der zur Verfügung stehenden Zeit nicht zusammentreten konnte;

c) Das Parlament kann eine Entschließung zur Ablehnung der Annahme des Entwurfs einer Durchführungsmaßnahme mit der Mehrheit seiner Mitglieder annehmen und darin darauf hinweisen, dass der Entwurf von Maßnahmen über die in dem Basisrechtsakt übertragenen Durchführungsbefugnisse hinausgeht, mit dem Ziel oder dem Inhalt des Basisrechtsakts nicht vereinbar ist oder gegen die Grundsätze der Subsidiarität oder der Verhältnismäßigkeit verstößt;
Hat der zuständige Ausschuss zehn Arbeitstage vor Beginn der Tagung, deren Mittwoch dem Ablauf der Frist für die Ablehnung der Durchführungsmaßnahme unmittelbar vorausgeht, keinen Entschließungsantrag eingereicht, können eine Fraktion oder Mitglieder, durch die mindestens die niedrige Schwelle erreicht wird, einen Entschließungsantrag zu diesem Gegenstand zur Aufnahme in die Tagesordnung der genannten Tagung einreichen.

d) Wenn der zuständige Ausschuss dem Vorsitz der Konferenz der Ausschussvorsitze schriftlich unter Angabe von Gründen empfiehlt, dass das Parlament sich innerhalb der in Artikel 5a Absatz 3 Buchstabe c und/oder in Artikel 5a Absatz 4 Buchstabe e des Beschlusses 1999/468/EG vorgesehenen üblichen Frist nicht gegen die vorgeschlagene Maßnahme aussprechen sollte, findet das in Artikel 111 Absatz 6 dieser Geschäftsordnung vorgesehene Verfahren Anwendung.[1)]

Art. 113 Prüfung im Verfahren mit assoziierten Ausschüssen oder im gemeinsamen Ausschussverfahren. 1. Wurde der Basisrechtsakt vom Parlament nach dem in Artikel 57 vorgesehenen Verfahren angenommen, so finden bei der Prüfung der delegierten Rechtsakte oder *der Entwürfe* von Durchführungsrechtsakten oder Durchführungsmaßnahmen die folgenden zusätzlichen Bestimmungen Anwendung:

– Der delegierte Rechtsakt oder der Entwurf eines Durchführungsrechtsakts oder einer Durchführungsmaßnahme wird dem federführenden Ausschuss und dem assoziierten Ausschuss übermittelt.

---

1) Artikel 112 Absatz 4 wird aus der Geschäftsordnung gestrichen, sobald das Regelungsverfahren mit Kontrolle vollständig aus bestehenden Rechtsvorschriften gestrichen wurde.

– Der Vorsitz des federführenden Ausschusses legt eine Frist fest, innerhalb der der assoziierte Ausschuss Vorschläge zu den Fragen formulieren kann, für die er ausschließlich zuständig ist oder für die beide Ausschüsse gemeinsam zuständig sind.
– Fällt der delegierte Rechtsakt oder der Entwurf eines Durchführungsrechtsakts oder einer Durchführungsmaßnahme hauptsächlich in die ausschließliche Zuständigkeit des assoziierten Ausschusses, werden dessen Vorschläge vom federführenden Ausschuss ohne Abstimmung übernommen; wenn der federführende Ausschuss diese Regelung nicht einhält, kann der Präsident dem assoziierten Ausschuss die Genehmigung erteilen, dem Parlament einen Entschließungsantrag zu unterbreiten.

2. Wurde der Basisrechtsakt vom Parlament nach dem in Artikel 58 vorgesehenen Verfahren angenommen, so finden bei der Prüfung der delegierten Rechtsakte und der Entwürfe von Durchführungsrechtsakten oder Durchführungsmaßnahmen die folgenden zusätzlichen Bestimmungen Anwendung:
– Der Präsident benennt nach Eingang des delegierten Rechtsakts oder des Entwurfs eines Durchführungsrechtsakts oder einer Durchführungsmaßnahme gemäß den in Artikel 58 genannten Kriterien und etwaiger Vereinbarungen zwischen den Vorsitzen der betroffenen Ausschüsse den für die Prüfung zuständigen Ausschuss oder die gemeinsam für die Prüfung zuständigen Ausschüsse.
– Wird ein delegierter Rechtsakt oder ein Entwurf eines Durchführungsrechtsakts oder einer Durchführungsmaßnahme zur Prüfung im gemeinsamen Ausschussverfahren überwiesen, so kann jeder Ausschuss die Einberufung einer gemeinsamen Sitzung zum Zwecke der Prüfung eines Entschließungsantrags beantragen. In Ermangelung einer Einigung zwischen den Vorsitzen der betreffenden Ausschüsse wird die gemeinsame Sitzung vom Vorsitz der Konferenz der Ausschussvorsitze einberufen.

Titel III. Außenbeziehungen

Kapitel 1. Internationale Abkommen

Art. 114 Internationale Abkommen. 1. Ist beabsichtigt, Verhandlungen über den Abschluss, die Verlängerung oder die Änderung eines internationalen Abkommens aufzunehmen, kann der zuständige Ausschuss beschließen, einen Bericht auszuarbeiten oder diese vorbereitende Phase auf andere Weise zu verfolgen. Der Ausschuss setzt die Konferenz der Ausschussvorsitze von seinem Beschluss in Kenntnis.

2. Der zuständige Ausschuss ermittelt bei der Kommission so bald wie möglich die für den Abschluss der internationalen Abkommen nach Absatz 1 gewählte Rechtsgrundlage. Der zuständige Ausschuss prüft diese gewählte Rechtsgrundlage gemäß Artikel 40.

3. Das Parlament kann auf Vorschlag des zuständigen Ausschusses, einer Fraktion oder von Mitgliedern, durch die mindestens die niedrige Schwelle erreicht wird, den Rat ersuchen, die Aufnahme von Verhandlungen so lange nicht zu genehmigen, bis das Parlament auf der Grundlage eines Berichts seines zuständigen Ausschusses Stellung zu dem vorgeschlagenen Verhandlungsmandat genommen hat.

4. Zu jedem Zeitpunkt der Verhandlungen sowie nach Beendigung der Verhandlungen bis zum Abschluss des internationalen Abkommens kann das Parlament auf der Grundlage eines auf eigene Initiative erstellten Berichts des zuständigen Ausschusses oder nach Prüfung aller von einer Fraktion oder von Mitgliedern, durch die mindestens die niedrige Schwelle erreicht wird, eingereichten einschlägigen Vorschläge Empfehlungen an den Rat, die Kommission oder den Vizepräsidenten der Kommission und Hohen Vertreter der Union für Außen- und Sicherheitspolitik annehmen mit dem Ersuchen, diese vor Abschluss des Abkommens zu berücksichtigen.

5. Der Präsident überweist die Ersuchen des Rates um die Zustimmung oder die Stellungnahme des Parlaments an den zuständigen Ausschuss zur Prüfung gemäß Artikel 105 oder Artikel 48 Absatz 1.

6. Zu jedem beliebigen Zeitpunkt vor der Abstimmung des Parlaments über ein Ersuchen um Zustimmung oder Stellungnahme können der zuständige Ausschuss oder mindestens ein Zehntel der Mitglieder des Parlaments vorschlagen, dass das Parlament ein Gutachten des Gerichtshofs über die Vereinbarkeit eines internationalen Abkommens mit den Verträgen einholt.

Bevor das Parlament über den Vorschlag abstimmt, kann der Präsident die Stellungnahme des für Rechtsfragen zuständigen Ausschusses anfordern, der dem Parlament seine Schlussfolgerungen vorlegt.

Stimmt das Parlament dem Vorschlag zu, ein Gutachten des Gerichtshofs einzuholen, wird die Abstimmung über ein Ersuchen um Zustimmung oder Stellungnahme vertagt, bis der Gerichtshof sein Gutachten abgegeben hat.

7. Ersucht der Rat das Parlament um Zustimmung zum Abschluss, zur Verlängerung oder zur Änderung eines internationalen Abkommens, beschließt es in einer einzigen Abstimmung in Übereinstimmung mit Artikel 105.

Verweigert das Parlament seine Zustimmung, teilt der Präsident dem Rat mit, dass das fragliche Abkommen nicht geschlossen, verlängert oder geändert werden kann.

Unbeschadet des Artikels 105 Absatz 3 kann das Parlament auf der Grundlage einer Empfehlung des zuständigen Ausschusses beschließen, den Beschluss über das Zustimmungsverfahren um höchstens ein Jahr zu verschieben.

8. Ersucht der Rat das Parlament um Stellungnahme zum Abschluss, zur Verlängerung oder zur Änderung eines internationalen Abkommens, sind keine Änderungen des Textes des Abkommens zulässig.

Unbeschadet des Artikels 181 Absatz 1 sind Änderungsanträge zum Entwurf eines Beschlusses des Rates zulässig.

Ist die vom Parlament angenommene Stellungnahme negativ, ersucht der Präsident den Rat, das betreffende Abkommen nicht abzuschließen.

9. Die Vorsitze und Berichterstatter des zuständigen Ausschusses und gegebenenfalls der assoziierten Ausschüsse überprüfen gemeinsam, dass der Rat, die Kommission und die Vizepräsidentin der Kommission und Hohe Vertreterin der Union für die Außen- und Sicherheitspolitik dem Parlament gemäß Artikel 218 Absatz 10 des Vertrags über die Arbeitsweise der Europäischen Union in allen Phasen der Vorbereitung der Verhandlungen, der Aushandlung und des Abschlusses internationaler Abkommen unverzüglich und regelmäßig umfassende Informationen – erforderlichenfalls vertraulich –, einschließlich des Entwurfs und des endgültig angenommenen Textes der Verhandlungsleitlinien, sowie Informationen über die Durchführung der Abkommen übermitteln.

Art. 115 Vorläufige Anwendung oder Aussetzung der Anwendung internationaler Abkommen oder Festlegung des Standpunkts der Union in einem durch ein internationales Abkommen eingesetzten Gremium. Wenn die Kommission oder die Vizepräsidentin der Kommission und Hohe Vertreterin der Union für die Außen- und Sicherheitspolitik das Parlament und den Rat über die Absicht unterrichtet, die vorläufige Anwendung oder die Aussetzung eines internationalen Abkommens vorzuschlagen, kann das Parlament den Rat, die Kommission oder die Vizepräsidentin und Hohe Vertreterin auffordern, eine Erklärung abzugeben, auf die eine Aussprache folgt. Das Parlament kann auf der Grundlage eines Berichts des zuständigen Ausschusses oder gemäß Artikel 118 Empfehlungen abgeben, in denen insbesondere der Rat ersucht werden kann, ein Abkommen vorläufig nicht anzuwenden, bis das Parlament seine Zustimmung erteilt hat.

Dieses Verfahren findet auch Anwendung, wenn die Kommission oder die Vizepräsidentin und Hohe Vertreterin die im Namen der Union festzulegenden Standpunkte in einem durch ein internationales Abkommen eingesetzten Gremium vorschlägt.

Kapitel 2. Vertretung der Union nach außen und Gemeinsame Außen- und Sicherheitspolitik

Art. 116 Sonderbeauftragte. 1. Gedenkt der Rat Sonderbeauftragte gemäß Artikel 33 des Vertrags über die Europäische Union zu ernennen, fordert der Präsident auf Ersuchen des zuständigen Ausschusses den Rat auf, eine Erklärung abzugeben und Fragen im Zusammenhang mit dem Mandat, den Zielen und anderen einschlägigen Angelegenheiten zu beantworten, die mit den Aufgaben und der Rolle der Sonderbeauftragten in Verbindung stehen.

2. Die Sonderbeauftragten können nach ihrer Ernennung, aber vor der Amtsübernahme aufgefordert werden, vor dem zuständigen Ausschuss eine Erklärung abzugeben und Fragen zu beantworten.

3. Binnen zwei Monaten nach der Anhörung kann der zuständige Ausschuss Empfehlungen an den Rat, die Kommission oder die Vizepräsidentin der Kommission und Hohe Vertreterin der Union für Außen- und Sicherheitspolitik ausarbeiten, die sich unmittelbar auf die Ernennung beziehen.

4. Die Sonderbeauftragten werden aufgefordert, das Parlament umfassend und regelmäßig über die praktische Durchführung des Mandats zu unterrichten.

Art. 117 Internationale Vertretung. 1. Vor seiner Ernennung kann der Kandidat für das Amt eines Leiters einer auswärtigen Delegation der Union aufgefordert werden, vor dem zuständigen Ausschuss zu erscheinen, um eine Erklärung abzugeben und Fragen zu beantworten.

2. Binnen zwei Monaten nach der Anhörung gemäß Absatz 1 kann der zuständige Ausschuss eine Entschließung annehmen oder eine Empfehlung abgeben, die sich unmittelbar auf die Ernennung bezieht.

Kapitel 3. Empfehlungen zur Außenpolitik der Union

Art. 118 Empfehlungen zur Außenpolitik der Union. 1. Der zuständige Ausschuss kann Entwürfe von Empfehlungen an den Rat, die Kommission oder die Vizepräsidentin der Kommission und Hohe Vertreter in der Union für Außen- und Sicherheitspolitik zu Themen des Titels V des Vertrags über die Europäische Union (Auswärtiges Handeln der Union) oder in den Fällen ausarbeiten, in denen ein in den Anwendungsbereich von Artikel 114 fallendes internationales Abkommen nicht an das Parlament überwiesen oder das Parlament nicht gemäß Artikel 115 unterrichtet wurde.

2. In dringenden Fällen kann der Präsident eine Dringlichkeitssitzung des betroffenen Ausschusses genehmigen.

3. Während des Verfahrens der Annahme dieser Empfehlungsentwürfe auf Ausschussebene muss ein schriftlicher Text zur Abstimmung gestellt werden.

4. In den in Absatz 2 genannten dringenden Fällen findet Artikel 167 auf der Ausschussebene keine Anwendung, und mündliche Änderungsanträge sind zulässig. Die Mitglieder können keinen Einspruch gegen mündliche Änderungsanträge einlegen, die im Ausschuss zur Abstimmung gebracht werden.

5. Die vom Ausschuss abgefassten Entwürfe von Empfehlungen werden auf die Tagesordnung der nächstfolgenden Tagung gesetzt. In dringenden Fällen, über die der Präsident entscheidet, können Empfehlungen auf die Tagesordnung für eine laufende Tagung gesetzt werden.

6. Empfehlungen gelten als angenommen, sofern nicht vor Beginn der Tagung mindestens eine Fraktion oder Mitglieder, durch die mindestens die niedrige Schwelle erreicht wird, schriftlich Einspruch erhoben haben. Wenn Einsprüche vorliegen, werden die Empfehlungsentwürfe des Ausschusses auf die Tagesordnung derselben Tagung gesetzt. Es findet eine Aussprache über derartige Empfehlungen statt, und Änderungsanträge, die von einer Fraktion oder von Mitgliedern, durch die mindestens die niedrige Schwelle erreicht wird, eingereicht wurden, kommen zur Abstimmung.

Art. 119 Anhörung und Unterrichtung des Parlaments im Rahmen der Gemeinsamen Außen- und Sicherheitspolitik.
1. Wird das Parlament gemäß Artikel 36 des Vertrags über die Europäische Union angehört, wird der Gegenstand an den zuständigen Ausschuss überwiesen; dieser kann Entwürfe von Empfehlungen gemäß Artikel 118 ausarbeiten.

2. Die betroffenen Ausschüsse bemühen sich zu gewährleisten, dass die Vizepräsidentin der Kommission und Hohe Vertreterin der Union für Außen- und Sicherheitspolitik ihnen regelmäßig und rechtzeitig Informationen über die Entwicklung und Durchführung der Gemeinsamen Außen- und Sicherheitspolitik der Union über die vorgesehenen Kosten, jedes Mal, wenn ein mit Ausgaben verbunderner Beschluss im Bereich dieser Politik angenommen wird, und über die sonstigen finanziellen Aspekte in Verbindung mit der Durchführung von Maßnahmen im Rahmen dieser Politik übermittelt. Auf Ersuchen der Vizepräsidentin und Hohen Vertreterin kann ein Ausschuss seine Sitzung ausnahmsweise unter Ausschluss der Öffentlichkeit abhalten.

3. Zweimal jährlich findet eine Aussprache über das von der Vizepräsidentin und Hohen Vertreterin ausgearbeitete Anhörungsdokument über die wichtigsten Aspekte und grundlegenden Optionen der Gemeinsamen Außen- und Sicherheitspolitik einschließlich der Gemeinsamen Sicherheits- und Verteidigungspolitik und der finanziellen Auswirkungen auf den Unionshaushalt statt. Die Verfahren nach Artikel 132 finden Anwendung.

4. Die Vizepräsidentin und Hohe Vertreterin wird aufgefordert, bei jeder Aussprache im Plenum anwesend zu sein, bei der Themen der Außen-, Sicherheits- oder Verteidigungspolitik behandelt werden.

Art. 120 Verletzung der Menschenrechte. Die zuständigen Ausschüsse können auf jeder Tagung, ohne eine Genehmigung zu beantragen, je einen Entschließungsantrag gemäß dem Verfahren des Artikels 118 Absätze 5 und 6 zu Fällen von Menschenrechtsverletzungen einreichen.

Titel IV. Transparenz der Arbeiten

Art. 121 Transparenz der Tätigkeiten des Parlaments. 1. Das Parlament gewährleistet in Übereinstimmung mit Artikel 1 Absatz 2 des Vertrags über die Europäischen Union, Artikel 15 des Vertrags über die Arbeitsweise der Europäischen Union und Artikel 42 der Charta der Grundrechte der Europäischen Union die größtmögliche Transparenz seiner Tätigkeiten.

2. Die Aussprachen des Parlaments sind öffentlich.

3. Die Ausschüsse des Parlaments treten grundsätzlich in öffentlicher Sitzung zusammen. Spätestens zum Zeitpunkt der Annahme der betreffenden Tagesordnung können die Ausschüsse jedoch beschließen, die Tagesordnung einer bestimmten Sitzung in öffentlich und unter Ausschluss der Öffentlichkeit zu behandelnde Punkte zu unterteilen. Findet eine Sitzung unter Ausschluss der Öffentlichkeit statt, kann der Ausschuss beschließen, Dokumente der Sitzung der Öffentlichkeit zugänglich zu machen.

Art. 122 Zugang der Öffentlichkeit zu Dokumenten. 1. Alle Unionsbürgerinnen und Unionsbürger sowie jede natürliche oder juristische Person mit Wohnsitz oder Sitz in einem Mitgliedstaat haben in Übereinstimmung mit Artikel 15 des Vertrags über die Arbeitsweise der Europäischen Union das Recht auf Zugang zu den Dokumenten des Parlaments. Dieser Zugang unterliegt den Grundsätzen, Bedingungen und Einschränkungen der Verordnung (EG) Nr. 1049/2001.

Anderen natürlichen oder juristischen Personen wird der Zugang zu den Dokumenten des Parlaments soweit möglich auf dieselbe Weise gewährt.

2. Zum Zweck des Zugangs zu Dokumenten bezeichnet der Ausdruck „Dokument des Parlaments" jeden Inhalt im Sinne von Artikel 3 Buchstabe a der Verordnung (EG) Nr. 1049/2001, der von Amtsträgern des Parlaments im Sinne von Titel I Kapitel 2 dieser Geschäftsordnung, von den Organen des Parlaments, von Ausschüssen oder interparlamentarischen Delegationen oder vom Generalsekretariat des Parlaments erstellt wurde oder bei ihnen eingegangen ist.

Gemäß Artikel 4 des Abgeordnetenstatuts des Europäischen Parlaments gelten von einzelnen Mitgliedern oder Fraktionen erstellte Dokumente zum Zweck des Zugangs zu Dokumenten nur dann als Dokumente des Parlaments, wenn sie gemäß dieser Geschäftsordnung eingereicht werden.

Das Präsidium erlässt Bestimmungen, um zu gewährleisten, dass alle Dokumente des Parlaments aufgezeichnet werden.

3. Das Parlament richtet eine Website für das öffentliche Register seiner Dokumente ein. Legislative Dokumente und bestimmte andere Kategorien von Dokumenten werden in Übereinstimmung mit der Verordnung (EG) Nr. 1049/2001 direkt über die Website für das öf-

fentliche Register des Parlaments zugänglich gemacht. Hinweise auf andere Dokumente des Parlaments werden, soweit möglich, in die Website für das öffentliche Register des Parlaments aufgenommen.

Die Kategorien der Dokumente, die direkt über die Website für das öffentliche Register des Parlaments zugänglich gemacht werden sollen, werden in einem vom Präsidium angenommenen und auf der Website für das öffentliche Register des Parlaments veröffentlichten Verzeichnis aufgeführt. Dieses Verzeichnis schränkt nicht das Recht auf Zugang zu Dokumenten ein, die nicht unter die genannten Kategorien fallen; diese Dokumente können in Übereinstimmung mit der Verordnung (EG) Nr. 1049/2001 auf schriftlichen Antrag zugänglich gemacht werden.

Das Präsidium nimmt nach Maßgabe der Verordnung (EG) Nr. 1049/2001 Bestimmungen über den Zugang zu Dokumenten an, die im *Amtsblatt der Europäischen Union* veröffentlicht werden.

4. Das Präsidium legt die Gremien fest, die für die Behandlung von Erstanträgen (Artikel 7 der Verordnung (EG) Nr. 1049/2001) und die Entscheidung über Zweitanträge (Artikel 8 derselben Verordnung) und über Anträge auf Zugang zu sensiblen Dokumenten (Artikel 9 derselben Verordnung) zuständig sind.

5. Die Aufsicht über die Behandlung von Anträgen auf Zugang zu Dokumenten obliegt einem der Vizepräsidenten.

6. Das Präsidium nimmt den in Artikel 17 Absatz 1 der Verordnung (EG) Nr. 1049/2001 genannten jährlichen Bericht an.

7. Der zuständige Ausschuss des Parlaments prüft regelmäßig die Transparenz der Tätigkeiten des Parlaments und legt dem Plenum einen Bericht mit seinen Feststellungen und Empfehlungen vor.

Der zuständige Ausschuss kann auch die von den anderen Organen und Einrichtungen gemäß Artikel 17 der Verordnung (EG) Nr. 1049/2001 erstellten Berichte prüfen und bewerten.

8. Die Konferenz der Präsidenten benennt die Vertreter des Parlaments für den gemäß Artikel 15 Absatz 2 der Verordnung (EG) Nr. 1049/2001 eingesetzten interinstitutionellen Ausschuss.

Art. 123 Zugang zum Parlament. 1. Zugangsausweise für Mitglieder, Assistenten der Mitglieder und Dritte werden auf der Grundlage der vom Präsidium festgelegten Bestimmungen ausgestellt. In den Bestimmungen werden auch die Verwendung und der Entzug der Zugangsausweise geregelt.

2. Personen aus dem Umfeld eines Mitglieds, auf die die Vereinbarung zwischen dem Europäischen Parlament und der Europäischen Kommission über die Einrichtung eines Transparenz-Registers Anwendung findet, wird kein Zugangsausweis ausgestellt.

3. Im Transparenz-Register registrierte Einrichtungen und ihre Vertreter mit Dauerausweisen für den Zugang zum Europäischen Parlament müssen folgende Bestimmungen einhalten:

– den der Vereinbarung als Anhang beigefügten Verhaltenskodex für sich registrierende Organisationen und Einzelpersonen,

– die in der Vereinbarung festgelegten Verfahren und sonstigen Verpflichtungen und
– die Bestimmungen zur Durchführung dieses Artikels.

Unbeschadet der Anwendbarkeit der allgemeinen Regelung über den Entzug oder die vorübergehende Deaktivierung von Dauerzugangsausweisen und sofern keine wesentlichen Argumente dagegen vorliegen, entzieht oder deaktiviert der Generalsekretär mit Genehmigung der Quästoren Dauerzugangsausweise, sofern der Inhaber aufgrund einer Verletzung des Verhaltenskodex für sich registrierende Organisationen und Einzelpersonen aus dem Transparenz-Register ausgeschlossen wurde, sich einer schweren Verletzung der in diesem Absatz vorgesehenen Pflichten schuldig gemacht hat oder sich, ohne eine ausreichende Begründung beizubringen, geweigert hat, einer förmlichen Ladung zu einer Anhörung oder Ausschusssitzung Folge zu leisten oder mit einem Untersuchungsausschuss zusammenzuarbeiten.

4. Die Quästoren können festlegen, in welchem Umfang der in Absatz 3 genannte Verhaltenskodex für Personen gilt, die zwar einen Dauerzugangsausweis besitzen, jedoch nicht in den Anwendungsbereich der Vereinbarung fallen.

5. Das Präsidium erlässt auf Vorschlag des Generalsekretärs Maßnahmen, die erforderlich sind, damit das Transparenz-Register gemäß den Bestimmungen der Vereinbarung über die Einrichtung dieses Registers eingeführt werden kann.

Titel V. Beziehungen zu den anderen Organen, Einrichtungen und sonstigen Stellen

Kapitel 1. Ernennungen

Art. 124 Wahl des Präsidenten der Kommission. 1. Schlägt der Europäische Rat eine Person für das Amt des Präsidenten der Kommission vor, fordert der Präsident den Kandidaten auf, vor dem Parlament eine Erklärung abzugeben und seine politischen Zielvorstellungen zu erläutern. An die Erklärung schließt sich eine Aussprache an.

Der Europäische Rat wird eingeladen, an der Aussprache teilzunehmen.

2. Gemäß Artikel 17 Absatz 7 des Vertrags über die Europäische Union wählt das Parlament den Präsidenten der Kommission mit der Mehrheit seiner Mitglieder.

Es wird geheim abgestimmt.

3. Wird der Kandidat gewählt, unterrichtet der Präsident den Rat hiervon und fordert ihn und den gewählten Präsidenten der Kommission auf, im gegenseitigen Einvernehmen die Kandidaten für die einzelnen Ämter der Mitglieder der Kommission zu benennen.

4. Erhält der Kandidat nicht die erforderliche Mehrheit, ersucht der Präsident den Europäischen Rat, binnen eines Monats einen neuen Kandidaten zur Wahl nach dem gleichen Verfahren vorzuschlagen.

Art. 125 Wahl der Kommission. 1. Der Präsident fordert den gewählten Präsidenten der Kommission auf, das Parlament über die Aufteilung der Geschäftsbereiche im vorgeschlagenen Kollegium der Kommissionsmitglieder gemäß seinen politischen Leitlinien zu unterrichten.

2. Der Präsident fordert nach Anhörung des gewählten Präsidenten der Kommission die vom gewählten Präsidenten der Kommission und vom Rat für die einzelnen Ämter der Mitglieder der Kommission vorgeschlagenen Kandidaten auf, sich entsprechend ihren in Aussicht genommenen Zuständigkeitsbereichen den zuständigen Ausschüssen oder Gremien vorzustellen.

3. Die Anhörungen werden von den Ausschüssen durchgeführt.

In Ausnahmefällen kann eine Anhörung in einem anderen Format durchgeführt werden, wenn ein designiertes Kommissionsmitglied Geschäftsbereiche hat, die überwiegend horizontaler Art sind, vorausgesetzt, an einer solchen Anhörung werden die zuständigen Ausschüsse beteiligt. Die Anhörungen finden öffentlich statt.

4. Der oder die zuständigen Ausschüsse fordern das designierte Kommissionsmitglied auf, eine Erklärung abzugeben und Fragen zu beantworten. Die Anhörungen werden so organisiert, dass die designierten Kommissionsmitglieder dem Parlament alle relevanten Informationen liefern können. Die Bestimmungen für die Durchführung dieser Anhörungen werden in einer Anlage zur Geschäftsordnung festgelegt.[1)]

5. Der gewählte Präsident der Kommission wird aufgefordert, das Kollegium der Kommissionsmitglieder und ihr Programm in einer Sitzung des Parlaments vorzustellen. Der Präsident des Europäischen Rates und der Präsident des Rates werden dazu eingeladen. An die Erklärung schließt sich eine Aussprache an.

6. Zum Abschluss dieser Aussprache kann eine Fraktion oder Mitglieder, durch die mindestens die niedrige Schwelle erreicht wird, einen Entschließungsantrag einreichen. Artikel 132 Absätze 3 bis 8 finden Anwendung.

7. Nach der Abstimmung über die Entschließungsanträge wählt das Parlament in namentlicher Abstimmung mit der Mehrheit der abgegebenen Stimmen die Kommission oder lehnt sie ab. Das Parlament kann die Abstimmung auf die nächste Sitzung vertagen.

8. Der Präsident unterrichtet den Rat von der Wahl oder der Ablehnung der Kommission.

9. Im Fall einer wesentlichen Änderung der Aufgabenverteilung oder einer Änderung der Zusammensetzung der Kommission während ihrer Amtszeit werden die betreffenden Mitglieder der Kommission oder andere designierte Kommissionsmitglieder aufgefordert, an einer Anhörung gemäß den Absätzen 3 und 4 teilzunehmen.

[1)] Siehe Anlage VII.

10. Eine Änderung des Geschäftsbereichs oder der finanziellen Interessen eines Kommissionsmitglieds während seiner Amtszeit wird einer Prüfung durch das Parlament gemäß Anlage VII unterzogen.

Wenn während der Amtszeit eines Kommissionsmitglieds festgestellt wird, dass ein Interessenkonflikt besteht, und der Präsident der Kommission die Empfehlungen des Parlaments zur Beilegung des Interessenkonflikts nicht befolgt, kann das Parlament den Präsidenten der Kommission auffordern, dem fraglichen Kommissionsmitglied gemäß Nummer 5 der Rahmenvereinbarung über die Beziehungen zwischen dem Europäischen Parlament und der Europäischen Kommission das Vertrauen zu entziehen und gegebenenfalls gemäß Artikel 245 Absatz 2 des Vertrags über die Arbeitsweise der Europäischen Union tätig zu werden, um dem Kommissionsmitglied seine Ruhegehaltsansprüche oder andere an ihrer Stelle gewährte Vergünstigungen abzuerkennen.

Art. 126 Mehrjährige Programmplanung. Nach der Ernennung einer neuen Kommission tauschen sich das Parlament, der Rat und die Kommission gemäß Nummer 5 der Interinstitutionellen Vereinbarung über bessere Rechtsetzung aus und einigen sich auf gemeinsame Festlegungen zur mehrjährigen Programmplanung.

Zu diesem Zweck und vor Verhandlungen mit dem Rat und der Kommission über gemeinsame Festlegungen zur mehrjährigen Programmplanung führt der Präsident einen Meinungsaustausch mit der Konferenz der Präsidenten über die wichtigsten politischen Ziele und Prioritäten der neuen Legislaturperiode. Bei diesem Meinungsaustausch werden unter anderem die Prioritäten des gewählten Präsidenten der Kommission sowie die Antworten der designierten Kommissionsmitglieder bei den in Artikel 125 vorgesehenen Anhörungen berücksichtigt.

Vor der Unterzeichnung der gemeinsamen Festlegungen holt der Präsident die Zustimmung der Konferenz der Präsidenten ein.

Art. 127 Misstrauensantrag gegen die Kommission. 1. Ein Zehntel der Mitglieder des Parlaments kann beim Präsidenten einen Misstrauensantrag gegen die Kommission einreichen. Wurde in den vorangehenden zwei Monaten bereits über einen Misstrauensantrag abgestimmt, ist ein erneuter Antrag von weniger als einem Fünftel der Mitglieder des Parlaments unzulässig.

2. Der Antrag muss die Bezeichnung „Misstrauensantrag" tragen und eine Begründung enthalten. Er wird der Kommission übermittelt.

3. Der Präsident teilt den Eingang des Antrags unverzüglich den Mitgliedern mit.

4. Die Aussprache über den Misstrauensantrag findet frühestens 24 Stunden nach der Mitteilung an die Mitglieder über den Eingang eines Misstrauensantrags statt.

5. Die Abstimmung über den Antrag erfolgt namentlich und findet frühestens 48 Stunden nach dem Beginn der Aussprache statt.

6. Unbeschadet der Absätze 4 und 5 finden die Aussprache und die Abstimmung spätestens während der Tagung statt, die auf den Eingang des Antrags folgt.

7. Die Annahme des Antrags bedarf in Übereinstimmung mit Artikel 234 des Vertrags über die Arbeitsweise der Europäischen Union der Mehrheit von zwei Dritteln der abgegebenen Stimmen und der Mehrheit der Mitglieder des Parlaments. Das Ergebnis der Abstimmung wird den Präsidenten des Rates und der Kommission übermittelt.

Art. 128 Ernennung von Richtern und Generalanwälten des Gerichtshofs der Europäischen Union. Das Parlament benennt auf Vorschlag seines zuständigen Ausschusses die von ihm vorzuschlagende Person für den aus sieben Persönlichkeiten bestehenden Ausschuss, der damit beauftragt ist, die Eignung der Kandidaten für die Ausübung des Amts eines Richters oder Generalanwalts beim Gerichtshof und beim Gericht zu prüfen. Der zuständige Ausschuss wählt mit einfacher Mehrheit die Person aus, deren Benennung er vorschlagen will. Zu diesem Zweck erstellen die Koordinatoren dieses Ausschusses eine Auswahlliste der Kandidaten.

Art. 129 Ernennung der Mitglieder des Rechnungshofs. 1. Die als Mitglieder des Rechnungshofs ausgewählten Persönlichkeiten werden aufgefordert, vor dem zuständigen Ausschuss eine Erklärung abzugeben und Fragen seiner Mitglieder zu beantworten. Der Ausschuss stimmt über jede einzelne Ernennung geheim und gesondert ab.

2. Der zuständige Ausschuss gibt eine Empfehlung an das Parlament darüber ab, ob der ausgewählte Kandidat die Zustimmung erhalten sollte.

3. Die Abstimmung im Plenum findet binnen zwei Monaten nach Eingang des Vorschlags zur Ernennung statt, sofern das Parlament nicht auf Antrag des zuständigen Ausschusses, einer Fraktion oder von Mitgliedern, durch die mindestens die niedrige Schwelle erreicht wird, etwas anderes beschließt. Das Parlament stimmt über jeden einzelnen Vorschlag zur Ernennung gesondert und geheim ab.

4. Gibt das Parlament zu einer einzelnen Ernennung eine ablehnende Stellungnahme ab, fordert der Präsident den Rat auf, seinen Vorschlag zur Ernennung zurückzuziehen und dem Parlament einen neuen Vorschlag zu unterbreiten.

Art. 130 Ernennung der Mitglieder des Direktoriums der Europäischen Zentralbank. 1. Der für das Amt des Präsidenten, des Vizepräsidenten oder eines Mitglieds des Direktoriums der Europäischen Zentralbank ausgewählte Kandidat wird aufgefordert, vor dem zuständigen Ausschuss eine Erklärung abzugeben und Fragen seiner Mitglieder zu beantworten.

2. Der zuständige Ausschuss gibt eine Empfehlung an das Parlament darüber ab, ob der ausgewählte Kandidat die Zustimmung erhalten sollte.

3. Die Abstimmung findet binnen zwei Monaten nach Eingang des Vorschlags statt, sofern das Parlament nicht auf Antrag des zuständigen Ausschusses, einer Fraktion oder von Mitgliedern, durch die mindestens die niedrige Schwelle erreicht wird, etwas anderes beschließt. Das Parlament stimmt über jeden einzelnen Vorschlag gesondert und geheim ab.

4. Gibt das Parlament zu einem Vorschlag eine ablehnende Stellungnahme ab, fordert der Präsident dazu auf, den Vorschlag zurückzuziehen und dem Parlament einen neuen Vorschlag zu unterbreiten.

Art. 131 Ernennungen in die Gremien im Bereich der wirtschaftspolitischen Steuerung. 1. Dieser Artikel findet Anwendung auf die Ernennung

- des Vorsitzes und des stellvertretenden Vorsitzes des Aufsichtsgremiums der Europäischen Zentralbank,
- des Vorsitzes, des stellvertretenden Vorsitzes und der Vollzeitmitglieder des Einheitlichen Abwicklungsausschusses des Einheitlichen Abwicklungsmechanismus,
- des Vorsitzes und geschäftsführenden Direktoren der Europäischen Aufsichtsbehörde (Europäische Bankenaufsichtsbehörde, Europäische Wertpapier- und Marktaufsichtsbehörde, Europäische Aufsichtsbehörde für das Versicherungswesen und die betriebliche Altersversorgung) und
- des geschäftsführenden Direktors und des stellvertretenden geschäftsführenden Direktors des Europäischen Fonds für strategische Investitionen.

2. Jeder Kandidat wird aufgefordert, vor dem zuständigen Ausschuss eine Erklärung abzugeben und Fragen seiner Mitglieder zu beantworten.

3. Der zuständige Ausschuss gibt zu jedem Ernennungsvorschlag eine Empfehlung an das Parlament ab.

4. Die Abstimmung findet binnen zwei Monaten nach Eingang des Ernennungsvorschlags statt, sofern das Parlament nicht auf Antrag des zuständigen Ausschusses, einer Fraktion oder von Mitgliedern, durch die mindestens die niedrige Schwelle erreicht wird, etwas anderes beschließt. Das Parlament stimmt über jede einzelne Ernennung gesondert und geheim ab.

5. Fasst das Parlament einen ablehnenden Beschluss zu dem Ernennungsvorschlag, fordert der Präsident dazu auf, den Vorschlag zurückzuziehen und dem Parlament einen neuen Vorschlag zu unterbreiten.

Kapitel 2. Erklärungen

Art. 132 Erklärungen der Kommission, des Rates und des Europäischen Rates. 1. Die Mitglieder der Kommission, des Rates und des Europäischen Rates können jederzeit den Präsidenten des Parlaments ersuchen, ihnen zur Abgabe einer Erklärung das Wort zu erteilen. Der Präsident des Europäischen Rates gibt nach jeder Tagung des Europäischen Rates eine Erklärung ab. Der Präsident des Parlaments entscheidet, wann die Erklärung abgegeben werden kann und ob im Anschluss an eine solche Erklärung eine umfassende Aussprache stattfindet oder ob ein Zeitraum von 30 Minuten für kurze und genau formulierte Fragen der Mitglieder vorgesehen wird.

2. Setzt das Parlament eine Erklärung mit anschließender Aussprache auf seine Tagesordnung, beschließt es darüber, ob zum Abschluss der Aussprache eine Entschließung angenommen werden soll. Es nimmt davon Abstand, wenn ein Bericht über dasselbe Thema auf dieser oder der darauffolgenden Tagung vorgesehen ist, es sei denn, der Präsident macht aus besonderen Gründen einen anderslautenden Vorschlag. Beschließt das Parlament, zum Abschluss der Aussprache eine Entschließung anzunehmen, können ein Ausschuss, eine Fraktion oder Mitglieder, durch die mindestens die niedrige Schwelle erreicht wird, einen Entschließungsantrag einreichen.

3. Über die Entschließungsanträge wird in der frühestmöglichen Abstimmungsstunde abgestimmt. Über Ausnahmen entscheidet der Präsident. Erklärungen zur Abstimmung sind zulässig.

4. Ein gemeinsamer Entschließungsantrag ersetzt die zuvor von den Unterzeichnern eingereichten Entschließungsanträge, jedoch nicht diejenigen, die von anderen Ausschüssen, Fraktionen oder Mitgliedern eingereicht wurden.

5. Wird ein gemeinsamer Entschließungsantrag von Fraktionen eingereicht, die eine klare Mehrheit vertreten, kann der Präsident den Antrag zuerst zur Abstimmung bringen.

6. Nach Annahme eines Entschließungsantrags wird kein weiterer zur Abstimmung gestellt, sofern der Präsident nicht aufgrund außergewöhnlicher Umstände anders entscheidet.

7. Der oder die Verfasser eines gemäß Absatz 2 oder Artikel 144 Absatz 2 eingereichten Entschließungsantrags sind berechtigt, ihn vor der Schlussabstimmung zurückzuziehen.

8. Ein zurückgezogener Entschließungsantrag kann von einer Fraktion, einem Ausschuss oder derselben Anzahl von Mitgliedern, die für seine Einreichung erforderlich ist, unverzüglich übernommen und wieder eingereicht werden. Dieser Absatz und Absatz 7 finden auch auf gemäß Artikel 111 und 112 eingereichte Entschließungsanträge Anwendung.

Art. 133 Erläuterung von Beschlüssen der Kommission. Der Präsident fordert den Präsidenten der Kommission, das für die Beziehungen zum Parlament zuständige Mitglied der Kommission oder nach einer entsprechenden Vereinbarung ein anderes Mitglied der Kommission auf, nach jeder Sitzung der Kommission eine Erklärung vor dem Parlament abzugeben und ihre wichtigsten Beschlüsse zu erläutern, es sei denn, die Konferenz der Präsidenten beschließt aus Termingründen oder aufgrund der relativen politischen Bedeutung der Sache, dass dies nicht erforderlich ist. An die Erklärung schließt sich eine Aussprache von mindestens 30 Minuten Dauer an, in der die Mitglieder kurze und genau formulierte Fragen stellen können.

Art. 134 Erklärungen des Rechnungshofs. 1. Der Präsident des Rechnungshofs kann im Rahmen des Entlastungsverfahrens oder der Tätigkeiten des Parlaments, die sich auf den Bereich der Haushaltskontrolle bezieht, aufgefordert werden, vor dem Parlament eine Erklärung abzugeben, um die im Jahresbericht oder in den Sonderberichten bzw. Stellungnahmen des Rechnungshofs enthaltenen Bemerkungen darzulegen oder um das Arbeitsprogramm des Rechnungshofs zu erläutern.

2. Das Parlament kann beschließen, über jede Frage, die in einer solchen Erklärung zur Sprache kommt, eine getrennte Aussprache unter Beteiligung der Kommission und des Rates abzuhalten, vor allem wenn auf Unregelmäßigkeiten in der Haushaltsführung hingewiesen wird.

Art. 135 Erklärungen der Europäischen Zentralbank. 1. Der Präsident der Europäischen Zentralbank wird aufgefordert, dem Parlament den Jahresbericht der Bank über die Tätigkeit des Europäischen Systems der Zentralbanken und über die Geld- und Währungspolitik im vergangenen und im laufenden Jahr zu unterbreiten.

2. Das Parlament hält im Anschluss an die Vorlage dieses Berichts eine allgemeine Aussprache ab.

3. Der Präsident der Europäischen Zentralbank wird aufgefordert, mindestens viermal jährlich an Sitzungen des zuständigen Ausschusses teilzunehmen, um eine Erklärung abzugeben und Fragen zu beantworten.

4. Auf eigene Initiative oder auf Initiative des Parlaments werden der Präsident, der Vizepräsident und die übrigen Mitglieder des Direktoriums der Europäischen Zentralbank aufgefordert, an zusätzlichen Sitzungen teilzunehmen.

5. Von den Beratungen gemäß den Absätzen 3 und 4 wird ein ausführlicher Sitzungsbericht verfasst.

Kapitel 3. Parlamentarische Anfragen

Art. 136 Anfragen zur mündlichen Beantwortung mit Aussprache. 1. Ein Ausschuss, eine Fraktion oder Mitglieder, durch die mindestens die niedrige Schwelle erreicht wird, können Anfragen an den Rat, die Kommission oder die Vizepräsidentin der Kommission und Hohen Vertreterin der Union für Außen- und Sicherheitspolitik richten und beantragen, dass sie auf die Tagesordnung des Parlaments gesetzt werden.

Die Anfragen sind schriftlich beim Präsidenten einzureichen. Der Präsident unterbreitet sie unverzüglich der Konferenz der Präsidenten.

Die Konferenz der Präsidenten entscheidet darüber, ob die Anfragen nach dem Verfahren des Artikels 157 in den Entwurf der Tagesordnung aufgenommen werden. Die Anfragen, die nicht innerhalb von drei Monaten nach ihrer Einreichung in den Entwurf der Tagesordnung des Parlaments aufgenommen werden, werden hinfällig.

2. Anfragen an die Kommission und die Vizepräsidentin der Kommission und Hohen Vertreterin der Union für Außen- und Sicherheitspolitik werden mindestens eine Woche, Anfragen an den Rat mindestens drei Wochen vor der Sitzung, auf deren Tagesordnung sie stehen sollen, dem Adressaten übermittelt.

3. Für Anfragen, die die gemeinsame Sicherheits- und Verteidigungspolitik betreffen, gelten die in Absatz 2 vorgesehenen Fristen nicht; die Antwort muss innerhalb einer angemessenen Frist gegeben werden, sodass das Parlament ordnungsgemäß auf dem Laufenden gehalten wird.

4. Einem im Voraus von den Fragestellern benannten Mitglied steht zur Erläuterung der Anfrage Redezeit im Plenum zur Verfügung. Ist dieses Mitglied nicht anwesend, wird die Anfrage hinfällig. Der Adressat beantwortet die Anfrage.

5. Artikel 132 Absätze 2 bis 8, die die Einreichung von Entschließungsanträgen und die Abstimmung darüber betreffen, finden entsprechend Anwendung.

Art. 137 Fragestunde. 1. Fragestunden mit der Kommission können auf jeder Tagung zu einem oder mehreren spezifischen Querschnittsthemen stattfinden, die von der Konferenz der Präsidenten einen Monat vor der Tagung festgelegt werden; ihre Dauer beträgt bis zu 90 Minuten.

2. Der Geschäftsbereich der von der Konferenz der Präsidenten zur Teilnahme eingeladenen Kommissionsmitglieder muss in Verbindung mit dem spezifischen Querschnittsthema bzw. den spezifischen Querschnittsthemen stehen, zu dem bzw. denen die Fragen gestellt werden. Die Zahl der Kommissionsmitglieder ist auf zwei pro Tagung beschränkt. Es besteht jedoch die Möglichkeit, abhängig von dem für die Fragestunde ausgewählten spezifischen Querschnittsthema bzw. den für die Fragestunde ausgewählten Querschnittsthemen ein drittes Kommissionsmitglied einzuladen.

3. Gemäß den von der Konferenz der Präsidenten aufgestellten Leitlinien können besondere Fragestunden mit dem Rat, dem Präsidenten der Kommission, der Vizepräsidentin der Kommission und Hohen Vertreterin der Union für Außen- und Sicherheitspolitik und dem Präsidenten der Eurogruppe abgehalten werden.

4. Die Fragestunde wird nicht vorab gezielt aufgeteilt. Der Präsident sorgt dafür, dass nach Möglichkeit Mitglieder verschiedener politischer Richtungen und aus verschiedenen Mitgliedstaaten abwechselnd Gelegenheit haben, eine Frage zu stellen.

5. Das Mitglied hat eine Minute Zeit, die Frage zu formulieren, und das Kommissionsmitglied hat zwei Minuten, auf die Frage zu antworten. Das Mitglied kann eine Zusatzfrage stellen, deren Dauer bis zu 30 Sekunden beträgt und die in einem unmittelbaren Zusammenhang mit der Hauptfrage steht. Das Kommissionsmitglied hat anschließend zwei Minuten Zeit, eine zusätzliche Antwort zu geben.

Fragen und Zusatzfragen müssen unmittelbar mit dem gemäß Absatz 1 festgelegten spezifischen Querschnittsthema zusammenhängen. Der Präsident kann über die Zulässigkeit der Fragen entscheiden.

Art. 138 Anfragen zur schriftlichen Beantwortung. 1. Jedes Mitglied, jede Fraktion und jeder Ausschuss kann gemäß den in einer Anlage zur Geschäftsordnung[1] festgelegten Kriterien an den Präsidenten des Europäischen Rates, den Rat, die Kommission oder die Vizepräsidentin der Kommission und Hohe Vertreterin der Union für Außen- und Sicherheitspolitik Anfragen zur schriftlichen Beantwortung richten. Der Inhalt der Anfragen liegt in der alleinigen Verantwortung der Verfasser.

2. Die Anfragen sind in elektronischer Form beim Präsidenten einzureichen. Fragen bezüglich der Zulässigkeit einer Anfrage werden vom Präsidenten entschieden. Die Entscheidung des Präsidenten wird nicht allein auf der Grundlage der Bestimmungen der in Absatz 1 genannten Anlage, sondern auf der Grundlage der Bestimmungen dieser Geschäftsordnung im Allgemeinen getroffen. Die Entscheidung des Präsidenten wird dem fragestellenden Mitglied unter Angabe von Gründen mitgeteilt.

3. Jedes Mitglied, jede Fraktion und jeder Ausschuss darf höchstens zwanzig Anfragen über einen gleitenden Zeitraum von drei Monaten einreichen. Im Allgemeinen werden die Anfragen innerhalb von sechs Wochen, nachdem sie dem Adressaten übermittelt wurden, von diesem beantwortet. Allerdings kann jedes Mitglied, jede Fraktion und jeder Ausschuss monatlich eine seiner Anfragen als „Anfrage mit Vorrang" deklarieren, die innerhalb von drei Wochen, nachdem sie dem Adressaten übermittelt wurde, von diesem zu beantworten ist.

4. Eine Anfrage kann von anderen Mitgliedern unterstützt werden. Solche Anfragen werden nur auf die Anfragen des Verfassers angerechnet, nicht auf die Höchstzahl der Anfragen der unterstützenden Mitglieder nach Absatz 3.

5. Wurde eine Anfrage nicht innerhalb der Frist nach Absatz 3 vom Adressaten beantwortet, kann der zuständige Ausschuss beschließen, sie auf die Tagesordnung seiner nächsten Sitzung zu setzen.

6. Anfragen und Antworten einschließlich deren zugehöriger Anlagen werden auf der Website des Parlaments veröffentlicht.

Art. 139 Große Anfragen zur schriftlichen Beantwortung. 1. Große Anfragen bestehen aus Anfragen zur schriftlichen Beantwortung, die von einer Fraktion an den Rat, die Kommission oder die

---

[1] Siehe Anlage III.

Vizepräsidentin der Kommission und Hohe Vertreterin der Union für Außen- und Sicherheitspolitik gerichtet werden.

2. Die große Anfrage muss von allgemeinem Interesse sein und ist dem Präsidenten schriftlich vorzulegen. Sie darf höchstens 500 Wörter umfassen. Sofern die große Anfrage den Bestimmungen der Geschäftsordnung im Allgemeinen entspricht, übermittelt der Präsident sie umgehend zur schriftlichen Beantwortung an den Adressaten.

3. Die Zahl der großen Anfragen ist auf dreißig jährlich beschränkt. Die Konferenz der Präsidenten sorgt für eine gerechte Verteilung dieser Anfragen auf die Fraktionen, und jede Fraktion darf höchstens eine große Anfrage monatlich vorlegen.

4. Beantwortet der Adressat die große Anfrage nicht innerhalb von sechs Wochen, nachdem sie ihm übermittelt wurde, wird die große Anfrage auf Ersuchen des Urhebers nach dem Verfahren des Artikels 157 und gemäß Absatz 6 in den endgültigen Entwurf der Tagesordnung des Parlaments aufgenommen.

5. Nach Eingang der schriftlichen Antwort wird, wenn durch die Mitglieder oder eine oder mehrere Fraktionen mindestens die mittlere Schwelle erreicht wird, die große Anfrage nach dem Verfahren des Artikels 157 und gemäß Absatz 6 in den endgültigen Entwurf der Tagesordnung aufgenommen.

6. Während einer Tagung dürfen höchstens drei große Anfragen erörtert werden. Werden für mehr als drei große Anfragen während derselben Tagung Aussprachen beantragt, nimmt die Konferenz der Präsidenten sie in der Reihenfolge, in der sie diese Anträge auf Aussprache erhalten hat, in den endgültigen Entwurf der Tagesordnung auf.

7. Einem im Voraus vom Urheber oder von denjenigen Personen, die die Aussprache nach Absatz 5 beantragt haben, benannten Mitglied steht zur Erläuterung der Anfrage Redezeit im Plenum zur Verfügung. Ist dieses Mitglied nicht anwesend, wird die große Anfrage hinfällig. Der Adressat beantwortet die Anfrage.

Artikel 132 Absätze 2 bis 8 über die Einreichung von Entschließungsanträgen und über die Abstimmung über Entschließungsanträge finden entsprechend Anwendung.

8. Die Anfragen sowie die Antworten darauf werden auf der Website des Parlaments veröffentlicht.

Art. 140 Anfragen zur schriftlichen Beantwortung an die Europäische Zentralbank. 1. Jedes Mitglied kann gemäß den in einer Anlage zur Geschäftsordnung festgelegten Kriterien[1] pro Monat höchstens sechs Anfragen zur schriftlichen Beantwortung an die Europäische Zentralbank richten. Der Inhalt der Anfragen liegt in der alleinigen Verantwortung der Verfasser.

2. Die Anfragen sind schriftlich beim Vorsitz des zuständigen Ausschusses einzureichen. Nach Erhalt der Anfragen übermittelt sie der

[1] Siehe Anlage III.

Vorsitz des zuständigen Ausschusses an die Europäische Zentralbank. Fragen bezüglich der Zulässigkeit einer Anfrage werden vom Vorsitz des zuständigen Ausschusses entschieden. Die Entscheidung des Vorsitzes wird dem fragestellenden Mitglied mitgeteilt.

3. Die Anfragen sowie die Antworten darauf werden auf der Website des Parlaments veröffentlicht.

4. Wird eine Anfrage zur schriftlichen Beantwortung nicht binnen sechs Wochen beantwortet, kann sie auf Antrag des Verfassers auf die Tagesordnung der nächsten Sitzung des zuständigen Ausschusses mit dem Präsidenten der Europäischen Zentralbank gesetzt werden.

Art. 141 Anfragen zur schriftlichen Beantwortung im Zusammenhang mit dem Einheitlichen Aufsichtsmechanismus und dem Einheitlichen Abwicklungsmechanismus. 1. Das in Artikel 140 Absätze 1, 2 und 3 festgelegte Verfahren findet entsprechend Anwendung auf Anfragen zur schriftlichen Beantwortung, die den Einheitlichen Aufsichtsmechanismus und den Einheitlichen Abwicklungsmechanismus betreffen. Die Zahl solcher Anfragen ist auf die Höchstzahl von sechs pro Monat nach Artikel 140 Absatz 1 anzurechnen.

2. Wird eine Anfrage zur schriftlichen Beantwortung nicht innerhalb von fünf Wochen beantwortet, kann sie auf Antrag des Verfassers auf die Tagesordnung der nächsten Sitzung des zuständigen Ausschusses mit dem Vorsitz des Verwaltungsrats des Adressaten gesetzt werden.

Kapitel 4. Berichte anderer Organe und Einrichtungen

Art. 142 Jahresberichte und sonstige Berichte anderer Organe oder Einrichtungen. 1. Jahresberichte und sonstige Berichte anderer Organe oder Einrichtungen, zu denen in den Verträgen die Anhörung des Parlaments vorgesehen ist oder in deren Fall andere gesetzliche Bestimmungen seine Stellungnahme erfordern, werden in Form eines Berichts behandelt, der dem Plenum unterbreitet wird.

2. Jahresberichte und sonstige Berichte anderer Organe oder Einrichtungen, die nicht unter Absatz 1 fallen, werden an den zuständigen Ausschuss überwiesen, der sie prüft und dem Parlament einen kurzen Entschließungsantrag vorlegen oder die Ausarbeitung eines Berichts gemäß Artikel 54 vorschlagen kann, wenn er der Ansicht ist, dass das Parlament zu einer wichtigen in den Berichten enthaltenen Angelegenheit Stellung nehmen sollte.

Kapitel 5. Entschließungen und Empfehlungen

Art. 143 Entschließungsanträge. 1. Jedes Mitglied kann zu einer Angelegenheit, die den Tätigkeitsbereich der Europäischen Union betrifft, einen Entschließungsantrag einreichen.

Der Entschließungsantrag darf höchstens 200 Wörter umfassen.

2. Ein solcher Antrag
– darf keinen Beschluss zu Angelegenheiten enthalten, für die in dieser Geschäftsordnung und insbesondere in Artikel 47 andere spezifische Verfahren und Zuständigkeiten vorgesehen sind, und
– darf sich nicht auf den Gegenstand eines im Parlament laufenden Verfahrens beziehen.

3. Jedes Mitglied darf höchstens einen derartigen Antrag im Monat stellen.

4. Der Entschließungsantrag ist beim Präsidenten einzureichen, der überprüft, ob die anzuwendenden Kriterien erfüllt sind. Erklärt der Präsident den Antrag für zulässig, gibt er ihn im Plenum bekannt und überweist ihn an den zuständigen Ausschuss.

5. Der zuständige Ausschuss entscheidet über das anzuwendende Verfahren, das die Verbindung des Entschließungsantrags mit anderen Entschließungsanträgen oder Berichten, die Annahme einer Stellungnahme, die auch die Form eines Schreibens haben kann, oder die Ausarbeitung eines Berichts gemäß Artikel 54 einschließen kann. Der zuständige Ausschuss kann auch beschließen, den Entschließungsantrag nicht weiterzuverfolgen.

6. Die Verfasser eines Entschließungsantrags werden über die Beschlüsse des Präsidenten, des Ausschusses und der Konferenz der Präsidenten unterrichtet.

7. Der Entschließungsantrag wird in den in Absatz 5 genannten Bericht aufgenommen.

8. Stellungnahmen in Form eines in Absatz 5 genannten Schreibens an andere Organe der Europäischen Union werden vom Präsidenten an sie übermittelt.

9. Auf der Grundlage von Absatz 1 eingereichte Entschließungsanträge können von ihren Verfassern oder ihren ersten Unterzeichnern zurückgezogen werden, bevor der zuständige Ausschuss gemäß Absatz 5 beschließt, einen Bericht darüber auszuarbeiten.

Sobald dieser Entschließungsantrag auf diese Weise vom zuständigen Ausschuss übernommen worden ist, hat nur dieser Ausschuss die Möglichkeit, ihn zurückzuziehen. Der zuständige Ausschuss behält diese Möglichkeit bis zur Eröffnung der Schlussabstimmung im Plenum.

Art. 144 Aussprachen über Fälle von Verletzungen der Menschenrechte, der Demokratie und der Rechtsstaatlichkeit. 1. Ein Ausschuss, eine interparlamentarische Delegation, eine Fraktion oder Mitglieder, durch die mindestens die niedrige Schwelle erreicht wird, können beim Präsidenten schriftlich beantragen, über einen dringlichen Fall von Verletzung der Menschenrechte, der Demokratie und der Rechtsstaatlichkeit eine Aussprache zu führen.

2. Die Konferenz der Präsidenten stellt auf der Grundlage der in Absatz 1 genannten Anträge und nach Maßgabe der Bestimmungen der Anlage IV eine Liste von Themen auf, die auf den endgültigen Ent-

wurf der Tagesordnung für die nächste Aussprache über Fälle von Verletzungen der Menschenrechte, der Demokratie und der Rechtsstaatlichkeit zu setzen sind. Insgesamt dürfen nicht mehr als drei Themen einschließlich Unterpunkte auf die Tagesordnung gesetzt werden.

Das Parlament kann gemäß Artikel 158 beschließen, dass ein für die Aussprache vorgesehenes Thema entfällt und durch ein nicht vorgesehenes Thema ersetzt wird. Entschließungsanträge zu den ausgewählten Themen können von einem Ausschuss, einer Fraktion oder von Mitgliedern, durch die mindestens die niedrige Schwelle erreicht wird, spätestens an dem Abend der Annahme der Tagesordnung eingereicht werden. Der Präsident legt die genaue Frist für die Einreichung solcher Entschließungsanträge fest.

3. Im Rahmen der Gesamtdauer der Aussprache von höchstens 60 Minuten pro Tagung wird die Gesamtredezeit der Fraktionen und der fraktionslosen Mitglieder gemäß Artikel 171 Absätze 4 und 5 aufgeteilt.

Die Zeit, die nach Abzug der für die Erläuterung der Entschließungsanträge erforderlichen Zeit und der gegebenenfalls für die Kommission und den Rat vereinbarten Redezeit verbleibt, ist auf die Fraktionen und die fraktionslosen Mitglieder aufzuteilen.

4. Am Schluss der Aussprache wird unverzüglich abgestimmt. Artikel 194, der Erklärungen zur Abstimmung betrifft, findet dabei keine Anwendung.

Abstimmungen, die gemäß diesem Artikel durchgeführt werden, können im Rahmen der Zuständigkeiten des Präsidenten und der Konferenz der Präsidenten zusammengefasst werden.

5. Liegen zwei oder mehr Entschließungsanträge zum selben Thema vor, findet das Verfahren gemäß Artikel 132 Absätze 4 und 5 Anwendung.

6. Der Präsident und die Fraktionsvorsitze können beschließen, über einen Entschließungsantrag ohne Aussprache abstimmen zu lassen. Für diesen Beschluss ist Einstimmigkeit seitens aller Fraktionsvorsitze erforderlich.

Die Artikel 197 und 198 gelten nicht für die Entschließungsanträge, die auf der Tagesordnung für eine Aussprache über Fälle von Verletzungen der Menschenrechte, der Demokratie und der Rechtsstaatlichkeit stehen.

Entschließungsanträge für eine Aussprache über Fälle von Verletzungen der Menschenrechte, der Demokratie und der Rechtsstaatlichkeit werden erst nach Annahme der Themenliste eingereicht. Entschließungsanträge, die in der für die Aussprache vorgesehenen Zeit nicht behandelt werden können, werden hinfällig. Dasselbe gilt für die Entschließungsanträge, bei denen auf einen gemäß Artikel 178 Absatz 3 gestellten Antrag hin festgestellt wurde, dass die Beschlussfähigkeit nicht gegeben ist. Die Verfasser haben das Recht, diese Entschließungsanträge entweder zur Behandlung im Ausschuss gemäß Artikel 143 oder für die auf der folgenden Tagung stattfindende Aussprache über Fälle von Verletzungen der Menschenrechte, der Demokratie und der Rechtsstaatlichkeit erneut einzureichen.

Ein Thema kann nicht auf die Tagesordnung für eine Aussprache über Fälle von Verletzungen der Menschenrechte, der Demokratie und der Rechtsstaatlichkeit gesetzt werden, wenn es bereits auf der Tagesordnung dieser Tagung steht.

Diese Geschäftsordnung enthält keine Bestimmung, die eine gemeinsame Aussprache über einen gemäß Absatz 2 Unterabsatz 2 eingereichten Entschließungsantrag und einen Ausschussbericht über dasselbe Thema erlaubt.

Wenn die Feststellung der Beschlussfähigkeit gemäß Artikel 178 Absatz 3 beantragt wird, gilt dieser Antrag nur für den Entschließungsantrag, über den abgestimmt werden soll, und nicht für die folgenden Entschließungsanträge.

Kapitel 6. Anhörung anderer Organe und Einrichtungen

Art. 145 Anhörung des Wirtschafts- und Sozialausschusses. 1. In den Fällen, in denen der Vertrag über die Arbeitsweise der Europäischen Union die Anhörung des Wirtschafts- und Sozialausschusses vorsieht, leitet der Präsident das Anhörungsverfahren ein und informiert hierüber das Parlament.

2. Ein Ausschuss kann beantragen, dass der Europäische Wirtschafts- und Sozialausschuss zu allgemeinen Angelegenheiten oder zu spezifischen Punkten angehört wird.

Der Ausschuss muss in seinem Antrag die Frist angeben, innerhalb derer der Europäische Wirtschafts- und Sozialausschuss seine Stellungnahme abzugeben hat.

Anträge auf Anhörung des Europäischen Wirtschafts- und Sozialausschusses werden dem Parlament auf seiner nächsten Tagung bekannt gegeben und gelten als angenommen, sofern nicht innerhalb von 24 Stunden ab der Bekanntgabe von einer Fraktion oder von Mitgliedern, durch die mindestens die niedrige Schwelle erreicht wird, beantragt wird, dass sie zur Abstimmung gestellt werden.

3. Die vom Wirtschafts- und Sozialausschuss übermittelten Stellungnahmen werden an den zuständigen Ausschuss überwiesen.

Art. 146 Anhörung des Ausschusses der Regionen. 1. In den Fällen, in denen der Vertrag über die Arbeitsweise der Europäischen Union die Anhörung des Ausschusses der Regionen vorsieht, leitet der Präsident das Anhörungsverfahren ein und informiert hierüber das Parlament.

2. Ein Ausschuss kann beantragen, dass der Ausschuss der Regionen zu allgemeinen Angelegenheiten oder zu spezifischen Punkten angehört wird.

Der Ausschuss muss in seinem Antrag die Frist angeben, innerhalb deren der Ausschuss der Regionen seine Stellungnahme abzugeben hat.

Anträge auf Anhörung des Ausschusses der Regionen werden dem Parlament auf seiner nächsten Tagung bekannt gegeben und gelten als angenommen, sofern nicht innerhalb von 24 Stunden ab der Bekanntgabe von einer Fraktion oder von Mitgliedern, durch die mindestens die niedrige Schwelle erreicht wird, beantragt wird, dass sie zur Abstimmung gestellt werden.

3. Die vom Ausschuss der Regionen übermittelten Stellungnahmen werden an den zuständigen Ausschuss überwiesen.

Art. 147 Ersuchen an europäische Agenturen. 1. Hat das Parlament das Recht, eine europäische Agentur mit einem Ersuchen zu befassen, so kann jedes Mitglied dem Präsidenten des Parlaments schriftlich ein derartiges Ersuchen unterbreiten. Die Ersuchen müssen Fragen in dem Zuständigkeitsbereich der jeweiligen Agentur betreffen und Hintergrundinformationen zur Erläuterung der Problemstellung sowie des Unionsinteresses enthalten.

2. Nach Anhörung des zuständigen Ausschusses leitet der Präsident entweder das Ersuchen an die Agentur weiter oder ergreift sonstige angemessene Maßnahmen. Das Mitglied, von dem das Ersuchen stammt, wird unverzüglich unterrichtet. Jedes Ersuchen, das der Präsident einer Agentur übermittelt, sieht eine Frist zur Beantwortung vor.

3. Erklärt die Agentur, dass sie dem Ersuchen in der vorgelegten Fassung nicht entsprechen kann, oder wünscht sie eine geänderte Fassung, so unterrichtet sie unverzüglich den Präsidenten, der – gegebenenfalls nach Anhörung des zuständigen Ausschusses – angemessene Maßnahmen ergreift.

Kapitel 7. Interinstitutionelle Vereinbarungen

Art. 148 Interinstitutionelle Vereinbarungen. 1. Das Parlament kann in Anwendung der Verträge oder zur Verbesserung und Verdeutlichung der Verfahren Vereinbarungen mit anderen Organen treffen.

Solche Vereinbarungen können in Form gemeinsamer Erklärungen, eines Briefwechsels oder in Form von Verhaltenskodizes oder unter sonstigen geeigneten Bezeichnungen erfolgen. Sie werden nach Prüfung durch den für konstitutionelle Fragen zuständigen Ausschuss und nach Zustimmung des Parlaments vom Präsidenten unterzeichnet.

2. Bedingen solche Vereinbarungen die Änderung bestehender Verfahrensrechte oder -pflichten, schaffen sie neue Verfahrensrechte oder -pflichten für Mitglieder oder Organe des Parlaments oder bedingen sie in anderer Weise eine Änderung oder Auslegung dieser Geschäftsordnung, wird die Angelegenheit vor Unterzeichnung der Vereinbarung an den in der Sache zuständigen Ausschuss zur Prüfung gemäß Artikel 236 Absätze 2 bis 6 überwiesen.

Kapitel 8. Anrufung des Gerichtshofs

Art. 149 Verfahren vor dem Gerichtshof. 1. Innerhalb der in den Verträgen und in der Satzung des Gerichtshofs der Europäischen Union vorgesehenen Fristen für Klagen der Unionsorgane und von natürlichen oder juristischen Personen überprüft das Parlament die Rechtsvorschriften der Union und deren Durchführung, um sicherzustellen, dass die Verträge, insbesondere was seine Rechte betrifft, uneingeschränkt beachtet wurden.

2. Wenn der für Rechtsfragen zuständige Ausschuss einen Verstoß gegen das Unionsrecht vermutet, erstattet er dem Parlament gegebenenfalls mündlich Bericht. Der für Rechtsfragen zuständige Ausschuss kann gegebenenfalls die Stellungnahme des in der Sache zuständigen Ausschusses einholen.

3. Der Präsident erhebt entsprechend der Empfehlung des für Rechtsfragen zuständigen Ausschusses die Klage im Namen des Parlaments.

Der Präsident kann dem Parlament zu Beginn der nachfolgenden Tagung die Entscheidung über die Aufrechterhaltung der Klage unterbreiten. Entscheidet sich das Parlament mit der Mehrheit der abgegebenen Stimmen gegen die Klage, nimmt er die Klage zurück.

Erhebt der Präsident entgegen der Empfehlung des für Rechtsfragen zuständigen Ausschusses Klage, unterbreitet er dem Parlament zu Beginn der nachfolgenden Tagung die Entscheidung über die Aufrechterhaltung der Klage.

4. In Gerichtsverfahren reicht der Präsident nach Anhörung des für Rechtsfragen zuständigen Ausschusses im Namen des Parlaments eine Stellungnahme ein oder tritt dem Verfahren bei.

Beabsichtigt der Präsident, von der Empfehlung des für Rechtsfragen zuständigen Ausschusses abzuweichen, unterrichtet er den Ausschuss entsprechend und überweist die Angelegenheit an die Konferenz der Präsidenten unter Angabe seiner Gründe.

Gelangt die Konferenz der Präsidenten zu der Auffassung, dass das Parlament in einem Verfahren vor dem Gerichtshof der Europäischen Union, das die Gültigkeit eines vom Parlament verabschiedeten Rechtakts betrifft, ausnahmsweise keine Stellungnahme einreichen oder dem Verfahren nicht beitreten sollte, wird die Angelegenheit unverzüglich dem Parlament vorgelegt.

In der Geschäftsordnung gibt es keine Bestimmung, die den für Rechtsfragen zuständigen Ausschuss daran hindert, geeignete Verfahrensregeln für die rechtzeitige Übermittlung seiner Empfehlung in dringenden Fällen zu beschließen.

Wenn es notwendig ist zu entscheiden, ob das Parlament seine Rechte beim Gerichtshof der Europäischen Union wahrnehmen sollte, und fällt der betreffende Akt nicht unter Artikel 149 dieser Geschäftsordnung, findet das in diesem Artikel vorgesehene Verfahren entsprechend Anwendung.

5. In dringenden Fällen kann der Präsident – soweit möglich nach Konsultation des Vorsitzes und des Berichterstatters des für Rechtsfragen zuständigen Ausschusses – vorläufige Maßnahmen ergreifen, sofern dies zur Einhaltung der einschlägigen Fristen erforderlich ist. In derartigen Fällen ist das jeweils zutreffende Verfahren gemäß Absatz 3 bzw. 4 unverzüglich einzuleiten.

6. Der für Rechtsfragen zuständige Ausschuss legt die Grundsätze fest, die er befolgen wird, wenn er diesen Artikel anwendet.

Titel VI. Beziehungen zu den nationalen Parlamenten

Art. 150 Informationsaustausch, Kontakte und gegenseitige Bereitstellung von Einrichtungen. 1. Das Parlament unterrichtet die nationalen Parlamente der Mitgliedstaaten regelmäßig über seine Aktivitäten.

2. Die Verhandlungen darüber, wie gemäß Artikel 9 des Protokolls Nr. 1 über die Rolle der nationalen Parlamente in der Europäischen Union eine effiziente und regelmäßige Zusammenarbeit zwischen den Parlamenten innerhalb der Union gestaltet und gefördert werden kann, werden auf der Grundlage eines von der Konferenz der Präsidenten nach Anhörung der Konferenz der Ausschussvorsitze erteilten Mandats geführt.

Das Parlament billigt diesbezügliche Vereinbarungen gemäß dem Verfahren des Artikels 148.

3. Ein Ausschuss kann unmittelbar auf Ausschussebene in einen Dialog mit den nationalen Parlamenten im Rahmen der für diesen Zweck vorgesehenen Haushaltsmittel eintreten. Dies kann geeignete Formen der prä- und postlegislativen Zusammenarbeit einschließen.

4. Alle ein Gesetzgebungsverfahren auf der Ebene der Union betreffenden Dokumente, die dem Europäischen Parlament von einem nationalen Parlament offiziell übermittelt werden, werden an den Ausschuss weitergeleitet, der für den in dem betreffenden Dokument behandelten Gegenstand zuständig ist.

5. Die Konferenz der Präsidenten kann dem Präsidenten ein Mandat erteilen, die Bereitstellung von Einrichtungen für die nationalen Parlamente der Mitgliedstaaten auf der Grundlage der Gegenseitigkeit auszuhandeln und Vorschläge für andere Maßnahmen zur Erleichterung der Kontakte zu unterbreiten.

Art. 151 Konferenz der Ausschüsse für Unionsangelegenheiten (COSAC). 1. Auf Vorschlag des Präsidenten benennt die Konferenz der Präsidenten die Mitglieder der Delegation des Parlaments für die COSAC und kann dieser ein Mandat erteilen. Die Delegation wird von einem für die Wahrnehmung der Beziehungen zu den nationalen Parlamenten zuständigen Vizepräsidenten des Europäischen Parlaments und dem Vorsitz des für konstitutionelle Fragen zuständigen Ausschusses geleitet.

2. Die übrigen Mitglieder der Delegation werden entsprechend den auf dem Treffen der COSAC zu beratenden Themen ausgewählt und schließen nach Möglichkeit Vertreter der für diese Themen zuständigen Ausschüsse mit ein.

3. Das allgemeine politische Kräfteverhältnis innerhalb des Parlaments wird bei der Auswahl der Mitglieder der Delegation gebührend berücksichtigt.

4. Die Delegation legt der Konferenz der Präsidenten nach jedem Treffen der COSAC einen Bericht vor.

Art. 152 Konferenz von Parlamenten. Die Konferenz der Präsidenten benennt die Mitglieder der Delegation des Parlaments für eine Konferenz oder ein ähnliches Gremium, in dem Vertreter von Parlamenten anwesend sind, und erteilt dieser Delegation ein Mandat, das mit den einschlägigen Entschließungen des Parlaments in Einklang steht. Die Delegation wählt ihren Vorsitz und gegebenenfalls einen oder mehrere stellvertretende Vorsitze.

Titel VII. Sitzungsperioden

Kapitel 1. Sitzungsperioden des Parlaments

Art. 153 Wahlperioden, Sitzungsperioden, Tagungen und Sitzungen. 1. Wahlperiode ist die im Akt vom 20. September 1976 vorgesehene Mandatsdauer der Mitglieder.

2. Sitzungsperiode ist die jährliche Periode, wie sie sich aus dem genannten Akt und den Verträgen ergibt.

3. Tagung ist der in der Regel jeden Monat stattfindende Zusammentritt des Parlaments, der in einzelne Sitzungstage zerfällt.

Die an ein und demselben Tag stattfindenden Plenarsitzungen des Parlaments gelten als eine einzige Sitzung.

Art. 154 Einberufung des Parlaments. 1. In Übereinstimmung mit Artikel 229 Absatz 1 des Vertrags über die Arbeitsweise der Europäischen Union tritt das Parlament, ohne dass es einer Einberufung bedarf, am zweiten Dienstag des Monats März jedes Jahres zusammen und bestimmt selbstständig die Dauer der Unterbrechungen der Sitzungsperiode.

2. Das Parlament tritt außerdem, ohne dass es einer Einberufung bedarf, am ersten Dienstag nach Ablauf eines Monats ab dem Ende des in Artikel 10 Absatz 1 des Akts vom 20. September 1976 genannten Zeitraums zusammen.

3. Die Konferenz der Präsidenten kann die Dauer der gemäß Absatz 1 festgelegten Unterbrechungen durch einen begründeten Beschluss, der mindestens zwei Wochen vor dem ursprünglich vom Parlament für die Wiederaufnahme der Sitzungsperiode festgelegten Termin zu fassen ist, ändern. Die Wiederaufnahme der Sitzungsperiode darf allerdings nicht um mehr als zwei Wochen verschoben werden.

4. Auf Antrag der Mehrheit der Mitglieder des Parlaments oder auf Antrag der Kommission oder des Rates beruft der Präsident nach Anhörung der Konferenz der Präsidenten das Parlament ausnahmsweise ein.

Der Präsident hat das Recht, im Einvernehmen mit der Konferenz der Präsidenten das Parlament ausnahmsweise in dringenden Fällen einzuberufen.

Art. 155 Ort der Sitzungen. 1. Die Plenarsitzungen des Parlaments und die Sitzungen seiner Ausschüsse finden gemäß den in den Verträgen vorgesehenen Bedingungen statt.

Zur Annahme von Vorschlägen zur Abhaltung zusätzlicher Plenartagungen in Brüssel und jeglicher Änderungen hierzu bedarf es nur der Mehrheit der abgegebenen Stimmen.

2. Jeder Ausschuss kann beschließen, die Abhaltung einer oder mehrerer Sitzungen an einem anderen Ort zu beantragen. Dieser zu begründende Antrag ist dem Präsidenten zu übermitteln, der ihn dem Präsidium unterbreitet.

Im Dringlichkeitsfall kann der Präsident die Entscheidung allein treffen. Ablehnende Entscheidungen des Präsidiums oder des Präsidenten werden begründet.

Art. 156 Teilnahme der Mitglieder an Sitzungen. 1. In jeder Sitzung wird eine Anwesenheitsliste zur Unterzeichnung durch die Mitglieder ausgelegt.

2. Die Namen der Mitglieder, die in der Liste als anwesend eingetragen sind, werden im Protokoll der jeweiligen Sitzung als „anwesend" vermerkt. Die Namen der Mitglieder, deren Abwesenheit durch den Präsidenten entschuldigt ist, werden im Protokoll der jeweiligen Sitzung als „entschuldigt" vermerkt.

Kapitel 2. Arbeitsplan des Parlaments

Art. 157 Entwurf der Tagesordnung. 1. Vor jeder Tagung wird der Entwurf der Tagesordnung von der Konferenz der Präsidenten aufgrund der Empfehlungen der Konferenz der Ausschussvorsitze aufgestellt.

Die Kommission und der Rat können auf Einladung des Präsidenten an den Beratungen der Konferenz der Präsidenten über den Entwurf der Tagesordnung teilnehmen.

2. Im Entwurf der Tagesordnung können Abstimmungszeiten für einzelne zur Prüfung anstehende Beratungsgegenstände angegeben werden.

3. Der endgültige Entwurf der Tagesordnung wird spätestens drei Stunden vor Beginn der Tagung den Mitgliedern zur Verfügung gestellt.

Art. 158 Annahme und Änderung der Tagesordnung. 1. Zu Beginn einer jeden Tagung nimmt das Parlament die Tagesordnung an. Änderungsvorschläge zum endgültigen Entwurf der Tagesordnung können von einem Ausschuss, einer Fraktion oder von Mitgliedern, durch die mindestens die niedrige Schwelle erreicht wird, gestellt werden. Diese Vorschläge müssen dem Präsidenten spätestens eine Stunde vor Beginn der Tagung vorliegen. Der Präsident kann dem Antragsteller und einem Redner gegen den Vorschlag das Wort erteilen, wobei die Redezeit höchstens eine Minute beträgt.

2. Die Tagesordnung kann nach ihrer Annahme, außer bei Anwendung der Artikel 163, 197, 198, 199, 200 oder 201 oder auf Vorschlag des Präsidenten, nicht mehr geändert werden.

Wird ein Verfahrensantrag auf Änderung der Tagesordnung abgelehnt, kann er während derselben Tagung nicht noch einmal gestellt werden.

Der Entwurf oder die Änderung des Titels einer Entschließung, die zum Abschluss einer Aussprache gemäß Artikel 132, 136 oder 144 eingereicht wurde, stellt keine Änderung der Tagesordnung dar, sofern sich der Titel nach wie vor auf das behandelte Thema bezieht.

3. Bevor der Präsident die Sitzung schließt, gibt er dem Parlament den Tag, den Sitzungsbeginn und die Tagesordnung der nächsten Sitzung bekannt.

Art. 159 Verfahren im Plenum ohne Änderungsanträge und ohne Aussprache. 1. Wurde ein Bericht im Ausschuss gegen die Stimmen von weniger als einem Zehntel der Mitglieder des Ausschusses angenommen, wird er zur Abstimmung ohne Änderungsanträge auf den Entwurf der Tagesordnung des Parlaments gesetzt.

Der Punkt ist dann Gegenstand einer einzigen Abstimmung, sofern nicht vor der Aufstellung des endgültigen Entwurfs der Tagesordnung Mitglieder oder eine oder mehrere Fraktionen, durch die mindestens die mittlere Schwelle erreicht wird, vor der Aufstellung des endgültigen Entwurfs der Tagesordnung schriftlich beantragt haben, Änderungsanträge dazu zuzulassen; in diesem Fall setzt der Präsident eine Frist für die Einreichung von Änderungsanträgen fest.

2. Werden Punkte zur Abstimmung ohne Änderungsanträge auf den endgültigen Entwurf der Tagesordnung gesetzt, findet darüber eine Abstimmung ohne Aussprache statt, es sei denn, das Parlament fasst bei der Annahme seiner Tagesordnung zu Beginn der Tagung auf Vorschlag der Konferenz der Präsidenten oder auf Antrag einer Fraktion oder von Mitgliedern, durch die mindestens die niedrige Schwelle erreicht wird, einen anderslautenden Beschluss.

3. Bei der Aufstellung des endgültigen Entwurfs der Tagesordnung einer Tagung kann die Konferenz der Präsidenten vorschlagen, dass über andere Punkte ohne Änderungsanträge oder ohne Aussprache abgestimmt wird. Bei der Annahme seiner Tagesordnung darf das Parlament keinem derartigen Vorschlag stattgeben, wenn sich eine Fraktion oder Mitglieder, durch die mindestens die niedrige Schwelle erreicht wird, spätestens eine Stunde vor Eröffnung der Tagung schriftlich dagegen ausgesprochen haben.

4. Wird über einen Punkt ohne Aussprache abgestimmt, können der Berichterstatter oder der Vorsitz des zuständigen Ausschusses unmittelbar vor der Abstimmung eine Erklärung von höchstens zwei Minuten Dauer abgeben.

Art. 160 Kurze Darstellung. Auf Antrag des Berichterstatters oder auf Vorschlag der Konferenz der Präsidenten kann das Parlament auch beschließen, dass ein Punkt, der keiner ausführlichen Aussprache bedarf, mittels einer kurzen Darstellung durch den Berichterstatter im Plenum behandelt wird. In diesem Falle hat die Kommission die Möglichkeit, zu antworten; daran schließt sich eine Aussprache von bis zu zehn Minuten an, in deren Verlauf der Präsident Mitgliedern, die sich melden, für jeweils höchstens eine Minute das Wort erteilen kann.

Art. 161 Außerordentliche Aussprache. 1. Eine Fraktion oder Mitglieder, durch die mindestens die niedrige Schwelle erreicht wird, können beantragen, dass eine außerordentliche Aussprache zu einem Thema von bedeutendem Interesse im Zusammenhang mit der Politik der Europäischen Union auf die Tagesordnung des Parlaments gesetzt wird. Während einer Tagung wird in der Regel höchstens eine außerordentliche Aussprache durchgeführt.

2. Der Antrag ist schriftlich mindestens drei Stunden vor dem Beginn der Tagung, während derer die außerordentliche Aussprache stattfinden soll, beim Präsidenten einzureichen. Die Abstimmung über diesen Antrag findet zu Beginn der Tagung bei Annahme der Tagesordnung statt.

3. Als Reaktion auf Ereignisse, die nach der Annahme der Tagesordnung für die Tagung eintreten, kann der Präsident nach Anhörung der Fraktionsvorsitze eine außerordentliche Aussprache vorschlagen. Die Abstimmung über einen solchen Vorschlag findet zu Beginn einer Sitzung oder während einer planmäßigen Abstimmungsstunde statt. Die Mitglieder werden mindestens eine Stunde vor der Abstimmung über einen solchen Vorschlag für eine außerordentliche Aussprache unterrichtet.

4. Der Präsident legt den Zeitpunkt fest, zu dem die außerordentliche Aussprache durchgeführt wird. Die Gesamtdauer der außerordentlichen Aussprache beträgt höchstens 60 Minuten. Die Redezeit wird gemäß Artikel 171 Absätze 4 und 5 auf die Fraktionen und die fraktionslosen Mitglieder aufgeteilt.

5. Die Aussprache wird ohne Annahme einer Entschließung abgeschlossen.

Art. 162 Von einer Fraktion beantragte Aussprache über ein aktuelles Thema. 1. Bei jeder Tagung werden im Entwurf der Tagesordnung ein oder zwei Zeiträume von mindestens je 60 Minuten für Aussprachen über ein aktuelles Thema, das für die Politik der Europäischen Union von großem Interesse ist, vorgesehen.

2. Jede Fraktion hat das Recht, für mindestens eine solche Aussprache pro Jahr ein aktuelles Thema ihrer Wahl vorzuschlagen. Die Konferenz der Präsidenten stellt über einen gleitenden Zeitraum von einem Jahr sicher, dass die Ausübung dieses Rechts zwischen den Fraktionen gerecht verteilt ist.

3. Die Fraktionen teilen dem Präsidenten vor der Ausarbeitung des endgültigen Entwurfs der Tagesordnung durch die Konferenz der Präsidenten das aktuelle Thema ihrer Wahl schriftlich mit. Artikel 39 Absatz 1, der die in Artikel 6 des Vertrags über die Europäische Union anerkannten Rechte, Freiheiten und Grundsätze sowie die Werte, die in Artikel 2 dieses Vertrags verankert sind, betrifft, ist uneingeschränkt zu beachten.

4. Die Konferenz der Präsidenten legt den Zeitpunkt fest, zu dem die Aussprache durchgeführt wird. Sie kann mit einer Mehrheit, die vier Fünftel der Mitglieder des Parlaments vertritt, beschließen, ein von einer Fraktion vorgeschlagenes Thema abzulehnen.

5. Ein Vertreter der Fraktion, die das aktuelle Thema vorgeschlagen hat, führt in die Aussprache ein. Die Redezeit nach dieser Einführung wird gemäß Artikel 171 Absätze 4 und 5 aufgeteilt.

6. Die Aussprache wird ohne Annahme einer Entschließung abgeschlossen.

Art. 163 Dringlichkeit. 1. Die Dringlichkeit einer Aussprache über einen Vorschlag, der dem Parlament gemäß Artikel 48 Absatz 1 vorgelegt wird, kann vom Präsidenten, von einem Ausschuss, von einer Fraktion oder von Mitgliedern, durch die mindestens die niedrige Schwelle erreicht wird, von der Kommission oder vom Rat beim Parlament beantragt werden. Der Antrag ist schriftlich einzureichen und zu begründen.

2. Sobald der Präsident mit einem Antrag auf Beratung im Dringlichkeitsverfahren befasst wurde, wird das Parlament darüber unterrichtet. Die Abstimmung über diesen Antrag findet zu Beginn der Sitzung statt, die auf die Sitzung folgt, während derer die Unterrichtung über den Antrag erfolgte, sofern der Vorschlag, auf den sich der Antrag bezieht, in den Amtssprachen an die Mitglieder verteilt worden ist. Sofern mehrere Anträge auf Beratung im Dringlichkeitsverfahren zum selben Gegenstand vorliegen, gilt die Annahme oder die Ablehnung der Dringlichkeit für alle Anträge zum selben Gegenstand.

3. Vor der Abstimmung kann nur dem Antragsteller und einem Redner gegen den Antrag, zusammen mit dem Vorsitz oder dem Berichterstatter, oder beiden, das Wort erteilt werden. Keiner dieser Redner darf länger als drei Minuten reden.

4. Die Dringlichkeit begründet einen Vorrang der Eintragung in die Tagesordnung. Der Präsident setzt den Zeitpunkt für die Aussprache und die Abstimmung fest.

5. Ein Dringlichkeitsverfahren kann ohne Bericht oder ausnahmsweise auf der Grundlage eines mündlichen Berichts des zuständigen Ausschusses stattfinden.

Wird ein Dringlichkeitsverfahren angewandt und finden interinstitutionelle Verhandlungen statt, finden die Artikel 70 und 71 keine Anwendung. Artikel 74 findet entsprechend Anwendung.

Art. 164 Gemeinsame Aussprache. Die gemeinsame Aussprache über gleichartige oder im Sachzusammenhang stehende Angelegenheiten kann jederzeit beschlossen werden.

Art. 165 Fristen. Außer in den in den Artikeln 144 und 163 vorgesehenen Dringlichkeitsfällen können die Aussprache und die Abstimmung über einen Text nur stattfinden, wenn dieser den Mitgliedern mindestens 24 Stunden zuvor zur Verfügung gestellt wurde.

Kapitel 3. Allgemeine Vorschriften für den Ablauf der Sitzungen

Art. 166 Zutritt zum Plenarsaal. 1. Zutritt zum Plenarsaal haben die Mitglieder des Parlaments, die Mitglieder der Kommission und des Rates, der Generalsekretär des Parlaments, die aus dienstlichen Gründen anwesenden Mitglieder des Personals sowie vom Präsidenten eingeladene Personen; allen übrigen Personen ist der Zutritt zum Plenarsaal untersagt.

2. Nur wer im Besitz einer hierzu vom Präsidenten oder vom Generalsekretär des Parlaments ordnungsgemäß ausgestellten Einlasskarte ist, wird zu den Tribünen zugelassen.

3. Die zu den Tribünen zugelassenen Zuhörer haben sitzen zu bleiben und sich ruhig zu verhalten. Wer Beifall spendet oder Missbilligung äußert, wird sofort von den Saaldienern der Tribüne verwiesen.

Art. 167 Sprachen. 1. Alle Schriftstücke des Parlaments sind in den Amtssprachen abzufassen.

2. Alle Mitglieder haben das Recht, im Parlament die Amtssprache ihrer Wahl zu sprechen. Die Ausführungen in einer der Amtssprachen werden simultan in alle anderen Amtssprachen sowie in jede weitere Sprache, die das Präsidium für erforderlich erachtet, verdolmetscht.

3. In Ausschusssitzungen und Delegationssitzungen wird eine Simultanverdolmetschung aus den und in die Amtssprachen sichergestellt, die von den Mitgliedern des betreffenden Ausschusses oder der betreffenden Delegation und ihren Stellvertretern verwendet und beantragt werden.

4. In Ausschusssitzungen oder Delegationssitzungen außerhalb der üblichen Arbeitsorte wird eine Simultanverdolmetschung aus den und in die Sprachen der Mitglieder sichergestellt, die ihre Teilnahme an dieser Sitzung bestätigt haben. Diese Regelung kann in Ausnahmefällen gelockert werden. Das Präsidium nimmt die erforderlichen Bestimmungen an.

5. Nach Bekanntgabe des Abstimmungsergebnisses beschließt der Präsident über Anträge, die eine behauptete mangelnde Übereinstimmung der verschiedenen Sprachfassungen betreffen.

Art. 168 Übergangsbestimmung. 1. Während einer am Ende der 9. Wahlperiode auslaufenden Übergangszeit[1)] sind Abweichungen von den Bestimmungen des Artikels 167 zulässig, wenn und soweit in einer Amtssprache Dolmetscher oder Übersetzer trotz angemessener getroffener Vorkehrungen nicht in ausreichender Zahl verfügbar sind.

2. Das Präsidium stellt auf Vorschlag des Generalsekretärs und unter gebührender Berücksichtigung der Regelungen gemäß Absatz 3 das Vorliegen der Voraussetzungen des Absatzes 1 für jede betroffene Amtssprache fest. Das Präsidium überprüft auf der Grundlage eines Fortschrittsberichts des Generalsekretärs seinen Beschluss halbjährlich. Das Präsidium beschließt die erforderlichen Durchführungsbestimmungen.

3. Die vom Rat aufgrund der Verträge erlassenen befristeten Sonderregelungen hinsichtlich der Abfassung von Rechtsakten finden Anwendung.

4. Das Parlament kann jederzeit auf begründete Empfehlung des Präsidiums die vorgezogene Aufhebung dieses Artikels oder, nach Ablauf der in Absatz 1 genannten Zeitspanne, seine Verlängerung beschließen.

Art. 169 Verteilung der Dokumente. Di Dokumente, die den Beratungen und Beschlüssen des Parlaments zugrunde liegen, werden den Mitgliedern zur Verfügung gestellt.

Unbeschadet von Absatz 1 haben die Mitglieder und die Fraktionen unmittelbaren Zugang zum internen EDV-System des Parlaments zwecks Konsultation jedes nicht vertraulichen vorbereitenden Dokuments (Berichtsentwurf, Entwurf einer Empfehlung, Entwurf einer Stellungnahme, Arbeitsdokument, im Ausschuss eingereichte Änderungsanträge).

Art. 170 Elektronischer Umgang mit Dokumenten. Die Dokumente des Parlaments können in elektronischer Form vorbereitet, unterzeichnet und verteilt werden. Das Präsidium entscheidet über die technischen Spezifikationen und über die Gestaltung der elektronischen Form.

Art. 171 Aufteilung der Redezeit und Rednerliste.[2)] 1. Die Konferenz der Präsidenten kann vorschlagen, zur Durchführung einer Aussprache die Redezeit aufzuteilen. Das Parlament entscheidet über diesen Vorschlag ohne Aussprache.

2. Mitglieder dürfen das Wort nicht ergreifen, wenn es ihnen nicht vom Präsidenten erteilt worden ist. Die Mitglieder sprechen von ihrem

---

1) Verlängerung durch den Beschluss des Parlaments vom 12. März 2019.

2) Artikel 171 Absatz 2 gilt entsprechend für Ausschüsse (siehe Artikel 216 Absatz 4).

Platz aus und wenden sich an den Präsidenten. Schweifen Redner vom Beratungsgegenstand ab, führt der Präsident sie zum Beratungsgegenstand zurück.

3. Der Präsident kann für den ersten Teil einer bestimmten Aussprache eine Rednerliste aufstellen, die eine oder mehrere Runden von Rednern aus jeder Fraktion, die das Wort ergreifen möchten, in der Reihenfolge der relativen Stärke dieser Fraktionen enthält.

4. Die Redezeit für diesen Teil der Aussprache wird nach folgenden Kriterien aufgeteilt:

a) Ein erster Teil der Redezeit wird gleichmäßig auf alle Fraktionen verteilt;
b) ein zweiter Teil wird im Verhältnis zur Gesamtzahl ihrer Mitglieder auf die Fraktionen verteilt;
c) den fraktionslosen Mitgliedern insgesamt wird eine Redezeit eingeräumt, die auf den Anteilen beruht, die den einzelnen Fraktionen gemäß den Buchstaben a und b eingeräumt wurden;
d) die Aufteilung der Redezeit im Plenum soll berücksichtigen, dass Mitglieder mit Behinderungen möglicherweise mehr Zeit benötigen.

5. Wird die Redezeit für mehrere Tagesordnungspunkte zusammen aufgeteilt, bringen die Fraktionen dem Präsidenten zur Kenntnis, wie sich ihre Redezeit auf die einzelnen Tagesordnungspunkte verteilt. Der Präsident trägt dafür Sorge, dass diese Redezeiten eingehalten werden.

6. Der verbleibende Teil der für eine Aussprache vorgesehenen Zeit wird nicht im Voraus aufgeteilt. Stattdessen kann der Präsident Mitgliedern das Wort für Redebeiträge von grundsätzlich nicht mehr als einer Minute erteilen. Der Präsident achtet so weit wie möglich darauf, dass Redner verschiedener politischer Richtungen und aus verschiedenen Mitgliedstaaten abwechselnd das Wort ergreifen.

7. Auf Antrag kann der Präsident Wortmeldungen des Vorsitzes oder des Berichterstatters des zuständigen Ausschusses sowie der Fraktionsvorsitze, die im Namen ihrer Fraktion zu sprechen wünschen, oder der Redner, die an ihrer Stelle sprechen, Vorrang geben.

8. Der Präsident kann Mitgliedern, die durch das Hochheben einer blauen Karte anzeigen, dass sie an ein anderes Mitglied während dessen Redebeitrags eine Frage von nicht mehr als einer halben Minute Dauer im Zusammenhang mit den Ausführungen des Mitglieds richten möchten, das Wort erteilen. Dies tut der Präsident nur, wenn der Redner mit der Frage einverstanden ist und wenn der Präsident davon überzeugt ist, dass die Aussprache dadurch nicht gestört wird und dass durch mehrere aufeinander folgende Fragen durch das Hochheben einer blauen Karte kein grobes Ungleichgewicht in Bezug auf die Fraktionszugehörigkeit der während dieser Aussprache das Wort ergreifenden Mitglieder entsteht.

9. Die Redezeit für Wortmeldungen zu den folgenden Themen ist auf eine Minute begrenzt: das Sitzungsprotokoll, Verfahrensanträge und

Änderungen am endgültigen Entwurf der Tagesordnung oder an der Tagesordnung.

10. Der Kommission und dem Rat wird in der Aussprache über einen Bericht in der Regel unmittelbar nach der Erläuterung seines Berichts durch den Berichterstatter das Wort erteilt. Die Kommission, der Rat und der Berichterstatter können erneut das Wort erhalten, insbesondere um auf Ausführungen von Mitgliedern des Parlaments zu reagieren.

11. Mitglieder, die in einer Aussprache nicht gesprochen haben, können nicht mehr als einmal pro Tagung eine schriftliche Erklärung von höchstens 200 Wörtern abgeben, die dem ausführlichen Sitzungsbericht dieser Aussprache beigefügt wird.

12. Der Präsident ist unter gebührender Berücksichtigung der Bestimmungen des Artikels 230 des Vertrags über die Arbeitsweise der Europäischen Union bestrebt, mit der Kommission, dem Rat und dem Präsidenten des Europäischen Rates eine Einigung über eine angemessene Zuteilung der Redezeit an sie zu erzielen.

Art. 172 Ausführungen von einer Minute. Für einen Zeitraum von höchstens 30 Minuten erteilt der Präsident in der ersten Sitzung jeder Tagung Mitgliedern das Wort, die das Parlament auf ein Thema von politischer Bedeutung aufmerksam machen wollen. Die Redezeit beträgt höchstens eine Minute je Mitglied. Der Präsident kann im späteren Verlauf derselben Tagung einen weiteren derartigen Zeitraum einräumen.

Art. 173 Persönliche Bemerkungen. 1. Den Mitgliedern, die zu einer persönlichen Bemerkung um das Wort bitten, wird es am Ende der Aussprache über den Tagesordnungspunkt, der gerade behandelt wird, oder zum Zeitpunkt der Genehmigung des Protokolls der Sitzung, auf die sich die Wortmeldung bezieht, erteilt.

Die Redner dürfen nicht zum Gegenstand der Aussprache sprechen, sondern müssen sich darauf beschränken, Äußerungen, die sich in der Aussprache auf die eigene Person bezogen haben, oder ihnen unterstellte Ansichten zurückzuweisen oder eigene Ausführungen richtigzustellen.

2. Die Redezeit für persönliche Bemerkungen ist auf drei Minuten begrenzt, sofern das Parlament nicht anders entscheidet.

Art. 174 Verhinderung von Obstruktion.[1] Der Präsident ist befugt, einen übermäßigen Gebrauch von Anträgen, z. B. Bemerkungen zur Anwendung der Geschäftsordnung, Anträge zum Verfahren oder Erklärungen zur Abstimmung sowie Anträge auf gesonderte, getrennte oder namentliche Abstimmung, zu unterbinden, wenn diese Anträge oder Anfragen nach seiner Überzeugung offensichtlich anhaltend eine

[1] Artikel 174 gilt entsprechend für Ausschüsse (siehe Artikel 219).

erhebliche Obstruktion der Verfahren im Parlament oder der Rechte der Mitglieder bezwecken sollen und bewirken würden.

Kapitel 4. Maßnahmen bei Nichteinhaltung der Verhaltensregeln

Art. 175 Sofortmaßnahmen. 1. Der Präsident ruft jedes Mitglied, das gegen die Verhaltensregeln nach Artikel 10 Absatz 3 oder 4 verstößt, zur Ordnung.

2. Im Wiederholungsfall ruft der Präsident das Mitglied ein zweites Mal zur Ordnung, wobei ein Vermerk in das Sitzungsprotokoll eingetragen wird.

3. Bei fortgesetztem Verstoß oder einem weiteren Verstoß gegen die Ordnung kann der Präsident dem Mitglied das Wort entziehen und es für den Rest der Sitzung aus dem Plenarsaal verweisen. Bei besonders groben Verstößen gegen die Ordnung kann der Präsident das Mitglied auch unmittelbar und ohne zweiten Ordnungsruf für den Rest der Sitzung aus dem Plenarsaal verweisen. Der Generalsekretär sorgt unverzüglich mit Hilfe der Saaldiener und nötigenfalls des Sicherheitsdienstes des Parlaments für die Durchführung einer solchen Ordnungsmaßnahme.

4. Wenn störende Unruhe entsteht, die den Fortgang der Verhandlungen in Frage stellt, unterbricht der Präsident zur Wiederherstellung der Ordnung die Sitzung auf bestimmte Zeit oder schließt sie. Kann der Präsident sich kein Gehör verschaffen, verlässt er den Präsidentenstuhl, und die Sitzung wird dadurch unterbrochen. Zur Fortsetzung der Sitzung beruft der Präsident das Plenum ein.

5. Der Präsident kann im Fall eines Verstoßes gegen Artikel 10 Absatz 3 oder 4 durch ein Mitglied beschließen, die Direktübertragung der Sitzung zu unterbrechen.

6. Der Präsident kann die Entfernung von den Teilen einer Rede eines Mitglieds aus den audiovisuellen Aufzeichnungen der Sitzung anordnen, die gegen Artikel 10 Absatz 3 oder 4 verstoßen.

Diese Anordnung wird sofort wirksam. Sie muss jedoch vom Präsidium spätestens vier Wochen nach ihrer Anordnung oder – sofern das Präsidium in diesem Zeitraum nicht zusammentritt – bei dessen nächster Sitzung bestätigt werden.

7. Die in den Absätzen 1 bis 6 aufgeführten Befugnisse stehen entsprechend dem Amtsträger zu, der bei Sitzungen von in der Geschäftsordnung vorgesehenen Organen, Ausschüssen und Delegationen den Vorsitz führt.

8. Unter Berücksichtigung der Schwere des Verstoßes gegen die Verhaltensregeln der Mitglieder kann das Mitglied, das den Vorsitz der Tagung, des Organs, des Ausschusses oder der Delegation führt, spätestens bis zur nächsten Tagung oder bis zur nächsten Sitzung des betroffenen Organs, des Ausschusses oder der Delegation gegebenenfalls den Präsidenten mit einem Antrag auf Anwendung von Artikel 176 befassen.

Art. 176 Sanktionen. 1. Bei schwerwiegenden Verstößen gegen Artikel 10 Absätze 2 bis 9 fasst der Präsident einen mit Gründen versehenen Beschluss über die angemessene Sanktion gegen das Mitglied gemäß diesem Artikel.

Im Zusammenhang mit Artikel 10 Absatz 3 oder 4 kann der Präsident einen mit Gründen versehenen Beschluss im Sinne dieses Artikels fassen, und zwar unabhängig davon, ob zuvor gegen das betroffene Mitglied eine Sofortmaßnahme im Sinne von Artikel 175 verhängt wurde.

Im Zusammenhang mit Artikel 10 Absatz 6 darf der Präsident erst dann einen mit Gründen versehenen Beschluss im Sinne dieses Artikels fassen, nachdem gemäß dem geltenden internen Verwaltungsverfahren für Mobbing und Mobbing-Prävention festgestellt wurde, dass ein Fall von Mobbing vorliegt.

In den Fällen, für die in dieser Geschäftsordnung oder einem vom Präsidium nach Artikel 25 angenommenen Beschluss die Anwendung dieses Artikels vorgesehen ist, kann der Präsident eine Sanktion gegen ein Mitglied verhängen.

2. Das betroffene Mitglied wird vom Präsidenten aufgefordert, schriftlich Stellung zu nehmen, bevor der Beschluss gefasst wird. Der Präsident kann beschließen, stattdessen eine mündliche Anhörung zu vereinbaren, wenn dies angemessener ist.

Der Beschluss über die Verhängung der Sanktion wird dem betroffenen Mitglied mittels eingeschriebenem Brief oder in dringenden Fällen über die Saaldiener bekanntgegeben.

Jede gegen ein Mitglied verhängte Sanktion wird, nachdem sie dem betroffenen Mitglied bekanntgegeben wurde, vom Präsidenten im Plenum bekanntgegeben. Die Vorsitze der Organe, Ausschüsse und Delegationen, denen es angehört, werden über sie unterrichtet.

Sobald die Sanktion unanfechtbar wird, wird sie auf der Website des Europäischen Parlaments an sichtbarer Stelle veröffentlicht und verbleibt dort für die restliche Dauer der Wahlperiode.

3. Bei der Bewertung der beobachteten Verhaltensweisen sind ihr punktueller, wiederkehrender oder fortgesetzter Charakter und ihr Schweregrad zu berücksichtigen. Außerdem wird, sofern zutreffend, der damit verbundene mögliche Schaden für die Würde und den Ruf des Parlaments berücksichtigt.

4. Die verhängte Sanktion kann in einer oder mehreren der folgenden Maßnahmen bestehen:

a) Rüge;
b) Verlust des Anspruchs auf Tagegeld für die Dauer von zwei bis dreißig Tagen;
c) unbeschadet der Ausübung des Stimmrechts im Plenum und in diesem Fall vorbehaltlich der strengen Einhaltung der Verhaltensregeln vorübergehende Suspendierung von der Teilnahme an allen oder einem Teil der Tätigkeiten des Parlaments für die Dauer von zwei bis dreißig Tagen, an denen das Parlament oder eines seiner Organe, Ausschüsse oder Delegationen Sitzungen abhält;

d) Verbot für das Mitglied, für eine Dauer von bis zu einem Jahr das Parlament in einer interparlamentarischen Delegation, bei einer interparlamentarischen Konferenz oder in einem interinstitutionellen Forum zu vertreten;

e) bei Verletzung der Geheimhaltungspflicht eine Beschränkung der Rechte auf Zugang zu vertraulichen Informationen oder Verschlusssachen für eine Dauer von bis zu einem Jahr.

5. Die in Absatz 4 Buchstaben b bis e festgelegten Maßnahmen können bei wiederholten Verstößen oder bei Weigerung des Mitglieds, eine gemäß Artikel 175 Absatz 3 ergriffene Maßnahme zu befolgen, verdoppelt werden.

6. Der Präsident kann zusätzlich die Konferenz der Präsidenten mit einem Vorschlag über die Aussetzung oder Beendigung eines oder mehrerer durch das Mitglied ausgeübter Ämter innerhalb des Parlaments in Übereinstimmung mit dem Verfahren gemäß Artikel 21 befassen.

Art. 177 Interne Beschwerdeverfahren. Das betroffene Mitglied kann binnen zwei Wochen ab der Bekanntgabe der vom Präsidenten aufgrund des Artikels 176 Absätze 1 bis 5 verhängten Sanktion beim Präsidium eine interne Beschwerde einreichen. Die Beschwerde bewirkt die Aussetzung der Anwendung der Sanktion. Das Präsidium kann unbeschadet der dem betroffenen Mitglied zustehenden externen Beschwerdemöglichkeiten spätestens vier Wochen nach Eingang der Beschwerde oder, sofern das Präsidium in diesem Zeitraum nicht zusammentritt, bei seiner nächsten Sitzung, die verhängte Sanktion aufheben, bestätigen oder ändern. Ergeht innerhalb der festgesetzten Frist kein Beschluss des Präsidiums, gilt die Sanktion als null und nichtig.

Kapitel 5. Beschlussfähigkeit, Änderungsanträge und Abstimmung

Art. 178 Beschlussfähigkeit. 1. Das Parlament kann ungeachtet der Zahl der Anwesenden jederzeit beraten, die Tagesordnung festsetzen und das Sitzungsprotokoll genehmigen.

2. Das Parlament ist beschlussfähig, wenn ein Drittel seiner Mitglieder im Plenarsaal anwesend ist.

3. Jede Abstimmung ist ungeachtet der Zahl der abstimmenden Mitglieder gültig, sofern nicht der Präsident auf einen vor Beginn der Abstimmung von mindestens 40 Mitgliedern gestellten Antrag hin feststellt, dass die Beschlussfähigkeit nicht gegeben ist. Ist die für die Beschlussfähigkeit erforderliche Zahl von Mitgliedern nicht erreicht, erklärt der Präsident, dass die Beschlussfähigkeit nicht gegeben ist, und die Abstimmung wird auf die Tagesordnung der nächsten Sitzung gesetzt.

Die elektronische Abstimmungsanlage kann zur Feststellung der Schwelle von 40 Mitgliedern verwendet werden, nicht aber zur Überprüfung der Beschlussfähigkeit. Das Schließen der Türen des Plenarsaals ist nicht statthaft.

4. Die Mitglieder, die die Feststellung der Beschlussfähigkeit beantragen, müssen im Plenarsaal anwesend sein, wenn dieser Antrag gestellt wird, und werden bei der Ermittlung der Anwesenheit im Sinne der Absätze 2 und 3 auch dann hinzugerechnet, wenn sie den Plenarsaal anschließend verlassen.

5. Sind weniger als 40 Mitglieder anwesend, kann der Präsident die Beschlussunfähigkeit feststellen.

Art. 179 Schwellen.[1] 1. Für die Zwecke dieser Geschäftsordnung und sofern nichts anderes festgelegt ist, bezeichnet der Begriff

a) „niedrige Schwelle" ein Zwanzigstel der Mitglieder des Parlaments oder eine Fraktion;

b) „mittlere Schwelle" ein Zehntel der Mitglieder des Parlaments, die sich aus einer Fraktion oder mehreren Fraktionen, einzelnen Mitgliedern oder einer Kombination aus beidem zusammensetzen;

c) „hohe Schwelle" ein Fünftel der Mitglieder des Parlaments, die sich aus einer Fraktion oder mehreren Fraktionen, einzelnen Mitgliedern oder einer Kombination aus beidem zusammensetzen.

2. Ist zur Feststellung der Erreichung einer geltenden Schwelle die Unterschrift eines Mitglieds erforderlich, kann diese Unterschrift entweder handschriftlich oder elektronisch geleistet werden, wobei die Unterschrift in letzterem Fall mittels des Systems der elektronischen Unterschrift des Parlaments erstellt wird. Ein Mitglied kann seine Unterschrift innerhalb der einschlägigen Fristen zurückziehen, kann jedoch danach nicht erneut unterzeichnen.

3. Ist die Unterstützung einer Fraktion erforderlich, damit eine Schwelle erreicht wird, handelt die Fraktion über ihren Vorsitz oder eine Person, die vom Vorsitz ordnungsgemäß für diesen Zweck bestimmt wurde.

4. Für die Anwendung der mittleren und der hohen Schwelle wird die Unterstützung einer Fraktion wie folgt gezählt:

– wenn ein Artikel, in dem eine derartige Schwelle vorgesehen ist, im Lauf einer Sitzung in Anspruch genommen wird: alle Mitglieder, die der unterstützenden Fraktion angehören und persönlich anwesend sind;

– in allen anderen Fällen: alle Mitglieder, die der unterstützenden Fraktion angehören.

Art. 180 Einreichung und Vorstellung von Änderungsanträgen.[2] 1. Der federführende Ausschuss, eine Fraktion oder Mitglieder, durch die mindestens die niedrige Schwelle erreicht wird, können Änderungsanträge zur Prüfung im Plenum einreichen. Die Namen aller Mitunterzeichner werden veröffentlicht.

---

[1] Artikel 179 gilt entsprechend für Ausschüsse (siehe Artikel 219).
[2] Artikel 180 gilt entsprechend für Ausschüsse (siehe Artikel 219).

Änderungsanträge müssen schriftlich eingereicht werden und von den Verfassern unterzeichnet sein.

Änderungsanträge zu Vorschlägen für verbindliche Rechtsakte können mit einer kurzen Begründung versehen sein. Solche Begründungen werden in Verantwortung des Verfassers erstellt und kommen nicht zur Abstimmung.

2. Vorbehaltlich der Einschränkungen gemäß Artikel 181 kann sich ein Änderungsantrag auf jeden Teil eines Textes beziehen. Er kann darauf abzielen, Wörter oder Zahlen zu streichen, hinzuzufügen oder durch andere zu ersetzen.

Unter Text wird in diesem und in Artikel 181 die Gesamtheit eines Entschließungsantrags/Entwurfs einer legislativen Entschließung, eines Vorschlags für einen Beschluss oder eines Vorschlags für einen verbindlichen Rechtsakt verstanden.

3. Der Präsident setzt eine Frist für die Einreichung von Änderungsanträgen fest.

4. Ein Änderungsantrag kann in der Aussprache von seinem Verfasser oder einem anderen Mitglied, das vom Verfasser des Änderungsantrags als Stellvertreter benannt wurde, vorgestellt werden.

5. Wird ein Änderungsantrag von seinem Verfasser zurückgezogen, ist dieser Antrag hinfällig, sofern ihn nicht sofort ein anderes Mitglied übernimmt.

6. Sofern das Parlament nicht anders entscheidet, kann über die Änderungsanträge erst dann abgestimmt werden, wenn sie in allen Amtssprachen zur Verfügung gestellt worden sind. Eine solche Entscheidung kann nicht getroffen werden, wenn mindestens 40 Mitglieder Einspruch dagegen erheben. Das Parlament vermeidet Entscheidungen, die dazu führen würden, dass Mitglieder, die eine bestimmte Sprache benutzen, in nicht vertretbarem Maße benachteiligt werden.

Sind weniger als 100 Mitglieder anwesend, darf das Parlament nicht anders entscheiden, wenn mindestens ein Zehntel der anwesenden Mitglieder Einspruch dagegen erhebt.

Auf Vorschlag des Präsidenten wird ein mündlicher Änderungsantrag oder jegliche andere mündliche Änderung wie ein Änderungsantrag behandelt, der nicht in allen Amtssprachen zur Verfügung gestellt worden ist. Entscheidet der Präsident, dass dieser gemäß Artikel 181 Absatz 2 zulässig ist, und wird kein Einspruch gemäß Artikel 180 Absatz 6 erhoben, wird über ihn im Einklang mit der festgelegten Abstimmungsreihenfolge abgestimmt.

Im Ausschuss bestimmt sich die Anzahl der Mitglieder, die für einen Einspruch gegen einen solchen Änderungsantrag oder eine solche Änderung erforderlich ist, gemäß Artikel 219 im Verhältnis zur im Plenum erforderlichen Anzahl, wobei gegebenenfalls zur ganzen Zahl aufgerundet wird.

Art. 181 Zulässigkeit von Änderungsanträgen.[1] 1. Unbeschadet der zusätzlichen Bedingungen gemäß Artikel 54 Absatz 4 zu Initiativ-

[1] Artikel 181 gilt entsprechend für Ausschüsse (siehe Artikel 219).

berichten und Artikel 68 Absatz 2 zu Änderungsanträgen zum Standpunkt des Rates ist ein Änderungsantrag unzulässig,

a) wenn sein Inhalt in keinem direkten Zusammenhang mit dem zu ändernden Text steht;
b) wenn er auf eine Streichung oder Ersetzung des gesamten Textes abzielt;
c) wenn er darauf abzielt, einen Textteil zu ändern, der über einen einzelnen Artikel oder Absatz des zugrunde liegenden Textes hinausgeht, mit Ausnahme von Kompromissänderungsanträgen und Änderungsanträgen, die darauf abzielen, die gleichen Änderungen an einer wiederkehrenden Formulierung im gesamten Text vorzunehmen;
d) wenn damit ein Vorschlag für eine Kodifizierung von Rechtsakten der Union geändert werden soll; Artikel 109 Absatz 3 Unterabsatz 2 findet jedoch entsprechend Anwendung;
e) wenn damit die Teile eines Vorschlags zur Neufassung von Rechtsvorschriften der Union geändert werden sollen, die in einem solchen Vorschlag unverändert geblieben sind; Artikel 110 Absatz 2 Unterabsatz 2 und Artikel 110 Absatz 3 Unterabsatz 3 finden jedoch entsprechend Anwendung;
f) wenn der Änderungsantrag lediglich der Sicherstellung der sprachlichen Korrektheit oder der Verbesserung der terminologischen Kohärenz der Sprachfassung des Textes dienen soll, in der der Änderungsantrag eingereicht wurde; in diesem Fall bemüht sich der Präsident mit den Beteiligten um eine geeignete sprachliche Lösung.

2. Der Präsident entscheidet über die Zulässigkeit von Änderungsanträgen.

Die vom Präsidenten gemäß Absatz 2 getroffene Entscheidung über die Zulässigkeit von Änderungsanträgen wird nicht allein auf der Grundlage der Bestimmungen von Absatz 1, sondern auf der Grundlage der Bestimmungen dieser Geschäftsordnung im Allgemeinen getroffen.

3. Eine Fraktion oder Mitglieder, durch die mindestens die niedrige Schwelle erreicht wird, können einen alternativen Entschließungsantrag zu einem nichtlegislativen Entschließungsantrag in einem Ausschussbericht einreichen.

In einem solchen Fall können diese Fraktion oder die betroffenen Mitglieder keine Änderungsanträge zu dem Entschließungsantrag des federführenden Ausschusses einreichen. Der alternative Entschließungsantrag darf nicht länger sein als der vom Ausschuss vorgelegte Entschließungsantrag. Er ist Gegenstand einer einzigen Abstimmung ohne Änderungsanträge.

Artikel 132 Absätze 4 und 5 über gemeinsame Entschließungsanträge finden entsprechend Anwendung.

4. Mit Zustimmung des Präsidenten können Änderungsanträge ausnahmsweise nach Ablauf der Frist für Änderungsanträge eingereicht

werden, wenn es sich um Kompromissänderungsanträge handelt oder wenn technische Probleme vorliegen. Der Präsident entscheidet über die Zulässigkeit solcher Änderungsanträge. Der Präsident holt vor der Abstimmung die Zustimmung des Parlaments zur Abstimmung über solche Änderungsanträge ein.

Für die Zulässigkeit von Kompromissänderungsanträgen lassen sich folgende allgemeine Kriterien aufstellen:

- *In der Regel beziehen sich die Kompromissänderungsanträge auf Textstellen, zu denen vor Ablauf der Frist für Änderungsanträge andere Änderungsanträge eingereicht worden sind.*
- *In der Regel werden die Kompromissänderungsanträge von den Fraktionen eingereicht, die eine Mehrheit im Parlament bilden, den Vorsitzen oder den Berichterstattern der beteiligten Ausschüsse oder von den Verfassern anderer Änderungsanträge.*
- *In der Regel hat die Einreichung von Kompromissänderungsanträgen zur Folge, dass andere Änderungsanträge zum selben Textteil zurückgezogen werden.*

Nur der Präsident kann die Berücksichtigung eines Kompromissänderungsantrags vorschlagen. Für die Abstimmung über einen solchen Änderungsantrag muss der Präsident die Zustimmung des Parlaments einholen, indem er die Frage stellt, ob gegen die Abstimmung über einen Kompromissänderungsantrag Einwände bestehen. Wird ein Einwand erhoben, entscheidet das Parlament mit der Mehrheit der abgegebenen Stimmen.

Art. 182 Abstimmungsverfahren.[1] 1. Sofern in dieser Geschäftsordnung nichts anderes geregelt ist, gilt bei Abstimmungen über dem Parlament vorgelegte Texte folgendes Verfahren:

a) Zunächst wird gegebenenfalls über Änderungsanträge zu dem Vorschlag für einen verbindlichen Rechtsakt abgestimmt,

b) dann wird, wo zutreffend, über den gesamten, gegebenenfalls geänderten Text abgestimmt,
Erhält der Vorschlag für einen gegebenenfalls geänderten verbindlichen Rechtsakt nicht die Mehrheit der im Ausschuss abgegebenen Stimmen, schlägt der Ausschuss dem Parlament vor, den Vorschlag abzulehnen.

c) anschließend wird über etwaige Änderungsanträge zum Entschließungsantrag/zum Entwurf einer legislativen Entschließung abgestimmt,

d) abschließend wird über den gesamten Entschließungsantrag abgestimmt (Schlussabstimmung). Das Parlament stimmt nicht über in Berichten enthaltene Begründungen ab.

2. Bei der Abstimmung über Vorschläge für verbindliche Rechtsakte und nichtlegislative Entschließungsanträge wird zunächst über den verfügenden Teil und anschließend über Bezugsvermerke und Erwägungen abgestimmt.

---

[1] Artikel 182 gilt entsprechend für Ausschüsse (siehe Artikel 219).

3. Ein Änderungsantrag wird hinfällig, wenn er mit früheren Entscheidungen, die zum selben Text in derselben Abstimmung getroffen wurden, unvereinbar ist.

4. Zum Zeitpunkt der Abstimmung sind nur Ausführungen des Berichterstatters oder an seiner Stelle des Vorsitzes des Ausschusses zulässig. Er kann den Standpunkt des federführenden Ausschusses zu den Änderungsanträgen, über die abgestimmt wird, kurz darlegen.

Art. 183 Reihenfolge der Abstimmung über Änderungsanträge.[1] 1. Die Änderungsanträge haben Vorrang vor dem Text, auf den sie sich beziehen, und sind vor ihm zur Abstimmung zu stellen.

2. Beziehen sich zwei oder mehrere Änderungsanträge, die sich gegenseitig ausschließen, auf denselben Textteil, hat der Antrag, der sich vom ursprünglichen Text am weitesten entfernt, den Vorrang und ist zuerst zur Abstimmung zu stellen. Seine Annahme hat die Ablehnung der übrigen Änderungsanträge zur Folge; wird er abgelehnt, wird über den Antrag, der nunmehr den Vorrang hat, abgestimmt, und dieses Verfahren wird für alle weiteren Änderungsanträge wiederholt. Bestehen Zweifel über den Vorrang, entscheidet der Präsident. Werden alle Änderungsanträge abgelehnt, gilt der ursprüngliche Text als angenommen, es sei denn, dass innerhalb der angegebenen Frist eine gesonderte Abstimmung beantragt wurde.

3. Der Präsident kann jedoch, wenn er der Ansicht ist, dass dies die Abstimmung erleichtert, den ursprünglichen Text zunächst zur Abstimmung stellen oder einen weniger weit vom ursprünglichen Text entfernten Änderungsantrag dem am weitesten entfernten bei der Abstimmung vorziehen.

Erhält einer dieser Texte die Mehrheit, werden alle übrigen Änderungsanträge zu derselben Textstelle hinfällig.

4. Werden Kompromissänderungsanträge zur Abstimmung gestellt, wird über sie vorrangig abgestimmt.

5. Bei einer Abstimmung über einen Kompromissänderungsantrag ist eine getrennte Abstimmung nicht zulässig.

6. Hat der zuständige Ausschuss ein Paket von Änderungsanträgen zu dem Text vorgelegt, auf den sich der Bericht bezieht, stellt der Präsident sie en bloc zur Abstimmung, sofern nicht eine Fraktion oder Mitglieder, durch die mindestens die niedrige Schwelle erreicht wird, zu bestimmten Textteilen eine gesonderte oder getrennte Abstimmung beantragt haben bzw. weitere konkurrierende Änderungsanträge eingereicht worden sind.

7. Der Präsident kann andere Änderungsanträge, die sich ergänzen, en bloc zur Abstimmung stellen, sofern nicht eine Fraktion oder Mitglieder, durch die mindestens die niedrige Schwelle erreicht wird, eine gesonderte oder getrennte Abstimmung beantragt haben. Auch die

[1] Artikel 183 gilt entsprechend für Ausschüsse (siehe Artikel 219).

Verfasser der Änderungsanträge können eine Abstimmung en bloc über ihre Änderungsanträge vorschlagen.

8. Der Präsident kann nach der Annahme oder Ablehnung eines bestimmten Änderungsantrags entscheiden, dass mehrere andere Änderungsanträge mit ähnlichem Inhalt oder ähnlicher Zielsetzung en bloc zur Abstimmung gestellt werden. Der Präsident kann zuvor das Einverständnis des Parlaments einholen.

Ein solches Paket von Änderungsanträgen kann sich auf verschiedene Teile des ursprünglichen Textes beziehen.

9. Werden zwei oder mehrere gleichlautende Änderungsanträge von verschiedenen Verfassern eingereicht, wird darüber wie über einen einzigen Änderungsantrag abgestimmt.

10. Über Änderungsanträge, für die eine namentliche Abstimmung beantragt worden ist, wird getrennt von anderen Änderungsanträgen abgestimmt.

Art. 184 Filterung von Änderungsanträgen für das Plenum durch den Ausschuss. Wurden zu einem von einem Ausschuss vorgelegten Text mehr als 50 Änderungsanträge oder Anträge auf getrennte oder gesonderte Abstimmung zur Prüfung im Plenum eingereicht, die einen durch einen Ausschuss eingereichten Text betreffen, kann der Präsident den jeweiligen Ausschuss nach Anhörung des Ausschussvorsitzes auffordern, eine Sitzung zur Abstimmung über alle diese Änderungsanträge oder Anträge einzuberufen. Änderungsanträge oder Anträge auf getrennte oder gesonderte Abstimmung, für die in diesem Stadium nicht mindestens ein Drittel der Mitglieder des Ausschusses stimmen, werden im Plenum nicht zur Abstimmung gestellt.

Art. 185 Getrennte Abstimmung.[1] 1. Wenn ein Text, über den abgestimmt werden soll, mehrere Bestimmungen enthält oder sich auf mehrere Sachgebiete bezieht oder sich in mehrere Teile aufgliedern lässt, von denen jeder einen eigenen Sinngehalt und/oder einen eigenen normativen Wert besitzt, kann von einer Fraktion oder von Mitgliedern, durch die mindestens die niedrige Schwelle erreicht wird, die getrennte Abstimmung beantragt werden.

2. Der Antrag muss spätestens am Abend vor der Abstimmung gestellt werden, es sei denn, der Präsident legt eine andere Frist fest. Der Präsident entscheidet über den Antrag.

Art. 186 Abstimmungsrecht.[2] Das Abstimmungsrecht ist ein persönliches Recht.. Die Mitglieder geben ihre Stimme einzeln und persönlich ab.

Jeder Verstoß gegen diesen Artikel wird als schwerer Verstoß gegen Artikel 10 Absatz 3 betrachtet.

---

[1] Artikel 185 Absatz 1 gilt entsprechend für Ausschüsse (siehe Artikel 219).
[2] Artikel 186 gilt entsprechend für Ausschüsse (siehe Artikel 219).

Art. 187 Abstimmung.[1] 1. Das Parlament stimmt in der Regel durch Handzeichen ab.

Der Präsident kann jedoch jederzeit entscheiden, dass die Abstimmungen mittels elektronischer Abstimmungsanlage vorgenommen werden.

2. Der Präsident erklärt die einzelnen Abstimmungen für eröffnet und für geschlossen.

Hat der Präsident die Abstimmung für eröffnet erklärt, sind neben den Ausführungen des Präsidenten selbst keine anderen Ausführungen zulässig, bis der Präsident die Abstimmung für geschlossen erklärt hat.

3. Für die Annahme oder Ablehnung eines Textes werden nur die abgegebenen Ja- und Nein-Stimmen bei der Berechnung des Abstimmungsergebnisses berücksichtigt, ausgenommen in den Fällen, für die in den Verträgen eine spezifische Mehrheit vorgesehen ist.

4. Entscheidet der Präsident, dass das Ergebnis einer Abstimmung durch Handzeichen unklar ist, wird elektronisch und im Falle einer Störung der Abstimmungsanlage durch Aufstehen oder Sitzenbleiben abgestimmt.

5. Der Präsident stellt das Abstimmungsergebnis fest und gibt es bekannt.

6. Das Ergebnis der Abstimmung wird festgehalten.

Art. 188 Schlussabstimmung. Bei einzigen Abstimmungen und Schlussabstimmungen über einen Bericht stimmt das Parlament namentlich gemäß Artikel 190 Absatz 3 ab.

Artikel 188 über die namentliche Abstimmung findet auf die in Artikel 8 Absatz 2 und in Artikel 9 Absätze 4, 7 und 9 genannten Berichte im Rahmen von Immunitätsverfahren keine Anwendung.

Art. 189 Stimmengleichheit.[2] 1. Bei Stimmengleichheit im Fall einer Abstimmung gemäß Artikel 182 Absatz 1 Buchstabe b oder d wird der gesamte Text an den Ausschuss zurück überwiesen. Dies gilt auch für Abstimmungen gemäß den Artikeln 3 und 9.

2. Bei Stimmengleichheit im Fall einer Abstimmung über einen Text, über den gemäß Artikel 185 getrennt abgestimmt wird, gilt der Text als angenommen.

3. In allen übrigen Fällen von Stimmengleichheit gilt unbeschadet der Anwendung der Artikel, die eine qualifizierte Mehrheit erfordern, der Text oder Vorschlag als abgelehnt.

Artikel 189 Absatz 3 ist so auszulegen, dass bei Stimmengleichheit im Fall einer Abstimmung über den Entwurf einer Empfehlung gemäß Artikel 149 Absatz 4, einem beim Gerichtshof der Europäischen Union anhängigen Verfahren nicht beizutreten, ein solches Abstimmungsergebnis nicht die Annahme einer Empfehlung bedeutet, nach der das Parlament diesem Verfahren beitreten

---

[1] Artikel 187 gilt entsprechend für Ausschüsse (siehe Artikel 219).
[2] Artikel 189 gilt entsprechend für Ausschüsse (siehe Artikel 219).

sollte. In einem derartigen Fall wird davon ausgegangen, dass der zuständige Ausschuss überhaupt keine Empfehlung abgegeben hat.

Der Präsident kann an der Abstimmung teilnehmen, jedoch ohne dass seine Stimme den Ausschlag gibt.

Art. 190 Namentliche Abstimmung.[1] 1. Außer in den in dieser Geschäftsordnung vorgesehenen Fällen wird namentlich abgestimmt, wenn dies von einer Fraktion oder von Mitgliedern, durch die mindestens die niedrige Schwelle erreicht wird, spätestens am Abend vor der Abstimmung schriftlich beantragt wird, sofern der Präsident nicht eine andere Frist festlegt.

Artikel 190 über die namentliche Abstimmung findet auf die in Artikel 8 Absatz 2 und in Artikel 9 Absätze 4, 7 und 9 genannten Berichte im Rahmen von Immunitätsverfahren keine Anwendung.

2. Jede Fraktion kann höchstens einhundert Anträge auf namentliche Abstimmung pro Tagung einreichen.

3. Die namentliche Abstimmung erfolgt mittels elektronischer Abstimmungsanlage.

Ist eine Verwendung der elektronischen Abstimmungsanlage aus technischen Gründen nicht möglich, kann die namentliche Abstimmung in alphabetischer Reihenfolge erfolgen und mit dem Namen eines durch das Los bestimmten Mitglieds beginnen. Der Präsident wird als letzter zur Abstimmung aufgerufen. Es wird mit lauter Stimme durch „Ja", „Nein" oder „Enthaltung" abgestimmt.

4. Das Abstimmungsergebnis wird in das Sitzungsprotokoll aufgenommen; die Namen der Mitglieder werden in alphabetischer Reihenfolge nach Fraktionen aufgeführt und es wird angegeben, wie jedes Mitglied gestimmt hat.

Art. 191 Geheime Abstimmung.[2] 1. Über Ernennungen wird unbeschadet der Anwendung von Artikel 15 Absatz 1 und Artikel 213 Absatz 2 Unterabsatz 1 geheim abgestimmt.

Nur die Stimmzettel, die die Namen von Personen tragen, deren Kandidatur vorlag, werden bei der Berechnung des Abstimmungsergebnisses berücksichtigt.

2. Eine geheime Abstimmung erfolgt auch, wenn sie von Mitgliedern oder einer oder mehreren Fraktionen, durch die mindestens die hohe Schwelle erreicht wird, beantragt wird. Ein solcher Antrag muss vor Eröffnung der Abstimmung gestellt werden.

3. Ein Antrag auf geheime Abstimmung hat Vorrang vor einem Antrag auf namentliche Abstimmung.

4. Bei jeder geheimen Abstimmung zählen zwei bis acht durch das Los bestimmte Mitglieder die Stimmen, es sei denn, es wird elektronisch abgestimmt.

---

[1] Artikel 190 Absätze 3 und 4 gelten entsprechend für Ausschüsse (siehe Artikel 219).

[2] Artikel 191 gilt entsprechend für Ausschüsse (siehe Artikel 219).

Bei Abstimmungen gemäß Absatz 1 können die Kandidaten nicht mit der Stimmenzählung beauftragt werden.

Die Namen der Mitglieder, die an einer geheimen Abstimmung teilgenommen haben, werden im Protokoll der Sitzung aufgeführt, in der diese Abstimmung stattgefunden hat.

Art. 192 Verwendung der elektronischen Abstimmungsanlage.[1] 1. Die technischen Anwendungsbestimmungen für die Benutzung der elektronischen Abstimmungsanlage werden vom Präsidium festgelegt.

2. Bei elektronischer Abstimmung wird, sofern es sich nicht um eine namentliche Abstimmung handelt, nur das zahlenmäßige Abstimmungsergebnis festgehalten.

3. Der Präsident kann jederzeit entscheiden, die elektronische Abstimmungsanlage zu verwenden, um das Erreichen einer Schwelle zu überprüfen.

Art. 193 Streitigkeiten über die Abstimmung.[2] 1. Wortmeldungen zur Anwendung der Geschäftsordnung, die die Gültigkeit einer Abstimmung betreffen, können vorgebracht werden, nachdem der Präsident die Abstimmung für geschlossen erklärt hat.

2. Nach der Bekanntgabe des Abstimmungsergebnisses kann die Überprüfung der durch Handzeichen erfolgten Abstimmung mit Hilfe der elektronischen Abstimmungsanlage beantragt werden.

3. Über die Gültigkeit des bekannt gegebenen Ergebnisses entscheidet der Präsident. Seine Entscheidung ist unanfechtbar.

Art. 194 Erklärungen zur Abstimmung. 1. Wenn die Abstimmungen abgeschlossen sind, kann jedes Mitglied zur einzigen Abstimmung und/oder Schlussabstimmung über einen dem Parlament unterbreiteten Gegenstand eine mündliche Erklärung, die höchstens eine Minute dauern darf, abgeben. Jedes Mitglied kann pro Tagung höchstens drei mündliche Erklärungen abgeben.

Jedes Mitglied kann zu einer derartigen Abstimmung eine schriftliche Erklärung zur Abstimmung von höchstens 200 Wörtern einreichen, die auf die Seite des Mitglieds auf der Website des Parlaments aufgenommen wird.

Eine Fraktion kann eine Erklärung zur Abstimmung von höchstens zwei Minuten abgeben.

Ein Antrag zur Abgabe einer Erklärung zur Abstimmung ist nicht mehr zulässig, sobald die erste Erklärung zum ersten Gegenstand begonnen hat.

Erklärungen zur Abstimmung sind zulässig zur einzigen Abstimmung und/oder Schlussabstimmung über jeden Gegenstand, der dem Parlament vorliegt.

---

[1] Artikel 192 gilt entsprechend für Ausschüsse (siehe Artikel 219).
[2] Artikel 193 gilt entsprechend für Ausschüsse (siehe Artikel 219).

Für die Zwecke dieses Artikels bezieht sich der Begriff „Schlussabstimmung“ nicht auf die Art der Abstimmung, sondern bezeichnet die letzte Abstimmung zu einem Gegenstand.

2. Erklärungen zur Abstimmung sind bei geheimen Abstimmungen oder Abstimmungen über Verfahrensfragen nicht zulässig.

3. Steht ein Gegenstand ohne Änderungsanträge oder ohne Aussprache auf der Tagesordnung des Parlaments, können die Mitglieder nur gemäß Absatz 1 schriftliche Erklärungen zur Abstimmung abgeben.

Die schriftlichen und mündlichen Erklärungen zur Abstimmung müssen einen direkten Bezug zu dem Gegenstand haben, der dem Parlament vorgelegt wurde.

Kapitel 6. Bemerkungen zur Anwendung der Geschäftsordnung und Anträge zum Verfahren

Art. 195 Bemerkungen zur Anwendung der Geschäftsordnung.[1] 1. Mitglieder können das Wort erhalten, um den Präsidenten auf einen Verstoß gegen diese Geschäftsordnung hinzuweisen. Zu Beginn ihrer Ausführungen geben sie den Artikel an, auf den sie sich beziehen.

2. Eine Wortmeldung zur Geschäftsordnung hat Vorrang vor allen anderen Wortmeldungen oder Anträgen zum Verfahren.

3. Die Redezeit beträgt höchstens eine Minute.

4. Über Bemerkungen zur Anwendung dieser Geschäftsordnung entscheidet der Präsident unverzüglich gemäß den Bestimmungen dieser Geschäftsordnung und teilt diese Entscheidung unmittelbar nach Abgabe der Bemerkung zur Anwendung der Geschäftsordnung mit. Eine Abstimmung über die Entscheidung des Präsidenten findet nicht statt.

5. Ausnahmsweise kann der Präsident erklären, dass er die betreffende Entscheidung erst später, jedoch nicht mehr als 24 Stunden nach der Bemerkung zur Anwendung dieser Geschäftsordnung mitteilen wird. Das Aufschieben der Entscheidung bewirkt nicht die Vertagung der laufenden Aussprache. Der Präsident kann die Frage dem zuständigen Ausschuss vorlegen.

Eine Wortmeldung zur Geschäftsordnung muss sich auf den gerade behandelten Tagesordnungspunkt beziehen. Der Präsident kann eine Wortmeldung, die einen anderen Gegenstand betrifft, zu einem geeigneten Zeitpunkt, zum Beispiel nach Abschluss des jeweiligen Tagesordnungspunkts oder vor einer Unterbrechung der Sitzung, aufrufen.

Art. 196 Anträge zum Verfahren. 1. Wortmeldungen zu folgenden Anträgen zum Verfahren haben Vorrang vor anderen Wortmeldungen:

---

[1] Artikel 195 gilt entsprechend für Ausschüsse (siehe Artikel 219).

a) der Antrag auf Unzulässigerklärung eines Beratungsgegenstands (Artikel 197),
b) der Antrag auf Rücküberweisung an einen Ausschuss (Artikel 198),
c) der Antrag auf Schluss der Aussprache (Artikel 199),
d) der Antrag auf Vertagung der Aussprache oder Abstimmung (Artikel 200), oder
e) der Antrag auf Unterbrechung oder Schluss der Sitzung (Artikel 201).

Zu diesen Anträgen dürfen außer dem Antragsteller nur folgende Mitglieder das Wort ergreifen: ein Redner, der sich gegen den Antrag äußert, sowie der Vorsitz oder der Berichterstatter des zuständigen Ausschusses.

2. Die Redezeit beträgt höchstens eine Minute.

Art. 197 Antrag auf Unzulässigerklärung. 1. Bei Eröffnung der Aussprache über einen bestimmten Tagesordnungspunkt kann von einer Fraktion oder von Mitgliedern, durch die mindestens die niedrige Schwelle erreicht wird, beantragt werden, ihn für unzulässig zu erklären. Über diesen Antrag wird unverzüglich abgestimmt.

Die Absicht, einen derartigen Unzulässigkeitsantrag zu stellen, muss dem Präsidenten mindestens 24 Stunden im Voraus angekündigt werden; der Präsident unterrichtet das Parlament unverzüglich hierüber.

2. Wird einem solchen Antrag stattgegeben, geht das Parlament sofort zum nächsten Punkt der Tagesordnung über.

Art. 198 Rücküberweisung an einen Ausschuss. 1. Die Rücküberweisung an den Ausschuss kann bei Festlegung der Tagesordnung oder vor Eröffnung der Aussprache von einer Fraktion oder von Mitgliedern, durch die mindestens die niedrige Schwelle erreicht wird, beantragt werden.

Die Absicht, einen Antrag auf Rücküberweisung an den Ausschuss zu stellen, muss dem Präsidenten mindestens 24 Stunden im Voraus angekündigt werden; der Präsident unterrichtet das Parlament unverzüglich hierüber.

2. Der Antrag auf Rücküberweisung an den Ausschuss kann auch vor oder während einer Abstimmung von einer Fraktion oder von Mitgliedern, durch die mindestens die niedrige Schwelle erreicht wird, gestellt werden. Über diesen Antrag wird unverzüglich abgestimmt.

3. Ein solcher Antrag kann jeweils nur einmal innerhalb der in Absatz 1 und 2 genannten einzelnen Verfahrensabschnitte gestellt werden.

4. Durch die Rücküberweisung wird die Prüfung des Gegenstands ausgesetzt.

5. Das Parlament kann dem Ausschuss eine Frist setzen, innerhalb derer er seine Ergebnisse vorzulegen hat.

Art. 199 Schluss der Aussprache. 1. Eine Aussprache kann auf Vorschlag des Präsidenten oder auf Antrag einer Fraktion oder von Mitgliedern, durch die mindestens die niedrige Schwelle erreicht wird, geschlossen werden, bevor die Rednerliste erschöpft ist. Die Abstimmung über den Vorschlag oder den Antrag findet unverzüglich statt.

2. Wird einem solchen Vorschlag bzw. Antrag zugestimmt, darf nur ein Mitglied von jeder Fraktion, der in der Aussprache das Wort bis dahin nicht erteilt wurde, sprechen.

3. Nach den Ausführungen gemäß Absatz 2 wird die Aussprache geschlossen, und das Parlament geht zur Abstimmung über den Beratungsgegenstand über, sofern vorher keine bestimmte Abstimmungszeit festgelegt worden ist.

4. Wird der Vorschlag bzw. Antrag abgelehnt, kann er während derselben Aussprache ausschließlich vom Präsidenten erneut eingebracht werden.

Art. 200 Vertagung der Aussprache oder Abstimmung.[1] 1. Bei Eröffnung der Aussprache über einen Punkt der Tagesordnung kann von einer Fraktion oder von Mitgliedern, durch die mindestens die niedrige Schwelle erreicht wird, beantragt werden, die Aussprache bis zu einem bestimmten Zeitpunkt zu vertagen. Über diesen Antrag wird unverzüglich abgestimmt.

Die Absicht, einen derartigen Antrag zu stellen, muss dem Präsidenten mindestens 24 Stunden im Voraus angekündigt werden. Der Präsident unterrichtet das Parlament unverzüglich über jede Ankündigung.

2. Wird einem solchen Antrag stattgegeben, geht das Parlament zum nächsten Punkt der Tagesordnung über. Die vertagte Aussprache wird zu dem beschlossenen Zeitpunkt wiederaufgenommen.

3. Wird der Antrag abgelehnt, kann er während derselben Tagung nicht erneut gestellt werden.

4. Vor oder während einer Abstimmung kann von einer Fraktion oder von Mitgliedern, durch die mindestens die niedrige Schwelle erreicht wird, beantragt werden, die Abstimmung zu vertagen. Über diesen Antrag wird unverzüglich abgestimmt.

Art. 201 Unterbrechung oder Schluss der Sitzung.[2] Während einer Aussprache oder einer Abstimmung kann die Sitzung unterbrochen oder geschlossen werden, wenn es das Parlament auf Vorschlag des Präsidenten oder auf Antrag von Mitgliedern oder einer oder mehrerer Fraktionen, durch die mindestens die hohe Schwelle erreicht wird, beschließt. Die Abstimmung hierüber findet unverzüglich statt.

Wenn eine Unterbrechung oder der Schluss einer Sitzung beantragt wird, ist unverzüglich das Verfahren zur Abstimmung über diesen Antrag einzuleiten. Die Abstimmung im Plenum sollte in der üblichen Weise angekündigt werden

---

[1] Artikel 200 gilt entsprechend für Ausschüsse (siehe Artikel 219).
[2] Artikel 201 gilt entsprechend für Ausschüsse (siehe Artikel 219).

und es sollte den Mitgliedern gemäß der bestehenden Praxis ausreichend Zeit gewährt werden, um sich in den Plenarsaal zu begeben.

Wenn ein derartiger Antrag abgelehnt wurde, kann in analoger Anwendung von Artikel 158 Absatz 2 Unterabsatz 2 ein ähnlicher Antrag an demselben Tag nicht noch einmal gestellt werden. Gemäß Artikel 174 der Geschäftsordnung ist der Präsident befugt, eine unverhältnismäßig große Anzahl von Anträgen nach dem vorliegenden Artikel zu unterbinden.

Kapitel 7. Veröffentlichung der Verhandlungen

Art. 202 Protokoll. 1. Das Protokoll jeder Sitzung, in dem die Verhandlungen, die Namen der Redner und die Beschlüsse des Parlaments, darunter auch die Ergebnisse der Abstimmungen über Änderungsanträge, im Einzelnen aufgeführt werden, wird spätestens eine halbe Stunde vor Beginn der Nachmittagssitzung des nächsten Sitzungstags zur Verfügung gestellt.

2. Ein Verzeichnis der Dokumente, die den Beratungen und Beschlüssen des Parlaments zugrunde liegen, wird im Protokoll veröffentlicht.

3. Zu Beginn der Nachmittagssitzung jedes Sitzungstags unterbreitet der Präsident dem Parlament das Protokoll der vorangegangenen Sitzung zur Genehmigung.

4. Wird gegen das Sitzungsprotokoll Einspruch erhoben, beschließt das Parlament gegebenenfalls darüber, ob die beantragten Änderungen zu berücksichtigen sind. Kein Mitglied darf mehr als eine Minute zu diesem Thema sprechen.

5. Das Sitzungsprotokoll wird mit der Unterschrift des Präsidenten und des Generalsekretärs versehen und im Archiv des Parlaments aufbewahrt. Es wird im *Amtsblatt der Europäischen Union* veröffentlicht.

Art. 203 Angenommene Texte. 1. Die vom Parlament angenommenen Texte werden unmittelbar nach der Abstimmung veröffentlicht. Sie werden dem Plenum gemeinsam mit dem Protokoll der betreffenden Sitzung vorgelegt und im Archiv des Parlaments aufbewahrt.

2. Die vom Parlament angenommenen Texte werden unter der Verantwortung des Präsidenten einer juristisch-sprachlichen Überarbeitung unterzogen. Werden die Texte auf der Grundlage einer Einigung zwischen Parlament und Rat angenommen, so wird die Überarbeitung von diesen beiden Organen in enger Zusammenarbeit und in gegenseitigem Einvernehmen vorgenommen.

3. Das Verfahren gemäß Artikel 241 findet Anwendung, wenn zur Gewährleistung der Kohärenz und Qualität des Textes im Einklang mit dem vom Parlament zum Ausdruck gebrachten Willen Anpassungen vorgenommen werden müssen, die über die Korrektur typologischer Fehler oder über Korrekturen hinausgehen, die erforderlich sind, um die Übereinstimmung aller Sprachfassungen, ihre sprachliche Korrektheit und ihre terminologische Kohärenz sicherzustellen.

4. Die vom Parlament nach dem ordentlichen Gesetzgebungsverfahren angenommenen Standpunkte haben die Form eines konsolidierten Textes. Wenn die Abstimmung im Parlament nicht auf einer Einigung mit dem Rat beruht, werden in dem konsolidierten Text alle angenommenen Abänderungen gekennzeichnet.

5. Nach der Überarbeitung werden die angenommenen Texte vom Präsidenten und vom Generalsekretär unterzeichnet und im *Amtsblatt der Europäischen Union* veröffentlicht.

Art. 204 Ausführlicher Sitzungsbericht.[1] 1. Von jeder Sitzung wird ein ausführlicher Sitzungsbericht als mehrsprachiges Dokument verfasst, in dem alle mündlichen Beiträge in der Originalamtssprache erscheinen.

2. Der Präsident kann, unbeschadet seiner sonstigen Ordnungsbefugnisse, die Ausführungen derjenigen Mitglieder, denen das Wort nicht erteilt worden war oder die das Wort über die ihnen gewährte Zeit hinaus behalten haben, aus den ausführlichen Sitzungsberichten streichen lassen.

3. Die Redner können Korrekturen in der Niederschrift ihrer mündlichen Beiträge binnen fünf Arbeitstagen vornehmen. Korrekturen werden dem Generalsekretariat innerhalb dieser Frist zugeleitet.

4. Der mehrsprachige ausführliche Sitzungsbericht wird als Anhang zum *Amtsblatt der Europäischen Union* veröffentlicht und im Archiv des Parlaments aufbewahrt.

5. Auf Antrag eines Mitglieds wird eine Übersetzung eines Auszugs aus dem ausführlichen Sitzungsbericht in eine Amtssprache angefertigt. Gegebenenfalls wird die Übersetzung kurzfristig bereitgestellt.

Art. 205 Audiovisuelle Aufzeichnung der Verhandlungen. 1. Die Verhandlungen des Parlaments in der Sprache, in der sie stattfinden, sowie die mehrsprachige Tonspur aus allen aktiven Dolmetscherkabinen werden in Echtzeit auf der Website des Parlaments übertragen.

2. Unmittelbar nach der Sitzung wird eine indexierte audiovisuelle Aufzeichnung der Verhandlungen in der Sprache, in der sie stattgefunden haben, sowie die mehrsprachige Tonspur aus allen aktiven Dolmetscherkabinen produziert und auf der Website des Parlaments für den Rest der Wahlperiode und während der folgenden Wahlperiode zugänglich gemacht und danach im Archiv des Parlaments aufbewahrt. Diese audiovisuelle Aufzeichnung wird mit den mehrsprachigen ausführlichen Sitzungsberichten der Verhandlungen verknüpft, sobald diese zur Verfügung stehen.

---

[1] Wird ein ausführlicher Sitzungsbericht verfasst, finden Artikel 204 Absätze 2, 3 und 5 entsprechend für Ausschüsse Anwendung (siehe Artikel 216 Absatz 5).

Titel VIII. Ausschüsse und Delegationen

Kapitel 1. Ausschüsse

Art. 206 Einsetzung ständiger Ausschüsse. Auf Vorschlag der Konferenz der Präsidenten setzt das Parlament ständige Ausschüsse ein. Ihre Zuständigkeiten werden in einer Anlage zu dieser Geschäftsordnung[1] bestimmt. Diese Anlage wird mit der Mehrheit der abgegebenen Stimmen angenommen. Die Ernennung der Ausschussmitglieder findet auf der ersten Tagung des neugewählten Parlaments statt.

Die Zuständigkeiten der ständigen Ausschüsse können auch zu einem anderen Zeitpunkt als dem des Beschlusses zu ihrer Einsetzung festgelegt werden.

Art. 207 Sonderausschüsse. 1. Das Parlament kann jederzeit auf Vorschlag der Konferenz der Präsidenten Sonderausschüsse einsetzen, deren Zuständigkeiten, zahlenmäßige Zusammensetzung und Mandatszeit gleichzeitig mit dem Beschluss zu ihrer Einsetzung festgelegt werden.

2. Die Mandatszeit der Sonderausschüsse darf zwölf Monate nicht überschreiten, es sei denn, das Parlament verlängert diesen Zeitraum vor ihrem Ablauf. Sofern im Beschluss des Parlaments zur Einsetzung des Sonderausschusses nichts anderes beschlossen wurde, beginnt die Mandatszeit zum Zeitpunkt der konstituierenden Sitzung.

3. Sonderausschüsse sind nicht berechtigt, Stellungnahmen für andere Ausschüsse abzugeben.

Art. 208 Untersuchungsausschüsse. 1. Gemäß Artikel 226 des Vertrags über die Arbeitsweise der Europäischen Union und Artikel 2 des Beschlusses 95/167/EG, Euratom, EGKS des Europäischen Parlaments, des Rates und der Kommission[2] kann das Parlament zur Prüfung von behaupteten Verstößen gegen das Unionsrecht oder Missständen bei der Anwendung desselben, die einem Organ oder einer Einrichtung der Europäischen Union, einer Behörde eines Mitgliedstaates oder Personen, die durch das Unionsrecht mit dessen Anwendung beauftragt wurden, zur Last gelegt werden, auf Antrag eines Viertels seiner Mitglieder einen Untersuchungsausschuss einsetzen.

Weder zum Gegenstand der Untersuchung, so wie er von einem Viertel der Mitglieder des Parlaments festgelegt wurde, noch zu dem in Absatz 11 festgelegten Zeitraum sind Änderungsanträge zulässig.

2. Der Beschluss zur Einsetzung eines Untersuchungsausschusses wird innerhalb eines Monats nach Beschlussfassung im *Amtsblatt der Europäischen Union* veröffentlicht.

---

[1] Siehe Anlage VI.

[2] Beschluss 95/167/EG, Euratom, EGKS des Europäischen Parlaments, des Rates und der Kommission vom 19. April 1995 über Einzelheiten der Ausübung des Untersuchungsrechts des Europäischen Parlaments (ABl. L 113 vom 19.5.1995, S. 1).

3. Für die Arbeitsweise eines Untersuchungsausschusses gelten die in der Geschäftsordnung für Ausschüsse vorgesehenen Bestimmungen vorbehaltlich der Sonderbestimmungen dieses Artikels und der Bestimmungen des Beschlusses 95/167/EG, Euratom, EGKS.

4. Der Antrag auf Einsetzung eines Untersuchungsausschusses muss die genaue Angabe des Gegenstands der Untersuchung und eine ausführliche Begründung enthalten. Das Parlament entscheidet auf Vorschlag der Konferenz der Präsidenten über die Einsetzung des Ausschusses und gegebenenfalls über dessen zahlenmäßige Zusammensetzung.

5. Die Untersuchungsausschüsse sind nicht berechtigt, Stellungnahmen für andere Ausschüsse abzugeben.

6. Zu jedem beliebigen Verfahrenszeitpunkt sind nur die ordentlichen Mitglieder und in deren Abwesenheit die Stellvertreter berechtigt, an den Abstimmungen in einem Untersuchungsausschuss teilzunehmen.

7. Der Untersuchungsausschuss wählt seinen Vorsitz und seine stellvertretenden Vorsitze und benennt einen oder mehrere Berichterstatter. Der Ausschuss kann ferner seinen Mitgliedern Aufträge und besondere Aufgaben erteilen oder Befugnisse übertragen. Diese erstatten dem Ausschuss anschließend ausführlich Bericht.

8. In der Zeit zwischen zwei Sitzungen üben die Koordinatoren des Ausschusses in Dringlichkeits- und Notfällen die Befugnisse des Ausschusses vorbehaltlich einer Bestätigung durch den Ausschuss in seiner nächstfolgenden Sitzung aus.

9. Bezüglich der Verwendung der Sprachen wendet der Untersuchungsausschuss Artikel 167 an. Der Vorstand des Ausschusses:
– kann jedoch die Simultanverdolmetschung auf die Amtssprachen der an den Arbeiten beteiligten Mitgliedern des Ausschusses beschränken, wenn er dies aus Gründen der Vertraulichkeit für notwendig hält;
– beschließt jedoch über die Übersetzung der eingegangenen Dokumente derart, dass der Ausschuss seine Beratungen effizient und rasch durchführen kann sowie die gebotene Geheimhaltung und Vertraulichkeit gewahrt bleiben.

10. Deuten behauptete Verstöße gegen das Unionsrecht oder Missstände bei der Anwendung desselben darauf hin, dass eine Einrichtung oder eine Behörde eines Mitgliedstaats verantwortlich sein könnte, kann der Untersuchungsausschuss das Parlament des betroffenen Mitgliedstaats um Zusammenarbeit bei den Ermittlungen ersuchen.

11. Der Untersuchungsausschuss schließt seine Arbeiten mit einem Bericht über die Ergebnisse ab, den er dem Parlament innerhalb eines Zeitraums vorlegt, der zwölf Monate ab der konstituierenden Sitzung des Ausschusses nicht überschreitet. Das Parlament kann zweimal eine Verlängerung dieser Frist um jeweils drei Monate beschließen. Der Bericht kann gegebenenfalls Minderheitenansichten in Übereinstimmung

mit den in Artikel 55 vorgesehenen Bedingungen enthalten. Dieser Bericht wird veröffentlicht.

Auf Antrag des Untersuchungsausschusses hält das Parlament auf der Tagung, die auf die Vorlage des Berichts folgt, eine Aussprache über den Bericht ab.

12. Der Untersuchungsausschuss kann ferner dem Parlament einen Entwurf für eine an die Organe und Einrichtungen der Europäischen Union oder der Mitgliedstaaten gerichtete Empfehlung vorlegen.

13. Der Präsident beauftragt den gemäß Anlage VI zuständigen Ausschuss, die Weiterbehandlung der Ergebnisse des Untersuchungsausschusses zu überwachen und gegebenenfalls darüber Bericht zu erstatten. Der Präsident trifft alle weiteren für zweckmäßig erachteten Vorkehrungen im Hinblick auf die konkrete Umsetzung der Ergebnisse der Untersuchungen.

Art. 209 Zusammensetzung der Ausschüsse. 1. Die Mitglieder der Ausschüsse, Sonderausschüsse und Untersuchungsausschüsse werden von den Fraktionen und den fraktionslosen Mitgliedern ernannt.

Die Konferenz der Präsidenten setzt eine Frist, innerhalb deren die Fraktionen und fraktionslosen Mitglieder dem Präsidenten ihre Ernennungen mitteilen; dieser gibt die Ernennungen anschließend im Parlament bekannt.

2. Die Zusammensetzung der Ausschüsse entspricht möglichst weitgehend der Zusammensetzung des Parlaments. Bei der Verteilung der Sitze in den Ausschüssen auf die Fraktionen ist entweder die nächstliegende ganze Zahl über oder die nächstliegende ganze Zahl unter dem Ergebnis der Berechnung im Verhältnis zur Gesamtzahl maßgeblich.

Erzielen die Fraktionen keine Einigung über ihr anteiliges Gewicht in einem oder mehreren Ausschüssen, fasst die Konferenz der Präsidenten einen Beschluss.

3. Beschließt eine Fraktion, Sitze in einem Ausschuss nicht in Anspruch zu nehmen, oder ernennt sie ihre Mitglieder nicht innerhalb der von der Konferenz der Präsidenten gesetzten Frist, bleiben diese Sitze frei. Ein Austausch von Sitzen zwischen den Fraktionen ist nicht gestattet.

4. Hat der Fraktionswechsel eines Mitglieds zur Folge, dass die in Absatz 2 festgelegte anteilsmäßige Verteilung der Sitze des Ausschusses gestört wird, und erzielen die Fraktionen keine Einigung, durch die sichergestellt wird, dass die festgelegten Grundsätze eingehalten werden, so fasst die Konferenz der Präsidenten die erforderlichen Beschlüsse.

5. Etwaige beschlossene Änderungen der Ernennungen seitens der Fraktionen und fraktionslosen Mitglieder werden dem Präsidenten mitgeteilt, der sie spätestens zu Beginn der nächsten Sitzung im Parlament bekannt gibt. Diese Beschlüsse sind ab dem Tag der Bekanntgabe rechtswirksam.

6. Die Fraktionen und fraktionslosen Mitglieder können für jeden Ausschuss eine Anzahl von Stellvertretern benennen, die die Zahl der

ordentlichen Mitglieder, durch die die Fraktion oder fraktionslosen Mitglieder im Ausschuss vertreten sind, nicht übersteigt. Der Präsident ist davon zu unterrichten. Die Stellvertreter sind berechtigt, an den Sitzungen teilzunehmen, dort das Wort zu ergreifen und bei Abwesenheit des ordentlichen Mitglieds an der Abstimmung teilzunehmen.

7. Ist das ordentliche Mitglied abwesend und wurden keine Stellvertreter benannt oder sind diese nicht anwesend, kann sich das ordentliche Mitglied in den Sitzungen von einem anderen Mitglied derselben Fraktion oder, wenn das Mitglied keiner Fraktion angehört, von einem anderen fraktionslosen Mitglied vertreten lassen, wobei das vertretende Mitglied berechtigt ist, an den Abstimmungen teilzunehmen. Der Vorsitz des Ausschusses ist spätestens vor Beginn der Abstimmungen davon zu unterrichten.

Die in Absatz 7 letzter Satz vorgesehene vorherige Mitteilung muss vor Ende der Aussprache oder vor dem Beginn der Abstimmung über den bzw. die Punkte erfolgen, bei dem bzw. denen sich das ordentliche Mitglied vertreten lässt.

Im Sinne dieses Artikels:

- *ergibt sich die Eigenschaft eines ordentlichen oder eines stellvertretenden Ausschussmitglieds einzig und allein aus der Zugehörigkeit zu einer bestimmten Fraktion;*
- *ändert sich, wenn sich die Zahl der ordentlichen Mitglieder einer Fraktion in einem Ausschuss ändert, die Höchstzahl der festen Stellvertreter, die sie benennen kann, entsprechend;*
- *können Mitglieder, wenn sie die Fraktion wechseln, nicht die Eigenschaft eines ordentlichen Mitglieds oder festen Stellvertreters behalten, die sie in ihrer früheren Fraktion innehatten;*
- *kann ein Ausschussmitglied auf keinen Fall Stellvertreter eines Mitglieds sein, das einer anderen Fraktion angehört.*

Art. 210 Aufgaben der Ausschüsse. 1. Die ständigen Ausschüsse haben die Aufgabe, die ihnen vom Parlament oder während einer Unterbrechung der Sitzungsperiode vom Präsidenten im Namen der Konferenz der Präsidenten überwiesenen Gegenstände zu prüfen.

2. Sind für den Gegenstand mehrere ständige Ausschüsse zuständig, werden ein Ausschuss als federführender und die anderen als mitberatende Ausschüsse bestimmt.

Insgesamt dürfen aber nicht mehr als drei Ausschüsse gleichzeitig mit einer Angelegenheit befasst werden, es sei denn, dass eine Abweichung von dieser Regel unter den in Absatz 1 genannten Bedingungen beschlossen wird.

3. Zwei oder mehrere Ausschüsse oder Unterausschüsse können Gegenstände, für die sie zuständig sind, gemeinsam prüfen, aber nicht gemeinsam darüber beschließen, sofern nicht Artikel 58 Anwendung findet.

4. Jeder Ausschuss kann mit dem Einverständnis der zuständigen Gremien des Parlaments eines oder mehrere seiner Mitglieder beauftragen, eine Studien- oder Informationsreise zu unternehmen.

Art. 211 Zuständigkeitsfragen. 1. Erklärt sich ein ständiger Ausschuss für die Prüfung eines Gegenstands für nicht zuständig oder besteht ein Zuständigkeitsstreit zwischen zwei oder mehreren ständigen Ausschüssen, wird die Frage der Zuständigkeit innerhalb von vier Wochen nach Bekanntgabe der Überweisung an den Ausschuss im Plenum der Konferenz der Ausschussvorsitze vorgelegt.

2. Die Konferenz der Präsidenten beschließt innerhalb von sechs Wochen nach Einreichung der Anfrage auf der Grundlage einer Empfehlung der Konferenz der Ausschussvorsitze oder, mangels einer solchen, auf der Grundlage einer Empfehlung von deren Vorsitz. Fasst die Konferenz der Präsidenten innerhalb dieser Frist keinen Beschluss, gilt die Empfehlung als angenommen.

3. Die Ausschussvorsitze können sich, gegebenenfalls vorbehaltlich der Genehmigung eines Verfahrens mit assoziierten Ausschüssen gemäß Artikel 57, mit anderen Ausschussvorsitzen über die Zuweisung eines Gegenstands an einen bestimmten Ausschuss einigen.

Art. 212 Unterausschüsse. 1. Unterausschüsse können in Übereinstimmung mit Artikel 206 eingesetzt werden. Darüber hinaus kann jeder ständige Ausschuss oder Sonderausschuss, wenn es seine Arbeit erfordert, mit vorheriger Genehmigung der Konferenz der Präsidenten aus seiner Mitte einen oder mehrere Unterausschüsse bilden, wobei er deren Zusammensetzung nach Maßgabe der einschlägigen Bestimmungen von Artikel 209 bestimmt und deren Zuständigkeit festlegt, welche in die Zuständigkeit des Hauptausschusses fallen muss. Die Unterausschüsse erstatten dem Hauptausschuss Bericht.

2. Sofern in dieser Geschäftsordnung nichts anderes vorgesehen ist, gilt das für die Ausschüsse angewandte Verfahren auch für die Unterausschüsse.

3. Die ordentlichen Mitglieder eines Unterausschusses werden unter den Mitgliedern des Hauptausschusses ausgewählt.

4. Die Stellvertreter werden unter den gleichen Bedingungen wie für Ausschusssitzungen zu den Sitzungen der Unterausschüsse zugelassen.

5. Der Vorsitz des Hauptausschusses kann die Vorsitze der Unterausschüsse an den Arbeiten der Koordinatoren beteiligen oder ihnen ermöglichen, bei Aussprachen im Hauptausschuss über Themen aus dem Fachbereich des Unterausschusses den Vorsitz zu führen, wenn ein derartiges Vorgehen dem Ausschussvorstand unterbreitet und von ihm gebilligt wird.

Art. 213 Ausschussvorstände. 1. In der ersten Ausschusssitzung, die auf die Ernennung der Mitglieder der Ausschüsse gemäß Artikel 209 folgt, und erneut nach Ablauf von zweieinhalb Jahren, wählt der Ausschuss unter seinen ordentlichen Mitgliedern in getrennten Wahlgängen einen Vorsitz und stellvertretende Vorsitze, die gemeinsam den Vorstand des Ausschusses bilden. Die Zahl der zu wählenden stellvertretenden Vorsitze wird auf Vorschlag der Konferenz der Präsidenten vom Parlament festgelegt. Die Vielfalt des Parlaments muss in der Zusammensetzung der Vorstände der einzelnen Ausschüsse zur Geltung kommen; der Vorstand eines Ausschusses darf weder ausschließlich aus männlichen noch ausschließlich aus weiblichen Mitgliedern bestehen, und die stellvertretenden Vorsitze dürfen nicht alle aus demselben Mitgliedstaat kommen.

2. Entspricht die Zahl der Kandidaten der Zahl der freien Sitze, erfolgt die Wahl durch Zuruf. Gibt es bei einem Wahlgang jedoch mehr als einen Kandidaten oder beantragen Mitglieder oder eine oder mehrere Fraktionen, durch die im Ausschuss mindestens die hohe Schwelle erreicht wird, eine Abstimmung, erfolgt die Wahl in geheimer Abstimmung.

Bei einer einzigen Kandidatur erfolgt die Wahl mit der absoluten Mehrheit der abgegebenen Stimmen, die sich aus den für den Kandidaten abgegebenen Stimmen und den Gegenstimmen zusammensetzen.

Bei mehreren Kandidaturen ist gewählt, wer die absolute Mehrheit der im ersten Wahlgang abgegebenen Stimmen erhält. Im zweiten Wahlgang ist der Kandidat gewählt, der die meisten Stimmen erhält. Bei Stimmengleichheit ist der Kandidat mit dem höheren Lebensalter gewählt.

3. Die folgenden Artikel, die die Amtsträger des Parlaments betreffen, finden auf die Ausschüsse entsprechend Anwendung: Artikel 14 (Vorläufiger Vorsitz), Artikel 15 (Kandidaturen und allgemeine Bestimmungen), Artikel 16 (Wahl des Präsidenten – Eröffnungsansprache), Artikel 19 (Amtszeit) und Artikel 20 (Freiwerdende Ämter).

Art. 214 Ausschusskoordinatoren. 1. Die Fraktionen können in jedem Ausschuss aus ihren Reihen einen Koordinator benennen.

2. Eine Sitzung der Ausschusskoordinatoren wird erforderlichenfalls vom Ausschussvorsitz einberufen, um die vom Ausschuss zu fassenden Beschlüsse, insbesondere Verfahrensbeschlüsse und Beschlüsse über die Benennung von Berichterstattern, vorzubereiten. Der Ausschuss kann den Koordinatoren die Befugnis übertragen, bestimmte Beschlüsse – mit Ausnahme von Beschlüssen zur Annahme von Berichten, Entschließungsanträgen, Stellungnahmen oder Änderungsanträgen – zu fassen.

Die stellvertretenden Vorsitze können dazu eingeladen werden, an den Sitzungen der Ausschusskoordinatoren in beratender Funktion teilzunehmen.

Gelingt es nicht, einen Konsens zu erreichen, können die Koordinatoren nur mit einer Mehrheit beschließen, die unter Berücksichtigung der jeweiligen Stärke der einzelnen Fraktionen eindeutig einer großen Mehrheit des Ausschusses entspricht.

Der Vorsitz gibt im Ausschuss alle Beschlüsse und Empfehlungen der Koordinatoren bekannt, die als angenommen gelten, wenn ihnen nicht widersprochen wird. Sie werden im Protokoll der Ausschusssitzung ordnungsgemäß aufgeführt.

Die fraktionslosen Mitglieder stellen keine Fraktion im Sinne von Artikel 33 dar und können folglich keine Koordinatoren benennen, die als einzige Mitglieder berechtigt sind, an den Sitzungen der Koordinatoren teilzunehmen.

In jedem Falle muss entsprechend dem Grundsatz der Nichtdiskriminierung das Recht der fraktionslosen Mitglieder auf Zugang zu Informationen durch die Übermittlung von Informationen und die Anwesenheit eines Mitglieds des Sekretariats der fraktionslosen Mitglieder bei den Sitzungen der Koordinatoren gewährleistet werden.

Art. 215 Schattenberichterstatter. Die Fraktionen können für jeden Bericht einen Schattenberichterstatter benennen, der den Fortgang des jeweiligen Berichts verfolgen und im Auftrag der Fraktion innerhalb des Ausschusses nach Kompromissen suchen soll. Die Namen der Schattenberichterstatter werden dem Vorsitz mitgeteilt.

Art. 216 Ausschusssitzungen. 1. Die Ausschüsse tagen nach Einberufung durch ihren Vorsitz oder auf Veranlassung des Präsidenten.
Bei Einberufung der Sitzung legt der Vorsitz den Entwurf der Tagesordnung vor. Der Ausschuss beschließt zu Beginn der Sitzung über die Tagesordnung.

2. Auf Einladung eines Vorsitzes im Namen des Ausschusses können die Kommission, der Rat und andere Organe der Union in Ausschusssitzungen das Wort ergreifen.

Auf Beschluss des Ausschusses kann jede sonstige Person eingeladen werden, an einer Sitzung teilzunehmen und dort das Wort zu ergreifen.

Ein federführender Ausschuss kann vorbehaltlich der Zustimmung des Präsidiums eine Anhörung von Sachverständigen veranstalten, wenn er dies für die erfolgreiche Abwicklung seiner Arbeiten zu einem bestimmten Thema für unerlässlich hält.

3. Unbeschadet der Anwendung von Artikel 56 Absatz 8 und falls der betroffene Ausschuss nicht anders entscheidet, dürfen Mitglieder, die an den Sitzungen der Ausschüsse teilnehmen, denen sie nicht angehören, nicht an deren Beratungen teilnehmen.

Sie können jedoch vom Ausschuss ermächtigt werden, an seinen Sitzungen mit beratender Stimme teilzunehmen.

4. Artikel 171 Absatz 2 zur Aufteilung der Redezeit findet entsprechend auf die Ausschüsse Anwendung.

5. Wird ein ausführlicher Sitzungsbericht verfasst, finden Artikel 204 Absätze 2, 3 und 5 entsprechend Anwendung.

Art. 217 Ausschussprotokolle. Das Protokoll jeder Ausschusssitzung wird allen Mitgliedern des Ausschusses zur Verfügung gestellt und dem Ausschuss zur Genehmigung unterbreitet.

Art. 218 Abstimmung im Ausschuss. 1. Unbeschadet des die zweite Lesung betreffenden Artikels 65 Absatz 3 werden zur Prüfung im Ausschuss eingereichte Änderungsanträge oder Entwürfe von Vorschlägen zur Ablehnung stets von einem ordentlichen Mitglied oder einem stellvertretenden Mitglied des betroffenen Ausschusses unterzeichnet oder von mindestens einem solchen Mitglied mit unterzeichnet.

2. Ein Ausschuss ist beschlussfähig, wenn ein Viertel seiner Mitglieder tatsächlich anwesend ist. Falls jedoch Mitglieder oder eine oder mehrere Fraktionen, durch die im Ausschuss mindestens die hohe Schwelle erreicht wird, vor Beginn einer Abstimmung einen entsprechenden Antrag stellen, ist die Abstimmung nur gültig, wenn an ihr die Mehrheit seiner Mitglieder teilnimmt.

3. Im Ausschuss erfolgen einzige Abstimmungen und Schlussabstimmungen über einen Bericht oder eine Stellungnahme durch namentliche Abstimmung gemäß Artikel 190 Absätze 3 und 4. Die Abstimmung über Änderungsanträge sowie andere Abstimmungen erfolgen durch Handzeichen, es sei denn, der Vorsitz beschließt, eine elektronische Abstimmung durchzuführen, oder Mitglieder oder eine oder mehrere Fraktionen, durch die im Ausschuss mindestens die hohe Schwelle erreicht wird, verlangen eine namentliche Abstimmung.

Artikel 218 Absatz 3 über die namentliche Abstimmung finden auf die in Artikel 8 Absatz 2 und in Artikel 9 Absätze 4, 7 und 9 genannten Berichte im Rahmen von Immunitätsverfahren keine Anwendung.

4. Aufgrund der eingereichten Änderungsanträge kann der Ausschuss, anstatt darüber abzustimmen, den Berichterstatter ersuchen, einen neuen Entwurf vorzulegen, der möglichst viele der Änderungsanträge berücksichtigt. Für die Einreichung von Änderungsanträgen wird eine neue Frist festgelegt.

Art. 219 Die Plenarsitzung betreffende Bestimmungen, die auch für Ausschusssitzungen gelten. Die folgenden Artikel, die Abstimmungen, Bemerkungen zur Anwendung der Geschäftsordnung und Anträge zum Verfahren betreffen, finden auf Ausschusssitzungen entsprechend Anwendung: Artikel 174 (Verhinderung von Obstruktion), Artikel 179 (Schwellen), Artikel 180 (Einreichung und Vorstellung von Änderungsanträgen), Artikel 181 (Zulässigkeit von Änderungsanträgen), Artikel 182 (Abstimmungsverfahren), Artikel 183 (Reihenfolge der Abstimmung über Änderungsanträge), Artikel 185 Absatz 1 (Getrennte Abstimmung), Artikel 186 (Abstimmungsrecht), Artikel 187 (Abstimmung), Artikel 189 (Stimmengleichheit), Artikel 190 Absätze 3 und 4 (Namentliche Abstimmung), Artikel 191 (Geheime Abstimmung), Artikel 192 (Verwendung der elektronischen Abstimmungsanlage), Artikel 193 (Streitigkeiten über die Abstimmung), Artikel 195 (Bemerkungen zur Anwendung der Geschäftsordnung), Artikel 200 (Vertagung der Aussprache oder Abstimmung) und Artikel 201 (Unterbrechung oder Schluss der Sitzung).

Art. 220 Fragestunde in den Ausschüssen. Ein Ausschuss kann beschließen, Fragestunden abzuhalten. Jeder Ausschuss legt das Verfahren für die Durchführung der Fragestunde selbst fest.

Art. 221 Verfahren für die Einsichtnahme in vertrauliche Informationen durch die Ausschüsse in einer Ausschusssitzung unter Ausschluss der Öffentlichkeit. 1. Ist das Parlament rechtlich dazu verpflichtet, ihm übermittelte Informationen vertraulich zu behandeln, wendet der Vorsitz des zuständigen Ausschusses automatisch das in Absatz 3 genannte vertrauliche Verfahren an.

2. Unbeschadet des Absatzes 1 und in Fällen, in denen keine rechtliche Verpflichtung zur vertraulichen Behandlung der übermittelten Informationen gegeben ist, kann jeder Ausschuss aus eigener Initiative das in Absatz 3 genannte vertrauliche Verfahren auf eine Information oder ein Dokument anwenden, auf die bzw. das eines seiner Mitglieder in einem schriftlichen oder mündlichen Antrag hingewiesen hat. Eine Mehrheit von zwei Dritteln der anwesenden Mitglieder ist erforderlich, um in einem solchen Fall einen Beschluss bezüglich der Anwendung des vertraulichen Verfahrens anzunehmen.

3. Sobald der Ausschussvorsitz erklärt hat, dass das vertrauliche Verfahren angewandt wird, muss die Sitzung unter Ausschluss der Öffentlichkeit stattfinden, und es dürfen nur noch die Ausschussmitglieder einschließlich der stellvertretenden Mitglieder zugegen sein. Im Einklang mit dem geltenden interinstitutionellen Rechtsrahmen kann der Ausschuss beschließen, dass gemäß Artikel 216 Absatz 3 auch andere Mitglieder an der Sitzung teilnehmen dürfen. Bei der Sitzung dürfen auch diejenigen Personen zugegen sein, die vorher vom Vorsitz benannt wurden, da bei ihnen die Notwendigkeit einer Kenntnis besteht, wobei etwaige Beschränkungen aufgrund der geltenden Regeln zur Behandlung vertraulicher Informationen durch das Parlament ordnungsgemäß zu beachten sind. Hinsichtlich der Konsultation von Informationen, die als CONFIDENTIEL UE/EU CONFIDENTIAL oder höher eingestuft wurden, oder bei besonderen Zugangsbeschränkungen aufgrund des interinstitutionellen Rechtsrahmens können zusätzliche Beschränkungen Anwendung finden.

Die Dokumente werden zu Beginn der Sitzung ausgeteilt und nach der Sitzung wieder eingesammelt. Sie sind nummeriert. Es dürfen keine Notizen oder Fotokopien gemacht werden.

Im Sitzungsprotokoll wird die Aussprache über den Punkt, der nach dem vertraulichen Verfahren behandelt wurde, nicht aufgeführt. Nur der diesbezügliche Beschluss, sofern einer gefasst wurde, darf im Protokoll stehen.

4. Unbeschadet der allgemeinen geltenden Bestimmungen zu Verletzungen der Geheimhaltungspflicht kann die Prüfung von Fällen einer Verletzung der Geheimhaltungspflicht von Mitgliedern oder einer oder mehreren Fraktionen, durch die im Ausschuss, der das vertrauliche Verfahren eingeleitet hat, mindestens die mittlere Schwelle erreicht

wird, beantragt werden. Dieser Antrag kann auf die Tagesordnung der nächsten Ausschusssitzung gesetzt werden. Der Ausschuss kann mit der Mehrheit seiner Mitglieder beschließen, die Angelegenheit dem Präsidenten zur weiteren Prüfung gemäß den Artikeln 10 und 176 vorzulegen.

Dieser Artikel findet Anwendung, soweit der anwendbare Rechtsrahmen in Bezug auf die Behandlung von vertraulichen Informationen die Möglichkeit vorsieht, in vertrauliche Informationen in einer Sitzung unter Ausschluss der Öffentlichkeit außerhalb gesicherter Einrichtungen Einsicht zu nehmen.

Art. 222 Öffentliche Anhörungen und Aussprachen zu einer Bürgerinitiative. 1. Hat die Kommission in dem für diesen Zweck vorgesehenen Register eine Bürgerinitiative gemäß Artikel 10 Absatz 1 Buchstabe a der Verordnung (EU) Nr. 211/2011 des Europäischen Parlaments und des Rates[1] veröffentlicht, führt dies dazu, dass der Präsident des Europäischen Parlaments auf Vorschlag des Vorsitzes der Konferenz der Ausschussvorsitze

a) den gemäß Anlage VI in der Sache zuständigen Ausschuss beauftragt, die in Artikel 11 der Verordnung (EU) Nr. 211/2011 vorgesehene öffentliche Anhörung zu organisieren; der für Petitionen zuständige Ausschuss wird automatisch gemäß Artikel 57 assoziiert;

b) in dem Fall, dass zwei oder mehr in dem für diesen Zweck vorgesehenen Register gemäß Artikel 10 Absatz 1 Buchstabe a der Verordnung (EU) Nr. 211/2011 veröffentlichte Bürgerinitiativen ein ähnliches Thema betreffen, nach Anhörung der Organisatoren entscheiden kann, dass eine gemeinsame Anhörung organisiert wird, bei der alle beteiligten Bürgerinitiativen gleichberechtigt behandelt werden.

2. Der in der Sache zuständige Ausschuss

a) vergewissert sich davon, dass die Kommission die Organisatoren gemäß Artikel 10 Absatz 1 Buchstabe b der Verordnung (EU) Nr. 211/2011 auf geeigneter Ebene empfangen hat;

b) sorgt erforderlichenfalls mit Unterstützung der Konferenz der Ausschussvorsitze dafür, dass die Kommission ordnungsgemäß in die Organisation der öffentlichen Anhörung einbezogen wird und dass sie bei der Anhörung auf geeigneter Ebene vertreten ist.

3. Der Vorsitz des in der Sache zuständigen Ausschusses veranstaltet die öffentliche Anhörung an einem geeigneten Termin innerhalb von drei Monaten nach Vorlage der Initiative bei der Kommission gemäß Artikel 9 der Verordnung (EU) Nr. 211/2011.

4. Der in der Sache zuständige Ausschuss organisiert die öffentliche Anhörung im Parlament gegebenenfalls gemeinsam mit den anderen Einrichtungen und Organen der Union, die an dieser teilnehmen wollen. Er kann weitere Interessenträger zur Teilnahme einladen.

---

1) Verordnung (EU) Nr. 211/2011 des Europäischen Parlaments und des Rates vom 16. Februar 2011 über die Bürgerinitiative (ABl. L 65 vom 11.3.2011, S. 1).

Der in der Sache zuständige Ausschuss ersucht eine repräsentative Gruppe von Organisatoren, einschließlich mindestens einer Kontaktperson im Sinne von Artikel 3 Absatz 2 Unterabsatz 2 der Verordnung (EU) Nr. 211/2011, die Initiative bei der Anhörung zu vertreten.

5. Das Präsidium nimmt im Einklang mit den mit der Kommission getroffenen Vereinbarungen Regelungen hinsichtlich der Rückerstattung von angefallenen Kosten an.

6. Der Präsident des Parlaments und der Vorsitz der Konferenz der Ausschussvorsitze können ihre Befugnisse nach diesem Artikel einem Vizepräsidenten bzw. einem anderen Ausschussvorsitz übertragen.

7. Sollten die in Artikel 57 bzw. 58 aufgeführten Bedingungen erfüllt sein, gelten diese Bestimmungen auch für andere Ausschüsse sinngemäß. Die Artikel 210 und 211 finden ebenfalls Anwendung.

Artikel 25 Absatz 9 findet auf öffentliche Anhörungen zu Bürgerinitiativen keine Anwendung.

8. Das Parlament hält bei einer Tagung nach der öffentlichen Anhörung eine Aussprache über eine Bürgerinitiative ab, die in dem für diesen Zweck vorgesehenen Register gemäß Artikel 10 Absatz 1 Buchstabe a der Verordnung (EU) Nr. 211/2011 veröffentlicht wurde, und entscheidet, wenn es die Aussprache auf seine Tagesordnung setzt, ob die Aussprache mit einer Entschließung abgeschlossen wird. Es nimmt davon Abstand, die Aussprache mit einer Entschließung abzuschließen, wenn ein Bericht über dasselbe oder ein ähnliches Thema bei dieser oder der darauffolgenden Tagung vorgesehen ist, es sei denn, der Präsident macht aus besonderen Gründen einen anderslautenden Vorschlag. Beschließt das Parlament, zum Abschluss der Aussprache eine Entschließung anzunehmen, können der für das Thema zuständige Ausschuss, eine Fraktion oder Mitglieder, durch die mindestens die niedrige Schwelle erreicht wird, einen Entschließungsantrag einreichen. Artikel 132 Absätze 3 bis 8, die die Einreichung von Entschließungsanträgen und die Abstimmung darüber betreffen, finden entsprechend Anwendung.

9. Infolge der Mitteilung der Kommission, in der sie ihre rechtlichen und politischen Schlussfolgerungen zu einer bestimmten Bürgerinitiative darlegt, bewertet das Parlament die Maßnahmen, die aufgrund dieser Mitteilung von der Kommission ergriffen wurden. Legt die Kommission keinen geeigneten Vorschlag zu einer Bürgerinitiative vor, kann der in der Sache zuständige Ausschuss in Abstimmung mit den Organisatoren der Bürgerinitiative eine Anhörung durchführen. Darüber hinaus kann das Parlament entscheiden, ob eine Aussprache im Plenum abgehalten und diese Aussprache mit einer Entschließung abgeschlossen wird. Das Verfahren nach Absatz 8 ist entsprechend anzuwenden. Außerdem kann das Parlament beschließen, das ihm gemäß Artikel 225 des Vertrags über die Arbeitsweise der Europäischen Union verliehene Recht wahrzunehmen und folglich das Verfahren nach Artikel 47 einzuleiten.

Kapitel 2. Interparlamentarische Delegationen

Art. 223 Einrichtung und Aufgaben der interparlamentarischen Delegationen. 1. Auf Vorschlag der Konferenz der Präsidenten bildet das Parlament ständige interparlamentarische Delegationen und entscheidet über ihre Art und die Zahl ihrer Mitglieder im Hinblick auf ihre Aufgaben. Die Ernennung der Mitglieder durch die Fraktionen und fraktionslosen Mitgliedern findet auf der ersten oder zweiten Tagung des neugewählten Parlaments für die Dauer der Wahlperiode statt.

2. Die Fraktionen stellen, soweit möglich, eine gerechte Vertretung nach Mitgliedstaaten, politischen Überzeugungen und Geschlecht sicher. Es ist nicht zulässig, dass mehr als ein Drittel der Mitglieder einer Delegation dieselbe Staatsangehörigkeit besitzen. Artikel 209 findet entsprechend Anwendung.

3. Die Konstituierung der Vorstände der Delegationen erfolgt nach dem für die ständigen Ausschüsse festgelegten Verfahren gemäß Artikel 213.

4. Die allgemeinen Zuständigkeiten der einzelnen Delegationen bestimmt das Parlament. Erweiterungen oder Einschränkungen dieser Zuständigkeiten kann das Parlament jederzeit beschließen.

5. Die für die Tätigkeit der Delegationen erforderlichen Durchführungsbestimmungen werden auf Vorschlag der Konferenz der Delegationsvorsitze von der Konferenz der Präsidenten beschlossen.

6. Der Vorsitz einer Delegation erstattet dem für auswärtige Angelegenheiten zuständigen Ausschuss regelmäßig Bericht über die Tätigkeit der Delegation.

7. Der Vorsitz einer Delegation erhält die Möglichkeit, von einem Ausschuss gehört zu werden, wenn ein Punkt auf der Tagesordnung steht, der den Zuständigkeitsbereich der Delegation betrifft. Das Gleiche gilt bei Sitzungen der Delegation für den Vorsitz oder Berichterstatter dieses Ausschusses.

Art. 224 Gemischte Parlamentarische Ausschüsse. 1. Das Europäische Parlament kann mit den Parlamenten von mit der Union assoziierten Ländern oder von Staaten, mit denen die Union Beitrittsverhandlungen eingeleitet hat, Gemischte Parlamentarische Ausschüsse bilden.

Diese Ausschüsse können an die beteiligten Parlamente zu richtende Empfehlungen ausarbeiten. Diese werden im Falle des Europäischen Parlaments an den zuständigen Ausschuss überwiesen, der Vorschläge für ihre Weiterbehandlung unterbreitet.

2. Die allgemeinen Zuständigkeiten der einzelnen Gemischten Parlamentarischen Ausschüsse werden vom Europäischen Parlament in Übereinstimmung mit den Abkommen mit den Drittländern festgelegt.

3. Für Gemischte Parlamentarische Ausschüsse gelten die Verfahrensvorschriften, die in dem jeweiligen Abkommen festgelegt sind. Sie gründen sich auf Parität zwischen der Delegation des Europäischen Parlaments und der des Partnerparlaments.

4. Gemischte Parlamentarische Ausschüsse geben sich eine Geschäftsordnung und unterbreiten sie dem Präsidium des Europäischen Parlaments sowie dem zuständigen Gremium des Parlaments des jeweiligen Drittstaats zur Billigung.

5. Die Ernennung der Mitglieder der Delegationen des Europäischen Parlaments in den Gemischten Parlamentarischen Ausschüssen sowie die Konstituierung der Vorstände dieser Delegationen erfolgen nach dem für die interparlamentarischen Delegationen festgelegten Verfahren.

Art. 225 Zusammenarbeit mit der Parlamentarischen Versammlung des Europarats. 1. Die Organe des Parlaments, und insbesondere seine Ausschüsse, arbeiten vor allem im Hinblick auf die Verbesserung der Arbeitseffizienz sowie zur Vermeidung von Doppelarbeit mit den entsprechenden Organen der Parlamentarischen Versammlung des Europarats in den Bereichen, die von gemeinsamem Interesse sind, zusammen.

2. Die Einzelheiten dieser Zusammenarbeit werden von der Konferenz der Präsidenten im Einvernehmen mit den zuständigen Stellen der Parlamentarischen Versammlung des Europarats festgelegt.

Titel IX. Petitionen

Art. 226 Petitionsrecht. 1. Alle Bürgerinnen und Bürger der Union sowie jede natürliche oder juristische Person mit Wohnort oder satzungsmäßigem Sitz in einem Mitgliedstaat können in Übereinstimmung mit Artikel 227 des Vertrags über die Arbeitsweise der Europäischen Union allein oder zusammen mit anderen Bürgern oder Personen in Angelegenheiten, die in die Tätigkeitsbereiche der Union fallen und die sie unmittelbar betreffen, eine Petition an das Parlament richten.

2. Die Petitionen an das Parlament müssen mit Namen und Wohnsitz aller Petenten versehen sein.

3. An das Parlament gerichtete Texte, die eindeutig nicht als Petition vorgelegt werden, sind nicht als Petitionen zu registrieren, sondern unverzüglich zur weiteren Behandlung an die zuständige Dienststelle weiterzuleiten.

4. Wird eine Petition von mehreren natürlichen oder juristischen Personen unterzeichnet, benennen die Unterzeichner einen Vertreter und dessen Stellvertreter, die für die Zwecke dieses Titels als die Petenten gelten.

Wurde eine solche Benennung nicht vorgenommen, gilt der erste Unterzeichner oder eine andere geeignete Person als Petent.

5. Jeder Petent kann seine Unterschrift unter der Petition jederzeit zurückziehen. Ziehen alle Petenten ihre Unterschrift zurück, wird die Petition hinfällig.

6. Die Petitionen müssen in einer Amtssprache der Europäischen Union abgefasst sein.

Petitionen, die in einer anderen Sprache abgefasst sind, werden nur dann geprüft, wenn ihnen eine Übersetzung in einer Amtssprache beigefügt ist. Der Schriftwechsel des Parlaments mit den Petenten erfolgt in der Amtssprache, in der die Übersetzung abgefasst ist.

Das Präsidium kann beschließen, dass die Petitionen und der Schriftwechsel mit den Petenten in einer anderen Sprache abgefasst werden dürfen, die nach der Verfassungsordnung des jeweiligen Mitgliedstaats in dessen gesamtem Hoheitsgebiet oder in Teilen davon Amtssprache ist.

7. Petitionen können entweder auf dem Postweg oder über das Petitionsportal eingereicht werden, das über die Website des Parlaments zugänglich ist und Anleitungen für die Petenten in Bezug auf die Formulierung der Petition in Übereinstimmung mit den Absätzen 1 und 2 enthält.

8. Gehen mehrere Petitionen zu einem ähnlichen Gegenstand ein, können sie gemeinsam behandelt werden.

9. Die Petitionen werden in der Reihenfolge ihres Eingangs in ein Register eingetragen, wenn sie die in Absatz 2 vorgeschriebenen Bedingungen erfüllen. Petitionen, die diese Bedingungen nicht erfüllen, werden abgelegt, und die Begründung dafür wird den Petenten mitgeteilt.

10. Die in das Register eingetragenen Petitionen werden vom Präsidenten an den für Petitionen zuständigen Ausschuss überwiesen, der zuerst feststellt, ob die Petition gemäß Artikel 227 des Vertrags über die Arbeitsweise der Europäischen Union zulässig ist.

Falls der zuständige Ausschuss in der Frage der Zulässigkeit der Petition keinen Konsens erzielt, wird diese für zulässig erklärt, wenn mindestens ein Drittel der Ausschussmitglieder einen entsprechenden Antrag gestellt hat.

11. Die vom Ausschuss für unzulässig erklärten Petitionen werden abgelegt. Die Petenten werden unter Angabe von Gründen hiervon unterrichtet. Soweit möglich, können andere Rechtsbehelfe empfohlen werden.

12. Sobald die Petitionen registriert sind, werden sie zu öffentlichen Dokumenten, und die Namen der Petenten, möglicher Mitunterzeichner und möglicher Unterstützer sowie der Inhalt der Petition können vom Parlament aus Gründen der Transparenz veröffentlicht werden. Die Petenten, Mitunterzeichner und Unterstützer werden entsprechend unterrichtet.

13. Ungeachtet der Bestimmungen von Absatz 12 können Petenten, Mitunterzeichner oder Unterstützer beantragen, dass ihr Name zum Schutz ihrer Privatsphäre geheim gehalten wird; das Parlament beachtet in einem solchen Falle einen derartigen Antrag.

Kann die Beschwerde der Petenten aus Gründen der Anonymität nicht geprüft werden, sind sie dazu zu hören, welche weiteren Schritte unternommen werden sollen.

14. Zum Schutz der Rechte Dritter kann das Parlament aus eigener Initiative oder auf Antrag des betroffenen Dritten eine Petition und/oder darin enthaltene Informationen anonymisieren, sofern es dies für erforderlich erachtet.

15. An das Parlament gerichtete Petitionen von natürlichen oder juristischen Personen, die weder Bürger der Europäischen Union sind noch ihren Wohnort oder satzungsmäßigen Sitz in einem Mitgliedstaat haben, werden getrennt erfasst und getrennt abgelegt. Jeden Monat übermittelt der Präsident ein Verzeichnis solcher im Vormonat eingegangenen Petitionen unter Angabe ihres Gegenstands an den Ausschuss. Der Ausschuss kann diejenigen Petitionen anfordern, deren Prüfung er für angebracht hält.

Art. 227 Prüfung der Petitionen. 1. Die zulässigen Petitionen werden vom für Petitionen zuständigen Ausschuss im Verlauf seiner normalen Tätigkeit entweder im Rahmen einer Aussprache in einer ordentlichen Sitzung oder im Wege des schriftlichen Verfahrens geprüft. Die Petenten können zu den Ausschusssitzungen, in denen ihre Petition erörtert werden soll, eingeladen werden oder eine solche Teilnahme beantragen. Es ist in das Ermessen des Vorsitzes gestellt, den Petenten das Wort zu erteilen.

2. Der Ausschuss kann in Bezug auf eine für zulässig erklärte Petition beschließen, dem Parlament einen kurzen Entschließungsantrag vorzulegen, sofern die Konferenz der Ausschussvorsitze vorab unterrichtet wird und die Konferenz der Präsidenten keinen Einspruch erhebt. Diese Entschließungsanträge werden auf die Tagesordnung der spätestens acht Wochen nach der Annahme dieser Entschließungsanträge im Ausschuss abgehaltenen Tagung gesetzt. Sie sind Gegenstand einer einzigen Abstimmung. Die Konferenz der Präsidenten kann die Anwendung von Artikel 160 beschließen; andernfalls wird über die Entschließungsanträge ohne Aussprache abgestimmt.

3. Beabsichtigt der Ausschuss, im Zusammenhang mit einer für zulässig erklärten Petition einen Initiativbericht gemäß Artikel 54 Absatz 1 auszuarbeiten, und betrifft der Bericht insbesondere die Anwendung oder Auslegung des Unionsrechts oder Vorschläge zur Änderung des geltenden Rechts, wird der in der Sache zuständige Ausschuss gemäß Artikel 56 und Artikel 57 assoziiert. Der zuständige Ausschuss übernimmt ohne Abstimmung die ihm von dem in der Sache zuständigen Ausschuss übermittelten Vorschläge für die Teile des Entschließungsantrags, wenn diese Vorschläge die Anwendung oder Auslegung

des Unionsrechts oder Änderungen des geltenden Rechts betreffen. Übernimmt der in der Sache zuständige Ausschuss diese Vorschläge nicht, kann der assoziierte Ausschuss sie unmittelbar im Plenum einreichen.

4. Unterzeichner können auf dem Petitionsportal eine für zulässig erklärte Petition unterstützen oder ihre Unterstützung für die Petition zurückziehen. Dieses Portal wird auf der Website des Parlaments zugänglich gemacht.

5. Der Ausschuss kann die Kommission ersuchen, ihn zu unterstützen, insbesondere durch Klarstellungen zur Anwendung oder Einhaltung des Unionsrechts und durch Übermittlung sämtlicher Informationen und Unterlagen zum Gegenstand der Petition. Zu den Sitzungen des Ausschusses werden Vertreter der Kommission eingeladen.

6. Der Ausschuss kann den Präsidenten ersuchen, der Kommission, dem Rat oder der betroffenen nationalen Behörde seine Stellungnahme oder Empfehlung zu übermitteln, um ein Tätigwerden oder eine Antwort zu erwirken.

7. Der Ausschuss erstattet dem Parlament jährlich über die Ergebnisse seiner Beratungen und gegebenenfalls über die vom Rat oder der Kommission in Bezug auf Petitionen, die vom Parlament an sie überwiesen wurden, ergriffenen Maßnahmen, Bericht.

Ist die Prüfung einer zulässigen Petition beendet, wird sie durch Beschluss des Ausschusses für abgeschlossen erklärt.

8. Die Petenten werden über alle vom Ausschuss gefassten einschlägigen Beschlüsse und deren Gründe unterrichtet.

9. Die Prüfung einer Petition kann durch Beschluss des Ausschusses wiederaufgenommen werden, wenn neue sachdienliche Fakten im Zusammenhang mit der Petition bekannt werden und der Petent dies beantragt.

10. Der Ausschuss nimmt mit der Mehrheit seiner Mitglieder in Übereinstimmung mit dieser Geschäftsordnung Leitlinien für die Behandlung von Petitionen an.

Art. 228 Informationsbesuche. 1. Im Rahmen der Prüfung von Petitionen, der Tatsachenfeststellung oder der Lösungsfindung kann der Ausschuss Informationsbesuche in dem Mitgliedstaat oder der Region durchführen, auf den bzw. die sich die für zulässig erklärte und bereits im Ausschuss erörterte Petition bezieht. In der Regel betreffen Informationsbesuche Themen, die in mehreren Petitionen vorgebracht wurden. Die Regelung des Präsidiums über Ausschussdelegationsreisen innerhalb der Europäischen Union findet Anwendung.

2. Mitglieder, die in dem Mitgliedstaat gewählt wurden, in dem der Besuch stattfindet, dürfen nicht der Delegation angehören. Es kann ihnen gestattet werden, die Delegation von Amts wegen auf dem Informationsbesuch zu begleiten.

3. Nach jedem Besuch erstellen die offiziellen Mitglieder der Delegation einen Bericht über den Besuch. Der Leiter der Delegation koordiniert die Ausarbeitung des Berichts und bemüht sich darum, unter den offiziellen Mitgliedern, die gleichberechtigt behandelt werden, einen Konsens über den Inhalt des Berichts zu erzielen. Wird kein Konsens erzielt, werden die unterschiedlichen Bewertungen in den Bericht über den Besuch aufgenommen.

Mitglieder, die die Delegation von Amts wegen begleiten, nehmen an der Ausarbeitung des Berichts nicht teil.

4. Der Bericht über den Besuch, einschließlich etwaiger Empfehlungen, wird dem Ausschuss vorgelegt. Die Mitglieder können Änderungsanträge zu den Empfehlungen einreichen, nicht aber zu den Teilen des Berichts, die sich auf die von der Delegation festgestellten Fakten beziehen.

Wurden Änderungsanträge zu den Empfehlungen eingereicht, stimmt der Ausschuss zunächst über diese und anschließend über den Bericht in seiner Gesamtheit ab.

Nach seiner Annahme wird der Bericht über den Besuch dem Präsidenten zur Information übermittelt.

Art. 229 Bekanntgabe der Petitionen. 1. Die Petitionen, die in das in Artikel 226 Absatz 9 genannte Register eingetragen wurden sowie die wichtigsten Beschlüsse über das anzuwendende Verfahren in Bezug auf die betreffenden Petitionen werden in der Plenarsitzung bekannt gegeben. Diese Mitteilungen werden in das Sitzungsprotokoll aufgenommen.

2. Der Titel und eine Zusammenfassung des Inhalts der in das Register eingetragenen Petitionen sowie die im Zuge der Behandlung der Petition übermittelten Stellungnahmen und wichtigsten Beschlüsse werden auf dem Petitionsportal, das auf der Website des Parlaments veröffentlicht wird, öffentlich zugänglich gemacht.

Art. 230 Bürgerinitiative. 1. Wird das Parlament davon in Kenntnis gesetzt, dass die Kommission gemäß Artikel 11 Absatz 4 des Vertrags über die Europäische Union und gemäß Verordnung (EU) Nr. 211/2011 aufgefordert wurde, einen Vorschlag für einen Rechtsakt zu unterbreiten, überprüft der für Petitionen zuständige Ausschuss, ob sich dies auf seine Arbeiten auswirken kann, und setzt die Petenten, die Petitionen zu verwandten Themen eingereicht haben, gegebenenfalls hiervon in Kenntnis.

2. Die vorgeschlagenen Bürgerinitiativen, die gemäß Artikel 4 der Verordnung (EU) Nr. 211/2011 registriert wurden, der Kommission allerdings nicht gemäß Artikel 9 dieser Verordnung vorgelegt werden können, weil nicht alle vorgesehenen einschlägigen Verfahren und Bedingungen eingehalten wurden, können durch den für Petitionen zuständigen Ausschuss überprüft werden, wenn dieser eine Weiterbehandlung für angebracht erachtet. Die Artikel 226, 227, 228 und 229 finden entsprechend Anwendung.

Titel X. Bürgerbeauftragter

Art. 231 Wahl des Bürgerbeauftragten. 1. Der Präsident ruft zu Beginn jeder Wahlperiode oder im Fall des Todes, des Rücktritts oder der Amtsenthebung des Bürgerbeauftragten zu Nominierungen für das Amt des Bürgerbeauftragten auf und legt die Frist für deren Einreichung fest. Dieser Aufruf wird im *Amtsblatt der Europäischen Union* veröffentlicht.

2. Die Nominierungen müssen von mindestens 40 Mitgliedern aus mindestens zwei Mitgliedstaaten unterstützt werden.

Jedes Mitglied kann nur eine einzige Nominierung unterstützen.

Den Nominierungen müssen alle erforderlichen Belege beigefügt sein, aus denen sich mit Gewissheit feststellen lässt, dass die Kandidaten die in Artikel 6 Absatz 2 des Beschlusses 94/262/EGKS, EG, Euratom des Europäischen Parlaments[1] vorgesehenen Bedingungen erfüllen.

3. Die Nominierungen werden dem zuständigen Ausschuss übermittelt. Eine vollständige Liste der Mitglieder, die die Kandidaten unterstützt haben, wird zu gegebener Zeit öffentlich zugänglich gemacht.

4. Der zuständige Ausschuss kann darum ersuchen, die Kandidaten anzuhören. Diese Anhörungen stehen sämtlichen Mitgliedern offen.

5. Die Liste mit den in alphabetischer Reihenfolge aufgeführten zulässigen Nominierungen wird dem Parlament anschließend zur Abstimmung vorgelegt.

6. Der Bürgerbeauftragte wird mit der Mehrheit der abgegebenen Stimmen gewählt.

Wird in den ersten beiden Wahlgängen keiner der Kandidaten gewählt, stehen nur noch die beiden Kandidaten zur Wahl, die im zweiten Wahlgang die höchste Stimmenzahl erhalten haben.

Bei Stimmengleichheit wird der Kandidat mit dem höheren Lebensalter benannt.

7. Bevor der Präsident die Abstimmung eröffnet, vergewissert er sich, dass mindestens die Hälfte der Mitglieder des Parlaments anwesend ist.

8. Der Bürgerbeauftragte bleibt außer im Falle des Todes oder der Amtsenthebung bis zum Amtsantritt seines Nachfolgers im Amt.

Art. 232 Tätigkeit des Bürgerbeauftragten. 1. Der zuständige Ausschuss prüft die Fälle von Missständen, von denen er vom Bürgerbeauftragten gemäß Artikel 3 Absätze 6 und 7 des Beschlusses 94/262/EGKS, EG, Euratom in Kenntnis gesetzt wurde, und kann im Anschluss daran beschließen, einen Bericht nach Artikel 54 der Geschäftsordnung auszuarbeiten.

---

[1] Beschluss 94/262/EGKS, EG, Euratom des Europäischen Parlaments vom 9. März 1994 über die Regelungen und allgemeinen Bedingungen für die Ausübung der Aufgaben des Bürgerbeauftragten (ABl. L 113 vom 4.5.1994, S. 15).

Der zuständige Ausschuss prüft den vom Bürgerbeauftragten am Ende jeder Sitzungsperiode vorgelegten Bericht über die Ergebnisse seiner Untersuchungen in Übereinstimmung mit Artikel 3 Absatz 8 des Beschlusses 94/262/EGKS, EG, Euratom. Der zuständige Ausschuss kann dem Parlament einen Entschließungsantrag vorlegen, sofern er es für erforderlich hält, dass das Parlament zu einem Aspekt oder mehreren Aspekten dieses Berichts Stellung bezieht.

2. Der Bürgerbeauftragte kann auch den zuständigen Ausschuss auf dessen Verlangen unterrichten oder auf eigene Initiative von diesem angehört werden.

Art. 233 Amtsenthebung des Bürgerbeauftragten. 1. Ein Zehntel der Mitglieder des Parlaments kann beantragen, dass der Bürgerbeauftragte seines Amtes enthoben wird, wenn er die Voraussetzungen für die Ausübung seines Amtes nicht mehr erfüllt oder eine schwere Verfehlung begangen hat. Wurde in den vorangehenden zwei Monaten bereits über einen Amtsenthebungsantrag abgestimmt, kann ein erneuter Antrag nur durch ein Fünftel der Mitglieder des Parlaments eingereicht werden.

2. Der Antrag wird dem Bürgerbeauftragten und dem zuständigen Ausschuss übermittelt; befindet die Mehrheit der Mitglieder des zuständigen Ausschusses, dass die angegebenen Gründe stichhaltig sind, unterbreitet der Ausschuss dem Parlament einen Bericht. Der Bürgerbeauftragte wird auf eigenen Antrag vor der Abstimmung über den Bericht angehört. Das Parlament entscheidet nach einer Aussprache in geheimer Abstimmung.

3. Bevor abgestimmt wird, vergewissert sich der Präsident, dass mindestens die Hälfte der Mitglieder des Parlaments anwesend ist.

4. Stimmt das Parlament für den Antrag auf Amtsenthebung des Bürgerbeauftragten, und tritt dieser daraufhin nicht zurück, befasst der Präsident spätestens auf der auf die Abstimmung folgenden Tagung den Gerichtshof mit einem Antrag auf Amtsenthebung des Bürgerbeauftragten und mit der Bitte um unverzügliche Entscheidung.

Der Rücktritt des Bürgerbeauftragten beendet das Verfahren.

Titel XI. Generalsekretariat des Parlaments

Art. 234 Generalsekretariat des Parlaments. 1. Das Parlament wird durch einen vom Präsidium ernannten Generalsekretär unterstützt.

Der Generalsekretär übernimmt vor dem Präsidium die feierliche Verpflichtung, seine Aufgaben völlig unparteiisch und gewissenhaft zu erfüllen.

2. Der Generalsekretär leitet das Generalsekretariat, dessen Zusammensetzung und Organisation vom Präsidium bestimmt werden.

3. Das Präsidium legt den Stellenplan für das Generalsekretariat des Parlaments sowie die die dienstrechtliche und finanzielle Stellung der Beamten und sonstigen Bediensteten betreffenden Dienstordnungen fest.

Der Präsident übermittelt den zuständigen Organen der Europäischen Union die erforderlichen Mitteilungen.

Titel XII. Befugnisse und Zuständigkeiten bezüglich der europäischen politischen Parteien und der europäischen politischen Stiftungen

Art. 235 Befugnisse und Zuständigkeiten bezüglich der europäischen politischen Parteien und der europäischen politischen Stiftungen.[1] 1. Behält sich das Parlament in Übereinstimmung mit Artikel 65 Absatz 1 der Haushaltsordnung das Recht vor, Ausgaben zu genehmigen, wird es durch sein Präsidium tätig.

Auf dieser Grundlage ist das Präsidium dafür zuständig, Beschlüsse nach den Artikeln 17, 18 und 24, Artikel 27 Absatz 3 und Artikel 30 der Verordnung (EU, Euratom) Nr. 1141/2014 des Europäischen Parlaments und des Rates[2] zu fassen.

Vom Präsidium aufgrund dieses Absatzes getroffene Einzelentscheidungen werden vom Präsidenten in dessen Namen unterzeichnet und dem Antragsteller oder dem Begünstigten in Übereinstimmung mit Artikel 297 des Vertrags über die Arbeitsweise der Europäischen Union übermittelt. Einzelentscheidungen sind gemäß Artikel 296 Absatz 2 des genannten Vertrags mit einer Begründung zu versehen.

Das Präsidium kann jederzeit die Stellungnahme der Konferenz der Präsidenten einholen.

2. Auf Antrag eines Viertels der Mitglieder des Parlaments, die mindestens drei Fraktionen vertreten, stimmt das Parlament darüber ab, ob die Behörde für europäische politische Parteien und Stiftungen in Übereinstimmung mit Artikel 10 Absatz 3 der Verordnung (EU, Euratom) Nr. 1141/2014 aufgefordert werden soll, zu prüfen, ob eine eingetragene europäische politische Partei oder eine eingetragene europäische politische Stiftung die Bedingungen nach Artikel 3 Absatz 1 Buchstabe c und Artikel 3 Absatz 2 Buchstabe c der Verordnung (EU, Euratom) Nr. 1141/2014 erfüllt.

3. Auf der Grundlage von Artikel 10 Absatz 3 Unterabsatz 1 der Verordnung (EU, Euratom) Nr. 1141/2014 kann eine Gruppe aus mindestens 50 Bürgern einen mit Gründen versehenen Antrag stellen,

---

[1] Artikel 235 findet lediglich auf europäische politische Parteien und europäische politische Stiftungen im Sinne von Artikel 2 Absätze 3 und 4 der Verordnung (EU, Euratom) Nr. 1141/2014 Anwendung.

[2] Verordnung (EU, Euratom) Nr. 1141/2014 des Europäischen Parlaments und des Rates vom 22. Oktober 2014 über das Statut und die Finanzierung europäischer politischer Parteien und europäischer politischer Stiftungen (ABl. L 317 vom 4.11.2014, S. 1).

in dem sie das Parlament auffordert, die Prüfung nach Absatz 2 zu beantragen. Dieser mit Gründen versehene Antrag wird nicht von Mitgliedern eingereicht oder unterzeichnet. Er enthält wesentliche faktengestützte Beweise dafür, dass die betreffende europäische politische Partei oder europäische politische Stiftung die Bedingungen nach Absatz 2 nicht erfüllt.

Der Präsident leitet zulässige Anträge von Bürgergruppen zur weiteren Prüfung an den zuständigen Ausschuss weiter.

Nach der Prüfung, die innerhalb von vier Monaten ab der Weiterleitung durch den Präsidenten erfolgen sollte, kann der zuständige Ausschuss mit einer Mehrheit seiner Mitglieder, die wenigstens drei Fraktionen vertritt, einen Vorschlag vorlegen, dass dem Antrag Folge geleistet werden sollte, und den Präsidenten davon in Kenntnis setzen.

Die Bürgergruppe wird über das Ergebnis der Prüfung des Ausschusses unterrichtet.
Bei Eingang des Vorschlags des Ausschusses teilt der Präsident den Antrag dem Parlament mit.

Nach einer solchen Mitteilung entscheidet das Parlament mit der Mehrheit der abgegebenen Stimmen darüber, ob der Antrag bei der Behörde für europäische politische Parteien und Stiftungen gestellt werden soll.

Der Ausschuss nimmt Leitlinien für den Umgang mit diesen Anträgen von Bürgergruppen an.

4. Auf Antrag eines Viertels der Mitglieder des Parlaments, die mindestens drei Fraktionen vertreten, stimmt das Parlament über den Vorschlag für einen mit Gründen versehenen Beschluss ab, der vorsieht, dass in Übereinstimmung mit Artikel 10 Absatz 4 der Verordnung (EU, Euratom) Nr. 1141/2014 Einwände gegen die Entscheidung der Behörde für europäische politische Parteien und Stiftungen erhoben werden, eine europäische politische Partei oder eine europäische politische Stiftung innerhalb von drei Monaten nach Übermittlung ihrer Entscheidung aus dem Register zu löschen.

Der zuständige Ausschuss unterbreitet einen Vorschlag für einen mit Gründen versehenen Beschluss. Wird dieser Vorschlag abgelehnt, gilt der gegenteilige Beschluss als angenommen.

5. Auf der Grundlage eines Vorschlags des zuständigen Ausschusses benennt die Konferenz der Präsidenten zwei Mitglieder des Ausschusses unabhängiger Persönlichkeiten gemäß Artikel 11 Absatz 1 der Verordnung (EU, Euratom) Nr. 1141/2014.

Titel XIII. Anwendung und Änderung der Geschäftsordnung

Art. 236 Anwendung der Geschäftsordnung. 1. Treten Zweifel bezüglich der Anwendung oder Auslegung dieser Geschäftsordnung auf, kann der Präsident die Angelegenheit zur Prüfung an den zuständigen Ausschuss überweisen.

Die Ausschussvorsitze können ebenso verfahren, wenn sich im Verlauf der Arbeiten des Ausschusses ein solcher Zweifel im Zusammenhang mit der Ausschussarbeit ergibt.

2. Der Ausschuss beschließt, ob es erforderlich ist, eine Änderung dieser Geschäftsordnung vorzuschlagen. In diesem Fall verfährt er gemäß Artikel 237.

3. Beschließt der Ausschuss, dass eine Auslegung der geltenden Geschäftsordnungsbestimmungen genügt, übermittelt er seine Auslegung dem Präsidenten, der das Parlament auf seiner nächsten Tagung darüber unterrichtet.

4. Sofern eine Fraktion oder Mitglieder, durch die mindestens die niedrige Schwelle erreicht wird, innerhalb von 24 Stunden nach Bekanntgabe der Auslegung des Ausschusses gegen diese Einspruch erheben, wird die Angelegenheit dem Parlament zur Abstimmung vorgelegt. Das Parlament beschließt darüber mit der Mehrheit der abgegebenen Stimmen bei Anwesenheit mindestens eines Drittels seiner Mitglieder. Im Falle der Ablehnung wird die Angelegenheit an den Ausschuss zurücküberwiesen.

5. Auslegungen, gegen die kein Einspruch erhoben wurde, und vom Parlament angenommene Auslegungen werden in Kursivschrift als Erläuterungen zu dem Artikel oder den jeweiligen Artikeln angefügt.

6. Diese Auslegungen müssen bei der künftigen Anwendung und Auslegung der jeweiligen Artikel berücksichtigt werden.

7. Die Bestimmungen dieser Geschäftsordnung und die dazugehörigen Auslegungen werden regelmäßig vom zuständigen Ausschuss überprüft.

8. Sofern durch die Bestimmungen dieser Geschäftsordnung einer bestimmten Anzahl von Mitgliedern Rechte übertragen werden, ändert sich diese Anzahl automatisch um denselben Prozentsatz auf die nächstliegende ganze Zahl, um den sich die Gesamtzahl der Parlamentsmitglieder, insbesondere aufgrund von Erweiterungen der Europäischen Union, ändert.

Art. 237 Änderung der Geschäftsordnung. 1. Jedes Mitglied kann Änderungen zu dieser Geschäftsordnung und ihren Anlagen vorschlagen, gegebenenfalls versehen mit kurzen Begründungen.

Der zuständige Ausschuss prüft diese Änderungsvorschläge und beschließt, ob sie dem Parlament vorzulegen sind.

Für die Anwendung der Artikel 180, 181 und 183 gelten bei der Prüfung dieser Vorschläge im Plenum die in den genannten Artikeln enthaltenen Hinweise auf den „ursprünglichen Text" oder auf den Vorschlag für einen verbindlichen Rechtsakt als Verweise auf die zum jeweiligen Zeitpunkt geltende Bestimmung.

2. In Übereinstimmung mit Artikel 232 des Vertrags über die Arbeitsweise der Europäischen Union bedarf die Annahme von Änderungsanträgen zu dieser Geschäftsordnung der Mehrheit der Mitglieder des Parlaments.

3. Sofern zum Zeitpunkt der Abstimmung nichts anderes beschlossen wird, treten Änderungen dieser Geschäftsordnung und ihrer Anlagen am ersten Tag der auf ihre Annahme folgenden Tagung in Kraft.

Titel XIV. Verschiedene Bestimmungen

Art. 238 Die Symbole der Union. 1. Das Parlament erkennt folgende Symbole der Union an und übernimmt sie:
– die Flagge, die einen Kreis von zwölf goldenen Sternen auf blauem Hintergrund zeigt;
– die Hymne auf der Grundlage der „Ode an die Freude" aus der Neunten Symphonie von Ludwig van Beethoven;
– den Leitspruch „In Vielfalt geeint".

2. Das Parlament begeht den Europatag am 9. Mai.

3. Die Flagge wird in allen Gebäuden des Parlaments und bei offiziellen Anlässen gehisst. Sie wird in jedem Sitzungssaal des Parlaments verwendet.

4. Die Hymne wird bei der Eröffnung jeder konstituierenden Sitzung und bei anderen feierlichen Sitzungen, insbesondere solchen zur Begrüßung von Staats- oder Regierungschefs oder zur Begrüßung neuer Mitglieder im Zuge einer Erweiterung abgespielt..

5. Der Leitspruch erscheint auf den offiziellen Dokumenten des Parlaments.

6. Das Präsidium prüft die weitere Verwendung der Symbole innerhalb des Parlaments. Das Präsidium legt die Einzelheiten zur Durchführung dieser Bestimmungen fest.

Art. 239 Gleichstellung von Männern und Frauen (Gender Mainstreaming). Das Präsidium nimmt einen Gleichstellungsaktionsplan an, damit der Gleichstellungsaspekt bei allen Tätigkeiten des Parlaments auf allen Ebenen und in allen Phasen berücksichtigt wird. Der Gleichstellungsaktionsplan wird zweimal jährlich kontrolliert und wenigstens alle fünf Jahre überarbeitet.

Art. 240 Unerledigte Angelegenheiten. Am Ende der letzten Tagung vor der nächsten Wahl gelten vorbehaltlich des Absatzes 2 alle unerledigten Angelegenheiten des Parlaments als verfallen.

Zu Beginn jeder Wahlperiode entscheidet die Konferenz der Präsidenten über die mit Gründen versehenen Anträge der Ausschüsse des Parlaments sowie der anderen Organe, die Prüfung der unerledigten Angelegenheiten von vorn zu beginnen oder fortzusetzen.

Diese Bestimmungen gelten nicht für Petitionen, Bürgerinitiativen und für Texte, die keiner Beschlussfassung bedürfen.

Art. 241 Berichtigungen. 1. Wird in einem vom Parlament angenommenen Text ein Fehler festgestellt, übermittelt der Präsident dem zuständigen Ausschuss gegebenenfalls einen Entwurf einer Berichtigung.

2. Wird in einem vom Parlament angenommenen und mit anderen Organen vereinbarten Text ein Fehler festgestellt, bemüht sich der Präsident um eine Einigung mit diesen Organen über die notwendigen Korrekturen, ehe er gemäß Absatz 1 vorgeht.

3. Der zuständige Ausschuss prüft den Entwurf einer Berichtigung und unterbreitet ihn dem Parlament, wenn er davon überzeugt ist, dass ein Fehler aufgetreten ist, der auf die vorgeschlagene Weise berichtigt werden kann.

4. Die Berichtigung wird auf der nachfolgenden Tagung bekannt gegeben. Sie gilt als angenommen, wenn nicht spätestens 24 Stunden nach ihrer Bekanntgabe von einer Fraktion oder von Mitgliedern, durch die mindestens die niedrige Schwelle erreicht wird, beantragt wird, dass sie zur Abstimmung gestellt wird. Wird die Berichtigung nicht angenommen, wird sie an den zuständigen Ausschuss zurück überwiesen. Der zuständige Ausschuss kann eine geänderte Berichtigung vorschlagen oder das Verfahren schließen.

5. Angenommene Berichtigungen werden auf dieselbe Weise veröffentlicht wie der Text, auf den sie sich beziehen. Artikel 79 findet entsprechend Anwendung.

Anlage I

Verhaltenskodex für die Mitglieder des Europäischen Parlaments im Bereich finanzielle Interessen und Interessenkonflikte

Art. 1 Leitprinzipien. Im Rahmen der Ausübung ihres Mandats als Mitglieder des Europäischen Parlaments

a) richten sich die Mitglieder nach folgenden allgemeinen Verhaltensgrundsätzen und handeln nach deren Maßgabe: Uneigennützigkeit, Integrität, Offenheit, Sorgfalt, Ehrlichkeit, Verantwortlichkeit und Wahrung des guten Rufs des Parlaments;

b) handeln die Mitglieder nur im öffentlichen Interesse und erlangen oder erstreben keinerlei unmittelbaren oder mittelbaren finanziellen Nutzen oder eine sonstige Zuwendung.

Art. 2 Wichtigste Pflichten der Mitglieder. Im Rahmen ihres Mandats als Mitglieder des Europäischen Parlaments

a) gehen die Mitglieder keinerlei Vereinbarungen ein, im Interesse einer anderen juristischen oder natürlichen Person zu handeln oder abzustimmen, die ihre in Artikel 6 des Akts vom 20. September 1976 zur Einführung allgemeiner unmittelbarer Wahlen der Mitglieder des Europäischen Parlaments und in Artikel 2 des Abgeordnetenstatuts verankerte Abstimmungsfreiheit beeinträchtigt;

b) verlangen, nehmen an oder empfangen die Mitglieder keinen unmittelbaren oder mittelbaren Nutzen oder eine sonstige Vergünstigung in Form von Geld- oder Sachleistungen als Gegenleistung für ein bestimmtes Verhalten im Rahmen der parlamentarischen Arbeit des Mitglieds und vermeiden strikt jede Situation, die Bestechung, Korruption oder ungebührlicher Einflussnahme gleichkommen könnte;

c) gehen die Mitglieder keiner bezahlten gewerblichen Lobbytätigkeit nach, die in unmittelbarem Zusammenhang mit dem Beschlussfassungsprozess der Union steht.

Art. 3 Interessenkonflikte. 1. Ein Interessenkonflikt liegt vor, wenn ein Mitglied des Europäischen Parlaments ein persönliches Interesse hat, das die Ausübung seines Mandats als Mitglied des Europäischen Parlaments ungebührlich beeinflussen könnte. Ein Interessenkonflikt liegt nicht vor, wenn das Mitglied lediglich als Teil der allgemeinen Öffentlichkeit oder einer breiten Bevölkerungsschicht profitiert.

2. Jedes Mitglied, das feststellt, dass es sich in einem Interessenkonflikt befindet, trifft sofort die notwendigen Maßnahmen, um ihm im Einklang mit den Grundsätzen und Vorschriften dieses Verhaltenskodex abzuhelfen. Ist das Mitglied nicht in der Lage, den Interessenkonflikt zu

lösen, teilt es dies dem Präsidenten schriftlich mit. In Zweifelsfällen kann sich das Mitglied von dem gemäß Artikel 7 eingerichteten Beratenden Ausschuss zum Verhalten von Mitgliedern vertraulich beraten lassen.

3. Unbeschadet des Absatzes 2 legen die Mitglieder, bevor sie im Plenum oder in einem der Organe des Parlaments das Wort ergreifen oder abstimmen oder wenn sie als Berichterstatter vorgeschlagen werden, jeden bestehenden oder potenziellen Interessenkonflikt in Bezug auf die zu behandelnde Angelegenheit offen, wenn er nicht bereits aus den gemäß Artikel 4 erklärten Angaben hervorgeht. Eine solche Offenlegung erfolgt schriftlich oder mündlich an den Präsidenten beziehungsweise den Vorsitz während der entsprechenden parlamentarischen Beratungen.

Art. 4 Von den Mitgliedern abzugebende Erklärung. 1. Aus Gründen der Transparenz geben die Mitglieder des Europäischen Parlaments in eigener Verantwortung bis zum Ende der ersten Tagung nach der Wahl zum Europäischen Parlament (oder innerhalb von dreißig Tagen nach dem Antritt eines Mandats im Parlament während der laufenden Wahlperiode) beim Präsidenten eine Erklärung über die finanziellen Interessen in einem vom Präsidium gemäß Artikel 9 festgelegten Formular ab. Sie unterrichten den Präsidenten von etwaigen Änderungen, die sich auf ihre Erklärung auswirken, jeweils vor Ende des Monats, der auf das Eintreten der Änderung folgt.

2. Die Erklärung über die finanziellen Interessen enthält folgende Angaben, die auf präzise Weise vorgelegt werden:

a) die Berufstätigkeit(en) des Mitglieds während des Dreijahreszeitraums vor Antritt seines Mandats im Parlament und seine Mitgliedschaft(en) in Leitungsorganen oder Ausschüssen von Unternehmen, nichtstaatlichen Organisationen, Verbänden oder sonstigen Einrichtungen mit Rechtspersönlichkeit während dieses Zeitraums,

b) jegliche Entschädigung für die Wahrnehmung eines Mandats in einem anderen Parlament,

c) jegliche regelmäßige vergütete Tätigkeit, die das Mitglied neben der Wahrnehmung seines Mandats als Angestellter oder Selbstständiger ausübt,

d) Mitgliedschaft(en) in jeglichen Leitungsorganen oder Ausschüssen von Unternehmen, nichtstaatlichen Organisationen, Verbänden oder sonstigen Einrichtungen mit Rechtspersönlichkeit oder jegliche sonstige auswärtige Tätigkeit, die das Mitglied ausübt, sei die *betreffende Mitgliedschaft* oder Tätigkeit vergütet oder unvergütet,

e) jegliche gelegentliche vergütete auswärtige Tätigkeit (einschließlich Verfassen von Texten, Vorträgen oder sachverständiger Beratung), wenn die gesamte Vergütung sämtlicher gelegentlichen auswärtigen Tätigkeiten des Mitglieds 5000 EUR in einem Kalenderjahr übersteigt,

f) jegliche Beteiligung an einem Unternehmen oder einer Personengesellschaft, die potenzielle Auswirkungen auf die öffentliche Politik in sich birgt oder die dem Mitglied einen erheblichen Einfluss auf die Angelegenheiten des betreffenden Unternehmens oder der betreffenden Personengesellschaft verschafft,

g) jegliche finanzielle, personelle oder materielle Unterstützung, die dem Mitglied zusätzlich zu den vom Parlament bereitgestellten Mitteln im Rahmen ihrer politischen Tätigkeit von Dritten gewährt wird, wobei die Identität dieser Dritten anzugeben ist.

h) jegliche sonstigen finanziellen Interessen, die die Wahrnehmung der Aufgaben des Mitglieds beeinflussen könnten.

Bei jedem gemäß Unterabsatz 1 zu meldenden Punkt gibt das Mitglied gegebenenfalls an, ob die Tätigkeit vergütet wird oder nicht; bei den Punkten a, c, d, e und f geben die Mitglieder zusätzlich eine der folgenden Einkommenskategorien an:
- nicht vergütet;
- 1 EUR bis 499 EUR monatlich;
- 500 EUR bis 1000 EUR monatlich;
- 1001 EUR bis 5000 EUR monatlich;
- 5001 EUR bis 10 000 EUR monatlich;
- über 10 000 EUR monatlich unter Angabe der nächstliegenden 10 000-EUR-Schwelle.

Jedes Einkommen, das das Mitglied im Zusammenhang mit einem gemäß Unterabsatz 1 angegebenen Punkt nicht regelmäßig erhält, wird auf Jahresbasis angerechnet, durch 12 geteilt und in eine der in Unterabsatz 2 festgelegten Kategorien eingeordnet.

3. Die dem Präsidenten gemäß diesem Artikel gemeldeten Angaben werden auf leicht zugängliche Weise auf der Website des Parlaments veröffentlicht.

4. Mitglieder, die die Erklärung über ihre finanziellen Interessen nicht abgegeben haben, können nicht zu Amtsträgern des Parlaments oder eines seiner Organe gewählt oder als Berichterstatter benannt werden oder in einer offiziellen Delegation oder bei interinstitutionellen Verhandlungen mitwirken.

5. Gehen dem Präsidenten Informationen zu, die ihm Anlass zu der Annahme geben, dass die Erklärung über die finanziellen Interessen eines Mitglieds sachlich unzutreffend oder veraltet ist, kann er den in Artikel 7 vorgesehenen Beratenden Ausschuss konsultieren. Gegebenenfalls fordert der Präsident das Mitglied auf, die Erklärung innerhalb von zehn Tagen zu korrigieren. Das Präsidium kann einen Beschluss zur Anwendung des Absatzes 4 auf Mitglieder annehmen, die der Aufforderung des Präsidenten zu einer Korrektur nicht nachkommen.

6. Die Berichterstatter können in der Begründung ihres Berichts freiwillig die externen Interessenvertreter aufführen, die zu Themen, die Gegenstand des jeweiligen Berichts sind, konsultiert wurden.[1)]

[1)] Siehe Beschluss des Präsidiums vom 12. September 2016 über die Umsetzung der Interinstitutionellen Vereinbarung über das Transparenz-Register.

Art. 5 Geschenke oder ähnliche Zuwendungen. 1. Die Mitglieder des Europäischen Parlaments versagen sich bei der Ausübung ihres Mandats die Annahme jeglicher Geschenke oder ähnlicher Zuwendungen außer solchen mit einem ungefähren Wert von unter 150 EUR, die nach den Gepflogenheiten der Höflichkeit überreicht werden, oder solchen, die ihnen nach den Gepflogenheiten der Höflichkeit überreicht werden, während sie das Parlament in amtlicher Funktion repräsentieren.

2. Alle Geschenke, die den Mitgliedern gemäß Absatz 1 überreicht werden, während sie das Parlament in amtlicher Funktion repräsentieren, werden dem Präsidenten übergeben und entsprechend den gemäß Artikel 9 vom Präsidium festgelegten Durchführungsmaßnahmen behandelt.

3. Die Bestimmungen der Absätze 1 und 2 finden keine Anwendung auf die Erstattung von Reise-, Unterkunfts- und Aufenthaltskosten von Mitgliedern oder auf die direkte Begleichung solcher Kosten durch Dritte, wenn die Mitglieder aufgrund einer Einladung und im Rahmen der Ausübung ihres Mandats an von Dritten organisierten Veranstaltungen teilnehmen.

Der Anwendungsbereich dieses Absatzes, insbesondere im Hinblick auf die Bestimmungen zur Gewährleistung der Transparenz, wird in den gemäß Artikel 9 vom Präsidium festgelegten Durchführungsmaßnahmen näher bestimmt.

Art. 6 Tätigkeiten ehemaliger Mitglieder. Ehemalige Mitglieder des Europäischen Parlaments, die einer gewerblichen Lobbytätigkeit nachgehen oder repräsentative Tätigkeiten ausüben, die in unmittelbarem Zusammenhang mit dem Beschlussfassungsprozess der Union stehen, sollten das Parlament darüber unterrichten und dürfen während der gesamten Dauer einer solchen Tätigkeit nicht die den ehemaligen Mitgliedern gemäß den vom Präsidium erlassenen Vorschriften[1] zur Verfügung gestellten Einrichtungen in Anspruch nehmen.

Art. 7 Beratender Ausschuss zum Verhalten von Mitgliedern. 1. Es wird ein Beratender Ausschuss zum Verhalten von Mitgliedern (im Folgenden „der Beratende Ausschuss") gebildet.

2. Der Beratende Ausschuss besteht aus fünf Mitgliedern, die vom Präsidenten zu Beginn seiner Amtszeit aus den Mitgliedern des Ausschusses für konstitutionelle Fragen und des Rechtsausschusses ernannt werden, wobei der Erfahrung der Mitglieder und der politischen Ausgewogenheit gebührend Rechnung getragen wird.

Jedes Mitglied des Beratenden Ausschusses führt nach einem Rotationsverfahren sechs Monate lang den Vorsitz.

3. Der Präsident ernennt ferner zu Beginn seiner Amtszeit Reservemitglieder für den Beratenden Ausschuss, je eines für jede nicht im Beratenden Ausschuss vertretene Fraktion.

---

[1] Beschluss des Präsidiums vom 12. April 1999 über die ehemaligen Mitgliedern des Europäischen Parlaments zur Verfügung gestellten Einrichtungen.

Im Falle eines behaupteten Verstoßes gegen diesen Verhaltenskodex durch ein Mitglied einer nicht im Beratenden Ausschuss vertretenen Fraktion wird das betreffende Reservemitglied für die Untersuchung des behaupteten Verstoßes vollwertiges sechstes Mitglied des Beratenden Ausschusses.

4. Auf Ersuchen eines Mitglieds gibt der Beratende Ausschuss diesem Mitglied – vertraulich und innerhalb von 30 Kalendertagen – Orientierungshilfe bei der Auslegung und Anwendung der Bestimmungen dieses Verhaltenskodex. Das betreffende Mitglied kann sich auf diese Orientierungshilfe berufen.

Auf Ersuchen des Präsidenten bewertet der Beratende Ausschuss auch die behaupteten Fälle von Verstößen gegen den Verhaltenskodex und berät ihn zu möglichen Maßnahmen.

5. Der Beratende Ausschuss kann nach Rücksprache mit dem Präsidenten Beratung von externen Sachverständigen einholen.

6. Der Beratende Ausschuss veröffentlicht einen jährlichen Bericht über seine Tätigkeit.

Art. 8 Verfahren bei etwaigen Verstößen gegen den Verhaltenskodex. 1. Besteht Anlass zu der Vermutung, dass ein Mitglied des Europäischen Parlaments gegen diesen Verhaltenskodex verstoßen haben könnte, verweist der Präsident die Angelegenheit, wenn es sich nicht um einen offensichtlich rechtsmissbräuchlichen Fall handelt, an den Beratenden Ausschuss.

2. Der Beratende Ausschuss prüft die Umstände des behaupteten Verstoßes und kann das betroffene Mitglied anhören. Auf der Grundlage seiner Schlussfolgerungen gibt er dem Präsidenten eine Empfehlung für einen möglichen Beschluss ab.

Bei einem behaupteten Verstoß gegen den Verhaltenskodex durch ein ständiges Mitglied oder ein Reservemitglied des Beratenden Ausschusses nimmt das betroffene Mitglied oder Reservemitglied nicht an den Arbeiten des Beratenden Ausschusses zu dem behaupteten Verstoß teil.

3. Gelangt der Präsident unter Berücksichtigung dieser Empfehlung – und nachdem er das betroffene Mitglied gegen den Verhaltenskodex verstoßen hat, fasst er einen begründeten Beschluss über eine Sanktion. Der Präsident teilt dem Mitglied den begründeten Beschluss mit.

Die verhängte Sanktion kann in einer oder mehreren der in Artikel 176 Absätze 4 bis 6 der Geschäftsordnung aufgeführten Maßnahmen bestehen.

4. Die internen Beschwerdeverfahren gemäß Artikel 177 der Geschäftsordnung stehen dem betroffenen Mitglied offen.

Art. 9 Umsetzung. Das Präsidium legt zu diesem Verhaltenskodex Durchführungsmaßnahmen fest, die unter anderem ein Kontrollverfahren beinhalten, und aktualisiert erforderlichenfalls die in den Artikeln 4 und 5 genannten Beträge.

Das Präsidium kann Vorschläge zur Überarbeitung des vorliegenden Verhaltenskodex formulieren.

Anlage II

Kodex für angemessenes Verhalten für Mitglieder des Europäischen Parlaments im Rahmen ihres Mandats

1. Im Rahmen ihres Mandats behandeln die Mitglieder des Europäischen Parlaments alle Personen, die im Europäischen Parlament tätig sind, mit Würde, Höflichkeit und Respekt sowie frei von Vorurteilen und Diskriminierung.

2. Im Rahmen ihres Mandats verhalten sich die Mitglieder auf professionelle Weise und sehen in ihren Beziehungen zu den Mitarbeitern vor allem von jedweder herabsetzenden, beleidigenden, abfälligen oder diskriminierenden Bemerkung sowie von allen unmoralischen, erniedrigenden oder rechtswidrigen Handlungen ab.

3. Die Mitglieder dürfen das Personal durch ihre Handlungen nicht dazu verleiten oder ermutigen, die geltenden Rechtsvorschriften, internen Regelungen des Parlaments oder diesen Kodex zu missachten, zu umgehen oder dagegen zu verstoßen, oder ein derartiges Verhalten von Mitarbeitern, die unter ihrer Verantwortung stehen, dulden.

4. Die Mitglieder bemühen sich darum, unter Anwendung angemessener Diskretion dafür zu sorgen, dass alle Meinungsverschiedenheiten oder Konflikte, an denen Mitarbeiter unter ihrer Verantwortung beteiligt sind, rasch, gerecht und wirksam beigelegt werden, damit das Europäische Parlament wirksam arbeiten kann.

5. Die Mitglieder wenden bei Bedarf sofort und uneingeschränkt die bestehenden Verfahren für den Umgang mit Konflikten oder Fällen von Mobbing oder sexueller Belästigung an und reagieren unmittelbar auf alle Belästigungsvorwürfe. Sie sollten an speziellen Schulungen zur Prävention von Konflikten und Belästigung am Arbeitsplatz und zur guten Büroverwaltung teilnehmen, die für sie organisiert werden.

6. Die Mitglieder unterzeichnen eine Erklärung, in der sie sich dazu verpflichten, diesen Kodex einzuhalten. Alle Erklärungen werden auf der Website des Parlaments der Öffentlichkeit zugänglich gemacht, und zwar ungeachtet dessen, ob sie unterzeichnet wurden oder nicht.

7. Mitglieder, die die Erklärung im Zusammenhang mit diesem Kodex nicht unterzeichnet haben, können nicht zu Amtsträgern des Parlaments oder eines seiner Organe gewählt oder als Berichterstatter benannt werden oder in einer offiziellen Delegation oder bei interinstitutionellen Verhandlungen mitwirken.

262. Beschluß und Akt zur Einführung allgemeiner unmittelbarer Wahlen der Abgeordneten des Europäischen Parlaments[1)]

Vom 20. September 1976

(BGBl. 1977 II S. 734, geändert durch Vertrag v. 28.5.1979, BGBl. 1980 II S. 229/236, durch Vertrag v. 12.6.1985, BGBl. II S. 1249/1263, durch Beschluß 93/81, EWG v. 1.2.1993, BGBl. II S. 1242/1243, und durch Beitrittsvertrag vom 24.6.1994, BGBl. II S. 2022/2032, i. d. F. des Beschlusses vom 1.1.1995, ABl. EG Nr. L 1/1, geändert durch den Amsterdamer Vertrag vom 2.10.1997, BGBl. 1998 II S. 387), den Beschluss 2002/772 vom 25.6./23.9.2002, ABl. Nr. L 283/1 v. 21.10.2002 und durch Beschluss 2018/994 vom 13.7.2018, ABl. Nr. L 178/1 v. 16.7.2018)

Der RAT –

in der Zusammensetzung der Vertreter der Mitgliedstaaten und mit Einstimmigkeit,

gestützt auf Artikel 21 Absatz 3 des Vertrages über die Gründung der Europäischen Gemeinschaft für Kohle und Stahl,

gestützt auf Artikel 138 Absatz 3 des Vertrages zur Gründung der Europäischen Wirtschaftsgemeinschaft,

gestützt auf Artikel 108 Absatz 3 des Vertrages zur Gründung der Europäischen Atomgemeinschaft,

nach Kenntnisnahme des Entwurfs des Europäischen Parlaments,

in der Absicht, die Schlußfolgerungen des Europäischen Rates vom 1. und 2. Dezember 1975 in Rom in die Tat umzusetzen, damit die Wahl zum Europäischen Parlament zu einem einheitlichen Zeitpunkt in den Monaten Mai–Juni 1978 abgehalten wird –

hat die diesem Beschluß beigefügten Bestimmungen erlassen, deren Annahme nach ihren jeweiligen verfassungsrechtlichen Vorschriften er den Mitgliedstaaten empfiehlt.

Dieser Beschluß und die ihm beigefügten Bestimmungen werden im Amtsblatt der Europäischen Gemeinschaften veröffentlicht.

Die Mitgliedstaaten teilen dem Generalsekretär des Rates der Europäischen Gemeinschaften unverzüglich den Abschluß der Verfahren mit, die nach ihren jeweiligen verfassungsrechtlichen Vorschriften für die Annahme der diesem Beschluß beigefügten Bestimmungen erforderlich sind.

Dieser Beschluß tritt am Tag der Veröffentlichung im Amtsblatt der Europäischen Gemeinschaften in Kraft.

[1)] Der Akt trat am 1.7.1978 in Kraft (BGBl. 1978 II S. 1003). Zur Wahl der Abgeordneten des Europäischen Parlaments aus der Bundesrepublik vgl. das Gesetz über die Wahl der Abgeordneten des Europäischen Parlaments aus der Bundesrepublik Deutschland (Europawahlgesetz – EuWG) v. 8.3.1994 (BGBl. I S. 424), die Verordnung über die Vorbereitung und Durchführung der Wahl der Abgeordneten des Europäischen Parlaments aus der Bundesrepublik Deutschland (Europa-Wahlordnung) v. 10.5.1994 (BGBl. I S. 957) sowie das Gesetz über die Rechtsverhältnisse der Mitglieder des Europäischen Parlaments aus der Bundesrepublik Deutschland (Europaabgeordnetengesetz – EuAbgG) vom 6.4.1979 (BGBl. I S. 413), jeweils mit späteren Änderungen.

AKT
zur Einführung allgemeiner unmittelbarer Wahlen der Abgeordneten des Europäischen Parlaments

Art. 1 [Wahlrechtsgrundsätze] (1) In jedem Mitgliedstaat werden die Mitglieder des Europäischen Parlaments als Vertreter der Unionsbürgerinnen und Unionsbürger nach dem Verhältniswahlsystem auf der Grundlage von Listen oder von übertragbaren Einzelstimmen gewählt.

(2) Die Mitgliedstaaten können Vorzugsstimmen auf der Grundlage von Listen nach den von ihnen festgelegten Modalitäten zulassen.

(3) Die Wahl erfolgt allgemein, unmittelbar, frei und geheim.

Art. 2 [Räumliche Gliederung des Wahlgebietes] Entsprechend ihren nationalen Besonderheiten können die Mitgliedstaaten für die Wahl des Europäischen Parlaments Wahlkreise einrichten oder ihre Wahlgebiete auf andere Weise unterteilen, ohne das Verhältniswahlsystem insgesamt in Frage zu stellen.

Art. 3 [Sperrklausel] (1) Für die Sitzvergabe können die Mitgliedstaaten eine Mindestschwelle festlegen. Diese Schwelle darf auf nationaler Ebene nicht mehr als 5% der abgegebenen gültigen Stimmen betragen.

(2) Die Mitgliedstaaten, in denen eine Listenwahl stattfindet, legen für Wahlkreise, in denen es mehr als 35 Sitze gibt, eine Mindestschwelle für die Sitzvergabe fest. Diese Schwelle darf nicht weniger als 2% und nicht mehr als 5% der abgegebenen gültigen Stimmen in dem betreffenden Wahlkreis, einschließlich eines einen einzigen Wahlkreis bildenden Mitgliedstaats betragen.

(3) Die Mitgliedstaaten treffen die erforderlichen Maßnahmen, um der Verpflichtung gemäß Absatz 2 spätestens vor der Wahl zum Europäischen Parlament, die der ersten Wahl nach dem Inkrafttreten des Beschlusses (EU, Euratom) 2018/994 des Rates[1)] folgt, rechtzeitig nachzukommen.[2)]

Art. 3a [Frist zur Einreichung von Wahlvorschlägen]. Ist in innerstaatlichen Vorschriften eine Frist für die Einreichung von Bewerbungen für die Wahl zum Europäischen Parlament festgelegt, muss die-

---

1) Beschluss (EU, Euratom) 2018/994 des Rates v. 13.7.2018 zur Änderung des dem Beschluss 76/787/EGKS, EWG, Euratom des Rates vom 20.9.1976 beigefügten Akts zur Einführung allgemeiner unmittelbarer Wahlen der Mitglieder des Europäischen Parlaments (ABl. L 178 v. 16.7.2018, S. 1).

2) Vorbehaltlich der Ratifikation durch alle Mitgliedstaaten, besteht die Pflicht zur Einführung einer obligatorischen Sperrklausel danach erst für die Europawahl 2024, und ist eine solche auch in Deutschland bisher (noch) nicht im Europawahlgesetz (EuWG; BGBl. I *S. 423, 555, 852;* zuletzt geänd. durch Gesetz v. 10.7.2018 (BGBl. I S. 1116) vorgesehen. Im Hinblick auf die einschlägige (restriktive) *Rspr.* des *BVerfG rechtfertigt* sich insoweit wohl nur eine Schwelle von 2 % (so auch der Wissenschaftliche Dienst des Bundestages – WD 3 -3000 -258/18 v. 31.7.2018).

se Frist mindestens drei Wochen vor dem vom betreffenden Mitgliedstaat gemäß Artikel 10 Absatz 1 festgelegten Termin für die Abhaltung der Wahl zum Europäischen Parlament betragen.

Art. 3b [Bezugnahme auf europäische politische Partei]. Die Mitgliedstaaten können gestatten, dass die Stimmzettel den Namen oder das Logo der europäischen politischen Partei, der die nationale politische Partei oder der Einzelbewerber angehört, tragen.

Art. 4 [Wahlkampfkosten] Jeder Mitgliedstaat kann eine Obergrenze für die Wahlkampfkosten der Wahlbewerber festlegen.

Art. 4a [Briefwahl, elektronische oder Internetwahl]. Für die Wahl zum Europäischen Parlament können die Mitgliedstaaten die Möglichkeit der vorzeitigen Stimmabgabe, der Briefwahl sowie der elektronischen Stimmabgabe und der Stimmabgabe über das Internet vorsehen. In diesem Fall treffen sie hinreichende Maßnahmen, um insbesondere die Zuverlässigkeit der Ergebnisse, das Wahlgeheimnis und der Schutz personenbezogener Daten gemäß dem geltenden Unionsrecht zu gewährleisten.

Art. 5 [Wahlperiode] (1) Der Fünfjahreszeitraum, für den die Mitglieder des Europäischen Parlaments gewählt werden, beginnt mit der Eröffnung der ersten Sitzung nach jeder Wahl.

Sie wird nach Maßgabe von Artikel 10 Absatz 2 Unterabsatz 2 verlängert oder verkürzt.

(2) Das Mandat eines Abgeordneten beginnt und endet zu gleicher Zeit wie der in Absatz 1 genannte Zeitraum.

Art. 6 [Freies Mandat, Vorrechte und Befreiungen] (1) Die Abgeordneten geben ihre Stimmen einzeln und persönlich ab. Sie sind weder an Aufträge noch an Weisungen gebunden.

(2) Die Mitglieder des Europäischen Parlaments genießen die Vorrechte und Befreiungen, die nach dem Protokoll vom 8. April 1965 über die Vorechte und Befreiungen der Europäischen Gemeinschaften für sie gelten.

Art. 7 [Inkompatibilitäten] (1) Die Mitgliedschaft im Europäischen Parlament ist unvereinbar mit der Eigenschaft als
– Mitglied der Regierung eines Mitgliedstaats;
– *Mitglied der Kommission* der Europäischen Gemeinschaften;
– Richter, Generalanwalt oder Kanzler des Gerichtshofs der Europäischen Gemeinschaften oder des Gerichts erster Instanz;
– Mitglied des Direktoriums der Europäischen Zentralbank;
– Mitglied des Rechnungshofs der Europäischen Gemeinschaften;
– Bürgerbeauftragter der Europäischen Gemeinschaften;
– Mitglied des Wirtschafts- und Sozialausschusses der Europäischen Wirtschaftsgemeinschaft und der Europäischen Atomgemeinschaft;

– Mitglied des Ausschusses der Regionen;
– Mitglied von Ausschüssen und Gremien, die auf Grund der Verträge zur Gründung der Europäischen Wirtschaftsgemeinschaft und der Europäischen Atomgemeinschaft Mittel der Gemeinschaften verwalten oder eine dauernde unmittelbare Verwaltungsaufgabe wahrnehmen;
– Mitglied des Verwaltungsrats oder des Direktoriums oder Bediensteter der Europäischen Investitionsbank;
– im aktiven Dienst stehender Beamter oder Bediensteter der Organe der Europäischen Gemeinschaften oder der ihnen angegliederten Einrichtungen, Ämter, Agenturen und Gremien oder der Europäischen Zentralbank.

(2) Ab der Wahl zum Europäischen Parlament im Jahr 2004 ist die Mitgliedschaft im Europäischen Parlament unvereinbar mit der Eigenschaft als Abgeordneter eines nationalen Parlaments.

Abweichend von dieser Regel und unbeschadet des Absatzes 3
– können die Abgeordneten des nationalen irischen Parlaments, die in einer folgenden Wahl in das Europäische Parlament gewählt werden, bis zur nächsten Wahl zum nationalen irischen Parlament ein Doppelmandat ausüben; ab diesem Zeitpunkt ist Unterabsatz 1 anwendbar;
– können die Abgeordneten des nationalen Parlaments des Vereinigten Königreichs, die während des Fünfjahreszeitraums vor der Wahl zum Europäischen Parlament im Jahr 2004 auch Abgeordnete des Europäischen Parlaments sind, bis zu den Wahlen zum Europäischen Parlament im Jahr 2009 ein Doppelmandat ausüben; ab diesem Zeitpunkt ist Unterabsatz 1 anwendbar.

(3) Ferner kann jeder Mitgliedstaat nach Artikel 7 innerstaatlich geltende Unvereinbarkeiten ausweiten.

(4) Die Abgeordneten des Europäischen Parlaments, auf die im Laufe der in Artikel 3 festgelegten fünfjährigen Wahlperiode die Absätze 1, 2 und 3 Anwendung finden, werden nach Artikel 12 ersetzt.

Art. 8 [Wahlverfahren] Vorbehaltlich der Vorschriften dieses Akts bestimmt sich das Wahlverfahren in jedem Mitgliedstaat nach den innerstaatlichen Vorschriften.

Diese innerstaatlichen Vorschriften, die gegebenenfalls den Besonderheiten in den Mitgliedstaaten Rechnung tragen können, dürfen das Verhältniswahlsystem insgesamt nicht in Frage stellen.

Art. 9 [One man, one vote] (1) Bei der Wahl der Mitglieder des Europäischen Parlaments darf jeder Wähler und jede Wählerin nur einmal wählen.

(2) Die Mitgliedstaaten treffen die erforderlichen Maßnahmen, um *sicherzustellen*, dass eine doppelte Stimmabgabe bei der Wahl zum Europäischen Parlament mit wirksamen, verhältnismäßigen und abschreckenden Sanktionen geahndet wird.

Art. 9a [Wähler mit Wohnsitz in einem Drittstaat]. Die Mitgliedstaaten können im Einklang mit ihren innerstaatlichen Wahlverfahren die erforderlichen Maßnahmen treffen, um ihren Staatsangehörigen mit Wohnsitz in einem Drittstaat zu gestatten, bei der Wahl zum Europäischen Parlament ihre Stimme abzugeben.

Art. 9b [Kontaktstelle] (1) Jeder Mitgliedstaat benennt die Kontaktstelle, die für den Austausch von Daten über die Wählerinnen und Wähler und Bewerberinnen und Bewerber mit den Kontaktstellen in den anderen Mitgliedstaaten zuständig ist.

(2) Unbeschadet der innerstaatlichen Vorschriften über die Eintragung von Wählerinnen und Wählern in das Wählerverzeichnis und die Einreichung von Bewerbungen beginnt die in Absatz 1 genannte Stelle spätestens sechs Wochen vor dem ersten Tag des Wahlzeitraums gemäß Artikel 10 Absatz 1, den anderen Behörden gemäß dem geltenden Unionsrecht zum Schutz personenbezogener Daten die in der Richtlinie 93/109/EG[1] aufgeführten Daten über Unionsbürgerinnen und Unionsbürger zu übermitteln, die in einem Mitgliedstaat, dessen Staatsangehörigkeit sie nicht besitzen, in das Wählerverzeichnis eingetragen sind oder kandidieren.

Art. 10 [Wahltermin, Auszählung] (1) Die Wahl des Europäischen Parlaments findet zu dem von jedem Mitgliedstaat festgelegten Termin und zu den von ihm festgelegten Uhrzeiten statt, wobei der Termin der in einen für alle Mitgliedstaaten gleichen Zeitraum von Donnerstag morgen bis zu dem unmittelbar nachfolgenden Sonntag fällt.

(2) Ein Mitgliedstaat darf das ihn betreffende Wahlergebnis erst dann amtlich bekannt geben, wenn die Wahl in dem Mitgliedstaat, dessen Wähler innerhalb des in Absatz 1 genannten Zeitraums als letzte wählen, abgeschlossen ist.

Art. 11 [Festsetzung des Wahltermins] (1) Der Zeitraum, in dem die Wahlen stattfinden, wird für die erste Wahl vom Rat nach Anhörung des Europäischen Parlaments einstimmig näher bestimmt.

(2) Die folgenden Wahlen finden in dem entsprechenden Zeitraum des letzten Jahres der in Artikel 3 genannten fünfjährigen Wahlperiode statt.

Erweist es sich als unmöglich, die Wahlen während dieses Zeitraums in der Gemeinschaft abzuhalten, so setzt der Rat mindestens ein Jahr vor Ablauf des in Artikel 3 genannten Fünfjahreszeitraums nach Anhörung des Europäischen Parlaments einstimmig einen anderen Zeitraum fest, der frühestens zwei Monate vor und spätestens einen Monat nach

---

[1] Richtlinie 93/109/EG des Rates vom 6. Dezember 1993 über die Einzelheiten der Ausübung des aktiven und passiven Wahlrechts bei den Wahlen zum Europäischen Parlament für Unionsbürger mit Wohnsitz in einem Mitgliedstaat, dessen Staatsangehörigkeit sie nicht besitzen (ABl. L 329 vom 30.12.1993, S. 34).

dem sich aus vorstehendem Unterabsatz ergebenden Zeitraum liegen darf.[1)]

(3) Unbeschadet des Artikels 139 des Vertrags zur Gründung der Europäischen Gemeinschaft und des Artikels 109 des Vertrags zur Gründung der Europäischen Atomgemeinschaft tritt das Europäische Parlament, ohne daß es einer Einberufung bedarf, am ersten Dienstag nach Ablauf eines Monats ab dem Ende des Zeitraums, in dem die Wahlen stattgefunden haben, zusammen.

(4) Die Befugnisse des scheidenden Europäischen Parlaments enden mit der ersten Sitzung des neuen Europäischen Parlaments.

Art. 12 [Wahlprüfung] Das Europäische Parlament prüft die Mandate seiner Mitglieder. Zu diesem Zweck nimmt das Europäische Parlament die von den Mitgliedstaaten amtlich bekanntgegebenen Wahlergebnisse zur Kenntnis und befindet über die Anfechtungen, die gegebenenfalls aufgrund der Vorschriften dieses Akts – mit Ausnahme der innerstaatlichen Vorschriften, auf die darin verwiesen wird – vorgebracht werden könnten.

Art. 13 [Vakanzen] (1) Ein Sitz wird frei, wenn das Mandat eines Mitglieds des Europäischen Parlaments im Falle seines Rücktritts oder seines Todes oder des Entzugs erlischt.

(2) Vorbehaltlich der sonstigen Vorschriften dieses Akts legt jeder Mitgliedstaat für den Fall des Freiwerdens eines Sitzes die geeigneten Verfahren fest, um diesen Sitz für den Rest des in Artikel 3 genannten Fünfjahreszeitraums zu besetzen.

(3) Ist in den Rechtsvorschriften eines Mitgliedstaats ausdrücklich der Entzug des Mandats eines Mitglieds des Europäischen Parlaments vorgesehen, so erlischt sein Mandat entsprechend diesen Rechtsvorschriften. Die zuständigen einzelstaatlichen Behörden setzten das Europäische Parlament davon in Kenntnis.

(4) Wird ein Sitz durch Rücktritt oder Tod frei, so setzt der Präsident des Europäischen Parlaments die zuständigen Behörden des betreffenden Mitgliedstaates unverzüglich davon in Kenntnis.

Art. 14 [Durchführungsmaßnahmen] Sollte es sich als erforderlich erweisen, Maßnahmen zur Durchführung dieses Akts zu treffen, so trifft der Rat diese Maßnahmen einstimmig auf Vorschlag des Europäischen Parlaments und nach Anhörung der Kommission, nachdem er sich in einem Konzertierungsausschuß, dem der Rat sowie Abgeordnete des Europäischen Parlaments angehören, um ein Einvernehmen mit dem Europäischen Parlament bemüht hat.

[1)] Der in Artikel 10 Absatz 1 des Akts vom 20. September 1976 zur Einführung allgemeiner unmittelbarer Wahlen der Mitglieder des Europäischen Parlaments genannte Zeitraum wird für die neunte Wahl auf den 23. bis 26. Mai 2019 festgesetzt. (Beschluss 2018/767 des Rates v. 22.5.2018 (ABl. Nr. L 129/76).

Art. 15 [Authentische Sprachfassungen, Anhänge] Dieser Akt ist in dänischer, deutscher, englischer, finnischer, französischer, griechischer, irischer, italienischer, niederländischer, portugiesischer, schwedischer und spanischer Sprache abgefasst, wobei jeder Wortlaut gleichermaßen verbindlich ist.

Die Anhänge I und II sind Bestandteile dieses Akts.

Art. 16. Die Bestimmungen dieses Akts treten an dem ersten Tag des Monats in Kraft[1], der auf den Erhalt der letzten in dem Beschluß genannten Mitteilungen folgt.

GESCHEHEN zu Brüssel am zwanzigsten September neunzehnhundertsechsundsiebzig.

Anhang I

Das Vereinigte Königreich wird die Vorschriften dieses Akts nur auf das Vereinigte Königreich anwenden.

Anhang II

Erklärung zu Artikel 14

In bezug auf das Verfahren, das im Konzertierungsausschuß anzuwenden ist, wird vereinbart, die Nummern 5, 6 und 7 des Verfahrens heranzuziehen, das durch die gemeinsame Erklärung des Europäischen Parlaments, des Rates und der Kommission vom 4. März 1975[2]·[3] festgelegt worden ist.

---

[1] Der Akt trat ursprünglich am 1.7.1978 in Kraft (ABl. Nr. L 173 v. 29.6.1978 S. 30; BGBl. 1978 II S. 1003).

[2] ABl. Nr. C 89 vom 22.4.1975, S. 1.

[3] In der im ABl. abgedruckten Fassung heißt es hier irrtümlich „1974".

264. Verordnung (EU, EURATOM) Nr. 1141/2014 des Europäischen Parlaments und des Rates über das Statut und die Finanzierung europäischer politischer Parteien und europäischer politischer Stiftungen

vom 22. Oktober 2014

(ABl. Nr. L 317/1 v. 4.1.2014, ber. ABl. Nr. L 131/91 v. 20.5.2016; geänd. durch VO 2018/673 v. 3.5.2018, ABl. Nr. L 114I/1 und VO 2019/493 v. 25.3.2019, ABl. Nr. L 85/7)

DAS EUROPÄISCHE PARLAMENT UND DER RAT DER EUROPÄISCHEN UNION –

gestützt auf den Vertrag über die Arbeitsweise der Europäischen Union, insbesondere auf Artikel 224,
gestützt auf den Vertrag zur Gründung der Europäischen Atomgemeinschaft, insbesondere auf Artikel 106a,
auf Vorschlag der Europäischen Kommission,
nach Zuleitung des Entwurfs des Gesetzgebungsakts an die nationalen Parlamente,
nach Stellungnahme des Europäischen Wirtschafts- und Sozialausschusses,[1]
nach Stellungnahme des Ausschusses der Regionen[2],
nach Stellungnahme des Rechnungshofs[3],
gemäß dem ordentlichen Gesetzgebungsverfahren[4],
in Erwägung nachstehender Gründe[5]:

(1) Laut Artikel 10 Absatz 4 des Vertrags über die Europäische Union (EUV) und Artikel 12 Absatz 2 der Charta der Grundrechte der Europäischen Union (Charta) tragen politische Parteien auf europäischer Ebene zur Herausbildung eines europäischen politischen Bewusstseins und zum Ausdruck des Willens der Bürgerinnen und Bürger der Union bei.

(2) In Artikel 11 und 12 der Charta heißt es, dass das Recht auf Vereinigungsfreiheit auf allen Ebenen, beispielsweise im politischen und zivilgesellschaftlichen Bereich, und das Recht auf freie Meinungsäußerung, einschließlich der Meinungsfreiheit und der Freiheit Informationen und Ideen ohne behördliche Eingriffe und ohne Rücksicht auf Staatsgrenzen zu empfangen und weiterzugeben, zu den Grundrechten jedes Unionsbürgers gehören.

---

[1] ABl. C 133 vom 9.5.2013, S. 90.

[2] ABl. C 62 vom 2.3.2013, S. 77.

[3] ABl. C 67 vom 7.3.2013, S. 1.

[4] Standpunkt des Europäischen Parlaments vom 16. April 2014 (noch nicht im Amtsblatt veröffentlicht) und Beschluss des Rates vom 29. September 2014.

[5] 12. Erwägungsgrund geänd., 30a. Erwägungsgrund eingef. mWv 4.5.2018 durch VO (EU, Euratom) 2018/673 v. 3.5.2018 (AB. L 114I S. 1).

(3) Die Unionsbürger sollten diese Rechte nutzen können, um uneingeschränkt am demokratischen Leben der Union teilnehmen zu können.

(4) Wahrlich transnational angelegten europäischen politischen Parteien und den ihnen angeschlossenen europäischen politischen Stiftungen kommt bei Artikulierung der Bürgermeinungen auf europäischer Ebene und damit bei der Überbrückung der Kluft zwischen der Politik auf nationaler Ebene und der auf Unionsebene eine Schlüsselrolle zu.

(5) Europäische politische Parteien und die ihnen angeschlossenen europäischen politischen Stiftungen sollten in ihren Bemühungen unterstützt und bestärkt werden, eine enge Verbindung zwischen der europäischen Zivilgesellschaft und den Unionsorganen, insbesondere dem Europäischen Parlament, herzustellen.

(6) Die Erfahrung der europäischen politischen Parteien und der ihnen angeschlossenen europäischen politischen Stiftungen mit der Anwendung der Verordnung (EG) Nr. 2004/2003 des Europäischen Parlaments und des Rates[1] zusammen mit der Entschließung des Europäischen Parlaments vom 6. April 2011 über die Anwendung der Verordnung (EG) Nr. 2004/2003[2] zeigt die Notwendigkeit auf, den rechtlichen und finanziellen Rahmen für europäische politische Parteien und die ihnen angeschlossenen europäischen Stiftungen zu verbessern, damit sie im vielschichtigen politischen System der Union zu sichtbareren und effizienteren Akteuren werden können.

(7) In Anerkennung der Aufgabe, die den europäischen politischen Parteien im EUV zugewiesen wurde, und zur Erleichterung ihrer Arbeit sollte für europäische politische Parteien und die ihnen angeschlossenen europäischen politischen Stiftungen ein spezifischer europäischer Rechtsstatus eingerichtet werden.

(8) Eine Behörde für europäische politische Parteien und Stiftungen (im Folgenden „die Behörde") sollte zum Zweck der Eintragung, Kontrolle und Sanktionierung von europäischen politischen Parteien und europäischen politischen Stiftungen eingerichtet werden. Die Eintragung sollte notwendig sein, um einen europäischen Rechtsstatus zu erhalten, mit dem eine Reihe von Rechten und Pflichten verbunden sind. Um mögliche Interessenkonflikte zu verhindern, sollte die Behörde unabhängig sein.

(9) Die Verfahren, die europäische politische Parteien und die ihnen angeschlossenen europäischen politischen Stiftungen zu befolgen haben, um nach dieser Verordnung europäischen Rechtsstatus zu erhalten, sollten ebenso wie die Verfahren und Kriterien festgelegt werden, die bei der Entscheidung über die Gewährung eines solchen europäischen Rechtsstatus zu beachten sind. Auch für die Fälle, in denen eine europäische politische Partei oder europäische politische Stiftung diesen Rechtsstatus verliert oder aufgibt, müssen Verfahren festgelegt werden.

---

[1] **Amtl. Anm.:** Verordnung (EG) Nr. 2004/2003 des Europäischen Parlaments und des Rates vom 4. November 2003 über die Regelungen für die politischen Parteien auf europäischer Ebene und ihre Finanzierung (ABl. L 297 vom 15.11.2003, S. 1).

[2] **Amtl. Anm.:** ABl. C 296 E vom 2.10.2012, S. 46.

(10) Zur Erleichterung der Aufsicht über Rechtspersonen, für die sowohl Unionsrecht als auch nationales Recht gilt, sollte der Kommission die Befugnis übertragen werden, gemäß Artikel 290 des Vertrags über die Arbeitsweise der Europäischen Union (AEUV) Rechtsakte zu erlassen hinsichtlich der Funktionsweise eines Registers für europäische politische Parteien und Stiftungen, das von der Behörde für europäische politische Parteien und Stiftungen verwaltet wird (im Folgenden „Register"), insbesondere in Bezug auf die im Register aufbewahrten Informationen und Belege. Es ist von besonderer Bedeutung, dass die Kommission im Zuge ihrer Vorbereitungsarbeit angemessene Konsultationen, auch auf der Ebene von Sachverständigen, durchführt. Bei der Vorbereitung und Ausarbeitung delegierter Rechtsakte sollte die Kommission gewährleisten, dass die einschlägigen Dokumente dem Europäischen Parlament und dem Rat gleichzeitig, rechtzeitig und auf angemessene Weise übermittelt werden.

(11) Zur Gewährleistung einheitlicher Bedingungen für die Durchführung dieser Verordnung sollten der Kommission Durchführungsbefugnisse in Bezug auf Vorschriften über das Registrierungsnummersystem und in Bezug darauf, wie Dritten auf Antrag Standardauszüge des Registers durch die Behörde zur Verfügung zu stellen sind, übertragen werden. Diese Befugnisse sollten im Einklang mit der Verordnung (EU) Nr. 182/2011 des Europäischen Parlaments und des Rates[1)] ausgeübt werden.

(12) Europäische politische Parteien und die ihnen angeschlossenen europäischen politischen Stiftungen, die durch den europäischen Rechtsstatus als solche auf Unionsebene anerkannt werden wollen und öffentliche Finanzmittel aus dem Gesamthaushaltsplan der Europäischen Union erhalten wollen, sollten bestimmte Grundsätze beachten und bestimmte Voraussetzungen erfüllen. Insbesondere ist es erforderlich, dass europäische politische Parteien und die ihnen angeschlossenen europäischen politischen Stiftungen insbesondere in ihrem Programm und bei ihren Tätigkeiten die Werte achten, auf die sich die Union gemäß Artikel 2 EUV gründet, und zwar Achtung der Menschenwürde, Freiheit, Demokratie, Gleichheit, Rechtsstaatlichkeit und Achtung der Menschenrechte, einschließlich der Rechte von Personen, die Minderheiten angehören.

(13) Entscheidungen, die Eintragung einer europäischen politischen Partei oder einer europäischen politischen Stiftung wegen Nichtbeachtung der Werte, auf die sich die Union gemäß Artikel 2 EUV gründet, aus dem Register zu löschen, sollten nur im Falle eines offensichtlichen und schwerwiegenden Verstoßes gegen diese Werte getroffen werden. Wenn die Behörde entscheidet, eine Eintragung aus dem Register zu löschen, sollte sie dabei die Charta in vollem Maße achten.

---

1) **Amtl. Anm.:** Verordnung (EU) Nr. 182/2011 des Europäischen Parlaments und des Rates vom 16. Februar 2011 zur Festlegung der allgemeinen Regeln und Grundsätze, nach denen die Mitgliedstaaten die Wahrnehmung der Durchführungsbefugnisse durch die Kommission kontrollieren (ABl. L 55 vom 28.2.2011, S. 13).

(14) Die Satzung einer europäischen politischen Partei oder einer europäischen politischen Stiftung sollte einige grundlegende Bestimmungen umfassen. Den Mitgliedstaaten sollte gestattet sein, zusätzliche Anforderungen an die Satzung europäischer politischer Parteien und europäischer politischer Stiftungen zu stellen, die ihren Sitz in ihrem jeweiligen Hoheitsgebiet haben, sofern diese zusätzlichen Anforderungen im Einklang mit dieser Verordnung stehen.

(15) Die Behörde sollte regelmäßig überprüfen, dass die Voraussetzungen und Anforderungen in Bezug auf die Eintragung europäischer politischer Parteien und europäischer politischer Stiftungen weiterhin eingehalten werden. Entscheidungen in Bezug auf die Werte, auf die sich die Union gemäß Artikel 2 EUV gründet, sollten nur gemäß einem eigens dafür eingerichteten Verfahren nach der Anhörung eines Ausschusses unabhängiger Persönlichkeiten getroffen werden.

(16) Die Behörde ist eine Einrichtung der Union im Sinne von Artikel 263 AEUV.

(17) Die Unabhängigkeit und Transparenz des Ausschusses unabhängiger Persönlichkeiten sollte sichergestellt werden.

(18) Der den europäischen politischen Parteien und den ihnen angeschlossenen Stiftungen verliehene europäische Rechtsstatus sollte ihnen die Rechtsfähigkeit und Anerkennung in allen Mitgliedstaaten verschaffen. Diese Rechtsfähigkeit und Anerkennung erlaubt es ihnen nicht, Kandidaten in nationalen Wahlen oder Wahlen zum Europäischen Parlament zu nominieren oder sich an Kampagnen für Referenden zu beteiligen. Eine solche oder ähnliche Befugnis verbleibt in der Zuständigkeit der Mitgliedstaaten.

(19) Die Tätigkeiten europäischer politischer Parteien und europäischer politischer Stiftungen sollten durch diese Verordnung geregelt werden, und Sachverhalte, die nicht durch diese Verordnung geregelt werden, sollten durch einschlägige nationale Rechtsvorschriften der Mitgliedstaaten geregelt werden. Der Rechtsstatus einer europäischen politischen Partei und einer europäischen politischen Stiftung sollte durch die vorliegende Verordnung und die anzuwendenden nationalen Rechtsvorschriften des Mitgliedstaates, in dem sich der Sitz befindet (im Folgenden „Sitzmitgliedstaat"), geregelt werden. Dieser Mitgliedstaat sollte vorab das anzuwendende Gesetz festlegen können oder den europäischen politischen Parteien und europäischen politischen Stiftungen eine Option einräumen können. Er sollte zudem andere oder zusätzliche Anforderungen als die in dieser Verordnung festgelegten Anforderungen vorschreiben können, darunter Vorschriften über die Eintragung und Eingliederung europäischer politischer Parteien und europäischer politischer Stiftungen in nationale Verwaltungs- und Kontrollsysteme sowie über deren Organisation und Satzung einschließlich der Haftung, sofern diese Vorschriften im Einklang mit dieser Verordnung stehen.

(20) Als wesentlichen Bestandteil des europäischen Rechtsstatus sollten europäische politische Parteien und europäische politische Stiftungen über eine europäische Rechtspersönlichkeit verfügen. Der Erwerb

einer europäischen Rechtspersönlichkeit sollte Anforderungen und Verfahren zum Schutz der Interessen des Sitzmitgliedstaats, des Antragstellers auf europäischen Rechtsstatus (im Folgenden „der Antragsteller") und jeglicher betroffener Dritter unterliegen. Insbesondere sollte eine vorher bestehende nationale Rechtspersönlichkeit in eine europäische Rechtspersönlichkeit umgewandelt werden, und alle individuellen Rechte und Verpflichtungen der bisherigen nationalen Rechtsperson sollten auf die neue europäische Rechtsperson übertragen werden. Außerdem sollten zwecks Erleichterung der Fortführung der Tätigkeit Schutzvorkehrungen getroffen werden, um zu verhindern, dass der betreffende Mitgliedstaat prohibitive Voraussetzungen bei einer solchen Umwandlung anwendet. Der Sitzmitgliedstaat sollte bestimmen können, welche Arten nationaler juristischer Personen in europäische juristische Personen umgewandelt werden können, und sollte sein Einverständnis mit dem Erwerb der europäischen Rechtspersönlichkeit gemäß dieser Verordnung so lange zurückhalten können, bis angemessene Garantien geschaffen werden, insbesondere, was die Rechtmäßigkeit der Satzung des Antragstellers gemäß den Rechtsvorschriften dieses Mitgliedstaats oder den Schutz von Gläubigern oder Inhabern anderer Rechte in Bezug auf eine zuvor bestehende nationale Rechtspersönlichkeit anbelangt.

(21) Die Beendigung einer europäischen Rechtspersönlichkeit sollte Anforderungen und Verfahren zum Schutz der Interessen der Europäischen Union, des Sitzmitgliedstaats der europäischen politischen Partei oder europäischen politischen Stiftung und von sonstigen betroffenen Dritten unterliegen. Insbesondere sollte im Falle, dass eine europäische politische Partei oder europäische politische Stiftung Rechtspersönlichkeit gemäß den Rechtsvorschriften des Sitzmitgliedstaats erwerben, dies als eine Umwandlung der europäischen Rechtspersönlichkeit betrachtet werden, und alle individuellen Rechte und Verpflichtungen der bisherigen europäischen Rechtsperson sollten auf die neue nationale Rechtsperson übertragen werden. Außerdem sollten zwecks Erleichterung der Fortführung der Tätigkeit Schutzvorkehrungen getroffen werden, um zu verhindern, dass der betreffende Mitgliedstaat nicht erfüllbare Voraussetzungen bei einer solchen Umwandlung anwendet. Wenn die europäische politische Partei oder europäische politische Stiftung keine Rechtspersönlichkeit im Sitzmitgliedstaat erwirbt, sollte sie gemäß den Rechtsvorschriften des Mitgliedstaates und unter Einhaltung der Bedingung, dass sie keine Gewinnzwecke verfolgen darf, abgewickelt werden. Die Behörde und der Anweisungsbefugte des Europäischen Parlaments sollten sich mit dem betreffenden Mitgliedstaat auf Modalitäten der Beendigung der europäischen Rechtspersönlichkeit verständigen können, insbesondere, um die Wiedereinziehung von Finanzmitteln aus dem Gesamthaushaltsplan der Europäischen Union und die Zahlung von finanziellen Sanktionen sicherzustellen.

(22) Wenn eine europäische politische Partei oder europäische politische Stiftung einschlägige nationale Rechtsvorschriften auf schwer-

wiegende Weise nicht beachtet und wenn davon die Achtung der Werte, auf die sich die Union gemäß Artikel 2EUV gründet, betroffen ist, sollte die Behörde auf Antrag des betreffenden Mitgliedstaats entscheiden, die Verfahren dieser Verordnung anzuwenden. Außerdem sollte die Behörde auf Antrag des Sitzmitgliedstaats entscheiden, eine europäische politische Partei oder europäische politische Stiftung, die in schwerwiegender Weise gegen einschlägige nationale Rechtsvorschriften in Bezug auf andere Sachverhalte verstoßen hat, aus dem Register zu löschen.

(23) Für eine Finanzierung aus dem Gesamthaushaltsplan der Europäischen Union sollten nur die europäischen politischen Parteien und die ihnen angeschlossenen europäischen politischen Stiftungen in Betracht kommen, die als solche anerkannt sind und den europäischen Rechtsstatus erhalten haben. Es ist von entscheidender Bedeutung, dass die Anforderungen, die an eine europäische politische Partei gestellt werden, nicht zu hoch sind, sondern ohne Weiteres von organisierten, seriösen transnationalen Bündnissen politischer Parteien oder natürlicher Personen oder beiden erfüllt werden können; gleichzeitig gilt es, für die Verteilung der begrenzten Mittel aus dem Gesamthaushaltsplan der Europäischen Union angemessene Kriterien festzulegen, die das europäische Engagement und die wirkliche Unterstützung der Wähler einer europäischen politischen Partei oder ihrer Mitglieder objektiv widerspiegeln. Am besten eignet sich hierzu das Ergebnis der Wahl zum Europäischen Parlament, an der europäische politische Parteien nach dieser Verordnung teilnehmen müssen, denn es gibt genauen Aufschluss darüber, welche Anerkennung eine europäische politische Partei beim Wähler genießt. Die Kriterien sollten die Rolle des Europäischen Parlaments als direkte Vertretung der Unionsbürgerinnen und -bürger gemäß Artikel 10 Absatz 2EUV sowie das Ziel europäischer politischer Parteien, in vollem Umfang am demokratischen Leben der Europäischen Union mitzuwirken und Europas repräsentative Demokratie aktiv mitzugestalten, um die Sichtweisen, Meinungen und den politischen Willen der Bürger effektiv zum Ausdruck zu bringen, verdeutlichen. Eine Finanzierung aus dem Gesamthaushaltsplan der Europäischen Union sollte daher europäischen politischen Parteien vorbehalten sein, die mit mindestens einem ihrer Mitglieder im Europäischen Parlament vertreten sind, und europäischen politischen Stiftungen, die die Finanzmittel über eine mit mindestens einem ihrer Mitglieder im Europäischen Parlament vertretene europäische politische Partei beantragen.

(24) Um die Transparenz der Finanzierung europäischer politischer Parteien zu erhöhen und dem Missbrauch der Finanzierungsvorschriften vorzubeugen, sollte ein Mitglied des Europäischen Parlaments nur für die Zwecke der Finanzierung als Mitglied einer einzigen europäischen politischen Partei angesehen werden, die gegebenenfalls diejenige sein sollte, der seine nationale oder regionale politische Partei am Stichtag für die Einreichung der Finanzierungsanträge angeschlossen ist.

(25) Die von den europäischen politischen Parteien und den ihnen angeschlossenen europäischen politischen Stiftungen bei Beantragung einer Finanzierung aus dem Gesamthaushaltsplan der Europäischen Union zu befolgenden Verfahren sollten ebenso wie die Verfahren, Kriterien und Vorschriften festgelegt werden, die bei der Entscheidung über die Gewährung einer solchen Finanzierung zu beachten sind.

(26) Zur Stärkung der Unabhängigkeit, Rechenschaftspflicht und Verantwortung der europäischen politischen Parteien und europäischen politischen Stiftungen sollten bestimmte Arten von Spenden und Zuwendungen aus anderen Quellen als dem Gesamthaushaltsplan der Europäischen Union untersagt werden oder Beschränkungen unterliegen. Eine Begrenzung des freien Kapitalverkehrs, die mit solchen Beschränkungen einhergehen könnte, ist aus Gründen der öffentlichen Ordnung gerechtfertigt und ist zum Erreichen dieser Ziele absolut notwendig.

(27) Europäische politische Parteien sollten bei Wahlen zum Europäischen Parlament Kampagnen finanzieren können, wobei für die Finanzierung und Begrenzung der Wahlausgaben von Parteien und Kandidaten bei derartigen Wahlen die Bestimmungen der jeweiligen Mitgliedstaaten gelten sollten.

(28) Europäische politische Parteien sollten andere politische Parteien und vor allem nationale Parteien oder Kandidaten weder unmittelbar noch mittelbar finanzieren. Europäische politische Stiftungen sollten weder unmittelbar noch mittelbar politische Parteien oder Kandidaten auf europäischer oder auf nationaler Ebene finanzieren. Außerdem sollten europäische politische Parteien und die ihnen angeschlossenen europäischen politischen Stiftungen keine Kampagnen für Volksabstimmungen finanzieren. Diese Grundsätze stehen im Einklang mit der Erklärung Nr. 11 zu Artikel 191 des Vertrags zur Gründung der Europäischen Gemeinschaft, die der Schlussakte des Vertrags von Nizza beigefügt ist.

(29) Für die Zuweisung der jährlich im Gesamthaushaltsplan der Europäischen Union verfügbaren Mittel sollten spezifische Bestimmungen und Verfahren festgelegt werden, die vorsehen, dass zum einen die Zahl der Begünstigten und zum anderen der Anteil an gewählten Mitgliedern des Europäischen Parlaments, den jede begünstigte europäische politische Partei beziehungsweise ihre jeweilige ihr angeschlossene europäische politische Stiftung besitzt, zugrunde gelegt werden. Diese Bestimmungen sollten strikte Regeln für die Transparenz, Rechnungslegung, Rechnungsprüfung und Finanzkontrolle der europäischen politischen Parteien und der ihnen angeschlossenen europäischen politischen Stiftungen und angemessene Sanktionen unter anderem für den Fall vorsehen, dass eine europäische politische Partei oder europäische politische Stiftung gegen die Werte verstößt, auf die sich die Union gemäß Artikel 2EUV gründet.

(30) Um die Erfüllung der Verpflichtungen dieser Verordnung in Bezug auf die Finanzierung und Ausgaben von europäischen politischen Parteien und europäischen politischen Stiftungen und andere

Sachverhalte sicherzustellen, bedarf es wirksamer Kontrollmechanismen. Zu diesem Zweck sollten die Behörde, der Anweisungsbefugte des Europäischen Parlaments und die Mitgliedstaaten miteinander kooperieren und alle notwendigen Informationen untereinander austauschen. Die Zusammenarbeit zwischen den Behörden der Mitgliedstaaten sollte auch gefördert werden, um für eine wirksame und effiziente Kontrolle der Verpflichtungen zu sorgen, die sich aus maßgeblichen nationalen Rechtsvorschriften ergeben.

(30a) Gemäß den Bestimmungen und Verfahren der Verordnung (EU) 2017/1939 des Rates[1)][10] hat die Europäische Staatsanwaltschaft (EUStA) die Aufgabe, mutmaßliche Straftaten mit Auswirkungen auf die finanziellen Interessen der Union im Rahmen der Finanzierung europäischer politischer Parteien und europäischer politischer Stiftungen im Sinne der Richtlinie (EU) 2017/1371 des Europäischen Parlaments und des Rates[2)][11] strafrechtlich zu untersuchen. Die Verpflichtung nach Artikel 24 der Verordnung (EU) 2017/1939 gilt für die Behörde.

(31) Es ist notwendig, ein klares, robustes und abschreckendes System von Sanktionen einzuführen, um die wirksame, verhältnismäßige und einheitliche Erfüllung der Verpflichtungen in Bezug auf die Tätigkeiten europäischer politischer Parteien und europäischer politischer Stiftungen zu gewährleisten. Solch ein System sollte auch den Grundsatz "ne bis in idem" achten, wonach eine Straftat nicht zweimal mit Sanktionen belegt werden darf. Es ist auch erforderlich, die entsprechenden Aufgaben der Behörde und des Anweisungsbefugten des Europäischen Parlaments in Bezug auf die Kontrolle und Überprüfung der Einhaltung dieser Verordnung sowie die Mechanismen für die Zusammenarbeit zwischen ihnen und den Behörden der Mitgliedstaaten festzulegen.

(32) Zur stärkeren Sensibilisierung der Bürger für europapolitische Fragen und zur Förderung der Transparenz des europäischen Wahlverfahrens können die europäischen politischen Parteien die Bürger bei der Wahl zum Europäischen Parlament über die Verbindungen informieren, die zwischen ihnen und den nationalen politischen Parteien, die ihnen angeschlossen sind, sowie deren Kandidaten bestehen.

(33) Aus Transparenzgründen und um die Überprüfung europäischer politischer Parteien und europäischer politischer Stiftungen sowie deren demokratische Rechenschaftspflicht zu stärken, sollten als von substanziellem öffentlichen Interesse anzusehende Informationen, insbesondere über die Satzung, Mitglieder, Jahresabschlüsse, Spender und Spenden, Beiträge und Finanzhilfen aus dem Gesamthaushaltsplan der Europäischen Union sowie Informationen in Bezug auf Entscheidun-

---

1) **Amtl. Anm.:** Verordnung (EU) 2017/1939 des Rates vom 12. Oktober 2017 zur Durchführung einer Verstärkten Zusammenarbeit zur Errichtung der Europäischen Staatsanwaltschaft (EUStA) (ABl. L 283 vom 31.10.2017, S. 1).

2) ***Amtl. Anm.:*** Richtlinie (EU) 2017/1371 des Europäischen Parlaments und des Rates vom 5. Juli 2017 über die strafrechtliche Bekämpfung von gegen die finanziellen Interessen der Union gerichtetem Betrug (ABl. L 198 vom 28.7.2017, S. 29).

gen der Behörde und des Anweisungsbefugten des Europäischen Parlaments über Eintragung, Finanzierung und Sanktionen veröffentlicht werden. Die Aufstellung eines Regelwerks, das sicherstellt, dass diese Informationen öffentlich verfügbar sind, ist der wirksamste Weg zur Schaffung gleicher Ausgangsbedingungen und zu einem fairen Wettbewerb zwischen politischen Kräften sowie zur Aufrechterhaltung offener, transparenter und demokratischer Verfahren bei Gesetzgebung und Wahlen; dadurch wird das Vertrauen von Bürgern und Wählern in die europäische repräsentative Demokratie gestärkt und allgemein Korruption und Machtmissbrauch vorgebeugt.

(34) Gemäß dem Grundsatz der Verhältnismäßigkeit sollte die Verpflichtung zur Veröffentlichung der Identität von Spendern, die natürliche Personen sind, nicht für Spenden gelten, deren Wert 1500 EUR pro Jahr und Spender nicht überschreitet. Darüber hinaus sollte eine solche Veröffentlichung nicht für Spenden von mehr als 1500 EUR und nicht mehr als 3000 EUR gelten, sofern der Spender vorab keine schriftliche Genehmigung zur Veröffentlichung erteilt hat. Diese Grenzwerte stellen einen angemessenen Ausgleich zwischen dem Grundrecht auf den Schutz personenbezogener Daten einerseits und dem legitimen öffentlichen Interesse an einer transparenten Finanzierung von europäischen politischen Parteien und Stiftungen andererseits her, wie es in internationalen Empfehlungen zur Verhinderung von Korruption in Zusammenhang mit der Finanzierung von europäischen politischen Parteien und Stiftungen zum Ausdruck gebracht wurde. Die Offenlegung von Spenden in Höhe von mehr als 3000 EUR pro Jahr und Spender sollte eine wirksame Überprüfung und Kontrolle der Beziehungen zwischen Spendern und europäischen politischen Parteien durch die Öffentlichkeit ermöglichen. Ebenfalls gemäß dem Verhältnismäßigkeitsgrundsatz sollten Informationen über Spenden jährlich veröffentlicht werden, außer während Kampagnen für die Wahl zum Europäischen Parlament und bei Spenden von mehr als 12 000 EUR, die umgehend veröffentlicht werden sollten.

(35) Diese Verordnung wahrt die Grundrechte und beachtet die Grundsätze, die in der Charta verankert sind, insbesondere in den Artikeln 7 und 8, denen zufolge jede Person das Recht auf Achtung ihres Privatlebens und auf Schutz der sie betreffenden personenbezogenen Daten hat, und muss unter uneingeschränkter Achtung dieser Rechte und Grundsätze angewandt werden.

(36) Die Verordnung (EG) Nr. 45/2001 des Europäischen Parlaments und des Rates[1] findet Anwendung auf die gemäß dieser Verordnung durchgeführte Verarbeitung personenbezogener Daten durch die Behörde, das Europäische Parlament und den Ausschuss unabhängiger Persönlichkeiten.

---

[1] **Amtl. Anm.:** Verordnung (EG) Nr. 45/2001 des Europäischen Parlaments und des Rates vom 18. Dezember 2000 zum Schutz natürlicher Personen bei der Verarbeitung personenbezogener Daten durch die Organe und Einrichtungen der Gemeinschaft und zum freien Datenverkehr (ABl. L 8 vom 12.1.2001, S. 1).

(37) Für die Verarbeitung personenbezogener Daten gemäß dieser Verordnung gilt die Richtlinie 95/46/EG des Europäischen Parlaments und des Rates[1]).

(38) Aus Gründen der Rechtssicherheit ist klarzustellen, dass die für die Verarbeitung Verantwortlichen im Sinne der Verordnung (EG) Nr. 45/2001 oder der Richtlinie 95/46/EG die Behörde, das Europäische Parlament, die europäischen politischen Parteien und europäischen politischen Stiftungen, die für die Kontrolle bestimmter Aspekte der Finanzierung europäischer politischer Parteien und europäischer politischer Stiftungen zuständigen nationalen Behörden und andere beteiligte Dritte sind, auf die in dieser Verordnung Bezug genommen wird oder die in dieser Verordnung vorgesehen sind. Ferner ist zu präzisieren, wie lange die personenbezogenen Daten aufbewahrt werden können, die zum Zwecke der Gewährleistung von Rechtmäßigkeit, Ordnungsmäßigkeit und Transparenz der Finanzierung europäischer politischer Parteien und europäischer politischer Stiftungen sowie der Mitgliedschaft europäischer politischer Parteien erfasst wurden. In ihrer Eigenschaft als für die Verarbeitung Verantwortliche müssen die Behörde, das Europäische Parlament, die europäischen politischen Parteien und europäischen politischen Stiftungen, die zuständigen nationalen Behörden und die beteiligten Dritten alle geeigneten Maßnahmen treffen, um den Vorgaben der Verordnung (EG) Nr. 45/2001 und der Richtlinie 95/46/EG insbesondere in Bezug auf die Rechtmäßigkeit und die Sicherheit der Verarbeitung, die Bereitstellung von Informationen und die Rechte der betroffenen Personen auf Auskunft über ihre personenbezogenen Daten sowie auf Berichtigung und Löschung ihrer personenbezogenen Daten nachzukommen.

(39) Die Bestimmungen von Kapitel III der Richtlinie 95/46/EG über Rechtsbehelfe, Haftung und Sanktionen finden Anwendung auf die gemäß dieser Verordnung durchgeführte Datenverarbeitung. Die zuständigen nationalen Behörden oder beteiligten Dritten sollten gemäß den geltenden nationalen Rechtsvorschriften für alle von ihnen verursachten Schäden haften. Die Mitgliedstaaten sollten ferner sicherstellen, dass gegen zuständige nationale Behörden oder beteiligte Dritte, die gegen diese Verordnung verstoßen, geeignete Sanktionen verhängt werden können.

(40) Technische Unterstützung für europäische politische Parteien vonseiten des Europäischen Parlaments sollte gemäß dem Grundsatz der Gleichbehandlung erfolgen, gegen Rechnung und Entgelt geleistet werden und Gegenstand eines regelmäßig vorgelegten öffentlichen Berichts sein.

(41) Grundlegende Informationen über die Anwendung dieser Verordnung sollten der Öffentlichkeit auf einer speziellen Website zur Verfügung gestellt werden.

---

[1]) **Amtl. Anm.:** *Richtlinie* 95/46/EG des Europäischen Parlaments und des Rates vom 24. Oktober 1995 zum Schutz natürlicher Personen bei der Verarbeitung personenbezogener Daten und zum freien Datenverkehr (ABl. L 281 vom 23.11.1995, S. 31).

(42) Die gerichtliche Kontrolle durch den Gerichtshof der Europäischen Union wird zur ordnungsgemäßen Anwendung dieser Verordnung beitragen. Auch sollte man europäischen politischen Parteien oder europäischen politischen Stiftungen rechtliches Gehör gewähren und es ihnen ermöglichen Abhilfemaßnahmen zu treffen, bevor eine Sanktion gegen sie verhängt wird.

(43) Die Mitgliedstaaten sollten für nationale Bestimmungen sorgen, die einer wirksamen Anwendung dieser Verordnung förderlich sind.

(44) Den Mitgliedstaaten sollte genügend Zeit zur Einführung nationaler Bestimmungen eingeräumt werden, mit denen eine reibungslose und wirksame Anwendung dieser Verordnung gewährleistet wird. Es sollte daher ein Übergangszeitraum zwischen dem Inkrafttreten dieser Verordnung und ihrer Anwendung vorgesehen werden.

(45) Der Europäische Datenschutzbeauftragte wurde angehört und hat eine Stellungnahme abgegeben[1].

(46) Da die derzeit für politische Parteien und politische Stiftungen auf europäischer Ebene geltenden Bestimmungen und Verfahren erheblich geändert und ergänzt werden müssen, sollte die Verordnung (EG) Nr. 2004/2003 aufgehoben werden –

HABEN FOLGENDE VERORDNUNG ERLASSEN:

Kapitel I. Allgemeine Bestimmungen

Art. 1 Gegenstand. In dieser Verordnung werden das Statut und die Finanzierung politischer Parteien auf europäischer Ebene („europäische politische Parteien") und politischer Stiftungen auf europäischer Ebene („europäische politische Stiftungen") geregelt.

Art. 2[2] Begriffsbestimmungen. Im Sinne dieser Verordnung bezeichnet der Ausdruck

1. „politische Partei" eine Vereinigung von Bürgern:
   – die politische Ziele verfolgt und
   – die nach der Rechtsordnung mindestens eines Mitgliedstaats anerkannt ist oder in Übereinstimmung mit dieser Rechtsordnung gegründet wurde;
2. „politisches Bündnis" eine strukturierte Zusammenarbeit zwischen politischen Parteien und/oder Bürgern;
3. „europäische politische Partei" ein politisches Bündnis, das politische Ziele verfolgt und gemäß den in dieser Verordnung festgelegten Bedingungen und Verfahren bei der in Artikel 6 eingerichteten Behörde für europäische politische Parteien und europäische politische Stiftungen eingetragen ist;

[1] **Amtl. Anm.:** ABl. C 253 vom 3.9.2013, S. 12.

[2] **Amtl. Anm.:** Art. 2 Nr. 10 neu gef. mWv 4.5.2018 durch VO (EU, Euratom) 2018/673 v. 3.5.2018 (ABl. L 114I S. 1).

4. „europäische politische Stiftung" eine Einrichtung, die einer europäischen politischen Partei förmlich angeschlossen ist, die gemäß den in dieser Verordnung festgelegten Bedingungen und Verfahren bei der Behörde eingetragen ist und die durch ihre Tätigkeit im Rahmen der von der Union verfolgten Ziele und Grundwerte die Ziele der europäischen politischen Partei unterstützt und ergänzt, indem sie eine oder mehrere der nachstehenden Aufgaben erfüllt:
   a) Beobachtung, Analyse und Bereicherung von Debatten über europapolitische Themen und den Prozess der europäischen Integration,
   b) Entwicklung von Tätigkeiten in Verbindung mit europapolitischen Themen wie die Durchführung bzw. die Unterstützung von Seminaren, Fortbildungsmaßnahmen, Konferenzen und Studien zu diesen Themen unter Mitwirkung einschlägiger Akteure, einschließlich Jugendorganisationen und sonstiger Vertreter der Zivilgesellschaft,
   c) Ausbau der Zusammenarbeit zur Förderung der Demokratie, einschließlich in Drittländern,
   d) Schaffung einer Plattform für die Zusammenarbeit auf europäischer Ebene von nationalen politischen Stiftungen, Wissenschaftlern und anderen einschlägigen Akteuren;
5. „regionales Parlament" oder „regionale Versammlung" ein Gremium, dessen Mitglieder über ein regionales Wahlmandat verfügen oder einer gewählten Versammlung politisch Rechenschaft schulden;
6. „Finanzierung aus dem Gesamthaushaltsplan der Europäischen Union" eine gemäß Teil 1 Titel VI der Verordnung (EU, Euratom) Nr. 966/2012 des Europäischen Parlaments und des Rates[1)] („Haushaltsordnung") gewährte Finanzhilfe oder einen gemäß Teil 2 Titel VIII jener Verordnung gewährten Beitrag;
7. „Spende" Bargeld- und Sachgeschenke jeglicher Art, die Bereitstellung von Gütern, Dienstleistungen (einschließlich Darlehen) sowie Arbeiten unter Marktwert und/oder alle anderen Transaktionen, die für die betreffende europäische politische Partei oder europäische politische Stiftung einen wirtschaftlichen Vorteil darstellen, mit Ausnahme von Zuwendungen von Mitgliedern und gewöhn-lichen politischen Tätigkeiten von Einzelnen auf ehrenamtlicher Basis;
8. „Zuwendungen von Mitgliedern" Bargeldzahlungen, darunter Mitgliedsbeiträge, Sachzuwendungen, die Bereitstellung von Gütern, Dienstleistungen (einschließlich Darlehen) oder Arbeiten unter Marktwert und/oder alle anderen Transaktionen, die für die be-

---

[1)] **Amtl. Anm.:** Verordnung (EU, Euratom) Nr. 966/2012 des Europäischen Parlaments und des Rates vom 25. Oktober 2012 über die Haushaltsordnung für den Gesamthaushaltsplan der Union und zur Aufhebung der Verordnung (EG, Euratom) Nr. 1605/2002 des Rates (ABl. L 298 vom 26.10.2012, S. 1).

treffende europäische politische Partei oder europäische politische Stiftung einen wirtschaftlichen Vorteil darstellen, wenn die europäische politische Partei oder europäische politische Stiftung sie von einem ihrer Mitglieder erhält, mit Ausnahme von gewöhnlichen politischen Tätigkeiten von Einzelnen auf ehrenamtlicher Basis;

9. „Jahresbudget" für den Zweck von Artikel 20 und 27 die Gesamtausgaben in einem Jahr, wie sie in den Jahresabschlüssen der betreffenden europäischen politischen Partei oder der betreffenden europäischen politischen Stiftung angegeben sind;
10. „nationale Kontaktstelle" jede Person, die von den zuständigen Stellen der Mitgliedstaaten eigens für den Zweck des Austauschs von Informationen bei der Anwendung der vorliegenden Verordnung bestimmt wird.
11. „Sitz" der Ort, an dem die europäische politische Partei oder die europäische politische Stiftung ihre Hauptverwaltung hat;
12. „konkurrierende Verstöße" zwei oder mehr Verstöße, die als Bestandteil derselben rechtswidrigen Handlung begangen werden;
13. „wiederholter Verstoß" einen Verstoß, der innerhalb von fünf Jahren nach der Verhängung einer aufgrund derselben Art von Verstoß gegen seinen Verursacher verhängten Sanktion begangen worden ist.

Kapitel II. Statut der europäischen politischen Parteien und europäischen politischen Stiftungen

Art. 3[1] **Voraussetzungen für die Eintragung.** (1) Ein politisches Bündnis kann die Eintragung als europäische politische Partei beantragen, wenn es folgende Voraussetzungen erfüllt:

a) Es hat seinen Sitz in einem Mitgliedstaat, wie in seiner Satzung angegeben;
b) seine Mitgliedsparteien sind in mindestens einem Viertel der Mitgliedstaaten durch Mitglieder des Europäischen Parlaments, von nationalen oder regionalen Parlamenten oder von regionalen Versammlungen vertreten, oder es oder seine Mitgliedsparteien haben in mindestens einem Viertel der Mitgliedstaaten bei der letzten Wahl zum Europäischen Parlament mindestens drei Prozent der abgegebenen Stimmen in jedem dieser Mitgliedstaaten erhalten;

ba) seine Mitgliedsparteien sind nicht Mitglieder einer anderen europäischen politischen Partei;

c) insbesondere sein Programm und seine Tätigkeiten stehen im Einklang mit den Werten, auf die sich die Union gemäß Artikel 2 EUV

[1] Art. 3 Abs. 1 Buchst. b UAbs. 1 neu gef., Buchst. ba eingef. mWv 4.5.2018 durch VO (EU, Euratom) 2018/673 v. 3.5.2018 (ABl. L 114I S. 1).

gründet, und zwar Achtung der Menschenwürde, Freiheit, Demokratie, Gleichheit, Rechtsstaatlichkeit und Wahrung der Menschenrechte, einschließlich der Rechte von Personen, die Minderheiten angehören;

d) es oder seine Mitglieder haben an der Wahl zum Europäischen Parlament teilgenommen oder öffentlich die Absicht bekundet, an der nächsten Wahl zum Europäischen Parlament teilnehmen zu wollen; und

e) es verfolgt keine Gewinnzwecke.

(2) Ein Antragsteller kann die Eintragung als europäische politische Stiftung beantragen, wenn er folgende Voraussetzungen erfüllt:

a) Er muss einer europäischen politischen Partei angeschlossen sein, die im Einklang mit den in dieser Verordnung festgelegten Bedingungen und Verfahren eingetragen ist;

b) er hat seinen Sitz in einem Mitgliedstaat, wie in seiner Satzung angegeben;

c) insbesondere sein Programm und seine Tätigkeiten stehen im Einklang mit den Werten, auf die sich die Union gemäß Artikel 2EUV gründet, und zwar Achtung der Menschenwürde, Freiheit, Demokratie, Gleichheit, Rechtsstaatlichkeit und Wahrung der Menschenrechte, einschließlich der Rechte von Personen, die Minderheiten angehören;

d) seine Ziele ergänzen die Ziele der europäischen politischen Partei, der er förmlich angeschlossen ist;

e) seinem Leitungsorgan müssen Mitglieder aus mindestens einem Viertel der Mitgliedstaaten angehören; und

f) er verfolgt keine Gewinnzwecke.

(3) Eine europäische politische Partei kann nur eine förmlich angeschlossene europäische politische Stiftung haben. Jede europäische politische Partei und die ihr angeschlossene europäische politische Stiftung gewährleisten die Trennung zwischen ihren jeweiligen laufenden Geschäften, Leitungsstrukturen und ihrer jeweiligen Rechnungslegung.

Art. 4 Entscheidungsstrukturen europäischer politischer Parteien. (1) Die Satzung einer europäischen politischen Partei entspricht den geltenden Rechtsvorschriften des Mitgliedstaats, in dem sie ihren Sitz hat, und umfasst Bestimmungen, die mindestens Folgendes ab-decken:

a) ihren Name und ihr Logo, die deutlich von denen anderer bestehender europäischer politischer Parteien oder europäischer politischer Stiftungen zu unterscheiden sein müssen;

b) die Anschrift ihres Sitzes;

c) ein politisches Programm, das ihren Zweck und ihre Ziele darlegt;

d) eine Erklärung im Einklang mit Artikel 3 Absatz 1 Buchstabe e, dass sie keine Gewinnzwecke verfolgt;

e) gegebenenfalls den Namen der ihr angeschlossenen politischen Stiftung und eine Beschreibung ihrer förmlichen Beziehung;

f) ihre administrative und finanzielle Organisation und Verfahren, insbesondere ihre Organe und Ämter mit administrativen, finanziellen und rechtlichen Vertretungsbefugnissen und die Bestimmungen über die Erstellung, Genehmigung und Überprüfung von Jahresabschlüssen; und

g) das interne Verfahren für den Fall ihrer freiwilligen Auflösung als europäische politische Partei.

(2) Die Satzung einer europäischen politischen Partei enthält Bestimmungen zur internen Organisation als Partei, die mindestens Folgendes regeln:

a) die Modalitäten der Aufnahme, des Austritts und des Ausschlusses ihrer Mitglieder, wobei die Liste ihrer Mitgliedsparteien im Anhang der Satzung beigefügt wird;

b) die mit jeder Art der Mitgliedschaft verbundenen Rechte und Pflichten und die einschlägigen Stimmrechte;

c) die Befugnisse, Zuständigkeiten und Zusammensetzung der Leitungsorgane mit Angaben über die Kriterien für die Auswahl von Kandidaten und die Modalitäten für ihre Ernennung und Entlassung;

d) ihre internen Beschlussfassungsprozesse, insbesondere Wahlverfahren und Bestimmungen über die Beschlussfähigkeit;

e) ihr Transparenzkonzept, insbesondere in Bezug auf Buchführung, Konten und Spenden, Privatsphäre und den Schutz personenbezogener Daten; und

f) das interne Verfahren zur Änderung ihrer Satzung.

(3) Der Sitzmitgliedstaat kann zusätzliche Anforderungen an die Satzung festlegen, sofern diese zusätzlichen Anforderungen nicht gegen diese Verordnung verstoßen.

Art. 5 Entscheidungsstrukturen europäischer politischer Stiftungen. (1) Die Satzung einer europäischen politischen Stiftung entspricht den geltenden Rechtsvorschriften des Mitgliedstaats, in dem sie ihren Sitz hat, und umfasst Bestimmungen, die mindestens Folgendes abdecken:

a) ihren Name und ihr Logo, die deutlich von denen anderer bestehender europäischer politischer Parteien oder europäischer politischer Stiftungen zu unterscheiden sein müssen;

b) die Anschrift ihres Sitzes;

c) eine Beschreibung ihres Zwecks und ihrer Ziele, die mit den in Artikel 2 Nummer 4 aufgeführten Aufgaben vereinbar sein müssen;

d) eine Erklärung im Einklang mit Artikel 3 Absatz 2 Buchstabe f, dass sie keine Gewinnzwecke verfolgt;

e) den Namen der europäischen politischen Partei, der sie unmittelbar angeschlossen ist, und eine Beschreibung ihrer förmlichen Beziehung;

f) eine Liste ihrer Organe mit Angabe ihrer jeweiligen Befugnisse, Zuständigkeiten und ihrer Zusammensetzung einschließlich der Modalitäten für die Ernennung und Entlassung der Mitglieder und Leiter solcher Organe;

g) ihre administrative und finanzielle Organisation und Verfahren, insbesondere ihre Organe und Ämter mit administrativen, finanziellen und rechtlichen Vertretungsbefugnissen und die Bestimmungen über die Erstellung, Genehmigung und Überprüfung von Jahresabschlüssen;

h) das interne Verfahren zur Änderung ihrer Satzung; und

i) das interne Verfahren für den Fall ihrer freiwilligen Auflösung als europäische politische Stiftung.

(2) Der Sitzmitgliedstaat, kann zusätzliche Anforderungen an die Satzung festlegen, sofern diese zusätzlichen Anforderungen nicht gegen diese Verordnung verstoßen.

Art. 6[1)] Behörde für europäische politische Parteien und europäische politische Stiftungen. (1) Eine Behörde für europäische politische Parteien und europäische politische Stiftungen (die „Behörde") wird hiermit zum Zweck der Eintragung, Kontrolle und Sanktionierung von europäischen politischen Parteien und europäischen politischen Stiftungen im Einklang mit dieser Verordnung eingerichtet.

(2) *[1]* Die Behörde besitzt Rechtspersönlichkeit. Sie ist unabhängig und führt ihre Aufgaben im Einklang mit dieser Verordnung aus.

[2] Die Behörde entscheidet über die Eintragung und Löschung von europäischen politischen Parteien und europäischen politischen Stiftungen in das bzw. aus dem Register gemäß den in dieser Verordnung festgelegten Verfahren und Bedingungen. Außerdem überprüft die Behörde regelmäßig, ob die eingetragenen europäischen politischen Parteien und europäischen politischen Stiftungen weiterhin die Eintragungsvoraussetzungen gemäß Artikel 3 und die Bestimmungen über die innere Ordnung gemäß Artikel 4 Absatz 1 Buchstaben a, b und d bis f und Artikel 5 Absatz 1 Buchstaben a bis e und g einhalten.

[3] Bei ihren Entscheidungen berücksichtigt die Behörde in vollem Maße das Grundrecht auf Vereinigungsfreiheit und die Notwendigkeit, einen Parteienpluralismus in Europa zu gewährleisten.

[4] Die Behörde wird durch ihren Direktor vertreten, der alle Entscheidungen im Namen der Behörde trifft.

(3) *[1]* Der Direktor der Behörde wird nach einer offenen Aufforderung zur Einreichung von Bewerbungen auf der Grundlage von Vor-

1) Art. 6 Abs. 5 neu gef. mWv 27.3.2019 durch VO (EU, Euratom) 2019/493 v. 25.3.2019 (ABl. L 85I S. 7).

schlägen eines Auswahlausschusses, der sich aus den Generalsekretären des Europäischen Parlaments, des Rates und der Kommission (im Folgenden gemeinsam „Anstellungsbehörde") zusammensetzt, von den drei Organen einvernehmlich für eine fünfjährige, nicht verlängerbare Amtszeit ernannt.

[2] Der Direktor wird auf der Grundlage seiner persönlichen und beruflichen Eignung ausgewählt. Der Direktor darf kein Mitglied des Europäischen Parlaments, gewählter Mandatsträger oder gegenwärtiger oder ehemaliger Angestellter einer europäischen politischen Partei oder europäischen politischen Stiftung sein. Der ausgewählte Direktor darf keinem Interessenkonflikt zwischen seinem Amt als Direktor der Behörde und seinen sonstigen dienstlichen Aufgaben, insbesondere in Verbindung mit der Anwendung der Bestimmungen dieser Verordnung, unterliegen.

[3] Eine freie Stelle infolge von Rücktritt, Ruhestand, Entlassung oder Tod wird gemäß demselben Verfahren besetzt.

[4] Im Falle einer normalen Neubesetzung oder eines freiwilligen Rücktritts nimmt der Direktor seine Aufgaben wahr, bis ein Nachfolger das Amt angetreten hat.

[5] Erfüllt der Direktor der Behörde nicht mehr die Voraussetzungen für die Erfüllung seiner Aufgaben, kann er durch einvernehmliche Entscheidung von mindestens zwei der drei in Unterabsatz 1 genannten Organe und auf der Grundlage eines vom in Unterabsatz 1 genannten Auswahlausschuss auf eigene Initiative oder auf Aufforderung eines der drei Organe erstellten Berichts entlassen werden.

[6] Der Direktor der Behörde ist bei der Wahrnehmung seiner Pflichten unabhängig. Wenn der Direktor im Namen der Behörde handelt, so darf er Weisungen von einem Organ, einer Regierung oder einer anderen Einrichtung oder sonstigen Stelle weder anfordern noch entgegennehmen. Der Direktor der Behörde enthält sich jeder Handlung, die mit dem Wesen seiner Pflichten unvereinbar ist.

[7] Das Europäische Parlament, der Rat und die Kommission führen in Bezug auf den Direktor die der Anstellungsbehörde gemäß dem durch die Verordnung (EWG, Euratom, EGKS) Nr. 259/68 des Rates[1] festgelegten Statut der Beamten (und der Beschäftigungsbedingungen für die sonstigen Bediensteten der Union) übertragenen Befugnisse gemeinsam aus. Unbeschadet der Entscheidungen über die Ernennung und Entlassung können die drei Organe eines von ihnen mit der Ausführung von einigen oder allen der sonstigen, der Anstellungsbehörde übertragenen Befugnisse betrauen.

[8] Die Anstellungsbehörde kann den Direktor mit anderen Aufgaben betrauen, sofern diese Aufgaben mit der Arbeitsbelastung, die sich

---

[1] **Amtl. Anm.:** Verordnung (EWG, Euratom, EGKS) Nr. 259/68 des Rates vom 29. Februar 1968 zur Festlegung des Statuts der Beamten der Europäischen Gemeinschaften und der Beschäftigungsbedingungen für die sonstigen Bediensteten dieser Gemeinschaften sowie zur Einführung von Sondermaßnahmen, die vorübergehend auf die Beamten der Kommission anwendbar sind (Statut der Beamten) (ABl. L 56 vom 4.3.1968, S. 1).

aus seinen Aufgaben als Direktor der Behörde ergeben, vereinbar sind, und sie zu keinem Interessenkonflikt führen oder die volle Unabhängigkeit des Direktors gefährden können.

(4) Die Behörde befindet sich in den Räumlichkeiten des Europäischen Parlaments, das die Behörde mit den erforderlichen Büroräumen und unterstützenden Verwaltungseinrichtungen ausstattet.

(5) *[1]* Der Direktor der Behörde wird von Mitarbeitern unterstützt, in Bezug auf die er die Befugnisse ausübt, die der Anstellungsbehörde durch das Statut der Beamten der Europäischen Union übertragen wurden, und in Bezug auf die er die Befugnisse ausübt, die der Behörde, die zum Abschluss von Dienstverträgen mit sonstigen Bediensteten ermächtigt ist, durch die Beschäftigungsbedingungen für die sonstigen Bediensteten der Union gemäß der Verordnung des Rates (EWG, Euratom, EGKS) Nr. 259/68 („Befugnisse der Anstellungsbehörde") übertragen wurden. Die Behörde kann in allen Bereichen ihrer Arbeit zusätzlich abgeordnete nationale Sachverständige oder sonstiges nicht bei der Behörde beschäftigtes Personal einsetzen.

[2] Für das Personal der Behörde gelten das Statut und die Beschäftigungsbedingungen für die sonstigen Bediensteten sowie die von den Organen der Union im gegenseitigen Einvernehmen erlassenen Vorschriften zur Durchführung des genannten Statuts und der Beschäftigungsbedingungen für die sonstigen Bediensteten.

[3] Die Auswahl der Mitarbeiter darf nicht zu einem potenziellen Interessenkonflikt zwischen ihren Pflichten für die Behörde und anderen Amtspflichten führen, und die Mitarbeiter enthalten sich jeglicher Handlungen, die mit dem Wesen ihrer Pflichten unvereinbar sind.

(6) Die Behörde trifft Vereinbarungen mit dem Europäischen Parlament und gegebenenfalls mit anderen Organen über administrative Vorkehrungen, die erforderlich sind, um ihr die Erfüllung ihrer Aufgaben zu ermöglichen, insbesondere Vereinbarungen über die Mitarbeiter, die Dienstleistungen und die Unterstützung, die gemäß den Absätzen 4, 5 und 8 zur Verfügung gestellt wurde bzw. wurden.

(7) Die Mittel für die Ausgaben der Behörde werden unter einem separaten Titel im Einzelplan für das Europäische Parlament des Gesamthaushaltsplans der Europäischen Union zur Verfügung gestellt. Die Mittel müssen ausreichend sein, um den vollständigen und unabhängigen Betrieb der Behörde zu gewährleisten. Der Direktor legt dem Europäischen Parlament einen Haushaltsplanentwurf der Behörde vor; dieser wird veröffentlicht. Das Europäische Parlament delegiert die Pflichten des Anweisungsbefugten in Bezug auf diese Mittel an den Direktor der Behörde.

(8) *[1]* Für die Behörde gilt die Verordnung Nr. 1 des Rates[1]).

---

[1]) **Amtl. Anm.:** Verordnung Nr. 1 des Rates vom 15. April 1958 zur Regelung der Sprachenfrage für die Europäische Wirtschaftsgemeinschaft (ABl. 17 vom 6.10.1958, S. 385/58).

[2] Die für die Arbeit der Behörde und des Registers erforderlichen Übersetzungen werden vom Übersetzungszentrum für die Einrichtungen der Europäischen Union angefertigt.

(9) Die Behörde und der Anweisungsbefugte des Europäischen Parlaments tauschen alle für die Ausführung ihrer jeweiligen Aufgaben gemäß dieser Verordnung notwendigen Informationen untereinander aus.

(10) Der Direktor legt dem Europäischen Parlament, dem Rat und der Europäischen Kommission jährlich einen Bericht über die Tätigkeiten der Behörde vor.

(11) Der Gerichtshof der Europäischen Union überprüft die Rechtmäßigkeit der Entscheidungen der Behörde im Einklang mit Artikel 263 AEUV und ist für Rechtsstreitigkeiten in Bezug auf von der Behörde zu leistenden Schadensersatz gemäß Artikel 268 und 340 AEUV zuständig. Trifft die Behörde keine Entscheidung, wenn eine Entscheidung gemäß dieser Verordnung vorgeschrieben ist, kann vor dem Gerichtshof der Europäischen Union eine Untätigkeitsklage gemäß Artikel 265 AEUV erhoben werden.

Art. 7 Register europäischer politischer Parteien und europäischer politischer Stiftungen. (1) Die Behörde richtet ein Register europäischer politischer Parteien und europäischer politischer Stiftungen ein und verwaltet dieses. Informationen aus diesem Register sind gemäß Artikel 32 online zugänglich.

(2) Um ein ordnungsgemäßes Funktionieren des Registers zu gewährleisten, wird der Kommission die Befugnis übertragen, gemäß Artikel 36 und im Rahmen des Geltungsbereichs der einschlägigen Bestimmungen dieser Verordnung delegierte Rechtsakte in Bezug auf Folgendes zu erlassen:

a) die von der Behörde verwahrten Informationen und Belege, für die das Register der vorgesehene Aufbewahrungsort ist, darunter die Satzung einer europäischen politischen Partei oder europäischen politischen Stiftung, weitere Unterlagen, die als Teil eines Antrags auf Eintragung gemäß Artikel 8 Absatz 2 vorgelegt wurden, von den Sitzmitgliedstaaten erhaltene Unterlagen gemäß Artikel 15 Absatz 2 sowie Informationen über die Identität der Personen, die Mitglieder von Organen sind oder Ämter innehaben, die gemäß Artikel 4 Absatz 1 Buchstabe f und Artikel 5 Absatz 1 Buchstabe g mit administrativen, finanziellen oder rechtlichen Vertretungsbefugnissen ausgestattet sind;

b) in Buchstabe a dieses Absatzes genanntes Material des Registers, für welches das Register dafür zuständig ist, die von der Behörde gemäß ihren Zuständigkeiten nach dieser Verordnung festgestellte Rechtmäßigkeit zu bescheinigen. Die Behörde ist nicht dafür zuständig, zu überprüfen, ob eine europäische politische Partei oder europäische politische Stiftung eine Verpflichtung oder Anforderung einhält, die der Partei oder der Stiftung von dem Sitzmitgliedstaat gemäß Artikel 4 und 5 und Artikel 14 Absatz 2 zusätzlich zu den Verpflichtungen und Anforderungen gemäß dieser Verordnung auferlegt wurde.

(3) Die Kommission legt durch Durchführungsrechtsakte das für das Register anzuwendende Registrierungsnummersystem und Standardauszüge aus dem Register fest, die Dritten auf Antrag zur Verfügung gestellt werden, darunter der Inhalt von Schreiben und Unterlagen. Diese Auszüge dürfen keine personenbezogenen Daten enthalten, mit Ausnahme von Daten über die Identität von Personen, die Mitglieder von Organen sind oder Ämter innehaben, die gemäß Artikel 4 Absatz 1 Buchstabe f und Artikel 5 Absatz 1 Buchstabe g mit administrativen, finanziellen oder rechtlichen Vertretungsbefugnissen ausgestattet sind. Diese Durchführungsrechtsakte werden gemäß dem in Artikel 37 genannten Prüfverfahren erlassen.

Art. 8 Antrag auf Eintragung. (1) Ein Antrag auf Eintragung wird an die Behörde gestellt. Ein Antrag auf Eintragung als europäische politische Stiftung wird nur durch die europäische politische Partei gestellt, der der Antragsteller formell angeschlossen ist.

(2) Dem Antrag wird Folgendes beigefügt:

a) Unterlagen, die bescheinigen, dass der Antragsteller die in Artikel 3 genannten Voraussetzungen erfüllt, darunter eine formelle Standarderklärung in der Form, wie sie im Anhang festgelegt ist;

b) die Satzung der Partei oder der Stiftung, die die gemäß den Artikeln 4 und 5 erforderlichen Bestimmungen enthält, darunter die einschlägigen Anhänge und gegebenenfalls die Erklärung des Sitzmitgliedstaats gemäß Artikel 15 Absatz 2.

(3) Der Kommission wird die Befugnis übertragen, gemäß Artikel 36 und im Rahmen des Geltungsbereichs der einschlägigen Bestimmungen dieser Verordnung delegierte Rechtsakte zu erlassen, um

a) zusätzliche Informationen oder Belege in Bezug auf Absatz 2 zu bestimmen, die erforderlich sind, damit die Behörde ihre Aufgaben gemäß dieser Verordnung in Bezug auf den Betrieb des Registers in vollem Maße erfüllen kann;

b) die formalen Standarderklärungen im Anhang zu ergänzen, was die Angaben anbelangt, die vom Antragsteller zu machen sind, sofern dies erforderlich ist, um sicherzustellen, dass ausreichende Informationen in Bezug auf den Unterzeichner, sein Mandat und die europäische politische Partei oder europäische politische Stiftung, welche er zum Zweck der Erklärung vertreten darf, vorliegen.

(4) Die als Teil des Antrags an die Behörde übermittelte Dokumentation wird umgehend auf der in Artikel 32 genannten Website veröffentlicht.

Art. 9 *Prüfung* des Antrags und Entscheidung der Behörde. (1) Der Antrag wird von der Behörde geprüft, um festzustellen, ob der Antragsteller die Voraussetzungen für die Eintragung gemäß Artikel 3 erfüllt und ob die Satzung die gemäß Artikel 4 und 5 erforderlichen Bestimmungen enthält.

(2) *[1]* Die Behörde entscheidet, den Antragsteller einzutragen, es sei denn, sie stellt fest, dass der Antragsteller die Voraussetzungen für die Eintragung gemäß Artikel 3 nicht erfüllt oder dass die Satzung die gemäß Artikel 4 und 5 erforderlichen Bestimmungen nicht enthält.

[2] Die Behörde veröffentlicht ihre Entscheidung über die Eintragung des Antragstellers innerhalb eines Monats nach Eingang des Antrags auf Eintragung oder im Falle, dass die in Artikel 15 Absatz 4 festgelegten Verfahren anzuwenden sind, innerhalb von vier Monaten nach Eingang des Antrags auf Eintragung.

[3] Ist der Antrag unvollständig, fordert die Behörde den Antragsteller unverzüglich auf, die zusätzlichen erforderlichen Informationen einzureichen. Die in Unterabsatz 2 festgelegte Frist beginnt erst dann zu laufen, wenn bei der Behörde der vollständige Antrag eingegangen ist.

(3) Die in Artikel 8 Absatz 2 Buchstabe a genannte formale Standarderklärung wird von der Behörde als ausreichend betrachtet, um festzustellen, dass der Antragsteller die Anforderungen gemäß Artikel 3 Absatz 1 Buchstabe c bzw. Artikel 3 Absatz 2 Buchstabe c erfüllt.

(4) Eine Entscheidung der Behörde, einen Antragsteller einzutragen, wird im Amtsblatt der Europäischen Union zusammen mit der Satzung der betreffenden Partei oder Stiftung veröffentlicht. Eine Entscheidung der Behörde, einen Antragsteller nicht einzutragen, wird im Amtsblatt der Europäischen Union zusammen mit der genauen Angabe der Gründe für die Ablehnung veröffentlicht.

(5) Änderungen an den Unterlagen oder an der Satzung, die zusammen mit dem Antrag auf Eintragung gemäß Artikel 8 Absatz 2 eingereicht wurden, sind der Behörde mitzuteilen, welche die Eintragung unter entsprechender Anwendung der in Artikel 15 Absatz 2 und 4 festgelegten Verfahren aktualisiert.

(6) Die aktualisierte Liste der Mitgliedsparteien einer europäischen politischen Partei, die gemäß Artikel 4 Absatz 2 ihrer Satzung als Anhang beigefügt ist, wird der Behörde jedes Jahr übermittelt. Änderungen, die dazu führen können, dass eine europäische politische Partei nicht mehr die Eintragungsvoraussetzung gemäß Artikel 3 Absatz 1 Buchstabe b erfüllt, sind der Behörde innerhalb von vier Wochen nach einer solchen Änderung zu übermitteln.

Art. 10[1] **Überprüfung der Erfüllung der Eintragungsvoraussetzungen und -anforderungen.** (1) Unbeschadet des in Absatz 3 festgelegten Verfahrens prüft die Behörde regelmäßig, ob die eingetragenen europäischen politischen Parteien und europäischen politischen Stiftungen die Eintragungsvoraussetzungen gemäß Artikel 3 und die

[1] Art. 10 Abs. 3 UAbs. 1 neu gef. mWv 4.5.2018 durch VO (EU, Euratom) 2018/673 v. 3.5.2018 (ABl. L 114I S. 1); Abs. 3 UAbs. 3 neu gef. mWv 27.3.2019 durch VO (EU, Euratom) 2019/493 v. 25.3.2019 (ABl. L 85I S. 7).

Bestimmungen über die Entscheidungsstrukturen gemäß Artikel 4 Absatz 1 Buchstaben a, b und d bis f und Artikel 5 Absatz 1 Buchstabe a bis e und g weiterhin erfüllen.

(2) Stellt die Behörde fest, dass die in Absatz 1 genannten Eintragungsvoraussetzungen oder die Bestimmungen über die Entscheidungsstrukturen – mit Ausnahme der Voraussetzungen gemäß Artikel 3 Absatz 1 Buchstabe c und Artikel 3 Absatz 2 Buchstabe c – nicht mehr erfüllt werden, teilt sie dies der betreffenden europäischen politischen Partei oder Stiftung mit.

(3) *[1]* Das Europäische Parlament kann aus eigener Initiative oder auf den – gemäß den einschlägigen Bestimmungen seiner Geschäftsordnung unterbreiteten – begründeten Antrag einer Gruppe von Bürgern hin, oder der Rat oder die Kommission können die Behörde auffordern zu prüfen, ob eine bestimmte europäische politische Partei oder europäische politische Stiftung die Voraussetzungen des Artikel 3 Absatz 1 Buchstabe c und des Artikels 3 Absatz 2 Buchstabe c erfüllt. In diesen Fällen und in den in Artikel 16 Absatz 3 Buchstabe a genannten Fällen ersucht die Behörde den mit Artikel 11 eingerichteten Ausschuss unabhängiger Persönlichkeiten um eine Stellungnahme dazu. Der Ausschuss gibt seine Stellungnahme innerhalb von zwei Monaten ab.

[2] Werden der Behörde Tatsachen bekannt, die Zweifel daran aufkommen lassen, dass eine bestimmte europäische politische Partei oder europäische politische Stiftung die Voraussetzungen gemäß Artikel 3 Absatz 1 Buchstabe c und Artikel 3 Absatz 2 Buchstabe c erfüllt, unterrichtet sie das Europäische Parlament, den Rat und die Kommission darüber, damit jedes dieser Organe die Behörde auffordern kann, die in Unterabsatz 1 genannte Prüfung vorzunehmen. Unbeschadet von Unterabsatz 1 geben das Europäische Parlament, der Rat und die Kommission innerhalb von zwei Monaten nach Eingang der Informationen ihre Absicht bekannt.

[3] Die in Unterabsatz 1 und 2 vorgesehenen Verfahren dürfen im Zeitraum von zwei Monaten vor der Wahl zum Europäischen Parlament nicht eingeleitet werden. In Bezug auf das in Artikel 10a festgelegte Verfahren gilt diese Frist nicht.

[4] Unter Berücksichtigung der Stellungnahme des Ausschusses entscheidet die Behörde, ob sie die betreffende europäische politische Partei oder europäische politische Stiftung aus dem Register löscht. Die Entscheidung der Behörde wird hinreichend begründet.

[5] Eine Entscheidung der Behörde, eine Löschung aus dem Register wegen der Nichterfüllung der Voraussetzungen gemäß Artikel 3 Absatz 1 Buchstabe c und Artikel 3 Absatz 2 Buchstabe c vorzunehmen, darf nur im Falle eines offensichtlichen und schwerwiegenden Verstoßes gegen diese Voraussetzungen getroffen werden. Bei der Entscheidung ist das Verfahren gemäß Absatz 4 anzuwenden.

(4) *[1]* Eine Entscheidung der Behörde, eine europäische politische Partei oder Stiftung wegen eines offensichtlichen und schwerwiegen-

den Verstoßes gegen die Voraussetzungen gemäß Artikel 3 Absatz 1 Buchstabe c oder Artikel 3 Absatz 2 Buchstabe c aus dem Register zu löschen, wird dem Europäischen Parlament und dem Rat übermittelt. Die Entscheidung tritt nur in Kraft, wenn innerhalb von drei Monaten nach Übermittlung dieser Entscheidung an das Europäische Parlament und den Rat weder das Europäische Parlament noch der Rat Einwände erhoben haben oder wenn vor Ablauf dieser Frist sowohl das Europäische Parlament als auch der Rat der Behörde mitgeteilt haben, dass sie keine Einwände erheben werden. Im Falle eines Einwands des Rates und des Europäischen Parlaments bleibt die europäische politische Partei oder Stiftung eingetragen.

[2] Das Europäische Parlament und der Rat dürfen nur aus Gründen in Zusammenhang mit der Beurteilung der Erfüllung der Eintragungsvoraussetzungen gemäß Artikel 3 Absatz 1 Buchstabe c und Artikel 3 Absatz 2 Buchstabe c Einwände erheben.

[3] Die betreffende europäische politische Partei oder europäische politische Stiftung wird darüber unterrichtet, dass Einwände gegen die Entscheidung der Behörde, sie aus dem Register zu löschen, erhoben wurden.

[4] Das Europäische Parlament und der Rat legen gemäß ihren jeweiligen Regeln der Entscheidungsfindung, wie sie im Einklang mit den Verträgen festgelegt wurden, ihren Standpunkt fest. 2Einwände werden hinreichend begründet und veröffentlicht.

(5) Eine Entscheidung der Behörde, eine europäische politische Partei oder europäische politische Stiftung aus dem Register zu löschen, gegen die keine Einwände im Rahmen des in Absatz 4 festgelegten Verfahrens erhoben wurden, wird im Amtsblatt der Europäischen Union zusammen mit den ausführlichen Angaben über die Gründe für die Löschung veröffentlicht und tritt drei Monate nach der Veröffentlichung in Kraft.

(6) Eine europäische politische Stiftung verliert automatisch ihren europäischen Rechtsstatus als solches, wenn die europäische politische Partei, der sie angeschlossen ist, aus dem Register gelöscht wird.

Art. 10a[1] Überprüfungsverfahren im Zusammenhang mit Verstößen gegen die Vorschriften zum Schutz personenbezogener Daten. (1) Keine europäische politische Partei oder europäische politische Stiftung darf bewusst auf das Ergebnis der Wahlen zum Europäischen Parlament Einfluss nehmen oder Einfluss zu nehmen versuchen, indem sie einen Verstoß von einer natürlichen oder juristischen Person gegen die geltenden Vorschriften zum Schutz personenbezogener Daten ausnutzt.

(2) Wird die Behörde über eine Entscheidung einer nationalen Aufsichtsbehörde im Sinne von Artikel 4 Nummer 21 der Verordnung

[1] Art. 10a eingef. mWv 27.3.2019 durch VO (EU, Euratom) 2019/493 v. 25.3.2019 (ABl. L 85I S. 7).

(EU) 2016/679 des Europäischen Parlaments und des Rates[1)] informiert, mit der festgestellt wird, dass eine natürliche oder juristische Person gegen geltende Vorschriften zum Schutz personenbezogener Daten verstoßen hat, und folgt aus dieser Entscheidung oder ist aus anderen Gründen davon auszugehen, dass der Verstoß mit politischen Tätigkeiten einer europäischen politischen Partei oder europäischen politischen Stiftung im Rahmen einer Wahl zum Europäischen Parlament zusammenhängt, befasst die Behörde den gemäß Artikel 11 der vorliegenden Verordnung eingerichteten Ausschuss unabhängiger Persönlichkeiten mit dieser Angelegenheit. Die Behörde kann erforderlichenfalls mit der betreffenden nationalen Aufsichtsbehörde zusammenarbeiten.

(3) Der in Absatz 2 genannte Ausschuss nimmt zu der Frage Stellung, ob die betreffende europäische politische Partei oder europäische politische Stiftung bewusst auf das Ergebnis der Wahl zum Europäischen Parlament Einfluss genommen oder Einfluss zu nehmen versucht hat, indem sie diesen Verstoß ausnutzte. Die Behörde ersucht um die Stellungnahme unverzüglich und spätestens einen Monat, nachdem sie über die Entscheidung der nationalen Aufsichtsbehörde informiert wurde. Die Behörde setzt eine kurze und angemessene Frist, innerhalb deren der Ausschuss seine Stellungnahme abgeben muss. 4Der Ausschuss muss diese Frist einhalten.

(4) Unter Berücksichtigung der Stellungnahme des Ausschusses entscheidet die Behörde gemäß Artikel 27 Absatz 2 Buchstabe a Ziffer vii, ob sie gegen die betreffende europäische politische Partei oder europäische politische Stiftung finanzielle Sanktionen verhängt. Die Entscheidung der Behörde ist hinreichend zu begründen, insbesondere im Hinblick auf die Stellungnahme des Ausschusses, und ist unverzüglich zu veröffentlichen.

(5) Das in Artikel 10 festgelegte Verfahren bleibt von dem im vorliegenden Artikel festgelegten Verfahren unberührt.

Art. 11[2)] Ausschuss unabhängiger Persönlichkeiten. (1) *[1]* Hiermit wird ein Ausschuss unabhängiger Persönlichkeiten eingerichtet. Er besteht aus sechs Mitgliedern, wobei das Europäische Parlament, der Rat und die Kommission jeweils zwei Mitglieder benennen. Die Mitglieder des Ausschusses werden auf der Grundlage ihrer persönlichen und beruflichen Eignung ausgewählt. Sie dürfen weder Mitglieder des Europäischen Parlaments, des Rates oder der Kommission, noch gewählte Mandatsträger, Beamte oder sonstige Bedienstete der Europäischen Union oder gegenwärtige oder ehemalige Angestellte einer euro-

---

[1)] **Amtl. Anm.:** Verordnung (EU) 2016/679 des Europäischen Parlaments und des Rates vom 27. April 2016 zum Schutz natürlicher Personen bei der Verarbeitung personenbezogener Daten, zum freien Datenverkehr und zur Aufhebung der Richtlinie 95/46/EG (Datenschutz-Grundverordnung) (ABl. L 119 vom 4.5.2016, S. 1.).

[2)] Art. 11 Abs. 3 UAbs. 1 neu gef. mWv 27.3.2019 durch VO (EU, Euratom) 2019/493 v. 25.3.2019 (ABl. L 85I S. 7).

päischen politischen Partei oder einer europäischen politischen Stiftung sein.

[2] Die Mitglieder des Ausschusses sind bei der Wahrnehmung ihrer Pflichten unabhängig. Sie dürfen Weisungen von einem Organ, einer Regierung oder einer anderen Einrichtung oder sonstigen Stelle weder anfordern noch entgegennehmen; sie enthalten sich jeder Handlung, die mit dem Wesen ihrer Pflichten unvereinbar ist.

[3] Die Neubenennung eines Ausschusses erfolgt innerhalb von sechs Monaten nach dem Ende der ersten Plenarsitzung des Europäischen Parlaments im Anschluss an die Wahl zum Europäischen Parlament. Das Mandat der Mitglieder kann nicht verlängert werden.

(2) Der Ausschuss gibt sich interne Verfahrensregeln. Der Vorsitz des Ausschusses wird von den Mitgliedern aus ihren Reihen gemäß seinen internen Verfahrensregeln gewählt. Die Sekretariatsgeschäfte und die Finanzierung des Ausschusses übernimmt das Europäische Parlament. Das Sekretariat des Ausschusses ist ausschließlich dem Ausschuss unterstellt.

(3) *[1]* Auf Ersuchen der Behörde nimmt der Ausschuss Stellung zu

a) möglichen offensichtlichen und schwerwiegenden Verstößen einer europäischen politischen Partei oder einer europäischen politischen Stiftung gegen die Werte, auf die sich die Europäische Union gründet, auf die in Artikel 3 Absatz 1 Buchstabe c und Artikel 3 Absatz 2 Buchstabe c Bezug genommen wird;

b) der Frage, ob eine europäische politische Partei oder eine europäische politische Stiftung bewusst auf das Ergebnis der Wahl zum Europäischen Parlament Einfluss genommen oder Einfluss zu nehmen versucht hat, indem sie einen Verstoß gegen die geltenden Vorschriften zum Schutz personenbezogener Daten ausnutzte.

[2] In den in Unterabsatz 1 unter Buchstabe a und b genannten Fällen kann der Ausschuss alle relevanten Unterlagen oder Belege von der Behörde, dem Europäischen Parlament, der betreffenden europäischen politischen Partei oder europäischen politischen Stiftung, anderen politischen Parteien, politischen Stiftungen oder anderen Interessenträgern anfordern und verlangen, deren Vertreter anzuhören. In dem in Unterabsatz 1 unter Buchstabe b genannten Fall arbeitet die in Artikel 10a genannte nationale Aufsichtsbehörde gemäß den geltenden Rechtsvorschriften mit dem Ausschuss zusammen.

[3] Bei ihren Stellungnahmen berücksichtigt der Ausschuss in vollem Maße das Grundrecht auf Vereinigungsfreiheit und die Notwendigkeit, einen Parteienpluralismus in Europa zu gewährleisten.

[4] Die Stellungnahmen des Ausschusses werden unverzüglich veröffentlicht.

Kapitel III. Rechtsstatus europäischer politischer Parteien und europäischer politischer Stiftungen

Art. 12 Rechtspersönlichkeit. Europäische politische Parteien und europäische politische Stiftungen haben europäische Rechtspersönlichkeit.

Art. 13 Rechtliche Anerkennung und Handlungsfähigkeit. Europäische politische Parteien und europäische politische Stiftungen genießen in allen Mitgliedstaaten rechtliche Anerkennung und Handlungsfähigkeit.

Art. 14 Anwendbares Recht. (1) Für europäische politische Parteien und europäische politische Stiftungen ist diese Verordnung maßgebend.

(2) *[1]* In Bezug auf Angelegenheiten, die in dieser Verordnung nicht oder nur teilweise geregelt sind, unterliegen europäische politische Parteien und europäische politische Stiftungen in Bezug auf die nicht von dieser Verordnung erfassten Aspekte den in ihrem Sitzmitgliedstaat geltenden nationalen Rechtsvorschriften.

[2] Tätigkeiten europäischer politischer Parteien und europäischer politischen Stiftungen in anderen Mitgliedstaaten unterliegen den einschlägigen nationalen Rechtsvorschriften dieser Mitgliedstaaten.

(3) In Bezug auf Angelegenheiten, die in dieser Verordnung oder in den gemäß Absatz 2 anwendbaren Bestimmungen nicht oder nur teilweise geregelt sind, unterliegen europäische politische Parteien und europäische politische Stiftungen in Bezug auf die nicht erfassten Aspekte den Bestimmungen ihrer jeweiligen Satzung.

Art. 15 Erwerb einer europäischen Rechtspersönlichkeit. (1) Eine europäische politische Partei oder europäische politische Stiftung erwirbt europäische Rechtspersönlichkeit am Tag der Veröffentlichung der Entscheidung der Behörde über die Eintragung gemäß Artikel 9 im Amtsblatt der Europäischen Union.

(2) Wenn der Mitgliedstaat, in dem der Antragsteller eines Antrags auf Eintragung als europäische politische Partei oder europäische politische Stiftung seinen Sitz hat, dies vorschreibt, so wird dem gemäß Artikel 8 eingereichten Antrag eine Erklärung dieses Mitgliedstaats beigefügt, mit der bescheinigt wird, dass der Antragsteller alle maßgeblichen nationalen Anforderungen für einen Antrag erfüllt hat und dass seine Satzung im Einklang mit dem in Artikel 14 Absatz 2 Unterabsatz 1 genannten anwendbaren Recht steht.

(3) Besitzt der Antragsteller nach dem Gesetz eines Mitgliedstaates Rechtspersönlichkeit, so wird der Erwerb der europäischen Rechtspersönlichkeit von diesem Mitgliedstaat als eine Umwandlung der nationalen Rechtspersönlichkeit in eine diese ablösende europäische Rechts-

persönlichkeit betrachtet. Die europäische Rechtspersönlichkeit behält die zuvor bestehenden Rechte und Verpflichtungen der früheren nationalen Rechtsperson, die nicht mehr als solche fortbesteht. Der betreffende Mitgliedstaat wendet im Rahmen dieser Umwandlung keine prohibitiven Bedingungen an. Der Antragsteller behält seinen Sitz in dem betreffenden Mitgliedstaat, bis eine Entscheidung gemäß Artikel 9 veröffentlicht wurde.

(4) Wenn der Mitgliedstaat, in dem der Antragsteller seinen Sitz hat, dies vorschreibt, legt die Behörde das Datum der in Absatz 1 genannten Veröffentlichung erst nach Anhörung dieses Mitgliedstaats fest.

Art. 16 Beendigung der europäischen Rechtspersönlichkeit.

(1) Eine europäische politische Partei oder europäische politische Stiftung verliert ihre europäische Rechtspersönlichkeit mit Inkrafttreten einer Entscheidung der Behörde, sie aus dem Register zu löschen, wie sie im Amtsblatt der Europäischen Union veröffentlicht wird. Die Entscheidung tritt drei Monate nach einer solchen Veröffentlichung in Kraft, es sei denn, die betreffende europäische politische Partei oder europäische politische Stiftung ersucht um einen kürzeren Zeitraum.

(2) Eine europäische politische Partei oder europäische politische Stiftung wird durch eine Entscheidung der Behörde aus folgenden Gründen aus dem Register gelöscht:

a) als Konsequenz einer gemäß Artikel 10 Absätze 2 bis 5 getroffenen Entscheidung;

b) aufgrund der Umstände gemäß Artikel 10 Absatz 6;

c) auf Ersuchen der betreffenden europäischen politischen Partei oder europäischen politischen Stiftung; oder

d) in den in Absatz 3 Unterabsatz 1 Buchstabe b dieses Artikels genannten Fällen.

(3) *[1]* Hat eine europäische politische Partei oder europäische politische Stiftung in schwerwiegender Weise maßgebliche Verpflichtungen nach nationalen Rechtsvorschriften gemäß Artikel 14 Absatz 2 Unterabsatz 1 nicht erfüllt, kann der Sitzmitgliedstaat ein hinreichend begründetes Gesuch an die Behörde auf Löschung aus dem Register stellen, in dem die rechtswidrigen Handlungen und die spezifischen nationalen Anforderungen, die nicht erfüllt wurden, genau und ausführlich aufgeführt sind. In solchen Fällen handelt die Behörde wie folgt:

a) in Angelegenheiten, die sich ausschließlich oder vornehmlich auf Sachverhalte beziehen, bei denen die Werte, auf die sich die Union gemäß Artikel 2 EUV gründet, betroffen sind, leitet sie ein Überprüfungsverfahren gemäß Artikel 10 Absatz 3 ein. Artikel 10 Absätze 4, 5 und 6 finden ebenfalls Anwendung;

b) in allen anderen Fällen und wenn in dem begründeten Gesuch des betreffenden Mitgliedstaats bestätigt wird, dass alle nationalen Behelfe ausgeschöpft wurden, entscheidet sie, die betreffende europäische politische Partei oder europäische politische Stiftung aus dem Register zu löschen.

[2] Hat eine europäische politische Partei oder eine europäische politische Stiftung in schwerwiegender Weise maßgebliche Verpflichtungen nach nationalen Rechtsvorschriften gemäß Artikel 14 Absatz 2 Unterabsatz 2 nicht erfüllt und bezieht sich die Angelegenheit ausschließlich oder vornehmlich auf Sachverhalte, bei denen die Werte, auf die sich die Union gemäß Artikel 2 EUV gründet, betroffen sind, kann der betreffende Mitgliedstaat ein Gesuch an die Behörde gemäß den Bestimmungen von Unterabsatz 1 dieses Absatzes stellen. Die Behörde verfährt gemäß Unterabsatz 1 Buchstabe a dieses Absatzes.

[3] In allen Fällen handelt die Behörde unverzüglich. Die Behörde unterrichtet den betreffenden Mitgliedstaat und die betreffende europäische politische Partei oder europäische politische Stiftung über die Weiterbehandlung des begründeten Gesuchs auf Löschung aus dem Register.

(4) Die Behörde legt das in Absatz 1 erwähnte Datum der Veröffentlichung nach Anhörung des Mitgliedstaats, in dem die europäische politische Partei oder europäische politische Stiftung ihren Sitz hat, fest.

(5) Erwirbt die betreffende europäische politische Partei oder europäische politische Stiftung Rechtspersönlichkeit gemäß den Rechtsvorschriften des Sitzmitgliedstaats, so wird dieser Erwerb von diesem Mitgliedstaat als eine Umwandlung der europäischen Rechtspersönlichkeit in eine nationale Rechtspersönlichkeit betrachtet, welche die zuvor bestehenden Rechte und Verpflichtungen der früheren europäischen Rechtsperson behält. [2]Der betreffende Mitgliedstaat wendet im Rahmen dieser Umwandlung keine prohibitiven Bedingungen an.

(6) Erwirbt eine europäische politische Partei oder europäische politische Stiftung keine europäische Rechtspersönlichkeit gemäß den Rechtsvorschriften des Sitzmitgliedstaats, so wird sie gemäß den anwendbaren Rechtsvorschriften dieses Mitgliedstaats abgewickelt. Der betreffende Mitgliedstaat kann vorschreiben, dass die betreffende Partei oder Stiftung vor der Abwicklung nationale Rechtspersönlichkeit gemäß Absatz 5 erwirbt.

(7) In allen in Absatz 5 und 6 aufgeführten Fällen stellt der betreffende Mitgliedstaat sicher, dass die Voraussetzung der Gemeinnützigkeit gemäß Artikel 3 in vollem Maße eingehalten wird. Die Behörde und der Anweisungsbefugte des Europäischen Parlaments können sich mit dem betreffenden Mitgliedstaat auf Modalitäten für die Beendigung der europäischen Rechtspersönlichkeit verständigen, insbesondere, um die *Wiedereinziehung* von Finanzmitteln aus dem Gesamthaushaltsplan der Europäischen Union und die Zahlung finanzieller Sanktionen, die gemäß Artikel 27 verhängt wurden, sicherzustellen.

Kapitel IV. Finanzierung

Art. 17[1] **Finanzierungsbedingungen.** (1) Eine gemäß den in dieser Verordnung festgelegten Bedingungen und Verfahren eingetragene europäische politische Partei, die mit mindestens einem Mitglied im Europäischen Parlament vertreten ist und auf die keiner der Ausschlussgründe gemäß Artikel 106 Absatz 1 der Haushaltsordnung zutrifft, kann nach Maßgabe der vom Anweisungsbefugten des Europäischen Parlaments veröffentlichten Aufforderung zur Beantragung von Beiträgen einen Antrag auf Finanzierung aus dem Gesamthaushaltsplan der Europäischen Union stellen.

(2) Eine gemäß den in dieser Verordnung festgelegten Bedingungen und Verfahren eingetragene europäische politische Stiftung, die einer gemäß Absatz 1 antragsberechtigten europäischen politischen Partei angeschlossen ist und auf die keiner der Ausschlussgründe gemäß Artikel 106 Absatz 1 der Haushaltsordnung zutrifft, kann nach Maßgabe der vom Anweisungsbefugten des Europäischen Parlaments veröffentlichten Aufforderung zur Einreichung von Vorschlägen einen Antrag auf Finanzierung aus dem Gesamthaushaltsplan der Europäischen Union stellen.

(3) Zur Feststellung der Anspruchsvoraussetzungen für eine Finanzierung aus dem Gesamthaushaltsplan der Europäischen Union gemäß Absatz 1 dieses Artikels und Artikel 3 Absatz 1 Buchstabe b sowie zur Anwendung des Artikels 19 Absatz 1 gilt ein Mitglied des Europäischen Parlaments als Mitglied nur einer einzigen europäischen politischen Partei, die, soweit einschlägig, die Partei ist, der seine nationale oder regionale politische Partei am Stichtag für die Stellung von Anträgen auf Finanzierung angeschlossen ist.

(4) Finanzbeiträge oder Finanzhilfen aus dem Gesamthaushaltsplan der Europäischen Union dürfen 90 % der im Haushalt einer europäischen politischen Partei ausgewiesenen jährlichen erstattungsfähigen Ausgaben und 95 % der förderfähigen Kosten einer europäischen politischen Stiftung nicht überschreiten. Europäische politische Parteien dürfen nicht verwendete Mittel aus dem Unionsbeitrag innerhalb des auf seine Vergabe folgenden Haushaltsjahres für erstattungsfähige Ausgaben verwenden. Die nach Ablauf dieses Haushaltsjahres nicht verwendeten Mittel werden nach Maßgabe der Haushaltsordnung eingezogen.

(5) In den Grenzen von Artikel 21 und 22 gehören zu den Ausgaben, die im Rahmen eines Finanzbeitrag erstattungsfähig sind, Verwaltungsausgaben und Ausgaben in Zusammenhang mit technischer Unterstützung, Treffen, Forschung, grenzübergreifenden Veranstaltungen, Studien, Informationen und Veröffentlichungen sowie Ausgaben in Zusammenhang mit Wahlkämpfen.

---

[1] Art. 17 Abs. 4 neu gef. mWv 4.5.2018 durch VO (EU, Euratom) 2018/673 v. 3.5.2018 (ABl. L 114I S. 1).

Art. 18[1)] Antrag auf Finanzierung. (1) Um eine Finanzierung aus dem Gesamthaushaltsplan der Europäischen Union zu erhalten, muss eine europäische politische Partei oder europäische politische Stiftung, die die Bedingungen des Artikels 17 Absatz 1 oder Absatz 2 erfüllt, nach einer Aufforderung zur Beantragung von Beiträgen oder zur Einreichung von Vorschlägen einen Antrag beim Europäischen Parlament stellen.

(2) Die europäische politische Partei oder europäische politische Stiftung muss zum Zeitpunkt ihrer Antragstellung ihre Pflichten aus Artikel 23 erfüllen; sie muss ab dem Zeitpunkt der Antragstellung bis zum Ende des Haushaltsjahrs oder der Maßnahme, für das bzw. die der Beitrag oder die Finanzhilfe gewährt wird, im Register eingetragen bleiben und darf nicht Gegenstand einer Sanktion gemäß Artikel 27 Absatz 1 und Artikel 27 Absatz 2 Buchstabe a Ziffer v, vi und vii sein.

(2a) Eine europäische politische Partei muss in ihrem Antrag belegen, dass ihre EU-Mitgliedsparteien während der letzten 12 Monate vor dem Stichtag für die Stellung von Anträgen in der Regel auf ihren Internetseiten das politische Programm und das Logo der europäischen politischen Partei auf deutlich sichtbare und benutzerfreundliche Weise veröffentlicht haben.

(3) Eine europäische politische Stiftung muss ihrem Antrag ihr Jahresarbeitsprogramm oder ihren Aktionsplan beifügen.

(4) Der Anweisungsbefugte des Europäischen Parlaments beschließt innerhalb von drei Monaten nach Abschluss der Aufforderung zur Beantragung von Beiträgen oder der Aufforderung zur Einreichung von Vorschlägen und bewilligt und verwaltet die entsprechenden Mittel nach Maßgabe der Haushaltsordnung.

(5) Eine europäische politische Stiftung kann nur über die europäische politische Partei, der sie angeschlossen ist, einen Antrag auf Finanzierung aus dem Gesamthaushaltsplan der Europäischen Union stellen.

Art. 19[2)] Vergabekriterien und Aufteilung der Finanzmittel. (1) *[1]* Die verfügbaren Mittel für diejenigen europäischen politischen Parteien und europäischen politischen Stiftungen, die Beiträge oder Finanzhilfen gemäß Artikel 18 erhalten, werden jährlich nach folgendem Verteilungsschlüssel verteilt:

– 10 % werden unter den begünstigten europäischen politischen Parteien zu gleichen Teilen aufgeteilt;
– 90 % werden im Verhältnis zum Anteil der begünstigten europäischen politischen Parteien an den gewählten Mitgliedern des Europäischen Parlaments aufgeteilt.

[1)] Art. 18 Abs. 2a eingef. mWv 4.5.2018 durch VO (EU, Euratom) 2018/673 v. 3.5.2018 (ABl. L 114I S. 1); Abs. 2 neu gef. mWv 27.3.2019 durch VO (EU, Euratom) 2019/493 v. 25.3.2019 (ABl. L 85I S. 7).

[2)] Art. 19 Abs. 1 neu gef. mWv 4.5.2018 durch VO (EU, Euratom) 2018/673 v. 3.5.2018 (ABl. L 114I S. 1).

[2] Derselbe Verteilungsschlüssel wird für die Finanzierung der europäischen politischen Stiftungen aufgrund ihrer Zugehörigkeit zu einer europäischen politischen Partei verwendet.

(2) *[1]* Die Aufteilung gemäß Absatz 1 erfolgt anhand der Zahl der gewählten Mitglieder des Europäischen Parlaments, die am Stichtag für die Antragstellung unter Berücksichtigung des Artikels 17 Absatz 3 Mitglied der antragstellenden europäischen politischen Partei sind.

[2] Ändert sich die Zahl nach diesem Datum, hat dies keine Auswirkungen auf den jeweiligen Finanzierungsanteil der europäischen politischen Parteien oder europäischen politischen Stiftungen. 2Dies gilt unbeschadet der Vorschrift in Artikel 17 Absatz 1, wonach eine europäische politische Partei im Europäischen Parlament mit mindestens einem Mitglied vertreten sein muss.

Art. 20 Spenden und Zuwendungen. (1) Europäische politische Parteien und europäische politische Stiftungen können Spenden von natürlichen oder juristischen Personen bis zu einem Wert von 18 000 EUR pro Jahr und Spender annehmen.

(2) *[1]* Europäische politische Parteien und europäische politische Stiftungen legen zusammen mit ihren Jahresabschlüssen gemäß Artikel 23 eine Aufstellung aller Spender mit ihren Spenden und mit Angabe der Art und des Werts jeder Spende vor. Dieser Absatz gilt auch für Zuwendungen von Mitgliedsparteien von europäischen politischen Parteien und Mitgliedsorganisationen von europäischen politischen Stiftungen.

[2] Bei Spenden von natürlichen Personen mit einem Wert von mehr als 1500 EUR und nicht mehr als 3000 EUR gibt die betreffende europäische politische Partei oder europäische politische Stiftung an, ob die betreffenden Spender die Veröffentlichung gemäß Artikel 32 Absatz 1 Buchstabe e vorab schriftlich genehmigt haben.

(3) Spenden, die europäische politische Parteien oder europäische politische Stiftungen innerhalb von sechs Monaten vor den Wahlen zum Europäischen Parlament erhalten, werden der Behörde wöchentlich schriftlich nach Maßgabe des Absatzes 2 gemeldet.

(4) Einzelspenden im Wert von mehr als 12 000 EUR, die von europäischen politischen Parteien oder europäischen politischen Stiftungen angenommen wurden, werden der Behörde umgehend schriftlich nach Maßgabe des Absatzes 2 gemeldet.

(5) Europäische politische Parteien und europäische politische Stiftungen dürfen Folgendes nicht annehmen:

a) anonyme Spenden oder Zuwendungen;

b) Spenden aus dem Budget einer Fraktion des Europäischen Parlaments;

c) Spenden von einer öffentlichen Behörde eines Mitgliedstaats oder eines Drittstaats oder von einem Unternehmen, über das eine öffentliche Behörde aufgrund seiner Eigentumsverhältnisse, seiner finanziellen Beteiligung oder der für das Unternehmen geltenden Vorschriften unmittelbar oder mittelbar einen beherrschenden Einfluss ausüben kann; oder

d) Spenden privater Einrichtungen mit Sitz in einem Drittstaat oder von Einzelpersonen aus einem Drittstaat, die nicht an den Wahlen zum Europäischen Parlament teilnehmen dürfen.

(6) Eine Spende, die nach dieser Verordnung nicht zulässig ist, muss innerhalb von 30 Tagen nach ihrem Eingang bei einer europäischen politischen Partei oder europäischen politischen Stiftung

a) an den Spender oder an eine in seinem Namen handelnde Person zurückgegeben werden oder

b) wenn dies nicht möglich ist, der Behörde und dem Europäischen Parlament gemeldet werden. Der Anweisungsbefugte des Europäischen Parlaments setzt die Forderung fest und ordnet die Einziehung gemäß Artikel 78 und 79 der Haushaltsordnung an. Die eingezogenen Beträge werden als allgemeine Einnahmen im Einzelplan „Europäisches Parlament" des Gesamthaushaltsplans der Europäischen Union ausgewiesen.

(7) Zuwendungen an eine europäische politische Partei von ihren Mitgliedern sind zulässig. Der Wert dieser Beiträge darf 40 % des Jahresbudgets dieser europäischen politischen Partei nicht übersteigen.

(8) *[1]* Zuwendungen an eine europäische politische Stiftung von ihren Mitgliedern und von der europäischen politischen Partei, der sie angeschlossen ist, sind zulässig. Der Wert dieser Zuwendungen darf 40 % des Jahresbudgets dieser europäischen politischen Stiftung nicht übersteigen und sie dürfen nicht aus Finanzmitteln stammen, die eine europäische politische Partei nach Maßgabe dieser Verordnung aus dem Gesamthaushaltsplan der Europäischen Union erhalten hat.

[2] Die Beweislast trägt die betreffende europäische politische Partei, die die Herkunft der Finanzmittel, die zur Finanzierung ihrer angeschlossenen europäischen politischen Stiftung verwendet wurden, in ihren Büchern eindeutig auszuweisen hat.

(9) *[1]* Unbeschadet der Absätze 7 und 8 dürfen europäische politische Parteien und europäische politische Stiftungen Zuwendungen von Bürgern, die ihre Mitglieder sind, bis zu einem Wert von 18 000 EUR pro Jahr und Mitglied annehmen, wenn diese Zuwendungen von dem betreffenden Mitglied in eigenem Namen geleistet werden.

[2] Der Grenzwert gemäß Unterabsatz 1 gilt nicht, wenn das betreffende Mitglied außerdem ein Mitglied des Europäischen Parlaments, eines nationalen Parlaments oder eines regionalen Parlaments bzw. einer regionalen Versammlung ist.

(10) Alle Zuwendungen, die gemäß dieser Verordnung nicht zulässig sind, werden gemäß Absatz 6 zurückgegeben.

Art. 21 Wahlkampffinanzierung im Zusammenhang mit den Wahlen zum Europäischen Parlament. (1) *[1]* Vorbehaltlich des Unterabsatzes 2 können die Finanzmittel, die europäische politische Parteien aus dem Gesamthaushaltsplan der Europäischen Union oder aus anderen Quellen erhalten, zur Finanzierung ihres Wahlkampfs im Zusammenhang mit den Wahlen zum Europäischen Parlament, an denen sie oder ihre Mitglieder gemäß Artikel 3 Absatz 1 Buchstabe d teilnehmen müssen, verwendet werden.

[2] Gemäß Artikel 8 des Akts zur Einführung allgemeiner unmittelbarer Wahlen der Mitglieder des Europäischen Parlaments[1] wird die Finanzierung und die mögliche Beschränkung von Wahlausgaben für alle politischen Parteien, Kandidaten und Dritte für die Wahlen zum Europäischen Parlament, zusätzlich zu ihrer Teilnahme an den Wahlen, in jedem Mitgliedstaat durch nationale Bestimmungen geregelt.

(2) Ausgaben in Verbindung mit den in Absatz 1 erwähnten Wahlkämpfen sind von den europäischen politischen Parteien in ihren Jahresabschlüssen eindeutig als solche auszuweisen.

Art. 22 Finanzierungsverbot. (1) Ungeachtet des Artikels 21 Absatz 1 dürfen die Finanzmittel, die europäische politische Parteien aus dem Gesamthaushaltsplan der Europäischen Union oder aus anderen Quellen erhalten, nicht der unmittelbaren oder mittelbaren Finanzierung anderer politischer Parteien und insbesondere nicht nationaler Parteien oder Kandidaten dienen. Auf diese nationalen politischen Parteien und Kandidaten finden weiterhin die nationalen Regelungen Anwendung.

(2) Die Finanzmittel, die europäische politische Stiftungen aus dem Gesamthaushaltsplan der Europäischen Union oder aus anderen Quellen erhalten, dürfen nur zur Finanzierung ihrer in Artikel 2 Nummer 4 aufgeführten Aufgaben und zur Finanzierung von unmittelbar mit ihren Satzungszielen gemäß Artikel 5 verbundenen Ausgaben verwendet werden. Sie dürfen insbesondere nicht zur unmittelbaren oder mittelbaren Finanzierung von Wahlen, politischen Parteien, Kandidaten oder anderen Stiftungen verwendet werden.

(3) Die Finanzmittel, die europäische politische Parteien und europäische politische Stiftungen aus dem Gesamthaushaltsplan der Europäischen Union oder aus anderen Quellen erhalten, dürfen nicht zur Finanzierung von Kampagnen für Referenden verwendet werden.

Kapitel V. Kontrolle und Sanktionen

Art. 23 Rechnungslegung, Berichts- und Rechnungsprüfungspflichten. (1) Spätestens innerhalb von sechs Monaten nach Abschluss des Haushaltsjahrs legen die europäischen politischen Parteien und die

[1] **Amtl. Anm.:** ABl. L 278 vom 8.10.1976, S. 5.

europäischen politischen Stiftungen der Behörde mit einer Kopie an den Anweisungsbefugten des Europäischen Parlaments und an die zuständige nationale Kontaktstelle des Sitzmitgliedstaats folgende Unterlagen vor:

a) ihre Jahresabschlüsse und Begleitunterlagen, aus denen die Einnahmen, Ausgaben sowie die Aktiva und Passiva zu Beginn und am Ende des Haushaltsjahrs nach den geltenden Rechtvorschriften des Sitzmitgliedstaats hervorgehen, und ihre Jahresabschlüsse auf der Grundlage der internationalen Rechnungslegungsstandards, wie sie in Artikel 2 der Verordnung (EG) Nr. 1606/2002 des Europäischen Parlaments und des Rates[1] definiert sind;

b) einen externen Prüfbericht über die Jahresabschlüsse, der sowohl die Zuverlässigkeit dieser Abschlüsse als auch die Rechtmäßigkeit und Ordnungsmäßigkeit der Einnahmen und Ausgaben bescheinigt und von einer unabhängigen Einrichtung oder einem unabhängigen Sachverständigen erstellt worden ist; und

c) eine Aufstellung der Spender und Zuwendungsleistenden mit ihren Spenden oder Zuwendungen gemäß Artikel 20 Absätze 2, 3 und 4.

(2) Realisieren europäische politische Parteien gemeinsam mit nationalen politischen Parteien oder europäische politische Stiftungen gemeinsam mit nationalen politischen Stiftungen oder mit anderen Organisationen Ausgaben, so sind den Jahresabschlüssen gemäß Absatz 1 Belege für die Ausgaben beizufügen, die von den europäischen politischen Parteien oder von den europäischen politischen Stiftungen unmittelbar oder über solche Dritte getätigt worden sind.

(3) Die in Absatz 1 Buchstabe b genannten unabhängigen Einrichtungen oder Sachverständigen werden vom Europäischen Parlament ausgewählt, beauftragt und bezahlt. Sie werden ordnungsgemäß ermächtigt, eine Rechnungsprüfung auf der Grundlage der geltenden Rechtsvorschriften in dem Mitgliedstaat, in dem sich ihr Sitz oder ihre Niederlassung befindet, vorzunehmen.

(4) Europäische politische Parteien und europäische politische Stiftungen stellen alle von den unabhängigen Einrichtungen oder Sachverständigen zum Zweck ihrer Rechnungsprüfung angeforderten Informationen zur Verfügung.

(5) Die unabhängigen Einrichtungen oder Sachverständigen unterrichten die Behörde und den Anweisungsbefugten des Europäischen Parlaments über alle mutmaßlichen illegalen Aktivitäten und Fälle von Betrug oder Korruption, die die finanziellen Interessen der Union schädigen können. Die Behörde und der Anweisungsbefugte des Europäischen Parlaments unterrichten die betreffenden nationalen Kontaktstellen darüber.

---

[1] **Amtl. Anm.:** Verordnung (EG) Nr. 1606/2002 des Europäischen Parlaments und des Rates vom 19. Juli 2002 betreffend die Anwendung internationaler Rechnungslegungsstandards (ABl. L 243 vom 11.9.2002, S. 1).

Art. 24 Allgemeine Regeln zur Kontrolle. (1) Die Kontrolle, ob die europäischen politischen Parteien und europäischen politischen Stiftungen ihre Verpflichtungen gemäß dieser Verordnung erfüllen, erfolgt durch die Behörde, den Anweisungsbefugten des Europäischen Parlaments und die zuständigen Mitgliedstaaten in Zusammenarbeit.

(2) *[1]* Die Behörde kontrolliert, ob die europäischen politischen Parteien und europäischen politischen Stiftungen ihre Verpflichtungen gemäß dieser Verordnung erfüllen, insbesondere bezüglich Artikel 3, Artikel 4 Absatz 1 Buchstaben a und b sowie d bis f, Artikel 5 Absatz 1 Buchstaben a bis e und g, Artikel 9 Absatz 5 und 6 sowie Artikel 20, 21 und 22.

[2] Der Anweisungsbefugte des Europäischen Parlaments kontrolliert, ob die europäischen politischen Parteien und europäischen politischen Stiftungen die Verpflichtungen gemäß dieser Verordnung in Bezug auf die Unionsmittel im Einklang mit der Haushaltsordnung erfüllen. Bei der Durchführung dieser Kontrollen ergreift das Europäische Parlament die notwendigen Maßnahmen im Bereich der Prävention und der Bekämpfung von Betrug, der sich auf die finanziellen Interessen der Union auswirkt.

(3) Die in Absatz 2 genannte Kontrolle durch die Behörde und den Anweisungsbefugten des Europäischen Parlaments erstreckt sich nicht auf die Frage, ob die europäischen politischen Parteien und europäischen politischen Stiftungen ihre Verpflichtungen gemäß den in Artikel 14 genannten geltenden nationalen Rechtsvorschriften einhalten.

(4) *[1]* Europäische politische Parteien und europäische politische Stiftungen stellen alle von der Behörde, dem Anweisungsbefugten des Europäischen Parlaments, dem Rechnungshof, dem Europäischen Amt für Betrugsbekämpfung (OLAF) oder von Mitgliedstaaten angeforderten Informationen zur Verfügung, die für die Durchführung der Kontrollen, für die sie gemäß dieser Verordnung verantwortlich sind, erforderlich sind.

[2] Europäische politische Parteien und europäische politische Stiftungen stellen auf Anfrage und für den Zweck der Kontrolle der Einhaltung von Artikel 20 der Behörde Informationen über die Zuwendungen von Einzelmitgliedern und über deren Identität zur Verfügung. Darüber hinaus kann die Behörde gegebenenfalls vorschreiben, dass europäische politische Parteien unterzeichnete Bestätigungen von Mitgliedern, die gewählte Mandatsträger sind, zum Zweck der Kontrolle der Erfüllung der Voraussetzung gemäß Artikel 3 Absatz 1 Buchstabe b Unterabsatz 1 vorlegen.

Art. 25 Ausführung und Kontrolle in Bezug auf Unionsmittel. (1) *[1]* Die Mittel zur Finanzierung europäischer politischer Parteien und europäischer politischer Stiftungen werden im Rahmen des jährlichen Haushaltsverfahrens festgelegt und nach Maßgabe dieser Verordnung und der Haushaltsordnung ausgeführt.

[2] Die Bedingungen für die Vergabe von Beiträgen und Finanzhilfen werden vom Anweisungsbefugten des Europäischen Parlaments in der Aufforderung zur Beantragung von Beiträgen und in der Aufforderung zur Einreichung von Vorschlägen festgelegt.

(2) *[1]* Die Finanzierung aus dem Gesamthaushaltsplan der Europäischen Union und die Verwendung dieser Finanzmittel werden nach Maßgabe der Haushaltsordnung kontrolliert.

[2] Darüber hinaus erfolgt die Kontrolle auf der Grundlage der jährlichen Prüfbescheinigung eines externen, unabhängigen Rechnungsprüfers gemäß Artikel 23 Absatz 1.

(3) Der Rechnungshof übt seine Rechnungsprüfungsbefugnisse gemäß Artikel 287AEUV aus.

(4) Die europäischen politischen Parteien und die europäischen politischen Stiftungen, die Finanzmittel auf der Grundlage dieser Verordnung erhalten, übermitteln dem Rechnungshof auf seine Anfrage hin alle Unterlagen und Informationen, um ihm die Erfüllung seiner Aufgaben zu ermöglichen.

(5) In den Entscheidungen über einen Beitrag oder in den Finanzhilfevereinbarungen wird ausdrücklich bestimmt, dass das Europäische Parlament und der Rechnungshof bei europäischen politischen Parteien oder europäischen politischen Stiftungen, die einen Beitrag beziehungsweise eine Finanzhilfe aus dem Gesamthaushaltsplan der Europäischen Union erhalten haben, Prüfungen anhand der Rechnungsunterlagen und vor Ort durchführen.

(6) Der Rechnungshof und der Anweisungsbefugte des Europäischen Parlaments oder eine andere vom Anweisungsbefugten des Europäischen Parlaments bevollmächtigte externe Einrichtung können die erforderlichen Kontrollen und Überprüfungen vor Ort vornehmen, um die Rechtmäßigkeit der Ausgaben und die ordnungsgemäße Anwendung der Entscheidungen über einen Beitrag oder der Finanzhilfevereinbarungen sowie bei europäischen politischen Stiftungen die ordnungsgemäße Umsetzung ihres Arbeitsprogramms oder ihrer Maßnahme nachzuprüfen. Die betreffende europäische politische Partei oder europäische politische Stiftung legt alle zur Durchführung dieser Aufgabe erforderlichen Unterlagen oder Informationen vor.

(7) OLAF kann gemäß den Bestimmungen und Verfahren der Verordnung (EU, Euratom) Nr. 883/2013 des Europäischen Parlaments und des Rates[1] und der Verordnung (Euratom, EG) Nr. 2185/96 des

---

[1] **Amtl. Anm.:** Verordnung (EU, Euratom) Nr. 883/2013 des Europäischen Parlaments und des Rates vom 11. September 2013 über die Untersuchungen des Europäischen Amtes für Betrugsbekämpfung (OLAF) und zur Aufhebung der Verordnung (EG) Nr. 1073/1999 des Europäischen Parlaments und des Rates und der Verordnung (Euratom) Nr. 1074/1999 des Rates (ABl. L 248 vom 18.9.2013, S. 1).

Rates[1] Ermittlungen, einschließlich Kontrollen und Überprüfungen vor Ort, durchführen, um festzustellen, ob im Zusammenhang mit Beiträgen oder Finanzhilfen nach dieser Verordnung ein Betrugs- oder Korruptionsdelikt oder eine sonstige rechtswidrige Handlung zum Nachteil der finanziellen Interessen der Union vorliegt. Der Anweisungsbefugte des Europäischen Parlaments kann auf der Grundlage der Untersuchungsergebnisse gegebenenfalls eine Einziehung anordnen.

Art. 26 Technische Unterstützung. Jede Art von technischer Unterstützung, die europäische politische Parteien vom Europäischen Parlament erhalten, erfolgt nach dem Grundsatz der Gleichbehandlung. 2Sie wird zu Bedingungen gewährt, die nicht ungünstiger sind als diejenigen, die sonstigen externen Organisationen und Vereinigungen eingeräumt werden, denen ähnliche Erleichterungen gewährt werden können; die Gewährung erfolgt auf Rechnung und entgeltlich.

Art. 27[2] Sanktionen. (1) Im Einklang mit Artikel 16 beschließt die Behörde, eine europäische politische Partei oder europäische politische Stiftung in jedem der folgenden Fälle zur Sanktionierung aus dem Register zu löschen:

a) wenn die betreffende Partei oder Stiftung rechtskräftig verurteilt wurde, rechtswidrige gegen die finanziellen Interessen der Union gerichtete Handlungen im Sinne des Artikels 106 Absatz 1 der Haushaltsordnung begangen zu haben;

b) wenn gemäß den in Artikel 10 Absätze 2 bis 5 festgelegten Verfahren festgestellt wurde, dass sie eine oder mehrere Voraussetzungen des Artikels 3 Absatz 1 oder Absatz 2 nicht mehr erfüllt;

ba) wenn die Entscheidung zur Eintragung der jeweiligen Partei oder Stiftung auf unrichtige oder irreführenden Angaben beruht, für die die Antragstellerin verantwortlich ist, oder wenn die Entscheidung durch Täuschung erwirkt wurde; oder

c) wenn das Gesuch eines Mitgliedstaats zur Löschung aufgrund schwerwiegender Nichterfüllung der Verpflichtungen gemäß nationaler Rechtsvorschriften die Anforderungen gemäß Artikel 16 Absatz 3 Buchstabe b erfüllt;

(2) Die Behörde verhängt in den folgenden Fällen finanzielle Sanktionen:

a) nicht quantifizierbare Verstöße:

i) bei Nichterfüllung der Anforderungen gemäß Artikel 9 Absätze 5 oder 6;

---

[1] **Amtl. Anm.:** Verordnung (Euratom, EG) Nr. 2185/96 des Rates vom 11. November 1996 betreffend die Kontrollen und Überprüfungen vor Ort durch die Kommission zum Schutz der finanziellen Interessen der Europäischen Gemeinschaften vor Betrug und anderen Unregelmäßigkeiten (ABl. L 292 vom 15.11.1996, S. 2).

[2] Art. 27 Abs. 1 Buchst. b neu gef., Buchst. ba eingef. mWv 4.5.2018 durch VO (EU, Euratom) 2018/673 v. 3.5.2018 (ABl. L 114 I S. 1); Abs. 2 Buchst. a Ziff. vii, Abs. 7 angef. mWv 27.3.2019 durch VO (EU, Euratom) 2019/493 v. 25.3.2019 (ABl. L 85 I S. 7).

ii) bei Nichterfüllung der von einer europäischen politischen Partei oder europäischen politischen Stiftung eingegangenen Verpflichtungen und der von ihr zur Verfügung gestellten Informationen gemäß Artikel 4 Absatz 1 Buchstaben a, b und d bis f und Artikel 5 Absatz 1 Buchstaben a, b, d und e;

iii) bei nicht erfolgter Übermittlung der Aufstellung der Spender mit ihren Spenden gemäß Artikel 20 Absatz 2 oder bei nicht erfolgter Meldung von Spenden gemäß Artikel 20 Absätze 3 und 4;

iv) wenn eine europäische politische Partei oder europäische politische Stiftung gegen die Verpflichtungen gemäß Artikel 23 Absatz 1 oder Artikel 24 Absatz 4 verstoßen hat;

v) wenn eine europäische politische Partei oder europäische politische Stiftung rechtskräftig wegen rechtswidriger gegen die finanziellen Interessen der Union gerichteter Handlungen im Sinne des Artikels 106 Absatz 1 der Haushaltsordnung verurteilt worden ist;

vi) wenn die betreffende europäische politische Partei oder europäische politische Stiftung zu irgendeinem Zeitpunkt vorsätzlich Informationen vorenthalten oder vorsätzlich falsche oder irreführende Informationen zur Verfügung gestellt hat oder wenn eine Einrichtung, die nach dieser Verordnung befugt ist, Rechnungsprüfungen oder Kontrollen bei Empfängern von Finanzmitteln aus dem Gesamthaushaltsplan der Europäischen Union vorzunehmen, Unstimmigkeiten in den Jahresabschlüssen entdeckt, die als wesentliche Auslassungen oder Falschangaben von Haushaltsposten gemäß den in Artikel 2 der Verordnung (EG) Nr. 1606/2002 definierten internationalen Rechnungslegungsstandards anzusehen sind;

vii) wenn nach dem in Artikel 10a vorgesehenen Überprüfungsverfahren festgestellt wird, dass eine europäische politische Partei oder eine europäische politische Stiftung bewusst auf das Ergebnis der Wahl zum Europäischen Parlament Einfluss genommen oder Einfluss zu nehmen versucht hat, indem sie einen Verstoß gegen die geltenden Vorschriften zum Schutz personenbezogener Daten ausnutzte;

b) quantifizierbare Verstöße:

i) wenn eine europäische politische Partei oder europäische politische Stiftung unzulässige Spenden und Zuwendungen im Sinne des Artikels 20 Absatz 1 oder 5 angenommen hat, es sei denn, die Voraussetzungen gemäß Artikel 20 Absatz 6 sind erfüllt;

ii) bei Nichterfüllung der Anforderungen gemäß Artikel 21 und 22.

(3) Wenn festgestellt wurde, dass eine europäische politische Partei oder europäische politische Stiftung die in Absatz 2 Buchstabe a Ziffern v und vi aufgeführten Verstöße begangen hat, kann der Anwei-

sungsbefugte des Europäischen Parlaments sie von weiterer finanzieller Unterstützung der Union für bis zu fünf Jahre ausschließen, beziehungsweise für bis zu zehn Jahre in Fällen eines wiederholten Verstoßes innerhalb eines Zeitraums von fünf Jahren. Dies gilt unbeschadet der Befugnisse des Anweisungsbefugten des Europäischen Parlaments gemäß Artikel 204n der Haushaltsordnung.

(4) *[1]* Für die Zwecke der Anwendung der Absätze 2 und 3 werden gegen eine europäische politische Partei oder europäische politische Stiftung folgende finanzielle Sanktionen verhängt:

a) bei nicht quantifizierbaren Verstößen ein fester Prozentsatz des Jahresbudgets der betreffenden europäischen politischen Partei oder europäischen politischen Stiftung:
   - 5 %; oder
   - 7,5 %, wenn konkurrierende Verstöße vorliegen; oder
   - 20 %, wenn es sich um einen wiederholten Verstoß handelt; oder
   - ein Drittel der oben genannten Prozentsätze, wenn die betreffende europäische politische Partei oder europäische politische Stiftung den Verstoß freiwillig angezeigt hat, bevor die Behörde offiziell eine Untersuchung eingeleitet hat, und dies selbst im Falle eines konkurrierenden oder eines wiederholten Verstoßes, und wenn die betreffende Partei oder Stiftung angemessene Abhilfemaßnahmen ergriffen hat;
   - 50 % des Jahresbudgets der betreffenden europäischen politischen Partei oder europäischen politischen Stiftung für das Vorjahr, wenn sie rechtskräftig wegen rechtswidriger gegen die finanziellen Interessen der Union gerichteter Handlungen im Sinne des Artikels 106 Absatz 1 der Haushaltsordnung verurteilt worden ist;

b) bei quantifizierbaren Verstößen ein fester Prozentsatz des Betrags der erhaltenen oder nicht angegebenen irregulären Summen gemäß der folgenden Einteilung mit einer Höchstgrenze von 10 % des Jahresbudgets der betreffenden europäischen politischen Partei oder europäischen politischen Stiftung:
   - 100 % der erhaltenen oder nicht angegebenen irregulären Summen, wenn sie nicht mehr als 50 000 EUR betragen, oder
   - 150 % der erhaltenen oder nicht angegebenen irregulären Summen, wenn sie mehr als 500 000 EUR, aber nicht mehr als 100 000 EUR betragen, oder
   - 200 % der erhaltenen oder nicht angegebenen irregulären Summen, wenn sie mehr als 100 000 EUR, aber nicht mehr als 150 000 EUR betragen, oder
   - 250 % der erhaltenen oder nicht angegebenen irregulären Summen, wenn sie mehr als 150 000 EUR, aber nicht mehr als 200 000 EUR betragen, oder
   - 300 % der erhaltenen oder nicht angegebenen irregulären Summen, wenn sie mehr als 200 000 EUR betragen, oder

– ein Drittel der oben genannten Prozentsätze, wenn die betreffende europäische politische Partei oder europäische politische Stiftung den Verstoß freiwillig angezeigt hat, bevor die Behörde und/oder der Anweisungsbefugte des Europäischen Parlaments offiziell eine Untersuchung eingeleitet hat und wenn die betreffende Partei oder Stiftung angemessene Abhilfemaßnahmen ergriffen hat.

[2] Bei der Anwendung der oben aufgeführten Prozentsätze wird jede Spende und jede Zuwendung separat betrachtet.

(5) Wenn eine europäische politische Partei oder europäische politische Stiftung konkurrierende Verstöße gegen diese Verordnung begangen hat, wird nur die für den schwerwiegendsten Verstoß vorgesehene Sanktion verhängt, sofern in Absatz 4 Buchstabe a nichts anderes bestimmt ist.

(6) Die in dieser Verordnung festgelegten Sanktionen unterliegen einer Verjährungsfrist von fünf Jahren ab dem Tag begrenzt, an dem der betreffende Verstoß begangen wurde, oder im Falle von fortlaufenden oder wiederholten Verstößen ab dem Datum, an dem die Verstöße beendet wurden.

(7) Wurde eine Entscheidung der nationalen Aufsichtsbehörde gemäß Artikel 10a aufgehoben oder ein Rechtsbehelf gegen eine solche Entscheidung zugelassen, so überprüft die Behörde sofern alle nationalen Rechtsbehelfe ausgeschöpft wurden auf Antrag der betreffenden europäischen politischen Partei oder europäischen politischen Stiftung die gemäß Absatz 2 Buchstabe a Ziffer vii verhängten Sanktionen.

Art. 27a[1)] Verantwortung natürlicher Personen. Wenn die Behörde in den Fällen des Artikels 27 Absatz 2 Buchstabe a Ziffer v oder vi eine finanzielle Sanktion verhängt, kann sie für die Zwecke der Einziehung nach Artikel 30 Absatz 2 in den folgenden Fällen festlegen, dass eine natürliche Person, die Mitglied des Verwaltungs-, Leitungs- oder Aufsichtsorgans der europäischen politischen Partei oder der europäischen politischen Stiftung ist, oder die über eine Vertretungs-, Entscheidungs- oder Kontrollbefugnis für die europäische politische Partei oder die europäische politische Stiftung verfügt, für den Verstoß mitverantwortlich ist:

a) In Fällen des Artikels 27 Absatz 2 Buchstabe a Ziffer v, wenn das in dieser Bestimmung genannte Urteil besagt, dass die natürliche Person für die betreffenden rechtswidrigen Handlungen mitverantwortlich ist;

b) In Fällen des Artikels 27 Absatz 2 Buchstabe a Ziffer vi, wenn die natürliche Person für das betreffende Verhalten oder die betreffenden Unstimmigkeiten mitverantwortlich ist.

---

1) Art. 27a eingef. mWv 4.5.2018 durch VO (EU, Euratom) 2018/673 v. 3.5.2018 (ABl. L 114I S. 1).

Art. 28 Zusammenarbeit zwischen der Behörde, dem Anweisungsbefugten des Europäischen Parlaments und den Mitgliedstaaten. (1) Die Behörde, der Anweisungsbefugte des Europäischen Parlaments und die Mitgliedstaaten tauschen über die nationalen Kontaktstellen Informationen aus und unterrichten einander regelmäßig über Angelegenheiten in Zusammenhang mit Finanzierungsbestimmungen sowie entsprechenden Kontrollen und Sanktionen.

(2) Sie einigen sich ferner über praktische Vorkehrungen hinsichtlich dieses Informationsaustausches, einschließlich der Regeln bezüglich der Veröffentlichung von vertraulichen Informationen oder Beweismitteln und der Zusammenarbeit der Mitgliedstaaten.

(3) Der Anweisungsbefugte des Europäischen Parlaments unterrichtet die Behörde über alle Erkenntnisse, die die Verhängung von Sanktionen gemäß Artikel 27 Absätze 2 bis 4 nach sich ziehen könnten, damit die Behörde angemessene Maßnahmen ergreifen kann.

(4) Die Behörde unterrichtet den Anweisungsbefugten des Europäischen Parlaments über alle Entscheidungen, die sie in Bezug auf Sanktionen getroffen hat, damit der Anweisungsbefugte die entsprechenden Konsequenzen gemäß der Haushaltsordnung daraus ziehen kann.

Art. 29 Abhilfemaßnahmen und Grundsätze einer guten Verwaltung. (1) Bevor sie abschließend über eine der in Artikel 27 genannten Sanktionen entscheiden, geben die Behörde oder der Anweisungsbefugte des Europäischen Parlaments der betreffenden europäischen politischen Partei oder der europäischen politischen Stiftung Gelegenheit, die erforderlichen Maßnahmen zu ergreifen, um innerhalb einer angemessenen Frist, die normalerweise höchstens einen Monat beträgt, Abhilfe zu schaffen. Die Behörde oder der Anweisungsbefugte des Europäischen Parlaments räumen insbesondere die Möglichkeit ein, Schreib- und Rechenfehler zu berichtigen, erforderlichenfalls zusätzliche Unterlagen oder Informationen zur Verfügung zu stellen sowie kleinere Fehler zu berichtigen.

(2) Wenn eine europäische politische Partei oder europäische politische Stiftung innerhalb der Frist gemäß Absatz 1 keine Abhilfemaßnahmen ergriffen hat, wird eine Entscheidung über die angemessene Sanktionierung nach Artikel 27 getroffen.

(3) Die Absätze 1 und 2 gelten nicht in Bezug auf die in Artikel 3 Absatz 1 Buchstaben b bis d sowie in Artikel 3 Absatz 2 Buchstabe c festgelegten Voraussetzungen.

Art. 30[1] Wiedereinziehung. (1) Auf der Grundlage einer Entscheidung der Behörde, eine europäische politische Partei oder europäische politische Stiftung aus dem Register zu löschen, nimmt der Anweisungsbefugte des Europäischen Parlaments einen laufenden Beschluss

---

[1] Art. 30 Abs. 2 UAbs. 1, 2 neu gef. mWv 4.5.2018 durch VO (EU, Euratom) 2018/673 v. 3.5.2018 (ABl. L 114I S. 1).

oder eine Vereinbarung über die Finanzierung durch die Union zurück oder kündigt diese auf, außer in den in Artikel 16 Absatz 2 Buchstabe c und Artikel 3 Absatz 1 Buchstaben b und d vorgesehenen Fällen. Er zieht außerdem alle Unionsmittel ein, einschließlich aller nicht ausgegebenen Unionsmittel aus den Vorjahren.

(2) *[1]* Eine europäische politische Partei oder eine europäische politische Stiftung, gegen die wegen eines Verstoßes im Sinne des Artikels 27 Absatz 1 und Artikel 27 Absatz 2 Buchstabe a Ziffern v und vi eine Sanktion verhängt worden ist, erfüllt aus diesem Grund nicht mehr die Anforderungen des Artikels 18 Absatz 2. Der Anweisungsbefugte des Europäischen Parlaments beendet daraufhin die betreffende Beitrags- oder Finanzhilfevereinbarung beziehungsweise hebt den betreffenden Beschluss über die gemäß dieser Verordnung vergebenen Unionsmittel auf und zieht die gemäß der Beitrags- oder Finanzhilfevereinbarung oder dem Beschluss zu Unrecht gezahlten Beträge, einschließlich der nicht ausgegebenen Unionsmittel aus den Vorjahren, ein. Der Anweisungsbefugte des Europäischen Parlaments zieht Beträge, die unrechtmäßig im Rahmen von Beitrags- oder Finanzhilfevereinbarungen bzw. -beschlüssen gezahlt wurden, auch von einer natürlichen Person ein, gegenüber der eine Entscheidung gemäß Artikel 27a getroffen wurde, wobei gegebenenfalls die außergewöhnlichen Umstände, die diese natürliche Person betreffen, zu berücksichtigen sind.

[2] Im Falle einer solchen Beendigung sind die Zahlungen des Anweisungsbefugten des Europäischen Parlaments auf die erstattungsfähigen Ausgaben, die von der europäischen politischen Partei bzw. die förderfähigen Kosten, die von der europäischen politischen Stiftung bis zum Termin des Inkrafttretens der Entscheidung über die Beendigung tatsächlich getätigt wurden, begrenzt.

[3] Dieser Absatz gilt auch für die in Artikel 16 Absatz 2 Buchstabe c und Artikel 3 Absatz 1 Buchstabe b und d genannten Fälle.

Kapitel VI. Schlussbestimmungen

Art. 31 Unterrichtung der Bürger. Vorbehaltlich der Artikel 21 und 22 und ihrer eigenen Satzung und internen Prozesse können die europäischen politischen Parteien im Zusammenhang mit den Wahlen zum Europäischen Parlament alle geeigneten Maßnahmen ergreifen, um Unionsbürger über die Verbindungen zwischen nationalen politischen Parteien und Kandidaten und den betreffenden europäischen politischen Parteien zu informieren.

Art. 32[1)] Transparenz. (1) Das Europäische Parlament veröffentlicht unter der Verantwortung seines Anweisungsbefugten oder der Behörde auf der hierzu eingerichteten Website folgende Angaben:

[1)] Art. 32 Abs. 1 Buchst. i, j neu gef., Buchst. k eingef. mWv 4.5.2018 durch VO (EU, Euratom) 2018/673 v. 3.5.2018 (ABl. L 114I S. 1).

a) die Namen und Satzungen aller eingetragenen europäischen politischen Parteien und europäischen politischen Stiftungen sowie die Unterlagen, die als Teil ihrer Anträge auf Eintragung gemäß Artikel 8 eingereicht wurden, spätestens vier Wochen nach der Entscheidung der Behörde und danach alle der Behörde gemäß Artikel 9 Absätze 5 und 6 mitgeteilten Änderungen;

b) eine Liste der abgelehnten Anträge mit den Unterlagen, die als deren Teil mit dem Antrag auf Eintragung gemäß Artikel 8 eingereicht wurden, und den Ablehnungsgründen, spätestens vier Wochen nach der Entscheidung der Behörde;

c) einen jährlichen Bericht mit einer Übersicht der jeder europäischen politischen Partei und europäischen politischen Stiftung gezahlten Beträge für jedes Haushaltsjahr, in dem Beiträge und Finanzhilfen aus dem Gesamthaushaltsplan der Europäischen Union gewährt wurden;

d) die Jahresabschlüsse und externen Prüfberichte nach Artikel 23 Absatz 1 sowie für europäische politische Stiftungen die Schlussberichte über die Umsetzung der Arbeitsprogramme oder Maßnahmen;

e) die Namen der Spender mit ihren Spenden entsprechend den Angaben der europäischen politischen Parteien und europäischen politischen Stiftungen gemäß Artikel 20 Absätze 2, 3 und 4 mit Ausnahme der Spenden von natürlichen Personen, deren Wert 1500 EUR pro Jahr und Spender nicht überschreitet; diese werden als „geringfügige Spenden“ gemeldet. Spenden von natürlichen Personen mit einem jährlichen Wert von mehr als 1500 EUR und nicht mehr als 3000 EUR werden ohne vorab vom jeweiligen Spender erteilte schriftliche Genehmigung der Veröffentlichung nicht veröffentlicht. Wurde vorab keine Genehmigung erteilt, werden diese Spenden als „geringfügige Spenden“ aufgeführt. Der Gesamtbetrag der geringfügigen Spenden und die Zahl der Spender pro Kalenderjahr wird ebenfalls veröffentlicht;

f) die Zuwendungen gemäß Artikel 20 Absätze 7 und 8, die von den europäischen politischen Parteien und europäischen politischen Stiftungen gemäß Artikel 20 Absatz 2 gemeldet werden, unter Angabe der Mitgliedsparteien oder -organisationen, von denen die Zuwendungen stammen;

g) die Einzelheiten der und Gründe für die von der Behörde gemäß Artikel 27 getroffenen endgültigen Entscheidungen einschließlich, soweit einschlägig, jegliche Stellungnahmen des Ausschusses unabhängiger Persönlichkeiten gemäß Artikel 10 und 11 unter gebührender Beachtung der Verordnung (EG) Nr. 45/2001;

h) die Einzelheiten der und Gründe für die vom Anweisungsbefugten des Europäischen Parlaments gemäß Artikel 27 getroffenen endgültigen Entscheidungen;

i) eine Beschreibung der den europäischen politischen Parteien geleisteten technischen Unterstützung;

j) den Bewertungsbericht des Europäischen Parlaments über die Anwendung dieser Verordnung und über die finanzierten Tätigkeiten gemäß Artikel 38; und

k) eine aktuelle Liste der Mitglieder des Europäischen Parlaments, die Mitglieder einer europäischen politischen Partei sind.

(2) Das Europäische Parlament veröffentlicht die gemäß Artikel 4 Absatz 2 der Parteisatzung beigefügte und gemäß Artikel 9 Absatz 6 aktualisierte Liste der juristischen Personen, die Mitglieder einer europäischen politischen Partei sind, sowie die Gesamtzahl der Einzelmitglieder.

(3) Personenbezogene Daten werden von der Veröffentlichung auf der in Absatz 1 genannten Website ausgenommen, es sei denn, diese personenbezogenen Daten werden gemäß Absatz 1 Buchstabe a, e oder g veröffentlicht.

(4) Europäische politische Parteien und europäische politische Stiftungen stellen potenziellen Mitgliedern und Spendern in einer öffentlich zugänglichen Datenschutzerklärung die in Artikel 10 der Richtlinie 95/46/EG vorgeschriebenen Informationen bereit und weisen darauf hin, dass ihre personenbezogenen Daten für Rechnungsprüfungs- und Kontrollzwecke vom Europäischen Parlament, von der Behörde, von OLAF, vom Rechnungshof, von den Mitgliedstaaten oder von diesen bevollmächtigten externen Einrichtungen oder Sachverständigen verarbeitet werden und unterrichten sie darüber, dass ihre personenbezogenen Daten auf der in Absatz 1 genannten Website unter den in diesem Artikel festgelegten Bedingungen veröffentlicht werden. Der Anweisungsbefugte des Europäischen Parlaments nimmt diese Informationen nach Maßgabe des Artikels 11 der Verordnung (EG) Nr. 45/2001 in die Aufforderungen zur Beantragung von Beiträgen oder zur Einreichung von Vorschlägen gemäß Artikel 18 Absatz 1 dieser Verordnung auf.

Art. 33 Schutz personenbezogener Daten. (1) Die Behörde, das Europäische Parlament und der durch Artikel 11 eingerichtete Ausschuss unabhängiger Persönlichkeiten befolgen bei der Verarbeitung personenbezogener Daten auf der Grundlage dieser Verordnung die Bestimmungen der Verordnung (EG) Nr. 45/2001. Sie gelten für die Zwecke der Verarbeitung personenbezogener Daten als für die Verarbeitung Verantwortliche im Sinne des Artikels 2 Buchstabe d jener Verordnung.

(2) Bei der Verarbeitung personenbezogener Daten auf der Grundlage dieser Verordnung befolgen europäische politische Parteien und europäische politische Stiftungen sowie die Mitgliedstaaten bei der Ausübung der Kontrolle über Aspekte der Finanzierung europäischer politischer Parteien und europäischer politischer Stiftungen gemäß Artikel 24 und die zur Rechnungsprüfung befugten unabhängigen Einrichtungen oder Sachverständigen gemäß Artikel 23 Absatz 1 die Richtlinie 95/46/EG und die auf dieser Grundlage erlassenen nationalen

Regelungen. Sie gelten für die Zwecke der Verarbeitung personenbezogener Daten als für die Verarbeitung Verantwortliche im Sinne des Artikels 2 Buchstabe d jener Richtlinie.

(3) Die Behörde, das Europäische Parlament und der durch Artikel 11 eingerichtete Ausschuss unabhängiger Persönlichkeiten stellen sicher, dass die von ihnen auf der Grundlage dieser Verordnung erhobenen personenbezogenen Daten nicht für andere Zwecke als zur Gewährleistung der Rechtmäßigkeit, Ordnungsmäßigkeit und Transparenz der Finanzierung europäischer politischer Parteien und europäischer politischer Stiftungen und der Mitgliedschaft europäischer politischer Parteien verwendet werden. Sie löschen alle zu diesem Zweck gesammelten personenbezogenen Daten spätestens 24 Monate nach Veröffentlichung der relevanten Angaben gemäß Artikel 32.

(4) Die Mitgliedstaaten und die zur Rechnungsprüfung befugten unabhängigen Einrichtungen oder Sachverständigen verwenden die personenbezogenen Daten, die sie erhalten, nur zur Kontrolle der Finanzierung der europäischen politischen Parteien und der europäischen politischen Stiftungen. Nach der Übermittlung gemäß Artikel 28 löschen sie diese personenbezogenen Daten nach Maßgabe der geltenden nationalen Rechtsvorschriften.

(5) Personenbezogene Daten können über die in Absatz 3 festgelegte Frist hinaus oder über die Frist nach Maßgabe der geltenden nationalen Rechtsvorschriften gemäß Absatz 4 hinaus aufbewahrt werden, wenn solch eine Aufbewahrung für Gerichts- oder Verwaltungsverfahren im Zusammenhang mit der Finanzierung einer europäischen politischen Partei oder einer europäischen politischen Stiftung oder der Mitgliedschaft in einer europäischen politischen Partei notwendig ist. [2]Diese personenbezogenen Daten werden spätestens eine Woche nach Abschluss der betreffenden Verfahren durch eine endgültige Entscheidung oder nach Erledigung der Rechnungsprüfung, des Rechtsbehelfs, des Rechtsstreits oder der Forderung gelöscht.

(6) Die für die Verarbeitung Verantwortlichen gemäß den Absätzen 1 und 2 führen die geeigneten technischen und organisatorischen Maßnahmen durch, die für den Schutz der personenbezogenen Daten gegen die zufällige oder unrechtmäßige Vernichtung, den zufälligen Verlust, die Änderung oder die unberechtigte Weitergabe oder den unberechtigten Zugang – insbesondere wenn im Rahmen der Verarbeitung solche Daten in einem Netz übertragen werden – und gegen jede andere Form der unrechtmäßigen Verarbeitung personenbezogener Daten erforderlich sind.

(7) Der Europäische Datenschutzbeauftragte überwacht die Datenverarbeitung und stellt sicher, dass die Behörde, das Europäische Parlament und der durch Artikel 11 eingerichtete Ausschuss unabhängiger Persönlichkeiten die Grundrechte und Grundfreiheiten natürlicher Personen bei der Verarbeitung personenbezogener Daten auf der Grundlage dieser Verordnung achten und schützen. Unbeschadet der Einlegung eines Rechtsbehelfs bei Gericht kann jede betroffene Person beim

Europäischen Datenschutzbeauftragten eine Beschwerde einreichen, wenn sie der Ansicht ist, dass ihr Recht auf Schutz ihrer personenbezogenen Daten infolge der Verarbeitung dieser Daten durch die Behörde, das Europäische Parlament oder den Ausschuss verletzt wurde.

(8) Europäische politische Parteien und europäische politische Stiftungen, die Mitgliedstaaten und die zur Rechnungsprüfung auf der Grundlage dieser Verordnung befugten unabhängigen Einrichtungen oder Sachverständigen haften nach Maßgabe der geltenden nationalen Rechtsvorschriften für jeden Schaden, den sie bei der Verarbeitung personenbezogener Daten auf der Grundlage dieser Verordnung verursachen. Die Mitgliedstaaten stellen sicher, dass Verstöße gegen diese Verordnung, gegen die Richtlinie 95/46/EG und gegen die auf dieser Grundlage erlassenen nationalen Regelungen, insbesondere die missbräuchliche Verwendung personenbezogener Daten, mit wirksamen, verhältnismäßigen und abschreckenden Sanktionen geahndet werden.

Art. 34[1] Anspruch auf rechtliches Gehör. Bevor die Behörde oder der Anweisungsbefugte des Europäischen Parlaments eine Entscheidung trifft, die sich negativ auf die Rechte einer europäischen politischen Partei, einer europäischen Stiftung, eines in Artikel 8 genannten Antragstellers oder einer in Artikel 27a genannten natürlichen Person auswirken kann, hört sie/er die Vertreter der betroffenen europäischen politischen Partei, der betroffenen europäischen politischen Stiftung, des betroffenen Antragstellers oder die betroffene natürliche Person an. Die Behörde oder das Europäische Parlament geben ordnungsgemäß die Gründe für ihre Entscheidung an.

Art. 35 Rechtsbehelf. Auf der Grundlage dieser Verordnung getroffene Entscheidungen können nach Maßgabe der einschlägigen Vorschriften des AEUV Gegenstand von Gerichtsverfahren vor dem Gerichtshof der Europäischen Union sein.

Art. 36 Ausübung der Befugnisübertragung. (1) Die Befugnis zum Erlass delegierter Rechtsakte wird der Kommission unter den in diesem Artikel festgelegten Bedingungen übertragen.

(2) Die Befugnis zum Erlass delegierter Rechtsakte gemäß Artikel 7 Absatz 2 und Artikel 8 Absatz 3 wird der Kommission für einen Zeitraum von fünf Jahren ab dem 24. November 2014 übertragen. Die Kommission erstellt spätestens neun Monate vor Ablauf des Zeitraums von fünf Jahren einen Bericht über die Befugnisübertragung. Die Befugnisübertragung verlängert sich stillschweigend um Zeiträume gleicher Länge, es sei denn, das Europäische Parlament oder der Rat widersprechen einer solchen Verlängerung spätestens drei Monate vor Ablauf des jeweiligen Zeitraums.

---

[1] Art. 34 neu gef. mWv 4.5.2018 durch VO (EU, Euratom) 2018/673 v. 3.5.2018 (ABl. L 114I S. 1).

(3) Die Befugnisübertragung gemäß Artikel 7 Absatz 2 und Artikel 8 Absatz 3 kann vom Europäischen Parlament oder vom Rat jederzeit widerrufen werden. Der Beschluss über den Widerruf beendet die Übertragung der in diesem Beschluss angegebenen Befugnis. Er wird am Tag nach seiner Veröffentlichung im Amtsblatt der Europäischen Union oder zu einem im Beschluss über den Widerruf angegebenen späteren Zeitpunkt wirksam. Die Gültigkeit von delegierten Rechtsakten, die bereits in Kraft sind, wird von dem Beschluss über den Widerruf nicht berührt.

(4) Sobald die Kommission einen delegierten Rechtsakt erlässt, übermittelt sie ihn gleichzeitig dem Europäischen Parlament und dem Rat.

(5) Ein delegierter Rechtsakt, der gemäß Artikel 7 Absatz 2 und Artikel 8 Absatz 3 erlassen wurde, tritt nur in Kraft, wenn weder das Europäische Parlament noch der Rat innerhalb einer Frist von zwei Monaten nach Übermittlung dieses Rechtsakts an das Europäische Parlament und den Rat Einwände erhoben haben oder wenn vor Ablauf dieser Frist das Europäische Parlament und der Rat beide der Kommission mitgeteilt haben, dass sie keine Einwände erheben werden. 2Auf Initiative des Europäischen Parlaments oder des Rates wird diese Frist um zwei Monate verlängert.

Art. 37 Ausschussverfahren. (1) Die Kommission wird von einem Ausschuss unterstützt. Dieser Ausschuss ist ein Ausschuss im Sinne der Verordnung (EU) Nr. 182/2011.

(2) Wird auf diesen Absatz Bezug genommen, so gilt Artikel 5 der Verordnung (EU) Nr. 182/2011.

Art. 38[1] Bewertung. *[1]* Das Europäische Parlament veröffentlicht nach Anhörung der Behörde bis zum 31. Dezember 2021 und danach alle fünf Jahre einen Bericht über die Anwendung dieser Verordnung sowie über die finanzierten Tätigkeiten. In dem Bericht wird gegebenenfalls auf etwaige Änderungen hingewiesen, die am Statut und an den Finanzierungssystemen vorzunehmen sind.

[2] Spätestens sechs Monate nach Veröffentlichung des Berichts des Europäischen Parlaments legt die Kommission einen Bericht über die Anwendung dieser Verordnung vor, in dem insbesondere den Auswirkungen auf die Situation kleiner europäischer politischer Parteien und europäischer politischer Stiftungen Rechnung getragen wird. Gegebenenfalls wird dem Bericht ein Gesetzgebungsvorschlag zur Änderung dieser Verordnung beigefügt.

Art. 39 Wirksame Anwendung. Die Mitgliedstaaten treffen alle geeigneten Vorkehrungen, um die wirksame Anwendung dieser Verordnung zu gewährleisten.

[1] Art. 38 neu gef. mWv 4.5.2018 durch VO (EU, Euratom) 2018/673 v. 3.5.2018 (ABl. L 114I S. 1).

Art. 40 Aufhebung. Die Verordnung (EG) Nr. 2004/2003 wird mit Inkrafttreten der vorliegenden Verordnung aufgehoben. Sie gilt jedoch weiterhin, was Rechtsakte und Verpflichtungen in Bezug auf die Finanzierung politischer Parteien und politischer Stiftungen auf europäischer Ebene für die Haushaltsjahre 2014, 2015, 2016 und 2017 anbelangt.

Art. 40a[1)] [1] Übergangsbestimmung. (1) Die Bestimmungen dieser Verordnung, die vor dem 4. Mai 2018 anwendbar waren, bleiben auf Handlungen und Zusagen im Zusammenhang mit der Finanzierung europäischer politischer Parteien und europäischer politischer Stiftungen auf europäischer Ebene für das Haushaltsjahr 2018 anwendbar.

(2) Abweichend von Artikel 18 Absatz 2a fordert der Anweisungsbefugte des Europäischen Parlaments, bevor er über einen Finanzierungsantrag für das Haushaltsjahr 2019 entscheidet, die in Artikel 18 Absatz 2a genannten Belege nur für einen Zeitraum ab dem 5. Juli 2018 an.

(3) Europäische politische Parteien, die vor dem 4. Mai 2018 eingetragen wurden, müssen spätestens bis zum 5. Juli 2018 Dokumente vorlegen, die nachweisen, dass sie die Anforderungen des Artikels 3 Absatz 1 Buchstaben b und ba erfüllen.

(4) Die Behörde löscht eine europäische politische Partei und die ihr angeschlossene europäische politische Stiftung aus dem Register, wenn die betreffende Partei nicht innerhalb der Frist nach Absatz 3 nachweist, dass sie die Anforderungen des Artikels 3 Absatz 1 Buchstaben b und ba erfüllt.

Art. 41 Inkrafttreten und Anwendung. *[1]* Diese Verordnung tritt am zwanzigsten Tag nach ihrer Veröffentlichung im Amtsblatt der Europäischen Union in Kraft.

[2] Die Kommission nimmt spätestens am 1. Juli 2015 die in Artikel 7 Absatz 2 und Artikel 8 Absatz 3 Buchstabe a genannten delegierten Rechtsakte an.

[3] Diese Verordnung gilt ab dem 1. Januar 2017. Die in Artikel 6 genannte Behörde wird jedoch bis zum 1. September 2016 eingerichtet. Nach dem 1. Januar 2017 eingetragene europäische politische Parteien und europäische politische Stiftungen können Finanzierung nach dieser Verordnung lediglich für Tätigkeiten beantragen, die im Haushaltsjahr 2018 oder danach beginnen.

Diese Verordnung ist in allen ihren Teilen verbindlich und gilt unmittelbar in jedem Mitgliedstaat.

---

1) Art. 40a eingef. mWv 4.5.2018 durch VO (EU, Euratom) 2018/673 v. 3.5.2018 (ABl. L 114I S. 1).

Anlage

Von jedem Antragsteller auszufüllende Standarderklärung

Der von der [Name der europäischen politischen Partei oder europäischen politischen Stiftung] uneingeschränkt bevollmächtigte Unterzeichner bescheinigt hiermit, dass

[Name der europäischen politischen Partei oder europäischen politischen Stiftung] sich verpflichtet, die Bedingungen für die Eintragung gemäß Artikel 3 Absatz 1 Buchstabe c oder Artikel 3 Absatz 2 Buchstabe c der Verordnung (EU, Euratom) Nr. 1141/2014 zu erfüllen, d. h. insbesondere im Programm und in den Aktivitäten dieser Partei oder Stiftung die Werte, auf die sich die Europäische Union gemäß Artikel 2 des Vertrags über die Europäische Union gründet zu achten, und zwar die Menschenwürde, Freiheit, Demokratie, Gleichheit, Rechtsstaatlichkeit und die Wahrung der Menschenrechte, einschließlich der Rechte von Personen, die Minderheiten angehören.

Autorisierter Unterzeichnender:

Titel (Frau, Herr, …), Nachname und Vorname:	
Funktion in der Organisation, die eine Eintragung als eine europäische politische Partei/europäische politische Stiftung beantragt:	
Ort/Datum:	
Unterschrift:	

Anlage

Von jedem Antragsteller auszufüllende Standarderklärung

Der von der [Name der europäischen politischen Partei oder europäischen politischen Stiftung] ordnungsgemäß bevollmächtigte Unterzeichner bescheinigt hiermit, dass

[Name der europäischen politischen Partei oder europäischen politischen Stiftung] sich verpflichtet, die Bedingungen für die Eintragung gemäß Artikel 3 Absatz 1 Buchstabe c oder Artikel 3 Absatz 2 Buchstabe c der Verordnung (EU, Euratom) Nr. 1141/2014 zu erfüllen, d.h. insbesondere im Programm und in den Aktivitäten dieser Partei oder Stiftung die Werte, auf die sich die Europäische Union gemäß Artikel 2 des Vertrags über die Europäische Union gründet, zu achten, und zwar die Menschenwürde, Freiheit, Demokratie, Gleichheit, Rechtsstaatlichkeit und die Wahrung der Menschenrechte einschließlich der Rechte von Personen, die Minderheiten angehören.

Angaben zur Unterzeichnende:

Titel (Frau, Herr, ...), Nachname und Vorname:	
Funktion in der Organisation, die eine Eintragung als eine europäische politische Partei/europäische politische Stiftung beantragt:	
Ort/Datum:	
Unterschrift:	

266. Protokoll (Nr. 5) über die Satzung der Europäischen Investitionsbank[1)] · [2)]

Vom 25. März 1957

(BGBl. II 753/964; zuletzt geänd. durch Beschluss 2019/654 des Rates v. 15.4.2019, ABl. Nr. L 110/36 v. 25.4.2019; Beschluss des Rates der Gouverneure der EIB v. 16.4.2019, ABl. Nr. L 110/39 v. 25.4.2019 sowie Beschluss 2019/1255 des v. 18.7.2019)[3)]

DIE HOHEN VERTRAGSPARTEIEN[4)],

IN DEM WUNSCH, die in Artikel 308 des Vertrags über die Arbeitsweise der Europäischen Union[5)] vorgesehene Satzung der Europäischen Investitionsbank festzulegen,

SIND über folgende Bestimmungen ÜBEREINGEKOMMEN, die dem Vertrag über die Europäische Union[6)] und dem Vertrag über die Arbeitsweise der Europäischen Union[5)] beigefügt sind:

Art. 1[7)] **[Errichtung und Sitz der Bank]** Die durch Artikel 308 des Vertrags über die Arbeitsweise der Europäischen Union[5)] gegründete Europäische Investitionsbank, im folgenden als „Bank" bezeichnet, wird entsprechend diesen Verträgen und dieser Satzung errichtet; sie übt ihre Aufgaben und ihre Tätigkeit nach Maßgabe dieser Übereinkünfte aus.

Art. 2[8)] **[Aufgabe der Bank]** Die Aufgabe der Bank ist in Artikel 309 des Vertrags über die Arbeitsweise der Europäischen Union[4)] bestimmt.

Art. 3[9)] · [10)] **[Mitglieder der Bank]** Nach Artikel 308 des Vertrags über die Arbeitsweise der Europäischen Union[5)] sind Mitglieder der Bank die Mitgliedstaaten.

---

1) Die Artikelfolge wurde gem. Art. 2 Abs. 1 des Protokolls Nr. 1 zum Vertrag von Lissabon (ABl. 2007 Nr. C 306 S. 193) iVm der Übereinstimmungstabelle aus dem Anh. umnummeriert.

2) Änderungen vor dem 1.1.1999 sind nicht in Fußnoten nachgewiesen.

3) Der Änderungsbeschluss v. 15.4.2019 gilt gem. seinem Art. 2 Abs. 1 „ab dem Tag, der auf den Tag folgt, an dem die Verträge auf das Vereinigte Königreich keine Anwendung mehr finden".

4) Präambel geänd. mWv 1.12.2009 durch Prot. v. 13.12.2007 (ABl. Nr. C 306 S. 163).

5) Nr. **146**.

*6) Nr. **145**.*

7) Art. 1 Abs. 1 geänd., Abs. 2 aufgeh. mWv 1.12.2009 durch Prot. v. 13.12.2007 (ABl. Nr. C 306 S. 163, ber. ABl. 2009 Nr. C 290 S. 1).

8) Siehe Art. 5 der Übergangsbestimmungen im Protokoll v. 16.4.2003 (ABl. Nr. L 236 S. 931).

9) Art. 3 neu gef. mWv 1.5.2004 durch Prot. v. 16.4.2003 (ABl. Nr. L 236 S. 33); geänd. mWv 1.1.2007 durch Akte v. 25.4.2005 (ABl. L Nr. 157 S. 203); geänd. mWv 1.12.2009 durch Prot. v. 13.12.2007 (ABl. Nr. C 306 S. 163).

10) Siehe Art. 4 und 5 der Übergangsbestimmungen im Protokoll v. 16.4.2003 (ABl. Nr. L 236 S. 931).

Art. 4 [Kapitalausstattung] Die Bank wird mit einem Kapital von 248 795 606 881 EUR ausgestattet, das von den Mitgliedstaaten in folgender Höhe gezeichnet wird:

– Deutschland	46 722 369 149
– Frankreich	46 722 369 149
– Italien	46 722 369 149
– Spanien	28 033 421 847
– Belgien	12 951 115 777
– Niederlande	12 951 115 777
– Schweden	8 591 781 713
– Dänemark	6 557 521 657
– Österreich	6 428 994 386
– Polen	11 366 679 827
– Finnland	3 693 702 498
– Griechenland	3 512 961 713
– Portugal	2 263 904 037
– Tschechien	2 206 922 328
– Ungarn	2 087 849 195
– Irland	1 639 379 073
– Rumänien	1 639 379 073
– Kroatien	1 062 312 542
– Slowakei	751 236 149
– Slowenien	697 455 090
– Bulgarien	510 041 217
– Litauen	437 633 208
– Luxemburg	327 878 318
– Zypern	321 508 011
– Lettland	267 076 094
– Estland	206 248 240
– Malta	122 381 664

Die Mitgliedstaaten haften nur bis zur Höhe ihres Anteils am gezeichneten und nicht eingezahlten Kapital.

(2) Bei Aufnahme eines neuen Mitglieds erhöht sich das gezeichnete Kapital entsprechend dem Beitrag des neuen Mitglieds.

(3) Der Rat der Gouverneure kann einstimmig über eine Erhöhung des gezeichneten Kapitals entscheiden.

(4) Der Anteil am gezeichneten Kapital kann weder abgetreten noch verpfändet noch gepfändet werden.

Art. 5[1] [Einzahlung des gezeichneten Kapitals] (1) Das gezeichnete Kapital wird von den Mitgliedstaaten in Höhe von durchschnittlich 6v.H. der in Artikel 4 Absatz 1 festgesetzten Beträge eingezahlt.

[1] *Art. 5 Abs. 1* neu gef. mWv 1.1.1999 durch Beschluss v. 5.6.1998 (ABl. 1999 Nr. L 21 S. 26); Abs. 2 Satz 2 angef, Abs. 3 UAbs. 1 und 2 geänd. mWv 1.12.2009 durch Prot. v. 13.12.2007 (ABl. Nr. C 306 S. 163).

(2) [1] Im Falle einer Erhöhung des gezeichneten Kapitals setzt der Rat der Gouverneure einstimmig den einzuzahlenden Hundertsatz sowie die Art und Weise der Einzahlung fest. [2] Barzahlungen werden ausschließlich in Euro geleistet.

(3) Der Verwaltungsrat kann die Zahlung des restlichen gezeichneten Kapitals verlangen, soweit dies erforderlich wird, um den Verpflichtungen der Bank nachzukommen.

Die Zahlung erfolgt im Verhältnis zu den Anteilen der Mitgliedstaaten am gezeichneten Kapital.

Art. 6[1)] [Leitung der Bank] Die Bank wird von einem Rat der Gouverneure, einem Verwaltungsrat und einem Direktorium verwaltet und geleitet.

Art. 7[2)] [Rat der Gouverneure] (1) Der Rat der Gouverneure besteht aus den von den Mitgliedstaaten benannten Ministern.

(2) Er erläßt die allgemeinen Richtlinien für die Kreditpolitik der Bank nach den Zielen der Union.

Er achtet auf die Durchführung dieser Richtlinien.

(3) Er hat ferner folgende Befugnisse:

a) Er entscheidet über die Erhöhung des gezeichneten Kapitals gemäß Artikel 4 Absatz 3 und Artikel 5 Absatz 2;

b) für die Zwecke des Artikels 9 Absatz 1 legt er die Grundsätze fest, die für die Finanzgeschäfte im Rahmen der Aufgaben der Bank gelten;

c) er übt die in den Artikeln 11 und 13 für die Ernennung und Amtsenthebung der Mitglieder des Verwaltungsrats und des Direktoriums sowie die in Artikel 13 Absatz 1 Unterabsatz 2 vorgesehenen Befugnisse aus;

d) er entscheidet nach Artikel 16 Absatz 1 über die Gewährung von Finanzierungen für Investitionsvorhaben, die ganz oder teilweise außerhalb der Hoheitsgebiete der Mitgliedstaaten durchgeführt werden sollen;

e) er genehmigt den vom Verwaltungsrat ausgearbeiteten Jahresbericht;

f) er genehmigt die Jahresbilanz und die Ertragsrechnung;

g) er nimmt die sonstigen Befugnisse und Obliegenheiten wahr, die ihm in dieser Satzung übertragen werden;

h) er genehmigt mit qualifizierter Mehrheit die Geschäftsordnung der Bank.[3)]

[1)] Art. 6 aufgeh., bish. Art. 8 wird Art. 6 mWv 1.12.2009 durch Prot. v. 13.12.2007 (ABl. Nr. C 306 S. 163).

[2)] Art. 7 aufgeh., bish. Art. 9 wird Art. 7, Abs. 2 und 3 Buchst. g geänd., Buchst. b und d neu gef. mWv 1.12.2009 durch Prot. v. 13.12.2007 (ABl. Nr. C 306 S. 163).

[3)] Die aktuelle GO (Stand: 20.1.2016) ist veröffentlicht in ABl. Nr. L 127/57 v. 18.5.2016.

(4) Der Rat der Gouverneure ist im Rahmen der Verträge und dieser Satzung befugt, einstimmig alle Entscheidungen über die Einstellung der Tätigkeit der Bank und ihre etwaige Liquidation zu treffen.

Art. 8[1] **[Abstimmungsverfahren im Rat der Gouverneure]**

[1] Soweit in dieser Satzung nichts Gegenteiliges bestimmt ist, werden die Entscheidungen des Rates der Gouverneure mit der Mehrheit seiner Mitglieder gefaßt. [2] Diese Mehrheit muß mindestens 50 v.H. des gezeichneten Kapitals vertreten.

Für die qualifizierte Mehrheit sind 18 Stimmen und 68 Prozent des gezeichneten Kapitals erforderlich.

Die Stimmenthaltung von anwesenden oder vertretenen Mitgliedern steht dem Zustandekommen von Entscheidungen, für die Einstimmigkeit erforderlich ist, nicht entgegen.

Art. 9[2] **[Verwaltungsrat]** (1) [1] Der Verwaltungsrat entscheidet über die Gewährung von Finanzierungen, insbesondere in Form von Darlehen und Bürgschaften, und die Aufnahme von Anleihen; er setzt die Darlehenszinssätze und Provisionen sowie sonstige Gebühren fest. [2] Er kann auf der Grundlage eines mit qualifizierter Mehrheit erlassenen Beschlusses dem Direktorium einige seiner Befugnisse übertragen. [3] Er legt die Bedingungen und Einzelheiten für die Übertragung dieser Befugnisse fest und überwacht deren Ausübung.

Der Verwaltungsrat sorgt für die ordnungsmäßige Verwaltung der Bank; er gewährleistet, dass die Führung der Geschäfte der Bank mit den Verträgen und der Satzung und den allgemeinen Richtlinien des Rates der Gouverneure im Einklang steht.

Am Ende des Geschäftsjahres hat er dem Rat der Gouverneure einen Bericht vorzulegen und ihn, nachdem er genehmigt ist, zu veröffentlichen.

Er entscheidet mit qualifizierter Mehrheit den operativen Gesamtplan der Bank.

(2) Der Verwaltungsrat besteht aus 28 ordentlichen und aus 31 stellvertretenden Mitgliedern, die gemäß diesem Absatz benannt werden.

Die stellvertretenden Mitglieder werden für fünf Jahre vom Rat der Gouverneure wie folgt bestellt:

– zwei stellvertretende Mitglieder, die von der Bundesrepublik Deutschland benannt werden;

---

[1] Bish. Art. 10 wird Art. 8, Satz 3 aufgeh., UAbs. 2 und 3 angef. mWv 1.12.2009 durch Prot. v. 13.12.2007 (ABl. Nr. C 306 S. 163).

[2] Art. 9 (bish. Art. 11) Abs. 2 UAbs. 1, 2, 3 neu gef, UAbs. 4 eingef. mWv 1.5.2004 durch Prot. v. 16.4.2003 (ABl. Nr. L 236 S. 931); Abs. 2 UAbs. 1, 2 und 3 neu gef. mWv 1.1.2007 durch Akte v. 25.4.2005 (ABl. L Nr. 157 S. 203); bish. Art. 11 wird Art. 9, Abs. 1 UAbs. 1, Abs. 2 UAbs. 6 neu gef., Abs. 1 UAbs. 2 eingef., bish. UAbs. 2 wird UAbs. 3, Abs. 5 Satz 2 geänd. mWv 1.12.2009 durch Prot. v. 13.12.2007 (ABl. Nr. C 306 S. 163).

– zwei stellvertretende Mitglieder, die von der Französischen Republik benannt werden;
– zwei stellvertretende Mitglieder, die von der Italienischen Republik benannt werden;
– zwei stellvertretende Mitglieder, die vom Königreich Spanien und von der Portugiesischen Republik im gegenseitigen Einvernehmen benannt werden;
– drei stellvertretende Mitglieder, die vom Königreich Belgien, vom Großherzogtum Luxemburg und vom Königreich der Niederlande im gegenseitigen Einvernehmen benannt werden;
– drei stellvertretende Mitglieder, die von der Republik Kroatien, Ungarn und der Republik Polen im gegenseitigen Einvernehmen benannt werden;
– vier stellvertretende Mitglieder, die vom Königreich Dänemark, von der Hellenischen Republik, von Irland und von Rumänien im gegenseitigen Einvernehmen benannt werden;
– sechs stellvertretende Mitglieder, die von der Republik Estland, der Republik Lettland, der Republik Litauen, der Republik Österreich, der Republik Finnland und dem Königreich Schweden im gegenseitigen Einvernehmen benannt werden;
– sechs stellvertretende Mitglieder, die von der Republik Bulgarien, der Tschechischen Republik, der Republik Zypern, der Republik Malta, der Republik Slowenien und der Slowakischen Republik im gegenseitigen Einvernehmen benannt werden;
– ein stellvertretendes Mitglied, das von der Kommission benannt wird.

Der Verwaltungsrat kooptiert sechs Sachverständige ohne Stimmrecht: drei ordentliche und drei stellvertretende Sachverständige.

Die Wiederbestellung der ordentlichen Mitglieder und der stellvertretenden Mitglieder ist zulässig.

Die Einzelheiten für die Teilnahme an den Sitzungen des Verwaltungsrats und die für die stellvertretenden Mitglieder und die kooptierten Sachverständigen geltenden Bestimmungen werden in der Geschäftsordnung festgelegt.

Bei den Sitzungen des Verwaltungsrats führt der Präsident des Direktoriums oder bei seiner Verhinderung ein Vizepräsident den Vorsitz; der Vorsitzende nimmt an Abstimmungen nicht teil.

[1]Zu Mitgliedern des Verwaltungsrats werden Persönlichkeiten bestellt, die jede Gewähr für Unabhängigkeit und Befähigung bieten. [2]Sie sind nur der Bank verantwortlich.

(3) Ein ordentliches Mitglied kann nur dann seines Amtes enthoben werden, wenn es die für die Wahrnehmung seiner Aufgaben erforderlichen Voraussetzungen nicht mehr erfüllt; in diesem Falle kann der Rat der Gouverneure mit qualifizierter Mehrheit seine Amtsenthebung verfügen.

Wird ein Jahresbericht nicht genehmigt, so hat dies den Rücktritt des Verwaltungsrates zur Folge.

(4) 1 Sitze, die durch Todesfall, freiwilligen Rücktritt, Amtsenthebung oder Gesamtrücktritt frei werden, sind nach Maßgabe des Absatzes 2 neu zu besetzen. 2 Außer den allgemeinen Neubestellungen sind frei werdende Sitze für die verbleibende Amtszeit neu zu besetzen.

(5) 1 Der Rat der Gouverneure bestimmt die Vergütung der Mitglieder des Verwaltungsrates. 2 Er stellt fest, welche Tätigkeiten mit dem Amt eines ordentlichen oder stellvertretenden Mitglieds unvereinbar sind.

Art. 10[1)] **[Abstimmungsverfahren im Verwaltungsrat]** (1) 1 Jedes ordentliche Mitglied verfügt im Verwaltungsrat über eine Stimme. 2 Es kann sein Stimmrecht ohne Einschränkung gemäß den in der Geschäftsordnung der Bank festzulegenden Regeln übertragen.

(2) 1 Soweit in dieser Satzung nicht etwas Gegenteiliges bestimmt ist, werden die Entscheidungen des Verwaltungsrates von mindestens einem Drittel seiner stimmberechtigten Mitglieder, die mindestens 50% des gezeichneten Kapitals repräsentieren, getroffen. 2 Für die qualifizierte Mehrheit sind 18 Stimmen und 68% des gezeichneten Kapitals erforderlich. 3 In der Geschäftsordnung der Bank wird festgelegt, wann der Verwaltungsrat beschlussfähig ist.

Art. 11[2)] **[Direktorium]** (1) Das Direktorium besteht aus einem Präsidenten und acht Vizepräsidenten, die mit qualifizierter Mehrheit vom Rat der Gouverneure auf Vorschlag des Verwaltungsrats, der mit qualifizierter Mehrheit gefasst wird, für sechs Jahre bestellt werden.

Der Rat der Gouverneure kann einstimmig die Zahl der Mitglieder des Direktoriums ändern.

(2) Der Rat der Gouverneure kann mit qualifizierter Mehrheit auf Vorschlag des Verwaltungsrats, der mit qualifizierter Mehrheit beschließt, die Amtsenthebung der Mitglieder des Direktoriums anordnen.

(3) Das Direktorium nimmt unter der Aufsicht des Präsidenten und der Kontrolle des Verwaltungsrats die laufenden Geschäfte der Bank wahr.

Es bereitet die Entscheidungen des Verwaltungsrats vor, insbesondere hinsichtlich der Aufnahme von Anleihen sowie der Gewährung von

(Fortsetzung nächste Seite)

---

1) Art. 10 (bish. Art. 12) Abs. 2 neu gef. mWv 1.5.2004 durch Prot. v. 16.4.2003 (ABl. Nr. L 236 S. 33); bish. Art. 12 wird Art. 10 mWv 1.12.2009 durch Prot. v. 13.12.2007 (ABl. Nr. C 306 S. 163).

2) Art. 11 (bish. Art. 13) Abs. 1 UAbs. 1 neu gef. mWv 1.5.2004 durch Prot. v. 16.4.2003 (ABl. Nr. L 236 S. 33); bish. Art. 13 wird Art. 11, Abs. 3 UAbs. 2, Abs. 4 und Abs. 7 Satz 1 geänd., Abs. 7 Satz 4 angef. mWv 1.12.2009 durch Prot. v. 13.12.2007 (ABl. Nr. C 306 S. 163).

Finanzierungen, insbesondere in Form von Darlehen und Bürgschaften; es sorgt für die Durchführung dieser Entscheidungen.

(4) Die Stellungnahmen des Direktoriums zu Vorschlägen für die Aufnahme von Anleihen und die Gewährung von Finanzierungen, insbesondere in Form von Darlehen und Bürgschaften werden mit Mehrheit beschlossen.

(5) Der Rat der Gouverneure setzt die Vergütung der Mitglieder des Direktoriums fest und bestimmt, welche Tätigkeiten mit ihrem Amt unvereinbar sind.

(6) Die Bank wird gerichtlich und außergerichtlich vom Präsidenten oder bei seiner Verhinderung von einem Vizepräsidenten vertreten.

(7) [1]Der Präsident ist der Vorgesetzte der Mitglieder des Personals der Bank. [2]Er stellt sie ein und entläßt sie. [3]Bei der Auswahl des Personals ist nicht nur die persönliche Eignung und die berufliche Befähigung zu berücksichtigen, sondern auch auf eine angemessene Beteiligung von Staatsangehörigen der einzelnen Mitgliedstaaten zu achten. [4]In der Geschäftsordnung wird festgelegt, welches Gremium für den Erlass von Bestimmungen für das Personal zuständig ist.

(8) Das Direktorium und das Personal der Bank sind nur dieser verantwortlich und üben ihre Ämter unabhängig aus.

Art. 12[1)] **[Prüfungsausschuß]** (1) Ein Ausschuß, der aus sechs vom Rat der Gouverneure aufgrund ihrer Befähigung ernannten Mitgliedern besteht, prüft, ob die Tätigkeit der Bank mit den bewährtesten Praktiken im Bankwesen im Einklang steht, und ist für die Rechnungsprüfung der Bank verantwortlich.

(2) [1]Der Ausschuss nach Absatz 1 prüft jährlich die Ordnungsmäßigkeit der Geschäfte und der Bücher der Bank. [2]Zu diesem Zweck überprüft er, ob die Geschäfte der Bank unter Einhaltung der in dieser Satzung und der Geschäftsordnung vorgesehenen Formvorschriften und Verfahren durchgeführt worden sind.

(3) Der Ausschuss nach Absatz 1 stellt fest, ob die Finanzausweise sowie sämtliche Finanzinformationen, die in dem vom Verwaltungsrat erstellten Jahresabschluss enthalten sind, ein exaktes Bild der Finanzlage der Bank auf der Aktiv- und Passivseite sowie ihres Geschäftsergebnisses und der Zahlungsströme für das geprüfte Rechnungsjahr wiedergeben.

(4) In der Geschäftsordnung wird im Einzelnen festgelegt, welche Qualifikationen die Mitglieder des Ausschusses nach Artikel 1 besitzen müssen und nach welchen Bedingungen und Einzelheiten der Ausschuss seine Tätigkeit ausübt.

---

1) Bish. Art. 14 wird Art. 12, Abs. 1 geänd., Abs. 2 neu gef., Abs. 3 und 4 angef. mWv 1. 12. 2009 durch Prot. v. 13. 12. 2007 (ABl. Nr. C 306 S. 163).

Art. 13[1)] **[Verkehr mit Behörden der Mitgliedstaaten]** [1]Die Bank verkehrt mit jedem Mitgliedstaat über die von diesem bezeichnete Behörde. [2]Bei der Durchführung ihrer Finanzgeschäfte nimmt sie die nationale Zentralbank des betreffenden Mitgliedstaats oder andere von diesem genehmigte Finanzinstitute in Anspruch.

Art. 14[2)] **[Zusammenarbeit mit internationalen Organisationen und Kreditinstituten]** (1) Die Bank arbeitet mit allen in ähnlichen Bereichen tätigen internationalen Organisationen zusammen.

(2) Die Bank nimmt zu den Bank- und Finanzinstituten der Länder, auf die sie ihre Geschäftstätigkeit erstreckt, alle der Zusammenarbeit dienlichen Beziehungen auf.

Art. 15[3)] **[Auslegung und Ergänzung der Richtlinien]** Auf Ersuchen eines Mitgliedstaats oder der Kommission oder von Amts wegen nimmt der Rat der Gouverneure die Auslegung oder Ergänzung seiner nach Artikel 9 dieser Satzung erlassenen Richtlinien gemäß den für ihren Erlaß maßgebenden Bestimmungen vor.

Art. 16[4)] **[Darlehensvergabe]** (1) Im Rahmen der ihr in Artikel 309 des Vertrags über die Arbeitsweise der Europäischen Union[5)] gestellten Aufgabe gewährt die Bank ihren Mitgliedern oder privaten oder öffentlichen Unternehmen Finanzierungen, insbesondere in Form von Darlehen und Bürgschaften, für Investitionen, die in den Hoheitsgebieten der Mitgliedstaaten zu tätigen sind, soweit Mittel aus anderen Quellen zu angemessenen Bedingungen nicht zur Verfügung stehen.

Die Bank kann auf Vorschlag des Verwaltungsrats durch eine vom Rat der Gouverneure mit qualifizierter Mehrheit gefasste Entscheidung auch Finanzierungen für Investitionen gewähren, die ganz oder teilweise außerhalb der Hoheitsgebiete der Mitgliedstaaten getätigt werden sollen.

(2) Die Gewährung von Darlehen wird soweit wie möglich von dem Einsatz auch anderer Finanzierungsmittel abhängig gemacht.

(3) Wird einem Unternehmen oder einer Körperschaft – mit Ausnahme der Mitgliedstaaten – ein Darlehen gewährt, so macht die Bank dies entweder von einer Bürgschaft des Mitgliedstaats, in dessen Hoheitsgebiet die Investition getätigt wird, oder von anderen ausreichenden Bürgschaften oder der finanziellen Solidität des Schuldners abhängig.

[1)] Bish. Art. 15 wird Art. 13, Satz 2 geänd. mWv 1. 12. 2009 durch Prot. v. 13. 12. 2007 (ABl. Nr. C 306 S. 163).

[2)] Bish. Art. 16 wird Art. 14 mWv 1. 12. 2009 durch Prot. v. 13. 12. 2007 (ABl. Nr. C 306 S. 163).

[3)] Bish. Art. 17 wird Art. 15 mWv 1. 12. 2009 durch Prot. v. 13. 12. 2007 (ABl. Nr. C 306 S. 163).

[4)] Bish. Art. 18 wird Art. 16, Abs. 1 UAbs. 1 und 2, Abs. 3 geänd., Abs. 3 UAbs. 2 angef., Abs. 5 neu gef. mWv 1. 12. 2009 durch Prot. v. 13. 12. 2007 (ABl. Nr. C 306 S. 163).

[5)] Nr. **146**.

Wenn die Durchführung der Vorhaben nach Artikel 309 des Vertrags über die Arbeitsweise der Europäischen Union dies erfordert, legt der Verwaltungsrat außerdem im Rahmen der vom Rat der Gouverneure nach Artikel 7 Absatz 3 Buchstabe b festgelegten Grundsätze mit qualifizierter Mehrheit die Bedingungen und Einzelheiten für alle Finanzierungen fest, die ein spezielles Risikoprofil aufweisen und daher als eine Sondertätigkeit betrachtet werden.

(4) Die Bank kann Bürgschaften für Anleihen übernehmen, die von öffentlichen oder privaten Unternehmen oder von Körperschaften für die Durchführung der in Artikel 309 des Vertrags über die Arbeitsweise der Europäischen Union bezeichneten Vorhaben aufgenommen werden.

(5) [1]Die jeweils ausstehenden Darlehen und Bürgschaften der Bank dürfen insgesamt 250 Prozent des gezeichneten Kapitals, der Rücklagen, der nicht zugeteilten Provisionen und des Überschusses der Gewinn- und Verlustrechnung nicht überschreiten. [2]Der kumulierte Betrag der betreffenden Positionen wird unter Abzug einer Summe, die dem für jede Beteiligung der Bank gezeichneten – ausgezahlten oder noch nicht ausgezahlten – Betrag entspricht, berechnet.

Der im Rahmen der Beteiligungen der Bank ausgezahlte Betrag darf zu keinem Zeitpunkt die Gesamtsumme des eingezahlten Teils ihres Kapitals, ihrer Rücklagen, der nicht zugeteilten Provisionen und des Überschusses der Gewinn- und Verlustrechnung überschreiten.

Für die Sondertätigkeiten der Bank, die vom Rat der Gouverneure und vom Verwaltungsrat nach Absatz 3 entschieden werden, ist ausnahmsweise eine besondere Einstellung in die Rücklagen vorzusehen.

Dieser Absatz findet ebenfalls Anwendung auf den konsolidierten Abschluss der Bank.

(6) Die Bank sichert sich gegen das Wechselrisiko, indem sie die Darlehensund Bürgschaftsverträge mit den ihres Erachtens geeigneten Klauseln versieht.

Art. 17[1]) [Zinssätze und Bürgschaftsprovisionen] (1) Die Darlehenszinssätze, Provisionen und sonstigen Gebühren der Bank werden den jeweiligen Bedingungen des Kapitalmarkts angepaßt und so bemessen, daß die Bank aus den Erträgen ihre Verpflichtungen erfüllen, ihre Kosten und ihre Risiken decken und gemäß Artikel 22 einen Reservefonds bilden kann.

(2) [1]Die Bank gewährt keine Zinsermäßigungen. [2]Läßt die Eigenart der zu finanzierenden Investition eine Zinsermäßigung angezeigt erscheinen, so kann der betreffende Mitgliedstaat oder eine dritte Stelle Zinsvergütungen gewähren, soweit die Gewährung mit Artikel 107 des Vertrags über die Arbeitsweise der Europäischen Union[2]) vereinbart ist.

---

[1]) Bish. Art. 19 wird Art. 17, Abs. 1 und 2 Satz 2 geänd. mWv 1. 12. 2009 durch Prot. v. 13. 12. 2007 (ABl. Nr. C 306 S. 163).

[2]) Nr. **146**.

Art. 18[1] **[Geschäftsgrundsätze]** Bei ihren Finanzierungsgeschäften beachtet die Bank folgende Grundsätze:

1. Sie achtet auf die wirtschaftlich zweckmäßigste Verwendung ihrer Mittel im Interesse der Gemeinschaft.
   Sie darf nur dann Darlehen gewähren oder Bürgschaft leisten,
   a) wenn der Zinsen- und Tilgungsdienst bei Investitionen von Produktionsunternehmen aus deren Erträgen und bei sonstigen Investitionen durch eine entsprechende Verpflichtung des Staates, in dem die Investition getätigt wird, oder auf andere Weise sichergestellt ist und
   b) wenn die Investition zu einer Steigerung der volkswirtschaftlichen Produktivität im allgemeinen beiträgt und die Verwirklichung des Binnenmarktes fördert.
2. Sie darf weder Beteiligungen an Unternehmen erwerben noch Verantwortung bei deren Geschäftsführung übernehmen, es sei denn, daß dies für die Wahrnehmung ihrer Rechte erforderlich ist, um die Rückzahlung der von ihr ausgeliehenen Mittel zu sichern.
   Wenn die Durchführung der Vorhaben nach Artikel 309 des Vertrags über die Arbeitsweise der Europäischen Union[2] dies erfordert, legt der Verwaltungsrat jedoch im Rahmen der vom Rat der Gouverneure nach Artikel 7 Absatz 3 Buchstabe b festgelegten Grundsätze mit qualifizierter Mehrheit die Bedingungen und Einzelheiten für eine Beteiligung am Kapital eines Handelsunternehmens – in der Regel als Ergänzung eines Darlehens oder einer Bürgschaft – fest, soweit dies für die Finanzierung einer Investition oder eines Programms erforderlich ist.
3. Sie kann ihre Forderungen auf dem Kapitalmarkt abtreten und von ihren Darlehensnehmern die Ausgabe von Schuldverschreibungen oder anderen Wertpapieren verlangen.
4. Weder die Bank noch die Mitgliedstaaten dürfen Bedingungen vorschreiben, nach denen Beträge aus ihren Darlehen in einem bestimmten Mitgliedstaat ausgegeben werden müssen.
5. Sie kann die Gewährung von Darlehen davon abhängig machen, daß internationale Ausschreibungen stattfinden.
6. Sie darf eine Investition weder finanzieren noch zu ihrer Finanzierung beitragen, wenn der Mitgliedstaat, in dessen Hoheitsgebiet sie getätigt werden soll, Einspruch erhebt.
7. Ergänzend zu ihren Darlehenstätigkeiten kann die Bank unter den vom Rat der Gouverneure mit qualifizierter Mehrheit festgelegten Bedingungen und Einzelheiten und unter Einhaltung dieser Satzung technische Unterstützungsdienste bereitstellen.

---

[1] *Bish. Art. 20 wird Art. 18*, einl. Satzteil, Nr. 1 Buchst. a und b, Nr. 6 geänd., Nr. 2 UAbs. 2 und Nr. 7 angef. mWv 1. 12. 2009 durch Prot. v. 13. 12. 2007 (ABl. Nr. C 306 S. 163).

[2] Nr. **146**.

Art. 19[1]) [Behandlung der Darlehens- und Bürgschaftsanträge]

(1) 1 Jedes Unternehmen oder jede öffentlich- oder privatrechtliche Körperschaft kann bei der Bank direkt einen Finanzierungsantrag einreichen. 2 Dies kann auch entweder über die Kommission oder über denjenigen Mitgliedstaat geschehen, in dessen Hoheitsgebiet die Investition getätigt wird.

(2) 1 Werden der Bank Anträge über die Kommission zugeleitet, so sind sie dem Mitgliedstaat, in dessen Hoheitsgebiet die Investition getätigt wird, zur Stellungnahme vorzulegen. 2 Werden sie der Bank über einen Staat zugeleitet, so sind sie der Kommission zur Stellungnahme vorzulegen. 3 Werden sie von einem Unternehmen unmittelbar eingereicht, so sind sie dem betreffenden Mitgliedstaat und der Kommission vorzulegen.

1 Die betreffenden Mitgliedstaaten und die Kommission haben eine Frist von zwei Monaten zur Abgabe ihrer Stellungnahme. 2 Ist diese Frist verstrichen, so kann die Bank das betreffende Vorhaben als genehmigt betrachten.

(3) Der Verwaltungsrat beschließt über die ihm vom Direktorium vorgelegten Finanzierungsgeschäfte.

(4) 1 Das Direktorium prüft, ob die ihm vorgelegten Finanzierungsgeschäfte dieser Satzung, insbesondere der Artikel 16 und 18, entsprechen. 2 Spricht sich das Direktorium für die Gewährung der Finanzierung aus, so legt es den entsprechenden Vorschlag dem Verwaltungsrat vor; es kann seine positive Stellungnahme von Voraussetzungen abhängig machen, die es als wesentlich erachtet. 3 Spricht sich das Direktorium gegen die Gewährung der Finanzierung aus, so unterbreitet es die Unterlagen mit seiner Stellungnahme dem Verwaltungsrat.

(5) Bei einer negativen Stellungnahme des Direktoriums kann der Verwaltungsrat die Finanzierung nur einstimmig gewähren.

(6) Bei einer negativen Stellungnahme der Kommission kann der Verwaltungsrat die Finanzierung nur einstimmig gewähren; bei dieser Abstimmung enthält sich das von der Kommission benannte Mitglied des Verwaltungsrats der Stimme.

(7) Bei einer negativen Stellungnahme des Direktoriums und der Kommission darf der Verwaltungsrat die Finanzierung nicht gewähren.

(8) Ist eine Umstrukturierung eines mit genehmigten Investitionen im Zusammenhang stehenden Finanzierungsgeschäfts zum Schutz der Rechte und Interessen der Bank gerechtfertigt, so ergreift das Direktorium unverzüglich die Dringlichkeitsmaßnahmen, die es für erforderlich hält, wobei es dem Verwaltungsrat unverzüglich Bericht zu erstatten hat.

---

[1]) Bish. Art. 21 wird Art. 19, Abs. 1 neu gef, Abs. 2 UAbs. 1 Satz 1, Abs. 3, Abs. 4 Sätze 1 bis 3, Abs. 5 bis 7 geänd., Abs. 8 angef. mWv 1. 12. 2009 durch Prot. v. 13. 12. 2007 (ABl. Nr. C 306 S. 163).

Art. 20[1] **[Aufnahme von Anleihen]** (1) Die Bank nimmt die zur Durchführung ihrer Aufgaben erforderlichen Anleihen auf den Kapitalmärkten auf.

(2) Die Bank kann auf den Kapitalmärkten der Mitgliedstaaten Anleihen nach den dort geltenden Rechtsvorschriften aufnehmen.

Die zuständigen Stellen eines Mitgliedstaats, für den eine Ausnahmeregelung nach Artikel 139 Absatz 1 des Vertrags über die Arbeitsweise der Europäischen Union[2] gilt, können dies nur dann ablehnen, wenn auf dem Kapitalmarkt dieses Staates ernstliche Störungen zu befürchten sind.

Art. 21[3] **[Anlage nicht benötigter Mittel]** (1) Die Bank kann die verfügbaren Mittel, die sie nicht unmittelbar zur Erfüllung ihrer Verpflichtungen benötigt, in folgender Weise verwenden:

a) Sie kann Anlagen auf den Geldmärkten vornehmen;

b) vorbehaltlich des Artikels 18 Absatz 2 kann sie Wertpapiere kaufen oder verkaufen;

c) sie kann alle sonstigen in ihren Aufgabenbereich fallenden Finanzgeschäfte vornehmen.

(2) Unbeschadet des Artikels 23 befaßt sich die Bank bei der Handhabung ihrer Anlagen nur mit solchen Devisenarbitragen, die für die Durchführung ihrer Darlehensverträge oder die Erfüllung ihrer Verpflichtungen aus den von ihr aufgenommenen Anleihen oder gewährten Bürgschaften unmittelbar erforderlich sind.

(3) Auf den in diesem Artikel genannten Gebieten handelt die Bank im Einvernehmen mit den zuständigen Behörden oder der nationalen Zentralbank des betreffenden Mitgliedstaats.

Art. 22[4] **[Bildung eines Reservefonds]** (1) [1]Es wird schrittweise ein Reservefonds bis zum Höchstbetrag von 10 v. H. des gezeichneten Kapitals gebildet. [2]Der Verwaltungsrat kann die Bildung zusätzlicher Rücklagen beschließen, wenn die Verbindlichkeiten der Bank es rechtfertigen. [3]Solange der Reservefonds noch nicht in voller Höhe gebildet ist, sind an ihn abzuführen:

a) die Zinserträge der Darlehen, welche die Bank aus den nach Artikel 5 von den Mitgliedstaaten einzuzahlenden Beträgen gewährt hat,

b) die Zinserträge der Darlehen, welche die Bank aus den Rückzahlungen der unter Buchstabe a bezeichneten Darlehen gewährt hat,

---

[1] Bish. Art. 22 wird Art. 20, Abs. 1 geänd., Abs. 2 neu gef. mWv 1. 12. 2009 durch Prot. v. 13. 12. 2007 (ABl. Nr. C 306 S. 163).

[2] Nr. **146**.

[3] *Bish.* Art. 23 wird Art. 21, Abs. 1 Buchst. b, Abs. 3 geänd. mWv 1. 12. 2009 durch Prot. v. 13. 12. 2007 (ABl. Nr. C 306 S. 163).

[4] Bish. Art. 24 wird Art. 22 mWv 1. 12. 2009 durch Prot. v. 13. 12. 2007 (ABl. Nr. C 306 S. 163).

soweit diese Zinserträge nicht zur Erfüllung der Verpflichtungen und zur Deckung der Kosten der Bank benötigt werden.

(2) Die Mittel des Reservefonds sind so anzulegen, daß sie jederzeit entsprechend dem Zweck des Fonds eingesetzt werden können.

Art. 23[1] **[Transferierung von Guthaben]** (1) [1]Die Bank ist jederzeit ermächtigt, ihre Guthaben in die Währung eines Mitgliedstaats, dessen Währung nicht der Euro ist zu transferieren, um die Geschäfte durchzuführen, die der ihr in Artikel 309 des Vertrags über die Arbeitsweise der Europäischen Union[2] und in Artikel 21 dieser Satzung gestellten Aufgabe entsprechen. [2]Besitzt die Bank flüssige oder verfügbare Mittel in der von ihr benötigten Währung, so vermeidet sie, soweit möglich, derartige Transferierungen.

(2) Die Bank kann ihre Guthaben in der Währung eines Mitgliedstaats, dessen Währung nicht der Euro ist, nur mit dessen Zustimmung in die Währung dritter Länder konvertieren.

(3) Die Bank kann über die eingezahlten Kapitalbeträge sowie über die auf dritten Märkten aufgenommenen Devisen frei verfügen.

(4) Die Mitgliedstaaten verpflichten sich, den Schuldnern der Bank die erforderlichen Devisenbeträge zur Rückzahlung von Kapital sowie zur Zahlung von Zinsen für Darlehen und Provisionen für Bürgschaften zur Verfügung zu stellen, welche die Bank für Investitionen im Hoheitsgebiet der Mitgliedstaaten gewährt hat.

Art. 24[3] **[Maßnahmen bei Pflichtverletzung eines Mitgliedstaates]** Kommt ein Mitgliedstaat seinen Mitgliedspflichten aus dieser Satzung, insbesondere der Pflicht zur Einzahlung seines Anteils oder zur Bedienung in Anspruch genommener Darlehen nicht nach, so kann die Gewährung von Darlehen oder Bürgschaften an diesen Staat oder seine Angehörigen durch eine mit qualifizierter Mehrheit gefaßte Entscheidung des Rates der Gouverneure ausgesetzt werden.

Diese Entscheidung befreit den Mitgliedstaat oder seine Angehörigen nicht von ihren Verpflichtungen gegenüber der Bank.

Art. 25[4] **[Liquidation]** (1) Entscheidet der Rat der Gouverneure, daß die Tätigkeit der Bank einzustellen ist, so wird der gesamte Geschäftsbetrieb unverzüglich beendet; ausgenommen sind lediglich Amtshandlungen, die zur ordnungsmäßigen Verwertung, Sicherstellung und Erhaltung der Vermögenswerte sowie zur Regelung der Verbindlichkeiten notwendig sind.

---

[1] Bish. Art. 25 wird Art. 23, Abs. 1 Satz 1, Abs. 2, 3 und 4 geänd. mWv 1. 12. 2009 durch Prot. v. 13. 12. 2007 (ABl. Nr. C 306 S. 163).

[2] Nr. **146**.

[3] Bish. Art. 26 wird Art. 24 UAbs. 1 geänd. mWv 1. 12. 2009 durch Prot. v. 13. 12. 2007 (ABl. Nr. C 306 S. 163).

[4] Bish. Art. 27 wird Art. 25, Abs. 2 Satz 2 angef. mWv 1. 12. 2009 durch Prot. v. 13. 12. 2007 (ABl. Nr. C 306 S. 163).

(2) [1] Im Falle der Liquidation bestellt der Rat der Gouverneure die Liquidatoren und erteilt ihnen Weisungen zur Durchführung der Liquidation. [2] Er achtet auf die Wahrung der Rechte der Mitglieder des Personals.

Art. 26[1] **[Rechts- und Geschäftsfähigkeit der Bank, Vorrechte]** (1) Die Bank besitzt in jedem Mitgliedstaat die weitestgehende Rechts- und Geschäftsfähigkeit, die juristischen Personen nach dessen Rechtsvorschriften zuerkannt wird; sie kann insbesondere bewegliches und unbewegliches Vermögen erwerben und veräußern sowie vor Gericht stehen.

(2) Das Vermögen der Bank kann in keiner Form beschlagnahmt oder enteignet werden.

Art. 27[2] **[Rechtsstreitigkeiten]** [1] Über Rechtsstreitigkeiten zwischen der Bank einerseits und ihren Gläubigern, Kreditnehmern oder dritten Personen andererseits entscheiden die zuständigen Gerichte der einzelnen Staaten vorbehaltlich der Zuständigkeiten, die dem Gerichtshof der Europäischen Union zuerkannt sind. [2] Die Bank kann in einem Vertrag ein Schiedsverfahren vorsehen.

[1] Die Bank begründet in jedem Mitgliedstaat einen Gerichtsstand der Niederlassung. [2] Sie kann in Verträgen einen besonderen Gerichtsstand bestimmen.

Das Vermögen und die Guthaben der Bank können nur auf gerichtliche Anordnung beschlagnahmt oder der Zwangsvollstreckung unterworfen werden.

Art. 28[3] **[Tochtergesellschaften]** (1) Der Rat der Gouverneure kann einstimmig entscheiden, Tochtergesellschaften oder andere Rechtsträger mit eigener Rechtspersönlichkeit und finanzieller Autonomie zu errichten.

(2) [1] Der Rat der Gouverneure entscheidet einstimmig über die Satzung der Einrichtungen nach Absatz 1. [2] In dieser Satzung werden insbesondere Ziele, Aufbau, Kapital, Mitgliedschaft, Sitz, finanzielle Mittel, Interventionsmöglichkeiten, Prüfungsverfahren sowie die Beziehungen zwischen den Einrichtungen und den Organen der Bank festgelegt.

(3) Die Bank ist berechtigt, sich an der Verwaltung dieser Einrichtungen zu beteiligen und zum gezeichneten Kapital dieser Einrichtungen bis zur Höhe des vom Rat der Gouverneure einstimmig festgelegten Betrags beizutragen.

---

[1] Bish. Art. 28 wird Art. 26 mWv 1. 12. 2009 durch Prot. v. 13. 12. 2007 (ABl. Nr. C 306 S. 163).

[2] *Bish. Art. 29 wird* Art. 27, UAbs. 1 und 2 Satz 2 geänd., UAbs. 1 Satz 2 angef. mWv 1. 12. 2009 durch Prot. v. 13. 12. 2007 (ABl. Nr. C 306 S. 163).

[3] Bish. Art. 30 wird Art. 28 und neu gef. mWv 1. 12. 2009 durch Prot. v. 13. 12. 2007 (ABl. Nr. C 306 S. 163).

(4) Das Protokoll über die Vorrechte und Befreiungen der Europäischen Union gilt für die Einrichtungen nach Absatz 1, soweit sie unter das Unionsrecht fallen, die Mitglieder ihrer Organe in Ausübung ihrer einschlägigen Aufgaben und ihr Personal in dem gleichen Maße und unter denselben Bedingungen wie für die Bank.

Dividenden, Kapitalerträge oder andere Einkommen aus diesen Einrichtungen, auf die die Mitglieder mit Ausnahme der Europäischen Union und der Bank Anspruch haben, unterliegen indessen den einschlägigen Steuerbestimmungen.

(5) [1]Der Gerichtshof der Europäischen Union ist innerhalb der im Folgenden festgelegten Grenzen für Streitfälle zuständig, die Maßnahmen der Organe einer dem Unionsrecht unterliegenden Einrichtung betreffen. [2]Klagen gegen derartige Maßnahmen können von jedem Mitglied einer solchen Einrichtung in dieser Eigenschaft oder von den Mitgliedstaaten nach Artikel 263 des Vertrags über die Arbeitsweise der Europäischen Union[1)] erhoben werden.

(6) Der Rat der Gouverneure kann einstimmig entscheiden, dass das Personal von dem Unionsrecht unterliegenden Einrichtungen unter Einhaltung der jeweiligen internen Verfahren Zugang zu gemeinsam mit der Bank geführten Systemen erhält.

Geschehen zu Rom am fünfundzwanzigsten März neunzehnhundertsiebenundfünfzig.

[1)] Nr. **146**.

268. Protokoll (Nr. 4) über die Satzung des Europäischen Systems der Zentralbanken und der Europäischen Zentralbank[1]

Vom 7. Februar 1992

(BGBl. II S. 1253), geänd. mWv 1. 6. 2004 (BGBl. II S. 845) durch Beschluss des Rates v. 21. 3. 2003 (BGBl. 2004 II S. 3) und die Akte zum Beitrittsvertrag v. 16. 4. 2003 (BGBl. II S. 1410), geänd. durch Prot. v. 13. 12. 2007 (ABl. Nr. C 306 S. 163, ber. ABl. 2009 Nr. C 290 S. 1)

DIE HOHEN VERTRAGSPARTEIEN[2] –

IN DEM WUNSCH, die in Artikel 129 Absatz 2 des Vertrages über die Arbeitsweise der Europäischen Union[3] vorgesehene Satzung des Europäischen Systems der Zentralbanken und der Europäischen Zentralbank festzulegen,

SIND über folgende Bestimmungen ÜBEREINGEKOMMEN, die dem Vertrag über die Europäische Union[4] und dem Vertrag über die Arbeitsweise der Europäischen Union[3] beigefügt sind:

Kapitel I.[5] Das Europäische System der Zentralbanken

Art. 1[6] **Das Europäische System der Zentralbanken.** [1]Die Europäische Zentralbank (EZB) und die nationalen Zentralbanken bilden nach Artikel 282 Absatz 1 des Vertrags über die Arbeitsweise der Europäischen Union[3] das Europäische System der Zentralbanken (ESZB). [2]Die EZB und die nationalen Zentralbanken der Mitgliedstaaten, deren Währung der Euro ist, bilden das Eurosystem.

Das ESZB und die EZB nehmen ihre Aufgaben und ihre Tätigkeit nach Maßgabe der Verträge und dieser Satzung wahr.

Kapitel II. Ziele und Aufgaben des ESZB

Art. 2[7] **Ziele.** [1]Nach Artikel 127 Absatz 1 und Artikel 282 Absatz 2 des Vertrags über die Arbeitsweise der Europäischen Union[3] ist es das

---

[1] Die Artikelfolge wurde gem. Art. 2 Abs. 1 des Protokolls Nr. 1 zum Vertrag von Lissabon (ABl. 2007 Nr. C 306 S. 193) iVm der Übereinstimmungstabelle aus dem Anh. umnummeriert.

[2] Präambel geänd. mWv 1. 12. 2009 durch Prot. v. 13. 12. 2007 (ABl. Nr. C 306 S. 163).

[3] Nr. **146**.

[4] Nr. **145**.

[5] Kap. I Überschr. neu gef. mWv 1. 12. 2009 durch Prot. v. 13. 12. 2007 (ABl. Nr. C 306 S. 163).

[6] Art. 1 geänd., Abs. 1.2 aufgeh. mWv 1. 12. 2009 durch Prot. v. 13. 12. 2007 (ABl. Nr. C 306 S. 163).

[7] Art. 2 Sätze 1, 2 und 3 geänd. mWv 1. 12. 2009 durch Prot. v. 13. 12. 2007 (ABl. Nr. C 306 S. 163).

vorrangige Ziel des ESZB, die Preisstabilität zu gewährleisten. [2]Soweit dies ohne Beeinträchtigung des Zieles der Preisstabilität möglich ist, unterstützt das ESZB die allgemeine Wirtschaftspolitik in der Union, um zur Verwirklichung der in Artikel 3 des Vertrags über die Europäische Union[1)] festgelegten Ziele der Union beizutragen. [3]Das ESZB handelt im Einklang mit dem Grundsatz einer offenen Marktwirtschaft mit freiem Wettbewerb, wodurch ein effizienter Einsatz der Ressourcen gefördert wird, und hält sich dabei an die in Artikel 119 des Vertrags über die Arbeitsweise der Europäischen Union genannten Grundsätze.

Art. 3[2)] Aufgaben. 3.1. Nach Artikel 127 Absatz 2 des Vertrags über die Arbeitsweise der Europäischen Union[3)] bestehen die grundlegenden Aufgaben des ESZB darin,
– die Geldpolitik der Union festzulegen und auszuführen,
– Devisengeschäfte im Einklang mit Artikel 219 des genannten Vertrags durchzuführen,
– die offiziellen Währungsreserven der Mitgliedstaaten zu halten und zu verwalten,
– das reibungslose Funktionieren der Zahlungssysteme zu fördern.

3.2. Nach Artikel 127 Absatz 3 des genannten Vertrags berührt Artikel 3.1 dritter Gedankenstrich nicht die Haltung und Verwaltung von Arbeitsguthaben in Fremdwährungen durch die Regierungen der Mitgliedstaaten.

3.3. Das ESZB trägt nach Artikel 127 Absatz 5 des genannten Vertrags zur reibungslosen Durchführung der von den zuständigen Behörden auf dem Gebiet der Aufsicht über die Kreditinstitute und der Stabilität des Finanzsystems ergriffenen Maßnahmen bei.

Art. 4[4)] Beratende Funktionen. Nach Artikel 127 Absatz 4 des Vertrags über die Arbeitsweise der Europäischen Union[3)]

a) wird die EZB gehört
   – zu allen Vorschlägen für Rechtsakte der Union im Zuständigkeitsbereich der EZB;
   – von den nationalen Behörden zu allen Entwürfen für Rechtsvorschriften im Zuständigkeitsbereich der EZB, und zwar innerhalb der Grenzen und unter den Bedingungen, die der Rat nach dem Verfahren des Artikels 41 festlegt;

b) kann die EZB gegenüber den Organen, Einrichtungen und sonstigen Stellen der Union und gegenüber den nationalen Behörden Stellungnahmen zu in ihren Zuständigkeitsbereich fallenden Fragen abgeben.

[1)] Nr. **145**.
[2)] *Art. 3 Abs. 3.1, 3.2 und 3.3 geänd.* mWv 1. 12. 2009 durch Prot. v. 13. 12. 2007 (ABl. Nr. C 306 S. 163).
[3)] Nr. **146**.
[4)] Art. 4 geänd. mWv 1. 12. 2009 durch Prot. v. 13. 12. 2007 (ABl. Nr. C 306 S. 163).

Art. 5 Erhebung von statistischen Daten. 5.1. [1]Zur Wahrnehmung der Aufgaben des ESZB holt die EZB mit Unterstützung der nationalen Zentralbanken die erforderlichen statistischen Daten entweder von den zuständigen nationalen Behörden oder unmittelbar von den Wirtschaftssubjekten ein. [2]Zu diesem Zweck arbeitet sie mit den Organen, Einrichtungen oder sonstigen Stellen der Union und den zuständigen Behörden der Mitgliedstaaten oder dritter Länder sowie mit internationalen Organisationen zusammen.

5.2. Die in Artikel 5.1 bezeichneten Aufgaben werden soweit wie möglich von den nationalen Zentralbanken ausgeführt.

5.3. Soweit erforderlich fördert die EZB die Harmonisierung der Bestimmungen und Gepflogenheiten auf dem Gebiet der Erhebung, Zusammenstellung und Weitergabe von statistischen Daten in den in ihre Zuständigkeit fallenden Bereichen.

5.4. Der Kreis der berichtspflichtigen natürlichen und juristischen Personen, die Bestimmungen über die Vertraulichkeit sowie die geeigneten Vorkehrungen zu ihrer Durchsetzung werden vom Rat nach dem Verfahren des Artikel 41 festgelegt.

Art. 6[1)] Internationale Zusammenarbeit. 6.1. Im Bereich der internationalen Zusammenarbeit, die die dem ESZB übertragenen Aufgaben betrifft, beschließt die EZB, wie das ESZB vertreten wird.

6.2. Die EZB und, soweit diese zustimmt, die nationalen Zentralbanken sind befugt, sich an internationalen Währungseinrichtungen zu beteiligen.

6.3. Die Artikel 6.1 und 6.2 finden unbeschadet des Artikels 138 des Vertrags über die Arbeitsweise der Europäischen Union[2)] Anwendung.

Kapitel III. Organisation des ESZB

Art. 7[3)] Unabhängigkeit. [1]Nach Artikel 130 des Vertrags über die Arbeitsweise der Europäischen Union[2)] darf bei der Wahrnehmung der ihnen durch diesen Vertrag und diese Satzung übertragenen Befugnisse, Aufgaben und Pflichten weder die EZB noch eine nationale Zentralbank noch ein Mitglied ihrer Beschlußorgane Weisungen von Organen, Einrichtungen oder sonstigen Stellen der Union, Regierungen der Mitgliedstaaten oder anderen Stellen einholen oder entgegennehmen. [2]Die Organe, Einrichtungen und sonstigen Stellen der Union sowie die Regierungen der Mitgliedstaaten verpflichten sich, diesen Grundsatz zu beachten und nicht zu versuchen, die Mitglieder der

---

1) Art. 6 Abs. 6.3 geänd. mWv 1. 12. 2009 durch Prot. v. 13. 12. 2007 (ABl. Nr. C 306 S. 163).

2) Nr. **146**.

3) Art. 7 geänd. mWv 1. 12. 2009 durch Prot. v. 13. 12. 2007 (ABl. Nr. C 306 S. 163).

Beschlußorgane der EZB oder der nationalen Zentralbanken bei der Wahrnehmung ihrer Aufgaben zu beeinflussen.

Art. 8 Allgemeiner Grundsatz. Das ESZB wird von den Beschlußorganen der EZB geleitet.

Art. 9[1] **Die Europäische Zentralbank.** 9.1. Die EZB, die nach Artikel 282 Absatz 3 *dieses Vertrags* mit Rechtspersönlichkeit ausgestattet ist, besitzt in jedem Mitgliedstaat die weitestgehende Rechts- und Geschäftsfähigkeit, die juristischen Personen nach dessen Rechtsvorschriften zuerkannt ist; sie kann insbesondere bewegliches und unbewegliches Vermögen erwerben und veräußern sowie vor Gericht stehen.

9.2. Die EZB stellt sicher, daß die dem ESZB nach Artikel 127 Absätze 2, 3 und 5 des genannten Vertrags übertragenen Aufgaben entweder durch ihre eigene Tätigkeit nach Maßgabe dieser Satzung oder durch die nationalen Zentralbanken nach den Artikeln 12.1 und 14 erfüllt werden.

9.3. Die Beschlußorgane der EZB sind nach Artikel 129 Absatz 3 des genannten Vertrags der EZB-Rat und das Direktorium.

Art. 10[2] **Der EZB-Rat.** 10.1. Nach Artikel 283 Absatz 1 des Vertrags über die Arbeitsweise der Europäischen Union[3] besteht der EZB-Rat aus den Mitgliedern des Direktoriums der EZB und den Präsidenten der nationalen Zentralbanken der Mitgliedstaaten, deren Währung der Euro ist.

10.2. [1]Jedes Mitglied des EZB-Rates hat eine Stimme. [2]Ab dem Zeitpunkt, zu dem die Anzahl der Mitglieder des EZB-Rates 21 übersteigt, hat jedes Mitglied des Direktoriums eine Stimme und beträgt die Anzahl der stimmberechtigten Präsidenten der nationalen Zentralbanken 15. [3]Die Verteilung und Rotation dieser Stimmrechte erfolgt wie im Folgenden dargelegt:

– Ab dem Zeitpunkt, zu dem die Anzahl der Präsidenten der nationalen Zentralbanken 15 übersteigt, und bis zu dem Zeitpunkt, zu dem diese 22 beträgt, werden die Präsidenten der nationalen Zentralbanken aufgrund der Position des Mitgliedstaats ihrer jeweiligen nationalen Zentralbank, die sich aus der Größe des Anteils des Mitgliedstaats ihrer jeweiligen nationalen Zentralbank am aggregierten Bruttoinlandsprodukt zu Marktpreisen und an der gesamten aggregierten Bilanz der monetären Finanzinstitute der Mitgliedstaaten,

---

[1] Art. 9 Abs. 9.1, 9.2 und 9.3 geänd. mWv 1. 12. 2009 durch Prot. v. 13. 12. 2007 (ABl. Nr. C 306 S. 163); die Berichtigung ABl. 2009 C 290 S. 1 ist wohl ein Versehen.

[2] Art. 10.6 angef. mWv 1. 2. 2003 durch Vertrag v. 26. 2. 2001 (ABl. Nr. C 80 S. 42); Abs. 10.2 *neu gef.* mWv 30. 4. 2003 durch Beschl. v. 21. 3. 2003 (ABl. Nr. L 83 S. 66); Abs. 10.1 und 10.2 geänd., Abs. 10.6 aufgeh. mWv 1. 12. 2009 durch Prot. v. 13. 12. 2007 (ABl. Nr. C 306 S. 163).

[3] Nr. **146**.

deren Währung der Euro ist, ergibt, in zwei Gruppen eingeteilt. Die Gewichtung der Anteile am aggregierten Bruttoinlandsprodukt zu Marktpreisen und an der gesamten aggregierten Bilanz der monetären Finanzinstitute beträgt $^5/_6$ bzw. $^1/_6$. Die erste Gruppe besteht aus fünf Präsidenten der nationalen Zentralbanken und die zweite Gruppe aus den übrigen Präsidenten der nationalen Zentralbanken. Die Präsidenten der nationalen Zentralbanken, die in die erste Gruppe eingeteilt werden, sind nicht weniger häufig stimmberechtigt als die Präsidenten der nationalen Zentralbanken der zweiten Gruppe. Vorbehaltlich des vorstehenden Satzes werden der ersten Gruppe vier Stimmrechte und der zweiten Gruppe elf Stimmrechte zugeteilt.
- Ab dem Zeitpunkt, zu dem die Anzahl der Präsidenten der nationalen Zentralbanken 22 beträgt, werden die Präsidenten der nationalen Zentralbanken nach Maßgabe der sich aufgrund der oben genannten Kriterien ergebenden Position in drei Gruppen eingeteilt. Die erste Gruppe, der vier Stimmrechte zugeteilt werden, besteht aus fünf Präsidenten der nationalen Zentralbanken. Die zweite Gruppe, der acht Stimmrechte zugeteilt werden, besteht aus der Hälfte aller Präsidenten der nationalen Zentralbanken, wobei jeder Bruchteil auf die nächste ganze Zahl aufgerundet wird. Die dritte Gruppe, der drei Stimmrechte zugeteilt werden, besteht aus den übrigen Präsidenten der nationalen Zentralbanken.
- Innerhalb jeder Gruppe sind die Präsidenten der nationalen Zentralbanken für gleich lange Zeiträume stimmberechtigt.
- Artikel 29.2 gilt für die Berechnung der Anteile am aggregierten Bruttoinlandsprodukt zu Marktpreisen. Die gesamte aggregierte Bilanz der monetären Finanzinstitute wird gemäß dem zum Zeitpunkt der Berechnung in der Europäischen Union geltenden statistischen Berichtsrahmen berechnet.
- Bei jeder Anpassung des aggregierten Bruttoinlandsprodukts zu Marktpreisen gemäß Artikel 29.3 oder bei jeder Erhöhung der Anzahl der Präsidenten der nationalen Zentralbanken wird die Größe und/oder die Zusammensetzung der Gruppen nach den oben genannten Grundsätzen angepasst.
- Der EZB-Rat trifft mit einer Mehrheit von zwei Dritteln seiner stimmberechtigten und nicht stimmberechtigten Mitglieder alle zur Durchführung der oben genannten Grundsätze erforderlichen Maßnahmen und kann beschließen, den Beginn des Rotationssystems bis zu dem Zeitpunkt zu verschieben, zu dem die Anzahl der Präsidenten der nationalen Zentralbanken 18 übersteigt.

[1] Das Stimmrecht wird persönlich ausgeübt. [2] Abweichend von dieser Bestimmung kann in der in Artikel 12.3 genannten Geschäftsordnung vorgesehen werden, dass Mitglieder des EZB-Rates im Wege einer Telekonferenz an der Abstimmung teilnehmen können. [3] In der Geschäftsordnung wird ferner vorgesehen, dass ein für längere Zeit an der Teilnahme an Sitzungen des EZB-Rates verhindertes Mitglied einen Stellvertreter als Mitglied des EZB-Rates benennen kann.

Die Stimmrechte aller stimmberechtigten und nicht stimmberechtigten Mitglieder des EZB-Rates gemäß den Artikeln 10.3, 40.2 und 40.3 bleiben von den Bestimmungen der vorstehenden Absätze unberührt.

1 Soweit in dieser Satzung nichts anderes bestimmt ist, beschließt der EZB-Rat mit einfacher Mehrheit seiner stimmberechtigten Mitglieder. 2 Bei Stimmengleichheit gibt die Stimme des Präsidenten den Ausschlag.

1 Der EZB-Rat ist beschlussfähig, wenn mindestens zwei Drittel seiner stimmberechtigten Mitglieder an der Abstimmung teilnehmen. 2 Ist der EZB-Rat nicht beschlussfähig, so kann der Präsident eine außerordentliche Sitzung einberufen, bei der für die Beschlussfähigkeit die Mindestteilnahmequote nicht erforderlich ist.

10.3. 1 Für alle Beschlüsse im Rahmen der Artikel 28, 29, 30, 32 und 33 werden die Stimmen im EZB-Rat nach den Anteilen der nationalen Zentralbank am gezeichneten Kapital der EZB gewogen. 2 Die Stimmen der Mitglieder des Direktoriums werden mit Null gewogen. 3 Ein Beschluß, der die qualifizierte Mehrheit der Stimmen erfordert, gilt als angenommen, wenn die abgegebenen Ja-Stimmen mindestens zwei Drittel des gezeichneten Kapitals der EZB und mindestens die Hälfte der Anteilseigner vertreten. 4 Bei Verhinderung eines Präsidenten einer nationalen Zentralbank kann dieser einen Stellvertreter zur Abgabe seiner gewogenen Stimme benennen.

10.4. 1 Die Aussprachen in den Ratssitzungen sind vertraulich. 2 Der EZB-Rat kann beschließen, das Ergebnis seiner Beratungen zu veröffentlichen.

10.5. Der EZB-Rat tritt mindestens zehnmal im Jahr zusammen.

Art. 11[1] Das Direktorium. 11.1. 1 Nach Artikel 283 Absatz 2 Buchstabe a des Vertrags über die Arbeitsweise der Europäischen Union[2] besteht das Direktorium aus dem Präsidenten, dem Vizepräsidenten und vier weiteren Mitgliedern. 2 Die Mitglieder erfüllen ihre Pflichten hauptamtlich. 3 Ein Mitglied darf weder entgeltlich noch unentgeltlich einer anderen Beschäftigung nachgehen, es sei denn, der EZB-Rat erteilt hierzu ausnahmsweise seine Zustimmung.

11.2. Nach Artikel 283 Absatz 2 Buchstabe b des genannten Vertrags werden der Präsident, der Vizepräsident und die weiteren Mitglieder des Direktoriums vom Europäischen Rat auf Empfehlung des Rates, der hierzu das Europäische Parlament und den EZB-Rat anhört, aus dem Kreis der in Währungs- oder Bankfragen anerkannten und erfahrenen Persönlichkeiten mit qualifizierter Mehrheit ernannt.

Ihre Amtszeit beträgt acht Jahre; Wiederernennung ist nicht zulässig.

Nur Staatsangehörige der Mitgliedstaaten können Mitglieder des Direktoriums sein.

---

[1] Art. 11 Abs. 11.1 und Abs. 11.2 UAbs. 1 geänd. mWv 1. 12. 2009 durch Prot. v. 13. 12. 2007 (ABl. Nr. C 306 S. 163).

[2] Nr. **146**.

11.3. [1]Die Beschäftigungsbedingungen für die Mitglieder des Direktoriums, insbesondere ihre Gehälter und Ruhegehälter sowie andere Leistungen der sozialen Sicherheit, sind Gegenstand von Verträgen mit der EZB und werden vom EZB-Rat auf Vorschlag eines Ausschusses festgelegt, der aus drei vom EZB-Rat und drei vom Rat ernannten Mitgliedern besteht. [2]Die Mitglieder des Direktoriums haben in den in diesem Absatz bezeichneten Angelegenheiten kein Stimmrecht.

11.4. Ein Mitglied des Direktoriums, das die Voraussetzungen für die Ausübung seines Amtes nicht mehr erfüllt oder eine schwere Verfehlung begangen hat, kann auf Antrag des EZB-Rates oder des Direktoriums durch den Gerichtshof seines Amtes enthoben werden.

11.5. [1]Jedes persönlich anwesende Mitglied des Direktoriums ist berechtigt, an Abstimmungen teilzunehmen, und hat zu diesem Zweck eine Stimme. [2]Soweit nichts anderes bestimmt ist, beschließt das Direktorium mit der einfachen Mehrheit der abgegebenen Stimmen. [3]Bei Stimmengleichheit gibt die Stimme des Präsidenten den Ausschlag. [4]Die Abstimmungsmodalitäten werden in der in Artikel 12.3 bezeichneten Geschäftsordnung geregelt.

11.6. Das Direktorium führt die laufenden Geschäfte der EZB.

11.7. Freiwerdende Sitze im Direktorium sind durch Ernennung eines neuen Mitglieds nach Artikel 11.2 zu besetzen.

Art. 12[1)] Aufgaben der Beschlußorgane. 12.1. [1]Der EZB-Rat erläßt die Leitlinien und Beschlüsse, die notwendig sind, um die Erfüllung der dem ESZB nach den Verträgen und dieser Satzung übertragenen Aufgaben zu gewährleisten. [2]Der EZB-Rat legt die Geldpolitik der Union fest, gegebenenfalls einschließlich von Beschlüssen in bezug aufgeldpolitische Zwischenziele, Leitzinssätze und die Bereitstellung von Zentralbankgeld im ESZB, und erläßt die für ihre Ausführung notwendigen Leitlinien. [3]Das Direktorium führt die Geldpolitik gemäß den Leitlinien und Beschlüssen des EZB-Rates aus. [4]Es erteilt hierzu den nationalen Zentralbanken die erforderlichen Weisungen. [5]Ferner können dem Direktorium durch Beschluß des EZB-Rates bestimmte Befugnisse übertragen werden.

Unbeschadet dieses Artikels nimmt die EZB die nationalen Zentralbanken zur Durchführung von Geschäften, die zu den Aufgaben des ESZB gehören, in Anspruch, soweit dies möglich und sachgerecht erscheint.

12.2. Die Vorbereitung der Sitzungen des EZB-Rates obliegt dem Direktorium.

12.3. Der EZB-Rat beschließt eine Geschäftsordnung, die die interne Organisation der EZB und ihrer Beschlußorgane regelt.

---

1) Art. 12 Abs. 12.1 UAbs. 1 geänd. mWv 1. 12. 2009 durch Prot. v. 13. 12. 2007 (ABl. Nr. C 306 S. 163).

12.4. Der EZB-Rat nimmt die in Artikel 4 genannten beratenden Funktionen wahr.

12.5. Der EZB-Rat trifft die Beschlüsse nach Artikel 6.

Art. 13 Der Präsident. 13.1. Den Vorsitz im EZB-Rat und im Direktorium der EZB führt der Präsident oder, bei seiner Verhinderung, der Vizepräsident.

13.2. Unbeschadet des Artikels 38 vertritt der Präsident oder eine von ihm benannte Person die EZB nach außen.

Art. 14[1] Nationale Zentralbanken. 14.1. Nach Artikel 131 des Vertrags über die Arbeitsweise der Europäischen Union[2] stellt jeder Mitgliedstaat sicher, daß seine innerstaatlichen Rechtsvorschriften einschließlich der Satzung seiner Zentralbank mit den Verträgen und dieser Satzung im Einklang stehen.

14.2.In den Satzungen der nationalen Zentralbanken ist insbesondere vor zusehen, daß die Amtszeit des Präsidenten der j eweiligen nationalen Zentralbank mindestens fünf Jahre beträgt.

[1] Der Präsident einer nationalen Zentralbank kann aus seinem Amt nur entlassen werden, wenn er die Voraussetzungen für die Ausübung seines Amtes nicht mehr erfüllt oder eine schwere Verfehlung begangen hat. [2] Gegen einen entsprechenden Beschluss kann der betreffende Präsident einer nationalen Zentralbank oder der EZB-Rat wegen Verletzung dieser Verträge oder einer bei seiner Durchführung anzuwendenden Rechtsnorm den Gerichtshof anrufen. [3] Solche Klagen sind binnen zwei Monaten zu erheben; diese Frist läuft je nach Lage des Falles von der Bekanntgabe des betreffenden Beschlusses, ihrer Mitteilung an den Kläger oder in Ermangelung dessen von dem Zeitpunkt an, zu dem der Kläger von diesem Beschluss Kenntnis erlangt hat.

14.3. [1] Die nationalen Zentralbanken sind integraler Bestandteil des ESZB und handeln gemäß den Leitlinien und Weisungen der EZB. [2] Der EZB-Rat trifft die notwendigen Maßnahmen, um die Einhaltung der Leitlinien und Weisungen der EZB sicherzustellen, und kann verlangen, daß ihm hierzu alle erforderlichen Informationen zur Verfügung gestellt werden.

14.4. [1] Die nationalen Zentralbanken können andere als die in dieser Satzung bezeichneten Aufgaben wahrnehmen, es sei denn, der EZB-Rat stellt mit Zweidrittelmehrheit der abgegebenen Stimmen fest, daß diese Aufgaben nicht mit den Zielen und Aufgaben des ESZB vereinbar sind. [2] Derartige Aufgaben werden von den nationalen Zentralbanken in eigener Verantwortung und auf eigene Rechnung wahrgenommen und gelten nicht als Aufgaben des ESZB.

---

[1] Art. 14 Abs. 14.1 und 14.2 UAbs. 2 geänd. mWv 1. 12. 2009 durch Prot. v. 13. 12. 2007 (ABl. Nr. C 306 S. 163).

[2] Nr. **146**.

Art. 15[1] Berichtspflichten. 15.1. Die EZB erstellt und veröffentlicht mindestens vierteljährlich Berichte über die Tätigkeit des ESZB.

15.2. Ein konsolidierter Ausweis des ESZB wird wöchentlich veröffentlicht.

15.3. Nach Artikel 294 Absatz 3 des Vertrags über die Arbeitsweise der Europäischen Union[2] unterbreitet die EZB dem Europäischen Parlament, dem Rat und der Kommission sowie auch dem Europäischen Rat einen Jahresbericht über die Tätigkeit des ESZB und die Geld- und Währungspolitik im vergangenen und im laufenden Jahr.

15.4. Die in diesem Artikel bezeichneten Berichte und Ausweise werden Interessenten kostenlos zur Verfügung gestellt.

Art. 16[3] Banknoten. [1]Nach Artikel 128 Absatz 1 des Vertrags über die Arbeitsweise der Europäischen Union[1] hat der EZB-Rat das ausschließliche Recht, die Ausgabe von Euro-Banknoten innerhalb der Union zu genehmigen. [2]Die EZB und die nationalen Zentralbanken sind zur Ausgabe dieser Banknoten berechtigt. [3]Die von der EZB und den nationalen Zentralbanken ausgegebenen Banknoten sind die einzigen Banknoten, die in der Union als gesetzliches Zahlungsmittel gelten.

Die EZB berücksichtigt so weit wie möglich die Gepflogenheiten bei der Ausgabe und der Gestaltung von Banknoten.

Kapitel IV. Währungspolitische Aufgaben und Operationen des ESZB

Art. 17 Konten bei der EZB und den nationalen Zentralbanken. Zur Durchführung ihrer Geschäfte können die EZB und die nationalen Zentralbanken für Kreditinstitute, öffentliche Stellen und andere Marktteilnehmer Konten eröffnen und Vermögenswerte, einschließlich Schuldbuchforderungen, als Sicherheit hereinnehmen.

Art. 18[4] Offenmarkt- und Kreditgeschäfte. 18.1. Zur Erreichung der Ziele des ESZB und zur Erfüllung seiner Aufgaben können die EZB und die nationalen Zentralbanken

– auf den Finanzmärkten tätig werden, indem sie auf Euro oder sonstige Währungen lautende Forderungen und börsengängige Wertpapiere sowie Edelmetalle endgültig (per Kasse oder Termin) oder im

[1] Art. 15 Abs. 15.3 geänd. mWv 1. 12. 2009 durch Prot. v. 13. 12. 2007 (ABl. Nr. C 306 S. 163).

[2] Nr. **146**.

[3] Art. 16 Abs. 1 Sätze 1 und 2 geänd. mWv 1. 12. 2009 durch Prot. v. 13. 12. 2007 (ABl. Nr. C 306 S. 163).

[4] Art. 18 Abs. 18.1 geänd. mWv 1. 12. 2009 durch Prot. v. 13. 12. 2007 (ABl. Nr. C 306 S. 163).

Rahmen von Rückkaufsvereinbarungen kaufen und verkaufen oder entsprechende Darlehensgeschäfte tätigen;
– Kreditgeschäfte mit Kreditinstituten und anderen Marktteilnehmern abschließen, wobei für die Darlehen ausreichende Sicherheiten zu stellen sind. 18.2. Die EZB stellt allgemeine Grundsätze für ihre eigenen Offenmarkt- und Kreditgeschäfte und die der nationalen Zentralbanken auf; hierzu gehören auch die Grundsätze für die Bekanntmachung der Bedingungen, zu denen sie bereit sind, derartige Geschäfte abzuschließen.

Art. 19 Mindestreserven. 19.1. [1]Vorbehaltlich des Artikels 2 kann die EZB zur Verwirklichung der geldpolitischen Ziele verlangen, daß die in den Mitgliedstaaten niedergelassenen Kreditinstitute Mindestreserven auf Konten bei der EZB und den nationalen Zentralbanken unterhalten. [2]Verordnungen über die Berechnung und Bestimmung des Mindestreservesolls können vom EZB-Rat erlassen werden. [3]Bei Nichteinhaltung kann die EZB Strafzinsen erheben und sonstige Sanktionen mit vergleichbarer Wirkung verhängen.

19.2. Zum Zwecke der Anwendung dieses Artikel legt der Rat nach dem Verfahren des Artikels 41 die Basis für die Mindestreserven und die höchstzulässigen Relationen zwischen diesen Mindestreserven und ihrer Basis sowie die angemessenen Sanktionen fest, die bei Nichteinhaltung anzuwenden sind.

Art. 20 Sonstige geldpolitische Instrumente. Der EZB-Rat kann mit der Mehrheit von zwei Dritteln der abgegebenen Stimmen über die Anwendung anderer Instrumente der Geldpolitik entscheiden, die er bei Beachtung des Artikels 2 für zweckmäßig hält.

Der Rat legt nach dem Verfahren des Artikels 41 den Anwendungsbereich solcher Instrumente fest, wenn sie Verpflichtungen für Dritte mit sich bringen.

Art. 21[1)] **Geschäfte mit öffentlichen Stellen.** 21.1. Nach Artikel 123 des Vertrags über die Arbeitsweise der Europäischen Union[2)] sind Überziehungs- oder andere Kreditfazilitäten bei der EZB oder den nationalen Zentralbanken für Organe, Einrichtungen oder sonstige Stellen der Union, Zentralregierungen, regionale oder lokale Gebietskörperschaften oder andere öffentlich-rechtliche Körperschaften, sonstige Einrichtungen des öffentlichen Rechts oder öffentliche Unternehmen der Mitgliedstaaten ebenso verboten wie der unmittelbare Erwerb von Schuldtiteln von diesen durch die EZB oder die nationalen Zentralbanken.

21.2. Die EZB und die nationalen Zentralbanken können als Fiskalagent für die in Artikel 21.1 bezeichneten Stellen tätig werden.

[1)] Art. 21 Abs. 21.1 geänd. mWv 1. 12. 2009 durch Prot. v. 13. 12. 2007 (ABl. Nr. C 306 S. 163).

[2)] Nr. **146**.

21.3. Die Bestimmungen dieses Artikels gelten nicht für Kreditinstitute in öffentlichem Eigentum; diese werden von der jeweiligen nationalen Zentralbank und der EZB, was die Bereitstellung von Zentralbankgeld betrifft, wie private Kreditinstitute behandelt.

Art. 22 Verrechnungs- und Zahlungssysteme. Die EZB und die nationalen Zentralbanken können Einrichtungen zur Verfügung stellen und die EZB kann Verordnungen erlassen, um effiziente und zuverlässige Verrechnungs- und Zahlungssysteme innerhalb der Union und im Verkehr mit dritten Ländern zu gewährleisten.

Art. 23 Geschäfte mit dritten Ländern und internationalen Organisationen. Die EZB und die nationalen Zentralbanken sind befugt,
- mit Zentralbanken und Finanzinstituten in dritten Ländern und, soweit zweckdienlich, mit internationalen Organisationen Beziehungen aufzunehmen;
- alle Arten von Devisen und Edelmetalle per Kasse und per Termin zu kaufen und zu verkaufen; der Begriff „Devisen" schließt Wertpapiere und alle sonstigen Vermögenswerte, die auf beliebige Währungen oder Rechnungseinheiten lauten, unabhängig von deren Ausgestaltung ein;
- die in diesem Artikel bezeichneten Vermögendwerte zu halten und zu verwalten;
- alle Arten von Bankgeschäften, einschließlich der Aufnahme und Gewährung von Krediten, im Verkehr mit dritten Ländern sowie internationalen Organisationen zu tätigen.

Art. 24 Sonstige Geschäfte. Die EZB und die nationalen Zentralbanken sind befugt, außer den mit ihren Aufgaben verbundenen Geschäften auch Geschäfte für ihren eigenen Betrieb und für ihre Bediensteten zu tätigen.

Kapitel V. Aufsicht

Art. 25[1] Aufsicht. 25.1. Die EZB kann den Rat, die Kommission und die zuständigen Behörden der Mitgliedstaaten in Fragen des Geltungsbereichs und der Anwendung der Rechtsvorschriften der Union hinsichtlich der Aufsicht über die Kreditinstitute sowie die Stabilität des Finanzsystems beraten und von diesen konsultiert werden.

25.2. Aufgrund von Verordnungen des Rates nach Artikel 127 Absatz 6 des Vertrags über die Arbeitsweise der Europäischen Union[2] kann die EZB besondere Aufgaben im Zusammenhang mit der Auf-

[1] Art. 25 Abs. 25.2 geänd. mWv 1.12.2009 durch Prot. v. 13.12.2007 (ABl. Nr. C 306 S. 163).
[2] Nr. **146**.

sicht über die Kreditinstitute und sonstige Finanzinstitute mit Ausnahme von Versicherungsunternehmen wahrnehmen.

Kapitel VI. Finanzvorschriften des ESZB

Art. 26 Jahresabschlüsse. 26.1. Das Geschäftsjahr der EZB und der nationalen Zentralbanken beginnt am 1. Januar und endet am 31. Dezember.

26.2. 1 Der Jahresabschluß der EZB wird vom Direktorium nach den vom EZB-Rat aufgestellten Grundsätzen erstellt. 2 Der Jahresabschluß wird vom EZB-Rat festgestellt und sodann veröffentlicht.

26.3. Für Analyse- und Geschäftsführungszwecke erstellt das Direktorium eine konsolidierte Bilanz des ESZB, in der die zum ESZB gehörenden Aktiva und Passiva der nationalen Zentralbanken ausgewiesen werden.

26.4. Zur Anwendung dieses Artikels erläßt der EZB-Rat die notwendigen Vorschriften für die Standardisierung der buchmäßigen Erfassung und der Meldung der Geschäfte der nationalen Zentralbanken.

Art. 27[1] Rechnungsprüfung. 27.1 1 Die Jahresabschlüsse der EZB und der nationalen Zentralbanken werden von unabhängigen externen Rechnungsprüfern, die vom EZB-Rat empfohlen und vom Rat anerkannt wurden, geprüft. 2 Die Rechnungsprüfer sind befugt, alle Bücher und Konten der EZB und der nationalen Zentralbanken zu prüfen und alle Auskünfte über deren Geschäfte zu verlangen.

27.2. Artikel 287 des Vertrags über die Arbeitsweise der Europäischen Union[2] ist nur auf eine Prüfung der Effizienz der Verwaltung der EZB anwendbar.

Art. 28[3] Kapital der EZB. 28.1. 1 Das Kapital der EZB beträgt 5 Milliarden Euro. 2 Das Kapital kann durch einen Beschluß des EZB-Rates mit der in Artikel 10.3 vorgesehenen qualifizierten Mehrheit innerhalb der Grenzen und unter den Bedingungen, die der Rat nach dem Verfahren des Artikels 41 festgelegt, erhöht werden.

28.2. 1 Die nationalen Zentralbanken sind alleinige Zeichner und Inhaber des Kapitals der EZB. 2 Die Zeichnung des Kapitals erfolgt nach dem gemäß Artikel 29 festgelegten Schlüssel.

28.3. Der EZB-Rat bestimmt mit der in Artikel 10.3 vorgesehenen qualifizierten Mehrheit, in welcher Höhe und welcher Form das Kapital einzuzahlen ist.[4]

---

[1] Art. 27 Abs. 27.2 geänd. mWv 1.12.2009 durch Prot. v. 13.12.2007 (ABl. Nr. C 306 S. 163).

[2] Nr. **146**.

[3] Art. 28 Abs. 28.1 geänd. mWv 1.12.2009 durch Prot. v. 13.12.2007 (ABl. Nr. C 306 S. 163).

[4] Vgl. hierzu Beschluss (EU) 2019/44 der EZB v. 29.11.2018 (ABl. Nr. L 9/180 v. 11.1.2019).

28.4. Vorbehaltlich des Artikels 28.5 können die Anteile der nationalen Zentralbanken am gezeichneten Kapital der EZB nicht übertragen, verpfändet oder gepfändet werden.

28.5. 1 Im Falle einer Anpassung des in Artikel 29 bezeichneten Schlüssels sorgen die nationalen Zentralbanken durch Übertragungen von Kapitalanteilen untereinander dafür, daß die Verteilung der Kapitalanteile dem angepaßten Schlüssel entspricht. 2 Die Bedingungen für derartige Übertragungen werden vom EZB-Rat festgelegt.[1)]

Art. 29[2)] Schlüssel für die Kapitalzeichnung. 29.1. Der Schlüssel für die Zeichnung des Kapitals der EZB, der 1998 bei der Errichtung des ESZB erstmals festgelegt wurde, wird festgelegt, indem jede nationale Zentralbank in diesem Schlüssel einen Gewichtsanteil, der der Summe folgender Prozentsätze entspricht, erhält:
- 50% des Anteils des jeweiligen Mitgliedstaats an der Bevölkerung der Union im vorletzten Jahr vor der Errichtung des ESZB;
- 50% des Anteils des jeweiligen Mitgliedstaats am Bruttoinlandsprodukt der Union zu Marktpreisen in den fünf Jahren vor dem vorletzten Jahr vor der Errichtung des ESZB.

Die Prozentsätze werden zum nächsten Vielfachen von 0,0001 Prozentpunkten ab- oder aufgerundet.

29.2. Die zur Anwendung dieses Artikels zu verwendenden statistischen Daten werden von der Kommission nach den Regeln bereitgestellt, die der Rat nach dem Verfahren des Artikels 41 festlegt.

29.3. 1 Die den nationalen Zentralbanken zugeteilten Gewichtsanteile werden nach Errichtung des ESZB alle fünf Jahre unter sinngemäßer Anwendung der Bestimmungen des Artikels 29.1 angepaßt. 2 Der neue Schlüssel gilt jeweils vom ersten Tag des folgenden Jahres an.[3)]

29.4. Der EZB-Rat trifft alle weiteren Maßnahmen, die zur Anwendung dieses Artikels erforderlich sind.

Art. 30[4)] Übertragung von Währungsreserven auf die EZB.

30.1. 1 Unbeschadet des Artikels 28 wird die EZB von den nationalen Zentralbanken mit Währungsreserven, die jedoch nicht aus Währungen der Mitgliedstaaten, Euro, IWF-Reservepositionen und SZR gebildet werden dürfen, bis zu einem Gegenwert von 50 Milliarden Euro ausgestattet. 2 Der EZB-Rat entscheidet über den von der EZB nach ihrer Errichtung einzufordernden Teil sowie die zu späteren Zeitpunkten einzufordernden Beträge. 3 Die EZB hat das uneingeschränkte Recht, die

---

1) Vgl. hierzu Beschluss (EU) 2019/45 der EZB v. 29.11.2018 (ABl. Nr. L 9/183 v. 11.1.2019).

2) Art. 29 Abs. 29.1 UAbs. 1 geänd., UAbs. 2 neu gef. mWv 1.12.2009 durch Prot. v. 13.12.2007 (ABl. Nr. C 306 S. 163).

3) Vgl. hierzu Beschluss (EU) 2019/43 der EZB v. 29.11.2018 (ABl. Nr. L 9/178 v. 11.1.2019).

4) Vgl. hierzu Beschluss (EU) 2019/46 der EZB v. 29.11.2018 (ABl. Nr. L 9/190 v. 11.1.2019).

ihr übertragenen Währungsreserven zu halten und zu verwalten sowie für die in dieser Satzung genannten Zwecke zu verwenden.

30.2. Die Beiträge der einzelnen nationalen Zentralbanken werden entsprechend ihrem jeweiligen Anteil am gezeichneten Kapital der EZB bestimmt.

30.3. [1]Die EZB schreibt jeder nationalen Zentralbank eine ihrem Beitrag entsprechende Forderung gut. [2]Der EZB-Rat entscheidet über die Denominierung und Verzinsung dieser Forderungen.

30.4. Die EZB kann nach Artikel 30.2 über den in Artikel 30.1 festgelegten Betrag hinaus innerhalb der Grenzen und unter den Bedingungen, die der Rat nach dem Verfahren des Artikels 41 festlegt, die Einzahlung weiterer Währungsreserven fordern.

30.5. Die EZB kann IWF-Reservepositionen und SZR halten und verwalten sowie die Zusammenlegung solcher Aktiva vorsehen.

30.6. Der EZB-Rat trifft alle weiteren Maßnahmen, die zur Anwendung dieses Artikels erforderlich sind.

Art. 31 Währungsreserven der nationalen Zentralbanken.

31.1. Die nationalen Zentralbanken sind befugt, zur Erfüllung ihrer Verpflichtungen gegenüber internationalen Organisationen nach Artikel 23 Geschäfte abzuschließen.

31.2. Alle sonstigen Geschäfte mit den Währungsreserven, die den nationalen Zentralbanken nach den in Artikel 30 genannten Übertragungen verbleiben, sowie von Mitgliedstaaten ausgeführte Transaktionen mit ihren Arbeitsguthaben in Fremdwährungen bedürfen oberhalb eines bestimmten, im Rahmen des Artikels 31.3 festzulegenden Betrags der Zustimmung der EZB, damit Übereinstimmung mit der Wechselkurs- und der Währungspolitik der Union gewährleistet ist.

31.3. Der EZB-Rat erläßt Richtlinien mit dem Ziel, derartige Geschäfte zu erleichtern.

Art. 32[1] Verteilung der monetären Einkünfte der nationalen Zentralbanken. 32.1. Die Einkünfte, die den nationalen Zentralbanken aus der Erfüllung der währungspolitischen Aufgaben des ESZB zufließen (im folgenden als „monetäre Einkünfte" bezeichnet), werden am Ende eines jeden Geschäftsjahrs nach diesem Artikel verteilt.

32.2. [1]Der Betrag der monetären Einkünfte einer jeden nationalen Zentralbank entspricht ihren jährlichen Einkünften aus Vermögenswerten, die sie als Gegenposten zum Bargeldumlauf und zu ihren Verbindlichkeiten aus Einlagen der Kreditinstitute hält. [2]Diese Vermögenswerte werden von den nationalen Zentralbanken gemäß den vom EZB-Rat zu erlassenden Richtlinien gesondert erfaßt.

---

[1] Art. 32 Abs. 32.2 und 32.3 geänd. mWv 1.12.2009 durch Prot. v. 13.12.2007 (ABl. Nr. C 306 S. 163).

32.3. Wenn nach der Einführung des Euro die Bilanzstrukturen der nationalen Zentralbanken nach Auffassung des EZB-Rates die Anwendung des Artikels 32.2 nicht gestatten, kann der EZB-Rat mit qualifizierter Mehrheit beschließen, daß die monetären Einkünfte für einen Zeitraum von höchstens fünf Jahren abweichend von Artikel 32.2 nach einem anderen Verfahren bemessen werden.

(Fortsetzung nächstes Blatt)

32.4. Der Betrag der monetären Einkünfte einer jeden nationalen Zentralbank vermindert sich um den Betrag etwaiger Zinsen, die von dieser Zentralbank auf ihre Verbindlichkeiten aus Einlagen der Kreditinstitute nach Artikel 19 gezahlt werden.

[1] Der EZB-Rat kann beschließen, daß die nationalen Zentralbanken für Kosten in Verbindung mit der Ausgabe von Banknoten oder unter außergewöhnlichen Umständen für spezifische Verluste aus für das ESZB unternommenen währungspolitischen Operationen entschädigt werden. [2] Die Entschädigung erfolgt in einer Form, die der EZB-Rat für angemessen hält; diese Beträge können mit den monetären Einkünften der nationalen Zentralbanken verrechnet werden.

32.5. Die Summe der monetären Einkünfte der nationalen Zentralbanken wird vorbehaltlich etwaiger Beschlüsse des EZB-Rates nach Artikel 33.2 unter den nationalen Zentralbanken entsprechend ihren eingezahlten Anteilen am Kapital der Europäische Zentralbank verteilt.

32.6. Die Verrechnung und den Ausgleich der Salden aus der Verteilung der monetären Einkünfte nimmt die EZB gemäß den Richtlinien des EZB-Rates vor.

32.7. Der EZB-Rat trifft alle weiteren Maßnahmen, die zur Anwendung dieses Artikels erforderlich sind.

Art. 33 Verteilung der Nettogewinne und Verluste der Europäische Zentralbank. 33.1. Der Nettogewinn der Europäischen Zentralbank wird in der folgenden Reihenfolge verteilt:

a) Ein vom EZB-Rat zu bestimmender Betrag, der 20% des Nettogewinns nicht übersteigen darf, wird dem allgemeinen Reservefonds bis zu einer Obergrenze von 100% des Kapitals zugeführt;

b) der verbleibende Nettogewinn wird an die Anteilseigner der Europäischen Zentralbank entsprechend ihren eingezahlten Anteilen ausgeschüttet.

33.2. Falls die Europäische Zentralbank einen Verlust erwirtschaftet, kann der Fehlbetrag aus dem allgemeinen Reservefonds der Europäische Zentralbank und erforderlichenfalls nach einem entsprechenden Beschluß des EZB-Rates aus den monetären Einkünften des betreffenden Geschäftsjahrs im Verhältnis und bis in Höhe der Beträge gezahlt werden, die nach Artikel 32.5 an die nationalen Zentralbanken verteilt werden.

Kapitel VII. Allgemeine Bestimmungen

Art. 34[1)] Rechtsakte. 34.1. Nach Artikel 132 des Vertrags über die Arbeitsweise der Europäischen Union[2)] werden von der EZB

– Verordnungen erlassen, insoweit dies für die Erfüllung der in Artikel 3.1 erster Gedankenstrich, Artikel 19.1, Artikel 22 oder Arti-

[1)] Art. 34 Abs. 34.1 geänd., Abs. 34.2 aufgeh. mWv 1. 12. 2009 durch Prot. v. 13. 12. 2007 (ABl. Nr. C 306 S. 163).

[2)] Nr. **146**.

kel 25.2 festgelegten Aufgaben erforderlich ist; sie erläßt Verordnungen ferner in den Fällen, die in den Rechtsakten des Rates nach Artikel 41 vorgesehen werden,

– die Beschlüsse erlassen, die zur Erfüllung der dem ESZB nach den Verträgen und dieser Satzung übertragenen Aufgaben erforderlich sind,

– Empfehlungen und Stellungnahmen abgegeben.

34.2 *(aufgehoben)*

34.3.[1] Innerhalb der Grenzen und unter den Bedingungen, die der Rat nach dem Verfahren des Artikels 41 festlegt, ist die Europäische Zentralbank befugt, Unternehmen bei Nichteinhaltung der Verpflichtungen, die sich aus ihren Verordnungen und Beschlüssen ergeben, mit Geldbußen oder in regelmäßigen Abständen zu zahlenden Strafgeldern zu belegen.

Art. 35[2] **Gerichtliche Kontrolle und damit verbundene Angelegenheiten.** 35.1. [1]Die Handlungen und Unterlassungen der Europäischen Zentralbank unterliegen in den Fällen und unter den Bedingungen, die in den Verträgen vorgesehen sind, der Überprüfung und Auslegung durch den Gerichtshof der Europäischen Union. [2]Die Europäische Zentralbank ist in den Fällen und unter den Bedingungen, die in den Verträgen vorgesehen sind, klageberechtigt.

35.2. Über Rechtsstreitigkeiten zwischen der EZB einerseits und ihren Gläubigern, Schuldnern oder dritten Personen andererseits entscheiden die zuständigen Gerichte der einzelnen Staaten vorbehaltlich der Zuständigkeiten, die dem Gerichtshof der Europäischen Union zuerkannt sind.

35.3. [1]Die EZB unterliegt der Haftungsregelung des Artikels 340 des Vertrags über die Arbeitsweise der Europäischen Union[3]. [2]Die Haftung der nationalen Zentralbanken richtet sich nach dem jeweiligen innerstaatlichen Recht.

35.4. Der Gerichtshof der Europäischen Union ist für Entscheidungen aufgrund einer Schiedsklausel zuständig, die in einem von der EZB oder für ihre Rechnung abgeschlossenen öffentlich-rechtlichen oder privatrechtlichen Vertrag enthalten ist.

35.5. Für einen Beschluß der EZB, den Gerichtshof der Europäischen Union anzurufen, ist der EZB-Rat zuständig.

35.6. [1]Der Gerichtshof der Europäischen Union ist für Streitsachen zuständig, die die Erfüllung der Verpflichtungen aus den Verträgen und dieser Satzung durch eine nationale Zentralbank betreffen. [2]Ist die EZB

---

[1] Vgl. VO (EG) Nr. 2157/1999 der EZB v. 23. 9. 1999 über das Recht der Europäischen Zentralbank, Sanktionen zu verhängen (ABl. Nr. L 264/21 v. 12. 10. 1999), geänd. durch VO (EG) Nr. 985/2001 der EZB v. 10. 5. 2001 (ABl. Nr. L 137/24 v. 19. 5. 2001) und durch VO (EU) Nr. 469/2014 der EZB v. 16. 4. 2014 (ABl. Nr. L 141/51 v. 14. 5. 2014).

[2] Art. 35 Abs. 35.1 bis 35.6 geänd. mWv 1. 12. 2009 durch Prot. v. 13. 12. 2007 (ABl. Nr. C 306 S. 163).

[3] Nr. **146**.

der Auffassung, daß eine nationale Zentralbank einer Verpflichtung aus den Verträgen und dieser Satzung nicht nachgekommen ist, so legt sie in der betreffenden Sache eine mit Gründen versehene Stellungnahme vor, nachdem sie der nationalen Zentralbank Gelegenheit zur Vorlage von Bemerkungen gegeben hat. [3]Entspricht die nationale Zentralbank nicht innerhalb der von der EZB gesetzten Frist deren Stellungnahme, so kann die EZB den Gerichtshof der Europäischen Union anrufen.

Art. 36[1)] Personal. 36.1. Der EZB-Rat legt auf Vorschlag des Direktoriums die Beschäftigungsbedingungen für das Personal der EZB fest.

36.2. Der Gerichtshof der Europäischen Union ist für alle Streitsachen zwischen der EZB und deren Bediensteten innerhalb der Grenzen und unter den Bedingungen zuständig, die sich aus den Beschäftigungsbedingungen ergeben.

Art. 37[2)] Geheimhaltung. 37.1. Die Mitglieder der Leitungsgremien und des Personals der EZB und der nationalen Zentralbanken dürfen auch nach Beendigung ihres Dienstverhältnisses keine der Geheimhaltungspflicht unterliegenden Informationen weitergeben.

37.2. Auf Personen mit Zugang zu Daten, die unter Unionsvorschriften fallen, die eine Verpflichtung zur Geheimhaltung vorsehen, finden diese Unionsvorschriften Anwendung.

Art. 38[3)] Unterschriftsberechtigte. Die EZB wird Dritten gegenüber durch den Präsidenten oder zwei Direktoriumsmitglieder oder durch die Unterschriften zweier vom Präsidenten zur Zeichnung im Namen der EZB gehörig ermächtigter Bediensteter der EZB rechtswirksam verpflichtet.

Art. 39[4)] Vorrechte und Befreiungen. Die EZB genießt im Hoheitsgebiet der Mitgliedstaaten die zur Erfüllung ihrer Aufgabe erforderlichen Vorrechte und Befreiungen nach Maßgabe des Protokolls über die Vorrechte und Befreiungen der Europäischen Union[5)].

[1)] Art. 36 Abs. 36.2 geänd. mWv 1. 12. 2009 durch Prot. v. 13. 12. 2007 (ABl. Nr. C 306 S. 163).

[2)] Bish. Art. 37 aufgeh., bish. Art. 38 wird Art. 37 mWv 1. 12. 2009 durch Prot. v. 13. 12. 2007 (ABl. Nr. C 306 S. 163).

[3)] Bish. Art. 39 wird Art. 38 mWv 1. 12. 2009 durch Prot. v. 13. 12. 2007 (ABl. Nr. C 306 S. 163).

[4)] Bish. Art. 40 wird Art. 39 mWv 1. 12. 2009 durch Prot. v. 13. 12. 2007 (ABl. Nr. C 306 S. 163); bish. Art. 40 geänd. mWv 1. 5. 1999 durch Vertrag v. 2. 10. 1997 (ABl. Nr. C 340 S. 1).

[5)] S. hierzu auch das Abkommen zwischen der Regierung der Bundesrepublik Deutschland und der Europäischen Zentralbank über den Sitz der Europäischen Zentralbank v. 18. 9. 1998 (BGBl. II S. 2996), das mit Ausnahme seiner Art. 4, 6 und 14 Abs. 3 seit dem 9. 12. 1998 vorläufig angewendet wird (Bek. v. 12. 1. 1999, BGBl. II S. 81) und am 4. 3. 1999 in Kraft getreten ist (Bek. v. 18. 3. 1999, BGBl. II S. 367).

Kapitel VIII. Änderung der Satzung und ergänzende Rechtsvorschriften

Art. 40[1] Vereinfachtes Änderungsverfahren. 40.1. Nach Artikel 129 des Vertrags über die Arbeitsweise der Europäischen Union[2] können das Europäische Parlament und der Rat gemäß dem ordentlichen Gesetzgebungsverfahren die Artikel 5.1, 5.2, 5.3, 17, 18, 19.1, 22, 23, 24, 26, 32.2, 32.3, 32.4, 32.6, 33.1.a und 36 dieser Satzung entweder auf Empfehlung der EZB nach Anhörung der Kommission oder auf Vorschlag der Kommission nach Anhörung der EZB ändern.

40.2. [1]Artikel 10.2 kann durch einen Beschluss des Europäischen Rates entweder auf Empfehlung der Europäischen Zentralbank nach Anhörung des Europäischen Parlaments und der Kommission oder auf Empfehlung der Kommission nach Anhörung des Europäischen Parlaments und der Europäischen Zentralbank einstimmig geändert werden. [2]Diese Änderungen treten erst nach Zustimmung der Mitgliedstaaten im Einklang mit ihren jeweiligen verfassungsrechtlichen Vorschriften in Kraft.

40.3. Eine Empfehlung der EZB nach diesem Artikel erfordert einen einstimmigen Beschluß des EZB-Rates.

Art. 41[3] Ergänzende Rechtsvorschriften. Nach Artikel 129 Absatz 6 des Vertrags über die Arbeitsweise der Europäischen Union[2] erläßt der Rat entweder auf Vorschlag der Kommission nach Anhörung des Europäischen Parlaments und der EZB oder auf Empfehlung der EZB nach Anhörung des Europäischen Parlaments und der Kommission die in den Artikeln 4, 5.4, 19.2, 20, 28.1, 29.2, 30.4 und 34.3 dieser Satzung genannten Bestimmungen.

Kapitel IX. Übergangsbestimmungen und sonstige Bestimmungen für das ESZB

Art. 42[4] Allgemeine Bestimmungen. 42.1. Eine Ausnahmeregelung nach Artikel 139 Absatz 1 des Vertrags über die Arbeitsweise der Europäischen Union[2] bewirkt, daß folgende Artikel diese Satzung für den betreffenden Mitgliedstaat keinerlei Rechte oder Verpflichtungen entstehen lassen: Artikel 3, 6, 9.2, 12.1, 14.3, 16, 18, 19, 20, 22, 23, 26.2, 27, 30, 31, 32, 33, 34 und 49.

---

[1] Bish. Art. 41 wird Art. 40 und geänd. mWv 1. 12. 2009 durch Prot. v. 13. 12. 2007 (ABl. Nr. C 306 S. 163).

[2] Nr. **146**.

[3] *Bish. Art. 42 wird* Art. 41 und geänd. mWv 1. 12. 2009 durch Prot. v. 13. 12. 2007 (ABl. Nr. C 306 S. 163).

[4] Bish. Art. 43 wird Art. 42 und geänd. mWv 1. 12. 2009 durch Prot. v. 13. 12. 2007 (ABl. Nr. C 306 S. 163).

42.2. Die Zentralbanken der Mitgliedstaaten, für die eine Ausnahmeregelung nach Artikel 139 Absatz 1 des genannten Vertrags gilt, behalten ihre währungspolitischen Befugnisse nach innerstaatlichem Recht.

42.3. In den Artikeln 3, 11.2 und 19 bezeichnet der Ausdruck „Mitgliedstaaten" gemäß Artikel 139 Absatz 1 des genannten Vertrags die „Mitgliedstaaten, deren Währung der Euro ist".

42.4. In den Artikeln 9.2, 10.2, 10.3, 12.1, 16, 17, 18, 22, 23, 27, 30, 31, 32, 33.2 und 49 dieser Satzung ist der Ausdruck „nationale Zentralbanken" im Sinne von „Zentralbanken der Mitgliedstaaten, deren Währung der Euro ist" zu verstehen.

42.5. In den Artikeln 10.3 und 33.1 bezeichnet der Ausdruck „Anteilseigner" die „Zentralbanken der Mitgliedstaaten, deren Währung der Euro ist".

42.6. In den Artikeln 10.3 und 33.2 ist der Ausdruck „gezeichnetes Kapital der EZB" im Sinne von „Kapital der EZB, das von den Zentralbanken der Mitgliedstaaten gezeichnet wurde, deren Währung der Euro ist" zu verstehen.

Art. 43[1)] Vorübergehende Aufgaben der EZB. Die EZB übernimmt die in Artikel 141 Absatz 2 des Vertrags über die Arbeitsweise der Europäischen Union[2)] genannten früheren Aufgaben des EWI, die infolge der für einen oder mehrere Mitgliedstaaten geltenden Ausnahmeregelungen nach Einführung des Euro noch erfüllt werden müssen.

Bei der Vorbereitung der Aufhebung der Ausnahmeregelungen nach Artikel 140 des genannten Vertrags nimmt die EZB eine beratende Funktion wahr.

Art. 44[3)] Der Erweiterte Rat der EZB. 44.1. Unbeschadet des Artikels 129 Absatz 3 des Vertrags über die Arbeitsweise der Europäischen Union[2)] wird der Erweiterte Rat als drittes Beschlußorgan der EZB eingesetzt.

44.2. [1]Der Erweiterte Rat besteht aus dem Präsidenten und dem Vizepräsidenten der EZB sowie den Präsidenten der nationalen Zentralbanken. [2]Die weiteren Mitglieder des Direktoriums können an den Sitzungen des Erweiterten Rates teilnehmen, besitzen aber kein Stimmrecht.

44.3. Die Verantwortlichkeiten des Erweiterten Rates sind in Artikel 46 dieser Satzung vollständig aufgeführt.

---

1) Bish. Art. 44 wird Art. 43 und Abs. 1 und 2 geänd. mWv 1. 12. 2009 durch Prot. v. 13. 12. 2007 (ABl. Nr. C 306 S. 163).

2) Nr. **146**.

3) Bish. Art. 45 wird Art. 44, Abs. 44.1 geänd. mWv 1. 12. 2009 durch Prot. v. 13. 12. 2007 (ABl. Nr. C 306 S. 163).

Art. 45[1)] Geschäftsordnung des Erweiterten Rates. 45.1. Der Präsident oder bei seiner Verhinderung der Vizepräsident der EZB führt den Vorsitz im Erweiterten Rat der EZB.

45.2. Der Präsident des Rates und ein Mitglied der Kommission können an den Sitzungen des Erweiterten Rates teilnehmen, besitzen aber kein Stimmrecht.

45.3. Der Präsident bereitet die Sitzungen des Erweiterten Rates vor.

45.4. Abweichend von Artikel 12.3 gibt sich der Erweiterte Rat eine Geschäftsordnung.

45.5. Das Sekretariat des Erweiterten Rates wird von der EZB gestellt.

Art. 46[2)] Verantwortlichkeiten des Erweiterten Rates. 46.1. Der Erweiterte Rat
- nimmt die in Artikel 43 aufgeführten Aufgaben wahr,
- wirkt bei der Erfüllung der Beratungsfunktionen nach den Artikeln 4 und 25.1 mit.

46.2. Der Erweiterte Rat wirkt auch mit bei
- der Erhebung der statistischen Daten im Sinne von Artikel 5;
- den Berichtstätigkeiten der EZB im Sinne von Artikel 15;
- der Festlegung der erforderlichen Regeln für die Anwendung von Artikel 26 gemäß Artikel 26.4;
- allen sonstigen erforderlichen Maßnahmen zur Anwendung von Artikel 29 gemäß Artikel 29.4;
- der Festlegung der Beschäftigungsbedingungen für das Personal der EZB gemäß Artikel 36.

46.3. Der Erweiterte Rat trägt zu den Vorarbeiten bei, die erforderlich sind, um für die Währungen der Mitgliedstaaten, deren Währung der Euro ist, die Wechselkurse gegenüber dem Euro gemäß Artikel 140 Absatz 3 des Vertrags über die Arbeitsweise der Europäischen Union[3)] unwiderruflich festzulegen.

46.4. Der Erweiterte Rat wird vom Präsidenten der EZB über die Beschlüsse des EZB-Rates unterrichtet.

Art. 47[4)] Übergangsbestimmungen für das Kapital der EZB. [1]Nach Artikel 29.1 wird jeder nationalen Zentralbank ein Gewichtsanteil in dem von Schlüssel für die Zeichnung des Kapitals der EZB zugeteilt. [2]Abweichend Artikel 28.3 zahlen Zentralbanken von Mitglied-

---

1) Bish. Art. 46 wird Art. 45 mWv 1. 12. 2009 durch Prot. v. 13. 12. 2007 (ABl. Nr. C 306 S. 163).

2) Bish. Art. 47 wird Art. 46, Abs. 46.3 geänd. mWv 1. 12. 2009 durch Prot. v. 13. 12. 2007 (ABl. Nr. C 306 S. 163).

3) Nr. **146**.

4) Bish. Art. 48 wird Art. 47 mWv 1. 12. 2009 durch Prot. v. 13. 12. 2007 (ABl. Nr. C 306 S. 163).

staaten, für die eine Ausnahmeregelung gilt, das von ihnen gezeichnete Kapital nicht ein, es sei denn, daß der Erweiterte Rat mit der Mehrheit von mindestens zwei Dritteln des gezeichneten Kapitals der EZB und zumindest der Hälfte der Anteilseigner beschließt, daß als Beitrag zu den Betriebskosten der EZB ein Mindestprozentsatz eingezahlt werden muß.

Art. 48[1)] Zurückgestellte Einzahlungen von Kapital, Reserven und Rückstellungen der EZB. 48.1. [1]Die Zentralbank eines Mitgliedstaats, dessen Ausnahmeregelung aufgehoben wurde, zahlt den von ihr gezeichneten Anteil am Kapital der EZB im selben Verhältnis wie die Zentralbanken von anderen Mitgliedstaaten ein, für die keine Ausnahmeregelung gilt, und überträgt der EZB Währungsreserven gemäß Artikel 30.1. [2]Die Höhe der Übertragungen bestimmt sich durch Multiplikation des in Euro zum jeweiligen Wechselkurs ausgedrückten Wertes der Währungsreserven, die der EZB schon gemäß Artikel 30.1 übertragen wurden, mit dem Faktor, der das Verhältnis zwischen der Anzahl der von der betreffenden nationalen Zentralbank gezeichneten Anteile und der Anzahl der von den anderen nationalen Zentralbanken bereits eingezahlten Anteile ausdrückt.

48.2. [1]Zusätzlich zu der Einzahlung nach Artikel 48.1 leistet die betreffende Zentralbank einen Beitrag zu den Reserven der EZB und zu den diesen Reserven gleichwertigen Rückstellungen sowie zu dem Betrag, der gemäß dem Saldo der Gewinn- und Verlustrechnung zum 31. Dezember des Jahres vor der Aufhebung der Ausnahmeregelung noch für die Reserven und Rückstellungen bereitzustellen ist. [2]Die Höhe des zu leistenden Beitrags bestimmt sich durch Multiplikation des in der genehmigten Bilanz der EZB ausgewiesenen Betrags der Reserven im Sinne der obigen Definition mit dem Faktor, der das Verhältnis zwischen der Anzahl der von der betreffenden Zentralbank gezeichneten Anteile und der Anzahl der von den anderen Zentralbanken bereits eingezahlten Anteile ausdrückt.

48.3. [1]Wenn ein Land oder mehrere Länder Mitgliedstaaten werden und ihre jeweiligen nationalen Zentralbanken sich dem ESZB anschließen, erhöht sich automatisch das gezeichnete Kapital der EZB und der Höchstbetrag der Währungsreserven, die der EZB übertragen werden können. [2]Die Erhöhung bestimmt sich durch Multiplikation der dann jeweils geltenden Beträge mit dem Faktor, der das Verhältnis zwischen dem Gewichtsanteil der betreffenden beitretenden nationalen Zentralbanken und dem Gewichtsanteil der nationalen Zentralbanken, die bereits Mitglied des ESZB sind, im Rahmen des erweiterten Schlüssels für die Zeichnung des Kapitals ausdrückt. [3]Der Gewichtsanteil jeder nationalen Zentralbank am Schlüssel für die Zeichnung des Kapitals wird analog zu Artikel 29.1 und nach Maßgabe des Artikels 29.2 be-

---

[1)] Bish. Art. 49 wird Art. 48 mWv 1. 12. 2009 durch Prot. v. 13. 12. 2007 (ABl. Nr. C 306 S. 163); bish. Art. 49.3 angef. mWv 1. 5. 2004 durch Akte v. 16. 4. 2003 (ABl. Nr. L 236 S. 33).

rechnet. [4]Die Bezugszeiträume für die statistischen Daten entsprechen denjenigen, die für die letzte der alle fünf Jahre vorzunehmenden Anpassungen der Gewichtsanteile nach Artikel 29.3 herangezogen wurden.

Art. 49[1)] Umtausch von auf Unionswährungen lautenden Banknoten. Im Anschluß an die unwiderrufliche Festlegung der Wechselkurse nach Artikel 139 Absatz 3 des Vertrags über die Arbeitsweise der Europäischen Union[2)] ergreift der EZB-Rat die erforderlichen Maßnahmen, um sicherzustellen, daß Banknoten, die auf Währungen mit unwiderruflich festgelegten Wechselkursen lauten, von den nationalen Zentralbanken zu ihrer jeweiligen Parität umgetauscht werden.

Art. 50[3)] Anwendbarkeit der Übergangsbestimmungen. Sofern und solange es Mitgliedstaaten gibt, für die eine Ausnahmeregelung gilt, sind die Artikel 42 bis 47 anwendbar.

---

1) Bish. Art. 50 und 51 aufgeh., bish. Art. 52 wird Art. 49 und geänd. mWv 1. 12. 2009 durch Prot. v. 13. 12. 2007 (ABl. Nr. C 306 S. 163).

2) Nr. **146**.

3) Bish. Art. 53 wird Art. 50 und geänd. mWv 1. 12. 2009 durch Prot. v. 13. 12. 2007 (ABl. Nr. C 306 S. 163).

269. Geschäftsordnung der Europäischen Zentralbank

Vom 19. Februar 2004

(Beschluss des EZB-Rates – EZB/2004/2, ABl. Nr. L 80/33 v. 18. .2004, geänd durch Beschluss vom 19.3.2009, ABl. Nr. L 100/10 v. 22.1.2014, ABl. Nr. L 95/56 v. 29.3.2014, ber. ABl. Nr. L 96/50 v. 12.4.2016; v. 12.2.2015, ABl. Nr. L 114/11 v. 5.5.2015 und v. 21.9.2016, ABl. Nr. L 258/17 v. 24.9.2016))

Einführungskapitel

Art. 1[1] **Begriffsbestimmungen.** 1.1. Diese Geschäftsordnung ergänzt den Vertrag über die Arbeitsweise der Europäischen Union sowie die Satzung des Europäischen Systems der Zentralbanken und der Europäischen Zentralbank. Unbeschadet der Bestimmungen des Artikels 1.2 haben die in dieser Geschäftsordnung verwendeten Begriffe die gleiche Bedeutung, wie sie im Vertrag und in der Satzung haben.

1.2. Die Begriffe ‚teilnehmender Mitgliedstaat', ‚nationale zuständige Behörde' und ‚nationale benannte Behörde' haben die Bedeutung, die in der Verordnung (EU) Nr. 1024/2013 des Rates zur Übertragung besonderer Aufgaben im Zusammenhang mit der Aufsicht über Kreditinstitute auf die Europäische Zentralbank[2] festgelegt ist.

Kapitel I. Der EZB-Rat

Art. 2 Termin und Ort der Sitzungen des EZB-Rates. 2.1. Der EZB-Rat bestimmt seine Sitzungstermine auf Vorschlag des Präsidenten. Grundsätzlich trifft sich der EZB-Rat regelmäßig nach Maßgabe eines Terminplans, den er rechtzeitig vor Beginn eines jeden Kalenderjahres festlegt.

2.2. Der Präsident beruft eine Sitzung des EZB-Rates ein, wenn mindestens drei Mitglieder des EZB-Rates darum ersuchen.

2.3. Der Präsident kann zudem immer dann Sitzungen des EZB-Rates einberufen, wenn er dies für notwendig erachtet.

2.4. Die Sitzungen des EZB-Rates finden in der Regel in den Räumlichkeiten der EZB statt.

2.5. Sitzungen können auch in Form von Telekonferenzen stattfinden, es sei denn, mindestens drei Zentralbankpräsidenten erheben Einwände dagegen.

Art. 3 Teilnahme an Sitzungen des EZB-Rates. 3.1. Sofern nichts Gegenteiliges in dieser Geschäftsordnung bestimmt wird, ist die

[1] Art. 1 neu gef. mWv 24.1.2014 durch Beschl. v. 22.1.2014 (ABl. Nr. L 95 S. 56).
[2] ABl. L 287 vom 29.10.2013, S. 63.

Teilnahme an Sitzungen des EZB-Rates seinen Mitgliedern, dem Präsidenten des Rates der Europäischen Union und einem Mitglied der Kommission der Europäischen Gemeinschaften vorbehalten.

3.2. Jeder Zentralbankpräsident kann in der Regel von einer Person begleitet werden.

3.3. Bei Verhinderung eines Zentralbankpräsidenten kann dieser unbeschadet der Bestimmungen des Artikels 4 schriftlich einen Stellvertreter benennen. Die entsprechende schriftliche Mitteilung muss dem Präsidenten rechtzeitig vor der jeweiligen Sitzung zugeleitet werden. Der Stellvertreter kann in der Regel von einer Person begleitet werden.

3.4. Der Präsident ernennt einen Mitarbeiter der EZB zum Sekretär. Der Sekretär unterstützt das Direktorium bei der Vorbereitung der Sitzungen des EZB-Rates und erstellt die Sitzungsprotokolle des EZB-Rates.

3.5. Der EZB-Rat kann auch andere Personen zu seinen Sitzungen einladen, wenn er dies für zweckmäßig hält.

Art. 4 Abstimmungsverfahren. 4.1. Der EZB-Rat ist beschlussfähig, wenn mindestens zwei Drittel seiner Mitglieder an der Abstimmung teilnehmen. Ist der EZB-Rat nicht beschlussfähig, so kann der Präsident eine außerordentliche Sitzung einberufen, bei der für die Beschlussfähigkeit die Mindestteilnahmequote nicht erforderlich ist.

4.2. Die Stimmabgabe im EZB-Rat erfolgt auf Aufforderung durch den Präsidenten. Der Präsident leitet eine Abstimmung auch auf Antrag eines Mitglieds des EZB-Rates ein.

4.3. Stimmenthaltungen stehen dem Zustandekommen von Beschlüssen des EZB-Rates gemäß Artikel 41.2 der Satzung nicht entgegen.

4.4. Ist ein Mitglied des EZB-Rates über einen längeren Zeitraum (d. h. mehr als einen Monat) an der Stimmabgabe verhindert, so kann es einen Stellvertreter als Mitglied des EZB-Rates benennen.

4.5. Ist ein Zentralbankpräsident bei einem Beschluss im Rahmen der Artikel 28, 29, 30, 32, 33 oder 51 der Satzung an der Stimmabgabe verhindert, so kann sein benannter Stellvertreter gemäß Artikel 10.3 der Satzung dessen gewogene Stimme abgeben.

4.6. Auf Antrag von mindestens drei Mitgliedern des EZB-Rates kann der Präsident eine geheime Abstimmung veranlassen. Eine geheime Abstimmung findet statt, wenn Mitglieder des EZB-Rates persönlich von einem Vorschlag für einen Beschluss gemäß den Artikeln 11.1, 11.3 oder 11.4 der Satzung betroffen sind. In solchen Fällen nehmen die betroffenen Mitglieder des EZB-Rates nicht an der Abstimmung teil.

4.7. *Sofern nicht ausdrücklich* in Artikel 4.8 vorgesehen, können Beschlüsse auch im schriftlichen Verfahren gefasst werden, es sei denn, mindestens drei Mitglieder des EZB-Rates erheben Einwände dagegen. Ein schriftliches Verfahren setzt voraus i) dass jedem Mitglied des EZB-Rates in der Regel mindestens fünf Arbeitstage zur Verfügung stehen, um sich mit der Angelegenheit zu befassen, ii) dass jedes Mitglied des EZB-Rates (oder der jeweilige, gemäß Artikel 4.4 benannte Stellvertreter) ausdrücklich oder stillschweigend persönlich zustimmt und iii) dass jeder derartige Beschluss im Protokoll der nächsten Sitzung des EZB-Rates festgehalten wird. Beschlüsse im schriftlichen Verfahren werden durch die zum Zeitpunkt der Verabschiedung stimmberechtigten Mitglieder des EZB-Rates verabschiedet.

4.8. Im Rahmen der Artikel 13 g bis 13 i können Beschlüsse auch im schriftlichen Verfahren gefasst werden, es sei denn, mindestens fünf Mitglieder des EZB-Rates erheben Einwände dagegen. Ein schriftliches Verfahren setzt voraus, dass jedem Mitglied des EZB-Rates höchstens fünf oder, im Fall von Artikel 13 h, zwei Arbeitstage zur Verfügung stehen, um sich mit der Angelegenheit zu befassen.

4.9. Bei jedem schriftlichen Verfahren kann ein Mitglied des EZB-Rates (oder der jeweilige, gemäß Artikel 4.4 benannte Stellvertreter) ausdrücklich eine andere Person bevollmächtigen, sein Votum oder seine Anmerkung zum Inhalt zu unterzeichnen, wie es das jeweilige Mitglied persönlich genehmigt hat.

Art. 5 Organisation der Sitzungen des EZB-Rates. 5.1. Der EZB-Rat genehmigt die Tagesordnung einer jeden Sitzung. Dazu erstellt das Direktorium eine vorläufige Tagesordnung, die den Mitgliedern des EZB-Rates und anderen zur Teilnahme an der Sitzung berechtigten Personen zusammen mit den dazugehörigen Unterlagen mindestens acht Tage vor der jeweiligen Sitzung zugeleitet wird, wobei Notfälle, in denen das Direktorium den Umständen entsprechend verfährt, ausgenommen sind. Der EZB-Rat kann auf Vorschlag des Präsidenten oder eines anderen Mitglieds des EZB-Rates beschließen, Punkte von der vorläufigen Tagesordnung abzusetzen oder zusätzliche Punkte aufzunehmen. Ein Tagesordnungspunkt wird auf Antrag von mindestens drei Mitgliedern des EZB-Rates abgesetzt, wenn die dazugehörigen Unterlagen den Mitgliedern des EZB-Rates nicht rechtzeitig zugegangen sind.

5.2. Das Protokoll der Aussprachen des EZB-Rates wird seinen Mitgliedern bei der nächsten Sitzung (oder erforderlichenfalls früher im schriftlichen Verfahren) zur Genehmigung vorgelegt und vom Präsidenten unterzeichnet.

5.3. Der EZB-Rat kann interne Regelungen über die Beschlussfassung in Notfällen treffen.

Art. 5 a[1] Verhaltenskodex für die Mitglieder des EZB-Rates.
5 a.1. Der EZB-Rat erlässt einen Verhaltenskodex als Richtschnur für seine Mitglieder und aktualisiert diesen; der Kodex wird auf der Website der EZB veröffentlicht.

---

[1] Art. 5 a eingef. mWv 24. 1. 2014 durch Beschl. v. 22. 1. 2014 (ABl. Nr. L 95 S. 56).

5 a.2. Jeder Zentralbankpräsident stellt sicher, dass die ihn begleitenden Personen im Sinne von Artikel 3.2 und seine Stellvertreter im Sinne von Artikel 3.3 vor der Teilnahme an den Sitzungen des EZB-Rates eine Erklärung unterzeichnen, mit der sie sich zur Beachtung des Verhaltenskodex verpflichten.

Kapitel II. Das Direktorium

Art. 6 Termin und Ort der Sitzungen des Direktoriums. 6.1. Die Sitzungstermine werden vom Direktorium auf Vorschlag des Präsidenten bestimmt.

6.2. Der Präsident kann zudem immer dann Sitzungen des Direktoriums einberufen, wenn er dies für notwendig erachtet.

Art. 7 Abstimmungsverfahren. 7.1. Das Direktorium ist gemäß Artikel 11.5 der Satzung beschlussfähig, wenn mindestens zwei Drittel seiner Mitglieder an der Abstimmung teilnehmen. Ist das Direktorium nicht beschlussfähig, so kann der Präsident eine außerordentliche Sitzung einberufen, bei der für die Beschlussfähigkeit die Mindestteilnahmequote nicht erforderlich ist.

7.2. Beschlüsse können auch im schriftlichen Verfahren gefasst werden, es sei denn, mindestens zwei Mitglieder des Direktoriums erheben Einwände dagegen.

7.3. Mitglieder des Direktoriums, die persönlich von einem anstehenden Beschluss gemäß den Artikeln 11.1, 11.3 oder 11.4 der Satzung betroffen sind, nehmen nicht an der Abstimmung teil.

Art. 8 Organisation der Sitzungen des Direktoriums. Das Direktorium entscheidet über die Organisation seiner Sitzungen.

Kapitel III. Organisation der Europäischen Zentralbank

Art. 9[1] Eurosystem/Ausschüsse des ESZB. 9.1. Der EZB-Rat setzt Ausschüsse ein und löst Ausschüsse auf. Die Ausschüsse unterstützen die Arbeiten der Beschlussorgane der EZB, und ihre Berichterstattung an den EZB-Rat erfolgt über das Direktorium.

9.2. In politischen Fragen, die die Aufsicht über Kreditinstitute betreffen, erstatten die Ausschüsse, die die Arbeiten der EZB im Zusammenhang mit den der EZB durch die Verordnung (EU) Nr. 1024/2013 übertragenen Aufgaben unterstützen, dem Aufsichtsgremium und *gegebenenfalls dem* EZB-Rat Bericht. Das Aufsichtsgremium beauf-

---

[1] Art. 9 neu gef. mWv 24. 1. 2014 durch Beschl. v. 22. 1. 2014 (ABl. Nr. L 95 S. 56).

tragt im Einklang mit seinen eigenen Verfahren den stellvertretenden Vorsitzenden, dem EZB-Rat über das Direktorium über alle diese Tätigkeiten Bericht zu erstatten.

9.3. Ausschüsse bestehen aus jeweils bis zu zwei Mitarbeitern der NZBen des Eurosystems und der EZB, die vom jeweiligen Zentralbankpräsidenten bzw. vom Direktorium ernannt werden.

9.4. Soweit die Ausschüsse die Arbeiten der Beschlussorgane der EZB bei der Wahrnehmung der der EZB durch die Verordnung (EU) Nr. 1024/2013 übertragenen Aufgaben unterstützen, gehören ihnen ein Mitglied der Zentralbank und ein Mitglied der nationalen zuständigen Behörde jedes teilnehmenden Mitgliedstaats an, das jeweils in Fällen, in denen die nationale zuständige Behörde keine Zentralbank ist, von dem betreffenden Zentralbankpräsidenten in Absprache mit der betreffenden nationalen zuständigen Behörde ernannt wird.

9.5. Der EZB-Rat legt die Aufgaben der Ausschüsse fest und ernennt deren Vorsitzende. In der Regel wird der Vorsitz von einem Mitarbeiter der EZB übernommen. Sowohl der EZB-Rat als auch das Direktorium haben das Recht, Ausschüsse mit der Untersuchung bestimmter Themenbereiche zu beauftragen. Die EZB übernimmt die Sekretariatsaufgaben der Ausschüsse.

9.6. Jede nationale Zentralbank, die nicht dem Eurosystem angehört, kann ebenfalls bis zu zwei Mitarbeiter benennen, die an den Sitzungen eines Ausschusses teilnehmen, wenn Angelegenheiten beraten werden, die in den Zuständigkeitsbereich des Erweiterten Rates fallen, oder wenn der Vorsitzende eines Ausschusses und das Direktorium dies für angebracht halten.

9.7. Vertreter anderer Organe und Einrichtungen der Union sowie sonstige dritte Personen können auch zur Teilnahme an den Sitzungen eines Ausschusses eingeladen werden, wenn der betreffende Vorsitzende eines Ausschusses und das Direktorium dies für angebracht halten.

Art. 9 a.[1] Der EZB-Rat kann beschließen, Ad-hoc-Ausschüsse für spezielle Beratungsaufgaben einzusetzen.

Art. 9 b[2] **Prüfungsausschuss.** Zur Stärkung der bereits vorhandenen internen und externen Kontrollinstanzen und zur Verbesserung der Corporate Governance der EZB und des Eurosystems setzt der EZB-Rat einen Prüfungsausschuss ein und legt dessen Auftrag und Zusammensetzung fest.

Art. 10 Interne Organisationsstruktur. 10.1. Das Direktorium beschließt nach Anhörung des EZB-Rates über die Anzahl, Bezeichnung und Zuständigkeitsbereiche der einzelnen Arbeitseinheiten der EZB. Dieser Beschluss wird veröffentlicht.

---

[1] Beschluss (EU) 2015/433 der EZB v. 17. 12. 2014 über die Einrichtung eines Ethikausschusses und seine Geschäftsordnung (EZB/2014/59), ABl. Nr. L 70/58 v. 14. 3. 2015.

[2] Art. 9 b eingef. mWv 24. 1. 2014 durch Beschl. v. 22. 1. 2014 (ABl. Nr. L 95 S. 56).

10.2. Sämtliche Arbeitseinheiten der EZB werden vom Direktorium geführt und geleitet. Das Direktorium beschließt darüber, wie die Zuständigkeiten im Hinblick auf die einzelnen Arbeitseinheiten der EZB unter seinen Mitgliedern aufgeteilt werden, und teilt dies dem EZB-Rat, dem Erweiterten Rat und den Mitarbeitern der EZB mit. Solche Beschlüsse können nur in Anwesenheit aller Mitglieder des Direktoriums und nicht gegen die Stimme des Präsidenten getroffen werden.

Art. 11[1] Mitarbeiter der EZB. 11.1. Jeder Mitarbeiter der EZB wird über seine Position innerhalb der Organisationsstruktur der EZB, seine Berichtspflichten gegenüber Vorgesetzten und seinen Aufgabenbereich unterrichtet.

11.2. Unbeschadet der Bestimmungen der Artikel 36 und 47 der Satzung erlässt das Direktorium Organisationsvorschriften (nachfolgend als „Rundverfügungen" bezeichnet), die für die Mitarbeiter der EZB verbindlich sind.

11.3. Das Direktorium erlässt einen Verhaltenskodex als Richtschnur für seine Mitglieder und die Mitarbeiter der EZB und aktualisiert diesen; der Kodex wird auf der Website der EZB veröffentlicht.

Kapitel IV. Mitwirkung des Erweiterten Rates an den Aufgaben des Europäischen Systems der Zentralbanken

Art. 12 Beziehungen zwischen dem EZB-Rat und dem Erweiterten Rat. 12.1. Der Erweiterte Rat erhält die Gelegenheit zur Äußerung, ehe der EZB-Rat über Folgendes entscheidet:
– Stellungnahmen gemäß den Artikeln 4 und 25.1 der Satzung,
– Empfehlungen der EZB gemäß Artikel 42 der Satzung, die den Bereich der Statistik betreffen,
– den Jahresbericht,
– die Regeln zur Standardisierung der Rechnungslegungsvorschriften und der Meldung der Geschäfte,
– die Maßnahmen zur Anwendung des Artikels 29 der Satzung,
– die Beschäftigungsbedingungen für das Personal der EZB,
– eine Stellungnahme der EZB, entweder gemäß Artikel 123 Absatz 5 des Vertrags[2] oder im Hinblick auf Rechtsakte der Gemeinschaft bei Aufhebung einer Ausnahmeregelung, im Rahmen der Vorarbeiten für die unwiderrufliche Festlegung der Wechselkurse.

12.2. In allen Fällen, in denen der Erweiterte Rat gemäß dem ersten Absatz dieses Artikels um Äußerung ersucht wird, muss diese innerhalb einer angemessenen Frist abgegeben werden, die mindestens zehn Arbeitstage beträgt. Bei Dringlichkeit, die im Ersuchen um Stellung-

[1] Art. 11 Abs. 11.3. neu gef. mWv 24. 1. 2014 durch Beschl. v. 22. 1. 2014 (ABl. Nr. L 95 S. 56).
[2] Nunmehr Art. 140 Absatz 3 AEUV durch Vertrag von Lissabon v. 13. 12. 2007 (ABl. Nr. C 306 S. 1).

nahme begründet werden muss, kann die Frist auf fünf Arbeitstage verkürzt werden. Der Präsident kann beschließen, das schriftliche Verfahren zu verwenden.

12.3. Der Präsident unterrichtet den Erweiterten Rat gemäß Artikel 47.4 der Satzung über die Beschlüsse des EZB-Rates.

Art. 13 Beziehungen zwischen dem Direktorium und dem Erweiterten Rat. 13.1. Der Erweiterte Rat erhält die Gelegenheit zur Äußerung, ehe das Direktorium

– Rechtsakte des EZB-Rates umsetzt, bei denen die Mitwirkung des Erweiterten Rates gemäß vorstehendem Artikel 12.1. erforderlich ist,
– aufgrund der ihm gemäß Artikel 12.1 der Satzung vom EZB-Rat übertragenen Befugnisse Rechtsakte verabschiedet, bei denen die Mitwirkung des Erweiterten Rates gemäß Artikel 12.1. dieser Geschäftsordnung erforderlich ist.

13.2. In allen Fällen, in denen der Erweiterte Rat gemäß dem ersten Absatz dieses Artikels um Äußerung ersucht wird, muss diese innerhalb einer angemessenen Frist abgegeben werden, die mindestens zehn Arbeitstage beträgt. Bei Dringlichkeit, die im Ersuchen um Stellungnahme begründet werden muss, kann die Frist auf fünf Arbeitstage verkürzt werden. Der Präsident kann beschließen, das schriftliche Verfahren zu verwenden.

Kapitel IV a.[1] Aufsichtsaufgaben

Art. 13 a[1] Aufsichtsgremium. Gemäß Artikel 26 Absatz 1 der Verordnung (EU) Nr. 1024/2013 führt ein als internes Organ der EZB eingerichtetes Aufsichtsgremium die Planung und Ausführung der der EZB im Zusammenhang mit der Aufsicht über Kreditinstitute übertragenen Aufgaben (im Folgenden „Aufsichtsaufgaben") uneingeschränkt durch. Die Aufgaben des Aufsichtsgremiums lassen die Zuständigkeiten der EZB-Beschlussorgane unberührt.

Art. 13 b[1] Zusammensetzung des Aufsichtsgremiums.

13 b.1. Das Aufsichtsgremium setzt sich aus einem Vorsitzenden, einem stellvertretenden Vorsitzenden, vier Vertretern der EZB und jeweils einem Vertreter der in den einzelnen teilnehmenden Mitgliedstaaten verantwortlichen nationalen zuständigen Behörden zusammen. Alle Mitglieder des Aufsichtsgremiums handeln im Interesse der Union als Ganzes.

13 b.2. Handelt es sich bei der nationalen zuständigen Behörde eines teilnehmenden Mitgliedstaats nicht um eine Zentralbank, so kann das betreffende Mitglied des Aufsichtsgremiums einen Vertreter der Zentralbank des Mitgliedstaats mitbringen. Für die Zwecke des Abstimmungsverfahrens gelten die Vertreter eines Mitgliedstaats als ein einziges Mitglied.

---

[1] Kapitel IV a (Art. 13 a–13 o) eingef. mWv 24. 1. 2014 durch Beschl. v. 22. 1. 2014 (ABl. Nr. L 95 S. 56).

13b.3. Nach Anhörung des Aufsichtsgremiums beschließt der EZB-Rat einen Vorschlag für die Ernennung des Vorsitzenden und des stellvertretenden Vorsitzenden des Aufsichtsgremiums, der dem Europäischen Parlament zur Billigung übermittelt wird.

13b.4. Die Beschäftigungsbedingungen des Vorsitzenden des Aufsichtsgremiums, insbesondere Gehalts-, Renten- und sonstige Sozialleistungsansprüche, sind Gegenstand eines Vertrags mit der EZB und werden vom EZB-Rat festgelegt.

13b.5. Die Amtszeit des stellvertretenden Vorsitzenden des Aufsichtsgremiums beträgt fünf Jahre und ist nicht verlängerbar. Sie darf sein Mandat als Mitglied des Direktoriums nicht überdauern.

13b.6. Auf Vorschlag des Direktoriums ernennt der EZB-Rat vier Vertreter der EZB zu Mitgliedern des Aufsichtsgremiums, die keine im unmittelbaren Zusammenhang mit der geldpolitischen stehenden Funktion Aufgaben wahrnehmen.

Art. 13 c[1)] Abstimmungsverfahren nach Artikel 26 Absatz 7 der Verordnung (EU) Nr. 1024/2013. Für die Annahme von Beschlussentwürfen nach Artikel 26 Absatz 7 der Verordnung (EU) Nr. 1024/2013 gilt folgende Regelung, die auf Artikel 16 des Vertrags über die Europäische Union, Artikel 238 Absatz 3 des Vertrags über die Arbeitsweise der Europäischen Union und auf dem Protokoll (Nr. 36) über die Übergangsbestimmungen beruht:

i) Bis zum 31. Oktober 2014 gelten Beschlüsse als angenommen, wenn mindestens 50% der Mitglieder des Aufsichtsgremiums, die mindestens 74% der Gesamtzahl der gewogenen Stimmen und 62% der Gesamtbevölkerung repräsentieren, für die Annahme stimmen.

ii) Ab dem 1. November 2014 gelten Beschlüsse als angenommen, wenn mindestens 55% der Mitglieder des Aufsichtsgremiums, die mindestens 65% der Gesamtbevölkerung repräsentieren, für die Annahme stimmen. Eine Sperrminorität muss wenigstens die Mindestanzahl der Mitglieder des Aufsichtsgremiums, die 35% der Gesamtbevölkerung repräsentieren, plus ein Mitglied umfassen; andernfalls gilt die qualifizierte Mehrheit als erreicht.

iii) In dem Zeitraum von 1. November 2014 bis 31. März 2017 gelten auf Antrag eines Vertreters einer nationalen zuständigen Behörde oder auf Antrag eines Vertreters der EZB im Aufsichtsgremium Beschlüsse als angenommen, wenn mindestens 50% der Mitglieder des Aufsichtsgremiums, die mindestens 74% der Gesamtzahl der gewogenen Stimmen und 62% der Gesamtbevölkerung repräsentieren, für die Annahme stimmen.

iv) Jeder der vier vom EZB-Rat benannten Vertreter der EZB hat eine Stimme, deren Gewicht dem nach der im Anhang festgelegten Methode berechneten Median der gewogenen Stimmen der Ver-

---

1) Kapitel IV a (Art. 13 a–13 o) eingef. mWv 24. 1. 2014 durch Beschl. v. 22. 1. 2014 (ABl. Nr. L 95 S. 56).

treter der nationalen zuständigen Behörden der teilnehmenden Mitgliedstaaten entspricht.

v) Die Stimmen des Vorsitzenden und des stellvertretenden Vorsitzenden werden mit null gewichtet und lediglich zur Bestimmung der Mehrheit der Anzahl der Mitglieder des Aufsichtsgremiums gezählt.

Art. 13 d[1), 2)] Verfahrensordnung des Aufsichtsgremiums. Das Aufsichtsgremium legt in Abstimmung mit dem EZB-Rat seine Verfahrensordnung fest. Die Verfahrensordnung stellt die Gleichbehandlung aller teilnehmenden Mitgliedstaaten sicher.

Art. 13 e[2)] Verhaltenskodex für die Mitglieder des Aufsichtsgremiums. 13 e.1. Das Aufsichtsgremium erlässt einen Verhaltensko-

(Fortsetzung nächstes Blatt)

---

1) Kapitel IV a (Art. 13 a–13 o) eingef. mWv 24. 1. 2014 durch Beschl. v. 22. 1. 2014 (ABl. Nr. L 95 S. 56).

2) Vgl. Verfahrensordnung des Aufsichtsgremiums der Europäischen Zentralbank v. 31. 3. 2014 (ABl. Nr. L 182/56 v. 21. 6. 2014), Änderung 1/2014 v. 15. 12. 2014 (ABl. Nr. L 68/88 v. 13. 3. 2015).

dex als Richtschnur für seine Mitglieder und aktualisiert diesen; der Kodex wird auf der Website der EZB veröffentlicht.

13 e.2. Jedes Mitglied stellt sicher, dass Begleiter, Stellvertreter und die Vertreter seiner nationalen Zentralbank, wenn es sich bei der nationalen zuständigen Behörde nicht um die Zentralbank handelt, vor der Teilnahme an den Sitzungen des Aufsichtsgremiums eine Erklärung unterzeichnen, mit der sie sich zur Beachtung des Verhaltenskodex verpflichten.

Art. 13 f[1)] Sitzungen des Aufsichtsgremiums. Die Sitzungen des Aufsichtsgremiums finden in der Regel in den Räumlichkeiten der EZB statt. Die Sitzungsprotokolle des Aufsichtsgremiums werden unmittelbar nach ihrer Genehmigung dem EZB-Rat zur Information zur Verfügung gestellt.

Art. 13 g[1)] Annahme von Beschlüssen zur Wahrnehmung der in Artikel 4 der Verordnung (EU) Nr. 1024/2013 genannten Aufgaben. 13 g.1. Das Aufsichtsgremium schlägt dem EZB-Rat zur Wahrnehmung der in Artikel 4 der Verordnung (EU) Nr. 1024/2013 genannten Aufgaben fertige Beschlussentwürfe mit Erläuterungen vor, in denen die Grundlagen und die wesentlichen Gründe für den Beschlussentwurf dargestellt sind. Die Beschlussentwürfe werden gleichzeitig den nationalen zuständigen Behörden der betroffenen teilnehmenden Mitgliedstaaten unter Angabe der vom EZB-Rat gemäß Artikel 13 g.2 festgelegten Frist übermittelt.

13 g.2. Ein Beschlussentwurf im Sinne von Artikel 13 g.1 gilt als angenommen, wenn der EZB-Rat nicht innerhalb einer Frist von höchstens zehn Arbeitstagen widerspricht. In Ausnahmesituationen legt das Aufsichtsgremium eine angemessene Frist fest, die jedoch 48 Stunden nicht überschreiten darf. Ein vom EZB-Rat gegebenenfalls erhobener Widerspruch ist schriftlich zu begründen. Der Beschluss wird dem Aufsichtsgremium und den nationalen zuständigen Behörden der betroffenen Mitgliedstaaten übermittelt.

13 g.3. Stimmt ein teilnehmender Mitgliedstaat, der nicht dem Euro-Währungsgebiet angehört, einem Beschlussentwurf des Aufsichtsgremiums nicht zu, teilt er dies der EZB in einer begründeten Stellungnahme innerhalb von fünf Arbeitstagen, nachdem ihm der Beschlussentwurf gemäß Artikel 13 g.1 übermittelt worden ist, mit. Der Präsident der EZB übermittelt diese begründete Stellungnahme unverzüglich dem EZB-Rat und dem Aufsichtsgremium. Der EZB-Rat berücksichtigt in vollem Umfang die Gründe, die das Aufsichtsgremium in einer Beurteilung anführt, und erlässt in der Sache innerhalb von fünf Arbeitstagen, nachdem er von der begründeten Stellungnahme unterrichtet worden ist, einen Beschluss. Der Beschluss wird dem Auf-

1) Kapitel IVa (Art. 13 a–13 o) eingef. mWv 24. 1. 2014 durch Beschl. v. 22. 1. 2014 (ABl. Nr. L 95 S. 56).

sichtsgremium und der zuständigen nationalen Behörde des betroffenen Mitgliedstaats mit einer schriftlichen Erläuterung übermittelt.

13g.4. Stimmt ein teilnehmender Mitgliedstaat, der nicht dem Euro-Währungsgebiet angehört, einem Widerspruch des EZB-Rates gegen einen Beschlussentwurf des Aufsichtsgremiums nicht zu, teilt er dies der EZB in einer begründeten Stellungnahme innerhalb von fünf Arbeitstagen, nachdem ihm der Widerspruch gemäß 13g.2 übermittelt worden ist, mit. Der Präsident der EZB übermittelt diese begründete Stellungnahme unverzüglich dem EZB-Rat und dem Aufsichtsgremium. Der EZB-Rat äußert sich innerhalb einer Frist von 30 Tagen zu der begründeten Stellungnahme des Mitgliedstaats, wobei er seinen Widerspruch unter Angabe von Gründen entweder bestätigt oder zurücknimmt. Der Beschluss über die Bestätigung oder die Zurücknahme des Widerspruchs wird der nationalen zuständigen Behörde des betreffenden Mitgliedstaats übermittelt. Nimmt der EZB-Rat seinen Widerspruch zurück, gilt der Beschlussentwurf des Aufsichtsgremiums als am Tag der Zurücknahme des Widerspruchs angenommen.

Art. 13h[1)] Annahme von Beschlüssen zur Wahrnehmung der in Artikel 5 der Verordnung (EU) Nr. 1024/2013 genannten Aufgaben. 13h.1. Teilt eine nationale zuständige Behörde oder eine nationale benannte Behörde der EZB ihre Absicht mit, Anforderungen für Kapitalpuffer oder sonstige Maßnahmen zur Abwendung von Systemrisiken oder makroprudenziellen Risiken nach Artikel 5 Absatz 1 der Verordnung (EU) Nr. 1024/2013 festzulegen, wird diese Mitteilung nach Eingang beim Sekretär des Aufsichtsgremiums unverzüglich dem EZB-Rat und dem Aufsichtsgremium übermittelt. Auf Vorschlag des Aufsichtsgremiums zu dem Vorhaben, der auf der Initiative des zuständigen Ausschusses oder der zuständigen internen Instanzen beruht und deren Stellungnahmen Rechnung trägt, erlässt der EZB-Rat innerhalb von drei Arbeitstagen einen Beschluss in der Sache. Widerspricht der EZB-Rat der mitgeteilten Maßnahme, erläutert er der betreffenden nationalen zuständigen Behörde oder nationalen benannten Behörde innerhalb von fünf Arbeitstagen nach der an die EZB erfolgten Mitteilung schriftlich seine Gründe hierfür.

13h.2. Beabsichtigt der EZB-Rat auf Vorschlag des Aufsichtsgremiums zu diesem Vorhaben, der der auf der Initiative des zuständigen Ausschusses oder der zuständigen internen Instanzen beruht und deren Stellungnahmen Rechnung trägt, strengere Anforderungen für Kapitalpuffer oder striktere Maßnahmen zur Abwendung von Systemrisiken oder makroprudenziellen Risiken nach Artikel 5 Absatz 2 der Verordnung (EU) Nr. 1024/2013 festzulegen, teilt er dies der betreffenden nationalen zuständigen Behörde oder nationalen benannten Behörde mindestens zehn Arbeitstage, bevor er einen solchen Beschluss erlässt,

---

1) Kapitel IVa (Art. 13a–13o) eingef. mWv 24. 1. 2014 durch Beschl. v. 22. 1. 2014 (ABl. Nr. L 95 S. 56).

mit. Teilt die betreffende nationale zuständige Behörde oder nationale benannte Behörde der EZB innerhalb von fünf Arbeitstagen, nachdem ihr die Absicht mitgeteilt worden ist, in einer begründeten Stellungnahme schriftlich mit, dass sie Einwände erhebt, übermittelt der Sekretär des Aufsichtsgremiums nach Eingang dieser Mitteilung die Einwände unverzüglich dem EZB-Rat und dem Aufsichtsgremium. Der EZB-Rat erlässt in der Sache auf der Grundlage des Vorschlag des Aufsichtsgremiums zu dem Vorhaben, der auf der Initiative des zuständigen Ausschusses oder der zuständigen internen Instanzen beruht und deren Stellungnahmen Rechnung trägt, einen Beschluss. Der Beschluss wird der betreffenden nationalen zuständigen Behörde oder nationalen benannten Behörde übermittelt.

13 h.3. Der EZB-Rat ist berechtigt, Vorschläge des Aufsichtsgremiums im Sinne der Artikel 13 h.1 und Artikel 13 h.2 anzunehmen, ihnen zu widersprechen oder sie zu ändern. Der EZB-Rat ist ferner berechtigt, das Aufsichtsgremium um Einreichung eines Vorschlags im Sinne der Artikel 13 h.1 und Artikel 13 h.2 oder um Durchführung einer besonderen Prüfung zu ersuchen. [3]Reicht das Aufsichtsgremium auf ein solches Ersuchen hin keinen Vorschlag ein, kann der EZB-Rat zu dem Vorhaben unter Berücksichtigung der Stellungnahmen des zuständigen Ausschusses oder der zuständigen internen Instanzen einen Beschluss erlassen, ohne dass ein Vorschlag des Aufsichtsgremiums vorliegt.

Art. 13 i[1)] Annahme von Beschlüssen nach Artikel 14 Absätze 2 bis 4 der Verordnung (EU) Nr. 1024/2013. Teilt eine nationale zuständige Behörde der EZB ihren Beschlussentwurf nach Artikel 14 Absatz 2 der Verordnung (EU) Nr. 1024/2013 mit, übermittelt das Aufsichtsgremium dem EZB-Rat innerhalb von fünf Arbeitstagen den Beschlussentwurf und eine eigene Beurteilung. Der Beschlussentwurf gilt als angenommen, wenn der EZB-Rat nicht innerhalb eines Zeitraums von höchstens zehn Arbeitstagen, der in hinreichend begründeten Fällen einmal um den gleichen Zeitraum verlängert werden kann, widerspricht.

Art. 13 j[1)] Allgemeines Rahmenwerk nach Artikel 6 Absatz 7 der Verordnung (EU) Nr. 1024/2013. Der EZB-Rat erlässt in Abstimmung mit den nationalen zuständigen Behörden und auf der Grundlage eines Vorschlags des Aufsichtsgremiums außerhalb des Anwendungsbereichs des Verfahrens der impliziten Zustimmung Beschlüsse in Bezug auf die Einrichtung des allgemeinen Rahmenwerks zur Gestaltung der praktischen Modalitäten für die Durchführung von Artikel 6 der Verordnung (EU) Nr. 1024/2013.

Art. 13 k[1)] Trennung von geldpolitischen Aufgaben und Aufsichtsaufgaben. 13 k.1. Die EZB nimmt die ihr durch die Verord-

---

1) Kapitel IVa (Art. 13 a–13 o) eingef. mWv 24. 1. 2014 durch Beschl. v. 22. 1. 2014 (ABl. Nr. L 95 S. 56).

nung (EU) Nr. 1024/2013 übertragenen Aufgaben unbeschadet und getrennt von ihren Aufgaben im Bereich der Geldpolitik und von sonstigen Aufgaben wahr.

13k.2 Die EZB trifft alle erforderlichen Maßnahmen, um eine Trennung der geldpolitischen Funktion von der Aufsichtsfunktion zu gewährleisten.

13k.3. Die Trennung der geldpolitischen Funktion von der Aufsichtsfunktion schließt nicht aus, dass zwischen diesen beiden funktionellen Bereichen der zur Erfüllung der EZB- und der ESZB-Aufgaben notwendige Informationsaustausch stattfindet.

Art. 13l[1)] Organisation der die Aufsichtsaufgaben betreffenden Sitzungen des EZB-Rates. 13l.1. Die die Aufsichtsaufgaben betreffenden Sitzungen des EZB-Rates finden getrennt von den regelmäßigen Sitzungen des EZB-Rates und mit jeweils eigener Tagesordnung statt.

13l.2. Auf Vorschlag des Aufsichtsgremiums erstellt das Direktorium eine vorläufige Tagesordnung und leitet sie den Mitgliedern des EZB-Rates und anderen zur Teilnahme an der Sitzung berechtigten Personen zusammen mit den vom Aufsichtsgremium erstellten relevanten Unterlagen mindestens acht Tage vor der jeweiligen Sitzung zu. Dies gilt nicht für Notfälle, in denen das Direktorium den Umständen entsprechend verfährt.

13l.3. Bevor der EZB-Rat Einwände gegen einen Beschlussentwurf des Aufsichtsgremiums erhebt, der an die nationalen zuständigen Behörden gerichtet ist und Kreditinstitute betrifft, die in teilnehmenden Mitgliedstaaten außerhalb des Euro-Währungsgebiets niedergelassen sind, konsultiert er die Präsidenten der nicht dem Eurosystem angehörenden nationalen Zentralbanken der teilnehmenden Mitgliedstaaten. Das Gleiche gilt in Fällen, in denen die betreffende nationale zuständige Behörde dem EZB-Rat in einer begründeten Stellungnahme mitteilt, dass sie einem Beschlussentwurf des Aufsichtsgremiums nicht zustimmt.

13l.4. Soweit in diesem Kapitel nichts anderes bestimmt ist, finden die allgemeinen Bestimmungen des Kapitels I über die Sitzungen des EZB-Rates auch auf die die Aufsichtaufgaben betreffenden Sitzungen des EZB-Rates Anwendung.

Art. 13m[1)] Interne Organisationsstruktur für Aufsichtsaufgaben. 13m.1. Die Zuständigkeit des Direktoriums für die interne Organisationsstruktur und die Mitarbeiter der EZB umfasst die Aufsichtsaufgaben. Das Direktorium konsultiert den Vorsitzenden und den stellvertretenden Vorsitzenden des Aufsichtsgremiums im Bezug auf die interne Organisationsstruktur. Die Artikel 10 und 11 gelten entsprechend.

[1)] Kapitel IVa (Art. 13a–13o) eingef. mWv 24. 1. 2014 durch Beschl. v. 22. 1. 2014 (ABl. Nr. L 95 S. 56).

13 m.2. Das Aufsichtsgremium kann im Einvernehmen mit dem Direktorium vorläufige nachgeordnete Strukturen wie etwa Arbeitsgruppen oder Taskforces einrichten und auflösen. Diese unterstützen die mit den Aufsichtsaufgaben in Zusammenhang stehenden Arbeiten und erstatten dem Aufsichtsgremium Bericht.

13 m.3. Der Präsident der EZB ernennt nach Absprache mit dem Vorsitzenden des Aufsichtsgremiums einen Mitarbeiter der EZB zum Sekretär des Aufsichtsgremiums und des Lenkungsausschusses. Der Sekretär unterstützt den Vorsitzenden oder bei dessen Abwesenheit den stellvertretenden Vorsitzenden bei der Vorbereitung der Sitzungen des Aufsichtsgremiums und ist für die Erstellung der Protokolle dieser Sitzungen verantwortlich.

13 m.4. Der Sekretär setzt sich mit dem Sekretär des EZB-Rates hinsichtlich der Vorbereitung der die Aufsichtsaufgaben betreffenden Sitzungen des EZB-Rates in Verbindung und ist für die Erstellung der Protokolle dieser Sitzungen verantwortlich.

Art. 13 n[1)] Bericht nach Artikel 20 Absatz 2 der Verordnung (EU) Nr. 1024/2013. Auf Vorschlag des Aufsichtsgremiums, der über das Direktorium zugeleitet wird, beschließt der EZB-Rat die jährlichen Berichte, die nach Maßgabe von Artikel 20 Absatz 2 der Verordnung (EU) Nr. 1024/2013 an das Europäische Parlament, den Rat, die Kommission und die Euro-Gruppe gerichtet sind.

Art. 13 o[1)] Vertreter der EZB bei der Europäischen Bankenaufsichtsbehörde. 13 o.1. Auf Vorschlag des Aufsichtsgremiums nimmt der Präsident der EZB die Ernennung und Abberufung des nach Artikel 40 Absatz 1 Buchstabe d der Verordnung (EU) Nr. 1093/2010 des Europäischen Parlaments und des Rates vom 24. November 2010 zur Errichtung einer Europäischen Aufsichtsbehörde (Europäische Bankenaufsichtsbehörde), zur Änderung des Beschlusses Nr. 716/2009/EG und zur Aufhebung des Beschlusses 2009/78/EG der Kommission[2)] vorgesehenen Vertreters der EZB im Rat der Aufseher der Europäischen Bankenaufsichtsbehörde vor.

13 o.2. Der Präsident ernennt den begleitenden zweiten Vertreter mit Kenntnissen in Zentralbankfragen im Rat der Aufseher der Europäischen Bankenaufsichtsbehörde.

Kapitel V. Spezielle Verfahrenstechnische Bestimmungen

Art. 14 Übertragung von Befugnissen. 14.1. Die Übertragung von Befugnissen des EZB-Rates auf das Direktorium gemäß Artikel 12.1 Absatz 2 letzter Satz der Satzung wird den Beteiligten mitge-

---

[1)] Kapitel IVa (Art. 13 a–13 o) eingef. mWv 24. 1. 2014 durch Beschl. v. 22.1.2014 (ABl. Nr. L 95 S. 56).

[2)] ABl. L 331 vom 15.12.2010, S. 12.

teilt oder gegebenenfalls veröffentlicht, wenn aufgrund der Übertragung von Befugnissen gefasste Beschlüsse rechtliche Auswirkungen auf Dritte haben. Der EZB-Rat wird unverzüglich über jeden aufgrund der Übertragung von Befugnissen verabschiedeten Rechtsakt unterrichtet.

14.2. Das Verzeichnis der Zeichnungsberechtigten der EZB, das nach Maßgabe von Beschlüssen gemäß Artikel 39 der Satzung erstellt wird, wird daran interessierten Dritten zugeleitet.

Art. 15[1] Verfahren zur Erstellung des Haushalts. 15.1. Vor dem Ende eines jeden Geschäftsjahres beschließt der EZB-Rat den Haushalt der EZB für das nächste Geschäftsjahr auf der Grundlage eines Vorschlags, der vom Direktorium nach den vom EZB-Rat festgelegten Grundsätzen erstellt wird. Die Ausgaben für die Aufsichtsaufgaben werden im Haushalt getrennt ausgewiesen und mit dem Vorsitzenden und stellvertretenden Vorsitzenden des Aufsichtsgremiums abgestimmt.

15.2. Zur Unterstützung in Fragen des Haushalts der EZB setzt der EZB-Rat einen Haushaltsausschuss ein und bestimmt dessen Auftrag und Zusammensetzung.

Art. 16 Berichterstattung und Rechnungslegung. 16.1. Der EZB-Rat verabschiedet den gemäß Artikel 15.3 der Satzung erforderlichen Jahresbericht.

16.2. Die Zuständigkeit für die Verabschiedung und Veröffentlichung der vierteljährlichen Berichte gemäß Artikel 15.1., des konsolidierten Wochenausweises gemäß Artikel 15.2. und der konsolidierten Bilanz gemäß Artikel 26.3 der Satzung sowie anderer Berichte wird auf das Direktorium übertragen.

16.3. Das Direktorium erstellt den Jahresabschluss der EZB unter Beachtung der vom EZB-Rat festgelegten Grundsätze innerhalb des ersten Monats des jeweils nachfolgenden Geschäftsjahres. Dieser wird den externen Rechnungsprüfern vorgelegt.

16.4. Der EZB-Rat verabschiedet den Jahresabschluss der EZB innerhalb des ersten Quartals des jeweiligen Folgejahres. Der Bericht der externen Rechnungsprüfer wird dem EZB-Rat vor dieser Verabschiedung vorgelegt.

Art. 17[2] Rechtsinstrumente der EZB. 17.1. Verordnungen der EZB werden vom EZB-Rat verabschiedet und in seinem Auftrag vom Präsidenten unterzeichnet.

17.2. Leitlinien der EZB werden vom EZB-Rat in einer der Amtssprachen der Union verabschiedet und bekannt gegeben sowie im Auf-

---

[1] Art. 15 Abs. 15.1. neu gef. mWv 24.1.2014 durch Beschl. v. 22.1.2014 (ABl. Nr. L 95 S. 56).

[2] Art. 17 Abs. 17.5. und 17.8. neu gef. mWv 24.1.2014 durch Beschl. v. 22.1.2014 (ABl. Nr. L 95 S. 56).

trag des EZB-Rates vom Präsidenten unterzeichnet. Sie müssen mit Gründen versehen werden. Die Bekanntgabe an die nationalen Zentralbanken kann elektronisch, in Form eines Telefax oder in Papierform erfolgen. Jede Leitlinie der EZB, die amtlich veröffentlicht werden soll, wird in die Amtssprachen der Union übersetzt.

17.3. Der EZB-Rat kann seine normativen Befugnisse zum Zweck der Umsetzung seiner Verordnungen und Leitlinien auf das Direktorium übertragen. In der jeweiligen Verordnung oder Leitlinie müssen die umzusetzenden Maßnahmen im Einzelnen dargelegt sowie die Grenzen und der Umfang der übertragenen Befugnisse angegeben werden.

17.4. Entscheidungen und Empfehlungen der EZB werden je nach Zuständigkeitsbereich vom EZB-Rat oder vom Direktorium verabschiedet und vom Präsidenten unterzeichnet. Entscheidungen der EZB über die Verhängung von Sanktionen gegen Dritte werden zur Bestätigung vom Sekretär des EZB-Rates unterzeichnet. Die Entscheidungen und Empfehlungen der EZB müssen mit Gründen versehen werden. Empfehlungen zu ergänzenden Rechtsvorschriften der Union gemäß Artikel 41 der Satzung werden vom EZB-Rat verabschiedet.

17.5. Unbeschadet der Bestimmungen von Artikel 43 Absatz 2 und Artikel 46.1 erster Gedankenstrich der Satzung werden Stellungnahmen der EZB vom EZB-Rat verabschiedet. Unter außergewöhnlichen Umständen und sofern sich nicht mindestens drei Zentralbankpräsidenten dafür aussprechen, die Zuständigkeit für die Verabschiedung bestimmter Stellungnahmen beim EZB-Rat zu belassen, können Stellungnahmen der EZB jedoch vom Direktorium verabschiedet werden, und zwar nach Maßgabe der Anmerkungen des EZB-Rates und unter Beachtung der Mitwirkungsrechte des Erweiterten Rates. Das Direktorium ist befugt, die endgültige Fassung von Stellungnahmen der EZB zu besonders technischen Fragen zu erstellen sowie faktische Änderungen oder Berichtigungen aufzunehmen. Stellungnahmen der EZB werden vom Präsidenten unterzeichnet. Bei Stellungnahmen der EZB, die hinsichtlich der Aufsicht über die Kreditinstitute verabschiedet werden sollen, kann der EZB-Rat das Aufsichtsgremium konsultieren.

17.6. Weisungen der EZB werden vom Direktorium in einer der Amtssprachen der Union erteilt und bekannt gegeben sowie im Auftrag des Direktoriums vom Präsidenten oder von zwei Mitgliedern des Direktoriums unterzeichnet. Die Bekanntgabe an die nationalen Zentralbanken kann elektronisch, in Form eines Telefax oder in Papierform erfolgen. Jede Weisung der EZB, die amtlich veröffentlicht werden soll, wird in die Amtssprachen der Union übersetzt.

17.7. Sämtliche Rechtsinstrumente der EZB werden zur leichteren Identifizierung fortlaufend nummeriert. Das Direktorium trifft Maßnahmen, um sicherzustellen, dass die Originale sicher verwahrt, die Adressaten oder die um Anhörung ersuchenden Behörden unterrichtet

und Verordnungen der EZB, Stellungnahmen der EZB zu Entwürfen von Rechtsvorschriften der Gemeinschaft sowie jene Rechtsinstrumente der EZB, deren Veröffentlichung ausdrücklich verfügt worden ist, in sämtlichen Amtssprachen der Europäischen Union im Amtsblatt der Europäischen Union veröffentlicht werden.

17.8. Die Verordnung Nr. 1 vom 15. April 1958 zur Regelung der Sprachenfrage für die Europäische Wirtschaftsgemeinschaft[1] wird auf die in Artikel 34 der Satzung genannten Rechtsakte angewendet.

Art. 17 a[2] Rechtsinstrumente der EZB in Bezug auf Aufsichtsaufgaben. 17 a.1. Soweit in Verordnungen, die von der EZB gemäß der Verordnung (EU) Nr. 1024/2013 erlassen werden, und in diesem Artikel nichts anderes bestimmt ist, findet Artikel 17 auf die Rechtsinstrumente der EZB in Bezug auf Aufsichtsaufgaben Anwendung.

17 a.2. Leitlinien der EZB in Bezug auf Aufsichtsaufgaben nach Artikel 4 Absatz 3 und Artikel 6 Absatz 5 Buchstabe a der Verordnung (EU) Nr. 1024/2013 werden vom EZB-Rat erlassen und bekannt gegeben sowie im Auftrag des EZB-Rates vom Präsidenten unterzeichnet. Die Bekanntgabe an die für die Aufsicht über Kreditinstitute zuständigen nationalen Behörden kann elektronisch, in Form eines Telefax oder in Papierform erfolgen.

17 a.3. Anweisungen der EZB in Bezug auf Aufsichtsaufgaben nach Artikel 6 Absatz 3 und Absatz 5 Buchstabe a, Artikel 7 Absätze 1 und 4, Artikel 9 Absatz 1 sowie Artikel 30 Absatz 5 der Verordnung (EU) Nr. 1024/2013 werden vom EZB-Rat erlassen und bekannt gegeben sowie im Auftrag des EZB-Rates vom Präsidenten unterzeichnet. Sie müssen mit Gründen versehen werden. Die Bekanntgabe an die für die Aufsicht über Kreditinstitute zuständigen nationalen Behörden kann elektronisch, in Form eines Telefax oder in Papierform erfolgen.

17 a.4. Beschlüsse der EZB in Bezug auf beaufsichtigte Unternehmen und Unternehmen, die die Zulassung zur Aufnahme der Tätigkeit eines Kreditinstituts beantragt haben, werden vom EZB-Rat erlassen und zur Bestätigung vom Sekretär des EZB-Rates unterzeichnet. Sie werden den Personen bekannt gegeben, an die sie gerichtet sind.

Art. 18[3] Verfahren gemäß Artikel 128 Absatz 2 des Vertrags. Die Erteilung der in Artikel 128 Absatz 2 des Vertrags vorgesehenen Genehmigung für das jeweilige Folgejahr erfolgt für sämtliche Mitgliedstaaten, deren Währung der Euro ist, im letzten Quartal eines jeden Jahres in Form eines einzigen Beschlusses des EZB-Rates.

---

1) ABl. 17 vom 6.10.1958, S. 385/58.
2) Art. 17 a eingef. mWv 24.1.2014 durch Beschl. v. 22.1.2014 (ABl. Nr. L 95 S. 56).
3) Art. 18 neu gef. mWv 24.1.2014 durch Beschl. v. 22.1.2014 (ABl. Nr. L 95 S. 56).

Art. 19 Beschaffungen. 19.1. Bei der Beschaffung von Waren und Dienstleistungen für die EZB wird den Grundsätzen der öffentlichen Bekanntgabe, der Transparenz, des gleichberechtigten Zugangs, der Nichtdiskriminierung und der effizienten Verwaltung gebührend Rechnung getragen.

19.2. Mit Ausnahme des Grundsatzes der effizienten Verwaltung kann in dringlichen Fällen, aus Sicherheits- oder Vertraulichkeitsgründen, bei Verfügbarkeit nur eines einzigen Lieferanten, bei Lieferungen der nationalen Zentralbanken an die EZB oder zur Gewährleistung der Kontinuität von Lieferungen ausnahmsweise von den zuvor genannten Grundsätzen abgewichen werden.

Art. 20[1] *[aufgehoben]*

Art. 21 Beschäftigungsbedingungen. 21.1. Die Beschäftigungsbedingungen und die Dienstvorschriften regeln die Beschäftigungsverhältnisse zwischen der EZB und ihren Mitarbeitern.

21.2. Der EZB-Rat verabschiedet die Beschäftigungsbedingungen auf Vorschlag des Direktoriums und nach Anhörung des Erweiterten Rates.

21.3. Das Direktorium legt die Dienstvorschriften fest, durch die die Beschäftigungsbedingungen umgesetzt werden.

21.4. Die Personalvertretung wird vor der Festlegung neuer Beschäftigungsbedingungen oder Dienstvorschriften angehört. Ihre Stellungnahme wird dem EZB-Rat bzw. dem Direktorium vorgelegt.

Art. 22 Mitteilungen und Bekanntmachungen. Allgemeine Mitteilungen und die Bekanntgabe von Beschlüssen der Beschlussorgane der EZB können durch Veröffentlichung auf der Website der EZB oder im Amtsblatt der Europäischen Union bzw. durch Übermittlung über die an den Finanzmärkten etablierten Nachrichtenagenturen oder sonstige Medien erfolgen.

Art. 23[2] **Geheimhaltung von und Zugang zu Dokumenten der EZB.** 23.1. Die Aussprachen der Beschlussorgane der EZB und aller von diesen eingesetzten Ausschüsse und Arbeitsgruppen, des Aufsichtsgremiums, seines Lenkungsausschusses und aller seiner vorübergehend eingerichteten nachgeordneten Strukturen sind vertraulich, sofern der EZB-Rat den Präsidenten nicht dazu ermächtigt, das Ergebnis der Beratungen zu veröffentlichen. Bezieht sich ein solcher Beschluss auf die Aussprachen des Aufsichtsgremiums, seines Lenkungsausschusses oder einer seiner vorübergehend errichteten nachgeordneten Strukturen, konsultiert der Präsident zuvor den Vorsitzenden des Aufsichtsgremiums.

---

[1] Art. 20 aufgeh. mWv 24. 1. 2014 durch Beschl. v. 22. 1. 2014 (ABl. Nr. L 95 S. 56).

[2] Art. 23 Abs. 23.1. und Abs. 23.3. Satz 1 neu gef. mWv 24. 1. 2014 durch Beschl. v. 22. 1. 2014 (ABl. Nr. L 95 S. 56).

23.2. Der Zugang der Öffentlichkeit zu von der EZB erstellten oder sich im Besitz der EZB befindenden Dokumenten unterliegt einem Beschluss des EZB-Rates.

23.3. Von der EZB erstellte oder verwahrte Dokumente werden gemäß den organisatorischen Regelungen zum Berufsgeheimnis und zur Handhabung und Vertraulichkeit von Informationen klassifiziert und behandelt. Sofern die Beschlussorgane nichts Anderweitiges beschließen, werden die Dokumente nach 30 Jahren frei zugänglich.

Art. 23 a[1] Vertraulichkeit und Geheimhaltung von Aufsichtsaufgaben. 23 a.1. Die Mitglieder des Aufsichtsgremiums, des Lenkungsausschusses und der vom Aufsichtsgremium eingerichteten nachgeordneten Strukturen unterliegen auch nach Beendigung ihres Dienstverhältnisses den in Artikel 37 der Satzung festgelegten Geheimhaltungspflichten.

23 a.2. Beobachter haben keinen Zugang zu vertraulichen Informationen über einzelne Institute.

23 a.3. Die Dokumente, die von dem Aufsichtsgremium, dem Lenkungsausschuss und von den vom Aufsichtsgremium vorübergehend eingerichteten nachgeordneten Strukturen erstellt werden, sind Dokumente der EZB und werden daher gemäß den in Artikel 23.3 festgelegten Regeln klassifiziert und behandelt.

Kapitel VI. Schlussbestimmung

Art. 24 Änderung dieser Geschäftsordnung. Der EZB-Rat kann diese Geschäftsordnung ändern. Der Erweiterte Rat kann Änderungen vorschlagen, und das Direktorium kann ergänzende Regelungen innerhalb seines Zuständigkeitsbereichs verabschieden.

Anhang[2]

gemäß Artikel 13 c Ziffer iv

1. Für die Zwecke des Abstimmungsverfahrens nach Artikel 13 c ist den vier Vertretern der EZB nach Maßgabe der nachstehenden Nummern für das Stimmgewichtskriterium der Median der gewogenen Stimmen der teilnehmenden Mitgliedstaaten, für das Bevölkerungszahlkriterium der Median der Bevölkerung der teilnehmenden Mitgliedstaaten und für das Mitgliederzahlkriterium eine Stimme kraft ihrer Mitgliedschaft im Aufsichtsgremium zuzuweisen.
2. Werden die den teilnehmenden Mitgliedstaaten durch Artikel 3 des Protokolls (Nr. 36) über die Übergangsbestimmungen zugewiesenen gewogenen Stimmen der Mitglieder, die die teilnehmenden Mit-

[1] Art. 23 a eingef. mWv 24. 1. 2014 durch Beschl. v. 22. 1. 2014 (ABl. Nr. L 95 S. 56).
[2] Anh. angef. mWv 24. 1. 2014 durch Beschl. v. 22. 1. 2014 (ABl. Nr. L 95 S. 56).

gliedstaaten vertreten, aufsteigend angeordnet, ist der Median der gewogenen Stimmen die mittlere Zahl der gewogenen Stimmen, falls die Anzahl der teilnehmenden Mitgliedstaaten ungerade ist, bzw. das arithmetische Mittel der beiden mittleren Zahlen – gerundet auf die nächste ganze Zahl –, falls die Anzahl der teilnehmenden Mitgliedstaaten gerade ist. Zu der Gesamtzahl der gewogenen Stimmen der teilnehmenden Mitgliedstaaten ist das Vierfache des Medians der gewogenen Stimmen zu addieren. Die sich daraus ergebende Anzahl der gewogenen Stimmen stellt die „Gesamtzahl der gewogenen Stimmen" dar.

3. Der Median der Bevölkerungszahlen wird nach demselben Grundsatz bestimmt. Hierzu wird auf die Zahlen zurückgegriffen, die der Rat der Europäischen Union entsprechend Anhang III Artikel 1 und 2 des Beschlusses 2009/937/EU des Rates vom 1. Dezember 2009 zur Annahme seiner Geschäftsordnung[1)] veröffentlicht hat. Zu der Gesamtbevölkerungszahl aller teilnehmenden Mitgliedstaaten ist das Vierfache des Medians der Bevölkerungszahlen der teilnehmenden Mitgliedstaaten zu addieren. Die sich daraus ergebende Bevölkerungszahl stellt die „Gesamtbevölkerung" dar.

[1)] ABl. L 325 vom 11. 12. 2009, S. 35.

269a. Beschluss der Europäischen Zentralbank hinsichtlich der Geschäftsordnung des Direktoriums der Europäischen Zentralbank

Vom 12. Oktober 1999
(EZB/1999/7, ABl. 1999 Nr. L 314/34)

DAS DIREKTORIUM DER EUROPÄISCHEN ZENTRALBANK –

GESTÜTZT auf die Geschäftsordnung der Europäischen Zentralbank, insbesondere auf Artikel 8 und Artikel 24;

IN ERWÄGUNG nachstehender Gründe:

Um sicherzustellen, daß Beschlüsse der EZB jederzeit vom Direktorium verabschiedet werden können, ist es erforderlich, ein Verfahren für die Verabschiedung von Beschlüssen im Wege einer Telekonferenz und ein Verfahren für die Übertragung von Befugnissen zu errichten, wobei beide das Prinzip der kollegialen Verantwortlichkeit des Direktoriums wahren –

HAT FOLGENDEN BESCHLUSS GEFASST:

Art. 1 Ergänzender Charakter. Dieser Beschluß ergänzt die Geschäftsordnung der Europäischen Zentralbank. Die in diesem Beschluß verwendeten Begriffe haben die gleiche Bedeutung, die sie in der Geschäftsordnung der Europäischen Zentralbank haben.

Art. 2 Teilnahme an Sitzungen des Direktoriums. (1) Der Präsident ernennt einen Mitarbeiter der europäischen Zentralbank (EZB) zum Sekretär. Der Sekretär ist für die Organisation und das Erstellen der Ergebnisprotokolle von sämtlichen Sitzungen des Direktoriums zuständig.

(2) Sind sowohl der Präsident als auch der Vizepräsident verhindert, so führt das Direktoriumsmitglied mit der längsten Amtszeit den Vorsitz. Trifft dies auf zwei oder mehr Mitglieder zu, dann führt das Mitglied mit dem höchsten Lebensalter unter ihnen den Vorsitz.

(3) Das Direktorium kann Mitarbeiter der EZB zu seinen Sitzungen einladen.

Art. 3 Tagesordnung und Verfahren. (1) Die Tagesordnung einer jeden Sitzung wird vom Direktorium genehmigt. Dazu erstellt der Präsident eine vorläufige Tagesordnung, die den Mitgliedern des Direktoriums zusammen mit den dazugehörigen Unterlagen prinzipiell mindestens zwei Werktage vor der jeweiligen Sitzung zuzuleiten ist, wobei Notfälle, in denen der Präsident den Umständen entsprechend zu verfahren hat, ausgenommen sind.

(2) Die Ergebnisprotokolle der Sitzungen des Direktoriums werden den Mitgliedern des Direktoriums bei der nächsten Sitzung (oder erforderlichenfalls früher im schriftlichen Verfahren) zur Genehmigung vorgelegt und vom Vorsitzenden unterzeichnet.

Art. 4 Telekonferenz. (1) Auf Ersuchen des Präsidenten können Beschlüsse vom Direktorium im Wege einer Telekonferenz gefaßt werden, es sei denn, mindestens zwei Mitglieder des Direktoriums erheben Einwände dagegen. Besondere Umstände sind erforderlich, damit ein Beschluß im Wege einer Telekonferenz gefaßt wird. Der Präsident legt die Art dieser Umstände fest, und die Mitglieder des Direktoriums können verlangen, vorab sowohl über die Telekonferenz als auch über die Angelegenheit, über die ein Beschluß gefaßt wird, unterrichtet zu werden.

(2) Die Entscheidung des Präsidenten über die besonderen Umstände und die vom Direktorium im Wege einer Telekonferenz gefaßten Beschlüsse werden in den Ergebnisprotokollen der Sitzungen des Direktoriums festgehalten.

Art. 5 Übertragung von Befugnissen. (1) Das Direktorium kann eines oder mehrere seiner Mitglieder ermächtigen, in seinem Namen und unter seiner Kontrolle eindeutig umschriebene Maßnahmen der Geschäftsordnung und der Verwaltung zu treffen, insbesondere zur Vorbereitung von Beschlüssen, die kollektiv von den Mitgliedern des Direktoriums zu einem späteren Zeitpunkt zu fassen sind, und zur Umsetzung von endgültigen vom Direktorium gefaßten Beschlüssen.

(2) Das Direktorium kann auch eines oder mehrere seiner Mitglieder beauftragen, im Einvernehmen mit dem Präsidenten i) den Wortlaut eines Beschlusses im Sinne von Artikel 5 Absatz 1 endgültig anzunehmen, vorausgesetzt, der wesentliche Inhalt eines solchen Beschlusses ist bereits in Beratungen festgelegt worden, und/oder ii) endgültige Beschlüsse zu fassen, bei denen eine solche Übertragung begrenzte und eindeutig definierte Durchführungsbefugnisse umfaßt, deren Ausübung einer strikten Prüfung im Lichte der vom Direktorium festgelegten objektiven Kriterien unterliegt.

(3) Die Übertragung von Befugnissen und die gemäß Artikel 5 Absätze 1 und 2 verabschiedeten Beschlüsse werden in den Ergebnisprotokollen der Sitzungen des Direktoriums festgehalten.

(4) Die so übertragenen Befugnisse können nur weiterübertragen werden, soweit eine diesbezügliche Bestimmung im Ermächtigungsbeschluß dies vorsieht.

Art. 6 Veröffentlichung. Dieser Beschluß wird im *Amtsblatt der Europäischen Gemeinschaften* veröffentlicht.

270. Vertrag zur Einrichtung des Europäischen Stabilitätsmechanismus[1)·2)·3)·4)·5)·6)]

Vom 2. Februar 2012

(BGBl. 2012 II S. 983)

Die Vertragsparteien, das Königreich Belgien, die Bundesrepublik Deutschland, die Republik Estland, Irland, die Hellenische Republik, das Königreich Spanien, die Französische Republik, die Italienische Republik, die Republik Zypern, das Großherzogtum Luxemburg, Malta, das Königreich der Niederlande, die Republik Österreich, die Portugiesische Republik, die Republik Slowenien, die Slowakische Republik und die Republik Finnland („Mitgliedstaaten des Euro-Währungsgebiets" oder „ESM-Mitglieder") –
in ihrer Verpflichtung zur Wahrung der Finanzstabilität des Euro-Währungsgebiets,

---

1) Der Vertrag ist nach seinem Art. 48 Abs. 1 am 27. September 2012 (Hinterlegung der deutschen Ratifikationsurkunde) in Kraft getreten (Bek. v. 1.10.2012, BGBl. II S. 1086). Am 4.10.2012 ist der Vertrag auch für Estland in Kraft getreten (Bek. v. 16.10.2012, BGBl. II S. 1336) und gilt seit diesem Zeitpunkt für alle Euro-Mitgliedstaaten. Der Vertrag ist mit Wirkung v. 3.2.2015 nunmehr auch für Litauen in Kraft getreten (s. Bek. v. 20.2.2015, BGBl. 2015 II S. 327), die Anhänge I und II entsprechend angepasst worden. Mit dem Beitritt Litauens wurde die litauische Sprachfassung zur weiteren verbindlichen Sprachfassung des Vertrags.

2) Art. 2 des (dt.) Vertragsgesetzes bestimmt (BGBl. 2012 II S. 981):

„(1) Erhöhungen des genehmigten Stammkapitals nach Artikel 10 Absatz 1 des Vertrags bedürfen zum Inkrafttreten einer bundesgesetzlichen Ermächtigung zur Bereitstellung weiteren Kapitals.

(2) Der deutsche Gouverneur im Gouverneursrat des Europäischen Stabilitätsmechanismus und im Falle einer Delegation der Entscheidung nach Artikel 5 Absatz 6 Buchstabe m des Vertrags der deutsche Direktor im Direktorium des Europäischen Stabilitätsmechanismus dürfen einem Beschlussvorschlag zur Änderung der Finanzhilfeinstrumente nach Artikel 19 des Vertrags nur zustimmen oder sich bei der Abstimmung über einen solchen Beschlussvorschlag der Stimme enthalten, wenn hierzu zuvor durch Bundesgesetz ermächtigt wurde. Ohne eine solche Ermächtigung muss der deutsche Vertreter den Beschlussvorschlag ablehnen.

(3) Änderungen des Stammkapitals nach Artikel 10 Absatz 3 des Vertrags und Änderungen des Beitragsschlüssels nach Artikel 11 Absatz 3 und 4 in Verbindung mit Artikel 11 Absatz 6 und Anhang I des Vertrags sind im Bundesgesetzblatt zu veröffentlichen."

3) Vgl. auch das Gesetz zur finanziellen Beteiligung am Europäischen Stabilitätsmechanismus (ESMFinG) v. 13.9.2012 (BGBl. I S. 1918).

4) Vgl. auch die im Anhang an den Vertragstext abgedruckten Erklärungen, den um einen *neuen* Abs. 3 ergänzten Art. 136 AEUV (Nr. **146**; Beschluss des Europäischen Rates v. 25.3.2012 *2011/199/EU, ABl. Nr. L 91/1*), sowie den Vertrag über Stabilität, Koordinierung und Steuerung in der Wirtschafts- und Währungsunion (Nr. **273**).

5) Die im Juni 2010 gegründete Europäische Finanzstabilisierungsfazilität (European Financial Stability Facility – EFSF) ist seit 1.7.2013 nicht mehr für neue Finanzmarktstabilisierungsmaßnahmen zuständig, wickelt aber die bestehenden Programme (Portugal, Irland, Griechenland) noch ab.

6) Auf der Grundlage eines Beschlusses des Gouverneursrates v. 21.11.2020 sind mWv 1.1.2021 die Anlagen I und II (Beitragsschlüssel/Zeichnung des Stammkapitals) geändert worden (Bek. v. 16.12.2020, BGBl. 2021 II S. 83).

eingedenk der Schlussfolgerungen des Europäischen Rates vom 25. März 2011 zur Einrichtung eines Europäischen Stabilitätsmechanismus, in Erwägung nachstehender Gründe:

(1) Der Europäische Rat erzielte am 17. Dezember 2010 Einvernehmen darüber, dass die Mitgliedstaaten des Euro-Währungsgebiets einen ständigen Stabilitätsmechanismus einrichten müssen. Dieser Europäische Stabilitätsmechanismus („ESM") wird die gegenwärtigen Aufgaben der Europäischen Finanzstabilisierungsfazilität („EFSF") und des europäischen Finanzstabilisierungsmechanismus („EFSM") übernehmen, die darin bestehen, den Mitgliedstaaten des Euro-Währungsgebiets bei Bedarf Finanzhilfe bereitzustellen.

(2) Am 25. März 2011 nahm der Europäische Rat den Beschluss 2011/199/EU zur Änderung des Artikels 136 des Vertrags über die Arbeitsweise der Europäischen Union hinsichtlich eines Stabilitätsmechanismus für die Mitgliedstaaten, deren Währung der Euro ist[1] an, womit Artikel 136 folgender Absatz angefügt wird: „Die Mitgliedstaaten, deren Währung der Euro ist, können einen Stabilitätsmechanismus einrichten, der aktiviert wird, wenn dies unabdingbar ist, um die Stabilität des Euro-Währungsgebiets insgesamt zu wahren. Die Gewährung aller erforderlichen Finanzhilfen im Rahmen des Mechanismus wird strengen Auflagen unterliegen."

(3) Zur Verbesserung der Wirksamkeit der Finanzhilfe und zur Bekämpfung der Ansteckungsgefahr kamen die Staats- und Regierungschefs der Mitgliedstaaten, deren Währung der Euro ist, am 21. Juli 2011 überein, „die Flexibilität [des ESM] unter Bindung an angemessene Auflagen zu erhöhen".

(4) Die strikte Einhaltung des Rahmens der Europäischen Union, der integrierten makroökonomischen Überwachung, insbesondere des Stabilitäts- und Wachstumspakts, des Rahmens für makroökonomische Ungleichgewichte und der Vorschriften für die wirtschaftspolitische Steuerung der Europäischen Union sollte die erste Verteidigungslinie gegen Vertrauenskrisen bleiben, die die Stabilität des Euro-Währungsgebiets beeinträchtigen.

(5) Am 9. Dezember 2011 haben die Staats- und Regierungschefs der Mitgliedstaaten, deren Währung der Euro ist, vereinbart, Schritte in Richtung auf eine stärkere Wirtschaftsunion zu unternehmen, einschließlich eines neuen fiskalpolitischen Pakts und einer verstärkten wirtschaftspolitischen Koordinierung, die durch einen Vertrag über Stabilität, Koordinierung und Steuerung in der Wirtschafts- und Währungsunion („VSKS") umzusetzen ist. Der VSKS wird dazu beitragen, eine engere Koordinierung der Wirtschaftspolitik im Euro-Währungsgebiet zu entwickeln, um eine dauerhafte, gesunde und stabile Verwaltung der öffentlichen Finanzen zu gewährleisten und so eine der Hauptursachen der finanziellen Instabilität anzugehen. Der vorliegende Vertrag und der VSKS ergänzen sich gegenseitig bei der Verstärkung

[1] ABl. L 91 vom 6.4.2011, S. 1.

der haushaltspolitischen Verantwortlichkeit und der Solidarität innerhalb der Wirtschafts- und Währungsunion. Es ist anerkannt und vereinbart, dass die Gewährung von Finanzhilfe im Rahmen neuer Programme durch den ESM ab dem 1. März 2013 von der Ratifizierung des VSKS durch das betreffende ESM-Mitglied abhängt, und nach Ablauf der in Artikel 3 Absatz 2 VSKS genannten Frist von der Erfüllung der in diesem Artikel genannten Pflichten.

(Fortsetzung nächstes Blatt)

(6) Angesichts der starken Interdependenzen innerhalb des Euro-Währungsgebiets können ernsthafte Risiken für die Finanzstabilität der Mitgliedstaaten, deren Währung der Euro ist, die Finanzstabilität des gesamten Euro-Währungsgebiets gefährden. Daher kann der ESM auf der Grundlage strenger Auflagen, die dem gewählten Finanzinstrument angemessen sind, Stabilitätshilfe gewähren, wenn dies zur Wahrung der Finanzstabilität des Euro-Währungsgebiets insgesamt und seiner Mitgliedstaaten unabdingbar ist. Das anfängliche maximale Darlehensvolumen des ESM wird auf 500 Milliarden EUR einschließlich der ausstehenden EFSF-Stabilitätshilfe festgesetzt. Die Angemessenheit des konsolidierten maximalen Darlehensvolumens des ESM und der EFSF wird jedoch vor dem Inkrafttreten des vorliegenden Vertrags neu bewertet werden. Falls dies angebracht ist, wird es ab Inkrafttreten des vorliegenden Vertrags gemäß Artikel 10 durch den Gouverneursrat des ESM angepasst.

(7) Alle Mitgliedstaaten des Euro-Währungsgebiets werden ESM-Mitglieder werden. Mit dem Beitritt zum Euro-Währungsgebiet sollte ein Mitgliedstaat der Europäischen Union zu einem ESM-Mitglied mit denselben Rechten und Pflichten werden wie die Vertragsparteien.[1]

(8) Der ESM wird bei der Bereitstellung von Stabilitätshilfe sehr eng mit dem Internationalen Währungsfonds („IWF") zusammenarbeiten. Eine aktive Beteiligung des IWF, sowohl auf fachlicher als auch auf finanzieller Ebene, wird angestrebt. Von einem Mitgliedstaat des Euro-Währungsgebiets, der um eine Finanzhilfe durch den ESM ersucht, wird erwartet, dass er, wann immer dies möglich ist, ein ähnliches Ersuchen an den IWF richtet.

(9) Mitgliedstaaten der Europäischen Union, deren Währung nicht der Euro ist („Nichtmitgliedstaaten des Euro-Währungsgebiets") und die sich im Einzelfall neben dem ESM an einer Stabilitätshilfemaßnahme für Mitgliedstaaten des EuroWährungsgebiets beteiligen, werden als Beobachter zu den Sitzungen des ESM eingeladen, auf denen diese Stabilitätshilfemaßnahme und ihre Überwachung erörtert werden. Sie erhalten zeitnahen Zugang zu sämtlichen Informationen und werden ordnungsgemäß konsultiert.

(10) Am 20. Juni 2011 ermächtigten die Vertreter der Regierungen der Mitgliedstaaten der Europäischen Union die Vertragsparteien des vorliegenden Vertrags, die Europäische Kommission und die Europäische Zentralbank („EZB") dazu aufzufordern, die in dem vorliegenden Vertrag vorgesehenen Aufgaben zu erfüllen.

(11) In ihrer Erklärung vom 28. November 2010 stellte die Euro-Gruppe fest, dass standardisierte und identische Umschuldungsklauseln („Collective Action Clauses" – „CAC") in einer die Marktliquidität wahrenden Form in die Vertragsbedingungen aller neuen Staatsanleihen des Euro-Währungsgebiets aufgenommen werden. Wie vom Europäischen Rat am 25. März 2011 gefordert, sind die Einzelheiten der

---

[1] Siehe Nr. **44**.

rechtlichen Regelungen für die Aufnahme von Umschuldungsklauseln in Staatsschuldtitel des Euro-Währungsgebiets vom Wirtschafts- und Finanzausschuss festgelegt worden.

(12) Entsprechend der Praxis des IMF ist in Ausnahmefällen eine Beteiligung des Privatsektors in angemessener und verhältnismäßiger Form in Fällen in Betracht zu ziehen, in denen die Stabilitätshilfe in Verbindung mit Auflagen in Form eines makroökonomischen Anpassungsprogramms gewährt wird.

(13) Der ESM wird, wie der IWF, einem ESM-Mitglied Stabilitätshilfe gewähren, wenn dessen regulärer Zugang zur Finanzierung über den Markt beeinträchtigt ist oder beeinträchtigt zu werden droht. Eingedenk dessen haben die Staatsund Regierungschefs festgelegt, dass ESM-Darlehen – vergleichbar denen des IWF – den Status eines bevorrechtigten Gläubigers haben werden, wobei akzeptiert wird, dass der IWF gegenüber dem ESM als Gläubiger vorrangig ist. Dieser Status wird ab dem Tag des Inkrafttretens dieses Vertrags gelten. In dem Fall, dass sich die ESM-Finanzhilfe in Form von ESM-Darlehen an ein Finanzhilfeprogramm anschließt, das im Zeitpunkt der Unterzeichnung dieses Vertrags bereits besteht, wird der ESM den gleichen Rang haben, wie alle anderen Darlehen und Verpflichtungen des die Finanzhilfe empfangenden ESM-Mitglieds, ausgenommen die Darlehen des IWF.

(14) Die dem Euro-Währungsgebiet angehörenden Mitgliedstaaten werden es unterstützen, dass dem ESM und anderen Staaten, die bilateral in Abstimmung mit dem ESM als Darlehensgeber auftreten, ein gleichwertiger Gläubigerstatus zuerkannt wird.

(15) Die Preisgestaltung des ESM für Mitgliedstaaten, die einem makroökonomischen Anpassungsprogramm, einschließlich der in Artikel 40 dieses Vertrags genannten, unterliegen, muss die Finanzierungs- und Betriebskosten des ESM decken und sollte mit den Bedingungen der zwischen dem EFSF, Irland und der Central Bank of Ireland einerseits und zwischen dem EFSF, der Portugiesischen Republik und der Banco de Portugal andererseits geschlossenen Vereinbarungen über eine Finanzhilfefazilität in Einklang stehen.

(16) Streitigkeiten über die Auslegung oder Anwendung dieses Vertrags zwischen den Vertragsparteien oder zwischen den Vertragsparteien und dem ESM sollten gemäß Artikel 273 des Vertrags über die Arbeitsweise der Europäischen Union („AEUV") beim Gerichtshof der Europäischen Union anhängig gemacht werden.

(17) Die Überwachung nach Abschluss des Programms wird von der Europäischen Kommission und vom Rat der Europäischen Union im Rahmen der Artikel 121 und 136 AEUV durchgeführt –

sind wie folgt übereingekommen:

Kapitel 1. Mitgliedschaft und Zweck

Art. 1 Einrichtung und Mitglieder. (1) Durch diesen Vertrag richten die Vertragsparteien untereinander eine internationale Finanzinstitution ein, die den Namen „Europäischer Stabilitätsmechanismus“ („ESM“) trägt.

(2) Die Vertragsparteien sind die ESM-Mitglieder.

Art. 2 Neue Mitglieder. (1) Die Mitgliedschaft im ESM steht den anderen Mitgliedstaaten der Europäischen Union von dem Zeitpunkt an offen, zu dem der gemäß Artikel 140 Absatz 2 AEUV angenommene Beschluss des Rates der Europäischen Union zur Aufhebung der für sie geltenden Ausnahmeregelung bezüglich der Einführung des Euro in Kraft tritt.

(2) Neue ESM-Mitglieder werden nach Maßgabe des Artikels 44 zu den selben Bedingungen aufgenommen wie die bestehenden ESM-Mitglieder.

(3) Ein neuer Mitgliedstaat, der dem ESM nach dessen Einrichtung beitritt, erhält für seinen Kapitalbeitrag, der gemäß dem Beitragsschlüssel nach Artikel 11 berechnet wird, Anteile am ESM.

Art. 3 Zweck. Zweck des ESM ist es, Finanzmittel zu mobilisieren und ESM-Mitgliedern, die schwerwiegende Finanzierungsprobleme haben oder denen solche Probleme drohen, unter strikten, dem gewählten Finanzhilfeinstrument angemessenen Auflagen eine Stabilitätshilfe bereitzustellen, wenn dies zur Wahrung der Finanzstabilität des Euro-Währungsgebiets insgesamt und seiner Mitgliedstaaten unabdingbar ist. Zu diesem Zweck ist der ESM berechtigt, Mittel aufzunehmen, indem er Finanzinstrumente begibt oder mit ESM-Mitgliedern, Finanzinstituten oder sonstigen Dritten finanzielle oder sonstige Vereinbarungen oder Übereinkünfte schließt.

Kapitel 2. Geschäftsführung

Art. 4 Aufbau und Abstimmungsregeln. (1) Der ESM hat einen Gouverneursrat und ein Direktorium sowie einen Geschäftsführenden Direktor und andere für erforderlich erachtete eigene Bedienstete.

(2) Der Gouverneursrat und das Direktorium beschließen nach Maßgabe dieses Vertrags in gegenseitigem Einvernehmen, mit qualifizierter Mehrheit oder mit einfacher Mehrheit. Bei allen Beschlüssen ist die Beschlussfähigkeit erreicht, wenn $^2/_3$ der stimmberechtigten Mitglieder, auf die insgesamt mindestens $^2/_3$ der Stimmrechte entfallen, anwesend sind.

(3) Die Annahme eines Beschlusses in gegenseitigem Einvernehmen erfordert die Einstimmigkeit der an der Abstimmung teilnehmenden Mitglieder. Die Annahme eines Beschlusses in gegenseitigem Einvernehmen wird durch Enthaltungen nicht verhindert.

(4) Abweichend von Absatz 3 wird in Fällen, in denen die Europäische Kommission und die EZB beide zu dem Schluss gelangen, dass

die Unterlassung der dringlichen Annahme eines Beschlusses zur Gewährung oder Durchführung von Finanzhilfe in aller Eile gemäß der Regelung in den Artikeln 13 bis 18 die wirtschaftliche und finanzielle Stabilität des Euro-Währungsgebiets bedrohen würde, ein Dringlichkeitsabstimmungsverfahren angewandt. Die Annahme eines Beschlusses in gegenseitigem Einvernehmen durch den Gouverneursrat gemäß Artikel 5 Absatz 6 Buchstaben f und g und durch das Direktorium nach diesem Dringlichkeitsverfahren erfordert eine qualifizierte Mehrheit von 85% der abgegebenen Stimmen.

Wird das in Unterabsatz 1 genannte Dringlichkeitsverfahren angewandt, so wird eine Übertragung vom Reservefonds und/oder vom eingezahlten Kapital in einen Notfallreservefonds vorgenommen, um einen zweckbestimmten Puffer zur Abdeckung der Risiken zu bilden, die sich aus der im Dringlichkeitsverfahren gewährten Finanzhilfe ergeben. Der Gouverneursrat kann beschließen, den Notfallreservefonds aufzulösen und seinen Inhalt auf den Reservefonds und/oder das eingezahlte Kapital rückzuübertragen.

(5) Für die Annahme eines Beschlusses mit qualifizierter Mehrheit sind 80% der abgegebenen Stimmen erforderlich.

(6) Für die Annahme eines Beschlusses mit einfacher Mehrheit ist die Mehrheit der abgegebenen Stimmen erforderlich.

(7) Die Stimmrechte eines jeden ESM-Mitglieds, die von dessen Beauftragten oder dem Vertreter des Letztgenannten im Gouverneursrat oder im Direktorium ausgeübt werden, entsprechen der Zahl der Anteile, die dem betreffenden Mitglied gemäß Anhang II am genehmigten Stammkapital des ESM zugeteilt wurden.

(8) Versäumt es ein ESM-Mitglied, den Betrag, der aufgrund seiner Verpflichtungen im Zusammenhang mit eingezahlten Anteilen oder Kapitalabrufen nach Maßgabe der Artikel 8, 9 und 10 oder im Zusammenhang mit der Rückzahlung der Finanzhilfe nach Maßgabe der Artikel 16 oder 17 fällig werden, in voller Höhe zu begleichen, so werden sämtliche Stimmrechte dieses ESM-Mitglieds so lange ausgesetzt, bis die Zahlung erfolgt ist. Die Stimmrechtsschwellen werden entsprechend neu berechnet.

Art. 5 Gouverneursrat. (1) Jedes ESM-Mitglied ernennt ein Mitglied des Gouverneursrats und ein stellvertretendes Mitglied des Gouverneursrats. Die Ernennungen können jederzeit widerrufen werden. Das Mitglied des Gouverneursrats ist ein Regierungsmitglied des jeweiligen ESM-Mitglieds mit Zuständigkeit für die Finanzen. Das stellvertretende Mitglied des Gouverneursrats ist bevollmächtigt, bei Abwesenheit des Gouverneursratsmitglieds in dessen Namen zu handeln.

(2) Der Gouverneursrat beschließt entweder, seinen Vorsitz dem in *dem dem* Vertrag über die Europäische Union und dem Vertrag über die Arbeitsweise der Europäischen Union beigefügten Protokoll (Nr. 14) betreffend die Euro-Gruppe genannten Präsidenten der Euro-

Gruppe zu übertragen, oder er wählt aus dem Kreis seiner Mitglieder einen Vorsitzenden und einen stellvertretenden Vorsitzenden für eine Amtszeit von zwei Jahren. Der Vorsitzende und der stellvertretende Vorsitzende können wiedergewählt werden. Hat der amtierende Vorsitzende die für das Amt des Gouverneursratsmitglieds erforderliche Funktion nicht länger inne, so wird unverzüglich eine Neuwahl durchgeführt.

(3) Das für Wirtschaft und Währung zuständige Mitglied der Europäischen Kommission und der Präsident der EZB sowie der Präsident der Euro-Gruppe (sofern er nicht der Vorsitzende oder ein Mitglied des Gouverneursrats ist) können als Beobachter an den Sitzungen des Gouverneursrats teilnehmen.

(4) Vertreter der Mitgliedstaaten, die dem Euro-Währungsgebiet nicht angehören und sich auf Ad-hoc-Basis neben dem ESM an einer Stabilitätshilfemaßnahme für Mitgliedstaaten des EuroWährungsgebiets beteiligen, werden ebenfalls als Beobachter zu den Sitzungen des Gouverneursrats eingeladen, auf denen diese Stabilitätshilfe und ihre Überwachung erörtert werden.

(5) Der Gouverneursrat kann im Einzelfall auch andere Personen als Beobachter zu Sitzungen einladen, darunter auch Vertreter von Institutionen oder Organisationen wie dem IWF.

(6) Der Gouverneursrat fasst die folgenden Beschlüsse im gegenseitigen Einvernehmen:

a) Auflösung des Notfallreservefonds und Rückübertragung seines Inhalts auf den Reservefonds und/oder in das eingezahlte Kapital nach Maßgabe des Artikels 4 Absatz 4;

b) Auflage neuer Anteile zu anderen Konditionen als zum Nennwert nach Maßgabe des Artikels 8 Absatz 2;

c) Kapitalabrufe nach Maßgabe des Artikels 9 Absatz 1;

d) Veränderungen des genehmigten Stammkapitals und Anpassung des maximalen Darlehensvolumens des ESM nach Maßgabe des Artikels 10 Absatz 1;

e) Berücksichtigung einer etwaigen Aktualisierung des Schlüssels für die Zeichnung des EZB-Kapitals nach Maßgabe des Artikels 11 Absatz 3 und die erforderlichen Änderungen an Anhang I gemäß Artikel 11 Absatz 6;

f) Gewährung von Stabilitätshilfe durch den ESM einschließlich der *in dem* Memorandum of Understanding nach Artikel 13 Absatz 3 festgelegten wirtschaftspolitischen Auflagen sowie Wahl der Instrumente und Festlegung der Finanzierungsbedingungen nach Maßgabe der Artikel 12 bis 18;

g) Erteilung des Mandats an die Europäische Kommission, im Benehmen mit der EZB die an jede Finanzhilfe gebundenen wirtschaftspolitischen Auflagen auszuhandeln, nach Maßgabe des Artikels 13 Absatz 3;

h) Änderungen der Methodik der Preisgestaltung und der Preisgestaltungsleitlinie für Finanzhilfe nach Maßgabe des Artikels 20;

i) Änderungen an der Liste der Finanzhilfeinstrumente, die der ESM nutzen kann, nach Maßgabe des Artikels 19;

j) Festlegung der Modalitäten für die Übertragung von EFSF-Hilfen auf den ESM nach Maßgabe des Artikels 40;

k) Genehmigung des Antrags neuer Mitglieder auf Beitritt zum ESM nach Maßgabe des Artikels 44;

l) Anpassungen dieses Vertrags, die unmittelbar infolge des Beitritts neuer Mitglieder erforderlich werden, einschließlich Änderungen an der Kapitalverteilung zwischen den ESM-Mitgliedern und an der Berechnung dieser Verteilung als unmittelbare Folge des Beitritts eines neuen Mitglieds zum ESM nach Maßgabe des Artikels 44 und

m) Übertragung der in diesem Artikel genannten Aufgaben auf das Direktorium.

(7) Der Gouverneursrat fasst die folgenden Beschlüsse mit qualifizierter Mehrheit:

a) Festlegung ausführlicher technischer Regelungen für den Beitritt eines neuen Mitglieds zum ESM nach Maßgabe des Artikels 44;

b) ob der Vorsitz dem Präsidenten der Euro-Gruppe übertragen wird oder ob – mit qualifizierter Mehrheit – eine Wahl eines Vorsitzenden und eines stellvertretenden Vorsitzenden des Gouverneursrats nach Maßgabe des Absatzes 2 stattfindet;

c) Festlegung der Satzung des ESM und der Geschäftsordnung des Gouverneursrats und des Direktoriums (einschließlich des Rechts zur Einsetzung von Ausschüssen und nachgeordneten Gremien) nach Maßgabe des Absatzes 9;

d) Aufstellung der Liste der mit den Pflichten eines Direktoriumsmitglieds oder eines stellvertretenden Direktoriumsmitglieds unvereinbaren Tätigkeiten nach Maßgabe des Artikels 6 Absatz 8;

e) Ernennung und Beendigung der Amtszeit des Geschäftsführenden Direktors nach Maßgabe des Artikels 7;

f) Einrichtung anderer Fonds nach Maßgabe des Artikels 24;

g) Maßnahmen, die zur Beitreibung einer Schuld eines ESM-Mitglieds nach Maßgabe des Artikels 25 Absätze 2 und 3 zu treffen sind;

h) Feststellung des Jahresabschlusses des ESM nach Maßgabe des Artikels 27 Absatz 1;

i) Ernennung der Mitglieder des Prüfungsausschusses nach Maßgabe des Artikels 30 Absatz 1;

j) Billigung externer Abschlussprüfer nach Maßgabe des Artikels 29;

k) Aufhebung der Immunität des Vorsitzenden des Gouverneursrats, eines Mitglieds des Gouverneursrats, eines stellvertretenden Mitglieds des Gouverneursrats, eines Mitglieds des Direktoriums, eines stellvertretenden Mitglieds des Direktoriums oder des Geschäftsführenden Direktors nach Maßgabe des Artikels 35 Absatz 2;

l) Festlegung der für Bedienstete des ESM geltenden Steuerregelung nach Maßgabe des Artikels 36 Absatz 5;

m) Entscheidung über Streitigkeiten nach Maßgabe des Artikels 37 Absatz 2 und

n) sonstige erforderliche Beschlüsse, die in diesem Vertrag nicht ausdrücklich genannt sind.

(8) Der Vorsitzende beruft die Sitzungen des Gouverneursrats ein und führt in ihnen den Vorsitz. Ist der Vorsitzende an der Teilnahme verhindert, so führt der stellvertretende Vorsitzende in den Sitzungen den Vorsitz.

(9) Der Gouverneursrat nimmt seine Geschäftsordnung und die Satzung des ESM an.

Art. 6 Direktorium. (1) Jedes Mitglied des Gouverneursrats ernennt aus einem Personenkreis mit großem Sachverstand im Bereich der Wirtschaft und der Finanzen ein Mitglied und ein stellvertretendes Mitglied des Direktoriums. Diese Ernennungen können jederzeit widerrufen werden. Das stellvertretende Mitglied des Direktoriums ist bevollmächtigt, bei Abwesenheit des Mitglieds des Direktoriums in dessen Namen zu handeln.

(2) Das für Wirtschaft und Finanzen zuständige Mitglied der Europäischen Kommission und der Präsident der EZB können jeweils einen Beobachter ernennen.

(3) Vertreter der Mitgliedstaaten, die dem Euro-Währungsgebiet nicht angehören und sich im Einzelfall neben dem ESM an einer Finanzhilfemaßnahme für einen Mitgliedstaat des EuroWährungsgebiets beteiligen, werden ebenfalls als Beobachter zu den Sitzungen des Direktoriums eingeladen, auf denen diese Finanzhilfemaßnahme und ihre Überwachung erörtert werden.

(4) Der Gouverneursrat kann im Einzelfall auch andere Personen als Beobachter zu den Sitzungen einladen, darunter auch Vertreter von Institutionen oder Organisationen.

(5) Soweit in diesem Vertrag nicht anders vorgesehen, beschließt das Direktorium mit qualifizierter Mehrheit. Beschlüsse, die auf Grundlage von Befugnissen, die der Gouverneursrat delegiert hat, zu fassen sind, werden gemäß den einschlägigen Abstimmungsregeln in Artikel 5 Absätze 6 und 7 angenommen.

(6) Unbeschadet der Befugnisse des Gouverneursrats nach Maßgabe des Artikels 5 gewährleistet das Direktorium, dass der ESM gemäß diesem Vertrag und gemäß der vom Gouverneursrat beschlossenen Satzung des ESM geführt wird. Es fasst die Beschlüsse, die ihm nach Maßgabe dieses Vertrags obliegen oder die ihm vom Gouverneursrat übertragen werden.

(7) Nicht besetzte Positionen im Direktorium werden nach Maßgabe des Absatzes 1 unverzüglich besetzt.

(8) Der Gouverneursrat beschließt, welche Tätigkeiten mit den Pflichten eines Mitglieds des Direktoriums oder eines stellvertretenden Mitglieds des Direktoriums unvereinbar sind, die Satzung des ESM und die Geschäftsordnung des Direktoriums.

Art. 7 Geschäftsführender Direktor. (1) Der Geschäftsführende Direktor wird vom Gouverneursrat aus einem Kreis von Kandidaten ernannt, die die Staatsangehörigkeit eines ESM-Mitglieds, einschlägige internationale Erfahrung und großen Sachverstand im Bereich der Wirtschaft und der Finanzen besitzen. Der Geschäftsführende Direktor darf während seiner Amtszeit weder Mitglied noch stellvertretendes Mitglied des Gouverneursrats oder des Direktoriums sein.

(2) Die Amtszeit des Geschäftsführenden Direktors beträgt fünf Jahre. Eine einmalige Wiederernennung ist möglich. Durch Beschluss des Gouverneursrats kann die Amtszeit des Geschäftsführenden Direktors jedoch vorzeitig beendet werden.

(3) Der Geschäftsführende Direktor führt in den Sitzungen des Direktoriums den Vorsitz und nimmt an den Sitzungen des Gouverneursrats teil.

(4) Der Geschäftsführende Direktor steht den Bediensteten des ESM vor. Er ist für die Organisation, Ernennung und Entlassung der Bediensteten nach Maßgabe der vom Direktorium zu beschließenden Beschäftigungsbedingungen zuständig.

(5) Der Geschäftsführende Direktor ist der gesetzliche Vertreter des ESM und führt nach den Weisungen des Direktoriums die laufenden Geschäfte des ESM.

Kapitel 3. Kapital

Art. 8 Genehmigtes Stammkapital. (1) Das genehmigte Stammkapital beträgt 700 Milliarden EUR. Es ist aufgeteilt in sieben Millionen Anteile mit einem Nennwert von je 100 000 EUR, die gemäß dem in Artikel 11 vorgesehenen und in Anhang I berechneten Erstbeitragsschlüssel zur Zeichnung zur Verfügung stehen.

(2) Das genehmigte Stammkapital wird in eingezahlte Anteile und abrufbare Anteile unterteilt. Der anfängliche Gesamtnennwert der eingezahlten Anteile beläuft sich auf 80 Milliarden EUR. Die Anteile des genehmigten Stammkapitals am anfänglich gezeichneten Stammkapital werden zum Nennwert ausgegeben. Andere Anteile werden zum Nennwert ausgegeben, sofern der Gouverneursrat nicht unter besonderen Umständen eine anderweitige Ausgabe beschließt.

(3) Die Anteile am genehmigten Stammkapital werden in keiner Weise belastet oder verpfändet und sind nicht übertragbar, außer im

Falle einer Übertragung zur Durchführung von Anpassungen des in Artikel 11 vorgesehenen Beitragsschlüssels in dem Umfang, der erforderlich ist, um zu gewährleisten, dass die Verteilung der Anteile dem angepassten Schlüssel entspricht.

(4) Die ESM-Mitglieder verpflichten sich unwiderruflich und uneingeschränkt, ihren Beitrag zum genehmigten Stammkapital gemäß ihrem Beitragsschlüssel in Anhang I zu leisten. Sie kommen sämtlichen Kapitalabrufen gemäß den Bedingungen dieses Vertrages fristgerecht nach.

(5) Die Haftung eines jeden ESM-Mitglieds bleibt unter allen Umständen auf seinen Anteil am genehmigten Stammkapital zum Ausgabekurs begrenzt. Kein ESM-Mitglied haftet aufgrund seiner Mitgliedschaft für die Verpflichtungen des ESM. Die Verpflichtung der ESM-Mitglieder zur Leistung von Kapitalbeiträgen zum genehmigten Stammkapital gemäß diesem Vertrag bleibt unberührt, falls ein ESM-Mitglied Finanzhilfe vom ESM erhält oder die Voraussetzungen dafür erfüllt.

Art. 9 Kapitalabrufe. (1) Der Gouverneursrat kann genehmigtes nicht eingezahltes Kapital jederzeit abrufen und den ESM-Mitgliedern eine angemessene Frist für dessen Einzahlung setzen.

(2) Das Direktorium kann genehmigtes nicht eingezahltes Kapital durch Beschluss mit einfacher Mehrheit abrufen, um die Höhe des eingezahlten Kapitals wiederherzustellen, wenn diese durch das Auffangen von Verlusten unter den in Artikel 8 Absatz 2 festgelegten Betrag – der vom Gouverneursrat gemäß dem Verfahren nach Artikel 10 geändert werden kann – abgesunken ist, und den ESM-Mitgliedern eine angemessene Frist für dessen Einzahlung setzen.

(3) Der Geschäftsführende Direktor ruft genehmigtes nicht eingezahltes Kapital rechtzeitig ab, falls dies notwendig ist, damit der ESM bei planmäßigen oder sonstigen fälligen Zahlungsverpflichtungen gegenüber Gläubigern des ESM nicht in Verzug gerät. Der Geschäftsführende Direktor setzt das Direktorium und den Gouverneursrat über jeden derartigen Abruf in Kenntnis. Wird ein potenzieller Fehlbetrag in den Mitteln des ESM entdeckt, so führt der Geschäftsführende Direktor (einen) entsprechende(n) Abruf(e) baldmöglichst durch, um sicherzustellen, dass der ESM über ausreichende Mittel verfügt, um fällige Zahlungen an Gläubiger fristgerecht und in voller Höhe leisten zu können. Die ESM-Mitglieder verpflichten sich unwiderruflich und uneingeschränkt, Kapital, das der Geschäftsführende Direktor gemäß diesem Absatz von ihnen abruft, innerhalb von sieben Tagen ab Erhalt der Aufforderung einzuzahlen.

(4) Das Direktorium beschließt die ausführlichen Regelungen und Bedingungen, die für Kapitalabrufe nach Maßgabe dieses Artikels gelten.

Art. 10 Veränderungen des genehmigten Stammkapitals. (1) Der Gouverneursrat überprüft das maximale Darlehensvolumen und die Angemessenheit des genehmigten Stammkapitals des ESM regelmäßig, mindestens jedoch alle fünf Jahre. Er kann beschließen, das genehmigte Stammkapital zu verändern und Artikel 8 und Anhang II entsprechend zu ändern. Dieser Beschluss tritt in Kraft, nachdem die ESM-Mitglieder dem Verwahrer den Abschluss ihrer jeweiligen nationalen Verfahren notifiziert haben. Die neuen Anteile werden den ESM-Mitgliedern nach dem in Artikel 11 und Anhang I vorgesehenen Beitragsschlüssel zugeteilt.

(2) Das Direktorium beschließt die ausführlichen Regelungen und Bedingungen, die für sämtliche oder etwaige gemäß Absatz 1 vorgenommene Kapitalveränderungen gelten.

(3) Wird ein Mitgliedstaat der Europäischen Union neues ESM-Mitglied, so wird das genehmigte Stammkapital des ESM automatisch erhöht, indem die zum betreffenden Zeitpunkt geltenden Beträge mit der Verhältniszahl aus dem Gewichtsanteil des neuen ESM-Mitglieds und dem Gewichtsanteil der bestehenden ESM-Mitglieder im Rahmen des in Artikel 11 vorgesehenen angepassten Beitragsschlüssels multipliziert werden.

Art. 11 Beitragsschlüssel. (1) Der Beitragsschlüssel für die Zeichnung des genehmigten Stammkapitals des ESM stützt sich vorbehaltlich der Absätze 2 und 3 auf den Schlüssel für die Zeichnung des EZB-Kapitals durch die nationalen Zentralbanken der ESM-Mitglieder gemäß Artikel 29 des dem Vertrag über die Europäische Union und dem Vertrag über die Arbeitsweise der Europäischen Union beigefügten Protokolls (Nr. 4) über die Satzung des Europäischen Systems der Zentralbanken und der Europäischen Zentralbank („ESZB-Satzung").

(2) Der Beitragsschlüssel für die Zeichnung des genehmigten Stammkapitals des ESM ist in Anhang I niedergelegt.

(3) Der Beitragsschlüssel für die Zeichnung des genehmigten Stammkapitals des ESM wird angepasst, wenn

a) ein Mitgliedstaat der Europäischen Union neues ESM-Mitglied wird und sich das genehmigte Stammkapital des ESM nach Maßgabe des Artikels 10 Absatz 3 automatisch erhöht oder

b) die gemäß Artikel 42 ermittelte zwölfjährige zeitweilige Korrektur, die für ein ESM-Mitglied gilt, endet.

(4) Der Gouverneursrat kann beschließen, etwaige Aktualisierungen des in Absatz 1 genannten Schlüssels für die Zeichnung des EZB-Kapitals zu berücksichtigen, wenn der Beitragsschlüssel gemäß Absatz 3 angepasst wird oder wenn sich das genehmigte Stammkapital nach Maßgabe des Artikels 10 Absatz 1 verändert.

(5) Wird der Beitragsschlüssel für die Zeichnung des genehmigten Stammkapitals des ESM angepasst, übertragen die ESM-Mitglieder einander genehmigtes Stammkapital in dem Umfang, der erforderlich ist, damit die Verteilung des genehmigten Stammkapitals dem angepassten Schlüssel entspricht.

(6) Bei jeder Anpassung im Sinne dieses Artikels wird Anhang I durch Beschluss des Gouverneursrats geändert.

(7) Das Direktorium trifft alle weiteren Maßnahmen, die zur Anwendung dieses Artikels erforderlich sind.

Kapitel 4. Tätigkeit

Art. 12 Grundsätze. (1) Ist dies zur Wahrung der Finanzstabilität des Euro-Währungsgebiets insgesamt und seiner Mitgliedstaaten unabdingbar, so kann der ESM einem ESM-Mitglied unter strengen, dem gewählten Finanzhilfeinstrument angemessenen Auflagen Stabilitätshilfe gewähren. Diese Auflagen können von einem makroökonomischen Anpassungsprogramm bis zur kontinuierlichen Erfüllung zuvor festgelegter Anspruchsvoraussetzungen reichen.

(2) Unbeschadet des Artikels 19 kann die ESM-Stabilitätshilfe mittels der in den Artikeln 14 bis 18 vorgesehenen Instrumente gewährt werden.

(3) Ab 1. Januar 2013 enthalten alle neuen Staatsschuldtitel des Euro-Währungsgebiets mit einer Laufzeit von mehr als einem Jahr Umschuldungsklauseln, die so ausgestaltet sind, dass gewährleistet wird, dass ihre rechtliche Wirkung in allen Rechtsordnungen des Euro-Währungsgebiets gleich ist.

Art. 13 Verfahren für die Gewährung von Stabilitätshilfe. (1) Ein ESM-Mitglied kann an den Vorsitzenden des Gouverneursrats ein Stabilitätshilfeersuchen richten. In diesem Ersuchen wird angegeben, welche(s) Finanzhilfeinstrument(e) zu erwägen ist/sind. Bei Erhalt eines solchen Ersuchens überträgt der Vorsitzende des Gouverneursrats der Europäischen Kommission, im Benehmen mit der EZB, die folgenden Aufgaben:

a) das Bestehen einer Gefahr für die Finanzstabilität des EuroWährungsgebiets insgesamt oder seiner Mitgliedstaaten zu bewerten, es sei denn, die EZB hat bereits eine Analyse nach Artikel 18 Absatz 2 vorgelegt;

b) zu bewerten, ob die Staatsverschuldung tragfähig ist. Es wird erwartet, dass diese Bewertung, wann immer dies angemessen und möglich ist, zusammen mit dem IWF durchgeführt wird;

c) den tatsächlichen oder potenziellen Finanzierungsbedarf des betreffenden ESM-Mitglieds zu bewerten.

(2) Auf der Grundlage des Ersuchens des ESM-Mitglieds und der in Absatz 1 genannten Bewertung kann der Gouverneursrat beschließen, dem betroffenen ESM-Mitglied grundsätzlich Stabilitätshilfe in Form einer Finanzhilfefazilität zu gewähren.

(3) Wird ein Beschluss nach Absatz 2 angenommen, so überträgt der Gouverneursrat der Europäischen Kommission die Aufgabe, – im

Benehmen mit der EZB und nach Möglichkeit zusammen mit dem IWF – mit dem betreffenden ESM-Mitglied ein Memorandum of Understanding („MoU“) auszuhandeln, in dem die mit der Finanzhilfefazilität verbundenen Auflagen im Einzelnen ausgeführt werden. Der Inhalt des MoU spiegelt den Schweregrad der zu behebenden Schwachpunkte und das gewählte Finanzhilfeinstrument wider. Gleichzeitig arbeitet der Geschäftsführende Direktor des ESM einen Vorschlag für eine Vereinbarung über eine Finanzhilfefazilität aus, der unter anderem die Finanzierungsbedingungen sowie die gewählten Instrumente enthält und vom Gouverneursrat anzunehmen ist.

Das MoU steht in voller Übereinstimmung mit den im AEUV vorgesehenen Maßnahmen der wirtschaftspolitischen Koordinierung, insbesondere etwaiger Rechtsakte der Europäischen Union, einschließlich etwaiger an das betreffende ESM-Mitglied gerichteter Stellungnahmen, Verwarnungen, Empfehlungen oder Beschlüsse.

(4) Die Europäische Kommission unterzeichnet das MoU im Namen des ESM, vorbehaltlich der vorherigen Erfüllung der in Absatz 3 ausgeführten Bedingungen und der Zustimmung des Gouverneursrats.

(5) Das Direktorium billigt die Vereinbarung über eine Finanzhilfefazilität, die die finanziellen Aspekte der zu gewährenden Stabilitätshilfe im Einzelnen regelt und – soweit anwendbar – die Auszahlung der ersten Tranche der Hilfe.

(6) Der ESM richtet einen angemessenen Warnmechanismus ein, um sicherzustellen, dass er jedwede im Rahmen der Stabilitätshilfe fällige Rückzahlungen des ESM-Mitglieds fristgerecht erhält.

(7) Die Europäische Kommission wird – im Benehmen mit der EZB und nach Möglichkeit zusammen mit dem IWF – damit betraut, die Einhaltung der mit der Finanzhilfefazilität verbundenen wirtschaftspolitischen Auflagen zu überwachen.

Art. 14 Vorsorgliche ESM-Finanzhilfe. (1) Der Gouverneursrat kann beschließen, nach Maßgabe des Artikels 12 Absatz 1 eine vorsorgliche Finanzhilfe in Form einer vorsorglichen bedingten Kreditlinie oder in Form einer Kreditlinie mit erweiterten Bedingungen zu gewähren.

(2) Die mit der vorsorglichen ESM-Finanzhilfe verbundenen Auflagen werden gemäß Artikel 13 Absatz 3 im MoU im Einzelnen ausgeführt.

(3) Die Finanzierungsbedingungen der vorsorglichen Finanzhilfe werden in einer Vereinbarung über eine vorsorgliche ESM-Finanzhilfefazilität niedergelegt, die vom Geschäftsführenden Direktor zu unterzeichnen ist.

(4) Das Direktorium beschließt ausführliche Leitlinien für die Durchführungsmodalitäten der vorsorglichen ESM-Finanzhilfe.

(5) Das Direktorium entscheidet in gegenseitigem Einvernehmen auf Vorschlag des Geschäftsführenden Direktors und nach Erhalt eines Be-

richts der Europäischen Kommission gemäß Artikel 13 Absatz 7, ob die Kreditlinie beibehalten werden sollte.

(6) Nachdem das ESM-Mitglied erstmals Mittel (über ein Darlehen oder einen Primärmarktankauf) gezogen hat, entscheidet das Direktorium in gegenseitigem Einvernehmen auf Vorschlag des Geschäftsführenden Direktors und auf der Grundlage einer von der Europäischen Kommission im Benehmen mit der EZB durchgeführten Untersuchung, ob die Kreditlinie noch angemessen ist oder ob eine andere Form der Finanzhilfe benötigt wird.

Art. 15 Finanzhilfe zur Rekapitalisierung von Finanzinstituten eines ESM-Mitglieds. (1) Der Gouverneursrat kann beschließen, Finanzhilfe mittels Darlehen an ein ESM-Mitglied speziell zum Zwecke der Rekapitalisierung von Finanzinstituten dieses ESM-Mitglieds zu gewähren.

(2) Die mit der Finanzhilfe zur Rekapitalisierung von Finanzinstituten eines ESM-Mitglieds verbundenen Auflagen werden gemäß Artikel 13 Absatz 3 im MoU im Einzelnen ausgeführt.

(3) Unbeschadet der Artikel 107 und 108 AEUV werden die Finanzierungsbedingungen der Finanzhilfe zur Rekapitalisierung von Finanzinstituten eines ESM-Mitglieds in einer Vereinbarung über eine Finanzhilfefazilität ausgeführt, die vom Geschäftsführenden Direktor zu unterzeichnen ist.

(4) Das Direktorium beschließt detaillierte Leitlinien für die Durchführungsmodalitäten der Finanzhilfe zur Rekapitalisierung von Finanzinstituten eines ESM-Mitglieds.

(5) Sofern anwendbar, beschließt das Direktorium in gegenseitigem Einvernehmen auf Vorschlag des Geschäftsführenden Direktors und nach Erhalt eines Berichts der Europäischen Kommission nach Artikel 13 Absatz 7 die Auszahlung der auf die erste Tranche folgenden Tranchen der Finanzhilfe.

Art. 16 ESM-Darlehen. (1) Der Gouverneursrat kann beschließen, einem ESM-Mitglied nach Maßgabe des Artikels 12 Finanzhilfe in Form eines Darlehens zu gewähren.

(2) Die mit den ESM-Darlehen verbundenen Auflagen sind in einem makroökonomischen Anpassungsprogramm enthalten, das gemäß Artikel 13 Absatz 3 im MoU im Einzelnen ausgeführt wird.

(3) Die Finanzierungsbedingungen eines jeden ESM-Darle-hens werden in einer Vereinbarung über eine Finanzhilfefazilität niedergelegt, die vom Geschäftsführenden Direktor zu unterzeichnen ist.

(4) Das Direktorium beschließt ausführliche Leitlinien für die Durchführungsmodalitäten der ESM-Darlehen.

(5) Das Direktorium beschließt in gegenseitigem Einvernehmen auf Vorschlag des Geschäftsführenden Direktors und nach Erhalt eines Be-

richts der Europäischen Kommission nach Artikel 13 Absatz 7 die Auszahlung der auf die erste Tranche folgenden Tranchen der Finanzhilfe.

Art. 17 Primärmarkt-Unterstützungsfazilität. (1) Nach Maßgabe des Artikels 12 und mit dem Ziel, die Kosteneffizienz der Finanzhilfe zu maximieren, kann der Gouverneursrat beschließen, Vorkehrungen für den Ankauf von Anleihen eines ESM-Mitglieds am Primärmarkt zu treffen.

(2) Die mit der Primärmarkt-Unterstützungsfazilität verbundenen Auflagen werden gemäß Artikel 13 Absatz 3 im MoU im Einzelnen ausgeführt.

(3) Die Finanzierungsbedingungen, unter denen der Ankauf der Anleihen durchgeführt wird, werden in einer Vereinbarung über eine Finanzhilfefazilität festgelegt, die vom Geschäftsführenden Direktor zu unterzeichnen ist.

(4) Das Direktorium beschließt ausführliche Leitlinien für die Durchführungsmodalitäten der Primärmarkt-Unterstützungsfazilität.

(5) Das Direktorium beschließt in gegenseitigem Einvernehmen auf Vorschlag des Geschäftsführenden Direktors und nach Erhalt eines Berichts der Europäischen Kommission nach Artikel 13 Absatz 7, die Auszahlung der Finanzhilfe an einen Empfängermitgliedstaat mittels Primärmarktoperationen.

Art. 18 Sekundärmarkt-Unterstützungsfazilität. (1) Der Gouverneursrat kann beschließen, nach Maßgabe des Artikels 12 Absatz 1 Vorkehrungen für Sekundärmarktoperationen in Bezug auf die Anleihen eines ESM-Mitglieds zu treffen.

(2) Beschlüsse über Sekundärmarktinterventionen zur Verhinderung einer Ansteckung werden auf der Grundlage einer Analyse der EZB gefasst, in der das Vorliegen außergewöhnlicher Umstände auf dem Finanzmarkt und Gefahren für die Finanzstabilität festgestellt werden.

(3) Die mit der Sekundärmarkt-Unterstützungsfazilität verbundenen Auflagen werden gemäß Artikel 13 Absatz 3 im MoU im Einzelnen ausgeführt.

(4) Die Finanzierungsbedingungen, unter denen die Sekundärmarktoperationen durchzuführen sind, werden in einer Vereinbarung über eine Finanzhilfefazilität festgelegt, die vom Geschäftsführenden Direktor zu unterzeichnen ist.

(5) Das Direktorium beschließt ausführliche Leitlinien für die Durchführungsmodalitäten der Sekundärmarkt-Unterstützungsfazilität.

(6) Das Direktorium beschließt die Einleitung von Sekundärmarktoperationen in gegenseitigem Einvernehmen auf Vorschlag des Geschäftsführenden Direktors.

Art. 19 Überprüfung der Liste der Finanzhilfeinstrumente. Der Gouverneursrat kann die in den Artikeln 14 bis 18 vorgesehene Liste der Finanzhilfeinstrumente überprüfen und beschließen, sie zu ändern.[1]

Art. 20 Preisgestaltung. (1) Bei der Gewährung von Stabilitätshilfe strebt der ESM die volle Deckung seiner Finanzierungs- und Betriebskosten an und kalkuliert eine angemessene Marge ein.

(2) Für alle Finanzhilfeinstrumente wird die Preisgestaltung in einer Preisgestaltungsleitlinie, die vom Gouverneursrat beschlossen wird, im Einzelnen geregelt.

(3) Die Preisgestaltungspolitik kann vom Gouverneursrat überprüft werden.

Art. 21 Anleiheoperationen. (1) Der ESM ist befugt, zur Erfüllung seiner Aufgaben an den Kapitalmärkten bei Banken, Finanzinstituten oder sonstigen Personen und Institutionen Kapital aufzunehmen.

(2) Die Modalitäten der Anleiheoperationen werden vom Geschäftsführenden Direktor in Einklang mit den vom Direktorium zu beschließenden detaillierten Leitlinien festgelegt.

(3) Der ESM setzt geeignete Mittel für das Risikomanagement ein, die regelmäßig vom Direktorium überprüft werden.

Kapitel 5. Finanzmanagement

Art. 22 Anlagepolitik. (1) In Einklang mit den Leitlinien, die vom Direktorium zu beschließen und regelmäßig zu überprüfen sind, führt der Geschäftsführende Direktor für den ESM eine umsichtige Anlagepolitik durch, um diesem die höchste Bonität zu sichern. Der ESM hat das Recht, einen Teil des Ertrags aus seinem Anlageportfolio zur Deckung seiner Betriebs- und Verwaltungskosten zu verwenden.

(2) Die Operationen des ESM entsprechen den Grundsätzen eines soliden Finanz- und Risikomanagements.

Art. 23 Dividendenpolitik. (1) Das Direktorium kann mit einfacher Mehrheit beschließen, eine Dividende an die ESM-Mitglieder auszuschütten, falls die Summe aus eingezahltem Kapital und Reservefonds die für die Aufrechterhaltung der Darlehenskapazität des ESM erforderliche Höhe übersteigt und wenn die Anlageerträge nicht benötigt werden, um einen Zahlungsausfall gegenüber den Gläubigern zu verhindern. Die Dividenden werden im Verhältnis der Beiträge zum eingezahlten Kapital ausgeschüttet, wobei der in Artikel 41 Absatz 3 genannten möglichen Beschleunigung Rechnung getragen wird.

(2) Solange der ESM keinem seiner Mitglieder Finanzhilfe gewährt hat, fließen die Erträge aus den Anlagen des eingezahlten Kapitals des

---

[1] Vgl. G v. 29. 11. 2014 (BGBl. 2014 II S. 1015, s. auch Bek. v. 12. 12. 2014, BGBl. 2014 II S. 1356) i. V. m. mit dem Beschluss des Gouverneursrats des Europäischen Stabilitätsmechanismus v. 8. 12. 2014 (Einrichtung des Instruments zur direkten Rekapitalisierung von Instituten).

ESM nach Abzug der Betriebskosten und unter der Voraussetzung, dass die angestrebte effektive Darlehenskapazität in voller Höhe zur Verfügung steht, an die ESM-Mitglieder entsprechend ihren jeweiligen Beiträgen zum eingezahlten Kapital zurück.

(3) Der Geschäftsführende Direktor führt die Dividendenpolitik für den ESM im Einklang mit den vom Direktorium zu beschließenden Leitlinien durch.

Art. 24 Reserve- und weitere Fonds. (1) Der Gouverneursrat richtet einen Reservefonds und gegebenenfalls weitere Fonds ein.

(2) Unbeschadet des Artikels 23 werden der Reingewinn aus den Operationen des ESM und die Einnahmen aus finanziellen Sanktionen gegen ESM-Mitglieder im Rahmen des Verfahrens der multilateralen Überwachung, des Verfahrens bei einem übermäßigen Defizit und des Verfahrens bei einem übermäßigen makroökonomischen Ungleichgewicht im Rahmen des AEUV in einen Reservefonds eingestellt.

(3) Die Mittel des Reservefonds werden in Einklang mit den vom Direktorium zu beschließenden Leitlinien angelegt.

(4) Das Direktorium beschließt erforderlichenfalls Vorschriften für die Einrichtung, Verwaltung und Verwendung weiterer Fonds.

Art. 25 Deckung von Verlusten. (1) Verluste aus den Operationen des ESM werden beglichen

a) zunächst aus dem Reservefonds,

b) sodann aus dem eingezahlten Kapital und

c) an letzter Stelle mit einem angemessenen Betrag des genehmigten nicht eingezahlten Kapitals, der nach Maßgabe des Artikels 9 Absatz 3 abgerufen wird.

(2) Nimmt ein ESM-Mitglied die aufgrund eines Kapitalabrufs gemäß Artikel 9 Absätze 2 oder 3 erforderliche Einzahlung nicht vor, so ergeht an alle ESM-Mitglieder ein revidierter erhöhter Kapitalabruf, um sicherzustellen, dass der ESM die Kapitaleinzahlung in voller Höhe erhält. Der Gouverneursrat beschließt geeignete Schritte, um sicherzustellen, dass das betreffende ESM-Mitglied seine Schuld gegenüber dem ESM innerhalb vertretbarer Zeit begleicht. Der Gouverneursrat hat das Recht, auf den überfälligen Betrag Verzugszinsen zu erheben.

(3) Begleicht ein ESM-Mitglied eine in Absatz 2 genannte Schuld gegenüber dem ESM, so wird das überschüssige Kapital gemäß den vom Gouverneursrat zu beschließenden Vorschriften an die anderen ESM-Mitglieder zurückgezahlt.

Art. 26 Haushalt. Das Direktorium billigt den Haushalt des ESM jährlich.

Art. 27 Jahresabschluss. (1) Der Gouverneursrat billigt den Jahresabschluss des ESM.

(2) Der ESM veröffentlicht einen Jahresbericht mit einem geprüften Jahresabschluss und übermittelt den ESM-Mitgliedern einen zusammengefassten Quartalsabschluss und eine Gewinn- und Verlustrechnung, die das Ergebnis seiner Operationen ausweist.

Art. 28 Interne Revision. In Einklang mit internationalen Standards wird eine Funktion der Internen Revision eingerichtet.

Art. 29 Externe Prüfung. Der Abschluss des ESM wird von unabhängigen externen Abschlussprüfern geprüft, die mit Zustimmung des Gouverneursrats bestellt werden und für die Bestätigung des Jahresabschlusses verantwortlich sind. Die externen Abschlussprüfer sind befugt, sämtliche Bücher und Konten des ESM zu prüfen und alle Auskünfte über dessen Geschäfte zu verlangen.

Art. 30 Prüfungsausschuss. (1) Der Prüfungsausschuss setzt sich aus fünf Mitgliedern zusammen, die vom Gouverneursrat aufgrund ihres Sachverstands im Bereich der Rechnungsprüfung und der Finanzen ernannt werden, und weist zwei – auf Rotationsbasis einander abwechselnde – Mitglieder der obersten Rechnungskontrollbehörden der ESM-Mitglieder und ein Mitglied vom Europäischen Rechnungshof auf.

(2) Die Mitglieder des Prüfungsausschusses sind unabhängig. Sie holen weder Weisungen der ESM-Leitungsgremien, der ESM-Mitglieder oder anderer öffentlicher oder privater Gremien ein, noch nehmen sie solche Weisungen entgegen.

(3) Der Prüfungsausschuss erstellt unabhängige Prüfberichte. Er prüft die Konten des ESM und überzeugt sich von der Ordnungsmäßigkeit seiner Gewinn- und Verlustrechnung und seiner Bilanz. Er erhält uneingeschränkten Zugang zu allen Unterlagen des ESM, die er zur Erfüllung seiner Aufgaben benötigt.

(4) Der Prüfungsausschuss kann das Direktorium jederzeit über seine Feststellungen unterrichten. Er erstellt jährlich einen Bericht, der dem Gouverneursrat vorzulegen ist.

(5) Der Gouverneursrat macht den jährlichen Bericht den nationalen Parlamenten und obersten Rechnungskontrollbehörden der ESM-Mitglieder sowie dem Europäischen Rechnungshof zugänglich.

(6) Alle Angelegenheiten in Zusammenhang mit diesem Artikel werden in der Satzung des ESM im Einzelnen geregelt.

Kapitel 6. Allgemeine Bestimmungen

Art. 31 Sitz. (1) Der ESM hat seinen Sitz und seine Hauptverwaltung in Luxemburg.

(2) Der ESM kann ein Verbindungsbüro in Brüssel einrichten.

Art. 32 Rechtsstatus, Vorrechte und Befreiungen. (1) Um dem ESM die Erfüllung seines Zwecks zu ermöglichen, werden ihm im Hoheitsgebiet eines jeden ESM-Mitglieds der Rechtsstatus und die Vorrechte und Befreiungen gewährt, die in diesem Artikel dargelegt sind. Der ESM bemüht sich um die Anerkennung seines Rechtsstatus und seiner Vorrechte und Befreiungen in anderen Hoheitsgebieten, in denen er Aufgaben wahrnimmt oder Vermögenswerte hält.

(2) Der ESM besitzt volle Rechtspersönlichkeit; er besitzt die uneingeschränkte Rechts- und Geschäftsfähigkeit,

a) bewegliches und unbewegliches Vermögen zu erwerben und zu veräußern,

b) Verträge abzuschließen,

c) Partei in Gerichtsverfahren zu sein und

d) ein Sitzabkommen und/oder Protokolle zu unterzeichnen, soweit dies notwendig ist, um sicherzustellen, dass sein Rechtsstatus und seine Vorrechte und Befreiungen anerkannt und durchgesetzt werden.

(3) Der ESM, sein Eigentum, seine Mittelausstattung und seine Vermögenswerte genießen unabhängig davon, wo und in wessen Besitz sie sich befinden, Immunität von gerichtlichen Verfahren jeder Art, es sei denn, der ESM verzichtet für ein Gerichtsverfahren oder in den Klauseln eines Vertrags, etwa in der Dokumentation der Finanzierungsinstrumente, ausdrücklich auf seine Immunität.

(4) Das Eigentum, die Mittelausstattung und die Vermögenswerte des ESM genießen unabhängig davon, wo und in wessen Besitz sie sich befinden, Immunität von Durchsuchung, Beschlagnahme, Einziehung, Enteignung und jeder sonstigen Form des Zugriffs durch vollziehende, gerichtliche, administra -tive oder gesetzgeberische Maßnahmen.

(5) Die Archive des ESM und sämtliche Unterlagen, die sich im Eigentum oder im Besitz des ESM befinden, sind unverletzlich.

(6) Die Geschäftsräume des ESM sind unverletzlich.

(7) Jedes ESM-Mitglied und jeder Staat, der den Rechtsstatus und die Vorrechte und Befreiungen des ESM anerkannt hat, gewährt dem amtlichen Nachrichtenverkehr des ESM dieselbe Behandlung, die er dem amtlichen Nachrichtenverkehr eines ESM-Mitglieds gewährt.

(8) Soweit dies zur Durchführung der in diesem Vertrag vorgesehenen Tätigkeiten notwendig ist, sind das gesamte Eigentum, die gesamte Mittelausstattung und alle Vermögenswerte des ESM von Beschränkungen, Verwaltungsvorschriften, Kontrollen und Moratorien jeder Art befreit.

(9) Der ESM ist von jeglicher Zulassungs- oder Lizenzierungspflicht, die nach dem Recht eines ESM-Mitglieds für Kreditinstitute, Finanzdienstleistungsunternehmen oder sonstige der Zulassungs- oder Lizenzierungspflicht sowie der Regulierung unterliegende Unternehmen gilt, befreit.

Art. 33 Bedienstete des ESM. Das Direktorium legt die Beschäftigungsbedingungen für den Geschäftsführenden Direktor und die anderen Bediensteten des ESM fest.

Art. 34 Berufliche Schweigepflicht. Die Mitglieder und früheren Mitglieder des Gouverneursrats und des Direktoriums sowie alle anderen Personen, die für den ESM oder in Zusammenhang damit tätig sind oder tätig waren, geben keine der beruflichen Schweigepflicht unterliegenden Informationen weiter. Auch nach Beendigung ihrer Tätigkeit dürfen sie keine der beruflichen Schweigepflicht unterliegenden Informationen weitergeben.

Art. 35 Persönliche Immunitäten. (1) Im Interesse des ESM genießen der Vorsitzende des Gouverneursrats, die Mitglieder des Gouverneursrats, die stellvertretenden Mitglieder des Gouverneursrats, die Mitglieder des Direktoriums, die stellvertretenden Mitglieder des Direktoriums sowie der Geschäftsführende Direktor und die anderen Bediensteten des ESM Immunität von der Gerichtsbarkeit hinsichtlich ihrer in amtlicher Eigenschaft vorgenommenen Handlungen und Unverletzlichkeit hinsichtlich ihrer amtlichen Schriftstücke und Unterlagen.

(2) Der Gouverneursrat kann die durch diesen Artikel gewährten Immunitäten des Vorsitzenden des Gouverneursrats, der Mitglieder des Gouverneursrats, der stellvertretenden Mitglieder des Gouverneursrats, der Mitglieder des Direktoriums, der stellvertretenden Mitglieder des Direktoriums sowie des Geschäftsführenden Direktors in dem Maße und zu den Bedingungen, die er bestimmt, aufheben.

(3) Der Geschäftsführende Direktor kann diese Immunität hinsichtlich eines jeden Bediensteten des ESM außer seiner selbst aufheben.

(4) Jedes ESM-Mitglied trifft unverzüglich alle Maßnahmen, die erforderlich sind, um diesen Artikel in seinem eigenen Recht in Kraft zu setzen, und unterrichtet den ESM entsprechend.

Art. 36 Steuerbefreiung. (1) Im Rahmen seiner amtlichen Tätigkeiten sind der ESM, seine Vermögenswerte, sein Gewinn, sein Eigentum sowie seine im Rahmen dieses Vertrags zulässigen Operationen und Geschäfte von allen direkten Steuern befreit.

(2) Die ESM-Mitglieder treffen in allen Fällen, in denen es ihnen *möglich* ist, geeignete Maßnahmen für den Erlass oder die Erstattung des Betrages der indirekten Steuern und Verkaufsabgaben, die in den Preisen für bewegliche oder unbewegliche Güter inbegriffen sind, wenn der ESM für seinen Dienstbedarf größere Einkäufe tätigt, bei denen derartige Steuern und Abgaben im Preis enthalten sind.

(3) Von den Abgaben, die lediglich die Vergütung für Leistungen gemeinnütziger Versorgungsbetriebe darstellen, wird keine Befreiung gewährt.

(4) Vom ESM eingeführte und für die Ausübung seiner amtlichen Tätigkeiten benötigte Waren sind von allen Einfuhrzöllen und -steuern sowie von allen Einfuhrverboten und -beschränkungen befreit.

(5) Die Bediensteten des ESM unterliegen für die vom ESM gezahlten Gehälter und sonstigen Bezüge nach Maßgabe der vom Gouverneursrat zu beschließenden Vorschriften einer internen Steuer zugunsten des ESM. Vom Tag der Erhebung dieser Steuer an sind diese Gehälter und Bezüge von der nationalen Einkommensteuer befreit.

(6) Die vom ESM aufgelegten Schuldverschreibungen oder Wertpapiere, einschließlich dafür anfallender Zinsen oder Dividenden, unterliegen unabhängig davon, in wessen Besitz sie sich befinden, keiner Art von Besteuerung,

a) die eine solche Schuldverschreibung oder ein solches Wertpapier nur aufgrund ihrer Herkunft benachteiligt oder
b) deren einzige rechtliche Grundlage der Ort oder die Währung sind, an dem bzw. in der sie ausgegeben werden, zahlbar sind oder bezahlt werden, oder deren einzige rechtliche Grundlage der Sitz eines Büros oder einer Geschäftsstelle des ESM ist.

Art. 37 Auslegung und Streitbeilegung. (1) Alle Fragen der Auslegung oder Anwendung der Bestimmungen dieses Vertrages und der Satzung des ESM, die zwischen einem ESM-Mitglied und dem ESM oder zwischen ESM-Mitgliedern auftreten, werden dem Direktorium zur Entscheidung vorgelegt.

(2) Der Gouverneursrat entscheidet über alle Streitigkeiten zwischen einem ESM-Mitglied und dem ESM oder zwischen ESM-Mitgliedern über die Auslegung und Anwendung dieses Vertrags, einschließlich etwaiger Streitigkeiten über die Vereinbarkeit der vom ESM gefassten Beschlüsse mit diesem Vertrag. Das Stimmrecht des Mitglieds (der Mitglieder) des Gouverneursrats, das das/die betroffene(n) ESM-Mitglied(er) vertritt, wird bei der Abstimmung des Gouverneursrats über eine solche Entscheidung ausgesetzt und die zur Abstimmung des Gouverneursrats über diese Entscheidung notwendige Stimmrechtsschwelle wird entsprechend neu berechnet.

(3) Ficht ein ESM-Mitglied die in Absatz 2 genannte Entscheidung an, so wird die Streitigkeit beim Gerichtshof der Europäischen Union anhängig gemacht. Das Urteil des Gerichtshofs der Europäischen Union ist für die Parteien dieses Rechtsstreits verbindlich; diese treffen innerhalb der vom Gerichtshof festgelegten Frist die erforderlichen Maßnahmen, um dem Urteil nachzukommen.

Art. 38 Internationale Zusammenarbeit. Der ESM hat das Recht, zur Beförderung seiner Zwecke nach Maßgabe der Bestimmungen dieses Vertrages mit dem IWF, mit jedem Staat, der einem ESM-Mitglied auf Ad-hoc-Basis Finanzhilfe bereitstellt, und mit jeder internationalen Organisation oder Einrichtung mit besonderen Zuständigkeiten in damit zusammenhängenden Bereichen zusammenzuarbeiten.

Kapitel 7. Übergangsregelungen

Art. 39 Darlehensvergabe des EFSF. In der Übergangsphase vom Inkrafttreten dieses Vertrags bis zur vollständigen Abwicklung der EFSF beläuft sich die konsolidierte Darlehensvergabe von ESM und EFSF unbeschadet der regelmäßigen Überprüfung der Angemessenheit des maximalen Darlehensvolumens nach Maßgabe des Artikels 10 auf höchstens 500 Milliarden EUR. Das Direktorium beschließt ausführ liche Leitlinien für die Berechnung der künftigen Kreditzusagekapazität, um sicherzustellen, dass die Obergrenze für die konsolidierte Darlehensvergabe nicht überschritten wird.

Art. 40 Übertragung der EFSF-Hilfen. (1) Abweichend von Artikel 13 kann der Gouverneursrat beschließen, dass die Finanzhilfezusagen der EFSF an ein ESM-Mitglied, die die EFSF in einer Vereinbarung mit diesem Mitglied eingegangen ist, vom ESM übernommen werden, soweit diese Finanzhilfezusagen sich auf noch nicht ausgezahlte und noch nicht finanzierte Teile von Darlehensfazilitäten beziehen.

(2) Der ESM kann mit Zustimmung des Gouverneursrats die Rechte und Verpflichtungen der EFSF übernehmen, insbesondere in Bezug auf die Gesamtheit oder einen Teil ihrer im Rahmen ihrer bestehenden Darlehensfazilitäten oder in Zusammenhang damit ausstehenden Rechte und Verpflichtungen.

(3) Der Gouverneursrat nimmt die ausführlichen Modalitäten an, die erforderlich sind, um die in Absatz 1 vorgesehene Übertragung der Verpflichtungen der EFSF auf den ESM sowie etwaige Übertragungen von Rechten und Verpflichtungen im Sinne des Absatzes 2 in Kraft zu setzen.

Art. 41 Einzahlung des Anfangskapitals. (1) Unbeschadet des Absatzes 2 erfolgt die Einzahlung des von jedem ESM-Mitglied anfänglich gezeichneten Betrags der eingezahlten Anteile in fünf jährlichen Raten von jeweils 20% des Gesamtbetrags. Die erste Rate wird von jedem ESM-Mitglied innerhalb von fünfzehn Tagen nach dem Tag des Inkrafttretens dieses Vertrags eingezahlt. Die vier übrigen Raten werden jeweils an dem Tag eingezahlt, an dem sich die Einzahlung der ersten Rate zum ersten, zweiten, dritten und vierten Mal jährt.

(2) Während des Fünfjahreszeitraums, in dem das Kapital in Raten eingezahlt wird, beschleunigen die ESM-Mitglieder die Zahlung der eingezahlten Anteile rechtzeitig vor dem Ausgabetermin, um das Verhältnis zwischen eingezahltem Kapital und ausstehendem Betrag an ESM-Anleiheemissionen stets bei mindestens 15% zu halten und eine

gemeinsame Mindestdarlehenskapazität des ESM und der EFSF von 500 Milliarden EUR sicherzustellen.

(3) Ein ESM-Mitglied kann beschließen, die Zahlung seines Anteils am eingezahlten Kapital zu beschleunigen.

Art. 42 Zeitweilige Korrektur des Beitragsschlüssels. (1) Zu Anfang zeichnen die ESM-Mitglieder das genehmigte Stammkapital auf der Grundlage des in Anhang I festgelegten Erstbeitragsschlüssels. Die in diesem Erstbeitragsschlüssel enthaltene zeitweilige Korrektur gilt für einen Zeitraum von zwölf Jahren ab dem Tag, an dem das betreffende ESM-Mitglied den Euro einführt.

(2) Beträgt das Pro-Kopf-Bruttoinlandsprodukt (BIP) eines ESM-Mitglieds zu Marktpreisen in Euro in dem Jahr, das seinem Beitritt zum ESM unmittelbar vorausgeht, weniger als 75% des durchschnittlichen Pro-Kopf-BIP der Europäischen Union zu Marktpreisen, so wird sein gemäß Artikel 10 bestimmter Beitragsschlüssel für die Zeichnung des genehmigten Stammkapitals des ESM zeitweilig korrigiert und entspricht der Summe aus:

a) 25% des gemäß Artikel 29 der ESZB-Satzung bestimmten prozentualen Anteils der nationalen Zentralbank dieses ESM-Mitglieds am Kapital der EZB und

b) 75% des prozentualen Anteils dieses ESM-Mitglieds am Bruttonationaleinkommen (BNE) des Euro-Währungsgebiets zu Marktpreisen in Euro in dem Jahr, das seinem Beitritt zum ESM unmittelbar vorausgeht.

Die unter den Buchstaben a und b genannten Prozentsätze werden zum nächsten Vielfachen von 0,0001 Prozentpunkten aboder aufgerundet. Es gelten die von Eurostat veröffentlichten statistischen Begriffe.

(3) Die zeitweilige Korrektur gemäß Absatz 2 gilt für einen Zeitraum von zwölf Jahren ab dem Tag, an dem das betreffende ESM-Mitglied den Euro einführt.

(4) Infolge der zeitweiligen Korrektur des Schlüssels wird das einem ESM-Mitglied gemäß Absatz 2 zugeteilte Verhältnis der Anteile unter den ESM-Mitgliedern, denen auf der Grundlage ihrer gemäß Artikel 29 der ESZB-Satzung bestimmten, unmittelbar vor der Ausgabe von Anteilen an das beitretende ESM-Mitglied bestehenden Beteiligung an der EZB keine zeitweilige Korrektur gewährt wurde, umverteilt.

Art. 43 Ersternennungen. (1) Jedes ESM-Mitglied ernennt sein Mitglied und sein stellvertretendes Mitglied des Gouverneursrats innerhalb von zwei Wochen nach Inkrafttreten dieses Vertrags.

(2) Der Gouverneursrat ernennt den Geschäftsführenden Direktor und jedes Mitglied des Gouverneursrats ernennt innerhalb von zwei

Monaten nach Inkrafttreten dieses Vertrags ein Mitglied des Direktoriums und ein stellvertretendes Mitglied des Direktoriums.

Kapitel 8. Schlussbestimmungen

Art. 44 Beitritt. Anderen Mitgliedstaaten der Europäischen Union steht der Beitritt zu diesem Vertrag nach Maßgabe des Artikels 2 auf Antrag hin offen; dieser Antrag wird von dem betreffenden Mitgliedstaat der Europäischen Union an den ESM gerichtet, nachdem der Rat der Europäischen Union gemäß Artikel 140 Absatz 2 AEUV beschlossen hat, die für diesen Mitgliedstaat geltende Ausnahmeregelung betreffend die Teilnahme am Euro aufzuheben. Der Gouverneursrat genehmigt den Beitrittsantrag des neuen ESM-Mitglieds und die damit zusammenhängenden ausführlichen technischen Regelungen sowie die Anpassungen, die als unmittelbare Folge des Beitritts an diesem Vertrag vorzunehmen sind. Nach Genehmigung des Antrags auf Beitritt durch den Gouverneursrat treten neue ESM-Mitglieder nach Hinterlegung der Beitrittsurkunde beim Verwahrer bei, der die anderen ESM-Mitglieder davon in Kenntnis setzt.

Art. 45 Anhänge. Die folgenden Anhänge dieses Vertrags sind Bestandteil des Vertrags:

1. Anhang I: Erstbeitragsschlüssel des ESM und
2. Anhang II: Zeichnungen des genehmigten Stammkapitals.

Art. 46 Hinterlegung. Dieser Vertrag wird beim Generalsekretariat des Rates der Europäischen Union („Verwahrer") hinterlegt; der Verwahrer übermittelt allen Unterzeichnern beglaubigte Abschriften.

Art. 47 Ratifikation, Genehmigung oder Annahme. (1) Dieser Vertrag bedarf der Ratifikation, Genehmigung oder Annahme durch die Unterzeichner. Die Ratifikations-, Genehmigungs- oder Annahmeurkunden werden beim Verwahrer hinterlegt.

(2) Der Verwahrer setzt die anderen Unterzeichner von jeder Hinterlegung und deren Zeitpunkt in Kenntnis.

Art. 48 Inkrafttreten. (1) Dieser Vertrag tritt an dem Tag in Kraft, an dem die Ratifikations-, Genehmigungs- oder Annahmeurkunden von Unterzeichnern hinterlegt wurden, deren Erstzeichnungen mindestens 90% der gesamten in Anhang II vorgesehenen Zeichnungen ausmachen. Die Liste der ESM-Mitglieder wird gegebenenfalls angepasst. Der Schlüssel in Anhang I wird sodann neu berechnet und das gesamte genehmigte Stammkapital gemäß Artikel 8 Absatz 1 und Anhang II sowie der anfängliche Gesamtnennwert der eingezahlten Anteile gemäß Artikel 8 Absatz 2 werden entsprechend verringert.

(2) Dieser Vertrag tritt für jeden Unterzeichner, der die Ratifikations-, Genehmigungs- oder Annahmeurkunde danach hinterlegt, am Tag nach dem Tag der Hinterlegung in Kraft.

(3) Für jeden Staat, der diesem Vertrag nach Maßgabe von dessen Artikel 44 beitritt, tritt dieser Vertrag am zwanzigsten Tag nach dem Tag der Hinterlegung der Beitrittsurkunde in Kraft.

Geschehen zu Brüssel am zweiten Februar zweitausendzwölf in deutscher, englischer, estnischer, finnischer, französischer, griechischer, irischer, italienischer, maltesischer, niederländischer, portugiesischer, schwedischer, slowakischer, slowenischer und spanischer Sprache, wobei jeder Wortlaut gleichermaßen verbindlich ist, in einer Urschrift, die in den Archiven des Verwahrers hinterlegt wird; dieser übermittelt den Vertragsparteien je eine beglaubigte Abschrift.

Anhang I. Beitragsschlüssel des ESM

ESM-Mitglied	**ESM-Schlüssel (%)**
Königreich Belgien	3,4454
Bundesrepublik Deutschland	26,8992
Republik Estland	0,1847
Irland	1,5777
Hellenische Republik	2,7910
Königreich Spanien	11,7953
Französische Republik	20,2003
Italienische Republik	17,7506
Republik Zypern	0,1945
Republik Lettland	0,2746
Republik Litauen	0,4063
Großherzogtum Luxemburg	0,2482
Malta	0,0898
Königreich der Niederlande	5,6650
Republik Österreich	2,7581
Portugiesische Republik	2,4863
Republik Slowenien	0,4670
Slowakische Republik	0,9849
Republik Finnland	1,7811
Gesamt	**100,0**

Anhang II. Zeichnungen des genehmigten Stammkapitals

ESM-Mitglied	Anzahl der Anteile	Kapitalzeichnung (EUR)
Königreich Belgien	242 832	24 283 200 000
Bundesrepublik Deutschland	1 895 854	189 858 400 000
Republik Estland	13 020	1 302 000 000
Irland	111 195	11 119 500 000
Hellenische Republik	196 710	19 671 000 00
Königreich Spanien	831 332	83 133 200 000
Französische Republik	1 423 716	142 371 600 000
Italienische Republik	1 251 062	125 106 200 000
Republik Zypern	13 705	1 370 500 000
Republik Lettland	19 353	1 935 300 000
Republik Litauen	28 634	2 863 400 000
Großherzogtum Luxemburg	17 490	1 749 000 000
Malta	6 327	632 700 000
Königreich der Niederlande	399 267	39 926 700 000
Republik Österreich	194 388	19 438 800 000
Portugiesische Republik	175 236	17 523 600 000
Republik Slowenien	32 917	3 291 700 000
Slowakische Republik	69 418	6 941 800 000
Republik Finnland	125 531	12 553 100 000
Gesamt	**7 047 987**	**704 798 700 000**

Erklärungen

I. Gemeinsame Erklärung[1)]

„Die Vertreter der Vertragsparteien des am 2. Februar 2012 unterzeichneten Vertrags zur Einrichtung des Europäischen Stabilitätsmechanismus (ESM), die am 26. September 2012 in Brüssel zusammengetreten sind, vereinbaren folgende Auslegungserklärung:

‚Artikel 8 Absatz 5 des Vertrages zur Einrichtung des Europäischen Stabilitätsmechanismus (im Folgenden „Vertrag") begrenzt sämtliche Zahlungsverpflichtungen der ESM-Mitglieder aus dem Vertrag in dem Sinne, dass keine Vorschrift des Vertrags so ausgelegt werden kann, dass sie ohne vorherige Zustimmung des Vertreters des Mitglieds und Berücksichtigung der nationalen Verfahren zu einer Zahlungsverpflichtung führt, die den Anteil am genehmigten Stammkapital des jeweiligen ESM-Mitglieds gemäß der Festlegung in Anhang II des Vertrags übersteigt.

1) Diese gemeinsame Auslegungserklärung ist am 27.9.2012 durch die Regierung Zyperns dem Generalsekretariat des Rates der Europäischen Union als Verwahrer des Vertrags übermittelt worden.

Artikel 32 Absatz 5, Artikel 34 und Artikel 35 Absatz 1 des Vertrages stehen der umfassenden Unterrichtung der nationalen Parlamente gemäß den nationalen Vorschriften nicht entgegen.

Die oben genannten Punkte stellen eine wesentliche Grundlage für die Zustimmung der vertragschließenden Staaten dar, durch die Bestimmungen des Vertrags gebunden zu sein."'

II. Einseitige Erklärung Deutschlands[1)]

„Die Bundesrepublik Deutschland bezieht sich auf die von den Parteien des Vertrages vom 2. Februar 2012 zur Einrichtung des Europäischen Stabilitätsmechanismus abgegebene und durch Zypern in ihrem Namen mit Verbalnote vom 27. September 2012 dem Ratssekretariat als Verwahrer notifizierte Erklärung, die wie folgt lautet:

‚Die Vertreter der Vertragsparteien des am 2. Februar 2012 unterzeichneten Vertrags zur Einrichtung des Europäischen Stabilitätsmechanismus (ESM), die am 26. September 2012 in Brüssel zusammengetreten sind, vereinbaren folgende Auslegungserklärung:

‚Artikel 8 Absatz 5 des Vertrages zur Einrichtung des Europäischen Stabilitätsmechanismus (im Folgenden „Vertrag") begrenzt sämtliche Zahlungsverpflichtungen der ESM-Mitglieder aus dem Vertrag in dem Sinne, dass keine Vorschrift des Vertrags so ausgelegt werden kann, dass sie ohne vorherige Zustimmung des Vertreters des Mitglieds und Berücksichtigung der nationalen Verfahren zu einer Zahlungsverpflichtung führt, die den Anteil am genehmigten Stammkapital des jeweiligen ESM-Mitglieds gemäß der Festlegung in Anhang II des Vertrags übersteigt.

Artikel 32 Absatz 5, Artikel 34 und Artikel 35 Absatz 1 des Vertrages stehen der umfassenden Unterrichtung der nationalen Parlamente gemäß den nationalen Vorschriften nicht entgegen.

Die oben genannten Punkte stellen eine wesentliche Grundlage für die Zustimmung der vertragschließenden Staaten dar, durch die Bestimmungen des Vertrags gebunden zu sein.''

Die Bundesrepublik Deutschland bestätigt und wiederholt hiermit ausdrücklich diese Erklärung, die sie gemeinsam mit den anderen Vertragsparteien abgegeben hat."

---

1) Gegenüber dem Generalsekretariat abgegeben bei Hinterlegung der Ratifikationsurkunde am 27.9.2012.

273. Vertrag über Stabilität, Koordinierung und Steuerung in der Wirtschafts- und Währungsunion (SKS-Vertrag, Fiskalvertrag)[1], [2]

Vom 2. März 2012

(BGBl. 2012 II S. 1008)

Das Königreich Belgien, die Republik Bulgarien, das Königreich Dänemark, die Bundesrepublik Deutschland, die Republik Estland, Irland, die Hellenische Republik, das Königreich Spanien, die Französische Republik, die Italienische Republik, die Republik Zypern, die Republik Lettland, die Republik Litauen, das Großherzogtum Luxemburg, Ungarn, Malta, das Königreich der Niederlande, die Republik Österreich, die Republik Polen, die Portugiesische Republik, Rumänien, die Republik Slowenien, die Slowakische Republik, die Republik Finnland und das Königreich Schweden,

im Folgenden „Vertragsparteien" –

in dem Bewusstsein ihrer Verpflichtung, als Mitgliedstaaten der Europäischen Union ihre Wirtschaftspolitik als eine Angelegenheit von gemeinsamem Interesse zu betrachten,

in dem Wunsch, die Voraussetzungen für ein stärkeres Wirtschaftswachstum in der Europäischen Union zu verbessern und zu diesem

---

[1] Der zwischen allen EU-Mitgliedstaaten (mit Ausnahme der Tschechischen Republik und des Vereinigten Königreichs) abgeschlossene Vertrag ist gemäß seinem Art. 14 Abs. 2 am 1.1.2013 (auch für Deutschland) in Kraft getreten (Bek. v. 14.1.2013, BGBl II S. 162). Auch für diejenigen Vertragsstaaten, die den Vertrag noch nicht ratifiziert haben (Stichtag 1.7.2014: Belgien), findet ab diesem Zeitpunkt jedenfalls Titel V des Vertrages Anwendung (vgl. Art. 14 Abs. 5). Hinsichtlich Dänemarks vgl. Art. 14 Abs. 5. Für Kroatien ist der Vertrag nach seinem Art. 15 am 7.3.2018 in Kraft getretene (BGBl. 2018 II S. 271), für die Tschechische Republik am 3.4.2019 (BGBl. II S. 797).

[2] Das Vertragsgesetz v. 20.3.2012 ändert in seinem Art. 2 auch das Gesetz über die Zusammenarbeit von Bundesregierung und Deutschem Bundestag in Angelegenheiten der Europäischen Union vom 12. März 1993 (ZusEUBBG, Sart. I Nr. 96). Der Katalog mitwirkungspflichtiger Vorhaben (§ 3 Abs. 1) wird ergänzt durch

„15. Entwürfe zu völkerrechtlichen Verträgen und sonstigen Vereinbarungen, wenn sie in einem Ergänzungs- oder sonstigen besonderen Näheverhältnis zum Recht der Europäischen Union stehen,

16. Beratungsgegenstände, Vorschläge und Initiativen, die im Rahmen des Vertrags über Stabilität, Koordinierung und Steuerung in der Wirtschafts- und Währungsunion (Fiskalvertrag) und sonstiger, die Wirtschafts- und Währungsunion betreffenden völkerrechtlichen Verträge und Vereinbarungen behandelt werden",

dieser Bestimmung wird ein Abs. 3 hinzugefügt:

„(3) Unterrichtungspflichten nach diesem Gesetz gelten insbesondere auch für die Eurogruppe, Eurogipfel und Treffen der Mitgliedstaaten im Rahmen von Absatz 1 Nummer 15 und 16 sowie für alle diese jeweils vorbereitenden Arbeitsgruppen und Ausschüsse."

und in § 5 Abs. 4 wird schließlich die Bezugnahme auf die „Eurogruppe" sowie den „Wirtschafts- und Finanzausschuss" gestrichen.

Zweck eine immer engere Koordinierung der Wirtschaftspolitik im Euro-Währungsgebiet zu erreichen,

eingedenk dessen, dass die Regierungen für gesunde und auf Dauer tragfähige öffentliche Finanzen sorgen und das Entstehen eines übermäßigen öffentlichen Defizits verhindern müssen, da dies für die Erhaltung der Stabilität des Euro-Währungsgebiets insgesamt von zentraler Bedeutung ist, und zu diesem Zweck spezifische Vorschriften eingeführt werden müssen, einschließlich einer Regel des ausgeglichenen Haushalts und eines automatischen Mechanismus zur Einleitung von Korrekturmaßnahmen,

in dem Bewusstsein, dass sichergestellt werden muss, dass ihr gesamtstaatliches Haushaltsdefizit 3% ihres Bruttoinlandsprodukts zu Marktpreisen nicht überschreitet und dass der öffentliche Schuldenstand 60% ihres Bruttoinlandsprodukts zu Marktpreisen nicht überschreitet oder sich in ausreichendem Maße auf diesen Wert hin verringert,

unter Hinweis darauf, dass die Vertragsparteien als Mitgliedstaaten der Europäischen Union alle Maßnahmen zu unterlassen haben, die die Verwirklichung der Ziele der Union im Rahmen der Wirtschaftsunion gefährden könnten, insbesondere die Praxis, Schulden nicht im gesamtstaatlichen Haushalt auszuweisen,

eingedenk dessen, dass sich die Staats- und Regierungschefs der Mitgliedstaaten des Euro-Währungsgebiets am 9. Dezember 2011 auf eine verstärkte Architektur für die Wirtschafts- und Währungsunion verständigt haben, die auf den Verträgen aufbaut, auf denen die Europäische Union beruht, und die Durchführung von Maßnahmen erleichtert, die auf der Grundlage der Artikel 121, 126 und 136 des Vertrags über die Arbeitsweise der Europäischen Union ergriffen werden,

eingedenk dessen, dass es das Ziel der Staats- und Regierungschefs der Mitgliedstaaten des Euro-Währungsgebiets und anderer Mitgliedstaaten der Europäischen Union ist, die Bestimmungen dieses Vertrags so bald wie möglich in die Verträge, auf denen die Europäische Union beruht, zu überführen,

unter Begrüßung der Gesetzgebungsvorschläge über den Ausbau der wirtschafts- und haushaltspolitischen Überwachung von Mitgliedstaaten, die von gravierenden Schwierigkeiten in Bezug auf ihre finanzielle Stabilität betroffen oder bedroht sind, und über gemeinsame Bestimmungen für die Überwachung und Bewertung der Übersichten über die gesamtstaatliche Haushaltsplanung und für die Gewährleistung der Korrektur übermäßiger Defizite der Mitgliedstaaten, die die Europäische Kommission am 23. November 2011 im Rahmen der Verträge, auf denen die Europäische Union beruht, für das Euro-Währungsgebiet vorgelegt hat, und in Kenntnisnahme der Absicht der Europäischen Kommission, weitere Gesetzgebungsvorschläge für das Euro-Währungsgebiet vorzulegen, die insbesondere Folgendes betreffen: die Vorabberichterstattung über die Begebung von Staatsschuldtiteln, Wirtschaftspartnerschaftsprogramme mit genauer Beschreibung der Strukturreformen für die Mitgliedstaaten, die Gegenstand eines Defizitverfahrens sind, und die Koordinierung größerer Pläne von Mitgliedstaaten für wirtschaftspolitische Reformen,

unter Bekundung ihrer Bereitschaft zur Unterstützung von Vorschlägen, die die Europäische Kommission zur weiteren Stärkung des Stabilitäts- und Wachstumspakts vorlegen könnte und die darin bestehen, in Übereinstimmung mit den in diesem Vertrag gesetzten Gren-

(Fortsetzung nächstes Blatt)

zen eine neue Spanne für mittelfristige Ziele für Mitgliedstaaten, deren Währung der Euro ist, einzuführen,

in der Feststellung, dass die Europäische Kommission bei der Überprüfung und Überwachung der durch diesen Vertrag begründeten haushaltspolitischen Verpflichtungen im Rahmen der Befugnisse handeln wird, die ihr durch den Vertrag über die Arbeitsweise der Europäischen Union, insbesondere die Artikel 121, 126 und 136, übertragen wurden,

insbesondere in der Feststellung, dass diese Überwachung, was die Anwendung der in Artikel 3 dieses Vertrags beschriebenen Regel des ausgeglichenen Haushalts anbelangt, für die einzelnen Vertragsparteien angemessen durch Festlegung von länderspezifischen mittelfristigen Zielen und von Konvergenzzeitplänen durchgeführt werden wird,

unter Hinweis darauf, dass die mittelfristigen Ziele regelmäßig nach einer gemeinsam vereinbarten Methode aktualisiert werden sollten, deren Hauptparameter ebenfalls regelmäßig zu überprüfen sind, wobei die Risiken expliziter und impliziter Verbindlichkeiten für die öffentlichen Finanzen den im Stabilitäts- und Wachstumspakt formulierten Zielen entsprechend zu berücksichtigen sind,

unter Hinweis darauf, dass in Übereinstimmung mit den Bestimmungen des Rechts der Europäischen Union, insbesondere der Verordnung (EG) Nr. 1466/97 des Rates vom 7. Juli 1997 über den Ausbau der haushaltspolitischen Überwachung und der Überwachung und Koordinierung der Wirtschaftspolitiken, geändert durch die Verordnung (EU) Nr. 1175/2011 des Europäischen Parlaments und des Rates vom 16. November 2011 (im Folgenden „geänderter Stabilitäts- und Wachstumspakt") das Ausreichen der Fortschritte in Richtung auf die mittelfristigen Ziele auf der Grundlage einer Gesamtbewertung evaluiert werden sollte, bei der der strukturelle Haushaltssaldo als Referenz dient und die eine Analyse der Ausgaben ohne Anrechnung diskretionärer einnahmenseitiger Maßnahmen einschließt,

unter Hinweis darauf, dass der von den Vertragsparteien einzuführende Korrekturmechanismus darauf abzielen sollte, Abweichungen vom mittelfristigen Ziel oder vom Anpassungspfad samt ihrer kumulierten Auswirkungen auf die Dynamik der Staatsverschuldung zu korrigieren,

unter Hinweis darauf, dass für die Einhaltung der Verpflichtung der Vertragsparteien, die Regel des ausgeglichenen Haushalts durch verbindliche und dauerhafte Bestimmungen, die vorzugsweise Verfassungsrang besitzen, in ihren einzelstaatlichen Rechtsordnungen zu verankern, gemäß Artikel 273 des Vertrags über die Arbeitsweise der Europäischen Union der Gerichtshof der Europäischen Union zuständig sein sollte,

unter Hinweis darauf, dass Artikel 260 des Vertrags über die Arbeitsweise der Europäischen Union den Gerichtshof der Europäischen Union dazu ermächtigt, die Zahlung eines Pauschalbetrags oder Zwangsgelds gegen einen Mitgliedstaat der Europäischen Union zu verhängen, der einem seiner Urteile nicht nachgekommen ist, und unter Hinweis darauf, dass die Europäische Kommission Kriterien für die Festsetzung des im Rahmen dieses Artikels zu verhängenden Pauschalbetrags oder Zwangsgelds festgelegt hat,

unter Hinweis darauf, dass für die Mitgliedstaaten, deren Währung der Euro ist und deren geplantes oder tatsächliches Verhältnis zwischen öffentlichem Haushaltsdefizit und Bruttoinlandsprodukt 3% des Bruttoinlandsprodukts überschreitet, die Festlegung von Maßnahmen im Rahmen des Defizitverfahrens der Europäischen Union erleichtert werden muss, während gleichzeitig dem Ziel dieses Verfahrens, nämlich einen Mitgliedstaat zu veranlassen und wenn nötig zu zwingen, ein etwa festgestelltes Defizit abzubauen, deutlich mehr Gewicht verliehen werden muss,

unter Hinweis auf die Verpflichtung der Vertragsparteien, deren öffentlicher Schuldenstand über dem Referenzwert von 60% liegt, diesen als Richtwert um durchschnittlich ein Zwanzigstel pro Jahr zu verringern,

eingedenk der Notwendigkeit, bei der Umsetzung dieses Vertrags die im Recht und den nationalen Systemen der einzelnen Vertragsparteien anerkannte besondere Rolle der Sozialpartner zu achten,

unter Betonung der Tatsache, dass keine Bestimmung dieses Vertrags so auszulegen ist, dass dadurch die wirtschaftspolitischen Auflagen, unter denen einer Vertragspartei im Rahmen eines Stabilisierungsprogramms der Europäischen Union, ihrer Mitgliedstaaten oder des Internationalen Währungsfonds finanzieller Beistand gewährt wurde, in irgendeiner Weise geändert werden,

unter Hinweis darauf, dass die Vertragsparteien für das reibungslose Funktionieren der Wirtschafts- und Währungsunion gemeinsam auf eine Wirtschaftspolitik hinarbeiten müssen, bei der sie gestützt auf die in den Verträgen, auf denen die Europäische Union beruht, festgelegten Mechanismen der wirtschaftspolitischen Koordinierung in allen für das reibungslose Funktionieren des Euro-Währungsgebiets wesentlichen Bereichen die notwendigen Schritte und Maßnahmen einleiten,

insbesondere unter Hinweis auf den Wunsch der Vertragsparteien, konsequenter auf die in Artikel 20 des Vertrags über die Europäische Union und in den Artikeln 326 bis 334 des Vertrags über die Arbeitsweise der Europäischen Union vorgesehene Verstärkte Zusammenarbeit zurückzugreifen, ohne den Binnenmarkt zu beeinträchtigen, und in vollem Umfang auf die in Artikel 136 des Vertrags über die Arbeitsweise der Europäischen Union genannten Maßnahmen für die Mitgliedstaaten, deren Währung der Euro ist, sowie auf ein Verfahren zurückzugreifen, das es den Vertragsparteien, deren Währung der Euro ist, ermöglicht, alle größeren von ihnen geplanten wirtschaftspolitischen Reformen vorab zu erörtern und zu koordinieren, um Benchmarks für vorbildliche Vorgehensweisen festzulegen,

unter Hinweis auf die Vereinbarung der Staats- und Regierungschefs der Mitgliedstaaten des Euro-Währungsgebiets vom 26. Oktober 2011, die Steuerungsstrukturen des Euro-Währungsgebiets zu verbessern und zu diesem Zweck unter anderem alljährlich mindestens zwei Euro-

Gipfel abzuhalten, die, außer wenn anderes durch außergewöhnliche Umstände gerechtfertigt ist, unmittelbar nach den Tagungen des Europäischen Rates oder unmittelbar nach Tagungen, an denen alle Vertragsparteien teilnehmen, die diesen Vertrag ratifiziert haben, anberaumt werden,

unter Hinweis auf die Billigung des Euro-Plus-Pakts durch die Staats- und Regierungschefs der Mitgliedstaaten des Euro-Währungsgebiets und andere Mitgliedstaaten der Europäischen Union am 25. März 2011, in dem die für die Förderung der Wettbewerbsfähigkeit im Euro-Währungsgebiet wesentlichen Punkte ermittelt werden,

unter Betonung der Bedeutung, die dem Vertrag zur Einrichtung des Europäischen Stabilitätsmechanismus als Element der globalen Strategie zur Stärkung der Wirtschafts- und Währungsunion zukommt, und unter Hinweis darauf, dass bei neuen Programmen im Rahmen des Europäischen Stabilitätsmechanismus die Gewährung von Finanzhilfe ab dem 1. März 2013 von der Ratifizierung des vorliegenden Vertrags durch die betreffende Vertragspartei und nach Ablauf der in Artikel 3 Absatz 2 dieses Vertrags genannten Umsetzungsfrist von der Erfüllung der in dem genannten Artikel festgelegten Pflichten abhängen wird,

unter Hinweis darauf, dass das Königreich Belgien, die Bundesrepublik Deutschland, die Republik Estland, Irland, die Hellenische Republik, das Königreich Spanien, die Französische Republik, die Italienische Republik, die Republik Zypern, das Großherzogtum Luxemburg, Malta, das Königreich der Niederlande, die Republik Österreich, die Portugiesische Republik, die Republik Slowenien, die Slowakische Republik und die Republik Finnland Vertragsparteien sind, deren Währung der Euro ist, und diese als solche ab dem ersten Tag des Monats nach Hinterlegung ihrer Ratifikationsurkunde an diesen Vertrag gebunden sind, sofern er zu diesem Zeitpunkt in Kraft ist,

sowie unter Hinweis darauf, dass die Republik Bulgarien, das Königreich Dänemark, die Republik Lettland, die Republik Litauen, Ungarn, die Republik Polen, Rumänien und das Königreich Schweden Vertragsparteien sind, für die als Mitgliedstaaten der Europäischen Union zum Zeitpunkt der Unterzeichnung dieses Vertrags eine Ausnahmeregelung gilt oder sie von der Teilnahme an der gemeinsamen Währung freigestellt sind, und dass sie – solange diese Ausnahmeregelung oder Freistellung nicht aufgehoben ist – ausschließlich an die Bestimmungen der Titel III und IV dieses Vertrags gebunden sind, an die sie sich bei Hinterlegung ihrer Ratifikationsurkunde oder zu einem späteren Zeitpunkt gebunden zu sein erklären –

sind über folgende Bestimmungen übereingekommen:

Titel I. Zweck und Anwendungsbereich

Art. 1. (1) Mit diesem Vertrag kommen die Vertragsparteien als Mitgliedstaaten der Europäischen Union überein, die wirtschaftliche Säule der Wirtschafts- und Währungsunion durch Verabschiedung einer Reihe von Vorschriften zu stärken, die die Haushaltsdisziplin durch einen fiskalpolitischen Pakt fördern, die Koordinierung ihrer Wirtschaftspolitiken verstärken und die Steuerung des Euro-Währungsgebiets verbessern sollen und dadurch zur Erreichung der Ziele der Europäischen Union für nachhaltiges Wachstum, Beschäftigung, Wettbewerbsfähigkeit und sozialen Zusammenhalt beitragen.

(2) Auf die Vertragsparteien, deren Währung der Euro ist, findet dieser Vertrag in vollem Umfang Anwendung. Für die anderen Vertragsparteien gilt er in dem in Artikel 14 festgelegten Umfang und unter den dort genannten Voraussetzungen.

Titel II. Kohärenz mit dem Unionsrecht und Verhältnis zum Unionsrecht

Art. 2. (1) Dieser Vertrag wird von den Vertragsparteien in Übereinstimmung mit den Verträgen, auf denen die Europäische Union beruht, insbesondere mit Artikel 4 Absatz 3 des Vertrags über die Europäische Union, und mit dem Recht der Europäischen Union, einschließlich dem Verfahrensrecht, wann immer der Erlass von Sekundärgesetzgebung erforderlich ist, angewandt und ausgelegt.

(2) Dieser Vertrag gilt insoweit, wie er mit den Verträgen, auf denen die Europäische Union beruht, und mit dem Recht der Europäischen Union vereinbar ist. Er lässt die Handlungsbefugnisse der Union auf dem Gebiet der Wirtschaftsunion unberührt.

Titel III. Fiskalpolitischer Pakt

Art. 3. (1) Die Vertragsparteien wenden zusätzlich zu ihren sich aus dem Recht der Europäischen Union ergebenden Verpflichtungen und unbeschadet dieser Verpflichtungen die in diesem Absatz festgelegten Vorschriften an:

a) Der gesamtstaatliche Haushalt einer Vertragspartei ist ausgeglichen oder weist einen Überschuss auf.

b) Die Regel unter Buchstabe a gilt als eingehalten, wenn der jährliche strukturelle Saldo des Gesamtstaats dem länderspezifischen mittelfristigen Ziel im Sinne des geänderten Stabilitäts- und Wachstumspakts, mit einer Untergrenze von einem strukturellen Defizit von 0,5% des Bruttoinlandsprodukts zu Marktpreisen, entspricht. Die Vertragsparteien stellen eine rasche Annäherung an ihr jeweiliges mittelfristiges Ziel sicher. Der zeitliche Rahmen für diese Annäherung wird von der Europäischen Kommission unter Berücksichtigung der länderspezifischen Risiken für die langfristige Tragfähigkeit vorgeschlagen werden. Die Fortschritte in Richtung auf das mittelfristige Ziel und dessen Einhaltung werden dem geänderten Stabilitäts- und Wachstumspakt entsprechend auf der Grundlage einer Gesamtbewertung evaluiert, bei der der strukturelle Haushaltssaldo als Referenz dient und die eine Analyse der Ausgaben ohne Anrechnung diskretionärer einnahmenseitiger Maßnahmen einschließt.

c) Die Vertragsparteien dürfen nur unter den in Absatz 3 Buchstabe b festgelegten außergewöhnlichen Umständen vorübergehend von ihrem jeweiligen mittelfristigen Ziel oder dem dorthin führenden Anpassungspfad abweichen.

d) Liegt das Verhältnis zwischen öffentlichem Schuldenstand und Bruttoinlandsprodukt zu Marktpreisen erheblich unter 60% und sind die Risiken für die langfristige Tragfähigkeit der öffentlichen Finanzen gering, so kann die Untergrenze des in Buchstabe b angegebenen mittelfristigen Ziels ein strukturelles Defizit von maximal 1,0% des Bruttoinlandsprodukts zu Marktpreisen erreichen.

e) Erhebliche Abweichungen vom mittelfristigen Ziel oder dem dorthin führenden Anpassungspfad lösen automatisch einen Korrekturmechanismus aus. Dieser Mechanismus schließt die Verpflichtung der betreffenden Vertragspartei ein, zur Korrektur der Abweichungen innerhalb eines festgelegten Zeitraums Maßnahmen zu treffen.

(2) Die Regelungen nach Absatz 1 werden im einzelstaatlichen Recht der Vertragsparteien in Form von Bestimmungen, die verbindlicher und dauerhafter Art sind, vorzugsweise mit Verfassungsrang, oder deren vollständige Einhaltung und Befolgung im gesamten nationalen Haushaltsverfahren auf andere Weise garantiert ist, spätestens ein Jahr nach Inkrafttreten dieses Vertrags wirksam. Die Vertragsparteien richten auf nationaler Ebene den in Absatz 1 Buchstabe e genannten Korrekturmechanismus ein und stützen sich dabei auf gemeinsame, von der Europäischen Kommission vorzuschlagende Grundsätze, die insbesondere die Art, den Umfang und den zeitlichen Rahmen der – auch unter außergewöhnlichen Umständen – zu treffenden Korrekturmaßnahmen sowie die Rolle und Unabhängigkeit der auf nationaler Ebene für die Überwachung der Einhaltung der in Absatz 1 genannten Regelungen zuständigen Institutionen betreffen. Dieser Korrekturmechanismus wahrt uneingeschränkt die Vorrechte der nationalen Parlamente.

(3) Für die Zwecke dieses Artikels gelten die Begriffsbestimmungen, die in Artikel 2 des den Verträgen zur Europäischen Union beigefügten Protokolls (Nr. 12) über das Verfahren bei einem übermäßigen Defizit festgelegt sind.

Zusätzlich dazu gelten für die Zwecke dieses Artikels die folgenden Begriffsbestimmungen:

a) „Jährlicher struktureller Saldo des Gesamtstaats" ist der konjunkturbereinigte jährliche Saldo ohne Anrechnung einmaliger und befristeter Maßnahmen.

b) „Außergewöhnliche Umstände" sind ein außergewöhnliches Ereignis, das sich der Kontrolle der betreffenden Vertragspartei entzieht und erhebliche Auswirkungen auf die Lage der öffentlichen Finanzen hat, oder ein schwerer Konjunkturabschwung im Sinne des geänderten Stabilitäts- und Wachstumspakts, vorausgesetzt, die vorübergehende Abweichung der betreffenden Vertragspartei gefährdet nicht die mittelfristige Tragfähigkeit der öffentlichen Finanzen.

Art. 4. Geht das Verhältnis zwischen dem gesamtstaatlichen Schuldenstand einer Vertragspartei und dem Bruttoinlandsprodukt über den in Artikel 1 des den Verträgen zur Europäischen Union beigefügten Protokolls (Nr. 12) über das Verfahren bei einem übermäßigen Defizit genannten Referenzwert von 60% hinaus, so verringert diese Vertragspartei es gemäß Artikel 2 der Verordnung (EG) Nr. 1467/97 des Rates vom 7. Juli 1997 über die Beschleunigung und Klärung des Verfahrens bei einem übermäßigen Defizit in der durch die Verordnung (EU) Nr. 1177/2011 des Rates vom 8. November 2011 geänderten Fassung als Richtwert um durchschnittlich ein Zwanzigstel jährlich. Das Bestehen eines übermäßigen Defizits durch die Verletzung des Schuldenkriteriums wird vom Rat nach dem Verfahren des Artikels 126 des Vertrags über die Arbeitsweise der Europäischen Union festgestellt werden.

Art. 5. (1) Eine Vertragspartei, die gemäß den Verträgen, auf denen die Europäische Union beruht, Gegenstand eines Defizitverfahrens ist, legt ein Haushalts- und Wirtschaftspartnerschaftsprogramm auf, das eine detaillierte Beschreibung der Strukturreformen enthält, die zur Gewährleistung einer wirksamen und dauerhaften Korrektur ihres übermäßigen Defizits zu beschließen und umzusetzen sind. Inhalt und Form dieser Programme werden im Recht der Europäischen Union festgelegt. Sie werden dem Rat der Europäischen Union und der Europäischen Kommission im Rahmen der bestehenden Überwachungsverfahren des Stabilitäts- und Wachstumspakts zur Genehmigung vorgelegt werden und auch innerhalb dieses Rahmens überwacht werden.

(2) Die Umsetzung des Haushalts- und Wirtschaftspartnerschaftsprogramms und die mit diesem Programm in Einklang stehenden jährlichen Haushaltspläne werden vom Rat der Europäischen Union und der Europäischen Kommission überwacht werden.

Art. 6. Zur besseren Koordinierung der Planung für die Begebung von Staatsschuldtiteln erstatten die Vertragsparteien dem Rat der Europäischen Union und der Europäischen Kommission im Voraus über ihre entsprechenden Planungen Bericht.

Art. 7. Die Vertragsparteien, deren Währung der Euro ist, verpflichten sich unter uneingeschränkter Einhaltung der Verfahrensvorschriften der Verträge, auf denen die Europäische Union beruht, zur Unterstützung der Vorschläge oder Empfehlungen der Europäischen Kommission, in denen diese die Auffassung vertritt, dass ein Mitgliedstaat der Europäischen Union, dessen Währung der Euro ist, im Rahmen eines Verfahrens bei einem übermäßigen Defizit gegen das Defizit-Kriterium verstößt. Diese Verpflichtung entfällt, wenn zwischen den Vertragsparteien, deren Währung der Euro ist, feststeht, dass eine analog zu den einschlägigen Bestimmungen der Verträge, auf denen die Europäische Union beruht, unter Auslassung des Standpunkts der betroffenen Vertragspartei ermittelte qualifizierte Mehrheit von ihnen gegen den vorgeschlagenen oder empfohlenen Beschluss ist.

Art. 8. (1) Die Europäische Kommission wird aufgefordert, den Vertragsparteien zu gegebener Zeit einen Bericht über die Bestimmungen vorzulegen, die jede von ihnen gemäß Artikel 3 Absatz 2 erlassen hat. Gelangt die Europäische Kommission, nachdem sie der betreffenden Vertragspartei Gelegenheit zur Stellungnahme gegeben hat, in ihrem Bericht zu dem Schluss, dass diese Vertragspartei Artikel 3 Absatz 2 nicht nachgekommen ist, wird der Gerichtshof der Europäischen Union von einer oder mehreren Vertragsparteien mit der Angelegenheit befasst werden. Ist eine Vertragspartei unabhängig vom Bericht der Kommission der Auffassung, dass eine andere Vertragspartei Artikel 3 Absatz 2 nicht nachgekommen ist, so kann sie den Gerichtshof mit der Angelegenheit befassen. In beiden Fällen ist das Urteil des Gerichtshofs für die Verfahrensbeteiligten verbindlich, und diese müssen innerhalb einer vom Gerichtshof festgelegten Frist die erforderlichen Maßnahmen treffen, um dem Urteil nachzukommen.

(2) Ist eine Vertragspartei nach eigener Einschätzung oder aufgrund der Bewertung der Europäischen Kommission der Auffassung, dass eine andere Vertragspartei nicht die in Absatz 1 genannten erforderlichen Maßnahmen getroffen hat, um dem Urteil des Gerichtshofs nachzukommen, so kann sie den Gerichtshof mit der Sache befassen und die Verhängung finanzieller Sanktionen gemäß den von der Europäischen Kommission im Rahmen von Artikel 260 des Vertrags über die Arbeitsweise der Europäischen Union festgelegten Kriterien verlangen. Stellt der Gerichtshof fest, dass die betreffende Vertragspartei seinem Urteil nicht nachgekommen ist, so kann er gegen diese Vertragspartei einen Pauschalbetrag oder ein Zwangsgeld verhängen, der/das den Umständen angemessen ist und nicht über 0,1% ihres Bruttoinlandsprodukts hinausgeht. Die gegen eine Vertragspartei, deren Währung der Euro ist, verhängten Beträge sind an den Europäischen Stabilitätsmechanismus zu entrichten. Anderenfalls werden die Zahlungen an den Gesamthaushaltsplan der Europäischen Union entrichtet.

(3) Dieser Artikel stellt einen Schiedsvertrag zwischen den Vertragsparteien im Sinne des Artikels 273 des Vertrags über die Arbeitsweise der Europäischen Union dar.

Titel IV. Wirtschaftspolitische Koordinierung und Konvergenz

Art. 9. Gestützt auf die wirtschaftspolitische Koordinierung im Sinne des Vertrags über die Arbeitsweise der Europäischen Union verpflichten sich die Vertragsparteien, gemeinsam auf eine Wirtschaftspolitik hinzuarbeiten, die durch erhöhte Konvergenz und Wettbewerbsfähigkeit das reibungslose Funktionieren der Wirtschafts- und Währungsunion sowie das Wirtschaftswachstum fördert. Zu diesem Zweck leiten die Vertragsparteien in Verfolgung des Ziels, Wettbewerbsfähigkeit und Beschäftigung zu fördern, weiter zur langfristigen Tragfähigkeit der öffentlichen Finanzen beizutragen und die Finanzstabilität zu stärken, in allen für das reibungslose Funktionieren des Euro-Währungsgebiets wesentlichen Bereichen die notwendigen Schritte und Maßnahmen ein.

Art. 10. Den Anforderungen der Verträge, auf denen die Europäische Union beruht, entsprechend sind die Vertragsparteien bereit, in Angelegenheiten, die für das reibungslose Funktionieren des Euro-Währungsgebiets wesentlich sind, wann immer dies angemessen und notwendig ist, von den in Artikel 136 des Vertrags über die Arbeitsweise der Europäischen Union vorgesehenen Maßnahmen für die Mitgliedstaaten, deren Währung der Euro ist, und – ohne dabei den Binnenmarkt zu beeinträchtigen – von der in Artikel 20 des Vertrags über die Europäische Union und in den Artikeln 326 bis 334 des Vertrags über die Arbeitsweise der Europäischen Union vorgesehenen Verstärkten Zusammenarbeit aktiven Gebrauch zu machen.

Art. 11. Um Benchmarks für vorbildliche Vorgehensweisen festzulegen und auf eine enger koordinierte Wirtschaftspolitik hinzuarbeiten, stellen die Vertragsparteien sicher, dass alle von ihnen geplanten größeren wirtschaftspolitischen Reformen vorab zwischen ihnen erörtert und gegebenenfalls koordiniert werden. In diese Koordinierung werden die Organe der Europäischen Union gemäß den Erfordernissen des Rechts der Europäischen Union einbezogen.

Titel V. Steuerung des Euro-Währungsgebiets

Art. 12. (1) Die Staats- und Regierungschefs der Vertragsparteien, deren Währung der Euro ist, und der Präsident der Europäischen Kommission treten informell zu Tagungen des Euro-Gipfels zusammen. Der Präsident der Europäischen Zentralbank wird zur Teilnahme an diesen Tagungen eingeladen.

Der Präsident des Euro-Gipfels wird von den Staats- und Regierungschefs der Vertragsparteien, deren Währung der Euro ist, mit einfacher Mehrheit zu dem gleichen Zeitpunkt ernannt, zu dem der Europäische Rat seinen Präsidenten wählt; die Amtszeit entspricht der des Präsidenten des Europäischen Rates.

(2) Euro-Gipfel werden bei Bedarf – mindestens jedoch zwei mal *jährlich* – einberufen, damit die Vertragsparteien, deren Währung der Euro ist, Fragen im Zusammenhang mit ihrer spezifischen gemeinsamen

Verantwortung für die einheitliche Währung, weitere die Steuerung des Euro-Währungsgebiets betreffende Fragen und die dafür geltenden Vorschriften sowie strategische Orientierungen für die Steuerung der Wirtschaftspolitik und größere Konvergenz im Euro-Währungsgebiet erörtern.

(3) Die Staats- und Regierungschefs der Vertragsparteien, deren Währung nicht der Euro ist und die diesen Vertrag ratifiziert haben, nehmen an den Beratungen der Tagungen der Euro-Gipfel teil, die für die Vertragsparteien die Wettbewerbsfähigkeit, die Änderung der allgemeinen Architektur des Euroraums und der grundlegenden Regelungen, die für diesen in Zukunft gelten werden, betreffen, sowie, wenn dies sachgerecht ist und mindestens einmal im Jahr, an Beratungen zu bestimmten Fragen der Durchführung dieses Vertrags über Stabilität, Koordinierung und Steuerung in der Wirtschafts- und Währungsunion.

(4) Der Präsident des Euro-Gipfels gewährleistet in enger Zusammenarbeit mit dem Präsidenten der Europäischen Kommission die Vorbereitung und Kontinuität der Tagungen des Euro-Gipfels. Das mit der Vorbereitung und Nachbereitung der Tagungen des Euro-Gipfels betraute Gremium ist die Euro-Gruppe, deren Präsident zu diesem Zweck zur Teilnahme an diesen Tagungen eingeladen werden kann.

(5) Der Präsident des Europäischen Parlaments kann eingeladen werden, um gehört zu werden. Der Präsident des Euro-Gipfels legt dem Europäischen Parlament nach jeder Tagung des Euro-Gipfels einen Bericht vor.

(6) Der Präsident des Euro-Gipfels unterrichtet die anderen Vertragsparteien als die, deren Währung der Euro ist, und die anderen Mitgliedstaaten der Europäischen Union laufend und eingehend über die Vorbereitungen und die Ergebnisse der Tagungen des Euro-Gipfels.

Art. 13. Wie in Titel II des den Verträgen zur Europäischen Union beigefügten Protokolls (Nr. 1) über die Rolle der nationalen Parlamente in der Europäischen Union vorgesehen, bestimmen das Europäische Parlament und die nationalen Parlamente der Vertragsparteien gemeinsam über die Organisation und Förderung einer Konferenz von Vertretern der zuständigen Ausschüsse des Europäischen Parlaments und von Vertretern der zuständigen Ausschüsse der nationalen Parlamente, um die Haushaltspolitik und andere von diesem Vertrag erfasste Angelegenheiten zu diskutieren.

Titel VI. Allgemeine Bestimmungen und Schlussbestimmungen

Art. 14. (1) Dieser Vertrag bedarf der Ratifikation durch die Vertragsparteien gemäß ihren jeweiligen verfassungsrechtlichen Vorschriften. Die Ratifikationsurkunden werden beim Generalsekretariat des

Rates der Europäischen Union (im Folgenden „Verwahrer") hinterlegt.

(2) Dieser Vertrag tritt am 1. Januar 2013 in Kraft, sofern zwölf Vertragsparteien, deren Währung der Euro ist, ihre Ratifikationsurkunde hinterlegt haben, oder am ersten Tag des Monats, der auf die Hinterlegung der zwölften Ratifikationsurkunde durch eine Vertragspartei, deren Währung der Euro ist, folgt, je nachdem, welcher Zeitpunkt früher liegt.

(3) Dieser Vertrag gilt ab dem Tag des Inkrafttretens zwischen den Vertragsparteien, deren Währung der Euro ist, die ihn ratifiziert haben. Er gilt für die anderen Vertragsparteien, deren Währung der Euro ist, ab dem ersten Tag des auf die Hinterlegung ihrer jeweiligen Ratifikationsurkunde folgenden Monats.

(4) Abweichend von den Absätzen 3 und 5 gilt Titel V für alle betroffenen Vertragsparteien ab dem Tag des Inkrafttretens dieses Vertrags.

(5) Auf die Vertragsparteien, für die eine Ausnahmeregelung im Sinne von Artikel 139 Absatz 1 des Vertrags über die Arbeitsweise der Europäischen Union oder eine Freistellung gemäß dem den Verträgen zur Europäischen Union beigefügten Protokolls (Nr. 16) über einige Bestimmungen betreffend Dänemark gilt und die den vorliegenden Vertrag ratifiziert haben, findet dieser Vertrag ab dem Tag Anwendung, an dem der Beschluss zur Aufhebung der Ausnahmeregelung bzw. Freistellung wirksam wird, es sei denn, die betreffende Vertragspartei erklärt, dass sie zu einem früheren Zeitpunkt an alle oder einige Bestimmungen der Titel III und IV dieses Vertrags gebunden sein will.

Art. 15. Dieser Vertrag steht den Mitgliedstaaten der Europäischen Union, die keine Vertragspartei sind, zum Beitritt offen. Der Beitritt wird mit der Hinterlegung der Beitrittsurkunde beim Verwahrer wirksam, der die anderen Vertragsparteien davon in Kenntnis setzt. Nach Authentifizierung durch die Vertragsparteien wird der Wortlaut dieses Vertrags in der Amtssprache des beitretenden Mitgliedstaats, die auch eine Amtssprache und eine Arbeitssprache der Organe der Union ist, im Archiv des Verwahrers als verbindlicher Wortlaut dieses Vertrags hinterlegt.

Art. 16. Binnen höchstens fünf Jahren ab dem Inkrafttreten dieses Vertrags werden auf der Grundlage einer Bewertung der Erfahrungen mit der Umsetzung des Vertrags gemäß dem Vertrag über die Europäische Union und dem Vertrag über die Arbeitsweise der Europäischen Union die notwendigen Schritte mit dem Ziel unternommen, den Inhalt dieses Vertrags in den Rechtsrahmen der Europäischen Union zu überführen.

Geschehen zu Brüssel am zweiten März zweitausendzwölf.

Dieses Abkommen ist in bulgarischer, tschechischer, dänischer, niederländischer, englischer, estnischer, finnischer, französischer, deutscher, griechischer, ungarischer, irischer, italienischer, lettischer, litauischer, maltesischer, polnischer, portugiesischer, rumänischer, slowakischer, slowenischer, spanischer und schwedischer Sprache abgefasst, wobei jeder Wortlaut gleichermaßen verbindlich ist, in einer Urschrift, die im Archiv des Verwahrers hinterlegt wird; dieser übermittelt den Vertragsparteien je eine beglaubigte Abschrift.

Protokoll über die Unterzeichnung des Vertrags über Stabilität, Koordinierung und Steuerung in der Wirtschafts- und Währungsunion

Die Bevollmächtigten des Königreichs Belgien, der Republik Bulgarien, des Königreichs Dänemark, der Bundesrepublik Deutschland, der Republik Estland, Irlands, der Hellenischen Republik, des Königreichs Spanien, der Französischen Republik, der Italienischen Republik, der Republik Zypern, der Republik Lettland, der Republik Litauen, des Großherzogtums Luxemburg, Ungarns, Maltas, des Königreichs der Niederlande, der Republik Österreich, der Republik Polen, der Portugiesischen Republik, Rumäniens, der Republik Slowenien, der Slowakischen Republik, der Republik Finnland und des Königreichs Schweden haben heute den Vertrag über Stabilität, Koordinierung und Steuerung in der Wirtschafts- und Währungsunion unterzeichnet.

Die Unterzeichner kamen dabei überein, dem Protokoll die folgenden Vereinbarungen beizufügen.

Geschehen zu Brüssel am 2. März 2012.

Anhang

Vertrag über Stabilität, Koordinierung und Steuerung in der Wirtschafts- und Währungsunion

Von den Vertragsparteien bei der Unterzeichnung getroffene Regelung betreffend Artikel 8 des Vertrags

Die folgende Regelung gilt, um eine Angelegenheit gemäß Artikel 8 Absatz 1 Satz 2 des Vertrags über Stabilität, Koordinierung und Steuerung in der Wirtschafts- und Währungsunion (im Folgenden „Vertrag") auf Grundlage von Artikel 273 des Vertrags über die Arbeitsweise der Europäischen Union beim Gerichtshof der Europäischen Union anhängig zu machen, wenn die Kommission in einem Bericht an die Vertragsparteien zu dem Schluss gelangt ist, dass eine Vertragspartei Artikel 3 Absatz 2 des Vertrags nicht nachgekommen ist:

(1) Die Klageschrift, mit der der Gerichtshof ersucht wird festzustellen, dass eine Vertragspartei – wie im Kommissionsbericht festgestellt –

Artikel 3 Absatz 2 des Vertrags nicht nachgekommen ist, wird von den in Absatz 2 genannten Klägern bei der Kanzlei des Gerichtshofs innerhalb von drei Monaten eingereicht werden, nachdem der Kommissionsbericht, in dem festgestellt wird, dass eine Vertragspartei Artikel 3 Absatz 2 des Vertrags nicht nachgekommen ist, bei den Vertragsparteien eingegangen ist. Die Kläger werden im Interesse aller durch die Artikel 3 und 8 des Vertrags gebundenen Vertragsparteien und in enger Zusammenarbeit mit diesen handeln, mit Ausnahme der Vertragspartei, gegen die sich die Klage richtet, und im Einklang mit der Satzung und der Verfahrensordnung des Gerichtshofs.

(2) Kläger werden die durch die Artikel 3 und 8 des Vertrags gebundenen Vertragsparteien sein, welche die Mitgliedstaaten sind, die zum Zeitpunkt der Veröffentlichung des Kommissionsberichts die zuvor festgelegte Gruppe derjenigen drei Mitgliedstaaten bilden, die nach Artikel 1 Absatz 4 der Geschäftsordnung des Rates den Vorsitz im Rat der Europäischen Union führen (Dreiervorsitz[1]), soweit zu diesem Zeitpunkt i) nicht aus einem Kommissionsbericht hervorgeht, dass sie ihren Verpflichtungen im Rahmen des Artikels 3 Absatz 2 des Vertrags nicht nachgekommen sind, ii) nicht anderweitig gemäß Artikel 8 Absatz 1 oder 2 vor dem Gerichtshof gegen sie Klage erhoben worden ist und iii) sie nicht im Einklang mit den allgemeinen Grundsätzen des Völkerrechts aus anderen nachweisbaren Gründen übergeordneter Natur daran gehindert sind, zu handeln. Erfüllt keiner der drei betreffenden Mitgliedstaaten diese Kriterien, so obliegt es den Mitgliedern des vorausgehenden Dreiervorsitzes, den Gerichtshof unter denselben Bedingungen mit der Sache zu befassen.

(3) Auf Antrag der Kläger wird diesen während des Verfahrens vor dem Gerichtshof von den Vertragsparteien, in deren Interesse Klage erhoben wurde, die erforderliche technische oder logistische Unterstützung gewährt.

(4) Entstehen den Klägern infolge des Urteils des Gerichtshofs Kosten, so werden diese von allen Vertragsparteien, in deren Interesse der Rechtsstreit anhängig gemacht wurde, gemeinsam getragen werden.

(5) Gelangt ein neuer Bericht der Kommission zu dem Schluss, dass die betreffende Vertragspartei es nicht länger unterlässt, Artikel 3 Absatz 2 des Vertrags nachzukommen, so werden die Kläger dem Gerichtshof unverzüglich schriftlich mitteilen, dass sie im Einklang mit den einschlägigen Bestimmungen der Verfahrensordnung des Gerichtshofs die Klage zurücknehmen.

(6) Auf Grundlage einer Bewertung der Europäischen Kommission, dass eine Vertragspartei nicht die erforderlichen Maßnahmen getroffen

---

[1] Die Reihenfolge der Dreiervorsitze ist in Anhang I des Beschlusses 2009/908/EU des Rates vom 1. Dezember 2009 zur Festlegung von Maßnahmen für die Durchführung des Beschlusses des Europäischen Rates über die Ausübung des Vorsitzes im Rat und über den Vorsitz in den Vorbereitungsgremien des Rates (ABl. L 322 vom 9. 12. 2009, S. 28, Berichtigung in ABl. L 344 vom 23. 12. 2009, S. 56) festgelegt.

hat, um dem in Artikel 8 Absatz 1 des Vertrags genannten Urteil des Gerichtshofs nachzukommen, erklären die durch die Artikel 3 und 8 des Vertrags gebundenen Vertragsparteien, dass sie beabsichtigen, von dem Verfahren gemäß Artikel 8 Absatz 2 in vollem Umfang Gebrauch zu machen, um den Gerichtshof unter Zugrundelegung der für die Umsetzung von Artikel 8 Absatz 1 des Vertrags getroffenen Regelung mit dem Fall zu befassen.

GROSSHERZOGTUM LUXEMBURG UND DAS KÖNIGREICH DER NIEDERLANDE, nachfolgend Vertragsparteien genannt –

AUFBAUEND AUF dem am 14. Juni 1985 in Schengen geschlossenen Übereinkommen über den schrittweisen Abbau der Kontrollen an den gemeinsamen Grenzen,[1)]

ENTSCHLOSSEN, das in diesem Übereinkommen zum Ausdruck gebrachte Bestreben der Abschaffung der Kontrollen des Personenverkehrs an den gemeinsamen Grenzen und der Erleichterung des Transports und des Warenverkehrs zu verwirklichen,

IN DER ERWÄGUNG, daß der Vertrag zur Gründung der Europäischen Gemeinschaften, ergänzt durch die Einheitliche Europäische Akte, vorsieht, daß der Binnenmarkt einen Raum ohne Binnengrenzen umfaßt,

IN DER ERWÄGUNG, daß der durch die Vertragsparteien angestrebte Zweck mit diesem Ziel übereinstimmt, unbeschadet der Maßnahmen, die zur Anwendung der Bestimmungen dieses Vertrages getroffen werden,

---

(Fortsetzung der Fußnote)

tretene (ABl. 2011 Nr. L 160/50) Prot. v. 28.2.2008 (ABl. 2011 Nr. L 160/3 und 21) beigetreten. Nachdem die Kommission am 22.10.2019 (COM(2019) 497 final – mit Annex) bestätigt hat, dass **Kroatien** insoweit alle Voraussetzungen erfüllt, sollte das Schengen System in Kürze nun auch für diesen Staat uneingeschränkt zur Anwendung kommen. Vgl. zum Zeitpunkt, an dem das Übereinkommen für die einzelnen Staaten in allen seinen Teilen – insbes. vollständiger Wegfall der Grenzkontrollen – in Kraft gesetzt wird, die Anm. zu der in seiner Schlußakte (Nr. **280a**) enthaltenen Gemeinsamen Erklärung zu Artikel 139. Am 22.9.2011 ist zwischen der EU und den EFTA-Staaten eine Vereinbarung über die Beteiligung dieser Staaten an der Arbeit der Ausschüsse, die die Europäische Kommission bei der Ausübung ihrer Durchführungsbefugnisse in Bezug auf die Umsetzung, Anwendung und Entwicklung des Schengen-Besitzstands unterstützen beschlossen worden (ABl. Nr. L 103/3 v. 13.4.2012, in Kraft seit 1.5.2014, s. Mitteilung in ABl. Nr. L 106/1 v. 9.4.2014). In diesem Zusammenhang haben die Vertragsparteien folgende Erklärung abgegeben: „Die Vertragsparteien erklären gemeinsam, dass die spezifische Assoziierung der Republik Island, des Fürstentums Liechtenstein, des Königreichs Norwegen und der Schweizerischen Eidgenossenschaft an der Umsetzung, Anwendung und Entwicklung des Schengen-Besitzstands nicht als rechtlicher oder politischer Präzedenzfall für andere Bereiche der Zusammenarbeit zwischen der Europäischen Union und diesen Staaten angesehen wird." (ABl. Nr. L 103/10 v. 13.4.2012).

2) S. auch das G v. 15.7.1993 (BGBl. II S. 1010), geänd. durch G v. 1.7.1997 (BGBl. I S. 1606, Einfügung eines Art. 6a – Gebühren für ein Schengen-Visum) sowie die Schlußakte (abgedruckt unter Nr. **280a**), das Prot. (abgedruckt unter Nr. **280b**) und die Gemeinsame Erklärung (abgedruckt unter Nr. **280c**).

3) Vgl. auch VO Nr. 1053/2013 v. 7.10.2013 zur Einführung eines Evaluierungs- und Überwachungsmechanismus für die Überprüfung der Anwendung des Schengen-Besitzstands und zur Aufhebung des Beschlusses des Exekutivausschusses vom 16. September 1998 bezüglich der Errichtung des Ständigen Ausschusses Schengener Durchführungsübereinkommen (ABl. Nr.L 295/27 v. 6.11.2013, abgedruckt unter Nr. **291**.

4) Beschluss 2003/725/JI des Rates gilt nach seinem Art. 2 nicht für Irland und Gibraltar und nur eingeschränkt für die Kanalinseln. Zwischenzeitliche Änderungen durch VO (EG) Nr. 2133/2004 v. 13.12.2004, ABl. Nr. L 369/5 v. 16.12.2004 sind durch Art. 39 Abs. 1 lit. g) VO (EG) Nr. 562/2006 v. 15.3.2006, ABl. Nr. L 105/1 v. 13.4.2006 mWv. 13.10.2006 (schon) wieder rückgängig gemacht worden. Zum In-Kraft-Treten der Änderungen ist nach Maßgabe der Rechtsakte gegebenenfalls noch ein entsprechender Beschluss des Rates erforderlich.

---

1) Bek. d. BMI v. 29.1.1986, GMBl. 1986 S. 79.

280. Übereinkommen zur Durchführung des Übereinkommens von Schengen vom 14. Juni 1985 zwischen den Regierungen der Staaten der Benelux-Wirtschaftsunion, der Bundesrepublik Deutschland und der Französischen Republik betreffend den schrittweisen Abbau der Kontrollen an den gemeinsamen Grenzen[1)·2)·3)]

Vom 19. Juni 1990

(BGBl. 1993 II S. 1013, geänd. durch VO (EG) Nr. 1091/2001 v. 28.5.2001, ABl. Nr. L 150/4, durch RL 2002/90/EG v. 28.11.2002, ABl. Nr. L 328/17, Beschluss 2003/725/JI des Rates v. 2.10.2003, ABl. Nr. L 260/37 v. 11.10.2003[4)], VO (EG) Nr. 871/2004 v. 29.4.2004, ABl. Nr. L 162/29 v. 30.4.2004; Beschluss 2005/211/JI des Rates v. 24.2.2005, ABl. Nr. L 68/44 v. 15.3.2005; VO (EG) Nr. 562/2006 v. 15.3.2006, ABl. Nr. L 105/1 v. 13.4.2006 und VO (EG) 1931/2006 v. 20.12.2006, ABl. Nr. L 405/1 v. 30.12.2006, ber. ABl. 2007 Nr. L 29/3, geänd. durch VO Nr. 1104/2008 v. 24.10.2008, ABl. Nr. L 299/1), durch RL 2008/115/EG v. 16.12.2008, ABl. Nr. L 348/98, durch VO (EG) Nr. 810/2009 v. 13.7.2009 (Visakodex), ABl. Nr. L 243/1, VO (EU) Nr. 265/2010 v. 25.3.2010, ABl. Nr. 85/1 v. 31.3.2010, durch VO (EU) Nr. 610/2013 v. 26.6.2013, ABl. Nr. L 182/1 v. 29.6.2013) und durch VO (EU) Nr. L 2017/2226 v. 30.11.2017, ABl. 327/20 v. 9.12.2017

DAS KÖNIGREICH BELGIEN, DIE BUNDESREPUBLIK DEUTSCHLAND, DIE FRANZÖSISCHE REPUBLIK, DAS

---

1) Das Übk. ist am 1.9.1993 (Bek. v. 20.4.1994, BGBl. II S. 631) für **Belgien, Deutschland, Frankreich, Luxemburg** und die **Niederlande** in Kraft getreten. Das Übereinkommen ist ferner für **Portugal** und **Spanien** am 1.3.1994 (Bek. v. 19.12.1995, BGBl. 1996 II S. 242), für **Italien** am 1.7.1997, für **Griechenland** und **Österreich** am 1.12.1997 in Kraft getreten (Bek. v. 6.7.1998, BGBl. II S. 1968). Zur Wahrung der nordischen Passunion ist der Schengen Besitzstand nach den am 1.5.1999 in Kraft getretenen (BGBl. 2002 II S. 627) Beitrittsabkommen **Dänemarks, Finnlands** und **Schwedens** vom 19.12.1996 (abgedruckt in ABl. Nr. L 239/97 vom 22.9.2000) sowie der Assoziierung **Islands** und **Norwegens** durch Abkommen vom 18.5.1999 (vgl. Anm. 1 zu Art. 6 des Protokolls Nr. 2, Nr. **151** dieser Textsammlung) für alle nordischen Länder einheitlich am 25.3.2001 in Kraft gesetzt worden (BGBl. 2002 II S. 627), s. hierzu den Beschluss des Rates vom 1.12.2000 über die Inkraftsetzung des Schengen-Besitzstands in Dänemark, Finnland und Schweden sowie in Island und Norwegen mit Wirkung vom 25.3.2001 (Art. 1 des Beschlusses), ABl. Nr. L 309/24 vom 9.12.2000. Gem. Art. 3 der Akte zum Beitrittsvertrag v. 16.4.2003 (ABl. Nr. L 236/33 v. 23.9.2003) ist der auf seinem aktuellen Stand ebd., 50 aufgelistete Schengen-Besitzstand ab 1.5.2004 uneingeschränkt für die **10 Beitrittsstaaten** verbindlich; gleiches gilt für **Bulgarien** und **Rumänien** ab 1.1.2007 (vgl. Art. 4 der Beitrittsakte, ABl. Nr. L 157/204 v. 21.6.2005). Für **Irland** vgl. Prot. Nr. 19 (Nr. **147**) sowie den Beschluss des Rates 2002/192/EG v. 28.2.2002 zum Antrag Irlands auf Anwendung einzelner Bestimmungen des Schengen-Besitzstands auf Irland (ABl. Nr. L 64/20 v. 7.3.2002) und hierzu zuletzt Durchführungsbeschluss (EU) 2020/1745 des Rates v. 18.11.2020 zur Inkraftsetzung der Bestimmungen des Schengen-Besitzstands über Datenschutz und zur vorläufigen Inkraftsetzung von einigen Bestimmungen des Schengen-Besitzstands in Irland (ABl. Nr. L 393/3 v. 23.11.2020); die Einzelheiten der Beteiligung **Gibraltars** am Schengen-System nach dem Brexit werden derzeit verhandelt. Am 1.3.2008 ist auch das Beitrittsabkommen mit der **Schweiz** (ABl. Nr. L 53/52 v 27.2.2008) in Kraft getreten Beschlüsse des Rates 2008/146 und 2008/149/JI (ABl. ebd. S. 1 und 50). **Liechtenstein** ist dem „Schengen-Assoziierungsabkommen" der Schweiz durch zwei am 7.4.2011 in Kraft ge-

(Fortsetzung der Fußnote nächste Seite)

IN DER ERWÄGUNG, daß die Verwirklichung dieses Zieles eine Reihe von geeigneten Maßnahmen und eine enge Zusammenarbeit der Vertragsparteien erfordert –

HABEN FOLGENDES VEREINBART:

Titel I. Begriffsbestimmungen

Art. 1. Im Sinne dieses Übereinkommens bedeutet:

Binnengrenzen:
die gemeinsamen Landgrenzen der Vertragsparteien sowie ihre Flughäfen für die Binnenflüge und ihre Seehäfen für die regelmäßigen Fährverbindungen ausschließlich von und nach dem Gebiet der Vertragsparteien ohne Fahrtunterbrechung in außerhalb des Gebiets gelegenen Häfen;

Außengrenzen:
die Land- und Seegrenzen sowie die Flug- und Seehäfen der Vertragsparteien, soweit sie nicht Binnengrenzen sind;

Binnenflug:
ein Flug ausschließlich von und nach dem Gebiet der Vertragsparteien, ohne Landung auf dem Gebiet eines Drittstaates;

Drittstaat:
ein Staat, der nicht Vertragspartei ist;

(Fortsetzung nächstes Blatt)

Drittausländer:
eine Person, die nicht Staatsangehöriger eines der Mitgliedstaaten der Europäischen Gemeinschaften ist;

Zur Einreiseverweigerung ausgeschriebener Drittausländer:
ein Drittausländer, der gemäß Artikel 96 zur Einreiseverweigerung in dem Schengener Informationssystem ausgeschrieben ist;

Grenzübergangsstelle:
ein von den zuständigen Behörden für das Überschreiten der Außengrenzen zugelassener Übergang;

Grenzkontrolle:
an den Grenzen vorgenommene Kontrolle, die unabhängig von jedem anderen Anlaß ausschließlich aufgrund des beabsichtigten Grenzübertritts durchgeführt wird;

Beförderungsunternehmer:
natürliche oder juristische Person, die gewerblich die Beförderung von Personen auf dem Luft-, See- oder Landweg durchführt;

Aufenthaltstitel:
jede von einer Vertragspartei ausgestellte Erlaubnis gleich welcher Art, die zum Aufenthalt in deren Hoheitsgebiet berechtigt. Hierzu zählen nicht die befristete Zulassung zum Aufenthalt im Hoheitsgebiet einer der Vertragsparteien im Hinblick auf die Behandlung eines Asylbegehrens oder eines Antrags auf eine Aufenthaltserlaubnis;

Asylbegehren:[1]
jeder an der Außengrenze oder im Gebiet einer Vertragspartei in Europa schriftlich, mündlich oder auf andere Weise geäußerte Wunsch eines Drittausländers mit dem Ziel, den Flüchtlingsstatus nach der Genfer Konvention vom 28. Juli 1951 über den Flüchtlingsstatus in der Fassung der Protokolls vom 31. Januar 1967 zu erlangen und als solcher ein Aufenthaltsrecht zu genießen;

Asylbegehrender:[1]
ein Drittausländer, der ein Asylbegehren im Sinne dieses Übereinkommens gestellt hat, über das noch nicht abschließend entschieden ist;

Behandlung eines Asylbegehrens:[1]
alle Verfahren zur Prüfung und Entscheidung von Asylbegehren sowie alle in Ausführung der endgültigen Entscheidungen getroffenen Maßnahmen, mit Ausnahme der Bestimmung der Vertragspartei, die aufgrund dieses Übereinkommens für die Behandlung des Asylbegehrens zuständig ist.

---

[1] S. auch Art. 2 VO 343/2003 (Nr. **285**).

Titel II. Abschaffung der Kontrollen an den Binnengrenzen und Personenverkehr

Kapitel 1. Überschreiten der Binnengrenzen

Art. 2–8. mWv. 13. 10. 2006 aufgehoben durch Art. 39 VO (EG) Nr. 562/2006 v. 15. 3. 2006 – Grenzkodex[1]

Kapitel 2. Sichtvermerke

Art. 9.–17. mWv. 5. 4. 2010 aufgehoben durch Art. 56 Abs. 1 VO (EG) Nr. 810/2009 v. 13. 7. 2009 – Visakodex[2]

Abschnitt 2. Sichtvermerke für einen längerfristigen Aufenthalt

Art. 18.[3] Visa für einen Aufenthalt von mehr als 90 Tagen Dauer (‚Visa für den längerfristigen Aufenthalt') sind nationale Visa, die von einem der Mitgliedstaaten gemäß seinen Rechtsvorschriften oder dem Unionsrecht erteilt werden. Ein solches Visum wird in Form einer einheitlichen Visummarke nach Maßgabe der Verordnung (EG) Nr. 1683/95 des Rates[4] mit dem Buchstaben ‚D' im Eintragungsfeld für die Art des Visums ausgestellt. Sie werden im Einklang mit den einschlägigen Vorschriften des Anhangs VII der Verordnung (EG) Nr. 810/2009 des Europäischen Parlaments und des Rates vom 13. Juli 2009 über einen Visakodex der Gemeinschaft (Visakodex)[5] ausgefüllt.

(2) Visa für den längerfristigen Aufenthalt haben eine Gültigkeitsdauer von höchstens einem Jahr. Gestattet ein Mitgliedstaat einem Drittausländer einen Aufenthalt von mehr als einem Jahr, wird das Visum für einen längeren Aufenthalt vor Ablauf seiner Gültigkeitsdauer durch einen Aufenthaltstitel ersetzt.

Kapitel 4. Voraussetzungen für den Reiseverkehr von Drittausländern

Art. 19. (1) Drittausländer, die Inhaber eines einheitlichen Sichtvermerks sind und rechtmäßig in das Hoheitsgebiet einer der Vertragsparteien eingereist sind, können sich während der Gültigkeitsdauer des Sichtvermerks und soweit sie die in Artikel 5 Absatz 1 Buchstaben a, c, d und e aufgeführten Einreisevoraussetzungen erfüllen, frei in dem Hoheitsgebiet aller Vertragsparteien bewegen.

---

[1] ABl. Nr. L 105/1 abgedruckt unter **Nr. 290.**
[2] ABl. Nr. L 243/1.
[3] *Geänd. durch VO (EG) Nr. 1091/2001* vom 28. 5. 2001 (ABl. Nr. L 150/4) und VO (EU) Nr. 265/2010 vom 25. 3. 2010 (ABl. Nr. L 85/1).
[4] **Amtl. Anm.:** ABl. L 164 vom 14. 7. 1995, S. 1.
[5] **Amtl. Anm.:** ABl. L 243 vom 15. 9. 2009, S. 1.

(2) Bis zur Schaffung des einheitlichen Sichtvermerks können sich Drittausländer, die Inhaber eines von einer dieser Vertragsparteien ausgestellten Sichtvermerks sind und rechtmäßig in das Hoheitsgebiet einer dieser Vertragsparteien eingereist sind, während der Gültigkeitsdauer des Sichtvermerks, jedoch höchstens bis zu drei Monaten vom Datum der ersten Einreise an und soweit sie die in Artikel 5 Absatz 1 Buchstaben a, c, d und e aufgeführten Einreisevoraussetzungen erfüllen, frei in dem Hoheitsgebiet aller Vertragsparteien bewegen.

(3) Absätze 1 und 2 finden keine Anwendung auf Sichtvermerke, deren Gültigkeit nach Maßgabe der Bestimmungen des Kapitels 3 dieses Titels räumlich beschränkt ist.

(4) Die Bestimmungen dieses Artikels gelten unbeschadet des Artikels 22.

Art. 20. (1) Sichtvermerksfreie Drittausländer können sich in dem Hoheitsgebiet der Vertragsparteien frei bewegen, höchstens jedoch 90 Tage je Zeitraum von 180 Tagen und soweit sie die in Artikel 5 Absatz 1 Buchstaben a, c, d und e aufgeführten Einreisevoraussetzungen erfüllen.

(2) Absatz 1 berührt nicht das Recht jeder Vertragspartei, den Aufenthalt eines Drittausländers in ihrem Hoheitsgebiet über 90 Tage je Zeitraum von 180 Tagen hinaus zu verlängern, wenn

a) außergewöhnliche Umstände vorliegen oder

b) dies gemäß einem vor dem Inkrafttreten dieses Übereinkommens geschlossenen bilateralen Abkommen geschieht, das der Kommission gemäß Absatz 2d mitgeteilt wurde.

(2a) Der Aufenthalt eines Drittausländers im Hoheitsgebiet einer Vertragspartei kann auf Antrag des Drittausländers im Einklang mit einem bilateralen Abkommen gemäß Absatz 2 Buchstabe b verlängert werden, wenn dieser Antrag bei der Einreise oder während des Aufenthalts des Drittausländers spätestens am letzten Arbeitstag seines 90-tägigen Aufenthalts je Zeitraum von 180 Tagen bei den zuständigen Behörden dieser Vertragspartei gestellt wird.

Hat der Drittausländer während des 90-tägigen Aufenthalts je Zeitraum von 180 Tagen keinen Antrag gestellt, so kann sein Aufenthalt gemäß eines von einer Vertragspartei geschlossenen bilateralen Abkommens verlängert werden; sein Aufenthalt, der den 90-tägigen Aufenthalt je Zeitraum von 180 Tagen vor dieser Verlängerung überschreitet, kann von den zuständigen Behörden dieser Vertragspartei als rechtmäßig angesehen werden, sofern der Drittausländer glaubhaft *nachweist, dass er sich* während dieses Zeitraums nur im Hoheitsgebiet der betreffenden Vertragspartei aufgehalten hat.

(2b) Wird der Aufenthalt gemäß Absatz 2 dieses Artikels verlängert, so geben die zuständigen Behörden dieser Vertragspartei die Daten bezüglich der Verlängerung in den letzten einschlägigen Ein-/Ausreisedatensatz, der mit dem persönlichen Dossier des Drittausländers im durch die Verordnung (EU) 2017/2226 des Europäischen Parlaments und des Rates[1] geschaffenen Einreise-/Ausreisesystem verknüpft ist, ein. Diese Daten werden gemäß Artikel 19 jener Verordnung eingegeben.DE L 327/66 Amtsblatt der Europäischen Union 9.12.2017

(2c) Wird der Aufenthalt gemäß Absatz 2 verlängert, darf der betreffende Drittausländer sich nur im Hoheitsgebiet dieser Vertragspartei aufhalten und seine Ausreise muss über die Außengrenzen dieser Vertragspartei erfolgen.

Die zuständige Behörde, die die Verlängerung des Aufenthalts genehmigt hat, unterrichtet den betreffenden Drittausländer darüber, dass die Verlängerung des Aufenthalts dem betreffenden Drittausländer ausschließlich den Aufenthalt im Hoheitsgebiet dieser Vertragspartei gestattet und seine Ausreise über die Außengrenzen dieser Vertragspartei erfolgen muss.

(2d) Bis zum 30. März 2018 übermitteln die Vertragsparteien der Kommission den Wortlaut ihrer geltenden einschlägigen bilateralen Abkommen gemäß Absatz 2 Buchstabe b. Stellt eine Vertragspartei die Anwendung eines dieser bilateraler Abkommen ein, so teilt sie dies der Kommission mit. Die Kommission veröffentlicht Informationen über solche bilateralen Abkommen im Amtsblatt der Europäischen Union, darunter zumindest die betroffenen Mitgliedstaaten und Drittländer, die Rechte, die sich für die Drittausländer aus diesen bilateralen Abkommen ergeben, sowie alle diesbezüglichen Änderungen.

(3) Die Bestimmungen dieses Artikels gelten unbeschadet des Artikels 22.

Art. 21. (1) Drittausländer, die Inhaber eines gültigen, von einem der Mitgliedstaaten ausgestellten Aufenthaltstitels sind, können sich aufgrund dieses Dokuments und eines gültigen Reisedokuments bis zu 90 Tage je Zeitraum von 180 Tagen frei im Hoheitsgebiet der anderen Mitgliedstaaten bewegen, sofern sie die in Artikel 5 Absatz 1 Buchstaben a, c und e der Verordnung (EG) Nr. 562/2006 des Europäischen Parlaments und des Rates vom 15. März 2006 über einen Gemeinschaftskodex für das Überschreiten der Grenzen durch Personen (Schengener Grenzkodex)[2] aufgeführten Einreisevoraussetzungen erfüllen und nicht auf der nationalen Ausschreibungsliste des betroffenen Mitgliedstaats stehen.

(2) Das gleiche gilt für Drittausländer, die Inhaber eines von einer der Vertragsparteien ausgestellten vorläufigen Aufenthaltstitels und eines von dieser Vertragspartei ausgestellten Reisedokuments sind.

---

[1] **Amtl. Fn.:** Verordnung (EU) 2017/2226 des Europäischen Parlaments und des Rates vom 30. November 2017 über ein Einreise-/Ausreisesystem (EES) zur Erfassung der Ein- und Ausreisedaten sowie der Einreiseverweigerungsdaten von Drittstaatsangehörigen an den Außengrenzen der Mitgliedstaaten der Europäischen Union und zur Festlegung der Bedingungen für den Zugang zum EES zu Gefahrenabwehr- und Strafverfolgungszwecken und zur Änderung der Verordnung (EG) Nr. 767/2008 und der Verordnung (EU) Nr. 1077/2011 (ABl. L 327 vom 9.12.2017, S. 20).

[2] **Amtl. Anm.:** ABl. L 105 vom 13.4.2006, S. 1 (Nr. **290**).

(2a) Das in Absatz 1 festgelegte Recht auf freien Personenverkehr gilt auch für Drittländer, die Inhaber eines von einem der Mitgliedstaaten gemäß Artikel 18 erteilten gültigen Visums für den längerfristigen Aufenthalt sind.

(3)[1] *(gestrichen)*

(4) Die Bestimmungen dieses Artikels gelten unbeschadet des Artikels 22.

Art. 22. Drittausländer, die rechtmäßig in das Hoheitsgebiet einer der Vertragsparteien eingereist sind, können verpflichtet werden, unter den Voraussetzungen, die von jeder Vertragspartei festgelegt werden, sich bei den zuständigen Behörden der Vertragspartei zu melden, in deren Hoheitsgebiet sie einreisen. Die Anzeige erfolgt nach Wahl jeder Vertragspartei entweder bei der Einreise oder innerhalb von drei Arbeitstagen von dem Einreisedatum.

Art. 23, 24. *(Ersetzt durch die Richtlinie 2008/115/EG des Europäischen Parlaments und des Rates vom 16. Dezember 2008 über gemeinsame Normen und Verfahren in den Mitgliedstaaten zu Rückführung illegal aufhältiger Drittstaatsangehöriger, ABl. Nr. L 348/98, gemäß Art. 21 dieser Richtlinie.)*

Kapitel 5. Aufenthaltstitel und Ausschreibung zur Einreiseverweigerung

Art. 25. (1) Beabsichtigt ein Mitgliedstaat, einen Aufenthaltstitel zu erteilen, so ruft er systematisch die Daten im Schengener Informationssystem ab. Beabsichtigt ein Mitgliedstaat, einem zur Einreiseverweigerung ausgeschriebenen Drittausländer einen Aufenthaltstitel zu erteilen, so konsultiert er vorab den ausschreibenden Mitgliedstaat und berücksichtigt dessen Interessen; der Aufenthaltstitel wird nur bei Vorliegen gewichtiger Gründe erteilt, insbesondere aus humanitären Gründen oder aufgrund internationaler Verpflichtungen.

Wird der Aufenthaltstitel erteilt, so zieht der ausschreibende Mitgliedstaat die Ausschreibung zurück, wobei es ihm übernommen bleibt, den betroffenen Drittausländer in die nationale Ausschreibungsliste aufzunehmen.

(1a) Vor einer Ausschreibung zum Zwecke der Einreiseverweigerung im Sinne von Artikel 96 prüfen die Mitgliedstaaten ihre nationalen Register von erteilten Visa für den längerfristigen Aufenthalt oder Aufenthaltstiteln.

(2) Stellt sich heraus, daß der Drittausländer, der über einen von einer der Vertragsparteien erteilten gültigen Aufenthaltstitel verfügt, zum Zwecke der Einreiseverweigerung ausgeschrieben ist, konsultiert die ausschreibende Vertragspartei die Vertragspartei, die den Aufenthaltstitel erteilt hat, um zu prüfen, ob ausreichende Gründe für die Einziehung des Aufenthaltstitels vorliegen.

---

[1] Bestimmung gestrichen durch VO (EU) Nr. 610/2013 v. 26.6.2013, ABl. Nr. L 182/1.

Wird der Aufenthaltstitel nicht eingezogen, so zieht die ausschreibende Vertragspartei die Ausschreibung zurück, wobei es ihr unbenommen bleibt, den betroffenen Drittausländer in die nationale Ausschreibungsliste aufzunehmen.

(3) Die Absätze 1 und 2 finden auch auf Visa für den längerfristigen Aufenthalt Anwendung.

Kapitel 6. Weitere Maßnahmen

Art. 26.[1)] (1) Vorbehaltlich der Verpflichtungen, die sich aus der Genfer Konvention vom 28. Juli 1951 über den Flüchtlingsstatus in der Fassung des Protokolls von New York vom 31. Januar 1967 ergeben, verpflichten sich die Vertragsparteien, die nachstehenden Regelungen in ihre nationalen Rechtsvorschriften aufzunehmen:

a) Wird einem Drittausländer die Einreise in das Hoheitsgebiet einer der Vertragsparteien verweigert, so ist der Beförderungsunternehmer, der ihn auf dem Luft-, See- oder Landweg bis an die Außengrenze gebracht hat, verpflichtet, ihn unverzüglich zurückzunehmen. Auf Verlangen der Grenzüberwachungsbehörden hat der Beförderungsunternehmer den Drittausländer in den Drittstaat, aus dem er befördert wurde, in den Drittstaat, der das Reisedokument ausgestellt hat, mit dem er gereist ist, oder in jeden anderen Drittstaat, in dem seine Zulassung gewährleistet ist, zu verbringen.

b) Der Beförderungsunternehmer ist verpflichtet, alle erforderlichen Maßnahmen zu treffen, um sich zu vergewissern, daß der auf dem Luft- oder Seeweg beförderte Drittausländer über die für die Einreise in das Hoheitsgebiet der Vertragsparteien erforderlichen Reisedokumente verfügt.

(2) Vorbehaltlich der Verpflichtungen, die sich aus der Genfer Konvention vom 28. Juli 1951 über den Flüchtlingsstatus in der Fassung des Protokolls von New York vom 31. Januar 1967 ergeben, verpflichten sich die Vertragsparteien, unter Berücksichtigung ihres Verfassungsrechts Sanktionen gegen Beförderungsunternehmer einzuführen, die Drittausländer, welche nicht über die erforderlichen Reisedokumente verfügen, auf dem Luft- oder Seeweg aus einem Drittstaat in ihr Hoheitsgebiet verbringen.

(3) Die Absätze 1 Buchstabe b und 2 finden auf Beförderungsunternehmer Anwendung, die im internationalen Linienverkehr Gruppen von Personen in Autobussen befördern, mit Ausnahme des Grenzverkehrs.

---

1) Vgl. hierzu auch die ergänzenden Regelungen in der Richtlinie 2001/51/EG vom 28.6.2001, ABl. Nr. L 187/45 v. 10.7.2001, die u. a. die in Abs. 2 und 3 vorgesehenen Sanktionen konkretisiert.

Art. 27. (1) *(aufgehoben)*[1]

(2) Erlangt eine Vertragspartei Kenntnis von Handlungen nach Absatz 1, die das Recht einer anderen Vertragspartei verletzen, unterrichtet sie diese davon.

(3) Die Vertragspartei, die wegen Verletzung ihres eigenen Rechts eine andere Vertragspartei ersucht, Handlungen nach Absatz 1 zu verfolgen, muß durch eine amtliche Anzeige oder durch eine Bescheinigung der zuständigen Behörden begründen, welche ihrer Rechtsbestimmungen verletzt worden sind.

Kapitel 7.[2] Zuständigkeit für die Behandlung von Asylbegehren

Art. 28. Die Vertragsparteien bekräftigen ihre Verpflichtungen aus der Genfer Konvention vom 28. Juli 1951 über den Flüchtlingsstatus in der Fassung der Protokolls von New York vom 31. Januar 1967, wobei die Anwendung dieser Instrumente keiner geographischen Beschränkung unterliegt, sowie ihre Zusage, mit den Dienststellen des Hohen Flüchtlingskommissars der Vereinten Nationen bei der Anwendung dieser Instrumente zusammenzuarbeiten.

Art. 29. (1) Die Vertragsparteien verpflichten sich, jedes Asylbegehren, das von einem Drittausländer in dem Hoheitsgebiet einer der Vertragsparteien gestellt wird, zu behandeln.

(2) Diese Verpflichtung führt nicht dazu, daß in allen Fällen dem Asylbegehrenden die Einreise in das Hoheitsgebiet der betreffenden Vertragspartei gewährt werden muß oder er sich dort aufhalten kann.

Jede Vertragspartei behält sich das Recht vor, einen Asylbegehrenden nach Maßgabe ihres nationalen Rechts und unter Berücksichtigung ihrer internationalen Verpflichtungen in einen Drittstaat zurück- oder auszuweisen.

(3) Unabhängig davon, an welche Vertragspartei der Drittausländer sein Asylbegehren richtet, ist nur eine einzige Vertragspartei für die Behandlung des Asylbegehrens zuständig. Diese Vertragspartei wird nach den in Artikel 30 niedergelegten Kriterien bestimmt.

(4) Unbeschadet des Absatzes 3 behält jede Vertragspartei das Recht, bei Vorliegen besonderer Gründe, insbesondere des nationalen Rechts, *ein* Asylbegehren auch dann zu behandeln, wenn die Zuständigkeit aufgrund dieses Übereinkommens bei einer anderen Vertragspartei liegt.

---

[1] Vorschrift aufgehoben mit Wirkung v. 5.12.2004 durch RL 2002/90 des Rates v. 28.11.2002 (Art. 5) zur Definition der Beihilfe zur unerlaubten Ein- und Durchreise und zum unerlaubten Aufenthalt (ABl. Nr. L 328/17 v. 5.12.2002).

[2] Zur Anwendbarkeit der Bestimmungen s. VO (EG) Nr. 343/2003, abgedruckt unter Nr. **285**.

Art. 30. (1) Die für die Behandlung eines Asylbegehrens zuständige Vertragspartei wird folgendermaßen bestimmt:

a) Hat eine Vertragspartei dem Asylbegehrenden einen Sichtvermerk gleich welcher Art oder eine Aufenthaltserlaubnis erteilt, so ist diese Vertragspartei für die Behandlung des Asylbegehrens zuständig. Ist der Sichtvermerk aufgrund einer Genehmigung einer anderen Vertragspartei ausgestellt worden, so ist die Vertragspartei zuständig, die die Genehmigung erteilt hat.

b) Haben mehrere Vertragsparteien dem Asylbegehrenden einen Sichtvermerk gleich welcher Art oder eine Aufenthaltserlaubnis erteilt, so ist die Vertragspartei zuständig, deren Sichtvermerk oder Aufenthaltserlaubnis zuletzt erlischt.

c) Solange ein Asylbegehrender das Hoheitsgebiet der Vertragsparteien nicht verlassen hat, bleibt die nach den Buchstaben a und b begründete Zuständigkeit auch dann bestehen, wenn die Gültigkeitsdauer des Sichtvermerks gleich welcher Art oder der Aufenthaltserlaubnis abgelaufen ist. Hat der Asylbegehrende nach Erteilung des Sichtvermerks oder der Aufenthaltserlaubnis das Hoheitsgebiet der Vertragsparteien verlassen, so begründen diese Dokumente eine Zuständigkeit nach den Buchstaben a und b, es sei denn, es zeigt sich, daß sie inzwischen aufgrund des nationalen Rechts ungültig geworden sind.

d) Ist der Asylbegehrende durch die Vertragsparteien von der Sichtvermerkspflicht befreit, so ist die Vertragspartei zuständig, über deren Außengrenze der Asylbegehrende in das Hoheitsgebiet der Vertragsparteien eingereist ist.

Solange die Sichtvermerkspolitik noch nicht völlig harmonisiert ist und der Asylbegehrende nur durch bestimmte Vertragsparteien von der Sichtvermerkspflicht befreit ist, ist die Vertragspartei, über deren Außengrenze der Asylbegehrende sichtvermerksfrei in das Hoheitsgebiet der Vertragsparteien eingereist ist, unbeschadet der Buchstaben a bis c zuständig.

Wird das Asylbegehren an eine Vertragspartei gerichtet, die dem Asylbegehrenden einen Durchreisesichtvermerk erteilt hat – unabhängig davon, ob dieser die Paßkontrolle passiert hat oder nicht –, und wurde dieser Durchreisesichtvermerk erteilt, nachdem sich der Durchreisestaat bei den konsularischen oder diplomatischen Vertretungen der Bestimmungsvertragspartei vergewissert hat, daß der Asylbegehrende die Voraussetzungen für die Einreise in den Bestimmungsstaat erfüllt, ist die Bestimmungsvertragspartei für die Behandlung des Asylbegehrens zuständig.

e) Ist der Asylbegehrende in das Hoheitsgebiet der Vertragsparteien eingereist, ohne im Besitz eines oder mehrerer gültiger Grenzübertrittspapiere zu sein, die von dem Exekutivausschuß bestimmt wer-

(Fortsetzung nächstes Blatt)

den, so ist die Vertragspartei zuständig, über deren Außengrenze der Asylbegehrende eingereist ist.

f) Stellt ein Drittausländer, dessen Asylbegehren bereits von einer Vertragspartei behandelt wird, ein weiteres Asylbegehren, so ist die Vertragspartei zuständig, bei der das Asylverfahren anhängig ist.

g) Stellt ein Drittausländer, dessen früheres Asylbegehren von einer der Vertragsparteien bereits abschließend behandelt worden ist, ein neues Asylbegehren, so ist die Vertragspartei, bei der das frühere Asylbegehren behandelt worden ist, zuständig, wenn der Asylbegehrende das Hoheitsgebiet der Vertragsparteien nicht verlassen hat.

(2) Hat eine Vertragspartei die Behandlung eines Asylbegehrens nach Artikel 29 Absatz 4 übernommen, so ist die aufgrund des Absatzes 1 dieses Artikels zuständige Vertragspartei von ihrer Verpflichtung befreit.

(3) Kann die zuständige Vertragspartei nicht aufgrund der in den Absätzen 1 und 2 aufgeführten Kriterien bestimmt werden, ist die Vertragspartei zuständig, in deren Hoheitsgebiet das Asylbegehren gestellt worden ist.

Art. 31. (1) Die Vertragsparteien sind bestrebt, möglichst schnell zu klären, welche von ihnen für die Behandlung eines Asylbegehrens zuständig ist.

(2) Wird ein Asylbegehren an eine Vertragspartei gerichtet, die aufgrund des Artikels 30 nicht zuständig ist, und hält der Drittausländer sich in deren Hoheitsgebiet auf, so kann diese Vertragspartei die zuständige Vertragspartei ersuchen, den Asylbegehrenden zur Behandlung des Asylbegehrens zu übernehmen.

(3) Die zuständige Vertragspartei ist verpflichtet, den Asylbegehrenden nach Absatz 2 zu übernehmen, wenn das Ersuchen innerhalb von sechs Monaten nach Stellung des Asylbegehrens erfolgt. Erfolgt das Ersuchen nicht innerhalb dieser Frist, ist die Vertragspartei, an die das Asylbegehren gerichtet worden ist, für die Behandlung des Asylbegehrens zuständig.

Art. 32. Die Behandlung des Asylbegehrens erfolgt nach Maßgabe des nationalen Rechts der zuständigen Vertragspartei.

Art. 33. (1) Hält der Asylbegehrende sich während der Dauer des Asylverfahrens unrechtmäßig im Hoheitsgebiet einer anderen Vertragspartei auf, so ist die zuständige Vertragspartei zur Rückübernahme verpflichtet.

(2) Absatz 1 findet keine Anwendung, wenn die andere Vertragspartei dem Asylbegehrenden eine Aufenthaltserlaubnis mit einer Gültigkeitsdauer von einem Jahr oder länger erteilt hat. In diesem Fall geht die Zuständigkeit für die Prüfung des Asylbegehrens auf die andere Vertragspartei über.

Art. 34. (1) Die zuständige Vertragspartei ist verpflichtet, einen Drittausländer, dessen Asylbegehren endgültig negativ abgeschlossen ist und der sich in das Hoheitsgebiet einer anderen Vertragspartei begeben hat, ohne dort zum Aufenthalt berechtigt zu sein, zurückzunehmen.

(2) Absatz 1 findet keine Anwendung, wenn die zuständige Vertragspartei die Ausweisung des Drittausländers aus dem Hoheitsgebiet der Vertragsparteien durchgesetzt hatte.

Art. 35. (1) Die Vertragspartei, die einem Drittausländer den Flüchtlingsstatus zuerkannt und den Aufenthalt gewährt hat, ist verpflichtet, sofern die Betroffenen dem zustimmen, die Zuständigkeit für die Behandlung des Asylbegehrens eines Familienangehörigen zu übernehmen.

(2) Als Familienangehörige nach Absatz 1 gelten der Ehegatte oder das ledige Kind unter achtzehn Jahren des Flüchtlings, oder, wenn der Flüchtling ein lediges Kind unter achtzehn Jahren ist, dessen Vater oder Mutter.

Art. 36. Jede für die Behandlung des Asylbegehrens zuständige Vertragspartei kann bei Vorliegen humanitärer, insbesondere familiärer oder kultureller Gründe eine andere Vertragspartei um die Übernahme der Zuständigkeit bitten, sofern der Asylbegehrende dies wünscht. Es liegt im Ermessen der ersuchten Vertragspartei, ob sie diesem Ersuchen stattgibt.

Art. 37. (1) Die zuständigen Behörden der Vertragsparteien unterrichten sich gegenseitig möglichst frühzeitig über

a) neue Regelungen oder Maßnahmen auf dem Gebiet des Asylrechts oder der Behandlung von Asylbegehrenden, spätestens mit deren Inkrafttreten;

b) statistische Daten über den monatlichen Zugang von Asylbegehrenden unter Angabe der Hauptherkunftsstaaten und die in bezug auf Asylbegehren ergangenen Entscheidungen, soweit sie vorhanden sind;

c) Auftreten oder eine erhebliche Zunahme bestimmter Gruppen von Asylbegehrenden und die hierzu vorliegenden Erkenntnisse;

d) grundlegende Entscheidungen auf dem Gebiet des Asylrechts.

(2) Die Vertragsparteien gewährleisten darüber hinaus eine enge Zusammenarbeit bei der Informationsgewinnung über die Lage in den Herkunftsstaaten der Asylbegehrenden mit dem Ziel einer gemeinsamen Beurteilung.

(3) Hinweise einer Vertragspartei zur vertraulichen Behandlung der von ihr erteilten Informationen sind von den anderen Vertragsparteien zu beachten.

Art. 38. *(1) Jede* Vertragspartei übermittelt jeder anderen Vertragspartei auf deren Ersuchen vorliegende Daten zu einzelnen Asylbegehrenden, die erforderlich sind, um:

– die für die Behandlung des Asylbegehrens zuständige Vertragspartei zu bestimmen;
– die Behandlung des Asylbegehrens vorzunehmen;
– den Verpflichtungen aus diesem Kapitel nachkommen zu können.

(2) Diese Daten beziehen sich ausschließlich auf:

a) Identität (Name, Vorname, gegebenenfalls früherer Name, Beinamen oder Decknamen, Geburtsdatum, Geburtsort, derzeitige und frühere Staatsangehörigkeit des Asylbegehrenden und, gegebenenfalls, seiner Familienangehörigen);
b) Ausweispapiere und Reisepapiere (Nummer, Gültigkeitsdauer, Ort und Datum der Ausstellung, ausstellende Behörde, usw.);
c) sonstige zur Identifizierung erforderlichen Angaben;
d) die Aufenthaltsorte und Reisewege;
e) die von einer Vertragspartei erteilten Aufenthaltstitel oder Sichtvermerke;
f) Ort der Einreichung des Asylbegehrens;
g) gegebenenfalls das Datum der Einreichung eines früheren Asylbegehrens, das Datum der Einreichung des gegenwärtigen Asylbegehrens, den Verfahrensstand und gegebenenfalls den Entscheidungstenor.

(3) Außerdem kann eine Vertragspartei eine andere Vertragspartei ersuchen, ihr die Gründe, die der Asylbegehrende zur Unterstützung seines Begehrens angeführt hat, und gegebenenfalls die ihn betreffenden Entscheidungsgründe mitzuteilen. Die ersuchte Vertragspartei beurteilt, ob sie diesem Ersuchen Folge leisten kann. Die Übermittlung dieser Daten ist in jedem Fall von der Einverständniserklärung des Asylbegehrenden abhängig.

(4) Der Datenaustausch erfolgt auf Antrag einer Vertragspartei und kann nur zwischen den Behörden stattfinden, die von jeder Vertragspartei dem Exekutivausschuß mitgeteilt werden.

(5) Die übermittelten Daten dürfen nur für die in Absatz 1 vorgesehenen Zwecke genutzt werden. Diese Daten dürfen nur den Behörden und Gerichten übermittelt werden, die beauftragt sind:

– die für die Behandlung des Asylbegehrens zuständige Vertragspartei zu bestimmen;
– die Behandlung des Asylbegehrens vorzunehmen;
– die Verpflichtungen aus diesem Kapitel durchzuführen.

(6) Die übermittelnde Vertragspartei achtet auf die Richtigkeit und die Aktualität der Daten.

Stellt sich heraus, daß diese Vertragspartei unrichtige Daten oder Daten, die nicht hätten übermittelt werden dürfen, übermittelt hat, so werden die Bestimmungsvertragsparteien unverzüglich davon unterrichtet. Diese sind verpflichtet, die Daten zu berichtigen oder zu vernichten.

(7) Der Asylbegehrende hat das Recht, daß ihm auf seinen Antrag die seine Person betreffenden Daten mitgeteilt werden, so lange diese verfügbar sind.

Stellt er fest, daß diese Daten unrichtig sind oder sie nicht hätten übermittelt werden dürfen, so hat er das Recht, deren Berichtigung oder Vernichtung zu verlangen. Die Ausübung dieses Rechts erfolgt nach Maßgabe des Absatzes 6.

(8) Jede Vertragspartei ist verpflichtet, die Übermittlung und den Empfang von personenbezogenen Daten aktenkundig zu machen.

(9) Diese Daten werden nur so lange aufbewahrt, wie dies zur Erreichung des Übermittlungszweckes erforderlich ist. Die Erforderlichkeit der Aufbewahrung ist von der betroffenen Vertragspartei zum geeigneten Zeitpunkt zu prüfen.

(10) Die übermittelten Daten genießen auf jeden Fall zumindest den Schutz, der aufgrund des Rechts der empfangenden Vertragspartei für Daten gleicher Art gilt.

(11) Werden die Daten nicht automatisch, sondern auf eine sonstige Weise verarbeitet, so treffen die Vertragsparteien die geeigneten Maßnahmen, um die Einhaltung der Vorschriften dieses Artikels durch eine wirksame Kontrolle zu gewährleisten. Hat eine Vertragspartei eine Kontrollstelle der in Absatz 12 erwähnten Art, kann sie ihr die Kontrolle übertragen.

(12) Wünschen eine oder mehrere Vertragsparteien die in den Absätzen 2 und 3 aufgeführten Daten ganz oder teilweise zu speichern, so ist dies nur zulässig, soweit die betreffenden Vertragsparteien Rechtsvorschriften für diese Datenverarbeitung erlassen haben, die die Verwirklichung der Grundsätze des Übereinkommens des Europarates über den Schutz des Menschen bei der automatischen Verarbeitung personenbezogener Daten vom 28. Januar 1981 gewährleisten und sie ein geeignetes Gremium mit der unabhängigen Kontrolle der Verarbeitung und Verwendung der nach diesem Übereinkommen übermittelten Daten beauftragt haben.

Titel III. Polizei und Sicherheit

Kapitel 1. Polizeiliche Zusammenarbeit

Art. 39. (1) Die Vertragsparteien verpflichten sich, daß ihre Polizeidienste sich untereinander nach Maßgabe des nationalen Rechts und ihrer jeweiligen Zuständigkeit im Interesse der vorbeugenden Bekämpfung und der Aufklärung von strafbaren Handlungen Hilfe leisten, sofern ein Ersuchen oder dessen Erledigung nach nationalem Recht nicht den Justizbehörden vorbehalten ist und die Erledigung des Ersuchens die Ergreifung von Zwangsmaßnahmen durch die ersuchte *Vertragspartei nicht* erfordert. Ist die ersuchte Polizeibehörde für die Erledigung nicht zuständig, so leitet sie das Ersuchen an die zuständige Behörde weiter.

(2) Schriftliche Informationen, die von der ersuchten Vertragspartei nach Absatz 1 übermittelt werden, können nur mit Zustimmung der zuständigen Justizbehörde dieser Vertragspartei von der ersuchenden Vertragspartei als Beweismittel in einem Strafverfahren benutzt werden.

(3) Ersuchen um Hilfe nach Absatz 1 und die Antworten können zwischen den von den Vertragsparteien mit der grenzüberschreiten-den polizeilichen Zusammenarbeit beauftragten zentralen Stellen übermittelt und auf demselben Weg zurückgesandt werden. In Fällen, in denen das Ersuchen nicht rechtzeitig über diesen Geschäftsweg ge-stellt werden kann, können Ersuchen von den Polizeibehörden der ersuchenden Vertragspartei unmittelbar den zuständigen Behörden der ersuchten Vertragspartei übermittelt und von diesen unmittelbar beantwortet werden. In diesen Fällen unterrichtet die ersuchende Polizeibehörde unverzüglich die von der ersuchten Vertragspartei mit der grenzüberschreitenden polizeilichen Zusammenarbeit beauftragte zentrale Stelle über das direkte Ersuchen.

(4) Die Zusammenarbeit in den Grenzgebieten kann in Vereinbarungen zwischen den zuständigen Ministern der Vertragsparteien geregelt werden.[1)]

(5) Weitergehende bestehende und künftige bilaterale Abkommen zwischen zwei Vertragsparteien, die eine gemeinsame Grenze haben, bleiben von den Bestimmungen dieses Artikels unberührt. Die Vertragsparteien unterrichten einander über diese Abkommen.

Art. 40. (1) Beamte eines Mitgliedstaates, die im Rahmen eines Ermittlungsverfahrens in dessen Hoheitsgebiet eine Person observieren, die im Verdacht steht, an einer auslieferungsfähigen Straftat beteiligt zu sein, oder die in diesem Rahmen als notwendige Maßnahme eines Ermittlungsverfahrens eine Person observieren, bei der ernsthaft anzunehmen ist, dass sie zur Identifizierung oder Auffindung der vorgenannten Person führen kann, sind befugt, diese Observation im Hoheitsgebiet eines anderen Mitgliedstaates fortzusetzen, wenn dieser der grenzüberschreitenden Observation auf der Grundlage eines zuvor gestellten und begründeten Rechtshilfeersuchens zugestimmt hat. Die Zustimmung kann mit Auflagen verbunden werden.

Auf Verlangen ist die Observation an die Beamten der Vertragspartei, auf deren Hoheitsgebiet die Observation stattfindet, zu übergeben.

---

1) S. hierzu die Vereinbarung zwischen dem Bundesministerium des Innern der Bundesrepublik Deutschland und dem Innenminister sowie dem Justizminister der Niederlande über die polizeiliche Zusammenarbeit im Grenzgebiet zwischen der Bundesrepublik Deutschland und den Niederlanden v. 17. 4. 1996 (BGBl. 1997 II S. 703). Die Vereinbarung ist gem. Bek. v. 3. 2. 1997 (BGBl. 1997 II S. 702) am 1. 2. 1997 in Kraft getreten. S. auch das deutsch-französische Abkommen über die Zusammenarbeit der Polizei- und Zollbehörden in den Grenzgebieten v. 9. 10. 1997 (BGBl. 1998 II S. 2480), in Kraft getreten am 1. 4. 2000, Bek. v. 15. 5. 2000, BGBl. 2000 II S. 842). Vgl. auch das multilaterale Übereinkommen (Deutschland, Belgien, Frankreich, Luxemburg) zur Einrichtung und zum Betrieb eines Gemeinsamen Zentrums der Polizei- und Zollzusammenarbeit im gemeinsamen Grenzgebiet v. 24. 10. 2008 (BGBl. 2011 II S. 130, *noch nicht in Kraft getreten*) sowie die am 13. 2. 2013 in Kraft getretene (Bek. v. 27. 9. 2013) deutsch-tschechische Vereinbarung über die Einrichtung eines Gemeinsamen Zentrums der deutsch-tschechischen Polizei- und Zollzusammenarbeit Petrovice – Schwandorf (BGBl. 2012 II S. 330).

Das Rechtshilfeersuchen nach Satz 1 ist an die durch jede der Vertragsparteien bezeichnete Behörde zu richten, die befugt ist, die erbetene Zustimmung zu erteilen oder zu übermitteln.

(2) Kann wegen der besonderen Dringlichkeit der Angelegenheit eine vorherige Zustimmung der anderen Vertragspartei nicht beantragt werden, dürfen die Beamten die Observation einer Person, die im Verdacht steht, an einer der in Absatz 7 aufgeführten Straftaten beteiligt zu sein, unter folgenden Voraussetzungen über die Grenze hinweg fortsetzen:

a) Der Grenzübertritt ist noch während der Observation unverzüglich der in Absatz 5 bezeichneten Behörde der Vertragspartei, auf deren Hoheitsgebiet die Observation fortgesetzt werden soll, mitzuteilen.

b) Ein Rechtshilfeersuchen nach Absatz 1, in dem auch die Gründe dargelegt werden, die einen Grenzübertritt ohne vorherige Zustimmung rechtfertigen, ist unverzüglich nachzureichen.

Die Observation ist einzustellen, sobald die Vertragspartei, auf deren Hoheitsgebiet die Observation stattfindet, aufgrund der Mitteilung nach Buchstabe a oder des Ersuchens nach Buchstabe b dies verlangt oder wenn die Zustimmung nicht fünf Stunden nach Grenzübertritt vorliegt.

(3) Die Observation nach den Absätzen 1 und 2 ist ausschließlich unter den nachstehenden allgemeinen Voraussetzungen zulässig:

a) Die observierenden Beamten sind an die Bestimmungen dieses Artikels und das Recht der Vertragspartei, auf deren Hoheitsgebiet sie auftreten, gebunden; sie haben Anordnungen der örtlich zuständigen Behörden zu befolgen.

b) Vorbehaltlich der Fälle des Absatzes 2 führen die Beamten während der Observation ein Dokument mit sich, aus dem sich ergibt, daß die Zustimmung erteilt worden ist.

c) Die observierenden Beamten müssen in der Lage sein, jederzeit ihre amtliche Funktion nachzuweisen.

d) Die observierenden Beamten dürfen während der Observation ihre Dienstwaffe mit sich führen, es sei denn, die ersuchte Vertragspartei hat dem ausdrücklich widersprochen; der Gebrauch ist mit Ausnahme des Falles der Notwehr nicht zulässig.

e) Das Betreten von Wohnungen und öffentlich nicht zugänglichen Grundstücken ist nicht zulässig.

f) Die observierenden Beamten sind nicht befugt, die zu observierende Person anzuhalten oder festzunehmen.

g) Über jede Operation wird den Behörden der Vertragspartei, auf deren Hoheitsgebiet die Operation stattgefunden hat, Bericht erstattet; dabei kann das persönliche Erscheinen der observierenden Beamten gefordert werden.

h) Die Behörden der Vertragspartei, aus deren Hoheitsgebiet die observierenden Beamten kommen, unterstützen auf Ersuchen die nachträglichen Ermittlungen einschließlich gerichtlicher Verfahren der Vertragspartei, auf deren Hoheitsgebiet eingeschritten wurde.

(4) Die in den Absätzen 1 und 2 genannten Beamten sind:[1]

Für das Königreich Belgien:

Die Beamten der Kriminalpolizei bei den Staatsanwaltschaften, der Gendarmerie und der Gemeindepolizei sowie, unter den in geeigneten bilateralen Vereinbarungen nach Absatz 6 festgelegten Bedingungen in bezug auf ihre Befugnisse im Bereich des unerlaubten Verkehrs mit Betäubungsmitteln und im Bereich des unerlaubten Handels mit Waffen und Sprengstoffen und des unerlaubten Verkehrs mit giftigen und schädlichen Abfällen, die Zollbeamten;

für die Bundesrepublik Deutschland:

Die Beamten der Polizeien des Bundes und der Länder sowie, beschränkt auf den Bereich des unerlaubten Verkehrs mit Betäubungsmitteln und des unerlaubten Handels mit Waffen, die Beamten des Zollfahndungsdienstes als Hilfsbeamte der Staatsanwaltschaft;

für die Französische Republik:

Die Beamten und die Hilfsbeamten der kriminalpolizeilichen Abteilungen der Nationalen Polizei und der Nationalen Gendarmerie sowie, unter den in geeigneten bilateralen Vereinbarungen nach Absatz 6 festgelegten Bedingungen in bezug auf ihre Befugnisse im Bereich des unerlaubten Verkehrs mit Betäubungsmitteln und im Bereich des unerlaubten Handels mit Waffen und Sprengstoffen und des unerlaubten Verkehrs mit giftigen und schädlichen Abfällen, die Zollbeamten;

für das Großherzogtum Luxemburg:

Die Beamten der Gendarmerie und der Polizei, sowie, unter den in geeigneten bilateralen Vereinbarungen nach Absatz 6 festgelegten Bedingungen in bezug auf ihre Befugnisse im Bereich des unerlaubten Verkehrs mit Betäubungsmitteln, im Bereich des unerlaubten Handels mit Waffen und Sprengstoffen und im Bereich des unerlaubten Verkehrs mit giftigen und schädlichen Abfällen, die Zollbeamten;

für das Königreich der Niederlande:

Die Beamten der Reichspolizei und der Gemeindepolizei, sowie, unter den in geeigneten bilateralen Vereinbarungen nach Absatz 6 festgelegten Bedingungen in bezug auf ihre Befugnisse im Bereich des unerlaubten Verkehrs mit Betäubungsmitteln und im Bereich des unerlaubten Handels mit Waffen und Sprengstoffen und des unerlaubten Verkehrs mit giftigen und schädlichen Abfällen, die Be-

---

[1] Vgl. hierzu auch Art. 1 des Beschlusses des Rates vom 28. 9. 2000 (ABl. Nr. L 248/2 vom 3. 10. 2000): „(1) Jeder Mitgliedstaat kann die Bezugnahmen auf „Beamte", „Behörden" und „zuständige Ministerien" in Artikel 40 Absätze 4 und 5, Artikel 41 Absatz 7 und Artikel 65 Absatz 2 des Schengener Durchführungsübereinkommens in Bezug auf seine Beamten, Behörden und zuständigen Ministerien ändern, wenn die derzeitigen Bezugnahmen infolge innerstaatlicher Änderungen oder Umstrukturierungen nicht mehr korrekt sind. (2) Der betreffende Mitgliedstaat notifiziert Änderungen nach Absatz 1 dem Generalsekretär des Rates, das die Notifikation an alle Mitglieder des Rates weiterleitet. (3)–(4) . . ."

amten des fiskalischen Nachrichten- und Fahndungsdienstes, die im Bereich der Einfuhrzölle und Verbrauchsteuern zuständig sind;

(5) Die in den Absätzen 1 und 2 genannte Behörde ist:[1])

Für das Königreich Belgien:
Das Generalkommissariat der Kriminalpolizei;

für die Bundesrepublik Deutschland:
Das Bundeskriminalamt;

für die französische Republik:
Die Zentraldirektion der Kriminalpolizei;

für das Großherzogtum Luxemburg:
Der Generalstaatsanwalt;

für das Königreich der Niederlande:
Der landesweit zuständige Staatsanwalt für grenzüberschreitende Observation.

(6) Die Vertragsparteien können im Wege bilateraler Vereinbarungen den Anwendungsbereich dieses Artikels erweitern und zusätzliche Regelungen zu seiner Durchführung treffen.

(7) Eine Observation nach Absatz 2 ist nur zulässig, wenn eine der nachstehenden Straftaten zugrunde liegt:

- Mord,
- Totschlag,
- Schwere Straftat sexueller Natur,
- Vorsätzliche Brandstiftung,
- Fälschung und Verfälschung von Zahlungsmitteln,
- Schwerer Diebstahl, Hehlerei und Raub,
- Erpressung,
- Entführung und Geiselnahme,
- Menschenhandel,
- Unerlaubter Verkehr mit Betäubungsmitteln,
- Verstoß gegen die gesetzlichen Vorschriften über Waffen und Sprengstoffe,
- Vernichtung durch Sprengstoffe,
- Unerlaubter Verkehr mit giftigen und schädlichen Abfällen,
- schwerer Betrug,
- Schleuserkriminalität,
- Geldwäsche
- illegaler Handel mit nuklearem und radioaktivem Material,
- Beteiligung an einer kriminellen Vereinigung im Sinne der Gemeinsamen Maßnahme 98/733/JI des Rates vom 21. Dezember 1998 betreffend die Strafbarkeit der Beteiligung an einer kriminellen Vereinigung in den Mitgliedstaaten der Europäischen Union,
- terroristische Straftaten im Sinne des Rahmenbeschlusses 2002/475/JI des Rates vom 13. Juni 2002 über die Bekämpfung des Terrorismus.

---

[1]) S. Anm. zu Art. 40 Abs. 4.

Art. 41. (1) Beamte einer Vertragspartei, die in ihrem Land eine Person verfolgen, die auf frischer Tat bei der Begehung von oder der Teilnahme an einer Straftat nach Absatz 4 betroffen wird, sind befugt, die Verfolgung auf dem Hoheitsgebiet einer anderen Vertragspartei ohne deren vorherige Zustimmung fortzusetzen, wenn die zuständigen Behörden der anderen Vertragspartei wegen der besonderen Dringlichkeit der Angelegenheit nicht zuvor mit einem der in Artikel 44 vorgesehenen Kommunikationsmittel unterrichtet werden konnten oder nicht rechtzeitig zur Stelle sind, um die Verfolgung zu übernehmen.

Gleiches gilt, wenn die verfolgte Person sich in Untersuchungshaft oder Strafhaft befand und aus der Haft geflohen ist.

Spätestens beim Grenzübertritt nehmen die nacheilenden Beamten Kontakt mit der zuständigen Behörde des Gebietsstaates auf. Die Verfolgung ist einzustellen, sobald die Vertragspartei, auf deren Hoheitsgebiet die Verfolgung stattfinden soll, dies verlangt. Auf Ersuchen der nacheilenden Beamten ergreifen die örtlich zuständigen Behörden die betroffene Person, um ihre Identität festzustellen oder die Festnahme vorzunehmen.

(2) Die Nacheile wird gemäß einer der nachfolgenden Modalitäten ausgeübt, die in der Erklärung nach Absatz 9 festgelegt werden:

a) Die nacheilenden Beamten haben kein Festhalterecht.

b) Wenn kein Einstellungsverlangen vorliegt und die örtlichen Behörden nicht rechtzeitig herangezogen werden können, dürfen die

(Fortsetzung nächstes Blatt)

nacheilenden Beamten die Person festhalten, bis die Beamten des Gebietsstaates, die unverzüglich zu unterrichten sind, die Identitätsfeststellung oder die Festnahme vornehmen.

(3) Die in den Absätzen 1 und 2 vorgesehene Nacheile wird gemäß einer der nachfolgenden Modalitäten ausgeübt, die in der Erklärung nach Absatz 9 festgelegt werden:

a) innerhalb eines in der Erklärung bestimmten Gebietes oder während einer darin bestimmten Zeit vom Überschreiten der Grenze an;

b) ohne räumliche oder zeitliche Begrenzung.

(4) In der Erklärung nach Absatz 9 legen die Vertragsparteien die in Absatz 1 vorgesehenen Straftaten gemäß einer der nachfolgenden Modalitäten fest:

a) Straftatenkatalog:
   - Mord,
   - Totschlag,
   - Vergewaltigung,
   - Vorsätzliche Brandstiftung,
   - Falschmünzerei,
   - Schwerer Diebstahl, Hehlerei und Raub,
   - Erpressung,
   - Entführung und Geiselnahme,
   - Menschenhandel,
   - Unerlaubter Verkehr mit Betäubungsmitteln,
   - Verstoß gegen die gesetzlichen Vorschriften über Waffen und Sprengstoffe,
   - Vernichtung durch Sprengstoffe,
   - Unerlaubter Verkehr mit giftigen und schädlichen Abfällen,
   - Unerlaubtes Entfernen nach einem Unfall mit schwerer Körperverletzung oder Todesfolge;

b) die auslieferungsfähigen Straftaten.

(5) Die Nacheile darf nur unter folgenden allgemeinen Voraussetzungen ausgeübt werden:

a) Die nacheilenden Beamten sind an die Bestimmungen dieses Artikels und das Recht der Vertragspartei, auf deren Hoheitsgebiet sie auftreten, gebunden; sie haben Anordnungen der örtlich zuständigen Behörden zu befolgen.

b) Die Nacheile findet lediglich über die Landgrenzen statt.

c) Das Betreten von Wohnungen und öffentlich nicht zugänglichen *Grundstücken ist nicht* zulässig.

d) Die nacheilenden Beamten müssen als solche eindeutig erkennbar sein, entweder durch eine Uniform, eine Armbinde oder durch an dem Fahrzeug angebrachte Zusatzeinrichtungen; das Tragen von Zivilkleidung unter Benutzung eines getarnten Polizeifahrzeuges ohne die vorgenannte Kennzeichnung ist nicht zulässig; die nacheilenden Beamten müssen jederzeit in der Lage sein, ihre amtliche Funktion nachzuweisen.

e) Die nacheilenden Beamten dürfen ihre Dienstwaffe mit sich führen; der Gebrauch ist mit Ausnahme des Falles der Notwehr nicht zulässig.

f) Die nach Absatz 2 Buchstabe b ergriffene Person darf im Hinblick auf ihre Vorführung vor die örtlichen Behörden lediglich einer Sicherheitsdurchsuchung unterzogen werden; es dürfen ihr während der Beförderung Handschellen angelegt werden; die von der verfolgten Person mitgeführten Gegenstände dürfen sichergestellt werden.

g) Die nacheilenden Beamten melden sich nach jedem Einschreiten gemäß den Absätzen 1, 2 und 3 bei den örtlich zuständigen Behörden der Vertragspartei, auf deren Hoheitsgebiet sie gehandelt haben und erstatten Bericht; auf Ersuchen dieser Behörden sind sie verpflichtet, sich bis zur Klärung des Sachverhalts bereitzuhalten; gleiches gilt auch, wenn die verfolgte Person nicht festgenommen werden konnte.

h) Die Behörden der Vertragspartei, aus deren Hoheitsgebiet die nacheilenden Beamten kommen, unterstützen auf Ersuchen die nachträglichen Ermittlungen einschließlich gerichtlicher Verfahren der Vertragspartei, auf deren Hoheitsgebiet eingeschritten wurde.

(6) Die Person, die gemäß Absatz 2 durch die örtlich zuständigen Behörden festgenommen wurde, kann ungeachtet ihrer Staatsangehörigkeit zum Zwecke der Vernehmung festgehalten werden. Die einschlägigen Bestimmungen des nationalen Rechts finden sinngemäß Anwendung.

Hat die Person nicht die Staatsangehörigkeit der Vertragspartei, in deren Hoheitsgebiet sie aufgegriffen wurde, wird sie spätestens sechs Stunden nach ihrer Ergreifung freigelassen, wobei die Stunden zwischen Mitternacht und neun Uhr nicht mitzählen, es sei denn, die örtlich zuständigen Behörden erhalten vor Ablauf dieser Frist ein Ersuchen gleich in welcher Form um vorläufige Festnahme zum Zwecke der Auslieferung.

(7) Die in den Absätzen 1 bis 6 genannten Beamten sind:[1)]

Für das Königreich Belgien:

Die Beamten der Kriminalpolizei bei den Staatsanwaltschaften, der Gendarmerie und der Gemeindepolizei sowie, unter den in geeigneten bilateralen Vereinbarungen nach Absatz 10 festgelegten Bedingungen in bezug auf ihre Befugnisse im Bereich des unerlaubten Verkehrs mit Betäubungsmitteln und im Bereich des unerlaubten Handels mit Waffen und Sprengstoffen und des unerlaubten Verkehrs mit giftigen und schädlichen Abfällen, die Zollbeamten;

für die Bundesrepublik Deutschland:

Die Beamten der Polizeien des Bundes und der Länder sowie, beschränkt auf den Bereich des unerlaubten Verkehrs mit Betäubungsmitteln und des unerlaubten Handels mit Waffen, die Beamten des Zollfahndungsdienstes als Hilfsbeamte der Staatsanwaltschaft;

---

1) S. Anm. zu Art. 40 Abs. 4.

für die Französische Republik:

Die Beamten und die Hilfsbeamten der kriminalpolizeilichen Abteilungen der Nationalen Polizei und der Nationalen Gendarmerie sowie, unter den in geeigneten bilateralen Vereinbarungen nach Absatz 10 festgelegten Bedingungen in bezug auf ihre Befugnisse im Bereich des unerlaubten Verkehrs mit Betäubungsmitteln und im Bereich des unerlaubten Handels mit Waffen und Sprengstoffen und des unerlaubten Verkehrs mit giftigen und schädlichen Abfällen, die Zollbeamten;

für das Großherzogtum Luxemburg:

Die Beamten der Gendarmerie und der Polizei, sowie, unter den in geeigneten bilateralen Vereinbarungen nach Absatz 10 festgelegten Bedingungen in bezug auf ihre Befugnisse im Bereich des unerlaubten Verkehrs mit Betäubungsmitteln, im Bereich des unerlaubten Handels mit Waffen und Sprengstoffen und im Bereich des unerlaubten Verkehrs mit giftigen und schädlichen Abfällen, die Zollbeamten;

für das Königreich der Niederlande:

Die Beamten der Reichspolizei und der Gemeindepolizei sowie, unter den in geeigneten bilateralen Vereinbarungen nach Absatz 10 festgelegten Bedingungen in bezug auf ihre Befugnisse im Bereich des unerlaubten Verkehrs mit Betäubungsmitteln und im Bereich des unerlaubten Handels mit Waffen und Sprengstoffen und des unerlaubten Verkehrs mit giftigen und schädlichen Abfällen, die Beamten des fiskalischen Nachrichten- und Fahndungsdienstes, die im Bereich der Einfuhrzölle und Verbrauchsteuern zuständig sind.

(8) Für die betreffenden Vertragsparteien bleibt Artikel 27 des Benelux-Übereinkommens über Auslieferung und Rechtshilfe in Strafsachen vom 27. Juni 1962 in der Fassung des Protokolls vom 11. Mai 1974 unberührt.

(9)[1] Bei der Unterzeichnung dieses Übereinkommens gibt jede Vertragspartei eine Erklärung ab, in der sie bezüglich jeder Vertragspartei, mit der sie eine gemeinsame Grenze hat, die Modalitäten der Ausübung des Nacheilerechts in ihrem Hoheitsgebiet nach Maßgabe der Absätze 2, 3 und 4 festlegt.

Jede Vertragspartei kann zu jedem Zeitpunkt ihre Erklärung durch eine andere Erklärung ersetzen, soweit diese nicht die Tragweite der früheren Erklärung einschränkt.

---

[1] *Die Regierung der Bundesrepublik* Deutschland hat gem. Art. 41 Abs. 9 des Übk. folgende Erklärung (BGBl. 1993 II S. 1093) abgegeben: In bezug auf die gemeinsame Grenze der Bundesrepublik Deutschland mit dem Königreich Belgien, mit der Französischen Republik, mit dem Großherzogtum Luxemburg und mit dem Königreich der Niederlande üben die zuständigen Beamten des Königreichs Belgien, der Französischen Republik, des Großherzogtums Luxemburg und des Königreichs der Niederlande das Recht der Nacheile auf dem Hoheitsgebiet der Bundesrepublik Deutschland ohne räumliche oder zeitliche Begrenzung (Artikel 41 Absatz 3 Buchstabe b), für alle auslieferungsfähigen Straftaten (Artikel 41 Absatz 4 Buchstabe b) und unter Einräumung des Festhalterechts (Artikel 41 Absatz 2 Buchstabe b), aus.

Jeder Erklärung geht eine vorherige Abstimmung mit allen betroffenen Vertragsparteien voraus, wobei die Gleichwertigkeit der auf beiden Seiten der Binnengrenzen geltenden Regelungen angestrebt wird.

(10) Die Vertragsparteien können im Wege bilateraler Vereinbarungen den Anwendungsbereich des Absatzes 1 erweitern und zusätzliche Regelungen zur Durchführung dieses Artikels treffen.

Art. 42. Während eines Einschreitens nach Maßgabe der Artikel 40 und 41 werden die Beamten, die im Hoheitsgebiet einer anderen Vertragspartei eine Aufgabe erfüllen, den Beamten dieser Vertragspartei in bezug auf die Straftaten, denen diese Beamten zum Opfer fallen oder die sie begehen würden, gleichgestellt.

Art. 43 (1) Wenn Beamte einer Vertragspartei nach den Artikeln 40 und 41 dieses Übereinkommens auf dem Hoheitsgebiet einer anderen Vertragspartei einschreiten, haftet die erste Vertragspartei nach Maßgabe des nationalen Rechts dieser anderen Vertragspartei für den durch die Beamten bei diesem Einschreiten dort verursachten Schaden.

(2) Die Vertragspartei, auf deren Hoheitsgebiet der in Absatz 1 genannte Schaden verursacht wird, verpflichtet sich, diesen Schaden so zu ersetzen, wie sie ihn ersetzen müßte, wenn ihre eigenen Beamten ihn verursacht hätten.

(3) Die Vertragspartei, deren Beamte den Schaden auf dem Hoheitsgebiet einer anderen Vertragspartei verursacht haben, erstattet dieser anderen Vertragspartei den Gesamtbetrag des Schadensersatzes, den diese an die Geschädigten oder ihre Rechtsnachfolger geleistet hat.

(4) Vorbehaltlich der Ausübung ihrer Rechte gegenüber Dritten und außer der Bestimmung des Absatzes 3 verzichtet jede Vertragspartei in dem Fall des Absatzes 1 darauf, den Betrag des erlittenen Schadens anderen Vertragsparteien gegenüber geltend zu machen.

Art. 44 (1) Die Vertragsparteien schaffen nach Maßgabe der entsprechenden internationalen Verträge und unter Berücksichtigung der örtlichen Gegebenheiten und der technischen Möglichkeiten – insbesondere in den Grenzregionen – direkte Telefon-, Funk-, Telex- und andere Verbindungen zum Zwecke der Erleichterung der polizeilichen und zollrechtlichen Zusammenarbeit, insbesondere im Hinblick auf die rechtzeitige Übermittlung von Informationen im Zusammenhang mit der grenzüberschreitenden Observation und Nacheile.

(2) Über diese Sofortmaßnahmen hinaus werden sie insbesondere die nachstehenden Möglichkeiten prüfen:

a) Austausch von Material oder Entsendung von Verbindungsbeamten, die über geeignete Funkgeräte verfügen;

b) *Erweiterung* der in den Grenzregionen benutzten Frequenzbänder;

c) Einrichtung einer gemeinsamen Verbindung zwischen den in derselben Region tätigen Polizei- und Zolldienststellen;

d) Koordinierung ihrer Programme für den Erwerb von Kommunikationsgeräten mit dem Ziel der Einrichtung genormter und kompatibler Kommunikationssysteme.

Art. 45. (1) Die Vertragsparteien verpflichten sich, die erforderlichen Maßnahmen zu ergreifen, um sicherzustellen, daß

a) der Leiter einer Beherbergungsstätte oder seine Beauftragten darauf hinwirken, daß beherbergte Ausländer, einschließlich der Angehörigen anderer Vertragsparteien sowie anderer Mitgliedstaaten der Europäischen Gemeinschaften, soweit es sich nicht um mitreisende Ehegatten und minderjährige Kinder sowie Teilnehmer von Reisegesellschaften handelt, Meldevordrucke eigenhändig ausfüllen und unterschreiben und sich dabei gegenüber dem Leiter der Beherbergungsstätte oder seinem Beauftragten durch Vorlage eines gültigen Identitätsdokuments ausweisen;

b) die nach Buchstabe a ausgefüllten Meldevordrucke für die zuständigen Behörden bereitgehalten oder diesen übermittelt werden, wenn dies nach deren Feststellung für Zwecke der Gefahrenabwehr, der Strafverfolgung oder der Aufklärung des Schicksals von Vermißten oder Unfallopfern erforderlich ist, soweit im nationalen Recht nichts anderes geregelt ist.

(2) Absatz 1 findet sinngemäß Anwendung, wenn Personen auf Plätzen, die geschäftsmäßig überlassen werden, insbesondere in Zelten, Wohnwagen und Wasserfahrzeugen übernachten.

Art. 46. (1) Jede Vertragspartei kann nach Maßgabe ihres nationalen Rechts ohne Ersuchen im Einzelfall der jeweils betroffenen Vertragspartei Informationen mitteilen, die für den Empfänger zur Unterstützung bei der Bekämpfung zukünftiger Straftaten, zur Verhütung einer Straftat oder zur Abwehr von Gefahren für die öffentliche Sicherheit und Ordnung von Bedeutung sein können.

(2) Der Informationsaustausch wird unbeschadet der Regelung zur Zusammenarbeit in den Grenzgebieten in Artikel 39 Absatz 4 über eine zu benennende zentrale Stelle abgewickelt.[1] In besonders eilbedürftigen Fällen kann der Informationsaustausch im Sinne dieses Artikels unmittelbar zwischen den betroffenen Polizeibehörden erfolgen, vorbehaltlich abweichender Regelungen im nationalen Recht. Die zentrale Stelle wird hiervon so bald wie möglich in Kenntnis gesetzt.

Art. 47. (1) Die Vertragsparteien können bilaterale Absprachen über die *befristete oder unbefristete* Entsendung von Verbindungsbeamten einer Vertragspartei zu Polizeidienststellen einer anderen Vertragspartei treffen.

(2) Die unbefristete oder befristete Entsendung von Verbindungsbeamten hat zum Ziel, die Zusammenarbeit zwischen den Vertragsparteien zu fördern und zu beschleunigen, insbesondere durch

---

[1] Dies ist in Deutschland das Bundeskriminalamt (vgl. Art. 6 Ziff. 1 des Vertragsgesetzes, BGBl. 1993 II S. 1011).

a) Unterstützung des Informationsaustausches zur präventiven und repressiven Verbrechensbekämpfung;

b) Unterstützung bei polizeilicher und justitieller Rechtshilfe in Strafsachen;

c) Unterstützung der grenzüberwachenden Behörden an den Außengrenzen.

(3) Die Verbindungsbeamten werden beratend und unterstützend tätig. Sie sind nicht zur selbständigen Durchführung von polizeilichen Maßnahmen berechtigt. Sie erteilen Informationen und erledigen ihre Aufträge im Rahmen der ihnen von der entsendenden Vertragspartei und der Vertragspartei, in die sie entsandt worden sind, erteilten Weisungen. Sie berichten regelmäßig an den Leiter des Polizeidienstes, zu dem sie entsandt sind.

(4) Die Vertragsparteien können bilateral oder multilateral vereinbaren, daß die in Drittstaaten tätigen Verbindungsbeamten bei ihrer Tätigkeit auch die Interessen einer oder mehrerer anderer Vertragsparteien mitwahrnehmen. Nach Maßgabe dieser Absprachen übermitteln die in Drittstaaten entsandten Verbindungsbeamten den anderen Vertragsparteien auf deren Ersuchen oder selbständig Informationen und erledigen Aufträge im Rahmen ihrer Zuständigkeit. Die Vertragsparteien informieren sich gegenseitig, in welche Drittstaaten sie Verbindungsbeamte zu entsenden beabsichtigen.

Kapitel 2. Rechtshilfe in Strafsachen

Art. 48. (1) Die Bestimmungen dieses Kapitels sollen das Europäische Übereinkommen über Rechtshilfe in Strafsachen vom 20. April 1959 ergänzen und seine Anwendung erleichtern. In den Beziehungen zwischen den Vertragsparteien, die der Benelux-Wirtschaftsunion angehören, gilt Satz 1 sinngemäß für Kapitel II des Benelux-Übereinkommens über Auslieferung und Rechtshilfe in Strafsachen vom 27. Juni 1962 in der Fassung des Protokolls vom 11. Mai 1974.

(2) Die zwischen den Vertragsparteien geltenden weitergehenden Bestimmungen aufgrund bilateraler Abkommen bleiben unberührt.

Art. 49. Rechtshilfe wird auch geleistet

a) in Verfahren wegen Handlungen, die nach dem nationalen Recht einer oder beider Vertragsparteien als Zuwiderhandlungen gegen Ordnungsvorschriften durch Behörden geahndet werden, gegen deren Entscheidung ein auch in Strafsachen zuständiges Gericht angerufen werden kann;

b) in Verfahren über Ansprüche auf Entschädigung für Strafverfolgungsmaßnahmen und ungerechtfertigte Verurteilungen;

c) in Gnadensachen;

d) in Zivilsachen, die mit einer Strafklage verbunden sind, solange das Strafgericht noch nicht endgültig über die Strafklage entschieden hat;

e) bei der Zustellung von Urkunden bezüglich der Vollstreckung einer Strafe oder einer Maßregel der Sicherung und Besserung, der Einziehung einer Geldbuße oder der Zahlung der Gerichtskosten;

f) bei Maßnahmen betreffend die Aussetzung des Ausspruchs oder der Vollstreckung einer Strafe oder Maßregel der Sicherung und Besserung, die bedingte Entlassung, den Aufschub des Vollstreckungsbeginns einer Strafe oder Maßregel der Sicherung und Besserung oder die Unterbrechung der Vollstreckung.

Art. 50. (1) Die Vertragsparteien verpflichten sich, Rechtshilfe nach Maßgabe der in Artikel 48 erwähnten Übereinkommen zu leisten wegen Verstößen gegen die gesetzlichen Bestimmungen und Vorschriften im Bereich der Verbrauchsteuern, der Mehrwertsteuern und des Zolls. Als Zollgesetze gelten die in Artikel 2 des Übereinkommens zwischen Belgien, der Bundesrepublik Deutschland, Frankreich, Italien, Luxemburg und den Niederlanden über die gegenseitige Unterstützung ihrer Zollverwaltungen vom 7. September 1967 aufgeführten Vorschriften sowie die in Artikel 2 der Verordnung (EWG) Nr. 1468/81 des Rates vom 19. Mai 1981 aufgeführten Vorschriften.

(2) Ersuchen in Verfahren wegen des Verdachts der Hinterziehung von Verbrauchsteuern dürfen nicht mit der Begründung abgelehnt werden, daß von der ersuchten Vertragspartei Verbrauchsteuern auf die in dem Ersuchen genannten Waren nicht erhoben werden.

(3) Die ersuchende Vertragspartei übermittelt und verwendet von der ersuchten Vertragspartei erhaltene Informationen oder Beweismittel für andere als in dem Ersuchen bezeichnete Ermittlungen, Strafverfolgungen oder Verfahren nur mit vorheriger Zustimmung der ersuchten Vertragspartei.

(4) Rechtshilfe im Sinne dieses Artikels kann verweigert werden, wenn der verkürzte oder erschlichene Betrag 25 000,– ECU oder der Wert der unerlaubt ein- oder ausgeführten Waren 100 000,– ECU voraussichtlich nicht übersteigt, es sei denn, die Tat wird wegen ihrer Art oder wegen der Person des Täters von der ersuchenden Vertragspartei als sehr schwerwiegend betrachtet.

(5) Die Vorschriften dieses Artikels finden auch Anwendung, wenn die erbetene Rechtshilfe sich erstreckt auf Handlungen, die nur mit einer Geldbuße geahndet werden (Ordnungswidrigkeiten) und das Ersuchen von einer Justizbehörde gestellt wird.

Art. 51. Die Vertragsparteien unterwerfen die Erledigung von Rechtshilfeersuchen um Durchsuchung und Beschlagnahme keinen weitergehenden Bedingungen als denen, daß

a) die dem Rechtshilfeersuchen zugrunde liegende Tat nach dem Recht beider Vertragsparteien mit einer Freiheitsstrafe oder die Freiheit beschränkenden Maßregel der Sicherung und Besserung im

Höchstmaß mit mindestens sechs Monaten bedroht ist, oder nach dem Recht einer der beiden Vertragsparteien mit einer Sanktion des gleichen Höchstmaßes bedroht ist und nach dem Recht der anderen Vertragspartei als Zuwiderhandlung gegen Ordnungsvorschriften durch Behörden geahndet wird, gegen deren Entscheidung ein auch in Strafsachen zuständiges Gericht angerufen werden kann;

b) die Erledigung des Rechtshilfeersuchens im übrigen mit dem Recht der ersuchten Vertragspartei vereinbar ist.

Art. 52. (1) Jede Vertragspartei kann Personen, die sich im Hoheitsgebiet einer anderen Vertragspartei aufhalten, gerichtliche Urkunden unmittelbar durch die Post übersenden. Eine Liste der Urkunden, die auf diesem Wege übersandt werden dürfen, wird dem Exekutivausschuß von den Vertragsparteien zugeleitet.[1)]

(2) Wenn Anhaltspunkte dafür vorliegen, daß der Zustellungsempfänder der Sprache, in der die Urkunde abgefaßt ist, unkundig ist, ist die Urkunde – oder zumindest die wesentlichen Passagen – in die Sprache oder in eine der Sprachen der Vertragspartei, in deren Hoheitsgebiet der Empfänger sich aufhält, zu übersetzen. Wenn der zustellenden Behörde bekannt ist, daß der Empfänger nur einer anderen Sprache kundig ist, ist die Urkunde – oder zumindest die wesentlichen Passagen – in diese andere Sprache zu übersetzen.

(3) Der Zeuge oder Sachverständige, dem eine Vorladung auf postalischem Wege übermittelt worden ist und der dieser nicht Folge leistet, darf selbst dann, wenn die Vorladung Zwangsandrohungen enthält, nicht bestraft oder einer Zwangsmaßnahme unterworfen werden, sofern er sich nicht später freiwillig in das Hoheitsgebiet der ersuchenden Vertragspartei begibt und dort erneut ordnungsgemäß vorgeladen wird. Die zustellende Behörde achtet darauf, daß auf postalischem Wege übersandte Vorladungen keine Zwangsandrohungen enthalten. Artikel 34 des Benelux-Übereinkommens über Auslieferung und Rechtshilfe in Strafsachen vom 27. Juni 1962 in der Fassung des Protokolls vom 11. Mai 1974 wird hiervon nicht berührt.

(4) Liegt dem Rechtshilfeersuchen eine Handlung zugrunde, die sowohl nach dem Recht der ersuchten als auch nach dem Recht der ersuchenden Vertragspartei als Zuwiderhandlung gegen Ordnungsvorschriften durch Behörden geahndet wird, gegen deren Entscheidung ein auch in Strafsachen zuständiges Gericht angerufen werden kann, so ist bei der Zustellung von Urkunden grundsätzlich nach Absatz 1 zu verfahren.

(5) Unbeschadet des Absatzes 1 kann die Zustellung von gerichtlichen Urkunden durch Übermittlung der Justizbehörde der ersuchten Vertragspartei vorgenommen werden, wenn die Anschrift des Empfängers unbekannt ist oder die ersuchende Vertragspartei eine förmliche *Zustellung fordert.*

---

1) Die Listen sind abgedruckt in BGBl. 1996 II S. 242.

Art. 53. (1) Die Rechtshilfeersuchen und die entsprechenden Antworten können unmittelbar von Justizbehörde zu Justizbehörde übermittelt werden.

(2) Absatz 1 läßt die Möglichkeit unberührt, daß Ersuchen durch die Justizministerien oder über die nationalen Zentralbüros der Internationalen Kriminalpolizeilichen Organisation gestellt oder beantwortet werden.

(3) Für Ersuchen um vorübergehende Überstellung oder Durchbeförderung von Personen, die sich in Untersuchungs- oder Strafhaft befinden, oder aufgrund der Anordnung einer die Freiheit beschränkenden Maßregel der Sicherung und Besserung untergebracht sind sowie für den regelmäßigen oder gelegentlichen Informationsaustausch aus den Justizdokumentationen ist der justizministerielle Geschäftsweg einzuhalten.

(4) Justizministerien im Sinne des Europäischen Übereinkommens über Rechtshilfe in Strafsachen vom 20. April 1959 sind für die Bundesrepublik Deutschland der Bundesminister der Justiz und die Justizminister/-senatoren der Länder.

(5) Anzeigen zum Zwecke der Strafverfolgung nach Artikel 21 des Europäischen Übereinkommens über Rechtshilfe in Strafsachen vom 20. April 1959 oder Artikel 42 des Benelux-Übereinkommens über Auslieferung und Rechtshilfe in Strafsachen vom 27. Juni 1962 in der Fassung des Protokolls vom 11. Mai 1974 wegen Zuwiderhandlungen gegen die Lenk- und Ruhezeitvorschriften können durch die Justizbehörden der ersuchenden Vertragspartei unmittelbar an die Justizbehörde der ersuchten Vertragspartei gesandt werden.

Kapitel 3. Verbot der Doppelbestrafung

Art. 54.[1] Wer durch eine Vertragspartei rechtskräftig abgeurteilt worden ist, darf durch eine andere Vertragspartei wegen derselben Tat nicht verfolgt werden, vorausgesetzt, daß im Fall einer Verurteilung die Sanktion bereits vollstreckt worden ist, gerade vollstreckt wird oder nach dem Recht des Urteilsstaats nicht mehr vollstreckt werden kann.

Art. 55.[2] (1) Eine Vertragspartei kann bei der Ratifikation, der Annahme oder der Genehmigung dieses Übereinkommens erklären, daß sie in einem oder mehreren der folgenden Fälle nicht durch Artikel 54 gebunden ist:

a) Wenn die Tat, die dem ausländischen Urteil zugrunde lag, ganz oder teilweise in ihrem Hoheitsgebiet begangen wurde; im letzteren Fall gilt diese Ausnahme jedoch nicht, wenn diese Tat teilweise im Hoheitsgebiet der Vertragspartei begangen wurde, in dem das Urteil ergangen ist;

---

[1] **Deutschland** hat zu dieser Vorschrift einen Vorbehalt angebracht (vgl. BGBl. 1994 II S. 631).

[2] S. auch die Erklärung **Griechenlands** zu dieser Vorschrift (BGBl. 1998 II S. 1968).

b) wenn die Tat, die dem ausländischen Urteil zugrunde lag, eine gegen die Sicherheit des Staates oder andere gleichermaßen wesentliche Interessen dieser Vertragspartei gerichtete Straftat darstellt;

c) wenn die Tat, die dem ausländischen Urteil zugrunde lag, von einem Bediensteten dieser Vertragspartei unter Verletzung seiner Amtspflichten begangen wurde.

(2) Eine Vertragspartei, die eine solche Erklärung betreffend eine der in Absatz 1 Buchstabe b genannten Ausnahmen abgibt, bezeichnet die Arten von Straftaten, auf die solche Ausnahmen Anwendung finden können.

(3) Eine Vertragspartei kann eine solche Erklärung betreffend eine oder mehrere in Absatz 1 genannten Ausnahmen jederzeit zurücknehmen.

(4) Ausnahmen, die Gegenstand einer Erklärung nach Absatz 1 waren, finden keine Anwendung, wenn die betreffende Vertragspartei die andere Vertragspartei wegen derselben Tat um Verfolgung ersucht oder die Auslieferung des Betroffenen bewilligt hat.

Art. 56. Wird durch eine Vertragspartei eine erneute Verfolgung gegen eine Person eingeleitet, die bereits durch eine andere Vertragspartei wegen derselben Tat rechtskräftig abgeurteilt wurde, so wird jede in dem Hoheitsgebiet der zuletzt genannten Vertragspartei wegen dieser Tat erlittene Freiheitsentziehung auf eine etwa zu verhängende Sanktion angerechnet. Soweit das nationale Recht dies erlaubt, werden andere als freiheitsentziehende Sanktionen ebenfalls berücksichtigt, sofern sie bereits vollstreckt wurden.

Art. 57. (1) Ist eine Person im Hoheitsgebiet einer Vertragspartei wegen einer Straftat angeschuldigt und haben die zuständigen Behörden dieser Vertragspartei Grund zu der Annahme, daß die Anschuldigung dieselbe Tat betrifft, deretwegen der Betreffende im Hoheitsgebiet einer anderen Vertragspartei bereits rechtskräftig abgeurteilt wurde, so ersuchen sie, sofern sie es für erforderlich halten, die zuständigen Behörden der Vertragspartei, in deren Hoheitsgebiet die Entscheidung ergangen ist, um sachdienliche Auskünfte.

(2) Die erbetenen Auskünfte werden sobald wie möglich erteilt und sind bei der Entscheidung über eine Fortsetzung des Verfahrens zu berücksichtigen.

(3) Jede Vertragspartei gibt bei der Ratifikation, der Annahme oder der Genehmigung dieses Übereinkommens die Behörden an, die befugt sind, um Auskünfte nach diesem Artikel zu ersuchen und solche entgegenzunehmen.

Art. 58. Die vorstehenden Bestimmungen stehen der Anwendung *weitergehender Bestimmungen* des nationalen Rechts über die Geltung des Verbots der Doppelbestrafung in bezug auf ausländische Justizentscheidungen nicht entgegen.

Kapitel 4. Auslieferung[1)]

Art. 59. *(1) Die Bestimmungen dieses Kapitels sollen das Europäische Auslieferungsübereinkommen vom 13. September 1957 ergänzen und seine Anwendung erleichtern. In den Beziehungen zwischen den Vertragsparteien, die der Benelux-Wirtschaftsunion angehören, gilt Satz 1 sinngemäß für Kapitel I des Benelux-Übereinkommens über Auslieferung und Rechtshilfe in Strafsachen vom 27. Juni 1962 in der Fassung des Protokolls vom 11. Mai 1974.*

(2) Die zwischen den Vertragsparteien geltenden weitergehenden Bestimmungen aufgrund bilateraler Abkommen bleiben unberührt.

Art. 60. *Zwischen zwei Vertragsparteien, von denen eine keine Partei des Europäischen Auslieferungsübereinkommens vom 13. September 1957 ist, finden die Bestimmungen jenes Übereinkommens unter Berücksichtigung der Vorbehalte und Erklärungen Anwendung, die entweder bei der Ratifikation jenes Übereinkommens, oder – für Vertragsparteien, die keine Partei des Auslieferungsübereinkommens sind – bei der Ratifikation, Annahme oder Genehmigung dieses Übereinkommens gemacht werden.*

Art. 61. *Die Französische Republik verpflichtet sich, auf Ersuchen einer anderen Vertragspartei die Personen zum Zwecke der Strafverfolgung auszuliefern, die wegen Handlungen verfolgt werden, die nach französischem Recht mit einer Freiheitsstrafe oder einer die Freiheit beschränkenden Maßregel der Sicherung und Besserung im Höchstmaß von mindestens zwei Jahren und nach dem Recht der ersuchenden Vertragspartei mit einer solchen von mindestens einem Jahr bedroht sind.*

Art. 62. *(1) Für die Unterbrechung der Verjährung sind allein die Vorschriften der ersuchenden Vertragspartei maßgebend.*

(2) Eine durch die ersuchte Vertragspartei erlassene Amnestie steht der Auslieferung nicht entgegen, es sei denn, daß die strafbare Handlung der Gerichtsbarkeit der ersuchten Vertragspartei unterliegt.

(3) Die Verpflichtung zur Auslieferung wird durch das Fehlen eines Strafantrages oder einer Ermächtigung, die nur nach dem Recht der ersuchten Vertragspartei erforderlich sind, nicht berührt.

Art. 63. *Die Vertragsparteien verpflichten sich, nach Maßgabe der in Artikel 59 erwähnten Übereinkommen die Personen auszuliefern, die durch die Justizbehörden der ersuchenden Vertragspartei im Zusammenhang mit einer strafbaren Handlung nach Artikel 50 Absatz 1 verfolgt werden oder zur Vollstreckung einer aufgrund einer solchen Handlung verhängten Strafe oder Maßnahme gesucht werden.*

[1)] Dieses Kapitel ist ab 1. 1. 2004 ersetzt worden durch die Bestimmungen des Rahmenbeschlusses 2002/584/JI v. 13. 6. 2002 („Europäischer Haftbefehl" – s. Art. 31 Abs. 1 lit. e) Rahmenbeschluss) – abgedruckt unter Nr. **163**.

Art. 64. *Eine Ausschreibung im Schengener Informationssystem nach Artikel 95 ist einem Ersuchen um vorläufige Festnahme im Sinne des Artikels 16 des Europäischen Auslieferungsübereinkommens vom 13. September 1957 oder des Artikels 15 des Benelux-Übereinkommens über Auslieferung und Rechtshilfe in Strafsachen vom 27. Juni 1962 in der Fassung des Protokolls vom 11. Mai 1974 gleichgestellt.*

Art. 65. *(1) Unbeschadet der Möglichkeit der Benutzung des diplomatischen Geschäftsweges werden Ersuchen um Auslieferung und Durchbeförderung von dem zuständigen Ministerium der ersuchenden Vertragspartei an das zuständige Ministerium der ersuchten Vertragspartei gerichtet.*

(2) Die zuständigen Ministerien sind:[1]

Für das Königreich Belgien:
Das Ministerium der Justiz;
für die Bundesrepublik Deutschland:
Der Bundesminister der Justiz und die Justizminister/-senatoren der Länder;
für die Französische Republik:
Das Außenministerium;
für das Großherzogtum Luxemburg:
Das Ministerium der Justiz;
für das Königreich der Niederlande:
Das Ministerium der Justiz.

Art. 66. *(1) Erscheint die Auslieferung eines Verfolgten nach dem Recht der ersuchten Vertragspartei nicht offensichtlich unzulässig und stimmt der Verfolgte seiner Auslieferung nach persönlicher Belehrung über sein Recht auf Durchführung eines förmlichen Auslieferungsverfahrens zu Protokoll eines Richters oder zuständigen Beamten zu, so kann die ersuchte Vertragspartei die Auslieferung bewilligen, ohne ein förmliches Auslieferungsverfahren durchzuführen. Der Verfolgte hat das Recht, sich während der Belehrung von einem Rechtsanwalt unterstützen zu lassen.*

(2) Im Falle einer Auslieferung nach Absatz 1 kann der Verfolgte, der ausdrücklich erklärt hat, auf den ihm aufgrund des Spezialitätsgrundsatzes zustehenden Schutz zu verzichten, diese Erklärung nicht widerrufen.

Kapitel 5. Übertragung der Vollstreckung von Strafurteilen

Art. 67. Für die Vertragsparteien, die dem Übereinkommen des Europarates vom 21. März 1983 über die Überstellung verurteilter Personen beigetreten sind, gilt die nachstehende Regelung als Ergänzung jenes Übereinkommens.

[1] S. Anm. zu Art. 40 Abs. 4.

Art. 68. (1) Eine Vertragspartei, in deren Hoheitsgebiet ein Staatsangehöriger einer anderen Vertragspartei rechtskräftig zu einer Freiheitsstrafe oder einer die Freiheit beschränkenden Maßregel der Sicherung und Besserung verurteilt wurde, kann, wenn der Betroffene sich durch Flucht in sein eigenes Land der Vollstreckung oder der weiteren Vollstreckung der Strafe oder Maßregel entzogen hat, ein Ersuchen um Übernahme der Vollstreckung an die Vertragspartei, in deren Hoheitsgebiet der Flüchtige angetroffen wird, richten.

(2) Die ersuchte Vertragspartei kann auf Ersuchen der ersuchenden Vertragspartei in Erwartung der Schriftstücke, die das Ersuchen um Übernahme der Vollstreckung der Strafe oder der Maßnahme oder des Restes der Strafe begründen und der dazu zu treffenden Entscheidung, den Verurteilten in Gewahrsam nehmen oder andere Maßnahmen zur Gewährleistung seiner Anwesenheit in dem Hoheitsgebiet der ersuchten Vertragspartei treffen.

Art. 69. Die Übertragung der Strafvollstreckung nach Maßgabe des Artikels 68 bedarf nicht der Zustimmung der Person, gegen die eine Strafe oder eine Maßnahme verhängt wurde. Die anderen Bestimmungen des Übereinkommens des Europarates über die Überstellung verurteilter Personen vom 21. März 1983 finden sinngemäß Anwendung.

Kapitel 6. Betäubungsmittel

Art. 70. (1) Die Vertragsparteien bilden eine ständige Arbeitsgruppe, die die Aufgabe hat, gemeinschaftliche Probleme in bezug auf die Bekämpfung der Betäubungsmittelkriminalität zu untersuchen und gegebenenfalls Vorschläge zur notwendigen Verbesserung der praktischen und technischen Aspekte der Zusammenarbeit zwischen den Vertragsparteien zu machen. Die Arbeitsgruppe liegt ihre Vorschläge dem Exekutivausschuß vor.

(2) Die Arbeitsgruppe nach Absatz 1, deren Mitglieder von den zuständigen nationalen Instanzen benannt werden, ist insbesondere aus Vertretern der für Aufgaben der Polizei und des Zolls zuständigen Behörden zusammengesetzt.

Art. 71. (1) Die Vertragsparteien verpflichten sich, in bezug auf die unmittelbare oder mittelbare Abgabe von Suchtstoffen und psychotropen Stoffen aller Art einschließlich Cannabis und den Besitz dieser Stoffe zum Zwecke der Abgabe oder Ausfuhr unter Berücksichtigung der bestehenden Übereinkommen der Vereinten Nationen[1] alle notwendigen Maßnahmen zu treffen, die zur Unterbindung des unerlaubten Handels mit Betäubungsmitteln erforderlich sind.

---

[1] *Amtl. Anm.:* Einheitsübereinkommen von 1961 in der durch das Protokoll von 1972 zur Änderung des Einheitsübereinkommens von 1961 geänderten Fassung; Übereinkommen von 1971 über psychotrope Stoffe; Übereinkommen der Vereinten Nationen vom 20. Dezember 1988 über den unerlaubten Verkehr mit Suchtstoffen und psychotropen Stoffen.

(2)[1] Unbeschadet der Artikel 74, 75 und 76 verpflichten sich die Vertragsparteien, die unerlaubte Ausfuhr von Betäubungsmitteln aller Art einschließlich Cannabisprodukten sowie den Verkauf, die Verschaffung und die Abgabe dieser Mittel mit verwaltungsrechtlichen und strafrechtlichen Mitteln zu unterbinden.

(3) Zur Bekämpfung der unerlaubten Einfuhr von Suchtstoffen und psychotropen Stoffen aller Art einschließlich Cannabis verstärken die Vertragsparteien die Kontrollen des Personen- und des Warenverkehrs sowie der Transportmittel an den Außengrenzen. Einzelheiten werden durch die in Artikel 70 genannte Arbeitsgruppe festgelegt. Sie wird dabei insbesondere die Verlagerung eines Teils der an den Binnengrenzen freiwerdenden Kräfte der Polizei und des Zolls sowie den Einsatz moderner Rauschgiftdetektionsmethoden und von Rauschgiftspürhunden in Betracht ziehen.

(4) Die Vertragsparteien werden zur Einhaltung der Bestimmungen dieses Artikels Örtlichkeiten, an denen erfahrungsgemäß Rauschgifthandel betrieben wird, gezielt überwachen.

(5) Hinsichtlich der Eindämmung der unerlaubten Nachfrage nach Suchtstoffen und psychotropen Stoffen aller Art einschließlich Cannabis werden die Vertragsparteien ihr Möglichstes tun, den negativen Folgen dieser unerlaubten Nachfrage vorzubeugen und entgegenzuwirken. Die Maßnahmen dazu liegen im Verantwortungsbereich der einzelnen Vertragsparteien.

Art. 72. Die Vertragsparteien werden im Rahmen ihrer Verfassung und ihrer Rechtsordnung gewährleisten, daß nationale gesetzliche Bestimmungen geschaffen werden, die die Sicherstellung und den Verfall von Vermögensgewinnen aus dem unerlaubten Betäubungsmittelhandel ermöglichen.

Art. 73. (1) Die Vertragsparteien werden im Rahmen ihrer Verfassung und ihrer Rechtsordnung ermöglichen, daß die kontrollierte Lieferung bei dem unerlaubten Handel mit Betäubungsmitteln angewandt werden kann.

(2) Die Entscheidung zur Anordnung der kontrollierten Lieferung wird in jedem Einzelfall auf der Grundlage der Vorwegbewilligung der betroffenen Vertragsparteien getroffen.

(3) Die Herrschaft und die Befugnis zum Einschreiten liegt bei den Behörden der Vertragspartei, auf deren Hoheitsgebiet die Operation durchgeführt wird.

Art. 74. In bezug auf den legalen Verkehr mit Suchtstoffen und psychotropen Stoffen vereinbaren die Vertragsparteien, die Kontrollen,

[1] S. hierzu auch die Gemeinsame Erklärung in der Schlußakte, abgedruckt unter Nr. **280 a**.

die vor der Abschaffung der Grenzkontrollen an den Binnengrenzen gemäß den einschlägigen Verpflichtungen nach den in Artikel 71 aufgeführten Übereinkommen der Vereinten Nationen durchgeführt wurden, soweit wie möglich in das Binnenland zu verlegen.

Art. 75. (1) Im Reiseverkehr in das Hoheitsgebiet der Vertragsparteien oder innerhalb desselben dürfen Personen, die im Rahmen einer ärztlichen Behandlung benötigten Betäubungsmittel mit sich führen, wenn sie eine von einer zuständigen Behörde ihres Aufenthaltsstaates ausgestellte oder beglaubigte Bescheinigung bei einer Kontrolle vorweisen.

(2) Die Form und der Inhalt der Bescheinigung nach Absatz 1, soweit sie von einer der Vertragsparteien ausgestellt wird, insbesondere die Angaben bezüglich der Art, der Menge und der Reisedauer werden von dem Exekutivausschuß festgelegt.

(3) Die Vertragsparteien unterrichten sich darüber, welche Behörden für die Ausstellung oder Beglaubigung der Bescheinigung nach Absatz 2 zuständig sind.

Art. 76. (1) Die Vertragsparteien treffen soweit erforderlich unter Berücksichtigung ihrer ärztlichen, ethischen und praktischen Gepflogenheiten die geeigneten Maßnahmen für die Kontrolle von Suchtstoffen und psychotropen Stoffen, die im Hoheitsgebiet einer oder mehrerer Vertragsparteien strengeren Kontrollen als in ihrem eigenen Hoheitsgebiet unterliegen, damit die Wirksamkeit dieser strengeren Kontrollen nicht beeinträchtigt wird.

(2) Absatz 1 gilt auch für Stoffe, die häufig bei der Herstellung von Suchtstoffen oder psychotropen Stoffen Verwendung finden.

(3) Die Vertragsparteien informieren sich gegenseitig über ihre Maßnahmen zur Durchführung der Überwachung des legalen Verkehrs mit den in den Absätzen 1 und 2 genannten Stoffen.

(4) Der Exekutivausschuß berät regelmäßig über die hierbei auftretenden Probleme.

Kapitel 7. Feuerwaffen und Munition[1)]

Art. 77. (1) Die Vertragsparteien verpflichten sich, die nationalen Gesetze, Verordnungen und sonstigen Vorschriften über den Erwerb, den Besitz, den Vertrieb und das Überlassen von Feuerwaffen und Munition den Bestimmungen dieses Kapitels anzupassen.

(2) Dieses Kapitel gilt für den Erwerb, den Besitz, den Vertrieb und das Überlassen von Feuerwaffen und Munition durch natürliche und

---

[1)] Art. 77 bis 81 und Art. 83 bis 90 SDÜ sind durch die RL des Rates 91/477/EWG (ABl. Nr. L 256/51) über die Kontrolle des Erwerbs und des Besitzes von Waffen obsolet geworden. Hinsichtlich Kriegswaffen besteht eine Zuständigkeit der Mitgliedstaaten gem. Art. 296 Abs. 1 Buchstabe b) EGV.

juristische Personen; es gilt nicht für die Lieferung an sowie den Erwerb und Besitz durch staatliche Dienststellen und Gebietskörperschaften, die Streitkräfte und die Polizei, ferner nicht für die Herstellung durch staatliche Unternehmen.

Art. 78. (1) Die Feuerwaffen werden im Rahmen dieses Kapitels wie folgt klassifiziert:

a) verbotene Waffen,

b) erlaubnispflichtige Waffen,

c) meldepflichtige Waffen.

(2) Auf Verschluß, Patronenlager und Lauf der Feuerwaffen sind die Vorschriften entsprechend anzuwenden, die für den Gegenstand gelten, dessen Bestandteil sie sind oder werden sollen.

(3) Als Kurzwaffen im Sinne dieses Übereinkommens gelten Feuerwaffen, deren Lauf nicht länger als 30 cm ist oder deren Gesamtlänge 60 cm nicht überschreitet; Langwaffen sind alle anderen Feuerwaffen.

Art. 79. (1) In die Liste der verbotenen Feuerwaffen und Munition sind die folgenden Gegenstände aufzunehmen:

a) Feuerwaffen, die üblicherweise als Kriegsschußwaffen verwendet werden;

b) vollautomatische Feuerwaffen, auch wenn sie keine Kriegsschußwaffen sind;

c) Feuerwaffen, die einen anderen Gegenstand vortäuschen;

d) panzerbrechende Munition, Munition mit Spreng- und Brandsätzen sowie Geschosse für diese Munition;

e) Pistolen- und Revolvermunition mit Dumdum-Geschossen oder Hohlspitzgeschossen sowie Geschosse für diese Munition.

(2) Die zuständigen Behörden können in Einzelfällen für die in Absatz 1 aufgeführten Feuerwaffen und Munition eine Erlaubnis erteilen, wenn Gründe der öffentlichen Sicherheit und Ordnung dem nicht entgegenstehen.

Art. 80. (1) In die Liste der Feuerwaffen, für deren Erwerb und Besitz eine Erlaubnis erforderlich ist, sind mindestens folgende Feuerwaffen aufzunehmen, soweit sie nicht verboten sind:

a) Halbautomatische Kurz-Feuerwaffen und kurze Repetier-Feuerwaffen;

b) kurze Einzellader-Feuerwaffen mit Zentralfeuerzündung;

c) kurze Einzellader-Feuerwaffen mit Randfeuerzündung mit einer Gesamtlänge von weniger als 28 cm;

d) halbautomatische Lang-Feuerwaffen, deren Magazin und Patronenlager mehr als drei Patronen aufnehmen kann;

e) lange Repetier-Feuerwaffen und halbautomatische Feuerwaffen mit glattem Lauf, deren Lauf nicht länger als 60 cm ist;

f) zivile halbautomatische Feuerwaffen, die wie vollautomatische Kriegswaffen aussehen.

(Fortsetzung nächstes Blatt)

(2) In die Liste der erlaubnispflichtigen Feuerwaffen sind nicht aufzunehmen:

a) Schreckschuß-, Reizstoff- und Signalwaffen, sofern bei diesen Waffen durch technische Maßnahmen sichergestellt ist, daß sie mit allgemein gebräuchlichen Werkzeugen nicht zu Waffen zum Verschießen fester Körper umgebaut werden können und das Verschießen eines Reizstoffes keine dauernden körperlichen Schädigungen zufügen kann;

b) halbautomatische Lang-Feuerwaffen, deren Magazin und Patronenlager nicht mehr als drei Patronen aufnehmen kann, ohne daß sie neu geladen werden, und unter der Bedingung, daß das Magazin unauswechselbar ist, oder soweit sichergestellt ist, daß sie mit allgemein gebräuchlichen Werkzeugen nicht umgebaut werden können zu Waffen, deren Magazin und Patronenlager mehr als drei Patronen aufnehmen kann.

Art. 81. In die Liste der meldepflichtigen Feuerwaffen sind, sofern diese Waffen weder verboten noch erlaubnispflichtig sind, aufzunehmen:

a) Lange Repetier-Feuerwaffen;

b) lange Einzellader-Feuerwaffen mit gezogenem Lauf oder gezogenen Läufen;

c) kurze Einzellader-Feuerwaffen mit Randfeuerzündung mit einer Gesamtlänge von mehr als 28 cm;

d) die in Artikel 80 Absatz 2 Buchstabe b aufgeführten Feuerwaffen.

Art. 82. Die Listen der in den Artikeln 79, 80 und 81 aufgeführten Feuerwaffen umfassen folgende Gegenstände nicht:

a) Feuerwaffen, deren Modell vor dem 1. Januar 1870 entwickelt worden ist oder die vor diesem Zeitpunkt hergestellt worden sind – vorbehaltlich Ausnahmen – wenn in ihnen keine Munition geladen werden kann, die für verbotene oder erlaubnispflichtige Feuerwaffen bestimmt ist;

b) Reproduktionen von Waffen nach Buchstabe a, sofern daraus keine Patronen mit Metallhülsen verschossen werden können;

c) Feuerwaffen, die durch Anwendung technischer Verfahren zum Abschuß jeglicher Munition unbrauchbar gemacht worden sind, und die das Prüfzeichen einer offiziellen Dienststelle tragen oder von einer solchen Dienstelle anerkannt worden sind.

Art. 83. Eine Erlaubnis zum Erwerb und Besitz einer Feuerwaffe nach Artikel 80 darf einer Person nur erteilt werden,

a) wenn sie das achtzehnte Lebensjahr vollendet hat, von Ausnahmen für Jagd oder Sportzwecke abgesehen;

b) wenn sie nicht wegen einer Geisteskrankheit oder anderer geistiger oder körperlicher Mängel unfähig ist, eine Feuerwaffe zu erwerben oder zu besitzen;

c) wenn sie nicht wegen einer Straftat verurteilt wurde oder wenn nicht andere Anhaltspunkte dafür vorliegen, daß sie eine Gefahr für die öffentliche Sicherheit oder Ordnung darstellt;

d) wenn der für den Erwerb oder Besitz einer Feuerwaffe angeführte Grund als triftig anzusehen ist.

Art. 84. (1) Die Meldung für Waffen nach Artikel 81 wird in ein von den in Artikel 85 bezeichneten Personen geführtes Register eingetragen.

(2) Wenn die Waffe durch eine Person überlassen wird, die nicht in Artikel 85 bezeichnet ist, muß dies nach den von jeder Vertragspartei festzulegenden Modalitäten gemeldet werden.

(3) Die in diesem Artikel genannte Meldung muß die für die Identifizierung der betroffenen Personen und Waffen erforderlichen Angaben enthalten.

Art. 85. (1) Die Vertragsparteien verpflichten sich, Hersteller und Händler von erlaubnispflichtigen Feuerwaffen einer Erlaubnispflicht, Hersteller und Händler von meldepflichtigen Feuerwaffen einer Meldepflicht zu unterwerfen. Die Erlaubnis für erlaubnispflichtige Feuerwaffen umfaßt auch die meldepflichtigen Feuerwaffen. Die Vertragsparteien unterziehen die Waffenhersteller und Waffenhändler einer Überwachung, die eine wirksame Kontrolle gewährleistet.

(2) Die Vertragsparteien verpflichten sich, Vorschriften zu erlassen, wonach alle Feuerwaffen mindestens mit einer dauerhaften fortlaufenden Identifizierungsnummer und der Marke des Herstellers gekennzeichnet sind.

(3) Die Vertragsparteien verpflichten Hersteller und Händler, alle erlaubnis- und meldepflichtigen Feuerwaffen zu registrieren; die Register müssen es ermöglichen, die Art der Feuerwaffen, ihre Herkunft und die Erwerber der Waffen schnell zu ermitteln.

(4) Die Vertragsparteien verpflichten sich, in bezug auf Erlaubnisse nach Artikel 79 und 80 Vorschriften zu erlassen, wonach die Identifizierungsnummer und die Kennzeichnung der Feuerwaffen in die ihrem Besitzer ausgestellte Erlaubnisurkunde eingetragen werden.

Art. 86. (1) Die Vertragsparteien verpflichten sich, Vorschriften zu erlassen, aufgrund deren es den rechtmäßigen Besitzern von erlaubnispflichtigen oder meldepflichtigen Feuerwaffen verboten ist, diese Personen zu überlassen, die nicht im Besitz einer Erwerbserlaubnis oder einer Anmeldebestätigung sind.

(2) Die Vertragsparteien können das vorübergehende Überlassen an Personen nach den von ihnen festzulegenden Modalitäten erlauben.

Art. 87. (1) Die Vertragsparteien führen in ihr nationales Recht ein System ein, welches die Rücknahme der Erlaubnisse bei Personen ermöglicht, die nicht mehr die Voraussetzungen für die Erteilung der Erlaubnisse nach Artikel 83 erfüllen.

(2) Die Vertragsparteien verpflichten sich, geeignete Vorschriften, einschließlich der Beschlagnahme der Feuerwaffen und der Rücknahme der Erlaubnis zu erlassen, sowie die Verletzung der Gesetze oder sonstiger Vorschriften über Feuerwaffen mit geeigneten Sanktionen zu belegen. Dabei kann die Einziehung der Feuerwaffen vorgesehen werden.

Art. 88. (1) Die Personen, die eine Erlaubnis zum Erwerb einer Feuerwaffe besitzen, benötigen keine Erlaubnis zum Erwerb von Munition für diese Waffen.

(2) Der Erwerb von Munition durch Personen, die nicht im Besitze einer Erlaubnis zum Waffenerwerb sind, unterliegt der entsprechenden Regelung der Waffe, für die sie bestimmt ist. Die Erlaubnis kann für eine Munitionsart oder für alle Munitionsarten ausgestellt werden.

Art. 89. Die Listen der verbotenen, erlaubnispflichtigen und meldepflichtigen Feuerwaffen können geändert oder ergänzt werden, um die technische, wirtschaftliche und sicherheitspolitische Entwicklung zu berücksichtigen. Der Exekutivausschuß kann die Listen ändern oder ergänzen.

Art. 90. Die Vertragsparteien sind befugt, strengere Gesetze und Vorschriften in bezug auf Feuerwaffen und Munition zu erlassen.

Art. 91. (1) Die Vertragsparteien schaffen auf der Grundlage des Europäischen Übereinkommens vom 28. Juni 1978 über die Kontrolle des Erwerbs und des Besitzes von Schußwaffen durch Einzelpersonen nach Maßgabe ihres nationalen Rechts einen Informationsaustausch über den Erwerb von Feuerwaffen durch Personen, Privatpersonen oder Waffenhändler im Einzelhandel, die sich gewöhnlich in dem Hoheitsgebiet einer anderen Vertragspartei aufhalten oder dort ihren Sitz haben. Unter Einzelhändler ist jede Person zu verstehen, deren Erwerbstätigkeit insgesamt oder zum Teil in dem Einzelhandel von Feuerwaffen besteht.

(2) Der Informationsaustausch erstreckt sich:

a) Zwischen zwei Vertragsparteien, die das in Absatz 1 genannte Übereinkommen ratifiziert haben, auf die Feuerwaffen, die in Anlage 1 Teil A Nummer 1 Buchstaben a bis h des genannten Übereinkommens aufgeführt sind;

b) zwischen zwei Vertragsparteien, von denen mindestens eine das in Absatz 1 genannte Übereinkommen nicht ratifiziert hat, auf die Waffen, die in dem Hoheitsgebiet jeder einzelnen Vertragspartei erlaubnis- oder meldepflichtig sind.

(3) Die Informationen über den Erwerb von Feuerwaffen müssen so schnell wie möglich übermittelt werden und die folgenden Angaben enthalten:

a) Das Datum des Erwerbs und die Identität des Erwerbers, nämlich,
   - wenn es sich um eine natürliche Person handelt: Name, Vorname, Datum und Ort der Geburt, Anschrift und Paß- oder Personalausweisnummer sowie Ausstellungsdatum und Angabe der ausstellenden Behörde, Waffenhändler oder nicht;
   - wenn es sich um eine juristische Person handelt: Firma und Sitz sowie Name, Vorname, Datum und Ort der Geburt, Anschrift und Paß- oder Personalausweisnummer der Person, die zur Vertretung der juristischen Person berechtigt ist;

b) Modell, Herstellungsnummer, Kaliber und die anderen Merkmale der betreffenden Feuerwaffe sowie die Identifizierungsnummer.

(4) Jede Vertragspartei benennt eine nationale Behörde, die die in den Absätzen 2 und 3 erwähnten Informationen übermittelt und empfängt und setzt die anderen Vertragsparteien unverzüglich über jede Änderung der bezeichneten Behörde in Kenntnis.

(5) Die von jeder Vertragspartei benannte Behörde kann die erhaltenen Informationen den zuständigen örtlichen Polizeidienststellen und den Grenzüberwachungsbehörden zum Zwecke der Verhütung oder Verfolgung von Straftaten und Ordnungwidrigkeiten übermitteln.

Titel IV. Schengener Informationssystem[1)]

Kapitel 1. Einrichtung des Schengener Informationssystems

Art. 92. (1) Die Vertragsparteien errichten und unterhalten ein gemeinsames Informationssystem, nachstehend das Schengener Informationssystem genannt, das aus einem nationalen Teil bei jeder Vertragspartei und einer technischen Unterstützungseinheit besteht. Durch das Schengener Informationssystem werden Ausschreibungen, die der Suche nach Personen und Sachen dienen, den durch die Vertragsparteien bezeichneten Behörden bei nach Maßgabe des nationalen Rechts durchgeführten Grenzkontrollen, sonstigen polizeilichen und zollrechtlichen Überprüfungen im Inland sowie, beschränkt auf die Ausschreibungskategorie nach Artikel 96 für Zwecke des Sichtvermerksverfahrens sowie der Erteilung der Aufenthaltstitel und der Handhabung des Ausländerrechts im Rahmen der Anwendung dieses Übereinkommens im Bereich des Personenverkehrs zum Abruf im automatisierten Verfahren breit gehalten.

(2) Jede Vertragspartei errichtet und unterhält in eigener Verantwortung und auf eigene Kosten ihren nationalen Teil des Schengener Informationssystems, dessen Bestand durch Nutzung der technischen Unterstützungseinheit inhaltlich identisch ist mit dem Bestand des nationalen Teiles jeder anderen Vertragspartei. Im Hinblick auf die

---

1) Vgl. hierzu VO (EG) Nr. 1987/2006 des Europäischen Parlaments und des Rates vom 20. Dezember 2006 über die Einrichtung, den Betrieb und die Nutzung des Schengener Informationssystems der zweiten Generation (SIS II), ABl. Nr. 381/4 v. 28. 12. 2006.

schnelle und zweckmäßige Übermittlung der Informationen nach Absatz 3 berücksichtigt jede Vertragspartei bei der Errichtung ihres nationalen Teils die durch die Vertragsparteien gemeinsam festgelegten Protokolle und Verfahren in bezug auf die technische Unterstützungseinheit. Der Bestand jedes nationalen Teils dient innerhalb des Hoheitsgebietes der jeweiligen Vertragsparteien zum Abruf im automatisierten Verfahren. Ein Abruf aus dem Bestand des nationalen Teiles einer anderen Vertragspartei erfolgt nicht.

(3) Die Vertragsparteien errichten und unterhalten in gemeinsamer Verantwortung und auf gemeinsame Kosten die technische Unterstützungseinheit des Schengener Informationssystems. Die Französische Republik ist zuständig für diese Unterstützungseinheit; sie wird eingerichtet in Straßburg. Die technische Unterstützungseinheit umfaßt einen Bestand, der der On-Line-Übermittlung der Informationen an die nationalen Bestände dient, wodurch gewährleistet wird, daß die nationalen Bestände identisch bleiben. In den Bestand der technischen Unterstützungseinheit werden Ausschreibungen von Personen und Sachen aufgenommen, soweit sie sich auf alle Vertragsparteien beziehen. Der Bestand der technischen Unterstützungseinheit umfaßt, abgesehen von den Daten nach diesem Absatz und nach Artikel 113 Absatz 2, keine weiteren Daten.

(4) Gemäß den einzelstaatlichen Rechtsvorschriften tauschen die Mitgliedstaaten über die für diesen Zweck bezeichneten Stellen (SIRENE) alle im Zusammenhang mit der Eingabe von Ausschreibungen erforderlichen Informationen aus, auf deren Grundlage die geeigneten Maßnahmen ergriffen werden können, wenn zu Personen bzw. Sachen, in Bezug auf die Daten in das Schengener Informationssystem aufgenommen worden sind, als Ergebnis der Abfragen in diesem System ein Trefferfall erzielt wird. Diese Informationen dürfen nur für die Zwecke verwendet werden, für die sie mitgeteilt wurden.

Art. 92 a. (1) Ab dem Inkrafttreten der Verordnung (EG) Nr. 1104/2008 des Rates[1] und des Beschlusses 2008/839/JI des Rates[2] und gestützt auf die Begriffsbestimmungen in Artikel 2 der genannten Verordnung kann die technische Architektur des Schengener Informationssystems ergänzt werden durch:

a) ein zusätzliches zentrales System, bestehend aus
   – einer technischen Unterstützungseinheit (Zentrales SIS II), die sich in Frankreich befindet, und einem Backup des Zentralen SIS II, das sich in Österreich befindet, mit der SIS II-Datenbank *und einer einheitlichen nationalen Schnittstelle* (NI-SIS);
   – einer technischen Verbindung zwischen dem C.SIS und dem Zentralen SIS II über den Konverter für die Konvertierung und die Synchronisation der Daten zwischen dem C.SIS und dem Zentralen SIS II;

[1] **Amtl. Anm.:** ABl. L 299 vom 8. 11. 2008, S. 1.
[2] **Amtl. Anm.:** ABl. L 299 vom 8. 11. 2008, S. 43.

b) einem nationalen System (N.SIS II), das aus den nationalen Datensystemen besteht und mit dem Zentralen SIS II kommuniziert;

c) einer Infrastruktur für die Kommunikation zwischen dem Zentralen SIS II und den N.SIS II, angeschlossen an die NI-SIS.

(2) Das N.SIS II kann den in Artikel 92 dieses Übereinkommens genannten nationalen Teil ersetzen; in diesem Fall brauche die Mitgliedstaaten keinen nationalen Datenbestand unterhalten.

(3) Die Datenbank des Zentralen SIS II steht für Abfragen im automatisierten Verfahren im Hoheitsgebiet eines jeden Mitgliedstaats zur Verfügung.

(4) Falls ein Mitgliedstaat seinen nationalen Teil durch das N.SIS II ersetzt, werden die in Artikel 92 Absätze 2 und 3 genannten obligatorischen Funktionen der technischen Unterstützungseinheit gegenüber diesem nationalen Teil – unbeschadet der in dem Beschluss 2008/839/JI des Rates und der in Artikel 5 Absatz 1 und Artikel 10 Absätze 1, 2 und 3 der Verordnung (EG) Nr. 1104/2008 des Rates – genannten Pflichten zu obligatorischen Funktionen gegenüber dem Zentralen SIS II.

(5) Das Zentrale SIS II stellt die erforderlichen Dienste für die Eingabe und die Verarbeitung von SIS-Daten, die Online-Aktualisierung der nationalen Kopien der N.SIS II, die Synchronisation und die Kohärenz zwischen den nationalen Kopien der N.SIS II und der Datenbank des Zentralen SIS II zur Verfügung und stellt die Vorgänge für die Initialisierung und die Wiederherstellung der nationalen Kopien der N.SIS II bereit.

(6) Frankreich, das für die technische Unterstützungseinheit zuständig ist, die übrigen Mitgliedstaaten und die Kommission arbeiten zusammen, um sicherzustellen, dass ein Abruf aus den Datenbeständen der N.SIS II oder aus der SIS-II-Datenbank ein Ergebnis liefert, das dem eines Abrufs aus der Datenbank ein Ergebnis liefert, das dem eines Abrufs aus der Datenbank der in Artikel 92 Absatz 2 genannten nationalen Teile gleichwertig ist.

Kapitel 2. Betrieb und Nutzung des Schengener Informationssystems

Art. 93. Das Schengener Informationssystem hat nach Maßgabe der Bestimmungen dieses Übereinkommens zum Ziel, in dem Hoheitsgebiet der Vertragsparteien anhand der aus diesem System erteilten Informationen die öffentliche Sicherheit und Ordnung einschließlich der Sicherheit des Staates und die Anwendung der Bestimmungen dieses Übereinkommens im Bereich des Personenverkehrs zu gewährleisten.

Art. 94. (1) Das Schengener Informationssystem enthält ausschließlich die durch jede der Vertragsparteien gelieferten Kategorien von Daten, die für die in den Artikeln 95 bis 100 vorgesehenen Zwecke erforderlich sind. Die ausschreibende Vertragspartei prüft, ob die Bedeutung des Falles eine Aufnahme der Ausschreibung in das Schengener Informationssystem rechtfertigt.

(2) Die Datenkategorien sind:

a) Die ausgeschriebenen Personen;
b) die in den Artikeln 99 und 100 aufgeführten Sachen.

(3) In Bezug auf Personen werden höchstens die folgenden Angaben mitgeteilt:

a) Name und Vorname, gegebenenfalls Aliasname in einem neuen Datensatz;
b) besondere unveränderliche physische Merkmale;
c) (...);
d) Geburtsort und -datum;
e) Geschlecht;
f) Staatsangehörigkeit;
g) der Hinweis, ob die Personen bewaffnet, gewalttätig oder ob sie entflohen sind;
h) Ausschreibungsgrund;
i) zu ergreifende Maßnahme;
j) bei Ausschreibungen nach Artikel 95: die Art der strafbaren Handlung(en).

Andere Angaben, insbesondere die Daten, die in Artikel 6 Satz 1 des Übereinkommens des Europarates vom 28. Januar 1981 zum Schutz des Menschen bei der automatischen Verarbeitung personenbezogener Daten erwähnt sind, sind nicht zulässig.

(4) Sofern eine Vertragspartei eine Ausschreibung nach Artikel 95, 97 oder 99 für nicht vereinbar hält mit ihrem nationalen Recht, mit internationalen Verpflichtungen oder wesentlichen nationalen Interessen, kann sie nachträglich die Ausschreibung in dem Bestand ihres nationalen Teils des Schengener Informationssystems so kennzeichnen lassen, daß die Maßnahme in ihrem Hoheitsgebiet nicht aufgrund der Ausschreibung vollzogen wird. Mit den anderen Vertragsparteien müssen hierüber Konsultationen geführt werden. Wenn die ausschreibende Vertragspartei die Ausschreibung nicht zurückzieht, bleibt die Ausschreibung für die anderen Vertragsparteien nach wie vor gültig.

Art. 95. (1) Daten in bezug auf Personen, um deren Festnahme mit dem Ziel der Auslieferung ersucht wird, werden auf Antrag der Justizbehörde der ersuchenden Vertragspartei aufgenommen.

(2) Vor der Ausschreibung prüft die ausschreibende Vertragspartei, ob die Festnahme nach dem Recht der ersuchten Vertragsparteien zulässig ist. Sollte die ausschreibende Vertragspartei Zweifel haben, ist sie verpflichtet, die betroffenen Vertragsparteien zu konsultieren.

Die ausschreibende Vertragspartei teilt den ersuchten Vertragsparteien gleichzeitig mit der Ausschreibung auf möglichst schnellem Wege folgende für den zugrunde liegenden Sachverhalt wesentliche Informationen mit:

a) die um die Festnahme ersuchende Behörde;

b) das Bestehen eines Haftbefehls oder einer Urkunde mit gleicher Rechtswirkung oder eines rechtskräftigen Urteils;

(Fortsetzung nächste Seite)

c) die Art und die rechtliche Würdigung der strafbaren Handlung;

d) die Beschreibung der Umstände, unter denen die Straftat begangen wurde; einschließlich der Zeit, des Orts und der Art der Täterschaft;

e) soweit möglich die Folgen der Straftat.

(3) Eine ersuchte Vertragspartei kann die Ausschreibung in dem Bestand ihres nationalen Teils des Schengener Informationssystems so kennzeichnen lassen, daß bis zur Löschung der Kennzeichnung keine Festnahme aufgrund der Ausschreibung erfolgen darf. Die Kennzeichnung ist spätestens vierundzwanzig Stunden nach der Speicherung der Ausschreibung zu löschen, es sei denn, die betreffende Vertragspartei lehnt die erbetene Festnahme aus Rechtsgründen oder besonderen Opportunitätserwägungen ab. Sofern in besonderen Ausnahmefällen die Komplexität des Sachverhalts dies erfordert, kann die genannte Frist auf eine Woche verlängert werden. Ungeachtet einer Kennzeichnung oder einer ablehnenden Entscheidung bleiben die anderen Vertragsparteien befugt, die mit der Ausschreibung erbetene Festnahme zu vollziehen.

(4) Ersucht eine Vertragspartei wegen besonderer Eilbedürftigkeit um eine Sofortfahndung, prüft die ersuchte Vertragspartei, ob sie auf die Kennzeichnung verzichten kann. Die ersuchte Vertragspartei trifft die erforderlichen Vorkehrungen, damit die erbetene Maßnahme für den Fall, daß die Ausschreibung gebilligt wird, unverzüglich vollzogen werden kann.

(5) Ist eine Festnahme wegen einer noch nicht abgeschlossenen Prüfung oder wegen einer ablehnenden Entscheidung einer ersuchten Vertragspartei nicht möglich, so ist von dieser Vertragspartei die Ausschreibung als Ausschreibung zur Aufenthaltsermittlung zu behandeln.

(6) Die ersuchten Vertragsparteien treffen die aufgrund der Ausschreibung erbetenen Maßnahmen auf der Grundlage der geltenden Auslieferungsübereinkommen und nach Maßgabe des nationalen Rechts. Unbeschadet der Möglichkeit, den Betroffenen nach Maßgabe des nationalen Rechts festzunehmen, sind sie nicht verpflichtet, die Maßnahme zu vollziehen, wenn ein eigener Staatsangehöriger betroffen ist.

Art. 96. (1) Die Daten bezüglich Drittausländern, die zur Einreiseverweigerung ausgeschrieben sind, werden aufgrund einer nationalen Ausschreibung gespeichert, die auf Entscheidungen der zuständigen Verwaltungsbehörden und Gerichte beruht, wobei die Verfahrensregeln des nationalen Rechts zu beachten sind.

(2) Die Entscheidungen können auf die Gefahr für die öffentliche Sicherheit und Ordnung oder die nationale Sicherheit, die die Anwesenheit eines Drittausländers auf dem Hoheitsgebiet der Vertragspartei bedeutet, gestützt werden.

Dies kann insbesondere der Fall sein

a) bei einem Drittausländer, der wegen einer Straftat verurteilt worden ist, die mit Freiheitsstrafe von mindestens einem Jahr bedroht ist;

b) bei einem Drittausländer, gegen den ein begründeter Verdacht besteht, daß er schwere Straftaten, einschließlich solcher im Sinne von Artikel 71 begangen hat, oder gegen den konkrete Hinweise bestehen, daß er solche Taten in dem Hoheitsgebiet einer Vertragspartei plant.

(3) Die Entscheidungen können ebenso darauf beruhen, daß der Drittausländer ausgewiesen, zurückgewiesen oder abgeschoben worden ist, wobei die Maßnahme nicht aufgeschoben oder aufgehoben worden sein darf, ein Verbot der Einreise oder des Aufenthalts enthalten oder davon begleitet sein muß und auf der Nichtbeachtung des nationalen Rechts über die Einreise oder den Aufenthalt von Ausländern beruhen muß.

Art. 97. Daten in bezug auf Vermißte oder Personen, die im Interesse ihres eigenen Schutzes oder zur Gefahrenabwehr auf Ersuchen der zuständigen Behörde oder des zuständigen Gerichts der ausschreibenden Vertragspartei vorläufig in Gewahrsam genommen werden müssen, werden aufgenommen, damit die Polizeibehörden den Aufenthalt der ausschreibenden Vertragspartei mitteilen oder die Person in Gewahrsam nehmen können, um deren Weiterreise zu verhindern, soweit es das nationale Recht erlaubt. Dies gilt insbesondere für Minderjährige und Personen, die aufgrund einer Anordnung einer zuständigen Stelle zwangsweise untergebracht werden müssen. Bei volljährigen Vermißten bedarf die Mitteilung der Einwilligung des Betroffenen.

Art. 98. (1) Daten in bezug auf Zeugen sowie auf Personen, die im Rahmen eines Strafverfahrens wegen Taten vor Gericht erscheinen müssen, deretwegen sie verfolgt werden oder Personen, denen ein Strafurteil oder die Ladung zum Antritt einer Freiheitsentziehung zugestellt werden muß, werden auf Ersuchen der zuständigen Justizbehörden im Hinblick auf die Mitteilung des Wohnsitzes oder des Aufenthalts aufgenommen.

(2) Die erbetenen Informationen werden der ersuchenden Vertragspartei nach Maßgabe des nationalen Rechts und der geltenden Übereinkommen über Rechtshilfe in Strafsachen mitgeteilt.

Art. 99. (1) Daten in Bezug auf Personen oder Fahrzeuge, Wasserfahrzeuge, Luftfahrzeuge und Container werden nach Maßgabe des nationalen Rechts des ausschreibenden Mitgliedstaats zur verdeckten Registrierung oder zur gezielten Kontrolle gemäß Absatz 5 aufgenommen.

(2) Eine Ausschreibung dieser Art ist zulässig zur Strafverfolgung und zur Abwehr von Gefahren für die öffentliche Sicherheit, wenn

a) konkrete Anhaltspunkte dafür vorliegen, daß der Betroffene in erheblichem Umfang außergewöhnlich schwere Straftaten plant oder begeht, oder

b) die Gesamtbeurteilung des Betroffenen, insbesondere aufgrund der bisher von ihm begangenen Straftaten, erwarten läßt, daß er auch künftig außergewöhnlich schwere Straftaten begehen wird.

(3) Die Ausschreibung ist ferner, soweit das nationale Recht es erlaubt, auf Veranlassung der für die Sicherheit des Staates zuständigen Stellen zulässig, wenn tatsächliche Anhaltspunkte dafür vorliegen, daß die in Absatz 4 bezeichneten Informationen zur Abwehr einer von dem Betroffenen ausgehenden erheblichen Gefährdung oder anderer erheblicher Gefahren für die innere oder äußere Sicherheit des Staates erforderlich sind. Der nach diesem Absatz ausschreibende Mitgliedstaat ist verpflichtet, die anderen Mitgliedstaaten zu unterrichten.

(4) Aufgrund der verdeckten Registrierung können anläßlich von Grenzkontrollen und sonstigen polizeilichen und zollrechtlichen Überprüfungen im Binnenland die nachstehenden Informationen ganz oder teilweise eingeholt und der ausschreibenden Stelle übermittelt werden:

a) Antreffen der ausgeschriebenen Person oder des ausgeschriebenen Fahrzeugs,

b) Ort, Zeit oder Anlaß der Überprüfung,

c) Reiseweg und Reiseziel,

d) Begleitpersonen oder Insassen,

e) benutztes Fahrzeug,

f) mitgeführte Sachen,

g) Umstände des Antreffens der Person oder des Fahrzeugs.

Bei der Erhebung dieser Daten ist darauf zu achten, daß der verdeckte Charakter der Maßnahme nicht gefährdet wird.

(5) Bei der in Absatz 1 genannten gezielten Kontrolle können nach Maßgabe des nationalen Rechts zur Erreichung der in den Absätzen 2 und 3 genannten Zwecke die Person, das Fahrzeug, das Wasserfahrzeug, das Luftfahrzeug, der Container oder die mitgeführten Gegenstände durchsucht werden. Soweit nach dem Recht einer Vertragspartei die gezielte Kontrolle nicht zulässig ist, wird diese Maßnahme für diese Vertragspartei automatisch in eine verdeckte Registrierung umgesetzt.

(6) Eine ersuchte Vertragspartei kann die Ausschreibung in dem Bestand ihres nationalen Teils des Schengener Informationssystems so kennzeichnen lassen, daß bis zur Löschung der Kennzeichnung keine Maßnahme aufgrund der Ausschreibung zur verdeckten Registrierung oder zur gezielten Kontrolle vollzogen wird. Die Kennzeichnung ist spätestens vierundzwanzig Stunden nach der Speicherung der Ausschreibung zu löschen, es sei denn, die betreffende Vertragspartei lehnt die erbetene Maßnahme aus Rechtsgründen oder besonderen Opportunitätserwägungen ab. Ungeachtet einer Kennzeichnung oder einer ablehnenden Entscheidung bleiben die anderen Vertragsparteien befugt, die mit der Ausschreibung erbetene Maßnahme zu vollziehen.

Art. 100. (1) Daten in bezug auf Sachen, die zur Sicherstellung oder Beweissicherung im Strafverfahren gesucht werden, werden in das Schengener Informationssystem aufgenommen.

(2) Ergibt eine Abfrage, daß eine Sachfahndungsnotierung besteht, so setzt sich die aufgreifende mit der ausschreibenden Stelle in Verbindung, um erforderliche Maßnahmen abzustimmen. Zu diesem Zweck können nach Maßgabe dieses Übereinkommens auch personenbezogene Daten übermittelt werden. Maßnahmen der aufgreifenden Vertragspartei werden nach Maßgabe ihres nationalen Rechts vollzogen.

(3) Es werden folgende Kategorien von leicht identifizierbaren Sachen einbezogen:

a) gestohlene, unterschlagene oder sonst abhanden gekommene Kraftfahrzeuge mit einem Hubraum von mehr als 50 ccm, Wasserfahrzeuge und Luftfahrzeuge;

b) gestohlene, unterschlagene oder sonst abhanden gekommene Anhänger mit einem Leergewicht von mehr als 750 kg, Wohnwagen, industrielle Ausrüstungen, Außenbordmotoren und Container;

c) gestohlene, unterschlagene oder sonst abhanden gekommene Feuerwaffen;

d) gestohlene, unterschlagene oder sonst abhanden gekommene amtliche Blankodokumente;

e) gestohlene, unterschlagene oder sonst abhanden gekommene oder für ungültig erklärte ausgestellte Identitätsdokumente wie z. B. Pässe, Identitätskarten, Führerscheine, Aufenthaltstitel und Reisedokumente;

f) gestohlene, unterschlagene, sonst abhanden gekommene oder für ungültig erklärte Fahrzeugscheine und Kfz-Kennzeichen;

g) Banknoten (Registriergeld);

h) gestohlene, unterschlagene oder sonst abhanden gekommene Wertpapiere und Zahlungsmittel wie Schecks, Kreditkarten, Obligationen, Aktien und Anteilspapiere.

Art. 101. (1) Zugriff auf die im Schengener Informationssystem gespeicherten Daten mit dem Recht, diese unmittelbar abzurufen, erhalten ausschließlich Stellen, die zuständig sind für:

a) Grenzkontrollen,

b) sonstige polizeiliche und zollrechtliche Überprüfungen im Inland sowie deren Koordinierung.

Auch die nationalen Justizbehörden, unter anderem diejenigen, die für die Erhebung der öffentlichen Klage im Strafverfahren und justizielle Ermittlungen vor Anklageerhebung zuständig sind, können jedoch zur Erfüllung ihrer Aufgaben – wie in den einzelstaatlichen Rechtsvorschriften vorgesehen – Zugriff auf die im Schengener Informationssystem gespeicherten Daten mit dem Recht erhalten, diese unmittelbar abzurufen.

(2) Zugriff auf die nach Artikel 96 gespeicherten Daten und auf Daten in Bezug auf die nach Artikel 100 Absatz 3 Buchstaben d) und e) gespeicherten Personendokumente mit dem Recht, diese unmittelbar abzurufen, erhalten außerdem die für die Sichtvermerkserteilung zuständigen Stellen, die zentralen Behörden, die für die Behandlung der Sichtvermerksanträge zuständig sind, sowie die für die Erteilung von Aufenthaltstiteln und die für die Handhabung der ausländerrechtlichen Bestimmungen dieses Übereinkommens im Bereich des Personenverkehrs zuständigen Behörden. Der Zugriff auf die Daten durch diese Stellen erfolgt nach Maßgabe des nationalen Rechts der Mitgliedstaaten.

(3) Die Benutzer dürfen nur die Daten abrufen, die zur Erfüllung ihrer Aufgaben erforderlich sind.

(4) Jede Vertragspartei übermittelt dem Exekutivausschuß die Liste der zuständigen Behörden, die berechtigt sind, die im Schengener Informationssystem gespeicherten Daten unmittelbar abzufragen, wobei für jede Behörde angegeben wird, welche Daten für welche Aufgaben sie abrufen darf.

Art. 101 a.[1] (1) Das Europäische Polizeiamt (Europol) hat im Rahmen seines Mandats und auf eigene Kosten Zugriff auf die nach den Artikeln 95, 99 und 100 im Schengener Informationssystem gespeicherten Daten mit dem Recht, diese unmittelbar abzurufen.

(2) Europol darf nur Daten abrufen, die zur Erfüllung seiner Aufgaben erforderlich sind.

(3) Stellt sich beim Abruf durch Europol heraus, dass eine Ausschreibung im Schengener Informationssystem gespeichert ist, setzt Europol den ausschreibenden Mitgliedstaat über die im Europol-Übereinkommen bestimmten Kanäle davon in Kenntnis.

(4) Die Nutzung der durch einen Abruf im Schengener Informationssystem eingeholten Informationen unterliegt der Zustimmung des betreffenden Mitgliedstaats. Gestattet der Mitgliedstaat die Nutzung derartiger Informationen, so erfolgt die Verarbeitung dieser Informationen nach Maßgabe des Europol-Übereinkommens. Europol darf derartige Informationen nur mit Zustimmung des betreffenden Mitgliedstaats an Drittstaaten und -stellen weitergeben.

(5) Europol kann nach Maßgabe des Europol-Übereinkommens den betreffenden Mitgliedstaat um Zusatzinformationen ersuchen.

(6) Europol ist verpflichtet,

a) nach Maßgabe von Artikel 103 jeden seiner Abrufe zu protokollieren;

b) unbeschadet der Absätze 4 und 5 es zu unterlassen, Teile des Schengener Informationssystems, zu denen es Zugang hat, oder die hierin gespeicherten Daten, auf die es Zugriff hat, mit einem von oder bei

[1] Der Beginn der Anwendung dieser Bestimmungen ist durch Beschluss 2006/631/JI des Rates v. 24. 7. 2006 auf den 1. 10. 2006 festgelegt worden (ABl. Nr. L 256/18 v. 20. 9. 2006).

Europol betriebenen Computersystem für die Datenerhebung und -verarbeitung zu verbinden bzw. in ein solches zu übernehmen oder bestimmte Teile des Schengener Informationssystems herunterzuladen oder in anderer Weise zu vervielfältigen;

c) den Zugriff auf die im Schengener Informationssystem gespeicherten Daten auf die eigens dazu ermächtigten Bediensteten von Europol zu beschränken;

d) Maßnahmen wie die in Artikel 118 aufgeführten anzunehmen und anzuwenden;

e) der Gemeinsamen Kontrollinstanz nach Artikel 24 des Europol-Übereinkommens zu gestatten, die Tätigkeiten Europols bei der Ausübung seines Rechts auf Zugang und Abruf der im Schengener Informationssystem gespeicherten Daten zu überprüfen.

Art. 101 b.[1] (1) Die nationalen Mitglieder von Eurojust und die sie unterstützenden Personen haben Zugriff auf die nach den Artikeln 95 und 98 im Schengener Informationssystem gespeicherten Daten mit dem Recht, diese abzurufen.

(2) Die nationalen Mitglieder von Eurojust und die sie unterstützenden Personen dürfen nur Daten abrufen, die zur Erfüllung ihrer Aufgaben erforderlich sind.

(3) Stellt sich beim Abruf durch ein nationales Mitglied von Eurojust heraus, dass eine Ausschreibung im Schengener Informationssystem gespeichert ist, setzt das Mitglied den ausschreibenden Mitgliedstaat davon in Kenntnis. Die bei einem solchen Abruf eingeholten Informationen dürfen nur mit Zustimmung des ausschreibenden Staates an dritte Staaten und Organisationen weitergegeben werden.

(4) Dieser Artikel ist nicht so auszulegen, dass er sich auf die im Beschluss des Rates über die Errichtung von Eurojust enthaltenen Bestimmungen betreffend den Datenschutz und die Haftung wegen unbefugter oder unrichtiger Datenverarbeitung durch die nationalen Mitglieder von Eurojust oder die sie unterstützenden Personen oder auf die Befugnisse der gemäß Artikel 23 jenes Beschlusses eingesetzten Gemeinsamen Kontrollinstanz auswirkt.

(5) Nach Maßgabe von Artikel 103 wird jeder Abruf durch ein nationales Mitglied von Eurojust oder durch eine es unterstützende Person protokolliert und jede Nutzung der von ihnen abgerufenen Daten aufgezeichnet.

(6) Die Teile des Schengener Informationssystems, zu denen die nationalen Mitglieder und die sie unterstützenden Personen Zugang haben, oder die hierin gespeicherten Daten, auf die sie Zugriff haben, werden nicht mit einem von oder bei Eurojust betriebenen Computer-

---

[1] Der Beginn der Anwendung dieser Bestimmungen ist durch Beschluss 2006/631/JI des Rates v. 24. 7. 2006 auf den 1. 10. 2006 festgelegt worden (ABl. Nr. L 256/18 v. 20. 9. 2006).

system für die Datenerhebung und -verarbeitung verbunden bzw. in ein solches übernommen, noch werden bestimmte Teile des Schengener Informationssystems heruntergeladen.

(7) Der Zugriff auf die im Schengener Informationssystem gespeicherten Daten ist auf die nationalen Mitglieder und die sie unterstützenden Personen beschränkt und gilt nicht für die Eurojust-Bediensteten.

(8) Es sind Maßnahmen wie die in Artikel 118 aufgeführten anzunehmen und anzuwenden.

Kapitel 3. Datenschutz und Datensicherung im Schengener Informationssystem

Art. 102. (1) Die Vertragsparteien dürfen die in den Artikeln 95 bis 100 genannten Daten nur für die der jeweiligen Ausschreibung entsprechenden Zwecke nutzen.

(2) Die Daten dürfen nur zu technischen Zwecken vervielfältigt werden, soweit dies zum unmittelbaren Abruf durch die in Artikel 101 genannten Stellen erforderlich ist. Ausschreibungen von anderen Vertragsparteien dürfen nicht aus dem Bestand des nationalen Teils des Schengener Informationssystems in andere nationale Datenbestände übernommen werden.

(3) Hinsichtlich der Ausschreibungen nach Artikel 95 bis 100 dieses Übereinkommens ist eine Abweichung von Absatz 1, durch die eine Ausschreibungskategorie durch eine andere ersetzt wird, nur zulässig, soweit dies zur Abwehr einer schwerwiegenden und unmittelbar bevorstehenden Gefahr für die öffentliche Sicherheit und Ordnung oder aus schwerwiegenden Gründen der Sicherheit des Staates oder zur Verhütung einer Straftat mit erheblicher Bedeutung erforderlich ist. Hierüber ist die vorherige Zustimmung der ausschreibenden Vertragspartei einzuholen.

(4) Die Daten dürfen nicht zu Verwaltungszwecken genutzt werden. Hiervon abweichend dürfen Daten, die nach Artikel 96 gespeichert wurden, und Daten in Bezug auf die nach Artikel 100 Absatz 3 Buchstaben d) und e) gespeicherten Personendokumente im Einklang mit den nationalen Rechtsvorschriften der einzelnen Mitgliedstaaten ausschließlich für die Zwecke von Artikel 101 Absatz 2 genutzt werden.

(5) Jede Nutzung der Daten, die den Absätzen 1 bis 4 nicht entspricht, wird nach dem nationalen Recht der Vertragspartei als Zweckentfremdung bewertet.

Art. 103. Jede Vertragspartei gewährleistet, dass jede Übermittlung personenbezogener Daten durch die dateiführende Stelle im nationalen Teil des Schengener Informationssystems zur Kontrolle der Zulässigkeit der Abfrage protokolliert wird. Die Aufzeichnung darf nur hierfür verwendet werden und wird frühestens nach Ablauf eines Jahres und spätestens nach Ablauf von drei Jahren gelöscht.

Art. 104. (1) Das nationale Recht der ausschreibenden Vertragspartei findet auf die Ausschreibung Anwendung, es sei denn, dieses Übereinkommen enthält engere Voraussetzungen für die Ausschreibung.

(2) Soweit dieses Übereinkommen keine besondere Regelung enthält, findet das nationale Recht der jeweiligen Vertragspartei auf die in ihrem nationalen Teil des Schengener Informationssystems gespeicherten Daten Anwendung.

(3) Soweit dieses Übereinkommen keine besondere Regelung über die Durchführung der mit der Ausschreibung erbetenen Maßnahme enthält, findet das nationale Recht der ersuchten Vertragspartei, die die Maßnahme durchführt, Anwendung. Soweit dieses Übereinkommen besondere Regelungen über die Durchführung der mit der Ausschreibung erbetenen Maßnahme enthält, werden die Befugnisse durch das nationale Recht der ersuchten Vertragspartei begrenzt. Soweit die erbetene Maßnahme nicht durchgeführt werden kann, unterrichtet die ersuchte Vertragspartei die ausschreibende Vertragspartei unverzüglich.

Art. 105. Die ausschreibende Vertragspartei ist für die Richtigkeit und Aktualität der Daten sowie die Rechtmäßigkeit der Speicherung im Schengener Informationssystem verantwortlich.

Art. 106. (1) Die Änderung, Ergänzung, Berichtigung oder Löschung der Daten darf nur durch die ausschreibende Vertragspartei vorgenommen werden.

(2) Hat eine Vertragspartei, die selber die Ausschreibung nicht veranlaßt hat, Anhaltspunkte dafür, daß Daten unrichtig sind oder unrechtmäßig gespeichert worden sind, so teilt sie dies umgehend der ausschreibenden Vertragspartei mit, die verpflichtet ist, diese Mitteilung unverzüglich zu prüfen und erforderlichenfalls die Daten unverzüglich zu berichtigen oder zu löschen.

(3) Falls die Vertragsparteien sich nicht einigen können, unterbreitet die Vertragspartei, die die Ausschreibung nicht veranlaßt hat, der in Artikel 115 Absatz 1 vorgesehenen gemeinsamen Kontrollinstanz den Fall zur Stellungnahme.

Art. 107. Wurde in bezug auf eine Person bereits eine Ausschreibung in das Schengener Informationssystem aufgenommen, so stimmt sich die Vertragspartei, die eine weitere Ausschreibung vornimmt, mit der Vertragspartei, die die erste Ausschreibung vorgenommen hat, über die Speicherung der Ausschreibungen ab. Hierzu können die Vertragsparteien auch generelle Regelungen treffen.

Art. 108. (1) Jede Vertragspartei bestimmt eine Stelle, die als Zentrale für den nationalen Teil des Schengener Informationssystems zuständig ist.[1)]

[1)] Dies ist in Deutschland das Bundeskriminalamt (vgl. Art. 6 Ziff. 1 des Vertragsgesetzes, BGBl. 1993 II S. 1011).

(2) Jede Vertragspartei nimmt ihre Ausschreibungen über diese Stelle vor.

(3) Diese Stelle ist für das reibungslose Funktionieren des nationalen Teiles des Schengener Informationssystems verantwortlich und trifft die erforderlichen Maßnahmen für die Einhaltung der Bestimmungen dieses Übereinkommens.

(4) Die Vertragsparteien teilen einander über den Verwahrer die nach Absatz 1 bestimmte Stelle mit.

Art. 109. (1) Das Recht jeder Person, über die zu ihrer Person im Schengener Informationssystem gespeicherten Daten Auskunft zu erhalten, richtet sich nach dem nationalen Recht der Vertragspartei, in deren Hoheitsgebiet das Auskunftsrecht beansprucht wird. Soweit das nationale Recht dies vorsieht, entscheidet die in Artikel 114 Absatz 1 vorgesehene nationale Kontrollinstanz, ob und in welcher Weise Auskunft erteilt wird. Eine Vertragspartei, die selber die Ausschreibung nicht vorgenommen hat, darf Auskunft zu diesen Daten nur erteilen, wenn sie vorher der ausschreibenden Vertragspartei Gelegenheit zur Stellungnahme gegeben hat.

(2) Die Auskunftserteilung an den Betroffenen unterbleibt, wenn dies zur Durchführung einer rechtmäßigen Aufgabe im Zusammenhang mit der Ausschreibung oder zum Schutz der Rechte und Freiheiten Dritter unerläßlich ist. Sie unterbleibt immer während der Ausschreibung zur verdeckten Registrierung.

Art. 110. Jeder hat das Recht, auf seine Person bezogene unrichtige Daten berichtigen oder unrechtmäßig gespeicherte Daten löschen zu lassen.

Art. 111. (1) Jeder hat das Recht, im Hoheitsgebiet jeder Vertragspartei eine Klage wegen einer seine Person betreffenden Ausschreibung insbesondere auf Berichtigung, Löschung, Auskunftserteilung oder Schadensersatz vor dem nach nationalem Recht zuständigen Gericht oder der zuständigen Behörde zu erheben.

(2) Unbeschadet des Artikels 116 verpflichten sich die Vertragsparteien, unanfechtbare Entscheidungen der Gerichte oder Behörden nach Absatz 1 zu vollziehen.

Art. 112. (1) Die zur Personenfahndung in dem Schengener Informationssystem aufgenommenen personenbezogenen Daten werden nicht länger als für den verfolgten Zweck erforderlich gespeichert. Spätestens drei Jahre nach ihrer Einspeicherung ist die Erforderlichkeit der weiteren Speicherung von der ausschreibenden Vertragspartei zu prüfen. Für die Ausschreibung gemäß Artikel 99 beträgt diese Frist ein Jahr.

(2) Jede ausschreibende Vertragspartei bestimmt gegebenenfalls kürzere Prüffristen nach Maßgabe ihres nationalen Rechts.

(3) Die technische Unterstützungseinheit des Schengener Informationssystems weist die ausschreibende Vertragspartei mit einem Vorlauf von einem Monat automatisch auf die im System programmierte Löschung hin.

(4) Die ausschreibende Vertragspartei kann innerhalb der Prüffrist beschließen, die Ausschreibung noch beizubehalten, wenn dies für den der Ausschreibung zugrunde liegenden Zweck erforderlich ist. Eine Verlängerung der Ausschreibung ist in die technische Unterstützungseinheit einzugeben. Absatz 1 gilt entsprechend.

Art. 112 a. (1) Die von den Stellen nach Artikel 92 Absatz 4 auf der Grundlage des Informationsaustauschs nach jenem Absatz gespeicherten personenbezogenen Daten werden nicht länger als für den verfolgten Zweck erforderlich gespeichert. Sie werden auf jeden Fall spätestens ein Jahr nach der Löschung der Ausschreibung bzw. der Ausschreibungen zu der betreffenden Person aus dem Schengener Informationssystem gelöscht.

(2) Absatz 1 berührt nicht das Recht eines Mitgliedstaats, Daten zu einer bestimmten Ausschreibung, die dieser Mitgliedstaat vorgenommen hat, oder zu einer Ausschreibung, in deren Zusammenhang Maßnahmen in seinem Hoheitsgebiet ergriffen wurden, in einzelstaatlichen Dateien aufzubewahren. Die Frist für die Aufbewahrung der Daten in diesen Dateien wird durch einzelstaatliche Rechtsvorschriften geregelt.

Art. 113. (1) Andere als in Artikel 112 genannten Daten werden nicht länger als zehn Jahre und Daten über Gegenstände nach Artikel 99 Absatz 1 nicht länger als fünf Jahre gespeichert.

(2) Gelöschte Daten werden noch ein Jahr in der technischen Unterstützungseinheit gespeichert. Sie dürfen in dieser Zeit jedoch lediglich genutzt werden, um nachträglich ihre Richtigkeit oder die Rechtmäßigkeit der Speicherung zu prüfen. Danach sind sie zu vernichten.

Art. 113 a. (1) Andere als die von den Stellen nach Artikel 92 Absatz 4 auf der Grundlage des Informationsaustauschs nach jenem Absatz gespeicherten personenbezogenen Daten werden nicht länger als für den verfolgten Zweck erforderlich gespeichert. Sie werden auf jeden Fall spätestens ein Jahr nach der Löschung der Ausschreibung bzw. der Ausschreibungen, zu der betroffenen Person aus dem Schengener Informationssystem gelöscht.

(2) Absatz 1 berührt nicht das Recht eines Mitgliedstaats, Daten zu einer bestimmten Ausschreibung, die dieser Mitgliedstaat vorgenommen hat, oder zu einer Ausschreibung in deren Zusammenhang Maßnahmen in seinem Hoheitsgebiet ergriffen wurden, in einzelstaatlichen Dateien aufzubewahren. Die Frist für die Aufbewahrung der Daten in diesen Dateien wird durch einzelstaatliche Rechtsvorschriften geregelt.

Art. 114. (1) Jede Vertragspartei bezeichnet eine Kontrollinstanz, deren Aufgabe darin besteht, nach Maßgabe des jeweiligen nationalen Rechts den Bestand des nationalen Teils des Schengener Informationssystems unabhängig zu überwachen und zu prüfen, ob durch Verarbeitung und Nutzung der im Schengener Informationssystem gespeicherten Daten die Rechte des Betroffenen nicht verletzt werden. Diese Kontrollinstanz hat hierfür Zugriff auf den Bestand des nationalen Teils des Schengener Informationssystems.

(2) Jeder hat das Recht, die Kontrollinstanzen zu ersuchen, die zu seiner Person im Schengener Informationssystem gespeicherten Daten sowie deren Nutzung zu überprüfen. Dieses Recht wird nach Maßgabe des nationalen Rechts der Vertragspartei, an die das Ersuchen gerichtet wird, ausgeübt. Wurden die Daten durch eine andere Vertragspartei eingegeben, so erfolgt die Kontrolle in enger Abstimmung mit der Kontrollinstanz dieser Vertragspartei.

Art. 115. (1) Zur Überwachung der technischen Unterstützungseinheit des Schengener Informationssystems wird eine gemeinsame Kontrollinstanz eingerichtet, die sich aus je zwei Vertretern der jeweiligen nationalen Kontrollinstanzen zusammensetzt. Jede Vertragspartei hat bei Abstimmungen eine Stimme. Die Kontrolle richtet sich nach den Bestimmungen dieses Übereinkommens, des Übereinkommens des Europarates vom 28. Januar 1981 zum Schutz des Menschen bei der automatischen Verarbeitung personenbezogener Daten, der Empfehlung R (87) 15 des Ministerausschusses des Europarates über die Nutzung personenbezogener Daten im Polizeibereich vom 17. September 1987 und nach dem nationalen Recht der für die technische Unterstützungseinheit zuständigen Vertragspartei.

(2) In bezug auf die technische Unterstützungseinheit hat die gemeinsame Kontrollinstanz die Aufgabe, die richtige Anwendung der Bestimmungen dieses Übereinkommens zu überprüfen. Sie hat hierfür Zugriff auf den zentralen Bestand.

(3) Die gemeinsame Kontrollinstanz ist auch zuständig für die Prüfung der Anwendungs- oder Auslegungsfragen im Zusammenhang mit dem Funktionieren des Schengener Informationssystems, für die Prüfung von Fragen im Zusammenhang mit den von den nationalen Kontrollinstanzen unabhängig vorgenommenen Kontrollen oder mit der Ausübung des Auskunftsrechtes sowie für die Erarbeitung harmonisierter Vorschläge im Hinblick auf gemeinsame Lösungen für die bestehenden Fragen.

(4) Die von der gemeinsamen Kontrollinstanz erstellten Berichte werden an die Stellen übermittelt, an die die nationalen Kontrollinstanzen ihre Berichte übermitteln.

Art. 116. (1) Wird jemand bei dem Betrieb eines nationalen Bestandes des Schengener Informationssystems geschädigt, haftet ihm hierfür jede Vertragspartei nach Maßgabe ihres nationalen Rechts. Dies gilt auch, wenn der Schaden durch die ausschreibende Vertragspartei verursacht worden ist, weil diese die Daten unrichtig eingegeben hat oder die Speicherung unrechtmäßig war.

(Fortsetzung nächste Seite)

(2) Ist die in Anspruch genommene Vertragspartei nicht die ausschreibende Vertragspartei, hat letztere den geleisteten Ersatz auf Anforderung zu erstatten, es sei denn, von der ersuchten Vertragspartei wurden die Daten vertragswidrig genutzt.

Art. 117. (1) Jede Vertragspartei trifft spätestens bis zum Inkrafttreten dieses Übereinkommens in ihrem nationalen Recht in bezug auf die automatische Verarbeitung personenbezogener Daten im Rahmen der Anwendung dieses Titels die erforderlichen Maßnahmen zur Gewährleistung eines Datenschutzstandards, der zumindest dem entspricht, der sich aus der Verwirklichung der Grundsätze des Übereinkommens des Europarates über den Schutz des Menschen bei der automatischen Verarbeitung personenbezogener Daten vom 28. Januar 1981 ergibt, und beachtet dabei die Empfehlung R (87) 15 des Ministerausschusses des Europarates über die Nutzung personenbezogener Daten im Polizeibereich vom 17. September 1987.

(2) Die in diesem Titel vorgesehenen Übermittlungen personenbezogener Daten dürfen erst beginnen, wenn in dem Hoheitsgebiet der an der Übermittlung beteiligten Vertragsparteien die nach Absatz 1 gebotenen datenschutzrechtlichen Regelungen in Kraft getreten sind.

Art. 118. (1) Jede Vertragspartei verpflichtet sich, für ihren nationalen Teil des Schengener Informationssystems Maßnahmen zu treffen, die geeignet sind:

a) Unbefugten den Zugang zu Datenverarbeitungsanlagen, mit denen personenbezogene Daten verarbeitet werden, zu verwehren (Zugangskontrolle);

b) zu verhindern, daß Datenträger unbefugt gelesen, kopiert, verändert oder entfernt werden können (Datenträgerkontrolle);

c) die unbefugte Eingabe in den Speicher sowie die unbefugte Kenntnisnahme, Veränderung oder Löschung gespeicherter personenbezogener Daten zu verhindern (Speicherkontrolle);

d) zu verhindern, daß automatisierte Datenverarbeitungssysteme mit Hilfe von Einrichtungen zur Datenübertragung von Unbefugten genutzt werden können (Benutzerkontrolle);

e) zu gewährleisten, daß die zur Benutzung eines automatisierten Datenverarbeitungssystems Berechtigten ausschließlich auf die ihrer Zugriffsberechtigung unterliegenden Daten zugreifen können (Zugriffskontrolle);

f) zu gewährleisten, daß überprüft und festgestellt werden kann, an welche Stellen personenbezogene Daten durch Einrichtungen zur Datenübertragung übermittelt werden können (Übermittlungskontrolle);

g) zu gewährleisten, daß nachträglich überprüft und festgestellt werden kann, welche personenbezogenen Daten zu welcher Zeit und von wem in automatisierte Datenverarbeitungssysteme eingegeben worden sind (Eingabekontrolle);

h) zu verhindern, daß bei der Übertragung personenbezogener Daten sowie beim Transport von Datenträgern die Daten unbefugt gelesen, kopiert, verändert oder gelöscht werden können (Transportkontrolle).

(2) Jede Vertragspartei hat für die Übermittlung von Daten an Stellen außerhalb des Hoheitsgebietes der Vertragsparteien besondere Vorkehrungen zur Datensicherung zu treffen. Diese sind der gemeinsamen Kontrollinstanz mitzuteilen.

(3) Jede Vertragspartei darf mit der Datenverarbeitung in ihrem nationalen Teil des Schengener Informationssystems nur Personen beauftragen, die besonders geschult und einer Sicherheitsüberprüfung unterzogen worden sind.

(4) Für die technische Unterstützungseinheit des Schengener Informationssystems trifft die hierfür zuständige Vertragspartei die in den Absätzen 1 bis 3 genannten Maßnahmen.

Kapitel 4. Verteilung der Kosten des Schengener Informationssystems

Art. 119. (1) Die Kosten für die Einrichtung und den Betrieb der technischen Unterstützungseinheit nach Artikel 92 Absatz 3 einschließlich der Leitungskosten für die Verbindung der nationalen Teile des Schengener Informationssystems mit der technischen Unterstützungseinheit sowie die Kosten der Tätigkeiten, die von Frankreich in Verbindung mit den ihm übertragenen Aufgaben in Anwendung des Beschlusses 2008/839/JI des Rates und der Verordnung (EG) Nr. 1104/2008 des Rates durchgeführt werden, werden von den Mitgliedstaaten gemeinsam getragen.

(2) Die Kosten für die Einrichtung und den Betrieb ihres nationalen Teils des Schengener Informationssystems sowie für die Erfüllung der dem nationalen System gemäß dem Beschluss 2008/839/JI des Rates und der Verordnung (EG) Nr. 1104/2008 des Rates obliegenden Aufgaben trägt jeder Mitgliedstaat selbst.

Titel V. Transport und Warenverkehr

Art. 120. (1) Die Vertragsparteien achten darauf, daß keine ihrer Rechts- oder Verwaltungsvorschriften den Warenverkehr über die Binnengrenzen in unvertretbarer Weise behindern.

(2) Die Vertragsparteien erleichtern den Warenverkehr über die Binnengrenzen dadurch, daß sie mit Verboten und Beschränkungen verbundene Förmlichkeiten bei der Abfertigung der Waren zum abgabenrechtlich freien Verkehr durchführen. Diese Abfertigung findet nach *Wahl des Beteiligten* entweder im Binnenland oder an der Binnengrenze statt. Die Vertragsparteien bemühen sich, die Abfertigung im Binnenland zu fördern.

(3) Soweit die nach Absatz 2 vorgesehenen Erleichterungen in bestimmten Bereichen ganz oder teilweise noch nicht verwirklicht werden können, bemühen sich die Vertragsparteien weiterhin, untereinander oder im Rahmen der Europäischen Gemeinschaften dafür die Voraussetzungen zu schaffen.

Dieser Absatz findet insbesondere auf die Kontrolle der verkehrsgewerberechtlichen Genehmigung und der verkehrstechnischen Bestimmungen, des Tierschutz- und des Tierseuchenrechts sowie des Fleischhygienerechts, des Pflanzenschutzrechts sowie des Transports gefährlicher Güter und Abfälle Anwendung.

(4) Die Vertragsparteien bemühen sich weiterhin, die Förmlichkeiten für den Warenverkehr über die Außengrenze untereinander anzugleichen und deren Einhaltung nach einheitlichen Grundsätzen zu kontrollieren. Zu diesem Zweck arbeiten sie im Exekutivausschuß, im Rahmen der Europäischen Gemeinschaften und in anderen internationalen Gremien eng zusammen.

Art. 121. (1) Die Vertragsparteien verzichten in Übereinstimmung mit dem Gemeinschaftsrecht für bestimmte Pflanzen oder Pflanzenerzeugnisse auf die nach Gemeinschaftsrecht vorgesehenen phytosanitären Untersuchungen und die Vorlage von Pflanzengesundheitszeugnissen.

Der Exekutivausschuß bestimmt die Liste der Pflanzen oder Pflanzenerzeugnisse, für die die Erleichterungen des Satzes 1 gelten. Er kann sie ändern und bestimmt den Zeitpunkt, zu dem diese Änderungen in Kraft treten sollen. Die Vertragsparteien teilen sich gegenseitig die getroffenen Maßnahmen mit.

(2) Eine Vertragspartei kann bei Gefahr der Einschleppung oder Ausbreitung von Schadorganismen die vorübergehende Wiedereinführung der gemeinschaftsrechtlich vorgeschriebenen Kontrollmaßnahmen verlangen und selbst durchführen. Sie teilt dies unverzüglich schriftlich den anderen Vertragsparteien unter Angabe der Gründe mit.

(3) Für nach Artenschutzrecht notwendige Bescheinigungen kann das Pflanzengesundheitszeugnis weiterhin verwendet werden.

(4) Auf Antrag stellt die zuständige Behörde ein Pflanzengesundheitszeugnis aus, wenn die Sendung ganz oder teilweise für die Wiederausfuhr bestimmt ist, soweit die Pflanzen oder pflanzlichen Erzeugnisse die phytosanitären Anforderungen erfüllen.

Art. 122. (1) Die Vertragsparteien verstärken ihre Zusammenarbeit im Hinblick auf die Sicherheit des Transports gefährlicher Güter und verpflichten sich, die nationalen Bestimmungen zur Durchführung der geltenden internationalen Übereinkommen zu harmonisieren. Darüber hinaus verpflichten sie sich, insbesondere im Hinblick auf die Beibehaltung des derzeitigen Sicherheitsniveaus zur

a) Harmonisierung der Anforderungen bezüglich der fachlichen Eignung von Fahrzeugführern;

b) Harmonisierung der Modalitäten und der Intensität der Kontrollen während des Transports und in den Unternehmen;

c) Harmonisierung der Straf- und Ordnungswidrigkeitstatbestände sowie der gesetzlichen Bestimmungen über den Straf- und Bußgeldrahmen;

d) Schaffung eines ständigen Informations- und Erfahrungsaustausches über durchgeführte Maßnahmen und Kontrollen.

(2) Die Vertragsparteien verstärken die Zusammenarbeit im Hinblick auf die Überwachung der binnengrenzüberschreitenden Verbringung von gefährlichen und nicht gefährlichen Abfällen.

Dazu bemühen sie sich, bei der Novellierung der Richtlinien der Europäischen Gemeinschaften über die Überwachung und die administrative Behandlung der Verbringung gefährlicher Abfälle und bei der Erarbeitung von Rechtsakten der Europäischen Gemeinschaften über nicht gefährliche Abfälle einen einheitlichen Standpunkt mit dem Ziel der Schaffung einer ausreichenden Entsorgungsinfrastruktur und der Festlegung harmonisierter Entsorgungsstandards auf hohem Niveau zu vertreten.

In Erwartung einer gemeinschaftlichen Regelung über nicht gefährliche Abfälle wird deren Verbringung durch die Anwendung eines besonderen Verfahrens überwacht, wodurch die Verbringung am Bestimmungsort bei der Abfertigung kontrolliert werden kann.

Die Bestimmungen des Absatzes 1 Satz 2 finden Anwendung.

Art. 123. (1) Die Vertragsparteien verpflichten sich, Beratungen zu führen mit dem Ziel, die derzeit geltende Genehmigungspflicht für die Ausfuhr von strategischen Industriewaren und Technologien in ihren Beziehungen zueinander abzuschaffen und gegebenenfalls durch ein flexibles Verfahren zu ersetzen, unter der Voraussetzung, daß Bestimmungs- und Endverbleibsland Vertragsparteien sind.

Vorbehaltlich dieser Beratungen bemühen sich die Vertragsparteien, im Hinblick auf die erforderlichen Kontrollen eng zusammenzuarbeiten, nach Maßgabe des nationalen Rechts Informationen auszutauschen und die dazu erforderliche Koordinierung, einschließlich Einrichtung eines Koordinierungsmechanismus, vorzunehmen.

(2) Die Vertragsparteien bemühen sich, in bezug auf andere Waren als die strategischen Industriewaren und Technologien nach Absatz 1 einerseits die Ausfuhrformalitäten im Binnenland abwickeln zu lassen und andererseits ihre Kontrollverfahren zu harmonisieren.

(3) Im Rahmen der Ziele nach den Absätzen 1 und 2 konsultieren die Vertragsparteien die übrigen interessierten Partnerstaaten.

Art. 124. Zahl und Intensität von Kontrollen der im Reiseverkehr über die Binnengrenzen mitgeführten Waren werden auf eine möglichst niedrige Ebenen vermindert. Ihre weitere Verminderung und schließliche Abschaffung ist von der schrittweisen Anhebung der Reisefreigrenzen und von der weiteren Entwicklung bei den für den grenzüberschreitenden Reiseverkehr geltenden Vorschriften abhängig.

Art. 125. (1) Die Vertragsparteien treffen Absprachen über die gegenseitige Entsendung von Verbindungsbeamten ihrer Zollverwaltungen.

(2) Die Entsendung von Verbindungsbeamten hat zum Ziel, die Zusammenarbeit zwischen den Vertragsparteien allgemein und insbesondere im Rahmen der bestehenden Übereinkommen und der Rechtsakte der Europäischen Gemeinschaften über die gegenseitige Unterstützung zu fördern und zu beschleunigen.

(3) Die Verbindungsbeamten werden beratend und unterstützend tätig. Sie sind nicht zur selbständigen Durchführung von zollamtlichen Maßnahmen berechtigt. Sie erteilen Informationen und erledigen ihre Aufträge im Rahmen der ihnen von der entsendenden Vertragspartei erteilten Weisungen.

Titel VI. Datenschutz

Art. 126. (1) Jede Vertragspartei trifft spätestens bis zum Inkrafttreten dieses Übereinkommens in ihrem nationalen Recht in bezug auf die automatische Verarbeitung personenbezogener Daten, die nach diesem Übereinkommen übermittelt werden, die erforderlichen Maßnahmen zur Gewährleistung eines Datenschutzstandards, der zumindest dem entspricht, der sich aus der Verwirklichung der Grundsätze des Übereinkommens des Europarates über den Schutz des Menschen bei der automatischen Verarbeitung personenbezogener Daten vom 28. Januar 1981 ergibt.

(2) Die in diesem Übereinkommen vorgesehene Übermittlung personenbezogener Daten darf erst beginnen, wenn in dem Hoheitsgebiet der an der Übermittlung beteiligten Vertragsparteien die nach Absatz 1 gebotenen datenschutzrechtlichen Regelungen in Kraft getreten sind.

(3) In bezug auf die automatische Verarbeitung personenbezogener Daten, die nach diesem Übereinkommen übermittelt werden, gelten außerdem folgende Bestimmungen:

a) Eine Nutzung der personenbezogenen Daten durch die empfangende Vertragspartei ist ausschließlich zu den Zwecken zulässig, zu denen die Übermittlung solcher Daten in diesem Übereinkommen vorgesehen ist; eine Nutzung zu anderen Zwecken ist nur nach vorheriger Zustimmung der übermittelnden Vertragspartei und nur nach Maßgabe des Rechts der empfangenden Vertragspartei zulässig. Die Zustimmung darf erteilt werden, soweit das nationale Recht der übermittelnden Vertragspartei dies zuläßt.

b) Die übermittelten personenbezogenen Daten dürfen ausschließlich durch die Behörden und Gerichte genutzt werden, die für eine Aufgabe im Rahmen der Zwecken nach Buchstabe a zuständig sind.

c) Die übermittelnde Vertragspartei ist verpflichtet, auf die Richtigkeit der personenbezogenen Daten zu achten; erweist sich, von Amts wegen oder aufgrund eines Antrags des Betroffenen, daß unrichtige Daten oder Daten, die nicht hätten übermittelt werden dürfen, übermittelt worden sind, so ist dies der empfangenden Vertragspartei oder den empfangenden Vertragsparteien unverzüglich mitzuteilen. Diese ist beziehungsweise diese sind verpflichtet, die Berichtigung vorzunehmen, oder zu vermerken, daß die Daten unrichtig sind oder unrechtmäßig übermittelt wurden.

d) Im Rahmen ihrer Haftung nach Maßgabe des nationalen Rechts kann eine Vertragspartei sich im Verhältnis zu dem Geschädigten zu ihrer Entlastung nicht darauf berufen, daß eine andere Vertragspartei unrichtige Daten übermittelt hat. Leistet die empfangende Vertragspartei Schadensersatz wegen eines Schadens, der durch die Nutzung von unrichtig übermittelten Daten verursacht wurde, so erstattet die übermittelnde Vertragspartei der empfangenden Vertragspartei den Gesamtbetrag des geleisteten Ersatzes.

e) Die Übermittlung und der Empfang personenbezogener Daten sind in der Datei, aus der sie übermittelt werden und in der Datei, in der sie gespeichert werden, festzuhalten.

f) Die gemeinsame Kontrollinstanz nach Artikel 115 ist zuständig, auf Ersuchen einer Vertragspartei ein Gutachten über die Anwendungs- und Auslegungsschwierigkeiten abzugeben, die sich bei der Anwendung dieses Artikels ergeben.

(4) Dieser Artikel findet auf die Übermittlung personenbezogener Daten nach Maßgabe des Titels II Kapitel 7 und des Titels IV keine Anwendung. Absatz 3 findet keine Anwendung auf die Übermittlung personenbezogener Daten nach Maßgabe des Titels III Kapitel 2, 3, 4 und 5.

Art. 127. (1) Werden aufgrund dieses Übereinkommens einer anderen Vertragspartei personenbezogene Daten übermittelt, so findet auf die Übermittlung dieser Daten aus einer nicht-automatisierten Datei und ihre Aufnahme in eine solche Datei Artikel 126 sinngemäß Anwendung.

(2) Werden in anderen als den in Artikel 126 Absatz 1 oder in Absatz 1 dieses Artikels genannten Fällen einer anderen Vertragspartei personenbezogene Daten übermittelt, so gilt Artikel 126 Absatz 3 mit Ausnahme von Buchstabe e. Außerdem gelten folgende Bestimmungen:

a) Die Übermittlung und der Empfang personenbezogener Daten werden aktenkundig gemacht. Diese Verpflichtung entfällt, soweit es für die Verwendung der Daten nicht erforderlich ist, sie aktenkundig zu machen, insbesondere weil die Daten nicht oder nur *kurzfristig verwendet* werden.

b) Die Verwendung der übermittelten Daten genießt auf dem Hoheitsgebiet der empfangenden Vertragspartei zumindest den Schutz, der aufgrund des Rechts dieser Vertragspartei für eine Verwendung von Daten gleicher Art gilt.

c) Die Entscheidung darüber, ob und unter welchen Bedingungen auf Antrag des Betroffenen über die auf seine Person bezogenen übermittelten Daten Auskunft erteilt wird, richtet sich nach dem Recht der Vertragspartei, bei der der Antrag gestellt wird.

(3) Dieser Artikel findet auf die Übermittlung personenbezogener Daten nach Maßgabe des Titels II Kapitel 7, des Titels III Kapitel 2, 3, 4 und 5 und des Titels IV keine Anwendung.

Art. 128. (1) Die in diesem Übereinkommen vorgesehenen Übermittlungen personenbezogener Daten dürfen erst beginnen, wenn die an der Übermittlung beteiligten Vertragsparteien einer nationalen Kontrollinstanz die Aufgabe übertragen haben, auf unabhängige Weise die Einhaltung der Artikel 126 und 127 sowie der Rechtsvorschriften zur Anwendung dieser Bestimmungen in bezug auf die Verarbeitung personenbezogener Daten in Dateien zu überwachen.

(2) Hat eine Vertragspartei nach Maßgabe ihres nationalen Rechts eine Kontrollinstanz mit der Aufgabe eingerichtet, in einem oder mehreren Sachbereichen die Einhaltung von datenschutzrechtlichen Bestimmungen in bezug auf nicht in Dateien gespeicherte Daten auf unabhängige Weise zu überwachen, so überträgt diese Vertragspartei dieser Kontrollinstanz die Aufgabe, in diesen Sachbereichen auch die Einhaltung der Regelungen dieses Titels zu überwachen.

(3) Dieser Artikel findet auf die Übermittlung personenbezogener Daten nach Maßgabe des Titels II Kapitel 7 und des Titels III Kapitel 2, 3, 4 und 5 keine Anwendung.

Art. 129. In bezug auf die Übermittlung personenbezogener Daten nach Titel III Kapitel 1 verpflichten sich die Vertragsparteien, unbeschadet der Artikel 126 und 127, einen Datenschutzstandard zu verwirklichen, wobei die Grundsätze der Empfehlung R (87) 15 des Ministerausschusses des Europarates über die Nutzung personenbezogener Daten im Polizeibereich vom 17. September 1987 beachtet werden. Darüber hinaus finden auf die Übermittlung nach Maßgabe des Artikels 46 die folgenden Bestimmungen Anwendung:

a) Eine Nutzung dieser Daten durch die empfangende Vertragspartei ist ausschließlich zu den durch die übermittelnde Vertragspartei angegebenen Zwecken und unter den durch diese Vertragspartei vorgeschriebenen Bedingungen zulässig.

b) Die Daten dürfen ausschließlich an Polizeidienststellen und Polizeibehörden übermittelt werden. Die weitere Übermittlung an andere Stellen darf nur mit vorheriger Zustimmung der übermittelnden Vertragspartei erfolgen.

c) Der Empfänger unterrichtet die übermitelnde Vertragspartei auf Ersuchen über die Verwendung der übermittelten Daten und über die dadurch erzielten Ergebnisse.

Art. 130. Erfolgt die Übermittlung personenbezogener Daten über einen in Artikel 47 oder in Artikel 125 vorgesehenen Verbindungsbeamten, so finden die Bestimmungen dieses Titels erst Anwendung, wenn der Verbindungsbeamte sie der Vertragspartei weitergegeben hat, die ihn in das Hoheitsgebiet der anderen Vertragspartei entsandt hat.

Titel VII. Exekutivausschuß

Art. 131. (1) Im Hinblick auf die Anwendung dieses Übereinkommens richten die Vertragsparteien einen Exekutivausschuß ein.

(2) Unbeschadet der besonderen Befugnisse, mit denen er aufgrund dieses Übereinkommens ausgestattet ist, hat der Exekutivausschuß als allgemeine Aufgabe, auf die richtige Anwendung dieses Übereinkommens zu achten.

Art. 132.[1] Jede Vertragspartei hat einen Sitz im Exekutivausschuß. Die Vertragsparteien sind in dem Exekutivausschuß durch einen für die Durchführung dieses Übereinkommens zuständigen Minister vertreten; dieser kann sich soweit erforderlich durch Sachverständige unterstützen lassen, die an den Verhandlungen teilnehmen dürfen.

(2) Der Exekutivausschuß faßt seine Beschlüsse einstimmig. Er legt seine Arbeitsmethode fest; dabei kann ein schriftliches Verfahren für die Beschlußfassung vorgesehen werden.

(3) Auf Ersuchen eines Vertreters einer Vertragspartei kann die endgültige Entscheidung über einen Beschlußentwurf bis spätestens zwei Monate nach der Vorlage dieses Entwurfs vertagt werden.

(4) Der Exekutivausschuß ist berechtigt, im Hinblick auf die Vorbereitung der Beschlußfassung oder auf andere Tätigkeiten Arbeitsgruppen einzusetzen, die aus Vertretern der Verwaltungen der Vertragsparteien zusammengesetzt sind.

Art. 133. Der Exekutivausschuß tritt abwechselnd im Hoheitsgebiet jeder der Vertragsparteien zusammen. Sitzungen werden anberaumt, so oft dies für die Erfüllung seiner Aufgaben erforderlich ist.

Titel VIII. Schlußbestimmungen

Art. 134. Die Bestimmungen dieses Übereinkommens sind nur anwendbar, soweit sie mit dem Gemeinschaftsrecht vereinbar sind.

Art. 135. Die Bestimmungen dieses Übereinkommens gelten vorbehaltlich der Bestimmungen der Genfer Konvention vom 28. Juli

---

[1] S. hierzu auch die Gemeinsame Erklärung in der Schlußakte, abgedruckt unter Nr. **280 a**.

1951 über den Flüchtlingsstatus in der Fassung des Protokolls von New York vom 31. Januar 1967.

Art. 136.[1] *(gestrichen)*

Art. 137. Vorbehalte zu diesem Übereinkommen sind mit Ausnahme der in Artikel 60 erwähnten nicht zulässig.

Art. 138. Die Bestimmungen dieses Übereinkommens gelten für die Französische Republik nur für das europäische Hoheitsgebiet der Französischen Republik.

Die Bestimmungen dieses Übereinkommens gelten für das Königreich der Niederlande nur für das Hoheitsgebiet des Reichs in Europa.

Art. 139.[2] (1) Dieses Übereinkommen bedarf der Ratifikation, Annahme oder Genehmigung. Die Ratifikations-, Annahme- oder Genehmigungsurkunden werden bei der Regierung des Großherzogtums Luxemburg hinterlegt; diese notifiziert die Hinterlegung allen Vertragsparteien.

(2) Dieses Übereinkommen tritt am ersten Tag des zweiten Monats nach Hinterlegung der letzten Ratifikations-, Annahme- oder Genehmigungsurkunde in Kraft. Die Bestimmungen in bezug auf die Einrichtung, die Tätigkeiten und die Befugnisse des Exekutivausschusses finden vom Inkrafttreten des Übereinkommens an Anwendung. Die übrigen Bestimmungen finden vom ersten Tag des dritten Monats nach Inkrafttreten des Übereinkommens an Anwendung.

(3) Die Regierung des Großherzogtums Luxemburg notifiziert allen Vertragsparteien das Datum des Inkrafttretens.

Art. 140. (1) Jeder Mitgliedstaat der Europäischen Gemeinschaften kann diesem Übereinkommen beitreten. Der Beitritt wird in einem Übereinkommen zwischen diesem Staat und den Vertragsparteien geregelt.

(2) Dieses Übereinkommen bedarf der Ratifikation, Annahme oder Genehmigung durch den beitretenden Staat und jede Vertragspartei. Es tritt in Kraft am ersten Tag des zweiten Monats nach Hinterlegung der letzten Ratifikations-, Annahme- oder Genehmigungsurkunde.

Art. 141. (1) Jede Vertragspartei kann dem Verwahrer einen Vorschlag zur Änderung dieses Übereinkommens zuleiten. Der Verwahrer

---

[1] Bestimmung gestrichen durch VO (EU) Nr. 610/2013 v. 26. 6. 2013, ABl. Nr. L 182/1.

[2] S. hierzu auch die Gemeinsame Erklärung in der Schlußakte, abgedruckt unter Nr. **280 a**.

übermittelt diesen Vorschlag an die anderen Vertragsparteien. Auf Antrag einer Vertragspartei überprüfen die Vertragsparteien die Bestimmungen dieses Übereinkommens, wenn nach ihrer Auffassung eine Änderung grundlegenden Charakters in den zur Zeit des Inkrafttretens des Übereinkommens bestehenden Verhältnissen entstanden ist.

(2) Die Vertragsparteien legen die Änderungen dieses Übereinkommens einvernehmlich fest.

(3) Die Änderungen treten in Kraft am ersten Tag des zweiten Monats nach Hinterlegung der letzten Ratifikations-, Annahme- oder Genehmigungsurkunde.

Art. 142. (1) Werden zwischen den Mitgliedstaaten der Europäischen Gemeinschaften Übereinkommen im Hinblick auf die Verwirklichung eines Raumes ohne Binnengrenzen geschlossen, so vereinbaren die Vertragsparteien, unter welchen Voraussetzungen die Bestimmungen dieses Übereinkommens unter Berücksichtigung der entsprechenden Bestimmungen der erwähnten Übereinkommen ersetzt oder geändert werden müssen.[1]

Die Vertragsparteien berücksichtigen dabei, daß die Bestimmungen dieses Übereinkommens eine weitergehende Zusammenarbeit vorsehen können als die Bestimmungen der erwähnten Übereinkommen.

Die Bestimmungen, die zu den Bestimmungen der zwischen den Mitgliedstaaten der Europäischen Gemeinschaften geschlossenen Übereinkommen in Widerspruch stehen, werden auf jeden Fall angepaßt.

(2) Die Änderungen dieses Übereinkommens, die von den Vertragsparteien für erforderlich gehalten werden, bedürfen der Ratifikation, Annahme oder Genehmigung durch die Vertragsparteien. Artikel 141 Absatz 3 findet Anwendung mit der Maßgabe, daß die Änderungen nicht vor Inkrafttreten des betreffenden Übereinkommens zwischen den Mitgliedstaaten der Europäischen Gemeinschaften in Kraft treten.

ZU URKUND DESSEN haben die hierzu gehörig befugten Unterzeichneten dieses Übereinkommen unterschrieben.

GESCHEHEN ZU Schengen, am neunzehnten Juni neunzehnhundertneunzig, in deutscher, französischer und niederländischer Sprache, wobei jeder Wortlaut gleichermaßen verbindlich ist, in einer Urschrift, die bei der Regierung des Großherzogtums Luxemburg hinterlegt wird; diese übermittelt jeder Vertragspartei eine beglaubigte Abschrift.

---

[1] *Vgl. hierzu das Bonner Protokoll v. 26. 4. 1994, abgedruckt unter Nr.* **281**.

280 a. Schlußakte zum Übereinkommen zur Durchführung des Übereinkommens von Schengen vom 14. Juni 1985 zwischen den Regierungen der Staaten der Benelux-Wirtschaftsunion, der Bundesrepublik Deutschland und der Französischen Republik betreffend den schrittweisen Abbau der Kontrollen an den gemeinsamen Grenzen[1)]

Vom 19. Juni 1990

(BGBl. 1993 II S. 1086)

Bei der Unterzeichnung des Übereinkommens zur Durchführung des Übereinkommens von Schengen vom 14. Juni 1985 zwischen den Regierungen der Staaten der Benelux-Wirtschftsunion, der Bundesrepublik Deutschland und der Französischen Republik betreffend den schrittweisen Abbau der Kontrollen an den Gemeinsamen Grenzen haben die Vertragsparteien die folgenden Erklärungen angenommen:

1) Gemeinsame Erklärung zu Artikel 139

Die Unterzeichnerstaaten unterrichten sich schon vor Inkrafttreten des Übereinkommens über alle Umstände, die für die Vertragsmaterie des Übereinkommens und seine Inkraftsetzung von Bedeutung sind.

Das Übereinkommen wird erst in Kraft gesetzt, wenn die Voraussetzungen der Anwendung des Übereinkommens bei den Unterzeichnerstaaten gegeben sind und die Kontrollen an den Außengrenzen tatsächlich durchgeführt werden.[2)]

[1)] S. a. das Übk. v. 19. 6. 1990, abgedruckt unter Nr. **280**, sowie das G. v. 15. 7. 1993 (BGBl. II S. 1010).

[2)] Das Vorliegen dieser Voraussetzungen ist durch den Beschluß des Schengener Exekutivausschusses v. 22. 12. 1994 für die Erstunterzeichnerstaaten **Belgien, Deutschland, Frankreich, Luxemburg** und die **Niederlande** sowie für die Beitrittsstaaten **Spanien** und **Portugal** festgestellt worden und das Übereinkommen für diese Staaten in allen seinen Teilen zum 26. 3. 1995 in Kraft gesetzt worden (BGBl. 1996 II S. 242). Laut Beschluß des Exekutivausschusses vom 7. 10. 1997 gilt dies ab dem 26. 10. 1997 auch für **Italien**, ab dem 1. 12. 1997 für **Österreich** (BGBl. 1998 II S. 1969) sowie ab 1. 12. 1997 auch für **Griechenland** (BGBl. 1998 II S. 2951). Die Binnengrenzkontrollen zu den beiden ersteren Staaten wurden sukzessive bis 31. 3. 1998 abgebaut. Gem. Beschluß des Rates v. 13. 12. 1999 (1999/848/EG, ABl. Nr. L 327/58), der gem. Art. 2 Abs. 1 UAbs. 1 S. 2 des Prot. Nr. 2 zum EU-/EG-Vertrag (s. Nr. **151** dieser Textsammlung) seit 1. 5. 1999 an die Stelle des Exekutivausschusses getreten ist, sind die Grenzkontrollen zu **Griechenland** sukzessive bis zum 26. 3. 2000 vollständig aufgehoben worden. Zum In-Kraft-Treten für **Dänemark, Finnland, Schweden, Island** und **Norwegen** mit Wirkung vom 25. 3. 2001 s. den Beschluss des Rates vom 1. 12. 2000 über die Inkraftsetzung des Schengen-Besitzstands in Dänemark, Finnland und Schweden sowie in Island und Norwegen (Art. 1 des Beschlusses), ABl. Nr. L 309/24 vom 9. 12. 2000. Seit 21. 12. 2007 (Land- und Seegrenze) bzw. 30. 3. 2008 (Luftgrenze) sind die Personenkontrollen auch gegenüber der Tschechischen Republik, Estland, Lettland, Litauen, Ungarn, Malta, Polen, Slowenien und der Slowakei

(Fortsetzung der Fußnote nächste Seite)

2) Gemeinsame Erklärung zu Artikel 4

Die Vertragsparteien verpflichten sich, alles zu tun, um gleichzeitig diesen Termin einzuhalten und kein Sicherheitsdefizit entstehen zu lassen. Vor dem 31. Dezember 1992 wird im Exekutivausschuß geprüft werden, welche Fortschritte verwirklicht worden sind. Das Königreich der Niederlande weist darauf hin, daß Terminschwierigkeiten bei einem bestimmten Flughafen nicht auszuschließen sind, ohne daß hieraus Sicherheitslücken entstehen. Die anderen Vertragsparteien werden dies berücksichtigen, ohne daß sich hieraus Schwierigkeiten für den Binnenmarkt ergeben dürfen.

Im Fall von Schwierigkeiten wird der Exekutivausschuß prüfen, wie eine gleichzeitige Einführung am besten verwirklicht werden kann.

3) Gemeinsame Erklärung zu Artikel 71 Absatz 2

Soweit eine Vertragspartei im Rahmen ihrer nationalen Politik zur Vorbeugung und Behandlung der Abhängigkeit von Suchtstoffen und psychotropen Stoffen von dem in Artikel 71 Absatz 2 festgeschriebenen Grundsatz abweicht, treffen alle Vertragsparteien die erforderlichen strafrechtlichen und verwaltungsrechtlichen Maßnahmen, um die unerlaubte Ein- und Ausfuhr dieser Stoffe, insbesondere in das Hoheitsgebiet der anderen Vertragsparteien, zu unterbinden.

4) Gemeinsame Erklärung zu Artikel 121

In Übereinstimmung mit dem Gemeinschaftsrecht verzichten die Vertragsparteien auf die nach Gemeinschaftsrecht vorgesehenen Untersuchungen und die Vorlage von Pflanzengesundheitszeugnissen für die Pflanzen oder Pflanzenerzeugnisse, die

a) unter Nummer 1 aufgeführt sind oder
b) unter Nummer 2 bis 6 aufgeführt sind und ihren Ursprung in einem der Vertragsstaaten haben.

1. Schnittblumen und Pflanzenteile zu Zierzwecken von:
   Castanea
   Chrysanthemum
   Dendranthema
   Dianthus
   Gladiolus
   Gypsophila
   Prunus
   Quercus
   Rosa
   Salix
   Syringa
   Vitis

(Fortsetzung der Fußnote)

vollständig aufgehoben (s. Beschluss des Rates v. 6. 12. 2007, ABl. Nr. L 323/34 v. 8. 12. 2007); *gleiches gilt seit 12. 12. 2008* (Landgrenzen) sowie 29. 3. 2009 (Luftverkehr) auch im Verhältnis zur **Schweiz** (s. Beschluss des Rates v. 27. 11. 2008, ABl. Nr. L 327/15 v. 5. 12. 2008) sowie seit 19. 12. 2011 auch im Verhältnis zu **Liechtenstein** (Beschluss des Rates v. 13. 12. 2011, ABl. Nr. L 334/27 v. 16. 12. 2011).

2. Frische Früchte von:
   Citrus
   Cydonia
   Malus
   Prunus
   Pyrus
3. Holz von:
   Castanea
   Quercus
4. Nährsubstrat, das ganz oder teilweise aus Erde oder einem festen organischen Stoff besteht, wie Pflanzenteile, Torf und Rinde mit Humus, die jedoch nicht nur aus Torf bestehen.
5. Saatgut
6. Lebende Pflanzen, wie nachstehend aufgeführt und aufgenommen in den GN-Kode der Zollnomenklatur, veröffentlicht in dem *Amtsblatt der Europäischen Gemeinschaften* vom 7. September 1987.

GN-Kode	Beschreibung
0601 20 30	Bulben, Zwiebeln, Knollen, Wurzelknollen und Wurzelstöcke, im Wachstum oder in Blüte, Orchideen, Hyazinthen, Narzissen und Tulpen
0601 20 90	Bulben, Zwiebeln, Knollen, Wurzelknollen und Wurzelstöcke, im Wachstum oder in Blüte: andere
0602 30 10	Rhododendron simsii (Azalea indica)
0602 99 51	Freilandpflanzen: Freilandstauden
0602 99 59	Freilandplflanzen: andere
0602 99 91	Zimmerpflanzen: Blütenpflanzen mit Knospen oder Blüten; ausgenommen Kakteen
0602 99 99	Zimmerpflanzen: andere

5) Gemeinsame Erklärung in bezug auf die nationale Politik im Asylbereich
Die Vertragsparteien werden eine Bestandsaufnahme ihrer nationalen Politik im Bereich des Asyls vornehmen im Hinblick auf das Bestreben einer Harmonisierung.

6) Gemeinsame Erklärung zu Artikel 132
Die Vertragsparteien unterrichten ihre nationalen Parlamente über die Anwendung dieses Übereinkommens.

GESCHEHEN ZU SCHENGEN, am neunzehnten Juni neunzehnhundertneunzig, in deutscher, französischer und niederländischer Sprache, wobei jeder Wortlaut gleichermaßen verbindlich ist, in einer Urschrift, die bei der Regierung des Großherzogtums Luxemburg hinterlegt wird; diese übermittelt jeder Vertragspartei eine beglaubigte Abschrift.

Protokoll zum Übereinkommen zur Durchführung des Übereinkommens von Schengen vom 14. Juni 1985 zwischen den Regierungen der Staaten der Benelux-Wirtschaftsunion, der Bundesrepublik Deutschland und der Französischen Republik betreffend den schrittweisen Abbau der Kontrollen an den gemeinsamen Grenzen[1)]

Vom 19. Juni 1990

(BGBl. 1993 II S. 1089)

In Ergänzung der Schlußakte zu dem Übereinkommen zur Durchführung des Übereinkommens von Schengen vom 14. Juni 1985 zwischen den Regierungen der Staaten der Benelux-Wirtschaftsunion, der Bundesrepublik Deutschland und der Französischen Republik betreffend den schrittweisen Abbau der Kontrollen an den gemeinsamen Grenzen haben die Vertragsparteien die folgende gemeinsame Erklärung abgegeben und die folgenden einseitigen Erklärungen entgegengenommen, die in bezug auf dieses Übereinkommen abgegeben wurden:

I. Erklärung in bezug auf den Geltungsbereich
Die Vertragsparteien stellen fest: Nach der Vereinigung der beiden deutschen Staaten wird sich die völkerrechtliche Bindungswirkung des Übereinkommens auch auf das derzeitige Gebiet der Deutschen Demokratischen Republik erstrecken.

II. Erklärungen der Bundesrepublik Deutschland zur Auslegung des Übereinkommens

1. Das Übereinkommen wird in der Perspektive der Vereinigung der beiden deutschen Staaten geschlossen.
Die Deutsche Demokratische Republik ist im Verhältnis zur Bundesrepublik Deutschland nicht Ausland.
Artikel 136 findet keine Anwendung auf das Verhältnis der Bundesrepublik Deutschland zur Deutschen Demokratischen Republik.

2. Die im deutsch-österreichischen Briefwechsel vom 20. August 1984 getroffene Regelung über Kontrollerleichterungen an den gemeinsamen Grenzen für die Staatsangehörigen beider Staaten bleibt durch diesen Staatsvertrag unberührt, muß aber im Interesse der Sicherheitslage und der Einwanderungsrisiken der Schengener Vertragsparteien so vollzogen werden, daß sich die

---

[1)] S. a. das Übk. v. 19. 6. 1990, abgedruckt unter Nr. 280 sowie das G. v. 15. 7. 1993 (BGBl. II S. 1010).

Vergünstigungen in der Praxis auf österreichische Staatsangehörige beschränken.

III. Erklärung des Königreichs Belgien zu Artikel 67
Hinsichtlich der Übertragung der Vollstreckung von Strafurteilen wird auf nationaler Ebene nicht das Verfahren angewandt, das nach belgischem Recht für die zwischenstaatliche Überstellung von verurteilten Personen vorgesehen ist, sondern ein Sonderverfahren, das bei der Ratifikation dieses Übereinkommens festgelegt wird.

GESCHEHEN ZU Schengen, am neunzehnten Juni neunzehnhundertneunzig, in deutscher, französischer und niederländischer Sprache, wobei jeder Wortlaut gleichermaßen verbindlich ist, in einer Urschrift, die bei der Regierung des Großherzogtums Luxemburg hinterlegt wird; diese übermittelt jeder Vertragspartei eine beglaubigte Abschrift.

Gemeinsame Erklärung

der in Schengen am 19. Juni 1990
zusammengekommenen
Minister und Staatssekretäre:
(BGBl. 1993 II S. 1091)

Die Regierungen der Vertragsparteien des Schengener Übereinkommens werden insbesondere über folgende Punkte Besprechungen einleiten oder fortsetzen:

– Verbesserung und Erleichterung der Auslieferungspraxis;
– Verbesserung der Zusammenarbeit bei der Verfolgung von Verkehrsordnungswidrigkeiten;
– Erarbeitung von Regeln für die gegenseitige Anerkennung der Entziehung der Fahrerlaubnis;
– Möglichkeit der gegenseitigen Vollstreckung von Geldstrafen und Geldbußen;
– Erarbeitung von Regeln über die gegenseitige Übertragung der Strafverfolgung einschließlich der Möglichkeit der Überstellung des Verdächtigen in sein Herkunftsland;
– Erarbeitung von Regeln über die Rückführung von Minderjährigen, die widerrechtlich der Aufsicht der mit der elterlichen Gewalt betrauten Personen entzogen wurden;
– *Weitere Erleichterungen* der Kontrollen im gewerblichen Warenverkehr.

GESCHEHEN ZU Schengen, am neunzehnten Juni neunzehnhundertneunzig, in deutscher, französischer und niederländischer Sprache, wobei jeder Wortlaut gleichermaßen verbindlich ist, in einer Urschrift, die bei der Regierung des Großherzogtums Luxemburg hinterlegt wird; diese übermittelt jeder Vertragspartei eine beglaubigte Abschrift.

285. Verordnung (EU) Nr. 604/2013 des Europäischen Parlaments und des Rates zur Festlegung der Kriterien und Verfahren zur Bestimmung des Mitgliedstaats, der für die Prüfung eines von einem Drittstaatsangehörigen oder Staatenlosen in einem Mitgliedstaat gestellten Antrags auf internationalen Schutz zuständig ist (Dublin III-Verordnung)[1), 2)]

Vom 26. Juni 2013

(ABl. 2013 Nr. L 180/31 v. 29.6.2013)

DAS EUROPÄISCHE PARLAMENT UND DER RAT DER EUROPÄISCHEN UNION –

gestützt auf den Vertrag über die Arbeitsweise der Europäischen Union, insbesondere auf Artikel 78 Absatz 2 Buchstabe e,

auf Vorschlag der Europäischen Kommission,

nach Stellungnahme des Europäischen Wirtschafts- und Sozialausschusses[3)],

nach Stellungnahme des Ausschusses der Regionen[4)],

gemäß dem ordentlichen Gesetzgebungsverfahren[5)],

in Erwägung nachstehender Gründe:

(1) Die Verordnung (EG) Nr. 343/2003 des Rates vom 18. Februar 2003 zur Festlegung der Kriterien und Verfahren zur Bestimmung des Mitgliedstaats, der für die Prüfung eines von einem Drittstaatsangehörigen in einem Mitgliedstaat gestellten Asylantrags zuständig ist[6)], muss in einigen wesentlichen Punkten geändert werden. Aus Gründen der Klarheit empfiehlt sich eine Neufassung der Verordnung.

---

1) Vgl. auch die DurchführungsVO (EG) Nr. 1560/2003) v. 2.9.2003 (ABl. Nr. L 222/3 v. 5.9.2003) i. d. F. der DurchführungsVO (EU) v. 30.1.2014 (ABl. Nr. L 39/1 v. 8.2. 2014).

2) Vgl. auch das Abkommen zwischen der Europäischen Gemeinschaft und der Schweizerischen Eidgenossenschaft über die Kriterien und Verfahren zur Bestimmung des zuständigen Staates für die Prüfung eines in einem Mitgliedstaat oder in der Schweiz gestellten Asylantrags (ABl. L 53 v. 27.2.2008, S. 52), dem Liechtenstein durch das am 1.4.2011 in Kraft getretene (ABl. 2011 Nr. L 160/50) Prot. v. 28.2.2008 (ABl. 2011 Nr. L 160/39) beigetreten ist (ber. ABl. 2018 Nr. L 116/59).

3) ABl. C 317 vom 23.12.2009, S. 115.

4) ABl. C 79 vom 27.3.2010, S. 58.

5) Standpunkt des Europäischen Parlaments vom 7. Mai 2009 (ABl. C 212 E vom 5.8.2010, S. 370) und Standpunkt des Rates in erster Lesung vom 6. Juni 2013 (noch nicht im Amtsblatt veröffentlicht). Standpunkt des Europäischen Parlaments vom 10. Juni 2013 (noch nicht im Amtsblatt veröffentlicht).

6) ABl. L 50 vom 25.2.2003, S. 1.

(2) Eine gemeinsame Asylpolitik einschließlich eines Gemeinsamen Europäischen Asylsystems (GEAS) ist wesentlicher Bestandteil des Ziels der Europäischen Union, schrittweise einen Raum der Freiheit, der Sicherheit und des Rechts aufzubauen, der allen offen steht, die wegen besonderer Umstände rechtmäßig in der Union um Schutz nachsuchen.

(3) Der Europäische Rat ist auf seiner Sondertagung vom 15. und 16. Oktober 1999 in Tampere übereingekommen, auf ein GEAS hinzuwirken, das sich auf die uneingeschränkte und umfassende Anwendung des Genfer Abkommens vom 28. Juli 1951 über die Rechtsstellung der Flüchtlinge in der Fassung des New Yorker Protokolls vom 31. Januar 1967 (im Folgenden „Genfer Abkommen") stützt, damit der Grundsatz der Nichtzurückweisung gewahrt bleibt und niemand dorthin zurückgeschickt wird, wo er Verfolgung ausgesetzt ist. In dieser Hinsicht gelten unbeschadet der in dieser Verordnung festgelegten Zuständigkeitskriterien die Mitgliedstaaten, die alle den Grundsatz der Nichtzurückweisung achten, als sichere Staaten für Drittstaatsangehörige.

(4) Entsprechend den Schlussfolgerungen von Tampere sollte das GEAS auf kurze Sicht eine klare und praktikable Formel für die Bestimmung des für die Prüfung eines Asylantrags zuständigen Mitgliedstaats umfassen.

(5) Eine solche Formel sollte auf objektiven und für die Mitgliedstaaten und die Betroffenen gerechten Kriterien basieren. Sie sollte insbesondere eine rasche Bestimmung des zuständigen Mitgliedstaats ermöglichen, um den effektiven Zugang zu den Verfahren zur Gewährung des internationalen Schutzes zu gewährleisten und das Ziel einer zügigen Bearbeitung der Anträge auf internationalen Schutz nicht zu gefährden.

(6) Die erste Phase auf dem Weg zu einem GEAS, das auf längere Sicht zu einem gemeinsamen Verfahren und einem unionsweit geltenden einheitlichen Status für die Personen, denen internationaler Schutz gewährt wird, führen soll, ist nun abgeschlossen. Der Europäische Rat hat auf seiner Tagung vom 4. November 2004 das Haager Programm angenommen, das die Ziele für den Raum der Freiheit, der Sicherheit und des Rechts vorgab, die im Zeitraum 2005–2010 erreicht werden sollten. Im Haager Programm wurde die Europäische Kommission aufgefordert, die Bewertung der Rechtsakte aus der ersten Phase abzuschließen und dem Europäischen Parlament und dem Rat die Rechtsakte und Maßnahmen der zweiten Phase so vorzulegen, dass sie vor Ende 2010 angenommen werden können.

(7) Im Programm von Stockholm hat der Europäische Rat sein Ziel bekräftigt, bis spätestens 2012 gemäß Artikel 78 des Vertrags über die Arbeitsweise der Europäischen Union (AEUV) für Personen, denen internationaler Schutz gewährt wurde, einen gemeinsamen Raum des Schutzes und der Solidarität zu errichten. Außerdem betonte er, dass das Dublin-System weiterhin ein zentrales Element beim Aufbau des

GEAS bildet, da es die Zuständigkeit für die Prüfung von Anträgen auf internationalen Schutz zwischen den Mitgliedstaaten eindeutig zuweist.

(8) Die Mittel des Europäischen Unterstützungsbüros für Asylfragen (EASO), das durch die Verordnung (EU) Nr. 439/2010 des Europäischen Parlaments und des Rates[1] errichtet wurde, sollten dafür bereitstehen, den einschlägigen Dienststellen der für die Durchführung dieser Verordnung zuständigen Mitgliedstaaten angemessene Unterstützung zu leisten. Insbesondere sollte das EASO für Solidaritätsmaßnahmen wie den Asyl–Einsatzpool mit Asyl-Unterstützungsteams Sorge tragen, die diejenigen Mitgliedstaaten unterstützen, die sich einem besonderen Druck gegenübersehen und den Personen, die internationalen Schutz beantragen (im Folgenden „Antragsteller"), keine angemessenen Bedingungen insbesondere hinsichtlich der Aufnahme und des Schutzes bieten können.

(9) Angesichts der Bewertungsergebnisse in Bezug auf die Umsetzung der Instrumente der ersten Phase empfiehlt es sich in dieser Phase, die der Verordnung (EG) Nr. 343/2003 zugrunde liegenden Prinzipien zu bestätigen und angesichts der bisherigen Erfahrungen gleichzeitig die notwendigen Verbesserungen mit Hinblick auf die Leistungsfähigkeit des Dublin-Systems und den auf der Grundlage dieses Systems gewährten Schutz der Antragstellener vorzunehmen. Da ein gut funktionierendes Dublin-System für das GEAS von großer Bedeutung ist, sollten seine Grundlagen und seine Funktionsweise im Zuge des Aufbaus anderer Instrumente des GEAS und der Solidarität der Union überprüft werden. Es sollte ein umfassender „Eignungstest", d. h. eine faktengestützte Überprüfung der rechtlichen, wirtschaftlichen und sozialen Auswirkungen des Dublin-Systems, einschließlich seiner Auswirkungen auf die Grundrechte durchgeführt werden.

(10) Zur Wahrung der Gleichbehandlung aller Personen, die internationalen Schutz beantragt haben oder genießen, und der Übereinstimmung mit dem geltenden Asylrecht der Union, insbesondere mit der Richtlinie 2011/95/EU des Europäischen Parlaments und des Rates vom 13. Dezember 2011 über Normen für die Anerkennung von Drittstaatsangehörigen oder Staatenlosen als Personen mit Anspruch auf internationalen Schutz, für einen einheitlichen Status für Flüchtlinge oder für Personen mit Anrecht auf subsidiären Schutz und für den Inhalt des zu gewährenden Schutzes[2] umfasst der Anwendungsbereich dieser Verordnung Personen, mit Anrecht auf subsidiären Schutz.

(11) Die Richtlinie 2013/33/EU des Europäischen Parlaments und des Rates vom 26. Juni 2013 zur Festlegung von Normen für die Aufnahme von Personen, die internationalen Schutz beantragen[3] sollte vorbehaltlich der Einschränkungen der Anwendung jener Richtlinie

[1] ABl. L 132 vom 29. 5. 2010, S. 11.
[2] ABl. L 337 vom 20. 12. 2011, S. 9.
[3] Siehe Seite 96 dieses Amtsblatts.

auf das Verfahren zur Bestimmung des zuständigen Mitgliedstaats nach Maßgabe dieser Verordnung Anwendung finden.

(12) Die Richtlinie 2013/32/EU des Europäischen Parlaments und des Rates vom 26. Juni 2013 zu gemeinsamen Verfahren für die Zuerkennung und Aberkennung des internationalen Schutzes[1] sollte zusätzlich und unbeschadet der Bestimmungen über die in dieser Verordnung geregelten Verfahrensgarantien vorbehaltlich der Beschränkungen der Anwendung dieser Richtlinie gelten.

(13) Bei der Anwendung dieser Verordnung sollte das Wohl des Kindes im Einklang mit dem Übereinkommen der Vereinten Nationen über die Rechte des Kindes von 1989 und mit der Charta der Grundrechte der Europäischen Union eine vorrangige Erwägung der Mitgliedstaaten sein. Bei der Beurteilung des Wohls des Kindes sollten die Mitgliedstaaten insbesondere das Wohlbefinden und die soziale Entwicklung des Minderjährigen, Erwägungen der Sicherheit und der Gefahrenabwehr und den Willen des Minderjährigen unter Berücksichtigung seiner Alters und seiner Reife, einschließlich seines Hintergrunds, berücksichtigen. Darüber hinaus sollten für unbegleitete Minderjährige aufgrund ihrer besonderen Schutzbedürftigkeit spezielle Verfahrensgarantien festgelegt werden.

(14) Im Einklang mit der Europäischen Konvention zum Schutze der Menschenrechte und Grundfreiheiten und mit der Charta der Grundrechte der Europäischen Union, sollte die Achtung des Familienlebens eine vorrangige Erwägung der Mitgliedstaaten sein, wenn sie diese Verordnung anwenden.

(15) Mit der gemeinsamen Bearbeitung der von den Mitgliedern einer Familie gestellten Anträge auf internationalen Schutz durch ein und denselben Mitgliedstaat kann sichergestellt werden, dass die Anträge sorgfältig geprüft werden, diesbezügliche Entscheidungen kohärent sind und dass die Mitglieder einer Familie nicht voneinander getrennt werden.

(16) Um die uneingeschränkte Achtung des Grundsatzes der Einheit der Familie und des Wohl des Kindes zu gewährleisten, sollte ein zwischen einem Antragsteller und seinem Kind, einem seiner Geschwister oder einem Elternteil bestehendes Abhängigkeitsverhältnis, das durch Schwangerschaft oder Mutterschaft, durch den Gesundheitszustand oder hohes Alter des Antragstellers begründet ist, als ein verbindliches Zuständigkeitskriterium herangezogen werden. Handelt es sich bei dem Antragsteller um einen unbegleiteten Minderjährigen, der einen Familienangehörigen oder Verwandten in einem anderen Mitgliedstaat hat, der für ihn sorgen kann, so sollte dieser Umstand ebenfalls als ein verbindliches Zuständigkeitskriterium gelten.

(17) Die Mitgliedstaaten sollten insbesondere aus humanitären Gründen oder in Härtefällen von den Zuständigkeitskriterien abweichen

---

[1] Siehe Seite 60 dieses Amtsblatts.

können, um Familienangehörige, Verwandte oder Personen jeder anderen verwandtschaftlichen Beziehung zusammenzuführen, und einen bei ihm oder einem anderen Mitgliedstaat gestellten Antrag auf internationalen Schutz zu prüfen, auch wenn sie für eine solche Prüfung nach den in dieser Verordnung festgelegten verbindlichen Zuständigkeitskriterien nicht zuständig sind.

(18) Um die Bestimmung des für die Prüfung eines Antrags auf internationalen Schutz zuständigen Mitgliedstaats zu erleichtern, sollte ein persönliches Gespräch mit dem Antragsteller geführt werden. Der Antragsteller sollte unmittelbar bei der Stellung des Antrags auf internationalen Schutz über die Anwendung dieser Verordnung und über die Möglichkeit informiert werden, bei dem Gespräch Angaben über die Anwesenheit von Familienangehörigen, Verwandten oder Personen jeder anderen verwandtschaftlichen Beziehung in den Mitgliedstaaten zu machen, um das Verfahren zur Bestimmung des zuständigen Mitgliedstaats zu erleichtern.

(19) Um einen wirksamen Schutz der Rechte der Betroffenen zu gewährleisten, sollten im Einklang insbesondere mit Artikel 47 der Charta der Grundrechte der Europäischen Union Rechtsgarantien und das Recht auf einen wirksamen Rechtsbehelf gegen Überstellungsentscheidungen festgeschrieben werden. Um die Einhaltung des Völkerrechts sicherzustellen, sollte ein wirksamer Rechtsbehelf gegen diese Entscheidungen sowohl die Prüfung der Anwendung dieser Verordnung als auch die Prüfung der Rechts- und Sachlage in dem Mitgliedstaat umfassen, in den der Antragsteller überstellt wird.

(20) Die Inhaftnahme von Antragstellern sollte nach dem Grundsatz erfolgen, wonach eine Person nicht allein deshalb in Haft genommen werden darf, weil sie um internationalen Schutz nachsucht. Die Haft sollte so kurz wie möglich dauern und den Grundsätzen der Erforderlichkeit und Verhältnismäßigkeit entsprechen. Insbesondere muss die Inhaftnahme von Antragstellern im Einklang mit Artikel 31 der Genfer Konvention stehen. Die in dieser Verordnung vorgesehenen Verfahren in Bezug auf eine in Haft genommene Person sollten vorrangig schnellstmöglich angewandt werden. Hinsichtlich der allgemeinen Garantien sowie der Bedingungen für die Inhaftnahme sollten die Mitgliedstaaten gegebenenfalls die Bestimmungen der Richtlinie 2013/33/EU auch auf Personen anwenden, die aufgrund dieser Verordnung in Haft genommen wurden.

(21) Mängel in Asylsystemen oder gar der Zusammenbruch von Asylsystemen, die häufig dadurch verschlimmert oder mitverursacht werden, dass die Asylsysteme besonderem Druck ausgesetzt sind, können das reibungslose Funktionieren des mit dieser Verordnung eingeführten Systems beeinträchtigen, was dazu führen könnte, dass die im Asylrecht der Union und in der Grundrechtecharta der Europäischen Union sowie in anderen internationalen Menschenrechts- und Flüchtlingsrechtsverpflichtungen niedergelegten Rechte der Antragsteller verletzt werden könnten.

(22) Ein Prozess für Frühwarnung, Vorsorge und Bewältigung von Asylkrisen, mit dem eine Verschlechterung in oder der Zusammenbruch von Asylsystemen verhindert werden sollen, wobei das EASO in Ausübung seiner Befugnisse aufgrund der Verordnung (EU) Nr. 439/2010 eine Schlüsselrolle spielt, sollte geschaffen werden, um eine tragfähige Zusammenarbeit im Rahmen dieser Verordnung sicherzustellen und das gegenseitige Vertrauen der Mitgliedstaaten in Bezug auf die Asylpolitik zu stärken. Ein derartiger Prozess sollte gewährleisten, dass die Union sobald wie möglich über Bedenken alarmiert wird, wenn Anlass zur Sorge besteht, dass das reibungslose Funktionieren des mit dieser Verordnung geschaffenen Systems infolge des besonderen Drucks auf ein Asylsystem eines oder mehrerer Mitgliedstaaten und/oder der Mängel, die Asylsysteme eines oder mehrerer Mitgliedstaaten aufweisen, beeinträchtigt ist. Mit einem derartigen Prozess könnte die Union frühzeitig Vorbeugemaßnahmen fördern und derartigen Situationen die entsprechende politische Aufmerksamkeit schenken. Solidarität, die ein Kernelement des GEAS bildet, geht Hand in Hand mit gegenseitigem Vertrauen. Durch die Steigerung dieses Vertrauens könnte der Prozess für Frühwarnung, Vorsorge und Bewältigung von Asylkrisen die Lenkung konkreter Maßnahmen echter und praktischer Solidarität gegenüber Mitgliedstaaten verbessern, um den betroffenen Mitgliedstaaten im Allgemeinen und den Antragstellern im Besonderen zu helfen. Gemäß Artikel 80 AEUV sollten die Rechtsakte der Union, immer wenn dies erforderlich ist, entsprechende Maßnahmen für die Anwendung des Solidaritätsgrundsatzes enthalten und der Prozess sollte durch derartige Maßnahmen flankiert werden. Die vom Rat am 8. März 2012 angenommenen Schlussfolgerungen über einen gemeinsamen Rahmen für echte und praktische Solidarität gegenüber Mitgliedstaaten, deren Asylsysteme besonderem Druck, einschließlich durch gemischte Migrationsströme, ausgesetzt sind, stellen ein Instrumentarium aus bereits bestehenden und potenziellen neuen Maßnahmen dar, das im Rahmen eines Mechanismus für Frühwarnung, Vorsorge und Bewältigung von Asylkrisen Beachtung finden sollte.

(23) Die Mitgliedstaaten sollten mit dem EASO bei der Zusammenstellung von Informationen über ihre Fähigkeit, besonderen Druck auf ihre Asyl- und Aufnahmesystemen zu bewältigen, insbesondere im Rahmen der Durchführung dieser Verordnung zusammenarbeiten. Das EASO sollte regelmäßig über die gemäß der Verordnung (EU) Nr. 439/2010 gesammelten Informationen Bericht erstatten.

(24) Überstellungen in den für die Prüfung eines Antrags auf internationalen Schutz zuständigen Mitgliedstaat können entsprechend der Verordnung (EG) Nr. 1560/2003 der Kommission[1] auf freiwilliger Basis, in Form der kontrollierten Ausreise oder in Begleitung erfolgen. Die Mitgliedstaaten sollten sich durch entsprechende Information des *Antragstellers für Überstellungen auf freiwilliger Basis* einsetzen und

[1] ABl. L 222 vom 5. 9. 2003, S. 3.

sicherstellen, dass Überstellungen in Form einer kontrollierten Ausreise oder in Begleitung in humaner Weise und in voller Übereinstimmung mit den Grundrechten und unter Achtung der Menschenwürde sowie dem Wohl des Kindes und unter weitestgehender Berücksichtigung der Entwicklung der einschlägigen Rechtsprechung, inbesondere hinsichtlich Überstellungen aus humanitären Gründen, vorgenommen werden.

(25) Der schrittweise Aufbau eines Raums ohne Binnengrenzen, in dem der freie Personenverkehr gemäß den Bestimmungen des AEUV gewährleistet wird, sowie die Festsetzung der Unionspolitiken zu den Einreise- und Aufenthaltsbedingungen einschließlich allgemeiner Anstrengungen zur Verwaltung der Außengrenzen erfordern ausgewogene, im Geiste der Solidarität anzuwendende Zuständigkeitskriterien.

(26) Für die Verarbeitung personenbezogener Daten durch die Mitgliedstaaten nach dieser Verordnung gilt die Richtlinie 95/46/EG des Europäischen Parlaments und des Rates vom 24. Oktober 1995 zum Schutz natürlicher Personen bei der Verarbeitung personenbezogener Daten und zum freien Datenverkehr[1)].

(27) Der Austausch von personenbezogenen einschließlich sensibler Daten über die Gesundheit eines Antragstellers vor einer Überstellung wird gewährleisten, dass die zuständigen Asylbehörden in der Lage sind, Antragstellern eine angemessene Unterstützung zukommen zu lassen und die Kontinuität des Schutzes und der ihnen zustehenden Rechte zu gewährleisten. Der Schutz der Daten von Antragstellern, die in einen anderen Mitgliedstaat überstellt werden, sollte nach Maßgabe der Richtlinie 95/46/EG geregelt werden.

(28) Die Anwendung dieser Verordnung kann dadurch erleichtert und ihre Wirksamkeit erhöht werden, dass die Mitgliedstaaten bilaterale Vereinbarungen treffen, die darauf abzielen, die Kommunikation zwischen den zuständigen Dienststellen zu verbessern, die Verfahrensfristen zu verkürzen, die Bearbeitung von Aufnahme- oder Wiederaufnahmegesuchen zu vereinfachen oder Modalitäten für die Durchführung von Überstellungen festzulegen.

(29) Die Kontinuität zwischen dem in der Verordnung (EG) Nr. 343/2003 festgelegten Verfahren zur Bestimmung des zuständigen Mitgliedstaats und dem in dieser Verordnung vorgesehenen Verfahren sollte sichergestellt werden. Außerdem sollte die Kohärenz zwischen dieser Verordnung und der Verordnung (EU) Nr. 603/2013 des Europäischen Parlaments und des Rates vom 26. Juni 2013 über die Einrichtung von „Eurodac" für den Abgleich von Fingerabdruckdaten zum Zwecke der effektiven Anwendung der Verordnung (EU) Nr. 604/2013 zur Festlegung der Kriterien und Verfahren zur Bestimmung des Mitgliedstaats, der für die Prüfung eines von einem Drittstaatsangehörigen oder Staatenlosen in einem Mitgliedstaat gestellten Antrags auf internationalen Schutz zuständig ist und über der Strafver-

---

1) ABl. L 281 vom 23. 11. 1995, S. 31.

folgung dienende Anträge der Strafverfolgungsbehörden der Mitgliedstaaten und Europols auf den Abgleich mit Eurodac-Daten[1] sichergestellt werden.

(30) Die Anwendung dieser Verordnung soll durch das Eurodac-System, das mit Verordnung (EU) Nr. 603/2013 eingerichtet worden ist, erleichtert werden.

(31) Das Visa-Informationssystem, das mit Verordnung (EG) Nr. 767/2008 des Europäischen Parlaments und des Rates vom 9. Juli 2008 über das Visa-Informationssystem (VIS) und den Datenaustausch zwischen den Mitgliedstaaten über Visa für einen kurzfristigen Aufenthalt[2] eingerichtet worden ist, und insbesondere die Anwendung der Artikel 21 und 22, sollen die Anwendung dieser Verordnung ebenfalls erleichtern.

(32) In Bezug auf die Behandlung von Personen, die unter diese Verordnung fallen, sind die Mitgliedstaaten an ihre Verpflichtungen aus den völkerrechtlichen Instrumenten einschließlich der einschlägigen Rechtsprechung des Europäischen Gerichtshofs für Menschenrechte gebunden.

(33) Um einheitliche Bedingungen für die Durchführung dieser Verordnung zu gewährleisten, sollten der Kommission Durchführungsbefugnisse übertragen werden. Diese Befugnisse sollten im Einklang mit der Verordnung (EU) Nr. 182/2011 des Europäischen Parlaments und des Rates vom 16. Februar 2011 zur Festlegung der allgemeinen Regeln und Grundsätze, nach denen die Mitgliedstaaten die Wahrnehmung der Durchführungsbefugnisse durch die Kommission kontrollieren[3], ausgeübt werden.

(34) Das Prüfungsverfahren sollte verwendet werden für die Annahme einer gemeinsamen Informationsbroschüre über Dublin/Eurodac sowie einer speziellen Informationsbroschüre für unbegleitete Minderjährige; eines Standardformblatts für den Austausch einschlägiger Information über unbegleitete Minderjährige; einheitlicher Bedingungen für die Abfrage und den Austausch von Informationen über Minderjährige und abhängige Personen; einheitlicher Bedingungen für die Vorbereitung und die Übermittlung von Aufnahme- und Wiederaufnahmegesuchen; zweier Verzeichnisse mit Beweismitteln und Indizien für ein Aufnahmegesuch, und deren regelmäßiger Überprüfung; eines Laissezpasser; einheitlicher Bedingungen für die Abfrage und den Austausch von Information über Überstellungen; eines Standardformblatts für den Datenaustausch vor einer Überstellung; einer gemeinsamen Gesundheitsbescheinigung; einheitlicher Bedingungen und praktischer Vorkehrungen für den Austausch von Gesundheitsdaten einer Person vor einer Überstellung und gesicherter elektronischer Übermittlungskanäle für Gesuche.

---

[1] Siehe Seite 1 dieses Amtsblatts.
[2] ABl. L 218 vom 13. 8. 2008, S. 60.
[3] ABl. L 55 vom 28. 2. 2011, S. 13.

(35) Zur Festlegung ergänzender nicht wesentlicher Vorschriften sollten der Kommission nach Artikel 290 AEUV die Befugnis zum Erlass von Rechtsakten bezüglich der Ermittlung von Familienangehörigen, Geschwistern oder Verwandten eines unbegleiteten Minderjährigen; der Kriterien für die Feststellung des Bestehens einer nachgewiesenen familiären Bindung; die Kriterien, die zur Bewertung der Fähigkeit zur Sorge für einen unbegleiteten Minderjährigen durch einen Verwandten zu berücksichtigen sind, einschließlich der Fälle, in welchem sich Familienangehörige, Geschwister oder Verwandte des unbegleiteten Minderjährigen in mehr als einem Mitgliedstaat aufhalten; der Elemente für die Bewertung eines Abhängigkeitsverhältnisses; der Bedingungen zur Bewertung der Fähigkeit der Aufnahme einer abhängigen Person durch eine Person sowie der Merkmale die zur Beurteilung einer längerfristigen Reiseunfähigkeit zu berücksichtigen sind, übertragen werden. Bei der Ausübung ihrer Befugnis zum Erlass delegierter Rechtsakte geht die Kommission nicht über den in Artikel 6 Absatz 3 dieser Verordnung vorgesehenen Umfang des Wohl des Kindes hinaus. Es ist von besonderer Bedeutung, dass die Kommission im Zuge ihrer Vorbereitungsarbeit angemessene Konsultationen, auch auf der Ebene von Sachverständigen, durchführt. Bei der Vorbereitung und Ausarbeitung der delegierten Rechtsakte sollte die Kommission eine gleichzeitige, zügige und angemessene Weiterleitung einschlägiger Dokumente an das Europäische Parlament und an den Rat gewährleisten.

(36) Bei der Anwendung dieser Verordnung, einschließlich der Vorbereitung delegierter Rechtsakte, sollte die Kommission Sachverständige aus unter anderem allen einschlägigen nationalen Behörden konsultieren.

(37) Detaillierte Bestimmungen zur Anwendung der Verordnung (EG) Nr. 343/2003 wurden im Wege der Verordnung (EG) Nr. 1560/2003 festgelegt. Aus Gründen der Klarheit oder weil sie einem allgemeinen Zweck dienen können, sollten einige Bestimmungen der Verordnung (EG) Nr. 1560/2003 in diese Verordnung übernommen werden. Für die Mitgliedstaaten und die Antragsteller ist es gleichermaßen wichtig, dass es ein allgemeines Verfahren zur Lösung von Fällen gibt, in denen die Mitgliedstaaten die Verordnung unterschiedlich anwenden. Es ist daher gerechtfertigt, das in der Verordnung (EG) Nr. 1560/2003 vorgesehene Verfahren zur Schlichtung von Streitigkeiten, die die humanitäre Klausel betreffen, in diese Verordnung zu übernehmen und *auf den* Regelungsgegenstand dieser Verordnung insgesamt auszudehnen.

(38) Um die Anwendung dieser Verordnung wirksam überwachen zu können, bedarf es einer regelmäßigen Bewertung.

(39) Diese Verordnung steht im Einklang mit den Grundrechten und Grundsätzen, die insbesondere mit der Charta der Grundrechte der Europäischen Union anerkannt wurden. Diese Verordnung zielt insbesondere darauf ab, sowohl die uneingeschränkte Wahrung des in Arti-

kel 18 der Charta verankerten Rechts auf Asyl als auch die in ihren Artikeln 1, 4, 7, 24 und 47 anerkannten Rechte zu gewährleisten. Diese Verordnung sollte daher in diesem Sinne angewandt werden.

(40) Da das Ziel dieser Verordnung, nämlich die Festlegung von Kriterien und Verfahren zur Bestimmung des Mitgliedstaats, der für die Prüfung eines Antrags auf internationalen Schutz zuständig ist, den ein Drittstaatsangehöriger oder Staatenloser in einem Mitgliedstaat gestellt hat, auf Ebene der Mitgliedstaaten nicht ausreichend erreicht werden kann und daher wegen des Umfangs und der Wirkungen dieser Verordnung besser auf Unionsebene zu erreichen ist, kann die Union im Einklang mit dem in Artikel 5 des Vertrags über die Europäische Union (EUV) niedergelegten Subsidiaritätsprinzip tätig werden. Entsprechend dem in demselben Artikel genannten Verhältnismäßigkeitsprinzip geht diese Verordnung nicht über das für die Erreichung dieses Ziels erforderliche Maß hinaus.

(41) Gemäß Artikel 3 und Artikel 4a Absatz 1 des dem EUV und dem AEUV beigefügten Protokolls Nr. 21 über die Position des Vereinigten Königreichs und Irlands hinsichtlich des Raums der Freiheit, der Sicherheit und des Rechts, haben diese Mitgliedstaaten mitgeteilt, dass sie sich an der Annahme und Anwendung dieser Verordnung beteiligen möchten.

(42) Gemäß den Artikeln 1 und 2 des dem EUV und dem AEUV beigefügten Protokolls Nr. 22 über die Position Dänemarks beteiligt sich Dänemark nicht an der Annahme dieser Verordnung, die für Dänemark nicht bindend oder anwendbar ist –

HABEN FOLGENDE VERORDNUNG ERLASSEN:

Kapitel I. Gegenstand und Definition

Art. 1 Gegenstand. Diese Verordnung legt die Kriterien und Verfahren fest, die bei der Bestimmung des Mitgliedstaats, der für die Prüfung eines von einem Drittstaatsangehörigen oder Staatenlosen in einem Mitgliedstaat gestellten Antrags auf internationalen Schutz zuständig ist, zur Anwendung gelangen (im Folgenden „zuständiger Mitgliedstaat“).

Art. 2 Definitionen. Im Sinne dieser Verordnung bezeichnet der Ausdruck

a) „Drittstaatsangehöriger“ jede Person, die nicht Bürger der Union im Sinne von Artikel 20 Absatz 1 des AEUV ist und bei der es sich nicht um einen Staatsangehörigen eines Staates handelt, der sich aufgrund eines Abkommens mit der Europäischen Union an dieser Verordnung beteiligt;

b) „Antrag auf internationalen Schutz“ einen Antrag auf internationalen Schutz im Sinne des Artikels 2 Buchstabe h der Richtlinie 2011/95/EU;

c) „Antragsteller" einen Drittstaatsangehörigen oder Staatenlosen, der einen Antrag auf internationalen Schutz gestellt hat, über den noch nicht endgültig entschieden wurde;

d) „Prüfung eines Antrags auf internationalen Schutz" die Gesamtheit der Prüfungsvorgänge, der Entscheidungen oder Urteile der zuständigen Behörden in Bezug auf einen Antrag auf internationalen Schutz gemäß der Richtlinie 2013/32/EU und der Richtlinie 2011/95/EU mit Ausnahme der Verfahren zur Bestimmung des zuständigen Mitgliedstaats gemäß dieser Verordnung;

e) „Rücknahme eines Antrags auf internationalen Schutz" die vom Antragsteller im Einklang mit der Richtlinie 2013/32/EU ausdrücklich oder stillschweigend unternommenen Schritte zur Beendigung des Verfahrens, das aufgrund des von ihm gestellten Antrags auf internationalen Schutz eingeleitet worden ist;

f) „Begünstigter internationalen Schutzes" einen Drittstaatsangehörigen oder Staatenlosen, dem internationaler Schutz im Sinne von Artikel 2 Buchstabe a der Richtlinie 2011/95/EU zuerkannt wurde,

g) „Familienangehörige" die folgenden Mitglieder der Familie des Antragstellers, die sich im Hoheitsgebiet der Mitgliedstaaten aufhalten, sofern die Familie bereits im Herkunftsland bestanden hat:
- der Ehegatte des Antragstellers oder sein nicht verheirateter Partner, der mit ihm eine dauerhafte Beziehung führt, soweit nach dem Recht oder nach den Gepflogenheiten des betreffenden Mitgliedstaats nicht verheiratete Paare ausländerrechtlich vergleichbar behandelt werden wie verheiratete Paare,
- die minderjährigen Kinder des im ersten Gedankenstrich genannten Paares oder des Antragstellers, sofern diese nicht verheiratet sind, gleichgültig, ob es sich nach nationalem Recht um eheliche oder außerehelich geborene oder adoptierte Kinder handelt,
- bei einem minderjährigen und unverheirateten Antragsteller, der Vater, die Mutter oder ein anderer Erwachsener, der entweder nach dem Recht oder nach den Gepflogenheiten des Mitgliedstaats, in dem der Erwachsene sich aufhält, für den Minderjährigen verantwortlich ist,
- bei einem unverheirateten, minderjährigen Begünstigten internationalen Schutzes, der Vater, die Mutter oder ein anderer Erwachsener, der/die entweder nach dem Recht oder nach den Gepflogenheiten des Mitgliedstaats, in dem sich der Begünstigte aufhält, für ihn verantwortlich ist;

h) „Verwandter": der volljährige Onkel, die volljährige Tante oder ein Großelternteil des Antragstellers, der/die sich im Hoheitsgebiet eines Mitgliedstaats aufhält, ungeachtet dessen, ob es sich gemäß dem nationalen Recht bei dem Antragsteller um ein ehelich oder außerehelich geborenes oder adoptiertes Kind handelt;

i) „Minderjähriger einen Drittstaatsangehörigen oder Staatenlosen unter 18 Jahren;

j) „unbegleiteter Minderjähriger" einen Minderjährigen, der ohne Begleitung eines für ihn nach dem Recht oder nach den Gepflogenheiten des betreffenden Mitgliedstaats verantwortlichen Erwachsenen in das Hoheitsgebiet der Mitgliedstaaten einreist, solange er sich nicht tatsächlich in der Obhut eines solchen Erwachsenen befindet; dies schließt einen Minderjährigen ein, der nach Einreise in das Hoheitsgebiet eines Mitgliedstaats dort ohne Begleitung zurückgelassen wird;

k) „Vertreter" eine Person oder Organisation, die von den zuständigen Behörden zur Unterstützung und Vertretung eines unbegleiteten Minderjährigen in Verfahren nach Maßgabe dieser Verordnung bestellt wurde, um das Wohl des Kindes zu wahren und für den Minderjährigen, soweit erforderlich, Rechtshandlungen vorzunehmen. Wird eine Organisation zum Vertreter bestellt, so bezeichnet der Ausdruck „Vertreter" eine Person, die in Bezug auf den Minderjährigen ihre Pflichten im Einklang mit dieser Verordnung wahrnimmt;

l) „Aufenthaltstitel" jede von den Behörden eines Mitgliedstaats erteilte Erlaubnis, mit der der Aufenthalt eines Drittstaatsangehörigen oder Staatenlosen im Hoheitsgebiet dieses Mitgliedstaats gestattet wird, einschließlich der Dokumente, mit denen die Genehmigung des Aufenthalts im Hoheitsgebiet im Rahmen einer Regelung des vorübergehenden Schutzes oder bis zu dem Zeitpunkt, zu dem die eine Ausweisung verhindernden Umstände nicht mehr gegeben sind, nachgewiesen werden kann; ausgenommen sind Visa und Aufenthaltstitel, die während der zur Bestimmung des zuständigen Mitgliedstaats entsprechend dieser Verordnung erforderlichen Frist oder während der Prüfung eines Antrags auf internationalen Schutz oder eines Antrags auf Gewährung eines Aufenthaltstitels erteilt wurden;

m) „Visum" die Erlaubnis oder Entscheidung eines Mitgliedstaats, die im Hinblick auf die Einreise zum Zweck der Durchreise oder die Einreise zum Zweck eines Aufenthalts in diesem Mitgliedstaat oder in mehreren Mitgliedstaaten verlangt wird. Es werden folgende Arten von Visa unterschieden:
- „Visum für den längerfristigen Aufenthalt": eine von einem der Mitgliedstaaten im Einklang mit seinem innerstaatlichen Recht oder dem Unionsrecht ausgefertigte Erlaubnis oder Entscheidung, die im Hinblick auf die Einreise zum Zweck eines Aufenthalts in diesem Mitgliedstaat von mehr als drei Monaten verlangt wird;
- „Visum für den kurzfristigen Aufenthalt": eine Erlaubnis oder Entscheidung eines Mitgliedstaats im Hinblick auf die Durchreise durch das Hoheitsgebiet eines oder mehrerer oder aller Mitgliedstaaten oder einen geplanten Aufenthalt in diesem Gebiet von höchstens drei Monaten je Sechsmonatszeitraum ab dem Zeitpunkt der ersten Einreise in das Hoheitsgebiet der Mitgliedstaaten;
- *„Visum für den Flughafentransit"* ein für die Durchreise durch die internationalen Transitzonen eines oder mehrerer Flughäfen von Mitgliedstaaten gültiges Visum;

n) „Fluchtgefahr" das Vorliegen von Gründen im Einzelfall, die auf objektiven gesetzlich festgelegten Kriterien beruhen und zu der Annahme Anlass geben, dass sich ein Antragsteller, ein Drittstaatsangehöriger oder Staatenloser, gegen den ein Überstellungsverfahren läuft, diesem Verfahren möglicherweise durch Flucht entziehen könnte.

Kapitel II. Allgemeine Grundsätze und Schutzgarantien

Art. 3 Verfahren zur Prüfung eines Antrags auf internationalen Schutz. (1) Die Mitgliedstaaten prüfen jeden Antrag auf internationalen Schutz, den ein Drittstaatsangehöriger oder Staatenloser im Hoheitsgebiet eines Mitgliedstaats einschließlich an der Grenze oder in den Transitzonen stellt. Der Antrag wird von einem einzigen Mitgliedstaat geprüft, der nach den Kriterien des Kapitels III als zuständiger Staat bestimmt wird.

(2) Lässt sich anhand der Kriterien dieser Verordnung der zuständige Mitgliedstaat nicht bestimmen, so ist der erste Mitgliedstaat, in dem der Antrag auf internationalen Schutz gestellt wurde, für dessen Prüfung zuständig.

Erweist es sich als unmöglich, einen Antragsteller an den zunächst als zuständig bestimmten Mitgliedstaat zu überstellen, da es wesentliche Gründe für die Annahme gibt, dass das Asylverfahren und die Aufnahmebedingungen für Antragsteller in diesem Mitgliedstaat systemische Schwachstellen aufweisen, die eine Gefahr einer unmenschlichen oder entwürdigenden Behandlung im Sinne des Artikels 4 der EU-Grundrechtecharta mit sich bringen, so setzt der die Zuständigkeit prüfende Mitgliedstaat, die Prüfung der in Kapitel III vorgesehenen Kriterien fort, um festzustellen, ob ein anderer Mitgliedstaat als zuständig bestimmt werden kann.

Kann keine Überstellung gemäß diesem Absatz an einen aufgrund der Kriterien des Kapitels III bestimmten Mitgliedstaat oder an den ersten Mitgliedstaat, in dem der Antrag gestellt wurde, vorgenommen werden, so wird der die Zuständigkeit prüfende Mitgliedstaat der zuständige Mitgliedstaat.

(3) Jeder Mitgliedstaat behält das Recht, einen Antragsteller nach Maßgabe der Bestimmungen und Schutzgarantien der Richtlinie 32/2013/EU in einen sicheren Drittstaat zurück oder auszuweisen.

Art. 4 Recht auf Information. (1) Sobald ein Antrag auf internationalen Schutz im Sinne des Artikels 20 Absatz 2 in einem Mitgliedstaat gestellt wird, unterrichten seine zuständigen Behörden den Antragsteller über die Anwendung dieser Verordnung und insbesondere über folgende Aspekte:

a) die Ziele dieser Verordnung und die Folgen einer weiteren Antragstellung in einem anderen Mitgliedstaat sowie die Folgen eines Umzugs in einen anderen Mitgliedstaat während die Schritte, in welchen der nach dieser Verordnung zuständige Mitgliedstaat bestimmt wird und der Antrag auf internationalen Schutz geprüft wird;

b) die Kriterien für die Bestimmung des zuständigen Mitgliedstaats, die Rangfolge derartiger Kriterien in den einzelnen Schritten des Verfahrens und ihre Dauer einschließlich der Tatsache, dass ein in einem Mitgliedstaat gestellter Antrag auf internationalen Schutz dazu führen kann, dass dieser Mitgliedstaat nach dieser Verordnung zuständig wird, selbst wenn diese Zuständigkeit nicht auf derartigen Kriterien beruht;

c) das persönliche Gespräch gemäß Artikel 5 und die Möglichkeit, Angaben über die Anwesenheit von Familienangehörigen, Verwandten oder Personen jeder anderen verwandtschaftlichen Beziehung in den Mitgliedstaaten zu machen, einschließlich der Mittel, mit denen der Antragsteller diese Angaben machen kann;

d) die Möglichkeit zur Einlegung eines Rechtsbehelfs gegen eine Überstellungsentscheidung und gegebenenfalls zur Beantragung einer Aussetzung der Überstellung;

e) den Umstand, dass die zuständigen Behörden der Mitgliedstaaten ihn betreffende Daten allein zur Erfüllung ihrer Verpflichtungen aus dieser Verordnung austauschen dürfen;

f) das Auskunftsrecht bezüglich ihn betreffender Daten und das Recht zu beantragen, dass solche Daten berichtigt werden, sofern sie unrichtig sind, oder gelöscht werden, sofern sie unrechtmäßig verarbeitet wurden, sowie die Verfahren zur Ausübung dieser Rechte einschließlich der Kontaktangaben der Behörden im Sinne des Artikels 35 und der nationalen Datenschutzbehörden, die für die Entgegennahme von Beschwerden über den Schutz personenbezogener Daten zuständig sind.

(2) Die Informationen nach Absatz 1 werden schriftlich in einer Sprache mitgeteilt, die der Antragsteller versteht oder von der vernünftigerweise angenommen werden darf, dass der Antragsteller sie versteht. Die Mitgliedstaaten verwenden hierzu das zu diesem Zweck gemäß Absatz 3 erstellte gemeinsame Merkblatt.

Wenn dies für das richtige Verständnis des Antragstellers notwendig ist, werden die Informationen auch mündlich, beispielsweise bei dem Gespräch nach Artikel 5, erteilt.

(3) Die Kommission erstellt im Wege von Durchführungsrechtsakten ein gemeinsames Merkblatt sowie ein spezielles Merkblatt für unbegleitete Minderjährige, das mindestens die Angaben in Absatz 1 dieses Artikels enthält. Dieses gemeinsame Merkblatt enthält außerdem Informationen über die Anwendung der Verordnung (EU) Nr. 603/2013 und insbesondere über den Zweck, zu dem die Daten eines Antragstellers in Eurodac verarbeitet werden dürfen. Das gemeinsame Merkblatt wird so gestaltet, dass es die Mitgliedstaaten mit zusätzlichen mitgliedstaatsspezifischen Informationen ergänzen können. Diese Durchfüh-

rungsrechtsakte werden gemäß dem in Artikel 44 Absatz 2 dieser Verordnung genannten Prüfverfahren erlassen.

Art. 5 Persönliches Gespräch. (1) Um das Verfahren zur Bestimmung des zuständigen Mitgliedstaats zu erleichtern, führt der die Zuständigkeit prüfende Mitgliedstaat ein persönliches Gespräch mit dem Antragsteller. Dieses Gespräch soll auch das richtige Verständnis der dem Antragsteller gemäß Artikel 4 bereitgestellten Informationen ermöglichen.

(2) Auf das persönliche Gespräch darf verzichtet werden, wenn

a) der Antragsteller flüchtig ist oder

b) der Antragsteller, nachdem er die in Artikel 4 genannten Informationen erhalten hat, bereits die sachdienlichen Angaben gemacht hat, so dass der zuständige Mitgliedstaat auf andere Weise bestimmt werden kann. Der Mitgliedstaat, der auf das Gespräch verzichtet, gibt dem Antragsteller Gelegenheit, alle weiteren sachdienlichen Informationen vorzulegen, die für die ordnungsgemäße Bestimmung des zuständigen Mitgliedstaats von Bedeutung sind, bevor eine Entscheidung über die Überstellung des Antragstellers in den nach Artikel 26 Absatz 1 zuständigen Mitgliedstaat ergeht.

(3) Das persönliche Gespräch wird zeitnah geführt, in jedem Fall aber, bevor über die Überstellung des Antragstellers in den zuständigen Mitgliedstaat gemäß Artikel 26 Absatz 1 entschieden wird.

(4) Das persönliche Gespräch wird in einer Sprache geführt, die der Antragsteller versteht oder von der vernünftigerweise angenommen werden darf, dass er sie versteht und in der er sich verständigen kann. Die Mitgliedstaaten ziehen erforderlichenfalls einen Dolmetscher hinzu, der eine angemessene Verständigung zwischen dem Antragsteller und der das persönliche Gespräch führenden Person gewährleisten kann.

(5) Das persönliche Gespräch erfolgt unter Bedingungen, die eine angemessene Vertraulichkeit gewährleisten. Es wird von einer dafür qualifizierten Person gemäß dem innerstaatlichen Recht durchgeführt.

(6) Der Mitgliedstaat, der das persönliche Gespräch führt, erstellt eine schriftliche Zusammenfassung, die zumindest die wesentlichen Angaben des Antragstellers aus dem Gespräch enthält. Diese Zusammenfassung kann in Form eines Berichts oder eines Standardformulars erstellt werden. Der Mitgliedstaat gewährleistet, dass der Antragsteller und/oder der ihn vertretende Rechtsbeistand oder sonstiger Berater zeitnah Zugang zu der Zusammenfassung erhält.

Art. 6 Garantien für Minderjährige. (1) Das Wohl des Kindes ist in allen Verfahren, die in dieser Verordnung vorgesehen sind, eine vorrangige Erwägung der Mitgliedstaaten.

(2) Die Mitgliedstaaten sorgen dafür, dass ein unbegleiteter Minderjährige in allen Verfahren, die in dieser Verordnung vorgesehen sind, von einem Vertreter vertreten und/oder unterstützt wird. Der Vertreter verfügt über die entsprechenden Qualifikationen und Fachkenntnisse,

um zu gewährleisteten, dass dem Wohl des Minderjährigen während der nach dieser Verordnung durchgeführten Verfahren Rechnung getragen wird. Ein solcher Vertreter hat Zugang zu dem Inhalt der einschlägigen Dokumente in der Akte des Antragstellers einschließlich des speziellen Merkblatts für unbegleitete Minderjährige.

Dieser Absatz lässt die entsprechenden Bestimmungen in Artikel 25 der Richtlinie 2013/32/EU unberührt.

(3) Bei der Würdigung des Wohl des Kindes arbeiten die Mitgliedstaaten eng zusammen und tragen dabei insbesondere folgenden Faktoren gebührend Rechnung:

a) Möglichkeiten der Familienzusammenführung;

b) dem Wohlergehen und der sozialen Entwicklung des Minderjährigen unter besonderer Berücksichtigung seines Hintergrundes;

c) Sicherheitserwägungen, insbesondere wenn es sich bei dem Minderjährigen um ein Opfer des Menschenhandels handeln könnte;

d) den Ansichten des Minderjährigen entsprechend seinem Alter und seiner Reife.

(4) Zum Zweck der Durchführung des Artikels 8 unternimmt der Mitgliedstaat, in dem der unbegleitete Minderjährige einen Antrag auf internationalen Schutz gestellt hat, so bald wie möglich geeignete Schritte, um die Familienangehörigen, Geschwister oder Verwandte des unbegleiteten Minderjährigen im Hoheitsgebiet der Mitgliedstaaten zu ermitteln, wobei er das Wohl des Kindes schützt.

Zu diesem Zweck kann der Mitgliedstaat internationale oder andere einschlägige Organisationen um Hilfe ersuchen und den Zugang des Minderjährigen zu den Suchdiensten dieser Organisationen erleichtern.

Das Personal der zuständigen Behörden im Sinne von Artikel 35, die unbegleitete Minderjährige betreffende Anträge bearbeiten, haben eine geeignete Schulung über die besonderen Bedürfnisse Minderjähriger erhalten und werden weiterhin geschult.

(5) Zur Erleichterung geeigneter Maßnahmen zur Ermittlung der im Hoheitsgebiet eines anderen Mitgliedstaats lebenden Familienangehörigen, der Geschwister oder der Verwandten eines unbegleiteten Minderjährigen gemäß Absatz 4 dieses Artikels erlässt die Kommission Durchführungsrechtsakte, einschließlich der Festlegung eines Standardformblatts für den Austausch einschlägiger Informationen zwischen den Mitgliedstaaten. Diese Durchführungsrechtsakte werden gemäß dem in Artikel 44 Absatz 2 genannten Prüfverfahren erlassen.

Kapitel III. Kriterien zur Bestimmung des zuständigen Mitgliedstaats

Art. 7 ***Rangfolge der Kriterien.*** (1) Die Kriterien zur Bestimmung des zuständigen Mitgliedstaats finden in der in diesem Kapitel genannten Rangfolge Anwendung.

(2) Bei der Bestimmung des nach den Kriterien dieses Kapitels zuständigen Mitgliedstaats wird von der Situation ausgegangen, die zu dem Zeitpunkt gegeben ist, zu dem der Antragsteller seinen Antrag auf internationalen Schutz zum ersten Mal in einem Mitgliedstaat stellt.

(3) Im Hinblick auf die Anwendung der in den Artikeln 8, 10 und 6 genannten Kriterien berücksichtigen die Mitgliedstaaten alle vorliegenden Indizien für den Aufenthalt von Familienangehörigen, Verwandten oder Personen jeder anderen verwandtschaftlichen Beziehung des Antragstellers im Hoheitsgebiet eines Mitgliedstaats, sofern diese Indizien vorgelegt werden, bevor ein anderer Mitgliedstaat dem Gesuch um Aufnahme- oder Wiederaufnahme der betreffenden Person gemäß den Artikeln 22 und 25 stattgegeben hat, und sofern über frühere Anträge des Antragstellers auf internationalen Schutz noch keine Erstentscheidung in der Sache ergangen ist.

Art. 8 Minderjährige. (1) Handelt es sich bei dem Antragsteller um einen unbegleiteten Minderjährigen, so ist der Mitgliedstaat zuständiger Mitgliedstaat, in dem sich ein Familienangehöriger oder eines der Geschwister des unbegleiteten Minderjährigen rechtmäßig aufhält, sofern es dem Wohl des Minderjährigen dient. Ist der Antragsteller ein verheirateter Minderjähriger, dessen Ehepartner sich nicht rechtmäßig im Hoheitsgebiet der Mitgliedstaaten aufhält, so ist der Mitgliedstaat zuständiger Mitgliedstaat, in dem sich der Vater, die Mutter, oder ein anderer Erwachsener – der entweder nach dem Recht oder nach den Gepflogenheiten des Mitgliedstaats für den Minderjährigen zuständig ist – oder sich eines seiner Geschwister aufhält.

(2) Ist der Antragsteller ein unbegleiteter Minderjähriger, der einen Verwandten hat, der sich rechtmäßig in einem anderen Mitgliedstaat aufhält, und wurde anhand einer Einzelfallprüfung festgestellt, dass der Verwandte für den Antragsteller sorgen kann, so führt dieser Mitgliedstaat den Minderjährigen und seine Verwandten zusammen und ist der zuständige Mitgliedstaat, sofern es dem Wohl des Minderjährigen dient.

(3) Halten sich Familienangehörige, Geschwister oder Verwandte im Sinne der Absätze 1 und 2 in mehr als einem Mitgliedstaat auf, wird der zuständige Mitgliedstaat danach bestimmt, was dem Wohl des unbegleiteten Minderjährigen dient.

(4) Bei Abwesenheit eines Familienangehörigen eines seiner Geschwisters oder eines Verwandten im Sinne der Absätze 1 und 2, ist der Mitgliedstaat zuständiger Mitgliedstaat, in dem der unbegleitete Minderjährige *seinen* Antrag auf internationalen Schutz gestellt hat, sofern es dem Wohl des Minderjährigen dient.

(5) Der Kommission wird die Befugnis übertragen gemäß Artikel 45 in Bezug auf die Ermittlung von Familienangehörigen, Geschwistern oder Verwandten eines unbegleiteten Minderjährigen; die Kriterien für die Feststellung des Bestehens einer nachgewiesenen familiären Bindung; die Kriterien zur Beurteilung der Fähigkeit eines Verwandten, für den unbegleiteten Minderjährigen zu sorgen, einschließlich der Fäl-

le, in denen sich die Familienangehörigen, Geschwister oder Verwandten des unbegleiteten Minderjährigen in mehr als einem Mitgliedstaat aufhalten, delegierte Rechtsakte zu erlassen. Bei der Ausübung ihrer Befugnis zum Erlass delegierter Rechtsakte geht die Kommission nicht über den in Artikel 6 Absatz 3 vorgesehenen Umfang des Wohls des Kindes hinaus.

(6) Die Kommission legt im Wege von Durchführungsrechtsakten einheitliche Bedingungen für Konsultationen und den Informationsaustausch zwischen den Mitgliedstaaten fest. Diese Durchführungsrechtsakte werden gemäß dem in Artikel 44 Absatz 2 genannten Prüfverfahren erlassen.

Art. 9 Familienangehörige, die Begünstigte internationalen Schutzes sind. Hat der Antragsteller einen Familienangehörigen – ungeachtet der Frage, ob die Familie bereits im Herkunftsland bestanden hat –, der in seiner Eigenschaft als Begünstigter internationalen Schutzes in einem Mitgliedstaat aufenthaltsberechtigt ist, so ist dieser Mitgliedstaat für die Prüfung des Antrags auf internationalen Schutz zuständig, sofern die betreffenden Personen diesen Wunsch schriftlich kundtun.

Art. 10 Familienangehörige, die internationalen Schutz beantragt haben. Hat ein Antragsteller in einem Mitgliedstaat einen Familienangehörigen, über dessen Antrag auf internationalen Schutz noch keine Erstentscheidung in der Sache ergangen ist, so ist dieser Mitgliedstaat für die Prüfung des Antrags auf internationalen Schutz zuständig, sofern die betreffenden Personen diesen Wunsch schriftlich kundtun.

Art. 11 Familienverfahren. Stellen mehrere Familienangehörige und/oder unverheiratete minderjährige Geschwister in demselben Mitgliedstaat gleichzeitig oder in so großer zeitlicher Nähe einen Antrag auf internationalen Schutz, dass die Verfahren zur Bestimmung des zuständigen Mitgliedstaats gemeinsam durchgeführt werden können, und könnte die Anwendung der in dieser Verordnung genannten Kriterien ihre Trennung zur Folge haben, so gilt für die Bestimmung des zuständigen Mitgliedstaats Folgendes:

a) zuständig für die Prüfung der Anträge auf internationalen Schutz sämtlicher Familienangehöriger und/oder unverheirateter minderjähriger Geschwister ist der Mitgliedstaat, der nach den Kriterien für die Aufnahme des größten Teils von ihnen zuständig ist;

b) andernfalls ist für die Prüfung der Mitgliedstaat zuständig, der nach den Kriterien für die Prüfung des von dem ältesten von ihnen gestellten Antrags zuständig ist.

Art. 12 Ausstellung von Aufenthaltstiteln oder Visa. (1) Besitzt der Antragsteller einen gültigen Aufenthaltstitel, so ist der Mitgliedstaat, der den Aufenthaltstitel ausgestellt hat, für die Prüfung des Antrags auf internationalen Schutz zuständig.

(2) Besitzt der Antragsteller ein gültiges Visum, so ist der Mitgliedstaat, der das Visum erteilt hat, für die Prüfung des Antrags auf internationalen Schutz zuständig, es sei denn, dass das Visum im Auftrag eines anderen Mitgliedstaats im Rahmen einer Vertretungsvereinbarung gemäß Artikel 8 der Verordnung (EG) Nr. 810/2009 des Europäischen Parlaments und des Rates vom 13. Juli 2009 über einen Visakodex der Gemeinschaft[1] erteilt wurde. In diesem Fall ist der vertretene Mitgliedstaat für die Prüfung des Antrags auf internationalen Schutz zuständig.

(3) Besitzt der Antragsteller mehrere gültige Aufenthaltstitel oder Visa verschiedener Mitgliedstaaten, so sind die Mitgliedstaaten für die Prüfung des Antrags auf internationalen Schutz in folgender Reihenfolge zuständig:

a) der Mitgliedstaat, der den Aufenthaltstitel mit der längsten Gültigkeitsdauer erteilt hat, oder bei gleicher Gültigkeitsdauer der Mitgliedstaat, der den zuletzt ablaufenden Aufenthaltstitel erteilt hat;

b) der Mitgliedstaat, der das zuletzt ablaufende Visum erteilt hat, wenn es sich um gleichartige Visa handelt;

c) bei nicht gleichartigen Visa der Mitgliedstaat, der das Visum mit der längsten Gültigkeitsdauer erteilt hat, oder bei gleicher Gültigkeitsdauer der Mitgliedstaat, der das zuletzt ablaufende Visum erteilt hat.

(4) Besitzt der Antragsteller nur einen oder mehrere Aufenthaltstitel, die weniger als zwei Jahre zuvor abgelaufen sind, oder ein oder mehrere Visa, die seit weniger als sechs Monaten abgelaufen sind, aufgrund deren er in das Hoheitsgebiet eines Mitgliedstaats einreisen konnte, so sind die Absätze 1, 2 und 3 anwendbar, solange der Antragsteller das Hoheitsgebiet der Mitgliedstaaten nicht verlassen hat.

Besitzt der Antragsteller einen oder mehrere Aufenthaltstitel, die mehr als zwei Jahre zuvor abgelaufen sind, oder ein oder mehrere Visa, die seit mehr als sechs Monaten abgelaufen sind, aufgrund deren er in das Hoheitsgebiet eines Mitgliedstaats einreisen konnte, und hat er die Hoheitsgebiete der Mitgliedstaaten nicht verlassen, so ist der Mitgliedstaat zuständig, in dem der Antrag auf internationalen Schutz gestellt wird.

(5) Der Umstand, dass der Aufenthaltstitel oder das Visum aufgrund einer falschen oder missbräuchlich verwendeten Identität oder nach Vorlage von gefälschten, falschen oder ungültigen Dokumenten erteilt wurde, hindert nicht daran, dem Mitgliedstaat, der den Titel oder das Visum erteilt hat, die Zuständigkeit zuzuweisen. Der Mitgliedstaat, der den Aufenthaltstitel oder das Visum ausgestellt hat, ist nicht zuständig, wenn nachgewiesen werden kann, dass nach Ausstellung des Titels oder des Visums eine betrügerische Handlung vorgenommen wurde.

---

[1] ABl. L 243 vom 15. 9. 2009, S. 1.

Art. 13 Einreise und/oder Aufenthalt. (1) Wird auf der Grundlage von Beweismitteln oder Indizien gemäß den beiden in Artikel 22 Absatz 3 dieser Verordnung genannten Verzeichnissen, einschließlich der Daten nach der Verordnung (EU) Nr. 603/2013 festgestellt, dass ein Antragsteller aus einem Drittstaat kommend die Land-, See- oder Luftgrenze eines Mitgliedstaats illegal überschritten hat, so ist dieser Mitgliedstaat für die Prüfung des Antrags auf internationalen Schutz zuständig. Die Zuständigkeit endet zwölf Monate nach dem Tag des illegalen Grenzübertritts.

(2) Ist ein Mitgliedstaat nicht oder gemäß Absatz 1 dieses Artikels nicht länger zuständig und wird auf der Grundlage von Beweismitteln oder Indizien gemäß den beiden in Artikel 22 Absatz 3 genannten Verzeichnissen festgestellt, dass der Antragsteller – der illegal in die Hoheitsgebiete der Mitgliedstaaten eingereist ist oder bei dem die Umstände der Einreise nicht festgestellt werden können – sich vor der Antragstellung während eines ununterbrochenen Zeitraums von mindestens fünf Monaten in einem Mitgliedstaat aufgehalten hat, so ist dieser Mitgliedstaat für die Prüfung des Antrags auf internationalen Schutz zuständig.

Hat sich der Antragsteller für Zeiträume von mindestens fünf Monaten in verschiedenen Mitgliedstaaten aufgehalten, so ist der Mitgliedstaat, wo er sich zuletzt aufgehalten hat, für die Prüfung des Antrags auf internationalen Schutz zuständig.

Art. 14 Visafreie Einreise. (1) Reist ein Drittstaatsangehöriger oder Staatenloser in das Hoheitsgebiet eines Mitgliedstaats ein, in dem für ihn kein Visumzwang besteht, so ist dieser Mitgliedstaat für die Prüfung des Antrags auf internationalen Schutz zuständig.

(2) Der Grundsatz nach Absatz 1 findet keine Anwendung, wenn der Drittstaatsangehörige oder Staatenlose seinen Antrag auf internationalen Schutz in einem anderen Mitgliedstaat stellt, in dem er ebenfalls kein Einreisevisum vorweisen muss. In diesem Fall ist dieser andere Mitgliedstaat für die Prüfung des Antrags auf internationalen Schutz zuständig.

Art. 15 Antrag im internationalen Transitbereich eines Flughafens. Stellt ein Drittstaatsangehöriger oder Staatenloser im internationalen Transitbereich eines Flughafens eines Mitgliedstaats einen Antrag auf internationalen Schutz, so ist dieser Mitgliedstaat für die Prüfung des Antrags zuständig.

Kapitel IV. Abhängige Personen und Ermessensklauseln

Art. 16 ***Abhängige Personen.*** (1) Ist ein Antragsteller wegen Schwangerschaft, eines neugeborenen Kindes, schwerer Krankheit, ernsthafter Behinderung oder hohen Alters auf die Unterstützung seines Kindes, eines seiner Geschwister oder eines Elternteils, das/der sich rechtmäßig in einem Mitgliedstaat aufhält, angewiesen oder ist sein Kind, eines seiner Geschwister oder ein Elternteil, das/der sich rechtmäßig in einem Mitgliedstaat aufhält, auf die Unterstützung des Antragstellers angewiesen, so entscheiden die Mitgliedstaaten in der Regel, den Antragsteller und dieses Kind, dieses seiner Geschwister oder Elternteil nicht zu trennen bzw. sie zusammenzuführen, sofern die familiäre Bindung bereits im Herkunftsland bestanden hat, das Kind, eines seiner Geschwister oder der Elternteil in der Lage ist, die abhängige Person zu unterstützen und die betroffenen Personen ihren Wunsch schriftlich kundgetan haben.

(2) Hält sich das Kind, eines seiner Geschwister oder ein Elternteil im Sinne des Absatzes 1 rechtmäßig in einem anderen Mitgliedstaat als der Antragsteller auf, so ist der Mitgliedstaat, in dem sich das Kind, eines seiner Geschwister oder ein Elternteil rechtmäßig aufhält, zuständiger Mitgliedstaat, sofern der Gesundheitszustand des Antragstellers diesen nicht längerfristig daran hindert, in diesen Mitgliedstaat zu reisen. In diesem Fall, ist der Mitgliedstaat, in dem sich der Antragsteller aufhält, zuständiger Mitgliedstaat. Dieser Mitgliedstaat kann nicht zum Gegenstand der Verpflichtung gemacht werden, das Kind, eines seiner Geschwister oder ein Elternteil in sein Hoheitsgebiet zu verbringen.

(3) Der Kommission wird die Befugnis übertragen gemäß Artikel 45 in Bezug auf die Elemente, die zur Beurteilung des Abhängigkeitsverhältnisses zu berücksichtigen sind, in Bezug auf die Kriterien zur Feststellung des Bestehens einer nachgewiesenen familiären Bindung, in Bezug auf die Kriterien zur Beurteilung der Fähigkeit der betreffenden Person zur Sorge für die abhängige Person und in Bezug auf die Elemente, die zur Beurteilung einer längerfristigen Reiseunfähigkeit zu berücksichtigen sind, delegierte Rechtsakte zu erlassen.

(4) Die Kommission legt im Wege von Durchführungsrechtsakten einheitliche Bedingungen für Konsultationen und den Informationsaustausch zwischen den Mitgliedstaaten fest. Diese Durchführungsrechtsakte werden nach dem in Artikel 44 Absatz 2 genannten Prüfverfahren erlassen.

Art. 17 Ermessensklauseln. (1) Abweichend von Artikel 3 Absatz 1 kann jeder Mitgliedstaat beschließen, einen bei ihm von einem Drittstaatsangehörigen oder Staatenlosen gestellten Antrag auf internationalen Schutz zu prüfen, auch wenn er nach den in dieser Verordnung festgelegten Kriterien nicht für die Prüfung zuständig ist.

Der Mitgliedstaat, der gemäß diesem Absatz beschließt, einen Antrag auf internationalen Schutz zu prüfen, wird dadurch zum zuständigen Mitgliedstaat und übernimmt die mit dieser Zuständigkeit einhergehenden Verpflichtungen. Er unterrichtet gegebenenfalls über das elektronische Kommunikationsnetz DubliNet, das gemäß Artikel 18 der Verordnung (EG) Nr. 1560/2003 eingerichtet worden ist, den zuvor zuständigen Mitgliedstaat, den Mitgliedstaat, der ein Verfahren zur Bestimmung des zuständigen Mitgliedstaats durchführt, oder den Mitgliedstaat, an den ein Aufnahme- oder Wiederaufnahmegesuch gerichtet wurde.

Der Mitgliedstaat, der nach Maßgabe dieses Absatzes zuständig wird, teilt diese Tatsache unverzüglich über Eurodac nach Maßgabe der Verordnung (EU) Nr. 603/2013 mit, indem er den Zeitpunkt über die erfolgte Entscheidung zur Prüfung des Antrags anfügt.

(2) Der Mitgliedstaat, in dem ein Antrag auf internationalen Schutz gestellt worden ist und der das Verfahren zur Bestimmung des zuständigen Mitgliedstaats durchführt, oder der zuständige Mitgliedstaat kann, bevor eine Erstentscheidung in der Sache ergangen ist, jederzeit einen anderen Mitgliedstaat ersuchen, den Antragsteller aufzunehmen, aus humanitären Gründen, die sich insbesondere aus dem familiären oder kulturellen Kontext ergeben, um Personen jeder verwandtschaftlichen Beziehung zusammenzuführen, auch wenn der andere Mitgliedstaat nach den Kriterien in den Artikeln 8 bis 11 und 16 nicht zuständig ist. Die betroffenen Personen müssen dem schriftlich zustimmen.

Das Aufnahmegesuch umfasst alle Unterlagen, über die der ersuchende Mitgliedstaat verfügt, um dem ersuchten Mitgliedstaat die Beurteilung des Falles zu ermöglichen.

Der ersuchte Mitgliedstaat nimmt alle erforderlichen Überprüfungen vor, um zu prüfen, dass die angeführten humanitären Gründe vorliegen, und antwortet dem ersuchenden Mitgliedstaat über das elektronische Kommunikationsnetz DubliNet, das gemäß Artikel 18 der Verordnung (EG) Nr. 1560/2003 eingerichtet wurde, innerhalb von zwei Monaten nach Eingang des Gesuchs. Eine Ablehnung des Gesuchs ist zu begründen.

Gibt der ersuchte Mitgliedstaat dem Gesuch statt, so wird ihm die Zuständigkeit für die Antragsprüfung übertragen.

Kapitel V. Pflichten des zuständigen Mitgliedstaats

Art. 18 Pflichten des zuständigen Mitgliedstaats. (1) Der nach dieser Verordnung zuständige Mitgliedstaat ist verpflichtet:

a) einen Antragsteller, der in einem anderen Mitgliedstaat einen Antrag gestellt hat, nach Maßgabe der Artikel 21, 22 und 29 aufzunehmen;

b) einen Antragsteller, der während der Prüfung seines Antrags in einem anderen Mitgliedstaat einen Antrag gestellt hat oder der sich im Hoheitsgebiet eines anderen Mitgliedstaats ohne Aufenthaltstitel aufhält, nach Maßgabe der Artikel 23, 24, 25 und 29 wieder aufzunehmen;

c) einen Drittstaatsangehörigen oder einen Staatenlosen, der seinen *Antrag während der* Antragsprüfung zurückgezogen und in einem anderen Mitgliedstaat einen Antrag gestellt hat oder der sich ohne Aufenthaltstitel im Hoheitsgebiet eines anderen Mitgliedstaats aufhält, nach Maßgabe der Artikel 23, 24, 25 und 29 wieder aufzunehmen;

d) einen Drittstaatsangehörigen oder Staatenlosen, dessen Antrag abgelehnt wurde und der in einem anderen Mitgliedstaat einen Antrag gestellt hat oder der sich im Hoheitsgebiet eines anderen Mitgliedstaats ohne Aufenthaltstitel aufhält, nach Maßgabe der Artikel 23, 24, 25 und 29 wieder aufzunehmen.

(2) Der zuständige Mitgliedstaat prüft in allen dem Anwendungsbereich des Absatzes 1 Buchstaben a und b unterliegenden Fällen den gestellten Antrag auf internationalen Schutz oder schließt seine Prüfung ab.

Hat der zuständige Mitgliedstaat in den in den Anwendungsbereich von Absatz 1 Buchstabe c fallenden Fällen die Prüfung nicht fortgeführt, nachdem der Antragsteller den Antrag zurückgezogen hat, bevor eine Entscheidung in der Sache in erster Instanz ergangen ist, stellt dieser Mitgliedstaat sicher, dass der Antragsteller berechtigt ist, zu beantragen, dass die Prüfung seines Antrags abgeschlossen wird, oder einen neuen Antrag auf internationalen Schutz zu stellen, der nicht als Folgeantrag im Sinne der Richtlinie 2013/32/EU behandelt wird. In diesen Fällen gewährleisten die Mitgliedstaaten, dass die Prüfung des Antrags abgeschlossen wird.

In den in den Anwendungsbereich des Absatzes 1 Buchstabe d fallenden Fällen, in denen der Antrag nur in erster Instanz abgelehnt worden ist, stellt der zuständige Mitgliedstaat sicher, dass die betreffende Person die Möglichkeit hat oder hatte, einen wirksamen Rechtsbehelf gemäß Artikel 46 der Richtlinie 2013/32/EU einzulegen.

Art. 19 Übertragung der Zuständigkeit. (1) Erteilt ein Mitgliedstaat dem Antragsteller einen Aufenthaltstitel, so obliegen diesem Mitgliedstaat die Pflichten nach Artikel 18 Absatz 1.

(2) Die Pflichten nach Artikel 18 Absatz 1 erlöschen, wenn der zuständige Mitgliedstaat nachweisen kann, dass der Antragsteller oder eine andere Person im Sinne von Artikel 18 Absatz 1 Buchstabe c oder d, um dessen/deren Aufnahme oder Wiederaufnahme er ersucht wurde, das Hoheitsgebiet der Mitgliedstaaten für mindestens drei Monate verlassen hat, es sei denn, die betreffende Person ist im Besitz eines vom zuständigen Mitgliedstaat ausgestellten gültigen Aufenthaltstitels.

Ein nach der Periode der Abwesenheit im Sinne des Unterabsatzes 1 gestellter Antrag gilt als neuer Antrag, der ein neues Verfahren zur Bestimmung des zuständigen Mitgliedstaats auslöst.

(3) Die Pflichten nach Artikel 18 Absatz 1 Buchstaben c und d erlöschen, wenn der zuständige Mitgliedstaat nachweisen kann, dass der Antragsteller oder eine andere Person im Sinne von Artikel 18 Absatz 1 Buchstabe c oder d, um dessen/deren Wiederaufnahme er ersucht wurde, nach Rücknahme oder Ablehnung des Antrags das Hoheitsgebiet der Mitgliedstaaten auf der Grundlage eines Rückführungsbeschlusses oder einer Abschiebungsanordnung verlassen hat.

Ein nach einer vollzogenen Abschiebung gestellter Antrag gilt als neuer Antrag, der ein neues Verfahren zur Bestimmung des zuständigen Mitgliedstaats auslöst.

Kapitel VI. Aufnahme- und Wiederaufnahmeverfahren

Abschnitt I. Einleitung des Verfahrens

Art. 20 Einleitung des Verfahrens. (1) Das Verfahren zur Bestimmung des zuständigen Mitgliedstaats wird eingeleitet, sobald in einem Mitgliedstaat erstmals ein Antrag auf internationalen Schutz gestellt wird.

(2) Ein Antrag auf internationalen Schutz gilt als gestellt, wenn den zuständigen Behörden des betreffenden Mitgliedstaats ein vom Antragsteller eingereichtes Formblatt oder ein behördliches Protokoll zugegangen ist. Bei einem nicht in schriftlicher Form gestellten Antrag sollte die Frist zwischen der Abgabe der Willenserklärung und der Erstellung eines Protokolls so kurz wie möglich sein.

(3) Für die Zwecke dieser Verordnung ist die Situation eines mit dem Antragsteller einreisenden Minderjährigen, der der Definition des Familienangehörigen entspricht, untrennbar mit der Situation seines Familienangehörigen verbunden und fällt in die Zuständigkeit des Mitgliedstaats, der für die Prüfung des Antrags auf internationalen Schutz dieses Familienangehörigen zuständig ist, auch wenn der Minderjährige selbst kein Antragsteller ist, sofern dies dem Wohl des Minderjährigen dient. Ebenso wird bei Kindern verfahren, die nach der Ankunft des Antragstellers im Hoheitsgebiet der Mitgliedstaaten geboren werden, ohne dass ein neues Zuständigkeitsverfahren für diese eingeleitet werden muss.

(4) Stellt ein Antragsteller bei den zuständigen Behörden eines Mitgliedstaats einen Antrag auf internationalen Schutz, während er sich im Hoheitsgebiet eines anderen Mitgliedstaats aufhält, obliegt die Bestimmung des zuständigen Mitgliedstaats dem Mitgliedstaat, in dessen Hoheitsgebiet sich der Antragsteller aufhält. Dieser Mitgliedstaat wird unverzüglich von dem mit dem Antrag befassten Mitgliedstaat unterrichtet und gilt dann für die Zwecke dieser Verordnung als der Mitgliedstaat, bei dem der Antrag auf internationalen Schutz gestellt wurde.

Der Antragsteller wird schriftlich von dieser Änderung des die Zuständigkeit prüfenden Mitgliedstaats und dem Zeitpunkt, zu dem sie erfolgt ist, unterrichtet.

(5) Der Mitgliedstaat, bei dem der erste Antrag auf internationalen Schutz gestellt wurde, ist gehalten, einen Antragsteller, der sich ohne *Aufenthaltstitel im Ho*heitsgebiet eines anderen Mitgliedstaats aufhält oder dort einen Antrag auf internationalen Schutz gestellt hat, nachdem er seinen ersten Antrag noch während des Verfahrens zur Bestim-

mung des zuständigen Mitgliedstaats zurückgezogen hat, nach den Bestimmungen der Artikel 23, 24, 25 und 29 wieder aufzunehmen, um das Verfahren zur Bestimmung des zuständigen Mitgliedstaats zum Abschluss zu bringen.

Diese Pflicht erlischt, wenn der Mitgliedstaat, der das Verfahren zur Bestimmung des zuständigen Mitgliedstaats abschließen soll, nachweisen kann, dass der Antragsteller zwischenzeitlich das Hoheitsgebiet der Mitgliedstaaten für mindestens drei Monate verlassen oder in einem anderen Mitgliedstaat einen Aufenthaltstitel erhalten hat.

Ein nach einem solchen Abwesenheitszeitraum gestellter Antrag im Sinne von Unterabsatz 2 gilt als neuer Antrag, der ein neues Verfahren zur Bestimmung des zuständigen Mitgliedstaats auslöst.

Abschnitt II. Aufnahmeverfahren

Art. 21 Aufnahmegesuch. (1) Hält der Mitgliedstaat, in dem ein Antrag auf internationalen Schutz gestellt wurde, einen anderen Mitgliedstaat für die Prüfung des Antrags für zuständig, so kann er so bald wie möglich, auf jeden Fall aber innerhalb von drei Monaten nach Antragstellung im Sinne von Artikel 20 Absatz 2, diesen anderen Mitgliedstaat ersuchen, den Antragsteller aufzunehmen.

Abweichend von Unterabsatz 1 wird im Fall einer Eurodac-Treffermeldung im Zusammenhang mit Daten gemäß Artikel 14 der Verordnung (EU) Nr. 603/2013 dieses Gesuch innerhalb von zwei Monaten nach Erhalt der Treffermeldung gemäß Artikel 15 Absatz 2 jener Verordnung gestellt.

Wird das Gesuch um Aufnahme eines Antragstellers nicht innerhalb der in Unterabsätzen 1 und 2 niedergelegten Frist unterbreitet, so ist der Mitgliedstaat, in dem der Antrag auf internationalen Schutz gestellt wurde, für die Prüfung des Antrags zuständig.

(2) Der ersuchende Mitgliedstaat kann in Fällen, in denen der Antrag auf internationalen Schutz gestellt wurde, nachdem die Einreise oder der Verbleib verweigert wurde, der Betreffende wegen illegalen Aufenthalts festgenommen wurde oder eine Abschiebungsanordnung zugestellt oder vollstreckt wurde, eine dringende Antwort anfordern.

In dem Gesuch werden die Gründe genannt, die eine dringende Antwort rechtfertigen, und es wird angegeben, innerhalb welcher Frist eine Antwort erwartet wird. Diese Frist beträgt mindestens eine Woche.

(3) *In den Fällen im* Sinne der Unterabsätze 1 und 2 ist für das Gesuch um Aufnahme durch einen anderen Mitgliedstaat ein Formblatt zu verwenden, das Beweismittel oder Indizien gemäß den beiden in Artikel 22 Absatz 3 genannten Verzeichnissen und/oder sachdienliche Angaben aus der Erklärung des Antragstellers enthalten muss, anhand deren die Behörden des ersuchten Mitgliedstaats prüfen können, ob ihr Staat gemäß den in dieser Verordnung definierten Kriterien zuständig ist.

Die Kommission legt im Wege von Durchführungsrechtsakten einheitliche Bedingungen für die Erstellung und Übermittlung von Aufnahmegesuchen fest. Diese Durchführungsrechtsakte werden gemäß dem in Artikel 44 Absatz 2 genannten Prüfverfahren erlassen.

Art. 22 Antwort auf ein Aufnahmegesuch. (1) Der ersuchte Mitgliedstaat nimmt die erforderlichen Überprüfungen vor und entscheidet über das Gesuch um Aufnahme eines Antragstellers innerhalb von zwei Monaten, nach Erhalt des Gesuchs.

(2) In dem Verfahren zur Bestimmung des zuständigen Mitgliedstaats werden Beweismittel und Indizien verwendet.

(3) Die Kommission legt im Wege von Durchführungsrechtsakten die Erstellung und regelmäßige Überprüfung zweier Verzeichnisse, in denen die sachdienlichen Beweismittel und Indizien gemäß den in den Buchstaben a und b dieses Artikels festgelegten Kriterien aufgeführt sind, fest. Diese Durchführungsrechtsakte werden gemäß dem in Artikel 44 Absatz 2 genannten Prüfverfahren erlassen.

a) Beweismittel:
   i) Hierunter fallen förmliche Beweismittel, die insoweit über die Zuständigkeit nach dieser Verordnung entscheiden, als sie nicht durch Gegenbeweise widerlegt werden;
   ii) Die Mitgliedstaaten stellen dem in Artikel 44 vorgesehenen Ausschuss nach Maßgabe der im Verzeichnis der förmlichen Beweismittel festgelegten Klassifizierung Muster der verschiedenen Arten der von ihren Verwaltungen verwendeten Dokumente zur Verfügung;

b) Indizien:
   i) Hierunter fallen einzelne Anhaltspunkte, die, obwohl sie anfechtbar sind, in einigen Fällen nach der ihnen zugebilligten Beweiskraft ausreichen können;
   ii) Ihre Beweiskraft hinsichtlich der Zuständigkeit für die Prüfung des Antrags auf internationalen Schutz wird von Fall zu Fall bewertet.

(4) Das Beweiserfordernis sollte nicht über das für die ordnungsgemäße Anwendung dieser Verordnung erforderliche Maß hinausgehen.

(5) Liegen keine förmlichen Beweismittel vor, erkennt der ersuchte Mitgliedstaat seine Zuständigkeit an, wenn die Indizien kohärent, nachprüfbar und hinreichend detailliert sind, um die Zuständigkeit zu begründen.

(6) Beruft sich der ersuchende Mitgliedstaat auf das Dringlichkeitsverfahren gemäß Artikel 21 Absatz 2, so unternimmt der ersuchte Mitgliedstaat alle Anstrengungen, um die vorgegebene Frist einzuhalten. In Ausnahmefällen, in denen nachgewiesen werden kann, dass die *Prüfung eines Gesuchs um Aufnahme* eines Antragstellers besonders kompliziert ist, kann der ersuchte Mitgliedstaat seine Antwort nach Ablauf der vorgegebenen Frist erteilen, auf jeden Fall ist die Antwort jedoch

innerhalb eines Monats zu erteilen. In derartigen Fällen muss der ersuchte Mitgliedstaat seine Entscheidung, die Antwort zu einem späteren Zeitpunkt zu erteilen, dem ersuchenden Mitgliedstaat innerhalb der ursprünglich gesetzten Frist mitteilen.

(7) Wird innerhalb der Frist von zwei Monaten gemäß Absatz 1 bzw. der Frist von einem Monat gemäß Absatz 6 keine Antwort erteilt, ist davon auszugehen, dass dem Aufnahmegesuch stattgegeben wird, was die Verpflichtung nach sich zieht, die Person aufzunehmen und angemessene Vorkehrungen für die Ankunft zu treffen.

Abschnitt III. Wiederaufnahmeverfahren

Art. 23 Wiederaufnahmegesuch bei erneuter Antragstellung im ersuchenden Mitgliedstaat. (1) Ist ein Mitgliedstaat, in dem eine Person im Sinne des Artikels 18 Absatz 1 Buchstaben b, c oder d einen neuen Antrag auf internationalen Schutz gestellt hat, der Auffassung, dass nach Artikel 20 Absatz 5 und Artikel 18 Absatz 1 Buchstaben b, c oder d ein anderer Mitgliedstaat für die Prüfung des Antrags zuständig ist, so kann er den anderen Mitgliedstaat ersuchen, die Person wieder aufzunehmen.

(2) Ein Wiederaufnahmegesuch ist so bald wie möglich, auf jeden Fall aber innerhalb von zwei Monaten nach der Eurodac-Treffermeldung im Sinne von Artikel 9 Absatz 5 der Verordnung (EU) Nr. 603/2013 zu stellen.

Stützt sich das Wiederaufnahmegesuch auf andere Beweismittel als Angaben aus dem Eurodac-System, ist es innerhalb von drei Monaten, nachdem der Antrag auf internationalen Schutz im Sinne von Artikel 20 Absatz 2 gestellt wurde, an den ersuchten Mitgliedstaat zu richten.

(3) Erfolgt das Wiederaufnahmegesuch nicht innerhalb der in Absatz 2 festgesetzten Frist, so ist der Mitgliedstaat für die Prüfung des Antrags auf internationalen Schutz zuständig, in dem der neue Antrag gestellt wurde.

(4) Für ein Wiederaufnahmegesuch ist ein Standardformblatt zu verwenden, das Beweismittel oder Indizien im Sinne der beiden Verzeichnisse nach Artikel 22 Absatz 3 und/oder sachdienliche Angaben aus der Erklärung der betroffenen Person enthalten muss, anhand deren die Behörden des ersuchten Mitgliedstaats prüfen können, ob ihr Staat auf Grundlage der in dieser Verordnung festgelegten Kriterien zuständig ist.

Die Kommission legt im Wege von Durchführungsrechtsakten einheitliche Bedingungen für die Erstellung und Übermittlung von Wiederaufnahmegesuchen fest. Diese Durchführungsrechtsakte werden gemäß dem in Artikel 44 Absatz 2 genannten Prüfverfahren erlassen.

Art. 24 Wiederaufnahmegesuch, wenn im ersuchenden Mitgliedstaat kein neuer Antrag gestellt wurde. (1) Ist ein Mitgliedstaat, in dessen Hoheitsgebiet sich eine Person im Sinne des Artikels 18

Absatz 1 Buchstaben b, c oder d ohne Aufenthaltstitel aufhält und bei dem kein neuer Antrag auf internationalen Schutz gestellt wurde, der Auffassung, dass ein anderer Mitgliedstaat gemäß Artikel 20 Absatz 5 und Artikel 18 Absatz 1 Buchstaben b, c oder d zuständig ist, so kann er den anderen Mitgliedstaat ersuchen, die Person wieder aufzunehmen.

(2) Beschließt ein Mitgliedstaat, in dessen Hoheitsgebiet sich eine Person ohne Aufenthaltstitel aufhält, in Abweichung von Artikel 6 Absatz 2 der Richtlinie 2008/115/EG des Europäischen Parlaments und des Rates vom 16. Dezember 2008 über gemeinsame Normen und Verfahren in den Mitgliedstaaten zur Rückführung illegal aufhältiger Drittstaatsangehöriger[1] eine Abfrage der Eurodac-System gemäß Artikel 17 der Verordnung (EU) Nr. 603/2013, so ist das Gesuch um Wiederaufnahme einer Person im Sinne des Artikels 18 Absatz 1 Buchstaben b oder c dieser Verordnung oder einer Person im Sinne ihres Artikels 18 Absatz 1 Buchstabe d, deren Antrag auf internationalen Schutz nicht durch eine endgültige Entscheidung abgelehnt wurde, so bald wie möglich, auf jeden Fall aber innerhalb von zwei Monaten nach der Erhalt der Eurodac–Treffermeldung im Sinne von Artikel 17 Absatz 5 der Verordnung (EU) Nr. 603/2013 zu unterbreiten.

Stützt sich das Wiederaufnahmegesuch auf andere Beweismittel als Angaben aus dem Eurodac-System, ist es innerhalb von drei Monaten, nachdem der ersuchende Mitgliedstaat festgestellt hat, dass ein anderer Mitgliedstaat für die betreffende Person zuständig sein könnte, an den ersuchten Mitgliedstaat zu richten.

(3) Wird das Wiederaufnahmegesuch nicht innerhalb der in Absatz 2 genannten Frist unterbreitet, so gibt der Mitgliedstaat, in dessen Hoheitsgebiet sich die betreffende Person ohne Aufenthaltstitel aufhält, dieser Person Gelegenheit, einen neuen Antrag zu stellen.

(4) Hält sich eine Person im Sinne von Artikel 18 Absatz 1 Buchstabe d dieser Verordnung, deren Antrag auf internationalen Schutz in einem Mitgliedstaat durch eine rechtskräftige Entscheidung abgelehnt wurde, ohne Aufenthaltstitel im Hoheitsgebiet eines anderen Mitgliedstaats auf, so kann der letzte Mitgliedstaat den früheren Mitgliedstaat entweder um Wiederaufnahme der betreffenden Person ersuchen oder ein Rückkehrverfahren gemäß der Richtlinie 2008/115/EG durchführen.

Beschließt der letzte Mitgliedstaat, den früheren Mitgliedstaat um Wiederaufnahme der betreffenden Person zu ersuchen, so finden die Bestimmungen der Richtlinie 2008/115/EG keine Anwendung.

(5) Für das Gesuch um Wiederaufnahme der Person im Sinne des Artikels 18 Absatz 1 Buchstaben b, c oder d ist ein Standardformblatt zu verwenden, das Beweismittel oder Indizien im Sinne der beiden Verzeichnisse nach Artikel 22 Absatz 3 und/oder sachdienliche Angaben aus der Erklärung der Person enthalten muss, anhand deren die

[1] ABl. L 348 vom 24. 12. 2008, S. 98.

Behörden des ersuchten Mitgliedstaats prüfen können, ob ihr Staat auf Grundlage der in dieser Verordnung festgelegten Kriterien zuständig ist.

Die Kommission erstellt und überprüft regelmäßig im Wege von Durchführungsrechtsakten die beiden Verzeichnisse, in denen sachdienliche Beweiselemente und Indizien nach Maßgabe der in Artikel 22 Absatz 3 Buchstaben a und b festgelegten Kriterien angegeben werden, und erlässt einheitliche Bedingungen für die Erstellung und Übermittlung von Wiederaufnahmegesuchen. Diese Durchführungsrechtsakte werden gemäß dem in Artikel 44 Absatz 2 genannten Prüfverfahren erlassen.

Art. 25 Antwort auf ein Wiederaufnahmegesuch. (1) Der ersuchte Mitgliedstaat nimmt die erforderlichen Überprüfungen vor und entscheidet über das Gesuch um Wiederaufnahme der betreffenden Person so rasch wie möglich, in jedem Fall aber nicht später als einen Monat, nachdem er mit dem Gesuch befasst wurde. Stützt sich der Antrag auf Angaben aus dem Eurodac-System, verkürzt sich diese Frist auf zwei Wochen.

(2) Wird innerhalb der Frist von einem Monat oder der Frist von zwei Wochen gemäß Absatz 1 keine Antwort erteilt, ist davon auszugehen dass dem Wiederaufnahmegesuch stattgegeben wird, was die Verpflichtung nach sich zieht, die betreffende Person wieder aufzunehmen und angemessene Vorkehrungen für die Ankunft zu treffen.

Abschnitt IV. Verfahrensgarantien

Art. 26 Zustellung der Überstellungsentscheidung. (1) Stimmt der ersuchte Mitgliedstaat der Aufnahme oder Wiederaufnahme eines Antragstellers oder einer anderen Person im Sinne von Artikel 18 Absatz 1 Buchstabe c oder d zu, setzt der ersuchende Mitgliedstaat die betreffende Person von der Entscheidung in Kenntnis, sie in den zuständigen Mitgliedstaat zu überstellen, sowie gegebenenfalls von der Entscheidung, ihren Antrag auf internationalen Schutz nicht zu prüfen. Wird die betreffende Person durch einen Rechtsbeistand oder einen anderen Berater vertreten, so können die Mitgliedstaaten sich dafür entscheiden, die Entscheidung diesem Rechtsbeistand oder Berater anstelle der betreffenden Person zuzustellen und die Entscheidung gegebenenfalls der betroffenen Person mitzuteilen.

(2) Die Entscheidung nach Absatz 1 enthält eine Rechtsbehelfsbelehrung, einschließlich des Rechts, falls erforderlich, aufschiebende Wirkung zu beantragen, und der Fristen für die Einlegung eines Rechtsbehelfs sowie Informationen über die Frist für die Durchführung der Überstellung mit erforderlichenfalls Angaben über den Ort und den Zeitpunkt, an dem oder zu dem sich die betreffende Person zu melden hat, wenn diese Person sich auf eigene Initiative in den zuständigen Mitgliedstaat begibt.

Die Mitgliedstaaten stellen sicher, dass die betreffende Person zusammen mit der Entscheidung nach Absatz 1 Angaben zu Personen oder Einrichtungen erhält, die sie rechtlich beraten können, sofern diese Angaben nicht bereits mitgeteilt wurden.

(3) Wird die betreffende Person nicht durch einen Rechtsbeistand oder einen anderen Berater unterstützt oder vertreten, so informiert der Mitgliedstaat sie in einer Sprache, die sie versteht oder bei der vernünftigerweise angenommen werden kann, dass sie sie versteht, über die wesentlichen Elemente der Entscheidung, darunter stets über mögliche Rechtsbehelfe und die Fristen zur Einlegung solcher Rechtsbehelfe.

Art. 27 Rechtsmittel. (1) Der Antragsteller oder eine andere Person im Sinne von Artikel 18 Absatz 1 Buchstabe c oder d hat das Recht auf ein wirksames Rechtsmittel gegen eine Überstellungsentscheidung in Form einer auf Sach- und Rechtsfragen gerichteten Überprüfung durch ein Gericht.

(2) Die Mitgliedstaaten sehen eine angemessene Frist vor, in der die betreffende Person ihr Recht auf einen wirksamen Rechtsbehelf nach Absatz 1 wahrnehmen kann.

(3) Zum Zwecke eines Rechtsbehelfs gegen eine Überstellungsentscheidung oder einer Überprüfung einer Überstellungsentscheidung sehen die Mitgliedstaaten in ihrem innerstaatlichen Recht Folgendes vor:

a) dass die betroffene Person aufgrund des Rechtsbehelfs oder der Überprüfung berechtigt ist, bis zum Abschluss des Rechtsbehelfs oder der Überprüfung im Hoheitsgebiet des betreffenden Mitgliedstaats zu bleiben; oder

b) dass die Überstellung automatisch ausgesetzt wird und diese Aussetzung innerhalb einer angemessenen Frist endet, innerhalb der ein Gericht, nach eingehender und gründlicher Prüfung, darüber entschieden hat, ob eine aufschiebende Wirkung des Rechtsbehelfs oder der Überprüfung gewährt wird; oder

c) die betreffende Person hat die Möglichkeit, bei einem Gericht innerhalb einer angemessenen Frist eine Aussetzung der Durchführung der Überstellungsentscheidung bis zum Abschluss des Rechtsbehelfs oder der Überprüfung zu beantragen. Die Mitgliedstaaten sorgen für einen wirksamen Rechtsbehelf in der Form, dass die Überstellung ausgesetzt wird, bis die Entscheidung über den ersten Antrag auf Aussetzung ergangen ist. Die Entscheidung, ob die Durchführung der Überstellungsentscheidung ausgesetzt wird, wird innerhalb einer angemessenen Frist getroffen, welche gleichwohl eine eingehende und gründliche Prüfung des Antrags auf Aussetzung ermöglicht. Die Entscheidung, die Durchführung der Überstellungsentscheidung nicht auszusetzen, ist zu begründen.

(4) Die Mitgliedstaaten können vorsehen, dass die zuständigen Behörden beschließen können, von Amts wegen tätig zu werden, um die

Durchführung der Überstellungsentscheidung bis zum Abschluss des Rechtsbehelfs oder der Überprüfung auszusetzen.

(5) Die Mitgliedstaaten stellen sicher, dass die betreffende Person rechtliche Beratung und – wenn nötig – sprachliche Hilfe in Anspruch nehmen kann.

(6) Die Mitgliedstaaten stellen sicher, dass die rechtliche Beratung auf Antrag unentgeltlich gewährt wird, wenn die betreffende Person die Kosten nicht selbst tragen kann. Die Mitgliedstaaten können vorsehen, dass Antragstellern hinsichtlich der Gebühren und anderen Kosten keine günstigere Behandlung zuteil wird, als sie den eigenen Staatsangehörigen in Fragen der rechtlichen Beratung im Allgemeinen gewährt wird.

Ohne den Zugang zur rechtlichen Beratung willkürlich einzuschränken, können die Mitgliedstaaten vorsehen, dass keine unentgeltliche rechtliche Beratung und Vertretung gewährt wird, wenn die zuständige Behörde oder ein Gericht dem Rechtsbehelf oder der Überprüfung keine greifbaren Erfolgsaussichten einräumt.

Beschließt eine andere Stelle als ein Gericht, gemäß diesem Absatz keine unentgeltliche rechtliche Beratung und Vertretung zu gewähren, so sehen die Mitgliedstaaten das Recht vor, bei einem Gericht einen wirksamen Rechtsbehelf gegen diesen Beschluss einzulegen.

In Übereinstimmung mit den Voraussetzungen dieses Absatzes stellen die Mitgliedstaaten sicher, dass die rechtliche Beratung und Vertretung nicht willkürlich eingeschränkt werden und der wirksame Zugang des Antragstellers zu den Gerichten nicht beeinträchtigt wird.

Die rechtliche Beratung umfasst zumindest die Vorbereitung der erforderlichen Verfahrensdokumente und die Vertretung vor Gerichten und kann auf Rechtsbeistand und Berater beschränkt werden, die nach einzelstaatlichem Recht zur Bereitstellung von Unterstützung und Vertretung berufen sind.

Die Verfahren für die Inanspruchnahme rechtlicher Beratung werden im einzelstaatlichen Recht festgelegt.

Abschnitt V. Inhaftnahme zum Zwecke der Überstellung

Art. 28 Haft. (1) Die Mitgliedstaaten nehmen eine Person nicht allein deshalb in Haft, weil sie dem durch diese Verordnung festgelegten Verfahren unterliegt.

(2) Zwecks Sicherstellung von Überstellungsverfahren, dürfen die Mitgliedstaaten im Einklang mit dieser Verordnung, wenn eine erhebliche Fluchtgefahr besteht, nach einer Einzelfallprüfung die entsprechende Person in Haft nehmen und nur im Falle dass Haft verhältnismäßig ist und sich weniger einschneidende Maßnahmen nicht wirksam anwenden lassen.

(3) Die Haft hat so kurz wie möglich zu sein und nicht länger zu sein, als bei angemessener Handlungsweise notwendig ist, um die erforderlichen Verwaltungsverfahren mit der gebotenen Sorgfalt durchzu-

führen, bis die Überstellung gemäß dieser Verordnung durchgeführt wird.

Wird eine Person nach diesem Artikel in Haft genommen, so darf die Frist für die Stellung eines Aufnahme- oder Wiederaufnahmegesuchs einen Monat ab der Stellung des Antrags nicht überschreiten. Der Mitgliedstaat, der das Verfahren gemäß dieser Verordnung durchführt, ersucht in derartigen Fällen um eine dringende Antwort. Diese Antwort erfolgt spätestens zwei Wochen nach Eingang des Gesuchs. Wird innerhalb der Frist von zwei Wochen keine Antwort erteilt, ist davon auszugehen, dass dem Aufnahme- bzw. Wiederaufnahmegesuch stattgegeben wird, was die Verpflichtung nach sich zieht, die Person aufzunehmen und angemessene Vorkehrungen für die Ankunft zu treffen.

Befindet sich eine Person nach diesem Artikel in Haft, so erfolgt die Überstellung aus dem ersuchenden Mitgliedstaat in den zuständigen Mitgliedstaat, sobald diese praktisch durchführbar ist und spätestens innerhalb von sechs Wochen nach der stillschweigenden oder ausdrücklichen Annahme des Gesuchs auf Aufnahme oder Wiederaufnahme der betreffenden Person durch einen anderen Mitgliedstaat oder von dem Zeitpunkt an, ab dem der Rechtsbehelf oder die Überprüfung gemäß Artikel 27 Absatz 3 keine aufschiebende Wirkung mehr hat.

Hält der ersuchende Mitgliedstaat die Fristen für die Stellung eines Aufnahme- oder Wiederaufnahmegesuchs nicht ein oder findet die Überstellung nicht innerhalb des Zeitraums von sechs Wochen im Sinne des Unterabsatz 3 statt, wird die Person nicht länger in Haft gehalten. Die Artikel 21, 23, 24 und 29 gelten weiterhin entsprechend.

(4) Hinsichtlich der Haftbedingungen und der Garantien für in Haft befindliche Personen gelten zwecks Absicherung der Verfahren für die Überstellung in den zuständigen Mitgliedstaat, die Artikel 9, 10 und 11 der Richtlinie 2013/33/EU.

Abschnitt VI. Überstellung

Art. 29 Modalitäten und Fristen. (1) Die Überstellung des Antragstellers oder einer anderen Person im Sinne von Artikel 18 Absatz 1 Buchstabe c oder d aus dem ersuchenden Mitgliedstaat in den zuständigen Mitgliedstaat erfolgt gemäß den innerstaatlichen Rechtsvorschriften des ersuchenden Mitgliedstaats nach Abstimmung der beteiligten Mitgliedstaaten, sobald dies praktisch möglich ist und spätestens innerhalb einer Frist von sechs Monaten nach der Annahme des Aufnahme – oder Wiederaufnahmegesuchs durch einen anderen Mitgliedstaat oder der endgültigen Entscheidung über einen Rechtsbehelf oder eine Überprüfung, wenn diese gemäß Artikel 27 Absatz 3 aufschiebende Wirkung hat.

Wenn Überstellungen in den zuständigen Mitgliedstaat in Form einer kontrollierten Ausreise oder in Begleitung erfolgen, stellt der Mitgliedstaat sicher, dass sie in humaner Weise und unter uneingeschränkter Wahrung der Grundrechte und der Menschenwürde durchgeführt werden.

Erforderlichenfalls stellt der ersuchende Mitgliedstaat dem Antragsteller ein Laissezpasser aus. Die Kommission gestaltet im Wege von Durchführungsrechtsakten das Muster des Laissezpasser. Diese Durchführungsrechtsakte werden gemäß dem in Artikel 44 Absatz 2 genannten Prüfverfahren erlassen.

Der zuständige Mitgliedstaat teilt dem ersuchenden Mitgliedstaat gegebenenfalls mit, dass die betreffende Person eingetroffen ist oder dass sie nicht innerhalb der vorgegebenen Frist erschienen ist.

(2) Wird die Überstellung nicht innerhalb der Frist von sechs Monaten durchgeführt, ist der zuständige Mitgliedstaat nicht mehr zur Aufnahme oder Wiederaufnahme der betreffenden Person verpflichtet und die Zuständigkeit geht auf den ersuchenden Mitgliedstaat über. Diese Frist kann höchstens auf ein Jahr verlängert werden, wenn die Überstellung aufgrund der Inhaftierung der betreffenden Person nicht erfolgen konnte, oder höchstens auf achtzehn Monate, wenn die betreffende Person flüchtig ist.

(3) Wurde eine Person irrtümlich überstellt oder wird einem Rechtsbehelf gegen eine Überstellungsentscheidung oder der Überprüfung einer Überstellungentscheidung nach Vollzug der Überstellung stattgegeben, nimmt der Mitgliedstaat, der die Überstellung durchgeführt hat, die Person unverzüglich wieder auf.

(4) Die Kommission legt im Wege von Durchführungsrechtsakten einheitliche Bedingungen für Konsultationen und den Informationsaustausch zwischen den Mitgliedstaaten, insbesondere für den Fall, dass Überstellungen verschoben werden oder nicht fristgerecht erfolgen, für Überstellungen nach stillschweigender Annahme, für Überstellungen Minderjähriger oder abhängiger Personen und für kontrollierte Überstellungen fest. Diese Durchführungsrechtsakte werden gemäß dem in Artikel 44 Absatz 2 genannten Prüfverfahren erlassen.

Art. 30 Kosten der Überstellung. (1) Die Kosten für die Überstellung eines Antragstellers oder einer anderen Person im Sinne von Artikel 18 Absatz 1 Buchstabe c oder d in den zuständigen Mitgliedstaat werden von dem überstellenden Mitgliedstaat getragen.

(2) Muss die betroffene Person infolge einer irrtümlichen Überstellung oder eines erfolgreichen Rechtsbehelfs gegen eine Überstellungsentscheidung oder der Überprüfung einer Überstellungsentscheidung nach Vollzug der Überstellung rücküberstellt werden, werden die Kosten für die Rücküberstellung von dem Mitgliedstaat getragen, der die erste Überstellung durchgeführt hat.

(3) Die Überstellungskosten werden nicht den nach dieser Verordnung zu überstellenden Personen auferlegt.

Art. 31 Austausch relevanter Informationen vor Durchführung einer Überstellung. (1) Der den Antragsteller oder eine andere

Person im Sinne des Artikels 18 Absatz 1 Buchstabe c oder d überstellende Mitgliedstaat übermittelt dem zuständigen Mitgliedstaat die personenbezogenen Daten der zu überstellenden Person, soweit dies sachdienlich und relevant ist und nicht über das erforderliche Maß hinausgeht, allein zu dem Zweck, um es den zuständigen Behörden im zuständigen Mitgliedstaat gemäß dem innerstaatlichen Recht zu ermöglichen, diese Person in geeigneter Weise zu unterstützen – unter anderem die zum Schutz ihrer lebenswichtigen Interessen unmittelbar notwendige medizinische Versorgung zu leisten – und um die Kontinuität des Schutzes und der Rechte sicherzustellen, die diese Verordnung und andere einschlägige Bestimmungen des Asylrechts bieten. Diese Daten werden dem zuständigen Mitgliedstaat innerhalb einer angemessenen Frist vor der Überstellung übermittelt, damit seine zuständigen Behörden gemäß dem innerstaatlichen Recht ausreichend Zeit haben, erforderliche Maßnahmen zu ergreifen.

(2) Der überstellende Mitgliedstaat übermittelt dem zuständigen Mitgliedstaat sämtliche Informationen, die wesentlich für den Schutz der Rechte und der unmittelbaren besonderen Bedürfnisse der zu überstellenden Person sind, soweit der zuständigen Behörde gemäß dem innerstaatlichen Recht entsprechende Informationen vorliegen; hierzu zählen insbesondere

a) alle unmittelbaren Maßnahmen, welche der zuständige Mitgliedstaat ergreifen muss, um sicherzustellen, dass den besonderen Bedürfnissen der zu überstellenden Person angemessen Rechnung getragen wird, einschließlich der gegebenenfalls unmittelbar notwendigen medizinischen Versorgung;

b) Kontaktdaten von Familienangehörigen Verwandten oder Personen jeder anderen verwandtschaftlichen Beziehung im Zielstaat, sofern relevant;

c) bei Minderjährigen Angaben zur Schulbildung;

d) eine Bewertung des Alters des Antragstellers.

(3) Der Informationsaustausch nach Maßgabe dieses Artikels erfolgt nur zwischen den Behörden, die der Kommission gemäß Artikel 35 dieser Verordnung unter Verwendung des auf der Grundlage von Artikel 18 der Verordnung (EG) Nr. 1560/2003 eingerichteten elektronischen Kommunikationsnetzes „DubliNet" mitgeteilt worden sind. Die ausgetauschten Informationen werden nur für die in Absatz 1 genannten Zwecke verwendet und werden nicht weiterverarbeitet.

(4) Zur Erleichterung des Informationsaustauschs zwischen den Mitgliedstaaten legt die Kommission im Wege von Durchführungsrechtsakten ein Standardformblatt für die Übermittlung der nach diesem Artikel erforderlichen Daten fest. Diese Durchführungsrechtsakte werden gemäß dem in Artikel 44 Absatz 2 genannten Prüfverfahren erlassen.

(5) Auf den Informationsaustausch nach Maßgabe dieses Artikels findet Artikel 34 Absätze 8 bis 12 Anwendung.

Art. 32 Austausch von Gesundheitsdaten vor Durchführung einer Überstellung. (1) Der überstellende Mitgliedstaat übermittelt dem zuständigen Mitgliedstaat Informationen über besondere Bedürfnisse der zu überstellenden Person, insbesondere bei Behinderten, älteren Menschen, Schwangeren, Minderjährigen und Personen, die Folter, Vergewaltigung oder sonstige schwere Formen psychischer, physischer oder sexueller Gewalt erlitten haben, – soweit der zuständigen Behörde gemäß dem innerstaatlichen Recht entsprechende Informationen vorliegen – nur zum Zwecke der medizinischen Versorgung oder Behandlung, wozu in bestimmten Fällen auch Angaben zur körperlichen oder geistigen Gesundheit dieser Person gehören können. Diese Informationen werden in einer gemeinsamen Gesundheitsbescheinigung, der die erforderlichen Dokumente beigefügt sind, übermittelt. Der zuständige Mitgliedstaat trägt dafür Sorge, dass diesen besonderen Bedürfnissen in geeigneter Weise – insbesondere auch, sofern erforderlich, durch eine medizinische Erstversorgung – Rechnung getragen wird.

Die Kommission erstellt im Wege von Durchführungsrechtsakten die gemeinsame Gesundheitsbescheinigung. Diese Durchführungsrechtsakte werden gemäß dem in Artikel 44 Absatz 2 genannten Prüfverfahren erlassen.

(2) Der überstellende Mitgliedstaat übermittelt dem zuständigen Mitgliedstaat die Informationen nach Absatz 1 nur mit ausdrücklicher Einwilligung des Antragstellers und/oder seines Vertreters, oder falls die Person aus physischen oder rechtlichen Gründen außerstande ist, ihre Einwilligung zu geben, sofern eine solche Übermittlung zum Schutz lebenswichtiger Interessen des Antragstellers oder eines Dritten erforderlich ist. Das Fehlen der Einwilligung, einschließlich einer Verweigerung zur Einwilligung steht der Überstellung nicht entgegen.

(3) Die Verarbeitung der in Absatz 1 genannten personenbezogenen Gesundheitsdaten erfolgt nur durch Angehörige der Gesundheitsberufe, die nach einzelstaatlichem Recht, einschließlich der von den zuständigen einzelstaatlichen Stellen erlassenen Regelungen, der ärztlichen Verschwiegenheit unterliegen, oder durch sonstige Personen, die einem entsprechenden Berufsgeheimnis unterliegen.

(4) Der Informationsaustausch nach Maßgabe dieses Artikels erfolgt nur zwischen den Angehörigen der Gesundheitsberufe oder sonstigen Personen nach Absatz 3. Die ausgetauschten Informationen werden nur für die in Absatz 1 genannten Zwecke verwendet und werden nicht weiterverarbeitet.

(5) Die Kommission legt im Wege von Durchführungsrechtsakten einheitliche Bedingungen und praktische Modalitäten für den Informationsaustausch nach Absatz 1 dieses Artikels fest Diese Durchführungsrechtsakte werden gemäß dem in Artikel 44 Absatz 2 genannten Prüfverfahren erlassen.

(6) Auf den Informationsaustausch nach Maßgabe dieses Artikels findet Artikel 34 Absätze 8 bis 12 Anwendung.

Art. 33 Mechanismus zur Frühwarnung, Vorsorge und Krisenbewältigung. (1) Stellt die Kommission insbesondere auf Grundlage der vom EASO gemäß der Verordnung (EU) Nr. 439/2010 gesammelten Informationen fest, dass die Anwendung der vorliegenden Verordnung infolge der konkreten Gefahr der Ausübung besonderen Drucks auf das Asylsystem eines Mitgliedstaats und/oder von Problemen beim Funktionieren des Asylsystems eines Mitgliedstaats beeinträchtigt sein könnte, so spricht sie in Zusammenarbeit mit dem EASO Empfehlungen für diesen Mitgliedstaat aus und fordert ihn zur Ausarbeitung eines präventiven Aktionsplans auf.

Der betreffende Mitgliedstaat teilt dem Rat und der Kommission mit, ob er beabsichtigt, einen derartigen präventiven Aktionsplan vorzulegen, um den Druck und/oder die Probleme beim Funktionieren seines Asylsystems zu bewältigen, gleichzeitig aber auch den Schutz der Grundrechte der Personen, die einen Antrag auf internationalen Schutz stellen, zu gewährleisten.

Ein Mitgliedstaat kann nach eigenem Ermessen und aus eigener Veranlassung einen präventiven Aktionsplan aufstellen und diesen später überarbeiten. Bei der Ausarbeitung eines präventiven Aktionsplans kann der Mitgliedstaat die Kommission, andere Mitgliedstaaten, das EASO und andere einschlägige Agenturen der Union um Unterstützung ersuchen.

(2) Wird ein präventiver Aktionsplan aufgestellt, so legt der betreffende Mitgliedstaat dem Rat und der Kommission diesen Plan vor und erstattet regelmäßig Berichte über dessen Durchführung. Die Kommission unterrichtet anschließend das Europäische Parlament über die wesentlichen Elemente des präventiven Aktionsplans. Die Kommission unterbreitet dem Rat Berichte über dessen Durchführung und übermittelt dem Europäischen Parlament Berichte über dessen Durchführung.

Der betreffende Mitgliedstaat ergreift alle geeigneten Maßnahmen, um die besondere Belastungssituation auf sein Asylsystem zu bewältigen oder um sicherzustellen, dass die festgestellten Mängel behoben werden, bevor sich die Situation verschlechtert. Umfasst der präventive Aktionsplan Maßnahmen, mit denen dem besonderen Druck entgegengewirkt werden soll, dem das Asylsystem eines Mitgliedstaats ausgesetzt ist, durch welchen die Anwendung dieser Verordnung in Frage gestellt werden könnte, so holt die Kommission den Rat der EASO ein, bevor sie dem Europäischen Parlament und dem Rat Bericht erstattet.

(3) Stellt die Kommission auf Grundlage der Analyse des EASO fest, dass durch die Durchführung des präventiven Aktionsplans die festgestellten Mängel nicht behoben wurden, oder besteht eine ernste Gefahr, dass die Asylsituation in dem betreffenden Mitgliedstaat sich zu einer Krise entwickelt, die durch einen präventiven Aktionsplan voraussichtlich nicht bewältigt werden kann, so kann die Kommission in Zusammenarbeit mit dem EASO den betreffenden Mitgliedstaat auf-

fordern, einen Krisenbewältigungsaktionsplan auszuarbeiten und diesen erforderlichenfalls zu überarbeiten. Der Krisenbewältigungsaktionsplan soll während des gesamten Prozesses die Wahrung des Asylrechts der Union, insbesondere der Grundrechte der Personen, die einen Antrag auf internationalen Schutz stellen, gewährleisten.

Im Anschluss an die Aufforderung, einen Krisenbewältigungsaktionsplan auszuarbeiten, erstellt der betreffende Mitgliedstaat in Zusammenarbeit mit der Kommission und dem EASO zügig einen derartigen Plan, spätestens innerhalb von drei Monaten ab der Aufforderung.

Der betreffende Mitgliedstaat legt seinen Krisenbewältigungsaktionsplan vor und erstattet mindestens alle drei Monate der Kommission und anderen interessierten Akteuren wie gegebenenfalls dem EASO Bericht über dessen Durchführung.

Die Kommission unterrichtet das Europäische Parlament und den Rat über den Krisenbewältigungsaktionsplan, eventuelle Überarbeitungen und dessen Durchführung. In diesen Berichten legt der betreffende Mitgliedstaat Daten vor, welche die Einhaltung des Krisenbewältigungsaktionsplans belegen, wie die Länge des Verfahrens, die Haftbedingungen und die Aufnahmekapazität im Verhältnis zum Zustrom von Antragstellern.

(4) Der Rat verfolgt während des gesamten Prozesses hinsichtlich Frühwarnung, Bereitschaft und Krisenmanagement gemäß diesem Artikel die Lage genau und kann um zusätzliche Informationen ersuchen und politische Leitlinien vorgeben, insbesondere im Hinblick auf die Dringlichkeit und den Ernst der Lage und somit die Notwendigkeit, dass ein Mitgliedstaat entweder einen präventiven Aktionsplan oder erforderlichenfalls einen Krisenbewältigungsaktionsplan ausarbeitet. Das Europäische Parlament und der Rat können während des gesamten Prozesses im Hinblick auf Solidaritätsmaßnahmen, die sie gegebenenfalls für angemessen halten, Leitlinien erörtern und vorgeben.

Kapitel VII. Verwaltungskooperation

Art. 34 Informationsaustausch. (1) Jeder Mitgliedstaat übermittelt jedem Mitgliedstaat, der dies beantragt, personenbezogene Daten über den Antragsteller, die sachdienlich und relevant sind und nicht über das erforderliche Maß hinausgehen, für

a) die Bestimmung des zuständigen Mitgliedstaats;

b) die Prüfung des Antrags auf internationalen Schutz;

c) die Erfüllung aller Verpflichtungen aus dieser Verordnung.

(2) Die Informationen nach Absatz 1 dürfen nur Folgendes betreffen:

a) die Personalien des Antragstellers und gegebenenfalls seiner Familienangehörigen, Verwandten oder Personen jeder anderen verwandtschaftlichen Beziehung (Name, Vorname – gegebenenfalls früherer Name – Beiname oder Pseudonym, derzeitige und frühere Staatsangehörigkeit, Geburtsdatum und -ort);

b) den Personalausweis oder den Reisepass (Nummer, Gültigkeitsdauer, Ausstellungsdatum, ausstellende Behörde, Ausstellungsort usw.);

c) sonstige zur Identifizierung des Antragstellers erforderliche Angaben, einschließlich Fingerabdrücke, nach Maßgabe der Verordnung (EU) Nr. 603/2013;

d) die Aufenthaltsorte und die Reisewege;

e) die Aufenthaltstitel oder die durch einen Mitgliedstaat erteilten Visa;

f) den Ort der Antragstellung;

g) das Datum jeder früheren Antragsstellung auf internationalen Schutz, das Datum der jetzigen Antragsstellung, den Stand des Verfahrens und den Tenor der gegebenenfalls getroffenen Entscheidung.

(3) Soweit dies zur Prüfung des Antrags auf internationalen Schutz erforderlich ist, kann der zuständige Mitgliedstaat außerdem einen anderen Mitgliedstaat ersuchen, ihm die Gründe, die dem Antrag des Antragstellers zugrunde liegen, und gegebenenfalls die Gründe für die bezüglich seines Antrags getroffene Entscheidung mitzuteilen. Der andere Mitgliedstaat kann eine Beantwortung des Ersuchens ablehnen, wenn die Mitteilung dieser Informationen seine wesentlichen Interessen oder den Schutz der Grundrechte und -freiheiten der betreffenden Person oder anderer Personen gefährden kann. Zur Erteilung dieser Auskünfte hat der ersuchende Mitgliedstaat auf jeden Fall die schriftliche Zustimmung der Person, die den Antrag auf internationalen Schutz gestellt hat, einzuholen. Der Antragsteller muss in diesem Fall wissen, zu welchen einschlägigen Auskünften er seine Zustimmung erteilt.

(4) Jedes Informationsersuchen darf sich nur auf einen individuellen Antrag auf internationalen Schutz beziehen. Es ist zu begründen und sofern es darauf abzielt, ein Kriterium zu überprüfen, das die Zuständigkeit des um Auskunft ersuchten Mitgliedstaats nach sich ziehen kann, ist anzugeben, auf welches Indiz – auch einschlägige Informationen aus zuverlässigen Quellen über die Modalitäten und Mittel der Einreise von Antragstellern in die Hoheitsgebiete der Mitgliedstaaten – oder auf welchen einschlägigen und nachprüfbaren Sachverhalt der Erklärungen des Asylbewerbers es sich stützt. Es besteht Einverständnis darüber, dass solche einschlägigen Informationen aus zuverlässigen Quellen für sich genommen nicht ausreichen, um die Zuständigkeit eines Mitgliedstaats gemäß dieser Verordnung zu bestimmen, dass sie aber bei der Bewertung anderer Hinweise zu einem einzelnen Antragsteller hilfreich sein können.

(5) Der ersuchte Mitgliedstaat ist gehalten, innerhalb einer Frist von *fünf Wochen zu antworten*. Jede Verspätung ist ordnungsgemäß zu begründen. Eine Nichteinhaltung dieser Frist von fünf Wochen entbindet den ersuchten Mitgliedstaat nicht von der Pflicht zu antworten. Ergibt

sich aus den Nachforschungen des ersuchten Mitgliedstaats, der die Frist nicht eingehalten hat, dass er Informationen zurückhält nach denen er zuständig ist, kann dieser Mitgliedstaat sich nicht auf den Ablauf der in den Artikeln 21, 23 und 24 genannten Fristen berufen, um einem Gesuch um Aufnahme oder Wiederaufnahme nicht nachzukommen. In diesem Fall werden die in den Artikeln 21, 23 und 24 vorgesehenen Fristen für die Unterbreitung eines Aufnahme- oder Wiederaufnahmegesuchs um einen Zeitraum verlängert, der der Verzögerung bei der Antwort durch den ersuchten Mitgliedstaat entspricht.

(6) Der Informationsaustausch erfolgt auf Antrag eines Mitgliedstaats und kann nur zwischen den Behörden stattfinden, die der Kommission gemäß Artikel 35 Absatz 1 von den Mitgliedstaaten mitgeteilt wurden.

(7) Die übermittelten Informationen dürfen nur zu den in Absatz 1 vorgesehenen Zwecken verwendet werden. Die Informationen dürfen in jedem Mitgliedstaat je nach Art und Zuständigkeit der die Information erhaltenden Behörde nur den Behörden und Gerichten übermittelt werden, die beauftragt sind,

a) den zuständigen Mitgliedstaat zu bestimmen;

b) den Antrag auf internationalen Schutz zu prüfen;

c) alle Verpflichtungen aus dieser Verordnung zu erfüllen.

(8) Der Mitgliedstaat, der die Daten übermittelt, sorgt für deren Richtigkeit und Aktualität. Zeigt sich, dass er unrichtige Daten oder Daten übermittelt hat, die nicht hätten übermittelt werden dürfen, werden die Empfängermitgliedstaaten unverzüglich darüber informiert. Sie sind gehalten, diese Informationen zu berichtigen oder zu löschen.

(9) Ein Antragsteller hat das Recht, sich auf Antrag die über seine Person erfassten Daten mitteilen zu lassen.

Stellt der Antragsteller fest, dass bei der Verarbeitung dieser Daten gegen diese Verordnung oder gegen die Richtlinie 95/46/EG verstoßen wurde, insbesondere weil die Angaben unvollständig oder unrichtig sind, hat er das Recht auf deren Berichtigung oder Löschung.

Die Behörde, die die Berichtigung oder Löschung der Daten vornimmt, informiert hierüber den Mitgliedstaat, der die Informationen erteilt oder erhalten hat.

Ein Antragsteller hat das Recht, bei den zuständigen Behörden oder Gerichten des Mitgliedstaats, in dem ihm das Auskunftsrecht oder das Recht auf Berichtigung oder Löschung der ihn betreffenden Daten verweigert wird, Beschwerde einzulegen oder Klage zu erheben.

(10) In jedem betreffenden Mitgliedstaat werden die Weitergabe und der Erhalt der ausgetauschten Informationen in der Akte der betreffenden Person und/oder in einem Register vermerkt.

(11) Die ausgetauschten Daten werden nur so lange aufbewahrt, wie dies zur Erreichung der mit dem Austausch der Daten verfolgten Ziele notwendig ist.

(12) Soweit die Daten nicht automatisiert oder in einer Datei gespeichert sind oder gespeichert werden sollen, ergreift jeder Mitgliedstaat

geeignete Maßnahmen, um die Einhaltung dieses Artikels durch wirksame Kontrollen zu gewährleisten.

Art. 35 Zuständige Behörden und Mittelausstattung. (1) Jeder Mitgliedstaat teilt der Kommission unverzüglich die speziell für die Durchführung dieser Verordnung zuständigen Behörden sowie alle späteren sie betreffenden Änderungen mit. Die Mitgliedstaaten tragen dafür Sorge, dass diese Behörden über die nötigen Mittel verfügen, um ihre Aufgabe zu erfüllen und insbesondere die Informationsersuchen sowie die Gesuche um Aufnahme oder Wiederaufnahme von Antragstellern innerhalb der vorgegebenen Fristen zu beantworten.

(2) Die Kommission veröffentlicht im *Amtsblatt der Europäischen Union* eine konsolidierte Liste der in Absatz 1 genannten Behörden. Werden Änderungen vorgenommen, veröffentlicht die Kommission einmal im Jahr eine aktualisierte konsolidierte Liste.

(3) Die in Absatz 1 genannten Behörden erhalten die für die Anwendung dieser Verordnung nötige Schulung.

(4) Die Kommission legt im Wege von Durchführungsrechtsakten gesicherte elektronische Übermittlungskanäle zwischen den Behörden nach Absatz 1 für die Übermittlung von Gesuchen, Antworten sowie des gesamten Schriftverkehrs und zur Gewährleistung, dass die Absender automatisch einen elektronischen Übermittlungsnachweis erhalten, fest. Diese Durchführungsrechtsakte werden gemäß dem in Artikel 44 Absatz 2 genannten Prüfverfahren erlassen.

Art. 36 Verwaltungsvereinbarungen. (1) Die Mitgliedstaaten können untereinander bilaterale Verwaltungsvereinbarungen bezüglich der praktischen Modalitäten der Durchführung dieser Verordnung treffen, um deren Anwendung zu erleichtern und die Effizienz zu erhöhen. Diese Vereinbarungen können Folgendes betreffen:

a) den Austausch von Verbindungsbeamten;

b) die Vereinfachung der Verfahren und die Verkürzung der Fristen für die Übermittlung und Prüfung von Gesuchen um Aufnahme oder Wiederaufnahme von Antragsteller.

(2) Die Mitgliedstaaten können auch die im Rahmen der Verordnung (EG) Nr. 343/2003 geschlossenen Verwaltungsvereinbarungen beibehalten. Soweit diese nicht mit der vorliegenden Verordnung vereinbar sind, nehmen die betreffenden Mitgliedstaaten Änderungen vor, durch die die festgestellten Unvereinbarkeiten behoben werden.

(3) Vor Abschluss oder Änderung der in Absatz 1 Buchstabe b genannten Vereinbarungen konsultieren die betroffenen Mitgliedstaaten die Kommission hinsichtlich der Vereinbarkeit der Vereinbarung mit dieser Verordnung.

(4) Sind die Vereinbarungen nach Absatz 1 Buchstabe b nach Ansicht der Kommission mit dieser Verordnung unvereinbar, so teilt sie dies den betreffenden Mitgliedstaaten innerhalb einer angemessenen

Frist mit. Die Mitgliedstaaten treffen alle geeigneten Maßnahmen, um die betreffende Vereinbarung innerhalb eines angemessenen Zeitraums so zu ändern, dass die festgestellten Unvereinbarkeiten behoben werden.

(5) Die Mitgliedstaaten unterrichten die Kommission über alle Vereinbarungen nach Absatz 1 sowie über deren Aufhebung oder Änderung.

Kapitel VIII. Schlichtung

Art. 37 Schlichtung. (1) Können sich die Mitgliedstaaten in Fragen, die die Anwendung dieser Verordnung betreffen, nicht einigen, können sie das Schlichtungsverfahren in Absatz 2 in Anspruch nehmen.

(2) Das Schlichtungsverfahren wird auf Ersuchen eines der an der Meinungsverschiedenheit beteiligten Mitgliedstaaten an den Vorsitzenden des durch Artikel 44 eingesetzten Ausschusses eingeleitet. Mit der Inanspruchnahme des Schlichtungsverfahrens verpflichten sich die beteiligten Mitgliedstaaten, die vorgeschlagene Lösung weitestgehend zu berücksichtigen.

Der Ausschussvorsitzende benennt drei Mitglieder des Ausschusses, die drei nicht an der Angelegenheit beteiligte Mitgliedstaaten vertreten. Diese Ausschussmitglieder nehmen die Argumente der Parteien in schriftlicher oder mündlicher Form entgegen und schlagen nach Beratung, gegebenenfalls nach Abstimmung, binnen eines Monats eine Lösung vor.

Der Ausschussvorsitzende oder sein Stellvertreter führt bei diesen Beratungen den Vorsitz. Er kann sich zur Sache äußern, darf an der Abstimmung aber nicht teilnehmen.

Die vorgeschlagene Lösung ist endgültig und kann ungeachtet dessen, ob sie von den Parteien angenommen oder abgelehnt wurde, nicht angefochten werden.

Kapitel IX. Übergangs- und Schlussbestimmungen

Art. 38 Datensicherheit und Datenschutz. Die Mitgliedstaaten ergreifen alle geeigneten Maßnahmen, um die Sicherheit der übermittelten personenbezogenen Daten sicherzustellen und insbesondere den unrechtmäßigen oder nicht genehmigten Zugang zu verarbeiteten personenbezogenen Daten oder deren Weitergabe, Änderung oder Verlust zu verhindern.

Jeder Mitgliedstaat sieht vor, dass die gemäß Artikel 28 Absatz 1 der Richtlinie 95/46/EG benannten nationalen Kontrollstellen die Rechtmäßigkeit der Verarbeitung personenbezogener Daten durch den betreffenden Mitgliedstaat gemäß dieser Verordnung im Einklang mit ihren einzelstaatlichen Rechtsvorschriften unabhängig überwachen.

Art. 39 Vertraulichkeit. Die Mitgliedstaaten stellen sicher, dass die in Artikel 35 genannten Behörden in Bezug auf sämtliche Informationen, die sie im Rahmen ihrer Arbeit erhalten, an den Regeln der Vertraulichkeit gemäß dem einzelstaatlichen Recht gebunden sind.

Art. 40 Sanktionen. Die Mitgliedstaaten treffen die erforderlichen Maßnahmen, um sicherzustellen, dass jeder Missbrauch von nach Maßgabe dieser Verordnung verarbeiteten Daten nach einzelstaatlichem Recht mit wirksamen, verhältnismäßigen und abschreckenden Sanktionen, einschließlich verwaltungs- und/oder strafrechtlicher Sanktionen, geahndet wird.

Art. 41 Übergangsmaßnahmen. Wenn ein Antrag nach dem in Artikel 49 Absatz 2 genannten Datum gestellt wurde, werden Sachverhalte, die die Zuständigkeit eines Mitgliedstaats gemäß dieser Verordnung nach sich ziehen können, auch berücksichtigt, wenn sie aus der Zeit davor datieren, mit Ausnahme der in Artikel 13 Absatz 2 genannten Sachverhalte.

Art. 42 Berechnung der Fristen. Die in dieser Verordnung vorgesehenen Fristen werden wie folgt berechnet:

a) Ist für den Anfang einer nach Tagen, Wochen oder Monaten bemessenen Frist der Zeitpunkt maßgebend, zu dem ein Ereignis eintritt oder eine Handlung vorgenommen wird, so wird bei der Berechnung dieser Frist der Tag, auf den das Ereignis oder die Handlung fällt, nicht mitgerechnet.

b) Eine nach Wochen oder Monaten bemessene Frist endet mit Ablauf des Tages, der in der letzten Woche oder im letzten Monat dieselbe Bezeichnung oder dieselbe Zahl wie der Tag trägt, an dem das Ereignis eingetreten oder die Handlung vorgenommen worden ist, von denen an die Frist zu berechnen ist. Fehlt bei einer nach Monaten bemessenen Frist im letzten Monat der für ihren Ablauf maßgebende Tag, so endet die Frist mit Ablauf des letzten Tages dieses Monats.

c) Eine Frist umfasst die Samstage, die Sonntage und alle gesetzlichen Feiertage in jedem der betroffenen Mitgliedstaaten.

Art. 43 Geltungsbereich. Für die Französische Republik gilt diese Verordnung nur für ihr europäisches Hoheitsgebiet.

Art. 44 Ausschuss. (1) Die Kommission wird von einem Ausschuss unterstützt. Dieser Ausschuss ist ein Ausschuss im Sinne der Verordnung (EU) Nr. 182/2011.

(2) Wird auf diesen Absatz Bezug genommen, so gilt Artikel 5 der Verordnung (EU) Nr. 182/2011.

Gibt der Ausschuss keine Stellungnahme ab, so erlässt die Kommission den Durchführungsrechtsakt nicht und Artikel 5 Absatz 4 Unterabsatz 3 der Verordnung (EU) Nr. 182/2011 findet Anwendung.

Art. 45 Ausübung der Befugnisübertragung. (1) Die Befugnis zum Erlass delegierter Rechtsakte wird der Kommission unter den in diesem Artikel festgelegten Bedingungen übertragen.

(2) Die Befugnis zum Erlass delegierter Rechtsakte gemäß dem Artikel 8 Absatz 5 und Artikel 16 Absatz 3 wird der Kommission für einen Zeitraum von fünf Jahren ab dem Datum des Inkrafttretens dieser Verordnung übertragen. Die Kommission erstellt spätestens neun Monate vor Ablauf des Zeitraums von fünf Jahren einen Bericht über die Befugnisübertragung. Die Befugnisübertragung verlängert sich stillschweigend um Zeiträume gleicher Länge, es sei denn, das Europäische Parlament oder der Rat widersprechen einer solchen Verlängerung spätestens drei Monate vor Ablauf des jeweiligen Zeitraums.

(3) Die Befugnisübertragung gemäß dem Artikel 8 Absatz 5 und Artikel 16 Absatz 3 kann vom Europäischen Parlament oder vom Rat jederzeit widerrufen werden. Der Beschluss über den Widerruf beendet die Übertragung der in diesem Beschluss angegebenen Befugnis. Er wird am Tag nach seiner Veröffentlichung im *Amtsblatt der Europäischen Union* oder zu einem im Beschluss über den Widerruf angegebenen späteren Zeitpunkt wirksam. Die Gültigkeit von delegierten Rechtsakten, die bereits in Kraft sind, wird von dem Beschluss über den Widerruf nicht berührt.

(4) Sobald die Kommission einen delegierten Rechtsakt erlässt, übermittelt sie ihn gleichzeitig dem Europäischen Parlament und dem Rat.

(5) Ein delegierter Rechtsakt, der gemäß dem Artikel 8 Absatz 5 und Artikel 16 Absatz 3 erlassen wurde, tritt nur in Kraft, wenn weder das Europäische Parlament noch der Rat innerhalb einer Frist von vier Monaten nach Übermittlung dieses Rechtsakts an das Europäische Parlament und den Rat Einwände erhoben haben oder wenn vor Ablauf dieser Frist das Europäische Parlament und der Rat beide der Kommission mitgeteilt haben, dass sie keine Einwände erheben werden. Auf Initiative des Europäischen Parlaments oder des Rates wird diese Frist um zwei Monate verlängert.

Art. 46 Begleitung und Bewertung. Die Kommission erstattet dem Europäischen Parlament und dem Rat bis zum 21. Juli 2016 Bericht über die Anwendung der Verordnung und schlägt gegebenenfalls die erforderlichen Änderungen vor. Die Mitgliedstaaten übermitteln der Kommission spätestens sechs Monate vor diesem Datum alle für die Erstellung dieses Berichts sachdienlichen Informationen.

Nach Vorlage dieses Berichts legt die Kommission dem Europäischen Parlament und dem Rat den Bericht über die Anwendung dieser Verordnung gleichzeitig mit den in Artikel 40 der Verordnung (EU) Nr. 603/2013 vorgesehenen Berichten über die Anwendung des Eurodac-Systems vor.

Art. 47 Statistiken. Die Mitgliedstaaten liefern der Kommission (Eurostat) gemäß Artikel 4 Absatz 4 der Verordnung (EG) Nr. 862/

2007 des Europäischen Parlaments und des Rates vom 11. Juli 2007 zu Gemeinschaftsstatistiken über Wanderung und internationalen Schutz[1] Statistiken über die Anwendung dieser Verordnung und der Verordnung (EG) Nr. 1560/2003.

Art. 48 Aufhebung. Die Verordnung (EG) Nr. 343/2003 wird aufgehoben.

Artikel 11 Absatz 1 und die Artikel 13, 14 und 17 der Verordnung (EG) Nr. 1560/2003 werden aufgehoben.

Bezugnahmen auf die aufgehobene Verordnung oder auf aufgehobene Artikel gelten als Bezugnahmen auf die vorliegende Verordnung und sind nach Maßgabe der Entsprechungstabelle in Anhang II zu lesen.

Art. 49 Inkrafttreten und Anwendbarkeit. Diese Verordnung tritt am zwanzigsten Tag nach ihrer Veröffentlichung im *Amtsblatt der Europäischen Union* in Kraft.

Die Verordnung ist auf Anträge auf internationalen Schutz anwendbar, die ab dem ersten Tag des sechsten Monats nach ihrem Inkrafttreten gestellt werden und gilt ab diesem Zeitpunkt – ungeachtet des Zeitpunkts der Antragstellung – für alle Gesuche um Aufnahme oder Wiederaufnahme von Antragstellern. Für einen Antrag auf internationalen Schutz, der vor diesem Datum eingereicht wird, erfolgt die Bestimmung des zuständigen Mitgliedstaats nach den Kriterien der Verordnung (EG) Nr. 343/2003.

Die in dieser Verordnung enthaltenen Verweise auf die Verordnung (EU) Nr. 603/2013, Richtlinie 2013/32/EU und Richtlinie 2013/33/EU gelten, bis zu ihrer jeweiligen Anwendbarkeit, als Verweise auf die Verordnung (EG) Nr. 2725/2000[2], Richtlinie 2003/9/EG[3] bzw. Richtlinie 2005/85/EG[4].

Anhang I
Aufgehobene Verordnungen (gemäß Artikel 48)

Verordnung (EG) Nr. 343/2003 des Rates
(ABl. L 50 vom 25. 2. 2003, S. 1)

Verordnung (EG) Nr. 1560/2003 der Kommission, nur Artikel 11 Absatz 1 und die Artikel 13, 14 und 17
(ABl. L 222 vom 5. 9. 2003, S. 3)

---

[1] ABl. L 199 vom 31. 7. 2007, S. 23.

[2] Verordnung (EG) Nr. 2725/2000 des Rates vom 11. Dezember 2000 über die Einrichtung von „Eurodac“ für den Vergleich von Fingerabdrücken zum Zwecke der effektiven Anwendung des Dubliner Übereinkommens (ABl. L 316 vom 15. 12. 2000, S. 1).

[3] Richtlinie 2003/9/EG des Rates vom 27. Januar 2003 zur Festlegung von Mindestnormen für die Aufnahme von Asylbewerbern in den Mitgliedstaaten (ABl. L 31 vom 6. 2. 2003, S. 18).

[4] *Richtlinie 2005/85/*EG des Rates vom 1. Dezember 2005 über Mindestnormen für Verfahren in den Mitgliedstaaten zur Zuerkennung und Aberkennung der Flüchtlingseigenschaft (ABl. L 326 vom 13. 12. 2005, S. 13).

Anhang II

Entsprechungstabelle

Verordnung (EG) Nr. 343/2003	Diese Verordnung
Artikel 1	Artikel 1
Artikel 2 Buchstabe a	Artikel 2 Buchstabe a
Artikel 2 Buchstabe b	–
Artikel 2 Buchstabe c	Artikel 2 Buchstabe b
Artikel 2 Buchstabe d	Artikel 2 Buchstabe c
Artikel 2 Buchstabe e	Artikel 2 Buchstabe d
Artikel 2 Buchstabe f	Artikel 2 Buchstabe e
Artikel 2 Buchstabe g	Artikel 2 Buchstabe f
–	Artikel 2 Buchstabe h
–	Artikel 2 Buchstabe i
Artikel 2 Buchstabe h	Artikel 2 Buchstabe j
Artikel 2 Buchstabe i	Artikel 2 Buchstabe g
–	Artikel 2 Buchstabe k
Artikel 2 Buchstaben j und k	Artikel 2 Buchstaben l und m
–	Artikel 2 Absatz n
Artikel 3 Absatz 1	Artikel 3 Absatz 1
Artikel 3 Absatz 2	Artikel 17 Absatz 1
Artikel 3 Absatz 3	Artikel 3 Absatz 3
Artikel 3 Absatz 4	Artikel 4 Absatz 1, einleitender Satz
–	Artikel 4 Absatz 1 Buchstaben a bis f
–	Artikel 4 Absätze 2 und 3
Artikel 4 Absätze 1 bis 5	Artikel 20 Absätze 1 bis 5
–	Artikel 20 Absatz 5 Unterabsatz 3
–	Artikel 5
–	Artikel 6
Artikel 5 Absatz 1	Artikel 7 Absatz 1
Artikel 5 Absatz 2	Artikel 7 Absatz 2
–	Artikel 7 Absatz 3
Artikel 6 Absatz 1	Artikel 8 Absatz 1
–	Artikel 8 Absatz 3
Artikel 6 Absatz 2	Artikel 8 Absatz 4
Artikel 7	Artikel 9
Artikel 8	Artikel 10
Artikel 9	Artikel 12
Artikel 10	Artikel 13

Verordnung (EG) Nr. 343/2003	Diese Verordnung
Artikel 11	Artikel 14
Artikel 12	Artikel 15
–	Artikel 16
Artikel 13	Artikel 3 (2)
Artikel 14	Artikel 11
Artikel 15 Absatz 1	Artikel 17 Absatz 2 Unterabsatz 1
Artikel 15 Absatz 2	Artikel 16 Absatz 1
Artikel 15 Absatz 3	Artikel 8 Absatz 2
Artikel 15 Absatz 4	Artikel 17 Absatz 2 Unterabsatz 4
Artikel 15 Absatz 5	Artikel 8 Absätze 5 und 6 und Artikel 16 Absatz 2
Artikel 16 Absatz 1 Buchstabe a	Artikel 18 Absatz 1 Buchstabe a
Artikel 16 Absatz 1 Buchstabe b	Artikel 18 Absatz 2
Artikel 16 Absatz 1 Buchstabe c	Artikel 18 Absatz 1 Buchstabe b
Artikel 16 Absatz 1 Buchstabe d	Artikel 18 Absatz 1 Buchstabe c
Artikel 16 Absatz 1 Buchstabe e	Artikel 18 Absatz 1 Buchstabe d
Artikel 16 Absatz 2	Artikel 19 Absatz 1
Artikel 16 Absatz 3	Artikel 19 Absatz 2 Unterabsatz 1
–	Artikel 19 Absatz 2 Unterabsatz 2
Artikel 16 Absatz 4	Artikel 19 Absatz 3
–	Artikel 19 Absatz 3 Unterabsatz 2
Artikel 17	Artikel 21
Artikel 18	Artikel 22
Artikel 19 Absatz 1	Artikel 26 Absatz 1
Artikel 19 Absatz 2	Artikel 26 Absatz 2 und Artikel 27 Absatz 1
–	Artikel 27 Absätze 2 bis 6
Artikel 19 Absatz 3	Artikel 29 Absatz 1
Artikel 19 Absatz 4	Artikel 29 Absatz 2
–	Artikel 29 Absatz 3
Artikel 19 Absatz 5	Artikel 29 Absatz 4
Artikel 20 Absatz 1, einleitender Satz	Artikel 23 Absatz 1
–	Artikel 23 Absatz 2
–	Artikel 23 Absatz 3
–	Artikel 23 Absatz 4
Artikel 20 Absatz 1 Buchstabe a	Artikel 23 Absatz 5 Unterabsatz 1
–	Artikel 24
Artikel 20 Absatz 1 Buchstabe b	Artikel 25 Absatz 1
Artikel 20 Absatz 1 Buchstabe c	Artikel 25 Absatz 2
Artikel 20 Absatz 1 Buchstabe d	Artikel 29 Absatz 1 Unterabsatz 1

Verordnung (EG) Nr. 343/2003	Diese Verordnung
Artikel 20 Absatz 1 Buchstabe e	Artikel 26 Absätze 1 und 2, Artikel 27 Absatz 1, Artikel 29 Absatz 1 Unterabsätze 2 und 3
Artikel 20 Absatz 2	Artikel 29 Absatz 2
Artikel 20 Absatz 3	Artikel 23 Absatz 5 Unterabsatz 2
Artikel 20 Absatz 4	Artikel 29 Absatz 4
–	Artikel 28
–	Artikel 30
–	Artikel 31
–	Artikel 32
–	Artikel 33
Artikel 21 Absätze 1 bis 9	Artikel 34 Absatz 1 bis 9 Unterabsätze 1 bis 3
–	Artikel 34 Absatz 9 Unterabsatz 4
Artikel 21 Absätze 10 bis 12	Artikel 34 Absätze 10 bis 12
Artikel 22 Absatz 1	Artikel 35 Absatz 1
–	Artikel 35 Absatz 2
–	Artikel 35 Absatz 3
Artikel 22 Absatz 2	Artikel 35 Absatz 4
Artikel 23	Artikel 36
–	Artikel 37
–	Artikel 40
Artikel 24 Absatz 1	–
Artikel 24 Absatz 2	Artikel 41
Artikel 24 Absatz 3	–
Artikel 25 Absatz 1	Artikel 42
Artikel 25 Absatz 2	–
Artikel 26	Artikel 43
Artikel 27 Absätze 1 und 2	Artikel 44 Absätze 1 und 2
Artikel 27 Absatz 3	–
–	Artikel 45
Artikel 28	Artikel 46
–	Artikel 47
–	Artikel 48
Artikel 29	Artikel 49

Verordnung (EG) Nr. 1560/2003	Diese Verordnung
Artikel 11 Absatz 1	–
Artikel 13 Absatz 1	Artikel 17 Absatz 2 Unterabsatz 1
Artikel 13 Absatz 2	Artikel 17 Absatz 2 Unterabsatz 2
Artikel 13 Absatz 3	Artikel 17 Absatz 2 Unterabsatz 3
Artikel 13 Absatz 4	Artikel 17 Absatz 2 Unterabsatz 1

Verordnung (EG) Nr. 1560/2003	Diese Verordnung
Artikel 14	Artikel 37
Artikel 17 Absatz 1	Artikel 9 und 10 und Artikel 17 Absatz 2 Unterabsatz 1
Artikel 17 Absatz 2	Artikel 34 Absatz 3

Erklärung des Rates, des Europäischen Parlaments und der Kommission

Der Rat und das Europäische Parlament ersuchen die Kommission, unbeschadet ihres Initiativrechts eine Revision des Artikels 8 Absatz 4 der Neufassung der Dublin-Verordnung zu prüfen, sobald der Gerichtshof in der Rechtssache C-648/11 MA und andere gegen Secretary of State for the Home Department entschieden hat, spätestens jedoch vor Ablauf der in Artikel 46 der Dublin-Verordnung gesetzten Frist. Das Europäische Parlament und der Rat werden sodann beide ihre Gesetzgebungsbefugnisse ausüben und dabei dem Kindeswohl Rechnung tragen.

Um eine unverzügliche Annahme des Vorschlags sicherzustellen, erklärt sich die Kommission im Interesse eines Kompromisses damit einverstanden, dieses Ersuchen zu prüfen, wobei sie davon ausgeht, dass dieses sich auf diese besonderen Umstände beschränkt und keinen Präzedenzfall schafft.

286. Richtlinie 2011/95/EU des Europäischen Parlaments und des Rates über Normen für die Anerkennung von Drittstaatsangehörigen oder Staatenlosen als Personen mit Anspruch auf internationalen Schutz, für einen einheitlichen Status für Flüchtlinge oder für Personen mit Anrecht auf subsidiären Schutz und für den Inhalt des zu gewährenden Schutzes*)

(Qualifikationsrichtlinie)

vom 13. Dezember 2011

(ABl. Nr. L 337/9 v. 20. 12. 2011)

DAS EUROPÄISCHE PARLAMENT UND DER RAT DER EUROPÄISCHEN UNION –

gestützt auf den Vertrag über die Arbeitsweise der Europäischen Union, insbesondere auf Artikel 78 Absatz 2 Buchstaben a und b,

auf Vorschlag der Europäischen Kommission,

nach Stellungnahme des Europäischen Wirtschafts- und Sozialausschusses[1],

gemäß dem ordentlichen Gesetzgebungsverfahren[2],

in Erwägung nachstehender Gründe:

(1) Die Richtlinie 2004/83/EG des Rates vom 29. April 2004 über Mindestnormen für die Anerkennung und den Status von Drittstaatsangehörigen oder Staatenlosen als Flüchtlinge oder als Personen, die anderweitig internationalen Schutz benötigen, und über den Inhalt des zu gewährenden Schutzes[3] muss in wesentlichen Punkten geändert werden. Aus Gründen der Klarheit empfiehlt es sich, eine Neufassung der genannten Richtlinie vorzunehmen.

(2) Eine gemeinsame Asylpolitik einschließlich eines Gemeinsamen Europäischen Asylsystems ist wesentlicher Bestandteil des Ziels der Europäischen Union, schrittweise einen Raum der Freiheit, der Sicherheit und des Rechts aufzubauen, der allen offen steht, die wegen besonderer Umstände rechtmäßig in der Union um Schutz ersuchen.

(3) Der Europäische Rat kam auf seiner Sondertagung in Tampere vom 15. und 16. Oktober 1999 überein, auf ein Gemeinsames Europäisches Asylsystem hinzuwirken, das sich auf die uneingeschränkte und umfassende Anwendung des Genfer Abkommens vom 28. Juli

---

*) Vgl. auch das (dt.) Gesetz zur Umsetzung der Richtlinie 2011/95/EU (BGBl. 2013 I S. 3474).

1) ABl. C 18 vom 19. 1. 2011, S. 80.

2) Standpunkt des Europäischen Parlaments vom 27. Oktober 2011 (noch nicht im Amtsblatt veröffentlicht) und Beschluss des Rates vom 24. November 2011.

3) ABl. L 304 vom 30. 9. 2004, S. 12.

1951 über die Rechtsstellung der Flüchtlinge (im Folgenden „Genfer Flüchtlingskonvention“[1]) in der Fassung des New Yorker Protokolls vom 31. Januar 1967 (im Folgenden „Protokoll“) stützt, damit der Grundsatz der Nichtzurückweisung gewahrt bleibt und niemand dorthin zurückgeschickt wird, wo er Verfolgung ausgesetzt ist.

(4) Die Genfer Flüchtlingskonvention und das Protokoll stellen einen wesentlichen Bestandteil des internationalen Rechtsrahmens für den Schutz von Flüchtlingen dar.

(5) Gemäß den Schlussfolgerungen von Tampere sollte das Gemeinsame Europäische Asylsystem auf kurze Sicht zur Annäherung der Bestimmungen über die Zuerkennung und die Merkmale der Flüchtlingseigenschaft führen.

(6) In den Schlussfolgerungen von Tampere ist ferner festgehalten, dass die Vorschriften über die Flüchtlingseigenschaft durch Maßnahmen zu den Formen des subsidiären Schutzes ergänzt werden sollten, die einer Person, die eines solchen Schutzes bedarf, einen angemessenen Status verleihen.

(7) Die erste Phase auf dem Weg zum Gemeinsamen Europäischen Asylsystem ist nun abgeschlossen. Der Europäische Rat hat auf seiner Tagung vom 4. November 2004 das Haager Programm angenommen, das die Ziele für den Raum der Freiheit, der Sicherheit und des Rechts vorgibt, die im Zeitraum von 2005 bis 2010 erreicht werden sollen. Im Haager Programm ist die Kommission aufgefordert worden, die Bewertung der Rechtsakte aus der ersten Phase abzuschließen und dem Europäischen Parlament und dem Rat die Rechtsakte und Maßnahmen der zweiten Phase so vorzulegen, dass sie vor Ende 2010 angenommen werden können.

(8) In dem am 15. und 16. Oktober 2008 angenommenen Europäischen Pakt zu Einwanderung und Asyl hat der Europäische Rat festgestellt, dass zwischen den Mitgliedstaaten weiterhin beträchtliche Unterschiede bei der Gewährung von Schutz und den Formen dieses Schutzes bestehen und gefordert, dass neue Initiativen ergriffen werden sollten, um die Einführung des im Haager Programm vorgesehenen Gemeinsamen Europäischen Asylsystems zu vollenden und so ein höheres Schutzniveau zu bieten.

(9) Im Programm von Stockholm hat der Europäische Rat wiederholt sein Ziel betont, bis spätestens 2012 auf der Grundlage eines gemeinsamen Asylverfahrens und eines einheitlichen Status gemäß Artikel 78 des Vertrags über die Arbeitsweise der Europäischen Union (AEUV) für Personen, denen internationaler Schutz gewährt wurde, einen gemeinsamen Raum des Schutzes und der Solidarität, zu errichten.

(10) Angesichts der Bewertungsergebnisse empfiehlt es sich in dieser Phase, die der Richtlinie 2004/83/EG zugrunde liegenden Prinzipien zu bestätigen sowie eine stärkere Angleichung der Vorschriften zur Zuerkennung und zum Inhalt des internationalen Schutzes auf der Grundlage höherer Standards anzustreben.

---

[1] Abgedruckt unter **Nr. 28, 28 a** dieser Textsammlung.

(11) Die Bemühungen der Mitgliedstaaten bei der Umsetzung der für die zweite Phase des Gemeinsamen Europäischen Asylsystems vorgegebenen Standards, insbesondere die Bemühungen der Mitgliedstaaten, deren Asylsystem vor allem aufgrund ihrer geografischen oder demografischen Lage einem besonderen und unverhältnismäßigen Druck ausgesetzt ist, sollten mit Mitteln des Europäischen Flüchtlingsfonds und des Europäischen Unterstützungsbüros für Asylfragen in geeigneter Weise unterstützt werden.

(12) Das wesentliche Ziel dieser Richtlinie besteht darin, einerseits zu gewährleisten, dass die Mitgliedstaaten gemeinsame Kriterien zur Bestimmung der Personen anwenden, die tatsächlich Schutz benötigen, und andererseits sicherzustellen, dass diesen Personen in allen Mitgliedstaaten ein Mindestniveau von Leistungen geboten wird.

(13) Die Angleichung der Rechtsvorschriften über die Zuerkennung und den Inhalt der Flüchtlingseigenschaft und des subsidiären Schutzes sollte dazu beitragen, die Sekundärmigration von Personen, die internationalen Schutz beantragt haben, zwischen Mitgliedstaaten einzudämmen, soweit sie ausschließlich auf unterschiedlichen Rechtsvorschriften beruht.

(14) Die Mitgliedstaaten sollten die Befugnis haben, günstigere Regelungen als die in dieser Richtlinie vorgesehenen Normen für Drittstaatsangehörige oder Staatenlose, die um internationalen Schutz in einem Mitgliedstaat ersuchen, einzuführen oder beizubehalten, wenn ein solcher Antrag als mit der Begründung gestellt verstanden wird, dass der Betreffende entweder ein Flüchtling im Sinne von Artikel 1 Abschnitt A der Genfer Konvention oder eine Person mit Anspruch auf subsidiären Schutz ist.

(15) Diejenigen Drittstaatsangehörigen oder Staatenlosen, die in den Hoheitsgebieten der Mitgliedstaaten verbleiben dürfen, nicht weil sie internationalen Schutz benötigen, sondern aus familiären oder humanitären Ermessensgründen, fallen nicht unter diese Richtlinie.

(16) Diese Richtlinie achtet die Grundrechte und befolgt insbesondere die in der Charta der Grundrechte der Europäischen Union anerkannten Grundsätze. Sie zielt insbesondere darauf ab, die uneingeschränkte Wahrung der Menschenwürde und des Asylrechts für Asylsuchende und die sie begleitenden Familienangehörigen sicherzustellen sowie die Anwendung der Artikel 1, 7, 11, 14, 15, 16, 18, 21, 24, 34 und 35 der Charta zu fördern, und sollte daher entsprechend umgesetzt werden.

(17) In Bezug auf die Behandlung von Personen, die unter diese Richtlinie fallen, sind die Mitgliedstaaten an ihre Verpflichtungen aus den völkerrechtlichen Instrumenten gebunden, denen sie beigetreten sind, einschließlich insbesondere derjenigen, nach denen eine Diskriminierung verboten ist.

(18) Bei der Umsetzung dieser Richtlinie sollten die Mitgliedstaaten im Einklang mit dem Übereinkommen der Vereinten Nationen von 1989 über die Rechte des Kindes vorrangig das „Wohl des Kindes" berücksichtigen. Bei der Bewertung der Frage, was dem Wohl des

Kindes dient, sollten die Mitgliedstaaten insbesondere dem Grundsatz des Familienverbands, dem Wohlergehen und der sozialen Entwicklung des Minderjährigen, Sicherheitsaspekten sowie dem Willen des Minderjährigen unter Berücksichtigung seines Alters und seiner Reife Rechnung tragen.

(19) Der Begriff „Familienangehörige" muss ausgeweitet werden, wobei den unterschiedlichen besonderen Umständen der Abhängigkeit Rechnung zu tragen und das Wohl des Kindes besonders zu berücksichtigen ist.

(20) Diese Richtlinie lässt das Protokoll über die Gewährung von Asyl für Staatsangehörige von Mitgliedstaaten der Europäischen Union, das dem Vertrag über die Europäische Union (EUV) und dem AEUV beigefügt ist, unberührt.

(21) Die Zuerkennung der Flüchtlingseigenschaft ist ein deklaratorischer Akt.

(22) Konsultationen mit dem Hohen Kommissar der Vereinten Nationen für Flüchtlinge können den Mitgliedstaaten wertvolle Hilfe bei der Bestimmung der Flüchtlingseigenschaft nach Artikel 1 der Genfer Flüchtlingskonvention bieten.

(23) Es sollten Normen für die Bestimmung und die Merkmale der Flüchtlingseigenschaft festgelegt werden, um die zuständigen innerstaatlichen Behörden der Mitgliedstaaten bei der Anwendung der Genfer Flüchtlingskonvention zu leiten.

(24) Es müssen gemeinsame Kriterien für die Anerkennung von Asylbewerbern als Flüchtlinge im Sinne von Artikel 1 der Genfer Flüchtlingskonvention eingeführt werden.

(25) Insbesondere ist es erforderlich, gemeinsame Konzepte zu entwickeln zu: aus Nachfluchtgründen („sur place") entstehendem Schutzbedarf, Schadensursachen und Schutz, internem Schutz und Verfolgung einschließlich der Verfolgungsgründe.

(26) Schutz kann, wenn der Wille und die Fähigkeit gegeben sind, Schutz zu bieten, entweder vom Staat oder von Parteien oder Organisationen, einschließlich internationaler Organisationen, geboten werden, die die in dieser Richtlinie festgelegten Voraussetzungen erfüllen und eine Region oder ein größeres Gebiet innerhalb des Staatsgebiets beherrschen. Ein solcher Schutz sollte wirksam und nicht nur vorübergehender Art sein.

(27) Interner Schutz vor Verfolgung oder ernsthaftem Schaden sollte vom Antragsteller in einem Teil des Herkunftslandes, in den er sicher und legal reisen kann, in dem er aufgenommen wird und bei dem vernünftigerweise erwartet werden kann, dass er sich dort niederlassen kann, tatsächlich in Anspruch genommen werden können. Geht die Verfolgung oder der ernsthafte Schaden vom Staat oder Vertretern des Staates aus, so sollte eine Vermutung dafür bestehen, dass dem Antragsteller kein wirksamer Schutz zur Verfügung steht. Handelt es sich bei dem Antragsteller um einen unbegleiteten Minderjährigen, so sollte die Verfügbarkeit angemessener Betreuungsmöglichkeiten und Sorgerechtsregelungen, die dem Wohl des unbegleiteten Minderjährigen

dienen, von der Prüfung der Frage, ob dieser Schutz tatsächlich gewährt werden kann, umfasst werden.

(28) Bei der Prüfung von Anträgen Minderjähriger auf internationalen Schutz sollten die Mitgliedstaaten kinderspezifische Formen von Verfolgung berücksichtigen.

(29) Eine der Voraussetzungen für die Flüchtlingseigenschaft im Sinne von Artikel 1 Abschnitt A der Genfer Flüchtlingskonvention ist das Bestehen eines Kausalzusammenhangs zwischen den Gründen der Verfolgung, nämlich Rasse, Religion, Nationalität, politische Überzeugung oder Zugehörigkeit zu einer bestimmten sozialen Gruppe, und den Verfolgungshandlungen oder dem fehlenden Schutz vor solchen Handlungen.

(30) Es ist ebenso notwendig, einen gemeinsamen Ansatz für den Verfolgungsgrund „Zugehörigkeit zu einer bestimmten sozialen Gruppe" zu entwickeln. Bei der Definition einer bestimmten sozialen Gruppe sind die Aspekte im Zusammenhang mit dem Geschlecht des Antragstellers, einschließlich seiner geschlechtlichen Identität und sexuellen Orientierung, die mit bestimmten Rechtstraditionen und Bräuchen im Zusammenhang stehen können, wie z.B. Genitalverstümmelungen, Zwangssterilisationen oder erzwungene Schwangerschaftsabbrüche, angemessen zu berücksichtigen, soweit sie in Verbindung mit der begründeten Furcht des Antragstellers vor Verfolgung stehen.

(31) Handlungen im Widerspruch zu den Zielen und Grundsätzen der Vereinten Nationen sind in der Präambel und in den Artikeln 1 und 2 der Charta der Vereinten Nationen dargelegt; sie sind unter anderem in den Resolutionen der Vereinten Nationen zu Antiterrormaßnahmen verankert, in denen erklärt wird, dass die „Handlungen, Methoden und Praktiken des Terrorismus im Widerspruch zu den Zielen und Grundsätzen der Vereinten Nationen stehen" und dass die „wissentliche Finanzierung und Planung terroristischer Handlungen sowie die Anstiftung dazu ebenfalls im Widerspruch zu den Zielen und Grundsätzen der Vereinten Nationen stehen".

(32) Der Begriff „Rechtsstellung" im Sinne von Artikel 14 kann auch die Flüchtlingseigenschaft einschließen.

(33) Ferner sollten Normen für die Bestimmung und die Merkmale des subsidiären Schutzstatus festgelegt werden. Der subsidiäre Schutzstatus sollte den in der Genfer Flüchtlingskonvention festgelegten Schutz für Flüchtlinge ergänzen.

(34) Es müssen gemeinsame Kriterien eingeführt werden, die als Grundlage für die Anerkennung von Personen, die internationalen Schutz beantragen, als Anspruchsberechtigte auf subsidiären Schutz dienen. Diese Kriterien sollten völkerrechtlichen Verpflichtungen der Mitgliedstaaten aus Rechtsakten im Bereich der Menschenrechte und bestehenden Praktiken in den Mitgliedstaaten entsprechen.

(35) Gefahren, denen die Bevölkerung oder eine Bevölkerungsgruppe eines Landes allgemein ausgesetzt sind, stellen für sich genommen normalerweise keine individuelle Bedrohung dar, die als ernsthafter Schaden zu beurteilen wäre.

(36) Familienangehörige sind aufgrund der alleinigen Tatsache, dass sie mit dem Flüchtling verwandt sind, in der Regel gefährdet, in einer Art und Weise verfolgt zu werden, dass ein Grund für die Zuerkennung des Flüchtlingsstatus gegeben sein kann.

(37) Der Begriff der nationalen Sicherheit und öffentlichen Ordnung gilt auch für die Fälle, in denen ein Drittstaatsangehöriger einer Vereinigung angehört, die den internationalen Terrorismus unterstützt, oder er eine derartige Vereinigung unterstützt.

(38) Bei der Gewährung der Ansprüche auf die Leistungen gemäß dieser Richtlinie sollten die Mitgliedstaaten dem Wohl des Kindes sowie den besonderen Umständen der Abhängigkeit der nahen Angehörigen, die sich bereits in dem Mitgliedstaat aufhalten und die nicht Familienmitglieder der Person sind, der internationaler Schutz zuerkannt worden ist, von dieser Person Rechnung tragen. Unter außergewöhnlichen Umständen, wenn es sich bei dem nahen Angehörigen der Person, die Anspruch auf internationalen Schutz hat, um eine verheiratete minderjährige Person handelt, die nicht von ihrem Ehepartner begleitet wird, kann es als dem Wohl der minderjährigen Person dienlich angesehen werden, wenn diese in ihrer ursprünglichen Familie lebt.

(39) Bei der Berücksichtigung der Forderung des Stockholmer Programms nach Einführung eines einheitlichen Status für Flüchtlinge oder für Personen mit Anspruch auf subsidiären Schutz und abgesehen von den Ausnahmeregelungen, die notwendig und sachlich gerechtfertigt sind, sollten Personen, denen subsidiärer Schutz zuerkannt worden ist, dieselben Rechte und Leistungen zu denselben Bedingungen gewährt werden wie Flüchtlingen gemäß dieser Richtlinie.

(40) Innerhalb der durch die internationalen Verpflichtungen vorgegebenen Grenzen können die Mitgliedstaaten festlegen, dass Leistungen im Hinblick auf den Zugang zur Beschäftigung, zur Sozialhilfe, zur medizinischen Versorgung und zu Integrationsmaßnahmen nur dann gewährt werden können, wenn vorab ein Aufenthaltstitel ausgestellt worden ist.

(41) Damit Personen, denen internationaler Schutz zuerkannt worden ist, die in dieser Richtlinie festgelegten Rechte und Leistungen wirksam wahrnehmen können, muss ihren besonderen Bedürfnissen und den speziellen Integrationsproblemen, denen sie sich gegenübersehen, Rechnung getragen werden. Unbeschadet der Möglichkeit der Mitgliedstaaten, günstigere Normen zu erlassen oder beizubehalten, sollte die Tatsache, dass besonderen Bedürfnissen und den speziellen Integrationsproblemen Rechnung getragen wird, normalerweise nicht zu einer besseren Behandlung führen als derjenigen, die eigenen Staatsangehörigen zuteil wird.

(42) In diesem Zusammenhang sollten Anstrengungen unternommen werden, um insbesondere die Probleme anzugehen, die Personen, denen internationaler Schutz zuerkannt worden ist, daran hindern, be*schäftigungsbezogene Bildung*sangebote und berufsbildende Maßnahmen tatsächlich in Anspruch zu nehmen, unter anderem die Probleme aufgrund von finanziellen Zwängen.

(43) Diese Richtlinie gilt nicht für finanzielle Zuwendungen, die von den Mitgliedstaaten zur Förderung der Bildung gewährt werden.

(44) Es müssen besondere Maßnahmen in Betracht gezogen werden, um die praktischen Probleme wirksam anzugehen, denen sich Personen, denen internationaler Schutz zuerkannt worden ist, bei der Feststellung der Echtheit ihrer ausländischen Diplome, Prüfungszeugnisse und sonstigen Befähigungsnachweise insbesondere deshalb gegenübersehen, weil sie keine Nachweise vorlegen können und nicht in der Lage sind, die Kosten im Zusammenhang mit den Anerkennungsverfahren zu tragen.

(45) Insbesondere zur Vermeidung sozialer Härtefälle ist es angezeigt, Personen, denen internationaler Schutz zuerkannt worden ist, ohne Diskriminierung im Rahmen der Sozialfürsorge angemessene Unterstützung in Form von Sozialleistungen und Leistungen zur Sicherung des Lebensunterhalts zu gewähren. Bei der Sozialhilfe sollten die Modalitäten und die Einzelheiten der Gewährung der Kernleistungen für Personen, denen der subsidiäre Schutzstatus zuerkannt worden ist, durch das nationale Recht bestimmt werden. Die Möglichkeit der Einschränkung der Sozialhilfe auf Kernleistungen ist so zu verstehen, dass zumindest eine Mindesteinkommensunterstützung sowie Unterstützung bei Krankheit oder bei Schwangerschaft und bei Elternschaft umfasst sind, soweit diese Leistungen nach dem nationalen Recht eigenen Staatsangehörigen gewährt werden.

(46) Der Zugang zur medizinischen Versorgung, einschließlich physischer und psychologischer Betreuung, sollte für Personen, denen internationaler Schutz zuerkannt worden ist, sichergestellt werden.

(47) Die besonderen Bedürfnisse und die besondere Situation von Personen, denen der Flüchtlingsstatus oder der subsidiäre Schutzstatus zuerkannt worden ist, sollten so weit wie möglich in den ihnen angebotenen Integrationsprogrammen berücksichtigt werden, die gegebenenfalls Sprachunterricht und Information über ihre Rechte und Pflichten im Zusammenhang mit ihrem Schutzstatus in dem betreffenden Mitgliedstaat umfassen.

(48) Die Umsetzung dieser Richtlinie sollte in regelmäßigen Abständen bewertet werden, wobei insbesondere der Entwicklung der völkerrechtlichen Verpflichtungen der Mitgliedstaaten im Bereich der Nichtzurückweisung, der Arbeitsmarktentwicklung in den Mitgliedstaaten sowie der Ausarbeitung gemeinsamer Grundprinzipien für die Integration Rechnung zu tragen ist.

(49) Da die Ziele dieser Richtlinie, nämlich die Festlegung von Normen für die Gewährung internationalen Schutzes an Drittstaatsangehörige und Staatenlose durch die Mitgliedstaaten, für einen einheitlicher Status für Flüchtlinge oder für Personen, die Anspruch auf subsidiären Schutz haben, und für den Inhalt des zu gewährenden Schutzes, auf Ebene der Mitgliedstaaten nicht ausreichend erreicht werden können und daher wegen des Umfangs und der Wirkungen dieser Richtlinie besser auf Unionsebene zu verwirklichen sind, kann die Union im Einklang mit dem in Artikel 5 EUV niedergelegten Subsidiaritätsprin-

zip tätig werden. Entsprechend dem in demselben Artikel genannten Grundsatz der Verhältnismäßigkeit geht diese Richtlinie nicht über das zur Erreichung dieser Ziele erforderliche Maß hinaus.

(50) Nach den Artikeln 1und 2 und Artikel 4a Absatz 1 des dem EUV und dem AEUV beigefügten Protokolls (Nr. 21) über die Position des Vereinigten Königreichs und Irlands hinsichtlich des Raums der Freiheit, der Sicherheit und des Rechts beteiligen sich das Vereinigte Königreich und Irland unbeschadet des Artikels 4 dieses Protokolls nicht an der Annahme dieser Richtlinie und sind weder durch diese Richtlinie gebunden noch zu ihrer Anwendung verpflichtet.

(51) Nach den Artikeln 1 und 2 des dem EUV und dem AEUV beigefügten Protokolls (Nr. 22) über die Position Dänemarks beteiligt sich Dänemark nicht an der Annahme dieser Richtlinie und ist weder durch diese Richtlinie gebunden noch zu ihrer Anwendung verpflichtet.

(52) Die Verpflichtung zur Umsetzung dieser Richtlinie in innerstaatliches Recht sollte nur jene Bestimmungen betreffen, die im Vergleich zu der Richtlinie 2004/83/EG inhaltlich geändert wurden. Die Verpflichtung zur Umsetzung der inhaltlich unveränderten Bestimmungen ergibt sich aus der genannten Richtlinie.

(53) Diese Richtlinie sollte die Verpflichtungen der Mitgliedstaaten hinsichtlich der in Anhang I Teil B genannten Frist für die Umsetzung der Richtlinie 2004/83/EG in innerstaatliches Recht unberührt lassen –

HABEN FOLGENDE RICHTLINIE ERLASSEN:

Kapitel I. Allgemeine Bestimmungen

Art. 1 Zweck. Zweck dieser Richtlinie ist es, Normen für die Anerkennung von Drittstaatsangehörigen oder Staatenlosen als Personen mit Anspruch auf internationalen Schutz, für einen einheitlichen Status für Flüchtlinge oder für Personen, die Anspruch auf subsidiären Schutz haben, sowie für den Inhalt des zu gewährenden Schutzes festzulegen.

Art. 2 Begriffsbestimmungen. Im Sinne dieser Richtlinie bezeichnet der Ausdruck

a) „internationaler Schutz" die Flüchtlingseigenschaft und den subsidiären Schutzstatus im Sinne der Buchstaben e und g;

b) „Person, der internationaler Schutz zuerkannt wurde" eine Person, der die Flüchtlingseigenschaft gemäß Buchstabe e oder der subsidiäre Schutzstatus gemäß Buchstabe g zuerkannt wurde;

c) „Genfer Flüchtlingskonvention" das in Genf abgeschlossene Abkommen vom 28. Juli 1951 über die Rechtsstellung der Flüchtlinge in der durch das New Yorker Protokoll vom 31. Januar 1967 geänderten Fassung;

d) „Flüchtling" einen Drittstaatsangehörigen, der aus der begründeten Furcht vor Verfolgung wegen seiner Rasse, Religion, Nationalität, politischen Überzeugung oder Zugehörigkeit zu einer bestimmten sozialen Gruppe sich außerhalb des Landes befindet, dessen Staatsangehörigkeit er besitzt, und den Schutz dieses Landes nicht in Anspruch nehmen kann oder wegen dieser Furcht nicht in Anspruch nehmen will, oder einen Staatenlosen, der sich aus denselben vorgenannten Gründen außerhalb des Landes seines vorherigen gewöhnlichen Aufenthalts befindet und nicht dorthin zurückkehren kann oder wegen dieser Furcht nicht dorthin zurückkehren will und auf den Artikel 12 keine Anwendung findet;

e) „Flüchtlingseigenschaft" die Anerkennung eines Drittstaatsangehörigen oder eines Staatenlosen als Flüchtling durch einen Mitgliedstaat;

f) „Person mit Anspruch auf subsidiären Schutz" einen Drittstaatsangehörigen oder einen Staatenlosen, der die Voraussetzungen für die Anerkennung als Flüchtling nicht erfüllt, der aber stichhaltige Gründe für die Annahme vorgebracht hat, dass er bei einer Rückkehr in sein Herkunftsland oder, bei einem Staatenlosen, in das Land seines vorherigen gewöhnlichen Aufenthalts tatsächlich Gefahr liefe, einen ernsthaften Schaden im Sinne des Artikel 15 zu erleiden, und auf den Artikel 17 Absätze 1 und 2 keine Anwendung findet und der den Schutz dieses Landes nicht in Anspruch nehmen kann oder wegen dieser Gefahr nicht in Anspruch nehmen will;

g) „subsidiärer Schutzstatus" die Anerkennung eines Drittstaatsangehörigen oder Staatenlosen durch einen Mitgliedstaat als Person, die Anspruch auf subsidiären Schutz hat;

h) „Antrag auf internationalen Schutz" das Ersuchen eines Drittstaatsangehörigen oder Staatenlosen um Schutz durch einen Mitgliedstaat, wenn davon ausgegangen werden kann, dass der Antragsteller die Zuerkennung der Flüchtlingseigenschaft oder die Gewährung des subsidiären Schutzstatus anstrebt, und wenn er nicht ausdrücklich um eine andere, gesondert zu beantragende Form des Schutzes außerhalb des Anwendungsbereichs dieser Richtlinie ersucht;

i) „Antragsteller" einen Drittstaatsangehörigen oder Staatenlosen, der einen Antrag auf internationalen Schutz gestellt hat, über den noch keine rechtskräftige Entscheidung ergangen ist;

j) „Familienangehörige" die folgenden Mitglieder der Familie der Person, der internationaler Schutz zuerkannt worden ist, die sich im Zusammenhang mit dem Antrag auf internationalen Schutz in demselben Mitgliedstaat aufhalten, sofern die Familie bereits im Herkunftsland bestanden hat:
– der Ehegatte der Person, der internationaler Schutz zuerkannt worden ist, oder ihr nicht verheirateter Partner, der mit ihr eine dauerhafte Beziehung führt, soweit nach dem Recht oder der Praxis des betreffenden Mitgliedstaats nicht verheiratete Paare

ausländerrechtlich vergleichbar behandelt werden wie verheiratete Paare;

– die minderjährigen Kinder des unter dem ersten Gedankenstrich genannten Paares oder der Person, der internationaler Schutz zuerkannt worden ist, sofern diese nicht verheiratet sind, gleichgültig, ob es sich nach dem nationalen Recht um eheliche oder außerehelich geborene oder adoptierte Kinder handelt;

– der Vater, die Mutter oder ein anderer Erwachsener, der nach dem Recht oder der Praxis des betreffenden Mitgliedstaats für die Person, der internationaler Schutz zuerkannt worden ist, verantwortlich ist, wenn diese Person minderjährig und nicht verheiratet ist;

k) „Minderjähriger" einen Drittstaatsangehörigen oder Staatenlosen unter 18 Jahren;

l) „unbegleiteter Minderjähriger" einen Minderjährigen, der ohne Begleitung eines für ihn nach dem Gesetz oder der Praxis des betreffenden Mitgliedstaats verantwortlichen Erwachsenen in das Hoheitsgebiet eines Mitgliedstaats einreist, solange er sich nicht tatsächlich in der Obhut eines solchen Erwachsenen befindet; dies schließt Minderjährige ein, die nach der Einreise in das Hoheitsgebiet eines Mitgliedstaats dort ohne Begleitung zurückgelassen wurden;

m) „Aufenthaltstitel" jede von den Behörden eines Mitgliedstaats erteilte und entsprechend dem Recht dieses Mitgliedstaats ausgestellte Erlaubnis oder Genehmigung, die dem Drittstaatsangehörigen oder dem Staatenlosen den Aufenthalt im Hoheitsgebiet dieses Mitgliedstaats gestattet;

n) „Herkunftsland" das Land oder die Länder der Staatsangehörigkeit oder – bei Staatenlosen – des früheren gewöhnlichen Aufenthalts.

Art. 3 Günstigere Normen. Die Mitgliedstaaten können günstigere Normen zur Entscheidung darüber, wer als Flüchtling oder Person gilt, die Anspruch auf subsidiären Schutz hat, und zur Bestimmung des Inhalts des internationalen Schutzes erlassen oder beibehalten, sofern sie mit dieser Richtlinie vereinbar sind.

Kapitel II. Prüfung von Anträgen auf internationalen Schutz

Art. 4 Prüfung der Tatsachen und Umstände. (1) Die Mitgliedstaaten können es als Pflicht des Antragstellers betrachten, so schnell wie möglich alle zur Begründung des Antrags auf internationalen Schutz erforderlichen Anhaltspunkte darzulegen. Es ist Pflicht des Mitgliedstaats, unter Mitwirkung des Antragstellers die für den Antrag maßgeblichen Anhaltspunkte zu prüfen.

(2) Zu den in Absatz 1 genannten Anhaltspunkten gehören Angaben des Antragstellers zu Alter und familiären und sozialen Verhältnissen – auch der betroffenen Verwandten –, Identität, Staatsangehörigkeit(en), Land/Ländern und Ort(en) des früheren Aufenthalts, früheren Asylanträgen, Reisewegen und Reisedokumenten sowie zu den Gründen für seinen Antrag auf internationalen Schutz und sämtliche ihm zur Verfügung stehenden Unterlagen zu diesen Angaben.

(3) Die Anträge auf internationalen Schutz sind individuell zu prüfen, wobei Folgendes zu berücksichtigen ist:

a) alle mit dem Herkunftsland verbundenen Tatsachen, die zum Zeitpunkt der Entscheidung über den Antrag relevant sind, einschließlich der Rechts- und Verwaltungsvorschriften des Herkunftslandes und der Weise, in der sie angewandt werden;
b) die maßgeblichen Angaben des Antragstellers und die von ihm vorgelegten Unterlagen, einschließlich Informationen zu der Frage, ob er verfolgt worden ist bzw. verfolgt werden könnte oder einen ernsthaften Schaden erlitten hat bzw. erleiden könnte;
c) die individuelle Lage und die persönlichen Umstände des Antragstellers, einschließlich solcher Faktoren wie familiärer und sozialer Hintergrund, Geschlecht und Alter, um bewerten zu können, ob in Anbetracht seiner persönlichen Umstände die Handlungen, denen er ausgesetzt war oder ausgesetzt sein könnte, einer Verfolgung oder einem sonstigen ernsthaften Schaden gleichzusetzen sind;
d) die Frage, ob die Aktivitäten des Antragstellers seit Verlassen des Herkunftslandes ausschließlich oder hauptsächlich aufgenommen wurden, um die für die Beantragung von internationalem Schutz erforderlichen Voraussetzungen zu schaffen, damit bewertet werden kann, ob der Antragsteller im Fall einer Rückkehr in dieses Land aufgrund dieser Aktivitäten verfolgt oder ernsthaften Schaden erleiden würde;
e) die Frage, ob vom Antragsteller vernünftigerweise erwartet werden kann, dass er den Schutz eines anderen Staates in Anspruch nimmt, dessen Staatsangehörigkeit er für sich geltend machen könnte.

(4) Die Tatsache, dass ein Antragsteller bereits verfolgt wurde oder einen sonstigen ernsthaften Schaden erlitten hat bzw. von solcher Verfolgung oder einem solchen Schaden unmittelbar bedroht war, ist ein ernsthafter Hinweis darauf, dass die Furcht des Antragstellers vor Verfolgung begründet ist bzw. dass er tatsächlich Gefahr läuft, ernsthaften Schaden zu erleiden, es sei denn, stichhaltige Gründe sprechen dagegen, dass der Antragsteller erneut von solcher Verfolgung oder einem solchen Schaden bedroht wird.

(5) Wenden die Mitgliedstaaten den Grundsatz an, wonach der Antragsteller seinen Antrag auf internationalen Schutz begründen muss, und fehlen für Aussagen des Antragstellers Unterlagen oder sonstige Beweise, so bedürfen diese Aussagen keines Nachweises, wenn

a) der Antragsteller sich offenkundig bemüht hat, seinen Antrag zu begründen;

b) alle dem Antragsteller verfügbaren Anhaltspunkte vorliegen und eine hinreichende Erklärung für das Fehlen anderer relevanter Anhaltspunkte gegeben wurde;

c) festgestellt wurde, dass die Aussagen des Antragstellers kohärent und plausibel sind und zu den für seinen Fall relevanten, verfügbaren besonderen und allgemeinen Informationen nicht in Widerspruch stehen;

d) der Antragsteller internationalen Schutz zum frühestmöglichen Zeitpunkt beantragt hat, es sei denn, er kann gute Gründe dafür vorbringen, dass dies nicht möglich war; und

e) die generelle Glaubwürdigkeit des Antragstellers festgestellt worden ist.

Art. 5 Aus Nachfluchtgründen entstehender Bedarf an internationalem Schutz. (1) Die begründete Furcht vor Verfolgung oder die tatsächliche Gefahr, einen ernsthaften Schaden zu erleiden, kann auf Ereignissen beruhen, die eingetreten sind, nachdem der Antragsteller das Herkunftsland verlassen hat.

(2) Die begründete Furcht vor Verfolgung oder die tatsächliche Gefahr, einen ernsthaften Schaden zu erleiden, kann auf Aktivitäten des Antragstellers nach Verlassen des Herkunftslandes beruhen, insbesondere wenn die Aktivitäten, auf die er sich stützt, nachweislich Ausdruck und Fortsetzung einer bereits im Herkunftsland bestehenden Überzeugung oder Ausrichtung sind.

(3) Unbeschadet der Genfer Flüchtlingskonvention können die Mitgliedstaaten festlegen, dass ein Antragsteller, der einen Folgeantrag stellt, in der Regel nicht als Flüchtling anerkannt wird, wenn die Verfolgungsgefahr auf Umständen beruht, die der Antragsteller nach Verlassen des Herkunftslandes selbst geschaffen hat.

Art. 6 Akteure, von denen die Verfolgung oder ein ernsthafter Schaden ausgehen kann. Die Verfolgung bzw. der ernsthafte Schaden kann ausgehen von

a) dem Staat;

b) Parteien oder Organisationen, die den Staat oder einen wesentlichen Teil des Staatsgebiets beherrschen;

c) nichtstaatlichen Akteuren, sofern die unter den Buchstaben a und b genannten Akteure einschließlich internationaler Organisationen erwiesenermaßen nicht in der Lage oder nicht willens sind, Schutz vor Verfolgung bzw. ernsthaftem Schaden im Sinne des Artikels 7 zu bieten.

Art. 7 Akteure, die Schutz bieten können. (1) Der Schutz vor Verfolgung oder ernsthaftem Schaden kann nur geboten werden

a) vom Staat oder
b) von Parteien oder Organisationen einschließlich internationaler Organisationen, die den Staat oder einen wesentlichen Teil des Staatsgebiets beherrschen,

sofern sie willens und in der Lage sind, Schutz gemäß Absatz 2 zu bieten.

(2) Der Schutz vor Verfolgung oder ernsthaftem Schaden muss wirksam und darf nicht nur vorübergehender Art sein. Ein solcher Schutz ist generell gewährleistet, wenn die unter Absatz 1 Buchstaben a und b genannten Akteure geeignete Schritte einleiten, um die Verfolgung oder den ernsthaften Schaden zu verhindern, beispielsweise durch wirksame Rechtsvorschriften zur Ermittlung, Strafverfolgung und Ahndung von Handlungen, die eine Verfolgung oder einen ernsthaften Schaden darstellen, und wenn der Antragsteller Zugang zu diesem Schutz hat.

(3) Bei der Beurteilung der Frage, ob eine internationale Organisation einen Staat oder einen wesentlichen Teil des Staatsgebiets beherrscht und den in Absatz 2 beschriebenen Schutz bietet, ziehen die Mitgliedstaaten etwaige in einschlägigen Rechtsakten der Union aufgestellte Leitlinien heran.

Art. 8 Interner Schutz. (1) Bei der Prüfung des Antrags auf internationalen Schutz können die Mitgliedstaaten feststellen, dass ein Antragsteller keinen internationalen Schutz benötigt, sofern er in einem Teil seines Herkunftslandes

a) keine begründete Furcht vor Verfolgung hat oder keine tatsächliche Gefahr, einen ernsthaften Schaden zu erleiden, besteht oder
b) Zugang zu Schutz vor Verfolgung oder ernsthaftem Schaden gemäß Artikel 7 hat,

und er sicher und legal in diesen Landesteil reisen kann, dort aufgenommen wird und vernünftigerweise erwartet werden kann, dass er sich dort niederlässt.

(2) Bei Prüfung der Frage, ob ein Antragsteller begründete Furcht vor Verfolgung hat oder die tatsächliche Gefahr, einen ernsthaften Schaden zu erleiden, besteht, oder Zugang zu Schutz vor Verfolgung oder ernsthaftem Schaden in einem Teil seines Herkunftslandes gemäß Absatz 1 in Anspruch nehmen kann, berücksichtigen die Mitgliedstaaten zum Zeitpunkt der Entscheidung über den Antrag die dortigen allgemeinen Gegebenheiten und die persönlichen Umstände des Antragstellers gemäß Artikel 4. Zu diesem Zweck stellen die Mitgliedstaaten sicher, dass genaue und aktuelle Informationen aus relevanten Quellen, wie etwa Informationen des Hohen Kommissars der Vereinten Nationen für Flüchtlinge oder des Europäischen Unterstützungsbüros für Asylfragen, eingeholt werden.

Kapitel III. Anerkennung als Flüchtling

Art. 9 Verfolgungshandlungen. (1) Um als Verfolgung im Sinne des Artikels 1 Abschnitt A der Genfer Flüchtlingskonvention zu gelten, muss eine Handlung

a) aufgrund ihrer Art oder Wiederholung so gravierend sein, dass sie eine schwerwiegende Verletzung der grundlegenden Menschenrechte darstellt, insbesondere der Rechte, von denen gemäß Artikel 15 Absatz 2 der Europäischen Konvention zum Schutze der Menschenrechte und Grundfreiheiten keine Abweichung zulässig ist, oder

b) in einer Kumulierung unterschiedlicher Maßnahmen, einschließlich einer Verletzung der Menschenrechte, bestehen, die so gravierend ist, dass eine Person davon in ähnlicher wie der unter Buchstabe a beschriebenen Weise betroffen ist.

(2) Als Verfolgung im Sinne von Absatz 1 können unter anderem die folgenden Handlungen gelten:

a) Anwendung physischer oder psychischer Gewalt, einschließlich sexueller Gewalt,

b) gesetzliche, administrative, polizeiliche und/oder justizielle Maßnahmen, die als solche diskriminierend sind oder in diskriminierender Weise angewandt werden,

c) unverhältnismäßige oder diskriminierende Strafverfolgung oder Bestrafung,

d) Verweigerung gerichtlichen Rechtsschutzes mit dem Ergebnis einer unverhältnismäßigen oder diskriminierenden Bestrafung,

e) Strafverfolgung oder Bestrafung wegen Verweigerung des Militärdienstes in einem Konflikt, wenn der Militärdienst Verbrechen oder Handlungen umfassen würde, die unter den Anwendungsbereich der Ausschlussklauseln des Artikels 12 Absatz 2 fallen, und

f) Handlungen, die an die Geschlechtszugehörigkeit anknüpfen oder gegen Kinder gerichtet sind.

(3) Gemäß Artikel 2 Buchstabe d muss eine Verknüpfung zwischen den in Artikel 10 genannten Gründen und den in Absatz 1 des vorliegenden Artikels als Verfolgung eingestuften Handlungen oder dem Fehlen von Schutz vor solchen Handlungen bestehen.

Art. 10 Verfolgungsgründe. (1) Bei der Prüfung der Verfolgungsgründe berücksichtigen die Mitgliedstaaten Folgendes:

a) Der Begriff der Rasse umfasst insbesondere die Aspekte Hautfarbe, Herkunft und Zugehörigkeit zu einer bestimmten ethnischen Gruppe;

b) der Begriff der Religion umfasst insbesondere theistische, nichttheistische und atheistische Glaubensüberzeugungen, die Teilnahme bzw. Nichtteilnahme an religiösen Riten im privaten oder öffentlichen Bereich, allein oder in Gemeinschaft mit anderen, sonstige religiöse Betätigungen oder Meinungsäußerungen und Verhaltensweisen Einzelner oder einer Gemeinschaft, die sich auf eine religiöse Überzeugung stützen oder nach dieser vorgeschrieben sind;

c) der Begriff der Nationalität beschränkt sich nicht auf die Staatsangehörigkeit oder das Fehlen einer solchen, sondern bezeichnet insbesondere auch die Zugehörigkeit zu einer Gruppe, die durch ihre kulturelle, ethnische oder sprachliche Identität, gemeinsame geografische oder politische Herkunft oder ihre Verwandtschaft mit der Bevölkerung eines anderen Staates bestimmt wird;

d) eine Gruppe gilt insbesondere als eine bestimmte soziale Gruppe, wenn
– die Mitglieder dieser Gruppe angeborene Merkmale oder einen gemeinsamen Hintergrund, der nicht verändert werden kann, gemein haben oder Merkmale oder eine Glaubensüberzeugung teilen, die so bedeutsam für die Identität oder das Gewissen sind, dass der Betreffende nicht gezwungen werden sollte, auf sie zu verzichten, und
– die Gruppe in dem betreffenden Land eine deutlich abgegrenzte Identität hat, da sie von der sie umgebenden Gesellschaft als andersartig betrachtet wird.

Je nach den Gegebenheiten im Herkunftsland kann als eine bestimmte soziale Gruppe auch eine Gruppe gelten, die sich auf das gemeinsame Merkmal der sexuellen Orientierung gründet. Als sexuelle Orientierung dürfen keine Handlungen verstanden werden, die nach dem nationalen Recht der Mitgliedstaaten als strafbar gelten. Geschlechtsbezogene Aspekte, einschließlich der geschlechtlichen Identität, werden zum Zweck der Bestimmung der Zugehörigkeit zu einer bestimmten sozialen Gruppe oder der Ermittlung eines Merkmals einer solchen Gruppe angemessen berücksichtigt;

e) unter dem Begriff der politischen Überzeugung ist insbesondere zu verstehen, dass der Antragsteller in einer Angelegenheit, die die in Artikel 6 genannten potenziellen Verfolger sowie deren Politiken oder Verfahren betrifft, eine Meinung, Grundhaltung oder Überzeugung vertritt, wobei es unerheblich ist, ob der Antragsteller aufgrund dieser Meinung, Grundhaltung oder Überzeugung tätig geworden ist.

(2) Bei der Bewertung der Frage, ob die Furcht eines Antragstellers vor Verfolgung begründet ist, ist es unerheblich, ob der Antragsteller *tatsächlich* die Merkmale der Rasse oder die religiösen, nationalen, sozialen oder politischen Merkmale aufweist, die zur Verfolgung führen, sofern ihm diese Merkmale von seinem Verfolger zugeschrieben werden.

Art. 11 Erlöschen. (1) Ein Drittstaatsangehöriger oder ein Staatenloser ist nicht mehr Flüchtling, wenn er

a) sich freiwillig erneut dem Schutz des Landes, dessen Staatsangehörigkeit er besitzt, unterstellt oder

b) nach dem Verlust seiner Staatsangehörigkeit diese freiwillig wiedererlangt hat oder

c) eine neue Staatsangehörigkeit erworben hat und den Schutz des Landes, dessen Staatsangehörigkeit er erworben hat, genießt oder

d) freiwillig in das Land, das er aus Furcht vor Verfolgung verlassen hat oder außerhalb dessen er aus Furcht vor Verfolgung geblieben ist, zurückgekehrt ist und sich dort niedergelassen hat oder

e) nach Wegfall der Umstände, aufgrund deren er als Flüchtling anerkannt worden ist, es nicht mehr ablehnen kann, den Schutz des Landes in Anspruch zu nehmen, dessen Staatsangehörigkeit er besitzt oder

f) als Staatenloser nach Wegfall der Umstände, aufgrund deren er als Flüchtling anerkannt wurde, in der Lage ist, in das Land zurückzukehren, in dem er seinen gewöhnlichen Aufenthalt hatte.

(2) Bei der Prüfung von Absatz 1 Buchstaben e und f haben die Mitgliedstaaten zu untersuchen, ob die Veränderung der Umstände erheblich und nicht nur vorübergehend ist, so dass die Furcht des Flüchtlings vor Verfolgung nicht länger als begründet angesehen werden kann.

(3) Absatz 1 Buchstaben e und f finden keine Anwendung auf einen Flüchtling, der sich auf zwingende, auf früheren Verfolgungen beruhende Gründe berufen kann, um die Inanspruchnahme des Schutzes des Landes, dessen Staatsangehörigkeit er besitzt, oder wenn er staatenlos ist, des Landes, in dem er seinen gewöhnlichen Aufenthalt hatte, abzulehnen.

Art. 12 Ausschluss. (1) Ein Drittstaatsangehöriger oder ein Staatenloser ist von der Anerkennung als Flüchtling ausgeschlossen, wenn er

a) den Schutz oder Beistand einer Organisation oder einer Institution der Vereinten Nationen mit Ausnahme des Hohen Kommissars der Vereinten Nationen für Flüchtlinge gemäß Artikel 1 Abschnitt D der Genfer Flüchtlingskonvention genießt. Wird ein solcher Schutz oder Beistand aus irgendeinem Grund nicht länger gewährt, ohne dass die Lage des Betroffenen gemäß den einschlägigen Resolutionen der Generalversammlung der Vereinten Nationen endgültig geklärt worden ist, genießt er ipso facto den Schutz dieser Richtlinie;

b) von den zuständigen Behörden des Landes, in dem er seinen Aufenthalt genommen hat, als Person anerkannt wird, welche die Rechte und Pflichten, die mit dem Besitz der Staatsangehörigkeit dieses Landes verknüpft sind, bzw. gleichwertige Rechte und Pflichten hat.

(2) Ein Drittstaatsangehöriger oder ein Staatenloser ist von der Anerkennung als Flüchtling ausgeschlossen, wenn schwerwiegende Gründe zu der Annahme berechtigen, dass er

a) ein Verbrechen gegen den Frieden, ein Kriegsverbrechen oder ein Verbrechen gegen die Menschlichkeit im Sinne der internationalen Vertragswerke begangen hat, die ausgearbeitet worden sind, um Bestimmungen bezüglich dieser Verbrechen festzulegen;

b) eine schwere nichtpolitische Straftat außerhalb des Aufnahmelandes begangen hat, bevor er als Flüchtling aufgenommen wurde, das heißt vor dem Zeitpunkt der Ausstellung eines Aufenthaltstitels aufgrund der Zuerkennung der Flüchtlingseigenschaft; insbesondere grausame Handlungen können als schwere nichtpolitische Straftaten eingestuft werden, auch wenn mit ihnen vorgeblich politische Ziele verfolgt werden;

c) sich Handlungen zuschulden kommen ließ, die den Zielen und Grundsätzen der Vereinten Nationen, wie sie in der Präambel und in den Artikeln 1 und 2 der Charta der Vereinten Nationen verankert sind, zuwiderlaufen.

(3) Absatz 2 findet auf Personen Anwendung, die andere zu den darin genannten Straftaten oder Handlungen anstiften oder sich in sonstiger Weise daran beteiligen.

Kapitel IV. Flüchtlingseigenschaft

Art. 13 Zuerkennung der Flüchtlingseigenschaft. Die Mitgliedstaaten erkennen einem Drittstaatsangehörigen oder einem Staatenlosen, der die Voraussetzungen der Kapitel II und III erfüllt, die Flüchtlingseigenschaft zu.

Art. 14 Aberkennung, Beendigung oder Ablehnung der Verlängerung der Flüchtlingseigenschaft. (1) Bei Anträgen auf internationalen Schutz, die nach Inkrafttreten der Richtlinie 2004/83/EG gestellt wurden, erkennen die Mitgliedstaaten einem Drittstaatsangehörigen oder einem Staatenlosen die von einer Regierungs- oder Verwaltungsbehörde, einem Gericht oder einer gerichtsähnlichen Behörde zuerkannte Flüchtlingseigenschaft ab, beenden diese oder lehnen ihre Verlängerung ab, wenn er gemäß Artikel 11 nicht länger Flüchtling ist.

(2) Unbeschadet der Pflicht des Flüchtlings, gemäß Artikel 4 Absatz 1 alle maßgeblichen Tatsachen offen zu legen und alle maßgeblichen, ihm zur Verfügung stehenden Unterlagen vorzulegen, weist der Mitgliedstaat, der ihm die *Flüchtlingseigenschaft* zuerkannt hat, in jedem Einzelfall nach, dass die betreffende Person gemäß Absatz 1 dieses Artikels nicht länger Flüchtling ist oder es nie gewesen ist.

(3) Die Mitgliedstaaten erkennen einem Drittstaatsangehörigen oder einem Staatenlosen die Flüchtlingseigenschaft ab, beenden diese oder lehnen ihre Verlängerung ab, falls der betreffende Mitgliedstaat nach Zuerkennung der Flüchtlingseigenschaft feststellt, dass

a) die Person gemäß Artikel 12 von der Zuerkennung der Flüchtlingseigenschaft hätte ausgeschlossen werden müssen oder ausgeschlossen ist;

b) eine falsche Darstellung oder das Verschweigen von Tatsachen seinerseits, einschließlich der Verwendung falscher oder gefälschter Dokumente, für die Zuerkennung der Flüchtlingseigenschaft ausschlaggebend war.

(4) Die Mitgliedstaaten können einem Flüchtling die ihm von einer Regierungs- oder Verwaltungsbehörde, einem Gericht oder einer gerichtsähnlichen Behörde zuerkannte Rechtsstellung aberkennen, diese beenden oder ihre Verlängerung ablehnen, wenn

a) es stichhaltige Gründe für die Annahme gibt, dass er eine Gefahr für die Sicherheit des Mitgliedstaats darstellt, in dem er sich aufhält;

b) er eine Gefahr für die Allgemeinheit dieses Mitgliedstaats darstellt, weil er wegen einer besonders schweren Straftat rechtskräftig verurteilt wurde.

(5) In den in Absatz 4 genannten Fällen können die Mitgliedstaaten entscheiden, einem Flüchtling eine Rechtsstellung nicht zuzuerkennen, solange noch keine Entscheidung darüber gefasst worden ist.

(6) Personen, auf die die Absätze 4 oder 5 Anwendung finden, können die in den Artikeln 3, 4, 16, 22, 31, 32 und 33 der Genfer Flüchtlingskonvention genannten Rechte oder vergleichbare Rechte geltend machen, sofern sie sich in dem betreffenden Mitgliedstaat aufhalten.

Kapitel V. Voraussetzungen für subsidiären Schutz

Art. 15 Ernsthafter Schaden. Als ernsthafter Schaden gilt

a) die Verhängung oder Vollstreckung der Todesstrafe oder

b) Folter oder unmenschliche oder erniedrigende Behandlung oder Bestrafung eines Antragstellers im Herkunftsland oder

c) eine ernsthafte individuelle Bedrohung des Lebens oder der Unversehrtheit einer Zivilperson infolge willkürlicher Gewalt im Rahmen eines internationalen oder innerstaatlichen bewaffneten Konflikts.

Art. 16 Erlöschen. (1) Ein Drittstaatsangehöriger oder ein Staatenloser hat keinen Anspruch auf subsidiären Schutz mehr, wenn die Umstände, die zur Zuerkennung des subsidiären Schutzes geführt haben, nicht mehr bestehen oder sich in einem Maße verändert haben, dass ein solcher Schutz nicht mehr erforderlich ist.

(2) Bei Anwendung des Absatzes 1 berücksichtigen die Mitgliedstaaten, ob sich die Umstände so wesentlich und nicht nur vorübergehend verändert haben, dass die Person, die Anspruch auf subsidiären Schutz hat, tatsächlich nicht länger Gefahr läuft, einen ernsthaften Schaden zu erleiden.

(3) Absatz 1 findet keine Anwendung auf eine Person, der subsidiärer Schutz zuerkannt worden ist, die sich auf zwingende, auf früher erlittenem ernsthaftem Schaden beruhende Gründe berufen kann, um die Inanspruchnahme des Schutzes des Landes, dessen Staatsangehörigkeit sie besitzt, oder wenn sie staatenlos ist, des Landes, in dem sie ihren gewöhnlichen Aufenthalt hatte, abzulehnen.

Art. 17 Ausschluss. (1) Ein Drittstaatsangehöriger oder ein Staatenloser ist von der Gewährung subsidiären Schutzes ausgeschlossen, wenn schwerwiegende Gründe die Annahme rechtfertigen, dass er

a) ein Verbrechen gegen den Frieden, ein Kriegsverbrechen oder ein Verbrechen gegen die Menschlichkeit im Sinne der internationalen Vertragswerke begangen hat, die ausgearbeitet worden sind, um Bestimmungen bezüglich dieser Verbrechen festzulegen;

b) eine schwere Straftat begangen hat;

c) sich Handlungen zuschulden kommen ließ, die den Zielen und Grundsätzen der Vereinten Nationen, wie sie in der Präambel und den Artikeln 1 und 2 der Charta der Vereinten Nationen verankert sind, zuwiderlaufen;

d) eine Gefahr für die Allgemeinheit oder für die Sicherheit des Mitgliedstaats darstellt, in dem er sich aufhält.

(2) Absatz 1 findet auf Personen Anwendung, die andere zu den darin genannten Straftaten oder Handlungen anstiften oder sich in sonstiger Weise daran beteiligen.

(3) Die Mitgliedstaaten können einen Drittstaatsangehörigen oder einen Staatenlosen von der Gewährung subsidiären Schutzes ausschließen, wenn er vor seiner Aufnahme in dem betreffenden Mitgliedstaat ein oder mehrere nicht unter Absatz 1 fallende Straftaten begangen hat, die mit Freiheitsstrafe bestraft würden, wenn sie in dem betreffenden Mitgliedstaat begangen worden wären, und er sein Herkunftsland nur verlassen hat, um einer Bestrafung wegen dieser Straftaten zu entgehen.

Kapitel VI. Subsidiärer Schutzstatus

Art. 18 Zuerkennung des subsidiären Schutzstatus. Die Mitgliedstaaten erkennen einem Drittstaatsangehörigen oder einem Staatenlosen, der die Voraussetzungen der Kapitel II und V erfüllt, den *subsidiären* Schutzstatus zu.

Art. 19 Aberkennung, Beendigung oder Ablehnung der Verlängerung des subsidiären Schutzstatus. (1) Bei Anträgen auf internationalen Schutz, die nach Inkrafttreten der Richtlinie 2004/83/EG gestellt wurden, erkennen die Mitgliedstaaten einem Drittstaatsangehörigen oder einem Staatenlosen den von einer Regierungs- oder Verwaltungsbehörde, einem Gericht oder einer gerichtsähnlichen Behörde zuerkannten subsidiären Schutzstatus ab, beenden diesen oder lehnen seine Verlängerung ab, wenn die betreffende Person gemäß Artikel 16 nicht länger Anspruch auf subsidiären Schutz erheben kann.

(2) Die Mitgliedstaaten können einem Drittstaatsangehörigen oder einem Staatenlosen den von einer Regierungs- oder Verwaltungsbehörde, einem Gericht oder einer gerichtsähnlichen Behörde zuerkannten subsidiären Schutzstatus aberkennen, diesen beenden oder seine Verlängerung ablehnen, wenn er nach der Zuerkennung des subsidiären Schutzstatus gemäß Artikel 17 Absatz 3 von der Gewährung subsidiären Schutzes hätte ausgeschlossen werden müssen.

(3) Die Mitgliedstaaten erkennen einem Drittstaatsangehörigen oder einem Staatenlosen den subsidiären Schutzstatus ab, beenden diesen oder lehnen eine Verlängerung ab, wenn

a) er nach der Zuerkennung des subsidiären Schutzstatus gemäß Artikel 17 Absätze 1 und 2 von der Gewährung subsidiären Schutzes hätte ausgeschlossen werden müssen oder ausgeschlossen ist;

b) eine falsche Darstellung oder das Verschweigen von Tatsachen seinerseits, einschließlich der Verwendung falscher oder gefälschter Dokumente, für die Zuerkennung des subsidiären Schutzstatus ausschlaggebend war.

(4) Unbeschadet der Pflicht des Drittstaatsangehörigen oder Staatenlosen, gemäß Artikel 4 Absatz 1 alle maßgeblichen Tatsachen offen zu legen und alle maßgeblichen, ihm zur Verfügung stehenden Unterlagen vorzulegen, weist der Mitgliedstaat, der ihm den subsidiären Schutzstatus zuerkannt hat, in jedem Einzelfall nach, dass die betreffende Person gemäß den Absätzen 1 bis 3 dieses Artikels keinen oder nicht mehr Anspruch auf subsidiären Schutz hat.

Kapitel VII. Inhalt des internationalen Schutzes

Art. 20 Allgemeine Bestimmungen. (1) Die Bestimmungen dieses Kapitels berühren nicht die in der Genfer Flüchtlingskonvention verankerten Rechte.

(2) Sofern nichts anderes bestimmt wird, gilt dieses Kapitel sowohl für Flüchtlinge als auch für Personen mit Anspruch auf subsidiären Schutz.

(3) Die Mitgliedstaaten berücksichtigen bei der Umsetzung dieses Kapitels die spezielle Situation von schutzbedürftigen Personen wie Minderjährigen, unbegleiteten Minderjährigen, Behinderten, älteren Menschen, Schwangeren, Alleinerziehenden mit minderjährigen Kindern, Opfern des Menschenhandels, Personen mit psychischen Störungen und Personen, die Folter, Vergewaltigung oder sonstige schwere Formen psychischer, physischer oder sexueller Gewalt erlitten haben.

(4) Absatz 3 gilt nur für Personen, die nach einer Einzelprüfung ihrer Situation als Personen mit besonderen Bedürfnissen eingestuft werden.

(5) Bei der Umsetzung der Minderjährige berührenden Bestimmungen dieses Kapitels berücksichtigen die Mitgliedstaaten vorrangig das Wohl des Kindes.

Art. 21 Schutz vor Zurückweisung. (1) Die Mitgliedstaaten achten den Grundsatz der Nichtzurückweisung in Übereinstimmung mit ihren völkerrechtlichen Verpflichtungen.

(2) Ein Mitgliedstaat kann, sofern dies nicht aufgrund der in Absatz 1 genannten völkerrechtlichen Verpflichtungen untersagt ist, einen Flüchtling unabhängig davon, ob er als solcher förmlich anerkannt ist oder nicht, zurückweisen, wenn

a) es stichhaltige Gründe für die Annahme gibt, dass er eine Gefahr für die Sicherheit des Mitgliedstaats darstellt, in dem er sich aufhält, oder

b) er eine Gefahr für die Allgemeinheit dieses Mitgliedstaats darstellt, weil er wegen einer besonders schweren Straftat rechtskräftig verurteilt wurde.

(3) Die Mitgliedstaaten können den einem Flüchtling erteilten Aufenthaltstitel widerrufen, beenden oder seine Verlängerung bzw. die Erteilung eines Aufenthaltstitels ablehnen, wenn Absatz 2 auf die betreffende Person Anwendung findet.

Art. 22 Information. Die Mitgliedstaaten gewähren Personen, denen internationaler Schutz zuerkannt worden ist, so bald wie möglich nach Zuerkennung des Flüchtlingsstatus oder des subsidiären Schutzstatus Zugang zu Informationen über die Rechte und Pflichten in Zusammenhang mit dem Status in einer Sprache, die sie verstehen oder von der vernünftigerweise angenommen werden darf, dass sie sie verstehen.

Art. 23 Wahrung des Familienverbands. (1) Die Mitgliedstaaten tragen dafür Sorge, dass der Familienverband aufrechterhalten werden kann.

(2) Die Mitgliedstaaten tragen dafür Sorge, dass die Familienangehörigen der Person, der internationaler Schutz zuerkannt worden ist, die selbst nicht die Voraussetzungen für die Gewährung dieses Schutzes erfüllen, gemäß den nationalen Verfahren Anspruch auf die in den Artikeln 24 bis 35 genannten Leistungen haben, soweit dies mit der persönlichen Rechtsstellung des Familienangehörigen vereinbar ist.

(3) Die Absätze 1 und 2 finden keine Anwendung, wenn der Familienangehörige aufgrund der Kapitel III und V von der Gewährung internationalen Schutzes ausgeschlossen ist oder ausgeschlossen wäre.

(4) Unbeschadet der Absätze 1 und 2 können die Mitgliedstaaten aus Gründen der nationalen Sicherheit oder öffentlichen Ordnung die dort aufgeführten Leistungen verweigern, einschränken oder entziehen.

(5) Die Mitgliedstaaten können entscheiden, dass dieser Artikel auch für andere enge Verwandte gilt, die zum Zeitpunkt des Verlassens des Herkunftslandes innerhalb des Familienverbands lebten und zu diesem Zeitpunkt vollständig oder größtenteils von der Person, der internationaler Schutz zuerkannt worden ist, abhängig waren.

Art. 24 Aufenthaltstitel. (1) So bald wie möglich nach Zuerkennung des internationalen Schutzes und unbeschadet des Artikels 21 Absatz 3 stellen die Mitgliedstaaten Personen, denen der Flüchtlingsstatus zuerkannt worden ist, einen Aufenthaltstitel aus, der mindestens drei Jahre gültig und verlängerbar sein muss, es sei denn, dass zwingende Gründe der nationalen Sicherheit oder öffentlichen Ordnung dem entgegenstehen.

Unbeschadet des Artikels 23 Absatz 1 kann der Aufenthaltstitel, der Familienangehörigen von Personen ausgestellt wird, denen der Flüchtlingsstatus zuerkannt worden ist, weniger als drei Jahre gültig und verlängerbar sein.

(2) So bald wie möglich nach Zuerkennung des internationalen Schutzes stellen die Mitgliedstaaten Personen, denen der subsidiäre Schutzstatus zuerkannt worden ist, und ihren Familienangehörigen einen verlängerbaren Aufenthaltstitel aus, der mindestens ein Jahr und im Fall der Verlängerung mindestens zwei Jahre gültig sein muss, es sei denn, dass zwingende Gründe der nationalen Sicherheit oder der öffentlichen Ordnung dem entgegenstehen.

Art. 25 Reisedokumente. (1) Die Mitgliedstaaten stellen Personen, denen die Flüchtlingseigenschaft zuerkannt worden ist, Reiseausweise – wie im Anhang zur Genfer Flüchtlingskonvention vorgesehen – für Reisen außerhalb ihres Gebiets aus, es sei denn, dass zwingende Gründe der nationalen Sicherheit oder öffentlichen Ordnung dem entgegenstehen.

(2) Die Mitgliedstaaten stellen Personen, denen der subsidiäre Schutzstatus zuerkannt worden ist und die keinen nationalen Pass erhalten können, Dokumente für Reisen außerhalb ihres Hoheitsgebiets aus, es sei denn, dass zwingende Gründe der nationalen Sicherheit oder öffentlichen Ordnung dem entgegenstehen.

Art. 26 Zugang zur Beschäftigung. (1) Unmittelbar nach Zuerkennung des Schutzes gestatten die Mitgliedstaaten Personen, denen internationaler Schutz zuerkannt worden ist, die Aufnahme einer unselbstständigen oder selbstständigen Erwerbstätigkeit nach den Vorschriften, die für den betreffenden Beruf oder für die öffentliche Verwaltung allgemein gelten.

(2) Die Mitgliedstaaten sorgen dafür, dass Personen, denen internationaler Schutz zuerkannt worden ist, Maßnahmen wie beschäftigungsbezogene Bildungsangebote für Erwachsene, berufsbildende Maßnahmen, einschließlich Schulungsmaßnahmen zur Weiterqualifizierung,

praktische Berufserfahrung am Arbeitsplatz und Beratungsleistungen der Arbeitsverwaltungen zu gleichwertigen Bedingungen wie eigenen Staatsangehörigen angeboten werden.

(3) Die Mitgliedstaaten sind bestrebt, Personen, denen internationaler Schutz zuerkannt worden ist, uneingeschränkten Zugang zu den Maßnahmen gemäß Absatz 2 zu erleichtern.

(4) Die in den Mitgliedstaaten geltenden Rechtsvorschriften über das Arbeitsentgelt, den Zugang zu Systemen der sozialen Sicherheit im Rahmen der unselbstständigen oder selbstständigen Erwerbstätigkeit sowie sonstige Beschäftigungsbedingungen finden Anwendung.

Art. 27 Zugang zu Bildung. (1) Die Mitgliedstaaten gewähren allen Minderjährigen, denen internationaler Schutz gewährt wurde, zu denselben Bedingungen wie eigenen Staatsangehörigen Zugang zum Bildungssystem.

(2) Die Mitgliedstaaten gestatten Erwachsenen, denen internationaler Schutz gewährt wurde, zu denselben Bedingungen wie Drittstaatsangehörigen mit rechtmäßigem Aufenthalt Zugang zum allgemeinen Bildungssystem, zu Weiterbildung und Umschulung.

Art. 28 Zugang zu Verfahren für die Anerkennung von Befähigungsnachweisen. (1) Die Mitgliedstaaten stellen sicher, dass Personen, denen internationaler Schutz zuerkannt worden ist, und eigene Staatsangehörige im Rahmen der bestehenden Verfahren zur Anerkennung von ausländischen Diplomen, Prüfungszeugnissen und sonstigen Befähigungsnachweisen gleich behandelt werden.

(2) Die Mitgliedstaaten sind bestrebt, den uneingeschränkten Zugang von Personen, denen internationaler Schutz zuerkannt worden ist, die keine Nachweise für ihre Qualifikationen beibringen können, zu geeigneten Programmen für die Beurteilung, Validierung und Bestätigung früher erworbener Kenntnisse zu erleichtern. Solche Maßnahmen müssen im Einklang mit Artikel 2 Absatz 2 und Artikel 3 Absatz 3 der Richtlinie 2005/36/EG des Europäischen Parlaments und des Rates vom 7. September 2005 über die Anerkennung von Berufsqualifikationen[1] stehen.

Art. 29 Sozialhilfeleistungen. (1) Die Mitgliedstaaten tragen dafür Sorge, dass Personen, denen internationaler Schutz zuerkannt worden ist, in dem Mitgliedstaat, der diesen Schutz gewährt hat, die notwendige Sozialhilfe wie Staatsangehörige dieses Mitgliedstaats erhalten.

(2) Abweichend von der allgemeinen Regel nach Absatz 1 können die Mitgliedstaaten die Sozialhilfe für Personen, denen der subsidiäre Schutzstatus zuerkannt worden ist, auf Kernleistungen beschränken, die sie im gleichen Umfang und unter denselben Voraussetzungen wie für eigene Staatsangehörige gewähren.

---

[1] ABl. L 255 vom 30. 9. 2005, S. 22.

Art. 30 Medizinische Versorgung. (1) Die Mitgliedstaaten tragen dafür Sorge, dass Personen, denen internationaler Schutz zuerkannt worden ist, zu denselben Bedingungen wie Staatsangehörige des diesen Schutz gewährenden Mitgliedstaats Zugang zu medizinischer Versorgung haben.

(2) Die Mitgliedstaaten gewährleisten unter denselben Voraussetzungen wie Staatsangehörigen des den Schutz gewährenden Mitgliedstaats eine angemessene medizinische Versorgung, einschließlich erforderlichenfalls einer Behandlung psychischer Störungen, von Personen, denen internationaler Schutz zuerkannt worden ist, die besondere Bedürfnisse haben, wie Schwangere, Behinderte, Personen, die Folter, Vergewaltigung oder sonstige schwere Formen psychischer, physischer oder sexueller Gewalt erlitten haben, oder Minderjährige, die Opfer irgendeiner Form von Missbrauch, Vernachlässigung, Ausbeutung, Folter, grausamer, unmenschlicher oder erniedrigender Behandlung gewesen sind oder unter bewaffneten Konflikten gelitten haben.

Art. 31 Unbegleitete Minderjährige. (1) Die Mitgliedstaaten ergreifen so rasch wie möglich, nachdem internationaler Schutz gewährt wurde, die notwendigen Maßnahmen, um sicherzustellen, dass unbegleitete Minderjährige durch einen gesetzlichen Vormund oder erforderlichenfalls durch eine Einrichtung, die für die Betreuung und das Wohlergehen von Minderjährigen verantwortlich ist, oder durch einen anderen geeigneten Vertreter, einschließlich eines gesetzlich vorgesehenen oder gerichtlich angeordneten Vertreters, vertreten werden.

(2) Die Mitgliedstaaten tragen dafür Sorge, dass der bestellte Vormund oder Vertreter die Bedürfnisse des Minderjährigen bei der Anwendung der Richtlinie gebührend berücksichtigt. Die zuständigen Behörden nehmen regelmäßige Bewertungen vor.

(3) Die Mitgliedstaaten tragen dafür Sorge, dass unbegleitete Minderjährige folgendermaßen untergebracht werden: entweder

a) bei erwachsenen Verwandten oder

b) in einer Pflegefamilie oder

c) in speziellen Einrichtungen für Minderjährige oder

d) in anderen für Minderjährige geeigneten Unterkünften.

Hierbei werden die Wünsche des Kindes entsprechend seinem Alter und seiner Reife berücksichtigt.

(4) Geschwister bleiben so weit wie möglich zusammen, wobei das Wohl des betreffenden Minderjährigen, insbesondere sein Alter und sein Reifegrad, zu berücksichtigen ist. Wechsel des Aufenthaltsorts sind bei unbegleiteten Minderjährigen auf ein Mindestmaß zu beschränken.

(5) Wird einem unbegleiteten Minderjährigen internationaler Schutz gewährt, *ohne dass mit der Suche* nach seinen Familienangehörigen begonnen wurde, leiten die Mitgliedstaaten so bald wie möglich nach der Gewährung des internationalen Schutzes die Suche nach diesen

ein, wobei sie die Interessen des Minderjährigen schützen. Wurde die Suche bereits eingeleitet, setzen die Mitgliedstaaten diese Suche gegebenenfalls fort. In Fällen, in denen das Leben oder die Unversehrtheit des Minderjährigen oder seiner nahen Verwandten bedroht sein könnte, insbesondere wenn diese im Herkunftsland geblieben sind, ist darauf zu achten, dass die Erfassung, Verarbeitung und Weitergabe von Informationen über diese Personen vertraulich erfolgt.

(6) Das Betreuungspersonal für unbegleitete Minderjährige muss im Hinblick auf die Bedürfnisse von Minderjährigen eine angemessene Ausbildung erhalten haben und angemessene Fortbildungen erhalten.

Art. 32 Zugang zu Wohnraum. (1) Die Mitgliedstaaten sorgen dafür, dass Personen, denen internationaler Schutz zuerkannt worden ist, Zugang zu Wohnraum unter Bedingungen erhalten, die den Bedingungen gleichwertig sind, die für andere Drittstaatsangehörige gelten, die sich rechtmäßig in ihrem Hoheitsgebiet aufhalten.

(2) Bei der Anwendung eines nationalen Verteilungsmechanismus für Personen, denen internationaler Schutz zuerkannt worden ist, sind die Mitgliedstaaten bestrebt, Maßnahmen zur Verhinderung der Diskriminierung von Personen, denen internationaler Schutz zuerkannt worden ist, und zur Gewährleistung der Chancengleichheit beim Zugang zu Wohnraum zu ergreifen.

Art. 33 Freizügigkeit innerhalb eines Mitgliedstaats. Die Mitgliedstaaten gestatten die Bewegungsfreiheit von Personen, denen internationaler Schutz zuerkannt worden ist, in ihrem Hoheitsgebiet unter den gleichen Bedingungen und Einschränkungen wie für andere Drittstaatsangehörige, die sich rechtmäßig in ihrem Hoheitsgebiet aufhalten.

Art. 34 Zugang zu Integrationsmaßnahmen. Um die Integration von Personen, denen internationaler Schutz zuerkannt worden ist, in die Gesellschaft zu erleichtern, gewährleisten die Mitgliedstaaten den Zugang zu Integrationsprogrammen, die sie als den besonderen Bedürfnissen von Personen mit Flüchtlingsstatus oder subsidiärem Schutzstatus angemessen erachten, oder schaffen die erforderlichen Voraussetzungen, die den Zugang zu diesen Programmen garantieren.

Art. 35 Rückkehr. Die Mitgliedstaaten können Personen, denen internationaler Schutz zuerkannt worden ist und die zurückkehren möchten, Unterstützung gewähren.

Kapitel VIII. Verwaltungszusammenarbeit

Art. 36 Zusammenarbeit. Jeder Mitgliedstaat benennt eine nationale Kontaktstelle und teilt deren Anschrift der Kommission mit. Die

Kommission leitet diese Angaben an die übrigen Mitgliedstaaten weiter.

In Abstimmung mit der Kommission treffen die Mitgliedstaaten die geeigneten Maßnahmen, um eine unmittelbare Zusammenarbeit und einen Informationsaustausch zwischen den zuständigen Behörden herzustellen.

Art. 37 Personal. Die Mitgliedstaaten gewährleisten, dass die Behörden und Organisationen, die diese Richtlinie anwenden, die nötige Ausbildung erhalten haben und in Bezug auf die Informationen, die sie durch ihre Arbeit erhalten, der Schweigepflicht unterliegen, wie sie im nationalen Recht definiert ist.

Kapitel IX. Schlussbestimmungen

Art. 38 Berichterstattung. (1) Die Kommission erstattet dem Europäischen Parlament und dem Rat bis zum 21. Juni 2015 Bericht über die Anwendung dieser Richtlinie und schlägt erforderlichenfalls Änderungen vor. Diese Änderungsvorschläge beziehen sich vorrangig auf die Artikel 2 und 7. Die Mitgliedstaaten übermitteln der Kommission bis zum 21. Dezember 2014 alle für die Erstellung dieses Berichts sachdienlichen Angaben.

(2) Nach Vorlage des Berichts erstattet die Kommission dem Europäischen Parlament und dem Rat mindestens alle fünf Jahre Bericht über die Anwendung dieser Richtlinie.

Art. 39 Umsetzung. (1) Die Mitgliedstaaten setzen die erforderlichen Rechts- und Verwaltungsvorschriften in Kraft, um den Artikeln 1, 2, 4, 7, 8, 9, 10, 11, 16, 19, 20, 22, 23, 24, 25, 26, 27, 28, 29, 30, 31, 32, 33, 34 und 35 bis 21. Dezember 2013 nachzukommen. Sie übermitteln der Kommission unverzüglich den Wortlaut dieser Vorschriften.

Wenn die Mitgliedstaaten diese Vorschriften erlassen, nehmen sie in den Vorschriften selbst oder durch einen Hinweis bei der amtlichen Veröffentlichung auf diese Richtlinie Bezug. In diese Vorschriften fügen sie die Erklärung ein, dass Verweise in den geltenden Rechts- und Verwaltungsvorschriften auf die durch diese Richtlinie aufgehobene Richtlinie als Verweise auf diese Richtlinie gelten. Die Mitgliedstaaten legen die Einzelheiten der Bezugnahme und die Formulierung der Erklärung fest.

(2) Die Mitgliedstaaten teilen der Kommission den Wortlaut der wichtigsten innerstaatlichen Rechtsvorschriften mit, die von dieser Richtlinie betroffen sind.

Art. 40 Aufhebung. Die Richtlinie 2004/83/EG wird für die durch die vorliegende Richtlinie gebundenen Mitgliedstaaten unbeschadet der Verpflichtungen der Mitgliedstaaten hinsichtlich der in Anhang I Teil B genannten Frist für die Umsetzung der Richtlinie in innerstaatliches Recht mit Wirkung vom 21. Dezember 2013 aufgehoben.

Für die durch die vorliegende Richtlinie gebundenen Mitgliedstaaten gelten Verweise auf die aufgehobene Richtlinie als Verweise auf die vorliegende Richtlinie nach der Entsprechungstabelle in Anhang II.

Art. 41 Inkrafttreten. Diese Richtlinie tritt am zwanzigsten Tag nach ihrer Veröffentlichung im *Amtsblatt der Europäischen Union* in Kraft.

Die Artikel 1, 2, 4, 7, 8, 9, 10, 11, 16, 19, 20, 22, 23, 24, 25, 26, 27, 28, 29, 30, 31, 32, 33, 34 und 35 gelten ab dem 22. Dezember 2013.

Art. 42 Adressaten. Diese Richtlinie ist gemäß den Verträgen an die Mitgliedstaaten gerichtet.

Anhang I

Teil A. Aufgehobene Richtlinie (gemäß Artikel 40)

Richtlinie 2004/83/EG des Rates
(ABl. L 304 vom 30. 9. 2004, S. 12).

Teil B. Frist für die Umsetzung in innerstaatliches Recht (gemäß Artikel 39)

Richtlinie	Umsetzungsfrist
2004/83/EG	10. Oktober 2006

Anhang II

Entsprechungstabelle

Richtlinie 2004/83/EG	Diese Richtlinie
Artikel 1	*Artikel 1*
Artikel 2 einleitender Satzteil	Artikel 2 einleitender Satzteil
Artikel 2 Buchstabe a	Artikel 2 Buchstabe a
–	Artikel 2 Buchstabe b
Artikel 2 Buchstaben b bis g	Artikel 2 Buchstaben c bis h
–	Artikel 2 Buchstabe i
Artikel 2 Buchstabe h	Artikel 2 Buchstabe j erster und zweiter Gedankenstrich
–	Artikel 2 Buchstabe j dritter Gedankenstrich
–	Artikel 2 Buchstabe k
Artikel 2 Buchstabe i	Artikel 2 Buchstabe l

Richtlinie 2004/83/EG	Diese Richtlinie
Artikel 2 Buchstabe j	Artikel 2 Buchstabe m
Artikel 2 Buchstabe k	Artikel 2 Buchstabe n
Artikel 3	*Artikel 3*
Artikel 4	*Artikel 4*
Artikel 5	*Artikel 5*
Artikel 6	*Artikel 6*
Artikel 7	*Artikel 7*
Artikel 8 Absätze 1 und 2	Artikel 8 Absätze 1 und 2
Artikel 8 Absatz 3	–
Artikel 9	*Artikel 9*
Artikel 10	*Artikel 10*
Artikel 11 Absätze 1 und 2	Artikel 11 Absätze 1 und 2
–	Artikel 11 Absatz 3
Artikel 12	*Artikel 12*
Artikel 13	*Artikel 13*
Artikel 14	*Artikel 14*
Artikel 15	*Artikel 15*
Artikel 16 Absätze 1 und 2	Artikel 16 Absätze 1 und 2
–	Artikel 16 Absatz 3
Artikel 17	*Artikel 17*
Artikel 18	*Artikel 18*
Artikel 19	*Artikel 19*
Artikel 20 Absätze 1 bis 5	Artikel 20 Absätze 1 bis 5
Artikel 20 Absätze 6 und 7	–
Artikel 21	*Artikel 21*
Artikel 22	*Artikel 22*
Artikel 23 Absatz 1	Artikel 23 Absatz 1
Artikel 23 Absatz 2 Unterabsatz 1	Artikel 23 Absatz 2
Artikel 23 Absatz 2 Unterabsatz 2	–
Artikel 23 Absatz 2 Unterabsatz 3	–
Artikel 23 Absätze 3 bis 5	Artikel 23 Absätze 3 bis 5
Artikel 24 Absatz 1	Artikel 24 Absatz 1
Artikel 24 Absatz 2	Artikel 24 Absatz 2
Artikel 25	*Artikel 25*
Artikel 26 Absätze 1 bis 3	Artikel 26 Absätze 1 bis 3
Artikel 26 Absatz 4	–
Artikel 26 Absatz 5	Artikel 26 Absatz 4
Artikel 27 Absätze 1 und 2	Artikel 27 Absätze 1 und 2
Artikel 27 Absatz 3	Artikel 27 Absatz 1
–	Artikel 28 Absatz 2
Artikel 28 Absatz 1	Artikel 29 Absatz 1
Artikel 28 Absatz 2	Artikel 29 Absatz 2
Artikel 29 Absatz 1	Artikel 30 Absatz 1
Artikel 29 Absatz 2	–
Artikel 29 Absatz 3	Artikel 30 Absatz 2
Artikel 30	*Artikel 31*

Richtlinie 2004/83/EG	Diese Richtlinie
Artikel 31	Artikel 32 Absatz 1
–	Artikel 32 Absatz 2
Artikel 32	*Artikel 33*
Artikel 33	*Artikel 34*
Artikel 34	*Artikel 35*
Artikel 35	*Artikel 36*
Artikel 36	*Artikel 37*
Artikel 37	*Artikel 38*
Artikel 38	*Artikel 39*
–	*Artikel 40*
Artikel 39	*Artikel 41*
Artikel 40	*Artikel 42*
–	*Anhang I*
–	*Anhang II*

287. Richtlinie 2013/32/EU des Europäischen Parlaments und des Rates zu gemeinsamen Verfahren für die Zuerkennung und Aberkennung des internationalen Schutzes *(Asylverfahrensrichtlinie)*

vom 26. Juni 2013

(ABl. Nr. L 180/60 v. 29. 6. 2013*))

DAS EUROPÄISCHE PARLAMENT UND DER RAT DER EUROPÄISCHEN UNION –

gestützt auf den Vertrag über die Arbeitsweise der Europäischen Union, insbesondere auf Artikel 78 Absatz 2 Buchstabe d,

auf Vorschlag der Europäischen Kommission,

nach Stellungnahme des Europäischen Wirtschafts- und Sozialausschusses[1)],

nach Anhörung des Ausschusses der Regionen,

gemäß dem ordentlichen Gesetzgebungsverfahren[2)],

in Erwägung nachstehender Gründe:

(1) Die Richtlinie 2005/85/EG des Rates vom 1. Dezember 2005 über Mindestnormen für Verfahren in den Mitgliedstaaten zur Zuerkennung und Aberkennung der Flüchtlingseigenschaft[3)] ist in wesentlichen Punkten zu ändern. Aus Gründen der Klarheit empfiehlt es sich, eine Neufassung dieser Richtlinie vorzunehmen.

(2) Eine gemeinsame Asylpolitik einschließlich eines Gemeinsamen Europäischen Asylsystems ist wesentlicher Bestandteil des Ziels der Europäischen Union, schrittweise einen Raum der Freiheit, der Sicherheit und des Rechts aufzubauen, der allen offen steht, die wegen besonderer Umstände rechtmäßig in der Union um Schutz nachsuchen. Für eine solche Politik sollte der Grundsatz der Solidarität und der gerechten Aufteilung der Verantwortlichkeiten unter den Mitgliedstaaten, einschließlich in finanzieller Hinsicht, gelten.

(3) Der Europäische Rat ist auf seiner Sondertagung vom 15. und 16. Oktober 1999 in Tampere übereingekommen, auf ein Gemeinsames Europäisches Asylsystem hinzuwirken, das sich auf die uneingeschränkte und umfassende Anwendung des Genfer Abkommens über die Rechtsstellung der Flüchtlinge vom 28. Juli 1951 in der Fassung des New Yorker Protokolls vom 31. Januar 1967 (im Folgenden „Gen-

---

*) Die Berichtigungen in ABl. Nr. L 29/16 v. 5. 2. 2015 und Nr. L 114/25 v. 5. 5. 2015, betreffen nicht die dt. Sprachfassung der Richtlinie.

1) ABl. C 24 vom 28. 1. 2012, S. 79.

2) Standpunkt des Europäischen Parlaments vom 6. April 2011 (ABl. C 296E vom 2. 10. 2012, S. 184) und Standpunkt des Rates in erster Lesung vom 6. Juni 2013 (noch nicht im Amtsblatt veröffentlicht). Standpunkt des Europäischen Parlaments vom 10. Juni 2013 (noch nicht im Amtsblatt veröffentlicht).

3) ABl. L 326 vom 13. 12. 2005, S. 13.

fer Flüchtlingskonvention“[1]) stützt, damit der Grundsatz der Nichtzurückweisung gewahrt bleibt und niemand dorthin zurückgeschickt wird, wo er Verfolgung ausgesetzt ist.

(4) Nach den Schlussfolgerungen von Tampere sollte ein Gemeinsames Europäisches Asylsystem auf kurze Sicht gemeinsame Standards für ein gerechtes und wirksames Asylverfahren in den Mitgliedstaaten umfassen; auf längere Sicht sollten die Regeln der Union zu einem gemeinsamen Asylverfahren in der Union führen.

(5) Die erste Phase des Gemeinsamen Europäischen Asylsystems wurde mit Erlass der in den Europäischen Verträgen vorgesehenen einschlägigen Rechtsinstrumente wie der Richtlinie 2005/85/EG abgeschlossen, die eine erste Maßnahme im Bereich der Asylverfahren darstellte.

(6) Der Europäische Rat hatte auf seiner Tagung vom 4. November 2004 das Haager Programm angenommen, das die Ziele für den Raum der Freiheit, der Sicherheit und des Rechts vorgab, die im Zeitraum von 2005 bis 2010 erreicht werden sollten. Im Haager Programm wurde die Europäische Kommission in dieser Hinsicht aufgefordert, die Bewertung der Rechtsakte aus der ersten Phase abzuschließen und dem Europäischen Parlament und dem Rat die Rechtsakte und Maßnahmen der zweiten Phase vorzulegen. Dem Haager Programm zufolge soll im Rahmen des Gemeinsamen Europäischen Asylsystems ein gemeinsames Asylverfahren und ein unionsweit geltender einheitlicher Schutzstatus geschaffen werden.

(7) Im Europäischen Pakt zu Einwanderung und Asyl, der am 16. Oktober 2008 angenommen wurde, stellte der Europäische Rat fest, dass zwischen den Mitgliedstaaten weiterhin beträchtliche Unterschiede bei der Gewährung von Schutz bestehen, und regte neue Initiativen an, darunter einen Vorschlag zur Einführung eines einheitlichen Asylverfahrens mit gemeinsamen Garantien, um die Einführung des im Haager Programm vorgesehenen Gemeinsamen Europäischen Asylsystems zu vollenden.

(8) Auf seiner Tagung vom 10. und 11. Dezember 2009 nahm der Europäische Rat das Stockholmer Programm an, in dem wiederholt die Verpflichtung auf das Ziel betont wird, bis spätestens 2012 auf der Grundlage eines gemeinsamen Asylverfahrens und eines einheitlichen Status für Personen, denen internationaler Schutz gewährt wird, einen gemeinsamen Raum des Schutzes und der Solidarität zu schaffen, der auf hohen Schutzstandards und fairen, wirksamen Verfahren beruht. Das Stockholmer Programm bekräftigte, dass Menschen, die internationalen Schutz benötigen, der Zugang zu rechtlich gesicherten und effizienten Asylverfahren zu gewährleisten ist. In Übereinstimmung mit dem Stockholmer Programm sollten Einzelpersonen unabhängig davon, in welchem Mitgliedstaat sie ihren Antrag auf internationalen Schutz stellen, eine gleichwertige Behandlung hinsichtlich des Verfahrens und der Bestimmung des Schutzstatus erfahren. Das Ziel ist, dass

[1]) Abgedruckt unter Nr. **28, 28 a** dieser Textsammlung.

ähnliche Fälle in gleicher Weise behandelt werden und zu dem gleichen Ergebnis führen.

(9) Die Bemühungen der Mitgliedstaaten bei der Umsetzung der für die zweite Phase des Gemeinsamen Europäischen Asylsystems vorgegebenen Schutzstandards, insbesondere die Bemühungen der Mitgliedstaaten, deren Asylsystem vor allem aufgrund ihrer geografischen oder demografischen Lage einem besonderen und unverhältnismäßigen Druck ausgesetzt ist, sollten mit Mitteln des Europäischen Flüchtlingsfonds und des Europäischen Unterstützungsbüros für Asylfragen (EASO) in geeigneter Weise unterstützt werden.

(10) Die Mitgliedstaaten sollten bei der Umsetzung dieser Richtlinie den entsprechenden Leitlinien des EASO Rechnung tragen.

(11) Um eine umfassende und effiziente Bewertung des Bedürfnisses der Antragsteller nach internationalem Schutz im Sinne der Richtlinie 2011/95/EU des Europäischen Parlaments und des Rates vom 13. Dezember 2011 über Normen für die Anerkennung von Drittstaatsangehörigen oder Staatenlosen als Personen mit Anspruch auf internationalen Schutz, für einen einheitlichen Status für Flüchtlinge oder für Personen mit Anrecht auf subsidiären Schutz und für den Inhalt des zu gewährenden Schutzes[1] zu gewährleisten, sollte der Unionsrahmen für Verfahren zur Zuerkennung und Aberkennung internationalen Schutzes auf dem Konzept eines einheitlichen Asylverfahrens beruhen.

(12) Hauptziel dieser Richtlinie ist die Weiterentwicklung der Normen für Verfahren in den Mitgliedstaaten zur Zuerkennung und Aberkennung internationalen Schutzes im Hinblick auf die Einführung eines gemeinsamen Asylverfahrens in der Union.

(13) Die Angleichung der Rechtsvorschriften über die Verfahren zur Zuerkennung und Aberkennung internationalen Schutzes soll dazu beitragen, die Sekundärmigration von Antragstellern zwischen Mitgliedstaaten, soweit sie auf rechtliche Unterschiede zurückzuführen ist, einzudämmen, und gleiche Bedingungen für die Anwendung der Richtlinie 2011/95/EU in den Mitgliedstaaten zu schaffen.

(14) Die Mitgliedstaaten sollten die Befugnis haben, günstigere Regelungen für Drittstaatsangehörige oder Staatenlose, die um internationalen Schutz in einem Mitgliedstaat ersuchen, einzuführen oder beizubehalten, wenn davon ausgegangen werden kann, dass ein solcher Antrag von einer Person gestellt wird, die internationalen Schutz im Sinne der Richtlinie 2011/95/EU benötigt.

(15) In Bezug auf die Behandlung von Personen, die unter diese Richtlinie fallen, sind die Mitgliedstaaten an ihre Verpflichtungen aus den völkerrechtlichen Instrumenten gebunden, denen sie beigetreten sind.

(16) Es ist von entscheidender Bedeutung, dass sämtliche Entscheidungen über Anträge auf internationalen Schutz auf der Grundlage von Tatsachen ergehen und erstinstanzlich von Behörden getroffen

---

[1] ABl. L 337 vom 20. 12. 2011, S. 9, abgedruckt unter Nr. **286** dieser Textsammlung.

werden, deren Bedienstete über angemessene Kenntnisse in Fragen des internationalen Schutzes verfügen oder die hierzu erforderliche Schulung erhalten haben.

(17) Um sicherzustellen, dass die Prüfung von Anträgen auf internationalen Schutz und die Entscheidungen darüber objektiv und unparteiisch erfolgen, ist es notwendig, dass Fachkräfte, die im Rahmen der Verfahren nach dieser Richtlinie tätig sind, ihre Tätigkeit unter gebührender Achtung der geltenden berufsethischen Grundsätze ausüben.

(18) Es liegt im Interesse sowohl der Mitgliedstaaten als auch der Personen, die internationalen Schutz beantragen, dass über die Anträge auf internationalen Schutz so rasch wie möglich, unbeschadet der Durchführung einer angemessenen und vollständigen Prüfung der Anträge, entschieden wird.

(19) Damit die Gesamtdauer des Verfahrens in bestimmten Fällen verkürzt wird, sollten die Mitgliedstaaten entsprechend ihren nationalen Bedürfnissen die Flexibilität haben, der Prüfung eines Antrags Vorrang vor der Prüfung anderer, früher gestellter Anträge einzuräumen, ohne dabei von den üblicherweise geltenden Fristen, Grundsätzen und Garantien abzuweichen.

(20) Ist ein Antrag voraussichtlich unbegründet oder bestehen schwerwiegende Bedenken hinsichtlich der nationalen Sicherheit oder der öffentlichen Ordnung, sollte es den Mitgliedstaaten unter genau bestimmten Umständen möglich sein, das Prüfungsverfahren unbeschadet der Durchführung einer angemessenen und vollständigen Prüfung und der effektiven Inanspruchnahme der in dieser Richtlinie vorgesehenen wesentlichen Grundsätze und Garantien durch den Antragsteller zu beschleunigen, insbesondere indem kürzere, jedoch angemessene Fristen für bestimmte Verfahrensschritte eingeführt werden.

(21) Solange ein Antragsteller seinen Antrag rechtfertigen kann, sollte das Fehlen von Dokumenten bei der Einreise oder die Verwendung falscher oder gefälschter Dokumente nicht für sich schon automatisch die Inanspruchnahme eines Grenzverfahrens oder beschleunigten Verfahrens zur Folge haben.

(22) Es liegt ferner im Interesse der Mitgliedstaaten wie der Antragsteller, dass das Bedürfnis nach internationalem Schutz bereits in der ersten Instanz ordnungsgemäß festgestellt wird. Hierzu sollten die Antragsteller in der ersten Instanz unter Berücksichtigung der besonderen Umstände ihres Falls unentgeltlich über die Rechtslage und das Verfahren informiert werden. Diese Informationen sollten den Antragstellern unter anderem dazu verhelfen, das Verfahren besser zu verstehen, und sie somit dabei unterstützen, den ihnen obliegenden Pflichten nachzukommen. Es wäre unverhältnismäßig, von den Mitgliedstaaten zu verlangen, diese Informationen nur durch fachkundigen Rechtsanwälte bereitzustellen. Die Mitgliedstaaten sollten deshalb die Möglichkeit haben, die geeignetsten Mittel und Wege zu nutzen, um solche *Informationen bereitzustellen*, zum Beispiel über Nichtregierungsorganisationen oder Fachkräfte von Behörden oder spezialisierte staatliche Stellen.

(23) Antragsteller sollten in Rechtsbehelfsverfahren unter bestimmten Voraussetzungen unentgeltlich Rechtsberatung und -vertretung durch Personen erhalten, die nach nationalem Recht dazu befähigt sind. Darüber hinaus sollten Antragsteller in allen Phasen des Verfahrens auf eigene Kosten einen Rechtsanwalt oder sonstigen nach nationalem Recht zugelassenen oder zulässigen Rechtsberater konsultieren dürfen.

(24) Der Begriff „öffentliche Ordnung" kann unter anderem die Verurteilung wegen der Begehung einer schweren Straftat umfassen.

(25) Im Interesse einer ordnungsgemäßen Feststellung der Personen, die Schutz als Flüchtlinge im Sinne des Artikels 1 der Genfer Flüchtlingskonvention oder als Personen mit Anspruch auf subsidiären Schutz benötigen, sollte jeder Antragsteller effektiven Zugang zu den Verfahren und die Gelegenheit erhalten, mit den zuständigen Behörden zu kooperieren und effektiv mit ihnen zu kommunizieren, um ihnen den ihn betreffenden Sachverhalt darlegen zu können; ferner sollten ausreichende Verfahrensgarantien bestehen, damit er sein Verfahren über sämtliche Instanzen betreiben kann. Außerdem sollte das Verfahren zur Prüfung eines Antrags auf internationalen Schutz dem Antragsteller in der Regel zumindest das Recht auf Verbleib bis zur Entscheidung der Asylbehörde einräumen sowie das Recht auf Beiziehung eines Dolmetschers zur Darlegung des Falls bei Anhörung durch die Behörden, die Möglichkeit zur Kontaktaufnahme mit einem Vertreter des Hohen Flüchtlingskommissars der Vereinten Nationen (UNHCR) und mit Organisationen, die Antragstellern Rechtsberatung oder sonstige Beratungsleistungen anbieten, das Recht auf eine in geeigneter Weise mitgeteilte sowie sachlich und rechtlich begründete Entscheidung, die Möglichkeit zur Hinzuziehung eines Rechtsanwalts oder sonstigen Rechtsberaters, das Recht, in entscheidenden Verfahrensabschnitten in einer Sprache, die der Antragsteller versteht oder von der vernünftigerweise angenommen werden kann, dass er sie versteht, über seine Rechtsstellung informiert zu werden, sowie im Fall einer ablehnenden Entscheidung das Recht auf einen wirksamen Rechtsbehelf vor einem Gericht.

(26) Um sicherzustellen, dass das Prüfungsverfahren effektiv in Anspruch genommen werden kann, sollten Bedienstete, die als erste mit Personen in Kontakt kommen, die um internationalen Schutz nachsuchen, insbesondere Bedienstete, die Land- oder Seegrenzen überwachen oder Grenzkontrollen durchführen, einschlägige Informationen und die notwendigen Schulungen erhalten, wie sie Anträge auf internationalen Schutz erkennen können und wie mit solchen Anträgen umzugehen ist, wobei unter anderem den entsprechenden Leitlinien des EASO Rechnung zu tragen ist. Sie sollten in der Lage sein, Drittstaatsangehörigen oder Staatenlosen, die sich im Hoheitsgebiet einschließlich an der Grenze, in den Hoheitsgewässern oder in den Transitzonen der Mitgliedstaaten befinden und die internationalen Schutz beantragen, relevante Informationen zukommen zu lassen, wo und wie sie förmlich Anträge auf internationalen Schutz stellen können. Befin-

den sich diese Personen in den Hoheitsgewässern eines Mitgliedstaats, sollten sie an Land gebracht und ihre Anträge nach Maßgabe dieser Richtlinie geprüft werden.

(27) Da Drittstaatsangehörige und Staatenlose, die ihren Wunsch bekundet haben, internationalen Schutz zu beantragen, Antragsteller darstellen, sollten sie die Pflichten erfüllen und die Rechte genießen, die in dieser Richtlinie und in der Richtlinie 2013/33/EU des Europäischen Parlaments und des Rates vom 26. Juni 2013 zur Festlegung von Normen für die Aufnahme von Personen, die internationalen Schutz beantragen[1)], festgelegt sind. In diesem Zusammenhang sollten die Mitgliedstaaten diese Personen so rasch wie möglich als Antragsteller registrieren.

(28) Um die Inanspruchnahme des Prüfungsverfahrens an den Grenzübergangsstellen und in den Gewahrsamseinrichtungen zu erleichtern, sollten Informationen über die Möglichkeit, internationalen Schutz zu beantragen, bereitgestellt werden. Sprachmittlungsvorkehrungen sollten getroffen werden, um ein Mindestmaß an Kommunikation zu gewährleisten, damit die zuständigen Behörden verstehen können, ob Personen ihnen gegenüber erklären, dass sie internationalen Schutz beantragen wollen.

(29) Bestimmte Antragsteller benötigen unter Umständen besondere Verfahrensgarantien, unter anderem aufgrund ihres Alters, ihres Geschlechts, ihrer sexuellen Ausrichtung, ihrer Geschlechtsidentität, einer Behinderung, einer schweren Erkrankung, einer psychischen Störung oder infolge von Folter, Vergewaltigung oder sonstigen schweren Formen psychischer, physischer oder sexueller Gewalt. Die Mitgliedstaaten sollten bestrebt sein, Antragsteller, die besondere Verfahrensgarantien benötigen, als solche zu erkennen, bevor eine erstinstanzliche Entscheidung ergeht. Diese Antragsteller sollten eine angemessene Unterstützung erhalten, einschließlich ausreichend Zeit, um die notwendigen Voraussetzungen dafür zu schaffen, dass sie das Verfahren effektiv in Anspruch nehmen und die zur Begründung ihres Antrags auf internationalen Schutz erforderlichen Angaben machen können.

(30) Kann einem Antragsteller, der besondere Verfahrensgarantien benötigt, im Rahmen eines beschleunigten Verfahrens oder eines Grenzverfahrens nicht ausreichend Unterstützung gewährt werden, so sollte dieser Antragsteller von diesen Verfahren ausgenommen werden. Die Notwendigkeit besonderer Verfahrensgarantien, die der Anwendung des beschleunigten Verfahrens oder des Grenzverfahrens entgegenstehen könnten, sollte ferner bedeuten, dass der Antragsteller zusätzliche Garantien erhält, wenn sein Rechtsbehelf nicht automatisch aufschiebende Wirkung hat, damit der Rechtsbehelf unter den besonderen Umständen seines Falles effektiv ist.

(31) Einzelstaatliche Maßnahmen, die sich auf die Erkennung und Dokumentation von Symptomen und Anzeichen von Folter oder sonstigen schweren Formen physischer oder psychischer Gewalt einschließ-

[1)] Siehe Seite 96 dieses Amtsblatts.

lich sexueller Gewalt in Verfahren nach Maßgabe dieser Richtlinie beziehen, können sich unter anderem auf das Handbuch für die wirksame Untersuchung und Dokumentation von Folter und anderer grausamer, unmenschlicher oder erniedrigender Behandlung oder Strafe (Istanbul-Protokoll) stützen.

(32) Die Prüfungsverfahren sollten geschlechtsspezifischen Anforderungen Rechnung tragen, um eine tatsächliche Gleichbehandlung weiblicher und männlicher Antragsteller zu gewährleisten. Insbesondere sollten persönliche Anhörungen in einer Weise abgehalten werden, die es weiblichen und männlichen Antragstellern gleichermaßen ermöglicht, über ihre Erfahrungen in Fällen geschlechtsspezifischer Verfolgung zu sprechen. In Verfahren, in denen auf das Konzept des sicheren Drittstaats, das Konzept des sicheren Herkunftsstaats oder den Begriff des Folgeantrags abgestellt wird, sollte der Komplexität geschlechtsspezifisch begründeter Ansprüche angemessen Rechnung getragen werden.

(33) Bei der Anwendung dieser Richtlinie sollten die Mitgliedstaaten gemäß der Charta der Grundrechte der Europäischen Union (im Folgenden „Charta") und dem Übereinkommen der Vereinten Nationen von 1989 über die Rechte des Kindes das Wohl des Kindes vorrangig berücksichtigen. Bei der Beurteilung des Wohls des Kindes sollten die Mitgliedstaaten insbesondere das Wohlbefinden und die soziale Entwicklung einschließlich des Hintergrunds des Minderjährigen berücksichtigen.

(34) Die Verfahren zur Prüfung des Bedürfnisses nach internationalem Schutz sollten so gestaltet sein, dass die zuständigen Behörden in die Lage versetzt werden, Anträge auf internationalen Schutz gründlich zu prüfen.

(35) Wird ein Antragsteller im Rahmen der Bearbeitung eines Antrags durchsucht, so sollte diese Durchsuchung durch eine Person gleichen Geschlechts durchgeführt werden. Eine Durchsuchung aus Sicherheitsgründen auf der Grundlage nationalen Rechts sollte davon unberührt bleiben.

(36) Stellt der Antragsteller einen Folgeantrag, ohne neue Beweise oder Argumente vorzubringen, so wäre es unverhältnismäßig, die Mitgliedstaaten zur erneuten Durchführung des gesamten Prüfungsverfahrens zu verpflichten. In diesen Fällen sollten die Mitgliedstaaten einen Antrag gemäß dem Grundsatz der rechtskräftig entschiedenen Sache (res iudicata) als unzulässig abweisen können.

(37) In Bezug auf die Einbeziehung der Bediensteten einer anderen Behörde als der Asylbehörde in die Durchführung von fristgerechten Anhörungen zum Inhalt des Antrags sollte der Begriff „fristgerecht" anhand der in Artikel 31 festgelegten Fristen bewertet werden.

(38) Viele Anträge auf internationalen Schutz werden an der Grenze oder in Transitzonen eines Mitgliedstaats gestellt, bevor eine Entscheidung über die Einreise des Antragstellers vorliegt. Die Mitgliedstaaten sollten Verfahren zur Prüfung der Zulässigkeit und/oder Begründetheit

von Anträgen vorsehen können, die es ermöglichen, unter genau festgelegten Umständen an Ort und Stelle über solche Anträge zu entscheiden.

(39) Bei der Beurteilung, ob im Herkunftsstaat eines Antragstellers eine Situation der Unsicherheit herrscht, sollten die Mitgliedstaaten gewährleisten, dass sie genaue und aktuelle Angaben von einschlägigen Quellen wie dem EASO, dem UNHCR, dem Europarat und anderen einschlägigen internationalen Organisationen einholen. Die Mitgliedstaaten sollten sicherstellen, dass eine Verzögerung beim Abschluss des Verfahrens umfassend mit ihren Verpflichtungen nach der Richtlinie 2011/95/EU und Artikel 41 der Charta im Einklang steht, unbeschadet der Effizienz und Fairness der Verfahren nach der vorliegenden Richtlinie.

(40) Ein entscheidendes Kriterium für die Begründetheit eines Antrags auf internationalen Schutz ist die Sicherheit des Antragstellers in seinem Herkunftsstaat. Kann ein Drittstaat als sicherer Herkunftsstaat betrachtet werden, so sollten die Mitgliedstaaten diesen als sicher bestimmen und von der Vermutung ausgehen können, dass dieser Staat für einen bestimmten Antragsteller sicher ist, sofern Letzterer keine Gegenargumente vorbringt.

(41) In Anbetracht des Harmonisierungsniveaus, das bei der Feststellung der Eigenschaft von Drittstaatsangehörigen oder Staatenlosen als Personen mit Anspruch auf internationalen Schutz erreicht worden ist, sollten gemeinsame Kriterien für die Bestimmung von Drittstaaten als sichere Herkunftsstaaten festgelegt werden.

(42) Die Bestimmung eines Drittstaates als sicherer Herkunftsstaat im Sinne dieser Richtlinie kann keine absolute Garantie für die Sicherheit von Staatsangehörigen dieses Landes bieten. Bei der dieser Bestimmung zugrunde liegenden Prüfung können naturgemäß nur die allgemeinen staatsbürgerlichen, rechtlichen und politischen Gegebenheiten in dem betreffenden Land sowie der Umstand berücksichtigt werden, ob Personen, die in diesem Land der Verfolgung, Folter oder unmenschlichen oder erniedrigenden Behandlung oder Bestrafung für schuldig befunden werden, auch tatsächlich bestraft werden. Daher ist es wichtig, dass ein als sicher eingestuftes Land für einen Antragsteller nicht länger als solches gelten kann, wenn dieser aufzeigt, dass es stichhaltige Gründe für die Annahme gibt, dass das betreffende Land für ihn in seiner besonderen Situation nicht sicher ist.

(43) Die Mitgliedstaaten sollten alle Anträge in der Sache prüfen, d. h. beurteilen, ob der betreffende Antragsteller gemäß der Richtlinie 2011/95/EU als Person mit Anspruch auf internationalen Schutz anerkannt werden kann, sofern die vorliegende Richtlinie nichts anderes vorsieht, insbesondere dann, wenn vernünftigerweise davon ausgegangen werden kann, dass ein anderer Staat den Antrag prüfen oder für einen ausreichenden Schutz sorgen würde. Die Mitgliedstaaten sollten insbesondere nicht verpflichtet sein, einen Antrag auf internationalen Schutz in der Sache zu prüfen, wenn der erste Asylstaat dem Antragsteller die Flüchtlingseigenschaft zuerkannt hat oder ihm anderwei-

tig ausreichenden Schutz gewährt und die Rückübernahme des Antragstellers in diesen Staat gewährleistet ist.

(44) Die Mitgliedstaaten sollten nicht verpflichtet sein, einen Antrag auf internationalen Schutz in der Sache zu prüfen, wenn vom Antragsteller aufgrund einer ausreichenden Verbindung zu einem Drittstaat im Sinne einzelstaatlicher Rechtsvorschriften erwartet werden kann, dass er in diesem Drittstaat Schutz suchen wird, und wenn Grund zu der Annahme besteht, dass die Übernahme oder Rückübernahme des Antragstellers in diesen Staat gewährleistet ist. Die Mitgliedstaaten sollten nur dann nach diesem Grundsatz verfahren, wenn dieser Antragsteller in dem betreffenden Drittstaat tatsächlich sicher wäre. Zur Vermeidung der Sekundärmigration der Antragsteller sollten gemeinsame Grundsätze festgelegt werden, nach denen Mitgliedstaaten Drittstaaten als sicher betrachten oder als sicher bestimmen.

(45) Darüber hinaus sollte den Mitgliedstaaten im Hinblick auf bestimmte europäische Drittstaaten mit besonders hohen Standards im Bereich der Menschenrechte und des Flüchtlingsschutzes gestattet werden, Anträge auf internationalen Schutz der aus diesen europäischen Drittstaaten in ihr Hoheitsgebiet eingereisten Antragsteller nicht oder nicht vollständig zu prüfen.

(46) Wenn die Mitgliedstaaten einzelfallbezogen Konzepte des sicheren Herkunftsstaats anwenden oder Staaten durch die Annahme entsprechender Listen als sicher einstufen, sollten sie unter anderem die Leitlinien und Handbücher sowie die Informationen über Herkunftsländer und die Maßnahmen, einschließlich der Methode für Berichte mit Informationen über Herkunftsländer des EASO, gemäß der Verordnung (EU) Nr. 439/2010 des Europäischen Parlaments und des Rates vom 19. Mai 2010 zur Einrichtung eines Europäischen Unterstützungsbüros für Asylfragen[1], sowie einschlägige UNHCR-Leitlinien berücksichtigen

(47) Um den regelmäßigen Austausch von Informationen darüber, wie die Konzepte „sicherer Herkunftsstaat", „sicherer Drittstaat" und „sicherer europäischer Drittstaat" in den Mitgliedstaaten angewandt werden, und eine regelmäßige Überprüfung durch die Kommission der Nutzung dieser Konzepte durch die Mitgliedstaaten zu erleichtern und um eine mögliche weitere Harmonisierung in der Zukunft vorzubereiten, sollten die Mitgliedstaaten der Kommission mitteilen oder ihr regelmäßig berichten, auf welche Drittstaaten diese Konzepte angewandt werden. Die Kommission sollte das Europäische Parlament regelmäßig über die Ergebnisse ihrer Überprüfung unterrichten.

(48) Damit die richtige Anwendung der Konzepte des sicheren Staats ausgehend von aktuellen Informationen sichergestellt wird, sollten die Mitgliedstaaten regelmäßig die Lage in diesen Staaten auf der Grundlage einer Reihe von Informationsquellen überprüfen, einschließlich vor allem der Informationen anderer Mitgliedstaaten, des EA-SO, des UNHCR, des Europarats und anderer einschlägiger internationaler

[1] ABl. L 132 vom 29. 5. 2010, S. 11.

Organisationen. Erhalten die Mitgliedstaaten Kenntnis von einer wesentlichen Änderung der Menschenrechtslage in einem von ihnen als sicher eingestuften Staat, so sollten sie sicherstellen, dass die Lage so schnell wie möglich überprüft wird, und sollten erforderlichenfalls die Einstufung des Staats als sicherer Staat überprüfen.

(49) Bezüglich der Aberkennung der Flüchtlingseigenschaft oder des subsidiären Schutzstatus sollten die Mitgliedstaaten gewährleisten, dass Personen mit internationalem Schutzstatus ordnungsgemäß über eine eventuelle Überprüfung ihres Status informiert werden und die Möglichkeit haben, den Behörden ihren Standpunkt darzulegen, bevor diese eine begründete Entscheidung über die Aberkennung ihres Status treffen können.

(50) Einem Grundprinzip des Unionsrechts zufolge muss gegen die Entscheidung über einen Antrag auf internationalen Schutz, gegen die Ablehnung der Wiederaufnahme der Prüfung eines Antrags nach ihrer Einstellung und gegen die Aberkennung der Flüchtlingseigenschaft oder des subsidiären Schutzstatus ein wirksamer Rechtsbehelf vor einem Gericht gegeben sein.

(51) Nach Artikel 72 des Vertrags über die Arbeitsweise der Europäischen Union (AEUV) berührt diese Richtlinie nicht die Wahrnehmung der Zuständigkeiten der Mitgliedstaaten für die Aufrechterhaltung der öffentlichen Ordnung und den Schutz der inneren Sicherheit.

(52) Die Verarbeitung personenbezogener Daten in den Mitgliedstaaten gemäß dieser Richtlinie erfolgt nach Maßgabe der Richtlinie 95/46/EG des Europäischen Parlaments und des Rates vom 24. Oktober 1995 zum Schutz natürlicher Personen bei der Verarbeitung personenbezogener Daten und zum freien Datenverkehr[1].

(53) Diese Richtlinie betrifft nicht die Verfahren zwischen Mitgliedstaaten im Rahmen der Verordnung (EU) Nr. 604/2013 des Europäischen Parlaments und des Rates vom 26. Juni 2013 zur Festlegung der Kriterien und Verfahren zur Bestimmung des Mitgliedstaats, der für die Prüfung eines von einem Drittstaatsangehörigen oder Staatenlosen in einem Mitgliedstaat förmlich gestellten Antrags auf internationalen Schutz zuständig ist[2].

(54) Diese Richtlinie sollte für Antragsteller, für die die Verordnung (EU) Nr. 604/2013 gilt, zusätzlich zu den Bestimmungen jener Verordnung und unbeschadet ihrer Bestimmungen gelten.

(55) Die Anwendung dieser Richtlinie sollte in regelmäßigen Abständen bewertet werden.

(56) Da das Ziel dieser Richtlinie, nämlich die Einführung gemeinsamer Verfahren für die Zuerkennung und Aberkennung internationalen Schutzes, auf Ebene der Mitgliedstaaten nicht ausreichend erreicht werden kann, sondern wegen des Umfangs und der Wirkungen dieser Richtlinie besser auf Unionsebene zu erreichen ist, kann die Union im

---

[1] ABl. L 281 vom 23. 11. 1995, S. 31.
[2] Siehe Seite 31 dieses Amtsblatts.

Einklang mit dem in Artikel 5 des Vertrags über die Europäische Union (EUV) niedergelegten Subsidiaritätsprinzip tätig werden. Entsprechend dem in demselben Artikel genannten Grundsatz der Verhältnismäßigkeit geht diese Richtlinie nicht über das für die Erreichung dieses Ziels erforderliche Maß hinaus.

(57) Gemäß der Gemeinsamen Politischen Erklärung der Mitgliedstaaten und der Kommission vom 28. September 2011 zu erläuternden Dokumenten[1] haben sich die Mitgliedstaaten verpflichtet, in begründeten Fällen zusätzlich zur Mitteilung ihrer Umsetzungsmaßnahmen ein oder mehrere Dokumente zu übermitteln, in denen der Zusammenhang zwischen den Bestandteilen einer Richtlinie und den entsprechenden Teilen innerstaatlicher Umsetzungsinstrumente erläutert wird. In Bezug auf diese Richtlinie hält der Gesetzgeber die Übermittlung derartiger Dokumente für gerechtfertigt.

(58) Nach den Artikeln 1, 2 und 4a Absatz 1 des dem EUV und dem AEUV beigefügten Protokolls Nr. 21 über die Position des Vereinigten Königreichs und Irlands hinsichtlich des Raums der Freiheit, der Sicherheit und des Rechts und unbeschadet des Artikels 4 dieses Protokolls beteiligen sich diese Mitgliedstaaten nicht an der Annahme dieser Richtlinie und sind weder durch diese Richtlinie gebunden noch zu ihrer Anwendung verpflichtet.

(59) Gemäß den Artikeln 1 und 2 des dem EUV und dem AEUV beigefügten Protokolls Nr. 22 über die Position Dänemarks beteiligt sich Dänemark nicht an der Annahme dieser Richtlinie und ist weder durch diese Richtlinie gebunden noch zu ihrer Anwendung verpflichtet.

(60) Diese Richtlinie steht in Einklang mit den Grundrechten und Grundsätzen, die mit der Charta anerkannt wurden. Diese Richtlinie zielt insbesondere darauf ab, die uneingeschränkte Wahrung der Menschenwürde zu gewährleisten und die Anwendung der Artikel 1, 4, 18, 19, 21, 23, 24 und 47 der Charta zu fördern; sie muss entsprechend umgesetzt werden.

(61) Die Verpflichtung zur Umsetzung dieser Richtlinie in nationales Recht sollte nur jene Bestimmungen betreffen, die im Vergleich zu der Richtlinie 2005/85/EG inhaltlich geändert wurden. Die Verpflichtung zur Umsetzung der inhaltlich unveränderten Bestimmungen ergibt sich aus jener Richtlinie.

(62) Die vorliegende Richtlinie sollte die Verpflichtungen der Mitgliedstaaten hinsichtlich der in Anhang II Teil B genannten Frist für die Umsetzung der Richtlinie 2005/85/EG in nationales Recht unberührt lassen –

HABEN FOLGENDE RICHTLINIE ERLASSEN:

---

[1] ABl. C 369 vom 17. 12. 2011, S. 14.

Kapitel I. Allgemeine Bestimmungen

Art. 1 Zweck. Mit dieser Richtlinie werden gemeinsame Verfahren für die Zuerkennung und Aberkennung des internationalen Schutzes gemäß der Richtlinie 2011/95/EU eingeführt.

Art. 2 Begriffsbestimmungen. Im Sinne dieser Richtlinie bezeichnet der Ausdruck

a) „Genfer Flüchtlingskonvention" das Abkommen vom 28. Juli 1951 über die Rechtsstellung der Flüchtlinge in der durch das New Yorker Protokoll vom 31. Januar 1967 geänderten Fassung;

b) „Antrag auf internationalen Schutz" oder „Antrag" das Ersuchen eines Drittstaatsangehörigen oder Staatenlosen um Schutz durch einen Mitgliedstaat, bei dem davon ausgegangen werden kann, dass er die Zuerkennung der Flüchtlingseigenschaft oder die Gewährung des subsidiären Schutzstatus anstrebt, und der nicht ausdrücklich um eine andere, gesondert zu beantragende Form des Schutzes außerhalb des Anwendungsbereichs der Richtlinie 2011/95/EU ersucht;

c) „Antragsteller" einen Drittstaatsangehörigen oder Staatenlosen, der einen Antrag auf internationalen Schutz gestellt hat, über den noch keine bestandskräftige Entscheidung ergangen ist;

d) „Antragsteller, der besondere Verfahrensgarantien benötigt," einen Antragsteller, dessen Fähigkeit, die Rechte aus dieser Richtlinie in Anspruch nehmen und den sich aus dieser Richtlinie ergebenden Pflichten nachkommen zu können, aufgrund individueller Umstände eingeschränkt ist;

e) „bestandskräftige Entscheidung" eine Entscheidung darüber, ob einem Drittstaatsangehörigen oder Staatenlosen gemäß der Richtlinie 2011/95/EU die Flüchtlingseigenschaft oder der subsidiäre Schutzstatus zuzuerkennen ist, und gegen die kein Rechtsbehelf nach Kapitel V der vorliegenden Richtlinie mehr eingelegt werden kann, unabhängig davon, ob ein solcher Rechtsbehelf zur Folge hat, dass Antragsteller sich bis zur Entscheidung über den Rechtsbehelf in dem betreffenden Mitgliedstaat aufhalten dürfen;

f) „Asylbehörde" jede gerichtsähnliche Behörde beziehungsweise jede Verwaltungsstelle eines Mitgliedstaats, die für die Prüfung von Anträgen auf internationalen Schutz zuständig und befugt ist, erstinstanzliche Entscheidungen über diese Anträge zu erlassen;

g) „Flüchtling" einen Drittstaatsangehörigen oder Staatenlosen, der die Voraussetzungen des Artikels 2 Buchstabe d der Richtlinie 2011/95/EU erfüllt;

h) „Person mit Anspruch auf subsidiären Schutz" einen Drittstaatsangehörigen oder Staatenlosen, der die Voraussetzungen des Artikels 2 Buchstabe f der Richtlinie 2011/95/EU erfüllt;

i) „internationaler Schutz“ die Flüchtlingseigenschaft und den subsidiären Schutzstatus im Sinne der Buchstaben j und k;

j) „Flüchtlingseigenschaft“ die Anerkennung eines Drittstaatsangehörigen oder Staatenlosen als Flüchtling durch einen Mitgliedstaat;

k) „subsidiärer Schutzstatus“ die Anerkennung, durch einen Mitgliedstaat, eines Drittstaatsangehörigen oder Staatenlosen als Person mit Anspruch auf subsidiären Schutz;

l) „Minderjähriger“ einen Drittstaatsangehörigen oder Staatenlosen unter 18 Jahren;

m) „unbegleiteter Minderjähriger“ einen unbegleiteten Minderjährigen im Sinne von Artikel 2 Buchstabe l der Richtlinie 2011/95/EU;

n) „Vertreter“ eine Person oder Organisation, die von den zuständigen Stellen zur Unterstützung und Vertretung eines unbegleiteten Minderjährigen in Verfahren nach Maßgabe dieser Richtlinie bestellt wurde, um die Interessen des Minderjährigen zu wahren und für ihn, soweit erforderlich, Rechtshandlungen vorzunehmen. Wird eine Organisation zum Vertreter bestellt, so bezeichnet diese eine Person, die bezüglich des unbegleiteten Minderjährigen die Pflichten der Vertretung im Einklang mit dieser Richtlinie wahrnimmt;

o) „Aberkennung des internationalen Schutzes“ die Entscheidung einer zuständigen Behörde, einer Person die Flüchtlingseigenschaft oder den subsidiären Schutzstatus gemäß der Richtlinie 2011/95/EU abzuerkennen, diese zu beenden oder nicht mehr zu verlängern;

p) „Verbleib im Mitgliedstaat“ den Verbleib im Hoheitsgebiet – einschließlich an der Grenze oder in den Transitzonen – des Mitgliedstaats, in dem der Antrag auf internationalen Schutz gestellt wurde oder geprüft wird;

q) „Folgeantrag“ einen weiteren Antrag auf internationalen Schutz, der nach Erlass einer bestandskräftigen Entscheidung über einen früheren Antrag gestellt wird, auch in Fällen, in denen der Antragsteller seinen Antrag ausdrücklich zurückgenommen hat oder die Asylbehörde den Antrag nach der stillschweigenden Rücknahme durch den Antragsteller gemäß Artikel 28 Absatz 1 abgelehnt hat.

Art. 3 Anwendungsbereich. (1) Diese Richtlinie gilt für alle Anträge auf internationalen Schutz, die im Hoheitsgebiet – einschließlich an der Grenze, in den Hoheitsgewässern oder in den Transitzonen – der Mitgliedstaaten gestellt werden, sowie für die Aberkennung des internationalen Schutzes.

(2) Diese Richtlinie gilt nicht für Ersuchen um diplomatisches oder territoriales Asyl in Vertretungen der Mitgliedstaaten.

(3) Die Mitgliedstaaten können beschließen, diese Richtlinie in Verfahren anzuwenden, in denen außerhalb des Anwendungsbereichs der

Richtlinie 2011/95/EU über Anträge auf Schutz jedweder Form entschieden wird.

Art. 4 Zuständige Behörden. (1) Die Mitgliedstaaten benennen für alle Verfahren eine Asylbehörde, die für eine angemessene Prüfung der Anträge gemäß dieser Richtlinie zuständig ist. Die Mitgliedstaaten stellen sicher, dass diese Behörde zur Erfüllung ihrer Aufgaben nach Maßgabe dieser Richtlinie angemessen ausgestattet ist und über kompetentes Personal in ausreichender Zahl verfügt.

(2) Die Mitgliedstaaten können vorsehen, dass eine andere Behörde als die in Absatz 1 genannte für folgende Tätigkeiten zuständig ist:

a) die Bearbeitung von Anträgen nach der Verordnung (EU) Nr. 604/2013 und

b) die Gewährung oder die Verweigerung der Einreise im Rahmen des Verfahrens nach Artikel 43 unter den dort genannten Voraussetzungen und auf der Grundlage der mit Gründen versehenen Stellungnahme der Asylbehörde.

(3) Die Mitgliedstaaten stellen sicher, dass das Personal der in Absatz 1 genannten Asylbehörde hinreichend geschult ist. Hierzu stellen die Mitgliedstaaten einschlägige Lehrgänge mit den in Artikel 6 Absatz 4 Buchstaben a bis e der Verordnung (EU) Nr. 439/2010 genannten Bausteinen bereit. Die Mitgliedstaaten berücksichtigen dabei auch das einschlägige Schulungsangebot, das vom Europäischen Unterstützungsbüro für Asylfragen (EASO) aufgestellt und entwickelt wurde. Personen, von denen die Antragsteller nach Maßgabe dieser Richtlinie befragt werden, müssen außerdem allgemeine Kenntnisse über die Probleme erworben haben, die die Fähigkeit des Antragstellers, angehört zu werden, beeinträchtigen könnten, beispielsweise Anzeichen dafür, dass der Antragsteller in der Vergangenheit möglicherweise gefoltert worden ist.

(4) Wird eine Behörde gemäß Absatz 2 benannt, so stellen die Mitgliedstaaten sicher, dass die Bediensteten dieser Behörde über angemessene Kenntnisse verfügen oder eine geeignete Schulung erhalten, um ihren Verpflichtungen bei der Anwendung dieser Richtlinie nachkommen zu können.

(5) Anträge auf internationalen Schutz, die in einem Mitgliedstaat bei den Behörden eines anderen Mitgliedstaats gestellt werden, die in ersterem Mitgliedstaat Grenz- oder Einreisekontrollen durchführen, werden von dem Mitgliedstaat bearbeitet, in dessen Hoheitsgebiet sie gestellt werden.

Art. 5 Günstigere Bestimmungen. Die Mitgliedstaaten können bei den Verfahren zur Zuerkennung und Aberkennung des internationalen Schutzes günstigere Bestimmungen einführen oder beibehalten, soweit diese Bestimmungen mit dieser Richtlinie vereinbar sind.

Kapitel II. Grundsätze und Garantien

Art. 6 Zugang zum Verfahren. (1) Stellt eine Person einen Antrag auf internationalen Schutz bei einer Behörde, die nach nationalem Recht für die Registrierung solcher Anträge zuständig ist, so erfolgt die Registrierung spätestens drei Arbeitstage nach Antragstellung.

Wird der Antrag auf internationalen Schutz bei anderen Behörden gestellt, bei denen derartige Anträge wahrscheinlich gestellt werden, die aber nach nationalem Recht nicht für die Registrierung zuständig sind, so gewährleisten die Mitgliedstaaten, dass die Registrierung spätestens sechs Arbeitstage nach Antragstellung erfolgt.

Die Mitgliedstaaten stellen sicher, dass diese anderen Behörden, bei denen wahrscheinlich Anträge auf internationalen Schutz gestellt werden, wie Polizei, Grenzschutz, Einwanderungsbehörden und Personal von Gewahrsamseinrichtungen, über die einschlägigen Informationen verfügen und ihr Personal das erforderliche, seinen Aufgaben und Zuständigkeiten entsprechende Schulungsniveau und Anweisungen erhält, um die Antragsteller darüber zu informieren, wo und wie Anträge auf internationalen Schutz gestellt werden können.

(2) Die Mitgliedstaaten stellen sicher, dass eine Person, die einen Antrag auf internationalen Schutz gestellt hat, tatsächlich die Möglichkeit hat, diesen so bald wie möglich förmlich zu stellen. Stellt der Antragsteller keinen förmlichen Antrag, so können die Mitgliedstaaten Artikel 28 entsprechend anwenden.

(3) Unbeschadet des Absatzes 2 können die Mitgliedstaaten verlangen, dass Anträge auf internationalen Schutz persönlich und/oder an einem bestimmten Ort gestellt werden.

(4) Ungeachtet des Absatzes 3 gilt ein Antrag auf internationalen Schutz als förmlich gestellt, sobald den zuständigen Behörden des betreffenden Mitgliedstaats ein vom Antragsteller vorgelegtes Formblatt oder ein behördliches Protokoll, sofern nach nationalem Recht vorgesehen, zugegangen ist.

(5) Beantragt eine große Zahl von Drittstaatsangehörigen oder Staatenlosen gleichzeitig internationalen Schutz, so dass es in der Praxis sehr schwierig ist, die Frist nach Absatz 1 einzuhalten, so können die Mitgliedstaaten vorsehen, dass diese Frist auf 10 Arbeitstage verlängert wird.

Art. 7 Anträge im Namen von abhängigen Personen oder Minderjährigen. (1) Die Mitgliedstaaten stellen sicher, dass jeder geschäftsfähige Erwachsene das Recht hat, im eigenen Namen einen Antrag auf internationalen Schutz zu stellen.

(2) Die Mitgliedstaaten können festlegen, dass ein Antragsteller auch für die Personen, die von ihm abhängig sind, einen Antrag stellen kann. In solchen Fällen stellen die Mitgliedstaaten sicher, dass abhängige Volljährige der förmlichen Antragstellung in ihrem Namen zustim-

men; wird diese Zustimmung nicht erteilt, so gewährleisten die Mitgliedstaaten ihnen die Möglichkeit einer Antragstellung im eigenen Namen.

Diese Zustimmung wird bei der förmlichen Antragstellung oder spätestens bei der persönlichen Anhörung des abhängigen Volljährigen verlangt. Bevor die Zustimmung verlangt wird, wird jeder abhängige Volljährige unter vier Augen über die verfahrensrechtlichen Folgen der förmlichen Antragstellung in seinem Namen belehrt sowie über sein Recht, einen gesonderten Antrag auf internationalen Schutz zu stellen.

(3) Die Mitgliedstaaten stellen sicher, dass ein Minderjähriger das Recht hat, entweder im eigenen Namen – wenn er nach dem Recht des betreffenden Mitgliedstaats verfahrensfähig ist – oder über seine Eltern, über einen anderen volljährigen Familienangehörigen, über einen gesetzlich oder nach den Gepflogenheiten des betreffenden Mitgliedstaats für ihn verantwortlichen Erwachsenen oder über einen Vertreter einen Antrag auf internationalen Schutz zu stellen.

(4) Die Mitgliedstaaten stellen sicher, dass geeignete Stellen im Sinne von Artikel 10 der Richtlinie 2008/115/EG des Europäischen Parlaments und des Rates vom 16. Dezember 2008 über gemeinsame Normen und Verfahren in den Mitgliedstaaten zur Rückführung illegal aufhältiger Drittstaatsangehöriger[1] das Recht haben, im Namen eines unbegleiteten Minderjährigen förmlich einen Antrag auf internationalen Schutz zu stellen, wenn diese Stellen auf der Grundlage einer Würdigung der persönlichen Umstände des Minderjährigen der Auffassung sind, dass der Minderjährige möglicherweise Schutz im Sinne der Richtlinie 2011/95/EU benötigt.

(5) Die Mitgliedstaaten können im nationalen Recht die Fälle festlegen,

a) in denen ein Minderjähriger einen Antrag im eigenen Namen stellen kann;

b) in denen der Antrag eines unbegleiteten Minderjährigen von einem Vertreter gemäß Artikel 25 Absatz 1 Buchstabe a förmlich zu stellen ist;

c) in denen die förmliche Stellung eines Antrags auf internationalen Schutz auch als die förmliche Stellung eines Antrags auf internationalen Schutz für alle unverheirateten Minderjährigen zu werten ist.

Art. 8 Informations- und Beratungsleistungen in Gewahrsamseinrichtungen und an Grenzübergangsstellen. (1) Gibt es Anzeichen dafür, dass Drittstaatsangehörige oder Staatenlose, die sich in Gewahrsamseinrichtungen oder an Grenzübergangsstellen an den Außengrenzen, einschließlich Transitzonen, befinden, möglicherweise einen Antrag auf internationalen Schutz stellen möchten, so stellen ihnen die Mitgliedstaaten Informationen über die Möglichkeit hierzu zur

[1] ABl. L 348 vom 24. 12. 2008, S. 98.

Verfügung. Die Mitgliedstaaten treffen an diesen Gewahrsamseinrichtungen und Grenzübergangsstellen Sprachmittlungsvorkehrungen, soweit dies notwendig ist, um die Inanspruchnahme des Asylverfahrens zu erleichtern.

(2) Die Mitgliedstaaten stellen sicher, dass Organisationen und Personen, die Beratungsleistungen für Antragsteller erbringen, effektiven Zugang zu Antragstellern an Grenzübergangsstellen an den Außengrenzen, einschließlich Transitzonen, erhalten. Die Mitgliedstaaten können Vorschriften erlassen, die die Anwesenheit dieser Organisationen und Personen an diesen Grenzübergangsstellen regeln, und insbesondere den Zugang von einer Vereinbarung mit den zuständigen Behörden der Mitgliedstaaten abhängig machen. Beschränkungen eines solchen Zugangs dürfen nur verhängt werden, wenn sie nach Maßgabe des nationalen Rechts für die Sicherheit, die öffentliche Ordnung oder die Verwaltung der betreffenden Grenzübergangsstellen objektiv erforderlich sind, sofern der Zugang dadurch nicht erheblich behindert oder unmöglich gemacht wird.

Art. 9 Berechtigung zum Verbleib im Mitgliedstaat während der Prüfung des Antrags. (1) Antragsteller dürfen ausschließlich zum Zwecke des Verfahrens so lange im Mitgliedstaat verbleiben, bis die Asylbehörde auf der Grundlage der in Kapitel III genannten erstinstanzlichen Verfahren über den Antrag entschieden hat. Aus dieser Berechtigung zum Verbleib ergibt sich kein Anspruch auf einen Aufenthaltstitel.

(2) Die Mitgliedstaaten dürfen nur eine Ausnahme machen, wenn eine Person einen Folgeantrag im Sinne von Artikel 41 stellt oder wenn sie eine Person aufgrund von Verpflichtungen aus einem Europäischen Haftbefehl[1)] oder aus anderen Gründen entweder an einen anderen Mitgliedstaat oder aber an einen Drittstaat oder an internationale Strafgerichte überstellen beziehungsweise ausliefern.

(3) Ein Mitgliedstaat darf einen Antragsteller nur dann gemäß Absatz 2 an einen Drittstaat ausliefern, wenn sich die zuständigen Behörden davon überzeugt haben, dass eine Auslieferungsentscheidung keine unmittelbare oder mittelbare Zurückweisung zur Folge hat, die einen Verstoß gegen die völkerrechtlichen und unionsrechtlichen Pflichten dieses Mitgliedstaats darstellt.

Art. 10 Anforderungen an die Prüfung von Anträgen. (1) Die Mitgliedstaaten stellen sicher, dass Anträge auf internationalen Schutz *nicht allein deshalb* abgelehnt oder von der Prüfung ausgeschlossen werden, weil die Antragstellung nicht so rasch wie möglich erfolgt ist.

(2) Bei der Prüfung eines Antrags auf internationalen Schutz stellt die Asylbehörde zuerst fest, ob der Antragsteller die Voraussetzungen

[1)] Rahmenbeschluss 2002/584/JI des Rates vom 13. Juni 2002 über den Europäischen Haftbefehl und die Übergabeverfahren zwischen den Mitgliedstaaten (ABl. L 190 vom 18. 7. 2002, S. 1).

für die Anerkennung als Flüchtling erfüllt; ist dies nicht der Fall, wird festgestellt, ob der Antragsteller Anspruch auf subsidiären Schutz hat.

(3) Die Mitgliedstaaten stellen sicher, dass die Asylbehörde ihre Entscheidung über einen Antrag auf internationalen Schutz nach angemessener Prüfung trifft. Zu diesem Zweck stellen die Mitgliedstaaten sicher, dass

a) die Anträge einzeln, objektiv und unparteiisch geprüft und entschieden werden;
b) genaue und aktuelle Informationen aus verschiedenen Quellen, wie etwa EASO und UNHCR sowie einschlägigen internationalen Menschenrechtsorganisationen, eingeholt werden, die Aufschluss geben über die allgemeine Lage in den Herkunftsstaaten der Antragsteller und gegebenenfalls in den Staaten, durch die sie gereist sind, und diese Informationen den für die Prüfung und Entscheidung der Anträge zuständigen Bediensteten zur Verfügung stehen;
c) die für die Prüfung und Entscheidung der Anträge zuständigen Bediensteten die anzuwendenden Standards im Bereich Asyl- und Flüchtlingsrecht kennen;
d) die für die Prüfung und Entscheidung der Anträge zuständigen Bediensteten die Möglichkeit erhalten, in bestimmten, unter anderem medizinischen, kulturellen, religiösen, kinder- oder geschlechtsspezifischen Fragen, den Rat von Sachverständigen einzuholen, wann immer dies erforderlich ist,

(4) Die in Kapitel V genannten staatlichen Stellen haben über die Asylbehörde oder den Antragsteller oder in sonstiger Weise Zugang zu den in Absatz 3 Buchstabe b genannten allgemeinen Informationen, die sie zur Erfüllung ihrer Aufgabe benötigen.

(5) Die Mitgliedstaaten legen Vorschriften für die Übersetzung der für die Prüfung der Anträge sachdienlichen Unterlagen fest.

Art. 11 Anforderungen an die Entscheidung der Asylbehörde. (1) Die Mitgliedstaaten stellen sicher, dass die Entscheidungen über Anträge auf internationalen Schutz schriftlich ergehen.

(2) Die Mitgliedstaaten stellen ferner sicher, dass bei der Ablehnung eines Antrags auf Anerkennung der Flüchtlingseigenschaft und/oder des subsidiären Schutzstatus die sachlichen und rechtlichen Gründe für die Ablehnung in der Entscheidung dargelegt werden und eine schriftliche Belehrung beigefügt wird, wie eine ablehnende Entscheidung angefochten werden kann.

Die Mitgliedstaaten brauchen der ablehnenden Entscheidung keine schriftliche Belehrung darüber beizufügen, wie eine solche Entscheidung angefochten werden kann, wenn diese Information dem Antragsteller zuvor entweder schriftlich oder auf ihm zugänglichem elektronischem Wege mitgeteilt worden ist.

(3) Für die Zwecke des Artikels 7 Absatz 2 können die Mitgliedstaaten immer dann, wenn dieselben Gründe für den Antrag genannt wer-

den, eine einzige Entscheidung treffen, die alle vom Antragsteller abhängigen Personen erfasst, es sei denn, dies hätte die Offenlegung bestimmter Umstände eines Antragstellers zur Folge, durch die dessen Interessen gefährdet werden könnten, insbesondere in Fällen, in denen es um Verfolgung wegen der Geschlechtszugehörigkeit, der sexuellen Ausrichtung, der Geschlechtsidentität und/oder des Alters geht. In derartigen Fällen ergeht für die betroffene Person eine gesonderte Entscheidung.

Art. 12 Garantien für Antragsteller. (1) Bezüglich der Verfahren des Kapitels III stellen die Mitgliedstaaten sicher, dass alle Antragsteller über folgende Garantien verfügen:

a) Sie werden in einer Sprache, die sie verstehen oder von der vernünftigerweise angenommen werden darf, dass sie sie verstehen, über den Verlauf des Verfahrens und über ihre Rechte und Pflichten während des Verfahrens sowie darüber informiert, welche Folgen es haben kann, wenn sie ihren Pflichten nicht nachkommen und nicht mit den Behörden zusammenarbeiten. Sie werden über die Frist und die Möglichkeiten unterrichtet, die ihnen zur Einhaltung der Verpflichtung, die Angaben nach Artikel 4 der Richtlinie 2011/95/EU vorzulegen, zur Verfügung stehen sowie über die Folgen einer ausdrücklichen oder stillschweigenden Rücknahme des Antrags. Diese Informationen werden so rechtzeitig gegeben, dass die Antragsteller die in der vorliegenden Richtlinie garantierten Rechte in Anspruch nehmen und ihren in Artikel 13 genannten Verpflichtungen nachkommen können.

b) Erforderlichenfalls wird ein Dolmetscher beigezogen, damit sie den zuständigen Behörden ihren Fall darlegen können. Die Mitgliedstaaten haben zumindest dann von der Erforderlichkeit einer solchen Beiziehung auszugehen, wenn der Antragsteller nach den Artikeln 14 bis 17 und 34 anzuhören ist und ohne die Beiziehung eines Dolmetschers eine angemessene Verständigung nicht gewährleistet werden kann. In diesem Fall und in anderen Fällen, in denen die zuständigen Behörden den Antragsteller vorladen, trägt die öffentliche Hand die Kosten für den Dolmetscher.

c) Ihnen darf nicht die Möglichkeit verwehrt werden, mit dem UNHCR oder einer anderen Organisation, die für Antragsteller nach Maßgabe des Rechts des betreffenden Mitgliedstaats Rechtsberatung oder sonstige Beratungsleistungen erbringt, Verbindung aufzunehmen.

d) Ihnen und gegebenenfalls ihren Rechtsanwälten oder sonstigen Rechtsberatern gemäß Artikel 23 Absatz 1 wird Zugang zu den in Artikel 10 Absatz 3 Buchstabe b genannten Informationen oder den von Sachverständigen gemäß Artikel 10 Absatz 3 Buchstabe d bereitgestellten Informationen gegeben, sofern diese Informationen von der Asylbehörde zum Zweck der Entscheidung über den Antrag berücksichtigt wurden.

e) Sie werden innerhalb einer angemessenen Frist von der Entscheidung der Asylbehörde über ihren Antrag in Kenntnis gesetzt. Wird der Antragsteller durch einen Rechtsanwalt oder sonstigen Rechtsberater vertreten, so können die Mitgliedstaaten bestimmen, dass dieser statt des Antragstellers von der Entscheidung in Kenntnis gesetzt wird.

f) Sie werden von der Asylbehörde über das Ergebnis der Entscheidung in einer Sprache unterrichtet, die sie verstehen oder von der vernünftigerweise angenommen werden darf, dass sie sie verstehen, sofern sie nicht von einem Rechtsanwalt oder sonstigen Rechtsberater unterstützt oder vertreten werden. Die Mitteilung muss auch Informationen darüber enthalten, wie eine ablehnende Entscheidung gemäß Artikel 11 Absatz 2 angefochten werden kann.

(2) Bezüglich der Verfahren nach Kapitel V sichern die Mitgliedstaaten allen Antragstellern Garantien zu, die den in Absatz 1 Buchstaben b bis e aufgeführten gleichwertig sind.

Art. 13 Verpflichtungen der Antragsteller. (1) Die Mitgliedstaaten verpflichten die Antragsteller, mit den zuständigen Behörden zur Feststellung ihrer Identität und anderer in Artikel 4 Absatz 2 der Richtlinie 2011/95/EU genannter Angaben zusammenzuarbeiten. Die Mitgliedstaaten können den Antragstellern weitere Verpflichtungen zur Zusammenarbeit mit den zuständigen Behörden auferlegen, sofern diese Verpflichtungen für die Bearbeitung des Antrags erforderlich sind.

(2) Die Mitgliedstaaten können insbesondere festlegen, dass

a) die Antragsteller verpflichtet sind, sich entweder unverzüglich oder zu einem bestimmten Zeitpunkt bei den zuständigen Behörden zu melden oder dort persönlich vorstellig zu werden;

b) die Antragsteller die in ihrem Besitz befindlichen Dokumente, die für die Prüfung des Antrags sachdienlich sind, wie zum Beispiel ihren Reisepass, vorlegen müssen;

c) die Antragsteller verpflichtet sind, so rasch wie möglich die zuständigen Behörden über ihren jeweiligen Aufenthaltsort oder ihre Anschrift sowie sämtliche diesbezüglichen Änderungen zu unterrichten. Die Mitgliedstaaten können festlegen, dass der Antragsteller an dem von ihm mitgeteilten letzten Aufenthaltsort erfolgte – bzw. an die mitgeteilte letzte Anschrift gerichtete – Mitteilungen gegen sich gelten lassen muss;

d) die zuständigen Behörden den Antragsteller sowie die von ihm mitgeführten Sachen durchsuchen dürfen. Unbeschadet einer Durchsuchung aus Sicherheitsgründen wird eine Durchsuchung des Antragstellers gemäß dieser Richtlinie von einer Person gleichen *Geschlechts unter* uneingeschränkter Achtung der Grundsätze der Menschenwürde und der körperlichen und geistigen Unversehrtheit durchgeführt;

scher gleichen Geschlechts bereit, wenn der Antragsteller darum ersucht, es sei denn, die Asylbehörde hat Grund zu der Annahme, dass das Ersuchen auf Gründen beruht, die nicht mit den Schwierigkeiten des Antragstellers in Verbindung stehen, die Gründe für seinen Antrag umfassend darzulegen;

d) stellen die Mitgliedstaaten sicher, dass die Person, die die Anhörung zum Inhalt des Antrags auf internationalen Schutz durchführt, keine Militär- oder Polizeiuniform trägt;

e) stellen die Mitgliedstaaten sicher, dass Anhörungen von Minderjährigen kindgerecht durchgeführt werden.

(4) Die Mitgliedstaaten können Vorschriften über die Anwesenheit Dritter bei der persönlichen Anhörung erlassen.

Art. 16 Inhalt der persönlichen Anhörung. Wird eine persönliche Anhörung zum Inhalt eines Antrags auf internationalen Schutz durchgeführt, so stellt die Asylbehörde sicher, dass dem Antragsteller hinreichend Gelegenheit gegeben wird, die zur Begründung seines Antrags notwendigen Angaben gemäß Artikel 4 der Richtlinie 2011/95/EU möglichst vollständig vorzubringen. Dies schließt die Gelegenheit ein, sich zu fehlenden Angaben und/oder zu Abweichungen oder Widersprüchen in den Aussagen des Antragstellers zu äußern.

Art. 17 Niederschrift und Aufzeichnung der persönlichen Anhörung. (1) Die Mitgliedstaaten stellen sicher, dass von jeder persönlichen Anhörung entweder eine ausführliche und objektive Niederschrift mit allen wesentlichen Angaben oder ein Wortprotokoll erstellt wird.

(2) Die Mitgliedstaaten können eine Audio- oder audiovisuelle Aufzeichnung der persönlichen Anhörung vorsehen. Wird eine Audio- oder audiovisuelle Aufzeichnung der Anhörung vorgenommen, so stellen die Mitgliedstaaten sicher, dass die Aufzeichnung oder ein Wortprotokoll davon zusammen mit der Akte des Antragstellers zur Verfügung steht.

(3) Die Mitgliedstaaten stellen sicher, dass der Antragsteller nach Abschluss der persönlichen Anhörung oder innerhalb einer bestimmten Frist, bevor die Asylbehörde ihre Entscheidung trifft, Gelegenheit erhält, sich mündlich und/oder schriftlich zu Übersetzungsfehlern oder missverständlichen Formulierungen in der Niederschrift oder dem Wortprotokoll zu äußern und/oder diese zu klären. Zu diesem Zweck stellen die Mitgliedstaaten sicher, dass der Antragsteller, wenn notwendig *mit Hilfe eines Dolmetschers*, in vollem Umfang vom Inhalt der Niederschrift oder von den wesentlichen Angaben des Wortprotokolls Kenntnis nimmt. Die Mitgliedstaaten fordern den Antragsteller anschließend auf, zu bestätigen, dass der Inhalt der Niederschrift oder des Protokolls die Anhörung korrekt wiedergibt.

Ist die persönliche Anhörung gemäß Absatz 2 aufgezeichnet worden und ist die Aufzeichnung als Beweismittel in den Rechtsbehelfsverfahren nach Kapitel V zugelassen, so brauchen die Mitgliedstaaten den

Antragsteller nicht aufzufordern, zu bestätigen, dass der Inhalt der Niederschrift oder des Wortprotokolls die Anhörung korrekt wiedergibt. Sehen die Mitgliedstaaten sowohl ein Wortlautprotokoll als auch eine Aufzeichnung der persönlichen Anhörung vor, so müssen die Mitgliedstaaten unbeschadet des Artikels 16 dem Antragsteller nicht gestatten, sich zum Wortprotokoll zu äußern und/oder Klärungen hierzu abzugeben.

(4) Weigert sich der Antragsteller, zu bestätigen, dass der Inhalt der Niederschrift oder des Wortprotokolls die persönliche Anhörung korrekt wiedergibt, so werden die dafür geltend gemachten Gründe in seiner Akte vermerkt.

Eine solche Weigerung hindert die Asylbehörde nicht daran, über den Antrag zu entscheiden.

(5) Bevor die Asylbehörde entscheidet, muss den Antragstellern und ihren Rechtsanwälten oder sonstigen Rechtsberatern nach Artikel 23 Einsicht in die Niederschrift oder das Wortprotokoll oder gegebenenfalls in die Aufzeichnung gewährt werden.

Sehen die Mitgliedstaaten sowohl ein Wortprotokoll als auch eine Aufzeichnung der persönlichen Anhörung vor, so müssen sie in erstinstanzlichen Verfahren gemäß Kapitel III keine Einsicht in die Aufzeichnung gewähren. In diesen Fällen gewähren sie jedoch in Rechtsbehelfsverfahren gemäß Kapitel V Einsicht in die Aufzeichnung.

Wird der Antrag gemäß Artikel 31 Absatz 8 geprüft, so können die Mitgliedstaaten unbeschadet des Absatzes 3 des vorliegenden Artikels vorsehen, dass Einsicht in die Niederschrift oder das Wortprotokoll und gegebenenfalls die Aufzeichnung zu dem Zeitpunkt gewährt wird, zu dem die Entscheidung ergeht.

Art. 18 Medizinische Untersuchung. (1) Hält die Asylbehörde dies für die Prüfung des Antrags auf internationalen Schutz gemäß Artikel 4 der Richtlinie 2011/95/EU für erforderlich, so veranlassen die Mitgliedstaaten vorbehaltlich der Zustimmung des Antragstellers eine medizinische Untersuchung des Antragstellers im Hinblick auf Anzeichen auf eine in der Vergangenheit erlittene Verfolgung oder einen in der Vergangenheit erlittenen ernsthaften Schaden. Die Mitgliedstaaten können stattdessen vorsehen, dass der Antragsteller eine solche medizinische Untersuchung veranlasst.

Die medizinischen Untersuchungen nach Unterabsatz 1 werden von qualifizierten medizinischen Fachkräften durchgeführt und das Ergebnis der Untersuchungen wird der Asylbehörde so schnell wie möglich mitgeteilt. Die Mitgliedstaaten können die medizinischen Fachkräfte benennen, die diese medizinischen Untersuchungen durchführen können. Die Weigerung eines Antragstellers, sich medizinisch untersuchen zu lassen, hindert die Asylbehörde nicht daran, über den Antrag zu entscheiden.

Die Kosten für medizinische Untersuchungen, die nach diesem Absatz durchgeführt werden, trägt die öffentliche Hand.

(2) Wird keine medizinische Untersuchung gemäß Absatz 1 durchgeführt, so teilen die Mitgliedstaaten dem Antragsteller mit, dass er von sich aus und auf seine eigenen Kosten eine medizinische Untersuchung im Hinblick auf Anzeichen auf eine in der Vergangenheit erlittene Verfolgung oder einen in der Vergangenheit erlittenen ernsthaften Schaden veranlassen kann.

(3) Die Ergebnisse der medizinischen Untersuchungen nach den Absätzen 1 und 2 werden von der Asylbehörde zusammen mit den anderen Angaben im Antrag gewürdigt.

Art. 19 Unentgeltliche Erteilung von Rechts- und verfahrenstechnischen Auskünften in erstinstanzlichen Verfahren. (1) In den erstinstanzlichen Verfahren nach Kapitel III gewährleisten die Mitgliedstaaten, dass den Antragstellern auf Antrag unentgeltlich rechts und verfahrenstechnische Auskünfte erteilt werden; dazu gehören mindestens Auskünften zum Verfahren unter Berücksichtigung der besonderen Umstände des Antragstellers. Im Fall einer ablehnenden Entscheidung zu einem Antrag im erstinstanzlichen Verfahren erteilen die Mitgliedstaaten dem Antragsteller auf Antrag zusätzlich zu den Auskünften nach Artikel 11 Absatz 2 und Artikel 12 Absatz 1 Buchstabe f Auskünfte über die Gründe einer solchen Entscheidung und erläutern, wie die Entscheidung angefochten werden kann.

(2) Die unentgeltliche Erteilung von Rechts- und verfahrenstechnischen Auskünften erfolgt nach Maßgabe des Artikels 21.

Art. 20 Unentgeltliche Rechtsberatung und -vertretung in Rechtsbehelfsverfahren. (1) Die Mitgliedstaaten stellen sicher, dass in Rechtsbehelfsverfahren nach Kapitel V auf Antrag unentgeltliche Rechtsberatung und -vertretung gewährt wird. Diese umfasst zumindest die Vorbereitung der erforderlichen Verfahrensdokumente und die Teilnahme an der Verhandlung vor einem erstinstanzlichen Gericht im Namen des Antragstellers.

(2) Die Mitgliedstaaten können auch in den erstinstanzlichen Verfahren nach Kapitel III unentgeltliche Rechtsberatung und/ oder -vertretung gewähren. In diesem Fall findet Artikel 19 keine Anwendung.

(3) Die Mitgliedstaaten können vorsehen, dass unentgeltliche Rechtsberatung und -vertretung nicht gewährt wird, wenn der Rechtsbehelf des Antragstellers nach Einschätzung des Gerichts oder einer anderen zuständigen Behörde keine konkrete Aussicht auf Erfolg hat.

Wird die Entscheidung, dass keine unentgeltliche Rechtsberatung und -vertretung gewährt wird, nicht von einem Gericht getroffen, so gewährleisten die Mitgliedstaaten, dass der Antragsteller das Recht auf einen wirksamen Rechtsbehelf gegen diese Entscheidung vor einem Gericht hat.

In Anwendung dieses Absatzes stellen die Mitgliedstaaten sicher, dass die Rechtsberatung und -vertretung nicht willkürlich eingeschränkt und der Antragsteller nicht an der effektiven Wahrnehmung seiner Rechte gehindert wird.

(4) Die unentgeltliche Rechtsberatung und -vertretung erfolgt nach Maßgabe des Artikels 21.

Art. 21 Voraussetzungen für die unentgeltliche Erteilung von Rechts- und verfahrenstechnischen Auskünften sowie für die unentgeltliche Rechtsberatung und -vertretung. (1) Die Mitgliedstaaten können vorsehen, dass Nichtregierungsorganisationen, Fachkräfte von Behörden oder spezialisierte staatliche Stellen die unentgeltlichen Rechts- und verfahrenstechnischen Auskünfte gemäß Artikel 19 erteilen.

Die unentgeltliche Rechtsberatung und -vertretung nach Artikel 20 erfolgt durch nach nationalem Recht zugelassene oder zulässige Personen.

(2) Die Mitgliedstaaten können vorsehen, dass die rechts- und verfahrenstechnischen Auskünfte gemäß Artikel 19 und die Rechtsberatung und -vertretung gemäß Artikel 20 unentgeltlich nur erfolgt:

a) für Personen, die nicht über die nötigen finanziellen Mittel verfügen und/oder

b) durch Rechtsanwälte oder sonstige Rechtsberater, die nach nationalem Recht eigens zur Unterstützung und Vertretung von Antragstellern bestimmt wurden.

Die Mitgliedstaaten können bestimmen, dass unentgeltliche Rechtsberatung und -vertretung nach Artikel 20 nur gewährt wird für Rechtsbehelfsverfahren gemäß Kapitel V vor einem erstinstanzlichem Gericht und nicht für weitere im nationalen Recht vorgesehene Rechtsbehelfe oder Überprüfungen, einschließlich erneuter Anhörungen oder Rechtsbehelfsüberprüfungen.

Die Mitgliedstaaten können ferner vorsehen, dass die unentgeltliche Rechtsberatung und -vertretung gemäß Artikel 20 nicht für Antragsteller gewährt wird, die sich in Anwendung des Artikels 41 Absatz 2 Buchstabe c nicht mehr in ihrem Hoheitsgebiet aufhalten.

(3) Die Mitgliedstaaten können die Einzelheiten für die Stellung und Bearbeitung von Anträgen auf unentgeltliche rechts- und verfahrenstechnische Auskünfte gemäß Artikel 19 und auf unentgeltliche Rechtsberatung und -vertretung gemäß Artikel 20 festlegen.

(4) Ferner können die Mitgliedstaaten

a) für die unentgeltliche Erteilung von rechts- und verfahrenstechnischen Auskünften gemäß Artikel 19 und die unentgeltliche Rechtsberatung und -vertretung gemäß Artikel 20 eine finanzielle und/oder zeitliche Begrenzung vorsehen, soweit dadurch der Zugang zu unentgeltlichen Rechts- und verfahrenstechnischen Auskünften und zu unentgeltlicher Rechtsberatung und -vertretung nicht willkürlich eingeschränkt wird;

b) vorsehen, dass Antragstellern hinsichtlich der Gebühren und anderen Kosten keine günstigere Behandlung zuteil wird, als sie ihren Staatsangehörigen in Fragen der Rechtsberatung im Allgemeinen gewährt wird.

(5) Die Mitgliedstaaten können verlangen, dass der Antragsteller ihnen die entstandenen Kosten ganz oder teilweise zurückerstattet, wenn sich seine finanzielle Lage beträchtlich verbessert hat oder wenn die Entscheidung zur Übernahme solcher Kosten aufgrund falscher Angaben des Antragstellers getroffen wurde.

Art. 22 Anspruch auf Rechtsberatung und -vertretung in allen Phasen des Verfahrens. (1) Antragsteller erhalten in allen Phasen des Verfahrens, auch nach einer ablehnenden Entscheidung, effektiv Gelegenheit, auf eigene Kosten einen Rechtsanwalt oder sonstigen nach nationalem Recht zugelassenen oder zulässigen Rechtsberater in Fragen ihres Antrags auf internationalen Schutz zu konsultieren.

(2) Die Mitgliedstaaten können Nichtregierungsorganisationen erlauben, Antragstellern in den Verfahren nach den Kapiteln III und V Rechtsberatung und/oder -vertretung im Einklang mit nationalem Recht zu gewähren.

Art. 23 Umfang der Rechtsberatung und -vertretung. (1) Die Mitgliedstaaten stellen sicher, dass der Rechtsanwalt oder ein sonstiger nach nationalem Recht zugelassener oder zulässiger Rechtsberater, der einen Antragsteller gemäß den nationalen Rechtsvorschriften unterstützt oder vertritt, Zugang zu den Informationen in der Akte des Antragstellers erhält, auf deren Grundlage über den Antrag entschieden wurde oder entschieden wird.

Die Mitgliedstaaten können hiervon abweichen, wenn die Offenlegung von Informationen oder Quellen die nationale Sicherheit, die Sicherheit der Organisationen oder Personen, von denen diese Informationen stammen, oder die Sicherheit der Personen, die die Informationen betreffen, gefährden oder wenn die Ermittlungsinteressen im Rahmen der Prüfung von Anträgen auf internationalen Schutz durch die zuständigen Behörden der Mitgliedstaaten oder die internationalen Beziehungen der Mitgliedstaaten beeinträchtigt würden. In diesen Fällen

a) gewähren die Mitgliedstaaten den staatlichen Stellen gemäß Kapitel V Zugang zu den betreffenden Informationen oder Quellen und
b) legen die Mitgliedstaaten in ihrem nationalen Recht Verfahren fest, mit denen gewährleistet wird, dass die Verteidigungsrechte des Antragstellers geachtet werden.

Hinsichtlich der Regelung in Buchstabe b können die Mitgliedstaaten insbesondere einem Rechtsanwalt oder sonstigen Rechtsberater, der einer Sicherheitsprüfung unterzogen wurde, Zugang zu diesen Informationen oder Quellen gewähren, soweit diese Informationen für die Prüfung des Antrags oder für die Entscheidung zur Aberkennung des internationalen Schutzes relevant sind.

(2) Die Mitgliedstaaten stellen sicher, dass der Rechtsanwalt oder sonstige Rechtsberater, der einen Antragsteller unterstützt oder vertritt, gemäß Artikel 10 Absatz 4 und Artikel 18 Absatz 2 Buchstaben b und c der Richtlinie 2013/33/EU zum Zweck der Beratung des Antragstellers Zugang zu abgeschlossenen Bereichen, wie Gewahrsamseinrichtungen oder Transitzonen, erhält.

(3) Die Mitgliedstaaten gestatten einem Antragsteller, sich bei der persönlichen Anhörung von einem Rechtsanwalt oder sonstigen nach nationalem Recht zugelassenen oder zulässigen Rechtsberater begleiten zu lassen.

Die Mitgliedstaaten können festlegen, dass der Rechtsanwalt oder sonstige Rechtsberater erst am Schluss der persönlichen Anhörung eingreifen darf.

(4) Unbeschadet des vorliegenden Artikels oder des Artikels 25 Absatz 1 Buchstabe b können die Mitgliedstaaten Vorschriften für die Anwesenheit eines Rechtsanwalts oder sonstigen Rechtsberaters bei allen Anhörungen im Rahmen des Verfahrens festlegen.

Die Mitgliedstaaten können verlangen, dass der Antragsteller auch dann bei der persönlichen Anhörung anwesend ist, wenn er sich nach Maßgabe der nationalen Rechtsvorschriften von einem Rechtsanwalt oder sonstigen Rechtsberater vertreten lässt; ferner können sie verlangen, dass der Antragsteller die Fragen persönlich beantwortet.

Unbeschadet des Artikels 25 Absatz 1 Buchstabe b kann die zuständige Behörde eine persönliche Anhörung des Antragstellers auch dann durchführen, wenn der Rechtsanwalt oder Rechtsberater nicht daran teilnimmt.

Art. 24 Antragsteller, die besondere Verfahrensgarantien benötigen. (1) Die Mitgliedstaaten prüfen innerhalb eines angemessenen Zeitraums nach Stellung eines Antrags auf internationalen Schutz, ob ein Antragsteller besondere Verfahrensgarantien benötigt.

(2) Die Prüfung nach Absatz 1 kann in vorhandene nationale Verfahren und/oder in die Prüfung nach Artikel 22 der Richtlinie 2013/33/EU einbezogen werden und muss nicht in Form eines Verwaltungsverfahrens vorgenommen werden.

(3) Wird festgestellt, dass Antragsteller besondere Verfahrensgarantien benötigen, so stellen die Mitgliedstaaten sicher, dass diese Antragsteller angemessene Unterstützung erhalten, damit sie während der Dauer des Asylverfahrens die Rechte aus dieser Richtlinie in Anspruch nehmen und den sich aus dieser Richtlinie ergebenden Pflichten nachkommen können.

Kann eine solche angemessene Unterstützung nicht im Rahmen der Verfahren nach Artikel 31 Absatz 8 und Artikel 43 geleistet werden, insbesondere wenn die Mitgliedstaaten der Auffassung sind, dass der Antragsteller besondere Verfahrensgarantien benötigt, da er Folter, Vergewaltigung oder sonstige schwere Formen psychischer, physischer oder sexueller Gewalt erlitten hat, so wenden die Mitgliedstaaten Artikel 31 Absatz 8 und Artikel 43 nicht oder nicht mehr an. Wenden die Mitgliedstaaten Artikel 46 Absatz 6 auf Antragsteller an, auf die Artikel 31 Absatz 8 und Artikel 43 nach dem vorliegenden Unterabsatz nicht angewandt werden können, so gewähren sie zumindest die Garantien gemäß Artikel 46 Absatz 7.

(4) Die Mitgliedstaaten stellen sicher, dass der Notwendigkeit besonderer Verfahrensgarantien gemäß dieser Richtlinie auch Rechnung getragen wird, wenn sie erst in einer späteren Phase des Verfahrens zutage treten, ohne dass das Verfahren deshalb notwendigerweise von Anfang an neu durchgeführt werden muss.

Art. 25 Garantien für unbegleitete Minderjährige. (1) Bei allen Verfahren nach Maßgabe dieser Richtlinie und unbeschadet der Bestimmungen der Artikel 14 bis 17

a) ergreifen die Mitgliedstaaten so bald wie möglich Maßnahmen, um zu gewährleisten, dass ein Vertreter den unbegleiteten Minderjährigen vertritt und unterstützt, damit dieser die Rechte aus dieser Richtlinie in Anspruch nehmen und den sich aus dieser Richtlinie ergebenden Pflichten nachkommen kann. Der unbegleitete Minderjährige wird unverzüglich über die Bestellung des Vertreters unterrichtet. Der Vertreter nimmt seine Aufgaben im Interesse des Kindeswohls wahr und verfügt hierfür über die erforderliche Fachkenntnis. Die als Vertreter bestellte Person wird nur ausgewechselt, wenn dies notwendig ist. Organisationen oder Personen, deren Interessen mit den Interessen des unbegleiteten Minderjährigen in Konflikt stehen oder stehen könnten, kommen als Vertreter nicht in Frage. Bei dem Vertreter kann es sich auch um einen Vertreter im Sinne der Richtlinie 2013/33/EU handeln;

b) stellen die Mitgliedstaaten sicher, dass der Vertreter Gelegenheit erhält, den unbegleiteten Minderjährigen über die Bedeutung und die möglichen Konsequenzen seiner persönlichen Anhörung sowie gegebenenfalls darüber aufzuklären, wie er sich auf seine persönliche Anhörung vorbereiten kann. Die Mitgliedstaaten stellen sicher, dass ein Vertreter und/oder ein Rechtsanwalt oder ein sonstiger nach nationalem Recht zugelassener oder zulässiger Rechtsberater bei dieser Anhörung anwesend ist und innerhalb des von der anhörenden Person festgelegten Rahmens Gelegenheit erhält, Fragen zu stellen und Bemerkungen vorzubringen.

Die Mitgliedstaaten können verlangen, dass der unbegleitete Minderjährige auch dann bei der persönlichen Anhörung anwesend ist, wenn der Vertreter zugegen ist.

(2) Die Mitgliedstaaten können davon absehen, einen Vertreter zu bestellen, wenn der unbegleitete Minderjährige aller Wahrscheinlichkeit nach vor der erstinstanzlichen Entscheidung das 18. Lebensjahr vollenden wird.

(3) Die Mitgliedstaaten stellen sicher, dass

a) die persönliche Anhörung eines unbegleiteten Minderjährigen zu seinem Antrag auf internationalen Schutz nach den Artikeln 14 bis 17 und 34 von einer Person durchgeführt wird, die mit den besonderen Bedürfnissen Minderjähriger vertraut ist;

b) die Entscheidung der Asylbehörde über einen Antrag eines unbegleiteten Minderjährigen von einem Bediensteten vorbereitet wird, der mit den besonderen Bedürfnissen Minderjähriger vertraut ist.

(4) Unbegleitete Minderjährige und deren Vertreter erhalten auch für Verfahren zur Aberkennung des internationalen Schutzes nach Kapitel IV unentgeltliche Rechts- und verfahrenstechnische Auskünfte gemäß Artikel 19.

(5) Die Mitgliedstaaten können im Rahmen der Prüfung eines Antrags auf internationalen Schutz ärztliche Untersuchungen zur Bestimmung des Alters unbegleiteter Minderjähriger durchführen lassen, wenn aufgrund allgemeiner Aussagen oder anderer einschlägiger Hinweise Zweifel bezüglich des Alters des Antragstellers bestehen. Bestehen diese Zweifel bezüglich des Alters des Antragstellers danach fort, so gehen die Mitgliedstaaten davon aus, dass der Antragsteller minderjährig ist.

Die ärztliche Untersuchung wird unter uneingeschränkter Achtung der Würde der Person und mit den schonendsten Methoden von qualifizierten medizinischen Fachkräften, die so weit wie möglich ein zuverlässiges Ergebnis gewährleisten, durchgeführt.

Bei ärztlichen Untersuchungen stellen die Mitgliedstaaten sicher, dass

a) unbegleitete Minderjährige vor der Prüfung ihres Antrags auf internationalen Schutz in einer Sprache, die sie verstehen oder von der vernünftigerweise angenommen werden darf, dass sie sie verstehen, über die Möglichkeit der Altersbestimmung im Wege einer ärztlichen Untersuchung informiert werden. Diese Information umfasst eine Aufklärung über die Untersuchungsmethode, über die möglichen Folgen des Untersuchungsergebnisses für die Prüfung des Antrags auf internationalen Schutz sowie über die Folgen der Weigerung des unbegleiteten Minderjährigen, sich der ärztlichen Untersuchung zu unterziehen;

b) unbegleitete Minderjährige und/oder deren Vertreter in die Durchführung einer ärztlichen Untersuchung zur Altersbestimmung der betroffenen Minderjährigen einwilligen und

c) die Entscheidung, den Antrag auf internationalen Schutz eines unbegleiteten Minderjährigen abzulehnen, der eine ärztliche Untersuchung verweigert hat, nicht ausschließlich in dieser Weigerung begründet ist.

Die Tatsache, dass ein unbegleiteter Minderjähriger eine ärztliche Untersuchung verweigert hat, hindert die Asylbehörde nicht daran, über den Antrag auf internationalen Schutz zu entscheiden.

(6) Bei der Umsetzung dieser Richtlinie berücksichtigen die Mitgliedstaaten vorrangig das Kindeswohl.

Stellen die Mitgliedstaaten im Laufe des Asylverfahrens fest, dass eine Person ein unbegleiteter Minderjähriger ist, so können sie

a) Artikel 31 Absatz 8 nur anwenden oder weiter anwenden, wenn
   i) der Antragsteller aus einem Staat kommt, der die Kriterien für die Einstufung als sicherer Herkunftsstaat im Sinne dieser Richtlinie erfüllt oder
   ii) der Antragsteller einen Folgeantrag auf internationalen Schutz gestellt hat, der gemäß Artikel 40 Absatz 5 nicht unzulässig ist, oder
   iii) es schwerwiegende Gründe für die Annahme gibt, dass der Antragsteller eine Gefahr für die nationale Sicherheit oder die öffentliche Ordnung darstellt oder er aus schwerwiegenden Gründen der öffentlichen Sicherheit oder öffentlichen Ordnung nach nationalem Recht zwangsausgewiesen wurde;
b) Artikel 43 gemäß den Artikeln 8 bis 11 der Richtlinie 2013/33/EU nur anwenden oder weiter anwenden, wenn
   i) der Antragsteller aus einem Staat kommt, der die Kriterien für die Einstufung als sicherer Herkunftsstaat im Sinne dieser Richtlinie erfüllt,
   ii) der Antragsteller einen Folgeantrag gestellt hat,
   iii) es schwerwiegende Gründe für die Annahme gibt, dass der Antragsteller eine Gefahr für die nationale Sicherheit oder die öffentliche Ordnung darstellt oder er aus schwerwiegenden Gründen der öffentlichen Sicherheit oder öffentlichen Ordnung nach nationalem Recht zwangsausgewiesen wurde,
   iv) berechtigte Gründe zu der Annahme vorliegen, dass ein Staat, der kein Mitgliedstaat ist, für den Antragsteller ein sicherer Drittstaat gemäß Artikel 38 ist,
   v) der Antragsteller die Behörden irregeführt hat, indem er gefälschte oder verfälschte Dokumente vorgelegt hat, oder
   vi) der Antragsteller ein Identitäts- oder ein Reisedokument, das die Feststellung seiner Identität oder Staatsangehörigkeit ermöglicht hätte, mutwillig vernichtet oder beseitigt hat.

   Die Mitgliedstaaten dürfen die Ziffern v und vi nur in Einzelfällen anwenden, wenn schwerwiegende Gründe zu der Annahme vorliegen, dass der Antragsteller versucht, wesentliche Umstände, die voraussichtlich zu einer ablehnenden Entscheidung führen würden, zu verheimlichen und wenn der Antragsteller unter Berücksichtigung der besonderen Verfahrensbedürfnisse unbegleiteter Minderjähriger *umfassend G*elegenheit hatte, die Handlungen gemäß den Ziffern v und vi zu rechtfertigen und sich dafür auch mit seinem Vertreter zu beraten;
c) den Antrag gemäß Artikel 33 Absatz 2 Buchstabe c als unzulässig betrachten, wenn ein Staat, der kein Mitgliedstaat ist, für den Antragsteller als sicherer Drittstaat gemäß Artikel 38 gilt, sofern dies dem Kindeswohl dient;

d) das Verfahren gemäß Artikel 20 Absatz 3 anwenden, wenn der Vertreter des Minderjährigen nach nationalem Recht über eine juristische Qualifikation verfügt.

Die Mitgliedstaaten gewähren unbeschadet des Artikels 41 bei der Anwendung des Artikels 46 Absatz 6 auf unbegleitete Minderjährige in allen Fällen zumindest die Garantien, die in Artikel 46 Absatz 7 festgelegt sind.

Art. 26 Gewahrsam. (1) Die Mitgliedstaaten nehmen eine Person nicht allein deshalb in Gewahrsam, weil sie einen Antrag gestellt hat. Die Gründe für den Gewahrsam und die Gewahrsamsbedingungen und die Garantien für in Gewahrsam befindliche Antragsteller bestimmen sich nach der Richtlinie 2013/33/EU.

(2) Wird ein Antragsteller in Gewahrsam genommen, so stellen die Mitgliedstaaten sicher, dass eine rasche gerichtliche Überprüfung des Gewahrsams gemäß der Richtlinie 2013/33/EU möglich ist.

Art. 27 Verfahren bei Rücknahme des Antrags. (1) Soweit die Mitgliedstaaten nach nationalem Recht die Möglichkeit einer ausdrücklichen Rücknahme des Antrags vorsehen, stellen sie im Falle der ausdrücklichen Rücknahme des Antrags auf internationalen Schutz durch den Antragsteller sicher, dass die Asylbehörde die Entscheidung trifft, entweder die Antragsprüfung einzustellen oder den Antrag abzulehnen.

(2) Die Mitgliedstaaten können auch beschließen, dass die Asylbehörde die Antragsprüfung einstellen kann, ohne dass eine Entscheidung ergeht. In diesem Fall stellen die Mitgliedstaaten sicher, dass die Asylbehörde eine entsprechende Notiz in die Akte des Antragstellers aufnimmt.

Art. 28 Verfahren bei stillschweigender Rücknahme des Antrags oder Nichtbetreiben des Verfahrens. (1) Besteht Grund zu der Annahme, dass ein Antragsteller seinen Antrag stillschweigend zurückgenommen hat oder das Verfahren nicht weiter betreibt, so stellen die Mitgliedstaaten sicher, dass die Asylbehörde entweder entscheidet, die Antragsprüfung einzustellen oder, sofern die Asylbehörde den Antrag nach angemessener inhaltlicher Prüfung gemäß Artikel 4 der Richtlinie 2011/95/EU als unbegründet ansieht, den Antrag abzulehnen.

Die Mitgliedstaaten können insbesondere dann davon ausgehen, dass der Antragsteller seinen Antrag auf internationalen Schutz stillschweigend zurückgezogen hat oder das Verfahren nicht weiter betreibt, wenn er nachweislich

a) den Aufforderungen zur Vorlage von für den Antrag wesentlichen Informationen gemäß Artikel 4 der Richtlinie 2011/95/EU oder einer Aufforderung zur persönlichen Anhörung gemäß den Artikeln 14 bis 17 dieser Richtlinie nicht nachgekommen ist, es sei denn, er weist innerhalb einer angemessenen Frist nach, dass sein Versäumnis auf Umstände zurückzuführen war, auf die er keinen Einfluss hatte;

b) untergetaucht ist oder seinen Aufenthaltsort oder Ort seiner Ingewahrsamnahme ohne Genehmigung verlassen und nicht innerhalb einer angemessenen Frist die zuständige Behörde kontaktiert hat, oder seinen Melde- und anderen Mitteilungspflichten nicht innerhalb einer angemessenen Frist nachgekommen ist, es sei denn, der Antragsteller weist nach, dass dies auf Umstände zurückzuführen war, auf die er keinen Einfluss hatte.

Die Mitgliedstaaten können Fristen oder Leitlinien für die Anwendung dieser Bestimmungen festsetzen.

(2) Die Mitgliedstaaten stellen sicher, dass ein Antragsteller, der sich nach Einstellung der Antragsprüfung gemäß Absatz 1 wieder bei der zuständigen Behörde meldet, berechtigt ist, um Wiedereröffnung des Verfahrens zu ersuchen oder einen neuen Antrag zu stellen, der nicht nach Maßgabe der Artikel 40 und 41 geprüft wird.

Die Mitgliedstaaten können eine Frist von mindestens neun Monaten vorschreiben, nach deren Ablauf das Verfahren nicht wieder eröffnet werden darf beziehungsweise der neue Antrag als Folgeantrag behandelt und nach Maßgabe der Artikel 40 und 41 geprüft werden kann. Die Mitgliedstaaten können vorschreiben, dass das Verfahren des Antragstellers nur ein Mal wieder eröffnet werden darf.

Die Mitgliedstaaten stellen sicher, dass die betreffende Person nicht entgegen dem Grundsatz der Nicht-Zurückweisung abgeschoben wird.

Die Mitgliedstaaten können der Asylbehörde die Wiederaufnahme der Prüfung in dem Verfahrensabschnitt gestatten, in dem sie eingestellt wurde.

(3) Dieser Artikel gilt unbeschadet der Verordnung (EU) Nr. 604/2013.

Art. 29 Rolle des UNHCR. (1) Die Mitgliedstaaten gewähren dem UNHCR:

a) Zugang zu Antragstellern, auch zu denen, die sich in Gewahrsam, an der Grenze oder in Transitzonen befinden;

b) Zugang zu Informationen über einzelne Anträge auf internationalen Schutz, über den Verlauf des Verfahrens und die erlassenen Entscheidungen, sofern der Antragsteller dem zustimmt;

c) die Möglichkeit zur Stellungnahme zu einzelnen Anträgen auf internationalen Schutz in jedem Verfahrensabschnitt bei jeder zuständigen Behörde in Ausübung der Überwachungsbefugnisse nach Artikel 35 der Genfer Flüchtlingskonvention.

(2) Absatz 1 findet auch auf eine Organisation Anwendung, die im Hoheitsgebiet des betreffenden Mitgliedstaats im Auftrag des UNHCR auf der Grundlage einer Vereinbarung mit diesem Mitgliedstaat tätig ist.

Art. 30 Weitergabe oder Einholung von Informationen zu einzelnen Anträgen. Im Rahmen der Prüfung eines Antrags

a) geben die Mitgliedstaaten keine Informationen über einzelne Anträge auf internationalen Schutz oder über die Tatsache, dass ein solcher Antrag gestellt wurde, an die Stelle(n) weiter, die den Antragsteller seinen Angaben zufolge verfolgt oder ihm einen ernsthaften Schaden zugefügt hat/haben;

b) werden von den Mitgliedstaaten bei der oder den Stellen, die den Antragsteller seinen Angaben zufolge verfolgt oder ihm einen ernsthaften Schaden zugefügt haben, keine Informationen in einer Weise eingeholt, die diesen Stellen unmittelbar die Tatsache zur Kenntnis bringen würde, dass der betreffende Antragsteller einen Antrag gestellt hat, und die die körperliche Unversehrtheit des Antragstellers oder der von ihm abhängigen Personen oder die Freiheit und Sicherheit seiner noch im Herkunftsstaat lebenden Familienangehörigen in Gefahr bringen würde.

Kapitel III. Erstinstanzliche Verfahren

Abschnitt I

Art. 31 Prüfungsverfahren. (1) Die Mitgliedstaaten bearbeiten Anträge auf internationalen Schutz im Rahmen eines Prüfungsverfahrens unter Beachtung der Grundsätze und Garantien in Kapitel II.

(2) Die Mitgliedstaaten stellen sicher, dass das Prüfungsverfahren unbeschadet einer angemessenen und vollständigen Prüfung so rasch wie möglich zum Abschluss gebracht wird.

(3) Die Mitgliedstaaten stellen sicher, dass das Prüfungsverfahren innerhalb von sechs Monaten nach förmlicher Antragstellung zum Abschluss gebracht wird.

Ist ein Antrag gemäß dem Verfahren nach Maßgabe der Verordnung (EU) Nr. 604/2013 zu behandeln, so beginnt die Sechsmonatsfrist, sobald der für die Prüfung zuständige Mitgliedstaat gemäß jener Verordnung bestimmt ist, sich der Antragsteller im Hoheitsgebiet dieses Mitgliedstaats befindet und er von der zuständigen Behörde betreut wird.

Die Mitgliedstaaten können die in dem vorliegenden Absatz festgelegte Sechsmonatsfrist um höchstens neun weitere Monate verlängern, wenn

a) sich in tatsächlicher und/oder rechtlicher Hinsicht komplexe Fragen ergeben;

b) eine große Anzahl von Drittstaatsangehörigen oder Staatenlosen gleichzeitig internationalen Schutz beantragt, so dass es in der Praxis sehr schwierig ist, das Verfahren innerhalb der Frist von sechs Monaten abzuschließen;

c) die Verzögerung eindeutig darauf zurückzuführen ist, dass der Antragsteller seinen Pflichten nach Artikel 13 nicht nachgekommen ist.

Ausnahmsweise können die Mitgliedstaaten die Fristen gemäß diesem Absatz in ausreichend begründeten Fällen um höchstens drei Monate überschreiten, wenn dies erforderlich ist, um eine angemessene und vollständige Prüfung des Antrags auf internationalen Schutz zu gewährleisten.

(4) Die Mitgliedstaaten können unbeschadet der Artikel 13 und 18 der Richtlinie 2011/95/EU den Abschluss des Prüfungsverfahrens aufschieben, wenn von der Asylbehörde aufgrund einer aller Voraussicht nach vorübergehenden ungewissen Lage im Herkunftsstaat vernünftigerweise nicht erwartet werden kann, innerhalb der in Absatz 3 festgelegten Fristen zu entscheiden. In einem solchen Fall gehen die Mitgliedstaaten wie folgt vor:

a) Sie überprüfen mindestens alle sechs Monate die Lage in diesem Herkunftsstaat;

b) sie unterrichten die betroffenen Antragsteller innerhalb einer angemessenen Frist über die Gründe der Verschiebung;

c) sie unterrichten die Kommission innerhalb einer angemessenen Frist über die Verschiebung der Verfahren für diesen Herkunftsstaat.

(5) Die Mitgliedstaaten schließen das Prüfungsverfahren in jedem Fall innerhalb einer maximalen Frist von 21 Monaten nach der förmlichen Antragstellung ab.

(6) Die Mitgliedstaaten stellen sicher, dass der betreffende Antragsteller für den Fall, dass innerhalb von sechs Monaten keine Entscheidung ergehen kann,

a) über die Verzögerung informiert wird und

b) auf sein Ersuchen hin über die Gründe für die Verzögerung und über den zeitlichen Rahmen, innerhalb dessen mit einer Entscheidung über seinen Antrag zu rechnen ist, unterrichtet wird.

(7) Die Mitgliedstaaten können die Prüfung eines Antrags auf internationalen Schutz im Einklang mit den Grundsätzen und Garantien nach Kapitel II vorziehen, insbesondere,

a) wenn der Antrag begründet erscheint,

b) wenn der Antragsteller schutzbedürftig im Sinne von Artikel 22 der Richtlinie 2013/33/EU ist oder besondere Verfahrensgarantien benötigt; dies gilt insbesondere für unbegleitete Minderjährige.

(8) Die Mitgliedstaaten können festlegen, dass das Prüfungsverfahren im Einklang mit den Grundsätzen und Garantien nach Kapitel II beschleunigt und/oder an der Grenze oder in Transitzonen nach Maßgabe von Artikel 43 durchgeführt wird, wenn

a) der Antragsteller bei der Einreichung seines Antrags und der Darlegung der Tatsachen nur Umstände vorgebracht hat, die für die Prüfung der Frage, ob er als Flüchtling oder Person mit Anspruch auf internationalen Schutz im Sinne der Richtlinie 2011/95/EU anzuerkennen ist, nicht von Belang sind, oder

b) der Antragsteller aus einem sicheren Herkunftsstaat im Sinne dieser Richtlinie kommt, oder

c) der Antragsteller die Behörden durch falsche Angaben oder Dokumente oder durch Verschweigen wichtiger Informationen oder durch Zurückhalten von Dokumenten über seine Identität und/oder Staatsangehörigkeit, die sich negativ auf die Entscheidung hätten auswirken können, getäuscht hat, oder

d) angenommen werden kann, dass der Antragsteller ein Identitäts- oder ein Reisedokument, das die Feststellung seiner Identität oder Staatsangehörigkeit ermöglicht hätte, mutwillig vernichtet oder beseitigt hat, oder

e) der Antragsteller eindeutig unstimmige und widersprüchliche, eindeutig falsche oder offensichtlich unwahrscheinliche Angaben gemacht hat, die im Widerspruch zu hinreichend gesicherten Herkunftslandinformationen stehen, so dass die Begründung für seine Behauptung, dass er Person mit Anspruch auf internationalen Schutz im Sinne der Richtlinie 2011/95/EU anzusehen ist, offensichtlich nicht überzeugend ist;

f) der Antragsteller einen Folgeantrag auf internationalen Schutz gestellt hat, der gemäß Artikel 40 Absatz 5 nicht unzulässig ist, oder

g) der Antragsteller den Antrag nur zur Verzögerung oder Behinderung der Vollstreckung einer bereits getroffenen oder unmittelbar bevorstehenden Entscheidung stellt, die zu seiner Abschiebung führen würde, oder

h) der Antragsteller unrechtmäßig in das Hoheitsgebiet des Mitgliedstaats eingereist ist oder seinen Aufenthalt unrechtmäßig verlängert hat und es ohne stichhaltigen Grund versäumt hat, zum angesichts der Umstände seiner Einreise frühestmöglichen Zeitpunkt bei den Behörden vorstellig zu werden oder einen Antrag auf internationalen Schutz zu stellen, oder

i) der Antragsteller sich weigert, der Verpflichtung zur Abnahme seiner Fingerabdrücke gemäß der Verordnung (EU) Nr. 603/2013 des Europäischen Parlaments und des Rates vom 26. Juni 2013 über die Einrichtung von „Eurodac" für den Abgleich von Fingerabdrücken zum Zwecke der effektiven Anwendung der Verordnung (EU) Nr. 604/2013 zur Festlegung der Kriterien und Verfahren zur Bestimmung des Mitgliedstaats, der für die Prüfung eines von einem Drittstaatsangehörigen oder Staatenlosen in einem Mitgliedstaat gestellten Antrags auf internationalen Schutz zuständig ist, und für der Strafverfolgung dienende Anträge der Strafverfolgungsbehörden der Mitgliedstaaten und Europols auf den Abgleich mit Daten in Eurodac[1)] nachzukommen, oder

j) es schwerwiegende Gründe für die Annahme gibt, dass der Antragsteller eine Gefahr für die nationale Sicherheit oder die öffent-

---

[1)] Siehe Seite 1 dieses Amtsblatts.

liche Ordnung des Mitgliedstaats darstellt oder er aus schwerwiegenden Gründen der öffentlichen Sicherheit oder öffentlichen Ordnung nach nationalem Recht zwangsausgewiesen wurde.

(9) Die Mitgliedstaaten legen für den Erlass von Entscheidungen in einem erstinstanzlichen Verfahren gemäß Absatz 8 Fristen fest. Diese Fristen müssen angemessen sein.

Die Mitgliedstaaten können diese Fristen unbeschadet der Absätze 3 bis 5 überschreiten, wenn dies erforderlich ist, um eine angemessene und vollständige Prüfung des Antrags auf internationalen Schutz zu gewährleisten.

Art. 32 Unbegründete Anträge. (1) Unbeschadet des Artikels 27 können die Mitgliedstaaten einen Antrag nur dann als unbegründet betrachten, wenn die Asylbehörde festgestellt hat, dass der Antragsteller nicht die Voraussetzungen für die Zuerkennung des internationalen Schutzes nach Maßgabe der Richtlinie 2011/95/EU erfüllt.

(2) Im Falle von unbegründeten Anträgen, bei denen einer der in Artikel 31 Absatz 8 aufgeführten Umstände gegeben ist, können die Mitgliedstaaten einen Antrag ferner als offensichtlich unbegründet betrachten, wenn dies so in den nationalen Rechtsvorschriften vorgesehen ist.

Abschnitt II

Art. 33 Unzulässige Anträge. (1) Zusätzlich zu den Fällen, in denen nach Maßgabe der Verordnung (EU) Nr. 604/2013 ein Antrag nicht geprüft wird, müssen die Mitgliedstaaten nicht prüfen, ob dem Antragsteller der internationale Schutz im Sinne der Richtlinie 2011/95/EU zuzuerkennen ist, wenn ein Antrag auf der Grundlage des vorliegenden Artikels als unzulässig betrachtet wird.

(2) Die Mitgliedstaaten können einen Antrag auf internationalen Schutz nur dann als unzulässig betrachten, wenn

a) ein anderer Mitgliedstaat internationalen Schutz gewährt hat;

b) ein Staat, der kein Mitgliedstaat ist, als erster Asylstaat des Antragstellers gemäß Artikel 35 betrachtet wird;

c) ein Staat, der kein Mitgliedstaat ist, als für den Antragsteller sicherer Drittstaat gemäß Artikel 38 betrachtet wird;

d) es sich um einen Folgeantrag handelt, bei dem keine neuen Umstände oder Erkenntnisse zu der Frage, ob der Antragsteller nach Maßgabe der Richtlinie 2011/95/EU als Person mit Anspruch auf internationalen Schutz anzuerkennen ist, zutage getreten oder vom Antragsteller vorgebracht worden sind, oder

e) eine vom Antragsteller abhängige Person förmlich einen Antrag stellt, nachdem sie gemäß Artikel 7 Absatz 2 eingewilligt hat, dass ihr Fall Teil eines in ihrem Namen förmlich gestellten Antrags ist, und keine Tatsachen betreffend die Situation dieser Person vorliegen, die einen gesonderten Antrag rechtfertigen.

Art. 34 Besondere Vorschriften für die Anhörung im Rahmen der Zulässigkeitsprüfung. (1) Die Mitgliedstaaten geben den Antragstellern Gelegenheit, sich zu der Anwendung der Gründe nach Artikel 33 in ihrem besonderen Fall zu äußern, bevor die Asylbehörde über die Zulässigkeit eines Antrags auf internationalen Schutz entscheidet. Hierzu führen die Mitgliedstaaten im Rahmen der Zulässigkeitsprüfung eine persönliche Anhörung durch. Die Mitgliedstaaten dürfen nur dann eine Ausnahme nach Maßgabe von Artikel 42 machen, wenn es sich um einen Folgeantrag handelt.

Dieser Absatz gilt unbeschadet des Artikels 4 Absatz 2 Buchstabe a der vorliegenden Verordnung und des Artikels 5 der. Verordnung (EU) Nr. 604/2013.

(2) Die Mitgliedstaaten können vorsehen, dass die Bediensteten anderer Behörden als der Asylbehörde die persönliche Anhörung zu der Zulässigkeit des Antrags auf internationalen Schutz durchführen. In diesen Fällen stellen die Mitgliedstaaten sicher, dass diese Bediensteten zuvor die erforderliche Grundschulung insbesondere in Bezug auf das internationale Recht auf dem Gebiet der Menschenrechte, den Besitzstand der Union im Asylbereich und Gesprächsführungstechniken erhalten.

Abschnitt III

Art. 35 Begriff des ersten Asylstaats. Ein Staat kann als erster Asylstaat für einen Antragsteller angesehen werden, wenn

a) der Antragsteller in dem betreffenden Staat als Flüchtling anerkannt wurde und er diesen Schutz weiterhin in Anspruch nehmen darf oder

b) ihm in dem betreffenden Staat anderweitig ausreichender Schutz, einschließlich der Anwendung des Grundsatzes der Nicht-Zurückweisung, gewährt wird,

vorausgesetzt, dass er von diesem Staat wieder aufgenommen wird.

Bei der Anwendung des Konzepts des ersten Asylstaats auf die besonderen Umstände des Antragstellers können die Mitgliedstaaten Artikel 38 Absatz 1 berücksichtigen. Der Antragsteller hat die Möglichkeit, die Anwendung des Konzepts des ersten Asylstaats unter Berufung auf seine besonderen Umstände anzufechten.

Art. 36 Das Konzept des sicheren Herkunftsstaats. (1) Ein Drittstaat, der nach dieser Richtlinie als sicherer Herkunftsstaat bestimmt wurde, kann nach individueller Prüfung des Antrags nur dann als für einen bestimmten Antragsteller sicherer Herkunftsstaat betrachtet werden, wenn

a) der Antragsteller die Staatsangehörigkeit des betreffenden Staates besitzt oder

b) der Antragsteller staatenlos ist und zuvor seinen gewöhnlichen Aufenthalt in dem betreffenden Staat hatte und er keine schwerwiegenden Gründe dafür vorgebracht hat, dass der Staat in seinem speziellen Fall im Hinblick auf die Anerkennung als Person mit Anspruch auf internationalen Schutz im Sinne der Richtlinie 2011/95/EU nicht als sicherer Herkunftsstaat zu betrachten ist.

(2) Die Mitgliedstaaten legen in den nationalen Rechtsvorschriften weitere Regeln und Modalitäten für die Anwendung des Konzepts des sicheren Herkunftsstaats fest.

Art. 37 Nationale Bestimmung von Drittstaaten als sichere Herkunftsstaaten. (1) Zum Zwecke der Prüfung von Anträgen auf internationalen Schutz können die Mitgliedstaaten Rechts- oder Verwaltungsvorschriften beibehalten oder erlassen, aufgrund deren sie im Einklang mit Anhang I sichere Herkunftsstaaten bestimmen können.

(2) Die Mitgliedstaaten überprüfen regelmäßig die Lage in Drittstaaten, die gemäß diesem Artikel als sichere Herkunftstaaten bestimmt wurden.

(3) Bei der Beurteilung der Frage, ob ein Staat als sicherer Herkunftsstaat gemäß diesem Artikel bestimmt werden kann, werden verschiedene Informationsquellen, insbesondere Informationen anderer Mitgliedstaaten, des EASO, des UNHCR, des Europarates und anderer einschlägiger internationaler Organisationen herangezogen.

(4) Die Mitgliedstaaten teilen der Kommission die Staaten mit, die sie gemäß diesem Artikel als sichere Herkunftsstaaten bestimmt haben.

Art. 38 Das Konzept des sicheren Drittstaats. (1) Die Mitgliedstaaten können das Konzept des sicheren Drittstaats nur dann anwenden, wenn die zuständigen Behörden sich davon überzeugt haben, dass eine Person, die um internationalen Schutz nachsucht, in dem betreffenden Drittstaat nach folgenden Grundsätzen behandelt wird:

a) keine Gefährdung von Leben und Freiheit aus Gründen der Rasse, der Religion, der Nationalität, der Zugehörigkeit zu einer bestimmten sozialen Gruppe oder der politischen Überzeugung;

b) keine Gefahr, einen ernsthaften Schaden im Sinne der Richtlinie 2011/95/EU zu erleiden;

c) Wahrung des Grundsatzes der Nicht-Zurückweisung nach der Genfer Flüchtlingskonvention;

d) Einhaltung des Verbots der Abschiebung, wenn diese einen Verstoß gegen das im Völkerrecht festgelegte Verbot der Folter und grausamer, unmenschlicher oder erniedrigender Behandlung darstellt, und

e) Möglichkeit, einen Antrag auf Zuerkennung der Flüchtlingseigenschaft zu stellen und im Falle der Anerkennung als Flüchtling Schutz gemäß der Genfer Flüchtlingskonvention zu erhalten.

(2) Die Anwendung des Konzepts des sicheren Drittstaats unterliegt den Regeln, die im nationalen Recht festgelegt sind; dazu gehören

a) Regeln, die eine Verbindung zwischen dem Antragsteller und dem betreffenden Drittstaat verlangen, so dass es aufgrund dieser Verbindung vernünftig erscheint, dass diese Person sich in diesen Staat begibt;

b) Regeln betreffend die Methodik, mit der sich die zuständigen Behörden davon überzeugen, dass das Konzept des sicheren Drittstaats auf einen bestimmten Staat oder einen bestimmten Antragsteller angewandt werden kann. Diese Methodik umfasst die Prüfung der Sicherheit des Staates im Einzelfall für einen bestimmten Antragsteller und/oder die nationale Bestimmung von Staaten, die als im Allgemeinen sicher angesehen werden;

c) mit dem Völkerrecht vereinbare Regeln, die es ermöglichen, in Form einer Einzelprüfung festzustellen, ob der betreffende Drittstaat für einen bestimmten Antragsteller sicher ist, und die dem Antragsteller zumindest die Möglichkeit bieten, die Anwendung des Konzepts des sicheren Drittstaats mit der Begründung anzufechten, dass der betreffende Drittstaat für ihn in seiner besonderen Situation nicht sicher ist. Darüber hinaus ist dem Antragsteller die Möglichkeit einzuräumen, das Bestehen einer Verbindung gemäß Buchstabe a zwischen ihm und dem betreffenden Drittstaat anzufechten.

(3) Wenn die Mitgliedstaaten eine Entscheidung durchführen, die ausschließlich auf diesem Artikel beruht,

a) unterrichten sie den Antragsteller entsprechend und

b) händigen ihm ein Dokument aus, in dem die Behörden des Drittstaats in der Sprache dieses Staats davon unterrichtet werden, dass der Antrag nicht in der Sache geprüft wurde.

(4) Erlaubt der Drittstaat dem Antragsteller nicht, in sein Hoheitsgebiet einzureisen, so müssen die Mitgliedstaaten sicherstellen, dass im Einklang mit den Grundsätzen und Garantien nach Kapitel II Zugang zu einem Verfahren gewährt wird.

(5) Die Mitgliedstaaten unterrichten die Kommission regelmäßig darüber, auf welche Staaten dieses Konzept gemäß den Bestimmungen dieses Artikels angewandt wird.

Art. 39 Das Konzept des sicheren europäischen Drittstaats. (1) Die Mitgliedstaaten können vorsehen, dass keine oder keine umfassende Prüfung des Antrags auf internationalen Schutz und der Sicherheit des Antragstellers in seiner spezifischen Situation nach Kapitel II erfolgt, wenn eine zuständige Behörde anhand von Tatsachen festgestellt hat, dass der Antragsteller aus einem sicheren Drittstaat nach Absatz 2 unrechtmäßig in das Hoheitsgebiet des betreffenden Mitgliedstaats einzureisen versucht oder eingereist ist.

(2) Ein Drittstaat kann nur dann als sicherer Drittstaat für die Zwecke des Absatzes 1 betrachtet werden, wenn er

a) die Genfer Flüchtlingskonvention ohne geografischen Vorbehalt ratifiziert hat und deren Bestimmungen einhält,

b) über ein gesetzlich festgelegtes Asylverfahren verfügt und

c) die Europäische Konvention zum Schutz der Menschenrechte und Grundfreiheiten ratifiziert hat und die darin enthaltenen Bestimmungen, einschließlich der Normen über wirksame Rechtsbehelfe, einhält.

(3) Dem Antragsteller wird die Möglichkeit eingeräumt, die Anwendung des Konzepts des sicheren europäischen Drittstaats mit der Begründung anzufechten, dass der betreffende Drittstaat für ihn in seiner besonderen Situation nicht sicher ist.

(4) Die betreffenden Mitgliedstaaten legen im nationalen Recht die Einzelheiten zu der Anwendung des Absatzes 1 und die Folgen von Entscheidungen gemäß diesen Bestimmungen im Einklang mit dem Grundsatz der Nicht-Zurückweisung fest; sie sehen unter anderem Ausnahmen von der Anwendung dieses Artikels aus humanitären oder politischen Gründen oder aufgrund des Völkerrechts vor.

(5) Bei der Durchführung einer ausschließlich auf diesen Artikel gestützten Entscheidung

a) unterrichten die betreffenden Mitgliedstaaten den Antragsteller entsprechend und

b) händigen ihm ein Dokument aus, in dem die Behörden des Drittstaats in der Sprache dieses Staats davon unterrichtet werden, dass der Antrag nicht in der Sache geprüft wurde.

(6) Ist der sichere Drittstaat nicht bereit, den betreffenden Antragsteller wieder aufzunehmen, so stellen die Mitgliedstaaten sicher, dass gemäß den Grundsätzen und Garantien nach Kapitel II Zugang zu einem Verfahren gewährt wird.

(7) Die Mitgliedstaaten unterrichten die Kommission regelmäßig darüber, auf welche Staaten dieses Konzept nach diesem Artikel angewandt wird.

Abschnitt IV

Art. 40 Folgeanträge. (1) Wenn eine Person, die einen Antrag auf internationalen Schutz in einem Mitgliedstaat gestellt hat, in demselben Mitgliedstaat weitere Angaben vorbringt oder einen Folgeantrag stellt, prüft dieser Mitgliedstaat diese weiteren Angaben oder die Elemente des Folgeantrags im Rahmen der Prüfung des früheren Antrags oder der Prüfung der Entscheidung, gegen die ein Rechtsbehelf eingelegt wurde, insoweit die zuständigen Behörden in diesem Rahmen alle Elemente, die den weiteren Angaben oder dem Folgeantrag zugrunde liegen, berücksichtigen können.

(2) Für die Zwecke der gemäß Artikel 33 Absatz 2 Buchstabe d zu treffenden Entscheidung über die Zulässigkeit eines Antrags auf internationalen Schutz wird ein Folgeantrag auf internationalen Schutz zunächst daraufhin geprüft, ob neue Elemente oder Erkenntnisse betreffend die Frage, ob der Antragsteller nach Maßgabe der Richtlinie 2011/95/EU als Person mit Anspruch auf internationalen Schutz anzu-

erkennen ist, zutage getreten oder vom Antragsteller vorgebracht worden sind.

(3) Wenn die erste Prüfung nach Absatz 2 ergibt, dass neue Elemente oder Erkenntnisse zutage getreten oder vom Antragsteller vorgebracht worden sind, die erheblich zu der Wahrscheinlichkeit beitragen, dass der Antragsteller nach Maßgabe der Richtlinie 2011/95/EU als Person mit Anspruch auf internationalen Schutz anzuerkennen ist, wird der Antrag gemäß Kapitel II weiter geprüft. Die Mitgliedstaaten können auch andere Gründe festlegen, aus denen der Folgeantrag weiter zu prüfen ist.

(4) Die Mitgliedstaaten können vorsehen, dass der Antrag nur dann weiter geprüft wird, wenn der Antragsteller ohne eigenes Verschulden nicht in der Lage war, die in den Absätzen 2 und 3 dargelegten Sachverhalte im früheren Verfahren insbesondere durch Wahrnehmung seines Rechts auf einen wirksamen Rechtsbehelf gemäß Artikel 46 vorzubringen.

(5) Wird ein Folgeantrag nach diesem Artikel nicht weiter geprüft, so wird er gemäß Artikel 33 Absatz 2 Buchstabe d als unzulässig betrachtet.

(6) Das Verfahren nach diesem Artikel kann auch angewandt werden, wenn

a) eine vom Antragsteller abhängige Person förmlich einen Antrag stellt, nachdem sie gemäß Artikel 7 Absatz 2 eingewilligt hat, dass ihr Fall Teil eines in ihrem Namen förmlich gestellten Antrags ist, und/oder

b) ein unverheirateter Minderjähriger förmlich einen Antrag stellt, nachdem gemäß Artikel 7 Absatz 5 Buchstabe c förmlich ein Antrag in seinem Namen gestellt worden ist.

In diesen Fällen wird bei der ersten Prüfung nach Absatz 2 geprüft, ob Tatsachen betreffend die Situation der abhängigen Person bzw. des unverheirateten Minderjährigen vorliegen, die einen gesonderten Antrag rechtfertigen.

(7) Wenn eine Person, gegen die ein Überstellungsbeschluss gemäß der Verordnung (EU) Nr. 604/2013 zu vollstrecken ist, in dem überstellenden Mitgliedstaat weitere Angaben vorbringt oder einen Folgeantrag stellt, prüft der gemäß der genannten Verordnung zuständige Mitgliedstaat diese weiteren Angaben oder Folgeanträge im Einklang mit dieser Richtlinie.

Art. 41 Ausnahmen vom Recht auf Verbleib bei Folgeanträgen. (1) Die Mitgliedstaaten können Ausnahmen vom Recht auf Verbleib im Hoheitsgebiet machen, wenn eine Person

a) *nur zur* Verzögerung oder Behinderung der Durchsetzung einer Entscheidung, die zu ihrer unverzüglichen Abschiebung aus dem betreffenden Mitgliedstaat führen würde, förmlich einen ersten Folgeantrag gestellt hat, der gemäß Artikel 40 Absatz 5 nicht weiter geprüft wird, oder

b) nach einer bestandskräftigen Entscheidung, einen ersten Folgeantrag gemäß Artikel 40 Absatz 5 als unzulässig zu betrachten, oder nach einer bestandskräftigen Entscheidung, einen ersten Folgeantrag als unbegründet abzulehnen, in demselben Mitgliedstaat einen weiteren Folgeantrag stellt.

Die Mitgliedstaaten können eine solche Ausnahme nur dann machen, wenn die Asylbehörde die Auffassung vertritt, dass eine Rückkehrentscheidung keine direkte oder indirekte Zurückweisung zur Folge hat, die einen Verstoß gegen die völkerrechtlichen und unionsrechtlichen Pflichten dieses Mitgliedstaats darstellt.

(2) In den in Absatz 1 aufgeführten Fällen können die Mitgliedstaaten ferner

a) im Einklang mit nationalem Recht von den für beschleunigte Verfahren üblicherweise geltenden Fristen abweichen, sofern das Prüfungsverfahren gemäß Artikel 31 Absatz 8 Buchstabe g beschleunigt durchgeführt wird,

b) im Einklang mit nationalem Recht von den Fristen abweichen, die üblicherweise für Zulässigkeitsprüfungen gemäß den Artikeln 33 und 34 gelten und/oder

c) von Artikel 46 Absatz 8 abweichen.

Art. 42 Verfahrensvorschriften. (1) Die Mitgliedstaaten stellen sicher, dass Antragsteller, deren Antrag einer ersten Prüfung gemäß Artikel 40 unterliegt, über die Garantien nach Artikel 12 Absatz 1 verfügen.

(2) Die Mitgliedstaaten können im nationalen Recht Vorschriften für die erste Prüfung gemäß Artikel 40 festlegen. Diese Vorschriften können unter anderem

a) den betreffenden Antragsteller verpflichten, Tatsachen anzugeben und wesentliche Beweise vorzulegen, die ein neues Verfahren rechtfertigen;

b) die erste Prüfung allein auf der Grundlage schriftlicher Angaben ohne persönliche Anhörung gestatten, ausgenommen die Fälle nach Artikel 40 Absatz 6.

Diese Bestimmungen dürfen weder den Zugang eines Antragstellers zu einem neuen Verfahren unmöglich machen noch zu einer effektiven Aufhebung oder erheblichen Beschränkung dieses Zugangs führen.

(3) Die Mitgliedstaaten stellen sicher, dass der Antragsteller in geeigneter Weise über das Ergebnis der ersten Prüfung und, falls sein Antrag nicht weiter geprüft wird, über die Gründe dafür und die Möglichkeiten in Bezug auf Rechtsbehelfe gegen die Entscheidung informiert wird.

Abschnitt V

Art. 43 Verfahren an der Grenze. (1) Die Mitgliedstaaten können nach Maßgabe der Grundsätze und Garantien nach Kapitel II Verfahren festlegen, um an der Grenze oder in Transitzonen des Mitgliedstaats über Folgendes zu entscheiden:

a) die Zulässigkeit eines an derartigen Orten gestellten Antrags gemäß Artikel 33 und/oder

b) die Begründetheit eines Antrags in einem Verfahren nach Artikel 31 Absatz 8.

(2) Die Mitgliedstaaten stellen sicher, dass eine Entscheidung im Rahmen der Verfahren nach Absatz 1 innerhalb einer angemessenen Frist ergeht. Ist innerhalb von vier Wochen keine Entscheidung ergangen, so wird dem Antragsteller die Einreise in das Hoheitsgebiet des Mitgliedstaats gestattet, damit sein Antrag nach Maßgabe der anderen Bestimmungen dieser Richtlinie bearbeitet werden kann.

(3) Wenn es aufgrund der Ankunft einer erheblichen Anzahl von Drittstaatsangehörigen oder Staatenlosen an der Grenze oder in Transitzonen, die förmlich Anträge auf internationalen Schutz stellen, in der Praxis nicht möglich ist, die Bestimmungen des Absatzes 1 anzuwenden, können die genannten Verfahren auch in diesen Fällen und für die Zeit angewandt werden, in der die Drittstaatsangehörigen oder Staatenlosen normalerweise in der Nähe der Grenze oder Transitzone untergebracht werden.

Kapitel IV. Verfahren zur Aberkennung des internationalen Schutzes

Art. 44 Aberkennung des internationalen Schutzes. Die Mitgliedstaaten stellen sicher, dass eine Prüfung zur Aberkennung des internationalen Schutzes einer bestimmten Person eingeleitet werden kann, wenn neue Elemente oder Erkenntnisse zutage treten, die darauf hindeuten, dass Gründe für eine Überprüfung der Berechtigung ihres internationalen Schutzes bestehen.

Art. 45 Verfahrensvorschriften. (1) Die Mitgliedstaaten stellen sicher, dass in Fällen, in denen die zuständige Behörde in Erwägung zieht, den internationalen Schutz eines Drittstaatsangehörigen oder Staatenlosen nach Maßgabe der Artikel 14 oder 19 der Richtlinie 2011/95/EU abzuerkennen, die betreffende Person über folgende Garantien verfügt:

a) Sie ist schriftlich davon in Kenntnis zu setzen, dass die zuständige Behörde den Anspruch auf internationalen Schutz überprüft und aus welchen Gründen eine solche Überprüfung stattfindet, und

b) ihr ist in einer persönlichen Anhörung gemäß Artikel 12 Absatz 1 Buchstabe b und gemäß den Artikeln 14 bis 17 oder in einer schriftlichen Erklärung Gelegenheit zu geben, Gründe vorzubringen, die dagegen sprechen, ihr den internationalen Schutz abzuerkennen.

(2) Darüber hinaus stellen die Mitgliedstaaten sicher, dass im Rahmen des Verfahrens nach Absatz 1

a) die zuständige Behörde in der Lage ist, aus verschiedenen Quellen, wie gegebenenfalls vom EASO und dem UNHCR, genaue und aktuelle Informationen über die allgemeine Lage in den Herkunftsstaaten der betroffenen Personen einzuholen, und

b) wenn die Informationen für die Zwecke der Überprüfung des internationalen Schutzes im Einzelfall eingeholt werden, diese nicht von den Urhebern der Verfolgung oder des ernsthaften Schadens in einer Weise beschafft werden, dass Letztere unmittelbar darüber unterrichtet werden, dass es sich bei der betreffenden Person um eine Person mit Anspruch auf internationalen Schutz handelt, deren Status überprüft wird, oder dass die körperliche Unversehrtheit der Person oder der von ihr abhängigen Personen oder die Freiheit und Sicherheit ihrer noch im Herkunftsstaat lebenden Familienangehörigen gefährdet werden.

(3) Die Mitgliedstaaten stellen sicher, dass die Entscheidung der zuständigen Behörde, den internationalen Schutz abzuerkennen, schriftlich ergeht. Die Entscheidung enthält eine sachliche und rechtliche Begründung sowie eine schriftliche Rechtsbehelfsbelehrung.

(4) Sobald die zuständige Behörde die Entscheidung erlassen hat, den internationalen Schutz abzuerkennen, sind Artikel 20, Artikel 22, Artikel 23 Absatz 1 und Artikel 29 gleichermaßen anwendbar.

(5) Abweichend von den Absätzen 1 bis 4 können die Mitgliedstaaten beschließen, dass der internationale Schutz im Falle eines eindeutigen Verzichts der Person mit Anspruch auf internationalen Schutz auf ihre Anerkennung als solche von Rechts wegen erlischt. Ein Mitgliedstaat kann auch vorsehen, dass der internationale Schutz von Rechts wegen erlischt, wenn die Person mit Anspruch auf internationalen Schutz die Staatsangehörigkeit dieses Mitgliedstaats erworben hat.

Kapitel V. Rechtsbehelfe

Art. 46 Recht auf einen wirksamen Rechtsbehelf. (1) Die Mitgliedstaaten stellen sicher, dass Antragsteller das Recht auf einen wirksamen Rechtsbehelf vor einem Gericht haben gegen

a) eine Entscheidung über ihren Antrag auf internationalen Schutz, einschließlich einer Entscheidung,

i) einen Antrag als unbegründet in Bezug auf die Flüchtlingseigenschaft und/oder den subsidiären Schutzstatus zu betrachten;

ii) einen Antrag nach Artikel 33 Absatz 2 als unzulässig zu betrachten;

iii) die an der Grenze oder in den Transitzonen eines Mitgliedstaats nach Artikel 43 Absatz 1 ergangen ist;

iv) keine Prüfung nach Artikel 39 vorzunehmen;

b) eine Ablehnung der Wiederaufnahme der Prüfung eines Antrags nach ihrer Einstellung gemäß den Artikeln 27 und 28;

c) eine Entscheidung zur Aberkennung des internationalen Schutzes nach Artikel 45.

(2) Die Mitgliedstaaten stellen sicher, dass von der Asylbehörde als Person mit Anspruch auf subsidiären Schutz anerkannte Personen ihr Recht nach Absatz 1 wahrnehmen können, gegen eine Entscheidung, einen Antrag als unbegründet in Bezug auf die Flüchtlingseigenschaft zu betrachten, einen wirksamen Rechtsbehelf einzulegen.

Unbeschadet des Absatzes 1 Buchstabe c kann – sofern der von einem Mitgliedstaat gewährte subsidiäre Schutzstatus die gleichen Rechte und Vorteile einräumt wie der Flüchtlingsstatus nach dem Unionsrecht und dem nationalen Recht – dieser Mitgliedstaat einen Rechtsbehelf gegen eine Entscheidung, einen Antrag als unbegründet in Bezug auf die Flüchtlingseigenschaft zu betrachten, aufgrund mangelnden Interesses des Antragstellers an der Fortsetzung des Verfahrens als unzulässig betrachten.

(3) Zur Einhaltung des Absatzes 1 stellen die Mitgliedstaaten sicher, dass der wirksame Rechtsbehelf eine umfassende Exnunc-Prüfung vorsieht, die sich sowohl auf Tatsachen als auch auf Rechtsfragen erstreckt und bei der gegebenenfalls das Bedürfnis nach internationalem Schutz gemäß der Richtlinie 2011/95/EU zumindest in Rechtsbehelfsverfahren vor einem erstinstanzlichen Gericht beurteilt wird.

(4) Die Mitgliedstaaten legen angemessene Fristen und sonstige Vorschriften fest, die erforderlich sind, damit der Antragsteller sein Recht auf einen wirksamen Rechtsbehelf nach Absatz 1 wahrnehmen kann. Die Fristen dürfen die Wahrnehmung dieses Rechts weder unmöglich machen noch übermäßig erschweren.

Die Mitgliedstaaten können auch eine Überprüfung der im Einklang mit Artikel 43 ergangenen Entscheidungen von Amts wegen vorsehen.

(5) Unbeschadet des Absatzes 6 gestatten die Mitgliedstaaten den Antragstellern den Verbleib im Hoheitsgebiet bis zum Ablauf der Frist für die Ausübung des Rechts der Antragsteller auf einen wirksamen Rechtsbehelf und, wenn ein solches Recht fristgemäß ausgeübt wurde, bis zur Entscheidung über den Rechtsbehelf.

(6) Im Fall einer Entscheidung,

a) einen Antrag im Einklang mit Artikel 32 Absatz 2 als offensichtlich unbegründet oder nach Prüfung gemäß Artikel 31 Absatz 8 als unbegründet zu betrachten, es sei denn, diese Entscheidungen sind auf die in Artikel 31 Absatz 8 Buchstabe h aufgeführten Umstände gestützt,

b) einen Antrag gemäß Artikel 33 Absatz 2 Buchstaben a, b oder d als unzulässig zu betrachten,

c) die Wiedereröffnung des nach Artikel 28 eingestellten Verfahrens des Antragstellers abzulehnen oder

d) gemäß Artikel 39 den Antrag nicht oder nicht umfassend zu prüfen,

ist das Gericht befugt, entweder auf Antrag des Antragstellers oder von Amts wegen darüber zu entscheiden, ob der Antragsteller im Hoheitsgebiet des Mitgliedstaats verbleiben darf, wenn die Entscheidung zur Folge hat, das Recht des Antragstellers auf Verbleib in dem Mitgliedstaat zu beenden und wenn in diesen Fällen das Recht auf Verbleib in dem betreffenden Mitgliedstaat bis zur Entscheidung über den Rechtsbehelf im nationalen Recht nicht vorgesehen ist.

(7) Für die Verfahren nach Artikel 43 gilt Absatz 6 nur dann, wenn

a) dem Antragsteller die erforderliche Verdolmetschung, rechtlicher Beistand und eine Frist von mindestens einer Woche für die Ausarbeitung des Antrags und zur Vorlage – vor Gericht – der Argumente für eine Gewährung des Rechts auf Verbleib im Hoheitsgebiet bis zum Ergebnis des Rechtsbehelfs zur Verfügung steht und

b) im Rahmen der Prüfung des in Absatz 6 genannten Antrags das Gericht die abschlägige Entscheidung der Asylbehörde in faktischer und rechtlicher Hinsicht prüft.

Sind die Voraussetzungen nach den Buchstaben a und b nicht gegeben, so kommt Absatz 5 zur Anwendung.

(8) Die Mitgliedstaaten gestatten dem Antragsteller, bis zur Entscheidung in dem Verfahren nach den Absätzen 6 und 7 darüber, ob der Antragsteller im Hoheitsgebiet des Mitgliedstaats verbleiben darf, im Hoheitsgebiet zu verbleiben.

(9) Die Absätze 5, 6 und 7 gelten unbeschadet des Artikels 26 der Verordnung (EU) Nr. 604/2013.

(10) Die Mitgliedstaaten können für das Gericht nach Absatz 1 Fristen für die Prüfung der Entscheidung der Asylbehörde vorsehen.

(11) Die Mitgliedstaaten können ferner in ihren nationalen Rechtsvorschriften die Bedingungen für die Vermutung der stillschweigenden Rücknahme oder des Nichtbetreibens eines Rechtsbehelfs nach Absatz 1 durch den Antragsteller sowie das anzuwendende Verfahren festlegen.

Kapitel VI. Allgemeine und Schlussbestimmungen

Art. 47 Anfechtung durch die Behörden. Die Möglichkeit der Behörden, die behördlichen und/oder gerichtlichen Entscheidungen nach Maßgabe des nationalen Rechts anzufechten, bleibt von dieser Richtlinie unberührt.

Art. 48 Vertraulichkeit. Die Mitgliedstaaten gewährleisten, dass die mit der Anwendung dieser Richtlinie betrauten Behörden hinsichtlich aller Informationen, von denen sie bei ihrer Tätigkeit Kenntnis erlangen, an den Grundsatz der Vertraulichkeit gebunden sind, so wie sich dieser aus dem nationalen Recht ergibt.

Art. 49 Zusammenarbeit. Jeder Mitgliedstaat benennt eine nationale Kontaktstelle und teilt deren Anschrift der Kommission mit. Die Kommission leitet diese Angaben an die übrigen Mitgliedstaaten weiter.

Die Mitgliedstaaten treffen in Abstimmung mit der Kommission alle zweckdienlichen Vorkehrungen für eine direkte Zusammenarbeit und einen Informationsaustausch zwischen den zuständigen Behörden.

Wenn die Mitgliedstaaten von den Maßnahmen nach Artikel 6 Absatz 5, Artikel 14 Absatz 1 Unterabsatz 2 und Artikel 31 Absatz 3 Buchstabe b Gebrauch machen, unterrichten sie die Kommission hierüber, sobald die Gründe für die Anwendung dieser außergewöhnlichen Maßnahmen nicht mehr bestehen, mindestens aber jährlich. Diese Informationen enthalten möglichst Angaben zum Prozentanteil der Anträge, auf die Ausnahmen angewendet wurden, an der Gesamtzahl der in dem betreffenden Zeitraum bearbeiteten Anträge.

Art. 50 Bericht. Die Kommission erstattet dem Europäischen Parlament und dem Rat bis zum 20. Juli 2017 Bericht über die Anwendung dieser Richtlinie in den Mitgliedstaaten und schlägt gegebenenfalls die notwendigen Änderungen vor. Die Mitgliedstaaten übermitteln der Kommission alle für die Erstellung ihres Berichts erforderlichen Informationen. Nach Vorlage dieses Berichts erstattet die Kommission dem Europäischen Parlament und dem Rat mindestens alle fünf Jahre Bericht über die Anwendung dieser Richtlinie in den Mitgliedstaaten.

Im Rahmen des ersten Berichts berichtet die Kommission ferner insbesondere über die Anwendung des Artikels 17 und die verschiedenen Instrumente, die im Zusammenhang mit der Berichterstattung über die persönliche Anhörung verwendet werden.

Art. 51 Umsetzung. (1) Die Mitgliedstaaten setzen die Rechts- und Verwaltungsvorschriften in Kraft, die erforderlich sind, um den Artikeln 1 bis 30, Artikel 31 Absätze 1, 2 und 6 bis 9, den Artikeln 32 bis 46, den Artikeln 49 und 50 sowie dem Anhang I bis spätestens 20. Juli 2015 nachzukommen. Sie teilen der Kommission unverzüglich den Wortlaut dieser Vorschriften mit.

(2) Die Mitgliedstaaten setzen die erforderlichen Rechts- und Verwaltungsvorschriften in Kraft, um Artikel 31 Absätze 3, 4 und 5 bis 20. Juli 2018 nachzukommen. Sie teilen der Kommission unverzüglich den Wortlaut dieser Vorschriften mit.

(3) Bei Erlass der Vorschriften nach den Absätzen 1 und 2 nehmen die Mitgliedstaaten in den Vorschriften selbst oder durch einen Hinweis bei der amtlichen Veröffentlichung auf diese Richtlinie Bezug. In diese

Vorschriften fügen sie ferner die Erklärung ein, dass Bezugnahmen in den geltenden Rechtsund Verwaltungsvorschriften auf die durch die vorliegende Richtlinie aufgehobene Richtlinie als Bezugnahmen auf die vorliegende Richtlinie gelten. Die Mitgliedstaaten regeln die Einzelheiten dieser Bezugnahme und die Formulierung dieser Erklärung.

(4) Die Mitgliedstaaten teilen der Kommission den Wortlaut der wichtigsten nationalen Rechtsvorschriften mit, die sie auf dem unter diese Richtlinie fallenden Gebiet erlassen.

Art. 52 Übergangsbestimmungen. Die Mitgliedstaaten wenden die Rechts- und Verwaltungsvorschriften nach Artikel 51 Absatz 1 auf förmlich gestellte Anträge auf internationalen Schutz sowie auf eingeleitete Verfahren zur Aberkennung des internationalen Schutzes nach dem 20. Juli 2015 oder früher an. Für vor diesem Datum förmlich gestellte Anträge und vor diesem Datum eingeleitete Verfahren zur Aberkennung der Flüchtlingseigenschaft gelten die Rechts- und Verwaltungsvorschriften nach Maßgabe der Richtlinie 2005/85/EG.

Die Mitgliedstaaten wenden die Rechts- und Verwaltungsvorschriften nach Artikel 51 Absatz 2 auf nach dem 20. Juli 2018 oder früher förmlich gestellte Anträge auf internationalen Schutz an. Für vor diesem Datum förmlich gestellte Anträge gelten die Rechts- und Verwaltungsvorschriften nach Maßgabe der Richtlinie 2005/85/EG.

Art. 53 Aufhebung. Die Richtlinie 2005/85/EG wird im Verhältnis zu den Mitgliedstaaten, die durch diese Richtlinie gebunden sind, unbeschadet der Verpflichtungen dieser Mitgliedstaaten hinsichtlich der in Anhang II Teil B genannten Frist für die Umsetzung der Richtlinie in nationales Recht mit Wirkung vom 21. Juli 2015 aufgehoben.
Bezugnahmen auf die aufgehobene Richtlinie gelten als Bezugnahmen auf die vorliegende Richtlinie und sind nach Maßgabe der Entsprechungstabelle in Anhang III zu lesen.

Art. 54 Inkrafttreten und Geltung. Diese Richtlinie tritt am zwanzigsten Tag nach ihrer Veröffentlichung im *Amtsblatt der Europäischen Union* in Kraft.

Die Artikel 47 und 48 gelten ab dem 21. Juli 2015.

Art. 55 Adressaten. Diese Richtlinie ist gemäß den Verträgen an die Mitgliedstaaten gerichtet.

Anhang I

Bestimmung sicherer Herkunftsstaaten im Sinne des Artikels 37 Absatz 1

Ein Staat gilt als sicherer Herkunftsstaat, wenn sich anhand der dortigen Rechtslage, der Anwendung der Rechtsvorschriften in einem demokratischen System und der allgemeinen politischen Lage nachweisen lässt, dass dort generell und durchgängig weder eine Verfolgung im Sinne des Artikels 9 der Richtlinie 2011/95/EU noch Folter oder unmenschliche oder erniedrigende Behandlung oder Strafe noch Bedrohung infolge willkürlicher Gewalt im Rahmen eines internationalen oder innerstaatlichen bewaffneten Konflikts zu befürchten sind.

Bei der entsprechenden Beurteilung wird unter anderem berücksichtigt, inwieweit Schutz vor Verfolgung und Misshandlung geboten wird durch

a) die einschlägigen Rechts- und Verwaltungsvorschriften des Staates und die Art und Weise ihrer Anwendung;

b) die Wahrung der Rechte und Freiheiten nach der Europäischen Konvention zum Schutz der Menschenrechte und Grundfreiheiten und/oder dem Internationalen Pakt über bürgerliche und politische Rechte und/oder dem Übereinkommen der Vereinten Nationen gegen Folter, insbesondere der Rechte, von denen gemäß Artikel 15 Absatz 2 der Europäischen Konvention keine Abweichung zulässig ist;

c) die Einhaltung des Grundsatzes der Nicht-Zurückweisung nach der Genfer Flüchtlingskonvention;

d) das Bestehen einer Regelung, die einen wirksamen Rechtsbehelf bei Verletzung dieser Rechte und Freiheiten gewährleistet.

Anhang II

Teil A. Aufgehobene Richtlinie (gemäß Artikel 53)

Richtlinie 2005/85/EG des Rates
(ABl. L 326 vom 13. 12. 2005, S. 13)

Teil B. Frist für die Umsetzung der Richtlinie in nationales Recht (gemäß Artikel 51)

Richtlinie	Umsetzungsfrist
2005/85/EG	Erste Frist: 1. Dezember 2007 Zweite Frist: 1. Dezember 2008

Anhang III

Entsprechungstabelle

Richtlinie 2005/85/EG	Diese Richtlinie
Artikel 1	*Artikel 1*
Artikel 2 Buchstaben a bis c	Artikel 2 Buchstaben a bis c
–	Artikel 2 Buchstabe d

Richtlinie 2005/85/EG	Diese Richtlinie
Artikel 2 Buchstaben d bis f	Artikel 2 Buchstaben e bis g
–	Artikel 2 Buchstaben h und i
Artikel 2 Buchstabe g	Artikel 2 Buchstabe j
–	Artikel 2 Buchstaben k und l
Artikel 2 Buchstaben h bis k	Artikel 2 Buchstaben m bis p
–	Artikel 2 Buchstaben q
Artikel 3 Absätze 1 und 2	Artikel 3 Absätze 1 und 2
Artikel 3 Absatz 3	–
Artikel 3 Absatz 4	Artikel 3 Absatz 3
Artikel 4 Absatz 1 Unterabsatz 1	Artikel 4 Absatz 1 Unterabsatz 1
Artikel 4 Absatz 1 Unterabsatz 2	–
Artikel 4 Absatz 2 Buchstabe a	Artikel 4 Absatz 2 Buchstabe a
Artikel 4 Absatz 2 Buchstaben b bis d	–
Artikel 4 Absatz 2 Buchstabe e	Artikel 4 Absatz 2 Buchstabe b
Artikel 4 Absatz 2 Buchstabe f	–
–	Artikel 4 Absatz 3
Artikel 4 Absatz 3	Artikel 4 Absatz 4
–	Artikel 4 Absatz 5
Artikel 5	*Artikel 5*
Artikel 6 Absatz 1	Artikel 6 Absatz 1
–	Artikel 6 Absätze 2 bis 4
Artikel 6 Absätze 2 und 3	Artikel 7 Absätze 1 und 2
–	Artikel 7 Absatz 3
–	Artikel 7 Absatz 4
Artikel 6 Absatz 4	Artikel 7 Absatz 5
Artikel 6 Absatz 5	–
–	Artikel 8
Artikel 7 Absätze 1 und 2	Artikel 9 Absätze 1 und 2
–	Artikel 9 Absatz 3
Artikel 8 Absatz 1	Artikel 10 Absatz 1
–	Artikel 10 Absatz 2
Artikel 8 Absatz 2 Buchstaben a bis c	Artikel 10 Absatz 3 Buchstaben a bis c
–	Artikel 10 Absatz 3 Buchstabe d
Artikel 8 Absätze 3 und 4	Artikel 10 Absätze 4 und 5
Artikel 9 Absatz 1	Artikel 11 Absatz 1
Artikel 9 Absatz 2 Unterabsatz 1	Artikel 11 Absatz 2 Unterabsatz 1
Artikel 9 Absatz 2 Unterabsatz 2	–
Artikel 9 Absatz 2 Unterabsatz 3	Artikel 11 Absatz 2 Unterabsatz 2
Artikel 9 Absatz 3	Artikel 11 Absatz 3
Artikel 10 Absatz 1 Buchstaben a bis c	Artikel 12 Absatz 1 Buchstaben a bis c
–	Artikel 12 Absatz 1 Buchstabe d
Artikel 10 Absatz 1 Buchstaben d und e	Artikel 12 Absatz 1 Buchstaben e und f

Richtlinie 2005/85/EG	Diese Richtlinie
Artikel 10 Absatz 2	Artikel 12 Absatz 2
Artikel 11	Artikel 13
Artikel 12 Absatz 1 Unterabsatz 1	Artikel 14 Absatz 1 Unterabsatz 1
Artikel 12 Absatz 2 Unterabsatz 2	–
–	Artikel 14 Absatz 1 Unterabsätze 2 und 3
Artikel 12 Absatz 2 Unterabsatz 3	Artikel 14 Absatz 1 Unterabsatz 4
Artikel 12 Absatz 2 Buchstabe a	Artikel 14 Absatz 2 Buchstabe a
Artikel 12 Absatz 2 Buchstabe b	–
Artikel 12 Absatz 2 Buchstabe c	–
Artikel 12 Absatz 3 Unterabsatz 1	Artikel 14 Absatz 2 Buchstabe b
Artikel 12 Absatz 3 Unterabsatz 2	Artikel 14 Absatz 2 Unterabsatz 2
Artikel 12 Absätze 4 bis 6	Artikel 14 Absätze 3 bis 5
Artikel 13 Absätze 1 und 2	Artikel 15 Absätze 1 und 2
Artikel 13 Absatz 3 Buchstabe a	Artikel 15 Absatz 3 Buchstabe a
–	Artikel 15 Absatz 3 Buchstabe b
Artikel 13 Absatz 3 Buchstabe b	Artikel 15 Absatz 3 Buchstabe c
–	Artikel 15 Absatz 3 Buchstabe d
–	Artikel 15 Absatz 3 Buchstabe e
Artikel 13 Absatz 4	Artikel 15 Absatz 4
Artikel 13 Absatz 5	–
–	Artikel 16
Artikel 14	–
–	Artikel 17
–	Artikel 18
–	Artikel 19
Artikel 15 Absatz 1	Artikel 22 Absatz 1
Artikel 15 Absatz 2	Artikel 20 Absatz 1
–	Artikel 20 Absätze 2 bis 4
–	Artikel 21 Absatz 1
Artikel 15 Absatz 3 Buchstabe a	–
Artikel 15 Absatz 3 Buchstaben b und c	Artikel 21 Absatz 2 Buchstaben a und b
Artikel 15 Absatz 3 Buchstabe d	–
Artikel 15 Absatz 3 Unterabsatz 2	–
Artikel 15 Absätze 4 bis 6	Artikel 21 Absätze 3 bis 5
–	Artikel 22 Absatz 2
Artikel 16 Absatz 1 Unterabsatz 1	Artikel 23 Absatz 1 Unterabsatz 1
Artikel 16 Absatz 1 Unterabsatz 2 Satz 1	Artikel 23 Absatz 1 Unterabsatz 2 einleitender Satzteil
–	Artikel 23 Absatz 1 Buchstabe a
Artikel 16 Absatz 1 Unterabsatz 2 Satz 2	Artikel 23 Absatz 1 Buchstabe b
Artikel 16 Absatz 2 Satz 1	Artikel 23 Absatz 2
Artikel 16 Absatz 2 Satz 2	–
–	Artikel 23 Absatz 3

Richtlinie 2005/85/EG	Diese Richtlinie
Artikel 16 Absatz 3	Artikel 23 Absatz 4 Unterabsatz 1
Artikel 16 Absatz 4 Unterabsatz 1	–
Artikel 16 Absatz 4 Unterabsätze 2 und 3	Artikel 23 Absatz 4 Unterabsätze 2 und 3
–	Artikel 24
Artikel 17 Absatz 1	Artikel 25 Absatz 1
Artikel 17 Absatz 2 Buchstabe a	Artikel 25 Absatz 2
Artikel 17 Absatz 2 Buchstaben b und c	–
Artikel 17 Absatz 3	–
Artikel 17 Absatz 4	Artikel 25 Absatz 3
–	Artikel 25 Absatz 4
Artikel 17 Absatz 5	Artikel 25 Absatz 5
–	Artikel 25 Absatz 6
Artikel 17 Absatz 6	Artikel 25 Absatz 7
Artikel 18	Artikel 26
Artikel 19	Artikel 27
Artikel 20 Absätze 1 und 2	Artikel 28 Absätze 1 und 2
–	Artikel 28 Absatz 3
Artikel 21	Artikel 29
Artikel 22	Artikel 30
Artikel 23 Absatz 1	Artikel 31 Absatz 1
Artikel 23 Absatz 2 Unterabsatz 1	Artikel 31 Absatz 2
–	Artikel 31 Absatz 3
–	Artikel 31 Absätze 4 und 5
Artikel 23 Absatz 2 Unterabsatz 2	Artikel 31 Absatz 6
Artikel 23 Absatz 3	
–	Artikel 31 Absatz 7
Artikel 23 Absatz 4 Buchstabe a	Artikel 31 Absatz 8 Buchstabe a
Artikel 23 Absatz 4 Buchstabe b	–
Artikel 23 Absatz 4 Buchstabe c Ziffer i	Artikel 31 Absatz 8 Buchstabe b
Artikel 23 Absatz 4 Buchstabe c Ziffer ii	–
Artikel 23 Absatz 4 Buchstabe d	Artikel 31 Absatz 8 Buchstabe c
Artikel 23 Absatz 4 Buchstabe e	–
Artikel 23 Absatz 4 Buchstabe f	Artikel 31 Absatz 8 Buchstabe d
Artikel 23 Absatz 4 Buchstabe g	Artikel 31 Absatz 8 Buchstabe e
–	Artikel 31 Absatz 8 Buchstabe f
Artikel 23 Absatz 4 Buchstaben h und i	–
Artikel 23 Absatz 4 Buchstabe j	Artikel 31 Absatz 6 Buchstabe g
–	Artikel 31 Absatz 8 Buchstaben h und i
Artikel 23 Absatz 4 Buchstaben k und l	–

Richtlinie 2005/85/EG	Diese Richtlinie
Artikel 23 Absatz 4 Buchstabe m	Artikel 31 Absatz 8 Buchstabe j
Artikel 23 Absatz 4 Buchstaben n und o	–
–	Artikel 31 Absätze 9
Artikel 24	–
Artikel 25	Artikel 33
Artikel 25 Absatz 1	Artikel 33 Absatz 1
Artikel 25 Absatz 2 Buchstaben a bis c	Artikel 33 Absatz 2 Buchstaben a bis c
Artikel 25 Absatz 2 Buchstaben d und e	–
Artikel 25 Absatz 2 Buchstaben f und g	Artikel 33 Absatz 2 Buchstaben d und e
–	Artikel 34
Artikel 26	Artikel 35
Artikel 27 Absatz 1 Buchstabe a	Artikel 38 Absatz 1 Buchstabe a
–	Artikel 38 Absatz 1 Buchstabe b
Artikel 27 Absatz 1 Buchstaben b bis d	Artikel 38 Absatz 1 Buchstaben c bis e
Artikel 27 Absätze 2 bis 5	Artikel 38 Absätze 2 bis 5
Artikel 28	Artikel 32
Artikel 29	–
Artikel 30 Absatz 1	Artikel 37 Absatz 1
Artikel 30 Absätze 2 bis 4	–
–	Artikel 37 Absatz 2
Artikel 30 Absätze 5 und 6	Artikel 37 Absätze 3 und 4
Artikel 31 Absatz 1	Artikel 36 Absatz 1
Artikel 31 Absatz 2	–
Artikel 31 Absatz 3	Artikel 36 Absatz 2
Artikel 32 Absatz 1	Artikel 40 Absatz 1
Artikel 32 Absatz 2	–
Artikel 32 Absatz 3	Artikel 40 Absatz 2
Artikel 32 Absatz 4	Artikel 40 Absatz 3 Satz 1
Artikel 32 Absatz 5	Artikel 40 Absatz 3 Satz 2
Artikel 32 Absatz 6	Artikel 40 Absatz 4
–	Artikel 40 Absatz 5
Artikel 32 Absatz 7 Unterabsatz 1	Artikel 40 Absatz 6 Buchstabe a
–	Artikel 40 Absatz 6 Buchstabe b
Artikel 32 Absatz 7 Unterabsatz 2	Artikel 40 Absatz 6 Unterabsatz 2
–	Artikel 40 Absatz 7
–	Artikel 41
Artikel 33	–
Artikel 34 Absatz 1 und Absatz 2 Buchstabe a	Artikel 42 Absatz 1 und Absatz 2 Buchstabe a
Artikel 34 Absatz 2 Buchstabe b	–
Artikel 34 Absatz 2 Buchstabe c	Artikel 42 Absatz 2 Buchstabe b

Richtlinie 2005/85/EG	Diese Richtlinie
Artikel 34 Absatz 3 Buchstabe a	Artikel 42 Absatz 3
Artikel 34 Absatz 3 Buchstabe b	–
Artikel 35 Absatz 1	Artikel 43 Absatz 1 Buchstabe a
–	Artikel 43 Absatz 1 Buchstabe b
Artikel 35 Absatz 2 Buchstaben a bis f	–
Artikel 35 Absatz 4	Artikel 43 Absatz 2
Artikel 35 Absatz 5	Artikel 43 Absatz 3
Artikel 36 Absatz 1 bis Absatz 2 Buchstabe c	Artikel 39 Absatz 1 bis Absatz 2 Buchstabe c
Artikel 36 Absatz 2 Buchstabe d	–
Artikel 36 Absatz 3	–
–	Artikel 39 Absatz 3
Artikel 36 Absätze 4 bis 6	Artikel 39 Absätze 4 bis 6
–	Artikel 39 Absatz 7
Artikel 36 Absatz 7	–
Artikel 37	Artikel 44
Artikel 38	Artikel 45
–	Artikel 46 Absatz 1 Buchstabe a Ziffer i
Artikel 39 Absatz 1 Buchstabe a Ziffern i und ii	Artikel 46 Absatz 1 Buchstabe a Ziffern ii und iii
Artikel 39 Absatz 1 Buchstabe a Ziffer iii	–
Artikel 39 Absatz 1 Buchstabe b	Artikel 46 Absatz 1 Buchstabe b
Artikel 39 Absatz 1 Buchstaben c und d	–
Artikel 39 Absatz 1 Buchstabe e	Artikel 46 Absatz 1 Buchstabe c
–	Artikel 46 Absätze 2 und 3
Artikel 39 Absatz 2	Artikel 46 Absatz 4 Unterabsatz 1
–	Artikel 46 Absatz 4 Unterabsätze 2 und 3
Artikel 39 Absatz 3	–
–	Artikel 46 Absätze 5 bis 9
Artikel 39 Absatz 4	Artikel 46 Absatz 10
Artikel 39 Absatz 5	–
Artikel 39 Absatz 6	Artikel 41 Absatz 11
Artikel 40	Artikel 47
Artikel 41	Artikel 48
–	Artikel 49
Artikel 42	Artikel 50
Artikel 43 Unterabsatz 1	Artikel 51 Absatz 1
–	Artikel 51 Absatz 2
Artikel 43 Unterabsätze 2 und 3	Artikel 51 Absätze 3 und 4
Artikel 44	Artikel 52 Unterabsatz 1
–	Artikel 52 Unterabsatz 2

Richtlinie 2005/85/EG	Diese Richtlinie
–	Artikel 53
Artikel 45	Artikel 54
Artikel 46	Artikel 55
Anhang I	–
Anhang II	Anhang I
Anhang III	–
–	Anhang II
–	Anhang III

290. Verordnung (EU) 2016/399 des Europäischen Parlaments und des Rates über einen Unionskodex für das Überschreiten der Grenzen durch Personen (Schengener Grenzkodex)[1]

Vom 9. März 2016

(ABl. Nr. L 77/1 v. 23.3.2016; geänd. durch VO (EU) 2016/1624, ABl. Nr. L 251/1; VO (EU) 2017/458, ABl. Nr. L 74/1, ber. ABl. Nr. L 272/69 v. 31.10.2018 und VO (EU) 2017/2225, ABl. Nr. L 327/1, ber. ABl. Nr. L 312/107 v. 7.12.2018[2] und VO (EU) 2019/817, ABl. Nr. L 135/27 v. 22.5.2019)

DAS EUROPÄISCHE PARLAMENT UND DER RAT DER EUROPÄISCHEN UNION –

gestützt auf den Vertrag über die Arbeitsweise der Europäischen Union, insbesondere auf Artikel 77 Absatz 2 Buchstaben b und e,

auf Vorschlag der Europäischen Kommission,

nach Zuleitung des Entwurfs des Gesetzgebungsakts an die nationalen Parlamente,

gemäß dem ordentlichen Gesetzgebungsverfahren[3],

in Erwägung nachstehender Gründe:

(1) Die Verordnung (EG) Nr. 562/2006 des Europäischen Parlaments und des Rates[4] ist mehrfach und in wesentlichen Punkten geändert worden[5]. Aus Gründen der Übersichtlichkeit und Klarheit empfiehlt es sich, die genannte Verordnung zu kodifizieren.

(2) Der Erlass von Maßnahmen nach Artikel 77 Absatz 2 Buchstabe e des Vertrags über die Arbeitsweise der Europäischen Union (AEUV),

---

[1] Die VO kodifiziert die vielfach geänderte (vgl. Anhang IX) Vorgänger-VO 562/2006 und hebt diese gleichzeitig auf (vgl. Art. 44); für Bezugnahmen auf die VO in anderen Rechtsakten vgl. die Entsprechungstabelle in Anhang X.

[2] Die hier noch nicht eingearbeiteten (weitreichenden) Änderungen durch VO (EU) 2017/2225 stehen im Zusammenhang mit der (für 2020) geplanten Einführung eines neuen großrechnergestützten Ein- und Ausreisesystem der Union (EES, vgl. VO (EU) 2017/2226, ABl. Nr. L 327/20), welches durch die EU-Agentur eu-LISA betrieben werden soll. (Das Mandat dieser Agentur ist jüngst durch VO 2018/1726 v. 14.11.2018 (ABl. Nr. L 295/99 v. 21.11.2018) deutlich gestärkt worden). Daher bestimmt Art. 2 VO 2017/2225: „(2) Diese Verordnung gilt ab dem Datum der Inbetriebnahme des EES, das von der Kommission gemäß Artikel 66 der Verordnung (EU) 2017/2226 festgelegt wird. (3) Abweichend von Absatz 2 dieses Artikels gilt diese Verordnung für diejenigen Mitgliedstaaten gemäß Artikel 66 Absatz 3 der Verordnung (EU) 2017/2226, die noch nicht am Betrieb des EES beteiligt sind, ab dem Zeitpunkt ihrer Anbindung an das EES gemäß Artikel 66 Absatz 3 jener Verordnung. Bis zu ihrer Anbindung an das EES gelten für diese Mitgliedstaaten die in Artikel 42a der Verordnung (EU) 2016/399 festgelegten Übergangsvorschriften für das Abstempeln der Reisedokumente.

[3] Standpunkt des Europäischen Parlaments vom 2. Februar 2016 (noch nicht im Amtsblatt veröffentlicht) und Beschluss des Rates vom 29. Februar 2016.

[4] Verordnung (EG) Nr. 562/2006 des Europäischen Parlaments und des Rates vom 15. März 2006 über einen Gemeinschaftskodex für das Überschreiten der Grenzen durch Personen (Schengener Grenzkodex) (ABl. L 105 vom 13.4.2006, S. 1).

[5] Siehe Anhang IX.

die sicherstellen, dass Personen beim Überschreiten der Binnengrenzen nicht kontrolliert werden, ist Teil des Ziels der Union nach Artikel 26 Absatz 2 AEUV, einen Raum ohne Binnengrenzen aufzubauen, in dem der freie Personenverkehr gewährleistet ist.

(3) Gemäß Artikel 67 Absatz 2 AEUV muss die Schaffung eines Raums des freien Personenverkehrs mit flankierenden Maßnahmen einhergehen. Zu diesen Maßnahmen gehört die in Artikel 77 Absatz 1 Buchstabe b AEUV vorgesehene gemeinsame Politik bezüglich des Überschreitens der Außengrenzen.

(4) Gemeinsame Maßnahmen bezüglich des Überschreitens der Binnengrenzen durch Personen sowie bezüglich der Grenzkontrollen an den Außengrenzen sollten dem in den Rahmen der Union einbezogenen Schengen-Besitzstand, insbesondere den einschlägigen Bestimmungen des Übereinkommens zur Durchführung des Übereinkommens von Schengen vom 14. Juni 1985 zwischen den Regierungen der Staaten der Benelux-Wirtschaftsunion, der Bundesrepublik Deutschland und der Französischen Republik betreffend den schrittweisen Abbau der Kontrollen an den gemeinsamen Grenzen[1] sowie dem Gemeinsamen Handbuch[2], Rechnung tragen.

(5) Das Recht auf freien Personenverkehr der Unionsbürger und ihrer Familienangehörigen sowie der Drittstaatsangehörigen und ihrer Familienangehörigen, die aufgrund von Übereinkommen zwischen der Union und ihren Mitgliedstaaten einerseits und den betreffenden Drittstaaten andererseits über ein Recht auf freien Personenverkehr verfügen, das dem der Unionsbürger gleichwertig ist, wird durch ein gemeinsames Regelwerk für das Überschreiten der Grenzen durch Personen weder in Frage gestellt noch beeinträchtigt.

(6) Grenzkontrollen liegen nicht nur im Interesse des Mitgliedstaats, an dessen Außengrenzen sie erfolgen, sondern auch im Interesse sämtlicher Mitgliedstaaten, die die Grenzkontrollen an den Binnengrenzen abgeschafft haben. Grenzkontrollen sollten zur Bekämpfung der illegalen Zuwanderung und des Menschenhandels sowie zur Vorbeugung jeglicher Bedrohung der inneren Sicherheit, der öffentlichen Ordnung, der öffentlichen Gesundheit und der internationalen Beziehungen der Mitgliedstaaten beitragen.

(7) Grenzübertrittskontrollen sollten auf eine Weise durchgeführt werden, bei der die menschliche Würde in vollem Umfang gewahrt wird. Die Durchführung von Grenzkontrollen sollte auf professionelle und respektvolle Weise erfolgen und, gemessen an den verfolgten Zielen, verhältnismäßig sein.

(8) Die Grenzkontrollen umfassen nicht nur die Personenkontrollen an den Grenzübergangsstellen und die Überwachung zwischen diesen Grenzübergangsstellen sondern auch die Analyse des Risikos für die innere Sicherheit sowie der Bedrohungen, die die Sicherheit der Au-

---

[1] ABl. L 239 vom 22.9.2000, S. 19.

[2] ABl. C 313 vom 16.12.2002, S. 97.

ßengrenzen beeinträchtigen können. Daher müssen die Voraussetzungen, Kriterien und Modalitäten sowohl der Kontrollen an den Grenzübergangsstellen als auch der Überwachung, einschließlich der Abfragen im Schengener Informationssystem (SIS), festgelegt werden.

(9) Es ist notwendig, Vorschriften zur Berechnung der zulässigen Dauer von Kurzaufenthalten in der Union festzulegen. Klare, einfache und einheitliche Regelungen in allen Rechtsakten, in denen diese Frage behandelt wird, wären für Reisende wie Grenz- und Visumbehörden gleichermaßen von Vorteil.

(10) Da allein durch eine Verifizierung der Fingerabdrücke sich eindeutig bestätigen lässt, dass eine Person, die in den Schengen-Raum

(Fortsetzung nächstes Blatt)

einreisen will, mit dem Visuminhaber identisch ist, sollten Bestimmungen für die Nutzung des in der Verordnung (EG) Nr. 767/2008 des Europäischen Parlaments und des Rates[1)] vorgesehenen Visa-Informationssystems (VIS) an den Außengrenzen erlassen werden.

(11) Zur Prüfung, ob die Einreisebedingungen für Drittstaatsangehörige gemäß dieser Verordnung erfüllt sind, und zur erfolgreichen Wahrnehmung ihrer Aufgaben sollten die Grenzschutzbeamten alle erforderlichen verfügbaren Informationen, einschließlich Abfragen des VIS, nutzen.

(12) Um zu verhindern, dass Grenzübergangsstellen, an denen das VIS genutzt wird, umgangen werden könnten, und um die volle Wirkung des VIS zu gewährleisten, muss das System bei Einreisekontrollen an den Außengrenzen in einheitlicher Weise genutzt werden.

(13) Da im Falle von Mehrfachanträgen biometrische Daten erneut verwendet und von dem ersten im VIS gespeicherten Antrag übernommen werden können, sollte die Nutzung des VIS für Einreisekontrollen an den Außengrenzen obligatorisch sein.

(14) Die Nutzung des VIS sollte eine systematische Abfrage des VIS mit der Nummer der Visummarke in Kombination mit einer Verifizierung der Fingerabdrücke umfassen. Angesichts der potenziellen Auswirkungen solcher Abfragen auf die Wartezeiten an Grenzübergängen sollte es jedoch möglich sein, für einen Übergangszeitraum ausnahmsweise und unter genau festgelegten Umständen eine Abfrage des VIS ohne systematische Verifizierung der Fingerabdrücke durchzuführen. Die Mitgliedstaaten sollten sicherstellen, dass diese Ausnahme nur dann Anwendung findet, wenn die dazu erforderlichen Bedingungen uneingeschränkt gegeben sind, und dass die Dauer und die Häufigkeit der Anwendung dieser Ausnahme an den einzelnen Grenzübergängen auf ein striktes Mindestmaß begrenzt werden.

(15) Um übermäßige Wartezeiten an den Grenzübergangsstellen zu vermeiden, sollte es möglich sein, bei außergewöhnlichen und unvorhersehbaren Umständen die Kontrollen an den Außengrenzen zu lockern. Dokumente von Drittstaatsangehörigen müssen aber auch bei gelockerten Grenzübertrittskontrollen weiterhin systematisch abgestempelt werden. Anhand der Abstempelung lässt sich mit Sicherheit das Datum und der Ort des Grenzübertritts feststellen, ohne dass in allen Fällen überprüft werden muss, ob die für die Kontrolle der Reisedokumente erforderlichen Maßnahmen durchgeführt worden sind.

(16) Sofern die Umstände es zulassen, sollten zur Verkürzung der Wartezeiten für Personen, die über das Unionsrecht auf freien Personenverkehr verfügen, an Grenzübergangsstellen getrennte Kontrollspuren mit einheitlicher Beschilderung in allen Mitgliedstaaten eingerich-

1) Verordnung (EG) Nr. 767/2008 des Europäischen Parlaments und des Rates vom 9. Juli 2008 über das Visa-Informationssystem (VIS) und den Datenaustausch zwischen den Mitgliedstaaten über Visa für einen kurzfristigen Aufenthalt (VIS-Verordnung) (ABl. L 218 vom 13.8.2008, S. 60).

tet werden. Auf internationalen Flughäfen sollten getrennte Kontrollspuren eingerichtet werden. Wo es angemessen erscheint und soweit die örtlichen Umstände es zulassen, sollten die Mitgliedstaaten erwägen, an den Grenzübergangsstellen der See- und Landgrenzen getrennte Kontrollspuren einzurichten.

(17) Die Mitgliedstaaten sollten vermeiden, dass der wirtschaftliche, soziale und kulturelle Austausch durch die Kontrollverfahren an den Außengrenzen stark behindert wird. Zu diesem Zweck sollten sie eine angemessene Anzahl von Personal und finanziellen Mitteln bereitstellen.

(18) Die Mitgliedstaaten sollten nach Maßgabe ihres nationalen Rechts die für den Grenzschutz zuständige nationale Stelle bzw. zuständigen nationalen Stellen bestimmen. Sind in einem Mitgliedstaat mehrere Stellen für den Grenzschutz zuständig, so sollte es eine enge und ständige Zusammenarbeit geben.

(19) Die operative Zusammenarbeit und die gegenseitige Unterstützung der Mitgliedstaaten bei den Grenzkontrollen sollten durch die mit der Verordnung (EG) Nr. 2007/2004 des Rates[1] errichtete Europäische Agentur für die operative Zusammenarbeit an den Außengrenzen der Mitgliedstaaten (im Folgenden „Agentur") verwaltet und koordiniert werden.

(20) Die Kontrollen im Rahmen der allgemeinen Polizeibefugnisse, die Personensicherheitskontrollen bei Flügen, die denen bei Inlandsflügen entsprechen, die Möglichkeiten der Mitgliedstaaten, gemäß der Verordnung (EWG) Nr. 3925/91 des Rates[2] in Ausnahmefällen das Gepäck zu kontrollieren und die nationalen Rechtsvorschriften über das Mitführen von Reise- und Identitätsdokumenten oder die Verpflichtung für Personen, ihre Anwesenheit im Hoheitsgebiet des betreffenden Mitgliedstaats den Behörden zu melden, bleiben von der vorliegenden Verordnung unberührt.

(21) In einem Raum, in dem der freie Personenverkehr gewährleistet ist, sollte die Wiedereinführung von Grenzkontrollen an den Binnengrenzen eine Ausnahme bleiben. Grenzkontrollen oder entsprechende Formalitäten, die ausschließlich auf Grund des Überschreitens einer solchen Grenze erfolgen, sollten unterbleiben.

(22) Der Aufbau eines Raums, in dem der freie Personenverkehr über die Binnengrenzen hinweg gewährleistet ist, ist eine der größten Errungenschaften der Union. In einem Raum ohne Kontrollen an den Binnengrenzen bedarf es einer gemeinsamen Antwort auf Situationen, die eine ernsthafte Bedrohung für die öffentliche Ordnung oder die

---

[1] Verordnung (EG) Nr. 2007/2004 des Rates vom 26. Oktober 2004 zur Errichtung einer Europäischen Agentur für die operative Zusammenarbeit an den Außengrenzen der Mitgliedstaaten der Europäischen Union (ABl. L 349 vom 25.11.2004, S. 1).

[2] Verordnung (EWG) Nr. 3925/91 des Rates vom 19. Dezember 1991 über die Abschaffung von Kontrollen und Förmlichkeiten für Handgepäck oder aufgegebenes Gepäck auf einem innergemeinschaftlichen Flug sowie für auf einer innergemeinschaftlichen Seereise mitgeführtes Gepäck (ABl. L 374 vom 31.12.1991, S. 4).

innere Sicherheit dieses Raums, von Teilen dieses Raums oder eines oder mehrerer ihrer Mitgliedstaaten darstellen, indem die vorübergehende Wiedereinführung von Kontrollen an den Binnengrenzen unter außergewöhnlichen Umständen gestattet wird, ohne dass der Grundsatz des freien Personenverkehrs berührt wird. Angesichts der möglichen Auswirkungen derartiger nur als letztes Mittel anzuwendender Maßnahmen auf alle Personen, die innerhalb des Raums ohne Kontrollen an den Binnengrenzen über das Recht auf Freizügigkeit verfügen, müssen die Bedingungen und Verfahren für die Wiedereinführung solcher Maßnahmen festgelegt werden, um sicherzustellen, dass sie eine Ausnahme darstellen und dass der Grundsatz der Verhältnismäßigkeit gewahrt wird. Der Umfang und die Dauer der vorübergehenden Wiedereinführung solcher Maßnahmen sollten auf das zur Bewältigung einer ernsthaften Bedrohung für die öffentliche Ordnung oder die innere Sicherheit unbedingt erforderliche Mindestmaß begrenzt werden.

(23) Da der freie Personenverkehr durch die vorübergehende Wiedereinführung von Kontrollen an den Binnengrenzen beeinträchtigt wird, sollten Entscheidungen über die Wiedereinführung solcher Kontrollen nach gemeinsam festgelegten Kriterien getroffen und der Kommission ordnungsgemäß mitgeteilt oder von einem Organ der Union empfohlen werden. In jedem Fall sollte die Wiedereinführung von Kontrollen an den Binnengrenzen eine Ausnahme bleiben und nur als letztes Mittel in begrenztem Umfang und für einen befristeten Zeitraum auf der Grundlage bestimmter objektiver Kriterien und einer auf Unionsebene zu überwachenden Bewertung der Notwendigkeit einer derartigen Maßnahme eingesetzt werden. Erfordert eine ernsthafte Bedrohung der öffentlichen Ordnung oder der inneren Sicherheit sofortiges Handeln, so sollten die Mitgliedstaaten die Möglichkeit zur Wiedereinführung von Kontrollen an den Binnengrenzen für einen Zeitraum von längstens zehn Tagen haben. Eine Verlängerung dieses Zeitraums sollte auf Unionsebene überwacht werden.

(24) Die Notwendigkeit und Verhältnismäßigkeit der Wiedereinführung von Kontrollen an den Binnengrenzen sollte anhand der Bedrohung der öffentlichen Ordnung oder inneren Sicherheit, die dem Erfordernis einer solchen Wiedereinführung zugrunde liegt, geprüft werden; darüber hinaus sollte untersucht werden, welche alternativen Maßnahmen auf nationaler und/oder Unionsebene ergriffen werden könnten und welche Auswirkungen diese Kontrollen auf den freien Personenverkehr innerhalb des Raums ohne Kontrollen an den Binnengrenzen hätten.

(25) Im Falle einer ernsthaften Bedrohung der öffentlichen Ordnung oder der inneren Sicherheit auf Ebene des Raums ohne Kontrollen an den Binnengrenzen oder auf nationaler Ebene, insbesondere als Folge von terroristischen Zwischenfällen oder Bedrohungen oder von Bedrohungen durch die organisierte Kriminalität, könnte die Wiedereinführung von Kontrollen an den Binnengrenzen im Ausnahmefall geboten sein.

(26) Migration und das Überschreiten der Außengrenzen durch eine große Anzahl von Drittstaatsangehörigen sollte nicht an sich als Gefahr für die öffentliche Ordnung oder die innere Sicherheit betrachtet werden.

(27) Nach ständiger Rechtsprechung des Gerichtshofs der Europäischen Union ist eine Abweichung vom grundlegenden Prinzip der Freizügigkeit eng auszulegen und setzt der Rückgriff auf den Begriff der öffentlichen Ordnung auf jeden Fall voraus, dass eine tatsächliche, gegenwärtige und hinreichend schwere Gefährdung vorliegt, die ein Grundinteresse der Gesellschaft berührt.

(28) Auf Grundlage der gesammelten Erfahrungen in Bezug auf die Funktionsweise des Raums ohne Kontrollen an den Binnengrenzen und als Beitrag zur Gewährleistung einer kohärenten Umsetzung des Schengen-Besitzstands kann die Kommission Leitlinien zur Wiedereinführung von Kontrollen an den Binnengrenzen erarbeiten, und zwar in Fällen, die eine Maßnahme als vorübergehende Reaktion verlangen, und in Fällen, die eine sofortige Maßnahme erforderlich machen. Diese Leitlinien sollten klare Indikatoren enthalten, die die Bewertung der Umstände erleichtern, die eine ernsthafte Bedrohung der öffentlichen Ordnung oder der inneren Sicherheit darstellen könnten.

(29) Werden in einem Evaluierungsbericht schwerwiegende Mängel bei Kontrollen an den Außengrenzen festgestellt, so sollten der Kommission, um die Einhaltung der gemäß der Verordnung (EU) Nr. 1053/2013 des Rates[1)] angenommenen Empfehlungen zu gewährleisten, Durchführungsbefugnisse übertragen werden, damit sie empfehlen kann, dass der evaluierte Mitgliedstaat bestimmte Maßnahmen wie den Einsatz von Europäischen Grenzschutzteams, die Unterbreitung strategischer Pläne oder – als letztes Mittel unter Berücksichtigung des Ernstes der Lage – die Schließung einer bestimmten Grenzübergangsstelle ergreift. Diese Befugnisse sollten im Einklang mit der Verordnung (EU) Nr. 182/2011 des Europäischen Parlaments und des Rates[2)], ausgeübt werden. Gemäß Artikel 2 Absatz 2 Buchstabe b Ziffer iii jener Verordnung sollte das Prüfverfahren angewandt werden.

(30) Die vorübergehende Wiedereinführung von Kontrollen an bestimmten Binnengrenzen nach einem besonderen Verfahren auf Unionsebene könnte auch im Falle außergewöhnlicher Umstände und als letztes Mittel gerechtfertigt sein, wenn aufgrund anhaltender schwerwiegender Mängel im Zusammenhang mit der Kontrolle von Außen-

---

[1)] Verordnung (EU) Nr. 1053/2013 des Rates vom 7. Oktober 2013 zur Einführung eines Evaluierungs- und Überwachungsmechanismus für die Überprüfung der Anwendung des Schengen-Besitzstands und zur Aufhebung des Beschlusses des Exekutivausschusses om 16. September 1998 bezüglich der Errichtung des Ständigen Ausschusses Schengener Durchführungsübereinkommen (ABl. 295 vom 6.11.2013, S. 27).

[2)] Verordnung (EU) Nr. 182/2011 des Europäischen Parlaments und des Rates vom 16. Februar 2011 zur Festlegung der allgemeinen Regeln und Grundsätze, nach denen die Mitgliedstaaten die Wahrnehmung der Durchführungsbefugnisse durch die Kommission kontrollieren (ABl. L 55 vom 28.2.2011, S. 13).

grenzen, die im Rahmen eines strengen Evaluierungsverfahrens nach den Artikeln 14 und 15 der Verordnung (EU) Nr. 1053/2013 festgestellt wurden, das Funktionieren des Raums ohne Kontrollen an den Binnengrenzen insgesamt gefährdet ist, insoweit diese Umstände eine ernsthafte Bedrohung der öffentlichen Ordnung oder der inneren Sicherheit in diesem Raum oder in Teilen dieses Raums darstellen würden. Dieses besondere Verfahren für die vorübergehende Wiedereinführung von Kontrollen an bestimmten Binnengrenzen könnte auch unter denselben Voraussetzungen dadurch ausgelöst werden, dass der evaluierte Mitgliedstaat seine Pflichten in schwerwiegender Weise vernachlässigt hat. Da solche Maßnahmen, welche die nationalen Exekutiv- und Vollstreckungsbefugnisse in Bezug auf die Kontrolle an den Binnengrenzen berühren, politisch heikel sind, sollten dem Rat Durchführungsbefugnisse übertragen werden, damit er auf Vorschlag der Kommission Empfehlungen nach diesem besonderen Verfahren auf Unionsebene annehmen kann.

(31) Vor der Annahme derartiger Empfehlungen über die vorübergehende Wiedereinführung der Kontrollen an bestimmten Binnengrenzen sollte rechtzeitig und gründlich geprüft werden, inwieweit auf Maßnahmen, die auf die Beseitigung des ursprünglichen Problems zielen, zurückgegriffen werden kann, beispielsweise auf Hilfsmaßnahmen durch Einrichtungen und sonstige Stellen der Union wie die Agentur oder das durch den Beschluss 2009/371/JI des Rates[1] errichtete Europäische Polizeiamt (im Folgenden „Europol") und Unterstützungsmaßnahmen technischer oder finanzieller Art auf nationaler und/oder auf Unionsebene. Wird ein schwerwiegender Mangel festgestellt, so kann die Kommission finanzielle Unterstützungsmaßnahmen ergreifen, um dem betreffenden Mitgliedstaat zu helfen. Des Weiteren sollte sich jegliche Empfehlung der Kommission oder des Rates auf fundierte Informationen stützen.

(32) Die Kommission sollte die Möglichkeit haben, sofort geltende Durchführungsrechtsakte zu erlassen, wenn dies in hinreichend begründeten Fällen im Zusammenhang mit Umständen, die eine Verlängerung der Kontrollen an den Binnengrenzen erfordern, aus Gründen äußerster Dringlichkeit erforderlich ist.

(33) Die Evaluierungsberichte und Empfehlungen nach den Artikeln 14 und 15 der Verordnung (EU) Nr. 1053/2013 sollten die Grundlage für das Auslösen der in dieser Verordnung vorgesehenen bestimmten Maßnahmen im Falle schwerwiegender Mängel bei den Kontrollen an den Außengrenzen und des ebenfalls in dieser Verordnung vorgesehenen besonderen Verfahrens im Falle außergewöhnlicher Umstände, in denen das Funktionieren des Raums ohne Kontrollen an den Binnengrenzen insgesamt gefährdet ist, bilden. Die Mitgliedstaaten und die Kommission nehmen gemeinsam regelmäßige, objektive und unpar-

[1] Beschluss 2009/371/JI des Rates vom 6. April 2009 zur Errichtung des Europäischen Polizeiamts (Europol) (ABl. L 121 vom 15.5.2009, S. 37).

teiische Evaluierungen vor, um zu überprüfen, ob diese Verordnung ordnungsgemäß angewendet wird, und die Kommission koordiniert die Evaluierungen in enger Zusammenarbeit mit den Mitgliedstaaten. Der Evaluierungsmechanismus umfasst folgende Elemente: mehrjährige und jährliche Evaluierungsprogramme, angekündigte und unangekündigte Inspektionen vor Ort durch ein kleines Team, das sich aus Vertretern der Kommission und von den Mitgliedstaaten benannten Experten zusammensetzt, von der Kommission angenommene Berichte über das Ergebnis der Evaluierung, vom Rat auf Vorschlag der Kommission angenommene Empfehlungen für Abhilfemaßnahmen, geeignete Folgemaßnahmen, Überwachung und Berichterstattung.

(34) Da das Ziel der Verordnung (EG) Nr. 562/2006 und ihrer nachfolgenden Änderungen, nämlich die Festlegung eines Regelwerks für das Überschreiten der Grenzen durch Personen, von den Mitgliedstaaten nicht ausreichend verwirklicht werden konnte, sondern vielmehr auf Unionsebene besser verwirklicht werden konnte, konnte die Union im Einklang mit dem in Artikel 5 des Vertrags über die Europäische Union (EUV) verankerten Subsidiaritätsprinzip tätig werden. Entsprechend dem in demselben Artikel genannten Grundsatz der Verhältnismäßigkeit gingen diese Verordnung und ihre nachfolgenden Änderungen nicht über das für die Verwirklichung dieses Ziels erforderliche Maß hinaus.

(35) Der Kommission sollte die Befugnis übertragen werden, gemäß Artikel 290 AEUV Rechtsakte hinsichtlich der Einführung zusätzlicher Überwachungsmaßnahmen und der Änderung der Anhänge dieser Verordnung zu erlassen. Es ist von besonderer Bedeutung, dass die Kommission im Zuge ihrer Vorbereitungsarbeit angemessene Konsultationen, auch auf der Ebene von Sachverständigen, durchführt. Bei der Vorbereitung und Ausarbeitung delegierter Rechtsakte sollte die Kommission gewährleisten, dass die einschlägigen Dokumente dem Europäischen Parlament und dem Rat gleichzeitig, rechtzeitig und auf angemessene Weise übermittelt werden.

(36) Diese Verordnung steht im Einklang mit den Grundrechten und Grundsätzen, die insbesondere in der Charta der Grundrechte der Europäischen Union anerkannt sind. Sie sollte unter Beachtung der Verpflichtungen der Mitgliedstaaten in den Bereichen internationaler Schutz und Nichtzurückweisung angewandt werden.

(37) Abweichend von Artikel 355 AEUV findet diese Verordnung nur auf die europäischen Gebiete Frankreichs und der Niederlande Anwendung. Sie berührt nicht die für Ceuta und Melilla geltenden Sonderregelungen, wie sie in dem Übereinkommen über den Beitritt des Königreichs Spanien zu dem Übereinkommen zur Durchführung des Übereinkommens von Schengen vom 14. Juni 1985[1] festgelegt sind.

---

[1] ABl. L 239 vom 22.9.2000, S. 69.

(38) Nach den Artikeln 1 und 2 des dem Vertrag über die Europäische Union und dem AEUV beigefügten Protokolls Nr. 22 über die Position Dänemarks beteiligt sich Dänemark nicht an der Annahme dieser Verordnung und ist weder durch diese Verordnung gebunden noch zu ihrer Anwendung verpflichtet. Da diese Verordnung den Schengen-Besitzstand ergänzt, beschließt Dänemark gemäß Artikel 4 des genannten Protokolls innerhalb von sechs Monaten, nachdem der Rat diese Verordnung angenommen hat, ob es sie in nationales Recht umsetzt.

(39) Für Island und Norwegen stellt diese Verordnung eine Weiterentwicklung der Bestimmungen des Schengen-Besitzstands im Sinne des Übereinkommens zwischen dem Rat der Europäischen Union sowie der Republik Island und dem Königreich Norwegen über die Assoziierung der beiden letztgenannten Staaten bei der Umsetzung, Anwendung und Entwicklung des Schengen-Besitzstands[1] dar, die zu dem in Artikel 1 Buchstabe A des Beschlusses 1999/437/EG des Rates[2] genannten Bereich gehören.

(40) ür die Schweiz stellt diese Verordnung eine Weiterentwicklung der Bestimmungen des Schengen-Besitzstands im Sinne des Abkommens zwischen der Europäischen Union, der Europäischen Gemeinschaft und der Schweizerischen Eidgenossenschaft über die Assoziierung der Schweizerischen Eidgenossenschaft bei der Umsetzung, Anwendung und Entwicklung des Schengen-Besitzstands[3] dar, die zu dem in Artikel 1 Buchstabe A des Beschlusses 1999/437/EG in Verbindung mit Artikel 3 des Beschlusses 2008/146/EG[4] des Rates genannten Bereich gehören.

(41) Für Liechtenstein stellt diese Verordnung eine Weiterentwicklung der Bestimmungen des Schengen-Besitzstands im Sinne des Protokolls zwischen der Europäischen Union, der Europäischen Gemeinschaft, der Schweizerischen Eidgenossenschaft und dem Fürstentum Liechtenstein über den Beitritt des Fürstentums Liechtenstein zu dem Abkommen zwischen der Europäischen Union, der Europäischen Gemeinschaft und der Schweizerischen Eidgenossenschaft über die Assoziierung der Schweizerischen Eidgenossenschaft bei der Umsetzung, Anwendung und Entwicklung des Schengen-Besitzstands[5] dar, die zu

---

[1] ABl. L 176 vom 10.7.1999, S. 36.

[2] Beschluss 1999/437/EG des Rates vom 17. Mai 1999 zum Erlass bestimmter Durchführungsvorschriften zu dem Übereinkommen zwischen dem Rat der Europäischen Union *und der Republik Island* und dem Königreich Norwegen über die Assoziierung dieser beiden Staaten bei der Umsetzung, Anwendung und Entwicklung des Schengen-Besitzstands (ABl. L 176 vom 10.7.1999, S. 31).

[3] ABl. L 53, 27.2.2008, S. 52.

[4] Beschluss 2008/146/EG des Rates vom 28. Januar 2008 über den Abschluss – im Namen der Europäischen Gemeinschaft – des Abkommens zwischen der Europäischen Union, der Europäischen Gemeinschaft und der Schweizerischen Eidgenossenschaft über die Assoziierung der Schweizerischen Eidgenossenschaft bei der Umsetzung, Anwendung und Entwicklung des Schengen-Besitzstands (ABl. L 53 vom 27.2.2008, S. 1).

[5] ABl. L 160 vom 18.6.2011, S. 21.

dem in Artikel 1 Buchstabe A des Beschlusses 1999/437/EG in Verbindung mit Artikel 3 des Beschlusses 2011/350/EU des Rates[1] genannten Bereich gehören.

(42) Diese Verordnung stellt eine Weiterentwicklung der Bestimmungen des Schengen-Besitzstands dar, an denen sich das Vereinigte Königreich gemäß dem Beschluss 2000/365/EG des Rates[2] nicht beteiligt; das Vereinigte Königreich beteiligt sich daher nicht an der Annahme dieser Verordnung und ist weder durch diese Verordnung gebunden noch zu ihrer Anwendung verpflichtet.

(43) Diese Verordnung stellt eine Weiterentwicklung der Bestimmungen des Schengen-Besitzstands dar, an denen sich Irland gemäß dem Beschluss 2002/192/EG des Rates[3] nicht beteiligt; Irland beteiligt sich daher nicht an der Annahme dieser Verordnung und ist weder durch diese Verordnung gebunden noch zu ihrer Anwendung verpflichtet.

(44) Was Bulgarien, Kroatien, Zypern und Rumänien betrifft, stellen Artikel 1 Absatz 1, Artikel 6 Absatz 5 Buchstabe a, Titel III sowie die Bestimmungen des Titels II und dessen Anhänge, die sich auf das SIS und das VIS beziehen, einen auf dem Schengen-Besitzstand aufbauenden oder anderweitig damit zusammenhängenden Rechtsakt jeweils im Sinne des Artikels 3 Absatz 2 der Beitrittsakte von 2003, des Artikels 4 Absatz 2 der Beitrittsakte von 2005 und des Artikels 4 Absatz 2 der Beitrittsakte von 2011 dar –

HABEN FOLGENDE VERORDNUNG ERLASSEN:

Titel I. Allgemeine Bestimmungen

Art. 1 Gegenstand und Grundsätze. Diese Verordnung sieht vor, dass keine Grenzkontrollen in Bezug auf Personen stattfinden, die die Binnengrenzen zwischen den Mitgliedstaaten der Union überschreiten.

Sie legt Regeln für die Grenzkontrollen in Bezug auf Personen fest, die die Außengrenzen der Mitgliedstaaten der Union überschreiten.

---

[1] Beschluss 2011/350/EU des Rates vom 7. März 2011 über den Abschluss – im Namen der Europäischen Union – des Protokolls zwischen der Europäischen Union, der Europäischen Gemeinschaft, der Schweizerischen Eidgenossenschaft und dem Fürstentum Liechtenstein über den Beitritt des Fürstentums Liechtenstein zum Abkommen zwischen der Europäischen Union, der Europäischen Gemeinschaft und der Schweizerischen Eidgenossenschaft über die Assoziierung der Schweizerischen Eidgenossenschaft bei der Umsetzung, Anwendung und Entwicklung des Schengen-Besitzstands in Bezug auf die Abschaffung der Kontrollen an den Binnengrenzen und den freien Personenverkehr (ABl. L 160 vom 18.6.2011, S. 19).

[2] Beschluss 2000/365/EG des Rates vom 29. Mai 2000 zum Antrag des Vereinigten Königreichs Großbritannien und Nordirland, einzelne Bestimmungen des Schengen-Besitzstands auf sie anzuwenden (ABl. L 131 vom 1.6.2000, S. 43).

[3] Beschluss 2002/192/EG des Rates vom 28. Februar 2002 zum Antrag Irlands auf Anwendung einzelner Bestimmungen des Schengen-Besitzstands auf Irland (ABl. L 64 vom 7.3.2002, S. 20).

Art. 2 Begriffsbestimmungen. Im Sinne dieser Verordnung bezeichnet der Ausdruck

1. „Binnengrenzen"
   a) die gemeinsamen Landgrenzen der Mitgliedstaaten, einschließlich der Fluss- und Binnenseegrenzen,
   b) die Flughäfen der Mitgliedstaaten für Binnenflüge,
   c) die See-, Flussschifffahrts- und Binnenseehäfen der Mitgliedstaaten für regelmäßige interne Fährverbindungen;
2. „Außengrenzen" die Landgrenzen der Mitgliedstaaten, einschließlich der Fluss- und Binnenseegrenzen, der Seegrenzen und der Flughäfen sowie der Flussschifffahrts-, See- und Binnenseehäfen, soweit sie nicht Binnengrenzen sind;
3. „Binnenflug" einen Flug ausschließlich von oder nach dem Hoheitsgebiet der Mitgliedstaaten, ohne Landung im Hoheitsgebiet eines Drittstaates;
4. „regelmäßige interne Fährverbindungen" den Linienfährverkehr zwischen zwei oder mehr Häfen im Hoheitsgebiet der Mitgliedstaaten ohne Fahrtunterbrechung in außerhalb des Hoheitsgebiets der Mitgliedstaaten gelegenen Häfen, bei dem Personen und Kraftfahrzeuge nach einem veröffentlichten Fahrplan befördert werden;
5. „Personen, die nach Unionsrecht Anspruch auf freien Personenverkehr haben"
   a) die Unionsbürger im Sinne des Artikels 20 Absatz 1 AEUV sowie Drittstaatsangehörige, die Familienangehörige eines sein Recht auf freien Personenverkehr ausübenden Unionsbürgers sind, die unter die Richtlinie 2004/38/EG des Europäischen Parlaments und des Rates[1], fallen;
   b) Drittstaatsangehörige und ihre Familienangehörigen ungeachtet ihrer Staatsangehörigkeit, die aufgrund von Übereinkommen zwischen der Union und ihren Mitgliedstaaten einerseits und den betreffenden Drittstaaten andererseits ein Recht auf freien Personenverkehr genießen, das dem der Unionsbürger gleichwertig ist;
6. „Drittstaatsangehöriger" jede Person, die nicht Unionsbürger im Sinne des Artikels 20 Absatz 1 AEUV ist und die nicht unter Nummer 5 des vorliegenden Artikels fällt;
7. „zur Einreiseverweigerung ausgeschriebene Person" einen Drittstaatsangehörigen, der gemäß den Artikeln 24 und 26 der Verordnung (EG) Nr. 1987/2006 des Europäischen Parlaments und des

---

[1] Richtlinie 2004/38/EG des Europäischen Parlaments und des Rates vom 29. April 2004 über das Recht der Unionsbürger und ihrer Familienangehörigen, sich im Hoheitsgebiet der Mitgliedstaaten frei zu bewegen und aufzuhalten, zur Änderung der Verordnung (EWG) Nr. 1612/68 und zur Aufhebung der Richtlinien 64/221/EWG, 68/360/EWG, 72/194/EWG, 73/148/EWG, 75/34/EWG, 75/35/EWG, 90/364/EWG, 90/365/EWG und 93/96/EWG (ABl. L 158 vom 30.4.2004, S. 77).

Rates[1] und für die in jenem Artikel genannten Zwecke im Schengener Informationssystem (SIS) ausgeschrieben ist;

8. „Grenzübergangsstelle" einen von den zuständigen Behörden für das Überschreiten der Außengrenzen zugelassenen Ort des Grenzübertritts;
9. „gemeinsame Grenzübergangsstelle" sämtliche Grenzübergangsstellen, die sich entweder im Hoheitsgebiet eines Mitgliedstaats oder im Hoheitsgebiet eines Drittstaats befinden und an denen Grenzschutzbeamte eines Mitgliedstaats und Grenzschutzbeamte eines Drittstaats nacheinander Ausreise- und Einreisekontrollen nach dem nationalen Recht und gemäß einem bilateralen Abkommen vornehmen;
10. „Grenzkontrollen" die an einer Grenze nach Maßgabe und für die Zwecke dieser Verordnung unabhängig von jedem anderen Anlass ausschließlich aufgrund des beabsichtigten oder bereits erfolgten Grenzübertritts durchgeführten Maßnahmen, die aus Grenzübertrittskontrollen und Grenzüberwachung bestehen;
11. „Grenzübertrittskontrollen" die Kontrollen, die an den Grenzübergangsstellen erfolgen, um festzustellen, ob die betreffenden Personen mit ihrem Fortbewegungsmittel und den von ihnen mitgeführten Sachen in das Hoheitsgebiet der Mitgliedstaaten einreisen oder aus dem Hoheitsgebiet der Mitgliedstaaten ausreisen dürfen;
12. „Grenzüberwachung" die Überwachung der Grenzen zwischen den Grenzübergangsstellen und die Überwachung der Grenzübergangsstellen außerhalb der festgesetzten Verkehrsstunden, um zu vermeiden, dass Personen die Grenzübertrittskontrollen umgehen;
13. „Kontrolle in der zweiten Kontrolllinie" eine weitere Kontrolle, die an einem eigens dazu vorgesehenen Ort durchgeführt werden kann, der nicht der Ort ist, an dem alle Personen kontrolliert werden (erste Kontrolllinie);
14. „Grenzschutzbeamte" Beamte, die gemäß den nationalen Rechtsvorschriften angewiesen sind, an einer Grenzübergangsstelle oder entlang einer Grenze bzw. in unmittelbarer Nähe einer Grenze nach Maßgabe dieser Verordnung und der nationalen Rechtsvorschriften grenzpolizeiliche Aufgaben wahrzunehmen;
15. „Beförderungsunternehmer" eine natürliche oder juristische Person, die gewerblich die Beförderung von Personen durchführt;
16. „Aufenthaltstitel"

    a) alle Aufenthaltstitel, die die Mitgliedstaaten nach dem einheitlichen Muster gemäß der Verordnung (EG) Nr. 1030/2002 des

[1] Verordnung (EG) Nr. 1987/2006 des Europäischen Parlaments und des Rates vom 20. Dezember 2006 über die Einrichtung, den Betrieb und die Nutzung des Schengener Informationssystems der zweiten Generation (SIS II) (ABl. L 381 vom 28.12.2006, S. 4).

Rates[1]) ausstellen, sowie gemäß der Richtlinie 2004/38/EG ausgestellte Aufenthaltskarten;

b) alle sonstigen von einem Mitgliedstaat einem Drittstaatsangehörigen ausgestellten Dokumente, die zum Aufenthalt in seinem Hoheitsgebiet berechtigen, wenn diese Dokumente gemäß Artikel 39 mitgeteilt und veröffentlicht wurden, ausgenommen
   i) vorläufige Aufenthaltstitel, die für die Dauer der Prüfung eines Erstantrags auf Erteilung eines Aufenthaltstitels nach Buchstabe a oder eines Asylantrags ausgestellt worden sind und
   ii) Visa, die Mitgliedstaaten nach dem einheitlichen Format der Verordnung (EG) Nr. 1683/95 des Rates[2]) ausgestellt haben.

17. „Kreuzfahrtschiff" ein Schiff, mit dem eine Reise nach einem festgelegten Fahrplan durchgeführt wird, die auch ein Programm umfasst, das touristische Ausflüge in den verschiedenen Häfen vorsieht, und während der sich in der Regel keine Passagiere ein- oder ausschiffen;

18. „Vergnügungsschifffahrt" die Nutzung von Wasserfahrzeugen zu sportlichen oder touristischen Zwecken;

19. „Küstenfischerei" Fischerei, bei der die Schiffe täglich oder innerhalb von 36 Stunden in einen im Hoheitsgebiet eines Mitgliedstaats gelegenen Hafen zurückkehren, ohne einen in einem Drittstaat gelegenen Hafen anzulaufen;

20. „Arbeitnehmer auf Offshore-Anlagen" eine Person, die auf einer im Küstenmeer oder in einer gemäß dem internationalen Seerecht definierten ausschließlichen Wirtschaftszone der Mitgliedstaaten gelegenen Offshore-Anlage arbeitet und regelmäßig auf dem See- oder Luftweg in das Hoheitsgebiet der Mitgliedstaaten zurückkehrt;

21. „Gefahr für die öffentliche Gesundheit" eine Krankheit mit epidemischem Potenzial im Sinne der Internationalen Gesundheitsvorschriften der Internationalen Gesundheitsorganisation (WHO) und sonstige übertragbare, durch Infektionserreger oder Parasiten verursachte Krankheiten, sofern gegen diese Krankheiten Maßnahmen zum Schutz der Staatsangehörigen der Mitgliedstaaten getroffen werden.

Art. 3 Anwendungsbereich. Diese Verordnung findet Anwendung auf alle Personen, die die Binnengrenzen oder die Außengrenzen eines *Mitgliedstaats überschreiten*, unbeschadet

a) der Rechte der Personen, die nach dem Unionsrecht Anspruch auf freien Personenverkehr haben;

---

[1]) Verordnung (EG) Nr. 1030/2002 des Rates vom 13. Juni 2002 zur einheitlichen Gestaltung des Aufenthaltstitels für Drittstaatsangehörige (ABl. L 157 vom 15.6.2002, S. 1).

[2]) Verordnung (EG) Nr. 1683/95 des Rates vom 29. Mai 1995 über eine einheitliche Visagestaltung (ABl. L 164 vom 14.7.1995, S. 1).

b) der Rechte der Flüchtlinge und Personen, die um internationalen Schutz ersuchen, insbesondere hinsichtlich der Nichtzurückweisung.

Art. 4 Grundrechte. Bei der Anwendung dieser Verordnung handeln die Mitgliedstaaten unter umfassender Einhaltung der einschlägigen Rechtsvorschriften der Union, einschließlich der Charta der Grundrechte der Europäischen Union (im Folgenden „Charta"), und des einschlägigen Völkerrechts, darunter auch des Genfer Abkommens über die Rechtsstellung der Flüchtlinge vom 28. Juli 1951 (im Folgenden „Genfer Abkommen") und der Verpflichtungen im Zusammenhang mit dem Zugang zu internationalem Schutz, insbesondere des Grundsatzes der Nichtzurückweisung, sowie der Grundrechte. Im Einklang mit den allgemeinen Grundsätzen des Unionsrechts werden die Beschlüsse nach dieser Verordnung auf Einzelfallbasisgefasst.

Titel II. Außengrenzen

Kapitel I. Überschreiten der Außengrenzen und Einreisevoraussetzungen

Art. 5 Überschreiten der Außengrenzen. (1) Die Außengrenzen dürfen nur an den Grenzübergangsstellen und während der festgesetzten Verkehrsstunden überschritten werden. Die Verkehrsstunden sind an den Grenzübergangsstellen, die nicht rund um die Uhr geöffnet sind, deutlich anzugeben.

Die Mitgliedstaaten übermitteln der Kommission gemäß Artikel 39 die Liste ihrer Grenzübergangsstellen.

(2) Abweichend von Absatz 1 können Ausnahmen von der Verpflichtung, die Außengrenzen nur an den Grenzübergangsstellen und während der festgesetzten Verkehrsstunden zu überschreiten, vorgesehen werden:

a) für Personen oder Personengruppen, wenn eine besondere Notwendigkeit für das gelegentliche Überschreiten der Außengrenzen außerhalb der Grenzübergangsstellen oder der festgesetzten Verkehrsstunden vorliegt, sofern sie die nach nationalem Recht erforderlichen Genehmigungen mit sich führen und Belange der öffentlichen Ordnung und inneren Sicherheit der Mitgliedstaaten nicht entgegenstehen. Die Mitgliedstaaten können in bilateralen Abkommen besondere Regeln hierfür festlegen. Die in nationalen Rechtsvorschriften und bilateralen Abkommen vorgesehenen allgemeinen Ausnahmen werden der Kommission gemäß Artikel 39 mitgeteilt;

b) für Personen oder Personengruppen im Falle einer unvorhergesehenen Notlage;

c) im Einklang mit den Sonderbestimmungen der Artikel 19 und 20 in Verbindung mit den Anhängen VI und VII.

(3) Unbeschadet der Ausnahmen des Absatzes 2 und der internationalen Schutzverpflichtungen der Mitgliedstaaten sehen die Mitgliedstaaten nach nationalem Recht Sanktionen für das unbefugte Überschreiten der Außengrenzen außerhalb der Grenzübergangsstellen oder der festgesetzten Verkehrsstunden vor. Diese Sanktionen müssen wirksam, verhältnismäßig und abschreckend sein.

Art. 6 Einreisevoraussetzungen für Drittstaatsangehörige.

(1) Für einen geplanten Aufenthalt im Hoheitsgebiet der Mitgliedstaaten von bis zu 90 Tagen je Zeitraum von 180 Tagen, wobei der Zeitraum von 180 Tagen, der jedem Tag des Aufenthalts vorangeht, berücksichtigt wird, gelten für einen Drittstaatsangehörigen folgende Einreisevoraussetzungen:

a) Er muss im Besitz eines gültigen Reisedokuments sein, das seinen Inhaber zum Überschreiten der Grenze berechtigt und folgende Anforderungen erfüllt:
   i) Es muss mindestens noch drei Monate nach der geplanten Ausreise aus dem Hoheitsgebiet der Mitgliedstaaten gültig. In begründeten Notfällen kann von dieser Verpflichtung abgesehen werden.
   ii) Es muss innerhalb der vorangegangenen zehn Jahre ausgestellt worden sein.

b) Er muss im Besitz eines gültigen Visums sein, falls dies nach der Verordnung (EG) Nr. 539/2001 des Rates[1] vorgeschrieben ist, außer wenn er Inhaber eines gültigen Aufenthaltstitels oder eines gültigen Visums für den längerfristigen Aufenthalt ist.

c) Er muss den Zweck und die Umstände des beabsichtigten Aufenthalts belegen, und er muss über ausreichende Mittel zur Bestreitung des Lebensunterhalts sowohl für die Dauer des beabsichtigten Aufenthalts als auch für die Rückreise in den Herkunftsstaat oder für die Durchreise in einen Drittstaat, in dem seine Zulassung gewährleistet ist, verfügen oder in der Lage sein, diese Mittel rechtmäßig zu erwerben.

d) Er darf nicht im SIS zur Einreiseverweigerung ausgeschrieben sein.

e) Er darf keine Gefahr für die öffentliche Ordnung, die innere Sicherheit, die öffentliche Gesundheit oder die internationalen Beziehungen eines Mitgliedstaats darstellen und darf insbesondere nicht in den nationalen Datenbanken der Mitgliedstaaten zur Einreiseverweigerung aus denselben Gründen ausgeschrieben worden sein.

(2) Für die Durchführung von Absatz 1 wird der Tag der Einreise als der erste Tag des Aufenthalts im Hoheitsgebiet der Mitgliedstaaten und der Tag der Ausreise als der letzte Tag des Aufenthalts im Hoheitsgebiet der Mitgliedstaaten angesehen. Rechtmäßige Aufenthalte auf-

[1] Verordnung (EG) Nr. 539/2001 des Rates vom 15. März 2001 zur Aufstellung der Liste der Drittländer, deren Staatsangehörige beim Überschreiten der Außengrenzen im Besitz eines Visums sein müssen, sowie der Liste der Drittländer, deren Staatsangehörige von dieser Visumpflicht befreit sind (ABl. L 81 vom 21.3.2001, S. 1).

grund eines Aufenthaltstitels oder eines nationalen Visums für den längerfristigen Aufenthalt werden bei der Berechnung der Länge des Aufenthalts im Hoheitsgebiet der Mitgliedstaaten nicht berücksichtigt.

(3) Anhang I enthält eine nicht abschließende Liste von Belegen, die sich der Grenzschutzbeamte von dem Drittstaatsangehörigen vorlegen lassen kann, um zu prüfen, ob die Voraussetzungen des Absatzes 1 Buchstabe c erfüllt sind.

(4) Die Mittel zur Bestreitung des Lebensunterhalts werden nach der Dauer und dem Zweck des Aufenthalts und unter Zugrundelegung der Ausgaben für Unterkunft und Verpflegung in dem/den betreffenden Mitgliedstaat(en) nach Maßgabe eines mittleren Preisniveaus für preisgünstige Unterkünfte bewertet, die um die Zahl der Aufenthaltstage multipliziert werden.

Von den Mitgliedstaaten festgesetzte Richtbeträge werden der Kommission gemäß Artikel 39 übermittelt.

Die Feststellung ausreichender Mittel zur Bestreitung des Lebensunterhalts kann anhand von Bargeld, Reiseschecks und Kreditkarten erfolgen, die sich im Besitz des Drittstaatsangehörigen befinden. Sofern in den nationalen Rechtsvorschriften vorgesehen, können auch Verpflichtungserklärungen und – im Falle des Aufenthalts eines Drittstaatsangehörigen bei einem Gastgeber – Bürgschaften von Gastgebern im Sinne des nationalen Rechts Nachweise für das Vorhandensein ausreichender Mittel zur Bestreitung des Lebensunterhalts darstellen.

(5) Abweichend von Absatz 1 gilt Folgendes:

a) Drittstaatsangehörigen, die nicht alle Voraussetzungen des Absatzes 1 erfüllen, aber Inhaber eines Aufenthaltstitels oder eines Visums für einen längerfristigen Aufenthalt sind, wird die Einreise in das Hoheitsgebiet der anderen Mitgliedstaaten zum Zwecke der Durchreise zur Erreichung des Hoheitsgebiets des Mitgliedstaats gestattet, der den Aufenthaltstitel oder das Visum für einen längerfristigen Aufenthalt ausgestellt hat, es sei denn, sie sind auf der nationalen Ausschreibungsliste des Mitgliedstaats, an dessen Außengrenzen sie einreisen wollen, mit einer Anweisung ausgeschrieben, ihnen die Einreise oder die Durchreise zu verweigern.

b) Drittstaatsangehörigen, die die Voraussetzungen des Absatzes 1 mit Ausnahme des Buchstabens b erfüllen und persönlich an der Grenze vorstellig werden, kann die Einreise in das Hoheitsgebiet der Mitgliedstaaten gestattet werden, wenn gemäß den Artikeln 35 und 36 der Verordnung (EG) Nr. 810/2009 des Europäischen Parlaments und des Rates[1] an der Grenze ein Visum erteilt wird.
Die Mitgliedstaaten erstellen gemäß Artikel 46 und Anhang XII der Verordnung (EG) Nr. 810/2009 Statistiken über die an der Grenze erteilten Visa.

---

[1] Verordnung (EG) Nr. 810/2009 des Europäischen Parlaments und des Rates vom 13. Juli 2009 über einen Visakodex der Gemeinschaft (Visakodex) (ABl. L 243 vom 15.9.2009, S. 1).

Lässt sich das Dokument nicht mit einem Visum versehen, so ist das Visum ausnahmsweise auf einem dem Dokument beizufügenden Einlegeblatt anzubringen. In diesem Fall ist das einheitlich gestaltete Formblatt für die Anbringung eines Visums nach der Verordnung (EG) Nr. 333/2002 des Rates zu verwenden.

c) Ein Mitgliedstaat kann Drittstaatsangehörigen, die eine oder mehrere Voraussetzungen des Absatzes 1 nicht erfüllen, die Einreise in sein Hoheitsgebiet aus humanitären Gründen oder Gründen des nationalen Interesses oder aufgrund internationaler Verpflichtungen gestatten. Liegt zu dem betreffenden Drittstaatsangehörigen eine Ausschreibung gemäß Absatz 1 Buchstabe d vor, so unterrichtet der Mitgliedstaat, der dessen Einreise in sein Hoheitsgebiet gestattet, die anderen Mitgliedstaaten darüber.

Kapitel II. Grenzkontrollen an den Außengrenzen und Einreiseverweigerung

Art. 7 Durchführung von Grenzübertrittskontrollen. (1) Die Grenzschutzbeamten führen ihre Aufgaben unter uneingeschränkter Wahrung der Menschenwürde durch, insbesondere in Fällen, die schutzbedürftige Personen betreffen.

Die zur Durchführung ihrer Aufgaben getroffenen Maßnahmen müssen – gemessen an den damit verfolgten Zielen – verhältnismäßig sein.

(2) Bei der Durchführung der Grenzübertrittskontrollen dürfen die Grenzschutzbeamten Personen nicht aus Gründen des Geschlechts, der Rasse, der ethnischen Herkunft, der Religion oder der Weltanschauung, einer Behinderung, des Alters oder der sexuellen Ausrichtung diskriminieren.

Art. 8 Grenzübertrittskontrollen von Personen. (1) Der grenzüberschreitende Verkehr an den Außengrenzen unterliegt den Kontrollen durch die Grenzschutzbeamten. Die Kontrollen erfolgen nach Maßgabe dieses Kapitels.

Die Kontrollen können sich auch auf die Fortbewegungsmittel der die Grenze überschreitenden Personen und die von ihnen mitgeführten Sachen erstrecken. Werden Durchsuchungen durchgeführt, so gelten die Rechtsvorschriften des betreffenden Mitgliedstaats.

(2) Personen, die nach Unionsrecht Anspruch auf freien Personenverkehr haben, werden bei der Ein- und Ausreise folgenden Kontrollen unterzogen:

a) Überprüfung der Identität und der Staatsangehörigkeit der Person sowie der Echtheit des Reisedokuments und seiner Gültigkeit für den Grenzübertritt, unter anderem durch Abfrage der einschlägigen Datenbanken, insbesondere

1. des SIS,

2. der Interpol-Datenbank für gestohlene und verlorene Reisedokumente (SLTD),
3. nationaler Datenbanken mit Angaben zu gestohlenen, unterschlagenen, verlorenen oder für ungültig erklärten Reisedokumenten.

Bei Pässen und Reisedokumenten mit einem Speichermedium nach Artikel 1 Absatz 2 der Verordnung (EG) Nr. 2252/2004 des Rates[1] wird die Authentizität der Daten auf dem Chip geprüft.

b) Überprüfung, ob eine Person, die nach Unionsrecht Anspruch auf freien Personenverkehr hat, nicht als Gefahr für die öffentliche Ordnung, die innere Sicherheit, die öffentliche Gesundheit oder die internationalen Beziehungen eines der Mitgliedstaaten angesehen wird, unter anderem durch Abfrage des SIS und anderer einschlägiger Unionsdatenbanken. Dies steht einer Abfrage von nationalen Datenbanken und Interpol-Datenbanken nicht entgegen.

Bei Zweifeln an der Echtheit des Reisedokuments oder an der Identität des Inhabers soll mindestens einer der biometrischen Identifikatoren, die in die gemäß der Verordnung (EG) Nr. 2252/2004 ausgestellten Pässe und Reisedokumente integriert sind, überprüft werden. Nach Möglichkeit ist eine solche Überprüfung auch bei Reisedokumenten durchzuführen, die nicht unter jene Verordnung fallen.

(2a) Würden die Abfragen der Datenbanken nach Absatz 2 Buchstaben a und b zu unverhältnismäßigen Auswirkungen auf den Verkehrsfluss führen, so kann ein Mitgliedstaat beschließen, diese Abfragen in gezielter Weise an einer bestimmten Grenzübergangsstelle nach einer Bewertung der Risiken für die öffentliche Ordnung, die innere Sicherheit, die öffentliche Gesundheit oder die internationalen Beziehungen eines der Mitgliedstaaten durchzuführen.

Umfang und Dauer der vorübergehenden Begrenzung auf gezielte Abfragen der Datenbanken dürfen nicht über das unbedingt erforderliche Maß hinausgehen und werden gemäß einer von dem betroffenen Mitgliedstaat durchgeführten Risikobewertung festgelegt. In der Risikobewertung werden die Gründe für die vorübergehende Begrenzung auf gezielte Abfragen der Datenbanken dargelegt und unter anderem die unverhältnismäßigen Auswirkungen auf den Verkehrsfluss berücksichtigt; darüber hinaus enthält die Risikobewertung Statistiken über beförderte Personen und Vorfälle, die im Zusammenhang mit grenzüberscheitender Kriminalität stehen. Die Risikobewertung wird regelmäßig aktualisiert.

Personen, bei denen grundsätzlich keine gezielte Abfrage der Datenbanken durchgeführt wird, werden mindestens einer Kontrolle unterzogen, bei der ihre Identität anhand der vorgelegten oder vorgezeigten Reisedokumente festgestellt wird. Eine solche Kontrolle besteht in einer raschen und einfachen Überprüfung der Gültigkeit des Reisedokuments für den Grenzübertritt, und es sollte, gegebenenfalls mithilfe

---

[1] Verordnung (EG) Nr. 2252/2004 des Rates vom 13. Dezember 2004 über Normen für Sicherheitsmerkmale und biometrische Daten in von den Mitgliedstaaten ausgestellten Pässen und Reisedokumenten (ABl. L 385 vom 29.12.2004, S. 1).

technischer Geräte, nach Fälschungs- oder Verfälschungsmerkmalen gesucht werden, und, im Falle von Zweifeln in Bezug auf das Reisedokument oder wenn es Anzeichen gibt, dass eine solche Person eine Gefahr für die öffentliche Ordnung, die innere Sicherheit, die öffentliche Gesundheit oder die internationalen Beziehungen der Mitgliedstaaten darstellen könnte, fragt der Grenzschutzbeamte die in Absatz 2 Buchstaben a und b genannten Datenbanken ab.

Der betroffene Mitgliedstaat übermittelt seine Risikobewertung und deren Aktualisierungen unverzüglich an die mit der Verordnung (EU) 2016/1624 des Europäischen Parlamentes und des Rates[1)] errichtete Europäische Agentur für die Grenz- und Küstenwache (im Folgenden ‚Agentur') und erstattet der Kommission und der Agentur alle sechs Monate Bericht über die gezielten Abfragen der Datenbanken. Der betroffene Mitgliedstaat kann beschließen, die Risikobewertung oder Teile davon als Verschlusssache einzustufen.

(2b) Hat ein Mitgliedstaat die Absicht, gezielte Abfragen der Datenbanken nach Absatz 2a durchzuführen, so teilt er dies den anderen Mitgliedstaaten, der Agentur und der Kommission unverzüglich mit. Der betroffene Mitgliedstaat kann beschließen, die Meldung oder Teile davon als Verschlusssache einzustufen.

Falls die Mitgliedstaaten, die Agentur oder die Kommission Bedenken angesichts der Absicht, gezielte Abfragen der Datenbanken durchzuführen, haben, so unterrichten sie den betreffenden Mitgliedstaat unverzüglich über diese Bedenken. Der betreffende Mitgliedstaat trägt diesen Bedenken Rechnung.

(2c) Die Kommission legt dem Europäischen Parlament und dem Rat bis zum 8. April 2019 eine Bewertung der Umsetzung und der Auswirkungen des Absatz 2 vor.

(2d) In Bezug auf Luftgrenzen gelten die Absätze 2a und 2b für eine Übergangsfrist von höchstens sechs Monaten ab dem 7. April 2017.

Bestehen an einem bestimmten Flughafen besondere Schwierigkeiten hinsichtlich der Infrastruktur, die mehr Zeit für die Anpassungen erfordern, mit denen die Durchführung systematischer Abfragen der Datenbanken ohne unverhältnismäßige Auswirkungen auf den Verkehrsfluss ermöglicht wird, so kann die in Unterabsatz 1 genannte Frist von sechs Monaten im Einklang mit dem in Unterabsatz 3 festgelegten Verfahren für diesen bestimmten Flughafen ausnahmsweise um höchstens 18 Monate verlängert werden.

Zu diesem Zweck unterrichtet der Mitgliedstaat die Kommission, *die Agentur und die anderen* Mitgliedstaaten spätestens drei Monate vor Ablauf des in Unterabsatz 1 genannten Übergangszeitraums über

---

[1)] Verordnung (EU) 2016/1624 des Europäischen Parlaments und Des Rates vom 14. September 2016 über die Europäische Grenz- und Küstenwache und zur Änderung der Verordnung (EU) 2016/399 des Europäischen Parlaments und des Rates sowie zur Aufhebung der Verordnung (EG) Nr. 863/2007 des Europäischen Parlaments und des Rates, der Verordnung (EG) Nr. 2007/2004 des Rates und der Entscheidung des Rates 2005/267/EG (ABl. L 251 vom 16.9.2016, S. 1).

die besonderen Schwierigkeiten hinsichtlich der Infrastruktur an dem betreffenden Flughafen, über die geplanten Maßnahmen zu deren Behebung und über die Zeit, die für ihre Durchführung benötigt wird.

Bestehen besondere Schwierigkeiten hinsichtlich der Infrastruktur, die mehr Zeit für die Anpassungen erfordern, so erteilt die Kommission dem betreffenden Mitgliedstaat innerhalb eines Monats nach Eingang der in Unterabsatz 3 genannten Mitteilung und nach Anhörung der Agentur die Genehmigung, den Übergangszeitraum für diesen betreffenden Flughafen zu verlängern, und legt, soweit angezeigt, die Dauer dieser Verlängerung fest.

(2e) Die Abfragen der Datenbanken nach Absatz 2 Buchstaben a und b können im Voraus auf der Grundlage von Angaben über die beförderten Personen durchgeführt werden, die im Einklang mit der Richtlinie 2004/82/EG des Rates[1] oder mit anderen Unions- oder nationalen Rechtsvorschriften übermittelt wurden.

Falls diese Abfragen im Voraus auf der Grundlage der Angaben über die beförderten Personen erfolgen, werden die im Voraus erhaltenen Daten mit den im Reisedokument enthaltenen Daten an der Grenzübergangsstelle abgeglichen. Die Identität und die Staatsangehörigkeit der betreffenden Person sowie die Echtheit des Reisedokuments und seine Gültigkeit für den Grenzübertritt wird ebenfalls überprüft.

(2f) Abweichend von Absatz 2 dürfen Personen, die nach Unionsrecht Anspruch auf freien Personenverkehr haben, beim Überschreiten der Landbinnengrenzen der Mitgliedstaaten, bei denen die Überprüfung nach Maßgabe der geltenden Schengen-Bewertungsverfahren bereits erfolgreich abgeschlossen ist, aber noch nicht beschlossen worden ist, die Kontrollen an ihren Binnengrenzen gemäß den einschlägigen Bestimmungen der jeweiligen Beitrittsakte aufzuheben, den Ausreisekontrollen gemäß Absatz 2 nicht systematisch, sondern nur auf Grundlage einer Risikobewertung unterworfen werden.

(3) Drittstaatsangehörige werden bei der Ein- und Ausreise wie folgt eingehend kontrolliert:

a) Die eingehende Kontrolle bei der Einreise umfasst die Überprüfung der in Artikel 6 Absatz 1 festgelegten Einreisevoraussetzungen sowie gegebenenfalls der für den Aufenthalt und die Ausübung einer Erwerbstätigkeit erforderlichen Erlaubnisse. Hierzu gehört eine umfassende Prüfung von Folgendem:
   i) Überprüfung der Identität und der Staatsangehörigkeit des Drittstaatsangehörigen sowie der Echtheit des Reisedokuments und seiner Gültigkeit für den Grenzübertritt, unter anderem durch Abfrage der einschlägigen Datenbanken, insbesondere

[1] Richtlinie 2004/82/EG des Rates vom 29. April 2004 über die Verpflichtung von Beförderungsunternehmen, Angaben über die beförderten Personen zu übermitteln (ABl. L 261 vom 6.8.2004, S. 24).

1. des SIS,
2. der Interpol-Datenbank für SLTD,
3. nationaler Datenbanken mit Angaben zu gestohlenen, unterschlagenen, verlorenen oder für ungültig erklärten Reisedokumenten.

Bei Pässen und Reisedokumenten mit einem Speichermedium wird vorbehaltlich der Verfügbarkeit gültiger Zertifikate die Authentizität der Daten auf dem Chip geprüft.

ii) Überprüfung, ob dem Reisedokument gegebenenfalls das erforderliche Visum oder der erforderliche Aufenthaltstitel beigefügt ist.

iii) Prüfung der Ein- und Ausreisestempel im Reisedokument des betreffenden Drittstaatsangehörigen, um durch einen Vergleich der Ein- und Ausreisedaten festzustellen, ob die zulässige Höchstdauer des Aufenthalts im Hoheitsgebiet der Mitgliedstaaten bereits überschritten wurde;

iv) Überprüfung der Abfahrts- und Zielorte des betreffenden Drittstaatsangehörigen sowie des Zwecks des beabsichtigten Aufenthalts und, soweit erforderlich, Überprüfung der entsprechenden Belege;

v) Überprüfung, ob der betreffende Drittstaatsangehörige über ausreichende Mittel zur Bestreitung des Lebensunterhalts für die beabsichtigte Dauer und den beabsichtigten Zweck des Aufenthalts, für die Rückreise in den Herkunftsstaat oder für die Durchreise in einen Drittstaat, in dem seine Zulassung gewährleistet ist, verfügt oder in der Lage ist, diese Mittel rechtmäßig zu erwerben;

vi) Überprüfung, ob der betreffende Drittstaatsangehörige, sein Fortbewegungsmittel und die mitgeführten Sachen eine Gefahr für die öffentliche Ordnung, die innere Sicherheit, die öffentliche Gesundheit oder die internationalen Beziehungen eines der Mitgliedstaaten darstellen. Diese Überprüfung umfasst den unmittelbaren Abruf der Personendaten und -ausschreibungen und – soweit erforderlich – der Sachdaten und -ausschreibungen im SIS und in anderen einschlägigen Unionsdatenbanken sowie gegebenenfalls die Durchführung der aufgrund der Ausschreibung erforderlichen Maßnahmen. Dies steht einer Abfrage von nationalen Datenbanken und Interpol-Datenbanken nicht entgegen.

b) Befindet sich der Drittstaatsangehörige im Besitz eines Visums gemäß *Artikel* 6 Absatz 1 Buchstabe b, umfasst die eingehende Kontrolle bei der Einreise auch die Verifizierung der Identität des Visuminhabers und der Echtheit des Visums; dazu wird eine Abfrage des Visa-Informationssystems (VIS) gemäß Artikel 18 der Verordnung (EG) Nr. 767/2008 durchgeführt.

c) Abweichend davon kann eine Abfrage des VIS in allen Fällen anhand der Nummer der Visummarke und stichprobenartig anhand der Nummer der Visummarke in Kombination mit der Verifizierung der Fingerabdrücke durchgeführt werden,

i) wenn die Intensität des Verkehrsaufkommens zu übermäßigen Wartezeiten an der Grenzübergangsstelle führt,

ii) wenn alle Ressourcen in Bezug auf Personal, Einrichtungen und Organisation ausgeschöpft worden sind und

iii) wenn eine Beurteilung ergeben hat, dass kein Risiko in Bezug auf die innere Sicherheit und die illegale Einwanderung besteht.

In allen Fällen, in denen jedoch Zweifel an der Identität des Visuminhabers und/oder an der Echtheit des Visums bestehen, wird eine Abfrage des VIS systematisch anhand der Nummer der Visummarke in Kombination mit der Verifizierung der Fingerabdrücke durchgeführt.

Diese Ausnahme ist nur so lange an der betreffenden Grenzübergangsstelle zulässig, wie die in Ziffern i), ii) und iii) genannten Bedingungen erfüllt sind.

d) Die Entscheidung, eine Abfrage des VIS gemäß Buchstabe c durchzuführen, wird auf der Ebene des leitenden Grenzschutzbeamten an der Grenzübergangsstelle oder auf höherer Ebene getroffen.

Die betreffenden Mitgliedstaaten unterrichten die anderen Mitgliedstaaten und die Kommission umgehend über eine etwaige diesbezügliche Entscheidung.

e) Alle Mitgliedstaaten übermitteln dem Europäischen Parlament und der Kommission jährlich einen Bericht über die Anwendung von Buchstabe c, der auch die Zahl der Drittstaatsangehörigen enthält, die im Rahmen des VIS allein anhand der Nummer der Visummarke überprüft wurden, sowie die Dauer der Wartezeit gemäß Buchstabe c Ziffer i.

f) Die Buchstaben c und d gelten für einen Zeitraum von höchstens drei Jahren, der drei Jahre nach dem Datum beginnt, an dem das VIS in Betrieb genommen wurde. Vor Ablauf des zweiten Jahres der Anwendung der Buchstaben c und d übermittelt die Kommission dem Europäischen Parlament und dem Rat eine Bewertung der Umsetzung dieser Buchstaben. Auf der Grundlage dieser Bewertung können das Europäische Parlament oder der Rat die Kommission auffordern, angemessene Änderungen zu dieser Verordnung vorzuschlagen.

g) Die eingehende Kontrolle bei der Ausreise umfasst:

i) Überprüfung der Identität und der Staatsangehörigkeit des Drittstaatsangehörigen sowie der Echtheit des Reisedokuments und seiner Gültigkeit für den Grenzübertritt, unter anderem durch Abfrage der einschlägigen Datenbanken, insbesondere

1. des SIS,

2. der Interpol-Datenbank für SLTD,

3. nationaler Datenbanken mit Angaben zu gestohlenen, unterschlagenen, verlorenen oder für ungültig erklärten Reisedokumenten.

Bei Pässen und Reisedokumenten mit einem Speichermedium wird vorbehaltlich der Verfügbarkeit gültiger Zertifikate die Authentizität der Daten auf dem Chip geprüft.

ii) Überprüfung, ob der Drittstaatsangehörige nicht als eine Gefahr für die öffentliche Ordnung, die innere Sicherheit, die öffentliche Gesundheit oder die internationalen Beziehungen eines der Mitgliedstaaten angesehen wird, unter anderem durch Abfrage des SIS und anderer einschlägiger Unionsdatenbanken. Dies steht einer Abfrage von nationalen Datenbanken und Interpol-Datenbanken nicht entgegen.

iii) soweit möglich Überprüfung, ob der Drittstaatsangehörige nicht als eine Gefahr für die öffentliche Ordnung, die innere Sicherheit oder die internationalen Beziehungen eines der Mitgliedstaaten angesehen wird.

h) Zusätzlich zu der in Buchstabe g genannten Kontrolle kann die eingehende Kontrolle bei der Ausreise auch folgende Gesichtspunkte umfassen:

i) Überprüfung, ob die Person im Besitz eines gültigen Visums ist, falls dies nach der Verordnung (EG) Nr. 539/2001 vorgeschrieben ist, außer wenn sie Inhaber eines gültigen Aufenthaltstitels ist; eine solche Überprüfung kann auch eine Abfrage des VIS gemäß Artikel 18 der Verordnung (EG) Nr. 767/2008 umfassen;

ii) Überprüfung, ob die Person nicht die zulässige Höchstdauer des Aufenthalts im Hoheitsgebiet der Mitgliedstaaten überschritten hat;

i) Zum Zwecke der Identifizierung einer Person, die die Bedingungen für die Einreise oder den Aufenthalt im Hoheitsgebiet der Mitgliedstaaten nicht oder nicht mehr erfüllt, sind Abfragen des VIS gemäß Artikel 20 der Verordnung (EG) Nr. 767/2008 zulässig.

ia) Die Abfrage der Datenbanken nach Buchstabe a Ziffern i und vi und Buchstabe g können im Voraus auf der Grundlage von Angaben über die beförderten Personen durchgeführt werden, die im Einklang mit der Richtlinie 2004/82/EG oder mit anderen Unions- oder nationalen Rechtsvorschriften übermittelt wurden.

Falls diese Abfragen im Voraus auf der Grundlage der Angaben über die beförderten Personen erfolgen, werden die im Voraus erhaltenen Daten mit den im Reisedokument enthaltenen Daten an der Grenzübergangsstelle abgeglichen. Die Identität und Staatsangehörigkeit der betreffenden Person sowie die Echtheit des Reisedokuments und seine Gültigkeit für den Grenzübertritt wird ebenfalls überprüft;

ib) Bestehen Zweifel an der Echtheit des Reisedokuments oder an der Identität des Drittstaatsangehörigen, so umfassen die Abfragen, wenn möglich, die Überprüfung von mindestens einem der biometrischen Identifikatoren, die in den Reisedokumenten integriert sind.

(4) Soweit entsprechende Einrichtungen vorhanden sind, werden solche eingehenden Kontrollen auf Antrag des Drittstaatsangehörigen in einem privaten Bereich durchgeführt.

(4a) Falls bei der Ein- oder Ausreise eine Abfrage der einschlägigen Datenbanken, einschließlich des Detektors für Mehrfachidentitäten, durch das Europäische Suchportal, die mit Artikel 25 Absatz 1 bzw. Artikel 6 Absatz 1 der Verordnung (EU) 2019/817 des Europäischen Parlaments und des Rates[1] eingerichtet wurden, eine gelbe oder rote Verknüpfung anzeigt, führt der Grenzschutzbeamte eine Abfrage im gemeinsamen Speicher für Identitätsdaten gemäß Artikel 17 Absatz 1 der genannten Verordnung oder im SIS oder in beidem durch, um die Unterschiede bei den verknüpften Identitätsdaten oder Reisedokumentendaten zu prüfen. Der Grenzschutzbeamte führt sämtliche zusätzlichen Überprüfungen durch, die für eine Entscheidung über den Status und die Farbe der Verknüpfung erforderlich sind.

Gemäß Artikel 69 Absatz 1 der Verordnung (EU) 2019/817 gilt dieser Absatz ab dem Zeitpunkt der Inbetriebnahme des Detektors für Mehrfachidentitäten nach Artikel 72 Absatz 4 der genannten Verordnung.

(5) Unbeschadet des Unterabsatzes 2 werden Drittstaatsangehörige, die einer eingehenden Kontrolle in der zweiten Kontrolllinie unterzogen werden, schriftlich in einer Sprache, die sie verstehen oder bei der vernünftigerweise davon ausgegangen werden kann, dass sie sie verstehen, oder in einer anderen wirksamen Form über den Zweck und das Verfahren einer solchen Kontrolle unterrichtet.

Diese Informationen müssen in allen Amtssprachen der Union sowie in der/den Sprache(n) des/der an den betreffenden Mitgliedstaat an-

(Fortsetzung nächste Seite)

---

[1] Verordnung (EU) 2019/817 des Europäischen Parlaments und des Rates vom 20. Mai 2019 zur Errichtung eines Rahmens für die Interoperabilität zwischen EU-Informationssystemen in den Bereichen Grenzen und Visa und zur Änderung der Verordnungen (EG) Nr. 767/2008, (EU) 2016/399, (EU) 2017/2226, (EU) 2018/1240, (EU) 2018/1726 und (EU) 2018/1861 des Europäischen Parlaments und des Rates und der Entscheidung 2004/512/EG des Rates und des Beschlusses 2008/633/JI des Rates (ABl. L 135 vom 22.5.2019, S. 27).

grenzenden Staates/Staaten verfügbar sein und darauf hinweisen, dass der Drittstaatsangehörige um den Namen oder die Dienstausweisnummer der Grenzschutzbeamten, die die eingehende Kontrolle in der zweiten Kontrolllinie durchführen, sowie um die Bezeichnung der Grenzübergangsstelle und um das Datum, an dem die Grenze überschritten wurde, ersuchen kann.

(6) Kontrollen von Personen, die nach Unionsrecht Anspruch auf freien Personenverkehr haben, werden in Übereinstimmung mit der Richtlinie 2004/38/EG durchgeführt.

(7) Detaillierte Vorschriften für die zu erfassenden Informationen sind in Anhang II enthalten.

(8) Wird Artikel 5 Absatz 2 Buchstabe a oder b angewandt, so dürfen die Mitgliedstaaten auch von den Bestimmungen dieses Artikels abweichen.

Art. 9 Lockerung der Grenzübertrittskontrollen. (1) Bei außergewöhnlichen und unvorhergesehenen Umständen können die Grenzübertrittskontrollen an den Außengrenzen gelockert werden. Solche außergewöhnlichen und unvorhergesehenen Umstände liegen vor, wenn unvorhersehbare Ereignisse zu einem derart starken Verkehrsaufkommen führen, dass sich trotz Ausschöpfung aller personellen, räumlichen und organisatorischen Möglichkeiten unzumutbare Wartezeiten an der Grenzübergangsstelle ergeben.

(2) Werden die Grenzübertrittskontrollen gemäß Absatz 1 gelockert, so hat die Grenzübertrittskontrolle des Einreiseverkehrs grundsätzlich Vorrang vor der Grenzübertrittskontrolle des Ausreiseverkehrs.

Die Entscheidung über die Lockerung der Kontrollen wird von dem leitenden Grenzschutzbeamten an der Grenzübergangsstelle getroffen.

Eine derartige Lockerung der Kontrollen darf nur vorübergehend, der jeweiligen Lage angepasst und stufenweise angeordnet werden.

(3) Auch bei einer Lockerung der Kontrollen muss der Grenzschutzbeamte die Reisedokumente von Drittstaatsangehörigen sowohl bei der Einreise als auch bei der Ausreise gemäß Artikel 11 abstempeln.

(4) Jeder Mitgliedstaat übermittelt dem Europäischen Parlament und der Kommission jährlich einen Bericht über die Anwendung des vorliegenden Artikels.

Art. 10 Einrichtung getrennter Kontrollspuren und Beschilderung. (1) Die Mitgliedstaaten richten insbesondere an den Grenzübergangsstellen ihrer Luftgrenzen getrennte Kontrollspuren ein, um Personenkontrollen gemäß Artikel 8 vornehmen zu können. Diese Kontrollspuren sind durch Schilder mit den in Anhang III dargestellten Angaben zu kennzeichnen.

Die Mitgliedstaaten können an den Grenzübergangsstellen ihrer See- und Landgrenzen sowie an den Grenzen zwischen den Mitgliedstaaten, die Artikel 22 an ihren gemeinsamen Grenzen nicht anwenden, getrennte Kontrollspuren einrichten. Die Schilder mit den in Anhang III dargestellten Angaben werden verwendet, wenn die Mitgliedstaaten an diesen Grenzen getrennte Kontrollspuren einrichten.

Die Mitgliedstaaten stellen sicher, dass diese Kontrollspuren deutlich ausgeschildert sind, auch in den Fällen, in denen die Vorschriften für die Benutzung der verschiedenen Kontrollspuren nach Absatz 4 außer Kraft gesetzt werden, um eine optimale Abwicklung der Verkehrsströme von Personen, die die Grenze überschreiten, zu gewährleisten.

(2) Personen, die nach Unionsrecht Anspruch auf freien Personenverkehr haben, sind berechtigt, die mit dem in Anhang III Teil A („EU, EWR, CH") aufgeführten Schild gekennzeichneten Kontrollspuren zu benutzen. Sie können auch die mit dem in Anhang III Teil B1 („Visum nicht erforderlich") und Teil B2 („alle Pässe") aufgeführten Schild gekennzeichneten Kontrollspuren benutzen.

Drittstaatsangehörige, die nach der Verordnung (EG) Nr. 539/2001 beim Überschreiten der Außengrenzen der Mitgliedstaaten nicht der Visumpflicht unterliegen, sowie Drittstaatsangehörige mit gültigem Aufenthaltstitel oder einem Visum für den längerfristigen Aufenthalt sind berechtigt, die mit dem in Anhang III Teil B1 der vorliegenden Verordnung („Visum nicht erforderlich") aufgeführten Schild gekennzeichneten Kontrollspuren zu benutzen. Sie können auch die mit dem in Anhang III Teil B2 dieser Verordnung („alle Pässe") aufgeführten Schild gekennzeichneten Kontrollspuren benutzen.

Alle anderen Personen benutzen die mit dem in Anhang III Teil B2 („alle Pässe") aufgeführten Schild gekennzeichneten Kontrollspuren.

Die Angaben auf in den Unterabsätzen 1, 2 und 3 genannten Schildern können in der Sprache/den Sprachen abgefasst werden, die dem jeweiligen Mitgliedstaat als geeignet erscheint/erscheinen.

Die Einrichtung getrennter Kontrollspuren, die mit dem in Anhang III Teil B1 („Visum nicht erforderlich") aufgeführten Schild gekennzeichnet sind, ist nicht verpflichtend. Die Mitgliedstaaten entscheiden nach den praktischen Erfordernissen darüber, ob und an welchen Grenzübergangsstellen derartige Kontrollspuren eingerichtet werden sollen.

(3) An den Grenzübergangsstellen der See- und Landgrenzen können die Mitgliedstaaten den Kraftverkehr auf unterschiedliche Fahrspuren für Personenkraftfahrzeuge, Lastkraftwagen und Omnibusse aufteilen; dies ist durch die in Anhang III Teil C aufgeführten Schilder kenntlich zu machen.

Die Mitgliedstaaten können die Angaben auf diesen Schildern gegebenenfalls je nach örtlichen Gegebenheiten abwandeln.

(4) Bei einem vorübergehenden Ungleichgewicht der Verkehrsströme an einer Grenzübergangsstelle können die Vorschriften für die Benutzung der verschiedenen Kontrollspuren von den zuständigen Behörden so lange außer Kraft gesetzt werden, wie dies für die Behebung des Ungleichgewichts erforderlich ist.

Art. 11 Abstempeln der Reisedokumente. (1) Die Reisedokumente von Drittstaatsangehörigen werden bei der Einreise und bei der Ausreise systematisch abgestempelt. Ein Einreise- oder Ausreisestempel wird insbesondere angebracht in

a) den Grenzübertrittspapieren von Drittstaatsangehörigen, in denen sich ein gültiges Visum befindet;

b) den Grenzübertrittspapieren von Drittstaatsangehörigen, denen von einem Mitgliedstaat an der Grenze ein Visum erteilt wird;

c) den Grenzübertrittspapieren von Drittstaatsangehörigen, die nicht der Visumpflicht unterliegen.

(2) Die Reisedokumente von Drittstaatsangehörigen, die Familienangehörige eines Unionsbürgers sind, auf den die Richtlinie 2004/38/EG Anwendung findet, die aber die Aufenthaltskarte nach der genannten Richtlinie nicht vorzeigen, werden bei der Ein- und Ausreise abgestempelt.

Die Reisedokumente von Drittstaatsangehörigen, die Familienangehörige von Drittstaatsangehörigen sind, die nach Unionsrecht Anspruch auf freien Personenverkehr haben, aber die Aufenthaltskarte nach der Richtlinie 2004/38/EG nicht vorzeigen, werden bei der Ein- und Ausreise abgestempelt.

(3) Von der Anbringung des Einreise- und Ausreisestempels wird abgesehen

a) in den Reisedokumenten von Staatsoberhäuptern und Würdenträgern, deren Eintreffen im Voraus auf diplomatischem Wege offiziell angekündigt wurde;

b) in den Fluglizenzen oder den Besatzungsausweisen von Flugpersonal;

c) in den Reisedokumenten von Seeleuten, die sich nur während der Liegezeit des Schiffes in dem Gebiet des angelaufenen Hafens im Hoheitsgebiet eines Mitgliedstaats aufhalten;

d) in den Reisedokumenten der Besatzung und der Passagiere von Kreuzfahrtschiffen, die nicht den Grenzübertrittskontrollen nach Nummer 3.2.3 des Anhangs VI unterliegen;

e) in den Grenzübertrittspapieren von Staatsangehörigen Andorras, Monacos und San Marinos;

f) in den Reisedokumenten des Zugpersonals auf internationalen Personen- und Güterzugverbindungen;

g) in den Reisedokumenten von Drittstaatsangehörigen, die eine Aufenthaltskarte nach der Richtlinie 2004/38/EG vorzeigen.

Auf Antrag eines Drittstaatsangehörigen kann ausnahmsweise von der Anbringung des Ein- oder Ausreisestempels abgesehen werden, wenn der Stempelabdruck zu erheblichen Schwierigkeiten für den Drittstaatsangehörigen führen würde. In diesem Fall wird die Ein- oder Ausreise auf einem gesonderten Blatt unter Angabe des Namens und der Passnummer beurkundet. Dieses Blatt wird dem

Drittstaatsangehörigen ausgehändigt. Die zuständigen Behörden der Mitgliedstaaten können Statistiken über diese Ausnahmefälle führen und der Kommission diese Statistiken zur Verfügung stellen.

(4) Die Abstempelungsmodalitäten sind in Anhang IV festgelegt.

(5) Soweit möglich wird der Drittstaatsangehörige darüber unterrichtet, dass der Grenzschutzbeamte verpflichtet ist, sein Reisedokument bei der Ein- und Ausreise abzustempeln, auch wenn die Kontrollen gemäß Artikel 9 gelockert worden sind.

Art. 12 Annahme hinsichtlich der Erfüllung der Voraussetzungen der Aufenthaltsdauer. (1) Ist das Reisedokument eines Drittstaatsangehörigen nicht mit dem Einreisestempel versehen, so können die zuständigen nationalen Behörden annehmen, dass der Inhaber des Reisedokuments die in dem betreffenden Mitgliedstaat geltenden Voraussetzungen hinsichtlich der Aufenthaltsdauer nicht oder nicht mehr erfüllt.

(2) Die Annahme nach Absatz 1 kann von einem Drittstaatsangehörigen durch jedweden glaubhaften Nachweis widerlegt werden, insbesondere durch Belege wie Beförderungsnachweise oder Nachweise über seine Anwesenheit außerhalb des Hoheitsgebiets der Mitgliedstaaten, aus denen hervorgeht, dass er die Voraussetzungen hinsichtlich der Dauer eines kurzfristigen Aufenthalts eingehalten hat.

In diesem Fall gilt Folgendes:

a) Wird der Drittstaatsangehörige im Hoheitsgebiet eines Mitgliedstaats angetroffen, der den Schengen-Besitzstand uneingeschränkt anwendet, so geben die zuständigen Behörden entsprechend ihren nationalen Rechtsvorschriften und Praktiken in seinem Reisedokument das Datum an, zu dem er die Außengrenze eines der Mitgliedstaaten, die den Schengen-Besitzstand uneingeschränkt anwenden, überschritten hat, sowie den Ort des Grenzübertritts.

b) Wird der Drittstaatsangehörige im Hoheitsgebiet eines Mitgliedstaats angetroffen, für den der Beschluss nach Artikel 3 Absatz 2 der Beitrittsakte von 2003, Artikel 4 Absatz 2 der Beitrittsakte von 2005 und Artikel 4 Absatz 2 der Beitrittsakte von 2011 nicht gefasst worden ist, so geben die zuständigen Behörden entsprechend ihren nationalen Rechtsvorschriften und Praktiken in seinem Reisedokument das Datum an, zu dem er die Außengrenze eines solchen Mitgliedstaats überschritten hat, sowie den Ort des Grenzübertritts.

Zusätzlich zu den in den Buchstaben a und b genannten Angaben kann dem Drittstaatsangehörigen ein Formular entsprechend dem Muster in Anhang VIII ausgehändigt werden.

Die Mitgliedstaaten unterrichten sich gegenseitig sowie die Kommission und das Generalsekretariat des Rates über ihre nationalen Praktiken bezüglich der in diesem Artikel genannten Angaben.

(3) Wird die Annahme nach Absatz 1 nicht widerlegt, so kann der Drittstaatsangehörige gemäß der Richtlinie 2008/115/EG des Europäi-

schen Parlaments und des Rates[1] und gemäß dem nationalen Recht zur Umsetzung jener Richtlinie rückgeführt werden.

(4) Die einschlägigen Bestimmungen der Absätze 1 und 2 gelten sinngemäß, wenn kein Ausreisestempel vorhanden ist.

Art. 13 Grenzüberwachung. (1) Die Grenzüberwachung dient insbesondere der Verhinderung des unbefugten Grenzübertritts, der Bekämpfung der grenzüberschreitenden Kriminalität und der Veranlassung von Maßnahmen gegen Personen, die die Grenze unerlaubt überschreiten. Personen, die eine Grenze unerlaubt überschritten haben und die über kein Aufenthaltsrecht im Hoheitsgebiet des betreffenden Mitgliedstaates verfügen, sind aufzugreifen und Verfahren zu unterziehen, die mit der Richtlinie 2008/115/EG in Einklang stehen.

(2) Die Grenzschutzbeamten setzen zur Grenzüberwachung stationär postierte oder mobile Kräfte ein.

Diese Überwachung wird in einer Weise durchgeführt, dass Personen daran gehindert und davon abgehalten werden, die Kontrollen an den Grenzübergangsstellen zu umgehen.

(3) Die Überwachung zwischen den Grenzübergangsstellen erfolgt durch Grenzschutzbeamte, deren Anzahl und Methoden bestehenden oder vorhergesehenen Gefahren und Bedrohungen anzupassen sind. Sie erfolgt unter häufigem, nicht vorhersehbarem Wechsel der Überwachungszeiten, so dass das unbefugte Überschreiten der Grenze das ständige Risiko birgt, entdeckt zu werden.

(4) Zur Durchführung der Überwachung werden stationär postierte oder mobile Kräfte eingesetzt, die ihre Aufgaben in Form von Bestreifung oder Postierung überwiegend an erkannten oder vermuteten Schwachstellen mit dem Ziel erfüllen, Personen aufzugreifen, die die Grenze unbefugt überschreiten. Die Überwachung kann auch durch Verwendung technischer – einschließlich elektronischer – Mittel erfolgen.

(5) Der Kommission wird die Befugnis übertragen, für zusätzliche Überwachungsmaßnahmen delegierte Rechtsakte nach Artikel 37 zu erlassen.

Art. 14 Einreiseverweigerung. (1) Einem Drittstaatsangehörigen, der nicht alle Einreisevoraussetzungen des Artikels 6 Absatz 1 erfüllt und der nicht zu dem in Artikel 6 Absatz 5 genannten Personenkreis gehört, wird die Einreise in das Hoheitsgebiet der Mitgliedstaaten verweigert. Davon unberührt bleibt die Anwendung besonderer Bestimmungen zum Asylrecht und zum internationalen Schutz oder zur Ausstellung von Visa für längerfristige Aufenthalte.

---

[1] Richtlinie 2008/115/EG des Europäischen Parlaments und des Rates vom 16. Dezember 2008 über gemeinsame Normen und Verfahren in den Mitgliedstaaten zur Rückführung illegal aufhältiger Drittstaatsangehöriger (ABl. L 348 vom 24.12.2008, S. 98).

(2) Die Einreiseverweigerung kann nur mittels einer begründeten Entscheidung unter genauer Angabe der Gründe für die Einreiseverweigerung erfolgen. Die Entscheidung wird von einer nach nationalem Recht zuständigen Behörde erlassen. Die Entscheidung tritt unmittelbar in Kraft.

Die begründete Entscheidung mit genauer Angabe der Gründe für die Einreiseverweigerung wird mit dem Standardformular nach Anhang V Teil B erteilt, das von der nach nationalem Recht zur Einreiseverweigerung berechtigten Behörde ausgefüllt wird. Das ausgefüllte Standardformular wird dem betreffenden Drittstaatsangehörigen ausgehändigt, der den Empfang der Entscheidung über die Einreiseverweigerung auf diesem Standardformular bestätigt.

(3) Personen, denen die Einreise verweigert wird, steht ein Rechtsmittel zu. Die Verfahren für die Einlegung des Rechtsmittels bestimmen sich nach nationalem Recht. Dem Drittstaatsangehörigen werden auch schriftliche Angaben zu Kontaktstellen gemacht, die ihn über eine rechtliche Vertretung unterrichten können, die entsprechend dem nationalen Recht in seinem Namen vorgehen kann.

Die Einlegung eines solchen Rechtsmittels hat keine aufschiebende Wirkung im Hinblick auf die Entscheidung über die Einreiseverweigerung.

Wird im Rechtsmittelverfahren festgestellt, dass die Entscheidung über die Einreiseverweigerung unbegründet war, so hat der betreffende Drittstaatsangehörige unbeschadet einer nach nationalem Recht gewährten Entschädigung einen Anspruch auf Berichtigung des ungültig gemachten Einreisestempels und anderer Streichungen oder Vermerke durch den Mitgliedstaat, der ihm die Einreise verweigert hat.

(4) Die Grenzschutzbeamten stellen sicher, dass ein Drittstaatsangehöriger, dem die Einreise verweigert wurde, das Hoheitsgebiet des betreffenden Mitgliedstaats nicht betritt.

(5) Die Mitgliedstaaten erheben statistische Daten über die Anzahl der Personen, denen sie die Einreise verweigern, die Gründe für die Einreiseverweigerung, die Staatsangehörigkeit der betreffenden Personen und die Art der Grenze (Land-, Luft- oder Seegrenze), an der ihnen die Einreise verweigert wurde, und legen sie gemäß der Verordnung (EG) Nr. 862/2007 des Europäischen Parlaments und des Rates[1]) jährlich der Kommission (Eurostat) vor.

(6) Die Modalitäten der Einreiseverweigerung sind in Anhang V Teil A festgelegt.

---

1) Verordnung (EG) Nr. 862/2007 des Europäischen Parlaments und des Rates vom 11. Juli 2007 zu Gemeinschaftsstatistiken über Wanderung und internationalen Schutz und zur Aufhebung der Verordnung (EWG) Nr. 311/76 des Rates über die Erstellung von Statistiken über ausländische Arbeitnehmer (ABl. L 199 vom 31.7.2007, S. 23).

Kapitel III. Personal und finanzielle Mittel für Grenzkontrollen und Zusammenarbeit der Mitgliedstaaten

Art. 15 Personal und finanzielle Mittel für Grenzkontrollen. Zur Gewährleistung effizienter Grenzkontrollen mit hohem und einheitlichem Standard an ihren Außengrenzen stellen die Mitgliedstaaten geeignete Kräfte in ausreichender Zahl und angemessene Mittel in ausreichendem Umfang für die Durchführung von Grenzkontrollen an den Außengrenzen gemäß den Artikeln 7 bis 14 zur Verfügung.

Art. 16 Durchführung von Grenzkontrollen. (1) Die Durchführung von Grenzkontrollen gemäß den Artikeln 7 bis 14 erfolgt durch die Grenzschutzbeamten gemäß dieser Verordnung und nationalem Recht.

Bei der Durchführung dieser Grenzkontrollen bleiben die den Grenzschutzbeamten nach nationalem Recht verliehenen und nicht in den Geltungsbereich dieser Verordnung fallenden Befugnisse zur Einleitung strafrechtlicher Ermittlungen unberührt.

Die Mitgliedstaaten stellen sicher, dass die Grenzschutzbeamten über eine besondere und angemessene fachliche Qualifikation verfügen und die gemeinsamen zentralen Lehrpläne für Grenzschutzbeamte beachtet werden, die von der durch die Verordnung (EG) Nr. 2007/2004 eingerichteten Europäischen Agentur für die operative Zusammenarbeit an den Außengrenzen der Mitgliedstaaten (im Folgenden „Agentur") entwickelt wurden. Die Lehrpläne umfassen Fachschulungen in der Erkennung und Behandlung von Situationen mit schutzbedürftigen Personen, wie unbegleiteten Minderjährigen und Opfern von Menschenhandel. Die Mitgliedstaaten halten die Grenzschutzbeamten mit Unterstützung der Agentur dazu an, die zur Wahrnehmung ihrer Aufgaben erforderlich Sprachen zu erlernen.

(2) Die Mitgliedstaaten übermitteln der Kommission gemäß Artikel 39 die Liste der nationalen Stellen, die nach ihrem nationalen Recht für die Grenzkontrollen zuständig sind.

(3) Zur wirksamen Durchführung von Grenzkontrollen sorgt jeder Mitgliedstaat für eine enge und ständige Zusammenarbeit seiner nationalen Stellen, die für Grenzkontrollen zuständig sind.

Art. 17 Zusammenarbeit der Mitgliedstaaten. (1) Zur wirksamen Durchführung von Grenzkontrollen gemäß den Artikeln 7 bis 16 unterstützen die Mitgliedstaaten einander und pflegen eine enge und ständige Zusammenarbeit. Sie tauschen alle sachdienlichen Informationen aus.

(2) Die operative Zusammenarbeit der Mitgliedstaaten auf dem Gebiet des Grenzschutzes an den Außengrenzen wird durch die Agentur koordiniert.

(3) Unbeschadet der Zuständigkeiten der Agentur können die Mitgliedstaaten mit anderen Mitgliedstaaten und/oder Drittstaaten an den Außengrenzen weiterhin auf operativer Ebene zusammenarbeiten, was auch den Austausch von Verbindungsbeamten umfasst, soweit diese Zusammenarbeit die Tätigkeit der Agentur ergänzt.

Die Mitgliedstaaten unterlassen jegliche Handlung, die den Betrieb der Agentur oder die Erreichung ihrer Ziele in Frage stellen könnte.

Die Mitgliedstaaten berichten der Agentur über diese operative Zusammenarbeit nach Unterabsatz 1.

(4) Die Mitgliedstaaten sorgen für eine Aus- und Fortbildung über die Bestimmungen für die Grenzkontrollen und die Grundrechte. In diesem Zusammenhang ist den gemeinsamen Ausbildungsnormen Rechnung zu tragen, die von der Agentur festgelegt und weiterentwickelt werden.

Art. 18 Gemeinsame Kontrollen. (1) Die Mitgliedstaaten, die Artikel 22 an ihren gemeinsamen Landgrenzen nicht anwenden, können bis zu dem Tag, ab dem der genannte Artikel anwendbar ist, gemeinsame Kontrollen an diesen Grenzen durchführen; in diesem Fall dürfen Personen unbeschadet der sich aus den Artikeln 7 bis 14 ergebenden individuellen Zuständigkeit der Mitgliedstaaten nur einmal angehalten werden, um die Ein- und Ausreisekontrollen durchzuführen.

Zu diesem Zweck können die Mitgliedstaaten untereinander bilaterale Vereinbarungen treffen.

(2) Die Mitgliedstaaten unterrichten die Kommission über alle gemäß Absatz 1 getroffenen Vereinbarungen.

Kapitel IV. Sonderbestimmungen für Grenzübertrittskontrollen

Art. 19 Sonderbestimmungen für die unterschiedlichen Grenzarten und die für das Überschreiten der Außengrenzen genutzten unterschiedlichen Fortbewegungsmittel. Die Sonderbestimmungen des Anhangs VI gelten für die Kontrollen bezüglich der unterschiedlichen Grenzarten und der für das Überschreiten der Grenzübergangsstellen genutzten unterschiedlichen Fortbewegungsmittel.

Diese Sonderbestimmungen können Abweichungen von den Artikeln 5 und 6 und den Artikeln 8 bis 14 enthalten.

Art. 20 Sonderbestimmungen für die Kontrolle von bestimmten Personengruppen. (1) Die Sonderbestimmungen des Anhangs VII gelten für die Kontrollen folgender Personengruppen:

a) Staatsoberhäupter und die Mitglieder ihrer Delegation(en);

b) Piloten von Luftfahrzeugen und anderes Flugbesatzungspersonal;

c) Seeleute;

d) Inhaber von Diplomaten-, Amts- oder Dienstpässen sowie Mitglieder internationaler Organisationen;
e) Grenzarbeitnehmer;
f) Minderjährige;
g) Rettungsdienste, Polizei, Feuerwehr und Grenzschutzbeamte;
h) Arbeitnehmer auf Offshore-Anlagen.

Diese Sonderbestimmungen können Abweichungen von den Artikeln 5 und 6 und den Artikeln 8 bis 14 enthalten.

(2) Die Mitgliedstaaten übermitteln der Kommission die Muster der besonderen Ausweise, die ihre Außenministerien gemäß Artikel 39 den akkreditierten Mitgliedern diplomatischer Missionen und konsularischer Vertretungen sowie ihren Familienangehörigen ausstellen.

Kapitel V. Bestimmte Maßnahmen im Falle schwerwiegender Mängel bei den Kontrollen an den Außengrenzen

Art. 21 Maßnahmen an Außengrenzen und Unterstützung durch die Agentur. (1) Werden in einem nach Artikel 14 der Verordnung (EU) Nr. 1053/2013 erstellten Evaluierungsbericht schwerwiegende Mängel bei Kontrollen an den Außengrenzen festgestellt, so kann die Kommission, um die Einhaltung der Empfehlungen gemäß Artikel 15 jener Verordnung zu gewährleisten, dem evaluierten Mitgliedstaat im Wege eines Durchführungsrechtsakts empfehlen, bestimmte Maßnahmen zu ergreifen, die eine oder beide der folgenden Maßnahmen umfassen können:
a) Anforderung des Einsatzes von Europäischen Grenzschutzteams gemäß den Bestimmungen der Verordnung (EG) Nr. 2007/2004;
b) Unterbreitung seiner strategischen Pläne, die sich auf eine Risikoanalyse stützen und Angaben zu dem Einsatz von Personal und Ausrüstung beinhalten, an die Agentur für eine diesbezügliche Stellungnahme.

Dieser Durchführungsrechtsakt wird gemäß dem in Artikel 38 Absatz 2 genannten Prüfverfahren erlassen.

(2) Die Kommission unterrichtet den gemäß Artikel 38 Absatz 1 eingerichteten Ausschuss regelmäßig über die Fortschritte bei der Umsetzung der in Absatz 1 des vorliegenden Artikels aufgeführten Maßnahmen und über ihre Wirksamkeit bei der Beseitigung der ermittelten Schwachstellen.

Sie unterrichtet auch das Europäische Parlament und den Rat.

(3) Ist in einem Evaluierungsbericht nach Absatz 1 festgestellt worden, dass der evaluierte Mitgliedstaat seine Pflichten in schwerwiegender Weise vernachlässigt und infolgedessen nach Artikel 16 Absatz 4 der Verordnung (EU) Nr. 1053/2013 verpflichtet ist, innerhalb von drei Monaten einen Bericht über die Umsetzung des einschlägigen Aktionsplans vorzulegen, und stellt die Kommission nach Ablauf der drei

Monate fest, dass die Situation unverändert ist, so kann sie, wenn alle Voraussetzungen hierfür erfüllt sind, die Anwendung des in Artikel 29 der vorliegenden Verordnung vorgesehenen Verfahrens auslösen.

Titel III. Binnengrenzen

Kapitel I. Ausbleiben der Grenzkontrollen an den Binnengrenzen

Art. 22 Überschreiten der Binnengrenzen. Die Binnengrenzen dürfen unabhängig von der Staatsangehörigkeit der betreffenden Personen an jeder Stelle ohne Personenkontrollen überschritten werden.

Art. 23 Kontrollen innerhalb des Hoheitsgebiets. Das Ausbleiben der Grenzkontrollen an den Binnengrenzen berührt nicht:

a) die Ausübung der polizeilichen Befugnisse durch die zuständigen Behörden der Mitgliedstaaten nach Maßgabe des nationalen Rechts, sofern die Ausübung solcher Befugnisse nicht die gleiche Wirkung wie Grenzübertrittskontrollen hat; dies gilt auch in Grenzgebieten. Im Sinne von Satz 1 darf die Ausübung der polizeilichen Befugnisse insbesondere nicht der Durchführung von Grenzübertrittskontrollen gleichgestellt werden, wenn die polizeilichen Maßnahmen
   i) keine Grenzkontrollen zum Ziel haben;
   ii) auf allgemeinen polizeilichen Informationen und Erfahrungen in Bezug auf mögliche Bedrohungen der öffentlichen Sicherheit beruhen und insbesondere auf die Bekämpfung der grenzüberschreitenden Kriminalität abzielen;
   iii) in einer Weise konzipiert sind und durchgeführt werden, die sich eindeutig von systematischen Personenkontrollen an den Außengrenzen unterscheidet;
   iv) auf der Grundlage von Stichproben durchgeführt werden;

b) die Durchführung von Sicherheitskontrollen bei Personen in See- oder Flughäfen durch die zuständigen Behörden nach Maßgabe des nationalen Rechts, die Verantwortlichen der See- oder Flughäfen oder die Beförderungsunternehmer, sofern diese Kontrollen auch bei Personen vorgenommen werden, die Reisen innerhalb des Mitgliedstaats unternehmen;

c) die den Mitgliedstaaten eingeräumte Möglichkeit, in ihren Rechtsvorschriften die Verpflichtung zum Besitz oder Mitführen von Urkunden und Bescheinigungen vorzusehen;

d) die Möglichkeit eines Mitgliedstaats, die Verpflichtung für Drittstaatsangehörige, ihre Anwesenheit in seinem Hoheitsgebiet gemäß Artikel 22 des Übereinkommens zur Durchführung des Übereinkommens von Schengen vom 14. Juni 1985 zwischen den Regierungen der Staaten der Benelux-Wirtschaftsunion, der Bundesrepublik Deutschland und der Französischen Republik betreffend den schrittweisen Abbau der Kontrollen an den gemeinsamen Grenzen (im Folgenden „Schengener Durchführungsübereinkommen“) zu melden, gesetzlich vorzuschreiben.

Art. 24 Beseitigung von Verkehrshindernissen an den Straßenübergängen der Binnengrenzen. Die Mitgliedstaaten beseitigen alle Hindernisse für den flüssigen Verkehr an den Straßenübergängen der Binnengrenzen, insbesondere Geschwindigkeitsbeschränkungen, die nicht ausschließlich auf Gesichtspunkten der Verkehrssicherheit beruhen.

Gleichzeitig müssen die Mitgliedstaaten darauf vorbereitet sein, Abfertigungsanlagen für den Fall einzurichten, dass an den Binnengrenzen wieder Grenzkontrollen eingeführt werden.

Kapitel II. Vorübergehende Wiedereinführung von Grenzkontrollen an den Binnengrenzen[1]

Art. 25 Allgemeiner Rahmen für die vorübergehende Wiedereinführung von Kontrollen an den Binnengrenzen. (1) Ist im Raum ohne Kontrollen an den Binnengrenzen die öffentliche Ordnung oder die innere Sicherheit in einem Mitgliedstaat ernsthaft bedroht, so ist diesem Mitgliedstaat unter außergewöhnlichen Umständen die Wiedereinführung von Kontrollen an allen oder bestimmten Abschnitten seiner Binnengrenzen für einen begrenzten Zeitraum von höchstens 30 Tagen oder für die vorhersehbare Dauer der ernsthaften Bedrohung, wenn ihre Dauer den Zeitraum von 30 Tagen überschreitet, gestattet. Die vorübergehende Wiedereinführung von Kontrollen an den Binnengrenzen darf in Umfang und Dauer nicht über das Maß hinausgehen, das zur Bewältigung der ernsthaften Bedrohung unbedingt erforderlich ist.

(2) Kontrollen an den Binnengrenzen werden nur als letztes Mittel und im Einklang mit den Artikeln 27, 28 und 29 wiedereingeführt. Wird ein Beschluss zur Wiedereinführung von Kontrollen an den Binnengrenzen nach Artikel 27, 28 oder 29 in Betracht gezogen, so sind die in Artikel 26 beziehungsweise 30 genannten Kriterien in jedem einzelnen Fall zu Grunde zu legen.

(3) Hält die ernsthafte Bedrohung der öffentlichen Ordnung oder der inneren Sicherheit in dem betreffenden Mitgliedstaat über den in Absatz 1 des vorliegenden Artikels genannten Zeitraum hinaus an, so kann dieser Mitgliedstaat die Kontrollen an seinen Binnengrenzen unter Zugrundelegung der in Artikel 26 genannten Kriterien und gemäß Artikel 27 aus den in Absatz 1 des vorliegenden Artikels genannten Gründen und unter Berücksichtigung neuer Umstände für weitere Zeiträume von höchstens 30 Tagen verlängern.

---

[1] Vgl. hierzu nun (Ausdehnung von Grenzkontrollen auch über den in Art. 29 Abs. 1 vorgesehenen 2 Jahreszeitraum hinaus): Empfehlung 2017/1804 der Kommission v. 3.10.2017 zur Durchführung der Bestimmungen des Schengener Grenzkodexes über die vorübergehende Wiedereinführung von Grenzkontrollen an den Binnengrenzen im Schengen-Raum (ABl. Nr. L 259/25 v. 7.10.2017).

(4) Der Gesamtzeitraum, innerhalb dessen Kontrollen an den Binnengrenzen wiedereingeführt werden können, einschließlich etwaiger Verlängerungen nach Absatz 3 dieses Artikels, beträgt höchstens sechs Monate. Liegen außergewöhnliche Umstände im Sinne von Artikel 29 vor, so kann dieser Gesamtzeitraum gemäß Artikel 29 Absatz 1 auf eine Höchstdauer von zwei Jahren verlängert werden.

Art. 26 Kriterien für die vorübergehende Wiedereinführung von Kontrollen an den Binnengrenzen. Beschließt ein Mitgliedstaat gemäß Artikel 25 oder Artikel 28 Absatz 1 als letztes Mittel die vorübergehende Wiedereinführung von Kontrollen an einer oder an mehreren seiner Binnengrenzen oder an bestimmten Abschnitten der Binnengrenzen oder eine Verlängerung dieser Wiedereinführung, so bewertet er, inwieweit mit einer derartigen Maßnahme der Bedrohung der öffentlichen Ordnung oder der inneren Sicherheit voraussichtlich angemessen begegnet werden kann und ob die Verhältnismäßigkeit zwischen der Maßnahme und der Bedrohung gewahrt ist. Bei der Durchführung dieser Bewertungen trägt der Mitgliedstaat insbesondere folgenden Gesichtspunkten Rechnung:

a) den voraussichtlichen Auswirkungen jeglicher Bedrohung seiner öffentlichen Ordnung oder seiner inneren Sicherheit, einschließlich als Folge von terroristischen Zwischenfällen oder Bedrohungen sowie durch die organisierte Kriminalität;
b) den voraussichtlichen Auswirkungen, die diese Maßnahme auf den freien Personenverkehr innerhalb des Raums ohne Kontrollen an den Binnengrenzen haben wird.

Art. 27 Bei der vorübergehenden Wiedereinführung von Kontrollen an den Binnengrenzen anzuwendendes Verfahren nach Artikel 25. (1) Beabsichtigt ein Mitgliedstaat die Wiedereinführung von Kontrollen an den Binnengrenzen nach Artikel 25, so teilt er dies den anderen Mitgliedstaaten und der Kommission spätestens vier Wochen vor der geplanten Wiedereinführung mit, oder innerhalb einer kürzeren Frist, wenn die Umstände, welche die Wiedereinführung der Kontrollen an den Binnengrenzen erfordern, weniger als vier Wochen vor der geplanten Wiedereinführung bekannt werden. Hierzu übermittelt der Mitgliedstaat folgende Angaben:

a) die Gründe für die geplante Wiedereinführung, einschließlich sämtlicher sachdienlichen Daten zu den Ereignissen, die eine ernsthafte Bedrohung seiner öffentlichen Ordnung oder seiner inneren Sicherheit darstellen;
b) den Umfang der geplanten Wiedereinführung mit Angabe des Abschnitts/der Abschnitte der Binnengrenzen, an dem/denen die Kontrollen wieder eingeführt werden sollen;
c) die Bezeichnungen der zugelassenen Grenzübergangsstellen;
d) den Zeitpunkt und die Dauer der beabsichtigten Wiedereinführung;
e) gegebenenfalls die von den anderen Mitgliedstaaten zu treffenden Maßnahmen.

Eine Mitteilung nach Unterabsatz 1 kann auch durch zwei oder mehr Mitgliedstaaten gemeinsam erfolgen.

Erforderlichenfalls kann die Kommission bei dem betreffenden Mitgliedstaat bzw. den betreffenden Mitgliedstaaten zusätzliche Informationen anfordern.

(2) Die in Absatz 1 genannten Informationen sind dem Europäischen Parlament und dem Rat zur gleichen Zeit zu übermitteln, zu der sie den anderen Mitgliedstaaten und der Kommission gemäß Absatz 1 übermittelt werden.

(3) Der Mitgliedstaat, der eine Mitteilung gemäß Unterabsatz 1 macht, kann, sofern dies erforderlich ist und seinem nationalen Recht entspricht, beschließen, Teile dieser Informationen als Verschlusssache einzustufen.

Diese Einstufung schließt nicht aus, dass dem Europäischen Parlament von der Kommission Informationen zur Verfügung gestellt werden. Die Übermittlung und Behandlung der dem Europäischen Parlament nach diesem Artikel übermittelten Informationen und Dokumente erfolgt gemäß den Regeln für die Weiterleitung und Behandlung von Verschlusssachen, die zwischen dem Europäischen Parlament und der Kommission gelten.

(4) Im Anschluss an die Mitteilung durch den betreffenden Mitgliedstaat nach Absatz 1 und im Hinblick auf die Konsultationen gemäß Absatz 5 kann die Kommission oder jeder andere Mitgliedstaat unbeschadet des Artikels 72 AEUV eine Stellungnahme abgeben.

Hat die Kommission aufgrund der in der Mitteilung enthaltenen Informationen oder aufgrund anderer erhaltener Informationen Bedenken hinsichtlich der Notwendigkeit oder Verhältnismäßigkeit der geplanten Wiedereinführung von Kontrollen an den Binnengrenzen oder hält sie eine Konsultation zu bestimmten Aspekten der Mitteilung für zweckmäßig, so gibt sie eine dahingehende Stellungnahme ab.

(5) Die in Absatz 1 genannten Angaben sowie jegliche Stellungnahme der Kommission oder eines Mitgliedstaats nach Absatz 4 sind Gegenstand einer Konsultation, gegebenenfalls einschließlich gemeinsamer Sitzungen zwischen dem Mitgliedstaat, der die Wiedereinführung von Kontrollen an den Binnengrenzen beabsichtigt, den anderen Mitgliedstaaten, insbesondere jenen, die von der solchen Maßnahmen unmittelbar betroffen sind, und der Kommission; Ziel dieser Konsultationen ist es, gegebenenfalls eine Zusammenarbeit zwischen den Mitgliedstaaten zu organisieren und zu prüfen, ob die Maßnahmen im Verhältnis zu den Ereignissen, die der Anlass für die Wiedereinführung der Grenzkontrollen sind, sowie zur Bedrohung der öffentlichen Ordnung oder der inneren Sicherheit stehen.

(6) Die in Absatz 5 genannte Konsultation findet mindestens zehn Tage vor dem geplanten Zeitpunkt der Wiedereinführung der Grenzkontrollen statt.

Art. 28 Besonderes Verfahren für Fälle, die sofortiges Handeln erfordern. (1) Ist aufgrund einer ernsthaften Bedrohung der öffentlichen Ordnung oder der inneren Sicherheit in einem Mitgliedstaat sofortiges Handeln erforderlich, so kann der betreffende Mitgliedstaat in Ausnahmefällen für einen begrenzten Zeitraum von höchstens zehn Tagen sofort wieder Kontrollen an den Binnengrenzen einführen.

(2) Führt ein Mitgliedstaat an den Binnengrenzen wieder Kontrollen ein, so teilt er dies gleichzeitig den anderen Mitgliedstaaten und der Kommission mit; er macht die Angaben gemäß Artikel 27 Absatz 1 einschließlich der Gründe, die eine Inanspruchnahme des in dem vorliegenden Artikel beschriebenen Verfahrens rechtfertigen. Nach Erhalt einer solchen Mitteilung kann die Kommission die anderen Mitgliedstaaten sofort konsultieren.

(3) Dauert die ernsthafte Bedrohung der öffentlichen Ordnung oder der inneren Sicherheit über den in Absatz 1 dieses Artikels genannten Zeitraum an, so kann der Mitgliedstaat beschließen, die Kontrollen an den Binnengrenzen für verlängerbare Zeiträume von höchstens 20 Tagen zu verlängern. Der betreffende Mitgliedstaat berücksichtigt die in Artikel 26 genannten Kriterien, einschließlich einer aktualisierten Bewertung der Notwendigkeit und Verhältnismäßigkeit der Maßnahme, sowie etwaiger neue Umstände.

Im Falle einer derartigen Verlängerung finden die Bestimmungen von Artikel 27 Absätze 4 und 5 entsprechend Anwendung, und die Konsultation findet unverzüglich nach der Mitteilung des Beschlusses über die Verlängerung an die Kommission und an die Mitgliedstaaten statt.

(4) Unbeschadet des Artikels 25 Absatz 4 beträgt der Gesamtzeitraum, innerhalb dessen Kontrollen an den Binnengrenzen wiedereingeführt werden können, ausgehend vom ursprünglichen Zeitraum nach Absatz 1 des vorliegenden Artikels und etwaiger Verlängerungen nach Absatz 3 des vorliegenden Artikels höchstens zwei Monate.

(5) Die Kommission unterrichtet das Europäische Parlament unverzüglich über die nach diesem Artikel erfolgten Mitteilungen.

Art. 29 Besonderes Verfahren im Falle außergewöhnlicher Umstände, unter denen das Funktionieren des Raums ohne Kontrollen an den Binnengrenzen insgesamt gefährdet ist. (1) Im Falle außergewöhnlicher Umstände, unter denen aufgrund anhaltender schwerwiegender Mängel bei den Kontrollen an den Außengrenzen nach Artikel 21 das Funktionieren des Raums ohne Kontrollen an den Binnengrenzen insgesamt gefährdet ist, und soweit diese Umstände eine ernsthafte Bedrohung der öffentlichen Ordnung oder der inneren Sicherheit im Raum ohne Kontrollen an den Binnengrenzen oder in Teilen dieses Raums darstellen, können die Mitgliedstaaten Kontrollen an den Binnengrenzen gemäß Absatz 2 des vorliegenden Artikels für einen Zeitraum von höchstens sechs Monaten wieder einführen. Dieser Zeitraum kann höchstens dreimal um einen weiteren

Zeitraum von höchstens sechs Monaten verlängert werden, wenn diese außergewöhnlichen Umstände bestehen bleiben.

(2) Der Rat kann als letztes Mittel und als Maßnahme zum Schutz der gemeinsamen Interessen im Raum ohne Kontrollen an den Binnengrenzen und wenn alle anderen Maßnahmen, insbesondere diejenigen gemäß Artikel 21 Absatz 1, die festgestellte ernsthafte Bedrohung nicht wirksam verringern können, empfehlen, dass ein oder mehrere Mitgliedstaaten beschließen, an allen oder bestimmten Abschnitten ihrer Binnengrenzen Kontrollen wieder einzuführen. Die Empfehlung des Rates stützt sich auf einen Vorschlag der Kommission. Die Mitgliedstaaten können die Kommission ersuchen, dem Rat einen solchen Vorschlag für eine Empfehlung vorzulegen.

Die Empfehlung des Rates enthält zumindest die Angaben nach Artikel 27 Absatz 1 Buchstaben a bis e.

Der Rat kann unter den Bedingungen und Verfahren dieses Artikels eine Verlängerung empfehlen.

Bevor ein Mitgliedstaat nach diesem Absatz Kontrollen an allen oder bestimmten Abschnitten seiner Binnengrenzen wieder einführt, teilt er dies den anderen Mitgliedstaaten, dem Europäischen Parlament und der Kommission mit.

(3) Setzt ein Mitgliedstaat die in Absatz 2 genannte Empfehlung nicht um, so teilt er der Kommission unverzüglich schriftlich die Gründe dafür mit.

In diesem Fall legt die Kommission dem Europäischen Parlament und dem Rat einen Bericht vor, in dem die von dem betreffenden Mitgliedstaat genannten Gründe und die Auswirkungen auf den Schutz der gemeinsamen Interessen des Raums ohne Kontrollen an den Binnengrenzen bewertet werden.

(4) In hinreichend begründeten Fällen der Dringlichkeit im Zusammenhang mit Situationen, in denen die Umstände, die eine Verlängerung der Kontrollen an den Binnengrenzen im Einklang mit Absatz 2 erfordern, weniger als 10 Tage vor dem Ende des vorherigen Zeitraums der Wiedereinführung bekannt werden, kann die Kommission erforderliche Empfehlungen im Wege sofort geltender Durchführungsrechtsakte gemäß dem in Artikel 38 Absatz 3 genannten Verfahren erlassen. Innerhalb von 14 Tagen nach der Annahme solcher Empfehlungen legt die Kommission dem Rat einen Vorschlag für eine Empfehlung im Einklang mit Absatz 2 dieses Artikels vor.

(5) Dieser Artikel lässt die Maßnahmen unberührt, die die Mitgliedstaaten im Falle einer ernsthaften Bedrohung der öffentlichen Ordnung oder der inneren Sicherheit nach den Artikeln 25, 27 und 28 erlassen können.

Art. 30 Kriterien für die vorübergehende Wiedereinführung von Kontrollen an den Binnengrenzen im Falle außergewöhnlicher Umstände, unter denen das Funktionieren des Raums ohne Kontrollen an den Binnengrenzen insgesamt gefährdet

ist. (1) Empfiehlt der Rat als letztes Mittel gemäß Artikel 29 Absatz 2 die vorübergehende Wiedereinführung von Kontrollen an den Binnengrenzen an einer oder mehreren Binnengrenzen oder an bestimmten Abschnitten der Binnengrenzen, so bewertet er, inwieweit mit einer derartigen Maßnahme der Bedrohung der öffentlichen Ordnung oder der inneren Sicherheit im Raum ohne Kontrollen an den Binnengrenzen voraussichtlich angemessen begegnet werden kann und ob die Verhältnismäßigkeit zwischen der Maßnahme und der Bedrohung gewahrt ist. Diese Bewertung stützt sich auf *detaillierte Informationen* des betreffenden Mitgliedstaats/der betreffenden Mitgliedstaaten und der Kommission oder auf andere einschlägige Informationen, einschließlich der gemäß Absatz 2 des vorliegenden Artikels erhaltenen Informationen. Bei der Durchführung dieser Bewertung ist insbesondere folgenden Gesichtspunkten Rechnung zu tragen:

a) der Verfügbarkeit technischer oder finanzieller Unterstützungsmaßnahmen, die auf nationaler und/oder Unionsebene in Anspruch genommen werden könnten oder in Anspruch genommen worden sind, einschließlich Hilfsmaßnahmen durch Einrichtungen und sonstige Stellen der Union wie die Agentur, das durch die Verordnung (EU) Nr. 439/2010 des Europäischen Parlaments und des Rates[1] eingerichtete Europäische Unterstützungsbüro für Asylfragen oder das durch den Beschluss 2009/371/JI eingerichtete Europäische Polizeiamt (Europol), und der Frage, inwieweit mit derartigen Maßnahmen den Bedrohungen der öffentlichen Ordnung oder der inneren Sicherheit im Raum ohne Kontrollen an den Binnengrenzen voraussichtlich angemessen begegnet werden kann;

b) den derzeitigen und voraussichtlichen künftigen Auswirkungen schwerwiegender Mängel bei den Kontrollen an den Außengrenzen, die im Rahmen der gemäß der Verordnung (EU) Nr. 1053/2013 vorgenommenen Evaluierungen festgestellt wurden und dem Ausmaß der von solchen schwerwiegenden Mängeln ausgehenden ernsthaften Bedrohung der öffentlichen Ordnung oder der inneren Sicherheit im Raum ohne Kontrollen an den Binnengrenzen;

c) den voraussichtlichen Auswirkungen der Wiedereinführung von Kontrollen an den Binnengrenzen auf den freien Personenverkehr innerhalb des Raums ohne Kontrollen an den Binnengrenzen.

(2) Bevor die Kommission einen Vorschlag für eine Empfehlung des Rates gemäß Artikel 29 Absatz 2 annimmt, kann sie

a) von den Mitgliedstaaten, der Agentur, Europol oder anderen Einrichtungen und sonstigen Stellen der Union weitere Informationen anfordern;

b) mit der Unterstützung von Sachverständigen aus den Mitgliedstaaten und der Agentur, Europol oder jeder anderen einschlägigen Einrich-

---

[1] Verordnung (EU) Nr. 439/2010 des Europäischen Parlaments und des Rates vom 19. Mai 2010 zur Einrichtung eines Europäischen Unterstützungsbüros für Asylfragen (ABl. L 132 vom 29.5.2010, S. 11).

tung der Union Inspektionen vor Ort durchführen, um Informationen zu gewinnen oder zu überprüfen, die für die Empfehlung von Bedeutung sind.

Art. 31 Unterrichtung des Europäischen Parlaments und des Rates. Die Kommission und der betreffende Mitgliedstaat/die betreffenden Mitgliedstaaten unterrichtet/unterrichten das Europäische Parlament und den Rat so bald wie möglich über etwaige Gründe, die die Anwendung des Artikels 21 und der Artikel 25 bis 30 auslösen könnten.

Art. 32 Anwendbare Bestimmungen bei Wiedereinführung von Grenzkontrollen an den Binnengrenzen. Bei Wiedereinführung von Grenzkontrollen an den Binnengrenzen finden die einschlägigen Bestimmungen des Titels II entsprechend Anwendung.

Art. 33 Bericht über die Wiedereinführung von Kontrollen an den Binnengrenzen. Innerhalb von vier Wochen nach Aufhebung der Kontrollen an den Binnengrenzen legt der Mitgliedstaat, der die Kontrollen an seinen Binnengrenzen durchgeführt hat, dem Europäischen Parlament, dem Rat und der Kommission einen Bericht über die Wiedereinführung von Kontrollen an den Binnengrenzen vor, in dem insbesondere die erste Bewertung und die Einhaltung der in den Artikeln 26, 28 und 30 genannten Kriterien, die Durchführung der Kontrollen, die praktische Zusammenarbeit mit den benachbarten Mitgliedstaaten, die Auswirkungen auf den freien Personenverkehr und die Wirksamkeit der Wiedereinführung der Kontrollen an den Binnengrenzen, einschließlich einer Expost-Bewertung der Verhältnismäßigkeit der Wiedereinführung der Grenzkontrollen, dargestellt werden.

Die Kommission kann eine Stellungnahme zu dieser Expost-Bewertung der vorübergehenden Wiedereinführung von Kontrollen an einer oder mehreren Binnengrenzen oder an bestimmten Abschnitten der Binnengrenzen abgeben.

Die Kommission legt dem Europäischen Parlament und dem Rat mindestens einmal im Jahr einen Bericht über das Funktionieren des Raums ohne Kontrollen an den Binnengrenzen vor. Der Bericht enthält eine Liste aller Beschlüsse zur Wiedereinführung von Kontrollen an den Binnengrenzen im Laufe des betreffenden Jahres.

Art. 34 Unterrichtung der Öffentlichkeit. Die Kommission und der betreffende Mitgliedstaat unterrichten die Öffentlichkeit in abgestimmter Weise, wenn ein Beschluss betreffend die Wiedereinführung von Kontrollen an den Binnengrenzen gefasst wurde, und unterrichten die Öffentlichkeit insbesondere über Anfang und Ende einer derartigen Maßnahme, es sei denn, übergeordnete Sicherheitsgründe stehen dem entgegen.

Art. 35 Vertraulichkeit. Auf Antrag des betreffenden Mitgliedstaats wahren die anderen Mitgliedstaaten sowie das Europäische Parlament und die Kommission die Vertraulichkeit der Angaben, die in Verbindung mit der Wiedereinführung oder Verlängerung von Grenzkontrollen sowie des gemäß Artikel 33 erstellten Berichts übermittelt wurden.

Titel IV. Schlussbestimmungen

Art. 36 Änderung der Anhänge. Der Kommission wird die Befugnis übertragen, zur Änderung der Anhänge III, IV und VIII delegierte Rechtsakte nach Artikel 37 zu erlassen.

Art. 37 Ausübung der Befugnisübertragung. (1) Die Befugnis zum Erlass delegierter Rechtsakte wird der Kommission unter den in diesem Artikel festgelegten Bedingungen übertragen.

(2) Die Befugnis zum Erlass delegierter Rechtsakte gemäß Artikel 13 Absatz 5 und Artikel 36 wird der Kommission auf unbestimmte Zeit übertragen.

(3) Die Befugnisübertragung gemäß Artikel 13 Absatz 5 und Artikel 36 kann vom Europäischen Parlament oder vom Rat jederzeit widerrufen werden. Der Beschluss über den Widerruf beendet die Übertragung der in diesem Beschluss angegebenen Befugnis. Er wird am Tag nach seiner Veröffentlichung im Amtsblatt der Europäischen Union oder zu einem in dem Beschluss genannten späteren Zeitpunkt wirksam. Die Gültigkeit von delegierten Rechtsakten, die bereits in Kraft sind, wird von dem Beschluss über die Übertragung nicht berührt.

(4) Sobald die Kommission einen delegierten Rechtsakt erlässt, übermittelt sie ihn gleichzeitig dem Europäischen Parlament und dem Rat.

(5) Ein delegierter Rechtsakt, der gemäß Artikel 13 Absatz 5 und Artikel 36 erlassenen wurde, tritt nur in Kraft, wenn weder das Europäische Parlament noch der Rat innerhalb einer Frist von zwei Monaten nach Übermittlung dieses Rechtsakts an das Europäische Parlament und den Rat Einwände erhoben haben oder wenn vor Ablauf dieser Frist das Europäische Parlament und der Rat beide der Kommission mitgeteilt haben, dass sie keine Einwände erheben werden. Auf Initiative des Europäischen Parlaments oder des Rates wird diese Frist um zwei Monate verlängert.

Art. 38 Ausschussverfahren. (1) Die Kommission wird von einem Ausschuss unterstützt. Dieser Ausschuss ist ein Ausschuss im Sinne der Verordnung (EU) Nr. 182/2011.

(2) Wird auf diesen Absatz Bezug genommen, so gilt Artikel 5 der Verordnung (EU) Nr. 182/2011. Gibt der Ausschuss keine Stellungnahme ab, so erlässt die Kommission den Durchführungsrechtsakt nicht

und Artikel 5 Absatz 4 Unterabsatz 3 der Verordnung (EU) Nr. 182/2011 findet Anwendung.

(3) Wird auf diesen Absatz Bezug genommen, so gilt Artikel 8 der Verordnung (EU) Nr. 182/2011 in Verbindung mit deren Artikel 5.

Art. 39 Mitteilungen. (1) Die Mitgliedstaaten übermitteln der Kommission:

a) die Liste der Aufenthaltstitel, wobei zwischen den Aufenthaltstiteln gemäß Artikel 2 Nummer 16 Buchstabe a und Artikel 2 Nummer 16 Buchstabe b zu unterscheiden ist und ein Muster der Aufenthaltstitel gemäß Artikel 2 Nummer 16 Buchstabe b beizufügen ist. Bei nach der Richtlinie 2004/38/EG ausgestellten Aufenthaltskarten ist ausdrücklich darauf hinzuweisen, dass es sich um diese Art von Aufenthaltstiteln handelt, und von Aufenthaltskarten, die nicht nach dem einheitlichen Format gemäß der Verordnung (EG) Nr. 1030/2002 ausgestellt wurden, werden Muster zur Verfügung gestellt,

b) die Liste ihrer Grenzübergangsstellen,

c) die jährlich von ihren nationalen Behörden für das Überschreiten ihrer Außengrenzen festgelegten Richtbeträge,

d) die Liste der für Grenzkontrollen zuständigen nationalen Stellen,

e) die Muster der von den Außenministerien ausgestellten Ausweise,

f) die Ausnahmen von den Vorschriften für das Überschreiten der Außengrenzen nach Artikel 5 Absatz 2 Buchstabe a,

g) die Statistiken nach Artikel 11 Absatz 3.

(2) Die Kommission macht die nach Absatz 1 übermittelten Angaben den Mitgliedstaaten und der Öffentlichkeit durch Veröffentlichung im Amtsblatt der Europäischen Union, Reihe C, und durch andere geeignete Mittel zugänglich.

Art. 40 Kleiner Grenzverkehr. Diese Verordnung lässt Vorschriften der Union über den kleinen Grenzverkehr und bestehende bilaterale Abkommen über den kleinen Grenzverkehr unberührt.

Art. 41 Ceuta und Melilla. Die Bestimmungen dieser Verordnung berühren nicht die für die Städte Ceuta und Melilla geltenden Sonderregelungen, die in der Erklärung des Königreichs Spanien in Bezug auf die Städte Ceuta und Melilla in der Schlussakte zur Akte über den Beitritt des Königreichs Spanien zum Übereinkommen zur Durchführung des Übereinkommens von Schengen vom 14. Juni 1985[1] festgelegt sind.

Art. 42 Mitteilung von Informationen durch die Mitgliedstaaten. Die Mitgliedstaaten teilen der Kommission ihre nationalen Vor-

[1] ABl. L 239 vom 22.9.2000, S. 73.

schriften zu Artikel 23 Buchstaben c und d, die Sanktionen gemäß Artikel 5 Absatz 3 und die nach dieser Verordnung zulässigen bilateralen Vereinbarungen mit. Nachträgliche Änderungen dieser Vorschriften werden innerhalb von fünf Arbeitstagen gemeldet.

Diese von den Mitgliedstaaten mitgeteilten Informationen werden im Amtsblatt der Europäischen Union, Reihe C, veröffentlicht.

Art. 43 Evaluierungsmechanismus. (1) Im Einklang mit den Verträgen und unbeschadet ihrer Vorschriften über Vertragsverletzungsverfahren wird die Umsetzung dieser Verordnung durch die einzelnen Mtgliedstaaten einer Evaluierung anhand eines Evaluierungsmechanismus unterzogen.

(2) Die für den Evaluierungsmechanismus geltenden Vorschriften sind in der Verordnung (EU) Nr. 1053/2013 festgelegt. Gemäß diesem Evaluierungsmechanismus nehmen die Mitgliedstaaten und die Kommission gemeinsam regelmäßige, objektive und unparteiische Evaluierungen vor, um zu überprüfen, ob diese Verordnung ordnungsgemäß angewendet wird, und koordiniert die Kommission die Evaluierungen in enger Zusammenarbeit mit den Mitgliedstaaten. Im Rahmen dieses Mechanismus wird jeder Mitgliedstaat mindestens alle fünf Jahre durch ein kleines Team evaluiert, das sich aus Vertretern der Kommission und von den Mitgliedstaaten benannten Experten zusammensetzt.

Die Evaluierungen können im Wege angekündigter oder unangekündigter Inspektionen vor Ort an den Außen- und Binnengrenzen vorgenommen werden.

Im Einklang mit dem Evaluierungsmechanismus obliegt der Kommission die Annahme der mehrjährigen und jährlichen Evaluierungsprogramme und der Evaluierungsberichte.

(3) Bei etwaigen Mängeln können den betreffenden Mitgliedstaaten Empfehlungen für Abhilfemaßnahmen übermittelt werden.

Werden in einem von der Kommission gemäß Artikel 14 der Verordnung (EU) Nr. 1053/2013 angenommenen Evaluierungsbericht schwerwiegende Mängel bei der Durchführung von Kontrollen an den Außengrenzen festgestellt, so finden die Artikel 21 und 29 der vorliegenden Verordnung Anwendung.

(4) Das Europäische Parlament und der Rat werden in allen Phasen der Evaluierung unterrichtet und erhalten alle einschlägigen Unterlagen nach Maßgabe der Vorschriften für Verschlusssachen.

(5) Das Europäische Parlament wird sofort und umfassend über jeden Vorschlag unterrichtet, durch den die in der Verordnung (EU) Nr. 1053/2013 festgelegten Vorschriften geändert oder ersetzt werden sollen.

Art. 44 Aufhebungen. Die Verordnung (EG) Nr. 562/2006 wird aufgehoben.

Bezugnahmen auf die gestrichenen Artikel und die aufgehobenen Rechtsakte gelten als Bezugnahmen auf diese Verordnung und sind nach Maßgabe der Entsprechungstabelle in Anhang X zu lesen.

Art. 45 Inkrafttreten. Diese Verordnung tritt am zwanzigsten Tag nach ihrer Veröffentlichung im Amtsblatt der Europäischen Union in Kraft.

Diese Verordnung ist in allen ihren Teilen verbindlich und gilt gemäß den Verträgen unmittelbar in den Mitgliedstaaten.

Geschehen zu Straßburg am 9. März 2016.

Im Namen des Europäischen Parlaments	*Im Namen des Rates*
Der Präsident	*Die Präsidentin*
M. SCHULZ	J. A. HENNIS-PLASSCHAERT

Anhang I

Belege, anhand deren geprüft wird, ob die Einreisevoraussetzungen erfüllt sind

Bei den Belegen nach Artikel 6 Absatz 3 kann es sich handeln um:

a) bei Reisen aus beruflichen Gründen:
   i) die Einladung eines Unternehmens oder einer Behörde zu geschäftlichen, betrieblichen oder dienstlichen Besprechungen, Konferenzen oder Veranstaltungen,
   ii) andere Unterlagen, aus denen geschäftliche oder dienstliche Beziehungen hervorgehen,
   iii) Eintrittskarten zu Messen und Kongressen, sofern hieran teilgenommen werden soll;

b) bei Reisen zu Studien- oder sonstigen Ausbildungszwecken:
   i) die Aufnahmebestätigung einer Bildungseinrichtung über die beabsichtigte Teilnahme an praktischen oder theoretischen Aus- und Fortbildungsveranstaltungen,
   ii) Studentenausweise oder Bescheinigungen über besuchte Kurse;

c) bei touristischen oder privaten Reisen:
   i) Belege betreffend die Unterkunft:
      – die Einladung des Gastgebers, sofern bei diesem Unterkunft genommen werden soll,
      – Belege von Beherbergungsbetrieben oder sonstige geeignete Unterlagen, aus denen die beabsichtigte Unterbringung hervorgeht,
   ii) Belege betreffend den Reiseverlauf:
      – die Buchungsbestätigung des Veranstalters einer organisierten Reise oder sonstige geeignete Unterlagen, aus denen die Reisepläne hervorgehen,

iii) Belege betreffend die Rückreise:
– Rückreise- oder Rundreisetickets;

d) bei Reisen zu politischen, wissenschaftlichen, kulturellen, sportlichen oder religiösen Veranstaltungen oder aus anderen Gründen: Einladungen, Eintrittskarten, Aufnahmebestätigungen oder Programme, möglichst unter Angabe des Namens der einladenden Stelle und der Dauer des Aufenthalts, oder sonstige geeignete Unterlagen, aus denen der Grund der Reise hervorgeht.

Anhang II

Erfassung von Informationen

An sämtlichen Grenzübergangsstellen werden alle wichtigen Informationen der Dienststelle sowie sonstige besonders wichtige Informationen in einem handschriftlich geführten oder elektronischen Register erfasst. Hierbei sind insbesondere folgende Angaben festzuhalten:

a) Name des für Grenzübertrittskontrollen vor Ort verantwortlichen Grenzschutzbeamten und der in der jeweiligen Schicht eingesetzten sonstigen Bediensteten;
b) Lockerungen der Personenkontrollen nach Artikel 9;
c) an der Grenze erfolgte Ausstellung von Dokumenten als Pass- und Visaersatz;
d) aufgegriffene Personen und Anzeigen (Straftaten und Ordnungswidrigkeiten);
e) Personen, denen nach Artikel 14 die Einreise verweigert wurde (Einreiseverweigerungsgründe und Staatsangehörigkeiten);
f) die Sicherheitscodes von Ein- und Ausreisestempeln, die Personalien der Grenzschutzbeamten, denen dieser Stempel zu einem bestimmten Zeitpunkt oder in einer bestimmten Schicht zugeordnet ist, sowie Informationen zu abhanden gekommenen und gestohlenen Stempeln;
g) Beschwerden von Personen, die Kontrollen unterzogen wurden;
h) sonstige besonders bedeutende polizeiliche und strafprozessuale Maßnahmen;
i) besondere Ereignisse.

Anhang III

Muster der Schilder zur Kennzeichnung der Kontrollspuren an den Grenzübergangsstellen

Teil A

1)

---

1) Für Norwegen und Island ist kein Logo erforderlich.

Teil B1: „Visum nicht erforderlich“

VISUM
NICHT
ERFORDERLICH

Teil B2: „Alle Pässe“

ALLE
PÄSSE

Teil C

1)

1)

1)

---

1) Für Norwegen und Island ist kein Logo erforderlich.

NICHT VISUMPFLICH-TIG
PKW

NICHT VISUMPFLICH-TIG
BUSSE

NICHT VISUMPFLICH-TIG
LKW

ALLE
PÄSSE
PKW

ALLE
PÄSSE
BUSSE

ALLE
PÄSSE
LKW

Anhang VI

Abstempelungsmodalitäten

1. Die Reisedokumente von Drittstaatsangehörigen werden bei der Ein- und Ausreise gemäß Artikel 11 systematisch abgestempelt. Die Gestaltung dieser Stempel richtet sich nach dem Beschluss SCH/COM-ex (94) 16 Rev. des Schengener Exekutivausschusses und dem Dokument SCH/Gem-Handb (93) 15 (VERTRAULICH).
2. Die Sicherheitscodes der Stempel werden in regelmäßigen Abständen von höchstens einem Monat geändert.
3. Bei der Ein- und Ausreise visumpflichtiger Drittstaatsangehöriger wird der Stempel im Allgemeinen auf der dem Visum gegenüberliegenden Seite angebracht.
   Kann diese Seite nicht verwendet werden, so wird der Stempel auf der unmittelbar folgenden Seite angebracht. In der maschinenlesbaren Zone wird kein Stempel angebracht.
4. Die Mitgliedstaaten bezeichnen nationale Kontaktstellen, die für den Informationsaustausch über die Sicherheitscodes der Ein- und Ausreisestempel an den Grenzübergangsstellen zuständig sind, und setzen die anderen Mitgliedstaaten, das Generalsekretariat des Rates und die Kommission hiervon in Kenntnis. Diese Kontaktstellen haben unverzüglich Zugang zu Informationen über die gemeinsamen Ein- und Ausreisestempel, die an den Außengrenzen der einzelnen Mitgliedstaaten verwendet werden; dazu gehören insbesondere folgende Informationen:
   a) die Grenzübergangsstelle, der ein bestimmter Stempel zugeordnet ist;
   b) die Personalien des Grenzschutzbeamten, dem ein bestimmter Stempel zu einem bestimmten Zeitpunkt zugeordnet ist;
   c) der Sicherheitscode eines bestimmten Stempels zu einem bestimmten Zeitpunkt.

   Anfragen zu den gemeinsamen Ein- und Ausreisestempeln erfolgen über die genannten nationalen Kontaktstellen.
   Die nationalen Kontaktstellen leiten ferner unverzüglich Informationen über jegliche Änderung in Bezug auf die Kontaktstellen sowie über verlorene und gestohlene Stempel an die anderen Kontaktstellen, das Generalsekretariat des Rates und die Kommission weiter.

Anhang V

Teil A

Modalitäten der Einreiseverweigerung an der Grenze

1. *Im Falle einer* Einreiseverweigerung
   a) füllt der zuständige Grenzschutzbeamte das in Teil B dargestellte Standardformular für die Einreiseverweigerung aus. Der betref-

fende Drittstaatsangehörige unterschreibt das Formular und erhält eine Kopie des unterschriebenen Formulars. Verweigert der Drittstaatsangehörige die Unterschrift, so vermerkt der Grenzschutzbeamte dies im Feld „Bemerkungen" des Formulars;

b) bringt der zuständige Grenzschutzbeamte in dem Pass einen Einreisestempel an, den er in Form eines Kreuzes mit schwarzer, dokumentenechter Tinte durchstreicht; zudem trägt er rechts neben diesem Stempel ebenfalls mit dokumentenechter Tinte den oder die Kennbuchstaben ein, die dem Grund oder den Gründen für die Einreiseverweigerung entsprechen und die in dem genannten Standardformular aufgeführt sind;

c) annulliert oder hebt der zuständige Grenzschutzbeamte das Visum gemäß dem Verfahren des Artikels 34 der Verordnung (EG) Nr. 810/2009 auf;

d) erfasst der zuständige Grenzschutzbeamte die Einreiseverweigerung akten- oder listenmäßig mit Angabe der Personalien und der Staatsangehörigkeit des betroffenen Drittstaatsangehörigen, des Grenzübertrittspapiers sowie des Einreiseverweigerungsgrundes und -datums.

2. Ist der Drittstaatsangehörige, dem die Einreise verweigert wurde, von einem Beförderungsunternehmer an die Außengrenze verbracht worden, so geht die örtlich zuständige Behörde wie folgt vor:

a) Sie ordnet gegenüber diesem Unternehmer an, den Drittstaatsangehörigen gemäß Artikel 26 des Schengener Durchführungsübereinkommens und gemäß der Richtlinie 2001/51/EG des Rates[1] zurückzunehmen und ihn umgehend in den Drittstaat, aus dem er befördert wurde, in den Drittstaat, der das Grenzübertrittspapier ausgestellt hat, oder in jeden anderen Drittstaat, in dem seine Zulassung gewährleistet ist, zu befördern oder Mittel für seinen Rücktransport zu finden;

b) sie trifft bis zur Durchführung des Rücktransports unter Berücksichtigung der örtlichen Gegebenheiten nach Maßgabe des nationalen Rechts geeignete Maßnahmen, um die unerlaubte Einreise von Drittstaatsangehörigen, denen die Einreise verweigert wurde, zu verhindern.

3. Liegen bei einem Drittstaatsangehörigen sowohl Einreiseverweigerungs- als auch Festnahmegründe vor, so stellt der Grenzschutzbeamte Kontakt zu den Behörden her, die für die nach Maßgabe des nationalen Rechts zu treffende Maßnahme zuständig sind.

---

[1] Richtlinie 2001/51/EG des Rates vom 28. Juni 2001 zur Ergänzung der Regelungen nach Artikel 26 des Übereinkommens zur Durchführung des Übereinkommens von Schengen vom 14. Juni 1985 (ABl. L 187 vom 10.7.2001, S. 45).

Teil B
Standardformular für die Einreiseverweigerung

Name des Staates
Staatsemblem (Name der Dienststelle)

(1)

EINREISEVERWEIGERUNG

Am ______ um (Uhrzeit) ______ ist an der Grenzübergangsstelle ______
vor dem Unterzeichnenden ______ vorstellig geworden:
Name ______ Vorname ______
geboren am ______ in ______ Geschlecht ______
Staatsangehörigkeit ______ wohnhaft in ______
Art des Identitätsdokuments ______ Nummer ______
ausgestellt in ______ am ______
Visum Nr. ______ Art ______ erteilt von ______
gültig vom ______ bis zum ______
mit einer Gültigkeitsdauer von ______ Tagen zum Zwecke von ______

Er/sie, der/die aus ______ mit ______ (benutztes Transportmittel, z.B. Flugnummer, angeben) kommt, wird hiermit davon in Kenntnis gesetzt, dass gegen ihn/sie gemäß ______ *(genaue Angabe der geltenden nationalen Rechtsvorschriften)* aus folgenden Gründen eine Einreiseverweigerung verfügt wird:

☐ (A) ohne gültige(s) Reisedokument(e)

☐ (B) im Besitz eines falschen, gefälschten oder verfälschten Reisedokuments

☐ (C) ohne gültiges Visum oder gültigen Aufenthaltstitel

☐ (D) im Besitz eines falschen, gefälschten oder verfälschten Visums oder Aufenthaltstitels

☐ (E) verfügt nicht über die erforderlichen Dokumente zum Nachweis von Aufenthaltszweck und -bedingungen.
Folgende(s) Dokument(e) wurde(n) nicht vorgelegt: ______

☐ (F) hat sich bereits 90 Tage innerhalb eines Zeitraums von 180 Tagen im Gebiet der Mitgliedstaaten aufgehalten

☐ (G) verfügt nicht über ausreichende Mittel zur Bestreitung des Lebensunterhalts im Verhältnis zur Dauer und zu den Umständen des Aufenthalts oder für die Rückkehr in das Herkunfts- oder Durchreiseland

☐ (H) ist zur Einreiseverweigerung ausgeschrieben

☐ im SIS

☐ im nationalen Verzeichnis

☐ (I) stellt eine Gefahr für die öffentliche Ordnung, die innere Sicherheit, die öffentliche Gesundheit oder die internationalen Beziehungen eines oder mehrerer der Mitgliedstaaten der Europäischen Union dar *(Jeder Staat muss Angaben zu den einschlägigen nationalen Rechtsvorschriften für diese Fälle der Einreiseverweigerung machen.)*

Bemerkungen

Der/die Betroffene kann nach Maßgabe der nationalen Rechtsvorschriften Rechtsmittel gegen die verfügte Einreiseverweigerung einlegen. Dem/der Betroffenen wird eine Kopie dieses Dokuments ausgehändigt. *(Jeder Staat muss Angaben zu den nationalen Rechtsvorschriften und Verfahren betreffend das Rechtsmittel machen.)*

Der/die Betroffene	Der Kontrollbeamte

(1) Für Norwegen und Island ist kein Logo erforderlich.

Anhang VI
Sonderbestimmungen für die unterschiedlichen Grenzarten und die für das Überschreiten der Außengrenzen der Mitgliedstaaten genutzten unterschiedlichen Fortbewegungsmittel

1. Landgrenzen

1.1. *Kontrolle des Straßenverkehrs*

1.1.1. Zur Gewährleistung einer effektiven Personenkontrolle und zugleich einer gefahrlosen und flüssigen Abwicklung des Straßenverkehrs ist auf eine zweckmäßige Verkehrsregelung an den Grenzübergangsstellen zu achten. Soweit erforderlich, können die Mitgliedstaaten bilaterale Abkommen über Verkehrslenkungs- und Absperrmaßnahmen schließen. Sie unterrichten die Kommission gemäß Artikel 42 darüber.

1.1.2. An den Landgrenzen können die Mitgliedstaaten, sofern sie es für zweckmäßig halten und die Umstände es zulassen, an bestimmten Grenzübergangsstellen gemäß Artikel 10 getrennte Kontrollspuren einrichten.
Die Benutzung getrennter Kontrollspuren kann von den zuständigen Behörden der Mitgliedstaaten jederzeit ausgesetzt werden, wenn außergewöhnliche Umstände vorliegen oder die Verkehrs- und Infrastrukturverhältnisse es erfordern.
Die Mitgliedstaaten können bei der Einrichtung getrennter Kontrollspuren an Außengrenzübergangsstellen mit Nachbarländern zusammenarbeiten.

1.1.3. Personen, die in Kraftfahrzeugen reisen, können im Regelfall während des Kontrollvorgangs im Kraftfahrzeug verbleiben. Wenn die Umstände dies verlangen, können sie jedoch aufgefordert werden, ihr Fahrzeug zu verlassen. Eingehende Kontrollen erfolgen, soweit die örtlichen Gegebenheiten dies zulassen, auf dafür vorgesehenen Kontrollplätzen. Aus Gründen der Eigensicherung werden die Kontrollen möglichst von zwei Grenzschutzbeamten durchgeführt.

1.1.4. Gemeinsame Grenzübergangsstellen

1.1.4.1. Die Mitgliedstaaten dürfen bilaterale Abkommen mit benachbarten Drittstaaten über die Einrichtung gemeinsamer Grenzübergangsstellen schließen oder beibehalten, an denen Grenzschutzbeamte des Mitgliedstaats und Grenzschutzbeamte des Drittstaats nacheinander im Hoheitsgebiet der anderen Partei Ausreise- und Einreisekontrollen nach ihrem nationalen Recht vornehmen. Gemeinsame Grenzübergangsstellen können entweder im Hoheitsgebiet eines Mitgliedstaats oder im Hoheitsgebiet eines Drittstaats eingerichtet werden.

1.1.4.2. Gemeinsame Grenzübergangsstellen im Hoheitsgebiet eines Mitgliedstaats: Bilaterale Abkommen über die Einrichtung gemeinsamer Grenzübergangsstellen im Hoheitsgebiet eines Mitgliedstaats müssen eine Klausel enthalten, die es Grenzschutzbeamten aus Drittstaaten erlaubt, unter Beachtung folgender Grundsätze ihre Tätigkeit in dem betreffenden Mitgliedstaat auszuüben:

a) Internationaler Schutz: einem Drittstaatsangehörigen, der im Hoheitsgebiet eines Mitgliedstaats internationalen Schutz beantragt, muss entsprechend dem Besitzstand der Union im Asylbereich Zugang zu den einschlägigen Verfahren des Mitgliedstaats gewährt werden.

b) Verhaftung einer Person oder Beschlagnahme von Vermögenswerten: kommen Grenzschutzbeamten eines Drittstaats Umstände zur Kenntnis, die die Verhaftung oder Ingewahrsamnahme einer Person oder die Beschlagnahme von Vermögenswerten rechtfertigen, so informieren sie die Behörden des betreffenden Mitgliedstaats über diese Umstände; diese Behörden stellen sicher, dass unabhängig von der Staatsangehörigkeit des Betroffenen die erforderlichen Maßnahmen unter Beachtung des nationalen und internationalen Rechts und des Unionsrechts getroffen werden.

c) Personen, die nach Unionsrecht Anspruch auf freien Personenverkehr haben: die Grenzschutzbeamten des Drittstaats dürfen Personen, die nach dem Unionsrecht Anspruch auf freien Personenverkehr haben, nicht an der Einreise in das Gebiet der Union hindern. Wäre eine Verweigerung der Ausreise aus dem betreffenden Drittstaat durch bestimmte Umstände gerechtfertigt, informieren die Grenzschutzbeamten des Drittstaats die Behörden des betreffenden Mitgliedstaats über diese Umstände; diese Behörden stellen sicher, dass die erforderlichen Maßnahmen unter Beachtung des nationalen und internationalen Rechts und des Unionsrechts getroffen werden.

1.1.4.3. Gemeinsame Grenzübergangsstellen im Hoheitsgebiet eines Drittstaats: bilaterale Abkommen über die Einrichtung gemeinsamer Grenzübergangsstellen im Hoheitsgebiet eines Drittstaats müssen eine Klausel enthalten, die es den Grenzschutzbeamten des Mitgliedstaats erlaubt, ihre Tätigkeit in dem betreffenden Drittstaat auszuüben. Für die Zwecke dieser Verordnung gilt jede Kontrolle, die von Grenzschutzbeamten eines Mitgliedstaats in einer im Hoheitsgebiet eines Drittstaats gelegenen gemeinsamen Grenzübergangsstelle durchgeführt wird, als eine im Hoheitsgebiet des betreffenden Mitgliedstaats durchgeführte Kontrolle. Die Grenzschutzbeamten aus Mitgliedstaaten üben ihre Tätigkeit unter Beachtung dieser Verordnung und folgender Grundsätze in dem Drittstaat aus:

a) Internationaler Schutz: ein Drittstaatsangehöriger, der die von Grenzschutzbeamten des Drittstaats vorgenommene Ausreisekontrolle passiert hat und anschließend bei im Hoheitsgebiet des Drittstaats anwesenden Grenzschutzbeamten des Mitgliedstaats internationalen Schutz beantragt, muss entsprechend dem Besitzstand der Union im Asylbereich Zugang zu den einschlägigen Verfahren des Mitgliedstaats gewährt werden. Die Behörden des Drittstaats müssen die Überführung des Betroffenen in das Hoheitsgebiet des Mitgliedstaats zulassen.

b) Verhaftung einer Person oder Beschlagnahme von Vermögenswerten: kommen Grenzschutzbeamten eines Mitgliedstaats Umstände zur Kenntnis, die die Verhaftung oder Ingewahrsamnahme einer Person oder die Beschlagnahme von Vermögenswerten rechtfertigen, werden sie im Einklang mit dem nationalen und internationalen Recht und dem Unionsrecht tätig. Die Behörden des Drittstaats müssen die Überführung des Betroffenen oder des Vermögenswertes in das Hoheitsgebiet des Mitgliedstaats zulassen.

c) Zugang zu IT-Systemen: die Grenzschutzbeamten der Mitgliedstaaten müssen fähig sein, Informationssysteme zur Verarbeitung personenbezogener Daten nach Artikel 8 zu nutzen. Den Mitgliedstaaten ist gestattet, die nach Unionsrecht erforderlichen technischen und organisatorischen Sicherheitsmaßnahmen zu ergreifen, um personenbezogene Daten vor zufälliger oder unrechtmäßiger Zerstörung, zufälligem Verlust, unberechtigter Änderung, unberechtigter Weitergabe oder unberechtigtem Zugang, einschließlich des Zugangs durch Behörden von Drittstaaten, zu schützen.

1.1.4.4. Vor Abschluss oder Änderung eines bilateralen Abkommens über gemeinsame Grenzübergangsstellen mit einem benachbarten Drittstaat befragt der betreffende Mitgliedstaat die Kommission zur Vereinbarkeit des Abkommens mit dem Unionsrecht. Bereits geltende bilaterale Abkommen werden der Kommission bis 20. Januar 2014 mitgeteilt.

Ist das Abkommen nach Meinung der Kommission mit dem Unionsrecht nicht vereinbar, so teilt sie dies dem betreffenden Mitgliedstaat mit. Der Mitgliedstaat ergreift innerhalb eines *angemessenen* Zeitraums die erforderlichen Maßnahmen zur Änderung des Abkommens, mit der dieses mit dieser Verordnung in Einklang gebracht wird.

1.2. *Kontrolle des Eisenbahnverkehrs*

1.2.1. Bei dem die Außengrenzen überschreitenden Eisenbahnverkehr werden sowohl die Fahrgäste als auch die Bahnbediensteten, einschließlich derjenigen in Güterzügen oder Leerzügen, einer Kontrolle unterzogen. Die Mitgliedstaaten dürfen unter Beachtung der unter Nummer 1.1.4 genannten Grundsätze bilaterale oder multilaterale Abkommen über die praktische Durchführung dieser Kontrollen schließen. Diese Kontrollen werden nach einem der nachstehenden Verfahren durchgeführt:

- Kontrolle am ersten Ankunftsbahnhof bzw. am letzten Abfahrtsbahnhof im Hoheitsgebiet eines Mitgliedstaats,
- Kontrolle während der Fahrt im Zug zwischen dem letzten Abfahrtsbahnhof in einem Drittstaat und dem ersten Ankunftsbahnhof im Hoheitsgebiet eines Mitgliedstaats oder umgekehrt,
- Kontrolle am letzten Abfahrtsbahnhof bzw. am ersten Ankunftsbahnhof im Hoheitsgebiet eines Drittstaats.

1.2.2. Zur Erleichterung des Hochgeschwindigkeits-Personenzugverkehrs können die Mitgliedstaaten, über deren Hoheitsgebiet die Zugstrecke von Hochgeschwindigkeitszügen aus Drittstaaten verläuft, im Einvernehmen mit den betreffenden Drittstaaten und unter Beachtung der unter Nummer 1.1.4 genannten Grundsätze ferner beschließen, bei Personen in Zügen aus Drittstaaten nach einem der nachstehenden Verfahren Einreisekontrollen vorzunehmen:

- in den Bahnhöfen eines Drittstaats, in denen diese Fahrgäste den Zug besteigen,
- in den Bahnhöfen im Hoheitsgebiet der Mitgliedstaaten, in denen diese Fahrgäste den Zug verlassen,
- während der Fahrt im Zug zwischen den Bahnhöfen im Hoheitsgebiet eines Drittstaats und den im Hoheitsgebiet der Mitgliedstaaten gelegenen Bahnhöfen, sofern diese Fahrgäste im Zug bleiben.

1.2.3. Ist es dem Bahnbeförderungsunternehmen bei Hochgeschwindigkeitszügen aus Drittstaaten mit mehreren Halten im Hoheitsgebiet der Mitgliedstaaten gestattet, Fahrgäste ausschließlich für den im Hoheitsgebiet der Mitgliedstaaten gelegenen restlichen Streckenabschnitt zusteigen zu lassen, so unterliegen diese im Zug oder am Ankunftsbahnhof einer Einreisekontrolle, sofern keine Kontrollen nach Nummer 1.2.1 oder Nummer 1.2.2 erster Gedankenstrich erfolgt sind.

Personen, die Züge ausschließlich für den im Hoheitsgebiet der Mitgliedstaaten gelegenen restlichen Streckenabschnitt benutzen wollen, werden vor Fahrtantritt eindeutig darauf hingewiesen, dass sie während der Fahrt oder am Ankunftsbahnhof einer Einreisekontrolle unterzogen werden.

1.2.4. *Bei Reisen in umgekehrter Fahrtrichtung werden die Personen an Bord eines Zuges einer Ausreisekontrolle nach vergleichbaren Regelungen unterzogen.*

1.2.5. Der Grenzschutzbeamte kann anordnen, dass erforderlichenfalls mit Unterstützung des Zugführers Hohlräume in den Eisenbahnwagen daraufhin überprüft werden, ob der Grenzübertrittskontrolle unterliegende Personen oder Sachen darin versteckt sind.

1.2.6. Liegen Anhaltspunkte dafür vor, dass sich im Zug Personen, die ausgeschrieben sind oder der Begehung einer Straftat verdächtigt werden, oder Drittstaatsangehörige mit der Absicht der illegalen Einreise versteckt halten, so unterrichtet der Grenzschutzbeamte, wenn er nach den nationalen Vorschriften nicht einschreiten darf, die Mitgliedstaaten, in oder durch die der Zug fährt.

2. Luftgrenzen

2.1. *Kontrollmodalitäten in internationalen Flughäfen*

2.1.1. Die zuständigen Behörden der Mitgliedstaaten stellen sicher, dass der Flughafenunternehmer die erforderlichen Maßnahmen trifft, um die Passagierströme von Binnenflügen und jene von sonstigen Flügen physisch zu trennen. Zu diesem Zweck werden in allen internationalen Flughäfen geeignete Infrastrukturen geschaffen.

2.1.2. Der Ort, an dem die Grenzübertrittskontrollen durchgeführt werden, bestimmt sich nach folgendem Verfahren:

a) Fluggäste, die von Flügen aus Drittstaaten auf Binnenflüge umsteigen, unterliegen einer Einreisekontrolle im Ankunftsflughafen des Drittstaatfluges. Fluggäste, die von Binnenflügen auf Flüge nach Drittstaaten umsteigen (Transferfluggäste), unterliegen einer Ausreisekontrolle im Ausgangsflughafen des Drittstaatfluges.

b) Für Drittstaatsflüge ohne Transferfluggäste und solche mit mehreren Zwischenlandungen auf Flughäfen der Mitgliedstaaten ohne Luftfahrzeugwechsel gilt:

i) Fluggäste von Drittstaatsflügen ohne vorherigen oder anschließenden Transfer im Hoheitsgebiet der Mitgliedstaaten unterliegen einer Einreisekontrolle im Ankunftsflughafen und einer Ausreisekontrolle im Ausreiseflughafen.

ii) Fluggäste von Drittstaatsflügen mit mehreren Zwischenlandungen im Hoheitsgebiet der Mitgliedstaaten ohne Luftfahrzeugwechsel (Transitfluggäste) und ohne Zustieg von Fluggästen auf dem Streckenabschnitt im Hoheitsgebiet der Mitgliedstaaten unterliegen einer Einreisekontrolle im Ankunftsflughafen und einer Ausreisekontrolle im Ausgangsflughafen.

iii) Darf der Beförderungsunternehmer bei Flügen aus Drittstaaten mit mehreren Zwischenlandungen im Hoheitsgebiet der Mitgliedstaaten Fluggäste ausschließlich für den restlichen Streckenabschnitt in diesem Gebiet aufnehmen, so unterliegen diese einer Ausreisekontrolle im Ankunftsflughafen und einer Einreisekontrolle im Ankunftsflughafen.

Die Kontrolle der bei diesen Zwischenlandungen bereits an Bord befindlichen und nicht im Hoheitsgebiet der Mitgliedstaaten zugestiegenen Fluggäste richtet sich nach Ziffer ii. Das umgekehrte Verfahren gilt für diese Kategorie von Flügen, wenn das Bestimmungsland ein Drittstaat ist.

2.1.3. Die Grenzübertrittskontrollen werden im Regelfall nicht im Luftfahrzeug oder auf dem Flugsteig durchgeführt, außer wenn dies aufgrund einer Abwägung des Risikos im Zusammenhang mit der inneren Sicherheit und der illegalen Einwanderung gerechtfertigt ist. Damit sichergestellt ist, dass Personen in den als Grenzübergangsstellen geltenden Flughäfen nach den Artikeln 7 bis 14 kontrolliert werden, stellen die Mitgliedstaaten sicher, dass die Flughafenbetreiber die erforderlichen Maßnahmen im Hinblick auf eine entsprechende Lenkung der Verkehrsströme in die Abfertigungsanlagen treffen.

Die Mitgliedstaaten stellen sicher, dass der Flughafenunternehmer die erforderlichen Maßnahmen trifft, um zu gewährleisten, dass nicht allgemein zugängliche Bereiche und Anlagen, zum Beispiel Transiträume, vor unberechtigtem Betreten und Verlassen gesichert werden. In Transiträumen werden im Regelfall keine Kontrollen durchgeführt, außer wenn dies aufgrund einer Abwägung des Risikos im Zusammenhang mit der inneren Sicherheit und der illegalen Einwanderung gerechtfertigt ist; in Transiträumen können Kontrollen insbesondere bei Personen, die ein Flughafentransitvisum benötigen, durchgeführt werden, um nachzuprüfen, ob sie im Besitz eines solchen Visums sind.

2.1.4. Muss bei höherer Gewalt, bei Gefahr im Verzug oder auf behördliche Weisung ein Luftfahrzeug auf einem Flug aus einem Drittstaat auf einem Flugplatz landen, der keine Grenzübergangsstelle ist, so bedarf der Weiterflug der Zustimmung der Grenzschutzbeamten und der Zollbehörden. Dasselbe gilt, wenn ein aus einem Drittstaat kommendes Luftfahrzeug unerlaubt landet. Für die Kontrolle der Insassen dieser Luftfahrzeuge gelten in jedem Fall die Artikel 7 bis 14.

2.2. *Kontrollmodalitäten auf Landeplätzen*

2.2.1. *Es ist* sicherzustellen, dass auch auf Flugplätzen, die nach dem jeweiligen nationalen Recht nicht den Status eines internationalen Flughafens haben, jedoch für Flüge in oder aus

Drittstaaten amtlich freigegeben sind („Landeplätze"), Personenkontrollen nach den Artikeln 7 bis 14 durchgeführt werden.

2.2.2. Abweichend von Nummer 2.1.1 und unbeschadet der Verordnung (EG) Nr. 300/2008 des Europäischen Parlaments und des Rates[1]) kann auf Landeplätzen auf Einrichtungen für eine physische Trennung zwischen Fluggästen von Binnenflügen und sonstigen Flügen verzichtet werden. Zudem ist bei geringem Verkehrsaufkommen die ständige Anwesenheit von Grenzschutzbeamten nicht erforderlich, sofern gewährleistet ist, dass die Kräfte im Bedarfsfall rechtzeitig herangeführt werden können.

2.2.3. Befinden sich nicht ständig Grenzschutzbeamte auf einem Landeplatz, so unterrichtet der Landeplatzbetreiber die Grenzschutzbeamten frühzeitig über den An- und Abflug von Flugzeugen im Drittstaatsflugverkehr.

2.3. *Personenkontrollen bei Privatflügen*

2.3.1. Im Falle von Privatflügen aus oder in Drittstaaten übermittelt der Flugkapitän den Grenzschutzbeamten des Bestimmungsmitgliedstaats und gegebenenfalls des Mitgliedstaats der ersten Einreise vor dem Abflug eine allgemeine Erklärung, die insbesondere einen Flugplan gemäß Anlage 2 zum Abkommen über die internationale Zivilluftfahrt und Angaben zur Identität der Fluggäste enthält.

2.3.2. Bei Privatflügen aus einem Drittstaat in einen Mitgliedstaat mit Zwischenlandung im Hoheitsgebiet anderer Mitgliedstaaten führen die zuständigen Behörden des Einreisemitgliedstaats Grenzübertrittskontrollen durch und versehen die aqallgemeine Erklärung nach Nummer 2.3.1 mit einem Einreisestempel.

2.3.3. Bei Flügen, bei denen nicht zweifelsfrei feststellbar ist, ob sie ausschließlich von und nach dem Hoheitsgebiet der Mitgliedstaaten ohne Landung im Hoheitsgebiet eines Drittstaats stattgefunden haben, führen die zuständigen Behörden auf den Flughäfen und Landeplätzen Personenkontrollen gemäß den Nummern 2.1 und 2.2 durch.

2.3.4. Der Ein- und Abflug von Segelflugzeugen, Ultraleichtflugzeugen, Hubschraubern und selbst gebauten Luftfahrzeugen, mit denen nur kurze Distanzen zurückgelegt werden können, sowie Freiballonen bestimmt sich nach dem nationalen Recht und gegebenenfalls bilateralen Abkommen.

---

[1]) Verordnung (EG) Nr. 300/2008 des Europäischen Parlaments und des Rates vom 11. März 2008 über gemeinsame Vorschriften für die Sicherheit in der Zivilluftfahrt und zur Aufhebung der Verordnung (EG) Nr. 2320/2002 (ABl. L 97 vom 9.4.2008, S. 72).

3. Seegrenzen

3.1. *Allgemeine Kontrollverfahren im Seeverkehr*

3.1.1. Die Kontrolle erfolgt im Ankunfts- oder im Abfahrtshafen oder in einer in unmittelbarer Nähe des Schiffes dazu vorgesehenen Anlage oder an Bord des Schiffes im Küstenmeer, wie dieses im Seerechtsübereinkommen der Vereinten Nationen definiert ist. Die Mitgliedstaaten dürfen Abkommen schließen, nach denen unter Beachtung der unter Nummer 1.1.4 genannten Grundsätze Kontrollen auch während der Fahrt oder bei der Ankunft oder der Abfahrt des Schiffes im Hoheitsgebiet eines Drittstaats zulässig sind.

3.1.2. Der Schiffsführer, der Schiffsagent oder eine andere vom Schiffsführer dazu ermächtigte oder in einer für die betreffende Behörde akzeptablen Weise authentifizierte Person (beide werden im Folgenden als „Schiffsführer" bezeichnet) erstellt eine Liste der Besatzung und gegebenenfalls der Passagiere; die Liste enthält die Informationen, die nach den Formularen 5 (Besatzungsliste) und 6 (Passagierliste) des Übereinkommens zur Erleichterung des internationalen Seeverkehrs (FAL-Übereinkommen) erforderlich sind, sowie gegebenenfalls die Nummern der Visa oder der Aufenthaltstitel und ihre Erstellung erfolgt

– spätestens 24 Stunden vor Ankunft im Hafen,
– spätestens zu dem Zeitpunkt, zu dem das Schiff aus dem vorigen Hafen ausläuft, sofern die Reisezeit weniger als 24 Stunden beträgt, oder
– falls der Anlaufhafen nicht bekannt ist oder während der Reise geändert wird, sobald diese Information vorliegt.

Der Schiffsführer übersendet die Liste(n) an die Grenzschutzbeamten oder, sofern nach einzelstaatlichem Recht vorgesehen, die anderen zuständigen Behörden, die diese unverzüglich an die Grenzschutzbeamten weiterleiten.

3.1.3. Die Grenzschutzbeamten oder die Behörden nach Nummer 3.1.2. händigen dem Schiffsführer eine Empfangsbestätigung (eine unterzeichnete Ausfertigung der Liste(n) oder eine elektronische Empfangsbestätigung) aus, die von diesem während der Liegezeit im Hafen auf Anfrage vorgelegt wird.

3.1.4. Der Schiffsführer unterrichtet die zuständigen Behörden unverzüglich über alle Änderungen in der Zusammensetzung der Besatzung oder der Zahl der Passagiere.

Der Schiffsführer unterrichtet die zuständigen Behörden darüber hinaus innerhalb der unter Nummer 3.1.2 genannten Frist über die Anwesenheit blinder Passagiere an Bord. Blinde Passagiere bleiben jedoch unter der Verantwortlichkeit des *Schiffsführers.*

Abweichend von den Artikeln 5 und 8 werden Personen an Bord keinen systematischen Grenzkontrollen unterzogen. Jedoch nehmen die Grenzschutzbeamten nur dann eine Durchsuchung des Schiffes und Personenkontrollen bei den an Bord befindlichen Personen vor, wenn dies aufgrund einer Bewertung des Risikos für die innere Sicherheit und des Risikos der illegalen Einwanderung gerechtfertigt ist.

3.1.5. Der Schiffsführer teilt der zuständigen Behörde rechtzeitig unter Beachtung der Hafenordnung die Abfahrtszeit des Schiffes mit.

3.2. *Spezifische Kontrollmodalitäten für bestimmte Arten der Seeschifffahrt*

Kreuzfahrtschiffe

3.2.1. Der Schiffsführer des Kreuzfahrtschiffes übermittelt der zuständigen Behörde die Route und das Programm der Kreuzfahrt, sobald die Route und das Programm festgelegt wurden, spätestens jedoch innerhalb der unter Nummer 3.1.2 genannten Frist.

3.2.2. Umfasst die Route eines Kreuzfahrtschiffs ausschließlich Häfen im Hoheitsgebiet der Mitgliedstaaten, so werden abweichend von den Artikeln 5 und 8 keine Grenzübertrittskontrollen durchgeführt und kann das Kreuzfahrtschiff Häfen anlaufen, die keine Grenzübergangsstellen sind.
Die Besatzung und die Passagiere dieser Schiffe werden jedoch nur dann Kontrollen unterzogen, wenn dies aufgrund einer Bewertung des Risikos für die innere Sicherheit und des Risikos der illegalen Einwanderung gerechtfertigt ist.

3.2.3. Umfasst die Route eines Kreuzfahrtschiffes sowohl Häfen im Hoheitsgebiet der Mitgliedstaaten als auch Häfen in Drittstaaten, so werden abweichend von Artikel 8 Grenzübertrittskontrollen wie folgt durchgeführt:

a) Läuft ein Kreuzfahrtschiff aus einem in einem Drittstaat gelegenen Hafen zum ersten Mal in einen Hafen im Hoheitsgebiet eines Mitgliedstaates ein, so werden die Besatzung und die Passagiere einer Einreisekontrolle anhand der Nominallisten der Besatzung und der Passagiere gemäß der Nummer 3.1.2 unterzogen.
Passagiere, die an Land gehen, werden einer Einreisekontrolle gemäß Artikel 8 unterzogen, es sei denn, die Abwägung des Risikos im Zusammenhang mit der inneren Sicherheit und der illegalen Einwanderung ergibt, dass es nicht erforderlich ist, solche Kontrollen durchzuführen.

b) Läuft das aus einem Hafen in einem Drittstaat kommende Kreuzfahrtschiff nochmals einen Hafen im Hoheitsgebiet eines Mitgliedstaats an, so werden die Besatzung und die Passagiere einer Einreisekontrolle anhand der Nominallisten der Besatzung und der Passagiere gemäß der Nummer 3.1.2 unterzogen, sofern diese Listen geändert wurden, seit das Kreuzfahrtschiff in dem vorangehenden, im Hoheitsgebiet eines Mitgliedstaates gelegenen Hafen eingelaufen ist.

Passagiere, die an Land gehen, werden einer Einreisekontrolle gemäß Artikel 8 unterzogen, es sei denn, die Abwägung des Risikos im Zusammenhang mit der inneren Sicherheit und der illegalen Einwanderung ergibt, dass es nicht erforderlich ist, solche Kontrollen durchzuführen.

c) Läuft das aus einem Hafen in einem Mitgliedstaat kommende Kreuzfahrtschiff einen anderen Hafen in einem Mitgliedstaat an, so werden die an Land gehenden Passagiere einer Einreisekontrolle gemäß Artikel 8 unterzogen, wenn dies aufgrund einer Abwägung des Risikos im Zusammenhang mit der inneren Sicherheit und der illegalen Einwanderung erforderlich ist.

d) Läuft ein Kreuzfahrtschiff aus einem in einem Mitgliedstaat gelegenen Hafen in Richtung eines Hafens in einem Drittstaat aus, so werden die Besatzung und die Passagiere einer Ausreisekontrolle anhand der Nominallisten der Besatzung und der Passagiere unterzogen.

Wenn dies aufgrund einer Abwägung des Risikos im Zusammenhang mit der inneren Sicherheit und der illegalen Einwanderung erforderlich ist, werden die einschiffenden Passagiere einer Ausreisekontrolle gemäß Artikel 8 unterzogen.

e) Läuft ein Kreuzfahrtschiff aus einem in einem Mitgliedstaat gelegenen Hafen in Richtung eines anderen Hafens in einem Mitgliedstaat aus, so werden keine Ausreisekontrollen durchgeführt.

Die Besatzung und die Passagiere dieser Schiffe werden jedoch nur dann Kontrollen unterzogen, wenn dies aufgrund einer Bewertung des Risikos für die innere Sicherheit und des Risikos der illegalen Einwanderung gerechtfertigt ist.

Vergnügungsschifffahrt

3.2.4. Abweichend von den Artikeln 5 und 8 werden Personen an Bord von Vergnügungsschiffen, die einen in einem Mitgliedstaat gelegenen Hafen anlaufen oder aus einem solchen Hafen kommen, keinen Grenzübertrittskontrollen unterzogen und können in einen Hafen, der keine Grenzübergangsstelle ist, einreisen.

In Abwägung des Risikos der illegalen Einwanderung und insbesondere wenn sich die Küste eines Drittstaats in unmittelbarer Nähe des Hoheitsgebiets des betreffenden Mitgliedstaats befindet, werden diese Personen jedoch einer Kontrolle unterzogen und/oder die Vergnügungsschiffe durchsucht.

3.2.5. Abweichend von Artikel 5 kann ein aus einem Drittstaat kommendes Vergnügungsschiff ausnahmsweise in einen Hafen, der keine Grenzübergangsstelle ist, einlaufen. In diesem Fall benachrichtigen die an Bord befindlichen Personen die Hafenbehörden, damit ihnen das Einlaufen in diesen Hafen gestattet wird. Die Hafenbehörden setzen sich mit den Behörden des nächstgelegenen Hafens, der als Grenzübergangsstelle ausgewiesen ist, in Verbindung, um die Ankunft des Schiffes anzukündigen. Die Meldung der Passagiere erfolgt durch Einreichung einer Liste der an Bord befindlichen Personen bei den Hafenbehörden. Diese Liste steht den Grenzschutzbeamten spätestens bei der Ankunft zur Verfügung.

Muss das aus einem Drittstaat kommende Vergnügungsschiff aufgrund höherer Gewalt in einem Hafen anlegen, der keine Grenzübergangsstelle ist, so setzen sich die Hafenbehörden mit den Behörden des nächstgelegenen Hafens, der als Grenzübergangsstelle ausgewiesen ist, in Verbindung, um die Anwesenheit des Schiffes zu melden.

3.2.6. Bei dieser Kontrolle ist ein Dokument mit Angabe aller technischen Merkmale des Schiffes sowie der Namen der an Bord befindlichen Personen zu übergeben. Eine Kopie dieses Dokuments wird den Behörden des Einreise- und des Ausreisehafens ausgehändigt. Eine Kopie dieses Dokuments verbleibt bei den Bordpapieren, solange das Schiff sich in den Hoheitsgewässern eines der Mitgliedstaaten aufhält.

Küstenfischerei

3.2.7. Abweichend von den Artikeln 5 und 8 unterliegt die Besatzung von Schiffen, die zur Küstenfischerei verwendet werden und täglich oder innerhalb von 36 Stunden in den Registerhafen oder einen anderen Hafen im Hoheitsgebiet der Mitgliedstaaten zurückkehren, ohne in einem Hafen im Hoheitsgebiet eines Drittstaats anzulegen, keiner systematischen Kontrolle. Bei der Bestimmung der Häufigkeit der vorzunehmenden Kontrollen wird das Risiko der illegalen Einwanderung abgewogen, insbesondere wenn sich die Küste eines Drittstaats in unmittelbarer Nähe des Hoheitsgebiets des betreffenden Mitgliedstaats befindet. Entsprechend diesem Risiko werden Personenkontrollen und/oder eine Schiffsdurchsuchung durchgeführt.

3.2.8. Die Besatzung von Schiffen, die zur Küstenfischerei verwendet werden und nicht in einem im Hoheitsgebiet eines Mitgliedstaats gelegenen Hafen eingetragen sind, wird gemäß den Bestimmungen über Seeleute kontrolliert.

Fährverbindungen

3.2.9. Im Rahmen von Fährverbindungen zu Häfen in Drittstaaten finden Personenkontrollen statt. Es gelten folgende Bestimmungen:

a) Nach Möglichkeit richten die Mitgliedstaaten getrennte Kontrollspuren nach Artikel 10 ein.

b) Zu Fuß gehende Passagiere werden einzeln kontrolliert.

c) Die Kontrolle von Pkw-Insassen erfolgt am Fahrzeug.

d) Passagiere, die mit Autobussen reisen, werden wie zu Fuß gehende Passagiere behandelt. Sie verlassen den Bus, um die Einzelkontrolle zu ermöglichen.

e) Die Kontrolle von Lkw-Fahrpersonal sowie etwaigen Begleitpersonen erfolgt am Fahrzeug. Grundsätzlich wird für eine von den sonstigen Passagieren getrennte Abfertigung gesorgt.

f) Zur zügigen Abwicklung der Kontrollen ist eine angemessene Anzahl von Kontrollposten vorzusehen.

g) Insbesondere zur Feststellung illegaler Einwanderer werden die von Passagieren benutzten Fortbewegungsmittel, gegebenenfalls die Ladung sowie sonstige mitgeführte Gegenstände, stichprobenartig durchsucht.

h) Besatzungsmitglieder von Fähren werden wie Besatzungsmitglieder von Handelsschiffen behandelt.

i) Nummer 3.1.2 (Pflicht zur Übermittlung von Besatzungs- und Passagierlisten) kommt nicht zur Anwendung. Wenn gemäß der Richtlinie 98/41/EG des Rates[1)] eine Liste der an Bord befindlichen Personen erstellt werden muss, hat der Schiffsführer eine Kopie dieser Liste spätestens 30 Minuten nach Auslaufen aus einem Hafen eines Drittstaats der zuständigen Behörde des Ankunftshafens im Hoheitsgebiet der Mitgliedstaaten zu übermitteln.

3.2.10. Nimmt eine aus einem Drittstaat kommende Fähre bei Fahrten mit mehr als einem Zwischenstopp im Gebiet der Mitgliedstaaten nur für den restlichen Streckenabschnitt in diesem Gebiet Passagiere an Bord, so müssen diese Passagiere am Abfahrtshafen einer Ausreisekontrolle und am Ankunftshafen einer Einreisekontrolle unterzogen werden.
Die Kontrolle der bei diesen Zwischenstopps bereits an Bord befindlichen und nicht im Hoheitsgebiet der Mitgliedstaaten zugestiegenen Personen erfolgt im Ankunftshafen. Das umgekehrte Verfahren gilt, wenn das Bestimmungsland ein Drittstaat ist.

Frachtverbindungen zwischen Mitgliedstaaten

3.2.11. Abweichend von Artikel 8 werden bei Frachtverbindungen zur Beförderung von Gütern zwischen zwei oder mehr Häfen im Hoheitsgebiet der Mitgliedstaaten ohne Fahrtunterbre-

[1)] Richtlinie 98/41/EG des Rates vom 18. Juni 1998 über die Registrierung der an Bord von Fahrgastschiffen im Verkehr nach oder von einem Hafen eines Mitgliedstaates der Gemeinschaft befindlichen Personen (ABl. L 188 vom 2.7.1998, S. 35).

chung in außerhalb des Hoheitsgebiets der Mitgliedstaaten gelegenen Häfen keine Grenzkontrollen durchgeführt.
Die Besatzung und die Passagiere dieser Schiffe werden jedoch Kontrollen unterzogen, wenn dies aufgrund einer Bewertung des Risikos für die innere Sicherheit und des Risikos der illegalen Einwanderung gerechtfertigt ist.

4. Schifffahrt auf Binnengewässern

4.1. Als „Schifffahrt auf Binnengewässern über Grenzen mit Drittstaaten" gilt die Schifffahrt zu Erwerbszwecken oder Vergnügungsschifffahrt mit Schiffen aller Art, Booten sowie anderen schwimmenden Gegenständen auf Flüssen, Kanälen und Binnenseen.

4.2. Auf Schiffen, die zu Erwerbszwecken betrieben werden, gelten als Besatzungsmitglieder oder ihnen gleichgestellte Personen der Schiffsführer, die Personen, die an Bord beschäftigt und in der Musterrolle eingetragen sind, sowie die Familienangehörigen dieser Personen, soweit sie an Bord wohnen.

4.3. Die einschlägigen Bestimmungen der Nummern 3.1 und 3.2 gelten für die Kontrolle der Schifffahrt auf Binnengewässern entsprechend.

Anhang VII
Sonderbestimmungen für bestimmte Personengruppen

1. Staatsoberhäupter

Abweichend von Artikel 6 und den Artikeln 8 bis 14 dürfen Staatsoberhäupter und die Mitglieder ihrer Delegation, deren Ein- und Ausreise den Grenzschutzbeamten auf diplomatischem Wege offiziell angekündigt wurde, keinen Grenzübertrittskontrollen unterzogen werden.

2. Piloten von Luftfahrzeugen und anderes Flugbesatzungspersonal

2.1. Abweichend von Artikel 6 dürfen Inhaber einer Fluglizenz oder eines Besatzungsausweises (Crew Member Licence oder Certificate) nach Anlage 9 zum Abkommen über die internationale Zivilluftfahrt vom 7. Dezember 1944 in Ausübung ihres Berufes aufgrund dieser Papiere

a) in einem im Hoheitsgebiet eines Mitgliedstaats gelegenen Zwischenlande- oder Zielflughafen an Bord und von Bord ihres Flugzeugs gehen;

b) sich in das Hoheitsgebiet der Gemeinde begeben, zu der der im Hoheitsgebiet eines Mitgliedstaats gelegene Zwischenlande- oder Zielflughafen gehört;

c) sich mit jedem Beförderungsmittel zu einem im Hoheitsgebiet eines Mitgliedstaats gelegenen Flughafen begeben, um an Bord eines von diesem Flughafen abfliegenden Flugzeugs zu gehen.

In allen anderen Fällen müssen die Voraussetzungen des Artikels 6 Absatz 1 erfüllt werden.

2.2. Für die Kontrolle des Flugpersonals gelten die Artikel 7 bis 14. Das Flugpersonal wird bei der Kontrolle nach Möglichkeit bevorzugt abgefertigt. Das bedeutet, dass die Abfertigung entweder vor derjenigen der Fluggäste oder an besonderen Kontrollstellen erfolgt. Gegenüber amtsbekanntem Flugpersonal können sich die Kontrollen abweichend von Artikel 8 auf Stichproben beschränken.

3. Seeleute

Abweichend von den Artikeln 5 und 8 dürfen die Mitgliedstaaten erlauben, dass Seeleute mit einem gültigen Reisepapier für Seeleute, das gemäß den Übereinkommen Nr. 108 (1958) oder Nr. 185 (2003) der Internationalen Arbeitsorganisation (ILO) über Ausweise für Seeleute, dem Übereinkommen zur Erleichterung des internationalen Seeverkehrs (FAL-Übereinkommen) sowie den einschlägigen nationalen Rechtsvorschriften ausgestellt wurde, für einen Aufenthalt an Land im Hafenort oder in den angrenzenden Gemeinden in das Hoheitsgebiet der Mitgliedstaaten einreisen oder durch Rückkehr auf ihr Schiff aus dem Hoheitsgebiet der Mitgliedstaaten ausreisen, ohne sich an einer Grenzübergangsstelle ausweisen zu müssen, sofern sie in der Musterrolle ihres Schiffes eingetragen sind, die zuvor den zuständigen Behörden zur Kontrolle vorgelegt wurde.

Aufgrund einer Bewertung des Risikos für die innere Sicherheit und des Risikos der illegalen Einwanderung können Seeleute jedoch vor ihrem Landgang von den Grenzschutzbeamten einer Kontrolle nach Artikel 8 unterzogen werden.

4. Inhaber von Diplomaten-, Amts- oder Dienstpässen und Mitglieder internationaler Organisationen

4.1. In Anbetracht der ihnen eingeräumten besonderen Vorrechte oder Immunitäten kann Inhabern von Diplomaten-, Amts- oder Dienstpässen, die durch von den Mitgliedstaaten anerkannte Drittstaaten oder deren Regierungen ausgestellt wurden, sowie Inhabern der von internationalen Organisationen ausgestellten Dokumente nach Nummer 4.4 bei Reisen in Ausübung ihres Amtes unbeschadet der eventuell bestehenden Visumpflicht bei Grenzübergangsstellen gegenüber anderen Reisenden Vorrang eingeräumt werden.

Abweichend von Artikel 6 Absatz 1 Buchstabe c sind die Inhaber dieser Dokumente von dem Nachweis befreit, dass sie über ausreichende Mittel zur Bestreitung ihres Lebensunterhalts verfügen.

4.2. Beruft sich eine Person an der Außengrenze auf Vorrechte, Immunitäten und Befreiungen, so kann der Grenzschutzbeamte verlangen, dass der Nachweis durch Vorlage entsprechender Urkunden, vor allem durch vom Akkreditierungsstaat ausgestellte Bescheinigungen, durch den Diplomatenpass oder auf andere Weise geführt wird. Bei Zweifeln kann der Grenzschutzbeamte in eiligen Fällen unmittelbar beim Außenministerium Auskunft einholen.

4.3. Die akkreditierten Mitglieder der diplomatischen Missionen und konsularischen Vertretungen sowie ihre Familienangehörigen dürfen in das Hoheitsgebiet der Mitgliedstaaten auf Vorlage des Ausweises nach Artikel 20 Absatz 2 und des Grenzübertrittspapiers einreisen. Des Weiteren dürfen Grenzschutzbeamte abweichend von Artikel 14 Inhaber von Diplomaten-, Amts- oder Dienstpässen nicht die Einreise in das Hoheitsgebiet der Mitgliedstaaten verweigern, ohne zuvor mit den zuständigen nationalen Behörden Kontakt aufgenommen zu haben. Dies gilt auch, wenn die betroffenen Personen im SIS ausgeschrieben sind.

4.4. Bei den von internationalen Organisationen ausgestellten Dokumenten gemäß Nummer 4.1 handelt es sich insbesondere um:
- den Passierschein der Vereinten Nationen für das Personal der UNO sowie der UN-Organisationen auf der Grundlage der am 21. November 1947 von der Generalversammlung der Vereinten Nationen in New York verabschiedeten Konvention über Privilegien und Immunitäten der Sonderorganisationen,
- den Passierschein der Europäischen Union (EU),
- den Passierschein der Europäischen Atomgemeinschaft (EAG),
- den vom Generalsekretär des Europarates ausgestellten Ausweis,
- die nach Artikel III Absatz 2 des Abkommens zwischen den Parteien des Nordatlantikvertrags über die Rechtsstellung ihrer Truppen ausgestellten Dokumente (Militärausweise mit beigefügten Marschbefehlen, Reisepapieren, Einzel- oder Sammelmarschbefehlen) sowie im Rahmen der Partnerschaft für den Frieden ausgestellte Dokumente.

5. Grenzarbeitnehmer

5.1. Die Modalitäten der Kontrolle von Grenzarbeitnehmern richten sich nach den allgemeinen Bestimmungen über die Grenzübertrittskontrolle, insbesondere den Artikeln 8 und 14.

5.2. Abweichend von Artikel 8 sind Grenzarbeitnehmer, die den Grenzschutzbeamten wohl bekannt sind, weil sie die Grenze häufig an derselben Grenzübergangsstelle überschreiten, und bei denen eine erste Kontrolle ergeben hat, dass sie weder im SIS noch in einem nationalen Fahndungssystem ausgeschrieben sind, nur stichprobenweise daraufhin zu überprüfen, ob sie ein gültiges Grenzübertrittspapier mit sich führen und die erforderlichen Einreisevoraussetzungen erfüllen. Dieser Personenkreis wird von Zeit zu Zeit unangekündigt und in unregelmäßigen Abständen einer eingehenden Kontrolle unterzogen.

5.3. Nummer 5.2 kann auf andere Kategorien regelmäßiger Grenzpendler ausgeweitet werden.

6. Minderjährige

6.1. Die Grenzschutzbeamten widmen Minderjährigen unabhängig davon, ob diese in Begleitung oder ohne Begleitung reisen, besondere Aufmerksamkeit. Beim Überschreiten einer Außengrenze werden Minderjährige bei der Ein- und Ausreise gemäß dieser Verordnung wie Erwachsene kontrolliert.

6.2. Bei begleiteten Minderjährigen überprüft der Grenzschutzbeamte, ob die Begleitperson gegenüber dem Minderjährigen sorgeberechtigt ist, insbesondere in Fällen, in denen der Minderjährige nur von einem Erwachsenen begleitet wird und der begründete Verdacht besteht, dass er rechtswidrig dem/den rechtmäßig Sorgeberechtigten entzogen wurde. In letzterem Fall stellt der Grenzschutzbeamte eingehendere Nachforschungen an, damit er etwaige Unstimmigkeiten oder Widersprüche bei den gemachten Angaben feststellen kann.

6.3. Im Falle von Minderjährigen ohne Begleitung vergewissern sich die Grenzschutzbeamten durch eingehende Kontrolle der Reisedokumente und Reisebelege vor allem darüber, dass die Minderjährigen das Staatsgebiet nicht gegen den Willen des/der Sorgeberechtigten verlassen.

6.4. Die Mitgliedstaaten benennen nationale Kontaktstellen, bei denen Informationen über Minderjährige eingeholt werden können, und teilen dies der Kommission mit. Die Kommission stellt den Mitgliedstaaten eine Liste der nationalen Kontaktstellen zur Verfügung.

6.5. Bei Zweifeln über die in den Absätzen 6.1, 6.2 und 6.3 genannten Umstände können Grenzschutzbeamte die Liste der nationalen Kontaktstellen zu Minderjährigen konsultieren.

7. Rettungsdienste, Polizei, Feuerwehr und Grenzschutzbeamte

Die Regeln für die Ein- und Ausreise von Angehörigen der Rettungsdienste, Polizei und Feuerwehr in Notlagen sowie von Grenzschutzbeamten, die die Grenze in Ausübung ihrer dienstlichen Aufgaben überschreiten, sind in innerstaatlichen Vorschriften niederzulegen. Die Mitgliedstaaten können bilaterale Abkommen mit Drittländern über die Ein- und Ausreise dieser Personengruppen schließen. Diese Regeln und bilateralen Abkommen können von den Artikeln 5, 6 und 8 abweichen.

8. Arbeitnehmer auf Offshore-Anlagen

Abweichend von den Artikeln 5 und 8 werden Arbeitnehmer, die regelmäßig ohne Aufenthalt im Hoheitsgebiet eines Drittstaats auf dem See- oder Luftweg in das Hoheitsgebiet der Mitgliedstaaten zurückkehren, keinen systematischen Kontrollen unterzogen.

Bei der Bestimmung der Häufigkeit der vorzunehmenden Kontrollen wird jedoch das Risiko der illegalen Einwanderung berücksichtigt, insbesondere wenn sich die Offshore-Anlage in unmittelbarer Nähe der Küste eines Drittstaats befindet.

Anhang VIII

Name des Staates

Staatsemblem .... (Name der Dienststelle)

____

____ ([1])

BESTÄTIGUNG DES NACHWEISES FÜR DIE EINHALTUNG DER VORAUSSETZUNGEN FÜR DIE DAUER EINES KURZFRISTIGEN AUFENTHALTS, FALLS DAS REISEDOKUMENT KEINEN EINREISE- ODER AUSREISESTEMPEL AUFWEIST

Am ______ um (Uhrzeit) ______ ist in (Ort) ______

vor der unterzeichnenden Behörde ______ vorstellig geworden:

Name ______ Vorname ______

Geburtsdatum ______ Geburtsort ______ Geschlecht ______

Staatsangehörigkeit ______ wohnhaft in ______

Reisedokument ______ Nummer ______

ausgestellt in ______ am ______

Visumnummer ______ (gegebenenfalls) erteilt von ______

mit einer Gültigkeitsdauer von ______ Tagen zum Zwecke von ______

Aufgrund der Nachweise für die Dauer seines (ihres) Aufenthalts im Hoheitsgebiet der Mitgliedstaaten, die er (sie) erbracht hat, wird davon ausgegangen, dass er (sie) am ______ in ______ an der Grenzübergangsstelle ______ in den Mitgliedstaat ______ eingereist oder daraus ausgereist ist.

Kontaktaufnahme mit der unterzeichnenden Behörde über:

Tel.: ______

Fax: ______

E-Mail: ______

Der/die Betroffene erhält eine Kopie dieses Dokuments.

Der/die Betroffene	Der zuständige Beamte + Stempel

([1]) Für Island und Norwegen ist kein Logo erforderlich.

Anhang IX

Aufgehobene Verordnung mit Liste ihrer nachfolgenden Änderungen

Verordnung (EG) Nr. 562/2006 des Europäischen Parlaments und des Rates (ABl. L 105 vom 13.4.2006, S. 1)

Verordnung (EG) Nr. 296/2008 des Europäischen Parlaments und des Rates (ABl. L 97 vom 9.4.2008, S. 60)

Verordnung (EG) Nr. 81/2009 des Europäischen Parlaments und des Rates (ABl. L 35 vom 4.2.2009, S. 56)	
Verordnung (EG) Nr. 810/2009 des Europäischen Parlaments und des Rates (ABl. L 243 vom 15.9.2009, S. 1)	Nur Artikel 55
Verordnung (EU) Nr. 265/2010 des Europäischen Parlaments und des Rates (ABl. L 85 vom 31.3.2010, S. 1)	Nur Artikel 2
Anhang V Nummer 9 der Akte über den Beitritt von 2011	
Verordnung (EU) Nr. 610/2013 des Europäischen Parlaments und des Rates (ABl. L 182 vom 29.6.2013, S. 1)	Nur Artikel 1
Verordnung (EU) Nr. 1051/2013 des Europäischen Parlaments und des Rates (ABl. L 295 vom 6.11.2013, S. 1)	

Anhang X
Entsprechungstabelle

Verordnung (EG) Nr. 562/2006	Vorliegende Verordnung
Artikel 1	Artikel 1
Artikel 2 einleitende Worte	Artikel 2 einleitende Worte
Artikel 2 Nummer 1 bis 8	Artikel 2 Nummer 1 bis 8
Artikel 2 Nummer 8a	Artikel 2 Nummer 9
Artikel 2 Nummer 9	Artikel 2 Nummer 10
Artikel 2 Nummer 10	Artikel 2 Nummer 11
Artikel 2 Nummer 11	Artikel 2 Nummer 12
Artikel 2 Nummer 12	Artikel 2 Nummer 13
Artikel 2 Nummer 13	Artikel 2 Nummer 14
Artikel 2 Nummer 14	Artikel 2 Nummer 15
Artikel 2 Nummer 15	Artikel 2 Nummer 16
Artikel 2 Nummer 16	Artikel 2 Nummer 17
Artikel 2 Nummer 17	Artikel 2 Nummer 18
Artikel 2 Nummer 18	Artikel 2 Nummer 19
Artikel 2 Nummer 18a	Artikel 2 Nummer 20
Artikel 2 Nummer 19	Artikel 2 Nummer 21
Artikel 3	Artikel 3
Artikel 3a	Artikel 4

Verordnung (EG) Nr. 562/2006	Vorliegende Verordnung
Artikel 4	Artikel 5
Artikel 5 Absatz 1	Artikel 6 Absatz 1
Artikel 5 Absatz 1a	Artikel 6 Absatz 2
Artikel 5 Absatz 2	Artikel 6 Absatz 3
Artikel 5 Absatz 3	Artikel 6 Absatz 4
Artikel 5 Absatz 4	Artikel 6 Absatz 5
Artikel 6	Artikel 7
Artikel 7 Absätze 1 und 2	Artikel 8 Absätze 1 und 2
Artikel 7 Absatz 3 Buchstabe a	Artikel 8 Absatz 3 Buchstabe a
Artikel 7 Absatz 3 Buchstabe aa	Artikel 8 Absatz 3 Buchstabe b
Artikel 7 Absatz 3 Buchstabe ab	Artikel 8 Absatz 3 Buchstabe c
Artikel 7 Absatz 3 Buchstabe ac	Artikel 8 Absatz 3 Buchstabe d
Artikel 7 Absatz 3 Buchstabe ad	Artikel 8 Absatz 3 Buchstabe e
Artikel 7 Absatz 3 Buchstabe ae	Artikel 8 Absatz 3 Buchstabe f
Artikel 7 Absatz 3 Buchstabe b	Artikel 8 Absatz 3 Buchstabe g
Artikel 7 Absatz 3 Buchstabe c	Artikel 8 Absatz 3 Buchstabe h
Artikel 7 Absatz 3 Buchstabe d	Artikel 8 Absatz 3 Buchstabe i
Artikel 8	Artikel 9
Artikel 9 Absatz 1	Artikel 10 Absatz 1
Artikel 9 Absatz 2 Unterabsatz 1 Buchstabe a	Artikel 10 Absatz 2 Unterabsätze 1 und 2
Artikel 9 Absatz 2 Unterabsatz 1 Buchstabe b	Artikel 10 Absatz 2 Unterabsatz 3
Artikel 9 Absatz 2 Unterabsatz 2	Artikel 10 Absatz 2 Unterabsatz 4
Artikel 9 Absatz 2 Unterabsatz 3	Artikel 10 Absatz 2 Unterabsatz 5
Artikel 9 Absätze 3 und 4	Artikel 10 Absätze 3 und 4
Artikel 10 Absätze 1 bis 5	Artikel 11 Absätze 1 bis 5
Artikel 10 Absatz 6	–
Artikel 11	Artikel 12
Artikel 12	Artikel 13
Artikel 13	Artikel 14
Artikel 14	Artikel 15
Artikel 15	Artikel 16
Artikel 16	Artikel 17
Artikel 17	Artikel 18
Artikel 18	Artikel 19
Artikel 19	Artikel 20

Verordnung (EG) Nr. 562/2006	Vorliegende Verordnung
Artikel 19a (Kapitel IV)	–
Artikel 19a (Kapitel IVa)	Artikel 21
Artikel 20	Artikel 22
Artikel 21	Artikel 23
Artikel 22	Artikel 24
Artikel 23	Artikel 25
Artikel 23a	Artikel 26
Artikel 24	Artikel 27
Artikel 25	Artikel 28
Artikel 26	Artikel 29
Artikel 26a	Artikel 30
Artikel 27	Artikel 31
Artikel 28	Artikel 32
Artikel 29	Artikel 33
Artikel 30	Artikel 34
Artikel 31	Artikel 35
Artikel 32	Artikel 36
Artikel 33	Artikel 37
Artikel 33a	Artikel 38
Artikel 34	Artikel 39
Artikel 35	Artikel 40
Artikel 36	Artikel 41
Artikel 37	Artikel 42
Artikel 37a	Artikel 43
Artikel 38	–
Artikel 39	Artikel 44
Artikel 40	Artikel 45
Anhänge I bis VIII	Anhänge I bis VIII
–	Anhänge I bis VIII
–	Anhang X

291. Verordnung (EU) Nr. 1053/2013 des Rates zur Einführung eines Evaluierungs- und Überwachungsmechanismus für die Überprüfung der Anwendung des Schengen-Besitzstands und zur Aufhebung des Beschlusses des Exekutivausschusses vom 16. September 1998 bezüglich der Errichtung des Ständigen Ausschusses Schengener Durchführungsübereinkommen

vom 7. Oktober 2013

(ABl. Nr. L 295/27 v. 6. 11. 2013)

DER RAT DER EUROPÄISCHEN UNION

gestützt auf den Vertrag über die Arbeitsweise der Europäischen Union, insbesondere auf Artikel 70,

auf Vorschlag der Europäischen Kommission,

nach Stellungnahme des Europäischen Parlaments[1)],

in Erwägung nachstehender Gründe:

(1) Der Schengen-Raum ohne Kontrollen an den Binnengrenzen setzt die wirksame und effiziente Anwendung von Begleitmaßnahmen durch die Mitgliedstaaten in den Bereichen Außengrenzen, Visumpolitik, Schengener Informationssystem, Datenschutz, polizeiliche Zusammenarbeit, justizielle Zusammenarbeit in Strafsachen und Drogenbekämpfung voraus.

(2) Mit dem Beschluss SCH/Comex (98) 26 def des Exekutivausschusses vom 16. September 1998[2)] (im Folgenden „Beschluss vom 16. September 1998") wurde ein Ständiger Schengener Bewertungs- und Anwendungsausschuss eingerichtet. Der Ständige Ausschuss wurde zum einen damit beauftragt festzustellen, ob alle Voraussetzungen für die Abschaffung der Kontrollen an den Binnengrenzen mit einem Beitrittsland erfüllt sind, und zum anderen sicherzustellen, dass der Schengen-Besitzstand in den Staaten, die diesen bereits vollständig anwenden, ordnungsgemäß angewandt wird.

(3) Ein eigener Evaluierungs- und Überwachungsmechanismus zur Überprüfung der Anwendung des Schengen-Besitzstands ist notwendig, da bei der praktischen Anwendung des Schengen-Besitzstands hohe einheitliche Standards angelegt werden müssen und es gilt, ein hohes Maß an gegenseitigem Vertrauen zwischen den Mitgliedstaaten, die dem Raum ohne Kontrollen an den Binnengrenzen angehören, zu gewährleisten. Ein solcher Mechanismus sollte sich auf eine enge Zusammenarbeit zwischen der Kommission und diesen Mitgliedstaaten stützen.

---

1) Stellungnahme vom 12. Juni 2013 (noch nicht im Amtsblatt veröffentlicht).

2) ABl. L 239 vom 22. 9. 2000, S. 138.

(4) Im Haager Programm[1] wurde die Kommission aufgefordert, nach der vollständigen Abschaffung der Kontrollen an den Binnengrenzen einen Vorschlag mit dem Ziel vorzulegen, den bestehenden Schengen-Evaluierungsmechanismus durch einen Überwachungsmechanismus zu ergänzen, bei dem die umfassende Einbeziehung von Sachverständigen der Mitgliedstaaten gewährleistet ist und unangekündigte Inspektionen durchgeführt werden können.

(5) Im Stockholmer Programm[2] wird die Auffassung vertreten, dass die Bewertung des Schengen-Raums weiterhin von zentraler Bedeutung sein wird und deshalb durch eine Stärkung der Rolle der durch die Verordnung (EG) Nr. 2007/2004 des Rates[3] errichteten Europäischen Agentur für die operative Zusammenarbeit an den Außengrenzen (im Folgenden „Frontex") auf diesem Gebiet verbessert werden sollte.

(6) Der mit dem Beschluss vom 16. September 1998 eingeführte Evaluierungsmechanismus sollte daher überarbeitet und der Beschluss vom 16. September 1998 aufgehoben werden.

(7) Bei den vorangegangenen Evaluierungen hat sich gezeigt, dass ein kohärenter Evaluierungsmechanismus erforderlich ist, der alle Bereiche des Schengen-Besitzstands mit Ausnahme derjenigen abdeckt, für die das Unionsrecht bereits einen spezifischen Evaluierungsmechanismus vorsieht.

(8) Nach Artikel 70 des Vertrags über die Arbeitsweise der Europäischen Union (AEUV) sollten die Mitgliedstaaten in Zusammenarbeit mit der Kommission eine objektive und unparteiische Bewertung der Durchführung der Unionspolitik im Raum der Freiheit, der Sicherheit und des Rechts vornehmen. Um wirksam zu sein, sollte ein ordnungsgemäßer Evaluierungsprozess auch eine angemessene Nachverfolgung und Überwachung der Evaluierungsberichte beinhalten, die von der Kommission vorgenommen werden sollte.

(9) Zudem sollte die Effizienz des Evaluierungsmechanismus dadurch erhöht werden, dass einheitliche Bedingungen für die Durchführung dieser Verordnung gewährleistet werden. Hierzu sollten einige Durchführungsbefugnisse der Kommission und andere dem Rat übertragen werden.

(10) Die Befugnisse zur Vorbereitung und Planung der Evaluierungen und zur Annahme des Evaluierungsberichts sollten der Kommission übertragen werden. Einige dieser Befugnisse sollten im Einklang mit der Verordnung (EU) Nr. 182/2011 des Europäischen Parlaments und des Rates vom 16. Februar 2011 zur Festlegung der allgemeinen Regeln und Grundsätze, nach denen die Mitgliedstaaten die Wahrnehmung der Durchführungsbefugnisse durch die Kommission kon-

---

[1] ABl. C 53 vom 3. 3. 2005, S. 1.

[2] ABl. C 115 vom 4. 5. 2010, S. 1.

[3] Verordnung (EG) Nr. 2007/2004 des Rates vom 26. Oktober 2004 zur Errichtung einer Europäischen Agentur für die operative Zusammenarbeit an den Außengrenzen der Mitgliedstaaten der Europäischen Union (ABl. L 349 vom 25. 11. 2004, S. 1).

trollieren[1]), ausgeübt werden. Gemäß Artikel 2 Absatz 2 Buchstabe b Ziffer iii jener Verordnung ist das Prüfverfahren für den Erlass solcher Rechtsakte anwendbar.

(11) Um das gegenseitige Vertrauen zwischen den Mitgliedstaaten zu festigen, eine bessere Koordination auf Unionsebene sicherzustellen und den gegenseitigen Druck unter den Mitgliedstaaten zu verstärken, sollte dem Rat die Durchführungsbefugnis zur Annahme der Empfehlungen für Abhilfemaßnahmen übertragen werden, die auf die Beseitigung der Mängel abzielen, die in den Evaluierungsberichten benannt werden. Diese Durchführungsbefugnis spiegelt die besonderen Befugnisse wider, die dem Rat Artikel 70 AEUV im Bereich der gegenseitigen Bewertung der Durchführung der Unionspolitik im Raum der Freiheit, der Sicherheit und des Rechts übertragen wurden. Sie spiegelt auf angemessene Weise den Zweck eines auf diese *lex specialis* gestützten Evaluierungsmechanismus wider, dem in diesem besonderen Bereich – und parallel zu der allgemeinen Befugnis der Kommission, die Anwendung des Unionsrechts unter der Kontrolle des Gerichtshofs der Europäischen Union durch Vertragsverletzungsverfahren zu überwachen – die ergänzende Funktion der Überwachung der Wirksamkeit der praktischen Durchführung der Unionspolitik im Wege gegenseitiger Begutachtungen zukommt.

Darüber hinaus trägt eine solche dem Rat übertragene Durchführungsbefugnis dazu bei, dem vom Europäischen Rat in dessen Schlussfolgerungen vom 23. und 24. Juni 2011 geäußerten Wunsch zur Wirkung zu verhelfen, wonach die Zusammenarbeit im Schengen-Raum gestärkt werden muss, damit das Vertrauen zwischen den Mitgliedstaaten gefördert wird, die dafür verantwortlich sind, dass sämtliche Schengen-Vorschriften gemäß den vereinbarten gemeinsamen Standards sowie im Einklang mit grundlegenden Prinzipien und Normen effektiv angewandt werden. Eine derartige Durchführungsbefugnis trägt entsprechend den Schlussfolgerungen des Rates vom 8. März 2012 auch zu einer besseren Steuerung des Schengen-Raums durch die politische Diskussion auf Ministerebene über das einwandfreie Funktionieren des Schengen-Raums bei, einschließlich in Fällen, in denen nach den Evaluierungsberichten schwerwiegende Mängel aufgetreten sind. Diese Diskussion im Gemischten Ausschuss, in dem die Mitgliedstaaten der EU und die assoziierten Schengen-Länder vertreten sind, sollte geführt werden, um den Rat im Rahmen seiner Zuständigkeit bei der Fassung von Beschlüssen zu unterstützen, um ein effizientes Funktionieren des Schengen-Raums sicherstellen. Schließlich wird mit der Übertragung einer solchen Durchführungsbefugnis an den Rat auch dem Umstand Rechnung getragen, dass die Empfehlungen politisch heikel sein können und oftmals nationale Exekutiv- und Vollstreckungsbefugnisse berühren.

(12) Der Evaluierungsmechanismus sollte transparente, effiziente und klare Regeln für die Evaluierungsmethode, die Teilnahme hochqualifi-

[1]) ABl. L 55 vom 28. 2. 2011, S. 13.

zierter Sachverständiger an Ortsbesichtigungen und die Maßnahmen enthalten, die auf die Ergebnisse der Evaluierungen hin zu treffen sind. Insbesondere im Hinblick auf Grenzkontrollen und Visa sollte die Methode beinhalten, dass ergänzend zu den angekündigten Ortsbesichtigungen unangekündigte Ortsbesichtigungen durchgeführt werden.

(13) Der Evaluierungs- und Überwachungsmechanismus sollte alle Aspekte des Schengen-Besitzstands einschließen. Was die Grenzen betrifft, so sollte der Mechanismus bei der Evaluierung und Überwachung sowohl die Effizienz der Grenzkontrollen an den Außengrenzen als auch das Fehlen von Grenzkontrollen an den Binnengrenzen erfassen.

(14) Bei der Evaluierung und Überwachung sollte ein besonderes Augenmerk auf die Achtung der Grundrechte bei der Anwendung des Schengen-Besitzstands gelegt werden.

(15) Durch die Evaluierung sollte sichergestellt werden, dass die Mitgliedstaaten die Schengen-Bestimmungen unter Zugrundelegung grundlegender Prinzipien und Normen effektiv anwenden. Daher sollten sämtliche einschlägigen Rechtsvorschriften und Vorgehensweisen, auf die sich der Raum ohne Kontrollen an den Binnengrenzen stützt, in den Evaluierungsmechanismus einbezogen werden.

(16) Zur Stärkung der Wirksamkeit und Zuverlässigkeit des Evaluierungsmechanismus sollte das einwandfreie Funktionieren der Behörden, die die einschlägigen Teile des Schengen-Besitzstands anwenden, bei allen Evaluierungen berücksichtigt werden. Dadurch kann der Evaluierungsmechanismus die effektive Anwendung der Schengen-Vorschriften durch die Mitgliedstaaten im Einklang mit den grundlegenden Prinzipien und Normen, wie sie der Europäische Rat am 23. und 24. Juni 2011 gefordert hatte, besser garantieren. Er wird der in den Schlussfolgerungen 1. und 2. März 2012 ausgedrückten Forderung des Europäischen Rates genügen, dass der Evaluierungsmechanismus die erforderliche Arbeitsweise der an der Anwendung des Schengen-Besitzstands beteiligten Institutionen berücksichtigen muss.

(17) Frontex sollte die Anwendung des Evaluierungsmechanismus vor allem im Bereich der die Außengrenzen betreffenden Risikoanalysen unterstützen. Ferner sollte sich der Evaluierungsmechanismus auf die Sachkenntnis im Rahmen der Unterstützung durch Frontex stützen können, wenn es um die Durchführung von Adhoc-Ortsbesichtigungen an den Außengrenzen geht.

(18) Andere Einrichtungen und sonstigen Stellen der Union wie das durch den Beschluss 2009/371/JI des Rates[1] errichtete Europäische Polizeiamt (Europol) und das durch den Beschluss 2002/187/JI des Rates[2] errichtete Eurojust sollten, wenn dies sachdienlich ist, die

[1] Beschluss 2009/371/JI des Rates vom 6. April 2009 zur Errichtung des Europäischen Polizeiamts (Europol) (ABl. L 121 vom 15. 5. 2009, S. 37).

[2] Beschluss 2002/187/JI des Rates vom 28. Februar 2002 über die Errichtung von Eurojust zur Verstärkung der Bekämpfung der schweren Kriminalität (ABl. L 63 vom 6. 3. 2002, S. 1).

Durchführung des Evaluierungsmechanismus in den Bereichen unterstützen, die von ihrem Mandat erfasst werden. Darüber hinaus sollte sich der Evaluierungsmechanismus gegebenenfalls auf die Sachkompetenz von Einrichtungen und sonstigen Stellen der Union stützen können, wenn Ortsbesichtigungen betreffend Bereiche des Schengen-Besitzstands durchgeführt werden, die von ihrem Mandat gedeckt werden. So empfiehlt sich beispielsweise die Nutzung der Sachkompetenz des Europäischen Datenschutzbeauftragten im Bereich datenschutzbezogener Evaluierungen, in die auch nationale Datenschutzbehörden einbezogen werden können.

(19) Die Mitgliedstaaten und die Kommission sollten sicherstellen, dass die zu den Ortsbesichtigungen entsandten Sachverständigen die notwendige Erfahrung haben und geschult wurden, auch in Bezug auf die Grundrechte. Die betreffenden Einrichtungen und sonstigen Stellen der Union wie z. B. Frontex sollten geeignete Schulungen durchführen, und die Mitgliedstaaten sollten aus vorhandenen und künftig zu schaffenden Finanzierungsinstrumenten der Union Mittel für Schulungen im Bereich der Evaluierung des Schengen-Besitzstands erhalten.

(20) In Anbetracht der besonderen Rolle, die dem Europäischen Parlament und den nationalen Parlamenten nach Artikel 70 letzter Satz AEUV zukommt und die in Artikel 12 Buchstabe c EUV in Bezug auf die nationalen Parlamente betont wird, muss vorgeschrieben werden, dass der Rat und die Kommission das Europäische Parlament und die nationalen Parlamente umfassend über den Inhalt und die Ergebnisse der Evaluierung unterrichten. Zudem würde der Rat, falls die Kommission einen Vorschlag zur Änderung dieser Verordnung vorlegen sollte, gemäß Artikel 19 Absatz 7 Buchstabe h seiner Geschäftsordnung das Europäische Parlament anhören, um dessen Stellungnahme vor Annahme des endgültigen Texts möglichst umfassend zu berücksichtigen.

(21) Gemäß den Artikeln 1 und 2 des dem EUV und dem AEUV beigefügten Protokolls Nr. 22 über die Position Dänemarks beteiligt sich Dänemark nicht an der Annahme dieser Verordnung, die daher für dieses Land weder bindend noch ihm gegenüber anwendbar ist. Da mit dieser Verordnung der Schengen-Besitzstand weiterentwickelt wird, beschließt Dänemark gemäß Artikel 4 des genannten Protokolls innerhalb von sechs Monaten, nachdem der Rat diese Verordnung beschlossen hat, ob es sie in einzelstaatliches Recht umsetzt.

(22) Das Vereinigte Königreich beteiligt sich an dieser Verordnung im Einklang mit Artikel 5 Absatz 1 des dem EUV und dem AEUV beigefügten Protokolls Nr. 19 über den in den Rahmen der Europäischen Union einbezogenen Schengen-Besitzstand sowie Artikel 8 Absatz 2 des Beschlusses 2000/365/EG des Rates vom 29. Mai 2000 zum Antrag des Vereinigten Königreichs Großbritannien und Nordirland, einzelne Bestimmungen des SchengenBesitzstands auf sie anzuwenden[1].

---

[1] ABl. L 131 vom 1. 6. 2000, S. 43.

(23) Irland beteiligt sich an dieser Verordnung im Einklang mit Artikel 5 Absatz 1 des dem EUV und dem AEUV beigefügten Protokolls Nr. 19 über den in den Rahmen der Europäischen Union einbezogenen Schengen-Besitzstand sowie Artikel 6 Absatz 2 des Beschlusses 2002/192/EG des Rates vom 28. Februar 2002 zum Antrag Irlands auf Anwendung einzelner Bestimmungen des Schengen-Besitzstands auf Irland[1].

(24) Für Island und Norwegen stellt diese Verordnung eine Weiterentwicklung der Bestimmungen des Schengen-Besitzstands im Sinne des Übereinkommens zwischen dem Rat, der Europäischen Union sowie der Republik Island und dem Königreich Norwegen über die Assoziierung der beiden letztgenannten Staaten bei der Umsetzung, Anwendung und Entwicklung des Schengen-Besitzstands[2] dar, die zu dem in Artikel 1 des Beschlusses 1999/437/EG zum Erlass bestimmter Durchführungsvorschriften zu dem Übereinkommen[3] genannten Bereich gehören.

(25) Für die Schweiz stellt diese Verordnung eine Weiterentwicklung der Bestimmungen des Schengen-Besitzstands im Sinne des Abkommens zwischen der Europäischen Union, der Europäischen Gemeinschaft und der Schweizerischen Eidgenossenschaft über die Assoziierung dieses Staates bei der Umsetzung, Anwendung und Entwicklung des Schengen-Besitzstands[4] dar, die zu dem in Artikel 1 des Beschlusses 1999/437/EG in Verbindung mit Artikel 3 des Beschlusses 2008/146/EG des Rates[5] genannten Bereich gehören.

(26) Für Liechtenstein stellt diese Verordnung eine Weiterentwicklung der Bestimmungen des Schengen-Besitzstands im Sinne des Protokoll zwischen der Europäischen Union, der Europäischen Gemeinschaft, der Schweizerischen Eidgenossenschaft und dem Fürstentum Liechtenstein über den Beitritt des Fürstentums Liechtenstein zu dem Abkommen zwischen der Europäischen Union, der Europäischen Gemeinschaft und der Schweizerischen Eidgenossenschaft über die Assoziierung der Schweizerischen Eidgenossenschaft bei der Umsetzung, Anwendung und Entwicklung des Schengen-Besitzstands[6] dar, die zu dem in Artikel 1 des Beschlusses 1999/437/EG in Verbindung mit Artikel 3 des Beschlusses 2011/350/EU des Rates[7] genannten Bereich gehören.

(27) Da die Bewertung Zyperns im Rahmen des Beschlusses vom 16. September 1998 zum Zeitpunkt des Inkrafttretens dieser Verordnung bereits begonnen hat, wird diese Verordnung für Zypern erst ab dem 1. Januar 2016 gelten.

(28) Da die Überprüfung nach Maßgabe der geltenden Schengen-Bewertungsverfahren betreffend Bulgarien und Rumänien bereits ge-

---

[1] ABl. L 64 vom 7. 3. 2002, S. 20.
[2] ABl. L 176 vom 10. 7. 1999, S. 36.
[3] ABl. L 176 vom 10. 7. 1999, S. 31.
[4] ABl. L 53 vom 27. 2. 2008, S. 52.
[5] ABl. L 53 vom 27. 2. 2008, S. 1.
[6] ABl. L 160 vom 18. 6. 2011, S. 21.
[7] ABl. L 160 vom 18. 6. 2011, S. 19.

mäß Artikel 4 Absatz 2 der Beitrittsakte von 2005 abgeschlossen ist, wird die Überprüfung gemäß Artikel 1 Absatz 1 Buchstabe b der vorliegenden Verordnung für diese Mitgliedstaaten nicht durchgeführt.

(29) Gleichwohl sollten sich Sachverständige aus Bulgarien, Rumänien, Zypern und Kroatien an der Bewertung aller Teile des Schengen-Besitzstands beteiligen –

HAT FOLGENDE VERORDNUNG ERLASSEN:

Art. 1 Zweck und Geltungsbereich. (1) Mit dieser Verordnung wird ein Evaluierungs- und Überwachungsmechanismus eingeführt, der den folgenden Zwecken dient:

a) Die Anwendung des Schengen-Besitzstands in denjenigen Mitgliedstaaten, in denen dieser Besitzstand vollständig angewandt wird, und in denjenigen Mitgliedstaaten, in denen der Schengen-Besitzstand gemäß den Protokollen zum EUV und zum AEUV teilweise angewandt wird, wird überprüft.

b) Es wird überprüft, ob die erforderlichen Voraussetzungen für die Anwendung aller einschlägigen Teile des Schengen-Besitzstands in denjenigen Mitgliedstaaten erfüllt sind, zu denen noch kein Beschluss des Rates zur vollständigen oder teilweisen Anwendung der Bestimmungen des Schengen-Besitzstands erlassen wurde; ausgenommen sind die Mitgliedstaaten, deren Evaluierung zum Zeitpunkt des Inkrafttretens dieser Verordnung bereits abgeschlossen ist.

(2) Die Überprüfung gemäß Nummer Absatz 1 Buchstabe b dieses Artikels lässt Artikel 23 Absatz 2 in Bezug auf Mitgliedstaaten, in denen die Evaluierungsverfahren am 26. November 2013 bereits begonnen hatten, unberührt.

(3) Sachverständige aus denjenigen Mitgliedstaaten, die gemäß der jeweiligen Beitrittsakte den Schengen-Besitzstand noch nicht vollständig anwenden, beteiligen sich jedoch an der Evaluierung aller Teile des Schengen-Besitzstands.

Art. 2 Begriffsbestimmung. Für die Zwecke dieser Verordnung bedeutet „Schengen-Besitzstand" die Bestimmungen, die durch das dem EUV und dem AEUV beigefügte Protokoll Nr. 19 in den Rahmen der Europäischen Union einbezogen sind, sowie die darauf aufbauenden oder sonst damit zusammenhängenden Rechtsakte.

Art. 3 Zuständigkeiten. (1) Den Mitgliedstaaten und der Kommission obliegt es gemeinsam, mit Unterstützung der Einrichtungen und Stellen der Union, die an der Durchführung des Schengen-Besitzstands beteiligt sind, den Evaluierungs- und Überwachungsmechanismus gemäß dieser Verordnung umzusetzen.

(2) Die Kommission nimmt eine allgemeine Koordinierungsfunktion in Bezug auf die Erstellung der jährlichen und mehrjährigen Programme, der Fragebögen und der Zeitpläne für die Besichtigungen, die

Durchführung der Besichtigungen und die Abfassung der Evaluierungsberichte und der Empfehlungen wahr. Sie sorgt ferner für die Folgemaßnahmen zu den Evaluierungsberichten und Empfehlungen und deren Überwachung gemäß Artikel 16.

(3) Die Mitgliedstaaten und die Kommission arbeiten in allen Phasen der Evaluierungen uneingeschränkt zusammen, um die ihnen durch diese Verordnung übertragenen Aufgaben zu erfüllen.

Art. 4 Evaluierungen. (1) Die Evaluierungen können sich auf alle Aspekte des Schengen-Besitzstands einschließlich der wirksamen und effizienten Anwendung von Begleitmaßnahmen durch die Mitgliedstaaten in den Bereichen Außengrenzen, Visumpolitik, Schengener Informationssystem, Datenschutz, polizeiliche Zusammenarbeit, justizielle Zusammenarbeit in Strafsachen und Binnengrenzen ohne Kontrollen erstrecken. Bei allen Evaluierungen sollte das Funktionieren der Behörden, die die in diesem Absatz genannten einschlägigen Teile des Schengen-Besitzstands anwenden, berücksichtigt werden.

(2) Die Evaluierungen können mit Hilfe von Fragebögen oder durch Ortsbesichtigungen, die angekündigt oder unangekündigt erfolgen können, vorgenommen werden. Vor einer angekündigten Ortsbesichtigung wird ein Fragebogen vorgelegt. Bei der Evaluierung bestimmter Mitgliedstaaten und/oder Bereiche können Ortsbesichtigungen und die Evaluierung anhand von Fragebögen gegebenenfalls unabhängig voneinander oder miteinander kombiniert durchgeführt werden.

(3) Sowohl Ortsbesichtigungen als auch die Evaluierungen anhand von Fragebögen kann der evaluierte Mitgliedstaat durch weitere Erläuterungen zu dem evaluierten Bereich ergänzen.

Art. 5 Mehrjähriges Evaluierungsprogramm. (1) Die Kommission erarbeitet – gegebenenfalls nach Konsultierung von Frontex und Europol – ein mehrjähriges Evaluierungsprogramm mit einer Laufzeit von fünf Jahren, das spätestens sechs Monate vor Beginn des folgenden Fünfjahreszeitraums fertiggestellt sein muss. Diese Durchführungsrechtsakte werden gemäß dem Prüfverfahren nach Artikel 21 Absatz 2 erlassen. Die Kommission übermittelt das mehrjährige Evaluierungsprogramm dem Europäischen Parlament und dem Rat.

(2) Jeder Mitgliedstaat wird in jedem Fünfjahreszeitraum, für den jeweils ein mehrjähriges Evaluierungsprogramm gilt, evaluiert. Im mehrjährigen Evaluierungsprogramm wird die Reihenfolge der in jedem Jahr zu evaluierenden Mitgliedstaaten aufgeführt. Bei der Reihenfolge, in der die Mitgliedstaaten evaluiert werden, werden der Zeitraum seit der letzten Evaluierung und die Häufigkeit der Evaluierung der einzelnen Teile des Schengen-Besitzstands berücksichtigt.

(3) Das mehrjährige Evaluierungsprogramm kann bei Bedarf gemäß dem Verfahren, auf das in Absatz 1 Bezug genommen wird, angepasst werden.

(4) Das mehrjährige Evaluierungsprogramm kann eine Bezugnahme auf thematische Evaluierungen gemäß Artikel 6 Absatz 1 Buchstabe b enthalten.

(5) Das erste mehrjährige Evaluierungsprogramm wird bis 27. Mai 2014 fertiggestellt. Das Programm beginnt am 27. November 2014 und endet am 31. Dezember 2019.

Art. 6 Jährliches Evaluierungsprogramm. (1) Die Kommission erstellt ein jährliches Evaluierungsprogramm bis zum 31. Oktober des Jahres, das dem Jahr vorausgeht, auf das sich das Programm bezieht; dabei trägt sie insbesondere der von Frontex gemäß Artikel 7 erstellten Risikoanalyse und gegebenenfalls den von Europol oder anderen Einrichtungen und Stellen der Union insbesondere gemäß Artikel 8 bereitgestellten Informationen Rechnung.

Das jährliche Evaluierungsprogramm enthält Vorschläge für die Evaluierung folgender Aspekte:

a) Anwendung des Schengen-Besitzstands oder von Teilen davon in einem Mitgliedstaat entsprechend den Vorgaben des mehrjährigen Evaluierungsprogramms und

b) gegebenenfalls Anwendung bestimmter Teile des Schengen-Besitzstands in mehreren Mitgliedstaaten (thematische Evaluierung).

(2) Die Kommission erstellt im Wege von Durchführungsrechtsakten den ersten Teil des jährlichen Evaluierungsprogramms, das einen vorläufigen Zeitplan der Ortsbesichtigungen enthält. In diesem Teil werden die Mitgliedstaaten aufgeführt, die im folgenden Jahr gemäß dem mehrjährigen Evaluierungsprogramm Gegenstand einer Evaluierung sein sollen, die zu evaluierenden Gebiete und die Ortsbesichtigungen. Diese Durchführungsrechtsakte werden gemäß dem Prüfverfahren nach Artikel 21 Absatz 2 erlassen. Die Kommission übermittelt das mehrjährige Evaluierungsprogramm dem Europäischen Parlament und dem Rat.

(3) Der zweite Teil des jährlichen Evaluierungsprogramms wird von der Kommission erstellt und angenommen. Der zweite Teil enthält eine Liste der unangekündigten Ortsbesichtigungen des folgenden Jahres. Er wird vertraulich behandelt und nicht weitergeleitet.

(4) Das jährliche Evaluierungsprogramm kann bei Bedarf gemäß den Absätzen 2 und 3 angepasst werden.

(5) Das erste mehrjährige Evaluierungsprogramm wird bis zum 27. Mai 2014 fertiggestellt. Das Programm beginnt am 27. November 2014 und endet am 31. Dezember 2014.

Art. 7 Risikoanalyse von Frontex. (1) Bis zum 31. August eines jeden Jahres unterbreitet Frontex der Kommission und den Mitgliedstaaten eine Risikoanalyse gemäß ihrem Mandat. Diese Risikoanalyse, berücksichtigt unter anderem die illegale Einwanderung und erhebliche Veränderungen der operativen Gegebenheiten an den Außengrenzen und enthält Empfehlungen für vorrangige Evaluierungen im folgenden Jahr. In den Empfehlungen werden die Abschnitte an den Außengrenzen und die Grenzübergangsstellen genannt, die im folgenden Jahr im Rahmen des mehrjährigen Evaluierungsprogramms evaluiert werden sollen. Die Kommission leitet die Risikoanalyse unverzüglich dem Europäischen Parlament und dem Rat zu.

(2) Bis zum 31. August eines jeden Jahres unterbreitet Frontex der Kommission zudem eine gesonderte Risikoanalyse, die von der in Absatz 1 genannten Risikoanalyse verschieden ist und die Empfehlungen für vorrangige Evaluierungen im darauffolgenden Jahr in Form unangekündigter Ortsbesichtigungen enthält, und zwar unabhängig von der Reihenfolge, in der die Mitgliedstaaten in jedem Jahr gemäß dem Mehrjahresprogramm nach Artikel 5 Absatz 2 zu evaluieren sind. Die Empfehlungen können sich auf eine beliebige Region oder ein beliebiges Gebiet beziehen, müssen jedoch eine Liste von mindestens zehn bestimmten Abschnitten der Außengrenzen und mindestens zehn bestimmten Grenzübergangsstellen enthalten. Die Kommission kann Frontex jederzeit auffordern, eine Risikoanalyse mit Empfehlungen für Evaluierungen in Form unangekündigter Ortsbesichtigungen vorzulegen.

(3) Die in den Absätzen 1 und 2 genannte, von Frontex zu erstellende Risikoanalyse wird der Kommission erstmals bis spätestens 27. Februar 2014 vorgelegt.

Art. 8 Risikoanalysen anderer Einrichtungen und sonstiger Stellen der Union. Die Kommission ersucht gegebenenfalls andere Einrichtungen und sonstige Stellen der Union, die an der Durchführung des Schengen-Besitzstands beteiligt sind, um Risikoanalysen, einschließlich Risikoanalysen betreffend Korruption und organisierte Kriminalität, insoweit diese Korruption und organisierte Kriminalität die Anwendung des Schengen-Besitzstands durch die Mitgliedstaaten untergraben könnte. Diese Analysen können für die Ausarbeitung der jährlichen Evaluierungsprogramme verwendet werden.

Art. 9 Fragebogen. (1) Die Kommission erstellt und aktualisiert im Wege von Durchführungsrechtsakten einen Standard-Fragebogen in enger Zusammenarbeit mit den Mitgliedstaaten. Frontex und Europol können zum Entwurf des Standard-Fragebogens gehört werden. Der Standard-Fragebogen deckt die einschlägigen Rechtsvorschriften, gemeinsam vereinbarten Empfehlungen und bewährten Vorgehensweisen ab, insbesondere wie sie in den Schengen-Katalogen aufgeführt sind, sowie die organisatorischen Vorkehrungen und technischen Mittel für die Anwendung des Schengen-Besitzstands und die vorhandenen nach Evaluierungsbereichen aufgeschlüsselten statistischen Daten. Diese Durchführungsrechtsakte werden gemäß dem Prüfverfahren nach Artikel 21 Absatz 2 erlassen.

(2) Bis zum 1. Juli eines jeden Jahres übermittelt die Kommission den Standard-Fragebogen den im darauffolgenden Jahr zu evaluieren-

den Mitgliedstaaten. Die Mitgliedstaaten übermitteln der Kommission die Antworten auf den Fragebogen spätestens acht Wochen nach Erhalt des Fragebogens. Die Kommission stellt die Antworten den anderen Mitgliedstaaten zur Verfügung und unterrichtet das Europäische Parlament über die Antworten. Wird dies vom Europäischen Parlament, insbesondere aufgrund der Ernsthaftigkeit der Problematik, beantragt, so informiert die Kommission im Einzelfall und im Einklang mit den geltenden Vorschriften über die Beziehungen zwischen dem Europäischen Parlament und der Kommission das Europäische Parlament auch über den Inhalt einer bestimmten Antwort.

Art. 10 Ortsbesichtigungsteams. (1) Die für die Ortsbesichtigungen zuständigen Teams (im Folgenden „Ortsbesichtigungsteams") setzen sich aus von den Mitgliedstaaten benannten Sachverständigen und Vertretern der Kommission zusammen.

(2) Die Kommission fordert die Mitgliedstaaten auf, Sachverständige zu benennen, die für die Teilnahme an den jeweiligen Ortsbesichtigungen zur Verfügung stehen, und deren Fachgebiet anzugeben.

Bei angekündigten Ortsbesichtigungen fordert die Kommission die Mitgliedstaaten spätestens drei Monate vor der anberaumten Ortsbesichtigung auf, Sachverständige zu benennen. Die Mitgliedstaaten benennen innerhalb von zwei Wochen nach Erhalt dieser Aufforderung Sachverständige.

Bei unangekündigten Ortsbesichtigungen fordert die Kommission die Mitgliedstaaten spätestens zwei Wochen vor der anberaumten Ortsbesichtigung auf, Sachverständige zu benennen. Die Mitgliedstaaten benennen innerhalb von 72 Stunden nach Erhalt dieser Aufforderung Sachverständige.

(3) Die Zahl der an Ortsbesichtigungen teilnehmenden Vertreter der Kommission darf zwei Personen nicht überschreiten. Die Zahl der an Ortsbesichtigungen teilnehmenden Sachverständigen der Mitgliedstaaten darf acht Personen bei angekündigten und sechs Personen bei unangekündigten Ortsbesichtigungen nicht überschreiten.

Überschreitet die Zahl der von den Mitgliedstaaten benannten Sachverständige die in Absatz 1 festgelegte Höchstzahl, so ernennt die Kommission nach Rücksprache mit den betreffenden Mitgliedstaaten die Mitglieder des Teams auf der Grundlage einer in geografischer Hinsicht ausgewogenen Zusammensetzung und der Fachkompetenzen der Sachverständigen.

(4) Die Sachverständigen der Mitgliedstaaten dürfen nicht an einer Evaluierungsmission teilnehmen, die eine Ortsbesichtigung in dem Mitgliedstaat einschließt, in dem sie angestellt sind.

(5) Die Kommission kann Frontex, Europol oder andere Einrichtungen und sonstige Stellen der Union, die an der Durchführung des Schengen-Besitzstands beteiligt sind, auffordern, einen Vertreter als Beobachter bei einer Ortsbesichtigung zu benennen, die ein durch ihr Mandat gedecktes Gebiet betrifft.

(6) Die führenden Sachverständigen eines Ortsbesichtigungsteams sind ein Vertreter der Kommission und ein Sachverständiger aus einem Mitgliedstaat, die von den Mitgliedern des Teams so bald wie möglich nach der Einsetzung des Teams einvernehmlich benannt werden. Die führenden Sachverständigen werden rechtzeitig benannt, bevor das detaillierte Programm nach Artikel 13 Absatz 2 festgelegt wird.

Art. 11 Teams für Evaluierungen anhand eines Fragebogens. (1) Wird ein Fragebogen einzeln verwendet, d. h. ohne dass auf den Fragebogen eine Ortsbesichtigung gemäß Artikel 4 Absatz 2 folgt, so setzt sich das Team für die Bewertung der Antworten auf den Fragebogen (im Folgenden „Fragebogenteam“) aus Sachverständigen der Mitgliedstaaten und Vertretern der Kommission zusammen.

(2) Wenn die Kommission den Fragebogen an den zu evaluierenden Mitgliedstaat übermittelt, fordert sie die Mitgliedstaaten auf, Sachverständige zu benennen, die für die Teilnahme an der Evaluierung zur Verfügung stehen, und deren Fachgebiet anzugeben. Die Mitgliedstaaten benennen innerhalb von zwei Wochen nach Erhalt dieser Aufforderung Sachverständige. Die Benennung der Sachverständigen erfolgt gemäß den Verfahren nach Artikel 10 Absätze 3 und 4.

Art. 12 Sachverständige. Die an den Evaluierungen teilnehmenden Sachverständigen müssen eine entsprechende Eignung aufweisen, d. h. über solide theoretische Kenntnisse sowie praktische Erfahrungen in den für die Evaluierung relevanten Bereichen verfügen, mit den Grundsätzen, Verfahren und Methoden der Evaluierung vertraut sein und in der Lage sein, sich in einer gemeinsamen Sprache zu verständigen. Die Mitgliedstaaten und die Kommission stellen in Zusammenarbeit mit den zuständigen Einrichtungen und sonstigen Stellen der Union sicher, dass die Sachverständigen hierfür geeignete Fortbildungsmaßnahmen erhalten, auch in Bezug auf die Achtung der Grundrechte.

Art. 13 Durchführung der Ortsbesichtigungen. (1) Die Ortsbesichtigungsteams treffen alle im Vorfeld erforderlichen Maßnahmen, um die Effizienz, Präzision und Kohärenz der Ortsbesichtigungen zu gewährleisten.

(2) Das detaillierte Programm für angekündigte Ortsbesichtigungen wird von der Kommission in enger Zusammenarbeit mit den führenden Sachverständigen und den betroffenen Mitgliedstaaten erstellt. Die Mitgliedstaaten werden über das detaillierte Programm unterrichtet. Das detaillierte Programm für unangekündigte Ortsbesichtigungen wird von der Kommission erstellt.

Der betroffene Mitgliedstaat wird wie folgt gehört und über den Zeitplan und das detaillierte Programm unterrichtet:

a) mindestens sechs Wochen vor einer angekündigten Ortsbesichtigung;

b) mindestens 24 Stunden vor einer unangekündigten Ortsbesichtigung.

Unangekündigte Ortsbesichtigungen an den Binnengrenzen werden ohne vorherige Benachrichtigung des betreffenden Mitgliedstaats/der betreffenden Mitgliedstaaten durchgeführt. Allgemeine Leitlinien mit Durchführungsvorschriften für solche Besuche werden von der Kommission in enger Zusammenarbeit mit den Mitgliedstaaten festgelegt.

(3) Die Mitglieder des Ortsbesichtigungsteams tragen Ausweise bei sich, mit denen sie ihre Berechtigung zur Durchführung von Ortsbesichtigungen gemäß dieser Verordnung nachweisen können.

(4) Der zu evaluierende Mitgliedstaat stellt sicher, dass das Team seinen Auftrag zur Überprüfung der Tätigkeiten in den zu evaluierenden Bereichen erfüllen kann. Er stellt insbesondere sicher, dass das Ortsbesichtigungsteam direkten Kontakt zu Personen, die für seine Zwecke von Interesse sind, und Zugang zu allen Gebieten, Räumlichkeiten und Unterlagen erhält, die für die Evaluierung erforderlich sind.

(5) Der zu evaluierende Mitgliedstaat unterstützt das Ortsbesichtigungsteam bei der Durchführung seines Auftrags mit allen ihm im Rahmen seiner rechtlichen Befugnisse zu Gebote stehenden Mitteln.

(6) Bei angekündigten Ortsbesichtigungen übermittelt die Kommission dem zu evaluierenden Mitgliedstaat im Voraus die Namen der dem Ortsbesichtigungsteam angehörenden Sachverständigen. Dieser Mitgliedstaat benennt eine Kontaktstelle, die die Durchführung der Ortsbesichtigung regelt.

(7) Die Kommission und die Mitgliedstaaten regeln für ihre jeweiligen Sachverständigen, die zum Ortsbesichtigungsteam gehören, die Anreise zum zu evaluierenden Mitgliedstaat bzw. zu den zu evaluierenden Mitgliedstaaten und die Rückreise vom zu evaluierenden Mitgliedstaat bzw. von den zu evaluierenden Mitgliedstaaten. Die Reise- und Aufenthaltskosten der Sachverständigen, die eine Ortsbesichtigung vornehmen, werden von der Kommission erstattet.

Die zu evaluierenden Mitgliedstaaten sorgen für die Unterbringung der Sachverständigen und für deren erforderliche Beförderung vor Ort. Im Falle unangekündigter Besuche übernimmt die Kommission die Unterbringung der Sachverständigen.

Art. 14 Evaluierungsberichte. (1) Nach jeder Evaluierung wird ein Evaluierungsbericht verfasst. Der Evaluierungsbericht stützt sich auf die Ergebnisse der Ortsbesichtigung und/oder den ausgewerteten Fragebogen. Bei Ortsbesichtigungen wird der Evaluierungsbericht während der Ortsbesichtigung vom Team verfasst.

Hauptverantwortlich für die Erstellung des Evaluierungsberichts sowie für dessen Vollständigkeit und Güte sind die Sachverständigen der Mitgliedstaaten und die Vertreter der Kommission. Bei Unstimmigkeiten bemüht sich das Ortsbesichtigungs- bzw. Fragebogenteam um einen Kompromiss.

(2) Der Evaluierungsbericht analysiert die einschlägigen qualitativen, quantitativen, operativen, administrativen und organisatorischen Aspekte und listet die bei der Evaluierung festgestellten Mängel auf.

(3) Jedes im Evaluierungsbericht festgehaltene Ergebnis wird einer der folgenden drei Bewertungskategorien zugeordnet:

a) konform;

b) konform, Verbesserungen jedoch erforderlich;

c) nicht konform.

(4) Die Kommission übermittelt innerhalb von sechs Wochen nach der Ortsbesichtigung bzw. nach Erhalt der Antworten auf den Fragebogen dem zu evaluierenden Mitgliedstaat den Entwurf des Evaluierungsberichts. Der evaluierte Mitgliedstaat nimmt innerhalb von zwei Wochen nach dessen Erhalt zu dem Entwurf des Evaluierungsberichts Stellung. Auf Ersuchen des evaluierten Mitgliedstaats findet eine Redaktionssitzung statt. Die Stellungnahme des evaluierten Mitgliedstaats kann in den Entwurf des Evaluierungsberichts einfließen.

(5) Die Kommission übermittelt den Entwurf des Evaluierungsberichts und die Stellungnahme des evaluierten Mitgliedstaats den anderen Mitgliedstaaten, die aufgefordert werden, zu den Antworten auf den Fragebogen, dem Entwurf des Evaluierungsberichts und der Stellungnahme des evaluierten Mitgliedstaats Stellung zu nehmen.

Die Kommission nimmt den Entwurf des Evaluierungsberichts auf dieser Grundlage im Wege eines Durchführungsrechtsakts an, nachdem sie ihn erforderlichenfalls abgeändert hat. Dieser Durchführungsrechtsakt wird gemäß dem in Artikel 21 Absatz 2 genannten Prüfverfahren erlassen. Die Kommission übermittelt den Evaluierungsbericht dem Europäischen Parlament.

Art. 15 Empfehlungen. (1) Bei der Erstellung des Evaluierungsberichts geben die Sachverständigen der Mitgliedstaaten und die Vertreter der Kommission auf der Grundlage der Ergebnisse des Evaluierungsberichts und der darin enthaltenen Bewertungen Empfehlungen für Abhilfemaßnahmen ab, die auf die Beseitigung der während der Evaluierung festgestellten Mängel abzielen, und geben die Prioritäten für deren Durchführung und gegebenenfalls Beispiele für bewährte Vorgehensweisen an.

(2) Die Kommission unterbreitet dem Rat einen Vorschlag zur Annahme der in Absatz 1 genannten Empfehlungen.

(3) Der Rat nimmt die in Absatz 1 genannten Empfehlungen an und übermittelt sie dem Europäischen Parlament und den nationalen Parlamenten.

Art. 16 Folgemaßnahmen und Überwachung. (1) Innerhalb von drei Monaten nach der Annahme der in Artikel 15 genannten Empfehlungen legt der evaluierte Mitgliedstaat der Kommission und dem Rat einen Aktionsplan zur Beseitigung jeglicher in dem Evaluierungsbericht festgestellter Mängel vor. Wird in den Empfehlungen festgestellt, dass der evaluierte Mitgliedstaat seine Verpflichtungen in schwerwiegender Weise vernachlässigt, so legt dieser Mitgliedstaat seinen Aktionsplan innerhalb eines Monats nach Annahme der Empfehlungen vor. Die Kommission übermittelt solche Aktionspläne dem Europäischen Parlament.

(2) Nach der Konsultation des Ortsbesichtigungsteams bzw. des Fragebogenteams legt die Kommission dem Rat innerhalb eines Monats nach Erhalt des Aktionsplans des evaluierten Mitgliedstaats ihre Bewertung der Angemessenheit des Aktionsplans vor. Die anderen Mitgliedstaaten werden aufgefordert, zu dem Aktionsplan Stellung zu nehmen.

(3) Der evaluierte Mitgliedstaat berichtet der Kommission binnen sechs Monaten nach Annahme der Empfehlung über die Durchführung seines Aktionsplans und erstattet ihr anschließend alle drei Monate Bericht, bis der Aktionsplan vollständig durchgeführt ist.

(4) Wurde in den Empfehlungen festgestellt, dass der evaluierte Mitgliedstaat seine Verpflichtungen in schwerwiegender Weise vernachlässigt, so ist dieser evaluierte Mitgliedstaat ungeachtet der Frist von sechs Monaten für die Berichterstattung über die Umsetzung seines Aktionsplans nach Absatz 3 verpflichtet, innerhalb von drei Monaten nach Annahme der Empfehlungen seinen Bericht über die Umsetzung des Aktionsplans vorzulegen.

(5) Je nach Ernsthaftigkeit der ermittelten Mängel und den getroffenen Abhilfemaßnahmen kann die Kommission angekündigte erneute Ortsbesichtigungen zur Überprüfung der Durchführung des Aktionsplans festlegen. Die Kommission fordert mindestens vier der Sachverständigen, die an der Ortsbesichtigung teilgenommen haben, zur Teilnahme an der erneuten Ortsbesichtigung auf. Die Kommission kann Beobachter zur Teilnahme an der Besichtigung einladen. Die Kommission legt das Programm der erneuten Ortsbesichtigung fest. Der evaluierte Mitgliedstaat wird mindestens einen Monat vor der erneuten Ortsbesichtigung über das Programm unterrichtet. Die Kommission kann auch unangekündigte erneute Ortsbesichtigungen ansetzen.

(6) Die Kommission unterrichtet das Europäische Parlament und den Rat regelmäßig über die Umsetzung der Aktionspläne oder Verbesserungsmaßnahmen nach diesem Artikel.

(7) Wird bei einer Ortsbesichtigung ein ernsthafter Mangel festgestellt, der eine ernsthafte Bedrohung der öffentlichen Ordnung oder inneren Sicherheit innerhalb des Raums ohne Kontrollen an den Binnengrenzen darstellt, so setzt die Kommission das Europäische Parlament und den Rat auf eigene Initiative oder auf Antrag des Europäische Parlaments oder eines Mitgliedstaats so rasch wie möglich hiervon in Kenntnis.

(8) Wurde ein Mitgliedstaat als konform eingestuft, enthalten die Empfehlungen jedoch Angaben zu etwaigen weiteren Verbesserungen

gemäß Artikel 14 Absatz 3 Buchstabe b, so übermittelt der evaluierte Mitgliedstaat der Kommission innerhalb von sechs Monaten nach Annahme der Empfehlungen seine Bewertung einer möglichen Umsetzung dieser Empfehlungen.

Art. 17 Vertraulichkeit. Die Mitglieder des Ortsbesichtigungs- bzw. des Fragebogenteams behandeln sämtliche Informationen, die sie in Erfüllung ihrer Pflicht erhalten, vertraulich. Die im Anschluss an Ortsbesichtigungen verfassten Evaluierungsberichte werden gemäß den geltenden Geheimschutzvorschriften als EU RESTRICTED/RESTREIN UE eingestuft. Die Einstufung schließt nicht aus, dass die Informationen dem Europäischen Parlament zur Verfügung gestellt werden. Die Übermittlung und Behandlung der dem Europäischen Parlament nach dieser Verordnung übermittelten Informationen und Dokumente erfolgt unter Einhaltung den Regeln für die Übermittlung und Behandlung von Verschlusssachen, die zwischen dem Europäischen Parlament und der Kommission gelten. Die Kommission entscheidet nach Rücksprache mit dem betreffenden Mitgliedstaat, welche Teile des Evaluierungsberichts veröffentlicht werden dürfen.

Art. 18 Bedingungen für eine Beteiligung des Vereinigten Königreichs und Irlands. (1) Sachverständige des Vereinigten Königreichs und Irlands beteiligen sich nur an der Evaluierung jenes Teils des Schengen-Besitzstands, für den diesen Mitgliedstaaten eine Beteiligung gestattet wurde.

(2) Die in Artikel 4 Absatz 1 beschriebenen Evaluierungen betreffen ausschließlich die wirksame und effiziente Anwendung jenes Teils des Schengen-Besitzstands durch das Vereinigte Königreich und Irland, für den diesen Mitgliedstaaten eine Beteiligung gestattet wurde.

(3) Das Vereinigte Königreich und Irland beteiligen sich nur insoweit an der in Artikel 15 Absatz 3 festgelegten Annahme der Empfehlungen durch den Rat, als der Teil des Besitzstands betroffen ist, für den diesen Mitgliedstaaten eine Beteiligung gestattet wurde.

Art. 19 Unterrichtung der nationalen Parlamente. Die Kommission unterrichtet die nationalen Parlamente über den Inhalt und die Ergebnisse der gemäß dieser Verordnung durchgeführten Evaluierung.

Art. 20 Bericht an das Europäische Parlament und den Rat. Die Kommission legt dem Europäischen Parlament und dem Rat jährlich einen umfassenden Bericht über die auf der Grundlage dieser Verordnung vorgenommenen Evaluierungen vor. Der Bericht wird veröffentlicht und enthält Informationen über die im Vorjahr durchgeführten Evaluierungen, die Schlussfolgerungen jeder Evaluierung und den Stand der Abhilfemaßnahmen. Die Kommission übermittelt diesen Bericht den nationalen Parlamenten.

Art. 21 Ausschussverfahren. (1) Die Kommission wird von einem Ausschuss unterstützt. Dabei handelt es sich um einen Ausschuss nach Maßgabe der Verordnung (EU) Nr. 182/2011.

(2) Wird auf diesen Absatz Bezug genommen, so gilt Artikel 5 der Verordnung (EU) Nr. 182/2011. Gibt der Ausschuss keine Stellungnahme ab, so erlässt die Kommission den Durchführungsrechtsakt nicht und Artikel 5 Absatz 4 Unterabsatz 3 der Verordnung (EU) Nr. 182/2011 findet Anwendung.

Art. 22 Überprüfung. Die Kommission überprüft innerhalb von sechs Monaten nach der Annahme aller Berichte über die Evaluierungen, die vom ersten mehrjährigen Evaluierungsprogramm gemäß Artikel 5 Absatz 5 erfasst werden, die Durchführung dieser Verordnung und legt dem Rat einen entsprechenden Bericht vor. In die Überprüfung werden alle Aspekte der Verordnung einbezogen, einschließlich des Funktionierens der Verfahren für die Annahme von Rechtsakten im Rahmen des Mechanismus. Die Kommission übermittelt den Bericht dem Europäischen Parlament.

Art. 23 Übergangsbestimmungen und Aufhebung. Unbeschadet der Unterabsätze 2 und 3 dieses Artikels wird der Beschluss vom 16. September 1998 mit Wirkung vom 26. November 2013 aufgehoben.

Teil I des in Unterabsatz 1 genannten Beschlusses gilt bis zum 1. Januar 2016 weiterhin für die Evaluierungsverfahren von Mitgliedstaaten, die bereits am 26. November 2013 begonnen hatten.

Teil II des in Unterabsatz 1 genannten Beschlusses gilt bis zum 27. November 2014 weiterhin für die Evaluierungsverfahren von Mitgliedstaaten, die bereits am 26. November 2013 begonnen hatten.

Art. 24 Inkrafttreten. Diese Verordnung tritt am zwanzigsten Tag nach ihrer Veröffentlichung im *Amtsblatt der Europäischen Union* in Kraft.

Diese Verordnung ist in allen ihren Teilen verbindlich und gilt gemäß den Verträgen unmittelbar in den Mitgliedstaaten.

Erklärung des Europäischen Parlaments, des Rates und der Kommission

Das Europäische Parlament, der Rat und die Kommission begrüßen die Annahme der Verordnung zur Änderung des Schengener Grenzkodex zwecks Festlegung einer gemeinsamen Regelung für die vorübergehende Wiedereinführung von Kontrollen an den Binnengrenzen unter außergewöhnlichen Umständen und die Annahme der Verordnung zur Einführung eines Evaluierungs- und Überwachungsmechanismus für die Überprüfung der Anwendung des Schengen-Besitzstands. Sie glauben, dass mit diesen neuen Mechanismen der Forderung des Europäischen Rates in geeigneter Weise Rechnung getragen wird, der in seinen Schlussfolgerungen vom 24. Juni 2011 erklärt hatte, dass die Zusammenarbeit und das Vertrauen zwischen den Mitgliedstaaten im Schengen-Raum gestärkt und ein wirksames und zuverlässiges Überwachungs- und Bewertungssystem geschaffen werden müssten, um die Durchsetzung der gemeinsamen Vorschriften und die Stärkung, Anpassung und Ausweitung der Kriterien auf der Grundlage des Besitzstands der EU sicherzustellen, wobei er erneut darauf hingewiesen hatte, dass die Außengrenzen Europas auf der Grundlage gemeinsamer Verantwortung, Solidarität und stärkerer Zusammenarbeit in der Praxis wirksam und einheitlich geschützt werden müssen.

Sie geben an, dass diese Änderung des Schengener Grenzkodexes die Koordinierung und Zusammenarbeit auf Unionsebene einerseits durch die Festlegung von Kriterien für jegliche Art der Wiedereinführung von Grenzkontrollen durch die Mitgliedstaaten sowie andererseits durch die Schaffung eines EU-basierten Mechanismus zur Reaktion auf wirklich kritische Situationen, in denen die Funktionsweise des Raumes insgesamt ohne interne Grenzkontrollen bedroht ist, verbessern wird.

Sie betonen, dass es sich bei diesem neuen Bewertungssystem um einen EU-gestützten Mechanismus handelt, der sich auf alle Aspekte des Schengen-Besitzstands erstrecken und Experten der Mitgliedstaaten, der Kommission und der einschlägigen EU-Ämter und -Agenturen einbeziehen wird.

Sie gehen davon aus, dass zu etwaigen künftigen Vorschlägen der Kommission zur Änderung dieses Bewertungssystems das Europäische Parlament gehört wird, so dass seinem Standpunkt vor der Annahme eines endgültigen Textes möglichst umfassend Rechnung getragen werden kann.

300. Verordnung (EU) 2016/794 des Europäischen Parlaments und des Rates über die Agentur der Europäischen Union für die Zusammenarbeit auf dem Gebiet der Strafverfolgung (Europol)

vom 11. Mai 2016[1), 2)]

(ABl. Nr. L 135/53 v. 24.5.2016)

DAS EUROPÄISCHE PARLAMENT UND DER RAT DER EUROPÄISCHEN UNION –

gestützt auf den Vertrag über die Arbeitsweise der Europäischen Union, insbesondere auf Artikel 88,

auf Vorschlag der Europäischen Kommission,

nach Zuleitung des Entwurfs des Gesetzgebungsakts an die nationalen Parlamente,

gemäß dem ordentlichen Gesetzgebungsverfahren[3)],

in Erwägung nachstehender Gründe:

(1) Europol wurde durch den Beschluss 2009/371/JI des Rates[4)] als eine aus dem Gesamthaushaltsplan der Union finanzierte Stelle der Union errichtet, die die Aufgabe hat, die Tätigkeit der zuständigen Behörden der Mitgliedstaaten sowie deren Zusammenarbeit bei der Prävention und Bekämpfung von organisierter Kriminalität, Terrorismus und anderen Formen schwerer Kriminalität zu unterstützen und zu verstärken, wenn zwei oder mehr Mitgliedstaaten betroffen sind. Der Beschluss 2009/371/JI ersetzte das Übereinkommen aufgrund von Artikel K.3 des Vertrags über die Europäische Union

---

1) Die gem. ihrem Art. 77 Abs. 2 ab dem 1.5.2017 geltende (die Art. 71, 72 und 73 jedoch bereits ab dem 13.6.2016) VO ersetzt und hebt gleichzeitig auf die Beschlüsse 2009/371/JI, 2009/934/JI, 2009/935/JI, 2009/936/JI und 2009/968/JI des Rates.

2) Zur Position Dänemarks, das wegen Prot. Nr. 22 (Nr. **147**) nunmehr als Drittstaat gilt, vgl. Durchführungsbeschluss (EU) 2017/290 des Rates v. 17.2.2017 zur Änderung des Beschlusses 2009/935/JI hinsichtlich der Liste der Drittstaaten und dritten Organisationen, mit denen Europol Abkommen schließt, ABl. Nr. L 42 S. 17. Vgl. auch – im Zusammenhang mit Prot. Nr. 21 (Nr. **147**) – den Beschluss (EU) 2017/388 der Kommission v. *6.3.2017 zur Bestätigung der* Beteiligung des Vereinigten Königreichs Großbritannien und Nordirland an der Verordnung (EU) 2016/794 des Europäischen Parlaments und des Rates über die Agentur der Europäischen Union für die Zusammenarbeit auf dem Gebiet der Strafverfolgung (Europol), ABl. Nr. L 59 S. 39.

3) Standpunkt des Europäischen Parlaments vom 25. Februar 2014 (noch nicht im Amtsblatt veröffentlicht) und Standpunkt des Rates in erster Lesung vom 10. März 2016 (noch nicht im Amtsblatt veröffentlicht). Standpunkt des Europäischen Parlaments vom 11. Mai 2016 (noch nicht im Amtsblatt veröffentlicht).

4) Beschluss 2009/371/JI des Rates vom 6. April 2009 zur Errichtung des Europäischen Polizeiamts (Europol) (ABl. L 121 vom 15.5.2009, S. 37).

über die Errichtung eines Europäischen Polizeiamts (EuropolÜbereinkommen)[1].

(2) Nach Artikel 88 des Vertrags über die Arbeitsweise der Europäischen Union (AEUV) werden die Tätigkeiten und die Funktionsweise von Europol durch eine gemäß dem ordentlichen Gesetzgebungsverfahren angenommene Verordnung geregelt. In dem genannten Artikel ist ferner vorgesehen, dass Verfahren für die Kontrolle der Tätigkeiten von Europol durch das Europäische Parlament festgelegt werden und dass an dieser Kontrolle die nationalen Parlamente – im Einklang mit Artikel 12 Buchstabe c des Vertrags über die Europäische Union (EUV) und Artikel 9 des dem EUV und dem AEUV beigefügten Protokolls Nr. 1 über die Rolle der nationalen Parlamente in der Europäischen Union (im Folgenden „Protokoll Nr. 1") – beteiligt werden, um die demokratische Legitimität und Rechenschaftspflicht von Europol gegenüber den Unionsbürgern zu stärken. Daher sollte der Beschluss 2009/371/JI durch eine Verordnung ersetzt werden, die unter anderem Regeln für die parlamentarische Kontrolle festlegt.

(3) Gemäß dem „Stockholmer Programm – Ein offenes und sicheres Europa im Dienste und zum Schutz der Bürger"[2] soll Europol zu „einem Knotenpunkt des Informationsaustauschs zwischen den Strafverfolgungsbehörden der Mitgliedstaaten, einem Diensteanbieter und einer Plattform für Strafverfolgungsdienste" weiterentwickelt werden. Die Bewertung der Arbeitsweise von Europol hat ergeben, dass ihre operative Effizienz verbessert werden muss, wenn dieses Ziel erreicht werden soll.

(4) Große kriminelle oder terroristische Netze stellen eine erhebliche Bedrohung für die innere Sicherheit in der Union und für die Sicherheit und die Lebensbedingungen der Unionsbürger dar. Aktuelle Bedrohungsanalysen haben ergeben, dass kriminelle Gruppen immer häufiger in mehreren verschiedenen Kriminalitätsbereichen und über Landesgrenzen hinweg aktiv sind. Es ist daher notwendig, dass die nationalen Strafverfolgungsbehörden der Mitgliedstaaten mehr und enger untereinander zusammenarbeiten. In diesem Zusammenhang ist es erforderlich, Europol für eine bessere Unterstützung der Mitgliedstaaten bei der unionsweiten Verhütung, Analyse und Untersuchung von Straftaten auszurüsten. Dies wurde auch bei der Evaluierung des Beschlusses 2009/371/JI deutlich.

(5) Diese Verordnung zielt darauf ab, die Regelungen des Beschlusses 2009/371/JI sowie der Beschlüsse 2009/934/JI[3], 2009/935/JI[4],

---

[1] ABl. C 316 vom 27.11.1995, S. 1.

[2] ABl. C 115 vom 4.5.2010, S. 1.

[3] Beschluss 2009/934/JI des Rates vom 30. November 2009 zur Festlegung der Durchführungsbestimmungen zur Regelung der Beziehungen von Europol zu anderen Stellen einschließlich des Austauschs von personenbezogenen Daten und Verschlusssachen (ABl. L 325 *vom 11.12.2009, S. 6*).

[4] Beschluss 2009/935/JI des Rates vom 30. November 2009 zur Festlegung der Liste der Drittstaaten und dritten Organisationen, mit denen Europol Abkommen schließt (ABl. L 325 vom 11.12.2009, S. 12).

2009/936/JI[1] und 2009/968/JI[2] des Rates zur Umsetzung des Beschlusses 2009/371/JI zu ändern und zu erweitern. Da die vorzunehmenden Änderungen, sowohl was ihre Anzahl als auch was ihre Art betrifft, wesentlich sind, sollten diese Beschlüsse im Interesse der Klarheit in Bezug auf die durch diese Verordnung gebundenen Mitgliedstaaten vollständig ersetzt werden. Die durch diese Verordnung errich-

(Fortsetzung nächstes Blatt)

[1] Beschluss 2009/936/JI des Rates vom 30. November 2009 zur Annahme der Durchführungsbestimmungen für die von Europol geführten Arbeitsdateien zu Analysezwecken (ABl. L 325 vom 11.12.2009, S. 14).

[2] Beschluss 2009/968/JI des Rates vom 30. November 2009 zur Annahme der Vertraulichkeitsregeln für Europol-Informationen (ABl. L 332 vom 17.12.2009, S. 17).

tete Agentur Europol sollte die Aufgaben des durch den Beschluss 2009/371/JI errichteten Europäischen Polizeiamts (Europol) übernehmen und wahrnehmen; der Beschluss 2009/371/JI sollte daher aufgehoben werden.

(6) Da schwere Kriminalität häufig nicht an Landesgrenzen Halt macht, sollte Europol Tätigkeiten der Mitgliedstaaten sowie deren Zusammenarbeit bei der Verhütung und Bekämpfung der zwei oder mehr Mitgliedstaaten betreffenden schweren Kriminalität unterstützen und verstärken. Da der Terrorismus eine der größten Bedrohungen für die Sicherheit in der Union darstellt, sollte Europol die Mitgliedstaaten bei der Bewältigung gemeinsamer Herausforderungen auf diesem Gebiet unterstützen. Als Strafverfolgungsagentur der Union sollte Europol zudem Maßnahmen und Kooperationen zur Bekämpfung von gegen die Interessen der Union gerichteten Straftaten unterstützen und verstärken. Unter den Kriminalitätsformen, deren Bekämpfung in die Zuständigkeit von Europol fällt, wird die Bekämpfung der organisierten Kriminalität auch weiterhin zu den Hauptzielen von Europol gehören, da diese aufgrund ihres Umfangs, ihrer Bedeutung und ihrer Folgen ein gemeinsames Vorgehen der Mitgliedstaaten erforderlich macht. Europol sollte ferner Hilfe bei der Verhütung und Bekämpfung damit in Zusammenhang stehender Straftaten anbieten, die begangen werden, um die Mittel zur Begehung von in den Zuständigkeitsbereich von Europol fallenden Handlungen zu beschaffen, um solche Handlungen zu erleichtern oder durchzuführen oder um dafür zu sorgen, dass sie straflos bleiben.

(7) Europol sollte strategische Analysen und Bedrohungsanalysen erstellen, um den Rat und die Kommission bei der Festlegung der vorrangigen strategischen und operativen Ziele der Union im Bereich der Kriminalitätsbekämpfung und bei der operativen Umsetzung dieser Ziele zu unterstützen. Auf Ersuchen der Kommission gemäß Artikel 8 der Verordnung (EU) Nr. 1053/2013 des Rates[1)] sollte Europol auch Risikoanalysen, einschließlich Risikoanalysen betreffend organisierte Kriminalität, durchführen, soweit die betroffenen Risiken die Anwendung des Schengen-Besitzstands durch die Mitgliedstaaten beeinträchtigen können. Darüber hinaus sollte Europol gegebenenfalls auf Ersuchen des Rates oder der Kommission strategische Analysen und Bedrohungsanalysen erstellen, um zur Evaluierung von Staaten, die sich um den Beitritt zur Union bewerben, beizutragen.

(8) Angriffe auf Informationssysteme, die Unionseinrichtungen oder zwei oder mehr Mitgliedstaaten betreffen, stellen eine zunehmende Bedrohung in der Union dar, insbesondere angesichts ihrer Geschwindigkeit und Auswirkungen sowie der Schwierigkeiten, deren Quellen

---

[1)] Verordnung (EU) Nr. 1053/2013 des Rates vom 7. Oktober 2013 zur Einführung eines Evaluierungs- und Überwachungsmechanismus für die Überprüfung der Anwendung des Schengen-Besitzstands und zur Aufhebung des Beschlusses des Exekutivausschusses vom 16. September 1998 bezüglich der Errichtung des Ständigen Ausschusses Schengener Durchführungsübereinkommen (ABl. L 295 vom 6.11.2013, S. 27).

zu ermitteln. Bei der Prüfung von Ersuchen seitens Europols, Ermittlungen in Bezug auf einen schweren, vermutlich kriminell motivierten Angriff auf Informationssysteme, der Unionseinrichtungen oder zwei oder mehr Mitgliedstaaten betrifft, einzuleiten, sollten die Mitgliedstaaten Europol vor dem Hintergrund dessen, dass eine rasche Reaktion für die erfolgreiche Bekämpfung der Computerkriminalität von entscheidender Bedeutung ist, unverzüglich antworten.

(9) Angesichts der Bedeutung der agenturenübergreifenden Zusammenarbeit sollten Europol und Eurojust dafür sorgen, dass die erforderlichen Vorkehrungen getroffen werden, um ihre operative Zusammenarbeit möglichst optimal zu gestalten, wobei ihren jeweiligen Aufgaben und Mandaten sowie den Interessen der Mitgliedstaaten Rechnung zu tragen ist. Europol und Eurojust sollten insbesondere einander über alle Tätigkeiten unterrichten, die die Finanzierung gemeinsamer Ermittlungsgruppen erfordern.

(10) Wird eine gemeinsame Ermittlungsgruppe eingerichtet, sollten die Bedingungen für die Teilnahme von EuropolPersonal an der Gruppe in der entsprechenden Vereinbarung festgelegt werden. Europol sollte ihre Teilnahme an solchen gemeinsamen Ermittlungsgruppen, die mit der Bekämpfung von unter die Ziele von Europol fallenden kriminellen Tätigkeiten befasst sind, protokollieren.

(11) Europol sollte die Mitgliedstaaten ersuchen können, in bestimmten Fällen, in denen eine grenzübergreifende Zusammenarbeit einen Zusatznutzen erbringen würde, strafrechtliche Ermittlungen einzuleiten, durchzuführen oder zu koordinieren. Europol sollte Eurojust von derartigen Ersuchen in Kenntnis setzen.

(12) Europol sollte als Knotenpunkt für den Informationsaustausch in der Union fungieren. Die von Europol erhobenen, gespeicherten, verarbeiteten, analysierten und ausgetauschten Informationen umfassen auch strafrechtlich relevante Erkenntnisse zu unter die Ziele von Europol fallenden Straftaten oder kriminellen Tätigkeiten, die gewonnen wurden, um festzustellen, ob konkrete kriminelle Handlungen begangen wurden oder möglicherweise in der Zukunft begangen werden.

(13) Um die Wirksamkeit von Europol als Knotenpunkt für den Informationsaustausch zu gewährleisten, sollten die Pflichten der Mitgliedstaaten bezüglich der Übermittlung von Daten, die Europol benötigt, damit es die von ihr verfolgten Ziele erreichen kann, eindeutig festgelegt werden. Die Mitgliedstaaten sollten bei der Erfüllung dieser Pflichten besonders darauf achten, dass sich die übermittelten Daten auf die Bekämpfung von Kriminalitätsformen beziehen, denen in den einschlägigen politischen Instrumenten der Union vorrangige strategische und operative Bedeutung beigemessen wird; insbesondere sollten sie auf die Prioritäten abstellen, die der Rat im Rahmen des EU-Politikzyklus zur Bekämpfung der organisierten und schweren internationalen Kriminalität festgelegt hat. Die Mitgliedstaaten sollten sich zudem darum bemühen, Informationen, die sie auf bilateraler oder multilateraler Ebene mit anderen Mitgliedstaaten über unter die Ziele

von Europol fallende Straftaten austauschen, jeweils in Kopie an Europol zu übermitteln. Wenn die Mitgliedstaaten Europol die erforderlichen Informationen zur Verfügung stellen, sollten sie auch Informationen zu mutmaßlichen Cyber-Angriffen, die Unionseinrichtungen mit Sitz in ihrem Hoheitsgebiet betreffen, übermitteln. Die gegenseitige Zusammenarbeit und der Informationsaustausch sollten zugleich durch eine stärkere Unterstützung der Mitgliedstaaten durch Europol intensiviert werden. Europol sollte dem Europäischen Parlament, dem Rat, der Kommission und den nationalen Parlamenten einen jährlichen Bericht über die von den einzelnen Mitgliedstaaten übermittelten Informationen vorlegen.

(14) Um eine effiziente Zusammenarbeit zwischen Europol und den Mitgliedstaaten sicherzustellen, sollte in jedem Mitgliedstaat eine nationale Stelle (im Folgenden „nationale Stelle") eingerichtet werden. Die nationale Stelle sollte die Verbindungsstelle zwischen den zuständigen nationalen Behörden und Europol sein und somit eine koordinierende Rolle hinsichtlich der Zusammenarbeit der Mitgliedstaaten mit Europol wahrnehmen und auf diese Weise dazu beitragen, sicherzustellen, dass die Mitgliedstaaten einheitlich auf die Ersuchen von Europol reagieren. Jede nationale Stelle sollte mindestens einen Verbindungsbeamten zu Europol entsenden, um einen kontinuierlichen und wirksamen Informationsaustausch zwischen Europol und den nationalen Stellen sicherzustellen und die gegenseitige Zusammenarbeit zu erleichtern.

(15) Aufgrund der dezentralen Struktur mancher Mitgliedstaaten sollte Europol, wenn ein rascher Informationsaustausch vonnöten ist, vorbehaltlich der von den Mitgliedstaaten festgelegten Bedingungen unmittelbar mit zuständigen Behörden in den Mitgliedstaaten zusammenarbeiten dürfen, darüber aber die nationalen Stellen auf deren Ersuchen hin auf dem Laufenden halten müssen.

(16) Die Einrichtung gemeinsamer Ermittlungsgruppen sollte gefördert werden, und Europol-Bedienstete sollten daran teilnehmen können. Um sicherzustellen, dass eine derartige Teilnahme in jedem Mitgliedstaat möglich ist, sieht die Verordnung (Euratom, EGKS, EWG) Nr. 549/69 des Rates[1)] vor, dass für Europol-Bedienstete während ihrer Teilnahme an gemeinsamen Ermittlungsgruppen keine Befreiungen gelten.

(17) Außerdem muss Europol durch Erzielung von Effizienzgewinnen und Verschlankung ihrer Arbeitsverfahren besser aufgestellt werden.

(18) Die Kommission und die Mitgliedstaaten sollten im Verwaltungsrat von Europol (im Folgenden „Verwaltungsrat") vertreten sein,

---

[1)] Verordnung (Euratom, EGKS, EWG) Nr. 549/69 des Rates vom 25. März 1969 zur Bestimmung der Gruppen von Beamten und sonstigen Bediensteten der Europäischen Gemeinschaften, auf welche die Artikel 12, Artikel 13 Absatz 2 und Artikel 14 des Protokolls über die Vorrechte und Befreiungen der Gemeinschaften Anwendung finden (ABl. L 74 vom 27.3.1969, S. 1).

um dessen Arbeit wirksam beaufsichtigen zu können. Die Mitglieder und die stellvertretenden Mitglieder des Verwaltungsrats sollten unter Berücksichtigung ihrer relevanten Qualifikationen auf dem Gebiet des Managements, der Verwaltung und des Haushalts sowie ihrer Kenntnisse im Bereich der Strafverfolgungszusammenarbeit ernannt werden. In Abwesenheit des Mitglieds sollte das stellvertretende Mitglied als Mitglied fungieren.

(19) Alle im Verwaltungsrat vertretenen Parteien sollten sich um eine Begrenzung der Fluktuation ihrer Vertreter bemühen, um die Kontinuität der Arbeiten des Verwaltungsrats zu gewährleisten. Alle Parteien sollten eine ausgewogene Vertretung von Männern und Frauen im Verwaltungsrat anstreben.

(20) Der Verwaltungsrat sollte nichtstimmberechtigte Beobachter, deren Stellungnahme von Belang für die Beratungen sein kann, einschließlich eines vom Gemeinsamen parlamentarischen Kontrollausschuss benannten Vertreters, einladen können.

(21) Der Verwaltungsrat sollte mit den nötigen Befugnissen ausgestattet werden, um insbesondere den Haushaltsplan aufzustellen, seinen Vollzug zu überprüfen und entsprechende Finanzbestimmungen und Planungsdokumente zu erlassen, Regeln für die Vermeidung und Beilegung von Interessenkonflikten in Bezug auf seine Mitglieder anzunehmen, transparente Arbeitsverfahren für die Beschlussfassung durch den Exekutivdirektor von Europol festzulegen und den jährlichen Tätigkeitsbericht anzunehmen. Der Verwaltungsrat sollte gegenüber den Bediensteten der Agentur einschließlich des Exekutivdirektors die Befugnisse der Anstellungsbehörde ausüben.

(22) Um einen effizienten laufenden Betrieb von Europol sicherzustellen, sollte der Exekutivdirektor der rechtliche Vertreter und Leiter von Europol sein, seinen Aufgaben unabhängig nachkommen können und sicherstellen, dass Europol die in dieser Verordnung vorgesehenen Aufgaben erfüllt. Insbesondere sollte er für die Ausarbeitung der dem Verwaltungsrat zur Beschlussfassung vorzulegenden Haushalts- und Planungsdokumente sowie für die Umsetzung der mehrjährigen Programmplanung, der jährlichen Arbeitsprogramme und sonstiger Planungsdokumente Europols zuständig sein.

(23) Um die unter die Ziele von Europol fallenden Straftaten verhüten und bekämpfen zu können, benötigt Europol möglichst umfassende und aktuelle Informationen. Daher sollte Europol in der Lage sein, ihr von Mitgliedstaaten, Unionseinrichtungen, Drittstaaten, internationalen Organisationen und – unter in dieser Verordnung festgelegten strengen Bedingungen – von privaten Parteien übermittelte oder aus öffentlichen Quellen stammende Daten zu verarbeiten, um kriminelle Erscheinungsformen und Entwicklungstrends erkennen, Informationen über kriminelle Netze zusammentragen und Zusammenhänge zwischen Straftaten unterschiedlicher Art aufdecken zu können.

(24) Damit Europol den zuständigen Behörden der Mitgliedstaaten genauere Kriminalitätsanalysen zur Verfügung stellen kann, sollte sie bei der Datenverarbeitung auf neue Technologien zurückgreifen. Europol sollte imstande sein, Zusammenhänge zwischen Ermittlungen und typischen Vorgehensweisen unterschiedlicher krimineller Gruppen rasch zu erkennen, bei Datenabgleichen ermittelte Übereinstimmungen zu überprüfen und sich einen klaren Überblick über Entwicklungstrends zu verschaffen, gleichzeitig aber auch hohe Standards in Bezug auf den Schutz personenbezogener Daten zu gewährleisten. Daher sollten die Datenbanken Europols so strukturiert sein, dass es Europol ermöglicht wird, die effizienteste IT-Struktur selbst auszuwählen. Europol sollte ferner imstande sein, als Diensteanbieter zu fungieren, insbesondere indem sie ein sicheres Netz für den Datenaustausch, wie z.B. die Netzanwendung für sicheren Datenaustausch (SIENA), mit dem Ziel zur Verfügung stellt, den Informationsaustausch zwischen den Mitgliedstaaten, Europol, anderen Unionseinrichtungen, Drittstaaten und internationalen Organisationen zu erleichtern. Um die Einhaltung hoher Datenschutzstandards zu gewährleisten, sollte geregelt werden, zu welchen Zwecken Daten verarbeitet werden dürfen, welche Datenzugriffsrechte bestehen und welche zusätzlichen Garantien im Einzelnen sichergestellt sein müssen. Insbesondere sollten die Grundsätze der Notwendigkeit und der Verhältnismäßigkeit bei der Verarbeitung von personenbezogenen Daten beachtet werden.

(25) Europol sollte gewährleisten, dass alle personenbezogenen Daten, die für operative Analysen verarbeitet werden, einem bestimmten Zweck zugeordnet werden. Damit Europol ihren Auftrag erfüllen kann, sollte sie jedoch alle erhaltenen personenbezogenen Daten zu dem Zweck verarbeiten können, Bezüge zwischen verschiedenen Kriminalitätsbereichen und Ermittlungen festzustellen, und sollte nicht darauf beschränkt sein, allein Verbindungen innerhalb eines einzigen Kriminalitätsbereichs ermitteln zu dürfen.

(26) Um Eigentumsrechte an Daten und den Schutz von personenbezogenen Daten zu wahren, sollten die Mitgliedstaaten, Unionseinrichtungen, Drittstaaten und internationale Organisationen den Zweck oder die Zwecke, zu dem/denen Europol von ihnen übermittelte Daten verarbeiten darf, festlegen und die Zugriffsrechte einschränken können. Zweckbegrenzung ist ein Grundprinzip der Verarbeitung personenbezogener Daten; insbesondere trägt sie zu Transparenz, rechtlicher Sicherheit und Berechenbarkeit bei und ist insbesondere bei der Zusammenarbeit im Bereich der Strafverfolgung von großer Bedeutung, in dem sich betroffene Personen für gewöhnlich nicht darüber bewusst sind, dass ihre personenbezogenen Daten erhoben und verarbeitet werden, und in dem die Nutzung von personenbezogenen Daten sehr bedeutende Auswirkungen auf das Leben und die Freiheiten des Einzelnen haben kann.

(27) Damit nur Personen auf die Daten zugreifen können, die den Zugang benötigen, um ihren Aufgaben nachkommen zu können, soll-

ten in dieser Verordnung ausführliche Bestimmungen über Zugriffsrechte unterschiedlichen Umfangs für die von Europol verarbeiteten Daten niedergelegt werden. Diese Bestimmungen sollten unbeschadet etwaiger Einschränkungen des Zugangs vonseiten der Datenlieferanten anwendbar sein, damit die Eigentumsrechte an den Daten gewahrt bleiben. Um die unter die Ziele von Europol fallenden Straftaten besser verhüten und bekämpfen zu können, sollte Europol die einzelnen Mitgliedstaaten über die sie betreffenden Informationen in Kenntnis setzen.

(28) Um die operative Zusammenarbeit unter den Agenturen zu verstärken und insbesondere Verbindungen zwischen den in den einzelnen Agenturen bereits vorhandenen Daten feststellen zu können, sollte Europol Eurojust und dem Europäischen Amt für Betrugsbekämpfung (OLAF) die Möglichkeit geben, mittels eines Treffer-/Kein-Treffer-Verfahrens auf die bei Europol vorliegenden Daten zuzugreifen. Europol und Eurojust sollten eine Arbeitsvereinbarung schließen können, mit der sie innerhalb ihrer jeweiligen Befugnisse einen gegenseitigen Zugang zu allen übermittelten Informationen und die Möglichkeit, diese Informationen zu durchsuchen, zum Zwecke eines Abgleichs im Einklang mit spezifischen Garantien und Datenschutzgarantien gemäß dieser Verordnung sicherstellen. Jeder Zugang zu den bei Europol vorliegenden Daten sollte durch technische Mittel auf die Informationen beschränkt werden, die in die jeweilige Zuständigkeit dieser Unionseinrichtungen fallen.

(29) Soweit es für die Erfüllung ihrer Aufgaben erforderlich ist, sollte Europol kooperative Beziehungen zu anderen Unionseinrichtungen, Behörden von Drittstaaten, internationalen Organisationen und privaten Parteien pflegen.

(30) Zur Sicherstellung der operativen Wirksamkeit sollte Europol, soweit es für die Erfüllung ihrer Aufgaben erforderlich ist, mit anderen Unionseinrichtungen, mit Behörden von Drittstaaten und mit internationalen Organisationen alle relevanten Informationen, mit Ausnahme personenbezogener Daten, austauschen können. Da Unternehmen, Wirtschaftsverbände, Nichtregierungsorganisationen und andere private Parteien Fachkenntnisse und Informationen von unmittelbarem Belang für die Verhütung und Bekämpfung von schwerer Kriminalität und Terrorismus besitzen, sollte Europol derartige Informationen auch mit privaten Parteien austauschen können. Um Störungen der Netz- und Informationssicherheit verursachende Cyberstraftaten zu verhüten und zu bekämpfen, sollte Europol entsprechend dem anwendbaren Gesetzgebungsakt der Union, mit dem Maßnahmen zur Gewährleistung einer hohen gemeinsamen Netz- und Informationssicherheit in der Union festgelegt werden, mit den für die Sicherheit von Netzen und Informationssystemen zuständigen nationalen Behörden zusammenarbeiten und mit ihnen Informationen, mit Ausnahme personenbezogener Daten, austauschen.

(31) Soweit es für die Erfüllung ihrer jeweiligen Aufgaben erforderlich ist, sollte Europol relevante personenbezogene Daten mit anderen Unionseinrichtungen austauschen können.

(32) Die Hintergründe von schweren Straftaten und Terrorismus erstrecken sich oftmals über das Gebiet der Union hinaus. Soweit es für die Erfüllung ihrer Aufgaben erforderlich ist, sollte Europol daher personenbezogene Daten mit Behörden von Drittstaaten und mit internationalen Organisationen wie der Internationalen Kriminalpolizeilichen Organisation – Interpol austauschen können.

(33) Alle Mitgliedstaaten sind Mitglieder von Interpol. Interpol erhält, speichert und übermittelt für die Erfüllung ihres Auftrags Daten, um die zuständigen Strafverfolgungsbehörden dabei zu unterstützen, internationale Kriminalität zu verhüten und zu bekämpfen. Daher sollte die Zusammenarbeit zwischen Europol und Interpol gestärkt werden, indem ein effizienter Austausch personenbezogener Daten gefördert und zugleich die Achtung der Grundrechte und Grundfreiheiten hinsichtlich der automatischen Verarbeitung personenbezogener Daten gewährleistet wird. Wenn personenbezogene Daten von Europol an Interpol übermittelt werden, sollte diese Verordnung, insbesondere die Bestimmungen über grenzüberschreitende Datenübermittlungen, zur Anwendung kommen.

(34) Zur Gewährleistung der Zweckbegrenzung muss sichergestellt werden, dass personenbezogene Daten nur dann von Europol an Unionseinrichtungen, Drittländer und internationale Organisationen übermittelt werden dürfen, wenn dies zur Verhütung oder Bekämpfung von Straftaten, die unter die Ziele von Europol fallen, erforderlich ist. Hierzu ist es notwendig, sicherzustellen, dass bei der Übermittlung personenbezogener Daten der Empfänger zusagt, dass die Daten von dem Empfänger ausschließlich für den Zweck, für den sie ursprünglich übermittelt wurden, verwendet oder an eine zuständige Behörde eines Drittlandes weitergeleitet werden. Eine Weitergabe der Daten sollte im Einklang mit dieser Verordnung erfolgen.

(35) Europol sollte personenbezogene Daten an Behörden in Drittstaaten oder an internationale Organisationen nur übermitteln können, wenn dies auf der Grundlage eines Kommissionsbeschlusses geschieht, in dem festgestellt wird, dass der betreffende Staat beziehungsweise die betreffende Organisation ein angemessenes Datenschutzniveau (im Folgenden „Angemessenheitsbeschluss“) gewährleistet, oder, wenn kein Angemessenheitsbeschluss vorliegt, auf der Grundlage einer von der Union gemäß Artikel 218 AEUV geschlossenen internationalen Übereinkunft oder auf der Grundlage eines vor dem Inkrafttreten dieser Verordnung zwischen Europol und dem betreffenden Drittstaat geschlossenen Abkommens, das den Austausch personenbezogener Daten erlaubt. Diese Übereinkünfte behalten gemäß Artikel 9 des dem EUV und dem AEUV beigefügten Protokolls Nr. 36 über die Übergangsbestimmungen so lange Rechtswirkung, bis sie in Anwendung der Verträge aufgehoben, für nichtig erklärt oder geändert werden. Die Kom-

mission sollte, sofern dies angebracht ist, nach Maßgabe der Verordnung (EG) Nr. 45/2001 des Europäischen Parlaments und des Rates[1]) vor den Verhandlungen und während der Verhandlungen über eine internationale Übereinkunft den Europäischen Datenschutzbeauftragten (EDSB) konsultieren können. Stellt der Verwaltungsrat fest, dass die Zusammenarbeit mit einem Drittstaat oder einer internationalen Organisation operativ notwendig ist, so sollte er dem Rat vorschlagen können, die Kommission darauf hinzuweisen, dass ein Angemessenheitsbeschluss oder eine Empfehlung zur Aufnahme von Verhandlungen über eine internationale Übereinkunft im oben genannten Sinne erforderlich ist.

(36) In Fällen, in denen für eine Übermittlung personenbezogener Daten kein Angemessenheitsbeschluss, keine von der Union geschlossene internationale Übereinkunft und kein geltendes Kooperationsabkommen als Grundlage herangezogen werden kann, sollte der Verwaltungsrat im Einvernehmen mit dem EDSB eine Kategorie von Übermittlungen veranlassen dürfen, sofern spezifische Bedingungen dies erfordern und ausreichende Sicherheitsgarantien bestehen. Der Exekutivdirektor sollte die Datenübermittlung von Fall zu Fall ausnahmsweise veranlassen dürfen, sofern eine solche Übermittlung – unter Beachtung spezifischer strikter Bedingungen – erforderlich ist.

(37) Europol sollte personenbezogene Daten, die von privaten Parteien oder von Privatpersonen stammen, nur verarbeiten dürfen, wenn ihr diese Daten von einer der folgenden Stellen übermittelt werden: von einer nationalen Stelle nach deren nationalem Recht; von einer Kontaktstelle – in einem Drittstaat oder bei einer internationalen Organisation –, mit der eine geregelte Zusammenarbeit aufgrund eines vor Inkrafttreten dieser Verordnung gemäß Artikel 23 des Beschlusses 2009/371/JI geschlossenen Kooperationsabkommens, das den Austausch personenbezogener Daten erlaubt, besteht; von einer Behörde eines Drittstaats oder einer internationalen Organisation, die Gegenstand eines Angemessenheitsbeschlusses ist oder mit der die Union eine internationale Übereinkunft nach Artikel 218 AEUV geschlossen hat. In Fällen, in denen Europol personenbezogene Daten unmittelbar von privaten Parteien erhält und die nationale Stelle, die Kontaktstelle oder die betreffende Behörde nicht ermittelt werden kann, sollte Europol diese personenbezogenen Daten jedoch nur zu dem Zweck verarbeiten können, diese Stelle oder Behörde zu ermitteln, und derartige Daten sollten gelöscht werden, sofern diese Stelle oder Behörde diese personenbezogenen Daten binnen vier Monaten nach der Übermittlung nicht erneut vorlegt. Europol sollte mit technischen Mitteln sicherstellen, dass solche Daten während dieses Zeitraums nicht für eine Verarbeitung zu anderen Zwecken zugänglich sind.

---

[1]) Verordnung (EG) Nr. 45/2001 des Europäischen Parlaments und des Rates vom 18. Dezember 2000 zum Schutz natürlicher Personen bei der Verarbeitung personenbezogener Daten durch die Organe und Einrichtungen der Gemeinschaft und zum freien Datenverkehr (ABl. L 8 vom 12.1.2001, S. 1).

(38) Vor dem Hintergrund der außergewöhnlichen und spezifischen Bedrohung, die von Terrorismus und anderen Formen schwerer Kriminalität für die innere Sicherheit der Union ausgeht, insbesondere wenn das Internet zu ihrer Erleichterung, Förderung oder Begehung verwendet wird, sollten die Tätigkeiten, die Europol auf der Grundlage dieser Verordnung ausüben sollte und die sich aus der Umsetzung der Schlussfolgerungen des Rates vom 12. März 2015 und dem auf der Tagung des Europäischen Rates vom 23. April 2015 im Zusammenhang mit insbesondere diesen vorrangigen Bereichen ergangenen Aufruf ergeben, insbesondere die entsprechende Praxis des direkten Austauschs personenbezogener Daten mit privaten Parteien, von der Kommission bis zum 1. Mai 2019 bewertet werden.

(39) Informationen, die eindeutig unter offenkundiger Verletzung der Menschenrechte erlangt wurden, sollten nicht verarbeitet werden.

(40) Die Europolspezifischen Datenschutzbestimmungen sollten gestärkt werden und sich auf die der Verordnung (EG) Nr. 45/2001 zugrunde liegenden Prinzipien stützen, um einen hohen Schutz des Einzelnen in Bezug auf die Verarbeitung personenbezogener Daten sicherzustellen. Da in der dem EUV und dem AEUV beigefügten Erklärung Nr. 21 zum Schutz personenbezogener Daten im Bereich der justiziellen Zusammenarbeit in Strafsachen und der polizeilichen Zusammenarbeit der spezifische Charakter der Verarbeitung personenbezogener Daten im Strafverfolgungsbereich anerkannt wird, sollten die Datenschutzbestimmungen von Europol autonom sein, gleichzeitig jedoch mit anderen einschlägigen Datenschutzvorschriften, die im Bereich der polizeilichen Zusammenarbeit in der Union Anwendung finden, vereinbar sein. Diese Vorschriften umfassen insbesondere die Richtlinie (EU) 2016/680 des Europäischen Parlaments und des Rates[1] sowie das Übereinkommen zum Schutz des Menschen bei der automatischen Verarbeitung personenbezogener Daten des Europarates und dessen Empfehlung Nr. R(87) 15[2].

(41) Jede Verarbeitung personenbezogener Daten durch Europol sollte gegenüber den betroffenen Personen nach Treu und Glauben sowie nach Recht und Gesetz erfolgen. Der Grundsatz der Verarbeitung nach Treu und Glauben erfordert Transparenz bei der Verarbeitung, die es den betroffenen Personen ermöglicht, ihre Rechte gemäß dieser Verordnung auszuüben. Es sollte jedoch möglich sein, den Zugang zu ihren personenbezogenen Daten zu verweigern oder einzuschränken, falls die Verweigerung oder Einschränkung unter gebührender Berücksichtigung der Interessen der betroffenen Personen erforder-

---

[1] Richtlinie (EU) 2016/680 des Europäischen Parlaments und des Rates vom 27. April 2016 zum Schutz natürlicher Personen bei der Verarbeitung personenbezogener Daten durch die zuständigen Behörden zum Zwecke der Verhütung, Ermittlung, Aufdeckung oder Verfolgung von Straftaten oder der Strafvollstreckung sowie zum freien Datenverkehr und zur Aufhebung des Rahmenbeschlusses 2008/977/JI des Rates (ABl. L 119 vom 4.5.2016, S. 89).

[2] Empfehlung R(87) 15 des Ministerkomitees des Europarates vom 17. September 1987 für die Mitgliedstaaten über die Nutzung personenbezogener Daten im Polizeibereich.

lich ist, um es Europol zu ermöglichen, ihre Aufgaben ordnungsgemäß wahrzunehmen, die Sicherheit und öffentliche Ordnung zu schützen oder Straftaten zu verhindern, sicherzustellen, dass nationale Ermittlungen nicht gefährdet werden, oder die Rechte und Freiheiten Dritter zu schützen. Im Interesse einer größeren Transparenz sollte Europol der Öffentlichkeit ein Dokument zugänglich machen, in dem die geltenden Bestimmungen für die Verarbeitung personenbezogener Daten und die Möglichkeiten der betroffenen Personen zur Ausübung ihrer Rechte in verständlicher Form dargelegt sind. Ferner sollte Europol ein Verzeichnis der Angemessenheitsbeschlüsse, Abkommen und Verwaltungsvereinbarungen in Bezug auf die Übermittlung personenbezogener Daten an Drittländer und internationale Organisationen auf ihrer Website veröffentlichen. Darüber hinaus sollte Europol zur Stärkung der Transparenz gegenüber den Unionsbürgern und der Rechenschaftspflicht von Europol auf ihrer Website eine Liste der Mitglieder ihres Verwaltungsrats und gegebenenfalls die Zusammenfassungen der Ergebnisse der Sitzungen des Verwaltungsrats veröffentlichen; dabei sind die Datenschutzvorschriften einzuhalten.

(42) Personenbezogene Daten sollten so weit wie möglich nach dem Grad ihrer Richtigkeit und ihrer Zuverlässigkeit unterschieden werden. Fakten sollten von persönlichen Einschätzungen unterschieden werden, um den Schutz des Einzelnen und die Qualität und Zuverlässigkeit der von Europol verarbeiteten Informationen sicherzustellen. Bei Informationen aus öffentlich zugänglichen Quellen, insbesondere Internet-Quellen, sollte Europol so weit wie möglich die Richtigkeit dieser Informationen und die Zuverlässigkeit der Quelle einer sorgfältigen Beurteilung unterziehen, um den mit dem Internet verbundenen Risiken bezüglich des Schutzes personenbezogener Daten und der Privatsphäre zu begegnen.

(43) Im Rahmen der Strafverfolgungszusammenarbeit werden personenbezogene Daten verarbeitet, die sich auf unterschiedliche Kategorien von betroffenen Personen beziehen. Daher sollte Europol eine möglichst klare Unterscheidung zwischen personenbezogenen Daten in Bezug auf unterschiedliche Kategorien von betroffenen Personen vornehmen. Personenbezogene Daten von Opfern, Zeugen und Personen, die im Besitz sachdienlicher Informationen sind, sowie personenbezogene Daten von Minderjährigen sollten besonders geschützt werden. Europol sollte sensible Daten nur verarbeiten, wenn diese Daten andere, bereits von Europol verarbeitete personenbezogene Daten ergänzen.

(44) Angesichts des Grundrechts auf Schutz personenbezogener Daten sollte Europol personenbezogene Daten nicht länger speichern als für die Erfüllung ihrer Aufgaben erforderlich. Spätestens drei Jahre nach der ersten Verarbeitung der Daten sollte geprüft werden, ob eine weitere Speicherung dieser Daten erforderlich ist.

(45) Europol und die Mitgliedstaaten sollten die erforderlichen technischen und organisatorischen Maßnahmen ergreifen, um die Sicherheit personenbezogener Daten zu garantieren.

(46) Jede betroffene Person sollte das Recht haben, die sie betreffenden personenbezogenen Daten einzusehen, diese Daten gegebenenfalls berichtigen zu lassen, falls sie unzutreffend sind, und diese Daten löschen oder ihre Verarbeitung einschränken zu lassen, wenn sie nicht mehr benötigt werden. Die Kosten im Zusammenhang mit der Ausübung des Rechts auf Zugang zu den eigenen personenbezogenen Daten sollten kein Hindernis für die tatsächliche Wahrnehmung dieses Rechts darstellen. Die Rechte der betroffenen Person und die Ausübung dieser Rechte sollten die Europol auferlegten Pflichten unberührt lassen und den in dieser Verordnung niedergelegten Einschränkungen unterliegen.

(47) Zum Schutz der Rechte und der Grundfreiheiten der betroffenen Personen ist es erforderlich, in dieser Verordnung eine klare Verteilung der Verantwortlichkeiten festzulegen. Die Mitgliedstaaten sollten vor allem für die Richtigkeit von Daten sowie dafür verantwortlich sein, die von ihnen an Europol übermittelten Daten stets auf dem neuesten Stand zu halten und die Rechtmäßigkeit der Datenübermittlung sicherzustellen. Europol sollte für die Richtigkeit von Daten sowie dafür verantwortlich sein, die ihr von anderen Datenlieferanten übermittelten oder aus den eigenen Analysen von Europol hervorgegangenen Daten stets auf dem neuesten Stand zu halten. Europol sollte sicherstellen, dass alle Daten nach Treu und Glauben und auf rechtmäßige Weise verarbeitet und nur für einen bestimmten Zweck erhoben und verarbeitet werden. Europol sollte auch dafür sorgen, dass die Daten angemessen, relevant und in Bezug auf den Zweck der Verarbeitung verhältnismäßig sind, dass sie nicht länger als für den Zweck der Verarbeitung erforderlich gespeichert werden und dass sie auf eine Weise verarbeitet werden, die eine angemessene Sicherheit der personenbezogenen Daten und die Vertraulichkeit der Datenverarbeitung gewährleistet.

(48) Zum Zwecke der Überprüfung der Rechtmäßigkeit der Datenverarbeitung, der Eigenkontrolle und der Sicherstellung der Unverfälschtheit und Sicherheit der Daten sollte Europol jedwede Erhebung, Änderung, Offenlegung, Verknüpfung oder Löschung personenbezogener Daten sowie jedweden Zugriff auf diese Daten schriftlich festhalten. Europol sollte verpflichtet sein, mit dem EDSB zusammenzuarbeiten und diesem auf Verlangen ihre Protokolle oder Unterlagen vorzulegen, damit die betreffenden Verarbeitungsvorgänge anhand dieser Unterlagen kontrolliert werden können.

(49) Europol sollte einen Datenschutzbeauftragten benennen, der Europol bei der Überwachung der Einhaltung dieser Verordnung unterstützt. Der Datenschutzbeauftragte sollte eine Position bekleiden, die es ihm ermöglicht, seinen Pflichten und Aufgaben unabhängig und wirksam nachzugehen, und er sollte mit den dazu erforderlichen Mitteln ausgestattet werden.

(50) Unabhängige, transparente, rechenschaftspflichtige und effektive Aufsichtsstrukturen sind für den Schutz des Einzelnen im Hinblick auf

die Verarbeitung personenbezogener Daten, wie in Artikel 8 Absatz 3 der Charta der Grundrechte der Europäischen Union festgelegt, von wesentlicher Bedeutung. Die Rechtmäßigkeit der von den Mitgliedstaaten an Europol übermittelten personenbezogenen Daten sollte von den für die Überwachung der Verarbeitung personenbezogener Daten zuständigen nationalen Behörden überwacht werden. Der EDSB sollte die Rechtmäßigkeit der Datenverarbeitung durch Europol in völliger Unabhängigkeit überwachen. In dieser Hinsicht ist der Mechanismus der vorherigen Konsultation eine wichtige Garantie in Bezug auf neue Arten von Verarbeitungsvorgängen. Dies sollte nicht für spezifische individuelle Verarbeitungstätigkeiten wie Projekte der operativen Analysen gelten, sondern für die Nutzung neuer IT-Systeme zur Verarbeitung personenbezogener Daten und für wesentliche Änderungen dieser Systeme.

(51) Es ist wichtig, eine verstärkte und wirksame Überwachung von Europol sicherzustellen und zu gewährleisten, dass sich der EDSB auf geeignete Fachkompetenz im Bereich des Datenschutzes bei der Strafverfolgung stützen kann, wenn er die Verantwortung für die datenschutzrechtliche Überwachung von Europol übernimmt. In Einzelfragen, die eine Mitwirkung von nationaler Seite erfordern, sollten der EDSB und die nationalen Kontrollbehörden eng zusammenarbeiten und sie sollten die einheitliche Anwendung dieser Verordnung in der gesamten Union sicherstellen.

(52) Zwecks Erleichterung der Zusammenarbeit zwischen dem EDSB und den nationalen Kontrollbehörden, jedoch unbeschadet der Unabhängigkeit des EDSB und seiner Verantwortung für die datenschutzrechtliche Überwachung von Europol, sollten diese regelmäßig im Rahmen des Beirats für die Zusammenarbeit zusammenkommen; dieser sollte als Beratungsgremium Stellungnahmen, Leitlinien, Empfehlungen und bewährte Verfahren zu verschiedenen Themen mit nationalem Bezug formulieren.

(53) Da Europol ferner nicht operative personenbezogene Daten verarbeitet, die in keinem Zusammenhang mit strafrechtlichen Ermittlungen stehen, etwa personenbezogene Daten von Europol-Personal, Dienstleistern oder Besuchern, sollten derartige Daten nach Maßgabe der Verordnung (EG) Nr. 45/2001 verarbeitet werden.

(54) Der EDSB sollte Beschwerden von betroffenen Personen entgegennehmen und ihnen nachgehen. Die auf eine Beschwerde folgende Untersuchung sollte vorbehaltlich einer gerichtlichen Überprüfung so weit gehen, wie dies im Einzelfall angemessen ist. Die nationale Kontrollbehörde sollte die betroffene Person innerhalb einer angemessenen Frist über den Stand und die Ergebnisse der Beschwerde unterrichten.

(55) Einzelpersonen sollten Rechtsmittel gegen sie betreffende Entscheidungen des EDSB einlegen können.

(56) Europol sollte abgesehen von der Haftung im Falle unrechtmäßiger Datenverarbeitung den für die Organe, Einrichtungen, Ämter

und Agenturen der Union geltenden allgemeinen Bestimmungen über die vertragliche und außervertragliche Haftung unterliegen.

(57) Für eine betroffene Einzelperson kann es unklar sein, ob der infolge einer unrechtmäßigen Datenverarbeitung erlittene Schaden aus einer Maßnahme Europols oder aber eines Mitgliedstaats resultiert. Daher sollten Europol und der Mitgliedstaat, in dem die Maßnahme, die den Schaden ausgelöst hat, erfolgt ist, gesamtschuldnerisch für den Schaden haften.

(58) Die Rolle des Europäischen Parlaments bei der Kontrolle der Tätigkeiten von Europol, an der auch die nationalen Parlamente beteiligt sind, ist zu beachten, wobei es jedoch erforderlich ist, dass Europol eine transparente und voll rechenschaftspflichtige interne Organisation ist. Zu diesem Zweck sollten im Lichte von Artikel 88 AEUV Verfahren für die Kontrolle der Tätigkeiten von Europol durch das Europäische Parlament und die nationalen Parlamente festgelegt werden. Diese Verfahren sollten Artikel 12 Buchstabe c EUV und Artikel 9 des Protokolls Nr. 1 unterliegen, in dem vorgesehen ist, dass das Europäische Parlament und die nationalen Parlamente gemeinsam festlegen, wie eine effiziente und regelmäßige Zusammenarbeit zwischen den Parlamenten innerhalb der Union gestaltet und gefördert werden kann. Die festzulegenden Verfahren für die Kontrolle der Tätigkeiten von Europol sollten dem Erfordernis gebührend Rechnung tragen, sicherzustellen, dass das Europäische Parlament und die nationalen Parlamente gleichberechtigt sind und dass operative Informationen vertraulich zu behandeln sind. Jedoch ist die Art der Kontrolle der Regierungen durch die nationalen Parlamente hinsichtlich der Tätigkeiten der Union Sache der besonderen verfassungsrechtlichen Gestaltung und Praxis jedes Mitgliedstaats.

(59) Für die Europol-Bediensteten sollten das Statut der Beamten der Europäischen Union (im Folgenden „Beamtenstatut") und die Beschäftigungsbedingungen für die sonstigen Bediensteten der Europäischen Union (im Folgenden „Beschäftigungsbedingungen für die sonstigen Bediensteten") gemäß Verordnung (EWG, Euratom, EGKS) Nr. 259/68[1)] gelten. Europol sollte Personal aus den zuständigen Behörden der Mitgliedstaaten als Zeitbedienstete einstellen können, deren Arbeitsverhältnis befristet werden sollte, um das Rotationsprinzip beizubehalten, denn durch die anschließende Wiedereingliederung dieser Bediensteten in ihre zuständigen Behörden vereinfacht sich die Zusammenarbeit zwischen Europol und den zuständigen Behörden der Mitgliedstaaten. Die Mitgliedstaaten sollten alle erforderlichen Maßnahmen ergreifen, um sicherzustellen, dass die als Zeitbedienstete bei Europol eingestellten Personen nach Ende ihrer Dienstzeit bei Europol zu den nationalen Behörden, denen sie angehören, zurückkehren können.

(60) Angesichts der Art der Aufgaben Europols und der Rolle ihres Exekutivdirektors sollte der zuständige Ausschuss des Europäischen

---

1) ABl. L 56 vom 4.3.1968, S. 1.

Parlaments den Exekutivdirektor vor seiner Ernennung sowie vor einer etwaigen Verlängerung seiner Amtszeit auffordern können, vor ihm zu erscheinen. Der Exekutivdirektor sollte dem Europäischen Parlament und dem Rat auch den Jahresbericht vorlegen. Darüber hinaus sollten das Europäische Parlament und der Rat den Exekutivdirektor auffordern können, über die Durchführung seiner Aufgaben Bericht zu erstatten.

(61) Um die vollständige Selbstständigkeit und Unabhängigkeit von Europol zu gewährleisten, sollte Europol mit einem eigenständigen Haushalt ausgestattet werden, dessen Einnahmen im Wesentlichen aus einem Beitrag aus dem Gesamthaushaltsplan der Union bestehen. Der Beitrag der Union und etwaige andere Zuschüsse aus dem Gesamthaushaltsplan der Union sollten dem Haushaltsverfahren der Union unterliegen. Die Rechnungsprüfung sollte durch den Rechnungshof erfolgen.

(62) Die Delegierte Verordnung (EU) Nr. 1271/2013 der Kommission[1)] sollte auf Europol Anwendung finden.

(63) Da die zuständigen Behörden der Mitgliedstaaten über spezifische gesetzliche und verwaltungsrechtliche Befugnisse und technische Kompetenzen verfügen, um einen grenzüberschreitenden Informationsaustausch sowie grenzüberschreitende Einsätze und Ermittlungen, auch im Rahmen von gemeinsamen Ermittlungsgruppen, durchzuführen und Aus- und Fortbildungseinrichtungen zur Verfügung zu stellen, sollten diese Behörden gemäß Artikel 190 Absatz 1 Buchstabe d der Delegierten Verordnung (EU) Nr. 1268/2012[2)] der Kommission Finanzhilfen von Europol erhalten können, ohne dass es einer Aufforderung zur Einreichung von Vorschlägen bedarf.

(64) Die Verordnung (EU, Euratom) Nr. 883/2013 des Europäischen Parlaments und des Rates[3)] sollte auf Europol Anwendung finden.

(65) Europol verarbeitet Daten, die besonders geschützt werden müssen, da sie nicht als Verschlusssache eingestufte sensible Informationen und EU-Verschlusssachen umfassen. Europol sollte daher Bestimmungen über die Vertraulichkeit und die Verarbeitung derartiger Informationen festlegen. Die Bestimmungen über den Schutz von EU-

---

1) Delegierte Verordnung (EU) Nr. 1271/2013 der Kommission vom 30. September 2013 über die Rahmenfinanzregelung für Einrichtungen gemäß Artikel 208 der Verordnung (EU, Euratom) Nr. 966/2012 des Europäischen Parlaments und des Rates (ABl. L 328 vom 7.12.2013, S. 42).

2) Delegierte Verordnung (EU) Nr. 1268/2012 der Kommission vom 29. Oktober 2012 über die Anwendungsbestimmungen für die Verordnung (EU, Euratom) Nr. 966/2012 des Europäischen Parlaments und des Rates über die Haushaltsordnung für den Gesamthaushaltsplan der Union (ABl. L 362 vom 31.12.2012, S. 1).

3) Verordnung (EU, Euratom) Nr. 883/2013 des Europäischen Parlaments und des Rates vom 11. September 2013 über die Untersuchungen des Europäischen Amtes für Betrugsbekämpfung (OLAF) und zur Aufhebung der Verordnung (EG) Nr. 1073/1999 des Europäischen Parlaments und des Rates und der Verordnung (Euratom) Nr. 1074/1999 des Rates (ABl. L 248 vom 18.9.2013, S. 1).

Verschlusssachen sollten mit dem Beschluss 2013/488/EU des Rates[1]) im Einklang stehen.

(66) Es ist angebracht, die Anwendung dieser Verordnung regelmäßig zu evaluieren.

(67) Die notwendigen Bestimmungen über die Unterbringung von Europol in Den Haag, wo Europol ihren Sitz hat, und die speziellen Vorschriften für das Personal von Europol und seine Familienangehörigen sollten in einem Sitzabkommen festgelegt werden. Außerdem sollte der Sitzmitgliedstaat die notwendigen Voraussetzungen für eine reibungslose Arbeitsweise von Europol, einschließlich mehrsprachiger, europäisch ausgerichteter Schulen und geeigneter Verkehrsverbindungen, gewährleisten, damit Europol hoch qualifizierte Mitarbeiter auf möglichst breiter geografischer Grundlage einstellen kann.

(68) Die durch diese Verordnung errichtete Agentur Europol tritt an die Stelle des auf der Grundlage des Beschlusses 2009/371/JI errichteten Europäischen Polizeiamts (Europol) und wird dessen Nachfolgerin. Sie sollte daher auch dessen Rechtsnachfolgerin in Bezug auf die von ihm geschlossenen Verträge, einschließlich Arbeitsverträge, sowie sein Vermögen und seine Verbindlichkeiten sein. Die internationalen Übereinkommen, die Europol als das durch den Beschluss 2009/371/JI errichtete Europäische Polizeiamt geschlossen hat, sowie die Abkommen, die Europol als das durch das Europol-Übereinkommen errichtete Europäische Polizeiamt vor dem 1. Januar 2010 geschlossen hat, sollten in Kraft bleiben.

(69) Um zu gewährleisten, dass Europol weiterhin die Aufgaben des durch den Beschluss 2009/371/JI errichteten Europäischen Polizeiamts nach bestem Vermögen erfüllen kann, sollten Übergangsregelungen getroffen werden, vor allem in Bezug auf den Verwaltungsrat, den Exekutivdirektor und die Mitarbeiter, die im Rahmen von unbefristeten Verträgen, die Europol als das durch das Europol-Übereinkommen errichtete Europäische Polizeiamt geschlossen hat, als örtliche Bedienstete beschäftigt sind und denen die Möglichkeit geboten werden sollte, als Bedienstete auf Zeit oder als Vertragsbedienstete gemäß den Beschäftigungsbedingungen für die sonstigen Bediensteten beschäftigt zu werden.

(70) Der Rechtsakt des Rates vom 3. Dezember 1998[2]) über das Statut der Bediensteten von Europol wurde durch Artikel 63 des Beschlusses 2009/371/JI aufgehoben. Er sollte jedoch weiterhin für das Personal von Europol gelten, das vor dem Inkrafttreten des Beschlusses *2009/371/JI eingestellt* wurde. Übergangsbestimmungen sollten daher vorsehen, dass die Verträge, die gemäß dem genannten Statut abgeschlossen wurden, diesem auch weiterhin unterliegen.

---

[1]) Beschluss 2013/488/EU des Rates vom 23. September 2013 über die Sicherheitsvorschriften für den Schutz von EU-Verschlusssachen (ABl. L 274 vom 15.10.2013, S. 1).

[2]) Rechtsakt des Rates vom 3. Dezember 1998 zur Festlegung des Statuts der Bediensteten von Europol (ABl. C 26 vom 30.1.1999, S. 23).

(71) Da das Ziel dieser Verordnung, nämlich die Errichtung einer für die Zusammenarbeit im Bereich der Strafverfolgung auf Unionsebene zuständigen Agentur, von den Mitgliedstaaten nicht ausreichend verwirklicht werden kann, sondern vielmehr wegen des Umfangs und der Wirkungen dieses Vorhabens auf Unionsebene besser zu verwirklichen ist, kann die Union im Einklang mit dem in Artikel 5 EUV verankerten Subsidiaritätsprinzip tätig werden. Entsprechend dem in demselben Artikel genannten Grundsatz der Verhältnismäßigkeit geht diese Verordnung nicht über das für die Verwirklichung dieses Ziels erforderliche Maß hinaus.

(72) Gemäß Artikel 3 und Artikel 4a Absatz 1 des dem EUV und dem AEUV beigefügten Protokolls Nr. 21 über die Position des Vereinigten Königreichs und Irlands hinsichtlich des Raums der Freiheit, der Sicherheit und des Rechts hat Irland mitgeteilt, dass es sich an der Annahme und Anwendung dieser Verordnung beteiligen möchte.

(73) Gemäß den Artikeln 1 und 2 und Artikel 4a Absatz 1 des dem EUV und dem AEUV beigefügten Protokolls Nr. 21 über die Position des Vereinigten Königreichs und Irlands hinsichtlich des Raums der Freiheit, der Sicherheit und des Rechts und unbeschadet des Artikels 4 dieses Protokolls beteiligt sich das Vereinigte Königreich nicht an der Annahme dieser Verordnung und ist weder durch diese Verordnung gebunden noch zu ihrer Anwendung verpflichtet.

(74) Nach den Artikeln 1 und 2 des dem EUV und dem AEUV beigefügten Protokolls Nr. 22 über die Position Dänemarks beteiligt sich Dänemark nicht an der Annahme dieser Verordnung und ist weder durch diese Verordnung gebunden noch zu ihrer Anwendung verpflichtet.

(75) Der EDSB wurde angehört und hat seine Stellungnahme am 31. Mai 2013 abgegeben.

(76) Diese Verordnung steht im Einklang mit den Grundrechten und Grundsätzen, die insbesondere mit der Charta der Grundrechte der Europäischen Union anerkannt wurden, insbesondere mit dem Recht auf Schutz personenbezogener Daten und dem Recht auf Achtung des Privat- und Familienlebens gemäß den Artikeln 8 und 7 der Charta und Artikel 16 AEUV –

HABEN FOLGENDE VERORDNUNG ERLASSEN:

Kapitel I. Allgemeine Bestimmungen sowie Ziele und Aufgaben von Europol

Art. 1 Errichtung der Agentur der Europäischen Union für die Zusammenarbeit auf dem Gebiet der Strafverfolgung.

(1) Es wird eine Agentur der Europäischen Union für die Zusammenarbeit auf dem Gebiet der Strafverfolgung (Europol) errichtet, um

die Zusammenarbeit zwischen den Strafverfolgungsbehörden in der Union zu unterstützen.

(2) Europol in der durch diese Verordnung errichteten Form tritt an die Stelle von Europol in der durch den Beschluss 2009/371/JI errichteten Form und wird dessen Nachfolgerin.

Art. 2 Begriffsbestimmungen. Im Sinne dieser Verordnung bezeichnet der Ausdruck

a) „zuständige Behörden der Mitgliedstaaten" alle in den Mitgliedstaaten bestehenden Polizeibehörden und anderen Strafverfolgungsbehörden, die nach nationalem Recht für die Verhütung und Bekämpfung von Straftaten zuständig sind. Zu den zuständigen Behörden zählen auch andere in den Mitgliedstaaten bestehende staatliche Behörden, die nach nationalem Recht für die Verhütung und Bekämpfung von in den Zuständigkeitsbereich von Europol fallenden Straftaten zuständig sind;

b) „strategische Analyse" alle Methoden und Techniken, mit deren Hilfe Informationen erhoben, gespeichert, verarbeitet und bewertet werden mit dem Ziel, eine Kriminalpolitik zu fördern und zu entwickeln, die zu einer effizienten und wirksamen Verhütung und Bekämpfung von Straftaten beiträgt;

c) „operative Analyse" alle Methoden und Techniken, mit deren Hilfe Informationen erhoben, gespeichert, verarbeitet und bewertet werden mit dem Ziel, strafrechtliche Ermittlungen zu unterstützen;

d) „Unionseinrichtungen" Organe, Einrichtungen, Missionen, Ämter und Agenturen, die durch den EUV und den AEUV oder auf der Grundlage dieser Verträge geschaffen wurden;

e) „internationale Organisation" eine auf der Grundlage des Völkerrechts errichtete Organisation und die ihr zugeordneten Einrichtungen oder eine sonstige Einrichtung, die durch ein zwischen zwei oder mehr Ländern geschlossenes Abkommen oder auf der Grundlage eines solchen Abkommens geschaffen wurde;

f) „private Parteien" Stellen und Einrichtungen, die nach dem Recht eines Mitgliedstaats oder eines Drittstaats errichtet wurden, insbesondere Gesellschaften und sonstige Unternehmen, Wirtschaftsverbände, Organisationen ohne Erwerbszweck und sonstige juristische Personen, die nicht von Buchstabe e erfasst sind;

g) „Privatpersonen" alle natürlichen Personen;

h) „personenbezogene Daten" alle Informationen, die sich auf eine betroffene Person beziehen;

i) „betroffene Person" eine bestimmte oder bestimmbare natürliche Person; eine bestimmbare Person ist eine Person, die direkt oder indirekt, insbesondere mittels Zuordnung zu einer Kennung wie einem Namen, einer Kennnummer, Standortdaten, einer Online-Kennung oder einem oder mehreren besonderen Merkmalen bestimmt werden kann, die Ausdruck ihrer physischen, physiologischen, genetischen, psychischen, wirtschaftlichen, kulturellen oder sozialen Identität sind;

j) „genetische Daten" personenbezogene Daten jedweder Art zu den ererbten oder erworbenen genetischen Merkmalen eines Menschen, die eindeutige Informationen über die Physiologie oder die Gesundheit dieses Menschen liefern und insbesondere aus der Analyse einer biologischen Probe des betreffenden Menschen gewonnen wurden;

k) „Verarbeitung" jeden mit oder ohne Hilfe automatisierter Verfahren ausgeführten Vorgang oder jede Vorgangsreihe im Zusammenhang mit personenbezogenen Daten wie das Erheben, das Erfassen, die Organisation, das Ordnen, die Speicherung, die Anpassung oder Veränderung, das Auslesen, das Abfragen, die Verwendung, die Weitergabe durch Übermittlung, Verbreitung oder eine andere Form der Bereitstellung, der Abgleich oder die Verknüpfung, die Einschränkung, das Löschen oder die Vernichtung;

l) „Empfänger" eine natürliche oder juristische Person, Behörde, Einrichtung oder jede andere Stelle – unabhängig davon, ob es sich bei ihr um einen Dritten handelt oder nicht –, an die Daten weitergegeben werden;

m) „Übermittlung personenbezogener Daten" das Übermitteln von personenbezogenen Daten, die einer begrenzten Anzahl von bestimmten Parteien mit dem Wissen des Absenders oder entsprechend seiner Absicht, dem Empfänger Zugang zu den personenbezogenen Daten zu verschaffen, aktiv zugänglich gemacht werden;

n) „Verletzung des Schutzes personenbezogener Daten" eine Verletzung der Sicherheit, die zur Vernichtung, zum Verlust oder zur Veränderung, ob unbeabsichtigt oder widerrechtlich, oder zur unbefugten Weitergabe von beziehungsweise zum unbefugten Zugang zu personenbezogenen Daten führt, die übermittelt, gespeichert oder auf sonstige Weise verarbeitet wurden;

o) „Einwilligung der betroffenen Person" jede ohne Zwang, für den konkreten Fall und in Kenntnis der Sachlage erfolgte explizite Willensbekundung, mit der die betroffene Person in Form einer Erklärung oder einer sonstigen eindeutigen Handlung zu verstehen gibt, dass sie mit der Verarbeitung der sie betreffenden personenbezogenen Daten einverstanden ist;

p) „verwaltungstechnische personenbezogene Daten" alle von Europol verarbeiteten personenbezogenen Daten mit Ausnahme der zu den Zwecken des Artikels 3 verarbeiteten personenbezogenen Daten.

Art. 3 Ziele. (1) Europol unterstützt und verstärkt die Tätigkeit der zuständigen Behörden der Mitgliedstaaten sowie deren gegenseitige Zusammenarbeit bei der Verhütung und Bekämpfung der zwei oder mehr Mitgliedstaaten betreffenden schweren Kriminalität, des Terrorismus und der Kriminalitätsformen, die ein gemeinsames Interesse verletzen, das Gegenstand einer Politik der Union ist, wie in Anhang I aufgeführt.

(2) Zusätzlich zu Absatz 1 erstrecken sich die Ziele von Europol auch auf im Zusammenhang mit diesen Straftaten stehende Straftaten. Als im Zusammenhang stehende Straftaten gelten:

a) Straftaten, die begangen werden, um die Mittel zur Begehung von in den Zuständigkeitsbereich von Europol fallenden Handlungen zu beschaffen;

b) Straftaten, die begangen werden, um in den Zuständigkeitsbereich von Europol fallende Handlungen zu erleichtern oder durchzuführen;

c) Straftaten, die begangen werden, um dafür zu sorgen, dass in den Zuständigkeitsbereich von Europol fallende Handlungen straflos bleiben.

Art. 4 Aufgaben. (1) Europol kommt folgenden Aufgaben nach, um die in Artikel 3 genannten Ziele zu erreichen:

a) Erhebung, Speicherung, Verarbeitung, Analyse und Austausch von Informationen, einschließlich strafrechtlich relevanter Erkenntnisse;

b) unverzügliche Unterrichtung der Mitgliedstaaten – über die gemäß Artikel 7 Absatz 2 errichteten oder benannten nationalen Stellen – über alle sie betreffenden Informationen und etwaige Zusammenhänge zwischen Straftaten;

c) Koordinierung, Organisation und Durchführung von Ermittlungs- und operativen Maßnahmen, um die Tätigkeit der zuständigen Behörden der Mitgliedstaaten zu unterstützen und zu stärken, wobei die Maßnahmen
   i) gemeinsam mit den zuständigen Behörden der Mitgliedstaaten durchgeführt werden oder
   ii) im Zusammenhang mit gemeinsamen Ermittlungsgruppen nach Maßgabe des Artikels 5 sowie gegebenenfalls in Verbindung mit Eurojust durchgeführt werden;

d) Mitwirkung in gemeinsamen Ermittlungsgruppen und Anregung, dass solche gemeinsamen Ermittlungsgruppen nach Maßgabe des Artikels 5 eingesetzt werden;

e) Unterstützung der Mitgliedstaaten bei internationalen Großereignissen durch Informationen und Analysen;

f) Erstellung von Bedrohungs-, strategischen und operativen Analysen sowie von allgemeinen Lageberichten;

g) Entwicklung, Weitergabe und Förderung von Fachwissen über Methoden der Kriminalitätsverhütung, Ermittlungsverfahren und (kriminal-)technische Methoden sowie Beratung der Mitgliedstaaten;

h) Unterstützung von grenzüberschreitenden Informationsaustauschtätigkeiten, Operationen und Ermittlungen der Mitgliedstaaten sowie von gemeinsamen Ermittlungsgruppen, auch in operativer, technischer und finanzieller Hinsicht;

i) Erbringung von spezialisierten Schulungsleistungen und Unterstützung der Mitgliedstaaten – auch in finanzieller Hinsicht – bei der Durchführung von Maßnahmen zur Schulung im Rahmen ihrer Ziele und nach Maßgabe der ihr zur Verfügung stehenden personellen und finanziellen Ressourcen in Abstimmung mit der Agentur der Europäischen Union für die Aus- und Fortbildung auf dem Gebiet der Strafverfolgung (EPA);

j) Zusammenarbeit mit den auf der Grundlage von Titel V AEUV errichteten Unionseinrichtungen und mit OLAF, insbesondere durch den Austausch von Informationen und durch ihre Unterstützung mit Analysen zu den in ihre Zuständigkeit fallenden Bereichen;

k) Bereitstellung von Informationen und Unterstützung für die auf dem EUV basierenden Krisenbewältigungsstrukturen und -missionen der EU im Rahmen der Ziele von Europol gemäß Artikel 3;

l) Weiterentwicklung von Zentren der Union, die auf die Bekämpfung bestimmter unter die Ziele von Europol fallender Kriminalitätsformen spezialisiert sind, insbesondere des Europäischen Zentrums zur Bekämpfung der Cyberkriminalität;

m) Unterstützung der Maßnahmen der Mitgliedstaaten bei der Verhütung und Bekämpfung der in Anhang I aufgeführten Kriminalitätsformen, die mithilfe des Internets erleichtert, gefördert oder begangen werden, einschließlich – in Zusammenarbeit mit den Mitgliedstaaten – der Verweisung von Internet-Inhalten, über die diese Kriminalitätsformen erleichtert, gefördert oder begangen werden, an die betroffenen Anbieter von Online-Diensten, damit diese auf freiwilliger Basis die Vereinbarkeit der verwiesenen Internet-Inhalte mit ihren eigenen Geschäftsbedingungen überprüfen.

(2) Europol erstellt strategische Analysen und Bedrohungsanalysen, um den Rat und die Kommission bei der Festlegung der vorrangigen strategischen und operativen Ziele der Union im Bereich der Kriminalitätsbekämpfung zu unterstützen. Europol leistet zudem Unterstützung bei der operativen Umsetzung dieser Ziele.

(3) Europol erstellt strategische Analysen und Bedrohungsanalysen, um den effizienten und effektiven Einsatz der auf nationaler Ebene und auf Unionsebene für operative Tätigkeiten verfügbaren Ressourcen zu erleichtern und derartige Tätigkeiten zu unterstützen.

(4) Europol fungiert als Zentralstelle zur Bekämpfung der Euro-Fälschung gemäß dem Beschluss 2005/511/JI des Rates[1]. Europol fördert zudem die Koordinierung der von den zuständigen Behörden der

---

[1] Beschluss 2005/511/JI des Rates vom 12. Juli 2005 über den Schutz des Euro gegen Fälschung durch Benennung von Europol als Zentralstelle zur Bekämpfung der Euro-Fälschung (ABl. L 185 vom 16.7.2005, S. 35).

Mitgliedstaaten oder im Rahmen gemeinsamer Ermittlungsgruppen zur Bekämpfung der Euro-Fälschung durchgeführten Maßnahmen, gegebenenfalls in Verbindung mit Unionseinrichtungen und Drittstaatsbehörden.

(5) Bei der Durchführung ihrer Aufgaben wendet Europol keine Zwangsmaßnahmen an.

Kapitel II. Zusammenarbeit zwischen den Mitgliedstaaten und Europol

Art. 5 Teilnahme an gemeinsamen Ermittlungsgruppen. (1) Europol-Personal kann an den Tätigkeiten von gemeinsamen Ermittlungsgruppen, die mit der Bekämpfung von unter die Ziele von Europol fallenden Straftaten befasst sind, mitwirken. In der Vereinbarung zur Einsetzung einer gemeinsamen Ermittlungsgruppe werden die Bedingungen für die Mitwirkung des Europol-Personals in der Gruppe festgelegt; sie enthält Informationen über die Haftungsvorschriften.

(2) Europol-Personal kann innerhalb der Grenzen der Rechtsvorschriften der Mitgliedstaaten, in denen der Einsatz einer gemeinsamen Ermittlungsgruppe erfolgt, an allen Tätigkeiten der gemeinsamen Ermittlungsgruppe mitwirken und Informationen mit allen Mitgliedern der gemeinsamen Ermittlungsgruppe austauschen.

(3) Europol-Personal, das in einer gemeinsamen Ermittlungsgruppe mitwirkt, kann im Einklang mit dieser Verordnung allen Mitgliedern der Gruppe die erforderlichen Informationen weitergeben, die von Europol für die in Artikel 18 Absatz 2 genannten Zwecke verarbeitet werden. Europol unterrichtet gleichzeitig die nationalen Stellen der in der Gruppe vertretenen Mitgliedstaaten sowie die nationalen Stellen der Mitgliedstaaten, von denen die Informationen stammen.

(4) Informationen, die das Europol-Personal im Rahmen seiner Mitwirkung in einer gemeinsamen Ermittlungsgruppe erlangt, dürfen mit Zustimmung und unter Verantwortung des Mitgliedstaats, der die betreffende Information zur Verfügung gestellt hat, von Europol nach Maßgabe dieser Verordnung für die in Artikel 18 Absatz 2 genannten Zwecke verarbeitet werden.

(5) Wenn Europol Grund zu der Annahme hat, dass die Einsetzung einer gemeinsamen Ermittlungsgruppe einen zusätzlichen Nutzen für eine gegebene Untersuchung bewirken würde, kann sie dies den betroffenen Mitgliedstaaten vorschlagen und Letztere bei der Einsetzung der Ermittlungsgruppe unterstützen.

Art. 6 Ersuchen von Europol um Einleitung strafrechtlicher Ermittlungen. (1) Europol ersucht in bestimmten Fällen, in denen sie der Auffassung ist, dass strafrechtliche Ermittlungen über eine unter ihre Ziele fallende Straftat eingeleitet werden sollten, die zuständigen

Behörden der betreffenden Mitgliedstaaten über die nationalen Stellen um Einleitung, Durchführung oder Koordinierung strafrechtlicher Ermittlungen.

(2) Die nationalen Stellen setzen Europol unverzüglich von der Entscheidung der zuständigen Behörden der Mitgliedstaaten über jedes Ersuchen nach Absatz 1 in Kenntnis.

(3) Entscheiden die zuständigen Behörden eines Mitgliedstaats, einem Ersuchen von Europol nach Absatz 1 nicht stattzugeben, so teilen sie Europol unverzüglich, vorzugsweise binnen eines Monats nach Erhalt des Ersuchens, die Gründe für ihre Entscheidung mit. Von dieser Begründung kann jedoch abgesehen werden, wenn

a) dies den grundlegenden Interessen der Sicherheit des betreffenden Mitgliedstaats zuwiderlaufen würde oder

b) hierdurch der Erfolg laufender Ermittlungen oder die Sicherheit von Personen gefährdet würde.

(4) Europol setzt Eurojust unverzüglich von jedem Ersuchen nach Absatz 1 und von jeder Entscheidung einerzuständigen Behörde eines Mitgliedstaats nach Absatz 2 in Kenntnis.

Art. 7 Nationale Europol-Stellen. (1) Die Mitgliedstaaten und Europol arbeiten bei der Erfüllung der ihnen gemäß dieser Verordnung jeweils obliegenden Aufgaben zusammen.

(2) Jeder Mitgliedstaat errichtet oder benennt eine nationale Stelle, die als Verbindungsstelle zwischen Europol und den zuständigen Behörden dieses Mitgliedstaats dient. Jeder Mitgliedstaat ernennt einen Beamten zum Leiter seiner nationalen Stelle.

(3) Jeder Mitgliedstaat stellt sicher, dass seine nationale Stelle nach nationalem Recht für die Erfüllung der in dieser Verordnung den nationalen Stellen zugewiesenen Aufgaben zuständig ist und insbesondere Zugriff auf nationale Daten für die Strafverfolgung und andere einschlägige Daten hat, die für die Zusammenarbeit mit Europol erforderlich sind.

(4) Jeder Mitgliedstaat legt die Organisation und die Personalausstattung seiner nationalen Stelle nach Maßgabe seines nationalen Rechts fest.

(5) In Einklang mit Absatz 2 ist die nationale Stelle die Verbindungsstelle zwischen Europol und den zuständigen Behörden des Mitgliedstaats. Vorbehaltlich der von den Mitgliedstaaten festgelegten Voraussetzungen einschließlich einer vorherigen Einbeziehung der nationalen Stelle können die Mitgliedstaaten jedoch direkte Kontakte zwischen ihren zuständigen Behörden und Europol gestatten. Die nationale Stelle erhält zeitgleich von Europol alle im Verlauf direkter Kontakte zwischen Europol und den zuständigen Behörden ausgetauschten Informationen, es sei denn, die nationale Stelle erklärt, dass sie diese Informationen nicht benötigt.

(6) Jeder Mitgliedstaat stellt über seine nationale Stelle oder – vorbehaltlich des Absatzes 5 – über eine zuständige Behörde insbesondere Folgendes sicher:

a) Übermittlung der für die Verwirklichung der Ziele von Europol notwendigen Informationen – einschließlich der Informationen über Kriminalitätsformen, deren Verhütung oder Bekämpfung von der Union als vorrangig angesehen wird – an Europol;

b) wirksame Kommunikation und Zusammenarbeit aller zuständigen Behörden mit Europol;

c) Verbesserung des Informationsstands über die Tätigkeiten von Europol;

d) Einhaltung der nationalen Rechtsvorschriften bei der Übermittlung von Informationen an Europol gemäß Artikel 38 Absatz 5 Buchstabe a.

(7) Die Mitgliedstaaten sind unbeschadet der Ausübung der ihnen im Hinblick auf die Aufrechterhaltung der öffentlichen Ordnung und den Schutz der inneren Sicherheit obliegenden Verantwortung im Einzelfall nicht verpflichtet, Informationen oder Erkenntnisse gemäß Artikel 6 Buchstabe a zu übermitteln, wenn

a) dies den grundlegenden Interessen der Sicherheit des betreffenden Mitgliedstaats zuwiderlaufen würde,

b) hierdurch der Erfolg laufender Ermittlungen oder die Sicherheit einer Person gefährdet würde oder

c) hierdurch Informationen preisgegeben würden, die sich auf Nachrichtendienste oder spezifische nachrichtendienstliche Tätigkeiten im Bereich der nationalen Sicherheit beziehen.

Die Mitgliedstaaten stellen jedoch Informationen bereit, sobald diese nicht länger unter UnterAbsatz 1 Buchstaben a, b oder c fallen.

(8) Die Mitgliedstaaten stellen sicher, dass ihren gemäß der Richtlinie 2005/60/EG des Europäischen Parlaments und des Rates[1] errichteten zentralen Meldestellen (FIU) gestattet wird, im Rahmen ihres Mandats und Zuständigkeitsbereichs in Bezug auf Analysen über ihre nationale Stelle mit Europol zusammenzuarbeiten.

(9) Die Leiter der nationalen Stellen treten regelmäßig zusammen, um insbesondere etwaige bei ihrer operativen Zusammenarbeit mit Europol auftretende Probleme zu erörtern und einer Lösung zuzuführen.

(10) Die Kosten, die den nationalen Stellen für die Kommunikation mit Europol entstehen, werden von den Mitgliedstaaten getragen und – mit Ausnahme der Kosten für die Verbindung – Europol nicht in Rechnung gestellt.

---

[1] Richtlinie 2005/60/EG des Europäischen Parlaments und des Rates vom 26. Oktober 2005 zur Verhinderung der Nutzung des Finanzsystems zum Zwecke der Geldwäsche und der Terrorismusfinanzierung (ABl. L 309 vom 25.11.2005, S. 15).

(11) Europol erstellt auf der Grundlage der vom Verwaltungsrat festgelegten quantitativen und qualitativen Evaluierungskriterien einen Jahresbericht über die gemäß Absatz 6 Buchstabe a von den einzelnen Mitgliedstaaten an Europol übermittelten Informationen. Der Jahresbericht wird dem Europäischen Parlament, dem Rat, der Kommission und den nationalen Parlamenten zugeleitet.

Art. 8 Verbindungsbeamte. (1) Jede nationale Stelle entsendet mindestens einen Verbindungsbeamten zu Europol. Vorbehaltlich anderslautender Bestimmungen dieser Verordnung unterliegen die Verbindungsbeamten dem nationalen Recht des entsendenden Mitgliedstaats.

(2) Die Verbindungsbeamten bilden die nationalen Verbindungsbüros bei Europol und sind von ihrer nationalen Stelle beauftragt, deren Interessen innerhalb von Europol im Einklang mit dem nationalen Recht des entsendenden Mitgliedstaats und den für den Betrieb von Europol geltenden Bestimmungen zu vertreten.

(3) Die Verbindungsbeamten unterstützen den Austausch von Informationen zwischen Europol und dem entsendenden Mitgliedstaat.

(4) Die Verbindungsbeamten unterstützen nach Maßgabe ihres nationalen Rechts den Austausch von Informationen zwischen dem entsendenden Mitgliedstaat und den Verbindungsbeamten anderer Mitgliedstaaten, von Drittstaaten und internationaler Organisationen. Für einen derartigen bilateralen Informationsaustausch kann nach Maßgabe des nationalen Rechts auch bei nicht den Zielen von Europol unterfallenden Straftaten auf die Infrastruktur von Europol zurückgegriffen werden. Dieser Informationsaustausch erfolgt im Einklang mit dem geltenden Unionsrecht und dem geltenden nationalen Recht.

(5) Die Rechte und Pflichten der Verbindungsbeamten gegenüber Europol werden vom Verwaltungsrat festgelegt. Den Verbindungsbeamten stehen die zur Erfüllung ihrer Aufgaben erforderlichen Vorrechte und Immunitäten gemäß Artikel 63 Absatz 2 zu.

(6) Europol gewährleistet, dass die Verbindungsbeamten, soweit es für die Erfüllung ihrer Aufgaben erforderlich ist, umfassend informiert und in alle ihre Tätigkeiten einbezogen werden.

(7) Europol stellt den Mitgliedstaaten für die Ausübung der Tätigkeit ihrer Verbindungsbeamten die notwendigen Räume im Europol-Gebäude und eine angemessene Unterstützung kostenlos zur Verfügung. Alle sonstigen Kosten, die im Zusammenhang mit der Entsendung der Verbindungsbeamten entstehen, werden von den entsendenden Mitgliedstaaten getragen; dies gilt auch für die den Verbindungsbeamten zur Verfügung gestellte Ausstattung, sofern nicht das *Europäische Parlament und* der Rat auf Empfehlung des Verwaltungsrats anders entscheiden.

Kapitel III. Organisation von Europol

Art. 9 Verwaltungs- und Leitungsstruktur von Europol. Die Verwaltungs- und Leitungsstruktur von Europol umfasst

a) einen Verwaltungsrat;

b) einen Exekutivdirektor;

c) gegebenenfalls sonstige vom Verwaltungsrat gemäß Artikel 11 Absatz 1 Buchstabe s eingesetzte beratende Gremien.

Abschnitt 1. Verwaltungsrat

Art. 10 Zusammensetzung des Verwaltungsrats. (1) Der Verwaltungsrat setzt sich aus je einem Vertreter pro Mitgliedstaat und einem Vertreter der Kommission zusammen. Alle Vertreter sind stimmberechtigt.

(2) Die Mitglieder des Verwaltungsrats werden unter Berücksichtigung ihrer Kenntnisse auf dem Gebiet der Strafverfolgungszusammenarbeit ernannt.

(3) Jedes Mitglied des Verwaltungsrats hat einen Stellvertreter, der unter Berücksichtigung des Kriteriums nach Absatz 2 ernannt wird. Das Mitglied wird bei Abwesenheit durch das stellvertretende Mitglied vertreten.

Der Grundsatz einer ausgewogenen Vertretung beider Geschlechter im Verwaltungsrat ist ebenfalls zu berücksichtigen.

(4) Unbeschadet des Rechts der Mitgliedstaaten und der Kommission, die Amtszeit der Mitglieder und der stellvertretenden Mitglieder zu beenden, beträgt die Mitgliedschaft im Verwaltungsrat vier Jahre. Sie kann verlängert werden.

Art. 11 Aufgaben des Verwaltungsrats. (1) Der Verwaltungsrat

a) beschließt jedes Jahr mit Zweidrittelmehrheit seiner Mitglieder nach Maßgabe von Artikel 12 ein Dokument, das die mehrjährige Programmplanung von Europol und ihr jährliches Arbeitsprogramm für das Folgejahr enthält;

b) beschließt mit Zweidrittelmehrheit seiner Mitglieder den jährlichen Haushaltsplan von Europol und nimmt andere Aufgaben in Bezug auf den Haushaltsplan von Europol gemäß Kapitel X wahr;

c) nimmt einen konsolidierten Jahresbericht über die Tätigkeiten von Europol an und übermittelt ihn bis spätestens 1. Juli des darauf folgenden Jahres dem Europäischen Parlament, dem Rat, der Kommission, dem Rechnungshof und den nationalen Parlamenten. Der konsolidierte jährliche Tätigkeitsbericht wird veröffentlicht;

d) erlässt die für Europol geltende Finanzregelung nach Artikel 61;

e) beschließt eine interne Betrugsbekämpfungsstrategie, die in einem angemessenen Verhältnis zu den Betrugsrisiken steht und das Kosten-Nutzen-Verhältnis der durchzuführenden Maßnahmen berücksichtigt;

f) erlässt Bestimmungen zur Vermeidung und Beilegung von Interessenkonflikten in Bezug auf seine Mitglieder, auch im Zusammenhang mit ihrer Interessenerklärung;

g) übt im Einklang mit Absatz 2 in Bezug auf das Europol-Personal die Befugnisse aus, die der Anstellungsbehörde im Beamtenstatut und der zum Abschluss von Dienstverträgen mit sonstigen Bediensteten ermächtigten Behörde in den Beschäftigungsbedingungen für die sonstigen Bediensteten übertragen werden (im Folgenden „Befugnisse der Anstellungsbehörde"));

h) erlässt im Einklang mit Artikel 110 des Beamtenstatuts geeignete Durchführungsbestimmungen zum Beamtenstatut und zu den Beschäftigungsbedingungen für die sonstigen Bediensteten;

i) erlässt interne Regeln über das Verfahren zur Auswahl des Exekutivdirektors, einschließlich von Bestimmungen über die Zusammensetzung des Auswahlausschusses, die dessen Unabhängigkeit und Unparteilichkeit sicherstellen;

j) schlägt dem Rat gemäß den Artikeln 54 und 55 eine Auswahlliste von Bewerbern für die Posten des Exekutivdirektors und der stellvertretenden Exekutivdirektoren vor und schlägt dem Rat gegebenenfalls vor, deren Amtszeiten zu verlängern oder sie ihres Amtes zu entheben;

k) legt Leistungsindikatoren fest und überwacht die Amtsführung des Exekutivdirektors einschließlich der Durchführung der Beschlüsse des Verwaltungsrats;

l) ernennt einen Datenschutzbeauftragten, der seinen Aufgaben funktional unabhängig nachkommt;

m) ernennt einen Rechnungsführer, der den Bestimmungen des Statuts und den Beschäftigungsbedingungen für die sonstigen Bediensteten unterliegt und seine Tätigkeit funktionell unabhängig ausübt;

n) errichtet gegebenenfalls eine interne Auditstelle;

o) ergreift angemessene Folgemaßnahmen zu den Feststellungen und Empfehlungen der internen oder externen Auditberichte und -bewertungen sowie der Untersuchungsberichte von OLAF und des EDSB;

p) legt die Bewertungskriterien für den Jahresbericht gemäß Artikel 7 Absatz 11 fest;

q) verabschiedet nach Konsultation des EDSB Leitlinien zur genaueren Festlegung der Verfahren für die Verarbeitung von Informationen durch Europol gemäß Artikel 18;

r) genehmigt den Abschluss von Arbeits- und Verwaltungsvereinbarungen gemäß Artikel 23 Absatz 4 bzw. Artikel 25 Absatz 1;

s) entscheidet unter Berücksichtigung sowohl der Geschäfts- als auch der Finanzerfordernisse über die Errichtung der internen Strukturen von Europol einschließlich der in Artikel 4 Absatz 1 Buchstabe l genannten spezialisierten Zentren der Union auf Vorschlag des Exekutivdirektors;

t) gibt sich eine Geschäftsordnung einschließlich der Bestimmungen über die Aufgaben und die Arbeitsweise seines Sekretariats;

u) erlässt gegebenenfalls andere interne Bestimmungen.

(2) Falls der Verwaltungsrat es für die Erfüllung der Aufgaben von Europol für erforderlich erachtet, kann er dem Rat vorschlagen, die Kommission darauf aufmerksam zu machen, dass ein Angemessenheitsbeschluss gemäß Artikel 25 Absatz 1 Buchstabe a oder eine Empfehlung für einen Beschluss über die Ermächtigung zur Aufnahme von Verhandlungen im Hinblick auf den Abschluss eines internationalen Abkommens gemäß Artikel 25 Absatz 1 Buchstabe b erforderlich ist.

(3) Der Verwaltungsrat erlässt im Einklang mit Artikel 110 des Beamtenstatuts einen Beschluss auf der Grundlage von Artikel 2 Absatz 1 des Beamtenstatuts und Artikel 6 der Beschäftigungsbedingungen für die sonstigen Bediensteten, mit dem dem Exekutivdirektor die entsprechenden Befugnisse der Anstellungsbehörde übertragen und die Bedingungen festgelegt werden, unter denen eine solche Befugnisübertragung ausgesetzt werden kann. Der Exekutivdirektor wird ermächtigt, diese Befugnisse zu delegieren.

Bei Vorliegen außergewöhnlicher Umstände kann der Verwaltungsrat die Übertragung von Befugnissen der Anstellungsbehörde auf den Exekutivdirektor sowie die weitere Delegation dieser Befugnisse durch einen Beschluss vorübergehend aussetzen und die Befugnisse selbst ausüben oder sie einem seiner Mitglieder oder einem anderen Bediensteten als dem Exekutivdirektor übertragen.

Art. 12 Mehrjährige Programmplanung und jährliche Arbeitsprogramme. (1) Der Verwaltungsrat beschließt bis zum 30. November jeden Jahres ein Dokument mit der mehrjährigen Programmplanung und dem jährlichen Arbeitsprogramm von Europol auf der Grundlage eines vom Exekutivdirektor vorgelegten Entwurfs und unter Berücksichtigung der Stellungnahme der Kommission sowie – was die mehrjährige Programmplanung betrifft – nach Anhörung des Gemeinsamen parlamentarischen Kontrollausschusses. Der Verwaltungsrat übermittelt dieses Dokument dem Rat, der Kommission und dem Gemeinsamen parlamentarischen Kontrollausschuss.

(2) In der mehrjährigen Programmplanung wird die strategische Gesamtplanung einschließlich Zielvorgaben, erwarteten Ergebnisse und Leistungsindikatoren festgelegt. Sie enthält ferner die Ressourcenplanung, einschließlich des mehrjährigen Finanz- und Personalplans. Ferner enthält sie die Strategie für die Beziehungen zu Drittstaaten und internationalen Organisationen.

Die mehrjährige Programmplanung wird im Wege jährlicher Arbeitsprogramme umgesetzt und gemäß den Ergebnissen externer und interner Bewertungen gegebenenfalls aktualisiert. Den Schlussfolgerungen dieser Bewertungen wird, falls angebracht, im jährlichen Arbeitsprogramm des folgenden Jahres Rechnung getragen.

(3) Das jährliche Arbeitsprogramm enthält detaillierte Zielvorgaben, erwartete Ergebnisse und Leistungsindikatoren. Ferner enthält es eine Beschreibung der zu finanzierenden Maßnahmen sowie eine Aufstellung der den einzelnen Maßnahmen zugewiesenen finanziellen und personellen Ressourcen gemäß den Grundsätzen der tätigkeitsbezogenen Aufstellung des Haushaltsplans und des maßnahmenbezogenen Managements. Das jährliche Arbeitsprogramm steht mit der mehrjährigen Programmplanung im Einklang. Im jährlichen Arbeitsprogramm wird klar dargelegt, welche Aufgaben gegenüber dem vorherigen Haushaltsjahr hinzugefügt, geändert oder gestrichen wurden.

(4) Wenn Europol nach der Annahme eines jährlichen Arbeitsprograms eine neue Aufgabe übertragen wird, ändert der Verwaltungsrat das jährliche Arbeitsprogramm.

(5) Substanzielle Änderungen des jährlichen Arbeitsprogramms werden nach dem gleichen Verfahren angenommen, das für die Annahme des ursprünglichen jährlichen Arbeitsprogramms gilt. Der Verwaltungsrat kann dem Exekutivdirektor die Befugnis zur Vornahme nicht substanzieller Änderungen am jährlichen Arbeitsprogramm übertragen.

Art. 13 Vorsitzender und stellvertretender Vorsitzender des Verwaltungsrats. (1) Der Verwaltungsrat wählt aus der Gruppe der drei Mitgliedstaaten, die gemeinsam das 18-Monats-Programm des Rates erstellt haben, einen Vorsitzenden und einen stellvertretenden Vorsitzenden. Ihre Amtszeit entspricht den 18 Monaten, die vom Programm des Rates abgedeckt werden. Falls die Mitgliedschaft des Vorsitzenden oder des stellvertretenden Vorsitzenden im Verwaltungsrat während ihrer Amtszeit endet, endet zugleich auch automatisch ihre Amtszeit.

(2) Der Vorsitzende und der stellvertretende Vorsitzende werden mit Zweidrittelmehrheit der Mitglieder des Verwaltungsrats gewählt.

(3) Ist der Vorsitzende nicht in der Lage, seine Aufgaben zu erfüllen, tritt der stellvertretende Vorsitzende automatisch an dessen Stelle.

Art. 14 Sitzungen des Verwaltungsrats. (1) Der Vorsitzende beruft die Sitzungen des Verwaltungsrats ein.

(2) Der Exekutivdirektor nimmt an den Beratungen des Verwaltungsrats teil.

(3) Der Verwaltungsrat hält jährlich mindestens zwei ordentliche Sitzungen ab. Darüber hinaus tritt er auf Veranlassung seines Vorsitzenden oder auf Antrag der Kommission oder von mindestens einem Drittel seiner Mitglieder zusammen.

(4) Der Verwaltungsrat kann alle Personen, deren Stellungnahmen von Interesse für die Beratungen sein können, einschließlich gegebenenfalls eines Vertreters des Gemeinsamen parlamentarischen Kontrollausschusses, als nicht stimmberechtigte Beobachter zu seinen Sitzungen einladen.

(5) Die Mitglieder oder die stellvertretenden Mitglieder des Verwaltungsrats dürfen nach Maßgabe seiner Geschäftsordnung bei den Sitzungen Berater oder Sachverständige hinzuziehen.

(6) Die Sekretariatsgeschäfte des Verwaltungsrats werden von Europol geführt.

Art. 15 Abstimmungsregeln des Verwaltungsrats. (1) Unbeschadet der Artikels 11 Absatz 1 Buchstaben a und b, Artikel 13 Absatz 2, Artikel 50 Absatz 2, Artikel 54 Absatz 8 und Artikel 64 fasst der Verwaltungsrat seine Beschlüsse mit der Mehrheit seiner Mitglieder.

(2) Jedes Mitglied verfügt über eine Stimme. Bei Abwesenheit eines stimmberechtigten Mitglieds ist sein Stellvertreter berechtigt, das Stimmrecht dieses Mitglieds auszuüben.

(3) Der Exekutivdirektor nimmt nicht an der Abstimmung teil.

(4) In der Geschäftsordnung des Verwaltungsrats werden detaillierte Vorschriften für Abstimmungen festgelegt, insbesondere die Bedingungen, unter denen ein Mitglied im Namen eines anderen handeln kann, sowie gegebenenfalls Bestimmungen über die Beschlussfähigkeit.

Abschnitt 2. Exekutivdirektor

Art. 16 Aufgaben des Exekutivdirektors. (1) Der Exekutivdirektor leitet Europol. Er ist gegenüber dem Verwaltungsrat rechenschaftspflichtig.

(2) Unbeschadet der Zuständigkeiten der Kommission oder des Verwaltungsrats übt der Exekutivdirektor sein Amt unabhängig aus; er fordert keine Weisungen von Regierungen oder sonstigen Stellen an und nimmt auch keine Weisungen von diesen entgegen.

(3) Der Rat kann den Exekutivdirektor auffordern, über die Durchführung seiner Aufgaben Bericht zu erstatten.

(4) Der Exekutivdirektor ist der gesetzliche Vertreter von Europol.

(5) Der Exekutivdirektor ist für die Durchführung der Europol durch diese Verordnung zugewiesenen Aufgaben verantwortlich, insbesondere dafür,

a) die laufenden Geschäfte von Europol zu führen,

b) dem Verwaltungsrat Vorschläge für die Errichtung der internen Strukturen von Europol zu unterbreiten,

c) die vom Verwaltungsrat gefassten Beschlüsse durchzuführen,

d) den Entwurf die mehrjährige Programmplanung und der jährlichen Arbeitsprogramme auszuarbeiten und dem Verwaltungsrat nach Anhörung der Kommission zu unterbreiten,

e) die mehrjährige Programmplanung und das jährliche Arbeitsprogramm durchzuführen und dem Verwaltungsrat über die Durchführung Bericht zu erstatten,

f) einen geeigneten Entwurf der Durchführungsbestimmungen zum Beamtenstatut und zu den Beschäftigungsbedingungen für die sonstigen Bediensteten nach dem Verfahren des Artikels 110 des Statuts auszuarbeiten,

g) den Entwurf des konsolidierten Jahresberichts über die Tätigkeiten von Europol zu erstellen und dem Verwaltungsrat zur Annahme vorzulegen,

h) einen Aktionsplan auf der Grundlage der Schlussfolgerungen interner oder externer Auditberichte und Bewertungen sowie etwaiger Untersuchungsberichte und Empfehlungen des OLAF und des EDSB zu erstellen und der Kommission zweimal jährlich und dem Verwaltungsrat regelmäßig über die erzielten Fortschritte Bericht zu erstatten,

i) die finanziellen Interessen der Union durch Maßnahmen zur Verhinderung von Betrug, Korruption und sonstigen rechtswidrigen Handlungen, unbeschadet der Untersuchungsbefugnisse des OLAF, durch wirksame Kontrollen sowie, falls Unregelmäßigkeiten festgestellt werden, durch die Einziehung zu Unrecht gezahlter Beträge und gegebenenfalls durch wirksame, verhältnismäßige und abschreckende verwaltungsrechtliche und finanzielle Sanktionen zu schützen,

j) einen Entwurf einer internen Betrugsbekämpfungsstrategie für Europol auszuarbeiten und sie dem Verwaltungsrat zur Annahme vorzulegen,

k) einen Entwurf interner Bestimmungen zur Vermeidung und Beilegung von Interessenkonflikten in Bezug auf die Mitglieder des Verwaltungsrats auszuarbeiten und den Entwurf dieser Bestimmungen dem Verwaltungsrat zur Annahme vorzulegen,

l) den Entwurf der für Europol geltenden Finanzregelung auszuarbeiten,

m) einen Entwurf des Voranschlags der Einnahmen und Ausgaben von Europol auszuarbeiten und den Haushaltsplan von Europol auszuführen,

n) den Vorsitzenden des Verwaltungsrats bei der Vorbereitung der Verwaltungsratssitzungen zu unterstützen,

o) den Verwaltungsrat regelmäßig über die Umsetzung der vorrangigen strategischen und operativen Ziele der Union auf dem Gebiet der Kriminalitätsbekämpfung zu informieren,

p) andere sich aus dieser Verordnung ergebende Aufgaben zu erfüllen.

Kapitel IV. Informationsverarbeitung

Art. 17 Informationsquellen. (1) Europol verarbeitet ausschließlich Informationen, die ihr übermittelt werden

a) von Mitgliedstaaten nach Maßgabe ihres nationalen Rechts und gemäß Artikel 7,

b) von Unionseinrichtungen, Drittstaaten oder internationalen Organisationen gemäß Kapitel V,

c) von privaten Parteien und Privatpersonen gemäß Kapitel V.

(2) Europol kann Informationen einschließlich personenbezogener Daten aus öffentlich zugänglichen Quellen wie dem Internet sowie öffentliche Daten direkt einholen und verarbeiten.

(3) Soweit Europol in Rechtsakten der Union oder in nationalen oder internationalen Rechtsakten das Recht auf elektronischen Zugang zu Daten in nationalen oder internationalen Informationssystemen oder Informationssystemen der Union eingeräumt wird, kann sie auf diesem Wege Informationen, einschließlich personenbezogener Daten, abrufen und verarbeiten, wenn dies zur Erfüllung ihrer Aufgaben erforderlich ist. Für den Zugang von Europol zu diesen Daten und für deren Verwendung durch Europol sind die geltenden Bestimmungen dieser Rechtsakte der Union bzw. nationaler oder internationaler Rechtsakte maßgebend, soweit sie strengere Zugangs- und Verwendungsvorschriften enthalten, als in dieser Verordnung vorgeschrieben. Zugang zu derartigen Informationssystemen wird nur ordnungsgemäß ermächtigtem Europol-Personal und nur insoweit gewährt, wie dies der Erfüllung ihrer Aufgaben dient und dafür verhältnismäßig ist.

Art. 18 Zwecke der Informationsverarbeitung. (1) Sofern es für die Verwirklichung ihrer Ziele nach Artikel 3 erforderlich ist, kann Europol Informationen einschließlich personenbezogener Daten verarbeiten.

(2) Personenbezogene Daten dürfen ausschließlich zu folgenden Zwecken verarbeitet werden:

a) Abgleich zur Ermittlung etwaiger Zusammenhänge oder anderer relevanter Verbindungen zwischen Informationen in Bezug auf
   i) Personen, die einer Straftat oder der Beteiligung an einer Straftat, *für die Europol* zuständig ist, verdächtigt werden oder die wegen einer solchen Straftat verurteilt worden sind,
   ii) Personen, in deren Fall faktische Anhaltspunkte oder triftige Gründe dafür vorliegen, dass sie Straftaten begehen werden, für die Europol zuständig ist;

b) strategische oder themenbezogene Analyse,

c) operative Analyse;

d) Erleichterung des Informationsaustauschs zwischen Mitgliedstaaten, Europol, anderen Unionseinrichtungen, Drittstaaten und internationalen Organisationen.

(3) Die Verarbeitung für die Zwecke operativer Analysen gemäß Absatz 2 Buchstabe c erfolgt im Wege von Projekten der operativen Analyse, für die die folgenden besonderen Garantien gelten:

a) Für jedes Projekt der operativen Analyse legt der Exekutivdirektor den spezifischen Zweck, die Kategorien der personenbezogenen Daten und die Kategorien der betroffenen Personen, die Beteiligten, die Dauer der Speicherung und die Bedingungen für Zugriff auf bzw. Übermittlung und Verwendung der betreffenden Daten fest und unterrichtet den Verwaltungsrat und den EDSB darüber;

b) personenbezogene Daten dürfen nur für die Zwecke des spezifischen Projekts der operativen Analyse erhoben und verarbeitet werden. Stellt sich heraus, dass personenbezogene Daten für ein weiteres Projekt der operativen Analyse relevant sein können, ist die Weiterverarbeitung dieser personenbezogenen Daten nur insoweit zulässig, als diese Weiterverarbeitung notwendig und verhältnismäßig ist und die personenbezogenen Daten mit den unter Buchstabe a festgelegten Bestimmungen, die für das andere Analyseprojekt gelten, vereinbar sind;

c) nur ordnungsgemäß ermächtigtes Personal darf auf die Daten des jeweiligen Projekts zugreifen und diese verarbeiten.

(4) Die Verarbeitung gemäß den Absätzen 2 und 3 erfolgt unter Einhaltung der in dieser Verordnung festgelegten Datenschutzgarantien. Diese Verarbeitungsvorgänge werden von Europol ordnungsgemäß dokumentiert. Die Dokumentation wird dem Datenschutzbeauftragten und dem EDSB auf Verlangen zur Verfügung gestellt, damit diese die Rechtmäßigkeit der Verarbeitungsvorgänge überprüfen können.

(5) Kategorien personenbezogener Daten und Kategorien von betroffenen Personen, deren Daten zu den in Absatz 2 genannten Zwecken erhoben und verarbeitet werden dürfen, sind in Anhang II aufgeführt.

(6) Europol kann Daten vorübergehend verarbeiten, um zu bestimmen, ob die betreffenden Daten für ihre Aufgaben relevant sind und, falls dies der Fall ist, für welche der in Absatz 2 genannten Zwecke sie relevant sind. Der Verwaltungsrat legt auf Vorschlag des Exekutivdirektors und nach Anhörung des EDSB die Bedingungen für die Verarbeitung dieser Daten genauer fest, insbesondere hinsichtlich des Zugangs zu den Daten und ihrer Verwendung sowie der Fristen für die Speicherung und Löschung der Daten, die unter gebührender Berücksichtigung der in Artikel 28 genannten Grundsätze sechs Monate nicht überschreiten dürfen.

(7) Der Verwaltungsrat erlässt nach Konsultation des EDSB gegebenenfalls Leitlinien zur genaueren Festlegung der Verfahren für die Ver-

arbeitung von Informationen für die in Absatz 2 aufgeführten Zwecke im Einklang mit Artikel 11 Absatz 1 Buchstabe q.

Art. 19 Bestimmung des Zwecks der Informationsverarbeitung durch Europol und entsprechende Einschränkungen.

(1) Die Mitgliedstaaten, Unionseinrichtungen, Drittstaaten oder internationale Organisationen, die Informationen an Europol übermitteln, bestimmen, zu welchem Zweck oder welchen Zwecken gemäß Artikel 18 diese Informationen verarbeitet werden dürfen. Andernfalls verarbeitet Europol im Einvernehmen mit dem Informationslieferanten die Informationen, um zu bestimmen, wie sachdienlich die Informationen sind und zu welchem Zweck oder welchen Zwecken sie weiterverarbeitet werden dürfen. Europol darf Informationen nur dann zu einem anderen Zweck als dem Zweck, zu dem sie übermittelt wurden, verarbeiten, wenn der Informationslieferant dem zustimmt.

(2) Mitgliedstaaten, Unionseinrichtungen, Drittstaaten und internationale Organisationen können bei der Übermittlung von Informationen an Europol etwaige für den Datenzugriff oder die Datenverwendung geltende Einschränkungen allgemeiner oder besonderer Art vorsehen, insbesondere bezüglich der Weitergabe, Löschung oder Vernichtung der Informationen. Sollten sich derartige Einschränkungen erst nach der Übermittlung der Informationen als notwendig erweisen, so setzen sie Europol hiervon in Kenntnis. Europol leistet den Einschränkungen Folge.

(3) In hinreichend begründeten Fällen kann Europol für den Zugang zu oder die Verwendung von aus öffentlich zugänglichen Quellen eingeholten Informationen seitens der Mitgliedstaaten, Unionseinrichtungen, Drittstaaten und internationalen Organisationen Einschränkungen vorsehen.

Art. 20 Zugang der Mitgliedstaaten und des Europol-Personals zu von Europol gespeicherten Informationen. (1) Die Mitgliedstaaten haben nach Maßgabe ihres nationalen Rechts und gemäß Artikel 7 Absatz 5 Zugang zu allen Informationen, die zu den in Artikel 18 Absatz 2 Buchstaben a und b genannten Zwecken übermittelt wurden, und können diese Informationen durchsuchen. Das Recht von Mitgliedstaaten, Unionseinrichtungen, Drittstaaten und internationalen Organisationen, Einschränkungen gemäß Artikel 19 Absatz 2 vorzusehen, bleibt davon unberührt.

(2) Die Mitgliedstaaten haben nach Maßgabe ihres nationalen Rechts und gemäß Artikel 7 Absatz 5 indirekten Zugriff auf die zu den Zwecken von Artikel 18 Absatz 2 Buchstabe c übermittelten Informationen nach dem Treffer/Kein-Treffer-Verfahren. Dies gilt unbeschadet etwaiger Einschränkungen gemäß Artikel 19 Absatz 2 seitens der die Informationen übermittelnden Mitgliedstaaten, Unionseinrichtungen, Drittstaaten oder internationalen Organisationen.

Im Fall eines Treffers leitet Europol das Verfahren ein, durch das die Information, die den Treffer ausgelöst hat, nach Zustimmung der Stelle, die die Information an Europol übermittelt hat, weitergegeben werden darf.

(3) Nach Maßgabe des nationalen Rechts dürfen der Zugriff auf die und die Weiterverarbeitung der in den Absätzen 1 und 2 genannten Informationen durch die Mitgliedstaaten nur für die Zwecke der Verhütung und Bekämpfung folgender Formen von Straftaten erfolgen:

a) Formen der Kriminalität, für die Europol zuständig ist, und

b) anderer Formen schwerer Kriminalität, wie sie im Rahmenbeschluss 2002/584/JI des Rates[1] aufgeführt sind.

(4) Vom Exekutivdirektor ordnungsgemäß ermächtigte Europol-Bedienstete haben zu den von Europol verarbeiteten Informationen unbeschadet des Artikels 67 und in dem Maße Zugang, wie es die Ausübung ihrer Pflichten erfordert.

Art. 21 Zugang von Eurojust und OLAF zu von Europol gespeicherten Informationen. (1) Europol ergreift alle geeigneten Maßnahmen, um sicherzustellen, dass Eurojust und OLAF im Rahmen ihrer Befugnisse indirekten Zugriff auf die zu den Zwecken von Artikel 18 Absatz 2 Buchstaben a, b und c übermittelten Informationen nach dem Treffer/Kein-Treffer-Verfahren haben; etwaige Einschränkungen gemäß Artikel 19 Absatz 2 des Mitgliedstaats, der Unionseinrichtung, des Drittstaats oder der internationalen Organisation, der bzw. die die Informationen übermittelt, bleiben davon unberührt.

Im Fall eines Treffers leitet Europol das Verfahren ein, durch das die Information, die den Treffer ausgelöst hat, nach Zustimmung der Stelle, die die Information an Europol übermittelt hat, weitergegeben werden darf, und zwar nur so weit, als die Daten, die den Treffer ausgelöst haben, für die rechtmäßige Erfüllung der Aufgaben von Eurojust bzw. OLAF erforderlich sind.

(2) Europol und Eurojust können eine Arbeitsvereinbarung schließen, mit der sie innerhalb ihrer jeweiligen Aufgabenbereiche den gegenseitigen Zugang zu allen für die Zwecke gemäß Artikel 18 Absatz 2 Buchstabe a übermittelten Informationen und die Möglichkeit von Suchabfragen bezüglich dieser Informationen sicherstellen. Dies gilt unbeschadet des Rechts der Mitgliedstaaten, Unionseinrichtungen, Drittstaaten und internationaler Organisationen, den Zugang zu diesen Daten und deren Verwendung einzuschränken, und im Einklang mit den Datenschutzgarantien dieser Verordnung.

(3) Die in den Absätzen 1 und 2 genannten Suchabfragen dürfen nur vorgenommen werden, um zu ermitteln, ob zwischen bei Eurojust

[1] Rahmenbeschluss 2002/584/JI des Rates vom 13. Juni 2002 über den Europäischen Haftbefehl und die Übergabeverfahren zwischen den Mitgliedstaaten (ABl. L 190, 18.7.2002, p. 1).

bzw. bei OLAF vorliegenden Informationen Übereinstimmungen mit bei Europol verarbeiteten Informationen bestehen.

(4) Europol gestattet die in den Absätzen 1 und 2 genannten Suchabfragen erst, wenn ihr von Eurojust mitgeteilt wurde, welche nationalen Mitglieder, stellvertretenden Mitglieder, Assistenten und Eurojust-Bediensteten bzw. von OLAF mitgeteilt wurde, welche OLAF-Bediensteten zur Vornahme derartiger Suchabfragen ermächtigt sind.

(5) Falls im Laufe von Europol-Datenverarbeitungstätigkeiten zu einzelnen Ermittlungen von Seiten Europols oder eines Mitgliedstaats festgestellt wird, dass Koordinierungs-, Kooperations- oder Unterstützungsmaßnahmen im Einklang mit dem Mandat von Eurojust oder OLAF erforderlich sind, setzt Europol Letztere davon in Kenntnis und leitet das Verfahren zur Weitergabe der betreffenden Informationen entsprechend der Entscheidung des die Informationen übermittelnden Mitgliedstaats ein. In einem solchen Fall spricht sich Eurojust beziehungsweise OLAF mit Europol ab.

(6) Eurojust, d. h. das Kollegium, die nationalen Mitglieder, die stellvertretenden Mitglieder, die Assistenten und die Eurojust-Bediensteten, sowie OLAF leisten etwaigen allgemeinen oder besonderen Einschränkungen, die von Mitgliedstaaten, Unionseinrichtungen, Drittstaaten oder internationalen Organisationen gemäß Artikel 19 Absatz 2 in Bezug auf den Zugang zu den von ihnen übermittelten Daten oder deren Verwendung vorgesehen wurden, Folge.

(7) Europol, Eurojust und OLAF benachrichtigen einander, wenn nach der gegenseitigen Abfrage von Daten gemäß Absatz 2 oder infolge eines Treffers gemäß Absatz 1 Anzeichen dafür vorliegen, dass Daten fehlerhaft sein oder im Widerspruch zu anderen Daten stehen können.

Art. 22 Pflicht zur Unterrichtung der Mitgliedstaaten. (1) Europol unterrichtet einen Mitgliedstaat gemäß Artikel 4 Absatz 1 Buchstabe b unverzüglich über Informationen, die diesen betreffen. Falls diese Informationen jedoch Einschränkungen nach Artikel 19 Absatz 2 unterliegen, die ihre Weitergabe verbieten, hält Europol Rücksprache mit dem Informationslieferanten, der die Einschränkung des Zugangs festgelegt hat, und bittet diesen um Zustimmung zur Datenweitergabe.

In diesem Fall dürfen die Daten nicht ohne ausdrückliche Einwilligung seitens des Informationslieferanten weitergegeben werden.

(2) Europol unterrichtet einen Mitgliedstaat ungeachtet etwaiger Einschränkungen des Zugangs über Informationen, die ihn betreffen, wenn dies unbedingt erforderlich ist, um eine unmittelbar drohende Gefahr für Leib und Leben abzuwenden.

In einem solchen Fall unterrichtet Europol zugleich den Informationslieferanten von der Weitergabe der Informationen und teilt ihm mit, welche Gründe bei der Situationsanalyse zu dieser Entscheidung geführt haben.

Kapitel V. Beziehungen zu Partnern

Abschnitt 1. Gemeinsame Bestimmungen

Art. 23 Gemeinsame Bestimmungen. (1) Soweit dies zur Erfüllung ihrer Aufgaben erforderlich ist, kann Europol Kooperationsbeziehungen zu Unionseinrichtungen entsprechend den Zielen dieser Einrichtungen, den Behörden von Drittstaaten, internationalen Organisationen und privaten Parteien herstellen und unterhalten.

(2) Europol kann vorbehaltlich der in Artikel 19 Absatz 2 genannten Einschränkungen und unbeschadet des Artikels 67 mit den in Absatz 1 des vorliegenden Artikels genannten Einrichtungen direkt sämtliche Informationen mit Ausnahme personenbezogener Daten austauschen, soweit dies für die Erfüllung ihrer Aufgaben erforderlich ist.

(3) Der Exekutivdirektor unterrichtet den Verwaltungsrat über regelmäßige Kooperationsbeziehungen, die Europol gemäß den Absätzen 1 und 2 herstellen und unterhalten will, und über die Entwicklung solcher Beziehungen, sobald sie hergestellt sind.

(4) Europol kann für die Zwecke gemäß den Absätzen 1 und 2 Arbeitsvereinbarungen mit Stellen gemäß Absatz 1 schließen. Diese Arbeitsvereinbarungen dürfen nicht den Austausch personenbezogener Daten zulassen und sind für die Union oder ihre Mitgliedstaaten nicht bindend.

(5) Soweit dies für die rechtmäßige Erfüllung ihrer Aufgaben erforderlich und verhältnismäßig ist, kann Europol vorbehaltlich der Bestimmungen dieses Kapitels von den in Absatz 1 genannten Stellen personenbezogene Daten entgegennehmen und verarbeiten.

(6) Unbeschadet des Artikels 30 Absatz 5 übermittelt Europol personenbezogene Daten nur dann an Unionseinrichtungen, Drittstaaten und internationale Organisationen, wenn dies für die Verhütung und Bekämpfung von Straftaten, die unter die Ziele von Europol fallen, erforderlich ist, und nur im Einklang mit dieser Verordnung und wenn der Empfänger zusagt, dass die Daten nur für den Zweck verarbeitet werden, für den sie übermittelt wurden. Wurden die zu übermittelnden Daten von einem Mitgliedstaat geliefert, so holt Europol die Zustimmung dieses Mitgliedstaates ein, es sei denn, der Mitgliedstaat hat für eine solche Weiterübermittlung seine vorherige allgemeine oder unter bestimmten Bedingungen stehende Zustimmung erteilt. Diese Zustimmung kann jederzeit widerrufen werden.

(7) Eine Weiterübermittlung von bei Europol gespeicherten personenbezogenen Daten durch Mitgliedstaaten, Unionseinrichtungen, Drittstaaten und internationale Organisationen ist nur mit vorheriger ausdrücklicher Genehmigung von Europol zulässig.

(8) Europol stellt sicher, dass alle Übermittlungen von personenbezogenen Daten und die Gründe für solche Übermittlungen im Einklang mit dieser Verordnung ausführlich aufgezeichnet werden.

(9) Informationen, die eindeutig unter offenkundiger Verletzung der Menschenrechte erlangt wurden, dürfen nicht verarbeitet werden.

Abschnitt 2. Übermittlung und Austausch personenbezogener Daten

Art. 24 Übermittlung personenbezogener Daten an Unionseinrichtungen. Vorbehaltlich etwaiger Einschränkungen nach Artikel 19 Absatz 2 oder 3 und unbeschadet des Artikels 67 kann Europol personenbezogene Daten direkt an eine Unionseinrichtung übermitteln, soweit dies für die Erfüllung der Aufgaben von Europol oder der betreffenden Unionseinrichtung erforderlich ist.

Art. 25 Übermittlung personenbezogener Daten an Drittstaaten und internationale Organisationen. (1) Vorbehaltlich etwaiger Einschränkungen nach Artikel 19 Absatz 2 oder 3 und unbeschadet des Artikels 67 kann Europol, soweit dies für die Erfüllung der Aufgaben von Europol erforderlich ist, personenbezogene Daten an eine Behörde eines Drittstaates oder an eine internationale Organisation auf der Grundlage eines der folgenden Instrumente übermitteln:

a) eines Beschlusses der Kommission gemäß Artikel 36 der Richtlinie (EU) 2016/680, dem zufolge der Drittstaat oder ein Gebiet oder ein verarbeitender Sektor in diesem Drittstaat oder die betreffende internationale Organisation einen ausreichenden Datenschutz gewährleistet (Angemessenheitsbeschluss);

b) eines internationalen Abkommens zwischen der Union und dem betreffenden Drittstaat oder der betreffenden internationalen Organisation gemäß Artikel 218 AEUV, das angemessene Garantien hinsichtlich des Schutzes der Privatsphäre, der Grundrechte und der Grundfreiheiten von Personen bietet, oder

c) eines vor dem 1. Mai 2017 geschlossenen Kooperationsabkommens zwischen Europol und dem betreffenden Drittstaat oder der betreffenden internationalen Organisation nach Artikel 23 des Beschlusses 2009/371/JI, das den Austausch personenbezogener Daten zulässt.

Europol kann zur Umsetzung solcher Abkommen oder Angemessenheitsbeschlüsse Verwaltungsvereinbarungen schließen.

(2) Der Exekutivdirektor unterrichtet den Verwaltungsrat über den Austausch personenbezogener Daten auf der Grundlage von Angemessenheitsbeschlüssen nach Absatz 1 Buchstabe a.

(3) Europol veröffentlicht auf ihrer Website ein Verzeichnis der Angemessenheitsbeschlüsse, Abkommen, Verwaltungsvereinbarungen oder sonstiger Rechtsinstrumente in Bezug auf die Übermittlung personenbezogener Daten gemäß Absatz 1 und hält dieses Verzeichnis auf dem neuesten Stand.

(4) Bis zum 14. Juni 2021 nimmt die Kommission eine insbesondere den Datenschutz betreffende Bewertung der Bestimmungen vor, die in

den in Absatz 1 Buchstabe c genannten Kooperationsabkommen enthalten sind. Die Kommission unterrichtet das Europäische Parlament und den Rat über das Ergebnis dieser Bewertung und kann gegebenenfalls dem Rat eine Empfehlung für einen Beschluss zur Genehmigung der Eröffnung von Verhandlungen im Hinblick auf den Abschluss von in Absatz 1 Buchstabe b genannten internationalen Abkommen unterbreiten.

(5) Abweichend von Absatz 1 kann der Exekutivdirektor in Einzelfällen die Übermittlung personenbezogener Daten an Drittstaaten oder internationale Organisationen genehmigen, wenn die Übermittlung

a) zur Wahrung lebenswichtiger Interessen der betroffenen Person oder einer anderen Person erforderlich ist,
b) nach dem Recht des Mitgliedstaats, aus dem die personenbezogenen Daten übermittelt werden, zur Wahrung berechtigter Interessen der betroffenen Person notwendig ist,
c) zur Abwehr einer unmittelbaren und ernsthaften Gefahr für die öffentliche Sicherheit eines Mitgliedstaats oder eines Drittlands unerlässlich ist,
d) zur Verhütung, Aufdeckung, Untersuchung oder Verfolgung von Straftaten oder zur Vollstreckung strafrechtlicher Sanktionen erforderlich ist oder
e) in Einzelfällen zur Begründung, Geltendmachung oder Abwehr von Rechtsansprüchen im Zusammenhang mit der Verhütung, Aufdeckung, Untersuchung oder Verfolgung einer bestimmten Straftat oder der Vollstreckung einer bestimmten strafrechtlichen Sanktion notwendig ist.

Personenbezogene Daten dürfen nicht übermittelt werden, wenn der Exekutivdirektor feststellt, dass Grundrechte und -freiheiten der betroffenen Person das öffentliche Interesse an der Übermittlung im Sinne der Buchstaben d und e überwiegen.

Ausnahmeregelungen nach diesem Absatz gelten nicht für systematische, massive oder strukturelle Übermittlungen.

(6) Abweichend von Absatz 1 kann der Verwaltungsrat im Einvernehmen mit dem EDSB bei entsprechenden angemessenen Garantien hinsichtlich des Schutzes der Privatsphäre, der Grundrechte und der Grundfreiheiten von Personen eine Kategorie von Übermittlungen gemäß Absatz 5 Buchstaben a bis e für einen Zeitraum von höchstens einem Jahr, der verlängerbar ist, genehmigen. Eine solche Genehmigung muss hinreichend begründet und dokumentiert sein.

(7) Der Exekutivdirektor teilt dem Verwaltungsrat und dem EDSB so rasch wie möglich die Fälle mit, in denen Absatz 5 angewandt wurde.

(8) Europol hält alle Übermittlungen gemäß diesem Artikel ausführlich schriftlich fest.

Art. 26 Austausch personenbezogener Daten mit privaten Parteien. (1) Soweit dies für die Erfüllung ihrer Aufgaben erforderlich ist, kann Europol von privaten Parteien erhaltene personenbezogene Daten verarbeiten, wenn ihr diese auf einem der folgenden Wege zugehen:

a) über eine nationale Stelle gemäß dem nationalen Recht,

b) über die Kontaktstelle eines Drittstaates oder einer internationalen Organisation, mit dem beziehungsweise der Europol vor dem 1. Mai 2017 ein Kooperationsabkommen nach Artikel 23 des Beschlusses 2009/371/JI geschlossen hat, das den Austausch personenbezogener Daten zulässt, oder

c) über eine Behörde eines Drittstaates oder eine internationale Organisation, die einem Angemessenheitsbeschluss gemäß Artikel 25 Absatz 1 Buchstabe a dieser Verordnung unterliegt oder mit der die Union eine internationale Übereinkunft nach Artikel 218 AEUV geschlossen hat.

(2) Erhält Europol dennoch personenbezogene Daten unmittelbar von privaten Parteien und kann die betreffende nationale Stelle, Kontaktstelle oder Behörde nach Absatz 1 nicht ermittelt werden, so darf Europol diese personenbezogenen Daten ausschließlich zum Zweck eben dieser Ermittlung verarbeiten. Die personenbezogenen Daten werden anschließend unverzüglich an die betreffende nationale Stelle, Kontaktstelle oder Behörde weitergeleitet und gelöscht, es sei denn, die betreffende nationale Stelle, Kontaktstelle oder Behörde legt diese personenbezogenen Daten gemäß Artikel 19 Absatz 1 innerhalb von vier Monaten ab der Übertragung erneut vor. Europol stellt mit technischen Mitteln sicher, dass die betreffenden Daten während dieses Zeitraums nicht für eine Verarbeitung zu anderen Zwecken zugänglich sind.

(3) Im Anschluss an die Übermittlung personenbezogener Daten gemäß Absatz 5 Buchstabe c kann Europol diesbezüglich personenbezogene Daten unmittelbar von einer privaten Partei entgegennehmen, wenn diese erklärt, dass sie gemäß geltendem Recht befugt ist, diese Daten zu übermitteln, um sie zur Erfüllung der in Artikel 4 Absatz 1 Buchstabe m aufgeführten Aufgabe zu verarbeiten.

(4) Erhält Europol personenbezogene Daten von einer privaten Partei in einem Drittstaat, mit dem keine Übereinkunft besteht, die entweder auf der Grundlage des Artikels 23 des Beschlusses 2009/371/JI oder auf der Grundlage des Artikels 218 AEUV geschlossen wurde, oder der keinem Angemessenheitsbeschluss gemäß Artikel 25 Absatz 1 Buchstabe a dieser Verordnung unterliegt, so kann Europol diese Daten nur einem betroffenen Mitgliedstaat oder Drittstaat übermitteln, mit dem eine solche Übereinkunft geschlossen wurde.

(5) Europol darf personenbezogene Daten nur dann im Einzelfall an private Parteien übermitteln, soweit dies unbedingt erforderlich ist,

vorbehaltlich etwaiger Einschränkungen gemäß Artikel 19 Absatz 2 oder 3 und unbeschadet des Artikels 67, wenn:

a) die Übermittlung zweifelsfrei im Interesse der betroffenen Person liegt und die Einwilligung der betroffenen Person erteilt wurde oder die Umstände eine Einwilligung eindeutig vermuten lassen,

b) die Übermittlung der Daten zur Verhinderung einer unmittelbar bevorstehenden Begehung einer Straftat – einschließlich einer terroristischen Straftat –, für die Europol zuständig ist, absolut erforderlich ist, oder

c) die Übermittlung personenbezogener Daten, die öffentlich zugänglich sind, zur Erfüllung der in Artikel 4 Absatz 1 Buchstabe m aufgeführten Aufgabe unbedingt erforderlich ist und die folgenden Voraussetzungen erfüllt sind:
   i) Die Übermittlung betrifft einen bestimmten Einzelfall und
   ii) im konkreten Fall überwiegen keine Grundrechte und -freiheiten der betroffenen Person gegenüber dem öffentlichen Interesse an einer Übermittlung.

(6) Wenn die betreffende private Partei nicht in der Union oder in einem Staat niedergelassen ist, mit dem Europol in Kooperationsabkommen geschlossen hat, das den Austausch personenbezogener Daten zulässt, oder mit dem die nion eine internationale Übereinkunft nach Artikel 218 AEUV geschlossen hat oder der Gegenstand eines Angemessenheitsbeschlusses gemäß Artikel 25 Absatz 1 Buchstabe a der vorliegenden Verordnung ist, wird die Übermittlung im inne von Absatz 5 Buchstaben a und b dieses Artikels nur genehmigt, falls die Übermittlung

a) zum Schutz lebenswichtiger Interessen der betroffenen Person oder einer anderen Person erforderlich ist, oder

b) für die Wahrung berechtigter Interessen der betroffenen Person erforderlich ist, oder

c) zur Abwehr einer unmittelbaren und ernsthaften Gefahr für die öffentliche Sicherheit eines Mitgliedstaats oder eines Drittlands unerlässlich ist, oder

d) in Einzelfällen zum Zwecke der Verhütung, Aufdeckung, Untersuchung oder Verfolgung von Straftaten, für die Europol zuständig ist, erforderlich ist, oder

e) in Einzelfällen zur Begründung, Geltendmachung oder Abwehr von Rechtsansprüchen im Zusammenhang mit der Verhütung, Aufdeckung, Untersuchung oder Verfolgung einer bestimmten Straftat, für die Europol zuständig ist, notwendig ist.

(7) Europol stellt sicher, dass alle Übermittlungen von personenbezogenen Daten und die Gründe für diese Übermittlungen im Einklang mit dieser Verordnung ausführlich aufgezeichnet und dem EDSB gemäß Artikel 40 auf Verlangen mitgeteilt werden.

(8) Berühren die erhaltenen oder zu übermittelnden personenbezogenen Daten die Interessen eines Mitgliedstaats, so unterrichtet Europol unverzüglich die nationale Stelle des betreffenden Mitgliedstaats.

(9) Europol nimmt nicht mit privaten Parteien Kontakt auf, um personenbezogene Daten einzuholen.

(10) Die Kommission bewertet bis zum 1. Mai 2019 die Praxis des direkten Austauschs personenbezogener Daten mit privaten Parteien.

Art. 27 Informationen von Privatpersonen. (1) Soweit dies für die Erfüllung ihrer Aufgaben erforderlich ist, kann Europol Informationen von Privatpersonen entgegennehmen und verarbeiten. Personenbezogene Daten, die von Privatpersonen stammen, dürfen von Europol nur dann verarbeitet werden, wenn ihr diese Daten auf einem der folgenden Wege zugehen:

a) über eine nationale Stelle gemäß den nationalen Rechtsvorschriften,

b) über die Kontaktstelle eines Drittstaats oder einer internationalen Organisation, mit dem beziehungsweise der Europol vor dem 1. Mai 2017 ein Kooperationsabkommen nach Artikel 23 des Beschlusses 2009/371/JI geschlossen hat, das den Austausch personenbezogener Daten zulässt, oder

c) über eine Behörde eines Drittstaats oder eine internationale Organisation, die einem Angemessenheitsbeschluss gemäß Artikel 25 Absatz 1 Buchstabe a unterliegt oder mit der die Union eine internationale Übereinkunft nach Artikel 218 AEUV geschlossen hat.

(2) Erhält Europol Informationen einschließlich personenbezogener Daten von einer Privatperson mit Wohnsitz in einem Drittstaat, mit dem keine internationale Übereinkunft besteht, die entweder auf der Grundlage von Artikel 23 des Beschlusses 2009/371/JI oder auf der Grundlage von Artikel 218 AEUV geschlossen wurde oder der keinem Angemessenheitsbeschluss gemäß Artikel 25 Absatz 1 Buchstabe a der vorliegenden Verordnung unterliegt, so darf Europol diese Informationen nur einem betroffenen Mitgliedstaat oder Drittstaat übermitteln, mit dem eine solche Übereinkunft geschlossen wurde.

(3) Berühren die erhaltenen personenbezogenen Daten die Interessen eines Mitgliedstaats, so unterrichtet Europol unverzüglich die nationale Stelle des betreffenden Mitgliedstaats.

(4) Europol nimmt nicht mit Privatpersonen Kontakt auf, um Informationen einzuholen.

(5) *Unbeschadet der Artikel* 36 und 37 darf Europol keine personenbezogenen Daten an Privatpersonen übermitteln.

Kapitel VI. Datenschutzgarantien

Art. 28 Grundsätze des Datenschutzes. (1) Personenbezogene Daten müssen

a) nach Treu und Glauben und auf rechtmäßige Weise verarbeitet werden;

b) für genau festgelegte, eindeutige und rechtmäßige Zwecke erhoben werden und dürfen nicht in einer mit diesen Zwecken nicht zu vereinbarenden Weise weiterverarbeitet werden. Die Weiterverarbeitung personenbezogener Daten zu historischen oder statistischen Zwecken oder für wissenschaftliche Forschungszwecke ist nicht als unvereinbar anzusehen, wenn Europol geeignete Garantien vorsieht, um insbesondere sicherzustellen, dass die Daten nicht für andere Zwecke verarbeitet werden;

c) dem Zweck angemessen und sachlich relevant sowie auf das für die Zwecke der Datenverarbeitung notwendige Maß beschränkt sein;

d) sachlich richtig sein und auf dem neuesten Stand gehalten werden; dabei sind alle angemessenen Maßnahmen zu treffen, damit personenbezogene Daten, die im Hinblick auf die Zwecke ihrer Verarbeitung unzutreffend sind, unverzüglich gelöscht oder berichtigt werden;

e) in einer Form gespeichert werden, die die Identifizierung der betroffenen Personen ermöglicht, und zwar nicht länger, als es für die Realisierung der Zwecke, für die sie verarbeitet werden, erforderlich ist; und

f) auf eine Weise verarbeitet werden, die eine angemessene Sicherheit der personenbezogenen Daten sicherstellt.

(2) Europol macht der Öffentlichkeit ein Dokument zugänglich, in dem die Bestimmungen für die Verarbeitung personenbezogener Daten und die Möglichkeiten der betroffenen Personen zur Ausübung ihrer Rechte in verständlicher Form dargelegt sind.

Art. 29 Bewertung der Zuverlässigkeit der Quelle und Richtigkeit der Informationen. (1) Die Zuverlässigkeit der Quelle der von einem Mitgliedstaat stammenden Informationen wird nach Möglichkeit von dem Mitgliedstaat, der die Informationen liefert, anhand folgender Quellenbewertungskodes bewertet:

(A): Es bestehen keine Zweifel an der Authentizität, Verlässlichkeit und Eignung der Quelle oder die Informationen stammen von einer Quelle, die sich in allen Fällen als verlässlich erwiesen hat;

(B): es handelt sich um eine Quelle, deren Informationen sich in den meisten Fällen als verlässlich erwiesen haben;

(C): es handelt sich um eine Quelle, deren Informationen sich in den meisten Fällen als nicht verlässlich erwiesen haben;

(X): die Verlässlichkeit der Quelle kann nicht beurteilt werden.

(2) Die Richtigkeit der von einem Mitgliedstaat stammenden Informationen wird nach Möglichkeit von dem Mitgliedstaat, der die Informationen liefert, anhand folgender Informationsbewertungskodes bewertet:

(1): Informationen, an deren Wahrheitsgehalt kein Zweifel besteht;

(2): Informationen, die der Quelle, nicht aber dem Beamten, der sie weitergibt, persönlich bekannt sind;

(3): Informationen, die der Quelle nicht persönlich bekannt sind, die aber durch andere bereits erfasste Informationen erhärtet werden;

(4): Informationen, die der Quelle nicht persönlich bekannt sind und die sich auf keine andere Weise erhärten lassen.

(3) Gelangt Europol anhand der bereits in ihrem Besitz befindlichen Informationen zu dem Schluss, dass die Bewertung nach Absatz 1 oder 2 korrigiert werden muss, unterrichtet sie den betreffenden Mitgliedstaat und versucht, Einvernehmen über eine Änderung der Bewertung zu erzielen. Ohne dieses Einvernehmen ändert Europol die Bewertung nicht.

(4) Erhält Europol von einem Mitgliedstaat Informationen ohne Bewertung nach Absatz 1 oder 2, so versucht Europol, die Verlässlichkeit der Quelle oder die Richtigkeit der Informationen anhand der bereits im Besitz von Europol befindlichen Informationen zu bewerten. Die Bewertung spezifischer Daten und Informationen erfolgt im Einvernehmen mit dem Mitgliedstaat, der die Daten oder Informationen liefert. Ein Mitgliedstaat und Europol können außerdem allgemeine Vereinbarungen über die Bewertung bestimmter Arten von Daten und bestimmter Quellen treffen. Wird im Einzelfall kein Einvernehmen erzielt oder gibt es keine allgemeine Vereinbarung, bewertet Europol die Informationen oder Daten und weist solchen Informationen oder Daten die in Absatz 1 bzw. Absatz 2 genannten Bewertungskodes (X) und (4) zu.

(5) Dieser Artikel gilt entsprechend, wenn Europol Daten oder Informationen von einer Unionseinrichtung, einem Drittstaat, einer internationalen Organisation oder einer privaten Partei erhält.

(6) Informationen aus öffentlich zugänglichen Quellen werden von Europol anhand der in den Absätzen 1 und 2 genannten Bewertungskodes bewertet.

(7) Sind die Informationen das Ergebnis einer von Europol in Erfüllung ihrer Aufgaben vorgenommenen Analyse, so bewertet Europol diese Informationen nach Maßgabe dieses Artikels und im Einvernehmen mit den an der Analyse teilnehmenden Mitgliedstaaten.

***Art. 30* Verarbeitung besonderer Kategorien personenbezogener Daten und verschiedener Kategorien von betroffenen Personen.** (1) Die Verarbeitung personenbezogener Daten in Bezug auf Opfer von Straftaten, Zeugen oder andere Personen, die Informationen über Straftaten liefern können, oder in Bezug auf Personen unter 18 Jahren ist erlaubt, wenn sie für die Verhütung oder Bekämpfung von Straftaten, die unter die Ziele von Europol fallen, unbedingt notwendig und verhältnismäßig ist.

(2) Unabhängig davon, ob die Verarbeitung automatisiert oder nicht automatisiert erfolgt, ist die Verarbeitung personenbezogener Daten, aus denen die rassische oder ethnische Herkunft, politische Meinungen, religiöse oder philosophische Überzeugungen oder eine Gewerkschaftszugehörigkeit einer Person hervorgehen, sowie die Verarbeitung genetischer Daten und Daten, welche die Gesundheit oder das Sexualleben betreffen, verboten, es sei denn, dass sie für die Verhütung oder Bekämpfung von Straftaten, die unter die Ziele von Europol fallen, unbedingt notwendig und verhältnismäßig ist und dass diese Daten andere von Europol verarbeitete personenbezogene Daten ergänzen. Die Auswahl einer bestimmten Gruppe von Personen allein anhand solcher personenbezogenen Daten ist verboten.

(3) Allein Europol hat unmittelbaren Zugriff auf die personenbezogenen Daten der in den Absätzen 1 und 2 genannten Art. Der Exekutivdirektor erteilt einer begrenzten Anzahl von Europol-Beamten in der vorgeschriebenen Form ein Zugriffsrecht, falls dies für die Erfüllung ihrer Aufgaben erforderlich ist.

(4) Eine Entscheidung einer zuständigen Behörde, die nachteilige rechtliche Folgen für eine betroffene Person nach sich zieht, darf sich auf keinen Fall ausschließlich auf eine automatisierte Datenverarbeitung der in Absatz 2 genannten Art stützen, es sei denn, die Entscheidung ist nach nationalem oder Unionsrecht ausdrücklich zulässig.

(5) Personenbezogene Daten der in den Absätzen 1 und 2 genannten Art dürfen nicht an Mitgliedstaaten, Unionseinrichtungen, Drittstaaten oder internationale Organisationen übermittelt werden, es sei denn, diese Übermittlung ist in Einzelfällen im Zusammenhang mit Straftaten, die unter die Ziele von Europol fallen, unbedingt notwendig und verhältnismäßig und erfolgt im Einklang mit Kapitel V.

(6) Jedes Jahr übermittelt Europol dem EDSB eine statistische Übersicht über alle von ihm verarbeiteten personenbezogenen Daten der in Absatz 2 genannten Art.

Art. 31 Speicher- und Löschfristen für personenbezogene Daten. (1) Von Europol verarbeitete personenbezogene Daten dürfen nur so lange von Europol gespeichert werden, wie dies für die Zwecke, zu denen die Daten verarbeitet werden, erforderlich und verhältnismäßig ist.

(2) Spätestens drei Jahre nach Beginn der Verarbeitung personenbezogener Daten prüft Europol in allen Fällen, ob eine weitere Speicherung dieser Daten erforderlich ist. Europol kann beschließen, dass personenbezogene Daten bis zur nächsten Prüfung, die nach weiteren drei Jahren stattfindet, gespeichert bleiben, wenn dies für die Erfüllung der Aufgaben von Europol weiterhin erforderlich ist. Die Gründe für die weitere Speicherung werden angegeben und schriftlich festgehalten. Wird keine Fortsetzung der Speicherung beschlossen, werden die personenbezogenen Daten nach drei Jahren automatisch gelöscht.

(3) Werden personenbezogene Daten der in Artikel 30 Absätze 1 und 2 genannten Art für einen Zeitraum von mehr als fünf Jahren gespeichert, so wird dies dem EDSB mitgeteilt.

(4) Hat ein Mitgliedstaat, eine Unionseinrichtung, ein Drittstaat oder eine internationale Organisation zum Zeitpunkt der Übermittlung nach Artikel 19 Absatz 2 Einschränkungen im Hinblick auf eine vorzeitige Löschung oder Vernichtung der personenbezogenen Daten vorgesehen, so löscht Europol die personenbezogenen Daten gemäß diesen Vorgaben. Wird eine weitere Speicherung der Daten auf der Grundlage von Informationen, die über diejenigen des Datenlieferanten hinausgehen, für erforderlich gehalten, damit Europol ihre Aufgaben erfüllen kann, so ersucht Europol den Datenlieferanten um die Genehmigung, die Daten weiter speichern zu dürfen, und nennt ihm die Gründe für dieses Ersuchen.

(5) Löscht ein Mitgliedstaat, eine Unionseinrichtung, ein Drittstaat oder eine internationale Organisation in seinen beziehungsweise ihren eigenen Dateien an Europol übermittelte personenbezogene Daten, so teilt er beziehungsweise sie dies Europol mit. Europol löscht daraufhin die Daten, es sei denn, Europol hält aufgrund von Informationen, die über diejenigen des Datenlieferanten hinausgehen, eine weitere Speicherung der Daten zur Erfüllung ihrer Aufgaben für erforderlich. Europol unterrichtet den Datenlieferanten von der weiteren Speicherung der Daten und begründet die Fortsetzung der Speicherung.

(6) Personenbezogene Daten werden nicht gelöscht, wenn

a) die Interessen einer betroffenen Person beeinträchtigt würden, die schutzbedürftig ist. In diesem Fall dürfen die Daten nur mit ausdrücklicher schriftlicher Einwilligung der betroffenen Person verwendet werden;
b) ihre Richtigkeit von der betroffenen Person bestritten wird, solange bis der Mitgliedstaat oder Europol gegebenenfalls Gelegenheit haben, die Richtigkeit der Daten zu überprüfen;
c) sie für Beweiszwecke oder zur Feststellung, Ausübung oder Verteidigung von Rechtsansprüchen weiter aufbewahrt werden müssen; oder
d) die betroffene Person Einspruch gegen ihre Löschung erhebt und stattdessen eine Einschränkung der Nutzung der Daten fordert.

Art. 32 Sicherheit der Verarbeitung. (1) Europol ergreift geeignete technische und organisatorische Maßnahmen, um der zufälligen oder widerrechtlichen Vernichtung, dem zufälligen Verlust, der unbefugten Weitergabe oder Veränderung der Daten und dem unbefugten Zugang zu ihnen sowie jeder anderen Form ihrer unrechtmäßigen Verarbeitung vorzubeugen.

(2) Europol und jeder Mitgliedstaat trifft im Hinblick auf die automatisierte Datenverarbeitung Maßnahmen, die geeignet sind,

a) Unbefugten den Zugang zu Datenverarbeitungsanlagen, mit denen personenbezogene Daten verarbeitet werden, zu verwehren (Zugangskontrolle);

b) zu verhindern, dass Datenträger unbefugt gelesen, kopiert, verändert oder entfernt werden können (Datenträgerkontrolle);

c) die unbefugte Dateneingabe sowie die unbefugte Kenntnisnahme, Änderung oder Löschung gespeicherter personenbezogener Daten zu verhindern (Speicherkontrolle);

d) zu verhindern, dass automatisierte Datenverarbeitungssysteme mithilfe von Einrichtungen zur Datenübertragung von Unbefugten genutzt werden können (Benutzerkontrolle);

e) zu gewährleisten, dass die zur Benutzung eines automatisierten Datenverarbeitungssystems Berechtigten nur auf die ihrer Zugangsberechtigung unterliegenden Daten zugreifen können (Zugriffskontrolle);

f) zu gewährleisten, dass überprüft und festgestellt werden kann, an welche Stellen personenbezogene Daten durch Einrichtungen zur Datenübertragung übermittelt werden können oder übermittelt worden sind (Übermittlungskontrolle);

g) zu gewährleisten, dass überprüft und festgestellt werden kann, welche personenbezogenen Daten wann und von wem in automatisierte Datenverarbeitungssysteme eingegeben worden sind (Eingabekontrolle);

h) zu gewährleisten, dass überprüft und festgestellt werden kann, auf welche Daten von welchem Mitarbeiter zu welcher Zeit zugegriffen wurde (Zugriffsprotokoll);

i) zu verhindern, dass bei der Übertragung personenbezogener Daten oder beim Transport von Datenträgern die Daten unbefugt gelesen, kopiert, geändert oder gelöscht werden können (Transportkontrolle);

j) zu gewährleisten, dass eingesetzte Systeme im Störungsfall unverzüglich wiederhergestellt werden können (Wiederherstellung); und

k) zu gewährleisten, dass die Funktionen des Systems fehlerfrei ablaufen, auftretende Fehlfunktionen unverzüglich gemeldet werden (Verlässlichkeit) und gespeicherte Daten nicht durch Fehlfunktionen des Systems verfälscht werden (Unverfälschtheit).

(3) Europol und die Mitgliedstaaten treffen Vorkehrungen, damit auch bei Beteiligung verschiedener Informationssysteme den Sicherheitserfordernissen Rechnung getragen wird.

Art. 33 Datenschutz durch Technik. Europol führt geeignete technische und organisatorische Maßnahmen und Verfahren durch, *durch die sichergestellt* wird, dass die Datenverarbeitung den Anforderungen dieser Verordnung genügt und die Rechte der betroffenen Person gewahrt werden.

Art. 34 Meldung von Verletzungen des Schutzes personenbezogener Daten an die betreffenden Behörden. (1) Im Falle einer Verletzung des Schutzes personenbezogener Daten unterrichtet Europol unverzüglich den EDSB und die betreffenden zuständigen Behörden der Mitgliedstaaten, im Einklang mit den in Artikel 7 Absatz 5 festgelegten Bedingungen, sowie den betreffenden Datenlieferanten von dieser Verletzung.

(2) Die Meldung gemäß Absatz 1 muss mindestens Folgendes enthalten:

a) eine Beschreibung der Art der Verletzung des Schutzes personenbezogener Daten, soweit möglich und angezeigt mit Angabe der Kategorien und der Zahl der betroffenen Personen, der betroffenen Datenkategorien und der Zahl der betroffenen Datensätze;
b) eine Beschreibung der wahrscheinlichen Folgen der Verletzung des Schutzes personenbezogener Daten;
c) eine Beschreibung der von Europol vorgeschlagenen oder ergriffenen Maßnahmen zur Behandlung der Verletzung des Schutzes personenbezogener Daten; und
d) gegebenenfalls eine Angabe empfohlener Maßnahmen zur Eindämmung etwaiger nachteiliger Auswirkungen der Verletzung des Schutzes personenbezogener Daten.

(3) Europol dokumentiert etwaige Verletzungen des Schutzes personenbezogener Daten, einschließlich der die Verletzung betreffenden Tatsachen, der Auswirkungen der Verletzung und der getroffenen Abhilfemaßnahmen und ermöglicht damit dem EDSB die Überprüfung der Einhaltung dieses Artikels .

Art. 35 Benachrichtigung der betroffenen Person von einer Verletzung des Schutzes ihrer personenbezogenen Daten. (1) Vorbehaltlich des Absatzes 4 dieses Artikels gilt für den Fall, dass eine Verletzung des Schutzes personenbezogener Daten im Sinne des Artikels 34 wahrscheinlich eine schwere Beeinträchtigung der Rechte und Freiheiten der betroffenen Person zur Folge hat, dass Europol unverzüglich die betroffene Person von der Verletzung des Schutzes personenbezogener Daten benachrichtigt.

(2) Die in Absatz 1 genannte Benachrichtigung der betroffenen Person umfasst soweit möglich eine Beschreibung der Art der Verletzung des Schutzes personenbezogener Daten, eine Angabe empfohlener *Maßnahmen zur Eindämmung* etwaiger nachteiliger Auswirkungen der Verletzung des Schutzes personenbezogener Daten sowie den Namen und die Kontaktdaten des Datenschutzbeauftragten.

(3) Verfügt Europol nicht über die Kontaktdaten der betroffenen Person, so ersucht sie den Datenlieferanten, die betroffene Person von der Verletzung des Schutzes personenbezogener Daten zu benachrichtigen und Europol über die getroffenen Entscheidungen zu unterrichten. Die die Daten liefernden Mitgliedstaaten benachrichtigen die be-

troffene Person nach den in ihrem nationalen Recht vorgesehenen Verfahren von der Verletzung des Schutzes personenbezogener Daten.

(4) Die Benachrichtigung der betroffenen Person von der Verletzung des Schutzes personenbezogener Daten ist nicht erforderlich, wenn

a) Europol geeignete technische Schutzmaßnahmen auf die von der Verletzung betroffenen personenbezogenen Daten angewandt hat, die die betreffenden Daten für alle Personen verschlüsseln, die nicht zum Zugriff auf die Daten befugt sind,

b) Europol durch nachfolgende Maßnahmen sichergestellt hat, dass die Rechte und Freiheiten der betroffenen Personen aller Wahrscheinlichkeit nach nicht mehr erheblich beeinträchtigt werden, oder

c) die Benachrichtigung insbesondere angesichts der Zahl der betroffenen Fälle mit einem unverhältnismäßigen Aufwand verbunden wäre. In diesen Fällen hat stattdessen eine öffentliche Bekanntmachung oder eine ähnliche Maßnahme zu erfolgen, durch die die betroffenen Personen vergleichbar wirksam unterrichtet werden.

(5) Die Benachrichtigung der betroffenen Person kann aufgeschoben, eingeschränkt oder unterlassen werden, sofern eine derartige Maßnahme – unter gebührender Berücksichtigung der legitimen Interessen der betroffenen Person – notwendig ist, um

a) zu vermeiden, dass behördliche oder gerichtliche Ermittlungen, Untersuchungen oder Verfahren behindert werden;

b) zu vermeiden, dass die Verhütung, Aufdeckung, Untersuchung oder Verfolgung von Straftaten beeinträchtigt wird, oder um Strafen zu vollstrecken;

c) die öffentliche und nationale Sicherheit zu schützen;

d) die Rechte und Freiheiten Dritter zu schützen.

Art. 36 Auskunftsrecht der betroffenen Person. (1) Jede betroffene Person hat das Recht, in angemessenen Abständen zu erfahren, ob sie betreffende personenbezogene Daten von Europol verarbeitet werden.

(2) Unbeschadet des Absatzes 5 übermittelt Europol der betroffenen Person

a) eine Bestätigung, ob sie betreffende Daten verarbeitet werden oder nicht,

b) zumindest Angaben zu den Zwecken der Verarbeitung, den Datenkategorien, die verarbeitet werden, den Empfängern oder Kategorien von Empfängern, an die die Daten übermittelt werden,

c) eine Mitteilung in verständlicher Form über die Daten, die Gegenstand der Verarbeitung sind, sowie über alle verfügbaren Informationen zur Herkunft der Daten,

d) eine Angabe der Rechtsgrundlage für die Datenverarbeitung,

e) die geplante Speicherfrist,

f) eine Belehrung über das Recht auf Berichtigung, auf Löschung der sie betreffenden personenbezogenen Daten bzw. auf Einschränkung der Verarbeitung dieser Daten durch Europol.

(3) Jede betroffene Person, die ihr Recht auf Zugang zu sie betreffenden personenbezogenen Daten wahrnehmen will, kann dies bei der zu diesem Zweck benannten Behörde eines Mitgliedstaats seiner Wahl beantragen, ohne dass ihr dadurch übermäßige Kosten entstehen. Die Behörde leitet den Antrag unverzüglich, in jedem Fall aber innerhalb eines Monats nach Eingang des Antrags, an Europol weiter.

(4) Europol bestätigt den Eingang des Antrags nach Absatz 3. Europol beantwortet ihn unverzüglich, spätestens aber innerhalb von drei Monaten nach Eingang des Antrags der nationalen Behörde bei Europol.

(5) Europol konsultiert die zuständigen Behörden der Mitgliedstaaten unter den in Artikel 7 Absatz 5 festgelegten Bedingungen sowie den betreffenden Datenlieferanten, bevor sie über einen Antrag entscheidet. Eine Entscheidung über den Zugang zu personenbezogenen Daten setzt eine enge Zusammenarbeit zwischen Europol und den Mitgliedstaaten sowie dem Datenlieferanten, der vom Zugang der betroffenen Person zu solchen Daten unmittelbar betroffen ist, voraus. Lehnt ein Mitgliedstaat oder der Datenlieferant die von Europol vorgeschlagene Antwort ab, so setzt er Europol unter Angabe von Gründen im Einklang mit Absatz 6 dieses Artikels davon in Kenntnis. Europol trägt jeder derartigen Ablehnung umfassend Rechnung. Europol unterrichtet anschließend die betreffenden zuständigen Behörden, im Einklang mit den in Artikel 7 Absatz 5 festgelegten Bedingungen, sowie den Datenlieferanten über ihre Entscheidung.

(6) Die Bereitstellung von Informationen infolge eines Antrags nach Absatz 1 kann verweigert oder eingeschränkt werden, falls eine derartige Verweigerung oder Einschränkung erforderlich ist

a) für die ordnungsgemäße Erfüllung der Aufgaben von Europol,
b) zum Schutz der Sicherheit und der öffentlichen Ordnung oder zur Bekämpfung von Straftaten,
c) zur Gewährleistung, dass keine nationalen Ermittlungen gestört werden, oder
d) zum Schutz der Rechte und Freiheiten Dritter.

Bei der Prüfung, ob eine Ausnahme in Frage kommt, werden die Grundrechte und Interessen der betroffenen Person berücksichtigt.

(7) Europol unterrichtet die betroffene Person schriftlich über die Zugangsverweigerung oder -einschränkung, über die Gründe einer solchen Entscheidung und ihr Recht, beim EDSB Beschwerde einzulegen. Würde Absatz 6 durch die Bereitstellung dieser Informationen wirkungslos, so teilt Europol der betroffenen Person lediglich mit, dass es eine Überprüfung vorgenommen hat, ohne dabei Hinweise zu geben, denen die Person entnehmen könnte, dass bei Europol sie betreffende Daten verarbeitet werden.

Art. 37 Recht auf Berichtigung, Löschung und Einschränkung. (1) Jede betroffene Person, die gemäß Artikel 36 auf sie betreffende personenbezogene Daten, die von Europol verarbeitet wurden, zugegriffen hat, hat das Recht, von Europol über die zu diesem Zweck benannte Behörde in dem Mitgliedstaat ihrer Wahl die Berichtigung von sie betreffenden fehlerhaften personenbezogenen Daten, die bei Europol gespeichert sind, sowie deren Vervollständigung oder Aktualisierung zu verlangen. Die Behörde leitet den Antrag unverzüglich, in jedem Fall aber innerhalb eines Monats nach Eingang des Antrags, an Europol weiter.

(2) Jede betroffene Person, die gemäß Artikel 36 auf sie betreffende personenbezogene Daten, die von Europol verarbeitet wurden, zugegriffen hat, hat das Recht, von Europol über die zu diesem Zweck benannte Behörde in dem Mitgliedstaat ihrer Wahl die Löschung von sie betreffenden personenbezogenen Daten, die bei Europol gespeichert sind, zu verlangen, wenn diese für die Zwecke, für die sie erhoben oder weiterverarbeitet wurden, nicht mehr benötigt werden. Die Behörde leitet den Antrag unverzüglich, in jedem Fall aber innerhalb eines Monats nach Eingang des Antrags, an Europol weiter.

(3) Besteht berechtigter Grund zu der Annahme, dass eine Löschung die schutzwürdigen Interessen der betroffenen Person beeinträchtigen würde, so werden die personenbezogenen Daten nach Absatz 2 von Europol nicht gelöscht, sondern lediglich ihre Verarbeitung eingeschränkt. In ihrer Verarbeitung eingeschränkte Daten dürfen nur zu dem Zweck verarbeitet werden, der ihrer Löschung entgegenstand.

(4) Wurden bei Europol gespeicherte personenbezogene Daten der in den Absätzen 1, 2 und 3 genannten Art Europol von Drittstaaten, internationalen Organisationen oder Unionseinrichtungen übermittelt oder wurden sie unmittelbar durch private Parteien übermittelt oder von Europol aus öffentlich zugänglichen Quellen beschafft oder stammen sie aus eigenen Analysen von Europol, so nimmt Europol die Berichtigung, Löschung oder Einschränkung der Verarbeitung dieser Daten vor und unterrichtet gegebenenfalls die betreffenden Datenlieferanten.

(5) Wurden bei Europol gespeicherte personenbezogene Daten der in den Absätzen 1, 2 und 3 genannten Art Europol von Mitgliedstaaten übermittelt, so berichtigen oder löschen die betreffenden Mitgliedstaaten diese Daten im Rahmen ihrer jeweiligen Zuständigkeiten in Abstimmung mit Europol bzw. schränken ihre Verarbeitung ein.

(6) Wurden Europol auf sonstige geeignete Weise unrichtige personenbezogene Daten übermittelt oder sind die Fehler in den von den Mitgliedstaaten gelieferten Daten auf eine fehlerhafte oder unter Verstoß gegen diese Verordnung stehende Übermittlung zurückzuführen oder beruht die Fehlerhaftigkeit darauf, dass Europol Daten in nicht ordnungsgemäßer Weise oder unter Verstoß gegen diese Verordnung eingegeben, übernommen oder gespeichert hat, so berichtigt oder

löscht Europol solche Daten in Abstimmung mit dem betreffenden Datenlieferanten.

(7) In den in den Absätzen 4, 5 und 6 genannten Fällen werden alle Empfänger der betreffenden Daten unverzüglich unterrichtet. Diese Empfänger müssen dann gemäß den für sie geltenden Regeln in ihrem eigenen System ebenfalls die entsprechende Berichtigung, Löschung oder Einschränkung der Verarbeitung vornehmen.

(8) Europol teilt der betroffenen Person binnen kürzester Frist, spätestens aber innerhalb von drei Monaten nach Eingang eines Antrags nach Absatz 1 oder 2, schriftlich mit, dass die betreffenden Daten berichtigt oder gelöscht wurden bzw. ihre Verarbeitung eingeschränkt wurde.

(9) Europol unterrichtet die betroffene Person innerhalb von drei Monaten nach Eingang eines Antrags nach Absatz 1 oder 2 schriftlich über jede Verweigerung einer Berichtigung, Löschung oder Einschränkung der Verarbeitung, über die Gründe für eine solche Verweigerung sowie über die Möglichkeit, Beschwerde beim EDSB einzulegen oder den Rechtsweg zu beschreiten.

Art. 38 Datenschutzrechtliche Verantwortung. (1) Europol speichert personenbezogene Daten so, dass gewährleistet ist, dass ihre Quelle nach Maßgabe von Artikel 17 feststellbar ist.

(2) Die Verantwortung für die Qualität personenbezogener Daten gemäß Artikel 28 Absatz 1 Buchstabe d liegt bei:

a) dem Mitgliedstaat oder der Unionseinrichtung, der/die die personenbezogenen Daten an Europol übermittelt hat,

b) Europol, für personenbezogene Daten, die von Drittstaaten oder internationalen Organisationen oder unmittelbar von privaten Parteien übermittelt wurden; für von Europol aus öffentlich zugänglichen Quellen abgerufene oder aus eigenen Analysen von Europol stammende personenbezogene Daten oder für von Europol gemäß Artikel 31 Absatz 5 gespeicherte personenbezogene Daten.

(3) Stellt Europol fest, dass gemäß Artikel 17 Absatz 1 Buchstaben a und b übermittelte personenbezogene Daten sachlich unrichtig sind oder unrechtmäßig gespeichert wurden, so unterrichtet sie den Lieferanten dieser Daten davon.

(4) Europol ist für die Einhaltung der Grundsätze nach Artikel 28 Absatz 1 Buchstaben a, b, c, e und f verantwortlich.

(5) Die Verantwortung für die Rechtmäßigkeit einer Datenübermittlung liegt bei:

a) dem Mitgliedstaat, der personenbezogene Daten an Europol übermittelt hat,

b) Europol, wenn Europol personenbezogene Daten an Mitgliedstaaten, Drittstaaten oder internationale Organisationen übermittelt hat.

(6) Bei Übermittlungen zwischen Europol und Unionseinrichtungen liegt die Verantwortung für die Rechtmäßigkeit der Übermittlung bei Europol.

Unbeschadet des ersten Unterabsatzes sind sowohl Europol als auch der Empfänger für die Rechtmäßigkeit dieser Übermittlung verantwortlich, wenn Europol die Daten auf Ersuchen des Empfängers übermittelt.

(7) Europol trägt die Verantwortung für alle von ihr durchgeführten Datenverarbeitungsvorgänge mit Ausnahme des unter Nutzung der Infrastruktur von Europol zwischen Mitgliedstaaten, Unionseinrichtungen, Drittstaaten und internationalen Organisationen erfolgenden bilateralen Austauschs von Daten, auf die Europol keinen Zugriff hat. Ein derartiger bilateraler Austausch erfolgt unter der Verantwortung der betreffenden Stellen nach Maßgabe ihres Rechts. Die Sicherheit dieses Austauschs wird im Einklang mit Artikel 32 gewährleistet.

Art. 39 Vorherige Konsultation. (1) Jede neue Art von Verarbeitungsvorgang, den es durchzuführen gilt, ist Gegenstand einer vorherigen Konsultation, wenn

a) in Artikel 30 Absatz 2 genannte besondere Kategorien von Daten verarbeitet werden,

b) von der Art der Verarbeitung, insbesondere der Verarbeitung mit neuen Technologien, Mechanismen oder Verfahren, besondere Gefahren für die Grundrechte und Grundfreiheiten der betroffenen Personen und insbesondere den Schutz ihrer personenbezogenen Daten ausgehen.

(2) Die vorherige Konsultation wird vom EDSB nach Erhalt der Meldung des Datenschutzbeauftragten vorgenommen, die zumindest eine allgemeine Beschreibung der geplanten Verarbeitungsvorgänge und eine Bewertung der in Bezug auf die Rechte und Freiheiten der betroffenen Personen bestehenden Risiken sowie der geplanten Abhilfemaßnahmen, Garantien, Sicherheitsvorkehrungen und Mechanismen enthält, durch die der Schutz personenbezogener Daten sichergestellt und der Nachweis dafür erbracht wird, dass diese Verordnung eingehalten wird, wobei den Rechten und den berechtigten Interessen der von der Datenverarbeitung betroffenen Personen und sonstiger Betroffener Rechnung zu tragen ist.

(3) Der EDSB legt seine Stellungnahme dem Verwaltungsrat innerhalb von zwei Monaten nach Empfang der Meldung vor. Diese Frist kann ausgesetzt werden, bis dem EDSB weitere von ihm erbetene Auskünfte vorliegen.

Ist nach Ablauf von vier Monaten keine Stellungnahme erfolgt, so gilt sie als befürwortend.

Ist der EDSB der Ansicht, dass bei der gemeldeten Verarbeitung ein Verstoß gegen eine der Bestimmungen dieser Verordnung vorliegen könnte, schlägt er gegebenenfalls Abhilfemaßnahmen vor. Ändert

Europol die Verarbeitung nicht entsprechend, kann der EDSB seine Befugnisse nach Artikel 43 Absatz 3 ausüben.

(4) Der EDSB führt ein Register aller ihm aufgrund von Absatz 1 gemeldeten Verarbeitungen. Das Register ist nicht öffentlich einsehbar.

Art. 40 Protokollierung und Dokumentierung. (1) Zum Zwecke der Überprüfung der Rechtmäßigkeit der Datenverarbeitung, der Eigenkontrolle und der Sicherstellung der Unverfälschtheit und Sicherheit der Daten hält Europol die Erhebung, Änderung, Offenlegung, Verknüpfung oder Löschung personenbezogener Daten sowie den Zugriff auf diese Daten schriftlich fest. Die dazugehörigen Protokolle oder Dokumentierungen werden nach drei Jahren gelöscht, sofern die Daten, die sie enthalten, nicht für eine gerade laufende Kontrolle noch weiter benötigt werden. Eine Änderung der Protokolle darf nicht möglich sein.

(2) Die nach Absatz 1 erstellten Protokolle oder Dokumentierungen werden dem EDSB, dem Datenschutzbeauftragten und, falls sie für bestimmte Ermittlungen benötigt werden, der betreffenden nationalen Stelle auf Verlangen übermittelt. Die so übermittelten Informationen werden ausschließlich zu Zwecken der Datenschutzkontrolle und zur Sicherstellung einer ordnungsgemäßen Verarbeitung sowie der Integrität und Sicherheit der Daten verwendet.

Art. 41 Datenschutzbeauftragter. (1) Der Verwaltungsrat ernennt einen Datenschutzbeauftragten, der dem Personal von Europol angehört. In Erfüllung seiner Pflichten handelt er unabhängig.

(2) Der Datenschutzbeauftragte wird aufgrund seiner persönlichen und beruflichen Befähigung und insbesondere seines Fachwissens auf dem Gebiet des Datenschutzes ausgewählt.

Bei der Wahl des Datenschutzbeauftragten wird gewährleistet, dass kein Interessenkonflikt zwischen seinem Amt als Datenschutzbeauftragtem und seinen sonstigen dienstlichen Aufgaben, insbesondere Aufgaben in Verbindung mit der Anwendung dieser Verordnung, führen kann.

(3) Der Datenschutzbeauftragte wird für einen Zeitraum von vier Jahren ernannt. Eine Wiederernennung für einen Gesamtzeitraum von höchstens acht Jahren ist möglich. Der Datenschutzbeauftragte kann vom Verwaltungsrat nur mit Zustimmung des EDSB seines Amtes als Datenschutzbeauftragter enthoben werden, wenn er die für die Erfüllung seiner Aufgaben erforderlichen Voraussetzungen nicht mehr erfüllt.

(4) Nach seiner Ernennung ist der Datenschutzbeauftragte durch den Verwaltungsrat beim EDSB einzutragen.

(5) Bei der Wahrnehmung seiner Aufgaben ist der Datenschutzbeauftragte keinen Weisungen unterworfen.

(6) In Bezug auf personenbezogene Daten mit Ausnahme verwaltungstechnischer personenbezogener Daten nimmt der Datenschutzbeauftragte insbesondere folgende Aufgaben wahr:

a) Er stellt in unabhängiger Weise sicher, dass diese Verordnung betreffend die Verarbeitung personenbezogener Daten intern Anwendung findet;

b) er stellt sicher, dass die Übermittlung und der Erhalt personenbezogener Daten nach Maßgabe dieser Verordnung erfasst werden;

c) er stellt sicher, dass die betroffenen Personen auf Anfrage über die ihnen nach dieser Verordnung zustehenden Rechte informiert werden;

d) er arbeitet mit dem für Verfahren, Schulung und Beratung im Bereich der Datenverarbeitung zuständigen Personal von Europol zusammen;

e) er arbeitet mit dem EDSB zusammen;

f) er erstellt einen Jahresbericht und übermittelt diesen dem Verwaltungsrat und dem EDSB;

g) er führt ein Register der Verletzungen des Schutzes personenbezogener Daten.

(7) Der Datenschutzbeauftragte nimmt in Bezug auf verwaltungstechnische personenbezogene Daten die in der Verordnung (EG) Nr. 45/2001 vorgesehenen Aufgaben wahr.

(8) Zur Erfüllung seiner Aufgaben hat der Datenschutzbeauftragte Zugang zu allen von Europol verarbeiteten Daten und zu allen Räumlichkeiten von Europol.

(9) Ist der Datenschutzbeauftragte der Auffassung, dass die Bestimmungen dieser Verordnung über die Verarbeitung personenbezogener Daten nicht eingehalten wurden, so unterrichtet er den Exekutivdirektor und fordert diesen auf, innerhalb einer bestimmten Frist Abhilfe zu schaffen.

Sorgt der Exekutivdirektor nicht innerhalb der bestimmten Frist für Abhilfe, so unterrichtet der Datenschutzbeauftragte den Verwaltungsrat. Der Datenschutzbeauftragte und der Verwaltungsrat setzen gemeinsam eine Frist für eine Reaktion des Verwaltungsrats. Sorgt der Verwaltungsrat nicht innerhalb der bestimmten Frist für Abhilfe, so befasst der Datenschutzbeauftragte den EDSB.

(10) Der Verwaltungsrat erlässt den Datenschutzbeauftragten betreffende Durchführungsbestimmungen. Diese Durchführungsbestimmungen betreffen insbesondere das Auswahlverfahren für die Stelle des Datenschutzbeauftragten, seine Entlassung sowie seine Aufgaben, Pflichten und Befugnisse und die Garantien zur Gewährleistung seiner Unabhängigkeit.

(11) Europol stellt dem Datenschutzbeauftragten das für die Erfüllung seiner Aufgaben erforderliche Personal und die entsprechenden Ressourcen zur Verfügung. Der Zugang dieser Mitglieder des Personals

zu allen bei Europol verarbeiteten personenbezogenen Daten und den Räumlichkeiten von Europol ist auf das für die Erfüllung ihrer Aufgaben erforderliche Maß beschränkt.

(12) Der Datenschutzbeauftragte und sein Personal sind nach Artikel 67 Absatz 1 zur Verschwiegenheit verpflichtet.

Art. 42 Überwachung durch die nationale Kontrollbehörde. (1) Jeder Mitgliedstaat benennt eine nationale Kontrollbehörde. Die Aufgabe der nationalen Kontrollbehörde besteht darin, nach Maßgabe des jeweiligen nationalen Rechts in unabhängiger Weise die Zulässigkeit der Übermittlung und des Abrufs personenbezogener Daten sowie jedweder Übermittlung dieser Daten an Europol durch diesen Mitgliedstaat zu überwachen und zu prüfen, ob hierdurch die Rechte der betreffenden betroffenen Personen verletzt werden. Zu diesem Zweck hat die nationale Kontrollbehörde entweder bei der nationalen Stelle oder in den Räumlichkeiten der Verbindungsbeamten Zugang zu den Daten, die ihr Mitgliedstaat nach den einschlägigen nationalen Verfahren an Europol übermittelt, sowie zu den Protokollen und Dokumentierungen nach Artikel 40.

(2) Zur Durchführung ihrer Kontrollen haben die nationalen Kontrollbehörden Zugang zu den Diensträumen und zu den Akten der jeweiligen zu Europol entsandten Verbindungsbeamten.

(3) Die nationalen Kontrollbehörden kontrollieren nach den einschlägigen nationalen Verfahren die Tätigkeit der nationalen Stellen sowie die Tätigkeit der Verbindungsbeamten, soweit diese Tätigkeit für den Schutz personenbezogener Daten von Belang ist. Sie halten den EDSB über die von ihnen in Bezug auf Europol getroffenen Maßnahmen auf dem Laufenden.

(4) Jede Person hat das Recht, die nationale Kontrollbehörde zu ersuchen, die Rechtmäßigkeit jeglicher Übermittlung oder Kommunikation von sie betreffenden Daten an Europol sowie des Abrufs dieser Daten durch den betreffenden Mitgliedstaat zu prüfen. Dieses Recht wird nach Maßgabe des nationalen Rechts des Mitgliedstaats, an dessen nationale Kontrollinstanz das Ersuchen gerichtet wird, ausgeübt.

Art. 43 Kontrolle durch den EDSB. (1) Der EDSB ist zuständig für die Kontrolle und Sicherstellung der Anwendung dieser Verordnung zum Schutz der Grundrechte und Grundfreiheiten natürlicher Personen bei der Verarbeitung personenbezogener Daten durch Europol sowie für die Beratung von Europol und der betroffenen Personen in allen die Verarbeitung personenbezogener Daten betreffenden Angelegenheiten. Zu diesem Zweck erfüllt er die in Absatz 2 genannten Aufgaben und übt die in Absatz 3 festgelegten Befugnisse in enger Zusammenarbeit mit den nationalen Kontrollbehörden gemäß Artikel 44 aus.

(2) Der EDSB hat folgende Aufgaben:

a) Er hört und prüft Beschwerden und unterrichtet die betroffenen Personen innerhalb einer angemessenen Frist über die Ergebnisse;

b) er führt von sich aus oder aufgrund einer Beschwerde Untersuchungen durch und unterrichtet die betroffenen Personen innerhalb einer angemessenen Frist über die Ergebnisse;

c) er kontrolliert und stellt die Anwendung dieser Verordnung und anderer Rechtsvorschriften der Union, die den Schutz natürlicher Personen bei der Verarbeitung personenbezogener Daten durch Europol betreffen, sicher;

d) er berät Europol von sich aus oder auf Anfrage in allen Fragen, die die Verarbeitung personenbezogener Daten betreffen, insbesondere bevor Europol interne Vorschriften zum Schutz der Grundrechte und Grundfreiheiten von Personen bei der Verarbeitung personenbezogener Daten ausarbeitet;

e) er führt ein Register der ihm aufgrund von Artikel 39 Absatz 1 gemeldeten und gemäß Artikel 39 Absatz 4 registrierten neuen Arten von Verarbeitungsvorgängen;

f) er nimmt eine vorherige Konsultation betreffend die ihm gemeldeten Verarbeitungen vor.

(3) Der EDSB kann im Rahmen dieser Verordnung:

a) betroffene Personen bei der Ausübung ihrer Rechte beraten,

b) bei einem behaupteten Verstoß gegen die Vorschriften über die Verarbeitung personenbezogener Daten Europol mit der Angelegenheit befassen und gegebenenfalls Vorschläge zur Behebung dieses Verstoßes und zur Verbesserung des Schutzes der betroffenen Personen machen,

c) anordnen, dass Anträgen auf Ausübung bestimmter Rechte in Bezug auf Daten stattgegeben wird, wenn diese Anträge unter Verstoß gegen die Artikel 36 und 37 abgelehnt wurden;

d) Europol ermahnen oder verwarnen;

e) Europol anweisen, die Berichtigung, Einschränkung der Verarbeitung, Löschung oder Vernichtung von personenbezogenen Daten, die unter Verletzung der Vorschriften über die Verarbeitung personenbezogener Daten verarbeitet wurden, durchzuführen und solche Maßnahmen Dritten, denen diese Daten mitgeteilt wurden, zu melden;

f) diejenigen Verarbeitungsvorgänge Europols, die einen Verstoß gegen die Vorschriften über die Verarbeitung personenbezogener Daten darstellen, vorübergehend oder endgültig verbieten;

g) Europol und, falls erforderlich, das Europäische Parlament, den Rat *und die Kommission mit* einer Angelegenheit befassen;

h) unter den im AEUV vorgesehenen Bedingungen in einer Angelegenheit den Gerichtshof der Europäischen Union anrufen;

i) beim Gerichtshof der Europäischen Union anhängigen Verfahren beitreten.

(4) Der EDSB ist befugt,

a) von Europol Zugang zu allen personenbezogenen Daten und allen für seine Untersuchungen erforderlichen Informationen zu erhalten,

b) Zugang zu allen Räumlichkeiten zu erhalten, in denen Europol ihre Tätigkeiten ausübt, sofern die begründete Annahme besteht, dass dort eine von dieser Verordnung betroffene Tätigkeit ausgeübt wird.

(5) Der EDSB erstellt einen jährlichen Bericht über seine Europol betreffenden Kontrolltätigkeiten, nachdem er die nationalen Kontrollbehörden konsultiert hat. Dieser Bericht ist Teil des in Artikel 48 der Verordnung (EG) Nr. 45/2001 genannten jährlichen Berichts des EDSB.

Dieser Bericht enthält statistische Informationen in Bezug auf Beschwerden, Ermittlungen und Untersuchungen, die gemäß Absatz 2 durchgeführt wurden, sowie in Bezug auf die Weitergabe personenbezogener Daten an Drittstaaten und internationale Organisationen, Fälle vorheriger Konsultation und die Ausübung der Befugnisse gemäß Absatz 3.

(6) Der EDSB sowie die Beamten und sonstigen Bediensteten der Geschäftsstelle des EDSB sind nach Artikel 67 Absatz 1 zur Verschwiegenheit verpflichtet.

Art. 44 Zusammenarbeit zwischen dem EDSB und den nationalen Kontrollbehörden. (1) Bei Fragen, die eine Einbeziehung der Mitgliedstaaten erfordern, arbeitet der EDSB eng mit den nationalen Kontrollbehörden zusammen, vor allem, wenn der EDSB oder eine nationale Kontrollbehörde größere Diskrepanzen zwischen den Verfahrensweisen der Mitgliedstaaten oder möglicherweise unrechtmäßige Übermittlungen über die Informationskanäle von Europol feststellt, oder bei Fragen einer oder mehrerer nationaler Kontrollbehörden zur Umsetzung und Auslegung dieser Verordnung.

(2) Der EDSB nutzt bei der Wahrnehmung seiner Pflichten gemäß Artikel 43 Absatz 2 die Fachkenntnisse und Erfahrungen nationaler Kontrollbehörden. Bei der Wahrnehmung gemeinsamer Inspektionen mit dem EDSB haben die Mitglieder und Bediensteten der nationalen Kontrollbehörden unter gebührender Berücksichtigung der Grundsätze der Subsidiarität und der Verhältnismäßigkeit die Befugnisse, die den Befugnissen nach Artikel 43 Absatz 4 entsprechen, und sind entsprechend der Verpflichtung nach Artikel 43 Absatz 6 verpflichtet. Im Rahmen ihrer jeweiligen Zuständigkeiten tauschen der EDSB und die nationalen Kontrollbehörden einschlägige Informationen aus und unterstützen sich gegenseitig bei Überprüfungen und Inspektionen.

(3) Der EDSB unterrichtet die nationalen Kontrollbehörden regelmäßig über alle Fragen, die sie unmittelbar betreffen oder in sonstiger

Hinsicht für sie relevant sind. Auf Antrag einer oder mehrerer nationaler Kontrollbehörden unterrichtet der EDSB sie über spezielle Fragen.

(4) In Fällen, die Daten aus einem oder mehreren Mitgliedstaaten betreffen – einschließlich der in Artikel 47 Absatz 2 aufgeführten Fälle –, konsultiert der EDSB die betroffenen nationalen Kontrollbehörden. Der EDSB trifft keinen Beschluss zur Einleitung weiterer Maßnahmen, bevor nicht diese nationalen Kontrollbehörden den EDSB von ihrem Standpunkt in Kenntnis gesetzt haben, wozu vom EDSB eine Frist von mindestens einem Monat und höchstens drei Monaten gesetzt wird. Der EDSB trägt den jeweiligen Standpunkten der nationalen Kontrollbehörden umfassend Rechnung. Beabsichtigt der EDSB, den Standpunkt einer nationalen Kontrollbehörde nicht zu berücksichtigen, so teilt er dieser Behörde dies unter Angabe der Gründe mit und befasst den durch Artikel 45 Absatz 1 eingesetzten Beirat für die Zusammenarbeit mit der Erörterung dieser Angelegenheit.

Liegt nach Auffassung des EDSB eine besondere Dringlichkeit vor, so kann er umgehend tätig werden. In solchen Fällen informiert der EDSB unverzüglich die betroffenen nationalen Kontrollbehörden und begründet die von ihm festgestellte Dringlichkeit und seine in diesem Zusammenhang eingeleiteten Maßnahmen.

Art. 45 Beirat für die Zusammenarbeit. (1) Es wird ein Beirat für die Zusammenarbeit eingesetzt, dem eine Beratungsfunktion zukommt. Er besteht aus je einem Vertreter einer nationalen Kontrollbehörde jedes Mitgliedstaats und dem EDSB.

(2) Der Beirat für die Zusammenarbeit handelt bei der Ausführung seiner Aufgaben gemäß Absatz 3 unabhängig, fordert von niemandem Weisungen an und nimmt auch keine Weisungen entgegen.

(3) Der Beirat für die Zusammenarbeit hat folgende Aufgaben:

a) Erörterung der allgemeinen Politik und Strategie Europols im Bereich der Überwachung des Datenschutzes und der Zulässigkeit der Übermittlung und des Abrufs personenbezogener Daten sowie der Mitteilung von personenbezogenen Daten an Europol durch die Mitgliedstaaten;

b) Prüfung von Schwierigkeiten bei der Auslegung oder Anwendung dieser Verordnung;

c) Untersuchung allgemeiner Probleme im Zusammenhang mit der Ausübung der unabhängigen Überwachung oder der Ausübung der Rechte der betroffen Personen;

d) Erörterung und Ausarbeitung harmonisierter Vorschläge für gemeinsame Lösungen in den in Artikel 44 Absatz 1 genannten Fragen;

e) Erörterung der vom EDSB gemäß Artikel 44 Absatz 4 vorgelegten Fälle;

f) Erörterung der von den nationalen Kontrollbehörden vorgelegten Fälle und

g) Förderung der Sensibilisierung für Datenschutzrechte.

(4) Der Beirat für die Zusammenarbeit kann Stellungnahmen, Leitlinien und Empfehlungen formulieren und bewährte Verfahren festlegen. Der EDSB und die nationalen Kontrollbehörden tragen ihnen im Rahmen ihrer jeweiligen Zuständigkeiten und unter Wahrung ihrer Unabhängigkeit umfassend Rechnung.

(5) Der Beirat für die Zusammenarbeit tritt nach Bedarf, mindestens jedoch zweimal jährlich zusammen. Die Kosten und die Ausrichtung seiner Sitzungen übernimmt der EDSB.

(6) Der Beirat für die Zusammenarbeit nimmt in seiner ersten Sitzung mit einfacher Mehrheit seiner Mitglieder seine Geschäftsordnung an. Weitere Arbeitsverfahren werden je nach Bedarf gemeinsam festgelegt.

Art. 46 Verwaltungstechnische personenbezogene Daten.[1] Die Verordnung (EG) Nr. 45/2001 gilt für alle verwaltungstechnischen personenbezogenen Daten im Besitz von Europol.

Kapitel VII. Rechtsbehelfe und Haftung

Art. 47 Recht auf Beschwerde beim EDSB. (1) Jede betroffene Person kann beim EDSB eine Beschwerde einreichen, wenn sie der Ansicht ist, dass die Verarbeitung sie betreffender personenbezogener Daten durch Europol gegen diese Verordnung verstößt.

(2) Betrifft eine Beschwerde eine Entscheidung gemäß den Artikeln 36 oder 37, so konsultiert der EDSB die nationalen Kontrollbehörden des Mitgliedstaats, von dem die Daten stammen, oder des unmittelbar betroffenen Mitgliedstaats. Bei der Annahme seiner Entscheidung, die bis zu der Verweigerung jeglicher Übermittlung von Informationen reichen kann, berücksichtigt der EDSB die Stellungnahme der nationalen Kontrollbehörde.

(3) Betrifft eine Beschwerde die Verarbeitung von Daten, die ein Mitgliedstaat an Europol übermittelt hat, so vergewissern sich der EDSB und die nationale Kontrollbehörde des übermittelnden Mitgliedstaats im Rahmen ihrer jeweiligen Zuständigkeiten, dass die erforderliche Überprüfung der Rechtmäßigkeit der Datenverarbeitung ordnungsgemäß durchgeführt worden ist.

(4) Betrifft eine Beschwerde die Verarbeitung von Daten, die Europol von Unionseinrichtungen, Drittstaaten oder internationalen Organisationen übermittelt wurden, oder von Daten, die Europol aus öffentlich zugänglichen Quellen eingeholt hat oder die Ergebnisse eige-

[1] Vgl. Beschluss des Verwaltungsrats von Europol v. 9. Juni 2020 über interne Vorschriften zur Beschränkung bestimmter Rechte betroffener Personen in Bezug auf die Verarbeitung von verwaltungstechnischen personenbezogenen Daten durch Europol (ABl. Nr. L 260/15 v. 10.8.2020).

ner Analysen von Europol sind, so vergewissert sich der EDSB, dass Europol die erforderliche Überprüfung der Rechtmäßigkeit der Datenverarbeitung ordnungsgemäß durchgeführt hat.

Art. 48 Rechtsbehelf gegen den EDSB. Etwaige Klagen gegen Entscheidungen des EDSB werden beim Gerichtshof der Europäischen Union erhoben.

Art. 49 Allgemeine Bestimmungen zur Haftung und zum Recht auf Schadensersatz. (1) Die vertragliche Haftung von Europol bestimmt sich nach dem Recht, das auf den betreffenden Vertrag anzuwenden ist.

(2) Für Entscheidungen aufgrund einer Schiedsklausel in einem von Europol geschlossenen Vertrag ist der Gerichtshof der Europäischen Union zuständig.

(3) Unbeschadet des Artikels 49 ersetzt Europol im Bereich der außervertraglichen Haftung die von ihren Dienststellen oder ihren Bediensteten in Ausübung ihrer Amtstätigkeit verursachten Schäden nach den allgemeinen Rechtsgrundsätzen, die den Rechtsordnungen der Mitgliedstaaten gemeinsam sind.

(4) Für Streitfälle im Zusammenhang mit dem Schadensersatz nach Absatz 3 ist der Gerichtshof der Europäischen Union zuständig.

(5) Die persönliche Haftung der Europol-Bediensteten gegenüber Europol bestimmt sich nach den Vorschriften des Beamtenstatuts beziehungsweise der für sie geltenden Beschäftigungsbedingungen für die sonstigen Bediensteten.

Art. 50 Haftung für die fehlerhafte Verarbeitung personenbezogener Daten und Recht auf Schadensersatz. (1) Jede Person, der wegen einer widerrechtlichen Datenverarbeitung ein Schaden entsteht, hat das Recht, entweder von Europol nach Artikel 340 AEUV oder von dem Mitgliedstaat, in dem der Schadensfall eingetreten ist, nach den nationalen Rechtsvorschriften des betreffenden Mitgliedstaats Schadensersatz zu fordern. Die Person erhebt Klage gegen Europol beim Gerichtshof der Europäischen Union oder gegen den Mitgliedstaat bei dem zuständigen nationalen Gericht des betreffenden Mitgliedstaats.

(2) Bei Meinungsverschiedenheiten zwischen Europol und Mitgliedstaaten über die Frage, wer letztlich für den einer Person nach Absatz 1 gewährten Schadensersatz zuständig ist, wird der Verwaltungsrat befasst, der mit Zweidrittelmehrheit seiner Mitglieder entscheidet, unbeschadet des Rechts, diese Entscheidung nach Artikel 263 AEUV anzufechten.

Kapitel VIII. Gemeiname Parlamentarische Kontrolle

Art. 51 Gemeinsame Parlamentarische Kontrolle. (1) Gemäß Artikel 88 AEUV wird die Kontrolle der Tätigkeiten von Europol durch das Europäische Parlament zusammen mit den nationalen Parlamenten ausgeübt. Dafür wird ein spezieller Gemeinsamer parlamentarischer Kontrollausschuss gebildet, den die nationalen Parlamente und der zuständige Ausschuss des Europäischen Parlaments gemeinsam einsetzen. Die Arbeitsweise und die Geschäftsordnung des Gemeinsamen parlamentarischen Kontrollausschusses werden vom Europäischen Parlament und den nationalen Parlamenten gemäß Artikel 9 des Protokolls Nr. 1 gemeinsam festgelegt.

(2) Der Gemeinsame parlamentarische Kontrollausschuss führt die politische Kontrolle der Tätigkeiten Europols bei der Erfüllung ihres Auftrags durch, einschließlich hinsichtlich der Auswirkungen dieser Tätigkeiten auf die Grundrechte und Grundfreiheiten natürlicher Personen.

Für die Zwecke von UnterAbsatz 1 gilt Folgendes:

a) Der Vorsitzende des Verwaltungsrats, der Exekutivdirektor oder ihre Stellvertreter erscheinen vor dem Gemeinsamen parlamentarischen Kontrollausschuss auf dessen Verlangen zur Erörterung von Angelegenheiten in Bezug auf die in UnterAbsatz 1 genannten Tätigkeiten, einschließlich der Haushaltsaspekte dieser Tätigkeiten, der Organisationsstruktur Europols und der möglichen Einrichtung neuer Einheiten oder Fachzentren; dabei berücksichtigen sie die Verpflichtung zur Zurückhaltung und Verschwiegenheit. Der Ausschuss kann gegebenenfalls beschließen, weitere maßgebliche Personen zu seinen Sitzungen hinzuzuziehen;

b) der EDSB erscheint vor dem Gemeinsamen parlamentarischen Kontrollausschuss auf dessen Verlangen und mindestens einmal jährlich, um mit diesem allgemeine Fragen der Grundrechte und Grundfreiheiten natürlicher Personen zu erörtern, insbesondere den Schutz personenbezogener Daten im Zusammenhang mit den Tätigkeiten von Europol, wobei der Verpflichtung zu Verschwiegenheit und Geheimhaltung Rechnung getragen wird.

c) Der Gemeinsame parlamentarische Kontrollausschuss wird zur mehrjährigen Programmplanung von Europol gemäß Artikel 12 Absatz 1 gehört.

(3) Europol übermittelt unter Berücksichtigung der Verpflichtung zur Zurückhaltung und Verschwiegenheit dem Gemeinsamen parlamentarischen Kontrollausschuss informationshalber die folgenden Dokumente:

a) im Zusammenhang mit den Zielen von Europol stehende Risikobewertungen, strategische Analysen und allgemeine Lageberichte sowie die Ergebnisse von Europol in Auftrag gegebener Studien und Evaluierungen;

b) die gemäß Artikel 25 Absatz 1 geschlossenen Verwaltungsvereinbarungen;

c) das Dokument gemäß Artikel 12 Absatz 1, das die mehrjährige Programmplanung und das jährliche Arbeitsprogramm von Europol enthält;

d) den konsolidierten jährlichen Tätigkeitsbericht über die Tätigkeiten von Europol gemäß Artikel 11 Absatz 1 Buchstabe c;

e) den von der Kommission erstellten Bewertungsbericht gemäß Artikel 68 Absatz 1.

(4) Der Gemeinsame parlamentarische Kontrollausschuss kann andere zur Wahrnehmung seiner Aufgaben erforderliche relevante Unterlagen hinsichtlich der politischen Überwachung der Tätigkeiten von Europol gemäß der Verordnung (EG) Nr. 1049/2001 des Europäischen Parlaments und des Rates[1] und unbeschadet der Artikel 52 und 67 der vorliegenden Verordnung anfordern.

(5) Der Gemeinsame parlamentarische Kontrollausschuss kann zusammenfassende Schlussfolgerungen über die politische Kontrolle der Tätigkeiten von Europol erstellen und diese Schlussfolgerungen dem Europäischen Parlament und den nationalen Parlamenten übermitteln. Das Europäische Parlament übermittelt die zusammenfassenden Schlussfolgerungen informationshalber an den Rat, die Kommission und Europol.

Art. 52 Zugang des Europäischen Parlaments zu von oder über Europol verarbeiteten Informationen. (1) Um die Ausübung der parlamentarischen Kontrolle der Tätigkeiten von Europol nach Artikel 51 zu ermöglichen, erhält das Europäische Parlament auf dessen Antrag Zugang zu von oder über Europol verarbeiteten, nicht als Verschlusssache eingestuften sensiblen Informationen, wobei die in Artikel 67 Absatz 1 genannten Vorschriften einzuhalten sind.

(2) Der Zugang des Europäischen Parlaments zu von oder über Europol verarbeiteten EU-Verschlusssachen muss mit der Interinstitutionellen Vereinbarung vom 12. März 2014 zwischen dem Europäischen Parlament und dem Rat über die Übermittlung an und die Bearbeitung durch das Europäische Parlament von im Besitz des Rates befindlichen Verschlusssachen in Bezug auf Angelegenheiten, die nicht unter die Gemeinsame Außen- und Sicherheitspolitik fallen[2], und den in Artikel 67 Absatz 2 dieser Verordnung aufgeführten Vorschriften im Einklang stehen.

(3) Die erforderlichen Einzelheiten des Zugangs des Europäischen Parlaments zu den in den Absätzen 1 und 2 genannten Informationen werden in zwischen Europol und dem Europäischen Parlament geschlossenen Arbeitsvereinbarungen festgelegt.

---

[1] *Verordnung (EG) Nr. 1049/2001* des Europäischen Parlaments und des Rates vom 30. Mai 2001 über den Zugang der Öffentlichkeit zu Dokumenten des Europäischen Parlaments, des Rates und der Kommission (ABl. L 145 vom 31.5.2001, S. 43).

[2] ABl. C 95 vom 1.4.2014, S. 1.

Kapitel IX. Personal

Art. 53 Allgemeine Bestimmungen. (1) Das Beamtenstatut und die Beschäftigungsbedingungen für die sonstigen Bediensteten sowie die von den Organen der Union im gegenseitigen Einvernehmen erlassenen Regelungen zur Anwendung des Statuts und der Beschäftigungsbedingungen für die sonstigen Bediensteten gelten unbeschadet des Artikels 73 Absatz 4 dieser Verordnung für das Personal von Europol mit Ausnahme der Mitarbeiter, die am 1. Mai 2017 auf der Grundlage von Verträgen beschäftigt sind, die Europol nach dem Europol-Übereinkommen geschlossen hat. Derartige Verträge unterliegen weiterhin dem Rechtsakt des Rates vom 3. Dezember 1998.

(2) Das Personal von Europol besteht aus Bediensteten auf Zeit und/oder aus Vertragsbediensteten. Der Verwaltungsrat wird einmal jährlich über vom Exekutivdirektor geschlossene unbefristete Verträge unterrichtet. Der Verwaltungsrat entscheidet darüber, welche im Stellenplan vorgesehenen Zeitplanstellen ausschließlich mit Bediensteten aus den zuständigen Behörden der Mitgliedstaaten besetzt werden dürfen. Bedienstete, die für die Besetzung dieser Planstellen eingestellt werden, haben den Status von Bediensteten auf Zeit und dürfen nur einen befristeten Anstellungsvertrag erhalten, der einmalig um einen befristeten Zeitraum verlängert werden kann.

Art. 54 Exekutivdirektor. (1) Der Exekutivdirektor wird als Zeitbediensteter von Europol gemäß Artikel 2 Buchstabe a der Beschäftigungsbedingungen für die sonstigen Bediensteten eingestellt.

(2) Der Exekutivdirektor wird vom Rat aus einer Auswahlliste von Bewerbern, die der Verwaltungsrat im Anschluss an ein offenes und transparentes Auswahlverfahren vorgeschlagen hat, ernannt.

Die Auswahlliste wird von einem vom Verwaltungsrat eingesetzten Auswahlausschuss erstellt, der sich aus von den Mitgliedstaaten designierten Mitgliedern und einem Vertreter der Kommission zusammensetzt.

Für den Abschluss des Vertrags mit dem Exekutivdirektor wird Europol durch den Vorsitzenden des Verwaltungsrats vertreten.

Vor der Ernennung kann der vom Rat ausgewählte Kandidat aufgefordert werden, vor dem zuständigen Ausschuss des Europäischen Parlaments zu erscheinen; dieses gibt anschließend seine unverbindliche Stellungnahme ab.

(3) Die Amtszeit des Exekutivdirektors beträgt vier Jahre. Bis zum Ablauf dieses Zeitraums nimmt die Kommission in Zusammenarbeit mit dem Verwaltungsrat eine Bewertung vor, bei der Folgendes berücksichtigt wird:

a) die Leistung des Exekutivdirektors und

b) die künftigen Aufgaben und Herausforderungen von Europol.

(4) Der Rat kann auf Vorschlag des Verwaltungsrats unter Berücksichtigung der Bewertung nach Absatz 3 die Amtszeit des Exekutivdirektors einmal und um höchstens vier Jahre verlängern.

(5) Der Verwaltungsrat unterrichtet das Europäische Parlament, wenn er beabsichtigt, dem Rat vorzuschlagen, die Amtszeit des Exekutivdirektors zu verlängern. Innerhalb eines Monats vor der Verlängerung der Amtszeit kann der Exekutivdirektor aufgefordert werden, vor dem zuständigen Ausschuss des Europäischen Parlaments zu erscheinen.

(6) Ein Exekutivdirektor, dessen Amtszeit verlängert wurde, nimmt nach Ende des Gesamtzeitraums nicht an einem anderen Auswahlverfahren für dieselbe Stelle teil.

(7) Der Exekutivdirektor kann seines Amtes nur aufgrund eines Beschlusses des Rates auf Vorschlag des Verwaltungsrats enthoben werden. Das Europäische Parlament ist über diesem Beschluss zu unterrichten.

(8) Der Verwaltungsrat entscheidet über die dem Rat zu unterbreitenden Vorschläge für die Ernennung, die Verlängerung der Amtszeit und die Amtsenthebung des Exekutivdirektors mit einer Mehrheit von zwei Dritteln seiner stimmberechtigten Mitglieder.

Art. 55 Stellvertretende Exekutivdirektoren. (1) Der Exekutivdirektor wird von drei stellvertretenden Exekutivdirektoren unterstützt. Der Exekutivdirektor legt ihre Aufgaben fest.

(2) Artikel 54 gilt für die stellvertretenden Exekutivdirektoren. Der Exekutivdirektor wird vor ihrer Ernennung, der Verlängerung ihrer Amtszeit oder ihrer Amtsenthebung konsultiert.

Art. 56 Abgeordnete nationale Sachverständige. (1) Europol kann auf abgeordnete nationale Sachverständige zurückgreifen.

(2) Der Verwaltungsrat beschließt eine Regelung für die zu Europol abgeordneten nationalen Sachverständigen.

Kapitel X. Finanzbestimmungen

Art. 57 Haushalt. (1) Über alle Einnahmen und Ausgaben von Europol sind Vorausschätzungen für jedes Haushaltsjahr vorzubereiten und im Haushaltsplan von Europol auszuweisen; das Haushaltsjahr entspricht dem Kalenderjahr.

(2) Der Haushalt von Europol muss in Bezug auf Einnahmen und Ausgaben ausgeglichen sein.

(3) Die Einnahmen von Europol umfassen unbeschadet anderer Finanzmittel einen Beitrag der Union aus dem Gesamthaushaltsplan der Union.

(4) Europol kann Mittel der Union in Form von Übertragungsvereinbarungen oder Ad-hoc-Finanzhilfen im Einklang mit ihrer Finanz-

regelung gemäß Artikel 61 und den Bestimmungen der betreffenden Instrumente zur Unterstützung der Strategien der Union erhalten.

(5) Die Ausgaben von Europol umfassen die Bezüge des Personals, die Verwaltungs- und Infrastrukturausgaben und die Betriebskosten.

(6) Mittelbindungen für Maßnahmen in Bezug auf Großprojekte, deren Durchführung sich über mehr als ein Haushaltsjahr erstreckt, können über mehrere Jahre in jährlichen Tranchen erfolgen.

Art. 58 Aufstellung des Haushaltsplans. (1) Der Exekutivdirektor erstellt jährlich einen Entwurf des Voranschlags der Einnahmen und Ausgaben von Europol für das folgende Haushaltsjahr, einschließlich eines Stellenplans, und übermittelt ihn dem Verwaltungsrat.

(2) Auf der Grundlage dieses Entwurfs des Voranschlags nimmt der Verwaltungsrat einen vorläufigen Entwurf des Voranschlags der Einnahmen und Ausgaben von Europol für das folgende Haushaltsjahr an und übermittelt ihn jedes Jahr bis zum 31. Januar der Kommission.

(3) Der endgültige Entwurf des Voranschlags der Einnahmen und Ausgaben von Europol, der auch einen Entwurf des Stellenplans umfasst, wird dem Europäischen Parlament, dem Rat und der Kommission jedes Jahr bis zum 31. März vom Verwaltungsrat übermittelt.

(4) Die Kommission übermittelt den Voranschlag zusammen mit dem Entwurf des Gesamthaushaltsplans der Union dem Europäischen Parlament und dem Rat.

(5) Auf der Grundlage des Voranschlags setzt die Kommission die von ihr für erforderlich erachteten Mittelansätze für den Stellenplan und den Betrag des Beitrags aus dem Gesamthaushaltsplan in den Entwurf des Gesamthaushaltsplans der Europäischen Union ein, den sie gemäß den Artikeln 313 und 314 AEUV dem Europäischen Parlament und dem Rat vorlegt.

(6) Das Europäische Parlament und der Rat bewilligen die Mittel für den Beitrag der Union zu Europol.

(7) Das Europäische Parlament und der Rat genehmigen den Stellenplan von Europol.

(8) Der Haushaltsplan von Europol wird vom Verwaltungsrat erlassen. Er wird endgültig, wenn der Gesamthaushaltsplan der Union endgültig erlassen ist. Erforderlichenfalls wird er entsprechend angepasst.

(9) Bei Immobilienprojekten, die voraussichtlich erhebliche Auswirkungen auf den Haushalt von Europol haben, gelten die Bestimmungen der Delegierten Verordnung (EU) Nr. 1271/2013.

Art. 59 Ausführung des Haushaltsplans. (1) Der Exekutivdirektor führt den Haushaltsplan von Europol aus.

(2) Der Exekutivdirektor übermittelt dem Europäischen Parlament und dem Rat jährlich alle einschlägigen Informationen zu den Ergebnissen aller Bewertungsverfahren.

Art. 60 Rechnungslegung und Entlastung. (1) Der Rechnungsführer von Europol übermittelt dem Rechnungsführer der Kommission und dem Rechnungshof die vorläufigen Jahresabschlüsse für das Haushaltsjahr (im Folgenden „Jahr N") bis zum 1. März des folgenden Haushaltsjahrs (im Folgenden „Jahr N + 1").

(2) Europol übermittelt dem Europäischen Parlament, dem Rat und dem Rechnungshof den Bericht über die Haushaltsführung und das Finanzmanagement für das Jahr N bis zum 31. März des Jahres N + 1.

(3) Der Rechnungsführer der Kommission übermittelt dem Rechnungshof die mit den Jahresabschlüssen der Kommission konsolidierten vorläufigen Jahresabschlüsse von Europol für das Jahr N bis zum 31. März des Jahres N + 1.

(4) Nach Eingang der Bemerkungen des Rechnungshofs zu den vorläufigen Jahresabschlüssen von Europol für das Jahr N gemäß Artikel 148 der Verordnung (EU, Euratom) Nr. 966/2012 des Europäischen Parlaments und des Rates[1)] stellt der Rechnungsführer von Europol die endgültigen Jahresabschlüsse von Europol für dieses Jahr auf. Der Exekutivdirektor legt sie dem Verwaltungsrat zur Stellungnahme vor.

(5) Der Verwaltungsrat gibt eine Stellungnahme zu den endgültigen Jahresabschlüssen von Europol für das Jahr N ab.

(6) Der Rechnungsführer von Europol übermittelt die endgültigen Jahresabschlüsse für das Jahr N zusammen mit der Stellungnahme des Verwaltungsrats nach Absatz 5 bis zum 1. Juli des Jahres N + 1 dem Europäischen Parlament, dem Rat, der Kommission, dem Rechnungshof und den nationalen Parlamenten.

(7) Die endgültigen Jahresabschlüsse für das Jahr N werden bis zum 15. November des Jahres N + 1 im Amtsblatt der Europäischen Union veröffentlicht.

(8) Der Exekutivdirektor übermittelt dem Rechnungshof bis zum 30. September des Jahres N + 1 eine Antwort auf die Bemerkungen im Jahresbericht. Er übermittelt diese Antwort auch dem Verwaltungsrat.

(9) Der Exekutivdirektor unterbreitet dem Europäischen Parlament auf dessen Anfrage gemäß Artikel 109 Absatz 3 der Delegierten Verordnung (EU) Nr. 1271/2013 alle Informationen, die für eine ordnungsgemäße Abwicklung des Entlastungsverfahrens für das Jahr N erforderlich sind.

(10) Auf Empfehlung des Rates, der mit qualifizierter Mehrheit beschließt, erteilt das Europäische Parlament dem Exekutivdirektor vor dem 15. Mai des Jahres N + 2 Entlastung für die Ausführung des Haushaltsplans für das Jahr N.

[1)] *Verordnung (EU, Euratom)* Nr. 966/2012 des Europäischen Parlaments und des Rates vom 25. Oktober 2012 über die Haushaltsordnung für den Gesamthaushaltsplan der Union und zur Aufhebung der Verordnung (EG, Euratom) Nr. 1605/2002 des Rates (ABl. L 298 vom 26.10.2012, S. 1).

Art. 61 Finanzregelung. (1) Der Verwaltungsrat erlässt nach Konsultationen mit der Kommission die für Europol geltende Finanzregelung. Diese darf von der Delegierten Verordnung (EU) Nr. 1271/2013 nur abweichen, wenn dies für den Betrieb von Europol eigens erforderlich ist und die Kommission vorher ihre Zustimmung erteilt hat.

(2) Europol darf für die Erfüllung der in Artikel 4 aufgeführten Aufgaben Finanzhilfen gewähren.

(3) Für die Durchführung von grenzübergreifenden Operationen und Ermittlungen sowie zur Erteilung von Schulungen in Bezug auf die in Artikel 4 Absatz 1 Buchstaben h und i aufgeführten Aufgaben darf Europol Mitgliedstaaten Finanzhilfen gewähren, ohne dass es einer Aufforderung zur Einreichung von Vorschlägen bedarf.

(4) Hinsichtlich der finanziellen Unterstützung für die Tätigkeit gemeinsamer Ermittlungsgruppen legen Europol und Eurojust gemeinsam die Regeln und Voraussetzungen fest, nach denen Anträge auf derartige Unterstützung zu bearbeiten sind.

Kapitel XI. Sonstige Bestimmungen

Art. 62 Rechtsstellung. (1) Europol ist eine Agentur der Union. Sie besitzt Rechtspersönlichkeit.

(2) Europol besitzt in jedem Mitgliedstaat die weitestgehende Rechts- und Geschäftsfähigkeit, die juristischen Personen nach nationalem Recht zuerkannt ist. Europol kann insbesondere bewegliches und unbewegliches Vermögen erwerben und veräußern und ist vor Gericht parteifähig.

(3) Gemäß dem dem EUV und dem AEUV beigefügten Protokoll Nr. 6 über die Festlegung der Sitze der Organe und bestimmter Einrichtungen, sonstiger Stellen und Dienststellen der Europäischen Union (im Folgenden „Protokoll Nr. 6") hat Europol ihren Sitz in Den Haag.

Art. 63 Vorrechte und Befreiungen. (1) Das dem EUV und dem AEUV beigefügte Protokoll Nr. 7 über die Vorrechte und Befreiungen der Europäischen Union findet auf Europol und ihr Personal Anwendung.

(2) Die Vorrechte und Befreiungen von Verbindungsbeamten und ihren Familienangehörigen sind Gegenstand einer Vereinbarung zwischen dem Königreich der Niederlande und den anderen Mitgliedstaaten. In dieser Vereinbarung sind die Vorrechte und Befreiungen, die für eine ordnungsgemäße Erfüllung der Aufgaben der Verbindungsbeamten erforderlich sind, geregelt.

Art. 64 Sprachenregelung. (1) Für Europol gelten die Bestimmungen der Verordnung Nr. 1[1]).

---

1) Verordnung Nr. 1 zur Regelung der Sprachenfrage für die Europäische Wirtschaftsgemeinschaft (ABl. 17 vom 6.10.1958, S. 385/58).

(2) Der Verwaltungsrat entscheidet mit einer Mehrheit von zwei Dritteln seiner Mitglieder über die interne Sprachenregelung von Europol.

(3) Die für die Arbeit von Europol erforderlichen Übersetzungsdienste werden vom Übersetzungszentrum für die Einrichtungen der Europäischen Union erbracht.

Art. 65 Transparenz. (1) Für die Dokumente Europols gilt die Verordnung (EG) Nr. 1049/2001.

(2) Der Verwaltungsrat legt bis zum 14. Dezember 2016 die Modalitäten für die Anwendung der Verordnung (EG) Nr. 1049/2001 in Bezug auf Europol-Dokumente fest.

(3) Gegen Entscheidungen von Europol nach Artikel 8 der Verordnung (EG) Nr. 1049/2001 kann nach Maßgabe der Artikel 228 und 263 AEUV Beschwerde beim Europäischen Bürgerbeauftragten oder Klage beim Gerichtshof der Europäischen Union erhoben werden.

(4) Europol veröffentlicht auf ihrer Website eine Liste der Mitglieder des Verwaltungsrats sowie Zusammenfassungen der Ergebnisse der Sitzungen des Verwaltungsrats. Die Veröffentlichung dieser Zusammenfassungen wird unter Berücksichtigung der Verpflichtung Europols zu Verschwiegenheit und Geheimhaltung und der operativen Ausrichtung der Agentur vorübergehend oder dauerhaft ausgesetzt oder eingeschränkt, falls die Erfüllung der Aufgaben Europols durch eine derartige Veröffentlichung gefährdet werden könnte.

Art. 66 Betrugsbekämpfung. (1) Zur Erleichterung der Bekämpfung von Betrug, Korruption und sonstigen rechtswidrigen Handlungen nach der Verordnung (EU, Euratom) Nr. 883/2013 tritt Europol bis zum 30. Oktober 2017 der Interinstitutionellen Vereinbarung vom 25. Mai 1999 zwischen dem Europäischen Parlament, dem Rat der Europäischen Union und der Kommission der Europäischen Gemeinschaften über die internen Untersuchungen des Europäischen Amtes für Betrugsbekämpfung (OLAF)[1] bei und verabschiedet die für sämtliche Mitarbeiter von Europol geltenden entsprechenden Bestimmungen nach dem Muster in der Anlage zu jener Vereinbarung.

(2) Der Rechnungshof ist befugt, bei allen Empfängern, Auftragnehmern und Unterauftragnehmern, die Unionsgelder von Europol erhalten haben, Rechnungsprüfungen anhand von Unterlagen und Kontrollen vor Ort durchzuführen.

(3) OLAF kann Untersuchungen einschließlich Kontrollen und Überprüfungen vor Ort durchführen, um festzustellen, ob im Zusammenhang mit von Europol gewährten Finanzhilfen oder vergebenen Verträgen ein Betrugs- oder Korruptionsdelikt oder eine sonstige rechtswidrige Handlung zum Nachteil der finanziellen Interessen der

[1] ABl. L 136 vom 31.5.1999, S. 15.

Union vorliegt. Diese Untersuchungen werden auf der Grundlage der Bestimmungen und Verfahren der Verordnung (EU, Euratom) Nr. 883/2013 und der Verordnung (Euratom, EG) Nr. 2185/96 des Rates[1)] durchgeführt.

(4) Unbeschadet der Absätze 1 bis 3 enthalten Arbeitsvereinbarungen mit Unionseinrichtungen, Behörden von Drittstaaten, internationalen Organisationen und privaten Parteien, Verträge, Finanzhilfevereinbarungen und Finanzhilfeentscheidungen Europols Bestimmungen, die den Europäischen Rechnungshof und OLAF ausdrücklich ermächtigen, die Auditprüfungen und Untersuchungen nach den Absätzen 2 und 3 im Rahmen ihrer jeweiligen Zuständigkeiten durchzuführen.

Art. 67 Vorschriften für den Schutz von nicht als Verschlusssache eingestuften sensiblen Informationen und von Verschlusssachen. (1) Europol legt Vorschriften bezüglich der Verpflichtung zur Zurückhaltung und Verschwiegenheit und des Schutzes von nicht als Verschlusssache eingestuften sensiblen Informationen fest.

(2) Europol legt Vorschriften für den Schutz von EU-Verschlusssachen fest, die mit dem Beschluss 2013/488/EU im Einklang stehen müssen, um ein gleichwertiges Niveau des Schutzes dieser Informationen zu gewährleisten.

Art. 68 Bewertung und Überarbeitung. (1) Die Kommission stellt sicher, dass bis zum 1. Mai 2022 und anschließend alle fünf Jahre eine Bewertung vorgenommen wird, in deren Rahmen insbesondere die Wirkung, Wirksamkeit und Effizienz Europols und ihrer Arbeitsverfahren beurteilt werden. Gegenstand der Bewertung können insbesondere das etwaige Erfordernis, den Aufbau, die Arbeitsweise, den Tätigkeitsbereich und die Aufgaben Europols zu ändern, und die finanziellen Auswirkungen solcher Änderungen sein.

(2) Die Kommission leitet den Bewertungsbericht an den Verwaltungsrat weiter. Der Verwaltungsrat nimmt innerhalb von drei Monaten nach Eingang des Bewertungsberichts Stellung dazu. Die Kommission leitet den endgültigen Bewertungsbericht anschließend zusammen mit den Schlussfolgerungen der Kommission und in der Anlage dazu der Stellungnahme des Verwaltungsrats an das Europäische Parlament, den Rat, die nationalen Parlamente und den Verwaltungsrat weiter. Die wichtigsten Ergebnisse des Bewertungsberichts werden gegebenenfalls veröffentlicht.

Art. 69 Verwaltungsuntersuchungen. Die Tätigkeit von Europol ist Gegenstand von Untersuchungen durch den Europäischen Bürgerbeauftragten gemäß Artikel 228 AEUV.

---

1) Verordnung (Euratom, EG) Nr. 2185/96 des Rates vom 11. November 1996 betreffend die Kontrollen und Überprüfungen vor Ort durch die Kommission zum Schutz der finanziellen Interessen der Europäischen Gemeinschaften vor Betrug und anderen Unregelmäßigkeiten (ABl. L 292 vom 15.11.1996, S. 2).

Art. 70 Sitz. Die notwendigen Vorkehrungen betreffend die Unterbringung von Europol im Königreich der Niederlande und die Leistungen, die vom Königreich der Niederlande zu erbringen sind, sowie die besonderen Vorschriften, die dort für den Exekutivdirektor, die Mitglieder des Verwaltungsrats, die Bediensteten von Europol und deren Familienangehörige gelten, werden in einem Sitzabkommen zwischen Europol und dem Königreich der Niederlande im Einklang mit dem Protokoll Nr. 6 festgelegt.

Kapitel XII. Übergangsbestimmungen

Art. 71 Rechtsnachfolge. (1) Europol in der durch diese Verordnung errichteten Form ist die Rechtsnachfolgerin für alle Verträge, Verbindlichkeiten und Vermögensgegenstände von Europol in der durch den Beschluss 2009/371/JI errichteten Form.

(2) Diese Verordnung lässt die von Europol auf der Grundlage des Beschlusses 2009/371/JI vor dem 13. Juni 2016 geschlossenen Vereinbarungen oder die von Europol auf der Grundlage des Europol-Übereinkommens vor dem 1. Januar 2010 geschlossenen Vereinbarungen unberührt.

Art. 72 Übergangsregelungen für den Verwaltungsrat. (1) Die Amtszeit der Mitglieder des auf der Grundlage von Artikel 37 des Beschlusses 2009/371/JI eingesetzten Verwaltungsrats endet am 1. Mai 2017.

(2) Der auf der Grundlage von Artikel 37 des Beschlusses 2009/371/JI eingesetzte Verwaltungsrat erfüllt im Zeitraum vom 13. Juni 2016 bis zum 1. Mai 2017 folgende Aufgaben:

a) er nimmt die Aufgaben des Verwaltungsrats gemäß Artikel 11 dieser Verordnung wahr;

b) er bereitet den Erlass der Vorschriften zur Anwendung der Verordnung (EG) Nr. 1049/2001 in Bezug auf die in Artikel 65 Absatz 2 der vorliegenden Verordnung genannten Europol-Dokumente sowie der in Artikel 67 der vorliegenden Verordnung genannten Vorschriften vor;

c) er arbeitet alle für die Anwendung dieser Verordnung erforderlichen Instrumente, insbesondere alle Maßnahmen betreffend Kapitel IV, aus und

d) er überprüft die internen Vorschriften und Maßnahmen, die er auf der Grundlage des Beschlusses 2009/371/JI erlassen hat, damit der nach Artikel 10 dieser Verordnung eingesetzte Verwaltungsrat einen Beschluss nach Artikel 76 der vorliegenden Verordnung fassen *kann.*

(3) Die Kommission ergreift nach dem 13. Juni 2016 unverzüglich die erforderlichen Maßnahmen, um sicherzustellen, dass der nach Arti-

kel 10 eingesetzte Verwaltungsrat seine Arbeit am 1. Mai 2017 aufnimmt.

(4) Die Mitgliedstaaten teilen der Kommission bis zum 14. Dezember 2016 die Namen der Personen mit, die sie gemäß Artikel 10 als Mitglieder und stellvertretende Mitglieder des Verwaltungsrats benannt haben.

(5) Die erste Sitzung des nach Artikel 10 dieser Verordnung eingesetzten Verwaltungsrats findet am 1. Mai 2017 statt. Bei dieser Gelegenheit fasst der Verwaltungsrat gegebenenfalls Beschlüsse nach Artikel 76.

Art. 73 Übergangsregelungen für den Exekutivdirektor, die stellvertretenden Direktoren und das Personal. (1) Dem auf der Grundlage von Artikel 38 des Beschlusses 2009/371/JI ernannten Direktor von Europol werden für seine noch verbleibende Amtszeit die Zuständigkeiten des Exekutivdirektors gemäß Artikel 16 dieser Verordnung übertragen. Die sonstigen Bedingungen seines Vertrags bleiben unverändert. Endet seine Amtszeit zwischen dem 13. Juni 2016 und dem 1. Mai 2017, so wird sie automatisch bis zum 1. Mai 2018 verlängert.

(2) Ist der auf der Grundlage von Artikel 38 des Beschlusses 2009/371/JI ernannte Direktor nicht bereit oder nicht im Stande, sein Amt gemäß Absatz 1 dieses Artikels weiterzuführen, so benennt der Verwaltungsrat einen InterimsExekutivdirektor, der für eine Amtszeit von höchstens 18 Monaten, bis die Ernennung nach Artikel 54 Absatz 2 dieser Verordnung erfolgt ist, die Aufgaben des Exekutivdirektors wahrnimmt.

(3) Die Absätze 1 und 2 dieses Artikels gelten für die auf der Grundlage von Artikel 38 des Beschlusses 2009/371/JI ernannten stellvertretenden Direktoren.

(4) Gemäß den Beschäftigungsbedingungen für die sonstigen Bediensteten bietet die in Artikel 6 Absatz 1 der Beschäftigungsbedingungen genannten Behörde jeder Person, die am 1. Mai 2017 aufgrund eines unbefristeten Vertrags, der von Europol in der durch das Europol-Übereinkommen errichteten Form geschlossen worden ist, als örtlicher Bediensteter beschäftigt ist, eine unbefristete Beschäftigung als Bediensteter auf Zeit oder als Vertragsbediensteter an. Dieses Angebot erfolgt auf der Grundlage der Aufgaben, die der Bedienstete als Bediensteter auf Zeit oder als Vertragsbediensteter ausführen soll. Der betreffende Vertrag wird spätestens am 1. Mai 2018 wirksam. Nimmt ein Bediensteter das in diesem Absatz genannte Angebot nicht an, so kann er sein Vertragsverhältnis mit Europol gemäß Artikel 53 Absatz 1 aufrechterhalten.

Art. 74 Übergangshaushaltsbestimmungen. Das Haushaltsentlastungsverfahren für die auf der Grundlage von Artikel 42 des Beschlusses 2009/371/JI festgestellten Haushalte erfolgt gemäß Artikel 43 jenes Beschlusses.

Kapitel XIII. Schlussbestimmungen

Art. 75 Ersetzung und Aufhebung. (1) Die Beschlüsse 2009/371/JI, 2009/934/JI, 2009/935/JI, 2009/936/JI und 2009/968/JI werden für die Mitgliedstaaten, die durch diese Verordnung gebunden sind, mit Wirkung vom 1. Mai 2017 ersetzt.

Die Beschlüsse 2009/371/JI, 2009/934/JI, 2009/935/JI, 2009/936/JI und 2009/968/JI werden daher mit Wirkung vom 1. Mai 2017 aufgehoben.

(2) Für die durch diese Verordnung gebundenen Mitgliedstaaten gelten Verweise auf die in Absatz 1 genannten Beschlüsse als Verweise auf diese Verordnung.

Art. 76 Aufrechterhaltung der vom Verwaltungsrat erlassenen internen Vorschriften und Maßnahmen. Die vom Verwaltungsrat auf der Grundlage des Beschlusses 2009/371/JI erlassenen internen Vorschriften und Maßnahmen bleiben auch nach dem 1. Mai 2017 in Kraft, sofern der Verwaltungsrat im Zuge der Anwendung dieser Verordnung nichts anderes beschließt.

Art. 77 Inkrafttreten und Geltung. (1) Diese Verordnung tritt am zwanzigsten Tag nach ihrer Veröffentlichung im Amtsblatt der Europäischen Union in Kraft.

(2) Sie gilt ab dem 1. Mai 2017.

Die Artikel 71, 72 und 73 gelten jedoch bereits ab dem 13. Juni 2016.

Diese Verordnung ist in allen ihren Teilen verbindlich und gilt gemäß den Verträgen unmittelbar in den Mitgliedstaaten.

Geschehen zu Straßburg am 11. Mai 2016.

Im Namen des Europäischen Parlaments	*Im Namen des Rates*
Der Präsident	*Die Präsidentin*
M. SCHULZ	J.A. HENNIS-PLASSCHAERT

Anhang I

Liste der Kriminalitätsformen nach Artikel 3 Absatz 1

– *Terrorismus*,
– organisierte Kriminalität,
– Drogenhandel,

– Geldwäschehandlungen,
– Kriminalität im Zusammenhang mit nuklearen und radioaktiven Substanzen,
– Schleuserkriminalität,
– Menschenhandel,
– Kraftfahrzeugkriminalität,
– vorsätzliche Tötung und schwere Körperverletzung,
– illegaler Handel mit Organen und menschlichem Gewebe,
– Entführung, Freiheitsberaubung und Geiselnahme,
– Rassismus und Fremdenfeindlichkeit,
– Raub und schwerer Diebstahl,
– illegaler Handel mit Kulturgütern, einschließlich Antiquitäten und Kunstgegenständen,
– Betrugsdelikte,
– gegen die finanziellen Interessen der Union gerichtete Straftaten,
– Insidergeschäfte und Finanzmarktmanipulation,
– Erpressung und Schutzgelderpressung,
– Nachahmung und Produktpiraterie,
– Fälschung von amtlichen Dokumenten und Handel damit,
– Geldfälschung, Fälschung von Zahlungsmitteln,
– Computerkriminalität,
– Korruption,
– illegaler Handel mit Waffen, Munition und Sprengstoffen,
– illegaler Handel mit bedrohten Tierarten,
– illegaler Handel mit bedrohten Pflanzen- und Baumarten,
– Umweltkriminalität, einschließlich der Meeresverschmutzung durch Schiffe,
– illegaler Handel mit Hormonen und Wachstumsförderern,
– sexueller Missbrauch und sexuelle Ausbeutung, einschließlich Darstellungen von Kindesmissbrauch und Kontaktaufnahme zu Kindern für sexuelle Zwecke,
– Völkermord, Verbrechen gegen die Menschlichkeit und Kriegsverbrechen.

Anhang II

A. Kategorien personenbezogener Daten und Kategorien von betroffenen Personen, deren Daten gemäß Artikel 18 Absatz 2 Buchstabe a zu Zwecken des Abgleichs erhoben und verarbeitet werden *dürfen*

(1) Personenbezogene Daten, die zu Zwecken des Abgleichs erhoben und verarbeitet wurden, beziehen sich auf

a) Personen, die nach Maßgabe des nationalen Rechts des betreffenden Mitgliedstaats einer Straftat oder der Beteiligung an einer Straftat, für die Europol zuständig ist, verdächtigt werden oder die wegen einer solchen Straftat verurteilt worden sind;

b) Personen, in deren Fall nach Maßgabe des nationalen Rechts des betreffenden Mitgliedstaats faktische Anhaltspunkte oder triftige Gründe dafür vorliegen, dass sie Straftaten begehen werden, für die Europol zuständig ist.

(2) Die Daten zu den in Absatz 1 genannten Personen dürfen nur folgende Kategorien personenbezogener Daten umfassen:

a) Name, Geburtsname, Vornamen, gegebenenfalls Aliasnamen oder Decknamen;

b) Geburtsdatum und Geburtsort;

c) Staatsangehörigkeit;

d) Geschlecht;

e) Wohnort, Beruf und Aufenthaltsort der betreffenden Person;

f) Sozialversicherungsnummern, Fahrerlaubnisse, Ausweispapiere und Passdaten und

g) soweit erforderlich, andere zur Identitätsfeststellung geeignete Merkmale, insbesondere objektive und unveränderliche körperliche Merkmale wie daktyloskopische Daten und (dem nicht codierenden Teil der DNA entnommene) DNA-Profile.

(3) Zusätzlich zu den in Absatz 2 genannten Daten dürfen folgende Kategorien personenbezogener Daten, die die inAbsatz 1 genannten Personen betreffen, erhoben und verarbeitet werden:

a) Straftaten, Tatvorwürfe sowie (mutmaßliche) Tatzeiten, Tatorte und Vorgehensweisen;

b) Tatmittel, die zur Begehung solcher Straftaten verwendet wurden oder vielleicht verwendet wurden, einschließlich Informationen zu juristischen Personen;

c) die aktenführenden Dienststellen und deren Aktenzeichen;

d) Verdacht der Zugehörigkeit zu einer kriminellen Organisation;

e) Verurteilungen, soweit sie Straftaten betreffen, für die Europol zuständig ist;

f) Eingabestelle.

Diese Daten dürfen auch an Europol übermittelt werden, wenn sie noch keinen Personenbezug aufweisen.

(4) Zusätzliche Informationen über die in Absatz 1 genannten Personengruppen, über die Europol und die nationalen Stellen verfügen, können jeder nationalen Stelle oder Europol auf deren jeweiligen Antrag übermittelt werden. Die nationalen Stellen übermitteln diese Informationen nach Maßgabe ihres nationalen Rechts.

(5) Wird das Verfahren gegen den Betroffenen endgültig eingestellt oder dieser rechtskräftig freigesprochen, so sind die Daten, die von dieser Entscheidung betroffen sind, zu löschen.

B. Kategorien personenbezogener Daten und Kategorien von betroffenen Personen, deren Daten zu Zwecken der strategischen oder themenbezogenen Analyse, der operativen Analyse oder zur Erleichterung des Informationsaustauschs gemäß Artikel 18 Absatz 2 Buchstaben b, c und d erhoben und verarbeitet werden dürfen

(1) Personenbezogene Daten, die zu Zwecken der strategischen oder themenbezogenen Analyse, der operativen Analyse oder zur Erleichterung des Informationsaustauschs zwischen Mitgliedstaaten, Europol, anderen Unionsstellen, Drittstaaten und internationalen Organisationen erhoben und verarbeitet werden, beziehen sich auf

a) Personen, die nach Maßgabe des nationalen Rechts des betreffenden Mitgliedstaats einer Straftat oder der Beteiligung an einer Straftat, für die Europol zuständig ist, verdächtigt werden oder die wegen einer solchen Straftat verurteilt worden sind;

b) Personen, in deren Fall nach Maßgabe des nationalen Rechts des betreffenden Mitgliedstaats faktische Anhaltspunkte oder triftige Gründe dafür vorliegen, dass sie Straftaten begehen werden, für die Europol zuständig ist;

c) Personen, die bei Ermittlungen in Verbindung mit den betreffenden Straftaten oder bei anschließenden Strafverfahren als Zeugen in Betracht kommen;

d) Personen, die Opfer einer der betreffenden Straftaten waren oder bei denen bestimmte Tatsachen die Annahme rechtfertigen, dass sie Opfer einer solchen Straftat sein könnten;

e) Kontakt- und Begleitpersonen und

f) Personen, die Informationen über die betreffende Straftat liefern können.

(2) In Bezug auf die in Absatz 1 Buchstaben a und b genannten Personengruppen dürfen folgende Kategorien personenbezogener Daten, einschließlich damit in Zusammenhang stehender Verwaltungsdaten, verarbeitet werden:

a) Angaben zur Person:

i) derzeitige und frühere Familiennamen;

ii) derzeitige und frühere Vornamen;

iii) Mädchenname;

iv) Name des Vaters (sofern für die Identitätsfeststellung erforderlich);

v) Name der Mutter (sofern für die Identitätsfeststellung erforderlich);

vi) Geschlecht;

vii) Geburtsdatum;

viii) Geburtsort;

ix) Staatsangehörigkeit;

x) Personenstand;

xi) Aliasname;

xii) Spitzname;
xiii) Deck- oder Falschname;
xiv) derzeitiger und früherer Wohnsitz und/oder Aufenthaltsort;

b) Personenbeschreibung:
i) Personenbeschreibung;
ii) besondere Merkmale (Male/Narben/Tätowierungen usw.);

c) Identifizierungsmittel:
i) Identitätsdokumente/Fahrerlaubnis;
ii) Nummern des nationalen Personalausweises/Reisepasses;
iii) nationale Identifizierungsnummer/Sozialversicherungsnummer, soweit vorhanden;
iv) Bildmaterial und sonstige Informationen zum äußeren Erscheinungsbild;
v) Informationen für die forensische Identifizierung wie Fingerabdrücke, (dem nicht codierenden Teil der DNA entnommene) DNA-Profile, Stimmprofil, Blutgruppe, Gebiss;

d) Beruf und Fähigkeiten:
i) derzeitige Erwerbs- und Berufstätigkeit;
ii) frühere Erwerbs- und Berufstätigkeit;
iii) Bildung (Schule/Hochschule/berufliche Bildung);
iv) berufliche Qualifikationen;
v) Fähigkeiten und sonstige Kenntnisse (Sprachen/Sonstiges);

e) Informationen über die wirtschaftlichen und finanziellen Verhältnisse:
i) Angaben finanzieller Art (Bankkonten und Bankleitzahlen, Kreditkarten usw.);
ii) Barvermögen;
iii) Aktien/sonstige Vermögenswerte;
iv) Immobilienbesitz;
v) Verbindungen zu Gesellschaften und Unternehmen;
vi) Kontakte zu Banken und Kreditinstituten;
vii) steuerlicher Status;
viii) sonstige Angaben zum Finanzgebaren einer Person;

f) Informationen zum Verhalten:
i) Lebensweise (etwa über seine Verhältnisse leben) und Gewohnheiten;
ii) Ortswechsel;
iii) regelmäßig aufgesuchte Orte;
iv) Mitführen von Waffen und von anderen gefährlichen Instrumenten;
v) Gefährlichkeit;
vi) spezifische Gefahren wie Fluchtrisiko, Einsatz von Doppelagenten, Verbindungen zu Mitarbeitern von Strafverfolgungsbehörden;
vii) kriminalitätsbezogene Eigenschaften und Profile;
viii) Drogenmissbrauch;

g) Kontakte und Begleitpersonen einschließlich Art und Beschaffenheit der Kontakte oder Verbindungen;

h) verwendete Kommunikationsmittel wie Telefon (Festverbindung/Mobiltelefon), Fax, Funkrufdienst, E-Mail, Postadressen, Internetanschluss/-anschlüsse;

i) verwendete Verkehrsmittel wie Kraftfahrzeuge, Wasserfahrzeuge, Luftfahrzeuge, einschließlich Angaben zur Identifizierung dieser Verkehrsmittel (Registriernummern);

j) Informationen über kriminelles Verhalten:
   i) Vorstrafen;
   ii) vermutete Beteiligung an kriminellen Tätigkeiten;
   iii) Modi operandi;
   iv) Mittel, die zur Vorbereitung und/oder Begehung von Straftaten benutzt werden oder werden könnten;
   v) Zugehörigkeit zu einer Tätergruppe/kriminellen Organisation und Stellung innerhalb der Gruppe/Organisation;
   vi) Rolle in der kriminellen Organisation;
   vii) geografische Reichweite der kriminellen Tätigkeiten;
   viii) bei Ermittlungen zusammengetragenes Material wie Videos und Fotos;

k) Angabe anderer Informationssysteme, in denen Informationen über die betreffende Person gespeichert sind:
   i) Europol;
   ii) Polizei-/Zollbehörden;
   iii) sonstige Strafverfolgungsbehörden;
   iv) internationale Organisationen;
   v) öffentliche Einrichtungen;
   vi) private Einrichtungen;

l) Informationen über juristische Personen, die mit den unter Buchstaben e und j erwähnten Angaben in Zusammenhang stehen:
   i) Name der juristischen Person;
   ii) Anschrift;
   iii) Zeitpunkt und Ort der Gründung;
   iv) verwaltungstechnische Registriernummer;
   v) Rechtsform;
   vi) Kapital;
   vii) Tätigkeitsbereich;
   viii) Tochtergesellschaften im In- und Ausland;
   ix) Direktoren;
   x) Verbindungen zu Banken.

(3) „Kontakt- und Begleitpersonen" im Sinne von Absatz 1 Buchstabe e sind Personen, bei denen ausreichende Gründe für die Annahme bestehen, dass über sie hinsichtlich der in Absatz 1 Buchstaben a und b genannten Personen Informationen beschafft werden können, die für die Analyse relevant sind, wobei sie nicht zu einer der

in den Absatz 1 Buchstaben a, b, c, d, und f genannten Personengruppen gehören dürfen. „Kontaktpersonen“ sind Personen, die sporadisch mit den in Absatz 1 Buchstaben a und b genannten Personen in Kontakt stehen. „Begleitpersonen“ sind Personen, die regelmäßig mit den in Absatz 1 Buchstaben a und b genannten Personen in Kontakt stehen.

In Bezug auf Kontakt- und Begleitpersonen können die Daten nach Absatz 2 erforderlichenfalls gespeichert werden, sofern Grund zu der Annahme besteht, dass solche Daten für die Analyse der Beziehungen der Betreffenden mit Personen nach Absatz 1 Buchstaben a und b erforderlich sind. In diesem Zusammenhang ist Folgendes zu beachten:

a) Diese Beziehungen sind so rasch wie möglich zu klären.

b) Die in Absatz 2 aufgeführten Daten werden unverzüglich gelöscht, wenn sich die Annahme, dass eine solche Beziehung besteht, als unbegründet erweist.

c) Alle in Absatz 2 aufgeführten Daten dürfen gespeichert werden, wenn Kontaktpersonen oder Begleitpersonen einer Straftat verdächtigt werden, die unter die Ziele von Europol fällt, oder sie für die Begehung einer solchen Straftat verurteilt wurden oder es nach nationalem Recht des betreffenden Mitgliedstaats faktische Anhaltspunkte oder triftige Gründe für die Annahme gibt, dass sie eine solche Straftat begehen werden.

d) In Absatz 2 aufgeführte Daten über Kontakt- und Begleitpersonen von Kontaktpersonen sowie Daten über Kontakt- und Begleitpersonen von Begleitpersonen werden nicht gespeichert; davon ausgenommen sind Daten über Art und Beschaffenheit ihres Kontakts oder der Verbindung zu den in Absatz 1 Buchstaben a und b bezeichneten Personen.

e) Ist eine Klärung gemäß den vorstehenden Buchstaben nicht möglich, wird dies bei der Entscheidung über Notwendigkeit und Umfang der Datenspeicherung für die Zwecke der weiteren Analyse berücksichtigt.

(4) In Bezug auf eine Person, die nach Absatz 1 Buchstabe d Opfer einer der betreffenden Straftaten war oder bei der bestimmte Tatsachen die Annahme rechtfertigen, dass sie Opfer einer solchen Straftat sein könnte, dürfen die in Absatz 2 Buchstabe a bis Buchstabe c Nummer iii aufgeführten Daten sowie folgende weitere Kategorien von Daten gespeichert werden:

a) Daten zur Identifizierung des Opfers;

b) Gründe der Viktimisierung;

c) Schaden (körperlicher/finanzieller/psychologischer/anderer Art);

d) Erfordernis, die Anonymität zu wahren;

e) Möglichkeit der Teilnahme an einer Gerichtsverhandlung;

f) von den oder über die in Absatz 1 Buchstabe d genannten Personen gelieferte straftatbezogene Informationen, einschließlich, soweit erforderlich, Informationen über ihre Beziehungen zu anderen Personen zum Zwecke der Identifizierung der in Absatz 1 Buchstaben a und b bezeichneten Personen.

Andere in Absatz 2 aufgeführte Daten können erforderlichenfalls gespeichert werden, sofern es Grund zu der Annahme gibt, dass sie für die Analyse der Rolle des Betreffenden als Opfer oder mögliches Opfer notwendig sind.
Daten, die für weitere Analysen nicht erforderlich sind, werden gelöscht.

(5) In Bezug auf Personen, die nach Absatz 1 Buchstabe c bei Ermittlungen im Zusammenhang mit den betreffenden Straftaten oder bei einer künftigen Strafverfolgung als Zeugen in Betracht kommen, dürfen Daten gemäß Absatz 2 Buchstabe a bis Buchstabe c Nummer iii sowie folgende weitere Kategorien von Daten gespeichert werden:

a) von den genannten Personen gelieferte straftatbezogene Informationen, einschließlich Informationen über ihre Beziehungen zu anderen in der Arbeitsdatei zu Analysezwecken geführten Personen;
b) Erfordernis, die Anonymität zu wahren;
c) Gewährung von Schutz und schutzgewährende Stelle;
d) neue Identität;
e) Möglichkeit der Teilnahme an einer Gerichtsverhandlung.

Andere in Absatz 2 aufgeführte Daten können erforderlichenfalls gespeichert werden, sofern es Grund zu der Annahme gibt, dass sie für die Analyse der Rolle der betreffenden Personen als Zeugen notwendig sind.
Daten, die für weitere Analysen nicht erforderlich sind, werden gelöscht.

(6) In Bezug auf Personen, die nach Absatz 1 Buchstabe f Informationen über die betreffende Straftat liefern können, dürfen Daten gemäß Absatz 2 Buchstabe a bis Buchstabe c Nummer iii sowie folgende weitere Datenkategorien gespeichert werden:

a) verschlüsselte Angaben zur Person;
b) Art der gelieferten Information;
c) Erfordernis, die Anonymität zu wahren;
d) Gewährung von Schutz und schutzgewährende Stelle;
e) neue Identität;
f) Möglichkeit der Teilnahme an einer Gerichtsverhandlung;
g) negative Erfahrungen;
h) Entlohnung (finanziell/Vergünstigungen).

Andere in Absatz 2 aufgeführte Daten können erforderlichenfalls gespeichert werden, sofern Grund zu der Annahme besteht, dass sie für die Analyse der Rolle der Betreffenden als Informanten notwendig sind.

Daten, die für weitere Analysen nicht erforderlich sind, werden gelöscht.

(7) Stellt sich im Verlauf einer Analyse anhand ernst zu nehmender und stichhaltiger Hinweise heraus, dass eine Person einer anderen in diesem Anhang bezeichneten Personengruppe als der Personengruppe, unter der sie ursprünglich geführt wurde, zugeordnet werden sollte, darf Europol nur die nach dieser neuen Kategorie zulässigen Daten über diese Person verarbeiten; alle anderen Daten werden gelöscht.

Stellt sich anhand dieser Hinweise heraus, dass eine Person unter zwei oder mehr Kategorien nach diesem Anhang geführt werden sollte, dürfen alle nach diesen Kategorien zulässigen Daten von Europol verarbeitet werden.

300a. Gesetz zur Anwendung der Verordnung (EU) 2016/794 des Europäischen Parlaments und des Rates vom 11. Mai 2016 über die Agentur der Europäischen Union für die Zusammenarbeit auf dem Gebiet der Strafverfolgung (Europol) und zur Ersetzung und Aufhebung der Beschlüsse 2009/371/JI, 2009/934/JI, 2009/935/JI, 2009/936/JI und 2009/968/JI des Rates (Europol-Gesetz – EuropolG)[1)·2)]

Vom 16. Dezember 1997

(BGBl. 1997 II S. 2150; 1998 II S. 2930), geänd. durch G v. 31.7.2009, BGBl. I S. 2504 und G v. 27.6.2017, BGBl. I S. 1882)

§ 1 Zuständigkeiten und Aufgaben. Das Bundeskriminalamt ist zuständige Behörde im Rahmen der Verordnung (EU) 2016/794 des Europäischen Parlaments und des Rates vom 11. Mai 2016 über die Agentur der Europäischen Union für die Zusammenarbeit auf dem Gebiet der Strafverfolgung (Europol) und zur Ersetzung und Aufhebung der Beschlüsse 2009/371/JI, 2009/934/JI, 2009/935/JI, 2009/936/JI und 2009/968/JI des Rates (ABl. L 135 vom 24.5.2016, S. 53)

1. als nationale Stelle nach Artikel 7 Absatz 2 Satz 1 der Verordnung (EU) 2016/794,
2. als nationale Behörde nach Artikel 36 Absatz 3 der Verordnung (EU) 2016/794.

Trägt nach § 2 Absatz 2 innerstaatlich eine andere Stelle für die von einem Antrag auf Auskunftserteilung betroffenen Daten die datenschutzrechtliche Verantwortung, nimmt das Bundeskriminalamt die nach Artikel 36 Absatz 5 der Verordnung (EU) 2016/794 vorgesehene Mitwirkung im Einvernehmen mit dieser Stelle wahr.

§ 2 Gemeinsame Vorschriften für die Informationsverarbeitung im Zusammenhang mit Europol. (1) Polizei- und Zollbehörden sind nach Maßgabe des entsprechend anzuwendenden § 32 Absatz 1 des Bundeskriminalamtgesetzes verpflichtet, Informationen an

---

1) Der korrekte und vollständige Titel des Gesetzes lautet heute (gem. Art. 1 Ziff. 1 des ÄnderungsG v. 23.6.2017, BGBl. I S. 1882): „Gesetz zur Anwendung der Verordnung (EU) 2016/794 des Europäischen Parlaments und des Rates vom 11. Mai 2016 über die Agentur der Europäischen Union für die Zusammenarbeit auf dem Gebiet der Strafverfolgung (Europol) und zur Ersetzung und Aufhebung der Beschlüsse 2009/371/JI, 2009/934/JI, 2009/935/JI, 2009/936/JI und 2009/968/JI des Rates (Europol-Gesetz – EuropolG)".

2) Das ÄnderungsG v. 23.6.2017 ist am 30.6.2017 in Kraft getreten, die (neuerlichen) Änderungen der §§ 2 und 3 erst am 25.5.2018.

das Bundeskriminalamt zu übermitteln, soweit dies zur Erfüllung seiner Aufgaben als nationale Stelle erforderlich ist; § 3 Absatz 3 Satz 2, Absatz 5 des Bundeskriminalamtgesetzes bleibt unberührt. Das Bundeskriminalamt unterrichtet die Strafverfolgungsbehörden des Bundes und der Länder unverzüglich über die sie betreffenden Informationen und die in Erfahrung gebrachten Zusammenhänge von Straftaten, über die es durch Europol gemäß Artikel 22 der Verordnung (EU) 2016/794 Kenntnis erhält. § 28 des Bundeskriminalamtgesetzes gilt entsprechend.

(2) Das Bundeskriminalamt kann Daten, die an Europol übermittelt werden sollen oder übermittelt worden sind, in seinem Informationssystem verarbeiten, soweit dies zur Erfüllung seiner Aufgaben als nationale Stelle erforderlich ist.

(3) Zur Unterstützung des Informationsaustausches im Rahmen der Verhütung und Verfolgung von Straftaten können die Behörden der Bundespolizei und des Zollfahndungsdienstes sowie die Polizeien der Länder unmittelbar mit den deutschen Verbindungsbeamten bei Europol gemäß Artikel 8 Absatz 3 und 4 der Verordnung (EU) 2016/794 Daten austauschen, soweit dies zur Beschleunigung des Geschäftsganges erforderlich und ein nationaler Koordinierungsbedarf nicht erkennbar ist. Das Bundeskriminalamt ist nachrichtlich zu beteiligen.

(4) Die datenschutzrechtliche Verantwortung nach Artikel 38 Absatz 2 Buchstabe a, Absatz 5 Buchstabe a und Absatz 7 der Verordnung (EU) 2016/794 für die Rechtmäßigkeit der Erhebung, die Zulässigkeit der Übermittlung an Europol, die Übermittlung an das Bundeskriminalamt sowie die Zuverlässigkeit der Quelle, Richtigkeit und Aktualität der Daten obliegt innerstaatlich der übermittelnden Stelle. Die Verantwortung für die Zulässigkeit des Zugriffs auf Daten bei Europol trägt innerstaatlich die zugreifende Stelle. Die datenschutzrechtliche Verantwortung des Bundeskriminalamts als nationale Stelle bleibt unberührt.

(5) Den Polizeien der Länder gleichgestellt sind die Behörden der Zollverwaltung, sofern sie im Einzelfall zur Verfolgung von Straftaten, die mit einem der in § 2 Absatz 1 des Schwarzarbeitsbekämpfungsgesetzes vom 23. Juli 2004 (BGBl. I S. 1842), das zuletzt durch Artikel 3 des Gesetzes vom 21. Oktober 2016 (BGBl. I S. 2372) geändert worden ist, genannten Prüfgegenstände unmittelbar zusammenhängen, tätig werden.

§ 3 Informationsverarbeitung bei Europol zu Zwecken des Abgleichs und der Analyse. (1) Unbeschadet des § 1 Nr. 1 sind die Behörden der Bundespolizei und des Zollfahndungsdienstes sowie die Polizeien der Länder innerstaatlich befugt, über das Bundeskriminalamt Daten an Europol zum Zweck der Verarbeitung nach Artikel 18 Absatz 2 Buchstabe a bis c der Verordnung (EU) 2016/794 zu übermitteln und nach Maßgabe des Artikels 20 Absatz 1 und 2 der Verordnung (EU) 2016/794 auf zu diesem Zweck übermittelte Daten zuzugreifen. Nur die übermittelnde Stelle ist befugt, die übermittelten Daten zu ändern, zu berichtigen oder zu löschen; die datenschutzrechtliche Verantwortung des Bundeskriminalamts als Zentralstelle bleibt unberührt. Hat eine zur Übermittlung berechtigte Stelle Anhaltspunkte dafür, daß Daten unrichtig sind, teilt sie dies umgehend der übermittelnden Stelle mit, die verpflichtet ist, diese Mitteilung unverzüglich zu prüfen und erforderlichenfalls die Daten unverzüglich zu ändern, zu berichtigen oder zu löschen.

(2) Von Personen nach Buchstabe A Absatz 1 Buchstabe a des Anhangs 2 zur Verordnung (EU) 2016/794 dürfen

1. bei Personen, die einer Straftat verdächtig sind, die in Buchstabe A Absatz 2 und 3 des Anhangs 2 zur Verordnung (EU) 2016/794 genannten Daten und
2. bei Verurteilten und Beschuldigten die in Buchstabe A Absatz 3 Buchstabe b und d des Anhangs 2 zur Verordnung (EU) 2016/794 genannten Daten

nur übermittelt werden, soweit die Weiterverarbeitung der Daten erforderlich ist, weil wegen der Art oder Ausführung der Tat, der Persönlichkeit der betroffenen Person oder sonstiger Erkenntnisse Grund zu der Annahme besteht, dass zukünftige Strafverfahren gegen sie zu führen sind.

§ 4 Anwendung anderer Vorschriften. Soweit dieses Gesetz keine besonderen Regelungen trifft, gelten die Befugnisse und Verpflichtungen des Bundeskriminalamts als Zentralstelle und die Verpflichtungen anderer Behörden, namentlich der Behörden der Bundespolizei und des Zollfahndungsdienstes sowie der Polizeien der Länder, zur Zusammenarbeit mit dem Bundeskriminalamt entsprechend.

§ 5 Datenschutzkontrolle und Haftung. (1) Die oder der Bundesbeauftragte für den Datenschutz und die Informationsfreiheit nimmt die Aufgaben der nationalen Kontrollbehörde gemäß Artikel 42 der Verordnung (EU) 2016/794 wahr. Die Zuständigkeiten für die Datenschutzkontrolle in den Ländern bleiben unberührt.

(2) Die oder der Bundesbeauftragte für den Datenschutz und die Informationsfreiheit ernennt den Vertreter für den Beirat für die Zusammenarbeit gemäß Artikel 45 Absatz 1 der Verordnung (EU) 2016/794. Soweit die Tätigkeit des Beirats für die Zusammenarbeit Interessen der Länder berührt, berücksichtigt der Vertreter die Stellungnahme eines vom Bundesrat ernannten Vertreters der Länder.

(3) Der von der oder dem Bundesbeauftragten für den Datenschutz und die Informationsfreiheit ernannte Vertreter ist bei der Wahrnehmung dieser Aufgabe unabhängig und nur dem Recht unterworfen und untersteht einer Dienstaufsicht nur, soweit nicht seine Unabhängigkeit beeinträchtigt wird. Er kann gegen seinen Willen nur durch Entscheidung eines Gerichts abberufen werden. Die §§ 21, 24 Abs. 1 Nr. 2 und 4, Abs. 3 mit der Maßgabe, dass der Antrag auf gerichtliche Entscheidung durch die Bundesbeauftragte oder den Bundesbeauftragten für den Datenschutz und die Informationsfreiheit gestellt wird, und

§ 24 Abs. 5 der Verwaltungsgerichtsordnung gelten entsprechend. Örtlich zuständig ist das Oberverwaltungsgericht, in dessen Bezirk die oder der Bundesbeauftragte für den Datenschutz und die Informationsfreiheit ihren oder seinen Sitz hat.

(4) Der Bundesrat ernennt einen Ersatzvertreter. Absatz 2 Satz 2 und Absatz 3 gelten entsprechend.

(5) Für Schadensersatzansprüche gemäß Artikel 50 Absatz 1 der Verordnung (EU) 2016/794 haftet die Bundesrepublik Deutschland, vertreten durch das Bundeskriminalamt. Ist die Bundesrepublik Deutschland zum Ersatz des Schadens verpflichtet oder erstattet die Bundesrepublik Deutschland Europol Schadensersatzleistungen nach Artikel 50 Absatz 2 der Verordnung (EU) 2016/794 und ist der Schaden der datenschutzrechtlichen Verantwortung der eingebenden oder übermittelnden Stelle eines Landes zuzurechnen, ist diese der Bundesrepublik Deutschland zum Ausgleich verpflichtet.

§ 6 Verwaltungsrat. (1) Das Bundesministerium des Innern benennt ein Mitglied nach Artikel 10 Absatz 1 Satz 1 der Verordnung (EU) 2016/794 und ein stellvertretendes Mitglied nach Artikel 10 Absatz 3 Satz 1 der Verordnung (EU) 2016/794 zur Teilnahme an den Sitzungen des Verwaltungsrates. Ein vom Bundesrat benannter Vertreter der Länder kann nach Artikel 14 Absatz 5 der Verordnung (EU) 2016/794 an den Sitzungen des Verwaltungsrates als Sachverständiger teilnehmen.

(2) Soweit im Zusammenhang mit der Aufgabenwahrnehmung des Verwaltungsrates nach den Artikeln 11 und 12 der Verordnung (EU) 2016/794 Interessen der Länder berührt sind, berücksichtigt der Vertreter des Bundes im Verwaltungsrat die Stellungnahme des Vertreters der Länder.

310. Abkommen über den Europäischen Wirtschaftsraum (EWR-Abkommen)[1)·2)·3)·4)]

Vom 2. Mai 1992

(BGBl. 1993 II S. 267, in der Fassung des Anpassungs-Prot. v. 17. 3. 1993, BGBl. II S. 1294 sowie der Beitrittsübereinkommen v. 14. 10. 2003, ABl. Nr. L 130/11 v. 29. 4. 2004, v. 25. 7. 2007, ABl. Nr. L 221/15 v. 25. 8. 2007) und v. 11. 4. 2014, ABl. Nr. L 170/5 v. 11. 6. 2014)

Inhaltsübersicht

---

1) In Kraft getr. am 1. 1. 1994. Das am 11. 4. 2014 unterzeichnete Übereinkommens über die Beteiligung der Republik Kroatien am Europäischen Wirtschaftsraum wird seit dem 12. 4. 2014 vorläufig angewandt (vgl. Information in ABl. Nr. L 170/2 v. 11. 6. 2014). Die Änderungen sind bereits eingearbeitet.

2) Vgl. auch das EWR-AusführungsG vom 27. 4. 1993, BGBl. I S. 512, ber. BGBl. I S. 1529, geändert durch G. v. 27. 9. 1993, BGBl. I S. 1666.

3) Änderungen der Anhänge und einer Reihe von Protokollen zu dem Abkommen (s. die Regelung in Art. 98) erfolgen durch Beschluß des Gemeinsamen EWR-Ausschusses (vgl. Art. 92) und werden jeweils im ABl. EG Nr. L veröffentlicht.

4) Art. 128 des Abkommens sieht vor, dass jeder EU-Mitgliedstaat auch Vertragspartei des EWR-Abkommens werden muss. Anlässlich des Beitritts von Bulgarien und Rumänien (1. 1. 2007) ist ein entsprechendes Erweiterungsabkommen am 25. 7. 2007 unterzeichnet und am 9. 11. 2011 in Kraft getreten (Mitteilung in ABl. Nr. L 318/1 v. 1. 12. 2011, Bek. v. 27. 4. 2015, BGBl. 2015 II S. 528). Zuvor war das Abkommen im Verhältnis zu diesen beiden Staaten vorläufig angewendet worden (ABl. Nr. L 221/3, 7, 11 v. 25. 8. 2007).

5) Seitenzahlen sind nicht Bestandteile des Abkommens.

DIE EUROPÄISCHE GEMEINSCHAFT,
DAS KÖNIGREICH BELGIEN,
DIE REPUBLIK BULGARIEN,
DIE TSCHECHISCHE REPUBLIK,
DAS KÖNIGREICH DÄNEMARK,
DIE BUNDESREPUBLIK DEUTSCHLAND,
DIE REPUBLIK ESTLAND,
DIE HELLENISCHE REPUBLIK,
DAS KÖNIGREICH SPANIEN,
DIE FRANZÖSISCHE REPUBLIK,
DIE REPUBLIK KROATIEN,
IRLAND,
DIE ITALIENISCHE REPUBLIK,
DIE REPUBLIK ZYPERN,
DIE REPUBLIK LETTLAND,
DIE REPUBLIK LITAUEN,
DAS GROSSHERZOGTUM LUXEMBURG,
UNGARN,
DIE REPUBLIK MALTA,
DAS KÖNIGREICH DER NIEDERLANDE,
DIE REPUBLIK ÖSTERREICH,
DIE REPUBLIK POLEN,
DIE PORTUGIESISCHE REPUBLIK,
RUMÄNIEN,
DIE REPUBLIK SLOWENIEN,
DIE SLOWAKISCHE REPUBLIK,
DIE REPUBLIK FINNLAND,
DAS KÖNIGREICH SCHWEDEN,
DAS VEREINIGTE KÖNIGREICH GROSSBRITANNIEN UND NORDIRLAND,
und
ISLAND,
DAS FÜRSTENTUM LIECHTENSTEIN,
DAS KÖNIGREICH NORWEGEN,
nachstehend die Vertragsparteien genannt,

IN DER ÜBERZEUGUNG, daß ein Europäischer Wirtschaftsraum einen Beitrag zur Errichtung eines auf Frieden, Demokratie und Menschenrechte gegründeten Europas leisten wird,

---

1) Seitenzahlen sind nicht Bestandteile des Abkommens.

UNTER ERNEUTER BESTÄTIGUNG der hohen Priorität, die sie den privilegierten Beziehungen zwischen der Europäischen Gemeinschaft, ihren Mitgliedstaaten und den EFTA-Staaten zuerkennen, welche auf Nachbarschaft, den traditionellen gemeinsamen Werten und der europäischen Identität beruhen,
IN DEM FESTEN WILLEN, auf der Grundlage der Marktwirtschaft zur Liberalisierung des Welthandels und zur weltweiten handelspolitischen Zusammenarbeit beizutragen, insbesondere im Einklang mit dem Allgemeinen Zoll- und Handelsabkommen und dem Übereinkommen über die Organisation für wirtschaftliche Zusammenarbeit und Entwicklung,
IN ANBETRACHT DES ZIELS, einen dynamischen und homogenen Europäischen Wirtschaftsraum zu errichten, der auf gemeinsamen Regeln und gleichen Wettbewerbsbedingungen beruht und in dem angemessene Mittel für deren Durchsetzung – und zwar auch auf gerichtlicher Ebene – vorgesehen sind und der auf der Grundlage der Gleichheit und Gegenseitigkeit sowie eines Gesamtgleichgewichts der Vorteile, Rechte und Pflichten der Vertragsparteien verwirklicht wird,
IN DEM FESTEN WILLEN, für die weitestmögliche Verwirklichung der Freizügigkeit und des freien Waren-, Dienstleistungs- und Kapitalverkehrs innerhalb des ganzen Europäischen Wirtschaftsraums sowie für eine verstärkte und erweiterte Zusammenarbeit bei den begleitenden und horizontalen Politiken zu sorgen,
IN DEM BESTREBEN, die harmonische Entwicklung des Europäischen Wirtschaftsraums zu fördern, und überzeugt von der Notwendigkeit, durch die Anwendung dieses Abkommens zur Verringerung der wirtschaftlichen und sozialen regionalen Ungleichgewichte beizutragen,
IN DEM WUNSCH, zu einer Verstärkung der Zusammenarbeit zwischen den Mitgliedern des Europäischen Parlaments und der Parlamente der EFTA-Staaten sowie zwischen den Sozialpartnern in der Europäischen Gemeinschaft und den EFTA-Staaten beizutragen,
ÜBERZEUGT VON DER WICHTIGEN ROLLE, die der einzelne im Europäischen Wirtschaftsraum durch die Ausübung der ihm durch dieses Abkommen verliehenen Rechte und durch die gerichtliche Geltendmachung dieser Rechte spielen wird,
IN DEM FESTEN WILLEN, die Umwelt zu bewahren, zu schützen und ihre Qualität zu verbessern und die umsichtige und rationelle Verwendung der natürlichen Ressourcen auf der Grundlage insbesondere des Grundsatzes der umweltverträglichen Entwicklung sowie des Grundsatzes der Vorsorge und Vorbeugung zu gewährleisten,
IN DEM FESTEN WILLEN, bei der Weiterentwicklung von Vorschriften ein hohes Schutzniveau für Gesundheit, Sicherheit und Umwelt zugrunde zu legen,
IN KENNTNIS der Bedeutung der Entwicklung der sozialen Dimension einschließlich der Gleichbehandlung von Mann und Frau im Europäischen Wirtschaftsraum und in dem Wunsch, den wirtschaftlichen und sozialen Fortschritt zu gewährleisten und die Voraussetzungen für Vollbeschäftigung, einen höheren Lebensstandard und verbesserte Ar-

beitsbedingungen innerhalb des Europäischen Wirtschaftsraums zu fördern,
IN DEM FESTEN WILLEN, im Streben nach einem hohen Verbraucherschutzniveau die Interessen der Verbraucher zu fördern und ihre Marktposition zu stärken,
IN DEM VORSATZ, gemeinsam die wissenschaftliche und technologische Grundlage der europäischen Industrie zu stärken und deren Wettbewerbsfähigkeit auf internationaler Ebene zu fördern,
IN DER ERWÄGUNG, dass der Abschluß dieses Abkommens in keiner Weise die Möglichkeit eines Beitritts eines jeden EFTA-Staates zu den Europäischen Gemeinschaften berührt,
IN ANBETRACHT DES ZIELES DER VERTRAGSPARTEIEN, bei voller Wahrung der Unabhängigkeit der Gerichte eine einheitliche Auslegung und Anwendung dieses Abkommens und der gemeinschaftsrechtlichen Bestimmungen, die in ihrem wesentlichen Gehalt in dieses Abkommen übernommen werden, zu erreichen und beizubehalten und eine Gleichbehandlung der Einzelpersonen und Marktteilnehmer hinsichtlich der vier Freiheiten und der Wettbewerbsbedingungen zu erreichen,
IN ANBETRACHT DER TATSACHE, daß vorbehaltlich der Bestimmungen dieses Abkommens und der durch das Völkerrecht gesetzten Grenzen dieses Abkommen weder die Autonomie der Beschlußfassung noch die Befugnis zum Vertragsschluss der Vertragsparteien beschränkt,
HABEN BESCHLOSSEN, folgendes Abkommen zu schließen:

Teil I. Ziele und Grundsätze

Art. 1 [Ziele] (1) Ziel dieses Assoziierungsabkommens ist es, eine beständige und ausgewogene Stärkung der Handels- und Wirtschaftsbeziehungen zwischen den Vertragsparteien unter gleichen Wettbewerbsbedingungen und die Einhaltung gleicher Regeln zu fördern, um einen homogenen Europäischen Wirtschaftsraum, nachstehend EWR genannt, zu schaffen.

(2) Zur Verwirklichung der in Absatz 1 genannten Ziele umfaßt die Assoziation im Einklang mit den Bestimmungen dieses Abkommens:

a) den freien Warenverkehr,
b) die Freizügigkeit,
c) den freien Dienstleistungsverkehr,
d) den freien Kapitalverkehr,
e) die Einrichtung eines Systems, das den Wettbewerb vor Verfälschungen schützt und die Befolgung der diesbezüglichen Regeln für alle *in gleicher* Weise gewährleistet, sowie
f) eine engere Zusammenarbeit in anderen Bereichen wie Forschung und Entwicklung, Umwelt, Bildungswesen und Sozialpolitik.

Art. 2 [Begriffsbestimmungen] Im Sinne dieses Abkommens bedeutet

a) „Abkommen“:
das Hauptabkommen, die Protokolle und Anhänge dazu sowie die Rechtsakte, auf die darin verwiesen wird,

b) „EFTA-Staaten“:
Island, das Fürstentum Liechtenstein und das Königreich Norwegen,

c) „Vertragsparteien“ im Falle der Gemeinschaft und ihrer Mitgliedstaaten:

die Gemeinschaft und die EG-Mitgliedstaaten oder die Gemeinschaft oder die EG-Mitgliedstaaten. Die jeweilige Bedeutung dieses Begriffs ist im Einzelfall abzuleiten aus den einschlägigen Bestimmungen dieses Abkommens und aus den Zuständigkeiten der Gemeinschaft bzw. der Mitgliedstaaten, wie sie sich aus dem Vertrag zur Gründung der Europäischen Wirtschaftsgemeinschaft ergeben,

d) „Beitrittsakte vom 16. April 2003“:
die am 16. April 2003 in Athen angenommene Akte über die Bedingungen des Beitritts der Tschechischen Republik, der Republik Estland, der Republik Zypern, der Republik Lettland, der Republik Litauen, der Republik Ungarn, der Republik Malta, der Republik Polen, der Republik Slowenien und der Slowakischen Republik und die Anpassungen der die Europäische Union begründenden Verträge.

e) „Beitrittsakte vom 25. April 2005“:
die am 25. April 2005 in Luxemburg angenommene Akte über die Bedingungen des Beitritts der Republik Bulgarien und Rumäniens und die Anpassungen der die Europäische Union begründenden Verträge.

f) der Ausdruck „Beitrittsakte vom 9. Dezember 2011“ bezeichnet die „Akte über die Bedingungen des Beitritts der Republik Kroatien und die Anpassungen des Vertrags über die Europäische Union, des Vertrags über die Arbeitsweise der Europäischen Union und des Vertrags zur Gründung der Europäischen Atomgemeinschaft, die am 9. Dezember 2011 in Brüssel unterzeichnet wurde.

Art. 3 [Pflichten der Vertragsparteien] Die Vertragsparteien treffen alle geeigneten Maßnahmen allgemeiner oder besonderer Art zur Erfüllung der Verpflichtungen, die sich aus diesem Abkommen ergeben.

(Fortsetzung nächstes Blatt)

Sie unterlassen alle Maßnahmen, welche die Verwirklichung der Ziele dieses Abkommens gefährden könnten.

Sie fördern außerdem die Zusammenarbeit im Rahmen dieses Abkommens.

Art. 4 [Diskriminierungsverbot] Unbeschadet besonderer Bestimmungen dieses Abkommens ist in seinem Anwendungsbereich jede Diskriminierung aus Gründen der Staatsangehörigkeit verboten.

Art. 5 [Vortragsrecht] Die Vertragsparteien können nach Maßgabe des Artikels 92 Absatz 2 beziehungsweise des Artikels 89 Absatz 2 jederzeit ein Anliegen im Gemeinsamen EWR-Ausschuß oder im EWR-Rat zur Sprache bringen.

Art. 6 [EG-konforme Auslegung] Unbeschadet der künftigen Entwicklungen der Rechtsprechung werden die Bestimmungen dieses Abkommens, soweit sie mit den entsprechenden Bestimmungen des Vertrags zur Gründung der Europäischen Wirtschaftsgemeinschaft und des Vertrags über die Gründung der Europäischen Gemeinschaft für Kohle und Stahl sowie der aufgrund dieser beiden Verträge erlassenen Rechtsakte in ihrem wesentlichen Gehalt identisch sind, bei ihrer Durchführung und Anwendung im Einklang mit den einschlägigen Entscheidungen ausgelegt, die der Gerichtshof der Europäischen Gemeinschaften vor dem Zeitpunkt der Unterzeichnung dieses Abkommens erlassen hat.

Art. 7 [Wirkung von Rechtsakten] Rechtsakte, auf die in den Anhängen zu diesem Abkommen oder in den Entscheidungen des Gemeinsamen EWR-Ausschusses Bezug genommen wird oder die darin enthalten sind, sind für die Vertragsparteien verbindlich und Teil des innerstaatlichen Rechts oder in innerstaatliches Recht umzusetzen, und zwar wie folgt:

a) Ein Rechtsakt, der einer EWG-Verordnung entspricht,wird als solcher in das innerstaatliche Recht der Vertragsparteien übernommen.

b) Ein Rechtsakt, der einer EWG-Richtlinie entspricht, überläßt den Behörden der Vertragsparteien die Wahl der Form und der Mittel zu ihrer Durchführung.

Teil II. Freier Warenverkehr

Kapitel I. Grundsätze

Art. 8 [Umfang des freien Warenverkehrs] (1) Der freie Warenverkehr zwischen den Vertragsparteien wird nach Maßgabe dieses Abkommens verwirklicht.

(2) Soweit nichts anderes bestimmt ist, gelten die Artikel 10 bis 15, 19, 20, 25, 26 und 27 nur für Ursprungswaren der Vertragsparteien.

(3) Soweit nichts anderes bestimmt ist, gelten die Bestimmungen dieses Abkommens lediglich für

a) Waren, die unter die Kapitel 25 bis 97 des Harmonisierten Systems zur Bezeichnung und Kodierung der Waren fallen, mit Ausnahme der in Protokoll 2[1] aufgeführten Waren;

b) Waren, die in Protokoll 3[1] aufgeführt sind, vorbehaltlich der dort getroffenen Sonderregelungen.

Art. 9 [Geltung und Entwicklung der Ursprungsregeln] (1) Die Ursprungsregeln sind in Protokoll 4[1] niedergelegt. Sie gelten unbeschadet der internationalen Verpflichtungen, die die Vertragsparteien im Rahmen des Allgemeinen Zoll- und Handelsabkommens eingegangen sind oder eingehen werden.

(2) Im Hinblick auf die Weiterentwicklung der in diesem Abkommen erzielten Ergebnisse werden die Vertragsparteien ihre Bemühungen fortsetzen, um die Ursprungsregeln in allen Aspekten weiter zu verbessern und zu vereinfachen und die Zusammenarbeit in Zollfragen zu vertiefen.

(3) Eine Überprüfung wird erstmals vor Ende 1993 vorgenommen. Danach werden alle zwei Jahre weitere Überprüfungen vorgenommen. Die Vertragsparteien verpflichten sich, auf der Grundlage dieser Überprüfungen über die Einbeziehung geeigneter Maßnahmen in das Abkommen zu beschließen.

Art. 10 [Zollverbot] Ein- und Ausfuhrzölle und Abgaben gleicher Wirkung zwischen den Vertragsparteien sind verboten. Unbeschadet der Regelungen des Protokolls 5[1] gilt dieses Verbot auch für Fiskalzölle.

Art. 11 [Verbot mengenmäßiger Einfuhrbeschränkungen] Mengenmäßige Einfuhrbeschränkungen sowie alle Maßnahmen gleicher Wirkung zwischen den Vertragsparteien sind verboten.

Art. 12 [Verbot mengenmäßiger Ausfuhrbeschränkungen] Mengenmäßige Ausfuhrbeschränkungen sowie alle Maßnahmen gleicher Wirkung zwischen den Vertragsparteien sind verboten.

Art. 13 [Ausnahmen] Die Bestimmungen der Artikel 11 und 12 stehen Einfuhr-, Ausfuhr- und Durchfuhrverboten oder -beschränkungen nicht entgegen, die aus Gründen der öffentlichen Sittlichkeit, Ordnung und Sicherheit, zum Schutze der Gesundheit und des Lebens von Menschen, Tieren oder Pflanzen, des nationalen Kulturguts von künstlerischem, geschichtlichem oder archäologischem Wert oder des gewerblichen und kommerziellen Eigentums gerechtfertigt sind. Diese Verbote oder Beschränkungen dürfen jedoch weder ein Mittel zur willkürlichen Diskriminierung noch eine verschleierte Beschränkung *des Handels zwischen* den Vertragsparteien darstellen.

[1] Anhänge und Protokolle sind hier nicht abgedruckt.

Art. 14 [Abgabendiskriminierung; Schutzabgaben] Die Vertragsparteien erheben auf Waren aus anderen Vertragsparteien weder unmittelbar noch mittelbar höhere inländische Abgaben gleich welcher Art, als gleichartige inländische Waren unmittelbar oder mittelbar zu tragen haben.

Die Vertragsparteien erheben auf Waren der anderen Vertragsparteien keine inländischen Abgaben, die geeignet sind, andere Produktionen mittelbar zu schützen.

Art. 15 [Abgabenrückvergütung] Werden Waren in das Hoheitsgebiet einer Vertragspartei ausgeführt, so darf die Rückvergütung für inländische Abgaben nicht höher sein als die auf die ausgeführten Waren mittelbar oder unmittelbar erhobenen inländischen Abgaben.

Art. 16 [Staatliche und staatlich verliehene Handelsmonopole] (1) Die Vertragsparteien tragen dafür Sorge, daß ihre staatlichen Handelsmonopole so umgeformt werden, daß jede Diskriminierung in den Versorgungs- und Absatzbedingungen zwischen den Angehörigen der EG-Mitgliedstaaten und der EFTA-Staaten ausgeschlossen ist.

(2) Dieser Artikel gilt für alle Einrichtungen, durch die die zuständigen Behörden der Vertragsparteien unmittelbar oder mittelbar die Einfuhr oder die Ausfuhr zwischen den Vertragsparteien rechtlich oder tatsächlich kontrollieren, lenken oder merklich beeinflussen. Er gilt auch für die von einem Staat auf andere Rechtsträger übertragenen Monopole.

Kapitel 2. Landwirtschaftliche Erzeugnisse und Fischereierzeugnisse

Art. 17 [Veterinärwesen; Pflanzenschutz] Die besonderen Bestimmungen und besonderen Regelungen für das Veterinärwesen und den Pflanzenschutz sind in Anhang I[1] enthalten.

Art. 18 [Numerus clausus technischer Handelshemmnisse] Unbeschadet der besonderen Regelungen für den Handel mit landwirtschaftlichen Erzeugnissen tragen die Vertragsparteien dafür Sorge, daß die Regelungen nach Artikel 17 und Artikel 23 Buchstaben a und b, sofern sie für andere Waren gelten als die in Artikel 8 Absatz 3 genannten, nicht durch andere technische Handelshemmnisse beeinträchtigt werden. Artikel 13 findet Anwendung.

Art. 19 [Entwicklung des Agrarhandels] (1) Die Vertragsparteien untersuchen alle Schwierigkeiten, die sich im Handel mit landwirtschaftlichen Erzeugnissen ergeben könnten, und bemühen sich um geeignete Lösungen.

---

[1] Anhänge und Protokolle sind hier nicht abgedruckt.

(2) Die Vertragsparteien verpflichten sich, ihre Bemühungen um eine schrittweise Liberalisierung des Agrarhandels fortzusetzen.

(3) Zu diesem Zweck nehmen die Vertragsparteien vor Ende 1993 und danach alle zwei Jahre eine Überprüfung der Bedingungen im Handel mit landwirtschaftlichen Erzeugnissen vor.

(4) Im Lichte der Ergebnisse dieser Überprüfungen im Rahmen ihrer jeweiligen Agrarpolitik und unter Berücksichtigung der Ergebnisse der Uruguay-Runde beschließen die Vertragsparteien im Rahmen dieses Abkommens auf präferentieller, bilateraler oder multilateraler Grundlage und auf der Grundlage der Gegenseitigkeit und des beiderseitigen Nutzens über einen weiteren Abbau der Handelshemmnisse aller Art im Agrarsektor, einschließlich der Hemmnisse, die sich aus staatlichen Handelsmonopolen im Agrarbereich ergeben.

Art. 20 [Meereserzeugnisse] Die Bestimmungen und Regelungen über Fisch und andere Meereserzeugnisse sind in Protokoll 9[1] niedergelegt.

Kapitel 3. Zusammenarbeit in Zollsachen und Handelserleichterungen

Art. 21 [Zollerleichterungen; Kooperation] (1) Zur Erleichterung des Handels zwischen Vertragsparteien vereinfachen diese die Kontrollen und Formalitäten an den Grenzen. Die entsprechenden Regelungen sind in Protokoll 10[1] niedergelegt.

(2) Die Vertragsparteien leisten einander Amtshilfe in Zollsachen, um die ordnungsgemäße Anwendung der Zollvorschriften sicherzustellen. Die entsprechenden Regelungen sind in Protokoll 11[1] niedergelegt.

(3) Die Vertragsparteien verstärken und erweitern die Zusammenarbeit zur Vereinfachung der Verfahren im Warenverkehr, insbesondere im Rahmen von Gemeinschaftsprogrammen, -projekten und -aktionen zur Handelserleichterung nach Maßgabe der Regeln des Teils VI.

(4) Dieser Artikel gilt unbeschadet des Artikels 8 Absatz 3 für alle Waren.

Art. 22 [Zoll- und Abgabensenkung] Eine Vertragspartei, die beabsichtigt, ihre tatsächlich angewandten Zölle oder Abgaben gleicher Wirkung gegenüber Drittländern, denen die Meistbegünstigungsklausel zugutekommt, zu senken oder ihre Anwendung auszusetzen, notifiziert – sofern dies möglich ist – diese Senkung oder Aussetzung dem Gemeinsamen EWR-Ausschuß spätestens 30 Tage vor ihrem Inkrafttreten. Sie nimmt von Darlegungen der anderen Vertragsparteien über Verzerrungen Kenntnis, die sich aus dieser Senkung oder Aussetzung *ergeben könnten.*

---

[1] Anhänge und Protokolle sind hier nicht abgedruckt.

Kapitel 4. Sonstige Regeln für den freien Warenverkehr

Art. 23 [Sondervorschriften] Besondere Bestimmungen und besondere Regelungen sind festgelegt in

a) Protokoll 12[1] und Anhang II[1] (Technische Vorschriften, Normen, Prüfung und Zertifizierung);

b) Protokoll 47[1] (Beseitigung technischer Handelshemmnisse für Wein);

c) Anhang III[1] (Produkthaftung).

Sie gelten, soweit nichts anderes bestimmt ist, für alle Waren.

Art. 24 [Vorschriften für den Energiebereich] Besondere Bestimmungen und besondere Regelungen für den Energiebereich sind in Anhang IV[1] enthalten.

Art. 25 [Unzumutbarkeitsregelung] Führt die Beachtung der Artikel 10 und 12

a) zu einer Wiederausfuhr in ein Drittland, dem gegenüber die ausführende Vertragspartei für die betreffende Waren mengenmäßige Ausfuhrbeschränkungen, Ausfuhrzölle oder Maßnahmen oder Abgaben gleicher Wirkung aufrechterhält, oder

b) zu einer schwerwiegenden Verknappung oder der Gefahr einer schwerwiegenden Verknappung bei einer für die ausführende Vertragspartei wesentlichen Ware

und ergeben sich aus den angeführten Sachverhalten tatsächlich oder voraussichtlich für die ausführende Vertragspartei erhebliche Schwierigkeiten, so kann diese Vertragspartei nach dem Verfahren des Artikels 113 geeignete Maßnahmen treffen.

Art. 26 [Verbot bestimmter Maßnahmen im EWR] Soweit in diesem Abkommen nichts anderes bestimmt ist, werden im Verhältnis zwischen den Vertragsparteien Antidumpingmaßnahmen, Ausgleichszölle und Maßnahmen zum Schutz gegen unlautere Handelspraktiken von Drittländern nicht angewendet.

Kapitel 5. Kohle- und Stahlerzeugnisse

Art. 27 [Bestimmungen und Regelungen] Die Bestimmungen und Regelungen für Kohle- und Stahlerzeugnisse sind in den Protokollen 14[1] und 25[1] niedergelegt.

---

[1] Anhänge und Protokolle sind hier nicht abgedruckt.

Teil III. Freizügigkeit, freier Dienstleistungs- und Kapitalverkehr

Kapitel 1. Arbeitnehmer und selbständig Erwerbstätige

Art. 28 [Freizügigkeit der Arbeitnehmer] (1) Zwischen den EG-Mitgliedstaaten und den EFTA-Staaten wird die Freizügigkeit der Arbeitnehmer hergestellt.

(2) Sie umfaßt die Abschaffung jeder auf der Staatsangehörigkeit beruhenden unterschiedlichen Behandlung der Arbeitnehmer der EG-Mitgliedstaaten und der EFTA-Staaten in bezug auf Beschäftigung, Entlohnung und sonstige Arbeitsbedingungen.

(3) Sie gibt – vorbehaltlich der aus Gründen der öffentlichen Ordnung, Sicherheit und Gesundheit gerechtfertigten Beschränkungen – den Arbeitnehmern das Recht,

a) sich um tatsächlich angebotene Stellen zu bewerben;
b) sich zu diesem Zweck im Hoheitsgebiet der EG-Mitgliedstaaten und der EFTA-Staaten frei zu bewegen;
c) sich im Hoheitsgebiet eines EG-Mitgliedstaats oder eines EFTA-Staates aufzuhalten, um dort nach den für die Arbeitnehmer dieses Staates geltenden Rechts- und Verwaltungsvorschriften eine Beschäftigung auszuüben;
d) nach Beendigung einer Beschäftigung im Hoheitsgebiet eines EG-Mitgliedstaats oder eines EFTA-Staates zu verbleiben.

(4) Dieser Artikel findet keine Anwendung auf die Beschäftigung in der öffentlichen Verwaltung.

(5) Die besonderen Bestimmungen über die Freizügigkeit der Arbeitnehmer sind in Anhang V[1] enthalten.

Art. 29 [Herstellung der Freizügigkeit] Zur Herstellung der Freizügigkeit der Arbeitnehmer und der selbständig Erwerbstätigen stellen die Vertragsparteien auf dem Gebiet der sozialen Sicherheit gemäß Anhang VI[1] für Arbeitnehmer und selbständig Erwerbstätige sowie deren Familienangehörige insbesondere folgendes sicher:

a) die Zusammenrechnung aller nach den verschiedenen innerstaatlichen Rechtsvorschriften berücksichtigten Zeiten für den Erwerb und die Aufrechterhaltung des Leistungsanspruchs sowie für die Berechnung der Leistungen;
b) die Zahlung der Leistungen an Personen, die in den Hoheitsgebieten der Vertragsparteien wohnen.

---

[1] Anhänge und Protokolle sind hier nicht abgedruckt.

Art. 30 [Gegenseitige Anerkennung von Diplomen etc.; Erwerbstätigkeit] Um Arbeitnehmern und selbständig Erwerbstätigen die Aufnahme und Ausübung von Erwerbstätigkeiten zu erleichtern, treffen die Vertragsparteien die erforderlichen Maßnahmen nach Anhang VII[1] zur gegenseitigen Anerkennung von Diplomen, Prüfungszeugnissen und sonstigen Befähigungsnachweisen sowie zur Koordinierung der Rechts- und Verwaltungsvorschriften der Vertragsparteien über die Aufnahme und Ausübung von Erwerbstätigkeiten durch Arbeitnehmer und selbständig Erwerbstätige.

Kapitel 2. Niederlassungsrecht

Art. 31 [Niederlassungsfreiheit] (1) Im Rahmen dieses Abkommens unterliegt die freie Niederlassung von Staatsangehörigen eines EG-Mitgliedstaats oder eines EFTA-Staates im Hoheitsgebiet eines dieser Staaten keinen Beschränkungen. Das gilt gleichermaßen für die Gründung von Agenturen, Zweigniederlassungen oder Tochtergesellschaften durch Angehörige eines EG-Mitgliedstaats oder eines EFTA-Staates, die im Hoheitsgebiet eines dieser Staaten ansässig sind. Vorbehaltlich des Kapitels 4 umfaßt die Niederlassungsfreiheit die Aufnahme und Ausübung selbständiger Erwerbstätigkeiten sowie die Gründung und Leitung von Unternehmen, insbesondere von Gesellschaften im Sinne des Artikels 34 Absatz 2, nach den Bestimmungen des Aufnahmestaats für seine eigenen Angehörigen.

(2) Die besonderen Bestimmungen über das Niederlassungsrecht sind in den Anhängen VIII bis XI[1] enthalten.

Art. 32 [Ausübung öffentlicher Gewalt] Auf Tätigkeiten, die im Hoheitsgebiet einer Vertragspartei dauernd oder zeitweise mit der Ausübung öffentlicher Gewalt verbunden sind, findet dieses Kapitel im Hoheitsgebiet der betreffenden Vertragspartei keine Anwendung.

Art. 33 [Vorbehalt des Ausländerrechts] Dieses Kapitel und die aufgrund desselben getroffenen Maßnahmen beeinträchtigen nicht die Anwendbarkeit der Rechts- und Verwaltungsvorschriften, die eine besondere Regelung für Ausländer vorsehen und aus Gründen der öffentlichen Ordnung, Sicherheit oder Gesundheit gerechtfertigt sind.

Art. 34 [Gleichstellung juristischer Personen] Für die Anwendung dieses Kapitels stehen die nach den Rechtsvorschriften eines EG-Mitgliedstaats oder eines EFTA-Staates gegründeten Gesellschaften, die ihren satzungsmäßigen Sitz, ihre Hauptverwaltung oder ihre Hauptniederlassung im Hoheitsgebiet der Vertragsparteien haben, den natürlichen Personen gleich, die Angehörige der EG-Mitgliedstaaten oder der EFTA-Staaten sind.

---

[1] Anhänge und Protokolle sind hier nicht abgedruckt.

Als Gesellschaften gelten die Gesellschaften des bürgerlichen Rechts und des Handelsrechts einschließlich der Genossenschaften und die sonstigen juristischen Personen des öffentlichen und privaten Rechts mit Ausnahme derjenigen, die keinen Erwerbszweck verfolgen.

Art. 35 [Harmonisierung] Auf das in diesem Kapitel geregelte Sachgebiet findet Artikel 30 Anwendung.

Kapitel 3. Dienstleistungen

Art. 36 [Freier Dienstleistungsverkehr] (1) Im Rahmen dieses Abkommens unterliegt der freie Dienstleistungsverkehr im Gebiet der Vertragsparteien für Angehörige der EG-Mitgliedstaaten und der EFTA-Staaten, die in einem anderen EG-Mitgliedstaat beziehungsweise einem anderen EFTA-Staat als demjenigen des Leistungsempfängers ansässig sind, keinen Beschränkungen.

(2) Die besonderen Bestimmungen über den freien Dienstleistungsverkehr sind in den Anhängen IX bis XI[1] enthalten.

Art. 37 [Begriffsbestimmungen] Dienstleistungen im Sinne dieses Abkommens sind Leistungen, die in der Regel gegen Entgelt erbracht werden, soweit sie nicht den Vorschriften über den freien Waren- und Kapitalverkehr und über die Freizügigkeit unterliegen.

Als Dienstleistungen gelten insbesondere:

a) gewerbliche Tätigkeiten,

b) kaufmännische Tätigkeiten,

c) handwerkliche Tätigkeiten,

d) freiberufliche Tätigkeiten.

Unbeschadet des Kapitels 2 kann der Leistende zwecks Erbringung seiner Leistungen seine Tätigkeit vorübergehend in dem Staat ausüben, in dem die Leistung erbracht wird, und zwar unter den Voraussetzungen, welche dieser Staat für seine eigenen Angehörigen vorschreibt.

Art. 38 [Dienstleistungsfreiheit im Verkehrssektor] Für den freien Dienstleistungsverkehr auf dem Gebiet des Verkehrs gelten die Bestimmungen des Kapitels 6.

Art. 39 [Verweisungsnorm] Auf das in diesem Kapitel geregelte Sachgebiet finden die Artikel 30, 32, 33 und 34 Anwendung.

Kapitel 4. Kapitalverkehr

Art. 40 [Freier Kapitalverkehr] Im Rahmen dieses Abkommens unterliegt der Kapitalverkehr in bezug auf Berechtigte, die in den EG-Mitgliedstaaten oder den EFTA-Staaten ansässig sind, keinen Beschrän-

[1] Anhänge und Protokolle sind hier nicht abgedruckt.

kungen und keiner Diskriminierung aufgrund der Staatsangehörigkeit oder des Wohnortes der Parteien oder des Anlageortes. Die Durchführungsbestimmungen zu diesem Artikel sind in Anhang XII[1]) enthalten.

Art. 41 [Zahlungsverkehr] Die laufenden Zahlungen, die mit dem Verkehr von Waren, Personen, Dienstleistungen und Kapital zwischen den Vertragsparteien im Rahmen dieses Abkommens zusammenhängen, unterliegen keinen Beschränkungen.

Art. 42 [Diskriminierungsverbot; Auslandsanleihen] (1) Bei der Anwendung der innerstaatlichen Vorschriften für den Kapitalmarkt und das Kreditwesen auf die nach diesem Abkommen liberalisierten Kapitalbewegungen sehen die Vertragsparteien von Diskriminierungen ab.

(2) Anleihen zur mittelbaren oder unmittelbaren Finanzierung eines EG-Mitgliedstaats oder eines EFTA-Staates oder seiner Gebietskörperschaften dürfen in einem anderen EG-Mitgliedstaat oder einem anderen EFTA-Staat nur aufgelegt oder untergebracht werden, wenn sich die beteiligten Staaten darüber geeinigt haben.

Art. 43 [Erlaubte Schutzmaßnahmen] (1) Benutzen in einem EG-Mitgliedstaat oder einem EFTA-Staat ansässige Personen wegen Unterschieden zwischen den Devisenvorschriften der EG-Mitgliedstaaten und der EFTA-Staaten die in Artikel 40 vorgesehenen Transfererleichterungen im Hoheitsgebiet der Vertragsparteien, um die für den Kapitalverkehr mit Drittländern geltenden Vorschriften eines EG-Mitgliedstaats oder eines EFTA-Staates zu umgehen, so kann die betreffende Vertragspartei geeignete Maßnahmen zur Behebung dieser Schwierigkeiten treffen.

(2) Haben Kapitalbewegungen Störungen im Funktionieren des Kapitalmarkts eines EG-Mitgliedstaats oder eines EFTA-Staates zur Folge, so kann die betreffende Vertragspartei Schutzmaßnahmen auf dem Gebiet des Kapitalverkehrs treffen.

(3) Nehmen die zuständigen Behörden einer Vertragspartei eine Änderung des Wechselkurses vor, die die Wettbewerbsbedingungen schwerwiegend verfälscht, so können die anderen Vertragsparteien für eine genau begrenzte Frist die erforderlichen Maßnahmen treffen, um den Folgen dieses Vorgehens zu begegnen.

(4) Ist ein EG-Mitgliedstaat oder ein EFTA-Staat hinsichtlich seiner *Zahlungsbilanz* von *Schwierigkeiten* betroffen oder ernstlich bedroht, die sich entweder aus einem Ungleichgewicht seiner Gesamtzahlungsbilanz oder aus der Art der ihm zur Verfügung stehenden Devisen ergeben, und sind diese Schwierigkeiten geeignet, insbesondere das Funktionieren dieses Abkommens zu gefährden, so kann die betreffende Vertragspartei Schutzmaßnahmen treffen.

---

[1]) Anhänge und Protokolle sind hier nicht abgedruckt.

Art. 44 [Verfahren zur Durchführung des Art. 43] Zur Durchführung des Artikels 43 wenden sowohl die Gemeinschaft als auch die EFTA-Staaten gemäß dem Protokoll 18[1] ihre internen Verfahren an.

Art. 45 [Mitteilungs- und Konsultationspflichten] (1) Entscheidungen, Stellungnahmen und Empfehlungen, die sich auf die in Art. 43 aufgeführten Maßnahmen beziehen, werden dem Gemeinsamen EWR-Ausschuß mitgeteilt.

(2) Alle Maßnahmen sind Gegenstand vorheriger Konsultationen und eines vorherigen Informationsaustauschs im Gemeinsamen EWR-Ausschuß.

(3) In Fällen nach Artikel 43 Absatz 2 kann eine Vertragspartei jedoch aus Gründen der Geheimhaltung und Dringlichkeit die sich als notwendig erweisenden Maßnahmen treffen, ohne daß zuvor Konsultationen und ein Informationsaustausch stattgefunden haben.

(4) Tritt plötzlich eine Zahlungsbilanzkrise im Sinne von Artikel 43 Absatz 4 ein und können die in Absatz 2 genannten Verfahren nicht angewendet werden, so kann die betreffende Vertragspartei vorsorglich die erforderlichen Schutzmaßnahmen treffen. Sie dürfen nur ein Mindestmaß an Störungen im Funktionieren dieses Abkommens hervorrufen und nicht über das zur Behebung der plötzlich aufgetretenen Schwierigkeiten unbedingt erforderliche Maß hinausgehen.

(5) Werden Maßnahmen nach den Absätzen 3 und 4 getroffen, so sind sie spätestens zum Zeitpunkt ihres Inkrafttretens mitzuteilen; der Informationsaustausch und die Konsultationen sowie die Mitteilungen nach Absatz 1 erfolgen danach so bald wie möglich.

Kapitel 5. Wirtschafts- und währungspolitische Zusammenarbeit

Art. 46 [Meinungs- und Informationsaustausch] Die Vertragsparteien führen einen Meinungs- und Informationsaustausch über die Durchführung dieses Abkommens und die Auswirkungen der Integration auf die Wirtschaftstätigkeiten und die Wirtschafts- und Währungspolitik. Sie können ferner makroökonomische Gegebenheiten, Politiken und Aussichten erörtern. Dieser Meinungs- und Informationsaustausch ist unverbindlich.

Kapitel 6. Verkehr

Art. 47 [Landverkehr] (1) Die Artikel 48 bis 52 gelten für die Beförderungen im Eisenbahn-, Straßen- und Binnenschiffsverkehr.

(2) Die besonderen Bestimmungen für sämtliche Verkehrsträger sind *in Anhang XIII*[1] enthalten.

---

[1] Anhänge und Protokolle sind hier nicht abgedruckt.

Art. 48 [Benachteiligung durch Verkehrsvorschriften] (1) Die Bestimmungen eines EG-Mitgliedstaats oder eines EFTA-Staates für den Eisenbahn-, Straßen- und Binnenschiffsverkehr, die nicht unter Anhang XIII[1] fallen, dürfen in ihren unmittelbaren oder mittelbaren Auswirkungen auf die Verkehrsunternehmer anderer Staaten im Vergleich zu den inländischen Verkehrsunternehmern nicht ungünstiger sein.

(2) Eine Vertragspartei, die von dem Grundsatz in Absatz 1 abweicht, teilt dies dem Gemeinsamen EWR-Ausschuß mit. Die anderen Vertragsparteien, die diese Abweichung nicht akzeptieren, können entsprechende Gegenmaßnahmen treffen.

Art. 49 [Erlaubte Beihilfen] Mit diesem Abkommen vereinbar sind Beihilfen, die den Erfordernissen der Koordinierung des Verkehrs oder der Abgeltung bestimmter mit dem Begriff des öffentlichen Dienstes zusammenhängender Leistungen entsprechen.

Art. 50 [Diskriminierungsverbot] (1) Im Verkehr im Hoheitsgebiet der Vertragsparteien dürfen keine Diskriminierungen in der Form bestehen, daß ein Verkehrsunternehmen in denselben Verkehrsverbindungen für die gleichen Güter je nach ihrem Herkunfts- oder Bestimmungsland unterschiedliche Frachten und Beförderungsbedingungen anwendet.

(2) Das gemäß Teil VII zuständige Organ prüft von sich aus oder auf Antrag eines EG-Mitgliedstaats oder eines EFTA-Staates die unter diesen Artikel fallenden Diskriminierungsfälle und erläßt die erforderlichen Entscheidungen im Rahmen seiner Geschäftsordnung.

Art. 51 [Beseitigung diskriminierender Frachten und Beförderungsbedingungen] (1) Im Verkehr im Hoheitsgebiet der Vertragsparteien sind die von einer Vertragspartei auferlegten Frachten und Beförderungsbedingungen verboten, die in irgendeiner Weise der Unterstützung oder dem Schutz eines oder mehrerer bestimmter Unternehmen oder Industrien dienen, es sei denn, daß das gemäß Artikel 50 Absatz 2 zuständige Organ die Genehmigung hierzu erteilt.

(2) Das zuständige Organ prüft von sich aus oder auf Antrag eines EG-Mitgliedstaats oder eines EFTA-Staates die in Absatz 1 bezeichneten Frachten und Beförderungsbedingungen; hierbei berücksichtigt es insbesondere sowohl die Erfordernisse einer angemessenen Standortpolitik, die Bedürfnisse der unterentwickelten Gebiete und die Probleme der durch politische Umstände schwer betroffenen Gebiete als auch die Auswirkungen dieser Frachten und Beförderungsbedingungen auf den Wettbewerb zwischen den Verkehrsarten.

Das zuständige Organ erläßt die erforderlichen Entscheidungen im Rahmen seiner Geschäftsordnung.

---

[1] Anhänge und Protokolle sind hier nicht abgedruckt.

(3) Das in Absatz 1 genannte Verbot betrifft nicht die Wettbewerbstarife.

Art. 52 [Abgaben beim Grenzübergang] Die Abgaben oder Gebühren, die ein Verkehrsunternehmer neben den Frachten beim Grenzübergang in Rechnung stellt, dürfen unter Berücksichtigung der hierdurch tatsächlich verursachten Kosten eine angemessene Höhe nicht übersteigen. Die Vertragsparteien werden bemüht sein, diese Kosten schrittweise zu verringern.

Teil IV. Wettbewerbs- und sonstige gemeinsame Regeln[1]

Kapitel 1. Vorschriften für Unternehmen

Art. 53 [Kartellverbot] (1) Mit diesem Abkommen unvereinbar und verboten sind alle Vereinbarungen zwischen Unternehmen, Beschlüsse von Unternehmensvereinigungen und aufeinander abgestimmte Verhaltensweisen, welche den Handel zwischen den Vertragsparteien zu beeinträchtigen geeignet sind und eine Verhinderung, Einschränkung oder Verfälschung des Wettbewerbs im räumlichen Geltungsbereich dieses Abkommens bezwecken oder bewirken, insbesondere,

a) die unmittelbare oder mittelbare Festsetzung der An- oder Verkaufspreise oder sonstiger Geschäftsbedingungen;
b) die Einschränkung oder Kontrolle der Erzeugung, des Absatzes, der technischen Entwicklung oder der Investitionen;
c) die Aufteilung der Märkte oder Versorgungsquellen;
d) die Anwendung unterschiedlicher Bedingungen bei gleichwertigen Leistungen gegenüber Handelspartnern, wodurch diese im Wettbewerb benachteiligt werden;
e) die an den Abschluß von Verträgen geknüpfte Bedingung, daß die Vertragsparteien zusätzliche Leistungen annehmen, die weder sachlich noch nach Handelsbrauch in Beziehung zum Vertragsgegenstand stehen.

(2) Die nach diesem Artikel verbotenen Vereinbarungen oder Beschlüsse sind nichtig.

(3) Die Bestimmungen des Absatzes 1 können für nicht anwendbar erklärt werden auf

– Vereinbarungen oder Gruppen von Vereinbarungen zwischen Unternehmen,
– Beschlüsse oder Gruppen von Beschlüssen von Unternehmensvereinigungen,
– aufeinander abgestimmte Verhaltensweisen oder Gruppen von solchen,

---

[1] Siehe Art. 85 ff EGV (Nr. **150**) sowie VO (EG) Nr. 3666/93 v. 15. 12. 1993 (ABl. Nr. L 336/1).

die unter angemessener Beteiligung der Verbraucher an dem entstehenden Gewinn zur Verbesserung der Warenerzeugung oder -verteilung oder zur Förderung des technischen oder wirtschaftlichen Fortschritts beitragen, ohne daß den beteiligten Unternehmen

a) Beschränkungen auferlegt werden, die für die Verwirklichung dieser Ziele nicht unerläßlich sind, oder
b) Möglichkeiten eröffnet werden, für einen wesentlichen Teil der betreffenden Waren den Wettbewerb auszuschalten.

Art. 54 [Mißbrauchsverbot] Mit diesem Abkommen unvereinbar und verboten ist die mißbräuchliche Ausnutzung einer beherrschenden Stellung im räumlichen Geltungsbereich dieses Abkommens oder in einem wesentlichen Teil desselben durch ein oder mehrere Unternehmen, soweit dies dazu führen kann, den Handel zwischen den Vertragsparteien zu beeinträchtigen.

Dieser Mißbrauch kann insbesondere in folgendem bestehen:

a) der unmittelbaren oder mittelbaren Erzwingung von unangemessenen Einkaufs- oder Verkaufspreisen oder sonstigen Geschäftsbedingungen;
b) der Einschränkung der Erzeugung, des Absatzes oder der technischen Entwicklung zum Schaden der Verbraucher;
c) der Anwendung unterschiedlicher Bedingungen bei gleichwertigen Leistungen gegenüber Handelspartnern, wodurch diese im Wettbewerb benachteiligt werden;
d) der an den Abschluß von Verträgen geknüpften Bedingung, daß die Vertragspartner zusätzliche Leistungen annehmen, die weder sachlich noch nach Handelsbrauch in Beziehung zum Vertragsgegenstand stehen.

Art. 55 [Überwachungsorgane] (1) Unbeschadet der Bestimmungen des Protokolls 21[1)] und des Anhangs XIV[1)] zur Durchführung der Artikel 53 und 54 achten die EG-Kommission und die in Artikel 108 Absatz 1 genannte EFTA-Überwachungsbehörde auf die Verwirklichung der in den Artikeln 53 und 54 niedergelegten Grundsätze.

Das gemäß Artikel 56 zuständige Überwachungsorgan untersucht von Amts wegen, auf Antrag eines Staates in dem jeweiligen Zuständigkeitsbereich oder auf Antrag des anderen Überwachungsorgans die Fälle, in denen Zuwiderhandlungen gegen diese Grundsätze vermutet werden. Das zuständige Überwachungsorgan führt diese Untersuchungen in Zusammenarbeit mit den zuständigen einzelstaatlichen Behörden in dem jeweiligen Zuständigkeitsbereich und dem anderen Überwachungsorgan durch, das ihm nach Maßgabe seiner Geschäftsordnung Amtshilfe leistet.

Stellt es eine Zuwiderhandlung fest, so schlägt es geeignete Mittel vor, um diese abzustellen.

---

1) Anhänge und Protokolle sind hier nicht abgedruckt.

(2) Wird die Zuwiderhandlung nicht abgestellt, so trifft das zuständige Überwachungsorgan in einer mit Gründen versehenen Entscheidung die Feststellung, daß eine derartige Zuwiderhandlung vorliegt.

Das zuständige Überwachungsorgan kann die Entscheidung veröffentlichen und die Staaten seines Zuständigkeitsbereichs ermächtigen, die erforderlichen Abhilfemaßnahmen zu treffen, deren Bedingungen und Einzelheiten es festlegt. Es kann auch das andere Überwachungsorgan ersuchen, die Staaten in dem jeweiligen Zuständigkeitsbereich zu ermächtigen, solche Maßnahmen zu treffen.

Art. 56 [Einzelfälle] (1) Einzelfälle, die in den Anwendungsbereich des Artikels 53 fallen, werden von den Überwachungsorganen wie folgt entschieden:

a) Einzelfälle, die nur den Handel zwischen EFTA-Staaten beeinträchtigen, werden von der EFTA-Überwachungsbehörde entschieden.

b) Unbeschadet des Buchstabens c entscheidet die EFTA-Überwachungsbehörde nach Maßgabe des Artikels 58, des Protokolls 21[1] und der diesbezüglichen Durchführungsbestimmungen, des Protokolls 23[1] und des Anhangs XIV[1] in Fällen, in denen der Umsatz der betreffenden Unternehmen im Hoheitsgebiet der EFTA-Staaten 33% oder mehr ihres Umsatzes im räumlichen Geltungsbereich dieses Abkommens ausmacht.

c) In allen sonstigen Fällen sowie in Fällen gemäß Buchstabe b, die den Handel zwischen EG-Mitgliedstaaten beeinträchtigen, entscheidet die EG-Kommission unter Berücksichtigung der Bestimmungen des Artikels 58, des Protokolls 21[1], des Protokolls 23[1] und des Anhangs XIV[1].

(2) Einzelfälle, die in den Anwendungsbereich des Artikels 54 fallen, werden von dem Überwachungsorgan entschieden, in dessen Zuständigkeitsbereich die beherrschende Stellung festgestellt wird. Besteht die beherrschende Stellung in den Zuständigkeitsbereichen beider Überwachungsorgane, so gilt Absatz 1 Buchstaben b und c.

(3) Einzelfälle, die in den Anwendungsbereich des Absatzes 1 Buchstabe c fallen und die keine spürbaren Auswirkungen auf den Handel zwischen EG-Mitgliedstaaten oder auf den Wettbewerb innerhalb der Gemeinschaft haben, werden von der EFTA-Überwachungsbehörde entschieden.

(4) Die Begriffe „Unternehmen" und „Umsatz" im Sinne dieses Artikels werden in Protokoll 22[1] bestimmt.

Art. 57 [Fusionskontrolle] (1) Zusammenschlüsse, deren Kontrolle in Absatz 2 vorgesehen ist und die eine beherrschende Stellung begründen oder verstärken, durch die wirksamer Wettbewerb im räumlichen Geltungsbereich dieses Abkommens oder in einem wesentlichen

---

[1] Anhänge und Protokolle sind hier nicht abgedruckt.

Teil desselben erheblich behindert wird, werden für mit diesem Abkommen unvereinbar erklärt.

(2) Die Kontrolle der Zusammenschlüsse im Sinne des Absatzes 1 wird durchgeführt von:

a) der EG-Kommission in den unter die Verordnung (EWG) Nr. 4064/89[1] fallenden Fällen im Einklang mit jener Verordnung und den Protokollen 21 und 24[2] sowie dem Anhang XIV[2] dieses Abkommens. Vorbehaltlich einer Überprüfung durch den Gerichtshof der Europäischen Gemeinschaften hat die EG-Kommission in diesen Fällen die alleinige Entscheidungsbefugnis;

b) der EFTA-Überwachungsbehörde in den nicht unter Buchstabe a genannten Fällen, sofern die einschlägigen Schwellen des Anhangs XIV[2] im Hoheitsgebiet der EFTA-Staaten erreicht werden, im Einklang mit den Protokollen 21 und 24[2] sowie dem Anhang XIV[2] und unbeschadet der Zuständigkeiten der EG-Mitgliedstaaten.

Art. 58 [Vereinheitlichung der Wettbewerbskontrolle] Die zuständigen Organe der Vertragsparteien arbeiten nach Maßgabe der Protokolle 23 und 24[2] zusammen, um im gesamten Europäischen Wirtschaftsraum eine einheitliche Überwachung für den Wettbewerbsbereich zu entwickeln und aufrechtzuerhalten und um eine homogene Durchführung, Anwendung und Auslegung der einschlägigen Bestimmungen dieses Abkommens zu fördern.

Art. 59 [Öffentliche Unternehmen; Monopolbetriebe] (1) Die Vertragsparteien sorgen dafür, daß in bezug auf öffentliche Unternehmen und auf Unternehmen, denen EG-Mitgliedstaaten oder EFTA-Staaten besondere oder ausschließliche Rechte gewähren, keine Maßnahmen getroffen oder beibehalten werden, die diesem Abkommen, insbesondere Artikel 4 und den Artikeln 53 bis 63, widersprechen.

(2) Für Unternehmen, die mit Dienstleistungen von allgemeinem wirtschaftlichen Interesse betraut sind oder den Charakter eines Finanzmonopols haben, gelten die Vorschriften dieses Abkommens, insbesondere die Wettbewerbsregeln, soweit die Anwendung dieser Vorschriften nicht die Erfüllung der ihnen übertragenen besonderen Aufgabe rechtlich oder tatsächlich verhindert. Die Entwicklung des Handelsverkehrs darf nicht in einem Ausmaß beeinträchtigt werden, das dem Interesse der Vertragsparteien zuwiderläuft.

(3) Die EG-Kommission und die EFTA-Überwachungsbehörde achten im Rahmen ihrer jeweiligen Zuständigkeit auf die Anwendung dieses Artikels und treffen erforderlichenfalls die geeigneten Maßnahmen gegenüber den Staaten in ihrem jeweiligen Zuständigkeitsbereich.

Art. 60 [Durchführungsbestimmungen] Die besonderen Bestimmungen zur Durchführung der Grundsätze der Artikel 53, 54, 57 und 59 sind in Anhang XIV[2] enthalten.

---

[1] Abgedruckt unter Nr. **170**.

[2] Anhänge und Protokolle sind hier nicht abgedruckt.

Kapitel 2. Staatliche Beihilfen

Art. 61 [Subventionsverbot; Ausnahmen] (1) Soweit in diesem Abkommen nicht etwas anderes bestimmt ist, sind Beihilfen der EG-Mitgliedstaaten oder der EFTA-Staaten oder aus staatlichen Mitteln gewährte Beihilfen gleich welcher Art, die durch die Begünstigung bestimmter Unternehmen oder Produktionszweige den Wettbewerb verfälschen oder zu verfälschen drohen, mit dem Funktionieren dieses Abkommens unvereinbar, soweit sie den Handel zwischen Vertragsparteien beeinträchtigen.

(2) Mit dem Funktionieren dieses Abkommens vereinbar sind:

a) Beihilfen sozialer Art an einzelne Verbraucher, wenn sie ohne Diskriminierung nach der Herkunft der Waren gewährt werden;

b) Beihilfen zur Beseitigung von Schäden, die durch Naturkatastrophen oder sonstige außergewöhnliche Ereignisse entstanden sind;

c) Beihilfen für die Wirtschaft bestimmter, durch die Teilung Deutschlands betroffener Gebiete der Bundesrepublik Deutschland, soweit sie zum Ausgleich der durch die Teilung verursachten wirtschaftlichen Nachteile erforderlich sind.

(3) Als mit dem Funktionieren dieses Abkommens vereinbar können angesehen werden:

a) Beihilfen zur Förderung der wirtschaftlichen Entwicklung von Gebieten, in denen die Lebenshaltung außergewöhnlich niedrig ist oder eine erhebliche Unterbeschäftigung herrscht;

b) Beihilfen zur Förderung wichtiger Vorhaben von gemeinsamem europäischem Interesse oder zur Behebung einer beträchtlichen Störung im Wirtschaftsleben eines EG-Mitgliedstaats oder eines EFTA-Staates;

c) Beihilfen zur Förderung der Entwicklung gewisser Wirtschaftszweige oder Wirtschaftsgebiete, soweit sie die Handelsbedingungen nicht in einer Weise verändern, die dem gemeinsamen Interesse zuwiderläuft;

d) sonstige Arten von Beihilfen, die der Gemeinsame EWR-Ausschuß gemäß Teil VII[1] festlegt.

Art. 62 [Prüfung bestehender Beihilferegelungen] (1) Alle bestehenden Beihilferegelungen im Hoheitsgebiet der Vertragsparteien sowie die geplante Gewährung oder Änderung staatlicher Beihilfen werden fortlaufend auf ihre Vereinbarkeit mit Artikel 61 überprüft. Zuständig für diese Prüfung ist

a) *im Falle der EG-Mitgliedstaaten* die EG-Kommission gemäß Artikel 93 des Vertrags zur Gründung der Europäischen Wirtschaftsgemeinschaft,

[1] Anhänge und Protokolle sind hier nicht abgedruckt.

b) im Falle der EFTA-Staaten die EFTA-Überwachungsbehörde gemäß den Bestimmungen eines Abkommens zwischen den EFTA-Staaten zur Errichtung einer EFTA-Überwachungsbehörde, die mit den in Protokoll 26[1] festgelegten Aufgaben und Befugnissen betraut ist.

(2) Die EG-Kommission und die EFTA-Überwachungsbehörde arbeiten nach Maßgabe des Protokolls 27[1] zusammen, um eine einheitliche Überwachung der staatlichen Beihilfen im gesamten räumlichen Geltungsbereich dieses Abkommens sicherzustellen.

Art. 63 [Besondere Bestimmungen] Die besonderen Bestimmungen über die staatlichen Beihilfen sind in Angang XV[1] enthalten.

Art. 64 [Meinungsverschiedenheiten zwischen Überwachungsorganen] (1) Ist eines der Überwachungsorgane der Ansicht, daß die Durchführung der Artikel 61 und 62 dieses Abkommens sowie des Artikels 5 des Protokolls 14[1] durch das andere Überwachungsorgan nicht der Aufrechterhaltung gleicher Wettbewerbsbedingungen im räumlichen Geltungsbereich dieses Abkommens entspricht, so findet innerhalb von zwei Wochen ein Meinungsaustausch nach dem Verfahren des Protokolls 27[1] Buchstabe f statt.

Wird bis zum Ablauf dieser Zweiwochenfrist keine einvernehmliche Lösung gefunden, so kann die zuständige Behörde der betroffenen Vertragspartei unverzüglich geeignete vorläufige Maßnahmen ergreifen, um der sich ergebenden Wettbewerbsverfälschung zu begegnen.

Danach finden Konsultationen im Gemeinsamen EWR-Ausschuß statt, um eine für alle Seiten annehmbare Lösung zu finden.

Kann der Gemeinsame EWR-Ausschuß innerhalb von drei Monaten keine solche Lösung finden und führt die betreffende Verhaltensweise zu einer den Handel zwischen den Vertragsparteien beeinträchtigenden Wettbewerbsverfälschung oder droht sie dazu zu führen, so können die vorläufigen Maßnahmen durch die endgültigen Maßnahmen ersetzt werden, die unbedingt erforderlich sind, um die Auswirkungen der Verfälschung auszugleichen. Es sich vorrangig solche Maßnahmen zu ergreifen, die das Funktionieren des EWR am wenigsten stören.

(2) Dieser Artikel gilt auch für staatliche Monopole, die nach der Unterzeichnung des Abkommens errichtet werden.

Kapitel 3. Sonstige gemeinsame Regeln

Art. 65 [Öffentliches Auftragswesen; gewerblicher Rechtsschutz] (1) Die besonderen Bestimmungen und besonderen Regelungen über das öffentliche Auftragswesen sind in Anhang XVI[1] enthalten und gelten, sofern nichts anderes bestimmt ist, für alle Waren und die aufgeführten Dienstleistungen.

---

[1] Anhänge und Protokolle sind hier nicht abgedruckt.

(2) Die besonderen Bestimmungen und besonderen Regelungen über das geistige Eigentum und den gewerblichen Rechtsschutz sind in Protokoll 28[1] und in Anhang XVII[1] enthalten und gelten, sofern nichts anderes bestimmt ist, für alle Waren und Dienstleistungen.

Teil V. Horizontale Bestimmungen im Zusammenhang mit den vier Freiheiten

Kapitel 1. Sozialpolitik

Art. 66 [Grundsatz] Die Vertragsparteien sind sich über die Notwendigkeit einig, auf eine Verbesserung der Lebens- und Arbeitsbedingungen der Arbeitskräfte hinzuwirken.

Art. 67 [Arbeitssicherheit] (1) Die Vertragsparteien bemühen sich, die Verbesserung insbesondere der Arbeitsumwelt zu fördern, um die Sicherheit und die Gesundheit der Arbeitnehmer zu schützen. Als Beitrag zur Verwirklichung dieses Zieles werden Mindesvorschriften angewendet, die unter Berücksichtigung der bestehenden Bedingungen und technischen Regelungen der einzelnen Vertragsparteien schrittweise durchzuführen sind. Derartige Mindestvorschriften hindern die einzelnen Vertragsparteien nicht daran, Maßnahmen zum verstärkten Schutz der Arbeitsbedingungen beizubehalten oder zu treffen, die mit diesem Abkommen vereinbar sind.

(2) Die Bestimmungen, die als Mindestvorschriften im Sinne des Absatzes 1 durchzuführen sind, sind in Anhang XVIII[1] aufgeführt.

Art. 68 [Arbeitsrecht] Auf dem Gebiet des Arbeitsrechts führen die Vertragsparteien die für das gute Funktionieren dieses Abkommens erforderlichen Maßnahmen ein. Diese Maßnahmen sind in Anhang XVIII[1] aufgeführt.

Art. 69 [Entgeltgleichheit] (1) Jede Vertragspartei wird den Grundsatz des gleichen Entgelts für Männer und Frauen bei gleicher Arbeit anwenden und beibehalten.

Unter „Entgelt" im Sinne dieses Artikels sind die üblichen Grund- oder Mindestlöhne und -gehälter sowie alls sonstigen Vergütungen zu verstehen, die der Arbeitgeber aufgrund des Dienstverhältnisses dem Arbeitnehmer mittelbar und unmittelbar in bar oder in Sachleistungen zahlt.

Gleichheit des Arbeitsentgelts ohne Diskriminierung aufgrund des Geschlechts bedeutet:

a) daß das Entgelt für eine gleiche nach Akkord bezahlte Arbeit aufgrund der gleichen Maßeinheit festgesetzt wird;

---

[1] Anhänge und Protokolle sind hier nicht abgedruckt.

b) daß für eine nach Zeit bezahlte Arbeit das Entgelt bei gleichem Arbeitsplatz gleich ist.

(2) Die besonderen Durchführungsbestimmungen zu Absatz 1 sind in Anhang XVIII[1] enthalten.

Art. 70 [Gleichbehandlung von Männern und Frauen] Die Vertragsparteien fördern den Grundsatz der Gleichbehandlung von Männern und Frauen mit der Durchführung der in Anhang XVIII[1] enthaltenen Bestimmungen.

Art. 71 [Dialog zwischen den Sozialpartnern] Die Vertragsparteien bemühen sich darum, den Dialog zwischen den Sozialpartnern auf europäischer Ebene zu fördern.

Kapitel 2. Verbraucherschutz

Art. 72. Die Bestimmungen über den Verbraucherschutz sind in Anhang XIX[1] enthalten.

Kapitel 3. Umwelt

Art. 73 [Umweltpolitische Ziele und Grundsätze] (1) Die Umweltpolitik der Vertragsparteien hat zum Ziel,

a) die Umwelt zu erhalten, zu schützen und ihre Qualität zu verbessern;
b) zum Schutz der menschlichen Gesundheit beizutragen;
c) eine umsichtige und rationelle Verwendung der natürlichen Ressourcen zu gewährleisten.

(2) Die Tätigkeit der Vertragsparteien im Bereich der Umwelt unterliegt dem Grundsatz, Umweltbeeinträchtigungen vorzubeugen und sie nach Möglichkeit an ihrem Ursprung zu bekämpfen, sowie dem Verursacherprinzip. Die Erfordernisse des Umweltschutzes sind Bestandteil der anderen Politiken der Vertragsparteien.

Art. 74 [Besondere Bestimmungen] Die besonderen Bestimmungen über die Schutzmaßnahmen nach Artikel 73 sind in Anhang XX[1] enthalten.

Art. 75 [Verstärkte Schutzmaßnahmen] Die Schutzmaßnahmen nach Artikel 74 hindern die einzelnen Vertragsparteien nicht daran, verstärkte Schutzmaßnahmen beizubehalten oder zu ergreifen, die mit diesem Abkommen vereinbar sind.

---

[1] Anhänge und Protokolle sind hier nicht abgedruckt.

Kapitel 4. Statistik

Art. 76 [Harmonisierung der Statistiken] (1) Die Vertragsparteien sorgen für die Erstellung und Verbreitung von kohärenten und vergleichbaren Statistiken für die Beschreibung und Überwachung aller einschlägigen wirtschaftlichen, sozialen und ökologischen Aspekte des EWR.

(2) Zu diesem Zweck entwickeln und benutzen die Vertragsparteien harmonisierte Methoden, Definitionen und Klassifikationen sowie gemeinsame Programme und Verfahren, in denen die Zusammenarbeit der zuständigen Verwaltungsebenen im Bereich der Statistik organisiert wird und der Datenschutz gebührende Beachtung findet.

(3) Die besonderen Bestimmungen über die Statistik sind in Anhang XXI[1)] enthalten.

(4) Die besonderen Bestimmungen über die Gestaltung der Zusammenarbeit im Bereich der Statistik sind in Protokoll 30[1)] erhalten.

Kapitel 5. Gesellschaftsrecht

Art. 77 Die besonderen Bestimmungen über das Gesellschaftsrecht sind in Anhang XXII[1)] enthalten.

Teil VI. Zusammenarbeit außerhalb der vier Freiheiten

Art. 78 [Kooperation über den EWR-Vertrag hinaus] Die Vertragsparteien verstärken und erweitern ihre Zusammenarbeit im Rahmen der Gemeinschaftsaktionen in den Bereichen

- Forschung und technologische Entwicklung,
- Informationsdienste,
- Umwelt,
- allgemeine und berufliche Bildung und Jugend,
- Sozialpolitik,
- Verbraucherschutz,
- kleine und mittlere Unternehmen,
- Fremdenverkehr,
- audiovisueller Sektor und
- Katastrophenschutz,

soweit diese Sachgebiete nicht unter andere Teile dieses Abkommens fallen.

Art. 79 [Dialog und Informationsaustausch] (1) Die Vertragsparteien vertiefen den Dialog miteinander in jeder geeigneten Weise, insbesondere gemäß den Verfahren des Teils VII, um festzustellen, auf welchen Gebieten und in welchen Arbeitsbereichen eine engere Zusammenarbeit zur Verwirklichung ihrer in Artikel 78 aufgeführten gemeinsamen Ziele beitragen könnte.

(2) Sie tauschen insbesondere Informationen aus und führen auf Antrag einer Vertragspartei Konsultationen im Gemeinsamen EWR-Ausschuß über Pläne oder Vorschläge für die Aufstellung oder Änderung von Rahmenprogrammen, Sonderprogrammen, Aktionen und Vorhaben in den in Artikel 78 aufgeführten Bereichen.

(3) Teil VII gilt sinngemäß für diesen Teil, soweit dieser Teil oder Protokoll 31[1] dies ausdrücklich vorsehen.

Art. 80 [Zusammenarbeit nach Art. 78] Die Zusammenarbeit nach Artikel 78 gestaltet sich in der Regel wie folgt:
– Beteiligung der EFTA-Staaten an Rahmenprogrammen, Sonderprogrammen, Projekten oder anderen Aktionen der Gemeinschaft;
– Festlegung gemeinsamer Tätigkeiten in besonderen Bereichen; dazu gehören auch Konzertierung oder Koordinierung der Tätigkeiten, Zusammenschluß bisheriger Tätigkeiten und Festlegung gemeinsamer Ad-hoc-Tätigkeiten;
– Austausch oder Bereitstellung von Informationen auf formeller und informeller Grundlage;
– gemeinsames Bemühen zur Förderung bestimmter Tätigkeiten im gesamten Hoheitsgebiet der Vertragsparteien;
– soweit zweckmäßig, parallele Gesetzgebung gleichen oder gleichartigen Inhalts;
– Koordinierung der Bemühungen und Tätigkeiten mittels oder im Rahmen internationaler Organisationen sowie der Zusammenarbeit mit Drittländern, soweit dies im gegenseitigen Interesse liegt.

Art. 81 [EFTA-Beteiligung an EG-Programmen und -Projekten] Die Zusammenarbeit in Form einer Beteiligung der EFTA-Staaten an Rahmenprogrammen, Sonderprogrammen, Projekten oder anderen Aktionen der Gemeinschaft beruht auf folgenden Grundsätzen:

a) Die EFTA-Staaten haben Zugang zu allen Teilen eines Programms.

b) Bei der Festlegung des Status der EFTA-Staaten in den Ausschüssen, die die EG-Kommission bei der Durchführung oder Entwicklung von Tätigkeiten der Gemeinschaft unterstützen, zu denen die EFTA-Staaten aufgrund ihrer Beteiligung finanzielle Beiträge leisten, wird diesen Beiträgen voll Rechnung getragen.

c) Die Entscheidungen der Gemeinschaft, die nicht den Gesamthaushalt der Gemeinschaft betreffen und die sich unmittelbar oder mittelbar auf ein Rahmenprogramm, ein Sonderprogramm, ein Projekt oder eine andere Aktion auswirken, an denen sich EFTA-Staaten aufgrund einer Entscheidung nach diesem Abkommen beteiligen,

[1] Anhänge und Protokolle sind hier nicht abgedruckt.

werden gemäß Artikel 79 Absatz 3 getroffen. Die Bedingungen der weiteren Beteiligung an den betreffenden Maßnahmen können von dem Gemeinsamen EWR-Ausschuß gemäß Artikel 86 überprüft werden.

d) Bei der Projektvorbereitung haben die Institutionen, Unternehmen, Organisationen und Angehörigen der EFTA-Staaten im Rahmen der Programme und anderen Aktionen der Gemeinschaft die gleichen Rechte und Pflichten wie die Institutionen, Unternehmen, Organisationen und Angehörigen der Mitgliedstaaten der Gemeinschaft. Das gleiche gilt sinngemäß im Rahmen der jeweiligen Aktionen für die Teilnehmer am Austausch zwischen EG-Mitgliedstaaten und EFTA-Staaten.

e) Die EFTA-Staaten, ihre Einrichtungen, Unternehmen, Organisationen und Angehörigen haben hinsichtlich der Verbreitung, Bewertung und Verwertung von Ergebnissen die gleichen Rechte und Pflichten wie die Mitgliedstaaten der Gemeinschaft, ihre Institutionen, Unternehmen, Organisationen und Angehörigen.

f) Die Vertragsparteien verpflichten sich, im Einklang mit ihren jeweiligen Regelungen und Vorschriften die Mobilität der Teilnehmer an den Programmen und anderen Aktionen im erforderlichen Umfang zu erleichtern.

Art. 82 [Finanzielle Beteiligung der EFTA-Staaten] (1) Ist mit der in diesem Teil vorgesehenen Zusammenarbeit eine finanzielle Beteiligung der EFTA-Staaten verbunden, so gestaltet sich diese je nach Fall wie folgt:

a) Der Beitrag der EFTA-Staaten aufgrund ihrer Beteiligung an Maßnahmen der Gemeinschaft berechnet sich proportional

– zu den Verpflichtungsermächtigungen und
– zu den Zahlungsermächtigungen,

die für die Gemeinschaft jährlich in den jeweiligen Haushaltsposten für die betreffenden Maßnahmen im Gesamthaushaltsplan der Gemeinschaft veranschlagt sind.

Der Proportionalitätsfaktor, der die Höhe der Beteiligung der EFTA-Staaten bestimmt, ist die Summe der Zahlen, die das jeweilige Verhältnis wiedergeben zwischen dem Bruttoinlandsprodukt zu Marktpreisen jedes einzelnen EFTA-Staates einerseits und der Summe der Bruttoinlandsprodukte zu Marktpreisen der Mitgliedstaaten der Gemeinschaft und des betreffenden EFTA-Staates andererseits. Dieser Faktor wird für jedes Haushaltsjahr auf der Grundlage der neuesten Statistiken berechnet.

Der Beitrag der EFTA-Staaten wird sowohl bei den Verpflichtungsermächtigungen als auch bei den Zahlungsermächtigungen zusätzlich zu *den Beträgen bereitgestellt*, die für die Gemeinschaft in dem jeweiligen Posten für die betreffenden Maßnahmen im Gesamthaushaltsplan veranschlagt sind.

Die jährlich zu zahlenden Beiträge der EFTA-Staaten werden auf der Grundlage der Zahlungsermächtigungen festgesetzt.
Weder Verpflichtungen, die die Gemeinschaft eingegangen war, bevor die Beteiligung der EFTA-Staaten an den betreffenden Maßnahmen aufgrund dieses Abkommens in Kraft getreten ist, noch hierauf geleistete Zahlungen begründen eine Beitragspflicht der EFTA-Staaten.

b) Der finanzielle Beitrag der EFTA-Staaten aufgrund ihrer Beteiligung an bestimmten Projekten oder anderen Maßnahmen beruht auf dem Grundsatz, daß jede Vertragspartei ihre eigenen Kosten trägt und einen angemessenen Beitrag zur Deckung der Gemeinkosten der Gemeinschaft leistet, den der Gemeinsame EWR-Ausschuß festsetzt.

c) Der Gemeinsame EWR-Ausschuß faßt die notwendigen Beschlüsse über den Beitrag der Vertragsparteien zu den Kosten der betreffenden Maßnahme.

(2) Die Durchführungsbestimmungen zu diesem Artikel sind in Protokoll 32[1] im einzelnen niedergelegt.

Art. 83 [Informationsrecht und -pflicht der EFTA-Staaten] Unter Beachtung der Erfordernisse der Vertraulichkeit, die vom Gemeinsamen EWR-Ausschuß festgelegt werden, haben die EFTA-Staaten im Falle der Zusammenarbeit in Form eines Informationsaustauschs zwischen Behörden das gleiche Informationsrecht und die gleiche Informationspflicht wie die EG-Mitgliedstaaten.

Art. 84 [Zusammenarbeit in bestimmten Bereichen] Die Bestimmungen über die Zusammenarbeit in bestimmten Bereichen sind in Protokoll 31[1] niedergelegt.

Art. 85 [Bestehende Kooperationen] Soweit in Protokoll 31[1] nichts anderes bestimmt ist, gelten für die Zusammenarbeit, die zwischen der Gemeinschaft und einzelnen EFTA-Staaten in den in Artikel 78 aufgeführten Bereichen zum Zeitpunkt des Inkrafttretens dieses Abkommens bereits bestand, nach diesem Zeitpunkt die einschlägigen Bestimmungen dieses Teils und des Protokolls 31[1].

Art. 86 [Beschlußfassung durch Gemeinsamen EWR-Ausschuß] Der Gemeinsame EWR-Ausschuß faßt nach Maßgabe des Teils VII alle für die Durchführung der Artikel 78 bis 85 und der daraus abgeleiteten Maßnahmen erforderlichen Beschlüsse, wozu unter anderem die Ergänzung oder Anpassung des Protokolls 31[1] wie auch der Erlaß von für die Durchführung des Artikels 85 erforderlichen Übergangsregelungen gehören kann.

Art. 87 [Zusammenarbeit bei weiteren Gemeinschaftsmaßnahmen] Die Vertragsparteien unternehmen die notwendigen Schrit-

[1] Anhänge und Protokolle sind hier nicht abgedruckt.

te, um die Zusammenarbeit bei Maßnahmen der Gemeinschaft in Bereichen, die nicht in Artikel 78 aufgeführt sind, zu entwickeln, zu verstärken oder zu erweitern, wenn eine derartige Zusammenarbeit geeignet erscheint, einen Beitrag zur Verwirklichung der Ziele dieses Abkommens zu leisten, oder nach Ansicht der Vertragsparteien auf sonstige Weise im gegenseitigen Interesse liegt. Dazu kann gehören, daß Artikel 78 durch Einbeziehung weiterer Bereiche ergänzt wird.

Art. 88 [Maßnahmen einzelner Vertragsparteien] Unbeschadet der Bestimmungen anderer Teile dieses Abkommens hindern die Bestimmungen dieses Teils eine Vertragspartei nicht daran, unabhängige Maßnahmen vorzubereiten, zu ergreifen und durchzuführen.

Teil VII. Institutionelle Bestimmungen

Kapitel 1. Struktur der Assoziation

Abschnitt 1. Der EWR-Rat

Art. 89 [Konstituierung; Aufgaben] (1) Es wird ein EWR-Rat eingesetzt. Er hat insbesondere die Aufgabe, die politischen Anstöße für die Durchführung dieses Abkommens zu geben und die allgemeinen Leitlinien für den Gemeinsamen EWR-Ausschuß festzulegen.

Zu diesem Zweck bewertet der EWR-Rat das allgemeine Funktionieren und die Entwicklung des Abkommens. Er trifft die politischen Entscheidungen, die zu Änderungen des Abkommens führen.

(2) Die Vertragsparteien können – hinsichtlich der Gemeinschaft und der EG-Mitgliedstaaten innerhalb des jeweiligen Zuständigkeitsbereichs – eine Frage, die zu einer Schwierigkeit führen kann, nach ihrer Erörterung im Gemeinsamen EWR-Ausschuß oder in besonders dringenden Fällen unmittelbar im EWR-Rat zur Sprache bringen.

(3) Der EWR-Rat gibt sich durch Beschluß eine Geschäftsordnung.

Art. 90 [Zusammensetzung; Beschlußfassung] (1) Der EWR-Rat besteht aus den Mitgliedern des Rates der Europäischen Gemeinschaften und Mitgliedern der EG-Kommission sowie je einem Mitglied der Regierung jedes EFTA-Staates.

Die Mitglieder des EWR-Rates können sich nach Maßgabe der in seiner Geschäftsordnung festzulegenden Bestimmungen vertreten lassen.

(2) Der EWR-Rat faßt seine Beschlüsse im Einvernehmen zwischen der Gemeinschaft einerseits und den EFTA-Staaten andererseits.

Art. 91 [Vorsitz; Einberufung] (1) Der Vorsitz im EWR-Rat liegt abwechselnd für jeweils sechs Monate bei einem Mitglied des Rates der Europäischen Gemeinschaften und bei einem Mitglied der Regierung eines EFTA-Staates.

(2) Der EWR-Rat wird zweimal jährlich von seinem Präsidenten einberufen. Der EWR-Rat tritt nach Maßgabe seiner Geschäftsordnung ferner zusammen, sooft die Umstände dies erfordern.

Abschnitt 2. Der Gemeinsame EWR-Ausschuß

Art. 92 [Konstituierung; Aufgaben] (1) Es wird ein Gemeinsamer EWR-Ausschuß eingesetzt. Er gewährleistet die wirksame Durchführung und Anwendung dieses Abkommens. Zu diesem Zweck führt er einen Meinungs- und Informationsaustausch und faßt in den in diesem Abkommen vorgesehenen Fällen Beschlüsse.

(2) Im Gemeinsamen EWR-Ausschuß beraten die Vertragsparteien – hinsichtlich der Gemeinschaft und der EG-Mitgliedstaaten innerhalb des jeweiligen Zuständigkeitsbereichs – über eine das Abkommen betreffende Frage, die zu Schwierigkeiten führen kann und die von einer der Vertragsparteien zur Sprache gebracht wird.

(3) Der Gemeinsame EWR-Ausschuß gibt sich durch Beschluß eine Geschäftsordnung.

Art. 93 [Zusammensetzung; Beschlußfassung] (1) Der Gemeinsame EWR-Beschluß besteht aus Vertretern der Vertragsparteien.

(2) Der Gemeinsame EWR-Ausschuß faßt seine Beschlüsse im Einvernehmen zwischen der Gemeinschaft einerseits und den mit einer Stimme sprechenden EFTA-Staaten andererseits.

Art. 94 [Vorsitz; Einberufung; Unterausschüsse und Arbeitsgruppen; Jahresbericht] (1) Der Vorsitz im Gemeinsamen EWR-Ausschuß liegt abwechselnd für jeweils sechs Monate bei dem Vertreter der Gemeinschaft, d. h. der EG-Kommission, und bei einem Vertreter eines der EFTA-Staaten.

(2) Zur Erfüllung seiner Aufgaben tritt der Gemeinsame EWR-Ausschuß grundsätzlich mindestens einmal monatlich zusammen. Er wird nach Maßgabe seiner Geschäftsordnung ferner von seinem Präsidenten oder auf Antrag einer Vertragspartei einberufen.

(3) Der Gemeinsame EWR-Ausschuß kann die Einsetzung von Unterausschüssen oder Arbeitsgruppen beschließen, die ihn bei der Erfüllung seiner Aufgaben unterstützen. Der Gemeinsame EWR-Ausschuß legt in seiner Geschäftsordnung Zusammensetzung und Arbeitsweise dieser Unterausschüsse und Arbeitsgruppen fest. Die Aufgabe dieser Gremien werden für jeden Einzelfall vom Gemeinsamen EWR-Ausschuß festgelegt.

(4) Der Gemeinsame EWR-Ausschuß erstellt einen Jahresbericht über das Funktionieren und die Entwicklung dieses Abkommens.

Abschnitt 3. Die parlamentarische Zusammenarbeit

Art. 95 [Gemeinsamer Parlamentarischer EWR-Ausschuß] (1) Es wird ein Gemeinsamer Parlamentarischer EWR-Ausschuß eingesetzt. Er besteht zu gleichen Teilen aus Mitgliedern des Europäischen Parlaments einerseits und aus Mitgliedern der Parlamente der EFTA-Staaten andererseits. Die Gesamtzahl der Ausschußmitglieder ist in der Satzung in Protokoll 36[1] festgelegt.

(2) Der Gemeinsame Parlamentarische EWR-Ausschuß hält seine Sitzungen nach Maßgabe der in Protokoll 36[1] festgelegten Bestimmungen abwechselnd in der Gemeinschaft und in einem EFTA-Staat ab.

(3) Der Gemeinsame Parlamentarische EWR-Ausschuß trägt durch Dialog und Beratung zu einer besseren Verständigung zwischen der Gemeinschaft und den EFTA-Staaten in den unter dieses Abkommen fallenden Bereichen bei.

(4) Der Gemeinsame Parlamentarische EWR-Ausschuß kann je nach Zweckmäßigkeit Stellungnahmen in Form von Berichten oder Entschließungen abgeben. Insbesondere prüft er den vom Gemeinsamen EWR-Ausschuß gemäß Artikel 94 Absatz 4 erstellten Jahresbericht über das Funktionieren und die Entwicklung dieses Abkommens.

(5) Der Präsident des EWR-Rates kann vor dem Gemeinsamen Parlamentarischen EWR-Ausschuß auftreten, um von diesem gehört zu werden.

(6) Der Gemeinsame Parlamentarische EWR-Ausschuß gibt sich eine Geschäftsordnung.

Abschnitt 4. Die Zusammenarbeit zwischen den Wirtschafts- und Sozialpartnern

Art. 96 [Beratender EWR-Ausschuß] (1) Die Mitglieder des Wirtschafts- und Sozialausschusses und anderer Gremien, die die Sozialpartner in der Gemeinschaft vertreten, sowie die Mitglieder der entsprechenden Gremien in den EFTA-Staaten bemühen sich, ihre Kontakte zu verstärken sowie in organisierter und regelmäßiger Weise zusammenzuarbeiten, um das Bewußtsein für die wirtschaftlichen und sozialen Aspekte der zunehmenden Verflechtung der Volkswirtschaften der Vertragsparteien und deren Interessen im Rahmen des EWR zu fördern.

(2) Zu diesem Zweck wird ein Berater EWR-Ausschuß eingesetzt. Er besteht zu gleichen Teilen aus Mitgliedern des Wirtschafts- und Sozialausschusses der Gemeinschaft und des Beratenden Ausschusses der EFTA. Der Beratende EWR-Ausschuß kann je nach Zweckmäßigkeit Stellungnahmen in Form von Berichten oder Entschließungen abgeben.

(3) *Der Beratende EWR*-Ausschuß gibt sich eine Geschäftsordnung.

---

[1] Anhänge und Protokolle sind hier nicht abgedruckt.

Kapitel 2. Beschlußfassungsverfahren

Art. 97 [Änderung nationaler Rechtsvorschriften] Dieses Abkommen berührt nicht das Recht jeder Vertragspartei, unter Beachtung des Grundsatzes der Nicht-Diskriminierung und nach Unterrichtung der übrigen Vertragsparteien ihre internen Rechtsvorschriften in den unter dieses Abkommen fallenden Bereichen zu ändern,

– sofern der Gemeinsame EWR-Ausschuß feststellt, daß die geänderten Rechtsvorschriften das gute Funktionieren dieses Abkommens nicht beeinträchtigen, oder
– sofern das Verfahren nach Artikel 98 abgeschlossen ist.

Art. 98 [Änderung der Anhänge sowie gewisser Protokolle des EWR-Vertrags] Die Anhänge zu diesem Abkommen sowie die Protokolle 1 bis 7, 9, 10, 11, 19 bis 27, 30, 31, 32, 37, 39, 41 und 47[1] können je nach Fall durch Beschluß des Gemeinsamen EWR-Ausschusses gemäß Artikel 93 Absatz 2 und den Artikeln 99, 100, 102 und 103 geändert werden.

Art. 99 [Konsultation der EFTA-Staaten bei der EG-Rechtsetzung] (1) Sobald die EG-Kommission neue Rechtsvorschriften in einem unter dieses Abkommen fallenden Bereich ausarbeitet, holt sie auf informellem Wege den Rat von Sachverständigen der EFTA-Staaten ein, so wie sie bei der Ausarbeitung ihrer Vorschläge den Rat von Sachverständigen der EG-Mitgliedstaaten einholt.

(2) Wenn die EG-Kommission dem Rat der Europäischen Gemeinschaften ihren Vorschlag übermittelt, übermittelt sie den EFTA-Staaten Abschriften davon.

Auf Antrag einer Vertragspartei findet im Gemeinsamen EWR-Ausschuß ein erster Meinungsaustausch statt.

(3) In den wichtigen Abschnitten der der Beschlußfassung des Rates der Europäischen Gemeinschaften vorausgehenden Phase konsultieren die Vertragsparteien einander auf Antrag einer Vertragspartei im Rahmen eines stetigen Informations- und Konsultationsprozesses erneut im Gemeinsamen EWR-Ausschuß.

(4) Während der Informations- und Konsultationsphase arbeiten die Vertragsparteien nach Treu und Glauben zusammen, um die Beschlußfassung im Gemeinsamen EWR-Ausschuß am Ende dieses Prozesses zu erleichtern.

Art. 100 [Beteiligung der EFTA-Staaten an Maßnahmenentwürfen] Die EG-Kommission gewährleistet, daß Sachverständige der EFTA-Staaten je nach Bereich so weitgehend wie möglich an der Ausarbeitung jener Maßnahmenentwürfe beteiligt werden, die anschließend den Ausschüssen zu unterbreiten sind, die die EG-Kom-

[1] Anhänge und Protokolle sind hier nicht abgedruckt.

mission bei der Ausübung ihrer Durchführungsbefugnisse unterstützen. In diesem Zusammenhang zieht die EG-Kommission bei der Ausarbeitung von Maßnahmenentwürfen Sachverständige der EFTA-Staaten auf derselben Grundlage heran wie Sachverständige der EG-Mitgliedstaaten.

In den Fällen, in denen der Rat der Europäischen Gemeinschaften nach dem für den beteiligten Ausschuß geltenden Verfahren mit dem Entwurf befaßt wird, übermittelt die EG-Kommission dem Rat der Europäischen Gemeinschaften die Stellungnahmen der Sachverständigen der EFTA-Staaten.

Art. 101 [Beteiligung der EFTA-Staaten an bestimmten Ausschüssen] (1) An den Arbeiten von Ausschüssen, die weder unter Artikel 81 noch unter Artikel 100 fallen, werden Sachverständige aus EFTA-Staaten beteiligt, wenn dies für das gunte Funktionieren dieses Abkommens erforderlich ist.

Diese Ausschüsse sind in Protokoll 37[1] aufgeführt. Die Modalitäten einer solchen Beteiligung sind in den Protokollen und Anhängen festgelegt, die sich mit dem jeweiligen Sachgebiet befassen.

(2) Gelangen die Vertragsparteien zu der Auffassung, daß eine solche Beteiligung auf andere Ausschüsse, die ähnliche Merkmale aufweisen, ausgedehnt werden sollte, so kann der Gemeinsame EWR-Ausschuß das Protokoll 37[1] ändern.

Art. 102 [Verfahren zur Änderung eines Anhangs zum EWR-Vertrag] (1) Zur Gewährleistung der Rechtssicherheit und der Homogenität des EWR faßt der Gemeinsame EWR-Ausschuß Beschlüsse zur Änderung eines Anhangs zu diesem Abkommen so bald wie möglich nach Erlaß der entsprechenden neuen Rechtsvorschriften durch die Gemeinschaft, damit diese Gemeinschaftsvorschriften und die Änderungen der Anhänge zu diesem Abkommen gleichzeitig angewendet werden können. Zu diesem Zweck unterrichtet die Gemeinschaft, wenn sie einen Rechtsakt auf einem unter diesem Abkommen fallenden Sachgebiet erläßt, so bald wie möglich die übrigen Vertragsparteien im Gemeinsamen EWR-Ausschuß.

(2) Der Gemeinsame EWR-Ausschuß beurteilt, welcher Teil eines Anhangs zu diesem Abkommen von den neuen Rechtsvorschriften unmittelbar berührt wird.

(3) Die Vertragsparteien setzen alles daran, in Fragen, die dieses Abkommen berühren, Einvernehmen zu erzielen.

Der Gemeinsame EWR-Ausschuß setzt insbesondere alles daran, eine für beide Seiten annehmbare Lösung zu finden, wenn sich in einem Bereich, der in den EFTA-Staaten in die Zuständigkeit des Gesetzgebers fällt, ein ernstes Problem ergibt.

---

[1] Anhänge und Protokolle sind hier nicht abgedruckt.

(4) Kann trotz Anwendung des Absatzes 3 kein Einvernehmen über eine Änderung eines Anhangs zu diesem Abkommen erzielt werden, so prüft der Gemeinsame EWR-Ausschuß alle sonstigen Möglichkeiten, das gute Funktionieren dieses Abkommens aufrechtzuerhalten; zu diesem Zweck kann er die erforderlichen Beschlüsse fassen, einschließlich der Möglichkeit der Anerkennung der Gleichwertigkeit der Rechtsvorschriften. Ein solcher Beschluß wird bis zum Ablauf einer Frist von sechs Monaten ab der Befassung des Gemeinsamen EWR-Ausschusses oder bis zum Inkrafttreten der entsprechenden Gemeinschaftsvorschriften gefaßt, falls dieser Zeitpunkt später liegt.

(5) Hat der Gemeinsame EWR-Ausschuß bis zum Ablauf der Frist des Absatzes 4 keinen Beschluß über eine Änderung eines Anhangs zu diesem Abkommen gefaßt, so gelten dessen von den neuen Vorschriften berührten Teile in dem gemäß Absatz 2 festgelegten Umfang als vorläufig außer Kraft gesetzt, es sei denn, der Gemeinsame EWR-Ausschuß beschließt etwas anderes. Eine solche vorläufige Außerkraftsetzung wird sechs Monate nach Ablauf derFrist des Absatzes 4 wirksam, keinesfalls jedoch vor dem Zeitpunkt, zu dem der entsprechende EG-Rechtsakt in der Gemeinschaft zur Durchführung kommt. Der Gemeinsame EWR-Ausschuß setzt seine Bemühungen fort, Einvernehmen über eine für beide Seiten annehmbare Lösung zu erzielen, damit die vorläufige Außerkraftsetzung so bald wie möglich aufgehoben werden kann.

(6) Die praktischen Folgen der vorläufigen Außerkraftsetzung gemäß Absatz 5 werden im Gemeinsamen EWR-Ausschuß erörtert. Die gemäß diesem Abkommen bereits begründeten Rechte und Pflichten von Privatpersonen und Marktteilnehmern bleiben unberührt. Die Vertragsparteien beschließen gegebenenfalls über Anpassungen, die infolge der vorläufigen Außerkraftsetzung notwendig werden.

Art. 103 [Inkrafttreten bestimmter Beschlüsse des Gemeinsamen EWR-Ausschusses] (1) Wird ein Beschluß des Gemeinsamen EWR-Ausschusses für eine Vertragspartei erst nach Erfüllung verfassungsrechtlicher Anforderungen verbindlich, so tritt der Beschluß, falls er ein Datum enthält, zu diesem Zeitpunkt in Kraft, sofern die betreffende Vertragspartei den übrigen Vertragsparteien bis zu diesem Zeitpunkt mitgeteilt hat, daß die verfassungsrechtlichen Anforderungen erfüllt sind.

Liegt eine solche Mitteilung bis zu dem betreffenden Zeitpunkt *nicht vor*, so tritt der Beschluß am ersten Tag des zweiten Monats nach der letzten Mitteilung in Kraft.

(2) Liegt eine solche Mitteilung bei Ablauf einer Frist von sechs Monaten nach der Beschlußfassung des Gemeinsamen EWR-Ausschusses nicht vor, so wird der Beschluß des Gemeinsamen EWR-Ausschusses bis zur Erfüllung der verfassungsrechtlichen Anforderungen vorläufig angewendet, es sei denn, eine Vertragspartei teilt mit, daß eine solche vorläufige Anwendung nicht möglich ist. In letzterem Fall

oder falls eine Vertragspartei die Nichtratifikation eines Beschlusses des Gemeinsamen EWR-Ausschusses mitteilt, wird die in Artikel 102 Absatz 5 vorgesehene vorläufige Außerkraftsetzung einen Monat nach der Mitteilung wirksam, keinesfalls jedoch vor dem Zeitpunkt, zu dem der entsprechende EG-Rechtsakt in der Gemeinschaft zur Durchführung kommt.

Art. 104 [Verbindlichkeit der Beschlüsse des Gemeinsamen EWR-Ausschusses] Sofern in diesem Abkommen nichts anderes vorgesehen ist, sind die Beschlüsse, die der Gemeinsame EWR-Ausschuß in den in diesem Abkommen vorgesehenen Fällen faßt, ab dem Zeitpunkt ihres Inkrafttretens für die Vertragsparteien verbindlich; diese treffen die erforderlichen Maßnahmen, um die Durchführung und Anwendung dieser Beschlüsse sicherzustellen.

Kapitel 3. Homogenität, Überwachungsverfahren und Streitbeilegung

Abschnitt 1. Homogenität

Art. 105 [Tätigkeit des Gemeinsamen EWR-Ausschusses]

(1) In Verfolgung des Ziels der Vertragsparteien, eine möglichst einheitliche Auslegung des Abkommens und der gemeinschaftsrechtlichen Bestimmungen, die in ihrem wesentlichen Gehalt in das Abkommen übernommen werden, zu erreichen, wird der Gemeinsame EWR-Ausschuß nach Maßgabe dieses Artikels tätig.

(2) Der Gemeinsame EWR-Ausschuß verfolgt ständig die Entwicklung der Rechtsprechung des Gerichtshofs der Europäischen Gemeinschaften und des in Artikel 108 Absatz 2 genannten EFTA-Gerichtshofs. Zu diesem Zweck werden die Urteile dieser Gerichte dem Gemeinsamen EWR-Ausschuß übermittelt; dieser setzt sich dafür ein, daß die homogene Auslegung des Abkommens gewahrt bleibt.

(3) Gelingt es dem Gemeinsamen EWR-Ausschuß nicht, innerhalb von zwei Monaten, nachdem ihm eine Abweichung in der Rechtsprechung der beiden Gerichte vorgelegt wurde, die homogene Auslegung des Abkommens zu wahren, so können die Verfahren des Artikels 111 angewendet werden.

Art. 106 [Austausch von Rechtsprechungsinformationen] Um eine möglichst einheitliche Auslegung dieses Abkommens bei voller Wahrung der Unabhängigkeit der Gerichte zu gewährleisten, richtet der Gemeinsame EWR-Ausschuß ein System für den Austausch von Informationen über Urteile des EFTA-Gerichtshofs, des Gerichtshofs *der Europäischen Gemeinschaften* und des Gerichts erster Instanz der Europäischen Gemeinschaften sowie des Gerichts letzter Instanz der EFTA-Staaten ein. Dieses System umfaßt:

a) die Übermittlung von Urteilen der genannten Gerichte an den Kanzler des Gerichtshofs der Europäischen Gemeinschaften, die die Auslegung und Anwendung dieses Abkommens oder des Vertrages zur Gründung der Europäischen Wirtschaftsgemeinschaft und des Vertrages über die Gründung der Europäischen Gemeinschaft für Kohle und Stahl in ihrer geänderten oder ergänzten Fassung sowie der aufgrund dieser Verträge erlassenen Rechtsakte zum Gegenstand haben, soweit sie Bestimmungen betreffen, die mit denen dieses Abkommens in ihrem wesentlichen Gehalt identisch sind;

b) die Klassifizierung dieser Urteile durch den Kanzler des Gerichtshofs der Europäischen Gemeinschaften; dazu gehört auch, soweit notwendig, die Anfertigung und Veröffentlichung von Übersetzungen und Zusammenfassungen;

c) die Übermittlung der betreffenden Dokumente an die zuständigen von den einzelnen Vertragsparteien zu bestimmenden nationalen Behörden durch den Kanzler des Gerichtshofs der Europäischen Gemeinschaften.

Art. 107 [Auslegungsersuchen an den EuGH] Die EFTA-Staaten können einem Gericht oder Gerichtshof gestatten, den Gerichtshof der Europäischen Gemeinschaften zu ersuchen, über die Auslegung einer EWR-Bestimmung zu entscheiden; die Bestimmungen hierüber sind in Protokoll 34[1] festgelegt.

Abschnitt 2. Überwachungsverfahren

Art. 108 [EFTA-Überwachungsbehörde; EFTA-Gerichtshof]

(1) Die EFTA-Staaten setzen ein unabhängiges Überwachungsorgan (EFTA-Überwachungsbehörde) ein und führen ähnliche Verfahren ein, wie sie in der Gemeinschaft bestehen; dazu gehören auch Verfahren, durch die die Erfüllung der Verpflichtungen aus diesem Abkommen gewährleistet wird, und solche, mit denen die Rechtmäßigkeit der Rechtsakte der EFTA-Überwachungsbehörde auf dem Gebiet des Wettbewerbs kontrolliert wird.

(2) Die EFTA-Staaten setzen einen Gerichtshof (EFTA-Gerichtshof) ein.

Der EFTA-Gerichtshof ist aufgrund einer besonderen Vereinbarung zwischen den EFTA-Staaten hinsichtlich der Anwendung dieses Abkommens insbesondere zuständig für:

a) Klagen wegen des die EFTA-Staaten betreffenden Überwachungsverfahrens,

b) Rechtsmittel gegen Entscheidungen der EFTA-Überwachungsbehörde in Wettbewerbssachen,

c) die Beilegung von Streitigkeiten zwischen zwei oder mehr EFTA-Staaten.

---

[1] Anhänge und Protokolle sind hier nicht abgedruckt.

Art. 109 [Überwachung der Verpflichtungen aus dem EWR-Vertrag] (1) Die Erfüllung der Verpflichtungen aus diesem Abkommen wird einerseits durch die EFTA-Überwachungsbehörde und andererseits durch die EG-Kommission im Einklang mit dem Vertrag zur Gründung der Europäischen Wirtschaftsgemeinschaft und diesem Abkommen überwacht.

(2) Um eine einheitliche Überwachung im gesamten EWR zu gewährleisten, arbeiten die EFTA-Überwachungsbehörde und die EG-Kommission zusammen, tauschen Informationen aus und konsultieren einander in Fragen der Überwachungspolitik und in Einzelfällen.

(3) Die EG-Kommission und die EFTA-Überwachungsbehörde nehmen Beschwerden entgegen, die die Anwendung dieses Abkommens betreffen. Sie setzen einander von den eingegangenen Beschwerden in Kenntnis.

(4) Jedes Organ prüft die unter seine Zuständigkeit fallenden Beschwerden und übermittelt dem anderen Organ die Beschwerden, die unter dessen Zuständigkeit fallen.

(5) Treten zwischen den beiden Organen Meinungsverschiedenheiten über das Vorgehen in einem Beschwerdefall oder über das Ergebnis der Prüfung auf, so kann jedes Organ die Sache an den Gemeinsamen EWR-Ausschuß verweisen, der sich nach Maßgabe des Artikels 111 damit befaßt.

Art. 110 [Zwangsvollstreckung] Entscheidungen der EFTA-Überwachungsbehörde und der EG-Kommission aufgrund dieses Abkommens, die eine Zahlung auferlegen, sind vollstreckbare Titel; dies gilt nicht gegenüber Staaten. Dasselbe gilt für entsprechende Urteile des Gerichtshofs der Europäischen Gemeinschaften, des Gerichts erster Instanz der Europäischen Gemeinschaften und des EFTA-Gerichtshofs aufgrund dieses Abkommens.

Die Zwangsvollstreckung erfolgt nach den Vorschriften des Zivilprozeßrechts des Staates, in dessen Hoheitsgebiet sie stattfindet. Die Vollstreckungsklausel wird nach einer Prüfung, die sich lediglich auf die Echtheit des Titels erstreckt, von der Behörde erteilt, die jede Vertragspartei zu diesem Zweck bestimmt,[1] und wird den anderen Vertragsparteien, der EFTA-Überwachungsbehörde, der EG-Kommission, dem Gerichtshof der Europäischen Gemeinschaften, dem Gericht erster Instanz der Europäischen Gemeinschaften und dem EFTA-Gerichtshof bekanntgeben.

Sind diese Formvorschriften auf Antrag der die Vollstreckung betreibenden Partei erfüllt, so kann diese die Zwangsvollstreckung nach dem Recht des Staates, in dessen Hoheitsgebiet die Vollstreckung stattfinden soll, betreiben, indem sie die zuständige Behörde unmittelbar anruft.

Die Zwangsvollstreckung von Entscheidungen der EG-Kommission, des Gerichts erster Instanz der Europäischen Gemeinschaften oder des Gerichtshofs der Europäischen Gemeinschaften kann nur durch eine

---

[1] Für die Erteilung einer Vollstreckungsklausel nach dieser Bestimmung ist ab 1. 4. 2007 das am 1. 1. 2007 neu geschaffene Bundesamt für Justiz (Adenauerallee 99–103, 53113 Bonn) zuständig (bisher: Bundesministerium der Justiz), Bek. v. 27. 2. 2007, BGBl. II S. 231.

Entscheidung des Gerichtshofs der Europäischen Gemeinschaften einstweilig eingestellt werden; die Zwangsvollstreckung von Entscheidungen der EFTA-Überwachungsbehörde oder des EFTA-Gerichtshofs kann nur durch eine Entscheidung des EFTA-Gerichtshofs einstweilig eingestellt werden. Für die Prüfung von Beschwerden betreffend die Ordnungsmäßigkeit der Vollstreckungsmaßnahmen sind jedoch die Gerichte der betreffenden Staaten zuständig.

Abschnitt 3. Streitbeilegung

Art. 111 [Verfahren vor dem Gemeinsamen Ausschuß; EuGH; Schiedsgericht] (1) In Streitsachen über die Auslegung oder Anwendung dieses Abkommens kann die Gemeinschaft oder ein EFTA-Staat gemäß den nachstehenden Bestimmungen den Gemeinsamen EWR-Ausschuß anrufen.

(2) Der Gemeinsame EWR-Ausschuß kann den Streit beilegen. Ihm werden alle Informationen zur Verfügung gestellt, die für eine eingehende Untersuchung der Lage von Nutzen sein können, damit eine annehmbare Lösung gefunden werden kann. Zu diesem Zweck untersucht der Gemeinsame EWR-Ausschuß alle Möglichkeiten, das gute Funktionieren des Abkommens aufrechtzuerhalten.

(3) Betrifft die Streitigkeit die Auslegung von Bestimmungen dieses Abkommens, die in ihrem wesentlichen Gehalt identisch sind mit entsprechenden Bestimmungen des Vertrags zur Gründung der Europäischen Wirtschaftsgemeinschaft, des Vertrags über die Gründung der Europäischen Gemeinschaft für Kohle und Stahl oder der aufgrund dieser Verträge erlassenen Rechtsakte, und wird die Streitigkeit nicht innerhalb von drei Monaten nach der Anrufung des Gemeinsamen EWR-Ausschusses beigelegt, so können die an dem Streit beteiligten Vertragsparteien vereinbaren, den Gerichtshof der Europäischen Gemeinschaften um eine Entscheidung über die Auslegung der einschlägigen Bestimmungen zu ersuchen.

Hat der Gemeinsame EWR-Ausschuß in einer solchen Streitigkeit innerhalb von sechs Monaten nach der Einleitung dieses Verfahrens keine Einigkeit über eine Lösung erzielt oder haben die Streitparteien bis dahin nicht beschlossen, eine Entscheidung des Gerichtshofs der Europäischen Gemeinschaften einzuholen, so kann eine Vertragspartei zum Ausgleich etwaiger Ungleichgewichte

- entweder nach dem Verfahren des Artikels 113 eine Schutzmaßnahme gemäß Artikel 112 Absatz 2 ergreifen
- oder Artikel 102 sinngemäß anwenden.

(4) Betrifft der Streit den Umfang oder die Dauer von Schutzmaßnahmen gemäß Artikel 111 Absatz 3 oder Artikel 112 oder die Angemessenheit von Ausgleichsmaßnahmen gemäß Artikel 114 und gelingt es dem Gemeinsamen EWR-Ausschuß nicht, den Streit innerhalb von drei Monaten, nachdem er angerufen wurde, beizulegen, so kann jede

Vertragspartei den Streitfall gemäß den Verfahren des Protokolls 33[1]) dem Schiedsgericht unterbreiten. Fragen, die die Auslegung der in Absatz 3 genannten Bestimmungen dieses Abkommens betreffen, dürfen in einem solchen Verfahren nicht behandelt werden. Der Schiedsspruch ist für die Streitparteien verbindlich.

Kapitel 4. Schutzmaßnahmen

Art. 112 [Zulässigkeit einseitiger Schutzmaßnahmen] (1) Treten ernstliche wirtschaftliche, gesellschaftliche oder ökologische Schwierigkeiten sektoraler oder regionaler Natur auf und ist damit zu rechnen, daß sie anhalten, so kann eine Vertragspartei gemäß den Voraussetzungen und Verfahren des Artikels 113 einseitig geeignete Maßnahmen treffen.

(2) Diese Schutzmaßnahmen sind in ihrem Anwendungsbereich und ihrer Dauer auf das für die Behebung der Schwierigkeiten unbedingt erforderliche Maß zu beschränken. Es sind vorzugsweise Maßnahmen zu wählen, die das Funktionieren dieses Abkommens so wenig wie möglich stören.

(3) Die Schutzmaßnahmen gelten gegenüber allen Vertragsparteien.

Art. 113 [Verfahren bei einseitigen Schutzmaßnahmen] (1) Eine Vertragspartei, die Schutzmaßnahmen nach Artikel 112 in Erwägung zieht, teilt dies über den Gemeinsamen EWR-Ausschuß unverzüglich den anderen Vertragsparteien mit und stellt alle sachdienlichen Informationen zur Verfügung.

(2) Die Vertragsparteien nehmen unverzüglich Konsultationen im Gemeinsamen EWR-Ausschuß auf, um eine allseits annehmbare Lösung zu finden.

(3) Die betreffende Vertragspartei darf Schutzmaßnahmen erst nach Ablauf eines Montas nach dem Zeitpunkt der Bekanntgabe nach Absatz 1 treffen, es sei denn, das Konsultationsverfahren nach Absatz 2 wurde vor Ablauf der genannten Frist abgeschlossen. Schließen außergewöhnliche Umstände, die ein sofortiges Eingreifen erfordern, eine vorherige Prüfung aus, so darf die betreffende Vertragspartei unverzüglich die für die Behebung der Schwierigkeiten unbedingt erforderlichen Schutzmaßnahmen treffen.

In der Gemeinschaft werden die Schutzmaßnahmen von der EG-Kommission getroffen.

(4) Die betreffende Vertragspartei teilt diese Maßnahmen unverzüglich dem Gemeinsamen EWR-Ausschuß mit und stellt alle sachdienlichen Informationen zur Verfügung.

(5) Über die getroffenen Schutzmaßnahmen finden im Gemeinsamen EWR-Ausschuß vom Zeitpunkt ihrer Einführung an alle drei

[1]) Anhänge und Protokolle sind hier nicht abgedruckt.

Monate Konsultationen mit dem Ziel statt, diese Maßnahmen vor dem vorgesehenen Ablauf ihrer Geltungsdauer aufzuheben oder ihren Anwendungsbereich zu beschränken.

Jede Vertragspartei kann jederzeit beim Gemeinsamen EWR-Ausschuss die Überprüfung dieser Maßnahmen beantragen.

Art. 114 [Ausgleichsmaßnahmen] (1) Entsteht durch eine von einer Vertragspartei getroffene Schutzmaßnahme ein Ungleichgewicht zwischen den Rechten und Pflichten aus diesem Abkommen, so kann jede andere Vertragspartei gegenüber dieser Vertragspartei die angemessenen Ausgleichsmaßnahmen treffen, die für die Behebung des Ungleichgewichts unbedingt erforderlich sind. Es sind vorzugsweise Maßnahmen zu wählen, die das Funktionieren des EWR so wenig wie möglich stören.

(2) Das Verfahren nach Artikel 113 findet Anwendung.

Teil VIII. Finanzierungsmechanismus

Art. 115 [Programmsatz] Die Vertragsparteien sind sich einig, daß im Hinblick auf die Förderung einer beständigen und ausgewogenen Stärkung der Handels- und Wirtschaftsbeziehungen zwischen den Vertragsparteien gemäß Artikel 1 das Bedürfnis zur Verringerung der wirtschaftlichen und sozialen Ungleichheiten zwischen ihren Regionen besteht. Sie nehmen in dieser Hinsicht die einschlägigen Bestimmungen dieses Abkommens und die dazugehörigen Protokolle, einschließlich gewisser Regelungen betreffend Landwirtschaft und Fischerei zur Kenntnis.

Art. 116 [Einrichtung eines Finanzierungsmechanismus] Die EFTA-Staaten richten einen Finanzierungsmechanismus ein, um damit im Rahmen des EWR und zusätzlich zu den in dieser Hinsicht bereits unternommenen Anstrengungen der Gemeinschaft zur Verwirklichung der Ziele des Artikels 115 beizutragen.

Art. 117 [Bestimmungen] Die Bestimmungen über die Finanzierungsmechanismen sind in Protokoll 38, Protokoll 38 a, dem Addendum zu Protokoll 38 a, Protokoll 38 b[1] und dem Addendum zu Protokoll 38 b festgelegt.

Teil IX. Allgemeine und Schlußbestimmungen

Art. 118 [Weiterentwicklung] (1) Ist eine Vertragspartei der Auffassung, daß es im Interesse aller Vertragsparteien liegt, die durch dieses Abkommen begründeten Beziehungen durch Ausdehnung auf nicht

[1] Anhänge und Protokolle sind hier nicht abgedruckt.

darunter fallende Sachgebiete weiterzuentwickeln, so legt sie den anderen Vertragsparteien im EWR-Rat einen mit Gründen versehenen Antrag vor. Der EWR-Rat kann den Gemeinsamen EWR-Ausschuß beauftragen, den Antrag unter allen Gesichtspunkten zu prüfen und einen Bericht zu erstellen.

Der EWR-Rat kann gegebenenfalls die politischen Beschlüsse für die Aufnahme von Verhandlungen zwischen den Vertragsparteien fassen.

(2) Die aus den Verhandlungen nach Absatz 1 hervorgehenden Abkommen bedürfen der Ratifikation oder Genehmigung durch die Vertragsparteien nach ihren eigenen Verfahren.

Art. 119 [Bestandteile des EWR-Abkommens] Die Anhänge[1] und die für die Zwecke dieses Abkommens angepassten Rechtsakte, auf die darin Bezug genommen wird, sowie die Protokolle[1] sind Bestandteil dieses Abkommens.

Art. 120 [Vorrang des EWR-Abkommens] Sofern in diesem Abkommen, insbesondere in den Protokollen 41 und 43[1], nichts anderes bestimmt ist, geht die Anwendung der Bestimmungen dieses Abkommens den Bestimmungen bestehender bilateraler oder multilateraler Abkommen zwischen der Europäischen Wirtschaftsgemeinschaft und einem EFTA-Staat oder mehreren EFTA-Staaten vor, soweit durch dieses Abkommen dasselbe Sachgebiet geregelt ist.

Art. 121 [Regionale Zusammenarbeit] Dieses Abkommen berührt nicht die Zusammenarbeit:

a) im Rahmen der nordischen Zusammenarbeit, soweit diese nicht das gute Funktionieren dieses Abkommens beeinträchtigt;
b) im Rahmen der regionalen Union zwischen der Schweiz und Liechtenstein, soweit die Ziele dieser Union nicht durch die Anwendung dieses Abkommens erreicht werden und das gute Funktionieren dieses Abkommens nicht beeinträchtigt wird.

Art. 122 [Verschwiegenheitspflicht] Die Vertreter, Delegierten und Sachverständigen der Vertragsparteien sowie Beamte und sonstige Bedienstete, die im Rahmen dieses Abkommens tätig werden, sind verpflichtet, auch nach Beendigung ihrer Amtstätigkeit Auskünfte, die ihrem Wesen nach unter das Berufsgeheimnis fallen, nicht preiszugeben; dies gilt insbesondere für Auskünfte über Unternehmen sowie deren Geschäftsbeziehungen oder Kostenelemente.

Art. 123 [Vorrang nationaler Sicherheitsinteressen] Dieses Abkommen hindert eine Vertragspartei in keiner Weise daran, Maßnah*men zu ergreifen,*

---

[1] Anhänge und Protokolle sind hier nicht abgedruckt.

a) die ihres Erachtens erforderlich sind, um die Preisgabe von Auskünften zu verhindern, die ihren wesentlichen Sicherheitsinteressen widerspricht;
b) die sich beziehen auf die Erzeugung von, oder den Handel mit, Waffen, Munition und Kriegsmaterial oder sonstigen Waren, die für Verteidigungszwecke oder für Forschung, Entwicklung oder Erzeugung für Verteidigungszwecke unerlässlich sind, sofern diese Maßnahmen die Wettbewerbsbedingungen hinsichtlich der nicht eigens für militärische Zwecke bestimmten Waren nicht beeinträchtigen;
c) die sie bei einer schwerwiegenden innerstaatlichen Störung der öffentlichen Ordnung, im Kriegsfall, bei einer ernsten, eine Kriegsgefahr darstellenden internationalen Spannung oder in Erfüllung der Verpflichtungen, die sie im Hinblick auf die Aufrechterhaltung des Friedens und der internationalen Sicherheit übernommen hat, für die eigene Sicherheit als wesentlich erachtet.

Art. 124 [Gleichstellung von Gesellschaftern] Unbeschadet der sonstigen Bestimmungen dieses Abkommens stellen die Vertragsparteien die Staatsangehörigen der EG-Mitgliedstaaten und der EFTA-Staaten hinsichtlich ihrer Beteiligung am Kapital von Gesellschaften im Sinne des Artikels 34 den eigenen Staatsangehörigen gleich.

Art. 125 [Nationale Eigentumsordnung] Dieses Abkommen läßt die Eigentumsordnung der einzelnen Vertragsparteien unberührt.

Art. 126 [Geltungsbereich] (1) Das Abkommen gilt für die Gebiete, in denen der Vertrag zur Gründung der Europäischen Wirtschaftsgemeinschaft angewendet wird, und nach Maßgabe jenes Vertrages und für die Hoheitsgebiete Islands, des Fürstentums Liechtenstein und des Königreichs Norwegen.

(2) Unbeschadet des Absatzes 1 findet dieses Abkommen auf die Ålandinseln keine Anwendung. Die Regierung Finnlands kann jedoch durch eine Erklärung, die bei der Ratifikation dieses Abkommens beim Verwahrer zu hinterlegen ist, notifizieren, daß das Abkommen auf die genannten Inseln unter den für die übrigen Teile Finnlands geltenden Voraussetzungen und vorbehaltlich der nachstehenden Bestimmungen Anwendung findet; der Verwahrer übermittelt den Vertragsparteien eine beglaubigte Abschrift.

a) Dieses Abkommen berührt nicht die Anwendung der auf den *Ålandinseln* zu irgendeiner Zeit geltenden Bestimmungen über:
   i) die Beschränkungen des Rechts für natürliche Personen, die nicht das regionale Einwohnerrecht der Ålandinseln besitzen, und für juristische Personen, ohne Genehmigung der zuständigen Behörden der Ålandinseln Grundstücke auf den Ålandinseln zu erwerben und zu besitzen;
   ii) die Beschränkungen des Rechts für natürliche Personen, die nicht das regionale Einwohnerrecht der Ålandinseln besitzen, oder für

juristische Personen, sich ohne Genehmigung der zuständigen Behörden der Ålandinseln niederzulassen, und des Rechts, ohne eine solche Genehmigung Dienstleistungen zu erbringen.

b) die Rechte der Åländer in Finnland werden durch dieses Abkommen nicht berührt.

c) Die Behörden der Ålandinseln behandeln alle natürlichen und juristischen Personen der Vertragsparteien gleich.

Art. 127 [Rücktritt vom EWR-Abkommen] Jede Vertragspartei kann von diesem Abkommen zurücktreten, sofern sie dies mindestens zwölf Monate zuvor den übrigen Vertragsparteien schriftlich mitteilt.

Nach der Mitteilung des beabsichtigten Rücktritts treten die übrigen Vertragsparteien unverzüglich zu einer diplomatischen Konferenz zusammen, um zu erwägen, in welchen Punkten das Abkommen geändert werden muß.

Art. 128 [Beitritt zum EWR-Abkommen] (1) Jeder europäische Staat, der Mitglied der Gemeinschaft wird, beantragt, und die Schweizerische Eidgenossenschaft sowie jeder europäische Staat, der Mitglied der EFTA wird, kann beantragen, Vertragspartei dieses Abkommens zu werden. Der betreffende Staat richtet seinen Antrag an den EWR-Rat.

(2) Die Bedingungen für eine solche Beteiligung werden durch ein Abkommen zwischen den Vertragsparteien und dem antragstellenden Staat geregelt. Das Abkommen bedarf der Ratifikation oder Genehmigung durch alle Vertragsparteien nach ihren eigenen Verfahren.

Art. 129 [Vertragssprachen; Ratifikation; Inkrafttreten]

(1) Dieses Abkommen ist in einer Urschrift in dänischer, deutscher, englischer, finnischer, französischer, griechischer, isländischer, italienischer, niederländischer, norwegischer, portugiesischer, schwedischer und spanischer Sprache abgefasst, wobei jeder Wortlaut gleichermaßen verbindlich ist.

Infolge der Erweiterungen des Europäischen Wirtschaftsraums sind die Fassungen dieses Abkommens in bulgarischer, estnischer, kroatischer, lettischer, litauischer, maltesischer, polnischer, rumänischer, slowakischer, slowenischer, tschechischer und ungarischer Sprache gleichermaßen verbindlich.

Der Wortlaut der Rechtsakte, auf die in den Anhängen Bezug genommen wird, ist in der im Amtsblatt der Europäischen Union veröffentlichten Fassung in bulgarischer, dänischer, deutscher, englischer, estnischer, finnischer, französischer, griechischer, italienischer, kroatischer, lettischer, litauischer, maltesischer, niederländischer, polnischer, portugiesischer, rumänischer, schwedischer, slowakischer, slowenischer, spanischer, tschechischer und ungarischer Sprache gleichermaßen verbindlich und wird für die Authentifizierung in isländischer und norwegischer Sprache abgefasst und in der EWR-Beilage des Amtsblatts der Europäischen Union veröffentlicht.

(2) Dieses Abkommen bedarf der Ratifikation oder Genehmigung durch die Vertragsparteien gemäß ihren verfassungsrechtlichen Vorschriften.

Es wird beim Generalsekretariat des Rates der Europäischen Gemeinschaften hinterlegt; dieses übermittelt den anderen Vertragsparteien eine beglaubigte Abschrift.

Die Ratifikations- beziehungsweise Genehmigungsurkunden werden beim Generalsekretariat des Rates der Europäischen Gemeinschaften hinterlegt; dieses notifiziert die anderen Vertragsparteien davon.

(3) Dieses Abkommen tritt zu dem Zeitpunkt und unter den Voraussetzungen in Kraft, die im Anpassungsprotokoll zum Abkommen über den Europäischen Wirtschaftsraum vorgesehen sind.

ZU URKUND DESSEN haben die unterzeichneten Bevollmächtigten ihre Unterschriften unter dieses Abkommen gesetzt.

GESCHEHEN zu Porto am zweiten Mai neunzehnhundertzweiundneunzig.

(Vom Abdruck der Protokolle 1 bis 49, der Anhänge I bis XXII, der Gemeinsamen Erklärungen, der Schlußakte, der Interimsvereinbarung und der hierzu gehörigen Erklärungen wird abgesehen.)

315. Verordnung (EU) 2020/1998 des Rates über restriktive Maßnahmen gegen schwere Menschenrechtsverletzungen und -verstöße[1)]

Vom 7. Dezember 2020
(ABl. Nr. L 410 I/1 v. 7.12.2020)

DER RAT DER EUROPÄISCHEN UNION –

gestützt auf den Vertrag über die Arbeitsweise der Europäischen Union, insbesondere auf Artikel 215

gestützt auf den Beschluss (GASP) 2020/1999 des Rates vom 7. Dezember 2020 über restriktive Maßnahmen gegen schwere Menschenrechtsverletzungen und -verstöße,

gestützt auf den gemeinsamen Vorschlag des Hohen Vertreters der Union für Außen- und Sicherheitspolitik und der Europäischen Kommission,

in Erwägung nachstehender Gründe:

(1) Der Rat hat am 7. Dezember 2020 den Beschluss (GASP) 2020/1999 angenommen, mit dem ein Rahmen für gezielte restriktive Maßnahmen zur weltweiten Bekämpfung schwerwiegender Menschenrechtsverletzungen und -verstoße geschaffen wird. Der Beschluss sieht das Einfrieren von Geldern und wirtschaftlichen Ressourcen von und das Verbot der Bereitstellung von Geldern und wirtschaftlichen Ressourcen für natürliche oder juristische Personen, Organisationen oder Einrichtungen vor, die für schwere Menschenrechtsverletzungen oder -verstoße verantwortlich sind, diese unterstützen oder anderweitig daran beteiligt sind, sowie von denjenigen bzw. für diejenigen, die mit den genannten natürlichen und juristischen Personen, Organisationen und Einrichtungen in Verbindung stehen. Die natürlichen und juristischen Personen, Organisationen und Einrichtungen, die restriktiven Maßnahmen unterliegen, sind im Anhang des Beschlusses (GASP) 2020/1999 aufgeführt. Der Beschluss unterstreicht die Bedeutung der internationalen Menschenrechtsnormen und ihres Zusammenwirkens mit dem humanitären Volkerrecht bei der Prüfung der Anwendung gezielter restriktiver Maßnahmen.

---

1) Vgl. hierzu auch den auf Art. *29 EUV* gestützten *Beschluss* (GASP) 2020/1999 des Rates v. 7.12.2020 über restriktive Maßnahmen gegen schwere Menschenrechtsverletzungen und -verstöße (ABl. Nr. L 410/13 I v. 7.12.2020). Anhang (Liste der natürlichen und juristischen Personen, Organisationen und Einrichtungen, die restriktiven Maßnahmen unterliegen) zuletzt geänd. durch Beschluss (GASP) 2021/483 und DurchführungsVO (EU) 2021/480 des Rates v. 22.3.2021, ABl. Nr. L 71/40 und 15 v. 22.3.2021 (derzeit [1.4.2021] befinden sich natürliche Personen und Organisationen aus China, der Demokratischen Volksrepublik Korea (DVRK), Libyen, Eritrea, Südsudan, Russland und Myanmar auf den Listen).

(2) Diese Verordnung steht im Einklang mit den Grundrechten und Grundsätzen, die mit der Charta der Grundrechte der Europäischen Union anerkannt wurden, insbesondere mit dem Recht auf einen wirksamen Rechtsbehelf und auf Verteidigung sowie dem Recht auf den Schutz personenbezogener Daten. Diese Verordnung sollte unter Wahrung dieser Rechte angewandt werden.

(3) Im Interesse der Übereinstimmung mit dem Verfahren zur Festlegung, Änderung und Überprüfung des Anhangs des Beschlusses (GASP) 2020/1999 sollte der Rat die Befugnis zur Festlegung und Änderung der Liste in Anhang I wahrnehmen.

(4) Zur Durchführung dieser Verordnung und um größtmögliche Rechtssicherheit in der Union zu gewährleisten, sollten die Namen und die übrigen sachdienlichen Angaben zu den natürlichen und juristischen Personen, Organisationen und Einrichtungen, deren Gelder und wirtschaftliche Ressourcen nach der Verordnung einzufrieren sind, veröffentlicht werden. Die Verarbeitung personenbezogener Daten sollte unter Einhaltung der Verordnungen (EU) 2016/679[1] und (EU) 2018/1725[2] des Europäischen Parlaments und des Rates erfolgen.

(5) Die Kommission und die Mitgliedstaaten sollten einander über die im Rahmen dieser Verordnung getroffenen Maßnahmen unterrichten und andere ihnen vorliegende sachdienliche Informationen im Zusammenhang mit dieser Verordnung austauschen.

(6) Die Mitgliedstaaten sollten Regeln für Sanktionen bei Verstößen gegen die Bestimmungen dieser Verordnung festlegen und die Durchsetzung dieser Sanktionen sicherstellen. Diese Sanktionen sollten wirksam, verhältnismäßig und abschreckend sein –

HAT FOLGENDE VERORDNUNG ERLASSEN:

Art. 1 Für die Zwecke dieser Verordnung bezeichnet der Ausdruck.

a) „Anspruch" jede vor oder nach Inkrafttreten dieser Verordnung erhobene Forderung aus oder im Zusammenhang mit einem Vertrag oder einer Transaktion und unabhängig davon, ob sie gerichtlich geltend gemacht wird oder wurde, insbesondere
   i) Ansprüche auf Erfüllung einer Verpflichtung aus oder im Zusammenhang mit einem Vertrag oder einer Transaktion,
   ii) Ansprüche auf Verlängerung oder Zahlung einer Obligation, einer Garantie oder einer Gegengarantie in jeglicher Form,

---

[1] Verordnung (EU) 2016/679 des Europäischen Parlaments und des Rates vom 27. April 2016 zum Schutz natürlicher Personen bei der Verarbeitung personenbezogener Daten, zum freien Datenverkehr und zur Aufhebung der Richtlinie 95/46/EG (Datenschutz-Grundverordnung) (ABl. L 119 vom 4.5.2016, S. 1).

[2] Verordnung (EU) 2018/1725 des Europäischen Parlaments und des Rates vom 23. Oktober 2018 zum Schutz natürlicher Personen bei der Verarbeitung personenbezogener Daten durch die Organe, Einrichtungen und sonstigen Stellen der Union, zum freien Datenverkehr und zur Aufhebung der Verordnung (EG) Nr. 45/2001 und des Beschlusses Nr. 1247/2002/EG (ABl. L 295 vom 21.11.2018, S. 39).

iii) Ansprüche auf Schadensersatz im Zusammenhang mit einem Vertrag oder einer Transaktion,
iv) Gegenansprüche,
v) Ansprüche auf Anerkennung oder Vollstreckung – auch im Wege der Zwangsvollstreckung – von Gerichtsurteilen, Schiedssprüchen oder gleichwertigen Entscheidungen, ungeachtet des Ortes, an dem sie ergangen sind;

b) „Vertrag oder Transaktion" jedes Geschäft, ungeachtet der Form und des anwendbaren Rechts, bei dem dieselben oder verschiedene Parteien einen oder mehrere Verträge abschließen oder vergleichbare Verpflichtungen eingehen; als „Vertrag" gilt auch eine Garantie, insbesondere eine finanzielle Garantie oder Gegengarantie sowie ein Kredit, rechtlich unabhängig oder nicht, ebenso alle Nebenvereinbarungen, die auf einem solchen Geschäft beruhen oder mit diesem im Zusammenhang stehen;

c) „zuständige Behörden" die auf den in Anhang II aufgeführten Internetseiten angegebenen zuständigen Behörden der Mitgliedstaaten;

d) „wirtschaftliche Ressourcen" Vermögenswerte jeder Art, unabhängig davon, ob sie materiell oder immateriell, beweglich oder unbeweglich sind, bei denen es sich nicht um Gelder handelt, die aber für den Erwerb von Geldern, Waren oder Dienstleistungen verwendet werden können;

e) „Einfrieren von wirtschaftlichen Ressourcen" die Verhinderung der Verwendung von wirtschaftlichen Ressourcen für den Erwerb von Geldern, Waren oder Dienstleistungen, die auch den Verkauf, das Vermieten oder das Verpfänden dieser Ressourcen einschließt, sich aber nicht darauf beschränkt;

f) „Einfrieren von Geldern" die Verhinderung jeglicher Form der Verlagerung, des Transfers, der Veränderung und der Verwendung von Geldern sowie des Zugangs zu oder des Umgangs mit ihnen, die eine Änderung des Volumens, der Höhe, der Belegenheit, des Eigentums, des Besitzes, der Eigenschaften oder der Zweckbestimmung der Gelder oder eine sonstige Veränderung, die die Nutzung der Gelder einschließlich des Portfoliomanagements ermöglicht, bewirken würde;

g) „Gelder" finanzielle Vermögenswerte und Vorteile jeder Art, die Folgendes einschließen, aber nicht darauf beschränkt sind:
i) Bargeld, Schecks, Geldforderungen, Wechsel, Zahlungsanweisungen und andere Zahlungsmittel,
ii) Einlagen bei Finanzinstituten oder anderen Organisationen, Guthaben auf Konten, Zahlungsansprüche und verbriefte Forderungen,
iii) öffentlich und privat gehandelte Wertpapiere und Schuldtitel einschließlich Aktien und Anteilen, Wertpapierzertifikaten, Ob-

ligationen, Schuldscheinen, Optionsscheinen, Pfandbriefen und Derivaten,

iv) Zinserträge, Dividenden oder andere Einkünfte oder Wertzuwächse aus Vermögenswerten,

v) Kredite, Rechte auf Verrechnung, Bürgschaften, Vertragserfüllungsgarantien und andere finanzielle Ansprüche,

vi) Akkreditive, Konnossemente, Übereignungsurkunden,

vii) Dokumente zur Verbriefung von Anteilen an Fondsvermögen oder anderen Finanzressourcen;

h) „Gebiet der Union" die Hoheitsgebiete der Mitgliedstaaten, in denen der Vertrag über die Europäische Union (EUV) Anwendung findet, nach Maßgabe der im EUV festgelegten Bedingungen, einschließlich ihres Luftraums.

Art. 2. (1) Diese Verordnung gilt für:

a) Völkermord;

b) Verbrechen gegen die Menschlichkeit;

c) folgende schwere Menschenrechtsverletzungen oder -verstöße:

i) Folter und andere grausame, unmenschliche oder erniedrigende Behandlung oder Strafe,

ii) Sklaverei,

iii) außergerichtliche Hinrichtungen, willkürliche Tötungen und Massenhinrichtungen,

iv) Verschwindenlassen von Personen,

v) willkürliche Festnahmen oder Inhaftierungen;

d) andere Menschenrechtsverletzungen oder -verstöße, darunter die nachfolgenden, soweit sie weit verbreitet sind, systematisch sind oder in anderer Weise Anlass zu ernster Besorgnis im Hinblick auf die Ziele der Gemeinsamen Außen- und Sicherheitspolitik nach Artikel 21 EUV geben:

i) Menschenhandel sowie Menschenrechtsverstöße durch Schleuser von Migranten gemäß diesem Artikel,

ii) sexuelle und geschlechtsspezifische Gewalt,

iii) Verletzung oder Missbrauch der Versammlungs- und Vereinigungsfreiheit,

iv) Verletzung oder Missbrauch des Rechts auf Meinungsfreiheit und freie Meinungsäußerung,

v) Verletzung oder Missbrauch der Religions- bzw. Glaubensfreiheit.

(2) Bei der Anwendung des Absatzes 1 sollten das Völkergewohnheitsrecht und weithin anerkannte völkerrechtliche Instrumente berücksichtigt werden, wie z. B.:

a) der Internationale Pakt über bürgerliche und politische Rechte,

b) der Internationale Pakt über wirtschaftliche, soziale und kulturelle Rechte,

c) die Konvention über die Verhütung und Bestrafung des Völkermordes,

d) das Übereinkommen gegen Folter und andere grausame, unmenschliche oder erniedrigende Behandlung oder Strafe,

e) das Internationale Übereinkommen zur Beseitigung jeder Form von Rassendiskriminierung,

f) das Übereinkommen zur Beseitigung jeder Form von Diskriminierung der Frau,

g) das Übereinkommen über die Rechte des Kindes,

h) das Internationale Übereinkommen zum Schutz aller Personen vor dem Verschwindenlassen,

i) das Übereinkommen über die Rechte von Menschen mit Behinderungen,

j) das Zusatzprotokoll zur Verhütung, Bekämpfung und Bestrafung des Menschenhandels, insbesondere des Frauen- und Kinderhandels zum Übereinkommen der Vereinten Nationen gegen die grenzüberschreitende organisierte Kriminalität,

k) das Römische Statut des Internationalen Strafgerichtshofs,

l) die Konvention zum Schutze der Menschenrechte und Grundfreiheiten.

(3) Für die Zwecke der Anwendung dieser Verordnung können natürliche oder juristische Personen, Organisationen oder Einrichtungen Folgendes umfassen:

a) Staatliche Akteure,

b) andere Akteure, die eine wirksame Kontrolle oder Autorität über ein Gebiet ausüben,

c) andere nichtstaatliche Akteure, vorbehaltlich des Artikel 1 Absatz 4 des Beschlusses (GASP) 2020/1999.

Art. 3. (1) Sämtliche Gelder und wirtschaftlichen Ressourcen im Besitz, im Eigentum, in der Verfügungsgewalt oder unter der Kontrolle einer in Anhang I aufgeführten natürlichen oder juristischen Person, Organisation oder Einrichtung werden eingefroren.

(2) Den in Anhang I aufgeführten natürlichen oder juristischen Personen, Organisationen oder Einrichtungen dürfen weder unmittelbar noch mittelbar Gelder oder wirtschaftliche Ressourcen zur Verfügung gestellt werden oder zugutekommen.

(3) Anhang I enthält, wie vom Rat nach Artikel 3 des Beschlusses (GASP) 2020/1999 festgelegt,

a) natürliche oder juristische Personen, Organisationen oder Einrichtungen, die für die in Artikel 2 Absatz 1 genannten Handlungen verantwortlich sind;

b) natürliche oder juristische Personen, Organisationen oder Einrichtungen, die die in Artikel 2 Absatz 1 genannten Handlungen finanziell, technisch oder materiell unterstützen oder anderweitig daran beteiligt sind, unter anderem durch Planung, Leitung, Anordnung, Unterstützung, Vorbereitung, Erleichterung oder Förderung solcher Handlungen;

c) natürliche oder juristische Personen, Organisationen oder Einrichtungen, die mit den Buchstaben a und b genannten natürlichen oder juristischen Personen, *Organisationen oder Einrichtungen* in Verbindung stehen.

Art. 4. (1) Abweichend von Artikel 3 können die zuständigen Behörden der Mitgliedstaaten die Freigabe bestimmter eingefrorener Gelder oder wirtschaftlicher Ressourcen oder die Bereitstellung bestimmter Gelder oder wirtschaftlicher Ressourcen unter ihnen angemessen erscheinenden Bedingungen genehmigen, nachdem sie festgestellt haben, dass die Gelder oder wirtschaftlichen Ressourcen

a) zur Befriedigung der Grundbedürfnisse der in Anhang I aufgeführten natürlichen oder juristischen Personen, Organisationen oder Einrichtungen sowie von unterhaltsberechtigten Familienangehörigen jener natürlichen Personen, unter anderem für die Bezahlung von Nahrungsmitteln, Mieten oder Hypotheken, Medikamenten und medizinischer Behandlung, Steuern, Versicherungsprämien und Gebühren öffentlicher Versorgungseinrichtungen, notwendig sind;

b) ausschließlich der Bezahlung angemessener Honorare oder der Rückerstattung von Ausgaben im Zusammenhang mit der Bereitstellung rechtlicher Dienste dienen;

c) ausschließlich für die Bezahlung von Gebühren oder Kosten für die routinemäßige Verwahrung oder Verwaltung eingefrorener Gelder oder wirtschaftlicher Ressourcen bestimmt sind;

d) zur Deckung außerordentlicher Ausgaben erforderlich sind, vorausgesetzt, dass die relevante zuständige Behörde den zuständigen Behörden der anderen Mitgliedstaaten und der Kommission mindestens zwei Wochen vor Erteilung der Genehmigung mitgeteilt hat, aus welchen Gründen sie der Auffassung ist, dass eine spezifische Genehmigung erteilt werden sollte, oder

e) auf Konten oder von Konten einer diplomatischen Vertretung oder Konsularstelle oder einer internationalen Organisation überwiesen werden sollen, die Immunität nach dem Völkerrecht genießt, soweit diese Zahlungen für amtliche Zwecke dieser diplomatischen Vertretung oder Konsularstelle oder internationalen Organisation bestimmt sind.

(2) Der betreffende Mitgliedstaat unterrichtet die anderen Mitgliedstaaten und die Kommission über jede nach Absatz 1 erteilte Genehmigung innerhalb von zwei Wochen nach deren Erteilung.

Art. 5. (1) Abweichend von Artikel 3 können die zuständigen Behörden der Mitgliedstaaten die Freigabe bestimmter eingefrorener Gelder oder wirtschaftlicher Ressourcen oder die Bereitstellung bestimmter Gelder oder wirtschaftlicher Ressourcen unter den ihnen angemessen erscheinenden Bedingungen genehmigen, nachdem sie festgestellt haben, dass die Zurverfügungstellung dieser Gelder oder wirtschaftlichen Ressourcen für humanitäre Zwecke wie die Durchführung oder Erleichterung von Hilfeleistungen, einschließlich medizinischer Versorgung, Nahrungsmittellieferungen oder des Transports humanitärer Helfer und damit verbundener Hilfe, oder für Evakuierungen erforderlich ist.

(2) Der betreffende Mitgliedstaat unterrichtet die anderen Mitgliedstaaten und die Kommission über jede nach Absatz 1 erteilte Genehmigung innerhalb von vier Wochen nach deren Erteilung.

Art. 6. (1) Abweichend von Artikel 3 Absatz 1 können die zuständigen Behörden der Mitgliedstaaten die Freigabe bestimmter eingefrorener Gelder oder wirtschaftlicher Ressourcen genehmigen, wenn die folgenden Voraussetzungen erfüllt sind:

a) Die Gelder oder wirtschaftlichen Ressourcen sind Gegenstand einer schiedsgerichtlichen Entscheidung, die vor dem Tag ergangen ist, an dem die in Artikel 3 genannte natürliche oder juristische Person, Organisation oder Einrichtung in die Liste in Anhang I aufgenommen wurde, oder Gegenstand einer vor oder nach diesem Tag in der Union ergangenen gerichtlichen oder behördlichen Entscheidung oder einer vor oder nach diesem Tag im betreffenden Mitgliedstaat vollstreckbaren gerichtlichen Entscheidung;

b) die Gelder oder wirtschaftlichen Ressourcen werden im Rahmen der geltenden Gesetze und sonstigen Rechtsvorschriften über die Rechte des Gläubigers ausschließlich für die Erfüllung der Forderungen verwendet, die durch eine solche Entscheidung gesichert sind oder deren Bestand in einer solchen Entscheidung bestätigt worden ist;

c) die Entscheidung begünstigt nicht eine in Anhang I aufgeführte natürliche oder juristische Person, Organisation oder Einrichtung und

d) die Anerkennung der Entscheidung steht nicht im Widerspruch zur öffentlichen Ordnung des betreffenden Mitgliedstaats.

(2) Der betreffende Mitgliedstaat unterrichtet die anderen Mitgliedstaaten und die Kommission über nach Absatz 1 erteilte Genehmigungen innerhalb von zwei Wochen nach deren Erteilung.

Art. 7. (1) Schuldet eine in Anhang I aufgeführte natürliche oder juristische Person, Organisation oder Einrichtung Zahlungen aufgrund eines Vertrags, einer Vereinbarung oder einer Verpflichtung, die von der betreffenden natürlichen oder juristischen Person, Organisation oder Einrichtung vor dem Tag eingegangen wurde bzw. für diese entstanden ist, an dem diese natürliche oder juristische Person, Organisation oder Einrichtung in Anhang I aufgenommen wurde, so können die zuständigen Behörden der Mitgliedstaaten abweichend von Artikel 3 Absatz 1 die Freigabe bestimmter eingefrorener Gelder oder wirtschaftlicher Ressourcen unter ihnen angemessen erscheinenden Bedingungen genehmigen, wenn die betreffende zuständige Behörde festgestellt hat, dass

a) die Gelder oder wirtschaftlichen Ressourcen von einer in Anhang I aufgeführten natürlichen oder juristischen Person, Organisation oder Einrichtung für eine Zahlung verwendet werden sollen und

b) die Zahlung nicht gegen Artikel 3 Absatz 2 verstößt.

(2) Der betreffende Mitgliedstaat unterrichtet die anderen Mitgliedstaaten und die Kommission über nach Absatz 1 erteilte Genehmigungen innerhalb von zwei Wochen nach deren Erteilung.

Art. 8. (1) Artikel 3 Absatz 2 hindert Finanz- und Kreditinstitute nicht daran, Gelder, die von Dritten auf das Konto einer in der Liste geführten natürlichen oder juristischen Person, Organisation oder Einrichtung überwiesen werden, auf den eingefrorenen Konten gutzuschreiben, sofern die auf diesen Konten gutgeschriebenen Beträge ebenfalls eingefroren werden. Die Finanz- oder Kreditinstitute setzen die betreffende zuständige Behörde unverzüglich von solchen Transaktionen in Kenntnis.

(2) Artikel 3 Absatz 2 gilt nicht für eine auf eingefrorene Konten erfolgte Gutschrift von

a) Zinsen und sonstigen Erträgen dieser Konten,

b) Zahlungen aufgrund von Verträgen, Vereinbarungen oder Verpflichtungen, die vor dem Tag geschlossen wurden bzw. entstanden sind, an dem die in Artikel 3 genannte natürliche oder juristische Person, Organisation oder Einrichtung in Anhang I aufgenommen wurde, oder

c) Zahlungen aufgrund von in einem Mitgliedstaat ergangenen oder in dem betreffenden Mitgliedstaat vollstreckbaren gerichtlichen, behördlichen oder schiedsgerichtlichen Entscheidungen, sofern diese Zinsen, sonstigen Erträge und Zahlungen weiterhin den Maßnahmen nach Artikel 3 Absatz 1 unterliegen.

Art. 9. (1) Unbeschadet der geltenden Vorschriften über die Anzeigepflicht, die Vertraulichkeit und das Berufsgeheimnis sind natürliche und juristische Personen, Organisationen und Einrichtungen verpflichtet,

a) Informationen, die die Anwendung dieser Verordnung erleichtern, wie etwa Informationen über die nach Artikel 3 Absatz 1 eingefrorenen Konten und Beträge, unverzüglich den zuständigen Behörden des Mitgliedstaats, in dem sie ihren Sitz bzw. Wohnsitz haben, und – *direkt* oder über den Mitgliedstaat – der Kommission zu übermitteln und

b) mit der zuständigen Behörde bei der Überprüfung dieser Informationen nach Buchstabe a zusammenzuarbeiten.

(2) Zusätzliche Informationen, die direkt bei der Kommission eingehen, werden den Mitgliedstaaten zur Verfügung gestellt.

(3) Die nach diesem Artikel übermittelten oder entgegengenommenen Informationen dürfen nur für die Zwecke verwendet werden, für die sie übermittelt oder entgegengenommen wurden.

Art. 10. Es ist verboten, wissentlich und vorsätzlich an Tätigkeiten teilzunehmen, mit denen die Umgehung der Maßnahmen nach Artikel 3 bezweckt oder bewirkt wird.

Art. 11. (1) Natürliche oder juristische Personen, Organisationen oder Einrichtungen oder ihre Führungskräfte oder Beschäftigten, die im guten Glauben, gemäß dieser Verordnung zu handeln, Gelder oder wirtschaftliche Ressourcen einfrieren oder die Bereitstellung von Geldern oder wirtschaftlichen Ressourcen ablehnen, können hierfür nicht haftbar gemacht werden, es sei denn, es ist nachgewiesen, dass das Einfrieren oder das Zurückhalten der Gelder oder wirtschaftlichen Ressourcen auf Fahrlässigkeit beruht.

(2) Natürliche oder juristische Personen, Organisationen oder Einrichtungen können für ihre Handlungen nicht haftbar gemacht werden, wenn sie nicht wussten und keinen vernünftigen Grund zu der Annahme hatten, dass sie mit ihrem Handeln gegen die Maßnahmen nach dieser Verordnung verstoßen.

Art. 12. (1) Ansprüche im Zusammenhang mit Verträgen oder Transaktionen, deren Erfüllung bzw. Durchführung von den mit dieser Verordnung verhängten Maßnahmen unmittelbar oder mittelbar, ganz oder teilweise betroffen ist, einschließlich Schadensersatzansprüchen und sonstigen derartigen Ansprüchen, wie etwa Entschädigungsansprüche oder Garantieansprüche, vor allem Ansprüche auf Verlängerung oder Zahlung einer Obligation, einer Garantie oder einer Gegengarantie, insbesondere einer finanziellen Garantie oder einer finanziellen Gegengarantie, in jeglicher Form, werden nicht erfüllt, wenn sie geltend gemacht werden von

a) den in Anhang I aufgeführten natürlichen oder juristischen Personen, Organisationen oder Einrichtungen;

b) natürlichen oder juristischen Personen, Organisationen oder Einrichtungen, die über eine der unter Buchstabe a genannten natürlichen oder juristischen Personen, Organisationen oder Einrichtungen oder in deren Namen handeln.

(2) In Verfahren zur Durchsetzung eines Anspruchs trägt die natürliche oder juristische Person, Organisation oder Einrichtung, die den Anspruch geltend macht, die Beweislast dafür, dass die Erfüllung des Anspruchs nicht nach Absatz 1 verboten ist.

(3) Dieser Artikel berührt nicht das Recht der in Absatz 1 genannten natürlichen oder juristischen Personen, Organisationen und Einrichtungen auf gerichtliche Überprüfung der Rechtmäßigkeit der Nichterfüllung vertraglicher Pflichten nach dieser Verordnung.

Art. 13. (1) Die Kommission und die Mitgliedstaaten informieren einander über die nach dieser Verordnung getroffenen Maßnahmen und übermitteln einander ihnen im Zusammenhang mit dieser Verordnung vorliegende sonstige sachdienliche Informationen, insbesondere über

a) nach Artikel 3 eingefrorene Gelder und nach den Artikeln 4, 5, 6 und 7 gewährte Ausnahmeregelungen,

b) Verstöße, Vollzugsprobleme und Urteile nationaler Gerichte.

(2) Die Mitgliedstaaten übermitteln einander und der Kommission unverzüglich ihnen vorliegende sonstige sachdienliche Informationen, die die wirksame Durchführung dieser Verordnung berühren könnten.

Art. 14. (1) Beschließt der Rat, eine natürliche oder juristische Person, Organisation oder Einrichtung den in Artikel 3 genannten Maßnahmen zu unterwerfen, so ändert er Anhang I entsprechend.

(2) Der Rat setzt die betreffende natürliche oder juristische Person, Organisation oder Einrichtung von dem Beschluss nach Absatz 1 und den Gründen für die Aufnahme in die Liste entweder auf direktem Weg, falls ihre Anschrift bekannt ist, oder durch die Veröffentlichung einer Bekanntmachung in Kenntnis und gibt dieser natürlichen oder juristischen Person, Organisation oder Einrichtung Gelegenheit zur Stellungnahme.

(3) Wird eine Stellungnahme unterbreitet oder werden stichhaltige neue Beweise vorgelegt, so überprüft der Rat die in Absatz 1 genannten Beschlüsse und unterrichtet die betreffende natürliche oder juristische Person, Organisation oder Einrichtung entsprechend.

(4) Die Liste in Anhang I wird in regelmäßigen Abständen, mindestens aber alle 12 Monate überprüft.

(5) Der Kommission wird die Befugnis übertragen, Anhang II aufgrund der von den Mitgliedstaaten vorgelegten Informationen zu ändern.

Art. 15. (1) Anhang I enthält die Gründe für die Aufnahme der betreffenden natürlichen oder juristischen Personen, Organisationen oder Einrichtungen in die Liste.

(2) Anhang I enthält die zur Identifizierung der betreffenden natürlichen oder juristischen Personen, Organisationen oder Einrichtungen erforderlichen Angaben, soweit diese verfügbar sind. Im Falle von natürlichen Personen können diese Angaben Namen und Aliasnamen, *Geburtsdatum* und Geburtsort, Staatsangehörigkeit, Reisepass- und Personalausweisnummern, Geschlecht, falls bekannt die Anschrift,

sowie Funktion oder Beruf umfassen. Bei juristischen Personen, Organisationen oder Einrichtungen können diese Angaben Namen, Ort und Datum der Registrierung, die Registriernummer und den Geschäftssitz umfassen.

Art. 16. (1) Die Mitgliedstaaten legen für Verstöße gegen diese Verordnung Sanktionen fest und treffen die zur Sicherstellung ihrer Durchsetzung erforderlichen Maßnahmen. Die vorgesehenen Sanktionen müssen wirksam, verhältnismäßig und abschreckend sein.

(2) Die Mitgliedstaaten teilen der Kommission die entsprechenden Bestimmungen gemäß Absatz 1 unverzüglich nach Inkrafttreten dieser Verordnung mit und melden ihr alle späteren Änderungen.

Art. 17. (1) Der Rat, die Kommission und der Hohe Vertreter der Union für Außen- und Sicherheitspolitik (im Folgenden „Hoher Vertreter") verarbeiten personenbezogene Daten, um ihre Aufgaben nach dieser Verordnung zu erfüllen. Zu diesen Aufgaben gehören

a) was den Rat betrifft, die Ausarbeitung und Durchführung von Änderungen des Anhangs I;

b) was den Hohen Vertreter betrifft, die Ausarbeitung von Änderungen zu Anhang I;

c) was die Kommission betrifft:

   i) die Aufnahme des Inhalts von Anhang I in die elektronisch verfügbare konsolidierte Liste der Personen, Gruppen und Organisationen, die finanziellen Sanktionen der Union unterliegen, und in die interaktive Weltkarte der Unionssanktionen, die beide öffentlich zugänglich sind;

   ii) die Verarbeitung von Informationen über die Auswirkungen der in dieser Verordnung vorgesehenen Maßnahmen, z. B. Wert der eingefrorenen Gelder, und von Informationen über die von den zuständigen Behörden erteilten Genehmigungen.

(2) Der Rat, die Kommission und der Hohe Vertreter dürfen einschlägige Daten, die Straftaten der in der Liste aufgeführten natürlichen Personen sowie strafrechtliche Verurteilungen oder Sicherungsmaßregeln im Zusammenhang mit diesen Personen betreffen, gegebenenfalls nur in dem Umfang verarbeiten, in dem dies für die Ausarbeitung des Anhangs I erforderlich ist.

(3) Für die Zwecke dieser Verordnung werden der Rat, die in Anhang II aufgeführte Dienststelle der Kommission und der Hohe Vertreter zu „Verantwortlichen" im Sinne von Artikel 3 Nummer 8 der Verordnung (EU) 2018/1725 bestimmt, um sicherzustellen, dass die betreffenden natürlichen Personen ihre Rechte nach der Verordnung (EU) 2018/1725 ausüben können.

Art. 18. (1) Die Mitgliedstaaten benennen die in dieser Verordnung genannten zuständigen Behörden und geben sie auf den in Anhang II aufgeführten Internetseiten an. Die Mitgliedstaaten teilen der Kommission jede Änderung der Adressen ihrer in Anhang II aufgeführten Internetseiten mit.

(2) Die Mitgliedstaaten teilen der Kommission ihre zuständigen Behörden, einschließlich der Kontaktdaten der zuständigen Behörden, unverzüglich nach Inkrafttreten dieser Verordnung mit und informieren sie über jede spätere Änderung.

(3) Soweit diese Verordnung eine Mitteilungs-, Informations- oder sonstige Kommunikationspflicht gegenüber der Kommission vorsieht, werden dazu die Anschrift und die anderen Kontaktdaten verwendet, die in Anhang II angegeben sind.

Art. 19. Diese Verordnung gilt

a) im Gebiet der Union, einschließlich ihres Luftraums,
b) an Bord von Luftfahrzeugen und Schiffen, die der Hoheitsgewalt eines Mitgliedstaats unterstehen,
c) für natürliche Personen, die die Staatsangehörigkeit eines Mitgliedstaats besitzen, innerhalb und außerhalb des Gebiets der Union,
d) für nach dem Recht eines Mitgliedstaats gegründete oder eingetragene juristische Personen, Organisationen und Einrichtungen innerhalb und außerhalb des Gebiets der Union,
e) für juristische Personen, Organisationen oder Einrichtungen in Bezug auf alle Geschäfte, die ganz oder teilweise in der Union getätigt werden.

Art. 20. Diese Verordnung tritt am Tag nach ihrer Veröffentlichung im *Amtsblatt der Europäischen Union* in Kraft. Diese Verordnung ist in allen ihren Teilen verbindlich und gilt unmittelbar in jedem Mitgliedstaat.

Anhang 1

Liste der in Artikel 3 genannten natürlichen und juristischen Personen, Organisationen und Einrichtungen

A. Natürliche Personen
B. Juristische Personen, Organisationen und Einrichtungen

Anhang II

Internetseiten mit Informationen über die zuständigen Behörden und Anschrift für Notifikationen an die Europäische Kommission

BELGIEN

https://diplomatie.belgium.be/nl/Beleid/beleidsthemas/vrede_en_veiligheid/sancties

https://diplomatie.belgium.be/fr/politique/themes_politiques/paix_et_securite/sanctions
https://diplomatie.belgium.be/en/policy/policy_areas/peace_and_security/sanctions

BULGARIEN

https://www.mfa.bg/en/101

TSCHECHISCHE REPUBLIK

www.financnianalytickyurad.cz/mezinarodni-sankce.html

DÄNEMARK

http://um.dk/da/Udenrigspolitik/folkeretten/sanktioner/

DEUTSCHLAND

http://www.bmwi.de/DE/Themen/Aussenwirtschaft/aussenwirtschaftsrecht,did=404888.html

ESTLAND

http://www.vm.ee/est/kat_622/

IRLAND

http://www.dfa.ie/home/index.aspx?id=28519

GRIECHENLAND

http://www.mfa.gr/en/foreign-policy/global-issues/international-sanctions.html

SPANIEN

http://www.exteriores.gob.es/Portal/en/PoliticaExteriorCooperacion/GlobalizacionOportunidadesRiesgos/Paginas/SancionesInternacionales.aspx

FRANKREICH

http://www.diplomatie.gouv.fr/fr/autorites-sanctions/

KROATIEN

http://www.mvep.hr/sankcije

ITALIEN

https://www.esteri.it/mae/it/politica_estera/politica_europea/misure_deroghe

ZYPERN

http://www.mfa.gov.cy/mfa/mfa2016.nsf/mfa35_en/mfa35_en?OpenDocument

LETTLAND

http://www.mfa.gov.lv/en/security/4539

315

LITAUEN

http://www.urm.lt/sanctions

LUXEMBURG

https://maee.gouvernement.lu/fr/directions-du-ministere/affaires-europeennes/mesures-restrictives.html

UNGARN

https://kormany.hu/kulgazdasagi-es-kulugyminiszterium/ensz-eu-szankcios-tajekoztato

MALTA

https://foreignandeu.gov.mt/en/Government/SMB/Pages/SMB-Home.aspx

NIEDERLANDE

https://www.rijksoverheid.nl/onderwerpen/internationale-sancties

ÖSTERREICH

http://www.bmeia.gv.at/view.php3?f_id=12750&LNG=en&version=

POLEN

https://www.gov.pl/web/dyplomacja

PORTUGAL

http://www.portugal.gov.pt/pt/ministerios/mne/quero-saber-mais/sobre-o-ministerio/medidas-restritivas/medidas-restritivas.aspx

RUMÄNIEN

http://www.mae.ro/node/1548

SLOWENIEN

http://www.mzz.gov.si/si/omejevalni_ukrepi

SLOWAKEI

https://www.mzv.sk/europske_zalezitosti/europske_politiky-sankcie_eu

FINNLAND

http://formin.finland.fi/kvyhteistyo/pakotteet

SCHWEDEN

http://www.ud.se/sanktioner

Adresse für Notifikationen an die Europäische Kommission:

Europäische Kommission
Generaldirektion Finanzstabilität, Finanzdienstleistungen und Kapitalmarktunion – GD FISMA
Rue de Spa 2
1049 Bruxelles/Brussel, Belgien
E-Mail: relex-sanctions@ec.europa.eu

320. Wiener Übereinkommen über das Recht der Verträge[1), 2)]

Vom 23. Mai 1969

(BGBl. 1985 II S. 926)

(Übersetzung)

DIE VERTRAGSSTAATEN DIESES ÜBEREINKOMMENS –

IN ANBETRACHT der grundlegenden Rolle der Verträge in der Geschichte der internationalen Beziehungen;

IN ERKENNTNIS der ständig wachsenden Bedeutung der Verträge als Quelle des Völkerrechts und als Mittel zur Entwicklung der friedlichen Zusammenarbeit zwischen den Völkern ungeachtet ihrer Verfassungs- und Gesellschaftssysteme;

IM HINBLICK darauf, daß die Grundsätze der freien Zustimmung und von Treu und Glauben sowie der Rechtsgrundsatz *pacta sunt servanda* allgemein anerkannt sind;

IN BEKRÄFTIGUNG des Grundsatzes, daß Streitigkeiten über Verträge wie andere internationale Streitigkeiten durch friedliche Mittel nach den Grundsätzen der Gerechtigkeit und des Völkerrechts beigelegt werden sollen;

EINGEDENK der Entschlossenheit der Völker der Vereinten Nationen, Bedingungen zu schaffen, unter denen Gerechtigkeit und die Achtung vor den Verpflichtungen aus Verträgen gewahrt werden können;

IM BEWUSSTSEIN der in der Charta der Vereinten Nationen enthaltenen völkerrechtlichen Grundsätze, darunter der Grundsätze der Gleichberechtigung und Selbstbestimmung der Völker, der souveränen Gleichheit und Unabhängigkeit aller Staaten, der Nichteinmischung in die inneren Angelegenheiten der Staaten, des Verbots der Androhung von Gewalt sowie der allgemeinen Achtung und Wahrung der Menschenrechte und Grundfreiheiten für alle;

ÜBERZEUGT, daß die in diesem Übereinkommen verwirklichte Kodifizierung und fortschreitende Entwicklung des Vertragsrechts die in der Charta der Vereinten Nationen verkündeten Ziele fördern wird, nämlich die Wahrung des Weltfriedens und der internationalen Sicherheit, die Entwicklung freundschaftlicher Beziehungen und die Verwirklichung der Zusammenarbeit zwischen den Nationen;

---

1) Internationale Quelle: UNTS Bd. 1155 S. 331.

2) Das Übereinkommen ist am 27. 1. 1980 in Kraft getreten, nachdem 35 Staaten durch Beitritt oder Ratifikation Partei dieses Übereinkommens geworden waren. Für die Bundesrepublik ist das Abkommen am 20. 8. 1987 in Kraft getreten (Bek. v. 26. 11. 1987, BGBl. II S. 757) mit einer Übersicht über Vorbehalte, Erklärungen und Einsprüche anderer Vertragsparteien.

IN BEKRÄFTIGUNG des Grundsatzes, daß die Sätze des Völkergewohnheitsrechts weiterhin für Fragen gelten, die in diesem Übereinkommen nicht geregelt sind –

HABEN FOLGENDES VEREINBART:

Teil I. Einleitung

Art. 1 Geltungsbereich dieses Übereinkommens. Dieses Übereinkommen findet auf Verträge zwischen Staaten Anwendung.

Art. 2 Begriffsbestimmungen. 1. Im Sinne dieses Übereinkommens

a) bedeutet „Vertrag“ eine in Schriftform geschlossene und vom Völkerrecht bestimmte internationale Übereinkunft zwischen Staaten, gleichviel ob sie in einer oder in mehreren zusammengehörigen Urkunden enthalten ist und welche besondere Bezeichnung sie hat;

b) bedeutet „Ratifikation“, „Annahme“, „Genehmigung“ und „Beitritt“ jeweils die so bezeichnete völkerrechtliche Handlung, durch die ein Staat im internationalen Bereich seine Zustimmung bekundet, durch einen Vertrag gebunden zu sein;

c) bedeutet „Vollmacht“ eine vom zuständigen Organ eines Staates errichtete Urkunde, durch die einzelne oder mehrere Personen benannt werden, um in Vertretung des Staates den Text eines Vertrags auszuhandeln oder als authentisch festzulegen, die Zustimmung des Staates auszudrücken, durch einen Vertrag gebunden zu sein, oder sonstige Handlungen in bezug auf einen Vertrag vorzunehmen;

d) bedeutet „Vorbehalt“ eine wie auch immer formulierte oder bezeichnete, von einem Staat bei der Unterzeichnung, Ratifikation, Annahme oder Genehmigung eines Vertrags oder bei dem Beitritt zu einem Vertrag abgegebene einseitige Erklärung, durch die der Staat bezweckt, die Rechtswirkung einzelner Vertragsbestimmungen in der Anwendung auf diesen Staat auszuschließen oder zu ändern;

e) bedeutet „Verhandlungsstaat“ einen Staat, der am Abfassen und Annehmen des Vertragstextes teilgenommen hat;

f) bedeutet „Vertragsstaat“ einen Staat, der zugestimmt hat, durch den Vertrag gebunden zu sein, gleichviel ob der Vertrag in Kraft getreten ist oder nicht;

g) bedeutet „Vertragspartei“ einen Staat, der zugestimmt hat, durch den Vertrag gebunden zu sein, und für den der Vertrag in Kraft ist;

h) bedeutet „Drittstaat“ einen Staat, der nicht Vertragspartei ist;

i) bedeutet „internationale Organisation“ eine zwischenstaatliche Organisation.

2. Die Bestimmungen des Absatzes 1 über die in diesem Übereinkommen verwendeten Begriffe beeinträchtigen weder die Verwendung dieser Begriffe noch die Bedeutung, die ihnen im innerstaatlichen Recht gegebenenfalls zukommt.

Art. 3 Nicht in den Geltungsbereich dieses Übereinkommens fallende internationale Übereinkünfte. Der Umstand, daß dieses Übereinkommen weder auf die zwischen Staaten und anderen Völkerrechtssubjekten oder zwischen solchen anderen Völkerrechtssubjekten geschlossenen internationalen Übereinkünfte noch auf nicht schriftliche internationale Übereinkünfte Anwendung findet, berührt nicht

a) die rechtliche Gültigkeit solcher Übereinkünfte;
b) die Anwendung einer der in diesem Übereinkommen niedergelegten Regeln auf sie, denen sie auch unabhängig von diesem Übereinkommen auf Grund des Völkerrechts unterworfen wären;
c) die Anwendung des Übereinkommens auf die Beziehungen zwischen Staaten auf Grund internationaler Übereinkünfte, denen auch andere Völkerrechtssubjekte als Vertragsparteien angehören.

Art. 4 Nichtrückwirkung dieses Übereinkommens. Unbeschadet der Anwendung der in diesem Übereinkommen niedergelegten Regeln, denen Verträge unabhängig von dem Übereinkommen auf Grund des Völkerrechts unterworfen wären, findet das Übereinkommen nur auf Verträge Anwendung, die von Staaten geschlossen werden, nachdem das Übereinkommen für sie in Kraft getreten ist.

Art. 5 Gründungsverträge internationaler Organisationen und im Rahmen einer internationalen Organisation angenommene Verträge. Dieses Übereinkommen findet auf jeden Vertrag Anwendung, der die Gründungsurkunde einer internationalen Organisation bildet, sowie auf jeden im Rahmen einer internationalen Organisation angenommenen Vertrag, unbeschadet aller einschlägigen Vorschriften der Organisation.

Teil II. Abschluß und Inkrafttreten von Verträgen

Abschnitt 1: Abschluß von Verträgen

Art. 6 Vertragsfähigkeit der Staaten. Jeder Staat besitzt die Fähigkeit, Verträge zu schließen.

Art. 7 Vollmacht. 1. Eine Person gilt hinsichtlich des Annehmens des Textes eines Vertrags oder der Festlegung seines authentischen Textes oder

der Abgabe der Zustimmung eines Staates, durch einen Vertrag gebunden zu sein, als Vertreter eines Staates,

a) wenn sie eine gehörige Vollmacht vorlegt oder

b) wenn aus der Übung der beteiligten Staaten oder aus anderen Umständen hervorgeht, daß sie die Absicht hatten, diese Person als Vertreter des Staates für die genannten Zwecke anzusehen und auch keine Vollmacht zu verlangen.

2. Kraft ihres Amtes werden, ohne eine Vollmacht vorlegen zu müssen, als Vertreter ihres Staates angesehen

a) Staatsoberhäupter, Regierungschefs und Außenminister zur Vornahme aller sich auf den Abschluß eines Vertrags beziehenden Handlungen;

b) Chefs diplomatischer Missionen zum Annehmen des Textes eines Vertrags zwischen Entsende- und Empfangsstaat;

c) die von Staaten bei einer internationalen Konferenz oder bei einer internationalen Organisation oder einem ihrer Organe beglaubigten Vertreter zum Annehmen des Textes eines Vertrags im Rahmen der Konferenz, der Organisation oder des Organs.

Art. 8 Nachträgliche Bestätigung einer ohne Ermächtigung vorgenommenen Handlung. Eine sich auf den Abschluß eines Vertrags beziehende Handlung, die von einer Person vorgenommen wird, welche nicht nach Artikel 7 als zur Vertretung eines Staates zu diesem Zweck ermächtigt angesehen werden kann, ist ohne Rechtswirkung, sofern sie nicht nachträglich von dem Staat bestätigt wird.

Art. 9 Annehmen des Textes. 1. Der Text eines Vertrags wird durch Zustimmung aller an seiner Abfassung beteiligten Staaten angenommen, soweit Absatz 2 nichts anderes vorsieht.

2. Auf einer internationalen Konferenz wird der Text eines Vertrags mit den Stimmen von zwei Dritteln der anwesenden und abstimmenden Staaten angenommen, sofern sie nicht mit der gleichen Mehrheit die Anwendung einer anderen Regel beschließen.

Art. 10 Festlegung des authentischen Textes. Der Text eines Vertrags wird als authentisch und endgültig festgelegt

a) nach dem Verfahren, das darin vorgesehen oder von den an seiner Abfassung beteiligten Staaten vereinbart wurde, oder,

b) in Ermangelung eines solchen Verfahrens, durch Unterzeichnung, Unterzeichnung ad referendum oder Paraphierung des Vertragswortlauts oder einer den Wortlaut enthaltenden Schlußakte einer Konferenz durch die Vertreter dieser Staaten.

Art. 11 Arten der Zustimmung, durch einen Vertrag gebunden zu sein. Die Zustimmung eines Staates, durch einen Vertrag gebunden zu sein, kann durch Unterzeichnung, Austausch von *Urkunden, die einen* Vertrag bilden, Ratifikation, Annahme, Genehmigung oder Beitritt oder auf eine andere vereinbarte Art ausgedrückt werden.

Art. 12 Zustimmung, durch einen Vertrag gebunden zu sein, durch Unterzeichnung. 1. Die Zustimmung eines Staates, durch einen Vertrag gebunden zu sein, wird durch Unterzeichnung seitens seines Vertreters ausgedrückt,

a) wenn der Vertrag vorsieht, daß der Unterzeichnung diese Wirkung zukommen soll;

b) wenn anderweitig feststeht, daß die Verhandlungsstaaten der Unterzeichnung einvernehmlich diese Wirkung beilegen wollten, oder

c) wenn die Absicht des Staates, der Unterzeichnung diese Wirkung beizulegen, aus der Vollmacht seines Vertreters hervorgeht oder während der Verhandlung zum Ausdruck gebracht wurde.

2. Im Sinne des Absatzes 1

a) gilt die Paraphierung des Textes als Unterzeichnung des Vertrags, wenn feststeht, daß die Verhandlungsstaaten dies vereinbart haben;

b) gilt die Unterzeichnung eines Vertrags ad referendum durch den Vertreter eines Staates als unbedingte Vertragsunterzeichnung, wenn sie von dem Staat bestätigt wird.

Art. 13 Zustimmung, durch einen Vertrag gebunden zu sein, durch Austausch der einen Vertrag bildenden Urkunden. Die Zustimmung von Staaten, durch einen Vertrag gebunden zu sein, der durch zwischen ihnen ausgetauschte Urkunden begründet wird, findet in diesem Austausch ihren Ausdruck,

a) wenn die Urkunden vorsehen, daß ihrem Austausch diese Wirkung zukommen soll, oder

b) wenn anderweitig feststeht, daß diese Staaten dem Austausch der Urkunden einvernehmlich diese Wirkung beilegen wollten.

Art. 14 Zustimmung, durch einen Vertrag gebunden zu sein, durch Ratifikation, Annahme oder Genehmigung. 1. Die Zustimmung eines Staates, durch einen Vertrag gebunden zu sein, wird durch Ratifikation ausgedrückt

a) wenn der Vertrag vorsieht, daß diese Zustimmung durch Ratifikation ausgedrückt wird;

b) wenn anderweitig feststeht, daß die Verhandlungsstaaten die Ratifikation einvernehmlich für erforderlich hielten;

c) wenn der Vertreter des Staates den Vertrag unter Vorbehalt der Ratifikation unterzeichnet hat oder

d) wenn die Absicht des Staates, den Vertrag unter Vorbehalt der Ratifikation zu unterzeichnen, aus der Vollmacht seines Vertreters hervorgeht oder während der Verhandlungen zum Ausdruck gebracht wurde.

2. Die Zustimmung eines Staates, durch einen Vertrag gebunden zu sein, wird durch Annahme oder Genehmigung unter ähnlichen Bedingungen ausgedrückt, wie sie für die Ratifikation gelten.

Art. 15 Zustimmung, durch einen Vertrag gebunden zu sein, durch Beitritt. Die Zustimmung eines Staates, durch einen Vertrag gebunden zu sein, wird durch Beitritt ausgedrückt,

a) wenn der Vertrag vorsieht, daß die Zustimmung von diesem Staat durch Beitritt ausgedrückt werden kann;

b) wenn anderweitig feststeht, daß die Verhandlungsstaaten vereinbart haben, daß die Zustimmung von diesem Staat durch Beitritt ausgedrückt werden kann, oder

c) wenn alle Vertragsparteien nachträglich vereinbart haben, daß die Zustimmung von diesem Staat durch Beitritt ausgedrückt werden kann.

Art. 16 Austausch oder Hinterlegung von Ratifikations-, Annahme-, Genehmigungs- oder Beitrittsurkunden. Sofern der Vertrag nichts anderes vorsieht, begründen Ratifikations-, Annahme-, Genehmigungs- oder Beitrittsurkunden die Zustimmung eines Staates, durch einen Vertrag gebunden zu sein, im Zeitpunkt

a) ihres Austausches zwischen den Vertragsstaaten;

b) ihrer Hinterlegung bei dem Verwahrer oder

c) ihrer Notifikation an die Vertragsstaaten oder den Verwahrer, wenn dies vereinbart wurde.

Art. 17 Zustimmung, durch einen Teil eines Vertrags gebunden zu sein, sowie Wahl zwischen unterschiedlichen Bestimmungen. 1. Unbeschadet der Artikel 19 bis 23 ist die Zustimmung eines Staates, durch einen Teil eines Vertrags gebunden zu sein, nur wirksam, wenn der Vertrag dies zuläßt oder die anderen Vertragsstaaten dem zustimmen.

2. Die Zustimmung eines Staates, durch einen Vertrag gebunden zu sein, der eine Wahl zwischen unterschiedlichen Bestimmungen zuläßt, ist nur wirksam, wenn klargestellt wird, auf welche Bestimmungen sich die Zustimmung bezieht.

Art. 18 Verpflichtung, Ziel und Zweck eines Vertrags vor seinem Inkrafttreten nicht zu vereiteln. Ein Staat ist verpflichtet, sich aller Handlungen zu enthalten, die Ziel und Zweck eines Vertrags vereiteln würden,

a) wenn er unter Vorbehalt der Ratifikation, Annahme oder Genehmigung den Vertrag unterzeichnet oder Urkunden ausgetauscht hat, die einen Vertrag bilden, solange er seine Absicht nicht klar zu erkennen gegeben hat, nicht Vertragspartei zu werden, oder

b) wenn er seine Zustimmung, durch den Vertrag gebunden zu sein, ausgedrückt hat, und zwar bis zum Inkrafttreten des Vertrags und unter der Voraussetzung, daß sich das Inkrafttreten nicht ungebührlich verzögert.

Abschnitt 2: Vorbehalte

Art. 19 Anbringen von Vorbehalten. Ein Staat kann bei der Unterzeichnung, Ratifikation, Annahme oder Genehmigung eines Vertrags oder beim Beitritt einen Vorbehalt anbringen, sofern nicht

a) der Vertrag den Vorbehalt verbietet;

b) der Vertrag vorsieht, daß nur bestimmte Vorbehalte gemacht werden dürfen, zu denen der betreffende Vorbehalt nicht gehört, oder

c) in den unter Buchstabe a oder b nicht bezeichneten Fällen der Vorbehalt mit Ziel und Zweck des Vertrags unvereinbar ist.

Art. 20 Annahme von Vorbehalten und Einsprüche gegen Vorbehalte. 1. Ein durch einen Vertrag ausdrücklich zugelassener Vorbehalt bedarf der nachträglichen Annahme durch die anderen Vertragsstaaten nur, wenn der Vertrag dies vorsieht.

2. Geht aus der begrenzten Zahl der Verhandlungsstaaten sowie aus Ziel und Zweck eines Vertrags hervor, daß die Anwendung des Vertrags in seiner Gesamtheit zwischen allen Vertragsparteien eine wesentliche Voraussetzung für die Zustimmung jeder Vertragspartei ist, durch den Vertrag gebunden zu sein, so bedarf ein Vorbehalt der Annahme durch alle Vertragsparteien.

3. Bildet ein Vertrag die Gründungsurkunde einer internationalen Organisation und sieht er nichts anderes vor, so bedarf ein Vorbehalt der Annahme durch das zuständige Organ der Organisation.

4. In den nicht in den Absätzen 1 bis 3 bezeichneten Fällen und sofern der Vertrag nichts anderes vorsieht,

a) macht die Annahme eines Vorbehalts durch einen anderen Vertragsstaat den den Vorbehalt anbringenden Staat zur Vertragspartei im Verhältnis zu jenem anderen Staat, sofern der Vertrag für diese Staaten in Kraft getreten ist oder sobald er für sie in Kraft tritt;

b) schließt der Einspruch eines anderen Vertragsstaats gegen einen Vorbehalt das Inkrafttreten des Vertrags zwischen dem den Einspruch erhebenden und dem den Vorbehalt anbringenden Staat nicht aus, sofern nicht der den Einspruch erhebende Staat seine gegenteilige Absicht eindeutig zum Ausdruck bringt;

c) wird eine Handlung, mit der die Zustimmung eines Staates, durch den Vertrag gebunden zu sein, ausgedrückt wird und die einen Vorbehalt in sich schließt, wirksam, sobald mindestens ein anderer Vertragsstaat den Vorbehalt angenommen hat.

5. Im Sinne der Absätze 2 und 4 und sofern der Vertrag nichts anderes vorsieht, gilt ein Vorbehalt als von einem Staat angenommen, wenn dieser bis zum Ablauf von zwölf Monaten, nachdem ihm der Vorbehalt notifiziert worden ist, oder bis zu dem Zeitpunkt, wenn dies der spätere ist, in dem er seine Zustimmung ausgedrückt hat, durch den Vertrag gebunden zu sein, keinen Einspruch gegen den Vorbehalt erhebt.

Art. 21 Rechtswirkungen von Vorbehalten und von Einsprüchen gegen Vorbehalte. 1. Ein gegenüber einer anderen Vertragspartei nach den Artikeln 19, 20 und 23 bestehender Vorbehalt

a) ändert für den den Vorbehalt anbringenden Staat im Verhältnis zu der anderen Vertragspartei die Vertragsbestimmungen, auf die sich der Vorbehalt bezieht, in dem darin vorgesehenen Ausmaß und

b) ändert diese Bestimmungen für die andere Vertragspartei im Verhältnis zu dem den Vorbehalt anbringenden Staat in demselben Ausmaß.

2. Der Vorbehalt ändert die Vertragsbestimmungen für die anderen Vertragsparteien untereinander nicht.

3. Hat ein Staat, der einen Einspruch gegen einen Vorbehalt erhoben hat, dem Inkrafttreten des Vertrags zwischen sich und dem den Vorbehalt anbringenden Staat nicht widersprochen, so finden die Bestimmungen, auf die sich der Vorbehalt bezieht, in dem darin vorgesehenen Ausmaß zwischen den beiden Staaten keine Anwendung.

Art. 22 Zurückziehen von Vorbehalten und von Einsprüchen gegen Vorbehalte. 1. Sofern der Vertrag nichts anderes vorsieht, kann ein Vorbehalt jederzeit zurückgezogen werden; das Zurückziehen bedarf nicht der Zustimmung eines Staates, der den Vorbehalt angenommen hat.

2. Sofern der Vertrag nichts anderes vorsieht, kann ein Einspruch gegen einen Vorbehalt jederzeit zurückgezogen werden.

3. Sofern der Vertrag nichts anderes vorsieht oder sofern nichts anderes vereinbart ist,

a) wird das Zurückziehen eines Vorbehalts im Verhältnis zu einem anderen Vertragsstaat erst wirksam, wenn dieser Staat eine Notifikation des Zurückziehens erhalten hat;

b) wird das Zurückziehen eines Einspruchs gegen einen Vorbehalt erst wirksam, wenn der Staat, der den Vorbehalt angebracht hat, eine Notifikation des Zurückziehens erhalten hat.

Art. 23 Verfahren bei Vorbehalten. 1. Ein Vorbehalt, die ausdrückliche Annahme eines Vorbehalts und der Einspruch gegen einen Vorbehalt bedürfen der Schriftform und sind den Vertragsstaaten sowie sonstigen Staaten mitzuteilen, die Vertragsparteien zu werden berechtigt sind.

2. Wenn der Vertrag vorbehaltlich der Ratifikation, Annahme oder Genehmigung unterzeichnet und hierbei ein Vorbehalt angebracht wird, so ist dieser von dem ihn anbringenden Staat in dem Zeitpunkt förmlich zu bestätigen, zu dem dieser Staat seine Zustimmung ausdrückt, durch den Vertrag gebunden zu sein. In diesem Fall gilt der Vorbehalt als im Zeitpunkt seiner Bestätigung angebracht.

3. Die vor Bestätigung eines Vorbehalts erfolgte ausdrückliche Annahme des Vorbehalts oder der vor diesem Zeitpunkt erhobene Einspruch gegen den Vorbehalt bedarf selbst keiner Bestätigung.

4. Das Zurückziehen eines Vorbehalts oder des Einspruchs gegen einen Vorbehalt bedarf der Schriftform.

Abschnitt 3: Inkrafttreten und vorläufige Anwendung von Verträgen

Art. 24 Inkrafttreten. 1. Ein Vertrag tritt in der Weise und zu dem Zeitpunkt in Kraft, die er vorsieht oder die von den Verhandlungsstaaten vereinbart werden.

2. In Ermangelung einer solchen Bestimmung oder Vereinbarung tritt ein Vertrag in Kraft, sobald die Zustimmung aller Verhandlungsstaaten vorliegt, durch den Vertrag gebunden zu sein.

3. Wird die Zustimmung, durch einen Vertrag gebunden zu sein, von einem Staat erst nach dem Zeitpunkt des Inkrafttretens erteilt, so tritt der Vertrag für diesen Staat zu diesem Zeitpunkt in Kraft, sofern er nichts anderes vorsieht.

4. Vertragsbestimmungen über die Festlegung des authentischen Textes, die Zustimmung von Staaten, durch den Vertrag gebunden zu sein, die Art und den Zeitpunkt seines Inkrafttretens sowie über Vorbehalte, die Aufgaben des Verwahrers und sonstige sich notwendigerweise vor dem Inkrafttreten des Vertrags ergebende Fragen gelten von dem Zeitpunkt an, zu dem sein Text angenommen wird.

Art. 25 Vorläufige Anwendung. 1. Ein Vertrag oder ein Teil eines Vertrags wird bis zu seinem Inkrafttreten vorläufig angewendet,

a) wenn der Vertrag dies vorsieht oder
b) wenn die Verhandlungsstaaten dies auf andere Weise vereinbart haben.

2. Sofern der Vertrag nichts anderes vorsieht oder die Verhandlungsstaaten nichts anderes vereinbart haben, endet die vorläufige Anwendung eines Vertrags oder eines Teiles eines Vertrags hinsichtlich eines Staates, wenn dieser den anderen Staaten, zwischen denen der Vertrag vorläufig angewendet wird, seine Absicht notifiziert, nicht Vertragspartei zu werden.

Teil III. Einhaltung, Anwendung und Auslegung von Verträgen

Abschnitt 1: Einhaltung von Verträgen

Art. 26 Pacta sunt servanda. Ist ein Vertrag in Kraft, so bindet er die Vertragsparteien und ist von ihnen nach Treu und Glauben zu erfüllen.

Art. 27 Innerstaatliches Recht und Einhaltung von Verträgen. Eine Vertragspartei kann sich nicht auf ihr innerstaatliches Recht berufen, um die Nichterfüllung eines Vertrags zu rechtfertigen. Diese Bestimmung läßt Artikel 46 unberührt.

Abschnitt 2: Anwendung von Verträgen

Art. 28 Nichtrückwirkung von Verträgen. Sofern keine abweichende Absicht aus dem Vertrag hervorgeht oder anderweitig festgestellt ist, binden seine Bestimmungen eine Vertragspartei nicht in bezug auf eine Handlung oder Tatsache, die vor dem Inkrafttreten des Vertrags hinsichtlich der betreffenden Vertragspartei vorgenommen wurde oder eingetreten ist, sowie in bezug auf eine Lage, die vor dem genannten Zeitpunkt zu bestehen aufgehört hat.

Art. 29 Räumlicher Geltungsbereich von Verträgen. Sofern keine abweichende Absicht aus dem Vertrag hervorgeht oder anderweitig festgestellt ist, bindet ein Vertrag jede Vertragspartei hinsichtlich ihres gesamten Hoheitsgebiets.

Art. 30 Anwendung aufeinanderfolgender Verträge über denselben Gegenstand. 1. Vorbehaltlich des Artikels 103 der Charta der Vereinten Nationen bestimmen sich die Rechte und Pflichten von Staaten, die Vertragsparteien aufeinanderfolgender Verträge über denselben Gegenstand sind, nach den folgenden Absätzen.

2. Bestimmt ein Vertrag, daß er einem früher oder später geschlossenen *Vertrag untergeordnet* ist oder nicht als mit diesem unvereinbar anzusehen ist, so hat der andere Vertrag Vorrang.

3. Sind alle Vertragsparteien eines früheren Vertrags zugleich Vertragsparteien eines späteren, ohne daß der frühere Vertrag beendet oder nach Artikel 59 suspendiert wird, so findet der frühere Vertrag nur insoweit Anwendung, als er mit dem späteren Vertrag vereinbar ist.

4. Gehören nicht alle Vertragsparteien des früheren Vertrags zu den Vertragsparteien des späteren,

a) so findet zwischen Staaten, die Vertragsparteien beider Verträge sind, Abs. 3 Anwendung;

b) so regelt zwischen einem Staat, der Vertragspartei beider Verträge ist, und einem Staat, der Vertragspartei nur eines der beiden Verträge ist, der Vertrag, dem beide Staaten als Vertragsparteien angehören, ihre gegenseitigen Rechte und Pflichten.

5. Absatz 4 gilt unbeschadet des Artikels 41 sowie unbeschadet aller Fragen der Beendigung oder der Suspendierung eines Vertrags nach Artikel 60 und aller Fragen der Verantwortlichkeit, die sich für einen Staat aus Abschluß oder Anwendung eines Vertrags ergeben können, dessen Bestimmungen mit seinen Pflichten gegenüber einem anderen Staat auf Grund eines anderen Vertrags unvereinbar sind.

Abschnitt 3: Auslegung von Verträgen

Art. 31 Allgemeine Auslegungsregel. 1. Ein Vertrag ist nach Treu und Glauben in Übereinstimmung mit der gewöhnlichen, seinen Bestimmungen in ihrem Zusammenhang zukommenden Bedeutung und im Lichte seines Zieles und Zweckes auszulegen.

2. Für die Auslegung eines Vertrags bedeutet der Zusammenhang außer dem Vertragswortlaut samt Präambel und Anlagen

a) jede sich auf den Vertrag beziehende Übereinkunft, die zwischen allen Vertragsparteien anläßlich des Vertragsabschlusses getroffen wurde;

b) jede Urkunde, die von einer oder mehreren Vertragsparteien anläßlich des Vertragsabschlusses abgefaßt und von den anderen Vertragsparteien als eine sich auf den Vertrag beziehende Urkunde angenommen wurde.

3. Außer dem Zusammenhang sind in gleicher Weise zu berücksichtigen

a) jede spätere Übereinkunft zwischen den Vertragsparteien über die Auslegung des Vertrags oder die Anwendung seiner Bestimmungen;

b) jede spätere Übung bei der Anwendung des Vertrags, aus der die Übereinstimmung der Vertragsparteien über seine Auslegung hervorgeht;

c) jeder in den Beziehungen zwischen den Vertragsparteien anwendbare einschlägige Völkerrechtssatz.

4. Eine besondere Bedeutung ist einem Ausdruck beizulegen, wenn feststeht, daß die Vertragsparteien dies beabsichtigt haben.

Art. 32 Ergänzende Auslegungsmittel. Ergänzende Auslegungsmittel, insbesondere die vorbereitenden Arbeiten und die Umstände des Vertragsabschlusses, können herangezogen werden, um die sich unter Anwendung des Artikels 31 ergebende Bedeutung zu bestätigen oder die Bedeutung zu bestimmen, wenn die Auslegung nach Artikel 31

a) die Bedeutung mehrdeutig oder dunkel läßt oder

b) zu einem offensichtlich sinnwidrigen oder unvernünftigen Ergebnis führt.

Art. 33 Auslegung von Verträgen mit zwei oder mehr authentischen Sprachen. 1. Ist ein Vertrag in zwei oder mehr Sprachen als authentisch festgelegt worden, so ist der Text in jeder Sprache in gleicher Weise maßgebend, sofern nicht der Vertrag vorsieht oder die Vertragsparteien vereinbaren, daß bei Abweichungen ein bestimmter Text vorgehen soll.

2. Eine Vertragsfassung in einer anderen Sprache als einer der Sprachen, deren Text als authentisch festgelegt wurde, gilt nur dann als authentischer Wortlaut, wenn der Vertrag dies vorsieht oder die Vertragsparteien dies vereinbaren.

3. Es wird vermutet, daß die Ausdrücke des Vertrags in jedem authentischen Text dieselbe Bedeutung haben.

4. Außer in Fällen, in denen ein bestimmter Text nach Absatz 1 vorgeht, wird, wenn ein Vergleich der authentischen Texte einen Bedeutungsunterschied aufdeckt, der durch die Anwendung der Artikel 31 und 32 nicht ausgeräumt werden kann, diejenige Bedeutung zugrunde gelegt, die unter Berücksichtigung von Ziel und Zweck des Vertrags die Wortlaute am besten miteinander in Einklang bringt.

Abschnitt 4: Verträge und Drittstaaten

Art. 34 Allgemeine Regel betreffend Drittstaaten. Ein Vertrag begründet für einen Drittstaat ohne dessen Zustimmung weder Pflichten noch Rechte.

Art. 35 Verträge zu Lasten von Drittstaaten. Ein Drittstaat wird durch eine Vertragsbestimmung verpflichtet, wenn die Vertragsparteien beabsichtigen, durch die Vertragsbestimmung eine Verpflichtung zu begründen, und der Drittstaat diese Verpflichtung ausdrücklich in Schriftform annimmt.

Art. 36 Verträge zugunsten von Drittstaaten. 1. Ein Drittstaat wird durch eine Vertragsbestimmung berechtigt, wenn die Vertragsparteien beabsichtigen, durch die Vertragsbestimmung dem Drittstaat oder einer Staatengruppe, zu der er gehört, oder allen Staaten ein Recht einzuräumen, und der Drittstaat dem zustimmt. Sofern der Vertrag nichts anderes vorsieht, wird die Zustimmung vermutet, solange nicht das Gegenteil erkennbar wird.

2. Ein Staat, der ein Recht nach Absatz 1 ausübt, hat die hierfür in dem Vertrag niedergelegten oder im Einklang mit ihm aufgestellten Bedingungen einzuhalten.

Art. 37 Aufhebung oder Änderung der Pflichten oder Rechte von Drittstaaten. 1. Ist nach Artikel 35 einem Drittstaat eine Verpflichtung erwachsen, so kann diese nur mit Zustimmung der Vertragsparteien und des Drittstaats aufgehoben oder geändert werden, sofern nicht feststeht, daß sie etwas anderes vereinbart hatten.

2. Ist nach Artikel 36 einem Drittstaat ein Recht erwachsen, so kann dieses von den Vertragsparteien nicht aufgehoben oder geändert werden, wenn feststeht, daß beabsichtigt war, daß das Recht nur mit Zustimmung des Drittstaats aufgehoben oder geändert werden kann.

Art. 38 Vertragsbestimmungen, die kraft internationaler Gewohnheit für Drittstaaten verbindlich werden. Die Artikel 34 bis 37 schließen nicht aus, daß eine vertragliche Bestimmung als ein Satz des Völkergewohnheitsrechts, der als solcher anerkannt ist, für einen Drittstaat verbindlich wird.

Teil IV. Änderung und Modifikation von Verträgen

Art. 39 Allgemeine Regel über die Änderung von Verträgen. Ein Vertrag kann durch Übereinkunft zwischen den Vertragsparteien geändert werden. Teil II findet auf eine solche Übereinkunft insoweit Anwendung, als der Vertrag nichts anderes vorsieht.

Art. 40 Änderung mehrseitiger Verträge. 1. Sofern der Vertrag nichts anderes vorsieht, richtet sich die Änderung mehrseitiger Verträge nach den folgenden Absätzen.

2. Vorschläge zur Änderung eines mehrseitigen Vertrags mit Wirkung zwischen allen Vertragsparteien sind allen Vertragsstaaten zu notifizieren; jeder von ihnen ist berechtigt,

a) an dem Beschluß über das auf einen solchen Vorschlag hin zu Veranlassende teilzunehmen;

b) am Aushandeln und am Abschluß einer Übereinkunft zur Änderung des Vertrags teilzunehmen.

3. Jeder Staat, der berechtigt ist, Vertragspartei des Vertrags zu werden, ist auch berechtigt, Vertragspartei des geänderten Vertrags zu werden.

4. Die Änderungsübereinkunft bindet keinen Staat, der schon Vertragspartei des Vertrags ist, jedoch nicht Vertragspartei der Änderungsübereinkunft wird; auf einen solchen Staat findet Artikel 30 Absatz 4 Buchstabe b Anwendung.

5. Ein Staat, der nach Inkrafttreten der Änderungsübereinkunft Vertragspartei des Vertrags wird, gilt, sofern er nicht eine abweichende Absicht äußert,

a) als Vertragspartei des geänderten Vertrags und

b) als Vertragspartei des nicht geänderten Vertrags im Verhältnis zu einer Vertragspartei, die durch die Änderungsübereinkunft nicht gebunden ist.

Art. 41 Übereinkünfte zur Modifikation mehrseitiger Verträge zwischen einzelnen Vertragsparteien. 1. Zwei oder mehr Vertragsparteien eines mehrseitigen Vertrags können eine Übereinkunft schließen, um den Vertrag ausschließlich im Verhältnis zueinander zu modifizieren,

a) wenn die Möglichkeit einer solchen Modifikation in dem Vertrag vorgesehen ist oder

b) wenn die betreffende Modifikation durch den Vertrag nicht verboten ist und

i) die anderen Vertragsparteien in dem Genuß ihrer Rechte auf Grund des Vertrags oder in der Erfüllung ihrer Pflichten nicht beeinträchtigt und

ii) sich nicht auf eine Bestimmung bezieht, von der abzuweichen mit der vollen Verwirklichung von Ziel und Zweck des gesamten Vertrags unvereinbar ist.

2. Sofern der Vertrag in einem Fall des Absatzes 1 Buchstabe a nichts anderes vorsieht, haben die betreffenden Vertragsparteien den anderen Vertragsparteien ihre Absicht, eine Übereinkunft zu schließen, sowie die darin vorgesehene Modifikation zu notifizieren.

Teil V. Ungültigkeit, Beendigung und Suspendierung von Verträgen

Abschnitt 1: Allgemeine Bestimmungen

Art. 42 Gültigkeit und Weitergeltung von Verträgen. 1. Die Gültigkeit eines Vertrags oder der Zustimmung eines Staates, durch einen Vertrag gebunden zu sein, kann nur in Anwendung dieses Übereinkommens angefochten werden.

2. Die Beendigung eines Vertrags, seine Kündigung oder der Rücktritt einer Vertragspartei kann nur in Anwendung der Bestimmungen des Vertrags oder dieses Übereinkommens erfolgen. Das gleiche gilt für die Suspendierung eines Vertrags.

Art. 43 Pflichten, die das Völkerrecht unabhängig von einem Vertrag auferlegt. Die Ungültigkeit, Beendigung oder Kündigung eines Vertrags, der Rücktritt einer Vertragspartei vom Vertrag oder seine Suspendierung beeinträchtigen, soweit sie sich aus der Anwendung dieses Übereinkommens oder des Vertrags ergeben, in keiner Hinsicht die Pflicht eines Staates, eine in dem Vertrag enthaltene Verpflichtung zu erfüllen, der er auch unabhängig von dem Vertrag auf Grund des Völkerrechts unterworfen ist.

Art. 44 Trennbarkeit von Vertragsbestimmungen. 1. Das in einem Vertrag vorgesehene oder sich aus Artikel 56 ergebende Recht einer Vertragspartei, zu kündigen, zurückzutreten oder den Vertrag zu suspendieren, kann nur hinsichtlich des gesamten Vertrags ausgeübt werden, sofern der Vertrag nichts anderes vorsieht oder die Vertragsparteien nichts anderes vereinbaren.

2. Ein in diesem Übereinkommen anerkannter Grund dafür, einen Vertrag als ungültig zu erklären, ihn zu beenden, von ihm zurückzutreten oder ihn zu suspendieren, kann nur hinsichtlich des gesamten Vertrags geltend gemacht werden, sofern in den folgenden Absätzen oder in Artikel 60 nichts anderes vorgesehen ist.

3. Trifft der Grund nur auf einzelne Bestimmungen zu, so kann er hinsichtlich dieser allein geltend gemacht werden,

a) wenn diese Bestimmungen von den übrigen Vertragsbestimmungen getrennt angewendet werden können;

b) wenn aus dem Vertrag hervorgeht oder anderweitig feststeht, daß die Annahme dieser Bestimmungen keine wesentliche Grundlage für die Zustimmung der anderen Vertragspartei oder Vertragsparteien war, durch den gesamten Vertrag gebunden zu sein, und

c) wenn die Weiteranwendung der übrigen Vertragsbestimmungen nicht unbillig ist.

4. In den Fällen der Artikel 49 und 50 kann ein Staat, der berechtigt ist, Betrug oder Bestechung geltend zu machen, dies entweder hinsichtlich des gesamten Vertrags oder, vorbehaltlich des Absatzes 3, nur hinsichtlich einzelner Bestimmungen tun.

5. In den Fällen der Artikel 51, 52 und 53 ist die Abtrennung einzelner Vertragsbestimmungen unzulässig.

Art. 45 Verlust des Rechtes, Gründe dafür geltend zu machen, einen Vertrag als ungültig zu erklären, ihn zu beenden, von ihm zurückzutreten oder ihn zu suspendieren. Ein Staat kann Gründe nach den Artikeln 46 bis 50 oder 60 und 62 nicht länger geltend machen, um einen Vertrag als ungültig zu erklären, ihn zu beenden, von ihm zurückzutreten oder ihn zu suspendieren, wenn, nachdem dem Staat der Sachverhalt bekanntgeworden ist,

a) er ausdrücklich zugestimmt hat, daß der Vertrag – je nach Lage des Falles – gültig ist, in Kraft bleibt oder weiterhin angewendet wird, oder
b) auf Grund seines Verhaltens angenommen werden muß, er habe – je nach Lage des Falles – der Gültigkeit des Vertrags, seinem Inkraftbleiben oder seiner Weiteranwendung stillschweigend zugestimmt.

Abschnitt 2: Ungültigkeit von Verträgen

Art. 46 Innerstaatliche Bestimmungen über die Zuständigkeit zum Abschluß von Verträgen. 1. Ein Staat kann sich nicht darauf berufen, daß seine Zustimmung, durch einen Vertrag gebunden zu sein, unter Verletzung einer Bestimmung seines innerstaatlichen Rechts über die Zuständigkeit zum Abschluß von Verträgen ausgedrückt wurde und daher ungültig sei, sofern nicht die Verletzung offenkundig war und eine innerstaatliche Rechtsvorschrift von grundlegender Bedeutung betraf.

2. Eine Verletzung ist offenkundig, wenn sie für jeden Staat, der sich hierbei im Einklang mit der allgemeinen Übung und nach Treu und Glauben verhält, objektiv erkennbar ist.

Art. 47 Besondere Beschränkungen der Ermächtigung, die Zustimmung eines Staates zum Ausdruck zu bringen. Ist die Ermächtigung eines Vertreters, die Zustimmung eines Staates auszudrücken, durch einen bestimmten Vertrag gebunden zu sein, einer besonderen Beschränkung unterworfen worden, so kann nur dann geltend gemacht werden, daß diese Zustimmung wegen Nichtbeachtung der Beschränkung ungültig sei, wenn die Beschränkung den anderen Verhandlungsstaaten notifiziert worden war, bevor der Vertreter die Zustimmung zum Ausdruck brachte.

Art. 48 Irrtum. 1. Ein Staat kann geltend machen, daß seine Zustimmung, durch den Vertrag gebunden zu sein, wegen eines Irrtums im Vertrag ungültig sei, wenn sich der Irrtum auf eine Tatsache oder Lage bezieht, deren Bestehen der Staat im Zeitpunkt des Vertragsabschlusses annahm und die eine wesentliche Grundlage für seine Zustimmung bildete.

2. Absatz 1 findet keine Anwendung, wenn der betreffende Staat durch *sein eigenes Verhalten* zu dem Irrtum beigetragen hat oder nach den Umständen mit der Möglichkeit eines Irrtums rechnen mußte.

3. Ein ausschließlich redaktioneller Irrtum berührt die Gültigkeit eines Vertrags nicht; in diesem Fall findet Artikel 79 Anwendung.

Art. 49 Betrug. Ist ein Staat durch das betrügerische Verhalten eines anderen Verhandlungsstaats zum Vertragsabschluß veranlaßt worden, so kann er geltend machen, daß seine Zustimmung, durch den Vertrag gebunden zu sein, wegen des Betrugs ungültig sei.

Art. 50 Bestechung eines Staatenvertreters. Hat ein Verhandlungsstaat die Zustimmung eines anderen Staates, durch einen Vertrag gebunden zu sein, mittelbar oder unmittelbar durch Bestechung des Vertreters dieses Staates herbeigeführt, so kann dieser Staat geltend machen, daß seine Zustimmung wegen der Bestechung ungültig sei.

Art. 51 Zwang gegen einen Staatenvertreter. Wurde die Zustimmung eines Staates, durch einen Vertrag gebunden zu sein, durch Zwang gegen seinen Vertreter mittels gegen diesen gerichteter Handlungen oder Drohungen herbeigeführt, so hat sie keine Rechtswirkung.

Art. 52 Zwang gegen einen Staat durch Androhung oder Anwendung von Gewalt. Ein Vertrag ist nichtig, wenn sein Abschluß durch Androhung oder Anwendung von Gewalt unter Verletzung der in der Charta der Vereinten Nationen niedergelegten Grundsätze des Völkerrechts herbeigeführt wurde.

Art. 53 Verträge im Widerspruch zu einer zwingenden Norm des allgemeinen Völkerrechts (ius cogens). Ein Vertrag ist nichtig, wenn er im Zeitpunkt seines Abschlusses im Widerspruch zu einer zwingenden Norm des allgemeinen Völkerrechts steht. Im Sinne dieses Übereinkommens ist eine zwingende Norm des allgemeinen Völkerrechts eine Norm, die von der internationalen Staatengemeinschaft in ihrer Gesamtheit angenommen und anerkannt wird als eine Norm, von der nicht abgewichen werden darf und die nur durch eine spätere Norm des allgemeinen Völkerrechts derselben Rechtsnatur geändert werden kann.

Abschnitt 3: Beendigung und Suspendierung von Verträgen

Art. 54 Beendigung eines Vertrags oder Rücktritt vom Vertrag auf Grund seiner Bestimmungen oder durch Einvernehmen zwischen den Vertragsparteien. Die Beendigung eines Vertrags oder der Rücktritt einer Vertragspartei vom Vertrag können erfolgen

a) nach Maßgabe der Vertragsbestimmungen oder

b) jederzeit durch Einvernehmen zwischen allen Vertragsparteien nach Konsultierung der anderen Vertragstaaten.

Art. 55 Abnahme der Zahl der Vertragsparteien eines mehrseitigen Vertrags auf weniger als die für sein Inkrafttreten erforderliche Zahl. Sofern der Vertrag nichts anderes vorsieht, erlischt ein mehrseitiger Vertrag nicht schon deshalb, weil die Zahl der Vertragsparteien unter die für sein Inkrafttreten erforderliche Zahl sinkt.

Art. 56 Kündigung eines Vertrags oder Rücktritt von einem Vertrag, der keine Bestimmung über Beendigung, Kündigung oder Rücktritt enthält. 1. Ein Vertrag, der keine Bestimmung über seine Beendigung enthält und eine Kündigung oder einen Rücktritt nicht vorsieht, unterliegt weder der Kündigung noch dem Rücktritt, sofern

a) nicht feststeht, daß die Vertragsparteien die Möglichkeit einer Kündigung oder eines Rücktritts zuzulassen beabsichtigten, oder

b) ein Kündigungs- oder Rücktrittsrecht sich nicht aus der Natur des Vertrags herleiten läßt.

2. Eine Vertragspartei hat ihre Absicht, nach Absatz 1 einen Vertrag zu kündigen oder von einem Vertrag zurückzutreten, mindestens zwölf Monate im voraus zu notifizieren.

Art. 57 Suspendierung eines Vertrags auf Grund seiner Bestimmungen oder durch Einvernehmen zwischen den Vertragsparteien. Ein Vertrag kann gegenüber allen oder einzelnen Vertragsparteien suspendiert werden

a) nach Maßgabe der Vertragsbestimmungen oder

b) jederzeit durch Einvernehmen zwischen allen Vertragsparteien nach Konsultierung der anderen Vertragsstaaten.

Art. 58 Suspendierung eines mehrseitigen Vertrags auf Grund einer Übereinkunft zwischen einzelnen Vertragsparteien. 1. Zwei oder mehr Vertragsparteien eines mehrseitigen Vertrags können eine Übereinkunft zur zeitweiligen, nur zwischen ihnen wirksamen Suspendierung einzelner Vertragsbestimmungen schließen,

a) wenn eines solche Suspendierungsmöglichkeit im Vertrag vorgesehen ist oder

b) wenn die Suspendierung durch den Vertrag nicht verboten ist, vorausgesetzt,

i) daß sie die anderen Vertragsparteien im Genuß ihrer Rechte auf Grund des Vertrags oder in der Erfüllung ihrer Pflichten nicht beeinträchtigt und

ii) daß sie mit Ziel und Zweck des Vertrags nicht unvereinbar ist.

2. Sofern der Vertrag in einem Fall des Absatzes 1 Buchstabe a nichts anderes vorsieht, haben diese Vertragsparteien den anderen Vertragspartei-

en ihre Absicht, die Übereinkunft zu schließen, sowie diejenigen Vertragsbestimmungen zu notifizieren, die sie suspendieren wollen.

Art. 59 Beendigung oder Suspendierung eines Vertrags durch Abschluß eines späteren Vertrags. 1. Ein Vertrag gilt als beendet, wenn alle Vertragsparteien später einen sich auf denselben Gegenstand beziehenden Vertrag schließen und

a) aus dem späteren Vertrag hervorgeht oder anderweitig feststeht, daß die Vertragsparteien beabsichtigten, den Gegenstand durch den späteren Vertrag zu regeln, oder

b) die Bestimmungen des späteren Vertrags mit denen des früheren Vertrags in solchem Maße unvereinbar sind, daß die beiden Verträge eine gleichzeitige Anwendung nicht zulassen.

2. Der frühere Vertrag gilt als nur suspendiert, wenn eine solche Absicht der Vertragsparteien aus dem späteren Vertrag hervorgeht oder anderweitig feststeht.

Art. 60 Beendigung oder Suspendierung eines Vertrags infolge Vertragsverletzung. 1. Eine erhebliche Verletzung eines zweiseitigen Vertrags durch eine Vertragspartei berechtigt die andere Vertragspartei, die Vertragsverletzung als Grund für die Beendigung des Vertrags oder für seine gänzliche oder teilweise Suspendierung geltend zu machen.

2. Eine erhebliche Verletzung eines mehrseitigen Vertrags durch eine Vertragspartei

a) berechtigt die anderen Vertragsparteien, einvernehmlich den Vertrag ganz oder teilweise zu suspendieren oder ihn zu beenden

i) entweder im Verhältnis zwischen ihnen und dem vertragsbrüchigen Staat

ii) oder zwischen allen Vertragsparteien;

b) berechtigt eine durch die Vertragsverletzung besonders betroffene Vertragspartei, die Verletzung als Grund für die gänzliche oder teilweise Suspendierung des Vertrags im Verhältnis zwischen ihr und dem vertragsbrüchigen Staat geltend zu machen;

c) berechtigt jede Vertragspartei außer dem vertragsbrüchigen Staat, die Vertragsverletzung als Grund für die gänzliche oder teilweise Suspendierung des Vertrags in bezug auf sich selbst geltend zu machen, wenn der Vertrag so beschaffen ist, daß eine erhebliche Verletzung seiner Bestimmungen durch eine Vertragspartei die Lage jeder Vertragspartei hinsichtlich der weiteren Erfüllung ihrer Vertragsverpflichtungen grundlegend ändert.

3. Eine erhebliche Verletzung im Sinne dieses Artikels liegt

a) in einer nach diesem Übereinkommen nicht zulässigen Ablehnung des Vertrags oder

b) in der Verletzung einer für die Erreichung des Vertragsziels oder des Vertragszwecks wesentlichen Bestimmung.

4. Die Absätze 1 bis 3 lassen die Vertragsbestimmungen unberührt, die bei einer Verletzung des Vertrags anwendbar sind.

5. Die Absätze 1 bis 3 finden keine Anwendung auf Bestimmungen über den Schutz der menschlichen Person in Verträgen humanitärer Art, insbesondere auf Bestimmungen zum Verbot von Repressalien jeder Art gegen die durch derartige Verträge geschützten Personen.

Art. 61 Nachträgliche Unmöglichkeit der Erfüllung. 1. Eine Vertragspartei kann die Unmöglichkeit der Vertragserfüllung als Grund für die Beendigung des Vertrags oder den Rücktritt vom Vertrag geltend machen, wenn sich die Unmöglichkeit aus dem endgültigen Verschwinden oder der Vernichtung eines zur Ausführung des Vertrags unerläßlichen Gegenstands ergibt. Eine vorübergehende Unmöglichkeit kann nur als Grund für die Suspendierung des Vertrags geltend gemacht werden.

2. Eine Vertragspartei kann die Unmöglichkeit der Vertragserfüllung nicht als Grund für die Beendigung des Vertrags, den Rücktritt vom Vertrag, oder seine Suspendierung geltend machen, wenn sie die Unmöglichkeit durch die Verletzung einer Vertragsverpflichtung oder einer sonstigen, gegenüber einer anderen Vertragspartei bestehenden internationalen Verpflichtung selbst herbeigeführt hat.

Art. 62 Grundlegende Änderung der Umstände. 1. Eine grundlegende Änderung der beim Vertragsabschluß gegebenen Umstände, die von den Vertragsparteien nicht vorausgesehen wurde, kann nicht als Grund für die Beendigung des Vertrags oder den Rücktritt von ihm geltend gemacht werden, es sei denn:

a) das Vorhandensein jener Umstände bildete eine wesentliche Grundlage für die Zustimmung der Vertragsparteien, durch den Vertrag gebunden zu sein, und

b) die Änderung der Umstände würde das Ausmaß der auf Grund des Vertrags noch zu erfüllenden Verpflichtungen tiefgreifend umgestalten.

2. Eine grundlegende Änderung der Umstände kann nicht als Grund für die Beendigung des Vertrags oder den Rücktritt von ihm geltend gemacht werden,

a) wenn der Vertrag eine Grenze festlegt oder

b) wenn die Vertragspartei, welche die grundlegende Änderung der Umstände geltend macht, diese durch Verletzung einer Vertragsverpflichtung oder einer sonstigen, gegenüber einer anderen Vertragspartei bestehenden internationalen Verpflichtung selbst herbeigeführt hat.

3. Kann eine Vertragspartei nach Absatz 1 oder 2 eine grundlegende Änderung der Umstände als Grund für die Beendigung des Vertrags oder

den Rücktritt von ihm geltend machen, so kann sie die Änderung auch als Grund für die Suspendierung des Vertrags geltend machen.

Art. 63 Abbruch der diplomatischen oder konsularischen Beziehungen. Der Abbruch der diplomatischen oder konsularischen Beziehungen zwischen Parteien eines Vertrags läßt die zwischen ihnen durch den Vertrag begründeten Rechtsbeziehungen unberührt, es sei denn, das Bestehen diplomatischer oder konsularischer Beziehungen ist für die Anwendung des Vertrags unerläßlich.

Art. 64 Entstehung einer neuen zwingenden Norm des allgemeinen Völkerrechts (ius cogens). Entsteht eine neue zwingende Norm des allgemeinen Völkerrechts, so wird jeder zu dieser Norm im Widerspruch stehende Vertrag nichtig und erlischt.

Abschnitt 4: Verfahren

Art. 65 Verfahren bei Ungültigkeit oder Beendigung eines Vertrags, beim Rücktritt von einem Vertrag oder bei Suspendierung eines Vertrags. 1. Macht eine Vertragspartei auf Grund dieses Übereinkommens entweder einen Mangel in ihrer Zustimmung, durch einen Vertrag gebunden zu sein, oder einen Grund zur Anfechtung der Gültigkeit eines Vertrags, zu seiner Beendigung, zum Rücktritt vom Vertrag oder zu seiner Suspendierung geltend, so hat sie den anderen Vertragsparteien ihren Anspruch zu notifizieren. In der Notifikation sind die in bezug auf den Vertrag beabsichtigte Maßnahme und die Gründe dafür anzugeben.

2. Erhebt innerhalb einer Frist, die – außer in besonders dringenden Fällen – nicht weniger als drei Monate nach Empfang der Notifikation beträgt, keine Vertragspartei Einspruch, so kann die notifizierende Vertragspartei in der in Artikel 67 vorgesehenen Form die angekündigte Maßnahme durchführen.

3. Hat jedoch eine andere Vertragspartei Einspruch erhoben, so bemühen sich die Vertragsparteien um eine Lösung durch die in Artikel 33 der Charta der Vereinten Nationen genannten Mittel.

4. Die Absätze 1 bis 3 berühren nicht die Rechte oder Pflichten der Vertragsparteien auf Grund in Kraft befindlicher und für die Vertragsparteien verbindlicher Bestimmungen über die Beilegung von Streitigkeiten.

5. Unbeschadet des Artikels 45 hindert der Umstand, daß ein Staat die nach Absatz 1 vorgeschriebene Notifikation noch nicht abgegeben hat, diesen nicht daran, eine solche Notifikation als Antwort gegenüber einer anderen Vertragspartei abzugeben, die Vertragserfüllung fordert oder eine Vertragsverletzung behauptet.

Art. 66 Verfahren zur gerichtlichen oder schiedsgerichtlichen Beilegung oder zum Vergleich. Ist innerhalb von zwölf Monaten nach Erhebung eines Einspruchs keine Lösung nach Artikel 65 Absatz 3 erzielt worden, so sind folgende Verfahren anzuwenden:

a) Jede Partei einer Streitigkeit über die Anwendung oder Auslegung des Artikels 53 oder 64 kann die Streitigkeit durch eine Klageschrift dem Internationalen Gerichtshof zur Entscheidung unterbreiten, sofern die Parteien nicht vereinbaren, die Streitigkeit einem Schiedsverfahren zu unterwerfen;

b) jede Partei einer Streitigkeit über die Anwendung oder Auslegung eines sonstigen Artikels des Teiles V dieses Übereinkommens kann das im Anhang zu dem Übereinkommen bezeichnete Verfahren durch einen diesbezüglichen Antrag an den Generalsekretär der Vereinten Nationen einleiten.

Art. 67 Urkunden zur Ungültigerklärung oder Beendigung eines Vertrags, zum Rücktritt von einem Vertrag oder zur Suspendierung eines Vertrags. 1. Die Notifikation nach Artikel 65 Absatz 1 bedarf der Schriftform.

2. Eine Handlung, durch die ein Vertrag auf Grund seiner Bestimmungen oder nach Artikel 65 Absatz 2 oder 3 dieses Übereinkommens für ungültig erklärt oder beendet wird, durch die der Rücktritt vom Vertrag erklärt oder dieser suspendiert wird, ist durch eine den anderen Vertragsparteien zu übermittelnde Urkunde vorzunehmen. Ist die Urkunde nicht vom Staatsoberhaupt, Regierungschef oder Außenminister unterzeichnet, so kann der Vertreter des die Urkunde übermittelnden Staates aufgefordert werden, seine Vollmacht vorzulegen.

Art. 68 Rücknahme von Notifikationen und Urkunden nach den Artikeln 65 und 67. Eine Notifikation oder eine Urkunde nach den Artikeln 65 und 67 kann jederzeit zurückgenommen werden, bevor sie wirksam wird.

Abschnitt 5: Folgen der Ungültigkeit, der Beendigung oder der Suspendierung eines Vertrags

Art. 69 Folgen der Ungültigkeit eines Vertrags. 1. Ein Vertrag, dessen Ungültigkeit auf Grund dieses Übereinkommens festgestellt wird, ist nichtig. Die Bestimmungen eines nichtigen Vertrags haben keine rechtliche Gültigkeit.

2. *Sind jedoch*, gestützt auf einen solchen Vertrag, Handlungen vorgenommen worden,

a) so kann jede Vertragspartei von jeder anderen Vertragspartei verlangen, daß diese in ihren gegenseitigen Beziehungen soweit wie möglich die Lage wiederherstellt, die bestanden hätte, wenn die Handlungen nicht vorgenommen worden wären;

b) so werden Handlungen, die vor Geltendmachung der Ungültigkeit in gutem Glauben vorgenommen wurden, nicht schon durch die Ungültigkeit des Vertrags rechtswidrig.

3. In den Fällen des Artikels 49, 50, 51 oder 52 findet Absatz 2 keine Anwendung in bezug auf die Vertragspartei, welcher der Betrug, die Bestechung oder der Zwang zuzurechnen ist.

4. Ist die Zustimmung eines bestimmten Staates, durch einen mehrseitigen Vertrag gebunden zu sein, mit einem Mangel behaftet, so finden die Absätze 1 bis 3 im Verhältnis zwischen diesem Staat und den Vertragsparteien Anwendung.

Art. 70 Folgen der Beendigung eines Vertrags. 1. Sofern der Vertrag nichts anderes vorsieht oder die Vertragsparteien nichts anderes vereinbaren, hat die nach den Bestimmungen des Vertrags oder nach diesem Übereinkommen eingetretene Beendigung des Vertrags folgende Wirkungen:

a) Sie befreit die Vertragsparteien von der Verpflichtung, den Vertrag weiterhin zu erfüllen;

b) sie berührt nicht die vor Beendigung des Vertrags durch dessen Durchführung begründeten Rechte und Pflichten der Vertragsparteien und ihre dadurch geschaffene Rechtslage.

2. Kündigt ein Staat einen mehrseitigen Vertrag oder tritt er von ihm zurück, so gilt Absatz 1 in den Beziehungen zwischen diesem Staat und jeder anderen Vertragspartei vom Zeitpunkt des Wirksamwerdens der Kündigung oder des Rücktritts an.

Art. 71 Folgen der Ungültigkeit eines Vertrags, der im Widerspruch zu einer zwingenden Norm des allgemeinen Völkerrechts steht. 1. Im Fall eines nach Artikel 53 nichtigen Vertrags haben die Vertragsparteien

a) soweit wie möglich die Folgen von Handlungen zu beseitigen, die, gestützt auf eine zu der zwingenden Norm des allgemeinen Völkerrechts im Widerspruch stehenden Bestimmung, vorgenommen wurden, und

b) ihre gegenseitigen Beziehungen mit der zwingenden Norm des allgemeinen Völkerrechts in Einklang zu bringen.

2. Im Fall eines Vertrags, der nach Artikel 64 nichtig wird und erlischt, hat die Beendigung folgende Wirkungen:

a) Sie befreit die Vertragsparteien von der Verpflichtung, den Vertrag weiterhin zu erfüllen;

b) sie berührt nicht die vor Beendigung des Vertrags begründeten Rechte und Pflichten der Vertragsparteien und ihre dadurch geschaffene Rechtslage; solche Rechte, Pflichten und Rechtslagen dürfen danach jedoch nur insoweit aufrechterhalten werden, als ihre Aufrechterhaltung als solche nicht im Widerspruch zu der neuen zwingenden Norm des allgemeinen Völkerrechts steht.

Art. 72 Folgen der Suspendierung eines Vertrags. 1. Sofern der Vertrag nichts anderes vorsieht oder die Vertragsparteien nichts anderes vereinbaren, hat die nach den Bestimmungen des Vertrags oder nach diesem Übereinkommen erfolgte Suspendierung des Vertrags folgende Wirkungen:

a) Sie befreit die Vertragsparteien, zwischen denen der Vertrag suspendiert ist, in ihren gegenseitigen Beziehungen während der Suspendierung von der Verpflichtung, den Vertrag zu erfüllen;

b) sie berührt anderweitig die durch den Vertrag zwischen den Vertragsparteien begründeten Rechtsbeziehungen nicht.

2. Während der Suspendierung haben sich die Vertragsparteien aller Handlungen zu enthalten, die der Wiederanwendung des Vertrags entgegenstehen könnten.

Teil VI. Verschiedene Bestimmungen

Art. 73 Fälle der Staatennachfolge, der Verantwortlichkeit der Staaten und des Ausbruchs von Feindseligkeiten. Dieses Übereinkommen läßt Fragen unberührt, die sich hinsichtlich eines Vertrags aus der Nachfolge von Staaten, aus der völkerrechtlichen Verantwortlichkeit eines Staates oder aus dem Ausbruch von Feindseligkeiten zwischen Staaten ergeben können.

Art. 74 Diplomatische und konsularische Beziehungen und der Abschluß von Verträgen. Der Abbruch oder das Fehlen diplomatischer oder konsularischer Beziehungen zwischen zwei oder mehr Staaten steht dem Abschluß von Verträgen zwischen diesen Staaten nicht entgegen. Der Abschluß eines Vertrags ist als solcher ohne Wirkung in bezug auf diplomatische oder konsularische Beziehungen.

Art. 75 Fall eines Angreiferstaates. Dieses Übereinkommen berührt keine mit einem Vertrag zusammenhängenden Verpflichtungen, welche sich für einen Angreiferstaat infolge von Maßnahmen ergeben können, die auf den Angriff des betreffenden Staates hin im Einklang mit der Charta der Vereinten Nationen getroffen wurden.

Teil VII. Verwahrer, Notifikationen, Berichtigungen und Registrierung

Art. 76 Verwahrer von Verträgen. 1. Der Verwahrer eines Vertrags kann von den Verhandlungsstaaten im Vertrag selbst oder in sonstiger Weise bestimmt werden. Einzelne oder mehrere Staaten, eine internationale Organisation oder der leitende Verwaltungsbeamte einer internationalen Organisation können Verwahrer sein.

2. Die Aufgaben des Verwahrers haben internationalen Charakter; der Verwahrer ist verpflichtet, diese Aufgaben unparteiisch wahrzunehmen. Insbesondere wird diese Verpflichtung nicht davon berührt, daß ein Vertrag zwischen einzelnen Vertragsparteien nicht in Kraft getreten ist oder daß zwischen einem Staat und einem Verwahrer über die Erfüllung von dessen Aufgaben Meinungsverschiedenheiten aufgetreten sind.

Art. 77 Aufgaben des Verwahrers. 1. Sofern der Vertrag nichts anderes vorsieht oder die Vertragsstaaten nichts anderes vereinbaren, hat ein Verwahrer insbesondere folgende Aufgaben:

a) die Urschrift des Vertrags und der dem Verwahrer übergebenen Vollmachten zu verwahren;

b) beglaubigte Abschriften der Urschrift sowie weitere Texte des Vertrags in den nach dem Vertrag erforderlichen zusätzlichen Sprachen zu erstellen und sie den Vertragsparteien und den Staaten zu übermitteln, die berechtigt sind, Vertragsparteien zu werden;

c) Unterzeichnungen des Vertrags entgegenzunehmen sowie alle sich auf den Vertrag beziehenden Urkunden, Notifikationen und Mitteilungen entgegenzunehmen und zu verwahren;

d) zu prüfen, ob die Unterzeichnung und jede sich auf den Vertrag beziehende Urkunde, Notifikation oder Mitteilung in guter und gehöriger Form sind, und, falls erforderlich, den betreffenden Staat darauf aufmerksam zu machen;

e) die Vertragsparteien sowie die Staaten, die berechtigt sind, Vertragsparteien zu werden, von Handlungen, Notifikationen und Mitteilungen zu unterrichten, die sich auf den Vertrag beziehen;

f) die Staaten, die berechtigt sind, Vertragsparteien zu werden, von dem Zeitpunkt zu unterrichten, zu dem die für das Inkrafttreten des Vertrags erforderliche Anzahl von Unterzeichnungen oder von Ratifikations-, Annahme-, Genehmigungs- oder Beitrittsurkunden vorliegt oder hinterlegt wurde;

g) den Vertrag beim Sekretariat der Vereinten Nationen registrieren zu lassen;

h) die in anderen Bestimmungen dieses Übereinkommens bezeichneten Aufgaben zu erfüllen.

2. Treten zwischen einem Staat und dem Verwahrer über die Erfüllung von dessen Aufgaben Meinungsverschiedenheiten auf, so macht dieser die Unterzeichnerstaaten und die Vertragsstaaten oder, wenn angebracht, das zuständige Organ der internationalen Organisation darauf aufmerksam.

Art. 78 Notifikationen und Mitteilungen. Sofern der Vertrag oder dieses Übereinkommen nichts anderes vorsieht, gilt für Notifikationen und Mitteilungen, die ein Staat auf Grund dieses Übereinkommens abzugeben hat, folgendes:

a) Ist kein Verwahrer vorhanden, so sind sie unmittelbar den Staaten zu übersenden, für die sie bestimmt sind; ist ein Verwahrer vorhanden, so sind sie diesem zu übersenden;

b) sie gelten erst dann als von dem betreffenden Staat abgegeben, wenn sie – je nach Lage des Falles – der Staat, dem sie übermittelt werden, oder der Verwahrer empfangen hat;

c) werden sie einem Verwahrer übermittelt, so gelten sie erst in dem Zeitpunkt als von dem Staat, für den sie bestimmt sind, empfangen, zu dem dieser nach Artikel 77 Absatz 1 Buchstabe e von dem Verwahrer unterrichtet wurde.

Art. 79 Berichtigung von Fehlern im Text oder in den beglaubigten Abschriften von Verträgen. 1. Kommen die Unterzeichnerstaaten und die Vertragsstaaten nach Festlegung des authentischen Textes eines Vertrags übereinstimmend zu der Ansicht, daß er einen Fehler enthält, so wird dieser, sofern die genannten Staaten nicht ein anderes Verfahren zur Berichtigung beschließen, wie folgt berichtigt:

a) Der Text wird entsprechend berichtigt und die Berichtigung von gehörig ermächtigten Vertretern paraphiert;

b) über die vereinbarte Berichtigung wird eine Urkunde errichtet oder werden mehrere Urkunden ausgetauscht oder

c) ein berichtigter Text des gesamten Vertrags wird nach demselben Verfahren hergestellt wie der ursprüngliche Text.

2. Ist für einen Vertrag ein Verwahrer vorhanden, so notifiziert dieser den Unterzeichnerstaaten und den Vertragsstaaten den Fehler und den Berichtigungsvorschlag und setzt eine angemessene Frist, innerhalb welcher Einspruch gegen die vorgeschlagene Berichtigung erhoben werden kann. Ist nach Ablauf dieser Frist

a) kein Einspruch erhoben worden, so nimmt der Verwahrer die Berichtigung am Text vor und paraphiert sie; ferner fertigt er eine Niederschrift über die Berichtigung an und übermittelt von dieser je eine *Abschrift den Vertrags*parteien und den Staaten, die berechtigt sind, Vertragsparteien zu werden;

b) Einspruch erhoben worden, so teilt der Verwahrer den Unterzeichnerstaaten und den Vertragsstaaten den Einspruch mit.

3. Die Absätze 1 und 2 finden auch Anwendung, wenn der Text in zwei oder mehr Sprachen als authentisch festgelegt wurde und sich ein Mangel an Übereinstimmung herausstellt, der nach einhelliger Auffassung der Unterzeichnerstaaten und der Vertragsstaaten behoben werden soll.

4. Der berichtigte Text tritt *ab initio* an die Stelle des mangelhaften Textes, sofern die Unterzeichnerstaaten und die Vertragsstaaten nichts anderes beschließen.

5. Die Berichtigung des Textes eines registrierten Vertrags ist dem Sekretariat der Vereinten Nationen zu notifizieren.

6. Wird in einer beglaubigten Abschrift eines Vertrags ein Fehler festgestellt, so fertigt der Verwahrer eine Niederschrift über die Berichtigung an und übermittelt den Unterzeichnerstaaten und den Vertragsstaaten von dieser je eine Abschrift.

Art. 80 Registrierung und Veröffentlichung von Verträgen. 1. Verträge werden nach ihrem Inkrafttreten dem Sekretariat der Vereinten Nationen zur Registrierung beziehungsweise Aufnahme in die Akten (filing and recording) und zur Veröffentlichung übermittelt.

2. Ist ein Verwahrer bestimmt, so gilt er als befugt, die in Absatz 1 genannten Handlungen vorzunehmen.

Teil VIII. Schlußbestimmungen

Art. 81 Unterzeichnung. Dieses Übereinkommen liegt für alle Mitgliedstaaten der Vereinten Nationen, einer ihrer Spezialorganisationen oder der Internationalen Atomenergie-Organisation, für Vertragsparteien des Statuts des Internationalen Gerichtshofs und für jeden anderen Staat, den die Generalversammlung der Vereinten Nationen einlädt, Vertragspartei des Übereinkommens zu werden, wie folgt zur Unterzeichnung auf: bis zum 30. November 1969 im Bundesministerium für Auswärtige Angelegenheiten der Republik Österreich und danach bis zum 30. April 1970 am Sitz der Vereinten Nationen in New York.

Art. 82 Ratifikation. Dieses Übereinkommen bedarf der Ratifikation. Die Ratifikationsurkunden werden beim Generalsekretär der Vereinten Nationen hinterlegt.

Art. 83 Beitritt. Dieses Übereinkommen steht jedem Staat zum Beitritt offen, der einer der in Artikel 81 bezeichneten Kategorien angehört. Die Beitrittsurkunden werden beim Generalsekretär der Vereinten Nationen hinterlegt.

Art. 84 Inkrafttreten. 1. Dieses Übereinkommen tritt am dreißigsten Tag nach Hinterlegung der fünfunddreißigsten Ratifikations- oder Beitrittsurkunde in Kraft.

2. Für jeden Staat, der nach Hinterlegung der fünfunddreißigsten Ratifikations- oder Beitrittsurkunde das Übereinkommen ratifiziert oder ihm beitritt, tritt es am dreißigsten Tag nach Hinterlegung seiner eigenen Ratifikations- oder Beitrittsurkunde in Kraft.

Art. 85 Authentische Texte. Die Urschrift dieses Übereinkommens, dessen chinesischer, englischer, französischer, russischer und spanischer Wortlaut gleichermaßen authentisch ist, wird beim Generalsekretär der Vereinten Nationen hinterlegt.

ZU URKUND DESSEN haben die unterzeichneten, von ihren Regierungen hierzu gehörig befugten Bevollmächtigten dieses Übereinkommen unterschrieben.

GESCHEHEN ZU WIEN am 23. Mai 1969.

Anhang

1. Der Generalsekretär der Vereinten Nationen erstellt und führt ein Verzeichnis qualifizierter Juristen als Vermittler. Zu diesem Zweck wird jeder Staat, der Mitglied der Vereinten Nationen oder Vertragspartei dieses Übereinkommens ist, ersucht, zwei Vermittler zu ernennen; die Namen der so Ernannten bilden das Verzeichnis. Die Vermittler, einschließlich der zur zeitweiligen Stellvertretung berufenen, werden für fünf Jahre ernannt; die Ernennung kann erneuert werden. Nach Ablauf der Zeit, für welche die Vermittler ernannt worden sind, nehmen diese weiterhin die Aufgaben wahr, für die sie nach Absatz 2 ausgewählt wurden.

2. Ist nach Artikel 66 ein Antrag beim Generalsekretär gestellt worden, so legt dieser die Streitigkeit einer Vergleichskommission vor, die sich wie folgt zusammensetzt:

Der Staat oder die Staaten, die eine der Streitparteien bilden, bestellen

a) einen Vermittler mit der Staatsangehörigkeit dieses Staates oder eines dieser Staaten, der aus dem in Absatz 1 genannten Verzeichnis ausgewählt werden kann, sowie

b) einen Vermittler, der nicht die Staatsangehörigkeit dieses Staates oder eines dieser Staaten besitzt und der aus dem Verzeichnis auszuwählen ist.

Der Staat oder die Staaten, welche die andere Streitpartei bilden, bestellen in derselben Weise zwei Vermittler. Die von den Parteien ausgewählten vier Vermittler sind innerhalb von sechzig Tagen zu bestellen, nachdem der Antrag beim Generalsekretär eingegangen ist.

Die vier Vermittler bestellen innerhalb von sechzig Tagen, nachdem der letzte von ihnen bestellt wurde, einen fünften Vermittler zum Vorsitzenden, der aus dem Verzeichnis auszuwählen ist.

Wird der Vorsitzende oder ein anderer Vermittler nicht innerhalb der oben hierfür vorgeschriebenen Frist bestellt, so wird er innerhalb von sechzig Tagen nach Ablauf der genannten Frist vom Generalsekretär bestellt. Der Generalsekretär kann eine der im Verzeichnis eingetragenen Personen oder ein Mitglied der Völkerrechtskommission zum Vorsitzenden ernennen. Sämtliche Fristen, innerhalb derer die Bestellungen vorzunehmen sind, können durch Vereinbarung zwischen den Streitparteien verlängert werden.

Wird die Stelle eines Vermittlers frei, so ist sie nach dem für die ursprüngliche Bestellung vorgeschriebenen Verfahren zu besetzen.

3. Die Vergleichskommission beschließt ihr Verfahren. Mit Zustimmung der Streitparteien kann die Kommission jede Vertragspartei einladen, ihr ihre Ansichten schriftlich oder mündlich darzulegen. Entscheidungen und Empfehlungen der Kommission bedürfen der Mehrheit der fünf Mitglieder.

4. Die Kommission kann den Streitparteien Maßnahmen aufzeigen, die eine gütliche Beilegung erleichtern könnten.

5. Die Kommission hört die Parteien, prüft die Ansprüche und Einwendungen und macht den Parteien Vorschläge mit dem Ziel einer gütlichen Beilegung der Streitigkeit.

6. Die Kommission erstattet innerhalb von zwölf Monaten nach ihrer Einsetzung Bericht. Der Bericht wird an den Generalsekretär gerichtet und den Streitparteien übermittelt. Der Bericht der Kommission, einschließlich der darin niedergelegten Schlußfolgerungen über Tatsachen oder in Rechtsfragen, bindet die Parteien nicht und hat nur den Charakter von Empfehlungen, die den Parteien zur Prüfung vorgelegt werden, um eine gütliche Beilegung der Streitigkeit zu erleichtern.

7. Der Generalsekretär gewährt der Kommission jede Unterstützung und stellt ihr alle Einrichtungen zur Verfügung, deren sie bedarf. Die Kosten der Kommission werden von den Vereinten Nationen getragen.

letzte von ihnen bestellt wurde, einen fünften Vermittler zum Vorsitzenden, der aus dem Verzeichnis auszuwählen ist.

Wird der Vorsitzende oder ein anderer Vermittler nicht innerhalb der oben hierfür vorgeschriebenen Frist bestellt, so wird er innerhalb von sechzig Tagen nach Ablauf der genannten Frist vom Generalsekretär bestellt. Der Generalsekretär kann eine der im Verzeichnis eingetragenen Personen oder ein Mitglied der Völkerrechtskommission zum Vorsitzenden ernennen. Sämtliche Fristen, innerhalb deren die Bestellungen vorzunehmen sind, können durch Vereinbarung zwischen den Streitparteien verlängert werden.

Wird die Stelle eines Vermittlers frei, so ist sie nach dem für die ursprüngliche Bestellung vorgeschriebenen Verfahren zu besetzen.

3. Die Vergleichskommission beschließt ihr Verfahren. Mit Zustimmung der Streitparteien kann die Kommission jede Vertragspartei einladen, ihr ihre Ansichten schriftlich oder mündlich darzulegen. Entscheidungen und Empfehlungen der Kommission bedürfen der Mehrheit der fünf Mitglieder.

4. Die Kommission kann den Streitparteien Maßnahmen aufzeigen, die eine gütliche Beilegung erleichtern könnten.

5. Die Kommission hört die Parteien, prüft die Ansprüche und Einwendungen und macht den Parteien Vorschläge mit dem Ziel einer gütlichen Beilegung der Streitigkeit.

6. Die Kommission erstattet innerhalb von zwölf Monaten nach ihrer Einsetzung Bericht. Der Bericht wird an den Generalsekretär gerichtet und den Streitparteien übermittelt. Der Bericht der Kommission, einschließlich der darin niedergelegten Schlußfolgerungen über Tatsachen oder Rechtsfragen, bindet die Parteien nicht und hat nur den Charakter von Empfehlungen, die den Parteien zur Prüfung vorgelegt werden, um eine gütliche Beilegung der Streitigkeit zu erleichtern.

7. Der Generalsekretär gewährt der Kommission jede Unterstützung und stellt ihr alle Einrichtungen zur Verfügung, deren sie bedarf. Die Kosten der Kommission werden von den Vereinten Nationen getragen.

325. Wiener Übereinkommen über diplomatische Beziehungen[1)·2)·3)]

Vom 18. April 1961
(BGBl. 1964 II S. 959)

(Übersetzung)

DIE VERTRAGSSTAATEN DIESES ÜBEREINKOMMENS –

EINGEDENK DESSEN, daß die Völker aller Staaten von alters her die besondere Stellung des Diplomaten anerkannt haben,

IN ANBETRACHT der in der Charta der Vereinten Nationen verkündeten Ziele und Grundsätze in bezug auf die souveräne Gleichheit der Staaten, die Wahrung des Weltfriedens und der internationalen Sicherheit und auf die Förderung freundschaftlicher Beziehungen zwischen den Nationen,

ÜBERZEUGT, daß ein internationales Übereinkommen über den diplomatischen Verkehr, diplomatische Vorrechte und Immunitäten geeignet ist, ungeachtet der unterschiedlichen Verfassungs- und Sozialordnungen der Nationen zur Entwicklung freundschaftlicher Beziehungen zwischen ihnen beizutragen,

IN DER ERKENNTNIS, daß diese Vorrechte und Immunitäten nicht dem Zweck dienen, einzelne zu bevorzugen, sondern zum Ziel haben, den diplomatischen Missionen als Vertretungen von Staaten die wirksame Wahrnehmung ihrer Aufgaben zu gewährleisten,

UNTER BEKRÄFTIGUNG des Grundsatzes, daß die Regeln des Völkergewohnheitsrechts auch weiterhin für alle Fragen gelten sollen, die nicht ausdrücklich in diesem Übereinkommen geregelt sind –

HABEN FOLGENDES VEREINBART:

Art. 1 [Begriffsbestimmungen] Im Sinne dieses Übereinkommens haben die nachstehenden Ausdrücke folgende Bedeutung:

a) der Ausdruck „Missionschef" bezeichnet die Person, die vom Entsendestaat beauftragt ist, in dieser Eigenschaft tätig zu sein;

b) der Ausdruck „Mitglieder der Mission" bezeichnet den Missionschef und die Mitglieder des Personals der Mission;

c) der Ausdruck „Mitglieder des Personals der Mission" bezeichnet die Mitglieder des diplomatischen Personals, des Verwaltungs- und technischen Personals und des dienstlichen Hauspersonals der Mission;

---

1) In Kraft getreten am 24. 4. 1964, jedoch für die Bundesrepublik am 11. 12. 1964 gemäß Bek. v. 13. 2. 1965 (BGBl. II S. 147).

2) Internationale Quelle: UNTS Bd. 500 S. 95.

3) Stand der Vertragsparteien s. BGBl. Fundstellennachweis B, abgeschlossen am 31. Dezember jedes Jahres.

d) der Ausdruck „Mitglieder des diplomatischen Personals“ bezeichnet die in diplomatischem Rang stehenden Mitglieder des Personals der Mission;

e) der Ausdruck „Diplomat“ bezeichnet den Missionschef und die Mitglieder des diplomatischen Personals der Mission;

f) der Ausdruck „Mitglieder des Verwaltungs- und technischen Personals“ bezeichnet die im Verwaltungs- und technischen Dienst der Mission beschäftigten Mitglieder ihres Personals;

g) der Ausdruck „Mitglieder des dienstlichen Hauspersonals“ bezeichnet die als Hausbedienstete bei der Mission beschäftigten Mitglieder ihres Personals;

h) der Ausdruck „privater Hausangestellter“ bezeichnet eine im häuslichen Dienst eines Mitglieds der Mission beschäftigte Person, die nicht Bediensteter des Entsendestaats ist;

i) der Ausdruck „Räumlichkeiten der Mission“ bezeichnet ungeachtet der Eigentumsverhältnisse die Gebäude oder Gebäudeteile und das dazugehörige Gelände, die für die Zwecke der Mission verwendet werden, einschließlich der Residenz des Missionschefs.

Art. 2 [Aufnahme diplomatischer Beziehungen] Die Aufnahme diplomatischer Beziehungen zwischen Staaten und die Errichtung ständiger diplomatischer Missionen erfolgen in gegenseitigem Einvernehmen.

Art. 3 [Aufgaben der diplomatischen Mission] (1) Aufgabe einer diplomatischen Mission ist es unter anderem,

a) den Entsendestaat im Empfangsstaat zu vertreten,

b) die Interessen des Entsendestaats und seiner Angehörigen im Empfangsstaat innerhalb der völkerrechtlich zulässigen Grenzen zu schützen,

c) mit der Regierung des Empfangsstaats zu verhandeln,

d) sich mit allen rechtmäßigen Mitteln über Verhältnisse und Entwicklungen im Empfangsstaat zu unterrichten und darüber an die Regierung des Entsendestaats zu berichten,

e) freundschaftliche Beziehungen zwischen Entsendestaat und Empfangsstaat zu fördern und ihre wirtschaftlichen, kulturellen und wissenschaftlichen Beziehungen auszubauen.

(2) Dieses Übereinkommen ist nicht so auszulegen, als schließe es die Wahrnehmung konsularischer Aufgaben durch eine diplomatische Mission aus.

Art. 4 [Agrément] (1) Der Entsendestaat hat sich zu vergewissern, daß die Person, die er als Missionschef bei dem Empfangsstaat zu beglaubigen beabsichtigt, dessen Agrément erhalten hat.

(2) Der Empfangsstaat ist nicht verpflichtet, dem Entsendestaat die Gründe für eine Verweigerung des Agréments mitzuteilen.

Art. 5 [Beglaubigung für mehrere Staaten] (1) Der Entsendestaat kann nach einer Notifikation an die beteiligten Empfangsstaaten die Beglaubigung eines Missionschefs oder gegebenenfalls die Bestellung eines Mitglieds des diplomatischen Personals für mehrere Staaten vornehmen, es sei denn, daß einer der Empfangsstaaten ausdrücklich Einspruch erhebt.

(2) Beglaubigt der Entsendestaat einen Missionschef bei einem oder mehreren weiteren Staaten, so kann er in jedem Staat, in dem der Missionschef nicht seinen ständigen Sitz hat, eine diplomatische Mission unter der Leitung eines Geschäftsträgers *ad interim* errichten.

(3) Ein Missionschef oder ein Mitglied des diplomatischen Personals der Mission kann den Entsendestaat bei jeder internationalen Organisation vertreten.

Art. 6 [Missionschef mehrerer Staaten] Mehrere Staaten können dieselbe Person bei einem anderen Staat als Missionschef beglaubigen, es sei denn, daß der Empfangsstaat Einspruch erhebt.

Art. 7 [Freies Ermessen des Entsendestaats] Vorbehaltlich der Artikel 5, 8, 9 und 11 kann der Entsendestaat die Mitglieder des Personals seiner Mission nach freiem Ermessen ernennen. Bei Militär-, Marine- und Luftwaffenattachés kann der Empfangsstaat verlangen, daß ihm ihre Namen vorher zwecks Zustimmung mitgeteilt werden.

Art. 8 [Staatsangehörigkeit des diplomatischen Personals] (1) Die Mitglieder des diplomatischen Personals der Mission sollen grundsätzlich Angehörige des Entsendestaats sein.[1)]

(2) Angehörige des Empfangsstaats dürfen nur mit dessen Zustimmung zu Mitgliedern des diplomatischen Personals der Mission ernannt werden; die Zustimmung kann jederzeit widerrufen werden.

(3) Der Empfangsstaat kann sich das gleiche Recht in bezug auf Angehörige eines dritten Staates vorbehalten, die nicht gleichzeitig Angehörige des Entsendestaats sind.

Art. 9 [Persona non grata] (1) Der Empfangsstaat kann dem Entsendestaat *jederzeit ohne* Angabe von Gründen notifizieren, daß der Missionschef oder ein Mitglied des diplomatischen Personals der Mission *persona non grata* oder daß ein anderes Mitglied des Personals der Mission ihm nicht genehm ist. In diesen Fällen hat der Entsendestaat

---

[1)] S. auch Art. II des Fakultativ-Protokolls über den Erwerb der Staatsangehörigkeit (BGBl. 1964 II S. 1007): „Mitglieder der Mission, die nicht Angehörige des Empfangsstaats sind, sowie die zu ihrem Haushalt gehörenden Familienmitglieder erwerben nicht lediglich kraft der Rechtsvorschriften des Empfangsstaats dessen Staatsangehörigkeit."

die betreffende Person entweder abzuberufen oder ihre Tätigkeit bei der Mission zu beenden. Eine Person kann als *non grata* oder nicht genehm erklärt werden, bevor sie im Hoheitsgebiet des Empfangsstaats eintrifft.

(2) Weigert sich der Entsendestaat oder unterläßt er es innerhalb einer angemessenen Frist, seinen Verpflichtungen auf Grund des Absatzes 1 nachzukommen, so kann der Empfangsstaat es ablehnen, die betreffende Person als Mitglied der Mission anzuerkennen.

Art. 10 [Notifizierung; Inhalt] (1) Dem Ministerium für Auswärtige Angelegenheiten oder einem anderen in gegenseitigem Einvernehmen bestimmten Ministerium des Empfangsstaats ist folgendes zu notifizieren:

a) die Ernennung von Mitgliedern der Mission, ihre Ankunft und ihre endgültige Abreise oder die Beendigung ihrer dienstlichen Tätigkeit bei der Mission;

b) die Ankunft und die endgültige Abreise eines Familienangehörigen eines Mitglieds der Mission und gegebenenfalls die Tatsache, daß eine Person Familienangehöriger eines Mitglieds der Mission wird oder diese Eigenschaft verliert;

c) die Ankunft und die endgültige Abreise von privaten Hausangestellten, die bei den unter Buchstabe a bezeichneten Personen beschäftigt sind

d) die Anstellung und die Entlassung von im Empfangsstaat ansässigen Personen als Mitglied der Mission oder als private Hausangestellte mit Anspruch auf Vorrechte und Immunitäten.

(2) Die Ankunft und die endgültige Abreise sind nach Möglichkeit im voraus zu notifizieren.

Art. 11 [Umfang des diplomatischen Personalbestands] (1) Ist keine ausdrückliche Vereinbarung über den Personalbestand der Mission getroffen worden, so kann der Empfangsstaat verlangen, daß dieser Bestand in den Grenzen gehalten wird, die er in Anbetracht der bei ihm vorliegenden Umstände und Verhältnisse sowie der Bedürfnisse der betreffenden Mission für angemessen und normal hält.

(2) Der Empfangsstaat kann ferner innerhalb der gleichen Grenzen, aber ohne Diskriminierung, die Zulassung von Bediensteten einer bestimmten Kategorie ablehnen.

Art. 12 [Weitere Büros der diplomatischen Mission]. Der Entsendestaat darf ohne vorherige ausdrückliche Zustimmung des Empfangsstaats keine zur Mission gehörenden Büros an anderen Orten als denjenigen einrichten, in denen die Mission selbst ihren Sitz hat.

Art. 13 [Amtsantritt des Missionschefs]. (1) Als Zeitpunkt des Amtsantritts des Missionschefs im Empfangsstaat gilt der Tag, an welchem er nach der im Empfangsstaat geübten und einheitlich anzuwendenden Praxis entweder sein Beglaubigungsschreiben überreicht hat oder aber dem Ministerium für Auswärtige Angelegenheiten oder einem anderen in gegenseitigem Einvernehmen bestimmten Ministerium des Empfangsstaats seine Ankunft notifiziert hat und diesem eine formgetreue Abschrift seines Beglaubigungsschreibens überreicht worden ist.

(2) Die Reihenfolge der Überreichung von Beglaubigungsschreiben oder von deren formgetreuen Abschriften richtet sich nach Tag und Zeit der Ankunft des Missionschefs.

Art. 14 [Klassen der Diplomaten]. (1) Die Missionschefs sind in folgende drei Klassen eingeteilt:

a) die Klasse der Botschafter oder Nuntien, die bei Staatsoberhäuptern beglaubigt sind, und sonstiger in gleichem Rang stehender Missionschefs;

b) die Klasse der Gesandten, Minister und Internuntien, die bei Staatsoberhäuptern beglaubigt sind;

c) die Klasse der Geschäftsträger, die bei Außenministern beglaubigt sind.

(2) Abgesehen von Fragen der Rangfolge und der Etikette wird zwischen den Missionschefs kein Unterschied auf Grund ihrer Klasse gemacht.

Art. 15 [Bestimmung der Klasse]. Die Staaten vereinbaren die Klasse, in welche ihre Missionschefs einzuordnen sind.

Art. 16 [Rangfolge der Missionschefs]. (1) Innerhalb jeder Klasse richtet sich die Rangfolge der Missionschefs nach Tag und Zeit ihres Amtsantritts gemäß Artikel 13.

(2) Änderungen im Beglaubigungsschreiben des Missionschefs, die keine Änderung der Klasse bewirken, lassen die Rangfolge unberührt.

(3) Dieser Artikel läßt die Übung unberührt, die ein Empfangsstaat hinsichtlich des Vorrangs des Vertreters des Heiligen Stuhls angenommen hat oder künftig annimmt.

Art. 17 [Rangfolge der Missionschefs. Notifizierung]. Die Rangfolge der Mitglieder des diplomatischen Personals der Mission wird vom Missionschef dem Ministerium für Auswärtige Angelegenheiten oder dem anderen in gegenseitigem Einvernehmen bestimmten Ministerium notifiziert.

Art. 18 [Empfang der Missionschefs]. Das in einem Staat beim Empfang von Missionschefs zu befolgende Verfahren muß für jede Klasse einheitlich sein.

Art. 19 [Vertretung des Missionschefs]. (1) Ist der Posten des Missionschefs unbesetzt oder ist der Missionschef außerstande, seine Aufgaben wahrzunehmen, so ist ein Geschäftsträger *ad interim* vorübergehend als Missionschef tätig. Den Namen des Geschäftsträgers *ad interim* notifiziert der Missionschef oder, wenn er dazu außerstande ist, das Ministerium für Auswärtige Angelegenheiten des Entsendestaats dem Ministerium für Auswärtige Angelegenheiten oder dem anderen in gegenseitigem Einvernehmen bestimmten Ministerium des Empfangsstaats.

(2) Ist kein Mitglied des diplomatischen Personals der Mission im Empfangsstaat anwesend, so kann der Entsendestaat mit Zustimmung des Empfangsstaats ein Mitglied des Verwaltungs- und technischen Personals mit der Leitung der laufenden Verwaltungsangelegenheiten der Mission beauftragen.

Art. 20 [Flagge des Entsendestaats]. Die Mission und ihr Chef sind berechtigt, die Flagge und das Hoheitszeichen des Entsendestaats an den Räumlichkeiten der Mission einschließlich der Residenz des Missionschefs und an dessen Beförderungsmitteln zu führen.

Art. 21 [Unterbringung der Mission]. (1) Der Empfangsstaat erleichtert nach Maßgabe seiner Rechtsvorschriften dem Entsendestaat den Erwerb der für dessen Mission in seinem Hoheitsgebiet benötigten Räumlichkeiten oder hilft ihm, sich auf andere Weise Räumlichkeiten zu beschaffen.

(2) Erforderlichenfalls hilft der Empfangsstaat ferner den Missionen bei der Beschaffung geeigneten Wohnraums für ihre Mitglieder.

Art. 22 [Unverletzlichkeit der Mission]. (1) Die Räumlichkeiten der Mission sind unverletzlich. Vertreter des Empfangsstaats dürfen sie nur mit Zustimmung des Missionschefs betreten.

(2) Der Empfangsstaat hat die besondere Pflicht, alle geeigneten Maßnahmen zu treffen, um die Räumlichkeiten der Mission vor jedem Ein-

dringen und jeder Beschädigung zu schützen und um zu verhindern, daß der Friede der Mission gestört oder ihre Würde beeinträchtigt wird.

(3) Die Räumlichkeiten der Mission, ihre Einrichtung und die sonstigen darin befindlichen Gegenstände sowie die Beförderungsmittel der Mission genießen Immunität von jeder Durchsuchung, Beschlagnahme, Pfändung oder Vollstreckung.

Art. 23 [Befreiung von Abgaben] (1) Der Entsendestaat und der Missionschef sind hinsichtlich der in ihrem Eigentum stehenden und der von ihnen gemieteten bzw. gepachteten Räumlichkeiten der Mission von allen staatlichen, regionalen und kommunalen Steuern oder sonstigen Abgaben befreit, soweit diese nicht als Vergütung für bestimmte Dienstleistungen erhoben werden.

(2) Die in diesem Artikel vorgesehene Steuerbefreiung gilt nicht für Steuern und sonstige Abgaben, die nach den Rechtsvorschriften des Empfangsstaats von den Personen zu entrichten sind, die mit dem Entsendestaat oder dem Missionschef Verträge schließen.

Art. 24 [Archive der Mission] Die Archive und Schriftstücke der Mission sind jederzeit unverletzlich, wo immer sie sich befinden.

Art. 25 [Aufgabenwahrnehmung] Der Empfangsstaat gewährt der Mission jede Erleichterung zur Wahrnehmung ihrer Aufgaben.

Art. 26 [Freizügigkeit] Vorbehaltlich seiner Gesetze und anderen Rechtsvorschriften über Zonen, deren Betreten aus Gründen der nationalen Sicherheit verboten oder geregelt ist, gewährleistet der Empfangsstaat allen Mitgliedern der Mission volle Bewegungs- und Reisefreiheit in seinem Hoheitsgebiet.

Art. 27 [Freier Verkehr für amtliche Zwecke] (1) Der Empfangsstaat gestattet und schützt den freien Verkehr der Mission für alle amtlichen Zwecke. Die Mission kann sich im Verkehr mit der Regierung, den anderen Missionen und den Konsulaten des Entsendestaats, wo immer sie sich befinden, aller geeigneten Mittel einschließlich diplomatischer Kuriere und verschlüsselter Nachrichten bedienen. Das Errichten und Betreiben einer Funksendeanlage ist der Mission jedoch nur mit Zustimmung des Empfangsstaats gestattet.

(2) Die amtliche Korrespondenz der Mission ist unverletzlich. Als „amtliche Korrespondenz" gilt die gesamte Korrespondenz, welche die Mission und ihre Aufgaben betrifft.

(3) Das diplomatische Kuriergepäck darf weder geöffnet noch zurückgehalten werden.

(4) Gepäckstücke, die das diplomatische Kuriergepäck bilden, müssen äußerlich sichtbar als solches gekennzeichnet sein; sie dürfen nur

diplomatische Schriftstücke oder für den amtlichen Gebrauch bestimmte Gegenstände enthalten.

(5) Der diplomatische Kurier muß ein amtliches Schriftstück mit sich führen, aus dem seine Stellung und die Anzahl der Gepäckstücke ersichtlich sind, die das diplomatische Kuriergepäck bilden; er wird vom Empfangsstaat bei der Wahrnehmung seiner Aufgaben geschützt. Er genießt persönliche Unverletzlichkeit und unterliegt keiner Festnahme oder Haft irgendwelcher Art.

(6) Der Entsendestaat oder die Mission kann diplomatische Kuriere *ad hoc* ernennen. Auch in diesen Fällen gilt Absatz 5, jedoch finden die darin erwähnten Immunitäten keine Anwendung mehr, sobald der Kurier das ihm anvertraute diplomatische Kuriergepäck dem Empfänger ausgehändigt hat.

(7) Diplomatisches Kuriergepäck kann dem Kommandanten eines gewerblichen Luftfahrzeugs anvertraut werden, dessen Bestimmungsort ein zugelassener Einreiseflugplatz ist. Der Kommandant muß ein amtliches Schriftstück mit sich führen, aus dem die Anzahl der Gepäckstücke ersichtlich ist, die das Kuriergepäck bilden; er gilt jedoch nicht als diplomatischer Kurier. Die Mission kann eines ihrer Mitglieder entsenden, um das diplomatische Kuriergepäck unmittelbar und ungehindert von dem Kommandanten des Luftfahrzeugs entgegenzunehmen.

Art. 28 [Gebühren für Amtshandlungen] Die Gebühren und Kosten, welche die Mission für Amtshandlungen erhebt, sind von allen Steuern und sonstigen Abgaben befreit.

Art. 29 [Unverletzlichkeit des Diplomaten] Die Person des Diplomaten ist unverletzlich. Er unterliegt keiner Festnahme oder Haft irgendwelcher Art. Der Empfangsstaat behandelt ihn mit gebührender Achtung und trifft alle geeigneten Maßnahmen, um jeden Angriff auf seine Person, seine Freiheit oder seine Würde zu verhindern.

Art. 30 [Unverletzlichkeit der Diplomatenwohnung] (1) Die Privatwohnung des Diplomaten genießt dieselbe Unverletzlichkeit und denselben Schutz wie die Räumlichkeiten der Mission.

(2) Seine Papiere, seine Korrespondenz und – vorbehaltlich des Artikels 31 Abs. 3 – sein Vermögen sind ebenfalls unverletzlich.

Art. 31[1] [Diplomatische Immunität] (1) Der Diplomat genießt Immunität von der Strafgerichtbarkeit des Empfangsstaats. Ferner steht

---

[1] Siehe auch § 18 des GerichtsverfassungsG (GVG): Die Mitglieder der im Geltungsbereich dieses Gesetzes errichteten diplomatischen Missionen, ihre Familienmitglieder und ihre privaten Hausangestellten sind nach Maßgabe des Wiener Übereinkommens über diplomatische Beziehungen vom 18. April 1961 (BGBl. 1964 II S. 957 ff.) von der deutschen Gerichtsbarkeit befreit. Dies gilt auch, wenn ihr Entsendestaat nicht Vertragspartei dieses Übereinkommens ist; in diesem Falle findet Artikel 2 des Gesetzes vom 6. August 1964 zu dem Wiener Übereinkommen vom 18. April 1961 über diplomatische Beziehungen (BGBl. 1964 II S. 957) entsprechende Anwendung.

ihm Immunität von dessen Zivil- und Verwaltungsgerichtsbarkeit zu; ausgenommen hiervon sind folgende Fälle:

a) dingliche Klagen in bezug auf privates, im Hoheitsgebiet des Empfangsstaats gelegenes unbewegliches Vermögen, es sei denn, daß der Diplomat dieses im Auftrag des Entsendestaats für die Zwecke der Mission im Besitz hat;

b) Klagen in Nachlaßsachen, in denen der Diplomat als Testamentsvollstrecker, Verwalter, Erbe oder Vermächtnisnehmer in privater Eigenschaft und nicht als Vertreter des Entsendestaats beteiligt ist;

c) Klagen im Zusammenhang mit einem freien Beruf oder einer gewerblichen Tätigkeit, die der Diplomat im Empfangsstaat neben seiner amtlichen Tätigkeit ausübt.

(2) Der Diplomat ist nicht verpflichtet, als Zeuge auszusagen.

(3) Gegen einen Diplomaten dürfen Vollstreckungsmaßnahmen nur in den in Absatz 1 Buchstaben a, b und c vorgesehenen Fällen und nur unter der Voraussetzung getroffen werden, daß sie durchführbar sind, ohne die Unverletzlichkeit seiner Person oder seiner Wohnung zu beeinträchtigen.

(4) Die Immunität des Diplomaten von der Gerichtsbarkeit des Empfangsstaats befreit ihn nicht von der Gerichtsbarkeit des Entsendestaats.

Art. 32 [Verzicht auf die diplomatische Immunität]. (1) Auf die Immunität von der Gerichtsbarkeit, die einem Diplomaten oder nach Maßgabe des Artikels 37 einer anderen Person zusteht, kann der Entsendestaat verzichten.

(2) Der Verzicht muß stets ausdrücklich erklärt werden.

(3) Strengt ein Diplomat oder eine Person, die nach Maßgabe des Artikels 37 Immunität von der Gerichtsbarkeit genießt, ein Gerichtsverfahren an, so können sie sich in bezug auf eine Widerklage, die mit der Hauptklage in unmittelbarem Zusammenhang steht, nicht auf die Immunität von der Gerichtsbarkeit berufen.

(4) Der Verzicht auf die Immunität von der Gerichtsbarkeit in einem Zivil- oder Verwaltungsgerichtsverfahren gilt nicht als Verzicht auf die Immunität von der Urteilsvollstreckung; hierfür ist ein besonderer Verzicht erforderlich.

Art. 33 [Vorschriften über soziale Sicherheit]. (1) Vorbehaltlich des Absatzes 3 ist ein Diplomat in bezug auf seine Dienste für den Entsendestaat von den im Empfangsstaat geltenden Vorschriften über soziale Sicherheit befreit.

(2) Die in Absatz 1 vorgesehene Befreiung gilt auch für private Hausangestellte, die ausschließlich bei einem Diplomaten beschäftigt sind, sofern sie

a) weder Angehörige des Empfangsstaats noch in demselben ständig ansässig sind und

b) den im Entsendestaat oder in einem dritten Staat geltenden Vorschriften über soziale Sicherheit unterstehen.

(3) Beschäftigt ein Diplomat Personen, auf welche die in Absatz 2 vorgesehene Befreiung keine Anwendung findet, so hat er die Vorschriften über soziale Sicherheit zu beachten, die im Empfangsstaat für Arbeitgeber gelten.

(4) Die in den Absätzen 1 und 2 vorgesehene Befreiung schließt die freiwillige Beteiligung an dem System der sozialen Sicherheit des Empfangsstaates nicht aus, sofern dieser eine solche Beteiligung zuläßt.

(5) Dieser Artikel läßt bereits geschlossene zwei- oder mehrseitige Übereinkünfte über soziale Sicherheit unberührt und steht dem künftigen Abschluß weiterer Übereinkünfte dieser Art nicht entgegen.

Art. 34 [Steuerbefreiung]. Der Diplomat ist von allen staatlichen, regionalen und kommunalen Personal- und Realsteuern oder -abgaben befreit; ausgenommen hiervon sind

a) die normalerweise im Preis von Waren oder Dienstleistungen enthaltenen indirekten Steuern;

b) Steuern und sonstige Abgaben von privatem, im Hoheitsgebiet des Empfangsstaats gelegenem unbeweglichem Vermögen, es sei denn, daß der Diplomat es im Auftrag des Entsendestaats für die Zwecke der Mission im Besitz hat;

c) Erbschaftssteuern, die der Empfangsstaat erhebt, jedoch vorbehaltlich des Artikels 39 Abs. 4;

d) Steuern und sonstige Abgaben von privaten Einkünften, deren Quelle sich im Empfangsstaat befindet, sowie Vermögenssteuern von Kapitalanlagen in gewerblichen Unternehmen, die im Empfangsstaat gelegen sind;

e) Steuern, Gebühren und sonstige Abgaben, die als Vergütung für bestimmte Dienstleistungen erhoben werden;

f) Eintragungs-, Gerichts-, Beurkundungs-, Beglaubigungs-, Hypotheken- und Stempelgebühren in bezug auf unbewegliches Vermögen, jedoch vorbehaltlich des Artikels 23.

Art. 35 [Befreiung von öffentlichen Dienstleistungen]. Der Empfangsstaat befreit Diplomaten von allen persönlichen Dienstleistungen, von allen öffentlichen Dienstleistungen jeder Art und von militärischen Auflagen wie zum Beispiel Beschlagnahmen, Kontributionen und Einquartierungen.

Art. 36 [Zollfreie Einfuhr]. (1) Nach Maßgabe seiner geltenden Gesetze und anderen Rechtsvorschriften gestattet der Empfangsstaat die Einfuhr der nachstehend genannten Gegenstände und befreit sie von allen Zöllen, Steuern und ähnlichen Abgaben mit Ausnahme von Gebühren für Einlagerung, Beförderung und ähnliche Dienstleistungen:

a) Gegenstände für den amtlichen Gebrauch der Mission;

b) Gegenstände für den persönlichen Gebrauch des Diplomaten oder eines zu seinem Haushalt gehörenden Familienmitglieds, einschließlich der für seine Einrichtung vorgesehenen Gegenstände.

(2) Der Diplomat genießt Befreiung von der Kontrolle seines persönlichen Gepäcks, sofern nicht triftige Gründe für die Vermutung vorliegen, daß es Gegenstände enthält, für welche die in Absatz 1 erwähnten Befreiungen nicht gelten oder deren Ein- oder Ausfuhr nach dem Recht des Empfangsstaats verboten oder durch Quarantänevorschriften geregelt ist. In solchen Fällen darf die Kontrolle nur in Anwesenheit des Diplomaten oder seines ermächtigten Vertreters stattfinden.

Art. 37 [Familienmitglieder des Diplomaten. Vorrechte und Immunitäten]. (1) Die zum Haushalt eines Diplomaten gehörenden Familienmitglieder genießen, wenn sie nicht Angehörige des Empfangsstaats sind, die in den Artikeln 29 bis 36 bezeichneten Vorrechte und Immunitäten.

(2) Mitglieder des Verwaltungs- und technischen Personals der Mission und die zu ihrem Haushalt gehörenden Familienmitglieder genießen, wenn sie weder Angehörige des Empfangsstaats noch in demselben ständig ansässig sind, die in den Artikeln 29 bis 35 bezeichneten Vorrechte und Immunitäten; jedoch sind ihre nicht in Ausübung ihrer dienstlichen Tätigkeit vorgenommenen Handlungen von der in Artikel 31 Abs. 1 bezeichneten Immunität von der Zivil- und Verwaltungsgerichtsbarkeit des Empfangsstaats ausgeschlossen. Sie genießen ferner die in Artikel 36 Abs. 1 bezeichneten Vorrechte in bezug auf Gegenstände, die anläßlich ihrer Ersteinrichtung eingeführt werden.

(3) Mitglieder des dienstlichen Hauspersonals der Mission, die weder Angehörige des Empfangsstaats noch in demselben ständig ansässig sind, genießen Immunität in bezug auf ihre in Ausübung ihrer dienstlichen Tätigkeit vorgenommenen Handlungen, Befreiung von Steuern und sonstigen Abgaben auf ihre Dienstbezüge sowie die in Artikel 33 vorgesehene Befreiung.

(4) Private Hausangestellte von Mitgliedern der Mission genießen, wenn sie weder Angehörige des Empfangsstaats noch in demselben ständig ansässig sind, Befreiung von Steuern und sonstigen Abgaben auf die Bezüge, die sie auf Grund ihres Arbeitsverhältnisses erhalten. Im übrigen stehen ihnen Vorrechte und Immunitäten nur in dem vom Empfangsstaat zugelassenen Umfang zu. Der Empfangsstaat darf jedoch seine Hoheitsgewalt über diese Personen nur so ausüben, daß er die Mission bei der Wahrnehmung ihrer Aufgaben nicht ungebührlich behindert.

Art. 38 [Beschränkte Immunität]. (1) Soweit der Empfangsstaat nicht zusätzliche Vorrechte und Immunitäten gewährt, genießt ein Diplomat, der Angehöriger dieses Staates oder in demselben ständig ansässig ist, Immunität von der Gerichtsbarkeit und Unverletzlichkeit lediglich in bezug auf seine in Ausübung seiner dienstlichen Tätigkeit vorgenommenen Amtshandlungen.

(2) Anderen Mitgliedern des Personals der Mission und privaten Hausangestellten, die Angehörige des Empfangsstaats oder in demselben ständig ansässig sind, stehen Vorrechte und Immunitäten nur in dem vom Empfangsstaat zugelassenen Umfang zu. Der Empfangsstaat darf jedoch seine Hoheitsgewalt über diese Personen nur so ausüben, daß er die Mission bei der Wahrnehmung ihrer Aufgaben nicht ungebührlich behindert.

Art. 39 [Zeitliche Erstreckung der diplomatischen Vorrechte und Immunitäten]. (1) Die Vorrechte und Immunitäten stehen den Berechtigten von dem Zeitpunkt an zu, in dem sie in das Hoheitsgebiet des Empfangsstaats einreisen, um dort ihren Posten anzutreten, oder, wenn sie sich bereits in diesem Hoheitsgebiet befinden, von dem Zeitpunkt an, in dem ihre Ernennung dem Ministerium für Auswärtige Angelegenheiten oder dem anderen in gegenseitigem Einvernehmen bestimmten Ministerium notifiziert wird.

(2) Die Vorrechte und Immunitäten einer Person, deren dienstliche Tätigkeit beendet ist, werden normalerweise im Zeitpunkt der Ausreise oder aber des Ablaufs einer hierfür gewährten angemessenen Frist hinfällig; bis zu diesem Zeitpunkt bleiben sie bestehen, und zwar auch im Fall eines bewaffneten Konflikts. In bezug auf die von der betreffenden Person in Ausübung ihrer dienstlichen Tätigkeit als Mitglied der Mission vorgenommenen Handlungen bleibt jedoch die Immunität auch weiterhin bestehen.

(3) Stirbt ein Mitglied der Mission, so genießen seine Familienangehörigen bis zum Ablauf einer angemessenen Frist für ihre Ausreise weiterhin die ihnen zustehenden Vorrechte und Immunitäten.

(4) Stirbt ein Mitglied der Mission, das weder Angehöriger des Empfangsstaats noch in demselben ständig ansässig ist, oder stirbt ein zu seinem Haushalt gehörendes Familienmitglied, so gestattet der Empfangsstaat die Ausfuhr des beweglichen Vermögens des Verstorbenen mit Ausnahme von im Inland erworbenen Vermögensgegenständen, deren Ausfuhr im Zeitpunkt des Todesfalles verboten war. Von beweglichem Vermögen, das sich nur deshalb im Empfangsstaat befindet, weil sich der Verstorbene als Mitglied der Mission oder als Familienangehöriger eines solchen in diesem Staat aufhielt, dürfen keine Erbschaftssteuern erhoben werden.

Art. 40 [Durchreise von Diplomaten durch Drittstaaten]. (1) Reist ein Diplomat, um sein Amt anzutreten oder um auf seinen Posten oder in seinen Heimatstaat zurückzukehren, durch das Hoheitsgebiet eines dritten Staates oder befindet er sich im Hoheitsgebiet dieses Staates, der erforderlichenfalls seinen Paß mit einem Sichtvermerk versehen hat, so gewährt ihm dieser Staat Unverletzlichkeit und alle sonstigen für seine sichere Durchreise oder Rückkehr erforderlichen Immunitäten. Das gleiche gilt, wenn Familienangehörige des Diplomaten, denen Vorrechte und Immunitäten zustehen, ihn begleiten oder wenn sie getrennt von ihm reisen, um sich zu ihm zu begeben oder in ihren Heimatstaat zurückzukehren.

(2) Unter den Voraussetzungen des Absatzes 1 dürfen dritte Staaten auch die Reise von Mitgliedern des Verwaltungs- und technischen Personals und des dienstlichen Hauspersonals einer Mission sowie ihrer Familienangehörigen durch ihr Hoheitsgebiet nicht behindern.

(3) Dritte Staaten gewähren in bezug auf die amtliche Korrespondenz und sonstige amtliche Mitteilungen im Durchgangsverkehr, einschließlich verschlüsselter Nachrichten, die gleiche Freiheit und den gleichen Schutz wie der Empfangsstaat. Diplomatischen Kurieren, deren Paß erforderlichenfalls mit einem Sichtvermerk versehen wurde, und dem diplomatischen Kuriergepäck im Durchgangsverkehr gewähren sie die gleiche Unverletzlichkeit und den gleichen Schutz, die der Empfangsstaat zu gewähren verpflichtet ist.

(4) Die Verpflichtungen dritter Staaten auf Grund der Absätze 1, 2 und 3 gelten gegenüber den in jenen Absätzen bezeichneten Personen sowie in bezug auf amtliche Mitteilungen und das diplomatische Kuriergepäck auch dann, wenn diese sich infolge höherer Gewalt im Hoheitsgebiet des dritten Staates befinden.

Art. 41 [Beachtung der Gesetze der Empfangsstaaten]. (1) Alle Personen, die Vorrechte und Immunitäten genießen, sind unbeschadet derselben verpflichtet, die Gesetze und andere Rechtsvorschriften des

Empfangsstaats zu beachten. Sie sind ferner verpflichtet, sich nicht in dessen innere Angelegenheiten einzumischen.

(2) Alle Amtsgeschäfte mit dem Empfangsstaat, mit deren Wahrnehmung der Entsendestaat die Mission beauftragt, sind mit dem Ministerium für Auswärtige Angelegenheiten oder dem anderen in gegenseitigem Einvernehmen bestimmten Ministerium des Empfangsstaats zu führen oder über diese zu leiten.

(3) Die Räumlichkeiten der Mission dürfen nicht in einer Weise benutzt werden, die unvereinbar ist mit den Aufgaben der Mission, wie sie in diesem Übereinkommen, in anderen Regeln des allgemeinen Völkerrechts oder in besonderen, zwischen dem Entsendestaat und dem Empfangsstaat in Kraft befindlichen Übereinkünften niedergelegt sind.

Art. 42 [Verbot sonstiger Berufsausübung]. Ein Diplomat darf im Empfangsstaat keinen freien Beruf und keine gewerbliche Tätigkeit ausüben, die auf persönlichen Gewinn gerichtet sind.

Art. 43 [Beendigung der dienstlichen Tätigkeit des Diplomaten]. Die dienstliche Tätigkeit eines Diplomaten wird unter anderem dadurch beendet,

a) daß der Entsendestaat dem Empfangsstaat die Beendigung der dienstlichen Tätigkeit des Diplomaten notifiziert, oder

b) daß der Empfangsstaat dem Entsendestaat notifiziert, er lehne es gemäß Artikel 9 Abs. 2 ab, den Diplomaten als Mitglied der Mission anzuerkennen.

Art. 44 [Erleichterungen für Diplomaten bei bewaffneten Konflikten]. Auch im Fall eines bewaffneten Konflikts gewährt der Empfangsstaat den Personen, die Vorrechte und Immunitäten genießen und nicht seine Angehörigen sind, sowie ihren Familienmitgliedern ungeachtet ihrer Staatsangehörigkeit, die erforderlichen Erleichterungen, um es ihnen zu ermöglichen, sein Hoheitsgebiet so bald wie möglich zu verlassen. Insbesondere stellt er ihnen im Bedarfsfall die benötigten Beförderungsmittel für sie selbst und ihre Vermögensgegenstände zur Verfügung.

Art. 45 [Abbruch der diplomatischen Beziehungen]. Werden die diplomatischen Beziehungen zwischen zwei Staaten abgebrochen oder wird eine Mission endgültig oder vorübergehend abberufen,

a) so hat der Empfangsstaat auch im Fall eines bewaffneten Konflikts die Räumlichkeiten, das Vermögen und die Archive der Mission zu achten und zu schützen;

b) so kann der Entsendestaat einem dem Empfangsstaat genehmen dritten Staat die Obhut der Räumlichkeiten, des Vermögens und der Archive der Mission übertragen;

c) so kann der Entsendestaat einem dem Empfangsstaat genehmen dritten Staat den Schutz seiner Interessen und derjenigen seiner Angehörigen übertragen.

Art. 46 [Wahrnehmung der Interessen dritter Staaten] Ein Entsendestaat kann mit vorheriger Zustimmung des Empfangsstaats auf Ersuchen eines im Empfangsstaat nicht vertretenen dritten Staates den zeitweiligen Schutz der Interessen des dritten Staates und seiner Angehörigen übernehmen.

Art. 47 [Verbot der diskriminierenden Behandlung von Staaten] (1) Bei der Anwendung dieses Übereinkommens unterläßt der Empfangsstaat jede diskriminierende Behandlung von Staaten.

(2) Es gilt jedoch nicht als Diskriminierung,[1]

a) wenn der Empfangsstaat eine Bestimmung dieses Übereinkommens deshalb einschränkend anwendet, weil sie im Entsendestaat auf seine eigene Mission einschränkend angewandt wird;

b) wenn Staaten auf Grund von Gewohnheit oder Vereinbarung einander eine günstigere Behandlung gewähren, als es nach diesem Übereinkommen erforderlich ist.

Art. 48 [Berechtigung zur Unterzeichnung] Dieses Übereinkommen liegt für alle Mitgliedstaaten der Vereinten Nationen oder ihrer Sonderorganisationen, für Vertragsstaaten der Satzung des Internationalen Gerichtshofs und für jeden anderen Staat, den die Generalversammlung der Vereinten Nationen einlädt, Vertragspartei des Übereinkommens zu werden, wie folgt zur Unterzeichnung auf: bis zum 31. Oktober 1961 im österreichischen Bundesministerium für Auswär-

---

[1] Vgl. hierzu auch Art. 2 des dt. ZustimmungsG v. 6. 8. 1964 (BGBl. 1964 II S. 959): „Zur Durchführung des Artikels 47 Abs. 2 des Wiener Übereinkommens über diplomatische Beziehungen vom 18. April 1961 wird die Bundesregierung ermächtigt,

a) ausländischen Missionen und ihren Mitgliedern auf der Grundlage besonderer Vereinbarung mit dem Entsendestaat im Wege der Rechtsverordnung weitergehende diplomatische Vorrechte und Befreiungen nach Maßgabe der Gegenseitigkeit zu gewähren;

b) durch Rechtsverordnung zur Herstellung und Gewährleistung der Gegenseitigkeit zu bestimmen, daß die in dem Wiener Übereinkommen vereinbarten Vorrechte, Befreiungen und sonstigen Rechte ausländischen Missionen und deren Mitgliedern in der Bundesrepublik Deutschland nicht oder nicht in vollem Umfang gewährt werden, soweit die Entsendestaaten das Wiener Übereinkommen auf die bei ihnen bestehende Mission der Bundesrepublik Deutschland und ihre Mitglieder einschränkend anwenden. Die Bundesregierung wird insbesondere ermächtigt, die Tätigkeit ausländischer Missionen und ihrer Mitglieder in der Bundesrepublik Deutschland durch Rechtsverordnung der Art oder Wirkung nach gleichen Einschränkungen zu unterwerfen, die für die entsprechende Tätigkeit der Mission der Bundesrepublik Deutschland im Entsendestaat gelten. Die Rechtsverordnung kann Bestimmungen über das Verfahren und über den Vollzug der vorgesehenen Maßnahmen enthalten."

tige Angelegenheiten und danach bis zum 31. März 1962 am Sitz der Vereinten Nationen in New York.

Art. 49 [Ratifikation] Dieses Übereinkommen bedarf der Ratifizierung. Die Ratifikationsurkunden sind beim Generalsekretär der Vereinten Nationen zu hinterlegen.

Art. 50 [Beitritt] Dieses Übereinkommen liegt zum Beitritt für jeden Staat auf, der einer der in Artikel 48 bezeichneten vier Kategorien angehört. Die Beitrittsurkunden sind beim Generalsekretär der Vereinten Nationen zu hinterlegen.

Art. 51 [Inkrafttreten] (1) Dieses Übereinkommen tritt am dreißigsten Tag nach Hinterlegung der zweiundzwanzigsten Ratifikations- oder Beitrittsurkunde beim Generalsekretär der Vereinten Nationen in Kraft.

(2) Für jeden Staat, der nach Hinterlegung der zweiundzwanzigsten Ratifikations- und Beitrittsurkunde das Übereinkommen ratifiziert oder ihm beitritt, tritt es am dreißigsten Tag nach Hinterlegung seiner eigenen Ratifikations- oder Beitrittsurkunde in Kraft.[1]

Art. 52 [Notifizierung durch UN-Generalsekretär] Der Generalsekretär der Vereinten Nationen notifiziert allen Staaten, die einer der in Artikel 48 bezeichneten vier Kategorien angehören,

a) die Unterzeichnungen dieses Übereinkommens und die Hinterlegung der Ratifikations- oder Beitrittsurkunden gemäß den Artikeln 48, 49 und 50;

b) den Tag, an dem dieses Übereinkommen gemäß Artikel 51 in Kraft tritt.

Art. 53 [Vertragsverwahrung] Die Urschrift dieses Übereinkommens, dessen chinesischer, englischer, französischer, russischer und spanischer Wortlaut gleichermaßen verbindlich ist, wird beim Generalsekretär der Vereinten Nationen hinterlegt; dieser übermittelt allen Staaten, die einer der in Artikel 48 bezeichneten vier Kategorien angehören, beglaubigte Abschriften.

ZU URKUND DESSEN haben die unterzeichneten, von ihren Regierungen hierzu gehörig befugten Bevollmächtigten dieses Übereinkommen unterschrieben.

GESCHEHEN zu Wien am 18. April 1961.

---

[1] Gemäß Bekanntmachung v. 13. 2. 1965 (BGBl. II S. 147) für die Bundesrepublik Deutschland am 11. 12. 1964 in Kraft getreten.

Fakultativ-Protokoll über den Erwerb der Staatsangehörigkeit

(BGBl. 1964 II S. 1006)

(hier nicht abgedruckt, der wesentliche operative Artikel ist allerdings in der Fn. zu Art. 8 der Konvention wiedergegeben)

Fakultativ-Protokoll über die obligatorische Beilegung von Streitigkeiten

(BGBl. 1964 II S. 1018)

(Übersetzung)

DIE VERTRAGSTAATEN DIESES PROTOKOLLS UND DES WIENER ÜBEREINKOMMENS ÜBER DIPLOMATISCHE BEZIEHUNGEN, im folgenden als „Übereinkommen" bezeichnet, das von der vom 2. März bis zum 14. April 1961 in Wien abgehaltenen Konferenz der Vereinten Nationen angenommen wurde –

VON DEM WUNSCH GELEITET, zur Regelung aller sie betreffenden Streitigkeiten über die Auslegung oder Anwendung des Übereinkommens die obligatorische Gerichtsbarkeit des Internationalen Gerichtshofs in Anspruch zu nehmen, sofern die Parteien sich nicht innerhalb einer angemessenen Frist über eine andere Form der Beilegung geeinigt haben –

SIND WIE FOLGT ÜBEREINGEKOMMEN:

Art. I [Zuständigkeit des IGH] Streitigkeiten über die Auslegung oder Anwendung dieses Übereinkommens unterliegen der obligatorischen Gerichtsbarkeit des Internationalen Gerichtshofs und können diesem daher durch Klage einer Streitpartei unterbreitet werden, die Vertragspartei dieses Protokolls ist.

Art. II [Schiedsverfahren] Binnen zwei Monaten, nachdem eine Partei der anderen notifiziert hat, daß nach ihrer Auffassung eine Streitigkeit vorliegt, können die Parteien übereinkommen, diese nicht dem Internationalen Gerichtshof, sondern einem Schiedsgericht zu unterbreiten. Nach Ablauf der genannten Frist kann jede Partei die Streitigkeit im Klagewege dem Gerichtshof unterbreiten.

Art. III [Vergleichsverfahren] (1) Innerhalb derselben Frist von *zwei Monaten* können die Parteien vereinbaren, vor Anrufung des Internationalen Gerichtshofs ein Vergleichsverfahren einzuleiten.

(2) Die Vergleichskommission hat binnen fünf Monaten nach ihrer Einsetzung ihre Empfehlungen abzugeben. Nehmen die Streitparteien diese Empfehlungen nicht binnen zwei Monaten nach ihrer Abgabe an, so kann jede Partei die Streitigkeit im Klagewege dem Gerichtshof unterbreiten.

Art. IV [Fakultativklausel] Vertragsstaaten des Übereinkommens, des Fakultativ-Protokolls über den Erwerb der Staatsangehörigkeit sowie des vorliegenden Protokolls können jederzeit erklären, daß sie dieses Protokoll auch auf Streitigkeiten anwenden werden, die sich aus der Auslegung oder Anwendung des Fakultativ-Protokolls über den Erwerb der Staatsangehörigkeit ergeben. Diese Erklärungen sind dem Generalsekretär der Vereinigten Nationen zu notifizieren.

Art. V [Unterzeichnung] Dieses Protokoll liegt für alle Staaten, die Vertragsparteien des Übereinkommens werden, wie folgt zur Unterzeichnung auf: bis zum 31. Oktober 1961 im österreichischen Bundesministerium für Auswärtige Angelegenheiten und danach bis zum 31. März 1962 am Sitz der Vereinten Nationen in New York.

Art. VI [Ratifizierung] Dieses Protokoll bedarf der Ratifizierung. Die Ratifikationsurkunden sind beim Generalsekretär der Vereinten Nationen zu hinterlegen.

Art. VII [Beitritt] Dieses Protokoll liegt zum Beitritt für alle Staaten auf, die Vertragsparteien des Übereinkommens werden. Die Beitrittsurkunden sind beim Generalsekretär der Vereinten Nationen zu hinterlegen.

Art. VIII [Inkrafttreten] (1) Dieses Protokoll tritt an demselben Tag wie das Übereinkommen oder aber am dreißigsten Tag nach dem Zeitpunkt in Kraft, an dem die zweite Ratifikations- oder Beitrittsurkunde zu dem Protokoll beim Generalsekretär der Vereinten Nationen hinterlegt worden ist, je nachdem, welcher Tag später liegt.

(2)Für jeden Staat, der dieses Protokoll nach seinem gemäß Absatz 1 erfolgten Inkrafttreten ratifiziert oder ihm beitritt, tritt es am dreißigsten Tag nach Hinterlegung seiner eigenen Ratifikations- oder Beitrittsurkunden in Kraft.

Art. IX [Notifizierung durch UN-Generalsekretär] Der Generalsekretär der Vereinten Nationen notifiziert allen Staaten, die Vertragsparteien des Übereinkommens werden,

a) die Unterzeichnungen dieses Protokolls und die Hinterlegung der Ratifikations- und Beitrittsurkunde gemäß den Artikeln V, VI und VII;

b) die gemäß Art. IV abgegebenen Erklärungen;

c) den Tag, an dem dieses Protokoll gemäß Artikel VIII in Kraft tritt.

Art. X [Verbindliche Wortlaute, Hinterlegung] Die Urschrift dieses Protokolls, dessen chinesischer, englischer, französischer, russischer und spanischer Wortlaut gleichermaßen verbindlich ist, wird beim Generalsekretär der Vereinten Nationen hinterlegt; dieser übermittelt allen in Artikel V bezeichneten Staaten beglaubigte Abschriften.

ZU URKUND DESSEN HABEN die unterzeichneten, von ihren Regierungen hierzu gehörig befugten Bevollmächtigten dieses Protokoll unterschrieben.

GESCHEHEN zu Wien am 18. April 1961.

326. Wiener Übereinkommen über konsularische Beziehungen[1), 2), 3)]

Vom 24. April 1963

(BGBl. 1969 II S. 1585)

(Übersetzung)

DIE VERTRAGSSTAATEN DIESES ÜBEREINKOMMENS –

EINGEDENK DESSEN, daß zwischen den Völkern von alters her konsularische Beziehungen aufgenommen worden sind,

IN ANBETRACHT der in der Charta der Vereinten Nationen verkündeten Ziele und Grundsätze in bezug auf die souveräne Gleichheit der Staaten, die Wahrung des Weltfriedens und der internationalen Sicherheit sowie auf die Förderung freundschaftlicher Beziehungen zwischen den Nationen,

IN DER ERWÄGUNG, daß die Konferenz der Vereinten Nationen über die diplomatischen Beziehungen und Immunitäten das Wiener Übereinkommen über diplomatische Beziehungen angenommen hat, das am 18. April 1961 zur Unterzeichnung aufgelegt worden ist,

ÜBERZEUGT, daß ein internationales Übereinkommen über konsularische Beziehungen, Vorrechte und Immunitäten ebenfalls geeignet ist, ungeachtet der unterschiedlichen Verfassungs- und Sozialordnungen der Nationen zur Entwicklung freundschaftlicher Beziehungen zwischen ihnen beizutragen,

IN DER ERKENNTNIS, daß diese Vorrechte und Immunitäten nicht dem Zweck dienen, einzelne zu bevorzugen, sondern zum Ziel haben, den konsularischen Vertretungen die wirksame Wahrnehmung ihrer Aufgaben im Namen ihres Staates zu gewährleisten,

UNTER BEKRÄFTIGUNG des Grundsatzes, daß die Regeln des Völkergewohnheitsrechts auch weiterhin für alle Fragen gelten, die nicht ausdrücklich in diesem Übereinkommen geregelt sind –

HABEN FOLGENDES VEREINBART:

---

1) In Kraft getreten am 19. 3. 1967, jedoch für die Bundesrepublik Deutschland am 7. 10. 1971 gem. Bek. v. 30. 11. 1971 (BGBl. II S. 1285).

2) *Internationale Quelle:* UNTS Bd. 596 S. 261.

3) Deutschland hat zu diesem Übereinkommen am 8. 4. 1974 folgende interpretative Erklärung abgegeben: „The Federal Republic of Germany interprets the provisions of Chapter II of the Vienna Convention on Consular Relations, done on 24 April 1963, as applying to all career consular personnel (consular officers, consular employees and members of the service staff), including those assigned to a consular post headed by an honorary consular officer, and that it will apply the said provisions accordingly.“ (BGBl. 1974 II S. 945).

Art. 1 Begriffsbestimmungen. (1) Im Sinne dieses Übereinkommens haben die nachstehenden Ausdrücke folgende Bedeutung:

a) der Ausdruck „konsularische Vertretung" bezeichnet jedes Generalkonsulat, Konsulat, Vizekonsulat und jede Konsularagentur;

b) der Ausdruck „Konsularbezirk" bezeichnet das einer konsularischen Vertretung für die Wahrnehmung konsularischer Aufgaben zugeteilte Gebiet;

c) der Ausdruck „Leiter der konsularischen Vertretung" bezeichnet eine Person, die beauftragt ist, in dieser Eigenschaft tätig zu sein;

d) der Ausdruck „Konsularbeamter" bezeichnet jede in dieser Eigenschaft mit der Wahrnehmung konsularischer Aufgaben beauftragte Person einschließlich des Leiters der konsularischen Vertretung;

e) der Ausdruck „Bediensteter des Verwaltungs- oder technischen Personals" bezeichnet jede in dieser Eigenschaft in der konsularischen Vertretung beschäftigte Person;

f) der Ausdruck „Mitglied des dienstlichen Hauspersonals" bezeichnet jede als Hausbediensteter bei einer konsularischen Vertretung beschäftigte Person;

g) der Ausdruck „Mitglieder der konsularischen Vertretung" bezeichnet die Konsularbeamten, die Bediensteten des Verwaltungs- oder technischen Personals und die Mitglieder des dienstlichen Hauspersonals;

h) der Ausdruck „Mitglieder des konsularischen Personals" bezeichnet die Konsularbeamten mit Ausnahme des Leiters der konsularischen Vertretung, die Bediensteten des Verwaltungs- oder technischen Personals und die Mitglieder des dienstlichen Hauspersonals;

i) der Ausdruck „Mitglied des Privatpersonals" bezeichnet eine ausschließlich im privaten Dienst eines Mitglieds der konsularischen Vertretung beschäftigte Person;

j) der Ausdruck „konsularische Räumlichkeiten" bezeichnet ungeachtet der Eigentumsverhältnisse die Gebäude oder Gebäudeteile und das dazugehörende Gelände, die ausschließlich für die Zwecke der konsularischen Vetretung benutzt werden;

k) der Ausdruck „konsularische Archive" umfaßt alle Papiere, Schriftstücke, Korrespondenzen, Bücher, Filme, Tonbänder und Register der konsularischen Vertretung sowie die Schlüsselmittel und Chiffriergeräte, die Karteien und die zum Schutz oder zur Aufbewahrung derselben bestimmten Einrichtungsgegenstände.

(2) Die Konsularbeamten sind in zwei Kategorien eingeteilt: Berufskonsularbeamte und Wahlkonsularbeamte. Kapitel II gilt für die von

(Fortsetzung nächste Seite)

Berufskonsularbeamten geleiteten und Kapitel III für die von Wahlkonsularbeamten geleiteten konsularischen Vertretungen.

(3) Die Sonderstellung der Mitglieder konsularischer Vertretungen, die Angehörige des Empfangsstaats oder dort ständig ansässig sind, ist in Artikel 71 geregelt.

Kapitel I. Konsularische Beziehungen im Allgemeinen

Abschnitt I. Aufnahme und Pflege konsularischer Beziehungen

Art. 2 Aufnahme konsularischer Beziehungen. (1) Die Aufnahme konsularischer Beziehungen zwischen Staaten erfolgt in gegenseitigem Einvernehmen.

(2) Die Zustimmung zur Aufnahme diplomatischer Beziehungen zwischen zwei Staaten schließt, sofern keine gegenteilige Feststellung getroffen wird, die Zustimmung zur Aufnahme konsularischer Beziehungen ein.

(3) Der Abbruch diplomatischer Beziehungen hat nicht ohne weiteres den Abbruch konsularischer Beziehungen zur Folge.

Art. 3 Wahrnehmung konsularischer Aufgaben. Die konsularischen Aufgaben werden von konsularischen Vertretungen wahrgenommen. Sie werden auch von diplomatischen Missionen nach Maßgabe dieses Übereinkommens wahrgenommen.

Art. 4 Errichtung einer konsularischen Vertretung. (1) Eine konsularische Vertretung kann im Hoheitsgebiet des Empfangsstaats nur mit dessen Zustimmung errichtet werden.

(2) Sitz, Rang und Konsularbezirk der konsularischen Vertretung werden vom Entsendestaat bestimmt und bedürfen der Genehmigung des Empfangsstaats.

(3) Spätere Änderungen des Sitzes, des Ranges oder des Konsularbezirks der konsularischen Vertretung kann der Entsendestaat nur mit Zustimmung des Empfangsstaats vornehmen.

(4) Die Zustimmung des Empfangsstaats ist ebenfalls erforderlich, wenn ein Generalkonsulat oder ein Konsulat an einem anderen Ort als *demjenigen*, wo es selbst errichtet ist, ein Vizekonsulat oder eine Konsularagentur zu eröffnen wünscht.

(5) Die ausdrückliche und vorherige Zustimmung des Empfangsstaats ist ferner erforderlich, wenn an einem anderen Ort als am Sitz einer bestehenden konsularischen Vertretung ein zu dieser gehörendes Büro eröffnet werden soll.

Art. 5 Konsularische Aufgaben. Die konsularischen Aufgaben bestehen darin,

a) die Interessen des Entsendestaats sowie seiner Angehörigen, und zwar sowohl natürlicher als auch juristischer Personen, im Empfangsstaat innerhalb der völkerrechtlich zulässigen Grenzen zu schützen;

b) die Entwicklung kommerzieller, wirtschaftlicher, kultureller und wissenschaftlicher Beziehungen zwischen dem Entsendestaat und dem Empfangsstaat zu fördern und zwischen ihnen auch sonst nach Maßgabe dieses Übereinkommens freundschaftliche Beziehungen zu pflegen;

c) sich mit allen rechtmäßigen Mitteln über Verhältnisse und Entwicklungen im kommerziellen, wirtschaftlichen, kulturellen und wissenschaftlichen Leben des Empfangsstaats zu unterrichten, an die Regierung des Entsendestaats darüber zu berichten und interessierten Personen Auskünfte zu erteilen;

d) den Angehörigen des Entsendestaats Pässe und Reiseausweise und den Personen, die sich in den Entsendestaat zu begeben wünschen, Sichtvermerke oder entsprechende Urkunden auszustellen;

e) den Angehörigen des Entsendestaats, und zwar sowohl natürlichen als auch juristischen Personen, Hilfe und Beistand zu leisten;

f) notarielle, standesamtliche und ähnliche Befugnisse auszuüben sowie bestimmte Verwaltungsaufgaben wahrzunehmen, soweit die Gesetze und sonstigen Rechtsvorschriften des Empfangsstaats dem nicht entgegenstehen;

g) bei Nachlaßsachen im Hoheitsgebiet des Empfangsstaats die Interessen von Angehörigen des Entsendestaats, und zwar sowohl natürlicher als auch juristischer Personen, nach Maßgabe der Gesetze und sonstigen Rechtsvorschriften des Empfangsstaats zu wahren;

h) im Rahmen der Gesetze und sonstigen Rechtsvoschriften des Empfangsstaats die Interessen minderjähriger und anderer nicht voll gegeschäftsfähiger Angehöriger des Entsendestaats zu wahren, insbesondere wenn für sie eine Vormundschaft oder Pflegschaft erforderlich ist;

i) vorbehaltlich der im Empfangsstaat geltenden Gepflogenheiten und Verfahren die Angehörigen des Entsendestaats vor den Gerichten und Behörden des Empfangsstaats zu vertreten oder für ihre angemessene Vertretung zu sorgen, um entsprechend den Gesetzen und sonstigen Rechtsvorschriften des Empfangsstaats vorläufige Maßnahmen zur Wahrung der Rechte und Interessen dieser Staatsangehörigen zu erwirken, wenn diese wegen Abwesenheit oder aus einem anderen Grund ihre Rechte und Interessen nicht selbst rechtzeitig verteidigen können;

j) gerichtliche und außergerichtliche Urkunden zu übermitteln und Rechtshilfeersuchen zu erledigen, soweit dies geltenden internationalen Übereinkünften entspricht oder, in Ermangelung solcher, mit den Gesetzen und sonstigen Rechtsvorschriften des Empfangsstaats vereinbar ist;

k) die in den Gesetzen und sonstigen Rechtsvorschriften des Entsendestaats vorgesehenen Rechte zur Kontrolle und Aufsicht über die See- und Binnenschiffe, welche die Staatszugehörigkeit des Entsendestaats besitzen, und über die in diesem Staat registrierten Luftfahrzeuge sowie über die Besatzungen dieser Schiffe und Luftfahrzeuge auszuüben;

l) den unter Buchstabe k bezeichneten Schiffen und Luftfahrzeugen sowie ihren Besatzungen Hilfe zu leisten, Erklärungen über die Reise dieser Schiffe entgegenzunehmen, Schiffspapiere zu prüfen und zu stempeln, unbeschadet der Befugnisse der Behörden des Empfangsstaats Erhebungen über Vorfälle während der Reise durchzuführen und, soweit dies nach den Gesetzen und sonstigen Rechtsvorschriften des Entsendestaats zulässig ist, Streitigkeiten jeder Art zwischen Kapitän, Offizieren und Mannschaften beizulegen;

m) alle anderen der konsularischen Vertretung vom Entsendestaat zugewiesenen Aufgaben wahrzunehmen, die nicht durch Gesetze und sonstige Rechtsvorschriften des Empfangsstaats verboten sind oder gegen die der Empfangsstaat keinen Einspruch erhebt oder die in den zwischen dem Entsendestaat und dem Empfangsstaat in Kraft befindlichen internationalen Übereinkünften erwähnt sind.

Art. 6 Wahrnehmung konsularischer Aufgaben außerhalb des Konsularbezirks. Unter besonderen Umständen kann ein Konsularbeamter mit Zustimmung des Empfangsstaats seine Aufgaben auch außerhalb seines Konsularbezirks wahrnehmen.

Art. 7 Wahrnehmung konsularischer Aufgaben in einem dritten Staat. Der Entsendestaat kann nach einer Notifikation an die beteiligten Staaten eine in einem Staat errichtete konsularische Vertretung auch mit der Wahrnehmung konsularischer Aufgaben in einem anderen Staat beauftragen, es sei denn, daß einer der beteiligten Staaten ausdrücklich Einspruch erhebt.

Art. 8 Wahrnehmung konsularischer Aufgaben für einen dritten Staat. Nach einer angemessenen Notifikation an den Empfangsstaat kann, sofern dieser keinen Einspruch erhebt, eine konsularische Vertretung des Entsendestaats im Empfangsstaat konsularische Aufgaben auch für einen dritten Staat wahrnehmen.

Art. 9 Klassen der Leiter konsularischer Vertretungen. (1) Die Leiter konsularischer Vertretungen sind in folgende vier Klassen eingeteilt:

a) Generalkonsuln,
b) Konsuln,
c) Vizekonsuln,
d) Konsularagenten.

(2) Absatz 1 schränkt das Recht einer Vertragspartei nicht ein, die Amtsbezeichnung derjenigen Konsularbeamten festzusetzen, die nicht Leiter konsularischer Vertretungen sind.

Art. 10 Bestellung und Zulassung von Leitern konsularischer Vertretungen. (1) Die Leiter konsularischer Vertretungen werden vom Entsendestaat bestellt und vom Empfangsstaat zur Wahrnehmung ihrer Aufgaben zugelassen.

(2) Vorbehaltlich dieses Übereinkommens bestimmen sich die Förmlichkeiten der Bestellung und der Zulassung des Leiters einer konsularischen Vertretung nach den Gesetzen und sonstigen Rechtsvorschriften sowie der Übung des Entsendestaats und des Empfangsstaats.

Art. 11 Bestallungsschreiben oder Notifikation der Bestellung (1) Der Entsendestaat versieht den Leiter einer konsularischen Vertretung mit einer Urkunde in Form eines Bestallungsschreibens oder eines entsprechenden Schriftstücks; die Urkunde wird für jede Bestellung ausgestellt; darin wird seine Eigenschaft bescheinigt und in der Regel sein Name und seine Vornamen, seine Kategorie und seine Klasse, der Konsularbezirk und der Sitz der konsularischen Vertretung angegeben.

(2) Der Entsendestaat übermittelt das Bestallungsschreiben oder das entsprechende Schriftstück auf diplomatischem oder einem anderen geeigneten Wege an die Regierung des Staates, in dessen Hoheitsgebiet der Leiter der konsularischen Vertretung seine Aufgaben wahrnehmen soll.

(3) Mit Zustimmung des Empfangsstaats kann der Entsendestaat das Bestallungsschreiben oder das entsprechende Schriftstück durch eine Notifikation ersetzen, welche die in Absatz 1 vorgesehenen Angaben enthält.

Art. 12 Exequatur. (1) Der Leiter einer konsularischen Vertretung wird zur Wahrnehmung seiner Aufgaben durch eine Ermächtigung des Empfangsstaats zugelassen, die unabhängig von ihrer Form als „Exequatur" bezeichnet wird.

(2) Lehnt ein Staat es ab, ein Exequatur zu erteilen, so ist er nicht verpflichtet, dem Entsendestaat die Gründe hierfür mitzuteilen.

(3) Vorbehaltlich der Artikel 13 und 15 kann der Leiter einer konsularischen Vertretung sein Amt nicht antreten, bevor er das Exequatur erhalten hat.

Art. 13 Vorläufige Zulassung des Leiters einer konsularischen Vertretung. Bis zur Erteilung des Exequaturs kann der Leiter einer konsularischen Vertretung zur Wahrnehmung seiner Aufgaben vorläufig zugelassen werden. In diesem Falle findet dieses Übereinkommen Anwendung.

Art. 14 Notifizierung an die Behörden des Konsularbezirks. Sobald der Leiter einer konsularischen Vertretung – wenn auch nur vorläufig – zur Wahrnehmung seiner Aufgaben zugelassen ist, hat der Empfangsstaat sofort die zuständigen Behörden des Konsularbezirks zu unterrichten. Er hat ferner dafür zu sorgen, daß die erforderlichen Maßnahmen getroffen werden, damit der Leiter der konsularischen Vertretung seine dienstlichen Obliegenheiten wahrnehmen und die in diesem Übereinkommen vorgesehene Behandlung genießen kann.

Art. 15 Vorübergehende Wahrnehmung der Aufgaben des Leiters einer konsularischen Vertretung. (1) Ist der Leiter einer konsularischen Vertretung außerstande, seine Aufgaben wahrzunehmen, oder ist sein Posten unbesetzt, so kann ein anderer vorübergehend als amtierender Leiter der konsularischen Vertretung tätig sein.

(2) Namen und Vornamen des amtierenden Leiters notifiziert die diplomatische Mission des Entsendestaats oder, wenn es eine solche im Empfangsstaat nicht gibt, der Leiter der konsularischen Vertretung oder, wenn dieser verhindert ist, eine zuständige Behörde des Entsendestaats dem Ministerium für Auswärtige Angelegenheiten des Empfangsstaats oder der von diesem Ministerium bezeichneten Behörde. In der Regel hat diese Notifizierung im voraus zu erfolgen. Der Empfangsstaat kann es von seiner Zustimmung abhängig machen, ob er als amtierenden Leiter eine Person zulassen will, die weder Diplomat noch Konsularbeamter des Entsendestaats im Empfangsstaat ist.

(3) Die zuständigen Behörden des Empfangsstaats haben dem amtierenden Leiter Beistand und Schutz zu gewähren. Während seiner Amtsführung wird dieses Übereinkommen auf ihn in gleicher Weise wie auf den Leiter der betreffenden konsularischen Vertretung angewendet. Jedoch braucht der Empfangsstaat dem amtierenden Leiter diejenigen Erleichterungen, Vorrechte und Immunitäten nicht zu gewähren, die der Leiter der konsularischen Vertretung nur auf Grund von Voraussetzungen genießt, die der amtierende Leiter nicht erfüllt.

(4) Bestellt unter den in Absatz 1 erwähnten Umständen der Entsendestaat ein Mitglied des diplomatischen Personals seiner diplomatischen Mission im Empfangsstaat zum amtierenden Leiter der konsularischen Vertretung, so genießt dieser weiterhin diplomatische Vorrechte und Immunitäten, falls der Empfangsstaat keinen Einspruch erhebt.

Art. 16 Rangfolge der Leiter konsularischer Vertretungen. (1) Innerhalb jeder Klasse richtet sich die Rangfolge der Leiter konsularischer Vertretungen nach dem Tag, an dem ihnen das Exequatur erteilt worden ist.

(2) Ist jedoch der Leiter einer konsularischen Vertretung vor der Erteilung des Exequaturs zur Wahrnehmung seiner Aufgaben vorläufig zugelassen worden, so richtet sich seine Rangfolge nach dem Tag der vorläufigen Zulassung; diese Rangfolge bleibt nach Erteilung des Exequaturs erhalten.

(3) Haben zwei oder mehr Leiter konsularischer Vertretungen das Exequatur oder die vorläufige Zulassung an demselben Tag erhalten, so richtet sich die Rangfolge zwischen ihnen nach dem Tag, an welchem dem Empfangsstaat ihr Bestallungsschreiben oder das entsprechende Schriftstück vorgelegt worden oder die in Artikel 11 Absatz 3 vorgesehene Notifikation bei ihm eingegangen ist.

(4) Amtierende Leiter konsularischer Vertretungen sind allen Leitern konsularischer Vertretungen in der Rangfolge nachgeordnet. Zwischen ihnen richtet sich die Rangfolge nach dem Tag, an dem sie, wie in der Notifikation nach Artikel 15 Absatz 2 angegeben, ihre Aufgaben als amtierender Leiter übernommen haben.

(5) Wahlkonsularbeamte, die konsularische Vertretungen leiten, sind innerhalb jeder Klasse den Berufskonsularbeamten, die Leiter konsularischer Vertretungen sind, in der Rangfolge nachgeordnet; zwischen ihnen richtet sich die Rangfolge nach den vorstehenden Absätzen.

(6) Leiter konsularischer Vertretungen stehen in der Rangfolge vor Konsularbeamten, die nicht diese Stellung haben.

Art. 17 Vornahme diplomatischer Amtshandlungen durch Konsularbeamte. (1) In einem Staat, wo der Entsendestaat weder eine diplomatische Mission unterhält noch durch die diplomatische Mission eines dritten Staates vertreten ist, kann mit Zustimmung des Empfangsstaats ein Konsularbeamter beauftragt werden, diplomatische Amtshandlungen vorzunehmen, ohne daß dies seine Stellung als Konsularbeamten berührt. Die Vornahme solcher Amtshandlungen durch einen Konsularbeamten verleiht diesem keinen Anspruch auf diplomatische Vorrechte und Immunitäten.

(2) Ein Konsularbeamter kann nach einer Notifikation an den Empfangsstaat den Entsendestaat bei jeder zwischenstaatlichen Organisation vertreten. Handelt er in dieser Eigenschaft, so hat er Anspruch auf alle Vorrechte und Immunitäten, die einem Vertreter bei einer zwischenstaatlichen Organisation auf Grund des Völkergewohnheitsrechts oder internationaler Übereinkünfte zustehen; soweit er jedoch konsularische

Aufgaben wahrnimmt, hat er keinen Anspruch auf eine weitergehende Immunität von der Gerichtsbarkeit, als einem Konsularbeamten auf Grund dieses Übereinkommens zusteht.

Art. 18 Bestellung derselben Person zum Konsularbeamten durch zwei oder mehr Staaten. Zwei oder mehr Staaten können mit Zustimmung des Empfangsstaats dieselbe Person zum Konsularbeamten in diesem Staat bestellen.

Art. 19 Bestellung der Mitglieder des konsularischen Personals. (1) Vorbehaltlich der Artikel 20, 22 und 23 bestellt der Entsendestaat die Mitglieder des konsularischen Personals nach freiem Ermessen.

(2) Namen und Vornamen, Kategorie und Klasse aller Konsularbeamten, die nicht Leiter einer konsularischen Vertretung sind, notifiziert der Entsendestaat dem Empfangsstaat so rechtzeitig, daß dieser, falls er es wünscht, die ihm in Artikel 23 Absatz 3 gewährten Rechte ausüben kann.

(3) Der Entsendestaat kann, wenn es seine Gesetze und sonstigen Rechtsvorschriften erfordern, den Empfangsstaat bitten, einem Konsularbeamten, der nicht Leiter einer konsularischen Vertretung ist, ein Exequatur zu erteilen.

(4) Der Empfangsstaat kann, wenn es seine Gesetze und sonstigen Rechtsvorschriften erfordern, einem Konsularbeamten, der nicht Leiter einer konsularischen Vertretung ist, ein Exequatur erteilen.

Art. 20 Personalbestand der konsularischen Vertretung. Ist keine ausdrückliche Vereinbarung über den Personalbestand der konsularischen Vertretung getroffen worden, so kann der Empfangsstaat verlangen, daß dieser Bestand in den Grenzen gehalten wird, die er in Anbetracht der im Konsularbezirk vorliegenden Umstände und Verhältnisse sowie der Bedürfnisse der betreffenden konsularischen Vertretung für angemessen und normal hält.

Art. 21 Rangfolge der Konsularbeamten einer konsularischen Vertretung. Die Rangfolge der Konsularbeamten einer konsularischen Vertretung und jede Änderung dieser Rangfolge notifiziert die diplomatische Mission des Entsendestaats oder, wenn es eine solche im Empfangsstaat nicht gibt, der Leiter der konsularischen Vertretung dem *Ministerium für* Auswärtige Angelegenheiten des Empfangsstaats oder der von diesem Ministerium bezeichneten Behörde.

Art. 22 Staatsangehörigkeit der Konsularbeamten. (1) Konsularbeamte sollen grundsätzlich Angehörige des Entsendestaats sein.[1]

---

[1] S. auch Art. II des Fakulativprotokolls über den Erwerb der Staatsangehörigkeit (BGBl. 1969 II S. 1675): „Mitglieder der konsularischen Vertretung, die nicht Angehörige des

(2) Angehörige des Empfangsstaats dürfen nur mit dessen ausdrücklicher Zustimmung zu Konsularbeamten bestellt werden; die Zustimmung kann jederzeit widerrufen werden.

(3) Der Empfangsstaat kann sich das gleiche Recht in bezug auf Angehörige eines dritten Staates vorbehalten, die nicht gleichzeitig Angehörige des Entsendestaats sind.

Art. 23 Erklärung zur persona non grata. (1) Der Empfangsstaat kann dem Entsendestaat jederzeit notifizieren, daß ein Konsularbeamter persona non grata oder daß ein anderes Mitglied des konsularischen Personals ihm nicht genehm ist. In diesen Fällen hat der Entsendestaat die betreffende Person entweder abzuberufen oder ihre dienstliche Tätigkeit bei der konsularischen Vertretung zu beenden.

(2) Weigert sich der Entsendestaat oder unterläßt er es innerhalb einer angemessenen Frist, seinen Verpflichtungen auf Grund des Absatzes 1 nachzukommen, so kann der Empfangsstaat entweder der betreffenden Person das Exequatur entziehen oder sie nicht weiterhin als Mitglied des konsularischen Personals betrachten.

(3) Eine zum Mitglied einer konsularischen Vertretung bestellte Person kann als nicht genehm erklärt werden, bevor sie im Hoheitsgebiet des Empfangsstaats eintrifft oder, wenn sie sich bereits dort befindet, bevor sie ihre dienstliche Tätigkeit in der konsularischen Vertretung aufnimmt. In diesen Fällen hat der Entsendestaat die Bestellung rückgängig zu machen.

(4) In den in den Absätzen 1 und 3 genannten Fällen ist der Empfangsstaat nicht verpflichtet, dem Entsendestaat die Gründe für seine Entscheidung mitzuteilen.

Art. 24 Notifizierung der Bestellungen, Ankünfte und Abreisen an den Empfangsstaat. (1) Dem Ministerium für Auswärtige Angelegenheiten des Empfangsstaats oder der von diesem Ministerium bezeichneten Behörde ist folgendes zu notifizieren:

a) die Bestellung von Mitgliedern einer konsularischen Vertretung, ihre Ankunft nach dieser Bestellung, ihre endgültige Abreise oder die Beendigung ihrer dienstlichen Tätigkeit sowie alle sonstigen ihre Stellung betreffenden Änderungen, die während ihrer Tätigkeit in der konsularischen Vertretung erfolgen;

b) die Ankunft und die endgültige Abreise eines im gemeinsamen Haushalt mit einem Mitglied einer konsularischen Vertretung lebenden Familienangehörigen und gegebenenfalls die Tatsache, daß eine Person Familienangehöriger wird oder diese Eigenschaft verliert;

c) die Ankunft und die endgültige Abreise von Mitgliedern des Privatpersonals und gegebenenfalls ihr Ausscheiden aus diesem Dienst;

Empfangsstaats sind, sowie die mit ihnen im gemeinsamen Haushalt lebenden Familienangehörigen erwerben nicht lediglich kraft der Rechtsvorschriften des Empfangsstaats dessen Staatsangehörigkeit.

d) die Anstellung und die Entlassung von im Empfangsstaat ansässigen Personen als Mitglied der konsularischen Vertretung oder als Mitglied des Privatpersonals mit Anspruch auf Vorrechte und Immunitäten.

(2) Die Ankunft und die endgültige Abreise sind nach Möglichkeit im voraus zu notifizieren.

Abschnitt II. Beendigung der konsularischen Tätigkeit

Art. 25 Beendigung der dienstlichen Tätigkeit eines Mitglieds einer konsularischen Vertretung. Die dienstliche Tätigkeit eines Mitglieds einer konsularischen Vertretung wird unter anderem dadurch beendet,

a) daß der Entsendestaat dem Empfangsstaat die Beendigung seiner dienstlichen Tätigkeit notifiziert,

b) daß das Exequatur entzogen wird, oder

c) daß der Empfangsstaat dem Entsendestaat notifiziert, er betrachte die betreffende Person nicht mehr als Mitglied des konsularischen Personals.

Art. 26 Abreise aus dem Hoheitsgebiet des Empfangsstaats. Der Empfangsstaat gewährt, auch im Fall eines bewaffneten Konflikts, den Mitgliedern der konsularischen Vertretung und des Privatpersonals, die nicht seine Staatsangehörigen sind, sowie den mit ihnen im gemeinsamen Haushalt lebenden Familienmitgliedern ungeachtet ihrer Staatsangehörigkeit die Zeit und die Erleichterungen, die erforderlich sind, damit sie ihre Abreise vorbereiten und sein Hoheitsgebiet so bald wie möglich nach Beendigung ihrer dienstlichen Tätigkeit verlassen können. Insbesondere stellt er ihnen im Bedarfsfall die benötigten Beförderungsmittel für sie selbst und ihre Vermögensgegenstände mit Ausnahme derjenigen zur Verfügung, die im Empfangsstaat erworben worden sind und deren Ausfuhr im Zeitpunkt der Abreise verboten ist.

Art. 27 Schutz der konsularischen Räumlichkeiten und Archive sowie der Interessen des Entsendestaats unter außergewöhnlichen Umständen. (1) Werden die konsularischen Beziehungen zwischen zwei Staaten abgebrochen,

a) so hat der Empfangsstaat, auch im Fall eines bewaffneten Konflikts, die konsularischen Räumlichkeiten, das Vermögen der konsularischen Vertretung und die konsularischen Archive zu achten und zu schützen;

b) so kann der Entsendestaat einem dem Empfangsstaat genehmen dritten Staat die Obhut der konsularischen Räumlichkeiten, des darin befindlichen Vermögens und der konsularischen Archive übertragen;

c) so kann der Entsendestaat einem dem Empfangsstaat genehmen dritten Staat den Schutz seiner Interessen und derjenigen seiner Angehörigen übertragen.

(2) Wird eine konsularische Vertretung vorübergehend oder endgültig geschlossen, so findet Absatz 1 Buchstabe a Anwendung. Ferner gilt folgendes:

a) Besitzt der Entsendestaat, obwohl er im Empfangsstaat nicht durch eine diplomatische Mission vertreten ist, in dessen Hoheitsgebiet noch eine andere konsularische Vertretung, so kann dieser die Obhut der Räumlichkeiten der geschlossenen konsularischen Vertretung, des darin befindlichen Vermögens und der konsularischen Archive sowie mit Zustimmung des Empfangsstaats die Wahrnehmung der konsularischen Aufgaben im Amtsbezirk der geschlossenen konsularischen Vertretung übertragen werden;

b) besitzt der Entsendestaat im Empfangsstaat weder eine diplomatische Mission noch eine andere konsularische Vertretung, so findet Absatz 1 Buchstaben b und c Anwendung.

Kapitel II. Erleichterungen, Vorrechte und Immunitäten für konsularische Vertretungen, Berufskonsularbeamte und sonstige Mitglieder einer konsularischen Vertretung[1)]

Abschnitt I. Erleichterungen, Vorrechte und Immunitäten für die konsularische Vertretung

Art. 28 Erleichterungen für die Tätigkeit der konsularischen Vertretung. Der Empfangsstaat gewährt der konsularischen Vertretung jede Erleichterung zur Wahrnehmung ihrer Aufgaben.

Art. 29 Benutzung der Nationalflagge und des Staatswappens. (1) Der Entsendestaat ist berechtigt, seine Nationalflagge und sein Wappen nach Maßgabe dieses Artikels im Empfangsstaat zu benutzen.

(2) Die Nationalflagge und das Wappen des Entsendestaats können an dem Gebäude, in welchem sich die konsularische Vertretung befindet, und an dessen Eingangstür, an der Residenz des Leiters der konsularischen Vertretung sowie an seinen Beförderungsmitteln, wenn dienstlich benutzt, geführt werden.

(3) Bei der Ausübung des in diesem Artikel gewährten Rechts sind die Gesetze und sonstigen Rechtsvorschriften sowie die Übung des Empfangsstaats zu berücksichtigen.

Art. 30 Unterbringung. (1) Der Empfangsstaat erleichtert nach Maßgabe seiner Gesetze und sonstigen Rechtsvorschriften dem Entsendestaat

---

[1)] Die Bundesrepublik Deutschland hat in einer am 8. 4. 1974 beim Generalsekretär der Vereinten Nationen eingegangenen Note unter Hinweis auf die am 9. 5. 1972 von der Regierung des Vereinigten Königreichs Großbritannien und Nordirland abgegebenen Erklärung mitgeteilt, daß sie Kapitel II des Wiener Übereinkommens vom 24. 4. 1963 über konsularische Beziehungen so auslegt und anwendet, daß die darin enthaltenen Bestimmungen *für alle Berufsbediensteten* einer konsularischen Vertretung (Konsularbeamte, Bedienstete des Verwaltungs- oder technischen Personals und Mitglieder des dienstlichen Hauspersonals) einschließlich derjenigen gelten, die einer von einem Honorarkonsularbeamten geleiteten konsularischen Vertretung zugeteilt sind (vgl. Bek. v. 12. 6. 1974, BGBl. II S. 945).

den Erwerb der für dessen konsularische Vertretung in seinem Hoheitsgebiet benötigten Räumlichkeiten oder hilft ihm, sich auf andere Weise Räumlichkeiten zu beschaffen.

(2) Erforderlichenfalls hilft der Empfangsstaat ferner der konsularischen Vertretung bei der Beschaffung geeigneten Wohnraums für ihre Mitglieder.

Art. 31 Unverletzlichkeit der konsularischen Räumlichkeiten

(1) Die konsularischen Räumlichkeiten sind in dem in diesem Artikel vorgesehenen Umfang unverletzlich.

(2) Die Behörden des Empfangsstaats dürfen den Teil der konsularischen Räumlichkeiten, den die konsularische Vertretung ausschließlich für ihre dienstlichen Zwecke benutzt, nur mit Zustimmung des Leiters der konsularischen Vertretung oder einer von ihm bestimmten Person oder des Chefs der diplomatischen Mission des Entsendestaats betreten. Jedoch kann bei Feuer oder einem anderen Unglück, wenn sofortige Schutzmaßnahmen erforderlich sind, die Zustimmung des Leiters der konsularischen Vertretung vermutet werden.

(3) Vorbehaltlich des Absatzes 2 hat der Empfangsstaat die besondere Pflicht, alle geeigneten Maßnahmen zu treffen, um die konsularischen Räumlichkeiten vor jedem Eindringen und jeder Beschädigung zu schützen und um zu verhindern, daß der Friede der konsularischen Vertretung gestört oder ihre Würde beeinträchtigt wird.

(4) Die konsularischen Räumlichkeiten, ihre Einrichtung, das Vermögen der konsularischen Vertretung und deren Beförderungsmittel genießen Immunität von jeder Beschlagnahme für Zwecke der Landesverteidigung oder des öffentlichen Wohls. Ist für solche Zwecke eine Enteignung notwendig, so werden alle geeigneten Maßnahmen getroffen, damit die Wahrnehmung der konsularischen Aufgaben nicht behindert wird; dem Entsendestaat wird sofort eine angemessene und wirksame Entschädigung gezahlt.

Art. 32 Befreiung der konsularischen Räumlichkeiten von der Besteuerung. (1) Die konsularischen Räumlichkeiten und die Residenz des eine konsularische Vertretung leitenden Berufskonsularbeamten, die im Eigentum des Entsendestaats oder einer für diesen handelnden Person stehen oder von ihnen gemietet oder gepachtet sind, sind von allen *staatlichen*, regionalen und kommunalen Steuern oder sonstigen Abgaben befreit, soweit diese nicht als Vergütung für bestimmte Dienstleistungen erhoben werden.

(2) Die in Absatz 1 vorgesehene Steuerbefreiung gilt nicht für diese Steuern und sonstigen Abgaben, wenn sie nach den Gesetzen und sonstigen Rechtsvorschriften des Empfangsstaats von einer Person zu ent-

richten sind, die mit dem Entsendestaat oder der für diesen handelnden Person Verträge geschlossen hat.

Art. 33 Unverletzlichkeit der konsularischen Archive und Schriftstücke. Die konsularischen Archive und Schriftstücke sind jederzeit unverletzlich, wo immer sie sich befinden.

Art. 34 Bewegungsfreiheit. Vorbehaltlich seiner Gesetze und sonstigen Rechtsvorschriften über Zonen, deren Betreten aus Gründen der nationalen Sicherheit verboten oder geregelt ist, gewährleistet der Empfangsstaat allen Mitgliedern der konsularischen Vertretung volle Bewegungs- und Reisefreiheit in seinem Hoheitsgebiet.

Art. 35 Verkehrsfreiheit. (1) Der Empfangsstaat gestattet und schützt den freien Verkehr der konsularischen Vertretung für alle amtlichen Zwecke. Die konsularische Vertretung kann sich im Verkehr mit der Regierung, den diplomatischen Missionen und den anderen konsularischen Vertretungen des Entsendestaats, wo immer sie sich befinden, aller geeigneten Mittel einschließlich diplomatischer oder konsularischer Kuriere, diplomatischen oder konsularischen Kuriergepäcks und verschlüsselter Nachrichten bedienen. Das Errichten und Betreiben einer Funksendeanlage ist der konsularischen Vertretung jedoch nur mit Zustimmung des Empfangsstaats gestattet.

(2) Die amtliche Korrespondenz der konsularischen Vertretung ist unverletzlich. Als „amtliche Korrespondenz" gilt die gesamte Korrespondenz, welche die konsularische Vertretung und ihre Aufgaben betrifft.

(3) Das konsularische Kuriergepäck darf weder geöffnet noch zurückgehalten werden. Haben jedoch die zuständigen Behörden des Empfangsstaats triftige Gründe für die Annahme, daß das Gepäck etwas anderes als Korrespondenz, Schriftstücke und Gegenstände im Sinne von Absatz 4 enthält, so können sie verlangen, daß ein ermächtigter Vertreter des Entsendestaats es in ihrer Gegenwart öffnet. Lehnen die Behörden des Entsendestaats dieses Verlangen ab, so wird das Gepäck an seinen Ursprungsort zurückbefördert.

(4) Gepäckstücke, die das konsularische Kuriergepäck bilden, müssen äußerlich sichtbar als solches gekennzeichnet sein; sie dürfen nur die amtliche Korrespondenz sowie ausschließlich für den amtlichen Gebrauch bestimmte Schriftstücke oder Gegenstände enthalten.

(5) Der konsularische Kurier muß ein amtliches Schriftstück mit sich führen, aus dem seine Stellung und die Anzahl der Gepäckstücke ersichtlich sind, die das konsularische Kuriergepäck bilden. Außer mit Zustimmung des Empfangsstaats darf er weder ein Angehöriger des

Empfangsstaats noch, wenn er nicht Angehöriger des Entsendestaats ist, im Empfangsstaat ständig ansässig sein. Bei der Wahrnehmung seiner Aufgaben wird dieser Kurier vom Empfangsstaat geschützt. Er genießt persönliche Unverletzlichkeit und unterliegt keiner Festnahme oder Haft irgendwelcher Art.

(6) Der Entsendestaat, seine diplomatischen Missionen und seine konsularischen Vertretungen können konsularische Kuriere ad hoc ernennen. Auch in diesen Fällen gilt Absatz 5; jedoch finden die darin erwähnten Immunitäten keine Anwendung mehr, sobald der Kurier das ihm anvertraute konsularische Kuriergepäck dem Empfänger ausgehändigt hat.

(7) Konsularisches Kuriergepäck kann dem Kapitän eines Seeschiffes oder eines gewerblichen Luftfahrzeugs anvertraut werden, dessen Bestimmungsort ein zugelassener Einreisehafen oder -flugplatz ist. Der Kapitän muß ein amtliches Schriftstück mit sich führen, aus dem die Anzahl der Gepäckstücke ersichtlich ist, die das Kuriergepäck bilden; er gilt jedoch nicht als konsularischer Kurier. Auf Grund einer Abmachung mit den zuständigen Ortsbehörden kann die konsularische Vertretung eines ihrer Mitglieder entsenden, um das Kuriergepäck unmittelbar und ungehindert von dem Kapitän des Seeschiffes oder Luftfahrzeugs entgegenzunehmen.

Art. 36 Verkehr mit Angehörigen des Entsendestaats. (1) Um die Wahrnehmung konsularischer Aufgaben in bezug auf Angehörige des Entsendestaats zu erleichtern, gilt folgendes:

a) Den Konsularbeamten steht es frei, mit Angehörigen des Entsendestaats zu verkehren und sie aufzusuchen. Angehörigen des Entsendestaats steht es in gleicher Weise frei, mit den Konsularbeamten ihres Staates zu verkehren und sie aufzusuchen;

b) die zuständigen Behörden des Empfangsstaats haben die konsularische Vertretung des Entsendestaats auf Verlangen des Betroffenen unverzüglich zu unterrichten, wenn in deren Konsularbezirk ein Angehöriger dieses Staates festgenommen, in Straf- oder Untersuchungshaft genommen oder ihm anderweitig die Freiheit entzogen ist. Jede von dem Betroffenen an die konsularische Vertretung gerichtete Mitteilung haben die genannten Behörden ebenfalls unverzüglich weiterzuleiten. Diese Behörden haben den Betroffenen unverzüglich über seine Rechte auf Grund dieser Bestimmung zu unterrichten;

c) Konsularbeamte sind berechtigt, einen Angehörigen des Entsendestaats aufzusuchen, der sich in Straf- oder Untersuchungshaft befindet oder dem anderweitig die Freiheit entzogen ist, mit ihm zu sprechen und zu korrespondieren sowie für seine Vertretung in rechtlicher Hinsicht zu sorgen. Sie sind ferner berechtigt, einen Angehörigen des Entsendestaats aufzusuchen, der sich in ihrem Konsularbezirk auf Grund eines Urteils in Strafhaft befindet oder dem auf Grund einer gerichtlichen Entscheidung anderweitig die Freiheit entzogen ist. Jedoch dürfen Konsularbeamte nicht für einen Staatsangehörigen tätig werden, der in Straf- oder Untersuchungshaft genommen oder dem anderweitig die Freiheit entzogen ist, wenn er ausdrücklich Einspruch dagegen erhebt.

(2) Die in Absatz 1 genannten Rechte sind nach Maßgabe der Gesetze und sonstigen Rechtsvorschriften des Empfangsstaats auszuüben; hierbei wird jedoch vorausgesetzt, daß diese Gesetze und sonstigen Rechtsvorschriften es ermöglichen müssen, die Zwecke vollständig zu verwirklichen, für welche die in diesem Artikel vorgesehenen Rechte eingeräumt werden.

Art. 37 Benachrichtigung bei Todesfällen, Vormundschaften oder Pflegschaften, bei Schiffbruch und Flugzeugunglücken. Verfügen die zuständigen Behörden des Empfangsstaats über die entsprechenden Auskünfte, so sind sie verpflichtet,

a) beim Tod eines Angehörigen des Entsendestaats unverzüglich die konsularische Vertretung zu benachrichtigen, in deren Amtsbezirk der Todesfall eingetreten ist;

b) die zuständige konsularische Vertretung unverzüglich von allen Fällen zu benachrichtigen, in denen die Bestellung eines Vormunds oder Pflegers im Interesse eines minderjährigen oder anderen nicht voll geschäftsfähigen Angehörigen des Entsendestaats angebracht erscheint. Die Benachrichtigung läßt jedoch die Anwendung der Gesetze und sonstigen Rechtsvorschriften des Empfangsstaats auf diese Bestellung unberührt;

c) unverzüglich die dem Ort des Unglücks am nächsten gelegene konsularische Vertretung zu benachrichtigen, wenn ein Schiff, das die Staatszugehörigkeit des Entsendestaats besitzt, im Küstenmeer oder in den inneren Gewässern des Empfangsstaats Schiffbruch erleidet oder auf Grund läuft oder wenn ein im Entsendestaat registriertes Luftfahrzeug im Hoheitsgebiet des Empfangsstaats verunglückt.

Art. 38 Verkehr mit den Behörden des Empfangsstaats. Bei der Wahrnehmung ihrer Aufgaben können sich die Konsularbeamten

a) an die zuständigen örtlichen Behörden ihres Konsularbezirks sowie

b) an die zuständigen Zentralbehörden des Empfangsstaats wenden, wenn und soweit letzteres auf Grund der Gesetze und sonstigen Rechtsvorschriften sowie der Übung des Empfangsstaats oder auf Grund entsprechender internationaler Übereinkünfte zulässig ist.

Art. 39 Konsulargebühren und -kosten. (1) Die konsularische Vertretung kann im Hoheitsgebiet des Empfangsstaats die in den Gesetzen und sonstigen Rechtsvorschriften des Entsendestaats für konsularische Amtshandlungen vorgesehenen Gebühren und Kosten erheben.

(2) Die vereinnahmten Beträge der in Absatz 1 genannten Gebühren und Kosten und die hierüber ausgestellten Quittungen sind im Empfangsstaat von allen Steuern und sonstigen Abgaben befreit.

Abschnitt II. Erleichterungen, Vorrechte und Immunitäten für Berufskonsularbeamte und andere Mitglieder der konsularischen Vertretung

Art. 40 Schutz der Konsularbeamten. Der Empfangsstaat behandelt die Konsularbeamten mit gebührender Achtung und trifft alle geeigneten Maßnahmen, um jeden Angriff auf ihre Person, ihre Freiheit oder ihre Würde zu verhindern.

Art. 41 Persönliche Unverletzlichkeit der Konsularbeamten. (1) Konsularbeamte unterliegen keiner Festnahme oder Untersuchungshaft, es sei denn wegen einer schweren strafbaren Handlung und auf Grund einer Entscheidung der zuständigen Justizbehörde.

(2) Außer in dem in Absatz 1 genannten Fall dürfen Konsularbeamte weder inhaftiert noch auf andere Weise in ihrer persönlichen Freiheit beschränkt werden, es sei denn in Vollstreckung einer rechtskräftigen gerichtlichen Entscheidung.

(3) Wird gegen einen Konsularbeamten ein Strafverfahren eingeleitet, so hat er vor den zuständigen Behörden zu erscheinen. Jedoch ist das Verfahren mit der ihm auf Grund seiner amtlichen Stellung gebührenden Rücksicht und, außer in dem in Absatz 1 vorgesehenen Fall, in einer Weise zu führen, welche die Wahrnehmung der konsularischen Aufgaben möglichst wenig beeinträchtigt. Ist es unter den in Absatz 1 genannten Umständen notwendig geworden, einen Konsularbeamten in Untersuchungshaft zu nehmen, so ist das Verfahren gegen ihn in kürzester Frist einzuleiten.

Art. 42 Benachrichtigung über Festnahme, Untersuchungshaft oder Strafverfolgung. Wird ein Mitglied des konsularischen Personals festgenommen, in Untersuchungshaft genommen oder wird ein Strafverfahren gegen dieses Mitglied eingeleitet, so hat der Empfangsstaat sofort den Leiter der konsularischen Vertretung zu benachrichtigen. Ist dieser selbst von einer der genannten Maßnahmen betroffen, so hat der Empfangsstaat den Entsendestaat auf diplomatischem Wege zu benachrichtigen.

Art. 43[1] Immunität von der Gerichtsbarkeit. (1) Konsularbeamte und Bedienstete des Verwaltungs- oder technischen Personals unter-

[1] S. auch § 19 des GerichtsverfassungsG (GVG): „(1) Die Mitglieder der im Geltungsbereich dieses Gesetztes errichteten konsularischen Vertretungen einschließlich der Wahlkon-

liegen wegen Handlungen, die in Wahrnehmung konsularischer Aufgaben vorgenommen worden sind, weder der Gerichtsbarkeit des Empfangsstaats noch Eingriffen seiner Verwaltungsbehörden.

(2) Absatz 1 wird jedoch nicht angewendet bei Zivilklagen,

a) wenn diese aus einem Vertrag entstehen, den ein Konsularbeamter oder ein Bediensteter des Verwaltungs- oder technischen Personals geschlossen hat, ohne dabei ausdrücklich oder sonst erkennbar im Auftrag des Entsendestaats zu handeln, oder

b) wenn diese von einem Dritten wegen eines Schadens angestrengt werden, der aus einem im Empfangsstaat durch ein Land-, Wasser- oder Luftfahrzeug verursachten Unfall entstanden ist.

Art. 44 Zeugnispflicht. (1) Mitglieder einer konsularischen Vertretung können in einem Gerichts- oder Verwaltungsverfahren als Zeugen geladen werden. Bedienstete des Verwaltungs- oder technischen Personals oder Mitglieder des dienstlichen Hauspersonals dürfen nur in den in Absatz 3 genannten Fällen das Zeugnis verweigern. Weigert sich ein Konsularbeamter auszusagen, so darf gegen ihn keine Zwangs- oder Strafmaßnahme getroffen werden.

(2) Die Behörde, welche das Zeugnis eines Konsularbeamten verlangt, darf ihn nicht bei der Wahrnehmung seiner Aufgaben behindern. Sie kann, soweit möglich, seine Aussage in seiner Wohnung oder in den Räumlichkeiten der konsularischen Vertretung, oder aber eine schriftliche Erklärung von ihm entgegennehmen.

(3) Mitglieder einer konsularischen Vertretung sind nicht verpflichtet, Zeugnis über Angelegenheiten zu geben, die mit der Wahrnehmung ihrer Aufgaben zusammenhängen, oder die darauf bezüglichen amtlichen Korrespondenzen und Schriftstücke vorzulegen. Sie sind auch berechtigt, die Aussage als Sachverständige über das Recht des Entsendestaats zu verweigern.

Art. 45 Verzicht auf Vorrechte und Immunitäten. (1) Der Entsendestaat kann hinsichtlich eines Mitglieds der konsularischen Vertretung auf die in den Artikeln 41, 43 und 44 vorgesehenen Vorrechte und Immunitäten verzichten.

(2) Der Verzicht muß vorbehaltlich des Absatzes 3 stets ausdrücklich erklärt und dem Empfangsstaat schriftlich mitgeteilt werden.

(3) Strengt ein Konsularbeamter oder ein Bediensteter des Verwaltungs- oder technischen Personals ein Gerichtsverfahren in einer Sache an, in der er nach Maßgabe des Artikels 43 Immunität von der Ge-

---

sularbeamten sind nach Maßgabe des Wiener Übereinkommens über konsularische Beziehungen vom 24. April 1963 (BGBl. 1969 II S. 1585 ff.) von der deutschen Gerichtsbarkeit befreit. Dies gilt auch, wenn ihr Entsendestaat nicht Vertragspartei dieses Übereinkommens ist; in diesem Falle findet Artikel 2 des Gesetzes vom 26. August 1969 zu dem Wiener Übereinkommen vom 24. April 1963 über konsularische Beziehungen (BGBl. 1969 II S. 1585) entsprechende Anwendung.

(2) Besondere völkerrechtliche Vereinbarungen über die Befreiung der in Absatz 1 genannten Personen von der deutschen Gerichtsbarkeit bleiben unberührt.

richtsbarkeit genießen würde, so kann er sich in bezug auf eine Widerklage, die mit der Hauptklage in unmittelbarem Zusammenhang steht, nicht auf die Immunität von der Gerichtsbarkeit berufen.

(4) Der Verzicht auf die Immunität von der Gerichtsbarkeit in einem Zivil- oder Verwaltungsgerichtsverfahren gilt nicht als Verzicht auf die Immunität von der Urteilsvollstreckung; hierfür ist ein besonderer Verzicht erforderlich.

Art. 46 Befreiung von der Ausländermeldepflicht und der Aufenthaltsgenehmigung. (1) Konsularbeamte und Bedienstete des Verwaltungs- oder technischen Personals sowie die mit ihnen im gemeinsamen Haushalt lebenden Familienmitglieder sind von allen in den Gesetzen und sonstigen Rechtsvorschriften des Empfangsstaats vorgesehenen Verpflichtungen in bezug auf die Ausländermeldepflicht und die Aufenthaltsgenehmigung befreit.

(2) Absatz 1 gilt jedoch weder für Bedienstete des Verwaltungs- und technischen Personals, die nicht ständige Bedienstete des Entsendestaats sind oder die eine private Erwerbstätigkeit im Empfangsstaat ausüben, noch für ihre Familienmitglieder.

Art. 47 Befreiung von der Arbeitserlaubnis. (1) Mitglieder der konsularischen Vertretung sind in bezug auf ihre Dienste für den Entsendestaat von allen in den Gesetzen und sonstigen Rechtsvorschriften des Empfangsstaats vorgesehenen Verpflichtungen hinsichtlich der Arbeitserlaubnis für ausländische Arbeitskräfte befreit.

(2) Mitglieder des Privatpersonals der Konsularbeamten und der Bediensteten des Verwaltungs- oder technischen Personals sind, wenn sie im Empfangsstaat keine andere private Erwerbstätigkeit ausüben, von den in Absatz 1 erwähnten Verpflichtungen befreit.

Art. 48 Befreiung vom System der sozialen Sicherheit. (1) Vorbehaltlich des Absatzes 3 sind die Mitglieder der konsularischen Vertretung in bezug auf ihre Dienste für den Entsendestaat und die mit ihnen im gemeinsamen Haushalt lebenden Familienangehörigen von den im Empfangsstaat geltenden Vorschriften über soziale Sicherheit befreit.

(2) Die in Absatz 1 vorgesehene Befreiung gilt auch für die *Mitglieder des Privatpersonals*, die ausschließlich bei Mitgliedern der konsularischen Vertretung beschäftigt sind, sofern sie

a) weder Angehörige des Empfangsstaats noch dort ständig ansässig sind und
b) den im Entsendestaat oder in einem dritten Staat geltenden Vorschriften über soziale Sicherheit unterstehen.

(3) Beschäftigen Mitglieder der konsularischen Vertretung Personen, auf welche die in Absatz 2 vorgesehene Befreiung keine Anwendung findet, so haben sie die Verpflichtungen zu beachten, welche die Vorschriften des Empfangsstaats über soziale Sicherheit den Arbeitgebern auferlegen.

(4) Die in den Absätzen 1 und 2 vorgesehene Befreiung schließt die freiwillige Beteiligung am System der sozialen Sicherheit des Empfangsstaats nicht aus, sofern dieser eine solche Beteiligung zuläßt.

Art. 49 Befreiung von der Besteuerung. (1) Konsularbeamte und Bedienstete des Verwaltungs- und technischen Personals sowie die mit ihnen im gemeinsamen Haushalt lebenden Familienmitglieder sind von allen staatlichen, regionalen und kommunalen Personal- und Realsteuern oder -abgaben befreit; ausgenommen hiervon sind

a) die normalerweise im Preis von Waren oder Dienstleistungen enthaltenen indirekten Steuern;

b) Steuern und sonstige Abgaben von privatem, im Hoheitsgebiet des Empfangsstaats gelegenem unbeweglichem Vermögen, jedoch vorbehaltlich des Artikels 32;

c) Erbschaftsteuern und Abgaben vom Vermögensübergang, die der Empfangsstaat erhebt, jedoch vorbehaltlich des Artikels 51 Buchstabe b;

d) Steuern und sonstige Abgaben von privaten Einkünften einschließlich Veräußerungsgewinnen, deren Quelle sich im Empfangsstaat befindet, sowie Vermögensteuern von Kapitalanlagen in gewerblichen oder Finanzunternehmen, die im Empfangsstaat gelegen sind;

e) Steuern, Gebühren und sonstige Abgaben, die als Vergütung für bestimmte Dienstleistungen erhoben werden;

f) Eintragungs-, Gerichts-, Beurkundungs-, Beglaubigungs-, Hypotheken- und Stempelgebühren, jedoch vorbehaltlich des Artikels 32.

(2) Die Mitglieder des dienstlichen Hauspersonals sind von Steuern und sonstigen Abgaben auf ihre Dienstbezüge befreit.

(3) Beschäftigen Mitglieder der konsularischen Vertretung Personen, deren Bezüge nicht von der Einkommensteuer im Empfangsstaat befreit sind, so haben sie die Verpflichtungen einzuhalten, welche die Gesetze und sonstigen Rechtsvorschriften dieses Staates den Arbeitgebern in bezug auf die Erhebung der Einkommensteuer auferlegen.

Art. 50 Befreiung von Zöllen und Zollkontrollen. (1) Nach Maßgabe seiner geltenden Gesetze und sonstigen Rechtsvorschriften gestattet der Empfangsstaat die Einfuhr der nachstehend genannten Gegenstände *und befreit* sie von allen Zöllen, Steuern und ähnlichen Abgaben mit

Ausnahme von Gebühren für Einlagerung, Beförderung und ähnlicher Dienstleistungen:

a) Gegenstände für den amtlichen Gebrauch der konsularischen Vertretung;

b) Gegenstände für den persönlichen Gebrauch des Konsularbeamten und der mit ihm im gemeinsamen Haushalt lebenden Familienmitglieder, einschließlich der für seine Einrichtung vorgesehenen Gegenstände. Die zum Verbrauch bestimmten Gegenstände dürfen die für die unmittelbare Verwendung durch die Beteiligten erforderliche Menge nicht überschreiten.

(2) Die Bediensteten des Verwaltungs- oder technischen Personals genießen die in Absatz 1 vorgesehenen Vorrechte und Befreiungen in bezug auf Gegenstände, die anläßlich ihrer Ersteinrichtung eingeführt werden.

(3) Konsularbeamte und die mit ihnen im gemeinsamen Haushalt lebenden Familienmitglieder genießen Befreiung von der Zollkontrolle ihres mitgeführten persönlichen Gepäcks. Es darf nur kontrolliert werden, wenn triftige Gründe für die Vermutung vorliegen, daß es Gegenstände enthält, die in Absatz 1 Buchstabe b nicht bezeichnet sind oder deren Ein- oder Ausfuhr nach den Gesetzen und sonstigen Rechtsvorschriften des Empfangsstaats verboten ist oder die dessen Gesetzen und sonstigen Rechtsvorschriften über Quarantäne unterliegen. In solchen Fällen darf die Kontrolle nur in Anwesenheit des Konsularbeamten oder des betreffenden Familienmitglieds stattfinden.

Art. 51 Nachlaß eines Mitglieds der konsularischen Vertretung oder eines seiner Familienangehörigen. Stirbt ein Mitglied der konsularischen Vertretung oder ein mit ihm im gemeinsamen Haushalt lebender Familienangehöriger, so ist der Empfangsstaat verpflichtet,

a) die Ausfuhr des beweglichen Vermögens des Verstorbenen mit Ausnahme von im Empfangsstaat erworbenen Vermögensgegenständen, deren Ausfuhr im Zeitpunkt des Todesfalles verboten war, zu gestatten,

b) von dem beweglichen Vermögen, das sich nur deshalb im Empfangsstaat befindet, weil sich der Verstorbene als Mitglied der konsularischen Vertretung oder als Familienangehöriger eines solchen in diesem Staat aufhielt, keine staatlichen, regionalen oder kommunalen Erbschaftsteuern oder Abgaben vom Vermögensübergang zu erheben.

Art. 52 Befreiung von persönlichen Dienstleistungen und Auflagen. Der Empfangsstaat befreit die Mitglieder der konsularischen Vertretung und die zu ihrem Haushalt gehörenden Familienmitglieder von allen persönlichen Dienstleistungen, von allen öffentlichen Dienstleistungen jeder Art und von militärischen Auflagen wie zum Beispiel Beschlagnahmen, Kontributionen und Einquartierungen.

Art. 53 Beginn und Ende konsularischer Vorrechte und Immunitäten. (1) Die in diesem Übereinkommen vorgesehenen Vorrechte und Immunitäten stehen den Mitgliedern der konsularischen Vertretung von dem Zeitpunkt an zu, in dem sie in das Hoheitsgebiet des Empfangsstaats einreisen, um dort ihren Posten anzutreten, oder, wenn sie sich bereits in seinem Hoheitsgebiet befinden, von dem Zeitpunkt an, in dem sie ihre dienstliche Tätigkeit in der konsularischen Vertretung aufnehmen.

(2) Den im gemeinsamen Haushalt mit einem Mitglied der konsularischen Vertretung lebenden Familienangehörigen sowie den Mitgliedern seines Privatpersonals stehen die in diesem Übereinkommen vorgesehenen Vorrechte und Immunitäten von dem Zeitpunkt an zu, in dem das Mitglied der konsularischen Vertretung nach Absatz 1 in den Genuß der Vorrechte und Immunitäten kommt oder in dem die Mitglieder der Familie oder des Privatpersonals in das Hoheitsgebiet des Empfangsstaats einreisen oder in dem sie Mitglied der Familie oder des Privatpersonals werden, je nachdem, welcher Zeitpunkt am spätesten liegt.

(3) Ist die dienstliche Tätigkeit eines Mitglieds einer konsularischen Vertretung beendet, so werden seine Vorrechte und Immunitäten sowie diejenigen der mit ihm im gemeinsamen Haushalt lebenden Familienangehörigen und der Mitglieder seines Privatpersonals normalerweise im Zeitpunkt der Ausreise des Betreffenden aus dem Empfangsstaat oder nach Ablauf einer hierfür gewährten angemessenen Frist hinfällig, je nachdem, welcher Zeitpunkt früher liegt; bis zu diesem Zeitpunkt bleiben sie bestehen, und zwar auch im Fall eines bewaffneten Konflikts. Die Vorrechte und Immunitäten der in Absatz 2 bezeichneten Personen werden beim Ausscheiden aus dem Haushalt oder dem Privatpersonal eines Mitglieds der konsularischen Vertretung hinfällig; beabsichtigen sie jedoch, innerhalb einer angemessenen Frist aus dem Empfangsstaat auszureisen, so bleiben ihre Vorrechte und Immunitäten bis zu ihrer Ausreise bestehen.

(4) In bezug auf die von einem Konsularbeamten oder einem Bediensteten des Verwaltungs- oder technischen Personals in Wahrnehmung seiner Aufgaben vorgenommenen Handlungen bleibt jedoch die Immunität von der Gerichtsbarkeit auf unbegrenzte Zeit bestehen.

(5) Stirbt ein Mitglied der konsularischen Vertretung, so genießen die mit ihm im gemeinsamen Haushalt lebenden Familienangehörigen weiterhin die ihnen zustehenden Vorrechte und Immunitäten bis zu ihrer

Ausreise aus dem Empfangsstaat oder bis zum Ablauf einer hierfür gewährten angemessenen Frist, je nachdem, welcher Zeitpunkt früher liegt.

Art. 54 Verpflichtungen dritter Staaten. (1) Reist ein Konsularbeamter, um sein Amt anzutreten oder um auf seinen Posten oder in den Entsendestaat zurückzukehren, durch das Hoheitsgebiet eines dritten Staates oder befindet er sich aus einem der genannten Gründe im Hoheitsgebiet dieses Staates, der ihm erforderlichenfalls einen Sichtvermerk erteilt hat, so gewährt ihm dieser Staat alle in den anderen Artikeln dieses Übereinkommens vorgesehenen Immunitäten, soweit sie für seine sichere Durchreise oder Rückkehr erforderlich sind. Das gleiche gilt, wenn im gemeinsamen Haushalt mit dem Konsularbeamten lebende Familienangehörige, denen Vorrechte und Immunitäten zustehen, ihn begleiten oder wenn sie getrennt von ihm reisen, um sich zu ihm zu begeben oder in den Entsendestaat zurückkehren.

(2) Unter den Voraussetzungen des Absatzes 1 dürfen dritte Staaten auch die Reise anderer Mitglieder der konsularischen Vertretung oder der mit ihnen im gemeinsamen Haushalt lebenden Familienangehörigen durch ihr Hoheitsgebiet nicht behindern.

(3) Dritte Staaten gewähren in bezug auf die amtliche Korrespondenz und sonstige amtliche Mitteilungen im Durchgangsverkehr, einschließlich verschlüsselter Nachrichten, die gleiche Freiheit und den gleichen Schutz, die der Empfangsstaat auf Grund dieses Übereinkommens zu gewähren verpflichtet ist. Konsularischen Kurieren, denen erforderlichenfalls ein Sichtvermerk erteilt worden ist, und konsularischem Kuriergepäck im Durchgangsverkehr gewähren sie die gleiche Unverletzlichkeit und den gleichen Schutz, die der Empfangsstaat auf Grund dieses Übereinkommens zu gewähren verpflichtet ist.

(4) Die Verpflichtungen dritter Staaten auf Grund der Absätze 1, 2 und 3 gelten gegenüber den in jenen Absätzen bezeichneten Personen sowie in bezug auf amtliche Mitteilungen und das konsularische Kuriergepäck auch dann, wenn sie sich infolge höherer Gewalt im Hoheitsgebiet des dritten Staates befinden.

Art. 55 Beachtung der Gesetze und sonstigen Rechtsvorschriften des Empfangsstaats. (1) Alle Personen, die Vorrechte und Immunitäten genießen, sind unbeschadet derselben verpflichtet, die Gesetze *und sonstigen* Rechtsvorschriften des Empfangsstaats zu beachten. Sie sind ferner verpflichtet, sich nicht in dessen innere Angelegenheiten einzumischen.

(2) Die konsularischen Räumlichkeiten dürfen nicht in einer Weise benutzt werden, die mit der Wahrnehmung der konsularischen Aufgaben unvereinbar ist.

(3) Absatz 2 schließt die Möglichkeit nicht aus, daß Büros anderer Institutionen oder Dienststellen in einem Teil des Gebäudes untergebracht werden, in dem sich die konsularischen Räumlichkeiten befinden; Voraussetzung hierfür ist, daß die Räumlichkeiten dieser Büros von den Räumlichkeiten getrennt sind, welche die konsularische Vertretung benutzt. In diesem Falle gelten diese Büros nicht als Teil der konsularischen Räumlichkeiten im Sinne dieses Übereinkommens.

Art. 56 Haftpflichtversicherung. Die Mitglieder der konsularischen Vertretung haben allen Verpflichtungen nachzukommen, die in den Gesetzen und sonstigen Rechtsvorschriften des Empfangsstaats in bezug auf die Haftpflichtversicherung für die von ihnen benutzten Land-, Wasser- oder Luftfahrzeuge vorgesehen sind.

Art. 57 Sonderbestimmungen über private Erwerbstätigkeit. (1) Berufskonsularbeamte dürfen im Empfangsstaat keinen freien Beruf und keine gewerbliche Tätigkeit ausüben, die auf persönlichen Gewinn gerichtet sind.

(2) Die in diesem Kapitel vorgesehenen Vorrechte und Immunitäten werden folgenden Personen nicht gewährt:

a) Bediensteten des Verwaltungs- oder technischen Personals oder Mitgliedern des dienstlichen Hauspersonals, die im Empfangsstaat eine private Erwerbstätigkeit ausüben;
b) Mitgliedern der Familie oder des Privatpersonals der unter Buchstabe a bezeichneten Personen;
c) Familienangehörigen eines Mitglieds einer konsularischen Vertretung, die im Empfangsstaat eine private Erwerbstätigkeit ausüben.

Kapitel III. Regelung für Wahlkonsularbeamte und die von ihnen geleiteten konsularischen Vertretungen

Art. 58 Allgemeine Bestimmungen über Erleichterungen, Vorrechte und Immunitäten. (1) Die Artikel 28, 29, 30, 34, 35, 36, 37, 38 und 39, Artikel 54 Absatz 3 und Artikel 55 Absätze 2 und 3 gelten für konsularische Vertretungen, die von Wahlkonsularbeamten geleitet werden. Außerdem bestimmen sich die Erleichterungen, Vorrechte und Immunitäten dieser konsularischen Vertretungen nach den Artikeln 59, 60, 61 und 62.

(2) Die Artikel 42 und 43, Artikel 44 Absatz 3, die Artikel 45 und 53 und Artikel 55 Absatz 1 gelten für Wahlkonsularbeamte. Außerdem bestimmen sich die Erleichterungen, Vorrechte und Immunitäten dieser Konsularbeamten nach den Artikeln 63, 64, 65, 66 und 67.

(3) Die in diesem Übereinkommen vorgesehenen Vorrechte und Immunitäten gelten nicht für Familienmitglieder eines Wahlkonsular-

beamten oder eines Bediensteten des Verwaltungs- oder technischen Personals, der in einer von einem Wahlkonsularbeamten geleiteten konsularischen Vertretung beschäftigt ist.

(4) Der Austausch von konsularischem Kuriergepäck zwischen zwei von Wahlkonsularbeamten geleiteten konsularischen Vertretungen in verschiedenen Staaten ist nur mit Zustimmung der beiden Empfangsstaaten zulässig.

Art. 59 Schutz der konsularischen Räumlichkeiten. Der Empfangsstaat trifft alle erforderlichen Maßnahmen, um die konsularischen Räumlichkeiten einer von einem Wahlkonsularbeamten geleiteten konsularischen Vertretung vor jedem Eindringen und jeder Beschädigung zu schützen und um zu verhindern, daß der Friede der konsularischen Vertretung gestört oder ihre Würde beeinträchtigt wird.

Art. 60 Befreiung der konsularischen Räumlichkeiten von der Besteuerung. (1) Die konsularischen Räumlichkeiten einer von einem Wahlkonsularbeamten geleiteten konsularischen Vertretung, die im Eigentum des Entsendestaats stehen oder von diesem gemietet oder gepachtet sind, genießen Befreiung von allen staatlichen, regionalen und kommunalen Steuern oder sonstigen Abgaben, soweit diese nicht als Vergütung für bestimmte Dienstleistungen erhoben werden.

(2) Die in Absatz 1 vorgesehene Steuerebefreiung gilt nicht für diese Steuern und sonstigen Abgaben, wenn sie nach den Gesetzen und sonstigen Rechtsvorschriften des Empfangsstaats von einer Person zu entrichten sind, die mit dem Entsendestaat Verträge geschlossen hat.

Art. 61 Unverletzlichkeit der konsularischen Archive und Schriftstücke. Die konsularischen Archive und Schriftstücke einer von einem Wahlkonsularbeamten geleiteten konsularischen Vertretung sind jederzeit unverletzlich, wo immer sie sich befinden, sofern sie von anderen Papieren und Schriftstücken getrennt gehalten werden, insbesondere von der Privatkorrespondenz des Leiters der konsularischen Vertretung und seiner Mitarbeiter sowie von den Gegenständen, Büchern oder Schriftstücken, die sich auf ihren Beruf oder ihr Gewerbe beziehen.

Art. 62 Befreiung von Zöllen. Nach Maßgabe seiner geltenden Gesetze und sonstigen Rechtsvorschriften gestattet der Empfangsstaat die Einfuhr der nachstehend genannten Gegenstände, sofern sie für den amtlichen Gebrauch einer von einem Wahlkonsularbeamten geleiteten konsularischen Vertretung bestimmt sind, und befreit sie von allen Zöllen, Steuern und ähnlichen Abgaben mit Ausnahme von Gebühren für Einlagerung, Beförderung und ähnliche Dienstleistungen: Wappen, Flaggen, Schilder, Siegel und Stempel, Bücher, amtliche Drucksachen, Büromöbel, Büromaterial und ähnliche Gegenstände, die der konsularischen

Vertretung vom Entsendestaat oder auf dessen Veranlassung geliefert werden.

Art. 63 Strafverfahren. Wird gegen einen Wahlkonsularbeamten ein Strafverfahren eingeleitet, so hat er vor den zuständigen Behörden zu erscheinen. Jedoch ist das Verfahren mit der ihm auf Grund seiner amtlichen Stellung gebührenden Rücksicht und, außer wenn der Betroffene festgenommen oder inhaftiert ist, in einer Weise zu führen, welche die Wahrnehmung der konsularischen Aufgaben möglichst wenig beeinträchtigt. Ist es notwendig geworden, einen Wahlkonsularbeamten in Untersuchungshaft zu nehmen, so ist das Verfahren gegen ihn in kürzester Frist einzuleiten.

Art. 64 Schutz des Wahlkonsularbeamten. Der Empfangsstaat ist verpflichtet, dem Wahlkonsularbeamten den auf Grund seiner amtlichen Stellung etwa erforderlichen Schutz zu gewähren.

Art. 65 Befreiung von der Ausländermeldepflicht und der Aufenthaltsgenehmigung. Wahlkonsularbeamte mit Ausnahme derjenigen, die im Empfangsstaat einen freien Beruf oder eine gewerbliche Tätigkeit ausüben, welche auf persönlichen Gewinn gerichtet sind, genießen Befreiung von allen in den Gesetzen und sonstigen Rechtsvorschriften des Empfangsstaats vorgesehenen Verpflichtungen in bezug auf die Ausländermeldepflicht und die Aufenthaltsgenehmigung.

Art. 66 Befreiung von der Besteuerung. Ein Wahlkonsularbeamter ist von allen Steuern und sonstigen Abgaben auf die Bezüge jeder Art befreit, die er vom Entsendestaat für die Wahrnehmung konsularischer Aufgaben erhält.

Art. 67 Befreiung von persönlichen Dienstleistungen und Auflagen. Der Empfangsstaat befreit die Wahlkonsularbeamten von allen persönlichen Dienstleistungen, von allen öffentlichen Dienstleistungen jeder Art und von militärischen Auflagen wie zum Beispiel Beschlagnahmen, Kontributionen und Einquartierungen.

Art. 68 Fakultativer Charakter der Institution des Wahlkonsularbeamten. Jeder Staat kann nach freiem Ermessen entscheiden, ob er Wahlkonsularbeamte bestellen oder empfangen will.

Kapitel IV. Allgemeine Bestimmungen

Art. 69 Konsularagenten, die nicht Leiter einer konsularischen Vertretung sind. (1) Jeder Staat kann nach freiem Ermessen entscheiden, ob er Konsularagenturen errichten oder zulassen will, denen Konsularagenten vorstehen, welche der Entsendestaat nicht zum Leiter der konsularischen Vertretung bestellt.

(2) Die Bedingungen, unter denen Konsularagenturen im Sinne von Absatz 1 ihre Tätigkeit ausüben können, und die Vorrechte und Immunitäten, welche die ihnen vorstehenden Konsularagenten genießen sollen, werden in gegenseitigem Einvernehmen zwischen dem Entsendestaat und dem Empfangsstaat festgesetzt.

Art. 70 Wahrnehmung konsularischer Aufgaben durch eine diplomatische Mission. (1) Dieses Übereinkommen gilt, soweit der Zusammenhang es erlaubt, auch für die Wahrnehmung konsularischer Aufgaben durch eine diplomatische Mission.

(2) Die Namen der Mitglieder einer diplomatischen Mission, die der Konsularabteilung zugeteilt oder sonst mit der Wahrnehmung der konsularischen Aufgaben der Mission beauftragt sind, werden dem Ministerium für Auswärtige Angelegenheiten des Empfangsstaats oder der von diesem Ministerium bezeichneten Behörde notifiziert.

(3) Bei der Wahrnehmung konsularischer Aufgaben kann sich die diplomatische Mission

a) an die örtlichen Behörden des Konsularbezirks sowie
b) an die Zentralbehörden des Empfangsstaats wenden, sofern letzteres auf Grund der Gesetze und sonstigen Rechtsvorschriften sowie der Übung des Empfangsstaats oder auf Grund entsprechender internationaler Übereinkünfte zulässig ist.

(4) Die Vorrechte und Immunitäten der in Absatz 2 bezeichneten Mitglieder der diplomatischen Mission richten sich auch weiterhin nach den Regeln des Völkerrechts über diplomatische Beziehungen.

Art. 71 Angehörige des Empfangsstaats und Personen, die dort ständig ansässig sind. (1) Soweit der Empfangsstaat nicht zusätzliche Erleichterungen, Vorrechte und Immunitäten gewährt, genießen Konsularbeamte, die Angehörige des Empfangsstaats oder dort ständig ansässig sind, lediglich Immunität von der Gerichtsbarkeit und persönliche Unverletzlichkeit wegen ihrer in Wahrnehmung ihrer Aufgaben vorgenommenen Amtshandlungen sowie das in Artikel 44 Absatz 3 vorgesehene Vorrecht. Hinsichtlich dieser Konsularbeamten ist der Empfangsstaat ferner durch die in Artikel 42 festgelegte Verpflichtung gebunden. Wird gegen einen solchen Konsularbeamten ein Strafverfahren eingeleitet, so ist dieses, außer wenn der Betroffene festgenommen oder inhaftiert ist, in einer Weise zu führen, welche die Wahrnehmung der konsularischen Aufgaben möglichst wenig beeinträchtigt.

(2) Anderen Mitgliedern der konsularischen Vertretung, die Angehörige des Empfangsstaats oder dort ständig ansässig sind, und ihren Fa-

milienmitgliedern sowie den Familienmitgliedern der in Absatz 1 bezeichneten Konsularbeamten stehen Erleichterungen, Vorrechte und Immunitäten nur in dem vom Empfangsstaat zugelassenen Umfang zu. Denjenigen Familienangehörigen von Mitgliedern der konsularischen Vertretung und denjenigen Mitgliedern des Privatpersonals, die Angehörige des Empfangsstaats oder dort ständig ansässig sind, stehen ebenfalls Erleichterungen, Vorrechte und Immunitäten nur in dem vom Empfangsstaat zugelassenen Umfang zu. Der Empfangsstaat darf jedoch seine Hoheitsgewalt über diese Personen nur so ausüben, daß er die Wahrnehmung der Aufgaben der konsularischen Vertretung nicht ungebührlich behindert.

Art. 72 Nichtdiskriminierung. (1) Bei der Anwendung dieses Übereinkommens unterläßt der Empfangsstaat jede diskriminierende Behandlung von Staaten.

(2) Es gilt jedoch nicht als Diskriminierung,[1]

a) wenn der Empfangsstaat eine Bestimmung dieses Übereinkommens deshalb einschränkend anwendet, weil sie im Entsendestaat auf seine eigenen konsularischen Vertretungen einschränkend angewandt wird;

b) wenn Staaten auf Grund von Gewohnheit oder Vereinbarung einander eine günstigere Behandlung gewähren, als es nach diesem Übereinkommen erforderlich ist.

Art. 73 Verhältnis zwischen diesem Übereinkommen und anderen internationalen Übereinkünften. (1) Dieses Übereinkommen läßt andere internationale Übereinkünfte unberührt, die zwischen deren Vertragsstaaten in Kraft sind.

(2) Dieses Übereinkommen hindert Staaten nicht daran, internationale Übereinkünfte zu schließen, die seine Bestimmungen bestätigen, ergänzen, vervollständigen oder deren Geltungsbereich erweitern.

---

[1] Vgl. hierzu auch Art. 2 des dt. ZustimmungsG v. 26. 8. 1969 (BGBl. 1969 II S. 1585): „Zur Durchführung des Artikels 72 Abs. 2 des Wiener Übereinkommens über konsularische Beziehungen vom 24. April 1963 wird die Bundesregierung ermächtigt,

a) konsularischen Vertretungen und ihren Mitgliedern auf der Grundlage besonderer Vereinbarung mit dem Entsendestaat im Wege der Rechtsverordnung weitergehende konsularische Vorrechte und Befreiungen nach Maßgabe der Gegenseitigkeit zu gewähren;

b) durch Rechtsverordnung zur Herstellung und Gewährleistung der Gegenseitigkeit zu bestimmen, daß die in dem Übereinkommen vereinbarten Vorrechte, Befreiungen und sonstigen Rechte konsularischen Vertretungen und deren Mitgliedern in der Bundesrepublik Deutschland nicht oder nicht in vollem Umfang gewährt werden, soweit die Entsendestaaten das Übereinkommen auf die bei ihnen bestehende konsularische Vertretung der Bundesrepublik Deutschland und ihre Mitglieder einschränkend anwenden. Die Bundesregierung wird insbesondere ermächtigt, die Tätigkeit konsularischer Vertretungen und ihrer Mitglieder in der Bundesrepublik Deutschland durch Rechtsverordnung der Art oder Wirkung nach gleichen Einschränkungen zu unterwerfen, die für die entsprechende Tätigkeit der konsularischen Vertretung der Bundesrepublik Deutschland im Entsendestaat gelten. Die Rechtsverordnung kann Bestimmungen über das Verfahren und über den Vollzug der vorgesehenen Maßnahmen enthalten."

Kapitel V. Schlußbestimmungen

Art. 74 Unterzeichnung. Dieses Übereinkommen liegt für alle Mitgliedstaaten der Vereinten Nationen oder einer ihrer Sonderorganisationen, für Vertragsstaaten der Satzung des Internationalen Gerichtshofs und für jeden anderen Staat, den die Generalversammlung der Vereinten Nationen einlädt, Vertragspartei des Übereinkommens zu werden, wie folgt zur Unterzeichnung auf: bis zum 31. Oktober 1963 im Bundesministerium für Auswärtige Angelegenheiten der Republik Österreich und danach bis zum 31. März 1964 am Sitz der Vereinten Nationen in New York.

Art. 75 Ratifizierung. Dieses Übereinkommen bedarf der Ratifizierung. Die Ratifizierungsurkunden sind beim Generalsekretär der Vereinten Nationen zu hinterlegen.

Art. 76 Beitritt. Dieses Übereinkommen liegt zum Beitritt für jeden Staat auf, der einer der in Artikel 74 bezeichneten vier Kategorien angehört. Die Beitrittsurkunden sind beim Generalsekretär der Vereinten Nationen zu hinterlegen.

Art. 77 Inkrafttreten. (1) Dieses Übereinkommen tritt am dreißigsten Tag nach Hinterlegung der zweiundzwanzigsten Ratifikations- oder Beitrittsurkunde beim Generalsekretär der Vereinten Nationen in Kraft.

(2) Für jeden Staat, der nach Hinterlegung der zweiundzwanzigsten Ratifikations- oder Beitrittsurkunde das Übereinkommen ratifiziert oder ihm beitritt, tritt es am dreißigsten Tag nach Hinterlegung seiner eigenen Ratifikations- oder Beitrittsurkunde in Kraft.

Art. 78 Notifikationen durch den Generalsekretär. Der Generalsekretär der Vereinten Nationen notifiziert allen Staaten, die einer der in Artikel 74 bezeichneten vier Kategorien angehören,

a) die Unterzeichnungen dieses Übereinkommens und die Hinterlegung der Ratifikations- oder Beitrittsurkunden gemäß den Artikeln 74, 75 und 76;

b) den Tag, an dem dieses Übereinkommen gemäß Artikel 77 in Kraft *tritt.*

Art. 79 Verbindliche Wortlaute. Die Urschrift dieses Übereinkommens dessen chinesischer, englischer, französischer, russischer und spanischer Wortlaut gleichermaßen verbindlich ist, wird beim Generalsekretär der Vereinten Nationen hinterlegt; dieser übermittelt allen Staaten, die einer der in Artikel 74 bezeichneten vier Kategorien angehören, beglaubigte Abschriften.

ZU URKUND DESSEN haben die unterzeichneten, von ihren Regierungen hierzu gehörig befugten Bevollmächtigten dieses Übereinkommen unterschrieben.

GESCHEHEN zu Wien am 24. April 1963.

Fakultativprotokoll über den Erwerb der Staatsangehörigkeit

(BGBl. 1969 II S. 1674)

(hier nicht abgedruckt, der wesentliche operative Artikel ist allerdings in einer Fn. zu Art. 22 der Konvention wiedergegeben)

Fakultativprotokoll über die obligatorische Beilegung von Streitigkeiten

(BGBl. 1969 II S. 1689)

(das Protokoll ist hier nicht abgedruckt; es ist aber inhaltlich identisch mit dem entsprechenden Protokoll zur Diplomatenrechtskonvention, abgedruckt unter ***Nr. 325****)*

330. Übereinkommen über die Verhütung, Verfolgung und Bestrafung von Straftaten gegen völkerrechtlich geschützte Personen einschließlich Diplomaten (Diplomatenschutzkonvention)[1),2),3),4)]

Vom 14. Dezember 1973

(BGBl. 1976 II S. 1746)

(Übersetzung)

DIE VERTRAGSSTAATEN DIESES ÜBEREINKOMMENS –

IN ANBETRACHT der Ziele und Grundsätze der Charta der Vereinten Nationen betreffend die Wahrung des Weltfriedens und die Förderung freundschaftlicher Beziehungen und der Zusammenarbeit zwischen den Staaten,

IN DER ERWÄGUNG, daß Straftaten gegen Diplomaten und andere völkerrechtlich geschützte Personen, die deren Sicherheit gefährden, die Aufrechterhaltung normaler, für die Zusammenarbeit zwischen den Staaten notwendiger internationaler Beziehungen ernstlich bedrohen,

IN DEM BEWUSSTSEIN, daß die Begehung solcher Straftaten der Völkergemeinschaft Anlaß zu ernster Besorgnis gibt,

ÜBERZEUGT, daß es dringend notwendig ist, geeignete und wirksame Maßnahmen zur Verhütung, Verfolgung und Bestrafung solcher Straftaten zu ergreifen –

HABEN FOLGENDES VEREINBART:

Art. 1 [Begriffsbestimmungen] Im Sinne dieses Übereinkommens

1. bedeutet der Ausdruck „völkerrechtlich geschützte Person"
   a) ein Staatsoberhaupt, einschließlich eines jeden Mitglieds eines Kollegialorgans, das nach der Verfassung des betreffenden Staates die Aufgaben eines Staatsoberhaupts wahrnimmt, einen Regierungschef oder einen Außenminister, wenn sie sich in einem fremden Staat aufhalten, sowie die sie begleitenden Familienmitglieder;
   b) *jeden* Vertreter oder jede Amtsperson eines Staates oder jeden Beamten oder sonstigen Beauftragten einer zwischenstaatlichen

---

1) In Kraft für die Bundesrepublik Deutschland am 24. 2. 1977 gemäß Bek. vom 31. 5. 1977 (BGBl. II S. 568).

2) Internationale Quelle: UNTS Bd. 1035 S. 167.

3) Stand der Vertragsparteien s. BGBl. Fundstellennachweis B, abgeschlossen am 31. Dezember jedes Jahres.

4) Kurztitel nicht amtlich.

Organisation, die zu der Zeit und an dem Ort der Begehung der gegen sie, ihre Diensträume, ihre Privatwohnung oder ihre Beförderungsmittel gerichteten Straftat nach dem Völkerrecht Anspruch auf besonderen Schutz gegen jeden Angriff auf ihre Person, Freiheit oder Würde haben, sowie die mit ihnen im gemeinsamen Haushalt lebenden Familienmitglieder;

2. bezeichnet der Ausdruck „Verdächtiger" eine Person, gegen die ausreichende tatsächliche Anhaltspunkte den Verdacht begründen, daß sie eine oder mehrere der in Artikel 2 genannten Straftaten begangen hat oder daran beteiligt war.

Art. 2 [Strafbare Handlungen] (1) Die vorsätzliche Begehung

a) einer Tötung, einer Entführung oder eines sonstigen Angriffs auf die Person oder Freiheit einer völkerrechtlich geschützten Person;

b) eines gewaltsamen Angriffs auf die Diensträume, die Privatwohnung oder die Beförderungsmittel einer völkerrechtlich geschützten Person, der geeignet ist, deren Person oder Freiheit zu gefährden;

c) einer Bedrohung mit einem solchen Angriff;

d) eines Versuchs eines solchen Angriffs und

e) einer Teilnahmehandlung an einem solchen Angriff

wird von jedem Vertragsstaat nach innerstaatlichem Recht mit Strafe bedroht.

(2) Jeder Vertragsstaat bedroht diese Straftaten mit angemessenen Strafen, welche die Schwere der Tat berücksichtigen.

(3) Die Absätze 1 und 2 berühren nicht die völkerrechtlichen Verpflichtungen der Vertragsstaaten, alle geeigneten Maßnahmen zu treffen, um sonstige Angriffe auf die Person, Freiheit oder Würde einer völkerrechtlich geschützten Person zu verhindern.

Art. 3 [Gerichtsbarkeit] (1) Jeder Vertragsstaat trifft die notwendigen Maßnahmen, um seine Gerichtsbarkeit über die in Artikel 2 genannten Straftaten in folgenden Fällen zu begründen:

a) wenn die Straftat im Hoheitsgebiet dieses Staates oder an Bord eines in diesem Staat eingetragenen Schiffes oder Luftfahrzeugs begangen wird;

b) wenn der Verdächtige Angehöriger dieses Staates ist;

c) wenn die Straftat gegen eine in Artikel 1 bezeichnete völkerrechtlich geschützte Person begangen wird, die ihre Rechtsstellung als solche auf Grund von Aufgaben genießt, die sie für diesen Staat wahrnimmt.

(2) Ebenso trifft jeder Vertragsstaat die notwendigen Maßnahmen, um seine Gerichtsbarkeit über diese Straftaten für den Fall zu begründen, daß der Verdächtige sich in seinem Hoheitsgebiet befindet und er ihn nicht nach Artikel 8 an einen der in Absatz 1 des vorliegenden Artikels genannten Staaten ausliefert.

(3) Dieses Übereinkommen schließt eine Strafgerichtsbarkeit, die nach innerstaatlichem Recht ausgeübt wird, nicht aus.

Art. 4 [Pflicht zur Zusammenarbeit] Die Vertragsstaaten arbeiten bei der Verhütung der in Artikel 2 genannten Straftaten zusammen, indem sie insbesondere

a) alle durchführbaren Maßnahmen treffen, um Vorbereitungen in ihren jeweiligen Hoheitsgebieten für die Begehung dieser Straftaten innerhalb oder außerhalb ihrer Hoheitsgebiete zu verhindern;

b) Informationen austauschen sowie Verwaltungs- und andere Maßnahmen miteinander abstimmen, die geeignet sind, die Begehung dieser Straftaten zu verhindern.

Art. 5 [Informationspflichten] (1) Der Vertragsstaat, in dem eine der in Artikel 2 genannten Straftaten begangen wurde und der Grund zu der Annahme hat, daß ein Verdächtiger aus seinem Hoheitsgebiet geflohen ist, übermittelt allen anderen in Betracht kommenden Staaten unmittelbar oder über den Generalsekretär der Vereinten Nationen alle sachdienlichen Angaben über die begangene Straftat und alle verfügbaren Informationen, welche die Identität des Verdächtigen betreffen.

(2) Ist eine der in Artikel 2 genannten Straftaten gegen eine völkerrechtlich geschützte Person begangen worden, so bemüht sich jeder Vertragsstaat, der Informationen über das Opfer und die Umstände der Straftat besitzt, diese Informationen unter den in seinem innerstaatlichen Recht vorgesehenen Voraussetzungen in vollem Umfang sofort dem Vertragsstaat zu übermitteln, für den die betreffende Person ihre Aufgaben wahrgenommen hat.

Art. 6 [Sicherstellung der Strafverfolgung] (1) Hält der Vertragsstaat, in dessen Hoheitsgebiet sich der Verdächtige befindet, es in Anbetracht der Umstände für gerechtfertigt, so trifft er nach seinem innerstaatlichen Recht die geeigneten Maßnahmen, um die Anwesenheit des Verdächtigen zum Zweck der Strafverfolgung oder der Auslieferung sicherzustellen. Diese Maßnahmen sind unverzüglich unmittelbar oder über den Generalsekretär der Vereinten Nationen zu notifizieren

a) dem Staat, in dem die Straftat begangen wurde;

b) dem oder den Staaten, deren Angehöriger der Verdächtige ist, oder, wenn er Staatenloser ist, in deren Hoheitsgebiet er seinen ständigen Aufenthalt hat;

c) dem oder den Staaten, deren Angehörige die betroffene völkerrechtlich geschützte Person ist oder für die sie ihre Aufgaben wahrgenommen hat;

d) allen anderen in Betracht kommenden Staaten und

e) der zwischenstaatlichen Organisation, deren Beamter oder sonstiger Beauftragter die betroffene völkerrechtlich geschützte Person ist.

(2) Jeder, gegen den die in Absatz 1 bezeichneten Maßnahmen getroffen werden, ist berechtigt,

a) unverzüglich mit dem nächsten zuständigen Vertreter des Staates, dessen Angehöriger er ist, der sonst zur Wahrung seiner Rechte befugt ist oder der, wenn der Betreffende staatenlos ist, auf seine Bitte zur Wahrung seiner Rechte bereit ist, in Verbindung zu treten und

b) den Besuch eines Vertreters dieses Staates zu empfangen.

Art. 7 [Pflicht zur Aburteilung] Der Vertragsstaat, in dessen Hoheitsgebiet sich der Verdächtige befindet, hat, wenn er ihn nicht ausliefert, den Fall ohne irgendeine Ausnahme und ohne unangemessene Verzögerung seinen zuständigen Behörden zum Zweck der Strafverfolgung in einem Verfahren nach seinem Recht zu unterbreiten.

Art. 8 [Auslieferung] (1) Soweit die in Artikel 2 genannten Straftaten nicht als der Auslieferung unterliegende strafbare Handlungen von einem zwischen den Vertragsstaaten bestehenden Auslieferungsvertrag erfaßt werden, gelten sie als in diesen Vertrag aufgenommen. Die Vertragsstaaten verpflichten sich, diese Straftaten als der Auslieferung unterliegende strafbare Handlungen in jeden künftig zwischen ihnen zu schließenden Auslieferungsvertrag aufzunehmen.

(2) Erhält ein Vertragsstaat, der die Auslieferung vom Bestehen eines Vertrags abhängig macht, ein Auslieferungsersuchen von einem anderen Vertragsstaat, mit dem er keinen Auslieferungsvertrag hat, so kann er, wenn er sich für die Auslieferung entscheidet, dieses Übereinkommen in bezug auf diese Straftaten als Rechtsgrundlage für die Auslieferung ansehen. Die Auslieferung unterliegt dem Verfahrensrecht und den übrigen im Recht des ersuchten Staates vorgesehenen Bedingungen.

(3) Vertragsstaaten, welche die Auslieferung nicht vom Bestehen eines Vertrags abhängig machen, erkennen unter sich diese Straftaten als der Auslieferung unterliegende strafbare Handlungen vorbehaltlich des Verfahrensrechts und der übrigen im Recht des ersuchten Staates vorgesehenen Bedingungen an.

(4) Diese Straftaten werden für die Zwecke der Auslieferung zwischen Vertragsstaaten so behandelt, als seien sie nicht nur an dem Ort, an dem sie sich ereignet haben, sondern auch in den Hoheitsgebieten der Staaten begangen worden, die verpflichtet sind, ihre Gerichtsbarkeit nach Artikel 3 Absatz 1 zu begründen.

Art. 9 [Fair Trial Grundsatz] Jedem, gegen den ein Verfahren wegen einer der in Artikel 2 genannten Straftaten durchgeführt wird, ist während des gesamten Verfahrens eine gerechte Behandlung zu gewährleisten.

Art. 10 [Überlassung von Beweismitteln] (1) Die Vertragsstaaten gewähren einander die weitestgehende Hilfe im Zusammenhang mit Verfahren, die in bezug auf die in Artikel 2 genannten Straftaten eingeleitet werden, einschließlich der Überlassung aller ihnen zur Verfügung stehenden und für das Verfahren erforderlichen Beweismittel.

(2) Absatz 1 läßt Verpflichtungen über die gegenseitige Rechtshilfe unberührt, die in anderen Verträgen enthalten sind.

Art. 11 [Information an UN-Generalsekretär] Der Vertragsstaat, in dem ein Verdächtiger strafrechtlich verfolgt wird, teilt den Ausgang des Verfahrens dem Generalsekretär der Vereinten Nationen mit; dieser unterrichtet die anderen Vertragsstaaten.

Art. 12 [Asylverträge] Dieses Übereinkommen läßt die Anwendung der im Zeitpunkt seiner Annahme geltenden Asylverträge zwischen den Vertragsstaaten dieser Verträge unberührt; jedoch kann sich ein Vertragsstaat dieses Übereinkommens gegenüber einem anderen Vertragsstaat, der nicht Vertragspartei jener Verträge ist, nicht auf diese berufen.

Art. 13 [Schiedsverfahren] (1) Jede Streitigkeit zwischen zwei oder mehr Vertragsstaaten über die Auslegung oder Anwendung dieses Übereinkommens, die nicht durch Verhandlungen beigelegt wird, ist auf Verlangen eines dieser Staaten einem Schiedsverfahren zu unterwerfen. Können sich die Parteien binnen sechs Monaten nach dem Zeitpunkt, zu dem das Schiedsverfahren verlangt worden ist, über seine Ausgestaltung nicht einigen, so kann jede dieser Parteien die Streitigkeit dem Internationalen Gerichtshof unterbreiten, indem sie einen seinem Statut entsprechenden Antrag stellt.

(2) Jeder Vertragsstaat kann bei der Unterzeichnung oder der Ratifikation des Übereinkommens oder dem Beitritt zu diesem erklären, daß er sich durch Absatz 1 nicht als gebunden betrachtet. Die anderen Vertragsstaaten sind gegenüber einem Vertragsstaat, der einen solchen Vorbehalt gemacht hat, durch Absatz 1 nicht gebunden.

(3) Ein Vertragsstaat, der einen Vorbehalt nach Absatz 2 gemacht hat, kann diesen Vorbehalt jederzeit durch eine an den Generalsekretär der Vereinten Nationen gerichtete Notifikation zurückziehen.

Art. 14 [Unterzeichnung] Dieses Übereinkommen liegt bis zum 31. Dezember 1974 am Sitz der Vereinten Nationen in New York für alle Staaten zur Unterzeichnung auf.

Art. 15 [Ratifikation] Dieses Übereinkommen bedarf der Ratifikation. Die Ratifikationsurkunden werden beim Generalsekretär der Vereinten Nationen hinterlegt.

Art. 16 [Beitritt] Dieses Übereinkommen liegt für alle Staaten zum Beitritt auf. Die Beitrittsurkunden werden beim Generalsekretär der Vereinten Nationen hinterlegt.

Art. 17 [Inkrafttreten] (1) Dieses Übereinkommen tritt am dreißigsten Tag nach Hinterlegung der zweiundzwanzigsten Ratifikations- oder Beitrittsurkunde beim Generalsekretär der Vereinten Nationen in Kraft.

(2) Für jeden Staat, der das Übereinkommen nach Hinterlegung der zweiundzwanzigsten Ratifikations- oder Beitrittsurkunde ratifiziert oder ihm beitritt, tritt es am dreißigsten Tag nach Hinterlegung der Ratifikations- oder Beitrittsurkunde durch diesen Staat in Kraft.

Art. 18 [Kündigung] (1) Jeder Vertragsstaat kann dieses Übereinkommen durch eine an den Generalsekretär der Vereinten Nationen gerichtete schriftliche Notifikation kündigen.

(2) Die Kündigung wird sechs Monate nach Eingang der Notifikation beim Generalsekretär der Vereinten Nationen wirksam.

Art. 19 [Pflichten des UN-Generalsekretärs] Der Generalsekretär der Vereinten Nationen unterrichtet alle Staaten unter anderem

a) über Unterzeichnungen dieses Übereinkommens, über die Hinterlegung von Ratifikations- oder Beitrittsurkunden nach den Artikeln 14, 15 und 16 und über Notifikationen nach Artikel 18;

b) über den Zeitpunkt, zu dem dieses Übereinkommen nach Artikel 17 in Kraft tritt.

Art. 20 [Verbindliche Wortlaute] Die Urschrift dieses Übereinkommens, dessen chinesischer, englischer, französischer, russischer und spanischer Wortlaut gleichermaßen verbindlich ist, wird beim Generalsekretär der Vereinten Nationen hinterlegt; dieser übermittelt allen Staaten beglaubigte Abschriften.

ZU URKUND DESSEN haben die von ihren Regierungen hierzu gehörig befugten Unterzeichneten dieses Übereinkommen, das am 14. Dezember 1973 in New York zur Unterzeichnung aufgelegt wurde, unterschrieben.

340. Revidierte Rheinschiffahrtsakte vom 17. Oktober 1868 (Mannheimer Akte)[1]

in der Neufassung des deutschen Wortlauts vom 11. März 1969[2)·3)]

(BGBl. 1969 II S. 597; geänd. durch Zusatzprotokoll v. 25.10.1972, BGBl. 1974 II S. 1385, geänd durch Zusatzprotokolle Nr. 2 und 3 v. 17.10.1979, BGBl. 1980 II S. 870, 875, Nr. 6 v. 21.10.1999, BGBl. 2002 II S. 1773 und Nr. 7 v. 27.11.2002, BGBl. 2003 II S. 1912)

Art. 1. (1) Die Schiffahrt auf dem Rhein und seinen Ausflüssen von Basel bis in das offene Meer soll, sowohl aufwärts als abwärts, unter Beachtung der in diesem Vertrage festgesetzten Bestimmungen und der zur Aufrechterhaltung der allgemeinen Sicherheit erforderlichen polizeilichen Vorschriften,[4] den Fahrzeugen aller Nationen zum Transport von Waren und Personen gestattet sein.

---

1) Gem. Bek. v. 12.6.1967 (BGBl. II S. 2000) hat die Akte Gültigkeit für die Länder **Belgien, Deutschland, Frankreich, Niederlande, Schweiz** und **Vereinigtes Königreich;** sie ist gem. Bek. v. 14.7.1925 für alle Vertragsparteien am 8.7.1925 in Kraft getreten (RGBl. 1925 II S. 659). Siehe auch die VerfO v. 23.10.1969, die gem. Bek. v. 23.1.1970 seit 1.4.1970 in Kraft ist (BGBl. 1970 II S. 37). Für alle Vertragsparteien ist das Zusatzprotokoll v. 25.10.1972 gem. Bek. v. 22.4.1975 am 27.2.1975 (BGBl. II S. 743), das Zusatzprotokoll Nr. 2 gem. Bek. v. 19.11.1985 am 1.2.1985 (BGBl. II S. 1214) und Nr. 3 gem. Bek. v. 8.9.1982 am 1.9.1982 (BGBl. II S. 858) in Kraft getreten. Das Protokoll Nr. 4 ist gem. seinem Art. II am 31.12.1999 wieder außer Kraft getreten. Das m. W. v. 1.1.2000 vorläufig angewandte Protokoll Nr. 5 v. 28.4.1999 ermöglichte bis zum 29.4.2003 befristete Strukturbereinigungsmaßnahmen in der Rheinschifffahrt. Das Prot. Nr. 6 (Änderung des Art. 32) v. 21.10.1999 (BGBl. 2002 II S. 1773) ist am 1.11 2011 in Kraft getreten (Bek. v. 14.12.2011, BGBl. 2012 II S. 77). Das Protokoll Nr. 7 (Änderung der Art. 22 und 23) v. 27.11.2002 (BGBl. 2003 II S. 1913) ist am 1.12 2004 in Kraft getreten. Vgl. auch das am 1.9.1997 in Kraft getretene (Bek. v. 12 4.1999, BGBl. 1999 II S. 388) Straßburger Übk. über die Beschränkung der Haftung in der Binnenschifffahrt (CLNI) v. 4.11.1988 (BGBl. 1998 II S. 1643), das am 1.11.2007 auch für Deutschland in Kraft getretene (Bek. v. 3.8.2007, BGBl. 2007 II S. 1390) Budapester Übereinkommen über den Vertrag über die Güterbeförderung (CMNI) v. 22.6.2001 (BGBl. 2007 II S. 298), das am 29.2.2008 für Deutschland in Kraft getretene (Bek. v. 23.2.2009, BGBl. 2009 II S. 162) Europäische Übereinkommen über internationale Beförderung von gefährlichen Gütern auf Binnenwasserstraßen (ADN) v. 26.5.2000 (BGBl. 2007 II S. 1906) sowie das am 1.11.2009 in Kraft getretene (Bek. v. 8.1.2010 BGBl. 2010 II S. 76) Übk. über die Sammlung, Abgabe und Annahme von Abfällen in der Rhein- und Binnenschifffahrt (CDNI) v. 9.9.1996 (BGBl. 2003 II S. 1799).

2) **Amtl. Anm.:** Die Neubek. läßt noch in Kraft befindliche Regelungen, die für das Rheinschiffahrtsregime und damit auch für die revidierte Rheinschiffahrtsakte von Bedeutung sind, unberührt.

3) Anmerkungen, durch die veraltete Ausdrücke verdeutlicht werden, sind amtlich.

4) Vgl. hierzu die Rheinschifffahrtspolizeiverordnung (RheinSchPV) v. 1.12.1993/18.5. 1994, in Kraft am 1.1.1995 (BGBl. 1994 II S. 3822 auf der Grundlage von Beschl. der *Zentralkommission* v. 4.6.2020 zuletzt geänd. durch VO v. 15.9.2020 (BGBl. II S. 699); die Rheinschiffsuntersuchungsordnung (RheinSchUO) v. *18.5.1994, in* Kraft am 1.1.1995 (BGBl. 1994 II S. 3822), zuletzt auf Grundlage von Beschl. der Zentralkommission v. 23.11.2006 geänd. durch VO v. 10.7.2007 (BGBl. II S. 874); die VO v. 15.2./17.5./24.11.1994 über die Beförderung gefährlicher Güter auf dem Rhein (ADNR), in Kraft am 1.1.1995 (BGBl. 1994 II S. 3830, zu den zahlr. Änd. der Anlagen dieser VO vgl. die Nachw. im Fundstellennachweis B). Vgl. nun auch die Verordnung über das Schiffspersonal auf dem Rhein (Schiffspersonalverordnung-Rhein – RheinSchPersV) v. 16.12.2011 (BGBl. II S. 1300), auf der Grundlage von Beschl. der Zentralkommission v. 8.12.2016 zuletzt geänd. durch VO v. 27.9.2017 (BGBl. II S. 1282).

(2) Abgesehen von diesen Vorschriften soll kein Hindernis, welcher Art es auch sein mag, der freien Schiffahrt entgegengesetzt werden.

(3) Der Lek und die Waal werden als zum Rhein gehörig betrachtet.

Art. 2. (1) Die zur Rheinschiffahrt gehörigen Schiffe und die vom Rhein herkommenden Holzflöße können auf jedem ihnen beliebigen Wege durch das niederländische Gebiet vom Rhein in das offene Meer oder nach Belgien und umgekehrt fahren.

(2) Sollte durch Naturereignisse oder Kunstanlagen einer der Wasserwege, welche die Verbindung des Rheins mit dem offenen Meer über Dordrecht, Rotterdam, Hellevoetsluis und Brielle vermitteln, in der Folge für die Schiffahrt unbrauchbar werden, so soll die zu dessen Ersatz der niederländischen Schiffahrt angewiesene Wasserstraße auch der Schiffahrt der übrigen Uferstaaten offen stehen.

(3)[1] Als zur Rheinschiffahrt gehörig wird jedes Schiff betrachtet, das zur Führung der Flagge eines der Vertragsstaaten berechtigt ist und sich hierüber durch eine von der zuständigen Behörde ausgestellte Urkunde[2] auszuweisen vermag.

Art. 3. (1) Auf dem Rhein, seinen Nebenflüssen, soweit sie im Gebiet der vertragenden Staaten liegen, und den im Artikel 2 erwähnten Wasserstraßen darf eine Abgabe, welche sich lediglich auf die Tatsache der Beschiffung gründet, weder von den Schiffen oder deren Ladungen, noch von den Flößen erhoben werden.

(2) Ebensowenig ist auf diesen Gewässern oberhalb Rotterdam und Dordrecht die Erhebung von Bojen- und Bakengeldern gestattet.

Art. 4.[3] Die zur Rheinschiffahrt gehörigen Schiffe sind berechtigt, Transporte von Waren und Personen zwischen zwei an den in Artikel 3 Absatz 1 genannten Wasserstraßen gelegenen Plätzen durchzuführen. Andere Schiffe sind zur Durchführung solcher Transporte nur nach Maßgabe von Bedingungen zugelassen, die von der Zentralkommission festgelegt werden.

Die Bedingungen für den Transport von Waren und Personen zwischen einem an den vorstehend genannten Wasserstraßen gelegenen Platz und einem Platz in einem dritten Staat durch nicht zur Rheinschiffahrt gehörige Schiffe werden in Vereinbarungen zwischen den beiden betroffenen Parteien festgelegt. Die Zentralkommission wird vor Abschluss derartiger Vereinbarungen konsultiert.

---

[1] Art. 2 Abs. 3 neugef. durch Art. I des Zusatzprot. Nr. 2 v. 17.10.1979 (BGBl. 1980 II S. 871).

[2] Vgl. hierzu die VO (EWG) Nr. 2919/85 v. 17.10.1985 (ABl. Nr. L 280/4).

[3] *Art. 4 neugef. durch* Art. II des Zusatzprot. Nr. 2 v. 17.10.1979 (BGBl. I 1980 II S. 871); vgl. dazu auch das Zeichnungsprot. zu diesem Zusatzprot. Nr. 2 (BGBl. 1980 II S. 873).

Die vertragschließenden Staaten werden gegenseitig die zur Rheinschiffahrt gehörigen Schiffe und deren Ladungen auf den vorstehend genannten Wasserstraßen in jeder Hinsicht ebenso behandeln wie die eigenen Rheinschiffe und deren Ladungen.

Art. 5. (1) Die Schiffer dürfen auf den obengenannten Wasserstraßen (Art. 3) nirgends gezwungen werden, ihre Ladung ganz oder teilweise zu löschen, oder an Bord eines anderen Schiffes zu bringen.

(2) Alle Stapel- und Umschlagsrechte sind und bleiben aufgehoben.

Art. 6. Von den auf dem Rhein ein- oder ausgehenden Waren dürfen keine höheren Eingangs- oder Ausgangsabgaben erhoben werden als beim Eingang oder Ausgang über die Landgrenze.

(Fortsetzung nächstes Blatt)

Art. 7. (1) Soweit nicht sanitätspolizeiliche Rücksichten entgegenstehen, ist die Durchfuhr aller Waren auf dem Rhein von Basel bis in das offene Meer gestattet.

(2) Die Uferstaaten werden, mag diese Durchfuhr direkt oder nach vorgängiger Umladung oder Lagerung in der Niederlage erfolgen, Durchgangsabgaben nicht erheben.

Art. 8. (1) Die gegenwärtigen, dem Rheinhandel angewiesenen Freihäfen sollen auch in Zukunft fortbestehen. Die Vermehrung derselben bleibt dem Ermessen der einzelnen Uferregierungen überlassen.

(2) Die in diesen Freihäfen zur Niederlage gebrachten Waren unterliegen, sofern sie nicht später in dem betreffenden Uferstaat oder dem Gebiet des Zoll- oder Steuersystems, welchem derselbe angehört, in den freien Verkehr gesetzt werden, keinerlei Ein- oder Ausgangsabgaben.

Art. 9. (1) Will ein Schiffer direkt und ohne Veränderung seiner Ladung durch das Gebiet eines Uferstaates oder mehrerer zu einem Zollsystem gehöriger Staaten durchfahren, so ist ihm die Fortsetzung der Reise ohne vorgängige spezielle Revision der Ladung unter der Bedingung zu gestatten, daß er sich der amtlichen Verschließung der Laderäume[1] oder der amtlichen Begleitung oder beiden Maßregeln zugleich, nach dem Ermessen der Zollbehörde, zu unterwerfen hat. In diesem Fall hat er dieser außerdem ein Manifest zu übergeben, das dem von der Zentralkommission beschlossenen Muster entspricht.

(2) Beim Ausgang hat er sodann an dem letzten Grenzzollamt, behufs Untersuchung und Abnahme des angelegten amtlichen Verschlusses, beziehungsweise der Zurückziehung der amtlichen Begleiter, anzuhalten.

(3) Im übrigen darf er auf seiner Fahrt aus Rücksicht auf das Zollinteresse, den Fall einer Zolldefraudation[2] ausgenommen (Art. 12), nicht angehalten werden.

(4) Die amtlichen Schiffsbegleiter haben kein anderes Recht, als Schiff und Ladung zur Verhütung von Einschwärzungen[3] zu überwachen. Sie haben von dem Schiffsführer unentgeltlich Teilnahme an der Kost der Schiffsmannschaft sowie das nötige Feuer und Licht, sonst aber keine Vergütung zu fordern oder anzunehmen.

(5) Tritt unterwegs, infolge von Naturereignissen oder anderen unvermeidlichen Zufällen, die Notwendigkeit ein, eine Veränderung der Ladung vorzunehmen und zu diesem Zweck den Verschluß zu lösen, so hat der Schiffsführer sich deshalb vorher an die nächsten Zollbeam-

---

[1] Vgl. hierzu die Ordnung für den Zollverschluß der Rheinschiffe, in Kraft gesetzt durch VO v. 16. 8. 1950 (BGBl. S. 415), geänd. durch VOen v. 22. 5. 1951 (BGBl. II S. 119), v. 25. 9. 1954 (BGBl. II S. 1033) und v. 24. 9. 1958 (BGBl. II S. 351).

[2] = „Schmuggel".

[3] = „Schmuggel".

ten zu wenden und deren Ankunft abzuwarten. Ist die Gefahr so dringend, daß ihm dazu genügende Zeit nicht übrig bleibt, so muß er die nächste Ortsobrigkeit benachrichtigen, welche sodann die Abnahme des Verschlusses bewirken und den Tatbestand zu Protokoll feststellen wird.

(6) Hat der Schiffer eigenmächtig Vorkehrungen getroffen, ohne das Einschreiten der Zollbeamten oder der Ortsbehörde zu beantragen oder abzuwarten, so hat er in glaubhafter Weise darzutun, daß davon die Rettung des Schiffes oder der Ladung oder die Abwendung einer dringenden Gefahr abgehangen habe. Er muß in einem solchen Falle unverzüglich nach Beseitigung der Gefahr bei den nächsten Zollbeamten oder, wenn diese nicht zu erreichen sind, bei der nächsten Ortsobrigkeit Anzeige machen und die Feststellung des Tatbestands veranlassen.

Art. 10. In bezug auf die Abfertigung derjenigen Waren, welche auf dem Rhein mit der Bestimmung eingehen, im Land zu bleiben, sowie in bezug auf die zur Ausfuhr bestimmten und die nach vorgängiger Umladung oder Lagerung in Freihäfen oder in anderen Niederlagen auf dem Rhein durchgehenden Waren finden die allgemeinen gesetzlichen Bestimmungen desjenigen Uferstaates Anwendung, über dessen Grenze die Ein- beziehungsweise Aus- oder Durchfuhr erfolgt.

Art. 11. (1) Jede Regierung bestimmt für den Umfang ihres Staatsgebietes die Häfen und Ladungsplätze, wo – abgesehen von den Freihäfen (Art. 8) – es gestattet sein soll, ein- oder auszuladen.

(2) An anderen Orten darf ein Schiffsführer ohne Erlaubnis der Behörde nur dann ein- oder ausladen, wenn Naturereignisse oder Unglücksfälle die Fortsetzung der Reise ganz verhindern oder nur mit dringender Gefahr für Schiff oder Ladung möglich machen.

(3) Landet er aus solcher Veranlassung an einem Ort, wo sich eine Zollbehörde befindet, so hat er sich bei dieser zu melden und die weiteren Anordnungen derselben zu befolgen.

(4) Befindet sich am Landungsplatz keine Zollbehörde, so muß er der Ortsobrigkeit von seiner Ankunft unverzüglich Anzeige erstatten. Diese hat die Umstände, welche den Schiffsführer zum Anlanden bestimmt haben, zu Protokoll festzustellen und der nächsten Zollbehörde desselben Gebietes Mitteilung zu machen.

(5) Wird, um die Ware keiner weiteren Gefahr auszusetzen, das Schiff ausgeladen, so hat der Schiffsführer sich jeder weiteren gesetzlichen Maßregel zur Verhinderung von Einschwärzungen[1] zu unterwerfen. Von den Waren, die er nachher wieder einnimmt, um seine Reise fortzusetzen, sind Ein- oder Ausgangsabgaben nicht zu entrichten.

[1] = „Schmuggel".

(6) Hat der Schiffsführer eigenmächtig Vorkehrungen getroffen, ohne das Einschreiten der Zollbeamten oder der Ortsbehörde zu beantragen, so tritt die im Artikel 9 Absatz 6 angegebene Folge ein.

Art. 12. (1) Wird ein Schiffsführer überwiesen,[1] daß der Schleichhandel zu treiben[2] versucht habe, so soll ihn die Freiheit der Rheinschiffahrt für seine Person und für die Waren, die er unerlaubterweise hat ein- oder ausführen wollen, gegen die Verfolgung der Zollbeamten nicht schützen. Die übrigen in dem Schiff befindlichen Waren dürfen jedoch wegen eines solchen Versuchs nicht mit Beschlag belegt, noch soll überhaupt gegen einen solchen Schiffsführer strenger verfahren werden, als es die Gesetze des Staates, in dessen Gebiet der Unterschleif[3] entdeckt wird, zulassen.

(2) Werden von den Grenzzollämtern Abweichungen der Ladung von dem Manifest entdeckt, so finden die bestehenden Landesgesetze in bezug auf die Bestrafung wegen unrichtiger Deklaration Anwendung.

Art. 13. Wo sich mehrere Uferstaaten zu einem gemeinsamen Zoll- oder Steuersystem vereinigt haben, ist bezüglich der Anwendung der Artikel 6 bis 12 die Grenze des Vereinsgebiets als Landesgrenze anzusehen.

Art. 14. Die vertragenden Teile sind darüber einverstanden, daß alle Erleichterungen, welche für den Ein-, Aus- und Durchgang von Waren auf andern Land- und Wasserstraßen eingeführt werden, auch für den Ein-, Aus- und Durchgang auf dem Rhein zugestanden werden sollen.

Art. 15–21. *(aufgehoben)*[4]

Art. 22.[5] (1) Bevor ein Schiff seine erste Fahrt auf dem Rhein antritt, hat der Eigentümer oder Führer eine Bescheinigung über die Tauglichkeit und genügende Ausrüstung desselben für denjenigen Teil der Rheinschiffahrt, für welchen es bestimmt ist, zu erwirken.

---

[1] = „überführt"

[2] = „zu schmuggeln"

[3] = „Zuwiderhandlung"

[4] Art. 15–21 außer Kraft gesetzt durch Art. 6 Vereinbarung über die Erteilung von Rheinschifferpatenten v. 14. 12. 1922 (RGBl. 1925 II S. 147) und nunmehr ersetzt durch die VO über die Erteilung von Patenten für den Rhein (Rheinpatentverordnung – RheinPatentV) vom 25. 4./28. 11. 1996 (BGBl. 1997 II S. 2176) in Kraft gesetzt mit Wirkung vom 1. 1. 1998 durch VO vom 15. 12. 1997 (BGBl. 1997 II S. 2174); zuletzt geänd. auf der Grundlage eines Beschl. der Zentralkommission v. 23. 11. 2006 durch VO v. 10. 7. 2007 (BGBl. II S. 874). Gleichzeitig tritt die VO über die Erteilung von Rheinschifferpatenten, in Kraft gesetzt durch VO v. 26. 3. 1976 (BGBl. I S. 757/761), zul. geänd. durch VO v. 24. 6. 1986 (BGBl. I S. 933), außer Kraft.

Vgl. auch die VO über die Erteilung von Radarpatenten (BGBl. 2002 II S. 818, auf der Grundlage eines Beschlusses der Zentralkommission zuletzt geänd. durch VO v. 19. 12. 2003 (BGBl. 2003 II S. 2132, ber. BGBl. 2004 II S. 680).

[5] Art. 22 geänd. durch Prot. Nr. 7 v. 27. 11. 2002.

(2) Diese Bescheinigung (Schiffsattest) wird von der zuständigen Behörde eines der Vertragsstaaten aufgrund einer durch Sachverständige vorgenommenen Untersuchung ausgestellt.

(3) Sowohl an dem Schiff als auf dem Schiffsattest sind der Name und die höchste zulässige Einsenkungstiefe des Schiffes zu bezeichnen.

(4) Die Untersuchung ist nach jeder wesentlichen Veränderung oder Reparatur des Schiffs und außerdem auf Verlangen des Befrachters zu wiederholen und das Ergebnis auf dem Schiffsattest zu verzeichnen.

(5) Jeder Vertragsstaat kann, wenn er es für angemessen befindet, eine Untersuchung auf seine Kosten vornehmen lassen.

(6) Das Schiffsattest muß sich während der Fahrt jederzeit an Bord des Schiffes befinden. Es ist den Hafen- und Polizeibehörden auf Erfordern vorzuzeigen.

Art. 23.[1] (1) Die Zentralkommission bestimmt in den Ausführungsverordnungen zu Artikel 22 dieser Akte sowie zu der Vereinbarung über die Ordnung, betreffend die Rheinschifferpatente vom 14. Dezember 1922, die Arten von Fahrzeugen, die ganz oder teilweise vom Anwendungsbereich dieser Verordnungen ausgenommen werden.

(2) Ungeachtet des Artikels 22 Absatz 2 und des Artikels 1 der Vereinbarung über die Erteilung von Rheinschifferpatenten vom 14. Dezember 1924 kann die Zentralkommission andere Schiffsatteste und andere Schifferpatente anerkennen, wenn diese auf der Grundlage von Vorschriften, die gleichwertig mit denjenigen sind, die sie in Anwendung dieser Akte festlegt, sowie von Verfahren, die deren tatsächliche Einhaltung gewährleisten, erteilt werden. Diese Anerkennung kann widerrufen werden, wenn die Zentralkommission feststellt, dass die festgelegten Bedingungen nicht mehr erfüllt sind. Die Einzelheiten werden in den entsprechenden Ausführungsverordnungen geregelt.

Art. 24. Mit Ausnahme der Vorschrift im Artikel 32 beziehen die Bestimmungen dieser Akte sich nicht auf das Übersetzen von einem Ufer nach dem gegenüberliegenden.

Art. 25. (1) Die Flößer haben für jedes Floß, mit welchem sie den Rhein befahren wollen, eine Bescheinigung der betreffenden Landesbehörde nach beiliegendem Muster B[2] mit sich zu führen, aus welcher die Zahl und Art der Hölzer sowie deren Gewicht ersichtlich sein muß.

(2) Diese Bescheinigung (Floßschein) vertritt die Stelle des Manifestes (Art. 9) und ist den Polizei-, Hafen-, Zoll- und Wasserbaubeamten sowie den Floß-Untersuchungskommissionen auf Erfordern vorzuzeigen.

---

[1] *Art. 23* neugef. durch Art. I des Zusatzprot. Nr. 3 v. 17. 10. 1979 (BGBl. 1980 II S. 876). Abs. 2 eingef. durch Prot. Nr. 7 v. 27. 11. 2002.

[2] Das Muster ist hier nicht abgedruckt.

(3) Die Vorschriften der Artikel 9 bis 14 finden auch auf Flöße und deren Führer Anwendung.

Art. 26. (1) Die Vorschriften über den Dienst der Lotsen oder Steuerleute sowie der Wahrschauer und die von denselben zu erhebenden Gebühren bleiben jeder Uferregierung vorbehalten.

(2) Es darf jedoch kein Schiffer oder Flößer genötigt werden, einen Lotsen oder Steuermann an Bord zu nehmen. Auch ist die Erhebung einer Gebühr überhaupt nur dann zulässig, wenn von den Dienstleistungen der Lotsen oder Steuerleute wirklich an Bord des Schiffes Gebrauch gemacht worden ist.

Art. 27. (1) Die Uferregierungen werden dafür Sorge tragen, daß in den Freihäfen sowie in den übrigen Hafenstädten am Rhein die nötigen Einrichtungen zur Erleichterung der Ein- und Ausladungen und

(Fortsetzung nächstes Blatt)

zur Niederlage der Waren vorhanden seien und in gutem Stande erhalten werden.

(2) Zur Bestreitung der notwendigen Unterhaltungs- und Beaufsichtigungskosten kann ein entsprechendes Entgelt erhoben werden. Sobald der Ertrag dieses Entgeltes die eben erwähnten Kosten übersteigt, muß dasselbe verhältnismäßig herabgesetzt werden.

(3) Es ist jedoch eine Gebühr überhaupt nur insoweit zu entrichten, als von den Anstalten wirklich Gebrauch gemacht wird.

Art. 28. (1) Die vertragenden Teile machen sich, wie bisher, verbindlich, innerhalb der Grenzen ihres Gebietes das Fahrwasser des Rheins und die vorhandenen Leinpfade in guten Stand zu setzen und darin zu erhalten. Diese Festsetzung findet auch auf die Wasserstraßen zwischen Gorinchem, Krimpen, Dordrecht und Rotterdam Anwendung.

(2) Auf Stromstrecken, welche noch nicht hinreichend instand gesetzt sind und deshalb ein veränderliches Fahrwasser haben, wird letzteres von der Regierung, in deren Gebiet die Stromstrecke gelegen ist, kenntlich durch Baken bezeichnet werden.

(3) Befinden sich solche Stromstrecken in den Gebieten zweier sich gegenüberliegender Uferstaaten, so trägt jeder von ihnen die Hälfte der Anlage- und Unterhaltungskosten.

Art. 29. Die Staaten, deren Uferstrecken aneinandergrenzen oder sich gegenüberliegen, werden behufs zweckmäßiger und gegenseitig unnachteiliger Ausführung von Bauwerken, welche auf den Strom oder die Ufer im Gebiet des andern Staates unmittelbar eine Wirkung ausüben können, sich die Pläne solcher von ihnen beabsichtigten Anlagen mitteilen und sich über die bei deren Ausführung in Betracht kommenden Verhältnisse verständigen.

Art. 30. (1) Die Uferregierungen werden dafür Sorge tragen, daß die Schiffahrt auf dem Rhein durch Mühlen, Triebwerke, Brücken oder andere künstliche Anlagen keinerlei Hindernis finde, und daß namentlich der Durchlaß der Schiffe durch die Brücken ohne Verzug bewirkt werde. Die Erhebung einer Gebühr für das Öffnen oder Schließen der letzteren ist unstatthaft.

(2) Konzessionen zu neuen Schiffsmühlen sollen fortan nicht erteilt werden.

Art. 31. (1) Von Zeit zu Zeit sollen Strombefahrungen durch Wasserbautechniker sämtlicher Uferstaaten vorgenommen werden, um die Beschaffenheit des Stromes, die Wirkung der zu dessen Verbesserung getroffenen Maßregeln und die etwa eingetretenen neuen Hindernisse einer regelmäßigen Schiffahrt zu untersuchen und festzustellen.

(2) Über den Zeitpunkt und die Ausdehnung dieser Befahrungen hat die Zentralkommission (Art. 43) Beschluß zu fassen. Die Techniker haben ihr über das Ergebnis Bericht zu erstatten.

Art. 32.[1] Zuwiderhandlungen gegen die von den Uferregierungen für den Rhein gemeinsam erlassenen schifffahrtspolizeilichen Vorschriften werden mit Geldbußen bis zu 25 000 Euro oder ihrem Gegenwert in der Landeswährung des Staates, dessen Verwaltung die Strafe verhängt oder dessen Gericht angerufen wird, bestraft.

Art. 33. (1) Behufs gerichtlicher Verhandlung der im Artikel 34 erwähnten Gegenstände sollen in geeigneten am Rhein oder in dessen Nähe gelegenen Orten Rheinschiffahrtsgerichte[2] bestehen.

(2) Die Uferregierungen werden sich von den in ihren Gebieten vorhandenen Rheinschiffahrtsgerichten und von den Veränderungen in Kenntnis setzen, welche rücksichtlich der Zahl, des Ortes oder des Sprengels[3] derselben eintreten.

Art. 34. Die Rheinschiffahrtsgerichte sind kompetent:[4]

I. in Strafsachen zur Untersuchung und Bestrafung aller Zuwiderhandlungen gegen die schiffahrts- und strompolizeilichen Vorschriften;

II. in Zivilsachen zur Entscheidung im summarischen Prozeßverfahren über Klagen:

a) wegen Zahlung der Lotsen-, Kran-, Waage-, Hafen- und Bohlwerksgebühren und ihres Betrages;

b) wegen der von Privatpersonen vorgenommenen Hemmung des Leinpfades;

(Fortsetzung nächste Seite)

---

[1] Art. 32 zuletzt geänd. durch Prot. Nr. 6 v. 21. 10. 1999 (BGBl. 2002 II S. 1773); zu den Art. 32 bis 40 siehe das Zusatzprot. v. 25. 10. 1972 (Nr. **341**).

[2] Deutsche Rheinschiffahrtsgerichte sind: die Amtsgerichte Konstanz, Kehl, Mannheim, Mainz, St. Goar, Duisburg-Ruhrort; Rheinschiffahrtsobergerichte sind die OLG Karlsruhe und Köln; vgl. Art. 38 dieses Abk. und das Länderabk. von 1954 (Nordrh.-Westf. GVBl. S. 263, Hess. GVBl. S. 97).

[3] = „Bezirk".

[4] = „zuständig".

c) wegen der Beschädigungen, welche Schiffer und Flößer während ihrer Fahrt oder beim Anlanden anderen verursacht haben;

d) wegen der den Eigentümern der Zugpferde beim Heraufziehen der Schiffe zur Last gelegten Beschädigungen am Grundeigentum.

Art. 34bis. Die Rheinschiffahrtsgerichte sind unbeschadet des Artikels 35ter ebenfalls nach Artikel 34 Ziffer II Buchstabe c zuständig, wenn die Parteien in einem Vertragsverhältnis stehen; ihre Zuständigkeit erstreckt sich jedoch nicht auf die auf einen Vertrag gestützten Klagen gegen ein Schiff wegen Schäden, die an Bord desselben befindliche Personen oder Güter durch sein Verschulden erlitten haben.

Art. 35. In Strafsachen (Art. 34 I) ist dasjenige Rheinschiffahrtsgericht kompetent,[1] in dessen Bezirk die strafbare Handlung begangen ist; in Zivilsachen dasjenige, in dessen Bezirk die Zahlung stattfinden mußte (Art. 34 IIa), beziehungsweise der Schaden zugefügt wurde (Art. 34 IIb, c, d).

Art. 35bis. (1) Sind im Falle des Artikels 34 Ziffer II Buchstabe c die schädigenden Ereignisse in den Hoheitsgebieten zweier Uferstaaten eingetreten, oder ist es unmöglich, festzustellen, in welchem Hoheitsgebiet sie eingetreten sind, so ist das allein oder das zuerst angerufene Gericht zuständig.

(2) Hat sich ein Gericht eines der Staaten durch eine rechtskräftige Entscheidung für nicht zuständig erklärt, so gilt das Gericht des anderen Staates als zuständig.

Art. 35ter. Die Parteien können eine zivilrechtliche Streitigkeit durch Vereinbarung entweder einem anderen als dem nach den Artikeln 35 und 35bis zuständigen Rheinschiffahrtsgericht oder aber, sofern das innerstaatliche Recht dem nicht entgegensteht, einem anderen Gericht oder einem Schiedsgericht unterbreiten.

Art. 36. (1) Das Verfahren bei den Rheinschiffahrtsgerichten soll ein möglichst einfaches und beschleunigtes sein. – Prozeßkautionen[2] dürfen von Ausländern ihrer Nationalität wegen nicht erhoben werden.

(2) In das Urteil sind jederzeit die Tatsachen, welche das Verfahren herbeigeführt haben, die Fragen, worauf es nach den Verhandlungen ankam, und die Entscheidungsgründe aufzunehmen.

(3) Übrigens darf kein Schiffsführer oder Flößer wegen einer gegen ihn eingeleiteten Untersuchung an der Fortsetzung seiner Reise ver-

---

[1] = „zuständig".
[2] = „Prozessuale Sicherheiten".

hindert werden, sobald er die von dem Richter für den Gegenstand der Untersuchung festgesetzte Kaution[1] geleistet hat.

Art. 37. (1)[2] Entspricht der Gegenstand der an das Gericht gestellten Anträge einem Wert von mehr als 20 Sonderziehungsrechten im Sinne des Artikels 32, so kann gegen das Urteil erster Instanz bei der Zentralkommission (Art. 43) oder bei dem Obergericht des Landes (Art. 38), in welchem das Urteil ergangen ist, Berufung eingelegt werden.[3]

(2) Soll die Berufung bei der Zentralkommission angebracht werden, so ist sie mit dem ausdrücklichen Bemerken, daß die Entscheidung der Zentralkommission verlangt werde, binnen 30 Tagen nach der in Gemäßheit der Landesgesetze erfolgten Insinuation[4] des Urteils erster Instanz dem Gericht, welches entschieden hat, anzumelden und der Gegenpartei in dem von ihr in erster Instanz erwählten Domizil oder in dessen Ermangelung gleichfalls dem Gericht zuzustellen. In welcher Weise die Anmeldung bei dem Gericht und die Zustellung zu erfolgen hat, bleibt der Bestimmung der Landesgesetzgebung überlassen.

(3)[2] Innerhalb von 30 Tagen nach erfolgter Anmeldung hat der Appellant sodann die schriftliche Rechtfertigung der Appellation dem Gericht zu übergeben,[5] welches solche dem Appellanten binnen einer ihm zu bestimmenden präklusivischen Frist[6] zur Beantwortung zufertigt[7] und die geschlossenen Akten an die Zentralkommission (Art. 43) einzusenden hat.

(4) Werden von dem Appellanten die in diesem Artikel vorgeschriebenen Formen nicht beobachtet, so wird die Appellation für nicht angebracht erachtet.

(5) In dem Fall der Berufung an die Zentralkommission kann das Gericht auf Verlangen der Gegenpartei das Urteil erster Instanz provisorisch vollstrecken[8] beziehungsweise vollstreckbar erklären, wobei es

---

[1] = „Sicherheit".

[2] Art. 37 Abs. 1 und 3 geänd. durch Art. III des Zusatzprot. Nr. 3 v. 17. 10. 1979 (BGBl. 1980 II S. 876).

[3] Vgl. jedoch §§ 17 und 18 G. über das gerichtliche Verfahren in Binnenschiffahrtssachen und Rheinschiffahrtssachen v. 27. 9. 1952 (BGBl. I S. 641), zul. geänd. durch G. v. 3. 12. 1976 (BGBl. I S. 3281); sie lauten:

§ 17. Die Berufung an das Rheinschiffahrtsobergericht unterliegt weder in bürgerlichen Rechtsstreitigkeiten noch in Strafsachen der in Artikel 37 Abs. I der revidierten Rheinschiffahrtsakte vorgesehenen Beschränkung.

§ 18. In Rheinschiffahrtssachen ist unter der in Artikel 37 Abs. 1 der revidierten Rheinschiffahrtsakte vorgesehenen Beschränkung statt der Berufung an das Rheinschiffahrtsobergericht auch die Anrufung der Zentralkommission in Straßburg zulässig.

[4] = „Zustellung".

[5] = *„einzureichen"*.

[6] = „Ausschlußfrist".

[7] = „zustellt".

[8] = „vorläufig vollstrecken".

nach Maßgabe der Landesgesetze zu bestimmen hat, ob zuvor von dem Antragsteller Kaution[1] zu leisten sei.

Art. 37bis. (1) Haben in einem Rechtsstreit sowohl der Kläger als auch der Beklagte fristgerecht Berufung eingelegt, und zwar der eine bei der Zentralkommission und der andere bei der innerstaatlichen Berufungsinstanz, so entscheidet das zuerst angerufene Gericht über beide Berufungen.

(2) Die Berufung bei der Zentralkommission gilt als eingelegt, sobald sie nach Maßgabe des Artikels 37 Absatz 2 bei dem Gericht eingegangen ist, das in erster Instanz entschieden hat. Werden beide Berufungen am gleichen Tage eingelegt, so entscheidet über sie das Gericht, bei dem der Beklagte Berufung eingelegt hat.

(3) Jedes Berufungsgericht prüft von Amts wegen, ob bereits bei dem anderen Berufungsgericht Berufung eingelegt wurde.

(4) Das nach Absatz 1 unzuständige Berufungsgericht verweist den Rechtsstreit auf Antrag des Berufungsklägers an das Berufungsgericht, das nach dem genannten Absatz zu entscheiden hat. Ist die Berufung bei dem unzuständigen Gericht fristgemäß eingelegt worden, so gilt die Berufungsfrist auch bei dem anderen Berufungsgericht als gewahrt.

(5) Zu den Kosten des Berufungsverfahrens gehören auch die Kosten, die nach dem für das unzuständige Gericht geltenden Recht durch das eingeleitete Berufungsverfahren verursacht worden sind.

Art. 38. (1) Jede Uferregierung bestimmt ein für allemal das Obergericht, bei welchem die Berufungen gegen die in ihrem Gebiet von den Rheinschiffahrtsgerichten[2] erster Instanz gefällten Urteile angebracht werden können.

(2) Das Obergericht muß seinen Sitz in einer Stadt haben, welche am Rhein oder doch nicht allzuweit von demselben gelegen ist.

(3) Wird die Berufung bei diesem Gericht eingelegt, so finden die für das Verfahren in Appellationssachen geltenden Landesgesetze Anwendung.

Art. 39. Bei dem richterlichen Verfahren in Rheinschiffahrtsangelegenheiten findet weder der Gebrauch von Stempelpapier noch die Anwendung von Sporteltaxen für die Richter und Gerichtsschreiber statt; die Parteien haben keine anderen Kosten als diejenigen zu tragen, welche durch Zeugen oder Sachverständige und deren Vorladung, durch Insinuationen,[3] Porto usw. veranlaßt und nach der für andere Streitsachen bestehenden Taxordnung erhoben werden.

---

[1] = „Sicherheit".
[2] Vgl. die Anm. zu Art. 33.
[3] = „Zustellungen".

Art. 40. (1) Erkenntnisse und Beschlüsse der Rheinschiffahrtsgerichte eines Uferstaates sollen in jedem andern Rheinuferstaat unter Beobachtung der in demselben vorgeschriebenen Formen vollstreckbar sein.

(2) In bezug auf die Zustellung sollen sowohl die gedachten Erkenntnisse und Beschlüsse als Vorladungen und alle sonstigen Verfügungen in den bei den Rheinschiffahrtsgerichten anhängigen Sachen in allen Uferstaaten so angesehen werden, als ob sie von einer Behörde des eigenen Staates erlassen seien.

(3) Vorladungen und Zustellungen an Personen, welche in einem der Rheinuferstaaten einen bekannten Wohnsitz haben, müssen in letzterem bewirkt werden.

Art. 40bis. (1) Jeder Vertragsstaat sorgt für die Ahndung der in Artikel 32 der Rheinschiffahrtsakte bezeichneten Zuwiderhandlungen

a) nach Maßgabe des in den Artikeln 32 bis 40 der Rheinschiffahrtsakte vorgesehenen Verfahrens oder

b) nach Maßgabe eines besonderen richterlichen Verfahrens oder eines geeigneten Verwaltungsverfahrens.

(2) Der Vertragsstaat, der von den in Absatz 1 Buchstabe b genannten Möglichkeiten Gebrauch macht, hat vorzusehen,

a) daß die örtliche Zuständigkeit bei dem Gericht oder der Behörde liegt, in dessen bzw. deren Bezirk die Zuwiderhandlung begangen worden ist;

b) daß der in den Entscheidungen festgesetzte Geldbuße den in Artikel 32 der Rheinschiffahrtsakte festgelegten Rahmen nicht überschreitet;

c) daß diese Entscheidungen erst nach Ablauf einer mindestens einwöchigen Frist nach Zustellung an den Betroffenen vollstreckbar werden;

d) daß der Betroffene die Möglichkeit hat, durch Einlegung eines Rechtsbehelfs binnen dieser Frist eine Verhandlung und Entscheidung durch das Rheinschiffahrtsgericht, in dessen Bezirk die Zuwiderhandlung begangen worden ist, herbeizuführen.

(3) Die Vorschriften der Artikel 36 Absätze 1 und 3, 39 und 40 Absatz 2 sowie die in Artikel 40 Absatz 3 vorgesehene Garantie der Zustellung am Wohnsitz sind ebenfalls auf die in Absatz 1 Buchstabe b genannten Verfahren anzuwenden.

(4) Die nach Artikel 37 der Rheinschiffahrtsakte beim Obergericht eines Vertragsstaats zulässige Berufung gegen Entscheidungen, die im Rahmen des in Absatz 1 Buchstabe b genannten Verfahrens ergangen sind, kann durch ein geeignetes anderes Rechtsmittel bei einer anderen oberen Gerichtsinstanz dieses Vertragsstaats ersetzt werden, unbeschadet der Möglichkeit der Berufung an die Zentralkommission.

(5) Die vollstreckbaren Entscheidungen, die im Rahmen des in Absatz 1 Buchstabe b genannten Verfahrens ergangen sind, stehen den Urteilen und anderen Entscheidungen der Rheinschiffahrtsgerichte gleich. Sie werden in den anderen Vertragsstaaten durch die Behörden und Stellen vollstreckt, die mit der Vollstreckung der Entscheidungen der Rheinschiffahrtsgerichte beauftragt sind.

Art. 41, 42. *(gestrichen)*

Art. 43. (1) Jeder Vertragsstaat ernennt einen bis vier Bevollmächtigte zur Teilnahme an gemeinsamen Konferenzen über die Angelegenheiten der Rheinschiffahrt. Diese Bevollmächtigten bilden die Zentralkommission, die ihren Sitz in Straßburg hat.

(2) Jeder Vertragsstaat kann höchstens zwei Stellvertreter benennen, die für verhinderte Bevollmächtigte eintreten oder an den Beratungen der von der Zentralkommission eingesetzten Arbeitsgremien teilnehmen.

Art. 44. (1) Den Vorsitz führt ein Bevollmächtigter, der von einem jeden Vertragsstaat abwechselnd in der Reihenfolge des französischen Alphabets der Staatennamen für jeweils zwei Jahre bezeichnet wird.

(2) Der Staat, mit dem diese Reihenfolge beginnt, wird durch das Los bestimmt.

(3) Der nach dem Alphabet folgende Staat benennt einen Bevollmächtigten für das Amt des stellvertretenden Vorsitzenden. Dieser übernimmt nach Ablauf der in Absatz 1 genannten zwei Jahre den Vorsitz.

(4) Jeder Staat kann auf die Besetzung des Amtes des Vorsitzenden oder des stellvertretenden Vorsitzenden verzichten.

Art. 44bis. (1) Der Vorsitzende leitet die Beratungen während der Tagungen. Er vertritt die Zentralkommission, wacht über die Durchführung ihrer Beschlüsse sowie ganz allgemein über den reibungslosen Ablauf der Tätigkeit ihrer Dienste.

(2) Der stellvertretende Vorsitzende vertritt den Vorsitzenden, wenn dieser verhindert ist, oder nimmt, wenn das Amt des Vorsitzenden unbesetzt ist, dessen Aufgaben bis zur Ernennung eines neuen Vorsitzenden wahr.

Art. 44ter. (1) Die Zentralkommission beschließt über die Organisation ihrer Arbeiten und ihres Sekretariats.[1)]

[1)] Die Geschäftsordnung der Kommission findet sich unter: http://www.ccr-zkr.org/files/regl-interieur/regl-int_de.pdf

(5) Die vollstreckbaren Entscheidungen, die im Rahmen des in Absatz 1 Buchstabe b genannten Verfahrens ergangen sind, stehen den Urteilen und anderen Entscheidungen der Rheinschiffahrtsgerichte gleich. Sie werden in den anderen Vertragsstaaten durch die Behörden und Stellen vollstreckt, die mit der Vollstreckung der Entscheidungen der Rheinschiffahrtsgerichte beauftragt sind.

Art. 41, 42 *(gestrichen)*

Art. 43. (1) Jeder Vertragsstaat ernennt bis zu vier Bevollmächtigte zur Teilnahme an gemeinsamen Konferenzen über die Angelegenheiten der Rheinschiffahrt. Diese Bevollmächtigten bilden die Zentralkommission, die ihren Sitz in Straßburg hat.

(2) Jeder Vertragsstaat kann höchstens zwei Stellvertreter benennen, die die verhinderte Bevollmächtigte ersetzen oder an den Beratungen der von der Zentralkommission eingesetzten Arbeitsgremien teilnehmen.

Art. 44. (1) Den Vorsitz führt ein Bevollmächtigter, der von einem jeden Vertragsstaat abwechselnd in der Reihenfolge des französischen Alphabets der Staatennamen für jeweils zwei Jahre benannt wird.

(2) Der Staat, mit dem diese Reihenfolge beginnt, wird durch das Los bestimmt.

(3) Der nach dem Alphabet folgende Staat benennt einen Bevollmächtigten für das Amt des stellvertretenden Vorsitzenden. Dieser übernimmt nach Ablauf der in Absatz 1 genannten zwei Jahre den Vorsitz.

(4) Jeder Staat kann auf die Besetzung des Amtes des Vorsitzenden oder des stellvertretenden Vorsitzenden verzichten.

Art. 44bis. (1) Der Vorsitzende leitet die Beratungen während der Tagungen. Er vertritt die Zentralkommission, wacht über die Durchführung ihrer Beschlüsse sowie ganz allgemein über den reibungslosen Ablauf der Tätigkeit ihrer Dienste.

(2) Der stellvertretende Vorsitzende vertritt den Vorsitzenden, wenn dieser verhindert ist, oder nimmt, wenn das Amt des Vorsitzenden unbesetzt ist, dessen Aufgaben bis zur Ernennung eines neuen Vorsitzenden wahr.

Art. 44ter. (1) Die Zentralkommission beschließt über die Organisation ihrer Arbeiten und ihres Sekretariats.[1)]

---

1) Die Geschäftsordnung der Kommission findet sich unter http://www.ccr-zkr.org/files/documents/reglementint/reglement_int_de.pdf

(2) Sie hält jährlich zwei Tagungen ab; außerordentliche Tagungen können auf Antrag eines Bevollmächtigten vom Vorsitzenden einberufen werden.

(3) Sie setzt die für ihre Tätigkeit erforderlichen ständigen oder nichtständigen Arbeitsausschüsse ein. Den Vorsitz dieser Gruppen führt ein Bevollmächtigter oder stellvertretender Bevollmächtigter in zweijährlichem Wechsel unter den Vertragsstaaten.

Art. 44quater. Die Amtssprachen der Zentralkommission sind Deutsch, Englisch, Französisch und Niederländisch.

Art. 44quinquies. Die Zentralkommission beschließt über die mit anderen internationalen oder europäischen Organisationen herzustellenden Beziehungen.

Art. 45. (1) Vor die Zentralkommission gehört:

a) die Verhandlung über alle Beschwerden und Mängel, welche in Beziehung auf die Ausführung dieses Vertrages und der von den Uferregierungen vereinbarten Verordnungen und Maßregeln wahrgenommen werden;
b) die Beratung über die von einzelnen Uferregierungen zur Beförderung der Rheinschiffahrt gemachten Vorschläge, insbesondere auch die Anträge auf Abänderung oder Ergänzung dieses Vertrages und der gemeinsam erlassenen Verordnungen;
c) die Entscheidung in den bei ihr eingeführten[1] Appellationen gegen die Erkenntnisse der Rheinschiffahrtsgerichte (Art. 37).

(2) Alljährlich hat die Zentralkommission einen Bericht über den Zustand der Rheinschiffahrt zu erstatten.

Art. 45bis. (1) Die in Artikel 45 Buchstabe c vorgesehenen Befugnisse der Zentralkommission werden durch eine Berufungskammer ausgeübt, die aus einem Richter und einem stellvertretenden Richter je Vertragsstaat besteht.

(2) Die Zentralkommission ernennt die Richter und die stellvertretenden Richter für sechs Jahre aus dem Kreis von Persönlichkeiten, die hierfür von jedem Vertragsstaat vorgeschlagen werden; sie müssen eine juristische Ausbildung oder Erfahrungen in der Rheinschiffahrt haben.

(3) Jeder Staat kann für die Dauer von mindestens einem Jahr darauf verzichten, einen Richter und einen stellvertretenden Richter für die Berufungskammer vorzuschlagen.

(4) Ein Mitglied der Berufskammer kann nur durch einstimmigen Beschluß der Zentralkommission abberufen werden. Die Mitglieder der Berufungskammer üben ihr Amt in völliger Unabhängigkeit aus und sind nicht an Weisungen gebunden. Sie dürfen nicht in einer Sa-

[1] = „eingelegten".

che tätig werden, über die sie bereits in einer anderen Eigenschaft zu befinden hatten.

(5) Der stellvertretende Richter tritt an die Stelle des Richters, wenn dieser verhindert oder abgelehnt oder wenn dessen Stelle unbesetzt ist.

(6) Die Berufungskammer wählt ein Mitglied mit juristischer Ausbildung zu ihrem Vorsitzenden. Er wird für drei Jahre gewählt und ist wiederwählbar.

Art. 45ter. Die Zentralkommission stellt die Verfahrensordnung der Berufungskammer[1] auf.

Art. 46. (1) Jeder Vertragsstaat verfügt in der Zentralkommission über eine Stimme.

(2) Die Stimmabgabe kann unter dem Vorbehalt nachträglicher Bestätigung erfolgen.

(3) Einstimmig angenommene Entschließungen sind bindend, sofern nicht ein Vertragsstaat der Zentralkommission binnen einem Monat mitteilt, daß er seine Genehmigung versagt oder daß er sie erst nach Zustimmung seiner gesetzgebenden Körperschaften erteilen kann.

(4) Mit Stimmenmehrheit angenommene Entschließungen stellen Empfehlungen dar. Das gleiche gilt für einstimmig angenommene Entschließungen, wenn ein Staat seine Genehmigung nach Maßgabe des Absatzes 3 versagt.[2]

(5) Entschließungen über interne Fragen der Zentralkommission sind jedoch auch dann gültig, wenn sie mit Stimmenmehrheit angenommen worden sind.

(6) Stimmenthaltungen werden bei der Stimmenzählung nicht mitgerechnet.

Art. 47. Jeder Vertragsstaat bestreitet den Aufwand für seine eigenen Bevollmächtigten und für die auf seinen Vorschlag benannten Mitglieder der Berufskammer. Die Zentralkommission veranschlagt im voraus den Haushaltsplan des folgenden Jahres, und die Vertragsstaaten tragen zu gleichen Teilen hierzu bei.

---

[1] Die am 1.7.2007 in Kraft getretene VerfO (Genehmigungsbeschluss der Zentralkommission v. 11.2006) ist abrufbar unter: https://www.ccr-zkr.org/files/regl-interieur/regl-deprocedure-CA_de.pdf

[2] In Fällen, in denen ein Konflikt mit geltendem EU-Recht und/oder EU-Rechtssetzungs- und Verwaltungskompetenzen droht, werden die Vertragsstaaten, die gleichzeitig EU-Mitglieder sind, verpflichtet, in der Zentralkommission einen von den zuständigen EU-*Organen formulierten gemeinsamen Standpunkt* zu vertreten (s. auch Art. 218 Abs. 9 *AEUV*; vgl. jüngst Beschlüsse 2018/1663 und 2018/1697 des Rates v. 6.11.2018 [Berufsqualifikationen/technische Vorschriften für Binnenschiffe], ABl. Nr. L 278/20 v. 8.11.2018 und Nr. L 282/13 v. 12.11.2018).

Art. 48. Der gegenwärtige Vertrag tritt vom 1. Juli 1869 ab an die Stelle der Rheinschiffahrts-Ordnung vom 31. März 1831, der zu derselben ergangenen Supplementar- und Additional-Artikel, sowie aller sonstigen Beschlüsse der Uferregierungen über Gegenstände, hinsichtlich welcher die gegenwärtige Akte Bestimmung getroffen hat. Er soll von den vertragenden Regierungen ratifiziert und die Auswechslung der Ratifikationsurkunden binnen sechs Monaten in Mannheim bewirkt werden.

343. Übereinkommen zum Schutz des Rheins

Vom 12. April 1999
(BGBl. 2001 II S. 850)[1]

DIE REGIERUNGEN der Bundesrepublik Deutschland, der Französischen Republik, des Großherzogtums Luxemburg, des Königreichs der Niederlande, der Schweizerischen Eidgenossenschaft und die Europäische Gemeinschaft,

VON DEM WUNSCH GELEITET, aus einer ganzheitlichen Betrachtungsweise heraus auf eine nachhaltige Entwicklung des Ökosystems Rhein hinzuwirken, die dem wertvollen Charakter des Stroms, seiner Ufer und seiner Auen Rechnung trägt,

IN DER ABSICHT, ihre Zusammenarbeit zur Erhaltung und Verbesserung des Ökosystems Rhein zu verstärken,

UNTER HINWEIS auf das Übereinkommen vom 17. März 1992 zum Schutz und zur Nutzung grenzüberschreitender Wasserläufe und internationaler Seen sowie auf das Übereinkommen vom 22. September 1992 zum Schutz der Meeresumwelt des Nordostatlantiks,

UNTER BERÜCKSICHTIGUNG der im Rahmen der Vereinbarung vom 29. April 1963 über die Internationale Kommission zum Schutze des Rheins gegen Verunreinigung und der Zusatzvereinbarung vom 3. Dezember 1976 durchgeführten Arbeiten,

IN DER ERWÄGUNG, dass die durch das Übereinkommen vom 3. Dezember 1976 zum Schutz des Rheins gegen chemische Verunreinigung und durch das Aktionsprogramm „Rhein“ vom 30. September 1987 erzielten Verbesserungen der Wasserqualität weiterzuführen sind,

EINGEDENK DER TATSACHE, dass die Sanierung des Rheins auch erforderlich ist, um das Ökosystem der Nordsee zu erhalten und zu verbessern,

IN DEM BEWUSSTSEIN, dass der Rhein ein bedeutender europäischer Schifffahrtsweg ist und unterschiedlichen Nutzungen dient,

SIND WIE FOLGT ÜBEREINGEKOMMEN:

Art. 1 Begriffsbestimmungen. Im Sinne dieses Übereinkommens bedeutet

a) „Rhein“ den Rhein ab Ausfluss des Untersees und in den Niederlanden die Arme Bovenrijn, Bijlands Kanaal, Pannerdensch Kanaal, Ijssel, Nederrijn, Lek, Waal, Boven-Merwede, Beneden-Merwede, Noord, Oude Maas, Nieuwe Maas und Scheur sowie den Nieuwe Waterweg bis zur Basislinie, wie in Artikel 5 in Verbindung mit Ar-

[1] Das am 1. 1. 2003 für **Deutschland, Frankreich, Luxemburg,** die **Niederlande,** die **Schweiz** und die **EG** in Kraft getretene Abkommen (Bek. v. 13. 1. 2003, BGBl. II S. 96) hebt gem. seinem Art. 19 eine Reihe von Vorgängervereinbarungen auf.

tikel 11 des Seerechtsübereinkommens der Vereinten Nationen definiert, das Ketelmeer und das Ijsselmeer;

b) „Kommission" die Internationale Kommission zum Schutz des Rheins (IKSR).

Art. 2 Geltungsbereich. Der Geltungsbereich dieses Übereinkommens umfasst

a) den Rhein;

b) das Grundwasser, das in Wechselwirkung mit dem Rhein steht;

c) die aquatischen und terrestrischen Ökosysteme, die in Wechselwirkung mit dem Rhein stehen oder deren Wechselwirkung mit dem Rhein wiederhergestellt werden könnte;

d) das Einzugsgebiet des Rheins, soweit dessen stoffliche Belastung nachteilige Auswirkungen auf den Rhein hat;

e) das Einzugsgebiet des Rheins, soweit es für die Hochwasservorsorge und den Hochwasserschutz am Rhein von Bedeutung ist.

Art. 3 Zielsetzungen. Die Vertragsparteien setzen sich mit diesem Übereinkommen folgende Ziele:

1. nachhaltige Entwicklung des Ökosystems Rhein, insbesondere durch
   a) Erhaltung und Verbesserung der Wasserqualität des Rheins und damit auch der Schwebstoffe, der Sedimente sowie des Grundwassers, indem insbesondere
      – Verunreinigungen durch Schad- und Nährstoffe aus Punktquellen (z. B. aus Industrie und Kommunen), aus diffusen Quellen (z. B. aus Landwirtschaft und Verkehr), auch über das Grundwasser, und aus der Schifffahrt soweit wie möglich vermieden, vermindert oder beseitigt werden;
      – die Sicherheit von Anlagen gewährleistet und verbessert sowie Stör- und Unfälle verhütet werden;
   b) Schutz der Populationen von Organismen und der Artenvielfalt sowie Reduzierung der Schadstoffbelastung in Organismen;
   c) Erhaltung, Verbesserung und Wiederherstellung der natürlichen Fließgewässerfunktion; Sicherung von Abflussverhältnissen, die dem natürlichen Geschiebetrieb Rechnung tragen und die Wechselwirkungen zwischen Fluss, Grundwasser und Aue begünstigen; Erhaltung, Schutz und Reaktivierung von Auengebieten als natürliche Überschwemmungsflächen;
   d) Erhaltung, Verbesserung und Wiederherstellung möglichst natürlicher Lebensräume für wild lebende Tiere und Pflanzen im Wasser, im Sohlen- und Uferbereich sowie in angrenzenden Gebieten, einschließlich der Verbesserung der Lebensbedingungen für Fische und der Wiederherstellung ihrer freien Wanderung;
   e) Sicherstellung eines ökologisch verträglichen und rationellen Umgangs mit den Wasservorkommen;

f) Berücksichtigung ökologischer Erfordernisse bei technischen Ausbaumaßnahmen am Gewässer wie z. B. im Bereich des Hochwasserschutzes, der Schifffahrt und der Wasserkraftnutzung;

2. Sicherung der Nutzung von Rheinwasser zur Trinkwassergewinnung;
3. Verbesserung der Sedimentqualität für die schadlose Verbringung von Baggergut;
4. ganzheitliche Hochwasservorsorge und Hochwasserschutz unter Berücksichtigung ökologischer Erfordernisse;
5. Entlastung der Nordsee in Abstimmung mit den anderen Maßnahmen zum Schutz dieses Meeresgebietes.

Art. 4 Grundsätze. Die Vertragsparteien lassen sich dabei von folgenden Grundsätzen leiten:

a) Prinzip der Vorsorge;
b) Prinzip der Vorbeugung;
c) Prinzip, Umweltbeeinträchtigungen mit Vorrang an ihrem Ursprung zu bekämpfen;
d) Verursacherprinzip;
e) Prinzip der Nichterhöhung von Beeinträchtigungen;
f) Prinzip des Ausgleichs bei erheblichen technischen Eingriffen;
g) Prinzip der nachhaltigen Entwicklung;
h) Anwendung und Weiterentwicklung des Standes der Technik sowie der besten Umweltpraxis;
i) Prinzip der Nichtverlagerung von Umweltbelastungen in andere Umweltmedien.

Art. 5 Verpflichtungen der Vertragsparteien. Zur Verwirklichung der Zielsetzungen nach Artikel 3 und unter Beachtung der Grundsätze nach Artikel 4 gehen die Vertragsparteien folgende Verpflichtungen ein:

1. Sie verstärken ihre Zusammenarbeit und informieren sich gegenseitig insbesondere über die in ihrem Hoheitsgebiet zum Schutz des Rheins durchgeführten Maßnahmen.
2. Sie führen die von der Kommission beschlossenen internationalen Messprogramme und Untersuchungen des Ökosystems Rhein auf ihrem Hoheitsgebiet durch und informieren die Kommission über deren Ergebnisse.
3. Sie führen Untersuchungen durch mit dem Ziel, die Ursachen und die Verursacher von Verschmutzungen festzustellen.
4. Sie ergreifen die ihnen für ihr Hoheitsgebiet erforderlich erscheinenden autonomen Maßnahmen und stellen mindestens sicher, dass
   a) das Einleiten von Abwasser, das die Gewässerqualität beeinträchtigen kann, einer vorherigen Genehmigung bedarf oder einer all-

gemein verbindlichen Regelung unterliegt, mit der Begrenzungen der Emissionen festgelegt werden;

b) das Einleiten gefährlicher Stoffe schrittweise reduziert wird mit dem Ziel, solche Stoffe nicht mehr einzuleiten;

c) die Einhaltung der Genehmigungen oder allgemein verbindlichen Regelungen sowie das Einleiten überwacht werden;

d) die Genehmigungen oder allgemein verbindlichen Regelungen regelmäßig überprüft und angepasst werden, soweit erhebliche Fortschritte bei der Entwicklung des Standes der Technik dies ermöglichen oder der Zustand des aufnehmenden Gewässers dies erfordert;

e) die Gefahren störfall- oder unfallbedingter Verschmutzungen durch Regelungen soweit wie möglich herabgesetzt und Vorkehrungen für den Notfall getroffen werden;

f) technische Eingriffe, die das Ökosystem Rhein erheblich beeinträchtigen können, einer vorherigen Genehmigung mit den erforderlichen Auflagen bedürfen oder einer allgemein verbindlichen Regelung unterliegen.

5. Sie ergreifen die für ihr Hoheitsgebiet erforderlichen Maßnahmen, um die Kommissionsbeschlüsse nach Artikel 11 durchzuführen.

6. Sie unterrichten bei Stör- oder Unfällen, deren Auswirkungen geeignet sind, die Gewässerqualität des Rheins zu bedrohen, oder bei sich abzeichnenden Hochwasserereignissen unverzüglich die Kommission und die Vertragsparteien, die davon betroffen sein können, nach den von der Kommission koordinierten Warn- und Alarmplänen.

Art. 6 Kommission. (1) Zur Durchführung dieses Übereinkommens arbeiten die Vertragsparteien weiterhin in der Kommission zusammen.

(2)[1] Die Kommission besitzt Rechtspersönlichkeit. Insbesondere besitzt sie im Hoheitsgebiet der Vertragsparteien die Rechts- und Geschäftsfähigkeit, die juristischen Personen nach innerstaatlichem Recht zuerkannt wird. Sie wird von ihrem Präsidenten vertreten.

(3) Auf Arbeits- und Sozialfragen findet das am Ort des Sitzes geltende Recht Anwendung.

Art. 7 Organisation der Kommission. (1) Die Kommission besteht aus den Delegationen der Vertragsparteien. Jede Vertragspartei benennt ihre Delegierten, von denen einer Delegationsleiter ist.

(2) Die Delegationen können Sachverständige beiziehen.

(3) Der Vorsitz in der Kommission wird für drei Jahre abwechselnd von jeder Delegation in der in der Präambel aufgeführten Reihenfolge der Vertragsparteien wahrgenommen. Die Delegation, die den Vorsitz führt, benennt den Präsidenten der Kommission. Der Präsident tritt

---

[1] *Damit ist das die* Übergangszeit bis zum In-Kraft-Treten des Übereinkommens am 1. 1. 2003 überbrückende Gesetz v. 14. 4. 2000 zur Verleihung der Rechts- und Geschäftsfähigkeit an die Internationale Kommission zum Schutze des Rheins (BGBl. 2000 II S. 622) nach seinem § 2 S. 2 außer Kraft getreten (vgl. Bek. v. 20. 9. 2006, BGBl. II S. 904).

nicht als Sprecher seiner Delegation auf. Falls eine Vertragspartei auf ihren Vorsitz verzichtet, rückt die nächstfolgende Vertragspartei im Vorsitz nach.

(4) Die Kommission gibt sich eine Geschäfts- und Finanzordnung.

(5) Die Kommission beschließt über die organisationsinternen Maßnahmen, die notwendig erachtete Arbeitsstruktur und den jährlichen Haushalt.

Art. 8 Aufgaben der Kommission. (1) Zur Verwirklichung der Zielsetzungen nach Artikel 3 hat die Kommission folgende Aufgaben:

a) Sie bereitet internationale Messprogramme und Untersuchungen des Ökosystems Rhein vor und wertet deren Ergebnisse aus, wobei sie mit wissenschaftlichen Institutionen zusammenarbeiten kann.

b) Sie erarbeitet Vorschläge für einzelne Maßnahmen und Maßnahmenprogramme, gegebenenfalls unter Einbeziehung marktwirtschaftlicher Instrumente und unter Berücksichtigung der dabei zu erwartenden Kosten.

c) Sie koordiniert die Warn- und Alarmpläne der Vertragsstaaten für den Rhein.

d) Sie bewertet die Wirksamkeit der beschlossenen Maßnahmen insbesondere auf der Grundlage der Berichte der Vertragsparteien und der Ergebnisse von Messprogrammen und Untersuchungen des Ökosystems Rhein.

e) Sie erfüllt weitere, ihr von den Vertragsparteien übertragene Aufgaben.

(2) Zu diesem Zweck fasst die Kommission Beschlüsse nach den Artikeln 10 und 11.

(3) Die Kommission erstattet den Vertragsparteien jährlich einen Tätigkeitsbericht.

(4) Die Kommission informiert die Öffentlichkeit über den Zustand des Rheins und die Ergebnisse ihrer Arbeit. Sie kann Berichte erstellen und veröffentlichen.

Art. 9 Plenarsitzungen der Kommission. (1) Die Kommission tritt einmal jährlich nach Einberufung durch den Präsidenten zu einer Plenarsitzung zusammen.

(2) Außerordentliche Plenarsitzungen werden vom Präsidenten auf eigene Initiative oder auf Verlangen von mindestens zwei Delegationen einberufen.

(3) Der Präsident schlägt die Tagesordnung vor. Jede Delegation hat das Recht, die Punkte, deren Behandlung sie wünscht, auf die Tagesordnung setzen zu lassen.

Art. 10 Beschlussfassung der Kommission. (1) Beschlüsse der Kommission werden einstimmig gefasst.

(2) Jede Delegation hat eine Stimme.

(3) Fallen Maßnahmen nach Artikel 8 Absatz 1 Buchstabe b), die von den Vertragsparteien durchzuführen sind, in den Zuständigkeitsbereich der Europäischen Gemeinschaft, so übt die Europäische Gemeinschaft, ungeachtet des Absatzes 2, ihr Stimmrecht mit soviel Stimmen aus, wie sie Mitgliedstaaten hat, die Vertragsparteien dieses Übereinkommens sind. Die Europäische Gemeinschaft übt ihr Stimmrecht nicht aus, wenn die Mitgliedstaaten ihr jeweiliges Stimmrecht ausüben und umgekehrt.

(4) Stimmenthaltung von nicht mehr als einer Delegation steht der Einstimmigkeit nicht entgegen. Dies gilt nicht für die Delegation der Europäischen Gemeinschaft. Abwesenheit einer Delegation gilt als Stimmenthaltung.

(5) Die Geschäftsordnung kann ein schriftliches Verfahren vorsehen.

Art. 11 Durchführung der Kommissionsbeschlüsse. (1) Die Kommission richtet ihre Beschlüsse über Maßnahmen nach Artikel 8 Absatz 1 Buchstabe b) als Empfehlungen an die Vertragsparteien. Die Durchführung erfolgt nach dem innerstaatlichen Recht der Vertragsparteien.

(2) Die Kommission kann festlegen, dass diese Beschlüsse

a) von den Vertragsparteien innerhalb eines Zeitplans durchgeführt werden sollen;

b) koordiniert durchgeführt werden sollen.

(3) Die Vertragsparteien berichten der Kommission regelmäßig über

a) die gesetzgeberischen, verordnungsrechtlichen oder sonstigen Maßnahmen, die sie zur Durchführung der Bestimmungen dieses Übereinkommens und auf Grund der Kommissionsbeschlüsse getroffen haben;

b) die Ergebnisse der nach Buchstabe a) getroffenen Maßnahmen;

c) die Probleme, die bei der Durchführung der Maßnahmen nach Buchstabe a) auftreten.

(4) Kann eine Vertragspartei die Beschlüsse der Kommission nicht oder nur teilweise durchführen, so teilt sie dies innerhalb einer bestimmten, im Einzelfall von der Kommission festzulegenden Frist mit und legt ihre Gründe dar. Jede Delegation kann Konsultationen beantragen; einem solchen Antrag ist innerhalb einer Frist von zwei Monaten zu entsprechen. Die Kommission kann auf Grund der Berichte der Vertragsparteien oder auf Grund der Konsultationen Maßnahmen beschließen, um die Durchführung der Beschlüsse zu fördern.

(5) Die Kommission führt eine Liste ihrer an die Vertragsparteien gerichteten Beschlüsse. Die Vertragsparteien ergänzen die Liste der Kommission jährlich, spätestens zwei Monate vor der Plenarsitzung der Kommission, durch Angaben über den Stand der Durchführung der Kommissionsbeschlüsse.

Art. 12 Sekretariat der Kommission. (1) Die Kommission hat ein ständiges Sekretariat, das die ihm von der Kommission übertragenen Aufgaben erfüllt und von einem Geschäftsführer geleitet wird.

(2) Die Vertragsparteien legen den Sitz des Sekretariats fest.

(3) Die Kommission benennt den Geschäftsführer.

Art. 13 Kostenaufteilung. (1) Jede Vertragspartei trägt die Kosten ihrer Vertretung in der Kommission und in deren Arbeitsstruktur, und jeder Vertragsstaat trägt die Kosten der Untersuchungen und Maßnahmen, die er in seinem Hoheitsgebiet durchführt.

(2) Die Kostenaufteilung zwischen den Vertragsparteien für den jährlichen Haushalt wird in der Geschäfts- und Finanzordnung der Kommission festgelegt.

Art. 14 Zusammenarbeit mit anderen Staaten, anderen Organisationen und externen Experten. (1) Die Kommission arbeitet mit anderen zwischenstaatlichen Organisationen zusammen und kann Empfehlungen an sie richten.

(2) Die Kommission kann als Beobachter anerkennen:

a) Staaten, die ein Interesse an der Arbeit der Kommission haben;

b) zwischenstaatliche Organisationen, deren Arbeiten in Zusammenhang mit dem Übereinkommen stehen;

c) nichtstaatliche Organisationen, soweit deren Interessen oder Aufgaben betroffen sind.

(3) Die Kommission tauscht Informationen mit nichtstaatlichen Organisationen aus, soweit deren Interessen oder Aufgaben betroffen sind. Insbesondere holt die Kommission die Stellungnahmen dieser Organisationen vor Beschlussfassung ein, wenn Beschlüsse gefasst werden sollen, die für diese Organisationen von erheblicher Bedeutung sein können, und informiert diese nach Beschlussfassung.

(4) Die Beobachter können der Kommission Informationen oder Berichte, die für die Ziele des Übereinkommens von Belang sind, vorlegen. Sie können eingeladen werden, an Sitzungen der Kommission ohne Stimmrecht teilzunehmen.

(5) Die Kommission kann beschließen, sachverständige Vertreter der anerkannten nichtstaatlichen Organisationen oder andere Experten beizuziehen und sie zu Sitzungen der Kommission einzuladen.

(6) Die Geschäfts- und Finanzordnung regelt die Bedingungen für die Zusammenarbeit sowie die erforderlichen Zulassungs- und Teilnahmebedingungen.

Art. 15 Arbeitssprachen. Arbeitssprachen der Kommission sind Deutsch, Französisch und Niederländisch. Näheres regelt die Geschäfts- und Finanzordnung.

Art. 16 Streitbeilegung. (1) Wenn sich zwischen Vertragsparteien über die Auslegung oder Anwendung dieses Übereinkommens eine Streitigkeit ergibt, so bemühen sie sich durch Verhandlungen oder durch ein anderes Verfahren der Streitbeilegung, das den Streitparteien annehmbar erscheint, eine Lösung herbeizuführen.

(2) Kann die Streitigkeit auf diesem Wege nicht beigelegt werden, so wird, sofern die Streitparteien nichts anderes beschließen, auf Antrag einer Streitpartei ein Schiedsverfahren nach Maßgabe des Anhangs zu diesem Übereinkommen durchgeführt, der Bestandteil des Übereinkommens ist.

Art. 17 Inkrafttreten. Jede Vertragspartei notifiziert der Regierung der Schweizerischen Eidgenossenschaft, dass die Voraussetzungen für das Inkrafttreten dieses Übereinkommens erfüllt sind. Die Regierung der Schweizerischen Eidgenossenschaft bestätigt den Empfang der Notifikationen und unterrichtet davon auch die anderen Vertragsparteien. Das Übereinkommen tritt am ersten Tag des zweiten Monats nach dem Empfang der letzten Notifikation in Kraft.

Art. 18 Kündigung. (1) Nach Ablauf von drei Jahren nach seinem Inkrafttreten kann dieses Übereinkommen jederzeit von jeder Vertragspartei durch eine an die Regierung der Schweizerischen Eidgenossenschaft zu richtende schriftliche Erklärung gekündigt werden.

(2) Eine Kündigung wird mit Ablauf des auf die Kündigung folgenden Jahres wirksam.

Art. 19 Aufhebung und Fortgeltung bisherigen Rechts. (1) Mit dem Inkrafttreten dieses Übereinkommens treten unbeschadet der Absätze 2 und 3 außer Kraft:

a) die Vereinbarung vom 29. April 1963 über die Internationale Kommission zum Schutze des Rheins gegen Verunreinigung;

b) die Zusatzvereinbarung vom 3. Dezember 1976 zur Vereinbarung vom 29. April 1963 über die Internationale Kommission zum Schutze des Rheins gegen Verunreinigung;

c) das Übereinkommen vom 3. Dezember 1976 zum Schutz des Rheins gegen chemische Verunreinigung.

(2) Die auf Grund der Vereinbarung vom 29. April 1963 über die Internationale Kommission zum Schutze des Rheins gegen Verunreinigung und der Zusatzvereinbarung vom 3. Dezember 1976 sowie der Vereinbarung vom 3. Dezember 1976 zum Schutz des Rheins gegen chemische Verunreinigung angenommenen Beschlüsse, Empfehlungen, Grenzwerte und sonstigen Übereinkünfte sind ohne Änderung ihrer Rechtsnatur weiterhin anwendbar, soweit sie von der Kommission nicht ausdrücklich aufgehoben werden.

(3) Die Aufteilung der Kosten für den jährlichen Haushalt nach Artikel 12 der Vereinbarung vom 29. April 1963 über die Internationale

Kommission zum Schutze des Rheins gegen Verunreinigung, geändert durch die Zusatzvereinbarung vom 3. Dezember 1976, bleibt so lange in Kraft, bis die Kommission in der Geschäfts- und Finanzordnung eine Aufteilung festgelegt hat.

Art. 20 Urschrift und Hinterlegung. Dieses Übereinkommen, das in deutscher, französischer und niederländischer Sprache abgefasst ist, wobei jeder Wortlaut gleichermaßen verbindlich ist, wird bei der Regierung der Schweizerischen Eidgenossenschaft hinterlegt; diese übermittelt jeder Vertragspartei eine beglaubigte Abschrift.

Geschehen zu Bern am 12. April 1999.

350. Seerechtsübereinkommen der Vereinten Nationen[1)·2)·3)·4)]

Vom 10. Dezember 1982

(BGBl. 1994 II S. 1799)

(Übersetzung)

Inhaltsübersicht
(nicht amtlich)

[1)] Internationale Quelle: UNTS Vol. 1833 p. 3. Das Übereinkommen ist für Deutschland am 16.11.1994 (Bek. v. 15.5.1995, BGBl. II S. 602) in Kraft getreten. S. a das G. v. 2.9.1994 (BGBl. II S. 1798) sowie das Gesetz vom 6.6.1995 zur Ausführung des Übereinkommens (BGBl. I S. 778). S. ferner das DurchführungsÜbk (Nr. **350 a**). Durch Hinterlegung der Urkunde der förmlichen Bestätigung (Art. 3 des Beschlusses des Rates v. 23.3.1998, ABl. Nr. L 179/1), ist das Übereinkommen am 1.5.1998 auch für die EG in Kraft getreten (Bek. v. 10.11.1998, BGBl. 1998 II S. 2979). S. auch das Übereinkommen zur Durchführung der Bestimmungen des Seerechtsübereinkommens der Vereinten Nationen vom 10.12.1982 über die Erhaltung und Bewirtschaftung von gebietsübergreifenden Fischbeständen und weit wandernden Fischbeständen v. 4.8.1995 (ABl. 1998 Nr. L 189/16). Nach Art. 2 Abs. 2 des Beschlusses des Rates v. 8.6.1998 (ABl. Nr. L 189/14) wurde die Ratifikationsurkunde der EG gleichzeitig mit den Ratifikationsurkunden aller Mitgliedstaaten hinterlegt („gemischtes Abkommen“).

[2)] Zu den Anlagen I–IX des Übk., von denen hier nur die Anlagen I und II sowie VI bis IX abgedruckt sind, s. S. 137ff.

[3)] Deutschland hat bei Hinterlegung der Beitrittsurkunde am 14.10.1994 folgende Erklärung abgegeben (BGBl. 1995 II S. 602, ber. BGBl. 1997 II S. 843 u. BGBl. 1999 II S. 870):

(Fortsetzung der Fußnote nächste Seite)

(Fortsetzung der Fußnote)

„Die Bundesrepublik Deutschland erinnert daran, daß sie als Mitglied der Europäischen Gemeinschaft dieser hinsichtlich bestimmter durch das Übereinkommen geregelter Angelegenheiten Zuständigkeit übertragen hat. Eine Erklärung, in der Art und Umfang der der Europäischen Gemeinschaft übertragenen Zuständigkeit im einzelnen aufgeführt werden, wird zu gegebener Zeit im Einklang mit Anlage IX des Übereinkommens abgegeben werden"

„Für die Bundesrepublik Deutschland ist die Verbindung zwischen Teil XI des Seerechtsübereinkommens der Vereinten Nationen vom 10. Dezember 1982 und dem Übereinkommen vom 28. Juli 1994 zur Durchführung des Teiles XI des Seerechtsübereinkommens, wie in Artikel 2 Absatz 1 des letztgenannten Übereinkommens vorgesehen, von grundlegender Bedeutung."

„In Ermangelung eines anderen friedlichen Mittels, dem sie den Vorzug gäbe, hält es die Regierung der Bundesrepublik Deutschland für sinnvoll, eines der folgenden Mittel zur Beilegung von Streitigkeiten über die Auslegung oder Anwendung der beiden Übereinkommen zu wählen, wie es ihr nach Artikel 287 des Seerechtsübereinkommens freisteht, und zwar in folgender Reihenfolge:

1. den in Übereinstimmung mit Anlage VI errichteten Internationalen Seegerichtshof;
2. ein in Übereinstimmung mit Anlage VIII gebildetes besonderes Schiedsgericht;
3. den Internationalen Gerichtshof.

Wiederum in Ermangelung jedes anderen friedlichen Mittels erkennt die Regierung der Bundesrepublik Deutschland hier und heute die Gültigkeit des besonderen Schiedsverfahrens für jedes Streitigkeit über die Auslegung oder Anwendung des Seerechtsübereinkommens in bezug auf die Fischerei, den Schutz und die Bewahrung der Meeresumwelt, die wissenschaftliche Meeresforschung oder die Schiffahrt einschließlich der Verschmutzung durch Schiffe und durch Einbringen an."

„Unter Bezugnahme auf ähnliche Erklärungen, die die deutsche Bundesregierung während der Dritten Seerechtskonferenz der Vereinten Nationen abgegeben hat, erklärt die deutsche Bundesregierung im Hinblick auf bereits abgegebene oder künftig abzugebende Erklärungen von Staaten bei Zeichnung, Ratifikation oder Beitritt zum Seerechtsübereinkommen:

Küstenmeer, Archipelgewässer, Meerengen

Die Bestimmungen über das Küstenmeer stellen ganz allgemein eine Regelung dar, die zwischen den berechtigten Wünschen der Küstenstaaten nach Schutz ihrer Souveränität und denen der internationalen Gemeinschaft nach Ausübung des Durchfahrtsrechts einen Ausgleich schafft. Das Recht, das Küstenmeer bis auf 12 Seemeilen auszudehnen, wird die Bedeutung des Rechts der friedlichen Durchfahrt durch das Küstenmeer für alle Schiffe einschließlich Kriegsschiffe, Handelsschiffe und Fischereifahrzeuge beträchtlich verstärken; das ist ein Grundrecht der Völkergemeinschaft.

Keine Bestimmung des Übereinkommens, das insoweit geltendes Völkerrecht widerspiegelt, kann als Berechtigung für einen Küstenstaat betrachtet werden, die friedliche Durchfahrt für eine bestimmte Kategorie fremder Schiffe von einer vorherigen Genehmigung oder Benachrichtigung abhängig zu machen.

Voraussetzung für die Anerkennung des Rechts der Küstenstaaten auf Ausdehnung des Küstenmeers ist das Rechtssystem der Transitdurchfahrt durch Meerengen, die der internationalen Schiffahrt dienen. Artikel 38 schränkt das Recht der Transitdurchfahrt nur in den Fällen ein, in denen eine Route zur Verfügung steht, die unter navigatorischen und hydrographischen Gesichtspunkten, einschließlich der schiffahrtswirtschaftlichen, ebenso geeignet ist.

Nach dem Übereinkommen ist die Durchfahrt auf Archipelschiffahrtswegen nicht von der Bezeichnung bestimmter Schiffahrtswege oder Flugstrecken durch die Archipelstaaten abhängig, soweit bestehende Strecken durch das Archipel vorhanden sind, die normalerweise für die internationale Schiffahrt genutzt werden.

Ausschließliche Wirtschaftszone

In der ausschließlichen Wirtschaftszone, die ein völkerrechtlich neuer Begriff ist, werden den Küstenstaaten genau umrissene Rechte und Hoheitsbefugnisse über die Ressourcen eingeräumt. Alle übrigen Staaten genießen weiterhin die Freiheit der Hohen See in bezug auf Schiffahrt, Überflug sowie jede sonstige völkerrechtlich zulässige Nutzung des Meeres. Diese Nutzung wird auf friedliche Weise wahrgenommen, d. h. im Einklang mit den *Grundsätzen der Charta* der Vereinten Nationen.

Die Ausübung dieser Rechte kann daher nicht so ausgelegt werden, als beeinträchtige sie die Sicherheit des Küstenstaats oder seine Rechte und Pflichten aus dem Völkerrecht. Demgemäß kann der Begriff einer 200-Meilen-Zone mit allgemeinen Rechten bezüglich Souveränität und Hoheitsbefugnissen des Küstenstaats weder im allgemeinen Völkerrecht noch

(Fortsetzung der Fußnote nächste Seite)

(Fortsetzung der Fußnote)
aufgrund der einschlägigen Bestimmungen des Übereinkommens als rechtsgültig anerkannt werden.

In den Artikeln 56 und 58 wurde in sorgsam ausbalanciertes, prekäres Gleichgewicht zwischen den Belangen der Küstenstaaten und den Freiheiten und Rechten aller übrigen Staaten geschaffen. Dieses Gleichgewicht umfaßt den Hinweis in Artikel 58 Absatz 2 auf die Artikel 88 bis 115, die für die ausschließliche Wirtschaftszone gelten, sofern sie nicht mit Teil V unvereinbar sind. Keine Bestimmung des Teils V ist unvereinbar mit Artikel 89, der Souveränitätsansprüche für ungültig erklärt.

Nach dem Übereinkommen hat der Küstenstaat keine übrigen Rechte in der ausschließlichen Wirtschaftszone. Insbesondere schließen die Rechte und Hoheitsbefugnisse des Küstenstaats in dieser Zone nicht das Recht ein, über militärische Übungen oder Manöver benachrichtigt zu werden, oder das Recht, diese zu genehmigen.

Außer im Fall künstlicher Inseln hat der Küstenstaat das Recht, in der ausschließlichen Wirtschaftszone nur solche Anlagen und Bauwerke, die wirtschaftlichen Zwecken dienen, zu genehmigen, zu bauen, zu betreiben und zu nutzen.

Hohe See

Als ein geographisch benachteiligter Staat mit gleichwohl bedeutenden Interessen an den herkömmlichen Nutzungen des Meeres bleibt die Bundesrepublik Deutschland dem bestehenden Grundsatz der Freiheit der Hohen See verpflichtet. Dieser Grundsatz, der jahrhundertelang für alle Nutzungen des Meeres maßgebend war, ist in den Bestimmungen des Seerechtsübereinkommens erneut bekräftigt und in verschiedenen Bereichen neuen Erfordernissen angepaßt worden; diese Bestimmungen müssen daher soweit irgend möglich im Einklang mit jenem traditionellen Grundsatz ausgelegt werden.

Binnenstaaten

Hinsichtlich der Regelung der Transitfreiheit der Binnenstaaten darf der Transit durch das Hoheitsgebiet der Transitstaaten die Souveränität dieser Staaten nicht beeinträchtigen. Nach Artikel 125 Absatz 3 beeinträchtigen die in Teil X vorgesehenen Rechte und Erleichterungen in keiner Weise die Souveränität und die berechtigten Interessen der Transitstaaten. Die genaue Bedeutung der Transitfreiheit muß in jedem Einzelfall zwischen dem Transitstaat und dem betreffenden Binnenstaat durch Vereinbarung festgelegt werden. Bei fehlender Vereinbarung über die Bedingungen und Einzelheiten der Ausübung des Zugangsrechts wird der Zugang von Personen und Waren für den Transit durch das Hoheitsgebiet der Bundesrepublik Deutschland nur durch innerstaatliche Rechtsvorschriften geregelt, insbesondere hinsichtlich der Verkehrsmittel und -wege und der Benutzung der Verkehrsinfrastruktur.

Wissenschaftliche Meeresforschung

Obschon die traditionelle Freiheit der Forschung durch das Übereinkommen eine beträchtliche Einengung erfuhr, bleibt diese Freiheit für Staaten, internationale Organisationen und Private Rechtsträger in einigen Meeresgebieten, z. B. dem Meeresboden außerhalb des Festlandsockels und auf der Hohen See, erhalten. Die ausschließliche Wirtschaftszone und der Festlandsockel, die für die wissenschaftliche Meeresforschung von besonderem Interesse sind, unterliegen jedoch einem Zustimmungsverfahren, dessen Grundlage die Verpflichtung des Küstenstaates nach Artikel 246 Absatz 3 ist, unter normalen Umständen seine Zustimmung zu erteilen. In diesem Zusammenhang stellen die Förderung und Schaffung günstiger Bedingungen für die wissenschaftliche Forschung, die in dem Übereinkommen gefordert sind, allgemeine Grundsätze dar, welche die Anwendung und Auslegung aller einschlägigen Bestimmungen des Übereinkommens bestimmen.

Die Regelung der wissenschaftlichen Meeresforschung auf dem Festlandsockel jenseits von 200 Seemeilen spricht dem Küstenstaat die Ermessensfreiheit ab, seine Zustimmung nach Artikel 246 Absatz 5 Buchstabe a außerhalb der Gebiete, die er entsprechend den Voraussetzungen nach Artikel 246 Absatz 6 öffentlich bezeichnet hat, zu versagen. Die Verpflichtung im Zusammenhang mit der Bezeichnung, Informationen über die Ausbeutung oder über Aufsuchungsarbeiten mitzuteilen, wird in Artikel 248 Absatz 6 berücksichtigt, der bei den mitzuteilenden Informationen ausdrücklich Einzelheiten ausschließt."

---

[4] Erklärungen anderer Vertragsparteien anlässlich der Unterzeichnung, Ratifikation oder zu einem späteren Zeitpunkt (darunter Österreich, die Schweiz und die Europäische Union) finden sich unter http://www.un.org/depts/los/convention_agreements/convention_declarations.htm

DIE VERTRAGSSTAATEN DIESES ÜBEREINKOMMENS –

VON DEM BESTREBEN GELEITET, alle das Seerecht betreffenden Fragen im Geiste gegenseitiger Verständigung und Zusammenarbeit zu regeln, und eingedenk der historischen Bedeutung dieses Übereinkommens als eines wichtigen Beitrags zur Erhaltung von Frieden, Gerechtigkeit und Fortschritt für alle Völker der Welt;

IM HINBLICK DARAUF, daß die Entwicklungen seit den 1958 und 1960 in Genf abgehaltenen Seerechtskonferenzen der Vereinten Nationen die Notwendigkeit eines neuen allgemein annehmbaren Seerechtsübereinkommens verstärkt haben;

IN DEM BEWUSSTSEIN, daß die Probleme des Meeresraums eng miteinander verbunden sind und als Ganzes betrachtet werden müssen;

IN DER ERKENNTNIS, daß es wünschenswert ist, durch dieses Übereinkommen unter gebührender Berücksichtigung der Souveränität aller Staaten eine Rechtsordnung für die Meere und Ozeane zu

---

[1] Die in dieser Textsammlung nicht abgedruckten Anlagen zum Seerechtsübereinkommen sowie zahlreiche andere Dokumente zu dieser Rechtsmaterie finden sich etwa in der Beck'schen Textausgabe *Platzöder/Grunenberg*, Internationales Seerecht, 1990.

schaffen, die den internationalen Verkehr erleichtern sowie die Nutzung der Meere und Ozeane zu friedlichen Zwecken, die ausgewogene und wirkungsvolle Nutzung ihrer Ressourcen, die Erhaltung ihrer lebenden Ressourcen und die Untersuchung, den Schutz und die Bewahrung der Meeresumwelt fördern wird;

IN DEM BEWUSSTSEIN, daß die Erreichung dieser Ziele zur Verwirklichung einer gerechten und ausgewogenen internationalen Wirtschaftsordnung beitragen wird, welche die Interessen und Bedürfnisse der gesamten Menschheit und vor allem die besonderen Interessen und Bedürfnisse der Entwicklungsländer, ob Küsten- oder Binnenländer, berücksichtigt;

IN DEM WUNSCH, durch dieses Übereinkommen die in der Resolution 2749 (XXV) vom 17. Dezember 1970 enthaltenen Grundsätze weiterzuentwickeln, in der die Generalversammlung der Vereinten Nationen feierlich unter anderem erklärte, daß das Gebiet des Meeresbodens und des Meeresuntergrunds jenseits der Grenzen des Bereichs nationaler Hoheitsbefugnisse sowie seine Ressourcen gemeinsames Erbe der Menschheit sind, deren Erforschung und Ausbeutung zum Nutzen der gesamten Menschheit ungeachtet der geographischen Lage der Staaten durchgeführt werden;

ÜBERZEUGT, daß die in diesem Übereinkommen verwirklichte Kodifizierung und fortschreitende Entwicklung des Seerechts zur Festigung des Friedens, der Sicherheit, der Zusammenarbeit und der freundschaftlichen Beziehungen zwischen allen Nationen in Übereinstimmung mit den Grundsätzen der Gerechtigkeit und Gleichberechtigung beitragen und den wirtschaftlichen und sozialen Fortschritt aller Völker der Welt in Übereinstimmung mit den Zielen und Grundsätzen der Vereinten Nationen fördern werden, wie sie in deren Charta verkündet sind;

IN BEKRÄFTIGUNG DES GRUNDSATZES, daß für Fragen, die in diesem Übereinkommen nicht geregelt sind, weiterhin die Regeln und Grundsätze des allgemeinen Völkerrechts gelten –

HABEN FOLGENDES VEREINBART:

Teil I. Einleitung

Art. 1 Begriffsbestimmungen und Geltungsbereich. (1) Im Sinne dieses Übereinkommens

1. bedeutet „Gebiet“ den Meeresboden und den Meeresuntergrund jenseits der Grenzen des Bereichs nationaler Hoheitsbefugnisse;
2. bedeutet „Behörde“ die Internationale Meeresbodenbehörde;
3. bedeutet „Tätigkeiten im Gebiet“ alle Tätigkeiten zur Erforschung und Ausbeutung der Ressourcen des Gebiets;
4. bedeutet „Verschmutzung der Meeresumwelt“ die unmittelbare oder mittelbare Zuführung von Stoffen oder Energie durch den Men-

schen in die Meeresumwelt einschließlich der Flußmündungen, aus der sich abträgliche Wirkungen wie eine Schädigung der lebenden Ressourcen sowie der Tier- und Pflanzenwelt des Meeres, eine Gefährdung der menschlichen Gesundheit, eine Behinderung der maritimen Tätigkeiten einschließlich der Fischerei und der sonstigen rechtmäßigen Nutzung des Meeres, eine Beeinträchtigung des Gebrauchswerts des Meerwassers und eine Verringerung der Annehmlichkeiten der Umwelt ergeben oder ergeben können;

5. a) bedeutet „Einbringen" (dumping)

i) jede vorsätzliche Beseitigung von Abfällen oder sonstigen Stoffen von Schiffen, Luftfahrzeugen, Plattformen oder sonstigen auf See errichteten Bauwerken aus,

(Fortsetzung nächstes Blatt)

ii) jede vorsätzliche Beseitigung von Schiffen, Luftfahrzeugen, Plattformen oder sonstigen auf See errichteten Bauwerken;

b) umfaßt „Einbringen“ nicht

i) die Beseitigung von Abfällen oder sonstigen Stoffen, die mit dem normalen Betrieb von Schiffen, Luftfahrzeugen, Plattformen oder sonstigen auf See errichteten Bauwerken sowie mit ihrer Ausrüstung zusammenhängen oder davon herrühren, mit Ausnahme von Abfällen oder sonstigen Stoffen, die durch zur Beseitigung dieser Stoffe betriebene Schiffe, Luftfahrzeuge, Plattformen oder sonstige auf See errichtete Bauwerke befördert oder auf sie verladen werden, sowie von Abfällen oder sonstigen Stoffen, die aus der Behandlung solcher Abfälle oder sonstigen Stoffe auf solchen Schiffen, Luftfahrzeugen, Plattformen oder Bauwerken herrühren,

ii) das Absetzen von Stoffen zu einem anderen Zweck als dem der bloßen Beseitigung, sofern es nicht den Zielen dieses Übereinkommens widerspricht.

(2) 1. „Vertragsstaaten“ bedeutet Staaten, die zugestimmt haben, durch dieses Übereinkommen gebunden zu sein; und für die es in Kraft ist.

2. Dieses Übereinkommen gilt sinngemäß für die in Artikel 305 Absatz 1 Buchstaben b, c, d, e und f bezeichneten Rechtsträger, die zu den jeweils für sie geltenden Bedingungen Vertragsparteien des Übereinkommens werden, und insoweit bezieht sich der Begriff „Vertragsstaaten“ auf diese Rechtsträger.

Teil II. Küstenmeer und Anschlußzone

Abschnitt 1. Allgemeine Bestimmungen

Art. 2 Rechtsstatus des Küstenmeers, des Luftraums über dem Küstenmeer und des Meeresbodens und Meeresuntergrunds des Küstenmeers. (1) Die Souveränität eines Küstenstaats erstreckt sich jenseits seines Landgebiets und seiner inneren Gewässer sowie im Fall eines Archipelstaats jenseits seiner Archipelgewässer auf einen angrenzenden Meeresstreifen, der als Küstenmeer bezeichnet wird.

(2) Diese Souveränität erstreckt sich sowohl auf den Luftraum über dem Küstenmeer als auch auf den Meeresboden und Meeresuntergrund des Küstenmeers.

(3) Die Souveränität über das Küstenmeer wird nach Maßgabe dieses Übereinkommens und der sonstigen Regeln des Völkerrechts ausgeübt.

Abschnitt 2. Grenzen des Küstenmeers

Art. 3 Breite des Küstenmeers. Jeder Staat hat das Recht, die Breite seines Küstenmeers bis zu einer Grenze festzulegen, die höchstens 12 Seemeilen von den in Übereinstimmung mit diesem Übereinkommen festgelegten Basislinien entfernt sein darf.

Art. 4 Seewärtige Grenze des Küstenmeers. Die seewärtige Grenze des Küstenmeers ist die Linie, auf der jeder Punkt vom nächstgelegenen Punkt der Basislinie um die Breite des Küstenmeers entfernt ist.

Art. 5 Normale Basislinie. Soweit in diesem Übereinkommen nichts anderes bestimmt wird, ist die normale Basislinie für die Messung der Breite des Küstenmeers die Niedrigwasserlinie entlang der Küste, wie sie in den vom Küstenstaat amtlich anerkannten Seekarten großen Maßstabs eingetragen ist.

Art. 6 Riffe. Bei Inseln, die sich auf Atollen befinden oder von Riffen gesäumt sind, ist die Basislinie für die Messung der Breite des Küstenmeers die seewärtige Niedrigwasserlinie des Riffes, wie sie durch das entsprechende Symbol auf den vom Küstenstaat amtlich anerkannten Seekarten angegeben ist.

Art. 7 Gerade Basislinien. (1) Wo die Küste tiefe Einbuchtungen und Einschnitte aufweist oder wo sich eine Inselkette entlang der Küste in ihrer unmittelbaren Nähe erstreckt, kann zur Festlegung der Basislinie, von der aus die Breite des Küstenmeers gemessen wird, die Methode der geraden Basislinien angewandt werden, die geeignete Punkte miteinander verbinden.

(2) Wo wegen eines Deltas oder anderer natürlicher Gegebenheiten die Küstenlinie sehr veränderlich ist, können die geeigneten Punkte auf der am weitesten seewärts verlaufenden Niedrigwasserlinie gewählt werden; diese geraden Basislinien bleiben ungeachtet eines späteren Rückgangs der Niedrigwasserlinie so lange gültig, bis sie vom Küstenstaat in Übereinstimmung mit diesem Übereinkommen geändert werden.

(3) Der Verlauf gerader Basislinien darf nicht erheblich von der allgemeinen Richtung der Küste abweichen; die innerhalb dieser Linien gelegenen Seegebiete müssen mit dem Landgebiet so eng verbunden sein, daß sie der Ordnung der inneren Gewässer unterstellt werden können.

(4) Gerade Basislinien dürfen nicht zu und von trockenfallenden Erhebungen gezogen werden, es sei denn, daß Leuchttürme oder ähnliche ständig über den Wasserspiegel hinausragende Anlagen auf ihnen errichtet sind oder daß die Ziehung der Basislinien zu und von solchen Erhebungen allgemeine internationale Anerkennung gefunden hat.

(5) Wo die Methode der geraden Basislinien nach Absatz 1 anwendbar ist, können bei der Festlegung bestimmter Basislinien die dem betreffenden Gebiet eigenen wirtschaftlichen Interessen, deren Vorhandensein und Bedeutung durch lange Übung eindeutig erwiesen sind, berücksichtigt werden.

(6) Ein Staat darf das System der geraden Basislinien nicht so anwenden, daß dadurch das Küstenmeer eines anderen Staates von der Hohen See oder einer ausschließlichen Wirtschaftszone abgeschnitten wird.

Art. 8 Innere Gewässer. (1) Soweit in Teil IV nichts anderes bestimmt ist, gehören die landwärts der Basislinie des Küstenmeers gelegenen Gewässer zu den inneren Gewässern des Staates.

(2) Wo die Festlegung einer geraden Basislinie nach der in Artikel 7 bezeichneten Methode dazu führt, daß Gebiete, die vorher nicht als innere Gewässer galten, in diese einbezogen werden, besteht in solchen Gewässern das in diesem Übereinkommen vorgesehene Recht der friedlichen Durchfahrt.

Art. 9 Flußmündungen. Mündet ein Fluß unmittelbar ins Meer, so ist die Basislinie eine Gerade, die quer über die Mündung des Flusses zwischen den Punkten gezogen wird, die auf der Niedrigwasserlinie seiner Ufer liegen.

Art. 10 Buchten. (1) Dieser Artikel bezieht sich nur auf Buchten, deren Küsten zu einem einzigen Staat gehören.

(2) Eine Bucht im Sinne dieses Übereinkommens ist ein deutlich erkennbarer Einschnitt, dessen Länge in einem solchen Verhältnis zur Breite seiner Öffnung steht, daß er von Land umschlossene Gewässer enthält und mehr als eine bloße Krümmung der Küste bildet. Ein Einschnitt gilt jedoch nur dann als Bucht, wenn seine Fläche so groß oder größer ist als die eines Halbkreises, dessen Durchmesser eine quer über die Öffnung dieses Einschnitts gezogene Linie ist.

(3) Für Messungszwecke ist die Fläche eines Einschnitts jene Fläche, die innerhalb der Niedrigwasserlinie entlang der Küste des Einschnitts und einer die Niedrigwassermarken seiner natürlichen Öffnungspunkte verbindenden Linie liegt. Hat ein Einschnitt wegen vorhandener Inseln mehr als eine Öffnung, so hat der Durchmesser des Halbkreises eine Länge, die der Summe jener Strecken gleich ist, die über die verschiedenen Öffnungen führen. Inseln innerhalb eines Einschnitts werden seiner Wasserfläche zugerechnet.

(4) Ist die Entfernung zwischen den Niedrigwassermarken der natürlichen Öffnungspunkte einer Bucht nicht größer als 24 Seemeilen, so kann eine Abschlußlinie zwischen diesen beiden Niedrigwassermarken gezogen werden; die so eingeschlossenen Gewässer gelten als innere Gewässer.

(5) Ist die Entfernung zwischen den Niedrigwassermarken der natürlichen Öffnungspunkte einer Bucht größer als 24 Seemeilen, so wird eine gerade Basislinie von 24 Seemeilen innerhalb der Bucht in der Weise gezogen, daß mit einer Linie dieser Länge die größtmögliche Wasserfläche eingeschlossen wird.

(6) Die vorstehenden Bestimmungen finden weder auf sogenannte „historische" Buchten noch auf Fälle Anwendung, in denen das in Artikel 7 vorgesehene System der geraden Basislinien angewandt wird.

Art. 11 Häfen. Für die Abgrenzung des Küstenmeers gelten die äußersten ständigen Hafenanlagen, die Bestandteil des Hafensystems sind, als Teil der Küste. Anlagen vor der Küste und künstliche Inseln gelten nicht als ständige Hafenanlagen.

Art. 12 Reeden. Reeden, die überlicherweise zum Laden, Entladen und Ankern von Schiffen dienen, werden in das Küstenmeer einbezogen, wenn sie ganz oder teilweise außerhalb der seewärtigen Grenze des Küstenmeers gelegen wären.

Art. 13 Trockenfallende Erhebungen. (1) Eine trockenfallende Erhebung ist natürlich entstandenes Land, das bei Ebbe von Wasser umgeben ist und über den Wasserspiegel hinausragt, bei Flut jedoch unter Wasser liegt. Ist eine trockenfallende Erhebung ganz oder teilweise um nicht mehr als die Breite des Küstenmeers vom Festland oder einer Insel entfernt, so kann die Niedrigwasserlinie dieser Erhebung als Basislinie für die Messung der Breite des Küstenmeers verwendet werden.

(2) Ist die gesamte trockenfallende Erhebung um mehr als die Breite des Küstenmeers vom Festland oder einer Insel entfernt, so hat die Erhebung kein eigenes Küstenmeer.

Art. 14 Kombination von Methoden zur Festlegung von Basislinien. Der Küstenstaat kann Basislinien nach einer oder mehreren der in den vorstehenden Artikeln vorgesehenen Methoden festlegen, um unterschiedlichen Gegebenheiten gerecht zu werden.

Art. 15 Abgrenzung des Küstenmeers zwischen Staaten mit gegenüberliegenden oder aneinander angrenzenden Küsten. Liegen die Küsten zweier Staaten einander gegenüber oder grenzen sie aneinander an, so ist mangels einer gegenteiligen Vereinbarung zwischen diesen beiden Staaten keiner von ihnen berechtigt, sein Küstenmeer über die Mittellinie auszudehnen, auf der jeder Punkt gleich weit von den nächstgelegenen Punkten der Basislinien entfernt ist, von denen aus die Breite des Küstenmeers jedes der beiden Staaten gemessen wird. Diese Bestimmung findet jedoch keine Anwendung, wenn es aufgrund historischer Rechtstitel oder anderer besonderer Umstände erforderlich ist, die Küstenmeere der beiden Staaten abweichend davon gegeneinander abzugrenzen.

Art. 16 Seekarten und Verzeichnisse geographischer Koordinaten. (1) Die in Übereinstimmung mit den Artikeln 7, 9 und 10 festgelegten Basislinien zur Messung der Breite des Küstenmeers oder die daraus abgeleiteten Grenzen sowie die in Übereinstimmung mit den Artikeln 12 und 15 gezogenen Abgrenzungslinien werden in Seekarten eingetragen, deren Maßstab oder Maßstäbe zur genauen Feststellung ihres Verlaufs ausreichen. Statt dessen kann auch ein Verzeichnis der geographischen Koordinaten von Punkten unter genauer Angabe der geodätischen Daten verwendet werden.

(2) Der Küstenstaat veröffentlicht diese Seekarten oder Verzeichnisse geographischer Koordinaten ordnungsgemäß und hinterlegt jeweils eine Ausfertigung davon beim Generalsekretär der Vereinten Nationen.

Abschnitt 3. Friedliche Durchfahrt im Küstenmeer

Unterabschnitt A. Regeln für alle Schiffe

Art. 17 Recht der friedlichen Durchfahrt. Vorbehaltlich dieses Übereinkommens genießen die Schiffe aller Staaten, ob Küsten- oder Binnenstaaten, das Recht der friedlichen Durchfahrt durch das Küstenmeer.

Art. 18 Bedeutung der Durchfahrt. (1) „Durchfahrt" bedeutet die Fahrt durch das Küstenmeer zu dem Zweck,

a) es ohne Einlaufen in die inneren Gewässer oder Anlaufen einer Reede oder Hafenanlage außerhalb der inneren Gewässer zu durchqueren oder
b) in die inneren Gewässer einzulaufen oder sie zu verlassen oder eine solche Reede oder Hafenanlage anzulaufen oder zu verlassen.

(2) Die Durchfahrt muß ohne Unterbrechung und zügig erfolgen. Die Durchfahrt schließt jedoch das Anhalten und Ankern ein, aber nur insoweit, als dies zur normalen Schiffahrt gehört oder infolge höherer Gewalt oder eines Notfalls oder zur Hilfeleistung für Personen, Schiffe oder Luftfahrzeuge in Gefahr oder Not erforderlich wird.

Art. 19 Bedeutung der friedlichen Durchfahrt. (1) Die Durchfahrt ist friedlich, solange sie nicht den Frieden, die Ordnung oder die Sicherheit des Küstenstaats beeinträchtigt. Die Durchfahrt hat in Übereinstimmung mit diesem Übereinkommen und den sonstigen Regeln des Völkerrechts zu erfolgen.

(2) Die Durchfahrt eines fremden Schiffes gilt als Beeinträchtigung des Friedens, der Ordnung oder der Sicherheit des Küstenstaats, wenn das Schiff im Küstenmeer eine der folgenden Tätigkeiten vornimmt:

a) eine Androhung oder Anwendung von Gewalt, die gegen die Souveränität, die territoriale Unversehrtheit oder die politische Unabhängigkeit des Küstenstaats gerichtet ist oder sonst die in der Charta der Vereinten Nationen niedergelegten Grundsätze des Völkerrechts verletzt;

b) eine Übung oder ein Manöver mit Waffen jeder Art;

c) eine Handlung, die auf das Sammeln von Informationen zum Schaden der Verteidigung oder Sicherheit des Küstenstaats gerichtet ist;

d) eine Propagandahandlung, die auf die Beeinträchtigung der Verteidigung oder Sicherheit des Küstenstaats gerichtet ist;

e) das Starten, Landen oder Anbordnehmen von Luftfahrzeugen;

f) das Aussetzen, Landen oder Anbordnehmen von militärischem Gerät;

g) das Laden oder Entladen von Waren, Zahlungsmitteln oder Personen entgegen den Zoll- und sonstigen Finanzgesetzen, Einreise- oder Gesundheitsgesetzen und diesbezüglichen sonstigen Vorschriften des Küstenstaats;

h) eine vorsätzliche schwere Verschmutzung entgegen diesem Übereinkommen;

i) Fischereitätigkeiten;

j) Forschungs- oder Vermessungsarbeiten;

k) eine Handlung, die auf die Störung eines Nachrichtenübermittlungssystems oder anderer Einrichtungen oder Anlagen des Küstenstaats gerichtet ist;

l) eine andere Tätigkeit, die nicht unmittelbar mit der Durchfahrt zusammenhängt.

Art. 20 Unterseeboote und andere Unterwasserfahrzeuge. Unterseeboote und andere Unterwasserfahrzeuge müssen im Küstenmeer über Wasser fahren und ihre Flagge zeigen.

Art. 21 Gesetze und sonstige Vorschriften des Küstenstaats über die friedliche Durchfahrt. (1) Der Küstenstaat kann in Übereinstimmung mit diesem Übereinkommen und den sonstigen Regeln des Völkerrechts Gesetze und sonstige Vorschriften über die friedliche Durchfahrt durch das Küstenmeer in bezug auf alle oder einzelne der folgenden Bereiche erlassen:

a) Sicherheit der Schiffahrt und Regelung des Seeverkehrs;

b) Schutz der Seezeichen und Navigationseinrichtungen und anderer Einrichtungen oder Anlagen;

c) Schutz von Kabeln und Rohrleitungen;

d) Erhaltung der lebenden Ressourcen des Meeres;

e) Verhütung von Verstößen gegen die Fischereigesetze und diesbezüglichen sonstigen Vorschriften des Küstenstaats;

f) Schutz der Umwelt des Küstenstaats und Verhütung, Verringerung und Überwachung ihrer Verschmutzung;

g) wissenschaftliche Meeresforschung und hydrographische Vermessungen;

h) Verhütung von Verstößen gegen die Zoll- und sonstigen Finanzgesetze, Einreise- oder Gesundheitsgesetze und diesbezüglichen sonstigen Vorschriften des Küstenstaats.

(2) Diese Gesetze und sonstigen Vorschriften dürfen sich nicht auf den Entwurf, den Bau, die Bemannung oder die Ausrüstung von fremden Schiffen erstrecken, sofern sie nicht allgemein anerkannten internationalen Regeln oder Normen Wirksamkeit verleihen.

(3) Der Küstenstaat veröffentlicht diese Gesetze und sonstigen Vorschriften ordnungsgemäß.

(4) Fremde Schiffe, die das Recht der friedlichen Durchfahrt durch das Küstenmeer ausüben, müssen diese Gesetze und sonstigen Vorschriften sowie alle allgemein anerkannten internationalen Vorschriften über die Verhütung von Zusammenstößen auf See einhalten.

Art. 22 Schiffahrtswege und Verkehrstrennungsgebiete im Küstenmeer. (1) Der Küstenstaat kann, wo es die Sicherheit der Schiffahrt erfordert, von fremden Schiffen, die das Recht der friedlichen Durchfahrt durch sein Küstenmeer ausüben, verlangen, daß sie diejenigen Schiffahrtswege und Verkehrstrennungsgebiete benutzen, die er zur Regelung der Durchfahrt von Schiffen festlegen oder vorschreiben kann.

(2) Insbesondere kann von Tankschiffen, Schiffen mit Kernenergieantrieb und Schiffen, die nukleare oder sonstige ihrer Natur nach gefährliche oder schädliche Stoffe oder Materialien befördern, verlangt werden, bei der Durchfahrt nur diese Schiffahrtswege zu benutzen.

(3) Wenn der Küstenstaat aufgrund dieses Artikels Schiffahrtswege festlegt und Verkehrstrennungsgebiete vorschreibt, hat er folgendes zu berücksichtigen:

a) die Empfehlungen der zuständigen internationalen Organisation;

b) alle üblicherweise für die internationale Schiffahrt benutzten Fahrwasser;

c) die besonderen Merkmale bestimmter Schiffe und Fahrwasser und

d) die Verkehrsdichte.

(4) Der Küstenstaat trägt diese Schiffahrtswege und Verkehrstrennungsgebiete deutlich in Seekarten ein und veröffentlicht diese ordnungsgemäß.

Art. 23 Fremde Schiffe mit Kernenergieantrieb und Schiffe, die nukleare oder sonstige ihrer Natur nach gefährliche oder schädliche Stoffe befördern. Fremde Schiffe mit Kernenergieantrieb und Schiffe, die nukleare oder sonstige ihrer Natur nach gefährliche oder schädliche Stoffe befördern, müssen bei der Ausübung des Rechts der friedlichen Durchfahrt durch das Küstenmeer die Dokumente mitführen und die besonderen Vorsichtsmaßnahmen beachten, die in internationalen Übereinkünften für solche Schiffe vorgeschrieben sind.

Art. 24 Pflichten des Küstenstaats. (1) Der Küstenstaat darf, außer in den von diesem Übereinkommen vorgesehenen Fällen, die friedliche Durchfahrt fremder Schiffe durch das Küstenmeer nicht behindern. Insbesondere darf der Küstenstaat bei der Anwendung des Übereinkommens oder der in Übereinstimmung mit ihm erlassenen Gesetze oder sonstigen Vorschriften nicht

a) fremden Schiffen Auflagen machen, die im Ergebnis eine Verweigerung oder Beeinträchtigung der Ausübung des Rechts der friedlichen Durchfahrt bewirken, oder

b) die Schiffe eines bestimmten Staates oder Schiffe, die Ladung nach oder von einem bestimmten Staat oder in dessen Auftrag befördern, rechtlich oder tatsächlich diskriminieren.

(2) Der Küstenstaat macht alle in seinem Küstenmeer für die Schiffahrt bestehenden und ihm zur Kenntnis gelangten Gefahren in geeigneter Weise bekannt.

Art. 25 Schutzrechte des Küstenstaats. (1) Der Küstenstaat kann in seinem Küstenmeer die erforderlichen Maßnahmen ergreifen, um eine nichtfriedliche Durchfahrt zu verhindern.

(2) Der Küstenstaat ist ferner berechtigt, in bezug auf Schiffe, die in seine inneren Gewässer einlaufen oder eine Hafenanlage außerhalb der inneren Gewässer anlaufen wollen, die erforderlichen Maßnahmen zu ergreifen, um jede Verletzung der Bedingungen zu verhindern, die für das Einlaufen solcher Schiffe in die inneren Gewässer oder für ihr Anlaufen solcher Anlagen bestehen.

(3) Der Küstenstaat kann, ohne fremde Schiffe untereinander rechtlich oder tatsächlich zu diskriminieren, in bestimmten Gebieten seines Küstenmeers die friedliche Durchfahrt fremder Schiffe vorübergehend aussetzen, sofern dies für den Schutz seiner Sicherheit, einschließlich Waffenübungen, unerläßlich ist. Eine solche Aussetzung wird erst nach ordnungsgemäßer Bekanntmachung wirksam.

Art. 26 Gebühren, die von fremden Schiffen erhoben werden können. (1) Für die bloße Durchfahrt durch das Küstenmeer dürfen von fremden Schiffen keine Abgaben erhoben werden.

(2) Von einem das Küstenmeer durchfahrenden fremden Schiff dürfen Gebühren nur als Vergütung für bestimmte, dem Schiff geleistete Dienste erhoben werden. Diese Gebühren sind ohne Diskriminierung zu erheben.

Unterabschnitt B. Regeln für Handelsschiffe und für Staatsschiffe, die Handelszwecken dienen

Art. 27 Strafgerichtsbarkeit an Bord eines fremden Schiffes. (1) Die Strafgerichtsbarkeit des Küstenstaats soll an Bord eines das Küstenmeer durchfahrenden fremden Schiffes nicht ausgeübt werden, um wegen einer während der Durchfahrt an Bord des Schiffes begangenen Straftat eine Person festzunehmen oder eine Untersuchung durchzuführen, außer in folgenden Fällen:

a) wenn sich die Folgen der Straftat auf den Küstenstaat erstrecken;

b) wenn die Straftat geeignet ist, den Frieden des Landes oder die Ordnung im Küstenmeer zu stören;

c) wenn die Hilfe der örtlichen Behörden vom Kapitän des Schiffes oder von einem Diplomaten oder Konsularbeamten des Flaggenstaats erbeten worden ist oder

d) wenn solche Maßnahmen zur Unterdrückung des unerlaubten Verkehrs mit Suchtstoffen oder psychotropen Stoffen erforderlich sind.

(2) Absatz 1 berührt nicht das Recht des Küstenstaats, alle nach seinen Gesetzen zulässigen Maßnahmen zur Festnahme oder Untersuchung an Bord eines fremden Schiffes zu ergreifen, die nach Verlassen der inneren Gewässer das Küstenmeer durchfährt.

(3) In den in den Absätzen 1 und 2 vorgesehenen Fällen hat der Küstenstaat, bevor er irgendwelche Maßnahmen ergreift, auf Ersuchen des Kapitäns einen Diplomaten oder Konsularbeamten des Flaggenstaats zu benachrichtigen und die Verbindung zwischen diesem Diplomaten oder Konsularbeamten und der Besatzung des Schiffes zu erleichtern. In dringenden Fällen kann diese Benachrichtigung erfolgen, während die Maßnahmen durchgeführt werden.

(4) Bei der Prüfung der Frage, ob oder auf welche Weise eine Festnahme erfolgen soll, tragen die örtlichen Behörden den Interessen der Schiffahrt gebührend Rechnung.

(5) Abgesehen von der Anwendung des Teiles XII oder von Fällen von Verstößen gegen die in Übereinstimmung mit Teil V erlassenen Gesetze und sonstigen Vorschriften darf der Küstenstaat an Bord eines sein Küstenmeer durchfahrenden fremden Schiffes keine Maßnahmen ergreifen, um wegen einer Straftat, die vor der Einfahrt des Schiffes in das Küstenmeer begangen wurde, eine Person festzunehmen oder eine Untersuchung durchzuführen, wenn dieses Schiff aus einem fremden Hafen kommt und das Küstenmeer nur durchfährt, ohne in die inneren Gewässer einzulaufen.

Art. 28 Zivilgerichtsbarkeit in bezug auf fremde Schiffe. (1) Der Küstenstaat soll ein das Küstenmeer durchfahrendes fremdes Schiff weder anhalten noch umleiten, um seine Zivilgerichtsbarkeit gegenüber einer an Bord des Schiffes befindlichen Person auszuüben.

(2) Der Küstenstaat darf Vollstreckungs- oder Sicherungsmaßnahmen in Zivilsachen gegen das Schiff nur wegen Verbindlichkeiten oder der Haftung ergreifen, die für das Schiff selbst während oder wegen seiner Durchfahrt durch die Gewässer des Küstenstaats entstanden sind.

(3) Absatz 2 berührt nicht das Recht des Küstenstaats, in Übereinstimmung mit seinen Rechtsvorschriften Vollstreckungs- oder Sicherungsmaßnahmen in Zivilsachen gegen ein fremdes Schiff zu ergreifen, das in seinem Küstenmeer liegt oder dieses nach Verlassen der inneren Gewässer durchfährt.

Unterabschnitt C. Regeln für Kriegsschiffe und sonstige Staatsschiffe, die anderen als Handelszwecken dienen

Art. 29 Definition der Kriegsschiffe. Im Sinne dieses Übereinkommens bedeutet „Kriegsschiff" ein zu den Streitkräften eines Staates gehörendes Schiff, das die äußeren Kennzeichen eines solchen Schiffes seiner Staatszugehörigkeit trägt; es muß unter dem Befehl eines Offiziers stehen, der sich im Dienst des jeweiligen Staates befindet und dessen Name in der entsprechenden Rangliste der Streitkräfte oder in einer gleichwertigen Liste enthalten ist; die Besatzung muß den Regeln der militärischen Disziplin unterliegen.

Art. 30 Nichteinhaltung der Gesetze und sonstigen Vorschriften des Küstenstaats durch Kriegsschiffe. Wenn ein Kriegsschiff die Gesetze und sonstigen Vorschriften des Küstenstaats über die Durchfahrt durch das Küstenmeer nicht einhält und eine ihm übermittelte Aufforderung, sie einzuhalten, mißachtet, kann der Küstenstaat von dem Kriegsschiff verlangen, das Küstenmeer sofort zu verlassen.

Art. 31 Verantwortlichkeit des Flaggenstaats für Schäden, die ein Kriegsschiff oder ein sonstiges Staatsschiff, das anderen als Handelszwecken dient, verursacht. Der Flaggenstaat ist völkerrechtlich verantwortlich für jeden dem Küstenstaat zugefügten Verlust oder Schaden, der sich aus der Nichteinhaltung der Gesetze und sonstigen Vorschriften des Küstenstaats über die Durchfahrt durch das Küstenmeer oder der Bestimmungen dieses Übereinkommens oder der sonstigen Regeln des Völkerrechts durch ein Kriegsschiff oder ein sonstiges Staatsschiff, das anderen als Handelszwecken dient, ergibt.

Art. 32 Immunitäten der Kriegsschiffe und der sonstigen Staatsschiffe, die anderen als Handelszwecken dienen. Vorbehaltlich der in Unterabschnitt A und in den Artikeln 30 und 31 vorgesehenen Ausnahmen berührt dieses Übereinkommen nicht die Immunitäten der Kriegsschiffe und der sonstigen Staatsschiffe, die anderen als Handelszwecken dienen.

Abschnitt 4. Anschlußzone

Art. 33 Anschlußzone. (1) In einer an sein Küstenmeer angrenzenden Zone, die als Anschlußzone bezeichnet wird, kann der Küstenstaat die erforderliche Kontrolle ausüben, um

a) Verstöße gegen seine Zoll- und sonstigen Finanzgesetze, Einreise- oder Gesundheitsgesetze und diesbezüglichen sonstigen Vorschriften in seinem Hoheitsgebiet oder in seinem Küstenmeer zu verhindern;

b) Verstöße gegen diese Gesetze und sonstigen Vorschriften, die in seinem Hoheitsgebiet oder in seinem Küstenmeer begangen worden sind, zu ahnden.

(2) Die Anschlußzone darf sich nicht weiter als 24 Seemeilen über die Basislinien hinaus erstrecken, von denen aus die Breite des Küstenmeers gemessen wird.

Teil III. Meerengen, die der internationalen Schiffahrt dienen

Abschnitt 1. Allgemeine Bestimmungen

Art. 34 Rechtsstatus der Gewässer von Meerengen, die der internationalen Schiffahrt dienen. (1) Die in diesem Teil festgelegte Durchfahrtsordnung für Meerengen, die der internationalen Schiffahrt dienen, berührt im übrigen nicht den Rechtsstatus der solche Meerengen bildenden Gewässer oder die Ausübung der Souveränität oder der Hoheitsbefugnisse über diese Gewässer und deren Luftraum, Meeresboden und Meeresuntergrund durch die Meerengenanliegerstaaten.

(2) Die Souveränität oder die Hoheitsbefugnisse der Meerengenanliegerstaaten werden nach Maßgabe dieses Teiles und der sonstigen Regeln des Völkerrechts ausgeübt.

Art. 35 Geltungsbereich dieses Teiles. Dieser Teil berührt nicht

a) die Gebiete innerer Gewässer innerhalb einer Meerenge, es sei denn, die Festlegung einer geraden Basislinie nach der in Artikel 7 bezeichneten Methode führt dazu, daß Gebiete, die vorher nicht als innere Gewässer galten, in diese einbezogen werden;

b) den Rechtsstatus der Gewässer außerhalb der Küstenmeere der Meerengenanliegerstaaten als ausschließliche Wirtschaftszone oder als Hohe See oder

c) die Rechtsordnung in Meerengen, in denen die Durchfahrt ganz oder teilweise durch lange bestehende und in Kraft befindliche internationale Übereinkünfte geregelt ist, die sich im besonderen auf diese Meerengen beziehen.

Art. 36 Durch Hohe See oder ausschließliche Wirtschaftszonen führende Seewege in Meerengen, die der internationalen Schiffahrt dienen. Dieser Teil gilt nicht für eine Meerenge, die der internationalen Schiffahrt dient, wenn ein in navigatorischer und hydrographischer Hinsicht gleichermaßen geeigneter, durch die Hohe See oder eine ausschließliche Wirtschaftszone führender Seeweg durch die Meerenge vorhanden ist; auf diesen Seewegen finden die anderen diesbezüglichen Teile dieses Übereinkommens einschließlich der Bestimmungen über die Freiheit der Schiffahrt und des Überflugs Anwendung.

Abschnitt 2. Transitdurchfahrt

Art. 37 Geltungsbereich dieses Abschnitts. Dieser Abschnitt gilt für Meerengen, die der internationalen Schiffahrt zwischen einem Teil der Hohen See oder einer ausschließlichen Wirtschaftszone und einem anderen Teil der Hohen See oder einer ausschließlichen Wirtschaftszone dienen.

Art. 38 Recht der Transitdurchfahrt. (1) In den in Artikel 37 bezeichneten Meerengen genießen alle Schiffe und Luftfahrzeuge das Recht der Transitdurchfahrt, die nicht behindert werden darf; jedoch gilt in einer Meerenge, die durch eine Insel eines Meerengenanliegerstaats und sein Festland gebildet wird, das Recht der Transitdurchfahrt nicht, wenn seewärts der Insel ein in navigatorischer und hydrographischer Hinsicht gleichermaßen geeigneter Seeweg durch die Hohe See oder eine ausschließliche Wirtschaftszone vorhanden ist.

(2) „Transitdurchfahrt" bedeutet die in Übereinstimmung mit diesem Teil erfolgende Ausübung der Freiheit der Schiffahrt und des Überflugs lediglich zum Zweck des ununterbrochenen und zügigen Transits durch die Meerenge zwischen einem Teil der Hohen See oder einer ausschließlichen Wirtschaftszone und einem anderen Teil der Hohen See oder einer ausschließlichen Wirtschaftszone. Jedoch schließt das Erfordernis des ununterbrochenen und zügigen Transits die Durchfahrt durch die Meerenge zu dem Zweck nicht aus, einen Meerengenanliegerstaat unter Beachtung seiner Einreisebedingungen aufzusuchen, zu verlassen oder von ihm zurückzukehren.

(3) Jede Tätigkeit, die keine Ausübung des Rechts der Transitdurchfahrt durch eine Meerenge ist, unterliegt den anderen anwendbaren Bestimmungen dieses Übereinkommens.

Art. 39 Pflichten der Schiffe und Luftfahrzeuge während der Transitdurchfahrt. (1) Schiffe und Luftfahrzeuge müssen, wenn sie das Recht der Transitdurchfahrt ausüben,

a) die Meerenge unverzüglich durchfahren oder überfliegen;

b) sich jeder Androhung oder Anwendung von Gewalt enthalten, die gegen die Souveränität, die territoriale Unversehrtheit oder die politische Unabhängigkeit eines Meerengenanliegerstaats gerichtet ist oder sonst die in der Charta der Vereinten Nationen niedergelegten Grundsätze des Völkerrechts verletzt;

c) sich jeder Tätigkeit enthalten, die nicht mit ihrem normalen ununterbrochenen und zügigen Transit zusammenhängt, sofern sie nicht durch höhere Gewalt oder einen Notfall erforderlich wird;

d) die anderen einschlägigen Bestimmungen dieses Teiles befolgen.

(2) Schiffe in der Transitdurchfahrt müssen

a) die allgemein anerkannten internationalen Vorschriften, Verfahren und Gebräuche für die Sicherheit auf See einschließlich der Internationalen Regeln zur Verhütung von Zusammenstößen auf See befolgen;

b) die allgemein anerkannten internationalen Vorschriften, Verfahren und Gebräuche zur Verhütung, Verringerung und Überwachung der Verschmutzung durch Schiffe befolgen.

(3) Luftfahrzeuge in der Transitdurchfahrt müssen

a) die von der Internationalen Zivilluftfahrt-Organisation aufgestellten Regeln für die Luftfahrt einhalten, soweit sie auf zivile Luftfahrzeuge Anwendung finden; Staatsluftfahrzeuge halten sich in der Regel an solche Sicherheitsmaßnahmen und fliegen jederzeit mit der gebotenen Rücksicht auf die Sicherheit der Luftfahrt;

b) jederzeit die von der zuständigen international bestimmten Luftverkehrskontrollbehörde zugewiesene Funkfrequenz oder die entsprechende internationale Notfunkfrequenz abhören.

Art. 40 Forschungs- und Vermessungsarbeiten. Während der Transitdurchfahrt dürfen fremde Schiffe, einschließlich solcher für wissenschaftliche Meeresforschung oder hydrographische Vermessung, ohne vorherige Genehmigung der Meerengenanliegerstaaten keine Forschungs- oder Vermessungsarbeiten durchführen.

Art. 41 Schiffahrtswege und Verkehrstrennungsgebiete in Meerengen, die der internationalen Schiffahrt dienen. (1) In Übereinstimmung mit diesem Teil können Meerengenanliegerstaaten für die Schiffahrt in Meerengen Schiffahrtswege festlegen und Verkehrstrennungsgebiete vorschreiben, wo es die sichere Durchfahrt der Schiffe erfordert.

(2) Wenn es die Umstände erfordern, können diese Staaten nach ordnungsgemäßer Bekanntmachung vorher von ihnen festgelegte Schiffahrtswege oder vorgeschriebene Verkehrstrennungsgebiete durch andere Schiffahrtswege oder Verkehrstrennungsgebiete ersetzen.

(3) Diese Schiffahrtswege und Verkehrstrennungsgebiete haben den allgemein anerkannten internationalen Vorschriften zu entsprechen.

(4) Bevor die Meerengenanliegerstaaten Schiffahrtswege festlegen oder ersetzen oder Verkehrstrennungsgebiete vorschreiben oder ersetzen, unterbreiten sie der zuständigen internationalen Organisation Vorschläge zur Annahme. Die Organisation darf nur solche Schiffahrtswege und Verkehrstrennungsgebiete annehmen, die mit den Meerengenanliegerstaaten vereinbart werden konnten; danach können diese Staaten sie festlegen, vorschreiben oder ersetzen.

(5) Werden für eine Meerenge Schiffahrtswege oder Verkehrstrennungsgebiete durch die Gewässer von zwei oder mehr Meerengenanliegerstaaten vorgeschlagen, so arbeiten die betreffenden Staaten bei der Ausarbeitung der Vorschläge in Konsultation mit der zuständigen internationalen Organisation zusammen.

(6) Die Meerengenanliegerstaaten tragen alle von ihnen festgelegten Schiffahrtswege und vorgeschriebenen Verkehrstrennungsgebiete deutlich in Seekarten ein und veröffentlichen diese ordnungsgemäß.

(7) Schiffe in der Transitdurchfahrt müssen die in Übereinstimmung mit diesem Artikel festgelegten Schiffahrtswege und Verkehrstrennungsgebiete beachten.

Art. 42 Gesetze und sonstige Vorschriften der Meerengenanliegerstaaten zur Transitdurchfahrt. (1) Vorbehaltlich dieses Abschnitts können die Meerengenanliegerstaaten Gesetze und sonstige Vorschriften zur Transitdurchfahrt durch Meerengen für folgende Bereiche erlassen:

a) Sicherheit der Schiffahrt und Regelung des Seeverkehrs nach Artikel 41;

b) Verhütung, Verringerung und Überwachung der Verschmutzung, indem sie den anwendbaren internationalen Vorschriften über das Einleiten von Öl, ölhaltigen Abfällen und anderen schädlichen Stoffen in der Meerenge Wirksamkeit verleihen;

c) für Fischereifahrzeuge ein Fischereiverbot einschließlich des Verstauens von Fischfanggerät;

d) das Laden oder Entladen von Waren, Zahlungsmitteln oder Personen entgegen den Zoll- und sonstigen Finanzgesetzen, Einreise- oder Gesundheitsgesetzen und diesbezüglichen sonstigen Vorschriften der Meerengenanliegerstaaten.

(2) Diese Gesetze und sonstigen Vorschriften dürfen fremde Schiffe untereinander weder rechtlich noch tatsächlich diskriminieren, und ihre Anwendung darf im Ergebnis nicht eine Verweigerung, Behinderung oder Beeinträchtigung des Rechts der Transitdurchfahrt nach diesem Abschnitt bewirken.

(3) Die Meerengenanliegerstaaten veröffentlichen diese Gesetze und sonstigen Vorschriften ordnungsgemäß.

(4) Fremde Schiffe, die das Recht der Transitdurchfahrt ausüben, müssen diese Gesetze und sonstigen Vorschriften einhalten.

(5) Verletzt ein Staatenimmunität genießendes Schiff oder Luftfahrzeug diese Gesetze und sonstigen Vorschriften oder andere Bestimmungen dieses Teiles, so trägt der Flaggenstaat des Schiffes beziehungsweise der Eintragungsstaat des Luftfahrzeugs die völkerrechtliche Verantwortlichkeit für jeden den Meerengenanliegerstaaten zugefügten Verlust oder Schaden.

Art. 43 Navigationshilfen, Sicherheitsanlagen und andere Einrichtungen sowie Verhütung, Verringerung und Überwachung der Verschmutzung. Benutzerstaaten und Meerengenanliegerstaaten sollen einvernehmlich zusammenarbeiten,

a) um in einer Meerenge die erforderlichen Navigationshilfen und Sicherheitsanlagen oder andere Einrichtungen zur Erleichterung der internationalen Schiffahrt einzurichten und zu unterhalten und

b) um Verschmutzung durch Schiffe zu verhüten, zu verringern und zu überwachen.

Art. 44 Pflichten der Meerengenanliegerstaaten. Meerengenanliegerstaaten dürfen die Transitdurchfahrt nicht behindern und machen alle ihnen bekannten Gefahren für die Schiffahrt in der Meerenge oder den Überflug über die Meerenge in geeigneter Weise bekannt. Die Ausübung des Rechts der Transitdurchfahrt darf nicht ausgesetzt werden.

Abschnitt 3. Friedliche Durchfahrt

Art. 45 Friedliche Durchfahrt. (1) Die Ordnung der friedlichen Durchfahrt nach Teil II Abschnitt 3 gilt in den der internationalen Schiffahrt dienenden Meerengen,

a) die nach Artikel 38 Absatz 1 von der Anwendung der Ordnung der Transitdurchfahrt ausgeschlossen sind oder

b) die das Küstenmeer eines Staates mit einem Teil der Hohen See oder mit der ausschließlichen Wirtschaftszone eines anderen Staates verbinden.

(2) Die Ausübung des Rechts der friedlichen Durchfahrt durch solche Meerengen darf nicht ausgesetzt werden.

Teil IV. Archipelstaaten

Art. 46 Begriffsbestimmungen. Im Sinne dieses Übereinkommens

a) bedeutet „Archipelstaat" einen Staat, der vollständig aus einem oder mehreren Archipelen und gegebenenfalls anderen Inseln besteht;

b) bedeutet „Archipel" eine Gruppe von Inseln einschließlich Teilen von Inseln, dazwischenliegende Gewässer und andere natürliche Gebilde, die so eng miteinander in Beziehung stehen, daß diese Inseln, Gewässer und anderen natürlichen Gebilde eine wirkliche geographische, wirtschaftliche und politische Einheit bilden, oder die von alters her als solche angesehen worden sind.

Art. 47 Archipelbasislinien. (1) Ein Archipelstaat kann gerade Archipelbasislinien ziehen, welche die äußersten Punkte der äußersten Inseln und trockenfallenden Riffe des Archipels verbinden, sofern davon die Hauptinseln und ein Gebiet umschlossen sind, in dem das Verhältnis der Wasserfläche zur Landfläche einschließlich der Atolle zwischen 1 zu 1 und 9 zu 1 beträgt.

(2) Die Länge derartiger Basislinien darf 100 Seemeilen nicht überschreiten; jedoch dürfen bis zu 3 Prozent der Gesamtzahl der einen einzelnen Archipel umschließenden Basislinien diese Länge überschreiten, wobei die Länge nicht mehr als 125 Seemeilen betragen darf.

(3) Der Verlauf dieser Basislinien darf nicht erheblich vom allgemeinen Umriß des Archipels abweichen.

(4) Derartige Basislinien dürfen nicht zu und von trockenfallenden Erhebungen gezogen werden, es sei denn, daß Leuchttürme oder ähnliche ständig über den Wasserspiegel hinausragende Anlagen auf ihnen errichtet sind oder daß die trockenfallende Erhebung ganz oder teilweise um nicht mehr als die Breite des Küstenmeers von der nächstgelegenen Insel entfernt ist.

(5) Ein Archipelstaat darf das System derartiger Basislinien nicht so anwenden, daß dadurch das Küstenmeer eines anderen Staates von der Hohen See oder einer ausschließlichen Wirtschaftszone abgeschnitten wird.

(6) Liegt ein Teil der Archipelgewässer eines Archipelstaats zwischen zwei Teilen eines unmittelbar angrenzenden Nachbarstaats, so gelten die bestehenden Rechte und alle sonstigen berechtigten Interessen, die der letztgenannte Staat herkömmlicherweise in diesen Gewässern ausgeübt hat, sowie alle vertraglich zwischen beiden Staaten vereinbarten Rechte fort und sind zu beachten.

(7) Zum Zweck der Berechnung des Verhältnisses der Wasser- zur Landfläche nach Absatz 1 können zu Landflächen auch Gewässer gezählt werden, die innerhalb der Saumriffe von Inseln und Atollen liegen, einschließlich desjenigen Teiles eines steil abfallenden Ozeanplateaus, der von einer Kette am Rand des Plateaus liegender Kalksteininseln und trockenfallender Riffe ganz oder fast ganz umschlossen ist.

(8) Die nach diesem Artikel gezogenen Basislinien werden in Seekarten eingetragen, deren Maßstab oder Maßstäbe zur genauen Feststellung ihres Verlaufs ausreichen. Statt dessen können auch Verzeichnisse der geographischen Koordinaten von Punkten unter genauer Angabe der geodätischen Daten verwendet werden.

(9) Der Archipelstaat veröffentlicht diese Seekarten oder Verzeichnisse geographischer Koordinaten ordnungsgemäß und hinterlegt jeweils eine Ausfertigung davon beim Generalsekretär der Vereinten Nationen.

Art. 48 Messung der Breite des Küstenmeers, der Anschlußzone, der ausschließlichen Wirtschaftszone und des Festlandsockels. Die Breite des Küstenmeers, der Anschlußzone, der ausschließlichen Wirtschaftszone und des Festlandsockels wird von den in Übereinstimmung mit Artikel 47 gezogenen Archipelbasislinien aus gemessen.

Art. 49 Rechtsstatus der Archipelgewässer, des Luftraums über den Archipelgewässern sowie ihres Meeresbodens und Meeresuntergrunds. (1) Die Souveränität eines Archipelstaats erstreckt sich auf die Gewässer, die von den in Übereinstimmung mit Artikel 47 gezogenen Archipelbasislinien umschlossen sind; sie werden unabhängig von ihrer Tiefe oder ihrer Entfernung von der Küste als Archipelgewässer bezeichnet.

(2) Diese Souveränität erstreckt sich sowohl auf den Luftraum über den Archipelgewässern als auch auf deren Meeresboden und Meeresuntergrund und die darin enthaltenen Ressourcen.

(3) Diese Souveränität wird nach Maßgabe dieses Teiles ausgeübt.

(4) Die in diesem Teil festgelegte Ordnung der Durchfahrt auf Archipelschiffahrtswegen berührt im übrigen nicht den Rechtsstatus der Archipelgewässer einschließlich der Schiffahrtswege oder die Ausübung der Souveränität des Archipelstaats über diese Gewässer und deren Luftraum, Meeresboden und Meeresuntergrund sowie die darin enthaltenen Ressourcen.

Art. 50 Abgrenzung der inneren Gewässer. Innerhalb seiner Archipelgewässer kann der Archipelstaat in Übereinstimmung mit den Artikeln 9, 10 und 11 Abschlußlinien zur Abgrenzung der inneren Gewässer ziehen.

Art. 51 Bestehende Übereinkünfte, herkömmliche Fischereirechte und vorhandene unterseeische Kabel. (1) Unbeschadet des Artikels 49 beachtet ein Archipelstaat bestehende Übereinkünfte mit anderen Staaten und erkennt herkömmliche Fischereirechte sowie andere rechtmäßige Tätigkeiten der unmittelbar angrenzenden Nachbarstaaten in bestimmten Gebieten innerhalb der Archipelgewässer an. Die Bedingungen der Ausübung solcher Rechte und Tätigkeiten, einschließlich ihrer Natur, ihres Ausmaßes und ihres Anwendungsbereichs, werden auf Ersuchen eines der betroffenen Staaten durch zweiseitige Übereinkünfte zwischen ihnen geregelt. Solche Rechte dürfen dritten Staaten oder ihren Angehörigen nicht übertragen und nicht mit ihnen geteilt werden.

(2) Ein Archipelstaat nimmt Rücksicht auf die vorhandenen von anderen Staaten gelegten unterseeischen Kabel, die durch seine Gewässer führen, ohne das Ufer zu berühren. Ein Archipelstaat gestattet die Unterhaltung und den Ersatz dieser Kabel, nachdem ihm ihre Lage und die Absicht, sie zu reparieren oder zu ersetzen, ordnungsgemäß mitgeteilt worden sind.

Art. 52 Recht der friedlichen Durchfahrt. (1) Vorbehaltlich des Artikels 53 und unbeschadet des Artikels 50 genießen die Schiffe aller Staaten das Recht der friedlichen Durchfahrt durch die Archipelgewässer, wie es in Teil II Abschnitt 3 geregelt ist.

(2) Der Archipelstaat kann, ohne fremde Schiffe untereinander rechtlich oder tatsächlich zu diskriminieren, in bestimmten Gebieten seiner Archipelgewässer die Ausübung des Rechts der friedlichen Durchfahrt fremder Schiffe vorübergehend aussetzen, sofern dies für den Schutz seiner Sicherheit unerläßlich ist. Eine solche Aussetzung wird erst nach ordnungsgemäßer Bekanntmachung wirksam.

Art. 53 Recht der Durchfahrt auf Archipelschiffahrtswegen. (1) Ein Archipelstaat kann in seinen Archipelgewässern und seinem angrenzenden Küstenmeer Schiffahrtswege und darüberliegende Flugstrecken festlegen, die für die ununterbrochene und zügige Durchfahrt fremder Schiffe sowie den ununterbrochenen und zügigen Durchflug fremder Luftfahrzeuge geeignet sind.

(2) Alle Schiffe und Luftfahrzeuge genießen auf diesen Schiffahrtswegen und Flugstrecken das Recht der Durchfahrt auf Archipelschiffahrtswegen.

(3) „Durchfahrt auf Archipelschiffahrtswegen" bedeutet die in Übereinstimmung mit diesem Übereinkommen erfolgende Ausübung des Rechts auf Schiffahrt und Überflug in normaler Weise lediglich zum Zweck des ununterbrochenen, zügigen und unbehinderten Transits zwischen einem Teil der Hohen See oder einer ausschließlichen Wirtschaftszone und einem anderen Teil der Hohen See oder einer ausschließlichen Wirtschaftszone.

(4) Diese Schiffahrtswege und Flugstrecken müssen durch die Archipelgewässer und das angrenzende Küstenmeer führen und alle üblichen Durchfahrtswege einschließen, die der internationalen Schiffahrt oder dem internationalen Überflug durch beziehungsweise über die Archipelgewässer dienen; diese Schiffahrtswege müssen den Fahrwassern folgen, die von der Schiffahrt üblicherweise genutzt werden, wobei jedoch die Einrichtung mehrerer gleichermaßen geeigneter Wege zwischen denselben Eingangs- und Ausgangspunkten nicht erforderlich ist.

(5) Diese Schiffahrtswege und Flugstrecken werden durch eine Reihe fortlaufender Mittellinien bestimmt, die von den Eingangspunkten zu den Ausgangspunkten der Durchfahrtswege führen. Bei der Durch-

fahrt auf Archipelschiffahrtswegen dürfen Schiffe und Luftfahrzeuge nicht mehr als 25 Seemeilen nach jeder Seite von diesen Mittellinien abweichen; sie dürfen sich dabei aber den Küsten höchstens bis zu einer Entfernung nähern, die 10 Prozent der Gesamtentfernung zwischen den nächstgelegenen Punkten der Inseln beiderseits des Schiffahrtswegs beträgt.

(6) Ein Archipelstaat, der Schiffahrtswege aufgrund dieses Artikels festlegt, kann auch Verkehrstrennungsgebiete für die sichere Durchfahrt von Schiffen durch enge Fahrwasser innerhalb solcher Schiffahrtswege vorschreiben.

(7) Wenn es die Umstände erfordern, kann ein Archipelstaat nach ordnungsgemäßer Bekanntmachung die vorher von ihm festgelegten Schiffahrtswege oder vorgeschriebenen Verkehrstrennungsgebiete durch andere Schiffahrtswege oder Verkehrstrennungsgebiete ersetzen.

(8) Diese Schiffahrtswege und Verkehrstrennungsgebiete haben den allgemein anerkannten internationalen Vorschriften zu entsprechen.

(9) Wenn ein Archipelstaat Schiffahrtswege festlegt oder ersetzt oder Verkehrstrennungsgebiete vorschreibt oder ersetzt, unterbreitet er der zuständigen internationalen Organisation Vorschläge zur Annahme. Die Organisation darf nur solche Schiffahrtswege und Verkehrstrennungsgebiete annehmen, die mit dem Archipelstaat vereinbart werden konnten; danach kann er sie festlegen, vorschreiben oder ersetzen.

(10) Der Archipelstaat trägt die Mittellinien der von ihm festgelegten Schiffahrtswege und vorgeschriebenen Verkehrstrennungsgebiete deutlich in Seekarten ein und veröffentlicht diese ordnungsgemäß.

(11) Bei der Durchfahrt auf Archipelschiffahrtswegen müssen Schiffe die in Übereinstimmung mit diesem Artikel festgelegten Schiffahrtswege und Verkehrstrennungsgebiete beachten.

(12) Wenn ein Archipelstaat keine Schiffahrtswege oder Flugstrecken festgelegt hat, kann das Recht der Durchfahrt auf Archipelschiffahrtswegen auf den Wegen und Strecken ausgeübt werden, die üblicherweise der internationalen Schiffahrt und Luftfahrt dienen.

Art. 54 Pflichten der Schiffe und Luftfahrzeuge während ihrer Durchfahrt, Forschungs- und Vermessungsarbeiten, Pflichten des Archipelstaats und Gesetze und sonstige Vorschriften des Archipelstaats zur Durchfahrt auf Archipelschiffahrtswegen. Die Artikel 39, 40, 42 und 44 gelten sinngemäß für die Durchfahrt auf Archipelschiffahrtswegen.

Teil V. Ausschließliche Wirtschaftszone

Art. 55 Besondere Rechtsordnung der ausschließlichen Wirtschaftszone. Die ausschließliche Wirtschaftszone ist ein jenseits des Küstenmeers gelegenes und an dieses angrenzendes Gebiet, das der in diesem Teil festgelegten besonderen Rechtsordnung unterliegt, nach der die Rechte und Hoheitsbefugnisse des Küstenstaats und die Rechte und Freiheiten anderer Staaten durch die diesbezüglichen Bestimmungen dieses Übereinkommens geregelt werden.

Art. 56 Rechte, Hoheitsbefugnisse und Pflichten des Küstenstaats in der ausschließlichen Wirtschaftszone. (1) In der ausschließlichen Wirtschaftszone hat der Küstenstaat

a) souveräne Rechte zum Zweck der Erforschung und Ausbeutung, Erhaltung und Bewirtschaftung der lebenden und nichtlebenden natürlichen Ressourcen der Gewässer über dem Meeresboden, des Meeresbodens und seines Untergrunds sowie hinsichtlich anderer Tätigkeiten zur wirtschaftlichen Erforschung und Ausbeutung der Zone wie der Energieerzeugung aus Wasser, Strömung und Wind;

b) Hoheitsbefugnisse, wie in den diesbezüglichen Bestimmungen dieses Übereinkommens vorgesehen, in bezug auf
   i) die Errichtung und Nutzung von künstlichen Inseln, von Anlagen und Bauwerken;
   ii) die wissenschaftliche Meeresforschung;
   iii) den Schutz und die Bewahrung der Meeresumwelt;

c) andere in diesem Übereinkommen vorgesehene Rechte und Pflichten.

(2) Der Küstenstaat berücksichtigt bei der Ausübung seiner Rechte und der Erfüllung seiner Pflichten aus diesem Übereinkommen in der ausschließlichen Wirtschaftszone gebührend die Rechte und Pflichten anderer Staaten und handelt in einer Weise, die mit dem Übereinkommen vereinbar ist.

(3) Die in diesem Artikel niedergelegten Rechte hinsichtlich des Meeresbodens und seines Untergrunds werden in Übereinstimmung mit Teil VI ausgeübt.

Art. 57 Breite der ausschließlichen Wirtschaftszone. Die ausschließliche Wirtschaftszone darf sich nicht weiter als 200 Seemeilen von den Basislinien erstrecken, von denen aus die Breite des Küstenmeers gemessen wird.

Art. 58 Rechte und Pflichten anderer Staaten in der ausschließlichen Wirtschaftszone. (1) Alle Staaten, ob Küsten- oder Binnenstaaten, genießen in der ausschließlichen Wirtschaftszone vorbehaltlich der diesbezüglichen Bestimmungen dieses Übereinkommens die in Artikel 87 genannten Freiheiten der Schiffahrt, des Überflugs und der Verlegung unterseeischer Kabel und Rohrleitungen sowie andere völkerrechtlich zulässige, mit diesen Freiheiten zusammenhängende Nutzungen des Meeres, insbesondere im Rahmen des Einsatzes von *Schiffen und Luft*fahrzeugen sowie des Betriebs unterseeischer Kabel und Rohrleitungen, die mit den anderen Bestimmungen des Übereinkommens vereinbar sind.

(2) Die Artikel 88 bis 115 und sonstige diesbezügliche Regeln des Völkerrechts gelten für die ausschließliche Wirtschaftszone, soweit sie mit diesem Teil nicht unvereinbar sind.

(3) Die Staaten berücksichtigen bei der Ausübung ihrer Rechte und der Erfüllung ihrer Pflichten aus diesem Übereinkommen in der ausschließlichen Wirtschaftszone gebührend die Rechte und Pflichten des Küstenstaats und halten die von ihm in Übereinstimmung mit dem Übereinkommen und den sonstigen Regeln des Völkerrechts erlassenen Gesetze und sonstigen Vorschriften ein, soweit sie mit diesem Teil nicht unvereinbar sind.

Art. 59 Grundlage für die Lösung von Konflikten über die Zuweisung von Rechten und Hoheitsbefugnissen in der ausschließlichen Wirtschaftszone. In Fällen, in denen dieses Übereinkommen weder dem Küstenstaat noch anderen Staaten Rechte oder Hoheitsbefugnisse innerhalb der ausschließlichen Wirtschaftszone zuweist und ein Konflikt zwischen den Interessen des Küstenstaats und denen eines oder mehrerer anderer Staaten entsteht, soll dieser Konflikt auf der Grundlage der Billigkeit und unter Berücksichtigung aller maßgeblichen Umstände gelöst werden, wobei der Bedeutung dieser Interessen für die einzelnen Parteien sowie für die internationale Gemeinschaft als Ganzes Rechnung zu tragen ist.

Art. 60 Künstliche Inseln, Anlagen und Bauwerke in der ausschließlichen Wirtschaftszone. (1) In der ausschließlichen Wirtschaftszone hat der Küstenstaat das ausschließliche Recht zur Errichtung sowie zur Genehmigung und Regelung der Errichtung, des Betriebs und der Nutzung von

a) künstlichen Inseln;
b) Anlagen und Bauwerken für die in Artikel 56 vorgesehenen und für andere wirtschaftliche Zwecke;
c) Anlagen und Bauwerken, welche die Ausübung der Rechte des Küstenstaats in der Zone beeinträchtigen können.

(2) Der Küstenstaat hat über diese künstlichen Inseln, Anlagen und Bauwerke ausschließliche Hoheitsbefugnisse, einschließlich derjenigen in bezug auf Zoll- und sonstige Finanzgesetze, Gesundheits-, Sicherheits- und Einreisegesetze und diesbezügliche sonstige Vorschriften.

(3) Die Errichtung solcher künstlichen Inseln, Anlagen oder Bauwerke *ist ordnungsgemäß bekanntzumachen*, und es sind ständige Warneinrichtungen zu unterhalten. Alle aufgegebenen oder nicht mehr benutzten Anlagen oder Bauwerke sind zu beseitigen, um die Sicherheit der Schiffahrt zu gewährleisten; dabei sind die allgemein anerkannten internationalen Normen zu berücksichtigen, die in dieser Hinsicht von der zuständigen internationalen Organisation festgelegt sind. Bei der Beseitigung ist auch auf die Fischerei, den Schutz der Meeresumwelt sowie auf die Rechte und Pflichten anderer Staaten gebührend

Rücksicht zu nehmen. Tiefe, Lage und Ausdehnungen nicht vollständig beseitigter Anlagen oder Bauwerke sind in geeigneter Weise bekanntzumachen.

(4) Der Küstenstaat kann, wo es notwendig ist, um diese künstlichen Inseln, Anlagen und Bauwerke angemessene Sicherheitszonen einrichten, in denen er geeignete Maßnahmen ergreifen kann, um die Sicherheit der Schiffahrt sowie der künstlichen Inseln, Anlagen und Bauwerke zu gewährleisten.

(5) Die Breite der Sicherheitszonen wird vom Küstenstaat unter Berücksichtigung der geltenden internationalen Normen festgelegt. Diese Zonen sind so anzulegen, daß sie in sinnvoller Weise der Art und Aufgabe der künstlichen Inseln, Anlagen oder Bauwerke entsprechen; sie dürfen sich nicht über eine Entfernung von 500 Metern hinaus erstrekken, gemessen von jedem Punkt des äußeren Randes der künstlichen Inseln, Anlagen oder Bauwerke, sofern nicht allgemein anerkannte internationale Normen etwas anderes gestatten oder die zuständige internationale Organisation etwas anderes empfiehlt. Die Ausdehnung der Sicherheitszonen ist ordnungsgemäß bekanntzumachen.

(6) Alle Schiffe müssen diese Sicherheitszonen beachten und die allgemein anerkannten internationalen Normen über die Schiffahrt in der Nähe von künstlichen Inseln, Anlagen, Bauwerken und Sicherheitszonen einhalten.

(7) Künstliche Inseln, Anlagen und Bauwerke und die sie umgebenden Sicherheitszonen dürfen dort nicht errichtet werden, wo dies die Benutzung anerkannter und für die internationale Schiffahrt wichtiger Schiffahrtswege behindern kann.

(8) Künstliche Inseln, Anlagen und Bauwerke haben nicht den Status von Inseln. Sie haben kein eigenes Küstenmeer, und ihr Vorhandensein berührt nicht die Abgrenzung des Küstenmeers, der ausschließlichen Wirtschaftszone oder des Festlandsockels.

Art. 61 Erhaltung der lebenden Ressourcen. (1) Der Küstenstaat legt die zulässige Fangmenge für die lebenden Ressourcen in seiner ausschließlichen Wirtschaftszone fest.

(2) Der Küstenstaat sorgt unter Berücksichtigung der besten ihm zur Verfügung stehenden wissenschaftlichen Angaben durch geeignete Erhaltungs- und Bewirtschaftungsmaßnahmen dafür, daß der Fortbestand der lebenden Ressourcen in der ausschließlichen Wirtschaftszone nicht durch übermäßige Ausbeutung gefährdet wird. Zur Erreichung dieses Zieles arbeiten der Küstenstaat und die zuständigen internationalen Organisationen, gleichviel ob subregionaler, regionaler oder weltweiter Art, soweit angemessen, zusammen.

(3) Diese Maßnahmen müssen auch darauf gerichtet sein, die Populationen befischter Arten auf einem Stand zu erhalten oder auf diesen zurückzuführen, der den größtmöglich erreichbaren Dauerertrag sichert, wie er sich im Hinblick auf die in Betracht kommenden Umwelt-

und Wirtschaftsfaktoren, einschließlich der wirtschaftlichen Bedürfnisse der vom Fischfang lebenden Küstengemeinden und der besonderen Bedürfnisse der Entwicklungsstaaten, ergibt, wobei die Fischereistrukturen, die gegenseitige Abhängigkeit der Bestände sowie alle allgemein empfohlenen internationalen Mindestnormen, gleichviel ob subregionaler, regionaler oder weltweiter Art, zu berücksichtigen sind.

(4) Beim Ergreifen dieser Maßnahmen berücksichtigt der Küstenstaat die Wirkung auf jene Arten, die mit den befischten Arten vergesellschaftet oder von ihnen abhängig sind, um die Populationen dieser vergesellschafteten oder abhängigen Arten über einem Stand zu erhalten oder auf diesen zurückzuführen, auf dem ihre Fortpflanzung nicht ernstlich gefährdet wird.

(5) Die verfügbaren wissenschaftlichen Informationen, die statistischen Angaben über Fänge und Fischereiaufwand und andere für die Erhaltung der Fischbestände wesentliche Daten werden regelmäßig mitgeteilt und ausgetauscht, gegebenenfalls im Rahmen der zuständigen internationalen Organisationen, gleichviel ob subregionaler, regionaler oder weltweiter Art, sowie unter Beteiligung aller betroffenen Staaten einschließlich derjenigen, deren Angehörige in der ausschließlichen Wirtschaftszone fischen dürfen.

Art. 62 Nutzung der lebenden Ressourcen. (1) Der Küstenstaat setzt sich zum Ziel, die optimale Nutzung der lebenden Ressourcen in der ausschließlichen Wirtschaftszone zu fördern; dies gilt unbeschadet des Artikels 61.

(2) Der Küstenstaat legt seine Kapazität zum Fang der lebenden Ressourcen in der ausschließlichen Wirtschaftszone fest. Hat der Küstenstaat nicht die Kapazität zum Fang der gesamten zulässigen Fangmenge, so gewährt er anderen Staaten durch Abkommen oder andere Vereinbarungen und entsprechend den in Absatz 4 vorgesehenen Bedingungen, Gesetzen und sonstigen Vorschriften Zugang zum Überschuß der zulässigen Fangmenge; dabei sind vor allem die Artikel 69 und 70 zu berücksichtigen, insbesondere in bezug auf die dort erwähnten Entwicklungsstaaten.

(3) Gewährt ein Küstenstaat anderen Staaten nach diesem Artikel Zugang zu seiner ausschließlichen Wirtschaftszone, so berücksichtigt er dabei alle in Betracht kommenden Faktoren, unter anderem die Bedeutung der lebenden Ressourcen des jeweiligen Gebiets für die Wirtschaft des betreffenden Küstenstaats und seine sonstigen nationalen Interessen, die Bestimmungen der Artikel 69 und 70, die Bedürfnisse der Entwicklungsstaaten der Subregion oder Region am Fang eines Teiles des Überschusses und die Notwendigkeit, wirtschaftliche Störungen in Staaten auf ein Mindestmaß zu beschränken, deren Angehörige gewohnheitsmäßig in dieser Zone gefischt haben oder die wesentliche Bemühungen zur Erforschung und Bestimmung der Bestände unternommen haben.

(4) Angehörige anderer Staaten, die in der ausschließlichen Wirtschaftszone fischen, haben die Erhaltungsmaßnahmen und die anderen Bedingungen einzuhalten, die in den Gesetzen und sonstigen Vorschriften des Küstenstaats festgelegt sind. Diese Gesetze und sonstigen Vorschriften müssen mit diesem Übereinkommen vereinbar sein; sie können sich insbesondere auf folgendes beziehen:

a) die Erteilung von Genehmigungen für Fischer, Fischereifahrzeuge und -ausrüstung, einschließlich der Zahlung von Gebühren und anderen Formen des Entgelts, die im Fall von Küstenstaaten, die Entwicklungsstaaten sind, aus einer angemessenen Gegenleistung im Bereich der Finanzierung, Ausrüstung und technischen Entwicklung der Fischereiwirtschaft bestehen können;

b) die Bestimmung der Arten, die gefangen werden dürfen, und die Festlegung von Fangquoten entweder in bezug auf einzelne Bestände oder Gruppen von Beständen oder in bezug auf den Fang durch jedes Schiff während eines bestimmten Zeitabschnitts oder in bezug auf den Fang durch Angehörige eines Staates während eines bestimmten Zeitabschnitts;

c) die Regelung der Fangzeiten und -gebiete, der Art, Größe und Anzahl von Fanggerät und der Art, Größe und Anzahl der Fischereifahrzeuge, die eingesetzt werden dürfen;

d) die Festlegung des Alters und der Größe von Fischen und anderen Arten, die gefangen werden dürfen;

e) die Bestimmung der Angaben, die von Fischereifahrzeugen zu machen sind, einschließlich statistischer Angaben über Fänge und Fischereiaufwand sowie Positionsmeldungen der Schiffe;

f) die Verpflichtung, bestimmte Fischereiforschungsprogramme mit Genehmigung und unter Kontrolle des Küstenstaats durchzuführen, und die Regelung der Durchführung dieser Forschungsaufgaben einschließlich der Probenentnahme aus den Fängen, der Verwendung der Proben sowie der Mitteilung damit verbundener wissenschaftlicher Daten;

g) die Entsendung von Beobachtern oder Praktikanten an Bord dieser Schiffe durch den Küstenstaat;

h) die Anlandung des gesamten oder eines Teiles des Fanges dieser Schiffe in den Häfen des Küstenstaats;

i) die Bedingungen für gemeinschaftliche Unternehmungen oder sonstige Formen der Zusammenarbeit;

j) die Erfordernisse für die Ausbildung von Personal und die Weitergabe von Fischereitechnologie einschließlich der Verbesserung der Fähigkeit des Küstenstaats, Fischereiforschung zu betreiben;

k) die Durchsetzungsverfahren.

(5) Die Küstenstaaten geben ihre Gesetze und sonstigen Vorschriften über Erhaltung und Bewirtschaftung ordnungsgemäß bekannt.

Art. 63 Bestände, die innerhalb der ausschließlichen Wirtschaftszonen mehrerer Küstenstaaten oder sowohl innerhalb der ausschließlichen Wirtschaftszone als auch in einem seewärts an sie angrenzenden Gebiet vorkommen. (1) Kommen derselbe Bestand oder Bestände miteinander vergesellschafteter Arten innerhalb der ausschließlichen Wirtschaftszonen von zwei oder mehr Küstenstaaten vor, so bemühen sich diese Staaten entweder unmittelbar oder im Rahmen geeigneter subregionaler oder regionaler Organisationen, die erforderlichen Maßnahmen zu vereinbaren, um unbeschadet der anderen Bestimmungen dieses Teiles die Erhaltung und Entwicklung dieser Bestände zu koordinieren und zu gewährleisten.

(2) Kommen derselbe Bestand oder Bestände miteinander vergesellschafteter Arten sowohl innerhalb der ausschließlichen Wirtschaftszone als auch in einem seewärts an sie angrenzenden Gebiet vor, so bemühen sich der Küstenstaat und die Staaten, die diese Bestände in dem angrenzenden Gebiet befischen, entweder unmittelbar oder im Rahmen geeigneter subregionaler oder regionaler Organisationen, die zur Erhaltung dieser Bestände in dem angrenzenden Gebiet erforderlichen Maßnahmen zu vereinbaren.

Art. 64 Weit wandernde Arten. (1) Der Küstenstaat und andere Staaten, deren Angehörige in der Region die in Anlage I aufgeführten weit wandernden Arten befischen, arbeiten unmittelbar oder im Rahmen geeigneter internationaler Organisationen zusammen, um die Erhaltung dieser Arten zu gewährleisten und ihre optimale Nutzung in der gesamten Region sowohl innerhalb als auch außerhalb der ausschließlichen Wirtschaftszone zu fördern. In Regionen, für die es keine geeignete internationale Organisation gibt, arbeiten der Küstenstaat und die anderen Staaten, deren Angehörige diese Arten in der Region befischen, bei der Errichtung einer solchen Organisation zusammen und beteiligen sich an ihrer Arbeit.

(2) Absatz 1 gilt zusätzlich zu den anderen Bestimmungen dieses Teiles.

Art. 65 Meeressäugetiere. Dieser Teil schränkt nicht das Recht eines Küstenstaats oder gegebenenfalls die Zuständigkeit einer internationalen Organisation ein, die Ausbeutung von Meeressäugetieren stärker als in diesem Teil vorgesehen zu verbieten, zu begrenzen oder zu regeln. Die Staaten arbeiten zusammen, um die Meeressäugetiere zu erhalten; sie setzen sich im Rahmen der geeigneten internationalen Organisationen insbesondere für die Erhaltung, Bewirtschaftung und Erforschung der Wale ein.

Art. 66 Anadrome Bestände. (1) Staaten, aus deren Flüssen anadrome Bestände stammen, haben das vorrangige Interesse an diesen Beständen und sind für sie in erster Linie verantwortlich.

(2) Der Ursprungsstaat anadromer Bestände gewährleistet ihre Erhaltung durch die Einführung geeigneter Maßnahmen zur Regelung der Fischerei in allen Gewässern landwärts der äußeren Grenzen seiner ausschließlichen Wirtschaftszone und der in Absatz 3 Buchstabe b genannten Fischerei. Der Ursprungsstaat kann nach Konsultationen mit den anderen in den Absätzen 3 und 4 bezeichneten Staaten, die diese Bestände befischen, die zulässigen Gesamtfangmengen für die aus seinen Flüssen stammenden Bestände festlegen.

(3) a) Die Fischerei nach anadromen Beständen darf nur in den Gewässern landwärts der äußeren Grenzen der ausschließlichen Wirtschaftszonen ausgeübt werden; ausgenommen sind Fälle, in denen diese Bestimmung zu wirtschaftlichen Störungen für einen anderen als den Ursprungsstaat führen würde. Hinsichtlich der Fischerei außerhalb der äußeren Grenzen der ausschließlichen Wirtschaftszonen konsultieren die beteiligten Staaten einander, um Einvernehmen über die Bedingungen dieser Fischerei unter gebührender Berücksichtigung der Erhaltungserfordernisse und der Bedürfnisse des Ursprungsstaats in bezug auf diese Bestände zu erzielen.

b) Der Ursprungsstaat trägt dazu bei, wirtschaftliche Störungen in anderen Staaten, die diese Bestände befischen, auf ein Mindestmaß zu beschränken, wobei er die übliche Fangmenge und die Fangmethoden dieser anderen Staaten sowie alle Gebiete berücksichtigt, in denen diese Fischerei ausgeübt wird.

c) Die unter Buchstabe b bezeichneten Staaten, die durch Vereinbarung mit dem Ursprungsstaat an Maßnahmen zur Erneuerung anadromer Bestände, insbesondere durch Aufwendungen für diesen Zweck, teilnehmen, werden vom Ursprungsstaat bei der Befischung der aus seinen Flüssen stammenden Bestände besonders berücksichtigt.

d) Die Durchsetzung der Vorschriften über anadrome Bestände außerhalb der ausschließlichen Wirtschaftszone erfolgt auf der Grundlage von Vereinbarungen zwischen dem Ursprungsstaat und den anderen beteiligten Staaten.

(4) In Fällen, in denen anadrome Bestände in die Gewässer landwärts der äußeren Grenzen der ausschließlichen Wirtschaftszone eines anderen als des Ursprungsstaats wandern oder durch diese Gewässer wandern, arbeitet dieser andere Staat mit dem Ursprungsstaat bei der Erhaltung und Bewirtschaftung dieser Bestände zusammen.

(5) Der Ursprungsstaat anadromer Bestände und die anderen Staaten, die diese Bestände befischen, schließen Vereinbarungen zur Durchführung dieses Artikels, gegebenenfalls im Rahmen regionaler Organisationen.

Art. 67 Katadrome Arten. (1) Ein Küstenstaat, in dessen Gewässern katadrome Arten den größeren Teil ihres Lebenszyklus verbringen, ist für die Bewirtschaftung dieser Arten verantwortlich und leistet den Ein- und Austritt der wandernden Fische.

(2) Die Fischerei auf katadrome Arten darf nur in Gewässern landwärts der äußeren Grenzen der ausschließlichen Wirtschaftszonen ausgeübt werden. Wird die Fischerei in ausschließlichen Wirtschaftszonen ausgeübt, so erfolgt sie nach Maßgabe dieses Artikels und der anderen Bestimmungen dieses Übereinkommens über die Fischerei in diesen Zonen.

(3) In Fällen, in denen katadrome Fische durch die ausschließliche Wirtschaftszone eines anderen Staates wandern, sei es als Jungfisch oder als heranreifender Fisch, wird die Bewirtschaftung einschließlich des Fanges dieser Fische durch Vereinbarung zwischen dem in Absatz 1 genannten Staat und dem anderen beteiligten Staat geregelt. Diese Vereinbarung muß die rationelle Bewirtschaftung der Arten gewährleisten und die Verantwortung des in Absatz 1 genannten Staates für den Fortbestand dieser Arten berücksichtigen.

Art. 68 Seßhafte Arten. Dieser Teil findet keine Anwendung auf seßhafte Arten, wie sie in Artikel 77 Absatz 4 definiert sind.

Art. 69 Recht der Binnenstaaten. (1) Binnenstaaten haben das Recht, auf der Grundlage der Billigkeit an der Ausbeutung eines angemessenen Teiles des Überschusses der lebenden Ressourcen der ausschließlichen Wirtschaftszonen von Küstenstaaten derselben Subregion oder Region teilzunehmen; dabei sind die in Betracht kommenden wirtschaftlichen und geographischen Gegebenheiten aller beteiligten Staaten zu berücksichtigen und die Bestimmungen dieses Artikels und der Artikel 61 und 62 zu beachten.

(2) Die Umstände und Einzelheiten für diese Teilnahme werden von den beteiligten Staaten durch zweiseitige, subregionale oder regionale Übereinkünfte festgelegt, wobei unter anderem folgendes zu berücksichtigen ist:

a) die Notwendigkeit, schädliche Auswirkungen auf Fischergemeinden oder auf die Fischereiwirtschaft des Küstenstaats zu vermeiden;

b) der Umfang, in dem der Binnenstaat in Übereinstimmung mit diesem Artikel aufgrund geltender zweiseitiger, subregionaler oder regionaler Übereinkünfte an der Ausbeutung der lebenden Ressourcen der ausschließlichen Wirtschaftszonen anderer Küstenstaaten teilnimmt oder teilzunehmen berechtigt ist;

c) der Umfang, in dem andere Binnenstaaten und geographisch benachteiligte Staaten an der Ausbeutung der lebenden Ressourcen der ausschließlichen Wirtschaftszone des Küstenstaats teilnehmen, und die daraus folgende Notwendigkeit, eine besondere Belastung für einen einzelnen Küstenstaat oder einen Teil davon zu vermeiden;

d) die Nahrungsmittelbedürfnisse der Bevölkerung der betreffenden Staaten.

(3) Nähert sich die Fangkapazität eines Küstenstaats einem Zustand, der ihn in die Lage versetzen würde, die gesamte zulässige Fangmenge der lebenden Ressourcen in seiner ausschließlichen Wirtschaftszone zu fischen, so arbeiten der Küstenstaat und die anderen beteiligten Staaten bei der Festlegung ausgewogener Vereinbarungen auf zweiseitiger, subregionaler oder regionaler Grundlage zusammen, um die Teilnahme von Binnenstaaten derselben Subregion oder Region, die Entwicklungsstaaten sind, an der Ausbeutung der lebenden Ressourcen der ausschließlichen Wirtschaftszonen von Küstenstaaten der Subregion oder Region zu ermöglichen, soweit dies unter den gegebenen Umständen angemessen ist, und zu Bedingungen, die für alle Parteien zufriedenstellend sind. Bei der Durchführung dieser Bestimmung sind die in Absatz 2 genannten Faktoren ebenfalls zu berücksichtigen.

(4) Entwickelte Binnenstaaten sind nach diesem Artikel berechtigt, an der Ausbeutung der lebenden Ressourcen nur in den ausschließlichen Wirtschaftszonen entwickelter Küstenstaaten derselben Subregion oder Region teilzunehmen, wobei zu berücksichtigen ist, in welchem Umfang der Küstenstaat, der anderen Staaten Zugang zu den lebenden Ressourcen seiner ausschließlichen Wirtschaftszone gewährt, der Notwendigkeit Rechnung getragen hat, schädliche Auswirkungen auf Fischergemeinden und wirtschaftliche Störungen in Staaten, deren Angehörige gewohnheitsmäßig in der Zone Fischfang betrieben haben, auf ein Mindestmaß zu beschränken.

(5) Die vorstehenden Bestimmungen berühren nicht die in Subregionen oder Regionen vereinbarten Regelungen, in denen die Küstenstaaten den Binnenstaaten derselben Subregion oder Region gleiche Rechte oder Vorzugsrechte für die Ausbeutung der lebenden Ressourcen in den ausschließlichen Wirtschaftszonen gewähren.

Art. 70 Recht der geographisch benachteiligten Staaten.

(1) Geographisch benachteiligte Staaten haben das Recht, auf der Grundlage der Billigkeit an der Ausbeutung eines angemessenen Teiles des Überschusses der lebenden Ressourcen der ausschließlichen Wirtschaftszonen von Küstenstaaten derselben Subregion oder Region teilzunehmen; dabei sind die in Betracht kommenden wirtschaftlichen und geographischen Gegebenheiten aller beteiligten Staaten zu berücksichtigen und die Bestimmungen dieses Artikels und der Artikel 61 und 62 zu beachten.

(2) Im Sinne dieses Teiles bedeutet „geographisch benachteiligte Staaten" diejenigen Küstenstaaten – einschließlich Staaten, die an umschlossenen oder halbumschlossenen Meeren liegen –, deren geographische Lage sie von der Ausbeutung der lebenden Ressourcen der ausschließlichen Wirtschaftszonen anderer Staaten in der Subregion oder Region für die angemessene Versorgung mit Fisch zu Nahrungszwecken für ihre gesamte oder einen Teil ihrer Bevölkerung abhängig macht, sowie jene Küstenstaaten, die keine eigene ausschließliche Wirtschaftszone beanspruchen können.

(3) Die Umstände und Einzelheiten für diese Teilnahme werden von den beteiligten Staaten durch zweiseitige, subregionale oder regionale Übereinkünfte festgelegt, wobei unter anderem folgendes zu berücksichtigen ist:

a) die Notwendigkeit, schädliche Auswirkungen auf Fischergemeinden oder auf die Fischereiwirtschaft des Küstenstaats zu vermeiden;
b) der Umfang, in dem der geographisch benachteiligte Staat in Übereinstimmung mit diesem Artikel aufgrund geltender zweiseitiger, subregionaler oder regionaler Übereinkünfte an der Ausbeutung der lebenden Ressourcen der ausschließlichen Wirtschaftszonen anderer Küstenstaaten teilnimmt oder teilzunehmen berechtigt ist;
c) der Umfang, in dem andere geographisch benachteiligte Staaten und Binnenstaaten an der Ausbeutung der lebenden Ressourcen der ausschließlichen Wirtschaftszone des Küstenstaats teilnehmen, und die daraus folgende Notwendigkeit, eine besondere Belastung für einen einzelnen Küstenstaat oder einen Teil davon zu vermeiden;
d) die Nahrungsmittelbedürfnisse der Bevölkerung der betreffenden Staaten.

(4) Nähert sich die Fangkapazität eines Küstenstaats einem Zustand, der ihn in die Lage versetzen würde, die gesamte zulässige Fangmenge der lebenden Ressourcen in seiner ausschließlichen Wirtschaftszone zu fischen, so arbeiten der Küstenstaat und die anderen beteiligten Staaten bei der Festlegung ausgewogener Vereinbarungen auf zweiseitiger, subregionaler oder regionaler Grundlage zusammen, um die Teilnahme von geographisch benachteiligten Staaten derselben Subregion oder Region, die Entwicklungsstaaten sind, an der Ausbeutung der lebenden Ressourcen der ausschließlichen Wirtschaftszonen von Küstenstaaten der Subregion oder Region zu ermöglichen, soweit dies unter den gegebenen Umständen angemessen ist, und zu Bedingungen, die für alle Parteien zufriedenstellend sind. Bei der Durchführung dieser Bestimmung sind die in Absatz 3 genannten Faktoren ebenfalls zu berücksichtigen.

(5) Entwickelte geographisch benachteiligte Staaten sind nach diesem Artikel berechtigt, an der Ausbeutung der lebenden Ressourcen nur in den ausschließlichen Wirtschaftszonen entwickelter Küstenstaaten derselben Subregion oder Region teilzunehmen, wobei zu berücksichtigen ist, in welchem Umfang der Küstenstaat, der anderen Staaten Zugang zu den lebenden Ressourcen seiner ausschließlichen Wirtschaftszone gewährt, der Notwendigkeit Rechnung getragen hat, schädliche Auswirkungen auf Fischergemeinden und wirtschaftliche Störungen in Staaten, deren Angehörige gewohnheitsmäßig in der Zone Fischfang betrieben haben, auf ein Mindestmaß zu beschränken.

(6) Die vorstehenden Bestimmungen berühren nicht die in Subregionen oder Regionen vereinbarten Regelungen, in denen die Küstenstaaten den geographisch benachteiligten Staaten derselben Subregion

oder Region gleiche Rechte oder Vorzugsrechte für die Ausbeutung der lebenden Ressourcen in den ausschließlichen Wirtschaftszonen gewähren.

Art. 71 Nichtanwendbarkeit der Artikel 69 und 70. Die Artikel 69 und 70 finden keine Anwendung auf einen Küstenstaat, dessen Wirtschaft weitestgehend von der Ausbeutung der lebenden Ressourcen seiner ausschließlichen Wirtschaftszone abhängig ist.

Art. 72 Einschränkungen der Übertragung von Rechten.

(1) Die in den Artikeln 69 und 70 vorgesehenen Rechte zur Ausbeutung von lebenden Ressourcen dürfen, sofern die beteiligten Staaten nichts anderes vereinbaren, nicht unmittelbar oder mittelbar durch Verpachtung oder Lizenzerteilung, durch Schaffung gemeinschaftlicher Unternehmungen oder auf andere eine solche Übertragung bewirkende Weise auf dritte Staaten oder ihre Angehörigen übertragen werden.

(2) Der vorstehende Absatz schließt nicht aus, daß die beteiligten Staaten von dritten Staaten oder internationalen Organisationen technische oder finanzielle Hilfe erhalten, die ihnen die Ausübung ihrer Rechte nach den Artikeln 69 und 70 erleichtern soll, sofern dies nicht die in jenem Absatz genannte Wirkung hat.

Art. 73 Durchsetzung der Gesetze und sonstigen Vorschriften des Küstenstaats. (1) Der Küstenstaat kann bei der Ausübung seiner souveränen Rechte zur Erforschung, Ausbeutung, Erhaltung und Bewirtschaftung der lebenden Ressourcen in der ausschließlichen Wirtschaftszone die erforderlichen Maßnahmen einschließlich des Anhaltens, der Überprüfung, des Festhaltens und gerichtlicher Verfahren ergreifen, um die Einhaltung der von ihm in Übereinstimmung mit diesem Übereinkommen erlassenen Gesetze und sonstigen Vorschriften sicherzustellen.

(2) Festgehaltene Schiffe und ihre Besatzung werden nach Hinterlegung einer angemessenen Kaution oder anderen Sicherheit sofort freigegeben.

(3) Die vom Küstenstaat vorgesehenen Strafen für Verstöße gegen die Fischereigesetze und diesbezüglichen sonstigen Vorschriften in der ausschließlichen Wirtschaftszone dürfen Haft nicht einschließen, sofern die beteiligten Staaten nichts Gegenteiliges vereinbart haben, und auch keine sonstige Form der körperlichen Bestrafung.

(4) Wird ein fremdes Schiff festgehalten oder zurückgehalten, so setzt der Küstenstaat sofort den Flaggenstaat auf geeigneten Wegen von den ergriffenen Maßnahmen sowie von allen später verhängten Strafen in Kenntnis.

Art. 74 Abgrenzung der ausschließlichen Wirtschaftszone zwischen Staaten mit gegenüberliegenden oder aneinander angrenzenden Küsten. (1) Die Abgrenzung der ausschließlichen Wirtschaftszone zwischen Staaten mit gegenüberliegenden oder aneinander angrenzenden Küsten erfolgt durch Übereinkunft auf der Grundlage des Völkerrechts im Sinne des Artikels 38 des Statuts des Internationalen Gerichtshofs, um eine der Billigkeit entsprechende Lösung zu erzielen.

(2) Kommt innerhalb einer angemessenen Frist keine Übereinkunft zustande, so nehmen die beteiligten Staaten die in Teil XV vorgesehenen Verfahren in Anspruch.

(3) Bis zum Abschluß der in Absatz 1 vorgesehenen Übereinkunft bemühen sich die beteiligten Staaten nach besten Kräften und im Geist der Verständigung und Zusammenarbeit, vorläufige Vereinbarungen praktischer Art zu treffen und während dieser Übergangszeit die Erzielung der endgültigen Übereinkunft nicht zu gefährden oder zu verhindern. Diese Vereinbarungen lassen die endgültige Abgrenzung unberührt.

(4) Ist zwischen den beteiligten Staaten eine Übereinkunft in Kraft, so werden Fragen der Abgrenzung der ausschließlichen Wirtschaftszone in Übereinstimmung mit dieser Übereinkunft geregelt.

Art. 75 Seekarten und Verzeichnisse geographischer Koordinaten. (1) Vorbehaltlich dieses Teiles werden die seewärtigen Grenzlinien der ausschließlichen Wirtschaftszone und die in Übereinstimmung mit Artikel 74 gezogenen Abgrenzungslinien in Seekarten eingetragen, deren Maßstab oder Maßstäbe zur genauen Feststellung ihres Verlaufs ausreichen. Gegebenenfalls können statt dieser seewärtigen Grenzlinien oder Abgrenzungslinien auch Verzeichnisse der geographischen Koordinaten von Punkten unter genauer Angabe der geodätischen Daten verwendet werden.

(2) Der Küstenstaat veröffentlicht diese Seekarten oder Verzeichnisse geographischer Koordinaten ordnungsgemäß und hinterlegt jeweils eine Ausfertigung davon beim Generalsekretär der Vereinten Nationen.

Teil VI. Festlandsockel

Art. 76 Definition des Festlandsockels. (1) Der Festlandsockel eines Küstenstaats umfaßt den jenseits seines Küstenmeers gelegenen Meeresboden und Meeresuntergrund der Unterwassergebiete, die sich über die gesamte natürliche Verlängerung seines Landgebiets bis zur äußeren Kante des Festlandrands erstrecken oder bis zu einer Entfernung von 200 Seemeilen von den Basislinien, von denen aus die Breite des Küstenmeers gemessen wird, wo die äußere Kante des Festlandrands in einer geringeren Entfernung verläuft.

(2) Der Festlandsockel eines Küstenstaats erstreckt sich nicht über die in den Absätzen 4 bis 6 vorgesehenen Grenzen hinaus.

(3) Der Festlandrand umfaßt die unter Wasser gelegene Verlängerung der Landmasse des Küstenstaats und besteht aus dem Meeresboden und dem Meeresuntergrund des Sockels, des Abhangs und des Anstiegs. Er umfaßt weder den Tiefseeboden mit seinen unterseeischen Bergrücken noch dessen Untergrund.

(4) a) Wenn sich der Festlandrand über 200 Seemeilen von den Basislinien, von denen aus die Breite des Küstenmeers gemessen wird, hinaus erstreckt, legt der Küstenstaat die äußere Kante des Festlandrands für die Zwecke dieses Übereinkommens fest, und zwar entweder

i) durch eine Linie, die nach Absatz 7 über die äußersten Festpunkte gezogen wird, an denen die Dicke des Sedimentgesteins jeweils mindestens 1 Prozent der kürzesten Entfernung von diesem Punkt bis zum Fuß des Festlandabhangs beträgt, oder

ii) durch eine Linie, die nach Absatz 7 über Festpunkte gezogen wird, die nicht weiter als 60 Seemeilen vom Fuß des Festlandabhangs entfernt sind.

b) Solange das Gegenteil nicht bewiesen ist, wird der Fuß des Festlandabhangs als der Punkt des stärksten Gefällwechsels an seiner Basis festgelegt.

(5) Die Festpunkte auf der nach Absatz 4 Buchstabe a Ziffern i und ii gezogenen und auf dem Meeresboden verlaufenden Linie der äußeren Grenzen des Festlandsockels dürfen entweder nicht weiter als 350 Seemeilen von den Basislinien, von denen aus die Breite des Küstenmeers gemessen wird, oder nicht weiter als 100 Seemeilen von der 2500-Meter-Wassertiefenlinie, einer die Tiefenpunkte von 2500 Metern verbindenden Linie, entfernt sein.

(6) Ungeachtet des Absatzes 5 darf auf unterseeischen Bergrücken die äußere Grenze des Festlandsockels 350 Seemeilen von den Basislinien, von denen aus die Breite des Küstenmeers gemessen wird, nicht überschreiten. Dieser Absatz bezieht sich nicht auf unterseeische Erhebungen, die natürliche Bestandteile des Festlandrands sind, wie seine Plateaus, Anstiege, Gipfel, Bänke und Ausläufer.

(7) Wo sich der Festlandsockel über 200 Seemeilen von den Basislinien hinaus erstreckt, von denen aus die Breite des Küstenmeers gemessen wird, legt der Küstenstaat die äußeren Grenzen seines Festlandsockels durch gerade Linien fest, die nicht länger als 60 Seemeilen sind und die Festpunkte verbinden, welche durch Koordinaten der Breite und Länge angegeben werden.

(8) Der Küstenstaat übermittelt der Kommission zur Begrenzung des Festlandsockels, die nach Anlage II auf der Grundlage einer gerechten geographischen Vertretung gebildet wird, Angaben über die Grenzen seines Festlandsockels, sofern sich dieser über 200 Seemeilen von den Basislinien hinaus erstreckt, von denen aus die Breite des Küstenmeers gemessen wird. Die Kommission richtet an die Küstenstaaten Empfehlungen in Fragen, die sich auf die Festlegung der äußeren Grenzen ihrer

Festlandsockel beziehen. Die von einem Küstenstaat auf der Grundlage dieser Empfehlungen festgelegten Grenzen des Festlandsockels sind endgültig und verbindlich.

(9) Der Küstenstaat hinterlegt beim Generalsekretär der Vereinten Nationen Seekarten und sachbezogene Unterlagen, einschließlich geodätischer Daten, welche die äußeren Grenzen seines Festlandsockels dauerhaft beschreiben. Der Generalsekretär veröffentlicht diese ordnungsgemäß.

(10) Dieser Artikel berührt nicht die Frage der Abgrenzung des Festlandsockels zwischen Staaten mit gegenüberliegenden oder aneinander angrenzenden Küsten.

Art. 77 Rechte des Küstenstaats am Festlandsockel. (1) Der Küstenstaat übt über den Festlandsockel souveräne Rechte zum Zweck seiner Erforschung und der Ausbeutung seiner natürlichen Ressourcen aus.

(2) Die in Absatz 1 genannten Rechte sind insoweit ausschließlich, als niemand ohne ausdrückliche Zustimmung des Küstenstaats den Festlandsockel erforschen oder seine natürlichen Ressourcen ausbeuten darf, selbst wenn der Küstenstaat diese Tätigkeiten unterläßt.

(3) Die Rechte des Küstenstaats am Festlandsockel sind weder von einer tatsächlichen oder nominellen Besitzergreifung noch von einer ausdrücklichen Erklärung abhängig.

(4) Die in diesem Teil genannten natürlichen Ressourcen umfassen die mineralischen und sonstigen nichtlebenden Ressourcen des Meeresbodens und seines Untergrunds sowie die zu den seßhaften Arten gehörenden Lebewesen, das heißt solche, die im nutzbaren Stadium entweder unbeweglich auf oder unter dem Meeresboden verbleiben oder sich nur in ständigem körperlichen Kontakt mit dem Meeresboden oder seinem Untergrund fortbewegen können.

Art. 78 Rechtsstatus der Gewässer und des Luftraums über dem Festlandsockel sowie Rechte und Freiheiten anderer Staaten. (1) Die Rechte des Küstenstaats am Festlandsockel berühren weder den Rechtsstatus der darüber befindlichen Gewässer noch den des Luftraums über diesen Gewässern.

(2) Die Ausübung der Rechte des Küstenstaats über den Festlandsockel darf die Schiffahrt sowie sonstige Rechte und Freiheiten anderer Staaten nach diesem Übereinkommen weder beeinträchtigen noch in ungerechtfertigter Weise behindern.

Art. 79 Unterseeische Kabel und Rohrleitungen auf dem Festlandsockel. (1) Alle Staaten haben das Recht, in Übereinstimmung mit diesem Artikel auf dem Festlandsockel unterseeische Kabel und Rohrleitungen zu legen.

(2) Der Küstenstaat darf das Legen oder die Unterhaltung dieser Kabel oder Rohrleitungen nicht behindern, vorbehaltlich seines Rechts, angemessene Maßnahmen zur Erforschung des Festlandsockels, zur Ausbeutung seiner natürlichen Ressourcen und zur Verhütung, Verrin-

gerung und Überwachung der Verschmutzung durch Rohrleitungen zu ergreifen.

(3) Die Festlegung der Trasse für das Legen solcher Rohrleitungen auf dem Festlandsockel bedarf der Zustimmung des Küstenstaats.

(4) Dieser Teil berührt nicht das Recht des Küstenstaats, Bedingungen für Kabel oder Rohrleitungen festzulegen, die in sein Hoheitsgebiet oder sein Küstenmeer führen, oder seine Hoheitsbefugnisse über Kabel und Rohrleitungen zu begründen, die im Zusammenhang mit der Erforschung seines Festlandsockels, der Ausbeutung seiner Ressourcen oder dem Betrieb von seinen Hoheitsbefugnissen unterliegenden künstlichen Inseln, Anlagen oder Bauwerken gebaut oder genutzt werden.

(5) Beim Legen unterseeischer Kabel oder Rohrleitungen nehmen die Staaten auf die bereits vorhandenen Kabel oder Rohrleitungen gebührend Rücksicht. Insbesondere dürfen die Möglichkeiten für die Reparatur vorhandener Kabel oder Rohrleitungen nicht beeinträchtigt werden.

Art. 80[1] Künstliche Inseln, Anlagen und Bauwerke auf dem Festlandsockel. Art. 60 gilt sinngemäß für künstliche Inseln, Anlagen und Bauwerke auf dem Festlandsockel.

Art. 81 Bohrarbeiten auf dem Festlandsockel. Der Küstenstaat hat das ausschließliche Recht, Bohrarbeiten auf dem Festlandsockel für alle Zwecke zu genehmigen und zu regeln.

Art. 82 Zahlungen und Leistungen aus der Ausbeutung des Festlandsockels jenseits von 200 Seemeilen. (1) Der Küstenstaat erbringt Zahlungen oder Sachleistungen im Zusammenhang mit der Ausbeutung der nichtlebenden Ressourcen des Festlandsockels jenseits von 200 Seemeilen von den Basislinien, von denen aus die Breite des Küstenmeers gemessen wird.

(2) Die Zahlungen und Leistungen erfolgen jährlich aus der gesamten Produktion einer Abbaustätte, nachdem die ersten fünf Jahre des Abbaus an dieser Stätte abgelaufen sind. Für das sechste Jahr beträgt der Satz der Zahlungen oder Leistungen 1 Prozent des Wertes oder des Umfangs der Produktion dieser Abbaustätte. Dieser Satz erhöht sich in jedem folgenden Jahr um 1 Prozent bis zum zwölften Jahr und verbleibt danach bei 7 Prozent. Ressourcen, die im Zusammenhang mit der Ausbeutung verwendet werden, gehören nicht zur Produktion.

(3) Ein Entwicklungsstaat, der Nettoimporteur einer von seinem Festlandsockel gewonnenen mineralischen Ressource ist, ist von solchen Zahlungen oder Leistungen in bezug auf diese mineralische Ressource befreit.

---

[1] Vgl. hierzu auch das Protokoll zur Bekämpfung widerrechtlicher Handlungen gegen die Sicherheit fester Plattformen, die sich auf dem Festlandsockel befinden (BGBl. 1990 II S. 494, 508) zum Übereinkommens zur Bekämpfung widerrechtlicher Handlungen gegen die Sicherheit der Seeschifffahrt v. 10. 3. 1988.

(4) Die Zahlungen oder Leistungen erfolgen über die Behörde; diese verteilt sie auf die Vertragsstaaten nach gerechten Verteilungsmaßstäben unter Berücksichtigung der Interessen und Bedürfnisse der Entwicklungsstaaten, insbesondere der am wenigsten entwickelten und der Binnenstaaten unter ihnen.

Art. 83 Abgrenzung des Festlandsockels zwischen Staaten mit gegenüberliegenden oder aneinander angrenzenden Küsten. (1) Die Abgrenzung des Festlandsockels zwischen Staaten mit gegenüberliegenden oder aneinander angrenzenden Küsten erfolgt durch Übereinkunft auf der Grundlage des Völkerrechts im Sinne des Artikels 38 des Statuts des Internationalen Gerichtshofs, um eine der Billigkeit entsprechende Lösung zu erzielen.

(2) Kommt innerhalb einer angemessenen Frist keine Übereinkunft zustande, so nehmen die beteiligten Staaten die in Teil XV vorgesehenen Verfahren in Anspruch.

(3) Bis zum Abschluß der in Absatz 1 vorgesehenen Übereinkunft bemühen sich die beteiligten Staaten nach besten Kräften und im Geist der Verständigung und Zusammenarbeit, vorläufige Vereinbarungen praktischer Art zu treffen und während dieser Übergangszeit die Erzielung der endgültigen Übereinkunft nicht zu gefährden oder zu verhindern. Diese Vereinbarungen lassen die endgültige Abgrenzung unberührt.

(4) Ist zwischen den beteiligten Staaten eine Übereinkunft in Kraft, so werden Fragen der Abgrenzung des Festlandsockels in Übereinstimmung mit dieser Übereinkunft geregelt.

Art. 84 Seekarten und Verzeichnisse geographischer Koordinaten. (1) Vorbehaltlich dieses Teiles werden die äußeren Grenzlinien des Festlandsockels und die in Übereinstimmung mit Artikel 83 gezogenen Abgrenzungslinien in Seekarten eingetragen, deren Maßstab oder Maßstäbe zur genauen Feststellung ihres Verlaufs ausreichen. Gegebenenfalls können statt dieser äußeren Grenzlinien oder Abgrenzungslinien auch Verzeichnisse der geographischen Koordinaten von Punkten unter genauer Angabe der geodätischen Daten verwendet werden.

(2) Der Küstenstaat veröffentlicht diese Seekarten oder Verzeichnisse geographischer Koordinaten ordnungsgemäß und hinterlegt jeweils *eine Ausfertigung* davon beim Generalsekretär der Vereinten Nationen und, sofern die äußeren Grenzlinien des Festlandsockels darauf eingetragen sind, beim Generalsekretär der Behörde.

Art. 85 Anlage von Tunneln. Dieser Teil berührt nicht das Recht des Küstenstaats, den Meeresuntergrund unabhängig von der Tiefe des darüber befindlichen Wassers durch Anlage von Tunneln zu nutzen.

Teil VII. Hohe See

Abschnitt 1. Allgemeine Bestimmungen

Art. 86 Anwendung dieses Teiles. Dieser Teil gilt für alle Teile des Meeres, die nicht zur ausschließlichen Wirtschaftszone, zum Küstenmeer oder zu den inneren Gewässern eines Staates oder zu den Archipelgewässern eines Archipelstaats gehören. Dieser Artikel hat keinesfalls Beschränkungen der Freiheiten zur Folge, die alle Staaten in Übereinstimmung mit Artikel 58 in der ausschließlichen Wirtschaftszone genießen.

Art. 87 Freiheit der Hohen See. (1) Die Hohe See steht allen Staaten, ob Küsten- oder Binnenstaaten, offen. Die Freiheit der Hohen See wird gemäß den Bedingungen dieses Übereinkommens und den sonstigen Regeln des Völkerrechts ausgeübt. Sie umfaßt für Küsten- und Binnenstaaten unter anderem

a) die Freiheit der Schiffahrt,
b) die Freiheit des Überflugs,
c) die Freiheit, vorbehaltlich des Teiles VI, unterseeische Kabel und Rohrleitungen zu legen,
d) die Freiheit, vorbehaltlich des Teiles VI, künstliche Inseln und andere nach dem Völkerrecht zulässige Anlagen zu errichten,
e) die Freiheit der Fischerei unter den Bedingungen des Abschnitts 2,
f) die Freiheit der wissenschaftlichen Forschung vorbehaltlich der Teile VI und XIII.

(2) Diese Freiheiten werden von jedem Staat unter gebührender Berücksichtigung der Interessen anderer Staaten an der Ausübung der Freiheit der Hohen See sowie der Rechte ausgeübt, die dieses Übereinkommen im Hinblick auf die Tätigkeiten im Gebiet vorsieht.

Art. 88 Bestimmung der Hohen See für friedliche Zwecke. Die Hohe See ist friedlichen Zwecken vorbehalten.

Art. 89 Ungültigkeit von Souveränitätsansprüchen über die Hohe See. Kein Staat darf den Anspruch erheben, irgendeinen Teil der Hohen See seiner Souveränität zu unterstellen.

Art. 90 Recht der Schiffahrt. Jeder Staat, ob Küsten- oder Binnenstaat, hat das Recht, Schiffe, die seine Flagge führen, auf der Hohen See fahren zu lassen.

Art. 91 *Staatszugehörigkeit der Schiffe.* (1) Jeder Staat legt die Bedingungen fest, zu denen er Schiffen seine Staatszugehörigkeit gewährt, sie in seinem Hoheitsgebiet in das Schiffsregister einträgt und ihnen das Recht einräumt, seine Flagge zu führen. Schiffe besitzen die Staatszugehörigkeit des Staates, dessen Flagge zu führen sie berechtigt sind. Zwischen dem Staat und dem Schiff muß eine echte Verbindung bestehen.

(2) Jeder Staat stellt den Schiffen, denen er das Recht einräumt, seine Flagge zu führen, entsprechende Dokumente aus.

Art. 92 Rechtsstellung der Schiffe. (1) Schiffe fahren unter der Flagge eines einzigen Staates und unterstehen auf Hoher See seiner ausschließlichen Hoheitsgewalt, mit Ausnahme der besonderen Fälle, die ausdrücklich in internationalen Verträgen oder in diesem Übereinkommen vorgesehen sind. Ein Schiff darf seine Flagge während einer Fahrt oder in einem angelaufenen Hafen nicht wechseln, außer im Fall eines tatsächlichen Eigentumsübergangs oder eines Wechsels des Registers.

(2) Ein Schiff, das unter den Flaggen von zwei oder mehr Staaten fährt, von denen es nach Belieben Gebrauch macht, kann keine dieser Staatszugehörigkeiten gegenüber dritten Staaten geltend machen; es kann einem Schiff ohne Staatszugehörigkeit gleichgestellt werden.

Art. 93 Schiffe, welche die Flagge der Vereinten Nationen, ihrer Sonderorganisationen oder der Internationalen Atomenergie-Organisation führen. Durch die vorstehenden Artikel wird die Frage der Schiffe, die im Dienst der Vereinten Nationen, ihrer Sonderorganisationen oder der Internationalen Atomenergie-Organisation stehen und deren Flagge führen, nicht berührt.

Art. 94 Pflichten des Flaggenstaats. (1) Jeder Staat übt seine Hoheitsgewalt und Kontrolle in verwaltungsmäßigen, technischen und sozialen Angelegenheiten über die seine Flagge führenden Schiffe wirksam aus.

(2) Insbesondere hat jeder Staat

a) ein Schiffsregister zu führen, das die Namen und Einzelheiten der seine Flagge führenden Schiffe enthält, mit Ausnahme derjenigen Schiffe, die wegen ihrer geringen Größe nicht unter die allgemein anerkannten internationalen Vorschriften fallen;

b) die Hoheitsgewalt nach seinem innerstaatlichen Recht über jedes seine Flagge führende Schiff sowie dessen Kapitän, Offiziere und Besatzung in bezug auf die das Schiff betreffenden verwaltungsmäßigen, technischen und sozialen Angelegenheiten auszuüben.

(3) Jeder Staat ergreift für die seine Flagge führenden Schiffe die Maßnahmen, die zur Gewährleistung der Sicherheit auf See erforderlich sind, unter anderem in bezug auf

a) den Bau, die Ausrüstung und die Seetüchtigkeit der Schiffe;

b) die Bemannung der Schiffe, die Arbeitsbedingungen und die Ausbildung der Besatzungen, unter Berücksichtigung der anwendbaren internationalen Übereinkünfte;[1)]

c) die Verwendung von Signalen, die Aufrechterhaltung von Nachrichtenverbindungen und die Verhütung von Zusammenstößen.

(4) Diese Maßnahmen umfassen solche, die notwendig sind, um sicherzustellen,

a) daß jedes Schiff vor der Eintragung in das Schiffsregister und danach in angemessenen Abständen von einem befähigten Schiffsbesichtiger besichtigt wird und diejenigen Seekarten, nautischen Veröffentlichungen sowie Navigationsausrüstungen und -instrumente an Bord hat, die für die sichere Fahrt des Schiffes erforderlich sind;

b) daß jedes Schiff einem Kapitän und Offizieren mit geeigneter Befähigung, insbesondere im Hinblick auf Seemannschaft, Navigation, Nachrichtenwesen und Schiffsmaschinentechnik, unterstellt ist und daß die Besatzung nach Befähigung und Anzahl dem Typ, der Größe, der Maschinenanlage und der Ausrüstung des Schiffes entspricht;

c) daß der Kapitän, die Offiziere und, soweit erforderlich, die Besatzung mit den anwendbaren internationalen Vorschriften zum Schutz des menschlichen Lebens auf See, zur Verhütung von Zusammenstößen, zur Verhütung, Verringerung und Überwachung der Meeresverschmutzung sowie zur Unterhaltung von Funkverbindungen vollständig vertraut und verpflichtet sind, sie zu beachten.

(5) Wenn ein Staat Maßnahmen nach den Absätzen 3 und 4 ergreift, ist er verpflichtet, sich an die allgemein anerkannten internationalen Vorschriften, Verfahren und Gebräuche zu halten und alle erforderlichen Vorkehrungen zu treffen, um ihre Beachtung sicherzustellen.

(6) Ein Staat, der eindeutige Gründe zu der Annahme hat, daß keine ordnungsgemäße Hoheitsgewalt und Kontrolle über ein Schiff ausgeübt worden sind, kann dem Flaggenstaat die Tatsachen mitteilen. Nach Empfang einer solchen Mitteilung untersucht der Flaggenstaat die Angelegenheit und ergreift gegebenenfalls die notwendigen Abhilfemaßnahmen.

(7) Jeder Staat läßt über jeden Seeunfall oder jedes andere mit der Führung eines Schiffes zusammenhängende Ereignis auf Hoher See, an dem ein seine Flagge führendes Schiff beteiligt war und wodurch der Tod oder schwere Verletzungen von Angehörigen eines anderen Staates oder schwere Schäden an Schiffen oder Anlagen eines anderen Staates oder an der Meeresumwelt verursacht wurden, von oder vor einer entsprechend befähigten Person oder Personen eine Untersuchung durchführen. Der Flaggenstaat und der andere Staat arbeiten bei der Durch-

---

[1)] Vgl. nunmehr das Seearbeitsübereinkommen, 2006, der Internationalen Arbeitsorganisation v. 23. 2. 2006, BGBl. 2013 II S. 765, das am 16. 8. 2014 auch für Deutschland in Kraft treten wird, Bek. v. 14. 11. 2013, BGBl. II S. 1588).

führung jeder vom letzteren vorgenommenen Untersuchung über einen solchen Seeunfall oder ein solches mit der Führung eines Schiffes zusammenhängende Ereignis zusammen.

Art. 95 Immunität von Kriegsschiffen auf Hoher See. Kriegsschiffe genießen auf Hoher See vollständige Immunität von der Hoheitsgewalt jedes anderen als des Flaggenstaats.

(Fortsetzung nächstes Blatt)

Art. 96 Immunität von Schiffen, die im Staatsdienst ausschließlich für andere als Handelszwecke genutzt werden. Einem Staat gehörende oder von ihm eingesetzte Schiffe, die im Staatsdienst ausschließlich für andere als Handelszwecke genutzt werden, genießen auf Hoher See vollständige Immunität von der Hoheitsgewalt jedes anderen als des Flaggenstaats.

Art. 97 Strafgerichtsbarkeit in bezug auf Zusammenstöße oder andere mit der Führung eines Schiffes zusammenhängende Ereignissse. (1) Im Fall eines Zusammenstoßes oder eines anderen mit der Führung eines Schiffes zusammenhängenden Ereignisses auf Hoher See, welche die strafrechtliche oder disziplinarische Verantwortlichkeit des Kapitäns oder einer sonstigen im Dienst des Schiffes stehenden Person nach sich ziehen könnten, darf ein Straf- oder Diszipinarverfahren gegen diese Personen nur vor den Justiz- oder Verwaltungsbehörden des Flaggenstaats oder des Staates eingeleitet werden, dessen Staatsangehörigkeit die betreffende Person besitzt.

(2) In Disziplinarangelegenheiten ist nur der Staat, der ein Kapitänspatent, ein Befähigungszeugnis oder eine andere Erlaubnis erteilt hat, zuständig, die Entziehung dieser Urkunden nach dem vorgeschriebenen gesetzlichen Verfahren zu erklären, auch wenn der Inhaber nicht die Staatsangehörigkeit des ausstellenden Staates besitzt.

(3) Ein Festhalten oder ein Zurückhalten des Schiffes darf, selbst zu Untersuchungszwecken, nur von den Behörden des Flaggenstaats angeordnet werden.

Art. 98 Pflicht zur Hilfeleistung. (1) Jeder Staat verpflichtet den Kapitän eines seine Flagge führenden Schiffes, soweit der Kapitän ohne ernste Gefährdung des Schiffes, der Besatzung oder der Fahrgäste dazu imstande ist,

a) jeder Person, die auf See in Lebensgefahr angetroffen wird, Hilfe zu leisten;

b) so schnell wie möglich Personen in Seenot zu Hilfe zu eilen, wenn er von ihrem Hilfsbedürfnis Kenntnis erhält, soweit diese Handlung vernünftigerweise von ihm erwartet werden kann;

c) nach einem Zusammenstoß dem anderen Schiff, dessen Besatzung und dessen Fahrgästen Hilfe zu leisten und diesem Schiff nach Möglichkeit den Namen seines eigenen Schiffes, den Registerhafen und den nächsten Anlaufhafen mitzuteilen.

(2) Alle Küstenstaaten fördern die Errichtung, den Einsatz und die Unterhaltung eines angemessenen und wirksamen Such- und Rettungsdienstes, um die Sicherheit auf und über der See zu gewährleisten; sie arbeiten erforderlichenfalls zu diesem Zweck mit den Nachbarstaaten mittels regionaler Übereinkünfte zusammen.

Art. 99 Verbot der Beförderung von Sklaven. Jeder Staat ergreift wirksame Maßnahmen, um die Beförderung von Sklaven auf Schiffen, die seine Flagge zu führen berechtigt sind, zu verhindern und zu bestrafen sowie die unrechtmäßige Verwendung seiner Flagge zu diesem Zweck zu verhindern. Jeder Sklave, der auf einem Schiff gleich welcher Flagge Zuflucht nimmt, ist ipso facto frei.

Art. 100 Pflicht zur Zusammenarbeit bei der Bekämpfung der Seeräuberei. Alle Staaten arbeiten in größtmöglichem Maße zusammen, um die Seeräuberei auf Hoher See oder an jedem anderen Ort zu bekämpfen, der keiner staatlichen Hoheitsgewalt untersteht.

Art. 101 Definition der Seeräuberei. Seeräuberei ist jede der folgenden Handlungen:

a) jede rechtswidrige Gewalttat oder Freiheitsberaubung oder jede Plünderung, welche die Besatzung oder die Fahrgäste eines privaten Schiffes oder Luftfahrzeugs zu privaten Zwecken begehen und die gerichtet ist
   i) auf Hoher See gegen ein anderes Schiff oder Luftfahrzeug oder gegen Personen oder Vermögenswerte an Bord dieses Schiffes oder Luftfahrzeugs;
   ii) an einem Ort, der keiner staatlichen Hoheitsgewalt untersteht, gegen ein Schiff, ein Luftfahrzeug, Personen oder Vermögenswerte;

b) jede freiwillige Beteiligung am Einsatz eines Schiffes oder Luftfahrzeugs in Kenntnis von Tatsachen, aus denen sich ergibt, daß es ein Seeräuberschiff oder -luftfahrzeug ist;

c) jede Anstiftung zu einer unter Buchstaben a oder b bezeichneten Handlung oder jede absichtliche Erleichterung einer solchen Handlung.

Art. 102 Seeräuberei durch ein Kriegsschiff, Staatsschiff oder staatliches Luftfahrzeug, dessen Besatzung gemeutert hat. Seeräuberische Handlungen, wie in Artikel 101 definiert, die von einem Kriegsschiff, Staatsschiff oder staatlichen Luftfahrzeug begangen werden, dessen Besatzung gemeutert und die Gewalt über das Schiff oder Luftfahrzeug erlangt hat, werden den von einem privaten Schiff oder Luftfahrzeug begangenen Handlungen gleichgestellt.

Art. 103 Definition eines Seeräuberschiffs oder -luftfahrzeugs. Ein Schiff oder Luftfahrzeug gilt als Seeräuberschiff oder -luftfahrzeug, wenn es von den Personen, unter deren tatsächlicher Gewalt es steht, dazu bestimmt ist, zur Begehung einer Handlung nach Artikel 101 benutzt zu werden. Das gleiche gilt für ein Schiff oder Luftfahrzeug, das zur Begehung einer derartigen Handlung benutzt worden ist, solange es unter der Gewalt der Personen verbleibt, die sich dieser Handlung schuldig gemacht haben.

Art. 104 Beibehaltung oder Verlust der Staatszugehörigkeit eines Seeräuberschiffs oder -luftfahrzeugs. Ein Schiff oder Luftfahrzeug kann seine Staatszugehörigkeit beibehalten, obwohl es zum Seeräuberschiff oder -luftfahrzeug geworden ist. Die Beibehaltung oder der Verlust der Staatszugehörigkeit bestimmt sich nach dem Recht des Staates, der sie gewährt hat.

Art. 105 Aufbringen eines Seeräuberschiffs oder -luftfahrzeugs. Jeder Staat kann auf Hoher See oder an jedem anderen Ort, der keiner staatlichen Hoheitsgewalt untersteht, ein Seeräuberschiff oder -luftfahrzeug oder ein durch Seeräuberei erbeutetes und in der Gewalt von Seeräubern stehendes Schiff oder Luftfahrzeug aufbringen, die Personen an Bord des Schiffes oder Luftfahrzeugs festnehmen und die dort befindlichen Vermögenswerte beschlagnahmen. Die Gerichte des Staates, der das Schiff oder Luftfahrzeug aufgebracht hat, können über die zu verhängenden Strafen entscheiden sowie die Maßnahmen festlegen, die hinsichtlich des Schiffes, des Luftfahrzeugs oder der Vermögenswerte zu ergreifen sind, vorbehaltlich der Rechte gutgläubiger Dritter.

Art. 106 Haftung für Aufbringen ohne hinreichenden Grund. Erfolgte das Aufbringen eines der Seeräuberei verdächtigen Schiffes oder Luftfahrzeugs ohne hinreichenden Grund, so haftet der aufbringende Staat dem Staat, dessen Zugehörigkeit das Schiff oder Luftfahrzeug besitzt, für jeden durch das Aufbringen verursachten Verlust oder Schaden.

Art. 107 Schiffe und Luftfahrzeuge, die zum Aufbringen wegen Seeräuberei berechtigt sind. Ein Aufbringen wegen Seeräuberei darf nur von Kriegsschiffen oder Militärluftfahrzeugen oder von anderen Schiffen oder Luftfahrzeugen vorgenommen werden, die deutlich als im Staatsdienst stehend gekennzeichnet und als solche erkennbar sind und die hierzu befugt sind.

Art. 108 Unerlaubter Verkehr mit Suchtstoffen oder psychotropen Stoffen. (1) Alle Staaten arbeiten bei der Bekämpfung des unerlaubten Verkehrs mit Suchtstoffen und psychotropen Stoffen zusammen, an dem Schiffe auf Hoher See unter Verletzung internationaler Übereinkünfte beteiligt sind.

(2) Jeder Staat, der begründeten Anlaß zu der Annahme hat, daß ein seine Flagge führendes Schiff am unerlaubten Verkehr mit Suchtstoffen oder psychotropen Stoffen beteiligt ist, kann andere Staaten um Zusammenarbeit zur Unterbindung dieses Verkehrs ersuchen.

Art. 109 Nicht genehmigte Rundfunksendungen von Hoher See aus. (1) Alle Staaten arbeiten bei der Bekämpfung nicht genehmigter Rundfunksendungen von der Hohen See aus zusammen.

(2) Im Sinne dieses Übereinkommens bedeutet „nicht genehmigte Rundfunksendungen" die Übertragung von Hörfunk- oder Fernsehsendungen zum Empfang durch die Allgemeinheit von einem Schiff oder einer Anlage auf Hoher See aus unter Verletzung internationaler Vorschriften, jedoch ausschließlich der Übermittlung von Notrufen.

(3) Wer nicht genehmigte Rundfunksendungen verbreitet, kann gerichtlich verfolgt werden

a) vom Flaggenstaat des Schiffes;

b) vom Staat, in dem die Anlage eingetragen ist;

c) vom Staat, dessen Angehöriger die betreffende Person ist;

d) von jedem Staat, in dem die Sendungen empfangen werden können, oder

e) von jedem Staat, in dem genehmigte Funkverbindungen dadurch gestört werden.

(4) Auf Hoher See kann ein Staat, der nach Absatz 3 Gerichtsbarkeit hat, in Übereinstimmung mit Artikel 110 alle Personen festnehmen oder alle Schiffe festhalten, die nicht genehmigte Rundfunksendungen verbreiten, und das Sendegerät beschlagnahmen.

Art. 110 Recht zum Betreten. (1) Abgesehen von den Fällen, in denen ein Eingreifen auf vertraglich begründeten Befugnissen beruht, darf ein Kriegsschiff, das auf Hoher See einem fremden Schiff begegnet, ausgenommen ein Schiff, das nach den Artikeln 95 und 96 vollständige Immunität genießt, dieses nur anhalten, wenn begründeter Anlaß für den Verdacht besteht, daß

a) das Schiff Seeräuberei betreibt;

b) das Schiff Sklavenhandel betreibt;

c) das Schiff nicht genehmigte Rundfunksendungen verbreitet und der Flaggenstaat des Kriegsschiffs nach Artikel 109 Gerichtsbarkeit hat;

d) das Schiff keine Staatszugehörigkeit besitzt oder

e) das Schiff, obwohl es eine fremde Flagge führt oder sich weigert, seine Flagge zu zeigen, in Wirklichkeit dieselbe Staatszugehörigkeit wie das Kriegsschiff besitzt.

(2) In den in Absatz 1 vorgesehenen Fällen kann das Kriegsschiff die Berechtigung des Schiffes zur Flaggenführung überprüfen. Zu diesem Zweck kann es ein Boot unter dem Kommando eines Offiziers zu dem verdächtigen Schiff entsenden. Bleibt der Verdacht nach Prüfung der Dokumente bestehen, so kann es eine weitere Untersuchung an Bord des Schiffes vornehmen, die so rücksichtsvoll wie möglich durchzuführen ist.

(3) Erweist sich der Verdacht als unbegründet und hat das angehaltene Schiff keine den Verdacht rechtfertigende Handlung begangen, so ist ihm jeder Verlust oder Schaden zu ersetzen.

(4) Diese Bestimmungen gelten sinngemäß für Militärluftfahrzeuge.

(5) Diese Bestimmungen gelten auch für jedes andere ordnungsgemäß befugte Schiff oder Luftfahrzeug, das deutlich als im Staatsdienst stehend gekennzeichnet und als solches erkennbar ist.

Art. 111 Recht der Nacheile. (1) Die Nacheile nach einem fremden Schiff kann vorgenommen werden, wenn die zuständigen Behörden des Küstenstaats guten Grund zu der Annahme haben, daß das Schiff gegen die Gesetze und sonstigen Vorschriften dieses Staates verstoßen hat. Diese Nacheile muß beginnen, solange sich das fremde Schiff oder eines seiner Boote innerhalb der inneren Gewässer, der Archipelgewässer, des Küstenmeers oder der Anschlußzone des nacheilenden Staates befindet, und darf außerhalb des Küstenmeers oder der Anschlußzone nur dann fortgesetzt werden, wenn sie nicht unterbrochen wurde. Ein Schiff, das ein innerhalb des Küstenmeers oder der Anschlußzone fahrendes fremdes Schiff zum Stoppen auffordert, muß sich zum Zeitpunkt, in dem das fremde Schiff diese Aufforderung erhält, nicht selbst innerhalb des Küstenmeers oder der Anschlußzone befinden. Befindet sich das fremde Schiff in einer Anschlußzone, wie sie in Artikel 33 bestimmt ist, so darf die Nacheile nur wegen einer Verletzung der Rechte vorgenommen werden, zu deren Schutz diese Zone errichtet wurde.

(2) Das Recht der Nacheile gilt sinngemäß für die in der ausschließlichen Wirtschaftszone oder auf dem Festlandsockel einschließlich der Sicherheitszonen um Anlagen auf dem Festlandsockel begangenen Verstöße gegen die Gesetze und sonstigen Vorschriften des Küstenstaats, die in Übereinstimmung mit diesem Übereinkommen auf die ausschließliche Wirtschaftszone oder den Festlandsockel einschließlich dieser Sicherheitszonen anwendbar sind.

(3) Das Recht der Nacheile endet, sobald das verfolgte Schiff das Küstenmeer seines eigenen oder eines dritten Staates erreicht.

(4) Die Nacheile gilt erst dann als begonnen, wenn sich das nacheilende Schiff durch die ihm zur Verfügung stehenden geeigneten Mittel davon überzeugt hat, daß das verfolgte Schiff, eines seiner Boote oder andere im Verband arbeitende Fahrzeuge, die das verfolgte Schiff als Mutterschiff benutzen, sich innerhalb der Grenzen des Küstenmeers oder gegebenenfalls innerhalb der Anschlußzone, der ausschließlichen Wirtschaftszone oder über dem Festlandsockel befinden. Die Nacheile darf erst begonnen werden, nachdem ein Sicht- oder Schallsignal zum Stoppen aus einer Entfernung gegeben wurde, in der es von dem fremden Schiff wahrgenommen werden kann.

(5) Das Recht der Nacheile darf nur von Kriegsschiffen oder Militärluftfahrzeugen oder von anderen Schiffen oder Luftfahrzeugen ausgeübt werden, die deutlich als im Staatsdienst stehend gekennzeichnet und als solche erkennbar sind und die hierzu befugt sind.

(6) Erfolgt die Nacheile durch ein Luftfahrzeug, so

a) finden die Absätze 1 bis 4 sinngemäß Anwendung;

b) muß das Luftfahrzeug, welches das Schiff zum Stoppen auffordert, dieses so lange selbst aktiv verfolgen, bis ein von ihm herbeigerufenes Schiff oder anderes Luftfahrzeug des Küstenstaats an Ort und Stelle eintrifft, um die Nacheile fortzusetzen, es sei denn, das Luftfahrzeug kann das Schiff selbst festhalten. Um das Festhalten eines Schiffes außerhalb des Küstenmeers zu rechtfertigen, genügt es nicht, daß dieses von dem Luftfahrzeug bei einer tatsächlichen oder vermuteten Rechtsverletzung lediglich gesichtet wurde, sondern es muß auch von dem Luftfahrzeug selbst oder anderen Luftfahrzeugen oder Schiffen, welche die Nacheile ohne Unterbrechung fortsetzen, zum Stoppen aufgefordert und verfolgt worden sein.

(7) Die Freigabe eines Schiffes, das im Hoheitsbereich eines Staates festgehalten und zur Untersuchung durch die zuständigen Behörden dieses Staates in einen seiner Häfen geleitet wurde, kann nicht allein aus dem Grund gefordert werden, daß das Schiff auf seiner Fahrt, weil die Umstände dies erforderlich machten, über einen Teil der ausschließlichen Wirtschaftszone oder der Hohen See geleitet wurde.

(8) Wurde ein Schiff außerhalb des Küstenmeers unter Umständen gestoppt oder festgehalten, welche die Ausübung des Rechts der Nacheile nicht rechtfertigen, so ist ihm jeder dadurch erlittene Verlust oder Schaden zu ersetzen.

Art. 112 Recht zum Legen unterseeischer Kabel und Rohrleitungen. (1) Jeder Staat hat das Recht, auf dem Boden der Hohen See jenseits des Festlandsockels unterseeische Kabel und Rohrleitungen zu legen.

(2) Artikel 79 Absatz 5 findet auf diese Kabel und Rohrleitungen Anwendung.

Art. 113 Unterbrechung oder Beschädigung eines unterseeischen Kabels oder einer unterseeischen Rohrleitung. Jeder Staat erläßt die erforderlichen Gesetze und sonstigen Vorschriften, die vorsehen, daß jede vorsätzliche oder fahrlässige Unterbrechung oder Beschädigung eines unterseeischen Kabels auf Hoher See durch ein seine Flagge führendes Schiff oder durch eine seiner Gerichtsbarkeit unterstehende Person, wenn dadurch die Telegrafen- oder Fernsprechverbindungen unterbrochen oder gestört werden könnten, sowie jede in gleicher Weise erfolgte Unterbrechung oder Beschädigung unterseeischer Rohrleitungen oder Hochspannungskabel eine strafbare Handlung ist. Diese Bestimmung gilt auch für ein Verhalten, das darauf gerichtet oder dazu geeignet ist, eine solche Unterbrechung oder Beschädigung herbeizuführen. Sie findet jedoch keine Anwendung, wenn die Unterbrechung oder Beschädigung durch Personen verursacht wurde, die lediglich das rechtmäßige Ziel verfolgten, ihr Leben oder ihr Schiff zu schützen, nachdem sie alle erforderlichen Vorkehrungen zur Vermeidung einer derartigen Unterbrechung oder Beschädigung getroffen hatten.

Art. 114 Unterbrechung oder Beschädigung eines unterseeischen Kabels oder einer unterseeischen Rohrleitung durch Eigentümer eines anderen unterseeischen Kabels oder einer anderen unterseeischen Rohrleitung. Jeder Staat erläßt die erforderlichen Gesetze und sonstigen Vorschriften, die vorsehen, daß die seiner Gerichtsbarkeit unterstehenden Personen, die Eigentümer eines unterseeischen Kabels oder einer unterseeischen Rohrleitung auf Hoher See sind und beim Legen oder bei der Reparatur dieses Kabels oder dieser Rohrleitung die Unterbrechung oder Beschädigung eines anderen Kabels oder einer anderen Rohrleitung verursachen, die dadurch entstandenen Reparaturkosten tragen.

Art. 115 Entschädigung für Verluste, die durch die Vermeidung der Beschädigung eines unterseeischen Kabels oder einer unterseeischen Rohrleitung entstanden sind. Jeder Staat erläßt die erforderlichen Gesetze und sonstigen Vorschriften, um sicherzustellen, daß Schiffseigentümer, die beweisen können, daß sie einen Anker, ein Netz oder ein anderes Fischfanggerät geopfert haben, um die Beschädigung eines unterseeischen Kabels oder einer unterseeischen Rohrleitung zu vermeiden, vom Eigentümer des Kabels oder der Rohrleitung entschädigt werden, sofern der Schiffseigentümer zuvor alle angemessenen Vorsichtsmaßnahmen ergriffen hat.

Abschnitt 2. Erhaltung und Bewirtschaftung der lebenden Ressourcen der Hohen See[1)]

Art. 116 Recht zur Fischerei auf Hoher See. Jeder Staat hat das Recht, daß seine Angehörigen Fischerei auf Hoher See ausüben können, vorbehaltlich

a) seiner vertraglichen Verpflichtungen;
b) der Rechte und Pflichten sowie der Interessen der Küstenstaaten, wie sie unter anderem in Artikel 63 Absatz 2 und in den Artikeln 64 bis 67 vorgesehen sind, und
c) der Bestimmungen dieses Abschnitts.

Art. 117 Pflicht der Staaten, in bezug auf ihre Angehörigen Maßnahmen zur Erhaltung der lebenden Ressourcen der Hohen See zu ergreifen. Jeder Staat ist verpflichtet, in bezug auf seine Angehörigen die erforderlichen Maßnahmen zur Erhaltung der lebenden Ressourcen der Hohen See zu ergreifen oder mit anderen Staaten zu diesem Zweck zusammenzuarbeiten.

Art. 118 Zusammenarbeit der Staaten bei der Erhaltung und Bewirtschaftung der lebenden Ressourcen. Die Staaten arbeiten

[1)] S. hierzu auch das Übereinkommen zur Durchführung der Bestimmungen des Seerechtsübereinkommens der Vereinten Nationen vom 10. Dezember 1982 über die Erhaltung und Bewirtschaftung von gebietsübergreifenden Fischbeständen und weit wandernden Fischbeständen v. 4. 12. 1995 (ABl. 1998 Nr. L 189/16, BGBl. 2000 II S. 1023).

bei der Erhaltung und Bewirtschaftung der lebenden Ressourcen in den Gebieten der Hohen See zusammen. Staaten, deren Angehörige dieselben lebenden Ressourcen oder verschiedene lebende Ressourcen in demselben Gebiet ausbeuten, nehmen Verhandlungen auf, um die für die Erhaltung der betreffenden lebenden Ressourcen erforderlichen Maßnahmen zu ergreifen. Gegebenenfalls arbeiten sie bei der Errichtung subregionaler oder regionaler Fischereiorganisationen zu diesem Zweck zusammen.

Art. 119 Erhaltung der lebenden Ressourcen der Hohen See. (1) Bei der Festlegung der zulässigen Fangmenge und anderer Maßnahmen für die Erhaltung der lebenden Ressourcen der Hohen See

a) ergreifen die Staaten Maßnahmen, die auf der Grundlage der besten den betreffenden Staaten zur Verfügung stehenden wissenschaftlichen Angaben darauf gerichtet sind, die Populationen befischter Arten auf einem Stand zu erhalten oder auf diesen zurückzuführen, der den größtmöglichen Dauerertrag sichert, wie er sich im Hinblick auf die in Betracht kommenden Umwelt- und Wirtschaftsfaktoren, einschließlich der besonderen Bedürfnisse der Entwicklungsstaaten ergibt, wobei die Fischereistrukturen, die gegenseitige Abhängigkeit der Bestände sowie alle allgemein empfohlenen internationalen Mindestnormen, gleichviel ob subregionaler, regionaler oder weltweiter Art, zu berücksichtigen sind;

b) berücksichtigen die Staaten die Wirkung auf jene Arten, die mit den befischten Arten vergesellschaftet oder von ihnen abhängig sind, um die Populationen dieser vergesellschafteten oder abhängigen Arten über einem Stand zu erhalten oder auf diesen zurückzuführen, auf dem ihre Fortpflanzung nicht ernstlich gefährdet wird.

(2) Die verfügbaren wissenschaftlichen Informationen, die statistischen Angaben über Fänge und Fischereiaufwand und andere für die Erhaltung der Fischbestände wesentliche Daten werden regelmäßig mitgeteilt und ausgetauscht, gegebenenfalls im Rahmen der zuständigen internationalen Organisationen, gleichviel ob subregionaler, regionaler oder weltweiter Art, sowie unter Beteiligung aller betroffenen Staaten.

(3) Die betroffenen Staaten stellen sicher, daß durch die Erhaltungsmaßnahmen und ihre Anwendung die Fischer irgendeines Staates weder rechtlich noch tatsächlich diskriminiert werden.

Art. 120 Meeressäugetiere. Artikel 65 findet auch auf die Erhaltung und Bewirtschaftung der Meeressäugetiere der Hohen See Anwendung.

Teil VIII. Ordnung der Inseln

Art. 121 Ordnung der Inseln. (1) Eine Insel ist eine natürlich entstandene Landfläche, die vom Wasser umgeben ist und bei Flut über den Wasserspiegel hinausragt.

(2) Sofern in Absatz 3 nichts anderes vorgesehen ist, bestimmen sich das Küstenmeer, die Anschlußzone, die ausschließliche Wirtschaftszone und der Festlandsockel einer Insel nach den für andere Landgebiete geltenden Bestimmungen dieses Übereinkommens.

(3) Felsen, die für die menschliche Besiedlung nicht geeignet sind oder ein wirtschaftliches Eigenleben nicht zulassen, haben keine ausschließliche Wirtschaftszone und keinen Festlandsockel.

Teil IX. Umschlossene oder halbumschlossene Meere

Art. 122 Definition. Im Sinne dieses Übereinkommens bedeutet „umschlossenes oder halbumschlossenes Meer" einen Meerbusen, ein Becken oder ein Meer, die von zwei oder mehr Staaten umgeben und mit einem anderen Meer oder dem Ozean durch einen engen Ausgang verbunden sind oder die ganz oder überwiegend aus den Küstenmeeren und den ausschließlichen Wirtschaftszonen von zwei oder mehr Küstenstaaten bestehen.

Art. 123 Zusammenarbeit der Anliegerstaaten von umschlossenen oder halbumschlossenen Meeren. Die Anliegerstaaten eines umschlossenen oder halbumschlossenen Meeres sollen bei der Ausübung ihrer Rechte und der Erfüllung ihrer Pflichten aus diesem Übereinkommen zusammenarbeiten. Zu diesem Zweck bemühen sie sich unmittelbar oder im Rahmen einer geeigneten regionalen Organisation,

a) die Bewirtschaftung, Erhaltung, Erforschung und Ausbeutung der lebenden Ressourcen des Meeres zu koordinieren;

b) die Ausübung ihrer Rechte und die Erfüllung ihrer Pflichten hinsichtlich des Schutzes und der Bewahrung der Meeresumwelt zu koordinieren;

c) ihre wissenschaftliche Forschungspolitik zu koordinieren und gegebenenfalls gemeinsame wissenschaftliche Forschungsprogramme in diesem Gebiet durchzuführen;

d) andere interessierte Staaten oder internationale Organisationen gegebenenfalls aufzufordern, mit ihnen bei der Verwirklichung der Bestimmungen dieses Artikels zusammenzuarbeiten.

Teil X. Recht der Binnenstaaten auf Zugang zum und vom Meer und Transitfreiheit

Art. 124 Begriffsbestimmungen. (1) Im Sinne dieses Übereinkommens

a) bedeutet „Binnenstaat" einen Staat, der keine Meeresküste hat;

b) bedeutet „Transitstaat" einen Staat mit oder ohne Meeresküste, der zwischen einem Binnenstaat und dem Meer liegt und durch dessen Hoheitsgebiet Transitverkehr geführt wird;

c) bedeutet „Transitverkehr" den Transit von Personen, Gepäck, Gütern und Verkehrsmitteln durch das Hoheitsgebiet eines oder mehrerer Transitstaaten, wenn der Durchgang durch dieses Hoheitsgebiet mit oder ohne Umladen, Lagern, Löschen von Ladung oder Wechsel des Verkehrsmittels nur Teil eines gesamten Weges ist, der im Hoheitsgebiet des Binnenstaats beginnt oder endet;

d) bedeutet „Verkehrsmittel"
   i) rollendes Eisenbahnmaterial, See- und Binnenschiffe und Straßenfahrzeuge;
   ii) Träger und Lasttiere, wenn es die örtlichen Bedingungen erfordern.

(2) Binnenstaaten und Transitstaaten können durch Vereinbarung in die Verkehrsmittel Rohrleitungen und Gasleitungen sowie andere als die in Absatz 1 genannten einbeziehen.

Art. 125 Recht auf Zugang zum und vom Meer und Transitfreiheit. (1) Die Binnenstaaten haben das Recht auf Zugang zum und vom Meer zur Ausübung der in diesem Übereinkommen vorgesehenen Rechte einschließlich der Rechte, die sich auf die Freiheit der Hohen See und das gemeinsame Erbe der Menschheit beziehen. Zu diesem Zweck genießen die Binnenstaaten die Freiheit des Transits durch das Hoheitsgebiet der Transitstaaten mit allen Verkehrsmitteln.

(2) Die Umstände und Einzelheiten für die Ausübung der Transitfreiheit werden zwischen den betreffenden Binnenstaaten und Transitstaaten durch zweiseitige, subregionale oder regionale Übereinkünfte vereinbart.

(3) Die Transitstaaten haben in Ausübung ihrer vollen Souveränität über ihr Hoheitsgebiet das Recht, alle erforderlichen Maßnahmen zu ergreifen, um sicherzustellen, daß die in diesem Teil für die Binnenstaaten vorgesehenen Rechte und Erleichterungen in keiner Weise ihre berechtigten Interessen beeinträchtigen.

Art. 126 Ausschluß der Anwendung der Meistbegünstigungsklausel. Die Bestimmungen dieses Übereinkommens sowie besondere Übereinkünfte betreffend die Ausübung des Rechts auf Zugang zum und vom Meer, die Rechte und Erleichterungen aufgrund der besonderen geographischen Lage der Binnenstaaten vorsehen, sind von der Anwendung der Meistbegünstigungsklausel ausgeschlossen.

Art. 127 Zölle, Steuern und sonstige Abgaben. (1) Der Transitverkehr unterliegt keinen Zöllen, Steuern oder sonstigen Abgaben mit Ausnahme der Gebühren, die für besondere Dienstleistungen im Zusammenhang mit diesem Verkehr erhoben werden.

(2) Die für die Binnenstaaten im Transit bereitgestellten und von ihnen benutzten Verkehrsmittel und anderen Einrichtungen unterliegen keinen höheren Steuern oder sonstigen Abgaben als denjenigen, die für die Benutzung von Verkehrsmitteln des Transitstaats erhoben werden.

Art. 128 Freizonen und andere Zollerleichterungen. Zur Erleichterung des Transitverkehrs können in den Ein- und Ausgangshäfen der Transitstaaten durch Vereinbarung zwischen diesen und den Binnenstaaten Freizonen oder andere Zollerleichterungen vorgesehen werden.

Art. 129 Zusammenarbeit beim Bau und bei der Verbesserung von Verkehrsmitteln. Sind in Transitstaaten keine Verkehrsmittel vorhanden, um die Transitfreiheit zu verwirklichen, oder sind die vorhandenen Mittel, einschließlich der Hafenanlagen und -ausrüstungen, in irgendeiner Hinsicht unzureichend, so können die betreffenden Transitstaaten und Binnenstaaten bei ihrem Bau oder ihrer Verbesserung zusammenarbeiten.

Art. 130 Maßnahmen zur Vermeidung oder Beseitigung von Verzögerungen oder sonstigen Schwierigkeiten technischer Art im Transitverkehr. (1) Die Transitstaaten ergreifen alle geeigneten Maßnahmen, um Verzögerungen oder sonstige Schwierigkeiten technischer Art im Transitverkehr zu vermeiden.

(2) Falls solche Verzögerungen oder Schwierigkeiten auftreten, arbeiten die zuständigen Behörden der betreffenden Transitstaaten und Binnenstaaten zusammen, um sie zügig zu beheben.

Art. 131 Gleichbehandlung in Seehäfen. Schiffe, welche die Flagge von Binnenstaaten führen, genießen in den Seehäfen dieselbe Behandlung wie andere fremde Schiffe.

Art. 132 Gewährung größerer Transiterleichterungen. Dieses Übereinkommen bewirkt nicht die Aufhebung von Transiterleichterungen, die größer als die in dem Übereinkommen vorgesehenen sind und zwischen seinen Vertragsstaaten vereinbart sind oder von einem Vertragsstaat gewährt werden. Es schließt auch die Gewährung größerer Erleichterungen in Zukunft nicht aus.

Teil XI. Das Gebiet[1]

Abschnitt 1. Allgemeine Bestimmungen

Art. 133 Begriffsbestimmungen. Im Sinne dieses Teiles

[1] S. das DurchführungsÜbk, abgedruckt unter Nr. **350 a.**

a) bedeutet „Ressourcen" alle festen, flüssigen oder gasförmigen mineralischen Ressourcen in situ, die sich im Gebiet auf oder unter dem Meeresboden befinden, einschließlich polymetallischer Knollen;
b) werden Ressourcen, die aus dem Gebiet gewonnen worden sind, als „Mineralien" bezeichnet.

Art. 134 Geltungsbereich dieses Teiles. (1) Dieser Teil gilt für das Gebiet.

(2) Die Tätigkeiten im Gebiet werden durch diesen Teil geregelt.

(3) Die Erfordernisse für die Hinterlegung und Veröffentlichung der Seekarten oder Verzeichnisse geographischer Koordinaten mit den in Artikel 1 Absatz 1 Nummer 1 genannten Grenzen sind in Teil VI wiedergegeben.

(4) Dieser Artikel berührt nicht die Festlegung der äußeren Grenzen des Festlandsockels nach Teil VI oder die Gültigkeit von Übereinkünften betreffend die Abgrenzung zwischen Staaten mit gegenüberliegenden oder aneinander angrenzenden Küsten.

Art. 135 Rechtsstatus der Gewässer und des Luftraums über dem Gebiet. Weder dieser Teil noch die aufgrund seiner Bestimmungen gewährten oder ausgeübten Rechte berühren den Rechtsstatus der Gewässer über dem Gebiet oder des Luftraums über ihnen.

Abschnitt 2. Für das Gebiet geltende Grundsätze

Art. 136 Gemeinsames Erbe der Menschheit. Das Gebiet und seine Ressourcen sind das gemeinsame Erbe der Menschheit.

Art. 137 Rechtsstatus des Gebiets und seiner Ressourcen. (1) Kein Staat darf über einen Teil des Gebiets oder seiner Ressourcen Souveränität oder souveräne Rechte beanspruchen oder ausüben; ebensowenig darf sich ein Staat oder eine natürliche oder juristische Person einen Teil des Gebiets oder seiner Ressourcen aneignen. Weder eine solche Beanspruchung oder Ausübung von Souveränität oder souveränen Rechten noch eine solche Aneignung wird anerkannt.

(2) Alle Rechte an den Ressourcen des Gebiets stehen der gesamten Menschheit zu, in deren Namen die Behörde handelt. Diese Ressourcen sind unveräußerlich. Die aus dem Gebiet gewonnenen Mineralien dürfen jedoch nur in Übereinstimmung mit diesem Teil und den Regeln, Vorschriften und Verfahren der Behörde veräußert werden.

(3) Ein Staat oder eine natürliche oder juristische Person kann Rechte in bezug auf die aus dem Gebiet gewonnenen Mineralien nur *in Übereinstimmung mit diesem Teil* beanspruchen, erwerben oder ausüben. Auf andere Weise beanspruchte, erworbene oder ausgeübte Rechte werden nicht anerkannt.

Art. 138 Allgemeines Verhalten der Staaten in bezug auf das Gebiet. Das allgemeine Verhalten der Staaten in bezug auf das Gebiet muß im Interesse der Erhaltung von Frieden und Sicherheit sowie der Förderung der internationalen Zusammenarbeit und gegenseitigen Verständigung den Bestimmungen dieses Teiles, den in der Charta der Vereinten Nationen niedergelegten Grundsätzen und den sonstigen Regeln des Völkerrechts entsprechen.

Art. 139 Verantwortlichkeit für die Einhaltung des Übereinkommens und Haftung für Schäden. (1) Die Vertragsstaaten sind verpflichtet sicherzustellen, daß die im Gebiet ausgeübten Tätigkeiten in Übereinstimmung mit diesem Teil durchgeführt werden, gleichviel ob es sich um Tätigkeiten dieser Staaten selbst oder um die ihrer staatlichen Unternehmen oder natürlicher oder juristischer Personen handelt, welche die Staatsangehörigkeit von Vertragsstaaten besitzen oder tatsächlich der Kontrolle dieser Staaten oder ihrer Staatsangehörigen unterliegen. Internationale Organisationen, die Tätigkeiten im Gebiet ausüben, sind in gleicher Weise verantwortlich.

(2) Unbeschadet der Regeln des Völkerrechts und der Anlage III Artikel 22 haftet ein Vertragsstaat oder eine internationale Organisation für einen Schaden, der auf das Versäumnis zurückzuführen ist, die ihnen aus diesem Teil erwachsenden Verantwortlichkeiten zu erfüllen; Vertragsstaaten oder internationale Organisationen, die gemeinsam handeln, haften gesamtschuldnerisch. Ein Vertragsstaat haftet jedoch nicht für einen Schaden, der durch Nichteinhaltung dieses Teiles durch eine von ihm nach Artikel 153 Absatz 2 Buchstabe b befürwortete Person verursacht wurde, sofern der Vertragsstaat alle notwendigen und angemessenen Maßnahmen ergriffen hat, um die wirksame Einhaltung nach Artikel 153 Absatz 4 und Anlage III Artikel 4 Absatz 4 zu gewährleisten.

(3) Vertragsstaaten, die Mitglied internationaler Organisationen sind, ergreifen angemessene Maßnahmen, um die Anwendung dieses Artikels in bezug auf diese Organisationen sicherzustellen.

Art. 140 Nutzen für die Menschheit. (1) Die Tätigkeiten im Gebiet werden, wie in diesem Teil ausdrücklich vorgesehen, zum Nutzen der gesamten Menschheit ausgeübt, ungeachtet der geographischen Lage der Staaten als Küsten- oder Binnenstaaten und unter besonderer Berücksichtigung der Interessen und Bedürfnisse der Entwicklungsstaaten und der Völker, die noch nicht die volle Unabhängigkeit oder einen sonstigen von den Vereinten Nationen in Übereinstimmung mit der Resolution 1514 (XV) und anderen einschlägigen Resolutionen der Generalversammlung anerkannten Status der Selbstregierung erlangt haben.

(2) Die Behörde sorgt mit Hilfe geeigneter Mechanismen in Übereinstimmung mit Artikel 160 Absatz 2 Buchstabe f Ziffer i auf der Grundlage der Nichtdiskriminierung für die gerechte Verteilung der fi-

nanziellen und der sonstigen wirtschaftlichen Vorteile, die aus Tätigkeiten im Gebiet stammen.

Art. 141 Nutzung des Gebiets für ausschließlich friedliche Zwecke. Das Gebiet steht allen Staaten, sowohl Küsten- als auch Binnenstaaten, ohne Diskriminierung und unbeschadet der sonstigen Bestimmungen dieses Teiles für eine ausschließlich friedlichen Zwecken dienende Nutzung offen.

Art. 142 Rechte und berechtigte Interessen der Küstenstaaten. (1) Die Tätigkeiten im Gebiet in bezug auf dort befindliche Vorkommen von Ressourcen, die beiderseits der Grenzen des Bereichs nationaler Hoheitsbefugnisse liegen, werden unter gebührender Berücksichtigung der Rechte und berechtigten Interessen des Küstenstaats ausgeübt, in dessen Bereich sich diese Vorkommen befinden.

(2) Um eine Beeinträchtigung solcher Rechte und Interessen zu vermeiden, werden mit dem betreffenden Staat Konsultationen einschließlich vorheriger Benachrichtigungen durchgeführt. In Fällen, in denen Tätigkeiten im Gebiet zur Ausbeutung von Ressourcen führen können, die sich im Bereich nationaler Hoheitsbefugnisse befinden, ist die vorherige Zustimmung des betreffenden Küstenstaats erforderlich.

(3) Dieser Teil und die aufgrund desselben gewährten oder ausgeübten Rechte berühren nicht das Recht der Küstenstaaten, die gegebenenfalls notwendigen, mit Teil XII übereinstimmenden Maßnahmen zur Verhütung, Verringerung oder Beseitigung einer ernsten und unmittelbar bevorstehenden Gefahr zu ergreifen, die ihre Küste oder damit zusammenhängende Interessen bedroht und durch vorhandene oder drohende Verschmutzung oder durch sonstige gefährliche Vorfälle entsteht, die sich aus Tätigkeiten im Gebiet ergeben oder durch sie verursacht werden.

Art. 143 Wissenschaftliche Meeresforschung. (1) Die wissenschaftliche Meeresforschung im Gebiet wird in Übereinstimmung mit Teil XIII für ausschließlich friedliche Zwecke und zum Nutzen der gesamten Menschheit durchgeführt.

(2) Die Behörde kann wissenschaftliche Meeresforschung in bezug auf das Gebiet und seine Ressourcen durchführen und zu diesem Zweck Verträge schließen. Die Behörde fördert und ermutigt die Durchführung wissenschaftlicher Meeresforschung im Gebiet; sie koordiniert und verbreitet die verfügbaren Ergebnisse dieser Forschungen und Analysen.

(3) Die Vertragsstaaten können wissenschaftliche Meeresforschung im Gebiet durchführen. Sie fördern die internationale Zusammenarbeit bei der wissenschaftlichen Meeresforschung im Gebiet,

a) indem sie sich an internationalen Programmen beteiligen und die Zusammenarbeit bei der wissenschaftlichen Meeresforschung durch Personal verschiedener Länder und der Behörde ermutigen;

b) indem sie dafür sorgen, daß durch die Behörde oder gegebenenfalls durch sonstige internationale Organisationen Programme zum Nutzen der Entwicklungsstaaten und der technisch weniger entwickelten Staaten ausgearbeitet werden, um
   i) deren Forschungspotential zu stärken;
   ii) deren Personal und das Personal der Behörde im Bereich der Technik und Anwendung der Forschung zu schulen;
   iii) den Einsatz deren befähigten Personals bei der Forschung im Gebiet zu fördern;

c) indem sie die verfügbaren Ergebnisse der Forschungen und Analysen über die Behörde oder gegebenenfalls auf anderem internationalem Weg wirksam verbreiten.

Art. 144 Weitergabe von Technologie[1]. (1) Die Behörde ergreift Maßnahmen in Übereinstimmung mit diesem Übereinkommen, um

a) Technologie und wissenschaftliche Kenntnisse betreffend Tätigkeiten im Gebiet zu erwerben und

b) die Weitergabe dieser Technologie und wissenschaftlichen Kenntnisse an Entwicklungsstaaten zu fördern und zu ermutigen, damit alle Vertragsstaaten daraus Nutzen ziehen können.

(2) Zu diesem Zweck arbeiten die Behörden und die Vertragsstaaten bei der Förderung der Weitergabe von Technologie und wissenschaftlichen Kenntnissen betreffend Tätigkeiten im Gebiet zusammen, damit das Unternehmen und alle Vertragsstaaten daraus Nutzen ziehen können. Sie veranlassen und fördern insbesondere

a) Programme zur Weitergabe von Technologie an das Unternehmen und an Entwicklungsstaaten im Zusammenhang mit Tätigkeiten im Gebiet, einschließlich solcher, die dem Unternehmen und den Entwicklungsstaaten den Zugang zu der betreffenden Technologie unter angemessenen und annehmbaren Bedingungen erleichtern;

b) Maßnahmen, die auf die Weiterentwicklung der Technologie des Unternehmens und der einheimischen Technologie der Entwicklungsstaaten gerichtet sind und die insbesondere für Personal des Unternehmens und der Entwicklungsstaaten Möglichkeiten schaffen, sich in der Meereswissenschaft und -technologie auszubilden und an Tätigkeiten im Gebiet voll teilzunehmen.

Art. 145 Schutz der Meeresumwelt. Hinsichtlich der Tätigkeiten *im Gebiet werden in* Übereinstimmung mit diesem Übereinkommen die notwendigen Maßnahmen ergriffen, um die Meeresumwelt vor schädlichen Auswirkungen, die sich aus diesen Tätigkeiten ergeben können, wirksam zu schützen. Zu diesem Zweck beschließt die Behörde geeignete Regeln, Vorschriften und Verfahren, um unter anderem

---

[1] Beachte Abschnitt 5 der Anlage zum Durchführungsabkommen (Nr. **350 a**).

a) die Verschmutzung und sonstige Gefahren für die Meeresumwelt, einschließlich der Küste, sowie Störungen des ökologischen Gleichgewichts der Meeresumwelt zu verhüten, zu verringern und zu überwachen, wobei insbesondere auf die Notwendigkeit zu achten ist, die Meeresumwelt vor schädlichen Auswirkungen von Tätigkeiten wie Bohr-, Dredsch- und Baggerarbeiten, Abfallbeseitigung, Errichtung, Betrieb oder Unterhaltung von Anlagen, Rohrleitungen und sonstigen mit diesen Tätigkeiten im Zusammenhang stehenden Geräten zu schützen;

b) die natürlichen Ressourcen des Gebiets zu schützen und zu erhalten sowie Schäden für die Tiere und Pflanzen der Meeresumwelt zu vermeiden.

Art. 146 Schutz des menschlichen Lebens. Hinsichtlich der Tätigkeiten im Gebiet sind die notwendigen Maßnahmen zu ergreifen, um den wirksamen Schutz des menschlichen Lebens zu gewährleisten. Zu diesem Zweck beschließt die Behörde geeignete Regeln, Vorschriften und Verfahren, um das bestehende Völkerrecht, wie es in den einschlägigen Verträgen niedergelegt ist, zu ergänzen.

Art. 147 Vereinbarkeit der Tätigkeiten im Gebiet mit anderen Tätigkeiten in der Meeresumwelt. (1) Bei Tätigkeiten im Gebiet ist auf andere Tätigkeiten in der Meeresumwelt in angemessener Weise Rücksicht zu nehmen.

(2) Die für Tätigkeiten im Gebiet benutzten Anlagen müssen folgenden Bedingungen genügen:

a) Die Anlagen werden nur in Übereinstimmung mit diesem Teil und vorbehaltlich der Regeln, Vorschriften und Verfahren der Behörde errichtet, aufgestellt und entfernt. Ihre Errichtung, Aufstellung und Entfernung sind ordnungsgemäß bekanntzumachen, und es sind fest angebrachte Warneinrichtungen zu unterhalten, die auf das Vorhandensein der Anlagen hinweisen;

b) die Anlagen dürfen weder dort errichtet werden, wo die Benutzung anerkannter und für die internationale Schiffahrt wichtiger Schiffahrtswege behindert werden kann, noch in Gebieten, in denen intensive Fischerei betrieben wird;

c) um die Anlagen werden Sicherheitszonen mit entsprechenden Markierungen eingerichtet, um die Sicherheit sowohl der Schiffahrt als auch der Anlagen zu gewährleisten. Form und Lage dieser Sicherheitszonen dürfen nicht so beschaffen sein, daß sie einen Gürtel bilden, der den rechtmäßigen Zugang der Schiffe zu besonderen Meereszonen oder die Schiffahrt auf internationalen Schiffahrtswegen behindert;

d) die Anlagen werden für ausschließlich friedliche Zwecke genutzt;

e) die Anlagen haben nicht den Status von Inseln. Sie haben kein eigenes Küstenmeer, und ihr Vorhandensein hat keinen Einfluß auf die

Abgrenzung des Küstenmeers, der ausschließlichen Wirtschaftszone oder des Festlandsockels.

(3) Bei anderen Tätigkeiten in der Meeresumwelt ist auf die Tätigkeiten im Gebiet in angemessener Weise Rücksicht zu nehmen.

Art. 148 Teilnahme von Entwicklungsstaaten an Tätigkeiten im Gebiet. Es wird eine wirksame Teilnahme der Entwicklungsstaaten an Tätigkeiten im Gebiet gefördert, wie in diesem Teil ausdrücklich vorgesehen, wobei deren besondere Interessen und Bedürfnisse und vor allem das besondere Bedürfnis der Binnenstaaten und geographisch benachteiligten Staaten unter ihnen zu berücksichtigen sind, die sich aus ihrer nachteiligen Lage ergebenden Hindernisse zu überwinden, insbesondere ihre Entlegenheit im Verhältnis zum Gebiet sowie die Schwierigkeit ihres Zugangs zum und vom Gebiet.

Art. 149 Archäologische und historische Gegenstände. Alle im Gebiet gefundenen Gegenstände archäologischer oder historischer Art werden zum Nutzen der gesamten Menschheit bewahrt oder verwendet, wobei die Vorzugsrechte des Ursprungsstaats oder -lands, des Staates des kulturellen Ursprungs oder des Staates des historischen oder archäologischen Ursprungs besonders zu beachten sind.

Abschnitt 3. Erschließung der Ressourcen im Gebiet

Art. 150 Leitsätze für die Tätigkeiten im Gebiet. Die Tätigkeiten im Gebiet werden, wie in diesem Teil ausdrücklich vorgesehen, so ausgeübt, daß sie die gesunde Entwicklung der Weltwirtschaft und das ausgewogene Wachstum des Welthandels begünstigen und die internationale Zusammenarbeit mit dem Ziel einer umfassenden Entwicklung aller Länder, insbesondere der Entwicklungsstaaten, fördern, und um folgendes sicherzustellen:

a) die Erschließung der Ressourcen des Gebiets;

b) die ordnungsgemäße, sichere und rationelle Bewirtschaftung der Ressourcen des Gebiets einschließlich der wirksamen Ausübung der Tätigkeiten im Gebiet, wobei in Übereinstimmung mit vernünftigen Grundsätzen der Erhaltung der Ressourcen eine unnötige Vergeudung zu vermeiden ist;

c) die Erweiterung von Möglichkeiten für eine Teilnahme an diesen Tätigkeiten, insbesondere *im Einklang mit* den Artikeln 144 und 148;

d) die Beteiligung der Behörde an den Einnahmen und die Weitergabe von Technologie an das Unternehmen und an Entwicklungsstaaten, wie in diesem Übereinkommen vorgesehen;

e) die zunehmende, bedarfsentsprechende Verfügbarkeit der aus dem Gebiet stammenden Mineralien zusammen mit den aus anderen

Vorkommen stammenden Mineralien, um die Versorgung der Verbraucher dieser Mineralien sicherzustellen;

f) die Förderung gerechter und stabiler, für Erzeuger lohnender und für Verbraucher angemessener Preise sowohl für die aus dem Gebiet als auch aus anderen Vorkommen stammenden Mineralien und die Förderung eines langfristigen Gleichgewichts zwischen Angebot und Nachfrage;

g) die Erweiterung der Möglichkeiten für alle Vertragsstaaten ungeachtet ihres sozialen und wirtschaftlichen Systems oder ihrer geographischen Lage, an der Erschließung der Ressourcen des Gebiets teilzunehmen, und die Verhinderung einer Monopolisierung der Tätigkeiten im Gebiet;

h) den Schutz der Entwicklungsstaaten vor nachteiligen Auswirkungen auf ihre Wirtschaft oder ihre Ausfuhreinnahmen, die sich aus einem Rückgang des Preises des betroffenen Minerals oder der Ausfuhrmenge dieses Minerals ergeben, soweit ein solcher Rückgang auf Tätigkeiten im Gebiet zurückzuführen ist, wie in Artikel 151 vorgesehen;

i) die Entwicklung des gemeinsamen Erbes zum Nutzen der gesamten Menschheit;

j) Marktzugangsbedingungen für die Einfuhr der aus den Ressourcen des Gebiets erzeugten Mineralien sowie für die Einfuhr der aus diesen Mineralien erzeugten Rohstoffe, die nicht günstiger als die für Einfuhren aus anderen Vorkommen geltenden günstigsten Bedingungen sein dürfen.

Art. 151 Leitsätze für die Produktion[1]**.** (1) a) Unbeschadet der in Artikel 150 genannten Ziele und zur Durchführung des Artikels 150 Buchstabe h ergreift die Behörde im Rahmen bestehender Gremien oder gegebenenfalls erforderlicher neuer Vereinbarungen oder sonstiger Übereinkünfte, an denen alle interessierten Parteien, einschließlich Erzeuger und Verbraucher, beteiligt sind, die notwendigen Maßnahmen, um das Wachstum, die Leistungsfähigkeit und die Stabilität der Märkte für die aus den Mineralien des Gebiets erzeugten Rohstoffe zu Preisen zu fördern, die für die Erzeuger lohnend und für die Verbraucher angemessen sind. Alle Vertragsstaaten arbeiten zu diesem Zweck zusammen.

b) Die Behörde hat das Recht, an jeder Rohstoffkonferenz teilzunehmen, die sich mit diesen Rohstoffen befaßt und an der alle interessierten Parteien, einschließlich Erzeuger und Verbraucher, teilnehmen. Die Behörde hat das Recht, Vertragspartei der auf diesen Konferenzen geschlossenen Vereinbarungen oder sonstigen Überein-

---

[1] Art. 151 wird durch die Anlage zum Durchführungsabkommen (Nr. **350 a**) modifiziert, speziell durch die Abschnitte Nr. 6 und 7.

künfte zu werden. Die Beteiligung der Behörde an den aufgrund der Vereinbarungen oder sonstigen Übereinkünfte geschaffenen Organen bezieht sich auf die Produktion im Gebiet und erfolgt in Übereinstimmung mit den einschlägigen Regeln dieser Organe.

c) Die Behörde erfüllt ihre Verpflichtungen aus den in diesem Absatz genannten Vereinbarungen oder sonstigen Übereinkünften derart, daß in bezug auf die Gesamtproduktion der betreffenden Mineralien im Gebiet einheitlich und ohne Diskriminierung verfahren wird. Dabei handelt die Behörde in einer Weise, die mit den Bedingungen geltender Verträge und bestätigter Arbeitspläne des Unternehmens vereinbar ist.

(2) a) Während der in Absatz 3 bezeichneten Übergangszeit kann die kommerzielle Produktion nach einem bestätigten Arbeitsplan erst dann aufgenommen werden, wenn der Unternehmer bei der Behörde eine Produktionsgenehmigung beantragt und von ihr erhalten hat. Die Produktionsgenehmigungen dürfen höchstens fünf Jahre vor der nach dem Arbeitsplan beabsichtigten Aufnahme der kommerziellen Produktion beantragt oder erteilt werden, es sei denn, die Regeln, Vorschriften und Verfahren der Behörde schreiben unter Berücksichtigung der Art und des zeitlichen Ablaufs des Vorhabens eine andere Frist vor.

b) In dem Antrag auf Produktionsgenehmigung gibt der Unternehmer die jährliche Nickelmenge an, mit deren Gewinnung im Rahmen des bestätigten Arbeitsplans gerechnet wird. Der Antrag enthält eine Aufstellung der Kosten, die der Unternehmer nach Erhalt der Genehmigung aufwenden muß und die so hinreichend berechnet sind, daß er die kommerzielle Produktion zum beabsichtigten Zeitpunkt aufnehmen kann.

c) Für die Zwecke der Buchstaben a und b legt die Behörde in Übereinstimmung mit Anlage III Artikel 17 geeignete Leistungsanforderungen fest.

d) Die Behörde erteilt eine Produktionsgenehmigung für die beantragte Produktionsmenge, sofern nicht die Summe dieser Menge und der bereits genehmigten Mengen in irgendeinem Jahr der geplanten Produktion während der Übergangszeit die nach Absatz 4 berechnete Höchstgrenze der Nickelproduktion für das Jahr übersteigt, in dem die Genehmigung erteilt wird.

e) Die Produktionsgenehmigung und der genehmigte Antrag werden, sobald sie erteilt sind, Teil des bestätigten Arbeitsplans.

f) Wird der Antrag des Unternehmers auf Produktionsgenehmigung nach Buchstabe d abgelehnt, so kann der Unternehmer jederzeit bei der Behörde einen neuen Antrag stellen.

(3) Die Übergangszeit beginnt fünf Jahre vor dem 1. Januar des Jahres, in dem die erste kommerzielle Produktion im Rahmen eines bestätigten Arbeitsplans aufgenommen werden soll. Verzögert sich der Anlauf dieser kommerziellen Produktion über das ursprünglich vorge-

sehene Jahr hinaus, so werden der Beginn der Übergangszeit und die ursprünglich berechnete Produktionshöchstgrenze entsprechend angeglichen. Die Übergangszeit dauert 25 Jahre oder bis zum Ende der in Artikel 155 genannten Überprüfungskonferenz oder aber bis zu dem Tag, an dem die in Absatz 1 genannten neuen Vereinbarungen oder sonstigen Übereinkünfte in Kraft treten, je nachdem, welches der frühere Zeitpunkt ist. Die Behörde nimmt die in diesem Artikel vorgesehenen Befugnisse für den Rest der Übergangszeit wieder in Anspruch, wenn die genannten Vereinbarungen oder sonstigen Übereinkünfte aus irgendeinem Grund hinfällig oder unwirksam werden.

(4) a) Die Produktionshöchstgrenze für jedes Jahr der Übergangszeit ergibt sich aus der Summe

i) des Unterschieds zwischen den nach Buchstabe b berechneten Trendlinienwerten des Nickelverbrauchs des Jahres, das dem Anlauf der ersten kommerziellen Produktion unmittelbar vorausgeht, und des Jahres, das dem Beginn der Übergangszeit unmittelbar vorausgeht, und

ii) von sechzig Prozent des Unterschieds zwischen den nach Buchstabe b berechneten Trendlinienwerten des Nickelverbrauchs des Jahres, für das die Produktionsgenehmigung beantragt wird, und des Jahres, das dem Anlauf der ersten kommerziellen Produktion unmittelbar vorausgeht.

b) Im Sinne des Buchstabens a

i) sind die zur Berechnung der Höchstgrenze der Nickelproduktion verwendeten Trendlinienwerte die jährlichen Nickelverbrauchswerte auf einer Trendlinie, die während des Jahres errechnet wird, in dem die Produktionsgenehmigung erteilt wird. Die Trendlinie wird aus einer linearen Regression der Logarithmen des tatsächlichen jährlichen Nickelverbrauchs während der letzten 15 Jahre gewonnen, für die solche Angaben verfügbar sind, wobei die Zeit als unabhängige Variable angenommen wird. Diese Trendlinie wird als die ursprüngliche Trendlinie bezeichnet;

ii) liegt die jährliche Steigerungsrate der ursprünglichen Trendlinie unter 3 Prozent, so verläuft die zur Festlegung der Mengen nach Buchstabe a verwendete Trendlinie statt dessen durch die ursprüngliche Trendlinie bei dem Wert für das erste Jahr des betreffenden Zeitabschnitts von 15 Jahren und steigt jährlich um 3 Prozent; allerdings darf die für irgendein Jahr der Übergangszeit festgelegte Produktionshöchstgrenze in keinem Fall den Unterschied zwischen dem ursprünglichen Trendlinienwert für das betreffende Jahr und dem ursprünglichen Trendlinienwert für das Jahr unmittelbar vor Beginn der Übergangszeit überschreiten.

(5) Die Behörde behält dem Unternehmen für dessen Anfangsproduktion eine Menge von 38 000 metrischen Tonnen Nickel aus der nach Absatz 4 errechneten verfügbaren Produktionshöchstgrenze vor.

(6) a) Ein Unternehmer kann in einem Jahr weniger oder bis zu 8 Prozent mehr als die in seiner Produktionsgenehmigung festgelegte Jahresproduktion von Mineralien aus polymetallischen Knollen erzeugen, sofern die Gesamtproduktion die in der Genehmigung festgelegte Menge nicht überschreitet. Jede Überschreitung über 8 Prozent hinaus bis zu 20 Prozent innerhalb eines Jahres oder jede Überschreitung im ersten und in daran anschließenden Jahren nach zwei aufeinanderfolgenden Jahren, in denen Überschreitungen vorkommen, muß mit der Behörde ausgehandelt werden; diese kann vom Unternehmer verlangen, eine ergänzende Produktionsgenehmigung für die überschüssige Produktion zu erwirken.

b) Anträge auf diese ergänzenden Produktionsgenehmigungen werden von der Behörde erst dann geprüft, wenn alle eingereichten Anträge von Unternehmern, die noch keine Produktionsgenehmigung erhalten haben, bearbeitet und sonstige mögliche Antragsteller gebührend berücksichtigt worden sind. Die Behörde läßt sich von dem Grundsatz leiten, die Gesamtproduktion, die im Rahmen der Produktionshöchstgrenze jedes beliebigen Jahres der Übergangszeit genehmigt worden ist, nicht zu überschreiten. Sie genehmigt in keinem Arbeitsplan eine Produktionsmenge von mehr als 46 500 metrischen Tonnen Nickel im Jahr.

(7) Die Produktionsmengen anderer Metalle wie Kupfer, Kobalt und Mangan, die aus den im Rahmen einer Produktionsgenehmigung gewonnenen polymetallischen Knollen stammen, sollen nicht größer sein als diejenigen, die erzeugt worden wären, wenn der Unternehmer aus diesen Knollen die nach diesem Artikel berechnete Höchstmenge an Nickel erzeugt hätte. Die Behörde beschließt zur Durchführung dieses Absatzes Regeln, Vorschriften und Verfahren nach Anlage III Artikel 17.

(8) Die Rechte und Pflichten in bezug auf unlautere Wirtschaftspraktiken, die sich aus einschlägigen mehrseitigen Handelsübereinkünften ergeben, finden auf die Erforschung und Ausbeutung der Mineralien aus dem Gebiet Anwendung. Zur Beilegung von Streitigkeiten, die hinsichtlich dieser Bestimmung entstehen, nehmen die Vertragsstaaten, die diesen mehrseitigen Handelsübereinkünften angehören, die Streitbeilegungsverfahren dieser Übereinkünfte in Anspruch.

(9) Die Behörde ist befugt, die Produktionsmenge der Mineralien aus dem Gebiet, die nicht aus polymetallischen Knollen stammen, zu geeigneten Bedingungen und nach geeigneten Methoden durch Vorschriften nach Artikel 161 Absatz 8 zu beschränken.

(10) Auf Empfehlung des Rates, die sich auf Gutachten der Kommission für wirtschaftliche Planung stützt, errichtet die Versammlung ein System für Ausgleichszahlungen oder ergreift sonstige die wirtschaftliche Anpassung erleichternde Hilfsmaßnahmen, einschließlich Zusammenarbeit mit Sonderorganisationen und anderen internationalen Organisationen, zur Unterstützung von Entwicklungsländern, die

ernste nachteilige Auswirkungen auf ihre Ausfuhreinnahmen oder ihre Wirtschaft aus einem Rückgang des Preises für das betroffene Mineral oder der Ausfuhrmenge dieses Minerals erleiden, soweit ein solcher Rückgang auf Tätigkeiten im Gebiet zurückzuführen ist. Auf Antrag veranlaßt die Behörde Untersuchungen über die Probleme derjenigen Staaten, die wahrscheinlich am schwersten betroffen werden, um ihre Schwierigkeiten auf ein Mindestmaß zu beschränken und ihnen bei ihrer wirtschaftlichen Anpassung zu helfen.

Art. 152 Wahrnehmung der Befugnisse und Aufgaben der Behörde. (1) Die Behörde vermeidet jede Diskriminierung bei der Wahrnehmung ihrer Befugnisse und Aufgaben, einschließlich der Gewährung von Möglichkeiten zur Ausübung von Tätigkeiten im Gebiet.

(2) Dessen ungeachtet ist die in diesem Teil ausdrücklich vorgesehene besondere Berücksichtigung der Entwicklungsstaaten, vor allem der Binnenstaaten und der geographisch benachteiligten Staaten unter ihnen, zulässig.

Art. 153 System der Erforschung und Ausbeutung. (1) Die Tätigkeiten im Gebiet werden von der Behörde im Namen der gesamten Menschheit in Übereinstimmung mit diesem Artikel und mit den sonstigen einschlägigen Bestimmungen dieses Teiles und der einschlägigen Anlagen sowie mit den Regeln, Vorschriften und Verfahren der Behörde organisiert, ausgeübt und überwacht.

(2) Die Tätigkeiten im Gebiet werden nach Maßgabe des Absatzes 3 ausgeübt

a) vom Unternehmen und

b) unter Einbeziehung der Behörde von Vertragsstaaten, staatlichen Unternehmen sowie natürlichen oder juristischen Personen, welche die Staatsangehörigkeit eines Vertragsstaats besitzen oder von ihm oder seinen Staatsangehörigen tatsächlich kontrolliert werden, wenn sie von diesen Staaten befürwortet werden, oder von einer Gruppe der vorgenannten Kategorien, welche die in diesem Teil und in Anlage III genannten Voraussetzungen erfüllt.

(3) Die Tätigkeiten im Gebiet werden nach einem förmlichen schriftlichen Arbeitsplan ausgeübt, der in Übereinstimmung mit Anlage III aufgestellt und nach Prüfung durch die Rechts- und Fachkommission vom Rat bestätigt worden ist. Bei Tätigkeiten, die im Gebiet mit Genehmigung der Behörde von den in Absatz 2 Buchstabe b bezeichneten Rechtsträgern ausgeübt werden, erhält der Arbeitsplan in Übereinstimmung mit Anlage III Artikel 3 die Form eines Vertrags. Diese Verträge können gemeinschaftliche Vereinbarungen nach Anlage III *Artikel 11 vorsehen.*[1]

[1] S. auch Abschnitt 2 Abs. 4 S. 2 der Anlage zum Durchführungsabkommen (Nr. **350 a**).

(4) Die Behörde übt die erforderliche Kontrolle über die Tätigkeiten im Gebiet aus, um die Einhaltung der einschlägigen Bestimmungen dieses Teiles und der betreffenden Anlagen sowie der Regeln, Vorschriften und Verfahren der Behörde und der in Übereinstimmung mit Absatz 3 bestätigten Arbeitspläne zu gewährleisten. Die Vertragsstaaten unterstützen die Behörde, indem sie alle notwendigen Maßnahmen ergreifen, um diese Einhaltung entsprechend Artikel 139 zu gewährleisten.

(5) Die Behörde ist berechtigt, jederzeit alle nach diesem Teil vorgesehenen Maßnahmen zu ergreifen, um zu gewährleisten, daß seine Bestimmungen eingehalten und daß die ihr aufgrund dieses Teiles oder aufgrund eines Vertrags obliegenden Kontroll- und Regelungsaufgaben wahrgenommen werden. Die Behörde ist berechtigt, alle Anlagen im Gebiet zu überprüfen, die im Zusammenhang mit Tätigkeiten im Gebiet benutzt werden.

(6) Ein Vertrag nach Absatz 3 gewährleistet die Rechte des Vertragsnehmers. Er kann daher nur in Übereinstimmung mit Anlage III Artikel 18 und 19 geändert, ausgesetzt oder beendet werden.

Art. 154 Regelmäßige Überprüfung. Alle fünf Jahre nach Inkrafttreten dieses Übereinkommens führt die Versammlung eine allgemeine und systematische Überprüfung darüber durch, wie sich die in dem Übereinkommen festgelegte internationale Ordnung des Gebiets in der Praxis bewährt hat. Die Versammlung kann angesichts dieser Überprüfung Maßnahmen nach den Bestimmungen und Verfahren dieses Teiles und der betreffenden Anlagen ergreifen oder empfehlen, daß andere Organe solche Maßnahmen ergreifen, die zur größeren Wirksamkeit dieser Ordnung führen.

Art. 155 Die Überprüfungskonferenz.[1] (1) Fünfzehn Jahre nach dem 1. Januar des Jahres, in dem die erste kommerzielle Produktion aufgrund eines bestätigten Arbeitsplans aufgenommen wurde, beruft die Versammlung eine Konferenz zur Überprüfung derjenigen Bestimmungen dieses Teiles und der betreffenden Anlagen ein, die das System der Erforschung und Ausbeutung der Ressourcen des Gebiets regeln. Die Überprüfungskonferenz prüft im einzelnen angesichts der während dieser Zeit gesammelten Erfahrungen,

a) ob die Bestimmungen dieses Teiles, die das System der Erforschung *und Ausbeutung* der Ressourcen des Gebiets regeln, ihren Zweck in jeder Hinsicht erfüllt haben, insbesondere, ob sie für die gesamte Menschheit von Nutzen waren;

b) ob die reservierten Felder im Vergleich zu den nichtreservierten Feldern während der 15 Jahre-Frist in wirksamer und ausgewogener Weise ausgebeutet worden sind;

---

[1] Beachte Abschnitt 4 der Anlage zum Durchführungsabkommen (Nr. **350 a**).

c) ob die Erschließung und Nutzung des Gebiets und seiner Ressourcen so durchgeführt wurden, daß sie die gesunde Entwicklung der Weltwirtschaft und ein ausgewogenes Wachstum des Welthandels begünstigen;

d) ob eine Monopolisierung der Tätigkeiten im Gebiet verhindert wurde;

e) ob die Leitsätze der Artikel 150 und 151 befolgt wurden und

f) ob das System unter besonderer Berücksichtigung der Interessen und Bedürfnisse der Entwicklungsstaaten zu einer gerechten Verteilung der aus Tätigkeiten im Gebiet stammenden Vorteile geführt hat.

(2) Die Überprüfungskonferenz gewährleistet, daß der Grundsatz des gemeinsamen Erbes der Menschheit, die internationale Ordnung zur Sicherung einer gerechten Ausbeutung der Ressourcen des Gebiets zum Nutzen aller Länder, insbesondere der Entwicklungsstaaten, und eine Behörde, welche die Tätigkeiten im Gebiet organisiert, ausübt und kontrolliert, erhalten bleiben. Sie gewährleistet ferner die Aufrechterhaltung der in diesem Teil niedergelegten Grundsätze in bezug auf den Ausschluß einer Beanspruchung oder Ausübung von Souveränität über einen Teil des Gebiets, die Rechte der Staaten und ihr allgemeines Verhalten hinsichtlich des Gebiets, ihre Beteiligung an Tätigkeiten im Gebiet im Einklang mit diesem Übereinkommen, die Verhinderung einer Monopolisierung von Tätigkeiten im Gebiet, die Nutzung des Gebiets für ausschließlich friedliche Zwecke, die wirtschaftlichen Aspekte der Tätigkeiten im Gebiet, die wissenschaftliche Meeresforschung, die Weitergabe von Technologie, den Schutz der Meeresumwelt, den Schutz des menschlichen Lebens, die Rechte der Küstenstaaten, den Rechtsstatus der Gewässer über dem Gebiet und des Luftraums über ihnen sowie die Vereinbarkeit der Tätigkeiten im Gebiet mit anderen Tätigkeiten in der Meeresumwelt.

(3) Auf der Überprüfungskonferenz wird das gleiche Verfahren zur Beschlußfassung angewendet wie auf der Dritten Seerechtskonferenz der Vereinten Nationen. Die Konferenz bemüht sich nach Kräften, Änderungen durch Konsens zu vereinbaren; es soll erst dann darüber abgestimmt werden, wenn alle Bemühungen, einen Konsens zu erreichen, erschöpft sind.

(4) Hat die Überprüfungskonferenz fünf Jahre nach ihrem Beginn keine Einigung über das System der Erforschung und Ausbeutung der Ressourcen des Gebiets erzielt, so kann sie während der folgenden 12 Monate mit Dreiviertelmehrheit der Vertragsstaaten beschließen, die von ihr für notwendig und zweckmäßig erachteten Änderungen zur Abwandlung oder Modifikation des Systems anzunehmen und den Vertragsstaaten zur Ratifikation oder zum Beitritt vorzulegen. Diese Änderungen treten für alle Vertragsstaaten 12 Monate nach Hinterlegung der Ratifikations- oder Beitrittsurkunden durch drei Viertel der Vertragsstaaten in Kraft.

(5) Änderungen, die von der Überprüfungskonferenz nach diesem Artikel angenommen werden, berühren nicht aufgrund bestehender Verträge erworbene Rechte.

Abschnitt 4. Die Behörde[1)]

Unterabschnitt A. Allgemeine Bestimmungen

Art. 156 Errichtung der Behörde. (1) Hiermit wird die Internationale Meeresbodenbehörde errichtet, die in Übereinstimmung mit diesem Teil tätig wird.

(2) Alle Vertragsstaaten sind ipso facto Mitglieder der Behörde.

(3) Beobachter auf der Dritten Seerechtskonferenz der Vereinten Nationen, welche die Schlußakte unterzeichnet haben, aber nicht in Artikel 305 Absatz 1 Buchstabe c, d, e oder f bezeichnet sind, haben das Recht, an den Arbeiten der Behörde in Übereinstimmung mit deren Regeln, Vorschriften und Verfahren als Beobachter teilzunehmen.

(4) Die Behörde hat ihren Sitz in Jamaika.

(5) Die Behörde kann regionale Zentren oder Büros errichten, die sie zur Wahrnehmung ihrer Aufgaben für notwendig hält.

Art. 157 Charakter und wesentliche Grundsätze der Behörde. (1) Die Behörde ist die Organisation, durch welche die Vertragsstaaten in Übereinstimmung mit diesem Teil die Tätigkeiten im Gebiet organisieren und überwachen, insbesondere im Hinblick auf die Verwaltung der Ressourcen des Gebiets.

(2) Die Befugnisse und Aufgaben der Behörde sind diejenigen, die ihr durch dieses Übereinkommen ausdrücklich übertragen sind. Sie hat die mit dem Übereinkommen im Einklang stehenden Nebenbefugnisse, die mit der Wahrnehmung dieser Befugnisse und Aufgaben in bezug auf Tätigkeiten im Gebiet zusammenhängen und dafür erforderlich sind.

(3) Die Behörde stützt sich auf den Grundsatz der souveränen Gleichheit aller ihrer Mitglieder.

(4) Alle Mitglieder der Behörde erfüllen die von ihnen in Übereinstimmung mit diesem Teil übernommenen Verpflichtungen nach Treu *und Glauben, damit* jedem von ihnen die Rechte und Vorteile aus ihrer Mitgliedschaft gewährleistet werden.

Art. 158 Organe der Behörde. (1) Als Hauptorgane der Behörde werden hiermit eine Versammlung, ein Rat und ein Sekretariat gebildet.

[1)] S. auch Abschnitt 1 Abs. 17 der Anlage zum Durchführungsabkommen (Nr. **350 a**).

(2) Als Organ, durch das die Behörde die in Artikel 170 Absatz 1 genannten Aufgaben wahrnimmt, wird hiermit das Unternehmen gegründet.

(3) In Übereinstimmung mit diesem Teil können die für notwendig befundenen Nebenorgane gebildet werden.

(4) Jedes Hauptorgan der Behörde und das Unternehmen sind für die Wahrnehmung der ihnen übertragenen Befugnisse und Aufgaben verantwortlich. Bei der Wahrnehmung dieser Befugnisse und Aufgaben vermeidet jedes Organ Handlungen, welche die Wahrnehmung der besonderen Befugnisse und Aufgaben, die einem anderen Organ übertragen wurden, beeinträchtigen oder verhindern könnten.

Unterabschnitt B. Die Versammlung[1)]

Art. 159 Zusammensetzung, Verfahren und Abstimmung.

(1) Die Versammlung besteht aus allen Mitgliedern der Behörde. Jedes Mitglied hat einen Vertreter in der Versammlung, den Stellvertreter und Berater begleiten können.

(2) Die Versammlung tritt zu ordentlichen Jahrestagungen sowie zu Sondertagungen zusammen, die von ihr beschlossen oder vom Generalsekretär auf Ersuchen des Rates oder der Mehrheit der Mitglieder der Behörde einberufen werden.

(3) Die Tagungen finden am Sitz der Behörde statt, sofern die Versammlung nichts anderes beschließt.

(4) Die Versammlung gibt sich eine Geschäftsordnung. Zu Beginn jeder ordentlichen Tagung wählt sie ihren Präsidenten und sonstige erforderliche Amtsträger. Sie bleiben so lange im Amt, bis auf der nächsten ordentlichen Tagung ein neuer Präsident und andere Amtsträger gewählt werden.

(5) Die Versammlung ist beschlußfähig, wenn die Mehrheit ihrer Mitglieder anwesend ist.

(6) Jedes Mitglied der Versammlung hat eine Stimme.

(7)[2)] Beschlüsse über Verfahrensfragen, einschließlich der Beschlüsse, Sondertagungen der Versammlung einzuberufen, bedürfen der Mehrheit der anwesenden und abstimmenden Mitglieder.

(8)[2)] Beschlüsse über Sachfragen bedürfen einer Zweidrittelmehrheit der anwesenden und abstimmenden Mitglieder, wobei diese Mehrheit eine Mehrheit der an der Tagung teilnehmenden Mitglieder einschließen muß. Ist strittig, ob es sich um eine Sachfrage handelt, so wird diese Frage als Sachfrage behandelt, sofern nicht die Versammlung mit der für Beschlüsse über Sachfragen erforderlichen Mehrheit etwas anderes beschließt.

---

1) S. auch Abschnitt 3 Abs. 14 der Anlage zum Durchführungsabkommen (Nr. **350 a**).
2) S. auch Abschnitt 3 Abs. 2 und 3 der Anlage zum Durchführungsabkommen (Nr. **350 a**).

(9) Wird eine Sachfrage erstmalig zur Abstimmung gestellt, so kann der Präsident den Beschluß darüber, ob über diese Frage abgestimmt werden soll, um höchstens fünf Kalendertage verschieben; er ist dazu verpflichtet, wenn mindestens ein Fünftel der Mitglieder der Versammlung darum ersucht. Diese Regel darf auf dieselbe Frage nur einmal angewendet werden; ihre Anwendung darf nicht dazu führen, daß die Frage über das Ende der Tagung hinaus verschoben wird.

(10) Liegt dem Präsidenten ein von mindestens einem Viertel der Mitglieder der Behörde unterstützter schriftlicher Antrag auf Einholung eines Gutachtens darüber vor, ob ein der Versammlung in einer Angelegenheit vorliegender Vorschlag mit diesem Übereinkommen vereinbar ist, so ersucht die Versammlung die Kammer für Meeresbodenstreitigkeiten des Internationalen Seegerichtshofs um ein Gutachten dazu und vertagt die Abstimmung über diesen Vorschlag, bis ein Gutachten der Kammer eingegangen ist. Geht das Gutachten nicht vor der letzten Woche der Tagung ein, auf der es angefordert wurde, so beschließt die Versammlung, wann sie zur Abstimmung über den vertagten Vorschlag zusammentreten wird.

Art. 160 Befugnisse und Aufgaben. (1) Die Versammlung als einziges Organ der Behörde, das aus allen Mitgliedern besteht, gilt als oberstes Organ der Behörde, dem gegenüber die anderen Hauptorgane, wie in diesem Übereinkommen ausdrücklich vorgesehen, rechenschaftspflichtig sind. Die Versammlung ist befugt, im Einklang mit den diesbezüglichen Bestimmungen des Übereinkommens allgemeine Leitsätze zu allen Fragen oder Angelegenheiten aufzustellen, die in die Zuständigkeit der Behörde fallen.

(2) Die Versammlung hat außerdem folgende Befugnisse und Aufgaben:

a) Sie wählt die Mitglieder des Rates in Übereinstimmung mit Artikel 161;

b) sie wählt den Generalsekretär aus den vom Rat vorgeschlagenen Kandidaten;

c) sie wählt auf Empfehlung des Rates die Mitglieder des Verwaltungsrats des Unternehmens und den Generaldirektor des Unternehmens;

d) sie bildet die Nebenorgane, die sie zur Wahrnehmung ihrer Aufgaben in Übereinstimmung mit diesem Teil für notwendig hält. Bei *der Zusammensetzung dieser* Nebenorgane ist dem Grundsatz der gerechten geographischen Verteilung der Sitze, den besonderen Interessen und der Notwendigkeit gebührend Rechnung zu tragen, die Mitarbeit befähigter Mitglieder zu gewinnen, die auf den von diesen Organen bearbeiteten Fachgebieten sachkundig sind;

e) sie berechnet die Beiträge der Mitglieder zum Verwaltungshaushalt der Behörde entsprechend einem vereinbarten Berechnungsschlüssel, dem der für den ordentlichen Haushalt der Vereinten Nationen angewandte Schlüssel zugrunde liegt, bis die Behörde über ausreichende Einnahmen aus anderen Quellen zur Bestreitung ihrer Verwaltungskosten verfügt;

f) i) sie prüft und genehmigt auf Empfehlung des Rates die Regeln, Vorschriften und Verfahren für die gerechte Verteilung der finanziellen und der sonstigen wirtschaftlichen Vorteile, die aus Tätigkeiten im Gebiet stammen, sowie für die Zahlungen und Leistungen nach Artikel 82, wobei die Interessen und Bedürfnisse der Entwicklungsstaaten und der Völker, die noch nicht die volle Unabhängigkeit oder einen sonstigen Status der Selbstregierung erlangt haben, besondere Berücksichtigung finden. Genehmigt die Versammlung die Empfehlungen des Rates nicht, so verweist sie diese an den Rat zurück, damit dieser sie im Lichte der von der Versammlung geäußerten Meinungen erneut prüft;

ii) sie prüft und genehmigt die vom Rat nach Artikel 162 Absatz 2 Buchstabe o Ziffer ii vorläufig angenommenen Regeln, Vorschriften und Verfahren der Behörde sowie diesbezügliche Änderungen. Diese Regeln, Vorschriften und Verfahren betreffen die Prospektion, Erforschung und Ausbeutung im Gebiet, die Verwaltung der Finanzen und die innere Verwaltung der Behörde sowie, auf Empfehlung des Verwaltungsrats des Unternehmens, die Weitergabe finanzieller Mittel vom Unternehmen an die Behörde;

g) sie entscheidet im Einklang mit diesem Übereinkommen und den Regeln, Vorschriften und Verfahren der Behörde über die gerechte Verteilung der finanziellen und der sonstigen wirtschaftlichen Vorteile, die aus Tätigkeiten im Gebiet stammen;

h) sie prüft und genehmigt den vom Rat vorgelegten Entwurf des jährlichen Haushalts der Behörde;

i) sie prüft die regelmäßigen Berichte des Rates und des Unternehmens sowie die vom Rat oder von jedem anderen Organ der Behörde angeforderten Sonderberichte;

j) sie leitet Untersuchungen ein und gibt Empfehlungen zur Förderung der internationalen Zusammenarbeit bei Tätigkeiten im Gebiet und fördert die fortschreitende Entwicklung und Kodifizierung des Völkerrechts in diesem Bereich;

k) sie prüft Probleme allgemeiner Art, die sich im Zusammenhang mit Tätigkeiten im Gebiet, insbesondere für Entwicklungsstaaten, ergeben, sowie solche Probleme, die sich für Staaten im Zusammenhang mit Tätigkeiten im Gebiet aufgrund ihrer geographischen Lage, insbesondere für Binnenstaaten und geographisch benachteiligte Staaten, ergeben;

l)[1] sie errichtet auf Empfehlung des Rates, die sich auf Gutachten der *Kommission* für wirtschaftliche Planung stützt, ein System für

[1] S. auch Abschnitt 7 Abs. 2 S. 2 der Anlage zum Durchführungsabkommen (Nr. **350 a**).

Ausgleichszahlungen oder ergreift sonstige die wirtschaftliche Anpassung erleichternde Hilfsmaßnahmen, wie in Artikel 151 Absatz 10 vorgesehen;

m) sie suspendiert die Ausübung der Rechte und Vorrechte aus der Mitgliedschaft nach Artikel 185;

n)[1] sie erörtert Fragen oder Angelegenheiten innerhalb des Zuständigkeitsbereichs der Behörde und entscheidet entsprechend der Befugnis und Aufgabenverteilung unter den Organen der Behörde, welches dieser Organe sich mit Fragen oder Angelegenheiten befassen soll, die nicht ausdrücklich einem bestimmten Organ übertragen sind.

Unterabschnitt C. Der Rat[2]

Art. 161 Zusammensetzung, Verfahren und Abstimmung.

(1)[3] Der Rat besteht aus 36 Mitgliedern der Behörde, die von der Versammlung in folgender Reihenfolge gewählt werden:

a) vier Mitglieder aus den Vertragsstaaten, die während der letzten fünf Jahre, für die Statistiken vorliegen, entweder mehr als 2 Prozent des gesamten Weltverbrauchs der Rohstoffe, die aus den aus dem Gebiet gewinnbaren Mineraliengruppen erzeugt werden, verbraucht oder Nettoeinfuhren von mehr als 2 Prozent der gesamten Welteinfuhr dieser Rohstoffe vorgenommen haben; darunter muß sich in jedem Fall ein Staat der osteuropäischen (sozialistischen) Region sowie der größte Verbraucher befinden;

b) vier Mitglieder aus den acht Vertragsstaaten, die unmittelbar oder durch ihre Staatsangehörigen die umfangreichsten Investitionen zur Vorbereitung und Durchführung von Tätigkeiten im Gebiet vorgenommen haben; darunter muß sich mindestens ein Staat der osteuropäischen (sozialistischen) Region befinden;

c) vier Mitglieder aus den Vertragsstaaten, die aufgrund der Produktion im Bereich ihrer Hoheitsbefugnisse die wichtigsten Nettoexporteure der aus dem Gebiet gewinnbaren Mineraliengruppen sind; darunter müssen sich mindestens zwei Entwicklungsstaaten befinden, deren Wirtschaft in hohem Maße von der Ausfuhr dieser Mineralien abhängig ist;

d) sechs Mitglieder aus Entwicklungsstaaten, die Vertragsstaaten sind und die besondere Interessen vertreten. Zu diesen zu vertretenden besonderen Interessen gehören die von Staaten mit großer Bevölkerung, von Binnenstaaten oder geographisch benachteiligten Staaten,

---

[1] S. auch Abschnitt 7 Abs. 2 S. 2 der Anlage zum Durchführungsabkommen (Nr. **350 a**).

[2] S. auch Abschnitt 3 Abs. 14 der Anlage zum Durchführungsabkommen (Nr. **350 a**).

[3] S. auch Abschnitt 3 Abs. 15 und 16 der Anlage zum Durchführungsabkommen (Nr. **350 a**).

von Staaten, die wichtigste Importeure der aus dem Gebiet gewinnbaren Mineraliengruppen sind, von Staaten, die mögliche Erzeuger dieser Mineralien sind, und von am wenigsten entwickelten Staaten;

e) achtzehn Mitglieder, die nach dem Grundsatz der gerechten geographischen Verteilung der Gesamtheit der Sitze im Rat gewählt werden; aus jeder geographischen Region muß mindestens ein Mitglied nach diesem Buchstaben gewählt werden. Zu diesem Zweck gelten als geographische Regionen die folgenden: Afrika, Asien, (sozialistisches) Osteuropa, Lateinamerika sowie Westeuropa und andere Staaten.

(2) Bei der Wahl der Mitglieder des Rates nach Absatz 1 gewährleistet die Versammlung,

a) daß die Binnenstaaten und geographisch benachteiligten Staaten in einem Umfang vertreten sind, der ihrer Vertretung in der Versammlung in angemessener Weise entspricht;

b) daß die Küstenstaaten, insbesondere Entwicklungsstaaten, die nicht unter Absatz 1 Buchstabe a, b, c oder d fallen, in einem Umfang vertreten sind, der ihrer Vertretung in der Versammlung in angemessener Weise entspricht;

c) daß jede Gruppe von Vertragsstaaten, die im Rat vertreten sein muß, durch die Mitglieder vertreten ist, die gegebenenfalls von dieser Gruppe benannt werden.

(3) Die Wahlen finden auf ordentlichen Tagungen der Versammlung statt. Jedes Mitglied des Rates wird für vier Jahre gewählt. Bei der ersten Wahl beträgt jedoch die Amtszeit für die Hälfte der Mitglieder jeder der in Absatz 1 genannten Gruppen zwei Jahre.

(4) Die Mitglieder des Rates können wiedergewählt werden; allerdings ist eine Rotation in der Mitgliedschaft erwünscht.

(5) Der Rat amtiert am Sitz der Behörde; er tritt so oft zusammen, wie die Geschäfte der Behörde es erfordern, mindestens jedoch dreimal jährlich.

(6) Der Rat ist beschlußfähig, wenn die Mehrheit seiner Mitglieder anwesend ist.

(7) Jedes Mitglied des Rates hat eine Stimme.

(8) a) Beschlüsse über Verfahrensfragen bedürfen der Mehrheit der anwesenden und abstimmenden Mitglieder.

b)[1] Beschlüsse über Sachfragen hinsichtlich des Artikels 162 Absatz 2 Buchstaben f, g, h, j, n, p und v und des Artikels 191 bedürfen einer Zweidrittelmehrheit der anwesenden und abstimmenden Mitglieder, wobei diese Mehrheit eine Mehrheit der Mitglieder des Rates einschließen muß.

---

[1] S. auch Abschnitt 3 Abs. 8 der Anlage zum Durchführungsabkommen (Nr. **350a**).

c)[1] Beschlüsse über Sachfragen hinsichtlich der folgenden Bestimmungen bedürfen einer Dreiviertelmehrheit der anwesenden und abstimmenden Mitglieder, wobei diese Mehrheit eine Mehrheit der Mitglieder des Rates einschließen muß: Artikel 162 Absatz 1; Artikel 162 Absatz 2 Buchstabe a, b, c, d, e, l, q, r, s und t; Buchstabe u im Fall der Nichteinhaltung durch einen Vertragsnehmer oder durch einen ihn befürwortenden Staat; Buchstabe w, vorausgesetzt, daß die hiernach erteilten Anordnungen nicht länger als 30 Tage verbindlich sind, sofern sie nicht durch einen Beschluß nach Buchstabe d bestätigt werden; Artikel 162 Absatz 2 Buchstaben x, y und z; Artikel 163 Absatz 2; Artikel 174 Absatz 3; Anlage IV Artikel 11.

d) Beschlüsse über Sachfragen hinsichtlich des Artikels 162 Absatz 2 Buchstaben m und o sowie die Annahme von Änderungen des Teiles XI werden durch Konsens gefaßt.

e) Im Sinne der Buchstaben d, f und g bedeutet „Konsens" das Fehlen jedes förmlichen Einspruchs. Innerhalb von 14 Tagen nach Unterbreitung eines Vorschlags beim Rat stellt der Präsident des Rates fest, ob gegen die Annahme des Vorschlags förmlicher Einspruch erhoben würde. Stellt der Präsident fest, daß ein solcher Einspruch erhoben würde, so setzt und beruft er innerhalb von drei Tagen, nachdem er die Feststellung getroffen hat, einen aus höchstens neun Mitgliedern des Rates bestehenden Vergleichsausschuß ein, dessen Vorsitz er selbst wahrnimmt, um die Meinungsverschiedenheiten zu beseitigen und einen Vorschlag auszuarbeiten, der durch Konsens angenommen werden kann. Der Ausschuß führt seine Arbeit zügig durch und erstattet dem Rat innerhalb von 14 Tagen nach seiner Einsetzung Bericht. Ist es dem Ausschuß nicht möglich, einen Vorschlag zu empfehlen, der durch Konsens angenommen werden kann, so legt er in seinem Bericht die Gründe für den Einspruch gegen den Vorschlag dar.

f) Beschlüsse über oben nicht aufgeführte Fragen, die der Rat aufgrund der Regeln, Vorschriften und Verfahren der Behörde oder auf andere Weise zu fassen berechtigt ist, werden entsprechend den Buchstaben dieses Absatzes gefaßt, die in den Regeln, Vorschriften und Verfahren genannt sind, oder, falls sie dort nicht genannt sind, entsprechend dem vom Rat nach Möglichkeit vorher durch Konsens bestimmten Buchstaben.

g) Ist strittig, ob eine Frage unter Buchstabe a, b, c oder d fällt, so wird sie nach dem Buchstaben behandelt, der die größere oder größte Mehrheit oder gegebenenfalls Konsens erfordert, sofern der Rat nicht mit der genannten Mehrheit oder durch Konsens etwas anderes beschließt.

(9) Der Rat legt ein Verfahren fest, wonach ein Mitglied der Behörde, das nicht im Rat vertreten ist, einen Vertreter zur Teilnahme an

---

[1] S. auch Abschnitt 3 Abs. 8 der Anlage zum Durchführungsabkommen (Nr. **350 a**).

einer Sitzung des Rates entsenden kann, wenn dieses Mitglied darum ersucht oder wenn eine Angelegenheit erörtert wird, die das Mitglied besonders betrifft. Der Vertreter ist berechtigt, ohne Stimmrecht an den Beratungen teilzunehmen.

Art. 162 Befugnisse und Aufgaben. (1) Der Rat ist das ausführende Organ der Behörde. Er ist befugt, im Einklang mit diesem Übereinkommen und den von der Versammlung aufgestellten allgemeinen Leitsätzen die von der Behörde zu befolgenden besonderen Leitsätze zu allen Fragen oder Angelegenheiten aufzustellen, die in die Zuständigkeit der Behörde fallen.

(2) Außerdem nimmt der Rat folgende Aufgaben wahr:

a) Er überwacht und koordiniert die Durchführung der Bestimmungen dieses Teiles in bezug auf alle Fragen und Angelegenheiten, die in die Zuständigkeit der Behörde fallen, und macht die Versammlung auf Fälle der Nichteinhaltung aufmerksam;

b) er schlägt der Versammlung eine Liste der Kandidaten für die Wahl des Generalsekretärs vor;

c) er empfiehlt der Versammlung Kandidaten für die Wahl der Mitglieder des Verwaltungsrats des Unternehmens und des Generaldirektors des Unternehmens;

d) er bildet gegebenenfalls und unter gebührender Beachtung von Wirtschaftlichkeit und Leistungsfähigkeit die Nebenorgane, die er zur Wahrnehmung seiner Aufgaben in Übereinstimmung mit diesem Teil für notwendig hält. Bei der Zusammensetzung der Nebenorgane ist vor allem auf die Notwendigkeit Gewicht zu legen, die Mitarbeit befähigter Mitglieder zu gewinnen, die auf den von diesen Organen bearbeiteten Fachgebieten sachkundig sind, wobei dem Grundsatz der gerechten geographischen Verteilung und den besonderen Interessen gebührend Rechnung zu tragen ist;

e) er gibt sich eine Geschäftsordnung, in der er auch das Verfahren für die Ernennung seines Präsidenten festlegt;

f) er schließt im Namen der Behörde im Rahmen seiner Zuständigkeit und vorbehaltlich der Genehmigung durch die Versammlung Übereinkünfte mit den Vereinten Nationen oder anderen internationalen Organisationen;

g) er prüft die Bereiche des Unternehmens und legt sie mit seinen Empfehlungen der Versammlung vor;

h) er unterbreitet der Versammlung Jahresberichte und die von ihr gegebenenfalls angeforderten Sonderberichte;

i)[1] er erläßt in Übereinstimmung mit Artikel 170 Richtlinien für das Unternehmen;

---

[1] S. auch Abschnitt 3 Abs. 8 Buchst. b der Anlage zum Durchführungsabkommen (Nr. **350 a**).

j) er bestätigt Arbeitspläne in Übereinstimmung mit Anlage III Artikel 6. Der Rat behandelt jeden Arbeitsplan innerhalb von 60 Tagen nach dessen Vorlage durch die Rechts- und Fachkommission auf einer Tagung des Rates nach folgenden Verfahren:
   i) Empfiehlt die Kommission, einen Arbeitsplan zu bestätigen, so gilt er als vom Rat bestätigt, sofern kein Mitglied des Rates dem Präsidenten innerhalb von 14 Tagen schriftlich einen bestimmten Einspruch mit der Behauptung vorlegt, die Anforderungen der Anlage III Artikel 6 seien nicht erfüllt. Wird ein solcher Einspruch erhoben, so wird das in Artikel 161 Absatz 8 Buchstabe e vorgesehene Vergleichsverfahren angewendet. Wird nach Beendigung des Vergleichsverfahrens der Einspruch aufrechterhalten, so gilt der Arbeitsplan als vom Rat bestätigt, sofern dieser ihn nicht durch Konsens ablehnt, wobei der Staat oder die Staaten vom Konsens ausgenommen sind, die den Antrag gestellt oder den Antragsteller befürwortet haben;
   ii) empfiehlt die Kommission, einen Arbeitsplan abzulehnen, oder gibt sie keine Empfehlung, so kann der Rat den Arbeitsplan mit Dreiviertelmehrheit der anwesenden und abstimmenden Mitglieder bestätigen, wobei diese Mehrheit eine Mehrheit der an der Tagung teilnehmenden Mitglieder einschließen muß;

k) er bestätigt die vom Unternehmen in Übereinstimmung mit Anlage IV Artikel 12 vorgelegten Arbeitspläne und wendet dabei die Verfahren nach Buchstabe j sinngemäß an;

l) er übt in Übereinstimmung mit Artikel 153 Absatz 4 und den Regeln, Vorschriften und Verfahren der Behörde die Kontrolle über die Tätigkeiten im Gebiet aus;

m) er ergreift auf Empfehlung der Kommission für wirtschaftliche Planung die notwendigen und geeigneten Maßnahmen nach Artikel 150 Buchstabe h zum Schutz von den dort genannten nachteiligen wirtschaftlichen Auswirkungen;

n) er richtet auf der Grundlage eines Gutachtens der Kommission für wirtschaftliche Planung Empfehlungen an die Versammlung hinsichtlich eines Systems für Ausgleichszahlungen oder sonstiger die wirtschaftliche Anpassung erleichternder Hilfsmaßnahmen, wie in Artikel 151 Absatz 10 vorgesehen;

o) i) er empfiehlt der Versammlung Regeln, Vorschriften und Verfahren für eine gerechte Verteilung der finanziellen und der sonstigen wirtschaftlichen Vorteile, die aus Tätigkeiten im Gebiet stammen, sowie für die Zahlungen und Leistungen nach Artikel 82, wobei die Interessen und Bedürfnisse der Entwicklungsstaaten und der Völker, die noch nicht die volle Unabhängigkeit oder einen sonstigen Status der Selbstregierung erlangt haben, besondere Berücksichtigung finden;
   ii) er beschließt unter Berücksichtigung der Empfehlungen der Rechts- und Fachkommission oder eines anderen betroffenen

Unterorgans die Regeln, Vorschriften und Verfahren der Behörde mit etwaigen Änderungen und wendet sie bis zu ihrer Genehmigung durch die Versammlung vorläufig an. Diese Regeln, Vorschriften und Verfahren betreffen die Prospektion, Erforschung und Ausbeutung im Gebiet sowie die Verwaltung der Finanzen und die innere Verwaltung der Behörde. Die Verabschiedung von Regeln, Vorschriften und Verfahren für die Erforschung und Ausbeutung polymetallischer Knollen hat Vorrang. Die Regeln, Vorschriften und Verfahren für die Erforschung und Ausbeutung anderer Ressourcen als polymetallischer Knollen werden innerhalb von drei Jahren nach dem Tag verabschiedet, an dem die Behörde von einem ihrer Mitglieder ersucht wurde, Regeln, Vorschriften und Verfahren für diese Ressourcen zu verabschieden. Alle Regeln, Vorschriften und Verfahren bleiben vorläufig in Kraft, bis sie von der Versammlung genehmigt oder vom Rat im Lichte etwaiger von der Versammlung geäußerter Meinungen geändert worden sind;

p) er überprüft alle Zahlungen durch oder an die Behörde, die im Zusammenhang mit Arbeiten aufgrund dieses Teiles geleistet werden müssen;

q)[1] er trifft nach Anlage III Artikel 7 eine Auswahl unter den Antragstellern um Produktionsgenehmigungen, soweit eine solche Auswahl nach jenem Artikel erforderlich ist;

r) er legt der Versammlung den Entwurf des jährlichen Haushalts der Behörde zur Genehmigung vor;

s) er richtet an die Versammlung Empfehlungen hinsichtlich der Leitsätze zu jeder Frage oder Angelegenheit, die in die Zuständigkeit der Behörde fällt;

t) er richtet an die Versammlung Empfehlungen über die Suspendierung der Ausübung der Rechte und Vorrechte aus der Mitgliedschaft nach Artikel 185;

u) er leitet im Namen der Behörde in Fällen der Nichteinhaltung Verfahren vor der Kammer für Meeresbodenstreitigkeiten ein;

v) er teilt der Versammlung die Entscheidung mit, die von der nach Buchstabe u angerufenen Kammer für Meeresbodenstreitigkeiten getroffen wurde, und gibt die von ihm für notwendig gehaltenen Empfehlungen über zu ergreifende Maßnahmen;

w) er erläßt Anordnungen für Notfälle, darunter gegebenenfalls Anordnungen zur Unterbrechung oder Änderung von Arbeiten, um schwere Schäden für die Meeresumwelt zu verhüten, die durch Tätigkeiten im Gebiet verursacht werden können;

x) er schließt bestimmte Felder von der Ausbeutung durch Vertrags*nehmer oder* das Unternehmen aus, wenn ernsthafte Gründe für die

---

[1] S. auch Abschnitt 6 Abs. 7 der Anlage zum Durchführungsabkommen (Nr. **350 a**).

Annahme bestehen, daß daraus schwere Schäden für die Meeresumwelt entstehen könnten;

y)[1] er bildet ein Nebenorgan zur Ausarbeitung eines Entwurfs von Finanzregeln, -vorschriften und -verfahren in bezug auf
  i) die Verwaltung der Finanzen in Übereinstimmung mit den Artikeln 171 bis 175 und
  ii) die finanziellen Regelungen in Übereinstimmung mit Anlage III Artikel 13 und Artikel 17 Absatz 1 Buchstabe c;

z) er schafft geeignete Einrichtungen zu Leitung und Kontrolle und Kontrolle eines Stabes von Inspektoren, welche die Tätigkeiten im Gebiet überwachen, um festzustellen, ob dieser Teil, die Regeln, Vorschriften und Verfahren der Behörde sowie die Bedingungen der mit der Behörde geschlossenen Verträge eingehalten werden.

Art. 163 Organe des Rates. (1) Hiermit werden folgende Organe des Rates gebildet:

a) eine Kommission für wirtschaftliche Planung;

b) eine Rechts- und Fachkommission.

(2) Jede Kommission setzt sich aus 15 Mitgliedern zusammen, die vom Rat aus der von den Vertragsstaaten vorgeschlagenen Kandidaten gewählt werden. Der Rat kann jedoch erforderlichenfalls beschließen, jede Kommission unter gebührender Beachtung von Wirtschaftlichkeit und Leistungsfähigkeit zu vergrößern.

(3) Die Mitglieder einer Kommission müssen geeignete Fähigkeiten auf den Gebieten besitzen, für welche die betreffende Kommission zuständig ist. Um die wirksame Wahrnehmung der Aufgaben der Kommissionen zu gewährleisten, benennen die Vertragsstaaten Kandidaten, die ein Höchstmaß an fachlicher Eignung und Ehrenhaftigkeit sowie Fähigkeiten auf den entsprechenden Gebieten besitzen.

(4) Bei der Wahl der Mitglieder der Kommissionen ist der Notwendigkeit einer gerechten geographischen Verteilung und der Vertretung besonderer Interessen gebührend Rechnung zu tragen.

(5) Jeder Vertragsstaat darf nur einen Kandidaten für dieselbe Kommission vorschlagen. Keine Person darf in mehr als eine Kommission gewählt werden.

(6) Die Mitglieder der Kommissionen werden für die Dauer von fünf Jahren gewählt. Sie können für eine weitere Amtszeit wiedergewählt werden.

(7) Wenn ein Mitglied einer Kommission vor Ablauf seiner Amtszeit stirbt, dienstunfähig wird oder zurücktritt, wählt der Rat ein Mitglied, das derselben geographischen Region oder derselben Interessengruppe angehört, für die verbleibende Amtszeit seines Vorgängers.

---

[1] S. auch Abschnitt 9 Abs. 9 der Anlage zum Durchführungsabkommen (Nr. **350 a**).

(8) Die Mitglieder der Kommissionen dürfen an einer Tätigkeit im Zusammenhang mit der Erforschung und Ausbeutung im Gebiet nicht finanziell beteiligt sein. Vorbehaltlich ihrer Verpflichtungen gegenüber den Kommissionen, in denen sie tätig sind, dürfen sie, selbst nach Beendigung ihrer Aufgaben, keine Wirtschaftsgeheimnisse, keine rechtlich geschützten Daten, die nach Anlage III Artikel 14 an die Behörde weitergegeben wurden, und keine sonstigen vertraulichen Informationen preisgeben, die aufgrund ihrer Aufgaben im Dienst der Behörde zu ihrer Kenntnis gelangt sind.

(9) Jede Kommission nimmt ihre Aufgaben in Übereinstimmung mit den vom Rat beschlossenen Grundsätzen und Richtlinien wahr.

(10) Jede Kommission erarbeitet die für die wirksame Wahrnehmung ihrer Aufgaben notwendigen Regeln und Vorschriften und legt sie dem Rat zur Genehmigung vor.

(11) Die Verfahren zur Beschlußfassung in den Kommissionen werden in den Regeln, Vorschriften und Verfahren der Behörde festgelegt. Den an den Rat gerichteten Empfehlungen wird erforderlichenfalls eine Zusammenfassung der in der Kommission aufgetretenen Meinungsverschiedenheiten beigefügt.

(12) Jede Kommission amtiert in der Regel am Sitz der Behörde und tritt so oft zusammen, wie es für die wirksame Wahrnehmung ihrer Aufgaben erforderlich ist.

(13) Bei der Wahrnehmung ihrer Aufgaben kann jede Kommission gegebenenfalls eine andere Kommission, ein zuständiges Organ der Vereinten Nationen oder ihrer Sonderorganisationen oder jede internationale Organisation, die für die betreffende Sachfrage zuständig ist, konsultieren.

Art. 164 Die Kommission für wirtschaftliche Planung. (1) Die Mitglieder der Kommission für wirtschaftliche Planung müssen geeignete Fähigkeiten, namentlich auf dem Gebiet des Bergbaus, der leitenden Tätigkeit im Zusammenhang mit mineralischen Ressourcen, des Welthandels oder der Weltwirtschaft besitzen. Der Rat trägt nach Kräften dafür Sorge, daß unter den Mitgliedern der Kommission alle erforderlichen Fähigkeiten vertreten sind. Der Kommission müssen mindestens zwei Mitglieder aus Entwicklungsstaaten angehören, deren Wirtschaft in hohem Maße von der Ausfuhr der aus dem Gebiet gewinnbaren Mineraliengruppen abhängig ist.

(2) Die Kommission

a) schlägt auf Ersuchen des Rates Maßnahmen vor, um die nach diesem Übereinkommen gefaßten Beschlüsse über Tätigkeiten im Gebiet durchzuführen;

b) überprüft Entwicklungstendenzen und Faktoren, die Angebot, Nachfrage und Preise der Mineralien beeinflussen, die aus dem Gebiet gewonnen werden können, wobei auf die Interessen sowohl der Einfuhr- als auch der Ausfuhrländer, vor allem jedoch der Entwicklungsstaaten unter ihnen, Rücksicht zu nehmen ist;

c) prüft jede Situation, die zu den in Artikel 150 Buchstabe h erwähnten nachteiligen Auswirkungen führen könnte, auf die sie von einem oder mehreren betroffenen Vertragsstaaten aufmerksam gemacht wurde, und richtet geeignete Empfehlungen an den Rat;

d)[1] schlägt dem Rat zur Vorlage an die Versammlung, wie in Artikel 151 Absatz 10 vorgesehen, ein System für Ausgleichszahlungen oder sonstige die wirtschaftliche Anpassung erleichternde Hilfsmaßnahmen zugunsten von Entwicklungsstaaten vor, die nachteilige Auswirkungen durch Tätigkeiten im Gebiet erleiden. Die Kommission richtet die erforderlichen Empfehlungen an den Rat, um das System oder die Maßnahmen, die von der Versammlung angenommen sind, in bestimmten Fällen anzuwenden.

Art. 165 Die Rechts- und Fachkommission. (1) Die Mitglieder der Rechts- und Fachkommission müssen geeignete Fähigkeiten, namentlich auf dem Gebiet der Erforschung, Ausbeutung und Verarbeitung von mineralischen Ressourcen, der Ozeanologie, des Schutzes der Meeresumwelt oder der Wirtschafts- oder Rechtsfragen des Meeresbergbaus und auf anderen damit in Zusammenhang stehenden Fachgebieten besitzen. Der Rat trägt nach Kräften dafür Sorge, daß unter den Mitgliedern der Kommission alle erforderlichen Fähigkeiten vertreten sind.

(2) Die Kommission

a) gibt auf Ersuchen des Rates Empfehlungen hinsichtlich der Wahrnehmung der Aufgaben der Behörde;

b) überprüft förmliche schriftliche Arbeitspläne für Tätigkeiten im Gebiet in Übereinstimmung mit Artikel 153 Absatz 3 und richtet geeignete Empfehlungen an den Rat. Die Kommission stützt ihre Empfehlungen ausschließlich auf die Bestimmungen der Anlage III und erstattet dem Rat hierüber ausführlich Bericht;

c) überwacht auf Ersuchen des Rates die Tätigkeiten im Gebiet, gegebenenfalls in Konsultation und Zusammenarbeit mit jedem Rechtsträger, der diese Tätigkeiten ausübt, oder mit den betreffenden Staaten, und erstattet dem Rat Bericht;

d) arbeitet Einschätzungen der Auswirkungen von Tätigkeiten im Gebiet auf die Umwelt aus;

e) richtet an den Rat Empfehlungen zum Schutz der Meeresumwelt unter Berücksichtigung der Ansichten anerkannter Fachleute auf diesem Gebiet;

f) arbeitet die in Artikel 162 Absatz 2 Buchstabe o genannten Regeln, Vorschriften und Verfahren aus und legt sie dem Rat vor; dabei berücksichtigt sie alle maßgeblichen Faktoren, einschließlich von Einschätzungen der Auswirkungen von Tätigkeiten im Gebiet auf die Umwelt;

---

[1] S. auch Abschnitt 7 Abs. 2 S. 2 der Anlage zum Durchführungsabkommen (Nr. **350 a**).

g) überprüft laufend diese Regeln, Vorschriften und Verfahren und empfiehlt dem Rat von Zeit zu Zeit die von ihr für notwendig oder wünschenswert erachteten Änderungen;

h) richtet an den Rat Empfehlungen zur Einführung eines Überwachungsprogramms, um die Gefahren oder Auswirkungen einer Verschmutzung der Meeresumwelt infolge von Tätigkeiten im Gebiet durch anerkannte wissenschaftliche Methoden regelmäßig zu beobachten, zu messen, auszuwerten und zu analysieren; sie sorgt dafür, daß geltende Vorschriften angemessen sind und eingehalten werden, und koordiniert die Durchführung des vom Rat genehmigten Überwachungsprogramms;

i) empfiehlt dem Rat, im Namen der Behörde Verfahren vor der Kammer für Meeresbodenstreitigkeiten in Übereinstimmung mit diesem Teil und den entsprechenden Anlagen unter besonderer Berücksichtigung des Artikels 187 einzuleiten;

j) richtet nach einer Entscheidung der gemäß Buchstabe i angerufenen Kammer für Meeresbodenstreitigkeiten an den Rat Empfehlungen über die zu ergreifenden Maßnahmen;

k) richtet an den Rat Empfehlungen, Anordnungen für Notfälle zu erlassen, darunter gegebenenfalls Anordnungen zur Unterbrechung oder Änderung von Arbeiten, um schwere Schäden für die Meeresumwelt zu verhüten, die durch Tätigkeiten im Gebiet verursacht werden können; diese Empfehlungen werden vom Rat vorrangig behandelt;

l) richtet an den Rat Empfehlungen, bestimmte Felder von der Ausbeutung durch Vertragsnehmer oder das Unternehmen auszuschließen, wenn ernsthafte Gründe für die Annahme bestehen, daß daraus schwere Schäden für die Meeresumwelt entstehen könnten;

m) richtet an den Rat Empfehlungen in bezug auf die Leitung und Kontrolle eines Stabes von Inspektoren, welche die Tätigkeiten im Gebiet überwachen, um festzustellen, ob dieser Teil, die Regeln, Vorschriften und Verfahren der Behörde sowie die Bedingungen der mit der Behörde geschlossenen Verträge eingehalten werden;

n)[1] berechnet die Produktionshöchstgrenze und erteilt Produktionsgenehmigungen im Namen der Behörde nach Artikel 151 Absätze 2 bis 7, nachdem der Rat die notwendige Auswahl unter den Antragstellern um Produktionsgenehmigungen in Übereinstimmung mit Anlage III Artikel 7 getroffen hat.

(3) Auf Ersuchen eines Vertragsstaats oder einer anderen betroffenen Partei werden die Mitglieder der Kommission bei der Durchführung ihrer Kontroll- und Überwachungsaufgaben von einem Vertreter dieses Vertragsstaats oder dieser anderen betroffenen Partei begleitet.

---

[1] S. auch Abschnitt 6 Abs. 7 der Anlage zum Durchführungsabkommen (Nr. **350 a**).

Unterabschnitt D. Das Sekretariat

Art. 166 Das Sekretariat. (1) Das Sekretariat der Behörde besteht aus einem Generalsekretär und dem von der Behörde benötigten Personal.

(2) Der Generalsekretär wird von der Versammlung aus den vom Rat vorgeschlagenen Kandidaten für die Dauer von vier Jahren gewählt; er kann wiedergewählt werden.

(3) Der Generalsekretär ist der höchste Verwaltungsbeamte der Behörde und ist in dieser Eigenschaft bei allen Sitzungen der Versammlung, des Rates sowie jedes Nebenorgans tätig; er nimmt alle sonstigen Verwaltungsaufgaben wahr, die ihm von diesen Organen übertragen werden.

(4) Der Generalsekretär erstattet der Versammlung einen Jahresbericht über die Arbeit der Behörde.

Art. 167 Das Personal der Behörde. (1) Das Personal der Behörde besteht aus denjenigen befähigten wissenschaftlichen, technischen und sonstigen Mitarbeitern, die zur Erfüllung der Verwaltungsaufgaben der Behörde erforderlich sind.

(2) Bei der Auswahl und Einstellung des Personals und der Festsetzung der Dienstverhältnisse ist vorrangig der Notwendigkeit Rechnung zu tragen, ein Höchstmaß an Leistungsfähigkeit, fachlicher Eignung und Ehrenhaftigkeit zu gewährleisten. Unter Beachtung dieses Erfordernisses ist die Wichtigkeit der Auswahl des Personals auf möglichst breiter geographischer Grundlage gebührend zu berücksichtigen.

(3) Das Personal wird vom Generalsekretär ernannt. Die Bedingungen für die Ernennung, Vergütung und Entlassung des Personals unterliegen den Regeln, Vorschriften und Verfahren der Behörde.

Art. 168 Internationaler Charakter des Sekretariats. (1) Der Generalsekretär und das Personal dürfen in Erfüllung ihrer Pflichten von einer Regierung oder von einer anderen Stelle außerhalb der Behörde Weisungen weder einholen noch entgegennehmen. Sie haben sich jeder Handlung zu enthalten, die ihrer Stellung als internationale, nur der Behörde verantwortliche Beamte abträglich sein könnte. Jeder Vertragsstaat verpflichtet sich, den ausschließlich internationalen Charakter der Aufgaben des Generalsektretärs und des Personals zu achten und nicht zu versuchen, sie bei der Wahrnehmung ihrer Aufgaben zu beeinflussen. Jeder Verstoß eines Mitglieds des Personals gegen seine Pflichten wird nach den Regeln, Vorschriften und Verfahren der Behörde dem zuständigen Verwaltungsgericht unterbreitet.

(2) Der Generalsekretär und das Personal dürfen an einer Tätigkeit im Zusammenhang mit der Erforschung und Ausbeutung im Gebiet nicht finanziell beteiligt sein. Vorbehaltlich ihrer Verpflichtungen ge-

genüber der Behörde dürfen sie, selbst nach Beendigung ihrer Aufgaben, keine Wirtschaftsgeheimnisse, keine rechtlich geschützten Daten, die in Übereinstimmung mit Anlage III Artikel 14 an die Behörde weitergegeben wurden, und keine sonstigen vertraulichen Informationen preisgeben, die aufgrund ihrer Aufgaben im Dienst der Behörde zu ihrer Kenntnis gelangt sind.

(3) Verstöße eines Mitglieds des Personals der Behörde gegen die in Absatz 2 genannten Verpflichtungen werden auf Ersuchen eines von dem Verstoß betroffenen Vertragsstaats oder einer natürlichen oder juristischen Person, die von einem Vertragsstaat nach Artikel 153 Absatz 2 Buchstabe b befürwortet wird und von diesem Verstoß betroffen ist, von der Behörde gegen das betreffende Mitglied des Personals einem nach den Regeln, Vorschriften und Verfahren der Behörde bestimmten Gericht unterbreitet. Die betroffene Partei hat das Recht, an dem Verfahren teilzunehmen. Auf Empfehlung des Gerichts entläßt der Generalsekretär das betreffende Mitglied des Personals.

(4) Die Regeln, Vorschriften und Verfahren der Behörde müssen die zur Durchführung dieses Artikels erforderlichen Bestimmungen enthalten.

Art. 169 Konsultation und Zusammenarbeit mit internationalen und nichtstaatlichen Organisationen. (1) Zu Angelegenheiten, die in die Zuständigkeit der Behörde fallen, schließt der Generalsekretär mit Genehmigung des Rates geeignete Vereinbarungen über Konsultation und Zusammenarbeit mit internationalen und nichtstaatlichen Organisationen, die vom Wirtschafts- und Sozialrat der Vereinten Nationen anerkannt sind.

(2) Jede Organisation, mit welcher der Generalsekretär eine Vereinbarung nach Absatz 1 geschlossen hat, kann Vertreter bestimmen, die als Beobachter an den Tagungen der Organe der Behörde in Übereinstimmung mit der Geschäftsordnung dieser Organe teilnehmen. Es werden Verfahren eingeführt, um in geeigneten Fällen die Ansichten dieser Organisation einzuholen.

(3) Der Generalsekretär kann an die Vertragsstaaten schriftliche Berichte weiterleiten, welche die in Absatz 1 bezeichneten nichtstaatlichen Organisationen zu Themen unterbreiten, für die sie besonders zuständig sind und die mit der Arbeit der Behörde in Zusammenhang stehen.

Unterabschnitt E. Das Unternehmen

Art. 170 Das Unternehmen. (1) Das Unternehmen ist das Organ der Behörde, das nach Artikel 153 Absatz 2 Buchstabe a unmittelbar Tätigkeiten im Gebiet sowie die Beförderung, die Verarbeitung und den Absatz der aus dem Gebiet gewonnenen Mineralien durchführt.

(2) Das Unternehmen besitzt im Rahmen der Völkerrechtspersönlichkeit der Behörde die Rechts- und Geschäftsfähigkeit, die in der in Anlage IV enthaltenen Satzung vorgesehen ist. Das Unternehmen handelt in Übereinstimmung mit diesem Übereinkommen und den Regeln, Vorschriften und Verfahren der Behörde sowie den von der Versammlung aufgestellten allgemeinen Leitsätzen und unterliegt den Richtlinien und der Kontrolle des Rates.[1]

(3) Das Unternehmen hat seine Hauptgeschäftsstelle am Sitz der Behörde.

(4)[2] Das Unternehmen wird in Übereinstimmung mit Artikel 173 Absatz 2 und Anlage IV Artikel 11 mit den finanziellen Mitteln ausgestattet, die es zur Wahrnehmung seiner Aufgaben benötigt; es enthält Technologie, wie in Artikel 144 und anderen einschlägigen Bestimmungen dieses Übereinkommens vorgesehen.

Unterabschnitt F. Finanzielle Regelungen der Behörde

Art. 171 Finanzielle Mittel der Behörde. Die finanziellen Mittel der Behörde umfassen

a) die in Übereinstimmung mit Artikel 160 Absatz 2 Buchstabe e berechneten Beiträge der Mitglieder der Behörde;
b) die von der Behörde nach Anlage III Artikel 13 im Zusammenhang mit Tätigkeiten im Gebiet vereinnahmten Mittel;
c) die vom Unternehmen in Übereinstimmung mit Anlage IV Artikel 10 überwiesenen Mittel;
d) die nach Artikel 174 aufgenommenen Kredite;
e) die freiwilligen Beiträge von Mitgliedern oder anderen Rechtsträgern und
f)[3] die Einzahlungen in einen Fonds für Ausgleichszahlungen in Übereinstimmung mit Artikel 151 Absatz 10, deren Quellen von der Kommission für wirtschaftliche Planung empfohlen werden sollen.

Art. 172 Jahreshaushalt der Behörde. Der Generalsekretär arbeitet den Entwurf des jährlichen Haushalts der Behörde aus und unterbreitet ihn dem Rat. Der Rat prüft den Entwurf und legt ihn mit seinen Empfehlungen der Versammlung vor. Die Versammlung prüft und genehmigt den Entwurf des jährlichen Haushalts in Übereinstimmung mit Artikel 160 Absatz 2 Buchstabe h.

Art. 173 Ausgaben der Behörde. (1) Die Beiträge nach Artikel 171 Buchstabe a werden auf ein Sonderkonto eingezahlt und dienen zur Bestreitung der Verwaltungskosten der Behörde, bis diese über

---

[1] S. auch Abschnitt 2 Abs. 4 S. 1 der Anlage zum Durchführungsabkommen (Nr. **350 a**).
[2] S. auch Abschnitt 2 Abs. 6 der Anlage zum Durchführungsabkommen (Nr. **350 a**).
[3] S. auch Abschnitt 7 Abs. 2 S. 2 der Anlage zum Durchführungsabkommen (Nr. **350 a**).

ausreichende finanzielle Mittel aus anderen Quellen zur Bestreitung dieser Kosten verfügt.

(2) Aus den finanziellen Mitteln der Behörde werden zuerst die Kosten für die Verwaltung der Behörde bestritten. Mit Ausnahme der Beiträge nach Artikel 171 Buchstabe a können die nach Zahlung der Verwaltungskosten verbleibenden Mittel unter anderem

a) in Übereinstimmung mit Artikel 140 und Artikel 160 Absatz 2 Buchstabe g verteilt werden;

b) zur Ausstattung des Unternehmens mit Mitteln in Übereinstimmung mit Artikel 170 Absatz 4 genutzt werden;

c)[1] als Ausgleichszahlungen an Entwicklungsstaaten in Übereinstimmung mit Artikel 151 Absatz 10 und Artikel 160 Absatz 2 Buchstabe l genutzt werden.

Art. 174 Befugnis der Behörde zur Kreditaufnahme. (1)[2] Die Behörde ist befugt, Kredite aufzunehmen.

(2) Die Versammlung legt die Grenzen für die Befugnis der Behörde zur Kreditaufnahme in den nach Artikel 160 Absatz 2 Buchstabe f angenommenen Finanzvorschriften fest.

(3) Der Rat übt die Befugnis der Behörde zur Kreditaufnahme aus.

(4) Die Vertragsstaaten haften nicht für die Schulden der Behörde.

Art. 175 Jährliche Rechnungsprüfung. Die Unterlagen, Bücher und Konten der Behörde, einschließlich ihrer Jahresabschlüsse, werden jedes Jahr von einem von der Versammlung bestellten unabhängigen Rechnungsprüfer geprüft.

Unterabschnitt G. Rechtsstellung, Vorrechte und Immunitäten

Art. 176 Rechtsstellung. Die Behörde besitzt Völkerrechtspersönlichkeit sowie die Rechts- und Geschäftsfähigkeit, die zur Wahrnehmung ihrer Aufgaben und zur Verwirklichung ihrer Ziele erforderlich ist.

Art. 177 Vorrechte und Immunitäten. Um der Behörde die Wahrnehmung ihrer Aufgaben zu ermöglichen, werden ihr im Hoheitsgebiet jedes Vertragsstaats die in diesem Unterabschnitt vorgesehenen Vorrechte und Immunitäten gewährt.[3] Die Vorrechte und Immunitäten, die sich auf das Unternehmen beziehen, sind in Anlage IV Artikel 13 vorgesehen.

[1] S. auch Abschnitt 7 Abs. 2 der Anlage zum Durchführungsabkommen (Nr. **350 a**).

[2] *S. auch Abschnitt 1 Abs. 14 S* der Anlage zum Durchführungsabkommen (Nr. **350**)

[3] Vgl. das am 8. 7. 2007 auch für Deutschland in Kraft getretene (Bek. v. 26. 3. 2008, BGBl. 2008 II S. 343) Protokoll über die Vorrechte und Immunitäten der Internationalen Meeresbodenbehörde (BGBl. 2007 II S. 195).

Art. 178 Immunität von der Gerichtsbarkeit. Die Behörde, ihr Vermögen und ihre Guthaben genießen Immunität von der Gerichtsbarkeit, sofern die Behörde nicht im Einzelfall aussdrücklich darauf verzichtet.

Art. 179 Immunität von Durchsuchung und jeder sonstigen Form des Zugriffs. Das Vermögen und die Guthaben der Behörde, gleichviel wo und in wessen Besitz sie sich befinden, sind der Durchsuchung, Beschlagnahme, Einziehung, Enteignung und jeder sonstigen Form des Zugriffs durch vollziehende oder gesetzgeberische Maßnahmen entzogen.

Art. 180 Befreiung von Beschränkungen, Vorschriften, Kontrollen und Moratorien. Das Vermögen und die Guthaben der Behörde sind von Beschränkungen, Vorschriften, Kontrollen und Moratorien jeder Art befreit.

Art. 181 Archive und amtlicher Nachrichtenverkehr der Behörde. (1) Die Archive der Behörde sind unverletzlich, gleichviel wo sie sich befinden.

(2) Rechtlich geschützte Daten, Wirtschaftsgeheimnisse oder ähnliche Informationen sowie Personalakten dürfen nicht in Archiven aufbewahrt werden, die der Öffentlichkeit zugänglich sind.

(3) Jeder Vertragsstaat gewährt der Behörde für ihren amtlichen Nachrichtenverkehr keine weniger günstige Behandlung als diejenige, die er anderen internationalen Organisationen gewährt.

Art. 182 Vorrechte und Immunitäten bestimmter im Rahmen der Behörde tätiger Personen. Die Vertreter der Vertragsstaaten, die an Sitzungen der Versammlung, des Rates oder der Organe der Versammlung oder des Rates teilnehmen, sowie der Generalsekretär und das Personal der Behörde genießen im Hoheitsgebiet jedes Vertragsstaats

a) Immunität von der Gerichtsbarkeit für die in Wahrnehmung ihrer Aufgaben vorgenommenen Handlungen, sofern nicht der Staat, den sie vertreten, oder gegebenenfalls die Behörde im Einzelfall ausdrücklich darauf verzichtet;

b) sofern sie nicht Angehörige des betreffenden Vertragsstaats sind, die gleiche Befreiung von Einreisebeschränkungen von der Ausländermeldepflicht und von den Verpflichtungen zur nationalen Dienstleistung sowie die gleichen Erleichterungen in bezug auf Devisenbeschränkungen und die gleiche Behandlung im Hinblick auf Reiseerleichterungen, wie sie der betreffende Vertragsstaat den Vertretern, Beamten und Angestellten vergleichbaren Ranges anderer Vertragsstaaten gewährt.

Art. 183 Befreiung von Steuern und Zöllen. (1) Im Rahmen ihrer amtlichen Tätigkeit sind die Behörde, ihre Guthaben, ihr Vermögen, ihre Einkünfte und ihre nach diesem Übereinkommen zugelassenen Operationen und Transaktionen von jeder direkten Steuer befreit; die für ihren amtlichen Gebrauch ein- oder ausgeführten Güter sind von allen Zöllen befreit. Die Behörde beansprucht keine Befreiung von Steuern, bei denen es sich lediglich um eine Vergütung für Dienstleistungen handelt.

(2) Werden von oder im Namen der Behörde Güter oder Dienstleistungen von beträchtlichem Wert erworben, die für die amtliche Tätigkeit der Behörde erforderlich sind, und schließt der Preis solche Güter oder Dienstleistungen Steuern oder sonstige Abgaben ein, so ergreifen die Vertragsstaaten, soweit durchführbar, geeignete Maßnahmen, um eine Befreiung von diesen Steuern oder sonstigen Abgaben zu gewähren oder für ihre Erstattung zu sorgen. Güter, die im Rahmen einer in diesem Artikel vorgesehenen Befreiung eingeführt oder erworben werden, dürfen im Hoheitsgebiet des Vertragsstaats, der die Befreiung gewährt hat, weder verkauft noch anderweitig veräußert werden, es sei denn zu Bedingungen, die mit diesem Vertragsstaat vereinbart worden sind.

(3) Die Vertragsstaaten erheben keine Steuern, die sich auf Gehälter und andere Bezüge oder sonstige Zahlungen seitens der Behörde an den Generalsekretär und das Personal der Behörde sowie an Aufträge der Behörde ausführende Fachleute beziehen, sofern es sich nicht um ihre Staatsangehörigen handelt.

Unterabschnitt H. Suspendierung der Ausübung von Rechten und Vorrechten der Mitglieder

Art. 184 Suspendierung der Ausübung des Stimmrechts. Ein Vertragsstaat, der mit der Zahlung seiner finanziellen Beiträge an die Behörde im Rückstand ist, hat kein Stimmrecht, wenn seine Rückstände die Höhe seiner für die beiden vorangegangenen vollen Jahre fälligen Beiträge erreichen oder übersteigen. Die Versammlung kann jedoch einem solchen Mitglied die Teilnahme an Abstimmungen gestatten, wenn sie davon überzeugt ist, daß das Versäumnis auf Umstände zurückzuführen ist, auf die das Mitglied keinen Einfluß hat.

Art. 185 Suspendierung der Ausübung von Rechten und Vorrechten aus der Mitgliedschaft. (1) Ein Vertragsstaat, der gegen die Bestimmungen dieses Teiles grob und beharrlich verstößt, kann auf Empfehlung des Rates durch die Versammlung von der Ausübung der Rechte und Vorrechte aus seiner Mitgliedschaft suspendiert werden.

(2) Maßnahmen nach Absatz 1 dürfen nicht ergriffen werden, solange die Kammer für Meeresbodenstreitigkeiten nicht festgestellt hat, daß ein Vertragsstaat gegen die Bestimmungen dieses Teiles grob und beharrlich verstoßen hat.

Abschnitt 5. Beilegung von Streitigkeiten und Gutachten

Art. 186 Kammer für Meeresbodenstreitigkeiten des Internationalen Seegerichtshofs. Die Bildung der Kammer für Meeresbodenstreitigkeiten und die Art der Wahrnehmung ihrer Zuständigkeit sind in diesem Abschnitt, in Teil XV und in Anlage VI geregelt.

Art. 187 Zuständigkeit der Kammer für Meeresbodenstreitigkeiten. Die Kammer für Meeresbodenstreitigkeiten ist nach diesem Teil und den sich darauf beziehenden Anlagen für folgende Kategorien von Streitigkeiten zuständig, die Tätigkeiten im Gebiet betreffen:

a) Streitigkeiten zwischen Vertragsstaaten über die Auslegung oder Anwendung dieses Teiles und der sich darauf beziehenden Anlagen;

b) Streitigkeiten zwischen einem Vertragsstaat und der Behörde über
   i) Handlungen oder Unterlassungen der Behörde oder eines Vertragsstaats, von denen behauptet wird, daß sie einen Verstoß gegen diesen Teil, die sich darauf beziehenden Anlagen oder die in Übereinstimmung damit angenommenen Regeln, Vorschriften oder Verfahren der Behörde darstellen, oder
   ii) Handlungen der Behörde, von denen behauptet wird, daß sie deren Zuständigkeit überschreiten oder einen Mißbrauch ihrer Befugnisse darstellen;

c) Streitigkeiten zwischen Parteien eines Vertrags, die Vertragsstaaten sind, der Behörde oder dem Unternehmen, staatlichen Unternehmen und natürlichen oder juristischen Personen nach Artikel 153 Absatz 2 Buchstabe b über
   i) die Auslegung oder Anwendung eines entsprechenden Vertrags oder eines Arbeitsplans oder
   ii) Handlungen oder Unterlassungen einer Partei des Vertrags, die sich auf Tätigkeiten im Gebiet beziehen und gegen die andere Partei gerichtet sind oder deren berechtigte Interessen unmittelbar berühren;

d) Streitigkeiten zwischen der Behörde und einem künftigen Vertragsnehmer, den ein Staat nach Artikel 153 Absatz 2 Buchstabe b befürwortet und der die Bedingungen der Anlage III Artikel 4 Absatz 6 und Artikel 13 Absatz 2 ordnungsgemäß erfüllt hat, über die Ablehnung eines Vertrags oder eine bei der Aushandlung des Vertrags auftretende Rechtsfrage;

e) Streitigkeiten zwischen der Behörde und einem Vertragsstaat, einem staatlichen Unternehmen oder einer natürlichen oder juristischen Person, die nach Artikel 153 Absatz 2 Buchstabe b von einem Vertragsstaat befürwortet wird, wenn behauptet wird, daß die Behörde nach Anlage III Artikel 22 haftet;

f) jede sonstige Streitigkeit, für die in diesem Übereinkommen die Zuständigkeit der Kammer ausdrücklich vorgesehen ist.

Art. 188 Verweisung von Streitigkeiten an eine Sonderkammer des Internationalen Seegerichtshofs, eine Ad-hoc-Kammer der Kammer für Meeresbodenstreitigkeiten oder Unterwerfung unter ein bindendes Handelsschiedsverfahren. (1) Die in Artikel 187 Buchstabe a genannten Streitigkeiten zwischen Vertragsstaaten können unterbreitet werden

a) auf Antrag der Streitparteien einer in Übereinstimmung mit Anlage VI Artikel 15 und 17 zu bildenden Sonderkammer des Internationalen Seegerichtshofs oder

b) auf Antrag einer Streitpartei einer in Übereinstimmung mit Anlage VI Artikel 36 zu bildenden Ad-hoc-Kammer der Kammer für Meeresbodenstreitigkeiten.

(2) a) Die in Artikel 187 Buchstabe c Ziffer i genannten Streitigkeiten über die Auslegung oder Anwendung eines Vertrags werden auf Antrag einer Streitpartei einem bindenden Handelsschiedsverfahren unterworfen, sofern die Streitparteien nichts anderes vereinbaren. Ein Handelsschiedsgericht, dem eine solche Streitigkeit unterbreitet wird, ist für die Entscheidung über Fragen der Auslegung dieses Übereinkommens nicht zuständig. Ist mit dieser Streitigkeit auch eine Frage über die Auslegung des Teiles XI und der sich darauf beziehenden Anlagen verbunden, die Tätigkeiten im Gebiet betrifft, so wird diese Frage an die Kammer für Meeresbodenstreitigkeiten zur Entscheidung verwiesen.

b) Stellt das Schiedsgericht zu Beginn oder im Verlauf des Schiedsverfahrens entweder auf Antrag einer Streitpartei oder von Amts wegen fest, daß seine Entscheidung von einer Entscheidung der Kammer für Meeresbodenstreitigkeiten abhängt, so verweist das Schiedsgericht diese Frage zur Entscheidung an die Kammer für Meeresbodenstreitigkeiten. Das Schiedsgericht fällt dann seinen Spruch nach Maßgabe der Entscheidung der Kammer für Meeresbodenstreitigkeiten.

c) Enthält der Vertrag keine Bestimmung über das bei der Streitigkeit anzuwendende Schiedsverfahren, so wird, falls die Streitparteien nichts anderes vereinbaren, das Schiedsverfahren in Übereinstimmung mit der UNCITRAL-Schiedsordnung oder einer anderen Schiedsordnung durchgeführt, die in den Regeln, Vorschriften und Verfahren der Behörde vorgeschrieben sein kann.

Art. 189 Begrenzung der Zuständigkeit hinsichtlich der Beschlüsse der Behörde. Die Kammer für Meeresbodenstreitigkeiten ist nicht zuständig in bezug auf die Ausübung der Ermessensbefugnisse durch die Behörde in Übereinstimmung mit diesem Teil; sie darf keinesfalls das Ermessen der Behörde durch ihr eigenes ersetzen. Unbeschadet des Artikels 191 äußert sich die Kammer für Meeresbodenstreitigkeiten bei der Ausübung ihrer Zuständigkeit nach Artikel 187 nicht zu der Frage, ob Regeln, Vorschriften oder Verfahren der Behörde mit diesem Übereinkommen vereinbar sind, noch erklärt sie solche Regeln, Vorschriften oder Verfahren für ungültig. Ihre Zuständigkeit in dieser Hinsicht beschränkt sich auf die Entscheidung der Frage, ob die Anwendung von Regeln, Vorschriften oder Verfahren der Behörde im Einzelfall den vertraglichen Verpflichtungen der Streitparteien oder ihren Verpflichtungen aus diesem Übereinkommen widerspricht, der Frage eines Überschreitens der Zuständigkeit oder eines Mißbrauchs von Befugnissen sowie von Forderungen auf Schadenersatz oder sonstige Ersatzleistung, die der betroffenen Partei wegen Nichterfüllung der vertraglichen Verpflichtungen der anderen Partei oder deren Verpflichtungen aus diesem Übereinkommen zu gewähren ist.

Art. 190 Teilnahme und Auftreten der befürwortenden Vertragsstaaten in Verfahren. (1) Ist eine natürliche oder juristische Person Partei einer in Artikel 187 genannten Streitigkeit, so wird der sie befürwortende Staat davon unterrichtet und ist berechtigt, an dem Verfahren durch Abgabe schriftlicher oder mündlicher Erklärungen teilzunehmen.

(2) Wird in einer in Artikel 187 Buchstabe c genannten Streitigkeit von einer natürlichen oder juristischen Person, die von einem Vertragsstaat befürwortet wird, gegen einen anderen Vertragsstaat Klage erhoben, so kann der beklagte Staat den diese Person befürwortenden Staat ersuchen, im Namen dieser Person im Verfahren aufzutreten. Tritt jener Staat nicht in dem Verfahren auf, so kann sich der beklagte Staat durch eine juristische Person seiner Staatszugehörigkeit vertreten lassen.

Art. 191 Gutachten. Die Kammer für Meeresbodenstreitigkeiten gibt auf Antrag der Versammlung oder des Rates Gutachten zu Rechtsfragen ab, die sich aus dem Tätigkeitsbereich dieser Organe ergeben. Diese Gutachten werden so schnell wie möglich abgegeben.

Teil XII. Schutz und Bewahrung der Meeresumwelt

Abschnitt 1. Allgemeine Bestimmungen

Art. 192 *Allgemeine Verpflichtung.* Die Staaten sind verpflichtet, die Meeresumwelt zu schützen und zu bewahren.

Art. 193 Souveränes Recht der Staaten auf Ausbeutung ihrer natürlichen Ressourcen. Die Staaten haben das souveräne Recht, ihre natürlichen Ressourcen im Rahmen ihrer Umweltpolitik und in Übereinstimmung mit ihrer Pflicht zum Schutz und zur Bewahrung der Meeresumwelt auszubeuten.

Art. 194 Maßnahmen zur Verhütung, Verringerung und Überwachung der Verschmutzung der Meeresumwelt. (1) Die Staaten ergreifen, je nach den Umständen einzeln oder gemeinsam, alle mit diesen Übereinkommen übereinstimmenden Maßnahmen, die notwendig sind, um die Verschmutzung der Meeresumwelt ungeachtet ihrer Ursache zu verhüten, zu verringern und zu überwachen; sie setzen zu diesem Zweck die geeignetsten ihnen zur Verfügung stehenden Mittel entsprechend ihren Möglichkeiten ein und bemühen sich, ihre diesbezügliche Politik aufeinander abzustimmen.

(2) Die Staaten ergreifen alle notwendigen Maßnahmen, damit die ihren Hoheitsbefugnissen oder ihrer Kontrolle unterstehenden Tätigkeiten so durchgeführt werden, daß anderen Staaten und ihrer Umwelt kein Schaden durch Verschmutzung zugefügt wird, und damit eine Verschmutzung als Folge von Ereignissen oder Tätigkeiten, die ihren Hoheitsbefugnissen oder ihrer Kontrolle unterstehen, sich nicht über die Gebiete hinaus ausbreitet, in denen sie in Übereinstimmung mit diesem Übereinkommen souveräne Rechte ausüben.

(3) Die nach diesem Teil ergriffenen Maßnahmen haben alle Ursachen der Verschmutzung der Meeresumwelt zu erfassen. Zu diesen Maßnahmen gehören unter anderem solche, die darauf gerichtet sind, soweit wie möglich auf ein Mindestmaß zu beschränken

a) das Freisetzen von giftigen oder schädlichen Stoffen oder von Schadstoffen, insbesondere von solchen, die beständig sind, vom Land aus, aus der Luft oder durch die Luft oder durch Einbringen;

b) die Verschmutzung durch Schiffe, insbesondere Maßnahmen, um Unfälle zu verhüten und Notfällen zu begegnen, die Sicherheit beim Einsatz auf See zu gewährleisten, absichtliches oder unabsichtliches Einleiten zu verhüten und den Entwurf, den Bau, die Ausrüstung, den Betrieb und die Bemannung von Schiffen zu regeln;

c) die Verschmutzung durch Anlagen und Geräte, die bei der Erforschung oder Ausbeutung der natürlichen Ressourcen des Meeresbodens und seines Untergrunds eingesetzt werden, insbesondere Maßnahmen, um Unfälle zu verhüten und Notfällen zu begegnen, die Sicherheit beim Einsatz auf See zu gewährleisten und den Entwurf, den Bau, die Ausrüstung, den Betrieb und die Besetzung solcher Anlagen oder Geräte zu regeln;

d) die Verschmutzung durch andere Anlagen und Geräte, die in der Meeresumwelt betrieben werden, insbesondere Maßnahmen, um Unfälle zu verhüten und Notfällen zu begegnen, die Sicherheit beim Einsatz auf See zu gewährleisten und den Entwurf, den Bau, die Ausrüstung, den Betrieb und die Besetzung solcher Anlagen oder Geräte zu regeln.

(4) Beim Ergreifen von Maßnahmen zur Verhütung, Verringerung oder Überwachung der Verschmutzung der Meeresumwelt enthalten sich die Staaten jedes ungerechtfertigten Eingriffs in Tätigkeiten, die andere Staaten in Ausübung ihrer Rechte und in Erfüllung ihrer Pflichten im Einklang mit diesem Übereinkommen durchführen.

(5) Zu den in Übereinstimmung mit diesem Teil ergriffenen Maßnahmen gehören die erforderlichen Maßnahmen zum Schutz und zur Bewahrung seltener oder empfindlicher Ökosysteme sowie des Lebensraums gefährdeter, bedrohter oder vom Aussterben bedrohter Arten und anderer Formen der Tier- und Pflanzenwelt des Meeres.

Art. 195 Verpflichtung, keine Schäden oder Gefahren zu verlagern und keine Art der Verschmutzung in eine andere umzuwandeln. Beim Ergreifen von Maßnahmen zur Verhütung, Verringerung und Überwachung der Verschmutzung der Meeresumwelt handeln die Staaten so, daß sie Schäden oder Gefahren weder unmittelbar noch mittelbar von einem Gebiet in ein anderes verlagern oder eine Art der Verschmutzung in eine andere umwandeln.

Art. 196 Anwendung von Technologien oder Zuführung fremder oder neuer Arten. (1) Die Staaten ergreifen alle notwendigen Maßnahmen zur Verhütung, Verringerung und Überwachung der Verschmutzung der Meeresumwelt, die sich aus der Anwendung von Technologien im Rahmen ihrer Hoheitsbefugnisse oder unter ihrer Kontrolle oder aus der absichtlichen oder zufälligen Zuführung fremder oder neuer Arten in einen bestimmten Teil der Meeresumwelt, die dort beträchtliche und schädliche Veränderungen hervorrufen können, ergibt.

(2) Dieser Artikel berührt nicht die Anwendung der Bestimmungen dieses Übereinkommens über die Verhütung, Verringerung und Überwachung der Verschmutzung der Meeresumwelt.

Abschnitt 2. Weltweite und regionale Zusammenarbeit

Art. 197 Zusammenarbeit auf weltweiter oder regionaler Ebene. Die Staaten arbeiten auf weltweiter und gegebenenfalls auf regionaler Ebene unmittelbar oder im Rahmen der zuständigen internationalen Orgsanisationen bei der Abfassung und Ausarbeitung von mit diesem Übereinkommen übereinstimmenden internationalen Regeln, Normen und empfohlenen Gebräuchen und Verfahren zum Schutz und zur Bewahrung der Meeresumwelt zusammen, wobei sie charakteristische regionale Eigenheiten berücksichtigen.

Art. 198 Benachrichtigung über unmittelbar bevorstehende oder tatsächliche Schäden. Erhält ein Staat von Fällen Kenntnis, in denen die Meeresumwelt von Verschmutzungsschäden unmittelbar bedroht ist oder solche Schäden erlitten hat, so benachrichtigt er sofort die anderen Staaten, die nach seinem Dafürhalten von diesen Schäden betroffen werden können, sowie die zuständigen internationalen Organisationen.

Art. 199 Notfallpläne gegen Verschmutzung. In den in Artikel 198 bezeichneten Fällen arbeiten die Staaten des betroffenen Gebiets entsprechend ihren Möglichkeiten und die zuständigen internationalen Organisationen soweit wie möglich zusammen, um die Auswirkungen der Verschmutzung zu beseitigen und Schäden zu verhüten oder auf ein Mindestmaß zu beschränken. Zu diesem Zweck erarbeiten und fördern die Staaten gemeinsam Notfallpläne, um Verschmutzungsereignissen in der Meeresumwelt zu begegnen.

Art. 200 Studien, Forschungsprogramme und Austausch von Informationen und Daten. Die Staaten arbeiten unmittelbar oder im Rahmen der zuständigen internationalen Organisationen zusammen, um Studien zu fördern, wissenschaftliche Forschungsprogramme durchzuführen und den Austausch der über die Verschmutzung der Meeresumwelt gewonnenen Informationen und Daten anzuregen. Sie bemühen sich, aktiv an regionalen und weltweiten Programmen teilzunehmen, um Kenntnisse zur Beurteilung von Art und Umfang der Verschmutzung, ihrer Angriffsstellen, Wege und Gefahren sowie von Möglichkeiten der Abhilfe zu gewinnen.

Art. 201 Wissenschaftliche Kriterien für die Ausarbeitung von Vorschriften. Unter Berücksichtigung der nach Artikel 200 gewonnenen Informationen und Daten arbeiten die Staaten unmittelbar oder im Rahmen der zuständigen internationalen Organisationen bei der Festlegung geeigneter wissenschaftlicher Kriterien für die Abfassung und Ausarbeitung von Regeln, Normen und empfohlenen Gebräuchen und Verfahren zur Verhütung, Verringerung und Überwachung der Verschmutzung der Meeresumwelt zusammen.

Abschnitt 3. Technische Hilfe

Art. 202 Wissenschaftliche und technische Hilfe an Entwicklungsstaaten. Die Staaten werden unmittelbar oder im Rahmen der zuständigen internationalen Organisationen

a) Programme für Hilfe an die Entwicklungsstaaten im Bereich der Wissenschaft, des Bildungswesens, der Technik und in anderen Bereichen fördern, um die Meeresumwelt zu schützen und zu bewahren und die Meeresverschmutzung zu verhüten, zu verringern und zu überwachen. Diese Hilfe umfaßt unter anderem
   i) die Ausbildung ihres wissenschaftlichen und technischen Personals;
   ii) die Erleichterung ihrer Teilnahme an entsprechenden internationalen Programmen;
   iii) ihre Belieferung mit den erforderlichen Ausrüstungen und Einrichtungen;

iv) die Verbesserung ihrer Fähigkeit zur Herstellung solcher Ausrüstungen;

v) die Beratung über Einrichtungen für Forschungs-, Überwachungs-, Bildungs- und andere Programme und die Entwicklung solcher Einrichtungen;

b) insbesondere Entwicklungsstaaten geeignete Hilfe leisten, um die Auswirkungen größerer Ereignisse, die eine starke Verschmutzung der Meeresumwelt hervorrufen können, auf ein Mindestmaß zu beschränken;

c) insbesondere Entwicklungsstaaten geeignete Hilfe bei der Ausarbeitung ökologischer Beurteilungen leisten.

Art. 203 Vorrangige Behandlung der Entwicklungsstaaten. Die Entwicklungsstaaten erhalten für die Zwecke der Verhütung, Verringerung und Überwachung der Verschmutzung der Meeresumwelt oder der möglichst weitgehenden Einschränkung ihrer Auswirkungen eine vorrangige Behandlung durch internationale Organisationen

a) bei der Zuweisung entsprechender finanzieller Mittel und technischer Hilfe und

b) bei der Inanspruchnahme ihrer Sonderdienste.

Abschnitt 4. Ständige Überwachung und ökologische Beurteilung

Art. 204 Ständige Überwachung der Gefahren und der Auswirkungen der Verschmutzung. (1) Die Staaten bemühen sich, soweit möglich und im Einklang mit den Rechten anderer Staaten, unmittelbar oder im Rahmen der zuständigen internationalen Organisationen die Gefahren und Auswirkungen der Verschmutzung der Meeresumwelt mit anerkannten wissenschaftlichen Methoden zu beobachten, zu messen, zu beurteilen und zu analysieren.

(2) Insbesondere überwachen die Staaten ständig die Auswirkungen aller Tätigkeiten, die sie genehmigen oder selbst durchführen, um festzustellen, ob diese Tätigkeiten die Meeresumwelt verschmutzen können.

Art. 205 Veröffentlichung von Berichten. Die Staaten veröffentlichen Berichte über die in Anwendung des Artikels 204 erzielten Ergebnisse oder stellen solche Berichte in angemessenen Zeitabständen den zuständigen internationalen Organisationen zur Verfügung; diese sollen sie allen Staaten zugänglich machen.

Art. 206 Beurteilung möglicher Auswirkungen von Tätigkeiten. Haben Staaten begründeten Anlaß zu der Annahme, daß geplante, ihren Hoheitsbefugnissen oder ihrer Kontrolle unterstehende Tätigkeiten eine wesentliche Verschmutzung oder beträchtliche und schädliche Veränderungen der Meeresumwelt zur Folge haben können, so beurteilen sie soweit durchführbar die möglichen Auswirkungen dieser Tätigkeiten auf die Meeresumwelt und berichten über die Ergebnisse dieser Beurteilung in der in Artikel 205 vorgesehenen Weise.

Abschnitt 5. Internationale Regeln und innerstaatliche Rechtsvorschriften zur Verhütung, Verringerung und Überwachung der Verschmutzung der Meeresumwelt

Art. 207 Verschmutzung vom Land aus. (1) Die Staaten erlassen Gesetze und sonstige Vorschriften zur Verhütung, Verringerung und Überwachung der Verschmutzung der Meeresumwelt vom Land aus, einschließlich der von Flüssen, Flußmündungen, Rohrleitungen und Ausflußanlagen ausgehenden Verschmutzung; dabei berücksichtigen sie international vereinbarte Regeln, Normen und empfohlene Gebräuche und Verfahren.

(2) Die Staaten ergreifen andere Maßnahmen, die zur Verhütung, Verringerung und Überwachung einer solchen Verschmutzung notwendig sein können.

(3) Die Staaten bemühen sich, ihre diesbezügliche Politik auf geeigneter regionaler Ebene aufeinander abzustimmen.

(4) Die Staaten bemühen sich, insbesondere im Rahmen der zuständigen internationalen Organisationen oder einer diplomatischen Konferenz, weltweite und regionale Regeln, Normen und empfohlene Gebräuche und Verfahren zur Verhütung, Verringerung und Überwachung der Verschmutzung der Meeresumwelt vom Land aus aufzustellen, wobei sie charakteristische regionale Eigenheiten, die Wirtschaftskraft der Entwicklungsstaaten und die Notwendigkeit ihrer wirtschaftlichen Entwicklung berücksichtigen. Diese Regeln, Normen und empfohlenen Gebräuche und Verfahren werden nach Bedarf von Zeit zu Zeit überprüft.

(5) Zu den in den Absätzen 1, 2 und 4 genannten Gesetzen, sonstigen Vorschriften, Maßnahmen, Regeln, Normen und empfohlenen Gebräuchen und Verfahren gehören diejenigen, die darauf gerichtet sind, das Freisetzen von giftigen oder schädlichen Stoffen oder von Schadstoffen insbesondere von solchen, die beständig sind, in die Meeresumwelt soweit wie möglich auf ein Mindestmaß zu beschränken.

Art. 208 Verschmutzung durch Tätigkeiten auf dem Meeresboden, *die unter* nationale Hoheitsbefugnisse fallen. (1) Die Küstenstaaten erlassen Gesetze und sonstige Vorschriften zur Verhütung, Verringerung und Überwachung der Verschmutzung der Meeresumwelt, die sich aus oder im Zusammenhang mit unter ihre Hoheitsbefugnisse fallenden Tätigkeiten auf dem Meeresboden ergibt oder von künstlichen Inseln, Anlagen und Bauwerken herrührt, die aufgrund der Artikel 60 und 80 unter ihre Hoheitsbefugnisse fallen.

(2) Die Staaten ergreifen andere Maßnahmen, die zur Verhütung, Verringerung und Überwachung einer solchen Verschmutzung notwendig sein können.

(3) Diese Gesetze, sonstigen Vorschriften und Maßnahmen dürfen nicht weniger wirkungsvoll sein als die internationalen Regeln, Normen und empfohlenen Gebräuche und Verfahren.

(4) Die Staaten bemühen sich, ihre diesbezügliche Politik auf geeigneter regionaler Ebene aufeinander abzustimmen.

(5) Die Staaten stellen, insbesondere im Rahmen der zuständigen internationalen Organisationen oder einer diplomatischen Konferenz, weltweite und regionale Regeln, Normen und empfohlene Gebräuche und Verfahren zur Verhütung, Verringerung und Überwachung der in Absatz 1 genannten Verschmutzung der Meeresumwelt auf. Diese Regeln, Normen und empfohlenen Gebräuche und Verfahren werden nach Bedarf von Zeit zu Zeit überprüft.

Art. 209 Verschmutzung durch Tätigkeiten im Gebiet. (1) Zur Verhütung, Verringerung und Überwachung der Verschmutzung der Meeresumwelt durch Tätigkeiten im Gebiet werden in Übereinstimmung mit Teil XI internationale Regeln, Vorschriften und Verfahren aufgestellt. Diese Regeln, Vorschriften und Verfahren werden nach Bedarf von Zeit zu Zeit überprüft.

(2) Vorbehaltlich der einschlägigen Bestimmungen dieses Abschnitts erlassen die Staaten Gesetze und sonstige Vorschriften zur Verhütung, Verringerung und Überwachung der Verschmutzung der Meeresumwelt durch Tätigkeiten im Gebiet, die von Schiffen oder mittels Anlagen, Bauwerken und anderen Geräten durchgeführt werden, die ihre Flagge führen, in ihr Register eingetragen sind oder mit ihrer Genehmigung betrieben werden. Diese Gesetze und sonstigen Vorschriften dürfen nicht weniger wirkungsvoll sein als die in Absatz 1 genannten internationalen Regeln, Vorschriften und Verfahren.

Art. 210 Verschmutzung durch Einbringen. (1) Die Staaten erlassen Gesetze und sonstige Vorschriften zur Verhütung, Verringerung und Überwachung der Verschmutzung der Meeresumwelt durch Einbringen.

(2) Die Staaten ergreifen andere Maßnahmen, die zur Verhütung, Verringerung und Überwachung einer solchen Verschmutzung notwendig sein können.

(3) Diese Gesetze, sonstigen Vorschriften und Maßnahmen müssen sicherstellen, daß das Einbringen nicht ohne Erlaubnis der zuständigen Behörden der Staaten erfolgt.

(4) Die Staaten bemühen sich, insbesondere im Rahmen der zuständigen internationalen Organisationen oder einer diplomatischen Konferenz, weltweite und regionale Regeln, Normen und empfohlene Gebräuche und Verfahren zur Verhütung, Verringerung und Überwachung einer solchen Verschmutzung aufzustellen. Diese Regeln, Normen und empfohlenen Gebräuche und Verfahren werden nach Bedarf von Zeit zu Zeit überprüft.

(5) Das Einbringen innerhalb des Küstenmeers und der ausschließlichen Wirtschaftszone oder auf dem Festlandsockel darf nicht ohne ausdrückliche vorherige Genehmigung des Küstenstaats erfolgen; dieser ist berechtigt, ein solches Einbringen nach angemessener Erörterung mit anderen Staaten, die wegen ihrer geographischen Lage dadurch Nachteile erleiden könnten, zu erlauben, zu regeln und zu überwachen.

(6) Die innerstaatlichen Gesetze, sonstigen Vorschriften und Maßnahmen dürfen bei der Verhütung, Verringerung und Überwachung dieser Verschmutzung nicht weniger wirkungsvoll sein als die weltweiten Regeln und Normen.

Art. 211 Verschmutzung durch Schiffe. (1) Die Staaten stellen im Rahmen der zuständigen internationalen Organisation oder einer allgemeinen diplomatischen Konferenz internationale Regeln und Normen zur Verhütung, Verringerung und Überwachung der Verschmutzung der Meeresumwelt durch Schiffe auf und fördern, wo es angebracht ist in derselben Weise, die Annahme von Systemen der Schiffswegeführung, um die Gefahr von Unfällen, die eine Verschmutzung der Meeresumwelt, einschließlich der Küste, und eine Schädigung damit zusammenhängender Interessen der Küstenstaaten durch Verschmutzung verursachen könnten, auf ein Mindestmaß zu beschränken. Diese Regeln und Normen werden in derselben Weise nach Bedarf von Zeit zu Zeit überprüft.

(2) Die Staaten erlassen Gesetze und sonstige Vorschriften zur Verhütung, Verringerung und Überwachung der Verschmutzung der Meeresumwelt durch Schiffe, die ihre Flagge führen oder in ihr Schiffsregister eingetragen sind. Diese Gesetze und sonstigen Vorschriften dürfen nicht weniger wirkungsvoll sein als die allgemein anerkannten internationalen Regeln und Normen, die im Rahmen der zuständigen internationalen Organisation oder einer allgemeinen diplomatischen Konferenz aufgestellt worden sind.

(3) Staaten, die fremden Schiffen für das Einlaufen in ihre Häfen oder inneren Gewässer oder für das Anlegen an ihren vor der Küste liegenden Umschlagplätzen besondere Bedingungen zur Verhütung, Verringerung und Überwachung der Verschmutzung der Meeresumwelt auferlegen, machen diese ordnungsgemäß bekannt und teilen sie der zuständigen internationalen Organisation mit. Werden solche Bedingungen in gleichlautender Form von zwei oder mehr Küstenstaaten in dem Bestreben festgesetzt, ihre Politik aufeinander abzustimmen, so

wird in der Mitteilung angegeben, welche Staaten an einer solchen gemeinsamen Regelung beteiligt sind. Jeder Staat verlangt von dem Kapitän eines seine Flagge führenden oder in sein Schiffsregister eingetragenen Schiffes, wenn es sich im Küstenmeer eines an der gemeinsamen Regelung beteiligten Staates befindet, daß er auf Ersuchen dieses Staates darüber Auskunft gibt, ob er zu einem Staat derselben Region weiterfährt, der an der gemeinsamen Regelung beteiligt ist, und, sofern dies zutrifft, angibt, ob das Schiff die von diesem Staat für das Einlaufen in seine Häfen festgelegten Bedingungen erfüllt. Dieser Artikel berührt nicht die fortgesetzte Ausübung des Rechts eines Schiffes auf friedliche Durchfahrt oder die Anwendung des Artikels 25 Absatz 2.

(4) Die Küstenstaaten können in Ausübung ihrer Souveränität innerhalb ihres Küstenmeers Gesetze und sonstige Vorschriften zur Verhütung, Verringerung und Überwachung der Meeresverschmutzung durch fremde Schiffe, einschließlich der Schiffe, die das Recht der friedlichen Durchfahrt ausüben, erlassen. Diese Gesetze und sonstigen Vorschriften dürfen in Übereinstimmung mit Teil II Abschnitt 3 die friedliche Durchfahrt fremder Schiffe nicht behindern.

(5) Die Küstenstaaten können zum Zweck der Durchsetzung nach Abschnitt 6 für ihre ausschließlichen Wirtschaftszonen Gesetze und sonstige Vorschriften zur Verhütung, Verringerung und Überwachung der Verschmutzung durch Schiffe erlassen, die den allgemein anerkannten internationalen, im Rahmen der zuständigen internationalen Organisation oder einer allgemeinen diplomatischen Konferenz aufgestellten Regeln und Normen entsprechen und diesen Wirksamkeit verleihen.

(6) a) Reichen die in Absatz 1 genannten internationalen Regeln und Normen nicht aus, um besonderen Umständen gerecht zu werden, und hat ein Küstenstaat begründeten Anlaß zu der Annahme, daß es in einem bestimmten, genau bezeichneten Gebiet seiner ausschließlichen Wirtschaftszone aus anerkannten technischen Gründen im Zusammenhang mit den ozeanographischen und ökologischen Verhältnissen dieses Gebiets, mit seiner Nutzung oder dem Schutz seiner Ressourcen und mit der besonderen Art des Verkehrs in diesem Gebiet erforderlich ist, besondere obligatorische Maßnahmen zur Verhütung der Verschmutzung durch Schiffe zu ergreifen, so kann der Küstenstaat, nachdem er jeden anderen betroffenen Staat im Rahmen der zuständigen internationalen Organisation angemessen konsultiert hat, an diese Organisation eine Mitteilung über das betreffende Gebiet richten, in der er wissenschaftliche und technische Begründungen sowie Informationen über die notwendigen Auffanganlagen vorlegt. Innerhalb von 12 Monaten nach Empfehlung dieser Mitteilung entscheidet die Organisation, ob die Verhältnisse in dem Gebiet den obengenannten Erfordernissen entsprechen. Entscheidet die Organisation in diesem Sinne, so kann der Küstenstaat für dieses Gebiet zur Verhütung, Verringerung und Überwachung der Verschmutzung durch Schiffe Gesetze und son-

stige Vorschriften erlassen, die den von der Organisation für Sondergebiete zugelassenen internationalen Regeln und Normen oder Schiffahrtsgebräuchen Wirksamkeit verleihen. Diese Gesetze und sonstigen Vorschriften werden auf fremde Schiffe erst nach Ablauf von 15 Monaten nach Vorlage der Mitteilung an die Organisation anwendbar.

b) Der Küstenstaat veröffentlicht die Grenzen jedes solchen bestimmten, genau bezeichneten Gebiets.

c) Beabsichtigt der Küstenstaat, für dasselbe Gebiet zusätzliche Gesetze und sonstige Vorschriften zur Verhütung, Verringerung und Überwachung der Verschmutzung durch Schiffe zu erlassen, so setzt er die Organisation zugleich mit der obengenannten Mitteilung davon in Kenntnis. Diese zusätzlichen Gesetze und sonstigen Vorschriften können sich auf das Einleiten oder auf Schiffahrtsgebräuche beziehen, dürfen jedoch fremde Schiffe nicht verpflichten, andere Normen betreffend Entwurf, Bau, Bemannung oder Ausrüstung zu beachten als die allgemein anerkannten internationalen Regeln und Normen; sie werden auf fremde Schiffe nach Ablauf von 15 Monaten nach Vorlage der Mitteilung an die Organisation anwendbar, sofern die Organisation ihnen innerhalb von 12 Monaten nach Vorlage der Mitteilung zustimmt.

(7) Die in diesem Artikel genannten internationalen Regeln und Normen sollen unter anderem die Verpflichtung vorsehen, die Küstenstaaten umgehend zu benachrichtigen, deren Küsten oder damit zusammenhängende Interessen möglicherweise durch Ereignisse einschließlich Seeunfälle beeinträchtigt werden, bei denen es zu einem Einleiten kommt oder kommen könnte.

Art. 212 Verschmutzung aus der Luft oder durch die Luft.

(1) Die Staaten erlassen Gesetze und sonstige Vorschriften zur Verhütung, Verringerung und Überwachung der Verschmutzung der Meeresumwelt aus der Luft oder durch die Luft für den ihrer Souveränität unterstehenden Luftraum und für Schiffe, die ihre Flagge führen, oder für Schiffe oder Luftfahrzeuge, die in ihr Register eingetragen sind; dabei berücksichtigen sie international vereinbarte Regeln, Normen und empfohlene Gebräuche und Verfahren sowie die Sicherheit der Luftfahrt.

(2) Die Staaten ergreifen andere Maßnahmen, die zur Verhütung, Verringerung und Überwachung einer solchen Verschmutzung notwendig sein können.

(3) Die Staaten bemühen sich, insbesondere im Rahmen der zuständigen internationalen Organisationen oder einer diplomatischen Konferenz, weltweite und regionale Regeln, Normen und empfohlene Gebräuche und Verfahren zur Verhütung, Verringerung und Überwachung einer solchen Verschmutzung aufzustellen.

Abschnitt 6. Durchsetzung

Art. 213 Durchsetzung in bezug auf Verschmutzung vom Land aus. Die Staaten setzen ihre in Übereinstimmung mit Artikel 207 erlassenen Gesetze und sonstigen Vorschriften durch; sie erlassen Gesetze und sonstige Vorschriften und ergreifen andere Maßnahmen, die zur Durchführung anwendbarer internationaler Regeln und Normen notwendig sind, welche im Rahmen der zuständigen internationalen Organisationen oder einer diplomatischen Konferenz zur Verhütung, Verringerung und Überwachung der Verschmutzung der Meeresumwelt vom Land aus aufgestellt worden sind.

Art. 214 Durchsetzung in bezug auf Verschmutzung durch Tätigkeiten auf dem Meeresboden. Die Staaten setzen ihre in Übereinstimmung mit Artikel 208 erlassenen Gesetze und sonstigen Vorschriften durch; sie erlassen Gesetze und sonstige Vorschriften und ergreifen andere Maßnahmen, die zur Durchführung anwendbarer internationaler Regeln und Normen notwendig sind, die im Rahmen der zuständigen internationalen Organisationen oder einer diplomatischen Konferenz zur Verhütung, Verringerung und Überwachung der Verschmutzung der Meeresumwelt aufgestellt worden sind, welche sich aus oder im Zusammenhang mit unter ihre Hoheitsbefugnisse fallenden Tätigkeiten auf dem Meeresboden ergibt oder von künstlichen Inseln, Anlagen und Bauwerken herrührt, die aufgrund der Artikel 60 und 80 unter ihre Hoheitsbefugnisse fallen.

Art. 215 Durchsetzung in bezug auf Verschmutzung durch Tätigkeiten im Gebiet. Die Durchsetzung der in Übereinstimmung mit Teil XI aufgestellten internationalen Regeln, Vorschriften und Verfahren zur Verhütung, Verringerung und Überwachung der Verschmutzung der Meeresumwelt durch Tätigkeiten im Gebiet ist in jenem Teil geregelt.

Art. 216 Durchsetzung in bezug auf Verschmutzung durch Einbringen. (1) Die in Übereinstimmung mit diesem Übereinkommen erlassenen Gesetze und sonstigen Vorschriften und die im Rahmen der zuständigen internationalen Organisationen oder einer diplomatischen Konferenz aufgestellten anwendbaren internationalen Regeln und Normen zur Verhütung, Verringerung und Überwachung der Verschmutzung der Meeresumwelt durch Einbringen werden durchgesetzt:

a) vom Küstenstaat im Hinblick auf das Einbringen in seinem Küstenmeer, in seiner ausschließlichen Wirtschaftszone oder auf seinem Festlandsockel;

b) vom Flaggenstaat im Hinblick auf Schiffe, die seine Flagge führen, oder Schiffe oder Luftfahrzeuge, die in sein Register eingetragen sind;

c) von jedem Staat im Hinblick auf das Laden von Abfällen oder sonstigen Stoffen in seinem Hoheitsgebiet oder auf seinen vor der Küste liegenden Umschlagplätzen.

(2) Kein Staat ist aufgrund dieses Artikels verpflichtet, ein Verfahren einzuleiten, wenn ein anderer Staat ein solches Verfahren in Übereinstimmung mit diesem Artikel bereits eingeleitet hat.

Art. 217 Durchsetzung durch Flaggenstaaten. (1) Die Staaten stellen sicher, daß die ihre Flagge führenden oder in ihr Schiffsregister eingetragenen Schiffe die anwendbaren internationalen Regeln und Normen, die im Rahmen der zuständigen internationalen Organisation oder einer allgemeinen diplomatischen Konferenz aufgestellt worden sind, sowie die Gesetze und sonstigen Vorschriften einhalten, die sie in Übereinstimmung mit diesem Übereinkommen erlassen haben, um die Verschmutzung der Meeresumwelt durch Schiffe zu verhüten, zu verringern und zu überwachen; demgemäß erlassen die Staaten Gesetze und sonstige Vorschriften und ergreifen die erforderlichen sonstigen Maßnahmen zu ihrer Durchführung. Die Flaggenstaaten sorgen dafür, daß diese Regeln, Normen, Gesetze und sonstigen Vorschriften wirksam durchgesetzt werden, unabhängig davon, wo ein Verstoß erfolgt.

(2) Die Staaten ergreifen insbesondere geeignete Maßnahmen, um Schiffen, die ihre Flagge führen oder in ihr Schiffsregister eingetragen sind, das Auslaufen so lange zu verbieten, bis sie unter Einhaltung der in Absatz 1 genannten internationalen Regeln und Normen, einschließlich der Bestimmungen über Entwurf, Bau, Ausrüstung und Bemannung der Schiffe, in See gehen können.

(3) Die Staaten stellen sicher, daß die ihre Flagge führenden oder in ihr Schiffsregister eingetragenen Schiffe Zeugnisse an Bord mitführen, die nach den in Absatz 1 genannten internationalen Regeln und Normen erforderlich sind und demgemäß ausgestellt wurden. Die Staaten stellen sicher, daß die ihre Flagge führenden Schiffe regelmäßig überprüft werden, um festzustellen, ob die Zeugnisse mit dem tatsächlichen Zustand des Schiffes übereinstimmen. Diese Zeugnisse werden von anderen Staaten als Nachweis für den Zustand des Schiffes anerkannt; sie messen ihnen die gleiche Gültigkeit wie den von ihnen selbst ausgestellten Zeugnissen bei, sofern nicht eindeutige Gründe für die Annahme bestehen, daß der Zustand des Schiffes in wesentlichen Punkten den Angaben der Zeugnisse nicht entspricht.

(4) Verstößt ein Schiff gegen die im Rahmen der zuständigen internationalen Organisation oder einer allgemeinen diplomatischen Konferenz aufgestellten Regeln und Normen, so sorgt der Flaggenstaat unbeschadet der Artikel 218, 220 und 228 für eine sofortige Untersuchung; gegebenenfalls leitet er ein Verfahren betreffend den angeblichen Verstoß ein, unabhängig davon, wo dieser erfolgte oder wo die durch diesen Verstoß verursachte Verschmutzung eintrat oder festgestellt wurde.

(5) Die Flaggenstaaten können für die Untersuchung des Verstoßes jeden anderen Staat, dessen Mitarbeit bei der Klärung der Umstände des Falles nützlich sein könnte, um Hilfe ersuchen. Die Staaten bemühen sich, entsprechenden Ersuchen der Flaggenstaaten nachzukommen.

(6) Die Staaten untersuchen auf schriftliches Ersuchen eines jeden Staates jeden Verstoß, der angeblich von ihre Flagge führenden Schiffen begangen wurde. Sind die Flaggenstaaten überzeugt, daß genügend Beweise für die Einleitung eines Verfahrens wegen des angeblichen Verstoßes vorliegen, so leiten sie unverzüglich ein solches Verfahren in Übereinstimmung mit ihren Gesetzen ein.

(7) Die Flaggenstaaten unterrichten den ersuchenden Staat und die zuständige internationale Organisation umgehend über die ergriffenen Maßnahmen und deren Ergebnis. Diese Auskünfte stehen allen Staaten zur Verfügung.

(8) Die Strafen, die in den Gesetzen und sonstigen Vorschriften der Staaten für die ihre Flagge führenden Schiffe vorgesehen sind, müssen streng genug sein, um von Verstößen abzuschrecken, gleichviel wo diese erfolgen.

Art. 218 Durchsetzung durch Hafenstaaten. (1) Befindet sich ein Schiff freiwillig in einem Hafen oder an einem vor der Küste liegenden Umschlagplatz eines Staates, so kann dieser Staat Untersuchungen durchführen und, wenn die Beweislage dies rechtfertigt, ein Verfahren wegen jedes Einleitens aus diesem Schiff außerhalb der inneren Gewässer, des Küstenmeers oder der ausschließlichen Wirtschaftszone dieses Staates eröffnen, wenn das Einleiten gegen die anwendbaren internationalen Regeln und Normen verstößt, die im Rahmen der zuständigen internationalen Organisation oder einer allgemeinen diplomatischen Konferenz aufgestellt worden sind.

(2) Ein Verfahren nach Absatz 1 darf nicht wegen eines Verstoßes durch Einleiten in den inneren Gewässern, dem Küstenmeer oder der ausschließlichen Wirtschaftszone eines anderen Staates eröffnet werden, sofern nicht dieser Staat, der Flaggenstaat oder ein durch einen Verstoß durch Einleiten geschädigter oder bedrohter Staat darum ersucht oder der Verstoß eine Verschmutzung in den inneren Gewässern, dem Küstenmeer oder der ausschließlichen Wirtschaftszone des das Verfahren eröffnenden Staates verursacht hat oder wahrscheinlich verursachen wird.

(3) Befindet sich ein Schiff freiwillig in einem Hafen oder an einem vor der Küste liegenden Umschlagplatz eines Staates, so entspricht dieser Staat nach Möglichkeit dem Ersuchen jedes anderen Staates, einen in Absatz 1 genannten Verstoß durch Einleiten zu untersuchen, von dem angenommen wird, daß er in den inneren Gewässern, dem Küstenmeer oder der ausschließlichen Wirtschaftszone des ersuchenden Staates erfolgt ist und diese Zonen schädigte oder zu schädigen drohte. Ebenso entspricht der Staat nach Möglichkeit dem Ersuchen des Flaggenstaats, einen solchen Verstoß unabhängig davon zu untersuchen, wo er erfolgte.

(4) Die Unterlagen über die von einem Hafenstaat nach diesem Artikel durchgeführte Untersuchung werden dem Flaggenstaat oder dem Küstenstaat auf Ersuchen übermittelt. Jedes Verfahren, das der Hafenstaat auf der Grundlage dieser Untersuchung einleitet, kann vorbehaltlich des Abschnitts 7 auf Ersuchen des Küstenstaats ausgesetzt werden, wenn der Verstoß in seinen inneren Gewässern, seinem Küstenmeer oder seiner ausschließlichen Wirtschaftszone erfolgt ist. Das Beweismaterial, die Unterlagen des Falles sowie jede Kaution oder andere finanzielle Sicherheit, die bei den Behörden des Hafenstaats hinterlegt worden ist, werden dann dem Küstenstaat übermittelt. Diese Übermittlung schließt die Fortsetzung des Verfahrens im Hafenstaat aus.

Art. 219 Maßnahmen betreffend die Seetüchtigkeit von Schiffen zur Vermeidung von Verschmutzung. Vorbehaltlich des Abschnitts 7 ergreifen Staaten, die auf Ersuchen oder von sich aus festgestellt haben, daß ein Schiff in einem ihrer Häfen oder an einem ihrer vor der Küste liegenden Umschlagplätze gegen anwendbare internationale Regeln und Normen über die Seetüchtigkeit der Schiffe verstößt und dadurch die Meeresumwelt zu schädigen droht, nach Möglichkeit Verwaltungsmaßnahmen, um das Schiff am Auslaufen zu hindern. Diese Staaten können dem Schiff lediglich das Anlaufen der nächstgelegenen geeigneten Reparaturwerft erlauben; sobald die Ursachen des Verstoßes behoben sind, gestatten sie dem Schiff, seine Fahrt sogleich fortzusetzen.

Art. 220 Durchsetzung durch Küstenstaaten. (1) Befindet sich ein Schiff freiwillig in einem Hafen oder an einem vor der Küste liegenden Umschlagplatz eines Staates, so kann dieser Staat vorbehaltlich des Abschnitts 7 ein Verfahren wegen jedes Verstoßes gegen seine in Übereinstimmung mit diesem Übereinkommen erlassenen Gesetze und sonstigen Vorschriften oder anwendbare internationale Regeln und Normen zur Verhütung, Verringerung und Überwachung der Verschmutzung durch Schiffe einleiten, wenn der Verstoß im Küstenmeer oder in der ausschließlichen Wirtschaftszone dieses Staates erfolgt ist.

(2) Bestehen eindeutige Gründe für die Annahme, daß ein im Küstenmeer eines Staates fahrendes Schiff während seiner Durchfahrt durch das Küstenmeer gegen die in Übereinstimmung mit diesem Übereinkommen erlassenen Gesetze und sonstigen Vorschriften dieses Staates oder gegen anwendbare internationale Regeln und Normen zur Verhütung, Verringerung und Überwachung der Verschmutzung durch Schiffe verstoßen hat, so kann dieser Staat unbeschadet der Anwendung der diesbezüglichen Bestimmungen des Teiles II Abschnitt 3 im Zusammenhang mit dem Verstoß eine Überprüfung an Bord des Schiffes durchführen und, wenn die Beweislage dies rechtfertigt, in Übereinstimmung mit seinem innerstaatlichen Recht und vorbehaltlich des Abschnitts 7 ein Verfahren einleiten und insbesondere das Zurückhalten des Schiffes anordnen.

(3) Bestehen eindeutige Gründe für die Annahme, daß ein in der ausschließlichen Wirtschaftszone oder im Küstenmeer eines Staates fahrendes Schiff in der ausschließlichen Wirtschaftszone gegen anwendbare internationale Regeln und Normen zur Verhütung, Verringerung und Überwachung der Verschmutzung durch Schiffe oder gegen die solchen Regeln und Normen entsprechenden und ihnen Wirksamkeit verleihenden Gesetze und sonstigen Vorschriften dieses Staates verstoßen hat, so kann dieser Staat das Schiff auffordern, Angaben über seine Identität und seinen Registerhafen, seinen letzten und nächsten Anlaufhafen und andere sachdienliche Angaben zu machen, die erforderlich sind, um festzustellen, ob ein Verstoß erfolgt ist.

(4) Die Staaten erlassen Gesetze und sonstige Vorschriften und ergreifen andere Maßnahmen, damit ihre Flagge führende Schiffe den Ersuchen um Angaben nach Absatz 3 entsprechen.

(5) Bestehen eindeutige Gründe für die Annahme, daß ein in der ausschließlichen Wirtschaftszone oder im Küstenmeer eines Staates fahrendes Schiff in der ausschließlichen Wirtschaftszone einen in Absatz 3 genannten Verstoß begangen hat, der zu einem beträchtlichen Einleiten führt, das eine erhebliche Verschmutzung der Meeresumwelt verursacht oder zu verursachen droht, so kann dieser Staat, um festzustellen, ob ein Verstoß vorliegt, eine Überprüfung an Bord des Schiffes durchführen, wenn sich das Schiff geweigert hat, Angaben zu machen, oder wenn die seitens des Schiffes gemachten Angaben offensichtlich von der tatsächlichen Lage abweichen und die Umstände des Falles eine solche Überprüfung rechtfertigen.

(6) Gibt es einen eindeutigen objektiven Beweis dafür, daß ein in der ausschließlichen Wirtschaftszone oder im Küstenmeer eines Staates fahrendes Schiff in der ausschließlichen Wirtschaftszone einen in Absatz 3 genannten Verstoß begangen hat, der zu einem Einleiten führt, das schwere Schäden für die Küste oder damit zusammenhängende Interessen des Küstenstaats oder für Ressourcen seines Küstenmeers oder seiner ausschließlichen Wirtschaftszone verursacht oder zu verursachen droht, so kann dieser Staat, wenn die Beweislage dies rechtfertigt, in Übereinstimmung mit seinem innerstaatlichen Recht und vorbehaltlich des Abschnitts 7 ein Verfahren einleiten und insbesondere das Zurückhalten des Schiffes anordnen.

(7) Ungeachtet des Absatzes 6 gestattet der Küstenstaat dem Schiff die Weiterfahrt in allen Fällen, für die geeignete Verfahren durch die zuständige internationale Organisation festgelegt oder anderweitig vereinbart wurden, um die Erfüllung der Verpflichtungen betreffend die Hinterlegung einer Kaution oder eine andere geeignete finanzielle Sicherheit zu gewährleisten, wenn der Küstenstaat durch diese Verfahren gebunden ist.

(8) Die Absätze 3, 4, 5, 6 und 7 gelten auch für die nach Artikel 211 Absatz 6 erlassenen innerstaatlichen Gesetze und sonstigen Vorschriften.

Art. 221 Maßnahmen zur Vermeidung von Verschmutzung durch Seeunfälle. (1) Dieser Teil berührt nicht das Recht der Staaten, nach Völkergewohnheitsrecht und aufgrund völkerrechtlicher Verträge außerhalb des Küstenmeers dem tatsächlichen oder drohenden Schaden angepaßte Maßnahmen zu ergreifen und durchzusetzen, um ihre Küste oder damit zusammenhängende Interessen, einschließlich der Fischerei, vor tatsächlicher oder drohender Verschmutzung infolge eines Seeunfalls oder damit zusammenhängender Handlungen zu schützen, welche erwartungsgemäß schädliche Folgen größeren Umfangs haben können.

(2) Im Sinne dieses Artikels bedeutet „Seeunfall" einen Schiffszusammenstoß, das Stranden, ein sonstiges mit der Führung eines Schiffes zusammenhängendes Ereignis oder einen anderen Vorfall an Bord oder außerhalb eines Schiffes, durch die Sachschaden an Schiff oder Ladung entsteht oder unmittelbar zu entstehen droht.

Art. 222 Durchsetzung in bezug auf Verschmutzung aus der Luft oder durch die Luft. Die Staaten setzen in dem ihrer Souveränität unterstehenden Luftraum oder hinsichtlich der Schiffe, die ihre Flagge führen, oder der Schiffe oder Luftfahrzeuge, die in ihr Register eingetragen sind, ihre in Übereinstimmung mit Artikel 212 Absatz 1 und mit anderen Bestimmungen dieses Übereinkommens erlassenen Gesetze und sonstigen Vorschriften durch; sie erlassen Gesetze und sonstige Vorschriften und ergreifen andere Maßnahmen, um die im Rahmen der zuständigen internationalen Organisationen oder einer diplomatischen Konferenz aufgestellten anwendbaren internationalen Regeln und Normen zur Verhütung, Verringerung und Überwachung der Verschmutzung der Meeresumwelt aus der Luft oder durch die Luft im Einklang mit allen diesbezüglichen internationalen Regeln und Normen betreffend die Sicherheit der Luftfahrt durchzuführen.

Abschnitt 7. Schutzbestimmungen

Art. 223 Maßnahmen zur Erleichterung der Verfahren. Ist nach diesem Teil ein Verfahren eingeleitet worden, so ergreifen die Staaten Maßnahmen zur Erleichterung der Anhörung von Zeugen und der Zulassung des Beweismaterials, das von Behörden eines anderen Staates oder von der zuständigen internationalen Organisation vorgelegt wird, und erleichtern die Teilnahme amtlicher Vertreter der zuständigen internationalen Organisation, des Flaggenstaats und jedes Staates, der von einer Verschmutzung aufgrund eines Verstoßes betroffen ist, an diesem Verfahren. Die an einem solchen Verfahren teilnehmenden amtlichen Vertreter haben alle Rechte und Pflichten, die ihnen nach innerstaatlichem Recht oder Völkerrecht zustehen.

Art. 224 Ausübung von Durchsetzungsbefugnissen. Die Durchsetzungsbefugnisse gegenüber fremden Schiffen aufgrund dieses Teiles dürfen nur von amtlich beauftragten Personen oder von Kriegsschiffen, Militärluftfahrzeugen oder anderen Schiffen oder Luftfahrzeugen ausgeübt werden, die deutlich als im Staatsdient stehend gekennzeichnet und als solche erkennbar sind und die hierzu befugt sind.

Art. 225 Pflicht zur Vermeidung nachteiliger Folgen bei der Ausübung von Durchsetzungsbefugnissen. Bei der Ausübung ihrer Durchsetzungsbefugnisse gegenüber fremden Schiffen aufgrund dieses Übereinkommens dürfen die Staaten die Sicherheit der Schifffahrt nicht gefährden und ein Schiff nicht auf andere Weise gefährden oder zu einem unsicheren Hafen oder Ankerplatz bringen oder die Meeresumwelt einer unverhältnismäßig großen Gefahr aussetzen.

Art. 226 Untersuchung fremder Schiffe. (1) a) Die Staaten dürfen ein fremdes Schiff nicht länger aufhalten, als es für die Zwecke der in den Artikeln 216, 218 und 220 vorgesehenen Untersuchungen unerläßlich ist. Jede Überprüfung an Bord eines fremden Schiffes hat sich auf eine Prüfung der Zeugnisse, Aufzeichnungen und sonstigen Dokumente zu beschränken, die das Schiff nach allgemein anerkannten internationalen Regeln und Normen mitführen muß, oder auf die Prüfung ähnlicher mitgeführter Dokumente; eine weitergehende Überprüfung an Bord des Schiffes darf nur nach einer solchen Prüfung und nur dann vorgenommen werden, wenn

i) eindeutige Gründe für die Annahme bestehen, daß der Zustand des Schiffes oder seiner Ausrüstung in wesentlichen Punkten den Angaben dieser Dokumente nicht entspricht;

ii) der Inhalt dieser Dokumente nicht ausreicht, um einen mutmaßlichen Verstoß zu bestätigen oder nachzuweisen oder

iii) das Schiff keine gültigen Zeugnisse und Aufzeichnungen mitführt.

b) Ergibt die Untersuchung, daß ein Verstoß gegen die anwendbaren Gesetze und sonstigen Vorschriften oder internationale Regeln und Normen zum Schutz und zur Bewahrung der Meeresumwelt vorliegt, so wird das Schiff in Anwendung angemessener Verfahren, wie der Hinterlegung einer Kaution oder der Leistung einer anderen geeigneten finanziellen Sicherheit, sofort freigegeben.

c) Unbeschadet der anwendbaren internationalen Regeln und Normen über die Seetüchtigkeit von Schiffen kann die Freigabe eines Schiffes, wenn sie eine unverhältnismäßig große Gefahr einer Schädigung der Meeresumwelt darstellen würde, verweigert oder davon abhängig gemacht werden, daß das Schiff die nächstgelegene geeignete Reparaturwerft anläuft. Wird die Freigabe verweigert oder von Bedingungen abhängig gemacht, so muß der Flaggenstaat des Schiffes sofort benachrichtigt werden; er kann in Übereinstimmung mit Teil XV die Freigabe des Schiffes zu erreichen suchen.

(2) Die Staaten arbeiten bei der Entwicklung von Verfahren zur Vermeidung unnötiger Überprüfungen an Bord von Schiffen auf See zusammen.

Art. 227 Nichtdiskriminierung in bezug auf fremde Schiffe. Bei der Ausübung ihrer Rechte und der Erfüllung ihrer Pflichten aus diesem Teil dürfen die Staaten die Schiffe eines anderen Staates rechtlich oder tatsächlich nicht diskriminieren.

Art. 228 Aussetzung und Beschränkungen im Fall von Strafverfahren. (1) Ein Verfahren zur Ahndung eines Verstoßes gegen die anwendbaren Gesetze und sonstigen Vorschriften oder internationale Regeln und Normen zur Verhütung, Verringerung und Überwachung der Verschmutzung durch Schiffe, den ein fremdes Schiff außerhalb des Küstenmeers des das Verfahren einleitenden Staates begangen hat, wird ausgesetzt, wenn der Flaggenstaat innerhalb von sechs Monaten nach Einleitung des ersten Verfahrens selbst ein Verfahren zur Ahndung desselben Verstoßes einleitet, sofern sich das erste Verfahren nicht auf eine schwere Schädigung des Küstenstaats bezieht oder der betreffende Flaggenstaat wiederholt seine Verpflichtung mißachtet hat, die anwendbaren internationalen Regeln und Normen in bezug auf die von seinen Schiffen begangenen Verstöße wirksam durchzusetzen. Hat der Flaggenstaat die Aussetzung des Verfahrens in Übereinstimmung mit diesem Artikel verlangt, so stellt er dem Staat, der zuvor das Verfahren eingeleitet hat, zu gegebener Zeit die vollständigen Unterlagen des Falles und die Verhandlungsprotokolle zur Verfügung. Ist das vom Flaggenstaat eingeleitete Verfahren zum Abschluß gebracht worden, so wird das ausgesetzte Verfahren eingestellt. Nach Zahlung der Verfahrenskosten wird jede im Zusammenhang mit dem ausgesetzten Verfahren hinterlegte Kaution oder andere finanzielle Sicherheit vom Küstenstaat freigegeben.

(2) Ein Verfahren gegen ein fremdes Schiff zur Ahndung von Verstößen darf nicht mehr eingeleitet werden, wenn seit dem Tag, an dem der Verstoß begangen wurde, drei Jahre vergangen sind; ein Verfahren darf auch dann nicht von einem Staat eingeleitet werden, wenn ein anderer Staat unter Beachtung des Absatzes 1 ein Verfahren eingeleitet hat.

(3) Dieser Artikel berührt nicht das Recht des Flaggenstaats, ungeachtet früherer Verfahren seitens eines anderen Staates nach seinen eigenen Gesetzen Maßnahmen einschließlich eines Verfahrens zur Ahndung von Verstößen zu ergreifen.

Art. 229 Einleitung zivilgerichtlicher Verfahren. Dieses Übereinkommen berührt nicht das Recht auf Einleitung eines zivilgerichtlichen Verfahrens wegen einer Forderung aus Verlusten oder Schäden, die durch Verschmutzung der Meeresumwelt entstanden sind.

Art. 230 Geldstrafen und Wahrung der anerkannten Rechte des Angeklagten. (1) Bei Verstößen von fremden Schiffen außerhalb des Küstenmeers gegen innerstaatliche Gesetze und sonstige Vorschriften oder anwendbare internationale Regeln und Normen zur Verhütung, Verringerung und Überwachung der Verschmutzung der Meeresumwelt dürfen nur Geldstrafen verhängt werden.

(2) Bei Verstößen von fremden Schiffen im Küstenmeer gegen innerstaatliche Gesetze und sonstige Vorschriften oder anwendbare internationale Regeln und Normen zur Verhütung, Verringerung und Überwachung der Verschmutzung der Meeresumwelt dürfen nur Geldstrafen verhängt werden, ausgenommen im Fall einer vorsätzlichen schweren Verschmutzungshandlung im Küstenmeer.

(3) Bei der Durchführung eines Verfahrens wegen solcher von einem fremden Schiff begangener Verstöße, die zur Verhängung von Strafen führen können, sind die anerkannten Rechte des Angeklagten zu wahren.

Art. 231 Benachrichtigung des Flaggenstaats und anderer betroffener Staaten. Die Staaten benachrichtigen den Flaggenstaat und jeden anderen betroffenen Staat umgehend von allen nach Abschnitt 6 gegen fremde Schiffe ergriffenen Maßnahmen und legen dem Flaggenstaat alle amtlichen Berichte über diese Maßnahmen vor. Bei Verstößen, die im Küstenmeer begangen wurden, ist der Küstenstaat an diese Verpflichtungen nur in bezug auf Maßnahmen gebunden, die im Verlauf eines Verfahrens ergriffen wurden. Die Diplomaten oder Konsularbeamten und, soweit möglich, die Schiffahrtsbehörde des Flaggenstaats werden sofort von allen nach Abschnitt 6 gegen ein fremdes Schiff ergriffenen Maßnahmen unterrichtet.

Art. 232 Haftung der Staaten aufgrund von Durchsetzungsmaßnahmen. Die Staaten haften für ihnen zuzurechnende Schäden oder Verluste, die sich aus den nach Abschnitt 6 ergriffenen Maßnahmen ergeben, wenn diese Maßnahmen unrechtmäßig sind oder über die in Anbetracht der verfügbaren Informationen vernünftigerweise erforderlichen Maßnahmen hinausgehen. Die Staaten sehen den Rechtsweg zu ihren Gerichten für Klagen wegen solcher Schäden oder Verluste vor.

Art. 233 Schutzbestimmungen in bezug auf Meerengen, die der internationalen Schiffahrt dienen. Die Abschnitte 5, 6 und 7 berühren nicht die Rechtsordnung von Meerengen, die der internationalen Schiffahrt dienen. Hat jedoch ein fremdes Schiff, das nicht in Abschnitt 10 genannt ist, einen Verstoß gegen die in Artikel 42 Absatz 1 Buchstaben a und b genannten Gesetze und sonstigen Vorschriften begangen, durch den ein schwerer Schaden für die Meeresumwelt der Meerengen entstanden ist oder zu entstehen droht, so können die Meerengenanliegerstaaten geeignete Durchsetzungsmaßnahmen ergreifen, wobei sie diesen Abschnitt sinngemäß beachten.

Abschnitt 8. Eisbedeckte Gebiete[1]

Art. 234 Eisbedeckte Gebiete. Die Küstenstaaten haben das Recht, nichtdiskriminierende Gesetze und sonstige Vorschriften zur Verhütung, Verringerung und Überwachung der Meeresverschmutzung durch Schiffe in eisbedeckten Gebieten innerhalb der ausschließlichen Wirtschaftszone zu erlassen und durchzusetzen, wenn dort besonders strenge klimatische Bedingungen und das diese Gebiete während des größten Teiles des Jahres bedeckende Eis Hindernisse oder außergewöhnliche Gefahren für die Schiffahrt schaffen und die Verschmutzung der Meeresumwelt das ökologische Gleichgewicht ernstlich schädigen oder endgültig zerstören könnte. Diese Gesetze und sonstigen Vorschriften müssen die Schiffahrt sowie den Schutz und die Bewahrung der Meeresumwelt auf der Grundlage der besten verfügbaren wissenschaftlichen Angaben gebührend berücksichtigen.[2]

Abschnitt 9. Verantwortlichkeit und Haftung

Art. 235 Verantwortlichkeit und Haftung. (1) Die Staaten sind für die Erfüllung ihrer internationalen Verpflichtungen betreffend den Schutz und die Bewahrung der Meeresumwelt verantwortlich. Sie haften in Übereinstimmung mit dem Völkerrecht.

(2) Die Staaten stellen sicher, daß in Übereinstimmung mit ihrem Rechtssystem der Rechtsweg für umgehende und angemessene Entschädigung oder sonstigen Ersatz für Schäden gegeben ist, die durch Verschmutzung der Meeresumwelt seitens ihrer Gerichtsbarkeit unterstehender natürlicher oder juristischer Personen verursacht wurden.

(3) Um eine umgehende und angemessene Entschädigung für alle durch Verschmutzung der Meeresumwelt verursachten Schäden zu gewährleisten, arbeiten die Staaten bei der Anwendung des geltenden Völkerrechts und der Weiterentwicklung des Völkerrechts betreffend die Verantwortlichkeit und Haftung bezüglich der Bewertung von Schäden, der Entschädigung und der Beilegung damit zusammenhängender Streitigkeiten sowie gegebenenfalls bei der Entwicklung von Kriterien und Verfahren für die Leistung einer angemessenen Entschädigung, wie etwa Pflichtversicherung oder Entschädigungsfonds, zusammen.

---

[1] Vgl. nun auch die am 1.1.2017 in Kraft getretenen Änderungen des Internationalen Abkommens von 1974 zum Schutz des menschlichen Lebens auf See (SOLAS) durch Entschließung MSC.386(94) v. 21.11.2014 durch weitreichende Ergänzungen betr. die Schifffahrt in polaren Gewässern („Polar Code"), BGBl. 2016 II S. 1409.

[2] Einschlägige Gesetzgebung haben insbes. Kanada (Arctic Waters Pollution Prevention Act [AWPPA], R. S. C., 185, c. A-12, konsolidierte Fassung v. 18.6.2017: http://laws-lois.justice.gc.ca/PDF/A-12.pdf*) sowie* Russland (Rules of navigation in the water area of the Northern Sea Route, Order of the Ministry of Transport of Russia No 7, 17. Januar 2013: http://www.nsra.ru/en/pravila_plavaniya/ mit einem Annex v. 9.1.2017. http://www.nsra.ru/files/fileslist/20170403133102en-transl_ASMP.pdf) erlassen.

Abschnitt 10. Staatenimmunität

Art. 236 Staatenimmunität. Die Bestimmungen dieses Übereinkommens über den Schutz und die Bewahrung der Meeresumwelt finden keine Anwendung auf Kriegsschiffe, Flottenhilfsschiffe oder sonstige Schiffe oder Luftfahrzeuge, die einem Staat gehören oder von ihm

(Fortsetzung nächstes Blatt)

Abschnitt 10. Staatenimmunität

Art. 236 Staatenimmunität. Die Bestimmungen dieses Übereinkommens über den Schutz und die Bewahrung der Meeresumwelt finden keine Anwendung auf Kriegsschiffe, Flottenhilfsschiffe oder sonstige Schiffe oder Luftfahrzeuge, die einem Staat gehören oder von ihm

(Fortsetzung nächstes Blatt)

eingesetzt sind und die zum gegebenen Zeitpunkt im Staatsdienst ausschließlich für andere als Handelszwecke genutzt werden. Jedoch stellt jeder Staat durch geeignete Maßnahmen, die den Einsatz oder die Einsatzfähigkeit solcher ihm gehörender oder von ihm eingesetzter Schiffe oder Luftfahrzeuge nicht beeinträchtigen, sicher, daß diese, soweit zumutbar und durchführbar, in einer Weise betrieben werden, die mit dem Übereinkommen vereinbar ist.

Abschnitt 11. Verpflichtung aufgrund anderer Übereinkünfte über den Schutz und die Bewahrung der Meeresumwelt

Art. 237 Verpflichtungen aufgrund anderer Übereinkünfte über den Schutz und die Bewahrung der Meeresumwelt.

(1) Dieser Teil berührt weder die bestimmten Verpflichtungen, die Staaten aufgrund früher geschlossener besonderer Übereinkommen und Abkommen über den Schutz und die Bewahrung der Meeresumwelt übernommen haben, noch Übereinkünfte, die zur Ausgestaltung der in diesem Übereinkommen enthaltenen allgemeinen Grundsätze geschlossen werden können.

(2) Die von den Staaten aufgrund besonderer Übereinkünfte übernommenen bestimmten Verpflichtungen hinsichtlich des Schutzes und der Bewahrung der Meeresumwelt sollen in einer Weise erfüllt werden, die mit den allgemeinen Grundsätzen und Zielen dieses Übereinkommens vereinbar ist.

Teil XIII. Wissenschaftliche Meeresforschung

Abschnitt 1. Allgemeine Bestimmungen

Art. 238 Recht auf wissenschaftliche Meeresforschung. Alle Staaten – ungeachtet ihrer geographischen Lage – und die zuständigen internationalen Organisationen haben das Recht, wissenschaftliche Meeresforschung zu betreiben, vorbehaltlich der in diesem Übereinkommen festgelegten Rechte und Pflichten anderer Staaten.

Art. 239 Förderung der wissenschaftlichen Meeresforschung. Die Staaten und die zuständigen internationalen Organisationen fördern und erleichtern die Entwicklung und Durchführung der wissenschaftlichen Meeresforschung in Übereinstimmung mit diesem Übereinkommen.

Art. 240 Allgemeine Grundsätze für die Durchführung der wissenschaftlichen Meeresforschung. Für die Durchführung der wissenschaftlichen Meeresforschung gelten folgende Grundsätze:

a) Die wissenschaftliche Meeresforschung darf nur für friedliche Zwecke betrieben werden;

b) die wissenschaftliche Meeresforschung wird mit den geeigneten wissenschaftlichen Methoden und Mitteln betrieben, die mit diesem Übereinkommen vereinbar sind;

c) die wissenschaftliche Meeresforschung darf die sonstige rechtmäßige, mit diesem Übereinkommen zu vereinbarende Nutzung des Meeres nicht ungerechtfertigt beeinträchtigen; sie wird bei dieser Nutzung gebührend berücksichtigt;

d) die wissenschaftliche Meeresforschung wird in Übereinstimmung mit allen diesbezüglichen, im Einklang mit diesem Übereinkommen erlassenen Vorschriften, einschließlich derjenigen zum Schutz und zur Bewahrung der Meeresumwelt, betrieben.

Art. 241 Nichtanerkennung von Tätigkeiten der wissenschaftlichen Meeresforschung als Rechtsgrundlage für Ansprüche. Tätigkeiten der wissenschaftlichen Meeresforschung bilden keine Rechtsgrundlage für einen Anspruch auf irgendeinen Teil der Meeresumwelt oder ihrer Ressourcen.

Abschnitt 2. Internationale Zusammenarbeit

Art. 242 Förderung der internationalen Zusammenarbeit. (1) Die Staaten und die zuständigen internationalen Organisationen fördern in Übereinstimmung mit dem Grundsatz der Achtung der Souveränität und der Hoheitsbefugnisse sowie auf der Grundlage des gegenseitigen Nutzens die internationale Zusammenarbeit bei der wissenschaftlichen Meeresforschung für friedliche Zwecke.

(2) In diesem Zusammenhang und unbeschadet der Rechte und Pflichten der Staaten aus diesem Übereinkommen gibt ein Staat bei der Anwendung dieses Teiles gegebenenfalls anderen Staaten ausreichend Gelegenheit, von ihm oder unter seiner Mitwirkung die notwendigen Informationen zu erhalten, um Schäden an der Gesundheit und Sicherheit der Menschen sowie an der Meeresumwelt zu verhüten und einzudämmen.

Art. 243 Schaffung günstiger Bedingungen. Die Staaten und die zuständigen internationalen Organisationen arbeiten durch den Abschluß zweiseitiger und mehrseitiger Übereinkünfte zusammen, um günstige Bedingungen für die Durchführung der wissenschaftlichen Meeresforschung in der Meeresumwelt zu schaffen und um die Bemühungen der Wissenschaftler bei der Untersuchung des Wesens der in der Meeresumwelt vorkommenden Erscheinungen und Vorgänge und ihrer Wechselbeziehungen zu vereinen.

Art. 244 Veröffentlichung und Verbreitung von Informationen und Kenntnissen. (1) Die Staaten und die zuständigen internationalen Organisationen stellen in Übereinstimmung mit diesem Übereinkommen durch Veröffentlichung und Verbreitung auf geeigneten Wegen Informationen über die geplanten größeren Programme und ihre Ziele sowie die aus der wissenschaftlichen Meeresforschung gewonnenen Kenntnisse zur Verfügung.

(2) Zu diesem Zweck fördern die Staaten sowohl einzeln als auch in Zusammenarbeit mit anderen Staaten und mit den zuständigen internationalen Organisationen aktiv den Fluß wissenschaftlicher Daten und Informationen, die Weitergabe der aus der wissenschaftlichen Meeresforschung gewonnenen Kenntnisse vor allem an Entwicklungsstaaten sowie die Stärkung der Fähigkeit dieser Staaten, selbständig wissenschaftliche Meeresforschung zu betreiben, unter anderem durch Programme zur angemessenen Ausbildung und Schulung ihres technischen und wissenschaftlichen Personals.

Abschnitt 3. Durchführung und Förderung der wissenschaftlichen Meeresforschung

Art. 245 Wissenschaftliche Meeresforschung im Küstenmeer. Die Küstenstaaten haben in Ausübung ihrer Souveränität das ausschließliche Recht, die wissenschaftliche Meeresforschung in ihrem Küstenmeer zu regeln, zu genehmigen und zu betreiben. Die wissenschaftliche Meeresforschung darf dort nur mit ausdrücklicher Zustimmung des Küstenstaats und zu den von ihm festgelegten Bedingungen betrieben werden.

Art. 246 Wissenschaftliche Meeresforschung in der ausschließlichen Wirtschaftszone und auf dem Festlandsockel. (1) Die Küstenstaaten haben in Ausübung ihrer Hoheitsbefugnisse das Recht, die wissenschaftliche Meeresforschung in ihrer ausschließlichen Wirtschaftszone und auf ihrem Festlandsockel in Übereinstimmung mit den diesbezüglichen Bestimmungen dieses Übereinkommens zu regeln, zu genehmigen und zu betreiben.

(2) Die wissenschaftliche Meeresforschung in der ausschließlichen Wirtschaftszone und auf dem Festlandsockel wird mit Zustimmung des Küstenstaats betrieben.

(3) Unter normalen Umständen erteilen die Küstenstaaten ihre Zustimmung zu Vorhaben der wissenschaftlichen Meeresforschung anderer Staaten oder zuständiger internationaler Organisationen in ihrer ausschließlichen Wirtschaftszone oder auf ihrem Festlandsockel, die in Übereinstimmung mit diesem Übereinkommen für ausschließlich friedliche Zwecke und zur Erweiterung der wissenschaftlichen Kenntnisse über die Meeresumwelt zum Nutzen der gesamten Menschheit durchzuführen sind. Zu diesem Zweck stellen die Küstenstaaten Re-

geln und Verfahren auf, durch die sichergestellt wird, daß diese Zustimmung nicht unangemessen verzögert oder mißbräuchlich verweigert wird.

(4) Für die Anwendung des Absatzes 3 können normale Umstände auch dann gegeben sein, wenn zwischen dem Küstenstaat und dem Forschungsstaat diplomatische Beziehungen fehlen.

(5) Die Küstenstaaten können jedoch nach eigenem Ermessen ihre Zustimmung zur Durchführung eines Vorhabens der wissenschaftlichen Meeresforschung durch einen anderen Staat oder eine zuständige internationale Organisation in ihrer ausschließlichen Wirtschaftszone oder auf ihrem Festlandsockel versagen, wenn das Vorhaben

a) von unmittelbarer Bedeutung für die Erforschung und Ausbeutung der lebenden oder nichtlebenden Ressourcen ist;

b) Bohrungen im Festlandsockel, die Verwendung von Sprengstoffen oder die Zuführung von Schadstoffen in die Meeresumwelt vorsieht;

c) die Errichtung, den Betrieb oder die Nutzung der in den Artikeln 60 und 80 genannten künstlichen Inseln, Anlagen und Bauwerke vorsieht;

d) nach Artikel 248 übermittelte Informationen über Art und Ziele des Vorhabens enthält, die unzutreffend sind, oder wenn der Staat oder die zuständige internationale Organisation, welche die Forschung betreiben, aus einem früheren Forschungsvorhaben herrührende Verpflichtungen gegenüber dem Küstenstaat nicht erfüllt hat.

(6) Ungeachtet des Absatzes 5 dürfen die Küstenstaaten ihr Ermessen nicht so ausüben, daß sie ihre Zustimmung nach Buchstabe a jenes Absatzes für Vorhaben der wissenschaftlichen Meeresforschung versagen, die in Übereinstimmung mit diesem Teil auf dem Festlandsockel jenseits von 200 Seemeilen von den Basislinien, von denen aus die Breite des Küstenmeers gemessen wird, außerhalb der bestimmten Gebiete durchgeführt werden sollen, welche die Küstenstaaten jederzeit öffentlich als Gebiete bezeichnen können, in denen auf diese Gebiete bezogene Ausbeutung oder eingehende Aufsuchungsarbeiten erfolgen oder innerhalb einer angemessenen Frist erfolgen werden. Die Küstenstaaten geben die von ihnen bezeichneten Gebiete und alle sich auf sie beziehenden Änderungen innerhalb einer angemessenen Frist bekannt; sie sind jedoch nicht verpflichtet, Einzelheiten der dort durchgeführten Arbeiten bekanntzugeben.

(7) Absatz 6 berührt nicht die Rechte der Küstenstaaten am Festlandsockel nach Artikel 77.

(8) Die in diesem Artikel genannten Tätigkeiten der wissenschaftlichen Meeresforschung dürfen die Tätigkeiten, die von den Küstenstaaten in Ausübung ihrer in diesem Übereinkommen vorgesehenen souveränen Rechte und Hoheitsbefugnisse durchgeführt werden, nicht ungerechtfertigt behindern.

Art. 247 Vorhaben der wissenschaftlichen Meeresforschung, die von internationalen Organisationen oder unter ihrer Schirmherrschaft durchgeführt werden. Die Genehmigung eines Küstenstaats, der Mitglied einer internationalen Organisation ist oder eine zweiseitige Übereinkunft mit einer solchen Organisation geschlossen hat und in dessen ausschließlicher Wirtschaftszone oder auf dessen Festlandsockel diese Organisation beabsichtigt, ein Vorhaben der wissenschaftlichen Meeresforschung selbst durchzuführen oder unter ihrer Schirmherrschaft durchführen zu lassen, gilt bezüglich des Vorhabens als erteilt, das entsprechend den vereinbarten Einzelheiten durchgeführt werden soll, sofern der Küstenstaat das Vorhaben in allen Einzelheiten billigte, als die Organisation die Durchführung des Vorhabens beschloß, oder sofern er zur Teilnahme daran bereit ist und nicht binnen vier Monaten nach dem Zeitpunkt, zu dem die Organisation ihn von dem Vorhaben unterrichtet hat, dagegen Einspruch erhebt.

Art. 248 Informationspflicht gegenüber dem Küstenstaat. Die Staaten und die zuständigen internationalen Organisationen, die wissenschaftliche Meeresforschung in der ausschließlichen Wirtschaftszone oder auf dem Festlandsockel eines Küstenstaats zu betreiben beabsichtigen, unterbreiten diesem Staat mindestens sechs Monate vor dem vorgesehenen Beginn des Vorhabens der wissenschaftlichen Meeresforschung vollständige Angaben über

a) die Art und die Ziele des Vorhabens;

b) die Methode und die Mittel, die angewendet werden sollen, einschließlich des Namens, des Raumgehalts, des Typs und der Klasse der Schiffe und eine Beschreibung der wissenschaftlichen Ausrüstung;

c) die genauen geographischen Gebiete, in denen das Vorhaben durchgeführt werden soll;

d) das vorgesehene Datum des ersten Eintreffens und der endgültigen Abfahrt der Forschungsschiffe beziehungsweise des Aufstellens und der Entfernung der Ausrüstung;

e) den Namen der das Vorhaben befürwortenden Institution, ihres Leiters und der für das Vorhaben verantwortlichen Person und

f) das Ausmaß, in dem sich der Küstenstaat voraussichtlich an dem Vorhaben beteiligen oder dabei vertreten lassen kann.

Art. 249 Pflicht zur Erfüllung bestimmter Auflagen. (1) Die Staaten und die zuständigen internationalen Organisationen erfüllen bei der Durchführung der wissenschaftlichen Meeresforschung in der ausschließlichen Wirtschaftszone oder auf dem Festlandsockel eines Küstenstaats folgende Auflagen:

a) Sie stellen das Recht des Küstenstaats sicher, auf Wunsch an dem Vorhaben der wissenschaftlichen Meeresforschung teilzunehmen oder dabei vertreten zu sein, insbesondere, soweit dies möglich ist, an Bord von Forschungsschiffen und sonstigen Fahrzeugen oder auf wissenschaftlichen Forschungsanlagen, und zwar ohne Zahlung einer Vergütung an die Wissenschaftler des Küstenstaats und ohne Verpflichtung für diesen, sich an den Kosten des Vorhabens zu beteiligen;

b) sie stellen dem Küstenstaat auf dessen Ersuchen so bald wie möglich vorläufige Berichte und nach Abschluß der Forschungsarbeiten die endgültigen Ergebnisse und Schlußfolgerungen zur Verfügung;

c) sie verpflichten sich, dem Küstenstaat auf dessen Ersuchen Zugang zu allen aus dem Vorhaben der wissenschaftlichen Meeresforschung gewonnenen Daten und Proben zu gewähren sowie ihm Daten, die vervielfältigt werden können, und Proben, die ohne Beeinträchtigung ihres wissenschaftlichen Wertes geteilt werden können, zur Verfügung zu stellen;

d) sie stellen dem Küstenstaat auf dessen Ersuchen eine Beurteilung dieser Daten, Proben und Forschungsergebnisse zur Verfügung oder unterstützen ihn bei ihrer Beurteilung oder Auslegung;

e) sie stellen vorbehaltlich des Absatzes 2 sicher, daß die Forschungsergebnisse so bald wie möglich auf geeigneten nationalen oder internationalen Wegen international zugänglich gemacht werden;

f) sie teilen dem Küstenstaat sofort jede größere Änderung im Forschungsprogramm mit;

g) sie entfernen, wenn nichts anderes vereinbart ist, die Anlagen oder Ausrüstungen für die wissenschaftliche Forschung, sobald die Forschungsarbeiten abgeschlossen sind.

(2) Dieser Artikel berührt nicht die durch Gesetze und sonstige Vorschriften des Küstenstaats festgelegten Bedingungen für die Ausübung seines Ermessens, nach Artikel 246 Absatz 5 die Zustimmung zu erteilen oder zu versagen, einschließlich der Verpflichtung, sein vorheriges Einverständnis einzuholen, um die Forschungsergebnisse eines Vorhabens, das von unmittelbarer Bedeutung für die Erforschung und Ausbeutung von Ressourcen ist, international zugänglich zu machen.

Art. 250 Mitteilungen über Vorhaben der wissenschaftlichen Meeresforschung. Mitteilungen über Vorhaben der wissenschaftlichen Meeresforschung erfolgen auf geeigneten amtlichen Wegen, sofern nichts anderes vereinbart ist.

Art. 251 Allgemeine Kriterien und Richtlinien. Die Staaten bemühen sich, durch die zuständigen internationalen Organisationen die Aufstellung allgemeiner Kriterien und Richtlinien zu fördern, um den Staaten bei der Bestimmung der Art und der Folgen der wissenschaftlichen Meeresforschung zu helfen.

Art. 252 Stillschweigende Zustimmung. Die Staaten oder die zuständigen internationalen Organisationen können mit einem Vorhaben der wissenschaftlichen Meeresforschung sechs Monate nach dem

Tag beginnen, an dem die nach Artikel 248 erforderlichen Informationen dem Küstenstaat zur Verfügung gestellt wurden, sofern dieser Staat nicht innerhalb von vier Monaten nach Eingang der Informationen dem Staat oder der Organisation, welche die Forschung betreiben, mitgeteilt hat,

a) daß er seine Zustimmung nach Artikel 246 versagt;
b) daß die von dem betreffenden Staat oder der betreffenden zuständigen internationalen Organisation übermittelten Informationen über die Art oder die Ziele des Vorhabens nicht den offensichtlichen Tatsachen entsprechen;
c) daß er zusätzliche Informationen bezüglich der in den Artikeln 248 und 249 vorgesehenen Auflagen und Informationen benötigt oder
d) daß Verpflichtungen hinsichtlich der Auflagen des Artikels 249 in bezug auf ein von diesem Staat oder dieser Organisation durchgeführtes früheres Vorhaben der wissenschaftlichen Meeresforschung noch nicht erfüllt sind.

Art. 253 Unterbrechung oder Einstellung von Tätigkeiten der wissenschaftlichen Meeresforschung. (1) Der Küstenstaat hat das Recht, die Unterbrechung jeder in seiner ausschließlichen Wirtschaftszone oder auf seinem Festlandsockel bereits aufgenommenen Tätigkeit der wissenschaftlichen Meeresforschung zu verlangen,

a) wenn die Forschungstätigkeit nicht in Übereinstimmung mit den nach Artikel 248 übermittelten Informationen durchgeführt wird, auf die sich die Zustimmung des Küstenstaats stützte, oder
b) wenn der Staat oder die zuständige internationale Organisation, welche die Forschungstätigkeit durchführen, die Bestimmungen des Artikels 249 über die Rechte des Küstenstaats in bezug auf das Vorhaben der wissenschaftlichen Meeresforschung nicht einhält.

(2) Der Küstenstaat hat das Recht, bei Nichteinhaltung der Bestimmungen des Artikels 248, die zu einer größeren Änderung des Forschungsvorhabens oder der Forschungstätigkeit führt, die Einstellung aller Tätigkeiten der wissenschaftlichen Meeresforschung zu verlangen.

(3) Der Küstenstaat kann auch die Einstellung von Tätigkeiten der wissenschaftlichen Meeresforschung verlangen, wenn einer der in Absatz 1 genannten Umstände nicht innerhalb einer angemessenen Frist behoben ist.

(4) Nach Eingang der Notifikation des Küstenstaats über seinen Beschluß, die Unterbrechung oder Einstellung von Tätigkeiten der wissenschaftlichen Meeresforschung anzuordnen, beenden die zur Durchführung dieser Tätigkeiten befugten Staaten oder zuständigen internationalen Organisationen die Forschungstätigkeiten, die Gegenstand dieser Notifikation sind.

(5) Eine Anordnung auf Unterbrechung nach Absatz 1 wird vom Küstenstaat aufgehoben, und die Tätigkeiten der wissenschaftlichen

Meeresforschung dürfen fortgeführt werden, sobald der Staat oder die zuständige internationale Organisation, welche die Forschung betreiben, die Auflagen nach den Artikeln 248 und 249 erfüllt hat.

Art. 254 Rechte benachbarter Binnenstaaten und geographisch benachteiligter Staaten. (1) Die Staaten und die zuständigen internationalen Organisationen, die einem Küstenstaat ein Vorhaben der wissenschaftlichen Meeresforschung nach Artikel 246 Absatz 3 unterbreitet haben, unterrichten die benachbarten Binnenstaaten und geographisch benachteiligten Staaten von dem geplanten Forschungsvorhaben und teilen dies dem Küstenstaat mit.

(2) Nachdem der betreffende Küstenstaat in Übereinstimmung mit Artikel 246 und anderen einschlägigen Bestimmungen dieses Übereinkommens die Zustimmung zu dem geplanten Vorhaben der wissenschaftlichen Meeresforschung erteilt hat, stellen die Staaten und die zuständigen internationalen Organisationen, die das Vorhaben durchführen, den benachbarten Binnenstaaten und geographisch benachteiligten Staaten auf deren Ersuchen gegebenenfalls sachdienliche Informationen nach Maßgabe des Artikels 248 und des Artikels 249 Absatz 1 Buchstabe f zur Verfügung.

(3) Die obengenannten benachbarten Binnenstaaten und geographisch benachteiligten Staaten erhalten auf ihr Ersuchen Gelegenheit, soweit es durchführbar ist, durch von ihnen benannte und vom Küstenstaat nicht abgelehnte befähigte Fachleute an dem geplanten Vorhaben der wissenschaftlichen Meeresforschung in Übereinstimmung mit den Auflagen teilzunehmen, die zwischen dem betreffenden Küstenstaat und dem Staat oder den zuständigen internationalen Organisationen, welche die wissenschaftliche Meeresforschung betreiben, im Einklang mit diesem Übereinkommen für das Vorhaben vereinbart worden sind.

(4) Die in Absatz 1 bezeichneten Staaten und zuständigen internationalen Organisationen stellen den obengenannten Binnenstaaten und geographisch benachteiligten Staaten auf ihr Ersuchen die Informationen und die Unterstützung nach Artikel 249 Absatz 1 Buchstabe d vorbehaltlich des Artikels 249 Absatz 2 zur Verfügung.

Art. 255 Maßnahmen zur Erleichterung der wissenschaftlichen Meeresforschung und zur Unterstützung von Forschungsschiffen. Die Staaten bemühen sich, geeignete Regeln, Vorschriften und Verfahren zu erlassen, um die in Übereinstimmung mit diesem Übereinkommen außerhalb ihres Küstenmeers betriebene wissenschaftliche Meeresforschung zu fördern und zu erleichtern und um gegebenenfalls, vorbehaltlich ihrer Gesetze und sonstigen Vorschriften, den der wissenschaftlichen Meeresforschung dienenden Schiffen, welche die einschlägigen Bestimmungen dieses Teiles einhalten, den Zugang zu ihren Häfen zu erleichtern und die Unterstützung dieser Schiffe zu fördern.

Art. 256 Wissenschaftliche Meeresforschung im Gebiet. Alle Staaten – ungeachtet ihrer geographischen Lage – und die zuständigen internationalen Organisationen haben das Recht, im Einklang mit Teil XI wissenschaftliche Meeresforschung im Gebiet zu betreiben.

Art. 257 Wissenschaftliche Meeresforschung in der Wassersäule jenseits der Grenzen der ausschließlichen Wirtschaftszone. Alle Staaten – ungeachtet ihrer geographischen Lage – und die zuständigen internationalen Organisationen haben das Recht, im Einklang mit diesem Übereinkommen wissenschaftliche Meeresforschung in der Wassersäule jenseits der Grenzen der ausschließlichen Wirtschaftszone zu betreiben.

Abschnitt 4. Anlagen und Ausrüstungen für die wissenschaftliche Forschung in der Meeresumwelt

Art. 258 Aufstellung und Nutzung. Die Aufstellung und Nutzung von Anlagen oder Ausrüstungen jeder Art für die wissenschaftliche Forschung in irgendeinem Gebiet der Meeresumwelt unterliegen denselben Auflagen, die in diesem Übereinkommen für die Durchführung wissenschaftlicher Meeresforschung in einem solchen Gebiet vorgeschrieben sind.

Art. 259 Rechtsstatus. Die in diesem Abschnitt bezeichneten Anlagen oder Ausrüstungen haben nicht den Status von Inseln. Sie haben kein eigenes Küstenmeer, und ihr Vorhandensein berührt nicht die Abgrenzung des Küstenmeers, der ausschließlichen Wirtschaftszone oder des Festlandsockels.

Art. 260 Sicherheitszonen. Um die wissenschaftlichen Forschungsanlagen herum können in Übereinstimmung mit den diesbezüglichen Bestimmungen dieses Übereinkommens Sicherheitszonen mit einer angemessenen Breite von höchstens 500 Metern festgelegt werden. Alle Staaten stellen sicher, daß ihre Schiffe diese Sicherheitszonen beachten.

Art. 261 Nichtbehinderung auf Schiffahrtswegen. Die Aufstellung und Nutzung von Anlagen oder Ausrüstungen jeder Art für die wissenschaftliche Forschung dürfen die Schiffahrt auf den international genutzten Schiffahrtswegen nicht behindern.

Art. 262 Kennzeichnungen und Warnsignale. Die in diesem Abschnitt genannten Anlagen oder Ausrüstungen müssen Kennzeichnungen tragen, die angeben, in welchem Staat sie registriert sind oder welcher internationalen Organisation sie gehören; sie müssen mit geeigneten international vereinbarten Warnsignalen versehen sein, um die Sicherheit auf See und die Sicherheit der Luftfahrt zu gewährleisten, wobei die von den zuständigen internationalen Organisationen aufgestellten Regeln und Normen berücksichtigt werden.

Abschnitt 5. Verantwortlichkeit und Haftung

Art. 263 Verantwortlichkeit und Haftung. (1) Die Staaten und die zuständigen internationalen Organisationen sind verpflichtet sicherzustellen, daß die von ihnen oder in ihrem Namen betriebene wissenschaftliche Meeresforschung in Übereinstimmung mit diesem Übereinkommen durchgeführt wird.

(2) Die Staaten und die zuständigen internationalen Organisationen sind für Maßnahmen verantwortlich und haftbar, die sie unter Verletzung dieses Übereinkommens hinsichtlich der von anderen Staaten, ihren natürlichen oder juristischen Personen oder von zuständigen internationalen Organisationen betriebenen wissenschaftlichen Meeresforschung ergreifen, und leisten Schadensersatz für die sich aus diesen Maßnahmen ergebenden Schäden.

(3) Die Staaten und die zuständigen internationalen Organisationen sind nach Artikel 235 für Schäden verantwortlich und haftbar, die durch Verschmutzung der Meeresumwelt infolge der von ihnen oder in ihrem Namen durchgeführten wissenschaftlichen Meeresforschung verursacht wurden.

Abschnitt 6. Beilegung von Streitigkeiten und einstweilige Maßnahmen

Art. 264 Beilegung von Streitigkeiten. Streitigkeiten über die Auslegung oder Anwendung der Bestimmungen dieses Übereinkommens über die wissenschaftliche Meeresforschung werden in Übereinstimmung mit Teil XV Abschnitte 2 und 3 beigelegt.

Art. 265 Einstweilige Maßnahmen. Solange eine Streitigkeit nicht in Übereinstimmung mit Teil XV Abschnitte 2 und 3 beigelegt ist, gestattet der Staat oder die zuständige internationale Organisation, die zur Durchführung eines Vorhabens der wissenschaftlichen Meeresforschung befugt sind, nicht, daß Forschungstätigkeiten ohne ausdrückliche Zustimmung des betreffenden Küstenstaats begonnen oder fortgeführt werden.

Teil XIV. Entwicklung und Weitergabe von Meerestechnologie

Abschnitt 1. Allgemeine Bestimmungen

Art. 266 Förderung der Entwicklung und Weitergabe von Meerestechnologie. (1) Die Staaten arbeiten, soweit es ihnen möglich ist, unmittelbar oder im Rahmen der zuständigen internationalen

Organisationen zusammen, um die Entwicklung und Weitergabe von meereswissenschaftlichen Kenntnissen und von Meerestechnologie zu angemessenen und annehmbaren Bedingungen aktiv zu fördern.

(2) Die Staaten fördern die Entwicklung der meereswissenschaftlichen und technologischen Leistungsfähigkeit der Staaten, die technische Hilfe auf diesem Gebiet benötigen und um diese ersuchen, insbesondere der Entwicklungsstaaten einschließlich der Binnenstaaten und der geographisch benachteiligten Staaten, im Hinblick auf die Erforschung, Ausbeutung, Erhaltung und Bewirtschaftung der Meeresressourcen, den Schutz und die Bewahrung der Meeresumwelt, die wissenschaftliche Meeresforschung und sonstige Tätigkeiten in der Meeresumwelt, die mit diesem Übereinkommen vereinbar sind, um den sozialen und wirtschaftlichen Fortschritt der Entwicklungsstaaten zu beschleunigen.

(3) Die Staaten bemühen sich, günstige wirtschaftliche und rechtliche Bedingungen für die Weitergabe von Meerestechnologie zum Nutzen aller Beteiligten auf gerechter Grundlage zu fördern.

Art. 267 Schutz berechtigter Interessen. Die Staaten nehmen bei der Förderung der Zusammenarbeit nach Artikel 266 gebührend Rücksicht auf alle berechtigten Interessen, insbesondere auf die Rechte und Pflichten der Inhaber, Lieferer und Empfänger von Meerestechnologie.

Art. 268 Grundlegende Ziele. Die Staaten fördern unmittelbar oder im Rahmen der zuständigen internationalen Organisationen

a) den Erwerb, die Auswertung und die Verbreitung meerestechnologischer Kenntnisse und erleichtern den Zugang zu den entsprechenden Informationen und Daten;
b) die Entwicklung geeigneter Meerestechnologie;
c) die Entwicklung der notwendigen technologischen Infrastruktur zur Erleichterung der Weitergabe von Meerestechnologie;
d) die Erschließung des Arbeitskräftepotentials durch Schulung und Ausbildung von Angehörigen der Entwicklungsstaaten und -länder, insbesondere von Staatsangehörigen der am wenigsten entwickelten unter ihnen;
e) die internationale Zusammenarbeit auf allen Ebenen, insbesondere im regionalen, subregionalen und zweiseitigen Rahmen.

Art. 269 Maßnahmen zur Erreichung der grundlegenden Ziele. Um die in Artikel 268 genannten Ziele zu erreichen, bemühen sich die Staaten unmittelbar oder im Rahmen der zuständigen internationalen Organisationen unter anderem,

a) Programme der technischen Zusammenarbeit bei der wirksamen Weitergabe aller Arten von Meerestechnologie an Staaten aufzustellen, die technische Hilfe auf diesem Gebiet benötigen und um diese ersuchen, insbesondere an Binnenstaaten und geographisch benachteiligte Staaten, die Entwicklungsstaaten sind, sowie an andere Entwicklungsstaaten, die nicht in der Lage waren, ihre eigene technologische Kapazität im Bereich der Meereswissenschaft und der Erforschung und Ausbeutung der Meeresressourcen entweder zu schaffen oder auszubauen oder die Infrastruktur für eine solche Technologie zu entwickeln;

b) günstige Bedingungen für den Abschluß von Übereinkünften, Verträgen und anderen ähnlichen Vereinbarungen zu gerechten und annehmbaren Bedingungen zu fördern;

c) Konferenzen, Seminare und Symposien über wissenschaftliche und technologische Themen abzuhalten, insbesondere über Leitsätze und Methoden zur Weitergabe von Meerestechnologie;

d) den Austausch von Wissenschaftlern, Technologen und anderen Fachleuten zu fördern;

e) Vorhaben durchzuführen sowie gemeinschaftliche Unternehmungen und andere Formen der zweiseitigen und mehrseitigen Zusammenarbeit zu fördern.

Abschnitt 2. Internationale Zusammenarbeit

Art. 270 Formen der internationalen Zusammenarbeit. Die internationale Zusammenarbeit bei der Entwicklung und Weitergabe von Meerestechnologie wird, soweit durchführbar und angebracht, im Rahmen bestehender zweiseitiger, regionaler oder mehrseitiger und auch erweiterter und neuer Programme durchgeführt, um die wissenschaftliche Meeresforschung, die Weitergabe von Meerestechnologie insbesondere in neuen Bereichen sowie eine angemessene internationale Finanzierung der Erforschung und Erschließung der Meere zu erleichtern.

Art. 271 Richtlinien, Kriterien und Normen. Die Staaten fördern unmittelbar oder im Rahmen der zuständigen internationalen Organisationen die Festlegung allgemein anerkannter Richtlinien, Kriterien und Normen für die Weitergabe von Meerestechnologie auf zweiseitiger Grundlage oder im Rahmen internationaler Organisationen und anderer Gremien, wobei insbesondere den Interessen und Bedürfnissen der Entwicklungsstaaten Rechnung getragen wird.

Art. 272 Koordinierung internationaler Programme. Im Bereich der Weitergabe von Meerestechnologie bemühen sich die Staaten sicherzustellen, daß die zuständigen internationalen Organisationen ihre Tätigkeiten einschließlich regionaler oder weltweiter Programme *koordinieren,* wobei den Interessen und Bedürfnissen der Entwicklungsstaaten, insbesondere der Binnenstaaten und der geographisch benachteiligten Staaten, Rechnung getragen wird.

Art. 273 Zusammenarbeit mit internationalen Organisationen und der Behörde. Die Staaten arbeiten mit den zuständigen internationalen Organisationen und der Behörde aktiv zusammen, um die Weitergabe der sich auf Tätigkeiten im Gebiet beziehenden Fertigkeiten und Meerestechnologie an Entwicklungsstaaten und ihre Angehörigen und an das Unternehmen zu fördern und zu erleichtern.

Art. 274 Ziele der Behörde. Vorbehaltlich aller berechtigten Interessen, unter anderem der Rechte und Pflichten der Inhaber, Lieferer und Empfänger von Technologie, stellt die Behörde im Hinblick auf Tätigkeiten im Gebiet sicher,

a) daß Angehörige von Entwicklungsstaaten, ob Küsten- oder Binnenstaaten oder geographisch benachteiligte Staaten, nach dem Grundsatz einer gerechten geographischen Verteilung als Mitglieder des für ihre Unternehmungen eingestellten Führungs-, Forschungs- und Fachpersonals ausgebildet werden;

b) daß die Fachdokumentation über verwendete Ausrüstungen, Maschinen, Geräte und Verfahren allen Staaten, insbesondere Entwicklungsstaaten, die technische Hilfe in diesem Bereich benötigen und darum ersuchen, zur Verfügung gestellt wird;

c) daß sie angemessene Vorkehrungen trifft, um den Erwerb technischer Hilfe im Bereich der Meerestechnologie durch Staaten, die sie benötigen und darum ersuchen, insbesondere Entwicklungsstaaten, und den Erwerb der erforderlichen Fertigkeiten und Fachkenntnisse einschließlich einer Berufsausbildung durch ihre Angehörigen zu erleichtern;

d) daß den Staaten, die technische Hilfe in diesem Bereich benötigen und darum ersuchen, insbesondere Entwicklungsstaaten, im Rahmen der in diesem Übereinkommen vorgesehenen finanziellen Regelungen geholfen wird, die erforderlichen Ausrüstungen, Verfahren, Anlagen und technischen Fachkenntnisse zu erwerben.

Abschnitt 3. Nationale und regionale Zentren für Meereswissenschaft und -technologie

Art. 275 Errichtung nationaler Zentren. (1) Die Staaten fördern unmittelbar oder im Rahmen der zuständigen internationalen Organisationen und der Behörde die Errichtung nationaler meereswissenschaftlicher und -technologischer Forschungszentren und die Stärkung bestehender nationaler Zentren, insbesondere in Küstenstaaten, die Entwicklungsstaaten sind, um die Durchführung wissenschaftlicher Meeresforschung durch diese Staaten anzuregen und voranzutreiben und ihre nationalen Fähigkeiten zur Nutzung und Bewahrung ihrer Meeresressourcen zu ihrem wirtschaftlichen Nutzen zu erhöhen.

(2) Die Staaten leisten im Rahmen der zuständigen internationalen Organisationen und der Behörde angemessene Unterstüzung, um die

Errichtung und Stärkung dieser nationalen Zentren zu erleichtern, damit den Staaten, die solche Hilfe benötigen und darum ersuchen, die Möglichkeiten zur weiteren Ausbildung, die erforderlichen Ausrüstungen, Fertigkeiten und Fachkenntnisse sowie technische Fachleute zur Verfügung gestellt werden.

Art. 276 Errichtung regionaler Zentren. (1) Die Staaten erleichtern in Koordination mit den zuständigen internationalen Organisationen, der Behörde und nationalen meereswissenschaftlichen und -technologischen Forschungseinrichtungen die Errichtung regionaler Forschungszentren für Meereswissenschaft und -technologie, insbesondere in Entwicklungsstaaten, um die Durchführung wissenschaftlicher Meeresforschung durch Entwicklungsstaaten anzuregen und voranzutreiben und die Weitergabe von Meerestechnologie zu fördern.

(2) Alle Staaten derselben Region arbeiten mit den regionalen Zentren zusammen, um eine möglichst wirksame Erfüllung ihrer Ziele sicherzustellen.

Art. 277 Aufgaben der regionalen Zentren. Zu den Aufgaben solcher regionalen Zentren gehören unter anderem

a) Schulungs- und Ausbildungsprogramme auf allen Ebenen über verschiedene Aspekte der meereswissenschaftlichen und -technologischen Forschung, insbesondere der Meeresbiologie, einschließlich der Erhaltung und Bewirtschaftung der lebenden Ressourcen, der Ozeanographie, der Hydrographie, des Ingenieurwesens, der geologischen Erforschung des Meeresbodens, der Bergbau- und Entsalzungtechnologien;

b) Untersuchungen über die Bewirtschaftung;

c) Studienprogramme betreffend den Schutz und die Bewahrung der Meeresumwelt sowie die Verhütung, Verringerung und Überwachung der Verschmutzung;

d) Veranstaltung regionaler Konferenzen, Seminare und Symposien;

e) Sammlung und Verarbeitung meereswissenschaftlicher und -technologischer Daten und Informationen;

f) umgehende Verbreitung der Ergebnisse meereswissenschaftlicher und -technologischer Forschung in leicht zugänglichen Veröffentlichungen;

g) Verbreitung von Informationen über nationale Leitsätze hinsichtlich der Weitergabe von Meerestechnologie und systematische vergleichende Untersuchungen dieser Leitsätze;

h) Zusammenstellung und Systematisierung von Informationen über *die Vermarktung von* Technologie und über Verträge und sonstige Regelungen betreffend Patente;

i) technische Zusammenarbeit mit anderen Staaten der Region.

Abschnitt 4. Zusammenarbeit zwischen internationalen Organisationen

Art. 278 Zusammenarbeit zwischen internationalen Organisationen. Die in diesem Teil und in Teil XIII genannten zuständigen internationalen Organisationen ergreifen alle geeigneten Maßnahmen, um entweder unmittelbar oder in enger Zusammenarbeit untereinander die wirksame Wahrnehmung ihrer Aufgaben und Verantwortlichkeiten nach diesem Teil sicherzustellen.

Teil XV. Beilegung von Streitigkeiten

Abschnitt 1. Allgemeine Bestimmungen

Art. 279 Verpflichtung zur Beilegung von Streitigkeiten durch friedliche Mittel. Die Vertragsstaaten legen alle zwischen ihnen entstehenden Streitigkeiten über die Auslegung oder Anwendung dieses Übereinkommens durch friedliche Mittel in Übereinstimmung mit Artikel 2 Absatz 3 der Charta der Vereinten Nationen bei und bemühen sich zu diesem Zweck um eine Lösung durch die in Artikel 33 Absatz 1 der Charta genannten Mittel.

Art. 280 Beilegung von Streitigkeiten durch die von den Parteien gewählten friedlichen Mittel. Dieser Teil beeinträchtigt nicht das Recht der Vertragsstaaten, jederzeit zu vereinbaren, eine zwischen ihnen entstehende Streitigkeit über die Auslegung oder Anwendung dieses Übereinkommens durch friedliche Mittel eigener Wahl beizulegen.

Art. 281 Verfahren für den Fall, daß keine Beilegung durch die Parteien erzielt worden ist. (1) Haben Vertragsstaaten, die Parteien einer Streitigkeit über die Auslegung oder Anwendung dieses Übereinkommens sind, vereinbart, deren Beilegung durch ein friedliches Mittel eigener Wahl anzustreben, so finden die in diesem Teil vorgesehenen Verfahren nur Anwendung, wenn eine Beilegung durch dieses Mittel nicht erzielt worden ist und wenn die Vereinbarung zwischen den Parteien ein weiteres Verfahren nicht ausschließt.

(2) Haben die Parteien auch eine Frist vereinbart, so gilt Absatz 1 erst *nach Ablauf* dieser Frist.

Art. 282 Verpflichtungen aus allgemeinen, regionalen oder zweiseitigen Übereinkünften. Haben Vertragsstaaten, die Parteien einer Streitigkeit über die Auslegung oder Anwendung dieses Übereinkommens sind, im Rahmen einer allgemeinen, regionalen oder zweiseitigen Übereinkunft oder auf andere Weise vereinbart, eine solche Streitigkeit auf Antrag einer der Streitparteien einem Verfahren zu unterwerfen, das zu einer bindenden Entscheidung führt, so findet dieses Verfahren anstelle der in diesem Teil vorgesehenen Verfahren Anwendung, sofern die Streitparteien nichts anderes vereinbaren.

Art. 283 Verpflichtung zum Meinungsaustausch. (1) Entsteht zwischen Vertragstaaten eine Streitigkeit über die Auslegung oder Anwendung dieses Übereinkommens, so nehmen die Streitparteien umgehend einen Meinungsaustausch über die Beilegung der Streitigkeit durch Verhandlung oder andere friedliche Mittel auf.

(2) Die Parteien nehmen auch dann umgehend einen Meinungsaustausch auf, wenn ein Verfahren zur Beilegung einer solchen Streitigkeit ohne Beilegung beendet worden ist oder wenn eine Beilegung zwar erzielt worden ist, aber die Umstände Konsultationen über die Art ihrer Durchführung erforderlich machen.

Art. 284 Vergleich. (1) Jeder Vertragsstaat, der Partei einer Streitigkeit über die Auslegung oder Anwendung dieses Übereinkommens ist, kann die andere Partei oder die anderen Parteien auffordern, die Streitigkeit einem Vergleichsverfahren in Übereinstimmung mit Anlage V Abschnitt 1 oder einem anderen Vergleichsverfahren zu unterwerfen.

(2) Wird der Aufforderung entsprochen und einigen sich die Parteien über das anzuwendende Vergleichsverfahren, so kann jede Partei die Streitigkeit diesem Verfahren unterwerfen.

(3) Wird der Aufforderung nicht entsprochen oder einigen sich die Parteien nicht über das Verfahren, so gilt das Vergleichsverfahren als beendet.

(4) Ist eine Streitigkeit einem Vergleichsverfahren unterworfen worden, so kann dieses nur in Übereinstimmung mit dem vereinbarten Vergleichsverfahren beendet werden, sofern die Parteien nichts anderes vereinbaren.

Art. 285 Anwendung dieses Abschnitts auf nach Teil XI unterbreitete Steitigkeiten. Dieser Abschnitt findet auf jede Streitigkeit Anwendung, die aufgrund des Teiles XI Abschnitt 5 in Übereinstimmung mit den im vorliegenden Teil vorgesehenen Verfahren beizulegen ist. Ist ein Rechtsträger, der nicht Vertragsstaat ist, Partei einer solchen Streitigkeit, so findet der vorliegende Abschnitt sinngemäß Anwendung.

Abschnitt 2. Obligatorische Verfahren die zu bindenden Entscheidungen führen

Art. 286 Anwendung der Verfahren nach diesem Abschnitt. Vorbehaltlich des Abschnitts 3 wird jede Streitigkeit über die Auslegung oder Anwendung dieses Übereinkommens, die nicht in Anwendung des Abschnitts 1 beigelegt worden ist, auf Antrag einer Streitpartei dem aufgrund des vorliegenden Abschnitts zuständigen Gerichtshof oder Gericht unterbreitet.

Art. 287 Wahl des Verfahrens. (1) Einem Staat steht es frei, wenn er dieses Übereinkommen unterzeichnet, ratifiziert oder ihm beitritt, oder zu jedem späteren Zeitpunkt, durch eine schriftliche Erklärung eines oder mehrere der folgenden Mittel zur Beilegung von Streitigkeiten über die Auslegung oder Anwendung des Übereinkommens zu wählen:

a) den in Übereinstimmung mit Anlage VI errichteten Internationalen Seegerichtshof;

b) den Internationalen Gerichtshof;

c) ein in Übereinstimmung mit Anlage VII gebildetes Schiedsgericht;

d) ein in Übereinstimmung mit Anlage VIII für eine oder mehrere der dort aufgeführten Arten von Streitigkeiten gebildetes besonderes Schiedsgericht.

(2) Eine nach Absatz 1 abgegebene Erklärung berührt nicht die Verpflichtung eines Vertragsstaats, die Zuständigkeit der Kammer für Meeresbodenstreitigkeiten des Internationalen Seegerichtshofs in dem Umfang und in der Art anzuerkennen, wie in Teil XI Abschnitt 5 vorgesehen, noch wird sie durch eine solche Verpflichtung berührt.

(3) Ist ein Vertragsstaat Partei einer nicht von einer gültigen Erklärung erfaßten Streitigkeit, so wird angenommen, daß er dem Schiedsverfahren in Übereinstimmung mit Anlage VII zugestimmt hat.

(4) Haben die Streitparteien demselben Verfahren zur Beilegung der Streitigkeit zugestimmt, so kann sie nur diesem Verfahren unterworfen werden, sofern die Parteien nichts anderes vereinbaren.

(5) Haben die Streitparteien nicht demselben Verfahren zur Beilegung der Streitigkeit zugestimmt, so kann sie nur einem Schiedsverfahren in Übereinstimmung mit Anlage VII unterworfen werden, sofern die Parteien nichts anderes vereinbaren.

(6) Eine nach Absatz 1 abgegebene Erklärung bleibt noch drei Monate in Kraft, nachdem eine Mitteilung des Widerrufs beim Generalsekretär der Vereinten Nationen hinterlegt worden ist.

(7) Eine neue Erklärung, eine Mitteilung des Widerrufs oder das Außerkrafttreten einer Erklärung berührt nicht das anhängige Verfahren vor einem Gerichtshof oder einem Gericht, die aufgrund dieses Artikels zuständig sind, sofern die Parteien nichts anderes vereinbaren.

(8) Die in diesem Artikel genannten Erklärungen und Mitteilungen werden beim Generalsekretär der Vereinten Nationen hinterlegt; dieser übermittelt den Vertragsstaaten Abschriften davon.

Art. 288 Zuständigkeit. (1) Ein Gerichtshof oder Gericht nach Artikel 287 ist für jede Streitigkeit über die Auslegung oder Anwendung dieses Übereinkommens zuständig, die ihm in Übereinstimmung mit diesem Teil unterbreitet wird.

(2) Ein Gerichtshof oder Gericht nach Artikel 287 ist auch für jede Streitigkeit zuständig, welche die Auslegung oder Anwendung einer mit den Zielen dieses Übereinkommens zusammenhängenden internationalen Übereinkunft betrifft und ihm in Übereinstimmung mit der Übereinkunft unterbreitet wird.

(3) Die Kammer für Meeresbodenstreitigkeiten des in Übereinstimmung mit Anlage VI errichteten Internationalen Seegerichtshofs und jede andere Kammer oder jedes andere Schiedsgericht nach Teil XI Abschnitt 5 sind für jede Angelegenheit zuständig, die ihnen in Übereinstimmung damit unterbreitet wird.

(4) Wird die Zuständigkeit eines Gerichtshofs oder Gerichts bestritten, so entscheidet der Gerichtshof oder das Gericht darüber.

Art. 289 Sachverständige. Bei einer Streitigkeit über wissenschaftliche oder technische Angelegenheiten kann ein Gerichtshof oder Gericht in Ausübung seiner Zuständigkeit nach diesem Abschnitt auf Antrag einer Partei oder von Amts wegen – in Konsultation mit den Parteien mindestens zwei wissenschaftliche oder technische Sachverständige vorzugsweise aus der maßgeblichen in Übereinstimmung mit Anlage VIII Artikel 2 aufgestellten Liste auswählen, die an der Verhandlung vor dem Gerichtshof oder Gericht ohne Stimmrecht teilnehmen.

Art. 290 Vorläufige Maßnahmen. (1) Ist ein Gerichtshof oder Gericht, dem eine Streitigkeit ordnungsgemäß unterbreitet worden ist, der Auffassung, aufgrund dieses Teiles oder des Teiles XI Abschnitt 5 prima facie (nach dem ersten Anschein) zuständig zu sein, so kann der Gerichtshof oder das Gericht die vorläufigen Maßnahmen anordnen, die sie unter den gegebenen Umständen für erforderlich halten, um bis zur endgültigen Entscheidung die Rechte jeder Streitpartei zu sichern oder schwere Schäden für die Meeresumwelt zu verhindern.

(2) Vorläufige Maßnahmen können geändert oder widerrufen werden, sobald die Umstände, die sie rechtfertigen, sich geändert haben oder nicht mehr bestehen.

(3) Vorläufige Maßnahmen können aufgrund dieses Artikels nur auf Antrag einer Streitpartei und nur, nachdem die Parteien Gelegenheit zur Anhörung erhalten haben, angeordnet, geändert oder widerrufen werden.

(4) Der Gerichtshof oder das Gericht teilt den Streitparteien und, wenn der Gerichtshof oder das Gericht dies für angebracht hält, anderen Vertragsstaaten umgehend die Anordnung, die Änderung oder den Widerruf vorläufiger Maßnahmen mit.

(5) Bis zur Bildung eines aufgrund dieses Abschnitts mit einer Streitigkeit befaßten Schiedsgerichts kann ein von den Parteien einvernehm-

lich bestimmter Gerichtshof oder ein so bestimmtes Gericht oder, falls ein solches Einvernehmen nicht binnen zwei Wochen nach dem Tag der Beantragung vorläufiger Maßnahmen zustande kommt, der Internationale Seegerichtshof oder – bei Tätigkeiten im Gebiet – die Kammer für Meeresbodenstreitigkeiten vorläufige Maßnahmen in Übereinstimmung mit diesem Artikel anordnen, ändern oder widerrufen, sofern sie der Auffassung sind, daß das zu bildende Gericht prima facie (nach dem ersten Anschein) zuständig wäre und die Dringlichkeit der Lage dies erfordert. Das Gericht, dem die Streitigkeit unterbreitet worden ist, kann nach seiner Bildung diese vorläufigen Maßnahmen im Einklang mit den Absätzen 1 bis 4 ändern, widerrufen oder bestätigen.

(6) Die Streitparteien befolgen umgehend die aufgrund dieses Artikels angeordneten vorläufigen Maßnahmen.

Art. 291 Zugang. (1) Den Vertragsstaaten stehen alle in diesem Teil aufgeführten Verfahren zur Beilegung von Streitigkeiten offen.

(2) Die in diesem Teil aufgeführten Verfahren zur Beilegung von Streitigkeiten stehen Rechtsträgern, die nicht Vertragsstaaten sind, nur so weit offen, wie in diesem Übereinkommen ausdrücklich vorgesehen.

Art. 292 Sofortige Freigabe von Schiffen und Besatzungen.

(1) Haben die Behörden eines Vertragsstaats ein Schiff zurückgehalten, das die Flagge eines anderen Vertragsstaats führt, und wird behauptet, daß der zurückhaltende Staat die Bestimmungen dieses Übereinkommens über die sofortige Freigabe des Schiffes oder seiner Besatzung nach Hinterlegung einer angemessenen Kaution oder anderen finanziellen Sicherheit nicht eingehalten hat, so kann die Frage der Freigabe einem von den Parteien einvernehmlich bestimmten Gerichtshof oder Gericht unterbreitet werden; kommt binnen 10 Tagen nach dem Zeitpunkt des Zurückhaltens kein Einvernehmen zustande, so kann die Frage einem Gerichtshof oder einem Gericht, dem der zurückhaltende Staat nach Artikel 287 zugestimmt hat, oder dem Internationalen Seegerichtshof unterbreitet werden, sofern die Parteien nichts anderes vereinbaren.

(2) Der Antrag auf Freigabe kann nur vom Flaggenstaat des Schiffes oder im Namen dieses Staates gestellt werden.

(3) Der Antrag auf Freigabe wird von dem Gerichtshof oder Gericht unverzüglich behandelt, wobei nur die Frage der Freigabe behandelt wird; die Sache selbst, deren Gegenstand das Schiff, sein Eigentümer oder seine Besatzung ist, wird dadurch bezüglich des Verfahrens vor der zuständigen innerstaatlichen Instanz nicht berührt. Die Behörden des zurückhaltenden Staates bleiben befugt, das Schiff oder seine Besatzung jederzeit freizugeben.

(4) Nach Hinterlegung der von dem Gerichtshof oder Gericht bestimmten Kaution oder anderen finanziellen Sicherheit führen die Be-

hörden des zurückhaltenden Staates sofort die Entscheidung des Gerichtshofs oder Gerichts über die Freigabe des Schiffes oder seiner Besatzung aus.

Art. 293 Anwendbares Recht. (1) Ein nach diesem Abschnitt zuständiger Gerichtshof oder ein so zuständiges Gericht wendet dieses Übereinkommen und sonstige mit dem Übereinkommen nicht unvereinbare Regeln des Völkerrechts an.

(2) Absatz 1 berührt nicht die Befugnis des aufgrund dieses Abschnitts zuständigen Gerichtshofs oder Gerichts, einen Fall ex aequo et bono zu entscheiden, sofern die Parteien dies vereinbaren.

Art. 294 Vorverfahren. (1) Ein Gerichtshof oder Gericht nach Artikel 287, bei dem wegen einer in Artikel 297 genannten Streitigkeit eine Klageschrift eingereicht wird, entscheidet auf Ersuchen einer Partei oder kann von Amts wegen entscheiden, ob das Begehren eine mißbräuchliche Inanspruchnahme des Rechtswegs darstellt oder ob es prima facie (nach dem ersten Anschein) begründet ist. Entscheidet der Gerichtshof oder das Gericht, daß das Begehren eine mißbräuchliche Inanspruchnahme des Rechtswegs darstellt oder prima facie (nach dem ersten Anschein) unbegründet ist, so wird der Fall von ihm nicht weiter behandelt.

(2) Nach Eingang der Klageschrift unterrichtet der Gerichtshof oder das Gericht die andere Partei oder die anderen Parteien sofort von der Klageschrift und setzt eine angemessene Frist, innerhalb deren sie den Gerichtshof oder das Gericht ersuchen können, eine Entscheidung in Übereinstimmung mit Absatz 1 zu treffen.

(3) Dieser Artikel berührt nicht das Recht einer Streitpartei, in Übereinstimmung mit den anwendbaren Verfahrensregeln prozeßhindernde Einreden geltend zu machen.

Art. 295 Erschöpfung der innerstaatlichen Rechtsmittel. Eine Streitigkeit zwischen Vertragsstaaten über die Auslegung oder Anwendung dieses Übereinkommens kann den in diesem Abschnitt vorgesehenen Verfahren nur dann unterworfen werden, wenn die innerstaatlichen Rechtsmittel entsprechend den Erfordernissen des Völkerrechts erschöpft sind.

Art. 296 Endgültigkeit und Verbindlichkeit der Entscheidungen. (1) Jede Entscheidung, die von einem nach diesem Abschnitt zuständigen Gerichtshof oder Gericht getroffen wird, ist endgültig und wird von allen Streitparteien befolgt.

(2) Die Entscheidung ist nur für die Parteien und nur in bezug auf die betreffende Streitigkeit bindend.

Abschnitt 3. Grenzen und Ausnahmen der Anwendbarkeit des Abschnitts 2

Art. 297 Grenzen der Anwendbarkeit des Abschnitts 2.

(1) Streitigkeiten über die Auslegung oder Anwendung dieses Übereinkommens hinsichtlich der Ausübung der in dem Übereinkommen vorgesehenen souveränen Rechte oder Hoheitsbefugnisse durch einen Küstenstaat werden in folgenden Fällen den in Abschnitt 2 vorgesehenen Verfahren unterworfen:

a) wenn behauptet wird, daß ein Küstenstaat gegen die Bestimmungen dieses Übereinkommens hinsichtlich der Freiheiten und der Rechte der Schiffahrt, des Überflugs oder der Verlegung unterseeischer Kabel und Rohrleitungen oder hinsichtlich anderer völkerrechtlich zulässiger Nutzungen des Meeres nach Artikel 58 verstoßen hat;

b) wenn behauptet wird, daß ein Staat in Ausübung der genannten Freiheiten, Rechte oder Nutzungen gegen dieses Übereinkommen oder gegen Gesetze oder sonstige Vorschriften des Küstenstaats verstoßen hat, die dieser im Einklang mit dem Übereinkommen und sonstigen mit dem Übereinkommen nicht unvereinbaren Regeln des Völkerrechts erlassen hat, oder

c) wenn behauptet wird, daß ein Küstenstaat gegen bestimmte auf ihn anwendbare internationale Regeln und Normen zum Schutz und zur Bewahrung der Meeresumwelt verstoßen hat, die durch dieses Übereinkommen oder durch eine zuständige internationale Organisation oder eine diplomatische Konferenz in Übereinstimmung mit dem Übereinkommen festgelegt worden sind.

(2) a) Streitigkeiten über die Auslegung oder Anwendung dieses Übereinkommens hinsichtlich der wissenschaftlichen Meeresforschung werden in Übereinstimmung mit Abschnitt 2 beigelegt; der Küstenstaat ist jedoch nicht verpflichtet, zuzustimmen, daß einer solchen Beilegung eine Streitigkeit unterworfen wird, die sich ergibt

i) aus der Ausübung eines Rechts oder des Ermessens in Übereinstimmung mit Artikel 246 durch den Küstenstaat oder

ii) aus einem Beschluß des Küstenstaats, die Unterbrechung oder Einstellung eines Forschungsvorhabens in Übereinstimmung mit Artikel 253 anzuordnen.

b) Eine Streitigkeit, die sich aus einer Behauptung des Forschungsstaats *ergibt, daß der Küstenstaat* bei einem bestimmten Vorhaben die ihm nach den Artikeln 246 und 253 zustehenden Rechte nicht in einer Weise ausübt, die mit diesem Übereinkommen vereinbar ist, wird auf Antrag einer Partei dem Vergleichsverfahren nach Anlage V Abschnitt 2 unterworfen; jedoch darf die Vergleichskommission die Ausübung des Ermessens des Küstenstaats, nach Artikel 246 Absatz 6 bestimmte Gebiete zu bezeichnen oder in Übereinstimmung mit Artikel 246 Absatz 5 die Zustimmung zu versagen, nicht in Frage stellen.

(3) a) Streitigkeiten über die Auslegung oder Anwendung dieses Übereinkommens hinsichtlich der Fischerei werden in Übereinstimmung mit Abschnitt 2 beigelegt; der Küstenstaat ist jedoch nicht verpflichtet, zuzustimmen, daß einer solchen Beilegung eine Streitigkeit unterworfen wird, die seine souveränen Rechte oder deren Ausübung in bezug auf die lebenden Ressourcen seiner ausschließlichen Wirtschaftszone betrifft, einschließlich seiner Ermessensbefugnis, die zulässige Fangmenge, seine Fangkapazität, die Zuweisung von Überschüssen an andere Staaten sowie die in seinen Gesetzen und sonstigen Vorschriften über Erhaltung und Bewirtschaftung festgelegten Bedingungen zu bestimmen.

b) Falls eine Beilegung aufgrund des Abschnitts 1 nicht erzielt worden ist, wird eine Streitigkeit auf Antrag einer Streitpartei dem in Anlage V Abschnitt 2 vorgesehenen Vergleichsverfahren unterworfen, wenn behauptet wird,

i) daß ein Küstenstaat seine Verpflichtungen in offenkundiger Weise nicht eingehalten hat, durch geeignete Erhaltungs- und Bewirtschaftungsmaßnahmen sicherzustellen, daß der Fortbestand der lebenden Ressourcen in der ausschließlichen Wirtschaftszone nicht ernsthaft gefährdet wird,

ii) daß es ein Küstenstaat willkürlich abgelehnt hat, auf Ersuchen eines anderen Staates die zulässige Fangmenge und seine Kapazität zum Fang lebender Ressourcen in bezug auf Bestände festzulegen, an deren Fang dieser andere Staat interessiert ist, oder

iii) daß es ein Küstenstaat willkürlich abgelehnt hat, nach den Artikeln 62, 69 und 70 und den von ihm im Einklang mit diesem Übereinkommen festgelegten Bedingungen einem anderen Staat den Überschuß, der nach seiner Erklärung vorhanden ist, ganz oder zum Teil zuzuweisen.

c) In keinem Fall ersetzt die Vergleichskommission das Ermessen des Küstenstaats durch ihr eigenes.

d) Der Bericht der Vergleichskommission wird den geeigneten internationalen Organisationen übermittelt.

e) Beim Aushandeln der in den Artikeln 69 und 70 vorgesehenen Übereinkünfte nehmen die Vertragsstaaten, sofern sie nichts anderes vereinbaren, eine Bestimmung über die von ihnen zu ergreifenden Maßnahmen auf, um die Möglichkeit von Meinungsverschiedenheiten über die Auslegung oder Anwendung der Übereinkunft auf ein Mindestmaß zu beschränken, sowie über das von ihnen einzuschlagende Verfahren, falls dennoch Meinungsverschiedenheiten entstehen.

Art. 298 Fakultative Ausnahmen der Anwendbarkeit des Abschnitts 2. (1) Ein Staat kann unbeschadet der Verpflichtungen aus Abschnitt 1, wenn er dieses Übereinkommen unterzeichnet, ratifiziert oder ihm beitritt, oder zu jedem späteren Zeitpunkt schriftlich erklären, daß er einem oder mehreren der in Abschnitt 2 vorgesehenen Verfahren in bezug auf eine oder mehrere der folgenden Arten von Streitigkeiten nicht zustimmt:

a) i) Streitigkeiten über die Auslegung oder Anwendung der Artikel 15, 74 und 3 betreffend die Abgrenzung von Meeresgebieten oder über historische Buchten oder historische Rechtstitel; jedoch stimmt ein Staat, der die Erklärung abgegeben hat, beim Entstehen einer solchen Streitigkeit nach Inkrafttreten dieses Übereinkommens und wenn innerhalb einer angemessenen Frist in Verhandlungen zwischen den Parteien keine Einigung erzielt wird, auf Antrag einer Streitpartei der Unterwerfung der Angelegenheit unter ein Vergleichsverfahren nach Anlage V Abschnitt 2 zu; jede Streitigkeit, die notwendigerweise die gleichzeitige Prüfung einer nicht beigelegten Streitigkeit betreffend die Souveränität oder andere Rechte über ein Festland- oder Inselgebiet umfaßt, ist von dieser Unterwerfung ausgenommen;

ii) nachdem die Vergleichskommission ihren Bericht vorgelegt hat, der mit Gründen zu versehen ist, handeln die Parteien auf seiner Grundlage eine Übereinkunft aus; führen diese Verhandlungen nicht zu einer Übereinkunft, so unterwerfen die Parteien die Frage im gegenseitigen Einvernehmen einem der in Abschnitt 2 vorgesehenen Verfahren, sofern sie nichts anderes vereinbaren;

iii) der vorliegende Buchstabe bezieht sich nicht auf Streitigkeiten über die Abgrenzung von Meeresgebieten, die zwischen den Parteien durch eine Vereinbarung endgültig beigelegt worden sind, noch auf Streitigkeiten, die in Übereinstimmung mit einer zweiseitigen oder mehrseitigen, diese Parteien bindenden Übereinkunft beizulegen sind;

b) Streitigkeiten über militärische Handlungen, einschließlich militärischer Handlungen von Staatsschiffen und staatlichen Luftfahrzeugen, die anderen als Handelszwecken dienen, und Streitigkeiten über Vollstreckungshandlungen in Ausübung souveräner Rechte oder von Hoheitsbefugnissen, die nach Artikel 297 Absatz 2 oder 3 von der Gerichtsbarkeit eines Gerichtshofs oder Gerichts ausgenommen sind;

c) Streitigkeiten, bei denen der Sicherheitsrat der Vereinten Nationen die ihm durch die Charta der Vereinten Nationen übertragenen Aufgaben wahrnimmt, sofern der Sicherheitsrat nicht beschließt, den Gegenstand von seiner Tagesordnung abzusetzen, oder die Parteien auffordert, die Streitigkeit mit den in diesem Übereinkommen vorgesehenen Mitteln beizulegen.

(2) Ein Vertragsstaat, der eine Erklärung nach Absatz 1 abgegeben hat, kann diese jederzeit zurücknehmen oder sich damit einverstanden erklären, eine durch die Erklärung ausgenommene Streitigkeit einem Verfahren nach diesem Übereinkommen zu unterwerfen.

(3) Ein Vertragsstaat, der eine Erklärung nach Absatz 1 abgegeben hat, ist nicht berechtigt, eine Streitigkeit, die zu der Art der ausgenommenen Streitigkeiten gehört, im Verhältnis zu einem anderen Vertrags-

staat ohne dessen Zustimmung einem Verfahren nach diesem Übereinkommen zu unterwerfen.

(4) Hat ein Vertragsstaat eine Erklärung nach Absatz 1 Buchstabe a abgegeben, so kann ein anderer Vertragsstaat eine Streitigkeit, die zu einer der ausgenommenen Arten gehört, im Verhältnis zu dem Vertragsstaat, der die Erklärung abgegeben hat, dem in der Erklärung angegebenen Verfahren unterwerfen.

(5) Eine neue Erklärung oder die Rücknahme einer Erklärung berührt nicht das vor einem Gerichtshof oder Gericht in Übereinstimmung mit diesem Artikel anhängige Verfahren, sofern die Parteien nichts anderes vereinbaren.

(6) Die in diesem Artikel vorgesehenen Erklärungen und Mitteilungen ihrer Rücknahme werden beim Generalsekretär der Vereinten Nationen hinterlegt; dieser übermittelt den Vertragsstaaten Abschriften davon.

Art. 299 Recht der Parteien auf Vereinbarung eines Verfahrens. (1) Eine Streitigkeit, die nach Artikel 297[1] oder durch eine Erklärung nach Artikel 298 von den in Abschnitt 2 vorgesehenen Verfahren zur Beilegung von Streitigkeiten ausgenommen ist, kann diesen Verfahren nur durch Vereinbarung der Streitparteien unterworfen werden.

(2) Dieser Abschnitt beeinträchtigt nicht das Recht der Streitparteien, ein anderes Verfahren zur Beilegung der Streitigkeit zu vereinbaren oder diese gütlich beizulegen.

Teil XVI. Allgemeine Bestimmungen

Art. 300 Treu und Glauben und Rechtsmißbrauch. Die Vertragsstaaten erfüllen die aufgrund dieses Übereinkommens übernommenen Verpflichtungen nach Treu und Glauben und üben die in dem Übereinkommen anerkannten Rechte, Hoheitsbefugnisse und Freiheiten in einer Weise aus, die keinen Rechtsmißbrauch darstellt.

Art. 301 Friedliche Nutzung der Meere. Bei der Ausübung ihrer Rechte und in Erfüllung ihrer Pflichten aufgrund dieses Übereinkommens enthalten sich die Vertragsstaaten jeder Androhung oder Anwendung von Gewalt, die gegen die territoriale Unversehrtheit oder die politische Unabhängigkeit eines Staates gerichtet oder sonst mit den in der Charta der Vereinten Nationen niedergelegten Grundsätzen des Völkerrechts unvereinbar ist.

Art. 302 Preisgabe von Informationen. Unbeschadet des Rechts eines Vertragsstaats, die in diesem Übereinkommen vorgesehenen Verfahren zur Beilegung von Streitigkeiten anzuwenden, ist das Überein-

[1] In der verkündeten deutschen Fassung irrtümlich: „97" *(Anm. d. Red.)*.

kommen nicht so auszulegen, als habe ein Vertragsstaat in Erfüllung seiner Verpflichtungen aus dem Übereinkommen Informationen zu erteilen, deren Preisgabe seinen wesentlichen Sicherheitsinteressen entgegensteht.

Art. 303 Im Meer gefundene archäologische und historische Gegenstände. (1) Die Staaten haben die Pflicht, im Meer gefundene Gegenstände archäologischer oder historischer Art zu schützen, und arbeiten zu diesem Zweck zusammen.

(2) Um den Verkehr mit diesen Gegenständen zu kontrollieren, kann der Küstenstaat in Anwendung des Artikels 33 davon ausgehen, daß ihre ohne seine Einwiligung erfolgende Entfernung vom Meeresboden innerhalb der in jenem Artikel bezeichneten Zone zu einem Verstoß gegen die in jenem Artikel genannten Gesetze und sonstigen Vorschriften in seinem Hoheitsgebiet oder in seinem Küstenmeer führen würde.

(3) Dieser Artikel berührt nicht die Rechte feststellbarer Eigentümer, das Bergungsrecht oder sonstige seerechtliche Vorschriften sowie Gesetze und Verhaltensweisen auf dem Gebiet des Kulturaustausches.

(4) Dieser Artikel berührt nicht andere internationale Übereinkünfte und Regeln des Völkerrechts über den Schutz von Gegenständen archäologischer oder historischer Art.

Art. 304 Verantwortlichkeit und Haftung für Schäden. Die Bestimmungen dieses Übereinkommens über die Verantwortlichkeit und Haftung für Schäden berühren nicht die Anwendung geltender Regeln und die Entwicklung weiterer Regeln über die völkerrechtliche Verantwortlichkeit und Haftung.

Teil XVII. Schlußbestimmungen[1]

Art. 305 Unterzeichnung. (1) Dieses Übereinkommen liegt zur Unterzeichnung auf

a) für alle Staaten;

b) für Namibia, vertreten durch den Rat der Vereinten Nationen für Namibia;

c) für alle assoziierten Staaten mit Selbstregierung, die diesen Status in einem von den Vereinten Nationen entsprechend der Resolution 1514 (XV) der Generalversammlung überwachten und gebilligten Akt der Selbstbestimmung gewählt haben und für die in diesem Übereinkommen geregelten Angelegenheiten zuständig sind, einschließlich der Zuständigkeit, Verträge über diese Angelegenheiten zu schließen;

d) für alle assoziierten Staaten mit Selbstregierung, die entsprechend ihren jeweiligen Assoziierungsurkunden für die in diesem Überein-

[1] Zur Anwendung dieser Bestimmungen auf die EU vgl. Anlage IX Art. 8.

kommen geregelten Angelegenheiten zuständig sind, einschließlich der Zuständigkeit, Verträge über diese Angelegenheiten zu schließen;

e) für alle Gebiete mit voller innerer Selbstregierung, die als solche von den Vereinten Nationen anerkannt sind, jedoch noch nicht die volle Unabhängigkeit im Einklang mit der Resolution 1514 (XV) der Generalversammlung erlangt haben, und die für die in diesem Übereinkommen geregelten Angelegenheiten zuständig sind, einschließlich der Zuständigkeit, Verträge über diese Angelegenheiten zu schließen;

f) für internationale Organisationen in Übereinstimmung mit Anlage IX.

(2) Dieses Übereinkommen liegt bis zum 9. Dezember 1984 im Ministerium für Auswärtige Angelegenheiten von Jamaika sowie vom 1. Juli 1983 bis zum 9. Dezember 1984 am Sitz der Vereinten Nationen in New York zur Unterzeichnung auf.

Art. 306 Ratifikation und förmliche Bestätigung. Dieses Übereinkommen bedarf der Ratifikation durch die Staaten und die anderen in Artikel 305 Absatz 1 Buchstaben b, c, d und e bezeichneten Rechtsträger und der förmlichen Bestätigung in Übereinstimmung mit Anlage IX durch die in Artikel 305 Absatz 1 Buchstabe f bezeichneten Rechtsträger. Die Ratifikationsurkunden und die Urkunden der förmlichen Bestätigung werden beim Generalsekretär der Vereinten Nationen hinterlegt.

Art. 307 Beitritt.[1] Dieses Übereinkommen steht den Staaten und den anderen in Artikel 305 bezeichneten Rechtsträgern zum Beitritt offen. Der Beitritt durch die in Artikel 305 Absatz 1 Buchstabe f bezeichneten Rechtsträger erfolgt in Übereinstimmung mit Anlage IX. Die Beitrittsurkunden werden beim Generalsekretär der Vereinten Nationen hinterlegt.

Art. 308 Inkrafttreten. (1) Dieses Übereinkommen tritt 12 Monate nach Hinterlegung der sechzigsten Ratifikations- oder Beitrittsurkunde in Kraft.

(2) Für jeden Staat, der dieses Übereinkommen nach Hinterlegung der sechzigsten Ratifikations- oder Beitrittsurkunde ratifiziert oder ihm beitritt, tritt das Übereinkommen vorbehaltlich des Absatzes 1 am dreißigsten Tag nach Hinterlegung seiner eigenen Ratifikations- oder Beitrittsurkunde in Kraft.

(3) Die Versammlung der Behörde tritt am Tag des Inkrafttretens dieses Übereinkommens zusammen und wählt den Rat der Behörde. Der erste Rat setzt sich in einer Weise zusammen, die dem Zweck des Artikels 161 entspricht, sofern jener Artikel nicht genau angewendet werden kann.

---

[1] Deutschland hat bei Hinterlegung der Beitrittsurkunde die als Fn. 3) zum Titel des Übk. abgedruckte Erklärung abgegeben.

(4) Die von der Vorbereitungskommission ausgearbeiteten Regeln, Vorschriften und Verfahren werden bis zu ihrer förmlichen Annahme durch die Behörde in Übereinstimmung mit Teil XI vorläufig angewendet.

(5) Die Behörde und ihre Organe handeln in Übereinstimmung mit der Resolution II der Dritten Seerechtskonferenz der Vereinten Nationen in bezug auf vorbereitende Investitionen und mit den von der Vorbereitungskommission entsprechend dieser Resolution gefaßten Beschlüssen.

Art. 309 Vorbehalte und Ausnahmen. Vorbehalte oder Ausnahmen zu diesem Übereinkommen sind nur zulässig, wenn sie ausdrücklich in anderen Artikeln des Übereinkommens vorgesehen sind.

Art. 310 Erklärungen. Artikel 309 schließt nicht aus, daß ein Staat bei der Unterzeichnung oder der Ratifikation dieses Übereinkommens oder bei seinem Beitritt Erklärungen gleich welchen Wortlauts oder welcher Bezeichnung abgibt, um unter anderem seine Gesetze und sonstigen Vorschriften mit den Bestimmungen des Übereinkommens in Einklang zu bringen, vorausgesetzt, daß diese Erklärungen nicht darauf abzielen, die Rechtswirkung der Bestimmungen des Übereinkommens in ihrer Anwendung auf diesen Staat auszuschließen oder zu ändern.

Art. 311 Verhältnis zu anderen Übereinkommen und internationalen Übereinkünften. (1) Dieses Übereinkommen hat zwischen den Vertragsstaaten Vorrang vor den Genfer Übereinkommen vom 29. April 1958 über das Seerecht.

(2) Dieses Übereinkommen ändert nicht die Rechte und Pflichten der Vertragsstaaten aus anderen Übereinkünften, die mit dem Übereinkommen vereinbar sind und andere Vertragsstaaten in dem Genuß ihrer Rechte oder in der Erfüllung ihrer Pflichten aus dem Übereinkommen nicht beeinträchtigen.

(3) Zwei oder mehr Vertragsstaaten können Übereinkünfte schließen, welche die Anwendung von Bestimmungen dieses Übereinkommens modifizieren oder suspendieren und nur auf die Beziehungen zwischen ihnen Anwendung finden; diese Übereinkünfte dürfen sich jedoch nicht auf eine Bestimmung beziehen, von der abzuweichen mit der Verwirklichung von Ziel und Zweck des Übereinkommens unvereinbar ist; die Übereinkünfte dürfen ferner die Anwendung der in *dem Übereinkommen* enthaltenen wesentlichen Grundsätze nicht beeinträchtigen; die Bestimmungen der Übereinkünfte dürfen die anderen Vertragsstaaten in dem Genuß ihrer Rechte oder in der Erfüllung ihrer Pflichten aus dem Übereinkommen nicht beeinträchtigen.

(4) Vertragsstaaten, die eine Übereinkunft nach Absatz 3 schließen wollen, notifizieren den anderen Vertragsstaaten über den Verwahrer dieses Übereinkommens ihre Absicht, die Übereinkunft zu schließen, sowie die darin vorgesehene Modifikation oder Suspendierung.

(5) Dieser Artikel berührt nicht internationale Übereinkünfte, die durch andere Artikel dieses Übereinkommens ausdrücklich zugelassen oder gewahrt sind.

(6) Die Vertragsstaaten kommen überein, daß der in Artikel 136 niedergelegte wesentliche Grundsatz über das gemeinsame Erbe der Menschheit nicht geändert werden darf und daß sie nicht Vertagspartei einer Übereinkunft werden, die von diesem Grundsatz abweicht.

Art. 312 Änderung. (1) Nach Ablauf von 10 Jahren nach dem Tag, an dem dieses Übereinkommen in Kraft tritt, kann ein Vertragsstaat durch eine an den Generalsekretär der Vereinten Nationen gerichtete schriftliche Mitteilung bestimmte Änderungen des Übereinkommens vorschlagen, die sich nicht auf Tätigkeiten im Gebiet beziehen, und um die Einberufung einer Konferenz zur Prüfung der vorgeschlagenen Änderungen ersuchen. Der Generalsekretär leitet diese Mitteilung an alle Vertragsstaaten weiter. Befürwortet innerhalb von 12 Monaten nach Weiterleitung der Mitteilung mindestens die Hälfte der Vertragsstaaten das Ersuchen, so beruft der Generalsekretär die Konferenz ein.

(2) Auf der Änderungskonferenz wird das gleiche Verfahren zur Beschlußfassung angewendet wie auf der Dritten Seerechtskonferenz der Vereinten Nationen, sofern die Konferenz nichts anderes beschließt. Die Konferenz soll sich nach Kräften bemühen, Änderungen durch Konsens zu vereinbaren; es soll so lange nicht über Änderungen abgestimmt werden, bis alle Bemühungen um einen Konsens erschöpft sind.

Art. 313 Änderung durch vereinfachtes Verfahren. (1) Ein Vertragsstaat kann durch eine an den Generalsekretär der Vereinten Nationen gerichtete schriftliche Mitteilung eine Änderung dieses Übereinkommens vorschlagen, die sich nicht auf Tätigkeiten im Gebiet bezieht und ohne Einberufung einer Konferenz durch das in diesem Artikel festgelegte vereinfachte Verfahren angenommen werden soll. Der Generalsekretär leitet die Mitteilung an alle Vertragsstaaten weiter.

(2) Erhebt ein Vertragsstaat innerhalb von 12 Monaten nach dem Tag der Weiterleitung der Mitteilung Einspruch gegen die vorgeschlagene Änderung oder gegen den Vorschlag, sie durch vereinfachtes Verfahren anzunehmen, so gilt die Änderung als abgelehnt. Der Generalsekretär notifiziert dies umgehend allen Vertragsstaaten.

(3) Hat 12 Monate nach dem Tag der Weiterleitung der Mitteilung kein Vertragsstaat gegen die vorgeschlagene Änderung oder gegen den Vorschlag, sie durch vereinfachtes Verfahren anzunehmen, Einspruch erhoben, so gilt die vorgeschlagene Änderung als angenommen. Der Generalsekretär notifiziert allen Vertragsstaaten, daß die vorgeschlagene Änderung angenommen worden ist.

Art. 314 Änderungen der Bestimmungen dieses Übereinkommens, die sich ausschließlich auf Tätigkeiten im Gebiet beziehen. (1) Ein Vertragsstaat kann durch eine an den Generalsekretär der Behörde gerichtete schriftliche Mitteilung eine Änderung der Bestimmungen dieses Übereinkommens vorschlagen, die sich ausschließlich auf Tätigkeiten im Gebiet beziehen, darunter der Bestimmungen der Anlage VI Abschnitt 4. Der Generalsekretär leitet diese Mitteilung an alle Vertragsstaaten weiter. Ist die vorgeschlagene Änderung vom Rat genehmigt worden, so bedarf sie der Genehmigung durch die Versammlung. Die Vertreter der Vertragsstaaten in diesen Organen sind bevollmächtigt, die vorgeschlagene Änderung zu prüfen und zu genehmigen. Die vorgeschlagene Änderung gilt als angenommen, so wie sie von dem Rat und der Versammlung genehmigt wurde.

(2)[1] Vor der Genehmigung einer Änderung nach Absatz 1 tragen der Rat und die Versammlung dafür Sorge, daß die Änderung das System der Erforschung und Ausbeutung der Ressourcen des Gebiets bis zur Überprüfungskonferenz in Übereinstimmung mit Artikel 155 nicht beeinträchtigt.

Art. 315 Änderungen: Unterzeichnung, Ratifikation, Beitritt und verbindliche Wortlaute. (1) Die angenommenen Änderungen dieses Übereinkommens liegen für die Vertragsstaaten 12 Monate nach der Annahme am Sitz der Vereinten Nationen in New York zur Unterzeichnung auf, sofern in der Änderung selbst nichts anderes vorgesehen ist.

(2) Die Artikel 306, 307 und 320 finden auf alle Änderungen dieses Übereinkommens Anwendung.

Art. 316 Inkrafttreten von Änderungen. (1) Änderungen dieses Übereinkommens, mit Ausnahme der in Absatz 5 bezeichneten, treten für die Vertragsstaaten, die sie ratifizieren oder ihnen beitreten, am dreißigsten Tag nach Hinterlegung der Ratifikations- oder Beitrittsurkunden von zwei Dritteln der Vertragsstaaten oder von 60 Vertragsstaaten, je nachdem, welche Zahl größer ist, in Kraft. Solche Änderungen beeinträchtigen andere Vertragsstaaten nicht in dem Genuß ihrer Rechte oder in der Erfüllung ihrer Pflichten aus dem Übereinkommen.

(2) Eine Änderung kann für ihr Inkrafttreten eine größere als die nach diesem Artikel erforderliche Anzahl von Ratifikationen oder Beitritten vorsehen.

(3) Für jeden Vertragsstaat, der eine in Absatz 1 genannte Änderung nach Hinterlegung der erforderlichen Anzahl von Ratifikations- oder Beitrittsurkunden ratifiziert oder ihr beitritt, tritt die Änderung am dreißigsten Tag nach Hinterlegung seiner Ratifikations- oder Beitrittsurkunde in Kraft.

---

[1] S. auch Abschnitt 4 S. 2 der Anlage zum Durchführungsabkommen (Nr. **350 a**).

(4) Ein Staat, der nach dem Inkrafttreten einer Änderung in Übereinstimmung mit Absatz 1 Vertragspartei dieses Übereinkommens wird, gilt, sofern er keine abweichende Absicht äußert,

a) als Vertragspartei des so geänderten Übereinkommens und

b) als Vertragspartei des nicht geänderten Übereinkommens gegenüber jedem Vertragsstaat, der durch die Änderung nicht gebunden ist.

(5) Eine Änderung, die sich ausschließlich auf Tätigkeiten im Gebiet bezieht, sowie eine Änderung der Anlage VI tritt für alle Vertragsstaaten ein Jahr nach Hinterlegung der Ratifikations- oder Beitrittsurkunden von drei Vierteln der Vertragsstaaten in Kraft.

(6) Ein Staat, der nach dem Inkrafttreten von Änderungen in Übereinstimmung mit Absatz 5 Vertragspartei dieses Übereinkommens wird, gilt als Vertragspartei des so geänderten Übereinkommens.

Art. 317 Kündigung. (1) Ein Vertragsstaat kann durch eine an den Generalsekretär der Vereinten Nationen gerichtete schriftliche Notifikation dieses Übereinkommen kündigen; er kann die Kündigung begründen. Das Fehlen einer Begründung berührt nicht die Gültigkeit der Kündigung. Die Kündigung wird ein Jahr nach Eingang der Notifikation wirksam, sofern in der Notifikation nicht ein späterer Zeitpunkt angegeben ist.

(2) Die Kündigung entbindet einen Staat nicht von den finanziellen und vertraglichen Verpflichtungen, die ihm als Vertragspartei dieses Übereinkommens erwachsen sind, noch berührt die Kündigung Rechte, Pflichten oder die Rechtslage, die sich für den betreffenden Staat aus der Durchführung des Übereinkommens ergeben, bevor es für ihn außer Kraft tritt.

(3) Die Kündigung berührt nicht die Pflicht eines Vertragsstaats, eine in diesem Übereinkommen enthaltene Verpflichtung zu erfüllen, der er nach dem Völkerrecht unabhängig von dem Übereinkommen unterworfen ist.

Art. 318 Status der Anlagen. Die Anlagen sind Bestandteil dieses Übereinkommens; sofern nicht ausdrücklich etwas anderes vorgesehen ist, schließt eine Bezugnahme auf das Übereinkommen oder auf einen seiner Teile auch eine Bezugnahme auf die betreffenden Anlagen ein.

Art. 319 Verwahrer. (1) Der Generalsekretär der Vereinten Nationen ist Verwahrer dieses Übereinkommens und seiner Änderungen.

(2) Neben seinen Aufgaben als Verwahrer wird der Generalsekretär wie folgt tätig:

a) Er berichtet allen Vertragsstaaten, der Behörde und den zuständigen internationalen Organisationen über Fragen allgemeiner Art, die in bezug auf dieses Übereinkommen entstanden sind;

b) er notifiziert der Behörde die Ratifikationen, förmlichen Bestätigungen und Beitritte betreffend dieses Übereinkommen und seine Änderungen sowie die Kündigungen des Übereinkommens;

c) er notifiziert den Vertragsstaaten die in Übereinstimmung mit Artikel 311 Absatz 4 geschlossenen Übereinkünfte;

d) er leitet die in Übereinstimmung mit diesem Übereinkommen angenommenen Änderungen an die Vertragsstaaten zur Ratifikation oder zum Beitritt weiter;

e) er beruft die notwendigen Tagungen der Vertragsstaaten in Übereinstimmung mit diesem Übereinkommen ein.

(3) a) Der Generalsekretär übermittelt ferner den in Artikel 156 genannten Beobachtern

i) die in Absatz 2 Buchstabe a genannten Berichte;

ii) die in Absatz 2 Buchstaben b und c genannten Notifikationen und

iii) den Wortlaut der in Absatz 2 Buchstabe d genannten Änderungen zur Kenntnisnahme.

b) Der Generalsekretär lädt ferner diese Beobachter ein, an den in Absatz 2 Buchstabe e genannten Tagungen der Vertragsstaaten als Beobachter teilzunehmen.

Art. 320 Verbindliche Wortlaute. Die Urschrift dieses Übereinkommens, dessen arabischer, chinesischer, englischer, französischer, russischer und spanischer Wortlaut gleichermaßen verbindlich ist, wird im Einklang mit Artikel 305 Absatz 2 beim Generalsekretär der Vereinten Nationen hinterlegt.

Zu Urkund dessen haben die unterzeichneten, hierzu gehörig befugten Bevollmächtigten dieses Übereinkommen unterschrieben.

Geschehen zu Montego Bay am 10. Dezember 1982.

Anlage I.
Weit wandernde Arten

1. Weisser Thunfisch: *Thunnus alalunga*
2. Roter Thunfisch: *Thunnus thynnus*
3. Grossaugenthunfisch: *Thunnus obesus*
4. Echter Bonito: *Katsuwonus pelamis*
5. Gelbflossenthunfisch: *Thunnus albacares*
6. Schwarzflossenthunfisch: *Thunnus atlanticus*
7. Kleiner Thunfisch: *Euthynnus alletteratus*; *Euthynnus affinis*
8. Südlicher Roter Thunfisch: *Thunnus maccoyii*
9. Fregattmakrele: *Auxis thazard*; *Auxis rochei*
10. Brachsenmakrelen: Familie *Bramidae*
11. Speerfische: *Tetrapturus angustirostris*; *Tetrapturus belone*; *Tetrapturus pfluegeri*; *Tetrapturus albidus*; *Tetrapturus audax*; *Tetrapturus georgei*; *Makaira mazara*; *Makaira indica*; *Makaira nigricans*

12. Segelfische: *Istiophorus platypterus*; *Istiophorus albicans*
13. Schwertfisch: *Xiphias gladius*
14. Makrelenhechte: *Scomberesox saurus*; *Cololabis saira*; *Cololabis adocetus*; *Scomberesox saurus scombroides*
15. Goldmakrele: *Coryphaena hippurus*; *Coryphaena equiselis*
16. Meereshaie: *Hexanchus griseus*; *Cetorhinus maximus*; Familie *Alopiidae*; *Rhincodontypus*; Familie *Carcharhinidae*; Familie *Sphyrnidae*; Familie *Isurida*
17. Wale: Familie *Physeteridae*; Familie *Balaenopteridae*; Familie *Balaenidae*; Familie *Eschrichtiidae*; Familie *Monodontidae*; Familie *Ziphiidae*; Familie *Delphinidae*

Anlage II. Kommission zur Begrenzung des Festlandsockels

Art. 1. In Übereinstimmung mit Artikel 76 wird im Einklang mit den folgenden Artikeln eine Kommission zur Begrenzung des Festlandsockels jenseits von 200 Seemeilen gebildet.

Art. 2. (1) Die Kommission besteht aus 21 Mitgliedern, die Fachleute auf dem Gebiet der Geologie, Geophysik oder Hydrographie sind und unter gebührender Berücksichtigung der Notwendigkeit, eine gerechte geographische Vertretung zu gewährleisten, von den Vertragsstaaten dieses Übereinkommens unter ihren Staatsangehörigen ausgewählt werden; sie nehmen ihre Aufgaben in persönlicher Eigenschaft wahr.

(2) Die erste Wahl findet so bald wie möglich statt, in jedem Fall jedoch innerhalb von 18 Monaten nach Inkrafttreten dieses Übereinkommens. Spätestens drei Monate vor jeder Wahl richtet der Generalsekretär der Vereinten Nationen eine schriftliche Aufforderung an die Vertragsstaaten, nach entsprechenden regionalen Konsultationen innerhalb von drei Monaten Benennungen einzureichen. Der Generalsekretär stellt eine alphabetische Liste aller so benannten Personen auf, die er allen Vertragsstaaten unterbreitet.

(3) Die Wahl der Mitglieder der Kommission findet auf einer Tagung der Vertragsstaaten statt, die vom Generalsekretär am Sitz der Vereinten Nationen einberufen wird. Bei Teilnahme von zwei Dritteln der Vertragsstaaten ist die Tagung beschlussfähig; es sind diejenigen benannten Personen in die Kommission gewählt, die zwei Drittel der Stimmen der anwesenden und abstimmenden Vertreter der Vertragsstaaten erhalten. Aus jeder geographischen Region werden mindestens drei Mitglieder gewählt.

(4) Die Mitglieder der Kommission werden für die Dauer von fünf Jahren gewählt. Sie können wieder gewählt werden.

(5) Der Vertragsstaat, der ein Mitglied der Kommission benannt hat, trägt die Kosten, die diesem Mitglied während der Erfüllung seiner Pflichten im Rahmen der Kommission entstehen. Der betreffende Küstenstaat trägt die Kosten für die Gutachten nach Artikel 3 Absatz 1 Buchstabe b dieser Anlage. Das Sekretariat der Kommission wird vom Generalsekretär der Vereinten Nationen gestellt.

Art. 3. (1) Die Kommission hat folgende Aufgaben:

a) die Daten und die sonstigen von Küstenstaaten vorgelegten Unterlagen über die äußeren Grenzen des Festlandsockels in Gebieten zu prüfen, in denen sich diese Grenzen jenseits von 200 Seemeilen erstrecken, und Empfehlungen in Übereinstimmung mit Artikel 76 und der von der Dritten Seerechtskonferenz der Vereinten Nationen am 29. August 1980 angenommenen Verständniserklärung abzugeben;

b) auf Ersuchen des betreffenden Küstenstaats während der Ausarbeitung der unter Buchstabe a bezeichneten Daten wissenschaftliche und technische Gutachten zu erstellen.

(2) Die Kommission kann in dem für notwendig und nützlich erachteten Umfang mit der Zwischenstaatlichen Ozeanographischen Kommission der UNESCO, der Internationalen Hydrographischen Organisation und anderen zuständigen internationalen Organisationen zusammenarbeiten, um wissenschaftliche und technische Informationen auszutauschen, die für die Erfüllung der Verantwortlichkeiten der Kommission hilfreich sein könnten.

Art. 4. Beabsichtigt ein Küstenstaat, in Übereinstimmung mit Artikel 76 die äußeren Grenzen seines Festlandsockels jenseits von 200 Seemeilen festzulegen, so unterbreitet er der Kommission so bald wie möglich, in jedem Fall jedoch innerhalb von zehn Jahren[1] nach dem Tag, an dem dieses Übereinkommen für diesen Staat in Kraft getreten ist, Einzelheiten über diese Grenzen mit erläuternden wissenschaftlichen und technischen Daten. Der Küstenstaat teilt gleichzeitig die Namen der Kommissionsmitglieder mit, die ihm wissenschaftliche und technische Gutachten erstellt haben.

Art. 5. Sofern die Kommission nichts anderes beschließt, arbeitet sie mit Hilfe von Unterkommissionen, die aus je sieben Mitgliedern bestehen; diese werden in ausgewogener Weise und unter Berücksichtigung der besonderen Probleme jedes von einem Küstenstaat unterbreiteten Antrags ernannt. Kommissionsmitglieder, die Angehörige des Küstenstaats sind, der den Antrag unterbreitet hat, und Kommissions-

---

[1] Diese Frist ist durch Beschluss der Vertragsstaatenkonferenz (13./20. 6. 2008) großzügig dahingehend interpretiert worden (SPLOS/183), dass die Staaten innerhalb der 10-Jahres Frist nur sehr vage „vorläufige Informationen" unterbreiten müssen, die weder den Erfordernissen des Art. 76 selbst noch den Verfahrensregeln der Kommission genügen müssen.

mitglieder, die einen Küstenstaat durch wissenschaftliche und technische Gutachten über die Grenzziehung unterstützt haben, dürfen nicht Mitglieder der Unterkommission sein, die diesen Antrag behandelt; sie haben jedoch das Recht, als Mitglieder an dem Verfahren der Kommission über den betreffenden Antrag teilzunehmen. Der Küstenstaat, der den Antrag bei der Kommission eingebracht hat, kann seine Vertreter zur Teilnahme an dem betreffenden Verfahren ohne Stimmrecht entsenden.

Art. 6. (1) Die Unterkommission legt ihre Empfehlungen der Kommission vor.

(2) Die Billigung der Empfehlungen der Unterkommission durch die Kommission erfolgt mit Zweidrittelmehrheit der anwesenden und abstimmenden Kommissionsmitglieder.

(3) Die Empfehlungen der Kommission werden dem Küstenstaat, der den Antrag unterbreitet hat, und dem Generalsekretär der Vereinten Nationen schriftlich übermittelt.

Art. 7. Die Küstenstaaten legen die äusseren Grenzen des Festlandsockels im Einklang mit Artikel 76 Absatz 8 und in Übereinstimmung mit den diesbezüglichen innerstaatlichen Verfahren fest.

Art. 8. Ist der Küstenstaat mit den Empfehlungen der Kommission nicht einverstanden, so bringt er innerhalb einer angemessenen Frist einen überarbeiteten oder einen neuen Antrag bei der Kommission ein.

Art. 9. Die Handlungen der Kommission lassen Fragen der Festlegung der Grenzen zwischen Staaten mit gegenüberliegenden oder aneinander angrenzenden Küsten unberührt.

Anlage III. Grundbedingungen für die Prospektion, Erforschung und Ausbeutung

(hier nicht abgedruckt)

Anlage IV. Satzung des Unternehmens

(hier nicht abgedruckt)

Anlage V. Vergleich

(hier nicht abgedruckt)

Anlage VI.
Statut des Internationalen Seegerichtshofs

Art. 1 Allgemeine Bestimmungen. (1) Der Internationale Seegerichtshof wird in Übereinstimmung mit diesem Übereinkommen und diesem Statut errichtet und nimmt seine Aufgaben nach deren Bestimmungen wahr.

(2) Der Gerichtshof hat seinen Sitz in der Freien und Hansestadt Hamburg in der Bundesrepublik Deutschland.[1)]

(3) Der Gerichtshof kann an einem anderen Ort tagen und seine Aufgaben wahrnehmen, wenn er es für wünschenswert hält.

(4) Wird eine Streitigkeit dem Gerichtshof unterbreitet, so gelten hierfür die Bestimmungen der Teile XI und XV.

Abschnitt 1. Organisation des Gerichtshofs

Art. 2 Zusammensetzung. (1) Der Gerichtshof besteht aus 21 unabhängigen Mitgliedern; sie werden unter Personen ausgewählt, die wegen ihrer Unparteilichkeit und Ehrenhaftigkeit höchstes Ansehen genießen und anerkannte fachliche Eignung auf dem Gebiet des Seerechts besitzen.[2)]

(2) Bei der Zusammensetzung des Gerichtshofs sind eine Vertretung der hauptsächlichen Rechtssysteme der Welt und eine gerechte geographische Verteilung zu gewährleisten.

Art. 3 Mitglieder. (1) Nicht mehr als ein Mitglied des Gerichtshofs darf Angehöriger desselben Staates sein. Wer im Hinblick auf die Mitgliedschaft beim Gerichtshof als Angehöriger mehr als eines Staates angesehen werden kann, gilt als Angehöriger des Staates, in dem er gewöhnlich seine bürgerlichen und politischen Rechte ausübt.

(2) Jede von der Generalversammlung der Vereinten Nationen festgelegte geographische Gruppe muß durch mindestens drei Mitglieder vertreten sein.

(Fortsetzung nächstes Blatt)

---

1) Vgl. hierzu das gem. seinem Art. 35 am 1. 5. 2007 in Kraft getretene (Bek. v. 2. 5. 2007, BGBl. II S. 672) Abkommen vom 14. 12. 2004 zwischen der Bundesrepublik Deutschland und dem Internationalen Seegerichtshof über den Sitz des Gerichtshofs (Sitzabkommen), BGBl. 2007 II S. 159.

2) Vgl. auch den Anhang zu dieser Anlage.

Art. 4 Benennungen und Wahlen. (1) Jeder Vertragsstaat darf höchstens zwei Personen benennen, welche die in Artikel 2 dieser Anlage vorgeschriebenen Voraussetzungen erfüllen. Die Mitglieder des Gerichtshofs werden aus der Liste der so benannten Personen gewählt.

(2) Mindestens drei Monate vor dem Tag der Wahl fordert im Fall der ersten Wahl der Generalsekretär der Vereinten Nationen und im Fall nachfolgender Wahlen der Kanzler des Gerichtshofs die Vertragsstaaten schriftlich auf, innerhalb von zwei Monaten die Kandidaten für den Gerichtshof zu benennen. Er stellt eine alphabetische Liste aller so benannten Personen unter Angabe der Vertragsstaaten auf, die sie benannt haben; er übermittelt die Liste den Vertragsstaaten vor dem siebenten Tag des letzten Monats vor dem Tag jeder Wahl.

(3) Die erste Wahl findet innerhalb von sechs Monaten nach dem Inkrafttreten dieses Übereinkommens statt.

(4) Die Mitglieder des Gerichtshofs werden in geheimer Abstimmung gewählt. Im Fall der ersten Wahl erfolgt die Wahl auf einer Sitzung der Vertragsstaaten, die vom Generalsekretär der Vereinten Nationen einberufen wird; im Fall nachfolgender Wahlen erfolgt sie nach einem von den Vertragsstaaten vereinbarten Verfahren. Auf der Sitzung ist Beschlußfähigkeit gegeben, wenn zwei Drittel der Vertragsstaaten vertreten sind. Es werden diejenigen Kandidaten zu Mitgliedern des Gerichtshofs gewählt, welche die meisten Stimmen und eine Zweidrittelmehrheit der anwesenden und abstimmenden Vertragsstaaten auf sich vereinen, wobei diese Mehrheit die Mehrheit der Vertragsstaaten einschließen muß.

Art. 5 Amtszeit. (1) Die Mitglieder des Gerichtshofs werden für die Dauer von neun Jahren gewählt und sind wiederwählbar; jedoch endet für die bei der ersten Wahl gewählten Mitglieder die Amtszeit von sieben Mitgliedern nach drei Jahren und von weiteren sieben nach sechs Jahren.

(2) Die Mitglieder des Gerichtshofs, deren Amtszeit nach Ablauf der genannten Anfangszeit von drei und sechs Jahren endet, werden vom Generalsekretär der Vereinten Nationen unmittelbar nach der ersten Wahl durch das Los bestimmt.

(3) Die Mitglieder des Gerichtshofs bleiben im Amt, bis ihre Sitze neu besetzt sind. Auch nachdem sie ersetzt sind, erledigen sie alle Fälle, mit denen sie vorher befaßt waren.

(4) Bei Rücktritt eines Mitglieds des Gerichtshofs ist das Rücktrittsschreiben an den Präsidenten des Gerichtshofs zu richten. Mit Eingang des Rücktrittsschreibens wird der Sitz frei.

Art. 6 Freigewordene Sitze. (1) Freigewordene Sitze werden nach dem für die erste Wahl vorgesehenen Verfahren besetzt, vorbehaltlich folgender Bestimmung: Der Kanzler läßt binnen einem Monat nach Freiwerden des Sitzes die in Artikel 4 dieser Anlage vorgesehenen Aufforderungen ergehen, und der Zeitpunkt der Wahl wird vom Präsidenten des Gerichtshofs nach Konsultation mit den Vertragsstaaten festgesetzt.

(2) Ein Mitglied des Gerichtshofs, das an Stelle eines Mitglieds gewählt wird, dessen Amtszeit noch nicht abgelaufen ist, übt sein Amt für die restliche Amtszeit seines Vorgängers aus.

Art. 7 Unvereinbare Tätigkeiten. (1) Ein Mitglied des Gerichtshofs darf weder ein politisches Amt noch ein Amt in der Verwaltung ausüben noch sich aktiv an den Arbeiten eines Unternehmens im Zusammenhang mit der Erforschung und Ausbeutung der Ressourcen des Meeres oder Meeresbodens oder einer sonstigen kommerziellen Nutzung des Meeres oder Meeresbodens beteiligen oder ein finanzielles Interesse daran haben.

(2) Ein Mitglied des Gerichtshofs darf nicht als Bevollmächtigter, Rechtsbeistand oder Anwalt in irgendeiner Sache tätig werden.

(3) Bestehen Zweifel in diesen Fragen, so entscheidet der Gerichtshof mit der Mehrheit der übrigen anwesenden Mitglieder.

Art. 8 Voraussetzungen für die Teilnahme der Mitglieder an einer bestimmten Sache. (1) Ein Mitglied des Gerichtshofs darf nicht an der Entscheidung einer Sache teilnehmen, an der es vorher als Bevollmächtigter, Rechtsbeistand oder Anwalt einer der Parteien, als Mitglied eines nationalen oder internationalen Gerichts oder Gerichtshofs oder in anderer Eigenschaft beteiligt war.

(2) Ist ein Mitglied des Gerichtshofs der Auffassung, aus einem besonderen Grund an der Entscheidung einer bestimmten Sache nicht teilnehmen zu sollen, so macht es dem Präsidenten des Gerichtshofs davon Mitteilung.

(3) Ist der Präsident der Auffassung, daß ein Mitglied des Gerichtshofs aus einem besonderen Grund an der Verhandlung einer bestimmten Sache nicht mitwirken sollte, so setzt er es davon in Kenntnis.

(4) Bestehen Zweifel in diesen Fragen, so entscheidet der Gerichtshof mit der Mehrheit der übrigen anwesenden Mitglieder.

Art. 9 Folge des Wegfalls der erforderlichen Voraussetzungen. Erfüllt ein Mitglied nach einhelliger Meinung der übrigen Mitglieder des Gerichtshofs nicht mehr die erforderlichen Voraussetzungen, so erklärt der Präsident des Gerichtshofs den Sitz für frei.

Art. 10 Vorrechte und Immunitäten. Die Mitglieder des Gerichtshofs genießen bei der Ausübung ihres Amtes diplomatische Vorrechte und Immunitäten.[1)]

Art. 11 Feierliche Erklärung der Mitglieder. Jedes Mitglied des Gerichtshofs gibt vor Antritt seines Amtes in öffentlicher Sitzung die feierliche Erklärung ab, daß es seine Befugnisse unparteiisch und gewissenhaft ausüben wird.

[1)] Vgl. hierzu die VO über Vorrechte und Immunitäten vom 10. 10. 1996 (BGBl. II S. 2517) *sowie das Übk.* v. 23. 5. 1997 über die Vorrechte und Immunitäten des Internationalen Seegerichtshofs (BGBl. 2007 II S. 143); für Deutschland in Kraft getreten am 8. 7. 2007 (Bek. v. 16. 1. 2008, BGBl. II S. 81).

Art. 12 Präsident, Vizepräsident und Kanzler. (1) Der Gerichtshof wählt seinen Präsidenten und seinen Vizepräsidenten für die Dauer von drei Jahren; sie können wiedergewählt werden.

(2) Der Gerichtshof ernennt seinen Kanzler und kann für die Ernennung der erforderlichen sonstigen Beamten sorgen.

(3) Der Präsident und der Kanzler wohnen am Sitz des Gerichtshofs.

Art. 13 Beschlußfähigkeit. (1) Alle verfügbaren Mitglieder des Gerichtshofs wirken an den Verhandlungen mit; der Gerichtshof ist beschlußfähig, wenn 11 gewählte Mitglieder anwesend sind.

(2) Vorbehaltlich des Artikels 17 dieser Anlage bestimmt der Gerichtshof, welche Mitglieder für die Bildung des Gerichtshofs zur Prüfung einer bestimmten Streitigkeit verfügbar sind, wobei die reibungslose Tätigkeit der Kammern nach den Artikeln 14 und 15 dieser Anlage zu berücksichtigen ist.

(3) Alle dem Gerichtshof unterbreiteten Streitigkeiten und Anträge werden vom Gerichtshof behandelt und entschieden, sofern nicht Artikel 14 dieser Anlage Anwendung findet oder die Parteien beantragen, daß in Übereinstimmung mit Artikel 15 dieser Anlage zu verfahren ist.

Art. 14 Kammer für Meeresbodenstreitigkeiten. In Übereinstimmung mit Abschnitt 4 dieser Anlage wird eine Kammer für Meeresbodenstreitigkeiten gebildet. Ihre Zuständigkeit, Befugnisse und Aufgaben sind in Teil XI Abschnitt 5 festgelegt.

Art. 15 Sonderkammern. (1) Der Gerichtshof kann aus drei oder mehr seiner gewählten Mitglieder bestehende Kammern bilden, wenn er dies zur Behandlung bestimmter Arten von Streitigkeiten für erforderlich hält.

(2) Der Gerichtshof bildet eine Kammer zur Behandlung einer bestimmten ihm unterbreiteten Streitigkeit, wenn die Parteien dies beantragen. Die Zusammensetzung einer solchen Kammer wird vom Gerichtshof mit Zustimmung der Parteien festgelegt.

(3) Zur raschen Erledigung der Geschäfte bildet der Gerichtshof jährlich eine Kammer aus fünf seiner gewählten Mitglieder, die im abgekürzten Verfahren Streitigkeiten behandeln und entscheiden kann. Zwei weitere Mitglieder werden ausgewählt, um diejenigen Mitglieder zu ersetzen, die an einem bestimmten Verfahren nicht teilnehmen können.

(4) Die in diesem Artikel vorgesehenen Kammern behandeln und entscheiden Streitigkeiten, wenn die Parteien dies beantragen.

(5) Jedes Urteil einer der in diesem Artikel und in Artikel 14 dieser Anlage vorgesehenen Kammern gilt als Urteil des Gerichtshofs.

Art. 16 Regeln des Gerichtshofs. Der Gerichtshof erläßt Regeln für die Wahrnehmung seiner Aufgaben. Er legt insbesondere seine Verfahrensordnung fest.

Art. 17 Staatsangehörigkeit der Mitglieder. (1) Mitglieder des Gerichtshofs, die Staatsangehörige einer der Streitparteien sind, behalten das Recht auf Mitwirkung als Mitglieder des Gerichtshofs.

(2) Gehört dem Gerichtshof, der eine Streitigkeit behandelt, ein Mitglied an, das Staatsangehöriger einer der Parteien ist, so kann jede andere Partei eine Person ihrer Wahl bestimmen, die als Mitglied des Gerichtshofs mitwirkt.

(3) Gehört dem Gerichtshof, der eine Streitigkeit behandelt, kein Mitglied an, das Staatsangehöriger einer der Parteien ist, so kann jede der Parteien eine Person ihrer Wahl bestimmen, die als Mitglied des Gerichtshofs mitwirkt.

(4) Dieser Artikel findet auf die in den Artikeln 14 und 15 dieser Anlage bezeichneten Kammern Anwendung. In diesen Fällen ersucht der Präsident in Konsultation mit den Parteien so viele der die Kammer bildenden Mitglieder des Gerichtshofs wie nötig, ihren Platz an diejenigen Mitglieder des Gerichtshofs, die Staatsangehörige der beteiligten Parteien sind, oder, in Ermangelung oder bei Verhinderung solcher Mitglieder, an die von den Parteien besonders bestimmten Mitglieder abzutreten.

(5) Bilden mehrere Parteien eine Streitgenossenschaft, so gelten sie für die Zwecke der vorstehenden Bestimmungen als nur eine Partei. Im Zweifelsfall entscheidet der Gerichtshof.

(6) Die in Übereinstimmung mit den Absätzen 2, 3 und 4 bestimmten Mitglieder müssen die Voraussetzungen der Artikel 2, 8 und 11 dieser Anlage erfüllen. Sie wirken völlig gleichberechtigt mit ihren Kollegen an der Entscheidung mit.

Art. 18 Vergütung der Mitglieder. (1) Jedes gewählte Mitglied des Gerichtshofs erhält ein Jahresgehalt und eine Sonderzulage für jeden Tag, an dem es seine Aufgaben wahrnimmt; jedoch darf die dem Mitglied als Sonderzulage ausgezahlte Gesamtsumme in einem Jahr nicht den Betrag des Jahresgehalts übersteigen.

(2) Der Präsident erhält eine besondere Jahreszulage.

(3) Der Vizepräsident erhält eine Sonderzulage für jeden Tag, an dem er das Amt des Präsidenten ausübt.

(4) Die nach Artikel 17 dieser Anlage bestimmten Mitglieder, die nicht gewählte Mitglieder des Gerichtshofs sind, erhalten eine Entschädigung für jeden Tag, an dem sie ihre Aufgaben wahrnehmen.

(5) Die Gehälter, Zulagen und Entschädigungen werden von Zeit zu Zeit auf Sitzungen der Vertragsstaaten unter Berücksichtigung des Arbeitsanfalls des Gerichtshofs festgesetzt. Sie dürfen während der Amtszeit nicht herabgesetzt werden.

(6) Das Gehalt des Kanzlers wird auf Vorschlag des Gerichtshofs auf Sitzungen der Vertragsstaaten festgesetzt.

(7) Auf Sitzungen der Vertragsstaaten beschlossene Regelungen bestimmen, unter welchen Voraussetzungen den Mitgliedern des Gerichtshofs und dem Kanzler ein Ruhegehalt gewährt wird und ihnen Reisekosten erstattet werden.

(8) Die Gehälter, Zulagen und Entschädigungen sind von jeder Steuer befreit.

Art. 19 Kosten des Gerichtshofs. (1) Die Kosten des Gerichtshofs werden zu den auf Sitzungen der Vertragsstaaten festgelegten Bedingungen und in der dort bestimmten Weise von den Vertragsstaaten und von der Behörde getragen.

(2) Ist ein Rechtsträger, der weder ein Vertragsstaat noch die Behörde ist, Partei einer beim Gerichtshof anhängigen Sache, so setzt der Gerichtshof den Beitrag dieser Partei zu den Kosten des Gerichtshofs fest.

Abschnitt 2. Zuständigkeit

Art. 20 Zugang zum Gerichtshof. (1) Der Gerichtshof steht den Vertragsstaaten offen.

(2) Der Gerichtshof steht Rechtsträgern, die nicht Vertragsstaaten sind, in allen Fällen offen, die in Teil XI ausdrücklich vorgesehen sind, oder für jede Streitigkeit, die aufgrund einer sonstigen Übereinkunft unterbreitet wird, die dem Gerichtshof die von allen Parteien dieser Streitigkeit angenommene Zuständigkeit überträgt.

Art. 21 Zuständigkeit. Die Zuständigkeit des Gerichtshofs erstreckt sich auf alle ihm in Übereinstimmung mit diesem Übereinkommen unterbreiteten Streitigkeiten und Anträge sowie auf alle in einer sonstigen Übereinkunft, die dem Gerichtshof die Zuständigkeit überträgt, besonders vorgesehenen Angelegenheiten.

Art. 22 Unterbreitung von Streitigkeiten aufgrund sonstiger Übereinkünfte. Mit Zustimmung aller Parteien eines Vertrags oder einer sonstigen Übereinkunft, die bereits in Kraft sind und von dem vorliegenden Übereinkommen erfaßte Gegenstände behandeln, können Streitigkeiten über die Auslegung oder Anwendung des Vertrags oder der sonstigen Übereinkunft in Übereinstimmung mit einer solchen Übereinkunft dem Gerichtshof unterbreitet werden.

Art. 23 Anwendbares Recht. Der Gerichtshof entscheidet alle Streitigkeiten und Anträge in Übereinstimmung mit Artikel 293.

Abschnitt 3. Verfahren

Art. 24 Einleitung des Verfahrens. (1) Streitigkeiten werden dem Gerichtshof je nach Art des Falles entweder durch Notifikation einer besonderen Übereinkunft oder durch eine Klageschrift unterbreitet, die an den Kanzler zu richten sind. In beiden Fällen sind der Streitgegenstand und die Parteien anzugeben.

(2) Der Kanzler übermittelt die besondere Übereinkunft oder die Klageschrift umgehend allen Betroffenen.

(3) Der Kanzler unterrichtet auch alle Vertragsstaaten.

Art. 25 Vorläufige Maßnahmen. (1) Der Gerichtshof und seine Kammer für Meeresbodenstreitigkeiten sind in Übereinstimmung mit Artikel 290 befugt, vorläufige Maßnahmen anzuordnen.

(2) Tagt der Gerichtshof nicht oder sind nicht genügend Mitglieder für die Beschlußfähigkeit verfügbar, so werden die vorläufigen Maßnahmen von der Kammer für abgekürzte Verfahren angeordnet, die nach Artikel 15 Absatz 3 dieser Anlage gebildet wird. Ungeachtet des Absatzes 4 jenes Artikels können solche vorläufigen Maßnahmen auf Antrag einer Streitpartei beschlossen werden. Sie können vom Gerichtshof überprüft und geändert werden.

Art. 26 Verhandlungen. (1) Die Verhandlungen werden vom Präsidenten oder, wenn dieser verhindert ist, vom Vizepräsidenten geleitet. Sind beide verhindert, so übernimmt der dienstälteste anwesende Richter des Gerichtshofs den Vorsitz.

(2) Die mündliche Verhandlung ist öffentlich, sofern nicht der Gerichtshof etwas anderes beschließt oder die Parteien den Ausschluß der Öffentlichkeit beantragen.

Art. 27 Prozeßführung. Der Gerichtshof erläßt Verfügungen für die Führung des Prozesses, bestimmt die Form und die Fristen für die Einbringung der Schlußanträge durch jede Partei und trifft alle Maßnahmen, die sich auf die Beweisaufnahme beziehen.

Art. 28 Nichterscheinen. Erscheint eine der Parteien nicht vor dem Gerichtshof oder unterläßt sie es, sich zur Sache zu äußern, so kann die andere Partei den Gerichtshof ersuchen, das Verfahren fortzuführen und seine Entscheidung zu fällen. Abwesenheit oder Versäumnis einer Partei, sich zur Sache zu äußern, stellt kein Hindernis für das Verfahren dar. Bevor der Gerichtshof seine Entscheidung fällt, muß er sich nicht nur vergewissern, daß er für die Streitigkeit zuständig ist, sondern auch, daß das Begehren in tatsächlicher und rechtlicher Hinsicht begründet ist.

Art. 29 Mehrheit für die Entscheidung. (1) Die Entscheidungen des Gerichtshofs werden mit Stimmenmehrheit seiner anwesenden Mitglieder gefaßt.

(2) Bei Stimmengleichheit gibt die Stimme des Präsidenten oder des ihn vertretenden Mitglieds des Gerichtshofs den Ausschlag.

Art. 30 Urteil. (1) Das Urteil ist zu begründen.

(2) Es enthält die Namen der Mitglieder des Gerichtshofs, die an der Entscheidung teilgenommen haben.

(3) Bringt das Urteil im ganzen oder zum Teil nicht die übereinstimmende Meinung der Mitglieder des Gerichtshofs zum Ausdruck, so ist jedes Mitglied berechtigt, ihm eine Darlegung seiner persönlichen oder abweichenden Meinung beizufügen.

(4) Das Urteil wird vom Präsidenten und vom Kanzler unterzeichnet. Nach ordnungsgemäßer Benachrichtigung der Streitparteien wird es in öffentlicher Sitzung verlesen.

Art. 31 Antrag auf Beitritt. (1) Ist ein Vertragsstaat der Auffassung, ein rechtliches Interesse zu haben, das durch die Entscheidung einer Streitigkeit berührt werden könnte, so kann er beim Gerichtshof einen Antrag auf Beitritt zu dem Verfahren stellen.

(2) Der Gerichtshof entscheidet über diesen Antrag.

(3) Wird einem Antrag auf Beitritt stattgegeben, so ist die Entscheidung des Gerichtshofs über die Streitigkeit für den beitretenden Vertragsstaat nur in bezug auf die Sache bindend, derentwegen der Vertragsstaat dem Verfahren beigetreten ist.

Art. 32 Recht auf Beitritt in Fällen der Auslegung oder Anwendung. (1) Handelt es sich um die Auslegung oder Anwendung dieses Übereinkommens, so unterrichtet der Kanzler unverzüglich alle Vertragsstaaten.

(2) Handelt es sich nach Artikel 21 oder 22 dieser Anlage um die Auslegung oder Anwendung einer internationalen Übereinkunft, so unterrichtet der Kanzler alle Vertragsparteien der Übereinkunft.

(3) Jede der in den Absätzen 1 und 2 bezeichneten Vertragsparteien ist berechtigt, dem Verfahren beizutreten; macht sie von diesem Recht Gebrauch, so ist die in dem Urteil enthaltene Auslegung auch für sie bindend.

Art. 33 Endgültigkeit und Verbindlichkeit der Entscheidungen. (1) Die Entscheidung des Gerichtshofs ist endgültig und muß von allen Streitparteien befolgt werden.

(2) Die Entscheidung ist nur für die Parteien in bezug auf die Streitigkeit bindend, über die entschieden wurde.

(3) Bestehen Meinungsverschiedenheiten über Sinn oder Tragweite der Entscheidung, so obliegt es dem Gerichtshof, sie auf Antrag einer Partei auszulegen.

Art. 34 Kosten. Sofern der Gerichtshof nicht anders entscheidet, trägt jede Partei ihre eigenen Kosten.

Abschnitt 4. Kammer für Meeresbodenstreitigkeiten

Art. 35 Zusammensetzung. (1) Die in Artikel 14 dieser Anlage genannte Kammer für Meeresbodenstreitigkeiten besteht aus 11 Mitgliedern; sie werden von der Mehrheit der gewählten Mitglieder des Gerichtshofs aus deren Mitte ausgewählt.

(2) Bei der Auswahl der Mitglieder der Kammer sind eine Vertretung der hauptsächlichen Rechtssysteme der Welt und eine gerechte geographische Verteilung zu gewährleisten. Die Versammlung der Behörde kann Empfehlungen allgemeiner Art im Hinblick auf diese Vertretung und Verteilung annehmen.

(3) Die Mitglieder der Kammer werden alle drei Jahre ausgewählt; sie können für eine zweite Amtszeit ausgewählt werden.

(4) Die Kammer wählt aus ihren Mitgliedern ihren Präsidenten; er übt sein Amt für den Zeitraum aus, für den die Kammer ausgewählt wurde.

(5) Sind am Ende einer Drei-Jahres-Frist, für welche die Kammer ausgewählt wurde, noch Verfahren anhängig, so bringt sie die Kammer in ihrer ursprünglichen Zusammensetzung zum Abschluß.

(6) Wird ein Sitz in der Kammer frei, so wählt der Gerichtshof aus seinen gewählten Mitgliedern einen Nachfolger aus, der sein Amt für die restliche Amtszeit seines Vorgängers ausübt.

(7) Die Kammer ist beschlußfähig, wenn sieben der vom Gerichtshof ausgewählten Mitglieder anwesend sind.

Art. 36 Ad-hoc-Kammern. (1) Die Kammer für Meeresbodenstreitigkeiten bildet eine aus drei ihrer Mitglieder bestehende Ad-hoc-Kammer zur Behandlung einer bestimmten Streitigkeit, die ihr in Übereinstimmung mit Artikel 188 Absatz 1 Buchstabe b unterbreitet wurde. Die Zusammensetzung einer solchen Kammer wird von der Kammer für Meeresbodenstreitigkeiten mit Zustimmung der Parteien festgelegt.

(2) Stimmen die Parteien der Zusammensetzung einer Ad-hoc-Kammer nicht zu, so bestellt jede Streitpartei ein Mitglied, und das dritte Mitglied wird von den Parteien einvernehmlich bestellt. Können sich die Parteien nicht einigen oder unterläßt eine Partei die Bestellung, so nimmt der Präsident der Kammer für Meeresbodenstreitigkeiten nach Konsultation mit den Parteien unverzüglich die Bestellung oder Bestellungen unter den Mitgliedern dieser Kammer vor.

(3) Die Mitglieder der Ad-hoc-Kammer dürfen weder im Dienst einer Streitpartei stehen noch deren Staatsangehörige sein.

Art. 37 Zugang zur Kammer. Die Kammer steht den Vertragsstaaten, der Behörde und den sonstigen in Teil XI Abschnitt 5 bezeichneten Rechtsträgern offen.

Art. 38 Anwendbares Recht. Zusätzlich zu den Bestimmungen des Artikels 293 wendet die Kammer folgendes an:

a) die in Übereinstimmung mit diesem Übereinkommen angenommenen Regeln, Vorschriften und Verfahren der Behörde und
b) in den einen Vertrag betreffenden Fragen die Bestimmungen dieses Vertrags über Tätigkeiten im Gebiet.

Art. 39 Vollstreckung der Entscheidungen der Kammer. Die Entscheidungen der Kammer sind in den Hoheitsgebieten der Vertragsstaaten ebenso vollstreckbar wie Urteile oder Verfügungen des höchsten Gerichts des Vertragsstaats, in dessen Hoheitsgebiet die Vollstreckung angestrebt wird.

Art. 40 Anwendbarkeit anderer Abschnitte dieser Anlage. (1) Die anderen Abschnitte dieser Anlage, die mit diesem Abschnitt nicht unvereinbar sind, finden auf die Kammer Anwendung.

(2) Bei der Wahrnehmung ihrer Aufgaben im Zusammenhang mit Gutachten läßt sich die Kammer von den Bestimmungen dieser Anlage betreffend Verfahren vor dem Gerichtshof leiten, soweit sie deren Anwendbarkeit anerkennt.

Abschnitt 5. Änderungen

Art. 41 Änderungen. (1) Änderungen dieser Anlage mit Ausnahme von Änderungen des Abschnitts 4 dürfen nur in Übereinstimmung mit Artikel 313 oder durch Konsens auf einer in Übereinstimmung mit diesem Übereinkommen einberufenen Konferenz angenommen werden.

(2) Änderungen des Abschnitts 4 dürfen nur in Übereinstimmung mit Artikel 314 angenommen werden.

(3) Der Gerichtshof kann Änderungen dieses Statuts, die er für notwendig erachtet, durch schriftliche Mitteilung an die Vertragsstaaten zur Prüfung nach den Absätzen 1 und 2 vorschlagen.

Anhang zu Anlage VI

Zusammensetzung des Gerichtshofs (Stand 1. 12. 2013)

Name	Nationalität	Funktion
Shunji Yanai	Japan	Präsident
Albert J. Hoffmann	Südafrika	Vizepräsident
Vicente Marotta Rangel	Brasilien	Richter
L. Dolliver M. Nelson	Grenada	Richter
P. Chandrasekhara Rao	Indien	Richter

Name	Nationalität	Funktion
Joseph Akl	Libanon	Richter
Rüdiger Wolfrum	Deutschland	Richter
Tafsir Malick Ndiaye José	Senegal	Richter
Luis Jesus	Kap Verde	Richter
Jean-Pierre Cot	Frankreich	Richter
Anthony Amos Lucky	Trinidad und Tobago	Richter
Stanislaw Pawlak	Polen	Richter
Helmut Türk	Österreich	Richter
James L. Kateka	Tansania, Vereinigte Republik	Richter
Zhiguo Gao	China	Richter
Boualem Bouguetaia	Algerien	Richter
Vladimir Vladimirovich Golitsyn	Russische Föderation	Richter
Jin-Hyun Paik	Korea, Republik	Richter
Elsa Kelly	Argentinien	Richterin
David Joseph Attard	Malta	Richter
Markiyan Z. Kulyk	Ukraine	Richter
Philippe Gautier	Belgien	Kanzler

Anlage VII. Schiedsverfahren

Art. 1 Einleitung des Verfahrens. Vorbehaltlich des Teiles XV kann jede Streitpartei durch eine an die andere Streitpartei oder die anderen Streitparteien gerichtete schriftliche Notifikation die Streitigkeit dem in dieser Anlage vorgesehenen Schiedsverfahren unterwerfen. Der Notifikation sind das Klagebegehren sowie die Gründe beizufügen, auf die sich dieses stützt.

Art. 2 Liste der Schiedsrichter. (1) Der Generalsekretär der Vereinten Nationen erstellt und führt eine Liste der Schiedsrichter. Jeder Vertragsstaat ist berechtigt, vier Schiedsrichter zu ernennen, die Erfahrung in Meeresfragen besitzen und wegen ihrer Unparteilichkeit, fachlichen Eignung und Ehrenhaftigkeit höchstes Ansehen genießen. Die Namen der so ernannten Personen bilden die Liste.

(2) Beträgt die Zahl der von einem Vertragsstaat ernannten Schiedsrichter zu irgendeinem Zeitpunkt weniger als vier, so ist der Vertrags-

staat berechtigt, die weiteren notwendigen Ernennungen vorzunehmen.

(3) Der Name eines Schiedsrichters bleibt so lange auf der Liste, bis er von dem Vertragsstaat, der ihn ernannt hat, zurückgezogen wird; jedoch bleibt der Schiedsrichter so lange in dem Schiedsgericht tätig, in das er berufen worden ist, bis das Verfahren vor diesem Gericht beendet ist.

Art. 3 Bildung des Schiedsgerichts. Sofern die Parteien nichts anderes vereinbaren, wird für die Zwecke des in dieser Anlage vorgesehenen Verfahrens das Schiedsgericht wie folgt gebildet:

a) Vorbehaltlich des Buchstabens g besteht das Schiedsgericht aus fünf Mitgliedern.

b) Die das Verfahren einleitende Partei bestellt ein Mitglied, das vorzugsweise aus der in Artikel 2 dieser Anlage genannten Liste ausgewählt wird und ihr eigener Staatsangehöriger sein kann. Die Bestellung wird in der in Artikel 1 dieser Anlage genannten Notifikation angegeben.

c) Die andere Streitpartei bestellt innerhalb von 30 Tagen nach Eingang der in Artikel 1 dieser Anlage genannten Notifikation ein Mitglied, das vorzugsweise aus der Liste ausgewählt wird und ihr eigener Staatsangehöriger sein kann. Wird die Bestellung nicht innerhalb dieser Frist vorgenommen, so kann die das Verfahren einleitende Partei binnen zwei Wochen nach Ablauf der Frist beantragen, dass die Bestellung in Übereinstimmung mit Buchstabe e vorgenommen wird.

d) Die drei anderen Mitglieder werden von den Parteien einvernehmlich bestellt. Sie werden vorzugsweise aus der Liste ausgewählt und müssen Angehörige dritter Staaten sein, sofern die Parteien nichts anderes vereinbaren. Die Streitparteien bestellen eines dieser drei Mitglieder zum Präsidenten des Schiedsgerichts. Können sich die Parteien innerhalb von 60 Tagen nach Eingang der in Artikel 1 dieser Anlage genannten Notifikation nicht über die Bestellung eines oder mehrerer der einvernehmlich zu bestellenden Mitglieder des Gerichts oder über die Bestellung des Präsidenten einigen, so werden diese Bestellungen auf Antrag einer Streitpartei in Übereinstimmung mit Buchstabe e vorgenommen. Dieser Antrag ist innerhalb von zwei Wochen nach Ablauf der genannten Frist von 60 Tagen zu stellen.

e) Sofern die Parteien nicht vereinbaren, dass eine Bestellung nach den Buchstaben c und d von einer Person oder einem dritten Staat vorzunehmen ist, die von den Parteien ausgewählt werden, nimmt der Präsident des Internationalen Seegerichtshofs die notwendigen Bestellungen vor. Ist der Präsident nicht imstande, nach diesem Buchstaben tätig zu werden, oder ist er Staatsangehöriger einer der Streitparteien, so wird die Bestellung vom dienstältesten verfügbaren Mitglied des Internationalen Seegerichtshofs vorgenommen, das nicht Staatsangehöriger einer Streitpartei ist. Die Bestellungen nach diesem Buchstaben werden innerhalb von 30 Tagen nach Eingang des Antrags und in Konsultation mit den Streitparteien aus der in Artikel 2 dieser Anlage genannten Liste vorgenommen. Die bestellten Mitglieder müssen unterschiedlicher Staatsangehörigkeit sein, dürfen nicht im Dienst einer Streitpartei stehen, nicht ihren gewöhnlichen Aufenthalt im Hoheitsgebiet einer Streitpartei haben und nicht Staatsangehörige einer der Streitparteien sein.

f) Frei gewordene Sitze werden in der für die erste Bestellung vorgeschriebenen Weise besetzt.

g) Parteien, die eine Streitgenossenschaft bilden, bestellen gemeinsam und einvernehmlich ein Mitglied des Gerichts. Bestehen mehrere Parteien mit unterschiedlichen Interessen oder besteht Unstimmigkeit darüber, ob sie eine Streitgenossenschaft bilden, so bestellt jede von ihnen ein Mitglied des Gerichts. Die Anzahl der von den Parteien getrennt bestellten Mitglieder des Gerichts muss immer um eins niedriger sein als die Anzahl der Mitglieder des Gerichts, die von den Parteien gemeinsam zu bestellen sind.

h) Bei Streitigkeiten zwischen mehr als zwei Parteien finden die Buchstaben a bis f so weit wie möglich Anwendung.

Art. 4 Aufgaben des Schiedsgerichts. Ein nach Artikel 3 dieser Anlage gebildetes Schiedsgericht nimmt seine Aufgaben in Übereinstimmung mit dieser Anlage und den anderen Bestimmungen dieses Übereinkommens wahr.

Art. 5 Verfahren. Sofern die Streitparteien nichts anderes vereinbaren, bestimmt das Schiedsgericht sein Verfahren; dabei muss jeder Partei vollständige Gelegenheit gegeben werden, gehört zu werden und ihren Fall darzulegen.

Art. 6 Pflichten der Streitparteien. Die Streitparteien erleichtern die Arbeit des Schiedsgerichts und werden insbesondere in Übereinstimmung mit ihren Rechtsvorschriften und mit allen ihnen zur Verfügung stehenden Mitteln:

a) ihm alle sachdienlichen Schriftstücke vorlegen, Erleichterungen einräumen und Auskünfte erteilen; und

b) ihm die Möglichkeit geben, soweit nötig Zeugen oder Sachverständige zu laden und ihre Aussagen einzuholen und die Örtlichkeiten zu besichtigen, auf die sich der Fall bezieht.

Art. 7 Kosten. Sofern das Schiedsgericht nicht wegen der besonderen Umstände des Einzelfalls etwas anderes beschließt, werden die Kosten des Gerichts, einschließlich der Vergütung seiner Mitglieder, von den Streitparteien zu gleichen Teilen getragen.

Anlage VIII.
Besonderes Schiedsverfahren

Art. 1 Einleitung des Verfahrens. Vorbehaltlich des Teiles XV kann jede Streitpartei durch eine an die andere Streitpartei oder die anderen Streitparteien gerichtete schriftliche Notifikation eine Streitigkeit über die Auslegung oder Anwendung von Artikeln dieses Übereinkommens betreffend 1. Fischerei, 2. Schutz und Bewahrung der Meeresumwelt, 3. wissenschaftliche Meeresforschung oder 4. Schifffahrt, einschließlich der Verschmutzung durch Schiffe und durch Einbringen, dem in dieser Anlage vorgesehenen besonderen Schiedsverfahren unterwerfen. Der Notifikation sind das Klagebegehren sowie die Gründe beizufügen, auf die sich dieses stützt.

Art. 2 Sachverständigenlisten. (1) Eine Sachverständigenliste wird für jeden der folgenden Bereiche aufgestellt und geführt: 1. Fischerei, 2. Schutz und Bewahrung der Meeresumwelt, 3. wissenschaftliche Meeresforschung und 4. Schifffahrt, einschließlich der Verschmutzung durch Schiffe und durch Einbringen.

(2) Die Sachverständigenlisten werden für die Fischerei von der Ernährungs- und Landwirtschaftsorganisation der Vereinten Nationen, für den Schutz und die Bewahrung der Meeresumwelt vom Umweltprogramm der Vereinten Nationen, für die wissenschaftliche Meeresforschung von der Zwischenstaatlichen Ozeanographischen Kommission und für die Schifffahrt, einschliesslich der Verschmutzung durch Schiffe und durch Einbringen, von der Internationalen Seeschifffahrts-Organisation erstellt und geführt beziehungsweise von dem jeweils zuständigen Nebenorgan, dem die Organisation, das Programm oder die Kommission diese Aufgabe übertragen hat.

(3) Jeder Vertragsstaat ist berechtigt, zwei Sachverständige für jeden Bereich zu ernennen, deren rechtliche, wissenschaftliche oder technische Fachkenntnisse auf dem jeweiligen Gebiet feststehen und allgemein anerkannt sind und die wegen ihrer Unparteilichkeit und Ehrenhaftigkeit höchstes Ansehen geniessen. Die Namen der für jeden Bereich so ernannten Personen bilden die entsprechende Liste.

(4) Beträgt die Zahl der von einem Vertragsstaat ernannten Sachverständigen in der Liste zu irgendeinem Zeitpunkt weniger als zwei, so ist der Vertragsstaat berechtigt, die weiteren notwendigen Ernennungen vorzunehmen.

(5) Der Name eines Sachverständigen bleibt so lange auf der Liste, bis er von dem Vertragsstaat, der ihn ernannt hat, zurückgezogen wird; jedoch bleibt der Sachverständige so lange in dem besonderen Schiedsgericht tätig, in das er berufen worden ist, bis das Verfahren vor diesem Gericht beendet ist.

Art. 8 Erforderliche Mehrheit für die Entscheidungen. Das Schiedsgericht entscheidet mit der Mehrheit seiner Mitglieder. Die Abwesenheit oder Stimmenthaltung von weniger als der Hälfte der Mitglieder hindert das Gericht nicht, zu entscheiden. Bei Stimmengleichheit gibt die Stimme des Präsidenten den Ausschlag.

Art. 9 Nichterscheinen. Erscheint eine der Streitparteien nicht vor dem Schiedsgericht oder unterlässt sie es, sich zur Sache zu äußern, so kann die andere Partei das Gericht ersuchen, das Verfahren fortzuführen und seinen Schiedsspruch zu fällen. Abwesenheit oder Versäumnis einer Partei, sich zur Sache zu äußern, stellt kein Hindernis für das Verfahren dar. Bevor das Schiedsgericht seinen Spruch fällt, muss es sich nicht nur vergewissern, dass es für die Streitigkeit zuständig ist, sondern auch, dass das Begehren in tatsächlicher und rechtlicher Hinsicht begründet ist.

Art. 10 Schiedsspruch. Der Spruch des Schiedsgerichts hat sich auf den Streitgegenstand zu beschränken und ist zu begründen. Er enthält die Namen der Mitglieder, die teilgenommen haben, sowie das Datum des Schiedsspruchs. Jedes Mitglied des Gerichts kann dem Schiedsspruch eine Darlegung seiner persönlichen oder abweichenden Meinung beifügen.

Art. 11 Endgültigkeit des Schiedsspruchs. Der Schiedsspruch ist endgültig und unterliegt keinem Rechtsmittel, sofern nicht die Streitparteien vorher ein Rechtsmittelverfahren vereinbart haben. Er muss von den Streitparteien befolgt werden.

Art. 12 Auslegung oder Durchführung des Schiedsspruchs.

(1) Meinungsverschiedenheiten zwischen den Streitparteien über die Auslegung oder die Art der Durchführung des Schiedsspruchs können von jeder Partei dem Schiedsgericht, das den Spruch gefällt hat, zur Entscheidung vorgelegt werden. Zu diesem Zweck werden frei gewordene Sitze im Gericht in der für die ursprünglichen Bestellungen der Mitglieder des Gerichts vorgesehenen Weise besetzt.

(2) Eine solche Meinungsverschiedenheit kann einem anderen Gerichtshof oder Gericht nach Artikel 287 unterbreitet werden, wenn alle Streitparteien dies vereinbaren.

Art. 13 Anwendung auf andere Rechtsträger als Vertragsstaaten. Diese Anlage findet sinngemäß auf jede Streitigkeit Anwendung, an der Rechtsträger beteiligt sind, die keine Vertragsstaaten sind.

Art. 3 Bildung des besonderen Schiedsgerichts. Sofern die Parteien nichts anderes vereinbaren, wird für die Zwecke des in dieser Anlage vorgesehenen Verfahrens das besondere Schiedsgericht wie folgt gebildet:

a) Vorbehaltlich des Buchstabens g besteht das besondere Schiedsgericht aus fünf Mitgliedern.

b) Die das Verfahren einleitende Partei bestellt zwei Mitglieder, die vorzugsweise aus der oder den in Artikel 2 dieser Anlage genannten entsprechenden Listen, die sich auf den Streitgegenstand beziehen, ausgewählt werden und von denen eines ihr Staatsangehöriger sein kann. Die Bestellungen werden in der in Artikel 1 dieser Anlage genannten Notifikation angegeben.

c) Die andere Streitpartei bestellt innerhalb von 30 Tagen nach Eingang der in Artikel 1 dieser Anlage genannten Notifikation zwei Mitglieder, die vorzugsweise aus der oder den entsprechenden Listen, die sich auf den Streitgegenstand beziehen, ausgewählt werden und von denen eines ihr Staatsangehöriger sein kann. Werden die Bestellungen nicht innerhalb dieser Frist vorgenommen, so kann die das Verfahren einleitende Partei binnen zwei Wochen nach Ablauf der Frist beantragen, dass die Bestellungen in Übereinstimmung mit Buchstabe e vorgenommen werden.

d) Die Streitparteien bestellen einvernehmlich den Präsidenten des besonderen Schiedsgerichts, der vorzugsweise aus der entsprechenden Liste ausgewählt wird und Angehöriger eines dritten Staates sein muss, sofern die Parteien nichts anderes vereinbaren. Können sich die Parteien innerhalb von 30 Tagen nach Eingang der in Artikel 1 dieser Anlage genannten Notifikation nicht über die Bestellung des Präsidenten einigen, so wird die Bestellung auf Antrag einer Streitpartei in Übereinstimmung mit Buchstabe e vorgenommen. Dieser Antrag ist innerhalb von zwei Wochen nach Ablauf der genannten Frist von 30 Tagen zu stellen.

e) Sofern die Parteien nicht vereinbaren, dass die Bestellung von einer Person oder einem dritten Staat vorzunehmen ist, die von den Parteien ausgewählt werden, nimmt der Generalsekretär der Vereinten Nationen innerhalb von 30 Tagen nach Eingang eines Antrags gemäß den Buchstaben c und d die notwendigen Bestellungen vor. Die Bestellungen nach diesem Buchstaben werden aus der oder den in Artikel 2 dieser Anlage genannten entsprechenden Sachverständigenlisten in Konsultation mit den Streitparteien und der zuständigen internationalen Organisation vorgenommen. Die bestellten Mitglieder müssen unterschiedlicher Staatsangehörigkeit sein, dürfen nicht im Dienst einer Streitpartei stehen, nicht ihren gewöhnlichen Aufenthalt im Hoheitsgebiet einer Streitpartei haben und nicht Staatsangehörige einer der Streitparteien sein.

f) Frei gewordene Sitze werden in der für die erste Bestellung vorgeschriebenen Weise besetzt.

g) Parteien, die eine Streitgenossenschaft bilden, bestellen gemeinsam und einvernehmlich zwei Mitglieder des Gerichts. Bestehen mehrere Parteien mit unterschiedlichen Interessen oder besteht Unstimmigkeit darüber, ob sie eine Streitgenossenschaft bilden, so bestellt jede von ihnen ein Mitglied des Gerichts.

h) Bei Streitigkeiten zwischen mehr als zwei Parteien finden die Buchstaben a bis f so weit wie möglich Anwendung.

Art. 4 Allgemeine Bestimmungen. Die Artikel 4–13 der Anlage VII finden sinngemäß Anwendung auf das besondere Schiedsverfahren in Übereinstimmung mit dieser Anlage.

Art. 5 Feststellung des Sachverhalts. (1) Die Parteien einer Streitigkeit über die Auslegung oder Anwendung von Bestimmungen dieses Übereinkommens über 1. Fischerei, 2. Schutz und Bewahrung der Meeresumwelt, 3. wissenschaftliche Meeresforschung oder 4. Schifffahrt, einschliesslich der Verschmutzung durch Schiffe und durch Einbringen, können jederzeit vereinbaren, ein in Übereinstimmung mit Artikel 3 dieser Anlage gebildetes besonderes Schiedsgericht zu ersuchen, eine Untersuchung durchzuführen und den Sachverhalt festzustellen, welcher der Streitigkeit zugrunde liegt.

(2) Sofern die Parteien nichts anderes vereinbaren, gilt die Feststellung des Sachverhalts durch das in Übereinstimmung mit Absatz 1 tätig werdende besondere Schiedsgericht für die Parteien als endgültig.

(3) Auf Antrag aller Streitparteien kann das besondere Schiedsgericht Empfehlungen ausarbeiten, die, ohne die Rechtskraft einer Entscheidung zu haben, nur die Grundlage für eine Überprüfung der Ursachen, die der Streitigkeit zugrunde liegen, durch die Parteien darstellen.

(4) Vorbehaltlich des Absatzes 2 wird das besondere Schiedsgericht in Übereinstimmung mit den Bestimmungen dieser Anlage tätig, sofern die Parteien nichts anderes vereinbaren.

Anlage IX.
Teilnahme internationaler Organisationen

Art. 1 Bestimmung des Begriffs „internationale Organisation". Im Sinne des Artikels 305 und dieser Anlage bedeutet „internationale Organisation" eine zwischenstaatliche Organisation, die von Staaten gegründet ist und der die Mitgliedstaaten Zuständigkeit für die durch dieses Übereinkommen geregelten Angelegenheiten übertragen haben, einschließlich der Zuständigkeit, Verträge über diese Angelegenheiten zu schließen.

Art. 2 Unterzeichnung. Eine internationale Organisation kann dieses Übereinkommen unterzeichnen, wenn die Mehrheit ihrer Mitgliedstaaten Unterzeichner des Übereinkommens ist. Bei der Unterzeichnung gibt eine internationale Organisation eine Erklärung ab, in der sie die durch das Übereinkommen geregelten Angelegenheiten, für die ihre Mitgliedstaaten, die Unterzeichner sind, ihr Zuständigkeit übertragen haben, sowie Art und Umfang der Zuständigkeit im einzelnen aufführt.

Art. 3 Förmliche Bestätigung und Beitritt. (1) Eine internationale Organisation kann ihre Urkunde der förmlichen Bestätigung oder ihre Beitrittsurkunde hinterlegen, wenn die Mehrheit ihrer Mitgliedstaaten ihre Ratifikations- oder Beitrittsurkunden hinterlegt oder hinterlegt hat.[1)]

(2) Die von der internationalen Organisation hinterlegte Urkunde enthält die in den Artikeln 4 und 5 dieser Anlage vorgeschriebenen Verpflichtungen und Erklärungen.

Art. 4 Umfang der Teilnahme sowie Rechte und Pflichten. (1) Die Urkunde der förmlichen Bestätigung oder die Beitrittsurkunde einer internationalen Organisation enthält die Verpflichtung, die Rechte und Pflichten der Staaten aus diesem Übereinkommen hinsichtlich der Angelegenheiten zu übernehmen, für die ihre Mitgliedstaaten, die Vertragsstaaten sind, ihr Zuständigkeit übertragen haben.

(2) Eine internationale Organisation ist in dem Umfang Vertragspartei dieses Übereinkommens, in dem sie in Übereinstimmung mit den in Artikel 5 dieser Anlage genannten Erklärungen, Mitteilungen oder Notifikationen zuständig ist.

(3) Eine solche internationale Organisation übt in Angelegenheiten, für die ihre Mitgliedstaaten ihr Zuständigkeit übertragen haben, die Rechte aus und erfüllt die Pflichten, die sonst ihren Mitgliedstaaten, die Vertragsstaaten sind, zukommen würden. Die Mitgliedstaaten dieser

(Fortsetzung nächstes Blatt)

[1)] Dies ist seitens der EG am 1. 4. 1998 erfolgt (vgl. Beschluß des Rates v. 23. 3. 1998, ABl. Nr. L 179/1).

internationalen Organisation üben keine Zuständigkeit aus, die sie ihr übertragen haben.

(4) Die Teilnahme einer solchen internationalen Organisation bewirkt in keinem Fall eine Vergrößerung der Vertretung, zu der ihre Mitgliedstaaten, die Vertragsstaaten sind, sonst berechtigt wären, einschließlich der Rechte bei der Beschlußfassung.

(5) Die Teilnahme einer solchen internationalen Organisation verleiht ihren Mitgliedstaaten, die nicht Vertragsstaaten sind, keine Rechte aus diesem Übereinkommen.

(6) Im Fall eines Konflikts zwischen den Verpflichtungen einer internationalen Organisation aus diesem Übereinkommen und ihren Verpflichtungen aus der Übereinkunft, durch welche die Organisation errichtet wurde, oder aus sich darauf beziehenden Akten haben die Verpflichtungen aus dem Übereinkommen Vorrang.

Art. 5 Erklärungen, Notifikationen und Mitteilungen. (1) Die Urkunde der förmlichen Bestätigung oder die Beitrittsurkunde einer internationalen Organisation muß eine Erklärung enthalten, in der die durch dieses Übereinkommen geregelten Angelegenheiten im einzelnen aufgeführt sind, für die der Organisation von ihren Mitgliedstaaten, die Vertragsstaaten sind, Zuständigkeit übertragen worden ist.[1]

(2) Ein Mitgliedstaat einer internationalen Organisation gibt zu dem Zeitpunkt, in dem er dieses Übereinkommen ratifiziert oder ihm beitritt oder in dem die Organisation ihre Urkunde der förmlichen Bestätigung oder ihre Beitrittsurkunde hinterlegt, je nachdem, welches der spätere Zeitpunkt ist, eine Erklärung ab, in der er die durch das Übereinkommen geregelten Angelegenheiten im einzelnen aufführt, für die er der Organisation Zuständigkeit übertragen hat.

(3) Von Vertragsstaaten, die Mitgliedstaaten einer internationalen Organisation sind, die Vertragspartei dieses Übereinkommens ist, wird angenommen, daß sie Zuständigkeit für alle durch das Übereinkommen geregelten Angelegenheiten besitzen, für die sie die Übertragung von Zuständigkeit auf die Organisation nach diesem Artikel nicht ausdrücklich erklärt, notifiziert oder mitgeteilt haben.

(4) Die internationale Organisation und ihre Mitgliedstaaten, die Vertragsparteien dieses Übereinkommens sind, notifizieren dem Verwahrer[2] des Übereinkommens umgehend alle Änderungen in der Verteilung der Zuständigkeit, die in den Erklärungen nach den Absätzen 1 und 2 im einzelnen aufgeführt ist, einschließlich neuer Übertragungen von Zuständigkeit.

(5) Jeder Vertragsstaat kann eine internationale Organisation und ihre Mitgliedstaaten, die Vertragsparteien dieses Übereinkommens sind,

---

[1] Die entsprechende Erklärung der EG ist abgedruckt in ABl. 1998 Nr. L 179/129. Hier findet sich auch eine Liste der Rechtsakte der Gemeinschaft zu den im Übereinkommen und in Durchführungsübereinkommen geregelten Angelegenheiten (ebd. S. 131).

[2] Österreich und Schweiz: Depositar.

um Auskunft ersuchen, wer – die Organisation oder ihre Mitgliedstaaten – Zuständigkeit für eine bestimmte Frage besitzt, die aufgetreten ist. Die Organisation und die betreffenden Mitgliedstaaten erteilen die Auskunft innerhalb einer angemessenen Frist. Die internationale Organisation und die Mitgliedstaaten können diese Auskunft auch von sich aus erteilen.

(6) In den Erklärungen, Notifikationen und Mitteilungen nach diesem Artikel werden Art und Umfang der übertragenen Zuständigkeit im einzelnen aufgeführt.

Art. 6 Verantwortlichkeit und Haftung. (1) Vertragsparteien, die nach Artikel 5 dieser Anlage Zuständigkeit besitzen, sind für die Nichterfüllung von Verpflichtungen und für alle sonstigen Verstöße gegen dieses Übereinkommen verantwortlich.

(2) Jeder Vertragsstaat kann eine internationale Organisation oder ihre Mitgliedstaaten, die Vertragsparteien dieses Übereinkommens sind, um Auskunft ersuchen, wem für eine bestimmte Angelegenheit die Verantwortlichkeit zukommt. Die Organisation und die betreffenden Mitgliedstaaten müssen diese Auskunft erteilen. Das Nichterteilen der Auskunft innerhalb einer angemessenen Frist oder das Erteilen widersprüchlicher Auskünfte hat gesamtschuldnerische Haftung zur Folge.

Art. 7 Beilegung von Streitigkeiten. (1) Bei Hinterlegung ihrer Urkunde der förmlichen Bestätigung oder ihrer Beitrittsurkunde oder zu jedem späteren Zeitpunkt steht es einer internationalen Organisation frei, durch schriftliche Erklärung ein oder mehrere der in Artikel 287 Absatz 1 Buchstabe a, c oder d genannten Mittel zur Beilegung von Streitigkeiten über die Auslegung oder Anwendung dieses Übereinkommens zu wählen.

(2) Teil XV findet sinngemäß[1] auf jede Streitigkeit zwischen Vertragsparteien dieses Übereinkommens Anwendung, von denen eine oder mehrere internationale Organisationen sind.

(3) Bilden eine internationale Organisation und einer oder mehrere ihrer Mitgliedstaaten eine gemeinsame Streitpartei oder eine Streitgenossenschaft, so wird angenommen, daß die Organisation denselben Verfahren zur Beilegung von Streitigkeiten wie die Mitgliedstaaten zugestimmt hat; hat ein Mitgliedstaat jedoch nur den Internationalen Gerichtshof nach Artikel 287 gewählt, so wird angenommen, daß die Organisation und der betreffende Mitgliedstaat dem Schiedsverfahren in Übereinstimmung mit Anlage VII zugestimmt haben, sofern die Streitparteien sich nicht auf ein anderes Mittel einigen.

Art. 8 Anwendbarkeit des Teiles XVII. Teil XVII findet sinngemäß[1] auf internationale Organisationen mit folgenden Ausnahmen *Anwendung:*

[1] Schweiz: mutatis mutandis.

a) Die Urkunde der förmlichen Bestätigung oder die Beitrittsurkunde einer internationalen Organisation bleibt bei der Anwendung des Artikels 308 Absatz 1 außer Betracht;

b) i) eine internationale Organisation hat die ausschließliche Fähigkeit, in Anwendung der Artikel 312 bis 315 zu handeln, soweit sie nach Artikel 5 dieser Anlage für den gesamten Gegenstand der Änderung Zuständigkeit besitzt;

ii) die Urkunde der förmlichen Bestätigung oder die Beitrittsurkunde einer internationalen Organisation betreffend eine Änderung, für deren gesamten Gegenstand sie nach Artikel 5 dieser Anlage Zuständigkeit besitzt, gilt für die Anwendung des Artikels 316 Absätze 1, 2 und 3 als Ratifikations- oder Beitrittsurkunde jedes ihrer Mitgliedstaaten, die Vertragsstaaten sind;

iii) die Urkunde der förmlichen Bestätigung oder die Beitrittsurkunde einer internationalen Organisation bleibt bei der Anwendung des Artikels 316 Absätze 1 und 2 in bezug auf alle anderen Änderungen außer Betracht;

c) i) eine internationale Organisation darf dieses Übereinkommen nicht in Übereinstimmung mit Artikel 317 kündigen, wenn einer ihrer Mitgliedstaaten Vertragsstaat ist und sie weiterhin die in Artikel 1 dieser Anlage genannten Voraussetzungen erfüllt;

ii) eine internationale Organisation muß dieses Übereinkommen kündigen, wenn keiner ihrer Mitgliedstaaten Vertragsstaat ist oder wenn sie die in Artikel 1 dieser Anlage genannten Voraussetzungen nicht mehr erfüllt. Die Kündigung wird sofort wirksam.

a) Die Urkunde der förmlichen Bestätigung oder die Beitrittsurkunde einer internationalen Organisation bleibt bei der Anwendung des Artikels 308 Absatz 1 außer Betracht;

b) i) eine internationale Organisation hat die ausschließliche Fähigkeit, in Anwendung der Artikel 312 bis 315 zu handeln, soweit sie nach Artikel 5 dieser Anlage für den gesamten Gegenstand der Änderung Zuständigkeit besitzt;

ii) die Urkunde der förmlichen Bestätigung oder die Beitrittsurkunde einer internationalen Organisation betreffend eine Änderung, für deren gesamten Gegenstand sie nach Artikel 5 dieser Anlage Zuständigkeit besitzt, gilt für die Anwendung des Artikels 316 Absätze 1, 2 und 3 als Ratifikations- oder Beitrittsurkunde jedes ihrer Mitgliedstaaten, die Vertragsstaaten sind;

iii) die Urkunde der förmlichen Bestätigung oder die Beitrittsurkunde einer internationalen Organisation bleibt bei der Anwendung des Artikels 316 Absätze 1 und 2 in bezug auf alle anderen Änderungen außer Betracht;

c) i) eine internationale Organisation darf dieses Übereinkommen nicht in Übereinstimmung mit Artikel 317 kündigen, wenn einer ihrer Mitgliedstaaten Vertragsstaat ist und sie weiterhin die in Artikel 1 dieser Anlage genannten Voraussetzungen erfüllt;

ii) eine internationale Organisation muß dieses Übereinkommen kündigen, wenn keiner ihrer Mitgliedstaaten Vertragsstaat ist oder wenn sie die in Artikel 1 dieser Anlage genannten Voraussetzungen nicht mehr erfüllt. Die Kündigung wird sofort wirksam.

350a. Übereinkommen zur Durchführung des Teiles XI des Seerechts-Übereinkommens der Vereinten Nationen vom 10. Dezember 1982

Vom 28. Juli 1994

(BGBl. II S. 2566)[1)]

(Übersetzung)

DIE VERTRAGSSTAATEN DIESES ÜBEREINKOMMENS –

IN ANERKENNUNG des bedeutenden Beitrags, den das Seerechtsübereinkommen der Vereinten Nationen vom 10. Dezember 1982 (im folgenden als „Seerechtsübereinkommen" bezeichnet) zur Erhaltung von Frieden, Gerechtigkeit und Fortschritt für alle Völker der Welt leistet;

ERNEUT BEKRÄFTIGEND, daß der Meeresboden und der Meeresuntergrund jenseits der Grenzen des Bereichs nationaler Hoheitsbefugnisse (im folgenden als „Gebiet" bezeichnet) sowie die Ressourcen des Gebiets gemeinsames Erbe der Menschheit sind;

EINGEDENK DER BEDEUTUNG des Seerechtsübereinkommens für den Schutz und die Bewahrung der Meeresumwelt sowie der wachsenden Besorgnis um die globale Umwelt;

UNTER BERÜCKSICHTIGUNG des Berichts des Generalsekretärs der Vereinten Nationen über die Ergebnisse der informellen Beratungen zwischen den Staaten, die von 1990 bis 1994 über offene Fragen betreffend Teil XI und damit zusammenhängende Bestimmungen des Seerechtsübereinkommens (im folgenden als „Teil XI" bezeichnet) stattgefunden haben;

IM HINBLICK AUF die politischen und wirtschaftlichen Veränderungen, einschließlich marktorientierter Ansätze, die sich auf die Durchführung des Teiles XI auswirken;

IN DEM WUNSCH, die weltweite Teilnahme am Seerechtsübereinkommen zu erleichtern;

IN DER ERWÄGUNG, daß ein Übereinkommen zur Durchführung des Teiles XI diesem Zweck am besten dienen würde –

HABEN FOLGENDES VEREINBART:

Art. 1 Durchführung des Teiles XI. (1) Die Vertragsstaaten dieses Übereinkommens verpflichten sich, Teil XI im Einklang mit diesem Übereinkommen durchzuführen.

(2) Die Anlage ist Bestandteil dieses Übereinkommens.

---

1) Dieses Durchführungs-Übk. wird seit dem 16. 11. 1994 von Deutschland vorläufig angewandt gem. Bek. vom 15. 5. 1995 (BGBl. II S. 479); es ist am 28. 7. 1996 für Deutschland in Kraft getreten (Bek. v. 10. 9. 1996, BGBl. II S. 2511). Durch Hinterlegung der Urkunde der förmlichen Bestätigung (Art. 3 des Beschlusses des Rates v. 23. 3. 1998, ABl. 1998 Nr. L 179/1), ist das Durchführungsübereinkommen am 1. 5. 1998 auch für die EG – die dieses bereits seit dem 16. 11. 1994 vorläufig angewendet hatte – in Kraft getreten (Bek. v. 10. 11. 1998, BGBl. II S. 2979).

Art. 2 Verhältnis zwischen diesem Übereinkommen und Teil XI. (1) Dieses Übereinkommen und Teil XI werden zusammen als eine Übereinkunft ausgelegt und angewendet. Im Fall eines Widerspruchs zwischen dem Übereinkommen und Teil XI ist das Übereinkommen maßgebend.

(2) Die Artikel 309 bis 319 des Seerechtsübereinkommens finden auf dieses Übereinkommen ebenso Anwendung wie auf das Seerechtsübereinkommen.

Art. 3 Unterzeichnung. Dieses Übereinkommen liegt nach seiner Annahme 12 Monate am Sitz der Vereinten Nationen zur Unterzeichnung durch die in Artikel 305 Absatz 1 Buchstaben a, c, d, e und f des Seerechtsübereinkommens genannten Staaten und Rechtsträger auf.

Art. 4 Zustimmung, gebunden zu sein. (1) Nach der Annahme dieses Übereinkommens stellt jede Ratifikations- oder Beitrittsurkunde zum Seerechtsübereinkommen oder jede Urkunde der förmlichen Bestätigung des Seerechtsübereinkommens auch die Zustimmung dar, durch das vorliegende Übereinkommen gebunden zu sein.

(2) Ein Staat oder Rechtsträger darf nicht seine Zustimmung bekunden, durch dieses Übereinkommen gebunden zu sein, wenn er nicht zuvor seine Zustimmung bekundet hat oder gleichzeitig bekundet, durch das Seerechtsübereinkommen gebunden zu sein.

(3) Ein in Artikel 3 bezeichneter Staat oder Rechtsträger kann seine Zustimmung erklären, durch dieses Übereinkommen gebunden zu sein,

a) indem er es ohne Vorbehalt der Ratifikation, der förmlichen Bestätigung oder des in Artikel 5 vorgesehenen Verfahrens unterzeichnet;
b) indem er es vorbehaltlich der Ratifikation oder förmlichen Bestätigung unterzeichnet und später ratifiziert oder förmlich bestätigt;
c) indem er es vorbehaltlich des in Artikel 5 vorgesehenen Verfahrens unterzeichnet oder
d) indem er ihm beitritt.

(4) Die förmliche Bestätigung durch die in Artikel 305 Absatz 1 Buchstabe f des Seerechtsübereinkommens bezeichneten Rechtsträger erfolgt in Übereinstimmung mit Anlage IX des Seerechtsübereinkommens.

(5) Die Ratifikationsurkunden, die Urkunden der förmlichen Bestätigung und die Beitrittsurkunden werden beim Generalsekretär der Vereinten Nationen hinterlegt.

Art. 5 Vereinfachtes Verfahren. (1) Hat ein Staat oder Rechtsträger vor dem Zeitpunkt der Annahme dieses Übereinkommens eine Ratifikationsurkunde, eine Urkunde der förmlichen Bestätigung oder eine Beitrittsurkunde zu dem Seerechtsübereinkommen hinterlegt und das vorliegende Übereinkommen nach Artikel 4 Absatz 3 Buchstabe c unterzeichnet, so gilt seine Zustimmung, durch das Übereinkommen gebunden zu sein, 12 Monate nach Annahme des Übereinkommens als bekundet, sofern dieser Staat oder Rechtsträger dem Verwahrer nicht vor diesem Zeitpunkt schriftlich notifiziert, daß er von dem in diesem Artikel vorgesehenen vereinfachten Verfahren keinen Gebrauch macht.

(2) Erfolgt eine solche Notifikation, so wird die Zustimmung, durch dieses Übereinkommen gebunden zu sein, nach Artikel 4 Absatz 3 Buchstabe b bekundet.

Art. 6 Inkrafttreten. (1) Dieses Übereinkommen tritt 30 Tage nach dem Zeitpunkt in Kraft, zu dem 40 Staaten in Übereinstimmung mit den Artikeln 4 und 5 ihre Zustimmung bekundet haben, gebunden zu sein; allerdings müssen sich darunter mindestens sieben der unter Nummer 1 Buchstabe a der Resolution II der Dritten Seerechtskonferenz der Vereinten Nationen (im folgenden als „Resolution II" bezeichnet) genannten Staaten befinden, von denen mindestens fünf entwickelte Staaten sein müssen. Sind diese Voraussetzungen vor dem 16. November 1994 erfüllt, so tritt das Übereinkommen am 16. November 1994 in Kraft.

(2) Für jeden Staat oder Rechtsträger, der seine Zustimmung bekundet, durch dieses Übereinkommen gebunden zu sein, nachdem die in Absatz 1 vorgesehenen Erfordernisse erfüllt sind, tritt das Übereinkommen am dreißigsten Tag nach dem Zeitpunkt in Kraft, zu dem er seine Zustimmung bekundet hat, gebunden zu sein.

Art. 7 Vorläufige Anwendung. (1) Ist dieses Übereinkommen am 16. November 1994 nicht in Kraft getreten, so wird es bis zu seinem Inkrafttreten vorläufig angewendet

a) von den Staaten, die in der Generalversammlung der Vereinten Nationen seiner Annahme zugestimmt haben; davon ausgenommen ist jeder Staat, der vor dem 16. November 1994 dem Verwahrer schriftlich notifiziert, daß er dieses Übereinkommen nicht vorläufig anwenden wird oder daß er einer solchen Anwendung nur nach einer späteren Unterzeichnung oder schriftlichen Notifikation zustimmen wird;

b) von den Staaten und Rechtsträgern, die das Übereinkommen unterzeichnen; davon ausgenommen ist jeder Staat, der dem Verwahrer bei der Unterzeichnung schriftlich notifiziert, daß er das Übereinkommen nicht vorläufig anwenden wird;

c) von den Staaten und Rechtsträgern, die der vorläufigen Anwendung dieses Übereinkommens durch schriftliche Notifikation an den Verwahrer zustimmen;

d) von den Staaten, die diesem Übereinkommen beitreten.

(2) Alle diese Staaten und Rechtsträger wenden dieses Übereinkommen in Übereinstimmung mit ihren innerstaatlichen oder internen Gesetzen und sonstigen Vorschriften mit Wirkung vom 16. November 1994 oder vom Tag der Unterzeichnung, der Notifikation der Zustimmung oder des Beitritts vorläufig an, falls diese später erfolgen.

(3) Die vorläufige Anwendung endet mit dem Inkrafttreten dieses Übereinkommens. In jedem Fall endet sie am 16. November 1998, sofern bis zu diesem Zeitpunkt das Erfordernis in Artikel 6 Absatz 1 nicht erfüllt ist, daß mindestens sieben der unter Nummer 1 Buchstabe a der Resolution II genannten Staaten (von denen mindestens fünf entwickelte Staaten sein müssen) ihre Zustimmung bekundet haben, durch das Übereinkommen gebunden zu sein.

Art. 8 Vertragsstaaten. (1) Im Sinne dieses Übereinkommens bedeutet „Vertragsstaaten“ Staaten, die zugestimmt haben, durch das Übereinkommen gebunden zu sein, und für die es in Kraft ist.

(2) Dieses Übereinkommen gilt sinngemäß für die in Artikel 305 Absatz 1 Buchstabe c, d, e und f des Seerechtsübereinkommens bezeichneten Rechtsträger, die zu den jeweils für sie geltenden Bedingungen Vertragsparteien des vorliegenden Übereinkommens werden; insoweit bezieht sich der Begriff „Vertragsstaaten“ auf diese Rechtsträger.

Art. 9 Verwahrer. Der Generalsekretär der Vereinten Nationen ist Verwahrer dieses Übereinkommens.

Art. 10 Verbindliche Wortlaute. Die Urschrift dieses Übereinkommens, dessen arabischer, chinesischer, englischer, französischer, russischer und spanischer Wortlaut gleichermaßen verbindlich ist, wird beim Generalsekretär der Vereinten Nationen hinterlegt.

ZU URKUND DESSEN haben die hierzu gehörig befugten Bevollmächtigten dieses Übereinkommens unterschrieben.

GESCHEHEN ZU New York am 28. Juli 1994.

Anlage

Abschnitt 1. Kosten für die Vertragsstaaten und institutionelle Vereinbarungen

(1) Die Internationale Meeresbodenbehörde (im folgenden als „Behörde“ bezeichnet) ist die Organisation, durch welche die Vertragsstaaten des Seerechtsübereinkommens in Übereinstimmung mit der in Teil XI und diesem Übereinkommen festgelegten Ordnung für das Gebiet die Tätigkeiten im Gebiet organisieren und überwachen, insbesondere im Hinblick auf die Verwaltung der Ressourcen des Gebiets. Die Befugnisse und Aufgaben der Behörde sind diejenigen, die ihr durch das Seerechtsübereinkommen ausdrücklich übertragen sind. Sie hat die mit dem Seerechtsübereinkommen im Einklang stehenden Nebenbefugnisse, die mit der Wahrnehmung dieser Befugnisse und Aufgaben in bezug

auf Tätigkeiten im Gebiet zusammenhängen und dafür erforderlich sind.

(2) Um die Kosten für die Vertragsstaaten auf ein Mindestmaß zu beschränken, müssen alle aufgrund des Seerechtsübereinkommens und dieses Übereinkommens zu bildenden Organe und Nebenorgane kostengünstig sein. Dieser Grundsatz gilt auch für die Häufigkeit, die Dauer und die zeitliche Festlegung von Sitzungen.

(3) Die Bildung und die Wahrnehmung der Aufgaben der Organe und Nebenorgane der Behörde erfolgen schrittweise, wobei die von den betreffenden Organen und Nebenorganen zu erfüllenden Aufgaben in Betracht gezogen werden, so daß sie ihre jeweiligen Verpflichtungen in den verschiedenen Entwicklungsstadien der Tätigkeiten im Gebiet reibungslos erfüllen können.

(4) Die der Behörde mit dem Inkrafttreten des Seerechtsübereinkommens obliegenden ersten Aufgaben werden von der Versammlung, dem Rat, dem Sekretariat, der Rechts- und Fachkommission und dem Finanzausschuß wahrgenommen. Die Aufgaben der Kommission für wirtschaftliche Planung werden von der Rechts- und Fachkommission so lange ausgeübt, bis der Rat etwas anderes beschließt oder bis der erste Arbeitsplan zur Ausbeutung bestätigt ist.

(5) Zwischen dem Inkrafttreten des Seerechtsübereinkommens und der Bestätigung des ersten Arbeitsplans zur Ausbeutung befaßt sich die Behörde in erster Linie mit folgendem:

a) Bearbeitung von Anträgen auf Bestätigung der Arbeitspläne für die Erforschung nach Teil XI und diesem Übereinkommen;

b) Durchführung der Beschlüsse der Vorbereitungskommission für die Internationale Meeresbodenbehörde und für den Internationalen Seegerichtshof (im folgenden als „Vorbereitungskommission" bezeichnet) in bezug auf die eingetragenen Pionierinvestoren und ihre bescheinigenden Staaten, einschließlich ihrer Rechte und Pflichten, nach Artikel 308 Absatz 5 des Seerechtsübereinkommens und der Resolution II Nummer 13;

c) Überwachung der Einhaltung der Arbeitspläne für die Erforschung, die in Form von Verträgen bestätigt worden sind;

d) Beobachtung und Überprüfung von Tendenzen und Entwicklungen im Zusammenhang mit Tätigkeiten im Tiefseebergbau, einschließlich der regelmäßigen Analyse der Bedingungen der Weltmetallmärkte sowie der Metallpreise, -tendenzen und -aussichten;

e) Untersuchung der möglichen Auswirkung der Mineralienproduktion im Gebiet auf die Wirtschaft der wahrscheinlich am schwersten betroffenen Entwicklungsstaaten mit Landproduktion dieser Mineralien, um ihre Schwierigkeiten auf ein Mindestmaß zu beschränken und ihnen bei ihrer wirtschaftlichen Anpassung zu helfen; dabei soll die in diesem Zusammenhang von der Vorbereitungskommission geleistete Arbeit berücksichtigt werden;

f) Annahme der für die Durchführung von Tätigkeiten im Gebiet entsprechend ihrem Fortschritt erforderlichen Regeln, Vorschriften und Verfahren. Ungeachtet der Anlage III Artikel 17 Absatz 2 Buchstaben b und c des Seerechtsübereinkommens berücksichtigen diese Regeln, Vorschriften und Verfahren die Bestimmungen dieses Übereinkommens, die lange Verzögerung beim kommerziellen Tiefseebergbau und den mutmaßlichen Fortgang von Tätigkeiten im Gebiet;

g) Annahme von Regeln, Vorschriften und Verfahren, die anwendbare Normen für den Schutz und die Bewahrung der Meeresumwelt enthalten;

h) Förderung und Ermutigung der Durchführung wissenschaftlicher Meeresforschung im Hinblick auf Tätigkeiten im Gebiet sowie Sammlung und Verbreitung der Ergebnisse dieser Forschung und ihrer Auswertung, sobald sie verfügbar sind, unter besonderer Berücksichtigung der Forschung in bezug auf Umweltauswirkungen von Tätigkeiten im Gebiet;

i) Beschaffung wissenschaftlicher Erkenntnisse und der Beobachtung der Entwicklung der für Tätigkeiten im Gebiet in Betracht kommenden Meerestechnologie, insbesondere der Technologie zum Schutz und zur Bewahrung der Meeresumwelt;

j) Bewertung der verfügbaren Daten über die Prospektion und Erforschung;

k) rechtzeitige Ausarbeitung von Regeln, Vorschriften und Verfahren für die Ausbeutung, einschließlich derjenigen für den Schutz und die Bewahrung der Meeresumwelt.

(6) a) Der Rat prüft einen Antrag auf Bestätigung eines Arbeitsplans für die Erforschung, nachdem er von der Rechts- und Fachkommission eine Empfehlung dazu erhalten hat. Die Bearbeitung eines Antrags auf Bestätigung eines Arbeitsplans für die Erforschung erfolgt in Übereinstimmung mit dem Seerechtsübereinkommen einschließlich seiner Anlage III und dem vorliegenden Übereinkommen mit folgender Maßgabe:

i) Ein Arbeitsplan für die Erforschung, der im Namen eines unter Nummer 1 Buchstabe a Ziffer ii oder iii der Resolution II bezeichneten Staates oder Rechtsträgers oder eines an einem solchen Rechtsträger Beteiligten, die keine eingetragenen Pionierinvestoren sind, vorgelegt wird, welcher bereits vor Inkrafttreten des Seerechtsübereinkommens erhebliche Tätigkeiten im Gebiet durchgeführt hat, oder sein Rechtsnachfolger erfüllt die für die Bestätigung des Arbeitsplans notwendigen finanziellen und technischen Voraussetzungen, wenn der befürwortende Staat oder die befürwortenden Staaten bescheinigen, daß der Antragsteller einen Betrag in Höhe von mindestens 30 Millionen US-Dollar in Forschungs- und Erforschungstätigkeiten investiert hat, von denen mindestens zehn Prozent für die Auswahl, Untersuchung und Bewertung des im Arbeitsplan bezeichneten Feldes ausgegeben wurden. Erfüllt der Arbeitsplan im übrigen die Anforderungen des Seerechtsübereinkommens und aller in seinem Rahmen angenommenen Regeln, Vorschriften und Verfahren, so wird er vom Rat in Form eines Vertrags bestätigt. Abschnitt 3 Absatz 11 dieser Anlage wird entsprechend ausgelegt und angewendet;

ii) ungeachtet der Nummer 8 Buchstabe a der Resolution II kann ein eingetragener Pionierinvestor die Bestätigung eines Arbeitsplans für die Erforschung innerhalb von 36 Monaten nach Inkrafttreten des Seerechtsübereinkommens beantragen. Dieser Arbeitsplan besteht aus Unterlagen, Berichten und sonstigen Daten, die der Vorbereitungskommission sowohl vor als auch nach der Eintragung vorgelegt wurden; er ist mit einer von der Vorbereitungskommission in Übereinstimmung mit Nummer 11 Buchstabe a der Resolution II ausgestellten Bescheinigung über die Einhaltung ihrer Bestimmungen zu versehen, welche aus einem Tatsachenbericht besteht, der den Stand der Einhaltung der Verpflichtungen aufgrund der Regelungen für Pionierinvestoren beschreibt. Ein derartiger Arbeitsplan gilt als bestätigt. Er erhält die Form eines zwischen der Behörde und dem eingetragenen Pionierinvestor nach Teil XI und dem vorliegenden Übereinkommen geschlossenen Vertrags. Die aufgrund der Nummer 7 Buchstabe a der Resolution II gezahlte Gebühr in Höhe von 250 000 US-Dollar gilt als Gebühr für die Erforschungsphase nach Abschnitt 8 Absatz 3 dieser Anlage. Abschnitt 3 Absatz 11 dieser Anlage wird entsprechend ausgelegt und angewendet;

iii) nach dem Grundsatz der Nichtdiskriminierung muß ein Vertrag mit einem unter Ziffer i bezeichneten Staat, Rechtsträger oder einem an einem solchen Rechtsträger Beteiligten Vereinbarungen enthalten, die den mit einem unter Ziffer ii bezeichneten Staat, Rechtsträger oder einem an einem solchen Rechtsträger Beteiligten getroffenen Vereinbarungen ähnlich und nicht weniger günstig sind als diese. Werden mit einem der unter Ziffer i bezeichneten Staaten, Rechtsträger oder einem an einem solchen Rechtsträger Beteiligten günstigere Vereinbarungen getroffen, so trifft der Rat ähnliche und nicht weniger günstige Vereinbarungen hinsichtlich der von den unter Ziffer ii bezeichneten eingetragenen Pionierinvestoren übernommenen Rechte und Pflichten; diese Vereinbarungen dürfen jedoch die Interessen der Behörde weder berühren noch beeinträchtigen;

iv) ein Staat, der einen Antrag auf Bestätigung eines Arbeitsplans nach Ziffer i oder ii befürwortet, kann entweder ein Vertragsstaat oder ein Staat sein, der dieses Übereinkommen nach Artikel 7 vorläufig anwendet, oder ein Staat, der nach Absatz 12 Mitglied der Behörde auf vorläufiger Grundlage ist;

v) Nummer 8 Buchstabe c der Resolution II wird in Übereinstimmung mit Ziffer iv ausgelegt und angewendet.

b) Die Bestätigung eines Arbeitsplans für die Erforschung erfolgt nach Artikel 153 Absatz 3 des Seerechtsübereinkommens.

(7) Ein Antrag auf Bestätigung eines Arbeitsplans ist mit einer Einschätzung möglicher Folgen der vorgeschlagenen Tätigkeiten auf die Umwelt und mit einer Beschreibung eines Programms für ozeanographische und ökologische Bestandsuntersuchungen entsprechend den von der Behörde beschlossenen Regeln, Vorschriften und Verfahren zu versehen.

(8) Ein Antrag auf Bestätigung eines Arbeitsplans für die Erforschung wird vorbehaltlich des Absatzes 6 Buchstabe a Ziffer i oder ii nach den in Abschnitt 3 Absatz 11 dieser Anlage dargelegten Verfahren bearbeitet.

(9) Ein Arbeitsplan für die Erforschung wird für einen Zeitraum von 15 Jahren bestätigt. Nach Ablauf eines Arbeitsplans für die Erforschung beantragt der Vertragsnehmer einen Arbeitsplan für die Ausbeutung, sofern er dies nicht bereits getan oder eine Verlängerung des Arbeitsplans für die Erforschung erhalten hat. Die Vertragsnehmer können solche Verlängerungen um jeweils höchstens fünf Jahre beantragen. Die Verlängerungen werden genehmigt, wenn der Vertragsnehmer sich redlich bemüht hat, die Voraussetzungen des Arbeitsplans zu erfüllen, jedoch aus Gründen, auf die er keinen Einfluß hat, nicht in der Lage war, die erforderliche Vorbereitungsarbeit für den Übergang zum Ausbeutungsstadium zum Abschluß zu bringen, oder wenn die obwaltenden wirtschaftlichen Umstände den Übergang zum Ausbeutungsstadium nicht rechtfertigen.

(10) Die Bezeichnung eines reservierten Feldes für die Behörde nach Anlage III Artikel 8 des Seerechtsübereinkommens erfolgt im Zusammenhang mit der Bestätigung eines Arbeitsplans für die Erforschung oder eines Arbeitsplans für die Erforschung und Ausbeutung.

(11) Ungeachtet des Absatzes 9 wird ein bestätigter Arbeitsplan für die Erforschung, der von mindestens einem Staat befürwortet wird, welcher dieses Übereinkommen vorläufig anwendet, unwirksam, wenn dieser Staat die vorläufige Anwendung des Übereinkommens beendet und weder Mitglied auf vorläufiger Grundlage nach Absatz 12 noch Vertragsstaat geworden ist.

(12) Bei Inkrafttreten dieses Übereinkommens können die in Artikel 3 bezeichneten Staaten und Rechtsträger, die das Übereinkommen nach Artikel 7 vorläufig angewandt haben und für die es nicht in Kraft ist, weiterhin in Übereinstimmung mit den Bestimmungen unter folgenden Buchstaben Mitglieder der Behörde auf vorläufiger Grundlage bleiben, bis es für sie in Kraft tritt:

a) Tritt dieses Übereinkommen vor dem 16. November 1996 in Kraft, so sind diese Staaten und Rechtsträger berechtigt, weiterhin auf vorläufiger Grundlage Mitglieder der Behörde zu bleiben, nachdem sie dem Verwahrer des Übereinkommens ihre Absicht der Teilnahme als Mitglied auf vorläufiger Grundlage notifiziert haben. Diese Mitgliedschaft endet am 16. November 1996 oder mit dem Inkrafttreten dieses Übereinkommens oder des Seerechtsübereinkommens für das betreffende Mitglied, sofern dieser Zeitpunkt früher liegt. Der Rat kann auf Ersuchen des betreffenden Staates oder Rechtsträgers diese Mitgliedschaft über den 16. November 1996 hinaus um einen oder mehrere weitere Zeiträume von insgesamt höchstens zwei Jahren verlängern, sofern er überzeugt ist, daß der betreffende Staat oder Rechtsträger sich redlich bemüht hat, Vertragspartei des Übereinkommens und des Seerechtsübereinkommens zu werden;

b) tritt dieses Übereinkommen nach dem 15. November 1996 in Kraft, so können diese Staaten und Rechtsträger den Rat ersuchen, ihnen die weitere Mitgliedschaft in der Behörde auf vorläufiger Grundlage für einen oder mehrere Zeiträume, die nicht über den 16. November 1998 hinausreichen, zuzugestehen. Der Rat gewährt diese Mitgliedschaft mit Wirkung von dem Zeitpunkt des Ersuchens, sofern er überzeugt ist, daß der Staat oder Rechtsträger sich redlich bemüht hat, Vertragspartei des Übereinkommens und des Seerechtsübereinkommens zu werden;

c) Staaten und Rechtsträger, die nach Buchstabe a oder b Mitglieder der Behörde auf vorläufiger Grundlage sind, wenden Teil XI und dieses Übereinkommen im Einklang mit ihren innerstaatlichen oder internen Gesetzen, sonstigen Vorschriften und jährlich bereitgestellten Haushaltsmitteln vorläufig an; sie haben die gleichen Rechte und Pflichten wie andere Mitglieder, darunter

   i) die Verpflichtung, zum Verwaltungshaushalt der Behörde entsprechend dem vereinbarten Beitragsschlüssel beizutragen;

   ii) das Recht, einen Antrag auf Bestätigung eines Arbeitsplans für die Erforschung zu befürworten. Im Fall von Rechtsträgern, deren Beteiligte natürliche oder juristische Personen sind, welche die Staatsangehörigkeit von mehr als einem Staat besitzen, wird der Arbeitsplan für die Erforschung nur bestätigt, wenn alle Staaten, aus deren natürlichen oder juristischen Personen diese Rechtsträger bestehen, Vertragsstaaten oder Mitglieder auf vorläufiger Grundlage sind;

d) ungeachtet dieses Absatzes 9 wird ein bestätigter Arbeitsplan in Form eines Vertrags für die Erforschung, der nach Buchstabe c Ziffer ii von einem Staat befürwortet wurde, der Mitglied auf vorläufiger Grundlage war, unwirksam, wenn solche Mitgliedschaft endet und der Staat oder Rechtsträger nicht Vertragsstaat geworden ist;

e) hat ein solches Mitglied seine berechneten Beiträge nicht bezahlt oder ist es sonst seinen Verpflichtungen aus diesem Absatz nicht nachgekommen, so wird seine Mitgliedschaft auf vorläufiger Grundlage beendet.

(13) Der Hinweis in Anlage III Artikel 10 des Seerechtsübereinkommens auf eine nicht zufriedenstellende Ausführung des Arbeitsplans wird in dem Sinne ausgelegt, daß der Vertragsnehmer die Anforderungen eines bestätigten Arbeitsplans trotz entsprechender ein- oder mehrfacher schriftlicher Ermahnung des Vertragsnehmers durch die Behörde nicht erfüllt hat.

(14) Die Behörde hat einen eigenen Haushalt. Bis zum Ende des Jahres, das auf das Jahr folgt, in dem dieses Übereinkommen in Kraft tritt, werden die Verwaltungskosten der Behörde aus dem Haushalt der Vereinten Nationen bestritten. Danach werden die Verwaltungskosten der Behörde so lange durch die berechneten Beiträge ihrer Mitglieder, einschließlich etwaiger Mitglieder auf vorläufiger Grundlage, nach Artikel 171 Buchstabe a und Artikel 173 des Seerechtsübereinkommens und nach dem vorliegenden Übereinkommen bestritten, bis die Behörde genügend Mittel aus anderen Quellen besitzt, um diese Kosten zu bestreiten. Die Behörde übt die in Artikel 174 Absatz 1 des Seerechtsübereinkommens bezeichnete Befugnis, Kredite aufzunehmen, nicht zur Finanzierung ihres Verwaltungshaushalts aus.

(15) In Übereinstimmung mit Artikel 162 Absatz 2 Buchstabe o Ziffer ii des Seerechtsübereinkommens erarbeitet und beschließt die Behörde Regeln, Vorschriften und Verfahren, die auf den in den Abschnitten 2, 5, 6, 7 und 8 dieser Anlage enthaltenen Grundsätzen beruhen, sowie zusätzliche Regeln, Vorschriften und Verfahren, die zur Vereinfachung der Bestätigung von Arbeitsplänen zur Erforschung oder Ausbeutung notwendig sind, in Übereinstimmung mit den folgenden Bestimmungen:

a) Der Rat kann solche Regeln, Vorschriften und Verfahren jederzeit ausarbeiten, wenn er sie für die Durchführung von Tätigkeiten im Gebiet ganz oder teilweise für erforderlich hält oder wenn er feststellt, daß die kommerzielle Ausbeutung unmittelbar bevorsteht, oder auf Ersuchen eines Staates, dessen Angehöriger beabsichtigt, die Bestätigung eines Arbeitsplans für die Ausbeutung zu beantragen;

b) wird ein Ersuchen von einem unter Buchstabe a genannten Staat gestellt, so nimmt der Rat diese Regeln, Vorschriften und Verfahren innerhalb von zwei Jahren nach dem Ersuchen in Übereinstimmung mit Artikel 162 Absatz 2 Buchstabe o des Seerechtsübereinkommens an;

c) hat der Rat die Ausarbeitung der Regeln, Vorschriften und Verfahren für die Ausbeutung nicht innerhalb der vorgeschriebenen Zeit abgeschlossen und ist ein Antrag auf Bestätigung eines Arbeitsplans für die Ausbeutung anhängig, so prüft der Rat diesen Arbeitsplan dennoch und bestätigt ihn vorläufig auf der Grundlage der Bestimmungen des Seerechtsübereinkommens und aller Regeln, Vorschriften und Verfahren, die er gegebenenfalls vorläufig beschlossen hat, oder auf der Grundlage der im Seerechtsübereinkommen enthaltenen

Normen und der in dieser Anlage enthaltenen Bedingungen und Grundsätze sowie des Grundsatzes der Nichtdiskriminierung zwischen Vertragsnehmern.

(16) Die Entwürfe der Regeln, Vorschriften und Verfahren sowie etwaige Empfehlungen zu Teil XI, die in den Berichten und Empfehlungen der Vorbereitungskommission enthalten sind, werden von der Behörde bei der Annahme von Regeln, Vorschriften und Verfahren nach Teil XI und diesem Übereinkommen berücksichtigt.

(17) Die einschlägigen Bestimmungen des Teiles XI Abschnitt 4 des Seerechtsübereinkommens werden im Einklang mit diesem Übereinkommen ausgelegt und angewendet.

Abschnitt 2. Das Unternehmen

(1) Das Sekretariat der Behörde nimmt die Aufgaben des Unternehmens so lange wahr, bis dieses unabhängig vom Sekretariat tätig wird. Der Generalsekretär der Behörde ernennt aus dem Personal der Behörde einen Generaldirektor ad interim, der die Wahrnehmung dieser Aufgaben durch das Personal des Sekretariats überwacht.

Diese Aufgaben sind folgende:

a) Beobachtung und Überprüfung von Tendenzen und Entwicklungen im Zusammenhang mit Tätigkeiten im Tiefseebergbau, einschließlich der regelmäßigen Analyse der Bedingungen der Weltmetallmärkte sowie der Metallpreise, -tendenzen und -aussichten;

b) Bewertung der Ergebnisse der wissenschaftlichen Meeresforschung hinsichtlich der Tätigkeiten im Gebiet unter besonderer Berücksichtigung der Forschung in bezug auf Umweltauswirkungen von Tätigkeiten im Gebiet;

c) Bewertung der verfügbaren Daten in bezug auf die Prospektion und Erforschung einschließlich der Kriterien für diese Tätigkeiten;

d) Bewertung der für Tätigkeiten im Gebiet maßgeblichen technischen Entwicklungen, insbesondere der Technologie in bezug auf den Schutz und die Bewahrung der Meeresumwelt;

e) Auswertung von Informationen und Daten über die für die Behörde reservierten Felder;

f) Bewertung von Möglichkeiten für gemeinschaftliche Unternehmungen;

g) Sammlung von Informationen über die Verfügbarkeit ausgebildeter Arbeitskräfte;

h) Untersuchung von Optionen für die Verwaltung des Unternehmens in den verschiedenen Stadien seiner Tätigkeit.

(2) Das Unternehmen führt seine ersten Tiefseebergbautätigkeiten im Rahmen gemeinschaftlicher Unternehmungen durch. Nachdem ein Arbeitsplan für die Ausbeutung für einen anderen Rechtsträger als das Unternehmen bestätigt wurde oder nachdem ein Antrag auf eine ge-

meinschaftliche Unternehmung mit dem Unternehmen beim Rat eingegangen ist, befaßt sich der Rat mit der Frage des vom Sekretariat der Behörde unabhängigen Tätigwerdens des Unternehmens. Sind gemeinschaftliche Unternehmungen mit dem Unternehmen mit vernünftigen kommerziellen Grundsätzen vereinbar, so erläßt der Rat eine Richtlinie nach Artikel 170 Absatz 2 des Seerechtsübereinkommens, die dieses unabhängige Tätigwerden vorsieht.

(3) Die in Anlage IV Artikel 11 Absatz 3 des Seerechtsübereinkommens vorgesehene Verpflichtung der Vertragsstaaten, eine Abbaustätte des Unternehmens zu finanzieren, gilt nicht, und die Vertragsstaaten sind nicht verpflichtet, irgendwelche Arbeiten an Abbaustätten des Unternehmens oder aufgrund von Vereinbarungen des Unternehmens über gemeinschaftliche Unternehmungen zu finanzieren.

(4) Die für die Vertragsnehmer geltenden Verpflichtungen gelten auch für das Unternehmen. Ungeachtet des Artikels 153 Absatz 3 und der Anlage III Artikel 3 Absatz 5 des Seerechtsübereinkommens erhält ein Arbeitsplan für das Unternehmen nach seiner Bestätigung die Form eines zwischen der Behörde und dem Unternehmen geschlossenen Vertrags.

(5) Ein Vertragsnehmer, welcher der Behörde ein bestimmtes Feld als reserviertes Feld überlassen hat, hat Anrecht auf das erste Angebot, mit dem Unternehmen eine Vereinbarung über eine gemeinschaftliche Unternehmung zur Erforschung und Ausbeutung dieses Feldes zu schließen. Legt das Unternehmen nicht innerhalb von fünfzehn Jahren nach seinem vom Sekretariat der Behörde unabhängigen Tätigwerden oder – sofern dies später ist – nicht innerhalb von fünfzehn Jahren nach dem Zeitpunkt, zu dem das Feld für die Behörde reserviert wurde, einen Antrag auf Bestätigung eines Arbeitsplans für Tätigkeiten in diesem reservierten Feld vor, so ist der Vertragsnehmer, der das Feld überlassen hat, berechtigt, einen Arbeitsplan für dieses Feld zu beantragen, sofern er nach Treu und Glauben anbietet, das Unternehmen als Partner in eine gemeinschaftliche Unternehmung einzubeziehen.

(6) Artikel 170 Absatz 4, Anlage IV und andere Bestimmungen des Seerechtsübereinkommens, die sich auf das Unternehmen beziehen, werden im Einklang mit diesem Abschnitt ausgelegt und angewendet.

Abschnitt 3. Beschlußfassung

(1) Die allgemeinen Leitsätze der Behörde werden von der Versammlung in Zusammenarbeit mit dem Rat festgelegt.

(2) Grundsätzlich soll die Beschlußfassung in den Organen der Behörde durch Konsens erfolgen.

(3) Sind alle Bemühungen, einen Beschluß durch Konsens zu fassen, erschöpft, so werden bei Abstimmungen in der Versammlung Beschlüsse über Verfahrensfragen mit der Mehrheit der anwesenden und abstimmenden Staaten und Beschlüsse über Sachfragen mit Zweidrit-

telmehrheit der anwesenden und abstimmenden Staaten gefaßt, wie in Artikel 159 Absatz 8 des Seerechtsübereinkommens vorgesehen.

(4) Beschlüsse der Versammlung über jede Angelegenheit, für die der Rat ebenfalls zuständig ist, oder über jede Verwaltungs-, Haushalts- oder Finanzfrage stützen sich auf Empfehlungen des Rates. Nimmt die Versammlung die Empfehlung des Rates zu einer Angelegenheit nicht an, so verweist sie diese zur weiteren Prüfung an den Rat zurück. Der Rat prüft die Angelegenheit erneut im Licht der von der Versammlung geäußerten Ansichten.

(5) Sind alle Bemühungen, einen Beschluß durch Konsens zu fassen, erschöpft, so werden bei Abstimmungen im Rat Beschlüsse über Verfahrensfragen mit der Mehrheit der anwesenden und abstimmenden Mitglieder und Beschlüsse über Sachfragen, soweit das Seerechtsübereinkommen nicht Beschlüsse durch Konsens im Rat vorsieht, mit Zweidrittelmehrheit der anwesenden und abstimmenden Mitglieder gefaßt, sofern solche Beschlüsse nicht von der Mehrheit in einer der in Absatz 9 genannten Kammern abgelehnt werden. Bei seiner Beschlußfassung bemüht sich der Rat, den Interessen aller Mitglieder der Behörde gerecht zu werden.

(6) Zur Erleichterung weiterer Verhandlungen kann der Rat eine Beschlußfassung vertagen, solange noch nicht alle Bemühungen um einen Konsens über eine Frage erschöpft zu sein scheinen.

(7) Beschlüsse der Versammlung oder des Rates, die sich auf die Finanzen oder den Haushalt auswirken, stützen sich auf Empfehlungen des Finanzausschusses.

(8) Artikel 161 Absatz 8 Buchstaben b und c des Seerechtsübereinkommens findet keine Anwendung.

(9) a) Jede nach Absatz 15 Buchstaben a bis c gewählte Staatengruppe wird für die Zwecke der Abstimmungen im Rat als eine Kammer behandelt. Die nach Absatz 15 Buchstaben d und e gewählten Entwicklungsstaaten werden für die Zwecke der Abstimmungen im Rat als eine einzige Kammer behandelt.

b) Vor der Wahl der Mitglieder des Rates erstellt die Versammlung Listen der Länder, welche die Kriterien für eine Mitgliedschaft in den Staatengruppen nach Absatz 15 Buchstaben a bis d erfüllen. Erfüllt ein Staat die Kriterien für eine Mitgliedschaft in mehr als einer Gruppe, so kann er nur von einer Gruppe zur Wahl in den Rat vorgeschlagen werden und darf bei Abstimmungen im Rat nur *diese* Gruppe vertreten.

(10) Jede in Absatz 15 Buchstaben a bis d vorgesehene Staatengruppe wird im Rat durch die von ihr vorgeschlagenen Mitglieder vertreten. Jede Gruppe schlägt nur so viele Kandidaten vor, wie sie Sitze zu besetzen hat. Übersteigt die Anzahl der möglichen Kandidaten in jeder der in Absatz 15 Buchstaben a bis e genannten Gruppen die Anzahl der in jeder dieser Gruppen zur Verfügung stehenden Sitze, so wird in der Regel das Rotationsprinzip angewendet. Die Staaten, die

Mitglieder dieser Gruppen sind, bestimmen, wie dieses Prinzip in der jeweiligen Gruppe angewendet wird.

(11) a) Der Rat billigt eine Empfehlung der Rechts- und Fachkommission zur Bestätigung eines Arbeitsplans, sofern er nicht mit Zweidrittelmehrheit seiner anwesenden und abstimmenden Mitglieder, einschließlich der Mehrheit der anwesenden und abstimmenden Mitglieder in jeder der Kammern des Rates, beschließt, den Arbeitsplan abzulehnen. Unterläßt es der Rat, innerhalb einer vorgeschriebenen Frist über eine Empfehlung zur Bestätigung eines Arbeitsplans zu beschließen, so gilt die Empfehlung nach Ablauf dieser Frist als vom Rat gebilligt. Die vorgeschriebene Frist beträgt üblicherweise 60 Tage, sofern der Rat nicht beschließt, eine längere Frist vorzusehen. Empfiehlt die Kommission die Ablehnung eines Arbeitsplans oder gibt sie keine Empfehlung ab, so kann der Rat nach seiner Geschäftsordnung für die Beschlußfassung über Sachfragen den Arbeitsplan dennoch bestätigen.

b) Artikel 162 Absatz 2 Buchstabe j des Seerechtsübereinkommens findet keine Anwendung.

(12) Entsteht eine Streitigkeit über die Ablehnung eines Arbeitsplans, so wird sie dem im Seerechtsübereinkommen vorgesehenen Streitbeilegungsverfahren unterworfen.

(13) Beschlüsse durch Abstimmung in der Rechts- und Fachkommission werden mit der Mehrheit der anwesenden und abstimmenden Mitglieder gefaßt.

(14) Teil XI Abschnitt 4 Unterabschnitte B und C des Seerechtsübereinkommens wird in Übereinstimmung mit dem vorliegenden Abschnitt ausgelegt und angewendet.

(15) Der Rat besteht aus 36 Mitgliedern der Behörde, die von der Versammlung in folgender Reihenfolge gewählt werden:

a) vier Mitglieder aus den Vertragsstaaten, die während der letzten fünf Jahre, für die Statistiken vorliegen, entweder mehr als 2 Prozent des Wertes des gesamten Weltverbrauchs der Rohstoffe, die aus den aus dem Gebiet gewinnbaren Mineraliengruppen erzeugt werden, verbraucht oder Nettoeinfuhren von mehr als 2 Prozent des Wertes der gesamten Welteinfuhr dieser Rohstoffe vorgenommen haben; unter diesen vier Mitgliedern müssen sich ein Staat der osteuropäischen Region, der gemessen am Bruttosozialprodukt die größte Wirtschaft in der Region aufweist, und der Staat befinden, der gemessen am Bruttosozialprodukt bei Inkrafttreten des Seerechtsübereinkommens die größte Wirtschaft aufweist, sofern diese Staaten in dieser Gruppe vertreten sein wollen;

b) vier Mitglieder aus den acht Vertragsstaaten, die unmittelbar oder durch ihre Staatsangehörigen die umfangreichsten Investitionen zur Vorbereitung und Durchführung von Tätigkeiten im Gebiet vorgenommen haben;

c) vier Mitglieder aus den Vertragsstaaten, die aufgrund der Produktion im Bereich ihrer Hoheitsbefugnisse die wichtigsten Nettoexporteure der aus dem Gebiet gewinnbaren Mineraliengruppen sind; darunter müssen sich mindestens zwei Entwicklungsstaaten befinden, deren Wirtschaft in hohem Maße von der Ausfuhr dieser Mineralien abhängig ist;

d) sechs Mitglieder aus Vertragsstaaten, die Entwicklungsstaaten sind und die besondere Interessen vertreten. Zu diesen zu vertretenden besonderen Interessen gehören die von Staaten mit großer Bevölkerung, von Binnenstaaten oder geographisch benachteiligten Staaten, von Inselstaaten, von Staaten, die wichtigste Importeure der aus dem Gebiet gewinnbaren Mineraliengruppen sind, von Staaten, die mögliche Erzeuger dieser Mineralien sind, und von am wenigsten entwickelten Staaten;

e) achtzehn Mitglieder, die nach dem Grundsatz der gerechten geographischen Verteilung der Gesamtheit der Sitze im Rat gewählt werden; aus jeder geographischen Region muß mindestens ein Mitglied nach diesem Buchstaben gewählt werden. Zu diesem Zweck gelten als geographische Regionen: Afrika, Asien, Osteuropa, Lateinamerika und die Karibik sowie Westeuropa und andere Staaten.

(16) Artikel 161 Absatz 1 des Seerechtsübereinkommens findet keine Anwendung.

Abschnitt 4. Überprüfungskonferenz

Die Bestimmungen in Artikel 155 Absätze 1, 3 und 4 des Seerechtsübereinkommens über die Überprüfungskonferenz finden keine Anwendung. Ungeachtet des Artikels 314 Absatz 2 des Seerechtsübereinkommens kann die Versammlung auf Empfehlung des Rates jederzeit eine Überprüfung der in Artikel 155 Absatz 1 des Seerechtsübereinkommens bezeichneten Angelegenheiten vornehmen. Änderungen, die sich auf das vorliegende Übereinkommen und Teil XI beziehen, unterliegen den in den Artikeln 314, 315 und 316 des Seerechtsübereinkommens vorgesehenen Verfahren; allerdings müssen die Grundsätze, die Ordnung und die anderen Bedingungen, die in Artikel 155 Absatz 2 des Seerechtsübereinkommens genannt sind, beibehalten werden und die in Absatz 5 jenes Artikels bezeichneten Rechte unberührt bleiben.

Abschnitt 5. Weitergabe von Technologie

(1) Weitergabe von Technologie für die Zwecke des Teiles XI wird durch Artikel 144 des Seerechtsübereinkommens sowie durch folgende Grundsätze geregelt:

a) Das Unternehmen und Entwicklungsstaaten, die Tiefseebergbautechnologie zu erhalten wünschen, bemühen sich, solche Technologie zu angemessenen und annehmbaren kommerziellen Bedingungen auf dem freien Markt oder durch Vereinbarungen über gemeinschaftliche Unternehmungen zu erhalten;

b) können das Unternehmen oder Entwicklungsstaaten Tiefseebergbautechnologie nicht erhalten, so kann die Behörde alle oder einzelne Vertragsnehmer und ihre jeweiligen befürwortenden Staaten auffordern, mit ihr zur Erleichterung des Erwerbs von Tiefseebergbautechnologie durch das Unternehmen oder seine gemeinschaftliche Unternehmung oder durch einen oder mehrere Entwicklungsstaaten, die sich um den Erwerb solcher Technologie zu angemessenen und annehmbaren kommerziellen Bedingungen im Einklang mit dem wirksamen Schutz der Rechte des geistigen Eigentums bemühen, zusammenzuarbeiten. Die Vertragsstaaten verpflichten sich, zu diesem Zweck uneingeschränkt und wirksam mit der Behörde zusammenzuarbeiten und dafür zu sorgen, daß die von ihnen befürworteten Vertragsnehmer ebenfalls uneingeschränkt mit der Behörde zusammenarbeiten;

c) in der Regel fördern die Vertragsstaaten die internationale technische und wissenschaftliche Zusammenarbeit in bezug auf Tätigkeiten im Gebiet zwischen den jeweils Beteiligten oder durch Ausarbeitung von Programmen zur Ausbildung, technischen Hilfe oder wissenschaftlichen Zusammenarbeit auf dem Gebiet der Meereswissenschaft und Meerestechnologie sowie des Schutzes und der Bewahrung der Meeresumwelt.

(2) Anlage III Artikel 5 des Seerechtsübereinkommens findet keine Anwendung.

Abschnitt 6. Produktionspolitik

(1) Die Produktionspolitik der Behörde beruht auf folgenden Grundsätzen:

a) Die Erschließung der Ressourcen des Gebiets erfolgt nach vernünftigen kommerziellen Grundsätzen;

b) das allgemeine Zoll- und Handelsabkommen, seine einschlägigen Kodizes und Folge- oder Ablöseübereinkünfte gelten für Tätigkeiten im Gebiet;

c) insbesondere dürfen Tätigkeiten im Gebiet nicht subventioniert werden, sofern dies nicht im Rahmen der unter Buchstabe b genannten Übereinkünfte erlaubt ist. Subventionierungen für die Zwecke dieser Grundsätze sind im Rahmen der unter Buchstabe b *bezeichneten* Übereinkünfte definiert;

d) eine Diskriminierung der aus dem Gebiet stammenden Mineralien gegenüber den aus anderen Vorkommen stammenden Mineralien ist verboten. Diesen Mineralien oder den Einfuhren von aus solchen Mineralien erzeugten Rohstoffen wird kein bevorzugter Zugang zu den Märkten gewährt, insbesondere

i) durch Anwendung von Zöllen oder nichttarifären Handelshemmnissen;

ii) seitens der Vertragsstaaten für solche Mineralien oder Rohstoffe, die von ihren staatlichen Unternehmen oder von natürlichen oder juristischen Personen ihrer Staatsangehörigkeit erzeugt wurden oder von ihnen oder ihren Staatsangehörigen kontrolliert werden;

e) der von der Behörde für jedes Abbaufeld bestätigte Arbeitsplan für die Ausbeutung muß einen im voraus erarbeiteten Produktionsplan enthalten, der die geschätzten Höchstmengen der Mineralien angibt, die jährlich im Rahmen des Arbeitsplans gefördert werden sollen;

f) für die Beilegung von Streitigkeiten über die Bestimmungen der unter Buchstabe b genannten Übereinkünfte gilt folgendes:

i) Sind die Vertragsstaaten Vertragsparteien dieser Übereinkünfte, so nehmen sie die in diesen Übereinkünften vorgesehenen Streitbeilegungsverfahren in Anspruch;

ii) sind eine oder mehrere der betreffenden Vertragsstaaten nicht Vertragsparteien dieser Übereinkünfte, so nehmen sie die im Seerechtsübereinkommen vorgesehenen Streitbeilegungsverfahren in Anspruch;

g) in Fällen, in denen aufgrund der unter Buchstabe b bezeichneten Übereinkünfte die Feststellung getroffen wird, daß ein Vertragsstaat eine Subventionierung vorgenommen hat, die verboten ist oder zu einer Schädigung der Interessen eines anderen Vertragsstaats geführt hat, und in denen von dem oder den betreffenden Vertragsstaaten geeignete Schritte nicht unternommen wurden, kann ein Vertragsstaat den Rat ersuchen, angemessene Maßnahmen zu ergreifen.

(2) Die in Absatz 1 enthaltenen Grundsätze lassen die Rechte und Pflichten aus den in Absatz 1 Buchstabe b genannten Übereinkünften sowie aus einschlägigen Freihandels- oder Zollunionsübereinkünften in den Beziehungen zwischen den Vertragsstaaten, die Vertragsparteien solcher Übereinkünfte sind, unberührt.

(3) Die Entgegennahme durch einen Vertragsnehmer von anderen als aufgrund der in Artikel 1 Buchstabe b bezeichneten Übereinkünfte erlaubten Subventionen stellt eine Verletzung der grundlegenden Bedingungen des Vertrags dar, der den Arbeitsplan zur Durchführung von Tätigkeiten im Gebiet bildet.

(4) Jeder Vertragsstaat, der Grund zu der Annahme hat, daß ein Verstoß gegen die Vorschriften des Absatzes 1 Buchstaben b bis d oder des Absatzes 3 vorliegt, kann nach Absatz 1 Buchstabe f oder g Streitbeilegungsverfahren einleiten.

(5) Ein Vertragsstaat kann den Rat jederzeit auf Tätigkeiten aufmerksam machen, die nach seiner Auffassung mit den Vorschriften des Absatzes 1 Buchstaben b bis d nicht vereinbar sind.

(6) Die Behörde erarbeitet Regeln, Vorschriften und Verfahren, welche die Durchführung dieses Abschnitts sicherstellen, einschließlich entsprechender Regeln, Vorschriften und Verfahren für die Bestätigung von Arbeitsplänen.

(7) Artikel 151 Absätze 1 bis 7 und 9, Artikel 162 Absatz 2 Buchstabe q, Artikel 165 Absatz 2 Buchstabe n sowie Anlage III Artikel 6 Absatz 5 und Anlage III Artikel 7 des Seerechtsübereinkommens finden keine Anwendung.

Abschnitt 7. Wirtschaftliche Hilfe

(1) Die Politik der Behörde in bezug auf Hilfe für Entwicklungsstaaten, die ernste nachteilige Auswirkungen auf ihre Ausfuhreinnahmen oder ihre Wirtschaft aus einem Rückgang des Preises für das betroffene Mineral oder der Ausfuhrmenge dieses Minerals erleiden, stützt sich, soweit ein solcher Rückgang auf Tätigkeiten im Gebiet zurückzuführen ist, auf folgende Grundsätze:

a) Die Behörde errichtet einen Fonds für wirtschaftliche Hilfe mit einem Anteil ihrer Mittel, die den zur Deckung ihrer Verwaltungskosten erforderlichen Betrag übersteigen. Der für diesen Zweck bereitgestellte Betrag wird auf Empfehlung des Finanzausschusses von Zeit zu Zeit vom Rat festgelegt. Für die Errichtung des Fonds für wirtschaftliche Hilfe werden lediglich Mittel aus Zahlungen von Vertragsnehmern einschließlich des Unternehmens sowie freiwillige Beiträge verwendet;

b) Entwicklungsstaaten mit Landproduktion, bei denen festgestellt wurde, daß ihre Wirtschaft durch den Abbau von Mineralien vom Tiefseeboden schwer betroffen ist, erhalten Hilfe aus dem Fonds für wirtschaftliche Hilfe der Behörde;

c) die Behörde stellt betroffenen Entwicklungsstaaten mit Landproduktion Hilfe aus dem Fonds zur Verfügung, gegebenenfalls in Zusammenarbeit mit bestehenden weltweiten oder regionalen Entwicklungseinrichtungen, welche über die zur Durchführung solcher Hilfsprogramme notwendige Infrastruktur und die erforderlichen Fachkenntnisse verfügen;

d) Umfang und Dauer der Hilfe werden in jedem Einzelfall festgelegt. Dabei werden Art und Tragweite der Probleme, denen die betroffenen Entwicklungsstaaten mit Landproduktion gegenüberstehen, angemessen berücksichtigt.

(2) Artikel 151 Absatz 10 des Seerechtsübereinkommens wird mit Hilfe der in Absatz 1 bezeichneten Maßnahmen der wirtschaftlichen Hilfe durchgeführt. Artikel 160 Absatz 2 Buchstabe l, Artikel 162 Absatz 2 Buchstabe n, Artikel 164 Absatz 2 Buchstabe d, Artikel 171 Buch-

stabe f und Artikel 173 Absatz 2 Buchstabe c des Seerechtsübereinkommens werden entsprechend ausgelegt.

Abschnitt 8. Finanzielle Bestimmungen der Verträge

(1) Folgende Grundsätze dienen als Grundlage zur Aufstellung von Regeln, Vorschriften und Verfahren für die finanziellen Bestimmungen der Verträge:

a) Das System der Zahlungen an die Behörde muß sowohl für den Vertragsnehmer als auch für die Behörde angemessen sein und ausreichende Mittel für die Feststellung vorsehen, daß der Vertragsnehmer dieses System einhält;

b) die Höhe der Zahlungen aufgrund dieses Systems muß sich im Rahmen der Zahlungen bewegen, die bei Abbau gleicher oder ähnlicher Mineralien an Land üblich sind, damit vermieden wird, daß die Unternehmer, die Tiefseebergbau betreiben, einen künstlichen Wettbewerbsvorteil erhalten oder ihnen ein Wettbewerbsnachteil auferlegt wird;

c) das System soll einfach sein und weder für die Behörde noch für den Vertragsnehmer größere Verwaltungskosten verursachen. Die Annahme eines Systems von Förderabgaben oder eines kombinierten Systems aus Förderabgaben und Gewinnbeteiligung soll geprüft werden. Werden alternative Systeme beschlossen, so hat der Vertragsnehmer das Recht, das auf seinen Vertrag anwendbare System zu wählen. Jede spätere Änderung in der Wahl zwischen alternativen Systemen erfolgt einvernehmlich zwischen der Behörde und dem Vertragsnehmer;

d) mit Aufnahme der kommerziellen Produktion ist eine feste Jahresgebühr zu zahlen. Diese Gebühr kann gegen andere fällige Zahlungen im Rahmen des nach Buchstabe c angenommenen Systems verrechnet werden. Die Höhe der Gebühr wird vom Rat festgelegt.

e) das System der Zahlungen kann regelmäßig im Licht veränderter Umstände überprüft werden. Änderungen dürfen nicht diskriminierend angewandt werden. Für bestehende Verträge können sie nur auf Wunsch des Vertragsnehmers gelten. Jede spätere Änderung in der Wahl zwischen alternativen Systemen erfolgt einvernehmlich zwischen der Behörde und dem Vertragsnehmer;

f) *Streitigkeiten über* die Auslegung oder Anwendung der auf diesen Grundsätzen beruhenden Regeln und Vorschriften unterliegen den im Seerechtsübereinkommen vorgesehenen Streitbeilegungsverfahren.

(2) Anlage III Artikel 13 Absätze 3 bis 10 des Seerechtsübereinkommens findet keine Anwendung.

(3) Im Hinblick auf die Durchführung der Anlage III Artikel 13 Absatz 2 des Seerechtsübereinkommens beträgt die Gebühr für die Be-

arbeitung von Anträgen auf Bestätigung eines Arbeitsplans, der auf eine Phase beschränkt ist, nämlich die Erforschungs- oder die Abbauphase, 250 000 US-Dollar.

Abschnitt 9. Der Finanzausschuß

(1) Hiermit wird ein Finanzausschuß gebildet. Der Ausschuß besteht aus 15 Mitgliedern, die über geeignete Fähigkeiten in finanziellen Angelegenheiten verfügen. Die Vertragsstaaten benennen Kandidaten, die ein Höchstmaß an fachlicher Eignung und Ehrenhaftigkeit besitzen.

(2) Nicht mehr als ein Mitglied des Finanzausschusses darf Staatsangehöriger desselben Vertragsstaats sein.

(3) Die Mitglieder des Finanzausschusses werden von der Versammlung gewählt, wobei die Notwendigkeit einer gerechten geographischen Verteilung und der Vertretung besonderer Interessen gebührend zu berücksichtigen ist. Jede in Abschnitt 3 Absatz 15 Buchstaben a, b, c und d genannte Staatengruppe ist mit mindestens einem Mitglied im Ausschuß vertreten. Bis die Behörde ausreichende andere Mittel als die berechneten Beiträge besitzt, um ihre Verwaltungskosten zu bestreiten, gehören zu den Mitgliedern des Ausschusses die Vertreter der fünf Staaten, welche die höchsten Beiträge zum Verwaltungshaushalt der Behörde entrichten. Danach erfolgt die Wahl eines Mitglieds aus jeder Gruppe auf der Grundlage der Benennung durch die Mitglieder der betreffenden Gruppe, unbeschadet der Möglichkeit, weitere Mitglieder aus jeder dieser Gruppen zu wählen.

(4) Die Mitglieder des Ausschusses werden für fünf Jahre gewählt. Ihre einmalige Wiederwahl ist zulässig.

(5) Im Fall des Todes, der Arbeitsunfähigkeit oder des Rücktritts eines Mitglieds des Finanzausschusses vor Ablauf seiner Amtszeit wählt die Versammlung für den Rest der Amtszeit ein Mitglied aus derselben geographischen Region oder Staatengruppe.

(6) Die Mitglieder des Finanzausschusses dürfen kein finanzielles Interesse an einer Tätigkeit in Angelegenheiten haben, über die der Ausschuß Empfehlungen abzugeben hat. Sie dürfen auch nach Beendigung ihrer Tätigkeit vertrauliche Informationen nicht preisgeben, die ihnen aufgrund ihrer Aufgaben für die Behörde zur Kenntnis gelangen.

(7) Beschlüsse der Versammlung und des Rates über folgende Themen stützen sich auf Empfehlungen des Finanzausschusses:

a) die Entwürfe der Finanzregeln, -vorschriften und -verfahren für die Organe der Behörde sowie die Verwaltung der Finanzen und die innere Finanzverwaltung der Behörde;

b) die Berechnung der Beiträge der Mitglieder zum Verwaltungshaushalt der Behörde nach Artikel 160 Absatz 2 Buchstabe e des Seerechtsübereinkommens;

c) alle einschlägigen Finanzfragen einschließlich des vom Generalsekretär der Behörde nach Artikel 172 des Seerechtsübereinkommens ausgearbeiteten Entwurfs des jährlichen Haushalts sowie die finanziellen Aspekte der Durchführung des Arbeitsprogramms des Sekretariats;

d) der Verwaltungshaushalt;

e) die finanziellen Verpflichtungen der Vertragsstaaten aus der Durchführung dieses Übereinkommens und des Teiles XI sowie die Auswirkungen auf Verwaltung und Haushalt von Vorschlägen und Empfehlungen, die Ausgaben aus den Mitteln der Behörde zur Folge haben;

f) die Regeln, Vorschriften und Verfahren über die gerechte Verteilung der finanziellen und der sonstigen wirtschaftlichen Vorteile, die aus Tätigkeiten im Gebiet stammen, und die darüber zu fassenden Beschlüsse.

(8) Die Beschlüsse des Finanzausschusses über Verfahrensfragen bedürfen der Mehrheit der anwesenden und abstimmenden Mitglieder. Beschlüsse über Sachfragen werden durch Konsens gefaßt.

(9) Der Forderung des Artikels 162 Absatz 2 Buchstabe y des Seerechtsübereinkommens nach Bildung eines Nebenorgans, das sich mit finanziellen Angelegenheiten befaßt, ist durch die Bildung des Finanzausschusses in Übereinstimmung mit diesem Abschnitt Genüge getan.

390. Antarktis-Vertrag[1)] [2)]

Vom 1. Dezember 1959
(BGBl. 1978 II S. 1518)

(Übersetzung)

DIE REGIERUNGEN Argentiniens, Australiens, Belgiens, Chiles, der Französischen Republik, Japans, Neuseelands, Norwegens, der Südafrikanischen Union, der Union der Sozialistischen Sowjetrepubliken, des Vereinigten Königreichs Großbritannien und Nordirland und der Vereinigten Staaten von Amerika,

IN DER ERKENNTNIS, daß es im Interesse der ganzen Menschheit liegt, die Antarktis für alle Zeiten ausschließlich für friedliche Zwecke zu nutzen und nicht zum Schauplatz oder Gegenstand internationaler Zwietracht werden zu lassen;

IN ANERKENNUNG der bedeutenden wissenschaftlichen Fortschritte, die sich aus der internationalen Zusammenarbeit bei der wissenschaftlichen Forschung in der Antarktis ergeben;

ÜBERZEUGT, daß die Schaffung eines festen Fundaments für die Fortsetzung und den Ausbau dieser Zusammenarbeit auf der Grundlage der Freiheit der wissenschaftlichen Forschung in der Antarktis, wie sie während des Internationalen Geophysikalischen Jahres gehandhabt wurde, den Interessen der Wissenschaft und dem Fortschritt der ganzen Menschheit entspricht;

SOWIE IN DER ÜBERZEUGUNG, daß ein Vertrag, der die Nutzung der Antarktis für ausschließlich friedliche Zwecke und die Erhaltung der internationalen Eintracht in der Antarktis sichert, die in der Charta der Vereinten Nationen niedergelegten Ziele und Grundsätze fördern wird –

SIND WIE FOLGT ÜBEREINGEKOMMEN:

Art. I [Nutzung für friedliche Zwecke] (1) Die Antarktis wird nur für friedliche Zwecke genutzt. Es werden unter anderem alle Maßnahmen militärischer Art wie die Einrichtung militärischer Stützpunkte

---

1) Internationale Quelle: UNTS Bd. 402 S. 71. Der Vertrag ist am 23.6.1961 in Kraft getreten, für die Bundesrepublik jedoch erst am 5.2.1979 lt. Bek. v. 2.5.1979 (BGBl. II S. 420); vgl. auch das Gesetz zum Antarktis-Vertrag v. 22.12.1978 (BGBl. II S. 1517).

2) S. a. das Umweltschutzprot. v. 4.10.1991 zum Antarktis-Vertrag (BGBl. 1994 II S. 2478), das – auch für Deutschland – am 14.1.1998 in Kraft getreten ist (Bek. v. 10.2.1998 BGBl. II S. 299, Anlage V des Prot. allerdings erst am 24.5.2002 (vgl. Bek. v. 12.2.2003, BGBl. II S. 282; Anlage VI des Prot. über die Haftung von umweltgefährdenden Notfällen (BGBl. 2017 II S. 723) ist noch nicht in Kraft getreten. Vgl. hierzu auch das Gesetz v. 22.9.1994 zur Ausführung des Umweltschutzprotokolls, BGBl. 1994 I S. 2593 (zuletzt geänd. durch G v. 18.7.2016, BGBl. I S. 1666) sowie die VO v. 25.4.2005 über besonders geschützte Gebiete, besonders verwaltete Gebiete, historische Stätten und Denkmäler in der Antarktis (AntSchV), BGBl. 2005 II S. 386 (zuletzt geänd. durch VO v. 25.5.2020, BGBl. II S. 458). Vgl. auch das Übk. v. 1.6.1972 zur Erhaltung der antarktischen Robben (BGBl. 1987 II S. 90) sowie das Übk. v. 20.5.1980 über die Erhaltung der lebenden Meeresschätze der Antarktis (BGBl. 1982 II S. 420).

und Befestigungen, die Durchführung militärischer Manöver sowie die Erprobung von Waffen jeder Art verboten.

(2) Dieser Vertrag steht dem Einsatz militärischen Personals oder Materials für die wissenschaftliche Forschung oder für sonstige friedliche Zwecke nicht entgegen.

Art. II [Freiheit der Forschung] Die Freiheit der wissenschaftlichen Forschung in der Antarktis und die Zusammenarbeit zu diesem Zweck, wie sie während des Internationalen Geophysikalischen Jahres gehandhabt wurden, bestehen nach Maßgabe dieses Vertrags fort.

Art. III [Internationale Zusammenarbeit] (1) Um die in Artikel II vorgesehene internationale Zusammenarbeit bei der wissenschaftlichen Forschung in der Antarktis zu fördern, vereinbaren die Vertragsparteien, daß, soweit möglich und durchführbar,

a) Informationen über Pläne für wissenschaftliche Programme in der Antarktis ausgetauscht werden, um ein Höchstmaß an Wirtschaftlichkeit und Leistungsfähigkeit der Unternehmungen zu ermöglichen;
b) wissenschaftliches Personal in der Antarktis zwischen Expeditionen und Stationen ausgetauscht wird;
c) wissenschaftliche Beobachtungen und Ergebnisse aus der Antarktis ausgetauscht und ungehindert zur Verfügung gestellt werden.

(2) Bei der Durchführung dieses Artikels wird die Herstellung von Arbeitsbeziehungen auf der Grundlage der Zusammenarbeit mit denjenigen Sonderorganisationen der Vereinten Nationen und anderen internationalen Organisationen, die ein wissenschaftliches oder technisches Interesse an der Antarktis haben, auf jede Weise gefördert.

Art. IV [Vertragsauslegung; Gebietsansprüche] (1) Dieser Vertrag ist nicht so auszulegen,

a) als stelle er einen Verzicht einer Vertragspartei auf vorher geltend gemachte Rechte oder Ansprüche auf Gebietshoheit in der Antarktis dar;
b) als stelle er einen vollständigen oder teilweisen Verzicht einer Vertragspartei auf die Grundlage eines Anspruchs auf Gebietshoheit in der Antarktis dar, die sich aus ihrer Tätigkeit oder derjenigen ihrer Staatsangehörigen in der Antarktis oder auf andere Weise ergeben könnte;
c) als greife er der Haltung einer Vertragspartei hinsichtlich ihrer Anerkennung oder Nichtanerkennung des Rechts oder Anspruchs oder der Grundlage für den Anspruch eines anderen Staates auf Gebietshoheit in der Antarktis vor.

(2) Handlungen oder Tätigkeiten, die während der Geltungsdauer dieses Vertrags vorgenommen werden, bilden keine Grundlage für die Geltendmachung, Unterstützung oder Ablehnung eines Anspruchs auf

Gebietshoheit in der Antarktis und begründen dort keine Hoheitsrechte. Solange dieser Vertrag in Kraft ist, werden keine neuen Ansprüche oder Erweiterungen bestehender Ansprüche auf Gebietshoheit in der Antarktis geltend gemacht.

Art. V [Kernexplosionen; Atommüllbeseitigung] (1) Kernexplosionen und die Beseitigung radioaktiven Abfalls sind in der Antarktis verboten.

(2) Werden internationale Übereinkünfte über die Nutzung der Kernenergie einschließlich von Kernexplosionen und der Beseitigung radioaktiven Abfalls geschlossen, denen alle Vertragsparteien angehören, deren Vertreter zur Teilnahme an den in Artikel IX vorgesehenen Tagungen berechtigt sind, so finden die durch solche Übereinkünfte festgelegten Vorschriften in der Antarktis Anwendung.

Art. VI [Territorialer Geltungsbereich] Dieser Vertrag gilt für das Gebiet südlich von 60° südlicher Breite einschließlich aller Eisbänke; jedoch läßt dieser Vertrag die Rechte oder die Ausübung der Rechte eines Staates nach dem Völkerrecht in bezug auf die Hohe See in jenem Gebiet unberührt.

Art. VII [Ernennung von Beobachtern] (1) Um die Ziele dieses Vertrags zu erreichen und die Einhaltung seiner Bestimmungen zu gewährleisten, hat jede Vertragspartei, deren Vertreter zur Teilnahme an den in Artikel IX vorgesehenen Tagungen berechtigt sind, das Recht, Beobachter zu benennen, welche die im vorliegenden Artikel erwähnten Inspektionen durchführen. Die Beobachter müssen Staatsangehörige der sie benennenden Vertragspartei sein. Die Namen der Beobachter werden jeder anderen Vertragspartei mitgeteilt, die das Recht hat, Beobachter zu benennen; ihre Abberufung wird ebenfalls mitgeteilt.

(2) Jeder nach Absatz 1 benannte Beobachter hat jederzeit völlig freien Zugang zu allen Gebieten der Antarktis.

(3) Alle Gebiete der Antarktis einschließlich aller Stationen, Einrichtungen und Ausrüstungen in jenen Gebieten sowie alle Schiffe und Luftfahrzeuge an Punkten zum Absetzen oder Aufnehmen von Ladung oder Personal in der Antarktis stehen jedem nach Absatz 1 benannten Beobachter jederzeit zur Inspektion offen.

(4) *Jeder der Vertragsparteien*, die ein Recht auf Benennung von Beobachtern haben, kann jederzeit Luftbeobachtungen über einzelnen oder allen Gebieten der Antarktis durchführen.

(5) Jede Vertragspartei unterrichtet zu dem Zeitpunkt, zu dem dieser Vertrag für sie in Kraft tritt, und danach jeweils im voraus die anderen Vertragsparteien

a) über alle nach und innerhalb der Antarktis von ihren Schiffen oder Staatsangehörigen durchgeführten Expeditionen und alle in ihrem

Hoheitsgebiet organisierten oder von dort aus durchgeführten Expeditionen nach der Antarktis;

b) über alle von ihren Staatsangehörigen besetzten Stationen in der Antarktis und

c) über alles militärische Personal oder Material, das sie unter den in Artikel I Absatz 2 vorgesehenen Bedingungen in die Antarktis verbringen will.

Art. VIII [Wissenschaftliches Personal] (1) Um den nach Artikel VII Absatz 1 benannten Beobachtern und dem nach Artikel III Absatz 1 Buchstabe b ausgetauschten wissenschaftlichen Personal sowie den diese Personen begleitenden Mitarbeitern die Wahrnehmung ihrer Aufgaben nach diesem Vertrag zu erleichtern, unterstehen sie – unbeschadet der Haltung der Vertragsparteien bezüglich der Gerichtsbarkeit über alle anderen Personen in der Antarktis – in bezug auf alle Handlungen oder Unterlassungen, die sie während ihres der Wahrnehmung ihrer Aufgaben dienenden Aufenthalts in der Antarktis begehen, nur der Gerichtsbarkeit der Vertragspartei, deren Staatsangehörige sie sind.

(2) Unbeschadet des Absatzes 1 werden bis zur Annahme von Maßnahmen nach Artikel IX Absatz 1 Buchstabe e die Vertragsparteien, die an einer Streitigkeit über die Ausübung von Gerichtsbarkeit in der Antarktis beteiligt sind, einander umgehend konsultieren, um zu einer für alle Seiten annehmbaren Lösung zu gelangen.

Art. IX [Tagungen der Vertragsparteien] (1) Vertreter der in der Präambel genannten Vertragsparteien halten binnen zwei Monaten nach Inkrafttreten dieses Vertrags in der Stadt Canberra und danach in angemessenen Abständen und an geeigneten Orten Tagungen ab, um Informationen auszutauschen, sich über Fragen von gemeinsamem Interesse im Zusammenhang mit der Antarktis zu konsultieren und Maßnahmen auszuarbeiten, zu erörtern und ihren Regierungen zu empfehlen, durch welche die Grundsätze und Ziele des Vertrags gefördert werden,[1] darunter Maßnahmen

a) zur Nutzung der Antarktis für ausschließlich friedliche Zwecke;

b) zur Erleichterung der wissenschaftlichen Forschung in der Antarktis;

c) zur Erleichterung der internationalen wissenschaftlichen Zusammenarbeit in der Antarktis;

d) zur Erleichterung der Ausübung der Inspektionsrechte nach Artikel VII;

e) im Zusammenhang mit Fragen betreffend die Ausübung von Gerichtsbarkeit in der Antarktis;

---

[1] Vgl. hierzu den Beschluss (Maßnahme 1/2003) der Vertragsparteien v. 16. 6. 2003 Gründung des Antarktissekretariats (Bek. v. 29. 7. 2005, BGBl. 2005 II S. 798).

f) zur Erhaltung und zum Schutz der lebenden Schätze in der Antarktis.

(2) Jede Vertragspartei, die durch Beitritt nach Artikel XIII Vertragspartei geworden ist, ist zur Benennung von Vertretern berechtigt, die an den in Absatz 1 genannten Tagungen teilnehmen, solange die betreffende Vertragspartei durch die Ausführung erheblicher wissenschaftlicher Forschungsarbeiten in der Antarktis wie die Einrichtung einer wissenschaftlichen Station oder die Entsendung einer wissenschaftlichen Expedition ihr Interesse an der Antarktis bekundet.[1]

(3) Berichte der in Artikel VII genannten Beobachter werden den Vertretern der Vertragsparteien übermittelt, die an den in Absatz 1 genannten Tagungen teilnehmen.

(4) Die in Absatz 1 genannten Maßnahmen werden wirksam, sobald sie von allen Vertragsparteien genehmigt worden sind, deren Vertreter zur Teilnahme an den zur Erörterung dieser Maßnahmen abgehaltenen Tagungen berechtigt waren.

(5) Einzelne oder alle der in diesem Vertrag vorgesehenen Rechte können vom Tag des Inkrafttretens des Vertrags an ausgeübt werden, gleichviel ob Maßnahmen zur Erleichterung der Ausübung solcher Rechte nach diesem Artikel vorgeschlagen, erörtert oder genehmigt worden sind.

Art. X [Verpflichtungen der Vertragsparteien] Jede Vertragspartei verpflichtet sich, geeignete, im Einklang mit der Charta der Vereinten Nationen stehende Anstrengungen zu unternehmen, um zu verhindern, daß in der Antarktis eine Tätigkeit entgegen den Grundsätzen oder Zielen dieses Vertrags aufgenommen wird.

Art. XI [Streitbeilegung] (1) Entsteht zwischen zwei oder mehr Vertragsparteien eine Streitigkeit über die Auslegung oder Anwendung dieses Vertrags, so konsultieren die betreffenden Vertragsparteien einander, um die Streitigkeit durch Verhandlung, Untersuchung, Vermittlung, Vergleich, Schiedsverfahren, gerichtliche Beilegung oder sonstige friedliche Mittel ihrer Wahl beilegen zu lassen.

(2) Jede derartige Streitigkeit, die nicht auf diese Weise beigelegt werden kann, wird – jeweils mit Zustimmung aller Streitparteien – dem Internationalen Gerichtshof zur Beilegung unterbreitet; wird keine Einigkeit über die Verweisung an den Internationalen Gerichtshof erzielt, so sind die Streitparteien nicht von der Verpflichtung befreit, sich weiterhin zu bemühen, die Streitigkeit durch eines der verschiedenen in Absatz 1 genannten friedlichen Mittel beizulegen.

---

[1] Zu diesen sog. „Konsultativstaaten" zählen heute (1. 12. 2013) neben den zwölf Signatarstaaten (s. Präambel), Polen (seit 1977), Deutschland (seit 1981), Brasilien und Indien (seit 1983), China und Uruguay (seit 1985), Italien (seit 1987), Schweden und Spanien (seit 1988), Finnland, Peru und Südkorea (seit 1989), Ecuador und die Niederlande (seit 1990), Bulgarien (seit 1998) und die Ukraine (seit 2004). Alle anderen Vertragsstaaten sind bei Konsultativtagungen (Art. IX Abs. 1) nicht stimmberechtigt.

Art. XII [Vertragsänderungen] (1) a) Dieser Vertrag kann jederzeit durch einhellige Übereinstimmung der Vertragsparteien, deren Vertreter zur Teilnahme an den in Artikel IX vorgesehenen Tagungen berechtigt sind, geändert oder ergänzt werden. Eine solche Änderung oder Ergänzung tritt in Kraft, wenn die Verwahrregierung von allen diesen Vertragsparteien die Anzeige erhalten hat, daß sie sie ratifiziert haben.

b) Danach tritt eine solche Änderung oder Ergänzung für jede andere Vertragspartei in Kraft, wenn deren Ratifikationsanzeige bei der Verwahrregierung eingegangen ist. Jede Vertragspartei, von der binnen zwei Jahren nach Inkrafttreten der Änderung oder Ergänzung nach Buchstabe a keine Ratifikationsanzeige eingegangen ist, gilt mit Ablauf dieser Frist als von dem Vertrag zurückgetreten.

(2) a) Eine Konferenz aller Vertragsparteien wird so bald wie möglich abgehalten, um die Wirkungsweise dieses Vertrags zu überprüfen, wenn nach Ablauf von dreißig Jahren nach Inkrafttreten des Vertrags eine der Vertragsparteien, deren Vertreter zur Teilnahme an den in Artikel IX vorgesehenen Tagungen berechtigt sind, durch eine Mitteilung an die Verwahrregierung darum ersucht.

b) Jede Änderung oder Ergänzung dieses Vertrags, die auf einer solchen Konferenz von der Mehrheit der dort vertretenen Vertragsparteien einschließlich einer Mehrheit derjenigen genehmigt worden ist, deren Vertreter zur Teilnahme an den in Artikel IX vorgesehenen Tagungen berechtigt sind, wird von der Verwahrregierung allen Vertragsparteien sofort nach Abschluß der Konferenz mitgeteilt und tritt gemäß Absatz 1 in Kraft.

c) Ist eine solche Änderung oder Ergänzung nicht binnen zwei Jahren nach Mitteilung an alle Vertragsparteien gemäß Absatz 1 Buchstabe a in Kraft getreten, so kann jede Vertragspartei jederzeit nach Ablauf dieser Frist der Verwahrregierung ihren Rücktritt von diesem Vertrag mitteilen; der Rücktritt wird zwei Jahre nach Eingang der Mitteilung bei der Verwahrregierung wirksam.

Art. XIII [Ratifikation] (1) Dieser Vertrag bedarf der Ratifikation durch die Unterzeichnerstaaten. Er liegt für jeden Staat zum Beitritt auf, der Mitglied der Vereinten Nationen ist, sowie für jeden anderen Staat, der mit Zustimmung aller Vertragsparteien, deren Vertreter zur Teilnahme an den in Artikel IX vorgesehenen Tagungen berechtigt sind, zum Beitritt eingeladen wird.

(2) Die Ratifikation dieses Vertrags oder der Beitritt dazu wird durch jeden Staat nach Maßgabe seiner verfassungsrechtlichen Verfahren durchgeführt.

(3) Ratifikationsurkunden und Beitrittsurkunden werden bei der Regierung der Vereinigten Staaten von Amerika hinterlegt, die hiermit zur Verwahrregierung bestimmt wird.

(4) Die Verwahrregierung teilt allen Unterzeichnerstaaten und beitretenden Staaten den Tag der Hinterlegung jeder Ratifikations- oder

Beitrittsurkunde sowie den Tag des Inkrafttretens des Vertrags und etwaiger Änderungen oder Ergänzungen desselben mit.

(5) Nach Hinterlegung der Ratifikationsurkunden durch alle Unterzeichnerstaaten tritt dieser Vertrag für jene Staaten und für Staaten in Kraft, die Beitrittsurkunden hinterlegt haben. Danach tritt der Vertrag für jeden beitretenden Staat mit Hinterlegung seiner Beitrittsurkunde in Kraft.

(6) Die Verwahrregierung läßt diesen Vertrag nach Artikel 102 der Charta der Vereinten Nationen registrieren.

Art. XIV [Vertragssprachen; Hinterlegung] Dieser Vertrag, der in englischer, französischer, russischer und spanischer Sprache abgefaßt ist, wobei jede Fassung gleichermaßen verbindlich ist, wird im Archiv der Regierung der Vereinigten Staaten von Amerika hinterlegt; diese übermittelt den Regierungen der Unterzeichnerstaaten und beitretenden Staaten gehörig beglaubigte Abschriften.

ZU URKUND DESSEN haben die unterzeichneten, gehörig befugten Bevollmächtigten diesen Vertrag unterschrieben.

GESCHEHEN zu Washington am 1. Dezember 1959.

395. Vertrag über die Grundsätze zur Regelung der Tätigkeiten von Staaten bei der Erforschung und Nutzung des Weltraums einschließlich des Mondes und anderer Himmelskörper (Weltraumvertrag)[1),2),3)]

Vom 27. Januar 1967

(BGBl. 1969 II S. 1968)

(Übersetzung)

DIE VERTRAGSSTAATEN

ANGESPORNT durch die großartigen Aussichten, die der Verstoß des Menschen in den Weltraum der Menschheit eröffnet,

IN ANERKENNUNG des gemeinsamen Interesses der gesamten Menschheit an der fortschreitenden Erforschung und Nutzung des Weltraums zu friedlichen Zwecken,

IN DER ÜBERZEUGUNG, daß es wünschenswert ist, die Erforschung und Nutzung des Weltraums zum Wohle aller Völker ohne Ansehen ihres wirtschaftlichen und wissenschaftlichen Entwicklungsstandes fortzuführen,

IN DEM WUNSCH, sowohl in wissenschaftlicher wie in rechtlicher Hinsicht zu einer umfassenden internationalen Zusammenarbeit bei der Erforschung und Nutzung des Weltraums zu friedlichen Zwekken beizutragen,

IM VERTRAUEN DARAUF, daß eine solche Zusammenarbeit das gegenseitige Verständnis zwischen den Staaten und Völkern fördern und die freundschaftlichen Beziehungen zwischen ihnen verstärken wird,

EINGEDENK der von der Generalversammlung der Vereinten Nationen am 13. Dezember 1963 einstimmig als Entschließung Nr. 1962 (XVIII) angenommenen „Erklärung über die Rechtsgrundsätze zur Regelung der Tätigkeiten von Staaten bei der Erforschung und Nutzung des Weltraums",

---

1) In Kraft getreten am 10. 10. 1967, jedoch für die Bundesrepublik am 10. 2. 1971 gemäß *Bek. vom 26. 2. 1971 (BGBl. II S. 166)*. Internationale Quelle: UNTS Bd. 610 S. 205.

2) Vgl. auch das Übereinkommen über die Rettung und Rückführung von Raumfahrern sowie die Rückgabe von in den Weltraum gestarteten Gegenständen v. 22. 4. 1968 (BGBl. 1971 II S. 237); das Übereinkommen über die völkerrechtliche Haftung für Schäden durch Weltraumgegenstände v. 29. 3. 1972 (BGBl. 1975 II S. 1209, abgedruckt unter **Nr. 396**); das Übereinkommen über die Registrierung von in den Weltraum gestarteten Gegenständen v. 14. 1. 1976), sowie das Übereinkommen zur Regelung der Tätigkeiten von Staaten auf dem Mond und anderen Himmelskörpern v. 18. 12. 1979 (öBGBl. 1984 S. 1770, für Deutschland bisher nicht in Kraft getreten).

3) Stand der Vertragsparteien s. BGBl. Fundstellennachweis B, abgeschlossen am 31. Dezember jedes Jahres.

EINGEDENK der von der Generalversammlung der Vereinten Nationen am 17. Oktober 1963 einstimmig angenommenen Entschließung Nr. 1884 (XVIII), in der die Staaten aufgefordert werden, weder Gegenstände mit Kernwaffen oder anderen Massenvernichtungswaffen in Erdumlaufbahnen zu bringen noch Himmelskörper mit derartigen Waffen zu bestücken,

UNTER BERÜCKSICHTIGUNG der Entschließung Nr. 110 (II) der Generalversammlung der Vereinten Nationen vom 3. November 1947, mit der jede Propaganda verurteilt wird, die dazu bestimmt oder geeignet ist, eine Bedrohung oder einen Bruch des Friedens oder eine Aggression hervorzurufen oder zu unterstützen, und in der Erwägung, daß diese Entschließung auch für den Weltraum gilt,

IN DER ÜBERZEUGUNG, daß ein Vertrag über die Grundsätze zur Regelung der Tätigkeiten von Staaten bei der Erforschung und Nutzung des Weltraums einschließlich des Mondes und anderer Himmelskörper die Ziele und Grundsätze der Charta der Vereinten Nationen fördern wird –

SIND WIE FOLGT ÜBEREINGEKOMMEN:

Art. I [Ziele der Erforschung und Nutzung des Weltraums] Die Erforschung und Nutzung des Weltraums einschließlich des Mondes und anderer Himmelskörper wird zum Vorteil und im Interesse aller Länder ohne Ansehen ihres wirtschaftlichen und wissenschaftlichen Entwicklungsstandes durchgeführt und ist Sache der gesamten Menschheit.

Allen Staaten steht es frei, den Weltraum einschließlich des Mondes und anderer Himmelskörper ohne jegliche Diskriminierung, gleichberechtigt und im Einklang mit dem Völkerrecht zu erforschen und zu nutzen; es besteht uneingeschränkter Zugang zu allen Gebieten auf Himmelskörpern.

Die wissenschaftliche Forschung im Weltraum einschließlich des Mondes und anderer Himmelskörper ist frei; die Staaten erleichtern und fördern die internationale Zusammenarbeit bei dieser Forschung.

Art. II [Ausschluß nationaler Okkupation] Der Weltraum einschließlich des Mondes und anderer Himmelskörper unterliegt keiner nationalen Aneignung durch Beanspruchung der Hoheitsgewalt, durch Benutzung oder Okkupation oder durch andere Mittel.

Art. III [Übereinstimmung mit Völkerrecht einschließlich UN-Charta] Bei der Erforschung und Nutzung des Weltraums einschließlich des Mondes und anderer Himmelskörper üben die Vertragsstaaten ihre Tätigkeit in Übereinstimmung mit dem Völkerrecht einschließlich der Charta der Vereinten Nationen im Interesse der Erhaltung des Weltfriedens und der internationalen Sicherheit sowie der Förderung internationaler Zusammenarbeit und Verständigung aus.

Art. IV [Kein Verbringen von Kernwaffen in den Weltraum; ausschließlich friedliche Nutzung des Mondes und der anderen Himmelskörper] Die Vertragsstaaten verpflichten sich, keine Gegenstände, die Kernwaffen oder andere Massenvernichtungswaffen tragen, in eine Erdumlaufbahn zu bringen und weder Himmelskörper mit derartigen Waffen zu bestücken noch solche Waffen im Weltraum zu stationieren.

Der Mond und die anderen Himmelskörper werden von allen Vertragsstaaten ausschließlich zu friedlichen Zwecken benutzt. Die Errichtung militärischer Stützpunkte, Anlagen und Befestigungen, das Erproben von Waffen jeglicher Art und die Durchführung militärischer Übungen auf Himmelskörpern sind verboten. Die Verwendung von Militärpersonal für die wissenschaftliche Forschung oder andere friedliche Zwecke ist nicht untersagt. Ebensowenig ist die Benutzung jeglicher für die friedliche Erforschung des Mondes und anderer Himmelskörper notwendiger Ausrüstungen oder Anlagen untersagt.

Art. V [Stellung der Weltraumfahrer] Die Vertragsstaaten betrachten Raumfahrer als Boten der Menschheit im Weltraum und gewähren ihnen bei Unfall oder wenn in Not oder bei einer Notlandung oder -wasserung im Hoheitsgebiet eines anderen Vertragsstaats oder auf hoher See jede mögliche Hilfe. Nehmen Raumfahrer eine Notlandung oder -wasserung vor, so werden sie rasch und unbehelligt in den Staat zurückgeführt, in dem ihr Raumfahrzeug registriert ist.

Bei Tätigkeiten im Weltraum und auf Himmelskörpern gewähren die Raumfahrer eines Vertragsstaates den Raumfahrern anderer Vertragsstaaten jede mögliche Hilfe.

Jeder Vertragsstaat unterrichtet sofort die anderen Vertragsstaaten oder den Generalsekretär der Vereinten Nationen über alle von ihm im Weltraum einschließlich des Mondes und anderer Himmelskörper entdeckten Erscheinungen, die eine Gefahr für Leben oder Gesundheit von Raumfahrern darstellen könnten.

Art. VI [Verantwortlichkeit für nationale Aktivitäten] Die Vertragsstaaten sind völkerrechtlich verantwortlich für nationale Tätigkeiten im Weltraum einschließlich des Mondes und anderer Himmelskörper, gleichviel ob staatliche Stellen oder nichtstaatliche Rechtsträger dort tätig werden, und sorgen dafür, daß nationale Tätigkeiten nach Maßgabe dieses Vertrags durchgeführt werden. Tätigkeiten nichtstaatlicher Rechtsträger im Weltraum einschließlich des Mondes und anderer Himmelskörper bedürfen der Genehmigung und ständigen Aufsicht durch den zuständigen Vertragsstaat. Wird eine internationale Organisation im Weltraum einschließlich des Mondes und anderer Himmelskörper tätig, so sind sowohl die internationale Organisation als auch die dieser Organisation angehörenden Vertragsstaaten für die Befolgung dieses Vertrags verantwortlich.

Art. VII [Haftung für Schäden durch Weltraumfahrzeuge] Jeder Vertragsstaat, der einen Gegenstand in den Weltraum einschließlich des Mondes und anderer Himmelskörper startet oder starten läßt, sowie jeder Vertragsstaat, von dessen Hoheitsgebiet oder Anlagen aus ein Gegenstand gestartet wird, haftet völkerrechtlich für jeden Schaden, den ein solcher Gegenstand oder dessen Bestandteile einem anderen Vertragsstaat oder dessen natürlichen oder juristischen Personen auf der Erde, im Luftraum oder im Weltraum einschließlich des Mondes oder anderer Himmelskörper zufügen.

Art. VIII [Nationale Hoheitsgewalt über Weltraumfahrzeuge] Ein Vertragsstaat, in dem ein in den Weltraum gestarteter Gegenstand registriert ist, behält die Hoheitsgewalt und Kontrolle über diesen Gegenstand und dessen gesamte Besatzung, während sie sich im Weltraum oder auf einem Himmelskörper befinden. Das Eigentum an Gegenständen, die in den Weltraum gestartet werden, einschließlich der auf einem Himmelskörper gelandeten oder zusammengebauten Gegenstände, und an ihren Bestandteilen wird durch ihren Aufenthalt im Weltraum oder auf einem Himmelskörper oder durch ihre Rückkehr zur Erde nicht berührt. Werden solche Gegenstände oder Bestandteile davon außerhalb der Grenzen des Vertragsstaats aufgefunden, in dem sie registriert sind, so werden sie dem betreffenden Staat zurückgegeben; dieser teilt auf Ersuchen vor ihrer Rückgabe Erkennungsmerkmale mit.

Art. IX [Internationale Zusammenarbeit bei Erforschung und Nutzung des Weltraums] Bei der Erforschung und Nutzung des Weltraums einschließlich des Mondes und anderer Himmelskörper lassen sich die Vertragsstaaten von dem Grundsatz der Zusammenarbeit und gegenseitigen Hilfe leiten und üben ihre gesamte Tätigkeit im Weltraum einschließlich des Mondes und anderer Himmelskörper mit gebührender Rücksichtnahme auf die entsprechenden Interessen aller anderen Vertragsstaaten aus. Die Vertragsstaaten führen die Untersuchung und Erforschung des Weltraums einschließlich des Mondes und anderer Himmelskörper so durch, daß deren Kontamination vermieden und in der irdischen Umwelt jede ungünstige Veränderung infolge des Einbringens außerirdischer Stoffe verhindert wird; zu diesem Zweck treffen sie, soweit erforderlich, geeignete Maßnahmen. Hat ein Vertragsstaat Grund zu der Annahme, daß ein von ihm oder seinen Staatsangehörigen geplantes Unternehmen oder Experiment im Weltraum einschließlich des Mondes und anderer Himmelskörper eine möglicherweise schädliche Beeinträchtigung von Tätigkeiten anderer Vertragsstaaten bei der friedlichen Erforschung und Nutzung des Weltraums einschließlich des Mondes und anderer Himmelskörper verursachen könnte, so leitet er geeignete internationale Konsultationen ein, bevor er das Unternehmen oder Experiment in Angriff nimmt. Hat ein Vertragsstaat Grund zu der Annahme, daß ein von einem anderen Vertragsstaat geplantes Unternehmen oder Experiment im Weltraum einschließlich des Mondes und anderer Himmelskörper eine möglicherweise schädliche Beeinträchtigung von Tätigkeiten bei der friedlichen Erforschung und Nutzung des Weltraums einschließlich des Mondes und anderer Himmelskörper verursachen könnte, so kann er Konsultationen über das Unternehmen oder Experiment verlangen.

Art. X [Beobachtung des Flugs von Weltraumgegenständen durch andere Vertragsstaaten] Um die internationale Zusammenarbeit bei der Erforschung und Nutzung des Weltraums einschließlich des Mondes und anderer Himmelskörper im Einklang mit den Zielen dieses Vertrags zu fördern, prüfen die Vertragsstaaten auf der Grundlage der Gleichberechtigung jegliches Ersuchen anderer Vertragsstaaten, ihnen Gelegenheit zur Beobachtung des Flugs von Weltraumgegenständen zu geben, die von jenen Staaten gestartet werden.

Die Art dieser Beobachtungsgelegenheit und die Bedingungen, zu denen sie gegebenenfalls gewährt wird, bedürfen der Festlegung durch Übereinkunft zwischen den betreffenden Staaten.

Art. XI [Unterrichtung über Weltraumunternehmungen] Um die internationale Zusammenarbeit bei der friedlichen Erforschung und Nutzung des Weltraums zu fördern, unterrichten die Vertragsstaaten, die im Weltraum einschließlich des Mondes und anderer Himmelskörper tätig sind, den Generalsekretär der Vereinten Nationen sowie die Öffentlichkeit und die wissenschaftliche Welt in größtmöglichem Umfang, soweit irgend tunlich, von der Art, der Durchführung, den Orten und den Ergebnissen dieser Tätigkeiten. Der Generalsekretär der Vereinten Nationen ist gehalten, diese Informationen unmittelbar nach ihrem Eingang wirksam weiterzuverbreiten.

Art. XII [Zugänglichkeit von Einrichtungen auf anderen Himmelskörpern] Alle Stationen, Einrichtungen, Geräte und Raumfahrzeuge auf dem Mond und anderen Himmelskörpern sind Vertretern anderer Vertragsstaaten auf der Grundlage der Gegenseitigkeit zugänglich. Die Vertreter melden einen geplanten Besuch so rechtzeitig an, daß geeignete Konsultationen stattfinden und größtmögliche Vorsichtsmaßnahmen getroffen werden können, um in der zu besuchenden Anlage die Sicherheit zu gewährleisten und eine Beeinträchtigung des normalen Betriebs zu vermeiden.

Art. XIII [Anwendungsbereich des Vertrages] Dieser Vertrag findet Anwendung auf alle Tätigkeiten der Vertragsstaaten bei der Erforschung und Nutzung des Weltraums einschließlich des Mondes und anderer Himmelskörper, gleichviel ob sie von einem Vertragsstaat allein oder gemeinsam mit anderen Staaten durchgeführt werden; hierunter fallen auch Tätigkeiten im Rahmen zwischenstaatlicher Organisationen.

Treten in Verbindung mit Tätigkeiten zwischenstaatlicher Organisationen zur Erforschung und Nutzung des Weltraums einschließlich des

Mondes und anderer Himmelskörper in der Praxis Fragen auf, so werden sie von den Vertragsstaaten entweder mit der zuständigen zwischenstaatlichen Organisation oder mit einem oder mehreren Mitgliedstaaten dieser Organisation geregelt, die Vertragsstaaten sind.

Art. XIV [Ratifikation, Inkrafttreten, Verwahrung und Registrierung] (1) Dieser Vertrag liegt für alle Staaten zur Unterzeichnung auf. Jeder Staat, der ihn vor seinem Inkrafttreten nach Absatz 3 nicht unterzeichnet hat, kann ihm jederzeit beitreten.

(2) Dieser Vertrag bedarf der Ratifizierung durch die Unterzeichnerstaaten. Die Ratifikations- und Beitrittsurkunden sind bei den Regierungen der Union der Sozialistischen Sowjetrepubliken, des Vereinigten Königreichs Großbritannien und Nordirland sowie der Vereinigten Staaten von Amerika zu hinterlegen, die hiermit zu Verwahrregierungen bestimmt werden.

(3) Dieser Vertrag tritt in Kraft, sobald fünf Regierungen einschließlich der darin zu Verwahrregierungen bestimmten ihre Ratifikationsurkunden hinterlegt haben.

(4) Für Staaten, deren Ratifikations- oder Beitrittsurkunden nach dem Inkrafttreten dieses Vertrages hinterlegt werden, tritt er mit Hinterlegung ihrer Ratifikations- oder Beitrittsurkunden in Kraft.

(5) Die Verwahrregierungen unterrichten alsbald alle Unterzeichnerstaaten und alle beitretenden Staaten über den Zeitpunkt jeder Unterzeichnung und jeder Hinterlegung einer Ratifikations- oder Beitrittsurkunde zu diesem Vertrag, den Zeitpunkt seines Inkrafttretens und über sonstige Mitteilungen.

(6) Dieser Vertrag wird von den Verwahrregierungen nach Artikel 102 der Charta der Vereinten Nationen registriert.

Art. XV [Vertragsänderungen] Jeder Vertragsstaat kann Änderungen dieses Vertrags vorschlagen. Änderungen treten für jeden Vertragsstaat, der sie annimmt, in Kraft, sobald die Mehrheit der Vertragsstaaten sie angenommen hat; für jeden weiteren Vertragsstaat treten sie mit der Annahme durch diesen in Kraft.

Art. XVI [Kündigung] Jeder Vertragsstaat kann diesen Vertrag ein Jahr nach dessen Inkrafttreten durch eine schriftliche, an die Verwahrregierungen gerichtete Notifikation für sich kündigen. Die Kündigung wird ein Jahr nach Eingang dieser Notifikation wirksam.

Art. XVII [Verbindliche Wortlaute] Dieser Vertrag, dessen chinesischer, englischer, französischer, russischer und spanischer Wortlaut gleichermaßen verbindlich ist, wird in den Archiven der Verwahrregierungen hinterlegt. Beglaubigte Abschriften dieses Vertrags werden den Regierungen der Staaten, die ihn unterzeichnen oder ihm beitreten, von den Verwahrregierungen zugeleitet.

ZU URKUND dessen haben die Unterzeichneten, hierzu gehörig befugt, diesen Vertrag unterschrieben.

GESCHEHEN zu London, Moskau und Washington am 27. Januar 1967 in drei Urschriften.

(Es folgen die Unterschriften der Bevollmächtigten von 57 Staaten)

396. Übereinkommen über die völkerrechtliche Haftung für Schäden durch Weltraumgegenstände[1) · 2)]

Vom 29. März 1972

(BGBl. 1975 II S. 1210)

DIE VERTRAGSSTAATEN –

IN ANERKENNUNG des gemeinsamen Interesses der gesamten Menschheit an der Förderung der Erforschung und Nutzung des Weltraums zu friedlichen Zwecken;

EINGEDENK des Vertrags über die Grundsätze zur Regelung der Tätigkeiten von Staaten bei der Erforschung und Nutzung des Weltraums einschließlich des Mondes und anderer Himmelskörper;

UNTER BERÜCKSICHTIGUNG dessen, daß trotz der von den mit dem Start von Weltraumgegenständen befaßten Staaten und internationalen zwischenstaatlichen Organisationen zu treffenden Vorsichtsmaßnahmen gelegentlich Schäden durch derartige Gegenstände verursacht werden können;

IN ERKENNTNIS der Notwendigkeit, wirksame völkerrechtliche Regeln und Verfahren hinsichtlich der Haftung für durch Weltraumgegenstände verursachte Schäden zu erarbeiten und insbesondere die rasche Leistung eines vollständigen und angemessenen Schadensersatzes nach diesem Übereinkommen an die Geschädigten sicherzustellen;

IN DER ÜBERZEUGUNG, daß die Schaffung solcher Regeln und Verfahren zur Stärkung der internationalen Zusammenarbeit auf dem Gebiet der Erforschung und Nutzung des Weltraums zu friedlichen Zwecken beitragen wird –

SIND WIE FOLGT ÜBEREINGEKOMMEN:

Art. I [Begriffsbestimmungen] Im Sinne dieses Übereinkommens

a) bedeutet der Ausdruck „Schaden" Tod, Körperverletzung oder sonstige Gesundheitsbeeinträchtigung sowie Verlust oder Schädigung des Vermögens eines Staates oder einer natürlichen oder juristischen Person oder des Vermögens einer internationalen zwischenstaatlichen Organisation;

b) umfaßt der Ausdruck „Start" den Startversuch;

c) bedeutet der Ausdruck „Startstaat"

i) einen Staat, der einen Weltraumgegenstand startet oder dessen Start durchführen läßt,

---

1) In Kraft für die Bundesrepublik Deutschland am 18. 12. 1975 (Bek. v. 23. 4. 1976, BGBl. II S. 585).

2) Internationale Quelle: UNTS Vol. 961 p. 187.

ii) einen Staat, von dessen Hoheitsgebiet oder Anlagen ein Weltraumgegenstand gestartet wird;

d) umfaßt der Ausdruck „Weltraumgegenstand" die Bestandteile eines Weltraumgegenstandes sowie sein Trägerfahrzeug und dessen Teile.

Art. II [Grundsatz der unbedingten Haftung] Ein Startstaat haftet unbedingt für die Leistung von Schadensersatz wegen eines von seinem Weltraumgegenstand auf der Erdoberfläche oder an Luftfahrzeugen im Flug verursachten Schadens.

Art. III [Eingeschränkte Haftung] Verursacht ein Weltraumgegenstand eines Startstaats anderswo als auf der Erdoberfläche einen Schaden an einem Weltraumgegenstand eines anderen Startstaats oder einen Personen- oder Sachschaden an Bord eines solchen Weltraumgegenstands, so haftet der erstgenannte Staat nur, wenn der Schaden von ihm oder von Personen verschuldet wurde, für die er verantwortlich ist.

Art. IV [Gesamtschuldnerische Haftung für Schäden resultierend aus Unfällen zweier Weltraumgegenstände] (1) Verursacht ein Weltraumgegenstand eines Startstaats anderswo als auf der Erdoberfläche einen Schaden an einem Weltraumgegenstand eines anderen Startstaats oder einen Personen- oder Sachschaden an Bord eines solchen Weltraumgegenstands und entsteht dadurch einem dritten Staat oder dessen natürlichen oder juristischen Personen ein Schaden, so haften die beiden erstgenannten Staaten dem dritten Staat in folgendem Umfang als Gesamtschuldner:

a) ist der Schaden dem dritten Staat auf der Erdoberfläche oder an einem Luftfahrzeug im Flug entstanden, so haften sie dem dritten Staat unbedingt;

b) ist der Schaden an einem Weltraumgegenstand des dritten Staates oder ist der Personen- oder Sachschaden an Bord eines solchen Weltraumgegenstands anderswo als auf der Erdoberfläche entstanden, so haften sie dem dritten Staat bei Verschulden eines der beiden erstgenannten Staaten oder bei Verschulden von Personen, für die einer von ihnen verantwortlich ist.

(2) In allen Fällen der gesamtschuldnerischen Haftung im Sinne des Absatzes 1 wird die Schadensersatzlast zwischen den beiden erstgenannten Staaten entsprechend dem Ausmaß ihres jeweiligen Verschuldens aufgeteilt; kann das Ausmaß des Verschuldens jedes dieser Staaten nicht festgestellt werden, so haften sie zu gleichen Teilen. Diese Aufteilung läßt das Recht des dritten Staates unberührt, den gesamten Schadensersatz nach diesem Übereinkommen von einzelnen oder allen der gesamtschuldnerisch haftenden Startstaaten zu fordern.

Art. V [Gesamtschuldnerische Haftung mehrerer Startstaaten] (1) Starten zwei oder mehr Staaten einen Weltraumgegenstand gemeinsam, so haften sie als Gesamtschuldner für jeden daraus entstehenden Schaden.

(2) Ein Startstaat, der Schadensersatz geleistet hat, hat einen Ausgleichsanspruch gegen die anderen Teilnehmer an dem gemeinsamen Start. Die Teilnehmer an einem gemeinsamen Start können über die Aufteilung der finanziellen Verpflichtung, für die sie als Gesamtschuldner haften, Übereinkünfte schließen. Solche Übereinkünfte lassen das Recht eines geschädigten Staates unberührt, den gesamten Schadensersatz nach diesem Übereinkommen von einzelnen oder allen der gesamtschuldnerisch haftenden Startstaaten zu fordern.

(3) Ein Staat, von dessen Hoheitsgebiet oder Anlagen ein Weltraumgegenstand gestartet wird, gilt als Teilnehmer an einem gemeinsamen Start.

Art. VI [Verschulden des Geschädigten] (1) Vorbehaltlich des Absatzes 2 ist ein Startstaat von der unbedingten Haftung in dem Ausmaß befreit, in dem er nachweist, daß der Schaden ganz oder teilweise durch grobe Fahrlässigkeit oder durch eine mit Schädigungsvorsatz begangene Handlung oder Unterlassung eines anspruchstellenden Staates oder der von diesem vertretenen natürlichen oder juristischen Personen entstanden ist.

(2) Jede Befreiung ist ausgeschlossen in Fällen, in denen der Schaden aus Tätigkeiten eines Startstaats entstanden ist, die unvereinbar sind mit dem Völkerrecht, insbesondere der Charta der Vereinten Nationen und dem Vertrag über die Grundsätze zur Regelung der Tätigkeiten von Staaten bei der Erforschung und Nutzung des Weltraums einschließlich des Mondes und anderer Himmelskörper.[1]

Art. VII [Haftungsausschluß] Dieses Übereinkommen findet keine Anwendung auf Schäden, die durch einen Weltraumgegenstand eines Startstaats folgenden Personen zugefügt werden:

a) Angehörigen dieses Startstaats;

b) Ausländern, während sie am Betrieb des Weltraumgegenstands zu irgendeiner Zeit zwischen seinem Start und seiner Landung beteiligt sind, oder während sie sich auf Grund einer Einladung des Startstaats in unmittelbarer Nähe eines vorgesehenen Start- oder Bergungsgebiets befinden.

Art. VIII [Anspruchsteller] (1) Ein Staat, der einen Schaden erleidet oder dessen natürliche oder juristische Personen einen Schaden erleiden, kann gegen den Startstaat einen Anspruch auf Ersatz dieses Schadens geltend machen.

(2) Hat der Heimatstaat keinen Anspruch geltend gemacht, so kann ein anderer Staat wegen Schäden, die natürliche oder juristische Personen in seinem Hoheitsgebiet erlitten haben, gegen den Startstaat einen Anspruch geltend machen.

---

[1] Abgedruckt unter **Nr. 395**.

(3) Hat weder der Heimatstaat noch der Staat, in dessen Hoheitsgebiet der Schaden eingetreten ist, einen Anspruch geltend gemacht oder seine Absicht notifiziert, einen Anspruch geltend zu machen, so kann ein anderer Staat wegen Schäden, die Personen mit ständigem Aufenthalt in diesem Staat erlitten haben, gegen den Startstaat einen Anspruch geltend machen.

Art. IX [Geltendmachung auf diplomatischem Wege] Schadensersatzansprüche gegen einen Startstaat sind auf diplomatischem Wege geltend zu machen. Unterhält ein Staat zu dem betreffenden Startstaat keine diplomatischen Beziehungen, so kann er einen anderen Staat ersuchen, seinen Anspruch gegen den betreffenden Startstaat geltend zu machen oder seine Interessen nach diesem Übereinkommen in sonstiger Weise zu vertreten. Er kann seinen Anspruch auch durch den Generalsekretär der Vereinten Nationen geltend machen, sofern sowohl der anspruchstellende Staat als auch der Startstaat Mitglied der Vereinten Nationen sind.

Art. X [Fristen] (1) Ein Schadensersatzanspruch kann nur innerhalb eines Jahres nach Eintritt des Schadens oder nach Feststellung des haftpflichtigen Startstaats diesem gegenüber geltend gemacht werden.

(2) Ist einem Staat jedoch der Eintritt eines Schadens nicht bekannt oder war er nicht imstande, den haftpflichtigen Startstaat festzustellen, so kann er innerhalb eines Jahres, nachdem er von den genannten Tatsachen Kenntnis erlangt, einen Anspruch geltend machen; diese Frist darf jedoch ein Jahr seit dem Zeitpunkt, zu dem von dem Staat billigerweise erwartet werden konnte, daß er bei Anwendung der gebotenen Sorgfalt von den Tatsachen hätte Kenntnis erlangen können, nicht überschreiten.

(3) Die Fristen nach den Absätzen 1 und 2 gelten auch, wenn das volle Ausmaß des Schadens nicht bekannt ist. In diesem Fall ist jedoch der anspruchstellende Staat berechtigt, nach Ablauf der betreffenden Frist innerhalb eines Jahres nach Bekanntwerden des vollen Ausmaßes des Schadens seinen Anspruch zu ändern und zusätzliche Unterlagen vorzulegen.

Art. XI [Innerstaatlicher Rechtsweg] (1) Die Geltendmachung eines Schadensersatzanspruchs gegen einen Startstaat nach diesem Übereinkommen setzt nicht die Erschöpfung der innerstaatlichen Rechtsmittel voraus, die einem anspruchstellenden Staat oder den von ihm vertretenen natürlichen oder juristischen Personen zur Verfügung stehen.

(2) Dieses Übereinkommen hindert einen Staat oder eine von ihm vertretene natürliche oder juristische Person nicht daran, vor den Gerichten oder Verwaltungsbehörden eines Startstaats einen Anspruch zu verfolgen. Ein Staat ist jedoch nicht berechtigt, einen Anspruch nach diesem Übereinkommen wegen eines Schadens geltend zu machen,

dessentwegen bereits vor den Gerichten oder Verwaltungsbehörden eines Startstaats oder nach einer anderen, die betreffenden Staaten bindenden internationalen Übereinkunft ein Anspruch verfolgt wird.

Art. XII [Höhe des Schadensersatzes] Die Höhe des Schadensersatzes, den der Startstaat nach diesem Übereinkommen zu leisten verpflichtet ist, wird in Übereinstimmung mit dem Völkerrecht und den Grundsätzen der Gerechtigkeit und Billigkeit so festgesetzt, daß durch die Ersatzleistung die natürliche oder juristische Person, der Staat oder die internationale Organisation, für die der Anspruch geltend gemacht wird, so gestellt wird, als sei der Schaden nicht eingetreten.

Art. XIII [Art der Ersatzleistung] Sofern nicht der anspruchstellende Staat und der Staat, der nach diesem Übereinkommen schadensersatzpflichtig ist, eine andere Art der Ersatzleistung vereinbaren, ist der Schadensersatz in der Währung des anspruchstellenden Staates oder auf dessen Verlangen in der Währung des schadensersatzpflichtigen Staates zu leisten.

Art. XIV [Schadenskommission. Einsetzung] Kommt innerhalb eines Jahres, nachdem der anspruchstellende Staat dem Startstaat notifiziert hat, daß er die Unterlagen für seinen Anspruch vorgelegt hat, eine Regelung des Anspruchs durch diplomatische Verhandlungen nach Artikel IX nicht zustande, so setzen die beteiligten Parteien auf Antrag einer der Parteien eine Schadenskommission ein.

Art. XV [Zusammensetzung] (1) Die Schadenskommission besteht aus drei Mitgliedern, und zwar aus einem von dem anspruchstellenden Staat bestellten Mitglied, einem von dem Startstaat bestellten Mitglied und dem von beiden Parteien gemeinsam bestimmten dritten Mitglied als Vorsitzendem. Jede Partei bestellt ihr Mitglied innerhalb von zwei Monaten nach dem Antrag auf Einsetzung der Schadenskommission.

(2) Kommt innerhalb von vier Monaten nach dem Antrag auf Einsetzung der Kommission eine Einigung über die Person des Vorsitzenden nicht zustande, so kann jede Partei den Generalsekretär der Vereinten Nationen ersuchen, den Vorsitzenden innerhalb einer weiteren Frist von zwei Monaten zu bestellen.

Art. XVI [Vorsitzender. Vakanzen] (1) Bestellt eine Partei ihr Mitglied nicht innerhalb der vorgeschriebenen Frist, so besteht auf Antrag der anderen Partei die Schadenskommission nur aus dem Vorsitzenden.

(2) Wird ein Sitz in der Kommission aus irgendeinem Grund frei, so wird er nach dem für die ursprüngliche Bestellung angewendeten Verfahren neu besetzt.

(3) Die Kommission regelt ihr Verfahren selbst.

(4) Die Kommission bestimmt den oder die Orte, an denen sie zusammentritt, und ordnet alle sonstigen Verwaltungsangelegenheiten.

(5) Entscheidungen und Sprüche der Kommission ergehen mit Stimmenmehrheit, es sei denn, daß die Kommission aus einem einzigen Mitglied besteht.

Art. XVII [Mehrere anspruchstellende Staaten] Die Zahl der Mitglieder der Schadenskommission erhöht sich nicht dadurch, daß zwei oder mehr anspruchstellende Staaten oder zwei oder mehr Startstaaten an einem Verfahren vor der Kommission beteiligt sind. Die an einem solchen Verfahren beteiligten anspruchstellenden Staaten bestellen in derselben Weise und unter denselben Bedingungen, die für einen einzeln auftretenden anspruchstellenden Staat gelten, gemeinsam ein Kommissionsmitglied. Sind zwei oder mehr Startstaaten an einem solchen Verfahren beteiligt, so bestellen sie in derselben Weise gemeinsam ein Kommissionsmitglied. Bestellen die anspruchstellenden Staaten oder die Startstaaten ihr Mitglied nicht innerhalb der vorgeschriebenen Frist, so besteht die Kommission nur aus dem Vorsitzenden.

Art. XVIII [Entscheidungsumfang] Die Schadenskommission entscheidet über den Schadensersatzanspruch dem Grunde nach und setzt gegebenenfalls die Höhe des zu leistenden Schadensersatzes fest.

Art. XIX [Entscheidung. Wirkung, Frist, Veröffentlichung] (1) Die Schadenskommission richtet sich bei ihrer Tätigkeit nach Artikel XII.

(2) Die Entscheidung der Kommission ist endgültig und bindend, falls die Parteien dies vereinbart haben; anderenfalls fällt die Kommission einen endgültigen Spruch empfehlenden Charakters, den die Parteien nach Treu und Glauben berücksichtigen. Die Kommission legt die Gründe für ihre Entscheidung oder ihren Spruch dar.

(3) Die Kommission fällt ihre Entscheidung oder ihren Spruch so rasch wie möglich, spätestens jedoch ein Jahr nach ihrer Einsetzung, sofern sie nicht eine Verlängerung dieser Frist für notwendig erachtet.

(4) Die Kommission veröffentlicht ihre Entscheidung oder ihren Spruch. Sie übermittelt jeder Partei und dem Generalsekretär der Vereinten Nationen eine beglaubigte Abschrift ihrer Entscheidung oder ihres Spruches.

Art. XX [Kosten] Die Kosten der Schadenskommission werden von den Parteien zu gleichen Teilen getragen, sofern die Kommission nicht etwas anderes beschließt.

Art. XXI [Hilfeleistung in Katastrophenfällen] Stellt der von einem Weltraumgegenstand verursachte Schaden eine Gefahr großen Ausmaßes für Menschenleben dar oder beeinträchtigt er ernsthaft die

Lebensbedingungen der Bevölkerung oder das Funktionieren lebenswichtiger Zentren, so prüfen die Vertragsstaaten, insbesondere der Startstaat, die Möglichkeit, dem geschädigten Staat auf sein Ersuchen angemessene und rasche Hilfe zu leisten. Dieser Artikel berührt jedoch nicht die Rechte und Pflichten der Vertragsstaaten aus diesem Übereinkommen.

Art. XXII [Anwendung auf internationale Organisationen]

(1) In diesem Übereinkommen, mit Ausnahme der Artikel XXIV bis XXVII, gelten Bezugnahmen auf Staaten als Bezugnahmen auf jede internationale zwischenstaatliche Organisation, die Tätigkeiten im Weltraum ausübt, sofern sie erklärt, daß sie die Rechte und Pflichten aus diesem Übereinkommen annimmt, und sofern die Mehrheit der Mitgliedstaaten der Organisation Vertragsstaaten dieses Übereinkommens und des Vertrags über die Grundsätze zur Regelung der Tätigkeiten von Staaten bei der Erforschung und Nutzung des Weltraums einschließlich des Mondes und anderer Himmelskörper sind.[1]

(2) Mitgliedsstaaten einer solchen Organisation, die Vertragsstaaten dieses Übereinkommens sind, unternehmen alle geeigneten Schritte, um sicherzustellen, daß die Organisation eine Erklärung nach Absatz 1 abgibt.

(3) Ist eine internationale zwischenstaatliche Organisation nach diesem Übereinkommen für einen Schaden haftbar, so haften die Organisationen und diejenigen ihrer Mitglieder, die Vertragsstaaten dieses Übereinkommens sind, als Gesamtschuldner, wobei jedoch

a) ein Anspruch auf Ersatz eines solchen Schadens zuerst gegen die Organisation geltend zu machen ist;

b) der anspruchstellende Staat diejenigen Mitglieder, die Vertragsstaaten dieses Übereinkommens sind, auf Zahlung dieses Betrags erst in Anspruch nehmen kann, wenn die Organisation innerhalb von sechs Monaten den als Schadensersatz vereinbarten oder festgesetzten Betrag nicht gezahlt hat.

(4) Schadensersatzansprüche nach diesem Übereinkommen wegen Schäden, die einer Organisation entstanden sind, die eine Erklärung nach Absatz 1 abgegeben hat, sind von einem Mitgliedstaat der Organisation geltend zu machen, der Vertragsstaat dieses Übereinkommens ist.

Art. XXIII [Verhältnis zu anderen Übereinkommen] (1) Dieses Übereinkommen läßt andere in Kraft befindliche internationale *Übereinkünfte ins*oweit unberührt, als es sich um die Beziehungen zwischen den Vertragsstaaten dieser Übereinkünfte handelt.

(2) Dieses Übereinkommen hindert Staaten nicht daran, internationale Übereinkünfte zu seiner Bestätigung, Ergänzung oder Erweiterung zu schließen.

---

[1] Die Europäische Fernmeldesatellitenorganisation, die Europäische Organisation für die Nutzung von meteorologischen Satelliten und die Europäische Weltraumorganisation haben Erklärungen nach Art. XXII Abs. 1 abgegeben und sind somit in dem in dieser Bestimmung genannten Umfang Träger von Rechten und Pflichten aus dem Übereinkommen.

Art. XXIV [Unterzeichnung. Ratifikation. Inkrafttreten]
(1) Dieses Übereinkommen liegt für alle Staaten zur Unterzeichnung auf. Jeder Staat, der es vor seinem Inkrafttreten nach Absatz 3 nicht unterzeichnet hat, kann ihm jederzeit beitreten.

(2) Dieses Übereinkommen bedarf der Ratifikation durch die Unterzeichnerstaaten. Die Ratifikations- und die Beitrittsurkunden sind bei den Regierungen der Union der Sozialistischen Sowjetrepubliken, des Vereinigten Königreichs Großbritannien und Nordirland sowie der Vereinigten Staaten von Amerika zu hinterlegen, die hiermit zu Verwahrregierungen bestimmt werden.

(3) Dieses Übereinkommen tritt mit Hinterlegung der fünften Ratifikationsurkunde in Kraft.

(4) Für Staaten, deren Ratifikations- oder Beitrittsurkunden nach dem Inkrafttreten dieses Übereinkommens hinterlegt werden, tritt es mit Hinterlegung ihrer Ratifikations- oder Beitrittsurkunden in Kraft.

(5) Die Verwahrregierungen unterrichten alsbald alle Unterzeichnerstaaten und alle beitretenden Staaten über den Zeitpunkt jeder Unterzeichnung und jeder Hinterlegung einer Ratifikations- oder Beitrittsurkunde zu diesem Übereinkommen, den Zeitpunkt seines Inkrafttretens und über sonstige Mitteilungen.

(6) Die Verwahrregierungen lassen dieses Übereinkommen nach Artikel 102 der Charta der Vereinten Nationen registrieren.

Art. XXV [Änderungsvorschläge] Jeder Vertragsstaat kann Änderungen dieses Übereinkommens vorschlagen. Änderungen treten für jeden Vertragsstaat, der sie annimmt, in Kraft, sobald die Mehrheit der Vertragsstaaten sie angenommen hat; für jeden weiteren Vertragsstaat treten sie mit der Annahme durch diesen in Kraft.

Art. XXVI [Überprüfung des Abkommens] Zehn Jahre nach Inkrafttreten dieses Übereinkommens wird die Frage der Überprüfung des Übereinkommens auf die vorläufige Tagesordnung der Generalversammlung der Vereinten Nationen gesetzt, um angesichts der Anwendung des Übereinkommens bis zu diesem Zeitpunkt zu prüfen, ob es einer Revision bedarf. Nachdem das Übereinkommen fünf Jahre in Kraft gewesen ist, wird jedoch auf Antrag eines Drittels der Vertragsstaaten und mit Zustimmung der Mehrheit der Vertragsstaaten eine Konferenz der Vertragsstaaten zur Überprüfung dieses Übereinkommens einberufen.

Art. XXVII [Rücktritt] Jeder Vertragsstaat kann von diesem Übereinkommen ein Jahr nach dessen Inkrafttreten durch eine schriftliche, an die Verwahrregierungen gerichtete Notifikation zurücktreten. Der Rücktritt wird ein Jahr nach Eingang dieser Notifikation wirksam.

Art. XXVIII [Verbindliche Wortlaute] Dieses Übereinkommen, dessen chinesischer, englischer, französischer, russischer und spanischer Wortlaut gleichermaßen verbindlich ist, wird in den Archiven der Verwahrregierungen hinterlegt. Beglaubigte Abschriften dieses Übereinkommens werden den Regierungen der Staaten, die es unterzeichnen oder ihm beitreten, von den Verwahrregierungen zugeleitet.

ZU URKUND DESSEN haben die hierzu gehörig befugten Unterzeichneten dieses Übereinkommen unterschrieben.

GESCHEHEN zu London, Moskau und Washington am 29. März 1972 in drei Urschriften.

Art. XXVIII [Verbindliche Wortlaute] Dieses Übereinkommen, dessen chinesischer, englischer, französischer, russischer und spanischer Wortlaut gleichermaßen verbindlich ist, wird in den Archiven der Verwahrregierungen hinterlegt. Beglaubigte Abschriften dieses Übereinkommens werden den Regierungen der Staaten, die es unterzeichnen oder ihm beitreten, von den Verwahrregierungen zugeleitet.

ZU URKUND DESSEN haben die hierzu gehörig befugten Unterzeichneten dieses Übereinkommen unterschrieben.

GESCHEHEN zu London, Moskau und Washington am 29. März 1972 in drei Urschriften.

399. Abkommen über die Internationale Zivilluftfahrt (Chicago Convention)[1)]

Vom 7. Dezember 1944

(BGBl. 1956 II S. 411); i. d. F. der ÄndProt. v. 14.6.1954 (BGBl. 1959 II S. 69); v. 21.6. 1961 (BGBl. 1962 II 884); v. 15.9.1962 (BGBl. 1964 II S. 217); v. 12.3.1971 (BGBl. 1972 II S. 257); v. 7.7.1971 (BGBl. 1978 II S. 500); v. 16.10.1974 (BGBl. 1983 II S. 763); v. 30.9. 1977 (BGBl. 2004 II S. 761); v. 6.10.1980 (BGBl. II S. 1777); v. 10.5.1984 (BGBl. 1996 II S. 211); v. 6.10.1989; v. 26.10.1990 (BGBl. 1996 II S. 2499, 2501) und 2 Prot. v. 6.10.2016 (BGBl. 2018 II S. 307 und 309)[2)]

(Übersetzung)

Inhaltsübersicht

(nicht amtlich)

---

1) Kurztitel *nicht amtlich.*

2) Zum Datum des Inkrafttretens der Änderungsprotokolle für Deutschland s. die Fn. zu den jeweils betroffenen Vorschriften. Zum Stand der Vertragsstaaten insgesamt, sowie zur Frage, ob und wann die einzelnen ÄndProt. für andere Vertragsstaaten in Kraft getreten sind, vgl. BGBl., Fundstellennachweis B, abgeschlossen am 31.12. jedes Jahres. Das Prot. v. 24.9. 1968, in Kraft getreten für Deutschland am 14.2.1969 (Bek. v. 30.6.1971, BGBl. 1971 II S. 984), enthält keine Änderungen des Vertragstextes, sondern enthält die nach dem Abkommen ebenfalls verbindliche franz. und span. Sprachfassung. Zum am 16.9.1999 in Kraft getretenen (Bek. v. 12.3. 004, BGBl. II S. 764) Prot. v. 30.9.1977 über den verbindlichen viersprachigen Wortlaut des Abkommens [auch russisch] vgl. nunmehr BGBl. 2004 II S. 765.

Präambel

IN DER ERWÄGUNG, daß die zukünftige Entwicklung der internationalen Zivilluftfahrt in hohem Maße dazu beitragen kann, Freundschaft und Verständnis zwischen den Staaten und Völkern der Welt zu wecken und zu erhalten, ihr Mißbrauch jedoch zu einer Bedrohung der allgemeinen Sicherheit führen kann; und

IN DER ERWÄGUNG, daß es wünschenswert ist, zwischen den Staaten und Völkern Unstimmigkeiten zu vermeiden und jene Zusammenarbeit zu fördern, von der der Friede der Welt abhängt;

HABEN die unterzeichneten Regierungen sich auf gewisse Grundsätze und Übereinkommen geeinigt, damit die internationale Zivilluftfahrt sich sicher und geordnet entwickeln kann, und damit internationale Luftverkehrsdienste auf der Grundlage gleicher Möglichkeiten eingerichtet und gesund und wirtschaftlich betrieben werden können;

Sie haben demgemäß zu diesem Zweck dieses Abkommen abgeschlossen.

Teil I. Die Luftfahrt

Kapitel I. Allgemeine Grundsätze und Anwendung des Abkommens

Art. 1 Lufthoheit. Die Vertragsstaaten erkennen an, daß jeder Staat über seinem Hoheitsgebiet volle und ausschließliche Lufthoheit besitzt.

Art. 2 Hoheitsgebiet. Im Sinne dieses Abkommens gelten als Gebiet eines Staates die der Staatshoheit, der Oberhoheit, dem Schutze oder der Mandatsgewalt dieses Staates unterstehenden Landgebiete und angrenzenden Hoheitsgewässer.

Art. 3 Privat- und Staatsluftfahrzeuge. (a) Dieses Abkommen findet nur auf Privatluftfahrzeuge Anwendung; auf Staatsluftfahrzeuge ist es nicht anwendbar.

(b) Luftfahrzeuge, die im Militär-, Zoll- und Polizeidienst verwendet werden, gelten als Staatsluftfahrzeuge.

(c) Staatsluftfahrzeuge eines Vertragsstaats dürfen das Hoheitsgebiet eines anderen Staates nur auf Grund einer durch besondere Vereinbarung oder auf andere Weise erteilten Ermächtigung und nur nach Maßgabe der in dieser festgesetzten Bedingungen überfliegen oder dort landen.

(d) Die Vertragsstaaten verpflichten sich, bei dem Erlaß von Vorschriften für ihre Staatsluftfahrzeuge auf die Sicherheit des Verkehrs der Privatluftfahrzeuge gebührend Rücksicht zu nehmen.

Art. 3bis[1)] [Waffengewalt gegen Zivilluftfahrzeuge] (a) Die Vertragsstaaten anerkennen, daß sich jeder Staat der Anwendung von Waffen gegen im Flug befindliche Zivilluftfahrzeuge enthalten muß und daß im Fall des Ansteuerns das Leben der Personen an Bord und die Sicherheit des Luftfahrzeugs nicht gefährdet werden dürfen. Diese Bestimmung ist nicht so auszulegen, als ändere sie in irgendeiner Weise die in der Charta der Vereinten Nationen niedergelegten Rechte und Pflichten der Staaten.

(b) Die Vertragsstaaten anerkennen, daß jeder Staat in Wahrnehmung seiner Staatshoheit berechtigt ist, die Landung eines Zivilluftfahrzeugs auf einem bestimmten Flughafen zu verlangen, wenn dieses unbefugt sein Hoheitsgebiet überfliegt oder wenn ausreichende Gründe für die Schlußfolgerung vorliegen, daß es zu Zwecken benutzt wird, die mit den Zielen dieses Abkommens unvereinbar sind; er kann einem solchen Luftfahrzeug auch alle sonstigen Anweisungen erteilen, um derartige Verletzungen zu beenden. Zu diesem Zweck können sich die Vertragsstaaten aller geeigneten Mittel bedienen, die im Einklang mit den einschlägigen Regeln des Völkerrechts stehen, einschließlich der einschlägigen Bestimmungen dieses Abkommens, insbesondere mit Absatz a dieses Artikels. Jeder Vertragsstaat erklärt sich einverstanden, seine geltenden Vorschriften über das Abfangen von Zivilluftfahrzeugen zu veröffentlichen.

(c) Jedes Zivilluftfahrzeug hat eine in Übereinstimmung mit Absatz b dieses Artikels erteilte Anweisung zu befolgen. Zu diesem Zweck nimmt jeder Vertragsstaat alle erforderlichen Bestimmungen in seine nationalen Gesetze oder Vorschriften auf, um eine derartige Befolgung für alle Zivilluftfahrzeuge verbindlich zu machen, die in diesem Staat eingetragen sind oder von einem Halter betrieben werden, der seinen Hauptgeschäftssitz oder seinen ständigen Aufenthalt in diesem Staat hat. Jeder Vertragsstaat unterwirft jegliche Verletzung dieser anzuwendenden Gesetze oder Vorschriften schweren Sanktionen und unterbreitet den Fall seinen zuständigen Behörden gemäß seinen Gesetzen oder Vorschriften.

(d) Jeder Vertragsstaat trifft geeignete Maßnahmen im Hinblick auf ein Verbot der vorsätzlichen Verwendung eines Zivilluftfahrzeugs, das in diesem Staat eingetragen ist oder von einem Halter betrieben wird, der seinen Hauptgeschäftssitz oder seinen ständigen Aufenthalt in diesem Staat hat, für Zwecke, die mit den Zielen dieses Abkommens unvereinbar sind. Diese Bestimmung läßt Absatz a unberührt und schränkt die Absätze b und c dieses Artikels nicht ein.

[1)] Art. 3bis eingefügt durch Prot. v. 10. 5. 1984, in Kraft getreten für Deutschland am 1. 10. 1998 (BGBl. 1999 II S. 307). In einer Resolution des ICAO Rates v. 27. 10. 2014 ist im Zusammenhang mit dem Abschuss des Fluges MH 17 am 17. 7. 2014 ausdrücklich auf diese Bestimmung hingewiesen worden (http://www.icao.int/Newsroom/NewsDoc2014/COUNCIL%20RESOLUTION%20ON%20MALAYSIA%20AIRLINES%20FLIGHT%20MH17.pdf). Eine Erklärung nach Art. 86 der Konvention war von der Ukraine zuvor nicht abgegeben worden.

Art. 4 Mißbrauch der Zivilluftfahrt. Jeder Vertragsstaat erklärt sich damit einverstanden, die Zivilluftfahrt nicht für Zwecke zu benutzen, die mit den Zielen dieses Abkommens unvereinbar sind.

Kapitel II. Flüge über dem Hoheitsgebiet von Vertragsstaaten

Art. 5 Rechte auf nicht planmäßige Flüge. Jeder Vertragsstaat erklärt sich damit einverstanden, daß alle nicht im planmäßigen internationalen Fluglinienverkehr eingesetzten Luftfahrzeuge der anderen Vertragsstaaten vorbehaltlich der Beachtung der Bestimmungen dieses Abkommens berechtigt sind, ohne Einholung einer vorherigen Erlaubnis in sein Hoheitsgebiet einzufliegen oder es ohne Aufenthalt zu durchfliegen, und dort nicht gewerbliche Landungen vorzunehmen, vorbehaltlich des Rechts des überflogenen Staates, eine Landung zu verlangen. Jeder Vertragsstaat behält sich jedoch das Recht vor, aus Gründen der Flugsicherheit zu verlangen, daß Luftfahrzeuge, die sich in unzugängliche Gebiete oder solche ohne genügende Luftfahrteinrichtungen begeben wollen, vorgeschriebene Strecken einhalten oder eine Sondererlaubnis für solche Flüge einholen.

Werden die genannten Luftfahrzeuge außerhalb des planmäßigen internationalen Fluglinienverkehrs zur entgeltlichen oder mietweisen Beförderung von Fluggästen, Fracht oder Post verwendet, so haben sie nach Maßgabe der Bestimmungen des Artikels 7 auch das Recht, Fluggäste, Fracht oder Post aufzunehmen und abzusetzen, vorbehaltlich des Rechts eines jeden Staates, die ihm wünschenswert erscheinenden Vorschriften, Bedingungen oder Beschränkungen aufzuerlegen.

Art. 6 Planmäßiger Fluglinienverkehr. Planmäßiger internationaler Fluglinienverkehr über oder in das Hoheitsgebiet eines Vertragsstaats darf nur mit der besonderen Erlaubnis oder einer sonstigen Ermächtigung dieses Staates und nur in Übereinstimmung mit den Bedingungen dieser Erlaubnis oder Ermächtigung betrieben werden.

Art. 7 Kabotage. Jeder Verstragsstaat ist berechtigt, den Luftfahrzeugen anderer Vertragsstaaten die Erlaubnis zu verweigern, innerhalb seines Hoheitsgebiets Fluggäste, Post und Fracht zur entgeltlichen Beförderung nach einem anderen Ort innerhalb seines Hoheitsgebiets aufzunehmen. Jeder Vertragsstaat verpflichtet sich, keine Übereinkommen zu treffen, die auf der Grundlage der Ausschließlichkeit einem anderen Staat oder einem Luftverkehrsuntenehmen eines anderen Staates ein solches Recht ausdrücklich zusichern, und auch kein solches ausschließliches Recht von einem anderen Staat zu erwerben.

Art. 8 Unbemannte Luftfahrzeuge. Luftfahrzeuge, die unbemannt geflogen werden können, dürfen das Hoheitsgebiet eines Vertragsstaats ohne Führer nur mit besonderer Ermächtigung dieses Staates und nur in Übereinstimmung mit den Bedingungen dieser Ermächtigung überfliegen. Jeder Vertragsstaat verpflichtet sich, dafür zu sorgen, daß Flüge solcher unbemannter Luftfahrzeuge in für Zivilluftfahrzeuge offen stehenden Gebieten so überwacht werden, daß eine Gefahr für Zivilluftfahrzeuge vermieden wird.

(Fortsetzung nächstes Blatt)

Art. 9 Sperrgebiete. (a) Jeder Vertragsstaat kann aus Gründen der militärischen Notwendigkeit oder öffentlichen Sicherheit das Überfliegen bestimmter Teile seines Hoheitsgebiets für Luftfahrzeuge anderer Staaten einheitlich beschränken oder verbieten vorausgesetzt, daß in dieser Beziehung zwischen den eigenen im internationalen planmäßigen Fluglinienverkehr eingesetzten Luftfahrzeugen und den in gleicher Weise eingesetzten Luftfahrzeugen der anderen Vertragsstaaten kein Unterschied gemacht wird. Die Sperrgebiete müssen sich nach Ausdehnung und Lage in vernünftigen Grenzen halten, damit sie die Luftfahrt nicht unnötig behindern. Beschreibungen solcher Sperrgebiete im Hoheitsgebiet eines Vertragsstaats und alle späteren Änderungen sind den anderen Vertragsstaaten und der Internationalen Zivilluftfahrt-Organisation sobald wie möglich mitzuteilen.

(b) Jeder Vertragsstaat behält sich ferner das Recht vor, unter außergewöhnlichen Umständen oder während der Zeit eines Notstandes oder im Interesse der öffentlichen Sicherheit mit sofortiger Wirkung das Überfliegen seines gesamten Hoheitsgebiets oder eines Teiles davon zeitweilig zu beschränken oder zu verbieten, unter der Bedingung, daß diese Beschränkung oder dieses Verbot ohne Unterschied der Staatszugehörigkeit auf die Luftfahrzeuge aller anderen Staaten angewendet wird.

(c) Jeder Vertragsstaat kann nach von ihm erlassenen Vorschriften von jedem Luftfahrzeug, das in die in den Absätzen (a) und (b) genannten Gebiete einfliegt, verlangen, daß es sobald wie möglich auf einem bestimmten Flughafen innerhalb seines Hoheitsgebiets landet.

Art. 10 Landung auf Zollflughäfen. Abgesehen von Fällen, in denen Luftfahrzeuge nach den Bestimmungen dieses Abkommens oder auf Grund einer besonderen Ermächtigung das Hoheitsgebiet eines Vertragsstaats ohne Landung überfliegen dürfen, hat jedes Luftfahrzeug, das in das Hoheitsgebiet eines Vertragsstaats einfliegt, auf einem von diesem Staat für Zwecke der Zollabfertigung oder sonstiger Untersuchung bestimmten Flughafen zu landen, sofern die Vorschriften dieses Staats es verlangen. Beim Verlassen des Hoheitsgebietes eines Vertragsstaats hat das Luftfahrzeug von einem auf gleiche Weise bestimmten Zollflughafen abzufliegen. Einzelheiten über alle als solche bestimmten Zollflughäfen sind von jedem Staat zu veröffentlichen und der gemäß Teil II dieses Abkommens erricheten Internationalen Zivilluftfahrt-Organisation zur Mitteilung an alle anderen Vertragsstaaten zu übersenden.

Art. 11 Anwendbarkeit von Luftverkehrsvorschriften. Vorbehaltlich der Bestimmungen dieses Abkommens sind die Gesetze und Vorschriften eines Vertragsstaats über den Ein- oder Ausflug der in der internationalen Luftfahrt verwendeten Luftfahrzeuge nach oder aus seinem Hoheitsgebiet oder über den Betrieb und den Verkehr dieser Luftfahrzeuge innerhalb seines Hoheitsgebiets auf die Luftfahrzeuge aller Vertragsstaaten ohne Untrschied der Staatszugehörigkeit anzuwenden; sie sind von diesen Luftfahrzeugen beim Einflug, Ausflug und innerhalb des Hoheitsgebiets dieses Staates zu befolgen.

Art. 12 Luftverkehrsregeln. Jeder Vertragsstaat verpflichtet sich, durch Maßnahmen sicherzustellen, daß jedes sein Hoheitsbgebiet überfliegende oder darin verkehrende sowie jedes mit seinem Staatszugehörigkeitszeichen versehene Luftfahrzeug, wo immer es sich befinden mag, die in dem entsprechenden Hoheitsgebiet geltenden Flug- und Luftverkehrsregeln und -vorschriften befolgt. Jeder Vertragsstaat verpflichtet sich, seine eigenen diesbezüglichen Vorschriften so weit wie möglich denjenigen anzugleichen, die jeweils auf Grund dieses Abkommens erlassen werden. Über dem offenen Meer gelten die auf Grund dieses Abkommens aufgestellten Regeln. Jeder Vertragsstaat verpflichtet sich, die Verfolgung aller Personen sicherzustellen, welche die anzuwendenden Vorschriften verletzen.

Art. 13 Einreise- und Abfertigungsvorschriften. Die Gesetze und Vorschriften eines Vertragsstaats über den Ein- und Ausflug von Fluggästen, Besatzungen oder Fracht eines Luftfahrzeugs nach oder aus seinem Hoheitsgebiet, wie z.B. Einreise-, Abfertigungs-, Einwanderungs-, Paß-, Zoll- und Quarantänevorschriften, sind durch oder in Bezug auf die Fluggäste, Besatzungen oder Fracht bei dem Ein- und Ausflug sowie während des Aufenthalts im Hoheitsgebiet dieses Staates zu befolgen.

Art. 14 Verhütung der Verbreitung von Krankheiten. Jeder Vertragsstaat erklärt sich damit einverstanden, wirksame Maßnahmen zu treffen, um zu verhindern, daß Cholera, Typhus (epidemisch), Pocken, Gelbfieber, Pest und sonstige durch die Vertragsstaaten jeweils zu bezeichnende ansteckende Krankheiten durch die Luftfahrt verbreitet werden. Zu diesem Zweck halten die Vertragsstaaten enge Verbindung mit den Stellen, die mit internationalen Vorschriften für die auf Luftfahrzeuge anwendbare sanitären Maßnahmen befaßt sind. Hierdurch wird die Anwendung eines auf diesem Gebiet bestehenden internationalen Abkommens, dessen Vertragsparteien die Vertragsstaaten sein können, nicht beeinträchtigt.

Art. 15 Flughafen- und ähnliche Gebühren. Jeder Flughafen in einem Vertragsstaat, der den inländischen Luftfahrzeugen zur öffentlichen Benutzung zur Verfügung steht, steht vorbehaltlich der Bestimmungen des Artikels 68 unter einheitlichen Bedingungen gleicherweise den Luftfahrzeugen aller anderen Vertragsstaaten offen. Dieselben einheitlichen Bedingungen finden Anwendung für die Luftfahrzeuge eines jeden Vertragssstaats bei der Benutzung aller Luftfahrteinrichtungen einschließlich der Funk- und Wetterdienste, die der Öffentlichkeit für die Sicherheit und schnelle Abwicklung des Luftvekehrs zur Verfügung gestellt werden.

Alle Gebühren, die von einem Vertragsstaat für die Benutzung der Flughäfen und Luftfahrteinrichtungen durch Luftfahrzeuge eines anderen Vertragsstaats erhoben werden oder deren Erhebung von einem Vertragsstaat zugelassen wird, dürfen

(a) für Luftfahrzeuge, die nicht im planmäßigen internationalen Fluglinienverkehr verwendet werden, nicht höher sein, als die Gebühren, die inländische Luftfahrzeuge derselben Klasse, die in gleichartiger Weise verwendet werden, bezahlen würden, und

(b) für Luftfahrzeuge, die im planmäßigen internationalen Fluglinienverkehr verwendet werden, nicht höher sein als die Gebühren, die inländische Luftfahrzeuge, die in einem gleichartigen internationalen Fluglinienverkehr verwendet werden, bezahlen würden.

Alle diese Gebühren sind zu veröffentlichen und der Internationalen Zivilluftfahrt-Organisation mitzuteilen; die für die Benutzung von Flughäfen und anderen Einrichtungen erhobenen Gebühren unterliegen auf Vorstellung eines interessierten Vertragsstaats einer Nachprüfung durch den Rat, der einen diesbezüglichen Bericht abfaßt und dem beteiligten Staat oder den beteiligten Staaten Empfehlungen zur Erwägung vorlegt. Die Vertragsstaaten erheben keine Gebühren, Taxen oder sonstigen Abgaben für ihr Hoheitsgebiet lediglich für das Recht der Durchreise, Einreise oder Ausreise eines Luftfahrzeugs eines Vertragsstaats oder der an Bord befindlichen Personen oder Güter.

Art. 16 Untersuchung der Luftfahrzeuge. Die zuständigen Behörden jedes Vertragsstaats sind berechtigt, die Luftfahrzeuge eines anderen Vertragsstaats bei der Landung oder beim Abflug ohne unbillige Verzögerung zu untersuchen und die Zeugnisse und anderen durch dieses Abkommen vorgeschriebenen Papiere zu prüfen.

Kapitel III. Staatszugehörigkeit der Luftfahrzeuge

Art. 17 Staatszugehörigkeit der Luftfahrzeuge. Luftfahrzeuge haben die Staatszugehörigkeit des Staates, in dem sie eingetragen sind.

Art. 18 Mehrfache Eintragung. Ein Luftfahrzeug kann nicht in mehreren Staaten gültig eingetragen sein, die Eintragung kann aber von einem Staat auf einen anderen übertragen werden.

Art. 19 Staatliche Gesetze über die Eintragung. Die Eintragung oder die Übertragung der Eintragung von Luftfahrzeugen erfolgt in jedem Vertragsstaat nach dessen Gesetzen und Vorschriften.

Art. 20 Führen von Kennzeichen. Jedes in der internationalen Luftfahrt verwendete Luftfahrzeug hat die ihm vorgeschriebenen Staatszugehörigkeits- und Eintragungszeichen zu führen.

Art. 21 Mitteilung der Eintragungen. Jeder Vertragsstaat verpflichtet sich, jedem anderen Vertragsstaat oder der Internationalen Zivilluftfahrt-Organisation auf Verlangen Auskunft über die Eintragung und die Eigentumsverhältnisse jedes bei ihm eingetragenen Luftfahrzeugs zu geben. Außerdem übermittelt jeder Vertragsstaat der

Internationalen Zivilluftfahrt-Organisation nach den von ihr erlassenen Vorschriften Berichte, die alle verfügbaren zweckdienlichen Angaben über Eigentumsverhältnisse und Verfügungsgewalt hinsichtlich der bei ihm eingetragenen und gewöhnlich in der internationalen Luftfahrt verwendeten Luftfahrzeuge enthalten. Die Internationale Zivilluftfahrt-Organisation stellt die erhaltenen Angaben den anderen Vertragsstaaten auf Verlangen zur Verfügung.

Kapitel IV. Maßnamen zur Erleichterung der Luftfahrt

Art. 22 Erleichterung der Förmlichkeiten. Jeder Vertragsstaat erklärt sich damit einverstanden, durch Erlaß besonderer Vorschriften oder auf andere Weise alle geeigneten Maßnahmen zu treffen, um den Verkehr von Luftfahrzeugen zwischen den Hoheitsgebieten der Vertragsstaaten zu erleichtern und zu beschleunigen und unnötige Verspätungen für Luftfahrzeuge, Besatzungen, Fluggäste und Fracht zu verhindern, insbesondere bei Anwendung der Einreise-, Quarantäne-, Zoll- und Abfertigungsvorschriften.

Art. 23 Verfahren bei Zollabfertigung und Einreise. Jeder Vertragsstaat verpflichtet sich, soweit er es für durchführbar hält, seine die internationale Luftfahrt betreffenden Verfahren für Zollabfertigung und Einreise in Übereinstimmung mit den Verfahren zu bringen, die auf Grund dieses Abkommens jeweils festgesetzt oder empfohlen werden. Nichts in diesem Abkommen ist dahin auszulegen, daß es der Einrichtung von Zollfreiflughäfen entgegenstünde.

Art. 24 Zollabgaben. (a) Luftfahrzeuge auf einem Flug nach, von oder über dem Hoheitsgebiet eines anderen Vertragsstaats sind vorbehaltlich der Zollvorschriften dieses Staates vorübergehend zollfrei zu lassen. Treibstoffe, Schmieröle, Ersatzteile, übliche Ausrüstungsgegenstände und Bordvorräte, die sich bei Ankunft in dem Hoheitsgebiet eines anderen Vertragsstaats an Bord eines Luftfahrzeugs eines Vertragsstaats befinden und beim Verlassen des Hoheitsgebiets des anderen Staates an Bord geblieben sind, sind von Zollabgaben, Untersuchungsgebühren oder ähnlichen staatlichen oder örtlichen Abgaben und Gebühren befreit. Diese Befreiung erstreckt sich nicht auf ausgeladene Mengen oder Gegenstände, es sei denn in Übereinstimmung mit den Zollvorschriften des anderen Staates, die vorsehen können, daß sie unter Zollüberwachung zu stellen sind.

(b) Ersatzteile und Ausrüstungsgegenstände, die zum Einbau in ein in der internationalen Luftfahrt verwendetes Luftfahrzeug eines anderen Vertragsstaats oder zur Benutzung in einem solchen Luftfahrzeug in das Hoheitsgebiet eines Vertragsstaats eingeführt werden, sind zollfrei zugelassen, vorbehaltlich der Bachtung der Vorschriften des betreffenden Staates, die vorsehen können, daß die Gegenstände unter Zollüberwachung und -kontrolle zu stellen sind.

Art. 25 Luftfahrzeuge in Not. Jeder Vertragsstaat verpflichtet sich, für in seinem Hoheitsgebiet in Not geratenen Luftfahrzeuge die Hilfsmaßnamen zu treffen, die ihm tunlich erscheinen, und den Eigentümern des Luftfahrzeugs und den Behörden des Staates, in dem das Luftfahrzeug eingetragen ist, zu gestatten, unter Kontrolle seiner eigenen Behörden die den Umständen nach erforderlichen Hilfsmaßnahmen zu treffen. Jeder Vertragsstaat wirkt bei der Suche nach vermißten Luftfahrzeugen an aufeinander abgestimmten Maßnahmen mit, die auf Grund dieses Abkommens jeweils empfohlen werden.

Art. 26 Untersuchung von Unfällen. Bei einem Unfall, der dem Luftfahrzeug eines Vertragsstaats im Hoheitsgebiet eines anderen Vertragsstaats zustößt und Tod oder schwere Verletzungen zur Folge hat oder auf schwerwiegende technische Mängel an dem Luftfahrzeug oder den Luftfahrteinrichtungen hinweist, nimmt der Staat, in dessen Gebiet sich der Unfall ereignet hat, eine Untersuchung über die Umstände des Unfalls vor, und zwar, soweit es seine Gesetze erlauben, in Übereinstimmung mit dem Verfahren, das durch die Internationale Zivilluftfahrt-Organisation empfohlen wird. Dem Staat, in dem das Luftfahrzeug eingetragen ist, wird Gelegenheit gegeben, Beobachter, die bei der Untersuchung anwesend sein sollen, zu bestimmen, und der Staat, der die Untersuchung vornimmt, übermittelt dem anderen Staat den Bericht und das Untersuchungsergebnis in der Angelegenheit.

Art. 27 Befreiung von Beschlagnahme wegen Patentverletzung. (a) Der genehmigte Einflug von in der internationalen Luftfahrt verwendeten Luftfahrzeugen eines Vertragsstaats in das Hoheitsgebiet eines anderen Vertragsstaats oder der genehmigte Durchflug durch das Hoheitsgebiet dieses Staates mit oder ohne Landung darf weder eine Beschlagnahme oder Zurückhaltung des Luftfahrzeugs noch einen Anspruch gegen dessen Eigentümer oder Halter, noch irgendein anderes Einschreiten seitens oder im Namen des Einflugstaats oder einer dort befindlichen Person aus dem Grunde nach sich ziehen, daß Bauart, Mechanismus, Teile, Zubehör oder der Betrieb des Luftfahrzeugs ein Patent, Muster oder Modell verletzen, das in dem Einflugstaat ordnungsgemäß verliehen oder eingetragen ist, wobei Einverständnis darüber besteht, daß in dem Staat, in den das Luftfahrzeug eingeflogen ist, in keinem Falle die Hinterlegung einer Sicherheit im Zusammenhang mit der erwähnten Befreiung von Beschlagnahme oder Zurückhaltung des Luftfahrzeugs gefordert werden darf.

(b) Die Bestimungen des Absatzes (a) dieses Artikels finden auch auf die Lagerung von Ersatzteilen und Ersatzausrüstung für das Luftfahrzeug Anwendung und auf das Recht, diese Gegenstände zur Reparatur von Luftfahrzeugen eines Vertragsstaats im Hoheitsgebiet eines anderen Vertragsstaats zu benutzen und einzubauen, vorausgesetzt, daß ein gelagerter patentierter Ersatzteil oder Ausrüstungsgegenstand weder in dem Vertragsstaat, in dem das Luftfahrzeug eingeflogen ist, verkauft oder sonstwie abgegeben, noch aus ihm ausgeflogen wird.

(c) Die Vergünstigungen dieses Artikels finden nur auf solche Vertragsstaaten dieses Abkommens Anwendung, die entweder

1. Parteien der Internationalen Übereinkunft zum Schutze des gewerblichen Eigentums und seiner Nachträge sind, oder
2. Patentgesetze erlassen haben, welche die Erfindungen von Staatsangehörigen der anderen Vertragsstaaten dieses Abkommens anerkennen und ihnen angemessenen Schutz gewähren.

Art. 28 Luftfahrteinrichtungen und einheitliche Verfahren. Jeder Vertragsstaat verpflichtet sich, soweit er es für durchführbar hält,

(a) in seinem Hoheitsgebiet Flughäfen, Funk- und Wetterdienste und andere Luftfahrteinrichtungen, die der Erleichterung der internationalen Luftfahrt dienen, bereitzustellen und zwar in Übereinstimmung mit den Richtlinien und Verfahren, die auf Grund dieses Abkommens jeweils empfohlen oder aufgestellt werden;

(b) die geeigneten einheitlichen Verfahren für Fernmeldeverkehr, Codes, Kennzeichen, Signale, Befeuerung und sonstige Betriebsmaßnahmen und Betriebsvorschriften anzunehmen und einzuführen, die auf Grund dieses Abkommens jeweils empfohlen oder aufgestellt werden;

(c) an internationalen Maßnahmen mitzuarbeiten, um die Veröffentlichung der Luftfahrtkarten aller Art in Übereinstimmung mit den Richtlinien sicherzustellen, die auf Grund dieses Abkommens jeweils empfohlen oder festgelegt werden.

Kapitel V. Bedingungen, die in Bezug auf Luftfahrzeuge zu erfüllen sind

Art. 29 In Luftfahrzeugen mitzuführende Papiere. Jedes in der internationalen Luftfahrt verwendete Luftfahrzeug eines Vertragsstaats hat in Übereinstimmung mit den Bestimmungen dieses Abkommens folgende Papiere mitzuführen:

(a) seinen Eintragungsschein;

(b) sein Lufttüchtigkeitszeugnis;

(c) die für jedes Mitglied der Besatzung erforderlichen Erlaubnisscheine;

(d) sein Bordbuch;

(e) wenn es mit Funkgerät ausgerüstet ist, die Genehmigungsurkunde zur Errichtung und zum Betrieb einer Bordfunkstelle;

(f) wenn es Fluggäste befördert, eine Liste ihrer Namen und Abflug- und Bestimmungsorte;

(g) wenn es Fracht befördert, ein Manifest und Einzelangaben über die Fracht.

Art. 30 Bordfunkausrüstung. (a) Luftfahrzeuge eines jeden Vertragsstaats dürfen in oder über dem Hoheitsgebiet eines anderen Vertragsstaats Funksendegerät nur mit sich führen, wenn von den zuständigen Behörden des Staates, in dem das Luftfahrzeug eingetragen ist, eine Genehmigung zur Errichtung und zum Betrieb derartigen Geräts ausgestellt worden ist. Die Benutzung von Funksendegerät im Hoheitsgebiet des Vertragsstaats, dessen Gebiet überflogen wird, muß in Übereinstimmung mit den Vorschriften erfolgen, die von diesem Staat erlassen sind.

(b) Funksendegerät darf nur von denjenigen Mitgliedern der fliegenden Besatzung bedient werden, die eine besondere, diesem Zweck entsprechende Genehmigung besitzen, die von den zuständigen Behörden des Staates ausgestellt ist, in dem das Luftfahrzeug eingetragen ist.

Art. 31 Lufttüchtigkeitszeugnisse. Jedes in der internationalen Luftfahrt verwendete Luftfahrzeug muß mit einem Lufttüchtigkeitszeugnis versehen sein, das von dem Staat, in dem das Luftfahrzeug eingetragen ist, ausgestellt oder als gültig anerkannt ist.

Art. 32 Erlaubnisscheine des Personals. (a) Der Luftfahrzeugführer und die anderen Mitglieder des Betriebspersonals jedes in der internationalen Luftfahrt verwendeten Luftfahrzeugs müssen mit Befähigungszeugnissen und Erlaubnisscheinen versehen sein, die von dem Staat, in dem das Luftfahrzeug eingetragen ist, ausgestellt oder als gültig anerkannt sind.

(b) Jeder Vertragsstaaat behält sich das Recht vor, den Befähigungszeugnissen und Erlaubnisscheinen, die einem seiner Staatsangehörigen von einem anderen Vertragssstaat ausgestellt sind, für Flüge über seinem Gebiet die Anerkennung zu verweigern.

Art. 33 Anerkennung von Zeugnissen und Erlaubnisscheinen. Lufttüchtigkeitszeugnisse, Befähigungszeugnisse und Erlaubnisscheine, die von dem Vertragsstaat, in dem das Luftfahrzeug eingetragen ist, ausgestellt oder als gültig anerkannt worden sind, werden von den anderen Vertragsstaaten als gültig anerkannt, vorausgesetzt, daß die Anforderungen, nach denen die Zeugnisse und Erlaubnisscheine ausgestellt oder für gültig erklärt worden sind, den Mindestanforderungen, die auf Grund dieses Abkommens jeweils aufgestellt werden, entsprechen oder darüber hinausgehen.

Art. 34 Bordbücher. Für jedes in der internationalen Luftfahrt verwendete Luftfahrzeug ist ein Bordbuch zu führen, in das alle Einzelheiten über das Luftfahrzeug, seine Besatzung und jeden Flug in der auf Grund dieses Abkommens jeweils vorgeschriebenen Weise einzutragen sind.

Art. 35 Frachtbeschränkungen. (a) Kriegsmunition und Kriegsgerät dürfen von den im internationalen Luftverkehr verwendeten Luftfahrzeugen in oder über dem Hoheitsgebiet eines Staates nur mit

Erlaubnis dieses Staates mitgeführt werden. Jeder Staat bestimmt durch Vorschriften, was als Kriegsmunition oder Kriegsgerät im Sinne dieses Artikels gilt und berücksichtigt dabei im Interesse der Einheitlichkeit gebührend die Empfehlungen, die von der Internationalen Zivilluftfahrt-Organisation jeweils erteilt werden.

(b) Jeder Vertragsstaat behält sich das Recht vor, aus Gründen der öffentlichen Sicherheit und Ordnung das Mitführen anderer als der in Absatz (a) aufgeführten Gegenstände in oder über seinem Gebiet zu regeln oder zu verbieten, vorausgesetzt, daß in dieser Hinsicht zwischen den inländischen in der internationalen Luftfahrt verwendeten Luftfahrzeugen und den in gleicher Weise verwendeten Luftfahrzeugen der anderen Staaten kein Unterschied gemacht wird, und ferner vorausgesetzt, daß keine Beschränkung auferlegt wird, die das Mitführen und die Benutzung von Gerät in Luftfahrzeugen beeinträchtigen könnte, das für den Betrieb oder die Führung des Luftfahrzeugs oder die Sicherheit des Personals und der Fluggäste notwendig ist.

Art. 36 Lichtbildgerät. Jeder Vertragsstaat kann die Benutzung von Lichtbildgerät in Luftfahrzeugen über seinem Hoheitsgebiet verbieten oder regeln.

Kapitel VI. Internationale Richtlinien und Empfehlungen

Art. 37 Annahme internationaler Richtlinien und Verfahren. Jeder Vertragsstaat verpflichtet sich, daran mitzuarbeiten, daß für Vorschriften, Richtlinien, Verfahren und Organisation in Bezug auf Luftfahrzeuge, Personal, Luftstraßen und Hilfsdienste der höchstmögliche Grad an Einheitlichkeit in allen Angelegenheiten erreicht wird, in denen dies die Luftfahrt erleichtert und verbessert.

Zu diesem Zweck wird die Internationale Zivilluftfahrt-Organisation jeweils, soweit erforderlich, internationale Richtlinien, Empfehlungen und Verfahren annehmen und ergänzen in Bezug auf

(a) Fernmeldesysteme und Flugnavigationseinrichtungen einschließlich der Bodenkennzeichnung;
(b) Merkmale der Flughäfen und Landeplätze;
(c) Luftvekehrsregeln und Flugsicherungskontrollverfahren;
(d) Zulassung von Betriebs- und technischem Personal;
(e) Lufttüchtigkeit der Luftfahrzeuge;
(f) Eintragung und Kennzeichnung der Luftfahrzeuge;
(g) Sammlung und Austausch von meteorologischen Nachrichten;
(h) Bordbücher;
(i) Luftfahrtkarten aller Art;
(j) Zoll- und Einreiseverfahren;
(k) in Not befindliche Luftfahrzeuge und Unfalluntersuchung;

fener sonstige Angelegenheiten, die sich auf die Sicherheit, Regelmäßigkeit und Leistungsfähigkeit der Luftfahrt beziehen, soweit dies jeweils angebracht erscheint.

Art. 38 Abweichungen von internatinalen Richtlinien und Verfahren. Jeder Staat, der es für undurchführbar hält, einer internationalen Richtlinie oder einem solchen internationalen Verfahren in jeder Hinsicht nachzukommen, oder seine eigenen Vorschriften und Maßnahmen mit einer internationalen Richtlinie oder einem internationalen Verfahren nach ihrer Abänderung in volle Übereinstimmung zu bringen, oder der es für nötig hält, Vorschriften oder Verfahren anzunehmen, die irgendwie von denjenigen abweichen, die durch eine internationale Richtlinie festgesetzt sind, wird den Unterschied zwischen seiner eigenen Regelung und derjenigen, die durch die internationale Richtlinie festgelegt ist, sofort der Internationalen Zivilluftfahrt-Organisation anzeigen. Bei Änderungen von internationalen Richtlinien wird jeder Staat, der seine eigenen Vorschriften oder Verfahren nicht entsprechend ändert, dies innerhalb von 60 Tagen nach Annahme der Änderung der internationalen Richtlinie dem Rat anzeigen oder angeben, was er zu veranlassen beabsichtigt. In jedem derartigen Fall wird der Rat sofort allen anderen Staaten den Unterschied anzeigen, der zwischen einem oder mehreren Punkten einer internationalen Richtlinie und der entsprechenden inländischen Regelung in diesem Staat besteht.

Art. 39 Vermerke in Zeugnissen und Erlaubnisscheinen.

(a) Luftfahrzeuge oder Luftfahrzeugteile, für die eine internationale Richtlinie über Lufttüchtigkeit oder Leistungsfähigkeit besteht, die jedoch zur Zeit der Austtellung des Lufttüchtigkeitszeugnisses in irgendeiner Hinsicht dieser Richtlinie nicht entsprochen haben, erhalten als Vermerk im Lufttüchtigkeitszeugnis oder in einem beigefügten Anhang eine vollständige Aufzählung der im einzelnen bestehenden Abweichungen.

(b) Der Inhaber eines Erlaubnisscheines, der den Bedingungen der internationalen Richtlinie für die Klasse seines Erlaubnisscheines oder Zeugnisses nicht voll genügt, erhält als Vermerk in seinem Erlaubnisschein oder in einem beigefügten Anhang eine vollständige Aufzählung der Einzelheiten, hinsichtlich derer er den Bedingungen nicht genügt.

Art. 40 Gültigkeit der mit Vermerken versehenen Zeugnisse und Erlaubnisscheine. Luftfahrzeuge oder Mitglieder des Personals, die mit Vermerken versehene Zeugnisse oder Erlaubnissscheine besitzen, dürfen im internationalen Luftverkehr ohne Erlaubnis des Staates oder der Staaten, in dessen Gebiet eingeflogen wird, nicht teilnehmen. *Die Eintragung* oder die Verwendung eines derartigen Luftffahrzeugs oder Luftfahrzeugteils in einem anderen Staat als demjenigen, in dem das Zeugnis ursprünglich erteilt wurde, bleibt dem Ermessen des Staates überlassen, in den das Luftfahrzeug oder der Luftfahrzeugteil eingeführt wird.

Art. 41 Anerkennung bestehender Richtlinien für die Lufttüchtigkeit. Die Bestimmungen dieses Kapitels finden keine Anwendung auf Luftfahrzeuge und Luftfahrzeugausrüstungen von Typen, deren Muster den zuständigen nationalen Behörden vor Ablauf dreier Jahre nach dem Tag der Annahme einer internationalen Richtline über die Lufttüchtigkeit solcher Ausrüstungen zwecks Ausstellung eines Zeugnisses vorgelegt worden ist.

Art. 42 Anerkennung bestehender Richtlinien für die Befähigung des Personals. Die Bestimmungen dieses Kapitels finden keine Anwendung auf das Personal, dessen Erlaubnisscheine erstmalig vor Ablauf eines Jahres nach dem Tag der ursprünglichen Annahme einer internationalen Richtlinie für die Befähigung dieses Personals ausgestellt worden sind; diese Bestimmungen finden aber auf jeden Fall auf das Personal Anwendung, dessen Erlaubnisscheine noch fünf Jahre nach dem Tage der Annahme der Richtlinie gültig sind.

TEIL II. Die internationale Zivilluftfahrt-Organisation

Kapitel VII. Die Organisation

Art. 43 Name und Zusammensetzung. Durch dieses Abkommen wird eine Organisation geschaffen, die den Namen Internationale Zivilluftfahrt-Organisation führt. Sie besteht aus einer Versammlung, einem Rat und den sonst erforderlichen Organen.

Art. 44 Aufgaben. Ziel und Aufgaben der Organisation sind, die Grundsätze und die Technik der internationalen Luftfahrt zu entwickeln sowie die Planung und Entwicklung des internationalen Luftverkehrs zu fördern, um

(a) ein sicheres und geordnetes Wachsen der internationalen Zivilluftfahrt in der ganzen Welt zu gewährleisten;
(b) den Bau und den Betrieb von Luftfahrzeugen zu friedlichen Zwekken zu fördern;
(c) die Entwicklung von Luftstraßen, Flughäfen und Luftfahrteinrichtungen für die internationale Zivilluftfahrt zu fördern;
(d) den Bedürfnissen der Völker der Welt nach einem sicheren, regelmäßigen, leistungsfähigen und wirtschaftlichen Luftverkehr zu entsprechen;
(e) wirtschaftlicher Verschwendung, die durch übermäßigen Wettbewerb verursacht wird, vorzubeugen;
(f) zu gewährleisten, daß die Rechte der Vertragsstaaten voll beachtet werden und daß für jeden Vertragsstaat eine angemessene Möglichkeit besteht, internationale Luftverkehrsuntenehmen zu betreiben;
(g) eine unterschiedliche Behandlung von Vertragsstaaten zu vermeiden;
(h) die Flugsicherheit in der internationalen Zivilluftfahrt zu fördern;
(i) allgemein die Entwicklung der internationalen Zivilluftfahrt in jeder Hinsicht zu fördern.

Art. 45[1] **Ständiger Sitz.** Der ständige Sitz der Organisation wird auf der Schlußsitzung der Interimsversammlung der Vorläufigen Internationalen Zivilluftfahrt-Organisation bestimmt, welche durch die in Chikago am 7. Dezember 1944 unterzeichnete Vorläufige Vereinbarung über die Internationale Zivilluftfahrt errichtet wurde. Der Sitz kann durch Ratsbeschluß zeitweilig an einen anderen Ort verlegt werden und anders als zeitweilig durch einen Beschluß der Versammlung, für dessen Zustandekommen die von der Versammlung festgesetzte Stimmenzahl erforderlich ist. Diese Stimmenzahl muß mindestens drei Fünftel der Gesamtzahl der Vertragstaaten betragen.

Art. 46 Erste Tagung der Versammlung. Die erste Tagung der Versammlung wird von dem Interimsrat der oben erwähnten Vorläufigen Organisation einberufen, sobald das Abkommen in Kraft getreten ist; Zeit und Ort werden vom Interimsrat bestimmt.

Art. 47 Rechtsstellung. Die Organisation genießt im Hoheitsgebiet eines jeden Vertragsstaats die zur Erfüllung ihrer Aufgaben erforderliche Rechtsstellung. Überall dort, wo es mit der Verfassung und den Gesetzen des betreffenden Staates vereinbar ist, wird ihr volle Rechtspersönlichkeit zuerkannt.

Kapitel VIII. Die Versammlung

Art. 48[2] **Tagungen der Versammlung und Abstimmung.**

(a) Die Versammlung tritt mindestens einmal alle drei Jahre zusammen, sie wird von dem Rat zu gegebener Zeit an einen geeigneten Ort einberufen. Eine außerordentliche Tagung der Versammlung kann jederzeit auf Einberufung durch den Rat oder auf Grund eines an den Generalsekretär gerichteten Antrags von mindestens einem Fünftel der Gesamtzahl der Vertragsstaaten abgehalten werden.

(b) Alle Vertragsstaaten haben das gleiche Recht, auf den Tagungen der Versammlung vertreten zu sein, und jedem Vertragsstaat steht eine Stimme zu. Die Vertreter der Vertragsstaaten können von technischen Beratern unterstützt werden, die an den Tagungen teilnehmen dürfen, aber kein Stimmrecht haben.

(c) Für die Beschlußfähigkeit der Sitzungen der Versammlung ist die Anwesenheit der Mehrheit der Vertragsstaaten erforderlich. Soweit dieses Abkommen nichts anderes bestimmt, bedürfen die Beschlüsse der Versammlung der Mehrheit der abgegebenen Stimmen.

---

[1] Art. 45 geänd. durch Prot. v. 14.6.1954, in Kraft getreten für Deutschland am 27.4.1959 (BGBl. 1959 II S. 987).

[2] Art. 48 (a) S. 1 geänd. durch Prot. v. 14.6.1954, in Kraft getreten für Deutschland am 27.4.1959 (BGBl. 1959 II S. 987). Art. 48 (a) S. 2 geänd. durch Prot. v. 15.9.1962, in Kraft getreten für Deutschland am 11.9.1975 (BGBl. 1976 II S. 419).

Art. 49[1] **Rechte und Pflichten der Versammlung.** Die Rechte und Pflichten der Versammlung sind:

(a) Wahl ihres Präsidenten und anderer für ein Amt vorgesehener Personen bei jeder Tagung;
(b) Wahl der Vertragsstaaten, die in Übereinstimmung mit den Bestimmungen des Kapitels IX im Rat vertreten sein sollen;
(c) Prüfung der Berichte des Rats und Einleitung geeigneter diesbezüglicher Maßnahmen, sowie Entscheidung aller Fragen, die ihr vom Rat zugewiesen werden;
(d) Bestimmung ihrer Geschäftsordnung und Einsetzung der Ausschüsse, die sie für notwendig oder wünschenswert hält;
(e) Genehmigung der Jahreshaushalte und Beschlußfassung über die Finanzgebarung der Organisation in Übereinstimmung mit den Bestimmungen des Kapitels XII;
(f) Prüfung der Ausgaben und Genehmigung der Haushaltsführung der Organisation;
(g) Zuweisung von Angelegenheiten, die in ihren Aufgabenbereich fallen, an den Rat, die Ausschüsse oder andere Organe nach ihrem Ermessen;
(h) Übertragung von Rechten und Befugnissen an den Rat, die zur Erfüllung der Aufgaben der Organisation erforderlich oder wünschenswert sind, Widerruf oder Abänderung dieser Übertragung von Vollmachten zu jeder Zeit;
(i) Durchführung der in Betracht kommenden Bestimmungen des Kapitels XIII;
(j) Beratung von Vorschlägen zur Änderung oder Ergänzung der Bestimmungen dieses Abkommens und, wenn sie ihnen zustimmt, deren Empfehlung an die Vertragsstaaten in Übereinstimmung mit den Bestimmungen des Kapitels XXI;
(k) Behandlung aller Fragen, die in den Aufgabenbereich der Organisation fallen und nicht ausdrücklich dem Rat zugewiesen sind.

Kapitel IX. Der Rat

Art. 50[2] **Zusammensetzung und Wahl des Rats.** (a) Der Rat ist ein ständiges Organ, das der Versammlung verantwortlich ist. Er setzt sich aus 40 Vertragsstaaten zusammen, die von der Versammlung gewählt werden. Die Wahl findet bei der ersten Tagung der Versammlung statt und danach alle drei Jahre; die so gewählten Mitglieder des Rats bleiben bis zur nächsten Wahl im Amt.

(b) Bei der Wahl der Mitglieder des Rats wird die Versammlung folgenden Staaten eine angemessene Vertretung einräumen:

---

[1] Art. 49 geänd. durch Prot. v. 14.6.1954, in Kraft getreten für Deutschland am 27.4. 1959 (BGBl. 1959 II S. 987).

[2] Art. 50 (a) S. 2 zuletzt geänd. (Erhöhung der Mitgliederzahl von 36 auf 40) durch Prot. v. 6.10.2016, dem Deutschland zwar bereits zugestimmt hat (BGBl. 2018 II S. 306), das aber noch nicht in Kraft getreten ist (vgl. Art. 94 (a) der Konvention).

1) den im Luftverkehr besonders wichtigen Staaten,
2) den nicht bereits anderweitig vertretenen Staaten, die den größten Beitrag für die Vorhaltung von Einrichtungen für die internationale Zivilluftfahrt leisten,
3) den nicht bereits anderweitig vertretenen Staaten, deren Mitgliedschaft dafür Gewähr bietet, daß alle wichtigen geographischen Gebiete der Welt im Rat vertreten sind. Jede unbesetzte Stelle im Rat ist durch die Versammlung so bald wie möglich zu besetzen; jeder auf diese Weise in den Rat gewählte Vertretungsstaat übt sein Amt während des noch nicht abgelaufenen Teils der Amtszeit seines Vorgängers aus.

(c) Ein Vertreter eines Vertragssstaats im Rat darf nicht aktiv mit dem Betrieb eines internatioinalen Fluglininendienstes verbunden oder finanziell an ihm beteiligt sein.

Art. 51 Der Präsident des Rats. Der Rat wählt seinen Präsidenten für eine Amtsdauer von drei Jahren. Der Präsident kann wiedergewählt werden. Er hat kein Stimmrecht. Der Rat wählt aus seinen Mitgliedern einen oder mehrere Vizepräsidenten, die ihr Stimmrecht behalten, wenn sie das Amt des Präsidenten ausüben. Der Präsident braucht nicht aus den Vertretern der Mitglieder des Rats gewählt zu werden, wird jedoch ein Vertreter zum Präsidenten gewählt, so gilt sein Sitz als unbesetzt und ist von dem Staat, dessen Vertreter er war, neu zu besetzen. Die Pflichten des Präsidenten sind

(a) die Sitzungen des Rats, des Luftverkehrsausschusses (Air Transport Committee) und der Luftfahrtkommission (Air Navigation Commission) einzuberufen;
(b) den Rat zu vertreten, und
(c) im Namen des Rats die Aufgben durchzuführen, die ihm der Rat zuweist.

Art. 52 Abstimmungen im Rat. Beschlüsse des Rats bedürfen der Zustimmung der Mehrheit seiner Mitglieder. Der Rat kann Befugnisse hinsichtlich einer bestimmten Angelegenheit einem aus Mitgliedern des Rats bestehenden Ausschuß übertragen. Gegen die Beschlüsse eines Ausschusses des Rats kann jeder interessierte Vertragsstaat beim Rat Berufung einlegen.

Art. 53 Teilnahme ohne Stimmrecht. Jeder Vertragsstaat kann ohne Stimmrecht an den Beratungen des Rats, seiner Ausschüsse und Kommissionen über alle Fragen teilnehmen, die seine Interessen besonders berühren. Kein Mitglied des Rats darf bei Beratungen des Rats über einen Streitfall, in dem es Partei ist, abstimmen.

Art. 54 Für den Rat verbindliche Aufgaben. Der Rat hat
(a) der Versammlung jährliche Berichte vorzulegen;

(b) die Anweisungen der Versammlung auszuführen und die Pflichten und Obliegenheiten zu erfüllen, die ihm durch dieses Abkommen auferlegt sind;
(c) seine Organisaiton und Geschäftsordnung zu bestimmen;
(d) einen Luftverkehrsausschuß (Air Transport Committee) einzusetzen, der aus den Vertretern der Mitglieder des Rats gewählt und diesem verantwortlich ist, und dessen Pflichten zu bezeichnen;
(e) eine Luftfahrtkommission (Air Navigation Commission) in Übereinstimmung mit den Bestimmungen des Kapitels X zu errichten;
(f) die Finanzen der Organisation in Übereinstimmung mit den Bestimmungen der Kapitel XII und XV zu verwalten;
(g) die Bezüge des Präsidenten des Rats zu bestimmen;
(h) einen obersten Exekutivbeamten zu ernennen, der die Bezeichnung Generalsekretär führt, und Vorsorge für die Ernennung des sonst erforderlichen Personals in Übeinstimmung mit den Vorschriften des Kapitels XI zu treffen;
(i) Auskünfte über die Fortschritte der Luftfahrt und den Betrieb des internationalen Fluglinienverkehrs einschließlich von Auskünften über die Betriebskosten und Einzelheiten über die den Luftverkehrsunternehmen aus öffentlichen Mitteln gewährten Zuschüsse einzuholen, zu sammeln, zu prüfen und zu veröffentlichen;
(j) den Vertragsstaaten über jede Verletzung dieses Abkommens sowie über jede Nichterfüllung von Empfehlungen oder Entschließungen des Rats zu berichten;
(k) der Versammlung über jede Verletzung dieses Abkommens zu berichten, wenn ein Vertragsstaat es unterlassen hat, innerhalb einer angemessenen Frist nach Hinweis auf die Verletzung geeignete Maßnahmen zu treffen;
(l) in Übreinstimmung mit den Bestimmungen des Kapitels VI dieses Abkommens internationale Richtlinien und Empfehlungen anzunehmen; sie aus Zweckmäßigkeitsgründen zu Anhängen dieses Abkommens zu bestimmen und alle Vertragsstaaten über das Veranlaßte zu unterrichten;
(m) Empfehlungen der Luftfahrtkommission zur Ergänzung der Anhänge zu beraten und in Übereinstimmung mit den Bestimmungen des Kapitels XX die erforderlichen Maßnahmen zu treffen;
(n) alle das Abkommen betreffenden Angelegenheiten zu beraten, die ihm von einem Vertragsstaat vorgelegt werden.

Art. 55 Dem Belieben des Rats überlassene Aufgaben. Der Rat kann

(a) soweit es zweckmäßig und auf Grund von Erfahrungen wünschenswert ist, nachgeordnete Luftverkehrsausschüsse auf regionaler oder anderer Grundlage einrichten und Gruppen von Staaten oder Luftverkehrsunternehmen bestimmen, mit denen oder durch die er verhandelt, um die Verwirklichung der Ziele dieses Abkommens zu erleichtern;

(b) der Luftfahrtkommission zusätzlich zu den in diesem Abkommen erwähnten Aufgaben weitere übertragen und diese Übertragung von Befugnissen jederzeit widerrufen oder abändern;
(c) auf allen Sachgebieten des Luftverkehrs und der Luftfahrt, die von internationaler Bedeutung sind, Forschung betreiben, Ergebnisse seiner Forschungen den Vertragsstaaten mitteilen und den Austausch von Auskünften über Angelegenheiten des Luftverkehrs und der Luftfahrt zwischen Vertragsstaaten erleichtern;
(d) alle Fragen prüfen, welche die Organisation und den Betrieb des internationalen Luftverkehrs betreffen, einschließlich der internationalen Eigentumsverhältnisse und des Betriebs von internationalem Fluglinienverkehr auf Hauptstrecken, und der Versammlung diesbezügliche Pläne vorlegen;
(e) auf Antrag eines Vertragsstaats jede Sachlage untersuchen, die vermeidbare Hindernisse für die Entwicklung der internationalen Luftfahrt zu enthalten scheint, und nach einer solchen Untersuchung die ihm wünschenswert erscheinenden Berichte herauszugeben.

Kapitel X. Die Luftfahrtkommission

Art. 56[1] Namhaftmachung und Ernennung der Kommissionsmitglieder. Die Luftfahrtkommission setzt sich aus einundzwanzig Mitgliedern zusammen, die vom Rat aus den von den Vertragsstaaten vorgeschlagenen Pesonen ernannt werden. Diese Personen müssen die erforderliche Befähigung über und Erfahrung in Theorie und Praxis der Luftfahrt verfügen. Der Rat ersucht alle Vertragsstaaten, ihm Benennungen vorzulegen. Der Präsident der Luftfahrtkommission wird vom Rat ernannt.

Art. 57 Aufgaben der Kommission. Die Luftfahrtkommission hat
(a) Änderungen der Anhänge dieses Abkommens zu beraten und dem Rat zur Annahme zu empfehlen;
(b) Technische Unterausschüsse einzurichten, in denen jeder Vertragsstaat auf Wunsch vertreten sein kann;
(c) den Rat bei der Sammlung aller Auskünfte, die sie zur Förderung der Luftfahrt für notwendig und nützlich hält, sowie bei deren Übermittlung an die Vertragsstaaten zu beraten.

Kapitel XI. Personal

Art. 58 Anstellung des Personals. Vorbehaltlich der von der Versammlung festgesetzten Regeln und der Bestimmungen dieses Abkommens bestimmt der Rat das Verfahren bei Anstellung und Entlassung, die Ausbildung, die Besoldung, die Vergütungen und die Arbeitsbedin-

[1] Art. 56 zuletzt geänd. (Erhöhung der Mitgliederzahl von 19 auf 21) durch Prot. v. 6.10.2016, dem Deutschland zwar bereits zugestimmt hat (BGBl. 2018 II S. 306), das aber noch nicht in Kraft getreten ist (vgl. Art. 94 (a) der Konvention).

gungen des Generalsekretärs und des sonstigen Personals der Organisation; er kann Staatsangehörige eines jeden Vertragsstaats anstellen oder ihre Dienste in Anspruch nehmen.

Art. 59 Internationaler Charakter des Personals. Der Präsident des Rats, der Generalsekretär und das sonstige Pesonal dürfen hinsichtlich der Wahrnehmung ihrer Aufgaben bei einer Stelle außerhalb der Organisation weder Anweisungen erbitten noch entgegennehmen. Jeder Vertragsstaat verpflichtet sich, den internationalen Charakter der Aufgaben des Personals in jeder Beziehung zu achten und nicht zu versuchen, seine Staatsangehörigen bei der Wahrnehmung ihrer Aufgaben zu beeinflussen.

Art. 60 Befreiungen und Vorrechte des Personals. Jeder Vertragsstaat verpflichtet sich, soweit es nach seinen verfassungsrechtlichen Bestimmungen möglich ist, dem Präsidenten des Rats, dem Generalsekretär und dem sonstigen Personal der Organisation die Befreiungen und Vorrechte zu gewähren, die dem entsprechenden Personal anderer öffentlicher internationaler Organisationen gewährt werden. Falls eine allgemeine internationale Vereinbarung über die Befreiungen und Vorrechte des internationalen Verwaltungspersonals zustande kommt, sind die dem Präsidenten des Rats, dem Generalsekretär und dem sonstigen Personal der Organisation gewährten Befreiungen und Vorrechte die gleichen wie die durch diese allgemeine internationale Vereinbarung gewährten.

Kapitel XII. Finanzen

Art. 61[1] **Haushalt und Verteilung der Ausgaben.** Der Rat legt der Versammlung Jahreshaushalte, jährliche Rechnungsabschlüsse und Voranschläge über alle Einnahmen und Ausgaben vor. Die Versammlung genehmigt die Haushalte mit den ihr erforderlich erscheinenden Änderungen und teilt die Ausgaben der Organisation auf die Vertragsstaaten in einem Verhältnis auf, das sie jeweils bestimmt; ausgenommen sind die in Kapitel XV vorgesehenen Umlagen auf damit einverstandene Staaten.

Art. 62 Zeitweilige Aufhebung des Stimmrechts. Unterläßt es ein Vertragsstaat, innerhalb einer angemessenen Frist seine finanziellen Verpflichtungen gegenüber der Organisation zu erfüllen, kann die Versammlung sein Stimmrecht in der Versammlung und im Rat zeitweilig aufheben.

Art. 63 Ausgaben von Delegation und anderen Vertretern. Jeder Vertragsstaat trägt die Ausgaben seiner eigenen Delegation bei der Versammlung und die Vergütungen, Reisekosten und anderen Ausgaben aller von ihm in den Rat entsandten Personen, und seiner Beauf-

---

[1] Art. 61 geänd. durch Prot. v. 14.6.1954, in Kraft getreten für Deutschland am 27.4. 1959 (BGBl. 1959 II S. 987).

tragten oder Vertreter in den Ausschüssen oder Kommissionen der Organisation.

Kapitel XIII. Andere internationale Übereinkommen

Art. 64 Sicherheitsübereinkommen. Die Organisation kann auf Beschluß der Versammlung hinsichtlich der in ihrer Zuständigkeit liegenden Luftfahrtangelegenheiten, welche die Weltsicherheit unmittelbar berühren, mit allen allgemeinen Organisationen, die von den Staaten der Welt zur Erhaltung des Friedens geschaffen sind, geeignete Übereinkommen treffen.

Art. 65 Übereinkommen mit anderen internationalen Organen. Der Rat kann im Namen der Organisation mit anderen internationalen Organen Vereinbarungen über die Unterhaltung gemeinsamer Dienste und über gemeinsame Übereinkommen hinsichtlich des Personals abschließen und mit Zustimmung der Versammlung sonstige Übereinkommen treffen, welche die Arbeit der Organisation erleichtern.[1]

Art. 66 Aufgaben in bezug auf andere Vereinbarungen. (a) Die Organisation übt auch die Aufgaben aus, die ihr durch die am 7. Dezember 1944 in Chikago abgefaßte Vereinbarung über den Durchflug im internationalen Fluglinienverkehr und die Vereinbarung über den internationalen Luftverkehr übertragen worden sind, in Übereinstimmung mit den darin enthaltenen Bestimmungen und Bedingungen.

(b) Mitglieder der Versammlung und des Rats, welche die am 7. Dezember 1944 in Chikago abgefaßte Vereinbarung über den Durchflug im internationalen Fluglinienverkehr und über den internationalen Luftverkehr nicht angenommen haben, dürfen nicht über Fragen abstimmen, die nach den Bestimmungen der betreffenden Vereinbarung der Versammlung oder dem Rat vorgelegt werden.

TEIL III. Internationaler Luftverkehr

Kapitel XIV. Auskünfte und Berichte

Art. 67 Berichterstattung an den Rat. Jeder Vertragsstaat verpflichtet sich, seine Unternehmen für internationalen Luftverkehr anzuhalten, *dem Rat nach den von ihm festgelegten Anforderungen* Verkehrsberichte, Kostenstatistiken und finanzielle Aufstellungen einzureichen, die u. a. alle Einnahmen und deren Quellen angeben.

---

[1] Vgl. die Kooperationsvereinbarung zwischen der Europäischen Union und der Internationalen Zivilluftfahrt-Organisation zur Schaffung eines Rahmens für die verstärkte Zusammenarbeit v. 9. 9. 2011 (ABl. Nr. L 232/2), vgl. auch die Beschlüsse des Gemeinsamen Ausschusses EU/ICAO (ABl. 2013 Nr. L 172/45 und 49).

Kapitel XV. Flughäfen und sonstige Luftfahrteinrichtungen

Art. 68 Bezeichnung von Strecken und Flughäfen. Jeder Vertragsstaat kann vorbehaltlich der Bestimmungen dieses Abkommens die Strecken bezeichnen, die der internationale Fluglinienverkehr innerhalb seines Hoheitsgebiets einzuhalten hat, sowie die Flughäfen, die ein solcher Verkehr benutzen darf.

Art. 69 Verbesserung von Luftfahrteinrichtungen. Ist der Rat der Ansicht, daß die Flughäfen oder sonstige Luftfahrteinrichtungen eines Vertragsstaats einschließlich des Funk- und Wetterdienstes nach vernünftigem Ermessen für einen sicheren, regelmäßigen, leistungsfähigen und wirtschaftlichen Betrieb des bestehenden oder geplanten internationalen Fluglinienverkehrs nicht genügen, so wird der Rat mit dem unmittelbar beteiligten Staat und den anderen betroffenen Staaten Beratungen aufnehmen, um Mittel ausfindig zu machen, durch die diesem Zustand abgeholfen werden kann; zu diesem Zwecke kann er Empfehlungen erteilen. Ein Vertragsstaat macht sich keiner Verletzung dieses Abkommens schuldig, wenn er es unterläßt, diese Empfehlungen durchzuführen.

Art. 70 Finanzierung von Luftfahrteinrichtungen. Ein Vertragsstaat kann bei Vorliegen der Voraussetzungen des Artikels 69 mit dem Rat ein Übereinkommen zur Durchführung der entsprechenden Empfehlungen treffen. Der Staat kann sich dazu entschließen, alle mit einem solchen Übereinkommen verbundenen Kosten zu tragen. Entschließt der Staat sich nicht dazu, so kann der Rat auf Ersuchen des Staates sich bereit erklären, die Kosten ganz oder teilweise zu übernehmen.

Art. 71 Bereitstellung und Instandhaltung von Einrichtungen durch den Rat. Der Rat kann sich auf Ersuchen eines Vertragsstaats damit einverstanden erklären, einen, mehrere oder alle Flughäfen und sonstige Luftfahrteinrichtungen einschließlich des Funk- und Wetterdienstes, die in dessen Hoheitsgebiet für den sicheren, regelmäßigen, leistungsfähigen und wirtschaftlichen Betrieb des internationalen Fluglinienvekehrs der anderen Vertragsstaaten erforderlich sind, bereitzustellen, mit Personal zu besetzen, instandzuhalten und zu verwalten. Er kann gerechte und angemessene Gebühren für die Benutzung der bereitgestellten Einrichtungen festsetzen.

Art. 72 Erwerb oder Benutzung von Land. Wird für Einrichtungen, die der Rat auf Ersuchen eines Vertragsstaats ganz oder teilweise finanziert, Land benötigt, so stellt dieser Staat entweder das Land selbst zur Verfügung – falls er es wünscht, unter Vorbehalt der darauf bezüglichen Rechtstitel – oder erleichtert die Benutzung des Landes durch den Rat unter gerechten und angemessenen Bedingungen und in Übereinstimmung mit seinen eigenen Gesetzen.

Art. 73 Ausgaben und Umlegung der benötigten Mittel. Laufende Ausgaben für die Zwecke dieses Kapitels kann der Rat in Höhe der Mittel, welche die Versammlung dem Rat gemäß Kapitel XII zur Verfügung stellt, aus den allgemeinen Mitteln der Organisation bestreiten. Der Rat legt die Kapitalmittel, die für die Zwecke dieses

(Fortsetzung nächstes Blatt)

Kapitels erforderlich sind, in vorher vereinbarten Anteilen für einen angemessenen Zeitraum auf die damit einverstandenen Vertragsstaaten um, deren Luftverkehrsunternehmen die Einrichtungen benutzen. Der Rat kann auch erforderliche Betriebsmittel auf die damit einverstandenen Staaten umlegen.

Art. 74 Technischer Beistand und Verwendung der Einnahmen. Streckt der Rat auf Ersuchen eines Vertragsstaats Mittel vor oder stellt er Flughäfen oder andere Einrichtungen ganz oder teilweise bereit, so kann mit dem Einverständnis dieses Staates das diesbezügliche Übereinkommen technischen Beistand für die Überwachung und den Betrieb der Flughäfen und anderen Einrichtungen vorsehen; es kann ferner vorsehen, daß die Betriebskosten der Flughäfen und anderen Einrichtungen, die Zinsen und Amortisationen aus den Einnahmen bezahlt werden, die aus dem Betrieb der Flughäfen und sonstigen Einrichtungen herrühren.

Art. 75 Übernahme von Einrichtungen des Rats. Ein Vertragsstaat kann jederzeit eine Verpflichtung, die er gemäß Artikel 70 eingegangen ist, ablösen und Flughäfen und andere Einrichtungen, die der Rat in seinem Hoheitsgebiet gemäß den Bestimmungen der Artikel 71 und 72 bereitgestellt hat, selbst übernehmen, indem er an den Rat einen Betrag zahlt, der nach Ansicht des Rats den Umständen angemessen ist. Hält der Staat den von dem Rat festgesetzten Betrag nicht für angemessen, so kann er gegen die Entscheidung des Rats bei der Versammlung Berufung einlegen; die Versammlung kann die Entscheidung des Rats bestätigen oder ändern.

Art. 76 Rückzahlung von Mitteln. Mittel, die der Rat durch Rückzahlungen gemäß Artikel 75 und aus Zins- und Amortisationszahlungen gemäß Artikel 74 erhält, werden, falls es sich um ursprünglich gemäß Artikel 73 von Staaten geleistete Vorschüsse handelt, diesen Staaten im Verhältnis der ihnen durch den Rat ursprünglich auferlegten Umlagen zurückerstattet.

Kapitel XVI. Gemeinsame Betriebsformen und Poolbetriebe

Art. 77 Zulässige gemeisame Betriebsformen. Keine Bestimmung dieses Abkommens hindert zwei oder mehr Vertragsstaaten, Betriebsgemeinschaften für den Luftverkehr oder internationale Betriebsstellen zu bilden oder ihre Luftverkehrsunternehmen auf beliebigen Strecken oder in beliebigen Gebieten zu poolen; solche Betriebsgemeinschaften oder -stellen und solche Poolbetriebe unterliegen jedoch allen Bestimmungen dieses Abkommens einschließlich derjenigen über die Registrierung von Vereinbarungen bei dem Rat. Der Rat bestimmt, in welcher Weise die Bestimmungen dieses Abkommens über die Staatszugehörigkeit von Luftfahrzeugen auf Luftfahrzeuge anzuwenden sind, die von internationalen Betriebsstellen eingesetzt werden.

Art. 78 Aufgabe des Rats. Der Rat kann den in Betracht kommenden Vertragsstaaten nahelegen, gemeinsame Organisationen für den Betrieb von Fluglinienverkehr auf beliebigen Strecken oder in beliebigen Gebieten zu bilden.

Art. 79 Beteiligung an Betriebsorganisationen. Ein Staat kann sich an gemeinsamen Betriebsformen oder an Pool-Übereinkommen entweder durch seine Regierung oder durch ein oder mehrere von seiner Regierung bezeichnete Luftverkehrsunternhemen beteiligen. Die Unternehmen können nach alleinigem Ermessen des in Betracht kommenden Staates ganz oder teilweise staatseigen oder privateigen sein.

TEIL IV. Schlußbestimmungen

Kapitel XVII. Sonstige Luftfahrtvereinbarungen und -übereinkommen

Art. 80 Die Abkommen von Paris und Havanna. Jeder Vertragsstaat verpflichtet sich, unmittelbar nach Inkrafttreten dieses Abkommens das zu Paris am 13. Oktober 1919 unterzeichnete Luftverkehrsabkommen oder das zu Havanna am 20. Februar 1928 unterzeichnete Abkommen über die Handelsluftfahrt zu kündigen, falls er Partei eines dieser Abkommen ist. Dieses Abkommen tritt zwischen den Vertragsstaaten an die Stelle der vorerwähnten Abkommen von Paris und Havanna.

Art. 81 Registrierung bestehender Vereinbarungen. Alle bei Inkrafttreten dieses Abkommens bestehenden Luftfahrtvereinbarungen, die zwischen einem Vertragsstaat und einem anderen Staat oder zwischen einem Luftverkehrsunternehmen eines Vertragsstaats und entweder einem anderen Staat oder dem Luftverkehrsunternehmen eines anderen Staates abgeschlossen worden sind, sind sofort beim Rat zu registrieren.

Art. 82 Aufhebung entgegenstehender Übereinkommen. Die Vertragsstaaten nehmen dieses Abkommen mit der Maßgabe an, daß es alle zwischen ihnen bestehenden Verpflichtungen und Absprachen, die mit den Bestimmungen dieses Abkommens unvereinbar sind, aufhebt und verpflichten sich, derartige Verpflichtungen oder Absprachen nicht einzugehen. Hat ein Vertagsstaat, ehe er Mitglied der Organisation wurde, gegenüber einem Nichtvertagsstaat oder einem Staatsangehörigen eines Vertragsstaats oder Nichtvertragsstaats irgendwelche mit den Bestimmungen dieses Abkommens unvereinbare Verpflichtungen übernommen, so wird er sofort Schritte unternehmen, um seine Befreiung von den Verpflichtungen herbeizuführen. Hat ein Luftverkehrsunternehmen eines Vertragsstaats derartige unvereinbare Verpflichtungen übernommen, so wird der Staat, dessen Staatszugehörigkeit es besitzt, alle erforderlichen *Anstrengungen machen*, um ihre sofortige Aufhebung herbeizuführen, und wird in jedem Fall veranlassen, daß sie aufgehoben werden, sobald dies nach dem Inkrafttreten dieses Abkommens rechtlich möglich ist.

Art. 83 Registrierung neuer Übereinkommen. Vorbehaltlich der Bestimmungen des vorhergehenden Artikels kann jeder Vertragsstaat Übereinkommen treffen, die mit den Bestimmungen dieses Abkommens vereinbar sind. Jedes derartige Übereinkommen ist sofort bei dem Rat zu registrieren, der es sobald wie möglich veröffentlicht.

Art. 83bis [1] Übertragung bestimmter Funktionen und Aufgaben. (a) Wird ein in einem Vertragsstaat eingetragenes Luftfahrzeug gemäß einer Vereinbarung über die Vermietung, das Chartern oder den Wechsel des Luftfahrzeugs oder irgendeiner andern Vereinbarung durch einen Luftfahrzeughalter betrieben, der seinen Hauptgeschäftssitz oder, ist ein solcher nicht vorhanden, seinen Hauptwohnsitz in einem anderen Vertragsstaat hat, kann der Eintragungsstaat unbeschadet von Artikel 12, 30, 31 und 32 (a) diesem anderen Staat durch Übereinkunft die Funktionen und Aufgaben des Eintragungsstaates nach Artikel 12, 30, 31 und 32 (a) entweder ganz oder teilweise für dieses Luftfahrzeug übertragen. Der Eintragungsstaat wird von der Zuständigkeit für die übertragenen Funktionen und Aufgaben entbunden.

(b) Die Übertragung wird für andere Vertragsstaaten erst wirksam, wenn entweder die Vereinbarung zwischen den betreffenden Staaten, in der diese Übertragung festgelegt wird, beim Rat registriert und gemäß Artikel 83 veröffentlicht wurde, oder wenn das Bestehen und der Umfang der Vereinbarung den Behörden des (der) andern Vertragsstaates (Vertragsstaaten) durch einen Vertragsstaat dieses Abkommens mitgeteilt wurden.

(c) Die Bestimmungen der Absätze a und b oben gelten auch für Fälle gemäß Artikel 77.

Kapitel XVIII. Streitigkeiten und Nichterfüllung von Verpflichtungen

Art. 84 Schlichtung von Streitigkeiten. Kann eine Meinungsverschiedenheit zwischen zwei oder mehr Vertragsstaaten über die Auslegung oder Anwendung dieses Abkommens und seiner Anhänge nicht auf dem Verhandlungswege beigelegt werden, so wird auf Ersuchen eines in die Meinungsverschiedenheit verwickelten Staates der Rat eine Entscheidung treffen. Bei der Beratung eines Streitfalles durch den Rat darf ein daran beteiligtes Ratsmitglied nicht abstimmen. Jeder Vertragsstaat kann vorbehaltlich des Artikels 85 gegen die Entscheidung des Rats bei einem eigens hierfür gebildeten Schiedsgericht, auf das sich die an dem Streitfall beteiligten Parteien geeinigt haben, oder bei dem Ständigen In-

---

[1] Art. 83bis eingef. durch Prot. v. 6.10.1980, in Kraft getreten für Deutschland am 20.6.1997 (BGBl. 1997 II S. 1777). Vgl. hierzu auch die dt.-ital. Durchführungsvereinbarung v. 18.7.2007 (Bek. v. 18.12.2008, BGBl. II S. 63); die dt.-österr. Durchführungsvereinbarung v. 28.6.2016 (Bek. v. 9.2.2017, BGBl. II S. 189); die dt. portug. Durchführungsvereinbarung v. 20.7.2011 (Bek. im BGBl. offensichtlich nicht erfolgt, vgl. aber: https://www.lba.de/DE/Betrieb/Genehmigungen/83bis/ICAO_Portugal.html); die dt.-dän. Durchführungsvereinbarung v. 26.9.2012 (Bek. v. 14.11.2012, BGBl. II S. 1539); die dt-schwed. Durchführungsvereinbarung v. 3.11.2010 (Bek. v. 13.12.2010, BGBl. II 2011 S. 12); sowie die dt.-span. Durchführungsvereinbarung v. 17.12.2010, (Bek. v. 4.2.2011, BGBl. II S. 232).

ternationalen Gerichtshof Berufung einlegen. Jede derartige Berufung ist dem Rat innerhalb von sechzig Tagen nach Eingang der Mitteilung über die Entscheidung des Rats anzuzeigen.

Art. 85 Schiedsgerichtsverfahren. Hat ein Vertragsstaat, der an einem Streitfall beteiligt ist, in dem gegen die Entscheidung des Rats Berufung eingelegt worden ist, die Satzung des Ständigen Internationalen Gerichtshofes nicht angenommen und können die an dem Streitfall beteiligten Vertragsstaaten sich über die Wahl des Schiedsgerichts nicht einigen, so benennt jeder der streitenden Vertragsstaaten einen Schiedsrichter, die ihrerseits einen Schiedsrichterobmann benennen. Unterläßt es einer der an dem Streitfall beteiligten Vertragsstaaten, innerhalb von drei Monaten nach dem Tag der Einlegung der Berufung einen Schiedsrichter zu benennen, so wird der Schiedsrichter im Namen dieses Staates durch den Präsidenten des Rats aus einer von dem Rat geführten Liste geeigneter und verfügbarer Persönlichkeiten benannt. Können sich die Schiedsrichter innerhalb von dreißig Tagen nicht auf einen Schiedsrichterobmann einigen, so wird dieser aus der oben erwähnten Liste durch den Präsidenten des Rats bestimmt. Die Schiedsrichter und der Schiedsrichterobmann bilden dann zusammen ein Schiedsgericht. Jedes nach diesem oder dem vorstehenden Artikel gebildete Schiedsgericht bestimmt seine eigenen Verfahrensvorschriften und trifft seine Entscheidungen mit Stimmenmehrheit, wobei jedoch der Rat Verfahrensfragen entscheiden kann, wenn nach seiner Ansicht eine übermäßige Verzögerung vorliegt.

Art. 86 Berufungen. Soweit der Rat nicht anders entscheidet, bleibt jede Entscheidung des Rats darüber, ob ein Unternehmen für den internationalen Luftverkehr in Übereinstimmung mit den Bestimmungen dieses Abkommens betrieben wird, wirksam, bis sie auf Berufung aufgehoben wird. In allen anderen Angelegenheiten bleiben Entscheidungen des Rats, wenn Berufung eingelegt wird, ausgesetzt, bis über die Berufung entschieden ist. Die Entscheidungen des Ständigen Internationalen Gerichtshofs und eines Schiedsgerichts sind endgültig und bindend.

Art. 87 Strafmaßnahmen bei Verstößen durch Luftfahrtunternehmen. Jeder Vertragsstaat verpflichtet sich, den Betrieb eines Luftverkehrsunternehmens eines Vertragsstaats durch den Luftraum über seinem Hoheitsgebiet nicht zuzulassen, wenn der Rat entschieden hat, daß das betreffende Unternehmen eine endgültige Entscheidung, die in Übereinstimmung mit dem vorstehenden Artikel ergangen ist, nicht befolgt.

Art. 88 Strafmaßnahmen bei Verstößen durch Staaten. Wird festgestellt, daß ein Vertragsstaat die Bestimmungen dieses Kapitels nicht einhält, so hebt die Versammlung sein Stimmrecht in der Versammlung und im Rat zeitweilig auf.

Kapitel XIX. Krieg

Art. 89 Krieg und Notstand. Im Falle eines Krieges berühren die Bestimmungen diese Abkommens nicht die Handlungsfreiheit betroffener Vertragsstaaten, sei es als Kriegsführende oder als Neutrale. Der gleiche Grundsatz gilt für den Fall, daß ein Vertragsstaat den nationalen Notstand erklärt und diese Tatsache dem Rat anzeigt.

Kapitel XX. Anhänge

Art. 90 Annahme und Änderung der Anhänge. (a) Die Annahme der in Artikel 54 Buchstabe (l) erwähnten Anhänge durch den Rat erfordert eine Zweidrittel-Mehrheit der Stimmen des Rats auf einer zu diesem Zweck einberufenen Sitzung und ist sodann durch den Rat jedem Vertragsstaat vorzulegen. Jeder Anhang und jede Änderung eines Anhangs werden innerhalb von drei Monaten nach Vorlage bei den Vertragsstaaten oder nach Ablauf eines von dem Rat festgelegten längeren Zeitraums wirksam, es sei denn, daß inzwischen die Mehrheit der Vertragsstaaten dem Rat ihre Ablehnung mitgeteilt hat.

(b) Der Rat zeigt das Inkrafttreten eines Anhangs oder einer Änderung eines solchen unverzüglich allen Vertragsstaaten an.

Kapitel XXI. Ratifizierung, Beitritte, Änderungen und Kündigungen

Art. 91 Ratifizierung des Abkommens. (a) Dieses Abkommen bedarf der Ratifizierung durch die Unterzeichner-Staaten. Die Ratifikationsurkunden werden im Archiv der Regierung der Vereinigten Staaten von Amerika hinterlegt, die jedem Unterzeichner-Staat und jedem beigetretenen Staat das Datum der Hinterlegung anzeigt.

(b) Sobald sechsundzwanzig Staaten dieses Abkommen ratifziert haben oder ihm beigetreten sind, tritt es zwischen ihnen am dreißigsten Tag nach Hinterlegung der sechsundzwanzigsten Urkunde in Kraft. Für jeden später ratifzierenden Staat tritt es am dreißigsten Tag nach Hintelegung seiner Ratifikationsurkunde in Kraft.

(c) Die Regierung der Vereinigten Staaten von Amerika ist verpflichtet, der Regierung eines jeden Unterzeichner-Staates und beigetretenen Staates das Datum, an dem dieses Abkommen in Kraft tritt, anzuzeigen.

Art. 92 Beitritt zum Abkommen. (a) Dieses Abkommen steht den Mitgliedern der Vereinten Nationen und den mit ihnen verbundenen Staaten und den Staaten, die während des gegenwärtigen Weltkrieges neutral geblieben sind, zum Beitritt offen.

(b) Der Bietritt erfolgt durch eine Anzeige an die Regierung der Vereinigten Staaten von Amerika und wird mit dem dreißigsten Tage nach Empfang der Mitteilung bei der Regierung der Vereinigten Staaten von Amerika wirksam. Diese gibt allen Vertragsstaaten davon Kenntnis.

Art. 93 Zulassung anderer Staaten. Andere als die in Artikel 91 und 92 vorgesehenen Staaten können, vorbehaltlich der Zustimmung einer von den Staaten der Welt zur Aufrechterhaltung des Friedens geschaffenen allgemeinen internationalen Organisation, mit Vierfünftel-Mehrheit der Stimmen der Versammlung und unter den von der Versammlung vorgeschriebenen Bedingungen zur Teilnahme an diesem Abkommen zugelassen werden; in jedem Falle ist jedoch die Zustimmung eines jeden Staates erforderlich, der im gegenwärtigen Krieg von dem um Zulassung nachsuchenden Staat überfallen oder angegriffen wurde.

Art. 94 Änderung des Abkommens. (a) Jede vorgeschlagene Änderung dieses Abkommens muß von einer Zweidrittel-Mehrheit der Versammlung gebilligt werden. Sie tritt für die Staaten, die die Änderung ratifiziert haben, in Kraft, sobald sie von der durch die Versammlung festgesetzten Anzahl von Vertragsstaaten ratifziert worden ist. Die so festgesetzte Anzahl muß mindestens zwei Drittel der Gesamtzahl der Vertragsstaaten betragen.

(b) Wenn nach Ansicht der Versammlung die Art der Änderung eine solche Maßnahme rechtfertigt, kann die Versammlung in ihrer die Annahme empfehlenden Entschließung bestimmen, daß jeder Staat, der die Änderung innerhalb einer bestimmten Frist nach ihrem Inkrafttreten nicht ratifiziert hat, aufhört, Mitglied der Organisation und Vertragspartei des Abkommens zu sein.

Art. 95 Kündigung des Abkommens. (a) Jeder Vertragsstaat kann dieses Abkommen drei Jahre nach Inkrafttreten durch Anzeige an die Regierung der Vereinigten Staaten von Amerika kündigen. Diese unterrichtet unverzüglich alle Vertrgsstaaten.

(b) Die Kündigung wird ein Jahr nach Eingang der Anzeige wirksam und gilt nur bezüglich des kündigenden Staates.

Kapitel XXII. Begriffsbestimmungen

Art. 96 Begriffsbestimmungen. Im Sinne dieses Abkommens bedeutet der Ausdruck

(a) „Fluglinienverkehr" jeden planmäßigen Luftverkehr, der von Luftfahrtzeugen für die öffentliche Beförderung von Fluggästen, Post oder Fracht durchgeführt wird.

(b) „Internationaler Fluglinienverkehr" einen Luftverkehr, der durch den Luftraum über dem Hoheitsgebiet von mehr als einem Staate erfolgt.

(c) „Luftverkehrsunternehmen" jedes Luftbeförderungsunternehmen, das einen internationalen Fluglinienverkehr anbietet oder betreibt.

(d) „Landung zu nicht gewerblichen Zwecken" eine Landung zu jedem anderen Zweck als zum Aufnehmen oder Absetzen von Fluggästen, Fracht oder Post.

Unterzeichnung des Abkommens

ZU URKUND DESSEN unterschreiben die unterzeichneten hierzu gehörig beglaubigten Bevollmächtigten dieses Abkommen im Namen ihrer Regierungen an den neben ihren Unterschriften vermerkten Daten.

GESCHEHEN[1] zu Chicago am 7. Dezember 1944 in englischer Sprache. Der Wortlaut dieses Abkommens in englischer, französischer, russischer und spanischer Sprache ist gleichermaßen verbindlich. Diese Wortlaute werden im Archiv der Regierung der Vereinigten Staaten von Amerika hinterlegt; diese Regierung übermittelt den Regierungen aller Staaten, die das Abkommen unterzeichnen oder ihm beitreten, beglaubigte Abschriften. Dieses Abkommen wird in Washington, D. C., zur Unterzeichnung aufgelegt.

---

[1] Geschehensvermerk geänd. durch Prot. v. 30. 9. 1977, in Kraft getreten für Deutschland am 17. 8. 1999 (Bek. v. 26. 2. 2004, BGBl. II S. 759).

400. Vereinbarung über den Durchflug im internationalen Fluglinienverkehr[1), 2)]

Vom 7. Dezember 1944

(BGBl. 1956 II S. 442)

DIE MITGLIEDSTAATEN der Internationalen Zivilluftfahrt-Organisation, welche diese Vereinbarung über den Durchflug im Internationalen Fluglinienverkehr unterzeichnen und annehmen, ERKLÄREN FOLGENDES:

Art. I. Abschnitt 1 [Gewährung von Freiheit der Luft] Jeder Vertragsstaat gewährt den anderen Vertragsstaaten im planmäßigen internationalen Fluglinienverkehr folgende Freiheiten der Luft:

1. das Recht, sein Hoheitsgebiet ohne Landung zu überfliegen;
2. das Recht, zu nicht-gewerblichen Zwecken zu landen.

Die in diesem Abschnitt gewährten Rechte finden keine Anwendung auf Flughäfen, die unter Ausschluß jedes planmäßigen internationalen Fluglinienverkehrs zu militärischen Zwecken benutzt werden. Die Ausübung dieser Rechte in Gebieten, in denen offene Feindseligkeiten stattfinden oder die militärisch besetzt sind, und in Kriegszeiten längs der Nachschubwege zu diesen Gebieten, ist von der Zustimmung der zuständigen militärischen Behörden abhängig.

Abschnitt 2 [Ausübung der Rechte in Übereinstimmung mit weiteren Übereinkommen] Die genannten Rechte werden in Übereinstimmung mit der Vorläufigen Vereinbarung über die Internationale Zivilluftfahrt und nach Inkrafttreten des Abkommens über die Internationale Zivilluftfahrt, beide am 7. Dezember 1944 in Chikago abgefaßt, in Übereinstimmung mit diesem ausgeübt.

Abschnitt 3 [Recht auf Verkehrsdienste bei Gewährung von Landungen] Ein Vertragsstaat, der den Luftverkehrsunternehmen eines anderen Vertragsstaats das Recht zu nicht-gewerblichen Landungen gewährt, kann von diesem Luftverkehrsunternehmen verlangen, daß sie an den Landungsorten angemessene gewerbliche Verkehrsdienste anbieten.

Ein solches Verlangen darf keine unterschiedliche Behandlung der die gleiche Strecke betreibenden Luftverkehrsunternehmen mit sich bringen, wird die Kapazität der Luftfahrzeuge berücksichtigen und derart ausgeübt werden, daß es den normalen Betrieb des betreffenden

---

1) Die Vereinbarung ist für die Bundesrepublik am 8. 6. 1956 (Bek. v. 12. 10. 1956, BGBl. II S. 934) in Kraft getreten. S. a. das G. v. 7. 4. 1956 (BGBl. II S. 411).

2) Internationale Quelle: UNTS Vol. 84 p. 389.

internationalen Fluglinienverkehrs sowie die Rechte und Verpflichtungen eines Vertragsstaats nicht benachteiligt.

Abschnitt 4 [Streckenbezeichnung; Nutzungsgebühren] Vorbehaltlich der Bestimmungen dieser Vereinbarung kann jeder Vertragsstaat

1. die Strecke bezeichnen, die innerhalb seines Hoheitsgebiets von jedem internationalen Fluglinienverkehr einzuhalten ist, sowie die Flughäfen, die von diesen benutzt werden dürfen;
2. einem Fluglinienverkehr gerechte und angemessene Gebühren für die Benutzung der Flughäfen und sonstigen Luftfahrteinrichtungen auferlegen oder ihre Auferlegung gestatten; diese Gebühren dürfen nicht höher sein als diejenigen, welche seine nationalen, in ähnlichem internationalen Fluglinienverkehr eingesetzten Luftfahrzeuge für die Benutzung dieser Flughäfen und Luftfahrteinrichtungen zu zahlen hätten. Diese Gebühren unterliegen jedoch auf Vorstellung eines beteiligten Vertragsstaats einer Nachprüfung durch den Rat der Internationalen Zivilluftfahrt-Organisation, die auf Grund des erwähnten Abkommens errichtet wird; der Rat erstattet einen Bericht und legt dem beteiligten Staat oder den beteiligten Staaten diesbezügliche Empfehlungen zu Erwägung vor.

Abschnitt 5 [Verweigerung der Genehmigung] Jeder Vertragsstaat behält sich das Recht vor, einem Luftverkehrsunternehmen eines anderen Staates ein Zeugnis oder eine Genehmigung zu verweigern oder zu widerrufen, falls ihm nicht zur Genüge dargetan ist, daß ein wesentlicher Teil des Eigentums und die tatsächliche Kontrolle in den Händen von Staatsangehörigen eines Vertragsstaats liegen, oder falls ein solches Luftverkehrsunternehmen die Gesetze des Staates, über dessen Gebiet es Luftverkehr betreibt, nicht befolgt oder seine Verpflichtungen aus dieser Vereinbarung nicht erfüllt.

Art. II. Abschnitt 1 [Abhilfemaßnahmen des Rates] Ist ein Vertragsstaat der Ansicht, daß Maßnahmen eines anderen Vertragsstaats auf Grund dieser Vereinbarung ihm Unrecht oder Härten zufügen, so kann er beim Rat beantragen, die Sachlage zu prüfen. Daraufhin untersucht der Rat die Angelegenheit und beruft die beteiligten Staaten zur Beratung ein. Gelingt es nicht, durch eine solche Beratung die Schwierigkeit zu beheben, so kann der Rat zweckdienliche Feststellungen treffen und den beteiligten Vertragsstaaten Empfehlungen erteilen. Unterläßt es danach ein beteiligter Vertragsstaat nach Ansicht des Rats ungerechtfertigterweise, geeignete Abhilfemaßnahmen zu treffen, so kann der Rat der Versammlung der erwähnten Organisationen empfehlen, die Rechte des Vertragsstaats aus dieser Vereinbarung so lange auszusetzen, bis Abhilfemaßnahmen getroffen worden sind. Die *Versammlung kann* diese Rechte mit einer Mehrheit von zwei Dritteln so lange aussetzen, wie es ihr angemessen erscheint oder bis der Rat feststellt, daß der Staat Abhilfemaßnahmen getroffen hat.

Abschnitt 2 [Meinungsverschiedenheit; Beilegung] Kann eine Meinungsverschiedenheit zwischen zwei oder mehr Vertragsstaaten über Auslegung oder Anwendung dieser Vereinbarung nicht durch Verhandlung beigelegt werden, so finden die Bestimmungen des Kapitels XVIII des erwähnten Abkommens, die sich auf Meinungsverschiedenheiten über dessen Auslegung oder Anwendung beziehen, entsprechende Anwendung.

Art. III [Inkraftsein, Kündigung] Diese Vereinbarung bleibt so lange in Kraft wie das erwähnte Abkommen; jedoch kann jeder Vertragsstaat, der Partei dieser Vereinbarung ist, sie mit einjähriger Frist durch Anzeige an die Regierung der Vereinigten Staaten von Amerika kündigen; diese unterrichtet alle anderen Vertragsstaaten unverzüglich von der Kündigung und dem Ausscheiden.

Art. IV [Vorläufige Regelungen] Bis zum Inkrafttreten des erwähnten Abkommens gelten alle darauf bezüglichen Verweisungen, abgesehen von denen des Artikels II Abschnitt 2 und des Artikels V, als Verweisungen auf die am 7. Dezember 1944 in Chikago abgefaßte Vorläufige Vereinbarung über die Internationale Zivilluftfahrt, und Verweisungen auf die Internationale Zivilluftfahrt-Organisation, die Versammlung und den Rat gelten als Verweisungen auf die Vorläufige Internationale Zivilluftfahrt-Organisation, die Vorläufige Versammlung und den Vorläufigen Rat.

Art. V [Begriff: „Hoheitsgebiet"] Im Sinne dieser Vereinbarung hat der Ausdruck „Hoheitsgebiet" die in Artikel 2 des erwähnten Abkommens festgelegte Bedeutung.

Art. VI Unterzeichnung und Annahme der Vereinbarung. Die unterzeichneten Delegierten der Internationalen Zivilluftfahrt-Konferenz, die in Chikago am 1. November 1944 zusammengetreten ist, haben ihre Unterschriften mit der Maßgabe unter diese Vereinbarung gesetzt, daß die Regierung der Vereinigten Staaten von Amerika sobald wie möglich von jeder Regierung, in deren Namen diese Vereinbarung unterzeichnet worden ist, darüber unterrichtet wird, ob diese Unterzeichnung eine Annahme der Vereinbarung durch die betreffende Regierung und eine für sie bindende Verpflichtung darstellt.

Jeder Mitgliedstaat der Internationalen Zivilluftfahrt-Organisation kann diese Vereinbarung als eine ihn bindende Verpflichtung annehmen, indem er der Regierung der Vereinigten Staaten die Annahme anzeigt; diese wird mit dem Tage des Eingangs der Anzeige bei der genannten Regierung wirksam.

Diese Vereinbarung tritt zwischen Vertragsstaaten mit ihrer Annahme durch einen jeden von ihnen in Kraft. Danach wird sie auch in bezug auf jeden weiteren Staat, welcher der Regierung der Vereinigten Staaten die Annahme anzeigt, mit dem Tage des Eingangs der Anzeige bei der genannten Regierung bindend. Die Regierung der Vereinigten

Staaten unterrichtet alle Staaten, die diese Vereinbarung unterzeichnet und angenommen haben, über den Zeitpunkt jeder Annahme dieser Vereinbarung sowie über den Zeitpunkt des Inkrafttretens für jeden Staat, der die Vereinbarung angenommen hat.

ZU URKUND DESSEN unterschreiben die unterzeichneten, hierzu gehörig beglaubigten Bevollmächtigten diese Vereinbarung im Namen ihrer Regierungen an den neben ihren Unterschriften vermerkten Daten.

GESCHEHEN ZU Chikago am 7. Dezember 1944 in englischer Sprache. Eine Fassung in Englisch, Französisch und Spanisch, die in jeder Sprache in gleicher Weise maßgebend ist, wird in Washington, D. C., zur Unterzeichnung aufgelegt. Beide Fassungen werden im Archiv der Regierung der Vereinigten Staaten von Amerika hinterlegt; diese Regierung übermittelt den Regierungen aller Staaten, die diese Vereinbarung unterzeichnen und annehmen, beglaubigte Ausfertigungen.

410. Übereinkommen zum Schutz des Kultur- und Naturerbes der Welt[1)·2)·3)]

Vom 23. November 1972

(BGBl. 1977 II S. 215)

(Übersetzung)

Die Generalkonferenz der Organisation der Vereinten Nationen für Erziehung, Wissenschaft und Kultur, die vom 17. Oktober bis 21. November 1972 in Paris zu ihrer 17. Tagung zusammengetreten ist –

im Hinblick darauf, dass das Kulturerbe und das Naturerbe zunehmend von Zerstörung bedroht sind, nicht nur durch die herkömmlichen Verfallsursachen, sondern auch durch den Wandel der sozialen und wirtschaftlichen Verhältnisse, der durch noch verhängisvollere Formen der Beschädigung oder Zerstörung die Lage verschlimmert;

in der Erwägung, dass der Verfall oder der Untergang jedes einzelnen Bestandteils des Kultur- oder Naturerbes eine beklagenswerte Schmälerung des Erbes aller Völker der Welt darstellt;

in der Erwägung, dass der Schutz dieses Erbes auf nationaler Ebene wegen der Höhe der erforderlichen Mittel und der unzureichenden wirtschaftlichen, wissenschaftlichen und technischen Hilfsquellen des Landes in dem sich das zu schützende Gut befindet, oft unvollkommen ist;

eingedenk der Tatsachen, dass die Satzung der Organisation vorsieht, daß sie Kenntnisse aufrechterhalten, vertiefen und verbreiten wird, und zwar durch Erhaltung und Schutz des Erbes der Welt sowie dadurch, daß die den beteiligten Staaten die diesbezüglich erforderlichen internationalen Übereinkünfte empfiehlt;

---

1) S. auch die (Haager) Konvention zum Schutz von Kulturgut bei bewaffneten Konflikten v. 14.5.1954 (Nr. **56**) samt ZP v. 1954 und 1999, Nr. **56a** und Nr. **56b**) sowie das am 30.11.2007 auch für Deutschland in Kraft getretene (UNESCO-)Übereinkommen über Maßnahmen zum Verbot und zur Verhütung der unzulässigen Einfuhr, Ausfuhr und Übereignung von Kulturgut v. 14.11.1979 (BGBl. 2007 II S. 626): Hierzu auch G. zum Schutz von Kulturgut (Kulturgutschutzgesetz - KGSG) v. 31.7.2016 (zuletzt geänd. durch G. v. 20.11.2019 BGBl. I S. 1626). Dieses Gesetz dient der Umsetzung der RL 2014/60 v. 15.5.2014 über die Rückgabe von unrechtmäßig aus dem Hoheitsgebiet eines Mitgliedstaats verbrachten Kulturgütern und zur Änderung der VO 1024/2012 (Neufassung) (ABl. Nr. L 159/1 v. 28.5.2014).

2) Vgl. auch das am 10.7.2013 nun auch für Deutschland in Kraft getretene Übereinkommen zur Erhaltung des immateriellen Kulturerbes v. 17.10.2003 (Nr. **412**). Das inzwischen für 63 Staaten (Stand: 1.4.2021) verbindliche UNESCO Übereinkommen über den Schutz des Unterwasser-Kulturerbes v. 2.11.2001 hat Deutschland bisher nicht ratifiziert und wird dies in absehbarer Zeit wohl auch nicht tun.

3) Vgl. auch das am 20.4.2006 in Kraft getretene Übereinkommen zur Erhaltung des immateriellen Kulturerbes v. 17.10.2003 (engl. Original und dt. Übers. BGBl. 2013 II S. 1014). Deutschland ist dem Übereinkommen mit Wirkung vom 10.7.2013 beigetreten (Bek. v. 7.6.2013, BGBl. 2013 II S. 1009). Das inzwischen für 51 Staaten (Stand: 1.7.2015) verbindliche UNESCO Übereinkommen über den Schutz des Unterwasser-Kulturerbes v. 2.11.2001 hat Deutschland bisher nicht ratifiziert und wird dies in absehbarer Zeit wohl auch nicht tun (dt. Übers. des Sprachendienstes des Auswärtigen Amtes: http://www.unesco.de/konvention_unterwasserkulturerbe.html).

in der Erwägung, dass die bestehenden internationalen Übereinkünfte, Empfehlungen und Entschließungen über Kultur- und Naturgut zeigen, welche Bedeutung der Sicherung dieses einzigartigen und unersetzlichen Gutes, gleichviel welchem Volk es gehört, für alle Völker der Welt zukommt;

in der Erwägung, dass Teile des Kultur- oder Naturerbes von außergewöhnlicher Bedeutung sind und daher als Bestandteil des Welterbes der ganzen Menschheit erhalten werden müssen;

in der Erwägung, daß es angesichts der Größe und Schwere der drohenden neuen Gefahren Aufgabe der internationalen Gemeinschaft als Gesamtheit ist, sich am Schutz des Kultur- und Naturerbes von außergewöhnlichem universellem Wert zu beteiligen, indem sie eine gemeinschaftliche Unterstützung gewährt, welche die Maßnahmen des betreffenden Staates zwar nicht ersetzt, jedoch wirksam ergänzt;

in der Erwägung, dass es zu diesem Zweck erforderlich ist, neue Bestimmungen in Form eines Übereinkommens zur Schaffung eines wirksamen Systems des gemeinschaftlichen Schutzes des Kultur- und Naturerbes von außergewöhnlichem universellem Wert zu beschließen, das als ständige Einrichtung nach modernen wissenschaftlichen Methoden aufgebaut wird;

nach dem auf ihrer 16. Tagung gefaßten Beschluß, diese Frage zum Gegenstand eines internationalen Übereinkommens zu machen –

beschließt am 16. November 1972 dieses Übereinkommen.

I. Begriffsbestimmung des Kultur- und Naturerbes

Art. 1 [Begriff des Kulturerbes] Im Sinne dieses Übereinkommens gelten als „Kulturerbe"

Denkmäler: Werke der Architektur, Großplastik und Monumentalmalerei, Objekte oder Überreste archäologischer Art, Inschriften, Höhlen und Verbindungen solcher Erscheinungsformen, die aus geschichtlichen, künstlerischen oder wissenschaftlichen Gründen von außergewöhnlichem universellem Wert sind;

Ensembles: Gruppen einzelner oder miteinander verbundener Gebäude, die wegen ihrer Architektur, ihrer Geschlossenheit oder ihrer Stellung in der Landschaft aus geschichtlichen, künstlerischen oder wissenschaftlichen Gründen von außergewöhnlichen universellem Wert sind;

Stätten: Werke von Menschenhand oder gemeinsame Werke von Natur und Mensch sowie Gebiete einschließlich archäologischer Stätten, die aus geschichtlichen, ästhetischen, ethnologischen oder anthropologischen Gründen von außergewöhnlichem universellem Wert sind.

Art. 2 [Begriff des Naturerbes] Im Sinne dieses Übereinkommens gelten als „Naturerbe"

Naturgebilde, die aus physikalischen und biologischen Erscheinungsformen oder -gruppen bestehen, welche aus ästhetischen oder wissenschaftlichen Gründen von außergewöhnlichem universellem Wert sind;

geologische und physiographische Erscheinungsformen und genau abgegrenzte Gebiete, die den Lebensraum für bedrohte Pflanzen- und Tierarten bilden, welche aus wissenschaftlichen Gründen oder ihrer Erhaltung wegen von außergewöhnlichem universellem Wert sind;

Naturstätten oder genau abgegrenzte Naturgebiete, die aus wissenschaftlichen Gründen oder ihrer Erhaltung oder natürlichen Schönheit wegen von außergewöhnlichem universellem Wert sind.

(Fortsetzung nächstes Blatt)

Art. 3 [Erfassung des Kultur- und Naturerbes]. Es ist Sache jedes Vertragsstaats, die in seinem Hoheitsgebiet befindlichen, in den Artikeln 1 und 2 bezeichneten verschiedenen Güter zu erfassen und zu bestimmen.

II. Schutz des Kultur- und Naturerbes auf nationaler und internationaler Ebene

Art. 4 [Staatliche Aufgaben]. Jeder Vertragsstaat erkennt an, daß es in erster Linie seine eigene Aufgabe ist, Erfassung, Schutz und Erhaltung in Bestand und Wertigkeit des in seinem Hoheitsgebiet befindlichen, in den Artikeln 1 und 2 bezeichneten Kultur- und Naturerbes sowie seine Weitergabe an künftige Generationen sicherzustellen. Er wird hierfür alles in seinen Kräften Stehende tun, unter vollem Einsatz seiner eigenen Hilfsmittel und gegebenenfalls unter Nutzung jeder ihm erreichbaren internationalen Unterstützung und Zusammenarbeit, insbesondere auf finanziellem, künstlerischem, wissenschaftlichem und technischem Gebiet.

Art. 5 [Gewährleistung des Schutzes und der Erhaltung des Kultur- und Naturerbes]. Um zu gewährleisten, daß wirksame und tatkräftige Maßnahmen zum Schutz und zur Erhaltung in Bestand und Wertigkeit des in seinem Hoheitsgebiet befindlichen Kultur- und Naturerbes getroffen werden, wird sich jeder Vertragsstaat bemühen, nach Möglichkeit und im Rahmen der Gegebenheiten seines Landes

a) eine allgemeine Politik zu verfolgen, die darauf gerichtet ist, dem Kultur- und Naturerbe eine Funktion im öffentlichen Leben zu geben und den Schutz dieses Erbes in erschöpfende Planungen einzubeziehen;

b) in seinem Hoheitsgebiet, sofern Dienststellen für den Schutz und die Erhaltung des Kultur- und Naturerbes in Bestand und Wertigkeit nicht vorhanden sind, eine oder mehrere derartige Dienststellen einzurichten, die über geeignetes Personal und die zur Durchführung ihrer Aufgaben erforderlichen Mittel verfügen;

c) wissenschaftliche und technische Untersuchungen und Forschungen durchzuführen und Arbeitsmethoden zu entwickeln, die es ihm ermöglichen, die seinem Kultur- und Naturerbe drohenden Gefahren zu bekämpfen;

d) geeignete rechtliche, wissenschaftliche, technische, Verwaltungs- und Finanzmaßnahmen zu treffen, die für Erfassung, Schutz, Erhaltung in Bestand und Wertigkeit sowie Revitalisierung dieses Erbes erforderlich sind, und

e) die Errichtung oder den Ausbau nationaler oder regionaler Zentren zur Ausbildung auf dem Gebiet des Schutzes und der Erhaltung des

Kultur- und Naturerbes in Bestand und Wertigkeit zu fördern und die wissenschaftliche Forschung in diesem Bereich zu unterstützen.

Art. 6 [Internationale Zusammenarbeit]. (1) Unter voller Achtung der Souveränität der Staaten, in deren Hoheitsgebiet sich das in den Artikeln 1 und 2 bezeichnete Kultur- und Naturerbe befindet, und unbeschadet der durch das innerstaatliche Recht gewährten Eigentumsrechte erkennen die Vertragsstaaten an, daß dieses Erbe ein Welterbe darstellt, zu dessen Schutz die internationale Staatengemeinschaft als Gesamtheit zusammenarbeiten muß.

(2) Die Vertragsstaaten verpflichten sich, im Einklang mit diesem Übereinkommen bei Erfassung, Schutz und Erhaltung des in Artikel 11 Absätze 2 und 4 bezeichneten Kultur- und Naturerbes in Bestand und Wertigkeit Hilfe zu leisten, wenn die Staaten, in deren Hoheitsgebiet sich dieses Erbe befindet, darum ersuchen.

(3) Jeder Vertragsstaat verpflichtet sich, alle vorsätzlichen Maßnahmen zu unterlassen, die das in den Artikeln 1 und 2 bezeichnete, im Hoheitsgebiet anderer Vertragsstaaten befindliche Kultur- und Naturerbe mittelbar oder unmittelbar schädigen könnten.

Art. 7 [Internationaler Schutz des Kultur- und Naturerbes]. Im Sinne dieses Übereinkommens bedeutet internationaler Schutz des Kultur- und Naturerbes der Welt die Einrichtung eines Systems internationaler Zusammenarbeit und Hilfe, das die Vertragsstaaten in ihren Bemühungen um die Erhaltung und Erfassung dieses Erbes unterstützen soll.

III. Zwischenstaatliches Komitee für den Schutz des Kultur- und Naturerbes der Welt

Art. 8 [Mitwirkung der UNESCO. Komitee für das Erbe der Welt]. (1) Hiermit wird innerhalb der Organisation der Vereinten Nationen für Erziehung, Wissenschaft und Kultur ein Zwischenstaatliches Komitee für den Schutz des Kultur- und Naturerbes von außergewöhnlichem universellem Wert mit der Bezeichnung „Komitee für das Erbe der Welt" errichtet. Ihm gehören 15 Vertragsstaaten an; sie werden von den Vertragsstaaten gewählt, die während der ordentlichen Tagung der Generalkonferenz der Organisation der Vereinten Nationen für Erziehung, Wissenschaft und Kultur zu einer Hauptversammlung zusammentreten. Die Zahl der dem Komitee angehörenden Mitgliedstaaten wird auf 21 erhöht, sobald eine ordentliche Tagung der Generalkonferenz nach dem Zeitpunkt stattfindet, an dem das Übereinkommen für mindestens 40 Staaten in Kraft tritt.

(2) Bei der Wahl der Komiteemitglieder ist eine ausgewogene Vertretung der verschiedenen Regionen und Kulturen der Welt zu gewährleisten.

(3) Je ein Vertreter der Internationalen Studienzentrale für die Erhaltung und Restaurierung von Kulturgut (Römische Zentrale), des Internationalen Rates für Denkmalpflege (ICOMOS) und der Internationalen Union zur Erhaltung der Natur und der natürlichen Hilfsquellen (IUCN) sowie auf Verlangen der Vertragsstaaten, die während der ordentlichen Tagungen der Generalkonferenz der Organisation der Vereinten Nationen für Erziehung, Wissenschaft und Kultur zu einer Hauptversammlung zusammentreten, weitere Vertreter anderer zwischenstaatlicher oder nichtstaatlicher Organisationen mit ähnlichen Zielen können in beratender Eigenschaft an den Sitzungen des Komitees teilnehmen.

Art. 9 [Amtszeit der Mitgliedstaaten des Komitees] (1) Die Amtszeit der Mitgliedstaaten des Komitees für das Erbe der Welt beginnt mit Ablauf der ordentlichen Tagung der Generalkonferenz, auf der sie gewählt wurden, und endet mit Ablauf der dritten darauffolgenden ordentlichen Tagung.

(2) Die Amtszeit eines Drittels der bei der ersten Wahl bestellten Mitglieder endet jedoch mit Ablauf der ersten ordentlichen Tagung der Generalkonferenz nach der Tagung, auf der sie gewählt wurden; die Amtszeit eines weiteren Drittels der zur selben Zeit bestellten Mitglieder endet mit Ablauf der zweiten ordentlichen Tagung der Generalkonferenz nach der Tagung, auf der sie gewählt wurden. Die Namen dieser Mitglieder werden vom Präsidenten der Generalkonferenz der Organisation der Vereinten Nationen für Erziehung, Wissenschaft und Kultur nach der ersten Wahl durch das Los ermittelt.

(3) Die Mitgliedstaaten des Komitees wählen zu ihren Vertretern Personen, die Sachverständige auf dem Gebiet des Kulturerbes oder des Naturerbes sind.

Art. 10 [Geschäftsordnung des Komitees] (1) Das Komitee für das Erbe der Welt gibt sich eine Geschäftsordnung.

(2) Das Komitee kann jederzeit Organisationen des öffentlichen oder privaten Rechts oder Einzelpersonen einladen, zur Konsultation über Einzelfragen an seinen Sitzungen teilzunehmen.

(3) Das Komitee kann beratende Gremien einsetzen, die es zur Wahrnehmung seiner Aufgaben für erforderlich hält.

Art. 11 [Nationale Verzeichnisse des Kultur- und Naturerbes. Liste des Erbes der Welt] (1) Jeder Vertragsstaat legt dem Komitee für das Erbe der Welt nach Möglichkeit ein Verzeichnis des Gutes vor, das zu dem in seinem Hoheitsgebiet befindlichen Kultur- und Naturerbe gehört und für eine Aufnahme in die in Absatz 2 vorgesehene

Liste geeignet ist. Dieses Verzeichnis, das nicht als erschöpfend anzusehen ist, muß Angaben über Lage und Bedeutung des betreffenden Gutes enthalten.

(2) Das Komitee wird auf Grund der von den Staaten nach Absatz 1 vorgelegten Verzeichnisse unter der Bezeichnung "Liste des Erbes der Welt" eine Liste der zu dem Kultur- und Naturerbe im Sinne der Artikel 1 und 2 gehörenden Güter, die nach seiner Auffassung nach den von ihm festgelegten Maßstäben von außergewöhnlichem universellem Wert sind, aufstellen, auf dem neuesten Stand halten und veröffentlichen.[1] Eine auf den neuesten Stand gebrachte Liste wird mindestens alle zwei Jahre verbreitet.

(3) Die Aufnahme eines Gutes in die Liste des Erbes der Welt bedarf der Zustimmung des betreffenden Staates. Die Aufnahme eines Gutes, das sich in einem Gebiet befindet, über das von mehr als einem Staat Souveränität oder Hoheitsgewalt beansprucht wird, berührt nicht die Rechte der Streitparteien.

(4) Das Komitee wird unter der Bezeichnung "Liste der gefährdeten Erbes der Welt" nach Bedarf eine Liste des in der Liste des Erbes der Welt aufgeführten Gutes, zu dessen Erhaltung umfangreiche Maßnahmen erforderlich sind und für das auf Grund dieses Übereinkommens Unterstützung angefordert wurde, aufstellen, auf dem neuesten Stand halten und veröffentlichen.[2] Diese Liste hat einen Voranschlag der Kosten für derartige Maßnahmen zu enthalten. In die Liste darf nur solches zu dem Kultur- und Naturerbe gehörendes Gut aufgenommen werden, das durch ernste und spezifische Gefahren bedroht ist, z.B. Gefahr des Untergangs durch beschleunigten Verfall, öffentliche oder private Großvorhaben oder rasch vorangetriebene städtebauliche oder touristische Entwicklungsvorhaben; Zerstörung durch einen Wechsel in der Nutzung des Grundbesitzes oder im Eigentum daran; größere Veränderungen auf Grund unbekannter Ursachen; Preisgabe aus irgendwelchen Gründen; Ausbruch oder Gefahr eines bewaffneten Konflikts; Natur- und sonstige Katastrophen; Feuersbrünste, Erdbeben, Erdrutsche; Vulkanausbrüche; Veränderungen des Wasserspiegels, Überschwemmungen und Sturmfluten. Das Komitee kann, wenn dies dringend notwendig ist, jederzeit eine neue Eintragung in die Liste des gefährdeten Erbes der Welt vornehmen und diese Eintragung sofort bekanntmachen.

(5) Das Komitee bestimmt die Maßstäbe, nach denen ein zum Kultur- oder Naturerbe gehörendes Gut in eine der in den Absätzen 2 und 4 bezeichneten Liste aufgenommen werden kann.

(6) Bevor das Komitee einen Antrag auf Aufnahme in eine der beiden in den Absätzen 2 und 4 bezeichneten Listen ablehnt, konsultiert es den

---

[1] Im Anhang findet sich eine Liste der derzeitigen Welterbestätten in Deutschland, Österreich und der Schweiz sowie eine Fundstelle für die Gesamtliste.

[2] Diese Liste ist auf ihrem jeweils aktuellen Stand abrufbar unter: http://whc.unesco.org/en/danger.

Vertragsstaat, in dessen Hoheitsgebiet sich das betreffende Kultur- oder Naturgut befindet.

(7) Das Komitee koordiniert und fördert im Einvernehmen mit den betreffenden Staaten die Untersuchungen und Forschungen, die zur Aufstellung der in den Absätzen 2 und 4 bezeichneten Listen erforderlich sind.

Art. 12 [Nicht in die Liste aufgenommenes Kultur- und Naturerbe]. Ist ein zum Kultur- oder Naturerbe gehörendes Gut in keine der in Artikel 11 Absätze 2 und 4 bezeichneten Listen aufgenommen worden, so bedeutet das nicht, daß dieses Gut nicht für andere als die sich aus der Aufnahme in diese Listen ergebenden Zwecke von außergewöhnlichem universellem Wert ist.

Art. 13 [Internationale Unterstützung]. (1) Das Komitee für das Erbe der Welt nimmt die von Vertragsstaaten für in ihrem Hoheitsgebiet befindliches, zum Kultur- oder Naturerbe gehörendes Gut, das in die in Artikel 11 Absätze 2 und 4 bezeichneten Listen aufgenommen oder möglicherweise für eine Aufnahme geeignet ist, gestellten Anträge auf internationale Unterstützung entgegen und prüft sie. Derartige Anträge können gestellt werden, um den Schutz, die Erhaltung in Bestand und Wertigkeit oder die Revitalisierung dieses Gutes zu sichern.

(2) Anträge auf internationale Unterstützung nach Absatz 1 können auch die Erfassung von Kultur- oder Naturgut im Sinne der Artikel 1 und 2 zum Gegenstand haben, wenn Voruntersuchungen gezeigt haben, daß weitere Untersuchungen gerechtfertigt wären.

(3) Das Komitee entscheidet über die hinsichtlich dieser Anträge zu treffenden Maßnahmen, bestimmt gegebenenfalls Art und Ausmaß seiner Unterstützung und genehmigt den Abschluß der in seinem Namen mit der beteiligten Regierung zu treffenden erforderlichen Vereinbarungen.

(4) Das Komitee legt eine Rangordnung seiner Maßnahmen fest. Dabei berücksichtigt es die Bedeutung des schutzbedürftigen Gutes für das Kultur- und Naturerbe der Welt, die Notwendigkeit, internationale Unterstützung für das Gut zu gewähren, das die natürliche Umwelt oder die schöpferische Kraft und die Geschichte der Völker der Welt am besten verkörpert, ferner die Dringlichkeit der zu leistenden Arbeit, die Mittel, *die den Staaten, in deren Hoheits*gebiet sich das bedrohte Gut befindet, zur Verfügung stehen, und insbesondere das Ausmaß, in dem sie dieses Gut mit eigenen Mitteln sichern können.

(5) Das Komitee wird eine Liste des Gutes, für das internationale Unterstützung gewährt wurde, aufstellen, auf dem neuesten Stand halten und veröffentlichen.

(6) Das Komitee entscheidet über die Verwendung der Mittel des nach Artikel 15 errichteten Fonds. Es erkundet Möglichkeiten, diese Mittel zu erhöhen, und trifft dazu alle zweckdienlichen Maßnahmen.

(7) Das Komitee arbeitet mit internationalen und nationalen staatlichen und nichtstaatlichen Organisationen zusammen, deren Ziele denen dieses Übereinkommens gleichen. Zur Durchführung seiner Programme und Vorhaben kann das Komitee die Hilfe derartiger Organisationen, insbesondere der Internationalen Studienzentrale für die Erhaltung und Restaurierung von Kulturgut (Römische Zentrale), des Internationalen Rates für Denkmalpflege (ICOMOS) und der Internationalen Union zur Erhaltung der Natur und der natürlichen Hilfsquellen (IUCN) sowie sonstiger Einrichtungen des öffentlichen und privaten Rechts und von Einzelpersonen in Anspruch nehmen.

(8) Die Beschlüsse des Komitees bedürfen der Zweidrittelmehrheit seiner anwesenden und abstimmenden Mitglieder. Das Komitee ist beschlußfähig, wenn die Mehrheit der Mitglieder anwesend ist.

Art. 14 [Sekretariat des Komitees. Dokumentation]. (1) Dem Komitee für das Erbe der Welt steht ein Sekretariat zur Seite, das vom Generaldirektor der Organisation der Vereinten Nationen für Erziehung, Wissenschaft und Kultur bestellt wird.

(2) Der Generaldirektor der Organisation der Vereinten Nationen für Erziehung, Wissenschaft und Kultur bereitet unter möglichst weitgehender Nutzung der Dienste der Internationalen Studienzentrale für die Erhaltung und Restaurierung von Kulturgut (Römische Zentrale), des Internationalen Rates für Denkmalpflege (ICOMOS) und der Internationalen Union zur Erhaltung der Natur und der natürlichen Hilfsquellen (IUCN) in ihrem jeweiligen Zuständigkeits- und Fachbereich die Dokumentation des Komitees und die Tagesordnung seiner Sitzungen vor und ist für die Durchführung seiner Beschlüsse verantwortlich.

IV. Fonds für den Schutz des Kultur- und Naturerbes der Welt

Art. 15 [Fonds für das Erbe der Welt]. (1) Hiermit wird ein Fonds für den Schutz des Kultur- und Naturerbes der Welt von außergewöhnlichem universellem Wert errichtet; er wird als „Fonds für das Erbe der Welt" bezeichnet.

(2) Der Fonds stellt ein Treuhandvermögen im Sinne der Finanzordnung der Organisation der Vereinten Nationen für Erziehung, Wissenschaft und Kultur dar.

(3) Die Mittel des Fonds bestehen aus

a) Pflichtbeiträgen und freiwilligen Beiträgen der Vertragsstaaten;

b) Beiträgen, Spenden oder Vermächtnissen
  i) anderer Staaten,
  ii) der Organisation der Vereinten Nationen für Erziehung, Wissenschaft und Kultur, anderer Organisationen des Systems der Vereinten Nationen, insbesondere des Entwicklungsprogramms der Vereinten Nationen, sowie sonstiger zwischenstaatlicher Organisationen,
  iii) von Einrichtungen des öffentlichen oder privaten Rechts oder von Einzelpersonen;

c) den für die Mittel des Fonds anfallenden Zinsen;

d) Mitteln, die durch Sammlungen und Einnahmen aus Veranstaltungen zugunsten des Fonds aufgebracht werden, und

e) allen sonstigen Mitteln, die durch die vom Komitee für das Erbe der Welt für den Fonds aufgestellten Vorschriften genehmigt sind.

(4) Beiträge an den Fonds und sonstige dem Komitee zur Verfügung gestellte Unterstützungsbeträge dürfen nur für die vom Komitee bestimmten Zwecke verwendet werden. Das Komitee kann Beiträge entgegennehmen, die nur für ein bestimmtes Programm oder Vorhaben verwendet werden sollen, sofern es die Durchführung dieses Programms oder Vorhabens beschlossen hat. An die dem Fonds gezahlten Beiträge dürfen keine politischen Bedingungen geknüpft werden.

Art. 16 [Beiträge der Vertragsstaaten]. (1) Unbeschadet etwaiger zusätzlicher freiwilliger Beiträge verpflichten sich die Vertragsstaaten, regelmäßig alle zwei Jahre an den Fonds für das Erbe der Welt Beiträge zu zahlen, deren Höhe nach einem einheitlichen, für alle Staaten geltenden Schlüssel errechnet und von der Generalversammlung der Vertragsstaaten festgesetzt wird, die während der Tagungen der Generalkonferenz der Organisation der Vereinten Nationen für Erziehung, Wissenschaft und Kultur zusammentritt. Dieser Beschluß der Generalversammlung bedarf der Mehrheit der anwesenden und abstimmenden Vertragsstaaten, die nicht die in Absatz 2 genannte Erklärung abgegeben haben. Der Pflichtbeitrag der Vertragsstaaten darf 1 v. H. des Beitrags zum ordentlichen Haushalt der Organisation der Vereinten Nationen für Erziehung, Wissenschaft und Kultur nicht überschreiten.

(2) Ein in Artikel 31 oder 32 genannter Staat kann jedoch bei der Hinterlegung seiner Ratifikations-, Annahme- oder Beitrittsurkunde erklären, daß er durch Absatz 1 des vorliegenden Artikels nicht gebunden ist.

(3) Ein Vertragsstaat, der die in Absatz 2 genannte Erklärung abgegeben hat, kann diese jederzeit durch eine an den Generaldirektor der Organisation der Vereinten Nationen für Erziehung, Wissenschaft und

Kultur gerichtete Notifikation zurücknehmen. Die Rücknahme der Erklärung wird jedoch für den Pflichtbeitrag des betreffenden Staates erst mit dem Zeitpunkt der nächsten Generalversammlung der Vertragsstaaten wirksam.

(4) Um dem Komitee die wirksame Planung seiner Tätigkeit zu ermöglichen, sind die Beiträge von Vertragsstaaten, welche die in Absatz 2 genannte Erklärung abgegeben haben, regelmäßig, mindestens jedoch alle zwei Jahre zu entrichten; sie sollen nicht niedriger sein als die Beiträge, die sie zu zahlen hätten, wenn Absatz 1 für sie gelten würde.

(5) Ein Vertragsstaat, der mit der Zahlung seiner Pflichtbeiträge oder seiner freiwilligen Beiträge für das laufende Jahr und das unmittelbar vorhergegangene Kalenderjahr im Rückstand ist, kann nicht Mitglied des Komitees für das Erbe der Welt werden; dies gilt jedoch nicht für die erste Wahl.

Die Amtszeit eines solchen Staates, der bereits Mitglied des Komitees ist, endet im Zeitpunkt der in Artikel 8 Absatz 1 vorgesehenen Wahl.

Art. 17 [Nationale Stiftungen]. Die Vertragsstaaten erwägen oder fördern die Errichtung nationaler Stiftungen oder Vereinigungen des öffentlichen und privaten Rechts, die den Zweck haben, Spenden für den Schutz des Kultur- und Naturerbes im Sinne der Artikel 1 und 2 anzuregen.

Art. 18 [Werbemaßnahmen der UNESCO]. Die Vertragsstaaten unterstützen die unter der Schirmherrschaft der Organisation der Vereinten Nationen für Erziehung, Wissenschaft und Kultur zugunsten des Fonds für das Erbe der Welt durchgeführten Werbemaßnahmen zur Aufbringung von Mitteln. Sie erleichtern die Sammlungen, die von den in Artikel 15 Absatz 3 bezeichneten Einrichtungen für diesen Zweck durchgeführt werden.

V. Voraussetzungen und Maßnahmen der internationalen Unterstützung

Art. 19 [Antragsrecht auf Gewährung internationaler Unterstützung]. Jeder Vertragsstaat kann internationale Unterstützung für in seinem Hoheitsgebiet befindliches und zum Kultur- oder Naturerbe von außergewöhnlichem universellem Wert gehörendes Gut beantragen. Mit seinem Antrag hat er alle in Artikel 21 genannten Informationen und Unterlagen vorzulegen, über die er verfügt und die das Komitee benötigt, um einen Beschluß zu fassen.

Art. 20 [Objekte internationaler Unterstützung]. Vorbehaltlich des Artikels 13 Absatz 2, des Artikels 22 Buchstabe c und des Artikels 23 kann die in diesem Übereinkommen vorgesehene internationale Unterstützung nur für solches zum Kultur- und Naturerbe gehörendes Gut gewährt werden, dessen Aufnahme in eine der in Artikel 11 Absätze 2 und 4 bezeichneten Listen vom Komitee für das Erbe der Welt beschlossen wurde oder künftig beschlossen wird.

Art. 21 [Verfahren der Antragsbehandlung]. (1) Das Komitee für das Erbe der Welt bestimmt das Verfahren, nach dem die ihm unterbreiteten Anträge auf internationale Unterstützung zu behandeln sind, und schreibt die Einzelheiten des Antrags vor, der die erwogene Maßnahme, die erforderliche Arbeit, die voraussichtlichen Kosten, den Dringlichkeitsgrad und die Gründe, warum die Eigenmittel des antragstellenden Staates nicht zur Deckung aller Kosten ausreichen, umfassen soll. Den Anträgen sind, sofern irgend möglich, Sachverständigengutachten beizufügen.

(2) Anträge auf Grund von Natur- oder sonstigen Katastrophen sollen vom Komitee wegen der gegebenenfalls erforderlichen dringlichen Arbeiten sofort und vorrangig erörtert werden; es soll für derartige Notfälle über einen Reservefonds verfügen.

(3) Bevor das Komitee einen Beschluß faßt, führt es alle Untersuchungen und Konsultationen durch, die es für erforderlich hält.

Art. 22 [Formen der Unterstützung]. Unterstützung durch das Komitee für das Erbe der Welt kann in folgender Form gewährt werden:

a) Untersuchungen über die künstlerischen, wissenschaftlichen und technischen Probleme, die der Schutz, die Erhaltung in Bestand und Wertigkeit und die Revitalisierung des Kultur- und Naturerbes im Sinne des Artikels 11 Absätze 2 und 4 aufwerfen;
b) Bereitstellung von Sachverständigen, Technikern und Facharbeitern, um sicherzustellen, daß die genehmigte Arbeit richtig ausgeführt wird;
c) Ausbildung von Personal und Fachkräften aller Ebenen auf dem Gebiet der Erfassung, des Schutzes, der Erhaltung in Bestand und Wertigkeit und der Revitalisierung des Kultur- und Naturerbes;
d) Lieferung von Ausrüstungsgegenständen, die der betreffende Staat nicht besitzt oder nicht erwerben kann;
e) Darlehen mit niedrigem Zinssatz oder zinslose Darlehen, die langfristig zurückgezahlt werden können;
f) in Ausnahmefällen und aus besonderen Gründen Gewährung verlorener Zuschüsse.

Art. 23 [Nationale und regionale Zentren]. Das Komitee für das Erbe der Welt kann auch internationale Unterstützung für nationale oder regionale Zentren zur Ausbildung von Personal und Fachkräften aller Ebenen auf dem Gebiet der Erfassung, des Schutzes, der Erhaltung in Bestand und Wertigkeit und der Revitalisierung des Kultur- und Naturerbes gewähren.

Art. 24 [Voruntersuchungen]. Einer großangelegten internationalen Unterstützung müssen eingehende wissenschaftliche, wirtschaftliche und technische Untersuchungen vorausgehen. Diese Untersuchungen müssen die fortschrittlichsten Verfahren für Schutz, Erhaltung in Bestand und Wertigkeit und Revitalisierung des Natur- und Kulturerbes zugrunde liegen; sie müssen den Zielen dieses Übereinkommens entsprechen. Die Untersuchungen müssen auch Mittel und Wege erkunden, die in dem betreffenden Staat vorhandenen Hilfsquellen rationell zu nutzen.

Art. 25 [Kostenbeteiligung des internationale Unterstützung erhaltenden Staates]. In der Regel wird nur ein Teil der Kosten für die erforderliche Arbeit von der internationalen Gemeinschaft getragen. Der Beitrag des Staates, dem die internationale Unterstützung zuteil wird, muß einen wesentlichen Teil der für jedes Programm oder Vorhaben aufgewendeten Mittel darstellen, es sei denn, seine Mittel erlauben dies nicht.

Art. 26 [Abkommen über Unterstützungsprogramme]. Das Komitee für das Erbe der Welt und der Empfängerstaat legen in dem von ihnen zu schließenden Abkommen die Bedingungen für die Durchführung eines Programms oder Vorhabens fest, für das nach diesem Übereinkommen internationale Unterstützung gewährt wird. Es ist Aufgabe des Staates, der die internationale Unterstützung erhält, das betreffende Gut danach im Einklang mit diesem Übereinkommen zu schützen sowie in Bestand und Wertigkeit zu erhalten.

VI. Erziehungsprogramme

Art. 27 [Erziehungs- und Informationsprogramme]. (1) Die Vertragsstaaten bemühen sich unter Einsatz aller geeigneten Mittel, insbesondere durch Erziehungs- und Informationsprogramme, die Würdigung und Achtung des in den Artikeln 1 und 2 bezeichneten Kultur- und Naturerbes durch ihre Völker zu stärken.

(2) Sie verpflichten sich, die Öffentlichkeit über die diesem Erbe drohenden Gefahren und die Maßnahmen auf Grund dieses Übereinkommens umfassend zu unterrichten.

Art. 28 [Bekanntmachung der Unterstützung]. Die Vertragsstaaten, die internationale Unterstützung auf Grund dieses Übereinkommens erhalten, treffen geeignete Maßnahmen, um die Bedeutung sowohl des Gutes, für das Unterstützung empfangen wurde, als auch der Unterstützung bekanntzumachen.

VII. Berichte

Art. 29 [Berichte der Vertragsstaaten an die UNESCO]. (1) Die Vertragsstaaten machen in den Berichten, die sie der Generalkonferenz der Organisation der Vereinten Nationen für Erziehung, Wissenschaft und Kultur zu den von dieser festgesetzten Terminen in der von ihr bestimmten Weise vorlegen, Angaben über die von ihnen erlassenen Rechts- und Verwaltungsvorschriften und über sonstige Maßnahmen, die sie zur Anwendung dieses Übereinkommens getroffen haben, sowie über Einzelheiten der auf diesem Gebiet gesammelten Erfahrungen.

(2) Die Berichte sind dem Komitee für das Erbe der Welt zur Kenntnis zu bringen.

(3) Das Komitee legt auf jeder ordentlichen Tagung der Generalkonferenz der Organisation der Vereinten Nationen für Erziehung, Wissenschaft und Kultur einen Tätigkeitsbericht vor.

VIII. Schlußbestimmungen

Art. 30 [Vertragssprachen]. Dieses Übereinkommen ist in arabischer, englischer, französischer, russischer und spanischer Sprache abgefaßt, wobei jeder Wortlaut gleichermaßen verbindlich ist.

Art. 31 [Ratifikation]. (1) Dieses Übereinkommen bedarf der Ratifikation oder Annahme durch die Mitgliedstaaten der Organisation der Vereinten Nationen für Erziehung, Wissenschaft und Kultur nach Maßgabe ihrer verfassungsrechtlichen Verfahren.

(2) Die Ratifikations- oder Annahmeurkunden werden beim Generaldirektor der Organisation der Vereinten Nationen für Erziehung, Wissenschaft und Kultur hinterlegt.

Art. 32 [Beitritt von Nichtmitgliedern der UNESCO]. (1) Dieses Übereinkommen liegt für alle Nichtmitgliedstaaten der Organisation der Vereinten Nationen für Erziehung, Wissenschaft und Kultur, die von der Generalkonferenz der Organisation hierzu aufgefordert werden, zum Beitritt auf.

(2) Der Beitritt erfolgt durch Hinterlegung einer Beitrittsurkunde beim Generaldirektor der Organisation der Vereinten Nationen für Erziehung, Wissenschaft und Kultur.

Art. 33 [Inkrafttreten]. Dieses Übereinkommen tritt drei Monate nach Hinterlegung der zwanzigsten Ratifikations-, Annahme- oder Beitrittsurkunde in Kraft, jedoch nur für die Staaten, die bis zu diesem Tag ihre Ratifikations-, Annahme- oder Beitrittsurkunde hinterlegt haben. Für jeden anderen Staat tritt es drei Monate nach Hinterlegung seiner Ratifikations-, Annahme- oder Beitrittsurkunde in Kraft.[1]

Art. 34 [Sonderbestimmungen für Bundesstaaten]. Folgende Bestimmungen gelten für die Vertragsstaaten, die ein bundesstaatliches oder nicht einheitsstaatliches Verfassungssystem haben:

a) Hinsichtlich derjenigen Bestimmungen dieses Übereinkommens, deren Durchführung in die Zuständigkeit des Bundes- oder Zentral-Gesetzgebungsorgans fällt, sind die Verpflichtungen der Bundes- oder Zentralregierung dieselben wie für diejenigen Vertragsstaaten, die nicht Bundesstaaten sind;

b) hinsichtlich derjenigen Bestimmungen dieses Übereinkommens, deren Durchführung in die Zuständigkeit eines einzelnen Gliedstaats, eines Landes, einer Provinz oder eines Kantons fällt, die nicht durch das Verfassungssystem des Bundes verpflichtet sind, gesetzgeberische Maßnahmen zu treffen, unterrichtet die Bundesregierung die zuständigen Stellen dieser Staaten, Länder, Provinzen oder Kantone von den genannten Bestimmungen und empfiehlt ihnen ihre Annahme.

Art. 35 [Kündigung]. (1) Jeder Vertragsstaat kann dieses Übereinkommen kündigen.

(2) Die Kündigung wird durch eine Urkunde notifiziert, die beim Generaldirektor der Organisation der Vereinten Nationen für Erziehung, Wissenschaft und Kultur hinterlegt wird.

(3) Die Kündigung wird zwölf Monate nach Eingang der Kündigungsurkunde wirksam. Sie läßt die finanziellen Verpflichtungen des kündigenden Staates bis zu dem Tag unberührt, an dem der Rücktritt wirksam wird.

Art. 36 [Unterrichtung über erfolgte Ratifikationen]. Der Generaldirektor der Organisation der Vereinten Nationen für Erziehung, Wissenschaft und Kultur unterrichtet die Mitgliedstaaten der Organisation, die in Artikel 32 bezeichneten Nichtmitgliedstaaten der Organisation sowie die Vereinten Nationen von der Hinterlegung aller Ratifikations-, Annahme- oder Beitrittsurkunden nach den Artikeln 31 und 32 und von den Kündigungen nach Artikel 35.

Art. 37 [Revision des Abkommens]. (1) Dieses Übereinkommen kann von der Generalkonferenz der Organisation der Vereinten Natio-

[1] Vgl. oben die Angaben auf S. 1.

nen für Erziehung, Wissenschaft und Kultur revidiert werden. Jede Revision ist jedoch nur für diejenigen Staaten verbindlich, die Vertragsparteien des Revisionsübereinkommens werden.

(2) Beschließt die Generalkonferenz ein neues Übereinkommen, das dieses Übereinkommen ganz oder teilweise revidiert, so liegt dieses Übereinkommen, sofern nicht das neue Übereinkommen etwas anderes bestimmt, vom Tag des Inkrafttretens des neuen Revisionsübereinkommens an nicht mehr zur Ratifikation, zur Annahme oder zum Beitritt auf.

Art. 38 [Registrierung des Abkommens] Auf Ersuchen des Generaldirektors der Organisation der Vereinten Nationen für Erziehung, Wissenschaft und Kultur wird dieses Übereinkommen nach Artikel 102 der Charta der Vereinten Nationen beim Sekretariat der Vereinten Nationen registriert.

GESCHEHEN zu Paris am 23. November 1972 in zwei Urschriften, die mit den Unterschriften des Präsidenten der 17. Tagung der Generalkonferenz und des Generaldirektors der Organisation der Vereinten Nationen für Erziehung, Wissenschaft und Kultur versehen sind und im Archiv der Organisation der Vereinten Nationen für Erziehung, Wissenschaft und Kultur hinterlegt werden; allen in den Artikeln 31 und 32 bezeichneten Staaten sowie den Vereinten Nationen werden beglaubigte Abschriften übermittelt.

Liste des Natur- und Kulturerbes der Welt
(Art. 11 Abs. 2 der Konvention)

Die Liste enthält zur Zeit (Juli 2019)[1] weltweit 1121 Welterbestätten in insgesamt 167 Staaten (die vollständige aktuelle Liste ist abrufbar im Internet unter http://www.unesco.de/welterbeliste.html).

Aus **Deutschland** *sind folgende 46 Welterbestätten enthalten (Klammerzusatz = Jahr der Aufnahme in die Liste):*

- *Aachener Dom (1978)*
- *Speyerer Dom (1981)*
- *Würzburger Residenz (1981)*
- *Wallfahrtskirche „Die Wies" (1983)*
- *Schlösser Augustusburg und Falkenlust in Brühl (1984)*
- *Dom und Michaeliskirche von Hildesheim (1985)*
- *Römische Baudenkmäler, Dom und Liebfrauenkirche in Trier (1986)*
- *Hansestadt Lübeck (1987)*
- *Schlösser und Parks von Potsdam-Sanssouci und Berlin (Glienicke und Pfaueninsel) (1990)*
- *ehem. Benediktiner-Abtei Lorsch mit ehem. Kloster Altenmünster (1991)*
- *Bergwerk Rammelsberg und Altstadt von Goslar (1992)*
- *Altstadt von Bamberg (1993)*
- *Kloster Maulbronn (1993)*
- *Stiftskirche, Schloß und Altstadt von Quedlinburg (1994)*
- *Völklinger Hütte (1994)*
- *Fossilienlagerstätte Grube Messel (1995)*
- *Bauhausstätten in Weimar und Dessau (1996)[2]*

---

[1] Die für den Sommer 2020 in Fuzhou/China geplante Sitzung des Welterbekomitees ist wegen der Covid 19 Pandemie auf unbestimmte Zeit verschoben worden.

[2] 2017 Erweiterung der bestehenden Welterbestätte, die nunmehr den Namen trägt: „Das Bauhaus und seine Stätten in Weimar, Dessau und Bernau".

- *Kölner Dom (1996)*[1)]
- *Luthergedenkstätten in Eisleben und Wittenberg (1996)*
- *Klassisches Weimar (1998)*
- *Wartburg (1999)*
- *Berliner Museumsinsel (1999)*
- *Gartenreich Dessau-Wörlitz (2000)*
- *Klosterinsel Reichenau (2000)*
- *Industriekomplex Zeche Zollverein (2001)*
- *Altstädte von Stralsund und Wismar (2002)*
- *Kulturlandschaft Oberes Mittelrheintal (2002)*
- *Rathaus und Rolandstatue in Bremen (2004)*
- *Muskauer Park/Park Muzakowski (2004, grenzüberschreitend zu Polen)*
- *Obergermanisch-rätischer Limes (2005)*
- *Altstadt von Regensburg mit Stadtamhof (2006)*
- *Siedlungen der Berliner Moderne (2008)*
- *Wattenmeer (2009)*[2)]
- *Alte Buchenwälder in Deutschland (2011)*[3)]
- *Fagus-Werk in Alfeld (2011)*
- *Prähistorische Pfahlbauten rund um die Alpen (2011)*[4)]
- *Markgräfliches Opernhaus Bayreuth (2012)*
- *Bergpark Wilhelmshöhe (2013)*
- *Karolingisches Westwerk und Civitas Corvey (2014)*
- *Hamburger Speicherstadt und Kontorhausviertel mit Chilehaus (2015)*
- *Das architektonische Werk von Le Corbusier – ein herausragender Beitrag zur Moderne (2016)*[5)]
- *Höhlen und Eiszeitkunst im Schwäbischen Jura (2017)*
- *Archäologischer Grenzkomplex Haithabu und Danewerk (2018)*
- *Naumburger Dom (2018)*
- *Montanregion Erzgebirge/Krušnohoří* (2019)[6)]
- *Das Augsburger Wassermanagement-System (2019)*

Aus ***Österreich*** *sind derzeit folgende 10 Welterbestätten in der Liste enthalten:*

- *Altstadt von Salzburg (1996)*
- *Schloss und Park von Schönbrunn (1996)*
- *Kulturlandschaft Hallstatt-Dachstein/Salzkammergut (1997)*
- *Semmeringbahn mit umgebender Landschaft (1998)*
- *Altstadt von Graz und Schloss Eggenberg (1999; 2010 erweitert)*
- *Kulturlandschaft Wachau (2000)*
- *Historisches Zentrum von Wien (2001)*
- *Kulturlandschaft Neusiedler See (GÜ/2001)*[7)]
- *Prähistorische Pfahlbauten um die Alpen (2011)*[4)]
- *Alte Buchenwälder in Österreich (2017)*[3)]

Aus der ***Schweiz*** *sind derzeit folgende 12 Welterbestätten in der Liste enthalten:*

- *Benediktinerkloster St. Gallen (1983)*
- *Benediktinerkloster St. Johann in Müstair (1983)*
- *Altstadt von Bern (1983)*
- *Die drei Burgen von Bellinzona (2000)*
- *Alpenregion Jungfrau mit Eiger und Mönch, Aletschgletscher und Bietschhorn (2001; 2007 erweitert)*

---

1) Nachdem die Stadt Köln den Forderungen des Welterbekomitees weitgehend nachgekommen ist (Änderung des Entwicklungsplans für Köln-Deutz: Begrenzung der Höhe der im Bau befindlichen Hochhäuser und keine Baugenehmigungen für weitere Hochhäuser), ist der Kölner Dom 2006 von der „Roten Liste" gestrichen worden.

2) Erweitert 2011 und 2014.

3) Serielle Erweiterung einer bereits seit 2007 bestehenden Naturerbestätte (Buchenurwälder der Karpaten).

4) Die 18 Fundstellen in Baden-Württemberg und Bayern sind Teil eines grenzüberschreitenden Weltkulturerbes, das insgesamt 111 Pfahlbaufundstellen in sechs Alpenländern umfasst.

5) Serielle transnationale (erstmals überhaupt transkontinentale) Stätte mit Argentinien, Belgien, Frankreich, Indien, Japan und der Schweiz.

6) Teil eines grenzüberschreitenden Kulturerbes mit der Tschechischen Republik.

7) Teil eines grenzüberschreitenden Naturerbes mit Ungarn (Fertö See).

- *Monte San Giorgio (2003)*[1)]
- *Weinberg-Terrassen in Lavaux (2007)*
- *Rhätische Bahn in der Kulturlandschaft Albula/Bernina (2008)*[2)]
- *Schweizer Tektonikarene Sardona (2008)*
- *Stadtlandschaft der Uhrenindustrie: La Chaux-de-Fonds und Le Locle (2009)*
- *Prähistorische Pfahlbauten um die Alpen (2011)*[3)]
- *Das architektonische Werk von Le Corbusier – ein herausragender Beitrag zur Moderne (2016)*[4)]

[1)] 2010 um den italienischen Teil des Berges erweitert.
[2)] Teil eines grenzüberschreitenden Naturerbes mit Italien.

412. Übereinkommen zur Erhaltung des immateriellen Kulturerbes[1)·2)·3)·4)·5)]

Vom 17. Oktober 2003

(BGBl. 2013 II S. 1014)

(Übersetzung)

Die Generalkonferenz der Organisation der Vereinten Nationen für Erziehung, Wissenschaft und Kultur, im Folgenden als „UNESCO" bezeichnet, die vom 29. September bis 17. Oktober 2003 in Paris zu ihrer 32. Tagung zusammengetreten ist, –

unter Bezugnahme auf die bestehenden internationalen Menschenrechtsübereinkünfte, insbesondere auf die Allgemeine Erklärung der Menschenrechte von 1948, auf den Internationalen Pakt von 1966 über wirtschaftliche, soziale und kulturelle Rechte und auf den Internationalen Pakt von 1966 über bürgerliche und politische Rechte;

angesichts der Bedeutung des immateriellen Kulturerbes als Quelle kultureller Vielfalt und Garant der nachhaltigen Entwicklung, wie dies in der Empfehlung der UNESCO von 1989 über die Erhaltung der traditionellen Kultur und der Volkskultur, der Allgemeinen Erklärung der UNESCO von 2001 über die kulturelle Vielfalt und der vom Dritten Runden Tisch der Kulturminister angenommenen Erklärung von Istanbul von 2002 hervorgehoben wird;

angesichts der tief reichenden wechselseitigen Abhängigkeit zwischen dem immateriellen Kulturerbe und dem materiellen Kultur- und Naturerbe;

in Anerkennung der Tatsache, dass die Prozesse der Globalisierung und des gesellschaftlichen Wandels neben den Voraussetzungen, die sie für einen neuerlichen Dialog zwischen den Gemeinschaften schaffen, auch – wie das Phänomen der Intoleranz – große Gefahren für den Verfall, den Verlust und die Zerstörung des immateriellen Kulturerbes mit sich bringen, insbesondere, weil Mittel zur Erhaltung dieses Erbes fehlen;

---

1) Das Abkommen ist für Deutschland am 10.7.2013 in Kraft getreten (Bek. v. 7.6.2013, BGBl. 2013 II S. 1009).

2) Deutschland hat am 10.4.2013 bei der Hinterlegung der Annahmeurkunde folgende Erklärung abgegeben: „Die Bundesrepublik Deutschland erklärt nach Artikel 26 Absatz 2 *des Übereinkommens*, dass sie nicht durch Artikel 26 Absatz 1 des Übereinkommens gebunden ist."

3) Eine aktuelle Liste der weltweiten UNESCO-Listen des Immateriellen Kulturerbes findet sich unter: https://www.unesco.de/kultur-und-natur/immaterielles-kulturerbe/immaterielles-kulturerbe-weltweit

4) Vgl. auch die von der Generalversammlung der Vertragsstaaten des Übereinkommens angenommenen „Richtlinien zur Durchführung des Übereinkommens zur Erhaltung des immateriellen Kulturerbes" (Stand: 29.10.2014 – https://www.unesco.de/sites/default/files/2018-04/Richtlinien_IKE-Konvention.pdf).

5) Offizielle Übersetzung des Sprachendienstes des Auswärtigen Amtes.

im Bewusstsein des allgemeinen Willens und des gemeinsamen Anliegens, das immaterielle Kulturerbe der Menschheit zu erhalten;

in Anerkennung der Tatsache, dass Gemeinschaften, insbesondere indigene Gemeinschaften, Gruppen und gegebenenfalls Einzelpersonen eine wichtige Rolle bei der Schaffung, Erhaltung, Pflege und Neugestaltung des immateriellen Kulturerbes spielen und auf diese Weise einen Beitrag zur Bereicherung der kulturellen Vielfalt und der menschlichen Kreativität leisten;

eingedenk der weit reichenden Folgen der Tätigkeiten der UNESCO zur Schaffung maßgeblicher Übereinkünfte für den Schutz des Kulturerbes, insbesondere des Übereinkommens von 1972 zum Schutz des Kultur- und Naturerbes der Welt;

weiterhin eingedenk der Tatsache, dass bis heute keine verbindliche mehrseitige Übereinkunft zur Erhaltung des immateriellen Kulturerbes besteht;

angesichts der Tatsache, dass die bestehenden internationalen Übereinkünfte, Empfehlungen und Entschließungen über das Kultur- und Naturerbe durch neue Bestimmungen zum immateriellen Kulturerbe wirksam bereichert und ergänzt werden sollten;

angesichts der Notwendigkeit, ein stärkeres Bewusstsein für die Bedeutung des immateriellen Kulturerbes und seine Erhaltung zu entwickeln, insbesondere bei den jungen Generationen;

angesichts der Tatsache, dass die internationale Gemeinschaft zusammen mit den Vertragsstaaten dieses Übereinkommens im Geiste der Zusammenarbeit und gegenseitigen Unterstützung zur Erhaltung dieses Erbes beitragen sollte;

unter Hinweis auf die Programme der UNESCO betreffend das immaterielle Kulturerbe, insbesondere auf die Proklamation der Meisterwerke des mündlich überlieferten und immateriellen Erbes der Menschheit;

angesichts der unschätzbaren Bedeutung des immateriellen Kulturerbes als Mittel zur Förderung von Annäherung, Austausch und Verständnis zwischen den Menschen –

nimmt dieses Übereinkommen am 17. Oktober 2003 an.

I. Allgemeine Bestimmungen

Art. 1. Ziele des Übereinkommens. Die Ziele dieses Übereinkommens sind

a) die Erhaltung des immateriellen Kulturerbes;
b) die Gewährleistung der Achtung vor dem immateriellen Kulturerbe der jeweiligen Gemeinschaften, Gruppen und Einzelpersonen;
c) die Bewusstseinsförderung in Bezug auf die Bedeutung des immateriellen Kulturerbes und seiner gegenseitigen Wertschätzung auf lokaler, nationaler und internationaler Ebene;
d) die internationale Zusammenarbeit und Unterstützung.

Art. 2 Begriffsbestimmungen. Für die Zwecke dieses Übereinkommens gilt Folgendes:

1. Unter „immateriellem Kulturerbe" sind Bräuche, Darstellungen, Ausdrucksformen, Wissen und Fertigkeiten – sowie die dazugehörigen Instrumente, Objekte, Artefakte und kulturellen Räume – zu verstehen, die Gemeinschaften, Gruppen und gegebenenfalls Einzelpersonen als Bestandteil ihres Kulturerbes ansehen. Dieses immaterielle Kulturerbe, das von einer Generation an die nächste weitergegeben wird, wird von den Gemeinschaften und Gruppen in Auseinandersetzung mit ihrer Umwelt, in ihrer Interaktion mit der Natur und mit ihrer Geschichte fortwährend neu gestaltet und vermittelt ihnen ein Gefühl von Identität und Kontinuität, wodurch die Achtung vor der kulturellen Vielfalt und der menschlichen Kreativität gefördert wird. Im Sinne dieses Übereinkommens findet nur das immaterielle Kulturerbe Berücksichtigung, das mit den bestehenden internationalen Menschenrechtsübereinkünften sowie mit dem Anspruch gegenseitiger Achtung von Gemeinschaften, Gruppen und Einzelpersonen sowie der nachhaltigen Entwicklung in Einklang steht.
2. Das „immaterielle Kulturerbe" im Sinne der Nummer 1 wird unter anderem in folgenden Bereichen zum Ausdruck gebracht:
   a) mündlich überlieferte Traditionen und Ausdrucksformen, einschließlich der Sprache als Träger des immateriellen Kulturerbes;
   b) darstellende Künste;
   c) gesellschaftliche Bräuche, Rituale und Feste;
   d) Wissen und Bräuche in Bezug auf die Natur und das Universum;
   e) traditionelle Handwerkstechniken.
3. Unter „Erhaltung" sind Maßnahmen zur Sicherstellung des Fortbestands des immateriellen Kulturerbes zu verstehen, einschließlich der Ermittlung, der Dokumentation, der Forschung, der Sicherung, des Schutzes, der Förderung, der Aufwertung, der Weitergabe, insbesondere durch schulische und außerschulische Bildung, sowie der Neubelebung der verschiedenen Aspekte dieses Erbes.
4. Unter „Vertragsstaaten" sind die Staaten zu verstehen, die durch dieses Übereinkommen gebunden sind und zwischen denen es in Kraft ist.
5. Dieses Übereinkommen findet sinngemäß Anwendung auf die in Artikel 33 bezeichneten Hoheitsgebiete, die unter den dort genannten Bedingungen Vertragsparteien des Übereinkommens werden. Insoweit bezieht sich der Begriff „Vertragsstaaten" auch auf diese Hoheitsgebiete.

Art. 3 Verhältnis zu anderen internationalen Übereinkünften. Dieses Übereinkommen darf nicht so ausgelegt werden,

a) dass der Status der im Rahmen des Übereinkommens von 1972 zum Schutz des Kultur- und Naturerbes der Welt zum Welterbe erklärten

Güter, mit denen ein Element des immateriellen Kulturerbes in einem unmittelbaren Zusammenhang steht, einer Änderung unterzogen oder der Grad des Schutzes dieser Güter verringert wird oder

b) dass die Rechte und Pflichten der Vertragsstaaten berührt werden, die sich aus einer internationalen Übereinkunft über die Rechte des geistigen Eigentums oder über die Nutzung der biologischen und ökologischen Ressourcen ergeben, deren Vertragsparteien sie sind.

II. Organe des Übereinkommens

Art. 4 Generalversammlung der Vertragsstaaten. (1) Hiermit wird eine Generalversammlung der Vertragsstaaten eingerichtet, die im Folgenden als „Generalversammlung" bezeichnet wird. Die Generalversammlung ist das oberste Organ dieses Übereinkommens.

(2) Die Generalversammlung tritt alle zwei Jahre zu einer ordentlichen Tagung zusammen. Sie kann zu einer außerordentlichen Tagung zusammentreten, wenn sie dies beschließt oder wenn der Zwischenstaatliche Ausschuss für die Erhaltung des immateriellen Kulturerbes oder mindestens ein Drittel der Vertragsstaaten einen entsprechenden Antrag einbringen.

(3) Die Generalversammlung gibt sich eine Geschäftsordnung.

Art. 5 Zwischenstaatlicher Ausschuss für die Erhaltung des immateriellen Kulturerbes. (1) Hiermit wird innerhalb der UNESCO ein Zwischenstaatlicher Ausschuss für die Erhaltung des immateriellen Kulturerbes eingerichtet, der im Folgenden als „Ausschuss" bezeichnet wird. Ihm gehören Vertreter von 18 Vertragsstaaten an; sie werden von den in der Generalversammlung zusammentretenden Vertragsstaaten gewählt, sobald dieses Übereinkommen nach Artikel 34 in Kraft tritt.

(2) Die Zahl der Mitgliedstaaten des Ausschusses wird auf 24 erhöht, sobald die Zahl der Vertragsstaaten des Übereinkommens 50 erreicht.

Art. 6 Wahl und Amtszeit der Mitgliedstaaten des Ausschusses. (1) Bei der Wahl der Mitgliedstaaten des Ausschusses werden die Grundsätze der ausgewogenen geographischen Vertretung und der Rotation beachtet.

(2) Die Mitgliedstaaten des Ausschusses werden von den in der Generalversammlung zusammentretenden Vertragsstaaten des Übereinkommens für eine Amtszeit von vier Jahren gewählt.

(3) Die Amtszeit der Hälfte der Mitgliedstaaten des Ausschusses, die bei der ersten Wahl gewählt werden, ist jedoch auf zwei Jahre begrenzt. Diese Staaten werden bei der ersten Wahl durch Los ermittelt.

(4) Alle zwei Jahre wird die Hälfte der Mitgliedstaaten des Ausschusses von der Generalversammlung neu gewählt.

(5) Die Generalversammlung wählt außerdem so viele Mitgliedstaaten des Ausschusses wie nötig, um freie Sitze zu besetzen.

(6) Ein Mitgliedstaat des Ausschusses kann nicht für zwei aufeinander folgende Amtszeiten gewählt werden.

(7) Die Mitgliedstaaten des Ausschusses wählen zu ihren Vertretern Personen aus, die Sachverständige auf den verschiedenen Gebieten des immateriellen Kulturerbes sind.

Art. 7 Aufgaben des Ausschusses. Unbeschadet sonstiger Befugnisse, die ihm durch dieses Übereinkommen übertragen werden, nimmt der Ausschuss folgende Aufgaben wahr:

a) Förderung der Ziele des Übereinkommens sowie Unterstützung und Überwachung seiner Durchführung;

b) Beratung im Hinblick auf beispielhafte Praxis und Abgabe von Empfehlungen für Maßnahmen zur Erhaltung des immateriellen Kulturerbes;

c) Erarbeitung eines Entwurfs für die Verwendung der Mittel des Fonds und Vorlage des Entwurfs zur Genehmigung durch die Generalversammlung nach Artikel 25;

d) Bemühungen zur Beschaffung zusätzlicher Mittel und Ergreifen der dafür notwendigen Maßnahmen nach Artikel 25;

e) Erarbeitung von Richtlinien zur Durchführung des Übereinkommens und Vorlage derselben zur Genehmigung durch die Generalversammlung;

f) Prüfung der Berichte der Vertragsstaaten nach Artikel 29 und Erstellung einer Zusammenfassung für die Generalversammlung;

g) Prüfung der von den Vertragsstaaten eingereichten Anträge und Entscheidung anhand objektiver Auswahlkriterien, die vom Ausschuss festgelegt und von der Generalversammlung genehmigt wurden, über
   i) die Aufnahme in die Listen und die Vorschläge, die in den Artikeln 16, 17 und 18 erwähnt sind;
   ii) die Bewilligung internationaler Unterstützung nach Artikel 22.

Art. 8 Arbeitsweise des Ausschusses. (1) Der Ausschuss ist der Generalversammlung gegenüber rechenschaftspflichtig. Es erstattet ihr über alle seine Tätigkeiten und Entscheidungen Bericht.

(2) Der Ausschuss gibt sich eine Geschäftsordnung, die mit Zweidrittelmehrheit seiner Mitglieder angenommen wird.

(3) Der Ausschuss kann beratende Ad-hoc-Gremien, die er zur Wahrnehmung seiner Aufgaben für erforderlich hält, zeitlich befristet einsetzen.

(4) Der Ausschuss kann Organisationen des öffentlichen oder privaten Rechts oder natürliche Personen, die nachgewiesene Sachkenntnis auf den verschiedenen Gebieten des immateriellen Kulturerbes besitzen, zur Beratung spezifischer Fragen zu seinen Sitzungen einladen.

Art. 9 Akkreditierung beratender Organisationen. (1) Der Ausschuss schlägt der Generalversammlung die Akkreditierung von nichtstaatlichen Organisationen vor, die nachgewiesene Sachkenntnis auf dem Gebiet des immateriellen Kulturerbes besitzen. Diese Organisationen üben beratende Funktionen gegenüber dem Ausschuss aus.

(2) Der Ausschuss schlägt der Generalversammlung des Weiteren die Kriterien und Modalitäten für diese Akkreditierung vor.

Art. 10 Das Sekretariat. (1) Der Ausschuss wird vom Sekretariat der UNESCO unterstützt.

(2) Das Sekretariat erstellt die Unterlagen für die Generalversammlung und den Ausschuss sowie einen Entwurf der Tagesordnung ihrer Sitzungen und stellt die Umsetzung ihrer Beschlüsse sicher.

III. Erhaltung des immateriellen Kulturerbes auf nationaler Ebene

Art. 11 Rolle der Vertragsstaaten. Jeder Vertragsstaat hat die Aufgabe,

a) die erforderlichen Maßnahmen zur Sicherstellung der Erhaltung des in seinem Hoheitsgebiet befindlichen immateriellen Kulturerbes zu ergreifen;

b) als Teil der in Artikel 2 Nummer 3 genannten Erhaltungsmaßnahmen die verschiedenen Elemente des immateriellen Kulturerbes, die sich in seinem Hoheitsgebiet befinden, unter Beteiligung von Gemeinschaften, Gruppen und einschlägigen nichtstaatlichen Organisationen zu ermitteln und zu beschreiben.

Art. 12 Verzeichnisse. (1) Zur Sicherstellung der Ermittlung im Hinblick auf die Erhaltung erstellt jeder Vertragsstaat in einer seiner Situation angemessenen Weise ein oder mehrere Verzeichnisse des in seinem Hoheitsgebiet befindlichen immateriellen Kulturerbes. Diese Verzeichnisse werden regelmäßig auf den neuesten Stand gebracht.

(2) Jeder Vertragsstaat, der dem Ausschuss seinen Bericht nach Artikel 29 in regelmäßigen Abständen vorlegt, stellt einschlägige Informationen über diese Verzeichnisse zur Verfügung.[1)]

Art. 13 Sonstige Maßnahmen zur Erhaltung. Zur Sicherstellung der Erhaltung, Entwicklung und Förderung des in seinem Hoheitsgebiet befindlichen immateriellen Kulturerbes bemüht sich jeder Vertragsstaat,

a) eine allgemeine Politik zu verfolgen, die darauf gerichtet ist, die Funktion des immateriellen Kulturerbes in der Gesellschaft aufzuwerten und die Erhaltung dieses Erbes in Programmplanungen einzubeziehen;

---

1) Für Deutschland ist dieses Verzeichnis auf dem aktuellen Stand abrufbar unter: https://www.unesco.de/kultur-und-natur/immaterielles-kulturerbe/immaterielles-kulturerbe-deutschland/verzeichnis-ike.

b) eine oder mehrere Fachstellen zu benennen oder einzurichten, die für die Erhaltung des in seinem Hoheitsgebiet befindlichen immateriellen Kulturerbes zuständig sind;

c) wissenschaftliche, technische und künstlerische Studien sowie Forschungsmethodologien im Hinblick auf die wirksame Erhaltung des immateriellen Kulturerbes, insbesondere des gefährdeten immateriellen Kulturerbes, zu fördern;

d) geeignete rechtliche, technische, administrative und finanzielle Maßnahmen zu ergreifen, die darauf gerichtet sind,
   i) den Auf- oder Ausbau von Ausbildungseinrichtungen für die Verwaltung des immateriellen Kulturerbes zu fördern sowie die Weitergabe dieses Erbes im Rahmen von Foren und Örtlichkeiten, die dazu bestimmt sind, dieses Erbe darzustellen und zum Ausdruck zu bringen;
   ii) den Zugang zum immateriellen Kulturerbe zu gewährleisten, gleichzeitig aber die herkömmliche Praxis zu achten, die für den Zugang zu besonderen Aspekten dieses Erbes gilt;
   iii) Dokumentationsstellen für das immaterielle Kulturerbe einzurichten und den Zugang zu diesen zu erleichtern.

Art. 14 Bildung und Erziehung, Bewusstseinsförderung und Aufbau von Kapazitäten. Jeder Vertragsstaat bemüht sich unter Einsatz aller geeigneten Mittel,

a) die Anerkennung, die Achtung und die Aufwertung des immateriellen Kulturerbes in der Gesellschaft sicherzustellen, insbesondere mit Hilfe von
   i) Bildungs-, Bewusstseinsförderungs- und Informationsprogrammen für die breite Öffentlichkeit, insbesondere für junge Menschen;
   ii) speziellen Bildungs- und Ausbildungsprogrammen in den jeweiligen Gemeinschaften und Gruppen;
   iii) Maßnahmen zum Aufbau von Kapazitäten im Bereich der Erhaltung des immateriellen Kulturerbes, insbesondere in Verwaltung und wissenschaftlicher Forschung, und
   iv) informellen Formen der Wissensvermittlung;

b) die Öffentlichkeit laufend über die Gefahren zu unterrichten, die dieses Erbe bedrohen, sowie über die Tätigkeiten, die in Anwendung dieses Übereinkommens durchgeführt werden;

c) die Erziehung zum Schutz von Natur – räumen und Gedenkorten zu fördern, deren Bestehen erforderlich ist, um immaterielles Kulturerbe zum Ausdruck zu bringen.

Art. 15 Beteiligung von Gemeinschaften, Gruppen und Einzelpersonen. Im Rahmen seiner Tätigkeiten zur Erhaltung des immateriellen Kulturerbes bemüht sich jeder Vertragsstaat um eine möglichst weit reichende Beteiligung von Gemeinschaften, Gruppen und gegebenenfalls Einzelpersonen, die dieses Erbe schaffen, pflegen und weitergeben, und um ihre aktive Einbeziehung in die Verwaltung des Kulturerbes.

IV. Erhaltung des immateriellen Kulturerbes auf internationaler Ebene

Art. 16 Repräsentative Liste des immateriellen Kulturerbes der Menschheit. (1) Um eine bessere Sichtbarkeit des immateriellen Kulturerbes sicherzustellen, das Bewusstsein für seine Bedeutung zu stärken und den Dialog bei gleichzeitiger Achtung der kulturellen Vielfalt zu fördern, erstellt der Ausschuss auf Vorschlag der jeweiligen Vertragsstaaten eine Repräsentative Liste des immateriellen Kulturerbes der Menschheit, hält sie auf dem neuesten Stand und veröffentlicht sie.

(2) Der Ausschuss erarbeitet die Kriterien für die Erstellung, Aktualisierung und Veröffentlichung dieser Repräsentativen Liste und legt sie der Generalversammlung zur Genehmigung vor.

Art. 17 Liste des dringend erhaltungsbedürftigen immateriellen Kulturerbes. (1) Um geeignete Maßnahmen zur Erhaltung ergreifen zu können, erstellt der Ausschuss eine Liste des dringend erhaltungsbedürftigen immateriellen Kulturerbes, hält sie auf dem neuesten Stand, veröffentlicht sie und nimmt dieses Erbe auf Antrag des jeweiligen Vertragsstaats in die Liste auf.

(2) Der Ausschuss erarbeitet die Kriterien für die Erstellung, Aktualisierung und Veröffentlichung dieser Liste und legt sie der Generalversammlung zur Genehmigung vor.

(3) In Fällen höchster Dringlichkeit – die objektiven Kriterien dafür werden auf Vorschlag des Ausschusses von der Generalversammlung genehmigt – kann der Ausschuss in Absprache mit dem jeweiligen Vertragsstaat ein Element des betreffenden Erbes in die in Absatz 1 genannte Liste aufnehmen.

Art. 18 Programme, Projekte und Tätigkeiten zur Erhaltung des immateriellen Kulturerbes. (1) Auf der Grundlage der von den Vertragsstaaten vorgelegten Vorschläge und anhand der Kriterien, die vom Ausschuss festgelegt und von der Generalversammlung genehmigt werden, wählt der Ausschuss in regelmäßigen Abständen nationale, subregionale oder regionale Programme, Projekte und Tätigkeiten zur Erhaltung des Erbes aus, die seiner Meinung nach den Grundsätzen und Zielen des Übereinkommens am besten entsprechen, wobei er die besonderen Bedürfnisse der Entwicklungsländer berücksichtigt.

(2) Zu diesem Zweck nimmt der Ausschuss die von den Vertragsstaaten gestellten Anträge auf internationale Unterstützung für die Erarbeitung dieser Vorschläge entgegen, prüft und genehmigt sie.

(3) Der Ausschuss begleitet die Umsetzung dieser Programme, Projekte und Tätigkeiten durch die Verbreitung von beispielhafter Praxis nach den von ihm festgelegten Modalitäten.

V. Internationale Zusammenarbeit und Unterstützung

Art. 19 Zusammenarbeit. (1) Im Sinne dieses Übereinkommens umfasst internationale Zusammenarbeit unter anderem Informations- und Erfahrungsaustausch, gemeinsame Initiativen sowie die Einführung eines Mechanismus zur Unterstützung der Vertragsstaaten bei ihren Bemühungen zur Erhaltung des immateriellen Kulturerbes.

(2) Unbeschadet ihres innerstaatlichen Rechts, ihres Gewohnheitsrechts und ihrer herkömmlichen Praxis anerkennen die Vertragsstaaten, dass die Erhaltung des immateriellen Kulturerbes im allgemeinen Interesse der Menschheit liegt, und verpflichten sich daher zur Zusammenarbeit auf zweiseitiger, subregionaler, regionaler und internationaler Ebene.

Art. 20 Ziele der internationalen Unterstützung. Internationale Unterstützung kann für folgende Ziele gewährt werden:

a) Erhaltung des Erbes, das in die Liste des dringend erhaltungsbedürftigen immateriellen Kulturerbes aufgenommen wurde;

b) Erstellung von Verzeichnissen im Sinne der Artikel 11 und 12;

c) Unterstützung von Programmen, Projekten und Tätigkeiten, die auf nationaler, subregionaler und regionaler Ebene zur Erhaltung des immateriellen Kulturerbes durchgeführt werden;

d) jedes andere Ziel, das der Ausschuss für notwendig erachtet.

Art. 21 Formen der internationalen Unterstützung. Die Unterstützung, die der Ausschuss einem Vertragsstaat zuerkennt, unterliegt den in Artikel 7 vorgesehenen Richtlinien sowie der in Artikel 24 genannten Vereinbarung und kann wie folgt gewährt werden:

a) Studien zu verschiedenen Aspekten der Erhaltung;

b) Bereitstellung von Experten aus Theorie und Praxis;

c) Ausbildung des benötigten Personals jedweder Art;

d) Erarbeitung von richtungsweisenden oder sonstigen Maßnahmen;

e) Schaffung und Unterhalt von Infrastrukturen;

f) Bereitstellung von Ausrüstungsgegenständen und Fachwissen;

g) sonstige Formen der finanziellen und technischen Unterstützung, gegebenenfalls auch die Vergabe von niedrig verzinsten Darlehen und von Zuwendungen.

Art. 22 Voraussetzungen für internationale Unterstützung. (1) Der Ausschuss legt das Prüfungsverfahren für die Anträge auf internationale Unterstützung fest und bestimmt die im Antrag vorzulegenden Angaben, darunter die geplanten Maßnahmen, die dafür erforderlichen Schritte sowie deren voraussichtliche Kosten.

(2) In dringenden Fällen ist der Antrag auf Unterstützung vom Ausschuss vorrangig zu prüfen.

(3) Um einen Beschluss zu fassen, führt der Ausschuss die Studien und Konsultationen durch, die er für erforderlich hält.

Art. 23 Anträge auf internationale Unterstützung. (1) Jeder Vertragsstaat kann beim Ausschuss einen Antrag auf internationale Unterstützung für die Erhaltung des in seinem Hoheitsgebiet befindlichen immateriellen Kulturerbes stellen.

(2) Ein solcher Antrag kann auch von zwei oder mehr Vertragsstaaten gemeinsam gestellt werden.

(3) Der Antrag hat die in Artikel 22 Absatz 1 bezeichneten Angaben und die erforderlichen Unterlagen zu enthalten.

Art. 24 Rolle der begünstigten Vertragsstaaten. (1) Im Einklang mit diesem Übereinkommen wird die bewilligte internationale Unterstützung durch eine Vereinbarung zwischen dem begünstigten Vertragsstaat und dem Ausschuss geregelt.

(2) In der Regel beteiligt sich der begünstigte Vertragsstaat im Rahmen seiner Möglichkeiten an den Kosten der Maßnahmen zur Erhaltung, für die internationale Unterstützung geleistet wird.

(3) Der begünstigte Vertragsstaat legt dem Ausschuss einen Bericht über die Verwendung der für die Erhaltung des immateriellen Kulturerbes gewährten Unterstützung vor.

VI. Fonds für das immaterielle Kulturerbe

Art. 25 Art und Mittel des Fonds. (1) Hiermit wird ein „Fonds für die Erhaltung des immateriellen Kulturerbes" eingerichtet, der im Folgenden als „Fonds" bezeichnet wird.

(2) Der Fonds besteht aus einem im Sinne der Finanzordnung der UNESCO errichteten Treuhandvermögen.

(3) Die Mittel des Fonds bestehen aus

a) den Beiträgen der Vertragsstaaten;

b) den zu diesem Zweck von der Generalkonferenz der UNESCO zugewendeten Mitteln;

c) Zahlungen, Spenden oder Vermächtnissen, die von

   i) anderen Staaten,

   ii) den Organisationen und Programmen des Systems der Vereinten Nationen, insbesondere dem Entwicklungsprogramm der Vereinten Nationen, sowie sonstigen internationalen Organisationen,

iii) Einrichtungen des öffentlichen oder privaten Rechts oder Einzelpersonen

eingebracht werden können;

d) den für die Mittel des Fonds anfallenden Zinsen;

e) Mitteln, die durch Sammlungen und Einnahmen aus Veranstaltungen zu Gunsten des Fonds aufgebracht werden;

f) allen sonstigen Mitteln, die nach den vom Ausschuss für den Fonds aufzustellenden Vorschriften zulässig sind.

(4) Über die Verwendung der Mittel durch den Ausschuss wird auf der Grundlage der Leitlinien der Generalversammlung entschieden.

(5) Der Ausschuss kann Beiträge und andere Formen der Unterstützung für allgemeine oder bestimmte Zwecke im Zusammenhang mit bestimmten Projekten entgegennehmen, sofern diese Projekte vom Ausschuss genehmigt worden sind.

(6) An die dem Fonds geleisteten Beiträge dürfen keine politischen, wirtschaftlichen oder sonstigen Bedingungen, die mit den Zielen dieses Übereinkommens unvereinbar sind, geknüpft werden.

Art. 26 Beiträge der Vertragsstaaten an den Fonds. (1) Unbeschadet etwaiger zusätzlicher freiwilliger Beiträge verpflichten sich die Vertragsstaaten dieses Übereinkommens, mindestens alle zwei Jahre einen Beitrag an den Fonds zu zahlen, dessen Höhe nach einem einheitlichen, für alle Staaten geltenden Schlüssel errechnet und von der Generalversammlung beschlossen wird. Dieser Beschluss der Generalversammlung bedarf der Mehrheit der anwesenden und abstimmenden Vertragsstaaten, die die in Absatz 2 genannte Erklärung nicht abgegeben haben. Der Beitrag darf auf keinen Fall 1% des Beitrags des Vertragsstaats zum ordentlichen Haushalt der UNESCO überschreiten.

(2) Ein in Artikel 32 oder 33 genannter Staat kann jedoch bei der Hinterlegung seiner Ratifikations-, Annahme-, Genehmigungs- oder Beitrittsurkunde erklären, dass er durch Absatz 1 nicht gebunden ist.

(3) Ein Vertragsstaat des Übereinkommens, der die in Absatz 2 genannte Erklärung abgegeben hat, bemüht sich, diese Erklärung durch eine an den Generaldirektor der UNESCO gerichtete Notifikation zurückzunehmen. Die Rücknahme der Erklärung wird jedoch in Bezug auf den Beitrag des jeweiligen Staates erst mit dem Zeitpunkt der Eröffnung der folgenden Tagung der Generalversammlung wirksam.

(4) Um dem Ausschuss die wirksame Planung seiner Tätigkeit zu ermöglichen, werden die Beiträge derjenigen Vertragsstaaten dieses Übereinkommens, die die in Absatz 2 genannte Erklärung abgegeben haben, regelmäßig, mindestens jedoch alle zwei Jahre, entrichtet; sie sollen so weit wie möglich den Beiträgen entsprechen, die sie zu zahlen hätten, wenn sie durch Absatz 1 gebunden wären.

(5) Ein Vertragsstaat dieses Übereinkommens, der mit der Zahlung seiner Pflichtbeiträge oder seiner freiwilligen Beiträge für das laufende Jahr und das unmittelbar vorhergegangene Kalenderjahr im Rückstand

ist, kann nicht Mitglied des Ausschusses werden; dies gilt nicht für die erste Wahl. Die Amtszeit eines solchen Staates, der bereits Mitglied des Ausschusses ist, endet zum Zeitpunkt der in Artikel 6 vorgesehenen Wahl.

Art. 27 Zusätzliche freiwillige Beiträge an den Fonds. Die Vertragsstaaten, die zusätzlich zu den in Artikel 26 vorgesehenen Beiträgen freiwillige Beiträge zahlen möchten, unterrichten den Ausschuss so bald wie möglich, damit er seine Tätigkeiten entsprechend planen kann.

Art. 28 Internationale Kampagnen zur Sammlung von Spenden. Die Vertragsstaaten unterstützen im Rahmen ihrer Möglichkeiten die unter der Schirmherrschaft der UNESCO zu Gunsten des Fonds durchgeführten internationalen Kampagnen zur Sammlung von Spenden.

VII. Berichte

Art. 29 Berichte der Vertragsstaaten. Die Vertragsstaaten legen dem Ausschuss in der von ihm zu bestimmenden Form und in den von ihm festzulegenden Abständen Berichte darüber vor, welche Rechts- und sonstigen Vorschriften sie zur Durchführung dieses Übereinkommens erlassen und welche sonstigen Maßnahmen sie dafür getroffen haben.

Art. 30 Berichte des Ausschusses. (1) Auf der Grundlage seiner Tätigkeiten und der in Artikel 29 bezeichneten Berichte der Vertragsstaaten legt der Ausschuss der Generalversammlung auf jeder Tagung einen Bericht vor.

(2) Dieser Bericht wird der Generalkonferenz der UNESCO zur Kenntnis gebracht.

VIII. Übergangsbestimmung

Art. 31 Verhältnis zur Proklamation der Meisterwerke des mündlich überlieferten und immateriellen Erbes der Menschheit. (1) Der Ausschuss nimmt die Elemente, die vor dem Inkrafttreten dieses Übereinkommens zu „Meisterwerken des mündlichen und immateriellen Erbes der Menschheit" erklärt wurden, in die Repräsentative Liste des immateriellen Kulturerbes der Menschheit auf.

(2) Die Aufnahme dieser Elemente in die Repräsentative Liste des *immateriellen* Kulturerbes der Menschheit stellt in keiner Weise einen Vorgriff auf die Kriterien dar, die nach Artikel 16 Absatz 2 für eine künftige Aufnahme in die Liste festgelegt werden.

(3) Nach dem Inkrafttreten dieses Übereinkommens werden keine weiteren Proklamationen erfolgen.

IX. Schlussbestimmungen

Art. 32 Ratifikation, Annahme oder Genehmigung. (1) Dieses Übereinkommen bedarf der Ratifikation, Annahme oder Genehmigung durch die Mitgliedstaaten der UNESCO nach Maßgabe ihrer verfassungsrechtlichen Verfahren.

(2) Die Ratifikations-, Annahme- oder Genehmigungsurkunden werden beim Generaldirektor der UNESCO hinterlegt.

Art. 33 Beitritt. (1) Dieses Übereinkommen steht allen Nichtmitgliedstaaten der UNESCO zum Beitritt offen, die von der Generalkonferenz der UNESCO dazu eingeladen werden.

(2) Dieses Übereinkommen steht ferner allen Hoheitsgebieten zum Beitritt offen, die eine als solche von den Vereinten Nationen anerkannte volle innere Selbstregierung genießen, jedoch noch nicht die volle Unabhängigkeit im Sinne der Resolution 1514 (XV) der Generalversammlung erreicht haben, und die die Zuständigkeit über die in diesem Übereinkommen geregelten Angelegenheiten haben, einschließlich der Zuständigkeit, in diesen Angelegenheiten Verträge zu schließen.

(3) Die Beitrittsurkunde wird beim Generaldirektor der UNESCO hinterlegt.

Art. 34 Inkrafttreten. Dieses Übereinkommen tritt drei Monate nach Hinterlegung der dreißigsten Ratifikations-, Annahme-, Genehmigungs- oder Beitrittsurkunde in Kraft, jedoch nur für die Staaten, die bis zu diesem Tag ihre Ratifikations-, Annahme-, Genehmigungs- oder Beitrittsurkunde hinterlegt haben. Für jeden anderen Vertragsstaat tritt sie drei Monate nach Hinterlegung seiner Ratifikations-, Annahme-, Genehmigungs- oder Beitrittsurkunde in Kraft.

Art. 35 Bundesstaatliche oder nicht einheitsstaatliche Verfassungssysteme. Folgende Bestimmungen gelten für Vertragsstaaten, die ein bundesstaatliches oder ein nicht einheitsstaatliches Verfassungssystem haben:

a) Hinsichtlich derjenigen Bestimmungen dieses Übereinkommens, deren Durchführung in die Zuständigkeit des Bundes- oder Zentral-Gesetzgebungsorgans fällt, sind die Verpflichtungen der Bundes- oder Zentralregierung dieselben wie für diejenigen Vertragsstaaten, die nicht Bundesstaaten sind;

b) hinsichtlich derjenigen Bestimmungen dieses Übereinkommens, deren Durchführung in die Zuständigkeit einzelner Bundesstaaten,

Länder, Provinzen oder Kantone fällt, die nicht durch das Verfassungssystem des Bundes verpflichtet sind, gesetzgeberische Maßnahmen zu treffen, bringt die Bundesregierung den zuständigen Stellen dieser Bundesstaaten, Länder, Provinzen oder Kantone die genannten Bestimmungen zur Kenntnis und empfiehlt ihnen ihre Annahme.

Art. 36 Kündigung. (1) Jeder Vertragsstaat kann dieses Übereinkommen kündigen.

(2) Die Kündigung wird durch eine Urkunde notifiziert, die beim Generaldirektor der UNESCO hinterlegt wird.

(3) Die Kündigung wird zwölf Monate nach Eingang der Kündigungsurkunde wirksam. Sie lässt die finanziellen Verpflichtungen des kündigenden Vertragsstaats bis zu dem Tag unberührt, an dem der Rücktritt wirksam wird.

Art. 37 Aufgaben des Verwahrers. Der Generaldirektor der UNESCO unterrichtet als Verwahrer dieses Übereinkommens die Mitgliedstaaten der Organisation, die in Artikel 33 bezeichneten Nichtmitgliedstaaten sowie die Vereinten Nationen von der Hinterlegung aller Ratifikations-, Annahme-, Genehmigungs- oder Beitrittsurkunden nach den Artikeln 32 und 33 und von den Kündigungen nach Artikel 36.

Art. 38 Änderungen. (1) Jeder Vertragsstaat kann Änderungen dieses Übereinkommens durch eine schriftliche, an den Generaldirektor gerichtete Mitteilung vorschlagen. Der Generaldirektor übermittelt diese Mitteilung allen Vertragsstaaten. Antwortet mindestens die Hälfte der Vertragsstaaten innerhalb von sechs Monaten nach dem Tag der Absendung der Mitteilung befürwortend auf diesen Antrag, so legt der Generaldirektor diesen Vorschlag der Generalversammlung auf ihrer nächsten Tagung zur Erörterung und möglichen Beschlussfassung vor.

(2) Änderungen werden mit Zweidrittelmehrheit der anwesenden und abstimmenden Vertragsstaaten beschlossen.

(3) Nach Beschluss von Änderungen dieses Übereinkommens werden diese den Vertragsstaaten zur Ratifikation, Annahme, Genehmigung oder zum Beitritt vorgelegt.

(4) Für die Vertragsstaaten, die die Änderungen ratifiziert, angenommen oder genehmigt haben oder ihnen beigetreten sind, treten die Änderungen dieses Übereinkommens drei Monate nach Hinterlegung der in Absatz 3 bezeichneten Urkunden durch zwei Drittel der Vertragsstaaten in Kraft. Danach tritt eine Änderung für einen Vertragsstaat, der die Änderung ratifiziert, annimmt, genehmigt oder ihr beitritt, drei Monate nach Hinterlegung der Ratifikations-, Annahme-, Genehmigungs- oder Beitrittsurkunde durch diesen Vertragsstaat in Kraft.

(5) Das in den Absätzen 3 und 4 festgelegte Verfahren findet keine Anwendung auf Änderungen des Artikels 5 hinsichtlich der Zahl der Mitgliedstaaten des Ausschusses. Diese Änderungen treten zu dem Zeitpunkt, zu dem sie beschlossen werden, in Kraft.

(6) Ein Staat, der nach dem Inkrafttreten von Änderungen nach Absatz 4 Vertragspartei dieses Übereinkommens wird, gilt, sofern er keine andere Absicht zum Ausdruck bringt,

a) als Vertragspartei dieses Übereinkommens in seiner geänderten Fassung und

b) als Vertragspartei dieses Übereinkommens in seiner ungeänderten Fassung im Verhältnis zu jedem Vertragsstaat, der nicht durch die Änderungen gebunden ist.

Art. 39 Verbindliche Wortlaute. Dieses Übereinkommen ist in arabischer, chinesischer, englischer, französischer, russischer und spanischer Sprache abgefasst, wobei jeder Wortlaut gleichermaßen verbindlich ist.

Art. 40 Registrierung. Auf Ersuchen des Generaldirektors der UNESCO wird dieses Übereinkommens nach Artikel 102 der Charta der Vereinten Nationen beim Sekretariat der Organisation der Vereinten Nationen registriert.

(5) Das in den Absätzen 3 und 4 festgelegte Verfahren findet keine Anwendung auf Änderungen des Artikels 5 hinsichtlich der Zahl der Mitgliedstaaten des Ausschusses. Diese Änderungen treten zu dem Zeitpunkt, zu dem sie beschlossen werden, in Kraft.

(6) Ein Staat, der nach dem Inkrafttreten von Änderungen nach Absatz 4 Vertragspartei dieses Übereinkommens wird, gilt, sofern er keine andere Absicht zum Ausdruck bringt,

a) als Vertragspartei dieses Übereinkommens in seiner geänderten Fassung und

b) als Vertragspartei dieses Übereinkommens in seiner ungeänderten Fassung im Verhältnis zu jedem Vertragsstaat, der nicht durch die Änderungen gebunden ist.

Art. 39 Verbindliche Wortlaute. Dieses Übereinkommen ist in arabischer, chinesischer, englischer, französischer, russischer und spanischer Sprache abgefasst, wobei jeder Wortlaut gleichermaßen verbindlich ist.

Art. 40 Registrierung. Auf Ersuchen des Generaldirektors der UNESCO wird dieses Übereinkommen nach Artikel 102 der Charta der Vereinten Nationen beim Sekretariat der Organisation der Vereinten Nationen registriert.

414. Übereinkommen über Maßnahmen zum Verbot und zur Verhütung der rechtswidrigen Einfuhr, Ausfuhr und Übereignung von Kulturgut[1), 2)]

Vom 14. November 1970
(BGBl. 2007 II S. 627)

(Übersetzung)

Die Generalkonferenz der Organisation der Vereinten Nationen für Erziehung, Wissenschaft und Kultur, die vom 12. Oktober bis zum 14. November 1970 in Paris zu ihrer 16. Tagung zusammengetreten ist –

im Hinblick auf die Bedeutung der Bestimmungen der von der Generalkonferenz auf ihrer 14. Tagung angenommenen Erklärung über die Grundsätze der internationalen kulturellen Zusammenarbeit,

in der Erwägung, dass der Austausch von Kulturgut unter den Nationen zu wissenschaftlichen, kulturellen und erzieherischen Zwecken das Wissen über die menschliche Zivilisation vertieft, das kulturelle Leben aller Völker bereichert und die gegenseitige Achtung und Wertschätzung unter den Nationen fördert,

in der Erwägung, dass das Kulturgut zu den wesentlichen Elementen der Zivilisation und Kultur der Völker gehört und dass sein wahrer Wert nur im Zusammenhang mit einer möglichst umfassenden Unterrichtung über seinen Ursprung, seine Geschichte und seinen traditionellen Hintergrund erfasst werden kann,

in der Erwägung, dass es jedem Staat obliegt, das in seinem Hoheitsgebiet vorhandene Kulturgut vor den Gefahren des Diebstahls, der unerlaubten Ausgrabung und der rechtswidrigen Ausfuhr zu schützen,

in der Erwägung, dass es zur Abwendung dieser Gefahren unerlässlich ist, dass sich jeder Staat in zunehmendem Maße der moralischen Verpflichtung zur Achtung seines kulturellen Erbes und desjenigen aller Nationen bewusst wird,

in der Erwägung, dass Museen, Bibliotheken und Archive als kulturelle Einrichtungen dafür Sorge zu tragen haben, dass ihre Sammlungen nach weltweit anerkannten moralischen Grundsätzen aufgebaut werden,

---

1) Das Abkommen ist für Deutschland am 29.2.2008 in Kraft getreten (Bek. v. 28.8. 2008, BGBl. 2008 II S. 235).

2) Vgl. für Deutschland auch das Gesetz zum Schutz von Kulturgut (Kulturgutschutzgesetz – KGSG) v. 31.7.2017 (BGBl. I S. 1914), geänd. durch Gesetz v. 13.4.2017 (BGBl. I S. 872). Zur § 90 Fortgeltung und Befristung bisherigen Abwanderungsschutzes (insbes. Gesetz v. 18.5.2007 zur Ausführung des UNESCO-Übereinkommens, BGBl. 2007 I S. 757, ber. S. 2547) vgl. § 90 des Gesetzes. Vgl. auch Richtlinie 2014/60/EU v. 15.5.2014 über die Rückgabe von unrechtmäßig aus dem Hoheitsgebiet eines Mitgliedstaats verbrachten Kulturgütern (ABl. Nr. L 159/1 v. 28.5.2014, ber. ABl. Nr. L 147/24 v. 12.6.2015).

in der Erwägung, dass die rechtswidrige Einfuhr, Ausfuhr und Übereignung von Kulturgut der Verständigung zwischen den Nationen im Wege steht, die zu fördern Aufgabe der Unesco ist, etwa indem sie interessierten Staaten den Abschluss internationaler Übereinkünfte zu diesem Zweck empfiehlt,

in der Erwägung, dass der Schutz des kulturellen Erbes nur wirksam sein kann, wenn er sowohl auf nationaler als auch auf internationaler Ebene durch enge Zusammenarbeit zwischen den Staaten gestaltet wird,

in der Erwägung, dass die Generalkonferenz der Unesco zu diesem Zweck im Jahre 1964 eine Empfehlung angenommen hat,

angesichts weiterer Vorschläge über Maßnahmen zum Verbot und zur Verhütung der rechtswidrigen Einfuhr, Ausfuhr und Übereignung von Kulturgut, eine Frage, die als Punkt 19 auf der Tagesordnung der Tagung steht,

nach dem auf ihrer 15. Tagung gefassten Beschluss, diese Frage zum Gegenstand eines internationalen Übereinkommens zu machen –

nimmt dieses Übereinkommen am 14. November 1970 an.

Art. 1. Im Sinne dieses Übereinkommens gilt als Kulturgut das von jedem Staat aus religiösen oder weltlichen Gründen als für Archäologie, Vorgeschichte, Geschichte, Literatur, Kunst oder Wissenschaft besonders bedeutsam bezeichnete Gut, das folgenden Kategorien angehört:

a) seltene Sammlungen und Exemplare der Zoologie, Botanik, Mineralogie und Anatomie sowie Gegenstände von paläontologischem Interesse;
b) Gut, das sich auf die Geschichte einschließlich der Geschichte von Wissenschaft und Technik sowie der Militär- und Sozialgeschichte, das Leben nationaler Führungspersönlichkeiten, Denker, Wissenschaftler und Künstler und Ereignisse von nationaler Bedeutung bezieht;
c) Ergebnisse archäologischer Ausgrabungen (sowohl vorschriftsmäßiger als auch unerlaubter) oder archäologischer Entdeckungen;
d) Teile künstlerischer oder geschichtlicher Denkmäler oder archäologischer Stätten, deren Zusammenhang zerstört ist;
e) Antiquitäten, die mehr als hundert Jahre alt sind, wie Inschriften, Münzen und gravierte Siegel;
f) Gegenstände von ethnologischem Interesse;
g) Gut von künstlerischem Interesse wie
   i) Bilder, Gemälde und Zeichnungen, die ausschließlich von Hand auf einem beliebigen Träger und aus einem beliebigen Material angefertigt sind (ausgenommen industrielle Entwürfe und handbemalte Manufakturwaren);
   ii) Originalwerke der Bildhauerkunst und der Skulptur aus einem beliebigen Material;

iii) Originalgravuren, -drucke und -lithographien;
iv) Originale von künstlerischen Zusammenstellungen und Montagen aus einem beliebigen Material;

h) seltene Manuskripte und Inkunabeln, alte Bücher, Dokumente und Publikationen von besonderem Interesse (historisch, künstlerisch, wissenschaftlich, literarisch usw.), einzeln oder in Sammlungen;
i) Briefmarken, Steuermarken und Ähnliches, einzeln oder in Sammlungen;
j) Archive einschließlich Phono-, Foto- und Filmarchive;
k) Möbelstücke, die mehr als hundert Jahre alt sind, und alte Musikinstrumente.

Art. 2. (1) Die Vertragsstaaten erkennen an, dass die rechtswidrige Einfuhr, Ausfuhr und Übereignung von Kulturgut eine der Hauptursachen für die Verluste am kulturellen Erbe der Ursprungsländer darstellen und dass die internationale Zusammenarbeit eines der wirksamsten Mittel zum Schutz des Kulturguts jedes Landes gegen alle sich daraus ergebenden Gefahren ist.

(2) Zu diesem Zweck verpflichten sich die Vertragsstaaten, mit den ihnen zur Verfügung stehenden Mitteln diese Praktiken zu bekämpfen, indem sie insbesondere ihre Ursachen beseitigen, ihre Ausübung beenden und zu den erforderlichen Wiedergutmachungen beitragen.

Art. 3. Die Einfuhr, Ausfuhr und Übereignung von Kulturgut gelten als rechtswidrig, wenn sie im Widerspruch zu den Bestimmungen stehen, die von den Vertragsstaaten auf Grund dieses Übereinkommens angenommen worden sind.

Art. 4. Die Vertragsstaaten erkennen an, dass im Sinne dieses Übereinkommens das zu folgenden Kategorien gehörende Gut Teil des kulturellen Erbes jedes Staates ist:

a) Kulturgut, das durch die individuelle oder kollektive Schöpferkraft von Angehörigen des betreffenden Staates entstanden ist, und für den betreffenden Staat bedeutsames Kulturgut, das in seinem Hoheitsgebiet von dort ansässigen Ausländern oder Staatenlosen geschaffen wurde;
b) im Staatsgebiet gefundenes Kulturgut;
c) durch archäologische, ethnologische oder naturwissenschaftliche Missionen mit Zustimmung der zuständigen Behörden des Ursprungslands erworbenes Kulturgut;
d) Kulturgut, das auf Grund freier Vereinbarung ausgetauscht worden ist;
e) Kulturgut, das als Geschenk entgegengenommen oder mit Zustimmung der zuständigen Behörden des Ursprungslands rechtmäßig gekauft wurde.

Art. 5. Um den Schutz ihres Kulturguts vor rechtswidriger Einfuhr, Ausfuhr oder Übereignung sicherzustellen, verpflichten sich die Vertragsstaaten, je nach den Gegebenheiten ihres Landes in ihren Hoheitsgebieten zum Schutz des kulturellen Erbes eine oder mehrere Dienststellen einzurichten, soweit solche nicht bereits vorhanden sind, die mit qualifiziertem und zahlenmäßig ausreichendem Personal ausgestattet sind, das in der Lage ist, folgende Aufgaben wirksam zu erfüllen:

a) Mitwirkung bei der Ausarbeitung von Gesetzentwürfen und sonstigen Rechtsvorschriften zum Schutz des kulturellen Erbes und insbesondere zur Verhütung der rechtswidrigen Einfuhr, Ausfuhr und Übereignung bedeutsamen Kulturguts;
b) auf der Grundlage eines nationalen Bestandsverzeichnisses des zu schützenden Gutes Aufstellung und Führung eines Verzeichnisses des bedeutsamen öffentlichen und privaten Kulturguts, dessen Ausfuhr für das nationale kulturelle Erbe einen merklichen Verlust bedeuten würde;
c) Förderung des Ausbaus oder der Errichtung wissenschaftlicher und technischer Einrichtungen (Museen, Bibliotheken, Archive, Laboratorien, Werkstätten usw.), die zur Erhaltung und Ausstellung von Kulturgut notwendig sind;
d) Einrichtung der Überwachung archäologischer Ausgrabungen, Gewährleistung der Konservierung bestimmten Kulturguts „in situ" und Schutz bestimmter Gebiete, die künftigen archäologischen Forschungen vorbehalten sind;
e) Aufstellung von Vorschriften für die betroffenen Personen (Kuratoren, Sammler, Antiquitätenhändler usw.) entsprechend den ethischen Grundsätzen dieses Übereinkommens und Überwachung der Einhaltung dieser Vorschriften;
f) Durchführung von Bildungsmaßnahmen, um die Achtung vor dem kulturellen Erbe aller Staaten zu wecken und zu entwickeln, und Verbreitung der Kenntnis der Bestimmungen dieses Übereinkommens;
g) Vorsorge dafür, dass jedes Verschwinden von Kulturgut angemessen in der Öffentlichkeit bekannt gemacht wird.

Art. 6. Die Vertragsstaaten verpflichten sich,

a) eine geeignete Bescheinigung einzuführen, durch die der ausführende Staat bescheinigt, dass die Ausfuhr des betreffenden Kulturguts genehmigt ist. Jedes vorschriftsmäßig ausgeführte Kulturgut muss von einer solchen Bescheinigung begleitet sein;
b) die Ausfuhr von Kulturgut aus ihrem Hoheitsgebiet zu verbieten, sofern die oben genannte Ausfuhrbescheinigung nicht vorliegt;
c) *dieses Verbot auf* geeignete Weise in der Öffentlichkeit bekannt zu machen, insbesondere bei Personen, die für die Ausfuhr oder Einfuhr von Kulturgut in Frage kommen.

Art. 7. Die Vertragsstaaten verpflichten sich,

a) im Rahmen der innerstaatlichen Rechtsvorschriften die erforderlichen Maßnahmen zu ergreifen, um Museen und ähnliche Einrichtungen in ihrem Hoheitsgebiet am Erwerb von Kulturgut zu hindern, das aus einem anderen Vertragsstaat stammt und nach Inkrafttreten dieses Übereinkommens für die betreffenden Staaten widerrechtlich ausgeführt worden ist. Soweit möglich unterrichten sie einen Ursprungsstaat, der Vertragspartei ist, wenn solches Kulturgut angeboten wird, das nach Inkrafttreten dieses Übereinkommens für beide Staaten widerrechtlich aus jenem Staat entfernt worden ist;

b) i) die Einfuhr von Kulturgut, das nach Inkrafttreten dieses Übereinkommens für die betreffenden Staaten aus einem Museum oder einem religiösen oder weltlichen öffentlichen Baudenkmal oder einer ähnlichen Einrichtung in einem anderen Vertragsstaat gestohlen worden ist, zu verbieten, sofern nachgewiesen werden kann, dass dieses Gut zum Bestand jener Einrichtung gehört;

ii) auf Ersuchen des Ursprungsstaats, der Vertragspartei ist, geeignete Maßnahmen zur Wiedererlangung und Rückgabe solchen Kulturguts zu ergreifen, das nach Inkrafttreten dieses Übereinkommens für beide betreffenden Staaten eingeführt wurde, mit der Maßgabe, dass der ersuchende Staat einem gutgläubigen Erwerber oder einer Person mit einem gültigen Rechtsanspruch an dem Gut eine angemessene Entschädigung zahlt. Ersuchen um Wiedererlangung und Rückgabe sind auf diplomatischem Weg zu übermitteln. Der ersuchende Staat stellt auf seine Kosten die Unterlagen und Nachweise zur Verfügung, die zur Feststellung seines Anspruchs auf Wiedererlangung und Rückgabe erforderlich sind. Die Vertragsstaaten erheben auf das nach diesem Artikel zurückgegebene Gut weder Zölle noch sonstige Abgaben. Alle Kosten im Zusammenhang mit der Rückgabe und Zustellung des Kulturguts werden von dem ersuchenden Staat getragen.

Art. 8. Die Vertragsstaaten verpflichten sich, gegen jeden, der für einen Verstoß gegen die in Artikel 6 Buchstabe b und Artikel 7 Buchstabe b genannten Verbote verantwortlich ist, Kriminal- oder Ordnungsstrafen zu verhängen.

Art. 9. Jeder Vertragsstaat, dessen kulturelles Erbe durch Plünderung archäologischen oder ethnologischen Gutes gefährdet ist, kann sich an andere betroffene Vertragsstaaten wenden. Die Vertragsstaaten verpflichten sich, in diesen Fällen an einer konzertierten internationalen Aktion teilzunehmen mit dem Ziel, die erforderlichen konkreten Maßnahmen festzulegen und durchzuführen, einschließlich der Überwachung der Ausfuhr, der Einfuhr und des internationalen Handels mit dem betroffenen spezifischen Gut. Bis zu einer Vereinbarung ergreift jeder betroffene Staat im Rahmen des Möglichen einstweilige

Maßnahmen, um zu verhindern, dass dem kulturellen Erbe des ersuchenden Staates nicht wieder gutzumachender Schaden zugefügt wird.

Art. 10. Die Vertragsstaaten verpflichten sich,

a) durch Erziehung, Information und aufmerksame Beobachtung den Verkehr mit Kulturgut, das aus einem Vertragsstaat widerrechtlich entfernt worden ist, einzuschränken und je nach den Gegebenheiten des Landes die Antiquitätenhändler unter Androhung von Kriminal- oder Ordnungsstrafen zu verpflichten, ein Verzeichnis zu führen, aus dem der Ursprung jedes einzelnen Kulturguts, Name und Anschrift des Lieferanten sowie die Beschreibung und der Preis jedes verkauften Gegenstands hervorgehen, und den Käufer des Kulturguts über das dafür möglicherweise bestehende Ausfuhrverbot zu unterrichten;

b) sich zu bemühen, durch erzieherische Maßnahmen in der Öffentlichkeit das Verständnis für den Wert des Kulturguts sowie für seine Gefährdung durch Diebstahl, unerlaubte Ausgrabungen und rechtswidrige Ausfuhr zu wecken und zu entwickeln.

Art. 11. Die erzwungene Ausfuhr und Übereignung von Kulturgut, die sich unmittelbar oder mittelbar aus der Besetzung eines Landes durch eine fremde Macht ergeben, gelten als rechtswidrig.

Art. 12. Die Vertragsstaaten achten das kulturelle Erbe in den Hoheitsgebieten, deren internationale Beziehungen sie wahrnehmen, und ergreifen alle geeigneten Maßnahmen, um die rechtswidrige Einfuhr, Ausfuhr und Übereignung von Kulturgut in diesen Hoheitsgebieten zu verbieten und zu verhüten.

Art. 13. Die Vertragsstaaten verpflichten sich ferner im Rahmen ihrer innerstaatlichen Rechtsordnung,

a) mit allen geeigneten Mitteln Übereignungen von Kulturgut zu verhüten, durch die eine rechtswidrige Einfuhr oder Ausfuhr desselben begünstigt werden könnte;

b) dafür zu sorgen, dass ihre zuständigen Dienststellen zusammenarbeiten, um eine möglichst baldige Rückgabe des rechtswidrig ausgeführten Kulturguts an den rechtmäßigen Eigentümer zu erleichtern;

c) Verfahren zur Wiedererlangung verloren gegangenen oder gestohlenen Kulturguts zuzulassen, die vom rechtmäßigen Eigentümer oder in seinem Namen angestrengt werden;

d) das unantastbare Recht jedes Vertragsstaats anzuerkennen, bestimmtes Kulturgut als unveräußerlich einzustufen und zu erklären, das daher *ipso facto nicht* ausgeführt werden darf, und die Wiedererlangung solchen Gutes durch den betreffenden Staat in Fällen zu erleichtern, in denen es ausgeführt worden ist.

Art. 14. Zur Verhütung der rechtswidrigen Ausfuhr und zur Einhaltung der aus der Durchführung dieses Übereinkommens entstehenden Verpflichtungen soll jeder Vertragsstaat im Rahmen seiner Möglichkeiten seine innerstaatlichen Dienststellen, die für den Schutz seines kulturellen Erbes verantwortlich sind, mit ausreichenden Mitteln ausstatten und, soweit erforderlich, zu diesem Zweck einen Fonds schaffen.

Art. 15. Dieses Übereinkommen hindert die Vertragsstaaten nicht, untereinander Sonderabkommen zu schließen oder bereits geschlossene Abkommen weiter anzuwenden, welche die Rückgabe von Kulturgut zum Inhalt haben, das aus irgendwelchen Gründen vor Inkrafttreten dieses Übereinkommens für die betreffenden Staaten aus dem Ursprungsland entfernt worden ist.

Art. 16. Die Vertragsstaaten geben in ihren regelmäßigen Berichten, die sie der Generalkonferenz der Organisation der Vereinten Nationen für Erziehung, Wissenschaft und Kultur zu den von der Generalkonferenz festzulegenden Zeitpunkten und in einer von ihr anzugebenden Weise vorlegen, Auskunft über die von ihnen erlassenen Rechtsund Verwaltungsvorschriften und sonstige von ihnen zur Anwendung dieses Übereinkommens ergriffene Maßnahmen sowie ihre auf diesem Gebiet gewonnenen Erfahrungen.

Art. 17. (1) Die Vertragsstaaten können die technische Hilfe der Organisation der Vereinten Nationen für Erziehung, Wissenschaft und Kultur in Anspruch nehmen, insbesondere in folgenden Belangen:

a) Information und Erziehung;

b) Beratung und Sachverständigengutachten;

c) Koordinierung und gute Dienste.

(2) Die Organisation der Vereinten Nationen für Erziehung, Wissenschaft und Kultur kann von sich aus über Fragen im Zusammenhang mit dem rechtswidrigen Verkehr von Kulturgut Forschungsarbeiten durchführen und Untersuchungen veröffentlichen.

(3) Zu diesem Zweck kann sich die Organisation der Vereinten Nationen für Erziehung, Wissenschaft und Kultur mit der Bitte um Zusammenarbeit auch an jede sachverständige nichtstaatliche Organisation wenden.

(4) Die Organisation der Vereinten Nationen für Erziehung, Wissenschaft und Kultur kann von sich aus den Vertragsstaaten Vorschläge für die Durchführung des Übereinkommens unterbreiten.

(5) Auf Ersuchen von wenigstens zwei Vertragsstaaten, zwischen denen eine Streitigkeit über die Durchführung des Übereinkommens entstanden ist, kann die Unesco ihre guten Dienste für eine Beilegung anbieten.

Art. 18. Dieses Übereinkommen ist in englischer, französischer, russischer und spanischer Sprache abgefasst, wobei jeder Wortlaut gleichermaßen verbindlich ist.

Art. 19. (1) Dieses Übereinkommen bedarf der Ratifikation oder Annahme durch die Mitgliedstaaten der Organisation der Vereinten Nationen für Erziehung, Wissenschaft und Kultur nach Maßgabe ihrer verfassungsrechtlichen Verfahren.

(2) Die Ratifikations- oder Annahmeurkunden werden beim Generaldirektor der Organisation der Vereinten Nationen für Erziehung, Wissenschaft und Kultur hinterlegt.

Art. 20. (1) Dieses Übereinkommen liegt für alle Nichtmitgliedstaaten der Organisation der Vereinten Nationen für Erziehung, Wissenschaft und Kultur, die vom Exekutivrat der Organisation hierzu aufgefordert werden, zum Beitritt auf.

(2) Der Beitritt erfolgt durch Hinterlegung einer Beitrittsurkunde beim Generaldirektor der Organisation der Vereinten Nationen für Erziehung, Wissenschaft und Kultur.

Art. 21. Dieses Übereinkommen tritt drei Monate nach Hinterlegung der dritten Ratifikations-, Annahme- oder Beitrittsurkunde in Kraft, jedoch nur für die Staaten, die bis zu diesem Zeitpunkt ihre Urkunden hinterlegt haben. Für jeden anderen Staat tritt es drei Monate nach Hinterlegung seiner Ratifikations-, Annahme- oder Beitrittsurkunde in Kraft.

Art. 22. Die Vertragsstaaten erkennen an, dass das Übereinkommen nicht nur auf ihre Mutterländer anzuwenden ist, sondern auch auf alle Hoheitsgebiete, deren internationale Beziehungen sie wahrnehmen; sie verpflichten sich, nötigenfalls die Regierungen oder sonstigen zuständigen Behörden jener Hoheitsgebiete vor oder bei der Ratifikation, der Annahme oder dem Beitritt zu konsultieren, damit die Anwendung des Übereinkommens auf diese Gebiete gewährleistet ist, und dem Generaldirektor der Organisation der Vereinten Nationen für Erziehung, Wissenschaft und Kultur die Hoheitsgebiete zu notifizieren, auf die das Übereinkommen Anwendung findet; die Notifikation wird drei Monate nach ihrem Eingang wirksam.

Art. 23. (1) Jeder Vertragsstaat kann dieses Übereinkommen für sich selbst oder für ein Hoheitsgebiet, dessen internationale Beziehungen er wahrnimmt, kündigen.

(2) Die Kündigung wird durch eine schriftliche Urkunde notifiziert, die beim Generaldirektor der Organisation der Vereinten Nationen für Erziehung, Wissenschaft und Kultur hinterlegt wird.

(3) Die Kündigung wird zwölf Monate nach Eingang der Kündigungsurkunde wirksam.

Art. 24. Der Generaldirektor der Organisation der Vereinten Nationen für Erziehung, Wissenschaft und Kultur unterrichtet die Mitgliedstaaten der Organisation, die in Artikel 20 bezeichneten Nichtmitgliedstaaten der Organisation sowie die Vereinten Nationen von der Hinterlegung aller Ratifikations-, Annahme- und Beitrittsurkunden nach den Artikeln 19 und 20 und von den Notifikationen und Kündigungen nach den Artikeln 22 bzw. 23.

Art. 25. (1) Dieses Übereinkommen kann von der Generalkonferenz der Organisation der Vereinten Nationen für Erziehung, Wissenschaft und Kultur revidiert werden. Jede Revision ist jedoch nur für diejenigen Staaten verbindlich, die Vertragsparteien des Revisionsübereinkommens werden.

(2) Nimmt die Generalkonferenz ein neues Übereinkommen an, das dieses Übereinkommen ganz oder teilweise revidiert, so liegt dieses Übereinkommen, sofern das neue Übereinkommen nichts anderes bestimmt, vom Tag des Inkrafttretens des neuen Revisionsübereinkommens an nicht mehr zur Ratifikation, zur Annahme oder zum Beitritt auf.

Art. 26. Auf Ersuchen des Generaldirektors der Organisation der Vereinten Nationen für Erziehung, Wissenschaft und Kultur wird dieses Übereinkommen nach Artikel 102 der Charta der Vereinten Nationen beim Sekretariat der Vereinten Nationen registriert.

Geschehen zu Paris am 17. November 1970 in zwei Urschriften, die mit den Unterschriften des Präsidenten der 16. Tagung der Generalkonferenz und des Generaldirektors der Organisation der Vereinten Nationen für Erziehung, Wissenschaft und Kultur versehen sind und im Archiv der Organisation der Vereinten Nationen für Erziehung, Wissenschaft und Kultur hinterlegt werden; allen in den Artikeln 19 und 20 bezeichneten Staaten sowie den Vereinten Nationen werden beglaubigte Abschriften übermittelt.

Dieses ist der verbindliche Wortlaut des Übereinkommens, das von der Generalkonferenz der Organisation der Vereinten Nationen für Erziehung, Wissenschaft und Kultur auf ihrer in Paris abgehaltenen und am 14. November 1970 für beendet erklärten 16. Tagung ordnungsgemäß angenommen wurde.

Zu Urkund dessen haben wir am 17. November 1970 das Übereinkommen mit unseren Unterschriften versehen.

420. Übereinkommen zum Schutz der Meeresumwelt des Nordostatlantiks („OSPAR"-Übereinkommen)[1)·2)·3)]

Vom 22. September 1992

(BGBl. 1994 II S. 1360)

(Übersetzung)

DIE VERTRAGSPARTEIEN –

IN DER ERKENNTNIS, dass die Meeresumwelt und die von ihr lebenden Tiere und Pflanzen für alle Völker von lebenswichtiger Bedeutung sind;

IN ANBETRACHT des Eigenwerts der Meeresumwelt des Nordostatlantiks und der Notwendigkeit, sie in koordinierter Weise zu schützen;

IN DER ERKENNTNIS, dass ein untereinander abgestimmtes Vorgehen auf nationaler, regionaler und weltweiter Ebene unerlässlich ist zur Verhütung und Beseitigung der Meeresverschmutzung und zur Erreichung einer nachhaltigen Bewirtschaftung des Meeresgebiets, das heißt einer solchen Gestaltung der menschlichen Tätigkeiten, dass das Meeresökosystem weiterhin die rechtmäßigen Nutzungen des Meeres erlaubt und die Bedürfnisse der heutigen und der künftigen Generationen befriedigt;

EINGEDENK DESSEN, dass das ökologische Gleichgewicht und die rechtmäßigen Nutzungen des Meeres durch Verschmutzung bedroht sind;

UNTER BERÜCKSICHTIGUNG der Empfehlungen der im Juni 1972 in Stockholm abgehaltenen Konferenz der Vereinten Nationen über die Umwelt des Menschen

SOWIE UNTER BERÜCKSICHTIGUNG der Ergebnisse der im Juni 1992 in Rio de Janeiro abgehaltenen Konferenz der Vereinten Nationen über Umwelt und Entwicklung;

---

1) Das Übk. ist gem. Bek. v. 14. 10. 1998 (BGBl. 1998 II S. 2946) am 25. 3. 1998 für Deutschland in Kraft getreten. Es ersetzt die früheren Übereinkommen von Oslo (1972) und Paris, worauf auch der nichtamtliche, aber allg. gebräuchliche Kurztitel („OSPAR") Bezug nimmt.

2) Das Übk. ist am 23. 7. 1998 um eine Anlage V und einen Anhang 3 ergänzt worden (BGBl. 2001 II S. 647), diese in Kraft getreten für Deutschland am 13. 1. 2002 (Bek. v. 1. 8. 2002, BGBl. 2002 II S. 2303, 2760). Beschlüsse der OSPAR-Kommission, die nach Art. 13 für Deutschland Verbindlichkeit erlangt haben, in: BGBl. 1999 II S. 618 (1. OSPAR-Verordnung in Kraft am 9. 2. 1999, Bek. v. 30. 7. 1999, BGBl. 1999 II S. 662), BGBl. 2001 II S. 138 (2. OSPAR-Verordnung, in Kraft am 16. 1. 2001, Bek. v. 26. 3. 2001, BGBl. 2001 II S. 318), BGBl. 2006 II S. 2 (3. OSPAR-Verordnung) und BGBl. 2010 II S. 1078 (4. OSPAR-Verordnung).

3) Vgl. auch das Übk. zur Zusammenarbeit bei der Bekämpfung der Verschmutzung der Nordsee durch Öl und andere Schadstoffe v. 13. 9. 1983 (BGBl. 1990 II S. 71), geänd. gem. Beschl. v. 22. 9. 1989 (BGBl. 1995 II S. 180).

EINGEDENK der maßgeblichen Bestimmungen des Völkergewohnheitsrechts, die sich in Teil XII des Seerechtsübereinkommens der Vereinten Nationen und insbesondere in Artikel 197 über die weltweite und regionale Zusammenarbeit zum Schutz und zur Bewahrung der Meeresumwelt niedergeschlagen haben;

IN DER ERWÄGUNG, dass die mit derselben Meereszone befassten Staaten durch ihre gemeinsamen Interessen veranlasst werden sollten, auf regionaler oder subregionaler Ebene zusammenzuarbeiten;

EINGEDENK der positiven Ergebnisse, die im Zusammenhang mit dem am 15. Februar 1972 in Oslo unterzeichneten Übereinkommen zur Verhütung der Meeresverschmutzung durch das Einbringen durch Schiffe und Luftfahrzeuge in seiner durch die Protokolle vom 2. März 1983 und vom 5. Dezember 1989 geänderten Fassung sowie dem am 4. Juni 1974 in Paris unterzeichneten Übereinkommen zur Verhütung der Meeresverschmutzung vom Lande aus in seiner durch das Protokoll vom 26. März 1986 geänderten Fassung erzielt wurden;

ÜBERZEUGT, dass als Teil fortlaufender und zusammenhängender Maßnahmen zum Schutz der Meeresumwelt unverzüglich weitere internationale Vorkehrungen zur Verhütung und Beseitigung der Meeresverschmutzung getroffen werden sollten;

IN DER ERKENNTNIS, dass es wünschenswert sein dürfte, auf regionaler Ebene strengere Maßnahmen bezüglich der Verhütung und Beseitigung der Verschmutzung der Meeresumwelt oder bezüglich des Schutzes der Meeresumwelt vor den nachteiligen Auswirkungen menschlicher Tätigkeiten zu beschließen, als in internationalen Übereinkommen oder Vereinbarungen mit weltweitem Anwendungsbereich vorgesehen sind,

IN DER ERKENNTNIS, dass Fragen der Fischereiwirtschaft in angemessener Weise im Rahmen internationaler und regionaler Übereinkünfte geregelt sind, die sich eigens mit diesen Fragen befassen;

IN DER ERWÄGUNG, dass die derzeitigen Übereinkommen von Oslo und Paris einige der zahlreichen Verschmutzungsquellen nicht in angemessener Weise regeln und dass es deshalb gerechtfertigt ist, sie durch das vorliegende Übereinkommen zu ersetzen, das alle Quellen der Verschmutzung der Meeresumwelt sowie die nachteiligen Auswirkungen menschlicher Tätigkeiten auf die Meeresumwelt behandelt, das Vorsorgeprinzip berücksichtigt und die regionale Zusammenarbeit stärkt

SIND WIE FOLGT ÜBEREINGEKOMMEN:

Art. 1 Begriffsbestimmungen. Im Sinne dieses Übereinkommens

a) bedeutet „Meeresgebiet" die inneren Gewässer und die Küstenmeere der Vertragsparteien, das jenseits des Küstenmeers gelegene und an dieses angrenzende Meer, das den Hoheitsbefugnissen des Küstenstaats unterliegt, soweit es durch das Völkerrecht anerkannt ist, sowie die Hohe See, einschließlich des Bodens und des Untergrunds aller dieser Gewässer, innerhalb der folgenden Begrenzungen:

i) diejenigen Teile des Atlantischen Ozeans und des Nördlichen Eismeers und ihrer Nebengewässer, die nördlich von 36° nördlicher Breite und zwischen 42° westlicher Länge und 51° östlicher Länge liegen, jedoch ausschließlich

1. der Ostsee und der Belte südlich und östlich der Linien, die vom Kap Hasenöre zum Kap Gniben, von Korshage nach Spodsbjerg und vom Kap Gilbjerg nach Kullen verlaufen, sowie
2. des Mittelmeers und seiner Nebengewässer bis zum Schnittpunkt des Breitenkreises in 36° nördlicher Breite und des Längenkreises in 5° 36' westlicher Länge;

ii) derjenige Teil des Atlantischen Ozeans, der nördlich von 59° nördlicher Breite und zwischen 44° westlicher Länge und 42° westlicher Länge liegt;

b) bedeutet „innere Gewässer" die landwärts der Basislinien, von denen aus die Breite des Küstenmeers gemessen wird, gelegenen Gewässer, die sich bei Wasserläufen bis zur Süßwassergrenze erstrecken;

c) bedeutet „Süßwassergrenze" die Stelle in einem Wasserlauf, an der bei Ebbe und zu einer Zeit schwachen Süßwasserflusses aufgrund des Vorhandenseins von Meerwasser eine erhebliche Zunahme des Salzgehalts festzustellen ist;

d) bedeutet „Verschmutzung" die unmittelbare oder mittelbare Zuführung von Stoffen oder Energie in das Meeresgebiet durch den Menschen, aus der sich eine Gefährdung der menschlichen Gesundheit, eine Schädigung der lebenden Ressourcen und der Meeresökosysteme, eine Beeinträchtigung der Annehmlichkeiten der Umwelt oder eine Behinderung der sonstigen rechtmäßigen Nutzungen des Meeres ergeben oder ergeben können;

e) bedeutet „vom Lande aus" die Punktquellen und diffusen Quellen an Land, von denen aus Stoffe oder Energie auf dem Wasser- oder Luftweg oder unmittelbar von der Küste aus in das Meeresgebiet gelangen. Dieser Ausdruck umfasst Quellen im Zusammenhang mit einer vorsätzlichen Beseitigung unter dem Meeresboden, der von Land aus durch einen Tunnel eine Rohrleitung oder andere Mittel zugänglich gemacht worden ist, sowie Quellen im Zusammenhang *mit Bauwerken*, die zu anderen Zwecken als Offshore-Tätigkeiten in das den Hoheitsbefugnissen einer Vertragspartei unterliegende Meeresgebiet verbracht wurden;

f) bedeutet „Einbringen" (dumping)

i) jede im Meeresgebiet erfolgende vorsätzliche Beseitigung von Abfällen oder sonstigen Stoffen

1. durch Schiffe oder Luftfahrzeuge;
2. durch Offshore-Anlagen;

ii) jede im Meeresgebiet erfolgende vorsätzliche Beseitigung
1. von Schiffen oder Luftfahrzeugen;
2. von Offshore-Anlagen und Offshore-Rohrleitungen;

g) umfasst „Einbringen" nicht

i) die in Übereinstimmung mit dem Internationalen Übereinkommen von 1973 zur Verhütung der Verschmutzung durch Schiffe in seiner durch das Protokoll von 1978 geänderten Fassung oder mit anderen anzuwendenden Regeln des Völkerrechts erfolgende Beseitigung von Abfällen oder sonstigen Stoffen, die mit dem normalen Betrieb von Schiffen oder Luftfahrzeugen oder Offshore-Anlagen zusammenhängen oder davon herrühren, mit Ausnahme von Abfällen oder sonstigen Stoffen, die durch zur Beseitigung dieser Abfälle oder sonstigen Stoffe verwendete Schiffe oder Luftfahrzeuge oder Offshore-Anlagen befördert oder auf sie verladen werden, sowie von Abfällen oder sonstigen Stoffen, die aus der Behandlung solcher Abfälle oder sonstigen Stoffe auf solchen Schiffen, Luftfahrzeugen oder Offshore-Anlagen herrühren;

ii) das Absetzen von Stoffen zu einem anderen Zweck als dem der bloßen Beseitigung, sofern es, wenn es einem anderen Zweck dient als dem, zu dem die Stoffe ursprünglich vorgesehen oder hergestellt wurden, in Übereinstimmung mit den einschlägigen Bestimmungen des Übereinkommens erfolgt, und

iii) für die Zwecke der Anlage III das vollständige oder teilweise Zurücklassen einer außer Betrieb genommenen Offshore-Anlage oder Offshore-Rohrleitung, sofern dies in Übereinstimmung mit einer einschlägigen Bestimmung des Übereinkommens und mit sonstigen einschlägigen Regeln des Völkerrechts erfolgt;

h) bedeutet „Verbrennung" das vorsätzliche Verbrennen von Abfällen oder sonstigen Stoffen im Meeresgebiet zum Zweck ihrer thermischen Vernichtung;

i) umfasst „Verbrennung" nicht die in Übereinstimmung mit den anzuwendenden Regeln des Völkerrechts erfolgende thermische Vernichtung von Abfällen oder sonstigen Stoffen, die mit dem normalen Betrieb von Schiffen oder Luftfahrzeugen oder von Offshore-Anlagen zusammenhängen oder davon herrühren, mit Ausnahme der thermischen Vernichtung von Abfällen oder sonstigen Stoffen an Bord von Schiffen oder Luftfahrzeugen oder in Offshore-Anlagen, die zum Zweck dieser thermischen Vernichtung betrieben werden;

j) bedeutet „Offshore-Tätigkeiten" Tätigkeiten, die im Meeresgebiet zum Zweck der Aufsuchung, Bewertung oder Gewinnung flüssiger und gasförmiger Kohlenwasserstoffe durchgeführt werden;

k) bedeutet „Offshore-Quellen" Offshore-Anlagen und Offshore-Rohrleitungen, von denen aus Stoffe oder Energie in das Meeresgebiet gelangen;

l) bedeutet „Offshore-Anlage" jedes Bauwerk, jede Einrichtung oder jedes Schiff oder Teile davon, gleichviel ob schwimmend oder auf dem Meeresboden feststehend, die zum Zweck von Offshore-Tätigkeiten in das Meeresgebiet verbracht worden sind;

m) bedeutet „Offshore-Rohrleitung" jede Rohrleitung, die zum Zweck von Offshore-Tätigkeiten in das Meeresgebiet verbracht worden ist;

n) bedeutet „Schiffe oder Luftfahrzeuge" Wasserfahrzeuge oder Fluggerät jeder Art, ihre Teile und anderes Zubehör. Dieser Ausdruck umfasst Luftkissenfahrzeuge, schwimmendes Gerät mit oder ohne eigenen Antrieb und andere Bauwerke im Meeresgebiet sowie ihre Ausrüstung, nicht jedoch Offshore-Anlagen und Offshore-Rohrleitungen;

o) umfasst „Abfälle oder sonstige Stoffe" nicht
   i) menschliche Überreste;
   ii) Offshore-Anlagen;
   iii) Offshore-Rohrleitungen;
   iv) unverarbeiteten Fisch und Fischabfälle aus Fischereischiffen;

p) bedeutet „Übereinkommen", soweit der Wortlaut nichts anderes vorsieht, das Übereinkommen zum Schutz der Meeresumwelt des Nordostatlantiks, seine Anlagen und Anhänge;

q) bedeutet „Übereinkommen von Oslo" das am 15. Februar 1972 in Oslo unterzeichnete Übereinkommen zur Verhütung der Meeresverschmutzung durch das Einbringen durch Schiffe und Luftfahrzeuge in seiner durch die Protokolle vom 2. März 1983 und vom 5. Dezember 1989 geänderten Fassung;

r) bedeutet „Übereinkommen von Paris" das am 4. Juni 1974 in Paris unterzeichnete Übereinkommen zur Verhütung der Meeresverschmutzung vom Lande aus in seiner durch das Protokoll vom 26. März 1986 geänderten Fassung;

s) bedeutet „Organisation der regionalen Wirtschaftsintegration" eine von souveränen Staaten einer bestimmten Region gebildete Organisation, die für die durch das Übereinkommen erfassten Angelegenheiten zuständig und im Einklang mit ihren internen Verfahren ordnungsgemäß ermächtigt ist, das Übereinkommen zu unterzeichnen, zu ratifizieren, anzunehmen, zu genehmigen oder ihm beizutreten.

Art. 2 Allgemeine Verpflichtungen. (1) a) Die Vertragsparteien treffen in Übereinstimmung mit dem Übereinkommen alle nur möglichen Maßnahmen, um Verschmutzungen zu verhüten und zu beseitigen, und unternehmen alle notwendigen Schritte zum Schutz des Meeresgebiets vor den nachteiligen Auswirkungen menschlicher Tätigkeiten, um die menschliche Gesundheit zu schützen, die Meeresökosysteme zu erhalten und, soweit durchführbar, beeinträchtigte Meereszonen wiederherzustellen.

b) Zu diesem Zweck beschließen die Vertragsparteien einzeln und gemeinsam Programme und Maßnahmen und stimmen ihre diesbezügliche Politik und ihre diesbezüglichen Strategien aufeinander ab.

(2) Die Vertragsparteien wenden folgende Grundsätze an:

a) das Vorsorgeprinzip, nach dem Verhütungsmaßnahmen getroffen werden, wenn triftige Gründe zur Besorgnis vorliegen, dass unmittelbar oder mittelbar der Meeresumwelt zugeführte Stoffe oder Energie zu einer Gefährdung der menschlichen Gesundheit, einer Schädigung der lebenden Ressourcen und der Meeresökosysteme, einer Beeinträchtigung der Annehmlichkeiten der Umwelt oder einer Behinderung der sonstigen rechtmäßigen Nutzungen des Meeres führen können, selbst wenn es keinen schlüssigen Beweis für einen ursächlichen Zusammenhang zwischen den Einträgen und ihren Auswirkungen gibt;

b) das Verursacherprinzip, nach dem die Kosten der Maßnahmen zur Verhütung, Bekämpfung und Verringerung der Verschmutzung vom Verursacher zu tragen sind.

(3) a) Bei der Durchführung des Übereinkommens beschließen die Vertragsparteien Programme und Maßnahmen, die gegebenenfalls Fristen für ihren Abschluss vorsehen und die Anwendung der neuesten technischen Entwicklungen und Methoden zur Verhütung und vollständigen Beseitigung der Verschmutzung in vollem Maß berücksichtigen.

b) Zu diesem Zweck

i. bestimmen sie unter Berücksichtigung der Maßstäbe des Anhangs 1 im Hinblick auf die Programme und Maßnahmen die Anwendung unter anderem
– der besten verfügbaren Techniken,
– der besten Umweltpraxis,
gegebenenfalls einschließlich sauberer Technologie;

ii. sorgen sie bei der Durchführung solcher Programme und Maßnahmen für die Anwendung der besten verfügbaren Techniken und der besten Umweltpraxis im obigen Sinne, gegebenenfalls einschließlich sauberer Technologie.

(4) Die Vertragsparteien wenden die von ihnen beschlossenen Maßnahmen so an, dass eine Zunahme der Verschmutzung des Meeres außerhalb des Meeresgebiets oder in anderen Bereichen der Umwelt verhindert wird.

(5) Das Übereinkommen ist nicht so auszulegen, als hindere es die Vertragsparteien, einzeln oder gemeinsam strengere Maßnahmen zur Verhütung und Beseitigung der Verschmutzung des Meeresgebiets oder zum Schutz des Meeresgebiets vor den nachteiligen Auswirkungen menschlicher Tätigkeiten zu ergreifen.

Art. 3 Verschmutzung vom Lande aus. Die Vertragsparteien ergreifen einzeln und gemeinsam alle nur möglichen Maßnahmen, um die Verschmutzung vom Lande aus in Übereinstimmung mit dem Übereinkommen, insbesondere wie in Anlage I vorgesehen, zu verhüten und zu beseitigen.

Art. 4 Verschmutzung durch Einbringen oder Verbrennung. Die Vertragsparteien ergreifen einzeln und gemeinsam alle nur möglichen Maßnahmen, um die Verschmutzung durch das Einbringen oder die Verbrennung von Abfällen oder sonstigen Stoffen in Übereinstimmung mit dem Übereinkommen, insbesondere wie in Anlage II vorgesehen, zu verhüten und zu beseitigen.

Art. 5 Verschmutzung durch Offshore-Quellen. Die Vertragsparteien ergreifen einzeln und gemeinsam alle nur möglichen Maßnahmen, um die Verschmutzung durch Offshore-Quellen in Übereinstimmung mit dem Übereinkommen, insbesondere wie in Anlage III vorgesehen, zu verhüten und zu beseitigen.

Art. 6 Beurteilung der Qualität der Meeresumwelt. Die Vertragsparteien werden in Übereinstimmung mit dem Übereinkommen, insbesondere wie in Anlage IV vorgesehen,

a) regelmäßig gemeinsame Beurteilungen der Qualität der Meeresumwelt und ihrer Entwicklung für das Meeresgebiet oder Regionen oder Subregionen desselben durchführen und veröffentlichen;

b) in diese Beurteilungen eine Bewertung der Wirksamkeit der zum Schutz der Meeresumwelt getroffenen und geplanten Maßnahmen sowie die Festlegung von Handlungsprioritäten einbeziehen.

Art. 7 Verschmutzung durch andere Quellen. Die Vertragsparteien arbeiten zusammen, um zusätzlich zu den in den Artikeln 3, 4, 5 und 6 bezeichneten Anlagen weitere Anlagen anzunehmen, in denen Maßnahmen, Verfahren und Normen zum Schutz des Meeresgebiets vor Verschmutzung durch andere Quellen vorgeschrieben werden, soweit diese Verschmutzung nicht bereits Gegenstand wirksamer Maßnahmen ist, die von anderen internationalen Organisationen vereinbart wurden oder durch andere internationale Übereinkommen vorgeschrieben sind.

Art. 8 Wissenschaftliche und Technische Forschung. (1) Zur Förderung der Ziele des Übereinkommens stellen die Vertragsparteien einander ergänzende oder gemeinsame wissenschaftliche oder technische Forschungsprogramme auf und übermitteln der Kommission nach *einem Standardverfahren*

a) die Ergebnisse solcher einander ergänzender, gemeinsamer oder sonstiger einschlägiger Forschungsarbeiten;

b) Einzelheiten anderer einschlägiger Programme der wissenschaftlichen und technischen Forschung.

(2) Dabei berücksichtigen die Vertragsparteien die einschlägigen Arbeiten der zuständigen internationalen Organisationen und Einrichtungen.

Art. 9 Zugang zu Informationen. (1) Die Vertragsparteien gewährleisten, dass ihre zuständigen Behörden verpflichtet werden, die in Absatz 2 beschriebenen Informationen allen natürlichen oder juristischen Personen auf angemessenen Antrag ohne Nachweis eines Interesses und ohne überhöhte Kosten so bald wie möglich, spätestens innerhalb von zwei Monaten, verfügbar zu machen.

(2) Die in Absatz 1 bezeichneten Informationen sind alle in Schrift-, Bild-, Ton- oder DV-Form vorliegenden Informationen über den Zustand des Meeresgebiets, über Tätigkeiten oder Maßnahmen, die diesen Zustand beeinträchtigen oder beeinträchtigen können, und über Tätigkeiten oder Maßnahmen, die in Übereinstimmung mit dem Übereinkommen eingeleitet wurden.

(3) Dieser Artikel lässt das Recht der Vertragsparteien unberührt, in Übereinstimmung mit ihrem nationalen Rechtssystem und den anzuwendenden internationalen Regeln vorzusehen, dass ein Antrag auf derartige Informationen abgelehnt wird, wenn er folgendes berührt:

a) die Vertraulichkeit der Beratungen von Behörden, die internationalen Beziehungen und die Landesverteidigung;

b) die öffentliche Sicherheit;

c) Sachen, die bei Gericht anhängig oder Gegenstand von Ermittlungsverfahren (einschließlich Disziplinarverfahren) sind oder waren oder die Gegenstand von Vorverfahren sind;

d) Geschäfts- und Betriebsgeheimnisse einschließlich des geistigen Eigentums;

e) die Vertraulichkeit personenbezogener Daten und/oder Akten;

f) Unterlagen, die von einem Dritten übermittelt worden sind, der dazu nicht gesetzlich verpflichtet war,

g) Unterlagen, deren Bekanntgabe die Wahrscheinlichkeit einer Schädigung der Umwelt in dem betreffenden Bereich noch erhöhen würde.

(4) Die Ablehnung der Übermittlung der beantragten Informationen ist zu begründen.

Art. 10 Kommission. (1) Hiermit wird eine aus Vertretern aller Vertragsparteien bestehende Kommission eingesetzt. Sie tritt in regelmäßigen Abständen sowie immer dann zusammen, wenn dies aufgrund besonderer Umstände nach der Geschäftsordnung beschlossen wird.

(2) Die Kommission hat die Aufgabe,

a) die Durchführung des Übereinkommens zu überwachen;

b) den Zustand des Meeresgebiets, die Wirksamkeit der beschlossenen Maßnahmen, die Prioritäten und die Notwendigkeit etwaiger zusätzlicher oder andersartiger Maßnahmen allgemein zu überprüfen;

c) in Übereinstimmung mit den in dem Übereinkommen vorgesehenen allgemeinen Verpflichtungen Programme und Maßnahmen zur Verhütung und Beseitigung der Verschmutzung und zur Überwachung von Tätigkeiten, die unmittelbar oder mittelbar nachteilige Auswirkungen auf das Meeresgebiet haben können, zu erarbeiten; diese Programme und Maßnahmen können gegebenenfalls marktwirtschaftliche Instrumente umfassen;

d) in regelmäßigen Zeitabständen ihr Arbeitsprogramm aufzustellen;

e) die für notwendig erachteten Nebenorgane einzusetzen und deren Aufgabenstellung festzulegen;

f) Vorschläge zur Änderung des Übereinkommens in Übereinstimmung mit den Artikeln 15, 16, 17, 18, 19 und 27 zu prüfen und gegebenenfalls anzunehmen;

g) die Aufgaben, die ihr durch die Artikel 21 und 23 übertragen werden, sowie alle sonstigen nach dem Übereinkommen etwa erforderlichen Aufgaben wahrzunehmen.

(3) Zu diesem Zweck kann die Kommission unter anderem Beschlüsse und Empfehlungen nach Artikel 13 annehmen.

(4) Die Kommission gibt sich eine Geschäftsordnung, die von den Vertragsparteien einstimmig anzunehmen ist.

(5) Die Kommission gibt sich eine Finanzordnung, die von den Vertragsparteien einstimmig anzunehmen ist.

Art. 11 Beobachter. (1) Durch einstimmigen Beschluss der Vertragsparteien kann die Kommission

a) jeden Staat, der nicht Vertragspartei des Übereinkommens ist,

b) jede internationale zwischenstaatliche oder nichtstaatliche Organisation, deren Tätigkeit mit dem Übereinkommen zusammenhängt, als Beobachter zulassen.

(2) Die Beobachter können an den Sitzungen der Kommission ohne Stimmrecht teilnehmen und der Kommission Informationen oder Berichte von Belang für die Ziele des Übereinkommens vorlegen.

(3) Die Zulassungs- und Teilnahmebedingungen für Beobachter werden in der Geschäftsordnung der Kommission geregelt.

Art. 12 Sekretariat. (1) Hiermit wird ein ständiges Sekretariat eingerichtet.

(2) Die Kommission ernennt einen Exekutivsekretär und bestimmt die Aufgaben dieses Amtes sowie die Bedingungen, unter denen es ausgeübt wird.

(3) Der Exekutivsekretär nimmt die für die Durchführung des Übereinkommens und die Arbeit der Kommission notwendigen Aufgaben sowie die sonstigen Aufgaben wahr, die ihm von der Kommission in Übereinstimmung mit ihrer Geschäftsordnung und ihrer Finanzordnung übertragen werden.

Art. 13 Beschlüsse und Empfehlungen. (1) Beschlüsse und Empfehlungen werden von den Vertragsparteien einstimmig angenommen. Kommt keine Einstimmigkeit zustande, so kann die Kommission jedoch, sofern in dem Übereinkommen nichts anderes vorgesehen ist, Beschlüsse oder Empfehlungen mit Dreiviertelmehrheit der Stimmen der Vertragsparteien annehmen.

(2) Ein Beschluss wird nach Ablauf einer Frist von zweihundert Tagen nach seiner Annahme für diejenigen Vertragsparteien bindend, die für ihn gestimmt haben und die nicht innerhalb dieser Frist dem Exekutivsekretär schriftlich notifiziert haben, dass sie nicht in der Lage sind, den Beschluss anzunehmen, vorausgesetzt, dass bei Ablauf dieser Frist drei Viertel der Vertragsparteien entweder für den Beschluss gestimmt und ihre Annahme nicht zurückgezogen haben oder dem Exekutivsekretär schriftlich notifiziert haben, dass sie in der Lage sind, den Beschluss anzunehmen. Ein solcher Beschluss wird für jede andere Vertragspartei, die dem Exekutivsekretär schriftlich notifiziert hat, dass sie in der Lage ist, den Beschluss anzunehmen, entweder zum Zeitpunkt dieser Notifikation oder nach Ablauf einer Frist von zweihundert Tagen nach Annahme des Beschlusses bindend, je nachdem, welches der spätere Zeitpunkt ist.

(3) Eine Notifikation nach Absatz 2 an den Exekutivsekretär kann zum Ausdruck bringen, dass eine Vertragspartei nicht in der Lage ist, einen Beschluss anzunehmen, soweit sich dieser auf ein oder mehrere abhängige oder autonome Gebiete dieser Vertragspartei bezieht, auf die das Übereinkommen Anwendung findet.

(4) Alle von der Kommission angenommenen Beschlüsse sehen gegebenenfalls einen Zeitplan für ihre Durchführung vor.

(5) Empfehlungen sind nicht bindend.

(6) Beschlüsse zu einer Anlage oder einem Anhang werden nur von den Vertragsparteien gefasst, die durch die entsprechende Anlage oder den entsprechenden Anhang gebunden sind.

Art. 14 Status der Anlagen und Anhänge. (1) Die Anlagen und Anhänge sind Bestandteil des Übereinkommens.

(2) Die Anhänge haben wissenschaftlichen, technischen oder verwaltungstechnischen Charakter.

Art. 15 Änderung des Übereinkommens. (1) Unbeschadet des Artikels 27 Absatz 2 und der auf die Annahme oder Änderung der Anlagen oder Anhänge anzuwendenden spezifischen Bestimmungen wird eine Änderung des Übereinkommens durch diesen Artikel geregelt.

(2) Jede Vertragspartei kann eine Änderung des Übereinkommens vorschlagen. Der Wortlaut der vorgeschlagenen Änderung wird den Vertragsparteien durch den Exekutivsekretär der Kommission mindestens sechs Monate vor der für die Annahme vorgesehenen Sitzung der

Kommission übermittelt. Der Exekutivsekretär übermittelt den Änderungsvorschlag auch den Unterzeichnern des Übereinkommens zur Kenntnisnahme.

(3) Die Kommission nimmt die Änderung durch einstimmigen Beschluss der Vertragsparteien an.

(4) Die angenommene Änderung wird durch die Verwahrregierung den Vertragsparteien zur Ratifikation, Annahme oder Genehmigung zugeleitet. Die Ratifikation, Annahme oder Genehmigung der Änderung wird der Verwahrregierung schriftlich notifiziert.

(5) Für die Vertragsparteien, welche die Änderung ratifiziert, angenommen oder genehmigt haben, tritt sie am dreißigsten Tag nach Eingang der Notifikation der Ratifikation, Annahme oder Genehmigung von mindestens sieben Vertragsparteien bei der Verwahrregierung in Kraft. Danach tritt die Änderung für jede weitere Vertragspartei am dreißigsten Tag nach Hinterlegung ihrer Ratifikations-, Annahme- oder Genehmigungsurkunde zu der Änderung in Kraft.

Art. 16 Annahme der Anlagen. Die Bestimmungen des Artikels 15 über die Änderung des Übereinkommens gelten auch für den Vorschlag, die Annahme und das Inkrafttreten einer Anlage des Übereinkommens; jedoch nimmt die Kommission eine in Artikel 7 bezeichnete Anlage mit Dreiviertelmehrheit der Stimmen der Vertragsparteien an.

Art. 17 Änderung der Anlagen. (1) Die Bestimmungen des Artikels 15 über die Änderung des Übereinkommens gelten auch für eine Änderung einer Anlage des Übereinkommens; jedoch nimmt die Kommission Änderungen einer in Artikel 3, 4, 5, 6 oder 7 bezeichneten Anlage mit Dreiviertelmehrheit der Stimmen der durch diese Anlage gebundenen Vertragsparteien an.

(2) Leitet sich die Änderung einer Anlage aus einer Änderung des Übereinkommens her, so wird die Änderung der Anlage durch dieselben Bestimmungen geregelt wie die Änderung des Übereinkommens.

Art. 18 Annahme der Anhänge. (1) Leitet sich ein vorgeschlagener Anhang aus einer nach Artikel 15 oder Artikel 17 zur Annahme vorgeschlagenen Änderung des Übereinkommens oder einer Anlage her, so werden der Vorschlag, die Annahme und das Inkrafttreten des Anhangs durch dieselben Bestimmungen geregelt wie der Vorschlag, die Annahme und das Inkrafttreten dieser Änderung.

(2) Leitet sich ein vorgeschlagener Anhang aus einer nach Artikel 16 zur Annahme vorgeschlagenen Anlage des Übereinkommens her, so werden der Vorschlag, die Annahme und das Inkrafttreten des Anhangs durch dieselben Bestimmungen geregelt wie der Vorschlag, die Annahme und das Inkrafttreten dieser Anlage.

Art. 19 Änderung der Anhänge. (1) Jede Vertragspartei, die durch einen Anhang gebunden ist, kann eine Änderung des Anhangs vorschlagen. Der Wortlaut der vorgeschlagenen Änderung wird allen Vertragsparteien des Übereinkommens durch den Exekutivsekretär der Kommission nach Artikel 15 Absatz 2 übermittelt.

(2) Die Kommission nimmt die Änderung eines Anhangs mit Dreiviertelmehrheit der Stimmen der durch diesen Anhang gebundenen Vertragsparteien an.

(3) Eine Änderung eines Anhangs tritt nach Ablauf einer Frist von zweihundert Tagen nach seiner Annahme für die durch diesen Anhang gebundenen Vertragsparteien in Kraft, sofern sie nicht innerhalb dieser Frist der Verwahrregierung schriftlich notifiziert haben, dass sie nicht in der Lage sind, die Änderung anzunehmen, vorausgesetzt, dass bei Ablauf dieser Frist drei Viertel der durch diesen Anhang gebundenen Vertragsparteien entweder für die Änderung gestimmt und ihre Annahme nicht zurückgezogen haben oder der Verwahrregierung schriftlich notifiziert haben, dass sie in der Lage sind, die Änderung anzunehmen.

(4) Eine Notifikation nach Absatz 3 an die Verwahrregierung kann zum Ausdruck bringen, dass eine Vertragspartei nicht in der Lage ist, die Änderung anzunehmen, soweit sich diese auf ein oder mehrere abhängige oder autonome Gebiete bezieht, auf die das Übereinkommen Anwendung findet.

(5) Eine Änderung eines Anhangs wird für jede andere durch den Anhang gebundene Vertragspartei, die der Verwahrregierung schriftlich notifiziert hat, dass sie in der Lage ist, die Änderung anzunehmen, zum Zeitpunkt dieser Notifikation oder nach Ablauf einer Frist von zweihundert Tagen nach Annahme der Änderung bindend, je nachdem, welches der spätere Zeitpunkt ist.

(6) Die Verwahrregierung notifiziert allen Vertragsparteien unverzüglich den Eingang jeder solchen Notifikation.

(7) Leitet sich die Änderung eines Anhangs aus einer Änderung des Übereinkommens oder einer Anlage her, so wird die Änderung des Anhangs durch dieselben Bestimmungen geregelt wie die Änderung des Übereinkommens oder der Anlage.

Art. 20 Stimmrecht. (1) Jede Vertragspartei hat in der Kommission eine Stimme.

(2) Ungeachtet des Absatzes 1 steht der Europäischen Wirtschaftsgemeinschaft und anderen Organisationen der regionalen Wirtschaftsintegration in ihren jeweiligen Zuständigkeitsbereichen eine Anzahl von Stimmen zu, die der Zahl ihrer Mitgliedstaaten entspricht, die Vertragsparteien des Übereinkommens sind. Diese Organisationen üben ihr Stimmrecht in Fällen, in denen ihre Mitgliedstaaten ihr Stimmrecht ausüben, nicht aus, und umgekehrt.

Art. 21 Grenzüberschreitende Verschmutzung. (1) Ist die von einer Vertragspartei ausgehende Verschmutzung geeignet, die Interessen einer oder mehrerer anderer Vertragsparteien des Übereinkommens zu schädigen, so treten die betroffenen Vertragsparteien auf Antrag einer von ihnen in Konsultationen ein, um eine Übereinkunft über Zusammenarbeit auszuhandeln.

(2) Auf Ersuchen einer betroffenen Vertragspartei prüft die Kommission die Frage; sie kann Empfehlungen zur Erzielung einer befriedigenden Lösung abgeben.

(3) Eine Übereinkunft nach Absatz 1 kann unter anderem die Gebiete, auf die sie Anwendung findet, die angestrebten Qualitätsziele und die Methoden zur Erreichung dieser Ziele, darunter auch Methoden zur Anwendung angemessener Normen, sowie die zu sammelnden wissenschaftlichen und technischen Informationen festlegen.

(4) Die Vertragsparteien, die eine solche Übereinkunft unterzeichnen, unterrichten die anderen Vertragsparteien über die Kommission vom Inhalt der Übereinkunft und von den bei ihrer Durchführung erzielten Fortschritten.

Art. 22 Der Kommission vorzulegende Berichte. Die Vertragsparteien berichten der Kommission regelmäßig

a) über die gesetzgeberischen, verordnungsrechtlichen oder sonstigen Maßnahmen, die sie zur Durchführung der Bestimmungen des Übereinkommens und der aufgrund des Übereinkommens angenommenen Beschlüsse und Empfehlungen getroffen haben, insbesondere die Maßnahmen zur Verhütung und Bestrafung von Verstößen gegen diese Bestimmungen;
b) über die Wirksamkeit der unter Buchstabe a bezeichneten Maßnahmen;
c) über die Probleme, die bei der Durchführung der unter Buchstabe a bezeichneten Bestimmungen auftreten.

Art. 23 Einhaltung der Verpflichtungen. Die Kommission

a) bewertet auf der Grundlage der regelmäßigen Berichte nach Artikel 22 sowie aller sonstigen von den Vertragsparteien vorgelegten Berichte die Einhaltung des Übereinkommens und der aufgrund des Übereinkommens angenommenen Beschlüsse und Empfehlungen durch die Vertragsparteien;
b) beschließt und verlangt, soweit angebracht, Maßnahmen, durch welche die volle Einhaltung des Übereinkommens und der aufgrund des Übereinkommens angenommenen Beschlüsse gewährleistet und die Durchführung der Empfehlungen gefördert wird, darunter Maßnahmen zur Unterstützung einer Vertragspartei bei der Erfüllung ihrer Verpflichtungen.

Art. 24 Regionalisierung. Die Kommission kann beschließen, dass ein von ihr angenommener Beschluss oder eine von ihr angenommene

Empfehlung auf das gesamte oder einen bestimmten Teil des Meeresgebiets anzuwenden ist, und kann angesichts der unterschiedlichen ökologischen und wirtschaftlichen Bedingungen der verschiedenen von dem Übereinkommen erfassten Regionen und Subregionen die Anwendung unterschiedlicher Zeitpläne vorsehen.

Art. 25 Unterzeichnung. Das Übereinkommen liegt vom 22. September 1992 bis zum 30. Juni 1993 in Paris für

a) die Vertragsparteien des Übereinkommens von Oslo oder des Übereinkommens von Paris,

b) jeden anderen an das Meeresgebiet angrenzenden Küstenstaat,

c) jeden anderen Staat, der stromaufwärts an Wasserläufen liegt, die das Meeresgebiet erreichen,

d) jede Organisation der regionalen Wirtschaftsintegration, zu deren Mitgliedern mindestens ein Staat gehört, auf den einer der Buchstaben a bis c zutrifft, zur Unterzeichnung auf.

Art. 26 Ratifikation, Annahme oder Genehmigung. Das Übereinkommen bedarf der Ratifikation, Annahme oder Genehmigung. Die Ratifikations-, Annahme- oder Genehmigungsurkunden werden bei der Regierung der Französischen Republik hinterlegt.

Art. 27 Beitritt. (1) Nach dem 30. Juni 1993 steht das Übereinkommen den in Artikel 25 bezeichneten Staaten und Organisationen der regionalen Wirtschaftsintegration zum Beitritt offen.

(2) Die Vertragsparteien können Staaten oder Organisationen der regionalen Wirtschaftsintegration, die nicht in Artikel 25 bezeichnet sind, einstimmig einladen, dem Übereinkommen beizutreten. Im Falle eines solchen Beitritts wird die Bestimmung des Meeresgebiets nötigenfalls durch einen von den Vertragsparteien einstimmig gefassten Beschluss der Kommission geändert. Eine solche Änderung tritt nach einstimmiger Genehmigung durch alle Vertragsparteien am dreißigsten Tag nach Eingang der letzten Notifikation bei der Verwahrregierung in Kraft.

(3) Ein solcher Beitritt bezieht sich auf das Übereinkommen einschließlich jeder Anlage und jedes Anhangs, die zum Zeitpunkt des Beitritts angenommen sind, es sei denn, die Beitrittsurkunde enthält eine ausdrückliche Erklärung, nach der eine oder mehrere Anlagen mit Ausnahme der Anlagen I, II, III und IV nicht angenommen werden.

(4) Die Beitrittsurkunden werden bei der Regierung der Französischen Republik hinterlegt.

Art. 28 Vorbehalte. Vorbehalte zu dem Übereinkommen sind nicht zulässig.

Art. 29 Inkrafttreten. (1) Das Übereinkommen tritt am dreißigsten Tag nach dem Zeitpunkt in Kraft, zu dem alle Vertragsparteien des

Übereinkommens von Oslo und alle Vertragsparteien des Übereinkommens von Paris ihre Ratifikations-, Annahme-, Genehmigungs- oder Beitrittsurkunde hinterlegt haben.

(2) Für jeden Staat oder jede Organisation der regionalen Wirtschaftsintegration, die nicht in Absatz 1 bezeichnet sind, tritt das Übereinkommen nach Absatz 1 oder am dreißigsten Tag nach Hinterlegung der Ratifikations-, Annahme-, Genehmigungs- oder Beitrittsurkunde durch diesen Staat oder diese Organisation der regionalen Wirtschaftsintegration in Kraft, je nachdem, welches der spätere Zeitpunkt ist.

Art. 30 Kündigung. (1) Mit Ablauf von zwei Jahren nach dem Tag, an dem das Übereinkommen für eine Vertragspartei in Kraft getreten ist, kann diese das Übereinkommen jederzeit durch eine an die Verwahrregierung gerichtete schriftliche Notifikation kündigen.

(2) Sofern nicht in einer Anlage mit Ausnahme der Anlagen I bis IV des Übereinkommens etwas anderes vorgesehen ist, kann jede Vertragspartei mit Ablauf von zwei Jahren nach dem Tag, an dem diese Anlage für sie in Kraft getreten ist, die Anlage jederzeit durch eine an die Verwahrregierung gerichtete schriftliche Notifikation kündigen.

(3) Die Kündigung nach den Absätzen 1 und 2 wird ein Jahr nach dem Tag ihres Eingangs bei der Verwahrregierung wirksam.

Art. 31 Ersetzen der Übereinkommen von Oslo und Paris. (1) Im Verhältnis zwischen den Vertragsparteien tritt das Übereinkommen mit seinem Inkrafttreten an die Stelle der Übereinkommen von Oslo und Paris.

(2) Unbeschadet des Absatzes 1 sind die aufgrund des Übereinkommens von Oslo oder des Übereinkommens von Paris angenommenen Beschlüsse, Empfehlungen und sonstigen Übereinkünfte ohne Änderung ihrer Rechtsnatur weiterhin anwendbar, soweit sie mit dem Übereinkommen, den aufgrund des Übereinkommens angenommenen Beschlüssen oder – im Fall bestehender Empfehlungen – den aufgrund des Übereinkommens angenommenen Empfehlungen vereinbar sind oder durch sie nicht ausdrücklich außer Kraft gesetzt werden.

Art. 32 Beilegung von Streitigkeiten. (1) Jede Streitigkeit zwischen den Vertragsparteien über die Auslegung oder Anwendung des Übereinkommens, die von den beteiligten Vertragsparteien nicht auf andere Weise, beispielsweise durch Untersuchung oder Vergleich innerhalb der Kommission, beigelegt werden kann, wird auf Antrag einer dieser Vertragsparteien einem Schiedsverfahren nach Maßgabe dieses Artikels unterworfen.

(2) Sofern die Streitparteien nichts anderes beschließen, bestimmt sich das in Absatz 1 bezeichnete Schiedsverfahren nach den Absätzen 3 bis 10.

(3) a) Aufgrund eines von einer Vertragspartei nach Absatz 1 an eine andere Vertragspartei gerichteten Antrags wird ein Schiedsgericht

gebildet. In dem Antrag ist der Gegenstand des Begehrens darzulegen, insbesondere die Artikel des Übereinkommens, deren Auslegung oder Anwendung umstritten ist.

b) Die antragstellende Partei unterrichtet die Kommission, dass sie die Errichtung eines Schiedsgerichts beantragt hat, wobei sie den Namen der anderen Streitpartei und die Artikel des Übereinkommens angibt, deren Auslegung oder Anwendung sie für umstritten hält. Die Kommission leitet diese Informationen an alle Vertragsparteien des Übereinkommens weiter.

(4) Das Schiedsgericht besteht aus drei Mitgliedern, wobei jede Streitpartei einen Schiedsrichter ernennt; die beiden so ernannten Schiedsrichter bestellen einvernehmlich den dritten Schiedsrichter, der als Obmann des Schiedsgerichts tätig wird. Der Obmann darf nicht Staatsangehöriger einer der Streitparteien sein, seinen gewöhnlichen Aufenthalt im Hoheitsgebiet einer dieser Parteien haben, im Dienst einer derselben stehen oder in anderer Eigenschaft mit der Sache befasst gewesen sein.

(5) a) Ist der Obmann des Schiedsgerichts nicht binnen zwei Monaten nach Ernennung des zweiten Schiedsrichters bestellt worden, so bestellt ihn der Präsident des Internationalen Gerichtshofs auf Antrag einer der beiden Parteien binnen weiterer zwei Monate.

b) Ernennt eine der Streitparteien nicht binnen zwei Monaten nach Eingang des Antrags einen Schiedsrichter, so kann die andere Partei den Präsidenten des Internationalen Gerichtshofs unterrichten, der den Obmann des Schiedsgerichts binnen weiterer zwei Monate bestellt. Nach seiner Bestellung fordert der Obmann des Schiedsgerichts die Partei, die noch keinen Schiedsrichter ernannt hat, auf, dies binnen zwei Monaten zu tun. Nach Ablauf dieser Frist unterrichtet er den Präsidenten des Internationalen Gerichtshofs, der diese Ernennung binnen weiterer zwei Monate vornimmt.

(6) a) Das Schiedsgericht entscheidet nach den Regeln des Völkerrechts und insbesondere nach dem Übereinkommen.

b) Jedes nach diesem Artikel gebildete Schiedsgericht gibt sich eine Verfahrensordnung.

c) Wird die Zuständigkeit des Schiedsgerichts bestritten, so entscheidet dieses.

(7) a) Die Entscheidungen des Schiedsgerichts sowohl in Verfahrens- als auch in materiellen Fragen werden mit der Mehrheit seiner Mitglieder getroffen.

b) Das Schiedsgericht kann alle geeigneten Maßnahmen treffen, um die Tatsachen festzustellen. Es kann auf Antrag einer der Parteien unerlässliche einstweilige Maßnahmen empfehlen.

c) Werden zwei oder mehr aufgrund dieses Artikels gebildete Schiedsgerichte mit Anträgen über denselben Gegenstand oder über ähnliche Gegenstände befasst, so können sie sich über die Verfahren zur Tatsachenfeststellung unterrichten und sie soweit wie möglich berücksichtigen.

d) Die Streitparteien stellen alle erforderlichen Einrichtungen für den wirksamen Ablauf des Verfahrens zur Verfügung.

e) Die Abwesenheit oder das Nichterscheinen einer Streitpartei steht der Durchführung des Verfahrens nicht entgegen.

(8) Sofern das Schiedsgericht nicht wegen der besonderen Umstände der Sache etwas anderes beschließt, werden die Kosten des Gerichts einschließlich der Vergütung seiner Mitglieder von den Streitparteien zu gleichen Teilen getragen. Das Gericht führt über alle seine Ausgaben Buch und legt den Parteien eine Schlussabrechnung vor.

(9) Jede Vertragspartei, die ein rechtliches Interesse an dem Streitgegenstand hat, das durch die Entscheidung in der Sache betroffen sein könnte, kann mit Zustimmung des Gerichts dem Verfahren beitreten.

(10) a) Der Spruch des Schiedsgerichts ist zu begründen. Der Spruch ist endgültig und für die Streitparteien bindend.

b) Jede Streitigkeit zwischen den Parteien über die Auslegung oder Durchführung des Spruches kann von jeder Partei dem Schiedsgericht unterbreitet werden, das den Spruch gefällt hat, oder, wenn dieses nicht damit befasst werden kann, einem anderen Schiedsgericht, das zu diesem Zweck in derselben Weise wie das erste gebildet wird.

Art. 33 Aufgaben der Verwahrregierung. Die Verwahrregierung unterrichtet die Vertragsparteien und die Unterzeichner des Übereinkommens.

a) von jeder Hinterlegung einer Ratifikations-, Annahme-, Genehmigungs- oder Beitrittsurkunde, von jeder Erklärung der Nichtannahme sowie von jeder Kündigungsnotifikation nach den Artikeln 26, 27 und 30;

b) vom Tag des Inkrafttretens des Übereinkommens nach Artikel 29;

c) vom Eingang jeder Annahmenotifikation und von jeder Hinterlegung von Ratifikations-, Annahme-, Genehmigungs- oder Beitrittsurkunden zu Änderungen des Übereinkommens und von deren Inkrafttreten sowie von jeder Annahme und Änderung von Anlagen und Anhängen nach den Artikeln 15, 16, 17, 18 und 19.

Art. 34 Urschrift. *Die* Urschrift des Übereinkommens, dessen englischer und französischer Wortlaut gleichermaßen verbindlich ist, wird bei der Regierung der Französischen Republik hinterlegt; diese übermittelt den Vertragsparteien und den Unterzeichnern des Übereinkommens beglaubigte Abschriften und hinterlegt eine beglaubigte Abschrift beim Generalsekretär der Vereinten Nationen zur Registrierung und Veröffentlichung nach Artikel 102 der Charta der Vereinten Nationen.

Zu Urkund dessen haben die hierzu von ihren Regierungen gehörig befugten Unterzeichneten diese Übereinkommen unterschrieben.

Geschehen zu Paris am 22. September 1992.

Anlagen zum Übereinkommen

Anlage I:[1)] Verhütung und Beseitigung der Verschmutzung vom Lande aus

Anlage II:[1)] Verhütung und Beseitigung der Verschmutzung durch Einbringen oder Verbrennung

Anlage III:[1)] Verhütung und Beseitigung der Verschmutzung durch Offshore-Quellen

Anlage IV:[1)] Beurteilung der Qualität der Meeresumwelt

Anlage V:[2)] Schutz und Erhaltung der Ökosysteme und der biologischen Vielfalt des Meeresgebiets

Anhänge zum Übereinkommen

Anhang 1:[1)] Maßstäbe für die Festlegung der in Artikel 2 Absatz 3 Buchstabe b Ziffer i des Übereinkommens bezeichneten Methoden und Techniken

Anhang 2:[1)] Maßstäbe, die in Artikel 1 Absatz 2 der Anlage I und Artikel 2 Absatz 2 der Anlage III bezeichnet sind

Anhang 3:[2), 3)] Maßstäbe für die Festlegung menschlicher Tätigkeiten im Sinne der Anlage V

OSPAR-Übereinkunft über die Bedeutung bestimmter Begriffe in Anlage V (Anlage über den Schutz und die Erhaltung der Ökosysteme und der biologischen Vielfalt des Meeresgebiets) zum OSPAR-Übereinkommen von 1992

(Referenznummer: 1998–15.2)

(Übersetzung)

OSPAR ist übereingekommen, dass sich Verweise auf „Fragen der Fischereiwirtschaft" in Anlage V (Anlage über den Schutz und die Erhaltung der Ökosysteme und der biologischen Vielfalt des Meeresgebiets) zum OSPAR-Übereinkommen von 1992 auf Fragen beziehen,

---

1) Hier nicht abgedruckt: Vgl. BGBl. 1994 II S. 1380 (durch OSPAR Beschluss 98/2 ist auf der Grundlage des Art. 3 Abs. 3 lit. c die Ausnahmemöglichkeit nach lit. b dieser Bestimmung für das Einbringen von radioaktiven Abfällen aufgehoben worden, vgl. BGBl. *1999 II S. 671*).

2) Hier nicht abgedruckt: Vgl. BGBl. *2001 II* S. 648.

3) Diese Anlage ist durch Beschluss der Vertragsparteien v. 29.67.2007 geändert worden (BGBl. 2010 II S. 1006).

bei denen Maßnahmen im Rahmen von Übereinkünften getroffen werden können, die Grundlage sind für

a) die gemeinsame Fischereipolitik der Europäischen Gemeinschaft,

b) die entsprechenden Rechtsvorschriften der Vertragsparteien, die nicht Mitgliedstaaten der Europäischen Union sind, oder

c) die entsprechenden auf den Färöern, in Grönland, auf den Kanalinseln und der Insel Man geltenden Rechtsvorschriften,

d) die Kommission für die Fischerei im Nordostatlantik und die Nordatlantische Lachs-Kommission,

unabhängig davon, ob solche Maßnahmen bereits getroffen worden sind oder nicht.

Zur Vermeidung von Zweifeln schließt die Fischereiwirtschaft im Rahmen des OSPAR-Übereinkommens die Bewirtschaftung von Meeressäugetieren mit ein.

430. Übereinkommen über den Schutz der Meeresumwelt des Ostseegebiets (Helsinki-Übereinkommen)[1)·2)·3)]

Vom 9. April 1992

(BGBl. 1994 II S. 1397)

(Übersetzung)

DIE VERTRAGSPARTEIEN –

IN DEM BEWUSSTSEIN, daß die Werte der Meeresumwelt des Ostseegebiets unentbehrlich sind, daß seine hydrographischen und ökologischen Merkmale außergewöhnlich sind und daß seine lebenden Schätze auf Veränderungen der Umwelt empfindlich reagieren;

EINGEDENK der historischen und der gegenwärtigen wirtschaftlichen, sozialen und kulturellen Werte des Ostseegebiets für das Wohlergehen und die Entwicklung der Völker dieser Region;

IN TIEFER BESORGNIS über die immer noch anhaltende Verschmutzung des Ostseegebiets;

IN BEKUNDUNG ihrer festen Entschlossenheit, die ökologische Wiederherstellung der Ostsee zu gewährleisten und dabei die Möglichkeit der Selbsterneuerung der Meeresumwelt und der Wahrung ihres ökologischen Gleichgewichts sicherzustellen;

IN DER ERKENNTNIS, daß Schutz und Pflege der Meeresumwelt des Ostseegebiets Aufgaben sind, die nicht allein durch nationale Anstrengungen wirksam erfüllt werden können, sondern eine enge regionale Zusammenarbeit und sonstige geeignete internationale Maßnahmen erfordern;

IN ANERKENNUNG der im Rahmen des Übereinkommens von 1974 über den Schutz der Meeresumwelt des Ostseegebiets erzielten Leistungen im Umweltschutz und der von der Kommission zum Schutz der Meeresumwelt des Ostseegebiets dabei übernommenen Rolle;

UNTER HINWEIS auf die einschlägigen Bestimmungen und Grundsätze der Erklärung der Stockholmer Konferenz über die Umwelt des Menschen von 1972 und der Schlußakte der Konferenz für Sicherheit und Zusammenarbeit in Europa (KSZE) von 1975;

---

1) Das Übk. ist am 17. 1. 2000 in Kraft getreten (gleichzeitig Außerkrafttreten des gleichnamigen Übk. vom 22. 3. 1974). Die Durchführung des Übk. obliegt der sog. Helsinki-*Kommission (HELCOM)*, bestehend aus Mitgliedern aller Vertragsparteien. Die Empfehlungen der Kommission, deren Sekretariat in der finnischen Hauptstadt ansässig ist, sind unter www.helcom.fi abrufbar.

2) S. auch das Gesetz zu internationalen Übereinkommen über den Schutz der Meeresumwelt des Ostseegebietes und des Nordostatlantiks v. 23. 8. 1994 (BGBl. II S. 1355), geänd. durch VO v. 29. 10. 2001 (BGBl. I S. 2785) und VO v. 25. 11. 2003 (BGBl. I S. 2304).

3) Vgl. auch die Konvention über die Fischerei und den Schutz der lebenden Ressourcen in der Ostsee und den Belten v. 13. 9. 1973 (BGBl. 1976 II S. 1564; sog. Danziger Konvention), geänd. durch Protokoll v. 11. 11. 1982 (BGBl. 1984 II S. 222).

IN DEM WUNSCH, die Zusammenarbeit mit zuständigen regionalen Organisationen zu verbessern, wie etwa der Internationalen Kommission für die Fischerei in der Ostsee, die durch die Danziger Konvention von 1973 über die Fischerei und den Schutz der lebenden Ressourcen in der Ostsee und den Belten gebildet wurde;

ERFREUT über die von den baltischen und anderen interessierten Staaten, der Europäischen Wirtschaftsgemeinschaft und den beteiligten internationalen Finanzinstitutionen 1990 in Ronneby angenommene Ostsee-Erklärung sowie über das gemeinsame umfassende Programm, das auf einen gemeinsamen Aktionsplan zur Wiederherstellung eines gesunden ökologischen Gleichgewichts des Ostseegebiets gerichtet ist;

EINGEDENK DER BEDEUTUNG von Transparenz und öffentlichem Bewußtsein sowie der Arbeit nichtstaatlicher Organisationen für den erfolgreichen Schutz des Ostseegebiets;

ERFREUT über die verbesserten Möglichkeiten für eine engere Zusammenarbeit, die sich durch die jüngsten politischen Entwicklungen in Europa auf der Grundlage eines friedlichen Miteinanders und gegenseitigen Verständnisses eröffnet haben;

ENTSCHLOSSEN, Entwicklungen in der internationalen Umweltpolitik und im internationalen Umweltrecht in einem neuen Übereinkommen zu verankern, um dadurch das Rechtssystem zum Schutz der Meeresumwelt des Ostseegebiets zu erweitern, zu verstärken und auf den neuesten Stand zu bringen –

HABEN FOLGENDES VEREINBART:

Art. 1 Geltungsbereich des Übereinkommens. Dieses Übereinkommen findet Anwendung auf das Ostseegebiet. Im Sinne dieses Übereinkommens bezeichnet der Ausdruck „Ostseegebiet" die Ostsee und den im Skagerrak durch den Breitengrad von Kap Skagen auf 57° 44' 43" N begrenzten Eingang zur Ostsee. Er umfaßt die inneren Gewässer, d.h. im Sinne dieses Übereinkommens die landwärts der Basislinien, von denen aus die Breite des Küstenmeers gemessen wird, bis zu der durch die Vertragsparteien festgelegten landwärtigen Grenze gelegenen Gewässer.

Eine Vertragspartei unterrichtet den Verwahrer zum Zeitpunkt der Hinterlegung ihrer Ratifikations-, Genehmigungs- oder Beitrittsurkunde über die Festlegung ihrer inneren Gewässer für die Zwecke dieses Übereinkommens.

Art. 2 Begriffsbestimmungen. Im Sinne dieses Übereinkommens haben die nachstehenden Ausdrücke folgende Bedeutung:

1. Der Ausdruck „Verschmutzung" bezeichnet die unmittelbare oder mittelbare Zuführung von Stoffen oder Energie durch den Menschen ins Meer einschließlich der Flußmündungen, aus der sich eine Gefährdung der menschlichen Gesundheit, eine Schädigung der lebenden Ressourcen und der Meeresökosysteme, eine Behin-

derung der rechtmäßigen Nutzung des Meeres einschließlich der Fischerei, eine Beeinträchtigung des Gebrauchswerts des Meerwassers sowie eine Verringerung der Annehmlichkeiten der Umwelt ergeben können.

2. Der Ausdruck „Verschmutzung vom Lande aus" bezeichnet die Verschmutzung des Meeres durch punktuelle oder diffuse Einträge aus allen Quellen an Land, die auf dem Wasser- oder Luftweg oder unmittelbar von der Küste aus ins Meer gelangen. Er umfaßt auch die Verschmutzung durch eine vorsätzliche Beseitigung unter dem Meeresboden mit Zugang vom Land aus durch Tunnel, Rohrleitungen oder andere Mittel.

3. Der Ausdruck „Schiff" bezeichnet ein Fahrzeug jeder Art, das in der Meeresumwelt betrieben wird; er umfaßt Tragflächenboote, Luftkissenfahrzeuge, Unterwassergerät, schwimmendes Gerät und feste oder schwimmende Plattformen.

4. a) Der Ausdruck „Einbringen" (dumping) bezeichnet
   i) jede auf See oder in den Meeresboden erfolgende vorsätzliche Beseitigung von Abfällen oder sonstigen Stoffen von Schiffen, sonstigen auf See errichteten Bauwerken oder Luftfahrzeugen aus;
   ii) jede auf See erfolgende vorsätzliche Beseitigung von Schiffen, sonstigen auf See errichteten Bauwerken oder Luftfahrzeugen.

   b) Der Ausdruck „Einbringen" umfaßt nicht
   i) die auf See erfolgende Beseitigung von Abfällen oder sonstigen Stoffen, die mit dem normalen Betrieb von Schiffen, sonstigen auf See errichteten Bauwerken oder Luftfahrzeugen sowie mit ihrer Ausrüstung zusammenhängen oder davon herrühren, mit Ausnahme von Abfällen oder sonstigen Stoffen, die durch zur Beseitigung dieser Stoffe betriebene Schiffe, sonstige auf See errichtete Bauwerke oder Luftfahrzeuge befördert oder auf sie verladen werden, sowie von Abfällen oder sonstigen Stoffen, die aus der Behandlung solcher Abfälle oder sonstigen Stoffe auf solchen Schiffen, Bauwerken oder Luftfahrzeugen herrühren;
   ii) das Absetzen von Stoffen zu einem anderen Zweck als dem der bloßen Beseitigung, sofern es nicht den Zielen dieses Übereinkommens widerspricht.

5. Der Ausdruck „Verbrennung" bezeichnet das vorsätzliche Verbrennen von Abfällen oder sonstigen Stoffen auf See zum Zweck ihrer thermischen Vernichtung. Tätigkeiten, die mit dem normalen Betrieb von Schiffen oder sonstigen Bauwerken zusammenhängen, sind von dieser Begriffsbestimmung ausgenommen.

6. Der Ausdruck „Öl" bezeichnet Erdöl in jeder Form einschließlich Rohöl, Heizöl, Ölschlamm, Ölrückstände und Raffinerieerzeugnisse.

7. Der Ausdruck „Schadstoff" bezeichnet jeden Stoff der bei Zuführung ins Meer Verschmutzung verursachen kann.

8. Der Ausdruck „gefährlicher Stoff" bezeichnet jeden Schadstoff, der aufgrund der ihm eigenen Eigenschaften beständig oder giftig ist oder zur biologischen Anreicherung neigt.

9. Der Ausdruck „Verschmutzungsereignis" bezeichnet einen Zwischenfall oder eine Reihe von Zwischenfällen gleichen Ursprungs, die zu einem Einleiten von Öl oder sonstigen Schadstoffen führen oder führen können und die Meeresumwelt der Ostsee beziehungsweise die Küstenlinie oder damit zusammenhängende Interessen einer oder mehrerer Vertragsparteien bedrohen oder bedrohen können und Sofortmaßnahmen oder andere sofortige Bekämpfungsmaßnahmen erfordern.

10. Der Ausdruck „Organisation der regionalen Wirtschaftsintegration" bezeichnet eine von souveränen Staaten gebildete Organisation, der ihre Mitgliedstaaten Zuständigkeiten in bezug auf die durch dieses Übereinkommen erfaßten Angelegenheiten übertragen haben, einschließlich der Zuständigkeit, in bezug auf diese Angelegenheiten internationale Übereinkünfte zu schließen.

11. Der Ausdruck „Kommission" bezeichnet die in Artikel 19 genannte Kommission zum Schutz der Meeresumwelt der Ostsee.

Art. 3 Wesentliche Grundsätze und Pflichten. (1) Die Vertragsparteien treffen einzeln oder gemeinsam alle geeigneten Gesetzgebungs-, Verwaltungs- oder sonstigen einschlägigen Maßnahmen zur Verhütung und Beseitigung der Verschmutzung, um die ökologische Wiederherstellung des Ostseegebiets und die Erhaltung seines ökologischen Gleichgewichts zu fördern.

(2) Die Vertragsparteien wenden das Vorsorgeprinzip an, d. h. sie treffen Verhütungsmaßnahmen, wenn Grund zu der Annahme besteht, daß unmittelbar oder mittelbar der Meeresumwelt zugeführte Stoffe oder Energie eine Gefährdung der menschlichen Gesundheit, eine Schädigung der lebenden Ressourcen und der Meeresökosysteme, eine Beeinträchtigung der Annehmlichkeiten der Umwelt oder eine Behinderung der sonstigen rechtmäßigen Nutzung des Meeres verursachen können, auch wenn es keinen schlüssigen Beweis für einen ursächlichen Zusammenhang zwischen den Einträgen und ihren angeblichen Auswirkungen gibt.

(3) Zur Verhütung und Beseitigung der Verschmutzung des Ostseegebiets fördern die Vertragsparteien die Anwendung der besten Umweltpraxis und der besten verfügbaren Technologie. Führt die Verringerung der Einträge, die sich aus der Anwendung der besten Umweltpraxis und der besten verfügbaren Technologie im Sinne der Anlage II ergibt, nicht zu Ergebnissen, die für die Umwelt tragbar sind, so werden zusätzliche Maßnahmen ergriffen.

(4) Die Vertragsparteien wenden das Verursacherprinzip an.

(5) Die Vertragsparteien stellen sicher, daß die Messungen und Berechnungen von Emissionen aus Punktquellen in das Wasser und in die Luft und von Einträgen aus diffusen Quellen in das Wasser und in die Luft in wissenschaftlich angemessener Weise vorgenommen werden, um den Zustand der Meeresumwelt des Ostseegebiets zu bewerten und die Durchführung dieses Übereinkommens zu überwachen.

(6) Die Vertragsparteien sorgen nach besten Kräften dafür, daß die Durchführung dieses Übereinkommens keine grenzüberschreitende Verschmutzung in Gebieten außerhalb des Ostseegebiets verursacht. Darüber hinaus dürfen die einschlägigen Maßnahmen nicht zu unvertretbaren Umweltbelastungen in bezug auf die Luftqualität und die Atmosphäre, die Gewässer, den Boden und das Grundwasser, zu unvertretbar schädlicher oder wachsender Abfallentsorgung oder zu erhöhten Gefahren für die Gesundheit des Menschen führen.

Art. 4 Anwendung. (1) Dieses Übereinkommen betrifft den Schutz der Meeresumwelt des Ostseegebiets, welche die Wassersäule und den Meeresboden einschließlich ihrer lebenden Ressourcen sowie sonstige Formen der Tier- und Pflanzenwelt des Meeres umfaßt.

(2) Unbeschadet ihrer Souveränität wendet jede Vertragspartei dieses Übereinkommen innerhalb ihres Küstenmeers und ihrer inneren Gewässer durch ihre innerstaatlichen Behörden an.

(3) Dieses Übereinkommen findet keine Anwendung auf Kriegsschiffe, Flottenhilfsschiffe, militärische Luftfahrzeuge oder sonstige einem Staat gehörende oder von ihm betriebene Schiffe und Luftfahrzeuge, die derzeit im Staatsdienst stehen und ausschließlich anderen als Handelszwecken dienen. Jedoch stellt jede Vertragspartei durch geeignete, den Betrieb oder die Betriebsfähigkeit nicht beeinträchtigende Maßnahmen sicher, daß derartige ihr gehörende oder von ihr betriebene Schiffe und Luftfahrzeuge soweit zumutbar und durchführbar in Übereinstimmung mit diesem Übereinkommen handeln.

Art. 5 Schadstoffe. Die Vertragsparteien verpflichten sich, die Verschmutzung der Meeresumwelt des Ostseegebiets durch Schadstoffe aus allen Quellen in Übereinstimmung mit diesem Übereinkommen zu verhüten und zu beseitigen und zu diesem Zweck die in Anlage I aufgeführten Verfahren und Maßnahmen durchzuführen.

Art. 6 *Grundsätze und Pflichten bezüglich der Verschmutzung* vom Lande aus. (1) Die Vertragsparteien verpflichten sich, die Verschmutzung des Ostseegebiets vom Lande aus zu verhüten und zu beseitigen, indem sie unter anderem die beste Umweltpraxis für alle Quellen und die beste verfügbare Technologie für Punktquellen anwenden. Die hierfür erforderlichen einschlägigen Maßnahmen werden im Einzugsgebiet der Ostsee von jeder Vertragspartei unbeschadet ihrer Souveränität getroffen.

(2) Die Vertragsparteien führen die in Anlage III aufgeführten Verfahren und Maßnahmen durch. Zu diesem Zweck arbeiten sie unter anderem gegebenenfalls bei der Entwicklung und Annahme besonderer Programme, Richtlinien, Normen oder Vorschriften über Emissionen und Einträge in Wasser und Luft, Umweltqualität sowie Schadstoffe enthaltende Erzeugnisse und Materialien und deren Verwendung zusammen.

(3) Schadstoffe aus Punktquellen dürfen der Meeresumwelt des Ostseegebiets außer in unbedeutenden Mengen nur mit vorheriger besonderer Erlaubnis zugeführt werden; die Erlaubnis wird nach den in Anlage III Regel 3 enthaltenen Grundsätzen von den zuständigen innerstaatlichen Behörden erteilt und regelmäßig überprüft. Die Vertragsparteien sorgen dafür, daß genehmigte Emissionen in das Wasser und in die Luft überwacht und kontrolliert werden.

(4) Kann der Eintrag über einen Wasserlauf, der die Hoheitsgebiete von zwei oder mehr Vertragsparteien durchfließt oder eine Grenze zwischen ihnen bildet, eine Verschmutzung der Meeresumwelt des Ostseegebiets verursachen, so ergreifen die betreffenden Vertragsparteien gemeinsam und, wenn möglich, in Zusammenarbeit mit einem interessierten oder betroffenen Drittstaat geeignete Maßnahmen zur Verhütung und Beseitigung dieser Verschmutzung.

Art. 7 Umweltverträglichkeitsprüfung. (1) Wenn aufgrund des Völkerrechts oder einer für die Ursprungs-Vertragspartei geltenden supranationalen Vorschrift eine Umweltverträglichkeitsprüfung für eine beabsichtigte Tätigkeit erforderlich ist, die wahrscheinlich eine erhebliche nachteilige Auswirkung auf die Meeresumwelt des Ostseegebiets haben wird, benachrichtigt diese Vertragspartei die Kommission und jede Vertragspartei, die durch eine grenzüberschreitende Auswirkung auf das Ostseegebiet betroffen sein kann.

(2) Die Ursprungs-Vertragspartei nimmt mit jeder Vertragspartei, die wahrscheinlich von einer derartigen grenzüberschreitenden Auswirkung betroffen ist, Konsultationen auf, wenn aufgrund des Völkerrechts oder einer für die Ursprungs-Vertragspartei geltenden supranationalen Vorschrift Konsultationen erforderlich sind.

(3) Haben zwei oder mehr Vertragsparteien gemeinsame grenzüberschreitende Gewässer im Einzugsgebiet der Ostsee, so arbeiten sie zusammen, um sicherzustellen, daß mögliche Auswirkungen auf die Meeresumwelt des Ostseegebiets durch die in Absatz 1 genannte Umweltverträglichkeitsprüfung umfassend untersucht werden. Die betreffenden Vertragsparteien treffen gemeinsam geeignete Maßnahmen zur Verhütung und Beseitigung der Verschmutzung einschließlich schädlicher kumulativer Wirkungen.

Art. 8 Verhütung der Verschmutzung durch Schiffe. (1) Zum Schutz des Ostseegebiets vor Verschmutzung durch Schiffe treffen die Vertragsparteien die in Anlage IV aufgeführten Maßnahmen.

(2) Die Vertragsparteien arbeiten einheitliche Anforderungen für die Einrichtung von Auffanganlagen für die auf Schiffen erzeugten Abfälle aus und wenden sie an, wobei sie unter anderem die besonderen Erfordernisse von Fahrgastschiffen im Ostseegebiet berücksichtigen.

Art. 9 Vergnügungsschiffe. Zusätzlich zu der Durchführung derjenigen Bestimmungen dieses Übereinkommens, die für eine Anwendung auf Vergnügungsschiffe geeignet sind, treffen die Vertragsparteien Sondermaßnahmen zur Bekämpfung schädlicher Auswirkungen auf die Meeresumwelt des Ostseegebiets, die durch den Betrieb von Vergnügungsschiffen verursacht werden. Die Maßnahmen betreffen unter anderem Luftverschmutzung, Lärm und hydrodynamische Auswirkungen sowie angemessene Anlagen zur Aufnahme von Abfällen aus Vergnügungsschiffen.

Art. 10 Verbot der Verbrennung. (1) Die Vertragsparteien verbieten die Verbrennung im Ostseegebiet.

(2) Jede Vertragspartei verpflichtet sich, die Einhaltung dieses Artikels durch Schiffe sicherzustellen,

a) die in ihrem Hoheitsgebiet eingetragen sind oder ihre Flagge führen;

b) die in ihrem Hoheitsgebiet oder ihrem Küstenmeer Stoffe laden, welche verbrannt werden sollen, oder

c) von denen angenommen wird, daß sie in ihren inneren Gewässern oder ihrem Küstenmeer zur Verbrennung eingesetzt werden.

(3) Besteht der Verdacht auf Verbrennung, so arbeiten die Vertragsparteien bei der Untersuchung der Angelegenheit nach Maßgabe der Anlage IV Regel 2 zusammen.

Art. 11 Verhütung des Einbringens (dumping). (1) Die Vertragsparteien verbieten vorbehaltlich der in den Absätzen 2 und 4 aufgeführten Ausnahmen das Einbringen im Ostseegebiet.

(2) Baggergut darf mit vorheriger Sondererlaubnis der zuständigen innerstaatlichen Behörde nach Maßgabe der Anlage V eingebracht werden.

(3) Jede Vertragspartei verpflichtet sich, die Einhaltung dieses Artikels durch Schiffe und Luftfahrzeuge sicherzustellen,

a) die in ihrem Hoheitsgebiet eingetragen sind oder ihre Flagge führen;

b) die in ihrem Hoheitsgebiet oder Küstenmeer Stoffe laden, welche eingebracht werden sollen, oder

c) von denen angenommen wird, daß sie in ihren inneren Gewässern und ihrem Küstenmeer zum Einbringen eingesetzt werden.

(4) Dieser Artikel findet keine Anwendung, wenn der Schutz des menschlichen Lebens oder die Sicherheit eines Schiffes oder Luftfahrzeugs auf See durch die völlige Zerstörung oder den völligen Verlust

des Schiffes oder Luftfahrzeugs bedroht ist, oder in Fällen, die eine Gefahr für das menschliche Leben darstellen, wenn das Einbringen die einzige Möglichkeit zur Abwendung der Bedrohung zu sein scheint und wenn der aus dem Einbringen entstehende Schaden aller Wahrscheinlichkeit nach geringer ist als der Schaden, der sonst eintreten würde. Das Einbringen ist so durchzuführen, daß die Wahrscheinlichkeit eines Schadens für das menschliche Leben oder die Tier- und Pflanzenwelt des Meeres auf ein Mindestmaß beschränkt wird.

(5) Ein nach Absatz 4 erfolgtes Einbringen ist nach Maßgabe der Anlage VII zu melden und zu behandeln sowie nach Maßgabe der Anlage V Regel 4 umgehend der Kommission zu melden.

(6) Besteht der Verdacht auf Einbringen unter Verletzung dieses Artikels, so arbeiten die Vertragsparteien bei der Untersuchung der Angelegenheit nach Maßgabe der Anlage IV Regel 2 zusammen.

Art. 12 Erforschung und Ausbeutung des Meeresbodens und seines Untergrunds. (1) Jede Vertragspartei trifft alle Maßnahmen, um eine Verschmutzung der Meeresumwelt des Ostseegebiets durch die Erforschung oder Ausbeutung ihres Teiles des Meeresbodens und seines Untergrunds oder durch damit zusammenhängende Tätigkeiten zu verhüten und um eine ausreichende Vorbereitung auf sofortige Bekämpfungsmaßnahmen bei Verschmutzungsereignissen sicherzustellen, die durch solche Tätigkeiten verursacht werden.

(2) Die Vertragsparteien verpflichten sich, zur Verhütung und Beseitigung der durch solche Tätigkeiten verursachten Verschmutzung die in Anlage VI aufgeführten Verfahren und Maßnahmen durchzuführen, soweit diese anwendbar sind.

Art. 13 Unterrichtung und Konsultation bei Verschmutzungsereignissen. (1) Führt ein Verschmutzungsereignis im Hoheitsgebiet einer Vertragspartei wahrscheinlich zu einer Verschmutzung der Meeresumwelt des Ostseegebiets außerhalb ihres Hoheitsgebiets und des angrenzenden Meeresgebiets, in denen die Vertragspartei nach dem Völkerrecht souveräne Rechte und Hoheitsbefugnis ausübt, so unterrichtet die Vertragspartei unverzüglich die Vertragsparteien, deren Interessen berührt sind oder wahrscheinlich berührt werden.

(2) Halten die in Absatz 1 genannten Vertragsparteien es für erforderlich, so sollen Konsultationen zur Verhütung, Verringerung und Überwachung dieser Verschmutzung stattfinden.

(3) Die Absätze 1 und 2 finden auch in den Fällen Anwendung, in denen eine Vertragspartei von einer vom Hoheitsgebiet eines Drittstaats ausgehenden Verschmutzung betroffen ist.

Art. 14 Zusammenarbeit bei der Bekämpfung der Meeresverschmutzung. Die Vertragsparteien treffen einzeln und gemeinsam nach Anlage VII alle geeigneten Maßnahmen, um ausreichend in der

Lage zu sein, Verschmutzungsereignisse zu bekämpfen, damit die Folgen dieser Ereignisse für die Meeresumwelt des Ostseegebiets beseitigt oder auf ein Mindestmaß beschränkt werden.

Art. 15 Naturschutz und biologische Vielfalt. Die Vertragsparteien treffen einzeln und gemeinsam alle geeigneten Maßnahmen hinsichtlich des Ostseegebiets und seiner von der Ostsee beeinflußten Küstenökosysteme, um natürliche Lebensräume und die biologische Vielfalt zu erhalten und ökologische Abläufe zu schützen. Sie treffen solche Maßnahmen auch, um die nachhaltige Nutzung der natürlichen Ressourcen im Ostseegebiet zu gewährleisten. Zu diesem Zweck streben die Vertragsparteien die Annahme späterer Übereinkünfte an, die geeignete Richtlinien und Kriterien enthalten.

Art. 16 Berichterstattung und Informationsaustausch. (1) Die Vertragsparteien berichten der Kommission in regelmäßigen Zeitabständen

a) über die gesetzgeberischen, verordnungsrechtlichen oder sonstigen Maßnahmen, die zur Durchführung dieses Übereinkommens, seiner Anlagen und der auf der Grundlage dieses Übereinkommens angenommenen Empfehlungen ergriffen werden,

b) über die Wirksamkeit der Maßnahmen, die zur Durchführung der unter Buchstabe a genannten Bestimmungen ergriffen werden, und

c) über die Probleme, die bei der Durchführung der unter Buchstabe a genannten Bestimmungen auftreten.

(2) Auf Ersuchen einer Vertragspartei oder der Kommission stellen die Vertragsparteien Informationen über Einleiterlaubnisse, Emissionsdaten oder Umweltqualitätsdaten zur Verfügung, soweit solche Angaben verfügbar sind.

Art. 17 Unterrichtung der Öffentlichkeit. (1) Die Vertragsparteien sorgen dafür, daß die Öffentlichkeit über den Zustand der Ostsee und der Gewässer in ihrem Einzugsgebiet, über bereits ergriffene oder vorgesehene Maßnahmen zur Verhütung und Beseitigung von Verschmutzung sowie über die Wirksamkeit dieser Maßnahmen unterrichtet wird. Zu diesem Zweck stellen die Vertragsparteien sicher, daß der Öffentlichkeit folgende Informationen zugänglich gemacht werden:

a) die ausgestellten Erlaubnisse und die damit verknüpften Auflagen;

b) die Ergebnisse der Entnahme von Gewässer- und Abwasserproben, die zum Zweck der Überwachung und Beurteilung durchgeführt wurde, sowie die Ergebnisse von Überprüfungen, inwieweit die Qualitätsziele für Gewässer erreicht oder die mit der Erlaubnis verknüpften Auflagen eingehalten werden, und

c) die Qualitätsziele für Gewässer.

(2) Jede Vertragspartei gewährleistet, daß der Öffentlichkeit diese Informationen zu jeder vernünftigen Zeit zugänglich sind, und sorgt für

ausreichende Einrichtungen, damit der einzelne gegen Zahlung einer angemessenen Gebühr Kopien der Einträge in die Register der Vertragspartei erhalten kann.

Art. 18 Schutz von Informationen. (1) Dieses Übereinkommen läßt die Rechte oder Pflichten einer Vertragspartei aufgrund ihres innerstaatlichen Rechts und geltender supranationaler Vorschriften zum Schutz von Informationen im Zusammenhang mit geistigem Eigentum einschließlich Geschäfts- und Betriebsgeheimnissen oder der nationalen Sicherheit und der Vertraulichkeit personenbezogener Daten unberührt.

(2) Beschließt eine Vertragspartei dennoch, einer anderen Vertragspartei solche geschützten Informationen zu liefern, so hat die Vertragspartei, welche die Informationen erhält, die Vertraulichkeit der Informationen und die Bedingungen, unter denen sie geliefert wurden, zu beachten und die Informationen ausschließlich für die Zwecke zu verwenden, für die sie geliefert wurden.

Art. 19 Kommission. (1) Für die Zwecke dieses Übereinkommens wird die als „Kommission" bezeichnete Kommission zum Schutz der Meeresumwelt der Ostsee gebildet.

(2) Die Kommission ist die aufgrund des Übereinkommens von 1974 über den Schutz der Meeresumwelt des Ostseegebiets gebildete Kommission zum Schutz der Meeresumwelt der Ostsee.

(3) Den Vorsitz in der Kommission nehmen die Vertragsparteien abwechselnd in alphabetischer Reihenfolge ihrer Namen in englischer Sprache wahr. Der Vorsitzende nimmt sein Amt für die Dauer von zwei Jahren wahr; während dieser Zeit kann er die Vertragspartei, die den Vorsitz innehat, nicht vertreten. Kann der Vorsitzende sein Amt nicht bis zum Ablauf seiner Amtszeit wahrnehmen, so benennt die Vertragspartei, die den Vorsitz innehat, einen Nachfolger, der im Amt bleibt, solange diese Vertragspartei den Vorsitz führt.

(4) Die Kommission tritt nach Einberufung durch den Vorsitzenden mindestens einmal jährlich zu einer Sitzung zusammen. Außerordentliche Sitzungen werden auf Antrag einer Vertragspartei, der von einer anderen Vertragspartei unterstützt wird, vom Vorsitzenden so bald wie möglich einberufen, spätestens jedoch neunzig Tage nach dem Zeitpunkt, zu dem der Antrag gestellt wurde.

(5) Sofern in diesem Übereinkommen nichts anderes bestimmt ist, faßt die Kommission ihre Beschlüsse einstimmig.

Art. 20 Aufgaben der Kommission. (1) Die Kommission hat die Aufgabe,

a) *die* Durchführung dieses Übereinkommens ständig zu beobachten;

b) Maßnahmen zu empfehlen, die mit den Zielen dieses Übereinkommens zusammenhängen;

c) den Inhalt dieses Übereinkommens einschließlich seiner Anlagen auf dem laufenden zu halten und den Vertragsparteien alle etwa erforderlichen Änderungen des Übereinkommens und seiner Anlagen, einschließlich von Änderungen der Listen von Stoffen und Gegenständen, sowie die Annahme neuer Anlagen zu empfehlen;

d) Grundsätze für die Überwachung der Verschmutzung, Ziele für die Verringerung der Verschmutzung sowie Ziele in bezug auf Maßnahmen festzulegen, die insbesondere nach Anlage III zu treffen sind;

e) in enger Zusammenarbeit mit den zuständigen staatlichen Stellen unter Berücksichtigung des Buchstabens f zusätzliche Maßnahmen zum Schutz der Meeresumwelt des Ostseegebiets zu fördern und zu diesem Zweck

i) einschlägige wissenschaftliche, technische und statistische Informationen aus verfügbaren Quellen entgegenzunehmen, auszuwerten, zusammenzufassen und zu verbreiten und

ii) die wissenschaftliche und technische Forschung zu fördern sowie

f) gegebenenfalls die Mitarbeit geeigneter regionaler und sonstiger internationaler Organisationen bei der wissenschaftlichen und technischen Forschung sowie bei sonstigen einschlägigen mit den Zielen dieses Übereinkommens zusammenhängenden Tätigkeiten herbeizuführen.

(2) Die Kommission kann alle sonstigen Aufgaben übernehmen, die sie zur Förderung der Zwecke dieses Übereinkommens für erforderlich hält.

Art. 21 Verwaltungsbestimmungen für die Kommission.

(1) Die Arbeitssprache der Kommission ist Englisch.

(2) Die Kommission gibt sich eine Geschäftsordnung.

(3) Das Büro der Kommission, bekannt als „Sekretariat", befindet sich in Helsinki.

(4) Die Kommission ernennt einen Exekutivsekretär und trifft Vorkehrungen für die Einstellung des übrigen etwa erforderlichen Personals; sie legt die Aufgaben und Arbeitsbedingungen des Exekutivsekretärs fest.

(5) Der Exekutivsekretär ist der Leiter der Verwaltung der Kommission; er nimmt die für die Anwendung dieses Übereinkommens erforderlichen Verwaltungsaufgaben sowie die für die Arbeit der Kommission *erforderlichen Aufgaben* und sonstige ihm durch die Kommission und deren Geschäftsordnung übertragene Aufgaben wahr.

Art. 22 Finanzielle Bestimmungen für die Kommission. (1) Die Kommission gibt sich eine Finanzordnung.

(2) Die Kommission nimmt einen Haushaltsplan der vorgesehenen Ausgaben für ein oder zwei Jahre an und prüft den Haushaltsvoranschlag für die darauffolgende Haushaltsperiode.

(3) Sofern die Kommission nicht einstimmig etwas anderes beschließt, tragen die Vertragsparteien, ausgenommen die Europäische Wirtschaftsgemeinschaft, zu gleichen Teilen die Gesamtsumme des Haushalts einschließlich aller etwa von der Kommission angenommenen zusätzlichen Haushalte.

(4) Der Beitrag der Europäischen Wirtschaftsgemeinschaft zum Haushalt beträgt höchstens 2,5 v. H. der Verwaltungskosten.

(5) Jede Vertragspartei trägt die Ausgaben, die durch Mitwirkung ihrer Vertreter, Sachverständigen und Berater in der Kommission entstehen.

Art. 23 Stimmrecht. (1) Sofern in Absatz 2 nichts anderes vorgesehen ist, hat jede Vertragspartei eine Stimme in der Kommission.

(2) Die Europäische Wirtschaftsgemeinschaft und jede andere Organisation der regionalen Wirtschaftsintegration üben in Angelegenheiten ihrer Zuständigkeit ihr Stimmrecht mit der Anzahl der Stimmen aus, die der Anzahl ihrer Mitgliedstaaten entspricht, welche Vertragsparteien dieses Übereinkommens sind. Diese Organisationen üben ihr Stimmrecht nicht aus, wenn ihre Mitgliedstaaten ihr Stimmrecht ausüben, und umgekehrt.

Art. 24 Wissenschaftliche und technische Zusammenarbeit. (1) Die Vertragsparteien verpflichten sich, unmittelbar oder gegebenenfalls im Rahmen der geeigneten regionalen oder sonstigen internationalen Organisationen auf dem Gebiet der Wissenschaft, Technik und sonstigen Forschung zusammenzuarbeiten und Daten sowie sonstige wissenschaftliche Informationen für die Zwecke dieses Übereinkommens auszutauschen. Um die Forschungs- und Überwachungstätigkeiten im Ostseegebiet zu erleichtern, verpflichten sich die Vertragsparteien, ihr Vorgehen bei Genehmigungsverfahren hinsichtlich der Durchführung solcher Tätigkeiten aufeinander abzustimmen.

(2) Unbeschadet des Artikels 4 Absatz 2 verpflichten sich die Vertragsparteien, unmittelbar oder gegebenenfalls im Rahmen der geeigneten regionalen oder sonstigen Organisationen Studien zu fördern und Programme durchzuführen, zu unterstützen oder daran mitzuwirken, durch die Methoden zur Beurteilung von Art und Umfang der Verschmutzung, ihrer Wege, Angriffsstellen und Gefahren im Ostseegebiet sowie Möglichkeiten der Abhilfe entwickelt werden sollen. Insbesondere verpflichten sich die Vertragsparteien, alternative Methoden der Behandlung, Beseitigung und Ausscheidung von Stoffen zu erarbeiten, die eine Verschmutzung der Meeresumwelt des Ostseegebiets verursachen können.

(3) Unbeschadet des Artikels 4 Absatz 2 verpflichten sich die Vertragsparteien unmittelbar oder gegebenenfalls im Rahmen der geeigneten regionalen oder sonstigen internationalen Organisationen und auf der Grundlage der nach den Absätzen 1 und 2 gewonnenen Informa-

tionen und Daten bei der Entwicklung untereinander vergleichbarer Beobachtungsmethoden, der Durchführung grundlegender Untersuchungen und der Erstellung einander ergänzender oder gemeinsamer Überwachungsprogramme zusammenzuarbeiten.

(4) Organisation und Umfang der Arbeit im Zusammenhang mit der Durchführung der in den Absätzen 1 bis 3 genannten Aufgaben sollen in erster Linie von der Kommission festgelegt werden.

Art. 25 Verantwortlichkeit für Schäden. Die Vertragsparteien verpflichten sich, gemeinsam Vorschriften zu erarbeiten und anzunehmen, welche die Verantwortlichkeit für Schäden aufgrund von Handlungen oder Unterlassungen entgegen diesem Übereinkommen betreffen; darin sind unter anderem die Grenzen der Verantwortlichkeit, die Kriterien und Verfahren für die Festlegung der Haftung sowie die möglichen Rechtsmittel vorzusehen.

Art. 26 Beilegung von Streitigkeiten. (1) Bei Streitigkeiten zwischen Vertragsparteien über die Auslegung oder Anwendung dieses Übereinkommens sollen diese Vertragsparteien eine Lösung auf dem Verhandlungsweg anstreben. Können die betreffenden Parteien keine Einigung erzielen, so sollen sie die guten Dienste einer dritten Vertragspartei, einer geeigneten internationalen Organisation oder einer geeigneten Persönlichkeit in Anspruch nehmen oder diese gemeinsam um Vermittlung ersuchen.

(2) Waren die betreffenden Parteien nicht in der Lage, ihre Streitigkeit auf dem Verhandlungsweg beizulegen, oder konnten sie sich nicht auf Maßnahmen der oben beschriebenen Art einigen, so werden derartige Streitigkeiten in gegenseitigem Einvernehmen einem Ad-hoc-Schiedsgericht, einem ständigen Schiedsgericht oder dem Internationalen Gerichtshof vorgelegt.

Art. 27 Sicherung bestimmter Freiheiten. Dieses Übereinkommen ist nicht so auszulegen, als beeinträchtige es die Freiheit der Schifffahrt, der Fischerei, der wissenschaftlichen Meeresforschung und der sonstigen rechtmäßigen Nutzung der Hohen See sowie das Recht der friedlichen Durchfahrt durch das Küstenmeer.

Art. 28 Status der Anlagen. Die Anlagen zu diesem Übereinkommen sind Bestandteil des Übereinkommens.

Art. 29 Verhältnis zu anderen Übereinkünften. Dieses Übereinkommen berührt nicht die Rechte und Pflichten der Vertragsparteien aus bestehenden und künftigen Verträgen zur Förderung und Entwicklung der diesem Übereinkommen zugrundeliegenden allgemeinen Grundsätze des Seerechts und insbesondere von Bestimmungen zur Verhütung der Verschmutzung der Meeresumwelt.

Art. 30 Konferenz zur Revision oder Änderung des Übereinkommens. Mit Zustimmung der Vertragsparteien oder auf Ersuchen der Kommission kann eine Konferenz zur allgemeinen Revision oder zur Änderung dieses Übereinkommens einberufen werden.

Art. 31 Änderungen der Artikel des Übereinkommens. (1) Jede Vertragspartei kann Änderungen der Artikel dieses Übereinkommens vorschlagen. Jede vorgeschlagene Änderung wird dem Verwahrer vorgelegt und von diesem allen Vertragsparteien mitgeteilt; diese unterrichten den Verwahrer so bald wie möglich nach Eingang der Mitteilung davon, ob sie die Änderung annehmen oder ablehnen. Eine vorgeschlagene Änderung wird auf Ersuchen einer Vertragspartei in der Kommission geprüft. In diesem Fall findet Artikel 19 Absatz 4 Anwendung. Wird eine Änderung von der Kommission angenommen, so findet das Verfahren nach Absatz 2 Anwendung.

(2) Die Kommission kann Änderungen der Artikel dieses Übereinkommens empfehlen. Jede auf diese Weise empfohlene Änderung wird dem Verwahrer vorgelegt und von diesem allen Vertragsparteien mitgeteilt; diese unterrichten den Verwahrer so bald wie möglich nach Eingang der Mitteilung davon, ob sie die Änderung annehmen oder ablehnen.

(3) Die Änderung tritt neunzig Tage nach dem Zeitpunkt in Kraft, zu dem alle Vertragsparteien dem Verwahrer die Annahme der Änderung notifiziert haben.

Art. 32 Änderungen der Anlagen und Annahme von Anlagen. (1) Jede von einer Vertragspartei vorgeschlagene Änderung der Anlagen wird den anderen Vertragsparteien vom Verwahrer mitgeteilt und in der Kommission geprüft. Nimmt die Kommission die Änderung an, so wird sie den Vertragsparteien mitgeteilt und zur Annahme empfohlen.

(2) Jede von der Kommission empfohlene Änderung der Anlagen wird den Vertragsparteien vom Verwahrer mitgeteilt und zur Annahme empfohlen.

(3) Eine solche Änderung gilt nach Ablauf einer von der Kommission bestimmten Frist als angenommen, sofern nicht innerhalb dieser Frist eine Vertragspartei durch schriftliche Notifikation an den Verwahrer Einspruch gegen die Änderung erhoben hat. Die angenommene Änderung tritt zu einem von der Kommission bestimmten Zeitpunkt in Kraft. Teilt in Ausnahmefällen eine Vertragspartei vor Ablauf der von der Kommission bestimmten Frist dem Verwahrer mit, daß sie zwar beabsichtige, die Änderung anzunehmen, daß jedoch die verfassungsrechtlichen Erfordernisse für die Annahme noch nicht erfüllt seien, so wird die von der Kommission bestimmte Frist um eine zusätzliche Frist von sechs Monaten verlängert und der Zeitpunkt des Inkrafttretens der Änderung entsprechend verschoben.

(4) Nach Maßgabe dieses Artikels kann eine Anlage zu diesem Übereinkommen angenommen werden.

Art. 33 Vorbehalte. (1) Vorbehalte zu diesem Übereinkommen sind nicht zulässig.

(2) Absatz 1 hindert eine Vertragspartei nicht daran, die Anwendung einer Anlage zu diesem Übereinkommen oder eines Teiles oder einer Änderung einer solchen Anlage nach Inkrafttreten der entsprechenden Anlage oder Änderung für höchstens ein Jahr auszusetzen. Jede Vertragspartei des Übereinkommens von 1974 über den Schutz der Meeresumwelt des Ostseegebiets, die nach Inkrafttreten des vorliegenden Übereinkommens die Anwendung einer Anlage oder eines Teiles davon aussetzt, wendet während der Zeit der Aussetzung die entsprechende Anlage oder den entsprechenden Teil der Anlage des Übereinkommens von 1974 an.

(3) Beruft sich eine Vertragspartei nach Inkrafttreten dieses Übereinkommens auf Absatz 2, so teilt sie den anderen Vertragsparteien zum Zeitpunkt der Annahme einer Änderung einer Anlage oder der Annahme einer neuen Anlage durch die Kommission diejenigen Bestimmungen mit, die nach Absatz 2 ausgesetzt werden.

Art. 34 Unterzeichnung. Dieses Übereinkommen liegt vom 9. April 1992 bis zum 9. Oktober 1992 in Helsinki für die Staaten und für die Europäische Wirtschaftsgemeinschaft, die an der am 9. April 1992 in Helsinki abgehaltenen diplomatischen Konferenz über den Schutz der Meeresumwelt des Ostseegebiets teilgenommen haben, zur Unterzeichnung auf.

Art. 35 Ratifikation, Genehmigung und Beitritt. (1) Dieses Übereinkommen bedarf der Ratifikation oder Genehmigung.

(2) Dieses Übereinkommen steht nach seinem Inkrafttreten jedem anderen Staat oder jeder anderen Organisation der regionalen Wirtschaftsintegration, die an der Verwirklichung der Ziele und Zwecke dieses Übereinkommens interessiert sind, zum Beitritt offen, sofern dieser Staat oder diese Organisation von allen Vertragsparteien eingeladen wurde. Bei eingeschränkter Zuständigkeit einer Organisation der regionalen Wirtschaftsintegration können die Bedingungen ihrer Teilnahme zwischen der Kommission und der interessierten Organisation vereinbart werden.

(3) Die Ratifikations-, Genehmigungs- oder Beitrittsurkunden werden beim Verwahrer hinterlegt.

(4) Die Europäische Wirtschaftsgemeinschaft und jede andere Organisation der regionalen Wirtschaftsintegration, die Vertragspartei dieses Übereinkommens wird, üben in Angelegenheiten ihrer Zuständigkeit im eigenen Namen die Rechte aus und erfüllen die Verantwortlichkeiten, die das Übereinkommen ihren Mitgliedstaaten zuweist. In diesen Fällen sind die Mitgliedstaaten dieser Organisationen nicht berechtigt, die Rechte einzeln auszuüben.

Art. 36 Inkrafttreten. (1) Dieses Übereinkommen tritt zwei Monate nach Hinterlegung der Ratifikations- oder Genehmigungsurkunden aller Unterzeichnerstaaten, die Ostsee-Anrainer sind, und der Europäischen Wirtschaftsgemeinschaft in Kraft.

(2) Für jeden Staat, der dieses Übereinkommen vor oder nach Hinterlegung der letzten in Absatz 1 bezeichneten Ratifikations- oder Genehmigungsurkunde ratifiziert oder genehmigt, tritt das Übereinkommen zwei Monate nach Hinterlegung der Ratilikations- oder Genehmigungsurkunde durch den Staat oder am Tag des Inkrafttretens des Übereinkommens in Kraft, je nachdem, welches der spätere Zeitpunkt ist.

(3) Für jeden beitretenden Staat oder jede beitretende Organisation der regionalen Wirtschaftsintegration tritt dieses Übereinkommen zwei Monate nach Hinterlegung der Beitrittsurkunde durch den Staat oder die Organisation der regionalen Wirtschaftsintegration in Kraft.

(4) Mit Inkrafttreten dieses Übereinkommens tritt das am 22. März 1974 in Helsinki unterzeichnete Übereinkommen über den Schutz der Meeresumwelt des Ostseegebiets außer Kraft.

(5) Unbeschadet des Absatzes 4 gelten Änderungen der Anlagen jenes Übereinkommens, die von den Vertragsparteien jenes Übereinkommens zwischen der Unterzeichnung des vorliegenden Übereinkommens und seinem Inkrafttreten angenommen wurden, so lange fort, bis die betreffenden Anlagen des vorliegenden Übereinkommens entsprechend geändert sind.

(6) Unbeschadet des Absatzes 4 gelten Empfehlungen und Beschlüsse, die aufgrund jenes Übereinkommens angenommen wurden, fort, soweit sie mit dem vorliegenden Übereinkommen vereinbar sind oder nicht ausdrücklich durch dieses Übereinkommen oder einen in seinem Rahmen angenommenen Beschluß außer Kraft gesetzt werden.

Art. 37 Rücktritt. (1) Nach Ablauf von fünf Jahren nach Inkrafttreten dieses Übereinkommens kann jede Vertragspartei durch schriftliche Notifikation an den Verwahrer jederzeit von dem Übereinkommen zurücktreten. Der Rücktritt wird für diese Vertragspartei am 30. Juni des Jahres wirksam, das auf das Jahr folgt, in dem der Rücktritt dem Verwahrer notifiziert wurde.

(2) Notifiziert eine Vertragspartei ihren Rücktritt, so beraumt der Verwahrer eine Sitzung der Vertragsparteien mit dem Ziel an die Auswirkung des Rücktritts zu prüfen.

Art. 38 Verwahrer. Die Regierung von Finnland in ihrer Eigenschaft als Verwahrer

a) notifiziert allen Vertragsparteien und dem Exekutivsekretär
   i) die Unterzeichnungen;
   ii) jede Hinterlegung einer Ratifikations-, Genehmigungs- oder Beitrittsurkunde;

iii) jedes Inkrafttreten dieses Übereinkommens;
iv) jede vorgeschlagene oder empfohlene Änderung eines Artikels oder einer Anlage oder die Annahme einer neuen Anlage sowie den Zeitpunkt zu dem die Änderung oder die neue Anlage in Kraft tritt;
v) jede Notifikation und den Tag ihres Eingangs nach den Artikeln 31 und 32;
vi) jede Notifikation eines Rücktritts und den Tag, an dem der Rücktritt wirksam wird;
vii) jede sonstige Maßnahme oder Notifikation im Zusammenhang mit diesem Übereinkommen;

b) übermittelt den beitretenden Staaten und den beitretenden Organisationen der regionalen Wirtschaftsintegration beglaubigte Abschriften dieses Übereinkommens.

ZU URKUND DESSEN haben die hierzu gehörig befugten Unterzeichneten dieses Übereinkommen unterschrieben.

GESCHEHEN zu Helsinki am 9. April 1992 in einer Urschrift in englischer Sprache, die bei der Regierung von Finnland hinterlegt wird. Die Regierung von Finnland übermittelt allen Unterzeichnern beglaubigte Abschriften.

Anlagen zum Übereinkommen[1)]

Anlage I:	Schadstoffe
Anlage II:	Kriterien für die Anwendung der besten Umweltpraxis und der besten verfügbaren Technologie
Anlage III:	Kriterien und Maßnahmen bezüglich der Verhütung der Verschmutzung vom Lande aus
Anlage IV:	Verhütung der Verschmutzung durch Schiffe
Anlage V:	Ausnahmen von dem allgemeinen Verbot des Einbringens von Abfällen und sonstigen Stoffen im Ostseegebiet
Anlage VI:	Verhütung der Verschmutzung durch Offshore-Tätigkeiten
Anlage VII:	Bekämpfung von Verschmutzungsereignissen

1) Hier nicht abgedruckt. Zum vereinfachten Änderungsverfahren bzgl. dieser Vertragsbestandteile s. Art. 32 des Übk. Zu den bisherigen Änderungen vgl. HELCOM-Empfehlungen 21/1, 21/2, 22E/5, 24/8.

iii) jedes Inkrafttreten dieses Übereinkommens;

iv) jede vorgeschlagene oder empfohlene Änderung eines Artikels oder einer Anlage oder die Annahme einer neuen Anlage sowie den Zeitpunkt, zu dem die Änderung oder die neue Anlage in Kraft tritt;

v) jede Notifikation und den Tag ihres Eingangs nach den Artikeln 31 und 32;

vi) jede Notifikation eines Rücktritts und den Tag, zu dem der Rücktritt wirksam wird;

vii) jede sonstige Maßnahme oder Notifikation im Zusammenhang mit diesem Übereinkommen;

b) übermittelt den betreffenden Staaten und den betreffenden Organisationen der regionalen Wirtschaftsintegration beglaubigte Abschriften dieses Übereinkommens.

ZU URKUND DESSEN haben die hierzu gehörig befugten Unterzeichneten dieses Übereinkommen unterschrieben.

GESCHEHEN zu Helsinki am 9. April 1992 in einer Urschrift in englischer Sprache, die bei der Regierung von Finnland hinterlegt wird. Die Regierung von Finnland übermittelt allen Unterzeichnern beglaubigte Abschriften.

Anlagen zum Übereinkommen[1]

Anlage I: Schadstoffe

Anlage II: Kriterien für die Anwendung der besten Umweltpraxis und der besten verfügbaren Technologie

Anlage III: Kriterien und Maßnahmen bezüglich der Verhütung der Verschmutzung vom Lande aus

Anlage IV: Verhütung der Verschmutzung durch Schiffe

Anlage V: Ausnahmen von dem allgemeinen Verbot des Einbringens von Abfällen und sonstigen Stoffen im Ostseegebiet

Anlage VI: Verhütung der Verschmutzung durch Offshore-Tätigkeiten

Anlage VII: Bekämpfung von Verschmutzungsereignissen

1) Hier nicht abgedruckt. Zum vereinfachten Änderungsverfahren vgl. die vorstehende Fußnote zu Art. 32 des Übk. Zu den bisherigen Änderungen vgl. HELCOM-Empfehlungen 21/1, 21/2, 22/1 [illegible]

440. Rahmenübereinkommen der Vereinten Nationen über Klimaänderungen[1) · 2) · 3)]

Vom 9. Mai 1992

(BGBl. 1993 II S. 1783)

(Übersetzung)

DIE VERTRAGSPARTEIEN DIESES ÜBEREINKOMMENS –

IN DER ERKENNTNIS, daß Änderungen des Erdklimas und ihre nachteiligen Auswirkungen die ganze Menschheit mit Sorge erfüllen,

BESORGT DARÜBER, daß menschliche Tätigkeiten zu einer wesentlichen Erhöhung der Konzentrationen von Treibhausgasen in der Atmosphäre geführt haben, daß diese Erhöhung den natürlichen Treibhauseffekt verstärkt und daß dies im Durchschnitt zu einer zusätzlichen Erwärmung der Erdoberfläche und der Atmosphäre führen wird und sich auf die natürlichen Ökosysteme und die Menschen nachteilig auswirken kann,

IN ANBETRACHT DESSEN, daß der größte Teil der früheren und gegenwärtigen weltweiten Emissionen von Treibhausgasen aus den entwickelten Ländern stammt, daß die Pro-Kopf-Emissionen in den Entwicklungsländern noch verhältnismäßig gering sind und daß der Anteil der aus den Entwicklungsländern stammenden weltweiten Emissionen zunehmen wird, damit sie ihre sozialen und Entwicklungsbedürfnisse befriedigen können, im Bewußtsein der Rolle und der Bedeutung von Treibhausgassenken und -speichern in Land- und Meeresökosystemen,

IN ANBETRACHT DESSEN, daß es viele Unsicherheiten bei der Vorhersage von Klimaänderungen gibt, vor allem in bezug auf den zeitlichen Ablauf, daß Ausmaß und die regionale Struktur dieser Änderungen,

IN DER ERKENNTNIS, daß angesichts des globalen Charakters der Klimaänderungen alle Länder aufgerufen sind, so umfassend wie möglich zusammenzuarbeiten und sich an einem wirksamen und angemessenen internationalen Handeln entsprechend ihren gemeinsamen, aber unterschiedlichen Verantwortlichkeiten, ihren jeweiligen Fähigkeiten sowie ihrer sozialen und wirtschaftlichen Lage zu beteiligen,

UNTER HINWEIS auf die einschlägigen Bestimmungen der am

---

1) Das Übereinkommen ist für Deutschland (und auch die EG) am 21.3.1994 in Kraft getreten (Bek. v. 29.3.1995, BGBl. II S. 316) – Internat. Quelle: UNTS 1771, 107.

2) Auf der UN-Klimakonferenz in Doha 2012 war eine Einigung auf die Fortführung des Kyoto-Protokolls bis 2020 erzielt worden („Kyoto II“). An der 2. Verpflichtungsperiode (2013–2020) haben indes nicht mehr alle Kyoto-Vertragsstaaten teilgenommen.

3) Vgl. auch das am 4.11.2016 in Kraft getretene „Übereinkommen von Paris“ v. 12.12.2015 (abgedruckt unter Nr. **442**).

16. Juni 1972 in Stockholm angenommenen Erklärung der Konferenz der Vereinten Nationen über die Umwelt des Menschen,

SOWIE UNTER HINWEIS DARAUF, daß die Staaten nach der Charta der Vereinten Nationen und den Grundsätzen des Völkerrechts das souveräne Recht haben, ihre eigenen Ressourcen gemäß ihrer eigenen Umwelt- und Entwicklungspolitik zu nutzen, sowie die Pflicht, dafür zu sorgen, daß durch Tätigkeiten, die innerhalb ihres Hoheitsbereichs oder unter ihrer Kontrolle ausgeübt werden, der Umwelt in anderen Staaten oder in Gebieten außerhalb der nationalen Hoheitsbereiche kein Schaden zugefügt wird,

IN BEKRÄFTIGUNG des Grundsatzes der Souveränität der Staaten bei der internationalen Zusammenarbeit zur Bekämpfung von Klimaänderungen,

IN ANERKENNUNG DESSEN, daß die Staaten wirksame Rechtsvorschriften im Bereich der Umwelt erlassen sollten, daß Normen, Verwaltungsziele und Prioritäten im Bereich der Umwelt die Umwelt- und Entwicklungsbedingungen widerspiegeln sollten, auf die sie sich beziehen, und daß die von einigen Staaten angewendeten Normen für andere Länder, insbesondere die Entwicklungsländer, unangemessen sein und zu nicht vertretbaren wirtschaftlichen und sozialen Kosten führen können,

UNTER HINWEIS auf die Bestimmungen der Resolution 44/228 der Generalversammlung vom 22. Dezember 1989 über die Konferenz der Vereinten Nationen über Umwelt und Entwicklung sowie der Resolutionen 43/53 vom 6. Dezember 1988, 44/207 vom 22. Dezember 1989, 45/212 vom 21. Dezember 1990 und 46/169 vom 19. Dezember 1991 über den Schutz des Weltklimas für die heutigen und die kommenden Generationen,

SOWIE UNTER HINWEIS auf die Bestimmungen der Resolution 44/206 der Generalversammlung vom 22. Dezember 1989 über die möglichen schädlichen Auswirkungen eines Ansteigens des Meeresspiegels auf Inseln und Küstengebiete, insbesondere tiefliegende Küstengebiete, sowie die einschlägigen Bestimmungen der Resolution 44/172 der Generalversammlung vom 19. Dezember 1989 über die Durchführung des Aktionsplans zur Bekämpfung der Wüstenbildung,

FERNER UNTER HINWEIS auf das Wiener Übereinkommen von 1985 zum Schutz der Ozonschicht sowie das Montrealer Protokoll von 1987 über Stoffe, die zu einem Abbau der Ozonschicht führen, in seiner am 29. Juni 1990 angepaßten und geänderten Fassung,

IN ANBETRACHT der am 7. November 1990 angenommenen Ministererklärung der Zweiten Weltklimakonferenz,

IM BEWUSSTSEIN der wertvollen analytischen Arbeit, die von vielen Staaten im Bereich der Klimaänderungen geleistet wird, und der wichtigen Beiträge der Weltorganisation für Meteorologie, des Umweltprogramms der Vereinten Nationen und anderer Organe, Organisationen und Gremien der Vereinten Nationen sowie anderer internationaler und zwischenstaatlicher Gremien zum Austausch der Ergebnisse der wissenschaftlichen Forschung und zur Koordinierung der Forschung,

IN DER ERKENNTNIS, daß die für das Verständnis und die Behandlung des Problems der Klimaänderungen notwendigen Schritte für die Umwelt sowie sozial und wirtschaftlich am wirksamsten sind, wenn sie auf einschlägigen wissenschaftlichen, technischen und wirtschaftlichen Erwägungen beruhen und unter Berücksichtigung neuer Erkenntnisse in diesen Bereichen laufend neu bewertet werden,

(Fortsetzung nächstes Blatt)

IN DER ERKENNTNIS, daß verschiedene Maßnahmen zur Bewältigung der Klimaänderungen ihre wirtschaftliche Berechtigung in sich selbst haben und außerdem zur Lösung anderer Umweltprobleme beitragen können,

SOWIE IN DER ERKENNTNIS, daß die entwickelten Länder auf der Grundlage klarer Prioritäten in flexibler Weise Sofortmaßnahmen ergreifen müssen, die einen ersten Schritt in Richtung auf eine umfassende Bewältigungsstrategie auf weltweiter, nationaler und, sofern vereinbart, regionaler Ebene darstellen, die alle Treibhausgase berücksichtigt und ihrem jeweiligen Beitrag zur Verstärkung des Treibhauseffekts gebührend Rechnung trägt,

FERNER IN DER ERKENNTNIS, daß tiefliegende und andere kleine Inselländer, Länder mit tiefliegenden Küsten-, Trocken- und Halbtrockengebieten oder Gebieten, die Überschwemmungen, Dürre und Wüstenbildung ausgesetzt sind, und Entwicklungsländer mit empfindlichen Gebirgsökosystemen besonders anfällig für die nachteiligen Auswirkungen der Klimaänderungen sind,

IN DER ERKENNTNIS, daß sich für diejenigen Länder, vor allem unter den Entwicklungsländern, deren Wirtschaft in besonderem Maß von der Gewinnung, Nutzung und Ausfuhr fossiler Brennstoffe abhängt, aus den Maßnahmen zur Begrenzung der Treibhausgasemissionen besondere Schwierigkeiten ergeben,

IN BESTÄTIGUNG DESSEN, daß Maßnahmen zur Bewältigung der Klimaänderungen eng mit der sozialen und wirtschaftlichen Entwicklung koordiniert werden sollten, damit nachteilige Auswirkungen auf diese Entwicklung vermieden werden, wobei die legitimen vorrangigen Bedürfnisse der Entwicklungsländer in bezug auf nachhaltiges Wirtschaftswachstum und die Beseitigung der Armut voll zu berücksichtigen sind,

IN DER ERKENNTNIS, daß alle Länder, insbesondere die Entwicklungsländer, Zugang zu Ressourcen haben müssen, die für eine nachhaltige soziale und wirtschaftliche Entwicklung notwendig sind, und daß die Entwicklungsländer, um dieses Ziel zu erreichen, ihren Energieverbrauch werden steigern müssen, allerdings unter Berücksichtigung der Möglichkeit, zu einer besseren Energieausnutzung zu gelangen und die Treibhausgasemissionen im allgemeinen in den Griff zu bekommen, unter anderem durch den Einsatz neuer Technologien zu wirtschaftlich und sozial vorteilhaften Bedingungen,

ENTSCHLOSSEN, das Klimasystem für heutige und künftige Generationen zu schützen –

SIND WIE FOLGT ÜBEREINGEKOMMEN:

Art. 1 Begriffsbestimmungen*). Im Sinne dieses Übereinkommens

1. bedeutet „nachteilige Auswirkungen der Klimaänderungen" die sich aus den Klimaänderungen ergebenden Veränderungen der belebten

---

*) **Amtl. Anm.:** Die Überschriften der Artikel dienen lediglich zur Erleichterung der Lektüre.

oder unbelebten Umwelt, die erhebliche schädliche Wirkungen auf die Zusammensetzung, Widerstandsfähigkeit oder Produktivität naturbelassener und vom Menschen beeinflußter Ökosysteme oder auf die Funktionsweise des sozio-ökonomischen Systems oder die Gesundheit und das Wohlergehen des Menschen haben;

2. bedeutet „Klimaänderungen" Änderungen des Klimas, die unmittelbar oder mittelbar auf menschliche Tätigkeiten zurückzuführen sind, welche die Zusammensetzung der Erdatmosphäre verändern, und die zu den über vergleichbare Zeiträume beobachteten natürlichen Klimaschwankungen hinzukommen;
3. bedeutet „Klimasystem" die Gesamtheit der Atmosphäre, Hydrosphäre, Biosphäre und Geosphäre sowie deren Wechselwirkungen;
4. bedeutet „Emissionen" die Freisetzung von Treibhausgasen oder deren Vorläufersubstanzen in die Atmosphäre über einem bestimmten Gebiet und in einem bestimmten Zeitraum;
5. bedeutet „Treibhausgase" sowohl die natürlichen als auch die anthropogenen gasförmigen Bestandteile der Atmosphäre, welche die infrarote Strahlung aufnehmen und wieder abgeben;
6. bedeutet „Organisation der regionalen Wirtschaftsintegration" eine von souveränen Staaten einer bestimmten Region gebildete Organisation, die für die durch dieses Übereinkommen oder seine Protokolle erfaßten Angelegenheiten zuständig und im Einklang mit ihren internen Verfahren ordnungsgemäß ermächtigt ist, die betreffenden Übereinkünfte zu unterzeichnen, zu ratifizieren, anzunehmen, zu genehmigen oder ihnen beizutreten;
7. bedeutet „Speicher" einen oder mehrere Bestandteile des Klimasystems, in denen ein Treibhausgas oder eine Vorläufersubstanz eines Treibhausgases zurückgehalten wird;
8. bedeutet „Senke" einen Vorgang, eine Tätigkeit oder einen Mechanismus, durch die ein Treibhausgas, ein Aerosol oder eine Vorläufersubstanz eines Treibhausgases aus der Atmosphäre entfernt wird;
9. bedeutet „Quelle" einen Vorgang oder eine Tätigkeit, durch die ein Treibhausgas, ein Aerosol oder eine Vorläufersubstanz eines Treibhausgases in die Atmosphäre freigesetzt wird.

Art. 2 Ziel. Das Endziel dieses Übereinkommens und aller damit zusammenhängenden Rechtsinstrumente, welche die Konferenz der Vertragsparteien beschließt, ist es, in Übereinstimmung mit den einschlägigen Bestimmungen des Übereinkommens die Stabilisierung der Treibhausgaskonzentrationen in der Atmosphäre auf einem Niveau zu erreichen, auf dem eine gefährliche anthropogene Störung des Klimasystems verhindert wird. Ein solches Niveau sollte innerhalb eines Zeitraums erreicht werden, der ausreicht, damit sich die Ökosysteme *auf natürliche Weise den Klimaänderungen* anpassen können, die Nahrungsmittelerzeugung nicht bedroht wird und die wirtschaftliche Entwicklung auf nachhaltige Weise fortgeführt werden kann.

Art. 3 Grundsätze. Bei ihren Maßnahmen zur Verwirklichung des Zieles des Übereinkommens und zur Durchführung seiner Bestimmungen lassen sich die Vertragsparteien unter anderem von folgenden Grundsätzen leiten:

1. Die Vertragsparteien sollen auf der Grundlage der Gerechtigkeit und entsprechend ihren gemeinsamen, aber unterschiedlichen Verantwortlichkeiten und ihren jeweiligen Fähigkeiten das Klimasystem zum Wohl heutiger und künftiger Generationen schützen. Folglich sollen die Vertragsparteien, die entwickelte Länder sind, bei der Bekämpfung der Klimaänderungen und ihrer nachteiligen Auswirkungen die Führung übernehmen.
2. Die speziellen Bedürfnisse und besonderen Gegebenheiten der Vertragsparteien, die Entwicklungsländer sind, vor allem derjenigen, die besonders anfällig für die nachteiligen Auswirkungen der Klimaänderungen sind, sowie derjenigen Vertragsparteien, vor allem unter den Entwicklungsländern, die nach dem Übereinkommen eine unverhältnismäßige oder ungewöhnliche Last zu tragen hätten, sollen voll berücksichtigt werden.
3. Die Vertragsparteien sollen Vorsorgemaßnahmen treffen, um den Ursachen der Klimaänderungen vorzubeugen, sie zu verhindern oder so gering wie möglich zu halten und die nachteiligen Auswirkungen der Klimaänderungen abzuschwächen. In Fällen, in denen ernsthafte oder nicht wiedergutzumachende Schäden drohen, soll das Fehlen einer völligen wissenschaftlichen Gewißheit nicht als Grund für das Aufschieben solcher Maßnahmen dienen, wobei zu berücksichtigen ist, daß Politiken und Maßnahmen zur Bewältigung der Klimaänderungen kostengünstig sein sollten, um weltweite Vorteile zu möglichst geringen Kosten zu gewährleisten. Zur Erreichung dieses Zweckes sollen die Politiken und Maßnahmen die unterschiedlichen sozio-ökonomischen Zusammenhänge berücksichtigen, umfassend sein, alle wichtigen Quellen, Senken und Speicher von Treibhausgasen und die Anpassungsmaßnahmen erfassen sowie alle Wirtschaftsbereiche einschließen. Bemühungen zur Bewältigung der Klimaänderungen können von interessierten Vertragsparteien gemeinsam unternommen werden.
4. Die Vertragsparteien haben das Recht, eine nachhaltige Entwicklung zu fördern, und sollten dies tun. Politiken und Maßnahmen zum Schutz des Klimasystems vor vom Menschen verursachten Veränderungen sollen den speziellen Verhältnissen jeder Vertragspartei angepaßt sein und in die nationalen Entwicklungsprogramme eingebunden werden, wobei zu berücksichtigen ist, daß wirtschaftliche Entwicklung eine wesentliche Voraussetzung für die Annahme von Maßnahmen zur Bekämpfung der Klimaänderungen ist.
5. Die Vertragsparteien sollen zusammenarbeiten, um ein tragfähiges und offenes internationales Wirtschaftssystem zu fördern, das zu nachhaltigem Wirtschaftswachstum und nachhaltiger Entwicklung in allen Vertragsparteien, insbesondere denjenigen, die Entwicklungs-

länder sind, führt und sie damit in die Lage versetzt, die Probleme der Klimaänderungen besser zu bewältigen. Maßnahmen zur Bekämpfung der Klimaänderungen, einschließlich einseitiger Maßnahmen, sollen weder ein Mittel willkürlicher oder ungerechtfertigter Diskriminierung noch eine verschleierte Beschränkung des internationalen Handels sein.

Art. 4 Verpflichtungen. (1) Alle Vertragsparteien werden unter Berücksichtigung ihrer gemeinsamen, aber unterschiedlichen Verantwortlichkeiten und ihrer speziellen nationalen und regionalen Entwicklungsprioritäten, Ziele und Gegebenheiten

a) nach Artikel 12 nationale Verzeichnisse erstellen, in regelmäßigen Abständen aktualisieren, veröffentlichen und der Konferenz der Vertragsparteien zur Verfügung stellen, in denen die anthropogenen Emissionen aller nicht durch das Montrealer Protokoll geregelten Treibhausgase aus Quellen und der Abbau solcher Gase durch Senken aufgeführt sind, wobei von der Konferenz der Vertragsparteien zu vereinbarende, vergleichbare Methoden anzuwenden sind;

b) nationale und gegebenenfalls regionale Programme erarbeiten, umsetzen, veröffentlichen und regelmäßig aktualisieren, in denen Maßnahmen zur Abschwächung der Klimaänderungen durch die Bekämpfung anthropogener Emissionen aller nicht durch das Montrealer Protokoll geregelten Treibhausgase aus Quellen und den Abbau solcher Gase durch Senken sowie Maßnahmen zur Erleichterung einer angemessenen Anpassung an die Klimaänderungen vorgesehen sind;

c) die Entwicklung, Anwendung und Verbreitung – einschließlich der Weitergabe – von Technologien, Methoden und Verfahren zur Bekämpfung, Verringerung oder Verhinderung anthropogener Emissionen von nicht durch das Montrealer Protokoll geregelten Treibhausgasen in allen wichtigen Bereichen, namentlich Energie, Verkehr, Industrie, Landwirtschaft, Forstwirtschaft und Abfallwirtschaft, fördern und dabei zusammenarbeiten;

d) die nachhaltige Bewirtschaftung fördern sowie die Erhaltung und gegebenenfalls Verbesserung von Senken und Speichern aller nicht durch das Montrealer Protokoll geregelten Treibhausgase, darunter Biomasse, Wälder und Meere sowie andere Ökosysteme auf dem Land, an der Küste und im Meer, fördern und dabei zusammenarbeiten;

e) bei der Vorbereitung auf die Anpassung an die Auswirkungen der Klimaänderungen zusammenarbeiten; angemessene integrierte Pläne für die Bewirtschaftung von Küstengebieten, für Wasservorräte und die Landwirtschaft sowie für den Schutz und die Wiederherstellung *von Gebieten*, die von Dürre und Wüstenbildung – vor allem in Afrika – sowie von Überschwemmungen betroffen sind, entwickeln und ausarbeiten;

f) in ihre einschlägigen Politiken und Maßnahmen in den Bereichen Soziales, Wirtschaft und Umwelt soweit wie möglich Überlegungen zu Klimaänderungen einbeziehen und geeignete Methoden, beispielsweise auf nationaler Ebene erarbeitete und festgelegte Verträglichkeitsprüfungen, anwenden, um die nachteiligen Auswirkungen der Vorhaben oder Maßnahmen, die sie zur Abschwächung der Klimaänderungen oder zur Anpassung daran durchführen, auf Wirtschaft, Volksgesundheit und Umweltqualität so gering wie möglich zu halten;

g) wissenschaftliche, technologische, technische, sozio-ökonomische und sonstige Forschungsarbeiten sowie die systematische Beobachtung und die Entwicklung von Datenarchiven, die sich mit dem Klimasystem befassen und dazu bestimmt sind, das Verständnis zu fördern und die verbleibenden Unsicherheiten in bezug auf Ursachen, Wirkungen, Ausmaß und zeitlichen Ablauf der Klimaänderungen sowie die wirtschaftlichen und sozialen Folgen verschiedener Bewältigungsstrategien zu verringern oder auszuschließen, fördern und dabei zusammenarbeiten;

h) den umfassenden, ungehinderten und umgehenden Austausch einschlägiger wissenschaftlicher, technologischer, technischer, sozio-ökonomischer und rechtlicher Informationen über das Klimasystem und die Klimaänderungen sowie über die wirtschaftlichen und sozialen Folgen verschiedener Bewältigungsstrategien fördern und dabei zusammenarbeiten;

i) Bildung, Ausbildung und öffentliches Bewußtsein auf dem Gebiet der Klimaänderungen fördern und dabei zusammenarbeiten sowie zu möglichst breiter Beteiligung an diesem Prozeß, auch von nichtstaatlichen Organisationen, ermutigen;

j) nach Artikel 12 der Konferenz der Vertragsparteien Informationen über die Durchführung des Übereinkommens zuleiten.

(2) Die Vertragsparteien, die entwickelte Länder sind, und die anderen in Anlage I aufgeführten Vertragsparteien übernehmen folgende spezifische Verpflichtungen:

a) jede dieser Vertragsparteien beschließt nationale[1] Politiken und ergreift entsprechende Maßnahmen zur Abschwächung der Klimaänderungen, indem sie ihre anthropogenen Emissionen von Treibhausgasen begrenzt und ihre Treibhausgassenken und -speicher schützt und erweitert. Diese Politiken und Maßnahmen werden zeigen, daß die entwickelten Länder bei der Änderung der längerfristigen Trends bei anthropogenen Emissionen in Übereinstimmung mit dem Ziel des Übereinkommens die Führung übernehmen, und zwar in der Erkenntnis, daß eine Rückkehr zu einem früheren Niveau anthropogener Emissionen von Kohlendioxid und anderen nicht durch das Montrealer Protokoll geregelten Treib-

[1] Dies schließt die von Organisationen der regionalen Wirtschaftsintegration beschlossenen Politiken und Maßnahmen ein. [Die Fußnote ist Bestandteil des Vertrages.]

hausgasen bis zum Ende dieses Jahrzehnts zu einer solchen Änderung beitragen würde; sie berücksichtigen die unterschiedlichen Ausgangspositionen und Ansätze sowie die unterschiedlichen Wirtschaftsstrukturen und Ressourcen dieser Vertragsparteien und tragen der Notwendigkeit, ein starkes und nachhaltiges Wirtschaftswachstum aufrechtzuerhalten, den verfügbaren Technologien und anderen Einzelumständen sowie der Tatsache Rechnung, daß jede dieser Vertragsparteien zu dem weltweiten Bemühen um die Verwirklichung des Zieles gerechte und angemessene Beiträge leisten muß. Diese Vertragsparteien können solche Politiken und Maßnahmen gemeinsam mit anderen Vertragsparteien durchführen und können andere Vertragsparteien dabei unterstützen, zur Verwirklichung des Zieles des Übereinkommens und insbesondere dieses Buchstabens beizutragen;

b) um Fortschritte in dieser Richtung zu fördern, übermittelt jede dieser Vertragsparteien innerhalb von sechs Monaten nach Inkrafttreten des Übereinkommens für diese Vertragspartei und danach in regelmäßigen Abständen gemäß Artikel 12 ausführliche Angaben über ihre unter Buchstabe a vorgesehenen Politiken und Maßnahmen sowie über ihre sich daraus ergebenden voraussichtlichen anthropogenen Emissionen von nicht durch das Montrealer Protokoll geregelten Treibhausgasen aus Quellen und den Abbau solcher Gase durch Senken für den unter Buchstabe a genannten Zeitraum mit dem Ziel, einzeln oder gemeinsam die anthropogenen Emissionen von Kohlendioxid und anderen nicht durch das Montrealer Protokoll geregelten Treibhausgasen auf das Niveau von 1990 zurückzuführen. Diese Angaben werden von der Konferenz der Vertragsparteien auf ihrer ersten Tagung und danach in regelmäßigen Abständen gemäß Artikel 7 überprüft werden;

c) bei der Berechnung der Emissionen von Treibhausgasen aus Quellen und des Abbaus solcher Gase durch Senken für die Zwecke des Buchstabens b sollen die besten verfügbaren wissenschaftlichen Kenntnisse auch über die tatsächliche Kapazität von Senken und die jeweiligen Beiträge solcher Gase zu Klimaänderungen berücksichtigt werden. Die Konferenz der Vertragsparteien erörtert und vereinbart auf ihrer ersten Tagung die Methoden für diese Berechnung und überprüft sie danach in regelmäßigen Abständen;

d) die Konferenz der Vertragsparteien überprüft auf ihrer ersten Tagung, ob die Buchstaben a und b angemessen sind. Eine solche Überprüfung erfolgt unter Berücksichtigung der besten verfügbaren wissenschaftlichen Informationen und Beurteilungen betreffend Klimaänderungen und deren Auswirkungen sowie unter Berücksichtigung einschlägiger technischer, sozialer und wirtschaftlicher Informationen. Auf der Grundlage dieser Überprüfung ergreift die Konferenz der Vertragsparteien geeignete Maßnahmen, zu denen auch die Beschlußfassung über Änderungen der unter den Buchstaben a und b vorgesehenen Verpflichtungen gehören kann. Die Konferenz der Vertragsparteien entscheidet auf ihrer ersten Tagung auch über die Kriterien für eine gemeinsame Umsetzung im Sinne des Buchstabens a. Eine zweite Überprüfung der Buchstaben a und b findet bis zum 31. Dezember 1998 statt; danach erfolgen weitere Überprüfungen in von der Konferenz der Vertragsparteien festgelegten regelmäßigen Abständen, bis das Ziel des Übereinkommens verwirklicht ist;

e) jede dieser Vertragsparteien

i) koordiniert, soweit dies angebracht ist, mit den anderen obengenannten Vertragsparteien einschlägige Wirtschafts- und Verwaltungsinstrumente, die im Hinblick auf die Verwirklichung des Zieles des Übereinkommens entwickelt wurden;

ii) bestimmt und überprüft in regelmäßigen Abständen ihre eigenen Politiken und Praktiken, die zu Tätigkeiten ermutigen, die zu einem höheren Niveau der anthropogenen Emissionen von nicht durch das Montrealer Protokoll geregelten Treibhausgasen führen, als sonst entstünde;

f) die Konferenz der Vertragsparteien überprüft bis zum 31. Dezember 1998 die verfügbaren Informationen in der Absicht, mit Zustimmung der betroffenen Vertragspartei Beschlüsse über angebracht erscheinende Änderungen der in den Anlagen I und II enthaltenen Listen zu fassen;

g) jede nicht in Anlage I aufgeführte Vertragspartei kann in ihrer Ratifikations-, Annahme-, Genehmigungs- oder Beitrittsurkunde oder zu jedem späteren Zeitpunkt dem Verwahrer ihre Absicht notifizieren, durch die Buchstaben a und b gebunden zu sein. Der Verwahrer unterrichtet die anderen Unterzeichner und Vertragsparteien über jede derartige Notifikation.

(3) Die Vertragsparteien, die entwickelte Länder sind, und die anderen in Anlage II aufgeführten entwickelten Vertragsparteien stellen neue und zusätzliche finanzielle Mittel bereit, um die vereinbarten vollen Kosten zu tragen, die den Vertragsparteien, die Entwicklungsländer sind, bei der Erfüllung ihrer Verpflichtungen nach Artikel 12 Absatz 1 entstehen. Sie stellen auch finanzielle Mittel, einschließlich derjenigen für die Weitergabe von Technologie, bereit, soweit die Vertragsparteien, die Entwicklungsländer sind, sie benötigen, um die vereinbarten vollen Mehrkosten zu tragen, die bei der Durchführung der durch Absatz 1 erfaßten Maßnahmen entstehen, die zwischen einer Vertragspartei, die Entwicklungsland ist, und der oder den in Artikel 11 genannten internationalen Einrichtungen nach Artikel 11 vereinbart werden. Bei der Erfüllung dieser Verpflichtungen wird berücksichtigt, daß der Fluß der Finanzmittel angemessen und berechenbar sein muß und daß ein angemessener Lastenausgleich unter den Vertragsparteien, die entwickelte Länder sind, wichtig ist.

(4) Die Vertragsparteien, die entwickelte Länder sind, und die anderen in Anlage II aufgeführten entwickelten Vertragsparteien unterstützen die für die nachteiligen Auswirkungen der Klimaänderungen

besonders anfälligen Vertragsparteien, die Entwicklungsländer sind, außerdem dabei, die durch die Anpassung an diese Auswirkungen entstehenden Kosten zu tragen.

(5) Die Vertragsparteien, die entwickelte Länder sind, und die anderen in Anlage II aufgeführten entwickelten Vertragsparteien ergreifen alle nur möglichen Maßnahmen, um die Weitergabe von umweltverträglichen Technologien und Know-how an andere Vertragsparteien, insbesondere solche, die Entwicklungsländer sind, oder den Zugang dazu, soweit dies angebracht ist, zu fördern, zu erleichtern und zu finanzieren, um es ihnen zu ermöglichen, die Bestimmungen des Übereinkommens durchzuführen. Dabei unterstützen die Vertragsparteien, die entwickelte Länder sind, die Entwicklung und Stärkung der im Land vorhandenen Fähigkeiten und Technologien der Vertragsparteien, die Entwicklungsländer sind. Andere Vertragsparteien und Organisationen, die dazu in der Lage sind, können auch zur Erleichterung der Weitergabe solcher Technologien beitragen.

(6) Die Konferenz der Vertragsparteien gewährt den in Anlage I aufgeführten Vertragsparteien, die sich im Übergang zur Marktwirtschaft befinden, ein gewisses Maß an Flexibilität bei der Erfüllung ihrer in Absatz 2 genannten Verpflichtungen, auch hinsichtlich des als Bezugsgröße gewählten früheren Niveaus der anthropogenen Emissionen von nicht durch das Montrealer Protokoll geregelten Treibhausgasen, um die Fähigkeit dieser Vertragsparteien zu stärken, das Problem der Klimaänderungen zu bewältigen.

(7) Der Umfang, in dem Vertragsparteien, die Entwicklungsländer sind, ihre Verpflichtungen aus dem Übereinkommen wirksam erfüllen, wird davon abhängen, inwieweit Vertragsparteien, die entwickelte Länder sind, ihre Verpflichtungen aus dem Übereinkommen betreffend finanzielle Mittel und die Weitergabe von Technologie wirksam erfüllen, wobei voll zu berücksichtigen ist, daß die wirtschaftliche und soziale Entwicklung sowie die Beseitigung der Armut für die Entwicklungsländer erste und dringlichste Anliegen sind.

(8) Bei der Erfüllung der in diesem Artikel vorgesehenen Verpflichtungen prüfen die Vertragsparteien eingehend, welche Maßnahmen nach dem Übereinkommen notwendig sind, auch hinsichtlich der Finanzierung, der Versicherung und der Weitergabe von Technologie, um den speziellen Bedürfnissen und Anliegen der Vertragsparteien, die Entwicklungsländer sind, zu entsprechen, die sich aus den nachteiligen Auswirkungen der Klimaänderungen oder der Durchführung von Gegenmaßnahmen ergeben, insbesondere

a) in kleinen Inselländern;

b) in Ländern mit tiefliegenden Küstengebieten;

c) in Ländern mit Trocken- und Halbtrockengebieten, Waldgebieten und Gebieten, die von Waldschäden betroffen sind,

d) in Ländern mit Gebieten, die häufig von Naturkatastrophen heimgesucht werden;

e) in Ländern mit Gebieten, die Dürre und Wüstenbildung ausgesetzt sind;

f) in Ländern mit Gebieten hoher Luftverschmutzung in den Städten;

g) in Ländern mit Gebieten, in denen sich empfindliche Ökosysteme einschließlich Gebirgsökosystemen befinden;

h) in Ländern, deren Wirtschaft in hohem Maß entweder von Einkünften, die durch die Gewinnung, Verarbeitung und Ausfuhr fossiler Brennstoffe und verwandter energieintensiver Produkte erzielt werden, oder vom Verbrauch solcher Brennstoffe und Produkte abhängt;

i) in Binnen- und Transitländern.

Darüber hinaus kann die Konferenz der Vertragsparteien gegebenenfalls Maßnahmen mit Bezug auf diesen Absatz ergreifen.

(9) Die Vertragsparteien tragen bei ihren Maßnahmen hinsichtlich der Finanzierung und der Weitergabe von Technologie den speziellen Bedürfnissen und der besonderen Lage der am wenigsten entwickelten Länder voll Rechnung.

(10) Die Vertragsparteien berücksichtigen nach Artikel 10 bei der Erfüllung der Verpflichtungen aus dem Übereinkommen die Lage derjenigen Vertragsparteien, insbesondere unter den Entwicklungsländern, deren Wirtschaft für die nachteiligen Auswirkungen der Durchführung von Maßnahmen zur Bekämpfung der Klimaänderungen anfällig ist. Dies gilt namentlich für Vertragsparteien, deren Wirtschaft in hohem Maß entweder von Einkünften, die durch die Gewinnung, Verarbeitung und Ausfuhr fossiler Brennstoffe und verwandter energieintensiver Produkte erzielt werden, oder vom Verbrauch solcher Brennstoffe und Produkte oder von der Verwendung fossiler Brennstoffe, die diese Vertragsparteien nur sehr schwer durch Alternativen ersetzen können, abhängt.

Art. 5 Forschung und systematische Beobachtung. Bei der Erfüllung ihrer Verpflichtungen nach Artikel 4 Absatz 1 Buchstabe g werden die Vertragsparteien

a) internationale und zwischenstaatliche Programme und Netze oder Organisationen unterstützen und gegebenenfalls weiterentwickeln, deren Ziel es ist, Forschung, Datensammlung und systematische Beobachtungen festzulegen, durchzuführen, zu bewerten und zu finanzieren, wobei Doppelarbeit soweit wie möglich vermieden werden sollte;

b) internationale und zwischenstaatliche Bemühungen unterstützen, um die systematische Beobachtung und die nationalen Möglichkeiten und Mittel der wissenschaftlichen und technischen Forschung, vor allem in den Entwicklungsländern, zu stärken und den Zugang zu Daten, die aus Gebieten außerhalb der nationalen Hoheitsbereiche stammen, und deren Analysen sowie den Austausch solcher Daten und Analysen zu fördern;

c) die speziellen Sorgen und Bedürfnisse der Entwicklungsländer berücksichtigen und an der Verbesserung ihrer im Land vorhandenen Möglichkeiten und Mittel zur Beteiligung an den unter den Buchstaben a und b genannten Bemühungen mitwirken.

Art. 6 Bildung, Ausbildung und öffentliches Bewußtsein. Bei der Erfüllung ihrer Verpflichtungen nach Artikel 4 Absatz 1 Buchstabe i werden die Vertragsparteien

a) auf nationaler und gegebenenfalls auf subregionaler und regionaler Ebene in Übereinstimmung mit den innerstaatlichen Gesetzen und sonstigen Vorschriften und im Rahmen ihrer Möglichkeiten folgendes fördern und erleichtern:
   i) die Entwicklung und Durchführung von Bildungsprogrammen und Programmen zur Förderung des öffentlichen Bewußtseins in bezug auf die Klimaänderungen und ihre Folgen;
   ii) den öffentlichen Zugang zu Informationen über die Klimaänderungen und ihre Folgen;
   iii) die Beteiligung der Öffentlichkeit an der Beschäftigung mit den Klimaänderungen und ihren Folgen sowie an der Entwicklung geeigneter Gegenmaßnahmen;
   iv) die Ausbildung wissenschaftlichen, technischen und leitenden Personals;

b) auf internationaler Ebene, gegebenenfalls unter Nutzung bestehender Gremien, bei folgenden Aufgaben zusammenarbeiten und sie unterstützen:
   i) Entwicklung und Austausch von Bildungsmaterial und Unterlagen zur Förderung des öffentlichen Bewußtseins in bezug auf die Klimaänderungen und ihre Folgen;
   ii) Entwicklung und Durchführung von Bildungs- und Ausbildungsprogrammen, unter anderem durch die Stärkung nationaler Institutionen und den Austausch oder die Entsendung von Personal zur Ausbildung von Sachverständigen auf diesem Gebiet, vor allem für Entwicklungsländer.

Art. 7 Konferenz der Vertragsparteien. (1) Hiermit wird eine Konferenz der Vertragsparteien eingesetzt.

(2) Die Konferenz der Vertragsparteien als oberstes Gremium dieses Übereinkommens überprüft in regelmäßigen Abständen die Durchführung des Übereinkommens und aller damit zusammenhängenden Rechtsinstrumente, die sie beschließt, und faßt im Rahmen ihres Auftrags die notwendigen Beschlüsse, um die wirksame Durchführung des Übereinkommens zu fördern. Zu diesem Zweck wird sie wie folgt tätig:

a) *Sie prüft anhand* des *Zieles* des Übereinkommens, der bei seiner Durchführung gewonnenen Erfahrungen und der Weiterentwicklung der wissenschaftlichen und technologischen Kenntnisse in regelmäßigen Abständen die Verpflichtungen der Vertragsparteien und die institutionellen Regelungen aufgrund des Übereinkommens;

b) sie fördert und erleichtert den Austausch von Informationen über die von den Vertragsparteien beschlossenen Maßnahmen zur Bekämpfung der Klimaänderungen und ihrer Folgen unter Berücksichtigung der unterschiedlichen Gegebenheiten, Verantwortlichkeiten und Fähigkeiten der Vertragsparteien und ihrer jeweiligen Verpflichtungen aus dem Übereinkommen;

c) auf Ersuchen von zwei oder mehr Vertragsparteien erleichtert sie die Koordinierung der von ihnen beschlossenen Maßnahmen zur Bekämpfung der Klimaänderungen und ihrer Folgen unter Berücksichtigung der unterschiedlichen Gegebenheiten, Verantwortlichkeiten und Fähigkeiten der Vertragsparteien und ihrer jeweiligen Verpflichtungen aus dem Übereinkommen;

d) sie fördert und leitet in Übereinstimmung mit dem Ziel und den Bestimmungen des Übereinkommens die Entwicklung und regelmäßige Verfeinerung vergleichbarer Methoden, die von der Konferenz der Vertragsparteien zu vereinbaren sind, unter anderem zur Aufstellung von Verzeichnissen der Emissionen von Treibhausgasen aus Quellen und des Abbaus solcher Gase durch Senken und zur Beurteilung der Wirksamkeit der zur Begrenzung der Emissionen und Förderung des Abbaus dieses Gase ergriffenen Maßnahmen;

e) auf der Grundlage aller ihr nach dem Übereinkommen zur Verfügung gestellten Informationen beurteilt sie die Durchführung des Übereinkommens durch die Vertragsparteien, die Gesamtwirkung der aufgrund des Übereinkommens ergriffenen Maßnahmen, insbesondere die Auswirkungen auf die Umwelt, die Wirtschaft und den Sozialbereich sowie deren kumulative Wirkung, und die bei der Verwirklichung des Zieles des Übereinkommens erreichten Fortschritte;

f) sie prüft und beschließt regelmäßige Berichte über die Durchführung des Übereinkommens und sorgt für deren Veröffentlichung;

g) sie gibt Empfehlungen zu allen für die Durchführung des Übereinkommens erforderlichen Angelegenheiten ab;

h) sie bemüht sich um die Aufbringung finanzieller Mittel nach Artikel 4 Absätze 3, 4 und 5 sowie Artikel 11;

i) sie setzt die zur Durchführung des Übereinkommens für notwendig erachteten Nebenorgane ein;

j) sie überprüft die ihr von ihren Nebenorganen vorgelegten Berichte und gibt ihnen Richtlinien vor,

k) sie vereinbart und beschließt durch Konsens für sich selbst und ihre Nebenorgane eine Geschäfts- und eine Finanzordnung;

l) sie bemüht sich um – und nutzt gegebenenfalls – die Dienste und Mitarbeit zuständiger internationaler Organisationen und zwischenstaatlicher und nichtstaatlicher Gremien sowie die von diesen zur Verfügung gestellten Informationen;

m) sie erfüllt die zur Verwirklichung des Zieles des Übereinkommens notwendigen sonstigen Aufgaben sowie alle anderen ihr aufgrund des Übereinkommens zugewiesenen Aufgaben.

(3) Die Konferenz der Vertragsparteien beschließt auf ihrer ersten Tagung für sich selbst und für die nach dem Übereinkommen eingesetzten Nebenorgane eine Geschäftsordnung, die das Beschlußverfahren in Angelegenheiten vorsieht, für die nicht bereits im Übereinkommen selbst entsprechende Verfahren vorgesehen sind. Diese Verfahren können auch die Mehrheiten für bestimmte Beschlußfassungen festlegen.

(4) Die erste Tagung der Konferenz der Vertragsparteien wird von dem in Artikel 21 vorgesehenen vorläufigen Sekretariat einberufen und findet spätestens ein Jahr nach Inkrafttreten des Übereinkommens statt. Danach finden ordentliche Tagungen der Konferenz der Vertragsparteien einmal jährlich statt, sofern nicht die Konferenz der Vertragsparteien etwas anderes beschließt.

(5) Außerordentliche Tagungen der Konferenz der Vertragsparteien finden statt, wenn es die Konferenz für notwendig erachtet oder eine Vertragspartei schriftlich beantragt, sofern dieser Antrag innerhalb von sechs Monaten nach seiner Übermittlung durch das Sekretariat von mindestens einem Drittel der Vertragsparteien unterstützt wird.

(6) Die Vereinten Nationen, ihre Sonderorganisationen und die Internationale Atomenergie-Organisation sowie jeder Mitgliedstaat einer solchen Organisation oder jeder Beobachter bei einer solchen Organisation, der nicht Vertragspartei des Übereinkommens ist, können auf den Tagungen der Konferenz der Vertragsparteien als Beobachter vertreten sein. Jede Stelle, national oder international, staatlich oder nichtstaatlich, die in vom Übereinkommen erfaßten Angelegenheiten fachlich befähigt ist und dem Sekretariat ihren Wunsch mitgeteilt hat, auf einer Tagung der Konferenz der Vertragsparteien als Beobachter vertreten zu sein, kann als solcher zugelassen werden, sofern nicht mindestens ein Drittel der anwesenden Vertragsparteien widerspricht. Die Zulassung und Teilnahme von Beobachtern unterliegen der von der Konferenz der Vertragsparteien beschlossenen Geschäftsordnung.

Art. 8 Sekretariat. (1) Hiermit wird ein Sekretariat eingesetzt.

(2) Das Sekretariat hat folgende Aufgaben:

a) Es veranstaltet die Tagungen der Konferenz der Vertragsparteien und ihrer aufgrund des Übereinkommens eingesetzten Nebenorgane und stellt die erforderlichen Dienste bereit;

b) es stellt die ihm vorgelegten Berichte zusammen und leitet sie weiter;

c) es unterstützt die Vertragsparteien, insbesondere diejenigen, die Entwicklungsländer sind, auf Ersuchen bei der Zusammenstellung und Weiterleitung der nach dem Übereinkommen erforderlichen Informationen;

d) es erarbeitet Berichte über seine Tätigkeit und legt sie der Konferenz der Vertragsparteien vor;

e) es sorgt für die notwendige Koordinierung mit den Sekretariaten anderer einschlägiger internationaler Stellen;

f) es trifft unter allgemeiner Aufsicht der Konferenz der Vertragsparteien die für die wirksame Erfüllung seiner Aufgaben notwendigen verwaltungsmäßigen und vertraglichen Vorkehrungen;

g) es nimmt die anderen im Übereinkommen und dessen Protokollen vorgesehenen Sekretariatsaufgaben sowie sonstige Aufgaben wahr, die ihm von der Konferenz der Vertragsparteien zugewiesen werden.

(3) Die Konferenz der Vertragsparteien bestimmt auf ihrer ersten Tagung ein ständiges Sekretariat und sorgt dafür, daß es ordnungsgemäß arbeiten kann.

Art. 9 Nebenorgan für wissenschaftliche und technologische Beratung. (1) Hiermit wird ein Nebenorgan für wissenschaftliche und technologische Beratung eingesetzt, das der Konferenz der Vertragsparteien und gegebenenfalls deren anderen Nebenorganen zu gegebener Zeit Informationen und Gutachten zu wissenschaftlichen und technologischen Fragen im Zusammenhang mit dem Übereinkommen zur Verfügung stellt. Dieses Organ steht allen Vertragsparteien zur Teilnahme offen; es ist fachübergreifend. Es umfaßt Regierungsvertreter, die in ihrem jeweiligen Zuständigkeitsgebiet fachlich befähigt sind. Es berichtet der Konferenz der Vertragsparteien regelmäßig über alle Aspekte seiner Arbeit.

(2) Unter Aufsicht der Konferenz der Vertragsparteien und unter Heranziehung bestehender zuständiger internationaler Gremien wird dieses Organ wie folgt tätig:

a) Es stellt Beurteilungen zum Stand der wissenschaftlichen Kenntnisse auf dem Gebiet der Klimaänderungen und ihrer Folgen zur Verfügung;

b) es verfaßt wissenschaftliche Beurteilungen über die Auswirkungen der zur Durchführung des Übereinkommens ergriffenen Maßnahmen;

c) es bestimmt innovative, leistungsfähige und dem Stand der Technik entsprechende Technologien und Know-how und zeigt Möglichkeiten zur Förderung der Entwicklung solcher Technologien und zu ihrer Weitergabe auf;

d) es gibt Gutachten zu wissenschaftlichen Programmen, zur internationalen Zusammenarbeit bei der Forschung und Entwicklung im Zusammenhang mit den Klimaänderungen und zu Möglichkeiten ab, den Aufbau der im Land vorhandenen Kapazitäten in den Entwicklungsländern zu unterstützen;

e) es beantwortet wissenschaftliche, technologische und methodologische Fragen, die ihm von der Konferenz der Vertragsparteien und ihren Nebenorganen vorgelegt werden.

(3) Die weiteren Einzelheiten der Aufgaben und des Mandats dieses Organs können von der Konferenz der Vertragsparteien festgelegt werden.

Art. 10 Nebenorgan für die Durchführung des Übereinkommens. (1) Hiermit wird ein Nebenorgan für die Durchführung des Übereinkommens eingesetzt, das die Konferenz der Vertragsparteien bei der Beurteilung und Überprüfung der wirksamen Durchführung des Übereinkommens unterstützt. Dieses Organ steht allen Vertragsparteien zur Teilnahme offen; es umfaßt Regierungsvertreter, die Sachverständige auf dem Gebiet der Klimaänderungen sind. Es berichtet der Konferenz der Vertragsparteien regelmäßig über alle Aspekte seiner Arbeit.

(2) Unter Aufsicht der Konferenz der Vertragsparteien wird dieses Organ wie folgt tätig:

a) Es prüft die nach Artikel 12 Absatz 1 übermittelten Informationen, um die Gesamtwirkung der von den Vertragsparteien ergriffenen Maßnahmen anhand der neuesten wissenschaftlichen Beurteilungen der Klimaänderungen zu beurteilen;

b) es prüft die nach Artikel 12 Absatz 2 übermittelten Informationen, um die Konferenz der Vertragsparteien bei der Durchführung der Artikel 4 Absatz 2 Buchstabe d geforderten Überprüfung zu unterstützen;

c) es unterstützt die Konferenz der Vertragsparteien gegebenenfalls bei der Vorbereitung und Durchführung ihrer Beschlüsse.

Art. 11 Finanzierungsmechanismus. (1) Hiermit wird ein Mechanismus zur Bereitstellung finanzieller Mittel in Form unentgeltlicher Zuschüsse oder zu Vorzugsbedingungen, auch für die Weitergabe von Technologie, festgelegt. Er arbeitet unter Aufsicht der Konferenz der Vertragsparteien und ist dieser gegenüber verantwortlich; die Konferenz der Vertragsparteien entscheidet über seine Politiken, seine Programmprioritäten und seine Zuteilungskriterien im Zusammenhang mit dem Übereinkommen. Die Erfüllung seiner Aufgaben wird einer oder mehreren bestehenden internationalen Einrichtungen anvertraut.

(2) Der Finanzierungsmechanismus wird auf der Grundlage einer gerechten und ausgewogenen Vertretung aller Vertragsparteien mit einer transparenten Leitungsstruktur errichtet.

(3) Die Konferenz der Vertragsparteien und die Einrichtung oder *Einrichtungen, denen die Erfüllung* der Aufgaben des Finanzierungsmechanismus anvertraut ist, vereinbaren Vorkehrungen, durch die den obigen Absätzen Wirksamkeit verliehen wird, darunter folgendes:

a) Modalitäten, durch die sichergestellt wird, daß die finanzierten Vorhaben zur Bekämpfung der Klimaänderungen mit den von der Konferenz der Vertragsparteien aufgestellten Politiken, Programmprioritäten und Zuteilungskriterien im Einklang stehen;

b) Modalitäten, durch die ein bestimmter Finanzierungsbeschluß anhand dieser Politiken, Programmprioritäten und Zuteilungskriterien überprüft werden kann;

c) Erstattung regelmäßiger Berichte an die Konferenz der Vertragsparteien durch die Einrichtung oder Einrichtungen über deren Finanzierungstätigkeiten entsprechend der in Absatz 1 vorgesehenen Verantwortlichkeit;

d) Festlegung der Höhe des zur Durchführung dieses Übereinkommens erforderlichen und verfügbaren Betrags sowie der Bedingungen, unter denen dieser Betrag in regelmäßigen Abständen überprüft wird, in berechenbarer und nachvollziehbarer Weise.

(4) Die Konferenz der Vertragsparteien trifft auf ihrer ersten Tagung Vorkehrungen zur Durchführung der obigen Bestimmungen, wobei sie die in Artikel 21 Absatz 3 vorgesehenen vorläufigen Regelungen überprüft und berücksichtigt, und entscheidet, ob diese vorläufigen Regelungen beibehalten werden sollen. Innerhalb der darauffolgenden vier Jahre überprüft die Konferenz der Vertragsparteien den Finanzierungsmechanismus und ergreift angemessene Maßnahmen.

(5) Die Vertragsparteien, die entwickelte Länder sind, können auch finanzielle Mittel im Zusammenhang mit der Durchführung des Übereinkommens auf bilateralem, regionalem oder multilateralem Weg zur Verfügung stellen, welche die Vertragsparteien, die Entwicklungsländer sind, in Anspruch nehmen können.

Art. 12 Weiterleitung von Informationen über die Durchführung des Übereinkommens. (1) Nach Artikel 4 Absatz 1 übermittelt jede Vertragspartei der Konferenz der Vertragsparteien über das Sekretariat folgende Informationen:

a) ein nationales Verzeichnis der anthropogenen Emissionen aller nicht durch das Montrealer Protokoll geregelten Treibhausgase aus Quellen und des Abbaus solcher Gase durch Senken, soweit es die ihr zur Verfügung stehenden Mittel erlauben, unter Verwendung vergleichbarer Methoden, die von der Konferenz der Vertragsparteien gefördert und vereinbart werden;

b) eine allgemeine Beschreibung der von der Vertragspartei ergriffenen oder geplanten Maßnahmen zur Durchführung des Übereinkommens;

c) alle sonstigen Informationen, die nach Auffassung der Vertragspartei für die Verwirklichung des Zieles des Übereinkommens wichtig und zur Aufnahme in ihre Mitteilung geeignet sind, darunter soweit möglich Material, das zur Berechnung globaler Emissionstrends von Bedeutung ist.

(2) Jede Vertragspartei, die ein entwickeltes Land ist, und jede andere in Anlage 1 aufgeführte Vertragspartei nimmt in ihre Mitteilung folgende Informationen auf:

a) eine genaue Beschreibung der Politiken und Maßnahmen, die sie zur Erfüllung ihrer Verpflichtungen nach Artikel 4 Absatz 2 Buchstaben a und b beschlossen hat;

b) eine genaue Schätzung der Auswirkungen, welche die unter Buchstabe a vorgesehenen Politiken und Maßnahmen auf die anthropogenen Emissionen von Treibhausgasen aus Quellen und den Abbau solcher Gase durch Senken innerhalb des in Artikel 4 Absatz 2 Buchstabe a genannten Zeitraums haben werden.

(3) Außerdem macht jede Vertragspartei, die ein entwickeltes Land ist, und jede andere in Anlage II aufgeführte entwickelte Vertragspartei Angaben über die nach Artikel 4 Absätze 3, 4 und 5 ergriffenen Maßnahmen.

(4) Die Vertragsparteien, die Entwicklungsländer sind, können auf freiwilliger Grundlage Vorhaben zur Finanzierung vorschlagen, unter Angabe der Technologien, Materialien, Ausrüstungen, Techniken oder Verfahren, die zur Durchführung solcher Vorhaben notwendig wären, und, wenn möglich, unter Vorlage einer Schätzung aller Mehrkosten, der Verringerung von Emissionen von Treibhausgasen und des zusätzlichen Abbaus solcher Gase sowie einer Schätzung der sich daraus ergebenden Vorteile.

(5) Jede Vertragspartei, die ein entwickeltes Land ist, und jede andere in Anlage I aufgeführte Vertragspartei übermittelt ihre erste Mitteilung innerhalb von sechs Monaten nach Inkrafttreten des Übereinkommens für diese Vertragspartei. Jede nicht darin aufgeführte Vertragspartei übermittelt ihre erste Mitteilung innerhalb von drei Jahren nach Inkrafttreten des Übereinkommens für diese Vertragspartei oder nach der Bereitstellung finanzieller Mittel gemäß Artikel 4 Absatz 3. Vertragsparteien, die zu den am wenigsten entwickelten Ländern gehören, können ihre erste Mitteilung nach eigenem Ermessen übermitteln. Die Konferenz der Vertragsparteien bestimmt die Zeitabstände, in denen alle Vertragsparteien ihre späteren Mitteilungen zu übermitteln haben, wobei der in diesem Absatz dargelegte gestaffelte Zeitplan zu berücksichtigen ist.

(6) Die von den Vertragsparteien nach diesem Artikel übermittelten Angaben werden vom Sekretariat so schnell wie möglich an die Konferenz der Vertragsparteien und an alle betroffenen Nebenorgane weitergeleitet. Falls erforderlich, können die Verfahren zur Übermittlung von Informationen von der Konferenz der Vertragsparteien überarbeitet werden.

(7) Von ihrer ersten Tagung an sorgt die Konferenz der Vertragsparteien dafür, daß den Vertragsparteien, die Entwicklungsländer sind, auf Ersuchen technische und finanzielle Hilfe bei der Zusammenstellung und Übermittlung von Informationen nach diesem Artikel sowie

bei der Bestimmung des technischen und finanziellen Bedarfs zur Durchführung der vorgeschlagenen Vorhaben und der Bekämpfungsmaßnahmen nach Artikel 4 gewährt wird. Solche Hilfe kann je nach Bedarf von anderen Vertragsparteien, von den zuständigen internationalen Organisationen und vom Sekretariat zur Verfügung gestellt werden.

(8) Jede Gruppe von Vertragsparteien kann vorbehaltlich der von der Konferenz der Vertragsparteien angenommenen Leitlinien und vorbehaltlich vorheriger Notifikation an die Konferenz der Vertragsparteien in Erfüllung ihrer Verpflichtungen nach diesem Artikel eine gemeinsame Mitteilung übermitteln, sofern diese Angaben über die Erfüllung der jeweiligen Einzelverpflichtungen aus dem Übereinkommen durch die einzelnen Vertragsparteien enthält.

(9) Alle beim Sekretariat eingehenden Informationen, die eine Vertragspartei im Einklang mit den von der Konferenz der Vertragsparteien festzulegenden Kriterien als vertraulich eingestuft hat, werden vom Sekretariat zusammengefaßt, um ihre Vertraulichkeit zu schützen, bevor sie einem der an der Weiterleitung und Überprüfung von Informationen beteiligten Gremien zur Verfügung gestellt werden.

(10) Vorbehaltlich des Absatzes 9 und unbeschadet des Rechts einer jeden Vertragspartei, ihre Mitteilung jederzeit zu veröffentlichen, macht das Sekretariat die von den Vertragsparteien nach diesem Artikel übermittelten Mitteilungen zu dem Zeitpunkt öffentlich verfügbar, zu dem sie der Konferenz der Vertragsparteien vorgelegt werden.

Art. 13 Lösung von Fragen der Durchführung des Übereinkommens. Die Konferenz der Vertragsparteien prüft auf ihrer ersten Tagung die Einführung eines mehrseitigen Beratungsverfahrens zur Lösung von Fragen der Durchführung des Übereinkommens, das den Vertragsparteien auf Ersuchen zur Verfügung steht.

Art. 14 Beilegung von Streitigkeiten. (1) Im Fall einer Streitigkeit zwischen zwei oder mehr Vertragsparteien über die Auslegung oder Anwendung des Übereinkommens bemühen sich die betroffenen Vertragsparteien um eine Beilegung der Streitigkeit durch Verhandlungen oder andere friedliche Mittel ihrer Wahl.

(2) Bei der Ratifikation, der Annahme oder der Genehmigung des Übereinkommens oder beim Beitritt zum Übereinkommen oder jederzeit danach kann eine Vertragspartei, die keine Organisation der regionalen Wirtschaftsintegration ist, in einer dem Verwahrer vorgelegten, schriftlichen Urkunde erklären, daß sie in bezug auf jede Streitigkeit über die Auslegung oder Anwendung des Übereinkommens folgende Verfahren gegenüber jeder Vertragspartei, welche dieselbe Verpflichtung übernimmt, von Rechts wegen und ohne besondere Übereinkunft als obligatorisch anerkennt:

a) Vorlage der Streitigkeit an den Internationalen Gerichtshof und/oder

b) ein Schiedsverfahren nach Verfahren, die von der Konferenz der Vertragsparteien so bald wie möglich in einer Anlage über ein Schiedsverfahren beschlossen werden.

Eine Vertragspartei, die eine Organisation der regionalen Wirtschaftsintegration ist, kann in bezug auf ein Schiedsverfahren nach dem unter Buchstabe b vorgesehenen Verfahren eine Erklärung mit gleicher Wirkung abgeben.

(3) Eine nach Absatz 2 abgegebene Erklärung bleibt in Kraft, bis sie gemäß den darin enthaltenen Bestimmungen erlischt, oder bis zum Ablauf von drei Monaten nach Hinterlegung einer schriftlichen Rücknahmenotifikation beim Verwahrer.

(4) Eine neue Erklärung, eine Rücknahmenotifikation oder das Erlöschen einer Erklärung berührt nicht die beim Internationalen Gerichtshof oder bei dem Schiedsgericht anhängigen Verfahren, sofern die Streitparteien nichts anderes vereinbaren.

(5) Vorbehaltlich des Absatzes 2 wird die Streitigkeit auf Ersuchen einer der Streitparteien einem Vergleichsverfahren unterworfen, wenn nach Ablauf von zwölf Monaten, nachdem eine Vertragspartei einer anderen notifiziert hat, daß eine Streitigkeit zwischen ihnen besteht, die betreffenden Vertragsparteien ihre Streitigkeit nicht durch die in Absatz 1 genannten Mittel beilegen konnten.

(6) Auf Ersuchen einer der Streitparteien wird eine Vergleichskommission gebildet. Die Kommission besteht aus einer jeweils gleichen Anzahl von durch die betreffenden Parteien ernannten Mitgliedern sowie einem Vorsitzenden, der gemeinsam von den durch die Parteien ernannten Mitgliedern gewählt wird. Die Kommission fällt einen Spruch mit Empfehlungscharakter, den die Parteien nach Treu und Glauben prüfen.

(7) Weitere Verfahren in Zusammenhang mit dem Vergleichsverfahren werden von der Konferenz der Vertragsparteien so bald wie möglich in einer Anlage über ein Vergleichsverfahren beschlossen.

(8) Dieser Artikel findet auf jedes mit dem Übereinkommen in Zusammenhang stehende Rechtsinstrument Anwendung, das die Konferenz der Vertragsparteien beschließt, sofern das Instrument nichts anderes bestimmt.

Art. 15 Änderungen des Übereinkommens. (1) Jede Vertragspartei kann Änderungen des Übereinkommens vorschlagen.

(2) Änderungen des Übereinkommens werden auf einer ordentlichen Tagung der Konferenz der Vertragsparteien beschlossen. Der Wortlaut einer vorgeschlagenen Änderung des Übereinkommens wird den Vertragsparteien mindestens sechs Monate vor der Sitzung, auf der die Änderung zur Beschlußfassung vorgeschlagen wird, vom Sekretariat übermittelt. Das Sekretariat übermittelt vorgeschlagene Änderungen auch den Unterzeichnern des Übereinkommens und zur Kenntnisnahme dem Verwahrer.

(3) Die Vertragsparteien bemühen sich nach Kräften um eine Einigung durch Konsens über eine vorgeschlagene Änderung des Übereinkommens. Sind alle Bemühungen um einen Konsens erschöpft und wird keine Einigung erzielt, so wird als letztes Mittel die Änderung mit Dreiviertelmehrheit der auf der Sitzung anwesenden und abstimmenden Vertragsparteien beschlossen. Die beschlossene Änderung wird vom Sekretariat dem Verwahrer übermittelt, der sie an alle Vertragsparteien zur Annahme weiterleitet.

(4) Die Annahmeurkunden in bezug auf jede Änderung werden beim Verwahrer hinterlegt. Eine nach Absatz 3 beschlossene Änderung tritt für die Vertragsparteien, die sie angenommen haben, am neunzigsten Tag nach dem Zeitpunkt in Kraft, zu dem Annahmeurkunden von mindestens drei Vierteln der Vertragsparteien des Übereinkommens beim Verwahrer eingegangen sind.

(5) Für jede andere Vertragspartei tritt die Änderung am neunzigsten Tag nach dem Zeitpunkt in Kraft, zu dem diese Vertragspartei ihre Urkunde über die Annahme der betreffenden Änderung beim Verwahrer hinterlegt hat.

(6) Im Sinne dieses Artikels bedeutet „anwesende und abstimmende Vertragsparteien" die anwesenden Vertragsparteien, die eine Ja- oder eine Nein-Stimme abgeben.

Art. 16 Beschlußfassung über Anlagen und Änderung von Anlagen des Übereinkommens. (1) Die Anlagen des Übereinkommens sind Bestandteil des Übereinkommens; sofern nicht ausdrücklich etwas anderes vorgesehen ist, stellt eine Bezugnahme auf das Übereinkommen gleichzeitig eine Bezugnahme auf die Anlagen dar. Unbeschadet des Artikels 14 Absatz 2 Buchstabe b und Absatz 7 sind solche Anlagen auf Listen, Formblätter und andere erläuternde Materialien wissenschaftlicher, technischer, verfahrensmäßiger oder verwaltungstechnischer Art beschränkt.

(2) Anlagen des Übereinkommens werden nach dem in Artikel 15 Absätze 2, 3 und 4 festgelegten Verfahren vorgeschlagen und beschlossen.

(3) Eine Anlage, die nach Absatz 2 beschlossen worden ist, tritt für alle Vertragsparteien des Übereinkommens sechs Monate nach dem Zeitpunkt in Kraft, zu dem der Verwahrer diesen Vertragsparteien mitgeteilt hat, daß die Anlage beschlossen worden ist; ausgenommen sind die Vertragsparteien, die dem Verwahrer innerhalb dieses Zeitraums schriftlich notifiziert haben, daß sie die Anlage nicht annehmen. Für die Vertragsparteien, die ihre Notifikation über die Nichtannahme zurücknehmen, tritt die Anlage am neunzigsten Tag nach dem Zeitpunkt in Kraft, zu dem die Rücknahmenotifikation beim Verwahrer eingeht.

(4) Der Vorschlag von Änderungen von Anlagen des Übereinkommens, die Beschlußfassung darüber und das Inkrafttreten derselben

unterliegen demselben Verfahren wie der Vorschlag von Anlagen des Übereinkommens, die Beschlußfassung darüber und das Inkrafttreten derselben nach den Absätzen 2 und 3.

(5) Hat die Beschlußfassung über eine Anlage oder eine Änderung einer Anlage eine Änderung des Übereinkommens zur Folge, so tritt diese Anlage oder diese Änderung einer Anlage erst in Kraft, wenn die Änderung des Übereinkommens selbst in Kraft tritt.

Art. 17 Protokolle. (1) Die Konferenz der Vertragsparteien kann auf jeder ordentlichen Tagung Protokolle des Übereinkommens beschließen.

(2) Der Wortlaut eines vorgeschlagenen Protokolls wird den Vertragsparteien mindestens sechs Monate vor der betreffenden Tagung vom Sekretariat übermittelt.

(3) Die Voraussetzungen für das Inkrafttreten eines Protokolls werden durch das Protokoll selbst festgelegt.

(4) Nur Vertragsparteien des Übereinkommens können Vertragsparteien eines Protokolls werden.

(5) Beschlüsse aufgrund eines Protokolls werden nur von den Vertragsparteien des betreffenden Protokolls gefaßt.

Art. 18 Stimmrecht. (1) Jede Vertragspartei des Übereinkommens hat eine Stimme, sofern nicht in Absatz 2 etwas anderes bestimmt ist.

(2) Organisationen der regionalen Wirtschaftsintegration üben in Angelegenheiten ihrer Zuständigkeit ihr Stimmrecht mit der Anzahl von Stimmen aus, die der Anzahl ihrer Mitgliedstaaten entspricht, die Vertragsparteien des Übereinkommens sind. Eine solche Organisation übt ihr Stimmrecht nicht aus, wenn einer ihrer Mitgliedstaaten sein Stimmrecht ausübt, und umgekehrt.

Art. 19 Verwahrer. Der Generalsekretär der Vereinten Nationen ist Verwahrer des Übereinkommens und der nach Artikel 17 beschlossenen Protokolle.

Art. 20 Unterzeichnung. Dieses Übereinkommen liegt während der Konferenz der Vereinten Nationen über Umwelt und Entwicklung in Rio de Janeiro und danach vom 20. Juni 1992 bis zum 19. Juni 1993 am Sitz der Vereinten Nationen in New York für die Mitgliedstaaten der Vereinten Nationen oder einer ihrer Sonderorganisationen oder für Vertragsstaaten des Statuts des Internationalen Gerichtshofs sowie für Organisationen der regionalen Wirtschaftsintegration zur Unterzeichnung auf.

***Art. 21* Vorläufige Regelungen.** (1) Bis zum Abschluß der ersten Tagung der Konferenz der Vertragsparteien werden die in Artikel 8 genannten Sekretariatsaufgaben vorläufig durch das von der Generalversammlung der Vereinten Nationen in ihrer Resolution 45/212 vom 21. Dezember 1990 eingesetzte Sekretariat übernommen.

(2) Der Leiter des in Absatz 1 genannten vorläufigen Sekretariats arbeitet eng mit der Zwischenstaatlichen Sachverständigengruppe über Klimaänderungen (Intergovernmental Panel on Climate Change) zusammen, um sicherzustellen, daß die Gruppe dem Bedarf an objektiver wissenschaftlicher und technischer Beratung entsprechen kann. Andere maßgebliche wissenschaftliche Gremien können auch befragt werden.

(3) Die Globale Umweltfazilität des Entwicklungsprogramms der Vereinten Nationen, des Umweltprogramms der Vereinten Nationen und der Internationalen Bank für Wiederaufbau und Entwicklung ist die internationale Einrichtung, der vorläufig die Erfüllung der Aufgaben des in Artikel 11 vorgesehenen Finanzierungsmechanismus anvertraut ist. Hierzu sollte die Globale Umweltfazilität angemessen umstrukturiert werden und allen Staaten offenstehen, damit sie den Anforderungen des Artikels 11 gerecht werden kann.

Art. 22 Ratifikation, Annahme, Genehmigung oder Beitritt. (1) Das Übereinkommen bedarf der Ratifikation, der Annahme, der Genehmigung oder des Beitritts durch die Staaten und durch die Organisationen der regionalen Wirtschaftsintegration. Es steht von dem Tag an, an dem es nicht mehr zur Unterzeichnung aufliegt, zum Beitritt offen. Die Ratifikations-, Annahme-, Genehmigungs- oder Beitrittsurkunden werden beim Verwahrer hinterlegt.

(2) Jede Organisation der regionalen Wirtschaftsintegration, die Vertragspartei des Übereinkommens wird, ohne daß einer ihrer Mitgliedstaaten Vertragspartei ist, ist durch alle Verpflichtungen aus dem Übereinkommen gebunden. Sind ein oder mehrere Mitgliedstaaten einer solchen Organisation Vertragspartei des Übereinkommens, so entscheiden die Organisation und ihre Mitgliedstaaten über ihre jeweiligen Verantwortlichkeiten hinsichtlich der Erfüllung ihrer Verpflichtungen aus dem Übereinkommen. In diesen Fällen sind die Organisation und die Mitgliedstaaten nicht berechtigt, die Rechte aufgrund des Übereinkommens gleichzeitig auszuüben.

(3) In ihren Ratifikations-, Annahme-, Genehmigungs- oder Beitrittsurkunden erklären die Organisationen der regionalen Wirtschaftsintegration den Umfang ihrer Zuständigkeiten in bezug auf die durch das Übereinkommen erfaßten Angelegenheiten. Diese Organisationen teilen auch jede wesentliche Änderung des Umfangs ihrer Zuständigkeiten dem Verwahrer mit, der seinerseits die Vertragsparteien unterrichtet.

Art. 23 Inkrafttreten. (1) Das Übereinkommen tritt am neunzigsten Tag nach dem Zeitpunkt der Hinterlegung der fünfzigsten Ratifikations-, Annahme-, Genehmigungs- oder Beitrittsurkunde in Kraft.

(2) Für jeden Staat oder für jede Organisation der regionalen Wirtschaftsintegration, die nach Hinterlegung der fünfzigsten Ratifikations-,

Annahme-, Genehmigungs- oder Beitrittsurkunde das Übereinkommen ratifiziert, annimmt, genehmigt oder ihm beitritt, tritt das Übereinkommen am neunzigsten Tag nach dem Zeitpunkt der Hinterlegung der Ratifikations-, Annahme-, Genehmigungs- oder Beitrittsurkunde durch den Staat oder die Organisation der regionalen Wirtschaftsintegration in Kraft.

(3) Für die Zwecke der Absätze 1 und 2 zählt eine von einer Organisation der regionalen Wirtschaftsintegration hinterlegte Urkunde nicht als zusätzliche Urkunde zu den von den Mitgliedstaaten der Organisation hinterlegten Urkunden.

Art. 24 Vorbehalte. Vorbehalte zu dem Übereinkommen sind nicht zulässig.

Art. 25 Rücktritt. (1) Eine Vertragspartei kann jederzeit nach Ablauf von drei Jahren nach dem Zeitpunkt, zu dem das Übereinkommen für sie in Kraft getreten ist, durch eine an den Verwahrer gerichtete schriftliche Notifikation vom Übereinkommen zurücktreten.

(2) Der Rücktritt wird nach Ablauf eines Jahres nach dem Eingang der Rücktrittsnotifikation beim Verwahrer oder zu einem gegebenenfalls in der Rücktrittsnotifikation genannten späteren Zeitpunkt wirksam.

(3) Eine Vertragspartei, die vom Übereinkommen zurücktritt, gilt auch als von den Protokollen zurückgetreten, deren Vertragspartei sie ist.

Art. 26 Verbindliche Wortlaute. Die Urschrift dieses Übereinkommens, dessen arabischer, chinesischer, englischer, französischer, russischer und spanischer Wortlaut gleichermaßen verbindlich ist, wird beim Generalsekretär der Vereinten Nationen hinterlegt.

ZU URKUND DESSEN haben die hierzu gehörig befugten Unterzeichneten dieses Übereinkommen unterschrieben.

GESCHEHEN zu New York am 9. Mai 1992

Anlage I

Australien
Belarus*)
Belgien
Bulgarien*)
Dänemark
Deutschland
Estland*)
Europäische Gemeinschaft
Finnland
Frankreich

*) Länder, die sich im Übergang zur Marktwirtschaft befinden. [Die Fußnote ist Bestandteil des Vertrages.]

Griechenland
Irland
Island
Italien
Japan
Kanada
Lettland*)
Litauen*)
Luxemburg
Neuseeland
Niederlande
Norwegen
Österreich
Polen*)
Portugal
Rumänien*)
Russische Föderation*)
Schweden
Schweiz
Spanien
Tschechoslowakei*)
Türkei
Ukraine*)
Ungarn*)
Vereinigte Staaten von Amerika
Vereinigtes Königreich Großbritannien und Nordirland

Anlage II

Australien
Belgien
Dänemark
Deutschland
Europäische Gemeinschaft
Finnland
Frankreich
Griechenland
Irland
Island
Italien
Japan
Kanada
Luxemburg
Neuseeland
Niederlande
Norwegen
Österreich
Portugal
Schweden
Schweiz
Spanien
Türkei
Vereinigte Staaten von Amerika
Vereinigtes Königreich Großbritannien und Nordirland

---

*) Länder, die sich im Übergang zur Marktwirtschaft befinden. [Die Fußnote ist Bestandteil des Vertrages.]

442. Übereinkommen von Paris
Paris Agreement

Vom 12. Dezember 2015[1) · 2)]

(BGBl. 2016 II S. 1083, ABl. Nr. L 282/4 v. 19.10.2016)

(Übersetzung)

The Parties to this Agreement,

Being Parties to the United Nations Framework Convention on Climate Change, hereinafter referred to as "the Convention",

Pursuant to the Durban Platform for Enhanced Action established by decision 1/CP.17 of the Conference of the Parties to the Convention at its seventeenth session,

In pursuit of the objective of the Convention, and being guided by its principles, including the principle of equity and common but differentiated responsibilities and respective capabilities, in the light of different national circumstances,

Recognizing the need for an effective and progressive response to the urgent threat of climate change on the basis of the best available scientific knowledge,

Also recognizing the specific needs and special circumstances of

Die Vertragsparteien dieses Übereinkommens –

als Vertragsparteien des Rahmenübereinkommens der Vereinten Nationen über Klimaänderungen, im Folgenden als „Rahmenübereinkommen" bezeichnet,

gestützt auf die durch Beschluss 1/CP.17 der Konferenz der Vertragsparteien des Rahmenübereinkommens auf ihrer siebzehnten Tagung eingerichteten Durban-Plattform für verstärktes Handeln,

in Verfolgung des Zieles des Rahmenübereinkommens und geleitet von seinen Grundsätzen einschließlich des Grundsatzes der Gerechtigkeit und der gemeinsamen, aber unterschiedlichen Verantwortlichkeiten und jeweiligen Fähigkeiten angesichts der unterschiedlichen nationalen Gegebenheiten,

in Anerkennung der Notwendigkeit einer wirksamen und fortschreitenden Reaktion auf die akute Bedrohung durch Klimaänderungen auf der Grundlage der besten verfügbaren wissenschaftlichen Erkenntnisse,

zudem in Anerkennung der speziellen Bedürfnisse und besonde-

---

1) Das unter dem Rahmenabkommen der Vereinten Nationen über Klimaänderungen (Nr. **440**) abgeschlossene Abkommen ist – auch für Deutschland – am 4.11.2016 in Kraft getreten (Bek. v. 20.1.2016, BGBl. II S. 1240). Nachdem der am 4.11.2019 erklärte Rücktritt am 4.11.2020 wirksam geworden war (vgl. Bek. v. 14.11.2019, BGBl. II S. 1119), sind die Vereinigten Staaten dem Übereinkommen mWv 19.2.2021 erneut beigetreten (Bek. v. 25.1.2021, BGBl. 2021 II S. 206).

2) Vgl. auch VO (EU) 2018/842 v. 30.5.2018 zur Festlegung verbindlicher nationaler Jahresziele für die Reduzierung der Treibhausgasemissionen im Zeitraum 2021 bis 2030 als Beitrag zu Klimaschutzmaßnahmen zwecks Erfüllung der Verpflichtungen aus dem Übereinkommen von Paris sowie zur Änderung der VO (EU) Nr. 525/2013 (ABl. Nr. L 156/26 v. 19.6.2018).

developing country Parties, especially those that are particularly vulnerable to the adverse effects of climate change, as provided for in the Convention,

ren Gegebenheiten der Vertragsparteien, die Entwicklungsländer sind, vor allem derjenigen, die besonders anfällig für die nachteiligen Auswirkungen der Klimaänderungen sind, wie im Rahmenübereinkommen vorgesehen,

Taking full account of the specific needs and special situations of the least developed countries with regard to funding and transfer of technology,

unter voller Berücksichtigung der speziellen Bedürfnisse und der besonderen Lage der am wenigsten entwickelten Länder hinsichtlich der Finanzierung und der Weitergabe von Technologie,

Recognizing that Parties may be affected not only by climate change, but also by the impacts of the measures taken in response to it,

in Anerkennung dessen, dass die Vertragsparteien nicht nur von den Klimaänderungen, sondern auch von den Auswirkungen der zu ihrer Bewältigung ergriffenen Maßnahmen betroffen sein können,

Emphasizing the intrinsic relationship that climate change actions, responses and impacts have with equitable access to sustainable development and eradication of poverty,

unter Betonung dessen, dass zwischen dem Vorgehen gegen und der Bewältigung von Klimaänderungen und ihren Auswirkungen sowie dem gerechten Zugang zu nachhaltiger Entwicklung und der Beseitigung der Armut ein innerer Zusammenhang besteht,

Recognizing the fundamental priority of safeguarding food security and ending hunger, and the particular vulnerabilities of food production systems to the adverse impacts of climate change,

in Anerkennung dessen, dass die Gewährleistung der Ernährungssicherheit und die Beendigung des Hungers grundsätzlich Vorrang haben und dass die Systeme der Nahrungsmittelerzeugung gegenüber den nachteiligen Auswirkungen der Klimaänderungen besonders anfällig sind,

Taking into account the imperatives of a just transition of the workforce and the creation of decent work and quality jobs in accordance with nationally defined development priorities,

unter Berücksichtigung der zwingenden Notwendigkeit eines gerechten Strukturwandels für die arbeitende Bevölkerung und der Schaffung menschenwürdiger Arbeit und hochwertiger Arbeitsplätze im Einklang mit den national festgelegten Entwicklungsprioritäten,

Acknowledging that climate change is a common concern of humankind, Parties should, when taking action to address climate change, respect, promote and consider their respective obligations on human rights, the right to health, the rights of indigenous peoples, local communities, migrants, children, persons with disabilities and people in vulnerable situations and the right to development, as well as gender equality, empowerment of women and intergenerational equity,

in der Erkenntnis, dass die Klimaänderungen die ganze Menschheit mit Sorge erfüllen, sollen die Vertragsparteien beim Vorgehen gegen Klimaänderungen ihre jeweiligen Verpflichtungen im Hinblick auf die Menschenrechte, das Recht auf Gesundheit, die Rechte von indigenen Völkern, lokalen Gemeinschaften, Migranten, Kindern, Menschen mit Behinderungen und besonders schutzbedürftigen Menschen und das Recht auf Entwicklung sowie die Gleichstellung der Geschlechter, die Stärkung der Rolle der Frau und die Gerechtigkeit zwischen den Generationen achten, fördern und berücksichtigen,

Recognizing the importance of the conservation and enhancement, as appropriate, of sinks and reservoirs of the greenhouse gases referred to in the Convention,

in Anerkennung der Bedeutung der Erhaltung und gegebenenfalls Erweiterung von Senken und Speichern der im Rahmenübereinkommen genannten Treibhausgase,

Noting the importance of ensuring the integrity of all ecosystems, including oceans, and the protection of biodiversity, recognized by some cultures as Mother Earth, and noting the importance for some of the concept of "climate justice", when taking action to address climate change,

in Anbetracht dessen, wie wichtig es ist, die Integrität aller Ökosysteme einschließlich der Meere und den Schutz der biologischen Vielfalt, in manchen Kulturen als Mutter Erde gewürdigt, zu gewährleisten, und in Anbetracht der großen Bedeutung, die der Begriff „Klimagerechtigkeit" für manche im Zusammenhang mit dem Vorgehen gegen Klimaänderungen hat,

Affirming the importance of education, training, public awareness, public participation, public access to information and cooperation at all levels on the matters addressed in this Agreement,

in Bekräftigung der Bedeutung von Bildung, Ausbildung und öffentlichem Bewusstsein, der Beteiligung der Öffentlichkeit, des öffentlichen Zugangs zu Informationen und der Zusammenarbeit auf allen Ebenen in den von diesem Übereinkommen erfassten Angelegenheiten,

Recognizing the importance of the engagements of all levels of government and various actors, in accordance with respective national legislations of Parties, in addressing climate change,

Also recognizing that sustainable lifestyles and sustainable patterns of consumption and production, with developed country Parties taking the lead, play an important role in addressing climate change,

Have agreed as follows:

Article 1

For the purpose of this Agreement, the definitions contained in Article 1 of the Convention shall apply. In addition:

(a) "Convention" means the United Nations Framework Convention on Climate Change, adopted in New York on 9 May 1992;

(b) "Conference of the Parties" means the Conference of the Parties to the Convention;

(c) "Party" means a Party to this Agreement.

Article 2

1. This Agreement, in enhancing the implementation of the *Convention, including its objective*, aims to strengthen the global response to the threat of climate

in Anerkennung dessen, wie wichtig es ist, dass sich alle staatlichen Ebenen und verschiedene Akteure bei der Bewältigung der Klimaänderungen in Übereinstimmung mit den jeweiligen innerstaatlichen Rechtsvorschriften der Vertragsparteien einbringen,

zudem in der Erkenntnis, dass nachhaltige Lebensweisen und nachhaltige Konsum- und Produktionsmuster, hinsichtlich derer die Vertragsparteien, die entwickelte Länder sind, die Führung übernehmen, eine wichtige Rolle bei der Bewältigung der Klimaänderungen spielen –

sind wie folgt übereingekommen:

Artikel 1

Für die Zwecke dieses Übereinkommens finden die in Artikel 1 des Rahmenübereinkommens enthaltenen Begriffsbestimmungen Anwendung. Darüber hinaus

a) bedeutet „Rahmenübereinkommen" das am 9. Mai 1992 in New York angenommene Rahmenübereinkommen der Vereinten Nationen über Klimaänderungen;

b) bedeutet „Konferenz der Vertragsparteien" die Konferenz der Vertragsparteien des Rahmenübereinkommens;

c) bedeutet „Vertragspartei" eine Vertragspartei dieses Übereinkommens.

Artikel 2

(1) Dieses Übereinkommen zielt darauf ab, durch Verbesserung der Durchführung des Rahmenübereinkommens einschließlich seines Zieles die weltweite

change, in the context of sustainable development and efforts to eradicate poverty, including by:

(a) Holding the increase in the global average temperature to well below 2°C above preindustrial levels and pursuing efforts to limit the temperature increase to 1.5°C above preindustrial levels, recognizing that this would significantly reduce the risks and impacts of climate change;

(b) Increasing the ability to adapt to the adverse impacts of climate change and foster climate resilience and low greenhouse gas emissions development, in a manner that does not threaten food production; and

(c) Making finance flows consistent with a pathway towards low greenhouse gas emissions and climateresilient development.

2. This Agreement will be implemented to reflect equity and the principle of common but differentiated responsibilities and respective capabilities, in the light of different national circumstances.

Reaktion auf die Bedrohung durch Klimaänderungen im Zusammenhang mit nachhaltiger Entwicklung und den Bemühungen zur Beseitigung der Armut zu verstärken, indem unter anderem

a) der Anstieg der durchschnittlichen Erdtemperatur deutlich unter 2 °C über dem vorindustriellen Niveau gehalten wird und Anstrengungen unternommen werden, um den Temperaturanstieg auf 1,5 °C über dem vorindustriellen Niveau zu begrenzen, da erkannt wurde, dass dies die Risiken und Auswirkungen der Klimaänderungen erheblich verringern würde;

b) die Fähigkeit zur Anpassung an die nachteiligen Auswirkungen der Klima -änderungen erhöht und die Widerstandsfähigkeit gegenüber Klimaänderungen sowie eine hinsichtlich der Treibhausgase emissionsarme Entwicklung so gefördert wird, dass die Nahrungsmittelerzeugung nicht bedroht wird;

c) die Finanzmittelflüsse in Einklang gebracht werden mit einem Weg hin zu einer hinsichtlich der Treibhausgase emissionsarmen und gegenüber Klimaänderungen widerstandsfähigen Entwicklung.

(2) Dieses Übereinkommen wird als Ausdruck der Gerechtigkeit und des Grundsatzes der gemeinsamen, aber unterschiedlichen Verantwortlichkeiten und jeweiligen Fähigkeiten angesichts der unterschiedlichen nationalen Gegebenheiten durchgeführt.

Article 3

As nationally determined contributions to the global response to climate change, all Parties are to undertake and communicate ambitious efforts as defined in Articles 4, 7, 9, 10, 11 and 13 with the view to achieving the purpose of this Agreement as set out in Article 2. The efforts of all Parties will represent a progression over time, while recognizing the need to support developing country Parties for the effective implementation of this Agreement.

Artikel 3

Zur Verwirklichung des in Artikel 2 genannten Zieles dieses Übereinkommens sind von allen Vertragsparteien als national festgelegte Beiträge zu der weltweiten Reaktion auf Klimaänderungen ehrgeizige Anstrengungen im Sinne der Artikel 4, 7, 9, 10, 11 und 13 zu unternehmen und zu übermitteln. Die Anstrengungen aller Vertragsparteien werden im Laufe der Zeit eine Steigerung darstellen, wobei die Notwendigkeit anerkannt wird, die Vertragsparteien, die Entwicklungsländer sind, bei der wirksamen Durchführung dieses Übereinkommens zu unterstützen.

Article 4

1. In order to achieve the longterm temperature goal set out in Article 2, Parties aim to reach global peaking of greenhouse gas emissions as soon as possible, recognizing that peaking will take longer for developing country Parties, and to undertake rapid reductions thereafter in accordance with best available science, so as to achieve a balance between anthropogenic emissions by sources and removals by sinks of greenhouse gases in the second half of this century, on the basis of equity, and in the context of sustainable development and efforts to eradicate poverty.

Artikel 4

(1) Zum Erreichen des in Artikel 2 genannten langfristigen Temperaturziels sind die Vertragsparteien bestrebt, so bald wie möglich den weltweiten Scheitelpunkt der Emissionen von Treibhausgasen zu erreichen, wobei anerkannt wird, dass der zeitliche Rahmen für das Erreichen des Scheitelpunkts bei den Vertragsparteien, die Entwicklungsländer sind, größer sein wird, und danach rasche Reduktionen im Einklang mit den besten verfügbaren wissenschaftlichen Erkenntnissen herbeizuführen, um in der zweiten Hälfte dieses Jahrhunderts ein Gleichgewicht zwischen den anthropogenen Emissionen von Treibhausgasen aus Quellen und dem Abbau solcher Gase durch Senken auf der Grundlage der Gerechtigkeit und im Rahmen der nachhaltigen Entwicklung und der Bemühungen zur Beseitigung der Armut herzustellen.

2. Each Party shall prepare, communicate and maintain successive nationally determined contributions that it intends to achieve. Parties shall pursue domestic mitigation measures, with the aim of achieving the objectives of such contributions.

(2) Jede Vertragspartei erarbeitet, übermittelt und behält aufeinanderfolgende national festgelegte Beiträge bei, die sie zu erreichen beabsichtigt. Die Vertragsparteien ergreifen innerstaatliche Minderungsmaßnahmen, um die Ziele dieser Beiträge zu verwirklichen.

3. Each Party's successive nationally determined contribution will represent a progression beyond the Party's then current nationally determined contribution and reflect its highest possible ambition, reflecting its common but differentiated responsibilities and respective capabilities, in the light of different national circumstances.

(3) Jeder nachfolgende national festgelegte Beitrag einer Vertragspartei wird eine Steigerung gegenüber ihrem zum fraglichen Zeitpunkt geltenden national festgelegten Beitrag darstellen und ihre größtmögliche Ambition unter Berücksichtigung ihrer gemeinsamen, aber unterschiedlichen Verantwortlichkeiten und ihrer jeweiligen Fähigkeiten angesichts der unterschiedlichen nationalen Gegebenheiten ausdrücken.

4. Developed country Parties should continue taking the lead by undertaking economywide absolute emission reduction targets. Developing country Parties should continue enhancing their mitigation efforts, and are encouraged to move over time towards economywide emission reduction or limitation targets in the light of different national circumstances.

(4) Die Vertragsparteien, die entwickelte Länder sind, sollen weiterhin die Führung übernehmen, indem sie sich zu absoluten gesamtwirtschaftlichen Emissionsreduktionszielen verpflichten. Die Vertragsparteien, die Entwicklungsländer sind, sollen ihre Minderungsanstrengungen weiter verstärken; sie werden ermutigt, mit der Zeit angesichts der unterschiedlichen nationalen Gegebenheiten auf gesamtwirtschaftliche Emissionsreduktions- oder -begrenzungsziele überzugehen.

5. Support shall be provided to *developing country Parties* for the implementation of this Article, in accordance with Articles 9, 10 and 11, recognizing that enhanced support for developing country Parties will allow for higher ambition in their actions.

(5) Den Vertragsparteien, die Entwicklungsländer sind, wird Unterstützung bei der Durchführung dieses Artikels in Übereinstimmung mit den Artikeln 9, 10 und 11 gewährt, wobei anerkannt wird, dass eine verstärkte Unterstützung ihnen die Möglichkeit eröffnen wird, sich für ihre Maß-

nahmen höhere Ambitionen zu setzen.

6. The least developed countries and small island developing States may prepare and communicate strategies, plans and actions for low greenhouse gas emissions development reflecting their special circumstances.

(6) Die am wenigsten entwickelten Länder und die kleinen Inselstaaten unter den Entwicklungsländern können Strategien, Pläne und Maßnahmen für eine hinsichtlich der Treibhausgase emissionsarme Entwicklung erarbeiten und übermitteln, die ihre besonderen Gegebenheiten widerspiegeln.

7. Mitigation cobenefits resulting from Parties' adaptation actions and/or economic diversification plans can contribute to mitigation outcomes under this Article.

(7) Der Zusatznutzen für die Minderung, der sich aus den Anpassungsmaßnahmen und/oder Plänen zur wirtschaftlichen Diversifizierung der Vertragsparteien ergibt, kann zu den Minderungsergebnissen aufgrund dieses Artikels beitragen.

8. In communicating their nationally determined contributions, all Parties shall provide the information necessary for clarity, transparency and understanding in accordance with decision 1/CP.21 and any relevant decisions of the Conference of the Parties serving as the meeting of the Parties to this Agreement.

(8) Bei der Übermittlung ihrer national festgelegten Beiträge stellen alle Vertragsparteien die erforderlichen Informationen zur Gewährleistung der Eindeutigkeit, Transparenz und Verständlichkeit in Übereinstimmung mit Beschluss 1/CP.21 und allen einschlägigen Beschlüssen der als Tagung der Vertragsparteien dieses Übereinkommens dienenden Konferenz der Vertragsparteien zur Verfügung.

9. Each Party shall communicate a nationally determined contribution every five years in accordance with decision 1/CP.21 and any relevant decisions of the Con -ference of the Parties serving as the meeting of the Parties to this Agreement and be informed by the outcomes of the global stocktake referred to in Article 14.

(9) Jede Vertragspartei übermittelt alle fünf Jahre einen national festgelegten Beitrag in Übereinstimmung mit Beschluss 1/CP.21 und allen einschlägigen Beschlüssen der als Tagung der Vertragsparteien dieses Übereinkommens dienenden Konferenz der Vertragsparteien; sie wird von den Ergebnissen der in Artikel 14 genannten weltweiten Bestandsaufnahme unterrichtet.

10. The Conference of the Parties serving as the meeting of the Parties to this Agreement shall consider common time frames for nationally determined contributions at its first session.

(10) Die als Tagung der Vertragsparteien dieses Übereinkommens dienende Konferenz der Vertragsparteien prüft auf ihrer ersten Tagung gemeinsame Zeitrahmen für die national festgelegten Beiträge.

11. A Party may at any time adjust its existing nationally determined contribution with a view to enhancing its level of ambition, in accordance with guidance adopted by the Conference of the Parties serving as the meeting of the Parties to this Agreement.

(11) Eine Vertragspartei kann ihren bestehenden national festgelegten Beitrag jederzeit in Übereinstimmung mit den Leitlinien, die von der als Tagung der Vertragsparteien dieses Übereinkommens dienenden Konferenz der Vertragsparteien beschlossen werden, anpassen, um ihr Ambitionsniveau anzuheben.

12. Nationally determined contributions communicated by Parties shall be recorded in a public registry maintained by the secretariat.

(12) Die von den Vertragsparteien übermittelten national festgelegten Beiträge werden in ein vom Sekretariat geführtes öffentliches Register eingetragen.

13. Parties shall account for their nationally determined contributions. In accounting for anthropogenic emissions and removals corresponding to their nationally determined contributions, Parties shall promote environmental integrity, transparency, accuracy, completeness, comparability and consistency, and ensure the avoidance of double counting, in accordance with guidance adopted by the Conference of the Parties serving as the meeting of the Parties to this Agreement.

(13) Die Vertragsparteien rechnen über ihre national festgelegten Beiträge ab. Bei der Abrechnung über die anthropogenen Emissionen und den Abbau entsprechend ihren national festgelegten Beiträgen fördern die Vertragsparteien die Umweltintegrität, Transparenz, Genauigkeit, Vollständigkeit, Vergleichbarkeit sowie Konsistenz und gewährleisten die Vermeidung von Doppelzählungen im Einklang mit den Leitlinien, die von der als Tagung der Vertragsparteien dieses Übereinkommens dienenden Konferenz der Vertragsparteien beschlossen werden.

14. In the context of their nationally determined contributions, when recognizing and implementing mitigation actions with respect to anthropogenic emissions and removals, Parties should take into account, as ap-

(14) Im Zusammenhang mit ihren national festgelegten Beiträgen sollen die Vertragsparteien bei der Anerkennung und Umsetzung von Minderungsmaßnahmen im Hinblick auf die anthropogenen Emissionen und

propriate, existing methods and guidance under the Convention, in the light of the provisions of paragraph 13 of this Article.

15. Parties shall take into consideration in the implementation of this Agreement the concerns of Parties with economies most affected by the impacts of response measures, particularly developing country Parties.

16. Parties, including regional economic integration organizations and their member States, that have reached an agreement to act jointly under paragraph 2 of this Article shall notify the secretariat of the terms of that agreement, including the emission level allocated to each Party within the relevant time period, when they communicate their nationally determined contributions. The secretariat shall in turn inform the Parties and signatories to the Convention of the terms of that agreement.

17. Each party to such an agreement shall be responsible for its emission level as set out in the agreement referred to in paragraph 16 of this Article in accordance with paragraphs 13 and 14 of this Article and Articles 13 and 15.

18. If Parties acting jointly do so in the framework of, and together with, a regional economic

den Abbau, soweit angemessen, die aufgrund des Rahmenübereinkommens bestehenden Methoden und Leitlinien im Lichte des Absatzes 13 berücksichtigen.

(15) Bei der Durchführung dieses Übereinkommens berücksichtigen die Vertragsparteien die Sorgen derjenigen Vertragsparteien, deren Wirtschaft von den Auswirkungen der Gegenmaßnahmen am stärksten betroffen ist, insbesondere der Vertragsparteien, die Entwicklungsländer sind.

(16) Die Vertragsparteien einschließlich der Organisationen der regionalen Wirtschaftsintegration und ihrer Mitgliedstaaten, die eine Vereinbarung getroffen haben, bei der Anwendung des Absatzes 2 gemeinsam zu handeln, notifizieren dem Sekretariat zum Zeitpunkt der Übermittlung ihrer national festgelegten Beiträge die Bedingungen dieser Vereinbarung einschließlich des jeder Vertragspartei innerhalb des betreffenden Zeitraums zugeteilten Emissionsniveaus. Das Sekretariat unterrichtet seinerseits die Vertragsparteien und die Unterzeichner des Rahmenübereinkommens über die Bedingungen der Vereinbarung.

(17) Jede Partei einer solchen Vereinbarung ist in Übereinstimmung mit den Absätzen 13 und 14 dieses Artikels und mit den Artikeln 13 und 15 für ihr Emissionsniveau, das in der in Absatz 16 dieses Artikels bezeichneten Vereinbarung angegeben ist, verantwortlich.

(18) Wenn gemeinsam handelnde Vertragsparteien im Rahmen und zusammen mit einer

integration organization which is itself a Party to this Agreement, each member State of that regional economic integration organization individually, and together with the regional economic integration organization, shall be responsible for its emission level as set out in the agreement communicated under paragraph 16 of this Article in accordance with paragraphs 13 and 14 of this Article and Articles 13 and 15.

19. All Parties should strive to formulate and communicate longterm low greenhouse gas emission development strategies, mindful of Article 2 taking into account their common but differentiated responsibilities and respective capabilities, in the light of different national circumstances.

Organisation der regionalen Wirtschaftsintegration handeln, die selbst Vertragspartei dieses Übereinkommens ist, ist jeder Mitgliedstaat dieser Organisation der regionalen Wirtschaftsintegration einzeln sowie zusammen mit der Organisation der regionalen Wirtschaftsintegration in Übereinstimmung mit den Absätzen 13 und 14 dieses Artikels und mit den Artikeln 13 und 15 für sein Emissionsniveau, das in der nach Absatz 16 dieses Artikels notifizierten Vereinbarung angegeben ist, verantwortlich.

(19) Eingedenk des Artikels 2 und unter Berücksichtigung ihrer gemeinsamen, aber unterschiedlichen Verantwortlichkeiten und jeweiligen Fähigkeiten angesichts der unterschiedlichen nationalen Gegebenheiten sollen sich alle Vertragsparteien um die Ausarbeitung und Übermittlung langfristiger Strategien für eine hinsichtlich der Treibhausgase emissionsarme Entwicklung bemühen.

Article 5

1. Parties should take action to conserve and enhance, as appropriate, sinks and reservoirs of greenhouse gases as referred to in Article 4, paragraph 1(d), of the Convention, including forests.

2. *Parties are encouraged* to take action to implement and support, including through resultsbased payments, the existing framework as set out in related guidance and decisions already agreed under the Convention for: policy approaches and positive

Artikel 5

(1) Die Vertragsparteien sollen Maßnahmen zur Erhaltung und gegebenenfalls Verbesserung von Senken und Speichern von Treibhausgasen, darunter Wälder, nach Artikel 4 Absatz 1 Buchstabe d des Rahmenübereinkommens ergreifen.

(2) Die Vertragsparteien werden ermutigt, unter anderem durch ergebnisbasierte Zahlungen Maßnahmen zur Umsetzung und Unterstützung des vorhandenen Rahmens zu ergreifen, der durch die aufgrund des Rahmenübereinkommens bereits vereinbarten

incentives for activities relating to reducing emissions from deforestation and forest degradation, and the role of conservation, sustainable management of forests and enhancement of forest carbon stocks in developing countries; and alternative policy approaches, such as joint mitigation and adaptation approaches for the integral and sustainable management of forests, while reaffirming the importance of incentivizing, as appropriate, noncarbon benefits associated with such approaches.

diesbezüglichen Leitlinien und Beschlüsse geschaffen wurde, und zwar im Hinblick auf Politikansätze und positive Anreize für Tätigkeiten im Zusammenhang mit der Reduktion der Emissionen aufgrund der Entwaldung und der Verschlechterung des Zustands der Wälder und die Rolle der Erhaltung und nachhaltigen Bewirtschaftung der Wälder und die Erhöhung der in ihnen gespeicherten Kohlenstoffvorräte in den Entwicklungsländern sowie im Hinblick auf alternative Politikansätze wie etwa gemeinsame Minderungs- und Anpassungsansätze für die integrierte und nachhaltige Bewirtschaftung der Wälder, wobei erneut bekräftigt wird, wie wichtig gegebenenfalls die Förderung des mit diesen Ansätzen verbundenen Nutzens des Waldes über seine Funktion als Kohlenstoffspeicher hinaus durch bestimmte Anreize ist.

Article 6

1. Parties recognize that some Parties choose to pursue voluntary cooperation in the implementation of their nationally determined contributions to allow for higher ambition in their mitigation and adaptation actions and to promote sustainable development and environmental integrity.

2. Parties shall, where engaging on a voluntary basis in cooperative approaches that involve the use of internationally transferred *mitigation* outcomes towards nationally determined contributions, promote sustainable devel-

Artikel 6

(1) Die Vertragsparteien erkennen an, dass sich manche von ihnen für eine freiwillige Zusammenarbeit bei der Umsetzung ihrer national festgelegten Beiträge entscheiden, um sich für ihre Minderungs- und Anpassungsmaßnahmen höhere Ambitionen setzen zu können und um die nachhaltige Entwicklung und die Umweltintegrität zu fördern.

(2) Beteiligen sich Vertragsparteien auf freiwilliger Grundlage an kooperativen Ansätzen, die die Verwendung international übertragener Minderungsergebnisse zum Erreichen der national festgelegten Beiträge beinhalten, so

opment and ensure environmental integrity and transparency, including in governance, and shall apply robust accounting to ensure, inter alia, the avoidance of double counting, consistent with guidance adopted by the Conference of the Parties serving as the meeting of the Parties to this Agreement.

fördern sie die nachhaltige Entwicklung und gewährleisten die Umweltintegrität und die Transparenz, auch beim Verwaltungshandeln; sie wenden im Einklang mit den Leitlinien, die von der als Tagung der Vertragsparteien dieses Übereinkommens dienenden Konferenz der Vertragsparteien beschlossen wurden, ein verlässliches Abrechnungsverfahren an, um unter anderem die Vermeidung von Doppelzählungen zu gewährleisten.

3. The use of internationally transferred mitigation outcomes to achieve nationally determined contributions under this Agreement shall be voluntary and authorized by participating Parties.

(3) Die Verwendung international übertragener Minderungsergebnisse zum Erreichen der national festgelegten Beiträge nach diesem Übereinkommen ist freiwillig und bedarf der Genehmigung durch die teilnehmenden Vertragsparteien.

4. A mechanism to contribute to the mitigation of greenhouse gas emissions and support sustainable development is hereby established under the authority and guidance of the Conference of the Parties serving as the meeting of the Parties to this Agreement for use by Parties on a voluntary basis. It shall be supervised by a body designated by the Conference of the Parties serving as the meeting of the Parties to this Agreement, and shall aim:

(4) Hiermit wird ein Mechanismus zur Minderung der Emissionen von Treibhausgasen und zur Unterstützung der nachhaltigen Entwicklung unter der Weisungsbefugnis und Leitung der als Tagung der Vertragsparteien dieses Übereinkommens dienenden Konferenz der Vertragsparteien eingesetzt, der von den Vertragsparteien auf freiwilliger Grundlage genutzt werden kann. Er wird von einem Gremium beaufsichtigt, das von der als Tagung der Vertragsparteien dieses Übereinkommens dienenden Konferenz der Vertragsparteien bestimmt wird, und ist darauf gerichtet,

(a) To promote the mitigation of greenhouse gas emissions while fostering sustainable development;

a) die Minderung der Emissionen von Treibhausgasen zu fördern und gleichzeitig die nachhaltige Entwicklung zu unterstützen;

(b) To incentivize and facilitate participation in the mitigation of greenhouse gas emissions by public and private entities authorized by a Party;

(c) To contribute to the reduction of emission levels in the host Party, which will benefit from mitigation activities resulting in emission reductions that can also be used by another Party to fulfil its nationally determined contribution; and

(d) To deliver an overall mitigation in global emissions.

5. Emission reductions resulting from the mechanism referred to in paragraph 4 of this Article shall not be used to demonstrate achievement of the host Party's nationally determined contribution if used by another Party to demonstrate achievement of its nationally determined contribution.

6. The Conference of the Parties serving as the meeting of the Parties to this Agreement shall ensure that a share of the proceeds from activities under the mechanism referred to in paragraph 4 of this Article is used to cover administrative expenses as well as to assist developing country Parties that are particularly vulnerable to the adverse effects of climate change to meet the costs of adaptation.

b) die Beteiligung der durch eine Vertragspartei ermächtigten öffentlichen und privaten Rechtsträger an der Minderung der Emissionen von Treibhausgasen durch bestimmte Anreize zu fördern und zu erleichtern;

c) zur Absenkung des Emissionsniveaus bei der als Gastland dienenden Vertragspartei beizutragen, die Nutzen aus den Minderungstätigkeiten ziehen wird, aus denen sich Emissionsreduktionen ergeben, die auch von einer anderen Vertragspartei zur Erfüllung ihres national festgelegten Beitrags verwendet werden können;

d) eine allgemeine Minderung der weltweiten Emissionen zu erreichen.

(5) Die Emissionsreduktionen, die sich aus dem in Absatz 4 genannten Mechanismus ergeben, dürfen nicht zum Nachweis des Erreichens des national festgelegten Beitrags der als Gastland dienenden Vertragspartei verwendet werden, wenn sie von einer anderen Vertragspartei zum Nachweis des Erreichens ihres national festgelegten Beitrags verwendet werden.

(6) Die als Tagung der Vertragsparteien dieses Übereinkommens dienende Konferenz der Vertragsparteien stellt sicher, dass ein Teil der Erlöse aus Tätigkeiten im Rahmen des in Absatz 4 genannten Mechanismus dazu verwendet wird, die Verwaltungskosten zu decken sowie die für die nachteiligen Auswirkungen der Klimaänderungen besonders anfälligen Vertragsparteien, die Entwicklungsländer sind, da

7. The Conference of the Parties serving as the meeting of the Parties to this Agreement shall adopt rules, modalities and procedures for the mechanism referred to in paragraph 4 of this Article at its first session.

8. Parties recognize the importance of integrated, holistic and balanced nonmarket approaches being available to Parties to assist in the implementation of their nationally determined contributions, in the context of sustainable development and poverty eradication, in a coordinated and effective manner, including through, inter alia, mitigation, adaptation, finance, technology transfer and capacitybuilding, as appropriate. These approaches shall aim to:

(a) Promote mitigation and adaptation ambition;

(b) Enhance public and private sector participation in the implementation of nationally determined contributions; and

(c) Enable opportunities for coordination across instruments and relevant institutional arrangements.

9. A framework for nonmarket approaches to sustainable development is hereby defined to promote the nonmarket approaches referred to in paragraph 8 of this Article.

bei zu unterstützen, die Anpassungskosten zu tragen.

(7) Die als Tagung der Vertragsparteien dieses Übereinkommens dienende Konferenz der Vertragsparteien beschließt auf ihrer ersten Tagung Regeln, Modalitäten und Verfahren für den in Absatz 4 genannten Mechanismus.

(8) Die Vertragsparteien erkennen an, wie wichtig es ist, dass ihnen integrierte, ganzheitliche und ausgewogene nicht marktbasierte Ansätze zur Verfügung stehen, die sie bei der Umsetzung ihrer national festgelegten Beiträge im Zusammenhang mit nachhaltiger Entwicklung und der Beseitigung der Armut in abgestimmter und wirksamer Weise, unter anderem durch Minderung, Anpassung, Finanzierung, Weitergabe von Technologie und Aufbau von Kapazitäten, soweit angemessen, unterstützen. Diese Ansätze sind darauf gerichtet,

a) die Ambition auf dem Gebiet der Minderung und Anpassung zu fördern;

b) die Beteiligung des öffentlichen und des privaten Sektors an der Umsetzung der national festgelegten Beiträge zu verbessern;

c) Gelegenheiten für eine Koordinierung zwischen den Instrumenten und den einschlägigen institutionellen Regelungen zu ermöglichen.

(9) Hiermit wird ein Rahmen für nicht marktbasierte Ansätze für eine nachhaltige Entwicklung festgelegt, um die in Absatz 8 genannten nicht marktbasierten Ansätze zu fördern.

Article 7

1. Parties hereby establish the global goal on adaptation of enhancing adaptive capacity, strengthening resilience and reducing vulnerability to climate change, with a view to contributing to sustainable development and ensuring an adequate adaptation response in the context of the temperature goal referred to in Article 2.

2. Parties recognize that adaptation is a global challenge faced by all with local, subnational, national, regional and international dimensions, and that it is a key component of and makes a contribution to the longterm global response to climate change to protect people, livelihoods and ecosystems, taking into account the urgent and immediate needs of those developing country Parties that are particularly vulnerable to the adverse effects of climate change.

3. The adaptation efforts of developing country Parties shall be recognized, in accordance with the modalities to be adopted by the Conference of the Parties serving as the meeting of the Parties to this Agreement at its first session.

4. Parties recognize that the current need for adaptation is

Artikel 7

(1) Hiermit legen die Vertragsparteien das globale Ziel für die Anpassung durch die Verbesserung der Anpassungsfähigkeit, die Stärkung der Widerstandsfähigkeit und die Verringerung der Anfälligkeit gegenüber Klimaänderungen fest, um einen Beitrag zu einer nachhaltigen Entwicklung zu leisten und eine angemessene Reaktion auf dem Gebiet der Anpassung im Zusammenhang mit dem in Artikel 2 genannten Temperaturziel zu gewährleisten.

(2) Die Vertragsparteien erkennen an, dass die Anpassung für alle eine weltweite Herausforderung mit lokalen, subnationalen, nationalen, regionalen und internationalen Dimensionen ist und dass sie als Schlüsselfaktor einen Beitrag zu der langfristigen weltweiten Reaktion auf die Klimaänderungen zum Schutz der Menschen, der Existenzgrundlagen und der Ökosysteme leistet, wobei die vordringlichen und unmittelbaren Bedürfnisse der für die nachteiligen Auswirkungen der Klimaänderungen besonders anfälligen Vertragsparteien, die Entwicklungsländer sind, berücksichtigt werden.

(3) Die Anpassungsbemühungen der Vertragsparteien, die Entwicklungsländer sind, werden im Einklang mit den Modalitäten anerkannt, die von der als Tagung der Vertragsparteien dieses Übereinkommens dienenden Konferenz der Vertragsparteien auf ihrer ersten Tagung zu beschließen sind.

(4) Die Vertragsparteien erkennen an, dass der derzeitige Anpas-

significant and that greater levels of mitigation can reduce the need for additional adaptation efforts, and that greater adaptation needs can involve greater adaptation costs.

sungsbedarf erheblich ist, dass sich durch ein höheres Minderungsniveau die Notwendigkeit zusätzlicher Anpassungsbemühungen verringern kann und dass ein höherer Anpassungsbedarf höhere Anpassungskosten mit sich bringen kann.

5. Parties acknowledge that adaptation action should follow a countrydriven, genderresponsive, participatory and fully transparent approach, taking into consideration vulnerable groups, communities and ecosystems, and should be based on and guided by the best available science and, as appropriate, traditional knowledge, knowledge of indigenous peoples and local knowledge systems, with a view to integrating adaptation into relevant socioeconomic and environmental policies and actions, where appropriate.

(5) Die Vertragsparteien bestätigen, dass mit den Anpassungsmaßnahmen ein von den Ländern ausgehender, geschlechtergerechter, partizipatorischer und vollständig transparenter Ansatz unter Berücksichtigung von besonders schutzbedürftigen Gruppen, Gemeinschaften und Ökosystemen verfolgt werden soll und dass die Anpassungsmaßnahmen auf die besten verfügbaren wissenschaftlichen Erkenntnisse und gegebenenfalls traditionelles Wissen, das Wissen indigener Völker und lokale Wissenssysteme gegründet und ausgerichtet sein sollen, um zu erreichen, dass die Anpassung, soweit angemessen, in die einschlägigen sozioökonomischen und umweltrelevanten Politiken und Maßnahmen einbezogen wird.

6. Parties recognize the importance of support for and international cooperation on adaptation efforts and the importance of taking into account the needs of developing country Parties, especially those that are particularly vulnerable to the adverse effects of climate change.

(6) Die Vertragsparteien erkennen an, wie wichtig Unterstützung und internationale Zusammenarbeit bei Anpassungsbemühungen sind, und wie wichtig es ist, die Bedürfnisse der Vertragsparteien, die Entwicklungsländer sind, vor allem derjenigen, die besonders anfällig für die nachteiligen Auswirkungen der Klimaänderungen sind, zu berücksichtigen.

7. Parties should strengthen their cooperation on enhancing action on adaptation, taking into account the Cancun Adaptation

(7) Die Vertragsparteien sollen ihre Zusammenarbeit bei der Verstärkung der Anpassungsbemühungen unter Berücksichti-

Framework, including with regard to:

(a) Sharing information, good practices, experiences and lessons learned, including, as appropriate, as these relate to science, planning, policies and im -plementation in relation to adaptation actions;

(b) Strengthening institutional arrangements, including those under the Convention that serve this Agreement, to support the synthesis of relevant information and knowledge, and the provision of technical support and guidance to Parties;

(c) Strengthening scientific knowledge on climate, including research, systematic observation of the climate system and early warning systems, in a manner that informs climate services and supports decisionmaking;

(d) Assisting developing country Parties in identifying effective adaptation practices, adaptation needs, priorities, support provided and received for adaptation actions and efforts, and challenges and gaps, in a manner consistent with encouraging good practices; and

gung des Anpassungsrahmens von Cancún intensivieren, auch im Hinblick auf

a) den Austausch von Informationen, bewährten Verfahren, Erfahrungen und Erkenntnissen, gegebenenfalls auch solcher, die sich auf die Wissenschaft, die Planung, die Politik und die Umsetzung im Zusammenhang mit Anpassungsmaßnahmen beziehen;

b) die Stärkung der institutionellen Regelungen einschließlich derjenigen aufgrund des Rahmenübereinkommens, die diesem Übereinkommen dienen, um die Zusammenführung der einschlägigen Informationen und Kenntnisse und die Gewährung technischer Unterstützung und Beratung an die Vertragsparteien zu erleichtern;

c) die Verbesserung der klimawissenschaftlichen Erkenntnisse unter Einbeziehung der Forschung, der systematischen Beobachtung des Klimasystems und der Frühwarnsysteme in einer den Klimadiensten als Grundlage dienenden und die Entscheidungsfindung unterstützenden Weise;

d) die Unterstützung der Vertragsparteien, die Entwicklungsländer sind, bei der Bestimmung wirksamer Anpassungsverfahren, des Anpassungsbedarfs, der Prioritäten, der gewährten und erhaltenen Unterstützung für Anpassungsmaßnahmen und -bemühungen sowie der Probleme und Lücken in einer mit der Förderung bewährter Verfahren im Einklang stehenden Weise;

(e) Improving the effectiveness and durability of adaptation actions.

8. United Nations specialized organizations and agencies are encouraged to support the efforts of Parties to implement the actions referred to in paragraph 7 of this Article, taking into account the provisions of paragraph 5 of this Article.

9. Each Party shall, as appropriate, engage in adaptation planning processes and the implementation of actions, including the development or enhancement of relevant plans, policies and/or contributions, which may include:

(a) The implementation of adaptation actions, undertakings and/or efforts;

(b) The process to formulate and implement national adaptation plans;

(c) The assessment of climate change impacts and vulnerability, with a view to formulating nationally determined prioritized actions, taking into account vulnerable people, places and ecosystems;

(d) Monitoring and evaluating and learning from adaptation plans, policies, programmes and actions; and

(e) Building the resilience of socioeconomic and ecological systems, including through economic diversification and

e) die Verbesserung der Wirksamkeit und Dauerhaftigkeit der Anpassungsmaßnahmen.

(8) Die Sonderorganisationen und die anderen Organisationen der Vereinten Nationen werden ermutigt, die Bemühungen der Vertragsparteien zur Durchführung der in Absatz 7 genannten Maßnahmen unter Berücksichtigung des Absatzes 5 zu unterstützen.

(9) Jede Vertragspartei befasst sich gegebenenfalls mit Prozessen zur Planung der Anpassung und der Durchführung von Maßnahmen einschließlich der Ausarbeitung oder Verbesserung einschlägiger Pläne, Politiken und/oder Beiträge, wozu Folgendes gehören kann:

a) die Durchführung von Anpassungsmaßnahmen, -projekten und/oder -bemühungen;

b) der Prozess der Erstellung und Umsetzung nationaler Anpassungspläne;

c) die Abschätzung der Auswirkungen der Klimaänderungen und der Anfälligkeit gegenüber den Klimaänderungen, um die national festgelegten Vorrangmaßnahmen unter Berücksichtigung der besonders gefährdeten Menschen, Orte und Ökosysteme festzulegen;

d) die Überwachung und Bewertung der Anpassungspläne, -politiken, -programme und -maßnahmen und der damit verbundene Erkenntnisgewinn;

e) die Stärkung der Widerstandsfähigkeit der sozioökonomischen und ökologischen Systeme, unter anderem durch

sustainable management of natural resources.

wirtschaftliche Diversifizierung und nachhaltige Bewirtschaftung der natürlichen Ressourcen.

10. Each Party should, as appropriate, submit and update periodically an adaptation communication, which may include its priorities, implementation and support needs, plans and actions, without creating any additional burden for developing country Parties.

(10) Jede Vertragspartei soll gegebenenfalls regelmäßig eine Anpassungsmitteilung, die ihre Prioritäten, ihren Durchführungsund Unterstützungsbedarf, ihre Pläne und Maßnahmen enthalten kann, vorlegen und auf den neuesten Stand bringen, wobei für die Vertragsparteien, die Entwicklungsländer sind, keine zusätzliche Belastung entstehen soll.

11. The adaptation communication referred to in paragraph 10 of this Article shall be, as appropriate, submitted and updated periodically, as a component of or in conjunction with other communications or documents, including a national adaptation plan, a nationally determined contribution as referred to in Article 4, paragraph 2, and/or a national communication.

(11) Die in Absatz 10 genannte Anpassungsmitteilung wird gegebenenfalls als Bestandteil von oder in Verbindung mit anderen Mitteilungen oder Dokumenten, darunter auch einem nationalen Anpassungsplan, einem national festgelegten Beitrag im Sinne des Artikels 4 Absatz 2 und/oder einer nationalen Mitteilung, vorgelegt und regelmäßig auf den neuesten Stand gebracht.

12. The adaptation communications referred to in paragraph 10 of this Article shall be recorded in a public registry maintained by the secretariat.

(12) Die in Absatz 10 genannten Anpassungsmitteilungen werden in ein vom Sekretariat geführtes öffentliches Register eingetragen.

13. Continuous and enhanced international support shall be provided to developing country Parties for the implementation of paragraphs 7, 9, 10 and 11 of this Article, in accordance with the provisions of Articles 9, 10 and 11.

(13) Den Vertragsparteien, die Entwicklungsländer sind, wird in Übereinstimmung mit den Artikeln 9, 10 und 11 fortlaufende und verstärkte internationale Unterstützung für die Durchführung der Absätze 7, 9, 10 und 11 gewährt.

14. The global stocktake referred to in Article 14 shall, inter alia:

(a) Recognize adaptation efforts of developing country Parties;

(14) Durch die in Artikel 14 genannte weltweite Bestandsaufnahme werden unter anderem

a) die Anpassungsbemühungen der Vertragsparteien, die Entwicklungsländer sind, anerkannt;

(b) Enhance the implementation of adaptation action taking into account the adaptation communication referred to in paragraph 10 of this Article;
(c) Review the adequacy and effectiveness of adaptation and support provided for adaptation; and
(d) Review the overall progress made in achieving the global goal on adaptation referred to in paragraph 1 of this Article.

b) die Durchführung der Anpassungsmaßnahmen unter Berücksichtigung der in Absatz 10 genannten Anpassungsmitteilungen verbessert;
c) die Angemessenheit und Wirksamkeit der Anpassung und der dafür gewährten Unterstützung überprüft;
d) die insgesamt erzielten Fortschritte beim Erreichen des in Absatz 1 genannten globalen Anpassungsziels überprüft.

Article 8

1. Parties recognize the importance of averting, minimizing and addressing loss and damage associated with the adverse effects of climate change, including extreme weather events and slow onset events, and the role of sustainable development in reducing the risk of loss and damage.

2. The Warsaw International Mechanism for Loss and Damage associated with Climate Change Impacts shall be subject to the authority and guidance of the Con -ference of the Parties serving as the meeting of the Parties to this Agreement and may be enhanced and strengthened, as determined by the Conference of the Parties serving as the meeting of the Parties to this Agreement.

3. Parties should enhance understanding, action and support, including through the Warsaw

Artikel 8

(1) Die Vertragsparteien erkennen an, wie wichtig es ist, Verluste und Schäden, die mit den nachteiligen Auswirkungen der Klimaänderungen einschließlich extremer Wetterereignisse und sich langsam anbahnender Ereignisse verbunden sind, zu vermeiden, auf ein Mindestmaß zu verringern und zu bewältigen, und welche Rolle die nachhaltige Entwicklung bei der Verringerung der Gefahr von Verlusten und Schäden spielt.

(2) Der Internationale Mechanismus von Warschau für Verluste und Schäden, die mit Klimaänderungen verbunden sind, unterliegt der Weisungsbefugnis und Leitung der als Tagung der Vertragsparteien dieses Übereinkommens dienenden Konferenz der Vertragsparteien und kann nach Maßgabe der als Tagung der Vertragsparteien dieses Übereinkommens dienenden Konferenz der Vertragsparteien verbessert und verstärkt werden.

(3) Die Vertragsparteien sollen das Verständnis, die Maßnahmen und die Unterstützung, gegebe-

International Mechanism, as appropriate, on a cooperative and facilitative basis with respect to loss and damage associated with the adverse effects of climate change.

4. Accordingly, areas of cooperation and facilitation to enhance understanding, action and support may include:

(a) Early warning systems;

(b) Emergency preparedness;

(c) Slow onset events;

(d) Events that may involve irreversible and permanent loss and damage;

(e) Comprehensive risk assessment and management;

(f) Risk insurance facilities, climate risk pooling and other insurance solutions;

(g) Noneconomic losses; and

(h) Resilience of communities, livelihoods and ecosystems.

5. The Warsaw International Mechanism shall collaborate with existing bodies and expert groups under the Agreement, as well as relevant organizations and expert bodies outside the Agreement.

nenfalls auch im Rahmen des Internationalen Mechanismus von Warschau, in kooperativer und vermittelnder Weise im Hinblick auf die mit den nachteiligen Auswirkungen der Klimaänderungen verbundenen Verluste und Schäden verbessern.

(4) Folglich können zu den Bereichen der Kooperation und Vermittlung mit dem Ziel der Stärkung des Verständnisses, der Maßnahmen und der Unterstützung folgende gehören:

a) Frühwarnsysteme;

b) Notfallvorsorge;

c) sich langsam anbahnende Ereignisse;

d) möglicherweise zu unumkehrbaren und dauerhaften Verlusten und Schäden führende Ereignisse;

e) umfassende Risikobewertung und umfassendes Risikomanagement;

f) Risikoversicherungsfazilitäten, Bündelung von Klimarisiken und andere Versicherungslösungen;

g) nichtwirtschaftliche Verluste;

h) Widerstandsfähigkeit von Gemeinschaften, Existenzgrundlagen und Ökosystemen.

(5) Der Internationale Mechanismus von Warschau arbeitet mit den aufgrund des Übereinkommens bestehenden Gremien und Sachverständigengruppen sowie mit einschlägigen Organisationen und Sachverständigengremien außerhalb des Übereinkommens zusammen.

Article 9

1. Developed country Parties shall provide financial resources to assist developing country Parties with respect to both mitigation and adaptation in continuation of their existing obligations under the Convention.

2. Other Parties are encouraged to provide or continue to provide such support voluntarily.

3. As part of a global effort, developed country Parties should continue to take the lead in mobilizing climate finance from a wide variety of sources, instruments and channels, noting the significant role of public funds, through a variety of actions, including supporting countrydriven strategies, and taking into account the needs and priorities of developing country Parties. Such mobilization of climate finance should represent a progression beyond previous efforts.

4. The provision of scaledup financial resources should aim to achieve a balance between adaptation and mitigation, taking into account countrydriven strategies, and the priorities and needs of developing country Parties, especially those that are particularly

Artikel 9

(1) Die Vertragsparteien, die entwickelte Länder sind, stellen finanzielle Mittel bereit, um in Fortführung ihrer bestehenden Verpflichtungen aus dem Rahmenübereinkommen die Vertragsparteien, die Entwicklungsländer sind, sowohl bei der Minderung als auch bei der Anpassung zu unterstützen.

(2) Die anderen Vertragsparteien werden ermutigt, diese Unterstützung auf freiwilliger Grundlage zu gewähren oder fortzusetzen.

(3) Im Rahmen eines weltweiten Bemühens sollen die Vertragsparteien, die entwickelte Länder sind, weiterhin die Führung dabei übernehmen, Mittel der Klimafinanzierung aus ganz verschiedenen Quellen, mittels ganz verschiedener Instrumente und über ganz verschiedene Wege unter Beachtung der bedeutenden Rolle öffentlicher Mittel durch verschiedene Maßnahmen einschließlich der Unterstützung der von den Ländern ausgehenden Strategien zu mobilisieren, wobei sie die Bedürfnisse und Prioritäten der Vertragsparteien berücksichtigen, die Entwicklungsländer sind. Diese Mobilisierung von Mitteln der Klimafinanzierung soll eine Steigerung gegenüber den bisherigen Bemühungen darstellen.

(4) Durch die Bereitstellung zusätzlicher finanzieller Mittel soll ein Gleichgewicht zwischen Anpassung und Minderung angestrebt werden, und zwar unter Berücksichtigung der von den Ländern ausgehenden Strategien sowie der Prioritäten und Bedürf-

vulnerable to the adverse effects of climate change and have significant capacity constraints, such as the least developed countries and small island de -veloping States, considering the need for public and grantbased resources for adaptation.

nisse der Vertragsparteien, die Entwicklungsländer sind, vor allem derjenigen, die besonders anfällig für die nachteiligen Auswirkungen der Klimaänderungen sind und erhebliche Kapazitätsengpässe haben, wie etwa die am wenigsten entwickelten Länder und die kleinen Inselstaaten unter den Entwicklungsländern, sowie unter Berücksichtigung der Notwendigkeit öffentlicher Mittel und aus Zuschüssen bestehender Mittel für die Anpassung.

5. Developed country Parties shall biennially communicate indicative quantitative and qualitative information related to paragraphs 1 and 3 of this Article, as applicable, including, as available, projected levels of public financial resources to be provided to developing country Parties. Other Parties providing resources are encouraged to communicate biennially such information on a voluntary basis.

(5) Die Vertragsparteien, die entwickelte Länder sind, übermitteln alle zwei Jahre als Anhaltspunkt dienende quantitative und qualitative Informationen im Zusammenhang mit den Absätzen 1 und 3, soweit zutreffend, einschließlich, soweit verfügbar, Informationen über die voraussichtliche Höhe der öffentlichen Finanzmittel, die den Vertragsparteien, die Entwicklungsländer sind, zur Verfügung gestellt werden sollen. Die anderen Vertragsparteien, die Mittel zur Verfügung stellen, werden ermutigt, diese Informationen alle zwei Jahre auf freiwilliger Grundlage zu übermitteln.

6. The global stocktake referred to in Article 14 shall take into account the relevant information provided by developed country Parties and/or Agreement bodies on efforts related to climate finance.

(6) Die in Artikel 14 genannte weltweite Bestandsaufnahme berücksichtigt die von den Vertragsparteien, die entwickelte Länder sind, und/oder den Organen dieses Übereinkommens zur Verfügung gestellten einschlägigen Informationen über die Bemühungen im Zusammenhang mit der Klimafinanzierung.

7. Developed country Parties *shall provide* transparent and consistent information on support for developing country Parties pro-

(7) Die Vertragsparteien, die entwickelte Länder sind, übermitteln alle zwei Jahre im Einklang mit den Modalitäten, Ver-

vided and mobilized through public interventions biennially in accordance with the modalities, procedures and guidelines to be adopted by the Conference of the Parties serving as the meeting of the Parties to this Agreement, at its first session, as stipulated in Article 13, paragraph 13. Other Parties are encouraged to do so.

8. The Financial Mechanism of the Convention, including its operating entities, shall serve as the financial mechanism of this Agreement.

9. The institutions serving this Agreement, including the operating entities of the Financial Mechanism of the Convention, shall aim to ensure efficient access to financial resources through simplified approval procedures and enhanced readiness support for developing country Parties, in particular for the least developed countries and small island developing States, in the context of their national climate strategies and plans.

fahren und Leitlinien, die von der als Tagung der Vertragsparteien dieses Übereinkommens dienenden Konferenz der Vertragsparteien auf ihrer ersten Tagung nach Artikel 13 Absatz 13 zu beschließen sind, transparente und konsistente Informationen über die geleistete und die durch öffentliches Handeln mobilisierte Unterstützung für die Vertragsparteien, die Entwicklungsländer sind. Die anderen Vertragsparteien werden ermutigt, dasselbe zu tun.

(8) Der Finanzierungsmechanismus des Rahmenübereinkommens einschließlich seiner Aufgaben erfüllenden Einrichtungen dient als Finanzierungsmechanismus dieses Übereinkommens.

(9) Die Institutionen, die diesem Übereinkommen dienen, einschließlich der Aufgaben erfüllenden Einrichtungen des Finanzierungsmechanismus des Rahmenübereinkommens bemühen sich um die Gewährleistung eines effizienten Zugangs zu finanziellen Mitteln durch vereinfachte Genehmigungsverfahren und verstärkte Unterstützung im Bereich der Leistungsbereitschaft für die Vertragsparteien, die Entwicklungsländer sind, insbesondere für die am wenigsten entwickelten Länder und die kleinen Inselstaaten unter den Entwicklungsländern, im Rahmen ihrer nationalen Klimaschutzstrategien und -pläne.

Article 10

1. Parties share a longterm vision on the importance of fully realizing technology development

Artikel 10

(1) Die Vertragsparteien haben eine gemeinsame langfristige Vision von der Bedeutung einer

and transfer in order to improve resilience to climate change and to reduce greenhouse gas emissions.

2. Parties, noting the importance of technology for the implementation of mitigation and adaptation actions under this Agreement and recognizing existing technology deployment and dissemination efforts, shall strengthen cooperative action on technology development and transfer.

3. The Technology Mechanism established under the Convention shall serve this Agreement.

4. A technology framework is hereby established to provide overarching guidance to the work of the Technology Mechanism in promoting and facilitating enhanced action on technology development and transfer in order to support the implementation of this Agreement, in pursuit of the longterm vision referred to in paragraph 1 of this Article.

5. Accelerating, encouraging and enabling innovation is critical for an effective, longterm global response to climate change and promoting economic growth and sustainable development. Such effort shall be, as appropriate, supported, including by the *Technology* Mechanism and, through financial means, by the Financial Mechanism of the

uneingeschränkten Verwirklichung der Entwicklung und Weitergabe von Technologie für die Verbesserung der Widerstandsfähigkeit gegenüber Klimaänderungen und die Verringerung der Emissionen von Treibhausgasen.

(2) In Kenntnis der Bedeutung von Technologien für die Durchführung von Minderungs- und Anpassungsmaßnahmen im Rahmen dieses Übereinkommens und in Anerkennung der bisherigen Bemühungen um ihre Anwendung und Verbreitung verstärken die Vertragsparteien die gemeinsamen Maßnahmen im Bereich der Entwicklung und Weitergabe von Technologie.

(3) Der aufgrund des Rahmenübereinkommens geschaffene Technologiemechanismus dient diesem Übereinkommen.

(4) Hiermit wird ein Technologierahmen geschaffen, der übergeordnete Leitlinien für die Arbeit des Technologiemechanismus in Verbindung mit der Förderung und Erleichterung verstärkter Anstrengungen bei der Entwicklung und Weitergabe von Technologie vorgibt, um die Durchführung dieses Übereinkommens in Verfolgung der in Absatz 1 genannten langfristigen Vision zu unterstützen.

(5) Die Beschleunigung, Förderung und Ermöglichung von Innovationen ist von entscheidender Bedeutung für eine wirksame und langfristige weltweite Reaktion auf die Klimaänderungen und für die Förderung des Wirtschaftswachstums und der nachhaltigen Entwicklung. Diese Bemühungen werden gegebenenfalls, auch durch den Technologie-

Convention, for collaborative approaches to research and development, and facilitating access to technology, in particular for early stages of the technology cycle, to developing country Parties.

mechanismus und mit finanziellen Mitteln auch durch den Finanzierungsmechanismus des Rahmenübereinkommens, unterstützt, um partnerschaftliche Ansätze im Bereich der Forschung und Entwicklung zu fördern und den Vertragsparteien, die Entwicklungsländer sind, den Zugang zu Technologien, insbesondere in den Frühphasen des Technologiezyklus, zu erleichtern.

6. Support, including financial support, shall be provided to developing country Parties for the implementation of this Article, including for strengthening cooperative action on technology development and transfer at different stages of the technology cycle, with a view to achieving a balance between support for mitigation and adaptation. The global stocktake referred to in Article 14 shall take into account available information on efforts related to support on technology development and transfer for developing country Parties.

(6) Den Vertragsparteien, die Entwicklungsländer sind, wird Unterstützung einschließlich finanzieller Unterstützung bei der Durchführung dieses Artikels einschließlich der Verstärkung der gemeinsamen Maßnahmen im Bereich der Entwicklung und Weitergabe von Technologie in den verschiedenen Phasen des Technologiezyklus gewährt, um ein Gleichgewicht zwischen der Unterstützung bei der Minderung und der Unterstützung bei der Anpassung herzustellen. Die in Artikel 14 genannte weltweite Bestandsaufnahme berücksichtigt die verfügbaren Informationen über die Bemühungen im Zusammenhang mit der Unterstützung im Bereich der Entwicklung und Weitergabe von Technologie zugunsten der Vertragsparteien, die Entwicklungsländer sind.

Article 11

1. Capacitybuilding under this Agreement should enhance the capacity and ability of developing country Parties, in particular countries with the least capacity, such as the least developed countries, and those that are particularly vulnerable to the adverse effects of climate change, such as

Artikel 11

(1) Durch den Kapazitätsaufbau im Rahmen dieses Übereinkommens sollen die Kapazität und die Fähigkeit der Vertragsparteien, die Entwicklungsländer sind, insbesondere der Länder mit den geringsten Kapazitäten wie etwa der am wenigsten entwickelten Länder, und der für die nachteiligen

small island developing States, to take effective climate change action, including, inter alia, to implement adaptation and mitigation actions, and should facilitate technology development, dissemination and deployment, access to climate finance, relevant aspects of education, training and public awareness, and the transparent, timely and accurate communication of information.

Auswirkungen der Klimaänderungen besonders anfälligen Länder wie etwa der kleinen Inselstaaten unter den Entwicklungsländern, wirksame Schritte zur Bewältigung der Klimaänderungen unter anderem durch die Durchführung von Minderungs- und Anpassungsmaßnahmen zu ergreifen, gestärkt und die Entwicklung, Verbreitung und Anwendung von Technologie, der Zugang zu Klimafinanzierung, einschlägige Aspekte der Bildung, der Ausbildung und des öffentlichen Bewusstseins und die transparente, rechtzeitige und genaue Weiterleitung von Informationen erleichtert werden.

2. Capacitybuilding should be countrydriven, based on and responsive to national needs, and foster country ownership of Parties, in particular, for developing country Parties, including at the national, subnational and local levels. Capacitybuilding should be guided by lessons learned, including those from capacitybuilding activities under the Convention, and should be an effective, iterative process that is participatory, crosscutting and genderresponsive.

(2) Der Kapazitätsaufbau soll von den Ländern ausgehen, auf den nationalen Bedürfnissen beruhen und darauf eingehen und die Eigenverantwortung der Vertragsparteien, insbesondere der Vertragsparteien, die Entwicklungsländer sind, auch auf nationaler, subnationaler und lokaler Ebene fördern. Er soll sich auf die Erkenntnisse unter anderem aus den Tätigkeiten zum Kapazitätsaufbau aufgrund des Rahmenübereinkommens stützen und ein wirksamer, schrittweiser Prozess sein, der partizipatorisch, übergreifend und geschlechtergerecht ist.

3. All Parties should cooperate to enhance the capacity of developing country Parties to implement this Agreement. Developed country Parties should enhance support for capacitybuilding actions in developing country Parties.

(3) Alle Vertragsparteien sollen zusammenarbeiten, um die Kapazitäten der Vertragsparteien, die Entwicklungsländer sind, zur Durchführung dieses Übereinkommens zu stärken. Die Vertragsparteien, die entwickelte Länder sind, sollen die Unterstützung für Maßnahmen zum Kapazitätsaufbau in den Vertragspar-

teien, die Entwicklungsländer sind, verstärken.

4. All Parties enhancing the capacity of developing country Parties to implement this Agreement, including through regional, bilateral and multilateral approaches, shall regularly communicate on these actions or measures on capacitybuilding. Developing country Parties should regularly communicate progress made on implementing capacitybuilding plans, policies, actions or measures to implement this Agreement.

(4) Alle Vertragsparteien, die die Kapazität der Vertragsparteien, die Entwicklungsländer sind, zur Durchführung dieses Übereinkommens unter anderem durch regionale, bilaterale und multilaterale Ansätze stärken, berichten regelmäßig über diese Tätigkeiten oder Maßnahmen zum Kapazitätsaufbau. Die Vertragsparteien, die Entwicklungsländer sind, sollen regelmäßig über die Fortschritte bei der Umsetzung der Pläne, Politiken, Tätigkeiten oder Maßnahmen zum Aufbau von Kapazitäten zur Durchführung dieses Übereinkommens berichten.

5. Capacitybuilding activities shall be enhanced through appropriate institutional arrangements to support the implemen -tation of this Agreement, including the appropriate institutional arrangements established under the Convention that serve this Agreement. The Conference of the Parties serving as the meeting of the Parties to this Agreement shall, at its first session, consider and adopt a decision on the initial institutional arrangements for capacitybuilding.

(5) Die Tätigkeiten zum Aufbau von Kapazitäten werden durch geeignete institutionelle Regelungen zur Unterstützung der Durchführung dieses Übereinkommens verstärkt, darunter auch die aufgrund des Rahmenübereinkommens geschaffenen institutionellen Regelungen, die diesem Übereinkommen dienen. Die als Tagung der Vertragsparteien dieses Übereinkommens dienende Konferenz der Vertragsparteien prüft und fasst auf ihrer ersten Tagung einen Beschluss über die anfänglichen institutionellen Regelungen für den Kapazitätsaufbau.

Article 12

Parties shall cooperate in taking measures, as appropriate, to enhance climate change education, training, public awareness, public participation and public access to information, recognizing the importance of these steps

Artikel 12

Soweit angebracht, arbeiten die Vertragsparteien dabei zusammen, Maßnahmen zur Verbesserung der Bildung, der Ausbildung, des öffentlichen Bewusstseins, der Beteiligung der Öffentlichkeit und des öffentlichen Zugangs zu

with respect to enhancing actions under this Agreement.

Informationen auf dem Gebiet der Klimaänderungen zu ergreifen, wobei sie die Bedeutung dieser Schritte für die Verstärkung der Maßnahmen aufgrund dieses Übereinkommens anerkennen.

Article 13

1. In order to build mutual trust and confidence and to promote effective implementation, an enhanced transparency framework for action and support, with builtin flexibility which takes into account Parties' different capacities and builds upon collective experience is hereby established.

2. The transparency framework shall provide flexibility in the implementation of the provisions of this Article to those developing country Parties that need it in the light of their capacities. The modalities, procedures and guidelines referred to in paragraph 13 of this Article shall reflect such flexibility.

3. The transparency framework shall build on and enhance the transparency arrangements under the Convention, recognizing the special circumstances of the least developed countries and small island developing States, and be implemented in a facilitative, nonintrusive, nonpunitive manner, respectful of national sovereignty, and avoid placing undue burden on Parties.

4. The transparency arrangements under the Convention,

Artikel 13

(1) Hiermit wird zur Stärkung des gegenseitigen Vertrauens und zur Förderung einer wirksamen Umsetzung ein erweiterter Transparenzrahmen für Maßnahmen und Unterstützung geschaffen, der durch eine inhärente Flexibilität die unterschiedlichen Kapazitäten der Vertragsparteien berücksichtigt und auf gemeinsamen Erfahrungen aufbaut.

(2) Der Transparenzrahmen bietet denjenigen Vertragsparteien, die Entwicklungsländer und in Anbetracht ihrer Kapazitäten darauf angewiesen sind, Flexibilität bei der Durchführung dieses Artikels. Die in Absatz 13 genannten Modalitäten, Verfahren und Leitlinien tragen dieser Flexibilität Rechnung.

(3) Der Transparenzrahmen stützt sich auf die Transparenzregelungen aufgrund des Rahmenübereinkommens und verstärkt sie, wobei die besonderen Gegebenheiten der am wenigsten entwickelten Länder und der kleinen Inselstaaten unter den Entwicklungsländern berücksichtigt werden; er wird in einer vermittelnden, zurückhaltenden und nicht auf Strafen ausgerichteten Weise unter Achtung der nationalen Souveränität angewendet und vermeidet es, die Vertragsparteien unangemessenen zu belasten.

(4) Die Transparenzregelungen aufgrund des Rahmenübereinkommens

including national communications, biennial reports and biennial update reports, international assessment and review and international consultation and analysis, shall form part of the experience drawn upon for the development of the modalities, procedures and guidelines under paragraph 13 of this Article.

kommens einschließlich der nationalen Mitteilungen, der Zweijahresberichte und der aktualisierten Zweijahresberichte, der internationalen Bewertung und Überprüfung und der internationalen Konsultation und Analyse sind Bestandteil der Erfahrungen, auf die bei der Erarbeitung der Modalitäten, Verfahren und Leitlinien nach Absatz 13 zurückgegriffen wird.

5. The purpose of the framework for transparency of action is to provide a clear understanding of climate change action in the light of the objective of the Convention as set out in its Article 2, including clarity and tracking of progress towards achieving Parties' individual nationally determined contributions under Article 4, and Parties' adaptation actions under Article 7, including good practices, priorities, needs and gaps, to inform the global stocktake under Article 14.

(5) Zweck des Rahmens für die Transparenz der Maßnahmen ist es, als Beitrag zu der weltweiten Bestandsaufnahme nach Artikel 14 ein klares Verständnis zu vermitteln über die Maßnahmen zur Bewältigung der Klimaänderungen im Lichte des Zieles des Rahmenübereinkommens nach dessen Artikel 2, unter anderem durch Verdeutlichung und Verfolgung der Fortschritte beim Erreichen der jeweiligen national festgelegten Beiträge der Vertragsparteien nach Artikel 4, und über die Anpassungsmaßnahmen der Vertragsparteien nach Artikel 7, unter Einbeziehung der bewährten Verfahren, Prioritäten, Bedürfnisse und Lücken.

6. The purpose of the framework for transparency of support is to provide clarity on support provided and received by relevant individual Parties in the context of climate change actions under Articles 4, 7, 9, 10 and 11, and, to the extent possible, to provide a full overview of aggregate financial support provided, to inform the global stocktake under Article 14.

(6) Zweck des Rahmens für die Transparenz der Unterstützung ist es, als Beitrag zu der weltweiten Bestandsaufnahme nach Artikel 14 klare Angaben über die von den einzelnen Vertragsparteien jeweils gewährte beziehungsweise erhaltene Unterstützung im Rahmen der Maßnahmen zur Bewältigung der Klimaänderungen nach den Artikeln 4, 7, 9, 10 und 11 zu erlangen und, soweit möglich, einen

vollständigen Überblick über die insgesamt gewährte finanzielle Unterstützung zu bieten.

7. Each Party shall regularly provide the following information:

(a) A national inventory report of anthropogenic emissions by sources and removals by sinks of greenhouse gases, prepared using good practice methodologies accepted by the Intergovernmental Panel on Climate Change and agreed upon by the Conference of the Parties serving as the meeting of the Parties to this Agreement; and

(b) Information necessary to track progress made in implementing and achieving its nationally determined contribution under Article 4.

(7) Jede Vertragspartei übermittelt regelmäßig folgende Informationen:

a) einen nationalen Bericht mit einem Verzeichnis der anthropogenen Emissionen von Treibhausgasen aus Quellen und des Abbaus solcher Gase durch Senken, der anhand der von der Zwischenstaatlichen Sachverständigengruppe für Klimaänderungen anerkannten und von der als Tagung der Vertragsparteien dieses Übereinkommens dienenden Konferenz der Vertragsparteien vereinbarten Methoden der guten Praxis erstellt wird;

b) die erforderlichen Informationen zur Verfolgung der Fortschritte bei der Umsetzung und dem Erreichen ihres national festgelegten Beitrags nach Artikel 4.

8. Each Party should also provide information related to climate change impacts and adaptation under Article 7, as appropriate.

(8) Jede Vertragspartei soll, soweit angebracht, auch Informationen über die Auswirkungen der Klimaänderungen und die Anpassung daran nach Artikel 7 übermitteln.

9. Developed country Parties shall, and other Parties that provide support should, provide information on financial, technology transfer and capacitybuilding support provided to developing country Parties under Articles 9, 10 and 11.

(9) Die Vertragsparteien, die entwickelte Länder sind, müssen – und die anderen Vertragsparteien, die Unterstützung gewähren, sollen – Informationen über die Unterstützung übermitteln, die sie den Vertragsparteien, die Entwicklungsländer sind, in Form von finanziellen Mitteln, Weitergabe von Technologie und Kapazitätsaufbau nach den Artikeln 9, 10 und 11 gewährt haben.

10. Developing country Parties should provide information on financial, technology transfer and capacitybuilding support needed and received under Articles 9, 10 and 11.

(10) Die Vertragsparteien, die Entwicklungsländer sind, sollen Informationen über die Unterstützung übermitteln, die sie in Form von finanziellen Mitteln, Weitergabe von Technologie und Kapazitätsaufbau nach den Artikeln 9, 10 und 11 benötigt und erhalten haben.

11. Information submitted by each Party under paragraphs 7 and 9 of this Article shall undergo a technical expert review, in accordance with decision 1/CP.21. For those developing country Parties that need it in the light of their capacities, the review process shall include assistance in identifying capacitybuilding needs. In addition, each Party shall participate in a facilitative, multilateral consideration of progress with respect to efforts under Article 9, and its respective implementation and achievement of its nationally determined contribution.

(11) Die von jeder Vertragspartei übermittelten Informationen nach den Absätzen 7 und 9 unterliegen einer technischen Überprüfung durch Sachverständige im Einklang mit Beschluss 1/CP.21. Bei den Vertragsparteien, die Entwicklungsländer und in Anbetracht ihrer Kapazitäten darauf angewiesen sind, umfasst der Überprüfungsprozess auch Hilfe bei der Bestimmung des Bedarfs im Bereich des Kapazitätsaufbaus. Außerdem beteiligt sich jede Vertragspartei an einer vermittelnden multilateralen Erörterung der Fortschritte im Hinblick auf die Bemühungen nach Artikel 9 und auf die jeweilige Umsetzung und das Erreichen ihres national festgelegten Beitrags.

12. The technical expert review under this paragraph shall consist of a consideration of the Party's support provided, as relevant, and its implementation and achievement of its nationally determined contribution. The review shall also identify areas of improvement for the Party, and include a review of the consistency of the information with the modalities, procedures and guidelines referred to in paragraph 13 of this Article, taking into account the flexibility accorded to the Party under paragraph 2 of

(12) Die technische Überprüfung durch Sachverständige nach diesem Absatz besteht, soweit zutreffend, aus einer Prüfung der gewährten Unterstützung der Vertragspartei und ihrer Umsetzung und ihrem Erreichen ihres national festgelegten Beitrags. Die Überprüfung gibt außerdem Aufschluss über verbesserungswürdige Bereiche bei der Vertragspartei und umfasst auch eine Prüfung, ob die Informationen mit den in Absatz 13 genannten Modalitäten, Verfahren und Leitlinien unter Berücksichtigung der dieser

this Article. The review shall pay particular attention to the respective national capabilities and circumstances of developing country Parties.

13. The Conference of the Parties serving as the meeting of the Parties to this Agreement shall, at its first session, building on experience from the arrangements related to transparency under the Convention, and elaborating on the provisions in this Article, adopt common modalities, procedures and guidelines, as appropriate, for the transparency of action and support.

14. Support shall be provided to developing countries for the implementation of this Article.

15. Support shall also be provided for the building of transparencyrelated capacity of developing country Parties on a continuous basis.

Article 14

1. The Conference of the Parties serving as the meeting of the Parties to this Agreement shall periodically take stock of the implementation of this Agreement to assess the collective progress towards achieving the purpose of this Agreement and its longterm goals (referred to as the "global stocktake"). It shall do so in a comprehensive and facilitative manner, considering mitigation, adaptation and the means of implementation and support, and in

Vertragspartei nach Absatz 2 eingeräumten Flexibilität entsprechen. Besondere Aufmerksamkeit gebührt bei der Überprüfung den jeweiligen nationalen Fähigkeiten und Gegebenheiten der Vertragsparteien, die Entwicklungsländer sind.

(13) Die als Tagung der Vertragsparteien dieses Übereinkommens dienende Konferenz der Vertragsparteien beschließt auf ihrer ersten Tagung auf der Grundlage der Erfahrungen aus den transparenzbezogenen Regelungen aufgrund des Rahmenübereinkommens und in Ausführung dieses Artikels gemeinsame Modalitäten, Verfahren beziehungsweise Leitlinien für die Transparenz der Maßnahmen und der Unterstützung.

(14) Den Vertragsparteien, die Entwicklungsländer sind, wird Unterstützung bei der Durchführung dieses Artikels gewährt.

(15) Ferner wird den Vertragsparteien, die Entwicklungsländer sind, fortlaufend Unterstützung beim Aufbau transparenzbezogener Kapazitäten gewährt.

Artikel 14

(1) Die als Tagung der Vertragsparteien dieses Übereinkommens dienende Konferenz der Vertragsparteien führt in regelmäßigen Abständen eine Bestandsaufnahme der Durchführung dieses Übereinkommens durch, um die gemeinsamen Fortschritte bei der Verwirklichung des Zwecks dieses Übereinkommens und seiner langfristigen Ziele zu bewerten (als „weltweite Bestandsaufnahme" bezeichnet). Sie handelt dabei in

the light of equity and the best available science.

umfassender und vermittelnder Weise unter Berücksichtigung von Minderung, Anpassung und Mitteln zur Durchführung und Unterstützung sowie im Lichte der Gerechtigkeit und der besten verfügbaren wissenschaftlichen Erkenntnisse.

2. The Conference of the Parties serving as the meeting of the Parties to this Agreement shall undertake its first global stocktake in 2023 and every five years thereafter unless otherwise decided by the Conference of the Parties serving as the meeting of the Parties to this Agreement.

(2) Die als Tagung der Vertragsparteien dieses Übereinkommens dienende Konferenz der Vertragsparteien führt ihre erste weltweite Bestandsaufnahme im Jahr 2023 und danach alle fünf Jahre durch, sofern sie nicht etwas anderes beschließt.

3. The outcome of the global stocktake shall inform Parties in updating and enhancing, in a nationally determined manner, their actions and support in accordance with the relevant provisions of this Agreement, as well as in enhancing international cooperation for climate action.

(3) Das Ergebnis der weltweiten Bestandsaufnahme dient zur Unterrichtung der Vertragsparteien für die auf nationaler Ebene zu entscheidende Aktualisierung und Verstärkung ihrer Maßnahmen und ihrer Unterstützung im Einklang mit den einschlägigen Bestimmungen dieses Übereinkommens sowie für die Verstärkung der internationalen Zusammenarbeit bei Klimaschutzmaßnahmen.

Article 15

1. A mechanism to facilitate implementation of and promote compliance with the provisions of this Agreement is hereby established.

Artikel 15

(1) Hiermit wird ein Mechanismus zur Erleichterung der Durchführung und zur Förderung der Einhaltung der Bestimmungen dieses Übereinkommens eingerichtet.

2. The *mechanism* referred to in paragraph 1 of this Article shall consist of a committee that shall be expertbased and facilitative in nature and function in a manner that is transparent, nonadversarial and nonpunitive. The committee shall pay particular attention to

(2) Der in Absatz 1 genannte Mechanismus besteht aus einem Ausschuss, der sich aus Sachverständigen zusammensetzt, einen vermittelnden Charakter hat und in einer transparenten, als nicht streitig angelegten und nicht auf Strafen ausgerichteten Weise han-

the respective national capabilities and circumstances of Parties.

3. The committee shall operate under the modalities and procedures adopted by the Conference of the Parties serving as the meeting of the Parties to this Agreement at its first session and report annually to the Conference of the Parties serving as the meeting of the Parties to this Agreement.

Article 16

1. The Conference of the Parties, the supreme body of the Convention, shall serve as the meeting of the Parties to this Agreement.

2. Parties to the Convention that are not Parties to this Agreement may participate as observers in the proceedings of any session of the Conference of the Parties serving as the meeting of the Parties to this Agreement. When the Conference of the Parties serves as the meeting of the Parties to this Agreement, decisions under this Agreement shall be taken only by those that are Parties to this Agreement.

3. When the Conference of the Parties serves as the meeting of the Parties to this Agreement, any member of the Bureau of the Conference of the Parties representing a Party to the Convention but, at that time, not a Party to this Agreement, shall be replaced *by an additional* member to be elected by and from amongst the Parties to this Agreement.

delt. Der Ausschuss berücksichtigt besonders die jeweiligen nationalen Fähigkeiten und Gegebenheiten der Vertragsparteien.

(3) Der Ausschuss nimmt seine Aufgaben nach den Modalitäten und Verfahren wahr, die von der als Tagung der Vertragsparteien dieses Übereinkommens dienenden Konferenz der Vertragsparteien auf ihrer ersten Tagung beschlossen werden, und erstattet dieser jährlich Bericht.

Artikel 16

(1) Die Konferenz der Vertragsparteien als oberstes Gremium des Rahmenübereinkommens dient als Tagung der Vertragsparteien dieses Übereinkommens.

(2) Vertragsparteien des Rahmenübereinkommens, die nicht Vertragsparteien dieses Übereinkommens sind, können an den Beratungen jeder Tagung der als Tagung der Vertragsparteien dieses Übereinkommens dienenden Konferenz der Vertragsparteien als Beobachter teilnehmen. Dient die Konferenz der Vertragsparteien als Tagung der Vertragsparteien dieses Übereinkommens, so werden Beschlüsse aufgrund dieses Übereinkommens nur von den Vertragsparteien dieses Übereinkommens gefasst.

(3) Dient die Konferenz der Vertragsparteien als Tagung der Vertragsparteien dieses Übereinkommens, so wird jedes Mitglied des Präsidiums der Konferenz der Vertragsparteien, das eine Vertragspartei des Rahmenübereinkommens, aber zu dem Zeitpunkt keine Vertragspartei dieses Übereinkommens vertritt, durch ein zusätzliches Mitglied ersetzt,

4. The Conference of the Parties serving as the meeting of the Parties to this Agreement shall keep under regular review the implementation of this Agreement and shall make, within its mandate, the decisions necessary to promote its effective implementation. It shall perform the functions assigned to it by this Agreement and shall:

(a) Establish such subsidiary bodies as deemed necessary for the implementation of this Agreement; and

(b) Exercise such other functions as may be required for the implementation of this Agreement.

5. The rules of procedure of the Conference of the Parties and the financial procedures applied under the Convention shall be applied mutatis mutandis under this Agreement, except as may be otherwise decided by consensus by the Conference of the Parties serving as the meeting of the Parties to this Agreement.

6. The first session of the Conference of the Parties serving as the meeting of the Parties to this Agreement shall be convened by the secretariat in conjunction with the first session of the Conference of the Parties that is scheduled after the date of entry into force of this Agreement. Subsequent ordinary sessions of

das von den Vertragsparteien dieses Übereinkommens aus den eigenen Reihen zu wählen ist.

(4) Die als Tagung der Vertragsparteien dieses Übereinkommens dienende Konferenz der Vertragsparteien überprüft in regelmäßigen Abständen die Durchführung dieses Übereinkommens und fasst im Rahmen ihres Auftrags die notwendigen Beschlüsse, um seine wirksame Durchführung zu fördern. Sie erfüllt die ihr aufgrund dieses Übereinkommens zugewiesenen Aufgaben und

a) setzt die zur Durchführung dieses Übereinkommens für notwendig erachteten Nebenorgane ein;

b) erfüllt die zur Durchführung dieses Übereinkommens notwendigen sonstigen Aufgaben.

(5) Die Geschäftsordnung der Konferenz der Vertragsparteien und die aufgrund des Rahmenübereinkommens angewendete Finanzordnung finden sinngemäß im Rahmen dieses Übereinkommens Anwendung, sofern nicht die als Tagung der Vertragsparteien dieses Übereinkommens dienende Konferenz der Vertragsparteien durch Konsens etwas anderes beschließt.

(6) Die erste Tagung der als Tagung der Vertragsparteien dieses Übereinkommens dienenden Konferenz der Vertragsparteien wird vom Sekretariat in Verbindung mit der ersten Tagung der Konferenz der Vertragsparteien einberufen, die nach Inkrafttreten dieses Übereinkommens anberaumt wird. Nachfolgende or-

the Conference of the Parties serving as the meeting of the Parties to this Agreement shall be held in conjunction with ordinary sessions of the Conference of the Parties, unless otherwise decided by the Conference of the Parties serving as the meeting of the Parties to this Agreement.

dentliche Tagungen der als Tagung der Vertragsparteien dieses Übereinkommens dienenden Konferenz der Vertragsparteien finden in Verbindung mit ordentlichen Tagungen der Konferenz der Vertragsparteien statt, sofern nicht die als Tagung der Vertragsparteien dieses Übereinkommens dienende Konferenz der Vertragsparteien etwas anderes beschließt.

7. Extraordinary sessions of the Conference of the Parties serving as the meeting of the Parties to this Agreement shall be held at such other times as may be deemed necessary by the Conference of the Parties serving as the meeting of the Parties to this Agreement or at the written request of any Party, provided that, within six months of the request being communicated to the Parties by the secretariat, it is supported by at least one third of the Parties.

(7) Außerordentliche Tagungen der als Tagung der Vertragsparteien dieses Übereinkommens dienenden Konferenz der Vertragsparteien finden statt, wenn es die als Tagung der Vertragsparteien dieses Übereinkommens dienende Konferenz der Vertragsparteien für notwendig erachtet oder eine Vertragspartei schriftlich beantragt, sofern dieser Antrag innerhalb von sechs Monaten nach seiner Übermittlung durch das Sekretariat von mindestens einem Drittel der Vertragsparteien unterstützt wird.

8. The United Nations and its specialized agencies and the International Atomic Energy Agency, as well as any State member thereof or observers thereto not party to the Convention, may be represented at sessions of the Conference of the Parties serving as the meeting of the Parties to this Agreement as observers. Any body or agency, whether national or international, governmental or nongovernmental, which is qualified in matters covered by this Agreement and which has informed the secretariat of its wish to be represented at a session of the Conference of the Parties serving as the meeting

(8) Die Vereinten Nationen, ihre Sonderorganisationen und die Internationale Atomenergie-Organisation sowie jeder Mitgliedstaat einer solchen Organisation oder jeder Beobachter bei einer solchen Organisation, der nicht Vertragspartei des Rahmenübereinkommens ist, können auf den Tagungen der als Tagung der Vertragsparteien dieses Übereinkommens dienenden Konferenz der Vertragsparteien als Beobachter vertreten sein. Jede Stelle, national oder international, staatlich oder nichtstaatlich, die in von diesem Übereinkommen erfassten Angelegenheiten fachlich befähigt ist und dem Sekretariat ihren

of the Parties to this Agreement as an observer, may be so admitted unless at least one third of the Parties present object. The admission and participation of observers shall be subject to the rules of procedure referred to in paragraph 5 of this Article.

Wunsch mitgeteilt hat, auf einer Tagung der als Tagung der Vertragsparteien dieses Übereinkommens dienenden Konferenz der Vertragsparteien als Beobachter vertreten zu sein, kann als solcher zugelassen werden, sofern nicht mindestens ein Drittel der anwesenden Vertragsparteien widerspricht. Die Zulassung und Teilnahme von Beobachtern unterliegen der in Absatz 5 bezeichneten Geschäftsordnung.

Article 17

1. The secretariat established by Article 8 of the Convention shall serve as the secretariat of this Agreement.

2. Article 8, paragraph 2, of the Convention on the functions of the secretariat, and Article 8, paragraph 3, of the Convention, on the arrangements made for the functioning of the secretariat, shall apply mutatis mutandis to this Agreement. The secretariat shall, in addition, exercise the functions assigned to it under this Agreement and by the Conference of the Parties serving as the meeting of the Parties to this Agreement.

Artikel 17

(1) Das nach Artikel 8 des Rahmenübereinkommens eingesetzte Sekretariat dient als Sekretariat dieses Übereinkommens.

(2) Artikel 8 Absatz 2 des Rahmenübereinkommens über die Aufgaben des Sekretariats und Artikel 8 Absatz 3 des Rahmenübereinkommens über die für sein ordnungsgemäßes Arbeiten zu treffenden Vorkehrungen finden sinngemäß auf dieses Übereinkommen Anwendung. Das Sekretariat erfüllt darüber hinaus die ihm aufgrund dieses Übereinkommens und von der als Tagung der Vertragsparteien dieses Übereinkommens dienenden Konferenz der Vertragsparteien zugewiesenen Aufgaben.

Article 18

1. The Subsidiary Body for Scientific and Technological Advice and the Subsidiary Body for Implementation established by Articles 9 and 10 of the Convention shall serve, respectively, as the Subsidiary Body for Scientific and Technological Advice and the Subsidiary Body for Implementation of this Agreement.

Artikel 18

(1) Das Nebenorgan für wissenschaftliche und technologische Beratung und das Nebenorgan für die Durchführung, die nach Artikel 9 beziehungsweise 10 des Rahmenübereinkommens eingesetzt sind, dienen als Nebenorgan für wissenschaftliche und technologische Beratung beziehungsweise Nebenorgan für die Durchfüh-

The provisions of the Convention relating to the functioning of these two bodies shall apply mutatis mutandis to this Agreement. Sessions of the meetings of the Subsidiary Body for Scientific and Technological Advice and the Subsidiary Body for Implementation of this Agreement shall be held in conjunction with the meetings of, respectively, the Subsidiary Body for Scientific and Technological Advice and the Subsidiary Body for Implementation of the Convention.

2. Parties to the Convention that are not Parties to this Agreement may participate as observers in the proceedings of any session of the subsidiary bodies. When the subsidiary bodies serve as the subsidiary bodies of this Agreement, decisions under this Agreement shall be taken only by those that are Parties to this Agreement.

3. When the subsidiary bodies established by Articles 9 and 10 of the Convention exercise their functions with regard to matters concerning this Agreement, any member of the bureaux of those subsidiary bodies representing a Party to the Convention but, at that time, not a Party to this Agreement, shall be replaced by an additional member to be elected by and from amongst the Parties to this Agreement.

rung dieses Übereinkommens. Die Bestimmungen des Rahmenübereinkommens über die Arbeit dieser beiden Organe finden sinngemäß auf dieses Übereinkommen Anwendung. Tagungen des Nebenorgans für wissenschaftliche und technologische Beratung und des Nebenorgans für die Durchführung dieses Übereinkommens werden in Verbindung mit den Tagungen des Nebenorgans für wissenschaftliche und technologische Beratung beziehungsweise des Nebenorgans für die Durchführung des Rahmenübereinkommens abgehalten.

(2) Vertragsparteien des Rahmenübereinkommens, die nicht Vertragsparteien dieses Übereinkommens sind, können an den Beratungen jeder Tagung der Nebenorgane als Beobachter teilnehmen. Dienen die Nebenorgane als Nebenorgane dieses Übereinkommens, so werden Beschlüsse aufgrund dieses Übereinkommens nur von den Vertragsparteien dieses Übereinkommens gefasst.

(3) Erfüllen die aufgrund der Artikel 9 und 10 des Rahmenübereinkommens eingesetzten Nebenorgane ihre Aufgaben im Zusammenhang mit Angelegenheiten, die dieses Übereinkommen betreffen, so wird jedes Mitglied der Präsidien dieser Nebenorgane, das eine Vertragspartei des Rahmenübereinkommens, aber zu dem Zeitpunkt keine Vertragspartei dieses Übereinkommens vertritt, durch ein zusätzliches Mitglied ersetzt, das von den Vertragsparteien dieses Übereinkommens aus den eigenen Reihen zu wählen ist.

Article 19

1. Subsidiary bodies or other institutional arrangements established by or under the Convention, other than those referred to in this Agreement, shall serve this Agreement upon a decision of the Conference of the Parties serving as the meeting of the Parties to this Agreement. The Conference of the Parties serving as the meeting of the Parties to this Agreement shall specify the functions to be exercised by such subsidiary bodies or arrangements.

2. The Conference of the Parties serving as the meeting of the Parties to this Agreement may provide further guidance to such subsidiary bodies and institutional arrangements.

Article 20

1. This Agreement shall be open for signature and subject to ratification, acceptance or approval by States and regional economic integration organizations that are Parties to the Convention. It shall be open for signature at the United Nations Headquarters in New York from 22 April 2016 to 21 April 2017. Thereafter, this Agreement shall be open for accession from the day following the date on which it is closed for signature. Instruments of ratification, acceptance, approval or accession shall be deposited with the Depositary.

Artikel 19

(1) Die durch das Rahmenübereinkommen oder in seinem Rahmen eingesetzten Nebenorgane oder anderen institutionellen Regelungen, die nicht in diesem Übereinkommen genannt sind, dienen diesem Übereinkommen auf Beschluss der als Tagung der Vertragsparteien dieses Übereinkommens dienenden Konferenz der Vertragsparteien. Die als Tagung der Vertragsparteien dieses Übereinkommens dienende Konferenz der Vertragsparteien legt die von diesen Nebenorganen oder Regelungen zu erfüllenden Aufgaben fest.

(2) Die als Tagung der Vertragsparteien dieses Übereinkommens dienende Konferenz der Vertragsparteien kann diesen Nebenorganen und institutionellen Regelungen weitere Maßgaben erteilen.

Artikel 20

(1) Dieses Übereinkommen liegt für die Staaten und Organisationen der regionalen Wirtschaftsintegration, die Vertragsparteien des Rahmenübereinkommens sind, zur Unterzeichnung auf; es bedarf der Ratifikation, der Annahme oder der Genehmigung durch sie. Es liegt vom 22. April 2016 bis 21. April 2017 am Sitz der Vereinten Nationen in New York zur Unterzeichnung auf. Danach steht dieses Übereinkommen von dem Tag an, an dem es nicht mehr zur Unterzeichnung aufliegt, zum Beitritt offen. Die Ratifikations-, Annahme-, Genehmigungs- und Beitrittsurkunden werden beim Verwahrer hinterlegt.

2. Any regional economic integration organization that becomes a Party to this Agreement without any of its member States being a Party shall be bound by all the obligations under this Agreement. In the case of regional economic integration organizations with one or more member States that are Parties to this Agreement, the organization and its member States shall decide on their respective responsibilities for the performance of their obligations under this Agreement. In such cases, the organization and the member States shall not be entitled to exercise rights under this Agreement concurrently.

3. In their instruments of ratification, acceptance, approval or accession, regional economic integration organizations shall declare the extent of their competence with respect to the matters governed by this Agreement. These organizations shall also inform the Depositary, who shall in turn inform the Parties, of any substantial modification in the extent of their competence.

Article 21

1. This Agreement shall enter into force on the thirtieth day after the date on which at least 55 Parties to the Convention accounting in total for at least an estimated 55 per cent of the total *global greenhouse* gas emissions have deposited their instruments

(2) Jede Organisation der regionalen Wirtschaftsintegration, die Vertragspartei dieses Übereinkommens wird, ohne dass einer ihrer Mitgliedstaaten Vertragspartei ist, ist durch alle Verpflichtungen aus diesem Übereinkommen gebunden. Sind ein oder mehrere Mitgliedstaaten einer Organisation der regionalen Wirtschaftsintegration Vertragspartei dieses Übereinkommens, so entscheiden die Organisation und ihre Mitgliedstaaten über ihre jeweiligen Verantwortlichkeiten hinsichtlich der Erfüllung ihrer Verpflichtungen aus diesem Übereinkommen. In diesen Fällen sind die Organisation und die Mitgliedstaaten nicht berechtigt, die Rechte aufgrund dieses Übereinkommens gleichzeitig auszuüben.

(3) In ihren Ratifikations-, Annahme-, Genehmigungs- oder Beitrittsurkunden erklären die Organisationen der regionalen Wirtschaftsintegration den Umfang ihrer Zuständigkeiten in Bezug auf die durch dieses Übereinkommen erfassten Angelegenheiten. Diese Organisationen teilen auch jede wesentliche Änderung des Umfangs ihrer Zuständigkeiten dem Verwahrer mit, der seinerseits die Vertragsparteien unterrichtet.

Artikel 21

(1) Dieses Übereinkommen tritt am dreißigsten Tag nach dem Zeitpunkt in Kraft, zu dem mindestens 55 Vertragsparteien des Rahmenübereinkommens, auf die insgesamt ein geschätzter Anteil von mindestens 55 v.H. der gesamten weltweiten Emissionen

of ratification, acceptance, approval or accession.

2. Solely for the limited purpose of paragraph 1 of this Article, "total global greenhouse gas emissions" means the most uptodate amount communicated on or before the date of adoption of this Agreement by the Parties to the Convention.

3. For each State or regional economic integration organization that ratifies, accepts or approves this Agreement or accedes thereto after the conditions set out in paragraph 1 of this Article for entry into force have been fulfilled, this Agreement shall enter into force on the thirtieth day after the date of deposit by such State or regional economic integration organization of its instrument of ratification, acceptance, approval or accession.

4. For the purposes of paragraph 1 of this Article, any instrument deposited by a regional economic integration organization shall not be counted as additional to those deposited by its member States.

Article 22

The provisions of Article 15 of the Convention on the adoption of amendments to the Convention shall apply mutatis mutandis to this Agreement.

von Treibhausgasen entfällt, ihre Ratifikations-, Annahme-, Genehmigungs- oder Beitrittsurkunden hinterlegt haben.

(2) Einzig und allein für den Zweck des Absatzes 1 bedeutet „die gesamten weltweiten Emissionen von Treibhausgasen" die aktuellste Menge, die von den Vertragsparteien des Rahmenübereinkommens an oder vor dem Tag der Annahme dieses Übereinkommens übermittelt wurde.

(3) Für jeden Staat oder für jede Organisation der regionalen Wirtschaftsintegration, der beziehungsweise die nach Erfüllung der in Absatz 1 vorgesehenen Bedingungen für das Inkrafttreten dieses Übereinkommen ratifiziert, annimmt, genehmigt oder ihm beitritt, tritt dieses Übereinkommen am dreißigsten Tag nach dem Zeitpunkt der Hinterlegung der Ratifikations-, Annahme-, Genehmigungs- oder Beitrittsurkunde durch den betreffenden Staat oder die betreffende Organisation der regionalen Wirtschaftsintegration in Kraft.

(4) Für die Zwecke des Absatzes 1 zählt eine von einer Organisation der regionalen Wirtschaftsintegration hinterlegte Urkunde nicht als zusätzliche Urkunde zu den von ihren Mitgliedstaaten hinterlegten Urkunden.

Artikel 22

Die Bestimmungen des Artikels 15 des Rahmenübereinkommens über die Beschlussfassung über Änderungen des Rahmenübereinkommens finden sinngemäß auf dieses Übereinkommen Anwendung.

Article 23

1. The provisions of Article 16 of the Convention on the adoption and amendment of annexes to the Convention shall apply mutatis mutandis to this Agreement.

2. Annexes to this Agreement shall form an integral part thereof and, unless otherwise expressly provided for, a reference to this Agreement constitutes at the same time a reference to any annexes thereto. Such annexes shall be restricted to lists, forms and any other material of a descriptive nature that is of a scientific, technical, procedural or administrative character.

Article 24

The provisions of Article 14 of the Convention on settlement of disputes shall apply mutatis mutandis to this Agreement.

Article 25

1. Each Party shall have one vote, except as provided for in paragraph 2 of this Article.

2. Regional economic integration organizations, in matters within their competence, shall exercise their right to vote with a number of votes equal to the number of their member States that are Parties to this Agreement. Such an organization shall not exercise its right to vote if

Artikel 23

(1) Die Bestimmungen des Artikels 16 des Rahmenübereinkommens über die Beschlussfassung über Anlagen und Änderung von Anlagen des Rahmenübereinkommens finden sinngemäß auf dieses Übereinkommen Anwendung.

(2) Die Anlagen dieses Übereinkommens sind Bestandteil dieses Übereinkommens; sofern nicht ausdrücklich etwas anderes vorgesehen ist, stellt eine Bezugnahme auf dieses Übereinkommen gleichzeitig eine Bezugnahme auf die Anlagen dar. Solche Anlagen sind auf Listen, Formblätter und andere erläuternde Materialien wissenschaftlicher, technischer, verfahrensmäßiger oder verwaltungstechnischer Art beschränkt.

Artikel 24

Die Bestimmungen des Artikels 14 des Rahmenübereinkommens über die Beilegung von Streitigkeiten finden sinngemäß auf dieses Übereinkommen Anwendung.

Artikel 25

(1) Jede Vertragspartei hat eine Stimme, sofern nicht in Absatz 2 etwas anderes bestimmt ist.

(2) Organisationen der regionalen Wirtschaftsintegration üben in Angelegenheiten ihrer Zuständigkeit ihr Stimmrecht mit der Anzahl von Stimmen aus, die der Anzahl ihrer Mitgliedstaaten entspricht, die Vertragsparteien dieses Übereinkommens sind. Eine solche Organisation übt ihr

any of its member States exercises its right, and vice versa.

Stimmrecht nicht aus, wenn einer ihrer Mitgliedstaaten sein Stimmrecht ausübt, und umgekehrt.

Article 26

The Secretary-General of the United Nations shall be the Depositary of this Agreement.

Artikel 26

Der Generalsekretär der Vereinten Nationen ist Verwahrer dieses Übereinkommens.

Article 27

No reservations may be made to this Agreement.

Artikel 27

Vorbehalte zu diesem Übereinkommen sind nicht zulässig.

Article 28

1. At any time after three years from the date on which this Agreement has entered into force for a Party, that Party may withdraw from this Agreement by giving written notification to the Depositary.

2. Any such withdrawal shall take effect upon expiry of one year from the date of receipt by the Depositary of the notification of withdrawal, or on such later date as may be specified in the notification of withdrawal.

3. Any Party that withdraws from the Convention shall be considered as also having withdrawn from this Agreement.

Artikel 28

(1) Eine Vertragspartei kann jederzeit nach Ablauf von drei Jahren nach dem Zeitpunkt, zu dem dieses Übereinkommen für sie in Kraft getreten ist, durch eine an den Verwahrer gerichtete schriftliche Notifikation von diesem Übereinkommen zurücktreten.

(2) Der Rücktritt wird nach Ablauf eines Jahres nach dem Eingang der Rücktritts -notifikation beim Verwahrer oder zu einem gegebenenfalls in der Rücktrittsnotifikation genannten späteren Zeitpunkt wirksam.

(3) Eine Vertragspartei, die vom Rahmenübereinkommen zurücktritt, gilt auch als von diesem Übereinkommen zurückgetreten.

Article 29

The original of this Agreement, of which the Arabic, Chinese, English, French, Russian and Spanish texts are equally authentic, shall be deposited with the Secretary-General of the United Nations.

Artikel 29

Die Urschrift dieses Übereinkommens, dessen arabischer, chinesischer, englischer, französischer, russischer und spanischer Wortlaut gleichermaßen verbindlich ist, wird beim Generalsekretär der Vereinten Nationen hinterlegt.

Done at Paris this twelfth day of December two thousand and fifteen.

In witness whereof, the undersigned, being duly authorized to that effect, have signed this Agreement.

Geschehen zu Paris am 12. Dezember 2015.

Zu Urkund dessen haben die hierzu gehörig befugten Unterzeichneten dieses Übereinkommen unterschrieben.

450. Übereinkommen über weiträumige grenzüberschreitende Luftverunreinigung[1)·2)]

Vom 13. November 1979

(BGBl. 1982 II S. 374)

(Übersetzung)

DIE VERTRAGSPARTEIEN DIESES ÜBEREINKOMMENS –

GEWILLT, die Beziehungen und die Zusammenarbeit auf dem Gebiet des Umweltschutzes zu fördern;

IM BEWUSSTSEIN der Bedeutung der Tätigkeiten der Wirtschaftskommission der Vereinten Nationen für Europa für die Verstärkung dieser Beziehungen und Zusammenarbeit, insbesondere auf dem Gebiet der Luftverunreinigung, einschließlich des weiträumigen Transports von luftverunreinigenden Stoffen;

IN ANERKENNUNG des Beitrags der Wirtschaftskommission für Europa zur mehrseitigen Durchführung der einschlägigen Bestimmungen der Schlußakte der Konferenz über Sicherheit und Zusammenarbeit in Europa;

IN KENNTNIS der Hinweise in dem der Umwelt gewidmeten Kapitel der Schlußakte der Konferenz über Sicherheit und Zusammenarbeit in Europa, in dem eine Zusammenarbeit bei der Bekämpfung der Luftverunreinigung und ihrer Auswirkungen, einschließlich des

---

1) Das Übereinkommen ist für Deutschland am 16.3.1983 in Kraft getreten (Bek. v. 25.7.1983, BGBl. II S. 548). Zum weiteren Stand der Vertragsparteien vgl. BGBl., Fundstellennachweis B, abgeschlossen am 31. 12. jedes Jahres.

2) S. dazu das G. v. 29.3.1982 (BGBl. II S. 373). S. a. das Prot. v. 28.9.1984 betreffend die langfristige Finanzierung des Programms über die Zusammenarbeit bei der Messung und Bewertung der weiträumigen Übertragung v. luftverunreinigenden Stoffen in Europa (EMEP), in Kraft für Deutschland am 28.1.1988 (Bek. v. 7.3.1988, BGBl. II S. 421), in Kraft für die EWG am 28.1.1988 (BGBl. II S. 421), das Prot. v. 8.7.1985 betreffend die Verringerung von Schwefelemissionen oder ihres grenzüberschreitenden Flusses um mind. 30. v. H. (G. v. 19.12.1986, BGBl. II S. 1116) in Kraft für Deutschland am 2.9.1987 (Bek. v. 14.10.1987, BGBl. II S. 711), das Prot. v. 31.10.1988 betreffend die Bekämpfung von Emissionen v. Stickstoffoxiden oder ihres grenzüberschreitenden Flusses (G. v. 24.9.1990, BGBl. II S. 1278), in Kraft für Deutschland am 14.2.1991 (Bek. v. 14.3.1991, BGBl. II S. 623), in Kraft für die EG am 17.3.1994 (BGBl. II S. 740), das Prot. v. 19.11.1991 betreffend die Bekämpfung v. Emissionen flüchtiger organischer Verbindungen oder ihres grenzüberschreitenden Flusses (G. v. 5.9.1994, BGBl. II S. 2358), in Kraft für Deutschland am 29.9.1997 (Bek. v. 26.1.1998, BGBl. II S. 224), das Prot. v. 13.6.1994 betreffend die weitere Verringerung der Schwefelemissionen (G. v. 25.2.1998, BGBl. II S. 130) in Kraft für Deutschland am 1.9.1998 (Bek. v. 27.7.1998, BGBl. II S. 2541), in Kraft für die EG am 5.8.1998 (BGBl. II S. 2541), das Prot. v. 24.6.1998 betreffend persistente organische Schadstoffe (G. v. 9.4.2002, BGBl. 2002 II S. 803) in Kraft für Deutschland am 23.10.2003 (G. v. 16.7.2003, Bek. v. 25.9.2003, BGBl. 2003 II S. 1562) sowie das Prot. v. 24.6.1998 betreffend Schwermetalle (BGBl. 2003 II S. 610) in Kraft für Deutschland am 29.12.2003 (Bek. v. 25.2.2004, BGBl. 2004 II S. 484). Das Prot. v. 30.11.1999 zur Verringerung von Versauerung, Eutrophierung und bodennahem Ozon (G. v. 3.7.2004, BGBl. 2004 II S. 884, ber. BGBl. 2010 II S. 71) ist am 17.5.2005 auch für Deutschland in Kraft getreten (Bek. v. 17.6.2005, BGBl. II S. 647). Das „Multikomponenten-Protokoll" (1999) ist seinerseits im Jahre 2012 umfassend geändert worden (BGBl. 2017 II S. 831), am 7.10. auch für Deutschland in Kraft getreten (Bek. v. 16.8.2019, BGBl. II S. 806).

weiträumigen Transports von luftverunreinigenden Stoffen, und bei der Aufstellung eines umfassenden Programms zur Überwachung und Beurteilung des weiträumigen Transports von luftverunreinigenden Stoffen, beginnend mit Schwefeldioxid und möglicherweise später andere luftverunreinigende Stoffe einbeziehend, im Rahmen internationaler Zusammenarbeit gefordert wird;

IM HINBLICK auf die einschlägigen Bestimmungen der Erklärung der Konferenz der Vereinten Nationen über die Umwelt des Menschen, insbesondere auf den Grundsatz 21, in dem die allgemeine Überzeugung ausgedrückt wird, daß die Staaten nach der Charta der Vereinten Nationen und den Grundsätzen des Völkerrechts das souveräne Recht haben, ihre eigenen Naturschätze gemäß ihrer eigenen Umweltpolitik zu nutzen, sowie die Pflicht, dafür zu sorgen, daß durch Tätigkeiten, die innerhalb ihres Hoheitsbereichs oder unter ihrer Kontrolle ausgeübt werden, der Umwelt in anderen Staaten oder in Gebieten außerhalb der nationalen Hoheitsbereiche kein Schaden zugefügt wird;

IN ANERKENNUNG der Möglichkeit, daß die Luftverunreinigung, einschließlich der grenzüberschreitenden Luftverunreinigung, früher oder später schädliche Auswirkungen hat;

BESORGT DARÜBER, daß der voraussichtliche Anstieg des Emissionsniveaus von luftverunreinigenden Stoffen in der Region solche schädlichen Auswirkungen verstärken kann;

IN ANERKENNUNG der Notwendigkeit, die Folgen des weiträumigen Transports von luftverunreinigenden Stoffen zu untersuchen und sich um Lösungen für die aufgezeigten Probleme zu bemühen;

IHRE BEREITSCHAFT bekräftigend, die aktive internationale Zusammenarbeit zu verstärken, um eine angemessene nationale Politik zu entwickeln und durch den Austausch von Informationen, Konsultationen, Forschungs- und Überwachungsarbeiten die Maßnahmen der einzelnen Staaten zur Bekämpfung der Luftverunreinigung, einschließlich der weiträumigen grenzüberschreitenden Luftverunreinigung, zu koordinieren –

SIND WIE FOLGT ÜBEREINGEKOMMEN:

Art. 1 Begriffsbestimmungen. Im Sinne dieses Übereinkommens

a) bedeutet „Luftverunreinigung" die unmittelbare oder mittelbare Zuführung von Stoffen oder Energie durch den Menschen in die Luft, aus der sich abträgliche Wirkungen wie eine Gefährdung der menschlichen Gesundheit, eine Schädigung der lebenden Schätze und der Ökosysteme sowie von Sachwerten und eine Beeinträchtigung der Annehmlichkeiten der Umwelt oder sonstiger rechtmäßiger Nutzungen der Umwelt ergeben; der Begriff „luftverunreinigende Stoffe" wird entsprechend ausgelegt;

b) bedeutet „weiträumige grenzüberschreitende Luftverunreinigung" Luftverunreinigung, deren physischer Ursprung sich ganz oder teilweise im Hoheitsbereich eines Staates befindet und die schädliche Auswirkungen im Hoheitsbereich eines anderen Staates in einer Entfernung hat, bei der es in der Regel nicht möglich ist, die Beiträge einzelner Emissionsquellen oder Gruppen von Quellen gegeneinander abzugrenzen.

Art. 2 Grundprinzipien. Unter gebührender Berücksichtigung der jeweiligen Gegebenheiten und Probleme sind die Vertragsparteien entschlossen, den Menschen und seine Umwelt gegen Luftverunreinigung zu schützen; sie bemühen sich, die Luftverunreinigung einschließlich der weiträumigen grenzüberschreitenden Luftverunreinigung einzudämmen und soweit wie möglich schrittweise zu verringern und zu verhindern.

Art. 3. Die Vertragsparteien entwickeln im Rahmen dieses Übereinkommens durch Informationsaustausch, Konsultationen, Forschungs- und Überwachungsarbeiten ohne ungebührliche Verzögerung Politiken und Strategien, die der Bekämpfung der Einleitung von luftverunreinigenden Stoffen dienen sollen, dabei werden die Bemühungen berücksichtigt, die bereits auf nationaler und internationaler Ebene unternommen worden sind.

Art. 4. Die Vertragsparteien tauschen Informationen aus und überprüfen ihre Politik, ihre wissenschaftlichen Tätigkeiten und technischen Maßnahmen, die darauf abzielen, die Einleitung von luftverunreinigenden Stoffen, die schädliche Auswirkungen haben können, soweit wie möglich zu bekämpfen und dadurch zur Verringerung der Luftverunreinigung, einschließlich der weiträumigen grenzüberschreitenden Luftverunreinigung, beizutragen.

Art. 5. Zwischen Vertragsparteien, die von einer weiträumigen grenzüberschreitenden Luftverunreinigung tatsächlich betroffen oder durch eine solche Verunreinigung erheblich gefährdet sind, und Vertragsparteien, in deren Hoheitsbereich durch Tätigkeiten, die dort durchgeführt oder in Aussicht genommen werden, ein wesentlicher Beitrag zur weiträumigen grenzüberschreitenden Luftverunreinigung seinen Ursprung nimmt oder nehmen könnte, werden auf entsprechendes Ersuchen frühzeitig Konsultationen abgehalten.

Art. 6 Maßnahmen der Luftreinhaltung. Unter Berücksichtigung der Artikel 2 bis 5, der laufenden Forschungsarbeiten, des Austausches von Informationen und der Überwachung und ihrer Ergebnisse, der Kosten und der Wirksamkeit örtlicher und sonstiger Abhilfemaßnahmen *und zur* Bekämpfung der Luftverunreinigung, insbesondere der aus neuen oder umgebauten Anlagen stammenden, verpflichtet sich jede Vertragspartei, die bestmöglichen Politiken und Strategien einschließlich der Systeme der Luftreinhaltung und der dazugehörigen Kontrollmaßnahmen zu erarbeiten, die mit einer ausgewogenen Entwicklung vereinbar sind, vor allem durch den Einsatz der besten verfügbaren und wirtschaftlich vertretbaren Technologie sowie abfallarmer und abfallfreier Technologien.

Art. 7 Forschung und Entwicklung. Die Vertragsparteien nehmen entsprechend ihrem Bedarf Forschungs- und/oder Entwicklungsarbeiten, bei denen sie zusammenarbeiten, in folgenden Bereichen auf:

a) bestehende und vorgeschlagene Technologien zur Verringerung der Emission von Schwefelverbindungen und sonstigen bedeutenden luftverunreinigenden Stoffen, einschließlich Untersuchungen über die technische und wirtschaftliche Durchführbarkeit und die Auswirkungen auf die Umwelt;

b) Instrumentierung und sonstige Techniken zur Überwachung und Messung der Emissionsraten und des Gehalts der Luft an verunreinigenden Stoffen;

c) verbesserte Modelle zum besseren Verständnis der Übertragung von luftverunreinigenden Stoffen über weite Räume und über die Grenzen hinweg;

d) Auswirkungen von Schwefelverbindungen und anderen bedeutenden luftverunreinigenden Stoffen auf die menschliche Gesundheit und auf die Umwelt, einschließlich Landwirtschaft, Forstwirtschaft, Materialien, aquatische und sonstige natürliche Ökosysteme sowie auf die Sichtverhältnisse, im Hinblick auf die Schaffung einer wissenschaftlichen Grundlage für Dosis-Wirkungs-Beziehungen zum Schutz der Umwelt;

e) wirtschaftliche, soziale und umweltbezogene Bewertung anderer Maßnahmen zur Erreichung der Umweltziele, einschließlich der Verringerung der weiträumigen grenzüberschreitenden Luftverunreinigung;

f) Bildungs- und Ausbildungsprogramme im Zusammenhang mit den Umweltaspekten der Verunreinigung durch Schwefelverbindungen und andere bedeutende luftverunreinigende Stoffe.

Art. 8 Informationsaustausch. Die Vertragsparteien tauschen im Rahmen des in Artikel 10 genannten Exekutivorgans oder auf zweiseitiger Ebene in gemeinsamem Interesse verfügbare Informationen aus

a) in einvernehmlich festzulegenden Zeitabständen über Daten betreffend Emissionen vereinbarter luftverunreinigender Stoffe, angefangen mit Schwefeldioxid, die aus Rastereinheiten vereinbarter Größe stammen, oder über den Fluß vereinbarter grenzüberschreitender luftverunreinigender Stoffe, angefangen mit Schwefeldioxid, über einvernehmlich festzulegende Entfernungen und Zeitabschnitte;

b) über größere Änderungen der Politik der einzelnen Staaten und der allgemeinen industriellen Entwicklung und ihre möglichen Auswirkungen, die erhebliche Änderungen der weiträumigen grenzüberschreitenden Luftverunreinigung verursachen könnten;

c) über Technologien zur Verringerung der Luftverunreinigung, die für die weiträumige grenzüberschreitende Luftverunreinigung von Bedeutung sind;

d) über die veranschlagten Kosten der Bekämpfung der Emission von Schwefelverbindungen und anderen bedeutenden luftverunreinigenden Stoffen auf nationaler Ebene;

e) über meteorologische und physikalisch-chemische Daten, welche die Übertragungsvorgänge betreffen;

f) über physikalisch-chemische und biologische Daten, welche die Auswirkungen der weiträumigen grenzüberschreitenden Luftverunreinigung und das Ausmaß des Schadens[1] betreffen, der auf Grund dieser Daten auf die weiträumige grenzüberschreitende Luftverunreinigung zurückzuführen ist;

g) über nationale, subregionale und regionale Politiken und Strategien zur Bekämpfung von Schwefelverbindungen und anderen bedeutenden luftverunreinigenden Stoffen.

Art. 9 Durchführung und Weiterentwicklung des Programms über die Zusammenarbeit bei der Messung und Bewertung der weiträumigen Übertragung von luftverunreinigenden Stoffen in Europa. Die Vertragsparteien betonen die Notwendigkeit der Durchführung des bestehenden „Programms über die Zusammenarbeit bei der Messung und Bewertung der weiträumigen Übertragung von luftverunreinigenden Stoffen in Europa" (im folgenden als „EMEP" bezeichnet); hinsichtlich der Weiterentwicklung dieses Programms betonen sie einvernehmlich folgendes:

a) Es ist erwünscht, dem EMEP, das sich zunächst auf die Messung von Schwefeldioxid und ähnlichen Stoffen bezieht, beizutreten und es voll anzuwenden;

b) es ist erforderlich, nach Möglichkeit bei der Messung vergleichbare oder vereinheitlichte Verfahren anzuwenden;

c) es ist erwünscht, das Meßprogramm sowohl auf nationale als auch auf internationale Programme zu stützen. Die Errichtung von Meßstationen und die Sammlung von Daten erfolgen unter der Hoheitsgewalt des Landes, in dem sich die Meßstationen befinden;

d) es ist erwünscht, einen Rahmen für ein Programm über die Zusammenarbeit der Umweltüberwachung zu erstellen, das auf den derzeitigen und künftigen nationalen, subregionalen, regionalen und sonstigen internationalen Programmen beruht und ihnen Rechnung trägt;

e) es ist erforderlich, in einvernehmlich festzulegenden Zeitabständen Daten über Emissionen vereinbarter luftverunreinigender Stoffe, angefangen mit Schwefeldioxid, auszutauschen, die aus Rastereinheiten vereinbarter Größe stammen, oder über den Fluß vereinbarter grenzüberschreitender luftverunreinigender Stoffe, angefangen mit Schwefeldioxid, über einvernehmlich festzulegende Entfernungen

---

[1] Amtliche Fußnote: Dieses Übk. enthält keine Bestimmung über die Haftung der Staaten im Zusammenhang mit Schäden.

und Zeitabschnitte. Die zur Bestimmung des Flusses benutzte Methode einschließlich des Modells sowie die zur Bestimmung der Übertragung von luftverunreinigenden Stoffen – beruhend auf den Emissionen je Rastereinheit – benutzte Methode einschließlich des Modells werden zur Verfügung gestellt und regelmäßig überprüft, um die Methoden und die Modelle zu verbessern;

f) sie sind bereit, den Austausch und die regelmäßige Fortschreibung der nationalen Daten über Gesamtemissionen vereinbarter luftverunreinigender Stoffe, angefangen mit Schwefeldioxid, fortzuführen;

g) es ist erforderlich, meteorologische und physikalisch-chemische Daten zu liefern, welche die während der Übertragung ablaufenden Vorgänge betreffen;

h) es ist erforderlich, chemische Bestandteile in anderen Medien wie Wasser, Boden und Vegetation zu messen und ein ähnliches Meßprogramm zur Erfassung der Auswirkungen auf Gesundheit und Umwelt durchzuführen;

i) es ist erwünscht, die nationalen EMEP-Netze zu erweitern, damit sie für Bekämpfungs- und Überwachungszwecke benutzt werden können.

Art. 10 Exekutivorgan. (1) Die Vertreter der Vertragsparteien bilden im Rahmen der Berater der Regierungen der Wirtschaftskommission für Europa für Umweltfragen das Exekutivorgan dieses Übereinkommens; sie treten in dieser Eigenschaft mindestens einmal jährlich zusammen.

(2) Das Exekutivorgan

a) überprüft die Durchführung dieses Übereinkommens;

b) setzt nach Bedarf Arbeitsgruppen ein, um Angelegenheiten im Zusammenhang mit der Durchführung und Entwicklung dieses Übereinkommens zu prüfen und zu diesem Zweck geeignete Untersuchungen durchzuführen und sonstige Unterlagen zu erarbeiten sowie dem Exekutivorgan Empfehlungen zur Prüfung zu unterbreiten;

c) nimmt sonstige Aufgaben wahr, die auf Grund dieses Übereinkommens erforderlich werden könnten.

(3) Das Exekutivorgan nutzt die Dienste des Lenkungsorgans des EMEP, damit dieses eine wesentliche Rolle bei der Durchführung dieses Übereinkommens spielt, insbesondere im Hinblick auf die Sammlung von Daten und auf die wissenschaftliche Zusammenarbeit.

(4) Bei der Wahrnehmung seiner Aufgaben verwendet das Exekutivorgan nach Bedarf auch Informationen, die von anderen zuständigen internationalen Organisationen stammen.

Art. 11 Sekretariat. *Der Exekutivsekretär* der Wirtschaftskommission für Europa nimmt folgende Sekretariatsaufgaben für das Exekutivorgan wahr:

a) Einberufung und Vorbereitung der Sitzungen des Exekutivorgans;

b) Weiterleitung von Berichten und anderen Informationen, die nach Maßgabe dieses Übereinkommens eingegangen sind, an die Vertragsparteien;

c) Wahrnehmung sonstiger ihm vom Exekutivorgan übertragener Aufgaben.

Art. 12 Änderungen des Übereinkommens. (1) Jede Vertragspartei kann Änderungen dieses Übereinkommens vorschlagen.

(2) Der Wortlaut der vorgeschlagenen Änderungen wird dem Exekutivsekretär der Wirtschaftskommission für Europa schriftlich unterbreitet; dieser übermittelt ihn allen Vertragsparteien. Das Exekutivorgan erörtert die vorgeschlagenen Änderungen auf seiner nächsten jährlichen Sitzung, sofern die Vorschläge den Vertragsparteien vom Exekutivsekretär der Wirtschaftskommission für Europa mindestens neunzig Tage vorher mitgeteilt worden sind.

(3) Eine Änderung dieses Übereinkommens bedarf der einvernehmlichen Annahme durch die Vertreter der Vertragsparteien; sie tritt für die Vertragsparteien, die sie angenommen haben, am neunzigsten Tag nach dem Zeitpunkt in Kraft, an dem zwei Drittel der Vertragsparteien ihre Annahmeurkunde beim Verwahrer hinterlegt haben. Danach tritt die Änderung für jede andere Vertragspartei am neunzigsten Tag nach dem Zeitpunkt in Kraft, an dem die betreffende Vertragspartei ihre Urkunde über die Annahme der Änderung hinterlegt.

Art. 13 Beilegung von Streitigkeiten. Entsteht zwischen zwei oder mehr Vertragsparteien dieses Übereinkommens eine Streitigkeit über seine Auslegung oder Anwendung, so bemühen sich diese Vertragsparteien um eine Lösung durch Verhandlungen oder durch ein anderes Verfahren der Beilegung, das für die Streitparteien annehmbar ist.

Art. 14 Unterzeichnung. (1) Dieses Übereinkommen liegt anläßlich der hochrangigen Tagung im Rahmen der Wirtschaftskommission für Europa über den Umweltschutz vom 13. bis zum 16. November 1979 im Büro der Vereinten Nationen in Genf für die Mitgliedstaaten der Wirtschaftskommission für Europa, für Staaten, die in der Wirtschaftskommission für Europa, für Staaten, die in der Wirtschafts*kommission für* Europa nach Absatz 8 der Entschließung 36 (IV) des Wirtschafts- und Sozialrats vom 28. März 1947 beratenden Status haben, sowie für die Organisationen der regionalen Wirtschaftsintegration, die von den souveränen Staaten, die Mitglieder der Wirtschaftskommission für Europa sind, gebildet werden und für die Aushandlung, den Abschluß und die Anwendung internationaler Übereinkünfte über Angelegenheiten zuständig sind, die in den Geltungsbereich dieses Übereinkommens fallen, zur Unterzeichnung auf.

(2) Solche Organisationen der regionalen Wirtschaftsintegration üben in Angelegenheiten, die in ihren Zuständigkeitsbereich fallen, in ihrem eigenen Namen die Rechte aus und nehmen die Verantwortlichkeiten wahr, die dieses Übereinkommen den Mitgliedstaaten dieser Organisationen überträgt. In diesen Fällen sind die Mitgliedstaaten dieser Organisationen nicht berechtigt, solche Rechte einzeln auszuüben.

Art. 15 Ratifikation, Annahme, Genehmigung und Beitritt. (1) Dieses Übereinkommen bedarf der Ratifikation, Annahme oder Genehmigung.

(2) Dieses Übereinkommen steht vom 17. November 1979 an für die in Artikel 14 Absatz 1 genannten Staaten und Organisationen zum Beitritt offen.

(3) Die Ratifikations-, Annahme-, Genehmigungs- oder Beitrittsurkunden werden beim Generalsekretär der Vereinten Nationen hinterlegt; dieser erfüllt die Aufgaben des Verwahrers.

Art. 16 Inkrafttreten. (1) Dieses Übereinkommen tritt am neunzigsten Tag nach dem Zeitpunkt der Hinterlegung der vierundzwanzigsten Ratifikations-, Annahme-, Genehmigungs- oder Beitrittsurkunde in Kraft.

(2) Für jede Vertragspartei, die nach der Hinterlegung der vierundzwanzigsten Ratifikations-, Annahme-, Genehmigungs- oder Beitrittsurkunde dieses Übereinkommen ratifiziert, annimmt oder genehmigt oder ihm beitritt, tritt das Übereinkommen am neunzigsten Tag nach dem Zeitpunkt der Hinterlegung der Ratifikations-, Annahme-, Genehmigungs- oder Beitrittsurkunde durch die betreffende Vertragspartei in Kraft.

Art. 17 Rücktritt. Eine Vertragspartei kann jederzeit nach Ablauf von fünf Jahren nach dem Zeitpunkt, zu dem dieses Übereinkommen für sie in Kraft getreten ist, durch eine an den Verwahrer gerichtete schriftliche Notifikation von dem Übereinkommen zurücktreten. Der Rücktritt wird am neunzigsten Tag nach dem Eingang der Notifikation bei dem Verwahrer wirksam.

Art. 18 Verbindliche Wortlaute. Die Urschrift dieses Übereinkommens, dessen englischer, französischer und russischer Wortlaut gleichermaßen verbindlich ist, wird beim Generalsekretär der Vereinten Nationen hinterlegt.

ZU URKUND DESSEN haben die hierzu gehörig befugten Unterzeichneten dieses Übereinkommen unterschrieben.

GESCHEHEN zu Genf am 13. November 1979.

454. Wiener Übereinkommen zum Schutz der Ozonschicht[1), 2), 3)]

Vom 22. März 1985

(BGBl. 1988 II S. 902)

Präambel

DIE VERTRAGSPARTEIEN DIESES ÜBEREINKOMMENS –

IM BEWUSSTSEIN der möglicherweise schädlichen Einwirkungen jeder Veränderung der Ozonschicht auf die menschliche Gesundheit und die Umwelt,

UNTER HINWEIS auf die einschlägigen Bestimmungen der Erklärung der Konferenz der Vereinten Nationen über die Umwelt des Menschen, insbesondere auf den Grundsatz 21, der folgendes vorsieht: „Die Staaten haben nach der Charta der Vereinten Nationen und den Grundsätzen des Völkerrechts das souveräne Recht, ihre eigenen Naturschätze gemäß ihrer eigenen Umweltpolitik zu nutzen, sowie die Pflicht, dafür zu sorgen, daß durch Tätigkeiten, die innerhalb ihres Hoheitsbereichs oder unter ihrer Kontrolle ausgeübt werden, der Umwelt in anderen Staaten oder in Gebieten außerhalb der nationalen Hoheitsbereiche kein Schaden zugefügt wird",

UNTER BERÜCKSICHTIGUNG der Gegebenheiten und besonderen Bedürfnisse der Entwicklungsländer,

EINGEDENK der im Rahmen sowohl internationaler als auch nationaler Organisationen durchgeführten Arbeiten und Untersuchungen und insbesondere des Weltaktionsplans für die Ozonschicht des Umweltprogramms der Vereinten Nationen

SOWIE EINGEDENK der auf nationaler und internationaler Ebene bereits getroffenen Vorsorgemaßnahmen zum Schutz der Ozonschicht,

IM BEWUSSTSEIN, daß Maßnahmen zum Schutz der Ozonschicht vor Veränderungen infolge menschlicher Tätigkeiten internationale Zusammenarbeit und internationales Handeln erfordern und auf einschlägigen wissenschaftlichen und technischen Erwägungen beruhen sollten

SOWIE IM BEWUSSTSEIN der Notwendigkeit, weitere Forschungsarbeiten und systematische Beobachtungen durchzuführen, um die wissenschaftlichen Kenntnisse über die Ozonschicht und mögliche schädliche Auswirkungen einer Veränderung dieser Schicht zu vertiefen,

ENTSCHLOSSEN, die menschliche Gesundheit und die Umwelt vor schädlichen Auswirkungen von Veränderungen der Ozonschicht zu schützen –

SIND WIE FOLGT ÜBEREINGEKOMMEN:

---

1) Siehe dazu das Gesetz v. 26. 9. 1988 (BGBl. II S. 901).

2) Das Übereinkommen ist gem. Bek. v. 25. 1. 1989 am 20. 12. 1988 in Kraft getreten (BGBl. 1989 II S. 160).

3) Internationale Quelle: UNEP, Vienna Convention for the Protection of the Ozone Layer, Final Act, Nairobi 1985, p. 11.

Art. 1 Begriffsbestimmungen. Im Sinne dieses Übereinkommens

1. bedeutet „Ozonschicht" die Schicht atmosphärischen Ozons oberhalb der planetarischen Grenzschicht;
2. bedeutet „schädliche Auswirkungen" Änderung der belebten oder unbelebten Umwelt, einschließlich Klimaänderungen, die erhebliche abträgliche Wirkungen auf die menschliche Gesundheit oder auf die Zusammensetzung, Widerstandsfähigkeit und Produktivität naturbelassener und vom Menschen beeinflußter Ökosysteme oder auf Materialien haben, die für die Menschheit nützlich sind;
3. bedeutet „alternative Technologie oder Ausrüstung" Technologie oder Ausrüstung, deren Verwendung es möglich macht, Emissionen von Stoffen, die schädliche Auswirkungen auf die Ozonschicht haben oder wahrscheinlich haben, zu verringern oder wirksam auszuschließen;
4. bedeutet „alternative Stoffe" Stoffe, die schädliche Auswirkungen auf die Ozonschicht verringern, ausschließen oder vermeiden;
5. bedeutet „Vertragsparteien" Vertragsparteien dieses Übereinkommens, sofern sich aus dem Wortlaut nichts anderes ergibt;
6. bedeutet „Organisation der regionalen Wirtschaftsintegration" eine von souveränen Staaten einer bestimmten Region gebildete Organisation, die für die durch das Übereinkommen oder seine Protokolle erfaßten Angelegenheiten zuständig und im Einklang mit ihren internen Verfahren ordnungsgemäß ermächtigt ist, die betreffenden Übereinkünfte zu unterziehen, zu ratifizieren, anzunehmen, zu genehmigen oder ihnen beizutreten;
7. bedeutet „Protokolle" Protokolle zu diesem Übereinkommen.

Art. 2 Allgemeine Verpflichtungen. (1) Die Vertragsparteien treffen geeignete Maßnahmen im Einklang mit diesem Übereinkommen und denjenigen in Kraft befindlichen Protokollen, deren Vertragspartei sie sind, um die menschliche Gesundheit und die Umwelt vor schädlichen Auswirkungen zu schützen, die durch menschliche Tätigkeiten, welche die Ozonschicht verändern oder wahrscheinlich verändern, verursacht werden oder wahrscheinlich verursacht werden.[1]

(2) Zu diesem Zweck werden die Vertragsparteien entsprechend den ihnen zur Verfügung stehenden Mitteln und ihren Möglichkeiten

a) durch systematische Beobachtungen, Forschung und Informationsaustausch zusammenarbeiten, um die Auswirkungen menschlicher Tätigkeiten auf die Ozonschicht und die Auswirkungen einer Veränderung

[1] *Vgl. hierzu insbes. das* Montrealer Protokoll v. 16. 9. 1987, abgedruckt unter Nr. **455** dieser Textsammlung.

der Ozonschicht auf die menschliche Gesundheit und die Umwelt besser zu verstehen und zu bewerten;

b) geeignete Gesetzgebungs- und Verwaltungsmaßnahmen treffen und bei der Angleichung der entsprechenden Politiken zur Regelung, Begrenzung, Verringerung oder Verhinderung menschlicher Tätigkeiten in ihrem Hoheitsbereich oder unter ihrer Kontrolle zusammenarbeiten, sofern es sich erweist, daß diese Tätigkeiten infolge einer tatsächlichen oder wahrscheinlichen Veränderung der Ozonschicht schädliche Auswirkungen haben oder wahrscheinlich haben;

c) bei der Ausarbeitung vereinbarter Maßnahmen, Verfahren und Normen zur Durchführung des Übereinkommens im Hinblick auf die Annahme von Protokollen und Anlagen zusammenarbeiten;

d) mit zuständigen internationalen Stellen zusammenarbeiten, um das Übereinkommen und die Protokolle, deren Vertragspartei sie sind, wirksam durchzuführen.

(3) Das Übereinkommen beeinträchtigt nicht das Recht der Vertragsparteien, im Einklang mit dem Völkerrecht innerstaatliche Maßnahmen zusätzlich zu den in den Absätzen 1 und 2 genannten zu treffen; es beeinträchtigt auch nicht von einer Vertragspartei bereits getroffene zusätzliche innerstaatliche Maßnahmen, sofern diese mit den Verpflichtungen der betreffenden Vertragspartei aus dem Übereinkommen nicht unvereinbar sind.

(4) Die Anwendung dieses Artikels beruht auf einschlägigen wissenschaftlichen und technischen Erwägungen.

Art. 3 Forschung und systematische Beobachtungen. (1) Die Vertragsparteien verpflichten sich, soweit es angebracht ist, unmittelbar oder über zuständige internationale Stellen Forschungsarbeiten und wissenschaftliche Bewertungen in bezug auf folgende Bereiche einzuleiten und dabei zusammenzuarbeiten:

a) physikalische und chemische Vorgänge, welche die Ozonschicht beeinflussen können;

b) Auswirkungen auf die menschliche Gesundheit und andere biologische Auswirkungen, die durch Veränderungen der Ozonschicht bedingt sind, insbesondere solche, die durch Änderungen der Sonnenstrahlung im ultravioletten Bereich, die biologisch wirksam ist (UV-B), hervorgerufen werden;

c) klimatische Auswirkungen, die durch Veränderungen der Ozonschicht bedingt sind;

d) Auswirkungen von Veränderungen der Ozonschicht und der sich daraus ergebenden Änderung der UV-B-Strahlung auf natürliche und synthetische Materialien, die für die Menschheit nützlich sind;

e) Stoffe, Verhaltensweisen, Verfahren und Tätigkeiten, welche die Ozonschicht beeinflussen können, und ihre kumulativen Auswirkungen;

f) alternative Stoffe und Technologien;
g) damit zusammenhängende sozio-ökonomische Angelegenheiten,
und wie in den Anlagen I und II[1] näher ausgeführt.

(2) Die Vertragsparteien verpflichten sich, soweit es angebracht ist, unmittelbar oder über zuständige internationale Stellen und unter voller Berücksichtigung innerstaatlicher Rechtsvorschriften und einschlägiger laufender Tätigkeiten auf nationaler und internationaler Ebene gemeinsame oder einander ergänzende Programme zur systematischen Beobachtung des Zustands der Ozonschicht und anderer einschlägiger Parameter, wie in Anlage I ausgeführt, zu fördern oder aufzustellen.

(3) Die Vertragsparteien verpflichten sich, unmittelbar oder über zuständige internationale Stellen zusammenzuarbeiten, um für die regelmäßige und rechtzeitige Sammlung, Bestätigung und Übermittlung von Forschungs- und Beobachtungsdaten durch geeignete Weltdatenzentren Sorge zu tragen.

Art. 4 Zusammenarbeit im rechtlichen, wissenschaftlichen und technischen Bereich. (1) Die Vertragsparteien erleichtern und fördern den Austausch wissenschaftlicher, technischer, sozio-ökonomischer, kommerzieller und rechtlicher Informationen, die für dieses Übereinkommen erheblich sind, wie in Anlage II näher ausgeführt. Diese Informationen werden den von den Vertragsparteien einvernehmlich festgelegten Stellen geliefert. Jede Stelle, die Informationen erhält, die von der liefernden Vertragspartei als vertraulich betrachtet werden, stellt sicher, daß diese Informationen nicht preisgegeben werden, und faßt sie zusammen, um ihre Vertraulichkeit zu schützen, bevor sie allen Vertragsparteien zur Verfügung gestellt werden.

(2) Die Vertragsparteien arbeiten im Einklang mit ihren innerstaatlichen Gesetzen, sonstigen Vorschriften und Gepflogenheiten sowie unter Berücksichtigung insbesondere der Bedürfnisse der Entwicklungsländer zusammen, um unmittelbar oder über zuständige internationale Stellen die Entwicklung und Weitergabe von Technologie und Kenntnissen zu fördern. Diese Zusammenarbeit erfolgt insbesondere durch

a) Erleichterung des Erwerbs alternativer Technologie durch andere Vertragsparteien;
b) Versorgung mit Informationen über alternative Technologie und Ausrüstung sowie mit besonderen Handbüchern oder Anleitungen dazu;
c) Versorgung mit Ausrüstung und Einrichtungen, die für Forschung und systematische Beobachtungen erforderlich sind;
d) angemessene Ausbildung von wissenschaftlichem und technischem Personal.

---

[1] Siehe BGBl. 1988 II S. 916. Die Anlagen sind hier nicht abgedruckt.

Art. 5 Übermittlung von Informationen. Die Vertragsparteien übermitteln der nach Artikel 6 eingesetzten Konferenz der Vertragsparteien über das Sekretariat Informationen über die von ihnen zur Durchführung dieses Übereinkommens und der Protokolle, deren Vertragspartei sie sind, getroffenen Maßnahmen in der Form und in den Zeitabständen, die auf den Tagungen der Vertragsparteien der jeweiligen Übereinkunft festgelegt werden.

Art. 6 Konferenz der Vertragsparteien. (1) Hiermit wird eine Konferenz der Vertragsparteien eingesetzt. Die erste Tagung der Konferenz der Vertragsparteien wird von dem nach Artikel 7 vorläufig bestimmten Sekretariat spätestens ein Jahr nach Inkrafttreten dieses Übereinkommens einberufen. Danach finden ordentliche Tagungen der Konferenz der Vertragsparteien in regelmäßigen Abständen statt, die von der Konferenz auf ihrer ersten Tagung festgelegt werden.

(2) Außerordentliche Tagungen der Konferenz der Vertragsparteien finden statt, wenn es die Konferenz für notwendig erachtet oder eine Vertragspartei schriftlich beantragt, sofern dieser Antrag innerhalb von sechs Monaten nach seiner Übermittlung durch das Sekretariat von mindestens einem Drittel der Vertragsparteien unterstützt wird.

(3) Die Konferenz der Vertragsparteien vereinbart und beschließt durch Konsens für sich selbst und für gegebenenfalls von ihr einzusetzende Nebenorgane eine Geschäftsordnung und eine Finanzordnung sowie die finanziellen Regelungen für die Arbeit des Sekretariats.

(4) Die Konferenz der Vertragsparteien prüft laufend die Durchführung des Übereinkommens; außerdem

a) legt sie die Form und die Zeitabstände für die Übermittlung der nach Artikel 5 vorzulegenden Informationen fest und prüft diese Informationen sowie die von Nebenorganen vorgelegten Berichte;
b) prüft sie die wissenschaftlichen Informationen über die Ozonschicht, über mögliche Veränderungen dieser Schicht und über mögliche Auswirkungen solcher Veränderungen;
c) fördert sie nach Artikel 2 die Angleichung geeigneter Politiken, Strategien und Maßnahmen zur Verringerung der Freisetzung von Stoffen, die eine Veränderung der Ozonschicht verursachen oder wahrscheinlich verursachen, und gibt Empfehlungen zu anderen Maßnahmen im Zusammenhang mit dem Übereinkommen;
d) beschließt sie nach den Artikeln 3 und 4 Programme für Forschungsarbeiten, systematische Beobachtungen, wissenschaftliche und technologische Zusammenarbeit, Informationsaustausch und die Weitergabe von Technologie und Kenntnissen;
e) prüft sie und beschließt gegebenenfalls nach den Artikeln 9 und 10 Änderungen des Übereinkommens und seiner Anlagen;

f) prüft sie Änderungen von Protokollen sowie von Anlagen solcher Protokolle und empfiehlt, wenn sie sich dafür entscheidet, den Vertragsparteien des betreffenden Protokolls, die Änderungen zu beschließen;
g) prüft sie und beschließt gegebenenfalls nach Artikel 10 weitere Anlagen des Übereinkommens;
h) prüft sie und beschließt gegebenenfalls Protokolle nach Artikel 8;
i) setzt sie die zur Durchführung des Übereinkommens für notwendig erachteten Nebenorgane ein;
j) nimmt sie gegebenenfalls für wissenschaftliche Forschungsarbeiten, systematische Beobachtungen und andere mit den Zielen des Übereinkommens zusammenhängende Tätigkeiten die Dienste zuständiger internationaler Stellen und wissenschaftlicher Ausschüsse in Anspruch, insbesondere die der Weltorganisation für Meteorologie und der Weltgesundheitsorganisation sowie des Koordinierungsausschusses für die Ozonschicht, und verwendet, soweit es angebracht ist, Informationen, die von diesen Stellen und Ausschüssen stammen;
k) prüft und ergreift sie weitere Maßnahmen, die zur Erreichung der Zwecke des Übereinkommens erforderlich sind.

(5) Die Vereinten Nationen, ihre Sonderorganisationen und die Internationale Atomenergie-Organisation sowie jeder Staat, der nicht Vertragspartei des Übereinkommens ist, können sich auf den Tagungen der Konferenz der Vertragsparteien durch Beobachter vertreten lassen. Jede Stelle, national oder international, staatlich oder nichtstaatlich, die auf Gebieten im Zusammenhnag mit dem Schutz der Ozonschicht fachlich befähigt ist und dem Sekretariat ihren Wunsch mitgeteilt hat, sich auf einer Tagung der Konferenz der Vertragsparteien als Beobachter vertreten zu lassen, kann zugelassen werden, sofern nicht mindestens ein Drittel der anwesenden Vertragsparteien widerspricht. Die Zulassung und Teilnahme von Beobachtern unterliegen der von der Konferenz der Vertragsparteien beschlossenen Geschäftsordnung.

Art. 7 Sekretariat. (1) Das Sekretariat hat folgende Aufgaben:
a) Es veranstaltet die in den Artikeln 6, 8, 9 und 10 vorgesehenen Tagungen und stellt die entsprechenden Dienste bereit;
b) es erarbeitet und übermittelt Berichte aufgrund der nach den Artikeln 4 und 5 erhaltenen Informationen sowie der Informationen, die von den Tagungen der nach Artikel 6 eingesetzten Nebenorgane stammen;
c) es nimmt die ihm aufgrund eines Protokolls übertragenen Aufgaben wahr;
d) es erarbeitet Berichte über seine Tätigkeiten bei der Durchführung seiner Aufgaben im Rahmen dieses Übereinkommens und legt sie der Konferenz der Vertragsparteien vor;
e) es sorgt für die notwendige Koordinierung mit anderen einschlägigen internationalen Stellen und schließt insbesondere die für die wirksame

Erfüllung seiner Aufgaben notwendigen verwaltungsmäßigen und vertraglichen Vereinbarungen;

f) es nimmt sonstige Aufgaben wahr, die von der Konferenz der Vertragsparteien bestimmt werden.

(2) Die Sekretariatsaufgaben werden bis zum Abschluß der ersten ordentlichen Tagung der Konferenz der Vertragsparteien, die nach Artikel 6 abgehalten wird, vorläufig vom Umweltprogramm der Vereinten Nationen wahrgenommen. Auf ihrer ersten ordentlichen Tagung bestimmt die Konferenz der Vertragsparteien das Sekretariat aus der Reihe der bestehenden zuständigen internationalen Organisationen, welche ihre Bereitschaft bekundet haben, die in dem Übereinkommen vorgesehenen Sekretariatsaufgaben wahrzunehmen.

Art. 8 Beschlußfassung über Protokolle. (1) Die Konferenz der Vertragsparteien kann auf einer Tagung Protokolle nach Artikel 2 beschließen.

(2) Der Wortlaut eines vorgeschlagenen Protokolls wird den Vertragsparteien mindestens sechs Monate vor der betreffenden Tagung vom Sekretariat übermittelt.

Art. 9 Änderung des Übereinkommens oder von Protokollen. (1) Jede Vertragspartei kann Änderungen dieses Übereinkommens oder eines Protokolls vorschlagen. In diesen Änderungen werden unter anderem einschlägige wissenschaftliche und technische Erwägungen gebührend berücksichtigt.

(2) Änderungen des Übereinkommens werden auf einer Tagung der Konferenz der Vertragsparteien beschlossen. Änderungen eines Protokolls werden auf einer Tagung der Vertragsparteien des betreffenden Protokolls beschlossen. Der Wortlaut einer vorgeschlagenen Änderung des Übereinkommens oder, sofern in einem Protokoll nichts anderes vorgesehen ist, des betreffenden Protokolls wird den Vertragsparteien mindestens sechs Monate vor der Tagung, auf der die Änderung zur Beschlußfassung vorgeschlagen wird, vom Sekretariat übermittelt. Das Sekretariat übermittelt vorgeschlagene Änderungen auch den Unterzeichnern des Übereinkommens zur Kenntnisnahme.

(3) Die Vertragsparteien bemühen sich nach Kräften um eine Einigung durch Konsens über eine vorgeschlagene Änderung des Übereinkommens. Sind alle Bemühungen um einen Konsens erschöpft und wird keine Einigung erzielt, so wird *als letztes Mittel* die Änderung mit Dreiviertelmehrheit der auf der Sitzung anwesenden und abstimmenden Vertragsparteien beschlossen und vom Verwahrer allen Vertragsparteien zur Ratifikation, Genehmigung oder Annahme vorgelegt.

(4) Das Verfahren nach Absatz 3 gilt für Änderungen von Protokollen; jedoch reicht für die Beschlußfassung darüber eine Zweidrittelmehrheit der

auf der Sitzung anwesenden und abstimmenden Vertragsparteien des Protokolls aus.

(5) Die Ratifikation, Genehmigung oder Annahme von Änderungen wird dem Verwahrer schriftlich notifiziert. Nach Absatz 3 oder 4 beschlossene Änderungen treten zwischen den Vertragsparteien, die sie angenommen haben, am neunzigsten Tag nach dem Zeitpunkt in Kraft, zu dem der Verwahrer die Notifikation der Ratifikation, Genehmigung oder Annahme durch mindestens drei Viertel der Vertragsparteien des Übereinkommens oder durch mindestens zwei Drittel der Vertragsparteien des betreffenden Protokolls, sofern in dem Protokoll nichts anderes vorgesehen ist, empfangen hat. Danach treten die Änderungen für jede andere Vertragspartei am neunzigsten Tag nach dem Zeitpunkt in Kraft, zu dem die betreffende Vertragspartei ihre Urkunde über die Ratifikation, Genehmigung oder Annahme der Änderungen hinterlegt hat.

(6) Im Sinne dieses Artikels bedeutet „anwesende und abstimmende Vertragsparteien" die anwesenden Vertragsparteien, die eine Ja-Stimme oder eine Nein-Stimme abgeben.

Art. 10 Beschlußfassung über Anlagen und Änderung von Anlagen. (1) Die Anlagen dieses Übereinkommens oder eines Protokolls sind Bestandteil des Übereinkommens beziehungsweise des betreffenden Protokolls; sofern nicht ausdrücklich etwas anderes vorgesehen ist, stellt eine Bezugnahme auf das Übereinkommen oder seine Protokolle gleichzeitig eine Bezugnahme auf die Anlagen dar. Diese Anlagen beschränken sich auf wissenschaftliche, technische und verwaltungsmäßige Angelegenheiten.

(2) Sofern in einem Protokoll in bezug auf seine Anlagen nichts anderes vorgesehen ist, findet folgendes Verfahren auf den Vorschlag weiterer Anlagen des Übereinkommens oder von Anlagen eines Protokolls, die Beschlußfassung darüber und das Inkrafttreten derselben Anwendung:

a) Anlagen des Übereinkommens werden nach dem in Artikel 9 Absätze 2 und 3 festgelegten Verfahren vorgeschlagen und beschlossen; Anlagen eines Protokolls werden nach dem in Artikel 9 Absätze 2 und 4 festgelegten Verfahren vorgeschlagen und beschlossen;

b) eine Vertragspartei, die eine weitere Anlage des Übereinkommens oder eine Anlage eines Protokolls, dessen Vertragspartei sie ist, nicht zu genehmigen vermag, notifiziert dies schriftlich dem Verwahrer innerhalb von sechs Monaten nach dem Zeitpunkt, zu dem dieser mitgeteilt hat, daß die Anlage beschlossen worden ist. Der Verwahrer verständigt unverzüglich alle Vertragsparteien vom Empfang jeder derartigen Notifikation. Eine Vertragspartei kann jederzeit eine Anlage annehmen, gegen die sie zuvor Einspruch einglegt hatte; diese Anlage tritt daraufhin für *die betreffende* Vertragspartei in Kraft;

c) nach Ablauf von sechs Monaten nach dem Zeitpunkt, zu dem der Verwahrer die Mitteilung versandt hat, wird die Anlage für alle Vertragsparteien des Übereinkommens oder des betreffenden Protokolls, die keine Notifikation nach Buchstabe b vorgelegt haben, wirksam.

(3) Der Vorschlag von Änderungen von Anlagen des Übereinkommens oder eines Protokolls, die Beschlußfassung darüber und das Inkrafttreten derselben unterliegen demselben Verfahren wie der Vorschlag von Anlagen des Übereinkommens oder von Anlagen eines Protokolls, die Beschlußfassung darüber und das Inkrafttreten derselben. In den Anlagen und ihren Änderungen werden unter anderem einschlägige wissenschaftliche und technische Erwägungen gebührend berücksichtigt.

(4) Hat eine weitere Anlage oder eine Änderung einer Anlage eine Änderung des Übereinkommens oder eines Protokolls zur Folge, so tritt die weitere Anlage oder die geänderte Anlage erst in Kraft, wenn die Änderung des Übereinkommens oder des betreffenden Protokolls selbst in Kraft tritt.

Art. 11 Beilegung von Streitigkeiten. (1) Im Fall einer Streitigkeit zwischen Vertragsparteien über die Auslegung oder Anwendung dieses Übereinkommens bemühen sich die betroffenen Parteien um eine Lösung durch Verhandlungen.

(2) Können die betroffenen Parteien eine Einigung durch Verhandlungen nicht erreichen, so können sie gemeinsam die guten Dienste einer dritten Partei in Anspruch nehmen oder um deren Vermittlung ersuchen.

(3) Bei der Ratifikation, der Annahme oder der Genehmigung des Übereinkommens oder beim Beitritt zum Übereinkommen oder jederzeit danach können ein Staat oder eine Organisation der regionalen Wirtschaftsintegration gegenüber dem Verwahrer schriftlich erklären, daß sie für eine Streitigkeit, die nicht nach Absatz 1 oder 2 gelöst wird, eines der folgenden Mittel der Streitbeilegung oder beide als obligatorisch anerkennen:

a) ein Schiedsverfahren nach dem von der Konferenz der Vertragsparteien auf ihrer ersten ordentlichen Tagung anzunehmenden Verfahren;
b) Vorlage der Streitigkeit an den Internationalen Gerichtshof.

(4) Haben die Parteien nicht nach Absatz 3 demselben oder einem der Verfahren zugestimmt, so wird die Streitigkeit einem Vergleich nach Absatz 5 unterworfen, sofern die Parteien nichts anderes vereinbaren.

(5) Eine Vergleichskommission wird auf Antrag einer der Streitparteien gebildet. Die Kommission setzt sich aus einer gleichen Anzahl von durch jede der betroffenen Parteien bestellten und einem von den durch jede Partei bestellten Mitgliedern gemeinsam gewählten Vorsitzenden zusammen. Die Kommission fällt einen endgültigen Spruch mit empfehlender Wirkung, den die Parteien nach Treu und Glauben berücksichtigen.

(6) Dieser Artikel findet auf jedes Protokoll Anwendung, sofern in dem betreffenden Protokoll nichts anderes vorgesehen ist.

Art. 12 Unterzeichnung. Dieses Übereinkommen liegt für Staaten und für Organisationen der regionalen Wirtschaftsintegration vom 22. März 1985 bis zum 21. September 1985 im Bundesministerium für Auswärtige Angelegenheiten der Republik Österreich in Wien und vom 22. September 1985 bis zum 21. März 1986 am Sitz der Vereinten Nationen in New York zur Unterzeichnung auf.

Art. 13 Ratifikation, Annahme oder Genehmigung. (1) Dieses Übereinkommen und jedes Protokoll bedürfen der Ratifikation, Annahme oder Genehmigung durch die Staaten und durch die Organisationen der regionalen Wirtschaftsintegration. Die Ratifikations-, Annahme- oder Genehmigungsurkunden werden beim Verwahrer hinterlegt.

(2) Jede in Absatz 1 bezeichnete Organisation, die Vertragspartei des Übereinkommens oder eines Protokolls wird, ohne daß einer ihrer Mitgliedstaaten Vertragspartei ist, ist durch alle Verpflichtungen aus dem Übereinkommen beziehungsweise dem Protokoll gebunden. Sind ein oder mehrere Mitgliedstaaten einer solchen Organisation Vertragspartei des Übereinkommens oder des betreffenden Protokolls, so entscheiden die Organisation und ihre Mitgliedstaaten über ihre jeweiligen Verantwortlichkeiten hinsichtlich der Erfüllung ihrer Verpflichtungen aus dem Übereinkommen beziehungsweise dem Protokoll. In diesen Fällen sind die Organisation und die Mitgliedstaaten nicht berechtigt, die Rechte aufgrund des Übereinkommens oder des betreffenden Protokolls gleichzeitig auszuüben.

(3) In ihren Ratifikations-, Annahme- oder Genehmigungsurkunden erklären die in Absatz 1 bezeichneten Organisationen den Umfang ihrer Zuständigkeiten in bezug auf die durch das Übereinkommen oder das betreffende Protokoll erfaßten Angelegenheiten. Diese Organisationen teilen dem Verwahrer auch jede wesentliche Änderung des Umfangs ihrer Zuständigkeiten mit.

Art. 14 Beitritt. (1) Dieses Übereinkommen und jedes Protokoll stehen von dem Tag an, an dem sie nicht mehr zur Unterzeichnung aufliegen, Staaten und Organisationen der regionalen Wirtschaftsintegration zum Beitritt offen. Die Beitrittsurkunden werden beim Verwahrer hinterlegt.

(2) In ihren Beitrittsurkunden erklären die in Absatz 1 bezeichneten Organisationen den Umfang ihrer Zuständigkeiten in bezug auf die durch das Übereinkommen oder das betreffende Protokoll erfaßten Angelegenheiten. Diese Organisationen teilen dem Verwahrer auch jede wesentliche Änderung des Umfangs ihrer Zuständigkeiten mit.

(3) Artikel 13 Absatz 2 findet auf Organisationen der regionalen Wirtschaftsintegration, die dem Übereinkommen oder einem Protokoll beitreten, Anwendung.

Art. 15 Stimmrecht. (1) Jede Vertragspartei dieses Übereinkommens oder eines Protokolls hat eine Stimme.

(2) Unbeschadet des Absatzes 1 üben die Organisationen der regionalen Wirtschaftsintegration in Angelegenheiten ihrer Zuständigkeit ihr Stimmrecht mit der Anzahl von Stimmen aus, die der Anzahl ihrer Mitgliedstaaten entspricht, die Vertragsparteien des Übereinkommens oder des betreffenden Protokolls sind. Diese Organisationen üben ihre Stimmrecht nicht aus, wenn ihre Mitgliedstaaten ihr Stimmrecht ausüben, und umgekehrt.

Art. 16 Verhältnis zwischen dem Übereinkommen und seinen Protokollen. (1) Ein Staat oder eine Organisation der regionalen Wirtschaftsintegration kann nicht Vertragspartei eines Protokolls werden, ohne Vertragspartei des Übereinkommens zu sein oder gleichzeitig zu werden.

(2) Beschlüsse betreffend ein Protokoll werden nur von den Vertragsparteien dieses Protokolls gefaßt.

Art. 17 Inkrafttreten. (1) Dieses Übereinkommen tritt am neunzigsten Tag nach dem Zeitpunkt der Hinterlegung der zwanzigsten Ratifikations-, Annahme-, Genehmigungs- oder Beitrittsurkunde in Kraft.

(2) Jedes Protokoll tritt, sofern in dem Protokoll nichts anderes vorgesehen ist, am neunzigsten Tag nach dem Zeitpunkt der Hinterlegung der elften Urkunde über die Ratifikation, Annahme oder Genehmigung des Protokolls oder über den Beitritt dazu in Kraft.

(3) Für jede Vertragspartei, die nach der Hinterlegung der zwanzigsten Ratifikations-, Annahme-, Genehmigungs- oder Beitrittskurkunde das Übereinkommen ratifiziert, annimmt oder genehmigt oder ihm beitritt, tritt das Übereinkommen am neunzigsten Tag nach dem Zeitpunkt der Hinterlegung der Ratifikations-, Annahme-, Genehmigungs- oder Beitrittsurkunde durch die betreffende Vertragspartei in Kraft.

(4) Jedes Protokoll tritt, sofern in dem Protokoll nichts anderes vorgesehen ist, für eine Vertragspartei, die das Protokoll nach dem Inkrafttreten gemäß Absatz 2 ratifiziert, annimmt oder genehmigt oder ihm beitritt, am neunzigsten Tag nach dem Zeitpunkt in Kraft, zu dem diese Vertragspartei ihre Ratifikations-, Annahme-, Genehmigungs- oder Beitrittsurkunde hinterlegt, oder zu dem Zeitpunkt, zu dem das Übereinkommen für diese Vertragspartei in Kraft tritt, falls dies der spätere Zeitpunkt ist.

(5) *Für die Zwecke der Absätze 1 und* 2 zählt eine von einer Organisation der regionalen Wirtschaftsintegration hinterlegte Urkunde nicht als zusätzliche Urkunde zu den von den Mitgliedstaaten der betreffenden Organisation hinterlegten Urkunden.

Art. 18 Vorbehalte. Vorbehalte zu diesem Übereinkommen sind nicht zulässig.

Art. 19 Rücktritt. (1) Eine Vertragspartei kann jederzeit nach Ablauf von vier Jahren nach dem Zeitpunkt, zu dem dieses Übereinkommen für sie in Kraft getreten ist, durch eine an den Verwahrer gerichtete schriftliche Notifikation vom Übereinkommen zurücktreten.

(2) Sofern in einem Protokoll nichts anderes vorgesehen ist, kann eine Vertragspartei des Protokolls jederzeit nach Ablauf von vier Jahren nach dem Zeitpunkt, zu dem das Protokoll für sie in Kraft getreten ist, durch eine an den Verwahrer gerichtete schriftliche Notifikation vom Protokoll zurücktreten.

(3) Der Rücktritt wird nach Ablauf eines Jahres nach dem Eingang der Notifikation beim Verwahrer oder zu einem gegebenenfalls in der Rücktrittsnotifikation genannten späteren Zeitpunkt wirksam.

(4) Eine Vertragspartei, die vom Übereinkommen zurücktritt, gilt auch als von den Protokollen zurückgetreten, deren Vertragspartei sie ist.

Art. 20 Verwahrer. (1) Der Generalsekretär der Vereinten Nationen übernimmt die Aufgaben des Verwahrers dieses Übereinkommens und der Protokolle.

(2) Der Verwahrer unterrichtet die Vertragsparteien insbesondere

a) von der Unterzeichnung des Übereinkommens und jedes Protokolls sowie von der Hinterlegung der Ratifikations-, Annahme-, Genehmigungs- oder Beitrittsurkunden nach den Artikeln 13 und 14;
b) von dem Zeitpunkt, zu dem das Übereinkommen und jedes Protokoll nach Artikel 17 in Kraft treten;
c) von Rücktrittsnotifikationen nach Artikel 19;
d) von Änderungen, die in bezug auf das Übereinkommen oder ein Protokoll beschlossen worden sind, von ihrer Annahme durch die Vertragsparteien sowie vom Zeitpunkt ihres Inkrafttretens nach Artikel 9;
e) von allen Mitteilungen im Zusammenhang mit der Beschlußfassung über Anlagen, ihrer Genehmigung und ihrer Änderung nach Artikel 10;
f) von Notifikationen der Organisationen der regionalen Wirtschaftsintegration über den Umfang ihrer Zuständigkeiten in bezug auf Angelegenheiten, die durch das Übereinkommen und durch Protokolle erfaßt sind, sowie über jede Änderung dieses Umfangs;
g) von Erklärungen nach Artikel 11 Absatz 3.

Art. 21 Verbindliche Wortlaute. Die Urschrift dieses Übereinkommens, dessen arabischer, chinesischer, englischer, französischer, russischer und spanischer Wortlaut gleichermaßen verbindlich ist, wird beim Generalsekretär der Vereinten Nationen hinterlegt.

Zu Urkund dessen haben die hierzu gehörig befugten Unterzeichneten dieses Übereinkommen unterschrieben.

Geschehen zu Wien am 22. März 1985

(Die Anlagen sind hier nicht abgedruckt.)

455. Montrealer Protokoll über Stoffe, die zum Abbau der Ozonschicht führen

Vom 16. September 1987[1)]

(BGBl. 1988 II S. 1014 nach umfassenden Änderungen – London 1990, Kopenhagen 1992, Wien 1995, Montreal 1997, Peking 1999 – Neubekanntmachung in BGBl. 2003 II S. 346; weitere Änderungen Montreal 2007 (BGBl. 2010 II S. 996) sowie umfassende Änderungen Kigali 2016[2)], ABl. Nr. L 236/3 v. 14.9.2017, zuletzt geänd. durch Art. I ÄndBeschl. v. 15.10.2016 (BGBl. II S. 1138 iVm Bek. v. 23.11.2017, BGBl. II S. 1507 und Bek. v. 10.5.2019, BGBl. II S. 486)[3) · 4)]

(Übersetzung)

Inhaltsverzeichnis

---

1) In Kraft getreten für Deutschland am 1.1.1989, für die ehemalige DDR am 25.4.1989 (Bek. v. 21.6.1989, BGBl. II S. 622).

2) Diese letzte Änderung tritt am 1.1.2019 in Kraft (BGBl. 2017 II S. 1507).

3) Art. II des Änderungsvertrages von 2016 (Kigali) bestimmt (ABl. Nr. L 236/11 v. 14.9.2017): „Weder ein Staat noch eine Organisation der regionalen Wirtschaftsintegration darf eine Ratifikations-, Annahme-, Genehmigungs- oder Beitrittsurkunde zu dieser Änderung hinterlegen, ohne zuvor eine solche Urkunde zu der auf der Elften Tagung der Vertragsparteien am 3. Dezember 1999 in Peking angenommenen Änderung hinterlegt zu haben oder gleichzeitig zu hinterlegen."

4) Art. II des Änderungsvertrages von 2016 (Kigali) bestimmt (ABl. Nr. L 236/11 v. 14.9.2017): „Zweck dieser Änderung ist es nicht, teilfluorierte Kohlenwasserstoffe aus dem Verpflichtungsumfang der Artikel 4 und 12 des Rahmenübereinkommens der Vereinten Nationen über Klimaänderungen [Nr. **440**] oder der Artikel 2, 5, 7 und 10 des dazugehörigen Protokolls von Kyoto [Nr. **441**] auszunehmen."

Präambel

DIE VERTRAGSPARTEIEN DIESES PROTOKOLLS –

ALS VERTRAGSPARTEIEN des Wiener Übereinkommens zum Schutz der Ozonschicht,

EINGEDENK IHRER VERPFLICHTUNG aufgrund des Übereinkommens, geeignete Maßnahmen zu treffen, um die menschliche Gesundheit und die Umwelt vor schädlichen Auswirkungen zu schützen, die durch menschliche Tätigkeiten, welche die Ozonschicht verändern oder wahrscheinlich verändern, verursacht werden oder wahrscheinlich verursacht werden,

IN DER ERKENNTNIS, dass weltweite Emissionen bestimmter Stoffe zu einem erheblichen Abbau der Ozonschicht führen und sie auf andere Weise verändern können, was wahrscheinlich schädliche Auswirkungen auf die menschliche Gesundheit und die Umwelt zur Folge hat,

IM BEWUSSTSEIN der möglichen klimatischen Auswirkungen von Emissionen dieser Stoffe,

IM BEWUSSTSEIN, dass Maßnahmen, die zum Schutz der Ozonschicht vor einem Abbau getroffen werden, auf einschlägigen wissenschaftlichen Kenntnissen beruhen sollten, wobei technische und wirtschaftliche Erwägungen zu berücksichtigen sind,

ENTSCHLOSSEN, die Ozonschicht durch Vorsorgemaßnahmen zur ausgewogenen Regelung der gesamten weltweiten Emissionen von Stoffen, die zu einem Abbau der Ozonschicht führen, zu schützen, mit dem Endziel, diese Stoffe auf der Grundlage der Entwicklung wissenschaftlicher Kenntnisse zu beseitigen, wobei technische und wirtschaftliche Erwägungen sowie die Entwicklungsbedürfnisse der Entwicklungsländer zu berücksichtigen sind,

IN DER ERKENNTNIS, dass besondere Vorkehrungen zur Deckung des Bedarfs der Entwicklungsländer notwendig sind, einschließlich der Bereitstellung zusätzlicher finanzieller Mittel und des Zugangs zu einschlägigen Technologien, wobei zu berücksichtigen ist, dass sich der Umfang der erforderlichen Mittel vorhersehen lässt und dass die Mittel die internationalen Möglichkeiten zur Behandlung des wissenschaftlich belegten Problems des Ozonabbaus und seiner schädlichen Auswirkungen erheblich verändern können,

IM HINBLICK Auf die Vorsorgemaßnahmen zur Regelung der Emissionen bestimmter Fluorchlorkohlenwasserstoffe, die bereits auf nationaler und regionaler Ebene getroffen worden sind,

ANGESICHTS DER BEDEUTUNG der Förderung der internationalen Zusammenarbeit bei der Erforschung, Entwicklung und Weitergabe alternativer Technologien im Zusammenhang mit der Regelung und Verminderung der Emissionen von Stoffen, die zu einem Abbau der Ozonschicht führen, wobei die Bedürfnisse der Entwicklungsländer besonders zu berücksichtigen sind –

SIND WIE FOLGT ÜBEREINGEKOMMEN:

Art. 1[1] **Begriffsbestimmungen.** Im Sinne dieses Protokolls

1. bedeutet „Übereinkommen" das am 22. März 1985 angenommene Wiener Übereinkommen zum Schutz der Ozonschicht;
2. bedeutet „Vertragsparteien" die Vertragsparteien des Protokolls, sofern sich aus dem Wortlaut nichts anderes ergibt;
3. bedeutet „Sekretariat" das Sekretariat des Übereinkommens;
4. bedeutet „geregelter Stoff" einen in Anlage A, Anlage B, Anlage C, Anlage E oder Anlage F zu dem Protokoll aufgeführten Stoff, gleichviel ob er allein oder in einem Gemisch vorkommt. Der Ausdruck umfasst die Isomere eines solchen Stoffes, sofern in der betreffenden Anlage nichts anderes bestimmt ist, nicht jedoch einen geregelten Stoff oder ein Gemisch, soweit sie in einem hergestellten Erzeugnis mit Ausnahme von Behältern für den Transport oder die Lagerung dieser Stoffe enthalten sind;
5. bedeutet „Produktion" die Menge der erzeugten geregelten Stoffe abzüglich der Menge, die durch von den Vertragsparteien zu genehmigende Verfahren vernichtet worden ist, und abzüglich der Menge, die zur Gänze als Ausgangsmaterial zur Herstellung anderer Chemikalien verwendet worden ist. Die wiederverwertete und wiederverwendete Menge ist nicht als „Produktion" anzusehen;
6. bedeutet „Verbrauch" die Produktion geregelter Stoffe zuzüglich der Einfuhren und abzüglich der Ausfuhren;
7. bedeutet „berechneter Umfang" der Produktion, der Einfuhren, der Ausfuhren und des Verbrauchs den in Übereinstimmung mit Artikel 3 bestimmten Umfang;
8. *bedeutet „industrielle* Rationalisierung" die Übertragung des gesamten oder eines Teiles des berechneten Umfangs der Produktion von einer Vertragspartei auf eine andere, um Wirtschaftlichkeit zu erreichen oder auf erwartete Versorgungsmängel aufgrund von Betriebsschließungen zu reagieren.

---

[1] Art. 1 Nr. 4 geänd. mWv 1.1.2019 durch Prot. v. 15.10.2016 (BGBl. 2017 II S. 1138, 1139).

Art. 2[1] Regelungsmaßnahmen. (1) Ersetzt durch Artikel 2A.

(2) Ersetzt durch Artikel 2B.

(3) Ersetzt durch Artikel 2A.

(4) Ersetzt durch Artikel 2A.

(5) [1]Jede Vertragspartei kann für einen oder mehrere Regelungszeiträume einen beliebigen Teil des in den Artikeln 2A bis 2F und in den Artikeln 2H und 2J festgelegten berechneten Umfangs ihrer Produktion auf eine andere Vertragspartei übertragen, sofern der gesamte berechnete Umfang der zusammengefassten Produktion der betreffenden Vertragsparteien für jede Gruppe geregelter Stoffe die in den genannten Artikeln für diese Gruppe festgelegten Produktionsgrenzen nicht übersteigt. [2]Eine solche Übertragung der Produktion wird dem Sekretariat von jeder der betroffenen Vertragsparteien unter Angabe der Bedingungen der Übertragung und des Zeitraums, für den sie gelten soll, notifiziert.

(5bis) [1]Jede nicht von Artikel 5 Absatz 1 erfasste Vertragspartei kann für einen oder mehrere Regelungszeiträume einen beliebigen Teil des in Artikel 2F festgelegten berechneten Umfangs ihres Verbrauchs auf eine andere derartige Vertragspartei übertragen, sofern der berechnete Umfang des Verbrauchs der geregelten Stoffe in Gruppe I der Anlage A der Vertragspartei, die den Teil des berechneten Umfangs ihres Verbrauchs überträgt, im Jahr 1989 0,25 kg pro Kopf nicht überstieg und sofern der gesamte berechnete Umfang des zusammengefassten Verbrauchs der betreffenden Vertragsparteien die in Artikel 2F festgelegten Verbrauchsgrenzen nicht übersteigt. [2]Eine solche Übertragung des Verbrauchs wird dem Sekretariat von jeder der betroffenen Vertragsparteien unter Angabe der Bedingungen der Übertragung und des Zeitraums, für den sie gelten soll, notifiziert.

(6) Jede nicht von Artikel 5 erfasste Vertragspartei, die vor dem 16. September 1987 mit dem Bau von Anlagen zur Herstellung geregelter Stoffe in Anlage A oder Anlage B begonnen oder den Auftrag dafür erteilt und vor dem 1. Januar 1987 innerstaatliche Rechtsvorschriften dafür verabschiedet hat, kann die Produktion aus solchen Anlagen zu ihrer Produktion von 1986 hinzufügen, um den berechneten Umfang ihrer Produktion für 1986 zu bestimmen, vorausgesetzt, dass diese Anlagen bis zum 31. Dezember 1990 fertiggestellt sind und die Produktion den jährlichen berechneten Umfang des Verbrauchs dieser Vertragspartei an geregelten Stoffen nicht über 0,5 kg pro Kopf steigen lässt.

(7) Jede Übertragung von Produktion nach Absatz 5 oder jede Hinzufügung von Produktion nach Absatz 6 wird dem Sekretariat spätestens zum Zeitpunkt der Übertragung oder der Hinzufügung notifiziert.

---

[1] Art. 2 Abs. 5 Satz 1, Abs. 8 Buchst. a, Abs. 9 Buchst. a und Abs. 11 geänd. mWv 1.1.2019 durch Prot. v. 15.10.2016 (BGBl. 2017 II S. 1138, 1139).

(8)

a) Vertragsparteien, die Mitgliedstaaten einer Organisation der regionalen Wirtschaftsintegration im Sinne des Artikels 1 Absatz 6 des Übereinkommens sind, können vereinbaren, dass sie ihre Verpflichtungen bezüglich des Verbrauchs aufgrund dieses Artikels und der Artikel 2A bis 2J gemeinsam erfüllen werden; jedoch darf der gesamte berechnete Umfang ihres zusammengefassten Verbrauchs den in diesem Artikel und den Artikeln 2A bis 2J vorgeschriebenen Umfang nicht übersteigen. Eine solche Vereinbarung kann auf die Verpflichtungen bezüglich des Verbrauchs oder der Produktion aufgrund des Artikels 2J ausgedehnt werden; jedoch darf der gesamte berechnete Umfang des zusammengefassten Verbrauchs oder der zusammengefassten Produktion der betreffenden Vertragsparteien den in Artikel 2J vorgeschriebenen Umfang nicht übersteigen.

b) Die Vertragsparteien einer solchen Vereinbarung unterrichten das Sekretariat vor dem Tag der Verminderung des Verbrauchs, die Gegenstand der Vereinbarung ist, über die Bedingungen der Vereinbarung.

c) Eine solche Vereinbarung tritt nur in Kraft, wenn alle Mitgliedstaaten der Organisation der regionalen Wirtschaftsintegration und die betreffende Organisation Vertragsparteien des Protokolls sind und dem Sekretariat die Art der Durchführung notifiziert haben.

(9)

a) Auf der Grundlage der Bewertungen nach Artikel 6 können die Vertragsparteien beschließen,

   i) ob Anpassungen der Ozonabbaupotentiale in Anlage A, Anlage B, Anlage C und/oder Anlage E vorgenommen werden sollen, und wenn ja, welche,

   ii) ob Anpassungen der globalen Treibhauspotentiale in Gruppe I der Anlage A, Anlage C und Anlage F vorgenommen werden sollen, und wenn ja, welche, und

   iii) ob weitere Anpassungen und Verminderungen der Produktion oder des Verbrauchs der geregelten Stoffe vorgenommen werden sollen, und wenn ja, welcher Rahmen, welche Höhe und welcher Zeitplan für solche Anpassungen und Verminderungen gelten sollen.

b) Vorschläge zu solchen Anpassungen werden den Vertragsparteien mindestens sechs Monate vor der Tagung der Vertragsparteien, auf der sie zur Beschlussfassung vorgeschlagen werden, vom Sekretariat übermittelt.

c) Bei solchen Beschlüssen bemühen sich die Vertragsparteien nach Kräften um eine Einigung durch Konsens. Sind alle Bemühungen um einen Konsens erschöpft und wird keine Einigung erzielt, so werden als letztes Mittel solche Beschlüsse mit einer Zweidrittelmehrheit der anwesenden und abstimmenden Vertragsparteien angenommen, die eine Mehrheit der in Artikel 5 Absatz 1 bezeichneten anwesenden und abstimmenden Vertragsparteien und eine Mehrheit der nicht in jenem Artikel bezeichneten anwesenden und abstimmenden Vertragsparteien vertritt.

d) Die Beschlüsse, die für alle Vertragsparteien bindend sind, werden umgehend vom Verwahrer den Vertragsparteien mitgeteilt. Sofern in den Beschlüssen nichts anderes vorgesehen ist, treten sie nach Ablauf von sechs Monaten nach dem Tag der Absendung der Mitteilung durch den Verwahrer in Kraft.

(10) Auf der Grundlage der Bewertungen nach Artikel 6 des Protokolls und in Übereinstimmung mit dem in Artikel 9 des Übereinkommens vorgesehenen Verfahren können die Vertragsparteien beschließen,

a) ob irgendwelche Stoffe und gegebenenfalls welche Stoffe in eine Anlage des Protokolls aufgenommen oder in einer Anlage gestrichen werden sollen,

b) welches Verfahren, welcher Rahmen und welcher Zeitplan für Regelungsmaßnahmen für diese Stoffe gelten sollen.

(11) Ungeachtet der Bestimmungen dieses Artikels und der Artikel 2A bis 2J kann jede Vertragspartei strengere Maßnahmen als in diesem Artikel und den Artikeln 2A bis 2J vorgeschrieben treffen.

Art. 2A FCKW. (1) [1]Jede Vertragspartei sorgt dafür, dass während des Zeitraums von zwölf Monaten, der am ersten Tag des siebten Monats nach Inkrafttreten dieses Protokolls beginnt, und in jedem Zwölfmonatszeitraum danach der berechnete Umfang ihres Verbrauchs der geregelten Stoffe in Gruppe I der Anlage A denjenigen von 1986 nicht übersteigt. [2]Am Ende desselben Zeitraums sorgt jede Vertragspartei, die einen oder mehrere dieser Stoffe herstellt, dafür, dass der berechnete Umfang ihrer Produktion der Stoffe denjenigen von 1986 nicht übersteigt; jedoch kann dieser Umfang gegenüber demjenigen von 1986 um höchstens 10 v.H. zugenommen haben. [3]Eine solche Zunahme ist nur zur Befriedigung der grundlegenden nationalen Bedürfnisse der in Artikel 5 bezeichneten Vertragsparteien und zum Zweck der industriellen Rationalisierung zwischen den Vertragsparteien zulässig.

(2) Jede Vertragspartei sorgt dafür, dass während des Zeitraums vom 1. Juli 1991 bis zum 31. Dezember 1992 der berechnete Umfang ihres Verbrauchs und ihrer Produktion der geregelten Stoffe in Gruppe I der Anlage A 150 v.H. desjenigen von 1986 nicht übersteigt; mit Wirkung vom 1. Januar 1993 läuft der Regelungszeitraum von zwölf Monaten für diese geregelten Stoffe vom 1. Januar bis zum 31. Dezember jedes Jahres.

(3) [1]Jede Vertragspartei sorgt dafür, dass während des Zeitraums von zwölf Monaten, der am 1. Januar 1994 beginnt, und in jedem Zwölfmonatszeitraum danach der berechnete Umfang ihres Verbrauchs der geregelten Stoffe in Gruppe I der Anlage A jährlich 25 v.H. desjenigen von 1986 nicht übersteigt. [2]Jede Vertragspartei, die einen oder mehrere

dieser Stoffe herstellt, sorgt während derselben Zeiträume dafür, dass der berechnete Umfang ihrer Produktion dieser Stoffe jährlich 25 v. H. desjenigen von 1986 nicht übersteigt. [3]Zur Befriedigung der grundlegenden nationalen Bedürfnisse der in Artikel 5 Absatz 1 bezeichneten Vertragsparteien kann jedoch der berechnete Umfang ihrer Produktion diese Grenze um bis zu 10 v. H. desjenigen von 1986 übersteigen.

(4) [1]Jede Vertragspartei sorgt dafür, dass während des Zeitraums von zwölf Monaten, der am 1. Januar 1996 beginnt, und in jedem Zwölfmonatszeitraum danach der berechnete Umfang ihres Verbrauchs der geregelten Stoffe in Gruppe I der Anlage A Null nicht übersteigt. [2]Jede Vertragspartei, die einen oder mehrere dieser Stoffe herstellt, sorgt während derselben Zeiträume dafür, dass der berechnete Umfang ihrer Produktion dieser Stoffe Null nicht übersteigt. [3]Zur Befriedigung der grundlegenden nationalen Bedürfnisse der in Artikel 5 Absatz 1 bezeichneten Vertragsparteien kann jedoch der berechnete Umfang ihrer Produktion diese Grenze um eine Menge übersteigen, die dem Jahresdurchschnitt ihrer Produktion der geregelten Stoffe in Gruppe I der Anlage A für grundlegende nationale Bedürfnisse während des Zeitraums 1995 bis einschließlich 1997 entspricht. [4]Dieser Absatz findet Anwendung, soweit nicht die Vertragsparteien beschließen, den Umfang der Produktion oder des Verbrauchs zu gestatten, der zur Erfüllung von Zwecken notwendig ist, die von ihnen einvernehmlich als wesentlich erachtet werden.

(5) Jede Vertragspartei sorgt dafür, dass während des Zeitraums von zwölf Monaten, der am 1. Januar 2003 beginnt, und in jedem Zwölfmonatszeitraum danach der berechnete Umfang ihrer Produktion der geregelten Stoffe in Gruppe I der Anlage A für grundlegende nationale Bedürfnisse der in Artikel 5 Absatz 1 bezeichneten Vertragsparteien 80 v. H. des Jahresdurchschnitts ihrer Produktion dieser Stoffe für grundlegende nationale Bedürfnisse während des Zeitraums 1995 bis einschließlich 1997 nicht übersteigt.

(6) Jede Vertragspartei sorgt dafür, dass während des Zeitraums von zwölf Monaten, der am 1. Januar 2005 beginnt, und in jedem Zwölfmonatszeitraum danach der berechnete Umfang ihrer Produktion der geregelten Stoffe in Gruppe I der Anlage A für grundlegende nationale Bedürfnisse der in Artikel 5 Absatz 1 bezeichneten Vertragsparteien 50 v. H. des Jahresdurchschnitts ihrer Produktion dieser Stoffe für grundlegende nationale Bedürfnisse während des Zeitraums 1995 bis einschließlich 1997 nicht übersteigt.

(7) Jede Vertragspartei sorgt dafür, dass während des Zeitraums von zwölf Monaten, der am 1. Januar 2007 beginnt, und in jedem Zwölfmonatszeitraum danach der berechnete Umfang ihrer Produktion der geregelten Stoffe in Gruppe I der Anlage A für grundlegende nationale Bedürfnisse der in Artikel 5 Absatz 1 bezeichneten Vertragsparteien 15 v. H. des Jahresdurchschnitts ihrer Produktion dieser Stoffe für grundlegende nationale Bedürfnisse während des Zeitraums 1995 bis einschließlich 1997 nicht übersteigt.

(8) Jede Vertragspartei sorgt dafür, dass während des Zeitraums von zwölf Monaten, der am 1. Januar 2010 beginnt, und in jedem Zwölfmonatszeitraum danach der berechnete Umfang ihrer Produktion der geregelten Stoffe in Gruppe I der Anlage A für grundlegende nationale Bedürfnisse der in Artikel 5 Absatz 1 bezeichneten Vertragsparteien Null nicht übersteigt.

(9) Zur Berechnung der grundlegenden nationalen Bedürfnisse nach den Absätzen 4 bis 8 umfasst die Berechnung des Jahresdurchschnitts der Produktion einer Vertragspartei auch die Produktionsberechtigungen, die sie nach Artikel 2 Absatz 5 übertragen hat, und schließt die Produktionsberechtigungen aus, die sie nach Artikel 2 Absatz 5 erworben hat.

Art. 2B Halone. (1) [1]Jede Vertragspartei sorgt dafür, dass während des Zeitraums von zwölf Monaten, der am 1. Januar 1992 beginnt, und in jedem Zwölfmonatszeitraum danach der berechnete Umfang ihres Verbrauchs der geregelten Stoffe in Gruppe II der Anlage A jährlich denjenigen von 1986 nicht übersteigt. [2]Jede Vertragspartei, die einen oder mehrere dieser Stoffe herstellt, sorgt während derselben Zeiträume dafür, dass der berechnete Umfang ihrer Produktion dieser Stoffe jährlich denjenigen von 1986 nicht übersteigt. [3]Zur Befriedigung der grundlegenden nationalen Bedürfnisse der in Artikel 5 Absatz 1 bezeichneten Vertragsparteien kann jedoch der berechnete Umfang ihrer Produktion diese Grenze um bis zu 10 v. H. desjenigen von 1986 übersteigen.

(2) [1]Jede Vertragspartei sorgt dafür, dass während des Zeitraums von zwölf Monaten, der am 1. Januar 1994 beginnt, und in jedem Zwölfmonatszeitraum danach der berechnete Umfang ihres Verbrauchs der geregelten Stoffe in Gruppe II der Anlage A Null nicht übersteigt. [2]Jede Vertragspartei, die einen oder mehrere dieser Stoffe herstellt, sorgt während derselben Zeiträume dafür, dass der berechnete Umfang ihrer Produktion dieser Stoffe Null nicht übersteigt. [3]Zur Befriedigung der grundlegenden nationalen Bedürfnisse der in Artikel 5 Absatz 1 bezeichneten Vertragsparteien kann jedoch der berechnete Umfang ihrer Produktion bis zum 1. Januar 2002 diese Grenze um bis zu 15 v. H. desjenigen von 1986 übersteigen; danach kann er diese Grenze um eine Menge übersteigen, die dem Jahresdurchschnitt ihrer Produktion der geregelten Stoffe in Gruppe II der Anlage A für grundlegende nationale Bedürfnisse während des Zeitraums 1995 bis einschließlich 1997 entspricht. [4]Dieser Absatz findet Anwendung, soweit nicht die Vertragsparteien beschließen, den Umfang der Produktion oder des Verbrauchs zu gestatten, der zur Erfüllung von Zwecken notwendig ist, die von ihnen einvernehmlich als wesentlich erachtet werden.

(3) Jede Vertragspartei sorgt dafür, dass während des Zeitraums von zwölf Monaten, der am 1. Januar 2005 beginnt, und in jedem Zwölfmonatszeitraum danach der berechnete Umfang ihrer Produktion der geregelten Stoffe in Gruppe II der Anlage A für grundlegende nationale Bedürfnisse der in Artikel 5 Absatz 1 bezeichneten Vertragsparteien

50 v. H. des Jahresdurchschnitts ihrer Produktion dieser Stoffe für grundlegende nationale Bedürfnisse während des Zeitraums 1995 bis einschließlich 1997 nicht übersteigt.

(4) Jede Vertragspartei sorgt dafür, dass während des Zeitraums von zwölf Monaten, der am 1. Januar 2010 beginnt, und in jedem Zwölfmonatszeitraum danach der berechnete Umfang ihrer Produktion der geregelten Stoffe in Gruppe II der Anlage A für grundlegende nationale Bedürfnisse der in Artikel 5 Absatz 1 bezeichneten Vertragsparteien Null nicht übersteigt.

Art. 2C Sonstige vollständig halogenierte FCKW. (1) [1]Jede Vertragspartei sorgt dafür, dass während des Zeitraums von zwölf Monaten, der am 1. Januar 1993 beginnt, der berechnete Umfang ihres Verbrauchs der geregelten Stoffe in Gruppe I der Anlage B jährlich 80 v. H. desjenigen von 1989 nicht übersteigt. [2]Jede Vertragspartei, die einen oder mehrere dieser Stoffe herstellt, sorgt während desselben Zeitraums dafür, dass der berechnete Umfang ihrer Produktion dieser Stoffe jährlich 80 v. H. desjenigen von 1989 nicht übersteigt. [3]Zur Befriedigung der grundlegenden nationalen Bedürfnisse der in Artikel 5 Absatz 1 bezeichneten Vertragsparteien kann jedoch der berechnete Umfang ihrer Produktion diese Grenze um bis zu 10 v. H. desjenigen von 1989 übersteigen.

(2) [1]Jede Vertragspartei sorgt dafür, dass während des Zeitraums von zwölf Monaten, der am 1. Januar 1994 beginnt, und in jedem Zwölfmonatszeitraum danach der berechnete Umfang ihres Verbrauchs der geregelten Stoffe in Gruppe I der Anlage B jährlich 25 v. H. desjenigen von 1989 nicht übersteigt. [2]Jede Vertragspartei, die einen oder mehrere dieser Stoffe herstellt, sorgt während derselben Zeiträume dafür, dass der berechnete Umfang ihrer Produktion dieser Stoffe jährlich 25 v. H. desjenigen von 1989 nicht übersteigt. [3]Zur Befriedigung der grundlegenden nationalen Bedürfnisse der in Artikel 5 Absatz 1 bezeichneten Vertragsparteien kann jedoch der berechnete Umfang ihrer Produktion diese Grenze um bis zu 10 v. H. desjenigen von 1989 übersteigen.

(3) [1]Jede Vertragspartei sorgt dafür, dass während des Zeitraums von zwölf Monaten, der am 1. Januar 1996 beginnt, und in jedem Zwölfmonatszeitraum danach der berechnete Umfang ihres Verbrauchs der geregelten Stoffe in Gruppe I der Anlage B Null nicht übersteigt. [2]Jede Vertragspartei, die einen oder mehrere dieser Stoffe herstellt, sorgt während derselben Zeiträume dafür, dass der berechnete Umfang ihrer Produktion dieser Stoffe Null nicht übersteigt. [3]Zur Befriedigung der grundlegenden nationalen Bedürfnisse der in Artikel 5 Absatz 1 bezeichneten Vertragsparteien kann jedoch der berechnete Umfang ihrer Produktion bis zum 1. Januar 2003 diese Grenze um bis zu 15 v. H. desjenigen von 1989 übersteigen; danach kann er diese Grenze um eine Menge übersteigen, die 80 v. H. des Jahresdurchschnitts ihrer Produktion der geregelten Stoffe in Gruppe I der Anlage B für grundlegende nationale Bedürfnisse während des Zeitraums 1998 bis einschließlich 2000 entspricht. [4]Dieser Absatz findet Anwendung, soweit nicht die Vertragsparteien be-

schließen, den Umfang der Produktion oder des Verbrauchs zu gestatten, der zur Erfüllung von Zwecken notwendig ist, die von ihnen einvernehmlich als wesentlich erachtet werden.

(4) Jede Vertragspartei sorgt dafür, dass während des Zeitraums von zwölf Monaten, der am 1. Januar 2007 beginnt, und in jedem Zwölfmonatszeitraum danach der berechnete Umfang ihrer Produktion der geregelten Stoffe in Gruppe I der Anlage B für die grundlegenden nationalen Bedürfnisse der in Artikel 5 Absatz 1 bezeichneten Vertragsparteien 15 v. H. des Jahresdurchschnitts ihrer Produktion dieser Stoffe für grundlegende nationale Bedürfnisse während des Zeitraums 1998 bis einschließlich 2000 nicht übersteigt.

(5) Jede Vertragspartei sorgt dafür, dass während des Zeitraums von zwölf Monaten, der am 1. Januar 2010 beginnt, und in jedem Zwölfmonatszeitraum danach der berechnete Umfang ihrer Produktion der geregelten Stoffe in Gruppe I der Anlage B für die grundlegenden nationalen Bedürfnisse der in Artikel 5 Absatz 1 bezeichneten Vertragsparteien Null nicht übersteigt.

Art. 2D Tetrachlorkohlenstoff. (1) [1]Jede Vertragspartei sorgt dafür, dass während des Zeitraums von zwölf Monaten, der am 1. Januar 1995 beginnt, der berechnete Umfang ihres Verbrauchs des geregelten Stoffes in Gruppe II der Anlage B jährlich 15 v. H. desjenigen von 1989 nicht übersteigt. [2]Jede Vertragspartei, die diesen Stoff herstellt, sorgt während desselben Zeitraums dafür, dass der berechnete Umfang ihrer Produktion dieses Stoffes jährlich 15 v. H. desjenigen von 1989 nicht übersteigt. [3]Zur Befriedigung der grundlegenden nationalen Bedürfnisse der in Artikel 5 Absatz 1 bezeichneten Vertragsparteien kann jedoch der berechnete Umfang ihrer Produktion diese Grenze um bis zu 10 v. H. desjenigen von 1989 übersteigen.

(2) [1]Jede Vertragspartei sorgt dafür, dass während des Zeitraums von zwölf Monaten, der am 1. Januar 1996 beginnt, und in jedem Zwölfmonatszeitraum danach der berechnete Umfang ihres Verbrauchs des geregelten Stoffes in Gruppe II der Anlage B Null nicht übersteigt. [2]Jede Vertragspartei, die diesen Stoff herstellt, sorgt während derselben Zeiträume dafür, dass der berechnete Umfang ihrer Produktion dieses Stoffes Null nicht übersteigt. [3]Zur Befriedigung der grundlegenden nationalen Bedürfnisse der in Artikel 5 Absatz 1 bezeichneten Vertragsparteien kann jedoch der berechnete Umfang ihrer Produktion diese Grenze um bis zu 15 v. H. desjenigen von 1989 übersteigen. [4]Dieser Absatz findet Anwendung, soweit nicht die Vertragsparteien beschließen, den Umfang der Produktion oder des Verbrauchs zu gestatten, der zur Erfüllung von Zwecken notwendig ist, die von ihnen einvernehmlich als wesentlich erachtet werden.

Art. 2E 1,1,1-Trichlorethan (Methylchloroform). (1) [1]Jede Vertragspartei sorgt dafür, dass während des Zeitraums von zwölf Monaten, der am 1. Januar 1993 beginnt, der berechnete Umfang ihres Verbrauchs des geregelten Stoffes in Gruppe III der Anlage B jährlich denjenigen von 1989 nicht übersteigt. [2]Jede Vertragspartei, die diesen Stoff herstellt, sorgt während desselben Zeitraums dafür, dass der berechnete Umfang ihrer Produktion dieses Stoffes jährlich denjenigen von 1989 nicht übersteigt. [3]Zur Befriedigung der grundlegenden nationalen Bedürfnisse der in Artikel 5 Absatz 1 bezeichneten Vertragsparteien kann jedoch der berechnete Umfang ihrer Produktion diese Grenze um bis zu 10 v. H. desjenigen von 1989 übersteigen.

(2) [1]Jede Vertragspartei sorgt dafür, dass während des Zeitraums von zwölf Monaten, der am 1. Januar 1994 beginnt, und in jedem Zwölfmonatszeitraum danach der berechnete Umfang ihres Verbrauchs des geregelten Stoffes in Gruppe III der Anlage B jährlich 50 v. H. desjenigen von 1989 nicht übersteigt. [2]Jede Vertragspartei, die diesen Stoff herstellt, sorgt während derselben Zeiträume dafür, dass der berechnete Umfang ihrer Produktion dieses Stoffes jährlich 50 v. H. desjenigen von 1989 nicht übersteigt. [3]Zur Befriedigung der grundlegenden nationalen Bedürfnisse der in Artikel 5 Absatz 1 bezeichneten Vertragsparteien kann jedoch der berechnete Umfang ihrer Produktion diese Grenze um bis zu 10 v. H. desjenigen von 1989 übersteigen.

(3) [1]Jede Vertragspartei sorgt dafür, dass während des Zeitraums von zwölf Monaten, der am 1. Januar 1996 beginnt, und in jedem Zwölfmonatszeitraum danach der berechnete Umfang ihres Verbrauchs des geregelten Stoffes in Gruppe III der Anlage B Null nicht übersteigt. [2]Jede Vertragspartei, die diesen Stoff herstellt, sorgt während derselben Zeiträume dafür, dass der berechnete Umfang ihrer Produktion dieses Stoffes Null nicht übersteigt. [3]Zur Befriedigung der grundlegenden nationalen Bedürfnisse der in Artikel 5 Absatz 1 bezeichneten Vertragsparteien kann jedoch der berechnete Umfang ihrer Produktion diese Grenze um bis zu 15 v. H. desjenigen von 1989 übersteigen. [4]Dieser Absatz findet Anwendung, soweit nicht die Vertragsparteien beschließen, den Umfang der Produktion oder des Verbrauchs zu gestatten, der zur Erfüllung von Zwecken notwendig ist, die von ihnen einvernehmlich als wesentlich erachtet werden.

Art. 2 F[1)] Teilhalogenierte Fluorchlorkohlenwasserstoffe. (1) [1]Jede Vertragspartei sorgt dafür, dass während des Zeitraums von zwölf Monaten, der am 1. Januar 1996 beginnt, und in jedem Zwölfmonatszeitraum danach der berechnete Umfang ihres Verbrauchs der geregelten Stoffe in Gruppe I der Anlage C jährlich die Summe aus

a) 2,8 v. H. des berechneten Umfangs ihres Verbrauchs der geregelten Stoffe in Gruppe I der Anlage A von 1989 und
b) den berechneten Umfang ihres Verbrauchs der geregelten Stoffe in Gruppe I der Anlage C von 1989

nicht übersteigt.

[1)] Artikel 2F bish. Abs. 8 wird Abs. 2 und bish. Abs. 2 wird Abs. 3, bish. Abs. 3–6 werden Abs. 4–6 und neu gef. mWv 14.4.2008 durch ÄndProt v. 21.9.2007 (BGBl. 2010 II S. 995).

(2) Jede Vertragspartei, die eine oder mehrere dieser Stoffe herstellt, sorgt dafür, dass während des Zeitraums von zwölf Monaten, der am 1. Januar 2004 beginnt, und in jedem Zwölfmonatszeitraum danach der berechnete Umfang ihrer Produktion der geregelten Stoffe in Gruppe I der Anlage C jährlich den Durchschnitt

a) der Summe aus dem berechneten Umfang ihres Verbrauchs der geregelten Stoffe in Gruppe I der Anlage C von 1989 und 2,8 v. H. desjenigen in Gruppe I der Anlage A von 1989 und

b) der Summe aus dem berechneten Umfang ihrer Produktion der geregelten Stoffe in Gruppe I der Anlage C von 1989 und 2,8 v. H. desjenigen in Gruppe I der Anlage A von 1989 nicht übersteigt.

Zur Befriedigung der grundlegenden nationalen Bedürfnisse der in Artikel 5 Absatz 1 bezeichneten Vertragsparteien kann jedoch der berechnete Umfang ihrer Produktion diese Grenze um bis zu 15 v. H. desjenigen der geregelten Stoffe in Gruppe I der Anlage C, wie vorstehend definiert, übersteigen.

(3) Jede Vertragspartei sorgt dafür, dass während des Zeitraums von zwölf Monaten, der am 1. Januar 2004 beginnt, und in jedem Zwölfmonatszeitraum danach der berechnete Umfang ihres Verbrauchs der geregelten Stoffe in Gruppe I der Anlage C jährlich 65 v. H. der in Absatz 1 genannten Summe nicht übersteigt.

(4) [1] Jede Vertragspartei sorgt dafür, dass während des Zeitraums von zwölf Monaten, der am 1. Januar 2010 beginnt, und in jedem Zwölfmonatszeitraum danach der berechnete Umfang ihres Verbrauchs der geregelten Stoffe in Gruppe I der Anlage C jährlich 25 v. H. der in Absatz 1 genannten Summe nicht übersteigt. [2] Jede Vertragspartei, die einen oder mehrere dieser Stoffe herstellt, sorgt während derselben Zeiträume dafür, dass der berechnete Umfang ihrer Produktion der geregelten Stoffe in Gruppe I der Anlage C jährlich 25 v. H. des in Absatz 2 genannten berechneten Umfangs nicht übersteigt. [3] Zur Befriedigung der grundlegenden nationalen Bedürfnisse der in Artikel 5 Absatz 1 bezeichneten Vertragsparteien kann jedoch der berechnete Umfang ihrer Produktion diese Grenze um bis zu 10 v. H. des in Absatz 2 genannten berechneten Umfangs ihrer Produktion der geregelten Stoffe in Gruppe I der Anlage C übersteigen.

(5) [1] Jede Vertragspartei sorgt dafür, dass während des Zeitraums von zwölf Monaten, der am 1. Januar 2015 beginnt, und in jedem Zwölfmonatszeitraum danach der berechnete Umfang ihres Verbrauchs der geregelten Stoffe in Gruppe I der Anlage C jährlich 10 v. H. der in Absatz 1 genannten Summe nicht übersteigt. [2] Jede Vertragspartei, die einen oder mehrere dieser Stoffe herstellt, sorgt während derselben Zeiträume dafür, dass der berechnete Umfang ihrer Produktion der geregelten Stoffe in Gruppe I der Anlage C jährlich 10 v. H. des in Absatz 2 genannten berechneten Umfangs nicht übersteigt. [3] Zur Befriedigung der grundlegenden nationalen Bedürfnisse der in Artikel 5 Absatz 1 bezeichneten Vertragsparteien kann jedoch der berechnete Umfang

ihrer Produktion diese Grenze um bis zu 10 v. H. des in Absatz 2 genannten berechneten Umfangs ihrer Produktion der geregelten Stoffe in Gruppe I der Anlage C übersteigen.

(6) [1]Jede Vertragspartei sorgt dafür, dass während des Zeitraums von zwölf Monaten, der am 1. Januar 2020 beginnt, und in jedem Zwölfmonatszeitraum danach der berechnete Umfang ihres Verbrauchs der geregelten Stoffe in Gruppe I der Anlage C Null nicht übersteigt. [2]Jede Vertragspartei, die einen oder mehrere dieser Stoffe herstellt, sorgt während derselben Zeiträume dafür, dass der berechnete Umfang ihrer Produktion der geregelten Stoffe in Gruppe I der Anlage C Null nicht übersteigt. [3]Jedoch kann

a) jede Vertragspartei diese Verbrauchsgrenze in jedem derartigen Zeitraum von zwölf Monaten, der vor dem 1. Januar 2030 endet, um bis zu 0,5 v. H. der in Absatz 1 genannten Summe überschreiten, mit der Maßgabe, dass dieser Verbrauch auf die Wartung von am 1. Januar 2020 bereits in Betrieb befindlichen Kälte- und Klimaanlagen zu beschränken ist;

b) jede Vertragspartei diese Produktionsgrenze in jedem derartigen Zeitraum von zwölf Monaten, der vor dem 1. Januar 2030 endet, um bis zu 0,5 v. H. des in Absatz 2 genannten Durchschnitts überschreiten, mit der Maßgabe, dass diese Produktion auf die Wartung von am 1. Januar 2020 bereits in Betrieb befindlichen Kälte- und Klimaanlagen zu beschränken ist.

(7) Vom 1. Januar 1996 an wird sich jede Vertragspartei bemühen, dafür zu sorgen,

a) dass die Verwendung geregelter Stoffe in Gruppe I der Anlage C auf diejenigen Anwendungen beschränkt wird, für die andere umweltverträglichere alternative Stoffe oder Verfahren nicht vorhanden sind;

b) dass die Verwendung geregelter Stoffe in Gruppe I der Anlage C nicht außerhalb der Anwendungsbereiche erfolgt, in denen gegenwärtig die geregelten Stoffe in den Anlagen A, B und C verwendet werden, außer in seltenen Fällen zum Schutz des menschlichen Lebens oder der menschlichen Gesundheit;

c) dass die geregelten Stoffe in Gruppe I der Anlage C im Hinblick auf ihre Verwendung so ausgewählt werden, dass sie nicht nur anderen Umwelt-, Sicherheits- und Wirtschaftsbelangen gerecht werden, sondern auch möglichst wenig zum Abbau der Ozonschicht beitragen.

Art. 2G Teilhalogenierte Fluorbromkohlenwasserstoffe. [1]Jede Vertragspartei sorgt dafür, dass während des Zeitraums von zwölf Monaten, der am 1. Januar 1996 beginnt, und in jedem Zwölfmonatszeitraum danach der berechnete Umfang ihres Verbrauchs der geregelten Stoffe in Gruppe II der Gruppe I der Anlage C Null nicht übersteigt. [2]Jede Vertragspartei, welche die Stoffe herstellt, sorgt während derselben Zeiträume dafür, dass der berechnete Umfang ihrer Produktion der Stoffe Null nicht übersteigt. [3]Dieser Absatz findet Anwendung, soweit nicht die Vertragsparteien beschließen, den Umfang der Produktion oder des Verbrauchs zu gestatten, der zur Erfüllung von Zwecken notwendig ist, die von ihnen einvernehmlich als wesentlich erachtet werden.

Art. 2H Methylbromid. (1) [1]Jede Vertragspartei sorgt dafür, dass während des Zeitraums von zwölf Monaten, der am 1. Januar 1995 beginnt, und in jedem Zwölfmonatszeitraum danach der berechnete Umfang ihres Verbrauchs des geregelten Stoffes in Anlage E jährlich denjenigen von 1991 nicht übersteigt. [2]Jede Vertragspartei, die den Stoff herstellt, sorgt während derselben Zeiträume dafür, dass der berechnete Umfang ihrer Produktion dieses Stoffes jährlich denjenigen von 1991 nicht übersteigt. [3]Zur Befriedigung der grundlegenden nationalen Bedürfnisse der in Artikel 5 Absatz 1 bezeichneten Vertragsparteien kann jedoch der berechnete Umfang ihrer Produktion diese Grenze um bis zu 10 v. H. desjenigen von 1991 übersteigen.

(2) [1]Jede Vertragspartei sorgt dafür, dass während des Zeitraums von zwölf Monaten, der am 1. Januar 1999 beginnt, und in dem Zwölfmonatszeitraum danach der berechnete Umfang ihres Verbrauchs des geregelten Stoffes in Anlage E jährlich 75 v. H. desjenigen von 1991 nicht übersteigt. [2]Jede Vertragspartei, die den Stoff herstellt, sorgt während derselben Zeiträume dafür, dass der berechnete Umfang ihrer Produktion dieses Stoffes jährlich 75 v. H. desjenigen von 1991 nicht übersteigt. [3]Zur Befriedigung der grundlegenden nationalen Bedürfnisse der in Artikel 5 Absatz 1 bezeichneten Vertragsparteien kann jedoch der berechnete Umfang ihrer Produktion diese Grenze um bis zu 10 v. H. desjenigen von 1991 übersteigen.

(3) [1]Jede Vertragspartei sorgt dafür, dass während des Zeitraums von zwölf Monaten, der am 1. Januar 2001 beginnt, und in dem Zwölfmonatszeitraum danach der berechnete Umfang ihres Verbrauchs des geregelten Stoffes in Anlage E jährlich 50 v. H. desjenigen von 1991 nicht übersteigt. [2]Jede Vertragspartei, die den Stoff herstellt, sorgt während derselben Zeiträume dafür, dass der berechnete Umfang ihrer Produktion dieses Stoffes jährlich 50 v. H. desjenigen von 1991 nicht übersteigt. [3]Zur Befriedigung der grundlegenden nationalen Bedürfnisse der in Artikel 5 Absatz 1 bezeichneten Vertragsparteien kann jedoch der berechnete Umfang ihrer Produktion diese Grenze um bis zu 10 v. H. desjenigen von 1991 übersteigen.

(4) [1]Jede Vertragspartei sorgt dafür, dass während des Zeitraums von zwölf Monaten, der am 1. Januar 2003 beginnt, und in dem Zwölfmonatszeitraum danach der berechnete Umfang ihres Verbrauchs des geregelten Stoffes in Anlage E jährlich 30 v. H. desjenigen von 1991 nicht übersteigt. [2]Jede Vertragspartei, die den Stoff herstellt, sorgt während derselben Zeiträume dafür, dass der berechnete Umfang ihrer Produktion dieses Stoffes jährlich 30 v. H. desjenigen von 1991 nicht über-

steigt. 3 Zur Befriedigung der grundlegenden nationalen Bedürfnisse der in Artikel 5 Absatz 1 bezeichneten Vertragsparteien kann jedoch der berechnete Umfang ihrer Produktion diese Grenze um bis zu 10 v. H. desjenigen von 1991 übersteigen.

(5) 1 Jede Vertragspartei sorgt dafür, dass während des Zeitraums von zwölf Monaten, der am 1. Januar 2005 beginnt, und in jedem Zwölfmonatszeitraum danach der berechnete Umfang ihres Verbrauchs des geregelten Stoffes in Anlage E Null nicht übersteigt. 2 Jede Vertragspartei, die den Stoff herstellt, sorgt während derselben Zeiträume dafür, dass der berechnete Umfang ihrer Produktion dieses Stoffes Null nicht übersteigt. 3 Zur Befriedigung der grundlegenden nationalen Bedürfnisse der in Artikel 5 Absatz 1 bezeichneten Vertragsparteien kann jedoch der berechnete Umfang ihrer Produktion bis zum 1. Januar 2002 diese Grenze um bis zu 15 v. H. desjenigen von 1991 übersteigen; danach kann er diese Grenze um eine Menge überschreiten, die dem Jahresdurchschnitt ihrer Produktion des geregelten Stoffes in Anlage E für grundlegende nationale Bedürfnisse während des Zeitraums 1995 bis einschließlich 1998 entspricht. 4 Dieser Absatz findet Anwendung, soweit nicht die Vertragsparteien beschließen, den Umfang der Produktion oder des Verbrauchs zu gestatten, der zur Erfüllung von Zwecken notwendig ist, die von ihnen einvernehmlich als grundlegend wichtig erachtet werden.

(5bis) Jede Vertragspartei sorgt dafür, dass während des Zeitraums von zwölf Monaten, der am 1. Januar 2005 beginnt, und in jedem Zwölfmonatszeitraum danach der berechnete Umfang ihrer Produktion des geregelten Stoffes in Anlage E für die grundlegenden nationalen Bedürfnisse der in Artikel 5 Absatz 1 bezeichneten Vertragsparteien 80 v. H. des Jahresdurchschnitts ihrer Produktion dieses Stoffes für grundlegende nationale Bedürfnisse während des Zeitraums 1995 bis einschließlich 1998 nicht übersteigt.

(5ter) Jede Vertragspartei sorgt dafür, dass während des Zeitraums von zwölf Monaten, der am 1. Januar 2015 beginnt, und in jedem Zwölfmonatszeitraum danach der berechnete Umfang ihrer Produktion des geregelten Stoffes in Anlage E für grundlegende nationale Bedürfnisse der in Artikel 5 Absatz 1 bezeichneten Vertragsparteien Null nicht übersteigt.

(6) Der berechnete Umfang des Verbrauchs und der Produktion nach diesem Artikel schließt nicht Mengen ein, die von der Vertragspartei zu Quarantänezwecken und vor dem Versand verwendet werden.

Art. 2I Bromchlormethan. 1 Jede Vertragspartei sorgt dafür, dass während des Zeitraums von zwölf Monaten, der am 1. Januar 2002 beginnt, und in jedem Zwölfmonatszeitraum danach der berechnete Umfang ihres Verbrauchs und ihrer Produktion des geregelten Stoffes in Gruppe III der Anlage C Null nicht übersteigt. 2 Dieser Absatz findet Anwendung, soweit nicht die Vertragsparteien beschließen, den Umfang der Produktion oder des Verbrauchs zu gestatten, der zur Erfüllung von Zwecken notwendig ist, die von ihnen einvernehmlich als wesentlich erachtet werden.

Art. 2J[1] Teilfluorierte Kohlenwasserstoffe. (1) Jede Vertragspartei sorgt dafür, dass während des Zeitraums von zwölf Monaten, der am 1. Januar 2019 beginnt, und in jedem Zwölfmonatszeitraum danach der berechnete Umfang ihres Verbrauchs der geregelten Stoffe in Anlage F, ausgedrückt in CO_2-Äquivalent, den für die jeweilige Spanne von Jahren in den Buchstaben a bis e festgelegten Prozentsatz des Jahresdurchschnitts des berechneten Umfangs ihres Verbrauchs der geregelten Stoffe der Anlage F für die Jahre 2011, 2012 und 2013 zuzüglich 15 v. H. des berechneten Umfangs ihres Verbrauchs der geregelten Stoffe der Gruppe I der Anlage C gemäß Artikel 2F Absatz 1, ausgedrückt in CO_2-Äquivalent, nicht übersteigt:

a) 2019 bis 2023: 90 v. H.

b) 2024 bis 2028: 60 v. H.

c) 2029 bis 2033: 30 v. H.

d) 2034 bis 2035: 20 v. H.

e) 2036 und danach: 15 v. H.

(2) Ungeachtet des Absatzes 1 können die Vertragsparteien beschließen, dass eine Vertragspartei dafür sorgen muss, dass während des Zeitraums von zwölf Monaten, der am 1. Januar 2020 beginnt, und in jedem Zwölfmonatszeitraum danach der berechnete Umfang ihres Verbrauchs der geregelten Stoffe in Anlage F, ausgedrückt in CO_2-Äquivalent, den für die jeweilige Spanne von Jahren in den Buchstaben a bis e festgelegten Prozentsatz des Jahresdurchschnitts des berechneten Umfangs ihres Verbrauchs der geregelten Stoffe der Anlage F für die Jahre 2011, 2012 und 2013 zuzüglich 25 v. H. des berechneten Umfangs ihres Verbrauchs der geregelten Stoffe der Gruppe I der Anlage C gemäß Artikel 2F Absatz 1, ausgedrückt in CO_2-Äquivalent, nicht übersteigt:

a) 2020 bis 2024: 95 v. H.

b) 2025 bis 2028: 65 v. H.

c) 2029 bis 2033: 30 v. H.

d) 2034 bis 2035: 20 v. H.

e) 2036 und danach: 15 v. H.

(3) Jede Vertragspartei, welche die geregelten Stoffe in Anlage F herstellt, sorgt dafür, dass während des Zeitraums von zwölf Monaten, der am 1. Januar 2019 beginnt, und in jedem Zwölfmonatszeitraum danach der berechnete Umfang ihrer Produktion der geregelten Stoffe in Anlage F, ausgedrückt in CO_2-Äquivalent, den für die jeweilige Spanne von Jahren in den Buchstaben a bis e festgelegten Prozentsatz des Jahresdurchschnitts des berechneten Umfangs ihrer Produktion der gere-

[1] Art. 2J eingef. mWv 1.1.2019 durch Prot. v. 15.10.2016 (BGBl. 2017 II S. 1138, 1139).

gelten Stoffe der Anlage F für die Jahre 2011, 2012 und 2013 zuzüglich 15 v. H. des berechneten Umfangs ihrer Produktion der geregelten Stoffe der Gruppe I der Anlage C gemäß Artikel 2F Absatz 2, ausgedrückt in CO_2-Äquivalent, nicht übersteigt:

a) 2019 bis 2023: 90 v. H.

b) 2024 bis 2028: 60 v. H.

c) 2029 bis 2033: 30 v. H.

d) 2034 bis 2035: 20 v. H.

e) 2036 und danach: 15 v. H.

(4) Ungeachtet des Absatzes 3 können die Vertragsparteien beschließen, dass eine Vertragspartei, welche die geregelten Stoffe in Anlage F herstellt, dafür sorgen muss, dass während des Zeitraums von zwölf Monaten, der am 1. Januar 2020 beginnt, und in jedem Zwölfmonatszeitraum danach der berechnete Umfang ihrer Produktion der geregelten Stoffe in Anlage F, ausgedrückt in CO_2-Äquivalent, den für die jeweilige Spanne von Jahren in den Buchstaben a bis e festgelegten Prozentsatz des Jahresdurchschnitts des berechneten Umfangs ihrer Produktion der geregelten Stoffe der Anlage F für die Jahre 2011, 2012 und 2013 zuzüglich 25 v. H. des berechneten Umfangs ihrer Produktion der geregelten Stoffe der Gruppe I der Anlage C gemäß Artikel 2F Absatz 2, ausgedrückt in CO_2-Äquivalent, nicht übersteigt:

a) 2020 bis 2024: 95 v. H.

b) 2025 bis 2028: 65 v. H.

c) 2029 bis 2033: 30 v. H.

d) 2034 bis 2035: 20 v. H.

e) 2036 und danach: 15 v. H.

(5) Die Absätze 1 bis 4 finden Anwendung, soweit nicht die Vertragsparteien beschließen, den Umfang der Produktion oder des Verbrauchs zu gestatten, der zur Erfüllung von Zwecken notwendig ist, die von ihnen einvernehmlich als ausgenommene Zwecke erachtet werden.

(6) Jede Vertragspartei, die Stoffe der Gruppe I der Anlage C oder der Anlage F herstellt, sorgt dafür, dass während des Zeitraums von zwölf Monaten, der am 1. Januar 2020 beginnt, und in jedem Zwölfmonatszeitraum danach ihre Emissionen der Stoffe der Gruppe II der Anlage F, die in jeder Produktionsanlage erzeugt werden, die Stoffe der Gruppe I der Anlage C oder Stoffe der Anlage F herstellt, innerhalb desselben Zwölfmonatszeitraums durch von den Vertragsparteien genehmigte Technologie so weit wie möglich vernichtet werden.

(7) Jede Vertragspartei sorgt dafür, dass die Vernichtung von Stoffen der Gruppe II der Anlage F, die von Anlagen erzeugt werden, die Stoffe der Gruppe I der Anlage C oder Stoffe der Anlage F herstellen, ausschließlich durch von den Vertragsparteien genehmigte Technologien vernichtet werden.

Art. 3[1] **Berechnung der Grundlagen für Regelungen.** (1) Für die Zwecke der Artikel 2, 2A bis 2J und 5 bestimmt jede Vertragspartei für jede Gruppe von Stoffen in Anlage A, Anlage B, Anlage C, Anlage E oder Anlage F den berechneten Umfang

a) ihrer Produktion durch

  i) Multiplikation der jährlichen Produktion jedes geregelten Stoffes mit dem in Anlage A, Anlage B, Anlage C oder Anlage E für diesen Stoff festgelegten Ozonabbaupotential, sofern in Absatz 2 nichts anderes bestimmt ist, und

  ii) Addition der Ergebnisse für jede Gruppe;

b) ihrer Einfuhren und Ausfuhren durch sinngemäße Anwendung des unter Buchstabe a vorgesehenen Verfahrens;

c) ihres Verbrauchs durch Addition des berechneten Umfangs ihrer Produktion und ihrer Einfuhren und Subtraktion des berechneten Umfangs ihrer Ausfuhren, bestimmt nach den Buchstaben a und b. Vom 1. Januar 1993 an werden jedoch Ausfuhren geregelter Stoffe an Nichtvertragsparteien bei der Berechnung des Umfangs des Verbrauchs der ausführenden Vertragspartei nicht abgezogen;

d) ihrer Emissionen der Stoffe der Gruppe II der Anlage F, die in jeder Anlage erzeugt werden, die Stoffe der Gruppe I der Anlage C oder Stoffe der Anlage F herstellt, unter anderem unter Einbeziehung der durch Leckagen an Ausrüstungen, durch industrielle Abluftöffnungen und durch Geräte zur Vernichtung der Stoffe emittierten Mengen, aber unter Ausschluss der zur Verwendung, Vernichtung oder Lagerung aufgefangenen Mengen.

(2) Bei der Berechnung des in CO_2-Äquivalent ausgedrückten Umfangs der Produktion, des Verbrauchs, der Einfuhren, Ausfuhren und Emissionen der Stoffe der Anlage F und der Gruppe I der Anlage C für die Zwecke des Artikels 2J, des Artikels 2 Absatz 5bis und des Artikels 3 Absatz 1 Buchstabe d verwendet jede Vertragspartei die in Gruppe I der Anlage A, in Anlage C und in Anlage F aufgeführten globalen Treibhauspotentiale dieser Stoffe.

Art. 4[2] **Regelung des Handels mit Nichtvertragsparteien.** (1) Mit Wirkung vom 1. Januar 1990 verbietet jede Vertragspartei die Einfuhr der geregelten Stoffe in Anlage A aus jedem Staat, der nicht Vertragspartei des Protokolls ist.

(1bis) Innerhalb eines Jahres nach Inkrafttreten dieses Absatzes verbietet jede Vertragspartei die Einfuhr der geregelten Stoffe in Anlage B aus jedem Staat, der nicht Vertragspartei des Protokolls ist.

(1ter) Innerhalb eines Jahres nach Inkrafttreten dieses Absatzes verbietet jede Vertragspartei die Einfuhr aller geregelten Stoffe in Gruppe II

---

[1] Art. 3 Abs. 1 einl. Satzteil neu gef., Buchst. a und c geänd., Buchst. d und Abs. 2 angef. *mWv 1.1.2019* durch Prot. v. 15.10.2016 (BGBl. 2017 II S. 1138, 1139).

[2] Art. 4 Abs. 1^{sept} und Abs. 2^{sept} eingef., Abs. 5, 6, 7 und 8 geänd. mWv 1.1.2019 durch Prot. v. 15.10.2016 (BGBl. 2017 II S. 1138, 1139).

der Anlage C aus jedem Staat, der nicht Vertragspartei des Protokolls ist.

(1^{qua}) Innerhalb eines Jahres nach Inkrafttreten dieses Absatzes verbietet jede Vertragspartei die Einfuhr des geregelten Stoffes in Anlage E aus jedem Staat, der nicht Vertragspartei des Protokolls ist.

(1^{quin}) Mit Wirkung vom 1. Januar 2004 verbietet jede Vertragspartei die Einfuhr der geregelten Stoffe in Gruppe I der Anlage C aus jedem Staat, der nicht Vertragspartei des Protokolls ist.

(1^{sex}) Innerhalb eines Jahres nach Inkrafttreten dieses Absatzes verbietet jede Vertragspartei die Einfuhr des geregelten Stoffes in Gruppe II der Anlage C aus jedem Staat, der nicht Vertragspartei des Protokolls ist.

(2) Mit Wirkung vom 1. Januar 1993 verbietet jede Vertragspartei die Ausfuhr aller geregelten Stoffe in Anlage A in jeden Staat, der nicht Vertragspartei des Protokolls ist.

(2bis) Vom Ablauf eines Jahres nach Inkrafttreten dieses Absatzes an verbietet jede Vertragspartei die Ausfuhr aller geregelten Stoffe in Anlage B in jeden Staat, der nicht Vertragspartei des Protokolls ist.

(2ter) Vom Ablauf eines Jahres nach Inkrafttreten dieses Absatzes an verbietet jede Vertragspartei die Ausfuhr aller geregelten Stoffe in Gruppe II der Anlage C in jeden Staat, der nicht Vertragspartei des Protokolls ist.

(2^{qua}) Vom Ablauf eines Jahres nach Inkrafttreten dieses Absatzes an verbietet jede Vertragspartei die Ausfuhr des geregelten Stoffes in Anlage E in jeden Staat, der nicht Vertragspartei des Protokolls ist.

(2^{quin}) Mit Wirkung vom 1. Januar 2004 verbietet jede Vertragspartei die Ausfuhr der geregelten Stoffe in Gruppe I der Anlage C in jeden Staat, der nicht Vertragspartei des Protokolls ist.

(2^{sex}) Innerhalb eines Jahres nach Inkrafttreten dieses Absatzes verbietet jede Vertragspartei die Ausfuhr des geregelten Stoffes in Gruppe III der Anlage C in jeden Staat, der nicht Vertragspartei des Protokolls ist.

(2^{sept}) Ab dem Inkrafttreten dieses Absatzes verbietet jede Vertragspartei die Ausfuhr der geregelten Stoffe in Anlage F in jeden Staat, der nicht Vertragspartei dieses Protokolls ist.

(3) 1 Bis zum 1. Januar 1992 erarbeiten die Vertragsparteien nach den in Artikel 10 des Übereinkommens vorgesehenen Verfahren in einer Anlage eine Liste der Erzeugnisse, die geregelte Stoffe in Anlage A enthalten. 2 Vertragsparteien, die gegen die Anlage nicht Einspruch nach diesen Verfahren eingelegt haben, verbieten innerhalb eines Jahres nach Inkrafttreten der Anlage die Einfuhr dieser Erzeugnisse aus Staaten, die nicht Vertragsparteien des Protokolls sind.

(3bis) 1 Innerhalb von drei Jahren nach Inkrafttreten dieses Absatzes erarbeiten die Vertragsparteien nach den in Artikel 10 des Übereinkommens vorgesehenen Verfahren in einer Anlage eine Liste der Erzeugnisse, die geregelte Stoffe in Anlage B enthalten. 2 Vertragsparteien, die gegen die Anlage nicht Einspruch nach diesen Verfahren eingelegt haben, verbieten innerhalb eines Jahres nach Inkrafttreten der Anlage die Einfuhr dieser Erzeugnisse aus Staaten, die nicht Vertragsparteien des Protokolls sind.

(3ter) 1 Innerhalb von drei Jahren nach Inkrafttreten dieses Absatzes erarbeiten die Vertragsparteien nach den in Artikel 10 des Übereinkommens vorgesehenen Verfahren in einer Anlage eine Liste der Erzeugnisse, die geregelte Stoffe in Gruppe II der Anlage C enthalten. 2 Vertragsparteien, die gegen die Anlage nicht Einspruch nach diesen Verfahren eingelegt haben, verbieten innerhalb eines Jahres nach Inkrafttreten der Anlage die Einfuhr dieser Erzeugnisse aus Staaten, die nicht Vertragsparteien des Protokolls sind.

(4) 1 Bis zum 1. Januar 1994 befinden die Vertragsparteien darüber, ob es durchführbar ist, die Einfuhr von Erzeugnissen, die mit geregelten Stoffen in Anlage A hergestellt werden, jedoch keine geregelten Stoffe in Anlage A enthalten, aus Staaten, die nicht Vertragsparteien des Protokolls sind, zu verbieten oder zu beschränken. 2 Wenn dies für durchführbar befunden wird, erarbeiten die Vertragsparteien nach den in Artikel 10 des Übereinkommens vorgesehenen Verfahren in einer Anlage eine Liste solcher Erzeugnisse. 3 Vertragsparteien, die gegen die Anlage nicht Einspruch nach diesen Verfahren eingelegt haben, verbieten innerhalb eines Jahres nach Inkrafttreten der Anlage die Einfuhr dieser Erzeugnisse aus Staaten, die nicht Vertragsparteien des Protokolls sind.

(4bis) 1 Innerhalb von fünf Jahren nach Inkrafttreten dieses Absatzes befinden die Vertragsparteien darüber, ob es durchführbar ist, die Einfuhr von Erzeugnissen, die mit geregelten Stoffen in Anlage B hergestellt werden, jedoch keine geregelten Stoffe in Anlage B enthalten, aus Staaten, die nicht Vertragsparteien des Protokolls sind, zu verbieten oder zu beschränken. 2 Wenn dies für durchführbar befunden wird, erarbeiten die Vertragsparteien nach den in Artikel 10 des Übereinkommens vorgesehenen Verfahren in einer Anlage eine Liste solcher Erzeugnisse. 3 Vertragsparteien, die gegen die Anlage nicht Einspruch nach diesen Verfahren eingelegt haben, verbieten oder beschränken innerhalb eines Jahres nach Inkrafttreten der Anlage die Einfuhr dieser Erzeugnisse aus Staaten, die nicht Vertragsparteien des Protokolls sind.

(4ter) 1 Innerhalb von fünf Jahren nach Inkrafttreten dieses Absatzes befinden die Vertragsparteien darüber, ob es durchführbar ist, die Einfuhr von Erzeugnissen, die mit geregelten Stoffen in Gruppe II der Anlage C hergestellt werden, jedoch keine solchen Stoffe enthalten, aus Staaten, die nicht Vertragsparteien des Protokolls sind, zu verbieten oder zu beschränken. 2 Wenn dies für durchführbar befunden wird, erarbeiten die Vertragsparteien nach den in Artikel 10 des Übereinkommens vorgesehenen Verfahren in einer Anlage eine Liste solcher Erzeugnisse. 3 Vertragsparteien, die gegen die Anlage nicht Einspruch nach diesen Verfahren eingelegt haben, verbieten oder beschränken innerhalb eines Jahres nach Inkrafttreten der Anlage die Einfuhr dieser Erzeugnisse aus Staaten, die nicht Vertragsparteien des Protokolls sind.

(5) Jede Vertragspartei wird nach besten Kräften bestrebt sein, der Ausfuhr von Technologie zur Herstellung und Verwendung geregelter Stoffe in den Anlagen A, B, C, E und F in Staaten, die nicht Vertragsparteien des Protokolls sind, entgegenzuwirken.

(6) Jede Vertragspartei sieht davon ab, neue Subventionen, Hilfen, Kredite, Garantien oder Versicherungsprogramme für die Ausfuhr von Erzeugnissen, Ausrüstung, Anlagen oder Technologie, welche die Herstellung geregelter Stoffe in den Anlagen A, B, C, E und F erleichtern, in Staaten zur Verfügung zu stellen, die nicht Vertragsparteien des Protokolls sind.

(7) Die Absätze 5 und 6 gelten nicht für Erzeugnisse, Ausrüstung, Anlagen oder Technologie, welche die Einkapselung, Rückgewinnung, Verwertung oder Vernichtung geregelter Stoffe in den Anlagen A, B, C, E und F verbessern, die Entwicklung alternativer Stoffe fördern oder sonst zur Verminderung der Emissionen geregelter Stoffe in den Anlagen A, B, C, E und F beitragen.

(8) Ungeachtet der Bestimmungen dieses Artikels können die in den Absätzen 1 bis 4 ter bezeichneten Einfuhren aus jedem Staat, der nicht Vertragspartei des Protokolls ist, und die in den Absätzen 1 bis 4 ter bezeichneten Ausfuhren in jeden Staat, der nicht Vertragspartei des Protokolls ist, erlaubt werden, wenn eine Tagung der Vertragsparteien feststellt, dass der betreffende Staat den Artikel 2, die Artikel 2A bis 2J und den vorliegenden Artikel voll einhält und diesbezügliche Daten nach Artikel 7 vorgelegt hat.

(9) Im Sinne dieses Artikels umfasst der Begriff „Staat, der nicht Vertragspartei des Protokolls ist" im Hinblick auf einen bestimmten geregelten Stoff einen Staat oder eine Organisation der regionalen Wirtschaftsintegration, die nicht zugestimmt haben, durch die Regelungsmaßnahmen für diesen Stoff gebunden zu sein.

(10) Bis zum 1. Januar 1996 prüfen die Vertragsparteien, ob sie dieses Protokoll ändern sollen, um die in diesem Artikel genannten Maßnahmen auf den Handel mit geregelten Stoffen in Gruppe I der Anlage C und in Anlage E mit Staaten, die nicht Vertragsparteien des Protokolls sind, auszudehnen.

Art. 4A Regelung des Handels mit Vertragsparteien. (1) Ist eine Vertragspartei, obwohl sie alle durchführbaren Schritte zur Erfüllung ihrer Verpflichtungen aus dem Protokoll unternommen hat, nach Ablauf der für sie geltenden Auslauffrist für einen geregelten Stoff nicht in der Lage, die Produktion dieses Stoffes für den nationalen Verbrauch *außer für die Erfüllung* von Zwecken, die von den Vertragsparteien einvernehmlich als wesentlich erachtet worden sind, einzustellen, so verbietet sie die Ausfuhr gebrauchter, wiederverwerteter und zurück gewonnener Mengen dieser Stoffe, sofern die Ausfuhr nicht zum Zweck der Vernichtung geschieht.

(2) Absatz 1 dieses Artikels gilt unbeschadet der Wirkungsweise des Artikels 11 des Übereinkommens und des nach Artikel 8 des Protokolls entwickelten Nichteinhaltungsverfahrens.

Art. 4B[1)] Lizenzerteilung. (1) Jede Vertragspartei richtet bis zum 1. Januar 2000 oder innerhalb von drei Monaten ab dem Zeitpunkt, zu dem dieser Artikel für sie in Kraft tritt, je nachdem welcher Zeitpunkt der spätere ist, ein System zur Lizenzerteilung für die Einfuhr und Ausfuhr von neuen, gebrauchten, wiederverwerteten und zurückgewonnenen geregelten Stoffen der Anlagen A, B, C und E ein und setzt es um.

(2) Ungeachtet des Absatzes 1 dieses Artikels kann jede der in Artikel 5 Absatz 1 bezeichneten Vertragsparteien, die sich nicht in der Lage sieht, ein System zur Lizenzerteilung für die Einfuhr und Ausfuhr von geregelten Stoffen der Anlagen C und E einzurichten und umzusetzen, solche Maßnahmen bis 1. Januar 2005 beziehungsweise 1. Januar 2002 hinauszuschieben.

(2bis) [1]Jede Vertragspartei richtet bis zum 1. Januar 2019 oder innerhalb von drei Monaten ab dem Zeitpunkt, zu dem dieser Absatz für sie in Kraft tritt, je nachdem, welcher Zeitpunkt der spätere ist, ein System zur Lizenzerteilung für die Einfuhr und Ausfuhr von neuen, gebrauchten, wiederverwerteten und zurückgewonnenen geregelten Stoffen in Anlage F ein und setzt es um. [2]Jede der in Artikel 5 Absatz 1 bezeichneten Vertragsparteien, die sich nicht in der Lage sieht, ein solches System bis zum 1. Januar 2019 einzurichten und umzusetzen, kann solche Maßnahmen bis zum 1. Januar 2021 hinausschieben.

(3) Innerhalb von drei Monaten ab dem Zeitpunkt der Einführung ihres Systems zur Lizenzerteilung berichtet jede Vertragspartei dem Sekretariat über die Einrichtung und die Wirkungsweise des Systems.

(4) Das Sekretariat erstellt in regelmäßigen Abständen eine Liste der Vertragsparteien, die ihm über ihre Systeme zur Lizenzerteilung berichtet haben, und übermittelt sie allen Vertragsparteien; das Sekretariat übersendet diese Angaben an den Durchführungsausschuss zur Prüfung und zur Abgabe geeigneter Empfehlungen an die Vertragsparteien.

Art. 5[2)] Besondere Lage der Entwicklungsländer. (1) Jede Vertragspartei, die ein Entwicklungsland ist und deren jährlicher berechneter Umfang des Verbrauchs der geregelten Stoffe in Anlage A am Tag des Inkrafttretens dieses Protokolls für diese Vertragspartei oder zu irgendeiner Zeit danach bis zum 1. Januar 1999 unter 0,3 kg pro Kopf liegt, kann die Erfüllung der in den Artikeln 2A bis 2E vorgesehenen Regelungsmaßnahmen um zehn Jahre verschieben, um ihre grundlegenden nationalen Bedürfnisse zu decken; jedoch findet jede weitere Änderung der Anpassungen oder der Änderung, die auf der zweiten Tagung der Vertragsparteien am 29. Juni 1999 in London angenom-

---

1) Artikel 4B Abs. 2bis eingef. mWv 1.1.2019 durch Prot. v. 15.10.2016 (BGBl. 2017 II S. 1138, 1139).

2) *Art. 5 Abs. 8ter bish. Buchst.* a und b werden Buchst. a bis e, bish. Buchst. c und g werden Buchst. f und g mWv 14.4.2008 durch ÄndProt v. 21.9.2007 (BGBl. 2010 II S. 995); Abs. 4, 5 und 6 geänd., Abs. 8^{qua} eingef. mWv 1.1.2019 durch Prot. v. 15.10.2016 (BGBl. 2017 II S. 1138, 1139).

men wurden, auf die in diesem Absatz bezeichneten Vertragsparteien Anwendung, nachdem die in Absatz 8 vorgesehene Überprüfung stattgefunden hat, und gründet sich auf die Schlussfolgerungen dieser Überprüfung.

(1bis) Unter Berücksichtigung der Überprüfung nach Absatz 8 des vorliegenden Artikels, der Bewertungen nach Artikel 6 und aller anderen zweckdienlichen Informationen beschließen die Vertragsparteien bis zum 1. Januar 1996 nach dem in Artikel 2 Absatz 9 dargelegten Verfahren

a) in Bezug auf Artikel 2F Absätze 1 bis 6 das Bezugsjahr, die Ausgangsmengen, die Regelungszeitpläne und die Auslauffristen für den Verbrauch der geregelten Stoffe in Gruppe I der Anlage C, die auf die in Absatz 1 des vorliegenden Artikels bezeichneten Vertragsparteien Anwendung finden;

b) in Bezug auf Artikel 2G die Auslauffrist für die Produktion und den Verbrauch der geregelten Stoffe in Gruppe II der Anlage C, die auf die in Absatz 1 des vorliegenden Artikels bezeichneten Vertragsparteien Anwendung findet, und

c) in Bezug auf Artikel 2H das Bezugsjahr, die Ausgangsmengen und die Regelungszeitpläne für die Produktion und den Verbrauch des geregelten Stoffes in Anlage E, die auf die in Absatz 1 des vorliegenden Artikels bezeichneten Vertragsparteien Anwendung finden.

(2) Eine in Absatz 1 bezeichnete Vertragspartei darf jedoch weder einen jährlichen berechneten Umfang des Verbrauchs der geregelten Stoffe in Anlage A von 0,3 kg pro Kopf noch einen jährlichen berechneten Umfang des Verbrauchs der geregelten Stoffe in Anlage B von 0,2 kg pro Kopf überschreiten.

(3) Bei der Durchführung der in den Artikeln 2A bis 2E festgelegten Regelungsmaßnahmen hat jede in Absatz 1 bezeichnete Vertragspartei das Recht,

a) für geregelte Stoffe nach Anlage A entweder den Durchschnitt des jährlichen berechneten Umfangs ihres Verbrauchs von 1995 bis 1997 oder einen berechneten Umfang des Verbrauchs von 0,3 kg pro Kopf als Grundlage für die Feststellung der Einhaltung der Regelungsmaßnahmen in Bezug auf den Verbrauch zu benutzen, wenn dieser Wert niedriger ist;

b) für geregelte Stoffe nach Anlage B den Durchschnitt des jährlichen berechneten Umfangs ihres Verbrauchs von 1998 bis 2000 oder einen berechneten Umfang des Verbrauchs von 0,2 kg pro Kopf als Grundlage für die Feststellung der Einhaltung der Regelungsmaßnahmen in Bezug auf den Verbrauch zu benutzen, wenn dieser Wert niedriger ist;

c) für geregelte Stoffe nach Anlage A entweder den Durchschnitt des jährlichen berechneten Umfangs ihrer Produktion von 1995 bis 1997 oder einen berechneten Umfang der Produktion von 0,3 kg pro Kopf als Grundlage für die Feststellung der Einhaltung der Regelungsmaßnahmen in Bezug auf die Produktion zu benutzen, wenn dieser Wert niedriger ist;

d) für geregelte Stoffe nach Anlage B entweder den Durchschnitt des jährlichen berechneten Umfangs ihrer Produktion von 1998 bis 2000 oder einen berechneten Umfang der Produktion von 0,2 kg pro Kopf als Grundlage für die Feststellung der Einhaltung der Regelungsmaßnahmen in Bezug auf die Produktion zu benutzen, wenn dieser Wert niedriger ist.

(4) [1] Sieht sich eine in Absatz 1 bezeichnete Vertragspartei zu irgendeiner Zeit, bevor die in den Artikeln 2A bis 2J bezeichneten Verpflichtungen hinsichtlich der Regelungsmaßnahmen auf sie Anwendung finden, nicht in der Lage, eine ausreichende Versorgung mit geregelten Stoffen zu erlangen, so kann sie dies dem Sekretariat notifizieren. [2] Das Sekretariat übermittelt eine Kopie dieser Notifikation umgehend den Vertragsparteien; diese beraten die Angelegenheit auf ihrer nächsten Tagung und beschließen angemessene Maßnahmen.

(5) Die Entwicklung der Fähigkeit der in Absatz 1 bezeichneten Vertragsparteien zur Erfüllung ihrer Verpflichtungen, die in den Artikeln 2A bis 2E und den Artikeln 2l und 2J bezeichneten Regelungsmaßnahmen und alle in den Artikeln 2F bis 2H bezeichneten Regelungsmaßnahmen, die nach Absatz 1 bis des vorliegenden Artikels beschlossen werden, einzuhalten, und die Umsetzung dieser Maßnahmen durch diese Vertragsparteien sind abhängig von der wirksamen Durchführung der in Artikel 10 vorgesehenen finanziellen Zusammenarbeit und der in Artikel 10A vorgesehenen Weitergabe von Technologie.

(6) [1] Jede in Absatz 1 bezeichnete Vertragspartei kann dem Sekretariat jederzeit schriftlich notifizieren, dass sie, obwohl sie alle durchführbaren Schritte unternommen hat, aufgrund der unzureichenden Durchführung der Artikel 10 und 10A nicht in der Lage ist, einzelne oder alle in den Artikeln 2A bis 2E und Artikel 2I genannten Verpflichtungen oder einzelne oder alle in den Artikeln 2F bis 2H genannten Verpflichtungen, die nach Absatz 1 bisdes vorliegenden Artikels beschlossen werden, zu erfüllen. [2] Das Sekretariat übermittelt eine Kopie der Notifikation umgehend den Vertragsparteien; diese beraten die Angelegenheit auf ihrer nächsten Tagung unter gebührender Berücksichtigung des Absatzes 5 und beschließen angemessene Maßnahmen.

(7) In der Zeit zwischen der Notifikation und der Tagung der Vertragsparteien, auf der die in Absatz 6 bezeichneten angemessenen Maßnahmen beschlossen werden sollen, oder während eines weiteren Zeitraums, wenn die Tagung der Vertragsparteien dies beschließt, werden die in Artikel 8 bezeichneten Verfahren bei Nichteinhaltung gegen die notifizierende Vertragspartei nicht angewendet.

(8) Eine Tagung der Vertragsparteien überprüft spätestens 1995 die Lage der *in Absatz 1 bezeichneten* Vertragsparteien, einschließlich der wirksamen Durchführung der finanziellen Zusammenarbeit und der Weitergabe von Technologie an diese Vertragsparteien, und beschließt

die für notwendig befundenen Revisionen in Bezug auf den für diese Vertragsparteien geltenden Zeitplan für die Regelungsmaßnahmen.

(8bis) Auf der Grundlage der aus der Überprüfung nach Absatz 8 gezogenen Schlussfolgerungen

a) kann eine in Absatz 1 bezeichnete Vertragspartei in Bezug auf die in Anlage A geregelten Stoffe die Erfüllung der von der zweiten Tagung der Vertragsparteien am 29. Juni 1990 in London beschlossenen Regelungsmaßnahmen um zehn Jahre verschieben, um ihre grundlegenden nationalen Bedürfnisse zu decken; Bezugnahmen des Protokolls auf Artikel 2A und 2B sind entsprechend auszulegen;

b) kann eine in Absatz 1 bezeichnete Vertragspartei in Bezug auf die in Anlage B geregelten Stoffe die Erfüllung der von der zweiten Tagung der Vertragsparteien am 29. Juni 1990 in London beschlossenen Regelungsmaßnahmen um zehn Jahre verschieben, um ihre grundlegenden nationalen Bedürfnisse zu decken; Bezugnahmen des Protokolls auf Artikel 2C bis 2E sind entsprechend auszulegen.

(8ter) Nach Absatz 1 bis ist Folgendes zu beachten:

a) Jede in Absatz 1 bezeichnete Vertragspartei sorgt dafür, dass während des Zeitraums von zwölf Monaten, der am 1. Januar 2013 beginnt, und in jedem Zwölfmonatszeitraum danach der berechnete Umfang ihres Verbrauchs der geregelten Stoffe in Gruppe I der Anlage C jährlich den Durchschnitt des berechneten Umfangs ihres Verbrauchs in den Jahren 2009 und 2010 nicht übersteigt. Jede in Absatz 1 bezeichnete Vertragspartei sorgt dafür, dass während des Zeitraums von zwölf Monaten, der am 1. Januar 2013 beginnt, und in jedem Zwölfmonatszeitraum danach der berechnete Umfang ihrer Produktion der geregelten Stoffe in Gruppe I der Anlage C jährlich den Durchschnitt des berechneten Umfangs ihrer Produktion in den Jahren 2009 und 2010 nicht übersteigt;

b) jede in Absatz 1 bezeichnete Vertragspartei sorgt dafür, dass während des Zeitraums von zwölf Monaten, der am 1. Januar 2015 beginnt, und in jedem Zwölfmonatszeitraum danach der berechnete Umfang ihres Verbrauchs der geregelten Stoffe in Gruppe I der Anlage C jährlich 90 v. H. des Durchschnitts des berechneten Umfangs ihres Verbrauchs in den Jahren 2009 und 2010 nicht übersteigt. Jede derartige Vertragspartei, die einen oder mehrere dieser Stoffe herstellt, sorgt während derselben Zeiträume dafür, dass der berechnete Umfang ihrer Produktion der geregelten Stoffe in Gruppe I der Anlage C jährlich 90 v. H. des Durchschnitts des berechneten Umfangs ihrer Produktion in den Jahren 2009 und 2010 nicht übersteigt;

c) jede in Absatz 1 bezeichnete Vertragspartei sorgt dafür, dass während des Zeitraums von zwölf Monaten, der am 1. Januar 2020 beginnt, und in jedem Zwölfmonatszeitraum danach der berechnete Umfang ihres Verbrauchs der geregelten Stoffe in Gruppe I der Anlage C jährlich 65 v. H. des Durchschnitts des berechneten Umfangs ihres Verbrauchs in den Jahren 2009 und 2010 nicht übersteigt. Jede derartige Vertragspartei, die einen oder mehrere dieser Stoffe herstellt, sorgt während derselben Zeiträume dafür, dass der berechnete Umfang ihrer Produktion der geregelten Stoffe in Gruppe I der Anlage C jährlich 65 v. H. des Durchschnitts des berechneten Umfangs ihrer Produktion in den Jahren 2009 und 2010 nicht übersteigt;

d) jede in Absatz 1 bezeichnete Vertragspartei sorgt dafür, dass während des Zeitraums von zwölf Monaten, der am 1. Januar 2025 beginnt, und in jedem Zwölfmonatszeitraum danach der berechnete Umfang ihres Verbrauchs der geregelten Stoffe in Gruppe I der Anlage C jährlich 32,5 v. H. des Durchschnitts des berechneten Umfangs ihres Verbrauchs in den Jahren 2009 und 2010 nicht übersteigt. Jede derartige Vertragspartei, die einen oder mehrere dieser Stoffe herstellt, sorgt während derselben Zeiträume dafür, dass der berechnete Umfang ihrer Produktion der geregelten Stoffe in Gruppe I der Anlage C jährlich 32,5 v. H. des Durchschnitts des berechneten Umfangs ihrer Produktion in den Jahren 2009 und 2010 nicht übersteigt;

e) jede in Absatz 1 bezeichnete Vertragspartei sorgt dafür, dass während des Zeitraums von zwölf Monaten, der am 1. Januar 2030 beginnt, und in jedem Zwölfmonatszeitraum danach der berechnete Umfang ihres Verbrauchs der geregelten Stoffe in Gruppe I der Anlage C Null nicht übersteigt. Jede derartige Vertragspartei, die einen oder mehrere dieser Stoffe herstellt, sorgt während derselben Zeiträume dafür, dass der berechnete Umfang ihrer Produktion der geregelten Stoffe in Gruppe I der Anlage C Null nicht übersteigt. Jedoch kann

i) jede derartige Vertragspartei diese Verbrauchsgrenze in jedem derartigen Zwölfmonatszeitraum überschreiten, sofern die durch zehn geteilte Summe des berechneten Umfangs ihres Verbrauchs innerhalb des Zehnjahreszeitraums vom 1. Januar 2030 bis zum 1. Januar 2040 2,5 v. H. des Durchschnitts des berechneten Umfangs ihres Verbrauchs in den Jahren 2009 und 2010 nicht übersteigt und mit der Maßgabe, dass dieser Verbrauch auf die Wartung von am 1. Januar 2030 bereits in Betrieb befindlichen Kälte- und Klimaanlagen zu beschränken ist;

ii) jede derartige Vertragspartei diese Produktionsgrenze in jedem derartigen Zwölfmonatszeitraum überschreiten, sofern die durch zehn geteilte Summe des berechneten Umfangs ihrer Produktion innerhalb des Zehnjahreszeitraums vom 1. Januar 2030 bis zum 1. Januar 2040 2,5 v. H. des Durchschnitts des berechneten Umfangs ihrer Produktion in den Jahren 2009 und 2010 nicht übersteigt und mit der Maßgabe, dass diese Produktion auf die Wartung von am 1. Januar 2030 bereits in Betrieb befindlichen Kälte- und Klimaanlagen zu beschränken ist.

f) jede in Absatz 1 bezeichnete Vertragspartei erfüllt die Bestimmungen des Artikels 2G;

g) in Bezug auf den in Anlage E geregelten Stoff gilt Folgendes:

i) ab dem 1. Januar 2002 erfüllt jede in Absatz 1 bezeichnete Vertragspartei die in Artikel 2H Absatz 1 aufgeführten Regelungsmaßnahmen und verwendet als Grundlage hierfür den Durchschnitt des jährlichen berechneten Umfangs ihres Verbrauchs beziehungsweise ihrer Produktion während des Zeitraums von 1995 bis einschließlich 1998;

ii) jede in Absatz 1 bezeichnete Vertragspartei sorgt dafür, dass während des Zeitraums von zwölf Monaten, der am 1. Januar 2005 beginnt, und in jedem Zwölfmonatszeitraum danach der berechnete Umfang ihres Verbrauchs und ihrer Produktion des geregelten Stoffes in Anlage E jährlich 80 v. H. des Durchschnitts des jährlichen berechneten Umfangs ihres Verbrauchs beziehungsweise ihrer Produktion während des Zeitraums von 1995 bis einschließlich 1998 nicht übersteigt;

iii) jede in Absatz 1 bezeichnete Vertragspartei sorgt dafür, dass während des Zeitraums von zwölf Monaten, der am 1. Januar 2015 beginnt, und in jedem Zwölfmonatszeitraum danach der berechnete Umfang ihres Verbrauchs und ihrer Produktion des geregelten Stoffes in Anlage E Null nicht übersteigt.
Dieser Absatz findet Anwendung, soweit nicht die Vertragsparteien beschließen, den Umfang der Produktion oder des Verbrauchs zu gestatten, der zur Erfüllung von Zwecken notwendig ist, die von ihnen einvernehmlich als unabdingbar erachtet werden;

iv) der berechnete Umfang des Verbrauchs und der Produktion nach diesem Artikel schließt nicht die Mengen ein, die von der Vertragspartei in Quarantänefällen und vor dem Versand verwendet werden.

(8qua)

a) Jede in Absatz 1 bezeichnete Vertragspartei ist vorbehaltlich von nach Artikel 2 Absatz 9 vorgenommenen Anpassungen der Regelungsmaßnahmen in Artikel 2J berechtigt, die Einhaltung der Regelungsmaßnahmen nach Artikel 2J Absatz 1 Buchstaben a bis e und Artikel 2J Absatz 3 Buchstaben a bis e zu verschieben und diese Maßnahmen wie folgt zu ändern:
   i) 2024 bis 2028: 100 v. H.
   ii) 2029 bis 2034: 90 v. H.
   iii) 2035 bis 2039: 70 v. H.
   iv) 2040 bis 2044: 50 v. H.
   v) 2045 und danach: 20 v. H.

b) Ungeachtet des Buchstabens a können die Vertragsparteien beschließen, dass eine in Absatz 1 bezeichnete Vertragspartei vorbehaltlich von nach Artikel 2 Absatz 9 vorgenommenen Anpassungen der Regelungsmaßnahmen in Artikel 2J berechtigt ist, die Einhaltung der Regelungsmaßnahmen nach Artikel 2J Absatz 1 Buchstaben a bis e und Artikel 2J Absatz 3 Buchstaben a bis e zu verschieben und diese Maßnahmen wie folgt zu ändern:

i) 2028 bis 2031: 100 Prozent
ii) 2032 bis 2036: 90 Prozent
iii) 2037 bis 2041: 80 Prozent
iv) 2042 bis 2046: 70 Prozent
iv)[1] 2047 und danach: 15 Prozent

c) Zur Berechnung ihres Basisverbrauchs nach Artikel 2J ist jede in Absatz 1 bezeichnete Vertragspartei berechtigt, den Durchschnittswert des berechneten Umfangs ihres Verbrauchs der geregelten Stoffe der Anlage F für die Jahre 2020, 2021 und 2022 zuzüglich 65 v. H. ihres Basisverbrauchs der geregelten Stoffe der Gruppe I der Anlage C gemäß Absatz 8ter zu verwenden.

d) Ungeachtet des Buchstabens c können die Vertragsparteien beschließen, dass eine in Absatz 1 bezeichnete Vertragspartei zur Berechnung ihres Basisverbrauchs nach Artikel 2J berechtigt ist, den Durchschnittswert des berechneten Umfangs ihres Verbrauchs der geregelten Stoffe der Anlage F für die Jahre 2024, 2025 und 2026 zuzüglich 65 v. H. ihres Basisverbrauchs der geregelten Stoffe der Gruppe I der Anlage C gemäß Absatz 8ter zu verwenden.

e) Zur Berechnung ihrer Basisproduktion nach Artikel 2J ist jede in Absatz 1 bezeichnete Vertragspartei, welche die geregelten Stoffe in Anlage F herstellt, berechtigt, den Durchschnittswert des berechneten Umfangs ihrer Produktion der geregelten Stoffe der Anlage F für die Jahre 2020, 2021 und 2022 zuzüglich 65 v. H. ihrer Basisproduktion der geregelten Stoffe der Gruppe I der Anlage C gemäß Absatz 8ter zu verwenden.

f) Ungeachtet des Buchstabens e können die Vertragsparteien beschließen, dass eine in Absatz 1 bezeichnete Vertragspartei, welche die geregelten Stoffe in Anlage F herstellt, zur Berechnung ihrer Basisproduktion nach Artikel 2J berechtigt ist, den Durchschnittswert des berechneten Umfangs ihrer Produktion der geregelten Stoffe der Anlage F für die Jahre 2024, 2025 und 2026 zuzüglich 65 v. H. ihrer Basisproduktion der geregelten Stoffe der Gruppe I der Anlage C gemäß Absatz 8ter zu verwenden.

g) Die Buchstaben a bis f finden auf den berechneten Umfang der Produktion und des Verbrauchs Anwendung, soweit keine Ausnahmeregelung für hohe Umgebungstemperaturen aufgrund von durch die Vertragsparteien beschlossenen Kriterien gilt.

(9) Die Beschlüsse der Vertragsparteien nach den Absätzen 4, 6 und 7 werden nach demselben Verfahren gefasst, das für die Beschlussfassung nach Artikel 10 gilt.

Art. 6[2] Bewertung und Überprüfung der Regelungsmaßnahmen. [1] Erstmalig 1990 und danach mindestens alle vier Jahre bewerten die Vertragsparteien die in Artikel 2 und den Artikeln 2A bis 2J vorge-

[1] Nummerierung amtlich. Richtig wohl: „v)".
[2] Art. 6 geänd. mWv 1.1.2019 durch Prot. v. 15.10.2016 (BGBl. 2017 II S. 1138, 1139).

sehenen Regelungsmaßnahmen auf der Grundlage verfügbarer wissenschaftlicher, umweltbezogener, technischer und wirtschaftlicher Informationen. 2 Mindestens ein Jahr vor jeder Bewertung berufen die Vertragsparteien geeignete Gruppen von Sachverständigen ein, die auf den genannten Gebieten fachlich befähigt sind, und bestimmen die Zusammensetzung und die Aufgaben dieser Gruppen. 3 Innerhalb eines Jahres nach der Einberufung teilen die Gruppen den Vertragsparteien über das Sekretariat ihre Schlussfolgerungen mit.

Art. 7[1] Datenberichterstattung. (1) Jede Vertragspartei übermittelt dem Sekretariat innerhalb von drei Monaten nach dem Tag, an dem sie Vertragspartei wird, statistische Daten über ihre Produktion, ihre Einfuhren und ihre Ausfuhren jedes der geregelten Stoffe in Anlage A für das Jahr 1986 oder, wenn solche Daten nicht vorliegen, bestmögliche Schätzungen.

(2) Jede Vertragspartei übermittelt dem Sekretariat spätestens drei Monate nach dem Tag, an dem die in dem Protokoll für die Stoffe in den Anlagen B, C, E beziehungsweise F festgelegten Bestimmungen für diese Vertragsparteien in Kraft treten, statistische Daten über ihre Produktion, ihre Einfuhren und ihre Ausfuhren jedes der geregelten Stoffe
– in Anlage B und in den Gruppen I und II i der Anlage C für das Jahr 1989,
– in Anlage E für das Jahr 1991,
– in Anlage F für die Jahre 2011 bis 2013, wobei die in Artikel 5 Absatz 1 bezeichneten Vertragsparteien diese Daten für die Jahre 2020 bis 2022 übermitteln, die in Artikel 5 Absatz 1 bezeichneten Vertragsparteien, für die Artikel 5 Absatz 8^{qua} Buchstaben d und f gelten, jedoch für die Jahre 2024 bis 2026,

oder wenn solche Daten nicht vorliegen, bestmögliche Schätzungen.

(3) 1 Jede Vertragspartei übermittelt dem Sekretariat statistische Daten über ihre jährliche Produktion (im Sinne des Artikels 1 Nummer 5) jedes der in den Anlagen A, B, C, E und F geregelten Stoffe sowie gesondert für jeden Stoff über
– Mengen, die als Ausgangsmaterial zur Herstellung anderer Stoffe verwendet wurden,
– Mengen, die durch von den Vertragsparteien genehmigte Verfahren vernichtet wurden,
– Einfuhren aus sowie Ausfuhren nach Vertragsparteien und Nichtvertragsparteien

für das Jahr, in dem die Bestimmungen betreffend die Stoffe in den Anlagen A, B, C, E beziehungsweise F für diese Vertragspartei in Kraft getreten sind, sowie für jedes darauf folgende Jahr. 2 Jede Vertragspartei übermittelt dem Sekretariat statistische Daten über die jährliche Menge

[1] Art. 7 Abs. 2 und Abs. 3 Satz 1 und Abs. 4 geänd., Abs. 3ter eingef. mWv 1.1.2019 durch Prot. v. 15.10.2016 (BGBl. 2017 II S. 1138, 1139).

des in Anlage E aufgeführten geregelten Stoffes, die zu Quarantänezwecken und vor dem Versand verwendet wird. [3]Die Daten werden spätestens neun Monate nach Ablauf des Jahres übermittelt, auf das sie sich beziehen.

(3bis) Jede Vertragspartei übermittelt dem Sekretariat gesonderte statistische Daten über ihre jährlichen Einfuhren und Ausfuhren jedes der in Gruppe II der Anlage A und in Gruppe I der Anlage C aufgeführten geregelten Stoffe, die wiederverwertet worden sind.

(3ter) Jede Vertragspartei übermittelt dem Sekretariat statistische Daten über ihre jährlichen Emissionen der geregelten Stoffe der Gruppe II der Anlage F pro Anlage nach Artikel 3 Absatz 1 Buchstabe d.

(4) Für die in Artikel 2 Absatz 8 Buchstabe a bezeichneten Vertragsparteien sind die Erfordernisse der Absätze 1, 2, 3 und 3 bis des vorliegenden Artikels im Hinblick auf statistische Daten über Produktion, Einfuhren und Ausfuhren erfüllt, wenn die betreffende Organisation der regionalen Wirtschaftsintegration Daten über Produktion, Einfuhren und Ausfuhren zwischen der Organisation und Staaten, die nicht Mitglieder dieser Organisation sind, zur Verfügung stellt.

Art. 8 Nichteinhaltung. Die Vertragsparteien beraten und genehmigen auf ihrer ersten Tagung Verfahren und institutionelle Mechanismen für die Feststellung der Nichteinhaltung der Bestimmungen dieses Protokolls und das Vorgehen gegenüber Vertragsparteien, die das Protokoll nicht einhalten.

Art. 9 Forschung, Entwicklung, öffentliches Bewusstsein und Informationsaustausch. (1) Die Vertragsparteien arbeiten im Einklang mit ihren innerstaatlichen Gesetzen, sonstigen Vorschriften und Gepflogenheiten und unter Berücksichtigung insbesondere der Bedürfnisse der Entwicklungsländer zusammen, um unmittelbar oder über zuständige internationale Stellen Forschung, Entwicklung und Informationsaustausch in folgenden Bereichen zu fördern:

a) geeignetste Technologien zur Verbesserung der Einkapselung, Rückgewinnung, Verwertung oder Vernichtung von geregelten Stoffen oder zur sonstigen Verminderung der Emissionen solcher Stoffe;
b) mögliche Alternativen für geregelte Stoffe, für Erzeugnisse, die solche Stoffe enthalten, und für Erzeugnisse, die mit solchen Stoffen hergestellt werden;
c) Kosten und Nutzen einschlägiger Regelungsstrategien.

(2) Die Vertragsparteien arbeiten einzeln, gemeinsam oder über zuständige internationale Stellen zusammen bei der Förderung des öffentlichen Bewusstseins über die Auswirkungen der Emissionen geregelter und anderer zu einem Abbau der Ozonschicht führender Stoffe auf die Umwelt.

(3) Innerhalb von zwei Jahren nach Inkrafttreten dieses Protokolls und danach alle zwei Jahre legt jede Vertragspartei dem Sekretariat eine Zusammenfassung der nach diesem Artikel durchgeführten Tätigkeiten vor.

Art. 10[1)] Finanzierungsmechanismus. (1) [1]Die Vertragsparteien legen einen Mechanismus fest mit dem Ziel, den in Artikel 5 Absatz 1 bezeichneten Vertragsparteien finanzielle und technische Zusammenarbeit einschließlich der Weitergabe von Technologien zur Verfügung zu stellen, um ihnen die Einhaltung der in den Artikeln 2A bis 2E und in den Artikeln 2I und 2J festgelegten Regelungsmaßnahmen sowie aller in den Artikeln 2F bis 2H festgelegten Regelungsmaßnahmen, die nach Artikel 5 Absatz 1 bis beschlossen worden sind, zu ermöglichen. [2]Der Mechanismus, der durch Beiträge gespeist wird, die zusätzlich zu anderen finanziellen Zuwendungen an die in dem genannten Absatz bezeichneten Vertragsparteien geleistet werden, dient zur Deckung aller vereinbarten Mehrkosten dieser Vertragsparteien, um ihnen die Einhaltung der Regelungsmaßnahmen des Protokolls zu ermöglichen. [3]Eine als Anhaltspunkt dienende Liste der Kategorien von Mehrkosten wird von der Tagung der Vertragsparteien beschlossen. [4]Entscheidet sich eine in Artikel 5 Absatz 1 bezeichnete Vertragspartei, Mittel aus einem anderen Finanzierungsmechanismus in Anspruch zu nehmen, die einen Teil ihrer vereinbarten Mehrkosten decken könnten, so wird dieser Teil nicht durch den Finanzierungsmechanismus nach Artikel 10 gedeckt.

(2) [1]Der nach Absatz 1 festgelegte Mechanismus umfasst einen Multilateralen Fonds. [2]Er kann auch andere Arten der multilateralen, regionalen und bilateralen Zusammenarbeit einschließen.

(3) Der Multilaterale Fonds hat die Aufgabe,

a) die vereinbarten Mehrkosten durch Zuschüsse beziehungsweise Darlehen zu Vorzugsbedingungen nach Kriterien, die von den Vertragsparteien beschlossen werden, zu decken;
b) die Tätigkeiten einer Verrechnungsstelle zu finanzieren, um
   i) den in Artikel 5 Absatz 1 bezeichneten Vertragsparteien durch landesspezifische Untersuchungen und sonstige technische Zusammenarbeit zu helfen, ihre Bedürfnisse im Hinblick auf die Zusammenarbeit zu ermitteln;
   ii) die technische Zusammenarbeit zu erleichtern, um diesen ermittelten Bedürfnissen gerecht zu werden;
   iii) nach Artikel 9 Informationen und einschlägige Materialien zu verteilen, Arbeits- und Schulungsseminare sowie sonstige verwandte Tätigkeiten zugunsten der Vertragsparteien, die Entwicklungsländer sind, durchzuführen und
   iv) sonstige multilaterale, regionale und bilaterale Zusammenarbeit für Vertragsparteien, die Entwicklungsländer sind, zu erleichtern *und zu überwachen*;
c) die Sekretariatsdienste des Multilateralen Fonds und damit verbundene begleitende Kosten zu finanzieren.

(4) Der Multilaterale Fonds untersteht den Vertragsparteien, die seine allgemeine Politik bestimmen.

[1)] Art. 10 Abs. 1 geänd. und Satz 4 angef. mWv 1.1.2019 durch Prot. v. 15.10.2016 (BGBl. 2017 II S. 1138, 1139).

(5) [1]Die Vertragsparteien gründen einen Exekutivausschuss zur Planung und Überwachung der Durchführung bestimmter Arbeitsgrundsätze, Leitlinien und Verwaltungsregelungen, einschließlich der Vergabe von Geldmitteln, zu dem Zweck, die Ziele des Multilateralen Fonds zu erreichen. [2]Der Exekutivausschuss nimmt seine in seinem von den Vertragsparteien vereinbarten Mandat festgelegten Aufgaben und Verantwortlichkeiten unter Mitwirkung und mit Unterstützung der Internationalen Bank für Wiederaufbau und Entwicklung (Weltbank), des Umweltprogramms der Vereinten Nationen, des Entwicklungsprogramms der Vereinten Nationen oder anderer geeigneter Gremien entsprechend ihrem jeweiligen Fachgebiet wahr. [3]Die Mitglieder des Exekutivausschusses, die auf der Grundlage einer ausgewogenen Vertretung der in Artikel 5 Absatz 1 bezeichneten Vertragsparteien und der nicht in jenem Absatz bezeichneten Vertragsparteien ausgewählt werden, werden von den Vertragsparteien bestätigt.

(6) [1]Der Multilaterale Fonds wird aus Beiträgen der nicht in Artikel 5 Absatz 1 bezeichneten Vertragsparteien in konvertierbarer Währung oder unter bestimmten Umständen in Sachleistungen und/oder in der Landeswährung auf der Grundlage des Beitragsschlüssels der Vereinten Nationen finanziert. [2]Andere Vertragsparteien werden zur Beitragsleistung ermutigt. [3]Bilaterale und in durch Beschluss der Vertragsparteien vereinbarten besonderen Fällen regionale Zusammenarbeit können bis zu einem Prozentsatz und nach Kriterien, die durch Beschluss der Vertragsparteien festzulegen sind, als Beitrag zum Multilateralen Fonds angesehen werden, vorausgesetzt, dass zunächst folgende Bedingungen erfüllt sind:

a) Die Zusammenarbeit dient ausschließlich der Erfüllung der Bestimmungen dieses Protokolls;
b) sie stellt zusätzliche Mittel zur Verfügung;
c) sie deckt die vereinbarten Mehrkosten.

(7) Die Vertragsparteien beschließen den Programmhaushalt des Multilateralen Fonds für jede Rechnungsperiode und den Beitragsanteil der einzelnen Vertragsparteien zu diesem Haushalt.

(8) Die Mittel des Multilateralen Fonds werden in Zusammenarbeit mit der begünstigten Vertragspartei vergeben.

(9) [1]Beschlüsse der Vertragsparteien nach diesem Artikel werden, wenn möglich, durch Konsens gefasst. [2]Sind alle Bemühungen um einen Konsens erschöpft und wird keine Einigung erzielt, so werden die Beschlüsse mit einer Zweidrittelmehrheit der anwesenden und abstimmenden Vertragsparteien gefasst, die eine Mehrheit der in Artikel 5 Absatz 1 bezeichneten anwesenden und abstimmenden Vertragsparteien und eine Mehrheit der nicht in jenem Absatz bezeichneten anwesenden und abstimmenden Vertragsparteien vertritt.

(10) *Der in diesem Artikel vorgesehene* Finanzierungsmechanismus lässt künftige Regelungen, die möglicherweise im Hinblick auf andere Umweltfragen entwickelt werden, unberührt.

Art. 10A Weitergabe von Technologie. Jede Vertragspartei unternimmt im Einklang mit den im Rahmen des Finanzierungsmechanismus geförderten Programmen alle durchführbaren Schritte, um sicherzustellen

a) dass die besten verfügbaren umweltverträglichen Ersatzprodukte und damit zusammenhängenden Technologien rasch an die in Artikel 5 Absatz 1 bezeichneten Vertragsparteien weitergegeben werden und

b) dass die unter Buchstabe a vorgesehene Weitergabe unter gerechten und möglichst günstigen Bedingungen stattfindet.

Art. 11 Tagungen der Vertragsparteien. (1) [1] Die Vertragsparteien halten in regelmäßigen Abständen Tagungen ab. [2] Das Sekretariat beruft die erste Tagung der Vertragsparteien spätestens ein Jahr nach Inkrafttreten dieses Protokolls in Verbindung mit einer Tagung der Konferenz der Vertragsparteien des Übereinkommens ein, wenn eine Tagung der Konferenz innerhalb dieses Zeitraums geplant ist.

(2) [1] Spätere ordentliche Tagungen der Vertragsparteien finden, wenn die Vertragsparteien nichts anderes beschließen, in Verbindung mit Tagungen der Konferenz der Vertragsparteien des Übereinkommens statt. [2] Außerordentliche Tagungen der Vertragsparteien finden zu jeder anderen Zeit statt, wenn es die Tagung der Vertragsparteien für notwendig erachtet oder eine Vertragspartei schriftlich beantragt, sofern dieser Antrag innerhalb von sechs Monaten nach seiner Übermittlung durch das Sekretariat von mindestens einem Drittel der Vertragsparteien unterstützt wird.

(3) Auf ihrer ersten Tagung nehmen die Vertragsparteien folgende Aufgaben wahr:

a) Sie beschließen durch Konsens eine Geschäftsordnung für ihre Tagungen;

b) sie beschließen durch Konsens die in Artikel 13 Absatz 2 bezeichnete Finanzordnung;

c) sie setzen die in Artikel 6 bezeichneten Gruppen ein und bestimmen ihre Aufgaben;

d) sie beraten und beschließen die in Artikel 8 bezeichneten Verfahren und institutionellen Mechanismen;

e) sie beginnen mit der Ausarbeitung der Arbeitspläne nach Artikel 10 Absatz 3.

(4) Die Tagungen der Vertragsparteien haben folgende Aufgaben:

a) Sie überprüfen die Durchführung des Protokolls;

b) sie beschließen Anpassungen und Verminderungen nach Artikel 2 Absatz 9;

c) sie beschließen die Aufnahme, Eingliederung oder Streichung von Stoffen in einer Anlage und die damit zusammenhängenden Regelungsmaßnahmen nach Artikel 2 Absatz 10;

d) sie legen erforderlichenfalls Leitlinien und Verfahren für die Bereitstellung von Informationen nach Artikel 7 und Artikel 9 Absatz 3 fest;

e) sie überprüfen nach Artikel 10 Absatz 2 vorgelegte Anträge auf technische Unterstützung;
f) sie überprüfen die vom Sekretariat nach Artikel 12 Buchstabe c ausgearbeiteten Berichte;
g) sie bewerten nach Artikel 6 die Regelungsmaßnahmen;
h) sie beraten und beschließen nach Bedarf Änderungsvorschläge zu dem Protokoll oder einer Anlage oder Vorschläge für neue Anlagen;
i) sie beraten und beschließen den Haushalt für die Durchführung des Protokolls;
j) sie beraten und ergreifen weitere Maßnahmen, die zur Erreichung der Zwecke des Protokolls erforderlich sind.

(5) [1]Die Vereinten Nationen, ihre Sonderorganisationen und die Internationale Atomenergie-Organisation sowie jeder Staat, der nicht Vertragspartei des Protokolls ist, können auf den Tagungen der Vertragsparteien als Beobachter vertreten sein. [2]Jede Stelle, national oder international, staatlich oder nichtstaatlich, die auf Gebieten im Zusammenhang mit dem Schutz der Ozonschicht fachlich befähigt ist und dem Sekretariat ihren Wunsch mitgeteilt hat, auf einer Tagung der Vertragsparteien als Beobachter vertreten zu sein, kann zugelassen werden, sofern nicht mindestens ein Drittel der anwesenden Vertragsparteien widerspricht. [3]Die Zulassung und Teilnahme von Beobachtern unterliegen der von den Vertragsparteien beschlossenen Geschäftsordnung.

Art. 12 Sekretariat. Für die Zwecke dieses Protokolls hat das Sekretariat folgende Aufgaben:
a) Es veranstaltet die in Artikel 11 vorgesehenen Tagungen der Vertragsparteien und stellt die entsprechenden Dienste bereit;
b) es nimmt die nach Artikel 7 bereitgestellten Daten entgegen und stellt sie einer Vertragspartei auf Ersuchen zur Verfügung;
c) es erarbeitet Berichte aufgrund von Informationen, die nach den Artikeln 7 und 9 eingehen, und verteilt sie regelmäßig an die Vertragsparteien;
d) es notifiziert den Vertragsparteien jeden nach Artikel 10 eingegangenen Antrag auf technische Unterstützung, um die Bereitstellung solcher Unterstützung zu erleichtern;
e) es ermutigt Nichtvertragsparteien, an den Tagungen der Vertragsparteien als Beobachter teilzunehmen und im Einklang mit den Bestimmungen des Protokolls zu handeln;
f) es stellt diesen als Beobachter teilnehmenden Nichtvertragsparteien gegebenenfalls die unter den Buchstaben c und d bezeichneten Informationen und Anträge zur Verfügung;
g) es nimmt zur Erreichung der Zwecke des Protokolls sonstige Aufgaben wahr, die ihm von den Vertragsparteien übertragen werden.

Art. 13 Finanzielle Bestimmungen. (1) Die für die Durchführung dieses Protokolls erforderlichen Mittel einschließlich derjenigen für die

Arbeit des Sekretariats im Zusammenhang mit dem Protokoll stammen ausschließlich aus Beiträgen der Vertragsparteien.

(2) Auf ihrer ersten Tagung beschließen die Vertragsparteien durch Konsens die Finanzordnung für die Durchführung des Protokolls.

Art. 14 Verhältnis dieses Protokolls zum Übereinkommen. Sofern in diesem Protokoll nichts anderes vorgesehen ist, gelten die Bestimmungen des Übereinkommens, die sich auf seine Protokolle beziehen, für das Protokoll.

Art. 15 Unterzeichnung. Dieses Protokoll liegt für Staaten und für Organisationen der regionalen Wirtschaftsintegration am 16. September 1987 in Montreal, vom 17. September 1987 bis zum 16. Januar 1988 in Ottawa und vom 17. Januar 1988 bis zum 15. September 1988 am Sitz der Vereinten Nationen in New York zur Unterzeichnung auf.

Art. 16 Inkrafttreten. (1) [1]Dieses Protokoll tritt am 1. Januar 1989 in Kraft[1), 2)] sofern mindestens elf Ratifikations-, Annahme-, Genehmigungs- oder Beitrittsurkunden zu dem Protocoll von Staaten oder Organisationen der regionalen Wirtschaftsintegration, die mindestens zwei Drittel des geschätzten weltweiten Verbrauchs der geregelten Stoffe im Jahr 1986 vertreten, hinterlegt und die Bestimmungen des Artikels 17 Absatz 1 des Übereinkommens erfüllt sind. [2]Sind diese Bedingungen bis zu dem genannten Tag nicht erfüllt, so tritt das Protokoll am neunzigsten Tag nach dem Zeitpunkt in Kraft, zu dem die Bedingungen erfüllt worden sind.

(2) Für die Zwecke des Absatzes 1 zählt eine von einer Organisation der regionalen Wirtschaftsintegration hinterlegte Urkunde nicht als zusätzliche Urkunde zu den von den Mitgliedstaaten der betreffenden Organisation hinterlegten Urkunden.

(3) Nach Inkrafttreten des Protokolls wird ein Staat oder eine Organisation der regionalen Wirtschaftsintegration am neunzigsten Tag nach dem Zeitpunkt der Hinterlegung der Ratifikations-, Annahme-, Genehmigungs- oder Beitrittsurkunde Vertragspartei des Protokolls.

Art. 17[3)] Vertragsparteien, die nach dem Inkrafttreten beitreten. Vorbehaltlich des Artikels 5 erfüllt jeder Staat oder jede Organisation der regionalen Wirtschaftsintegration, die nach Inkrafttreten dieses Protokolls beitreten, sofort sämtliche in Artikel 2 sowie in den Artikeln *2A bis 2J und* 4 vorgesehenen Verpflichtungen, die zu dem betreffen-

---

1) Das Protokoll ist für die Bundesrepublik Deutschland am **1.1.1989** in Kraft getreten; siehe hierzu die Bekanntmachung über das Inkrafttreten des Montrealer Protokolls über Stoffe, die zu einem Abbau der Ozonschicht führen v. 21.6.1989 (BGBl. II S. 622).

2) Für das Inkrafttreten des Übereinkommens in den anderen Vertragsstaaten siehe die Übersicht in der Anlage des Übereinkommens.

3) Art. 17 geänd. mWv 1.1.2019 durch Prot. v. 15.10.2016 (BGBl. 2017 II S. 1138, 1139).

den Zeitpunkt für die Staaten und Organisationen der regionalen Wirtschaftsintegration gelten, die an dem Tag Vertragsparteien wurden, an dem das Protokoll in Kraft trat.

Art. 18 Vorbehalte. Vorbehalte zu diesem Protokoll sind nicht zulässig.

Art. 19 Rücktritt. [1]Jede Vertragspartei kann jederzeit nach Ablauf von vier Jahren nach dem Zeitpunkt, zu dem sie die in Artikel 2A Absatz 1 vorgesehenen Verpflichtungen übernommen hat, durch eine an den Verwahrer gerichtete schriftliche Notifikation von dem Protokoll zurücktreten. [2]Der Rücktritt wird nach Ablauf eines Jahres nach dem Eingang der Notifikation beim Verwahrer oder zu einem gegebenenfalls in der Rücktrittsnotifikation genannten späteren Zeitpunkt wirksam.

Art. 20 Verbindliche Wortlaute. Die Urschrift dieses Protokolls, dessen arabischer, chinesischer, englischer, französischer, russischer und spanischer Wortlaut gleichermaßen verbindlich ist, wird beim Generalsekretär der Vereinten Nationen hinterlegt.

ZU URKUND DESSEN haben die hierzu gehörig befugten Unterzeichneten dieses Protokoll unterschrieben.

GESCHEHEN ZU MONTREAL am 16. September 1987.

Anlage A[1]

Geregelte Stoffe

Gruppe	Stoff		Ozonabbau-potential[2]	globales Treibhauspotential über einen Zeitraum von 100 Jahren
Gruppe I	$CFCl_3$	(FCKW-11)	1,0	4 750
	CF_2Cl_2	(FCKW-12)	1,0	10 900
	$C_2F_3Cl_3$	(FCKW-113)	0,8	6 130
	$C_2F_4Cl_2$	(FCKW-114)	1,0	10 000
	C_2F_5Cl	(FCKW-115)	0,6	7 370
Gruppe II	CF_2BrCl	(Halon 1211)	3,0	
	CF_3Br	(Halon 1301)	10,0	
	$C_2F_4Br_2$	(Halon 2402)	6,0	

[1] Anl. A neu gef. mWv 1.1.2019 durch Prot. v. 15.10.2016 (BGBl. 2017 II S. 1138, 1139).

[2] **[Amtl. Anm.:]** Ist für das Ozonabbaupotential ein Bereich angegeben, so wird der höchste Wert dieses Bereichs für die Zwecke des Protokolls verwendet. Die als Einzelwerte angegebenen Ozonabbaupotentiale wurden durch Berechnungen auf der Grundlage von Labormessungen ermittelt. Die als Bereich angegebenen Ozonabbaupotentiale beruhen auf Schätzungen und sind weniger genau. Der Bereich bezieht sich auf eine Gruppe von Isomeren. Der obere Wert ist eine Schätzung des Ozonabbaupotentials des Isomers mit dem höchsten Ozonabbaupotential, und der untere Wert ist eine Schätzung des Ozonabbaupotentials des Isomers mit dem geringsten Ozonabbaupotential.

Anlage B

Geregelte Stoffe

Gruppe	Stoff		Ozonabbau-potential
Gruppe I	CF_3Cl	(R 13)	1,0
	C_2FCl_5	(R 111)	1,0
	$C_2F_2Cl_4$	(R 112)	1,0
	C_3FCl_7	(R 211)	1,0
	$C_3F_2Cl_6$	(R 212)	1,0
	$C_3F_3Cl_5$	(R 213)	1,0
	$C_3F_4Cl_4$	(R 214)	1,0
	$C_3F_5Cl_3$	(R 215)	1,0
	$C_3F_6Cl_2$	(R 216)	1,0
	C_3F_7Cl	(R 217)	1,0
Gruppe II	CCl_4	Tetrachlorkohlenstoff	1,1
Gruppe III	$C_2H_3Cl_3$[1]	1,1,1-Trichlorethan (Methylchloroform)	0,1

[1] **[Amtl. Anm.:]** Diese Formel bezieht sich nicht auf 1,1,2-Trichlorethan. [Diese und die folgenden Fußnoten sind Bestandteil des Vertrages.]

Anlage C[1]

Gruppe	Stoff	Anzahl der Isomere	Ozonabbau-potential[2]	globales Treib-hauspotential über einen Zeit-raum von 100 Jahren[3]
Gruppe I				
$CHFCl_2$	(HFCKW-21)[4]	1	0,04	151
CHF_2Cl	(HFCKW-22)[4]	1	0,055	1810
CH_2FCl	(HFCKW-31)	1	0,02	
C_2HFCl_4	(HFCKW-121)	2	0,01–0,04	
$C_2HF_2Cl_3$	(HFCKW-122)	3	0,02–0,08	
$C_2HF_3Cl_2$	(HFCKW-123)	3	0,02–0,06	77
$CHCl_2CF_3$	(HFCKW-123)[4]	–	0,02	
C_2HF_4Cl	(HFCKW-124)	2	0,02–0,04	609
$CHFClCF_3$	(HFCKW-124)[4]	–	0,022	
$C_2H_2FCl_3$	(HFCKW-131)	3	0,007–0,05	
$C_2H_2F_2Cl_2$	(HFCKW-132)	4	0,008–0,05	
$C_2H_2F_3Cl$	(HFCKW-133)	3	0,02–0,06	
$C_2H_3FCl_2$	(HFCKW-141)	3	0,005–0,07	
CH_3CFCl_2	(HFCKW-141b)[4]	–	0,11	725
$C_2H_3F_2Cl$	(HFCKW-142)	3	0,008–0,07	
CH_3CF_2Cl	(HFCKW-142b)[4]	–	0,065	2310
C_2H_4FCl	(HFCKW-151)	2	0,003–0,005	
C_3HFCl_6	(HFCKW-221)	5	0,015–0,07	
$C_3HF_2Cl_5$	(HFCKW-222)	9	0,01–0,09	
$C_3HF_3Cl_4$	(HFCKW-223)	12	0,01–0,08	
$C_3HF_4Cl_3$	(HFCKW-224)	12	0,01–0,09	
$C_3HF_5Cl_2$	(HFCKW-225)	9	0,02–0,07	
$CF_3CF_2CHCl_2$	(HFCKW-225ca)[4]	–	0,025	122

[1] Anl. C neu gef. mWv 1.1.2019 durch Prot. v. 15.10.2016 (BGBl. 2017 II S. 1138, 1139).

Gruppe	Stoff	Anzahl der Isomere	Ozonabbau-potential[2)]	globales Treibhauspotential über einen Zeitraum von 100 Jahren[3)]
CF_2ClCF_2CHClF	(HFCKW-225cb)[4)]	–	0,033	595
C_3HF_6Cl	(HFCKW-26)	5	0,02–0,10	
$C_3H_2FCl_5$	(HFCKW-231)	9	0,05–0,09	
$C_3H_2F_2Cl_4$	(HFCKW-232)	16	0,008–0,10	
$C_3H_2F_3Cl_3$	(HFCKW-233)	18	0,007–0,23	
$C_3H_2F_4Cl_2$	(HFCKW-234)	16	0,01–0,28	
$C_3H_2F_5Cl$	(HFCKW-235)	9	0,03–0,52	
$C_3H_3FCl_4$	(HFCKW-241)	12	0,004–0,09	
$C_3H_3F_2Cl_3$	(HFCKW-242)	18	0,005–0,13	
$C_3H_3F_3Cl_2$	(HFCKW-243)	18	0,007– 0,12	
$C_3H_3F_4Cl$	(HFCKW-244)	12	0,009–0,14	
$C_3H_4FCl_3$	(HFCKW-251)	12	0,001–0,01	
$C_3H_4F_2Cl_2$	(HFCKW-252)	16	0,005–0,04	
$C_3H_4F_3Cl$	(HFCKW-253)	12	0,003–0,03	
$C_3H_5FCl_2$	(HFCKW-261)	9	0,002–0,02	
$C_3H_5F_2Cl$	(HFCKW-262)	9	0,002–0,02	
C_3H_6FCl	(HFCKW-271)	5	0,001–0,03	

2) **[Amtl. Anm.:]** Ist für das Ozonabbaupotential ein Bereich angegeben, so wird der höchste Wert dieses Bereichs für die Zwecke des Protokolls verwendet. Die als Einzelwerte angegebenen Ozonabbaupotentiale wurden durch Berechnungen auf der Grundlage von Labormessungen ermittelt. Die als Bereich angegebenen Ozonabbaupotentiale beruhen auf Schätzungen und sind weniger genau. Der Bereich bezieht sich auf eine Gruppe von Isomeren. Der obere Wert ist eine Schätzung des Ozonabbaupotentials des Isomers mit dem höchsten Ozonabbaupotential, und der untere Wert ist eine Schätzung des Ozonabbaupotentials des Isomers mit dem geringsten Ozonabbaupotential.

3) **[Amtl. Anm.:]** Für Stoffe, für die kein globales Treibhauspotential angegeben ist, gilt der Standardwert „0", bis ein Wert für ein globales Treibhauspotential im Wege des Verfahrens nach Artikel 2 Absatz 9 Buchstabe a Ziffer ii aufgenommen wird.

4) **[Amtl. Anm.:]** Bezeichnet die wirtschaftlich bedeutendsten Stoffe samt Ozonabbaupotentialwerten, die für die Zwecke des Protokolls zu verwenden sind.

Gruppe	Stoff		Anzahl der Isomere	Ozonabbau-potential[1)]
Gruppe II	$CHFBr_2$		1	1,00
	CHF_2Br	(R 22B1)	1	0,74
	CH_2FBr		1	0,73
	C_2HFBr_4		2	0,3–0,8
	$C_2HF_2Br_3$		3	0,5–1,8
	$C_2HF_3Br_2$		3	0,4–1,6
	C_2HF_4Br		2	0,7–1,2
	$C_2H_2FBr_3$		3	0,1–1,1
	$C_2H_2F_2Br_2$		4	0,2–1,5
	$C_2H_2F_3Br$		3	0,7–1,6
	$C_2H_3FBr_2$		3	0,1–1,7
	$C_2H_3F_2Br$		3	0,2–1,1
	C_2H_4FBr		2	0,07–0,1
	C_3HFBr_6		5	0,3–1,5
	$C_3HF_2Br_5$		9	0,2–1,9
	$C_3HF_3Br_4$		12	0,3–1,8
	$C_3HF_4Br_3$		12	0,5–2,2
	$C_3HF_5Br_2$		9	0,9–2,0
	C_3HF_6Br		5	0,7–3,3
	$C_3H_2FBr_5$		9	0,1–1,9
	$C_3H_2F_2Br_4$		16	0,2–2,1

Gruppe	Stoff		Anzahl der Isomere	Ozonabbau-potential[1)]
	$C_3H_2F_3Br_3$		18	0,2–5,6
	$C_3H_2F_4Br_2$		16	0,3–7,5
	$C_3H_2F_5Br$		8	0,9–14,0
	$C_3H_3FBr_4$		12	0,08–1,9
	$C_3H_3F_2Br_3$		18	0,1–3,1
	$C_3H_3F_3Br_2$		18	0,1–2,5
	$C_3H_3F_4Br$		12	0,3–4,4
	$C_3H_4FBr_3$		12	0,03–0,3
	$C_3H_4F_2Br_2$		16	0,1–1,0
	$C_3H_4F_3Br$		12	0,07–0,8
	$C_3H_5FBr_2$		9	0,04–0,4
	$C_3H_5F_2Br$		9	0,07–0,8
	C_3H_6FBr		5	0,02–0,7
Gruppe III	CH_2BrCl	Bromchlor-methan	1	0,12

[1)] Ist für das Ozonabbaupotential ein Bereich angegeben, so wird der höchste Wert dieses Bereichs für die Zwecke des Protokolls verwendet. Die als Einzelwerte angegebenen Ozonabbaupotentiale wurden durch Berechnungen auf der Grundlage von Labormessungen ermittelt. Die als Bereich angegebenen Ozonabbaupotentiale beruhen auf Schätzungen und sind weniger genau. Der Bereich bezieht sich auf eine Gruppe von Isomeren. Der obere Wert ist eine Schätzung des Ozonabbaupotentials des Isomers mit dem höchsten Ozonabbaupotential, und der untere Wert ist eine Schätzung des Ozonabbaupotentials des Isomers mit dem geringsten Ozonabbaupotential.

Anlage D[1)]

Liste der Erzeugnisse[2)], die in Anlage A aufgeführte geregelte Stoffe enthalten

(Angenommen nach Artikel 4 Absatz 3)

Erzeugnisse	**Zoll-Codenummer**
1. Klimageräte für Personen- und Lastkraftwagen (in das Fahrzeug eingebaut oder nicht)	....
2. Private und gewerbliche Kühl- und Klimaanlagen/Wärmepumpen[3)] z. B. Kühlgeräte Gefriergeräte Entfeuchter Wasserkühler Eismaschinen Klimageräte und Wärmepumpen	....
3. Aerosolerzeugnisse mit Ausnahme derjenigen, die für medizinische Zwecke verwendet werden	....
4. Tragbare Feuerlöscher	....
5. Dämmplatten, Paneele und Rohrverkleidungen	....
6. Vorpolymere	....

[1)] **[Amtl. Anm.:]** Diese Anlage wurde von der dritten Tagung der Vertragsparteien am 21 Juni 1991 in Nairobi nach Artikel 4 Absatz 3 des Protokolls angenommen.

[2)] **[Amtl. Anm.:]** Außer wenn sie als persönliche Habe oder unter ähnlichen nichtgewerblichen Umständen befördert werden, unter denen sie üblicherweise von Zollförmlichkeiten befreit sind.

[3)] **[Amtl. Anm.:]** Wenn sie in Anlage A aufgeführte geregelte Stoffe als Kältemittel und/oder im Dämmmaterial für das Erzeugnis enthalten.

Anlage E

Geregelte Stoffe

Gruppe	Stoff		Ozonabbau-potential
Gruppe I	CH_3Br	Methylbromid	0,6

Anlage F[1)]

Geregelte Stoffe

Gruppe	Stoff	globales Treibhauspotential über einen Zeitraum von 100 Jahren
Gruppe I		
CHF_2CHF_2	HFKW-134	1 100
CH_2FCF_3	HFKW-134a	1 430
CH_2FCHF_2	HFKW-143	353
$CHF_2CH_2CF_3$	HFKW-245fa	1 030
$CF_3CH_2CF_2CH_3$	HFKW-365mfc	794
CF_3CHFCF_3	HFKW-227ea	3 220
$CH_2FCF_2CF_3$	HFKW-236cb	1 340
CHF_2CHFCF_3	HFKW-236ea	1 370
$CF_3CH_2CF_3$	HFKW-236fa	9 810
$CH_2FCF_2CHF_2$	HFKW-245ca	693
$CF_3CHFCHFCF_2CF_3$	HFKW-43-10mee	1 640
CH_2F_2	HFKW-32	675
CHF_2CF_3	HFKW-125	3 500
CH_3CF_3	HFKW-143a	4 470
CH_3F	HFKW-41	92
CH_2FCH_2F	HFKW-152	53
CH_3CHF_2	HFKW-152a	124
Gruppe II		
CHF_3	HFKW-23	14 800

1) Anl. F angef. mWv 1.1.2019 durch Prot. v. 15.10.2016 (BGBl. 2017 II S. 1138, 1139).

460. Basler Übereinkommen über die Kontrolle der grenzüberschreitenden Verbringung gefährlicher Abfälle und ihrer Entsorgung[1), 2)]

Vom 22. März 1989

(BGBl. 1994 II 2704)

(Übersetzung)

Präambel

DIE VERTRAGSPARTNER DIESES ÜBEREINKOMMENS –

IM BEWUSSTSEIN des Risikos einer durch gefährliche Abfälle und andere Abfälle und ihre grenzüberschreitende Verbringung verursachten Schädigung der menschlichen Gesundheit und der Umwelt,

EINGEDENK der wachsenden Bedrohung, welche die zunehmende Erzeugung und Vielfalt gefährlicher Abfälle und anderer Abfälle und deren grenzüberschreitende Verbringung für die menschliche Gesundheit und die Umwelt darstellen,

SOWIE EINGEDENK DESSEN, daß die menschliche Gesundheit und die Umwelt vor den mit solchen Abfällen verbundenen Gefahren am wirksamsten dadurch geschützt werden, dass die Erzeugung solcher Abfälle nach Menge und/oder gefährlichen Eigenschaften auf ein Mindestmaß beschränkt wird,

ÜBERZEUGT, daß die Staaten die notwendigen Maßnahmen treffen sollen, um sicherzustellen, dass die Behandlung gefährlicher Abfälle und anderer Abfälle einschließlich ihrer grenzüberschreitenden Verbringung und ihrer Entsorgung unabhängig vom Ort der Entsorgung mit dem Schutz der menschlichen Gesundheit und der Umwelt vereinbar ist,

IN DER ERKENNTNIS, daß die Staaten dafür sorgen sollen, dass der Erzeuger seine Pflichten in Bezug auf Beförderung und Entsorgung gefährlicher Abfälle und anderer Abfälle so erfüllt, wie es – unabhängig vom Ort der Entsorgung – mit dem Schutz der Umwelt vereinbar ist,

IN VOLLER ANERKENNUNG des souveränen Rechts jedes Staates, die Einfuhr von aus dem Ausland stammenden gefährlichen

---

1) Das Übereinkommen ist für Deutschland am 20.7.1995 in Kraft getreten, für die Europäische Gemeinschaft bereits am 8.5.1994 (Bek. v. 27.7.1995, BGBl. II S. 696). Durch Beschluss III/1 v. 22.9.1995 hat die Konferenz der Vertragsparteien eine Ergänzung der Präambel durch einen neuen Absatz 7, die Einfügung eines neuen Artikels 4a sowie einer neuen Anlage VII angenommen (s. ABl. 1997 Nr. L 272/45 und BGBl. 2002 II S. 89; vgl. *zum* Verfahren Art. 17 des Übereinkommens). Diese Änderungen sind am 5.12.2019 – auch für Deutschland – in Kraft getreten (Bek. v. 15.10.2019, BGBl. II S. 1055, ber. BGBl. 2010 II S. 48). Änderung und Annahme von Anlagen durch Beschluss IV/9 v. 27.2.1998 (BGBl. 2002 II S. 89) sind hingegen lt. Bek. v. 10.6.2002 bereits am 24.5.2002 in Kraft getreten (BGBl. 2002/II S. 1687). Änderungen der Anlagen VIII und IX sind lt. VO v. 14.11.2003 am 20.11.2003 in Kraft getreten (BGBl. 2003 II S 1626); erneute Änderungen dieser Anlagen sind lt. VO v. 28.9.2005 am 8.10.2005 in Kraft getreten (BGBl. 2005 II S. 1122).

2) Vgl. für den EU-Rechtsraum auch VO 1013/2006 v. 14.6.2006 über die Verbringung von Abfällen (ABl. Nr. L 190/1 v. 12.7.2006), zuletzt geänd. durch VO 2015/2002 v. 10.11.2015 (ABl. Nr. L 294/1 v. 11.11.2015).

Abfällen und anderen Abfällen in sein Hoheitsgebiet oder die Entsorgung in seinem Hoheitsgebiet zu verbieten,

SOWIE IN ANERKENNUNG des wachsenden Wunsches nach einem Verbot der grenzüberschreitenden Verbringung gefährlicher Abfälle in andere Staaten, insbesondere Entwicklungsländer, und ihrer Entsorgung in solchen Staaten,

IN ANERKENNUNG DES UMSTANDS, daß bei der grenzüberschreitenden Verbringung gefährlicher Abfälle, insbesondere nach Entwicklungsländern, in hohem Maße die Gefahr besteht, dass keine umweltgerechte Behandlung der gefährlichen Abfälle gemäß den Anforderungen dieses Übereinkommens erfolgt,

ÜBERZEUGT, daß gefährliche Abfälle und andere Abfälle in dem Staat entsorgt werden sollen, in dem sie erzeugt wurden, soweit dies mit einer umweltgerechten und wirksamen Behandlung vereinbar ist,

SOWIE IN DEM BEWUSSTSEIN, daß eine grenzüberschreitende Verbringung solcher Abfälle aus dem Erzeugerstaat in einen anderen Staat nur erlaubt werden soll, wenn sie unter Bedingungen erfolgt, welche die menschliche Gesundheit und die Umwelt nicht gefährden und mit diesem Übereinkommen vereinbar sind,

IN DER ERWÄGUNG, daß eine verstärkte Kontrolle der grenzüberschreitenden Verbringung gefährlicher Abfälle und anderer Abfälle ihrer umweltgerechten Behandlung und einer Verringerung des Umfangs der grenzüberschreitenden Verbringung förderlich sein wird,

ÜBERZEUGT, daß die Staaten Maßnahmen für einen zweckdienlichen Austausch von Informationen und eine wirksame Kontrolle der grenzüberschreitenden Verbringung gefährlicher Abfälle und anderer Abfälle aus und nach diesen Staaten treffen sollen,

IN DER ERKENNTNIS, daß in mehreren internationalen und regionalen Übereinkünften die Frage des Schutzes und der Bewahrung der Umwelt im Zusammenhang mit der Durchfuhr gefährlicher Güter behandelt wurde,

UNTER BERÜCKSICHTIGUNG der Erklärung der Konferenz der Vereinten Nationen über die Umwelt des Menschen (Stockholm, 1972), der vom Verwaltungsrat des Umweltprogramms der Vereinten Nationen (UNEP) mit Beschluß 14/30 vom 17. Juni 1987 angenommenen Kairoer Richtlinien und Grundsätze für die umweltgerechte Behandlung gefährlicher Abfälle, der 1957 abgefaßten und alle zwei Jahre auf den neuesten Stand gebrachten Empfehlungen des Sachverständigenausschusses der Vereinten Nationen über die Beförderung gefährlicher Güter der im Rahmen der Vereinten Nationen angenommenen einschlägigen Empfehlungen, Erklärungen, Übereinkünfte und Regelungen und der von anderen internationalen und regionalen Organisationen durchgeführten Arbeiten und Untersuchungen,

EINGEDENK DES GEISTES, der Grundsätze, der Ziele und der *Aufgaben* der von der Generalversammlung der Vereinten Nationen auf ihrer siebenunddreißigsten Tagung (1982) als ethische Richtschnur zum Schutz der menschlichen Umwelt und der Erhaltung der natürlichen Ressourcen angenommenen Weltcharta der Natur,

IN BEKRÄFTIGUNG DER TATSACHE, daß die Staaten für die Erfüllung ihrer internationalen Verpflichtungen betreffend den Schutz der menschlichen Gesundheit und den Schutz und die Bewahrung der Umwelt verantwortlich sind und nach dem Völkerrecht hierfür haften,

IN DER ERKENNTNIS, daß bei einer wesentlichen Verletzung dieses Übereinkommens oder eines dazugehörigen Protokolls das einschlägige internationale Vertragsrecht zur Anwendung gelangt,

IM BEWUSSTSEIN DER NOTWENDIGKEIT, umweltgerechte, abfallarme Technologien, Verwertungsverfahren, gute Bewirtschaftungs- und Behandlungssysteme weiterzuentwickeln und anzuwenden, um die Erzeugung gefährlicher Abfälle und anderer Abfälle auf ein Mindestmaß zu beschränken,

SOWIE IN DEM BEWUSSTSEIN, daß sich die internationale Gemeinschaft in zunehmendem Maße mit der Notwendigkeit befaßt, die grenzüberschreitende Verbringung gefährlicher Abfälle und anderer Abfälle streng zu kontrollieren, und mit der Notwendigkeit, diese Verbringung so weit wie möglich auf ein Mindestmaß zu beschränken,

BESORGT ÜBER DAS PROBLEM des unerlaubten grenzüberschreitenden Verkehrs mit gefährlichen Abfällen und anderen Abfällen,

SOWIE UNTER BERÜCKSICHTIGUNG der begrenzten Möglichkeiten der Entwicklungsländer, gefährliche Abfälle und andere Abfälle zu behandeln,

IN ANERKENNUNG DER NOTWENDIGKEIT, die Weitergabe von Technologie, insbesondere an Entwicklungsländer, für die sachgerechte Behandlung von im Inland angefallenen gefährlichen Abfällen und anderen Abfällen entsprechend dem Geist der Kairoer Richtlinien und dem Beschluß 14/16 des Verwaltungsrats des UNEP über die Förderung der Weitergabe von Umweltschutztechnologien zu fördern,

SOWIE IN ANERKENNUNG DER TATSACHE, daß gefährliche Abfälle und andere Abfälle in Übereinstimmung mit einschlägigen internationalen Übereinkünften und Empfehlungen befördert werden sollen,

SOWIE IN DER ÜBERZEUGUNG, daß die grenzüberschreitende Verbringung gefährlicher Abfälle und anderer Abfälle nur erlaubt werden soll, wenn die Beförderung und die endgültige Entsorgung solcher Abfälle umweltgerecht erfolgen,

UND IN DEM FESTEN WILLEN, durch strenge Kontrollen die menschliche Gesundheit und die Umwelt vor den nachteiligen Folgen zu schützen, die sich aus der Erzeugung und Behandlung gefährlicher Abfälle und anderer Abfälle ergeben können –

HABEN FOLGENDES VEREINBART:

Art. 1 Geltungsbereich des Übereinkommens. (1) Folgende Abfälle, die Gegenstand grenzüberschreitender Verbringung sind, gelten im Sinne dieses Übereinkommens als „gefährliche Abfälle“:

a) Abfälle, die einer in Anlage I enthaltenen Gruppe angehören, es sei denn, sie besitzen keine der in Anlage III aufgeführten Eigenschaften, und

b) Abfälle, die nicht unter Buchstabe a fallen, aber nach den innerstaatlichen Rechtsvorschriften der Vertragspartei, die Ausfuhr-, Einfuhr- oder Durchfuhrstaat ist, als gefährliche Abfälle bezeichnet sind oder als solche gelten.

(2) Abfälle, die einer in Anlage II enthaltenen Gruppe angehören und Gegenstand grenzüberschreitender Verbringung sind, gelten im Sinne dieses Übereinkommens als „andere Abfälle“.

(3) Abfälle, die wegen ihrer Radioaktivität anderen internationalen, insbesondere für radioaktives Material geltenden Kontrollsystemen, einschließlich internationaler Übereinkünfte unterliegen, sind vom Geltungsbereich dieses Übereinkommens ausgenommen.

(4) Abfälle, die durch den üblichen Betrieb eines Schiffes entstehen und deren Einleiten durch eine andere internationale Übereinkunft geregelt ist, sind von dem Geltungsbereich dieses Übereinkommens ausgenommen.

Art. 2 Begriffsbestimmungen. Im Sinne dieses Übereinkommens

1. bedeutet „Abfälle“ Stoffe oder Gegenstände, die entsorgt werden, zur Entsorgung bestimmt sind oder aufgrund der innerstaatlichen Rechtsvorschriften entsorgt werden müssen;
2. bedeutet „Behandlung“ die Sammlung, Beförderung und Entsorgung gefährlicher Abfälle oder anderer Abfälle, einschließlich der nachfolgenden Überwachung der Deponien;
3. bedeutet „grenzüberschreitende Verbringung“ jede Verbringung gefährlicher Abfälle oder anderer Abfälle aus einem der Hoheitsgewalt eines Staates unterstehenden Gebiet in oder durch ein der Hoheitsgewalt eines anderen Staates unterstehendes Gebiet oder in oder durch ein nicht der Hoheitsgewalt eines Staates unterstehendes Gebiet; in die Verbringung müssen mindestens zwei Staaten einbezogen sein;
4. bedeutet „Entsorgung“ jedes in Anlage IV aufgeführte Verfahren;
5. bedeutet „zugelassene Deponie oder Anlage“ eine Deponie oder Anlage für die Entsorgung gefährlicher Abfälle oder anderer Abfälle, für die von einer zuständigen Behörde des Staates, in dem sich die Deponie oder Anlage befindet, eine Betriebsgenehmigung oder -erlaubnis erteilt wurde;
6. bedeutet „zuständige Behörde“ eine von einer Vertragspartei bestimmte staatliche Behörde, die innerhalb eines von der Vertragspartei nach eigenem Ermessen festgelegten geographischen Gebiets für die Entgegennahme der Notifikation über eine grenzüber-

schreitende Verbringung gefährlicher Abfälle oder anderer Abfälle und aller diesbezüglichen Informationen sowie für die Beantwortung einer solchen Notifikation nach Artikel 6 verantwortlich ist;

7. bedeutet „Anlaufstelle“ die in Artikel 5 genannte Stelle einer Vertragspartei, die für die Entgegennahme und Mitteilung der Informationen nach den Artikeln 13 und 15 verantwortlich ist;
8. bedeutet „umweltgerechte Behandlung gefährlicher Abfälle oder anderer Abfälle“ alle praktisch durchführbaren Maßnahmen, die si-

(Fortsetzung nächstes Blatt)

cherstellen, daß gefährliche Abfälle oder andere Abfälle so behandelt werden, daß der Schutz der menschlichen Gesundheit und der Umwelt vor den nachteiligen Auswirkungen, die solche Abfälle haben können, gewährleistet ist;

9. bedeutet „der Hoheitsgewalt eines Staates unterstehendes Gebiet" jedes Land- oder Meeresgebiet und jeden Luftraum, innerhalb dessen ein Staat nach dem Völkerrecht verwaltungsrechtliche Zuständigkeit in bezug auf den Schutz der menschlichen Gesundheit oder der Umwelt ausübt;
10. bedeutet „Ausfuhrstaat" eine Vertragspartei, von der aus eine grenzüberschreitende Verbringung gefährlicher Abfälle oder anderer Abfälle geplant ist oder eingeleitet wird;
11. bedeutet „Einfuhrstaat" eine Vertragspartei, in die eine grenzüberschreitende Verbringung gefährlicher Abfälle oder anderer Abfälle zum Zweck der Entsorgung oder zum Zweck des Verladens vor der Entsorgung in einem nicht der Hoheitsgewalt eines Staates unterstehenden Gebiet geplant ist oder stattfindet;
12. bedeutet „Durchfuhrstaat" jeden Staat, der nicht Ausfuhr- oder Einfuhrstaat ist, durch den eine Verbringung gefährlicher Abfälle oder anderer Abfälle geplant ist oder stattfindet;
13. bedeutet „betroffene Staaten" Vertragsparteien, die Ausfuhr-, Einfuhr- oder Durchfuhrstaaten sind, gleichviel ob sie Vertragsparteien sind oder nicht;
14. bedeutet „Person" jede natürliche oder juristische Person;
15. bedeutet „Exporteur" jede Person unter der Hoheitsgewalt des Ausfuhrstaats, welche die Ausfuhr gefährlicher Abfälle oder anderer Abfälle veranlaßt oder vornimmt;
16. bedeutet „Importeur" jede Person unter der Hoheitsgewalt des Einfuhrstaats, welche die Einfuhr gefährlicher Abfälle oder anderer Abfälle veranlaßt oder vornimmt;
17. bedeutet „Beförderer" jede Person, welche gefährliche Abfälle oder andere Abfälle befördert;
18. bedeutet „Erzeuger" jede Person, durch deren Tätigkeit gefährliche Abfälle oder andere Abfälle anfallen, oder, ist diese Person nicht bekannt, die Person, die im Besitz dieser Abfälle ist und/oder sie kontrolliert;
19. bedeutet „Entsorger" jede Person, an die gefährliche Abfälle oder andere Abfälle versandt werden und welche die Entsorgung dieser Abfälle durchführt;
20. bedeutet „Organisation der politischen und/oder wirtschaftlichen Integration" eine von souveränen Staaten gegründete Organisation, der ihre Mitgliedstaaten Zuständigkeit für die durch dieses Übereinkommen geregelten Angelegenheiten übertragen haben und die nach ihren eigenen Verfahren ordnungsgemäß ermächtigt ist, das Übereinkommen zu unterzeichnen, zu ratifizieren, anzunehmen, zu genehmigen, förmlich zu bestätigen oder ihm beizutreten;

21. bedeutet „unerlaubter Verkehr" jede in Artikel 9 aufgeführte grenzüberschreitende Verbringung gefährlicher Abfälle oder anderer Abfälle.

Art. 3 Innerstaatliche Begriffsbestimmungen von gefährlichen Abfällen. (1) Jede Vertragspartei teilt binnen sechs Monaten, nachdem sie Vertragspartei dieses Übereinkommens geworden ist, dem Sekretariat des Übereinkommens mit, welche außer den in den Anlagen I und II aufgeführten Abfälle aufgrund innerstaatlicher Rechtsvorschriften als gefährlich gelten oder bezeichnet sind, sowie die Vorschriften für die Verfahren der grenzüberschreitenden Verbringung, die auf solche Abfälle Anwendung finden.

(2) Jede Vertragspartei teilt in der Folge dem Sekretariat jede bedeutende Änderung der nach Absatz 1 erteilten Informationen mit.

(3) Das Sekretariat teilt allen Vertragsparteien die nach den Absätzen 1 und 2 bei ihm eingegangenen Informationen sofort mit.

(4) Die Vertragsparteien sind dafür verantwortlich, daß die ihnen vom Sekretariat nach Absatz 3 übermittelten Informationen ihren Exporteuren zur Verfügung gestellt werden.

Art. 4 Allgemeine Verpflichtungen.

(1) a) Vertragsparteien, die ihr Recht wahrnehmen, die Einfuhr gefährlicher Abfälle oder anderer Abfälle zum Zweck ihrer Entsorgung zu verbieten, unterrichten die übrigen Vertragsparteien nach Artikel 13 von ihrem Beschluß.

b) Die Vertragsparteien verbieten oder erteilen keine Erlaubnis für die Ausfuhr gefährlicher Abfälle und anderer Abfälle in die Vertragsparteien, welche die Einfuhr solcher Abfälle verboten haben, wenn sie nach Buchstabe a davon in Kenntnis gesetzt worden sind.

c) Die Vertragsparteien verbieten oder erteilen keine Erlaubnis für die Ausfuhr gefährlicher Abfälle und anderer Abfälle, wenn der Einfuhrstaat nicht seine schriftliche Einwilligung zu der bestimmten Einfuhr erteilt hat, für den Fall, daß dieser Einfuhrstaat die Einfuhr dieser Abfälle nicht verboten hat.

(2) Jede Vertragspartei trifft geeignete Maßnahmen, um

a) sicherzustellen, daß die Erzeugung gefährlicher Abfälle und anderer Abfälle im Inland auf ein Mindestmaß beschränkt wird, wobei soziale, technologische und wirtschaftliche Gesichtspunkte berücksichtigt werden;

b) die Verfügbarkeit geeigneter Entsorgungsanlagen für eine umweltgerechte Behandlung gefährlicher Abfälle und anderer Abfälle unabhängig vom Ort ihrer Entsorgung sicherzustellen, die sich nach Möglichkeit im Inland befinden sollen;

c) sicherzustellen, daß die an der Behandlung gefährlicher Abfälle oder anderer Abfälle im Inland beteiligten Personen die notwendigen Vor-

Vorkehrungen treffen, damit eine infolge dieser Behandlung entstehende Verschmutzung durch gefährliche Abfälle und andere Abfälle verhindert wird; sollte es zu einer solchen Verschmutzung kommen, so sind deren Folgen für die menschliche Gesundheit und die Umwelt auf ein Mindestmaß zu beschränken;

d) sicherzustellen, daß die grenzüberschreitende Verbringung gefährlicher Abfälle und anderer Abfälle auf ein Mindestmaß beschränkt wird, das mit der umweltgerechten und wirksamen Behandlung solcher Abfälle vereinbar ist, und die so durchgeführt wird, daß die menschliche Gesundheit und die Umwelt vor den nachteiligen Auswirkungen, die dadurch entstehen können, geschützt sind;

e) die Ausfuhr gefährlicher Abfälle oder anderer Abfälle in einen Staat oder eine Gruppe von Staaten, die einer Organisation der wirtschaftlichen und/oder politischen Integration angehören und die Vertragsparteien sind, insbesondere Entwicklungsländer, die durch ihre Rechtsvorschriften alle Einfuhren verboten haben, nicht zu erlauben oder wenn sie Grund zu der Annahme hat, daß die Abfälle im Sinne der von den Vertragsparteien auf ihrer ersten Tagung zu beschließenden Kriterien nicht umweltgerecht behandelt werden;

f) zu verlangen, daß den betroffenen Staaten Informationen über eine geplante grenzüberschreitende Verbringung gefährlicher Abfälle und anderer Abfälle nach Anlage V A übermittelt werden, damit sie die Auswirkungen der geplanten Verbringung auf die menschliche Gesundheit und die Umwelt beurteilen können;

g) die Einfuhr gefährlicher Abfälle und anderer Abfälle zu verhindern, wenn sie Grund zu der Annahme hat, daß die fraglichen Abfälle nicht umweltgerecht behandelt werden;

h) mit anderen Vertragsparteien und anderen interessierten Organisationen unmittelbar und über das Sekretariat bei Tätigkeiten zusammenzuarbeiten, einschließlich der Verbreitung von Informationen über die grenzüberschreitende Verbringung gefährlicher Abfälle und anderer Abfälle, damit die umweltgerechte Behandlung solcher Abfälle verbessert und der unerlaubte Verkehr verhindert werden.

(3) Die Vertragsparteien sind der Auffassung, daß der unerlaubte Verkehr mit gefährlichen Abfällen oder anderen Abfällen eine Straftat darstellt.

(4) Jede Vertragspartei trifft geeignete rechtliche, verwaltungsmäßige und sonstige Maßnahmen, um dieses Übereinkommen durchzuführen und ihm Geltung zu verschaffen, einschließlich Maßnahmen zur Verhinderung und Bestrafung übereinkommenswidriger Verhaltensweisen.

(5) Die Vertragsparteien erlauben weder die Ausfuhr gefährlicher Abfälle oder anderer Abfälle in eine Nichtvertragspartei noch deren Einfuhr aus einer Nichtvertragspartei.

(6) Die Vertragsparteien kommen überein, die Ausfuhr gefährlicher Abfälle oder anderer Abfälle zur Entsorgung innerhalb des Gebiets südlich von 60 Grad südlicher Breite nicht zu erlauben, gleichviel ob

solche Abfälle Gegenstand einer grenzüberschreitenden Verbringung sind.

(7) Jede Vertragspartei wird außerdem

a) allen Personen unter ihrer Hoheitsgewalt die Beförderung oder die Entsorgung gefährlicher Abfälle oder anderer Abfälle verbieten, sofern diese Personen nicht ermächtigt oder befugt sind, Tätigkeiten dieser Art auszuüben;

b) verlangen, daß gefährliche Abfälle und andere Abfälle, die Gegenstand einer grenzüberschreitenden Verbringung sein sollen, in Übereinstimmung mit allgemein angenommenen und anerkannten internationalen Regeln und Normen im Bereich der Verpackung, der Kennzeichnung und der Beförderung verpackt, gekennzeichnet und befördert werden und daß einschlägigen international anerkannten Gepflogenheiten gebührend Rechnung getragen wird;

c) verlangen, daß den gefährlichen Abfällen und anderen Abfällen vom Ausgangspunkt der grenzüberschreitenden Verbringung bis zum Ort der Entsorgung ein Begleitpapier beigefügt ist.

(8) Jede Vertragspartei verlangt, daß gefährliche Abfälle oder andere Abfälle, die ausgeführt werden sollen, im Einfuhrstaat oder anderswo umweltgerecht behandelt werden. Die technischen Richtlinien für die umweltgerechte Behandlung der von diesem Übereinkommen erfaßten Abfälle werden von den Vertragsparteien auf ihrer ersten Tagung beschlossen.

(9) Die Vertragsparteien treffen geeignete Maßnahmen, damit die grenzüberschreitende Verbringung gefährlicher Abfälle und anderer Abfälle nur zugelassen wird, wenn

a) der Ausfuhrstaat nicht über die technische Fähigkeit und die notwendigen Anlagen, die Mittel oder die geeigneten Deponien verfügt, um die fraglichen Abfälle umweltgerecht und wirksam zu entsorgen,

b) die fraglichen Abfälle als Rohstoff für Verwertungs- und Aufbereitungsindustrien im Einfuhrstaat benötigt werden oder

c) die betreffende grenzüberschreitende Verbringung mit anderen von den Vertragsparteien zu beschließenden Kriterien übereinstimmt; diese Kriterien dürfen jedoch nicht von den Zielen dieses Übereinkommens abweichen.

(10) Die in diesem Übereinkommen vorgesehenen Verpflichtungen der Staaten, in denen gefährliche Abfälle und andere Abfälle erzeugt werden, wonach diese Abfälle umweltgerecht zu behandeln sind, dürfen unter keinen Umständen auf die Einfuhr- oder Durchfuhrstaaten übertragen werden.

(11) Dieses Übereinkommen hindert eine Vertragspartei nicht daran, *zusätzliche Anforderungen* aufzustellen, die mit dem Übereinkommen im Einklang stehen und den Regeln des Völkerrechts entsprechen, um die menschliche Gesundheit und die Umwelt besser zu schützen.

(12)[1] Dieses Übereinkommen berührt weder die Souveränität der Staaten über ihr nach dem Völkerrecht festgelegtes Küstenmeer, die souveränen Rechte und die Hoheitsbefugnisse, welche die Staaten nach dem Völkerrecht in ihrer ausschließlichen Wirtschaftszone und auf ihrem Festlandsockel ausüben, noch die Wahrnehmung der im Völkerrecht vorgesehenen und in einschlägigen internationalen Übereinkünften niedergelegten Rechte und Freiheiten der Schiffahrt durch Schiffe und des Überflugs durch Luftfahrzeuge aller Staaten.

(13) Die Vertragsparteien verpflichten sich, die Möglichkeiten für eine Verringerung der Menge und/oder des Verschmutzungspotentials gefährlicher Abfälle und anderer Abfälle, die in andere Länder und insbesondere in Entwicklungsländer ausgeführt werden, regelmäßig zu überprüfen.

Art. 4a. (1) Jede von Anlage VII erfaßte Vertragspartei verbietet die grenzüberschreitende Verbringung gefährlicher Abfälle, die für die in Anlage IV Abschnitt A genannten Verfahren bestimmt sind, nach Staaten, die nicht von Anlage VII erfaßt werden.

(2) Jede von Anlage VII erfaßte Vertragspartei stellt die grenzüberschreitende Verbringung gefährlicher Abfälle gemäß Artikel 1 Absatz 1 Buchstabe a) des Übereinkommens, die für die in Anlage IV Abschnitt B genannten Verfahren bestimmt sind, nach nicht von Anlage VII erfaßten Staaten bis 31. Dezember 1997 schrittweise ein und verbietet sie ab diesem Zeitpunkt ganz. Eine solche grenzüberschreitende Verbringung wird nicht verboten, wenn die betreffenden Abfälle nicht als im Sinne des Übereinkommens gefährlich eingestuft sind.

Art. 5 Bestimmung der zuständigen Behörden und der Anlaufstelle. Um die Durchführung dieses Übereinkommens zu erleichtern, werden die Vertragsparteien

1. eine oder mehrere zuständige Behörden und eine Anlaufstelle bestimmen oder einrichten. Im Fall eines Durchfuhrstaats wird eine zuständige Behörde zur Entgegennahme der Notifikation bestimmt;
2. dem Sekretariat binnen drei Monaten nach dem Zeitpunkt, zu dem das Übereinkommen für sie in Kraft getreten ist, mitteilen, welche Stellen sie als Anlaufstelle und als zuständige Behörden bestimmt haben;

---

[1] Deutschland hat anlässlich der Ratifikation des Übereinkommens folgende Erklärung abgegeben (BGBl. 1995 II S. 696):

„Nach dem Verständnis der Regierung der Bundesrepublik Deutschland berührt Artikel 4 Absatz 12 des Übereinkommens nicht die Wahrnehmung der im Völkerrecht vorgesehenen Rechte und Freiheiten der Schiffahrt. Folglich ist nach Auffassung der Regierung der Bundesrepublik Deutschland das Übereinkommen nicht so zu betrachten, als verlange es, daß einem Staat die Durchfahrt gefährlicher Abfälle auf einem unter der Flagge einer Vertragspartei fahrenden Schiff, das nach dem Völkerrecht sein Recht der friedlichen Durchfahrt durch das Küstenmeer oder die Freiheit der Schiffahrt in einer ausschließlichen Wirtschaftszone wahrnimmt, angezeigt oder seine Zustimmung dazu eingeholt wird."

3. dem Sekretariat jede Änderung in bezug auf die nach Absatz 2 vorgenommenen Bestimmungen binnen eines Monats nach dem Zeitpunkt, zu dem der Beschluß über die Änderung getroffen wurde, mitteilen.

Art. 6 Grenzüberschreitende Verbringung zwischen Vertragsparteien. (1) Der Ausfuhrstaat teilt über seine zuständige Behörde der zuständigen Behörde der betroffenen Staaten schriftlich jede vorgesehene grenzüberschreitende Verbringung gefährlicher Abfälle oder anderer Abfälle mit oder verlangt vom Erzeuger oder Exporteur, daß er dies tut. Diese Notifikation enthält die in Anlage VA angegebenen Erklärungen und Informationen in einer für den Einfuhrstaat annehmbaren Sprache. An jeden betroffenen Staat braucht nur eine Notifikation gerichtet zu werden.

(2) Der Einfuhrstaat bestätigt der notifizierenden Stelle den Eingang der Notifikation, wobei er seine Zustimmung zu der Verbringung mit oder ohne Auflagen erteilt, die Erlaubnis für die Verbringung verweigert oder zusätzliche Informationen verlangt. Eine Abschrift der endgültigen Antwort des Einfuhrstaats wird den zuständigen Behörden der betroffenen Staaten übersandt, die Vertragsparteien sind.

(3) Der Ausfuhrstaat erlaubt dem Erzeuger oder Exporteur erst dann, mit der grenzüberschreitenden Verbringung zu beginnen, wenn er die schriftliche Bestätigung erhalten hat, daß

a) die notifizierende Stelle die schriftliche Zustimmung des Einfuhrstaats erhalten hat und

b) die notifizierende Stelle vom Einfuhrstaat die Bestätigung erhalten hat, daß zwischen dem Exporteur und dem Entsorger ein Vertrag vorhanden ist, in dem die umweltgerechte Behandlung der fraglichen Abfälle ausdrücklich festgelegt ist.

(4) Jeder Durchfuhrstaat, der Vertragspartei ist, bestätigt der notifizierenden Stelle umgehend den Eingang der Notifikation. Er kann der notifizierenden Stelle danach binnen 60 Tagen eine schriftliche Antwort zukommen lassen, in der er seine Zustimmung zu der Verbringung mit oder ohne Auflagen erteilt, die Erlaubnis für die Verbringung verweigert oder zusätzliche Informationen verlangt. Der Ausfuhrstaat erlaubt erst dann, mit der grenzüberschreitenden Verbringung zu beginnen, wenn er die schriftliche Zustimmung des Durchfuhrstaats erhalten hat. Beschließt eine Vertragspartei jedoch zu irgendeinem Zeitpunkt, im allgemeinen oder unter bestimmten Voraussetzungen keine vorherige schriftliche Zustimmung zu der grenzüberschreitenden Verbringung gefährlicher Abfälle oder anderer Abfälle in der Durchfuhr zu verlangen, oder ändert sie ihre Vorschriften in dieser Hinsicht, so teilt sie nach Artikel 13 den übrigen Vertragsparteien ihren Beschluß sofort mit. Geht in diesem letzteren Fall binnen 60 Tagen nach Eingang der Notifikation des Durchfuhrstaats keine Antwort bei dem Ausfuhrstaat ein, so kann dieser die Ausfuhr durch den Durchfuhrstaat erlauben.

(5) Werden bei einer grenzüberschreitenden Verbringung von Abfällen diese nicht von allen Beteiligten rechtlich als gefährliche Abfälle bezeichnet oder betrachtet, sondern nur

a) vom Ausfuhrstaat, so finden die Vorschriften des Absatzes 9, die für den Importeur oder Entsorger und den Einfuhrstaat gelten, sinngemäß auf den Exporteur beziehungsweise den Ausfuhrstaat Anwendung;

b) vom Einfuhrstaat oder von den Einfuhr- und Durchfuhrstaaten, die Vertragsparteien sind, so finden die Vorschriften der Absätze 1, 3, 4

(Fortsetzung nächstes Blatt)

und 6, die für den Exporteur und den Ausfuhrstaat gelten, sinngemäß auf den Importeur oder Entsorger beziehungsweise den Einfuhrstaat Anwendung oder

c) von einem Durchfuhrstaat, der Vertragspartei ist, so findet Absatz 4 auf diesen Staat Anwendung.

(6) Der Ausfuhrstaat kann, vorbehaltlich der schriftlichen Zustimmung der betroffenen Staaten, dem Erzeuger oder dem Exporteur erlauben, eine allgemeine Notifikation zu verwenden, wenn gefährliche Abfälle oder andere Abfälle mit den gleichen physikalischen und chemischen Eigenschaften regelmäßig über dasselbe Ausreisezollamt des Ausfuhrstaats und über dasselbe Einreisezollamt des Einfuhrstaats und im Fall einer Durchfuhr über dasselbe Einreise- und Ausreisezollamt des Durchfuhrstaats oder der Durchfuhrstaaten an denselben Entsorger versandt werden.

(7) Die betroffenen Staaten können ihre schriftliche Zustimmung zu der Verwendung der in Absatz 6 genannten allgemeinen Notifikation von der Erteilung bestimmter Informationen abhängig machen, so etwa von Angaben über die genauen Mengen oder periodischen Listen der zu versendenden gefährlichen Abfälle oder anderen Abfälle.

(8) Die in den Absätzen 6 und 7 genannte allgemeine Notifikation und die schriftliche Zustimmung können wiederholte Sendungen gefährlicher Abfälle oder anderer Abfälle für eine Zeitspanne von höchstens 12 Monaten erfassen.

(9) Die Vertragsparteien verlangen, daß jede Person, die für eine grenzüberschreitende Verbringung gefährlicher Abfälle oder anderer Abfälle die Verantwortung übernimmt, das Begleitpapier entweder bei Lieferung oder bei Übernahme des betreffenden Abfalls unterzeichnet. Sie verlangen auch, daß der Entsorger sowohl den Exporteur als auch die zuständige Behörde des Ausfuhrstaats von der Übernahme der betreffenden Abfälle durch den Entsorger sowie zu gegebener Zeit vom Abschluß der Entsorgung entsprechend den in der Notifikation angegebenen Einzelheiten informiert. Geht eine derartige Information im Ausfuhrstaat nicht ein, so teilt die zuständige Behörde des Ausfuhrstaats oder der Exporteur dem Einfuhrstaat dies mit.

(10) Die aufgrund dieses Artikels erforderliche Notifikation und Antwort werden der zuständigen Behörde der betroffenen Vertragsparteien oder im Fall von Nichtvertragsparteien der entsprechenden staatlichen Behörde übermittelt.

(11) Jede grenzüberschreitende Verbringung gefährlicher Abfälle oder anderer Abfälle muß je nach den Vorschriften des Einfuhr- oder Durchfuhrstaats, der Vertragspartei ist, durch eine Versicherung, Bürgschaft oder Garantieleistung abgesichert sein.

Art. 7 Grenzüberschreitende Verbringung aus einer Vertragspartei durch Staaten, die nicht Vertragsparteien sind. Artikel 6 Absatz 2 des Übereinkommens findet sinngemäß auf die grenzüberschreitende Verbringung gefährlicher Abfälle oder anderer Abfälle aus einer Vertragspartei durch einen oder mehrere Staaten Anwendung, die nicht Vertragsparteien sind.

Art. 8 Wiedereinfuhrpflicht. Kann eine grenzüberschreitende Verbringung gefährlicher Abfälle oder anderer Abfälle, der die betroffenen Staaten vorbehaltlich dieses Übereinkommens zugestimmt haben, nicht entsprechend den vertraglichen Bedingungen zu Ende geführt werden, so sorgt der Ausfuhrstaat dafür, daß die betreffenden Abfälle vom Exporteur in den Ausfuhrstaat zurückgeführt werden, falls binnen 90 Tagen, nachdem der Einfuhrstaat den Ausfuhrstaat und das Sekretariat unterrichtet hat, oder binnen einer anderen von den betroffenen Staaten vereinbarten Frist keine anderen Regelungen für ihre umweltgerechte Entsorgung getroffen werden können. Zu diesem Zweck werden der Ausfuhrstaat und jeder Durchfuhrstaat, der Vertragspartei ist, die Rückführung dieser Abfälle in den Ausfuhrstaat nicht ablehnen, aufhalten oder verhindern.

Art. 9 Unerlaubter Verkehr. (1) Als unerlaubter Verkehr im Sinne dieses Übereinkommens gilt jede grenzüberschreitende Verbringung gefährlicher Abfälle oder anderer Abfälle,

a) die ohne eine nach dem Übereinkommen erforderliche Notifikation an alle betroffenen Staaten erfolgt,

b) die ohne die nach dem Übereinkommen erforderliche Zustimmung eines betroffenen Staates erfolgt,

c) die mit einer durch Fälschung, irreführende Angaben oder Betrug erlangten Zustimmung der betroffenen Staaten erfolgt,

d) die im wesentlichen nicht mit den Papieren übereinstimmt oder

e) die zu einer vorsätzlichen Beseitigung [z. B. Einbringen (dumping)] gefährlicher Abfälle oder anderer Abfälle entgegen diesem Übereinkommen und allgemeinen Grundsätzen des Völkerrechts führt.

(2) Gilt eine grenzüberschreitende Verbringung gefährlicher Abfälle oder anderer Abfälle infolge des Verhaltens des Exporteurs oder des Erzeugers als unerlaubter Verkehr, so sorgt der Ausfuhrstaat dafür, daß die betreffenden Abfälle

a) vom Exporteur oder vom Erzeuger oder, falls notwendig, von ihm selbst in den Ausfuhrstaat zurückgeführt werden oder, falls dies praktisch nicht möglich ist,

b) in Übereinstimmung mit diesem Übereinkommen anderweitig entsorgt werden,

und zwar binnen 30 Tagen, nachdem der Ausfuhrstaat über den unerlaubten Verkehr unterrichtet wurde, oder binnen einer anderen von den betroffenen Staaten zu vereinbarenden Frist. Zu diesem Zweck werden die betroffenen Vertragsparteien die Rückführung dieser Abfälle in den Ausfuhrstaat nicht ablehnen, aufhalten oder verhindern.

(3) Gilt eine grenzüberschreitende Verbringung gefährlicher Abfälle oder anderer Abfälle infolge des Verhaltens des Importeurs oder des Entsorgers als unerlaubter Verkehr, so sorgt der Einfuhrstaat dafür, daß die betreffenden Abfälle vom Importeur oder vom Entsorger oder, falls notwendig, von ihm selbst binnen 30 Tagen, nachdem der Einfuhrstaat von dem unerlaubten Verkehr Kenntnis erhalten hat, oder binnen einer anderen von den betroffenen Staaten zu vereinbarenden Frist umweltgerecht entsorgt werden. Zu diesem Zweck arbeiten die betroffenen Vertragsparteien nach Bedarf bei einer umweltgerechten Entsorgung der Abfälle zusammen.

(4) Kann die Verantwortung für den unerlaubten Verkehr weder dem Exporteur oder Erzeuger noch dem Importeur oder Entsorger zugewiesen werden, so arbeiten die betroffenen Vertragsparteien oder gegebenenfalls andere Vertragsparteien zusammen, um sicherzustellen, daß die betreffenden Abfälle so bald wie möglich im Ausfuhrstaat, im Einfuhrstaat oder gegebenenfalls anderswo umweltgerecht entsorgt werden.

(5) Jede Vertragspartei erläßt geeignete innerstaatliche Rechtsvorschriften zur Verhütung und Ahndung des unerlaubten Verkehrs. Die Vertragsparteien arbeiten im Hinblick auf die Verwirklichung der Ziele dieses Artikels zusammen.

Art. 10 Internationale Zusammenarbeit. (1) Die Vertragsparteien arbeiten zusammen, um die umweltgerechte Behandlung gefährlicher Abfälle und anderer Abfälle zu verbessern und zu verwirklichen.

(2) Zu diesem Zweck werden die Vertragsparteien

a) auf Anfrage Informationen auf zweiseitiger oder mehrseitiger Grundlage zur Förderung der umweltgerechten Behandlung gefährlicher Abfälle und anderer Abfälle einschließlich der Harmonisierung technischer Normen und Gepflogenheiten für die angemessene Behandlung gefährlicher Abfälle und anderer Abfälle zur Verfügung stellen;

b) bei der Überwachung der Auswirkungen der Behandlung gefährlicher Abfälle auf die menschliche Gesundheit und die Umwelt zusammenarbeiten;

c) vorbehaltlich ihrer innerstaatlichen Gesetze, sonstigen Vorschriften und Leitvorstellungen bei der Entwicklung und Durchführung neuer umweltgerechter, abfallarmer Technologien und der Verbesserung bestehender Technologien zusammenarbeiten, um so weit wie möglich die Erzeugung gefährlicher Abfälle und anderer Abfälle zu vermeiden und wirksamere und leistungsfähigere Methoden zu verwirklichen, die ihre umweltgerechte Behandlung gewährleisten, einschließlich der Untersuchung der wirtschaftlichen, sozialen und umweltbezogenen Auswirkungen, die durch die Einführung solcher neuen oder verbesserten Technologien entstehen;

d) vorbehaltlich ihrer innerstaatlichen Gesetze, sonstigen Vorschriften und Leitvorstellungen aktiv bei der Weitergabe von Technologie und Behandlungssystemen in bezug auf die umweltgerechte Behandlung gefährlicher Abfälle und anderer Abfälle zusammenarbeiten. Sie arbeiten auch bei der Entwicklung der technischen Mittel unter den Vertragsparteien zusammen, insbesondere wenn diese fachlicher Unterstützung auf diesem Gebiet bedürfen und darum ersuchen;

e) bei der Entwicklung geeigneter technischer Richtlinien und/oder Handhabungscodes zusammenarbeiten.

(3) Die Vertragsparteien wenden geeignete Mittel zur Zusammenarbeit an, um den Entwicklungsländern bei der Durchführung des Artikels 4 Absatz 2 Buchstaben a, b, c und d zu helfen.

(4) Unter Berücksichtigung der Bedürfnisse der Entwicklungsländer wird die Zusammenarbeit zwischen den Vertragsparteien und den zuständigen internationalen Organisationen ermutigt, um unter anderem das Bewußtsein der Öffentlichkeit, die Entwicklung umweltgerechter Behandlung gefährlicher Abfälle und anderer Abfälle und die Einführung neuer abfallarmer Technologien zu fördern.

Art. 11 Zweiseitige, mehrseitige und regionale Übereinkünfte. (1) Unbeschadet des Artikels 4 Absatz 5 können die Vertragsparteien zweiseitige, mehrseitige und regionale Übereinkünfte oder andere Vereinbarungen über die grenzüberschreitende Verbringung gefährlicher Abfälle oder anderer Abfälle mit Vertragsparteien oder Nichtvertragsparteien schließen, sofern diese Übereinkünfte oder anderen Vereinbarungen nicht von der in diesem Übereinkommen vorgeschriebenen umweltgerechten Behandlung gefährlicher Abfälle und anderer Abfälle abweichen. Diese Übereinkünfte oder anderen Vereinbarungen müssen Bestimmungen enthalten, die nicht weniger umweltgerecht sind als die in dem Übereinkommen vorgesehenen; dabei sind die Interessen der Entwicklungsländer besonders zu berücksichtigen.

(2) Die Vertragsparteien notifizieren dem Sekretariat alle in Absatz 1 genannten zweiseitigen, mehrseitigen oder regionalen Übereinkünfte oder anderen Vereinbarungen sowie alle Übereinkünfte und anderen Vereinbarungen, die sie, bevor dieses Übereinkommen für sie in Kraft trat, zum Zweck der Kontrolle der ausschließlich zwischen den Vertragsparteien der Übereinkünfte erfolgenden grenzüberschreitenden Verbringung gefährlicher Abfälle und anderer Abfälle geschlossen haben. Das Übereinkommen berührt nicht die aufgrund solcher Übereinkünfte erfolgende grenzüberschreitende Verbringung, sofern die Übereinkünfte mit der in dem Übereinkommen vorgeschriebenen umweltgerechten Behandlung gefährlicher Abfälle und anderer Abfälle vereinbar sind.

Art. 12 Konsultationen über Haftungsfragen. Die Vertragsparteien arbeiten zusammen, um so bald wie möglich ein Protokoll anzunehmen, das geeignete Regeln und Verfahren hinsichtlich der Haftung und des Ersatzes für Schäden festlegt, die sich aus der grenzüberschreitenden Verbringung und der Entsorgung gefährlicher Abfälle und anderer Abfälle ergeben.

Art. 13 Übermittlung von Informationen. (1) Die Vertragsparteien sorgen dafür, daß im Fall eines ihnen bekannt werdenden Unfalls, der sich bei der grenzüberschreitenden Verbringung gefährlicher Abfälle oder anderer Abfälle oder bei deren Entsorgung ereignet und der in anderen Staaten die menschliche Gesundheit und die Umwelt gefährden könnte, diese Staaten sofort benachrichtigt werden.

(2) Die Vertragsparteien informieren einander über das Sekretariat von

a) Änderungen hinsichtlich der Bestimmung der zuständigen Behörden und/oder Anlaufstellen nach Artikel 5;

b) Änderungen ihrer innerstaatlichen Begriffsbestimmung von gefährlichen Abfällen nach Artikel 3;

und, so bald wie möglich, von

c) den von ihnen getroffenen Beschlüssen, der Einfuhr gefährlicher Abfälle oder anderer Abfälle zum Zweck der Entsorgung in dem ihrer staatlichen Hoheitsgewalt unterstehenden Gebiet ganz oder teilweise nicht zuzustimmen;

d) den von ihnen getroffenen Beschlüssen, die Ausfuhr gefährlicher Abfälle oder anderer Abfälle zu beschränken oder zu verbieten;

e) allen anderen in Absatz 4 vorgeschriebenen Informationen.

(3) Die Vertragsparteien übermitteln entsprechend ihren innerstaatlichen Gesetzen und sonstigen Vorschriften der nach Artikel 15 eingesetzten Konferenz der Vertragsparteien vor dem Ende jedes Kalenderjahrs über das Sekretariat einen Bericht über das vorangegangene Kalenderjahr mit folgenden Informationen:

a) die von ihnen nach Artikel 5 bestimmten zuständigen Behörden und Anlaufstellen;

b) Informationen über die grenzüberschreitende Verbringung gefährlicher Abfälle oder anderer Abfälle, an der sie beteiligt waren, darunter

   i) die Menge der ausgeführten gefährlichen Abfälle und anderen Abfälle, ihre Gruppe, ihre Eigenschaften, ihren Bestimmungsort, einen etwaigen Durchfuhrstaat und die Entsorgungsmethode entsprechend den Angaben in der Antwort auf die Notifikation;

   ii) die Menge der eingeführten gefährlichen Abfälle und anderen Abfälle, ihre Gruppe, Eigenschaften, Herkunft und Entsorgungsmethoden;

   iii) Entsorgungen, die nicht planmäßig verliefen;

   iv) Bemühungen zur Verringerung der Menge der gefährlichen Abfälle oder anderen Abfälle, die grenzüberschreitend verbracht werden sollen;

c) Informationen über die von ihnen getroffenen Maßnahmen zur Durchführung dieses Übereinkommens;

d) Informationen über die von ihnen zusammengestellten verfügbaren aussagefähigen Statistiken über die Auswirkungen der Erzeugung, Beförderung und Entsorgung gefährlicher Abfälle oder anderer Abfälle auf die menschliche Gesundheit und die Umwelt;

e) Informationen über die nach Artikel 11 dieses Übereinkommens geschlossenen zweiseitigen, mehrseitigen und regionalen Übereinkünfte und anderen Vereinbarungen;

f) Informationen über Unfälle, die sich bei der grenzüberschreitenden Verbringung und bei der Entsorgung gefährlicher Abfälle und anderer Abfälle ereignet haben, sowie über die zu ihrer Bewältigung getroffenen Maßnahmen;

g) Informationen über die in dem ihrer innerstaatlichen Hoheitsgewalt unterstehenden Gebiet angewandten Entsorgungsverfahren;

h) Informationen über Maßnahmen zur Entwicklung von Technologien zur Verringerung und/oder Vermeidung des Anfalls von gefährlichen Abfällen und anderen Abfällen und

i) alle weiteren Informationen, die von der Konferenz der Vertragsparteien als sachdienlich erachtet werden.

(4) Die Vertragsparteien sorgen in Übereinstimmung mit ihren innerstaatlichen Gesetzen und sonstigen Vorschriften dafür, daß Abschriften jeder Notifikation über eine bestimmte grenzüberschreitende Verbringung gefährlicher Abfälle oder anderer Abfälle und der Antwort darauf an das Sekretariat gesandt werden, wenn eine Vertragspartei, die der Ansicht ist, daß ihre Umwelt durch diese grenzüberschreitende Verbringung beeinträchtigt werden könnte, darum ersucht.

Art. 14 Finanzielle Fragen. (1) Die Vertragsparteien kommen überein, daß entsprechend den besonderen Bedürfnissen verschiedener Regionen und Subregionen regionale oder subregionale Zentren für Ausbildung und für die Weitergabe von Technologie in bezug auf die Behandlung gefährlicher Abfälle und anderer Abfälle und der möglichst weitgehenden Vermeidung ihrer Erzeugung errichtet werden sollen. Die Vertragsparteien beschließen die Schaffung angemessener Mechanismen zur freiwilligen Finanzierung.

(2) Die Vertragsparteien erwägen die Errichtung eines revolvierenden Fonds, der als Übergangslösung in Notfällen helfen kann, die durch die grenzüberschreitende Verbringung gefährlicher Abfälle und anderer Abfälle oder die Entsorgung dieser Abfälle entstehenden Schäden auf ein Mindestmaß zu beschränken.

Art. 15 Konferenz der Vertragsparteien. (1) Hiermit wird eine *Konferenz der V*ertragsparteien eingesetzt. Die erste Tagung der Konferenz der Vertragsparteien, wird vom Exekutivdirektor des UNEP spätestens ein Jahr nach Inkrafttreten dieses Übereinkommens einberufen. Danach finden ordentliche Tagungen der Konferenz der Vertragsparteien in regelmäßigen Abständen statt, die von der Konferenz auf ihrer ersten Tagung festgelegt werden.

(2) Außerordentliche Tagungen der Konferenz der Vertragsparteien finden statt, wenn es die Konferenz für notwendig erachtet oder eine Vertragspartei schriftlich beantragt, sofern dieser Antrag binnen sechs Monaten nach seiner Übermittlung durch das Sekretariat von mindestens einem Drittel der Vertragsparteien unterstützt wird.

(3) Die Konferenz der Vertragsparteien vereinbart und beschließt durch Konsens für sich selbst und für gegebenenfalls von ihr einzusetzende Nebenorgane eine Geschäftsordnung sowie eine Finanzordnung, die insbesondere die finanzielle Beteiligung der Vertragsparteien dieses Übereinkommens regelt.

(4) Die Vertragsparteien prüfen auf ihrer ersten Tagung gegebenenfalls erforderliche zusätzliche Maßnahmen, die ihnen bei der Erfüllung ihrer Verantwortlichkeiten für den Schutz und die Bewahrung der Meeresumwelt im Rahmen dieses Übereinkommens helfen können.

(5) Die Konferenz der Vertragsparteien prüft und bewertet laufend die wirksame Durchführung dieses Übereinkommens; außerdem

a) fördert sie die Angleichung geeigneter Leitvorstellungen, Strategien und Maßnahmen zur Verringerung der Schädigung der menschlichen Gesundheit und der Umwelt durch gefährliche Abfälle und andere Abfälle;
b) prüft sie und beschließt gegebenenfalls Änderungen des Übereinkommens und seiner Anlagen, unter anderem unter Berücksichtigung verfügbarer wissenschaftlicher, technischer, wirtschaftlicher und ökologischer Informationen;
c) prüft und ergreift sie weitere Maßnahmen, die zur Erreichung der Zwecke des Übereinkommens aufgrund der durch die Wirkungsweise des Übereinkommens und der in Artikel 11 vorgesehenen Übereinkünfte und anderen Vereinbarungen gewonnenen Erfahrungen erforderlich sind;
d) prüft sie und beschließt gegebenenfalls Protokolle und
e) setzt sie die für die Durchführung des Übereinkommens für notwendig erachteten Nebenorgane ein.

(6) Die Vereinten Nationen, ihre Sonderorganisationen sowie jeder Staat, der nicht Vertragspartei dieses Übereinkommens ist, können auf den Tagungen der Konferenz der Vertragsparteien als Beobachter vertreten sein. Andere nationale oder internationale, staatliche oder nichtstaatliche Stellen oder Einrichtungen, die auf Gebieten im Zusammenhang mit gefährlichen Abfällen und anderen Abfällen fachlich befähigt sind und dem Sekretariat ihren Wunsch mitgeteilt haben, auf einer Tagung der Konferenz der Vertragsparteien als Beobachter vertreten zu sein, können zugelassen werden, sofern nicht mindestens ein Drittel der anwesenden Vertragsparteien widerspricht. Die Zulassung und

Teilnahme von Beobachtern unterliegen der von der Konferenz der Vertragsparteien beschlossenen Geschäftsordnung.

(7) Die Konferenz der Vertragsparteien nimmt drei Jahre nach Inkrafttreten dieses Übereinkommens und mindestens alle sechs Jahre danach eine Bewertung ihrer Wirksamkeit vor und prüft, wenn sie es für notwendig erachtet, die Annahme eines vollständigen oder teilweisen Verbots der grenzüberschreitenden Verbringung gefährlicher Abfälle und anderer Abfälle im Licht der jüngsten wissenschaftlichen, ökologischen, technischen und wirtschaftlichen Informationen.

Art. 16 Sekretariat. (1) Das Sekretariat hat folgende Aufgaben:

a) Es veranstaltet die in den Artikeln 15 und 17 vorgesehenen Tagungen und stellt die entsprechenden Dienste bereit;

b) es erarbeitet und übermittelt Berichte aufgrund der nach den Artikeln 3, 4, 6, 11 und 13 erhaltenen Informationen, der Informationen, die von den Tagungen der nach Artikel 15 eingesetzten Nebenorgane stammen, sowie gegebenenfalls der Informationen, die von einschlägigen zwischenstaatlichen und nichtstaatlichen Stellen zur Verfügung gestellt werden;

c) es erarbeitet Berichte über seine Tätigkeiten bei der Durchführung seiner Aufgaben im Rahmen dieses Übereinkommens und legt sie der Konferenz der Vertragsparteien vor;

d) es sorgt für die notwendige Koordinierung mit einschlägigen internationalen Stellen und schließt insbesondere die für die wirksame Erfüllung seiner Aufgaben notwendigen verwaltungsmäßigen und vertraglichen Vereinbarungen;

e) es steht mit den nach Artikel 5 dieses Übereinkommens von den Vertragsparteien eingerichteten Anlaufstellen und zuständigen Behörden in Verbindung;

f) es sammelt Informationen über genehmigte nationale Deponien und Anlagen von Vertragsparteien, die für die Entsorgung gefährlicher Abfälle und anderer Abfälle zur Verfügung stehen, und leitet diese Informationen an die Vertragsparteien weiter;

g) es nimmt Informationen von Vertragsparteien entgegen und übermittelt ihnen Informationen darüber, wo

– technische Hilfe und Ausbildung zu erhalten sind;
– technische und wissenschaftliche Fachkenntnisse verfügbar sind;
– Beratung und Sachkenntnis zu erhalten sind;
– Ressourcen verfügbar sind,

um ihnen auf Ersuchen auf Gebieten wie etwa den folgenden zu helfen:

– *Handhabung des in diesem* Übereinkommen vorgesehenen Notifikationssystems;
– Behandlung gefährlicher Abfälle und anderer Abfälle;

– umweltgerechte Technologien in bezug auf gefährliche Abfälle und andere Abfälle wie etwa abfallarme und abfallfreie Technologien;
– Bewertung der Entsorgungsmöglichkeiten und Deponien;
– Überwachung gefährlicher Abfälle und anderer Abfälle und
– Gegenmaßnahmen in Notfällen;

h) es stellt den Vertragsparteien auf Ersuchen Informationen über Berater oder Beratungsfirmen mit der erforderlichen technischen Eignung zur Verfügung, die ihnen helfen können, die Notifikation über eine grenzüberschreitende Verbringung, die Übereinstimmung einer Sendung gefährlicher Abfälle und anderer Abfälle mit der betreffenden Notifikation und/oder die Tatsache zu prüfen, ob die vorgeschlagenen Entsorgungsanlagen für gefährliche Abfälle oder andere Abfälle umweltgerecht sind, wenn sie Grund zu der Annahme haben, daß die betreffenden Abfälle nicht umweltgerecht behandelt werden. Eine Prüfung dieser Art ginge nicht zu Lasten des Sekretariats;

i) es hilft den Vertragsparteien auf Ersuchen bei der Ermittlung von Fällen des unerlaubten Verkehrs und leitet den betreffenden Vertragsparteien sofort jede Information zu, die es über unerlaubten Verkehr erhalten hat;

j) es arbeitet mit den Vertragsparteien und mit einschlägigen und zuständigen internationalen Organisationen und Einrichtungen zusammen, um den Staaten in einem Notfall Sachverständige und Ausrüstung zum Zweck der raschen Hilfeleistung zur Verfügung zu stellen, und

k) es nimmt sonstige Aufgaben im Rahmen des Übereinkommens wahr, die von der Konferenz der Vertragsparteien bestimmt werden.

(2) Die Sekretariatsaufgaben werden bis zum Abschluß der ersten Tagung der Konferenz der Vertragsparteien, die nach Artikel 15 abgehalten wird, vorläufig vom UNEP wahrgenommen.

(3) Auf ihrer ersten Tagung bestimmt die Konferenz der Vertragsparteien das Sekretariat aus der Reihe der bestehenden zuständigen zwischenstaatlichen Organisationen, welche ihre Bereitschaft bekundet haben, die in diesem Übereinkommen vorgesehenen Sekretariatsaufgaben wahrzunehmen. Auf dieser Tagung nimmt die Konferenz der Vertragsparteien auch eine Bewertung der Art und Weise vor, in der das vorläufige Sekretariat die ihm insbesondere in Absatz 1 übertragenen Aufgaben erfüllt hat, und beschließt die für die Wahrnehmung dieser Aufgaben am besten geeigneten Strukturen.

Art. 17 Änderung des Übereinkommens. (1) Jede Vertragspartei kann Änderungen dieses Übereinkommens und jede Vertragspartei eines Protokolls kann Änderungen des betreffenden Protokolls vorschlagen. In diesen Änderungen werden unter anderem einschlägige wissenschaftliche und technische Erwägungen gebührend berücksichtigt.

(2) Änderungen dieses Übereinkommens werden auf einer Tagung der Konferenz der Vertragsparteien beschlossen. Änderungen eines Protokolls werden auf einer Tagung der Vertragsparteien des betreffenden Protokolls beschlossen. Der Wortlaut einer vorgeschlagenen Änderung des Übereinkommens oder, sofern in einem Protokoll nichts anderes vorgesehen ist, des betreffenden Protokolls wird den Vertragsparteien mindestens sechs Monate vor der Tagung, auf der die Änderung zur Beschlußfassung vorgeschlagen wird, vom Sekretariat übermittelt. Das Sekretariat übermittelt vorgeschlagene Änderungen, auch den Unterzeichnern des Übereinkommens zur Kenntnisnahme.

(3) Die Vertragsparteien bemühen sich nach Kräften um eine Einigung durch Konsens über eine vorgeschlagene Änderung dieses Übereinkommens. Sind alle Bemühungen um einen Konsens erschöpft und wird keine Einigung erzielt, so wird als letztes Mittel die Änderung mit Dreiviertelmehrheit der auf der Tagung anwesenden und abstimmenden Vertragsparteien beschlossen und vom Verwahrer allen Vertragsparteien zur Ratifikation, Genehmigung, förmlichen Bestätigung oder Annahme vorgelegt.

(4) Das Verfahren nach Absatz 3 gilt für Änderungen von Protokollen; jedoch reicht für die Beschlußfassung darüber eine Zweidrittelmehrheit der auf der Tagung anwesenden und abstimmenden Vertragsparteien des Protokolls aus.

(5) Die Urkunde über die Ratifikation, Genehmigung, förmliche Bestätigung oder Annahme von Änderungen wird beim Verwahrer hinterlegt. Nach Absatz 3 oder 4 beschlossene Änderungen treten zwischen den Vertragsparteien, die sie angenommen haben, am neunzigsten Tag nach dem Zeitpunkt in Kraft, zu dem der Verwahrer die Urkunde über die Ratifikation, Genehmigung, förmliche Bestätigung oder Annahme von mindestens drei Vierteln der Vertragsparteien, welche die Änderungen angenommen haben, oder von mindestens zwei Dritteln der Vertragsparteien des betreffenden Protokolls, welche die Änderungen angenommen haben, empfangen hat, sofern in dem Protokoll nichts anderes vorgesehen ist. Danach treten die Änderungen für jede andere Vertragspartei am neunzigsten Tag nach dem Zeitpunkt in Kraft, zu dem die betreffende Vertragsparteien ihre Urkunde über die Ratifikation, Genehmigung, förmliche Bestätigung oder Annahme der Änderungen hinterlegt hat.

(6) Im Sinne dieses Artikels bedeutet „anwesende und abstimmende Vertragsparteien" die anwesenden Vertragsparteien, die eine Ja-Stimme oder eine Nein-Stimme abgeben.

Art. 18 Beschlußfassung über Anlagen und Änderungen von Anlagen. (1) Die Anlagen dieses Übereinkommens oder eines Protokolls sind Bestandteil des Übereinkommens beziehungsweise des be*treffenden Protokolls*; sofern nicht ausdrücklich etwas anderes vorgesehen ist, stellt eine Bezugnahme auf das Übereinkommen oder seine Protokolle gleichzeitig eine Bezugnahme auf die Anlagen dar. Diese

Anlagen beschränken sich auf wissenschaftliche, technische und verwaltungsmäßige Angelegenheiten.

(2) Sofern in einem Protokoll in bezug auf seine Anlagen nichts anderes vorgesehen ist, findet folgendes Verfahren auf den Vorschlag weiterer Anlagen des Übereinkommens oder von Anlagen eines Protokolls, die Beschlußfassung darüber und das Inkrafttreten derselben Anwendung:

a) Anlagen dieses Übereinkommens und seiner Protokolle werden nach dem in Artikel 17 Absätze 2, 3 und 4 festgelegten Verfahren vorgeschlagen und beschlossen;

b) eine Vertragspartei, die eine weitere Anlage dieses Übereinkommens oder eine Anlage eines Protokolls, dessen Vertragspartei sie ist, nicht anzunehmen vermag, notifiziert dies schriftlich dem Verwahrer binnen sechs Monaten nach dem Zeitpunkt, zu dem dieser mitgeteilt hat, daß die Anlage beschlossen worden ist. Der Verwahrer verständigt unverzüglich alle Vertragsparteien vom Empfang jeder derartigen Notifikation. Eine Vertragspartei kann jederzeit eine Anlage annehmen, gegen die sie zuvor Einspruch eingelegt hatte; diese Anlage tritt daraufhin für die betreffende Vertragspartei in Kraft;

c) nach Ablauf von sechs Monaten nach dem Zeitpunkt, zu dem der Verwahrer die Mitteilung versandt hat, wird die Anlage für alle Vertragsparteien dieses Übereinkommens oder des betreffenden Protokolls, die keine Notifikation nach Buchstabe b vorgelegt haben, wirksam.

(3) Der Vorschlag von Änderungen von Anlagen dieses Übereinkommens oder eines Protokolls, die Beschlußfassung darüber und das Inkrafttreten derselben unterliegen demselben Verfahren wie der Vorschlag von Anlagen des Übereinkommens oder von Anlagen eines Protokolls, die Beschlußfassung darüber und das Inkrafttreten derselben. In den Anlagen und ihren Änderungen werden unter anderem einschlägige wissenschaftliche und technische Erwägungen gebührend berücksichtigt.

(4) Hat eine weitere Anlage oder eine Änderung einer Anlage eine Änderung dieses Übereinkommens oder eines Protokolls zur Folge, so tritt die weitere oder die geänderte Anlage erst in Kraft, wenn die Änderung des Übereinkommens oder des betreffenden Protokolls in Kraft tritt.

Art. 19 Nachprüfung. Jede Vertragspartei, die Grund zu der Annahme hat, daß eine andere Vertragspartei ihren Pflichten aus diesem Übereinkommen zuwiderhandelt oder zuwidergehandelt hat, kann das Sekretariat davon in Kenntnis setzen; in diesem Fall unterrichtet sie gleichzeitig und sofort unmittelbar oder über das Sekretariat die Vertragspartei, gegen welche die Behauptung vorgebracht wird. Alle diesbezüglichen Informationen sollen den Vertragsparteien vom Sekretariat übermittelt werden.

Art. 20 Beilegung von Streitigkeiten. (1) Im Falle einer Streitigkeit zwischen Vertragsparteien über die Auslegung oder Einhaltung dieses Übereinkommens oder eines dazugehörigen Protokolls bemühen sich diese Vertragsparteien, die Streitigkeit durch Verhandlung oder andere friedliche Mittel eigener Wahl beizulegen.

(2) Können die betroffenen Vertragsparteien ihre Streitigkeit nicht durch die in Absatz 1 bezeichneten Mittel beilegen, so wird die Streitigkeit, falls die Streitparteien dies vereinbaren, dem Internationalen Gerichtshof oder einem Schiedsverfahren unter den in Anlage VI über das Schiedsverfahren festgelegten Bedingungen unterbreitet. Können sich die Vertragsparteien nicht darüber einigen, die Streitigkeit dem Internationalen Gerichtshof vorzulegen oder einem Schiedsverfahren zu unterwerfen, so sind sie dadurch nicht der Verantwortung enthoben, sich weiterhin um eine Lösung durch die in Absatz 1 bezeichneten Mittel zu bemühen.

(3) Bei der Ratifikation, der Annahme, der Genehmigung, der förmlichen Bestätigung oder beim Beitritt zu diesem Übereinkommen oder jederzeit danach können ein Staat oder eine Organisation der wirtschaftlichen und/oder politischen Integration erklären, daß sie ipso facto und ohne besondere Übereinkunft gegenüber jeder Vertragspartei, welche dieselbe Verpflichtung übernimmt, folgendes als obligatorisch anerkennen:

a) die Vorlage der Streitigkeit an den Internationalen Gerichtshof und/oder

b) die Unterwerfung der Streitigkeit unter ein Schiedsverfahren in Übereinstimmung mit den in Anlage VI festgelegten Verfahren.

Diese Erklärung wird dem Sekretariat schriftlich notifiziert, das sie an die Vertragsparteien weiterleitet.

Art. 21 Unterzeichnung. Dieses Übereinkommen liegt für Staaten, für Namibia, vertreten durch den Rat der Vereinten Nationen für Namibia, und für Organisationen der wirtschaftlichen und/oder politischen Integration am 22. März 1989 in Basel, vom 23. März 1989 bis zum 30. Juni 1989 im Eidgenössischen Departement für auswärtige Angelegenheiten der Schweiz in Bern und vom 1. Juli 1989 bis zum 22. März 1990 am Sitz der Vereinten Nationen in New York zur Unterzeichnung auf.

Art. 22 Ratifikation, Annahme, förmliche Bestätigung oder Genehmigung. (1) Dieses Übereinkommen bedarf der Ratifikation, Annahme oder Genehmigung durch Staaten und Namibia, vertreten durch den Rat der Vereinten Nationen für Namibia, sowie der förmlichen Bestätigung oder Genehmigung durch Organisationen der wirtschaftlichen und/oder politischen Integration. Die Ratifikations- und Annahmeurkunden, die Urkunden der förmlichen Bestätigung oder die Genehmigungsurkunden werden beim Verwahrer hinterlegt.

(2) Jede in Absatz 1 bezeichnete Organisation, die Vertragspartei dieses Übereinkommens wird, ohne daß einer ihrer Mitgliedstaaten Vertragspartei ist, ist durch alle Verpflichtungen aus dem Übereinkommen gebunden. Sind ein oder mehrere Mitgliedstaaten einer solchen Organisation Vertragspartei des Übereinkommens, so entscheiden die Organisationen und die Mitgliedstaaten über ihre jeweiligen Verantwortlichkeiten hinsichtlich der Erfüllung ihrer Verpflichtungen aus dem Übereinkommen. In diesen Fällen sind die Organisation und die Mitgliedstaaten nicht berechtigt, die Rechte aufgrund des Übereinkommens gleichzeitig auszuüben.

(3) In ihren Urkunden der förmlichen Bestätigung oder Genehmigungsurkunden erklären die in Absatz 1 bezeichneten Organisationen den Umfang ihrer Zuständigkeiten in bezug auf die durch dieses Übereinkommen erfaßten Angelegenheiten. Diese Organisationen teilen dem Verwahrer auch jede wesentliche Änderung des Umfangs ihrer Zuständigkeiten mit, der diese Mitteilung an die Vertragsparteien weiterleitet.

Art. 23 Beitritt. (1) Dieses Übereinkommen steht von dem Tag an, an dem es nicht mehr zur Unterzeichnung aufliegt, Staaten, Namibia, vertreten durch den Rat der Vereinten Nationen für Namibia, und Organisationen der wirtschaftlichen und/oder politischen Integration zum Beitritt offen. Die Beitrittsurkunden werden beim Verwahrer hinterlegt.

(2) In ihren Beitrittsurkunden erklären die in Absatz 1 bezeichneten Organisationen den Umfang ihrer Zuständigkeiten in bezug auf die durch dieses Übereinkommen erfaßten Angelegenheiten. Diese Organisationen teilen dem Verwahrer auch jede wesentliche Änderung des Umfangs ihrer Zuständigkeiten mit.

(3) Artikel 22 Absatz 2 findet auf Organisationen der wirtschaftlichen und/oder politischen Integration Anwendung, die diesem Übereinkommen beitreten.

Art. 24 Stimmrecht. (1) Unbeschadet des Absatzes 2 hat jede Vertragspartei dieses Übereinkommens eine Stimme.

(2) Die Organisationen der wirtschaftlichen und/oder politischen Integration üben in Angelegenheiten, die nach Artikel 22 Absatz 3 und Artikel 23 Absatz 2 in ihre Zuständigkeit fallen, ihr Stimmrecht mit der Anzahl der Stimmen aus, die der Anzahl ihrer Mitgliedstaaten entspricht, die Vertragsparteien dieses Übereinkommens oder des betreffenden Protokolls sind. Diese Organisationen üben ihr Stimmrecht nicht aus, wenn ihre Mitgliedstaaten ihr Stimmrecht ausüben, und umgekehrt.

Art. 25 Inkrafttreten. (1) Dieses Übereinkommen tritt am neunzigsten Tag nach dem Zeitpunkt der Hinterlegung der zwanzigsten Ratifikations- oder Annahmeurkunde, Urkunde der förmlichen Bestätigung, Genehmigungs- oder Beitrittsurkunde in Kraft.

(2) Für jeden Staat oder jede Organisation der wirtschaftlichen und/oder politischen Integration, die nach dem Zeitpunkt der Hinterlegung der zwanzigsten Ratifikations-, Annahme- oder Genehmigungsurkunde, Urkunde der förmlichen Bestätigung oder Beitrittsurkunde dieses Übereinkommen ratifiziert, annimmt, genehmigt oder förmlich bestätigt oder ihm beitritt, tritt das Übereinkommen am neunzigsten Tag nach dem Zeitpunkt der Hinterlegung der Ratifikations-, Annahme- oder Genehmigungsurkunde, der Urkunde der förmlichen Bestätigung oder der Beitrittsurkunde durch den betreffenden Staat oder die betreffende Organisation der wirtschaftlichen und/oder politischen Integration in Kraft.

(3) Für die Zwecke der Absätze 1 und 2 zählt eine von einer Organisation der wirtschaftlichen und/oder politischen Integration hinterlegte Urkunde nicht als zusätzliche Urkunde zu den von den Mitgliedstaaten der betreffenden Organisation hinterlegten Urkunden.

Art. 26 Vorbehalte und Erklärungen. (1) Vorbehalte oder Ausnahmen zu diesem Übereinkommen sind nicht zulässig.

(2) Absatz 1 schließt nicht aus, daß ein Staat oder eine Organisation der wirtschaftlichen und/oder politischen Integration bei der Unterzeichnung, Ratifikation, Annahme, Genehmigung oder förmlichen Bestätigung dieses Übereinkommens oder beim Beitritt dazu Erklärungen oder Stellungnahmen, gleich welchen Wortlauts oder welcher Bezeichnung abgibt, um unter anderem die anwendbaren Gesetze und sonstigen Vorschriften mit den Bestimmungen des Übereinkommens in Einklang zu bringen, vorausgesetzt, daß diese Erklärungen oder Stellungnahmen nicht darauf abzielen, die Rechtswirkungen der Bestimmungen des Übereinkommens in ihrer Anwendung auf diesen Staat auszuschließen oder zu ändern.

Art. 27 Rücktritt. (1) Eine Vertragspartei kann jederzeit nach Ablauf von drei Jahren nach dem Zeitpunkt, zu dem dieses Übereinkommen für sie in Kraft getreten ist, durch eine an den Verwahrer gerichtete schriftliche Notifikation vom Übereinkommen zurücktreten.

(2) Der Rücktritt wird ein Jahr nach dem Eingang der Notifikation beim Verwahrer oder zu einem gegebenenfalls in der Notifikation genannten späteren Zeitpunkt wirksam.

Art. 28 Verwahrer. Der Generalsekretär der Vereinten Nationen ist Verwahrer dieses Übereinkommens und jedes dazugehörigen Protokolls.

Art. 29 Verbindliche Wortlaute. Der urschriftliche arabische, chinesische, englische, französische, russische und spanische Wortlaut dieses Übereinkommens ist gleichermaßen verbindlich.

Zu Urkund dessen haben die hierzu gehörig befugten Unterzeichneten dieses Übereinkommen unterschrieben.

Geschehen zu Basel am 22. März 1989.

Anlage I
Gruppen der zu kontrollierenden Abfälle

Abfallart	
Y1	Klinischer Abfall, der bei der ärztlichen Versorgung in Krankenhäusern, medizinischen Zentren und Kliniken anfällt
Y2	Abfälle aus der Herstellung und Zubereitung pharmazeutischer Erzeugnisse
Y3	Altmedikamente, Abfälle von Arznei- und Heilmitteln
Y4	Abfälle aus der Herstellung, Zubereitung und Anwendung von Bioziden und Pflanzenschutzmitteln
Y5	Abfälle aus der Herstellung, Zubereitung und Anwendung chemischer Holzschutzmittel
Y6	Abfälle aus der Herstellung, Zubereitung und Verwendung organischer Lösemittel
Y7	Cyanidhaltige Abfälle aus der Oberflächenvergütung und -härtung
Y8	Altöl und Abfallmineralöl, die für den ursprünglichen Verwendungszweck nicht geeignet sind
Y9	Abfälle aus Öl-Wasser- und Kohlenwasserstoff-Wassergemischen und -emulsionen
Y10	Abfallstoffe und Erzeugnisse, die polychlorierte Biphenyle (PCB) und/oder polychlorierte Terphenyle (PCT) und/oder polybromierte Biphenyle (PBB) enthalten oder damit verunreinigt sind
Y11	Teerhaltige Abfälle, die bei der Raffination, Destillation und bei pyrolytischen Prozessen anfallen
Y12	Abfälle aus der Herstellung, Zubereitung und Verwendung von Tinten, Farbstoffen, Pigmenten, Farben, Lacken und Firnissen
Y13	Abfälle aus der Herstellung, Zubereitung und Verwendung von Harzen, Latex, Weichmachern, Klebstoffen/Adhäsiva
Y14	Abfälle chemischer Stoffe, die bei Forschungs-, Entwicklungs- oder Lehrtätigkeit anfallen und nicht identifiziert und/oder neu sind und deren Auswirkungen auf den Menschen und/oder die Umwelt unbekannt sind
Y15	Abfälle explosiver Art, die keiner sonstigen Rechtsvorschrift unterliegen
Y16	Abfälle aus der Herstellung, Zubereitung und Verwendung von Fotochemikalien und Verarbeitungsmaterialien
Y17	Abfälle aus der Oberflächenbehandlung von Metallen und Kunststoffen
Y18	Rückstände aus der industriellen Abfallentsorgung

Abfälle, die folgende Bestandteile enthalten:

Y19	Metallkarbonyle
Y20	Beryllium; Berylliumverbindungen
Y21	Chrom-VI-Verbindungen
Y22	Kupferverbindungen
Y23	Zinkverbindungen
Y24	Arsen; Arsenverbindungen
Y25	Selen; Selenverbindungen
Y26	Cadmium; Cadmiumverbindungen
Y27	Antimon; Antimonverbindungen
Y28	Tellur; Tellurverbindungen
Y29	Quecksilber; Quecksilberverbindungen
Y30	Thallium; Thalliumverbindungen
Y31	Blei; Bleiverbindungen
Y32	Anorganische Fluorverbindungen mit Ausnahme von Kalziumfluorid
Y33	Anorganische Cyanide
Y34	Saure Lösungen oder Säuren in fester Form
Y35	Basische Lösungen oder Basen in fester Form
Y36	Asbest (Staub und Fasern)
Y37	Organische Phosphorverbindungen
Y38	Organische Cyanide
Y39	Phenole; Phenolverbindungen einschließlich Chlorphenole
Y40	Äther

Y41 Halogenierte organische Lösemittel
Y42 Organische Lösemittel mit Ausnahme von halogenierten Lösemitteln
Y43 Polychlorierte Dibenzofurane und alle artverwandten Verbindungen
Y44 Polychlorierte Dibenzo-p-dioxine und alle artverwandten Verbindungen
Y45 Andere organische Halogenverbindungen als die in dieser Anlage aufgeführten Stoffe (z. B. Y39, Y41, Y42, Y43, Y44)

a) [1]Zur Erleichterung der Anwendung dieses Übereinkommens und vorbehaltlich der Buchstaben b, c und d gelten Abfälle, die in Anlage VIII aufgeführt sind, als gefährlich nach Artikel 1 Absatz 1 Buchstabe a des Übereinkommens und Abfälle, die in Anlage IX aufgeführt sind, werden von Artikel 1 Absatz 1 Buchstabe a des Übereinkommens nicht erfasst.

b) Die Nennung eines Abfalls in Anlage VIII schließt im Einzelfall nicht die Anwendung der Anlage III aus, um nachzuweisen, dass ein Abfall nicht gefährlich nach Artikel 1 Absatz 1 Buchstabe a des Übereinkommens ist.

c) Die Nennung eines Abfalls in Anlage IX schließt nicht aus, dass ein solcher Abfall im Einzelfall als gefährlich nach Artikel 1 Absatz 1 Buchstabe a des Übereinkommens gilt, wenn er in Anlage I genannte Stoffe in solchen Mengen enthält, dass er Eigenschaften nach Anlage III aufweist.

d) Die Anlagen VIII und IX berühren nicht die Anwendung des Artikels 1 Absatz 1 Buchstabe a des Übereinkommens zum Zweck einer Einstufung von Abfällen.

Anlage II

Gruppen von Abfällen, die besonderer Prüfung bedürfen

Y46 Haushaltsabfälle
Y47 Rückstände aus der Verbrennung von Haushaltsabfällen

Anlage III

Liste der gefährlichen Eigenschaften

VN-Klasse[2]	Code-Nummer	Eigenschaften
1	H1	Explosivstoffe Ein explosiver Stoff oder Abfall ist ein fester oder flüssiger Stoff oder Abfall (oder ein Gemisch aus Stoffen oder Abfällen), der selbständig durch chemische Reaktion Gas mit einer Temperatur, einem Druck und einer Geschwindigkeit erzeugen kann, daß Schäden in der Umgebung entstehen.
3	H3	Entzündbare Flüssigkeiten Entzündbare Flüssigkeiten sind Flüssigkeiten oder Flüssigkeitsgemische oder Flüssigkeiten, die Feststoffe in Lösung oder Suspension enthalten (z. B. Farben, Firnisse, Lacke usw., jedoch keine Stoffe oder Abfälle, die aufgrund ihrer Gefahreneigenschaften unter eine andere Gruppe fallen) und bei einer Temperatur von nicht mehr als 60,5 °C, Versuch im geschlossenen Tiegel, oder bei nicht mehr als 65,6 °C, Versuch im offenen Tiegel, entzündbare Dämpfe entwickeln. (Da die Ergebnisse der Versuche im offenen und im geschlosse-

[1] *Buchstaben a)–d) eingefügt durch* Beschluss IV/9 v. 27. 2. 1998 (BGBl. 2002/II S. 92).
[2] Entspricht der Einteilung in Gefahrenklassen, die in den Empfehlungen der Vereinten Nationen über die Beförderung gefährlicher Güter (ST/SG/AC. 10/1/Rev.5, Vereinte Nationen, New York, 1988) enthalten ist.

VN-Klasse[1]	Code-Nummer	Eigenschaften
		nen Tiegel nicht streng vergleichbar sind und sogar bei gleichem Versuch die einzelnen Ergebnisse oft unterschiedlich sind, würden von den vorstehenden Werten abweichende Vorschriften, die diese Unterschiede berücksichtigen, dem Geist dieser Begriffsbestimmung entsprechen.)
4.1	H4.1	Entzündbare Feststoffe Feststoffe oder Feststoffabfälle, die nicht als Explosivstoffe eingeteilt und unter Beförderungsbedingungen leicht brennbar sind oder durch Reibung einen Brand auslösen oder zu seiner Entstehung beitragen können.
4.2	H4.2	Selbstentzündbare Stoffe oder Abfälle Stoffe oder Abfälle, die sich unter den üblichen Beförderungsbedingungen von selbst oder bei Luftzutritt erhitzen und sich dann entzünden können.

(Fortsetzung nächstes Blatt)

[1] Entspricht der Einteilung in Gefahrenklassen, die in den Empfehlungen der Vereinten Nationen über die Beförderung gefährlicher Güter (ST/SG/AC. 10/1/Rev.5, Vereinte Nationen, New York, 1988) enthalten ist.

VN-Klasse[1)]	Code-Nummer	Eigenschaften
4.3	H4.3	Stoffe oder Abfälle, die in Berührung mit Wasser entzündbare Gase entwickeln Stoffe oder Abfälle, die sich durch Reaktion mit Wasser selbst entzünden oder gefährliche Mengen entzündbarer Gase freisetzen können.
5.1	H5.1	Oxidierende Stoffe Stoffe oder Abfälle, die zwar selbst nicht zwangsläufig entzündbar sind, die jedoch im allgemeinen durch Freisetzen von Sauerstoff, das Entzünden anderer Stoffe auslösen oder dazu beitragen können.
5.2	H5.2	Organische Peroxide Organische Stoffe oder Abfälle, welche die bivalente 0-0-Struktur enthalten, sind wärmeinstabile Stoffe, bei denen eine exotherme Zersetzung unter Selbstbeschleunigung eintreten kann.
6.1	H6.1	Giftige Stoffe (mit akuter Wirkung) Stoffe oder Abfälle, die durch Einnahme, Einatmen oder Durchdringen der Haut beim Menschen den Tod oder schwere Verletzungen herbeiführen oder die menschliche Gesundheit gefährden können.
6.2	H6.2	Infektiöse Stoffe Stoffe oder Abfälle, die lebensfähige Mikroorganismen oder deren Toxine enthalten, die erwiesenermaßen oder vermutlich bei Tieren oder Menschen Erkrankungen hervorrufen.
8	H8	Ätzende Stoffe Stoffe oder Abfälle, die bei Berührung durch chemische Reaktion schwere Schäden an lebendem Gewebe hervorrufen oder im Leckfall andere beförderte Güter oder das Beförderungsmittel selbst erheblich beschädigen oder sogar zerstören können; sie können auch andere Gefahren verursachen.
9	H10	Freisetzen toxischer Gase bei Kontakt mit Luft oder Wasser Stoffe oder Abfälle, die durch Reaktion mit Luft oder Wasser toxische Gase in gefährlichen Mengen freisetzen können.
9	H11	Toxische Stoffe (mit verzögerter oder chronischer Wirkung) Stoffe oder Abfälle, die durch Einatmen, Einnahme oder Durchdringen der Haut eine verzögerte oder chronische Wirkung, einschließlich Karzinogenität, zur Folge haben können.
9	H12	Ökotoxische Stoffe Stoffe oder Abfälle, die nach Freisetzen durch Bioakkumulation und/oder toxische Wirkung auf Lebenssysteme sofort oder später nachteilige Auswirkungen auf die Umwelt haben oder haben können.
9	H13	Stoffe, die auf irgendeine Weise nach der Entsorgung andere Substanzen erzeugen können, wie etwa Sickerstoffe, die eine der vorstehend aufgeführten Eigenschaften besitzen.

[1)] Entspricht der Einteilung in Gefahrenklassen, die in den Empfehlungen der Vereinten Nationen über die Beförderung gefährlicher Güter (ST/SG/AC. 10/1/Rev.5, Vereinte Nationen, New York, 1988) enthalten ist.

Prüfungen

Die Gefahren, die von bestimmten Abfallarten ausgehen können, sind noch nicht völlig geklärt; es gibt keine Prüfungen zur mengenmäßigen Bestimmung dieser Gefahren. Weitere Forschung ist erforderlich, um Methoden zur Kennzeichnung der möglichen Gefahren dieser Stoffe für den Menschen und/oder die Umwelt zu entwickeln. Für reine Substanzen und Stoffe sind genormte Prüfungen ausgearbeitete worden. Zahlreiche Staaten haben eigene Prüfungen entwickelt, die auf die in Anlage I aufgeführten Stoffe angewandt werden können, um festzustellen, ob diese Stoffe eine der in dieser Anlage aufgeführten Eigenschaften besitzen.

Anlage IV

Entsorgungsverfahren

A. Verfahren, bei denen Wiedergewinnung, Verwertung, Rückgewinnung und unmittelbare Wiederverwendung oder andere Weiterverwendung der Abfälle nicht möglich ist

Abschnitt A enthält sämtliche Entsorgungsverfahren, die in der Praxis angewandt werden.

D1 Ablagerungen in oder auf dem Boden (d. h. Deponien usw.)

D2 Behandlung im Boden (z. B. biologischer Abbau von flüssigen oder schlammigen Abfällen im Erdreich usw.)

D3 Verpressung (z. B. Verpressung pumpfähiger Abfälle in Bohrlöcher, Salzdome oder natürliche Hohlräume usw.)

D4 Oberflächenaufbringung (z. B. Ableitung flüssiger oder schlammiger Abfälle in Gruben, Teiche oder Lagunen usw.)

D5 Speziell angelegte Deponien (z. B. Ablagerung in abgedichteten, getrennten Räumen, die verschlossen und gegeneinander und gegen die Umwelt isoliert werden usw.)

D6 Einleitung in ein Gewässer mit Ausnahme von Meeren/Ozeanen

D7 Einleitung in Meere/Ozeane einschließlich Einbringung in den Meeresboden

D8 Biologische Behandlung, die nicht an anderer Stelle in dieser Anlage beschrieben ist und durch die Endverbindungen oder Gemische entstehen, die mit einem der in Abschnitt A aufgeführten Verfahren entsorgt werden

D9 Chemisch/physikalische Behandlung, die nicht an anderer Stelle in dieser Anlage beschrieben ist und durch die Endverbindungen oder -gemische entstehen, die mit einem der in Abschnitt A beschriebenen Verfahren entsorgt werden (z. B. Verdampfen, Trocknen, Kalzinieren, Neutralisieren, Ausfällen usw.)

D10 Verbrennung an Land

D11 Verbrennung auf See

D12 Dauerlagerung (z. B. Lagerung von Behältern in einem Bergwerk usw.)

D13 Vermengung oder Vermischung vor Anwendung eines der in Abschnitt A beschriebenen Verfahren

D14 Rekonditionierung vor Anwendung eines der in Abschnitt A beschriebenen Verfahren

D15 Lagerung bis zur Anwendung eines der in Abschnitt A beschriebenen Verfahren (Zwischenlagerung)

B. Verfahren, bei denen Wiedergewinnung, Verwertung, Rückgewinnung und unmittelbare oder andere Wiederverwendung möglich ist

Abschnitt B enthält sämtliche derartigen Verfahren in bezug auf Stoffe, die gesetzlich als gefährliche Abfälle bezeichnet werden oder als solche gelten und die andernfalls den in Abschnitt A beschriebenen Verfahren unterzogen würden.

R1 Verwendung als Brennstoff (außer bei Direktverbrennung) oder andere Mittel der *Energieerzeugung*

R2 Rückgewinnung/Regenerierung von Lösemitteln

R3 Verwertung/Rückgewinnung organischer Stoffe, die nicht als Lösemittel verwendet werden

R4 Verwertung/Rückgewinnung von Metallen und Metallverbindungen
R5 Verwertung/Rückgewinnung anderer anorganischer Stoffe
R6 Regenerierung von Säuren oder Basen
R7 Wiedergewinnung von Bestandteilen, die der Bekämpfung der Verunreinigung dienen
R8 Wiedergewinnung von Katalysatorbestandteilen
R9 Altölraffination oder andere Wiederverwendungsmöglichkeiten von Altöl
R10 Aufbringung auf den Boden zum Nutzen der Landwirtschaft oder der Ökologie
R11 Verwendung von Rückständen, die bei einem der unter R1–R10 aufgezählten Verfahren gewonnen werden
R12 Austausch von Abfällen, um sie einem der unter R1–R11 aufgezählten Verfahren zu unterziehen
R13 Ansammlung von Stoffen, die für eines der in Abschnitt B beschriebenen Verfahren vorgesehen sind.

Anlage V A

Bei der Notifikation anzugebende Informationen

1. Begründung für die Ausfuhr der Abfälle
2. Abfallexporteur[1]
3. Abfallerzeuger und Entstehungsort[1]
4. Abfallentsorger und tatsächlicher Ort der Entsorgung[1]
5. Vorgesehene(r) Abfallbeförderer oder, sofern bekannt, ihre Beauftragten[1]
6. Abfallausfuhrland
   Zuständige Behörde[2]
7. Voraussichtliche Durchfuhrländer
   Zuständige Behörde[2]
8. Abfalleinfuhrland
   Zuständige Behörde[2]
9. Allgemeine Notifikation oder Einzelnotifikation
10. Voraussichtliche(r) Versandtermin(e) und Dauer der Abfallausfuhr sowie vorgesehener Weg (einschließlich Ort der Einfuhr und der Ausfuhr)[3]
11. Vorgesehene Beförderungsart (Straße, Schiene, Seeweg, Luftweg, Binnengewässer)
12. Informationen über die Versicherung[4]
13. Bezeichnung und Beschreibung der Beschaffenheit des Abfalls, einschließlich der Y-Nummer und der VN-Nummer und seiner Zusammensetzung[5] sowie Angaben über etwaige besondere Handhabungsvorschriften, einschließlich der bei Unfällen zu ergreifenden Sofortmaßnahmen
14. Art der vorgesehenen Verpackung (z. B. als Schüttgut, in Fässern oder in Tanks)
15. Geschätzte Menge nach Gewicht/Volumen[6]
16. Verfahren, bei dem der Abfall anfällt[7]
17. Für die in Anlage I aufgeführten Abfälle Einteilungen nach Anlage III: Gefahreneigenschaft, H-Nummer und VN-Klasse
18. Entsorgungsverfahren nach Anlage IV
19. Erklärung des Erzeugers und des Exporteurs, daß die Informationen zutreffend sind
20. Informationen (einschließlich einer technischen Beschreibung der Anlage) des Abfallentsorgers an den Exporteur oder Erzeuger, auf die der Entsorger seine Feststellung gestützt hat, daß kein Grund zu der Annahme vorliegt, die Abfälle würden nicht umweltgerecht in Übereinstimmung mit den Gesetzen und sonstigen Vorschriften des Einfuhrlands behandelt werden
21. Informationen über den Vertrag zwischen dem Exporteur und dem Entsorger

Anmerkungen

[1] Vollständiger Name und vollständige Anschrift, Telefon-, Telex- oder Telefaxnummer sowie Name, Anschrift, Telefon-, Telex- oder Telefaxnummer der Kontaktperson.
[2] Vollständiger Name und vollständige Anschrift, Telefon-, Telex- oder Telefaxnummer.
[3] Bei einer allgemeinen Notifikation, die mehrere Sendungen betrifft, sind entweder die voraussichtlichen Versandtermine jeder einzelnen Sendung oder, falls diese nicht bekannt sind, die voraussichtliche Häufigkeit der Sendungen anzugeben.

[4] Informationen über einschlägige Versicherungsvorschriften und über ihre Einhaltung durch den Exporteur, den Beförderer und den Entsorger.

[5] Art und Konzentration der gefährlichsten Bestandteile hinsichtlich ihrer Toxizität und anderer sowohl mit der Behandlung als auch mit dem vorgesehenen Entsorgungsverfahren des Abfalls verbundenen Gefahren.

[6] Bei einer allgemeinen Notifikation, die mehrere Sendungen betrifft, sind sowohl die geschätzte Gesamtmenge als auch die geschätzten Mengen jeder einzelnen Sendung anzugeben.

[7] Soweit diese Angaben zur Einschätzung der Gefahr und zur Beurteilung der Eignung des vorgesehenen Entsorgungsverfahrens erforderlich sind.

Anlage V B

Im Begleitpapier anzugebende Informationen

1. Abfallexporteur[1]
2. Abfallerzeuger und Entstehungsort[1]
3. Abfallentsorger und tatsächlicher Ort der Entsorgung[1]
4. Beförderer des Abfalls[1] oder seine Beauftragten
5. Gegenstand einer allgemeinen oder einer Einzelnotifikation
6. Tag, an dem die grenzüberschreitende Verbringung begonnen hat, sowie Tag(e) des Eingangs und Unterschrift jeder Person, die den Abfall übernimmt
7. Beförderungsart (Straße, Schiene, Binnengewässer, Seeweg, Luftweg), einschließlich Ausfuhr-, Durchfuhr- und Einfuhrländer sowie Ort der Einfuhr und der Ausfuhr, sofern diese bekannt sind
8. Allgemeine Beschreibung des Abfalls (physische Beschaffenheit, genaue VN-Versandbezeichnung und -klasse, VN-Nummer, Y-Nummer und H-Nummer, soweit zutreffend)
9. Informationen über besondere Handhabungsvorschriften, einschließlich der bei Unfällen zu ergreifenden Sofortmaßnahmen
10. Art und Zahl der Versandstücke
11. Menge nach Gewicht/Volumen
12. Erklärung des Erzeugers oder Exporteurs, daß die Informationen zutreffend sind
13. Erklärung des Erzeugers oder Exporteurs, in der er bestätigt, daß von seiten der zuständigen Behörden aller betroffenen Staaten, die Vertragsparteien sind, kein Einspruch erhoben wird
14. Bestätigung des Entsorgers über den Eingang bei der bezeichneten Entsorgungsanlage sowie Angabe des Entsorgungsverfahrens und des ungefähren Entsorgungstermins.

Anmerkungen

Die im Begleitpapier anzugebenden Informationen sind nach Möglichkeit zusammen mit den nach den Beförderungsregeln vorgeschriebenen Angaben in einem einzigen Dokument zusammenzufassen. Ist dies nicht möglich, so sollen diese Informationen die nach den Beförderungsregeln vorgeschriebenen Angaben nicht wiederholen, sondern ergänzen. Das Begleitpapier enthält Anweisungen darüber, wer die Angaben beizubringen und die Vordrucke auszufüllen hat.

[1] Vollständiger Name und vollständige Anschrift, Telefon-, Telex- oder Telefaxnummer sowie Name, Anschrift, Telefon-, Telex- oder Telefaxnummer der Kontaktperson in Notfällen.

Anlage VI

Schiedsverfahren

Art. 1 [Anwendbare Vorschriften] Sofern die in Artikel 20 des Übereinkommens bezeichnete Vereinbarung nichts anderes vorsieht, wird das Schiedsverfahren nach den Artikeln 2 bis 10 durchgeführt.

Art. 2 [Notifikation] Die antragstellende Partei notifiziert dem Sekretariat, daß die Parteien sich darauf geeinigt haben, die Streitigkeit nach Artikel 20 Absatz 2 oder 3 des Übereinkommens einem Schiedsverfahren zu unterwerfen, und weist insbesondere auf die Artikel des Übereinkommens hin, deren Auslegung oder Anwendung strittig ist. Das Sekretariat leitet diese Informationen an alle Vertragsparteien des Übereinkommens weiter.

Art. 3 [Schiedsgericht] Das Schiedsgericht besteht aus drei Mitgliedern. Jede an der Streitigkeit beteiligte Vertragspartei bestellt einen Schiedsrichter, und die beiden so bestellten Schiedsrichter ernennen einvernehmlich den dritten Schiedsrichter zum Vorsitzenden des Gerichts. Dieser darf nicht Staatsangehöriger einer der Streitparteien sein, nicht seinen ständigen Aufenthalt im Hoheitsgebiet einer dieser Parteien haben, nicht bei einer von ihnen im Dienst stehen und sich in keiner anderen Eigenschaft mit der Streitigkeit befaßt haben.

Art. 4 [Ernennungen] (1) Ist der Vorsitzende des Schiedsgerichts nicht binnen zwei Monaten nach der Bestellung des zweiten Schiedsrichters ernannt, so ernennt ihn der Generalsekretär der Vereinten Nationen auf Ersuchen einer der Parteien binnen einer weiteren Frist von zwei Monaten.

(2) Hat eine der Streitparteien nicht binnen zwei Monaten nach Eingang des Ersuchens einen Schiedsrichter bestellt, so kann die andere Partei den Generalsekretär der Vereinten Nationen davon in Kenntnis setzen, der den Vorsitzenden des Schiedsgerichts binnen einer Frist von weiteren zwei Monaten ernennen wird. Nach seiner Ernennung fordert der Vorsitzende des Schiedsgerichts die Partei, die noch keinen Schiedsrichter bestellt hat, auf, diese Bestellung binnen zwei Monaten vorzunehmen. Nach Ablauf dieser Frist unterrichtet er den Generalsekretär der Vereinten Nationen, der diese Ernennung binnen einer Frist von weiteren zwei Monaten vornimmt.

Art. 5 [Rechtsanwendung; Verfahren] (1) Das Schiedsgericht trifft seine Entscheidungen nach Maßgabe des Völkerrechts und in Übereinstimmung mit dem Übereinkommen.

(2) Ein nach dieser Anlage gebildetes Schiedsgericht legt seine Verfahrensordnung fest.

Art. 6 [Verfahrensgrundsätze] (1) Das Schiedsgericht entscheidet über Verfahren und Inhalt mit der Mehrheit seiner Mitglieder.

(2) Das Gericht kann zur Feststellung der Tatsachen alle geeigneten Maßnahmen ergreifen. Auf Ersuchen einer der Parteien kann es dringende einstweilige Schutzmaßnahmen empfehlen.

(3) Die Streitparteien schaffen alle für den reibungslosen Verlauf des Verfahrens notwendigen Erleichterungen.

(4) Abwesenheit oder Versäumnis einer Partei stellt kein Hindernis für das Verfahren dar.

Art. 7 [Gegenklagen] Das Gericht kann über Gegenklagen, die mit dem Streitgegenstand unmittelbar in Zusammenhang stehen, verhandeln und entscheiden.

Art. 8 [Kosten] Sofern das Schiedsgericht nicht wegen der besonderen Umstände des Einzelfalls etwas anderes beschließt, werden die Kosten des Gerichts, einschließlich der Vergütung seiner Mitglieder, von den Streitparteien zu gleichen Teilen getragen. Das Gericht verzeichnet alle seine Kosten und legt den Parteien eine Schlußabrechnung vor.

Art. 9 [Verfahrensbeitritt] Hat eine Vertragspartei ein rechtliches Interesse an dem Streitgegenstand, das durch die Entscheidung des Falles berührt werden könnte, so kann sie mit Zustimmung des Gerichts dem Verfahren beitreten.

Art. 10 [Schiedsspruch] (1) Das Gericht fällt seinen Schiedsspruch binnen fünf Monaten nach dem Zeitpunkt, in dem es gebildet wurde; hält es jedoch eine Verlängerung dieser Frist für notwendig, so darf diese fünf Monate nicht überschreiten.

(2) Der Spruch des Schiedsgerichts ist mit einer Begründung zu versehen. Er ist endgültig und für die Streitparteien bindend.

(3) Streitigkeiten zwischen den Parteien über die Auslegung oder die Vollstreckung des Schiedsspruchs können von jeder Partei dem Schiedsgericht, das den Spruch gefällt hat, oder, falls dieses Gericht nicht befaßt werden kann, einem anderen Gericht unterbreitet werden, das zu diesem Zweck auf die gleiche Weise gebildet wird wie das erste.

Anlage VII

Vertragsparteien, die OECD-Mitgliedstaaten sind, andere OECD-Mitgliedstaaten, EG und Liechtenstein.

Anlage VIII[1)]

Liste A

In dieser Anlage aufgeführte Abfälle gelten nach Artikel 1 Absatz 1 Buchstabe a dieses Übereinkommens als gefährlich; die Nennung eines Abfalls in dieser Anlage schließt nicht die Anwendung der Anlage III aus, um nachzuweisen, dass ein Abfall nicht gefährlich ist.

A 1 Metalle und metallhaltige Abfälle
A 1010 – A 1190 *(Liste hier nicht abgedruckt)*
A 2 Abfälle aus vorwiegend anorganischen Bestandteilen, die Metalle oder organische Stoffe enthalten können
A 2010 – A 2060 *(Liste hier nicht abgedruckt)*
A 3 Abfälle aus vorwiegend organischen Bestandteilen, die Metalle oder anorganische Stoffe enthalten können
A 3010 – A 3200 *(Liste hier nicht abgedruckt)*
A 4 Abfälle, die sowohl anorganische als auch organische Bestandteile enthalten können
A 4010 – A 4160 *(Liste hier nicht abgedruckt)*

Anlage IX

Liste B

Die in dieser Anlage aufgeführten Abfälle werden nicht von Artikel 1 Absatz 1 Buchstabe a dieses Übereinkommens erfasst, es sei denn, sie enthalten in Anlage I genannte Stoffe in solchen Mengen, dass sie eine der in Anlage III festgelegten Eigenschaften aufweisen.

B 1 Metall- und metallhaltige Abfälle
B 1010 – B 1250 *(Liste hier nicht abgedruckt)*
B 2 Abfälle aus vorwiegend anorganischen Bestandteilen, die Metalle oder organische Stoffe enthalten können
B 2010 – B 2130 *(Liste hier nicht abgedruckt)*
B 3 Abfälle aus vorwiegend organischen Bestandteilen, die Metalle oder anorganische Stoffe enthalten können
B 3010 – B 3140 *(Liste hier nicht abgedruckt)*
B 4 Abfälle, die sowohl anorganische als auch organische Bestandteile enthalten können
B 4010 – B 4030 *(Liste hier nicht abgedruckt)*

---

1) Anlagen VIII und IX eingefügt durch Beschluss IV/9 v. 27.2.1998 (BGBl. 2002 II S. 92).

462. Übereinkommen zur Errichtung der Multilateralen Investitions-Garantie-Agentur[1), 2)]

Vom 11. Oktober 1985
(BGBl. 1987 II S. 455; geänd. BGBl. 2011 II S. 1263)

Präambel

DIE VERTRAGSSTAATEN –

IM HINBLICK auf die Notwendigkeit, die internationale Zusammenarbeit für die wirtschaftliche Entwicklung zu stärken und den Beitrag ausländischer Investitionen im allgemeinen und privater ausländischer Investitionen im besonderen zu dieser Entwicklung zu fördern,

IN DER ERKENNTNIS, daß der Fluß ausländischer Investitionen in die Entwicklungsländer durch Beseitigung der Besorgnisse in bezug auf nichtkommerzielle Risiken erleichtert und weiter gefördert würde,

IN DEM WUNSCH, den Kapital- und Technologiefluß in die Entwicklungsländer für produktive Zwecke zu Bedingungen, die ihren Entwicklungsbedürfnissen, -richtlinien und -zielen entsprechen, auf der Grundlage gerechter und dauerhafter Normen für die Behandlung ausländischer Investitionen auszuweiten,

IN DER ÜBERZEUGUNG, daß die Multilaterale Investitions-Garantie-Agentur eine wichtige Rolle bei der Förderung ausländischer Investitionen als Ergänzung nationaler und regionaler Investitionsgarantie-Programme und privater Versicherer nichtkommerzieller Risiken spielen kann, und

IN DER ERKENNTNIS, daß diese Agentur soweit möglich ihren Verpflichtungen ohne Rückgriff auf ihr abrufbares Kapital nachkommen sollte und daß diesem Ziel durch ständige Verbesserung der Investitionsbedingungen gedient würde –

SIND WIE FOLGT ÜBEREINGEKOMMEN:

---

1) In Kraft für die Bundesrepublik Deutschland seit 12. 4. 1988 (Bek. v. 21. 12. 1988, BGBl. 1989 II S. 47); zu den weiteren Vertragsparteien siehe Fundstellennachweis B zum BGBl., abgeschlossen am 31. 12. jeden Jahres. S. auch die Entschließung Nr. 12 v. 27. 3. 1989 des MIGA-Gouverneursrats (Bek. v. 19. 9. 1995, BGBl. II S. 905) über die Aufnahme neuer Mitglieder.

2) Durch Entschließung Nr. 86 v. 30. 7. 2010 hat der Gouverneursrat nach Art. 59 des Übereinkommens mit Wirkung v. 14. 11. 2010 eine Änderung der Art. 11 und 12 beschlossen (dt. Übersetzung in: BGBl. 2011 II S. 1263). Art. 4 Abs. 2 des Gesetzes v. 6. 12. 2011 (BGBl. II S. 1261) ist damit gegenstandslos.

Kapitel I. Errichtung, Rechtsstellung, Zweck und Begriffsbestimmungen

Art. 1 Errichtung und Rechtsstellung der Agentur. a) Hiermit wird die Multilaterale Investitions-Garantie-Agentur (im folgenden als Agentur bezeichnet) errichtet.

b) Die Agentur besitzt volle Rechtspersönlichkeit und namentlich die Fähigkeit,

i) Verträge zu schließen;
ii) bewegliches und unbewegliches Vermögen zu erwerben und darüber zu verfügen;
iii) vor Gericht zu stehen.

Art. 2 Ziel und Zweck. Ziel der Agentur ist es, den Fluß von Investitionen für produktive Zwecke unter den Mitgliedstaaten, insbesondere in die in der Entwicklung befindlichen Mitgliedstaaten, zu fördern und dadurch die Tätigkeit der Internationalen Bank für Wiederaufbau und Entwicklung (im folgenden als Bank bezeichnet), der Internationalen Finanz-Corporation und anderer internationaler Entwicklungsfinanzierungsinstitutionen zu ergänzen.

Zur Erreichung ihres Zieles wird die Agentur

a) Garantien einschließlich Mitversicherung und Rückversicherung für nichtkommerzielle Risiken in bezug auf Investitionen in einem Mitgliedstaat, die aus anderen Mitgliedstaaten kommen, gewähren;
b) geeignete zusätzliche Tätigkeiten zur Förderung des Flusses von Investitionen in die in der Entwicklung befindlichen Mitgliedstaaten und zwischen ihnen durchführen und
c) sonstige Befugnisse ausüben, die sich aus ihrer Tätigkeit ergeben und zur Erreichung ihres Zieles notwendig oder wünschenswert sind.

Die Agentur läßt sich in allen ihren Beschlüssen von den Bestimmungen dieses Artikels leiten.

Art. 3 Begriffsbestimmungen. Im Sinne dieses Übereinkommens

a) bedeutet „Mitglied" einen Staat, für den das Übereinkommen nach Artikel 61 in Kraft getreten ist;
b) bedeutet „Gastland" oder „Gastregierung" ein Mitglied, die Regierung oder jede Behörde eines Mitglieds, in dessen Hoheitsgebiet im Sinne des Artikels 66 eine von der Agentur garantierte oder rückversicherte beziehungsweise für eine Garantie oder Rückversicherung in Betracht gezogene Investition vorgenommen werden soll;
c) bedeutet ein „in der Entwicklung befindlicher Mitgliedstaat" ein Mitglied, das als solches in Anhang A in seiner von Zeit zu Zeit von dem in Artikel 30 genannten Gouverneursrat (im folgenden als Rat bezeichnet) geänderten Fassung aufgeführt ist;

d) bedeutet eine „besondere Mehrheit" eine Zustimmung durch mindestens zwei Drittel der Gesamtstimmenzahl, die mindestens fünfundfünfzig v.H. der gezeichneten Anteile des Grundkapitals der Agentur vertreten;

e) bedeutet eine „frei verwendbare Währung" i) jede vom Internationalen Währungsfonds von Zeit zu Zeit als solche bezeichnete Währung und ii) jede sonstige frei verfügbare und tatsächlich verwendbare Währung, die das in Artikel 30 genannte Direktorium für die Zwecke des Übereinkommens nach Konsultationen mit dem Internationalen Währungsfonds und mit Zustimmung des Landes der betreffenden Währung als solche bezeichnen kann.

Kapitel II. Mitgliedschaft und Kapital

Art. 4 Mitgliedschaft. a) Die Mitgliedschaft in der Agentur steht allen Mitgliedern der Bank sowie der Schweiz offen.

b) Gründungsmitglieder sind die in Anhang A aufgeführten Mitglieder, die am oder vor dem 30. Oktober 1987 Vertragsparteien dieses Übereinkommens werden.

Art. 5 Kapital. a) Das genehmigte Grundkapital der Agentur beträgt eine Milliarde Sonderziehungsrechte (1 000 000 000 SZR). Das Grundkapital ist in 100 000 Anteile mit einem Nennwert von je 10 000 SZR aufgeteilt, die von den Mitgliedern gezeichnet werden können. Alle Zahlungsverpflichtungen der Mitglieder hinsichtlich des Grundkapitals werden auf der Grundlage des Durchschnittswerts des SZR in US-Dollar für die Zeit vom 1. Januar 1981 bis zum 30. Juni 1985 ermittelt; dieser Wert beträgt 1,082 US-Dollar je SZR.

b) Das Grundkapital wird bei Aufnahme eines neuen Mitglieds in dem Umfang erhöht, in dem die Anteile, die zu diesem Zeitpunkt genehmigt sind, nicht ausreichen, um die Anteile zur Verfügung zu stellen, die von diesem Mitglied nach Artikel 6 gezeichnet werden müssen.

c) Der Rat kann das Grundkapital der Agentur jederzeit mit besonderer Mehrheit erhöhen.

Art. 6 Zeichnung der Anteile. Jedes Gründungsmitglied zeichnet zum Nennwert die Anzahl Anteile am Grundkapital, die in Anhang A *neben seinem* Namen aufgeführt sind.[1] Jedes andere Mitglied zeichnet eine vom Rat festgesetzte Anzahl Anteile am Grundkapital zu vom Rat festgelegten Bedingungen, keinesfalls jedoch zu einem Ausgabe-

[1] S. hierzu auch Art. 2 des dt. ZustimmungsG v. 20. 8. 1987 (BGBl. II S. 454): „Zur Erfüllung der Verbindlichkeiten, die der Bundesrepublik Deutschland aus dem Beitritt zur Multilateralen Investitions-Garantie-Agentur erwachsen, wird die Bundesregierung ermächtigt, vom Grundkapital einen Anteil von 50 710 000 Sonderziehungsrechten (in Worten: fünfzig Millionen siebenhundertzehntausend Sonderziehungsrechten) zu zeichnen."

preis von weniger als dem Nennwert. Kein Mitglied zeichnet weniger als fünfzig Anteile. Der Rat kann Vorschriften erlassen, nach denen die Mitglieder zusätzliche Anteile des genehmigten Grundkapitals zeichnen dürfen.

Art. 7 Aufteilung und Abruf des gezeichneten Kapitals. Die ursprünglichen Zeichnungsbeträge jedes Mitglieds werden wie folgt eingezahlt:

i) Innerhalb von neunzig Tagen nach dem Tag, an dem dieses Übereinkommen für das Mitglied in Kraft getreten ist, werden zehn v. H. des Preises jedes Anteils entsprechend der Bestimmung in Artikel 8 Buchstabe a in bar und weitere zehn v. H. in Form von nicht begebbaren, unverzinslichen Solawechseln oder ähnlichen Schuldscheinen eingezahlt, die auf Beschluß des Direktoriums zur Erfüllung der Verbindlichkeiten der Agentur eingelöst werden.

ii) Der Rest unterliegt einem Abruf durch die Agentur, wenn er zur Erfüllung ihrer Verbindlichkeiten benötigt wird.

Art. 8 Zahlung auf gezeichnete Anteile. a) Zahlungen auf Zeichnungsbeträge erfolgen in frei verwendbaren Währungen mit der Ausnahme, daß von in der Entwicklung befindlichen Mitgliedstaaten Zahlungen bis zu fünfundzwanzig v. H. ihrer nach Artikel 7 Ziffer i in bar erfolgenden Zahlungen auf ihre gezeichneten Anteile in ihrer eigenen Währung geleistet werden können.

b) Abrufe auf Teile nicht eingezahlter Zeichnungsbeträge erfolgen einheitlich für alle Anteile.

c) Reicht der bei der Agentur auf einen Abruf eingegangene Betrag nicht aus, um ihre den Abruf bedingenden Verbindlichkeiten zu erfüllen, so kann die Agentur weitere aufeinanderfolgende Abrufe nicht eingezahlter Zeichnungsbeträge vornehmen, bis der bei ihr eingegangene Gesamtbetrag zur Erfüllung ihrer Verbindlichkeiten ausreicht.

d) Die Haftung aus den Anteilen ist auf den nicht eingezahlten Teil des Ausgabepreises der Anteile beschränkt.

Art. 9 Bewertung der Währungen. Erweist es sich für die Zwecke dieses Übereinkommens als notwendig, den Wert einer Währung gegenüber einer anderen festzustellen, so ist ein von der Agentur nach Konsultationen mit dem Internationalen Währungsfonds in angemessener Weise festgesetzter Wert zugrunde zu legen.

Art. 10 Rückzahlungen. a) Die Agentur zahlt den Mitgliedern so bald wie möglich die auf Abrufe auf das gezeichnete Kapital eingezahlten Beträge zurück, sofern und soweit

i) der Abruf zur Zahlung einer Forderung aus einem Garantie- oder Rückversicherungsvertrag erfolgte und die Agentur danach ihren ausgezahlten Betrag ganz oder teilweise in einer frei verwendbaren Währung zurückerhalten hat,

ii) der Abruf wegen des Zahlungsverzugs eines Mitglieds erfolgte und das Mitglied danach seinen Zahlungsverpflichtungen ganz oder teilweise nachgekommen ist oder

iii) der Rat mit besonderer Mehrheit feststellt, daß die finanzielle Lage der Agentur eine Rückzahlung aller oder eines Teiles der Beträge aus den Einnahmen der Agentur zuläßt.

b) Jede aufgrund dieses Artikels vorgenommene Rückzahlung an ein Mitglied erfolgt in frei verwendbarer Währung in dem Verhältnis, in dem die Zahlungen des betreffenden Mitglieds zu dem Gesamtbetrag der Zahlungen stehen, die vor dieser Rückzahlung auf frühere Abrufe hin erfolgten.

c) Der Gegenwert der aufgrund dieses Artikels an ein Mitglied zurückgezahlten Beträge wird Teil der abrufbaren Kapitalverbindlichkeiten des Mitglieds nach Artikel 7 Ziffer ii.

Kapitel III. Geschäftstätigkeit

Art. 11 Gedeckte Risiken. a) Vorbehaltlich der Buchstaben b und c kann die Agentur für berücksichtigungsfähige Investitionen eine Garantie gegen Verlust übernehmen, der sich aus dem Eintritt einer oder mehrerer der folgenden Risikoarten ergibt:

i) Transfer von Währungsbeträgen
jede der Gastregierung zurechenbare Einführung von Beschränkungen hinsichtlich des Transfers ihrer Währung außerhalb des Gastlands in eine frei verwendbare Währung oder eine andere für den Garantienehmer annehmbare Währung, einschließlich des Versäumnisses der Gastregierung, dem Antrag dieses Garantienehmers auf einen solchen Transfer innerhalb einer angemessenen Frist zu entsprechen;

ii) Enteignung und ähnliche Maßnahmen
jede der Gastregierung zurechenbare Gesetzgebungs- oder Verwaltungsmaßnahme oder -unterlassung, die bewirkt, dass dem Garantienehmer das Eigentum an seiner Investition oder seine Kontrolle darüber beziehungsweise ein erheblicher Nutzen aus seiner Investition entzogen wird; ausgenommen sind allgemein anwendbare, nicht diskriminierende Maßnahmen, welche die Regierungen üblicherweise zur Regelung der Wirtschaftstätigkeit in ihrem Hoheitsgebiet treffen;

iii) Vertragsverletzung
jede Nichtanerkennung oder jede Verletzung eines Vertrags mit dem Garantienehmer durch die Gastregierung, wenn a) der Garantienehmer kein Gericht oder Schiedsgericht anrufen kann, um einen Anspruch wegen der Nichtanerkennung oder Verletzung feststellen zu lassen, oder b) eine Entscheidung dieses Gerichts nicht innerhalb einer angemessenen Frist ergeht, wie sie in den Garantieverträgen auf Grund der Vorschriften der Agentur bestimmt ist,

oder c) eine solche Entscheidung nicht durchgesetzt werden kann, und

iv) Krieg und zivile Unruhen
militärische Handlungen oder zivile Unruhen in einem Hoheitsgebiet des Gastlands, auf das dieses Übereinkommen nach Artikel 66 anwendbar ist

b) Außerdem kann das Direktorium mit besonderer Mehrheit die Ausweitung der Deckung aufgrund dieses Artikels auf bestimmte andere nichtkommerzielle Risiken als die unter Buchstabe a bezeichneten genehmigen, keinesfalls jedoch auf das Risiko der Währungsabwertung oder -entwertung.

c) Verluste, die sich aus folgenden Vorkommnissen ergeben, sind nicht abgedeckt:

i) jede Handlung oder Unterlassung der Gastregierung, der der Garantienehmer zugestimmt hat oder für die er verantwortlich ist, und

ii) jede Handlung oder Unterlassung der Gastregierung vor Abschluss des Garantievertrags oder jedes andere vor diesem Zeitpunkt eintretende Ereignis.

Art. 12 Berücksichtigungsfähige Investitionen. a) Zu den berücksichtigungsfähigen Investitionen gehören Kapitalbeteiligungen, einschließlich der von Anteilseignern des betreffenden Unternehmens gewährten oder garantierten mittel oder langfristigen Darlehen, sowie die vom Direktorium gegebenenfalls festgelegten Formen von Direktinvestitionen.

b) Andere als die unter Buchstabe a genannten Darlehen sind für eine Deckung berücksichtigungsfähig,

i) wenn sie dazu dienen, eine bestimmte Investition oder ein bestimmtes Vorhaben zu finanzieren, oder damit anderweitig in Zusammenhang stehen, sofern dabei eine andere Form von Direktinvestition vorliegt, gleichviel ob die Agentur dafür eine Garantie gewährt hat und unabhängig von dem Zeitpunkt, zu dem diese andere Investition erfolgt ist, oder

ii) wenn das Direktorium mit besonderer Mehrheit etwas anderes genehmigt.

c) Das Direktorium kann mit besonderer Mehrheit festlegen, dass auch andere mittel- oder langfristige Investitionsformen berücksichtigungsfähig sind.

d) Die Garantien sind im Allgemeinen auf Investitionen beschränkt, deren Durchführung nach der Eintragung des Garantieantrags durch die Agentur oder nach dem Eingang anderer ausreichender Beweise für die Absicht eines Investors, Garantien von der Agentur zu erlangen, bei der Agentur beginnt. Diese Investitionen können Folgendes umfassen:

i) einen Devisentransfer zum Zweck der Modernisierung, Erweiterung oder Entwicklung einer vorhandenen Investition; in diesem

Fall können sowohl die ursprüngliche Investition als auch die zusätzliche Investition als berücksichtigungsfähig für eine Deckung betrachtet werden;

ii) die Verwendung der Erträge aus vorhandenen Investitionen, die sonst aus dem Gastland transferiert werden könnten;

iii) den Erwerb einer vorhandenen Investition durch einen neuen berücksichtigungsfähigen Investor;

iv) vorhandene Investitionen, soweit sich ein berücksichtigungsfähiger Investor um die Versicherung eines Bündels vorhandener und neuer Investitionen bemüht;

v) vorhandene Investitionen im Eigentum eines berücksichtigungsfähigen Investors, sofern es sich um die Verbesserung oder Erweiterung des zugrundeliegenden Vorhabens handelt oder der Investor auf andere Art ein mittel- oder langfristiges Engagement für das Vorhaben beweist und die Agentur sich vergewissert hat, dass das Vorhaben nach wie vor große entwicklungspolitische Wirksamkeit im Gastland aufweist, sowie

vi) andere gegebenenfalls vom Direktorium mit besonderer Mehrheit genehmigte Investitionen.

e) Bei der Übernahme einer Garantie für eine Investition muss sich die Agentur über Folgendes vergewissern:

i) die wirtschaftliche Solidität der Investition und ihren Beitrag zur Entwicklung des Gastlands;

ii) die Übereinstimmung der Investition mit den Gesetzen und sonstigen Vorschriften des Gastlands;

iii) die Übereinstimmung der Investition mit den erklärten Entwicklungszielen und -prioritäten des Gastlands und

iv) die Investitionsbedingungen im Gastland, einschließlich der Verfügbarkeit einer gerechten und angemessenen Behandlung und eines Rechtsschutzes für die Investition.

Art. 13 Berücksichtigungsfähige Investoren. a) Jede natürliche Person und jede juristische Person kann als Empfänger einer Garantie der Agentur berücksichtigt werden,

(Fortsetzung nächstes Blatt)

i) sofern die natürliche Person Staatsangehöriger eines Mitglieds mit Ausnahme des Gastlands ist;

ii) sofern die juristische Person in einem Mitglied gegründet ist und dort ihren Hauptsitz hat oder sofern ihre Kapitalmehrheit einem oder mehreren Mitgliedern oder deren Staatsangehörigen gehört; in keinem der genannten Fälle darf jedoch das Mitglied das Gastland sein;

iii) sofern die juristische Person, gleichviel ob sie sich in Privateigentum befindet oder nicht, auf kommerzieller Grundlage arbeitet.

b) Hat der Investor mehr als eine Staatsangehörigkeit, so geht für die Zwecke des Buchstabens a die Staatsangehörigkeit eines Mitglieds der Staatsangehörigkeit eines Nichtmitglieds und die Staatsangehörigkeit des Gastlands der Staatsangehörigkeit jedes anderen Mitglieds vor.

c) Auf gemeinsamen Antrag des Investors und des Gastlands kann das Direktorium mit besonderer Mehrheit festlegen, daß auch eine natürliche Person, die Staatsangehöriger des Gastlands ist, oder eine juristische Person, die im Gastland gegründet ist oder deren Kapitalmehrheit seinen Staatsangehörigen gehört, berücksichtigungsfähig ist; das investierte Kapital muß in diesem Fall jedoch aus einem Land außerhalb des Gastlands transferiert werden.

Art. 14 Berücksichtigungsfähige Gastländer. Für Investitionen wird eine Garantie nach diesem Kapitel nur gewährt, wenn sie im Hoheitsgebiet eines in der Entwicklung befindlichen Mitgliedstaats vorgenommen werden sollen.

Art. 15 Genehmigung des Gastlands. Die Agentur darf einen Garantievertrag erst schließen, wenn die Gastregierung die Gewährung der Garantie durch die Agentur gegen die von ihr bezeichneten Risiken, die gedeckt werden sollen, genehmigt hat.

Art. 16 Bedingungen. Die Bedingungen jedes Garantievertrags werden von der Agentur nach Maßgabe der vom Direktorium erlassenen Regeln und Vorschriften festgelegt; die Agentur darf jedoch nicht den gesamten Verlust der garantierten Investitionen abdecken. Garantieverträge werden vom Präsidenten gemäß den Weisungen des Direktoriums genehmigt.

Art. 17 Befriedigung von Forderungen. Der Präsident entscheidet gemäß den Weisungen des Direktoriums entsprechend dem Garantievertrag und den vom Direktorium gegebenenfalls erlassenen Richtlinien über die Befriedigung von Forderungen eines Garantienehmers. In den Garantieverträgen wird den Garantienehmern auferlegt, sich um Abhilfen im Verwaltungsweg zu bemühen, die den Umständen angemessen sind, bevor eine Zahlung durch die Agentur erfolgt, sofern ihnen solche Abhilfen nach den Rechtsvorschriften des Gastlands ohne weiteres zur Verfügung stehen.

Die Verträge können den Ablauf bestimmter angemessener Fristen zwischen dem Eintritt eines die Forderung begründenden Ereignisses und der Befriedigung der Forderung vorschreiben.

Art. 18 Abtretung. a) Bei Zahlung oder bei Zustimmung zur Zahlung einer Entschädigung an einen Garantienehmer werden etwaige Rechte oder Forderungen des Garantienehmers gegenüber dem Gastland und anderen Schuldnern in bezug auf die garantierte Investition an die Agentur abgetreten. Die Bedingungen für die Abtretung werden im Garantievertrag festgelegt.

b) Die Rechte der Agentur nach Buchstabe a werden von allen Mitgliedern anerkannt.

c) Von der Agentur als Rechtsnachfolger nach Buchstabe a erworbene Beträge in der Währung des Gastlands genießen hinsichtlich der Verwendung und des Umtausches eine ebenso günstige Behandlung durch das Gastland, wie sie solchen Mitteln im Besitz des Garantienehmers zustünden. Diese Beträge können von der Agentur auf jeden Fall zur Deckung ihrer Verwaltungsausgaben und sonstigen Kosten verwendet werden. Die Agentur bemüht sich auch, mit den Gastländern Vereinbarungen über andere Arten der Verwendung dieser Währungen zu treffen, soweit diese nicht frei verwendbar sind.

Art. 19 Verhältnis zu nationalen und regionalen Rechtsträgern. Die Agentur arbeitet mit nationalen Rechtsträgern der Mitglieder und mit regionalen Rechtsträgern, deren Kapitalmehrheit Mitgliedern gehört und die in ähnlicher Weise wie die Agentur tätig sind, zusammen und versucht, deren Geschäftstätigkeit zu ergänzen, um sowohl die Leistungsfähigkeit ihrer jeweiligen Dienste als auch ihren Beitrag zu einem verstärkten Fluß ausländischer Investitionen auf ein Höchstmaß zu verstärken. Zu diesem Zweck kann die Agentur mit diesen Rechtsträgern Vereinbarungen über die Zusammenarbeit im einzelnen treffen, insbesondere die Modalitäten der Rückversicherung und Mitversicherung.

Art. 20 Rückversicherung nationaler und regionaler Rechtsträger. a) Die Agentur kann für eine bestimmte Investition eine Rückversicherung gegen Verluste aus einem oder mehreren nichtkommerziellen Risiken gewähren, die von einem Mitglied oder einer Agentur desselben oder von einer regionalen Investitions-Garantie-Agentur, deren Kapitalmehrheit Mitgliedern gehört, übernommen worden sind. Das Direktorium schreibt mit besonderer Mehrheit von Zeit zu Zeit Höchstbeträge für Eventualverpflichtungen vor, die von der Agentur in bezug auf Rückversicherungsverträge übernommen werden können. Für bestimmte, mehr als zwölf Monate vor Eingang des Rückversicherungsantrags bei der Agentur abgeschlossene Investitionen wird der Höchstbetrag zunächst auf zehn v. H. der gesamten Eventualverpflichtung der Agentur aufgrund dieses Kapitels festgesetzt. Die Voraussetzungen für die Berücksichtigungsfähigkeit nach den Artikeln 11 bis 14 gelten für Rückversicherungsgeschäfte; rückversicherte Investitionen brauchen jedoch nicht erst nach Stellung des Antrags auf Rückversicherung durchgeführt zu werden.

b) Die gegenseitigen Rechte und Pflichten der Agentur und eines rückversicherten Mitglieds oder einer rückversicherten Agentur werden unter Einhaltung der vom Direktorium erlassenen Regeln und Vorschriften in einem Rückversicherungsvertrag festgelegt. Das Direktorium genehmigt jeden Rückversicherungsvertrag, der sich auf eine vor Eingang des Antrags auf Rückversicherung bei der Agentur erfolgte Investition bezieht, mit dem Ziel, Risiken auf ein Mindestmaß zu beschränken, zu gewährleisten, daß die Agentur ihren Risiken entsprechende Prämien erhält, und zu gewährleisten, daß der rückversicherte Rechtsträger sich in angemessener Weise verpflichtet hat, neue Investitionen in den in der Entwicklung befindlichen Mitgliedstaaten zu fördern.

c) Die Agentur gewährleistet in größtmöglichem Umfang, daß sie oder der rückversicherte Rechtsträger Rechte in bezug auf Abtretung und Schiedsgerichtsbarkeit haben, die denen entsprechen, welche die Agentur hätte, wenn sie ursprünglicher Garantiegeber wäre. Die Rückversicherungsbedingungen schreiben vor, daß Abhilfen im Verwaltungsweg nach Artikel 17 angestrebt werden müssen, bevor eine Zahlung durch die Agentur erfolgt. Eine Abtretung wird in bezug auf das betroffene Gastland erst wirksam, nachdem dieses die Rückversicherung durch die Agentur genehmigt hat. Die Agentur nimmt in die Rückversicherungsverträge Bestimmungen auf, die von dem Rückversicherten verlangen, daß er die mit der rückversicherten Investition zusammenhängenden Rechte oder Forderungen mit gebührender Sorgfalt verfolgt.

Art. 21 Zusammenarbeit mit privaten Versicherern und mit Rückversicherern. a) Die Agentur kann mit privaten Versicherern in den Mitgliedstaaten Absprachen treffen, um ihre eigene Geschäftstätigkeit auszuweiten und diese Versicherer dazu zu bewegen, in den in der Entwicklung befindlichen Mitgliedstaaten Versicherungsschutz für nichtkommerzielle Risiken zu ähnlichen Bedingungen wie den von der Agentur angewendeten zu gewähren. Diese Absprachen können eine Rückversicherung durch die Agentur nach den in Artikel 20 vorgesehenen Bedingungen und Verfahren umfassen.

b) Die Agentur kann jede von ihr gewährte Garantie ganz oder teilweise bei einem geeigneten Rückversicherer rückversichern.

c) Die Agentur wird sich insbesondere bemühen, Investitionen zu garantieren, für die ein vergleichbarer Versicherungsschutz zu angemessenen Bedingungen von privaten Versicherern und Rückversicherern nicht erhältlich ist.

Art. 22 Höchstbeträge für Garantien. a) Sofern der Rat nicht mit besonderer Mehrheit etwas anderes bestimmt, darf der Gesamtbetrag der Eventualverpflichtungen, die von der Agentur aufgrund dieses Kapitels übernommen werden können, einhundertfünfzig v. H. des Betrags des unverminderten gezeichneten Kapitals der Agentur und ihrer Reserven zuzüglich des vom Direktorium bestimmten Teiles ihrer Deckungsansprüche aus Rückversicherungen nicht übersteigen. Das Direktorium überprüft von Zeit zu Zeit das Risikoprofil des Bestands der Agentur angesichts ihrer Erfahrungen mit Forderungen, des Ausmaßes der Risikostreuung, der Deckungsansprüche aus Rückversicherungen und anderer einschlägiger Faktoren, um festzustellen, ob dem Rat Änderungen des Höchstgesamtbetrags der Eventualverpflichtungen empfohlen werden sollen. Der vom Rat festgelegte Höchstbetrag darf unter keinen Umständen das Fünffache des Betrags des unverminderten gezeichneten Kapitals der Agentur, ihrer Reserven und eines als geeignet erachteten Teiles ihrer Deckungsansprüche aus Rückversicherungen übersteigen.

b) Unbeschadet der unter Buchstabe a bezeichneten allgemeinen Höchstbeträge für Garantien kann das Direktorium folgendes vorschreiben:

i) Höchstgesamtbeträge der Eventualverpflichtung, die von der Agentur aufgrund dieses Kapitels für alle an Investoren jedes einzelnen Mitglieds vergebenden Garantien übernommen werden kann. Bei der Festlegung dieser Höchstbeträge berücksichtigt das Direktorium gebührend den Anteil des betreffenden Mitglieds am Kapital der Agentur und die Notwendigkeit, liberalere Begrenzungen in bezug auf Investitionen anzuwenden, die aus in der Entwicklung befindlichen Mitgliedstaaten stammen, und

ii) Höchstgesamtbeträge der Eventualverpflichtung, die von der Agentur in bezug auf Faktoren der Risikostreuung wie einzelne Vorhaben, einzelne Gastländer und Arten von Investitionen oder Risiken übernommen werden kann.

Art. 23 Investitionsförderung. a) Die Agentur führt Forschungsarbeiten durch, übt Tätigkeiten zur Förderung des Investitionsflusses aus und verbreitet Informationen über Investitionsmöglichkeiten in den in der Entwicklung befindlichen Mitgliedstaaten mit dem Ziel, das Umfeld für den Fluß ausländischer Investitionen in diese Staaten zu verbessern. Die Agentur kann auf Ersuchen eines Mitglieds fachlichen Rat und fachliche Hilfe zur Verbesserung der Investitionsbedingungen im Hoheitsgebiet dieses Mitglieds zur Verfügung stellen. Bei der Ausübung dieser Tätigkeit wird die Agentur

i) *sich von einschlägigen* Investitionsübereinkünften zwischen Mitgliedstaaten leiten lassen;

ii) versuchen, sowohl in den entwickelten als auch in den in der Entwicklung befindlichen Mitgliedstaaten Hindernisse für den Investitionsfluß in die in der Entwicklung befindlichen Mitgliedstaaten zu beseitigen;

iii) sich mit anderen mit der Förderung ausländischer Investitionen befaßten Stellen abstimmen, insbesondere der Internationalen Finanz-Corporation.

b) Die Agentur wird auch

i) die friedliche Beilegung von Streitigkeiten zwischen Investoren und Gastländern fördern;

ii) sich bemühen, Übereinkünfte mit den in der Entwicklung befindlichen Mitgliedstaaten zu schließen, insbesondere mit potentiellen Gastländern, in denen gewährleistet wird, daß die Agentur hinsichtlich der von ihr garantierten Investitionen eine mindestens ebenso günstige Behandlung erfährt, wie sie von dem betreffenden Mitglied für die meistbegünstigte Investitions-Garantie-Agentur oder den meistbegünstigten Staat in einer Investitionsübereinkunft gewährt wird; diese Übereinkünfte müssen vom Direktorium mit besonderer Mehrheit genehmigt werden;

iii) den Abschluß von Übereinkünften zwischen ihren Mitgliedern über die Förderung und den Schutz von Investitionen fördern und erleichtern.

c) Die Agentur berücksichtigt bei ihren Förderungsbemühungen insbesondere die Notwendigkeit, den Investitionsfluß zwischen den in der Entwicklung befindlichen Mitgliedstaaten zu verstärken.

Art. 24 Garantien für geförderte Investitionen (sponsored investments). Neben den von der Agentur aufgrund dieses Kapitels durchgeführten Garantiegeschäften kann die Agentur Garantien für Investitionen aufgrund der in Anlage I vorgesehenen Fördervereinbarungen (sponsorship arrangements) übernehmen.

Kapitel IV. Finanzbestimmungen

Art. 25 Verwaltung der Finanzen. Die Agentur übt ihre Tätigkeit in Übereinstimmung mit den Gepflogenheiten einer vernünftigen Geschäftsführung und einer umsichtigen Verwaltung der Finanzen aus, um unter allen Umständen in der Lage zu bleiben, ihre finanziellen Verpflichtungen zu erfüllen.

Art. 26 Prämien und Gebühren. Die Agentur setzt die für jede Art von Risiko geltenden Sätze für Prämien-, Gebühren- und etwaige sonstige Zahlungen fest und überprüft sie regelmäßig.

Art. 27 Zuteilung der Nettoeinnahmen. a) Unbeschadet des Artikels 10 Buchstabe a Ziffer iii führt die Agentur Nettoeinnahmen so lange den

Reserven zu, bis diese Reserven das Fünffache des gezeichneten Kapitals der Agentur erreicht haben.

b) Nachdem die Reserven der Agentur den unter Buchstabe a vorgeschriebenen Umfang erreicht haben, entscheidet der Rat, ob und inwieweit die Nettoeinnahmen der Agentur den Reserven zugeführt, an die Mitglieder der Agentur verteilt oder anderweitig verwendet werden. Jede Verteilung von Nettoeinnahmen an die Mitglieder der Agentur erfolgt im Verhältnis des Anteils jedes Mitglieds am Kapital der Agentur nach einem mit besonderer Mehrheit gefaßten Beschluß des Rates.

Art. 28 Haushalt. Der Präsident stellt einen jährlichen Haushalt der Einnahmen und Ausgaben der Agentur zur Genehmigung durch das Direktorium auf.

Art. 29 Rechnungslegung. Die Agentur veröffentlicht einen Jahresbericht, der eine von unabhängigen Rechnungsprüfern geprüfte Aufstellung ihrer Konten sowie der Konten des in Anlage I bezeichneten Fördertreuhandfonds enthält. Die Agentur verteilt an die Mitglieder in angemessenen Abständen eine zusammengefaßte Darstellung ihrer finanziellen Lage und eine Gewinn- und Verlustrechnung, welche die Ergebnisse ihrer Geschäftstätigkeit ausweisen.

Kapitel V. Organisation und Geschäftsführung

Art. 30 Aufbau der Agentur. Die Agentur hat einen Gouverneursrat, ein Direktorium, einen Präsidenten und das Personal, das zur Erfüllung der von der Agentur bestimmten Aufgaben erforderlich ist.

Art. 31 Der Rat. a) Alle Befugnisse der Agentur liegen beim Rat mit Ausnahme derjenigen, die aufgrund dieses Übereinkommens ausdrücklich einem anderen Organ der Agentur zugewiesen sind. Der Rat kann die Ausübung jeder seiner Befugnisse auf das Direktorium übertragen, jedoch mit Ausnahme der Befugnis,

i) neue Mitglieder aufzunehmen und die Bedingungen für ihre Aufnahme festzulegen;
ii) ein Mitglied zu suspendieren;
iii) die Erhöhung oder Herabsetzung des Kapitals zu beschließen;
iv) die Grenze des Gesamtbetrags der Eventualverpflichtungen nach Artikel 22 Buchstabe a heraufzusetzen;
v) ein Mitglied als einen in der Entwicklung befindlichen Mitgliedstaat nach Artikel 3 Buchstabe c zu bezeichnen;
vi) ein neues Mitglied für Zwecke der Abstimmung nach Artikel 39 Buchstabe a in Kategorie Eins oder Kategorie Zwei einzustufen und *ein vorhandenes Mitglied* für dieselben Zwecke neu einzustufen;
vii) die Vergütung für die Direktoren und ihre Stellvertreter festzulegen;

viii) die Geschäftstätigkeit zu beenden und die Agentur aufzulösen;
ix) bei der Auflösung die Vermögenswerte an die Mitglieder zu verteilen;
x) dieses Übereinkommen, seine Anlagen und Anhänge zu ändern.

b) Der Rat setzt sich aus je einem Gouverneur und je einem Stellvertreter zusammen, die von jedem Mitglied in der von ihm bestimmten Weise bestellt werden. Stellvertreter nehmen nur bei Abwesenheit des von ihnen Vertretenen an der Abstimmung teil. Der Rat wählt einen der Gouverneure zum Vorsitzenden.

c) Der Rat hält eine Jahrestagung sowie diejenigen anderen Tagungen ab, die er bestimmt oder die das Direktorium einberuft. Das Direktorium beruft eine Tagung des Rates ein, wenn fünf Mitglieder oder Mitglieder, die fünfundzwanzig v. H. der Gesamtstimmenzahl vertreten, dies beantragen.

Art. 32 Das Direktorium. a) Das Direktorium ist für die allgemeine Geschäftstätigkeit der Agentur verantwortlich; bei der Erfüllung dieser Verantwortung trifft es jede Maßnahme, die aufgrund dieses Übereinkommens erforderlich oder zulässig ist.

b) Das Direktorium besteht aus mindestens zwölf Direktoren. Die Anzahl der Direktoren kann vom Rat unter Berücksichtigung von Veränderungen in der Mitgliedschaft angepaßt werden. Jeder Direktor kann einen Stellvertreter ernennen, der die Vollmacht hat, bei Abwesenheit oder Handlungsunfähigkeit des Direktors für ihn zu handeln. Der Präsident der Bank ist von Amts wegen Vorsitzender des Direktoriums; er hat aber, abgesehen von der entscheidenden Stimme bei Stimmengleichheit, kein Stimmrecht.

c) Der Rat legt die Amtszeit der Direktoren fest. Das erste Direktorium wird vom Rat auf seiner Eröffnungssitzung eingesetzt.

d) Das Direktorium tritt auf Veranlassung seines Vorsitzenden zusammen, der von sich aus oder auf Antrag von drei Direktoren tätig wird.

e) Bis zu dem Zeitpunkt, zu dem der Rat beschließt, daß die Agentur ein ständiges Direktorium haben muß, das kontinuierlich tagt, erhalten die Direktoren und Stellvertreter nur eine Vergütung für die Kosten ihrer Teilnahme an den Sitzungen des Direktoriums und die Erfüllung anderer amtlicher Aufgaben für die Agentur. Nach Errichtung eines kontinuierlich tagenden Direktoriums erhalten die Direktoren und Stellvertreter eine vom Rat festgelegte Vergütung.

Art. 33 Präsident und Personal. a) Der Präsident führt die laufenden Geschäfte der Agentur unter der allgemeinen Aufsicht des Direktoriums. Er ist für die Organisation sowie für die Einstellung und Entlassung des Personals verantwortlich.

b) Der Präsident wird vom Direktorium auf Vorschlag seines Vorsitzenden ernannt. Der Rat legt das Gehalt und die Bedingungen des Anstellungsvertrags des Präsidenten fest.

c) Bei der Erfüllung ihrer Pflichten sind der Präsident und das Personal nur der Agentur und keiner anderen Behörde verantwortlich. Jedes Mitglied der Agentur achtet den internationalen Charakter dieser Verpflichtung und enthält sich aller Versuche, den Präsidenten oder das Personal bei der Erfüllung ihrer Pflichten zu beeinflussen.

d) Bei der Einstellung des Personals achtet der Präsident, vorausgesetzt, daß ein Höchstmaß an Leistungsfähigkeit und fachlichem Können gewährleistet ist, gebührend darauf, daß die Auswahl des Personals auf möglichst breiter geographischer Grundlage erfolgt.

e) Der Präsident und das Personal wahren jederzeit die Vertraulichkeit der bei der Durchführung der Geschäftstätigkeit der Agentur erlangten Informationen.

Art. 34 Verbot der politischen Betätigung. Die Agentur, ihr Präsident und ihr Personal dürfen sich nicht in die politischen Angelegenheiten eines Mitglieds einmischen. Unbeschadet des Rechts der Agentur, alle Umstände im Zusammenhang mit einer Investition zu berücksichtigen, dürfen sie sich in ihren Beschlüssen nicht von der politischen Ausrichtung des oder der betreffenden Mitglieder beeinflussen lassen. Die für ihre Entscheidungen maßgebenden Erwägungen sind unparteiisch gegeneinander abzuwägen, um die in Artikel 2 dargelegten Zwecke zu erreichen.

Art. 35 Beziehungen zu internationalen Organisationen. Die Agentur arbeitet im Rahmen der Bestimmungen dieses Übereinkommens mit den Vereinten Nationen und anderen zwischenstaatlichen Organisationen, die auf verwandten Gebieten besondere Aufgaben haben, insbesondere der Bank und der Internationalen Finanz-Corporation, zusammen.

Art. 36 Hauptsitz. a) Der Hauptsitz der Agentur befindet sich in Washington, D. C., sofern nicht der Rat mit besonderer Mehrheit beschließt, ihn an einem anderen Ort zu errichten.

b) Die Agentur kann andere für ihre Arbeit notwendige Geschäftsstellen errichten.

Art. 37 Hinterlegungsstellen für Vermögenswerte. Jedes Mitglied bestimmt seine Zentralbank als Hinterlegungsstelle für Guthaben der Agentur in seiner Währung oder andere Vermögenswerte der Agentur; hat es keine Zentralbank, so bestimmt es hierfür ein anderes der Agentur genehmes Institut.

Art. 38 Verbindungsstelle. a) Jedes Mitglied bezeichnet eine geeignete Stelle, mit der sich die Agentur in jeder sich aus diesem Übereinkommen ergebenden Angelegenheit in Verbindung setzen kann. Die Agentur kann sich auf Erklärungen dieser Stelle als Erklärungen des Mitglieds verlassen. Die Agentur konsultiert auf Antrag eines Mitglieds dieses Mitglied in bezug auf die in den Artikeln 19 bis 21 behandelten Angelegenheiten, die sich auf Rechtsträger oder Versicherer dieses Mitglieds beziehen.

b) Ist die Genehmigung eines Mitglieds erforderlich, bevor die Agentur tätig werden kann, so gilt die Genehmigung als erteilt, wenn das Mitglied nicht innerhalb einer angemessenen Frist, die von der Agentur bei der Unterrichtung des Mitglieds über die vorgesehene Handlung festgelegt wird, Widerspruch erhebt.

Kapitel VI. Abstimmung, Anpassung der Zeichnungsbeträge und Vertretung

Art. 39 Abstimmung und Anpassung der Zeichnungsbeträge.

a) Um Abstimmungsregelungen zu treffen, welche die gleichberechtigten Interessen der in Anhang A aufgeführten zwei Kategorien von Staaten sowie die Bedeutung der finanziellen Beteiligung jedes Mitglieds widerspiegeln, hat jedes Mitglied 177 Mitgliedschaftsstimmen zuzüglich einer Stimme für jeden von dem Mitglied gezeichneten Anteil.

b) Beträgt zu irgendeiner Zeit innerhalb von drei Jahren nach Inkrafttreten dieses Übereinkommens die Gesamtsumme der Mitgliedschafts- und Anteilsstimmen der Mitglieder, die einer der in Anhang A aufgeführten zwei Kategorien von Staaten angehören, weniger als vierzig v. H. der Gesamtstimmenzahl, so erhalten die Mitglieder dieser Kategorie so viele zusätzliche Stimmen, wie notwendig sind, um die Gesamtstimmenzahl der Kategorie auf diesen Hundertsatz der Gesamtstimmenzahl zu bringen. Diese zusätzlichen Stimmen werden unter den Mitgliedern der Kategorie im Verhältnis der Anteilsstimmen jedes einzelnen zu den gesamten Anteilsstimmen der Kategorie aufgeteilt. Die zusätzlichen Stimmen werden automatisch angepaßt, um sicherzustellen, daß dieser Hundertsatz aufrechterhalten bleibt; nach Ablauf der obengenannten Dreijahresfrist werden sie gestrichen.

c) Im Verlauf des dritten Jahres nach Inkrafttreten dieses Übereinkommens überprüft der Rat die Zuteilung der Anteile; in seinem Beschluß läßt er sich von folgenden Grundsätzen leiten:

i) Die Stimmen der Mitglieder müssen die tatsächlichen Zeichnungen auf das Kapital der Agentur und die Mitgliedschaftsstimmen nach Buchstabe a widerspiegeln;

ii) Anteile, die Ländern zugeteilt werden, die das Übereinkommen nicht unterzeichnet haben, werden zur Neuverteilung an solche Mitglieder und in einer solchen Weise zur Verfügung gestellt, daß Stimmengleichheit zwischen den obengenannten Kategorien möglich wird;

iii) der Rat wird Maßnahmen ergreifen, die es den Mitgliedern erleichtern, die ihnen zugeteilten Anteile zu zeichnen.

d) Innerhalb der unter Buchstabe b vorgesehenen Dreijahresfrist werden alle Beschlüsse des Rates und des Direktoriums mit besonderer Mehrheit gefaßt; Beschlüsse, für die aufgrund dieses Übereinkommens eine größere Mehrheit erforderlich ist, werden jedoch mit der größeren Mehrheit gefaßt.

e) Wird das Grundkapital der Agentur nach Artikel 5 Buchstabe c erhöht, so wird jedes Mitglied auf Antrag ermächtigt, einen Teil der Erhöhung zu zeichnen, der dem Verhältnis seines vorher gezeichneten Kapitals zum Grundkapital der Agentur entspricht; die Mitglieder sind jedoch nicht verpflichtet, einen Teil des erhöhten Kapitals zu zeichnen.

f) Der Rat erläßt Vorschriften über die zusätzlichen Anteilszeichnungen nach Buchstabe e. Diese Vorschriften sehen angemessene Fristen für die Vorlage der Anträge auf diese Zeichnungen durch die Mitglieder vor.

Art. 40 Abstimmung im Rat. a) Jeder Gouverneur ist berechtigt, die Stimme des von ihm vertretenen Mitglieds abzugeben. Sofern in diesem Übereinkommen nichts anderes bestimmt ist, werden die Beschlüsse des Rates mit der Mehrheit der abgegebenen Stimmen gefaßt.

b) Der Rat ist beschlußfähig, wenn auf der Sitzung die Mehrheit der Gouverneure anwesend ist, die mindestens zwei Drittel der Gesamtstimmenzahl innehaben.

c) Der Rat kann durch Verordnung ein Verfahren festlegen, wonach das Direktorium, wenn es der Ansicht ist, daß diese Maßnahme im Interesse der Agentur liegt, einen Beschluß des Rates über eine bestimmte Frage verlangen kann, ohne eine Sitzung des Rates anzuberaumen.

Art. 41 Wahl der Direktoren. a) Die Direktoren werden in Übereinstimmung mit Anhang B gewählt.

b) Die Direktoren bleiben so lange im Amt, bis ihre Nachfolger gewählt sind. Wird das Amt eines Direktors mehr als neunzig Tage vor Ablauf seiner Amtszeit frei, so wird für den Rest der Amtszeit von den Gouverneuren, die den früheren Direktor gewählt haben, ein anderer Direktor gewählt. Für die Wahl ist die Mehrheit der abgegebenen Stimmen erforderlich. Solange das Amt unbesetzt ist, übt der Stellvertreter des früheren Direktors dessen Befugnisse mit Ausnahme der Befugnis zur Ernennung eines Stellvertreters aus.

Art. 42 Abstimmung im Direktorium. a) Jeder Direktor ist berechtigt, die Stimmen der Mitglieder abzugeben, deren Stimmen bei seiner Wahl anfielen. Alle Stimmen, die ein Direktor abgeben kann, sind als Block abzugeben. Sofern in diesem Übereinkommen nichts anderes bestimmt ist, werden Beschlüsse des Direktoriums mit der Mehrheit der abgegebenen Stimmen gefaßt.

b) Das Direktorium ist beschlußfähig, wenn auf einer Sitzung die Mehrheit der Direktoren anwesend ist, die mindestens die Hälfte der Gesamtstimmenzahl innehaben.

c) Das Direktorium kann durch Verordnung ein Verfahren festlegen, wonach sein Vorsitzender, wenn er der Ansicht ist, daß diese Maßnahme im Interesse der Agentur liegt, einen Beschluß des Direktoriums über eine bestimmte Frage verlangen kann, ohne eine Sitzung des Direktoriums anzuberaumen.

Kapitel VII. Vorrechte und Immunitäten

Art. 43 Zweck des Kapitels. Um der Agentur die Erfüllung ihrer Aufgaben zu ermöglichen, werden ihr im Hoheitsgebiet jedes Mitglieds die Vorrechte und Immunitäten gewährt, die in diesem Kapital vorgesehen sind.

Art. 44 Gerichtliche Verfahren. Klagen gegen die Agentur, ausgenommen solche aus dem Geltungsbereich der Artikel 57 und 58, können nur vor einem zuständigen Gericht im Hoheitsgebiet eines Mitglieds erhoben werden, in dem die Agentur eine Geschäftsstelle besitzt oder einen Vertreter für die Entgegennahme gerichtlicher Urkunden ernannt hat. Klagen gegen die Agentur können nicht erhoben werden i) von Mitgliedern oder von Personen, die für Mitglieder handeln oder von diesen Rechte ableiten, oder ii) in bezug auf Personalangelegenheiten. Das Eigentum und die Vermögenswerte der Agentur, gleichviel wo und in wessen Besitz sie sich befinden, sind jeder Form der Beschlagnahme, Pfändung oder Vollstreckung entzogen, solange nicht ein rechtskräftiges Urteil oder ein rechtskräftiger Schiedsspruch gegen die Agentur ergangen ist.

Art. 45 Vermögenswerte. a) Das Eigentum und die Vermögenswerte der Agentur, gleichviel wo und in wessen Besitz sie sich befinden, sind der Durchsuchung, Beschlagnahme, Einziehung, Enteignung oder jeder sonstigen Form des Zugriffs durch die vollziehende oder die gesetzgebende Gewalt entzogen.

b) Soweit es die Durchführung der Geschäftstätigkeit aufgrund dieses Übereinkommens erfordert, sind das gesamte Eigentum und alle Vermögenswerte der Agentur von Beschränkungen, Verwaltungsvorschriften, Kontrollen und Moratorien jeder Art befreit; Eigentum und Vermögenswerte, welche die Agentur als Rechtsnachfolger (successor or subrogee) eines Garantienehmers, eines rückversicherten Rechtsträgers oder eines bei einem rückversicherten Rechtsträger versicherten Investors erwirbt, sind von anwendbaren Devisenbeschränkungen, Verwaltungsvorschriften und Kontrollen, die im Hoheitsgebiet des betreffenden Mitglieds in Kraft sind, befreit, soweit der Garantienehmer, Rechtsträger oder Investor, an dessen Stelle die Agentur getreten ist, Anspruch auf eine solche Behandlung hatte.

c) Im Sinne dieses Kapitels umfaßt der Ausdruck „Vermögenswerte" die Vermögenswerte des in Anlage I genannten Fördertreuhandfonds sowie andere von der Agentur zur Erreichung ihres Zieles verwaltete Vermögenswerte.

Art. 46 Archive und Nachrichtenverkehr. a) Die Archive der Agentur sind unverletzlich, wo immer sie sich befinden.

b) Jedes Mitglied gewährt dem amtlichen Nachrichtenverkehr der Agentur dieselbe Behandlung wie dem amtlichen Nachrichtenverkehr der Bank.

Art. 47 Steuern. a) Die Agentur, ihre Vermögenswerte, ihr Eigentum und ihre Einnahmen sowie ihre durch dieses Übereinkommen zugelassenen Geschäfte und Transaktionen sind von allen Steuern und Zöllen befreit. Die Agentur ist ferner von der Verpflichtung zur Einziehung oder Entrichtung von Steuern oder Abgaben befreit.

b) Außer im Fall von Inländern unterliegen die von der Agentur den Gouverneuren oder ihren Stellvertretern gezahlten Aufwandsentschädigungen oder die von ihr dem Vorsitzenden des Direktoriums, den Direktoren, ihren Stellvertretern, dem Präsidenten oder dem Personal der Agentur gezahlten Gehälter, Aufwandsentschädigungen oder sonstigen Vergütungen keiner Art von Besteuerung.

c) Von der Agentur garantierte oder rückversicherte Investitionen (einschließlich etwaiger Erträge) oder von der Agentur rückversicherte Versicherungspolicen (einschließlich etwaiger Prämien und sonstiger Erträge), gleichviel in wessen Besitz sie sich befinden, unterliegen keiner Art von Besteuerung, i) die eine solche Investition oder Versicherungspolice nur deshalb benachteiligt, weil sie von der Agentur garantiert oder rückversichert wurde, oder ii) deren rechtliche Grundlage allein der Sitz einer Geschäftsstelle oder eines Büros der Agentur ist.

Art. 48 Amtsträger der Agentur. Alle Gouverneure, Direktoren, Stellvertreter, der Präsident und das Personal der Agentur

i) genießen Immunität von der Gerichtsbarkeit hinsichtlich ihrer in amtlicher Eigenschaft vorgenommenen Handlungen;

ii) genießen, wenn sie nicht Inländer sind, die gleiche Befreiung von Einwanderungsbeschränkungen, von der Meldepflicht für Ausländer und von den Verpflichtungen zur nationalen Dienstleistung sowie die gleichen Erleichterungen in bezug auf Devisenbeschränkungen, wie sie die betreffenden Mitglieder den in vergleichbarem Rang stehenden Vertretern, Amtsträgern und Bediensteten anderer Mitglieder gewähren;

iii) genießen in bezug auf Reiseerleichterungen die gleiche Behandlung, wie sie die betreffenden Mitglieder den in vergleichbarem Rang stehenden Vertretern, Amtsträgern und Bediensteten anderer Mitglieder gewähren.

Art. 49 Anwendung dieses Kapitels. Jedes Mitglied trifft diejenigen Maßnahmen, die in seinem Hoheitsgebiet erforderlich sind, um entsprechend seinen eigenen Rechtsvorschriften den in diesem Kapitel enthaltenen Grundsätzen Wirksamkeit zu verleihen, und unterrichtet die Agentur über die einzelnen von ihm getroffenen Maßnahmen.

Art. 50 Aufhebung. Die in diesem Kapitel vorgesehenen Immunitäten, Befreiungen und Vorrechte werden im Interesse der Agentur gewährt; sie können in dem Maße und zu den Bedingungen, welche die Agentur bestimmt, in den Fällen aufgehoben werden, in denen die Aufhebung die Interessen der Agentur nicht beeinträchtigen würde. Die Agentur hat die Immunität eines Mitglieds ihres Personals in den Fällen aufzuheben, in denen nach ihrer Auffassung die Immunität verhindern würde, daß der Gerechtigkeit Genüge geschieht, und in denen sie ohne Beeinträchtigung der Interessen der Agentur aufgehoben werden kann.

Kapitel VIII. Austritt, Suspendierung der Mitgliedschaft und Beendigung der Geschäftstätigkeit

Art. 51 Austritt. Jedes Mitglied kann nach Ablauf von drei Jahren nach Inkrafttreten dieses Übereinkommens für dieses Mitglied jederzeit durch eine an die Hauptgeschäftsstelle der Agentur gerichtete schriftliche Anzeige aus der Agentur austreten. Die Agentur unterrichtet die Bank als Verwahrer des Übereinkommens von dem Eingang einer solchen Anzeige. Ein Austritt wird neunzig Tage nach Eingang der Anzeige bei der Agentur wirksam. Ein Mitglied kann die Anzeige widerrufen, solange sie noch nicht wirksam geworden ist.

Art. 52 Suspendierung der Mitgliedschaft. a) Kommt ein Mitglied einer nach diesem Übereinkommen bestehenden Verpflichtung nicht nach, so kann der Rat mit der Mehrheit seiner Mitglieder, welche die Mehrheit der Gesamtstimmen innehaben, dessen Mitgliedschaft suspendieren.

b) Während der Suspendierung hat ein Mitglied keine Rechte aus diesem Übereinkommen mit Ausnahme des Austrittsrechts und anderer in diesem Kapitel und in Kapitel IX vorgesehener Rechte; es hat jedoch weiterhin allen seinen Verpflichtungen nachzukommen.

c) Für die Zwecke der Feststellung, ob eine Garantie oder Rückversicherung nach Kapitel III oder Anlage I erteilt werden kann, wird ein suspendiertes Mitglied nicht als Mitglied der Agentur behandelt.

d) Die Mitgliedschaft des suspendierten Mitglieds erlischt automatisch ein Jahr nach dem Zeitpunkt seiner Suspendierung, sofern nicht der Rat beschließt, die Zeit der Suspendierung zu verlängern oder das Mitglied wieder in den vorigen Stand einzusetzen.

Art. 53 Rechte und Pflichten der Staaten, deren Mitgliedschaft erlischt. a) Erlischt die Mitgliedschaft eines Staates, so bleibt er für alle seine Verbindlichkeiten einschließlich der Eventualverpflichtungen aufgrund dieses Übereinkommens haftbar, die vor Erlöschen seiner Mitgliedschaft wirksam waren.

b) Unbeschadet des Buchstabens a trifft die Agentur eine Vereinbarung mit dem betreffenden Staat zur Regelung ihrer jeweiligen Forderungen und Verbindlichkeiten. Eine solche Vereinbarung bedarf der Genehmigung des Direktoriums.

Art. 54 Einstellung der Geschäftstätigkeit. a) Das Direktorium kann, wenn es dies für gerechtfertigt hält, die Übernahme neuer Garantien für eine bestimmte Zeit einstellen.

b) In einer Notlage kann das Direktorium die gesamte Tätigkeit der Agentur für eine Zeit einstellen, die nicht länger dauern darf, als die Notlage besteht; jedoch müsssen die notwendigen Regelungen zum Schutz der Interessen der Agentur und Dritter getroffen werden.

c) Der Beschluß, die Geschäftstätigkeit einzustellen, hat keine Auswirkung auf die Verbindlichkeiten der Mitglieder aufgrund dieses Übereinkommens oder auf die Verbindlichkeiten der Agentur gegenüber Garantie- oder Rückversicherungsnehmern oder gegenüber Dritten.

Art. 55 Auflösung. a) Der Rat kann mit besonderer Mehrheit beschließen, die Geschäftstätigkeit zu beenden und die Agentur aufzulösen. Danach beendet die Agentur sofort ihre gesamte Tätigkeit mit Ausnahme der Arbeiten, welche die ordnungsgemäße Verwertung, Sicherstellung und Erhaltung der Vermögenswerte sowie die Regelung der Verbindlichkeiten betreffen. Bis zur endgültigen Regelung und Verteilung der Vermögenswerte bleibt die Agentur bestehen, und alle Rechte und Verpflichtungen der Mitglieder aufgrund dieses Übereinkommens bleiben unberührt.

b) Eine Verteilung der Vermögenswerte an die Mitglieder erfolgt erst, wenn alle Verbindlichkeiten gegenüber Garantienehmern und anderen Gläubigern erfüllt sind oder hierfür Vorsorge getroffen ist und wenn der Rat beschlossen hat, die Verteilung vorzunehmen.

c) Vorbehaltlich der vorstehenden Bestimmungen verteilt die Agentur ihre verbleibenden Vermögenswerte an die Mitglieder im Verhältnis des Anteils jedes Mitglieds am gezeichneten Kapital. Die Agentur verteilt auch etwaige verbleibende Vermögenswerte des in Anlage I genannten Fördertreuhandfonds an die fördernden Mitglieder im Verhältnis der von jedem von ihnen geförderten Investitionen zu den gesamten geförderten Investitionen. Ein Mitglied hat erst dann Anspruch auf seinen Anteil an den Vermögenswerten der Agentur oder des Fördertreuhandfonds, wenn es alle ausstehenden Forderungen der Agentur ihm gegenüber beglichen hat. Jede Verteilung der Vermögenswerte erfolgt zu vom Rat bestimmten Zeiten und in der von ihm als recht und billig erachteten Weise.

Kapitel IX. Beilegung von Streitigkeiten

Art. 56 Auslegung und Anwendung des Übereinkommens. a) Alle Fragen der Auslegung oder Anwendung dieses Übereinkommens, die zwischen einem Mitglied der Agentur und der Agentur oder zwischen Mitgliedern der Agentur auftreten, werden dem Direktorium zur Entscheidung vorgelegt. Ein von der Frage besonders betroffenes Mitglied, das sonst nicht von einem Staatsangehörigen im Direktorium vertreten ist, kann einen Vertreter zur Teilnahme an jeder Sitzung des Direktoriums entsenden, auf der die Frage beraten wird.

b) Hat das Direktorium eine Entscheidung nach Buchstabe a getroffen, so kann jedes Mitglied verlangen, daß die Frage dem Rat vorgelegt wird; dessen Entscheidung ist endgültig. Bis die Entscheidung des Rates vorliegt, kann die Agentur, soweit sie dies für notwendig hält, auf der Grundlage der Entscheidung des Direktoriums handeln.

Art. 57 Streitigkeiten zwischen der Agentur und Mitgliedern.

a) Unbeschadet des Artikels 56 und des Buchstabens b des vorliegenden Artikels wird jede Streitigkeit zwischen der Agentur und einem Mitglied oder einer Agentur desselben und jede Streitigkeit zwischen der Agentur und einem Land (oder einer Agentur desselben), dessen Mitgliedschaft erloschen ist, in Übereinstimmung mit dem in Anlage II festgelegten Verfahren beigelegt.

b) Streitigkeiten über Forderungen der Agentur als Rechtsnachfolger eines Investors werden entweder i) nach dem in Anlage II festgelegten Verfahren oder ii) nach einer zwischen der Agentur und dem betreffenden Mitglied zu schließenden Übereinkunft über andere Methoden der Beilegung solcher Streitigkeiten beigelegt. Im letzteren Fall dient Anlage II als Grundlage für eine solche Übereinkunft, die im Einzelfall vom Direktorium mit besonderer Mehrheit genehmigt wird, bevor die Agentur im Hoheitsgebiet des betreffenden Mitglieds eine Geschäftstätigkeit durchführt.

Art. 58 Streitigkeiten, an denen Garantie- oder Rückversicherungsnehmer beteiligt sind. Jede Streitigkeit, die sich aus einem Garantie- oder Rückversicherungsvertrag zwischen den daran beteiligten Parteien ergibt, wird einem Schiedsverfahren zur endgültigen Entscheidung entsprechend den Vorschriften unterworfen, die in dem Garantie- oder Rückversicherungsvertrag vorgesehen oder bezeichnet sind.

Kapitel X. Änderungen

Art. 59 Änderungen durch den Rat. a) Dieses Übereinkommen und seine Anlagen können mit den Stimmen von drei Fünfteln der Gouverneure, die vier Fünftel der Gesamtstimmenzahl innehaben, geändert werden; jedoch

i) bedarf jede Änderung des Rechts zum Austritt aus der Agentur nach Artikel 51 oder der Haftungsbeschränkung nach Artikel 8 Buchstabe d der Zustimmung aller Gouverneure und

ii) bedarf jede Änderung der Verlustaufteilungsregelung nach den Artikeln 1 und 3 der Anlage I, die eine Erhöhung der Haftung eines Mitglieds nach jenen Bestimmungen zur Folge hat, der Zustimmung des Gouverneurs jedes solchen Mitglieds.

b) Die Anhänge A und B könenn vom Rat mit besonderer Mehrheit geändert werden.

c) Berührt eine Änderung eine Bestimmung der Anlage I, so sind der Gesamtstimmenzahl die zusätzlichen Stimmen hinzuzurechnen, die nach Artikel 7 der Anlage den fördernden Mitgliedern und den Gastländern von geförderten Investitionen zugeteilt worden sind.

Art. 60 Verfahren. Alle Vorschläge zur Änderung dieses Übereinkommens, gleichviel ob sie von einem Mitglied, einem Gouverneur oder einem Direktor ausgehen, sind dem Vorsitzenden des Direktoriums zuzuleiten, der sie dem Direktorium vorlegt. Wird der Änderungsvorschlag vom Direktorium empfohlen, so wird er dem Rat zur Genehmigung nach Artikel 59 vorgelegt. Ist die Änderung vom Rat ordnungsgemäß genehmigt worden, so bestätigt die Agentur dies in einer an alle Mitglieder gerichteten amtlichen Mitteilung. Änderungen treten für alle Mitglieder neunzig Tage nach dem Tag der amtlichen Mitteilung in Kraft, sofern nicht der Rat einen anderen Zeitpunkt festlegt.

Kapitel XI. Schlußbestimmungen

Art. 61 Inkrafttreten. a) Dieses Übereinkommen steht allen Mitgliedern der Bank sowie der Schweiz zur Unterzeichnung offen; es bedarf der Ratifikation, Annahme oder Genehmigung durch die Unterzeichnerstaaten nach Maßgabe ihrer verfassungsrechtlichen Verfahren.

b) Dieses Übereinkommen tritt an dem Tag in Kraft, an dem mindestens fünf Ratifikations-, Annahme- oder Genehmigungsurkunden für die Unterzeichnerstaaten in Kategorie Eins und mindestens fünfzehn solcher

Urkunden für die Unterzeichnerstaaten in Kategorie Zwei hinterlegt sind; die Gesamtzeichnungsbeträge dieser Staaten müssen jedoch mindestens ein Drittel des in Artikel 5 vorgeschriebenen genehmigten Kapitals der Agentur ausmachen.

c) Für jeden Staat, der seine Ratifikations-, Annahme- oder Genehmigungsurkunde nach Inkrafttreten dieses Übereinkommens hinterlegt, tritt das Übereinkommen am Tag der Hinterlegung in Kraft.[1)]

d) Ist dieses Übereinkommen zwei Jahre nach dem Zeitpunkt, an dem es zur Unterzeichnung aufgelegt wurde, nicht in Kraft getreten, so beraumt der Präsident der Bank eine Konferenz der interessierten Länder an, um das weitere Vorgehen festzulegen.

Art. 62 Eröffnungssitzung. Nach Inkrafttreten dieses Übereinkommens beraumt der Präsident der Bank die Eröffnungssitzung des Rates an. Diese Sitzung findet innerhalb von sechzig Tagen nach Inkrafttreten des Übereinkommens oder so bald wie möglich danach am Hauptsitz der Agentur statt.

Art. 63 Verwahrer. Die Ratifikations-, Annahme- oder Genehmigungsurkunden zu diesem Übereinkommen und Änderungen desselben werden bei der Bank hinterlegt; diese ist Verwahrer des Übereinkommens. Der Verwahrer übermittelt den Mitgliedstaaten der Bank sowie der Schweiz Abschriften des Übereinkommens.

Art. 64 Registrierung. Der Verwahrer läßt dieses Übereinkommen nach Artikel 102 der Charta der Vereinten Nationen und den dazu von der Generalversammlung erlassenen Vorschriften im Sekretariat der Vereinten Nationen registrieren.

Art. 65 Notifikation. Der Verwahrer notifiziert allen Unterzeichnerstaaten und nach Inkrafttreten dieses Übereinkommens der Agentur folgendes:

a) die Unterzeichnungen des Übereinkommens;

b) die Hinterlegungen von Ratifikations-, Annahme- und Genehmigungsurkunden nach Artikel 63;

c) den Tag des Inkrafttretens des Übereinkommens nach Artikel 61;

d) die Ausschlüsse vom räumlichen Geltungsbereich nach Artikel 66;

e) den Austritt eines Mitglieds aus der Agentur nach Artikel 51.

Art. 66 Räumlicher Geltungsbereich. Dieses Übereinkommen gilt für alle Hoheitsgebiete, die der Hoheitsgewalt eines Mitglieds unterstehen, einschließlich der Hoheitsgebiete, für deren internationale Beziehungen ein Mitglied verantwortlich ist, mit Ausnahme derjeni-

---

[1)] S. auch die Entschließung Nr. 12 v. 27. 3. 1989 des MIGA-Gouverneursrats (Bek. v. 19. 9. 1995, BGBl. II S. 905) über die Aufnahme neuer Mitglieder.

gen, die das Mitglied entweder im Zeitpunkt der Ratifikation, Annahme oder Genehmigung oder später durch schriftliche Mitteilung an den Verwahrer des Übereinkommens ausgeschlossen hat.

Art. 67 Regelmäßige Überprüfungen. a) Der Rat führt regelmäßig umfassende Überprüfungen der Tätigkeit der Agentur sowie der erzielten Ergebnisse durch zu dem Zweck, etwa erforderliche Änderungen vorzunehmen, um die Agentur bei der Erreichung ihrer Ziele zu unterstützen.

b) Die erste Überprüfung findet fünf Jahre nach Inkrafttreten dieses Übereinkommens statt. Der Zeitpunkt späterer Überprüfungen wird vom Rat festgelegt.

GESCHEHEN ZU Seoul in einer Urschrift, die im Archiv der Internationalen Bank für Wiederaufbau und Entwicklung hinterlegt wird; die Bank hat durch ihre nachstehende Unterschrift ihr Einverständnis bekundet, die ihr durch dieses Übereinkommen übertragenen Aufgaben zu erfüllen.

Anlage I

Garantien für geförderte Investitionen nach Artikel 24

Art. 1 Förderung. a) Jedes Mitglied kann Garantien für eine Investition fördern (sponsor for guarantee), die von einem Investor mit einer beliebigen Staatsangehörigkeit oder von Investoren mit einer oder mehreren beliebigen Staatsangehörigkeiten vorgenommen werden soll.

b) Vorbehaltlich des Artikels 3 Buchstaben b und c dieser Anlage trägt jedes fördernde Mitglied gemeinsam mit den anderen fördernden Mitgliedern die Verluste aufgrund von Garantien für geförderte Investitionen, sofern und soweit die Verluste nicht aus dem in Artikel 2 bezeichneten Fördertreuhandfonds gedeckt werden können, in dem Verhältnis, in dem der Betrag der höchsten Eventualverpflichtung aufgrund der Garantien für die von ihm geförderten Investitionen zu dem Gesamtbetrag der höchsten Eventualverpflichtung aufgrund der Garantien für die von allen Mitgliedern geförderten Investitionen steht.

c) In ihren Beschlüssen über die Gewährung von Garantien aufgrund dieser Anlage berücksichtigt die Agentur gebührend, ob das fördernde Mitglied voraussichtlich in der Lage sein wird, seinen Verpflichtungen aus dieser Anlage nachzukommen, und gibt den Investitionen Vorrang, die von den betroffenen Gastländern mitgefördert sind.

d) Die Agentur führt regelmäßige Konsultationen mit den fördernden Mitgliedern über ihre Geschäftstätigkeit aufgrund dieser Anlage.

Art. 2 Fördertreuhandfonds (Sponsorship Trust Fund). a) Prämien und sonstige auf Garantien für geförderte Investitionen entfallende Einkünfte, einschließlich der Erträge aus der Investition solcher Prämien und Einkünfte, werden auf einem Sonderkonto geführt, das als Fördertreuhandfonds bezeichnet wird.

b) Alle Verwaltungsausgaben und Zahlungen für Forderungen, die aufgrund dieser Anlage gewährten Garantien entfallen, werden aus dem Fördertreuhandfonds gezahlt.

c) Die Vermögenswerte des Fördertreuhandfonds werden für gemeinsame Rechnung der fördernden Mitglieder geführt und verwaltet und von den Vermögenswerten der Agentur getrennt und gesondert geführt.

Art. 3 Aufforderung an fördernde Mitglieder. a) Soweit die Agentur wegen eines Verlusts aufgrund einer geförderten Garantie einen Betrag zu zahlen hat, der nicht aus den Vermögenswerten des Fördertreuhandfonds gezahlt werden kann, fordert die Agentur jedes fördernde Mitglied auf, seinen nach Artikel 1 Buchstabe b dieser Anlage festgesetzten Anteil an dem Betrag in den Fonds einzuzahlen.

b) Ein Mitglied ist nicht verpflichtet, aufgrund einer Aufforderung nach diesem Artikel einen Betrag zu zahlen, wenn infolgedessen die Gesamtzahlungen dieses Mitglieds den Gesamtbetrag der Garantien für von ihm geförderte Investitionen übersteigen werden.

c) Bei Erlöschen einer Garantie für eine von einem Mitglied geförderte Investition verringert sich die Haftung des Mitglieds um einen der Höhe der Garantie entsprechenden Betrag; die Haftung verringert sich auch anteilmäßig, wenn die Agentur eine Forderung im Zusammenhang mit einer geförderten Investition bezahlt; sie bleibt im übrigen bis zum Erlöschen aller im Zeitpunkt dieser Zahlung bestehenden Garantien für geförderte Investitionen weiter bestehen.

d) Haftet ein förderndes Mitglied wegen der unter den Buchstaben b und c vorgesehenen Beschränkung nicht für einen Betrag, für den eine Aufforderung nach diesem Artikel ergangen ist, oder gerät ein förderndes Mitglied mit der Zahlung eines nach einer derartigen Aufforderung fälligen Betrags in Verzug, so wird die Haftung für die Zahlung des Betrags von den anderen fördernden Mitgliedern anteilmäßig übernommen. Die Haftung der Mitglieder nach diesem Buchstaben unterliegt der unter den Buchstaben b und c vorgesehenen Beschränkung.

e) Jede Zahlung eines fördernden Mitglieds aufgrund einer Aufforderung nach diesem Artikel erfolgt sofort und in frei verwendbarer Währung.

Art. 4 Bewertung von Währungen und Rückzahlungen. Die in diesem Übereinkommen enthaltenen Bestimmungen über die Bewertung von Währungen und über Rückzahlungen in bezug auf Kapitalzeichnungen gelten sinngemäß für die von Mitgliedern für geförderte Investitionen gezahlten Mittel.

Art. 5 Rückversicherung. a) Die Agentur kann unter den in Artikel 1 dieser Anlage genannten Bedingungen einem Mitglied, einer Agentur desselben, einer in Artikel 20 Buchstabe a dieses Übereinkommens bezeichneten regionalen Agentur oder einem privaten Versicherer in einem Mitgliedstaat eine Rückversicherung gewähren. Die Bestimmungen dieser Anlage über Garantien und der Artikel 20 und 21 des Übereinkommens gelten sinngemäß für aufgrund dieses Buchstabens gewährte Rückversicherungen.

b) Die Agentur kann Rückversicherung für von ihr aufgrund dieser Anlage garantierte Investitionen erlangen und die Kosten dieser Rückversicherung aus dem Fördertreuhandfonds bestreiten. Das Direktorium kann beschließen, ob und inwieweit die in Artikel 1 Buchstabe b dieser Anlage vorgesehene Verpflichtung der fördernden Mitglieder zur gemeinsamen Übernahme von Verlusten wegen der erhaltenen Rückversicherungsdeckung verringert werden kann.

Art. 6 Geschäftsführungsgrundsätze. Unbeschadet dieser Anlage gelten die Bestimmungen über die Geschäftstätigkeit im Zusammenhang mit Garantien nach Kapitel III dieses Übereinkommens und über die Verwaltung der Finanzen nach Kapitel IV des Übereinkommens sinngemäß für Garantien für geförderte Investitionen; jedoch i) müssen diese Investitionen die Voraussetzungen für eine Förderung erfüllen, falls sie im Hoheitsgebiet eines Mitglieds, insbesondere eines in der Entwicklung befindlichen Mitglieds, von Investoren vorgenommen werden, die nach Artikel 1 Buchstabe a dieser Anlage berücksichtigungsfähig sind, und ii) haftet die Agentur nicht in bezug auf ihre eigenen Vermögenswerte für die aufgrund dieser Anlage gewährten Garantien oder Rückversicherungen, und jeder aufgrund dieser Anlage geschlossene Garantie- oder Rückversicherungsvertrag muß dies ausdrücklich vorsehen.

Art. 7 Abstimmung. Bei Beschlüssen im Zusammenhang mit geförderten Investitionen hat jedes fördernde Mitglied eine zusätzliche Stimme je 10000 Sonderziehungsrechte entsprechend dem auf der Grundlage der Förderung garantierten oder rückversicherten Betrag, und jedes eine geförderte Investition aufnehmende Mitglied hat eine zusätzliche Stimme je 10000 Sonderziehungsrechte entsprechend dem garantierten oder geförderten Betrag hinsichtlich jeder von ihm aufgenommenen geförderten Investition. Diese zusätzlichen Stimmen dürfen nur bei Beschlüssen im Zusammenhang mit geförderten Investitionen abgegeben werden; sie bleiben im übrigen bei der Festlegung der Stimmenzahl der Mitglieder unberücksichtigt.

Anlage II

Beilegung von Streitigkeiten zwischen einem Mitglied und der Agentur nach Artikel 57

Art. 1 Anwendung der Anlage. Alle Streitigkeiten im Rahmen des Artikels 57 dieses Übereinkommens werden nach dem in dieser Anlage festgelegten Verfahren beigelegt, außer in den Fällen, in denen die Agentur eine Übereinkunft mit einem Mitglied nach Artikel 57 Buchstabe b Ziffer ii geschlossen hat.

Art. 2 Verhandlungen. Die Parteien einer Streitigkeit im Rahmen dieser Anlage versuchen, diese Streitigkeit durch Verhandlungen beizulegen, bevor sie sich um ein Vergleichs- oder Schiedsverfahren bemühen. Die Verhandlungen gelten als erschöpft, wenn die Parteien innerhalb einer Frist von einhundertzwanzig Tagen nach dem Ersuchen um Aufnahme von Verhandlungen keine Beilegung erreicht haben.

Art. 3 Vergleichsverfahren. a) Wird die Streitigkeit nicht durch Verhandlungen geregelt, so kann jede Partei die Streitigkeit einem Schiedsverfahren nach Artikel 4 dieser Anlage unterwerfen, es sei denn, die Parteien haben im gegenseitigen Einvernehmen beschlossen, zunächst das in diesem Artikel vorgesehene Vergleichsverfahren in Anspruch zu nehmen.

b) In der Vereinbarung über die Inanspruchnahme eines Vergleichsverfahrens werden der Streitgegenstand, die Forderungen der Parteien im Zusammenhang damit und gegebenenfalls der Name des Vermittlers, auf den sich die Parteien geeinigt haben, angegeben. Kann eine Einigung über den Vermittler nicht erzielt werden, so können die Parteien gemeinsam entweder den Generalsekretär des Internationalen Zentrums zur Beilegung von Investitionsstreitigkeiten (im folgenden als „ICSID“ bezeichnet) oder den Präsidenten des Internationalen Gerichtshofs ersuchen, einen Vermittler zu bestellen. Das Vergleichsverfahren ist beendet, wenn der Vermittler nicht innerhalb von neunzig Tagen nach der Einigung über die Inanspruchnahme eines Vergleichsverfahrens bestellt worden ist.

c) Sofern in dieser Anlage nichts anderes vorgesehen oder von den Parteien nichts anderes vereinbart ist, legt der Vermittler die Verfahrensordnung für das Vergleichsverfahren fest und stützt sich in dieser Hinsicht auf die aufgrund des Übereinkommens zur Beilegung von Investitionsstreitigkeiten zwischen Staaten und Angehörigen anderer Staaten beschlossene Vergleichsordnung.

d) Die Parteien arbeiten in redlicher Absicht mit dem Vermittler zusammen und stellen ihm insbesondere alle Informationen und Unterlagen zur Verfügung, die ihm bei der Erfüllung seiner Aufgaben helfen können; sie prüfen seine Empfehlungen äußerst sorgfältig.

e) Sofern von den Parteien nichts anderes vereinbart wird, legt der Vermittler innerhalb einer Frist von einhundertachtzig Tagen nach seiner Bestellung den Parteien einen Bericht vor, in dem er die Ergebnisse seiner Bemühungen, die zwischen den Parteien bestehenden strittigen Fragen und seine Vorschläge zu deren Beilegung darlegt.

f) Jede Partei nimmt gegenüber der anderen Partei innerhalb von sechzig Tagen nach Eingang des Berichts schriftlich dazu Stellung.

g) Eine Partei eines Vergleichsverfahrens ist nicht berechtigt, ein Schiedsverfahren in Anspruch zu nehmen, es sei denn,

i) der Vermittler hat seinen Bericht nicht innerhalb der unter Buchstabe e festgesetzten Frist vorgelegt,

ii) die Parteien haben nicht alle in dem Bericht enthaltenen Vorschläge innerhalb von sechzig Tagen nach dessen Eingang angenommen,

iii) die Parteien haben sich nach einem Meinungsaustausch über den Bericht nicht innerhalb von sechzig Tagen nach Eingang des Berichts des Vermittlers über eine Beilegung aller strittigen Fragen einigen können, oder

iv) eine Partei hat nicht wie unter Buchstabe f vorgeschrieben zu dem Bericht Stellung genommen.

h) Sofern die Parteien nichts anderes vereinbaren, wird das Honorar des Vermittlers auf der Grundlage der für das ICSID-Vergleichsverfahren anwendbaren Sätze festgelegt. Dieses Honorar und die anderen Kosten des Vergleichsverfahrens werden von den Parteien zu gleichen Teilen getragen. Jede Partei bestreitet ihre eigenen Auslagen.

Art. 4 Schiedsverfahren. a) Das Schiedsverfahren wird durch eine Mitteilung der das Schiedsverfahren begehrenden Partei (betreibende Partei) an die andere Streitpartei oder anderen Streitparteien (Gegner) eingeleitet. In der Mitteilung werden die Art der Streitigkeit, das Schiedsklagebegehren und der Name des von der betreibenden Partei bestellten Schiedsrichters angegeben. Der Gegner teilt der betreibenden Partei innerhalb von dreißig Tagen nach Eingang der Mitteilung den Namen des von ihm bestellten Schiedsrichters mit. Die beiden Parteien wählen innerhalb von dreißig Tagen nach der Bestellung des zweiten Schiedsrichters einen dritten Schiedsrichter aus, der als Obmann des Schiedsgerichts (Gericht) tätig wird.

b) Ist das Gericht nicht innerhalb von sechzig Tagen nach dem Tag der Mitteilung gebildet, so wird der noch nicht bestellte Schiedsrichter oder der noch nicht ausgewählte Obmann auf gemeinsamen Antrag der Parteien vom Generalsekretär des ICSID bestellt. Liegt ein gemeinsamer Antrag nicht vor oder nimmt der Generalsekretär die Bestellung nicht innerhalb von dreißig Tagen nach dem Antrag vor, so kann jede der Parteien den Obmann des Internationalen Gerichtshofs ersuchen, die Bestellung vorzunehmen.

c) Eine Partei hat nicht das Recht, nach Eröffnung der Verhandlung über die Streitigkeit den von ihr bestellten Schiedsrichter zu wechseln. Tritt ein Schiedsrichter (einschließlich des Obmanns des Gerichts) zurück, stirbt er oder wird er unfähig, sein Amt auszuüben, so wird ein Nachfolger in derselben Weise bestellt wie der Vorgänger; der Nachfolger hat dieselben Befugnisse und Aufgaben wie der Schiedsrichter, dessen Nachfolger er ist.

d) Das Gericht tritt zuerst zu dem Zeitpunkt und an dem Ort zusammen, die der Obmann festlegt. Danach legt das Gericht Ort und Zeit seiner Sitzungen fest.

e) Sofern in dieser Anlage nichts anderes vorgesehen oder von den Parteien nichts anderes vereinbart ist, legt das Gericht seine Verfahrensordnung fest und stützt sich in dieser Hinsicht auf die aufgrund des Übereinkommens zur Beilegung von Investitionsstreitigkeiten zwischen Staaten und Angehörigen anderer Staaten beschlossene Schiedsordnung.

f) Das Gericht entscheidet selbst über seine Zuständigkeit; wird jedoch vor dem Gericht die Einrede erhoben, daß die Streitigkeit in die Zuständigkeit des Direktoriums oder des Rates nach Artikel 56 oder in die Zuständigkeit eines in einer Übereinkunft nach Artikel 1 dieser Anlage bezeichneten Rechtsprechungs- oder Schiedsgremiums fällt, und hat sich das Gericht davon überzeugt, daß die Einrede richtig ist, so wird die Einrede vom Gericht an das Direktorium, den Rat beziehungsweise das bezeichnete Gremium verwiesen, und das Schiedsverfahren wird so lange ausgesetzt, bis eine Entscheidung in der Frage herbeigeführt ist; diese ist für das Gericht bindend.

g) Bei Streitigkeiten im Rahmen dieser Anlage wendet das Gericht die Bestimmungen dieses Übereinkommens, einschlägige Übereinkünfte zwischen den Streitparteien, die Satzung und Vorschriften der Agentur, die anwendbaren Regeln des Völkerrechts, das innerstaatliche Recht des betreffenden Mitglieds sowie die anwendbaren Bestimmungen eines etwaigen Investitionsvertrags an. Unbeschadet des Übereinkommens kann das Gericht bei Einwilligung der Agentur und des betroffenen Mitglieds ex aequo et bono entscheiden. Das Gericht kann eine Entscheidung nicht mit der Begründung ablehnen, daß das Recht zu dem streitigen Punkt schweigt oder unklar ist.

h) Das Gericht gewährt allen Parteien eine gerechte Verhandlung. Alle Entscheidungen des Gerichts werden mit Stimmenmehrheit getroffen und sind zu begründen. Der Schiedsspruch des Gerichts bedarf der Schriftform und ist von mindestens zwei Schiedsrichtern zu unterzeichnen; jeder der Parteien wird eine Abschrift davon übermittelt. Der Schiedsspruch ist endgültig und für die Parteien bindend; er unterliegt keinem Rechtsmittel, keiner Aufhebung und keinem Wiederaufnahmeverfahren.

i) Entstehen Streitigkeiten zwischen den Parteien über Sinn oder Tragweite des Schiedsspruchs, so kann jede Partei innerhalb von sechzig Tagen nach Ergehen des Schiedsspruchs einen schriftlichen Antrag auf Auslegung des Schiedsspruchs an den Obmann des Gerichts richten, das den Schiedsspruch erlassen hat. Der Obmann legt nach Möglichkeit den Antrag dem Gericht vor, das den Schiedsspruch erlassen hat, und beruft dieses Gericht innerhalb von sechzig Tagen nach Eingang des Antrags ein.

Ist dies nicht möglich, so wird ein neues Gericht nach den Buchstaben a bis d gebildet. Das Gericht kann die Vollstreckung des Schiedsspruchs bis zur Entscheidung über den Auslegungsantrag aussetzen.

j) Jedes Mitglied erkennt einen nach diesem Artikel erlassenen Schiedsspruch als bindend und in seinem Hoheitsgebiet vollstreckbar an, als handle es sich um ein rechtskräftiges Urteil eines seiner innerstaatlichen Gerichte. Auf die Vollstreckung des Schiedsspruchs sind die Rechtsvorschriften für die Vollstreckung von Urteilen anzuwenden, die in dem Staat gelten, in dessen Hoheitsgebiet die Vollstreckung begehrt wird; sie darf keine Ausnahme von dem geltenden Recht über die Immunität von der Vollstreckung schaffen.

k) Sofern die Parteien nichts anderes vereinbaren, werden das Honorar und die Vergütung der Schiedsrichter auf der Grundlage der für das ICSID-Schiedsverfahren geltenden Sätze festgesetzt. Jede Partei trägt ihre eigenen Kosten im Zusammenhang mit dem Schiedsverfahren. Die Kosten des Gerichts werden von den Parteien zu gleichen Teilen getragen, sofern das Gericht nichts anderes beschließt. Jede Frage über die Teilung der Kosten des Gerichts oder das Verfahren zur Zahlung dieser Kosten wird vom Gericht entschieden.

Art. 5 Zustellung der Schiedsklageschrift. Die Zustellung jeder Mitteilung oder Schiedsklageschrift im Zusammenhang mit einem Verfahren aufgrund dieser Anlage bedarf der Schriftform. Sie erfolgt durch die Agentur an die von dem betreffenden Mitglied nach Artikel 38 dieses Übereinkommens bezeichnete Stelle und durch das Mitglied am Hauptsitz der Agentur.

Anhang A

Mitglieder und Zeichnungsbeträge

(Nicht abgedruckt, zum aktuellen Stand vgl. http://www.miga.org/screens/about/members/members.htm)

Anhang B

Wahl der Direktoren

1. Die Bewerber für das Amt eines Direktors werden von den Gouverneuren benannt; ein Gouverneur darf jedoch nur eine Person benennen.
2. Die Wahl der Direktoren erfolgt mittels Stimmzettel durch die Gouverneure.
3. Bei der Abstimmung über die Direktoren gibt jeder Gouverneur alle Stimmen, die das von ihm vertretene Mitglied nach Artikel 40 Buchstabe a abgeben kann, für einen Bewerber ab.
4. Ein Viertel der Anzahl der Direktoren wird getrennt gewählt, je einer von jedem der Gouverneure der Mitglieder mit der größten Anzahl von Anteilen. Ist die Gesamtzahl der Direktoren nicht durch vier teilbar, so beträgt die Zahl der so gewählten Direktoren ein Viertel der nächstniedrigen durch vier teilbaren Zahl.
5. Die übrigen Direktoren werden von den anderen Gouverneuren nach Maßgabe der Nummern 6 bis 11 dieses Anhangs gewählt.
6. Entspricht die Anzahl der benannten Bewerber der Anzahl der noch zu wählenden übrigen Direktoren, so werden alle Bewerber im ersten Wahlgang gewählt; hat ein Bewerber jedoch weniger als den vom Rat für die Wahl festgelegten Mindesthundertsatz der Gesamtstimmen erhalten, so ist er nicht gewählt, sofern ein Bewerber mehr als den vom Rat festgelegten Höchsthundertsatz der Gesamtstimmen erhalten hat.
7. Ist die Zahl der benannten Bewerber größer als die Zahl der zu wählenden übrigen Direktoren, so sind die Bewerber, welche die größte Anzahl von Stimmen erhalten, gewählt, ausgenommen die Bewerber, die weniger als den vom Rat festgelegten Mindesthundertsatz der Gesamtstimmen erhalten haben.
8. Werden im ersten Wahlgang nicht alle übrigen Direktoren gewählt, so findet ein zweiter Wahlgang statt. Die im ersten Wahlgang nicht gewählten Bewerber sind wieder wählbar.
9. Im zweiten Wahlgang ist die Stimmabgabe beschränkt auf i) die Gouverneure, die im ersten Wahlgang für einen nicht gewählten Bewerber gestimmt haben, und ii) die Gou-

verneure, die im ersten Wahlgang für einen gewählten Bewerber gestimmt haben, der bereits den vom Rat festgelegten Höchsthundertsatz der Gesamtstimmen erhalten hatte, bevor ihre Stimmen berücksichtigt wurden.

10. Bei der Entscheidung darüber, wann ein gewählter Bewerber mehr als den Höchsthundertsatz der Stimmen erhalten hat, werden zuerst die Stimmen der Gouverneure gezählt, welche die größte Anzahl von Stimmen für diesen Bewerber abgeben, sodann die Stimmen der Gouverneure, welche die nächstgrößte Stimmenzahl abgeben, und so fort, bis der Hundertsatz erreicht ist.
11. Sind nach dem zweiten Wahlgang nicht alle übrigen Direktoren gewählt, so finden weitere Wahlgänge nach den gleichen Grundsätzen statt, bis alle übrigen Direktoren gewählt sind; ist jedoch nur noch ein Direktor zu wählen, so kann er mit der einfachen Mehrheit der Reststimmen gewählt werden und gilt als mit allen diesen Stimmen gewählt.

465. Übereinkommen der Vereinten Nationen über Verträge über den internationalen Warenkauf[1), 2)] (CISG)[3)]

Vom 11. April 1980
(BGBl. 1989 II S. 588, ber. 1990 II 1699)

DIE VERTRAGSSTAATEN DIESES ÜBEREINKOMMENS –

IM HINBLICK auf die allgemeinen Ziele der Entschließungen, die von der Sechsten Außerordentlichen Tagung der Generalversammlung der Vereinten Nationen über die Errichtung einer neuen Weltwirtschaftsordnung angenommen worden sind,

IN DER ERWÄGUNG, daß die Entwicklung des internationalen Handels auf der Grundlage der Gleichberechtigung und des gegenseitigen Nutzens ein wichtiges Element zur Förderung freundschaftlicher Beziehungen zwischen den Staaten ist,

IN DER MEINUNG, daß die Annahme einheitlicher Bestimmungen, die auf Verträge über den internationalen Warenkauf Anwendung finden und die verschiedenen Gesellschafts-, Wirtschafts- und Rechtsordnungen berücksichtigen, dazu beitragen würde, die rechtlichen Hindernisse im internationalen Handel zu beseitigen und seine Entwicklung zu fördern –

HABEN FOLGENDES VEREINBART:

Teil I. Anwendungsbereich und allgemeine Bestimmungen

Kapitel I. Anwendungsbereich

Art. 1 [Anwendungsbereich] (1) Dieses Übereinkommen ist auf Kaufverträge über Waren zwischen Parteien anzuwenden, die ihre Niederlassung in verschiedenen Staaten haben,

a) wenn diese Staaten Vertragsstaaten sind oder

b) wenn die Regeln des internationalen Privatrechts zur Anwendung des Rechts eines Vertragsstaats führen.[4)]

---

1) Für die Bundesrepublik Deutschland ist das Übk. am 1. 1. 1991, für die ehem. DDR am 1. 3. 1990 in Kraft getreten (Bek. v. 23. 10. 1990, BGBl. II S. 1477). Weitere Vertragsparteien: *Siehe Tabelle am* Ende des Übereinkommens. Das Übk. über die Verjährung beim internationalen Warenkauf vom 14. 6. 1974 idF. des Prot. vom 11. 4. 1980 ist von der Bundesrepublik Deutschland, Österreich und der Schweiz nicht ratifiziert worden.

2) Vgl. auch Art. 3 VertragsG v. 5. 7. 1989 (BGBl. 1989 II S. 586): „Auf die Verjährung der dem Käufer nach Artikel 45 des Übereinkommens von 1980 zustehenden Ansprüche wegen Vertragswidrigkeit der Ware ist § 438 Abs. 3 des Bürgerlichen Gesetzbuchs auch anzuwenden, wenn die Vertragswidrigkeit auf Tatsachen beruht, die der Verkäufer kannte oder über die er nicht in Unkenntnis sein konnte und die er dem Käufer nicht offenbart hat."

3) Der Klammerzusatz ist nicht amtlich.

4) Vgl. hierzu auch Art. 95 und die Fußnote zu dieser Bestimmung.

(2) Die Tatsache, daß die Parteien ihre Niederlassung in verschiedenen Staaten haben, wird nicht berücksichtigt, wenn sie sich nicht aus dem Vertrag, aus früheren Geschäftsbeziehungen oder aus Verhandlungen oder Auskünften ergibt, die vor oder bei Vertragsabschluß zwischen den Parteien geführt oder von ihnen erteilt worden sind.

(3) Bei Anwendung dieses Übereinkommens wird weder berücksichtigt, welche Staatsangehörigkeit die Parteien haben, noch ob sie Kaufleute oder Nichtkaufleute sind oder ob der Vertrag handelsrechtlicher oder bürgerlich-rechtlicher Art ist.

Art. 2 [Anwendungsausschlüsse] Dieses Übereinkommen findet keine Anwendung auf den Kauf

a) von Ware für den persönlichen Gebrauch oder den Gebrauch in der Familie oder im Haushalt, es sei denn, daß der Verkäufer vor oder bei Vertragsabschluß weder wußte noch wissen mußte, daß die Ware für einen solchen Gebrauch gekauft wurde,
b) bei Versteigerungen,
c) aufgrund von Zwangsvollstreckungs- oder anderen gerichtlichen Maßnahmen,
d) von Wertpapieren oder Zahlungsmitteln,
e) von Seeschiffen, Binnenschiffen, Luftkissenfahrzeugen oder Luftfahrzeugen,
f) von elektrischer Energie.

Art. 3 [Verträge über herzustellende Waren oder Dienstleistungen] (1) Den Kaufverträgen stehen Verträge über die Lieferung herzustellender oder zu erzeugender Ware gleich, es sei denn, daß der Besteller einen wesentlichen Teil der für die Herstellung oder Erzeugung notwendigen Stoffe selbst zur Verfügung zu stellen hat.

(2) Dieses Übereinkommen ist auf Verträge nicht anzuwenden, bei denen der überwiegende Teil der Pflichten der Partei, welche die Ware liefert, in der Ausführung von Arbeiten oder anderen Dienstleistungen besteht.

Art. 4 [Sachlicher Geltungsbereich] Dieses Übereinkommen regelt ausschließlich den Abschluß des Kaufvertrages und die aus ihm erwachsenden Rechte und Pflichten des Verkäufers und des Käufers. Soweit in diesem Übereinkommen nicht ausdrücklich etwas anderes bestimmt ist, betrifft es insbesondere nicht

a) die Gültigkeit des Vertrages oder einzelner Vertragsbestimmungen oder die Gültigkeit von Gebräuchen,
b) die Wirkungen, die der Vertrag auf das Eigentum an der verkauften Ware haben kann.

Art. 5 [Ausschluß der Haftung für Tod oder Körperverletzung] Dieses Übereinkommen findet keine Anwendung auf die Haftung des

Verkäufers für den durch die Ware verursachten Tod oder die Körperverletzung einer Person.

Art. 6 [Ausschluß, Abweichung oder Änderung durch Parteiabrede] Die Parteien können die Anwendung dieses Übereinkommens ausschließen oder, vorbehaltlich des Artikels 12, von seinen Bestimmungen abweichen oder deren Wirkung ändern.

Kapitel II. Allgemeine Bestimmungen

Art. 7 [Auslegung des Übereinkommens und Lückenfüllung]. (1) Bei der Auslegung dieses Übereinkommens sind sein internationaler Charakter und die Notwendigkeit zu berücksichtigen, seine einheitliche Anwendung und die Wahrung des guten Glaubens im internationalen Handel zu fördern.

(2) Fragen, die in diesem Übereinkommen geregelte Gegenstände betreffen, aber in diesem Übereinkommen nicht ausdrücklich entschieden werden, sind nach den allgemeinen Grundsätzen, die diesem Übereinkommen zugrunde liegen, oder mangels solcher Grundsätze nach dem Recht zu entscheiden, das nach den Regeln des internationalen Privatrechts anzuwenden ist.

Art. 8 [Auslegung von Erklärungen und Verhalten] (1) Für die Zwecke dieses Übereinkommens sind Erklärungen und das sonstige Verhalten einer Partei nach deren Willen auszulegen, wenn die andere Partei diesen Willen kannte oder darüber nicht in Unkenntnis sein konnte.

(2) Ist Absatz 1 nicht anwendbar, so sind Erklärungen und das sonstige Verhalten einer Partei so auszulegen, wie eine vernünftige Person der gleichen Art wie die andere Partei sie unter den gleichen Umständen aufgefaßt hätte.

(3) Um den Willen einer Partei oder die Auffassung festzustellen, die eine vernünftige Person gehabt hätte, sind alle erheblichen Umstände zu berücksichtigen, insbesondere die Verhandlungen zwischen den Parteien, die zwischen ihnen entstandenen Gepflogenheiten, die Gebräuche und das spätere Verhalten der Parteien.

Art. 9 [Handelsbräuche und Gepflogenheiten] (1) Die Parteien sind an die Gebräuche, mit denen sie sich einverstanden erklärt haben, und an die Gepflogenheiten gebunden, die zwischen ihnen entstanden sind.

(2) Haben die Parteien nichts anderes vereinbart, so wird angenommen, daß sie sich in ihrem Vertrag oder bei seinem Abschluß stillschweigend auf Gebräuche bezogen haben, die sie kannten oder kennen mußten und die im internationalen Handel den Parteien von Verträgen dieser Art in dem betreffenden Geschäftszweig weithin bekannt sind und von ihnen regelmäßig beachtet werden.

Art. 10 [Niederlassung] Für die Zwecke dieses Übereinkommens ist,

a) falls eine Partei mehr als eine Niederlassung hat, die Niederlassung maßgebend, die unter Berücksichtigung der vor oder bei Vertragsabschluß den Parteien bekannten oder von ihnen in Betracht gezogenen Umstände die engste Beziehung zu dem Vertrag und zu seiner Erfüllung hat;

b) falls eine Partei keine Niederlassung hat, ihr gewöhnlicher Aufenthalt maßgebend.

Art. 11 [Formfreiheit] Der Kaufvertrag braucht nicht schriftlich geschlossen oder nachgewiesen zu werden und unterliegt auch sonst keinen Formvorschriften. Er kann auf jede Weise bewiesen werden, auch durch Zeugen.

Art. 12 [Wirkungen eines Vorbehaltes hinsichtlich der Formfreiheit] Die Bestimmungen der Artikel 11 und 29 oder des Teils II dieses Übereinkommens, die für den Abschluß eines Kaufvertrages, seine Änderung oder Aufhebung durch Vereinbarung oder für ein Angebot, eine Annahme oder eine sonstige Willenserklärung eine andere als die schriftliche Form gestatten, gelten nicht, wenn eine Partei ihre Niederlassung in einem Vertragsstaat hat, der eine Erklärung nach Artikel 96 abgegeben hat. Die Parteien dürfen von dem vorliegenden Artikel weder abweichen noch seine Wirkung ändern.

Art. 13 [Schriftlichkeit] Für die Zwecke dieses Übereinkommens umfaßt der Ausdruck „schriftlich" auch Mitteilungen durch Telegramm oder Fernschreiben.

Teil II. Abschluß des Vertrages[1)]

Art. 14 [Begriff des Angebots]. (1) Der an eine oder mehrere bestimmte Personen gerichtete Vorschlag zum Abschluß eines Vertrages stellt ein Angebot dar, wenn er bestimmt genug ist und den Willen des Anbietenden zum Ausdruck bringt, im Falle der Annahme gebunden zu sein. Ein Vorschlag ist bestimmt genug, wenn er die Ware bezeichnet und ausdrücklich oder stillschweigend die Menge und den Preis festsetzt oder deren Festsetzung ermöglicht.

(2) Ein Vorschlag, der nicht an eine oder mehrere bestimmte Personen gerichtet ist, gilt nur als Aufforderung, ein Angebot abzugeben, wenn nicht die Person, die den Vorschlag macht, das Gegenteil deutlich zum Ausdruck bringt.

---

1) Dänemark, Norwegen und Schweden haben erklärt, dass sie sich nicht an diesen Teil des Übereinkommens gebunden fühlen. Diese Staaten, sowie Finnland und Island, haben weiterhin erklärt, dass die Konvention keine Anwendung auf Verträge zwischen Parteien finden soll, die ihren Geschäftssitz in Skandinavien (einschließlich Islands) haben.

Art. 15 [Wirksamwerden des Angebots; Rücknahme]. (1) Ein Angebot wird wirksam, sobald es dem Empfänger zugeht.

(2) Ein Angebot kann, selbst wenn es unwiderruflich ist, zurückgenommen werden, wenn die Rücknahmeerklärung dem Empfänger vor oder gleichzeitig mit dem Angebot zugeht.

Art. 16 [Widerruf des Angebots]. (1) Bis zum Abschluß des Vertrages kann ein Angebot widerrufen werden, wenn der Widerruf dem Empfänger zugeht, bevor dieser eine Annahmeerklärung abgesandt hat.

(2) Ein Angebot kann jedoch nicht widerrufen werden,

a) wenn es durch Bestimmung einer festen Frist zur Annahme oder auf andere Weise zum Ausdruck bringt, daß es unwiderruflich ist, oder

b) wenn der Empfänger vernünftigerweise darauf vertrauen konnte, daß das Angebot unwiderruflich ist, und er im Vertrauen auf das Angebot gehandelt hat.

Art. 17 [Erlöschen des Angebots]. Ein Angebot erlischt, selbst wenn es unwiderruflich ist, sobald dem Anbietenden eine Ablehnung zugeht.

Art. 18 [Begriff der Annahme]. (1) Eine Erklärung oder ein sonstiges Verhalten des Empfängers, das eine Zustimmung zum Angebot ausdrückt, stellt eine Annahme dar. Schweigen oder Untätigkeit allein stellen keine Annahme dar.

(2) Die Annahme eines Angebots wird wirksam, sobald die Äußerung der Zustimmung dem Anbietenden zugeht. Sie wird nicht wirksam, wenn die Äußerung der Zustimmung dem Anbietenden nicht innerhalb der von ihm gesetzten Frist oder, bei Fehlen einer solchen Frist, innerhalb einer angemessenen Frist zugeht; dabei sind die Umstände des Geschäfts einschließlich der Schnelligkeit der vom Anbietenden gewählten Übermittlungsart zu berücksichtigen. Ein mündliches Angebot muß sofort angenommen werden, wenn sich aus den Umständen nichts anderes ergibt.

(3) Äußert jedoch der Empfänger aufgrund des Angebots, der zwischen den Parteien entstandenen Gepflogenheiten oder der Gebräuche seine Zustimmung dadurch, daß er eine Handlung vornimmt, die sich zum Beispiel auf die Absendung der Ware oder die Zahlung des Preises bezieht, ohne den Anbietenden davon zu unterrichten, so ist die Annahme zum Zeitpunkt der Handlung wirksam, sofern diese innerhalb der in Absatz 2 vorgeschriebenen Frist vorgenommen wird.

Art. 19 [Ergänzungen, Einschränkungen und sonstige Änderungen zum Angebot]. (1) Eine Antwort auf ein Angebot, die eine Annahme darstellen soll, aber Ergänzungen, Einschränkungen oder sonstige Änderungen enthält, ist eine Ablehnung des Angebots und stellt ein Gegenangebot dar.

(2) Eine Antwort auf ein Angebot, die eine Annahme darstellen soll, aber Ergänzungen oder Abweichungen enthält, welche die Bedingungen des Angebots nicht wesentlich ändern, stellt jedoch eine Annahme dar, wenn der Anbietende das Fehlen der Übereinstimmung nicht unverzüglich mündlich beanstandet oder eine entsprechende Mitteilung absendet. Unterläßt er dies, so bilden die Bedingungen des Angebots mit den in der Annahme enthaltenen Änderungen den Vertragsinhalt.

(3) Ergänzungen oder Abweichungen, die sich insbesondere auf Preis, Bezahlung, Qualität und Menge der Ware, auf Ort und Zeit der Lieferung, auf den Umfang der Haftung der einen Partei gegenüber der anderen oder auf die Beilegung von Streitigkeiten beziehen, werden so angesehen, als änderten sie die Bedingungen des Angebots wesentlich.

Art. 20 [Annahmefrist]. (1) Eine vom Anbietenden in einem Telegramm oder einem Brief gesetzte Annahmefrist beginnt mit Aufgabe des Telegramms oder mit dem im Brief angegebenen Datum oder, wenn kein Datum angegeben ist, mit dem auf dem Umschlag angegebenen Datum zu laufen. Eine vom Anbietenden telefonisch, durch Fernschreiben oder eine andere sofortige Übermittlungsart gesetzte Annahmefrist beginnt zu laufen, sobald das Angebot dem Empfänger zugeht.

(2) Gesetzliche Feiertage oder arbeitsfreie Tage, die in die Laufzeit der Annahmefrist fallen, werden bei der Fristberechnung mitgezählt. Kann jedoch die Mitteilung der Annahme am letzten Tag der Frist nicht an die Anschrift des Anbietenden zugestellt werden, weil dieser Tag am Ort der Niederlassung des Anbietenden auf einen gesetzlichen Feiertag oder arbeitsfreien Tag fällt, so verlängert sich die Frist bis zum ersten darauf folgenden Arbeitstag.

Art. 21 [Verspätete Annahme]. (1) Eine verspätete Annahme ist dennoch als Annahme wirksam, wenn der Anbietende unverzüglich den Annehmenden in diesem Sinne mündlich unterrichtet oder eine entsprechende schriftliche Mitteilung absendet.

(2) Ergibt sich aus dem eine verspätete Annahme enthaltenden Brief oder anderen Schriftstück, daß die Mitteilung nach den Umständen, unter denen sie abgesandt worden ist, bei normaler Beförderung dem Anbietenden rechtzeitig zugegangen wäre, so ist die verspätete Annahme als Annahme wirksam, wenn der Anbietende nicht unverzüglich den Annehmenden mündlich davon unterrichtet, daß er sein Angebot als erloschen betrachtet, oder eine entsprechende schriftliche Mitteilung absendet.

Art. 22 [Rücknahme der Annahme]. Eine Annahme kann zurückgenommen werden, wenn die Rücknahmeerklärung dem Anbietenden vor oder in dem Zeitpunkt zugeht, in dem die Annahme wirksam geworden wäre.

Art. 23 [Zeitpunkt des Vertragsschlusses]. Ein Vertrag ist in dem Zeitpunkt geschlossen, in dem die Annahme eines Angebots nach diesem Übereinkommen wirksam wird.

Art. 24 [Begriff des Zugangs]. Für die Zwecke dieses Teils des Übereinkommens „geht" ein Angebot, eine Annahmeerklärung oder sonstige Willenserklärung dem Empfänger „zu", wenn sie ihm mündlich gemacht wird oder wenn sie auf anderem Weg ihm persönlich, an seiner Niederlassung oder Postanschrift oder, wenn diese fehlen, an seinem gewöhnlichen Aufenthaltsort zugestellt wird.

Teil III. Warenkauf

Kapitel I. Allgemeine Bestimmungen

Art. 25 [Wesentliche Vertragsverletzung]. Eine von einer Partei begangene Vertragsverletzung ist wesentlich, wenn sie für die andere Partei solchen Nachteil zur Folge hat, daß ihr im wesentlichen entgeht, was sie nach dem Vertrag hätte erwarten dürfen, es sei denn, daß die vertragsbrüchige Partei diese Folge nicht vorausgesehen hat und eine vernünftige Person der gleichen Art diese Folge unter den gleichen Umständen auch nicht vorausgesehen hätte.

Art. 26 [Aufhebungserklärung]. Eine Erklärung, daß der Vertrag aufgehoben wird, ist nur wirksam, wenn sie der anderen Partei mitgeteilt wird.

Art. 27 [Absendetheorie]. Soweit in diesem Teil des Übereinkommens nicht ausdrücklich etwas anderes bestimmt wird, nimmt bei einer Anzeige, Aufforderung oder sonstigen Mitteilung, die eine Partei gemäß diesem Teil mit den nach den Umständen geeigneten Mitteln macht, eine Verzögerung oder ein Irrtum bei der Übermittlung der Mitteilung oder deren Nichteintreffen dieser Partei nicht das Recht, sich auf die Mitteilung zu berufen.

Art. 28 [Erfüllungsanspruch]. Ist eine Partei nach diesem Übereinkommen berechtigt, von der anderen Partei die Erfüllung einer Verpflichtung zu verlangen, so braucht ein Gericht eine Entscheidung auf Erfüllung in Natur nur zu fällen, wenn es dies auch nach seinem eigenen Recht bei gleichartigen Kaufverträgen täte, die nicht unter dieses Übereinkommen fallen.

Art. 29 [Vertragsänderung oder -aufhebung]. (1) Ein Vertrag kann durch bloße Vereinbarung der Parteien geändert oder aufgehoben werden.

(2) Enthält ein schriftlicher Vertrag eine Bestimmung, wonach jede Änderung oder Aufhebung durch Vereinbarung schriftlich zu erfolgen hat, so darf er nicht auf andere Weise geändert oder aufgehoben werden. Eine Partei kann jedoch aufgrund ihres Verhaltens davon ausgeschlossen sein, sich auf eine solche Bestimmung zu berufen, soweit die andere Partei sich auf dieses Verhalten verlassen hat.

Kapitel II. Pflichten des Verkäufers

Art. 30 [Pflichten des Verkäufers]. Der Verkäufer ist nach Maßgabe des Vertrages und dieses Übereinkommens verpflichtet, die Ware zu liefern, die sie betreffenden Dokumente zu übergeben und das Eigentum an der Ware zu übertragen.

Abschnitt I. Lieferung der Ware und Übergabe der Dokumente

Art. 31 [Inhalt der Lieferpflicht und Ort der Lieferung]. Hat der Verkäufer die Ware nicht an einem anderen bestimmten Ort zu liefern, so besteht seine Lieferpflicht in folgendem:

a) Erfordert der Kaufvertrag eine Beförderung der Ware, so hat sie der Verkäufer dem ersten Beförderer zur Übermittlung an den Käufer zu übergeben;

b) bezieht sich der Vertrag in Fällen, die nicht unter Buchstabe a fallen, auf bestimmte Ware oder auf gattungsmäßig bezeichnete Ware, die aus einem bestimmten Bestand zu entnehmen ist, oder auf herzustellende oder zu erzeugende Ware, und wußten die Parteien bei Vertragsabschluß, daß die Ware sich an einem bestimmten Ort befand oder dort herzustellen oder zu erzeugen war, so hat der Verkäufer die Ware dem Käufer an diesem Ort zur Verfügung zu stellen;

c) in den anderen Fällen hat der Verkäufer die Ware dem Käufer an dem Ort zur Verfügung zu stellen, an dem der Verkäufer bei Vertragsabschluß seine Niederlassung hatte.

Art. 32 [Verpflichtung hinsichtlich der Beförderung der Ware].

(1) Übergibt der Verkäufer nach dem Vertrag oder diesem Übereinkommen die Ware einem Beförderer und ist die Ware nicht deutlich durch daran angebrachte Kennzeichen oder durch Beförderungsdokumente oder auf andere Weise dem Vertrag zugeordnet, so hat der Verkäufer dem Käufer die Versendung anzuzeigen und dabei die Ware im einzelnen zu bezeichnen.

(2) Hat der Verkäufer für die Beförderung der Ware zu sorgen, so hat er die Verträge zu schließen, die zur Beförderung an den festgesetzten Ort mit *den nach den Umständen* angemessenen Beförderungsmitteln und zu den für solche Beförderungen üblichen Bedingungen erforderlich sind.

(3) Ist der Verkäufer nicht zum Abschluß einer Transportversicherung verpflichtet, so hat er dem Käufer auf dessen Verlangen alle ihm verfügbaren, zum Abschluß einer solchen Versicherung erforderlichen Auskünfte zu erteilen.

Art. 33 [Zeit der Lieferung] Der Verkäufer hat die Ware zu liefern,

a) wenn ein Zeitpunkt im Vertrag bestimmt ist oder aufgrund des Vertrages bestimmt werden kann, zu diesem Zeitpunkt,

b) wenn ein Zeitraum im Vertrag bestimmt ist oder aufgrund des Vertrages bestimmt werden kann, jederzeit innerhalb dieses Zeitraums, sofern sich nicht aus den Umständen ergibt, daß der Käufer den Zeitpunkt zu wählen hat, oder

c) in allen anderen Fällen innerhalb einer angemessenen Frist nach Vertragsabschluß.

Art. 34 [Übergabe von Dokumenten] Hat der Verkäufer Dokumente zu übergeben, die sich auf die Ware beziehen, so hat er sie zu dem Zeitpunkt, an dem Ort und in der Form zu übergeben, die im Vertrag vorgesehen sind. Hat der Verkäufer die Dokumente bereits vorher übergeben, so kann er bis zu dem für die Übergabe vorgesehenen Zeitpunkt jede Vertragswidrigkeit der Dokumente beheben, wenn die Ausübung dieses Rechts dem Käufer nicht unzumutbare Unannehmlichkeiten oder unverhältnismäßige Kosten verursacht. Der Käufer behält jedoch das Recht, Schadenersatz nach diesem Übereinkommen zu verlangen.

Abschnitt II. Vertragsmäßigkeit der Ware sowie Rechte oder Ansprüche Dritter

Art. 35 [Vertragsmäßigkeit der Ware] (1) Der Verkäufer hat Ware zu liefern, die in Menge, Qualität und Art sowie hinsichtlich Verpackung oder Behältnis den Anforderungen des Vertrages entspricht.

(2) Haben die Parteien nichts anderes vereinbart, so entspricht die Ware dem Vertrag nur,

a) wenn sie sich für die Zwecke eignet, für die Ware der gleichen Art gewöhnlich gebraucht wird;

b) wenn sie sich für einen bestimmten Zweck eignet, der dem Verkäufer bei Vertragsabschluß ausdrücklich oder auf andere Weise zur Kenntnis gebracht wurde, sofern sich nicht aus den Umständen ergibt, daß der Käufer auf die Sachkenntnis und das Urteilsvermögen des Verkäufers nicht vertraute oder vernünftigerweise nicht vertrauen konnte;

c) wenn sie die Eigenschaften einer Ware besitzt, die der Verkäufer dem Käufer als Probe oder Muster vorgelegt hat;

d) wenn sie in der für Ware dieser Art üblichen Weise oder, falls es eine solche Weise nicht gibt, in einer für die Erhaltung und den Schutz der Ware angemessenen Weise verpackt ist.

(3) Der Verkäufer haftet nach Absatz 2 Buchstaben a bis d nicht für eine Vertragswidrigkeit der Ware, wenn der Käufer bei Vertragsabschluß diese Vertragswidrigkeit kannte oder darüber nicht in Unkenntnis sein konnte.

Art. 36 [Maßgeblicher Zeitpunkt für die Vertragsmäßigkeit]

(1) Der Verkäufer haftet nach dem Vertrag und diesem Übereinkommen für eine Vertragswidrigkeit, die im Zeitpunkt des Übergangs der Gefahr auf den Käufer besteht, auch wenn die Vertragswidrigkeit erst nach diesem Zeitpunkt offenbar wird.

(2) Der Verkäufer haftet auch für eine Vertragswidrigkeit, die nach dem in Absatz 1 angegebenen Zeitpunkt eintritt und auf die Verletzung einer seiner Pflichten zurückzuführen ist, einschließlich der Verletzung einer Garantie dafür, daß die Ware für eine bestimmte Zeit für den üblichen Zweck oder für einen bestimmten Zweck geeignet bleiben oder besondere Eigenschaften oder Merkmale behalten wird.

Art. 37 [Nacherfüllung bei vorzeitiger Lieferung] Bei vorzeitiger Lieferung der Ware behält der Verkäufer bis zu dem für die Lieferung festgesetzten Zeitpunkt das Recht, fehlende Teile nachzuliefern, eine fehlende Menge auszugleichen, für nicht vertragsgemäße Ware Ersatz zu liefern oder die Vertragswidrigkeit der gelieferten Ware zu beheben, wenn die Ausübung dieses Rechts dem Käufer nicht unzumutbare Unannehmlichkeiten oder unverhältnismäßige Kosten verursacht. Der Käufer behält jedoch das Recht, Schadenersatz nach diesem Übereinkommen zu verlangen.

Art. 38 [Untersuchung der Ware] (1) Der Käufer hat die Ware innerhalb einer so kurzen Frist zu untersuchen oder untersuchen zu lassen, wie es die Umstände erlauben.

(2) Erfordert der Vertrag eine Beförderung der Ware, so kann die Untersuchung bis nach dem Eintreffen der Ware am Bestimmungsort aufgeschoben werden.

(3) Wird die Ware vom Käufer umgeleitet oder von ihm weiterversandt, ohne daß er ausreichend Gelegenheit hatte, sie zu untersuchen, und kannte der Verkäufer bei Vertragsabschluß die Möglichkeit einer solchen Umleitung oder Weiterversendung oder mußte er sie kennen, so kann die Untersuchung bis nach dem Eintreffen der Ware an ihrem neuen Bestimmungsort aufgeschoben werden.

Art. 39 [Mängelrüge] (1) Der Käufer verliert das Recht, sich auf eine Vertragswidrigkeit der Ware zu berufen, wenn er sie dem Verkäufer nicht innerhalb einer angemessenen Frist nach dem Zeitpunkt, in dem er sie festgestellt hat oder hätte feststellen müssen, anzeigt und dabei die Art der Vertragswidrigkeit genau bezeichnet.

(2) Der Käufer verliert in jedem Fall das Recht, sich auf die Vertragswidrigkeit der Ware zu berufen, wenn er sie nicht spätestens innerhalb von zwei Jahren, nachdem ihm die Ware tatsächlich übergeben worden ist, dem Verkäufer anzeigt, es sein denn, daß diese Frist mit einer vertraglichen Garantiefrist unvereinbar ist.

Art. 40 [Bösgläubigkeit des Verkäufers] Der Verkäufer kann sich auf die Artikel 38 und 39 nicht berufen, wenn die Vertragswidrigkeit auf Tatsachen beruht, die er kannte oder über die er nicht in Unkenntnis sein konnte und die er dem Käufer nicht offenbart hat.

Art. 41 [Rechtsmängel] Der Verkäufer hat Ware zu liefern, die frei von Rechten oder Ansprüchen Dritter ist, es sei denn, daß der Käufer eingewilligt hat, die mit einem solchen Recht oder Anspruch behaftete Ware zu nehmen. Beruhen jedoch solche Rechte oder Ansprüche auf gewerblichem oder anderem geistigen Eigentum, so regelt Artikel 42 die Verpflichtung des Verkäufers.

Art. 42 [Belastung mit Schutzrechten Dritter] (1) Der Verkäufer hat Ware zu liefern, die frei von Rechten oder Ansprüchen Dritter ist, die auf gewerblichem oder anderem geistigen Eigentum beruhen und die der Verkäufer bei Vertragsabschluß kannte oder über die er nicht in Unkenntnis sein konnte, vorausgesetzt, das Recht oder der Anspruch beruht auf gewerblichem oder anderem geistigen Eigentum

a) nach dem Recht des Staates, in dem die Ware weiterverkauft oder in dem sie in anderer Weise verwendet wird, wenn die Parteien bei Vertragsabschluß in Betracht gezogen haben, daß die Ware dort weiterverkauft oder verwendet werden wird, oder

b) in jedem anderen Falle nach dem Recht des Staates, in dem der Käufer seine Niederlassung hat.

(2) Die Verpflichtung des Verkäufers nach Absatz 1 erstreckt sich nicht auf Fälle,

a) in denen der Käufer im Zeitpunkt des Vertragsabschlusses das Recht oder den Anspruch kannte oder darüber nicht in Unkenntnis sein konnte, oder

b) in denen das Recht oder der Anspruch sich daraus ergibt, daß der Verkäufer sich nach technischen Zeichnungen, Entwürfen, Formeln oder sonstigen Angaben gerichtet hat, die der Käufer zur Verfügung gestellt hat.

Art. 43 [Rügepflicht] (1) Der Käufer kann sich auf Artikel 41 oder 42 nicht berufen, wenn er dem Verkäufer das Recht oder den Anspruch des Dritten nicht innerhalb einer angemessenen Frist nach dem Zeitpunkt, in dem er davon Kenntnis erlangt hat oder hätte erlangen müssen, anzeigt und dabei genau bezeichnet, welcher Art das Recht oder der Anspruch des Dritten ist.

(2) Der Verkäufer kann sich nicht auf Absatz 1 berufen, wenn er das Recht oder den Anspruch des Dritten und seine Art kannte.

Art. 44 [Entschuldigung für unterlassene Anzeige] Ungeachtet des Artikels 39 Absatz 1 und des Artikels 43 Absatz 1 kann der Käufer den Preis nach Artikel 50 herabsetzen oder Schadenersatz, außer für entgangenen Gewinn, verlangen, wenn er eine vernünftige Entschuldigung dafür hat, daß er die erforderliche Anzeige unterlassen hat.

Abschnitt III. Rechtsbehelfe des Käufers wegen Vertragsverletzung durch den Verkäufer

Art. 45 [Rechtsbehelfe des Käufers; keine zusätzliche Frist][1]

(1) Erfüllt der Verkäufer eine seiner Pflichten nach dem Vertrag oder diesem Übereinkommen nicht, so kann der Käufer

a) die in Artikel 46 bis 52 vorgesehenen Rechte ausüben;

b) Schadenersatz nach Artikel 74 bis 77 verlangen.

(2) Der Käufer verliert das Recht, Schadenersatz zu verlangen, nicht dadurch, daß er andere Rechtsbehelfe ausübt.

(3) Übt der Käufer einen Rechtsbehelf wegen Vertragsverletzung aus, so darf ein Gericht oder Schiedsgericht dem Verkäufer keine zusätzliche Frist gewähren.

Art. 46 [Recht des Käufers auf Erfüllung oder Nacherfüllung]

(1) Der Käufer kann vom Verkäufer Erfüllung seiner Pflichten verlangen, es sei denn, daß der Käufer einen Rechtsbehelf ausgeübt hat, der mit diesem Verlangen unvereinbar ist.

(2) Ist die Ware nicht vertragsgemäß, so kann der Käufer Ersatzlieferung nur verlangen, wenn die Vertragswidrigkeit eine wesentliche Vertragsverletzung darstellt und die Ersatzlieferung entweder zusammen mit einer Anzeige nach Artikel 39 oder innerhalb einer angemessenen Frist danach verlangt wird.

(3) Ist die Ware nicht vertragsgemäß, so kann der Käufer den Verkäufer auffordern, die Vertragswidrigkeit durch Nachbesserung zu beheben, es sei denn, daß dies unter Berücksichtigung aller Umstände unzumutbar ist. Nachbesserung muß entweder zusammen mit einer Anzeige nach Artikel 39 oder innerhalb einer angemessenen Frist danach verlangt werden.

Art. 47 [Nachfrist] (1) Der Käufer kann dem Verkäufer eine angemessene Nachfrist zur Erfüllung seiner Pflichten setzen.

(2) Der Käufer kann vor Ablauf dieser Frist keinen Rechtsbehelf wegen Vertragsverletzung ausüben, außer wenn er vom Verkäufer die Anzeige erhalten hat, daß dieser seine Pflichten nicht innerhalb der so gesetzten Frist erfüllen wird. Der Käufer behält jedoch das Recht, Schadenersatz wegen verspäteter Erfüllung zu verlangen.

---

[1] Vgl. zur Verjährung der Ansprüche nach dieser Bestimmung Art. 3 des Gesetzes v. 5. 7. 1989 (BGBl. 1989 II S. 586, i. d. F. v. 26. 11. 2001 [Schuldrechtsmodernisierungsgesetz], BGBl. I S. 3138): „Auf die Verjährung der dem Käufer nach Artikel 45 des Übereinkommens von 1980 zustehenden Ansprüche wegen Vertragswidrigkeit der Ware ist § 438 Abs. 3 des Bürgerlichen Gesetzbuchs auch anzuwenden, wenn die Vertragswidrigkeit auf Tatsachen beruht, die der Verkäufer kannte oder über die er nicht in Unkenntnis sein konnte und die er dem Käufer nicht offenbart hat.

Art. 48 [Recht des Verkäufers zur Nacherfüllung]. (1) Vorbehaltlich des Artikels 49 kann der Verkäufer einen Mangel in der Erfüllung seiner Pflichten auch nach dem Liefertermin auf eigene Kosten beheben, wenn dies keine unzumutbare Verzögerung nach sich zieht und dem Käufer weder unzumutbare Unannehmlichkeiten noch Ungewißheit über die Erstattung seiner Auslagen durch den Verkäufer verursacht. Der Käufer behält jedoch das Recht, Schadenersatz nach diesem Übereinkommen zu verlangen.

(2) Fordert der Verkäufer den Käufer auf, ihm mitzuteilen, ob er die Erfüllung annehmen will, und entspricht der Käufer der Aufforderung nicht innerhalb einer angemessenen Frist, so kann der Verkäufer innerhalb der in seiner Aufforderung angegebenen Frist erfüllen. Der Käufer kann vor Ablauf dieser Frist keinen Rechtsbehelf ausüben, der mit der Erfüllung durch den Verkäufer unvereinbar ist.

(3) Zeigt der Verkäufer dem Käufer an, daß er innerhalb einer bestimmten Frist erfüllen wird, so wird vermutet, daß die Anzeige eine Aufforderung an den Käufer nach Absatz 2 enthält, seine Entscheidung mitzuteilen.

(4) Eine Aufforderung oder Anzeige des Verkäufers nach Absatz 2 oder 3 ist nur wirksam, wenn der Käufer sie erhalten hat.

Art. 49 [Vertragsaufhebung]. (1) Der Käufer kann die Aufhebung des Vertrages erklären,

a) wenn die Nichterfüllung einer dem Verkäufer nach dem Vertrag oder diesem Übereinkommen obliegenden Pflicht eine wesentliche Vertragsverletzung darstellt oder
b) wenn im Falle der Nichtlieferung der Verkäufer die Ware nicht innerhalb der vom Käufer nach Artikel 47 Absatz 1 gesetzten Nachfrist liefert oder wenn er erklärt, daß er nicht innerhalb der so gesetzten Frist liefern wird.

(2) Hat der Verkäufer die Ware geliefert, so verliert jedoch der Käufer sein Recht, die Aufhebung des Vertrages zu erklären, wenn er

a) im Falle der verspäteten Lieferung die Aufhebung nicht innerhalb einer angemessenen Frist erklärt, nachdem er erfahren hat, daß die Lieferung erfolgt ist, oder
b) im Falle einer anderen Vertragsverletzung als verspäteter Lieferung die Aufhebung nicht innerhalb einer angemessenen Frist erklärt,
   i) nachdem er die Vertragsverletzung kannte oder kennen mußte,
   ii) nachdem eine vom Käufer nach Artikel 47 Absatz 1 gesetzte Nachfrist abgelaufen ist oder nachdem der Verkäufer erklärt hat, daß er seine Pflichten nicht innerhalb der Nachfrist erfüllen wird, oder
   iii) nachdem eine vom Verkäufer nach Artikel 48 Absatz 2 gesetzte Frist abgelaufen ist oder nachdem der Käufer erklärt hat, daß er die Erfüllung nicht annehmen wird.

Art. 50 [Minderung]. Ist die Ware nicht vertragsgemäß, so kann der Käufer unabhängig davon, ob der Kaufpreis bereits gezahlt worden ist oder nicht, den Preis in dem Verhältnis herabsetzen, in dem der Wert, den die tatsächlich gelieferte Ware im Zeitpunkt der Lieferung hatte, zu dem Wert steht, den vertragsgemäße Ware zu diesem Zeitpunkt gehabt hätte. Behebt jedoch der Verkäufer nach Artikel 37 oder 48 einen Mangel in der Erfüllung seiner Pflichten oder weigert sich der Käufer, Erfüllung durch den Verkäufer nach den genannten Artikeln anzunehmen, so kann der Käufer den Preis nicht herabsetzen.

Art. 51 [Teilweise Nichterfüllung]. (1) Liefert der Verkäufer nur einen Teil der Ware oder ist nur ein Teil der gelieferten Ware vertragsgemäß, so gelten für den Teil, der fehlt oder der nicht vertragsgemäß ist, die Artikel 46 bis 50.

(2) Der Käufer kann nur dann die Aufhebung des gesamten Vertrages erklären, wenn die unvollständige oder nicht vertragsgemäße Lieferung eine wesentliche Vertragsverletzung darstellt.

Art. 52 [Vorzeitige Lieferung und Zuviellieferung]. (1) Liefert der Verkäufer die Ware vor dem festgesetzten Zeitpunkt, so steht es dem Käufer frei, sie abzunehmen oder die Abnahme zu verweigern.

(2) Liefert der Verkäufer eine größere als die vereinbarte Menge, so kann der Käufer die zuviel gelieferte Menge abnehmen oder ihre Abnahme verweigern. Nimmt der Käufer die zuviel gelieferte Menge ganz oder teilweise ab, so hat er sie entsprechend dem vertraglichen Preis zu bezahlen.

Kapitel III. Pflichten des Käufers

Art. 53 [Zahlung des Kaufpreises; Abnahme der Ware]. Der Käufer ist nach Maßgabe des Vertrages und dieses Übereinkommens verpflichtet, den Kaufpreis zu zahlen und die Ware abzunehmen.

Abschnitt I. Zahlung des Kaufpreises

Art. 54 [Kaufpreiszahlung]. Zur Pflicht des Käufers, den Kaufpreis zu zahlen, gehört es auch, die Maßnahmen zu treffen und die Förmlichkeiten zu erfüllen, die der Vertrag oder Rechtsvorschriften erfordern, damit Zahlung geleistet werden kann.

Art. 55 [Bestimmung des Preises]. Ist ein Vertrag gültig geschlossen worden, ohne daß er den Kaufpreis ausdrücklich oder stillschweigend festsetzt oder dessen Festsetzung ermöglicht, so wird mangels gegenteiliger Anhaltspunkte vermutet, daß die Parteien sich stillschweigend auf den Kaufpreis bezogen haben, der bei Vertragsabschluß allgemein für derartige Ware berechnet wurde, die in dem betreffenden Geschäftszweig unter vergleichbaren Umständen verkauft wurde.

Art. 56 [Kaufpreis nach Gewicht]. Ist der Kaufpreis nach dem Gewicht der Ware festgesetzt, so bestimmt er sich im Zweifel nach dem Nettogewicht.

Art. 57 [Zahlungsort]. (1) Ist der Käufer nicht verpflichtet, den Kaufpreis an einem anderen bestimmten Ort zu zahlen, so hat er ihn dem Verkäufer wie folgt zu zahlen:

a) am Ort der Niederlassung des Verkäufers oder,
b) wenn die Zahlung gegen Übergabe der Ware oder von Dokumenten zu leisten ist, an dem Ort, an dem die Übergabe stattfindet.

(2) Der Verkäufer hat alle mit der Zahlung zusammenhängenden Mehrkosten zu tragen, die durch einen Wechsel seiner Niederlassung nach Vertragsabschluß entstehen.

Art. 58 [Zahlungszeit; Zahlung als Bedingung der Übergabe; Untersuchung vor Zahlung]. (1) Ist der Käufer nicht verpflichtet, den Kaufpreis zu einer bestimmten Zeit zu zahlen, so hat er den Preis zu zahlen, sobald ihm der Verkäufer entweder die Ware oder die Dokumente, die zur Verfügung darüber berechtigen, nach dem Vertrag und diesem Übereinkommen zur Verfügung gestellt hat. Der Verkäufer kann die Übergabe der Ware oder der Dokumente von der Zahlung abhängig machen.

(2) Erfordert der Vertrag eine Beförderung der Ware, so kann der Verkäufer sie mit der Maßgabe versenden, daß die Ware oder die Dokumente, die zur Verfügung darüber berechtigen, dem Käufer nur gegen Zahlung des Kaufpreises zu übergeben sind.

(3) Der Käufer ist nicht verpflichtet, den Kaufpreis zu zahlen, bevor er Gelegenheit gehabt hat, die Ware zu untersuchen, es sei denn, die von den Parteien vereinbarten Lieferungs- oder Zahlungsmodalitäten bieten hierzu keine Gelegenheit.

Art. 59 [Zahlung ohne Aufforderung]. Der Käufer hat den Kaufpreis zu dem Zeitpunkt, der in dem Vertrag festgesetzt oder nach dem Vertrag und diesem Übereinkommen bestimmbar ist, zu zahlen, ohne daß es einer Aufforderung oder der Einhaltung von Förmlichkeiten seitens des Verkäufers bedarf.

Abschnitt II. Abnahme

Art. 60 [Begriff der Abnahme]. Die Pflicht des Käufers zur Abnahme besteht darin,

a) alle Handlungen vorzunehmen, die vernünftigerweise von ihm erwartet werden können, damit dem Verkäufer die Lieferung ermöglicht wird, und
b) die Ware zu übernehmen.

Abschnitt III. Rechtsbehelfe des Verkäufers wegen Vertragsverletzung durch den Käufer

Art. 61 [Rechtsbehelfe des Verkäufers; keine zusätzliche Frist]. (1) Erfüllt der Käufer eine seiner Pflichten nach dem Vertrag oder diesem Übereinkommen nicht, so kann der Verkäufer
a) die in Artikel 62 bis 65 vorgesehenen Rechte ausüben;
b) Schadenersatz nach Artikel 74 bis 77 verlangen.

(2) Der Verkäufer verliert das Recht, Schadenersatz zu verlangen, nicht dadurch, daß er andere Rechtsbehelfe ausübt.

(3) Übt der Verkäufer einen Rechtsbehelf wegen Vertragsverletzung aus, so darf ein Gericht oder Schiedsgericht dem Käufer keine zusätzliche Frist gewähren.

Art. 62 [Zahlung des Kaufpreises; Abnahme der Ware]. Der Verkäufer kann vom Käufer verlangen, daß er den Kaufpreis zahlt, die Ware abnimmt sowie seine sonstigen Pflichten erfüllt, es sei denn, daß der Verkäufer einen Rechtsbehelf ausgeübt hat, der mit diesem Verlangen unvereinbar ist.

Art. 63 [Nachfrist]. (1) Der Verkäufer kann dem Käufer eine angemessene Nachfrist zur Erfüllung seiner Pflichten setzen.

(2) Der Verkäufer kann vor Ablauf dieser Frist keinen Rechtsbehelf wegen Vertragsverletzung ausüben, außer wenn er vom Käufer die Anzeige erhalten hat, daß dieser seine Pflichten nicht innerhalb der so gesetzten Frist erfüllen wird. Der Verkäufer verliert dadurch jedoch nicht das Recht, Schadenersatz wegen verspäteter Erfüllung zu verlangen.

Art. 64 [Vertragsaufhebung]. (1) Der Verkäufer kann die Aufhebung des Vertrages erklären,
a) wenn die Nichterfüllung einer dem Käufer nach dem Vertrag oder diesem Übereinkommen obliegenden Pflicht eine wesentliche Vertragsverletzung darstellt oder
b) wenn der Käufer nicht innerhalb der vom Verkäufer nach Artikel 63 Absatz 1 gesetzten Nachfrist seine Pflicht zur Zahlung des Kaufpreises oder zur Abnahme der Ware erfüllt oder wenn er erklärt, daß er dies nicht innerhalb der so gesetzten Frist tun wird.

(2) Hat der Käufer den Kaufpreis gezahlt, so verliert jedoch der Verkäufer sein Recht, die Aufhebung des Vertrages zu erklären, wenn er

a) im Falle verspäteter Erfüllung durch den Käufer die Aufhebung nicht erklärt, bevor er erfahren hat, daß erfüllt worden ist, oder
b) im Falle einer anderen Vertragsverletzung als verspäteter Erfüllung durch den Käufer die Aufhebung nicht innerhalb einer angemessenen Zeit erklärt,
   i) nachdem der Verkäufer die Vertragsverletzung kannte oder kennen mußte oder
   ii) nachdem eine vom Verkäufer nach Artikel 63 Absatz 1 gesetzte Nachfrist abgelaufen ist oder nachdem der Käufer erklärt hat, daß er seine Pflichten nicht innerhalb der Nachfrist erfüllen wird.

Art. 65 [Spezifizierung durch den Verkäufer]. (1) Hat der Käufer nach dem Vertrag die Form, die Maße oder andere Merkmale der Ware näher zu bestimmen und nimmt er diese Spezifizierung nicht zu dem vereinbarten Zeitpunkt oder innerhalb einer angemessenen Frist nach Eingang einer Aufforderung durch den Verkäufer vor, so kann der Verkäufer unbeschadet aller ihm zustehenden sonstigen Rechte die Spezifizierung nach den Bedürfnissen des Käufers, soweit ihm diese bekannt sind, selbst vornehmen.

(2) Nimmt der Verkäufer die Spezifizierung selbst vor, so hat er dem Käufer deren Einzelheiten mitzuteilen und ihm eine angemessene Frist zu setzen, innerhalb deren der Käufer eine abweichende Spezifizierung vornehmen kann. Macht der Käufer nach Eingang einer solchen Mitteilung von dieser Möglichkeit innerhalb der so gesetzten Frist keinen Gebrauch, so ist die vom Verkäufer vorgenommene Spezifizierung verbindlich.

Kapitel IV. Übergang der Gefahr

Art. 66 [Wirkung des Gefahrübergangs]. Untergang oder Beschädigung der Ware nach Übergang der Gefahr auf den Käufer befreit diesen nicht von der Pflicht, den Kaufpreis zu zahlen, es sei denn, daß der Untergang oder die Beschädigung auf eine Handlung oder Unterlassung des Verkäufers zurückzuführen ist.

Art. 67 [Gefahrübergang bei Beförderung der Ware]. (1) Erfordert der Kaufvertrag eine Beförderung der Ware und ist der Verkäufer nicht verpflichtet, sie an einem bestimmten Ort zu übergeben, so geht die Gefahr auf den Käufer über, sobald die Ware gemäß dem Kaufvertrag dem ersten Beförderer zur Übermittlung an den Käufer übergeben wird. Hat der Verkäufer dem Beförderer die Ware an einem bestimmten Ort zu übergeben, so geht die Gefahr erst auf den Käufer über, wenn die Ware dem Beförderer an diesem Ort übergeben wird. Ist der Verkäufer befugt, die Dokumente, die zur Verfügung über die Ware berechtigen, zurückzubehalten, so hat dies keinen Einfluß auf den Übergang der Gefahr.

(2) Die Gefahr geht jedoch erst auf den Käufer über, wenn die Ware eindeutig dem Vertrag zugeordnet ist, sei es durch an der Ware angebrachte Kennzeichen, durch Beförderungsdokumente, durch eine Anzeige an den Käufer oder auf andere Weise.

Art. 68 [Gefahrübergang bei Verkauf der Ware, die sich auf dem Transport befindet]. Wird Ware, die sich auf dem Transport befindet, verkauft, so geht die Gefahr im Zeitpunkt des Vertragsabschlusses auf den Käufer über. Die Gefahr wird jedoch bereits im Zeitpunkt der Übergabe der Ware an den Beförderer, der die Dokumente über den Beförderungsvertrag ausgestellt hat, von dem Käufer übernommen, falls die Umstände diesen Schluß nahelegen. Wenn dagegen der Verkäufer bei Abschluß des Kaufvertrages wußte oder wissen mußte, daß die Ware untergegangen oder beschädigt war, und er dies dem Käufer nicht offenbart hat, geht der Untergang oder die Beschädigung zu Lasten des Verkäufers.

Art. 69 [Gefahrübergang in anderen Fällen]. (1) In den durch Artikel 67 und 68 nicht geregelten Fällen geht die Gefahr auf den Käufer über, sobald er die Ware übernimmt oder, wenn er sie nicht rechtzeitig übernimmt, in dem Zeitpunkt, in dem ihm die Ware zur Verfügung gestellt wird und er durch Nichtabnahme eine Vertragsverletzung begeht.

(2) Hat jedoch der Käufer die Ware an einem anderen Ort als einer Niederlassung des Verkäufers zu übernehmen, so geht die Gefahr über, sobald die Lieferung fällig ist und der Käufer Kenntnis davon hat, daß ihm die Ware an diesem Ort zur Verfügung steht.

(3) Betrifft der Vertrag Ware, die noch nicht individualisiert ist, so gilt sie erst dann als dem Käufer zur Verfügung gestellt, wenn sie eindeutig dem Vertrag zugeordnet worden ist.

Art. 70 [Wesentliche Vertragsverletzung und Gefahrübergang]. Hat der Verkäufer eine wesentliche Vertragsverletzung begangen, so berühren die Artikel 67, 68 und 69 nicht die dem Käufer wegen einer solchen Verletzung zustehenden Rechtsbehelfe.

Kapitel V. Gemeinsame Bestimmungen über die Pflichten des Verkäufers und des Käufers

Abschnitt I. Vorweggenommene Vertragsverletzung und Verträge über aufeinander folgende Lieferungen

Art. 71 [Verschlechterungseinrede]. (1) Eine Partei kann die Erfüllung ihrer Pflichten aussetzen, wenn sich nach Vertragsabschluß herausstellt, daß die andere Partei einen wesentlichen Teil ihrer Pflichten nicht erfüllen wird

a) wegen eines schwerwiegenden Mangels ihrer Fähigkeit, den Vertrag zu erfüllen, oder ihrer Kreditwürdigkeit oder

b) wegen ihres Verhaltens bei der Vorbereitung der Erfüllung oder bei der Erfüllung des Vertrages.

(2) Hat der Verkäufer die Ware bereits abgesandt, bevor sich die in Absatz 1 bezeichneten Gründe herausstellen, so kann er sich der Übergabe der Ware an den Käufer widersetzen, selbst wenn der Käufer ein Dokument hat, das ihn berechtigt, die Ware zu erlangen. Der vorliegende Absatz betrifft nur die Rechte auf die Ware im Verhältnis zwischen Käufer und Verkäufer.

(3) Setzt eine Partei vor oder nach der Absendung der Ware die Erfüllung aus, so hat sie dies der anderen Partei sofort anzuzeigen; sie hat die Erfüllung fortzusetzen, wenn die andere Partei für die Erfüllung ihrer Pflichten ausreichende Gewähr gibt.

Art. 72 [Antizipierter Vertragsbruch]. (1) Ist schon vor dem für die Vertragserfüllung festgesetzten Zeitpunkt offensichtlich, daß eine Partei eine wesentliche Vertragsverletzung begehen wird, so kann die andere Partei die Aufhebung des Vertrages erklären.

(2) Wenn es die Zeit erlaubt und es nach den Umständen vernünftig ist, hat die Partei, welche die Aufhebung des Vertrages erklären will, dies der anderen Partei anzuzeigen, um ihr zu ermöglichen, für die Erfüllung ihrer Pflichten ausreichende Gewähr zu geben.

(3) Absatz 2 ist nicht anzuwenden, wenn die andere Partei erklärt hat, daß sie ihre Pflichten nicht erfüllen wird.

Art. 73 [Sukzessivlieferungsvertrag; Aufhebung]. (1) Sieht ein Vertrag aufeinander folgende Lieferungen von Ware vor und begeht eine Partei durch Nichterfüllung einer eine Teillieferung betreffenden Pflicht eine wesentliche Vertragsverletzung in bezug auf diese Teillieferung, so kann die andere Partei die Aufhebung des Vertrages in bezug auf diese Teillieferung erklären.

(2) Gibt die Nichterfüllung einer eine Teillieferung betreffenden Pflicht durch eine der Parteien der anderen Partei triftigen Grund zu der Annahme, daß eine wesentliche Vertragsverletzung in bezug auf künftige Teillieferungen zu erwarten ist, so kann die andere Partei innerhalb angemessener Frist die Aufhebung des Vertrages für die Zukunft erklären.

(3) Ein Käufer, der den Vertrag in bezug auf eine Lieferung als aufgehoben erklärt, kann gleichzeitig die Aufhebung des Vertrages in bezug auf bereits erhaltene Lieferungen oder in bezug auf künftige Lieferungen erklären, wenn diese Lieferungen wegen des zwischen ihnen bestehenden Zusammenhangs nicht mehr für den Zweck verwendet werden können, den die Parteien im Zeitpunkt des Vertragsabschlusses in Betracht gezogen haben.

Abschnitt II. Schadenersatz

Art. 74 [Umfang des Schadenersatzes]. Als Schadenersatz für die durch eine Partei begangene Vertragsverletzung ist der der anderen Partei infolge der Vertragsverletzung entstandene Verlust, einschließlich des entgangenen Gewinns, zu ersetzen. Dieser Schadenersatz darf jedoch den Verlust nicht übersteigen, den die vertragsbrüchige Partei bei Vertragsabschluß als mögliche Folge der Vertragsverletzung vorausgesehen hat oder unter Berücksichtigung der Umstände, die sie kannte oder kennen mußte, hätte voraussehen müssen.

Art. 75 [Schadensberechnung bei Vertragsaufhebung und Deckungsgeschäft]. Ist der Vertrag aufgehoben und hat der Käufer einen Deckungskauf oder der Verkäufer einen Deckungsverkauf in angemessener Weise und innerhalb eines angemessenen Zeitraums nach der Aufhebung vorgenommen, so kann die Partei, die Schadenersatz verlangt, den Unterschied zwischen dem im Vertrag vereinbarten Preis und dem Preis des Deckungskaufs oder des Deckungsverkaufs sowie jeden weiteren Schadenersatz nach Artikel 74 verlangen.

Art. 76 [Schadensberechnung bei Vertragsaufhebung ohne Deckungsgeschäft]. (1) Ist der Vertrag aufgehoben und hat die Ware einen Marktpreis, so kann die Schadenersatz verlangende Partei, wenn sie keinen Deckungskauf oder Deckungsverkauf nach Artikel 75 vorgenommen hat, den Unterschied zwischen dem im Vertrag vereinbarten Preis und dem Marktpreis zur Zeit der Aufhebung sowie jeden weiteren Schadenersatz nach Artikel 74 verlangen. Hat jedoch die Partei, die Schadenersatz verlangt, den Vertrag aufgehoben, nachdem sie die Ware übernommen hat, so gilt der Marktpreis zur Zeit der Übernahme und nicht der Marktpreis zur Zeit der Aufhebung.

(2) Als Marktpreis im Sinne von Absatz 1 ist maßgebend der Marktpreis, der an dem Ort gilt, an dem die Lieferung der Ware hätte erfolgen sollen, oder, wenn dort ein Marktpreis nicht besteht, der an einem angemessenen Ersatzort geltende Marktpreis; dabei sind Unterschiede in den Kosten der Beförderung der Ware zu berücksichtigen.

Art. 77 [Schadensminderungspflicht des Ersatzberechtigten]. Die Partei, die sich auf eine Vertragsverletzung beruft, hat alle den Umständen nach angemessenen Maßnahmen zur Verringerung des aus der Vertragsverletzung folgenden Verlusts, einschließlich des entgangenen Gewinns, zu treffen. Versäumt sie dies, so kann die vertragsbrüchige Partei Herabsetzung des Schadenersatzes in Höhe des Betrags verlangen, um den der Verlust hätte verringert werden sollen.

Abschnitt III. Zinsen

Art. 78 [Zinsen]. Versäumt eine Partei, den Kaufpreis oder einen anderen fälligen Betrag zu zahlen, so hat die andere Partei für diese Beträge Anspruch auf Zinsen, unbeschadet eines Schadenersatzanspruchs nach Artikel 74.

Abschnitt IV. Befreiungen

Art. 79 [Hinderungsgrund außerhalb des Einflußbereichs des Schuldners]. (1) Eine Partei hat für die Nichterfüllung einer ihrer Pflichten nicht einzustehen, wenn sie beweist, daß die Nichterfüllung auf einem außerhalb ihres Einflußbereichs liegenden Hinderungsgrund beruht und daß von ihr vernünftigerweise nicht erwartet werden konnte, den Hinderungsgrund bei Vertragsabschluß in Betracht zu ziehen oder den Hinderungsgrund oder seine Folgen zu vermeiden oder zu überwinden.

(2) Beruht die Nichterfüllung einer Partei auf der Nichterfüllung durch einen Dritten, dessen sie sich zur völligen oder teilweisen Vertragserfüllung bedient, so ist diese Partei von der Haftung nur befreit,

a) wenn sie nach Absatz 1 befreit ist und
b) wenn der Dritte selbst ebenfalls nach Absatz 1 befreit wäre, sofern Absatz 1 auf ihn Anwendung fände.

(3) Die in diesem Artikel vorgesehene Befreiung gilt für die Zeit, während der der Hinderungsgrund besteht.

(4) Die Partei, die nicht erfüllt, hat den Hinderungsgrund und seine Auswirkung auf ihre Fähigkeit zu erfüllen der anderen Partei mitzuteilen. Erhält die andere Partei die Mitteilung nicht innerhalb einer angemessenen Frist, nachdem die nicht erfüllende Partei den Hinderungsgrund kannte oder kennen mußte, so haftet diese für den aus dem Nichterhalt entstehenden Schaden.

(5) Dieser Artikel hindert die Parteien nicht, ein anderes als das Recht auszuüben, Schadenersatz nach diesem Übereinkommen zu verlangen.

Art. 80 [Verursachung der Nichterfüllung durch die andere Partei]. Eine Partei kann sich auf die Nichterfüllung von Pflichten durch die andere Partei nicht berufen, soweit diese Nichterfüllung durch ihre Handlung oder Unterlassung verursacht wurde.

Abschnitt V. Wirkung der Aufhebung

Art. 81 [Erlöschen der Leistungspflichten; Rückgabe des Geleisteten]. (1) Die Aufhebung des Vertrages befreit beide Parteien von ihren Vertragspflichten, mit Ausnahme etwaiger Schadenersatzpflichten. Die Aufhebung berührt nicht Bestimmungen des Vertrages über die Beilegung von Streitigkeiten oder sonstige Bestimmungen des Vertrages, welche die Rechte und Pflichten der Parteien nach Vertragsaufhebung regeln.

(2) Hat eine Partei den Vertrag ganz oder teilweise erfüllt, so kann sie Rückgabe des von ihr Geleisteten von der anderen Partei verlangen. Sind beide Parteien zur Rückgabe verpflichtet, so sind die Leistungen Zug um Zug zurückzugeben.

Art. 82 [Verlust der Rechte auf Vertragsaufhebung oder Ersatzlieferung wegen Unmöglichkeit der Rückgabe im ursprünglichen Zustand]. (1) Der Käufer verliert das Recht, die Aufhebung des Vertrages zu erklären oder vom Verkäufer Ersatzlieferung zu verlangen, wenn es ihm unmöglich ist, die Ware im wesentlichen in dem Zustand zurückzugeben, in dem er sie erhalten hat.

(2) Absatz 1 findet keine Anwendung,

a) wenn die Unmöglichkeit, die Ware zurückzugeben oder sie im wesentlichen in dem Zustand zurückzugeben, in dem der Käufer sie erhalten hat, nicht auf einer Handlung oder Unterlassung des Käufers beruht,

b) wenn die Ware ganz oder teilweise infolge der in Artikel 38 vorgesehenen Untersuchung untergegangen oder verschlechtert worden ist oder

c) wenn der Käufer die Ware ganz oder teilweise im normalen Geschäftsverkehr verkauft oder der normalen Verwendung entsprechend verbraucht oder verändert hat, bevor er die Vertragswidrigkeit entdeckt hat oder hätte entdecken müssen.

Art. 83 [Fortbestand anderer Rechte des Käufers]. Der Käufer, der nach Artikel 82 das Recht verloren hat, die Aufhebung des Vertrages zu erklären oder vom Verkäufer Ersatzlieferung zu verlangen, behält alle anderen Rechtsbehelfe, die ihm nach dem Vertrag und diesem Übereinkommen zustehen.

Art. 84 [Ausgleich von Vorteilen im Falle der Rückabwicklung].
(1) Hat der Verkäufer den Kaufpreis zurückzuzahlen, so hat er außerdem vom Tag der Zahlung an auf den Betrag Zinsen zu zahlen.

(2) Der Käufer schuldet dem Verkäufer den Gegenwert aller Vorteile, die er aus der Ware oder einem Teil der Ware gezogen hat,

a) wenn er die Ware ganz oder teilweise zurückgeben muß oder

b) wenn es ihm unmöglich ist, die Ware ganz oder teilweise zurückzugeben oder sie ganz oder teilweise im wesentlichen in dem Zustand zurückzugeben, in dem er sie erhalten hat, er aber dennoch die Aufhebung des Vertrages erklärt oder vom Verkäufer Ersatzlieferung verlangt hat.

Abschnitt VI. Erhaltung der Ware

Art. 85 [Pflicht des Verkäufers zur Erhaltung der Ware] Nimmt der Käufer die Ware nicht rechtzeitig ab oder versäumt er, falls Zahlung des Kaufpreises und Lieferung der Ware Zug um Zug erfolgen sollen, den Kaufpreis zu zahlen, und hat der Verkäufer die Ware noch in Besitz oder ist er sonst in der Lage, über sie zu verfügen, so hat der Verkäufer die den Umständen angemessenen Maßnahmen zu ihrer Erhaltung zu treffen. Er ist berechtigt, die Ware zurückzubehalten, bis ihm der Käufer seine angemessenen Aufwendungen erstattet hat.

Art. 86 [Pflicht des Käufers zur Inbesitznahme und Erhaltung der Ware] (1) Hat der Käufer die Ware empfangen und beabsichtigt er, ein nach dem Vertrag oder diesem Übereinkommen bestehendes Zurückweisungsrecht auszuüben, so hat er die den Umständen angemessenen Maßnahmen zu ihrer Erhaltung zu treffen. Er ist berechtigt, die Ware zurückzubehalten, bis ihm der Verkäufer seine angemessenen Aufwendungen erstattet hat.

(2) Ist die dem Käufer zugesandte Ware ihm am Bestimmungsort zur Verfügung gestellt worden und übt er das Recht aus, sie zurückzuweisen, so hat er sie für Rechnung des Verkäufers in Besitz zu nehmen, sofern dies ohne Zahlung des Kaufpreises und ohne unzumutbare Unannehmlichkeiten oder unverhältnismäßige Kosten möglich ist. Dies gilt nicht, wenn der Verkäufer oder eine Person, die befugt ist, die Ware für Rechnung des Verkäufers in Obhut zu nehmen, am Bestimmungsort anwesend ist. Nimmt der Käufer die Ware nach diesem Absatz in Besitz, so werden seine Rechte und Pflichten durch Absatz 1 geregelt.

Art. 87 [Einlagerung bei Dritten] Eine Partei, die Maßnahmen zur Erhaltung der Ware zu treffen hat, kann die Ware auf Kosten der anderen Partei in den Lagerräumen eines Dritten einlagern, sofern daraus keine unverhältnismäßigen Kosten entstehen.

Art. 88 [Selbsthilfeverkauf] (1) Eine Partei, die nach Artikel 85 oder 86 zur Erhaltung der Ware verpflichtet ist, kann sie auf jede geeignete Weise verkaufen, wenn die andere Partei die Inbesitznahme oder die Rücknahme der Ware oder die Zahlung des Kaufpreises oder der Erhaltungskosten ungebührlich hinauszögert, vorausgesetzt, daß sie der anderen Partei ihre Verkaufsabsicht in vernünftiger Weise angezeigt hat.

(2) Ist die Ware einer raschen Verschlechterung ausgesetzt oder würde ihre Erhaltung unverhältnismäßige Kosten verursachen, so hat die Partei, der nach Artikel 85 oder 86 die Erhaltung der Ware obliegt, sich in angemessener Weise um ihren Verkauf zu bemühen. Soweit möglich hat sie der anderen Partei ihre Verkaufsabsicht anzuzeigen.

(3) Hat eine Partei die Ware verkauft, so kann sie aus dem Erlös des Verkaufs den Betrag behalten, der den angemessenen Kosten der Erhal-

tung und des Verkaufs der Ware entspricht. Den Überschuß schuldet sie der anderen Partei.

Teil IV. Schlußbestimmungen

Art. 89 [Depositar] Der Generalsekretär der Vereinten Nationen wird hiermit zum Verwahrer dieses Übereinkommens bestimmt.

Art. 90 [Verhältnis zu anderen völkerrechtlichen Vereinbarungen] Dieses Übereinkommen geht bereits geschlossenen oder in Zukunft zu schließenden völkerrechtlichen Übereinkünften, die Bestimmungen über in diesem Übereinkommen geregelte Gegenstände enthalten, nicht vor, sofern die Parteien ihre Niederlassung in Vertragsstaaten einer solchen Übereinkunft haben.

Art. 91 [Unterzeichnung; Ratifikation; Annahme; Genehmigung; Beitritt]. (1) Dieses Übereinkommen liegt in der Schlußsitzung der Konferenz der Vereinten Nationen über Verträge über den internationalen Warenkauf zur Unterzeichnung auf und liegt dann bis 30. September 1981 am Sitz der Vereinten Nationen in New York für alle Staaten zur Unterzeichnung auf.

(2) Dieses Übereinkommen bedarf der Ratifikation, Annahme oder Genehmigung durch die Unterzeichnerstaaten.

(3) Dieses Übereinkommen steht allen Staaten, die nicht Unterzeichnerstaaten sind, von dem Tag an zum Beitritt offen, an dem es zur Unterzeichnung aufgelegt wird.

(4) Die Ratifikations-, Annahme-, Genehmigungs- und Beitrittsurkunden werden beim Generalsekretär der Vereinten Nationen hinterlegt.

Art. 92 [Teilweise Ratifikation, Annahme, Genehmigung oder Beitritt]. (1) Ein Vertragsstaat kann bei der Unterzeichnung, der Ratifikation, der Annahme, der Genehmigung oder dem Beitritt erklären, daß Teil II dieses Übereinkommens für ihn nicht verbindlich ist[1)] oder daß Teil III dieses Übereinkommens für ihn nicht verbindlich ist.

(2) Ein Vertragsstaat, der eine Erklärung nach Absatz 1 zu Teil II oder Teil III dieses Übereinkommens abgegeben hat, ist hinsichtlich solcher Gegenstände, die durch den Teil geregelt werden, auf den sich die Erklärung bezieht, nicht als Vertragsstaat im Sinne des Artikels 1 Absatz 1 zu betrachten.

[1)] Derartige Erklärungen sind von Finnland und Schweden abgegeben worden. Dänemark hat eine entsprechende Erklärung mWv. 1. 2. 2013 (BGBl. 2012 II S. 1561), Norwegen *mWv. 1. 11. 2014 (BGBl. 2014 II S. 397)* zurückgenommen.

Art. 93 [Föderative Staaten] (1) Ein Vertragsstaat, der zwei oder mehr Gebietseinheiten umfaßt, in denen nach seiner Verfassung auf die in diesem Übereinkommen geregelten Gegenstände unterschiedliche Rechtsordnungen angewendet werden, kann bei der Unterzeichnung, der Ratifikation, der Annahme, der Genehmigung oder dem Beitritt erklären, daß dieses Übereinkommen sich auf alle seine Gebietseinheiten oder nur auf eine oder mehrere derselben erstreckt; er kann seine Erklärung jederzeit durch eine neue Erklärung ändern.

(2) Die Erklärungen sind dem Verwahrer zu notifizieren und haben ausdrücklich anzugeben, auf welche Gebietseinheiten das Übereinkommen sich erstreckt.

(3) Erstreckt sich das Übereinkommen aufgrund einer Erklärung nach diesem Artikel auf eine oder mehrere, jedoch nicht auf alle Gebietseinheiten eines Vertragsstaats und liegt die Niederlassung einer Partei in diesem Staat, so wird diese Niederlassung im Sinne dieses Übereinkommens nur dann als in einem Vertragsstaat gelegen betrachtet, wenn sie in einer Gebietseinheit liegt, auf die sich das Übereinkommen erstreckt.

(4) Gibt ein Vertragsstaat keine Erklärung nach Absatz 1 ab, so erstreckt sich das Übereinkommen auf alle Gebietseinheiten dieses Staates.

Art. 94 [Erklärung über Nichtanwendung der Konvention]. (1) Zwei oder mehr Vertragsstaaten, welche gleiche oder einander sehr nahekommende Rechtsvorschriften für Gegenstände haben, die in diesem Übereinkommen geregelt werden, können jederzeit erklären, daß das Übereinkommen auf Kaufverträge und ihren Abschluß keine Anwendung findet, wenn die Parteien ihre Niederlassung in diesen Staaten haben. Solche Erklärungen können als gemeinsame oder als aufeinander bezogene einseitige Erklärungen abgegeben werden.[1)]

(2) Hat ein Vertragsstaat für Gegenstände, die in diesem Übereinkommen geregelt werden, Rechtsvorschriften, die denen eines oder mehrerer Nichtvertragsstaaten gleich sind oder sehr nahekommen, so kann er jederzeit erklären, daß das Übereinkommen auf Kaufverträge oder ihren Abschluß keine Anwendung findet, wenn die Parteien ihre Niederlassung in diesen Staaten haben.[1)]

(3) Wird ein Staat, auf den sich eine Erklärung nach Absatz 2 bezieht, Vertragsstaat, so hat die Erklärung von dem Tag an, an dem das Übereinkommen für den neuen Vertragsstaat in Kraft tritt, die Wirkung einer nach Absatz 1 abgegebenen Erklärung, vorausgesetzt, daß der neue Vertragsstaat sich einer solchen Erklärung anschließt oder eine darauf bezogene einseitige Erklärung abgibt.

Art. 95 [Erklärung zum Ausschluß der Anwendung des Art. 1 Ib)] Jeder Staat kann bei der Hinterlegung seiner Ratifikations-, An-

---

1) Entsprechende Erklärungen sind von Dänemark, Finnland, Norwegen und Schweden abgegeben worden.

nahme-, Genehmigungs- oder Beitrittsurkunde erklären, daß Artikel 1 Absatz 1 Buchstabe b für ihn nicht verbindlich ist.[1]

Art. 96 [Erklärung zur Schriftform][2] Ein Vertragsstaat, nach dessen Rechtsvorschriften Kaufverträge schriftlich zu schließen oder nachzuweisen sind, kann jederzeit eine Erklärung nach Artikel 12 abgeben, daß die Bestimmungen der Artikel 11 und 29 oder des Teils II dieses Übereinkommens, die für den Abschluß eines Kaufvertrages, seine Änderung oder Aufhebung durch Vereinbarung oder für ein Angebot, eine Annahme oder eine sonstige Willenserklärung eine andere als die schriftliche Form gestatten, nicht gelten, wenn eine Partei ihre Niederlassung in diesem Staat hat.

Art. 97 [Wirksamkeitsvoraussetzungen einer Vorbehaltserklärung] (1) Erklärungen, die nach diesem Übereinkommen bei der Unterzeichnung abgegeben werden, bedürfen der Bestätigung bei der Ratifikation, Annahme oder Genehmigung.

(2) Erklärungen und Bestätigungen von Erklärungen bedürfen der Schriftform und sind dem Verwahrer zu notifizieren.

(3) Eine Erklärung wird gleichzeitig mit dem Inkrafttreten dieses Übereinkommens für den betreffenden Staat wirksam. Eine Erklärung, die dem Verwahrer nach diesem Inkrafttreten notifiziert wird, tritt jedoch am ersten Tag des Monats in Kraft, der auf einen Zeitabschnitt von sechs Monaten nach ihrem Eingang beim Verwahrer folgt. Aufeinander bezogene einseitige Erklärungen nach Artikel 94 werden am ersten Tag des Monats wirksam, der auf einen Zeitabschnitt von sechs Monaten nach Eingang der letzten Erklärung beim Verwahrer folgt.

(4) Ein Staat, der eine Erklärung nach diesem Übereinkommen abgibt, kann sie jederzeit durch eine an den Verwahrer gerichtete schriftliche Notifikation zurücknehmen. Eine solche Rücknahme wird am ersten Tag des Monats wirksam, der auf einen Zeitabschnitt von sechs Monaten nach Eingang der Notifikation beim Verwahrer folgt.

(5) Die Rücknahme einer nach Artikel 94 abgegebenen Erklärung macht eine von einem anderen Staat nach Artikel 94 abgegebene, darauf bezogene Erklärung von dem Tag an unwirksam, an dem die Rücknahme wirksam wird.

---

[1] Eine entsprechende Erklärung ist derzeit von Armenien, Saint Vincent und die Grenadinen, China, Singapur, Slowakei sowie den USA abgegeben worden. Deutschland hat seinerseits erklärt, daß Art. 1 Abs. 1 Buchstabe b) im Verhältnis zu denjenigen Staaten, die eine Erklärung nach Art. 95 abgegeben haben, nicht zur Anwendung kommt (vgl. auch Art. 2 VertragsG v. 5.7.1989, BGBl. 1989 II S. 586).

[2] Eine derartige Erklärung abgegeben haben zur Zeit Argentinien, Armenien, Belarus, Chile, Paraguay, die Russische Föderation, die Ukraine und Vietnam. Eine diesbezügliche Erklärung Estlands ist am 9.3.2004, diejenige Lettlands mWv 1.6.2013 und diejenige Litauens mWv 1.6.2014 zurückgezogen worden. Auch China sieht sich nicht als durch „Artikel 11 sowie die Bestimmungen des Übereinkommens, die sich auf den Inhalt des Artikels 11 beziehen" gebunden an (BGBl. 1990 II S. 1478).

Art. 98 [Zulässigkeit von Vorbehalten] Vorbehalte sind nur zulässig, soweit sie in diesem Übereinkommen ausdrücklich für zulässig erklärt werden.

Art. 99 [Zeitpunkt des Inkrafttretens] (1) Vorbehaltlich des Absatzes 6 tritt dieses Übereinkommen am ersten Tag des Monats in Kraft, der auf einen Zeitabschnitt von zwölf Monaten nach Hinterlegung der zehnten

(Fortsetzung nächstes Blatt)

Ratifikations-, Annahme-, Genehmigungs- oder Beitrittsurkunde einschließlich einer Urkunde, die eine nach Artikel 92 abgegebene Erklärung enthält, folgt.

(2) Wenn ein Staat dieses Übereinkommen nach Hinterlegung der zehnten Ratifikations-, Annahme-, Genehmigungs- oder Beitrittsurkunde ratifiziert, annimmt, genehmigt oder ihm beitritt, tritt dieses Übereinkommen mit Ausnahme des ausgeschlossenen Teils für diesen Staat vorbehaltlich des Absatzes 6 am ersten Tag des Monats in Kraft, der auf einen Zeitabschnitt von zwölf Monaten nach Hinterlegung seiner Ratifikations-, Annahme-, Genehmigungs- oder Beitrittsurkunde folgt.

(3) Ein Staat, der dieses Übereinkommen ratifiziert, annimmt, genehmigt oder ihm beitritt und Vertragspartei des Haager Übereinkommens vom 1. Juli 1964 zur Einführung eines Einheitlichen Gesetzes über den Abschluß von internationalen Kaufverträgen über bewegliche Sachen (Haager Abschlußübereinkommen von 1964) oder des Haager Übereinkommens vom 1. Juli 1964 zur Einführung eines Einheitlichen Gesetzes über den internationalen Kauf beweglicher Sachen (Haager Kaufrechtsübereinkommen von 1964) ist, kündigt gleichzeitig das Haager Kaufrechtsübereinkommen von 1964 oder das Haager Abschlußübereinkommen von 1964 oder gegebenenfalls beide Übereinkommen, indem er der Regierung der Niederlande die Kündigung notifiziert.

(4) Eine Vertragspartei des Haager Kaufrechtsübereinkommens von 1964, die das vorliegende Übereinkommen ratifiziert, annimmt, genehmigt oder ihm beitritt und nach Artikel 92 erklärt oder erklärt hat, daß Teil II dieses Übereinkommens für sie nicht verbindlich ist, kündigt bei der Ratifikation, der Annahme, der Genehmigung oder dem Beitritt das Haager Kaufrechtsübereinkommen von 1964, indem sie der Regierung der Niederlande die Kündigung notifiziert.

(5) Eine Vertragspartei des Haager Abschlußübereinkommens von 1964, die das vorliegende Übereinkommen ratifiziert, annimmt, genehmigt oder ihm beitritt und nach Artikel 92 erklärt oder erklärt hat, daß Teil III dieses Übereinkommens für sie nicht verbindlich ist, kündigt bei der Ratifikation, der Annahme, der Genehmigung oder dem Beitritt das Haager Abschlußübereinkommen von 1964, indem sie der Regierung der Niederlande die Kündigung notifiziert.

(6) *Für die Zwecke* dieses Artikels werden Ratifikationen, Annahmen, Genehmigungen und Beitritte bezüglich dieses Übereinkommens, die von Vertragsparteien des Haager Abschlußübereinkommens von 1964 oder des Haager Kaufrechtsübereinkommens von 1964 vorgenommen werden, erst wirksam, nachdem die erforderlichen Kündigungen durch diese Staaten bezüglich der genannten Übereinkommen selbst wirksam geworden sind. Der Verwahrer dieses Übereinkommens setzt sich mit der Regierung der

Niederlande als Verwahrer der Übereinkommen von 1964 in Verbindung, um die hierfür notwendige Koordinierung sicherzustellen.

Art. 100 [Zeitlicher Geltungsbereich]. (1) Dieses Übereinkommen findet auf den Abschluß eines Vertrages nur Anwendung, wenn das Angebot zum Vertragsabschluß an oder nach dem Tag gemacht wird, an dem das Übereinkommen für die in Artikel 1 Absatz 1 Buchstabe a genannten Vertragsstaaten oder den in Artikel 1 Absatz 1 Buchstabe b genannten Vertragsstaat in Kraft tritt.

(2) Dieses Übereinkommen findet nur auf Verträge Anwendung, die an oder nach dem Tag geschlossen werden, an dem das Übereinkommen für die in Artikel 1 Absatz 1 Buchstabe a genannten Vertragsstaaten oder den in Artikel 1 Absatz 1 Buchstabe b genannten Vertragsstaat in Kraft tritt.

Art. 101 [Kündigung des Übereinkommens]. (1) Ein Vertragsstaat kann dieses Übereinkommen oder dessen Teil II oder Teil III durch eine an den Verwahrer gerichtete schriftliche Notifikation kündigen.

(2) Eine Kündigung wird am ersten Tag des Monats wirksam, der auf einen Zeitabschnitt von zwölf Monaten nach Eingang der Notifikation beim Verwahrer folgt. Ist in der Notifikation eine längere Kündigungsfrist angegeben, so wird die Kündigung nach Ablauf dieser längeren Frist nach Eingang der Notifikation beim Verwahrer wirksam.

Geschehen zu Wien am 11. April 1980 in einer Urschrift in arabischer, chinesischer, englischer, französischer, russischer und spanischer Sprache, wobei jeder Wortlaut gleichermaßen verbindlich ist.

Zu Urkund dessen haben die unterzeichneten, hierzu von ihren Regierungen gehörig befugten Bevollmächtigten dieses Übereinkommen unterschrieben.

Das Übereinkommen gilt für folgende Staaten
(Stand: 1.4.2021)

Partei	Inkrafttreten	Bekanntmachung (BGBl.)
Ägypten	1. 1.1988	1990 II S. 1477
Albanien	1. 6.2010	2011 II S. 826
Argentinien	1. 1.1988	1990 II S. 1477
Armenien	1. 1.2010	2011 II S. 826
Aserbaidschan	1. 6.2017	2016 II S. 620
Australien	1. 4.1989	1990 II S. 1477
Bahrein	1.10.2014	2013 II S. 1586
Belarus	1.11.1990	1990 II S. 1477
Belgien	1.11.1997	1997 II S. 719
Benin	1. 8.2012	2011 II S. 876
Bosnien und Herzegowina	6. 3.1992	1994 II S. 3753
Brasilien	1. 4.2014	2013 II S. 580
Bulgarien	1. 8.1991	1990 II S. 1477
Burundi	1.10.1999	1999 II S. 115
Chile	1. 3.1991	1990 II S. 1477
China	1. 1.1988	1990 II S. 1477
Costa Rica	1. 8.2018	2017 II S. 1229
Dänemark	1. 3.1990	1990 II S. 1477
Deutschland, Bundesrepublik[1)]	1. 1.1991	1990 II S. 1477
Dominikanische Repubik	1. 7.2011	2011 II S. 876
Ecuador	1. 2.1993	1992 II S. 449
El Salvador	1.12.2007	2007 II S. 341
Estland	1.10.1994	1994 II S. 10
Fidschi	1. 7.2018	2017 II S. 1163
Finnland	1. 1.1989	1990 II S. 1477
Frankreich	1. 1.1988	1990 II S. 1477
Gabun	1. 1.2006	2006 II S. 49
Georgien	1. 9.1995	1995 II S. 173
Griechenland	1. 2.1999	1998 II S. 880
Guatemala	1. 1.2021	2020 II S. 1024
Guinea	1. 2.1992	1992 II S. 449
Guyana	1.10.2015	2014 II S. 1372
Honduras	1.11.2003	2002 II S. 2871[2)]
Irak	1. 4.1991	1990 II S. 1477
Island[3)]	1. 6.2002	2001 II S. 790
Israel	1. 2.2003	2002 II S. 776
Italien	1. 1.1998	1990 II S. 1477
Japan	1. 8.2009	2009 II S. 290
Kamerun	1.11.2018	2017 II S. 1354
Kanada[4)]	1. 5.1992	1992 II S. 449

[1)] Für die ehem. DDR war das Übereinkommen vom 1.3.1990 bis zur Wiedervereinigung in Kraft.

[2)] Die Bekanntmachung ist aus nicht nachvollziehbaren Gründen am 25.9.2014 (BGBl. II 856) wiederholt worden.

[3)] Island hat am 12.3.2003 notifiziert, dass das Abkommen keine Anwendung auf Kaufverträge zwischen in den skandinavischen Staaten ansässigen Vertragsparteien haben soll (Bek. v. 21.7.2003, BGBl. 2003 II S. 955).

[4)] Nach Auffassung der VN ist die Bundesrepublik Jugoslawien (Serbien und Montenegro) im Wege der Staatennachfolge insoweit in die Rechtsposition des ehemaligen Jugoslawien eingetreten. Die Bundesrepublik Jugoslawien hat dem VN-Generalsekretär am 12.3.2001 notifiziert, dass sie sich als einer der Rechtsnachfolger der ehemaligen Sozialistischen Föderativen Republik Jugoslawien mit Wirkung vom 27.4.1992, dem Tag der Gründung der Bundesrepublik Jugoslawien, durch das Übereinkommen gebunden betrachtet. Diese Rechtsstellung setzt Serbien nach der Sezession Montenegros am 3.6.2006 nunmehr alleine fort. Zu Montenegro s. dort (Fn. 4 auf S. 30).

Partei	Inkrafttreten	Bekanntmachung (BGBl.)
Kirgisistan	1. 6.2000	1999 II S. 660
Kolumbien	1. 8.2002	2001 II S. 1068
Kongo	1. 7.2015	2014 II S. 506
Jugoslawien[1)]	1. 1.1988	1990 II S. 1477
Korea, Demokratische Volksrepublik	1. 4.2020	*(noch nicht erfolgt)*
Korea, Republik	1. 3.2005	2004 II S. 1330
Kroatien[2)]	8.10.1991	1998 II S. 2596
Kuba	1.12.1995	1995 II S. 231
Laos, Demokratische Volksrepublik	1.10.2020	2019 II S. 972
Lesotho	1. 1.1988	1990 II S. 1477
Lettland	1. 8.1998	1998 II S. 880
Libanon	1.12.2009	2009 II S. 290
Liberia	1.10.2006	2006 II S. 49
Litauen	1. 2.1996	1995 II S. 814
Luxemburg	1. 2.1998	1997 II S. 1356
Madagaskar	1.10.2015	2014 II S. 1372
Mauretanien	1. 9.2000	2000 II S. 15
Mazedonien[3)]	3. 6.2006	2007 II S. 341
Mexiko	1. 1.1989	1990 II S. 1477
Moldau, Republik	1.11.1995	1995 II S. 231
Mongolei	1. 1.1999	1998 II S. 880
Montenegro[4)]	17.11.1991	2007 II S. 341
Neuseeland	1.10.1995	1995 II S. 231
Niederlande[5)]	1. 1.1992	1991 II S. 675
Norwegen	1. 8.1989	1990 II S. 1477
Österreich	1. 1.1989	1990 II S. 1477
Palästina	1. 1.2019	*(noch nicht erfolgt)*
Paraguay	1. 2.2007	2006 II S. 338
Peru	1. 4.2000	1999 II S. 795
Polen	1. 6.1996	1995 II S. 814
Portugal	1.10.2021	2020 II S. 1315
Rumänien	1. 6.1992	1992 II S. 449
Russische Föderation[6)]	1. 9.1991	1991 II S. 675
Saint Vincent und die Grenadinen	1.10.2001	2003 II S. 955
Sambia	1. 1.1988	1990 II S. 1477
San Marino	1. 3.2013	2012 II S. 910
Schweden	1. 1.1989	1990 II S. 1477
Schweiz	1. 3.1991	1990 II S. 1477
Serbien s. *Jugoslawien*		
Singapur	1. 3.1996	1995 II S. 814
Slowakei	1. 1.1993	1994 II S. 3753

1) Auf Quebec und Saskatchewan erstreckt sich dieses Abkommen erst m. W. v. 1.5.1992, auf Yukon erst m. W. v. 1.1.1993 und auf das Territorium Nunavut seit 18.6.2003 (vgl. Bek. v. 27.6.2003, BGBl. 2003 II S. 722).

2) Kroatien hat am 8.6.1998 eine Erklärung abgegeben, derzufolge das Übereinkommen für diesen Staat rückwirkend zum 8.10.1991 in Kraft treten soll.

3) Mazedonien, ehemalige jugoslawische Republik, hat dem Generalsekretär der Vereinten Nationen am 22. November 2006 notifiziert, dass es sich als einer der Rechtsnachfolger von Jugoslawien mit Wirkung vom 17. November 1991, dem Tag seiner Unabhängigkeitserklärung, als durch das Übereinkommen der Vereinten Nationen über Verträge über den internationalen Warenkauf gebunden betrachtet.

4) Montenegro hat dem Generalsekretär der Vereinten Nationen am 23. Oktober 2006 notifiziert, dass es sich als einer der Rechtsnachfolger von Serbien und Montenegro mit Wirkung vom 3. Juni 2006, dem Tag seiner Unabhängigkeitserklärung, als durch das Übereinkommen der Vereinten Nationen über Verträge über den internationalen Warenkauf gebunden betrachtet.

5) Europäisches Königreich und Aruba.

6) Vertragspartei war bis zu ihrer Auflösung die Sowjetunion (BGBl. 1992 II S. 1016).

Partei	Inkrafttreten	Bekanntmachung (BGBl.)
Slowenien	25. 6.1991	1994 II S. 3564
Sowjetunion, ehemalige[1)]	1. 9.1991	1991 II S. 675
Spanien	1. 8.1991	1991 II S. 675
Syrien	1. 1.1988	1990 II S. 1477
Tschechische Republik	1. 1.1993	1994 II S. 3753
Tschechoslowakei, ehemalige	1. 4.1991	1990 II S. 1477
Türkei	1. 8.2011	2011 II S. 876
Uganda	1. 3. 1993	1992 II S. 449
Ukraine	1. 2. 1991	1990 II S. 1477
Ungarn	1. 1. 1988	1990 II S. 1477
Uruguay	1. 2. 2000	1999 II S. 660
Usbekistan	1.12.1997	1997 II S. 1019
Vereinigte Staaten (USA)	1. 1. 1988	1990 II S. 1477
Vietnam	1. 1. 2017	2016 II S. 134
Zypern	1.04.2006	2006 II S. 49

1) Die ehem. Sowjetunion hat bei ihrem Beitritt Vorbehaltserklärungen zu Art. 11 und Art. 29 des Übk. abgegeben. Zur völkerrechtlichen Nachfolge siehe die Erkl. v. 14.8.1992 (BGBl. II S. 1015 u. 1016), v. 19.10.1992 (BGBl. II S. 1120), v. 21.10.1992 (BGBl. II S. 1128), v. 18.1.1993 (BGBl. II S. 169), v. 30.6.1993 (BGBl. II S. 1189).

abzuschrecken und die internationale Zusammenarbeit bei der Wiedererlangung von Vermögenswerten zu stärken,

in Anerkennung der wesentlichen Grundsätze der Rechtsstaatlichkeit in Strafverfahren und in Zivil- oder Verwaltungsverfahren zur Entscheidung über Eigentumsrechte,

in dem Bewusstsein, dass es Aufgabe aller Staaten ist, Korruption zu verhüten und zu beseitigen, und dass sie, mit Unterstützung und unter Einbeziehung von Einzelpersonen und Gruppen, die nicht zum öffentlichen Sektor gehören, wie zum Beispiel der Zivilgesellschaft, nichtstaatlicher Organisationen und Basisorganisationen, zusammenarbeiten müssen, wenn ihre Anstrengungen in diesem Bereich wirksam sein sollen,

auch im Bewusstsein der Grundsätze einer ordnungsgemäßen Verwaltung öffentlicher Angelegenheiten und öffentlicher Vermögensgegenstände, der Gerechtigkeit, der Verantwortung und der Gleichheit vor dem Gesetz sowie im Bewusstsein der Notwendigkeit, Integrität zu schützen und eine Kultur der Ablehnung von Korruption zu pflegen,

in Würdigung der Arbeit, die von der Kommission für Verbrechensverhütung und Strafrechtspflege und dem Büro der Vereinten Nationen für Drogen- und Verbrechensbekämpfung bei der Verhütung und Bekämpfung von Korruption geleistet wird,

eingedenk der Arbeit anderer internationaler und regionaler Organisationen auf diesem Gebiet, einschließlich der Tätigkeiten der Afrikanischen Union, des Europarats, des Rats für die Zusammenarbeit auf dem Gebiete des Zollwesens (auch als Weltzollorganisation bezeichnet), der Europäischen Union, der Liga der Arabischen Staaten, der Organisation für Wirtschaftliche Zusammenarbeit und Entwicklung sowie der Organisation Amerikanischer Staaten,

in Würdigung mehrseitiger Übereinkünfte zur Korruptionsverhütung und -bekämpfung; hierzu gehören unter anderem das von der Organisation Amerikanischer Staaten am 29. März 1996 angenommene Interamerikanische Übereinkommen gegen Korruption, das vom Rat der Europäischen Union am 26. Mai 1997 angenommene Übereinkommen über die Bekämpfung der Bestechung, an der Beamte der Europäischen Gemeinschaften oder der Mitgliedstaaten der Europäischen Union beteiligt sind, das von der Organisation für Wirtschaftliche Zusammenarbeit und Entwicklung am 21. November 1997 angenommene Übereinkommen über die Bekämpfung der Bestechung ausländischer Amtsträger im internationalen Geschäftsverkehr, das vom Ministerkomitee des Europarats am 27. Januar 1999 angenommene Strafrechtsübereinkommen über Korruption, das vom Ministerkomitee des Europarats am 4. November 1999 angenommene Zivilrechtsübereinkommen über Korruption und das von den Staats- und Regierungschefs der Afrikanischen Union am 12. Juli 2003 angenommene Über-

468. Übereinkommen der Vereinten Nationen gegen Korruption

vom 31. Oktober 2003[1]

(BGBl. 2014 II S. 763)[2]

Die Vertragsstaaten dieses Übereinkommens –

besorgt über die Schwere der korruptionsbedingten Probleme und Gefahren für die Stabilität und Sicherheit der Gesellschaften; diese Probleme und Gefahren untergraben die demokratischen Einrichtungen und Werte, die ethischen Werte und die Gerechtigkeit und gefährden die nachhaltige Entwicklung und die Rechtsstaatlichkeit,

auch besorgt über die Verbindungen zwischen Korruption und anderen Formen der Kriminalität, insbesondere organisierter Kriminalität und Wirtschaftskriminalität einschließlich Geldwäsche,

ferner besorgt über Korruptionsfälle, bei denen es um beträchtliche, gegebenenfalls einen erheblichen Anteil der staatlichen Mittel ausmachende Vermögenswerte geht und durch welche die politische Stabilität und nachhaltige Entwicklung dieser Staaten gefährdet wird,

überzeugt davon, dass Korruption nicht mehr eine örtlich begrenzte Angelegenheit, sondern eine grenzüberschreitende Erscheinung ist, von der alle Gesellschaften und Wirtschaftssysteme betroffen sind und bei deren Verhütung und Eindämmung internationale Zusammenarbeit unbedingt erforderlich ist,

auch überzeugt davon, dass zur wirksamen Verhütung und Bekämpfung von Korruption ein umfassender multidisziplinärer Ansatz erforderlich ist,

ferner überzeugt davon, dass die Verfügbarkeit technischer Hilfe eine wichtige Rolle dabei spielen kann, die Fähigkeit der Staaten zur wirksamen Verhütung und Bekämpfung von Korruption zu stärken, unter anderem durch den Ausbau von Kapazitäten und den Aufbau von Institutionen,

überzeugt davon, dass der unerlaubte Erwerb von privatem Vermögen für demokratische Einrichtungen, Volkswirtschaften und für die Rechtsstaatlichkeit besonders schädlich sein kann,

entschlossen, internationale Übertragungen unerlaubt erworbener Vermögenswerte wirksamer zu verhüten, aufzudecken und von ihnen

---

[1] Das Übereinkommen ist bereits am 14.12.2005 und nun – nach der schwierigen Einigung auf ein Gesetz zur Verschärfung der Regeln gegen die Abgeordnetenbestechung (BGBl. 2014 I S. 410) – am 12.12.2014 auch für Deutschland in Kraft getreten (vgl. Art. 68 Abs. 2 des Übereinkommens, Bek. v. 8.1.2015, BGBl. 2015 II S. 140). Es ist auch für Österreich, die Schweiz und Liechtenstein sowie für die Europäische Union in Kraft.

[2] Internationale Quelle: UNTS Bd. 2349, S. 41.

einkommen der Afrikanischen Union über die Verhütung und Bekämpfung der Korruption,

erfreut über das Inkrafttreten des Übereinkommens der Vereinten Nationen gegen die grenzüberschreitende organisierte Kriminalität am 29. September 2003 –

haben Folgendes vereinbart:

Kapitel I. Allgemeine Bestimmungen

Art. 1 Zweck. Die Zwecke dieses Übereinkommens sind

a) die Förderung und Verstärkung von Maßnahmen zur effizienteren und wirksameren Verhütung und Bekämpfung von Korruption;

b) die Förderung, Erleichterung und Unterstützung der internationalen Zusammenarbeit und technischen Hilfe bei der Verhütung und Bekämpfung von Korruption einschließlich der Wiedererlangung von Vermögenswerten;

c) die Förderung der Integrität, der Rechenschaftspflicht und der ordnungsgemäßen Verwaltung öffentlicher Angelegenheiten und öffentlicher Vermögensgegenstände.

Art. 2 Begriffsbestimmungen. Im Sinne dieses Übereinkommens

a) bezeichnet der Ausdruck „Amtsträger"

i) jede Person, die in einem Vertragsstaat durch Ernennung oder Wahl, befristet oder unbefristet, bezahlt oder unbezahlt und unabhängig von ihrem Dienstrang ein Amt im Bereich der Gesetzgebung, Exekutive, Verwaltung oder Justiz innehat;

ii) jede andere Person, die eine öffentliche Aufgabe, auch für eine Behörde oder ein öffentliches Unternehmen, wahrnimmt oder eine öffentliche Dienstleistung erbringt, entsprechend der Bestimmung dieser Begriffe im innerstaatlichen Recht und ihrer Anwendung im betreffenden Rechtsgebiet des Vertragsstaats;

iii) jede andere Person, die im innerstaatlichen Recht eines Vertragsstaats als „Amtsträger" näher bestimmt ist. Für den Zweck einiger in Kapitel II enthaltener besonderer Maßnahmen kann der Ausdruck „Amtsträger" jedoch auch eine Person bezeichnen, die eine öffentliche Aufgabe wahrnimmt oder eine öffentliche Dienstleistung erbringt, entsprechend der Bestimmung dieses Begriffs im innerstaatlichen Recht und seiner Anwendung im einschlägigen Rechtsgebiet des Vertragsstaats;

b) bezeichnet der Ausdruck „ausländischer Amtsträger" eine Person, die in einem anderen Staat durch Ernennung oder Wahl ein Amt im Bereich der Gesetzgebung, Exekutive, Verwaltung oder Justiz innehat, und eine Person, die für einen anderen Staat einschließlich einer Behörde oder eines öffentlichen Unternehmens eine öffentliche Aufgabe wahrnimmt;

c) bezeichnet der Ausdruck „Amtsträger einer internationalen Organisation" einen internationalen Beamten oder eine andere Person, der von einer solchen Organisation die Befugnis erteilt worden ist, in ihrem Namen zu handeln;

d) bezeichnet der Ausdruck „Vermögensgegenstände" Vermögenswerte jeder Art, körperliche oder nichtkörperliche, bewegliche oder unbewegliche, materielle oder immaterielle, sowie rechtserhebliche Schriftstücke oder Urkunden, die das Recht auf solche Vermögenswerte oder Rechte daran belegen;

e) bezeichnet der Ausdruck „Erträge aus Straftaten" jeden Vermögensgegenstand, der unmittelbar oder mittelbar aus der Begehung einer Straftat stammt oder dadurch erlangt wurde;

f) bezeichnet der Ausdruck „Einfrieren" oder „Beschlagnahme" das vorübergehende Verbot der Übertragung, Umwandlung oder Bewegung von Vermögensgegenständen oder der Verfügung darüber oder die vorübergehende Verwahrung oder Kontrolle von Vermögensgegenständen aufgrund einer von einem Gericht oder einer anderen zuständigen Behörde getroffenen Entscheidung;

g) bezeichnet der Ausdruck „Einziehung", der gegebenenfalls den Verfall umfasst, die dauernde Entziehung von Vermögensgegenständen aufgrund einer von einem Gericht oder einer anderen zuständigen Behörde getroffenen Entscheidung;

h) bezeichnet der Ausdruck „Haupttat" jede Straftat, durch die Erträge erlangt wurden, die Gegenstand einer Straftat im Sinne des Artikels 23 werden können;

i) bezeichnet der Ausdruck „kontrollierte Lieferung" die Methode, aufgrund derer unerlaubte oder verdächtige Sendungen mit Wissen und unter der Aufsicht der zuständigen Behörden aus dem Hoheitsgebiet eines oder mehrerer Staaten verbracht, durch dasselbe durchgeführt oder in dasselbe verbracht werden dürfen mit dem Ziel, eine Straftat zu untersuchen und Personen zu ermitteln, die an der Begehung der Straftat beteiligt sind.

Art. 3 Geltungsbereich. (1) Dieses Übereinkommen findet nach Maßgabe seiner Bestimmungen Anwendung auf die Verhütung, Untersuchung und strafrechtliche Verfolgung von Korruption sowie auf das Einfrieren, die Beschlagnahme, die Einziehung und die Rückgabe der Erträge aus Straftaten, die in Übereinstimmung mit diesem Übereinkommen umschrieben sind.

(2) Es ist für die Zwecke der Durchführung dieses Übereinkommens, soweit darin nichts anderes bestimmt ist, nicht erforderlich, dass die darin aufgeführten Straftaten im Ergebnis zum Verlust oder zur Schädigung staatlicher Vermögensgegenstände führen.

***Art. 4* Schutz der Souveränität.** (1) Die Vertragsstaaten erfüllen ihre Verpflichtungen nach diesem Übereinkommen in einer Weise, die mit den Grundsätzen der souveränen Gleichheit und territorialen Unversehrtheit der Staaten sowie der Nichteinmischung in die inneren Angelegenheiten anderer Staaten vereinbar ist.

(2) Dieses Übereinkommen berechtigt einen Vertragsstaat nicht, im Hoheitsgebiet eines anderen Staates Gerichtsbarkeit auszuüben und Aufgaben wahrzunehmen, die nach dem innerstaatlichen Recht dieses anderen Staates ausschließlich dessen Behörden vorbehalten sind.

Kapitel II. Vorbeugende Maßnahmen

Art. 5 Vorbeugende politische Konzepte und Praktiken zur Korruptionsbekämpfung. (1) Jeder Vertragsstaat entwickelt in Übereinstimmung mit den wesentlichen Grundsätzen seiner Rechtsordnung wirksame und abgestimmte politische Konzepte zur Korruptionsbekämpfung und setzt sie um oder wendet sie weiterhin an; diese Konzepte fördern die Beteiligung der Gesellschaft und spiegeln die Grundsätze der Rechtsstaatlichkeit, der ordnungsgemäßen Verwaltung öffentlicher Angelegenheiten und öffentlicher Vermögensgegenstände, der Integrität, Transparenz und Rechenschaftspflicht wider.

(2) Jeder Vertragsstaat ist bestrebt, wirksame Praktiken zur Korruptionsverhütung einzuführen und zu fördern.

(3) Jeder Vertragsstaat ist bestrebt, einschlägige Rechtsinstrumente und Verwaltungsmaßnahmen in regelmäßigen Abständen auf ihre Zweckdienlichkeit zur Verhütung und Bekämpfung der Korruption zu überprüfen.

(4) Die Vertragsstaaten arbeiten soweit angemessen und in Übereinstimmung mit den wesentlichen Grundsätzen ihrer Rechtsordnung untereinander und mit einschlägigen internationalen und regionalen Organisationen bei der Förderung und Entwicklung der in diesem Artikel genannten Maßnahmen zusammen. Diese Zusammenarbeit kann die Beteiligung an internationalen Programmen und Projekten zur Korruptionsverhütung einschließen.

Art. 6 Stelle oder Stellen für Korruptionsverhütung. (1) Jeder Vertragsstaat stellt in Übereinstimmung mit den wesentlichen Grundsätzen seiner Rechtsordnung sicher, dass es je nach Bedarf eine oder mehrere Stellen gibt, die Korruption verhüten, indem sie zum Beispiel

a) die in Artikel 5 genannten politischen Konzepte umsetzen und gegebenenfalls ihre Umsetzung beaufsichtigen und abstimmen;
b) Erkenntnisse über Korruptionsverhütung erweitern und verbreiten.

(2) Jeder Vertragsstaat gewährt den in Absatz 1 genannten Stellen in Übereinstimmung mit den wesentlichen Grundsätzen seiner Rechtsordnung die erforderliche Unabhängigkeit, damit sie ihre Aufgaben wirksam und ohne unzulässige Einflussnahme wahrnehmen können.

Die erforderlichen Sachmittel und Fachkräfte sowie die Ausbildung, die diese Fachkräfte gegebenenfalls benötigen, um ihre Aufgaben wahrzunehmen, sollen bereitgestellt werden.

(3) Jeder Vertragsstaat unterrichtet den Generalsekretär der Vereinten Nationen über die Bezeichnung und die Adresse der Behörde oder Behörden, die anderen Vertragsstaaten bei der Ausarbeitung und Durchführung besonderer Maßnahmen zur Korruptionsverhütung behilflich sein können.

Art. 7 Öffentlicher Sektor. (1) Jeder Vertragsstaat ist soweit angemessen und in Übereinstimmung mit den wesentlichen Grundsätzen seiner Rechtsordnung bestrebt, für die Anwerbung, Einstellung, Beschäftigung, Beförderung und das Ausscheiden von Beamten und gegebenenfalls anderen nicht gewählten Amtsträgern Regelungen zu beschließen, beizubehalten und in der Wirkung zu verstärken, die

a) auf den Grundsätzen der Effizienz und Transparenz sowie auf objektiven Kriterien wie Leistung, Gerechtigkeit und Eignung beruhen;
b) geeignete Verfahren für die Auswahl und Ausbildung von Personen für als besonders korruptionsgefährdet erachtete öffentliche Ämter und gegebenenfalls den turnusmäßigen Wechsel solcher Personen in andere Ämter umfassen;
c) unter Berücksichtigung des Standes der wirtschaftlichen Entwicklung des Vertragsstaats eine angemessene Vergütung und eine gerechte Gehaltsordnung fördern;
d) Aus- und Fortbildungsprogramme fördern, damit diese Beamten und anderen nicht gewählten Amtsträger den Erfordernissen einer korrekten, ehrenhaften und ordnungsgemäßen Wahrnehmung öffentlicher Aufgaben gerecht werden können, und die geeignete fachbezogene Fortbildungsmaßnahmen für sie vorsehen, damit sie die mit der Wahrnehmung ihrer Aufgaben verbundene Korruptionsgefährdung besser erkennen können. Bei solchen Programmen kann auf Verhaltenskodizes oder Verhaltensnormen in geeigneten Bereichen Bezug genommen werden.

(2) Jeder Vertragsstaat zieht ferner in Erwägung, im Einklang mit den Zielen dieses Übereinkommens und in Übereinstimmung mit den wesentlichen Grundsätzen seines innerstaatlichen Rechts geeignete gesetzgeberische und verwaltungsrechtliche Maßnahmen zu treffen, um Kriterien für die Kandidatur für ein öffentliches Amt und die Wahl in ein solches vorzuschreiben.

(3) Jeder Vertragsstaat zieht ferner in Erwägung, im Einklang mit den Zielen dieses Übereinkommens und in Übereinstimmung mit den wesentlichen Grundsätzen seines innerstaatlichen Rechts geeignete gesetzgeberische und verwaltungsrechtliche Maßnahmen zu treffen, um *die Finanzierung* von Kandidaturen für ein öffentliches Wahlamt und gegebenenfalls die Finanzierung politischer Parteien transparenter zu machen.

(4) Jeder Vertragsstaat ist in Übereinstimmung mit den wesentlichen Grundsätzen seines innerstaatlichen Rechts bestrebt, Regelungen zu beschließen, beizubehalten und in ihrer Wirkung zu verstärken, welche die Transparenz fördern und Interessenkonflikten vorbeugen.

Art. 8 Verhaltenskodizes für Amtsträger. (1) Mit dem Ziel der Korruptionsbekämpfung fördert jeder Vertragsstaat in Übereinstimmung mit den wesentlichen Grundsätzen seines innerstaatlichen Rechts unter anderem die Integrität, Ehrlichkeit und Verantwortlichkeit in den Reihen seiner Amtsträger.

(2) Jeder Vertragsstaat ist insbesondere bestrebt, innerhalb seiner eigenen Institutionen und in seiner Rechtsordnung Verhaltenskodizes oder Verhaltensnormen für die korrekte, ehrenhafte und ordnungsgemäße Wahrnehmung öffentlicher Aufgaben anzuwenden.

(3) Bei der Anwendung dieses Artikels beachtet jeder Vertragsstaat soweit angemessen und in Übereinstimmung mit den wesentlichen Grundsätzen seiner Rechtsordnung die einschlägigen Initiativen regionaler, interregionaler und multilateraler Organisationen wie zum Beispiel den Internationalen Verhaltenskodex für Amtsträger, der in der Anlage zu Resolution 51/59 der Generalversammlung vom 12. Dezember 1996 enthalten ist.

(4) Jeder Vertragsstaat erwägt ferner, in Übereinstimmung mit den wesentlichen Grundsätzen seines innerstaatlichen Rechts Maßnahmen zu treffen und Regelungen vorzusehen, die es Amtsträgern erleichtern, den zuständigen Behörden Korruptionshandlungen zu melden, wenn ihnen solche Handlungen bei der Wahrnehmung ihrer Aufgaben bekannt werden.

(5) Jeder Vertragsstaat ist bestrebt, soweit angemessen und in Übereinstimmung mit den wesentlichen Grundsätzen seines innerstaatlichen Rechts Maßnahmen zu treffen und Regelungen vorzusehen, nach denen Amtsträger den zuständigen Behörden gegenüber Erklärungen abzugeben haben, unter anderem über Nebentätigkeiten, Beschäftigungsverhältnisse, Kapitalanlagen, Vermögenswerte und erhebliche Geschenke oder Vergünstigungen, die in Bezug auf ihre Aufgaben als Amtsträger zu einem Interessenkonflikt führen können.

(6) Jeder Vertragsstaat erwägt, in Übereinstimmung mit den wesentlichen Grundsätzen seines innerstaatlichen Rechts Disziplinarmaßnahmen oder andere Maßnahmen gegen Amtsträger zu ergreifen, die gegen die in Übereinstimmung mit diesem Artikel umschriebenen Kodizes oder Normen verstoßen.

Art. 9 Öffentliches Beschaffungswesen und Verwaltung der öffentlichen Finanzen. (1) Jeder Vertragsstaat trifft in Übereinstimmung mit den wesentlichen Grundsätzen seiner Rechtsordnung die erforderlichen Maßnahmen, um geeignete Systeme für das Beschaffungswesen einzurichten, die auf Transparenz, Wettbewerb und objektiven Entscheidungskriterien beruhen und unter anderem bei der Verhütung von Korruption wirksam sind. Diese Systeme, die bei ihrer Anwendung angemessene Schwellenwerte berücksichtigen können, behandeln unter anderem

a) die öffentliche Bekanntmachung von Informationen über Vergabeverfahren und Aufträge, einschließlich Informationen über Ausschreibungen und sachdienliche Informationen über die Auftragsvergabe, wobei möglichen Bietern eine ausreichende Frist zur Erstellung und Abgabe ihrer Angebote eingeräumt wird;

b) die vorherige Festlegung der Teilnahmebedingungen, einschließlich Auswahl- und Vergabekriterien sowie Ausschreibungsregeln und deren Veröffentlichung;

c) die Verwendung objektiver und vorab festgelegter Entscheidungskriterien für die Vergabe von öffentlichen Aufträgen, um die spätere Überprüfung der korrekten Anwendung der Regeln oder Verfahren zu erleichtern;

d) ein wirksames System der innerstaatlichen Überprüfung einschließlich eines wirksamen Rechtsmittelsystems, um die Beschreitung des Rechtswegs für den Fall sicherzustellen, dass die nach diesem Absatz vorgesehenen Regeln oder Verfahren nicht eingehalten werden;

e) gegebenenfalls Maßnahmen zur Regelung von Angelegenheiten, die das für die Vergabe verantwortliche Personal betreffen, wie zum Beispiel die Forderung der Bekanntgabe des Interesses an bestimmten öffentlichen Aufträgen, Auswahlverfahren und Ausbildungsanforderungen.

(2) Jeder Vertragsstaat trifft in Übereinstimmung mit den wesentlichen Grundsätzen seiner Rechtsordnung geeignete Maßnahmen, um die Transparenz und Rechenschaftspflicht bei der Verwaltung der öffentlichen Finanzen zu fördern. Solche Maßnahmen umfassen unter anderem

a) Verfahren zur Verabschiedung des nationalen Haushaltsplans,

b) die zeitnahe Berichterstattung über Einnahmen und Ausgaben,

c) ein System von Grundsätzen der Rechnungslegung und -prüfung und der damit verbundenen Aufsicht,

d) wirksame und effiziente Systeme des Risikomanagements und der internen Kontrolle und

e) gegebenenfalls Abhilfemaßnahmen, wenn die in diesem Absatz umschriebenen Erfordernisse nicht erfüllt werden.

(3) Jeder Vertragsstaat trifft in Übereinstimmung mit den wesentlichen Grundsätzen seines innerstaatlichen Rechts die erforderlichen zivil- und verwaltungsrechtlichen Maßnahmen, um die Unverfälschtheit von Buchführungsunterlagen, Aufzeichnungen, Jahresabschlüssen oder anderen mit öffentlichen Ausgaben und Einnahmen im Zusammenhang stehenden Unterlagen zu erhalten und die Fälschung solcher Unterlagen zu verhindern.

Art. 10 Öffentliche Berichterstattung. Unter Berücksichtigung der Notwendigkeit der Korruptionsbekämpfung trifft jeder Vertragsstaat in Übereinstimmung mit den wesentlichen Grundsätzen seines innerstaatlichen Rechts die erforderlichen Maßnahmen, um in seiner öffentlichen Verwaltung, gegebenenfalls auch im Hinblick auf deren Organisation, Arbeitsweise und Entscheidungsprozesse, die Transparenz zu fördern. Solche Maßnahmen können unter anderem Folgendes umfassen:

a) die Annahme von Verfahren oder Regelungen, nach denen Mitglieder der Öffentlichkeit gegebenenfalls über Organisation, Arbeitsweise und Entscheidungsprozesse ihrer öffentlichen Verwaltung sowie unter gebührender Beachtung des Schutzes der Privatsphäre und personenbezogener Daten auch über Entscheidungen und Rechtsakte, die Mitglieder der Öffentlichkeit betreffen, Auskunft erhalten können,

b) gegebenenfalls Vereinfachung von Verwaltungsverfahren, um den Zugang der Öffentlichkeit zu den zuständigen Entscheidungsträgern zu erleichtern, und

c) die Veröffentlichung von Informationen; hierzu können auch regelmäßige Berichte über die Korruptionsgefahren in seiner öffentlichen Verwaltung gehören.

Art. 11 Maßnahmen in Bezug auf Gerichte und Staatsanwaltschaften. (1) Unter Berücksichtigung der Unabhängigkeit der Richter und ihrer entscheidenden Rolle bei der Korruptionsbekämpfung trifft jeder Vertragsstaat in Übereinstimmung mit den wesentlichen Grundsätzen seiner Rechtsordnung und unbeschadet der richterlichen Unabhängigkeit Maßnahmen, um in der Richterschaft die Integrität zu stärken und Gelegenheiten zur Korruption auszuschließen. Solche Maßnahmen können Vorschriften über das Verhalten von Richtern umfassen.

(2) In den Vertragsstaaten, in denen die Staatsanwaltschaften nicht Teil der Gerichte, aber in einer den Richtern ähnlichen Weise unabhängig sind, können bei den Staatsanwaltschaften Maßnahmen eingeführt und angewendet werden, die dasselbe bewirken wie die nach Absatz 1 getroffenen Maßnahmen.

Art. 12 Privater Sektor. (1) Jeder Vertragsstaat trifft in Übereinstimmung mit den wesentlichen Grundsätzen seines innerstaatlichen Rechts Maßnahmen, um Korruption, die den privaten Sektor berührt, zu verhüten, die Grundsätze der Rechnungslegung und -prüfung im privaten Sektor zu verstärken und gegebenenfalls für den Fall, dass diesen Maßnahmen nicht entsprochen wird, wirksame, verhältnismäßige und abschreckende zivil-, verwaltungs- oder strafrechtliche Sanktionen vorzusehen.

(2) Maßnahmen zur Erreichung dieser Ziele können unter anderem darin bestehen,

a) die Zusammenarbeit zwischen Strafverfolgungsbehörden und einschlägigen privaten Stellen zu fördern;

b) die Entwicklung von Normen und Verfahren zum Schutz der Integrität einschlägiger privater Rechtsträger zu fördern; dazu gehören Verhaltenskodizes für die korrekte, ehrenhafte und ordnungsgemäße Durchführung der Tätigkeiten von Unternehmen und aller einschlägigen Berufsgruppen und die Vorbeugung von Interessenkonflikten sowie für die Förderung guter Geschäftspraktiken der Unternehmen untereinander und in den Vertragsverhältnissen zwischen Unternehmen und Staat;

c) die Transparenz zwischen privaten Rechtsträgern zu fördern, gegebenenfalls auch durch Maßnahmen betreffend die Identität juristischer und natürlicher Personen, die an der Gründung und Leitung von Gesellschaften beteiligt sind;

d) den Missbrauch von Verfahren zur Regulierung privater Rechtsträger zu verhindern, einschließlich Verfahren betreffend Subventionen und Genehmigungen, die von Behörden für geschäftliche Tätigkeiten gewährt oder erteilt werden;

e) Interessenkonflikten dadurch vorzubeugen, dass die beruflichen Tätigkeiten ehemaliger Amtsträger oder die Beschäftigung von Amtsträgern durch den privaten Sektor im Anschluss an deren Ausscheiden aus dem Amt oder Eintritt in den Ruhestand in Fällen, in denen dies angebracht ist, und für einen angemessenen Zeitraum beschränkt werden, wenn diese Tätigkeiten oder diese Beschäftigung mit den Aufgaben, die diese Amtsträger in ihrer Amtszeit wahrgenommen oder überwacht haben, in unmittelbarem Zusammenhang stehen;

f) sicherzustellen, dass es in privatwirtschaftlichen Unternehmen unter Berücksichtigung ihrer Struktur und Größe hinreichende Kontrollen durch die interne Revision gibt, die dazu beitragen, Korruptionshandlungen zu verhüten und aufzudecken, und dass die Konten und vorgeschriebenen Jahresabschlüsse dieser privatwirtschaftlichen Unternehmen geeigneten Rechnungsprüfungs- und Bestätigungsverfahren unterliegen.

(3) Zur Verhütung von Korruption trifft jeder Vertragsstaat in Übereinstimmung mit seinen innerstaatlichen Gesetzen und sonstigen Vorschriften in Bezug auf die Führung von Büchern und Aufzeichnungen, die Offenlegung von Jahresabschlüssen und die Grundsätze der Rechnungslegung und -prüfung die erforderlichen Maßnahmen, um die folgenden Handlungen, wenn sie zur Begehung einer in Übereinstimmung mit diesem Übereinkommen umschriebenen Straftat vorgenommen werden, zu verbieten:

a) die Einrichtung von Konten, die in den Büchern nicht erscheinen;

b) die Tätigung von Geschäften, die in den Büchern nicht oder nur mit unzureichenden Angaben erscheinen;

c) die Verbuchung nicht existenter Aufwendungen;

d) die Verbuchung von Verbindlichkeiten mit falschen Angaben zu ihren Gründen;

e) die Benutzung falscher Belege und

f) die vorsätzliche Vernichtung von Buchungsbelegen vor Ablauf der gesetzlich vorgesehenen Frist.

(4) Jeder Vertragsstaat verbietet die steuerliche Abzugsfähigkeit von Ausgaben, die Bestechungsgelder darstellen, da letztere ein Tatbestandsmerkmal der in Übereinstimmung mit den Artikeln 15 und 16 umschriebenen Straftaten sind, sowie gegebenenfalls von anderen Ausgaben, die bei der Förderung korrupten Verhaltens entstanden sind.

Art. 13 Beteiligung der Gesellschaft. (1) Jeder Vertragsstaat trifft im Rahmen seiner Möglichkeiten und in Übereinstimmung mit den wesentlichen Grundsätzen seines innerstaatlichen Rechts geeignete Maßnahmen, um die aktive Beteiligung von Personen und Gruppen, die nicht dem öffentlichen Sektor angehören, wie zum Beispiel der Zivilgesellschaft, nichtstaatlicher Organisationen und Basisorganisationen, an der Verhütung und Bekämpfung von Korruption zu fördern und die Öffentlichkeit für das Vorhandensein, die Ursachen und die Schwere der Korruption sowie für die Gefahr, die sie darstellt, zu sensibilisieren. Diese Beteiligung soll gestärkt werden, indem zum Beispiel

a) Entscheidungsprozesse transparenter gemacht werden und die Öffentlichkeit verstärkt daran beteiligt wird;

b) sichergestellt wird, dass die Öffentlichkeit tatsächlichen Zugang zu Informationen hat;

c) Öffentlichkeitsarbeit geleistet wird, die dazu beiträgt, dass Korruption nicht toleriert wird, und öffentliche Aufklärungsprogramme auch im Rahmen der Lehrpläne an Schulen und Universitäten durchgeführt werden;

d) die Freiheit zur Einholung, Entgegennahme, Veröffentlichung und Verbreitung von Informationen über Korruption geachtet, gefördert und geschützt wird. Diese Freiheit darf bestimmten Einschränkungen unterworfen sein, jedoch nur, soweit sie gesetzlich vorgesehen und notwendig sind,
   i) um die Rechte oder den guten Ruf anderer zu wahren;
   ii) um die nationale Sicherheit oder öffentliche Ordnung oder die öffentliche Gesundheit oder Moral zu schützen.

(2) Jeder Vertragsstaat trifft geeignete Maßnahmen, um sicherzustellen, dass die in diesem Übereinkommen genannten zuständigen Stellen zur Korruptionsbekämpfung der Öffentlichkeit bekannt sind, und ermöglicht den Zugang zu diesen Stellen, damit gegebenenfalls Vorfälle, die als eine in Übereinstimmung mit diesem Übereinkommen umschriebene Straftat angesehen werden können, – auch anonym – gemeldet werden können.

Art. 14 Maßnahmen zur Verhütung der Geldwäsche. (1) Jeder Vertragsstaat

a) schafft für Banken, Finanzinstitutionen des Nichtbankensektors einschließlich natürlicher oder juristischer Personen, die formelle oder informelle Dienstleistungen zur Geld- oder Wertübermittlung erbringen, sowie nach Bedarf und im Rahmen seiner Zuständigkeit für andere besonders geldwäschegefährdete Einrichtungen ein umfassendes innerstaatliches Regulierungs- und Aufsichtssystem, um alle Formen der Geldwäsche zu verhüten und aufzudecken, wobei in diesem System besonderes Gewicht auf die Erfordernisse der Identifizierung der Kundinnen und Kunden und, wenn dies angemessen ist, der wirtschaftlichen Eigentümer, der Führung der Unterlagen und der Meldung verdächtiger Transaktionen gelegt wird;

b) stellt unbeschadet des Artikels 46 sicher, dass die mit der Bekämpfung der Geldwäsche befassten Verwaltungs-, Regulierungs-, Strafverfolgungs- und sonstigen Behörden (einschließlich, wenn im innerstaatlichen Recht vorgesehen, der Gerichte) in der Lage sind, unter den in seinem innerstaatlichen Recht festgelegten Bedingungen auf nationaler und internationaler Ebene zusammenzuarbeiten und Informationen auszutauschen, und erwägt zu diesem Zweck die Einrichtung einer zentralen Meldestelle (Financial Intelligence Unit), die als nationales Zentrum für die Sammlung, Analyse und Verbreitung von Informationen über mögliche Geldwäsche dient.

(2) Die Vertragsstaaten erwägen die Ergreifung praktisch durchführbarer Maßnahmen zur Aufdeckung und Überwachung grenzüberschreitender Bewegungen von Bargeld und in Betracht kommender handelbarer Wertpapiere unter Einhaltung von Sicherheitsvorkehrungen, welche die ordnungsgemäße Verwendung der Informationen gewährleisten, und ohne jede Behinderung rechtmäßiger Kapitalbewegungen. Unter anderem können Einzelpersonen und Unternehmen verpflichtet werden, grenzüberschreitende Transfers erheblicher Mengen von Bargeld und in Betracht kommender handelbarer Wertpapiere zu melden.

(3) Die Vertragsstaaten erwägen die Ergreifung geeigneter und praktisch durchführbarer Maßnahmen, um Finanzinstitutionen einschließlich Betreiber von Finanztransfergeschäften zu verpflichten,

a) in Formularen für den elektronischen Geldtransfer und diesbezüglichen Mitteilungen genaue und aussagekräftige Angaben über den Auftraggeber einzutragen;

b) diese Angaben über die gesamte Zahlungskette beizubehalten und

c) Geldtransfers, die keine vollständigen Angaben über den Auftraggeber enthalten, verstärkt zu überprüfen.

(4) Die Vertragsstaaten werden aufgefordert, sich bei der Schaffung eines innerstaatlichen Regulierungs- und Aufsichtssystems nach diesem Artikel unbeschadet aller anderen Artikel dieses Übereinkommens von

den diesbezüglichen Initiativen der regionalen, interregionalen und multilateralen Organisationen gegen die Geldwäsche leiten zu lassen.

(5) Die Vertragsstaaten sind bestrebt, die globale, regionale, subregionale und bilaterale Zusammenarbeit zwischen Justiz-, Strafverfolgungs- und Finanzregulierungsbehörden auszubauen und zu fördern mit dem Ziel, die Geldwäsche zu bekämpfen.

Kapitel III. Kriminalisierung und Strafverfolgung

Art. 15 Bestechung und Bestechlichkeit inländischer Amtsträger. Jeder Vertragsstaat trifft die erforderlichen gesetzgeberischen und sonstigen Maßnahmen, um folgende Handlungen, wenn vorsätzlich begangen, als Straftaten zu umschreiben:

a) das unmittelbare oder mittelbare Versprechen, Anbieten oder Gewähren eines ungerechtfertigten Vorteils an einen Amtsträger für diesen selbst oder für eine andere Person oder Stelle als Gegenleistung dafür, dass er in Ausübung seiner Dienstpflichten eine Handlung vornimmt oder unterlässt;

b) das unmittelbare oder mittelbare Fordern oder Annehmen eines ungerechtfertigten Vorteils durch einen Amtsträger für sich selbst oder für eine andere Person oder Stelle als Gegenleistung dafür, dass er in Ausübung seiner Dienstpflichten eine Handlung vornimmt oder unterlässt.

Art. 16 Bestechung und Bestechlichkeit von ausländischen Amtsträgern und Amtsträgern internationaler Organisationen.

(1) Jeder Vertragsstaat trifft die erforderlichen gesetzgeberischen und sonstigen Maßnahmen, um folgende Handlungen, wenn vorsätzlich begangen, als Straftat zu umschreiben: das unmittelbare oder mittelbare Versprechen, Anbieten oder Gewähren eines ungerechtfertigten Vorteils an einen ausländischen Amtsträger oder einen Amtsträger einer internationalen Organisation für diesen selbst oder für eine andere Person oder Stelle als Gegenleistung dafür, dass der Amtsträger in Ausübung seiner Dienstpflichten eine Handlung vornimmt oder unterlässt, um im Zusammenhang mit Tätigkeiten im internationalen Geschäftsverkehr einen Auftrag oder einen sonstigen ungerechtfertigten Vorteil zu erlangen oder zu behalten.

(2) Jeder Vertragsstaat zieht in Erwägung, die erforderlichen gesetzgeberischen und sonstigen Maßnahmen zu treffen, um folgende Handlungen, wenn vorsätzlich begangen, als Straftat zu umschreiben: die unmittelbare oder mittelbare Forderung oder Annahme eines ungerechtfertigten Vorteils durch einen ausländischen Amtsträger oder einen Amtsträger einer internationalen Organisation für sich selbst oder für eine andere Person oder Stelle als Gegenleistung dafür, dass der Amtsträger in Ausübung seiner Dienstpflichten eine Handlung vornimmt oder unterlässt.

Art. 17 Veruntreuung, Unterschlagung oder sonstige unrechtmäßige Verwendung von Vermögensgegenständen durch einen Amtsträger. Jeder Vertragsstaat trifft die erforderlichen gesetzgeberischen und sonstigen Maßnahmen, um folgende Handlungen, wenn vorsätzlich begangen, als Straftat zu umschreiben: die Veruntreuung, Unterschlagung oder sonstige unrechtmäßige Verwendung von Vermögensgegenständen, öffentlichen oder privaten Geldmitteln oder Sicherheiten oder anderen Wertgegenständen, die dem Amtsträger aufgrund seiner Stellung anvertraut wurden, durch den Amtsträger zu seinen Gunsten oder zu Gunsten einer anderen Person oder eines anderen Rechtsträgers.

Art. 18 Missbräuchliche Einflussnahme. Jeder Vertragsstaat zieht in Erwägung, die erforderlichen gesetzgeberischen und sonstigen Maßnahmen zu treffen, um folgende Handlungen, wenn vorsätzlich begangen, als Straftat zu umschreiben:

a) das unmittelbare oder mittelbare Versprechen, Anbieten oder Gewähren eines ungerechtfertigten Vorteils an einen Amtsträger oder eine andere Person als Gegenleistung dafür, dass der Amtsträger oder die Person seinen oder ihren tatsächlichen oder vermuteten Einfluss missbraucht, um von einer Verwaltung oder einer Behörde des Vertragsstaats einen ungerechtfertigten Vorteil für den ursprünglichen Veranlasser der Handlung oder eine andere Person zu erlangen;

b) die unmittelbare oder mittelbare Forderung oder Annahme eines ungerechtfertigten Vorteils durch einen Amtsträger oder eine andere Person für sich selbst oder für eine andere Person als Gegenleistung dafür, dass der Amtsträger oder die Person seinen oder ihren tatsächlichen oder vermuteten Einfluss missbraucht, um von einer Verwaltung oder einer Behörde des Vertragsstaats einen ungerechtfertigten Vorteil zu erlangen.

Art. 19 Missbräuchliche Wahrnehmung von Aufgaben. Jeder Vertragsstaat zieht in Erwägung, die erforderlichen gesetzgeberischen und sonstigen Maßnahmen zu treffen, um es, wenn vorsätzlich begangen, als Straftat zu umschreiben, wenn ein Amtsträger seine Aufgaben oder seine Stellung missbräuchlich wahrnimmt, das heißt, wenn er in Erfüllung seiner Aufgaben unter Verstoß gegen Gesetze eine Handlung vornimmt oder unterlässt, um für sich selbst oder für eine andere Person oder einen anderen Rechtsträger einen ungerechtfertigten Vorteil zu erlangen.

Art. 20 Unerlaubte Bereicherung. Vorbehaltlich seiner Verfassung und der wesentlichen Grundsätze seiner Rechtsordnung zieht jeder Vertragsstaat in Erwägung, die erforderlichen gesetzgeberischen und sonstigen Maßnahmen zu treffen, um die unerlaubte Bereicherung, das *heißt, eine erhebliche* Zunahme des Vermögens eines Amtsträgers, die er im Verhältnis zu seinen rechtmäßigen Einkünften nicht plausibel erklären kann, wenn vorsätzlich begangen, als Straftat zu umschreiben.

Art. 21 Bestechung und Bestechlichkeit im privaten Sektor. Jeder Vertragsstaat zieht in Erwägung, die erforderlichen gesetzgeberischen und sonstigen Maßnahmen zu treffen, um folgende Handlungen, wenn sie im Rahmen wirtschaftlicher, finanzieller oder geschäftlicher Tätigkeiten vorsätzlich begangen werden, als Straftaten zu umschreiben:

a) das unmittelbare oder mittelbare Versprechen, Anbieten oder Gewähren eines ungerechtfertigten Vorteils an eine Person, die ein Unternehmen im privaten Sektor leitet oder in irgendeiner Eigenschaft für ein solches tätig ist, für diese Person selbst oder für eine andere Person als Gegenleistung dafür, dass sie unter Verletzung ihrer Pflichten eine Handlung vornimmt oder unterlässt;

b) das unmittelbare oder mittelbare Fordern oder Annehmen eines ungerechtfertigten Vorteils durch eine Person, die ein Unternehmen im privaten Sektor leitet oder für ein solches tätig ist, für sich selbst oder für eine andere Person als Gegenleistung dafür, dass sie unter Verletzung ihrer Pflichten eine Handlung vornimmt oder unterlässt.

Art. 22 Veruntreuung von Vermögensgegenständen im privaten Sektor. Jeder Vertragsstaat zieht in Erwägung, die erforderlichen gesetzgeberischen und sonstigen Maßnahmen zu treffen, um es als Straftat zu umschreiben, wenn eine Person, die einen privatrechtlichen Rechtsträger leitet oder in irgendeiner Eigenschaft für einen solchen tätig ist, Vermögensgegenstände, private Geldmittel oder Sicherheiten oder andere Wertgegenstände veruntreut, die ihr aufgrund ihrer Stellung anvertraut wurden, wenn die Tat im Rahmen wirtschaftlicher, finanzieller oder geschäftlicher Tätigkeiten vorsätzlich begangen wird.

Art. 23 Waschen der Erträge aus Straftaten. (1) Jeder Vertragsstaat trifft in Übereinstimmung mit den wesentlichen Grundsätzen seines innerstaatlichen Rechts die erforderlichen gesetzgeberischen und sonstigen Maßnahmen, um folgende Handlungen, wenn vorsätzlich begangen, als Straftaten zu umschreiben:

a) i) das Umwandeln oder Übertragen von Vermögensgegenständen in der Kenntnis, dass es sich um Erträge aus Straftaten handelt, zu dem Zweck, den unerlaubten Ursprung der Vermögensgegenstände zu verbergen oder zu verschleiern oder einer an der Begehung der Haupttat beteiligten Person behilflich zu sein, sich den rechtlichen Folgen ihres Handelns zu entziehen;

ii) das Verbergen oder Verschleiern der wahren Beschaffenheit, des Ursprungs, des Ortes oder der Bewegungen von Vermögensgegenständen, der Verfügung darüber oder des Eigentums oder der Rechte daran in der Kenntnis, dass es sich um Erträge aus Straftaten handelt;

b) vorbehaltlich der Grundzüge seiner Rechtsordnung:

i) den Erwerb, den Besitz oder die Verwendung von Vermögensgegenständen, wenn die betreffende Person bei Erhalt weiß, dass es sich um Erträge aus Straftaten handelt;

ii) die Beteiligung an einer in Übereinstimmung mit diesem Artikel umschriebenen Straftat sowie die Vereinigung, die Verabredung, den Versuch, die Beihilfe, die Anstiftung, die Erleichterung und die Beratung in Bezug auf die Begehung einer solchen Straftat.

(2) Für die Zwecke der Anwendung des Absatzes 1 gilt Folgendes:

a) Jeder Vertragsstaat ist bestrebt, Absatz 1 auf einen möglichst breit gefächerten Katalog von Haupttaten anzuwenden;

b) jeder Vertragsstaat schließt in die Kategorie der Haupttaten zumindest einen umfassenden Katalog von Straftaten ein, die in Übereinstimmung mit diesem Übereinkommen umschrieben sind;

c) für die Zwecke des Buchstabens b schließen Haupttaten sowohl innerhalb als auch außerhalb der Gerichtsbarkeit des betreffenden Vertragsstaats begangene Straftaten ein. Außerhalb der Gerichtsbarkeit eines Vertragsstaats begangene Straftaten stellen jedoch nur dann Haupttaten dar, wenn die betreffende Handlung eine Straftat nach dem innerstaatlichen Recht des Staates ist, in dem sie begangen wurde, und wenn sie eine Straftat nach dem innerstaatlichen Recht des Vertragsstaats, der diesen Artikel anwendet, wäre, wenn sie dort begangen worden wäre;

d) jeder Vertragsstaat übermittelt dem Generalsekretär der Vereinten Nationen Abschriften oder Beschreibungen seiner Gesetze zur Durchführung dieses Artikels sowie jeder späteren Änderung dieser Gesetze;

e) wenn die wesentlichen Grundsätze des innerstaatlichen Rechts eines Vertragsstaats dies verlangen, kann bestimmt werden, dass die in Absatz 1 aufgeführten Straftatbestände nicht auf die Personen anwendbar sind, welche die Haupttat begangen haben.

Art. 24 Verheimlichung. Unbeschadet des Artikels 23 zieht jeder Vertragsstaat in Erwägung, die erforderlichen gesetzgeberischen und sonstigen Maßnahmen zu treffen, um die Verheimlichung oder das andauernde Zurückbehalten von Vermögensgegenständen, wenn vorsätzlich begangen, nachdem ohne Beteiligung der betreffenden Person eine der in Übereinstimmung mit diesem Übereinkommen umschriebenen Straftaten begangen wurde, als Straftat zu umschreiben, wenn die betreffende Person weiß, dass diese Vermögensgegenstände aus einer der in Übereinstimmung mit diesem Übereinkommen umschriebenen Straftaten stammen.

Art. 25 Behinderung der Justiz. Jeder Vertragsstaat trifft die erforderlichen gesetzgeberischen und sonstigen Maßnahmen, um folgende Handlungen, wenn vorsätzlich begangen, als Straftat zu umschreiben:

a) die Anwendung von körperlicher Gewalt, Bedrohungen oder Einschüchterung oder das Versprechen, Anbieten oder Gewähren eines ungerechtfertigten Vorteils, um in einem Verfahren im Zusammenhang mit der Begehung von Straftaten, die in Übereinstimmung mit diesem Übereinkommen umschrieben sind, eine Falschaussage herbeizuführen oder eine Aussage oder die Vorlage von Beweismaterial zu verhindern;

b) die Anwendung von körperlicher Gewalt, Bedrohungen oder Einschüchterung, um im Zusammenhang mit der Begehung von in Übereinstimmung mit diesem Übereinkommen umschriebenen Straftaten einen Justiz- oder Polizeibeamten an der Ausübung seiner Dienstpflichten zu hindern. Das Recht der Vertragsstaaten, Rechtsvorschriften zu haben, die andere Kategorien von Angehörigen des öffentlichen Dienstes schützen, bleibt von dieser Bestimmung unberührt.

Art. 26 Verantwortlichkeit juristischer Personen. (1) Jeder Vertragsstaat trifft in Übereinstimmung mit seinen Rechtsgrundsätzen die erforderlichen Maßnahmen, um die Verantwortlichkeit juristischer Personen für die Beteiligung an den in Übereinstimmung mit diesem Übereinkommen umschriebenen Straftaten zu begründen.

(2) Vorbehaltlich der Rechtsgrundsätze des Vertragsstaats kann die Verantwortlichkeit juristischer Personen strafrechtlicher, zivilrechtlicher oder verwaltungsrechtlicher Art sein.

(3) Diese Verantwortlichkeit berührt nicht die strafrechtliche Verantwortlichkeit der natürlichen Personen, welche die Straftaten begangen haben.

(4) Jeder Vertragsstaat stellt insbesondere sicher, dass juristische Personen, die nach diesem Artikel zur Verantwortung gezogen werden, wirksamen, angemessenen und abschreckenden strafrechtlichen oder nichtstrafrechtlichen Sanktionen, einschließlich Geldsanktionen, unterliegen.

Art. 27 Beteiligung und Versuch. (1) Jeder Vertragsstaat trifft die erforderlichen gesetzgeberischen und sonstigen Maßnahmen, um die Beteiligung an einer in Übereinstimmung mit diesem Übereinkommen umschriebenen Straftat in jedweder Eigenschaft, zum Beispiel als Mittäter, Gehilfe oder Anstifter, in Übereinstimmung mit seinem innerstaatlichen Recht als Straftat zu umschreiben.

(2) Jeder Vertragsstaat kann die erforderlichen gesetzgeberischen und sonstigen Maßnahmen treffen, um den Versuch der Begehung einer in Übereinstimmung mit diesem Übereinkommen umschriebenen Straftat in Übereinstimmung mit seinem innerstaatlichen Recht als Straftat zu umschreiben.

(3) Jeder Vertragsstaat kann die erforderlichen gesetzgeberischen und sonstigen Maßnahmen treffen, um die Vorbereitung einer in Übereinstimmung mit diesem Übereinkommen umschriebenen Straftat in Übereinstimmung mit seinem innerstaatlichen Recht als Straftat zu umschreiben.

Art. 28 Kenntnis, Vorsatz und Zweck als Tatbestandsmerkmale einer Straftat. Auf Kenntnis, Vorsatz oder Zweck als Tatbestandsmerkmal einer in Übereinstimmung mit diesem Übereinkommen umschriebenen Straftat kann aus objektiven tatsächlichen Umständen geschlossen werden.

Art. 29 Verjährung. Jeder Vertragsstaat bestimmt, wenn er dies für angemessen hält, in seinem innerstaatlichen Recht eine lange Verjährungsfrist für die Einleitung von Verfahren wegen einer in Übereinstimmung mit diesem Übereinkommen umschriebenen Straftat und die Verlängerung der Verjährungsfrist oder das Aussetzen der Verjährung für den Fall, dass die verdächtige Person sich der Rechtspflege entzogen hat.

Art. 30 Strafverfolgung, Aburteilung und Sanktionen. (1) Jeder Vertragsstaat bedroht die Begehung einer in Übereinstimmung mit diesem Übereinkommen umschriebenen Straftat mit Sanktionen, die der Schwere der Straftat Rechnung tragen.

(2) Jeder Vertragsstaat trifft die erforderlichen Maßnahmen, um in Übereinstimmung mit seiner Rechtsordnung und seinen Verfassungsgrundsätzen zwischen Immunitäten und Vorrechten vor Gericht, die seinen Amtsträgern für die Wahrnehmung ihrer Aufgaben gewährt werden, und der Möglichkeit, in Übereinstimmung mit diesem Übereinkommen umschriebene Straftaten erforderlichenfalls wirksam zu untersuchen, zu verfolgen und gerichtlich darüber zu entscheiden, einen angemessenen Ausgleich herzustellen oder zu wahren.

(3) Jeder Vertragsstaat ist bestrebt, sicherzustellen, dass eine nach seinem innerstaatlichen Recht bestehende Ermessensfreiheit hinsichtlich der Strafverfolgung von Personen wegen in Übereinstimmung mit diesem Übereinkommen umschriebener Straftaten so ausgeübt wird, dass die Maßnahmen der Strafrechtspflege in Bezug auf diese Straftaten größtmögliche Wirksamkeit erlangen, wobei der Notwendigkeit der Abschreckung von diesen Straftaten gebührend Rechnung zu tragen ist.

(4) Im Fall der in Übereinstimmung mit diesem Übereinkommen umschriebenen Straftaten trifft jeder Vertragsstaat geeignete Maßnahmen im Einklang mit seinem innerstaatlichen Recht und unter gebührender Berücksichtigung der Rechte der Verteidigung, um möglichst zu gewährleisten, dass die Auflagen, die im Zusammenhang mit Entscheidungen über die Haftentlassung während eines laufenden Straf- oder Rechtsmittelverfahrens verhängt werden, die Notwendigkeit berücksichtigen, die Anwesenheit des Beschuldigten im weiteren Strafverfahren sicherzustellen.

(5) Jeder Vertragsstaat berücksichtigt die Schwere der betreffenden Straftaten, wenn er die Möglichkeit der vorzeitigen oder bedingten Entlassung von Personen, die wegen solcher Straftaten verurteilt worden sind, in Erwägung zieht.

(6) Soweit dies mit den wesentlichen Grundsätzen seiner Rechtsordnung vereinbar ist, erwägt jeder Vertragsstaat die Einrichtung von Verfahren, nach denen ein Amtsträger, der einer in Übereinstimmung mit diesem Übereinkommen umschriebenen Straftat beschuldigt wird, unter Achtung des Grundsatzes der Unschuldsvermutung gegebenenfalls durch die zuständige Behörde aus dem Dienst entfernt, suspendiert oder versetzt werden kann.

(7) Wenn die Schwere der Straftat dies rechtfertigt, erwägt jeder Vertragsstaat, soweit dies mit den wesentlichen Grundsätzen seiner Rechtsordnung vereinbar ist, die Einrichtung von Verfahren, um Personen, die wegen in Übereinstimmung mit diesem Übereinkommen umschriebener Straftaten verurteilt worden sind, durch Gerichtsbeschluss oder andere geeignete Mittel für einen nach seinem innerstaatlichen Recht bestimmten Zeitraum von folgenden Tätigkeiten auszuschließen:

a) von der Ausübung eines öffentlichen Amtes und

b) von der Ausübung eines Amtes in einem ganz oder teilweise staatseigenen Unternehmen.

(8) Absatz 1 lässt die Ausübung der Disziplinargewalt der zuständigen Behörden gegenüber Beamten unberührt.

(9) Dieses Übereinkommen berührt nicht den Grundsatz, dass die Beschreibung der in Übereinstimmung mit diesem Übereinkommen umschriebenen Straftaten und der anwendbaren Gründe, die eine Strafbarkeit ausschließen, oder sonstiger die Rechtmäßigkeit einer Handlung bestimmender Rechtsgrundsätze dem innerstaatlichen Recht eines Vertragsstaats vorbehalten ist und dass diese Straftaten nach diesem Recht verfolgt und bestraft werden.

(10) Die Vertragsstaaten bemühen sich, die Wiedereingliederung von Personen, die wegen in Übereinstimmung mit diesem Übereinkommen umschriebener Straftaten verurteilt wurden, in die Gesellschaft zu fördern.

Art. 31 Einfrieren, Beschlagnahme und Einziehung. (1) Jeder Vertragsstaat trifft im größtmöglichen Umfang, den seine innerstaatliche Rechtsordnung zulässt, die erforderlichen Maßnahmen, um die Einziehung

a) der Erträge aus Straftaten, die in Übereinstimmung mit diesem Übereinkommen umschrieben sind, oder von Vermögensgegenständen, deren Wert demjenigen solcher Erträge entspricht,

b) von Vermögensgegenständen, Geräten oder anderen Tatwerkzeugen, die zur Begehung von in Übereinstimmung mit diesem Übereinkommen umschriebenen Straftaten verwendet wurden oder bestimmt waren,

zu ermöglichen.

(2) Jeder Vertragsstaat trifft die erforderlichen Maßnahmen, um die Ermittlung, das Einfrieren oder die Beschlagnahme der in Absatz 1 genannten Gegenstände zu ermöglichen, damit sie gegebenenfalls eingezogen werden können.

(3) Jeder Vertragsstaat trifft in Übereinstimmung mit seinem innerstaatlichen Recht die erforderlichen gesetzgeberischen und sonstigen Maßnahmen, um die Verwaltung von eingefrorenen, beschlagnahmten oder eingezogenen Vermögensgegenständen im Sinne der Absätze 1 und 2 durch die zuständigen Behörden zu regeln.

(4) Sind diese Erträge aus Straftaten zum Teil oder ganz in andere Vermögensgegenstände umgeformt oder umgewandelt worden, so können anstelle der Erträge diese Vermögensgegenstände den in diesem Artikel genannten Maßnahmen unterliegen.

(5) Sind diese Erträge aus Straftaten mit aus rechtmäßigen Quellen erworbenen Vermögensgegenständen vermischt worden, so können diese Vermögensgegenstände unbeschadet der Befugnisse in Bezug auf Einfrieren oder Beschlagnahme bis zur Höhe des Schätzwerts der Erträge, die vermischt worden sind, eingezogen werden.

(6) Einkommen oder andere Gewinne, die aus diesen Erträgen aus Straftaten, aus Vermögensgegenständen, in die diese Erträge aus Straftaten umgeformt oder umgewandelt worden sind, oder aus Vermögensgegenständen, mit denen diese Erträge aus Straftaten vermischt worden sind, stammen, können in der gleichen Weise und im gleichen Umfang wie die Erträge aus Straftaten den in diesem Artikel genannten Maßnahmen unterworfen werden.

(7) Für die Zwecke dieses Artikels und des Artikels 55 erteilt jeder Vertragsstaat seinen Gerichten oder anderen zuständigen Behörden die Befugnis, anzuordnen, dass Bank-, Finanz- oder Geschäftsunterlagen zur Verfügung gestellt oder beschlagnahmt werden. Ein Vertragsstaat darf es nicht unter Berufung auf das Bankgeheimnis ablehnen, diesen Bestimmungen Geltung zu verschaffen.

(8) Die Vertragsstaaten können die Möglichkeit erwägen, zu verlangen, dass ein Täter den rechtmäßigen Ursprung dieser mutmaßlichen Erträge aus Straftaten oder anderer einziehbarer Vermögensgegenstände nachweist, soweit dies mit den wesentlichen Grundsätzen ihres innerstaatlichen Rechts und der Art der Gerichts- und anderen Verfahren vereinbar ist.

(9) Dieser Artikel darf nicht so ausgelegt werden, dass er die Rechte gutgläubiger Dritter beeinträchtigt.

(10) Dieser Artikel lässt den Grundsatz unberührt, dass die darin bezeichneten Maßnahmen in Übereinstimmung mit dem innerstaatlichen Recht eines Vertragsstaats und vorbehaltlich dieses Rechts festgelegt und durchgeführt werden.

Art. 32 Zeugen-, Sachverständigen- und Opferschutz. (1) Jeder Vertragsstaat trifft in Übereinstimmung mit seiner innerstaatlichen

Rechtsordnung und im Rahmen seiner Möglichkeiten geeignete Maßnahmen, um Zeugen und Sachverständigen, die über in Übereinstimmung mit diesem Übereinkommen umschriebene Straftaten aussagen, sowie gegebenenfalls ihren Verwandten und anderen ihnen nahestehenden Personen wirksamen Schutz vor möglicher Vergeltung oder Einschüchterung zu gewähren.

(2) Die in Absatz 1 vorgesehenen Maßnahmen können unbeschadet der Rechte des Beschuldigten, einschließlich des Rechts auf ein ordnungsgemäßes Verfahren, unter anderem Folgendes umfassen:

a) Verfahren zum physischen Schutz der betreffenden Personen, beispielsweise, soweit notwendig und durchführbar, ihre Umsiedlung und gegebenenfalls die Erteilung der Erlaubnis, dass Informationen betreffend die Identität und den Aufenthaltsort dieser Personen nicht oder nur in beschränktem Maß offengelegt werden;

b) Beweisregeln, nach denen Zeugen und Sachverständige in einer Weise aussagen können, die ihre Sicherheit gewährleistet, beispielsweise indem Aussagen unter Einsatz von Kommunikationstechnologien wie Videoverbindungen oder anderen geeigneten Mitteln erlaubt werden.

(3) Die Vertragsstaaten erwägen, mit anderen Staaten Übereinkünfte über die Umsiedlung der in Absatz 1 genannten Personen zu schließen.

(4) Dieser Artikel findet auch auf Opfer Anwendung, sofern sie Zeugen sind.

(5) Jeder Vertragsstaat ermöglicht vorbehaltlich seines innerstaatlichen Rechts, dass die Auffassungen und Anliegen der Opfer in geeigneten Abschnitten des Strafverfahrens gegen die Täter auf eine Weise, welche die Rechte der Verteidigung nicht beeinträchtigt, vorgetragen und behandelt werden.

Art. 33 Schutz von Personen, die Angaben machen. Jeder Vertragsstaat erwägt, in seiner innerstaatlichen Rechtsordnung geeignete Maßnahmen vorzusehen, um Personen, die den zuständigen Behörden in redlicher Absicht und aus hinreichendem Grund Sachverhalte betreffend in Übereinstimmung mit diesem Übereinkommen umschriebene Straftaten mitteilen, vor ungerechtfertigter Behandlung zu schützen.

Art. 34 Folgen von Korruptionshandlungen. Unter gebührender Berücksichtigung gutgläubig erworbener Rechte Dritter trifft jeder Vertragsstaat in Übereinstimmung mit den wesentlichen Grundsätzen seines innerstaatlichen Rechts Maßnahmen zum Umgang mit den Folgen von Korruption. In diesem Zusammenhang können die Vertragsstaaten Korruption als einen maßgeblichen Umstand in Gerichtsverfahren ansehen, welche die Annullierung oder Aufhebung eines Vertrags, die Rücknahme einer Genehmigung oder eines anderen ähnlichen Rechtsakts oder die Schaffung von Abhilfe in anderer Form zur Folge hat.

Art. 35 Schadensersatz. Jeder Vertragsstaat trifft in Übereinstimmung mit den Grundsätzen seines innerstaatlichen Rechts die erforderlichen Maßnahmen, um sicherzustellen, dass Rechtsträger oder Personen, die infolge einer Korruptionshandlung einen Schaden erlitten haben, berechtigt sind, die für diesen Schaden Verantwortlichen auf Schadensersatz zu verklagen.

Art. 36 Spezialisierte Behörden. Jeder Vertragsstaat stellt in Übereinstimmung mit den wesentlichen Grundsätzen seiner Rechtsordnung sicher, dass es eine Stelle oder Stellen oder Personen gibt, die auf die Korruptionsbekämpfung mit den Mitteln der Strafverfolgung spezialisiert sind. Diesen Stellen oder Personen ist in Übereinstimmung mit den wesentlichen Grundsätzen der Rechtsordnung des Vertragsstaats die nötige Unabhängigkeit zu gewähren, damit sie ihre Aufgaben wirksam und ohne unzulässige Einflussnahme wahrnehmen können. Diese Personen oder das Personal dieser Stellen sollen über eine für die Wahrnehmung ihrer Aufgaben angemessene Ausbildung und Ausstattung verfügen.

Art. 37 Zusammenarbeit mit den Strafverfolgungsbehörden.

(1) Jeder Vertragsstaat trifft geeignete Maßnahmen, um Personen, die an der Begehung einer in Übereinstimmung mit diesem Übereinkommen umschriebenen Straftat beteiligt sind oder waren, zu ermutigen, den zuständigen Behörden für Ermittlungs- und Beweiszwecke nützliche Informationen zu liefern und den zuständigen Behörden sachbezogene, gezielte Hilfe zu gewähren, die dazu beitragen könnte, Straftätern die Erträge aus Straftaten zu entziehen und solche Erträge wiederzuerlangen.

(2) Jeder Vertragsstaat zieht in Erwägung, in geeigneten Fällen die Möglichkeit der Strafmilderung für Angeklagte vorzusehen, die bei den Ermittlungen oder bei der Strafverfolgung in Bezug auf eine in Übereinstimmung mit diesem Übereinkommen umschriebene Straftat erhebliche Zusammenarbeit leisten.

(3) Jeder Vertragsstaat zieht in Erwägung, im Einklang mit den wesentlichen Grundsätzen seines innerstaatlichen Rechts die Möglichkeit vorzusehen, dass einer Person, die bei den Ermittlungen oder bei der Strafverfolgung in Bezug auf eine in Übereinstimmung mit diesem Übereinkommen umschriebene Straftat erhebliche Zusammenarbeit leistet, Immunität von der Strafverfolgung gewährt wird.

(4) Der Schutz dieser Personen wird sinngemäß nach Artikel 32 gewährleistet.

(5) Kann eine in Absatz 1 genannte Person, die sich in einem Vertragsstaat aufhält, den zuständigen Behörden eines anderen Vertragsstaats erhebliche Zusammenarbeit gewähren, so können die betreffenden Vertragsstaaten erwägen, im Einklang mit ihrem innerstaatlichen Recht Übereinkünfte über die mögliche Gewährung der in den Absät-

zen 2 und 3 beschriebenen Behandlung durch den anderen Vertragsstaat zu schließen.

Art. 38 Zusammenarbeit zwischen innerstaatlichen Behörden. Jeder Vertragsstaat trifft die erforderlichen Maßnahmen, um in Übereinstimmung mit seinem innerstaatlichen Recht die Zusammenarbeit zwischen seinen Behörden und Amtsträgern auf der einen Seite sowie seinen für die Ermittlung und Verfolgung von Straftaten zuständigen Behörden auf der anderen Seite zu fördern. Diese Zusammenarbeit kann darin bestehen,

a) die betreffenden Behörden von sich aus zu unterrichten, wenn begründeter Anlass zu der Vermutung besteht, dass eine der in Übereinstimmung mit den Artikeln 15, 21 und 23 umschriebenen Straftaten begangen wurde, oder
b) den betreffenden Behörden auf Ersuchen alle erforderlichen Auskünfte zu erteilen.

Art. 39 Zusammenarbeit zwischen innerstaatlichen Behörden und dem privaten Sektor. (1) Jeder Vertragsstaat trifft die erforderlichen Maßnahmen, um in Übereinstimmung mit seinem innerstaatlichen Recht die Zusammenarbeit zwischen innerstaatlichen Ermittlungs- und Strafverfolgungsbehörden und Unternehmen im privaten Sektor, insbesondere Finanzinstitutionen, in Angelegenheiten zu fördern, welche die Begehung von in Übereinstimmung mit diesem Übereinkommen umschriebenen Straftaten betreffen.

(2) Jeder Vertragsstaat zieht in Erwägung, seine Staatsangehörigen und andere Personen mit gewöhnlichem Aufenthalt in seinem Hoheitsgebiet zu ermutigen, den innerstaatlichen Ermittlungs- und Strafverfolgungsbehörden die Begehung einer in Übereinstimmung mit diesem Übereinkommen umschriebenen Straftat zu melden.

Art. 40 Bankgeheimnis. Jeder Vertragsstaat stellt sicher, dass im Fall innerstaatlicher strafrechtlicher Ermittlungen wegen in Übereinstimmung mit diesem Übereinkommen umschriebener Straftaten geeignete Mechanismen im Rahmen seiner innerstaatlichen Rechtsordnung zur Verfügung stehen, um Hindernisse zu überwinden, die sich aus der Anwendung von gesetzlichen Bestimmungen über das Bankgeheimnis ergeben können.

Art. 41 Vorstrafen. Jeder Vertragsstaat kann die erforderlichen gesetzgeberischen oder sonstigen Maßnahmen treffen, um unter den Bedingungen und zu den Zwecken, die er für angemessen erachtet, frühere Verurteilungen einer verdächtigen Person in einem anderen Staat zu berücksichtigen, um diese Information in Strafverfahren im Zusammenhang mit einer in Übereinstimmung mit diesem Übereinkommen umschriebenen Straftat zu verwenden.

Art. 42 Gerichtsbarkeit. (1) Jeder Vertragsstaat trifft die erforderlichen Maßnahmen, um seine Gerichtsbarkeit über die in Übereinstimmung mit diesem Übereinkommen umschriebenen Straftaten zu begründen,

a) wenn die Straftat in seinem Hoheitsgebiet begangen wird oder

b) wenn die Straftat an Bord eines Schiffes, das zur Tatzeit seine Flagge führt, oder eines Luftfahrzeugs, das zur Tatzeit nach seinem Recht eingetragen ist, begangen wird.

(2) Vorbehaltlich des Artikels 4 kann ein Vertragsstaat seine Gerichtsbarkeit über jede dieser Straftaten auch begründen,

a) wenn die Straftat gegen einen seiner Staatsangehörigen begangen wird oder

b) wenn die Straftat von einem seiner Staatsangehörigen oder von einem Staatenlosen, der seinen gewöhnlichen Aufenthalt in seinem Hoheitsgebiet hat, begangen wird oder

c) wenn die Straftat zu den in Übereinstimmung mit Artikel 23 Absatz 1 Buchstabe b Ziffer ii umschriebenen Straftaten gehört und außerhalb seines Hoheitsgebiets in der Absicht begangen wird, eine in Übereinstimmung mit Artikel 23 Absatz 1 Buchstabe a Ziffer i oder ii oder Buchstabe b Ziffer i umschriebene Straftat innerhalb seines Hoheitsgebiets zu begehen, oder

d) wenn die Straftat gegen den Vertragsstaat begangen wird.

(3) Für die Zwecke des Artikels 44 trifft jeder Vertragsstaat die erforderlichen Maßnahmen, um seine Gerichtsbarkeit über die in Übereinstimmung mit diesem Übereinkommen umschriebenen Straftaten zu begründen, wenn die verdächtige Person sich in seinem Hoheitsgebiet befindet und er sie nur deshalb nicht ausliefert, weil sie seine Staatsangehörige ist.

(4) Ferner kann jeder Vertragsstaat die erforderlichen Maßnahmen treffen, um seine Gerichtsbarkeit über die in Übereinstimmung mit diesem Übereinkommen umschriebenen Straftaten zu begründen, wenn die verdächtige Person sich in seinem Hoheitsgebiet befindet und er sie nicht ausliefert.

(5) Ist einem Vertragsstaat, der seine Gerichtsbarkeit nach Absatz 1 oder 2 ausübt, mitgeteilt worden oder hat er auf andere Weise Kenntnis davon erhalten, dass andere Vertragsstaaten in Bezug auf dasselbe Verhalten Ermittlungen, Strafverfolgungsmaßnahmen oder ein Gerichtsverfahren durchführen, so konsultieren die zuständigen Behörden dieser Vertragsstaaten einander gegebenenfalls, um ihre Maßnahmen abzustimmen.

(6) Unbeschadet der Regeln des allgemeinen Völkerrechts schließt dieses Übereinkommen die Ausübung einer Strafgerichtsbarkeit, die von einem Vertragsstaat nach innerstaatlichem Recht begründet ist, nicht aus.

Kapitel IV. Internationale Zusammenarbeit

Art. 43 Internationale Zusammenarbeit. (1) Die Vertragsstaaten arbeiten in Strafsachen nach Maßgabe der Artikel 44 bis 50 zusammen. Soweit dies angemessen und mit ihrer innerstaatlichen Rechtsordnung vereinbar ist, erwägen die Vertragsstaaten die gegenseitige Unterstützung bei Ermittlungen und Verfahren in zivil- und verwaltungsrechtlichen Angelegenheiten im Zusammenhang mit Korruption.

(2) Wird in Angelegenheiten der internationalen Zusammenarbeit die beiderseitige Strafbarkeit als Voraussetzung angesehen, so gilt diese als erfüllt, wenn die Handlung, die der Straftat zugrunde liegt, derentwegen um Unterstützung ersucht wird, nach den Rechtsvorschriften beider Vertragsstaaten eine Straftat ist, gleichviel, ob die Straftat nach den Rechtsvorschriften des ersuchten Vertragsstaats derselben Gruppe von Straftaten zugeordnet oder in derselben Weise benannt ist wie im ersuchenden Vertragsstaat.

Art. 44 Auslieferung. (1) Dieser Artikel findet auf die in Übereinstimmung mit diesem Übereinkommen umschriebenen Straftaten Anwendung, wenn die Person, die Gegenstand des Auslieferungsersuchens ist, sich im Hoheitsgebiet des ersuchten Vertragsstaats befindet, sofern die Straftat, derentwegen um Auslieferung ersucht wird, nach dem innerstaatlichen Recht sowohl des ersuchenden Vertragsstaats als auch des ersuchten Vertragsstaats strafbar ist.

(2) Ungeachtet des Absatzes 1 kann ein Vertragsstaat, nach dessen Recht dies zulässig ist, die Auslieferung einer Person wegen einer der unter dieses Übereinkommen fallenden Straftat auch dann bewilligen, wenn diese Straftat nach seinem innerstaatlichen Recht nicht strafbar ist.

(3) Betrifft das Auslieferungsersuchen mehrere verschiedene Straftaten, von denen mindestens eine nach diesem Artikel der Auslieferung unterliegt und einige zwar wegen der Dauer der Freiheitsstrafe, mit der sie bedroht sind, nicht der Auslieferung unterliegen, aber in Zusammenhang mit Straftaten stehen, die in Übereinstimmung mit diesem Übereinkommen umschrieben sind, so kann der ersuchte Vertragsstaat diesen Artikel auch auf jene Straftaten anwenden.

(4) Jede Straftat, auf die dieser Artikel Anwendung findet, gilt als in jeden zwischen Vertragsstaaten bestehenden Auslieferungsvertrag einbezogene, der Auslieferung unterliegende Straftat. Die Vertragsstaaten verpflichten sich, diese Straftaten als der Auslieferung unterliegende Straftaten in jeden künftig zwischen ihnen zu schließenden Auslieferungsvertrag aufzunehmen. Verwendet ein Vertragsstaat dieses Übereinkommen als Grundlage für die Auslieferung, so sieht er, sofern dies nach seinem Recht zulässig ist, keine der in Übereinstimmung mit diesem Übereinkommen umschriebenen Straftaten als politische Straftat an.

(5) Erhält ein Vertragsstaat, der die Auslieferung vom Bestehen eines Vertrags abhängig macht, ein Auslieferungsersuchen von einem anderen Vertragsstaat, mit dem er keinen Auslieferungsvertrag hat, so kann er dieses Übereinkommen als Rechtsgrundlage für die Auslieferung in Bezug auf die Straftaten ansehen, auf die dieser Artikel Anwendung findet.

(6) Ein Vertragsstaat, der die Auslieferung vom Bestehen eines Vertrags abhängig macht,

a) setzt zum Zeitpunkt der Hinterlegung seiner Ratifikations-, Annahme-, Genehmigungs- oder Beitrittsurkunde den Generalsekretär der Vereinten Nationen davon in Kenntnis, ob er dieses Übereinkommen als Rechtsgrundlage für die Zusammenarbeit auf dem Gebiet der Auslieferung mit anderen Vertragsstaaten dieses Übereinkommens ansieht, und,

b) falls er dieses Übereinkommen nicht als Rechtsgrundlage für die Zusammenarbeit auf dem Gebiet der Auslieferung ansieht, bemüht sich darum, gegebenenfalls Auslieferungsverträge mit anderen Vertragsstaaten dieses Übereinkommens zu schließen, um diesen Artikel anzuwenden.

(7) Vertragsstaaten, welche die Auslieferung nicht vom Bestehen eines Vertrags abhängig machen, erkennen unter sich die Straftaten, auf die dieser Artikel Anwendung findet, als der Auslieferung unterliegende Straftaten an.

(8) Die Auslieferung unterliegt den im innerstaatlichen Recht des ersuchten Vertragsstaats oder in den geltenden Auslieferungsverträgen vorgesehenen Bedingungen, unter anderem auch den Bedingungen betreffend die für die Auslieferung erforderliche Mindesthöhe der angedrohten Strafe und die Gründe, aus denen der ersuchte Vertragsstaat die Auslieferung ablehnen kann.

(9) Die Vertragsstaaten bemühen sich vorbehaltlich ihres innerstaatlichen Rechts, für Straftaten, auf die dieser Artikel Anwendung findet, die Auslieferungsverfahren zu beschleunigen und die diesbezüglichen Beweiserfordernisse zu vereinfachen.

(10) Vorbehaltlich seines innerstaatlichen Rechts und seiner Auslieferungsverträge kann der ersuchte Vertragsstaat, wenn er festgestellt hat, dass die Umstände es rechtfertigen und Eile geboten ist, auf Verlangen des ersuchenden Vertragsstaats eine Person, um deren Auslieferung ersucht wird und die sich in seinem Hoheitsgebiet befindet, in Haft nehmen oder andere geeignete Maßnahmen treffen, um ihre Anwesenheit bei dem Auslieferungsverfahren sicherzustellen.

(11) Wenn ein Vertragsstaat, in dessen Hoheitsgebiet eine verdächtige Person aufgefunden wird, diese wegen einer Straftat, auf die dieser Artikel Anwendung findet, nur deshalb nicht ausliefert, weil sie seine Staatsangehörige ist, *so ist er auf Verlangen* des um Auslieferung ersu*chenden* Vertragsstaats verpflichtet, den Fall unverzüglich seinen zuständigen Behörden zum Zweck der Strafverfolgung zu unterbreiten.

Diese Behörden treffen ihre Entscheidung und führen ihr Verfahren in derselben Weise wie im Fall jeder anderen Straftat schwerer Art nach dem innerstaatlichen Recht dieses Vertragsstaats. Die betreffenden Vertragsstaaten arbeiten insbesondere in das Verfahren und die Beweiserhebung betreffenden Fragen zusammen, um die Effizienz der Strafverfolgung zu gewährleisten.

(12) Darf ein Vertragsstaat nach seinem innerstaatlichen Recht eigene Staatsangehörige nur unter dem Vorbehalt ausliefern oder auf sonstige Art überstellen, dass die betreffende Person an diesen Staat rücküberstellt wird, um dort die Strafe zu verbüßen, die als Ergebnis des Gerichts- oder anderen Verfahrens verhängt wird, dessentwegen um ihre Auslieferung oder Überstellung ersucht wurde, und sind dieser Vertragsstaat und der um Auslieferung ersuchende Vertragsstaat mit dieser Vorgehensweise und etwaigen anderen Bedingungen, die sie für zweckmäßig erachten, einverstanden, so gilt die Verpflichtung nach Absatz 11 mit dieser bedingten Auslieferung oder Überstellung als erfüllt.

(13) Wird die Auslieferung, um die zur Vollstreckung einer Strafe ersucht wird, mit der Begründung abgelehnt, dass die verfolgte Person Staatsangehörige des ersuchten Vertragsstaats ist, so erwägt dieser, sofern sein innerstaatliches Recht dies zulässt und im Einklang mit diesem auf Verlangen des ersuchenden Vertragsstaats, die nach dem innerstaatlichen Recht des ersuchenden Vertragsstaats verhängte Strafe oder die Reststrafe selbst zu vollstrecken.

(14) Einer Person, gegen die wegen einer Straftat, auf die dieser Artikel Anwendung findet, ein Verfahren durchgeführt wird, wird in allen Phasen des Verfahrens eine gerechte Behandlung gewährleistet; dies schließt den Genuss aller Rechte und Garantien nach dem innerstaatlichen Recht des Vertragsstaats, in dessen Hoheitsgebiet sie sich befindet, ein.

(15) Dieses Übereinkommen ist nicht so auszulegen, als verpflichte es den ersuchten Vertragsstaat zur Auslieferung, wenn er ernstliche Gründe für die Annahme hat, dass das Ersuchen gestellt worden ist, um eine Person wegen ihres Geschlechts, ihrer Rasse, ihrer Religion, ihrer Staatsangehörigkeit, ihrer ethnischen Herkunft oder ihrer politischen Anschauungen zu verfolgen oder zu bestrafen, oder dass die Lage dieser Person aus einem dieser Gründe erschwert werden könnte, wenn dem Ersuchen stattgegeben würde.

(16) Die Vertragsstaaten können ein Auslieferungsersuchen nicht mit der alleinigen Begründung ablehnen, dass die Straftat als eine Tat angesehen wird, die auch fiskalische Angelegenheiten berührt.

(17) Bevor der ersuchte Vertragsstaat die Auslieferung ablehnt, konsultiert er gegebenenfalls den ersuchenden Vertragsstaat, um ihm reichlich Gelegenheit zu geben, seine Auffassungen darzulegen und Informationen bereitzustellen, die im Hinblick auf seine Behauptungen von Belang sind.

(18) Die Vertragsstaaten sind bestrebt, zwei- und mehrseitige Übereinkünfte zu schließen, um die Auslieferung zu ermöglichen oder ihre Wirksamkeit zu erhöhen.

Art. 45 Überstellung von Verurteilten. Die Vertragsstaaten können erwägen, zwei- oder mehrseitige Übereinkünfte zu schließen, aufgrund deren Personen, die wegen in Übereinstimmung mit diesem Übereinkommen umschriebener Straftaten zu einer Freiheitsstrafe oder sonstigen Formen des Freiheitsentzugs verurteilt sind, in ihr Hoheitsgebiet überstellt werden, um dort ihre Reststrafe verbüßen zu können.

Art. 46 Rechtshilfe. (1) Die Vertragsstaaten leisten einander so weit wie möglich Rechtshilfe bei Ermittlungen, Strafverfolgungsmaßnahmen und Gerichtsverfahren im Zusammenhang mit den Straftaten nach diesem Übereinkommen.

(2) Bei Ermittlungen, Strafverfolgungsmaßnahmen und Gerichtsverfahren in Bezug auf Straftaten, für die eine juristische Person nach Artikel 26 im ersuchenden Vertragsstaat zur Verantwortung gezogen werden kann, wird Rechtshilfe im größtmöglichen Umfang geleistet, den die einschlägigen Gesetze, Verträge und sonstigen Übereinkünfte des ersuchten Vertragsstaats zulassen.

(3) Um die nach diesem Artikel zu leistende Rechtshilfe kann zu folgenden Zwecken ersucht werden:

a) Abnahme von Zeugenaussagen oder anderen Erklärungen;
b) Zustellung gerichtlicher Schriftstücke;
c) Durchsuchung und Beschlagnahme sowie Einfrieren;
d) Untersuchung von Gegenständen und Inaugenscheinnahme von Örtlichkeiten;
e) Überlassung von Informationen, Beweismitteln und Sachverständigengutachten;
f) Überlassung von Originalen oder beglaubigten Abschriften einschlägiger Schriftstücke und Akten, einschließlich Regierungs-, Bank-, Finanz-, Firmen- und Geschäftsunterlagen;
g) Ermittlung von Erträgen aus Straftaten, Vermögensgegenständen, Tatwerkzeugen oder anderen Sachen zu Beweiszwecken;
h) Erleichterung des freiwilligen Erscheinens von Personen im ersuchenden Vertragsstaat;
i) Hilfe jeder anderen Art, die nicht im Widerspruch zum innerstaatlichen Recht des ersuchten Vertragsstaats steht;
j) Ermittlung und Einfrieren von Erträgen aus Straftaten nach Kapitel V;
k) Wiedererlangung von Vermögenswerten nach Kapitel V.

(4) Unbeschadet des innerstaatlichen Rechts können die zuständigen Behörden eines Vertragsstaats einer zuständigen Behörde in einem an-

deren Vertragsstaat ohne vorheriges Ersuchen Informationen im Zusammenhang mit Strafsachen übermitteln, wenn sie der Auffassung sind, dass diese Informationen der Behörde dabei behilflich sein könnten, Ermittlungen und Strafverfahren durchzuführen oder erfolgreich abzuschließen, oder den anderen Vertragsstaat dazu veranlassen könnten, ein Ersuchen nach diesem Übereinkommen zu stellen.

(5) Die Übermittlung von Informationen nach Absatz 4 erfolgt unbeschadet der Ermittlungen und des Strafverfahrens in dem Staat, dessen zuständige Behörden die Informationen bereitstellen. Die zuständigen Behörden, welche die Informationen erhalten, werden ein Ersuchen, die betreffenden Informationen – auch nur vorübergehend – vertraulich zu behandeln oder ihren Gebrauch Einschränkungen zu unterwerfen, befolgen. Dies hindert den Vertragsstaat, der die Informationen erhält, jedoch nicht daran, in seinem Verfahren Informationen offenzulegen, die einen Beschuldigten entlasten. In diesem Fall unterrichtet er, bevor er diese Informationen offenlegt, den Vertragsstaat, der sie übermittelt, und konsultiert diesen auf Verlangen. Ist ausnahmsweise keine vorherige Unterrichtung möglich, so setzt der Vertragsstaat, der die Informationen erhält, den übermittelnden Vertragsstaat unverzüglich von der Offenlegung in Kenntnis.

(6) Dieser Artikel berührt nicht die Verpflichtungen aus einem anderen zwei- oder mehrseitigen Vertrag, der die Rechtshilfe ganz oder teilweise regelt oder regeln wird.

(7) Die Absätze 9 bis 29 gelten für Ersuchen, die aufgrund dieses Artikels gestellt werden, wenn die betreffenden Vertragsstaaten nicht durch einen Vertrag über Rechtshilfe gebunden sind. Sind diese Vertragsstaaten durch einen solchen Vertrag gebunden, so gelten die entsprechenden Bestimmungen des Vertrags, sofern die Vertragsstaaten nicht vereinbaren, stattdessen die Absätze 9 bis 29 anzuwenden. Den Vertragsstaaten wird dringend nahegelegt, diese Absätze anzuwenden, wenn sie die Zusammenarbeit erleichtern.

(8) Die Vertragsstaaten dürfen die Rechtshilfe nach diesem Artikel nicht unter Berufung auf das Bankgeheimnis verweigern.

(9)

a) Beantwortet ein Vertragsstaat ein Rechtshilfeersuchen nach diesem Artikel, ohne dass beiderseitige Strafbarkeit vorliegt, so berücksichtigt er die in Artikel 1 genannten Zwecke dieses Übereinkommens;
b) die Vertragsstaaten können die Rechtshilfe nach diesem Artikel unter Berufung auf das Fehlen beiderseitiger Strafbarkeit verweigern. Sofern dies mit den Grundzügen seiner Rechtsordnung vereinbar ist, leistet ein ersuchter Vertragsstaat jedoch Rechtshilfe, wenn sie keine Zwangsmaßnahmen umfasst. Diese Rechtshilfe kann verweigert werden, wenn Ersuchen Bagatellsachen oder Angelegenheiten betreffen, hinsichtlich deren die erbetene Zusammenarbeit oder Unterstützung nach anderen Bestimmungen dieses Übereinkommens erlangt werden kann;

c) jeder Vertragsstaat kann erwägen, die erforderlichen Maßnahmen zu treffen, damit er, wenn keine beiderseitige Strafbarkeit vorliegt, in größerem Umfang Rechtshilfe nach diesem Artikel leisten kann.

(10) Eine Person, die im Hoheitsgebiet eines Vertragsstaats in Haft gehalten wird oder eine Strafe verbüßt und um deren Anwesenheit in einem anderen Vertragsstaat zum Zweck der Identifizierung, der Vernehmung oder einer sonstigen Hilfeleistung zur Beschaffung von Beweisen für Ermittlungen, Strafverfolgungsmaßnahmen oder Gerichtsverfahren in Bezug auf Straftaten nach diesem Übereinkommen ersucht wird, kann überstellt werden, wenn die folgenden Voraussetzungen erfüllt sind:

a) Die betreffende Person gibt in Kenntnis sämtlicher Umstände aus freien Stücken ihre Zustimmung;

b) die zuständigen Behörden beider Vertragsstaaten stimmen unter den von ihnen für zweckmäßig erachteten Bedingungen zu.

(11) Für die Zwecke des Absatzes 10 gilt Folgendes:

a) Der Vertragsstaat, dem die betreffende Person überstellt wird, ist befugt und verpflichtet, die überstellte Person in Haft zu halten, sofern der Vertragsstaat, von dem sie überstellt wurde, nichts anderes verlangt oder genehmigt;

b) der Vertragsstaat, dem die betreffende Person überstellt wird, erfüllt unverzüglich seine Verpflichtung, die Person nach Maßgabe einer vorherigen oder sonstigen Vereinbarung der zuständigen Behörden beider Vertragsstaaten in den Gewahrsam des Vertragsstaats rückzuüberstellen, von dem sie überstellt wurde;

c) der Vertragsstaat, dem die betreffende Person überstellt wird, darf von dem Vertragsstaat, von dem sie überstellt wurde, nicht verlangen, zur Rücküberstellung dieser Person ein Auslieferungsverfahren einzuleiten;

d) der überstellten Person wird die in dem Vertragsstaat, dem sie überstellt wurde, verbrachte Haftzeit auf die Strafe angerechnet, die sie in dem Staat, vom dem sie überstellt wurde, zu verbüßen hat.

(12) Außer mit Zustimmung des Vertragsstaats, von dem eine Person nach den Absätzen 10 und 11 überstellt werden soll, darf diese Person, gleichviel, welche Staatsangehörigkeit sie hat, im Hoheitsgebiet des Staates, dem sie überstellt wird, nicht wegen Handlungen, Unterlassungen oder Verurteilungen aus der Zeit vor ihrer Abreise aus dem Hoheitsgebiet des Staates, von dem sie überstellt wurde, verfolgt, in Haft gehalten, bestraft oder einer sonstigen Beschränkung ihrer persönlichen Freiheit unterworfen werden.

(13) Jeder Vertragsstaat bestimmt eine zentrale Behörde, die verantwortlich und befugt ist, Rechtshilfeersuchen entgegenzunehmen und sie entweder zu erledigen oder den zuständigen Behörden zur Erledi-

gung zu übermitteln.[1] Hat ein Vertragsstaat eine besondere Region oder ein besonderes Hoheitsgebiet mit einem unterschiedlichen Rechtshil-

(Fortsetzung nächstes Blatt)

---

[1] Für Deutschland: Bundesamt für Justiz (Anschrift: Adenauerallee 99–103, 53113 Bonn (BGBl. 2015-II S. 140); für Österreich: BAK – Bundesamt zur Korruptionsprävention und Korruptionsbekämpfung Bundesministerium für Inneres Herrengasse 7, Postfach 100, 1014 Wien sowie Bundesministerium für Justiz (BMJ), Museumstraße 7, 1070 Wien (BGBl. III Nr. 47/2006).

fesystem, so kann er eine gesonderte zentrale Behörde bestimmen, welche dieselbe Aufgabe für die Region oder das Hoheitsgebiet wahrnimmt. Die zentralen Behörden stellen die rasche und ordnungsgemäße Erledigung oder Übermittlung der eingegangenen Ersuchen sicher. Wenn die zentrale Behörde das Ersuchen einer zuständigen Behörde zur Erledigung übermittelt, fordert sie diese zur raschen und ordnungsgemäßen Erledigung des Ersuchens auf. Die für diesen Zweck bestimmte zentrale Behörde wird von jedem Vertragsstaat bei der Hinterlegung seiner Ratifikations-, Annahme-, Genehmigungs- oder Beitrittsurkunde zu diesem Übereinkommen dem Generalsekretär der Vereinten Nationen notifiziert. Die Rechtshilfeersuchen und alle damit zusammenhängenden Mitteilungen werden den von den Vertragsstaaten bestimmten zentralen Behörden übermittelt. Diese Vorschrift lässt das Recht eines Vertragsstaats unberührt, zu verlangen, dass solche Ersuchen und Mitteilungen auf diplomatischem Weg und in dringenden Fällen, wenn die Vertragsstaaten dies vereinbaren, soweit es möglich ist, über die Internationale Kriminalpolizeiliche Organisation an ihn gerichtet werden.

(14) Ersuchen werden schriftlich oder, soweit möglich, mit jedem Mittel, mit dem ein Schriftstück erzeugt werden kann, in einer für den ersuchten Vertragsstaat annehmbaren Sprache und in einer Weise gestellt, die diesem Vertragsstaat die Feststellung der Echtheit erlaubt. Die für jeden Vertragsstaat annehmbare Sprache oder annehmbaren Sprachen werden von jedem Vertragsstaat bei der Hinterlegung seiner Ratifikations-, Annahme-, Genehmigungs- oder Beitrittsurkunde zu diesem Übereinkommen dem Generalsekretär der Vereinten Nationen notifiziert. In dringenden Fällen und wenn die Vertragsstaaten dies vereinbaren, können Ersuchen mündlich gestellt werden; sie müssen jedoch umgehend schriftlich bestätigt werden.

(15) Ein Rechtshilfeersuchen enthält folgende Angaben:

a) die Bezeichnung der Behörde, von der das Ersuchen ausgeht;

b) Gegenstand und Art der Ermittlung, der Strafverfolgung oder des Gerichtsverfahrens, auf die oder das sich das Ersuchen bezieht, sowie Namen und Aufgaben der Behörde, welche die Ermittlung, die Strafverfolgung oder das Gerichtsverfahren durchführt;

c) eine zusammenfassende Sachverhaltsdarstellung, außer bei Ersuchen um Zustellung gerichtlicher Schriftstücke;

d) eine Beschreibung der erbetenen Rechtshilfe und Einzelheiten über bestimmte Verfahren, die auf Wunsch des ersuchenden Vertragsstaats angewendet werden sollen;

e) soweit möglich, Identität, Aufenthaltsort und Staatsangehörigkeit jeder betroffenen Person und

f) den Zweck, zu dem die Beweismittel, Informationen oder Maßnahmen erbeten werden.

(16) Der ersuchte Vertragsstaat kann ergänzende Angaben anfordern, wenn dies für die Erledigung des Ersuchens nach seinem innerstaat-

lichen Recht erforderlich erscheint oder die Erledigung erleichtern kann.

(17) Ein Ersuchen wird nach dem innerstaatlichen Recht des ersuchten Vertragsstaats und, soweit dieses Recht dem nicht entgegensteht, nach Möglichkeit entsprechend den im Ersuchen bezeichneten Verfahren erledigt.

(18) Soweit möglich und mit den wesentlichen Grundsätzen des innerstaatlichen Rechts vereinbar, kann ein Vertragsstaat, wenn eine in seinem Hoheitsgebiet befindliche Person von den Justizbehörden eines anderen Vertragsstaats als Zeuge oder Sachverständiger vernommen werden muss, auf Ersuchen dieses anderen Vertragsstaats erlauben, dass die Vernehmung über eine Videokonferenz stattfindet, falls das persönliche Erscheinen der betreffenden Person im Hoheitsgebiet des ersuchenden Vertragsstaats nicht möglich oder nicht wünschenswert ist. Die Vertragsstaaten können vereinbaren, dass die Vernehmung von einer Justizbehörde des ersuchenden Vertragsstaats und in Gegenwart einer Justizbehörde des ersuchten Vertragsstaats durchgeführt wird.

(19) Der ersuchende Vertragsstaat übermittelt oder verwendet vom ersuchten Vertragsstaat erhaltene Informationen oder Beweismittel nicht ohne dessen vorherige Zustimmung für andere als in dem Ersuchen bezeichnete Ermittlungen, Strafverfolgungsmaßnahmen oder Gerichtsverfahren. Dieser Absatz hindert den ersuchenden Vertragsstaat nicht daran, in seinem Verfahren Informationen oder Beweise offenzulegen, die einen Beschuldigten entlasten. In diesem Fall unterrichtet der ersuchende Vertragsstaat, bevor er diese Informationen offenlegt, den ersuchten Vertragsstaat und konsultiert diesen auf Verlangen. Ist ausnahmsweise keine vorherige Unterrichtung möglich, so setzt der ersuchende Vertragsstaat den ersuchten Vertragsstaat unverzüglich von der Offenlegung in Kenntnis.

(20) Der ersuchende Vertragsstaat kann verlangen, dass der ersuchte Vertragsstaat das Ersuchen und dessen Inhalt vertraulich behandelt, soweit die Erledigung des Ersuchens nichts anderes gebietet. Kann der ersuchte Vertragsstaat der verlangten Vertraulichkeit nicht entsprechen, so setzt er den ersuchenden Vertragsstaat umgehend davon in Kenntnis.

(21) Die Rechtshilfe kann verweigert werden,

a) wenn das Ersuchen nicht in Übereinstimmung mit diesem Artikel gestellt wird;

b) wenn der ersuchte Vertragsstaat der Ansicht ist, dass die Erledigung des Ersuchens geeignet ist, seine Souveränität, seine Sicherheit, seine öffentliche Ordnung (ordre public)oder andere wesentliche Interessen zu beeinträchtigen;

c) wenn es den Behörden des ersuchten Vertragsstaats nach seinem innerstaatlichen Recht untersagt wäre, die Maßnahme, um die ersucht *wurde, in Bezug auf eine* vergleichbare Straftat zu ergreifen, die Gegenstand von Ermittlungen, Strafverfolgungsmaßnahmen oder Gerichtsverfahren unter seiner eigenen Gerichtsbarkeit wäre;

d) wenn es dem Rechtshilferecht des ersuchten Vertragsstaats zuwiderliefe, dem Ersuchen stattzugeben.

(22) Die Vertragsstaaten können ein Rechtshilfeersuchen nicht mit der alleinigen Begründung ablehnen, dass die Straftat als eine Tat angesehen wird, die auch fiskalische Angelegenheiten berührt.

(23) Die Verweigerung der Rechtshilfe ist zu begründen.

(24) Der ersuchte Vertragsstaat erledigt das Rechtshilfeersuchen so bald wie möglich und berücksichtigt dabei so weit wie möglich die vom ersuchenden Vertragsstaat vorgeschlagenen Fristen, die vorzugsweise im Ersuchen begründet werden. Der ersuchende Vertragsstaat kann angemessene Auskunftsersuchen zum Stand und Fortschritt der vom ersuchten Vertragsstaat zur Erledigung seines Ersuchens getroffenen Maßnahmen stellen. Der ersuchte Vertragsstaat beantwortet angemessene Nachfragen des ersuchenden Vertragsstaats nach dem Stand des Ersuchens und dem Fortschritt bei seiner Bearbeitung. Der ersuchende Vertragsstaat setzt den ersuchten Vertragsstaat umgehend davon in Kenntnis, wenn die erbetene Rechtshilfe nicht mehr notwendig ist.

(25) Die Rechtshilfe kann vom ersuchten Vertragsstaat mit der Begründung aufgeschoben werden, dass sie laufende Ermittlungen, Strafverfolgungsmaßnahmen oder Gerichtsverfahren beeinträchtigt.

(26) Bevor der ersuchte Vertragsstaat ein Ersuchen nach Absatz 21 ablehnt oder seine Erledigung nach Absatz 25 aufschiebt, konsultiert er den ersuchenden Vertragsstaat, um festzustellen, ob die Rechtshilfe unter den von ihm als erforderlich erachteten Bedingungen geleistet werden kann. Nimmt der ersuchende Vertragsstaat die Rechtshilfe unter diesen Bedingungen an, so muss er sich an die Bedingungen halten.

(27) Unbeschadet der Anwendung des Absatzes 12 dürfen Zeugen, Sachverständige oder andere Personen, die bereit sind, auf Ersuchen des ersuchenden Vertragsstaats im Hoheitsgebiet des ersuchenden Vertragsstaats in einem Verfahren auszusagen oder bei Ermittlungen, Strafverfolgungsmaßnahmen oder Gerichtsverfahren mitzuwirken, in diesem Hoheitsgebiet wegen Handlungen, Unterlassungen oder Verurteilungen aus der Zeit vor ihrer Abreise aus dem Hoheitsgebiet des ersuchten Vertragsstaats weder verfolgt noch in Haft gehalten, bestraft oder einer sonstigen Beschränkung ihrer persönlichen Freiheit unterworfen werden. Dieses freie Geleit endet, wenn die Zeugen, Sachverständigen oder anderen Personen während fünfzehn aufeinander folgender Tage oder während einer anderen von den Vertragsstaaten vereinbarten Zeitspanne, nachdem ihnen amtlich mitgeteilt wurde, dass ihre Anwesenheit von den Justizbehörden nicht länger verlangt wird, die Möglichkeit gehabt haben, das Hoheitsgebiet des ersuchenden Vertragsstaats zu verlassen, und trotzdem freiwillig dort bleiben oder wenn sie nach Verlassen dieses Gebiets freiwillig dorthin zurückgekehrt sind.

(28) Der ersuchte Vertragsstaat trägt die gewöhnlichen Kosten der Erledigung eines Ersuchens, sofern die Vertragsstaaten nichts anderes vereinbaren. Sind oder werden bei der Erledigung eines Ersuchens er-

hebliche oder außergewöhnliche Aufwendungen erforderlich, so konsultieren die Vertragsstaaten einander, um festzulegen, unter welchen Bedingungen das Ersuchen erledigt wird und auf welche Weise die Kosten getragen werden.

(29) Der ersuchte Vertragsstaat

a) stellt dem ersuchenden Vertragsstaat Abschriften von amtlichen Unterlagen, Schriftstücken oder Informationen zur Verfügung, die sich in seinem Besitz befinden und die nach seinem innerstaatlichen Recht der Allgemeinheit zugänglich sind;

b) kann dem ersuchenden Vertragsstaat nach eigenem Ermessen Abschriften von amtlichen Unterlagen, Schriftstücken oder Informationen, die sich in seinem Besitz befinden und die nach seinem innerstaatlichen Recht nicht der Allgemeinheit zugänglich sind, ganz, teilweise oder unter den von ihm als angemessen erachteten Bedingungen zur Verfügung stellen.

(30) Die Vertragsstaaten prüfen gegebenenfalls die Möglichkeit des Abschlusses zwei- oder mehrseitiger Übereinkünfte, die den Zwecken dieses Artikels dienen, ihn praktisch wirksam machen oder seine Bestimmungen verstärken.

Art. 47 Übertragung von Strafverfahren. Die Vertragsstaaten prüfen die Möglichkeit, einander Verfahren zur Strafverfolgung wegen einer in Übereinstimmung mit diesem Übereinkommen umschriebenen Straftat in Fällen zu übertragen, in denen die Übertragung dem Interesse einer geordneten Rechtspflege dienlich erscheint, insbesondere in Fällen, in denen mehrere Gerichtsbarkeiten betroffen sind, mit dem Ziel, die Strafverfolgung zu konzentrieren.

Art. 48 Zusammenarbeit auf dem Gebiet der Strafverfolgung. (1) Die Vertragsstaaten arbeiten im Einklang mit ihrer jeweiligen innerstaatlichen Rechts- und Verwaltungsordnung eng zusammen, um die Wirksamkeit der Maßnahmen der Strafrechtspflege zur Bekämpfung der Straftaten nach diesem Übereinkommen zu verstärken. Die Vertragsstaaten treffen insbesondere wirksame Maßnahmen,

a) um Nachrichtenverbindungen zwischen ihren zuständigen Behörden, Stellen und Ämtern zu verbessern und erforderlichenfalls einzurichten, um den sicheren und raschen Informationsaustausch über alle Erscheinungsformen der Straftaten nach diesem Übereinkommen, einschließlich – wenn die betreffenden Vertragsstaaten dies für zweckmäßig erachten – der Verbindungen zu anderen Straftaten, zu erleichtern;

b) um bei Ermittlungen zu folgenden Fragen in Bezug auf Straftaten nach diesem Übereinkommen mit den anderen Vertragsstaaten zusammenzuarbeiten:

i) Identität, Aufenthaltsort und Tätigkeit von Personen, die der Beteiligung an solchen Straftaten verdächtig sind, und Aufenthaltsort anderer betroffener Personen;

ii) Bewegungen der aus der Begehung solcher Straftaten stammenden Erträge oder Vermögensgegenstände;

iii) Bewegungen von bei der Begehung solcher Straftaten verwendeten oder dazu bestimmten Vermögensgegenständen, Geräten oder anderen Tatwerkzeugen;

c) um gegebenenfalls die erforderlichen Gegenstände oder Mengen an Stoffen zu Analyse- oder Ermittlungszwecken zur Verfügung zu stellen;

d) um gegebenenfalls mit anderen Vertragsstaaten Informationen über die zur Begehung von Straftaten nach diesem Übereinkommen eingesetzten spezifischen Mittel und Methoden auszutauschen, einschließlich der Benutzung falscher Identitäten, gefälschter, veränderter oder falscher Dokumente und sonstiger Mittel zur Verschleierung von Tätigkeiten;

e) um die wirksame Koordinierung zwischen ihren zuständigen Behörden, Stellen und Ämtern zu erleichtern und den Austausch von Personal und Sachverständigen, einschließlich – vorbehaltlich zweiseitiger Übereinkünfte zwischen den betreffenden Vertragsstaaten – des Einsatzes von Verbindungsbeamten, zu fördern;

f) um Informationen auszutauschen sowie Verwaltungs- und andere Maßnahmen zu koordinieren, die zum Zweck der frühzeitigen Aufdeckung von Straftaten nach diesem Übereinkommen gegebenenfalls ergriffen werden.

(2) Im Hinblick auf die Durchführung dieses Übereinkommens erwägen die Vertragsstaaten, zwei- oder mehrseitige Übereinkünfte über eine unmittelbare Zusammenarbeit zwischen ihren Strafverfolgungsbehörden zu schließen beziehungsweise, falls solche Übereinkünfte bereits bestehen, diese zu ändern. Bestehen zwischen den betreffenden Vertragsstaaten keine solchen Übereinkünfte, so können sie dieses Übereinkommen als Grundlage für die Zusammenarbeit auf dem Gebiet der Strafverfolgung in Bezug auf die Straftaten nach diesem Übereinkommen ansehen. Soweit zweckmäßig, nutzen die Vertragsstaaten Übereinkünfte wie auch internationale oder regionale Organisationen in vollem Maß, um die Zusammenarbeit zwischen ihren Strafverfolgungsbehörden zu verstärken.

(3) Die Vertragsstaaten bemühen sich, im Rahmen ihrer Möglichkeiten zusammenzuarbeiten, um Straftaten nach diesem Übereinkommen, die mittels moderner Technologien begangen werden, zu begegnen.

Art. 49 Gemeinsame Ermittlungen. Die Vertragsstaaten prüfen den Abschluss zwei- oder mehrseitiger Übereinkünfte, nach denen die zuständigen Behörden in Bezug auf Angelegenheiten, die Gegenstand von Ermittlungen, Strafverfolgungsmaßnahmen oder Gerichtsverfahren in einem oder mehreren Staaten sind, gemeinsame Ermittlungsorgane errichten können. In Ermangelung derartiger Übereinkünfte können gemeinsame Ermittlungen von Fall zu Fall vereinbart werden. Die beteiligten Vertragsstaaten stellen sicher, dass die Souveränität des Vertragsstaats, in dessen Hoheitsgebiet diese Ermittlungen stattfinden sollen, uneingeschränkt geachtet wird.

Art. 50 Besondere Ermittlungsmethoden. (1) Zur wirksamen Korruptionsbekämpfung trifft jeder Vertragsstaat, soweit es die wesentlichen Grundsätze seiner innerstaatlichen Rechtsordnung zulassen und unter den in seinem innerstaatlichen Recht vorgeschriebenen Bedingungen, im Rahmen seiner Möglichkeiten die erforderlichen Maßnahmen, um die angemessene Anwendung der kontrollierten Lieferung und, soweit er dies für zweckmäßig erachtet, anderer besonderer Ermittlungsmethoden, wie elektronische oder andere Formen der Überwachung und verdeckte Ermittlungen, durch seine zuständigen Behörden in seinem Hoheitsgebiet zu ermöglichen und um vorzusehen, dass die daraus gewonnenen Beweismittel vor Gericht zugelassen werden können.

(2) Zum Zweck der Ermittlung wegen Straftaten nach diesem Übereinkommen wird den Vertragsstaaten nahegelegt, falls erforderlich geeignete zwei- oder mehrseitige Übereinkünfte für die Anwendung solcher besonderen Ermittlungsmethoden im Rahmen der Zusammenarbeit auf internationaler Ebene zu schließen. Diese Übereinkünfte werden unter uneingeschränkter Beachtung des Grundsatzes der souveränen Gleichheit der Staaten geschlossen und angewendet und streng nach den Bestimmungen dieser Übereinkünfte ausgeführt.

(3) In Ermangelung einer Übereinkunft nach Absatz 2 werden Entscheidungen über die Anwendung solcher besonderen Ermittlungsmethoden auf internationaler Ebene von Fall zu Fall getroffen und können, falls erforderlich, finanzielle Vereinbarungen und Absprachen im Hinblick auf die Ausübung der Gerichtsbarkeit durch die betreffenden Vertragsstaaten in Betracht ziehen.

(4) Entscheidungen über die Anwendung der kontrollierten Lieferung auf internationaler Ebene können mit Zustimmung der betreffenden Vertragsstaaten auch Methoden umfassen, bei denen die Güter oder Geldmittel beispielsweise abgefangen und derart zur Weiterbeförderung freigegeben werden, dass sie entweder unangetastet bleiben oder ganz oder teilweise entfernt oder ersetzt werden.

Kapitel V. Wiedererlangung von Vermögenswerten

Art. 51 Allgemeine Bestimmung. Die Rückgabe von Vermögenswerten nach diesem Kapitel ist ein wesentlicher Grundsatz dieses Übereinkommens; die Vertragsstaaten arbeiten in dieser Hinsicht im größtmöglichen Umfang zusammen und unterstützen einander.

Art. 52 Verhütung und Aufdeckung der Übertragung von Erträgen aus Straftaten. (1) Unbeschadet des Artikels 14 trifft jeder

Vertragsstaat in Übereinstimmung mit seinem innerstaatlichen Recht die erforderlichen Maßnahmen, um von Finanzinstitutionen, die seiner Gerichtsbarkeit unterliegen, zu verlangen, dass sie die Identität von Kundinnen und Kunden überprüfen, angemessene Schritte unternehmen, um die Identität der wirtschaftlichen Eigentümer von auf Großkonten eingezahlten Geldern festzustellen, und Konten verstärkt überprüfen, die von oder für Personen, die mit herausragenden öffentlichen Aufgaben betraut sind oder waren, und deren Familienangehörigen und engen Partnern beantragt oder unterhalten werden. Diese verstärkte Überprüfung ist in angemessener Weise so zu gestalten, dass verdächtige Transaktionen zum Zweck der Meldung bei den zuständigen Behörden aufgedeckt werden; sie soll nicht als ein Mittel verstanden werden, um Finanzinstitutionen davon abzuhalten oder ihnen zu untersagen, Geschäfte mit rechtmäßigen Kundinnen und Kunden zu tätigen.

(2) Zur Erleichterung der Durchführung der in Absatz 1 vorgesehenen Maßnahmen unternimmt jeder Vertragsstaat in Übereinstimmung mit seinem innerstaatlichen Recht und geleitet durch einschlägige Initiativen regionaler, interregionaler und multilateraler Organisationen Folgendes gegen die Geldwäsche:

a) Er gibt Leitlinien heraus zu den Arten von natürlichen oder juristischen Personen, deren Konten von Finanzinstitutionen, die seiner Gerichtsbarkeit unterliegen, verstärkt zu überprüfen sind, zu den Arten von Konten und Transaktionen, auf die besonders zu achten ist, und zu geeigneten Maßnahmen, die bezüglich der Eröffnung und Führung solcher Konten und der Führung der Unterlagen zu treffen sind, und

b) er teilt, wenn dies angemessen ist, Finanzinstitutionen, die seiner Gerichtsbarkeit unterliegen, auf Ersuchen eines anderen Vertragsstaats oder von sich aus die Identität bestimmter natürlicher oder juristischer Personen mit, deren Konten von den betreffenden Instituten verstärkt zu überprüfen sind, zusätzlich zu denjenigen Personen, die von den Finanzinstitutionen gegebenenfalls anderweitig identifiziert werden.

(3) Im Rahmen des Absatzes 2 Buchstabe a führt jeder Vertragsstaat Maßnahmen durch, um sicherzustellen, dass seine Finanzinstitutionen über einen angemessenen Zeitraum geeignete Unterlagen zu Konten und Transaktionen aufbewahren, welche die in Absatz 1 genannten Personen betreffen; diese Unterlagen sollen mindestens Angaben zur Identität des Kunden oder der Kundin und, soweit möglich, des wirtschaftlichen Eigentümers enthalten.

(4) Mit dem Ziel, die Übertragung von Erträgen aus Straftaten, die in Übereinstimmung mit diesem Übereinkommen umschrieben sind, zu verhüten und aufzudecken, führt jeder Vertragsstaat angemessene und wirksame Maßnahmen durch, um mit Hilfe seiner Regulierungs- und Aufsichtsstellen zu verhindern, dass Banken gegründet werden, die

nicht über eine physische Präsenz verfügen und keiner beaufsichtigten Finanzgruppe angegliedert sind. Darüber hinaus können die Vertragsstaaten erwägen, ihren Finanzinstitutionen vorzuschreiben, dass diese keine Korrespondenzbankbeziehung mit derartigen Institutionen eingehen oder weiterführen dürfen und sich dagegen schützen müssen, Geschäftsbeziehungen mit ausländischen Finanzinstitutionen einzugehen, die es zulassen, dass ihre Konten von Banken genutzt werden, die nicht über eine physische Präsenz verfügen und keiner beaufsichtigten Finanzgruppe angegliedert sind.

(5) Jeder Vertragsstaat erwägt, für bestimmte Amtsträger in Übereinstimmung mit seinem innerstaatlichen Recht wirksame Regelungen für die Offenlegung ihrer Vermögensverhältnisse zu schaffen, und sieht bei Nichterfüllung angemessene Sanktionen vor. Jeder Vertragsstaat erwägt ferner, die erforderlichen Maßnahmen zu treffen, damit seine zuständigen Behörden diese Informationen den zuständigen Behörden in anderen Vertragsstaaten übermitteln dürfen, wenn dies erforderlich ist, um Erträge aus in Übereinstimmung mit diesem Übereinkommen umschriebenen Straftaten zu ermitteln, Anspruch darauf zu erheben und sie wiederzuerlangen.

(6) Jeder Vertragsstaat erwägt, in Übereinstimmung mit seinem innerstaatlichen Recht die erforderlichen Maßnahmen zu treffen, um bestimmte Amtsträger, die an einem Finanzkonto im Ausland beteiligt oder in Bezug darauf unterschriftsberechtigt oder anderweitig bevollmächtigt sind, zu verpflichten, diesen Umstand den zuständigen Behörden anzuzeigen und geeignete Unterlagen zu solchen Konten zu führen. Diese Maßnahmen sehen auch angemessene Sanktionen bei Nichterfüllung vor.

Art. 53 Maßnahmen zur unmittelbaren Wiedererlangung von Vermögensgegenständen. Jeder Vertragsstaat trifft in Übereinstimmung mit seinem innerstaatlichen Recht

a) die erforderlichen Maßnahmen, damit ein anderer Vertragsstaat vor seinen Gerichten eine Zivilklage anstrengen kann, um seinen Anspruch auf einen oder sein Eigentum an einem Vermögensgegenstand, der durch Begehung einer in Übereinstimmung mit diesem Übereinkommen umschriebenen Straftat erworben wurde, geltend zu machen;

b) die erforderlichen Maßnahmen, damit seine Gerichte anordnen können, dass diejenigen, die in Übereinstimmung mit diesem Übereinkommen umschriebene Straftaten begangen haben, einem anderen Vertragsstaat, der durch diese Straftaten geschädigt wurde, Entschädigung oder Schadensersatz zu leisten haben, und

c) die erforderlichen Maßnahmen, damit seine Gerichte oder zuständigen Behörden, wenn sie über eine Einziehung zu entscheiden haben, den Anspruch eines anderen Vertragsstaats als rechtmäßiger Eigentümer von Vermögensgegenständen, die durch Begehung einer in Übereinstimmung mit diesem Übereinkommen umschriebenen Straftat erlangt wurden, anerkennen können.

Art. 54 Mechanismen zur Wiedererlangung von Vermögensgegenständen durch internationale Zusammenarbeit bei der Einziehung. (1) Mit dem Ziel, nach Artikel 55 Rechtshilfe in Bezug auf Vermögensgegenstände zu leisten, die durch Begehung einer in Übereinstimmung mit diesem Übereinkommen umschriebenen Straftat erworben oder dafür verwendet wurden, wird jeder Vertragsstaat in Übereinstimmung mit seinem innerstaatlichen Recht

a) die erforderlichen Maßnahmen treffen, damit seine zuständigen Behörden eine Einziehungsentscheidung eines Gerichts eines anderen Vertragsstaats vollstrecken können;

b) die erforderlichen Maßnahmen treffen, damit seine zuständigen Behörden, sofern sie Gerichtsbarkeit haben, die Einziehung solcher Vermögensgegenstände ausländischen Ursprungs im Wege der Entscheidung über ein Geldwäschedelikt oder eine andere unter seine Gerichtsbarkeit fallende Straftat oder anderer nach seinem innerstaatlichen Recht zulässiger Verfahren anordnen können, und

c) erwägen, die erforderlichen Maßnahmen zu treffen, damit solche Vermögensgegenstände ohne strafrechtliche Verurteilung eingezogen werden können, wenn der Täter wegen Tod, Flucht oder Abwesenheit oder in anderen entsprechenden Fällen nicht verfolgt werden kann.

(2) Mit dem Ziel, Rechtshilfe aufgrund eines Ersuchens nach Artikel 55 Absatz 2 zu leisten, wird jeder Vertragsstaat in Übereinstimmung mit seinem innerstaatlichen Recht

a) die erforderlichen Maßnahmen treffen, damit seine zuständigen Behörden Vermögensgegenstände einfrieren oder beschlagnahmen können, wenn eine Einfrierungs- oder Beschlagnahmeentscheidung eines Gerichts oder einer zuständigen Behörde eines ersuchenden Vertragsstaats vorliegt, die dem ersuchten Vertragsstaat eine angemessene Grundlage für die Annahme liefert, dass es hinreichende Gründe für die Ergreifung solcher Maßnahmen gibt und dass in Bezug auf die Vermögensgegenstände gegebenenfalls eine Einziehungsentscheidung im Sinne des Absatzes 1 Buchstabe a ergehen wird;

b) die erforderlichen Maßnahmen treffen, damit seine zuständigen Behörden Vermögensgegenstände einfrieren oder beschlagnahmen können, wenn ein Ersuchen vorliegt, das dem ersuchten Vertragsstaat einen angemessenen Grund zu der Annahme liefert, dass es hinreichende Gründe für die Ergreifung solcher Maßnahmen gibt und dass in Bezug auf die Vermögensgegenstände gegebenenfalls eine Einziehungsentscheidung im Sinne des Absatzes 1 Buchstabe a ergehen wird, und

c) erwägen, zusätzliche Maßnahmen zu treffen, damit seine zuständigen Behörden Vermögensgegenstände für eine Einziehung sicherstellen können, beispielsweise aufgrund eines Arrests oder einer Anklage im Ausland im Zusammenhang mit dem Erwerb dieser Vermögensgegenstände.

Art. 55 Internationale Zusammenarbeit zum Zweck der Einziehung. (1) Hat ein Vertragsstaat von einem anderen Vertragsstaat, der Gerichtsbarkeit über eine in Übereinstimmung mit diesem Übereinkommen umschriebene Straftat hat, ein Ersuchen um Einziehung von in seinem Hoheitsgebiet befindlichen Erträgen aus Straftaten, Vermögensgegenständen, Geräten oder sonstigen Tatwerkzeugen nach Artikel 31 Absatz 1 erhalten, so wird er im größtmöglichen Umfang, den seine innerstaatliche Rechtsordnung zulässt,

a) das Ersuchen an seine zuständigen Behörden weiterleiten, um eine Einziehungsentscheidung zu erwirken und, falls sie erlassen wird, vollstrecken zu lassen, oder

b) eine von einem Gericht im Hoheitsgebiet des ersuchenden Vertragsstaats nach den Artikeln 31 Absatz 1 und 54 Absatz 1 Buchstabe a erlassene Einziehungsentscheidung an seine zuständigen Behörden weiterleiten, damit diese im erbetenen Umfang ausgeführt wird, soweit sie sich auf Erträge aus Straftaten, Vermögensgegenstände, Geräte oder sonstige Tatwerkzeuge nach Artikel 31 Absatz 1 bezieht, die sich im Hoheitsgebiet des ersuchten Vertragsstaats befinden.

(2) Auf Ersuchen eines anderen Vertragsstaats, der über eine in Übereinstimmung mit diesem Übereinkommen umschriebene Straftat Gerichtsbarkeit hat, trifft der ersuchte Vertragsstaat Maßnahmen, um die Erträge aus Straftaten, Vermögensgegenstände, Geräte oder sonstigen Tatwerkzeuge nach Artikel 31 Absatz 1 zu ermitteln, einzufrieren oder zu beschlagnahmen, damit sie entweder aufgrund einer Entscheidung des ersuchenden Vertragsstaats oder, im Fall eines nach Absatz 1 gestellten Ersuchens, aufgrund einer Entscheidung des ersuchten Vertragsstaats gegebenenfalls eingezogen werden können.

(3) Artikel 46 gilt sinngemäß. Neben den in Artikel 46 Absatz 15 aufgeführten Angaben enthalten die nach diesem Artikel gestellten Ersuchen Folgendes:

a) im Fall eines Ersuchens nach Absatz 1 Buchstabe a eine Beschreibung der einzuziehenden Vermögensgegenstände einschließlich, soweit möglich, des Orts, an dem sie sich befinden, und, soweit von Belang, ihres geschätzten Wertes und eine Darstellung des Sachverhalts, auf den sich der ersuchende Vertragsstaat stützt, die es dem ersuchten Vertragsstaat ermöglichen, nach seinem innerstaatlichen Recht eine Einziehungsentscheidung zu erwirken;

b) im Fall eines Ersuchens nach Absatz 1 Buchstabe b eine rechtlich verwertbare Abschrift einer vom ersuchenden Vertragsstaat erlassenen Einziehungsentscheidung, auf die sich das Ersuchen stützt, eine Sachverhaltsdarstellung und Angaben über den Umfang, in dem um Vollstreckung der Entscheidung ersucht wird, eine Erklärung, in der die Maßnahmen aufgeführt werden, die vom ersuchenden Vertragsstaat getroffen wurden, um gutgläubigen Dritten angemessene Kenntnis zu geben und ein ordnungsgemäßes Verfahren zu gewährleisten, sowie eine Erklärung über die Endgültigkeit der Einziehungsentscheidung;

c) im Fall eines Ersuchens nach Absatz 2 eine Darstellung des Sachverhalts, auf den sich der ersuchende Vertragsstaat stützt, und eine Beschreibung der Maßnahmen, um die ersucht wird, sowie, wenn vorhanden, eine rechtlich verwertbare Abschrift einer Entscheidung, auf der das Ersuchen beruht.

(4) Die in den Absätzen 1 und 2 vorgesehenen Entscheidungen oder Maßnahmen werden vom ersuchten Vertragsstaat nach Maßgabe und vorbehaltlich seines innerstaatlichen Rechts und seiner Verfahrensregeln oder der zwei- oder mehrseitigen Übereinkünfte getroffen, durch die er im Verhältnis zum ersuchenden Vertragsstaat gebunden ist.

(5) Jeder Vertragsstaat übermittelt dem Generalsekretär der Vereinten Nationen Abschriften oder Beschreibungen seiner Gesetze und sonstigen Vorschriften zur Durchführung dieses Artikels sowie jeder späteren Änderung dieser Gesetze und sonstigen Vorschriften.

(6) Macht ein Vertragsstaat die in den Absätzen 1 und 2 genannten Maßnahmen vom Bestehen eines einschlägigen Vertrags abhängig, so sieht er dieses Übereinkommen als notwendige und ausreichende Vertragsgrundlage an.

(7) Die Zusammenarbeit nach diesem Artikel kann auch verweigert und vorläufige Maßnahmen können aufgehoben werden, wenn der ersuchte Vertragsstaat nicht in hinreichendem Umfang und rechtzeitig Beweise erhält oder wenn die Vermögensgegenstände von geringfügigem Wert sind.

(8) Bevor der ersuchte Vertragsstaat eine nach diesem Artikel getroffene vorläufige Maßnahme aufhebt, gibt er dem ersuchenden Vertragsstaat, soweit möglich, Gelegenheit, seine Gründe für eine Fortdauer der Maßnahme darzulegen.

(9) Dieser Artikel darf nicht so ausgelegt werden, dass er die Rechte gutgläubiger Dritter beeinträchtigt.

Art. 56 Besondere Zusammenarbeit. Unbeschadet seines innerstaatlichen Rechts ist jeder Vertragsstaat bestrebt, Maßnahmen zu treffen, die es ihm erlauben, Informationen über Erträge aus in Übereinstimmung mit diesem Übereinkommen umschriebenen Straftaten, ohne dass davon seine eigenen Ermittlungen, Strafverfolgungsmaßnahmen oder Gerichtsverfahren berührt werden, einem anderen Vertragsstaat ohne vorheriges Ersuchen zu übermitteln, wenn er der Auffassung ist, dass die Offenlegung dieser Informationen dem anderen

Vertragsstaat bei der Einleitung oder Durchführung von Ermittlungen, Strafverfolgungsmaßnahmen oder Gerichtsverfahren behilflich sein oder dazu führen könnte, dass dieser Vertragsstaat ein Ersuchen aufgrund dieses Kapitels stellt.

Art. 57 Rückgabe von Vermögenswerten und Verfügung darüber. (1) Ein Vertragsstaat, der Vermögensgegenstände nach Artikel 31 oder 55 eingezogen hat, verfügt darüber in Übereinstimmung mit diesem Übereinkommen und seinem innerstaatlichen Recht, auch durch Rückgabe an die früheren rechtmäßigen Eigentümer nach Absatz 3.

(2) Jeder Vertragsstaat trifft in Übereinstimmung mit den wesentlichen Grundsätzen seines innerstaatlichen Rechts die erforderlichen gesetzgeberischen und sonstigen Maßnahmen, damit seine zuständigen Behörden, wenn er auf Ersuchen eines anderen Vertragsstaats tätig wird, eingezogene Vermögensgegenstände nach diesem Übereinkommen unter Berücksichtigung der Rechte gutgläubiger Dritter zurückgeben können.

(3) Nach den Artikeln 46 und 55 sowie den Absätzen 1 und 2 dieses Artikels geht der ersuchte Vertragsstaat wie folgt vor:

a) Im Fall der Veruntreuung öffentlicher Gelder oder des Waschens veruntreuter öffentlicher Gelder nach den Artikeln 17 und 23 und wenn die Einziehung nach Artikel 55 und auf der Grundlage einer im ersuchenden Vertragsstaat getroffenen endgültigen gerichtlichen Entscheidung – eine Voraussetzung, auf die der ersuchte Vertragsstaat verzichten kann – vollstreckt wurde, gibt er die eingezogenen Vermögensgegenstände an den ersuchenden Vertragsstaat zurück;

b) im Fall von Erträgen aus einer anderen Straftat nach diesem Übereinkommen und wenn die Einziehung nach Artikel 55 und auf der Grundlage einer im ersuchenden Vertragsstaat ergangenen endgültigen gerichtlichen Entscheidung – eine Voraussetzung, auf die der ersuchte Vertragsstaat verzichten kann – vollstreckt wurde, gibt er die eingezogenen Vermögensgegenstände an den ersuchenden Vertragsstaat zurück, wenn der ersuchende Vertragsstaat sein früheres Eigentum an den eingezogenen Vermögensgegenständen dem ersuchten Vertragsstaat hinreichend nachweist oder wenn der ersuchte Vertragsstaat den Schaden des ersuchenden Vertragsstaats als Grundlage für die Rückgabe der eingezogenen Vermögensgegenstände anerkennt;

c) in allen anderen Fällen zieht er vorrangig in Erwägung, die eingezogenen Vermögensgegenstände dem ersuchenden Vertragsstaat oder ihren früheren, rechtmäßigen Eigentümern zurückzugeben oder die Opfer der Straftat zu entschädigen.

(4) Sofern die Vertragsstaaten nichts anderes beschließen, kann der ersuchte Vertragsstaat gegebenenfalls angemessene Kosten abziehen, die bei Ermittlungen, Strafverfolgungsmaßnahmen oder Gerichtsverfahren

entstanden sind, welche nach diesem Artikel zur Rückgabe der eingezogenen Vermögensgegenstände oder zur Verfügung über diese führen.

(5) Gegebenenfalls können die Vertragsstaaten auch besonders in Erwägung ziehen, von Fall zu Fall Übereinkünfte oder beiderseitig annehmbare Vereinbarungen in Bezug auf die endgültige Verfügung über eingezogene Vermögensgegenstände zu schließen.

Art. 58 Zentrale Meldestelle (Financial Intelligence Unit). Die Vertragsstaaten arbeiten mit dem Ziel zusammen, die Übertragung von Erträgen aus in Übereinstimmung mit diesem Übereinkommen umschriebenen Straftaten zu verhüten und zu bekämpfen sowie die Möglichkeiten zur Wiedererlangung solcher Erträge zu fördern; zu diesem Zweck erwägen sie die Einrichtung einer zentralen Meldestelle (Financial Intelligence Unit), die dafür zuständig ist, Meldungen über verdächtige Finanztransaktionen entgegenzunehmen, zu analysieren und an die zuständigen Behörden weiterzuleiten.

Art. 59 Zwei- und mehrseitige Übereinkünfte. Die Vertragsstaaten erwägen, zwei- oder mehrseitige Übereinkünfte zu schließen, um die Wirksamkeit der internationalen Zusammenarbeit aufgrund dieses Kapitels zu erhöhen.

Kapitel VI. Technische Hilfe und Informationsaustausch

Art. 60 Ausbildung und technische Hilfe. (1) Jeder Vertragsstaat entwickelt oder verbessert, soweit erforderlich, besondere Ausbildungsprogramme für sein mit Korruptionsverhütung und -bekämpfung befasstes Personal. Diese Ausbildungsprogramme könnten sich unter anderem mit Folgendem befassen:

a) wirksame Maßnahmen zur Verhütung, Aufdeckung, Untersuchung, Ahndung und Bekämpfung von Korruption einschließlich des Einsatzes von Methoden zum Sammeln von Beweismitteln sowie von Ermittlungsmethoden;

b) Aufbau von Kapazitäten zur Entwicklung und Planung von Antikorruptionsstrategien;

c) Schulung der zuständigen Behörden in der Erstellung von Rechtshilfeersuchen, die den Anforderungen dieses Übereinkommens entsprechen;

d) Bewertung und Stärkung der Institutionen, der öffentlichen Verwaltung und der Verwaltung der öffentlichen Finanzen, einschließlich des öffentlichen Beschaffungswesens sowie des privaten Sektors;

e) Verhütung und Bekämpfung der Übertragung von Erträgen aus in Übereinstimmung mit diesem Übereinkommen umschriebenen Straftaten und Wiedererlangung dieser Erträge;

f) Aufdeckung und Einfrieren der Übertragung von Erträgen aus in Übereinstimmung mit diesem Übereinkommen umschriebenen Straftaten;

g) Überwachung der Bewegungen von Erträgen aus in Übereinstimmung mit diesem Übereinkommen umschriebenen Straftaten sowie der Methoden zur Übertragung, Verheimlichung oder Verschleierung solcher Erträge;

h) geeignete und effiziente Gesetzgebungs- und Verwaltungsmechanismen und -methoden zur Erleichterung der Rückgabe von Erträgen aus in Übereinstimmung mit diesem Übereinkommen umschriebenen Straftaten;

i) Methoden zum Schutz von Opfern und Zeugen, die mit den Justizbehörden zusammenarbeiten, und

j) Ausbildung im Bereich nationaler und internationaler Vorschriften und Sprachausbildung.

(2) Die Vertragsstaaten erwägen, einander bei ihren jeweiligen Plänen und Programmen zur Korruptionsbekämpfung im Rahmen ihrer Kapazitäten im größtmöglichen Umfang technische Hilfe zu leisten, insbesondere zum Nutzen von Entwicklungsländern; hierzu gehören auch materielle Unterstützung und Ausbildung in den in Absatz 1 genannten Bereichen sowie Ausbildung und Hilfe und Austausch von sachdienlichen Erfahrungen und Fachwissen zur Erleichterung der internationalen Zusammenarbeit zwischen den Vertragsstaaten im Bereich der Auslieferung und der Rechtshilfe.

(3) Die Vertragsstaaten verstärken, soweit erforderlich, ihre Anstrengungen zur Optimierung der operativen und Ausbildungstätigkeiten in internationalen und regionalen Organisationen wie auch im Rahmen einschlägiger zwei- und mehrseitiger Übereinkünfte.

(4) Die Vertragsstaaten erwägen, einander auf Ersuchen bei der Durchführung von Bewertungen, Untersuchungen und Forschungsarbeiten in Bezug auf Arten, Ursachen, Wirkungen und Kosten von Korruption in ihren jeweiligen Ländern zu unterstützen mit dem Ziel, unter Beteiligung der zuständigen Behörden und der Gesellschaft Strategien und Aktionspläne zur Korruptionsbekämpfung zu entwickeln.

(5) Um die Wiedererlangung von Erträgen aus in Übereinstimmung mit diesem Übereinkommen umschriebenen Straftaten zu erleichtern, können die Vertragsstaaten zusammenarbeiten, indem sie einander die Namen von Sachverständigen mitteilen, die bei der Erreichung dieses Ziels behilflich sein könnten.

(6) Die Vertragsstaaten erwägen, subregionale, regionale und internationale Konferenzen und Seminare zu nutzen, um die Zusammenarbeit und technische Hilfe zu fördern und die Erörterung der Probleme von gemeinsamem Interesse anzuregen, einschließlich der besonderen Probleme und Bedürfnisse von Entwicklungsländern und Ländern im wirtschaftlichen Übergang.

(7) Die Vertragsstaaten erwägen die Einrichtung freiwilliger Mechanismen zur finanziellen Unterstützung der Anstrengungen von Entwicklungsländern und Ländern im wirtschaftlichen Übergang bei der Anwendung dieses Übereinkommens durch Programme und Projekte der technischen Hilfe.

(8) Jeder Vertragsstaat erwägt die Entrichtung freiwilliger Beiträge an das Büro der Vereinten Nationen für Drogen- und Verbrechensbekämpfung, um über das Büro Programme und Projekte in Entwicklungsländern mit dem Ziel der Durchführung dieses Übereinkommens zu fördern.

Art. 61 Sammlung, Austausch und Analyse von Informationen über Korruption. (1) Jeder Vertragsstaat erwägt, die Tendenzen der Korruption in seinem Hoheitsgebiet sowie die Verhältnisse, in denen Korruptionsdelikte begangen werden, in Konsultation mit Sachverständigen zu analysieren.

(2) Die Vertragsstaaten erwägen, statistische Daten, analytisches Fachwissen über Korruption und Informationen miteinander sowie über internationale und regionale Organisationen aufzubauen und zusammenzuführen mit dem Ziel, soweit möglich gemeinsame Begriffsbestimmungen, Normen und Methoden sowie Informationen über die besten Praktiken zur Verhütung und Bekämpfung von Korruption zu entwickeln.

(3) Jeder Vertragsstaat erwägt, seine politischen Konzepte und seine konkreten Maßnahmen zur Bekämpfung der Korruption zu überwachen und ihre Wirksamkeit und Effizienz zu bewerten.

Art. 62 Sonstige Maßnahmen: Anwendung des Übereinkommens durch wirtschaftliche Entwicklung und technische Hilfe. (1) Die Vertragsstaaten treffen unter Berücksichtigung der schädlichen Auswirkungen der Korruption auf die Gesellschaft im Allgemeinen und auf die nachhaltige Entwicklung im Besonderen Maßnahmen, die geeignet sind, die bestmögliche Anwendung dieses Übereinkommens durch internationale Zusammenarbeit zu gewährleisten.

(2) Die Vertragsstaaten unternehmen in Abstimmung untereinander sowie mit den internationalen und regionalen Organisationen im Rahmen ihrer Möglichkeiten konkrete Anstrengungen,

a) um ihre Zusammenarbeit mit den Entwicklungsländern auf verschiedenen Ebenen mit dem Ziel zu verstärken, deren Fähigkeit zur Verhütung und Bekämpfung der Korruption zu erhöhen;

b) um die finanzielle und materielle Hilfe für die Entwicklungsländer mit dem Ziel zu verstärken, deren Anstrengungen zur wirksamen Verhütung und Bekämpfung der Korruption zu unterstützen und ihnen bei der erfolgreichen Anwendung dieses Übereinkommens behilflich zu sein;

c) um den Entwicklungsländern und den Ländern im wirtschaftlichen Übergang technische Hilfe dazu zu gewähren, dass sie ihre Bedürfnisse im Hinblick auf die Anwendung dieses Übereinkommens befriedigen können. Zu diesem Zweck bemühen sich die Vertragsstaaten, regelmäßig angemessene freiwillige Beiträge auf ein dafür eingerichtetes Konto bei einem Finanzierungsmechanismus der Vereinten Nationen einzuzahlen. Die Vertragsstaaten können ferner besonders in Erwägung ziehen, im Einklang mit ihrem innerstaatlichen Recht und mit diesem Übereinkommen einen bestimmten Prozentsatz der Gelder oder des Gegenwerts von Erträgen aus Straftaten oder von Vermögensgegenständen, die im Einklang mit diesem Übereinkommen eingezogen wurden, auf dieses Konto einzuzahlen;

d) um andere Staaten und gegebenenfalls Finanzinstitutionen dazu zu ermutigen und zu bewegen, sich den im Einklang mit diesem Artikel unternommenen Anstrengungen anzuschließen, indem sie insbesondere mehr Ausbildungsprogramme und moderne Ausrüstung für die Entwicklungsländer bereitstellen, um ihnen bei der Verwirklichung der Ziele dieses Übereinkommens behilflich zu sein.

(3) Diese Maßnahmen werden, soweit möglich, unbeschadet bestehender Zusagen auf dem Gebiet der Auslandshilfe oder sonstiger Übereinkünfte über finanzielle Zusammenarbeit auf bilateraler, regionaler oder internationaler Ebene getroffen.

(4) Die Vertragsstaaten können zwei- oder mehrseitige Übereinkünfte über materielle und logistische Hilfe schließen, bei denen die finanziellen Regelungen berücksichtigt werden, die erforderlich sind, um die Wirksamkeit der in diesem Übereinkommen vorgesehenen Formen der internationalen Zusammenarbeit zu gewährleisten und Korruption zu verhüten, aufzudecken und zu bekämpfen.

Kapitel VII. Mechanismen zur Anwendung

Art. 63 Konferenz der Vertragsstaaten des Übereinkommens. (1) Hiermit wird eine Konferenz der Vertragsstaaten des Übereinkommens eingerichtet, um die Fähigkeit der Vertragsstaaten und die Zusammenarbeit zwischen ihnen zur Erreichung der in diesem Übereinkommen festgelegten Ziele zu verbessern und um seine Anwendung zu fördern und zu überprüfen.

(2) Die Konferenz der Vertragsstaaten wird vom Generalsekretär der Vereinten Nationen spätestens ein Jahr nach Inkrafttreten dieses Übereinkommens einberufen. Danach finden ordentliche Sitzungen der Konferenz der Vertragsstaaten in Übereinstimmung mit der von ihr beschlossenen Geschäftsordnung statt.

(3) Die Konferenz der Vertragsstaaten gibt sich eine Geschäftsordnung und beschließt Regeln für den Ablauf der in diesem Artikel auf-

geführten Tätigkeiten einschließlich Regeln für die Zulassung und Teilnahme von Beobachtern und für die Finanzierung der Ausgaben für diese Tätigkeiten.

(4) Die Konferenz der Vertragsstaaten vereinbart Tätigkeiten, Verfahren und Arbeitsmethoden zur Erreichung der in Absatz 1 genannten Ziele; insbesondere wird sie

a) die Tätigkeiten der Vertragsstaaten nach den Artikeln 60 und 62 sowie den Kapiteln II bis V erleichtern, unter anderem durch Aufrufe zur Leistung freiwilliger Beiträge;

b) den Informationsaustausch zwischen den Vertragsstaaten über Muster und Tendenzen der Korruption und über erfolgreiche Praktiken zu ihrer Verhütung und Bekämpfung und zur Rückgabe von Erträgen aus Straftaten erleichtern, unter anderem durch die Veröffentlichung sachdienlicher Informationen im Sinne dieses Artikels;

c) mit den zuständigen internationalen und regionalen Organisationen und Mechanismen sowie nichtstaatlichen Organisationen zusammenarbeiten;

d) die von anderen internationalen und regionalen Mechanismen zur Bekämpfung und Verhütung der Korruption erarbeiteten sachdienlichen Informationen in angemessener Weise verwerten, um unnötige Doppelarbeit zu vermeiden;

e) die Anwendung dieses Übereinkommens durch die Vertragsstaaten in regelmäßigen Zeitabständen überprüfen;

f) Empfehlungen zur Verbesserung dieses Übereinkommens und seiner Anwendung geben;

g) den Bedarf der Vertragsstaaten an technischer Hilfe bei der Anwendung dieses Übereinkommens feststellen und gegebenenfalls Maßnahmen empfehlen, die sie in dieser Hinsicht für nötig erachtet.

(5) Für die Zwecke des Absatzes 4 verschafft sich die Konferenz der Vertragsstaaten die erforderliche Kenntnis über die von den Vertragsstaaten zur Anwendung dieses Übereinkommens ergriffenen Maßnahmen und die dabei angetroffenen Schwierigkeiten; hierzu verwendet sie die von den Vertragsstaaten übermittelten Informationen sowie etwaige zusätzliche Überprüfungsmechanismen, die von ihr eingerichtet werden können.

(6) Jeder Vertragsstaat übermittelt der Konferenz der Vertragsstaaten Informationen über seine Programme, Pläne und Praktiken sowie über Gesetzgebungs- und Verwaltungsmaßnahmen zur Anwendung dieses Übereinkommens, soweit darum von der Konferenz der Vertragsstaaten ersucht wird. Die Konferenz der Vertragsstaaten prüft, wie sie Informationen, unter anderem auch Informationen von Vertragsstaaten und zuständigen internationalen Organisationen, am wirksamsten entgegennehmen und daraufhin tätig werden kann. Beiträge von einschlägigen nichtstaatlichen Organisationen, die nach den von der Konferenz der Vertragsstaaten zu beschließenden Verfahren ordnungsgemäß akkreditiert sind, können ebenfalls in Erwägung gezogen werden.

(7) Die Konferenz der Vertragsstaaten richtet, falls sie dies für erforderlich erachtet, nach den Absätzen 4 bis 6 einen geeigneten Mechanismus oder eine geeignete Stelle zur Unterstützung der wirksamen Anwendung des Übereinkommens ein.

Art. 64 Sekretariat. (1) Der Generalsekretär der Vereinten Nationen stellt die erforderlichen Sekretariatsdienste für die Konferenz der Vertragsstaaten des Übereinkommens zur Verfügung.

(2) Das Sekretariat

a) unterstützt die Konferenz der Vertragsstaaten bei den in Artikel 63 beschriebenen Tätigkeiten, veranstaltet die Tagungen der Konferenz der Vertragsstaaten und erbringt die dafür erforderlichen Dienstleistungen;

b) unterstützt die Vertragsstaaten auf ihr Ersuchen bei der Übermittlung von Informationen für die Konferenz der Vertragsstaaten, wie in Artikel 63 Absätze 5 und 6 vorgesehen, und

c) sorgt für die notwendige Abstimmung mit den Sekretariaten der zuständigen internationalen und regionalen Organisationen.

Kapitel VIII. Schlussbestimmungen

Art. 65 Anwendung des Übereinkommens. (1) Jeder Vertragsstaat trifft im Einklang mit den wesentlichen Grundsätzen seines innerstaatlichen Rechts die erforderlichen Maßnahmen, einschließlich Gesetzgebungs- und Verwaltungsmaßnahmen, um die Erfüllung seiner Verpflichtungen aus diesem Übereinkommen sicherzustellen.

(2) Jeder Vertragsstaat kann zur Verhütung und Bekämpfung der Korruption strengere oder schärfere Maßnahmen treffen als in diesem Übereinkommen vorgesehen.

Art. 66 Beilegung von Streitigkeiten. (1) Die Vertragsstaaten bemühen sich, Streitigkeiten über die Auslegung oder Anwendung dieses Übereinkommens durch Verhandlungen beizulegen.

(2) Jede Streitigkeit zwischen zwei oder mehr Vertragsstaaten über die Auslegung oder Anwendung dieses Übereinkommens, die nicht innerhalb einer angemessenen Frist durch Verhandlungen beigelegt werden kann, wird auf Verlangen eines dieser Vertragsstaaten einem Schiedsverfahren unterworfen. Können sich die Vertragsstaaten binnen sechs Monaten nach dem Zeitpunkt, zu dem das Schiedsverfahren verlangt worden ist, über seine Ausgestaltung nicht einigen, so kann jeder dieser Vertragsstaaten die Streitigkeit dem Internationalen Gerichtshof unterbreiten, indem er einen seinem Statut entsprechenden Antrag stellt.

(3) Jeder Vertragsstaat kann bei der Unterzeichnung, Ratifikation, Annahme oder Genehmigung dieses Übereinkommens oder dem Bei-

tritt zu diesem erklären, dass er sich durch Absatz 2 nicht als gebunden betrachtet. Die anderen Vertragsstaaten sind gegenüber einem Vertragsstaat, der einen solchen Vorbehalt angebracht hat, durch Absatz 2 nicht gebunden.

(4) Ein Vertragsstaat, der einen Vorbehalt nach Absatz 3 angebracht hat, kann diesen Vorbehalt jederzeit durch eine an den Generalsekretär der Vereinten Nationen gerichtete Notifikation zurückziehen.

Art. 67 Unterzeichnung, Ratifikation, Annahme, Genehmigung und Beitritt. (1) Dieses Übereinkommen liegt für alle Staaten vom 9. bis 11. Dezember 2003 in Mérida (Mexiko) und danach bis zum 9. Dezember 2005 am Sitz der Vereinten Nationen in New York zur Unterzeichnung auf.

(2) Dieses Übereinkommen liegt auch für Organisationen der regionalen Wirtschaftsintegration zur Unterzeichnung auf, sofern mindestens ein Mitgliedstaat der betreffenden Organisation dieses Übereinkommen nach Absatz 1 unterzeichnet hat.

(3) Dieses Übereinkommen bedarf der Ratifikation, Annahme oder Genehmigung. Die Ratifikations-, Annahme- oder Genehmigungsurkunden werden beim Generalsekretär der Vereinten Nationen hinterlegt. Eine Organisation der regionalen Wirtschaftsintegration kann ihre Ratifikations-, Annahme- oder Genehmigungsurkunde hinterlegen, wenn dies mindestens einer ihrer Mitgliedstaaten getan hat. In dieser Ratifikations-, Annahme- oder Genehmigungsurkunde erklärt die Organisation den Umfang ihrer Zuständigkeiten in Bezug auf die durch dieses Übereinkommen erfassten Angelegenheiten. Die Organisation teilt dem Verwahrer auch jede maßgebliche Änderung des Umfangs ihrer Zuständigkeiten mit.

(4) Dieses Übereinkommen steht jedem Staat und jeder Organisation der regionalen Wirtschaftsintegration, von der mindestens ein Mitgliedstaat Vertragspartei dieses Übereinkommens ist, zum Beitritt offen. Die Beitrittsurkunden werden beim Generalsekretär der Vereinten Nationen hinterlegt. Bei ihrem Beitritt erklärt eine Organisation der regionalen Wirtschaftsintegration den Umfang ihrer Zuständigkeiten in Bezug auf die durch dieses Übereinkommen erfassten Angelegenheiten. Die Organisation teilt dem Verwahrer auch jede maßgebliche Änderung des Umfangs ihrer Zuständigkeiten mit.

Art. 68 Inkrafttreten. (1) Dieses Übereinkommen tritt am neunzigsten Tag nach Hinterlegung der dreißigsten Ratifikations-, Annahme-, Genehmigungs- oder Beitrittsurkunde in Kraft. Für die Zwecke dieses Absatzes zählt eine von einer Organisation der regionalen Wirtschaftsintegration hinterlegte Urkunde nicht als zusätzliche Urkunde zu den von Mitgliedstaaten der betreffenden Organisation hinterlegten Urkunden.

(2) Für jeden Staat und jede Organisation der regionalen Wirtschaftsintegration, der beziehungsweise die dieses Übereinkommen nach Hinterlegung der dreißigsten entsprechenden Urkunde ratifiziert, annimmt, genehmigt oder ihm beitritt, tritt das Übereinkommen am dreißigsten Tag nach Hinterlegung der entsprechenden Urkunde durch diesen Staat beziehungsweise diese Organisation oder am Tag des Inkrafttretens dieses Übereinkommens nach Absatz 1 in Kraft, je nachdem, welcher Zeitpunkt der spätere ist.

Art. 69 Änderung. (1) Nach Ablauf von fünf Jahren nach dem Inkrafttreten dieses Übereinkommens kann ein Vertragsstaat eine Änderung vorschlagen und sie dem Generalsekretär der Vereinten Nationen übermitteln; dieser leitet die vorgeschlagene Änderung den Vertragsstaaten und der Konferenz der Vertragsstaaten zu, damit diese den Vorschlag prüfen und darüber beschließen können. Die Konferenz der Vertragsstaaten bemüht sich nach Kräften um eine Einigung durch Konsens über jede Änderung. Sind alle Bemühungen um einen Konsens erschöpft und wird keine Einigung erzielt, so ist als letztes Mittel eine Zweidrittelmehrheit der auf der Sitzung der Konferenz der Vertragsstaaten anwesenden und abstimmenden Vertragsstaaten erforderlich, um die Änderung zu beschließen.

(2) Organisationen der regionalen Wirtschaftsintegration üben in Angelegenheiten ihrer Zuständigkeit ihr Stimmrecht nach diesem Artikel mit der Anzahl von Stimmen aus, die der Anzahl ihrer Mitgliedstaaten entspricht, die Vertragsstaaten dieses Übereinkommens sind. Diese Organisationen üben ihr Stimmrecht nicht aus, wenn ihre Mitgliedstaaten ihr Stimmrecht ausüben, und umgekehrt.

(3) Eine nach Absatz 1 beschlossene Änderung bedarf der Ratifikation, Annahme oder Genehmigung durch die Vertragsstaaten.

(4) Eine nach Absatz 1 beschlossene Änderung tritt für einen Vertragsstaat neunzig Tage nach der Hinterlegung einer Ratifikations-, Annahme- oder Genehmigungsurkunde zu der Änderung beim Generalsekretär der Vereinten Nationen in Kraft.

(5) Tritt eine Änderung in Kraft, so ist sie für diejenigen Vertragsstaaten, die ihre Zustimmung ausgedrückt haben, durch sie gebunden zu sein, bindend. Die anderen Vertragsstaaten sind weiter durch dieses Übereinkommen und alle früher von ihnen ratifizierten, angenommenen oder genehmigten Änderungen gebunden.

Art. 70 Kündigung. (1) Ein Vertragsstaat kann dieses Übereinkommen durch eine an den Generalsekretär der Vereinten Nationen gerichtete schriftliche Notifikation kündigen. Die Kündigung wird ein Jahr nach Eingang der Notifikation beim Generalsekretär wirksam.

(2) Eine Organisation der regionalen Wirtschaftsintegration hört auf, Vertragspartei dieses Übereinkommens zu sein, wenn alle ihre Mitgliedstaaten es gekündigt haben.

Art. 71 Verwahrer und Sprachen. (1) Der Generalsekretär der Vereinten Nationen wird zum Verwahrer dieses Übereinkommens bestimmt.

(2) Die Urschrift dieses Übereinkommens, dessen arabischer, chinesischer, englischer, französischer, russischer und spanischer Wortlaut gleichermaßen verbindlich ist, wird beim Generalsekretär der Vereinten Nationen hinterlegt.

Zu Urkund dessen haben die unterzeichneten, von ihren Regierungen hierzu gehörig befugten Bevollmächtigten dieses Übereinkommen unterschrieben.

Art. 71 Verwahrer und Sprachen. (1) Der Generalsekretär der Vereinten Nationen wird zum Verwahrer dieses Übereinkommens bestimmt.

(2) Die Urschrift dieses Übereinkommens, dessen arabischer, chinesischer, englischer, französischer, russischer und spanischer Wortlaut gleichermaßen verbindlich ist, wird beim Generalsekretär der Vereinten Nationen hinterlegt.

Zu Urkund dessen haben die unterzeichneten, von ihren Regierungen hierzu gehörig befugten Bevollmächtigten dieses Übereinkommen unterschrieben.

470. OECD-Musterabkommen 2017 zur Beseitigung der Doppelbesteuerung sowie der Steuerverkürzung und -umgehung auf dem Gebiet der Steuern vom Einkommen und vom Vermögen[1), 2), 3)] (OECD-MA 2017)

Stand: November 2017

Musterabkommen

Abkommen zwischen (Staat A) und (Staat B) auf dem Gebiete der Steuern vom Einkommen und vom Vermögen[4)]

Präambel[5)]

Abschnitt I. Geltungsbereich des Abkommens

Art. 1 Unter das Abkommen fallende Personen. (1) Dieses Abkommen gilt für Personen, die in einem Vertragsstaat oder in beiden Vertragsstaaten ansässig sind.

Für die Zwecke dieses Abkommens gelten Einkünfte, die von oder über einen Rechtsträger oder ein Gebilde erzielt werden, die nach dem Steuerrecht eines der Vertragsstaaten ganz oder teilweise steuerlich

---

1) Dieses Musterabkommen, das den Charakter einer Empfehlung i. S. d. Art. 5b) des OECD Übereinkommens (Nr. **70**) trägt, wurde erstmals 1963 veröffentlicht und – nach einer grundlegenden Revision 1992 – mehrfach überarbeitet, zuletzt 2014. Am 21.11.2017 hat die OECD der Übernahme einer insbes. im Rahmen des „OECD/G20Base Erosion and Profit Shifting ((BEPS)" Projekts grundlegend überarbeiteten Version des OECD–Musterabkommens zugestimmt. Eine offizielle dt. Sprachfassung existiert bisher nicht (Übersetzung des Verlags. Für die Qualität der Übersetzung und ihre Übereinstimmung mit dem Originaltext ist ausschließlich der Übersetzer verantwortlich. Bei unterschiedlicher Auslegung des Originaltextes und der Übersetzung ist der Wortlaut des Originaltextes maßgebenden). Die hier nicht abgedruckte „Introduction" sowie die „Commentaries" zu den einzelnen Artikel sind in englischer Sprache (in einer kostenfreien Leseversion) u. a. abrufbar unter: http://www.oecd.org/berlin/publikationen/oecd-musterabkommenzurvermeidungvondoppelbesteuerung.htm.

2) Zur OECD als Organisation vgl. das Übk. über die Organisation für Wirtschaftliche Zusammenarbeit und Entwicklung (Nr. **70**).

3) In der Fassung des OECD Update 2017 v. 21.11.2017; Übersetzung des Verlags. Dies ist keine offizielle OECD-Übersetzung. Für die Qualität der Übersetzung und ihre Übereinstimmung mit dem Originaltext ist ausschließlich der Übersetzer verantwortlich. Bei unterschiedlicher Auslegung des Originaltextes und der Übersetzung ist der Wortlaut des Originaltextes maßgebend.

4) Staaten, die dies wünschen, können der weitverbreiteten Übung folgen, in der Überschrift entweder auf die Vermeidung der Doppelbesteuerung oder aber auf die Vermeidung der Doppelbesteuerung und die Vermeidung der Steuerverkürzung (in Österreich: Verhinderung der Steuerumgehung) hinzuweisen.

5) **Amtl. Anm.:** Die Präambel des Abkommens richtet sich nach den verfassungsrechtlichen Vorschriften der beiden Vertragsstaaten.

transparent behandelt werden, als Einkünfte einer in einem Vertragsstaat ansässigen Person, jedoch nur insoweit, als diese Einkünfte für die Zwecke der Besteuerung durch diesen Staat als Einkünfte einer in diesem Vertragsstaat ansässigen Person behandelt werden.

(3) Dieses Abkommen berührt nicht die Besteuerung einer in einem Vertragsstaat ansässigen Person durch einen Vertragsstaat mit Ausnahme der nach Artikel 7 Absatz 3, Artikel 9 Absatz 2 und den Artikeln 19, 20, 23, 24, 25 und 28 gewährten Vergünstigungen/Vorteilen.

Art. 2 Unter das Abkommen fallende Steuern. (1) Dieses Abkommen gilt, ohne Rücksicht auf die Art der Erhebung, für Steuern vom Einkommen und vom Vermögen, die für Rechnung eines Vertragsstaats oder seiner Gebietskörperschaften[1] erhoben werden.

(2) Als Steuern vom Einkommen und vom Vermögen gelten alle Steuern, die vom Gesamteinkommen, vom Gesamtvermögen oder von Teilen des Einkommens oder des Vermögens erhoben werden, einschließlich der Steuern vom Gewinn aus der Veräußerung beweglichen oder unbeweglichen Vermögens, der Lohnsummensteuern sowie der Steuern vom Vermögenszuwachs.

(3) Zu den bestehenden Steuern, für die das Abkommen gilt, gehören insbesondere

a) (in Staat A): …

b) (in Staat B): …

(4) Das Abkommen gilt auch für alle Steuern gleicher oder im Wesentlichen ähnlicher Art, die nach der Unterzeichnung des Abkommens neben den bestehenden Steuern oder an deren Stelle erhoben werden. Die zuständigen Behörden der Vertragsstaaten teilen einander die in ihren Steuergesetzen eingetretenen bedeutsamen Änderungen mit.

Abschnitt II. Begriffsbestimmungen

Art. 3 Allgemeine Begriffsbestimmungen. (1) Im Sinne dieses Abkommens, wenn der Zusammenhang nichts anderes erfordert,

a) umfasst der Ausdruck „Person" natürliche Personen, Gesellschaften und alle anderen Personenvereinigungen;

b) bedeutet der Ausdruck „Gesellschaft" juristische Personen oder Rechtsträger, die für die Besteuerung wie juristische Personen behandelt werden;

c) bezieht sich der Ausdruck „Unternehmen" auf die Ausübung einer Geschäftstätigkeit;

d) bedeuten die Ausdrücke „Unternehmen eines Vertragsstaats" und „*Unternehmen des anderen* Vertragsstaats", je nachdem, ein Unternehmen, das von einer in einem Vertragsstaat ansässigen Person be-

[1] Schweiz: Statt „Gebietskörperschaften" die Worte „politische Unterabteilungen oder lokale Körperschaften".

trieben wird, oder ein Unternehmen, das von einer im anderen Vertragsstaat ansässigen Person betrieben wird;

e) bedeutet der Ausdruck „internationaler Verkehr“ jede Beförderung mit einem Seeschiff oder Luftfahrzeug, es sei denn, das Seeschiff oder Luftfahrzeug wird ausschließlich zwischen Orten in einem Vertragsstaat betrieben und das Unternehmen, das das Seeschiff oder Luftfahrzeug betreibt, ist kein Unternehmen dieses Vertragsstaats;

f) bedeutet der Ausdruck „zuständige Behörde“
   i) (in Staat A): …
   ii) (in Staat B): …

g) bedeutet der Ausdruck „Staatsangehöriger“ in Bezug auf einen Vertragsstaat
   i) jede natürliche Person, die die Staatsangehörigkeit oder Staatsbürgerschaft dieses Vertragsstaats besitzt; und
   ii) jede juristische Person, Personengesellschaft und andere Personenvereinigung, die nach dem in diesem Vertragsstaat geltenden Recht errichtet worden ist;

h) schließt der Ausdruck „Geschäftstätigkeit“ auch die Ausübung einer freiberuflichen oder sonstigen selbständigen Tätigkeit ein;

i) bedeutet der Ausdruck „anerkannter Pensionsfonds“ eines Staats ein in diesem Vertragsstaat errichteter Rechtsträger oder ein in diesem Vertragsstaat errichtetes Gebilde, der beziehungsweise das nach dem Steuerrecht dieses Vertragsstaats als eigenständige Person gilt und:
   (i) ausschließlich oder fast ausschließlich errichtet und betrieben wird, um für natürliche Personen Altersversorgungsleistungen und Zusatz- oder Nebenleistungen zu verwalten oder zu erbringen, und als solcher beziehungsweise solche der Aufsicht durch diesen Vertragsstaat oder eine seiner Gebietskörperschaften untersteht; oder
   (ii) ausschließlich oder fast ausschließlich errichtet und betrieben wird, um für unter Ziffer i beschriebene Rechtsträger oder Gebilde Mittel anzulegen.

(2) Bei der Anwendung des Abkommens durch einen Vertragsstaat hat, wenn der Zusammenhang nichts anderes erfordert oder die zuständigen Behörden nicht eine andere Bedeutung nach den Vorschriften des Artikels 25 vereinbaren, jeder im Abkommen nicht definierte Ausdruck die Bedeutung, die ihm im Anwendungszeitraum nach dem Recht dieses Staates über die Steuern zukommt, für die das Abkommen gilt, wobei die Bedeutung nach dem in diesem Staat anzuwendenden Steuerrecht den Vorrang vor einer Bedeutung hat, die der Ausdruck nach anderem Recht dieses Staates hat.

Art. 4 Ansässige Person. (1) Im Sinne dieses Abkommens bedeutet der Ausdruck „eine in einem Vertragsstaat ansässige Person“ eine Person, die nach dem Recht dieses Staates dort auf Grund ihres Wohnsitzes, ihres ständigen Aufenthalts, des Ortes ihrer Geschäftsleitung oder eines anderen ähnlichen Merkmals steuerpflichtig ist, und umfasst auch diesen Staat und seine Gebietskörperschaften[1] sowie ein anerkanntes Pensionssondervermögen dieses Staates. Der Ausdruck umfasst jedoch nicht eine Person, die in diesem Staat nur mit Einkünften aus Quellen in diesem Staat oder mit in diesem Staat gelegenem Vermögen steuerpflichtig ist.

(2) Ist nach Absatz 1 eine natürliche Person in beiden Vertragsstaaten ansässig, so gilt Folgendes:

a) Die Person gilt als nur in dem Staat ansässig, in dem sie über eine ständige Wohnstätte verfügt; verfügt sie in beiden Staaten über eine ständige Wohnstätte, so gilt sie als nur in dem Staat ansässig, zu dem sie die engeren persönlichen und wirtschaftlichen Beziehungen hat (Mittelpunkt der Lebensinteressen);

b) kann nicht bestimmt werden, in welchem Staat die Person den Mittelpunkt ihrer Lebensinteressen hat, oder verfügt sie in keinem der Staaten über eine ständige Wohnstätte, so gilt sie als nur in dem Staat ansässig, in dem sie ihren gewöhnlichen Aufenthalt hat;

c) hat die Person ihren gewöhnlichen Aufenthalt in beiden Staaten oder in keinem der Staaten, so gilt sie als nur in dem Staat ansässig, dessen Staatsangehöriger sie ist;

d) ist die Person Staatsangehöriger beider Staaten oder keines der Staaten, so regeln die zuständigen Behörden der Vertragsstaaten die Frage in gegenseitigem Einvernehmen.

(3) Ist nach Absatz 1 eine andere als eine natürliche Person in beiden Vertragsstaaten ansässig, so werden sich die zuständigen Behörden der Vertragsstaaten bemühen, durch Verständigung den Vertragsstaat zu bestimmen, in dem diese Person unter Berücksichtigung des Ortes ihrer tatsächlichen Geschäftsleitung, des Ortes ihrer Gründung oder sonstigen Konstituierung sowie sonstiger maßgeblicher Faktoren für Zwecke dieses Abkommens als ansässig gilt. Ohne eine solche Verständigung hat diese Person nur in dem Umfang und der Weise, wie von den zuständigen Behörden der Vertragsstaaten vereinbart, Anspruch auf die in diesem Abkommen vorgesehenen Steuererleichterungen oder -befreiungen.

Art. 5 Betriebstätte. (1) Im Sinne dieses Abkommens bedeutet der Ausdruck „Betriebstätte" eine feste Geschäftseinrichtung, durch die die Geschäftstätigkeit eines Unternehmens ganz oder teilweise ausgeübt wird.

(2) Der Ausdruck „Betriebstätte" umfasst insbesondere:

a) einen Ort der Leitung,

b) eine Zweigniederlassung,

c) eine Geschäftsstelle,

d) eine Fabrikationsstätte,

[1] Schweiz: Statt „Gebietskörperschaften" die Worte „politische Unterabteilungen oder lokale Körperschaften".

e) eine Werkstätte und

f) ein Bergwerk, ein Öl- oder Gasvorkommen, einen Steinbruch oder eine andere Stätte der Ausbeutung von Bodenschätzen.

(3) Eine Bauausführung oder Montage ist nur dann eine Betriebstätte, wenn ihre Dauer zwölf Monate überschreitet.

(4) Ungeachtet der vorstehenden Bestimmungen dieses Artikels gelten nicht als Betriebstätten:

a) Einrichtungen, die ausschließlich zur Lagerung, Ausstellung oder Auslieferung von Gütern oder Waren des Unternehmens benutzt werden;

b) Bestände von Gütern oder Waren des Unternehmens, die ausschließlich zur Lagerung, Ausstellung oder Auslieferung unterhalten werden;

c) Bestände von Gütern oder Waren des Unternehmens, die ausschließlich zu dem Zweck unterhalten werden, durch ein anderes Unternehmen bearbeitet oder verarbeitet zu werden;

d) eine feste Geschäftseinrichtung, die ausschließlich zu dem Zweck unterhalten wird, für das Unternehmen Güter oder Waren einzukaufen oder Informationen zu beschaffen;

e) eine feste Geschäftseinrichtung, die ausschließlich zu dem Zweck unterhalten wird, für das Unternehmen andere Tätigkeiten auszuüben;

f) eine feste Geschäftseinrichtung, die ausschließlich zu dem Zweck unterhalten wird, mehrere der unter den Buchstaben a bis e genannten Tätigkeiten auszuüben,

vorausgesetzt, dass diese Tätigkeit oder, im Fall des Buchstaben f), die Gesamttätigkeit der festen Geschäftseinrichtung vorbereitender Art ist oder eine Hilfstätigkeit darstellt.

(4.1) Absatz 4 gilt nicht für eine von einem Unternehmen genutzte oder unterhaltene feste Geschäftseinrichtung, wenn dasselbe Unternehmen oder ein eng verbundenes Unternehmen an demselben Ort oder an einem anderen Ort in demselben Vertragsstaat Geschäftstätigkeiten ausübt und

a) dieser Ort oder der andere Ort für das Unternehmen oder das eng verbundene Unternehmen nach den Bestimmungen dieses Artikels eine Betriebsstätte darstellt, oder

b) die Gesamttätigkeit, die sich aus den von den beiden Unternehmen an demselben Ort oder von demselben Unternehmen oder eng verbundenen Unternehmen an den beiden Orten ausgeübten Tätigkeiten ergibt, weder vorbereitender Art ist noch eine Hilfstätigkeit darstellt,

sofern die von den beiden Unternehmen an demselben Ort oder von demselben Unternehmen oder eng verbundenen Unternehmen an den beiden Orten ausgeübten Geschäftstätigkeiten sich ergänzende Funktionen darstellen, die Teil eines zusammenhängenden Geschäftsbetriebs sind.

(5) Ungeachtet der Bestimmungen der Absätze 1 und 2, jedoch vorbehaltlich des Absatzes 6, wird, wenn eine Person in einem Vertragsstaat für ein Unternehmen tätig ist und dabei gewöhnlich Verträge schließt oder gewöhnlich die führende Rolle beim Abschluss von Verträgen einnimmt, die regelmäßig ohne weitere wesentliche Änderung durch das Unternehmen geschlossen werden, und es sich dabei um Verträge

a) im Namen des Unternehmens, oder

b) zur Übertragung des Eigentums an oder zur Gewährung des Nutzungsrechts für Vermögen, das diesem Unternehmen gehört oder für das es das Nutzungsrecht besitzt, oder

c) zur Erbringung von Dienstleistungen durch dieses Unternehmen

handelt, das Unternehmen so behandelt, als habe es in diesem Staat für alle von der Person für das Unternehmen ausgeübten Tätigkeiten eine Betriebstätte, es sei denn, diese Tätigkeiten beschränken sich auf die in Absatz 4 genannten Tätigkeiten, die, würden sie durch eine feste Geschäftseinrichtung (außer einer festen Geschäftseinrichtung, auf die Absatz 4.1 Anwendung finden würde) ausgeübt, diese Einrichtung nach den Bestimmungen des genannten Absatzes nicht zu einer Betriebstätte machten.

(6) Absatz 5 gilt nicht, wenn die in einem Vertragsstaat für ein Unternehmen des anderen Vertragsstaats tätige Person im erstgenannten Staat eine Geschäftstätigkeit als unabhängiger Vertreter ausübt und im Rahmen dieser ordentlichen Geschäftstätigkeit für das Unternehmen handelt. Ist eine Person jedoch ausschließlich oder nahezu ausschließlich für ein oder mehrere Unternehmen tätig, mit dem beziehungsweise denen sie eng verbunden ist, so gilt diese Person in Bezug auf dieses beziehungsweise diese Unternehmen nicht als unabhängiger Vertreter im Sinne dieses Absatzes.

(7) Allein dadurch, dass eine in einem Vertragsstaat ansässige Gesellschaft eine Gesellschaft beherrscht oder von einer Gesellschaft beherrscht wird, die im anderen Vertragsstaat ansässig ist oder dort (entweder durch eine Betriebstätte oder auf andere Weise) ihre Geschäftstätigkeit ausübt, wird keine der beiden Gesellschaften zur Betriebstätte der anderen.

(8) Eine Person oder ein Unternehmen ist im Sinne dieses Artikels mit einem Unternehmen eng verbunden, wenn allen maßgeblichen Tatsachen und Umständen zufolge die Person das Unternehmen oder das Unternehmen die Person beherrscht oder beide von denselben Personen oder Unternehmen beherrscht werden. In jedem Fall gilt eine Person oder ein Unternehmen als mit einem Unternehmen eng verbunden, wenn einer von beiden mittelbar oder unmittelbar mehr als 50 Prozent der Eigentumsrechte am anderen (oder bei einer Gesellschaft mehr als 50 Prozent der Gesamtstimmrechte und des Gesamt*werts der Anteile* der Gesellschaft oder der Eigenkapitalrechte an der Gesellschaft) besitzt oder wenn eine weitere Person oder ein weiteres Unternehmen mittelbar oder unmittelbar mehr als 50 Prozent der Eigentumsrechte (oder bei einer Gesellschaft mehr als 50 Prozent der Ge-

samtstimmrechte und des Gesamtwerts der Anteile der Gesellschaft oder der Eigentumsrechte an der Gesellschaft) an der Person und dem Unternehmen oder an den beiden Unternehmen besitzt.

Abschnitt III. Besteuerung des Einkommens

Art. 6 Einkünfte aus unbeweglichem Vermögen. (1) Im Einkünfte, die eine in einem Vertragsstaat ansässige Person aus unbeweglichem Vermögen (einschließlich der Einkünfte aus land- und forstwirtschaftlichen Betrieben) bezieht, das im anderen Vertragsstaat liegt, können[1] im anderen Staat besteuert werden.

(2) Der Ausdruck „unbewegliches Vermögen" hat die Bedeutung, die ihm nach dem Recht des Vertragsstaats zukommt, in dem das Vermögen liegt. Der Ausdruck umfasst in jedem Fall das Zubehör[2] zum unbeweglichen Vermögen, das lebende und tote Inventar land- und forstwirtschaftlicher Betriebe, die Rechte, für die die Vorschriften des Privatrechts über Grundstücke gelten, Nutzungsrechte an unbeweglichem Vermögen sowie Rechte auf veränderliche oder feste Vergütungen für die Ausbeutung oder das Recht auf Ausbeutung von Mineralvorkommen, Quellen und anderen Bodenschätzen; Schiffe und Luftfahrzeuge gelten nicht als unbewegliches Vermögen.

(3) Absatz 1 gilt für die Einkünfte aus der unmittelbaren Nutzung, der Vermietung oder Verpachtung sowie jeder anderen Art der Nutzung unbeweglichen Vermögens.

(4) Die Absätze 1 und 3 gelten auch für Einkünfte aus unbeweglichem Vermögen eines Unternehmens.

Art. 7[3] Unternehmensgewinne. (1) Gewinne eines Unternehmens eines Vertragsstaates können[4] nur in diesem Staat besteuert werden, es

---

[1] Österreich: Statt „können" das Wort „dürfen".

[2] Schweiz: Statt „das Zubehör" die Worte „die Zugehör".

[3] Art. 7 neu gef. durch Beschluss des Rates v. 22.7.2010. Entscheidend für die Anwendbarkeit der Neufassung ist die erstmalige Aufnahme des neuen Art. 7 in einem von Deutschland abgeschlossenen DBA. Artikel 7 a. F. lautet:

„**Artikel 7 Unternehmensgewinne**

(1) Gewinne eines Unternehmens eines Vertragsstaats können [*red. Anm.:* Österreich: „dürfen"] nur in diesem Staat besteuert werden, es sei denn, das Unternehmen übt seine Geschäftstätigkeit im anderen Vertragsstaat durch eine dort gelegene Betriebstätte aus. Übt das Unternehmen seine Geschäftstätigkeit auf diese Weise aus, so können [*red. Anm.:* Österreich: „dürfen"] die Gewinne des Unternehmens im anderen Staat besteuert werden, jedoch nur insoweit, als sie dieser Betriebstätte zugerechnet werden können.

(2) Übt ein Unternehmen eines Vertragsstaats seine Geschäftstätigkeit im anderen Vertragsstaat durch eine dort gelegene Betriebstätte aus, so werden vorbehaltlich des Absatzes 3 in jedem Vertragsstaat dieser Betriebstätte die Gewinne zugerechnet, die sie hätte erzielen können, wenn sie eine gleiche oder ähnliche Geschäftstätigkeit unter gleichen oder ähnlichen Bedingungen als selbständiges Unternehmen ausgeübt hätte und im Verkehr mit dem Unternehmen, dessen Betriebstätte sie ist, völlig unabhängig gewesen wäre.

(3) Bei der Ermittlung der Gewinne einer Betriebstätte werden die für diese Betriebstätte entstandenen Aufwendungen, einschließlich der Geschäftsführungs- und allgemeinen Verwaltungskosten, zum Abzug zugelassen, gleichgültig, ob sie in dem Staat, in dem die Betriebstätte liegt, oder anderswo entstanden sind.

(FN-Nr. 3 u. 4 Fortsetzung nächste Seite)

sei denn, das Unternehmen übt seine Geschäftstätigkeit im anderen Staat durch eine dort belegene Betriebsstätte aus. Übt das Unternehmen seine Geschäftstätigkeit auf diese Weise aus, so können[1] die Gewinne, die der Betriebsstätte nach Absatz 2 zuzurechnen sind, im anderen Staat besteuert werden.

(2) Bei der Anwendung dieses Artikels sowie von Artikel 23A, 23B sind die Gewinne, die der in Absatz 1 genannten Betriebsstätte in jedem Vertragsstaat zuzurechnen sind, die Gewinne, die sie hätte erzielen können, insbesondere im Verkehr mit anderen Teilen des Unternehmens, dessen Betriebsstätte sie ist, wenn sie als selbstständiges und unabhängiges Unternehmen eine gleiche oder ähnliche Geschäftstätigkeit unter gleichen oder ähnlichen Bedingungen ausgeübt hätte; dabei sind die vom Unternehmen durch die Betriebsstätte und durch andere Unternehmensteile ausgeübten Funktionen, eingesetzten Wirtschaftsgüter und übernommenen Risiken zu berücksichtigen.

(3) Ändert ein Vertragsstaat die einer Betriebsstätte eines Unternehmens eines Vertragsstaates zuzurechnenden Gewinne in Übereinstimmung mit Absatz 2 und besteuert er dementsprechend Gewinne des Unternehmens, die bereits im anderen Staat besteuert worden sind, so nimmt der andere Staat eine entsprechende Änderung der von diesen Gewinnen erhobenen Steuer vor, soweit dies zur Beseitigung einer Doppelbesteuerung erforderlich ist. Bei dieser Änderung werden die zuständigen Behörden der Vertragsstaaten einander erforderlichenfalls konsultieren.

(4) Gehören zu den Gewinnen Einkünfte, die in anderen Artikeln dieses Abkommens behandelt werden, so werden die Bestimmungen jener Artikel durch die Bestimmungen dieses Artikels nicht berührt.

Art. 8 Internationale Seeschifffahrt und Luftfahrt. (1) Gewinne aus dem Betrieb von Seeschiffen oder Luftfahrzeugen im internationalen Verkehr können[1] nur in dem Vertragsstaat besteuert werden, in dem sich der Ort der tatsächlichen Geschäftsleitung des Unternehmens befindet.

(FN-Nr. 3 u. 4 Fortsetzung vorh. Seite)

(4) Soweit es in einem Vertragsstaat üblich ist, die einer Betriebstätte zuzurechnenden Gewinne durch Aufteilung der Gesamtgewinne des Unternehmens auf seine einzelnen Teile zu ermitteln, schließt Absatz 2 nicht aus, dass dieser Vertragsstaat die zu besteuernden Gewinne nach der üblichen Aufteilung ermittelt; die gewählte Gewinnaufteilung muss jedoch derart sein, dass das Ergebnis mit den Grundsätzen dieses Artikels übereinstimmt.

(5) Auf Grund des bloßen Einkaufs von Gütern oder Waren für das Unternehmen wird einer Betriebstätte kein Gewinn zugerechnet.

(6) Bei der Anwendung der vorstehenden Absätze sind die der Betriebstätte zuzurechnenden Gewinne jedes Jahr auf dieselbe Art zu ermitteln, es sei denn, dass ausreichende Gründe dafür bestehen, anders zu verfahren.

(7) Gehören zu *den Gewinnen Einkünfte*, die in anderen Artikeln dieses Abkommens *behandelt werden*, so werden die Bestimmungen jener Artikel durch die Bestimmungen dieses Artikels nicht berührt."

[4] Österreich: Statt „können" das Wort „dürfen".

---

[1] Österreich: Statt „können" das Wort „dürfen".

(2) Absatz 1 gilt auch für Gewinne aus der Beteiligung an einem Pool, einer Betriebsgemeinschaft oder einer internationalen Betriebsstelle.

Art. 9 Verbundene Unternehmen. (1) Wenn

a) ein Unternehmen eines Vertragsstaats unmittelbar oder mittelbar an der Geschäftsleitung, der Kontrolle oder dem Kapital eines Unternehmens des anderen Vertragsstaats beteiligt ist, oder

b) dieselben Personen unmittelbar oder mittelbar an der Geschäftsleitung, der Kontrolle oder dem Kapital eines Unternehmens eines Vertragsstaats und eines Unternehmens des anderen Vertragsstaats beteiligt sind

und in diesen Fällen die beiden Unternehmen in ihren kaufmännischen oder finanziellen Beziehungen an vereinbarte oder auferlegte Bedingungen gebunden sind, die von denen abweichen, die unabhängige Unternehmen miteinander vereinbaren würden, so dürfen die Gewinne, die eines der Unternehmen ohne diese Bedingungen erzielt hätte, wegen dieser Bedingungen aber nicht erzielt hat, den Gewinnen dieses Unternehmens zugerechnet und entsprechend besteuert werden.

(2) Werden in einem Vertragsstaat den Gewinnen eines Unternehmens dieses Staates Gewinne zugerechnet – und entsprechend besteuert –, mit denen ein Unternehmen des anderen Vertragsstaats in diesem Staat besteuert worden ist, und handelt es sich bei den zugerechneten Gewinnen um solche, die das Unternehmen des erstgenannten Staates erzielt hätte, wenn die zwischen den beiden Unternehmen vereinbarten Bedingungen die gleichen gewesen wären, die unabhängige Unternehmen miteinander vereinbaren würden, so nimmt der andere Staat eine entsprechende Änderung der dort von diesen Gewinnen erhobenen Steuer vor. Bei dieser Änderung sind die übrigen Bestimmungen dieses Abkommens zu berücksichtigen; erforderlichenfalls werden die zuständigen Behörden der Vertragsstaaten einander konsultieren.

Art. 10 Dividenden. (1) Dividenden, die eine in einem Vertragsstaat ansässige Gesellschaft an eine im anderen Vertragsstaat ansässige Person zahlt, können[1] im anderen Staat besteuert werden.

(2) Dividenden, die von einer in einem Vertragsstaat ansässigen Gesellschaft gezahlt werden, können[1] jedoch auch von diesem Vertragsstaat nach dem Recht dieses Staates besteuert werden; die Steuer darf aber, wenn der Nutzungsberechtigte der Dividenden eine in dem anderen Vertagsstaat ansässige Person ist, nicht übersteigen:

a) 5 v. H. des Bruttobetrages der Dividenden, wenn der Nutzungsberechtigte eine Gesellschaft ist, die während eines Zeitraums von 365 Tagen einschließlich des Tages der Dividendenzahlung unmittelbar über mindestens 25 v. H. des Kapitals der die Dividenden

---

[1] Österreich: Statt „können" das Wort „dürfen".

zahlenden Gesellschaft verfügt (bei der Berechnung dieses Zeitraums bleiben Änderungen der Eigentumsverhältnisse unberücksichtigt, die sich unmittelbar aus einer Umstrukturierung, wie einer Fusion oder Spaltung, der die Anteile haltenden oder die Dividenden zahlenden Gesellschaft ergeben würden);

b) 15 v. H. des Bruttobetrags der Dividenden in allen anderen Fällen.

Die zuständigen Behörden der Vertragsstaaten regeln in gegenseitigem Einvernehmen, wie diese Begrenzungsbestimmungen durchzuführen sind. Dieser Absatz berührt nicht die Besteuerung der Gesellschaft in Bezug auf die Gewinne, aus denen die Dividenden gezahlt werden.

(3) Der in diesem Artikel verwendete Ausdruck „Dividenden" bedeutet Einkünfte aus Aktien, Genussaktien[1] oder Genussscheinen, Kuxen, Gründeranteilen oder anderen Rechten – ausgenommen Forderungen – mit Gewinnbeteiligung sowie aus sonstigen Gesellschaftsanteilen stammende Einkünfte, die nach dem Recht des Staates, in dem die ausschüttende Gesellschaft ansässig ist, den Einkünften aus Aktien steuerlich gleichgestellt sind.

(4) Die Absätze 1 und 2 sind nicht anzuwenden, wenn der in einem Vertragsstaat ansässige Nutzungsberechtigte im anderen Vertragsstaat, in dem die die Dividenden zahlende Gesellschaft ansässig ist, eine Geschäftstätigkeit durch eine dort gelegene Betriebstätte ausübt und die Beteiligung, für die die Dividenden gezahlt werden, tatsächlich zu dieser Betriebstätte gehört. In diesem Fall ist Artikel 7 anzuwenden.

(5) Bezieht eine in einem Vertragsstaat ansässige Gesellschaft Gewinne oder Einkünfte aus dem anderen Vertragsstaat, so darf dieser andere Staat weder die von der Gesellschaft gezahlten Dividenden besteuern, es sei denn, dass diese Dividenden an eine im anderen Staat ansässige Person gezahlt werden oder dass die Beteiligung, für die die Dividenden gezahlt werden, tatsächlich zu einer im anderen Staat gelegenen Betriebstätte gehört, noch Gewinne der Gesellschaft einer Steuer für nichtausgeschüttete Gewinne unterwerfen, selbst wenn die gezahlten Dividenden oder die nichtausgeschütteten Gewinne ganz oder teilweise aus im anderen Staat erzielten Gewinnen oder Einkünften bestehen.

Art. 11 Zinsen. (1) Zinsen, die aus einem Vertragsstaat stammen und an eine im anderen Vertragsstaat ansässige Person gezahlt werden, können[2] im anderen Staat besteuert werden.

(2) Zinsen, die aus einem Vertragsstaat stammen, können[2] jedoch auch in diesem Staat nach dem Recht dieses Staates besteuert werden; die Steuer darf aber, wenn der Nutzungsberechtigte der Zinsen eine in dem anderen Vertragsstaat ansässige Person ist, 10 v. H. des Bruttobetrags der Zinsen nicht übersteigen. Die zuständigen Behörden der Vertragsstaaten regeln in gegenseitigem Einvernehmen, wie diese Begrenzungsbestimmung durchzuführen ist.

[1] Bundesrepublik Deutschland: Statt „Genussaktien" das Wort „Genussrechten".
[2] Österreich: Statt „können" das Wort „dürfen".

(3) Der in diesem Artikel verwendete Ausdruck „Zinsen" bedeutet Einkünfte aus Forderungen jeder Art, auch wenn die Forderungen durch Pfandrechte an Grundstücken gesichert oder mit einer Beteiligung am Gewinn des Schuldners ausgestattet sind, und insbesondere Einkünfte aus öffentlichen Anleihen und aus Obligationen einschließlich der damit verbundenen Aufgelder und der Gewinne aus Losanleihen. Zuschläge für verspätete Zahlung gelten nicht als Zinsen im Sinne dieses Artikels.

(4) Die Absätze 1 und 2 sind nicht anzuwenden, wenn der in einem Vertragsstaat ansässige Nutzungsberechtigte im anderen Vertragsstaat, aus dem die Zinsen stammen, eine Geschäftstätigkeit durch eine dort gelegene Betriebstätte ausübt und die Forderung, für die die Zinsen gezahlt werden, tatsächlich zu dieser Betriebstätte gehört. In diesem Fall ist Artikel 7 anzuwenden.

(5) Zinsen gelten dann als aus einem Vertragsstaat stammend, wenn der Schuldner eine in diesem Staat ansässige Person ist. Hat aber der Schuldner der Zinsen, ohne Rücksicht darauf, ob er in einem Vertragsstaat ansässig ist oder nicht, in einem Vertragsstaat eine Betriebstätte und ist die Schuld, für die die Zinsen gezahlt werden, für Zwecke der Betriebsstätte eingegangen worden und trägt die Betriebstätte die Zinsen, so gelten die Zinsen als aus dem Staat stammend, in dem die Betriebsstätte liegt.

(6) Bestehen zwischen dem Schuldner und dem Nutzungsberechtigten oder zwischen jedem von ihnen und einem Dritten besondere Beziehungen und übersteigen deshalb die Zinsen, gemessen an der zugrundeliegenden Forderung, den Betrag, den Schuldner und Nutzungsberechtigter ohne diese Beziehungen vereinbart hätten, so wird dieser Artikel nur auf den letzteren Betrag angewendet. In diesem Fall kann der übersteigende Betrag nach dem Recht eines jeden Vertragsstaats und unter Berücksichtigung der anderen Bestimmungen dieses Abkommens besteuert werden.

Art. 12 Lizenzgebühren. (1) Lizenzgebühren, die aus einem Vertragsstaat stammen und deren Nutzungsberechtigter eine im anderen Vertragsstaat ansässige Person ist, können[1] nur im anderen Staat besteuert werden.

(2) Der in diesem Artikel verwendete Ausdruck „Lizenzgebühren" bedeutet Vergütungen jeder Art, die für die Benutzung oder für das Recht auf Benutzung von Urheberrechten an literarischen, künstlerischen oder wissenschaftlichen Werken, einschließlich kinematographischer Filme, von Patenten, Marken[2] Mustern oder Modellen, Plänen, geheimen Formeln oder Verfahren oder für die Mitteilung gewerblicher, kaufmännischer oder wissenschaftlicher Erfahrungen gezahlt werden.

(3) Absatz 1 ist nicht anzuwenden, wenn der in einem Vertragsstaat ansässige Nutzungsberechtigte im anderen Vertragsstaat, aus dem die

[1] Österreich: Statt „können" das Wort „dürfen".
[2] Bundesrepublik Deutschland: Statt „Marken" das Wort „Warenzeichen".

Lizenzgebühren stammen, eine Geschäftstätigkeit durch eine dort gelegene Betriebstätte ausübt und die Rechte oder Vermögenswerte, für die die Lizenzgebühren gezahlt werden, tatsächlich zu dieser Betriebstätte gehören. In diesem Fall ist Artikel 7 anzuwenden.

(4) Bestehen zwischen dem Schuldner und dem Nutzungsberechtigten oder zwischen jedem von ihnen und einem Dritten besondere Beziehungen und übersteigen deshalb die Lizenzgebühren, gemessen an der zugrundeliegenden Leistung, den Betrag, den Schuldner und Nutzungsberechtigter ohne diese Beziehungen vereinbart hätten, so wird dieser Artikel nur auf den letzteren Betrag angewendet. In diesem Fall kann der übersteigende Betrag nach dem Recht eines jeden Vertragsstaats und unter Berücksichtigung der anderen Bestimmungen dieses Abkommens besteuert werden.

Art. 13 Gewinne aus der Veräußerung von Vermögen. (1) Gewinne, die eine in einem Vertragsstaat ansässige Person aus der Veräußerung unbeweglichen Vermögens im Sinne des Artikels 6 bezieht, das im anderen Vertragsstaat liegt, können[1] im anderen Staat besteuert werden.

(2) Gewinne aus der Veräußerung beweglichen Vermögens, das Betriebsvermögen einer Betriebstätte ist, die ein Unternehmen eines Vertragsstaats im anderen Vertragsstaat hat, einschließlich derartiger Gewinne, die bei der Veräußerung einer solchen Betriebstätte (allein oder mit dem übrigen Unternehmen) erzielt werden, können[1] im anderen Staat besteuert werden.

(3) Gewinne, die ein Unternehmen eines Vertragsstaates, welches Seeschiffe oder Luftfahrzeuge im internationalen Verkehr betreibt, aus der Veräußerung solcher Seeschiffe oder Luftfahrzeuge oder von beweglichem Vermögen, das dem Betrieb dieser Seeschiffe oder Luftfahrzeuge dient, bezieht, können nur in diesem Staat besteuert werden.

(4) Gewinne, die eine in einem Vertragsstaat ansässige Person aus der Veräußerung von Anteilen oder vergleichbaren Rechten, wie Rechten an einer Personengesellschaft oder einem Trust, bezieht, können im anderen Vertragsstaat besteuert werden, sofern der Wert dieser Anteile oder vergleichbaren Rechte zu irgendeinem Zeitpunkt während der der Veräußerung vorangehenden 365 Tage zu mehr als 50 v. H. unmittelbar oder mittelbar auf in diesem anderen Staat belegenem unbeweglichem Vermögen im Sinne des Art. 6 beruhte.

(5) Gewinne aus der Veräußerung des in den Absätzen 1, 2, 3 und 4 nicht genannten Vermögens können[1] nur in dem Vertragsstaat besteuert werden, in dem der Veräußerer ansässig ist.

Art. 14 [aufgehoben]

Art. 15 Einkünfte aus unselbständiger Arbeit. (1) Vorbehaltlich der Artikel 16, 18 und 19 können[1] Gehälter, Löhne und ähnliche Ver-

---

[1] Österreich: Statt „können" das Wort „dürfen".

gütungen, die eine in einem Vertragsstaat ansässige Person aus unselbständiger Arbeit bezieht, nur in diesem Staat besteuert werden, es sei denn, die Arbeit wird im anderen Vertragsstaat ausgeübt. Wird die Arbeit dort ausgeübt, so können[1] die dafür bezogenen Vergütungen im anderen Staat besteuert werden.

(2) Ungeachtet des Absatzes 1 können[1] Vergütungen, die eine in einem Vertragsstaat ansässige Person für eine im anderen Vertragsstaat ausgeübte unselbständige Arbeit bezieht, nur im erstgenannten Staat besteuert werden, wenn

a) der Empfänger sich im anderen Staat insgesamt nicht länger als 183 Tage innerhalb eines Zeitraums von zwölf Monaten, der während des betreffenden Steuerjahres beginnt oder endet, aufhält und
b) die Vergütungen von einem Arbeitgeber oder für einen Arbeitgeber gezahlt werden, der nicht im anderen Staat ansässig ist, und
c) die Vergütungen nicht von einer Betriebstätte getragen werden, die der Arbeitgeber im anderen Staat hat.

(3) Ungeachtet der vorstehenden Bestimmungen dieses Artikels können[1] Vergütungen, die eine in einem Vertragsstaat ansässige Person für eine Beschäftigung als Mitglied der regulären Besatzung eines Schiffes oder Luftfahrzeugs an Bord eines Schiffes oder Luftfahrzeugs, das im internationalen Verkehr betrieben wird, mit Ausnahme eines Schiffes oder Luftfahrzeugs, das ausschließlich im anderen Vertragsstaat betrieben wird, bezieht, nur im erstgenannten Staat besteuert werden.

Art. 16 Aufsichtsrats- und Verwaltungsratsvergütungen. Aufsichtsrats- und Verwaltungsratsvergütungen und ähnliche Zahlungen, die eine in einem Vertragsstaat ansässige Person in ihrer Eigenschaft als Mitglied des Aufsichts- oder Verwaltungsrats einer Gesellschaft bezieht, die im anderen Vertragsstaat ansässig ist, können[1] im anderen Staat besteuert werden.

Art. 17[2] Künstler und Sportler. (1) Ungeachtet des Artikels 15 können Einkünfte, die eine in einem Vertragsstaat ansässige Person als Künstler, wie Bühnen-, Film-, Rundfunk- und Fernsehkünstler sowie Musiker, oder als Sportler aus ihrer im anderen Vertragsstaat persönlich ausgeübten Tätigkeit bezieht, im anderen Staat besteuert werden.

(2) Fließen Einkünfte aus einer von einem Künstler oder Sportler in dieser Eigenschaft persönlich ausgeübten Tätigkeit nicht dem Künstler

---

[1] Österreich: Statt „können" das Wort „dürfen".

[2] Bis 14.7.2014 wurde im engl. Originaltext von Art. 17 sowie dem hierzu entgangenen MK der Begriff „artists and sportsmen" verwendet. Ab dem 15.7.2014 wird entsprechend dem OECD Update 2014 im MA wie im MK der Begriff „entertainers and sportpersons" verwendet. Der Begriff „entertainers" wäre eng an den Wortlaut angelehnt mit „Unterhaltungskünstler" zu übersetzen, wie die nachfolgende beispielhafte Aufzählung von Künstlern verdeutlicht. Das Verständnis ging aber schon immer dahin, dass Art. 17 unterhaltende Künstler erfassen will. Mit der geänderten Sprachfassung geht keine inhaltliche Änderung sondern lediglich eine Verdeutlichung der bisherigen Auffassung einher. Der Begriff „Künstler" wir daher beibehalten. Mit der Verwendung des geschlechterneutralen Begriffs „sportpersons" ist ebenfalls weder eine inhaltliche Änderung noch Klarstellung verbunden.

oder Sportler selbst, sondern einer anderen Person zu, so können[1] diese Einkünfte ungeachtet des Artikels 15 in dem Vertragsstaat besteuert werden, in dem der Künstler oder Sportler seine Tätigkeit ausübt.

Art. 18 Ruhegehälter. Vorbehaltlich des Artikels 19 Absatz 2 können[1] Ruhegehälter und ähnliche Vergütungen, die einer in einem Vertragsstaat ansässigen Person für frühere unselbständige Arbeit gezahlt werden, nur in diesem Staat besteuert werden.

Art. 19 Öffentlicher Dienst. (1)

a) Gehälter, Löhne und ähnliche Vergütungen, ausgenommen Ruhegehälter, die von einem Vertragsstaat oder einer seiner Gebietskörperschaften[2] an eine natürliche Person für die diesem Staat oder der Gebietskörperschaft[2] geleisteten Dienste gezahlt werden, können[1] nur in diesem Staat besteuert werden.

b) Diese Gehälter, Löhne und ähnlichen Vergütungen können[1] jedoch nur im anderen Vertragsstaat besteuert werden, wenn die Dienste in diesem Staat geleistet werden und die natürliche Person in diesem Staat ansässig ist und
   i) ein Staatsangehöriger dieses Staates ist oder
   ii) nicht ausschließlich deshalb in diesem Staat ansässig geworden ist, um die Dienste zu leisten.

(2)

a) Ungeachtet des Absatzes 1 können[1] Ruhegehälter oder ähnliche Vergütungen, die von einem Vertragsstaat oder einer seiner Gebietskörperschaften[2] oder aus einem von diesem Staat oder der Gebietskörperschaft[2] errichteten Sondervermögen an eine natürliche Person für die diesem Staat oder der Gebietskörperschaft[2] geleisteten Dienste gezahlt werden, nur in diesem Staat besteuert werden.

b) Diese Ruhegehälter oder ähnlichen Vergütungen können[1] jedoch nur im anderen Vertragsstaat besteuert werden, wenn die natürliche Person in diesem Staat ansässig ist und ein Staatsangehöriger dieses Staates ist.

(3) Auf Gehälter, Löhne, Ruhegehälter und ähnliche Vergütungen für Dienstleistungen, die im Zusammenhang mit einer Geschäftstätigkeit eines Vertragsstaats oder einer seiner Gebietskörperschaften[2] erbracht werden, sind die Artikel 15, 16, 17 oder 18 anzuwenden.

Art. 20 Studenten. Zahlungen, die ein Student, Praktikant oder Lehrling, der sich in einem Vertragsstaat ausschließlich zum Studium oder zur Ausbildung aufhält und der im anderen Vertragsstaat ansässig ist oder dort unmittelbar vor der Einreise in dem erstgenannten Staat ansässig war, für seinen Unterhalt, sein Studium oder seine Ausbildung erhält, dürfen im erstgenannten Staat nicht besteuert werden, sofern diese Zahlungen aus Quellen außerhalb dieses Staates stammen.

---

[1] Österreich: Statt „können" das Wort „dürfen".
[2] Schweiz: Statt „Gebietskörperschaften" die Worte „politische Unterabteilungen oder lokale Körperschaften".

Art. 21 Andere Einkünfte. (1) Einkünfte einer in einem Vertragsstaat ansässigen Person, die in den vorstehenden Artikeln nicht behandelt wurden, können[1] ohne Rücksicht auf ihre Herkunft nur in diesem Staat besteuert werden.

(2) Absatz 1 ist auf andere Einkünfte als solche aus unbeweglichem Vermögen im Sinne des Artikels 6 Absatz 2 nicht anzuwenden, wenn der in einem Vertragsstaat ansässige Empfänger im anderen Vertragsstaat eine Geschäftstätigkeit durch eine dort gelegene Betriebstätte ausübt und die Rechte oder Vermögenswerte, für die die Einkünfte gezahlt werden, tatsächlich zu dieser Betriebstätte gehören. In diesem Fall ist Artikel 7 anzuwenden.

Abschnitt IV. Besteuerung des Vermögens

Art. 22 Vermögen. (1) Unbewegliches Vermögen im Sinne des Artikels 6, das einer in einem Vertragsstaat ansässigen Person gehört und im anderen Vertragsstaat liegt, kann[2] im anderen Staat besteuert werden.

(2) Bewegliches Vermögen, das Betriebsvermögen einer Betriebstätte ist, die ein Unternehmen eines Vertragsstaates im anderen Vertragsstaat hat, kann[2] im anderen Staat besteuert werden.

(3) Seeschiffe oder Luftfahrzeuge, die von einem Unternehmen eines Vertragsstaates im internationalen Verkehr betrieben werden, oder von beweglichem Vermögen, das dem Betrieb dieser Seeschiffe oder Luftfahrzeuge dient, können nur in diesem Staat besteuert werden.

(4) Alle anderen Vermögensteile einer in einem Vertragsstaat ansässigen Person können[1] nur in diesem Staat besteuert werden.

Abschnitt V. Methoden zur Vermeidung der Doppelbesteuerung

Art. 23A Befreiungsmethode. (1) Bezieht eine in einem Vertragsstaat ansässige Person Einkünfte oder hat sie Vermögen, die in dem anderen Vertragsstaat nach diesem Abkommen besteuert werden können[1] (es sei denn, die Bestimmungen dieses Abkommens ermöglichen dem anderen Staat eine Besteuerung nur deshalb, weil die Einkünfte als Einkünfte einer dort ansässigen Person erzielt werden oder weil das Vermögen auch Vermögen einer dort ansässigen Person ist), so nimmt *der erst*genannte Staat vorbehaltlich der Absätze 2 und 3 diese Einkünfte oder dieses Vermögen von der Besteuerung aus.

(2) Erzielt eine in einem Vertragsstaat ansässige Person Einkünfte, die in dem anderen Vertragsstaat nach den Artikeln 10 und 11 besteuert werden können[1] (es sei denn, die Bestimmungen dieses Abkommens ermöglichen dem anderen Staat eine Besteuerung nur deshalb, weil die Einkünfte als Einkünfte einer dort ansässigen Person erzielt werden), so

---

[1] Österreich: Statt „können" das Wort „dürfen".
[2] Österreich: Statt „kann" das Wort „darf".

rechnet der erstgenannte Staat auf die vom Einkommen dieser Person zu erhebenden Steuer den Betrag an, der der im anderen Staat gezahlten Steuer entspricht. Der anzurechnende Betrag darf jedoch den Teil der von der Anrechnung ermittelten Steuer nicht übersteigen, der auf die aus dem anderen Staat bezogenen Einkünfte entfällt.

(3) Einkünfte oder Vermögen einer in einem Vertragsstaat ansässigen Person, die nach dem Abkommen von der Besteuerung in diesem Staat auszunehmen sind, können[1] gleichwohl in diesem Staat bei der Festsetzung der Steuer für das übrige Einkommen oder Vermögen der Person einbezogen werden.

(4) Absatz 1 gilt nicht für Einkünfte oder Vermögen einer in einem Vertragsstaat ansässigen Person, wenn der andere Vertragsstaat dieses Abkommen so anwendet, dass er diese Einkünfte oder dieses Vermögen von der Besteuerung ausnimmt oder Absatz 2 des Artikels 10 oder des Artikels 11 auf diese Einkünfte anwendet.

Art. 23B Anrechnungsmethode. (1) Bezieht eine in einem Vertragsstaat ansässige Person Einkünfte oder hat sie Vermögen, die in dem anderen Vertragsstaat nach diesem Abkommen besteuert werden können[1] (es sei denn, die Bestimmungen dieses Abkommens ermöglichen dem anderen Staat eine Besteuerung nur deshalb, weil die Einkünfte als Einkünfte einer dort ansässigen Person erzielt werden oder weil das Vermögen auch Vermögen einer dort ansässigen Person ist), so rechnet der erstgenannte Staat

a) auf die vom Einkommen dieser Person zu erhebende Steuer den Betrag an, der der im anderen Staat gezahlten Steuer vom Einkommen entspricht;
b) auf die vom Vermögen dieser Person zu erhebende Steuer den Betrag an, der der in dem anderen Vertragsstaat gezahlten Steuer vom Vermögen entspricht.

Der anzurechnende Betrag darf jedoch in beiden Fällen den Teil der vor der Anrechnung ermittelten Steuer vom Einkommen oder vom Vermögen nicht übersteigen, der auf die Einkünfte, die im anderen Staat besteuert werden können[1] oder auf das Vermögen, das dort besteuert werden kann[2] entfällt.

(2) Einkünfte oder Vermögen einer in einem Vertragsstaat ansässigen Person, die nach dem Abkommen von der Besteuerung in diesem Staat auszunehmen sind, können[1] gleichwohl in diesem Staat bei der Festsetzung der Steuer für das übrige Einkommen oder Vermögen der Person einbezogen werden.

Abschnitt VI. Besondere Bestimmungen

Art. 24 Gleichbehandlung. (1) Staatsangehörige eines Vertragsstaats dürfen im anderen Vertragsstaat keiner Besteuerung oder damit zu-

---

[1] Österreich: Statt „können" das Wort „dürfen".
[2] Österreich: Statt „kann" das Wort „darf".

sammenhängenden Verpflichtung unterworfen werden, die anders oder belastender ist als die Besteuerung und die damit zusammenhängenden Verpflichtungen, denen Staatsangehörige des anderen Staates unter gleichen Verhältnissen, insbesondere hinsichtlich der Ansässigkeit, unterworfen sind oder unterworfen werden können. Diese Bestimmung gilt ungeachtet des Artikels 1 auch für Personen, die in keinem Vertragsstaat ansässig sind.

(2) Staatenlose, die in einem Vertragsstaat ansässig sind, dürfen in keinem Vertragsstaat einer Besteuerung oder damit zusammenhängenden Verpflichtung unterworfen werden, die anders oder belastender ist als die Besteuerung und die damit zusammenhängenden Verpflichtungen, denen Staatsangehörige des betreffenden Staates unter gleichen Verhältnissen, insbesondere hinsichtlich der Ansässigkeit, unterworfen sind oder unterworfen werden können.

(3) Die Besteuerung einer Betriebstätte, die ein Unternehmen eines Vertragsstaats im anderen Vertragsstaat hat, darf in dem anderen Staat nicht ungünstiger sein als die Besteuerung von Unternehmen des anderen Staates, die die gleiche Tätigkeit ausüben. Diese Bestimmung ist nicht so auszulegen, als verpflichte sie einen Vertragsstaat, den in dem anderen Vertragsstaat ansässigen Personen Steuerfreibeträge, -vergünstigungen und -ermäßigungen auf Grund des Personenstandes oder der Familienlasten zu gewähren, die er seinen ansässigen Personen gewährt.

(4) Sofern nicht Artikel 9 Absatz 1, Artikel 11 Absatz 6 oder Artikel 12 Absatz 4 anzuwenden ist, sind Zinsen, Lizenzgebühren und andere Entgelte, die ein Unternehmen eines Vertragsstaats an eine im anderen Vertragsstaat ansässige Person zahlt, bei der Ermittlung der steuerpflichtigen Gewinne dieses Unternehmens unter den gleichen Bedingungen wie Zahlungen an eine im erstgenannten Staat ansässige Person zum Abzug zuzulassen. Dementsprechend sind Schulden, die ein Unternehmen eines Vertragsstaats gegenüber einer im anderen Vertragsstaat ansässigen Person hat, bei der Ermittlung des steuerpflichtigen Vermögens dieses Unternehmens unter den gleichen Bedingungen wie Schulden gegenüber einer im erstgenannten Staat ansässigen Person zum Abzug zuzulassen.

(5) Unternehmen eines Vertragsstaats, deren Kapital ganz oder teilweise unmittelbar oder mittelbar einer im anderen Vertragsstaat ansässigen Person oder mehreren solchen Personen gehört oder ihrer Kontrolle unterliegt, dürfen im erstgenannten Staat keiner Besteuerung oder damit zusammenhängenden Verpflichtung unterworfen werden, die anders oder belastender ist als die Besteuerung und die damit zusammenhängenden Verpflichtungen, denen andere ähnliche Unternehmen des erstgenannten Staates unterworfen sind oder unterworfen werden können.

(6) Dieser Artikel gilt ungeachtet des Artikels 2 für Steuern jeder Art und Bezeichnung.

Art. 25 Verständigungsverfahren. (1) Ist eine Person der Auffassung, dass Maßnahmen eines Vertragsstaats oder beider Vertragsstaaten für sie zu einer Besteuerung führen oder führen werden, die diesem Abkommen nicht entspricht, so kann sie unbeschadet der nach dem innerstaatlichen Recht dieser Staaten vorgesehenen Rechtsmittel ihren Fall der zuständigen Behörde jedes Vertragsstaats vorlegen. Der Fall muss innerhalb von drei Jahren nach der ersten Mitteilung der Maßnahme unterbreitet werden, die zu einer dem Abkommen nicht entsprechenden Besteuerung führt.

(2) Hält die zuständige Behörde die Einwendung für begründet und ist sie selbst nicht in der Lage, eine befriedigende Lösung herbeizuführen, so wird sie sich bemühen, den Fall durch Verständigung mit der zuständigen Behörde des anderen Vertragsstaats so zu regeln, dass eine dem Abkommen nicht entsprechende Besteuerung vermieden wird. Die Verständigungsregelung ist ungeachtet der Fristen des innerstaatlichen Rechts der Vertragsstaaten durchzuführen.

(3) Die zuständigen Behörden der Vertragsstaaten werden sich bemühen, Schwierigkeiten oder Zweifel, die bei der Auslegung oder Anwendung des Abkommens entstehen, in gegenseitigem Einvernehmen zu beseitigen. Sie können auch gemeinsam darüber beraten, wie eine Doppelbesteuerung in Fällen vermieden werden kann, die im Abkommen nicht behandelt sind.

(4) Die zuständigen Behörden der Vertragsstaaten können zur Herbeiführung einer Einigung im Sinne der vorstehenden Absätze unmittelbar miteinander verkehren, gegebenenfalls auch durch eine aus ihnen oder ihren Vertretern bestehende gemeinsame Kommission.

(5) Wenn

a) eine Person nach Absatz 1 der zuständigen Behörde eines Vertragsstaats einen Fall mit der Begründung unterbreitet hat, dass Maßnahmen eines Vertragsstaats oder beider Vertragsstaaten für sie zu einer Besteuerung geführt hat, die diesem Abkommen nicht entspricht, und

b) die zuständigen Behörden nicht in der Lage sind, sich gemäß Absatz 2 über die Lösung des Falles innerhalb von 2 Jahren seit dem Zeitpunkt, in dem alle von der zuständigen Behörde zur Befassung mit dem Fall geforderten Informationen bei den zuständigen Behörden zur Verfügung gestellt worden sind, zu einigen,

werden alle ungelösten Fragen des Falles auf schriftlichen Antrag der Person einem Schiedsverfahren unterworfen. Diese ungelösten Fragen werden aber nicht dem Schiedsverfahren unterworfen, wenn zu ihnen bereits eine Gerichtsentscheidung in einem der Staaten ergangen ist. Sofern nicht eine Person, die unmittelbar von dem Fall betroffen ist, die Verständigungsvereinbarung, durch die der Schiedsspruch umgesetzt wird, ablehnt, ist der Schiedsspruch für beide Staaten verbindlich und ungeachtet der Fristen des innerstaatlichen Rechts dieser Staaten durchzuführen. Die zuständigen Behörden dieser Vertragsstaaten regeln *in gegenseitigem* Einvernehmen die Anwendung dieses Absatzes.

Art. 26 Informationsaustausch. (1) Die zuständigen Behörden der Vertragsstaaten tauschen die Informationen aus, die zur Durchführung dieses Abkommens oder zur Verwaltung oder Anwendung des innerstaatlichen Rechts betreffend Steuern jeder Art und Bezeichnung, die für Rechnung der Vertragsstaaten oder ihrer Gebietskörperschaften erhoben werden, voraussichtlich erheblich sind, soweit die diesem Recht entsprechende Besteuerung nicht dem Abkommen widerspricht. Der Informationsaustausch ist durch Artikel 1 und 2 nicht eingeschränkt.

(2) Alle Informationen, die ein Vertragsstaat nach Absatz 1 erhalten hat, sind ebenso geheim zu halten wie die auf Grund des innerstaatlichen Rechts dieses Staates beschafften Informationen und dürfen nur den Personen und Behörden (einschließlich der Gerichte und der Verwaltungsbehörden) zugänglich gemacht werden, die mit der Veranlagung oder Erhebung, der Vollstreckung oder Strafverfolgung oder mit der Entscheidung von Rechtsmitteln hinsichtlich der in Absatz 1 genannten Steuern oder mit der Aufsicht über diese Personen oder Behörden befasst sind. Diese Personen oder Behörden dürfen die Informationen nur für diese Zwecke verwenden. Sie dürfen die Informationen in einem öffentlichen Gerichtsverfahren oder in einer Gerichtsentscheidung offen legen. Ungeachtet des Vorstehenden können Informationen, die ein Vertragsstaat erhalten hat, für andere Zwecke genutzt werden, wenn diese Informationen für diese anderen Zwecke nach dem Recht beider Staaten genutzt werden können und die zuständige Behörde des informierenden Staates mit dieser Verwendung einverstanden ist.

(3) Die Absätze 1 und 2 sind nicht so auszulegen, als verpflichteten sie einen Vertragsstaat,

a) Verwaltungsmaßnahmen durchzuführen, die von den Gesetzen und der Verwaltungspraxis dieses oder des anderen Vertragsstaats abweichen;

b) Informationen zu erteilen, die nach den Gesetzen oder im üblichen Verwaltungsverfahren dieses oder des anderen Vertragsstaats nicht beschafft werden können;

c) Informationen zu erteilen, die ein Handels-, Industrie-, Gewerbe- oder Berufsgeheimnis oder ein Geschäftsverfahren preisgeben würden oder deren Erteilung dem Ordre public[1] widerspräche.

(4) Wenn ein Vertragsstaat in Übereinstimmung mit diesem Artikel um Erteilung von Informationen ersucht, wendet der andere Vertragsstaat zur Beschaffung der Informationen seine innerstaatlichen Ermittlungsbefugnisse an, auch wenn er die Informationen nicht für seine eigenen Steuerzwecke benötigt. Die Verpflichtung unterliegt den Beschränkungen des Absatzes 3; diese sind aber nicht so auszulegen, als erlaubten sie einem Vertragsstaat, die Erteilung der Informationen abzulehnen, nur weil er kein eigenes Interesse an ihnen hat.

(5) Absatz 3 ist nicht so auszulegen, als erlaube er einem Vertragsstaat, die Erteilung von Informationen abzulehnen, nur weil sie sich im

[1] Bundesrepublik Deutschland: Statt „dem Ordre public" die Worte „der öffentlichen Ordnung".

Besitz einer Bank, einer anderen Finanzinstitution, eines Beauftragten, Bevollmächtigten oder Treuhänders befinden oder weil sie sich auf Beteiligungen an einer Person beziehen.

Art. 27[1] Amtshilfe bei der Erhebung[2] von Steuern. (1) Die Vertragsstaaten leisten sich gegenseitige Amtshilfe bei der Erhebung[2] von Steueransprüchen.[3] Diese Amtshilfe ist durch Artikel 1 und 2 nicht eingeschränkt. Die zuständigen Behörden der Vertragsstaaten können in gegenseitigem Einvernehmen regeln, wie dieser Artikel durchzuführen ist.

(2) Der in diesem Artikel verwendete Ausdruck „Steueranspruch"[4] bedeutet einen Betrag, der auf Grund von Steuern jeder Art und Bezeichnung, die für Rechnung der Vertragsstaaten oder einer ihrer Gebietskörperschaften erhoben werden, geschuldet wird, soweit die Besteuerung diesem Abkommen oder anderen völkerrechtlichen Übereinkünften, denen die Vertragsstaaten beigetreten sind, nicht widerspricht, sowie mit diesem Betrag zusammenhängende Zinsen, Geldbußen[5] und Kosten der Erhebung[2] oder Sicherung.

(3) Ist der Steueranspruch[4] eines Vertragsstaats nach dem Recht dieses Staates vollstreckbar und wird er von einer Person geschuldet, die zu diesem Zeitpunkt nach dem Recht dieses Staates die Erhebung[2] nicht verhindern kann, wird dieser Steueranspruch[4] auf Ersuchen der zuständigen Behörde dieses Staates für die Zwecke der Erhebung[2] von der zuständigen Behörde des anderen Vertragsstaats anerkannt. Der Steueranspruch[4] wird vom anderen Staat nach dessen Rechtsvorschriften über die Vollstreckung und Erhebung[6] seiner eigenen Steuern erhoben[7] als handele es sich bei dem Steueranspruch[4] um einen Steueranspruch[4] des anderen Staates.

(4) Handelt es sich bei dem Steueranspruch[4] eines Vertragsstaats um einen Anspruch, bei dem dieser Staat nach seinem Recht Maßnahmen zur Sicherung der Erhebung[2] einleiten kann, wird dieser Steueranspruch[4] auf Ersuchen der zuständigen Behörde dieses Staates zum Zwecke der Einleitung von Sicherungsmaßnahmen von der zuständigen Behörde des anderen Vertragsstaats anerkannt. Der andere Staat leitet nach seinen Rechtsvorschriften Sicherungsmaßnahmen in Bezug auf diesen Steueranspruch[4] ein, als wäre der Steueranspruch[4] ein

---

[1] In einigen Ländern ist Amtshilfe nach diesem Artikel möglicherweise auf Grund von innerstaatlichem Recht oder aus politischen oder verwaltungstechnischen Erwägungen unrechtmäßig, ungerechtfertigt oder eingeschränkt, beispielsweise auf Länder mit ähnlichen Steuersystemen oder Steuerverwaltungen oder auf bestimmte unter das Abkommen fallende Steuern. Aus diesem Grund sollte dieser Artikel nur dann Eingang in das Abkommen finden, wenn beide Staaten auf der Grundlage der in Ziffer 1 des Kommentars zu diesem Artikel beschriebenen Faktoren zu dem Schluss kommen, dass sie der Leistung von Amtshilfe bei der Erhebung von im anderen Staat erhobenen Steuern zustimmen können.

[2] Österreich: Statt „Erhebung" das Wort „Vollstreckung".

[3] *Österreich: Statt „Steueransprüchen"* das Wort „Abgabenansprüchen".

[4] Österreich: Statt „Steueranspruch" das Wort „Abgabenanspruch".

[5] Österreich: Statt „Geldbußen" die Worte „verwaltungsbehördliche Geldstrafen".

[6] Österreich: Statt „Vollstreckung und Erhebung" die Worte „Einbringung und Vollstreckung".

[7] Österreich: Statt „erhoben" das Wort „vollstreckt".

Steueranspruch[1] dieses anderen Staates, selbst wenn der Steueranspruch[1] im Zeitpunkt der Einleitung dieser Maßnahmen im erstgenannten Staat nicht vollstreckbar ist oder von einer Person geschuldet wird, die berechtigt ist, die Erhebung[2] zu verhindern.

(5) Ungeachtet der Absätze 3 und 4 unterliegt ein von einem Vertragsstaat für Zwecke der Absätze 3 oder 4 anerkannter Steueranspruch[1] als solcher in diesem Staat nicht den Verjährungsfristen oder den Vorschriften über die vorrangige Behandlung eines Steueranspruchs[3] nach dem Recht dieses Staates. Ferner hat ein Steueranspruch[1] der von einem Vertragsstaat für Zwecke der Absätze 3 oder 4 anerkannt wurde, in diesem Staat nicht den Vorrang, den dieser Steueranspruch[1] nach dem Recht des anderen Vertragsstaats hat.

(6) Verfahren im Zusammenhang mit dem Bestehen, der Gültigkeit oder der Höhe des Steueranspruchs[3] eines Vertragsstaats können nicht bei den Gerichten oder Verwaltungsbehörden des anderen Vertragsstaats eingeleitet werden.

(7) Verliert der betreffende Steueranspruch[1] nachdem das Ersuchen eines Vertragsstaats nach den Absätzen 3 oder 4 gestellt wurde und bevor der andere Vertragsstaat den betreffenden Steueranspruch[1] erhoben[4] und an den erstgenannten Staat ausgezahlt hat,

a) im Falle eines Ersuchens nach Absatz 3 seine Eigenschaft als Steueranspruch[1] des erstgenannten Staates, der nach dem Recht dieses Staates vollstreckbar ist und von einer Person geschuldet wird, die zu diesem Zeitpunkt nach dem Recht dieses Staates die Erhebung[2] nicht verhindern kann, oder

b) im Falle eines Ersuchens nach Absatz 4 seine Eigenschaft als Steueranspruch[1] des erstgenannten Staates, für den dieser Staat nach seinem Recht Maßnahmen zur Sicherung der Erhebung[2] einleiten kann,

teilt die zuständige Behörde des erstgenannten Staates dies der zuständigen Behörde des anderen Staates unverzüglich mit, und nach Wahl des anderen Staates setzt der erstgenannte Staat das Ersuchen entweder aus oder nimmt es zurück.

(8) Dieser Artikel ist nicht so auszulegen, als verpflichte er einen Vertragsstaat,

a) Verwaltungsmaßnahmen durchzuführen, die von den Gesetzen und der Verwaltungspraxis dieses oder des anderen Vertragsstaats abweichen;

b) Maßnahmen durchzuführen, die dem Ordre public[5] widersprächen;

c) Amtshilfe zu leisten, wenn der andere Vertragsstaat nicht alle angemessenen Maßnahmen zur Erhebung[2] oder Sicherung, die nach

[1] Österreich: Statt „Steueranspruch“ das Wort „Abgabenanspruch“.
[2] Österreich: Statt „Erhebung“ das Wort „Vollstreckung“.
[3] Österreich: Statt „Steueranspruchs“ das Wort „Abgabenanspruchs“.
[4] Österreich: Statt „erhoben“ das Wort „vollstreckt“.
[5] Bundesrepublik Deutschland: Statt „dem Ordre public“ die Worte „der öffentlichen Ordnung“.

seinen Gesetzen oder seiner Verwaltungspraxis möglich sind, ausgeschöpft hat;

d) Amtshilfe in Fällen zu leisten, in denen der Verwaltungsaufwand für diesen Staat in einem eindeutigen Missverhältnis zu dem Nutzen steht, den der andere Vertragsstaat dadurch erlangt.

Art. 28 Mitglieder diplomatischer Missionen und konsularischer Vertretungen. Dieses Abkommen berührt nicht die steuerlichen Vorrechte, die den Mitgliedern diplomatischer Missionen und konsularischer Vertretungen nach den allgemeinen Regeln des Völkerrechts oder auf Grund besonderer Übereinkünfte zustehen.

Art. 29[1] Anspruch auf Abkommensvergünstigungen. (1) (Regelung, die vorbehaltlich der Absätze 3 bis 5 Abkommensvergünstigungen auf die in einem Vertragsstaat ansässige Person beschränkt, die als „berechtigte Person" im Sinne des Absatzes 2 gilt).

(2) (Definition, wann eine ansässige Person als berechtigte Person gilt, und zwar

– eine natürliche Person;
– ein Vertragsstaat, eine seiner Gebietskörperschaften oder ihre Behörden und Einrichtungen;
– bestimmte börsengehandelte Gesellschaften und Rechtsträger;
– bestimmte verbundene Gesellschaften von börsengelisteten Gesellschaften und Rechtsträgern;
– bestimmte keinen Erwerbszweck verfolgenden Organisationen und anerkannte Pensionssondervermögen;
– andere Rechtsträger, die bestimmte Eigentümer- und „Base-Erosion"-Kriterien erfüllen;
– bestimmte kollektive Anlageinstrumente.)

(3) (Regelung, die Abkommensvergünstigungen für bestimmte Einkünfte gewährt, die von einer Person erzielt werden, die keine berechtigte Person ist, sofern diese Person aktiv eine Geschäftstätigkeit in ihrem Ansässigkeitsstaat ausübt und die Einkünfte aus dieser Geschäftstätigkeit bezogen werden oder mit dieser verbunden sind).

(4) (Regelung, die einer Person, die keine berechtigte Person ist, Abkommensvergünstigungen gewährt, sofern mehr als ein bestimmter Anteil an dieser Person solchen Personen gehört, denen gleichartige Vergünstigungen zustehen).

---

[1] **[Amtl. Anm.:]** Die Fassung dieses Artikels hängt davon ab, auf welche Weise die Vertragsstaaten ihre übereinstimmende Absicht, die in der Präambel des Abkommens zum Ausdruck kommt und im Mindeststandard enthalten ist, der als Teil des OECD/G20 „Base Erosion and Profit Shifting" Projektes vereinbart wurde, umsetzen wollen, und zwar Doppelbesteuerung auszuschließen ohne Möglichkeiten zur Nicht- oder Niedrigbesteuerung durch Steuerverkürzung oder -umgehung einschließlich von „Treaty-Shopping" zu schaffen. Dies kann *entweder allein* durch die Aufnahme von Absatz 9 erfolgen, oder durch die Aufnahme der detaillierten Versionen der Absätze 1 bis 7, wie sie im Kommentar zu Art. 29 beschrieben werden zusammen mit der Implementierung von gegen Durchlauffinanzierungsstrukturen gerichteten Mechanismen, wie diese in Nr. 187 des Kommentars beschrieben werden, oder durch die Aufnahme von Abs. 9 zusammen mit einer Variation der Absätze 1 bis 7, wie diese im Kommentar zu Art. 29 beschrieben werden.

(5) (Regelung, die Abkommensvergünstigungen einer Person gewährt, die als „Unternehmenszentrale" qualifiziert).

(6) (Regelung, die der zuständigen Behörde eines Vertragsstaates erlaubt, einer Person bestimmte Abkommensvergünstigungen zu gewähren, die sonst nach Absatz 1 ausgeschlossen würden).

(7) (Begriffsbestimmungen zu den Absätzen 1 bis 7).

(8)

a) Wenn
   i) ein Unternehmen eines Vertragsstaats Einkünfte aus dem anderen Vertragsstaat bezieht und der erstgenannte Vertragsstaat diese Einkünfte als Einkünfte betrachtet, die einer in einem Drittstaat gelegenen Betriebsstätte des Unternehmens zuzurechnen sind, sowie
   ii) die Gewinne, die dieser Betriebsstätte zuzurechnen sind, im erstgenannten Vertragsstaat von der Steuer befreit sind,

   gelten die Vergünstigungen dieses Abkommens nicht für Einkünfte, für die die Steuer im Drittstaat weniger beträgt, als der niedrigere Betrag von (Satz bilateral festzulegen) dieser Einkünfte und 60 vom Hundert der Steuer, die im erstgenannten Staat von diesen Einkünften erhoben würde, wenn diese Betriebsstätte im erstgenannten Staat gelegen wäre. In diesem Fall können Einkünfte, für die dieser Absatz gilt, ungeachtet der sonstigen Bestimmungen des Abkommens weiterhin nach dem innerstaatlichen Recht des anderen Staats besteuert werden.

b) Die vorangehenden Bestimmungen dieses Absatzes gelten nicht, wenn die aus dem anderen Staat erzielten Einkünfte aus einer durch die Betriebsstätte aktiv ausgeübten Geschäftstätigkeit bezogen werden oder mit einer solchen Geschäftstätigkeit verbunden sind (mit Ausnahme der Vornahme, der Verwaltung oder des bloßen Besitzes von Kapitalanlagen für eigene Rechnung des Unternehmens, es sei denn, es handelt sich dabei um Bank-, Versicherungs- oder Wertpapiergeschäfte einer Bank, eines Versicherungsunternehmens beziehungsweise eines zugelassenen Wertpapierhändlers).

c) Werden Vergünstigungen nach diesem Abkommen in Bezug auf bestimmte Einkünfte einer in einem Vertragsstaat ansässigen Person aufgrund der vorangehenden Bestimmungen dieses Absatzes versagt, so kann die zuständige Behörde des anderen Vertragsstaats diese Vergünstigungen gleichwohl für diese Einkünfte gewähren, wenn diese zuständige Behörde auf einen Antrag dieser ansässigen Person hin feststellt, dass die Gewährung dieser Vergünstigungen angesichts der Gründe, aus denen diese ansässige Person die Voraussetzungen dieses Absatzes nicht erfüllt hat, gerechtfertigt ist (z. B. wegen des Bestehens von Verlusten). Die zuständige Behörde des Vertragsstaats, bei der ein Antrag nach dem vorangegangenen Satz gestellt worden ist, konsultiert die zuständige Behörde des anderen Vertragsstaats, bevor sie dem Antrag stattgibt oder ihn ablehnt.

(9) Ungeachtet der anderen Bestimmungen dieses Abkommens wird eine Vergünstigung nach diesem Abkommen nicht für bestimmte Ein-

künfte oder Vermögenswerte gewährt, wenn unter Berücksichtigung aller maßgeblichen Tatsachen und Umstände die Feststellung gerechtfertigt ist, dass der Erhalt dieser Vergünstigung einer der Hauptzwecke einer Gestaltung oder Transaktion war, die unmittelbar oder mittelbar zu dieser Vergünstigung geführt hat, es sei denn, es wird nachgewiesen, dass die Gewährung dieser Vergünstigung unter diesen Umständen mit dem Ziel und Zweck der einschlägigen Bestimmungen dieses Abkommens im Einklang steht.

Art. 30 Ausdehnung[1] des räumlichen Geltungsbereichs.
(1) Dieses Abkommen kann entweder als Ganzes oder mit den erforderlichen Änderungen [auf jeden Teil des Hoheitsgebiets (des Staates A) oder (des Staates B), der ausdrücklich von der Anwendung des Abkommens ausgeschlossen ist, oder][2] auf jeden anderen Staat oder jedes andere Hoheitsgebiet ausgedehnt[3] werden, dessen internationale Beziehungen von (Staat A) oder (Staat B) wahrgenommen werden und in dem Steuern erhoben werden, die im Wesentlichen den Steuern ähnlich sind, für die das Abkommen gilt. Eine solche Ausdehnung[1] wird von dem Zeitpunkt an und mit den Änderungen und Bedingungen, einschließlich der Bedingungen für die Beendigung, wirksam, die zwischen den Vertragsstaaten durch auf diplomatischem Weg auszutauschende Noten oder auf andere, den Verfassungen dieser Staaten entsprechende Weise vereinbart werden.

(2) Haben die beiden Vertragsstaaten nichts anderes vereinbart, so wird mit der Kündigung durch einen Vertragsstaat nach Artikel 30 die Anwendung des Abkommens in der in jenem Artikel vorgesehenen Weise auch [für jeden Teil des Hoheitsgebiets (des Staates A) oder (des Staates B) oder][2] für Staaten oder Hoheitsgebiete beendet, auf die das Abkommen nach diesem Artikel ausgedehnt[3] worden ist.

Abschnitt VII. Schlussbestimmungen

Art. 31 Inkrafttreten. (1) Dieses Abkommen bedarf der Ratifikation; die Ratifikationsurkunden werden sobald wie möglich in … ausgetauscht.

(2) Das Abkommen tritt mit dem Austausch der Ratifikationsurkunden in Kraft, und seine Bestimmungen finden Anwendung

a) (in Staat A): …

b) (in Staat B): …

Art. 32 Kündigung. Dieses Abkommen bleibt in Kraft, solange es nicht von einem Vertragsstaat gekündigt wird. Jeder Vertragsstaat kann nach dem Jahr … das Abkommen auf diplomatischem Weg unter Ein-

---

[1] Bundesrepublik Deutschland: Statt „Ausdehnung" das Wort „Erstreckung".

[2] Die Worte in eckigen Klammern gelten, wenn das Abkommen auf Grund einer besonderen Bestimmung für einen Teil des Hoheitsgebiets eines Vertragsstaats nicht anzuwenden ist.

[3] Bundesrepublik Deutschland: Statt „ausgedehnt" das Wort „erstreckt".

haltung einer Frist von mindestens sechs Monaten zum Ende eines Kalenderjahres kündigen. In diesem Fall findet das Abkommen nicht mehr Anwendung

a) (in Staat A): …

b) (in Staat B): …

Schlussklausel

Anmerkung: Die Schlussklausel über die Unterzeichnung richtet sich nach den verfassungsrechtlichen Verfahren der beiden Vertragsstaaten.

475. Übereinkommen zur Beilegung von Investitionsstreitigkeiten zwischen Staaten und Angehörigen anderer Staaten (ICSID-Übereinkommen)[1), 2)]

Vom 18. März 1965

(BGBl. 1969 II S. 369)

(Übersetzung)

Inhaltsübersicht
(nicht amtlich)

Präambel

Die Vertragsstaaten,

eingedenk der Notwendigkeit, zugunsten der wirtschaftlichen Entwicklung international zusammenzuarbeiten, und eingedenk der Bedeutung, welche internationalen privaten Investitionen auf diesem Gebiet zukommt,

---

1) Kurztitel nicht amtlich

2) Das Übereinkommen ist für Deutschland am 18. 5. 1969 in Kraft getreten (Bek. v. 30. 5. 1969, BGBl. 1969 II S. 1191), für die Schweiz am 14. 6. 1968 und für Österreich am 24. 6. 1971.

im Hinblick darauf, dass im Zusammenhang mit derartigen Investitionen Streitigkeiten zwischen Vertragsstaaten und Angehörigen anderer Vertragsstaaten jederzeit entstehen können,
in der Erkenntnis, dass solche Streitigkeiten zwar für gewöhnlich Gegenstand innerstaatlicher Verfahren sind, in bestimmten Fällen jedoch ein internationales Verfahren zu ihrer Beilegung angebracht sein kann,
in Anbetracht der besonderen Bedeutung, die sie der Schaffung internationaler Vergleichs- und Schiedseinrichtungen beimessen, denen Vertragsstaaten und Angehörige anderer Vertragsstaaten auf Wunsch solche Streitigkeiten unterbreiten können,
in dem Wunsch, derartige Einrichtungen unter den Auspizien der Internationalen Bank für Wiederaufbau und Entwicklung zu schaffen,
in der Erkenntnis, dass die gegenseitige Einwilligung der Parteien, solche Streitigkeiten unter Inanspruchnahme der genannten Einrichtungen einem Vergleichs- oder Schiedsverfahren zu unterwerfen, eine rechtsverbindliche Vereinbarung darstellt, die insbesondere erfordert, dass jede Empfehlung der Vermittler gebührend berücksichtigt und jedem Schiedsspruch nachgekommen wird, und
mit der Erklärung, dass allein die Ratifizierung, Annahme oder Genehmigung dieses Übereinkommens durch einen Vertragsstaat nicht dessen Verpflichtung bedeutet, eine bestimmte Streitigkeit ohne seine Zustimmung einem Vergleichs- oder Schiedsverfahren zu unterwerfen,
sind wie folgt übereingekommen:

Kapitel I. Das Internationale Zentrum zur Beilegung von Investitionsstreitigkeiten

Abschnitt 1. Gründung und Organisation

Art. 1. (1) Hiermit wird ein Internationales Zentrum zur Beilegung von Investitionsstreitigkeiten im (Folgenden als Zentrum bezeichnet) errichtet.

(2) Zweck des Zentrums ist es, nach Maßgabe dieses Übereinkommens Vergleichs- und Schiedseinrichtungen zur Beilegung von Investitionsstreitigkeiten zwischen Vertragsstaaten und Angehörigen anderer Vertragsstaaten zur Verfügung zu stellen.

Art. 2. Sitz des Zentrums ist der Sitz der Internationalen Bank für Wiederaufbau und Entwicklung im (Folgenden als Bank bezeichnet). Der Sitz kann durch einen vom Verwaltungsrat mit Zweidrittelmehrheit seiner Mitglieder gefassten Beschluss an einen anderen Ort verlegt werden.

Art. 3. *Das Zentrum besteht* aus einem Verwaltungsrat und einem Sekretariat. Es führt je ein Verzeichnis von Vermittlern und von Schiedsrichtern.

Abschnitt 2. Der Verwaltungsrat

Art. 4. (1) Der Verwaltungsrat besteht aus einem Vertreter jedes Vertragsstaats. Nimmt ein Vertreter an einer Sitzung nicht teil oder ist er verhindert, so kann ein Stellvertreter für ihn tätig werden.

(2) Erfolgt keine andere Ernennung, so sind der von einem Vertragsstaat ernannte Gouverneur der Bank und dessen Stellvertreter von Amts wegen Vertreter und Stellvertreter.

Art. 5. Der Präsident der Bank ist von Amts wegen Vorsitzender des Verwaltungsrats im (Folgenden als Vorsitzender bezeichnet), hat jedoch kein Stimmrecht. Ist er abwesend oder verhindert oder ist die Stelle des Präsidenten der Bank nicht besetzt, so handelt der amtierende Präsident als Vorsitzender des Verwaltungsrats.

Art. 6. (1) Unbeschadet der ihm in anderen Bestimmungen dieses Übereinkommens zugewiesenen Befugnisse und Aufgaben hat der Verwaltungsrat folgende Aufgaben:

a) er beschließt die Verwaltungs- und die Finanzordnung für das Zentrum;
b) er beschließt die Verfahrensordnung für die Einleitung von Vergleichs- und von Schiedsverfahren;
c) er beschließt die Verfahrensordnungen für das Vergleichs- und das Schiedsverfahren im (Folgenden als Vergleichsordnung und Schiedsordnung bezeichnet);
d) er genehmigt die Vereinbarungen mit der Bank über die Benutzung ihrer Verwaltungseinrichtungen und Verwaltungsdienste;
e) er bestimmt die Anstellungsbedingungen für den Generalsekretär und die Stellvertretenden Generalsekretäre;
f) er beschließt den jährlichen Haushaltsplan der Einnahmen und Ausgaben des Zentrums;
g) er genehmigt den jährlichen Tätigkeitsbericht des Zentrums.

Beschlüsse nach den Buchstaben a, b, c und f bedürfen einer Zweidrittelmehrheit der Mitglieder des Verwaltungsrats.

(2) Der Verwaltungsrat kann die Ausschüsse einsetzen, die er für erforderlich hält.

(3) Ferner übt der Verwaltungsrat alle sonstigen Befugnisse aus und nimmt alle sonstigen Aufgaben wahr, die er zur Durchführung dieses Übereinkommens für erforderlich hält.

Art. 7. (1) Der Verwaltungsrat hält eine Jahrestagung sowie zusätzliche Tagungen ab, soweit letztere vom Rat beschlossen oder vom Vorsitzenden oder auf Wunsch von mindestens fünf Ratsmitgliedern vom Generalsekretär anberaumt werden.

(2) Jedes Mitglied des Verwaltungsrats hat eine Stimme; soweit in diesem Übereinkommen nichts anderes vorgesehen ist, werden alle dem Rat vorgelegten Fragen mit der Mehrheit der abgegebenen Stimmen entschieden.

(3) Bei allen Tagungen ist der Verwaltungsrat verhandlungs- und beschlussfähig, wenn mehr als die Hälfte seiner Mitglieder anwesend ist.

(4) Der Verwaltungsrat kann mit Zweidrittelmehrheit seiner Mitglieder eine Verfahrensregelung annehmen, wonach der Vorsitzende den Rat schriftlich abstimmen lassen kann, ohne ihn einzuberufen. Eine solche Abstimmung ist nur dann gültig, wenn die Mehrheit der Ratsmitglieder innerhalb der in der Verfahrensregelung festgesetzten Frist daran teilgenommen hat.

Art. 8. Für die Wahrnehmung ihrer Aufgaben erhalten die Mitglieder und der Vorsitzende des Verwaltungsrats vom Zentrum keine Vergütung.

Abschnitt 3. Das Sekretariat

Art. 9. Das Sekretariat besteht aus einem Generalsekretär, einem oder mehreren Stellvertretenden Generalsekretären und dem Personal.

Art. 10. (1) Der Generalsekretär und die Stellvertretenden Generalsekretäre werden auf Vorschlag des Vorsitzenden vom Verwaltungsrat mit Zweidrittelmehrheit seiner Mitglieder auf höchstens sechs Jahre gewählt; ihre Wiederwahl ist zulässig. Nach Konsultierung der Mitglieder des Verwaltungsrats schlägt der Vorsitzende einen oder mehrere Kandidaten für jedes Amt vor.

(2) Das Amt des Generalsekretärs und des Stellvertretenden Generalsekretärs ist unvereinbar mit der Ausübung eines politischen Amtes. Sofern nicht der Verwaltungsrat eine Ausnahme zulässt, dürfen der Generalsekretär und die Stellvertretenden Generalsekretäre weder eine abhängige noch eine sonstige berufliche Tätigkeit ausüben.

(3) Ist der Generalsekretär abwesend oder verhindert oder ist sein Amt nicht besetzt, so nimmt der Stellvertretende Generalsekretär die Aufgaben des Generalsekretärs wahr. Sind mehrere Stellvertretende Generalsekretäre vorhanden, so bestimmt der Verwaltungsrat im Voraus, in welcher Reihenfolge sie diese Aufgaben wahrnehmen sollen.

Art. 11. Der Generalsekretär ist der gesetzliche Vertreter des Zentrums, leitet es und ist für dessen Verwaltung, einschließlich der Anstellung des Personals, nach Maßgabe dieses Übereinkommens und der vom Verwaltungsrat beschlossenen Regelungen verantwortlich. Er amtiert als Kanzler und ist befugt, die auf Grund dieses Übereinkommens erlassenen Schiedssprüche zu beurkunden und Abschriften davon zu beglaubigen.

Abschnitt 4. Verz[illegible]chnisse

Art. 12. Das Vermittlerverzeichnis [illegible]nd das Schiedsrichterverzeichnis enthalten die Namen geeigneter [illegible]onen, die nach den folgenden Bestimmungen benannt worde[illegible] und der Aufnahme in das Verzeichnis zugestimmt haben.

Art. 13. (1) Je[illegible]ragsstaat kann für jedes Verzeichnis vier Personen bene[illegible]cht seine Staatsangehörigen zu sein brauchen.

(2) [illegible]tzende kann für jedes Verzeichnis zehn Personen be[illegible] vom Vorsitzenden für ein Verzeichnis benannten Personen [illegible] verschiedener Staatsangehörigkeit sein.

[illegible]4. (1) Die für die Verzei[illegible]nisse benannten Personen müssen ein [illegible] sittliches Ansehen sow[illegible] eine anerkannte Befähigung auf den Gebieten des Rechts, des H[illegible]dels, der Industrie oder des Finanzwesens besitzen und jede Gewäh[illegible] dafür bieten, dass sie ihr Amt unabhängig ausüben werden. Bei [illegible]n für das Schiedsrichterverzeichnis benannten Personen ist die B[illegible]ahigung auf dem Gebiet des Rechts besonders wichtig.

(2) Der Vorsitzende hat bei seinen Benennungen ferner zu berücksichtigen, dass in diesen Verzeichnissen die hauptsächlichen Rechtssysteme der Welt und die Hauptformen wirtschaftlicher Betätigungen vertreten sein sollen.

Art. 15. (1) Die Benennung gelten für sechs Jahre und können erneuert werden.

(2) Im Falle des Todes oder Rücktritts einer Person, die in einem der beiden Verzeichnisse geführt ist, kann die Stelle, die sie benannt hat, für die verbleibende Amtszeit einen Nachfolger benennen.

(3) Die in die Verzeichnisse aufgenommenen Personen werden darin bis zur Benennung ihrer Nachfolger geführt.

Art. 16. (1) Eine Person kann in beiden Verzeichnissen geführt werden.

(2) Wird eine Person von mehreren Vertragsstaaten oder von mindestens einem Vertragsstaat und dem Vorsitzenden für dasselbe Ve[illegible] zeichnis benannt, so gilt sie als von der Stelle benannt, die sie zue[illegible] benannt hat; ist jedoch die Person auch von dem Staat benannt w[illegible] den, dessen Staatsangehörigkeit sie besitzt, so gilt sie als von die[illegible] Staat benannt.

(3) Alle Benennungen werden dem Generalsekretär notifizier[illegible] werden mit Eingang der Notifikation wirksam.

Abschnitt 5. Finanzierung des Zentrums

Art. 17. Können die Ausgaben des Zentrums nicht aus de[illegible] Inanspruchnahme seiner Dienste gezahlter Gebühren oder au[illegible]

Einkünften bestritten werden, so wird der Fehlbetrag von den Vertragsstaaten, die Mitglieder der Bank sind, im Verhältnis ihrer Zeichnungen auf das Grundkapital der Bank und von den Staaten, die nicht Mitglieder der Bank sind, nach Maßgabe der vom Verwaltungsrat beschlossenen Regelungen gedeckt.

Abschnitt 6. Rechtsstellung, Immunitäten und Vorrechte

Art. 18. Das Zentrum besitzt volle internationale Rechtspersönlichkeit. Es besitzt unter anderem die Fähigkeit,

a) Verträge zu schließen,

b) bewegliches und unbewegliches Vermögen zu erwerben und darüber zu verfügen,

c) vor Gericht zu klagen und verklagt zu werden.

Art. 19. Das Zentrum genießt, um seine Aufgaben wahrnehmen zu können, im Hoheitsgebiet jedes Vertragsstaats die in diesem Abschnitt vorgesehenen Immunitäten und Vorrechte.

Art. 20. Das Zentrum, sein Eigentum und seine sonstigen Vermögenswerte genießen Immunität von jedem Gerichtsverfahren, sofern es nicht darauf verzichtet.

Art. 21. Der Vorsitzende, die Mitglieder des Verwaltungsrats, die als Vermittler, Schiedsrichter oder Mitglieder eines in Artikel 52 Absatz 3 vorgesehenen Ausschusses tätigen Personen sowie die Bediensteten des Sekretariats

[illegible]d wegen der von ihnen in Ausübung ihrer amtlichen Tätigkeit [illegible]enommenen Handlungen von der Gerichtsbarkeit befreit, falls [illegible] das Zentrum diese Immunität aufhebt,

[illegible]n, falls sie nicht Angehörige des Staates sind, in dem sie ihre [illegible] Tätigkeit ausüben, dieselben Befreiungen auf dem Gebiet [illegible]derung, der Ausländermeldepflicht, der Wehrpflicht und [illegible] ähnlichen Leistungen sowie dieselben Erleichterungen [illegible]nd Reiseverkehr, wie sie von den Vertragsstaaten den [illegible]n Rang stehenden Vertretern und Bediensteten an[illegible]en gewährt werden.

[illegible]det auf die Personen Anwendung, die als Par[illegible]chtsbeistände, Anwälte, Zeugen oder Sach[illegible]ch diesem Übereinkommen beteiligt sind; [illegible] auf ihre Reisen nach und von dem Ort, [illegible] und ihren Aufenthalt dort Anwendung.

[illegible]rums sind unverletzlich, wo immer

(2) Jeder Vertragsstaat gewährt dem Zentrum für dessen amtliche Mitteilungen eine ebenso günstige Behandlung wie anderen internationalen Organisationen.

Art. 24. (1) Das Zentrum, sein Eigentum, seine sonstigen Vermögenswerte und seine Einkünfte sowie seine nach diesem Übereinkommen gestatteten Betätigungen sind von allen Steuern und Zöllen befreit. Das Zentrum ist ferner von jeder Haftung für die Einziehung oder Zahlung von Steuern oder Zöllen befreit.

(2) Aufwandsentschädigungen, die das Zentrum dem Vorsitzenden oder den Mitgliedern des Verwaltungsrats zahlt, sowie Bezüge, Aufwandsentschädigungen oder andere Vergütungen, die das Zentrum den Bediensteten des Sekretariats zahlt, sind von jeder Steuer befreit, sofern nicht der Empfänger Angehöriger des Staates ist, in dem er seine amtliche Tätigkeit ausübt.

(3) Honorare oder Aufwandsentschädigungen, die Personen für ihre Tätigkeit als Vermittler oder Schiedsrichter oder Mitglied eines in Artikel 52 Absatz 3 vorgesehenen Ausschusses in Verfahren nach diesem Übereinkommen erhalten, sind von Steuern befreit, wenn die einzige Rechtsgrundlage für eine solche Steuer der Sitz des Zentrums oder der Ort ist, an dem ein solches Verfahren stattfindet oder an dem solche Honorare oder Aufwandsentschädigungen gezahlt werden.

Kapitel II. Die Zuständigkeit des Zentrums

Art. 25. (1) Die Zuständigkeit des Zentrums erstreckt sich auf alle unmittelbar mit einer Investition zusammenhängenden Rechtsstreitigkeiten zwischen einem Vertragsstaat (oder einer von diesem abhängigen Gebietskörperschaft oder Stelle, die er dem Zentrum benennt) einerseits und einem Angehörigen eines anderen Vertragsstaats andererseits, wenn die Parteien schriftlich eingewilligt haben, die Streitigkeiten dem Zentrum zu unterbreiten. Haben die Parteien ihre Zustimmung erteilt, so kann keine von ihnen sie einseitig zurücknehmen.

(2) Der Ausdruck «Angehöriger eines anderen Vertragsstaats» bedeutet:

a) jede natürliche Person, die im Zeitpunkt, zu dem die Parteien der Unterwerfung der Streitigkeit unter ein Vergleichs- oder Schiedsverfahren zugestimmt haben, sowie im Zeitpunkt, zu dem das Begehren nach Artikel 28 Absatz 3 oder nach Artikel 36 Absatz 3 registriert worden ist, die Staatsangehörigkeit eines anderen Vertragsstaats besessen hat als des Staates, der Streitpartei ist; ausgenommen sind Personen, die in einem dieser Zeitpunkte auch die Staatsangehörigkeit des Vertragsstaats besessen haben, der Streitpartei ist,

b) jede juristische Person, die im Zeitpunkt, zu dem die Parteien der Unterwerfung der Streitigkeit unter ein Vergleichs- oder Schiedsverfahren zugestimmt haben, die Staatsangehörigkeit eines anderen Vertragsstaats besessen hat als des Staates, der Streitpartei ist, sowie jede juristische Person, die im gleichen Zeitpunkt die Staatsangehörigkeit des Vertragsstaats besessen hat, der Streitpartei ist, wenn die Parteien übereingekommen sind, diese juristische Person wegen der von ausländischen Interessen über sie ausgeübten Kontrolle als Angehörigen eines anderen Vertragsstaats im Sinne dieses Übereinkommens zu betrachten.

(3) Die Zustimmung einer von einem Vertragsstaat abhängigen Gebietskörperschaft oder Stelle bedarf der Genehmigung dieses Staates, sofern er nicht dem Zentrum mitteilt, dass die Genehmigung nicht erforderlich ist.

(4) Jeder Vertragsstaat kann bei der Ratifikation, der Annahme oder der Genehmigung des Übereinkommens oder zu jedem späteren Zeitpunkt dem Zentrum notifizieren, welche Arten von Streitigkeiten er der Zuständigkeit des Zentrums zu unterwerfen beabsichtigt und welche nicht. Der Generalsekretär übermittelt die Notifikation sofort allen Vertragsstaaten. Diese Notifikation stellt nicht die nach Absatz 1 erforderliche Zustimmung dar.

Art. 26. Die Zustimmung der Parteien zum Schiedsverfahren im Rahmen dieses Übereinkommens gilt, sofern nicht etwas anderes erklärt wird, zugleich als Verzicht auf jeden anderen Rechtsbehelf. Als Bedingung für seine Zustimmung zum Schiedsverfahren nach diesem Übereinkommen kann ein Vertragsstaat Erschöpfung der innerstaatlichen Verwaltungs- oder Gerichtsverfahren verlangen.

Art. 27. (1) Kein Vertragsstaat wird hinsichtlich einer Streitigkeit, die einer seiner Angehörigen und ein anderer Vertragsstaat im gegenseitigen Einvernehmen dem Schiedsverfahren nach diesem Übereinkommen unterwerfen wollen oder bereits unterworfen haben, diplomatischen Schutz gewähren oder einen völkerrechtlichen Anspruch geltend machen, es sei denn, dass der andere Vertragsstaat den in der Streitsache erlassenen Schiedsspruch nicht befolgt.

(2) Informelle diplomatische Schritte, die lediglich darauf gerichtet sind, die Beilegung der Streitigkeit zu erleichtern, fallen nicht unter den Begriff des diplomatischen Schutzes im Sinne von Absatz 1.

Kapitel III. Das Vergleichsverfahren

Abschnitt 1. Antrag auf Einleitung des Vergleichsverfahrens

Art. 28. (1) Wünscht ein Vertragsstaat oder ein Angehöriger eines Vertragsstaats ein Vergleichsverfahren einzuleiten, so richtet er ein diesbezügliches schriftliches Begehren an den Generalsekretär, der es der anderen Partei in Abschrift zuleitet.

(2) Das Begehren hat Angaben über den Streitgegenstand, die Identität der Parteien und ihre Zustimmung zum Vergleichsverfahren nach Maßgabe der Verfahrensordnung für die Einleitung von Vergleichs- und von Schiedsverfahren zu enthalten.

(3) Der Generalsekretär registriert das Begehren, sofern er nicht auf Grund der darin enthaltenen Angaben feststellt, dass die Streitigkeit offensichtlich nicht in die Zuständigkeit des Zentrums fällt. Er notifiziert den Parteien unverzüglich die Registrierung oder deren Ablehnung.

Abschnitt 2. Bildung der Vergleichskommission

Art. 29. (1) Die Vergleichskommission im (Folgenden als Kommission bezeichnet) wird so bald wie möglich nach der Artikel 28 erfolgten Registrierung des Begehrens gebildet.

2) a) Die Kommission besteht aus einem Einzelvermittler oder einer ungeraden Anzahl von Vermittlern, die entsprechend der Vereinbarung der Parteien ernannt werden.

b) Können die Parteien sich nicht über die Anzahl der Vermittler und die Art ihrer Ernennung einigen, so besteht die Kommission aus drei Vermittlern, wobei jede Partei einen Vermittler ernennt und der dritte, der von Vorsitz in der Kommission führt, in gegenseitigen Einvernehmen von den Parteien ernannt wird.

Art. 30. Ist die Kommission nicht binnen 90 Tagen nach der gemäß Artikel 28 Absatz 3 vorgenommenen Absendung der Notifikation der Registrierung des Begehrens durch den Generalsekretär oder binnen einer anderen von den Parteien vereinbarten Frist gebildet worden, so ernennt der Vorsitzende auf Antrag einer der Parteien und, soweit möglich, nach Konsultierung beider Parteien den oder die noch nicht ernannten Vermittler.

Art. 31. (1) Zu Vermittlern können, außer bei Ernennung durch den Vorsitzenden nach Artikel 30, Personen ernannt werden, die nicht im Vermittlerverzeichnis geführt sind.

(2) Zu Vermittlern ernannte Personen, die nicht im Vermittlerverzeichnis geführt sind, müssen die in Artikel 14 Absatz 1 vorgesehenen Eigenschaften besitzen.

Abschnitt 3. Das Verfahren vor der Kommission

Art. 32. (1) Die Kommission entscheidet selbst über ihre Zuständigkeit.

(2) Jede Einrede, die eine Partei mit der Begründung erhebt, dass die Streitigkeit nicht in die Zuständigkeit des Zentrums oder aus anderem Grund nicht in die Zuständigkeit der Kommission fällt, wird von der Kommission geprüft, die darüber entscheidet, ob diese Einrede als Vorfrage zu behandeln oder mit der Hauptsache zu verbinden ist.

Art. 33. Jedes Vergleichsverfahren wird gemäß diesem Abschnitt und, sofern die Parteien nichts anderes vereinbaren, gemäß der Vergleichsordnung geführt, die im Zeitpunkt der Zustimmung der Parteien zum Vergleichsverfahren gilt. Ergibt sich eine Verfahrensfrage, die weder in diesem Abschnitt noch in der Vergleichsordnung noch in einer anderen von den Parteien angenommenen Regelung behandelt ist, so wird sie von der Kommission entschieden.

Art. 34. (1) Die Kommission hat die Aufgabe, die zwischen den Parteien bestehenden Streitfragen zu klären und sich zu bemühen, eine für beide Seiten annehmbare Lösung herbeizuführen. Zu diesem Zweck kann die Kommission in jedem Stadium des Verfahrens und wiederholt Empfehlungen für die Beilegung an die Parteien richten. Die Parteien haben nach Treu und Glauben mit der Kommission zusammenzuarbeiten, um ihr die Erfüllung ihrer Aufgaben zu ermöglichen, und haben ihren Empfehlungen größte Beachtung zu schenken.

(2) Gelangen die Parteien zu einer Einigung, so fertigt die Kommission einen Bericht an, in dem die Streitfragen aufgezählt werden und die Einigung zwischen den Parteien festgestellt wird. Kommt die Kommission in irgendeinem Stadium des Verfahrens zu der Auffassung, dass keine Möglichkeit einer Einigung zwischen den Parteien besteht, so schließt sie das Verfahren und fertigt einen Bericht an, in dem festgestellt wird, dass die Streitigkeit Gegenstand eines Vergleichsverfahrens war und die Parteien keine Einigung erzielt haben. Erscheint eine Partei nicht vor der Kommission oder nimmt sie nicht am Verfahren teil, so schließt die Kommission das Verfahren und fertigt einen Bericht an, in dem festgestellt wird, dass die Partei nicht erschienen ist oder nicht an dem Verfahren teilgenommen hat.

Art. 35. Sofern die Parteien nichts anderes vereinbaren, kann sich keine von ihnen anläßlich eines anderen Verfahrens vor einem Schiedsgericht, einem Gericht oder einer sonstigen Stelle auf die von der anderen Partei während des Vergleichsverfahrens abgegebenen Meinungsäußerungen, Erklärungen, Zugeständnisse oder Beilegungsangebote, auf den Bericht oder die Empfehlungen der Kommission berufen.

Kapitel IV. Das Schiedsverfahren

Abschnitt 1. Antrag auf Einleitung des Schiedsverfahrens

Art. 36. (1) Wünscht ein Vertragsstaat oder ein Angehöriger eines Vertragsstaats ein Schiedsverfahren einzuleiten, so richtet er ein diesbezügliches schriftliches Begehren an den Generalsekretär, der es der anderen Partei in Abschrift zuleitet.

(2) Das Begehren hat Angaben über den Streitgegenstand, die Identität der Parteien und ihre Zustimmung zum Schiedsverfahren nach Maßgabe der Verfahrensordnung für die Einleitung von Vergleichs- und von Schiedsverfahren zu enthalten.

(3) Der Generalsekretär registriert das Begehren, sofern er nicht auf Grund der darin enthaltenen Angaben feststellt, dass die Streitigkeit

offensichtlich nicht in die Zuständigkeit des Zentrums fällt. Er notifiziert den Parteien unverzüglich die Registrierung oder deren Ablehnung.

Abschnitt 2. Bildung des Gerichts

Art. 37. (1) Das Schiedsgericht im (Folgenden als Gericht bezeichnet) wird so bald wie möglich nach der gemäß Artikel 36 erfolgten Registrierung des Begehrens gebildet.

2) a) Das Gericht besteht aus einem Einzelschiedsrichter oder einer ungeraden Anzahl von Schiedsrichtern, die entsprechend der Vereinbarung der Parteien ernannt werden.

b) Können die Parteien sich nicht über die Anzahl der Schiedsrichter und die Art ihrer Ernennung einigen, so besteht das Gericht aus drei Schiedsrichtern, wobei jede Partei einen Schiedsrichter ernennt und der dritte, der den Vorsitz im Gericht führt, im gegenseitigen Einvernehmen von den Parteien ernannt wird.

Art. 38. Ist das Gericht nicht binnen 90 Tagen nach der gemäß Artikel 36 Absatz 3 vorgenommenen Absendung der Notifikation der Registrierung des Begehrens durch den Generalsekretär oder binnen einer anderen von den Parteien vereinbarten Frist gebildet worden, so ernennt der Vorsitzende auf Antrag einer der Parteien und, soweit möglich, nach Konsultierung beider Parteien den oder die noch nicht ernannten Schiedsrichter. Die vom Vorsitzenden nach diesem Artikel ernannten Schiedsrichter dürfen weder dem Vertragsstaat, der Streitpartei ist, angehören noch demjenigen, dessen Angehöriger Streitpartei ist.

Art. 39. Die Mehrheit der Schiedsrichter muss anderen Staaten als demjenigen, der Streitpartei ist, und als demjenigen, dessen Angehöriger Streitpartei ist, angehören; diese Bestimmung findet jedoch keine Anwendung, wenn die Parteien im gegenseitigen Einvernehmen den Einzelschiedsrichter oder alle Mitglieder des Gerichts ernennen.

Art. 40. (1) Zu Schiedsrichtern können, außer bei Ernennung durch den Vorsitzenden nach Artikel 38, Personen ernannt werden, die nicht im Schiedsrichterverzeichnis geführt sind.

(2) Zu Schiedsrichtern ernannte Personen, die nicht im Schiedsrichterverzeichnis geführt sind, müssen die in Artikel 14 Absatz 1 vorgesehenen Eigenschaften besitzen.

Abschnitt 3. Befugnisse und Aufgaben des Gerichts

Art. 41. (1) Das Gericht entscheidet selbst über seine Zuständigkeit.

(2) Jede Einrede, die eine Partei mit der Begründung erhebt, dass die Streitigkeit nicht in die Zuständigkeit des Zentrums oder aus anderem Grund nicht in die Zuständigkeit des Gerichts fällt, wird vom Gericht

geprüft, das darüber entscheidet, ob diese Einrede als Vorfrage zu behandeln oder mit der Hauptsache zu verbinden ist.

Art. 42. (1) Das Gericht entscheidet die Streitigkeit gemäß den von den Parteien vereinbarten Rechtsvorschriften. Liegt eine solche Vereinbarung nicht vor, so wendet das Gericht das Recht des Vertragsstaats, der Streitpartei ist, – einschließlich seines internationalen Privatrechts – sowie die einschlägigen Regeln des Völkerrechts an.

(2) Das Gericht kann eine Entscheidung nicht mit der Begründung ablehnen, dass das Recht zu dem streitigen Punkt schweigt oder unklar ist.

(3) Die Absätze 1 und 2 lassen die Befugnisse des Gerichts unberührt, bei Einwilligung der Parteien ex aequo et bono zu entscheiden.

Art. 43. Sofern die Parteien nicht anderes vereinbaren, kann das Gericht, wenn es dies für nötig hält, jederzeit während des Verfahrens

a) die Parteien auffordern, alle Urkunden oder sonstigen Beweismittel vorzulegen,

b) sich an Ort und Stelle begeben und dort alle Untersuchungen vornehmen, die es für erforderlich erachtet.

Art. 44. Jedes Schiedsverfahren wird gemäß diesem Abschnitt und, sofern die Parteien nichts anderes vereinbaren, gemäß der Schiedsordnung geführt, die im Zeitpunkt der Zustimmung der Parteien zum Schiedsverfahren gilt. Ergibt sich eine Verfahrensfrage, die weder in diesem Abschnitt noch in der Schiedsordnung noch in einer anderen von den Parteien angenommenen Regelung behandelt ist, so wird sie vom Gericht entschieden.

Art. 45. (1) Erscheint eine Partei nicht vor dem Gericht oder vertritt sie ihre Sache nicht, so bedeutet das nicht, dass sie dem Vorbringen der anderen Partei zustimmt.

(2) Wenn eine Partei in irgendeinem Stadium des Verfahrens nicht vor dem Gericht erscheint oder ihre Sache nicht vertritt, kann die andere Partei das Gericht ersuchen, die ihm vorgelegten Rechtsbegehren zu behandeln und einen Schiedsspruch zu erlassen. Das Gericht benachrichtigt die säumige Partei von dem Ersuchen und hat ihr, bevor es seinen Spruch erlässt, eine First zu gewähren, sofern es nicht überzeugt ist, dass diese Partei nicht die Absicht hat, vor dem Gericht zu erscheinen oder ihre Sache zu vertreten.

Art. 46. Sofern die Parteien nichts anderes vereinbaren, entscheidet das Gericht auf Antrag einer Partei über alle unmittelbar mit dem Streitgegenstand zusammenhängenden Zwischenanträge, Zusatzanträge *oder Anträge nach* Art der Widerklage, wenn sich die Zustimmung der Parteien auf diese Anträge erstreckt und sie außerdem in die Zuständigkeit des Zentrums fallen.

Art. 47. Sofern die Parteien nichts anderes vereinbaren, kann das Gericht, wenn die Umstände dies nach seiner Ansicht erfordern, vorläufige Maßnahmen zur Sicherung der Rechte beider Parteien empfehlen.

Abschnitt 4. Der Schiedsspruch

Art. 48. (1) Das Gericht entscheidet alle Fragen mit Stimmenmehrheit aller seiner Mitglieder.

(2) Der Schiedsspruch ist schriftlich zu erlassen und von den Mitgliedern des Gerichts zu unterzeichnen, die für ihn gestimmt haben.

(3) Der Schiedsspruch hat alle dem Gericht vorgelegten Rechtsbegehren zu behandeln und ist zu begründen.

(4) Jedes Mitglied des Gerichts kann dem Schiedsspruch seine – der Auffassung der Mehrheit zustimmende oder davon abweichende – eigene Meinung oder nur die Feststellung seiner abweichenden Meinung beifügen.

(5) Das Zentrum veröffentlicht den Schiedsspruch nur mit Zustimmung der Parteien.

Art. 49. (1) Der Generalsekretär übermittelt den Parteien unverzüglich beglaubigte Abschriften des Schiedsspruchs. Der Schiedsspruch gilt als an dem Tag der Absendung dieser Abschriften erlassen.

(2) Auf einen binnen 45 Tagen nach Erlass des Schiedsspruchs einzureichenden Antrag einer Partei kann das Gericht nach Benachrichtigung der anderen Partei über jede Frage entscheiden, die es in dem Schiedsspruch zu behandeln unterlassen hat, und jeden in dem Schiedsspruch enthaltenen Schreib-, Rechen- oder ähnlichen Fehler berichtigen. Seine Entscheidung ist Bestandteil des Schiedsspruchs und wird den Parteien in derselben Form wie der Schiedsspruch bekannt gegeben. Die in Artikel 51 Absatz 2 und Artikel 52 Absatz 2 vorgesehenen Fristen beginnen mit dem Tag des Erlasses der Entscheidung zu laufen.

Abschnitt 5. Auslegung des Schiedsspruchs, Wiederaufnahmeverfahren und Aufhebung des Schiedsspruchs

Art. 50. (1) Entstehen Streitigkeiten zwischen den Parteien über Sinn oder Tragweite des Schiedsspruchs, so kann jede Partei einen schriftlichen Antrag auf Auslegung des Schiedsspruchs an den Generalsekretär richten.

(2) Der Antrag ist nach Möglichkeit dem Gericht vorzulegen, das den Schiedsspruch erlassen hat. Ist dies nicht möglich, so wird ein neues Gericht nach Abschnitt 2 dieses Kapitels gebildet. Das Gericht kann beschließen, die Vollstreckung des Schiedsspruchs bis zur Entscheidung über den Auslegungsantrag auszusetzen, wenn dies die Umstände nach seiner Auffassung erfordern.

Art. 51. (1) Wird einer Partei eine Tatsache bekannt, die geeignet ist, den Schiedsspruch entscheidend zu beeinflussen, so kann sie beim Generalsekretär schriftlich ein Wiederaufnahmeverfahren beantragen, sofern die Tatsache dem Gericht und der antragstellenden Partei vor Erlass des Schiedsspruchs unbekannt war und die Unkenntnis der antragstellenden Partei nicht auf Fahrlässigkeit beruhte.

(2) Der Antrag ist binnen 90 Tagen nach Bekanntwerden einer solchen Tatsache und in jedem Fall binnen drei Jahren nach Erlass des Schiedsspruchs zu stellen.

(3) Der Antrag ist nach Möglichkeit dem Gericht vorzulegen, das den Schiedsspruch erlassen hat. Ist dies nicht möglich, so wird ein neues Gericht nach Abschnitt 2 dieses Kapitels gebildet.

(4) Das Gericht kann beschließen, die Vollstreckung des Schiedsspruchs bis zur Entscheidung über den Wiederaufnahmeantrag auszusetzen, wenn dies die Umstände nach seiner Auffassung erfordern. Ersucht die antragstellende Partei um einen Aufschub der Vollstreckung des Schiedsspruchs, so wird die Vollstreckung vorläufig ausgesetzt, bis das Gericht über dieses Ersuchen entschieden hat.

Art. 52. (1) Jede Partei kann beim Generalsekretär schriftlich die Aufhebung eines Schiedsspruchs aus einem oder mehreren der folgenden Gründe beantragen:

a) nicht ordnungsgemäße Bildung des Gerichts,

b) offensichtliche Überschreitung der Befugnisse des Gerichts,

c) Bestechung eines Mitglieds des Gerichts,

d) schwerwiegende Abweichung von einer grundlegenden Verfahrensvorschrift,

e) Fehlen der Begründung des Schiedsspruchs.

(2) Der Antrag ist binnen 120 Tagen nach Erlass des Schiedsspruchs zu stellen, sofern nicht die Aufhebung wegen Bestechung verlangt wird; in diesem Fall ist der Antrag binnen 120 Tagen nach Entdecken der Bestechung, jedenfalls aber binnen drei Jahren nach Erlass des Schiedsspruchs zu stellen.

(3) Nach Eingang des Antrags ernennt der Vorsitzende unverzüglich aus dem Kreis der im Schiedsrichterverzeichnis geführten Personen einen aus drei Mitgliedern bestehenden ad hoc-Ausschuss. Die Mitglieder dieses Ausschusses dürfen weder Mitglied des Gerichts gewesen sein, das den Schiedsspruch erlassen hat, noch die gleiche Staatsangehörigkeit besitzen wie ein Mitglied des Gerichts, noch die Staatsangehörigkeit des Staates, der Streitpartei ist, oder des Staates, dessen Angehöriger Streitpartei ist, besitzen, noch von einem dieser Staaten für das Schiedsrichterverzeichnis benannt worden sein, noch das Amt eines Vermittlers in der gleichen Sache ausgeübt haben. Der Ausschuss ist befugt, den Schiedsspruch aus einem der in Absatz 1 aufgeführten Gründe ganz oder teilweise aufzuheben.

(4) die Artikel 41 bis 45, 48, 49, 53 und 54 sowie die Kapitel VI und VII sind auf das Verfahren vor dem Ausschuss sinngemäß anzuwenden.

(5) Der Ausschuss kann beschließen, die Vollstreckung des Schiedsspruchs bis zur Entscheidung über den Aufhebungsantrag auszusetzen, wenn dies die Umstände nach seiner Auffassung erfordern. Ersucht die antragstellende Partei um einen Aufschub der Vollstreckung des Schiedsspruchs, so wird die Vollstreckung vorläufig ausgesetzt, bis der Ausschuss über dieses Ersuchen entschieden hat.

(6) Wird der Schiedsspruch aufgehoben, so ist die Streitigkeit auf Antrag einer der Parteien einem neuen nach Abschnitt 2 dieses Kapitels gebildeten Gericht zu unterbreiten.

Abschnitt 6. Anerkennung und Vollstreckung des Schiedsspruchs

Art. 53. (1) Der Schiedsspruch ist für die Partei bindend und unterliegt keiner Berufung und auch keinen anderen Rechtsmitteln als denen, die in diesem Übereinkommen vorgesehen sind. Jede Partei hat den Schiedsspruch genau zu befolgen, soweit nicht die Vollstreckung auf Grund dieses Übereinkommens ausgesetzt ist.

(2) Im Sinne dieses Abschnitts umfasst der Ausdruck „Schiedsspruch" jede Entscheidung über die Auslegung, die Wiederaufnahme oder die Aufhebung nach den Artikeln 50, 51 oder 52.

Art. 54. (1) Jeder Vertragsstaat erkennt jeden im Rahmen dieses Übereinkommens erlassenen Schiedsspruch als bindend an und sorgt für die Vollstreckung der darin auferlegten finanziellen Verpflichtungen in seinem Hoheitsgebiet, als handle es sich um ein rechtskräftiges Urteil eines seiner innerstaatlichen Gerichte. Ein Vertragsstaat mit bundesstaatlicher Verfassung kann für die Vollstreckung des Schiedsspruchs durch seine Bundesgerichte sorgen und bestimmen, dass diese einen derartigen Schiedsspruch als rechtskräftiges Urteil der Gerichte eines Gliedstaats behandeln.

(2) Eine Partei, die Anerkennung und Vollstreckung eines Schiedsspruchs im Hoheitsgebiet eines Vertragsstaats begehrt, hat dem zuständigen innerstaatlichen Gericht oder einer anderen von diesem Staat dafür bestimmten amtlichen Stelle eine vom Generalsekretär beglaubigte Abschrift des Schiedsspruchs vorzulegen. Jeder Vertragsstaat teilt dem Generalsekretär mit, welches Gericht zuständig oder welche amtliche Stelle bestimmt ist, und unterrichtet ihn über etwaige Änderungen.

(3) Auf die Vollstreckung des Schiedsspruchs sind die Rechtsvorschriften für die Vollstreckung von Urteilen anzuwenden, die in dem Staat gelten, in dessen Hoheitsgebiet die Vollstreckung begehrt wird.

Art. 55. Artikel 54 darf nicht so ausgelegt werden, als schaffe er eine Ausnahme von dem in einem Vertragsstaat geltenden Recht über die Immunität dieses Staates oder eines fremden Staates von der Vollstreckung.

Kapitel V. Ersetzung und Ablehnung von Vermittlern und Schiedsrichtern

Art. 56. (1) Ist eine Kommission oder ein Gericht gebildet und hat das Verfahren begonnen, so kann die Zusammensetzung nicht mehr geändert werden. Jedoch werden die durch Tod, eingetretene Unfähigkeit zur Ausübung des Amtes oder Rücktritt eines Vermittlers oder Schiedsrichters freigewordenen Stellen nach Kapitel III Abschnitt 2 oder Kapitel IV Abschnitt 2 besetzt.

(2) Jedes Mitglied einer Kommission oder eines Gerichts übt dieses Amt weiterhin aus, auch wenn sein Name nicht mehr in dem Verzeichnis steht.

(3) Tritt ein von einer Partei ernannter Vermittler oder Schiedsrichter ohne Zustimmung der Kommission, der er angehört, oder des Gerichts, dem er angehört, zurück, so besetzt der Vorsitzende die freie Stelle, indem er eine Person aus dem entsprechenden Verzeichnis auswählt.

Art. 57. Eine Partei kann der Kommission oder dem Gericht gegenüber ein Mitglied mit der Begründung ablehnen, dass dieses offensichtlich nicht die in Artikel 14 Absatz 1 geforderten Eigenschaften besitzt. Eine Partei in einem Schiedsverfahren kann ferner einen Schiedsrichter mit der Begründung ablehnen, dass dieser die in Kapitel IV Abschnitt 2 festgesetzten Bedingungen für die Ernennung zum Schiedsrichter nicht erfüllt hat.

Art. 58. Die Entscheidung über einen Antrag auf Ablehnung eines Vermittlers oder Schiedsrichters wird von den übrigen Mitgliedern der Kommission oder des Gerichts getroffen. Bei Stimmengleichheit oder bei einem Antrag auf Ablehnung eines Einzelvermittlers oder -schiedsrichters oder einer Mehrheit der Kommission oder des Gerichts wird die Entscheidung vom Vorsitzenden des Verwaltungsrats getroffen. Wird der Antrag als begründet anerkannt, so wird der betreffende Vermittler oder Schiedsrichter nach Kapitel III Abschnitt 2 oder Kapitel IV Abschnitt 2 ersetzt.

Kapitel VI. Kosten des Verfahrens

Art. 59. Die von den Parteien für die Inanspruchnahme der Einrichtungen des Zentrums zu entrichtenden Gebühren werden vom Generalsekretär nach den vom Verwaltungsrat angenommenen Regelungen festgesetzt.

Art. 60. (1) Die Kommissionen und Gerichte setzen innerhalb der vom Verwaltungsrat gesetzten Grenzen und nach Konsultierung des Generalsekretärs die Honorare und die zu erstattenden Kosten ihrer Mitglieder fest.

(2) Ungeachtet des Absatzes 1 können die Parteien im Einvernehmen mit der Kommission oder dem Gericht die Honorare und die zu erstattenden Kosten der Mitglieder im Voraus festsetzen.

Art. 61. (1) Im Vergleichsverfahren werden die Honorare und die zu erstattenden Kosten der Kommissionsmitglieder sowie die Gebühren für die Inanspruchnahme der Einrichtungen des Zentrums zu gleichen Teilen von den Parteien getragen. Jede Partei trägt alle anderen Kosten, die ihr im Zusammenhang mit dem Verfahren entstehen.

(2) Im Schiedsverfahren setzt das Gericht, soweit die Parteien nichts anderes vereinbaren, die ihnen im Zusammenhang mit dem Verfahren entstandenen Kosten fest und entscheidet über die Aufteilung und die Art der Zahlung dieser Kosten, der Honorare und Kosten der Gerichtsmitglieder sowie der Gebühren für die Inanspruchnahme der Einrichtungen des Zentrums. Diese Entscheidung ist Bestandteil des Schiedsspruchs.

Kapitel VII. Ort des Verfahrens

Art. 62. Die Vergleichs- und Schiedsverfahren finden vorbehaltlich der folgenden Bestimmungen am Sitz des Zentrums statt.

Art. 63. Wenn die Parteien dies beschließen, können Vergleichs- und Schiedsverfahren stattfinden:

a) am Sitz des Ständigen Schiedshofs oder einer anderen geeigneten öffentlichen oder privaten Institution, mit der das Zentrum entsprechende Abmachungen getroffen hat,

b) an jedem anderen von der Kommission oder dem Gericht nach Konsultierung des Generalsekretärs gebilligten Ort.

Kapitel VIII. Streitigkeiten zwischen Vertragsstaaten

Art. 64. Jede zwischen Vertragsstaaten entstehende Streitigkeit über die Auslegung oder Anwendung dieses Übereinkommens, die nicht auf gütlichem Wege beigelegt wird, ist auf Antrag einer Streitpartei dem Internationalen Gerichtshof zu unterbreiten, sofern sich die beteiligten Staaten nicht auf eine andere Art der Beilegung einigen.

Kapitel IX. Änderungen

Art. 65. Jeder Vertragsstaat kann Änderungen dieses Übereinkommens vorschlagen. Ein Änderungsvorschlag ist dem Generalsekretär spätestens 90 Tage vor der Tagung des Verwaltungsrats, auf welcher der Vorschlag geprüft werden soll, mitzuteilen und ist von ihm unverzüglich allen Mitgliedern des Verwaltungsrats zu übermitteln.

Art. 66. (1) Wenn der Verwaltungsrat dies mit Zweidrittelmehrheit seiner Mitglieder beschliesst, wird der Änderungsvorschlag zum Zwecke der Ratifizierung, Annahme oder Genehmigung allen Vertragsstaaten zugeleitet. Jede Änderung tritt 30 Tage nach dem Tag in Kraft, an dem die Verwahrstelle dieses Übereinkommens an die Vertragsstaaten die schriftliche Mitteilung abgesandt hat, dass alle Vertragsstaaten die Änderung ratifiziert, angenommen oder genehmigt haben.

(2) Keine Änderung berührt die auf diesem Übereinkommen beruhenden Rechte und Pflichten eines Vertragsstaats, einer von diesem abhängigen Gebietskörperschaft oder Stelle oder eines Angehörigen dieses Staates, die sich aus einer vor Inkrafttreten der Änderung erteilten Zustimmung zur Zuständigkeit des Zentrums ergeben.

Kapitel X. Schlussbestimmungen

Art. 67. Dieses Übereinkommen liegt für die Mitgliedstaaten der Bank zur Unterzeichnung auf. Es liegt ferner für jeden anderen Staat zur Unterzeichnung auf, der Vertragspartei des Statuts des Internationalen Gerichtshofs ist und den der Verwaltungsrat mit Zweidrittelmehrheit seiner Mitglieder zur Unterzeichnung des Übereinkommens eingeladen hat.

Art. 68. (1) Dieses Übereinkommen bedarf der Ratifikation, der Annahme oder der Genehmigung der Unterzeichnerstaaten im Einklang mit ihren verfassungsmäßigen Verfahren.

(2) Dieses Übereinkommen tritt 30 Tage nach Hinterlegung der zwanzigsten Ratifikations-, Annahme- oder Genehmigungsurkunde in Kraft. Für jeden Staat, der seine Ratifikations-, Annahme- oder Genehmigungsurkunde später hinterlegt, tritt es 30 Tage nach dieser Hinterlegung in Kraft.

Art. 69. Jeder Vertragsstaat trifft alle gesetzgeberischen oder sonstigen Maßnahmen, die erforderlich sind, um diesem Übereinkommen in seinem Hoheitsgebiet Wirksamkeit zu verbleiben.

Art. 70. Dieses Übereinkommen findet auf alle Hoheitsgebiete Anwendung, die ein Vertragsstaat völkerrechtlich vertritt, mit Ausnahme derjenigen, die der betreffende Staat bei der Ratifikation, der Annahme oder der Genehmigung oder später durch eine an die Verwahrstelle dieses Übereinkommens gerichtete Notifikation ausnimmt.

Art. 71. Jeder Vertragsstaat kann dieses Übereinkommen durch eine an dessen Verwahrstelle gerichtete Notifikation kündigen. Die Kündigung wird sechs Monate nach Eingang dieser Notifikation wirksam.

Art. 72. Eine Notifikation eines Vertragsstaats nach den Artikeln 70 und 71 berührt nicht die auf diesem Übereinkommen beruhenden Rechte und Pflichten des betreffenden Staates, einer von diesem abhängigen Gebietskörperschaft oder Stelle oder eines Angehörigen dieses Staates, die sich aus einer vor Eingang dieser Notifikation bei der Verwahrstelle erteilten Zustimmung zur Zuständigkeit des Zentrums ergeben.

Art. 73. Die Ratifikations-, Annahme- oder Genehmigungsurkunden zu diesem Übereinkommen und allen etwaigen Änderungen werden bei der Bank hinterlegt, die als Verwahrstelle dieses Übereinkommens handelt. Die Verwahrstelle übermittelt den Mitgliedstaaten der Bank und allen anderen zur Unterzeichnung dieses Übereinkommens eingeladenen Staaten beglaubigte Abschriften dieses Übereinkommens.

Art. 74. Die Verwahrstelle lässt dieses Übereinkommen nach Artikel 102 der Satzung der Vereinten Nationen[1] und nach den Regelungen, die auf Grund dieser Bestimmung von der Generalversammlung angenommen worden sind, beim Sekretariat der Vereinten Nationen registrieren.

Art. 75. Die Verwahrstelle notifiziert allen Unterzeichnerstaaten

a) die Unterzeichnungen nach Artikel 67,

b) die Hinterlegung von Ratifikations-, Annahme- oder Genehmigungsurkunden nach Artikel 73,

c) den Tag des Inkrafttretens dieses Übereinkommens nach Artikel 68,

d) die Ausnahmen von der räumlichen Anwendung nach Artikel 70,

e) den Tag des Inkrafttretens jeder Änderung dieses Übereinkommens nach Artikel 66,

f) die Kündigung nach Artikel 71.

Geschehen zu Washington in englischer, französischer und spanischer Sprache, wobei jeder Wortlaut gleichermaßen verbindlich ist, in einer Urschrift, die im Archiv der Internationalen Bank für Wiederaufbau und Entwicklung hinterlegt bleibt, welche durch ihre nachstehende Unterschrift angezeigt hat, dass sie die ihr in diesem Übereinkommen zugewiesenen Aufgaben annimmt.

475 a. Gesetz zu dem Übereinkommen vom 18. März 1965 zur Beilegung von Investitionsstreitigkeiten zwischen Staaten und Angehörigen anderer Staaten[1)]

Vom 25. Februar 1969

(BGBl. II S. 369; geänd. durch Art. 2 § 11 des G v. 22. 12. 1997, BGBl. I S. 3224)

Der Bundestag hat mit Zustimmung des Bundesrates das folgende Gesetz beschlossen:

Art. 1. Dem in Washington am 27. Januar 1966 von der Bundesrepublik Deutschland unterzeichneten Übereinkommen vom 18. März 1965 zur Beilegung von Investitionsstreitigkeiten zwischen Staaten und Angehörigen anderer Staaten wird zugestimmt. Das Übereinkommen wird nachstehend veröffentlicht.

Art. 2.[2)] (1) Die auf Grund des Übereinkommens ergangenen Schiedssprüche (Artikel 53 Abs. 2 des Übereinkommens) sind vollstreckbar, wenn die Zulässigkeit der Zwangsvollstreckung aus dem Schiedsspruch gerichtlich festgestellt worden ist. Hat ein Verfahren nach Artikel 50 des Übereinkommens stattgefunden, so ist festzustellen, daß die Zwangsvollstreckung aus dem Schiedsspruch in Verbindung mit der Entscheidung über die Auslegung des Schiedsspruches zulässig ist.

(2) Auf das Verfahren über den Antrag, die Zulässigkeit der Zwangsvollstreckung festzustellen, sind die Vorschriften über das Verfahren bei der Vollstreckbarerklärung ausländischer Schiedssprüche entsprechend anzuwenden.

(3) Örtlich zuständig ist ausschließlich das Gericht, bei dem der Schuldner seinen allgemeinen Gerichtsstand hat, und beim Fehlen eines solchen das Gericht, in dessen Bezirk sich Vermögen des Schuldners befindet oder die Zwangsvollstreckung durchgeführt werden soll.

(4) Der Antrag, die Zulässigkeit der Zwangsvollstreckung festzustellen, kann nur abgelehnt werden, wenn der Schiedsspruch in einem Verfahren nach Artikel 51 oder Artikel 52 des Übereinkommens aufgehoben worden ist.

(5) *(aufgehoben)*

(6) *(aufgehoben)*

---

1) Vgl. die Anmerkungen zum Titel des Übereinkommens (Nr. **475**).

2) Art. 2 Satz 1 geänd., Art. 2 Abs. 2 Satz 2 und 3, Absätze 5 und 6 aufgeh. durch G v. 22. 12. 1997 (BGBl. I S. 3224, 3236).

Art. 3. Wird die Zwangsvollstreckung des Schiedsspruches ausgesetzt (Artikel 50 Abs. 2 Satz 3, Artikel 51 Abs. 4, Artikel 52 Abs. 5 des Übereinkommens), so ist auf Antrag des Schuldners das Verfahren, in dem die Zulässigkeit der Zwangsvollstreckung festgestellt wird, auszusetzen oder die Zwangsvollstreckung einstweilen einzustellen. Endet die Aussetzung der Vollstreckung des Schiedsspruches, so wird das Verfahren, in dem die Zulässigkeit der Zwangsvollstreckung festgestellt wird, auf Antrag fortgesetzt; das Vollstreckungsgericht entscheidet auf Antrag des Gläubigers über die Fortsetzung des Zwangsvollstreckungsverfahrens.

Art. 4. [Berlin-Klausel] *(gegenstandslos)*

Art. 5. (1) Dieses Gesetz tritt am Tage nach seiner Verkündung in Kraft.

(2) Der Tag, an dem das Übereinkommen nach seinem Artikel 68 Abs. 2 für die Bundesrepublik Deutschland in Kraft tritt, ist im Bundesgesetzblatt bekanntzugeben.[1]

---

[1] Gemäß Bek. v. 30. 5. 1969 (BGBl. II S. 1191) ist das Übereinkommen für die Bundesrepublik am 18. 5. 1969 in Kraft getreten.

480. Haager Übereinkommen über die Zustellung gerichtlicher und außergerichtlicher Schriftstücke im Ausland in Zivil- oder Handelssachen (HZÜ)[1]

Vom 15. November 1965

(BGBl. 1977 II S. 1453)

(Übersetzung)[2]

Art. 1 [Anwendungsbereich] (1) Dieses Übereinkommen ist in Zivil- oder Handelssachen in allen Fällen anzuwenden, in denen ein gerichtliches oder außergerichtliches Schriftstück zum Zweck der Zustellung in das Ausland zu übermitteln ist.

(2) Das Übereinkommen gilt nicht, wenn die Anschrift des Empfängers des Schriftstücks unbekannt ist.

Kapitel I. Gerichtliche Schriftstücke

Art. 2 [Zentrale Behörde] (1) Jeder Vertragsstaat bestimmt eine Zentrale Behörde,[3] die nach den Artikeln 3 bis 6 Anträge auf Zustellung von Schriftstücken aus einem anderen Vertragsstaat entgegenzunehmen und das Erforderliche zu veranlassen hat.

(2) Jeder Staat richtet die Zentrale Behörde nach Maßgabe seines Rechts ein.

Art. 3 [Antrag nach Muster] (1) Die nach dem Recht des Ursprungsstaats zuständige Behörde oder der nach diesem Recht zuständige Justizbeamte richtet an die Zentrale Behörde des ersuchten Staates einen Antrag, der dem diesem Übereinkommen als Anlage beigefügten Muster entspricht, ohne daß die Schriftstücke der Legalisation oder einer anderen entsprechenden Förmlichkeit bedürfen.

(2) Dem Antrag ist das gerichtliche Schriftstück oder eine Abschrift davon beizufügen. Antrag und Schriftstück sind in zwei Stücken zu übermitteln.

Art. 4 [Einwände gegen den Antrag] Ist die Zentrale Behörde der Ansicht, daß der Antrag nicht dem Übereinkommen entspricht, so unterrichtet sie unverzüglich die ersuchende Stelle und führt dabei die Einwände gegen den Antrag einzeln an.

---

[1] Das Übk. ist für die **Bundesrepublik Deutschland** am 26. 6. 1979 in Kraft getreten (Bek. v. 21. 6. 1979, BGBl. II S. 779 und v. 23. 6. 1980, BGBl. II S. 907). Zum Stand der Vertragsparteien vgl. BGBl. Fundstellennachweis B, abgeschlossen am 31. 12. jedes Jahres.

[2] Authentisch sind gleichberechtigt der englische und der französische Text.

[3] Diese Bestimmung ist erfolgt in der Bek. v. 21. 6. 1979 (BGBl. II S. 779) und geänd. worden durch Bek. in BGBl. 1991 II S. 1396; 1993 II S. 703 (Einbeziehung der neuen Bundesländer), 1995 II S. 755, 1999 II S. 714 und 2005 II S. 898.

Art. 5 [Zustellung] (1) Die Zustellung des Schriftstücks wird von der Zentralen Behörde des ersuchten Staates bewirkt oder veranlaßt, und zwar

a) entweder in einer der Formen, die das Recht des ersuchten Staates für die Zustellung der in seinem Hoheitsgebiet ausgestellten Schriftstücke an dort befindliche Personen vorschreibt,

b) oder in einer besonderen von der ersuchenden Stelle gewünschten Form, es sei denn, daß diese Form mit dem Recht des ersuchten Staates unvereinbar ist.

(2) Von dem Fall des Absatzes 1 Buchstabe b abgesehen, darf die Zustellung stets durch einfache Übergabe des Schriftstücks an den Empfänger bewirkt werden, wenn er zur Annahme bereit ist.

(3) Ist das Schriftstück nach Absatz 1 zuzustellen, so kann die Zentrale Behörde verlangen, daß das Schriftstück in der Amtssprache oder einer der Amtssprachen des ersuchten Staates abgefaßt oder in diese übersetzt ist.

(4) Der Teil des Antrags, der entsprechend dem diesem Übereinkommen als Anlage beigefügten Muster den wesentlichen Inhalt des Schriftstücks wiedergibt, ist dem Empfänger auszuhändigen.

Art. 6 [Zustellungszeugnis] (1) Die Zentrale Behörde des ersuchten Staates oder jede von diesem hierzu bestimmte Behörde stellt ein Zustellungszeugnis aus, das dem diesem Übereinkommen als Anlage beigefügten Muster entspricht.

(2) Das Zeugnis enthält die Angaben über die Erledigung des Antrags; in ihm sind Form, Ort und Zeit der Erledigung sowie die Personen anzugeben, der das Schriftstück übergeben worden ist. Gegebenenfalls sind die Umstände anzuführen, welche die Erledigung verhindert haben.

(3) Die ersuchende Stelle kann verlangen, daß ein nicht durch die Zentrale Behörde oder durch eine gerichtliche Behörde ausgestelltes Zeugnis mit einem Sichtvermerk eines dieser Behörden versehen wird.

(4) Das Zeugnis wird der ersuchenden Stelle unmittelbar zugesandt.

Art. 7 [Sprachen] (1) Die in dem diesem Übereinkommen beigefügten Muster vorgedruckten Teile müssen in englischer oder französischer Sprache abgefaßt sein. Sie können außerdem in der Amtssprache oder einer der Amtssprachen des Ursprungsstaats abgefaßt sein.

(2) Die Eintragungen können in der Sprache des ersuchten Staates oder in englischer oder französischer Sprache gemacht werden.

Art. 8[1] [Unmittelbare Zustellung durch diplomatische oder konsularische Vertreter] (1) Jedem Vertragsstaat steht es frei, Perso-

---

[1] Die Bundesrepublik Deutschland hat den Widerspruch nach Art. 8 Abs. 2 HZÜ erklärt; vgl. § 6 AusführungsG v. 22. 12. 1977, Nr. **482**.

nen, die sich im Ausland befinden, gerichtliche Schriftstücke unmittelbar durch seine diplomatischen oder konsularischen Vertreter ohne Anwendung von Zwang zustellen zu lassen.

(2) Jeder Staat kann erklären, daß er einer solchen Zustellung in seinem Hoheitsgebiet widerspricht, außer wenn das Schriftstück einem Angehörigen des Ursprungstaats zuzustellen ist.

Art. 9 [Zustellung an Behörden auf diplomatischem oder konsularischem Weg] (1) Jedem Vertragsstaat steht es ferner frei, den konsularischen Weg zu benutzen, um gerichtliche Schriftstücke zum Zweck der Zustellung den Behörden eines anderen Vertragsstaats, die dieser hierfür bestimmt hat, zu übermitteln.

(2) Wenn außergewöhnliche Umstände dies erfordern kann jeder Vertragsstaat zu demselben Zweck den diplomatischen Weg benutzen.

Art. 10[1] [Unmittelbare Zustellung auf dem Postweg etc. . .] Dieses Übereinkommen schließt, sofern der Bestimmungsstaat keinen Widerspruch erklärt, nicht aus,

a) daß gerichtliche Schriftstücke im Ausland befindlichen Personen unmittelbar durch die Post übersandt werden dürfen,

b) daß Justizbeamte, andere Beamte oder sonst zuständige Personen des Ursprungsstaats Zustellungen unmittelbar durch Justizbeamte, andere Beamte oder sonst zuständige Personen des Bestimmungsstaats bewirken lassen dürfen,

c) daß jeder an einem gerichtlichen Verfahren Beteiligte Zustellungen gerichtlicher Schriftstücke unmittelbar durch Justizbeamte, andere Beamte oder sonst zuständige Personen des Bestimmungsstaats bewirken lassen darf.

Art. 11 [Andere Übermittlungswege] Dieses Übereinkommen schließt nicht aus, daß Vertragsstaaten vereinbaren, zum Zweck der Zustellung gerichtlicher Schriftstücke andere als die in den vorstehenden Artikeln vorgesehenen Übermittlungswege zuzulassen, insbesondere den unmittelbaren Verkehr zwischen ihren Behörden.

Art. 12 [Gebühren und Auslagen] (1) Für Zustellungen gerichtlicher Schriftstücke aus einem Vertragsstaat darf die Zahlung oder Erstattung von Gebühren und Auslagen für die Tätigkeit des ersuchten Staates nicht verlangt werden.

(2) Die ersuchende Stelle hat jedoch die Auslagen zu zahlen oder zu erstatten, die dadurch entstehen,

a) daß bei der Zustellung ein Justizbeamter oder eine nach dem Recht des Bestimmungsstaats zuständige Person mitwirkt,

b) daß eine besondere Form der Zustellung angewendet wird.

---

[1] Die Bundesrepublik Deutschland hat den Widerspruch gegen Art. 10 HZÜ erklärt, vgl. § 6 AusführungsG v. 22. 12. 1977, **Nr. 482**.

Art. 13 [Ablehnung eines Zustellungsantrags] (1) Die Erledigung eines Zustellungsantrags nach diesem Übereinkommen kann nur abgelehnt werden, wenn der ersuchte Staat sie für geeignet hält, seine Hoheitsrechte oder seine Sicherheit zu gefährden.

(2) Die Erledigung darf nicht allein aus dem Grund abgelehnt werden, daß der ersuchte Staat nach seinem Recht die ausschließliche Zuständigkeit seiner Gerichte für die Sache in Anspruch nimmt oder ein Verfahren nicht kennt, das dem entspricht, für das der Antrag gestellt wird.

(3) Über die Ablehnung unterrichtet die Zentrale Behörde unverzüglich die ersuchende Stelle unter Angabe der Gründe.

Art. 14 [Bereinigung von Schwierigkeiten auf diplomatischem Weg] Schwierigkeiten, die aus Anlaß der Übermittlung gerichtlicher Schriftstücke zum Zweck der Zustellung entstehen, werden auf diplomatischem Weg beigelegt.

Art. 15[1] [Aussetzung gerichtlicher Verfahren] (1) War zur Einleitung eines gerichtlichen Verfahrens eine Ladung oder ein entsprechendes Schriftstück nach diesem Übereinkommen zum Zweck der Zustellung in das Ausland zu übermitteln und hat sich der Beklagte nicht auf das Verfahren eingelassen, so hat der Richter das Verfahren auszusetzen, bis festgestellt ist,

a) daß das Schriftstück in einer der Formen zugestellt worden ist, die das Recht des ersuchten Staates für die Zustellung der in seinem Hoheitsgebiet ausgestellten Schriftstücke an dort befindliche Personen vorschreibt, oder

b) daß das Schriftstück entweder dem Beklagten selbst oder aber in seiner Wohnung nach einem andern in diesem Übereinkommen vorgesehenen Verfahren übergeben worden ist

und daß in jedem dieser Fälle das Schriftstück so rechtzeitig zugestellt oder übergeben worden ist, daß der Beklagte sich hätte verteidigen können.

(2) Jedem Vertragsstaat steht es frei zu erklären, daß seine Richter ungeachtet des Absatzes 1 den Rechtsstreit entscheiden können, auch wenn ein Zeugnis über die Zustellung oder die Übergabe nicht eingegangen ist, vorausgesetzt,

a) daß das Schriftstück nach einem in diesem Übereinkommen vorgesehenen Verfahren übermittelt worden ist,

b) daß seit der Absendung des Schriftstücks eine Frist verstrichen ist, die der Richter nach den Umständen des Falles als angemessen erachtet und die mindestens sechs Monate betragen muß, und

c) daß trotz aller zumutbaren Schritte bei den zuständigen Behörden des ersuchten Staates ein *Zeugnis nicht* zu erlangen war.

---

[1] Die Bundesrepublik Deutschland hat eine Erklärung nach Art. 15 Abs. 2 abgegeben; vgl. Note v. 19. 11. 1992 in der Bek. v. 11. 3. 1993, BGBl. II S. 704.

(3) Dieser Artikel hindert nicht, daß der Richter in dringenden Fällen vorläufige Maßnahmen, einschließlich solcher, die auf eine Sicherung gerichtet sind, anordnet.

Art. 16 [Wiedereinsetzung in den vorigen Stand] (1) War zur Einleitung eines gerichtlichen Verfahrens eine Ladung oder ein entsprechendes Schriftstück nach diesem Übereinkommen zum Zweck der Zustellung in das Ausland zu übermitteln und ist eine Entscheidung gegen den Beklagten ergangen, der sich nicht auf das Verfahren eingelassen hat, so kann ihm der Richter in bezug auf Rechtsmittelfristen die Wiedereinsetzung in den vorigen Stand bewilligen, vorausgesetzt,

a) daß der Beklagte ohne sein Verschulden nicht so rechtzeitig Kenntnis von dem Schriftstück erlangt hat, daß er sich hätte verteidigen können, und nicht so rechtzeitig Kenntnis von der Entscheidung, daß er sie hätte anfechten können und

b) daß die Verteidigung des Beklagten nicht von vornherein aussichtslos scheint.

(2) Der Antrag auf Wiedereinsetzung in den vorigen Stand ist nur zulässig, wenn der Beklagte ihn innerhalb einer angemessenen Frist stellt, nachdem er von der Entscheidung Kenntnis erlangt hat.

(3)[1] Jedem Vertragsstaat steht es frei zu erklären, daß dieser Antrag nach Ablauf einer in der Erklärung festgelegten Frist unzulässig ist, vorausgesetzt, daß diese Frist nicht weniger als ein Jahr beträgt, vom Erlaß der Entscheidung an gerechnet.

(4) Dieser Artikel ist nicht auf Entscheidungen anzuwenden, die den Personenstand betreffen.

Kapitel II. Außergerichtliche Schriftstücke

Art. 17 [Zustellung außergerichtlicher Schriftstücke] Außergerichtliche Schriftstücke, die von Behörden und Justizbeamten eines Vertragsstaats stammen, können zum Zweck der Zustellung in einem anderen Vertragsstaat nach den in diesem Übereinkommen vorgesehenen Verfahren und Bedingungen übermittelt werden.

Kapitel III. Allgemeine Bestimmungen

Art. 18 [Zuständige Behörden, Bundesstaatenklausel] (1) Jeder Vertragsstaat kann außer der Zentralen Behörde weitere Behörden bestimmen, deren Zuständigkeit er festlegt.

(2) Die ersuchende Stelle hat jedoch stets das Recht, sich unmittelbar an die Zentrale Behörde zu wenden.

---

[1] Die Bundesrepublik Deutschland hat eine solche Erklärung abgegeben, vgl. Note v. 19. 11. 1992 (BGBl. 1993 II S. 704).

(3) Bundesstaaten steht es frei, mehrere Zentrale Behörden zu bestimmen.[1)]

Art. 19 [Kein Vorrang gegenüber anderen Verfahren] Dieses Übereinkommen schließt nicht aus, daß das innerstaatliche Recht eines Vertragsstaats, außer den in den vorstehenden Artikeln vorgesehenen, auch andere Verfahren zuläßt, nach denen Schriftstücke aus dem Ausland zum Zweck der Zustellung in seinem Hoheitsgebiet übermittelt werden können.

Art. 20 [Derogationsmöglichkeiten] Dieses Übereinkommen schließt nicht aus, daß Vertragsstaaten vereinbaren, von folgenden Bestimmungen abzuweichen:

a) Artikel 3 Absatz 2 in bezug auf das Erfordernis, die Schriftstücke in zwei Stücken zu übermitteln,
b) Artikel 5 Absatz 3 und Artikel 7 in bezug auf die Verwendung von Sprachen,
c) Artikel 5 Absatz 4,
d) Artikel 12 Absatz 2.

Art. 21 [Notifizierungen bei Ratifikation bzw. Beitritt] Jeder Vertragsstaat notifiziert dem Ministerium für Auswärtige Angelegenheiten der Niederlande bei der Hinterlegung seiner Ratifikations- oder Beitrittsurkunde oder zu einem späteren Zeitpunkt

a) die Bezeichnung der Behörden nach den Artikeln 2 und 18,
b) die Bezeichnung der Behörde, die das in Artikel 6 vorgesehene Zustellungszeugnis ausstellt,
c) die Bezeichnung der Behörde, die Schriftstücke entgegennimmt, die nach Artikel 9 auf konsularischem Weg übermittelt werden.

Er notifiziert gegebenenfalls auf gleiche Weise

a) seinen Widerspruch gegen die Benutzung der in den Artikeln 8 und 10 vorgesehenen Übermittlungswege,
b) die in den Artikeln 15 Absatz 2 und 16 Abs. 3 vorgesehenen Erklärungen,
c) jede Änderung der vorstehend erwähnten Behördenbezeichnungen, Widersprüche und Erklärungen.

Art. 22 [Ablösung bestimmter älterer Abkommen] Dieses Übereinkommen tritt zwischen den Staaten, die es ratifiziert haben, an die Stelle der Artikel 1 bis 7 des am 17. Juli 1905 in Den Haag unterzeichneten Abkommens über den Zivilprozeß und des am 1. März 1954 in Den Haag unterzeichneten Übereinkommens über den Zivilprozeß, soweit diese Staaten Vertragsparteien jenes Abkommens oder jenes Übereinkommens sind.

[1)] S. hierzu die Anm. zu Art. 2.

Art. 23 [Aufrechterhaltung einzelner Vorschriften bestimmter älterer Abkommen] Dieses Übereinkommen berührt weder die Anwendung des Artikels 23 des am 17. Juli 1905 in Den Haag unterzeichneten Abkommens über den Zivilprozeß noch die Anwendung des Artikels 24 des am 1. März 1954 in Den Haag unterzeichneten Übereinkommens über den Zivilprozeß.

Diese Artikel sind jedoch nur anwendbar, wenn die in diesen Übereinkünften vorgesehenen Übermittlungswege benutzt werden.

Art. 24 [Zusatzvereinbarungen zu bestimmten älteren Abkommen] Zusatzvereinbarungen zu dem Abkommen von 1905 und dem Übereinkommen von 1954, die Vertragsstaaten geschlossen haben, sind auch auf das vorliegende Übereinkommen anzuwenden, es sei denn, daß die beteiligten Staaten etwas anderes vereinbaren.[1]

Art. 25 [Verhältnis zu anderen Übereinkommen] Unbeschadet der Artikel 22 und 24 berührt dieses Übereinkommen nicht die Übereinkommen, denen die Vertragsstaaten angehören oder angehören werden und die Bestimmungen über das Rechtsgebiet enthalten, die durch dieses Übereinkommen geregelt sind.

Art. 26–31 [Übergangs- und Schlußbestimmungen] *(nicht abgedruckt)*

---

[1] Vgl. hierzu **Nr. 115** bei *Jayme/Hausmann*, Internationales Privat- und Verfahrensrecht, sowie ebd. die w. Nachw. in Anm. 1.

481. Haager Übereinkommen über die Beweisaufnahme im Ausland in Zivil- oder Handelssachen (HBÜ)[1), 2)]

Vom 18. März 1970

(BGBl. 1977 II S. 1472)

(Übersetzung)[3)]

Kapitel I. Rechtshilfeersuchen

Art. 1 [Anwendungsbereich] (1) In Zivil- oder Handelssachen kann die gerichtliche Behörde eines Vertragsstaats nach seinen innerstaatlichen Rechtsvorschriften die zuständige Behörde eines anderen Vertragsstaats ersuchen, eine Beweisaufnahme oder eine andere gerichtliche Handlung vorzunehmen.

(2) Um die Aufnahme von Beweisen, die nicht zur Verwendung in einem bereits anhängigen oder künftigen gerichtlichen Verfahren bestimmt sind, darf nicht ersucht werden.

(3) Der Ausdruck „andere gerichtliche Handlung" umfaßt weder die Zustellung gerichtlicher Schriftstücke noch Maßnahmen der Sicherung oder der Vollstreckung.

Art. 2 [Zentrale Behörde] (1) Jeder Vertragsstaat bestimmt eine Zentrale Behörde,[4)] die von einer gerichtlichen Behörde eines anderen Vertragsstaats ausgehende Rechtshilfeersuchen entgegennimmt und sie der zuständigen Behörde zur Erledigung zuleitet. Jeder Staat richtet die Zentrale Behörde nach Maßgabe seines Rechts ein.

(2) Rechtshilfeersuchen werden der Zentralen Behörde des ersuchten Staates ohne Beteiligung einer weiteren Behörde dieses Staates übermittelt.

Art. 3 [Rechtshilfeersuchen] (1) Ein Rechtshilfeersuchen enthält folgende Angaben:

a) die ersuchende und, soweit bekannt, die ersuchte Behörde;

b) den Namen und die Anschrift der Parteien und gegebenenfalls ihrer Vertreter;

c) die Art und den Gegenstand der Rechtssache sowie eine gedrängte Darstellung des Sachverhalts;

---

1) Das Übk. ist für **Deutschland** am 26. 6. 1979 in Kraft getreten (Bek. v. 21. 6. 1979, BGBl. II S. 780, und v. 5. 9. 1980, BGBl. II S. 1290). Zum Stand der Vertragsparteien vgl. BGBl. Fundstellennachweis B, abgeschlossen zum 31. 12. jedes Jahres.

2) Gem. Art. 21 (1) VO 1206/2001, ABl. Nr. L 174/1 v. 27. 6. 2001 (ber. ABl. 2014 Nr. L 321/11) hat diese VO in ihrem Anwendungsbereich in den Beziehungen zwischen den EU-Mitgliedstaaten Vorrang vor den Bestimmungen, die in diesem Übereinkommen enthalten sind.

3) Authentisch sind gleichberechtigt der englische und der französische Text.

4) Diese Bestimmung ist erfolgt in der Bek. v. 21. 6. 1979 (BGBl. II S. 780) und geänd. worden durch Bek. in BGBl. 1991 II S. 1396, 1995 II S. 77 und 1999 II S. 788. S. hierzu auch Art. 24 Abs. 2.

d) die Beweisaufnahme oder die andere gerichtliche Handlung, die vorgenommen werden soll.

(2) Das Rechtshilfeersuchen enthält außerdem je nach Sachlage

e) den Namen und die Anschrift der zu vernehmenden Personen;

f) die Fragen, welche an die zu vernehmenden Personen gerichtet werden sollen, oder die Tatsachen, über die sie vernommen werden sollen;

g) die Urkunden oder die anderen Gegenstände, die geprüft werden sollen;

h) den Antrag, die Vernehmung unter Eid oder Bekräftigung durchzuführen, und gegebenenfalls die dabei zu verwendende Formel;

i) den Antrag, eine besondere Form nach Artikel 9 einzuhalten.

(3) In das Rechtshilfeersuchen werden gegebenenfalls auch die für die Anwendung des Artikels 11 erforderlichen Erläuterungen aufgenommen.

(4) Eine Legalisation oder eine ähnliche Förmlichkeit darf nicht verlangt werden.

Art. 4[1] **[Sprachenregelung]** (1) Das Rechtshilfeersuchen muß in der Sprache der ersuchten Behörde abgefaßt oder von einer Übersetzung in diese Sprache begleitet sein.

(2) Jeder Vertragsstaat muß jedoch, sofern er nicht den Vorbehalt nach Artikel 33 gemacht hat, ein Rechtshilfeersuchen entgegennehmen, das in französischer oder englischer Sprache abgefaßt oder von einer Übersetzung in eine dieser Sprachen begleitet ist.

(3) Ein Vertragsstaat mit mehreren Amtssprachen, der aus Gründen seines innerstaatlichen Rechts Rechtshilfeersuchen nicht für sein gesamtes Hoheitsgebiet in einer dieser Sprachen entgegennehmen kann, muß durch eine Erklärung die Sprache bekanntgeben, in der ein Rechtshilfeersuchen abgefaßt oder in die es übersetzt sein muß, je nachdem, in welchem Teil seines Hoheitsgebietes es erledigt werden soll. Wird dieser Erklärung ohne hinreichenden Grund nicht entsprochen, so hat der ersuchende Staat die Kosten einer Übersetzung in die geforderte Sprache zu tragen.

(4) Neben den in den Absätzen 1 bis 3 vorgesehenen Sprachen kann jeder Vertragsstaat durch eine Erklärung eine oder mehrere weitere Sprachen bekanntgeben, in denen ein Rechtshilfeersuchen seiner Zentralen Behörde übermittelt werden kann.

(5) Die einem Rechtshilfeersuchen beigefügte Übersetzung muß von einem diplomatischen oder konsularischen Vertreter, von einem beeidigten Übersetzer oder von einer anderen hierzu befugten Person in einem der beiden Staaten beglaubigt sein.

---

[1] **Deutschland** hat einen Vorbehalt in bezug auf Art. 4 Abs. 2 erklärt, vgl. § 9 AusführungsG v. 22. 12. 1977, Nr. **482**.

Art. 5 [Einwände gegen das Ersuchen] Ist die Zentrale Behörde der Ansicht, daß das Ersuchen nicht dem Übereinkommen entspricht, so unterrichtet sie unverzüglich die Behörde des ersuchenden Staates, die ihr das Rechtshilfeersuchen übermittelt hat, und führt dabei die Einwände gegen das Ersuchen einzeln an.

Art. 6 [Unzuständigkeit der ersuchten Behörde] Ist die ersuchte Behörde nicht zuständig, so wird das Rechtshilfeersuchen von Amts wegen unverzüglich an die nach den Rechtsvorschriften ihres Staates zuständige Behörde weitergeleitet.

Art. 7 [Mitteilungspflichten der ersuchten Behörde] Die ersuchende Behörde wird auf ihr Verlangen von dem Zeitpunkt und dem Ort der vorzunehmenden Handlung benachrichtigt, damit die beteiligten Parteien und gegebenenfalls ihre Vertreter anwesend sein können. Diese Mitteilung wird auf Verlangen der ersuchenden Behörde den Parteien oder ihren Vertretern unmittelbar übersandt.

Art. 8[1] [Anwesenheit von Vertretern der ersuchenden Behörde] Jeder Vertragsstaat kann erklären, daß Mitglieder der ersuchenden gerichtlichen Behörde eines anderen Vertragsstaats bei der Erledigung eines Rechtshilfeersuchens anwesend sein können. Hierfür kann die vorherige Genehmigung durch die vom erklärenden Staat bestimmte zuständige Behörde verlangt werden.

Art. 9 [Form der Erledigung des Rechtshilfeersuchens, Eilbedürftigkeit] (1) Die gerichtliche Behörde verfährt bei der Erledigung eines Rechtshilfeersuchens nach den Formen, die ihr Recht vorsieht.

(2) Jedoch wird dem Antrag der ersuchenden Behörde, nach einer besonderen Form zu verfahren, entsprochen, es sei denn, daß diese Form mit dem Recht des ersuchten Staates unvereinbar oder ihre Einhaltung nach der gerichtlichen Übung im ersuchten Staat oder wegen tatsächlicher Schwierigkeiten unmöglich ist.

(3) Das Rechtshilfeersuchen muß rasch erledigt werden.

Art. 10 [Zwangsmaßnahmen] Bei der Erledigung des Rechtshilfeersuchens wendet die ersuchte Behörde geeignete Zwangsmaßnahmen in den Fällen und in dem Umfang an, wie sie das Recht des ersuchten Staates für die Erledigung eines Ersuchens inländischer Behörden oder eines zum gleichen Zweck gestellten Antrags einer beteiligten Partei vorsieht.

Art. 11 [Recht zur Aussageverweigerung, Aussageverbote]

(1) Ein Rechtshilfeersuchen wird nicht erledigt, soweit die Person, die es betrifft, sich auf ein Recht zur Aussageverweigerung oder auf ein Aussageverbot beruft,

---

[1] Die **Bundesrepublik Deutschland** hat die Erklärung nach Art. 8 Satz 2 abgegeben, vgl. § 10 AusführungsG v. 22. 12. 1977, Nr. **482**.

a) das nach dem Recht des ersuchten Staates vorgesehen ist oder

b) das nach dem Recht des ersuchenden Staates vorgesehen und im Rechtshilfeersuchen bezeichnet oder erforderlichenfalls auf Verlangen der ersuchten Behörde von der ersuchenden Behörde bestätigt worden ist.

(2) Jeder Vertragsstaat kann erklären, daß er außerdem Aussageverweigerungsrechte und Aussageverbote, die nach dem Recht anderer Staaten als des ersuchenden oder des ersuchten Staates bestehen, insoweit anerkennt, als dies in der Erklärung angegeben ist.

Art. 12 [Ablehnung eines Rechtshilfeersuchens] (1) Die Erledigung eines Rechtshilfeersuchens kann nur insoweit abgelehnt werden, als

a) die Erledigung des Ersuchens im ersuchten Staat nicht in den Bereich der Gerichtsgewalt fällt oder

b) der ersuchte Staat die Erledigung für geeignet hält, seine Hoheitsrechte oder seine Sicherheit zu gefährden.

(2) Die Erledigung darf nicht allein aus dem Grund abgelehnt werden, daß der ersuchte Staat nach seinem Recht die ausschließliche Zuständigkeit seiner Gerichte für die Sache in Anspruch nimmt oder ein Verfahren nicht kennt, das dem entspricht, für welches das Ersuchen gestellt wird.

Art. 13 [Kommunikationswege, vollständige oder teilweise Nichterledigung] (1) Die ersuchte Behörde leitet die Schriftstücke, aus denen sich die Erledigung eines Rechtshilferersuchens ergibt, der ersuchenden Behörde auf demselben Weg zu, den diese für die Übermittlung des Ersuchens benutzt hat.

(2) Wird das Rechtshilfeersuchen ganz oder teilweise nicht erledigt, so wird dies der ersuchenden Behörde unverzüglich auf demselben Weg unter Angabe der Gründe für die Nichterledigung mitgeteilt.

Art. 14 [Gebühren und Auslagen] (1) Für die Erledigung eines Rechtshilfeersuchens darf die Erstattung von Gebühren und Auslagen irgendwelcher Art nicht verlangt werden.

(2) Der ersuchte Staat ist jedoch berechtigt, vom ersuchenden Staat die Erstattung der an Sachverständige und Dolmetscher gezahlten Entschädigungen sowie der Auslagen zu verlangen, die dadurch entstanden sind, daß auf Antrag des ersuchenden Staates nach Artikel 9 Absatz 2 eine besondere Form eingehalten worden ist.

(3) Eine ersuchte Behörde, nach deren Recht die Parteien für die Aufnahme der Beweise zu sorgen haben und die das Rechtshilfeersuchen nicht selbst erledigen kann, darf eine hierzu geeignete Person mit der Erledigung beauftragen, nachdem sie das Einverständnis der ersuchenden Behörde eingeholt hat. Bei der Einholung dieses Einverständnisses gibt die ersuchte Behörde den ungefähren Betrag der Kosten an, die durch diese Art der Erledigung entstehen würden. Durch

ihr Einverständnis verpflichtet sich die ersuchende Behörde, die entstehenden Kosten zu erstatten. Fehlt das Einverständnis, so ist die ersuchende Behörde zur Erstattung der Kosten nicht verpflichtet.

Kapitel II. Beweisaufnahme durch diplomatische oder konsularische Vertreter und durch Beauftragte

Art. 15 [Zuständigkeit in Streitfällen zwischen Staatsangehörigen des Entsendestaates] (1) In Zivil- oder Handelssachen kann ein diplomatischer oder konsularischer Vertreter eines Vertragsstaats im Hoheitsgebiet eines anderen Vertragsstaats und in dem Bezirk, in dem er sein Amt ausübt, ohne Anwendung von Zwang Beweis für ein Verfahren aufnehmen, das vor einem Gericht eines von ihm vertretenen Staates anhängig ist, wenn nur Angehörige desselben Staates betroffen sind.

(2) Jeder Vertragsstaat kann erklären, daß in dieser Art Beweis erst nach Vorliegen einer Genehmigung aufgenommen werden darf, welche die durch den erklärenden Staat bestimmte zuständige Behörde auf einen von dem Vertreter oder in seinem Namen gestellten Antrag erteilt.

Art. 16[1)] [Zuständigkeit in sonstigen Fällen] (1) Ein diplomatischer oder konsularischer Vertreter eines Vertragsstaats kann außerdem im Hoheitsgebiet eines anderen Vertragsstaats und in dem Bezirk, in dem er sein Amt ausübt, ohne Anwendung von Zwang Beweis für ein Verfahren aufnehmen, das vor einem Gericht eines von ihm vertretenen Staates anhängig ist, sofern Angehörige des Empfangsstaats oder eines dritten Staates betroffen sind,

a) wenn eine durch den Empfangsstaat bestimmte zuständige Behörde ihre Genehmigung allgemein oder für den Einzelfall erteilt hat und
b) wenn der Vertreter die Auflagen erfüllt, welche die zuständige Behörde in der Genehmigung festgesetzt hat.

(2) Jeder Vertragsstaat kann erklären, daß Beweis nach dieser Bestimmung ohne seine vorherige Genehmigung aufgenommen werden darf.

Art. 17[2)] [Beweisaufnahme durch Beauftragte] (1) In Zivil- oder Handelssachen kann jede Person, die zu diesem Zweck ordnungsgemäß zum Beauftragten bestellt worden ist, im Hoheitsgebiet eines Vertragsstaats ohne Anwendung von Zwang Beweis für ein Verfahren aufnehmen, das vor einem Gericht eines anderen Vertragsstaats anhängig ist,

---

1) Vgl. dazu § 11 AusführungsG v. 22. 12. 1977, **Nr. 482**.
2) In **Deutschland** bedarf die Beweisaufnahme gem. Art. 17 Abs. 1 des Übk. einer vorherigen Genehmigung, s. § 12 AusführungsG v. 22. 12. 1977, Nr. **482**.

a) wenn eine von dem Staat, in dem Beweis aufgenommen werden soll, bestimmte zuständige Behörde ihre Genehmigung allgemein oder für den Einzelfall erteilt hat und

b) wenn die Person die Auflagen erfüllt, welche die zuständige Behörde in der Genehmigung festgesetzt hat.

(2) Jeder Vertragsstaat kann erklären, daß Beweis nach dieser Bestimmung ohne seine vorherige Genehmigung aufgenommen werden darf.

Art. 18 [Unterstützung durch Zwangsmaßnahmen] (1) Jeder Vertragsstaat kann erklären, daß ein diplomatischer oder konsularischer Vertreter oder ein Beauftragter, der befugt ist, nach Artikel 15, 16 oder 17 Beweis aufzunehmen, sich an eine von diesem Staat bestimmte zuständige Behörde wenden kann, um die für diese Beweisaufnahme erforderliche Unterstützung durch Zwangsmaßnahmen zu erhalten. In seiner Erklärung kann der Staat die Auflagen festlegen, die er für zweckmäßig hält.

(2) Gibt die zuständige Behörde dem Antrag statt, so wendet sie die in ihrem Recht vorgesehenen geeigneten Zwangsmaßnahmen an.

Art. 19 [Auflagen, Information über Ort und Zeit der Beweisaufnahme] Die zuständige Behörde kann, wenn sie die Genehmigung nach Artikel 15, 16 oder 17 erteilt oder dem Antrag nach Artikel 18 stattgibt, von ihr für zweckmäßig erachtete Auflagen festsetzen, insbesondere hinsichtlich Zeit und Ort der Beweisaufnahme. Sie kann auch verlangen, daß sie rechtzeitig vorher von Zeitpunkt und Ort benachrichtigt wird; in diesem Fall ist ein Vertreter der Behörde zur Teilnahme an der Beweisaufnahme befugt.

Art. 20 [Recht auf Rechtsberater] Personen, die eine in diesem Kapitel vorgesehene Beweisaufnahme betrifft, können einen Rechtsberater beiziehen.

Art. 21 [Verfahrensregeln hinsichtlich der Beweisaufnahme] Ist ein diplomatischer oder konsularischer Vertreter oder ein Beauftragter nach Artikel 15, 16 oder 17 befugt, Beweis aufzunehmen,

a) so kann er alle Beweise aufnehmen, soweit dies nicht mit dem Recht des Staates, in dem Beweis aufgenommen werden soll, unvereinbar ist oder der nach den angeführten Artikeln erteilten Genehmigung widerspricht, und unter denselben Bedingungen auch einen Eid abnehmen oder eine Bekräftigung entgegennehmen;

b) so ist jede Ladung zum Erscheinen oder zur Mitwirkung an einer Beweisaufnahme in der Sprache des Ortes der Beweisaufnahme abzufassen oder eine Übersetzung in diese Sprache beizufügen, es sei denn, daß die durch die Beweisaufnahme betroffene Person dem Staat angehört, in dem das Verfahren anhängig ist;

c) so ist in der Ladung anzugeben, daß die Person einen Rechtsberater beiziehen kann, soweit in einem Staat, der nicht die Erklärung nach Artikel 18 abgegeben hat, daß sie nicht verpflichtet ist, zu erscheinen oder sonst an der Beweisaufnahme mitzuwirken;

d) so können die Beweise in einer der Formen aufgenommen werden, die das Recht des Gerichts vorsieht, vor dem das Verfahren anhängig ist, es sei denn, daß das Recht des Staates, in dem Beweis aufgenommen wird, diese Form verbietet;

e) so kann sich die von der Beweisaufnahme betroffene Person auf die in Artikel 11 vorgesehenen Rechte zur Aussageverweigerung oder Aussageverbote berufen.

Art. 22 [Kein Ausschluß eines erneuten Rechtshilfeersuchens] Daß ein Beweis wegen der Weigerung einer Person, mitzuwirken, nicht nach diesem Kapitel aufgenommen werden konnte, schließt ein späteres Rechtshilfeersuchen nach Kapitel I mit demselben Gegenstand nicht aus.

Kapitel III. Allgemeine Bestimmungen

Art. 23[1] [Pre-trial discovery of documents] Jeder Vertragsstaat kann bei der Unterzeichnung, bei der Ratifikation oder beim Beitritt erklären, daß er Rechtshilfeersuchen nicht erledigt, die ein Verfahren zum Gegenstand haben, das in den Ländern des „Common Law" unter der Bezeichnung „pre-trial discovery of documents" bekannt ist.

Art. 24 [Zuständige Behörden, Bundesstaatenklausel] (1) Jeder Vertragsstaat kann außer der Zentralen Behörde weitere Behörden bestimmen, deren Zuständigkeit er festlegt. Rechtshilfeersuchen können jedoch stets der Zentralen Behörde übermittelt werden.

(2) Bundesstaaten steht es frei, mehrere Zentrale Behörden zu bestimmen.[2]

Art. 25 [Mehrrechtssysteme] Jeder Vertragsstaat, in dem mehrere Rechtssysteme bestehen, kann bestimmen, daß die Behörden eines dieser Systeme für die Erledigung von Rechtshilfeersuchen nach diesem Übereinkommen ausschließlich zuständig sind.

Art. 26 [Erstattungsfähige Kosten] (1) Jeder Vertragsstaat kann, wenn sein Verfassungsrecht dies gebietet, vom ersuchenden Staat die Erstattung der Kosten verlangen, die bei der Erledigung eines Rechtshilfeersuchens durch die Zustellung der Ladung, die Entschädigung der vorgenommenen Person und die Anfertigung eines Protokolls über die Beweisaufnahme entstehen.

---

[1] Die **Bundesrepublik Deutschland** hat eine Erklärung nach Art. 23 abgegeben, vgl. § 14 AusführungsG v. 22. 12. 1977, Nr. **482**.

[2] S. Anm. zu Art. 2.

(2) Hat ein Staat von den Bestimmungen des Absatzes 1 Gebrauch gemacht, so kann jeder andere Vertragsstaat von diesem Staat die Erstattung der entsprechenden Kosten verlangen.

Art. 27 [Unberührtheit weiterreichender Regelungen] Dieses Übereinkommen hindert einen Vertragsstaat nicht,

a) zu erklären, daß Rechtshilfeersuchen seinen gerichtlichen Behörden auch auf anderen als den in Artikel 2 vorgesehenen Wegen übermittelt werden können;
b) nach seinem innerstaatlichen Recht oder seiner innerstaatlichen Übung zuzulassen, daß Handlungen, auf die dieses Übereinkommen anwendbar ist, unter weniger einschränkenden Bedingungen vorgenommen werden;
c) nach seinem innerstaatlichen Recht oder seiner innerstaatlichen Übung andere als die in diesem Übereinkommen vorgesehenen Verfahren der Beweisaufnahme zuzulassen.

Art. 28 [Derogationsmöglichkeiten] Dieses Übereinkommen schließt nicht aus, daß Vertragsstaaten vereinbaren, von folgenden Bestimmungen abzuweichen:

a) Artikel 2 in bezug auf den Übermittlungsweg für Rechtshilfeersuchen;
b) Artikel 4 in bezug auf die Verwendung von Sprachen;
c) Artikel 8 in bezug auf die Anwesenheit von Mitgliedern der gerichtlichen Behörde bei der Erledigung von Rechtshilfeersuchen;
d) Artikel 11 in bezug auf die Aussageverweigerungsrechte und Aussageverbote;
e) Artikel 13 in bezug auf die Übermittlung von Erledigungsstücken;
f) Artikel 14 in bezug auf die Regelung der Kosten;
g) den Bestimmungen des Kapitels II.

Art. 29 [Ablösung bestimmter älterer Abkommen] Dieses Übereinkommen tritt zwischen den Staaten, die es ratifiziert haben, an die Stelle der Artikel 8 bis 16 des am 17. Juli 1905 in Den Haag unterzeichneten Abkommens über den Zivilprozeß und des am 1. März 1954 in Den Haag unterzeichneten Übereinkommens über den Zivilprozeß, soweit diese Staaten Vertragsparteien jenes Abkommens oder jenes Übereinkommens sind.

Art. 30 [Aufrechterhaltung einzelner Vorschriften älterer Abkommen] Dieses Übereinkommen berührt weder die Anwendung des Artikels 23 des Abkommens von 1905 noch die Anwendung des Artikels 24 des Übereinkommens von 1954.

Art. 31 [Zusatzvereinbarungen zu bestimmten älteren Abkommen] Zusatzvereinbarungen zu dem Abkommen von 1905 und

Art. 36 [Bereinigung von Schwierigkeiten auf diplomatischem Weg] Schwierigkeiten, die zwischen Vertragsstaaten bei der Anwendung dieses Übereinkommens entstehen, werden auf diplomatischem Weg beigelegt.

Art. 37–42 [Übergangs- und Schlußbestimmungen] *(nicht abgedruckt)*

dem Übereinkommen von 1954, die Vertragsstaaten geschlossen haben, sind auch auf das vorliegende Übereinkommen anzuwenden, es sei denn, daß die beteiligten Staaten etwas anderes vereinbaren.[1]

Art. 32 [Verhältnis zu anderen Übereinkommen] Unbeschadet der Artikel 29 und 31 berührt dieses Übereinkommen nicht die Übereinkommen, denen die Vertragsstaaten angehören oder angehören werden und die Bestimmungen über Rechtsgebiete enthalten, die durch dieses Übereinkommen geregelt sind.

Art. 33 [Vorbehalte] (1) Jeder Staat kann bei der Unterzeichnung, bei der Ratifikation oder beim Beitritt die Anwendung des Artikels 4 Absatz 2 sowie des Kapitels II ganz oder teilweise ausschließen. Ein anderer Vorbehalt ist nicht zulässig.

(2) Jeder Vertragsstaat kann einen Vorbehalt, den er gemacht hat, jederzeit zurücknehmen; der Vorbehalt wird am sechzigsten Tag nach der Notifikation der Rücknahme unwirksam.

(3) Hat ein Staat einen Vorbehalt gemacht, so kann jeder andere Staat, der davon berührt wird, die gleiche Regelung gegenüber dem Staat anwenden, der den Vorbehalt gemacht hat.

Art. 34 [Zurücknahme und Änderung von Erklärungen] Jeder Staat kann eine Erklärung jederzeit zurücknehmen oder ändern.

Art. 35 [Notifizierung bei Ratifikation bzw. Beitritt] Jeder Vertragsstaat notifiziert dem Ministerium für Auswärtige Angelegenheiten der Niederlande bei der Hinterlegung seiner Ratifikations- oder Beitrittsurkunde oder zu einem späteren Zeitpunkt die nach den Artikeln 2, 8, 24 und 25 bestimmten Behörden.

Er notifiziert gegebenenfalls auf gleiche Weise

a) die Bezeichnung der Behörden, an die sich diplomatische oder konsularische Vertreter nach Artikel 16 wenden müssen, und derjenigen, die nach den Artikeln 15, 16 und 18 Genehmigungen erteilen oder Unterstützung gewähren können;
b) die Bezeichnung der Behörden, die den Beauftragten die in Artikel 17 vorgesehene Genehmigung erteilen oder die in Artikel 18 vorgesehene Unterstützung gewähren können;
c) die Erklärungen nach den Artikeln 4, 8, 11, 15, 16, 17, 18, 23 und 27;
d) jede Rücknahme oder Änderung der vorstehend erwähnten Behördenbezeichnungen und Erklärungen;
e) jede Rücknahme eines Vorbehalts.

---

[1] Vgl. hierzu **Nr. 115** bei *Jayme/Hausmann,* Internationales Privat- und Verfahrensrecht, sowie ebd. die w. Nachw. in Anm. 1.

482. Gesetz zur Ausführung des Haager Übereinkommens vom 15. November 1965 über die Zustellung gerichtlicher und außergerichtlicher Schriftstücke im Ausland in Zivil- oder Handelssachen und des Haager Übereinkommens vom 18. März 1970 über die Beweisaufnahme im Ausland in Zivil- oder Handelssachen

Vom 22. Dezember 1977

(BGBl. I, S. 3105; geänd. durch Art. 3 des G v. 10.12.2008, BGBl. I S. 2399, VO v. 31.8.2015, BGBl. I 1474 und G v. 11.6.2017, BGBl. I S. 1607)

Erster Teil. Vorschriften zur Ausführung des Haager Übereinkommens vom 15. November 1965 über die Zustellung gerichtlicher und außergerichtlicher Schriftstücke im Ausland in Zivil- oder Handelssachen

§ 1. Die Aufgaben der Zentralen Behörde (Artikel 2, 18 Abs. 3 des Übereinkommens) nehmen die von den Landesregierungen bestimmten Stellen wahr. Jedes Land kann nur eine Zentrale Behörde einrichten. Die Landesregierungen können die Befugnis nach Satz 1 auf die Landesjustizverwaltungen übertragen.

§ 2. Für die Entgegennahme von Zustellungsanträgen, die von einem ausländischen Konsul innerhalb der Bundesrepublik Deutschland übermittelt werden (Artikel 9 Abs. 1 des Übereinkommens), sind die Zentrale Behörde des Landes, in dem die Zustellung bewirkt werden soll, und die Stellen zuständig, die gemäß § 1 des Gesetzes zur Ausführung des Haager Übereinkommens vom 1. März 1954 über den Zivilprozeß vom 18. Dezember 1958 (BGBl. I, S. 939)[1] zur Entgegennahme von Anträgen des Konsuls eines ausländischen Staates zuständig sind.

§ 3. Eine förmliche Zustellung (Artikel 5 Abs. 1 des Übereinkommens) ist nur zulässig, wenn das zuzustellende Schriftstück in deutscher Sprache abgefaßt oder in diese Sprache übersetzt ist.

§ 4. (1) Die Zentrale Behörde ist befugt, Zustellungsanträge unmittelbar durch die Post erledigen zu lassen, wenn die Voraussetzungen für eine Zustellung gemäß Artikel 5 Abs. 1 Buchstabe a des Übereinkommens erfüllt sind. In diesem Fall händigt die Zentrale Behörde das zu übergebende Schriftstück der Post zur Zustellung aus. Die Vorschriften der Zivilprozeßordnung über die Zustellung von Amts wegen gelten entsprechend.

---

[1] Abgedruckt bei *Jayme/Hausmann,* Internationales Privat- und Verfahrensrecht unter Nr. **106a**.

(2) Im übrigen ist für die Erledigung von Zustellungsanträgen das Amtsgericht zuständig, in dessen Bezirk die Zustellung vorzunehmen ist. Die Zustellung wird durch die Geschäftsstelle des Amtsgerichts bewirkt.

§ 5. Das Zustellungszeugnis (Artikel 6 Abs. 1, 2 des Übereinkommens) erteilt im Fall des § 4 Abs. 1 die Zentrale Behörde, im übrigen die Geschäftsstelle des Amtsgerichts.

§ 6. Eine Zustellung durch diplomatische oder konsularische Vertreter (Artikel 8 des Übereinkommens) ist nur zulässig, wenn das Schriftstück einem Angehörigen des Absendestaates zuzustellen ist. Eine Zustellung nach Artikel 10 des Übereinkommens findet nicht statt.

Zweiter Teil. Vorschriften zur Ausführung des Haager Übereinkommens vom 18. März 1970 über die Beweisaufnahme im Ausland in Zivil- oder Handelssachen

§ 7. Die Aufgaben der Zentralen Behörde (Artikel 2, 24 Abs. 2 des Übereinkommens) nehmen die von den Landesregierungen bestimmten Stellen wahr. Jedes Land kann nur eine Zentrale Behörde einrichten. Die Landesregierungen können die Befugnisse nach Satz 1 auf die Landesjustizverwaltungen übertragen.

§ 8.[1] Für die Erledigung von Rechtshilfeersuchen ist das Amtsgericht zuständig, in dessen Bezirk die Amtshandlung vorzunehmen ist. Die Landesregierungen werden ermächtigt, diese Zuständigkeit durch Rechtsverordnung einem anderen Amtsgericht des Oberlandesgerichtsbezirks oder, wenn in einem Land mehrere Oberlandesgerichte errichtet sind, einem Amtsgerichtsbezirk für die Bezirke aller oder mehrerer Oberlandesgerichte zuzuweisen. Die Zuweisung kann auch nur für einzelne Arten der Beweisaufnahme erfolgen. Die Landesregierungen können diese Ermächtigung durch Rechtsverordnung auf die Landesjustizverwaltungen übertragen.

§ 9. Rechtshilfeersuchen, die durch das Amtsgericht zu erledigen sind (Kapitel I des Übereinkommens), müssen in deutscher Sprache abgefaßt oder von einer Übersetzung in diese Sprache begleitet sein (Artikel 4 Abs. 1, 5 des Übereinkommens). Die Landesregierungen werden ermächtigt, diese Zuständigkeit durch Rechtsverordnung einem anderen Amtsgericht des Oberlandesgerichtsbezirks oder, wenn in einem Land mehrere Oberlandesgerichte errichtet sind, einem Amtsgerichtsbezirk für die Bezirke aller oder mehrerer Oberlandesgerichte zuzuweisen. Die Zuweisung kann auch nur für einzelne Arten der Beweisaufnahme erfolgen. Die Landesregierungen können diese Ermächtigung *durch Rechts*verordnung auf die Landesjustizverwaltungen übertragen.

[1] § 8 geänd. durch G v. 11.6.2017 (BGBl. I S. 1607).

§ 10. Mitglieder des ersuchenden ausländischen Gerichts können bei der Erledigung eines Rechtshilfeersuchens durch das Amtsgericht anwesend sein, wenn die Zentrale Behörde dies genehmigt hat.

§ 11. Eine Beweisaufnahme durch diplomatische oder konsularische Vertreter ist unzulässig, wenn sie deutsche Staatsangehörige betrifft. Betrifft sie Angehörige eines dritten Staates oder Staatenlose, so ist sie nur

(Fortsetzung nächstes Blatt)

zulässig, wenn die Zentrale Behörde sie genehmigt hat (Artikel 16 Abs. 1 des Übereinkommens). Eine Genehmigung ist nicht erforderlich, wenn der Angehörige eines dritten Staates zugleich die Staatsangehörigkeit des Staates des ersuchenden Gerichts besitzt.

§ 12. (1) Ein Beauftragter des ersuchenden Gerichts (Artikel 17 des Übereinkommens) darf eine Beweisaufnahme nur durchführen, wenn die Zentrale Behörde sie genehmigt hat. Die Genehmigung kann mit Auflagen verbunden werden.

(2) Das Gericht, das für die Erledigung eines Rechtshilfeersuchens in derselben Angelegenheit nach § 8 zuständig wäre, ist befugt, die Vorbereitung und die Durchführung der Beweisaufnahme zu überwachen. Ein Mitglied dieses Gerichts kann an der Beweisaufnahme teilnehmen (Artikel 19 Satz 2 des Übereinkommens).

§ 13. Für die Erteilung der Genehmigung nach den §§ 10, 11 und 12 (Artikel 19 des Übereinkommens) ist die Zentrale Behörde des Landes zuständig, in dem die Beweisaufnahme durchgeführt werden soll.

§ 14. (1) Rechtshilfeersuchen, die ein Verfahren nach Artikel 23 des Übereinkommens zum Gegenstand haben, werden nicht erledigt.

(2) Jedoch können, soweit die tragenden Grundsätze des deutschen Verfahrensrechts nicht entgegenstehen, solche Ersuchen unter Berücksichtigung der schutzwürdigen Interessen der Betroffenen erledigt werden, nachdem die Voraussetzungen der Erledigung und das anzuwendende Verfahren durch Rechtsverordnung näher geregelt sind, die der Bundesminister der Justiz und für Verbraucherschutz mit Zustimmung des Bundesrates erlassen kann[1].

Dritter Teil. Sonstige Bestimmungen

§ 15. Der Bundesminister der Justiz und für Verbraucherschutz wird ermächtigt, durch Rechtsverordnung, die der Zustimmung des Bundesrates bedarf, die nach den §§ 1 und 7 dieses Gesetzes errichteten Zentralen Behörden als die Stellen zu bestimmen, die gemäß den §§ 1 und 3 Abs. 2 des Gesetzes vom 5. April 1909 zur Ausführung des Haager Abkommens über den Zivilprozeß vom 17. Juli 1905 (RGBl. 1909 S. 430) und gemäß den §§ 1 und 9 des Gesetzes zur Ausführung des Haager Übereinkommens vom 1. März 1954 über den Zivilprozeß zur Entgegennahme von Anträgen und Ersuchen des Konsuls eines ausländischen Staates zuständig sind.

§ 16. Dieses Gesetz gilt nach Maßgabe des § 13 Abs. 1 des Dritten Überleitungsgesetzes auch im Land Berlin. Rechtsverordnungen, die

[1] Die Rechtsverordnung ist bisher nicht erlassen worden.

auf Grund dieses Gesetzes erlassen werden, gelten im Land Berlin nach § 14 des Dritten Überleitungsgesetzes.

§ 17. Dieses Gesetz tritt am Tage nach der Verkündung in Kraft.

500. Übereinkommen zur Errichtung der Welthandelsorganisation (WTO)[1)·2)]

Vom 15. April 1994

(BGBl. II S. 1625)

DIE VERTRAGSPARTEIEN DIESES ÜBEREINKOMMENS –

IN DER ERKENNTNIS, daß ihre Handels- und Wirtschaftsbeziehungen auf die Erhöhung des Lebensstandards, auf die Sicherung der Vollbeschäftigung und eines hohen und ständig steigenden Umfangs des Realeinkommens und der wirksamen Nachfrage sowie auf die Ausweitung der Produktion und des Handels mit Waren und Dienstleistungen gerichtet sein, gleichzeitig aber die optimale Nutzung der Hilfsquellen der Welt im Einklang mit dem Ziel einer nachhaltigen Entwicklung gestatten sollen, in dem Bestreben, den Schutz und die Erhaltung der Umwelt und gleichzeitig die Steigerung der dafür erforderlichen Mittel zu erreichen, und zwar in einer Weise, die mit den ihrem jeweiligen wirtschaftlichen Entwicklungsstand entsprechenden Bedürfnissen und Anliegen vereinbar ist,

IN DER ERKENNTNIS, daß es positiver Bemühungen bedarf, damit sich die Entwicklungsländer, insbesondere die am wenigsten entwickelten unter ihnen, einen Anteil am Wachstum des internationalen Handels sichern, der den Erfordernissen ihrer wirtschaftlichen Entwicklung entspricht,

IN DEM WUNSCH, zur Verwirklichung dieser Ziele durch den Abschluß von Übereinkünften beizutragen, die auf der Grundlage der Gegenseitigkeit und zum gemeinsamen Nutzen auf einen wesentlichen Abbau der Zölle und anderer Handelsschranken sowie auf die Beseitigung der Diskriminierung in den internationalen Handelsbeziehungen abzielen,

DAHER ENTSCHLOSSEN, ein integriertes, funktionsfähigeres und dauerhafteres multilaterales Handelssystem zu entwickeln, welches das Allgemeine Zoll- und Handelsabkommen, die Ergebnisse früherer Handelsliberalisierungsbemühungen und sämtliche Ergebnisse der Multilateralen Handelsverhandlungen der Uruguay-Runde umfaßt,

ENTSCHLOSSEN, die fundamentalen Grundsätze dieses multilateralen Handelssystems zu wahren und die Verwirklichung seiner Ziele zu fördern –

KOMMEN WIE FOLGT ÜBEREIN:

Art. I Errichtung der Organisation. Die Welthandelsorganisation (im folgenden als „WTO" bezeichnet) wird hiermit errichtet.

---

1) Das Übk. ist einheitlich am 1. 1. 1995 in Kraft getreten (Bek. v. 18. 5. 1995, BGBl. II S. 456). Zum Stand der Vertragsparteien s. BGBl., Fundstellennachweis B, abgeschlossen zum 31. 12. jedes Jahres.

2) S. auch das G. v. 30. 8. 1994 (BGBl. II S. 1438).

Art. II Wirkungsbereich der WTO. (1) Die WTO bildet den gemeinsamen institutionellen Rahmen für die Wahrnehmung der Handelsbeziehungen zwischen ihren Mitgliedern in Angelegenheiten im Zusammenhang mit den in den Anlagen dieses Übereinkommens enthaltenen Übereinkommen und dazugehörigen Rechtsinstrumenten.

(2) Die Übereinkommen und die dazugehörigen Rechtsinstrumente, die in den Anlagen 1, 2 und 3 enthalten sind (im folgenden als „Multilaterale Handelsübereinkommen“ bezeichnet), sind Bestandteil dieses Übereinkommens und für alle Mitglieder verbindlich.

(3) Die Übereinkommen und die dazugehörigen Rechtsinstrumente, die in Anlage 4 enthalten sind (im folgenden als „Plurilaterale Handelsübereinkommen“ bezeichnet), sind ebenfalls Bestandteil dieses Übereinkommens für diejenigen Mitglieder, die sie angenommen haben, und sind für diese Mitglieder verbindlich. Die Plurilateralen Handelsübereinkommen begründen für die Mitglieder, die sie nicht angenommen haben, weder Pflichten noch Rechte.

(4) Das in Anlage 1A enthaltene Allgemeine Zoll- und Handelsübereinkommen von 1994 (im folgenden als „GATT 1994“ bezeichnet) unterscheidet sich rechtlich von dem Allgemeinen Zoll- und Handelsabkommen vom 30. Oktober 1947, das der Schlußakte der Zweiten Tagung des Vorbereitenden Ausschusses der Konferenz der Vereinten Nationen für Handel und Beschäftigung als Anlage beigefügt war, in seiner später berichtigten, ergänzten oder geänderten Fassung (im folgenden als „GATT 1947“ bezeichnet).

Art. III Aufgaben der WTO. (1) Die WTO erleichtert die Durchführung, die Verwaltung und die Wirkungsweise dieses Übereinkommens und der Multilateralen Handelsübereinkommen sowie die Verwirklichung ihrer Ziele; sie bildet auch den Rahmen für die Durchführung, die Verwaltung und die Wirkungsweise der Plurilateralen Handelsübereinkommen.

(2) Die WTO dient als Forum für Verhandlungen zwischen ihren Mitgliedern über deren multilaterale Handelsbeziehungen in den Bereichen, die im Rahmen der in den Anlagen dieses Übereinkommens enthaltenen Übereinkünfte behandelt werden. Die WTO kann auch als Forum für weitere Verhandlungen zwischen ihren Mitgliedern über deren multilaterale Handelsbeziehungen sowie als Rahmen für die Durchführung der Ergebnisse solcher Verhandlungen dienen, wie dies von der Ministerkonferenz beschlossen wird.

(3) Die WTO verwaltet die in Anlage 2 dieses Übereinkommens enthaltene Vereinbarung über Regeln und Verfahren zur Beilegung von Streitigkeiten (im folgenden als „Vereinbarung über Streitbeilegung“ oder „DSU“ bezeichnet).

(4) Die WTO verwaltet das in Anlage 3 dieses Übereinkommens enthaltene Verfahren zur Überprüfung der Handelspolitiken (im folgenden als „TPRM“ bezeichnet).

(5) Im Interesse einer kohärenteren Gestaltung der weltweiten wirtschaftspolitischen Entscheidungen arbeitet die WTO gegebenenfalls mit dem Internationalen Währungsfonds und mit der Internationalen Bank für Wiederaufbau und Entwicklung und den mit ihr verbundenen Institutionen zusammen.

Art. IV Aufbau der WTO. (1) Eine Ministerkonferenz, die sich aus Vertretern aller Mitglieder zusammensetzt, tritt mindestens einmal alle zwei Jahre zusammen. Die Ministerkonferenz nimmt die Aufgaben der WTO wahr und trifft die dafür erforderlichen Maßnahmen. Die Ministerkonferenz ist befugt, in allen unter eines der Multilateralen Handelsübereinkommen fallenden Angelegenheiten auf Antrag eines Mitglieds in Übereinstimmung mit den besonderen Erfordernissen für die Beschlußfassung in diesem Übereinkommen und dem einschlägigen Multilateralen Handelsübereinkommen Beschlüsse zu fassen.

(2) Ein Allgemeiner Rat, der sich aus Vertretern aller Mitglieder zusammensetzt, tritt zusammen, wann immer dies zweckdienlich ist. Zwischen den Tagungen der Ministerkonferenz nimmt der Allgemeine Rat deren Aufgaben wahr. Der Allgemeine Rat nimmt auch die Aufgaben wahr, die ihm durch dieses Übereinkommen übertragen sind. Der Allgemeine Rat gibt sich eine Geschäftsordnung und genehmigt die Geschäftsordnungen der in Absatz 7 vorgesehenen Ausschüsse.

(3) Der Allgemeine Rat tritt gegebenenfalls zusammen, um die Aufgaben des in der Vereinbarung über Streitbeilegung vorgesehenen Streitbeilegungsgremiums wahrzunehmen. Das Streitbeilegungsgremium kann einen eigenen Vorsitzenden haben und legt die Verfahrensregeln fest, die es zur Erfüllung dieser Aufgaben für notwendig erachtet.

(4) Der Allgemeine Rat tritt gegebenenfalls zusammen, um die Aufgaben des im TPRM vorgesehenen Organs zur Überprüfung der Handelspolitiken wahrzunehmen. Das Organ zur Überprüfung der Handelspolitiken kann einen eigenen Vorsitzenden haben und legt die Verfahrensregeln fest, die es zur Erfüllung dieser Aufgaben für notwendig erachtet.

(5) Ein Rat für den Handel mit Waren, ein Rat für den Handel mit Dienstleistungen und ein Rat für handelsbezogene Aspekte der Rechte des geistigen Eigentums (im folgenden als „Rat für TRIPS" bezeichnet) sind unter der allgemeinen Leitung des Allgemeinen Rates tätig. Der Rat für den Handel mit Waren überwacht die Wirkungsweise der Multilateralen Handelsübereinkommen in Anlage 1 A. Der Rat für den *Handel mit Dienstleistungen* überwacht die Wirkungsweise des Allgemeinen Übereinkommens über den Handel mit Dienstleistungen (im folgenden als „GATS" bezeichnet). Der Rat für TRIPS überwacht die Wirkungsweise des Übereinkommens über handelsbezogene Aspekte der Rechte des geistigen Eigentums (im folgenden als „Übereinkommen über TRIPS" bezeichnet). Diese Räte erfüllen die ihnen in den betreffenden Übereinkommen und vom Allgemeinen Rat übertragenen Aufgaben. Sie geben sich Geschäftsordnungen, die der Genehmi-

gung durch den Allgemeinen Rat bedürfen. Die Mitgliedschaft in diesen Räten steht den Vertretern aller Mitglieder offen. Diese Räte treten zur Ausübung ihrer Aufgaben je nach Notwendigkeit zusammen.

(6) Der Rat für den Handel mit Waren, der Rat für den Handel mit Dienstleistungen und der Rat für TRIPS setzen nach Bedarf nachgeordnete Gremien ein. Diese nachgeordneten Gremien geben sich Geschäftsordnungen, die der Genehmigung durch ihre jeweiligen Räte bedürfen.

(7) Die Ministerkonferenz setzt einen Ausschuß für Handel und Entwicklung, einen Ausschuß für Zahlungsbilanzbeschränkungen sowie einen Ausschuß für Haushalt, Finanzen und Verwaltung ein, welche die Aufgaben, die ihnen in diesem Übereinkommen und in den Multilateralen Handelsübereinkommen übertragen werden, sowie alle zusätzlichen Aufgaben wahrnehmen, die ihnen vom Allgemeinen Rat übertragen werden; sie kann zusätzliche Ausschüsse für die Aufgaben einsetzen, die sie für zweckdienlich erachtet. Im Rahmen seiner Aufgaben überprüft der Ausschuß für Handel und Entwicklung in regelmäßigen Zeitabständen die besonderen Bestimmungen in den Multilateralen Handelsübereinkommen zugunsten der am wenigsten entwikkelten Länder, die Mitglieder sind, und erstattet dem Allgemeinen Rat Bericht, damit dieser geeignete Maßnahmen trifft. Die Mitgliedschaft in diesen Ausschüssen steht den Vertretern aller Mitglieder offen.

(8) Die nach den Plurilateralen Handelsübereinkommen vorgesehenen Organe nehmen die ihnen nach jenen Übereinkommen übertragenen Aufgaben wahr und wirken innerhalb des institutionellen Rahmens der WTO. Diese Organe unterrichten den Allgemeinen Rat regelmäßig über ihre Tätigkeit.

Art. V Beziehungen zu anderen Organisationen. (1) Der Allgemeine Rat trifft geeignete Vorkehrungen zur wirksamen Zusammenarbeit mit anderen zwischenstaatlichen Organisationen, deren Aufgaben mit denen der WTO im Zusammenhang stehen.

(2) Der Allgemeine Rat kann geeignete Vorkehrungen für Konsultationen und Zusammenarbeit mit nichtstaatlichen Organisationen treffen, die sich mit Angelegenheiten befassen, die mit denen der WTO im Zusammenhang stehen.

Art. VI Sekretariat. (1) Ein Sekretariat der WTO (im folgenden als „Sekretariat" bezeichnet) steht unter der Leitung eines Generaldirektors.

(2) Die Ministerkonferenz ernennt den Generaldirektor und nimmt Bestimmungen über die Befugnisse, die Aufgaben, die Dienstbedingungen und die Amtszeit des Generaldirektors an.

(3) Der Generaldirektor ernennt die Mitglieder des Personals des Sekretariats und legt deren Aufgaben und Dienstbedingungen in Über-

einstimmung mit den von der Ministerkonferenz angenommenen Bestimmungen fest.

(4) Die Aufgaben des Generaldirektors und des Sekretariatspersonals haben ausschließlich internationalen Charakter. Bei der Wahrnehmung ihrer Pflichten dürfen der Generaldirektor und das Sekretariatspersonal Weisungen von irgendeiner Regierung oder anderen Stellen außerhalb der WTO weder einholen noch entgegennehmen. Sie haben sich jeglicher Tätigkeit zu enthalten, die sich auf ihre Stellung als internationale Beamte abträglich auswirken könnte. Die Mitglieder der WTO achten den internationalen Charakter der Aufgaben des Generaldirektors und des Sekretariatspersonals und versuchen nicht, sie in der Ausübung ihrer Pflichten zu beeinflussen.

Art. VII Haushalt und Beiträge. (1) Der Generaldirektor legt dem Ausschuß für Haushalt, Finanzen und Verwaltung den jährlichen Haushaltsvoranschlag und Rechnungsabschluß der WTO vor. Der Ausschuß für Haushalt, Finanzen und Verwaltung prüft den vom Generaldirektor vorgelegten jährlichen Haushaltsvoranschlag und Rechnungsabschluß und richtet Empfehlungen hierüber an den Allgemeinen Rat. Der jährliche Haushaltsvoranschlag bedarf der Genehmigung durch den Allgemeinen Rat.

(2) Der Ausschuß für Haushalt, Finanzen und Verwaltung schlägt dem Allgemeinen Rat Finanzregelungen vor, die Bestimmungen über folgendes enthalten:

a) den Beitragsschlüssel, der die Ausgaben der WTO zwischen ihren Mitgliedern aufteilt,

b) die erforderlichen Maßnahmen gegenüber Mitgliedern mit Zahlungsrückständen.

Die Finanzregelungen beruhen, soweit durchführbar, auf den Regelungen und Praktiken des GATT 1947.

(3) Der Allgemeine Rat nimmt die Finanzregelungen und den jährlichen Haushaltsvoranschlag mit Zweidrittelmehrheit an, die mehr als die Hälfte der WTO-Mitglieder umfaßt.

(4) Jedes Mitglied leistet umgehend seinen Beitrag an die WTO entsprechend seinem Anteil an den Ausgaben der WTO und im Einklang mit den vom Allgemeinen Rat angenommenen Finanzregelungen.

Art. VIII Rechtsstellung der WTO. (1) Die WTO besitzt Rechtspersönlichkeit; von jedem ihrer Mitglieder wird ihr die Rechtsfähigkeit eingeräumt, die zur Wahrnehmung ihrer Aufgaben erforderlich ist.

(2) Der WTO werden von jedem ihrer Mitglieder diejenigen Vorrechte und Immunitäten eingeräumt, die zur Wahrnehmung ihrer Aufgaben erforderlich sind.

(3) Den Bediensteten der WTO und den Vertretern der Mitglieder werden in ähnlicher Weise von jedem ihrer Mitglieder diejenigen Vor-

rechte und Immunitäten eingeräumt, die zur unabhängigen Wahrnehmung ihrer Aufgaben im Zusammenhang mit der WTO erforderlich sind.

(4) Die der WTO, ihren Bediensteten und den Vertretern ihrer Mitglieder von einem Mitglied einzuräumenden Vorrechte und Immunitäten entsprechen den Vorrechten und Immunitäten, die in dem am 21. November 1947 von der Generalversammlung der Vereinten Nationen angenommenen Abkommen über die Vorrechte und Befreiungen der Sonderorganisationen vorgesehen sind.

(5) Die WTO kann ein Sitzabkommen schließen.

Art. IX Beschlußfassung. (1) Die WTO setzt die nach dem GATT 1947[1] übliche Praxis der Beschlußfassung durch Konsens fort. Falls ein Beschluß nicht durch Konsens gefaßt werden kann, wird über die strittige Angelegenheit durch Abstimmung beschlossen, sofern nichts anderes vorgesehen ist. Auf den Tagungen der Ministerkonferenz und des Allgemeinen Rates verfügt jedes Mitglied der WTO über eine Stimme. Wenn die Europäischen Gemeinschaften ihr Stimmrecht ausüben, verfügen sie über eine Anzahl von Stimmen, die der Anzahl ihrer Mitgliedstaaten,[2] die Mitglieder der WTO sind, entspricht. Beschlüsse der Ministerkonferenz und des Allgemeinen Rates werden mit der Mehrheit der abgegebenen Stimmen gefaßt, sofern in diesem Übereinkommen oder in dem einschlägigen Multilateralen Handelsübereinkommen nichts anderes vorgesehen ist.[3]

(2) Die Ministerkonferenz und der Allgemeine Rat sind ausschließlich befugt, dieses Übereinkommen und die Multilateralen Handelsübereinkommen auszulegen. Im Fall einer Auslegung eines Multilateralen Handelsübereinkommens der Anlage 1 üben sie ihre Befugnis auf der Grundlage einer Empfehlung desjenigen Rates aus, der die Wirkungsweise des betreffenden Übereinkommens überwacht. Der Beschluß zur Annahme einer Auslegung wird mit Dreiviertelmehrheit der Mitglieder gefaßt. Dieser Absatz wird nicht in einer Weise angewendet, welche die Änderungsbestimmungen in Artikel X unterlaufen würde.

(3) Unter außergewöhnlichen Umständen kann die Ministerkonferenz beschließen, ein Mitglied von einer Verpflichtung aus diesem Übereinkommen oder einem der Multilateralen Handelsübereinkommen zu entbinden; jedoch muß ein derartiger Beschluß von drei Vier-

---

[1] Ein Beschluß des betreffenden Organs über eine ihm zur Prüfung vorgelegte Angelegenheit gilt als durch Konsens gefaßt, wenn kein auf der beschlußfassenden Tagung anwesendes Mitglied gegen den vorgeschlagenen Beschluß förmlich Einspruch erhebt.

[2] Die Anzahl der Stimmen der Europäischen Gemeinschaften und ihrer Mitgliedstaaten darf die Anzahl der Mitgliedstaaten der Europäischen Gemeinschaften in keinem Fall übersteigen.

[3] Wenn der Allgemeine Rat in seiner Eigenschaft als Streitbeilegungsgremium zusammentritt, werden seine Beschlüsse nur in Übereinstimmung mit Artikel 2 Absatz 4 der Vereinbarung über Streitbeilegung gefaßt.

teln[1] der Mitglieder gefaßt werden, sofern in diesem Absatz nichts anderes vorgesehen ist.

a) Ein Antrag auf Ausnahmegenehmigung betreffend dieses Übereinkommen wird der Ministerkonferenz zur Prüfung gemäß der Praxis der Beschlußfassung durch Konsens vorgelegt. Die Ministerkonferenz setzt für die Prüfung des Antrags eine Frist von längstens 90 Tagen. Wird ein Konsens während dieser Frist nicht erzielt, so wird ein Beschluß zur Gewährung einer Ausnahmegenehmigung von drei Vierteln der Mitglieder gefaßt.

b) Ein Antrag auf Ausnahmegenehmigung betreffend die Multilateralen Handelsübereinkommen der Anlagen 1 A, 1 B oder 1 C und deren Anlagen wird zunächst dem Rat für den Handel mit Waren, dem Rat für den Handel mit Dienstleistungen beziehungsweise dem Rat für TRIPS zur Prüfung innerhalb einer Frist von längstens 90 Tagen vorgelegt. Mit Ablauf dieser Frist legt der zuständige Rat der Ministerkonferenz einen Bericht vor.

(4) Ein Beschluß der Ministerkonferenz zur Gewährung einer Ausnahmegenehmigung nennt die den Beschluß rechtfertigenden außergewöhnlichen Umstände, die Bedingungen für die Anwendung der Ausnahmegenehmigung sowie das Ablaufdatum der Ausnahmegenehmigung. Jede Ausnahmegenehmigung, die für einen längeren Zeitraum als ein Jahr gewährt wird, wird von der Ministerkonferenz spätestens ein Jahr nach der Gewährung und in der Folge alljährlich bis zum Ablauf der Ausnahmegenehmigung überprüft. Bei jeder Überprüfung untersucht die Ministerkonferenz, ob die die Ausnahmegenehmigung rechtfertigenden außergewöhnlichen Umstände weiterhin bestehen und ob die mit der Ausnahmegenehmigung verbundenen Bedingungen eingehalten wurden. Auf der Grundlage der jährlichen Überprüfung kann die Ministerkonferenz die Ausnahmegenehmigung verlängern, abändern oder aufheben.

(5) Für Beschlüsse nach einen Plurilateralen Handelsübereinkommen, einschließlich der Beschlüsse über Auslegungen und Ausnahmegenehmigungen, sind die Bestimmungen des betreffenden Übereinkommens maßgebend.

Art. X Änderungen. (1) Jedes Mitglied der WTO kann in der Ministerkonferenz Vorschläge zur Änderung dieses Übereinkommens oder der Multilateralen Handelsübereinkommen der Anlage 1 einbringen. Die in Artikel IV Absatz 5 aufgeführten Räte können ebenfalls der Ministerkonferenz Vorschläge zur Änderung der einschlägigen Multilateralen Handelsübereinkommen der Anlage 1 unterbreiten, deren Wirkungsweise sie überwachen. Innerhalb einer Frist von 90 Tagen nach

[1] Ein Beschluß zur Gewährung einer Ausnahmegenehmigung hinsichtlich einer Verpflichtung, für die ein Übergangszeitraum oder ein Zeitraum für eine stufenweise Durchführung gilt und die das antragstellende Mitglied zum Ende des maßgebenden Zeitraums nicht eingehalten hat, wird nur durch Konsens gefaßt.

förmlicher Einbringung auf der Ministerkonferenz wird, sofern die Ministerkonferenz nicht eine längere Frist beschließt, jeder Beschluß, die vorgeschlagene Änderung den Mitgliedern zur Annahme vorzulegen, von der Ministerkonferenz durch Konsens gefaßt. Sofern nicht Absatz 2, 5 oder 6 Anwendung findet, wird im Beschluß angegeben, ob Absatz 3 oder Absatz 4 anzuwenden ist. Wird ein Konsens erreicht, so legt die Ministerkonferenz die vorgeschlagene Änderung unverzüglich den Mitgliedern zur Annahme vor. Wird ein Konsens auf einer Tagung der Ministerkonferenz nicht innerhalb des festgelegten Zeitraums erreicht, so entscheidet die Ministerkonferenz mit Zweidrittelmehrheit der Mitglieder, ob die vorgeschlagene Änderung den Mitgliedern zur Annahme vorzulegen ist. Soweit nicht in den Absätzen 2, 5 und 6 etwas anderes vorgesehen ist, wird Absatz 3 auf die vorgeschlagene Änderung angewendet, sofern nicht die Ministerkonferenz mit Dreiviertelmehrheit der Mitglieder beschließt, Absatz 4 anzuwenden.

(2) Änderungen dieses Artikels und der folgenden Artikel treten nur nach Annahme durch alle Mitglieder in Kraft:
Artikel IX dieses Übereinkommens;
Artikel I und II des GATT 1994;
Artikel II Absatz 1 des GATS;
Artikel 4 des Übereinkommens über TRIPS.

(3) Änderungen dieses Übereinkommens oder der Multilateralen Handelsübereinkommen der Anlagen 1 A und 1 C, ausgenommen die in den Absätzen 2 und 6 genannten, die so beschaffen sind, daß sie die Rechte und Pflichten der Mitglieder ändern würden, treten für diejenigen Mitglieder, die sie angenommen haben, nach Annahme durch zwei Drittel der Mitglieder und in der Folge für jedes andere Mitglied nach der Annahme durch dieses Mitglied in Kraft. Die Ministerkonferenz kann mit Dreiviertelmehrheit der Mitglieder beschließen, daß eine gemäß diesem Absatz in Kraft getretene Änderung so beschaffen ist, daß es jedem Mitglied, das die Änderung innerhalb der von der Ministerkonferenz festgesetzten Frist nicht angenommen hat, in jedem Einzelfall freisteht, aus der WTO auszutreten oder mit Zustimmung der Ministerkonferenz Mitglied zu bleiben.

(4) Änderungen dieses Übereinkommens oder der Multilateralen Handelsübereinkommen der Anlagen 1 A und 1 C, ausgenommen die in den Absätzen 2 und 6 genannten, die so beschaffen sind, daß sie die Rechte und Pflichten der Mitglieder nicht ändern würden, treten nach Annahme durch zwei Drittel der Mitglieder für alle Mitglieder in Kraft.

(5) Soweit nicht Absatz 2 Anwendung findet, treten Änderungen der Teile I, II und III des GATS und der einschlägigen Anlagen für diejenigen Mitglieder, die sie angenommen haben, nach Annahme *durch zwei Drittel der Mitglieder* und in der Folge für jedes andere Mitglied nach der Annahme durch dieses Mitglied in Kraft. Die Ministerkonferenz kann mit Dreiviertelmehrheit der Mitglieder beschlie-

ßen, daß eine nach der vorstehenden Bestimmung in Kraft getretene Änderung so beschaffen ist, daß es jedem Mitglied, das die Änderung innerhalb der von der Ministerkonferenz festgesetzten Frist nicht angenommen hat, in jedem Einzelfall freisteht, aus der WTO auszutreten oder mit Zustimmung der Ministerkonferenz Mitglied zu bleiben. Änderungen der Teile IV, V und VI des GATS und der einschlägigen Anlagen treten nach Annahme durch zwei Drittel der Mitglieder für alle Mitglieder in Kraft.

(6) Unbeschadet der anderen Bestimmungen dieses Artikels können Änderungen des Übereinkommens über TRIPS, welche die Erfordernisse des Artikels 71 Absatz 2 jenes Übereinkommens erfüllen, von der Ministerkonferenz ohne weiteres förmliches Annahmeverfahren angenommen werden.

(7) Jedes Mitglied, das eine Änderung dieses Übereinkommens oder eines Multilateralen Handelsübereinkommens der Anlage 1 annimmt, hinterlegt innerhalb der von der Ministerkonferenz festgesetzten Annahmefrist eine Annahmeurkunde beim Generaldirektor der WTO.

(8) Jedes Mitglied der WTO kann der Ministerkonferenz einen Vorschlag zur Änderung der Multilateralen Handelsübereinkommen der Anlagen 2 und 3 vorlegen. Der Beschluß zur Genehmigung von Änderungen des Multilateralen Handelsübereinkommens der Anlage 2 wird durch Konsens gefaßt; diese Änderungen treten nach Genehmigung durch die Ministerkonferenz für alle Mitglieder in Kraft. Beschlüsse zur Genehmigung von Änderungen des Multilateralen Handelsübereinkommens der Anlage 3 treten nach Genehmigung durch die Ministerkonferenz für alle Mitglieder in Kraft.

(9) Die Ministerkonferenz kann auf Antrag der Mitglieder, die Vertragsparteien eines Handelsübereinkommens sind, ausschließlich durch Konsens beschließen, das betreffende Übereinkommen in Anlage 4 aufzunehmen. Die Ministerkonferenz kann auf Antrag der Mitglieder, die Vertragsparteien eines Plurilateralen Handelsübereinkommens sind, beschließen, das betreffende Übereinkommen aus Anlage 4 zu streichen.

(10) Für Änderungen eines Plurilateralen Handelsübereinkommens gelten die Bestimmungen des betreffenden Übereinkommens.

Art. XI Ursprüngliche Mitgliedschaft. (1) Die Vertragsparteien des GATT 1947, die zum Zeitpunkt des Inkrafttretens dieses Übereinkommens solche sind, und die Europäischen Gemeinschaften, die dieses Übereinkommen und die Multilateralen Handelsübereinkommen annehmen und für welche Listen von Zugeständnissen und Verpflichtungen dem GATT 1994 sowie Listen spezifischer Verpflichtungen dem GATS beigefügt sind, werden ursprüngliche Mitglieder der WTO.

(2) Die am wenigsten entwickelten Länder, die von den Vereinten Nationen als solche anerkannt sind, brauchen Verpflichtungen und Zu-

geständnisse nur insoweit zu übernehmen, als diese mit ihren jeweiligen Entwicklungs-, Finanz- und Handelserfordernissen oder ihrer administrativen und institutionellen Leistungsfähigkeit vereinbar sind.

Art. XII Beitritt. (1) Jeder Staat oder jedes gesonderte Zollgebiet, der/das in der Wahrnehmung seiner Außenhandelsbeziehungen und hinsichtlich der übrigen in diesem Übereinkommen und in den Multilateralen Handelsübereinkommen behandelten Angelegenheiten volle Handlungsfreiheit besitzt, kann diesem Übereinkommen unter Bedingungen beitreten, die zwischen ihm und der WTO vereinbart werden. Ein solcher Beitritt gilt für dieses Übereinkommen und für die in dessen Anlagen enthaltenen Multilateralen Handelsübereinkommen.

(2) Beitrittsbeschlüsse werden von der Ministerkonferenz gefaßt. Die Ministerkonferenz genehmigt die Einigung über die Beitrittsbedingungen mit Zweidrittelmehrheit der Mitglieder der WTO.

(3) Für den Beitritt zu einem Plurilateralen Handelsübereinkommen gelten die Bestimmungen des betreffenden Übereinkommens.

Art. XIII Nichtanwendung Multilateraler Handelsübereinkommen zwischen bestimmten Mitgliedern. (1) Dieses Übereinkommen und die Multilateralen Handelsübereinkommen der Anlagen 1 und 2 finden zwischen zwei Mitgliedern keine Anwendung, wenn eines der beiden Mitglieder zu dem Zeitpunkt, zu dem eines von ihnen Mitglied wird, der Anwendung seine Zustimmung versagt.

(2) Ursprüngliche Mitglieder der WTO, die Vertragsparteien des GATT 1947 waren, können sich im Verhältnis untereinander auf Absatz 1 nur berufen, wenn sie sich zuvor auf Artikel XXXV jenes Abkommens berufen hatten und wenn jener Artikel zwischen diesen Vertragsparteien zu dem Zeitpunkt in Kraft war, zu dem dieses Übereinkommen für sie in Kraft trat.

(3) Absatz 1 findet zwischen einem Mitglied und einem anderen Mitglied, das nach Artikel XII beigetreten ist, nur Anwendung, wenn das Mitglied, das der Anwendung nicht zustimmt, dies der Ministerkonferenz vor Genehmigung der Einigung über die Beitrittsbedingungen durch die Ministerkonferenz notifiziert hat.

(4) Die Ministerkonferenz kann die Wirkungsweise dieses Artikels in besonderen Fällen auf Antrag eines Mitglieds überprüfen und geeignete Empfehlungen aussprechen.

(5) Für die Nichtanwendung eines Plurilateralen Handelsübereinkommens zwischen Vertragsparteien des betreffenden Übereinkommens gelten die Bestimmungen des betreffenden Übereinkommens.

Art. XIV Annahme, Inkrafttreten und Hinterlegung. (1) Dieses Übereinkommen steht den Vertragsparteien des GATT 1947 sowie den Europäischen Gemeinschaften, die nach Artikel XI dieses Übereinkommens ursprüngliche Mitglieder der WTO werden können, zur

Annahme offen, die durch Unterzeichnung oder auf andere Weise erfolgen kann. Eine solche Annahme gilt für dieses Übereinkommen und für die in dessen Anlagen enthaltenen Multilateralen Handelsübereinkommen. Dieses Übereinkommen und die in dessen Anlagen enthaltenen Multilateralen Handelsübereinkommen treten zu dem von den Ministern nach Absatz 3 der Schlußakte über die Ergebnisse der Multilateralen Handelsverhandlungen der Uruguay-Runde festgesetzten Zeitpunkt in Kraft und stehen während eines Zeitraums von zwei Jahren ab diesem Zeitpunkt zur Annahme offen, sofern die Minister nichts anderes beschließen. Eine nach dem Inkrafttreten dieses Übereinkommens erfolgende Annahme wird am dreißigsten Tag nach dem Zeitpunkt der Annahme wirksam.

(2) Ein Mitglied, das dieses Übereinkommen nach seinem Inkrafttreten annimmt, erfüllt die Zugeständnisse und Verpflichtungen nach den Multilateralen Handelsübereinkommen, die im Verlauf eines Zeitraums, der mit dem Inkrafttreten dieses Übereinkommens beginnt, erfüllt werden müssen, so, als ob es dieses Übereinkommen zum Zeitpunkt seines Inkrafttretens angenommen hätte.

(3) Bis zum Inkrafttreten dieses Übereinkommens wird der Wortlaut dieses Übereinkommens und der Multilateralen Handelsübereinkommen beim Generaldirektor der VERTRAGSPARTEIEN des GATT 1947 hinterlegt. Der Generaldirektor übermittelt jeder Regierung und den Europäischen Gemeinschaften, die dieses Übereinkommen angenommen haben, unverzüglich eine beglaubigte Abschrift dieses Übereinkommens und der Multilateralen Handelsübereinkommen sowie eine Notifikation jeder diesbezüglichen Annahme. Dieses Übereinkommen und die Multilateralen Handelsübereinkommen sowie alle Änderungen derselben werden zum Zeitpunkt des Inkrafttretens dieses Übereinkommens beim Generaldirektor der WTO hinterlegt.

(4) Für die Annahme und das Inkrafttreten eines Plurilateralen Handelsübereinkommens gelten die Bestimmungen des betreffenden Übereinkommens. Die Übereinkommen werden beim Generaldirektor der VERTRAGSPARTEIEN des GATT 1947 hinterlegt. Zum Zeitpunkt des Inkrafttretens dieses Übereinkommens werden die betreffenden Übereinkommen beim Generaldirektor der WTO hinterlegt.

Art. XV Rücktritt. (1) Jedes Mitglied kann von diesem Übereinkommen zurücktreten. Der Rücktritt gilt sowohl für dieses Übereinkommen als auch für die Multilateralen Handelsübereinkommen und wird mit Ablauf von sechs Monaten nach Eingang der schriftlichen Rücktrittsanzeige beim Generaldirektor der WTO wirksam.

(2) Für den Rücktritt von einem Plurilateralen Handelsübereinkommen gelten die Bestimmungen des betreffenden Übereinkommens.

Art. XVI Verschiedene Bestimmungen. (1) Sofern in diesem Übereinkommen oder in den Multilateralen Handelsübereinkommen nichts anderes vorgesehen ist, läßt sich die WTO von den Beschlüssen,

Verfahren und üblichen Praktiken der VERTRAGSPARTEIEN des GATT 1947 sowie der im Rahmen des GATT 1947 eingesetzten Organe leiten.

(2) Soweit praktisch möglich, wird das Sekretariat des GATT 1947 zum Sekretariat der WTO, und der Generaldirektor der VERTRAGSPARTEIEN des GATT 1947 übernimmt bis zu dem Zeitpunkt, zu dem die Ministerkonferenz nach Artikel VI Absatz 2 dieses Übereinkommens einen Generaldirektor ernannt hat, die Aufgaben des Generaldirektors der WTO.

(3) Bei Vorliegen einer Normenkollision zwischen einer Bestimmung dieses Übereinkommens und einer Bestimmung eines der Multilateralen Handelsübereinkommen hat die Bestimmung dieses Übereinkommens im Ausmaß der Normenkollision Vorrang.

(4) Jedes Mitglied stellt sicher, daß seine Gesetze, sonstigen Vorschriften und Verwaltungsverfahren mit seinen Verpflichtungen aufgrund der als Anlage beigefügten Übereinkommen in Einklang stehen.

(5) Vorbehalte zu diesem Übereinkommen sind nicht zulässig. Vorbehalte zu den Multilateralen Handelsübereinkommen können nur angebracht werden, soweit dies in den betreffenden Übereinkommen vorgesehen ist. Vorbehalte zu einem Plurilateralen Handelsübereinkommen unterliegen den Bestimmungen des betreffenden Übereinkommens.

(6) Dieses Übereinkommen wird nach Artikel 102 der Charta der Vereinten Nationen registriert.

Geschehen zu Marrakesch am 15. April 1994 in einer Urschrift in englischer, französischer und spanischer Sprache, wobei jeder Wortlaut verbindlich ist.

Erläuternde Bemerkungen:

Die Begriffe „Land" oder „Länder" im Sinne dieses Übereinkommens und der Multilateralen Handelsübereinkommen gelten auch für alle gesonderten Zollgebiete, die Mitglieder der WTO sind.

Wird im Fall eines gesonderten Zollgebiets, das Mitglied der WTO ist, ein Ausdruck in diesem Übereinkommen und in den Multilateralen Handelsübereinkommen in Verbindung mit dem Wort „national" verwendet, so ist dieser Ausdruck so zu verstehen, daß er sich auf das Zollgebiet bezieht, sofern nichts anderes vorgesehen ist.

Liste der Anlagen[1]

Anlage 1

Anlage 1 A: Multilaterale Handelsübereinkünfte

(1) Allgemeines Zoll- und Handelsabkommen 1994[2]

(a) Vereinbarung zur Auslegung des Artikels II Abs. 1 Buchstabe b) des Allgemeinen Zoll- und Handelsabkommens 1994

(b) Vereinbarung zur Auslegung des Artikels XVII des Allgemeinen Zoll- und Handelsabkommens 1994

(c) Vereinbarung über die Zahlungsbilanzbestimmungen des Allgemeinen Zoll- und Handelsabkommens 1994

(d) Vereinbarung zur Auslegung des Artikels XXIV des Allgemeinen Zoll- und Handelsabkommens 1994

(e) Vereinbarung über Befreiungen von den Verpflichtungen nach dem Allgemeinen Zoll- und Handelsabkommen 1994

(f) Vereinbarung zur Auslegung des Artikels XXVIII des Allgemeinen Zoll- und Handelsabkommens 1994

(g) Vereinbarung über die Auslegung von Artikel XXXV des Allgemeinen Zoll- und Handelsabkommens 1994

(2) Protokoll von Marrakesch zum Allgemeinen Zoll- und Handelsabkommen von 1994

(3) Übereinkommen über die Landwirtschaft

(4) Übereinkommen über die Anwendung gesundheitspolizeilicher und pflanzenschutzrechtlicher Maßnahmen

(5) Übereinkommen über Textilwaren und Bekleidung

(6) Übereinkommen über technische Handelshemmnisse

(7) Übereinkommen über handelsbezogene Investitionsmaßnahmen

(8) Übereinkommen zur Durchführung des Artikels VI des Allgemeinen Zoll- und Handelsabkommens 1994

(9) Übereinkommen zur Durchführung des Artikels VII des Allgemeinen Zoll- und Handelsabkommens 1994

(10) Übereinkommen über Vorversandkontrollen

(11) Übereinkommen über Ursprungsregeln

(12) Übereinkommen über Einfuhrlizenzverfahren

---

[1] Sämtliche Anlagen sind abgedruckt im ABl. EG Nr. L 336 vom 23. 12. 1994, S. 11 ff. *Im BGBl. ist nur eine Veröffentlichung* derjenigen Dokumente erfolgt, hinsichtlich derer eine – zumindest teilweise – nationale Gesetzgebungskompetenz besteht (vgl. die entsprechende Anm. in BGBl. 1994 II S. 1438).

[2] Abgedruckt unter Nr. **510**. Vgl. hierzu Art. II Abs. 4 des WTO-Übereinkommens. Die beiden Übereinkommen – das GATT 1947 einerseits und das GATT 1994 andererseits – unterscheiden sich zwar ihrem Wortlaut nach nicht voneinander; die Unterschiede ergeben sich vielmehr im wesentlichen aus den im nachfolgenden aufgezählten Vereinbarungen über die Interpretation wichtiger Bestimmungen des GATT sowie das Protokoll von Marrakesch. Das GATT 1994 übernimmt so weitestgehend den Rechtskorpus der unter dem GATT 1947 entstanden ist und reichert ihn (nur) um die genannten Rechtsakte an.

(13) Übereinkommen über Subventionen und Ausgleichsmaßnahmen

(14) Übereinkommen über Schutzmaßnahmen

(15) Übereinkommen über Handelserleichterungen[1)]

Anlage 1 B: Allgemeines Übereinkommen über den Handel mit Dienstleistungen

Anlage 1 C: Übereinkommen über handelsbezogene Aspekte der Rechte des geistigen Eigentums

Anlage 2: Vereinbarung über Regeln und Verfahren zur Beilegung von Streitigkeiten[2)]

Anlage 3: Mechanismus zur Überprüfung der Handelspolitik

Anlage 4: Plurilaterale Handelsübereinkünfte[3)]

(1) Übereinkommen über den Handel mit Zivilluftfahrzeugen

(2) Übereinkommen über öffentliches Beschaffungswesen

(3) Internationales Übereinkommen über Milcherzeugnisse

(4) Internationales Übereinkommen über Rindfleisch

Anhang 1

Anhang 1 A

Multilaterale Handelsübereinkünfte

Allgemeine Auslegungsregel zu Anhang 1 A:

Beim Vorliegen eines Widerspruches zwischen Bestimmungen des Allgemeinen Zoll- und Handelsabkommens 1994 und Bestimmungen einer anderen Übereinkunft in Anhang 1 A des Abkommens zur Errichtung der Welthandelsorganisation (im folgenden „WTO-Abkommen" genannt) sind die Bestimmungen der anderen Übereinkunft maßgebend.

---

1) ABl. 2015 Nr. L 284 S. 3, in Kraft getreten am 22.2.2017 (ABl. Nr. L 54 S. 1).

2) Abgedruckt unter Nr. **515**.

3) Vgl. hierzu auch das am 6.4.2014 in Kraft getretene (ABl. Nr. L 89/5 v. 25.3.2014) Protokoll zur Änderung des Übereinkommens über das öffentliche Beschaffungswesen v. 30.3.2012 (ABl. Nr. L 68/2 v. 7.3.2014).

510. Allgemeines Zoll- und Handelsabkommen 1994 – Einführender Text –

Vom 15. April 1994

(ABl. 1994 L 336/11)

1. Das Allgemeine Zoll- und Handelsabkommen 1994 („GATT 1994") besteht aus:[1)]
   a) den Bestimmungen des Allgemeinen Zoll- und Handelsabkommens vom 30. Oktober 1947 im Anhang zu der zum Abschluß der zweiten Tagung des Vorbereitungsausschusses der VN-Konferenz über Handel und Beschäftigung angenommenen Schlußakte (mit Ausnahme des Protokolls über die vorläufige Anwendung) in der durch die Rechtsinstrumente, die vor dem Inkrafttreten des WTO-Abkommens in Kraft getreten sind, berichtigten, geänderten oder modifizierten Fassung:
   b) den nachstehend aufgeführten Rechtsinstrumenten, die aufgrund des GATT 1947 vor dem Inkrafttreten des WTO-Abkommens in Kraft getreten sind:
      i) Protokolle und Bestätigungen zu den Zollzugeständnissen:
      ii) Beitrittsprotokolle (mit Ausnahme der Bestimmungen, die a) die vorläufige Anwendung und die Kündigung der vorläufigen Anwendung betreffen und b) bestimmen, daß Teil II des GATT 1947 vorläufig so weit in vollem Umfang angewendet wird, wie dies mit den am Datum des Protokolls in Kraft befindlichen Rechtsvorschriften zu vereinbaren ist);
      iii) Beschlüsse über Befreiungen gemäß Artikel XXV des GATT 1947, die zum Zeitpunkt des Inkrafttretens des WTO-Abkommens noch in Kraft sind;
      iv) sonstige Beschlüsse der *Vertragsparteien* des GATT 1947;
   c) den nachstehenden Vereinbarungen:
      i) Vereinbarung zur Auslegung des Artikels II Absatz 1 Buchstabe b) des Allgemeinen Zoll- und Handelsabkommens 1994;
      ii) Vereinbarung zur Auslegung des Artikels XVII des Allgemeinen Zoll- und Handelsabkommens 1994;
      iii) Vereinbarung über Zahlungsbilanzbestimmungen des Allgemeinen Zoll- und Handelsabkommens 1994;
      iv) Vereinbarung zur Auslegung des Artikels XXIV des Allgemeinen Zoll- und Handelsabkommens 1994;
      v) Vereinbarung über Befreiungen von Verpflichtungen nach dem Allgemeinen Zoll- und Handelsabkommen 1994;

[1)] Alle im folgenden genannten Rechtsakte – sowie zahlreiche weitere im weitesten Sinne zum „GATT-Recht" zählende Dokumente – sind abgedruckt in der Beck'schen Textausgabe, *Benedek,* Die Welthandelsorganisation (WTO), 1998; eine Auswahl der wichtigsten Texte findet sich auch bei Tietje (Hrsg.), Welthandelsorganisation (WTO), Beck-Texte im dtv (4. Aufl. 2009).

vi) Vereinbarung zur Auslegung des Artikels XXVIII des Allgemeinen Zoll- und Handelsabkommens 1994;

vii) Vereinbarung zur Auslegung des Artikels XXXV des Allgemeinen Zoll- und Handelsabkommens 1994;[1)]

d) dem Marrakesch-Protokoll zum GATT 1994.

2. Erläuterungen

a) In den Bestimmungen des GATT 1994 bezeichnet der Ausdruck „Vertragspartei" ein „Mitglied". Die Ausdrücke „wenig entwickelte Vertragspartei" und „entwickelte Vertragspartei" bezeichnen ein „Entwicklungsland-Mitglied" und ein „Industrieland-Mitglied". Der Ausdruck „Exekutivsekretär" bezeichnet den „Generaldirektor der WTO".

b) In Artikel XV Absätze 1, 2 und 8 und in Artikel XXXVIII sowie in den Anmerkungen zu den Artikeln XII und XVIII und in den Bestimmungen des Artikels XV Absätze 2, 3, 6, 7 und 9 des GATT 1994 über besondere Devisenabkommen gelten die Verweise auf die gemeinsam handelnden *Vertragsparteien* als Verweise auf die WTO. Die anderen Aufgaben, die das GATT 1994 den gemeinsam handelnden *Vertragsparteien* überträgt, werden von der Ministerkonferenz zugewiesen.

c) i) Der Wortlaut des GATT 1994 ist in englischer, französischer und spanischer Sprache verbindlich.

ii) Im Wortlaut des GATT 1994 in französischer Sprache sind die in Anhang A zu Dokument MTN.TNC/41 angegebenen Berichtigungen vorzunehmen.

iii) Der verbindliche Wortlaut des GATT 1994 in spanischer Sprache ist vorbehaltlich der in Anhang B zu Dokument MTN.TNC/41 angegebenen Berichtigungen der Wortlaut in Band IV der Reihe Basic Instruments and Selected Documents.

3. a) Teil II des GATT 1994 gilt nicht für Maßnahmen, die ein Mitglied aufgrund spezifischer zwingender Rechtsvorschriften trifft, die von diesem Mitglied erlassen wurden, bevor es Vertragspartei des GATT 1947 wurde, und die die Verwendung, den Verkauf oder die Vermietung von im Ausland gebauten oder im Ausland instand gesetzten Schiffen zu gewerblichen Zwecken zwischen Orten innerhalb der Hoheitsgewässer oder der Gewässer einer ausschließlichen Wirtschaftszone verbieten. Diese Ausnahme gilt für: a) die Beibehaltung oder alsbaldige Verlängerung einer abweichenden Rechtsvorschrift; und b) die Änderung einer abweichenden Rechtsvorschrift, soweit diese Änderung die Übereinstimmung der Vorschrift mit Teil II des GATT 1947 nicht mindert. Diese Ausnahme beschränkt sich auf Maßnahmen auf-

[1)] Diese Vereinbarung wurde letztlich nicht aufgenommen. Stattdessen faßte der Allgemeine Rat einen entsprechenden Beschluß; siehe GATT Dok. L/7435 sowie Artikel XIII: 2 des WTO-Abkommens, Dok. Nr. 1 (*Benedek,* a. a. O., S. 62).

grund der oben beschriebenen Rechtsvorschriften, die vor dem Zeitpunkt des Inkrafttretens des WTO-Abkommens notifiziert und spezifiziert wurden. Werden solche Rechtsvorschriften in der Folge so geändert, daß ihre Übereinstimmung mit Teil II des GATT 1994 gemindert wird, findet dieser Absatz auf sie keine Anwendung mehr.

b) Die Ministerkonferenz überprüft diese Ausnahme spätestens fünf Jahre nach dem Inkrafttreten des WTO-Abkommens und danach alle zwei Jahre, solange die Ausnahme in Kraft ist, um festzustellen, ob die Bedingungen, die die Ausnahme erforderlich machten, noch bestehen.

c) Ein Mitglied, für dessen Maßnahmen diese Ausnahme gilt, übermittelt jährlich genaue statistische Angaben, die den Fünfjahresdurchschnitt der tatsächlichen und zu erwartenden Lieferungen der Schiffe, für die diese Ausnahme gilt, und zusätzliche Angaben über deren Verwendung, Verkauf, Vermietung oder Instandsetzung enthalten.

d) Einem Mitglied, nach dessen Auffassung die Auswirkungen dieser Ausnahme eine gegenseitige verhältnismäßige Beschränkung der Verwendung, des Verkaufs, der Vermietung oder der Instandsetzung von Schiffen rechtfertigt, die im Hoheitsgebiet des Mitglieds, das sich auf die Ausnahme beruft, gebaut wurden, steht es frei, eine solche Beschränkung, die es zuvor der Ministerkonferenz notifizieren muß, einzuführen.

e) Diese Ausnahme gilt unbeschadet der Lösungen für spezifische Aspekte der unter diese Ausnahme fallenden Rechtsvorschriften, die im Rahmen sektoraler Übereinkommen oder in anderem Rahmen ausgehandelt werden.

Allgemeines Zoll- und Handelsabkommen (GATT)[1) · 2)]

Vom 30. Oktober 1947

(IdF. die es durch Berichtigungen, Änderungen und Modifizierungen bis zum Inkrafttreten des WTO-Übereinkommens am 1. 1. 1995 erfahren hat – konsolidierter Text in Deutsches Handelsarchiv 1969, 2663 – und unter Weglassung bestimmter Vorschriften, die durch das WTO-Übereinkommen selbst obsolet geworden sind)

Die Regierungen des Australischen Bundes, des Königreichs Belgien, der Vereinigten Staaten von Brasilien, von Birma, Kanada, Cey-

[1)] Vgl. zum gesamten Rechtskorpus, der das GATT 1994 ausmacht, die Auflistung in Ziff. 1 des Einführenden Textes zu Nr. **510.** S. auch Fn. 2 zu der am Ende von Nr. **500** dieser Textsammlung abgedruckten Liste der Anlagen zum WTO-Übereinkommen. Eine wichtige Konkretisierung verschiedener Vorschriften des Vertrages findet sich in Anlage I zum GATT („Anmerkungen und ergänzende Bestimmungen"), abgedruckt im Anschluss an den Vertragstext) sowie in den Vereinbarungen zur Auslegung des GATT 1994 v. 15. 4. 1994 (ABl. 1994 Nr. L 336/12 ff).

[2)] Zu den im folgenden Vertragstext kursiv gedruckten Begriffen s. Ziff. 2 a) („Erläuterungen") im Einführenden Text zu Nr. **510.**

lon, der Republik Chile, der Republik China, der Republik Kuba, der Tschechoslowakischen Republik, der Französischen Republik, von Indien, Libanon, des Großherzogtums Luxemburg, des Königreichs der Niederlande, von Neuseeland, des Königreichs Norwegen, von Pakistan, Süd-Rhodesien, Syrien, der Südafrikanischen Union, des Vereinigten Königreichs von Großbritannien und Nordirland und der Vereinigten Staaten von Amerika haben

in der Erkenntnis, daß ihre Handels- und Wirtschaftsbeziehungen auf die Erhöhung des Lebensstandards, auf die Verwirklichung der Vollbeschäftigung, auf ein hohes und ständig steigendes Niveau des Realeinkommens und der wirksamen Nachfrage, auf die volle Erschließung der Hilfsquellen der Welt, auf die Steigerung der Produktion und des Austausches von Waren gerichtet sein sollen, und

in dem Wunsche, zur Verwirklichung dieser Ziele durch den Abschluß von Vereinbarungen beizutragen, die auf der Grundlage der Gegenseitigkeit und zum gemeinsamen Nutzen auf einen wesentlichen Abbau der Zölle und anderer Handelsschranken sowie auf die Beseitigung der Diskriminierung im internationalen Handel abzielen,

durch ihre Vertreter folgendes vereinbart:

Teil I

Art. I Allgemeine Meistbegünstigung. 1. Bei Zöllen und Belastungen aller Art, die anläßlich oder im Zusammenhang mit der Einfuhr oder Ausfuhr oder bei der internationalen Überweisung von Zahlungen für Einfuhren oder Ausfuhren auferlegt werden, bei dem Erhebungsverfahren für solche Zölle und Belastungen, bei allen Vorschriften und Förmlichkeiten im Zusammenhang mit der Einfuhr oder Ausfuhr und bei allen in Artikel III Absätze 2 und 4 behandelten Angelegenheiten werden alle Vorteile, Vergünstigungen, Vorrechte oder Befreiungen, die eine *Vertragspartei* für eine Ware gewährt, welche aus einem anderen Land stammt oder für dieses bestimmt ist, unverzüglich und bedingungslos für alle gleichartigen Waren gewährt, die aus den Gebieten der anderen *Vertragsparteien* stammen oder für diese bestimmt sind.

2. Absatz 1 macht die Beseitigung von Präferenzen bei Einfuhrzöllen oder sonstigen Belastungen der Einfuhr nicht erforderlich, sofern sie nicht höher sind als in Absatz 4 vorgesehen und sich in folgendem Rahmen halten:

a) Präferenzen, die ausschließlich zwischen zwei oder mehr der in Anlage A genannten Gebiete in Kraft sind, vorbehaltlich der dort festgesetzten Bedingungen;

b) Präferenzen, die ausschließlich zwischen zwei oder mehr Gebieten in Kraft sind, welche am 1. Juli 1939 unter gemeinsamer Souveränität standen oder durch ein Protektorats- oder Souveränitätsverhältnis miteinander verbunden waren und in den Anlagen B, C und D genannt sind, vorbehaltlich der dort festgesetzten Bedingungen;

c) Präferenzen, die ausschließlich zwischen den Vereinigten Staaten von Amerika und der Republik Korea in Kraft sind;

d) Präferenzen, die ausschließlich zwischen den in Anlage E und F genannten benachbarten Staaten in Kraft sind.

3. Absatz 1 findet keine Anwendung auf Präferenzen zwischen den Staaten, die früher Teile des Osmanischen Reiches waren und am 21. Juli 1923 von ihm abgetrennt wurden, sofern diese Präferenzen nach Artikel XXV Absatz 5[1] gebilligt werden, der hierbei unter Berücksichtigung von Artikel XXIX Absatz 1 anzuwenden ist.

4. Bei einer Ware, für die gemäß Absatz 2 eine Präferenz zugelassen ist, darf die Präferenzspanne, soweit sie in der entsprechenden Liste zu diesem Abkommen nicht ausdrücklich als Präferenzhöchstspanne festgesetzt ist, folgende Grenze nicht überschreiten:

a) Bei Zöllen oder sonstigen Belastungen für eine in einer solchen Liste angeführte Ware: die Differenz zwischen dem Meistbegünstigungszollsatz und dem Präferenzzollsatz, die in der Liste vorgesehen sind; ist kein Präferenzzollsatz vorgesehen, so wird im Sinne dieses Absatzes der am 10. April 1947 in Kraft befindliche Präferenzzollsatz als geltend angewendet; ist kein Meistbegünstigungszollsatz vorgesehen, so darf die Präferenzspanne die Differenz nicht überschreiten, die am 10. April 1947 zwischen dem Meistbegünstigungszollsatz und dem Präferenzzollsatz bestand;

b) Bei Zöllen oder sonstigen Belastungen für eine in einer solchen Liste nicht angeführte Ware: die Differenz, die am 10. April 1947 zwischen dem Meistbegünstigungszollsatz und dem Präferenzzollsatz bestand.

Bei den in Anlage G genannten *Vertragsparteien* wird der unter den Buchstaben a) und b) angeführte Stichtag des 10. April 1947 durch die in dieser Anlage festgesetzten Stichtage ersetzt.

Art. II Listen der Zugeständnisse. 1. a) Jede *Vertragspartei* gewährt dem Handel der anderen *Vertragsparteien* eine nicht weniger günstige Behandlung, als in dem betreffenden Teil der entsprechenden Liste zu diesem Abkommen vorgesehen ist.

b)[2] Die im Teil I der Liste einer *Vertragspartei* angeführten, aus den Gebieten anderer *Vertragsparteien* stammenden Waren sind bei der Einfuhr in ein Gebiet, auf das sich die Liste bezieht, vorbehaltlich der in dieser Liste festgesetzten Bedingungen und näheren Bestimmungen von allen Zöllen im eigentlichen Sinne befreit, welche die in der Liste vorgesehenen Zollsätze übersteigen. Desgleichen sind diese Waren von allen anderen Abgaben und Belastungen jeder Art befreit, die anläßlich oder im Zusammenhang mit der Einfuhr auferlegt werden, soweit sie die Abgaben und Belastungen übersteigen, die am Tag des Datums dieses Abkommens auferlegt werden oder

---

[1] Der authentische Text lautet irrtümlich „Unterabsatz 5 (a)".
[2] Vgl. hierzu die Auslegungsvereinbarung v. 15. 4. 1994 (ABl. 1994 Nr. L 336/12).

nach diesem Zeitpunkt auf Grund der zu diesem Zeitpunkt im Einfuhrland geltenden Rechtsvorschriften unmittelbar oder zwangsläufig aufzuerlegen sind.

c) Die im Teil II der Liste einer *Vertragspartei* angeführten Waren, die aus Gebieten stammen, welche nach Artikel I Anspruch auf Präferenzbehandlung bei der Einfuhr in das Gebiet haben, auf das sich die Liste bezieht, sind vorbehaltlich der in dieser Liste festgesetzten Bedingungen und näheren Bestimmungen bei der Einfuhr von allen Zöllen im eigentlichen Sinne befreit, welche die im Teil II der Liste vorgesehenen Zollsätze übersteigen. Desgleichen sind diese Waren von allen anderen Abgaben und Belastungen jeder Art befreit, die anläßlich oder im Zusammenhang mit der Einfuhr auferlegt werden, soweit sie die Abgaben und Belastungen übersteigen, die am Tag des Datums dieses Abkommens auferlegt werden oder nach diesem Zeitpunkt auf Grund der zu diesem Zeitpunkt im Einfuhrland geltenden Rechtsvorschriften unmittelbar oder zwangsläufig aufzuerlegen sind. Die Bestimmungen dieses Artikels schließen nicht aus, daß eine *Vertragspartei* die am Tag des Datums dieses Abkommens bestehenden Vorschriften über die Zulassungsbedingungen für die Einfuhr von Waren zu Präferenzzöllen beibehält.

2. Die Bestimmungen dieses Artikels schließen nicht aus, daß eine *Vertragspartei* einer Ware bei der Einfuhr jederzeit folgende Belastungen auferlegt:

a) die einer inneren Abgabe gleichwertige Belastung, soweit sie mit Artikel III Absatz 2 vereinbar ist und gleichartigen inländischen Waren oder solchen Waren auferlegt wird, aus denen die eingeführte Ware ganz oder teilweise hergestellt ist;

b) Antidumping- oder Ausgleichszölle gemäß Artikel VI;

c) Gebühren oder andere Belastungen, die den Kosten der erbrachten Dienstleistungen entsprechen.

3. Eine *Vertragspartei* darf ihre Methode zur Ermittlung des Zollwerts oder zur Umrechnung von Währungen nicht derart ändern, daß dadurch der Wert eines Zugeständnisses beeinträchtigt wird, das in der entsprechenden Liste zu diesem Abkommen vorgesehen ist.

4. Wenn eine *Vertragspartei* für eine in der entsprechenden Liste zu diesem Abkommen angeführte Ware rechtlich oder tatsächlich ein Einfuhrmonopol einführt, beibehält oder genehmigt, darf dieses Monopol keinen Schutz bewirken, der im Durchschnitt das in der Liste vorgesehene Ausmaß übersteigt, es sei denn, daß dies in der Liste vorgesehen oder sonst zwischen den *Vertragsparteien,* die das Zugeständnis ursprünglich vereinbart haben, abgemacht ist. Die Bestimmungen dieses Absatzes hindern die *Vertragsparteien* nicht, inländische Erzeuger auf jede nach anderen Bestimmungen dieses Abkommens zulässige Art zu unterstützen.

5. Ist eine *Vertragspartei* der Ansicht, daß eine Ware durch eine andere Vertragspartei nicht die Behandlung erfährt, die ihres Erachtens

mit einem Zugeständnis in der entsprechenden Liste zu diesem Abkommen beabsichtigt war, so macht sie die andere *Vertragspartei* unmittelbar auf diese Angelegenheit aufmerksam. Wenn diese anerkennt, daß die von der ersten *Vertragspartei* geforderte Behandlung beabsichtigt war, jedoch erklärt, daß diese Behandlung nicht gewährt werden kann, weil ein Gericht oder eine andere zuständige Behörde entschieden hat, die Ware könne nach dem eigenen Zolltarifrecht nicht so tarifiert werden, daß sie die in diesem Abkommen beabsichtigte Behandlung genießt, so treten die beiden *Vertragsparteien* und die anderen wesentlich interessierten *Vertragsparteien* unverzüglich in neue Verhandlungen ein, um zu einer ausgleichenden Regelung der Angelegenheit zu gelangen.

6. a) In den Listen der *Vertragsparteien,* die dem Internationalen Währungsfonds als Mitglieder angehören, sind die spezifischen Zölle und Abgaben sowie die von diesen Vertragsparteien angewendeten Präferenzspannen für die spezifischen Zölle und Abgaben in den Währungen der *Vertragsparteien* in dem am Tag des Datums dieses Abkommens vom Währungsfonds angenommenen oder vorläufig anerkannten Pariwert ausgedrückt. Wird nun dieser Pariwert im Einklang mit dem Abkommen über den Internationalen Währungsfonds um mehr als 20 v.H. herabgesetzt, so können diese spezifischen Zölle und Abgaben sowie die Präferenzspannen dieser Herabsetzung angeglichen werden; Voraussetzung hierfür ist, daß die *Vertragsparteien* (d.h. die nach Artikel XXV gemeinsam vorgehenden *Vertragsparteien*) anerkennen, daß derartige Angleichungen den Wert der in der entsprechenden Liste oder an sonstigen Stellen dieses Abkommens vorgesehenen Zugeständnisse nicht beeinträchtigen, wobei sie alle Umstände gebührend berücksichtigen, welche die Notwendigkeit oder Dringlichkeit derartiger Angleichungen beeinflussen.

b) Für eine *Vertragspartei,* die nicht Mitglied des Fonds ist, gelten dieselben Bestimmungen von dem Zeitpunkt an, zu dem sie Mitglied des Fonds wird oder gemäß Artikel XV ein Sonderabkommen über den Zahlungsverkehr abschließt.

7. Die Listen zu diesem Abkommen bilden einen Bestandteil seines Teils I. *(Vom Abdruck wurde abgesehen)*

Teil II

Art. III Gleichstellung ausländischer mit inländischen Waren auf dem Gebiet der inneren Abgaben und Rechtsvorschriften.

1. Die *Vertragsparteien* erkennen an, daß die inneren Abgaben und sonstigen Belastungen, die Gesetze, Verordnungen und sonstige Vorschriften über den Verkauf, das Angebot, den Einkauf, die Beförderung, Verteilung oder Verwendung von Waren im Inland sowie inländische Mengenvorschriften über die Mischung, Veredelung oder

Verwendung von Waren nach bestimmten Mengen oder Anteilen auf eingeführte oder inländische Waren nicht derart angewendet werden sollen, daß die inländische Erzeugung geschützt wird.

2. Waren, die aus dem Gebiet einer *Vertragspartei* in das Gebiet einer anderen *Vertragspartei* eingeführt werden, dürfen weder direkt noch indirekt höheren inneren Abgaben oder sonstigen Belastungen unterworfen werden als gleichartige inländische Waren. Auch sonst darf eine *Vertragspartei* innere Abgaben oder sonstige Belastungen auf eingeführte oder inländische Waren nicht in einer Weise anwenden, die den Grundsätzen des Absatzes 1 widerspricht.

3. Eine Vertragspartei, die eine innere Abgabe erhebt, welche zwar mit Absatz 2 unvereinbar, aber nach einem am 10. April 1947 in Kraft befindlichen Handelsabkommen ausdrücklich gestattet ist, in dem der Einfuhrzoll für die besteuerte Ware gegen eine Erhöhung gebunden ist, kann die Anwendung des Absatzes 2 auf die Abgabe aufschieben, bis sie von den Verpflichtungen des betreffenden Handelsabkommens Befreiung erlangen und den Zoll so weit erhöhen kann, wie es erforderlich ist, um die Beseitigung des durch die Abgabe gewährten Schutzes auszugleichen.

4. Waren, die aus dem Gebiet einer *Vertragspartei* in das Gebiet einer anderen *Vertragspartei* eingeführt werden, dürfen hinsichtlich aller Gesetze, Verordnungen und sonstigen Vorschriften über den Verkauf, das Angebot, den Einkauf, die Beförderung, Verteilung oder Verwendung im Inland keine weniger günstige Behandlung erfahren als gleichartige Waren inländischen Ursprungs. Dieser Absatz schließt die Anwendung unterschiedlicher inländischer Beförderungstarife nicht aus, sofern diese ausschließlich durch die Wirtschaftlichkeit der Beförderungsmittel, nicht aber durch den Ursprung der Waren bedingt sind.

5. Eine *Vertragspartei* darf keine inländische Mengenvorschrift über die Mischung, Veredelung oder Verwendung von Waren nach bestimmten Mengen oder Anteilen erlassen oder beibehalten, die mittelbar oder unmittelbar bestimmt, daß eine festgesetzte Menge oder ein bestimmter Anteil der Ware, auf die sich die Vorschrift bezieht, aus inländischen Produktionsquellen stammen muß. Auch sonst darf eine *Vertragspartei* inländische Mengenvorschriften nicht in einer Weise anwenden, die den Grundsätzen des Absatzes 1 widerspricht.

6. Absatz 5 gilt nicht für inländische Mengenvorschriften, die im Gebiet einer *Vertragspartei* je nach ihrer Wahl am 1. Juli 1939, 10. April 1947 oder 24. März 1948 in Kraft waren; Voraussetzung hierfür ist, daß eine derartige dem Absatz 5 entgegenstehende Vorschrift nicht in einer die Einfuhr schädigenden Weise geändert wird und daß sie bei Verhandlungen wie ein Zoll behandelt wird.

7. Eine inländische Mengenvorschrift über die Mischung, Veredelung oder Verwendung von Waren nach bestimmten Mengen oder Anteilen darf nicht derart angewendet werden, daß die Menge oder der Anteil unter die ausländischen Versorgungsquellen aufgeteilt wird.

8. a) Dieser Artikel gilt nicht für Gesetze, Verordnungen oder sonstige Vorschriften über die Beschaffung von Waren durch staatliche Stellen, sofern die Waren für staatliche Zwecke, nicht aber für den kommerziellen Wiederverkauf oder für die Erzeugung von Waren zum kommerziellen Verkauf erworben werden.

b) Dieser Artikel schließt nicht aus, daß inländischen Erzeugern Subventionen gewährt werden; dies gilt auch für inländischen Erzeugern gewährte Zuwendungen, die aus den Erträgnissen innerer Abgaben oder sonstiger Belastungen stammen, welche im Einklang mit den Bestimmungen dieses Artikels auferlegt werden, sowie für Subventionen in Form des staatlichen Ankaufs inländischer Waren.

9. Die *Vertragsparteien* erkennen an, daß inländische Maßnahmen zur Festsetzung von Höchstpreisen, auch wenn sie mit den übrigen Bestimmungen dieses Artikels im Einklang stehen, die Interessen von *Vertragsparteien* schädigen können, welche die eingeführten Waren liefern. Demnach werden *Vertragsparteien,* die derartige Maßnahmen anwenden, die Interessen ausführender *Vertragsparteien* berücksichtigen, um schädigende Wirkungen soweit wie möglich zu vermeiden.

10. Dieser Artikel schließt nicht aus, daß eine *Vertragspartei* innerstaatliche Vorschriften über mengenmäßige Beschränkungen für belichtete Kinofilme, die den Vorschriften des Artikels IV entsprechen, erläßt oder beibehält.

Art. IV Sonderbestimmungen für Kinofilme. Falls eine *Vertragspartei* innerstaatliche Vorschriften über mengenmäßige Beschränkungen für belichtete Kinofilme erläßt oder beibehält, ist dafür die Form von Spielzeitkontingenten zu wählen, die folgenden Voraussetzungen entsprechen müssen:

a) Bei Spielzeitkontingenten kann verlangt werden, daß ein bestimmter Mindestanteil der Gesamtspielzeit, die innerhalb einer bestimmten Zeitspanne von mindestens einem Jahr zur gewerblichen Vorführung aller Kinofilme jeglichen Ursprungs tatsächlich aufgewendet wird, auf die Vorführung von Filmen inländischen Ursprungs entfällt; die Kontingente werden nach der Spielzeit je Theater und Jahr oder nach einer gleichwertigen Grundlage berechnet;

b) Mit Ausnahme der den Filmen inländischen Ursprungs im Rahmen des Spielzeitkontingents vorbehaltenen Spielzeit darf die Spielzeit – einschließlich der ursprünglich Filmen inländischen Ursprungs vorbehaltenen, aber nachträglich durch Verwaltungsentscheidung freigegebenen Spielzeit – weder rechtlich oder tatsächlich nach Lieferländern aufgeteilt werden;

c) Abweichend von Buchstabe b) darf eine *Vertragspartei* Spielzeitkontingente der in Buchstabe a) genannten Art beibehalten, in denen ausländischen Filmen bestimmten Ursprungs ein Mindestanteil an der Spielzeit vorbehalten ist; Voraussetzung hierfür ist, daß dieser Mindestanteil nicht über den Stand vom 10. April 1947 hinaus erhöht wird;

d) Die Einschränkung, Lockerung oder Beseitigung von Spielzeitkontingenten wird Gegenstand von Verhandlungen sein.

Art. V Freiheit der Durchfuhr. 1. Waren (einschließlich Gepäck), Wasserfahrzeuge und andere Beförderungsmittel gelten als auf der Durchfuhr durch das Gebiet einer *Vertragspartei* befindlich, wenn die Durchfuhr durch dieses Gebiet – mit oder ohne Umladung, Einlagerung, Umpackung oder Änderung der Beförderungsart – nur ein Teil des Gesamtbeförderungsweges ist, dessen Anfang und Ende außerhalb der Grenzen der *Vertragspartei* liegen, durch deren Gebiet die Durchfuhr stattfindet. Ein solcher Verkehr wird in diesem Artikel als „Durchfuhrverkehr" bezeichnet.

2. Für den Verkehr durch das Gebiet jeder *Vertragspartei* nach und aus dem Gebiet der anderen *Vertragsparteien* besteht Durchfuhrfreiheit bei Benutzung der für den internationalen Durchfuhrverkehr am besten geeigneten Verkehrswege. Es darf kein Unterschied gemacht werden auf Grund der Flagge der Wasserfahrzeuge, des Ursprungs-, Herkunfts-, Eingangs-, Austritts- oder Bestimmungsortes oder auf Grund von Umständen, die das Eigentum an den Waren, Wasserfahrzeugen oder anderen Beförderungsmitteln betreffen.

3. Jede *Vertragspartei* kann verlangen, daß der Durchfuhrverkehr durch ihr Gebiet beim zuständigen Zollamt angemeldet wird; der Durchfuhrverkehr aus oder nach dem Gebiet einer anderen *Vertragspartei* darf aber, außer bei Verletzung der Zollvorschriften, nicht unnötig verzögert oder beschränkt werden; er ist von Zöllen, anderen Durchfuhrabgaben und Durchfuhrbelastungen zu befreien, mit Ausnahme der Beförderungskosten oder sonstigen Belastungen, die dem aus der Durchfuhr entstehenden Verwaltungsaufwand und den Kosten der erbrachten Dienstleistungen entsprechen.

4. Alle Belastungen und Vorschriften, denen die *Vertragsparteien* den Durchfuhrverkehr nach oder aus dem Gebiet anderer *Vertragsparteien* unterwerfen, müssen unter Berücksichtigung der Verkehrsbedingungen angemessen sein.

5. Hinsichtlich aller im Zusammenhang mit der Durchfuhr bestehenden Belastungen, Vorschriften und Förmlichkeiten darf eine Vertragspartei den Durchfuhrverkehr aus und nach dem Gebiet einer anderen *Vertragspartei* nicht weniger günstig behandeln als den Durchfuhrverkehr nach oder aus einem dritten Land.

6. Eine *Vertragspartei* darf die Waren, die durch das Gebiet einer anderen *Vertragspartei* durchgeführt worden sind, nicht weniger günstig behandeln, als sie diese Waren behandelt hätte, wenn sie ohne eine solche Durchfuhr von ihrem Ursprungsort an ihren Bestimmungsort befördert worden wären. Es steht jedoch jeder *Vertragspartei* frei, ihre *am Tag des Datums dieses* Abkommens geltenden Vorschriften über die unmittelbare Beförderung für alle Waren beizubehalten, bei denen die unmittelbare Beförderung eine Voraussetzung für die Einfuhr zu

Präferenzzöllen ist oder mit dem von dieser Vertragspartei vorgeschriebenen Verfahren für die Zollwertermittlung zusammenhängt.

7. Dieser Artikel gilt nicht für Luftfahrzeuge, die sich auf dem Durchflug befinden; er gilt jedoch für die Durchfuhr von Waren (einschließlich Gepäck) auf dem Luftweg.

Art. VI Antidumping- und Ausgleichszölle.[1] 1. Die *Vertragsparteien* erkennen an, daß ein Dumping, durch das Waren eines Landes unter ihrem normalen Wert auf den Markt eines anderen Landes gebracht werden, zu verurteilen ist, wenn es eine bedeutende Schädigung eines im Gebiet einer *Vertragspartei* bestehenden Wirtschaftszweiges verursacht oder zu verursachen droht oder wenn es die Errichtung eines inländischen Wirtschaftszweiges erheblich verzögert. Eine Ware gilt dann im Sinne dieses Artikels als unter ihrem normalen Wert auf den Markt eines Einfuhrlandes gebracht, wenn der Preis einer von einem Land in ein anderes Land ausgeführten Ware

a) niedriger ist als der vergleichbare Preis einer gleichartigen Ware im normalen Handelsverkehr, die zur Verwendung im Ausfuhrland bestimmt ist, oder

b) bei Fehlen eines derartigen Inlandspreises niedriger ist als
   i) der höchste vergleichbare Preis einer im normalen Handelsverkehr zur Ausfuhr nach einem dritten Land bestimmten gleichartigen Ware oder
   ii) die Herstellungskosten dieser Ware im Ursprungsland, zuzüglich einer angemessenen Spanne für Veräußerungskosten und Gewinn.

In jedem Falle müssen Unterschiede in den Verkaufsbedingungen und in der Besteuerung sowie sonstige die Vergleichbarkeit der Preise beeinflussende Unterschiede gebührend berücksichtigt werden.

2. Um ein Dumping unwirksam zu machen oder zu verhindern, kann eine *Vertragspartei* für jede Ware, die Gegenstand eines Dumpings ist, einen Antidumpingzoll bis zur Höhe der Dumpingspanne erheben. Dumpingspanne im Sinne dieses Artikels ist der nach Absatz 1 festgestellte Preisunterschied.

3. Für eine Ware aus dem Gebiet einer *Vertragspartei*, die in das Gebiet einer anderen *Vertragspartei* eingeführt wird, darf kein Ausgleichszoll erhoben werden, der den geschätzten Betrag der Prämie oder Subvention übersteigt, von der festgestellt worden ist, daß sie im Ursprungs- oder Ausfuhrland mittelbar oder unmittelbar für die Herstellung, Gewinnung oder Ausfuhr dieser Ware gewährt wird, einschließlich jeder besonderen, für die Beförderung einer bestimmten Ware gewährten Subvention. Der Begriff „Ausgleichszoll" bedeutet einen Sonderzoll, der erhoben wird, um jede mittelbar oder unmittelbar für die Herstellung, Gewinnung oder Ausfuhr einer Ware gewährte Prämie oder Subvention unwirksam zu machen.

---

[1] Vgl. hierzu das Übereinkommen v. 15. 4. 1994 (ABl. 1994 Nr. L 336/103).

4. Eine Ware aus dem Gebiet einer *Vertragspartei* darf bei der Einfuhr in das Gebiet einer anderen *Vertragspartei* wegen der Befreiung dieser Ware von Zöllen oder Abgaben, die eine gleichartige, zur Verwendung im Ursprungs- oder Ausfuhrland bestimmte Ware belasten, oder wegen der Vergütung solcher Zölle oder Abgaben nicht mit einem Antidumping- oder Ausgleichszoll belegt werden.

5. Eine Ware aus dem Gebiet einer *Vertragspartei* darf bei der Einfuhr in das Gebiet einer anderen *Vertragspartei* nicht zugleich Antidumpingzöllen und Ausgleichszöllen unterworfen werden, um ein und demselben Zustand zu begegnen, der sich entweder aus einem Dumping oder einer Ausfuhrsubventionierung ergibt.

6. a) Eine *Vertragspartei* darf bei der Einfuhr einer Ware aus dem Gebiet einer anderen *Vertragspartei* Antidumping- oder Ausgleichszölle nur erheben, wenn sie feststellt, daß durch das Dumping oder die Subventionierung ein bestehender inländischer Wirtschaftszweig bedeutend geschädigt wird oder geschädigt zu werden droht oder daß dadurch die Errichtung eines inländischen Wirtschaftszweiges erheblich verzögert wird.

b) Die *Vertragsparteien* können durch Erteilung einer Ausnahmegenehmigung eine *Vertragspartei* von der Verpflichtung unter Buchstabe a) entbinden und ihr somit gestatten, bei der Einfuhr einer Ware Antidumping- oder Ausgleichszölle zu erheben, um ein Dumping oder eine Subventionierung unwirksam zu machen, durch die ein Wirtschaftszweig im Gebiet einer anderen *Vertragspartei,* welche die betreffende Ware in das Gebiet der einführenden *Vertragspartei* ausführt, bedeutend geschädigt wird oder geschädigt zu werden droht. Gelangen die *Vertragsparteien* zu der Auffassung, daß ein Wirtschaftszweig im Gebiet einer anderen *Vertragspartei,* welche die betreffende Ware in das Gebiet der einführenden *Vertragspartei* ausführt, durch eine Subventionierung bedeutend geschädigt wird oder geschädigt zu werden droht, so werden sie die einführende *Vertragspartei* durch Erteilung einer Ausnahmegenehmigung von der Verpflichtung unter Buchstabe a) entbinden und ihr somit die Erhebung eines Ausgleichszolles gestatten.

c) Würde unter außergewöhnlichen Umständen eine Verzögerung eine schwer gutzumachende Schädigung verursachen, so kann jedoch eine *Vertragspartei* einen Ausgleichszoll zu dem unter Buchstabe b) bezeichneten Zweck auch ohne vorherige Zustimmung der *Vertragsparteien* erheben; Voraussetzung hierfür ist, daß die *Vertragsparteien* von einem solchen Vorgehen sofort unterrichtet werden und daß der Ausgleichszoll unverzüglich aufgehoben wird, wenn die *Vertragsparteien* ihn nicht billigen.

7. Von einem System, das dazu bestimmt ist, unabhängig von den Bewegungen der Ausfuhrpreise den Inlandspreis eines Grundstoffs oder die Einnahmen inländischer Erzeuger aus einem Grundstoff zu stabilisieren, und welches zeitweise dazu führt, daß dieser Grundstoff für die Ausfuhr unter dem vergleichbaren für eine gleichartige Ware

auf dem Inlandsmarkt geforderten Preis verkauft wird, wird nicht angenommen, daß es zu einer bedeutenden Schädigung im Sinne des Absatzes 6 führt, wenn durch Konsultation zwischen den an dem betreffenden Grundstoff wesentlich interessierten *Vertragsparteien* festgestellt wird, daß dieses System

a) beim Verkauf des Grundstoffes für die Ausfuhr auch schon zu einem höheren Preis als dem vergleichbaren für eine gleichartige Ware auf dem Inlandsmarkt geforderten Preis geführt hat und

b) sich infolge einer wirksamen Produktionslenkung oder aus sonstigen Gründen so auswirkt, daß es die Ausfuhr nicht übermäßig fördert und auch sonst die Interessen anderer *Vertragsparteien* nicht ernstlich schädigt.

Art. VII Zollwert.[1] 1. Die *Vertragsparteien* erkennen die Gültigkeit der allgemeinen, in den folgenden Absätzen festgelegten Bewertungsgrundsätze an und verpflichten sich, sie auf alle Waren anzuwenden, die bei der Einfuhr oder Ausfuhr Zöllen oder sonstigen Belastungen und Beschränkungen unterliegen, welche auf dem Wert beruhen oder irgendwie vom Wert abhängig sind. Außerdem werden sie auf Antrag einer anderen *Vertragspartei* die Handhabung ihrer Gesetze und sonstigen Vorschriften über den Zollwert im Hinblick auf diese Grundsätze überprüfen. Die *Vertragsparteien* können von *Vertragsparteien* Berichte über die von ihnen nach diesem Artikel eingeleiteten Schritte anfordern.

2. a) Der Zollwert eingeführter Waren soll auf Grund des wirklichen Wertes der eingeführten Ware, für die der Zoll berechnet wird, oder auf Grund des Wertes gleichartiger Waren, nicht aber auf Grund des Wertes von Waren inländischen Ursprungs oder auf Grund willkürlich angenommener oder fiktiver Werte ermittelt werden.

b) Der „wirkliche Wert" einer Ware soll der Preis sein, zu dem diese oder eine gleichartige Ware im normalen Handelsverkehr unter Bedingungen des freien Wettbewerbs in dem durch die Rechtsvorschriften des Einfuhrlandes bestimmten Zeitpunkt und Ort verkauft oder angeboten wird. Soweit bei einem bestimmten Geschäft der Preis dieser oder einer gleichartigen Ware von der Menge abhängt, soll der zugrunde zu legende Preis sich einheitlich

i) entweder auf vergleichbare Mengen

ii) oder auf Mengen beziehen, die für den Importeur nicht weniger günstig sind als die Mengen, in denen der überwiegende Teil dieser Ware im Handel zwischen dem Ausfuhrland und dem Einfuhrland verkauft wird.

c) Ist der wirkliche Wert gemäß Buchstabe b) nicht feststellbar, so soll der Zollwert auf Grund des feststellbaren Wertes ermittelt werden, der dem wirklichen Wert am nächsten kommt.

---

[1] Vgl. hierzu das Übereinkommen v. 15. 4. 1994 (ABl. 1994 Nr. L 336/119).

3. Der Zollwert einer eingeführten Ware soll den Betrag einer im Ursprungs- oder Ausfuhrland erhobenen inneren Abgabe nicht einschließen, von der diese Ware befreit ist oder die vergütet worden ist oder noch vergütet wird.

4. a) Muß eine *Vertragspartei* bei Durchführung des Absatzes 2 einen in der Währung eines anderen Landes ausgedrückten Preis in ihre eigene Währung umrechnen, so ist, soweit in diesem Absatz nichts anderes bestimmt ist, für die betreffende Währung ein Umrechnungskurs anzuwenden, der entweder auf dem gemäß dem Abkommen über den Internationalen Währungsfonds festgesetzten Pariwert beruht oder auf dem vom Währungsfonds anerkannten Umrechnungskurs oder auf dem Pariwert, der gemäß einem nach Artikel XV dieses Abkommens abgeschlossenen Sonderabkommens über den Zahlungsverkehr festgesetzt ist.

b) Besteht weder ein solcher festgesetzter Pariwert, noch ein solcher anerkannter Umrechnungskurs, so ist ein Umrechnungskurs anzuwenden, der dem jeweiligen tatsächlichen Kurswert dieser Währung bei Handelsgeschäften entspricht.

c) Die *Vertragsparteien* stellen für *Vertragsparteien* im Einvernehmen mit dem Internationalen Währungsfonds Regeln zur Umrechnung derjenigen ausländischen Währungen auf, für die in Übereinstimmung mit dem Abkommen über den Internationalen Währungsfonds multiple Wechselkurse beibehalten werden. Auf solche ausländischen Währungen kann jede *Vertragspartei* diese Regeln bei der Durchführung des Absatzes 2 wahlweise an Stelle der Pariwerte anwenden. Bis zur Annahme dieser Regeln durch die *Vertragsparteien* kann jede *Vertragspartei* auf solche ausländischen Währungen bei der Durchführung des Absatzes 2 Umrechnungsregeln anwenden, die so beschaffen sind, daß sich der tatsächliche Wert der ausländischen Währung bei Handelsgeschäften ergibt.

d) Aus diesem Absatz kann für eine *Vertragspartei* keine Verpflichtung abgeleitet werden, ihr Verfahren der Währungsumrechnung für die Ermittlung des Zollwertes, das in ihrem Gebiet am Tag des Datums dieses Abkommens angewendet wird, zu ändern, wenn dies eine allgemeine Erhöhung der zu erhebenden Zölle bewirken würde.

5. Die Grundlagen und Verfahren zur Ermittlung des Wertes von Waren, die Zöllen oder sonstigen Belastungen und Beschränkungen unterliegen, welche auf dem Wert beruhen oder irgendwie vom Wert abhängig sind, sollen dauerhaft sein und so veröffentlicht werden, daß die Wirtschaftskreise den Zollwert mit genügender Sicherheit schätzen können.

Art. VIII Gebühren und Förmlichkeiten im Zusammenhang mit der *Einfuhr und Ausfuhr*. 1. a) Die von den *Vertragsparteien* anläßlich oder im Zusammenhang mit der Einfuhr oder Ausfuhr erhobenen Gebühren und Belastungen jeglicher Art (soweit es sich nicht um Einfuhr- und Ausfuhrzölle oder sonstige Abgaben im Sinne des Artikels III handelt) sind dem Betrag nach ungefähr auf die Kosten der erbrachten Dienstleistungen zu beschränken; sie dürfen weder einen mittelbaren Schutz für inländische Waren noch eine Besteuerung der Einfuhr oder Ausfuhr zur Erzielung von Einnahmen darstellen.

b) Die *Vertragsparteien* erkennen die Notwendigkeit an, die Anzahl und Verschiedenartigkeit der unter Buchstabe a) genannten Gebühren und Abgaben zu vermindern.

c) Die *Vertragsparteien* erkennen ferner die Notwendigkeit an, die Beschwernisse der Förmlichkeiten bei der Einfuhr und Ausfuhr auf ein Mindestmaß einzuschränken, diese Förmlichkeiten möglichst einfach zu gestalten und die bei der Einfuhr und Ausfuhr beizubringenden Unterlagen zu verringern und zu vereinfachen.

2. Jede *Vertragspartei* wird auf Antrag einer anderen *Vertragspartei* oder auf Antrag der *Vertragsparteien* die Anwendung ihrer Gesetze und sonstigen Vorschriften im Hinblick auf diesen Artikel überprüfen.

3. Eine *Vertragspartei* wird keine strengen Strafen für geringfügige Verletzungen der Zollvorschriften oder Zollverfahrensbestimmungen verhängen. Insbesondere darf eine Strafe wegen Unterlassungen oder Irrtümern in den Zollpapieren, die leicht richtiggestellt werden können und offensichtlich ohne betrügerische Absicht oder grobe Fahrlässigkeit begangen worden sind, nicht höher sein, als nötig ist, um lediglich eine Warnung auszudrücken.

4. Die Bestimmungen dieses Artikels gelten auch für Gebühren, Belastungen, Förmlichkeiten und Erfordernisse, die von Regierungs- und Verwaltungsstellen im Zusammenhang mit der Einfuhr und Ausfuhr auferlegt oder vorgeschrieben sind, einschließlich derjenigen für:

a) konsularische Amtshandlungen, wie die Ausstellung von Konsularfakturen und konsularischen Bescheinigungen;

b) mengenmäßige Beschränkungen;

c) Bewilligungen;

d) Devisenkontrolle;

e) Statistik;

f) beizubringende Unterlagen, Nachweise und Bescheinigungen;

g) Analysen und Untersuchungen;

h) Quarantäne, gesundheitspolizeiliche Überwachung und Desinfektion.

Art. IX Ursprungsbezeichnungen. 1. Jede *Vertragspartei* gewährt den Waren aus den Gebieten anderer *Vertragsparteien* hinsichtlich der Vorschriften über die Kennzeichnung eine nicht weniger günstige Behandlung als gleichartigen Waren eines dritten Landes.

2. Die *Vertragsparteien* erkennen an, daß bei dem Erlaß und der Anwendung von Gesetzen und sonstigen Vorschriften über Ursprungs-

bezeichnungen die Schwierigkeiten und Behinderungen, die durch solche Maßnahmen für den Handel und die Produktion der Ausfuhrländer entstehen können, auf ein Mindestmaß herabgesetzt werden sollen; dabei ist die Notwendigkeit, den Verbraucher vor mißbräuchlich verwendeten oder irreführenden Bezeichnungen zu schützten, gebührend zu berücksichtigen.

3. Soweit verwaltungstechnisch durchführbar, sollen die *Vertragsparteien* die Anbringung vorgeschriebener Ursprungsbezeichnungen im Zeitpunkt der Einfuhr gestatten.

4. Die Gesetze und sonstigen Vorschriften der *Vertragsparteien* über die Kennzeichnung eingeführter Waren müssen derart sein, daß sie ohne ernstliche Beschädigung oder wesentliche Wertminderung der Waren sowie ohne übermäßige Erhöhung ihrer Kosten befolgt werden können.

5. Im allgemeinen soll eine *Vertragspartei* keine besondere Abgabe oder Strafe dafür vorsehen, daß die Vorschriften über die Kennzeichnung vor der Einfuhr nicht beachtet worden sind; dies gilt nicht, wenn die Berichtigung der Kennzeichnung übermäßig verzögert wird, irreführende Kennzeichen angebracht worden sind oder die vorgeschriebene Kennzeichnung vorsätzlich unterlassen worden ist.

6. Die *Vertragsparteien* werden zusammenarbeiten, um zu verhindern, daß Handelsbezeichnungen dazu verwendet werden, den wirklichen Ursprung einer Ware zum Nachteil besonderer regionaler oder geographischer Bezeichnungen von Waren aus dem Gebiet einer *Vertragspartei* unrichtig anzugeben, die diese Bezeichnungen gesetzlich schützt. Jede *Vertragspartei* wird die von einer anderen *Vertragspartei* vorgebrachten Anträge und Vorstellungen über die Erfüllung der in Satz 1 festgelegten Verpflichtung in bezug auf die ihr von der anderen *Vertragspartei* mitgeteilten Warenbezeichnungen eingehend und wohlwollend prüfen.

Art. X Veröffentlichung und Anwendung von Handelsvorschriften. 1. Die bei einer *Vertragspartei* geltenden Gesetze, sonstigen Vorschriften, Gerichts- und Verwaltungsentscheidungen von allgemeiner Bedeutung, welche die Tarifierung oder die Ermittlung des Zollwertes von Waren, die Sätze von Zöllen, Abgaben und sonstigen Belastungen, die Vorschriften, Beschränkungen und Verbote hinsichtlich der Einfuhr und Ausfuhr sowie die Überweisung von Zahlungsmitteln für Einfuhren oder Ausfuhren betreffen oder sich auf den Verkauf, die Verteilung, Beförderung, Versicherung, Lagerung, Überprüfung, Ausstellung, Veredlung, Vermischung oder eine andere Verwendung dieser Waren beziehen, werden unverzüglich so veröffentlicht, daß Regierungen und Wirtschaftskreise sich mit ihnen vertraut machen können. Internationale handelspolitische Vereinbarungen, die zwischen *der Regierung oder einer Regierungs*stelle einer *Vertragspartei* und der Regierung oder einer Regierungsstelle einer anderen *Vertragspartei* in Kraft sind, werden ebenfalls veröffentlicht. Dieser Absatz verpflichtet eine *Vertragspartei* nicht zur Preisgabe vertraulicher Informationen, deren Veröffentlichung die Durchführung der Rechtsvorschriften behindern oder sonst dem öffentlichen Interesse zuwiderlaufen oder die berechtigten Wirtschaftsinteressen bestimmter öffentlicher oder privater Unternehmen schädigen würde.

2. Eine *Vertragspartei* darf eine von ihr getroffene Maßnahme von allgemeiner Bedeutung, die eine Erhöhung der Sätze der auf Grund bestehender und einheitlicher Übung auferlegten Zölle oder sonstiger Einfuhrbelastungen bewirkt, oder die zur Anwendung neuer oder erschwerender Vorschriften, Beschränkungen oder Verbote für die Einfuhr oder für die Überweisung von Zahlungsmitteln für Einfuhren führt, nicht vor ihrer amtlichen Veröffentlichung in Kraft setzen.

3. a) Jede *Vertragspartei* wird alle ihre Gesetze, sonstigen Vorschriften und Entscheidungen der in Absatz 1 genannten Art einheitlich unparteiisch und gerecht anwenden.

b) Jede *Vertragspartei* wird Gerichte, Schiedsgerichte, Verwaltungsgerichte oder entsprechende Verfahren beibehalten oder so bald wie möglich einführen, die unter anderem dem Zweck dienen, Verwaltungsakte in Zollangelegenheiten unverzüglich zu überprüfen und richtigzustellen. Diese Gerichte und Verfahren müssen von den Verwaltungsbehörden unabhängig sein; ihre Entscheidungen müssen von den genannten Behörden durchgeführt werden und für deren Tätigkeit maßgebend sein, sofern nicht bei einem Gericht höherer Instanz innerhalb der für Importeure vorgeschriebenen Rechtsmittelfrist ein Rechtsmittel eingelegt wurde; der Zentralbehörde einer solchen Verwaltung steht es jedoch frei, Schritte zu unternehmen, um die Überprüfung der Angelegenheit in einem anderen Verfahren zu erreichen, wenn berechtigter Grund zur Annahme besteht, daß die Entscheidung den bestehenden Rechtsgrundsätzen oder dem Sachverhalt nicht entspricht.

c) Die Bestimmungen unter Buchstabe b) erfordern nicht die Beseitigung oder die Ersetzung der am Tage des Datums dieses Abkommens im Gebiet einer *Vertragspartei* geltenden Verfahren, die tatsächlich eine objektive und unparteiische Überprüfung der Verwaltungsakte gewährleisten, selbst wenn solche Verfahren nicht vollständig oder formell von den Verwaltungsbehörden unabhängig sind. Jede *Vertragspartei,* die solche Verfahren anwendet, wird darüber den *Vertragsparteien* auf Antrag ausführlich Auskunft erteilen, damit sie feststellen können, ob diese Verfahren den Vorschriften dieses Buchstaben entsprechen.

Art. XI Allgemeine Beseitigung von mengenmäßigen Beschränkungen. 1. Außer Zöllen, Abgaben und sonstigen Belastungen darf eine *Vertragspartei* bei der Einfuhr einer Ware aus dem Gebiet einer anderen *Vertragspartei* oder bei der Ausfuhr einer Ware oder ihrem Verkauf zwecks Ausfuhr in das Gebiet einer anderen *Vertrags-*

partei Verbote oder Beschränkungen, sei es in Form von Kontingenten, Einfuhr- und Ausfuhrbewilligungen oder in Form von anderen Maßnahmen, weder erlassen noch beibehalten.

2. Absatz 1 erstreckt sich nicht auf folgende Fälle:

a) Ausfuhrverbote oder Ausfuhrbeschränkungen, die vorübergehend angewendet werden, um einen kritischen Mangel an Lebensmitteln oder anderen für die ausführende *Vertragspartei* wichtigen Waren zu verhüten oder zu beheben;

b) Einfuhr- und Ausfuhrverbote oder Einfuhr- und Ausfuhrbeschränkungen, die zur Anwendung von Normen oder Vorschriften über die Sortierung, die Einteilung nach Güteklassen und den Absatz von Waren im internationalen Handel notwendig sind;

c) Beschränkungen der Einfuhr von Erzeugnissen der Landwirtschaft oder Fischerei in jeglicher Form, die zur Durchführung von staatlichen Maßnahmen erforderlich sind, sofern diese Maßnahmen dazu dienen,

   i) die Mengen des gleichartigen inländischen Erzeugnisses oder in Ermangelung einer erheblichen inländischen Produktion dieser Art die Mengen des entsprechenden, inländischen Ersatzerzeugnisses, die verkauft oder hergestellt werden dürfen, zu beschränken; oder

   ii) einen vorübergehenden Überschuß des gleichartigen inländischen Erzeugnisses oder in Ermangelung einer erheblichen inländischen Produktion dieser Art einen vorübergehenden Überschuß des entsprechenden inländischen Ersatzerzeugnisses dadurch zu beseitigen, daß dieser Überschuß bestimmten Verbrauchergruppen kostenlos oder unter dem Marktpreis zur Verfügung gestellt wird; oder

   iii) die zulässige Produktion eines tierischen Erzeugnisses, die vollständig oder größtenteils von der eingeführten Ware unmittelbar abhängt, mengenmäßig zu beschränken, sofern die Inlandsproduktion dieser Ware verhältnismäßig geringfügig ist.

Jede *Vertragspartei,* die bei der Einfuhr eines Erzeugnisses Beschränkungen nach Buchstabe c) anwendet, wird die Gesamtmenge oder den Gesamtwert des während einer bestimmten künftigen Zeitspanne zur Einfuhr zugelassenen Erzeugnisses sowie jede Änderung dieser Menge oder dieses Wertes veröffentlichen. Ferner dürfen die nach Ziffer i) angewandten Beschränkungen nicht so beschaffen sein, daß sie zu einer Verminderung der Gesamteinfuhr im Verhältnis zur gesamten Inlandsproduktion führen, verglichen mit dem Verhältnis, das sich aller Voraussicht nach zwischen beiden ergeben würde, wenn keine Beschränkungen bestünden. Zur Feststellung dieses Verhältnisses wird die *Vertragspartei* das während einer früheren Vergleichsperiode bestehende Verhältnis sowie alle besonderen Umstände gebührend berücksichtigen, die den Handel mit dem betreffenden Erzeugnis beeinflußt haben oder noch beeinflussen.

Art. XII Beschränkungen zum Schutze der Zahlungsbilanz.[1)]

1. Ungeachtet des Artikels XI Absatz 1 kann eine *Vertragspartei* zum Schutze ihrer finanziellen Lage gegenüber dem Ausland und zum Schutze ihrer Zahlungsbilanz Menge und Wert der zur Einfuhr zugelassenen Waren nach Maßgabe der folgenden Bestimmungen dieses Artikels beschränken.

2. a) Eine *Vertragspartei* darf Einfuhrbeschränkungen nach diesem Artikel nur einführen, beibehalten oder verschärfen, soweit dies erforderlich ist,

i) um der unmittelbar drohenden Gefahr einer bedeutenden Abnahme ihrer Währungsreserven vorzubeugen oder eine solche Abnahme aufzuhalten, oder

ii) um ihre Währungsreserven, falls diese sehr niedrig sind, in maßvoller Weise zu steigern.

In beiden Fällen sind alle besonderen Umstände gebührend zu berücksichtigen, die den Bestand oder den Bedarf der betreffenden *Vertragspartei* an Währungsreserven beeinflussen; verfügt sie über besondere Auslandskredite oder andere Hilfsquellen, so ist die Notwendigkeit einer geeigneten Verwendung dieser Kredite oder Hilfsquellen ebenfalls gebührend zu berücksichtigen.

b) *Vertragsparteien,* die Beschränkungen nach Buchstabe a) anwenden, werden diese entsprechend der fortschreitenden Besserung der unter dem Buchstaben a) beschriebenen Lage stufenweise abbauen und sie nur beibehalten, soweit die Lage ihre Anwendung noch rechtfertigt. Sie werden die Beschränkungen aufheben, sobald die Lage ihre Einführung oder Beibehaltung nach Buchstabe a) nicht mehr rechtfertigen würde.

3. a) Die *Vertragsparteien* verpflichten sich, bei der Durchführung ihrer Wirtschaftspolitik gebührend zu berücksichtigen, daß es notwendig ist, das Gleichgewicht ihrer Zahlungsbilanz auf einer gesunden und dauerhaften Grundlage aufrechtzuerhalten oder wiederherzustellen, und daß es erstrebenswert ist, eine unwirtschaftliche Verwendung der Produktionsfaktoren zu vermeiden. Sie halten es für wünschenswert, daß zur Erreichung dieser Ziele in weitestmöglichem Umfang Maßnahmen getroffen werden, die den internationalen Handel nicht einschränken, sondern ausweiten.

b) *Vertragsparteien,* die Beschränkungen nach diesem Artikel anwenden, können bestimmen, wie stark sich diese auf die Einfuhr der verschiedenen Waren oder Warengruppen auswirken sollen, um so der Einfuhr wichtiger Waren den Vorrang zu geben.

c) *Vertragsparteien,* die Beschränkungen nach diesem Artikel anwenden, verpflichten sich,

i) eine unnötige Schädigung der Handels- oder Wirtschaftsinteressen anderer *Vertragsparteien* zu vermeiden,

---

1) Vgl. hierzu die Auslegungsvereinbarung v. 15. 4. 1994 (ABl. 1994 Nr. L 336/14).

ii) die Beschränkungen derart anzuwenden, daß die Einfuhr von Waren in handelsüblichen Mindestmengen, deren Fortfall eine Beeinträchtigung der normalen Handelsverbindungen zur Folge hätte, nicht in unbilliger Weise verhindert wird, und

iii) keine Beschränkungen anzuwenden, welche die Einfuhr von Warenmustern oder die Einhaltung der Vorschriften über Patente, Warenzeichen, Urheberrechte und verwandte Gebiete verhindern.

d) Die *Vertragsparteien* erkennen an, daß die von einer *Vertragspartei* zur Erreichung und Erhaltung der produktiven Vollbeschäftigung oder zur Erschließung der wirtschaftlichen Hilfsquellen durchgeführte Wirtschaftspolitik bei dieser *Vertragspartei* einen starken Einfuhrbedarf hervorrufen können, der eine Bedrohung ihrer Währungsreserven im Sinne von Absatz 2 Buchstabe a) zur Folge haben könnte. Demnach ist eine *Vertragspartei,* die im übrigen nach diesem Artikel handelt, nicht verpflichtet, Beschränkungen deswegen aufzuheben oder zu ändern, weil eine Änderung ihrer Wirtschaftspolitik die von der *Vertragspartei* nach diesem Artikel angewandten Beschränkungen unnötig machen würde.

4. a) Wendet eine *Vertragspartei* neue Beschränkungen an oder erhöht sie das allgemeine Niveau der bestehenden Beschränkungen durch eine wesentliche Verschärfung der nach diesem Artikel angewandten Maßnahmen, so wird sie unverzüglich nach der Einführung oder Verschärfung dieser Beschränkungen (oder, soweit tunlich, vorher) mit den *Vertragsparteien* Konsultationen führen über die Art ihrer Zahlungsbilanzschwierigkeiten, über andere mögliche Abhilfemaßnahmen und über die etwaigen Auswirkungen dieser Beschränkungen auf die Wirtschaft anderer *Vertragsparteien.*

b) Die *Vertragsparteien* werden zu einem von ihnen zu bestimmenden Zeitpunkt alle dann nach diesem Artikel noch angewandten Beschränkungen überprüfen. Die *Vertragsparteien,* die Beschränkungen nach diesem Artikel anwenden, werden mit den *Vertragsparteien* jährlich, erstmalig ein Jahr nach dem obengenannten Zeitpunkt, in Konsultationen nach Buchstabe a) eintreten.

c) i) Gelangen die *Vertragsparteien* bei den nach Absatz 4 Buchstabe a) oder b) geführten Konsultationen zu der Auffassung, daß die Beschränkungen gegen diesen Artikel oder gegen Artikel XIII (vorbehaltlich des Artikels XIV) verstoßen, so geben sie an, inwiefern ein Verstoß vorliegt; sie können den Rat erteilen, die Beschränkungen in geeigneter Weise zu ändern.

ii) Stellen die *Vertragsparteien* jedoch auf Grund der Konsultationen fest, daß die Anwendung der Beschränkungen einen schwerwiegenden Verstoß gegen diesen Artikel oder gegen den Artikel XIII (vorbehaltlich des Artikel XIV) darstellt, und den Handel *einer Vertragspartei* schädigt oder zu schädigen droht, so bringen sie dies der *Vertragspartei,* welche diese Beschränkungen anwendet, zur Kenntnis und erteilen entsprechende Empfehlungen, um sicherzustellen, daß innerhalb einer festgesetzten Frist die Anwendung der Beschränkungen mit diesen Bestimmungen in Einklang gebracht wird. Leistet die *Vertragspartei* diesen Empfehlungen innerhalb der festgesetzten Frist nicht Folge, so können die *Vertragsparteien* eine *Vertragspartei,* deren Handel durch die Beschränkungen geschädigt wird, gegenüber der die Beschränkungen anwendenden *Vertragspartei* von Verpflichtungen aus diesem Abkommen entbinden, soweit dies nach ihrer Feststellung den Umständen angemessen ist.

d) Die *Vertragsparteien* werden eine *Vertragspartei,* die Beschränkungen nach diesem Artikel anwendet, auf Antrag einer anderen *Vertragspartei,* die glaubhaft machen kann, daß die Beschränkungen gegen diesen Artikel oder gegen den Artikel XIII (vorbehaltlich des Artikels XIV) verstoßen und daß ihr Handel dadurch geschädigt wird, einladen, in Konsultationen mit ihnen einzutreten. Eine solche Einladung darf jedoch nur ausgesprochen werden, wenn sich die *Vertragsparteien* vergewissert haben, daß unmittelbare Besprechungen zwischen den betreffenden *Vertragsparteien* erfolglos geblieben sind. Wird bei diesen Konsultationen eine Einigung nicht erzielt, und stellen die *Vertragsparteien* fest, daß die Beschränkungen in einer Weise angewendet werden, die gegen diese Bestimmungen verstößt und den Handel der antragstellenden Vertragspartei schädigt oder zu schädigen droht, so empfehlen die *Vertragsparteien* die Aufhebung oder Änderung der Beschränkungen. Werden die Beschränkungen innerhalb einer von den *Vertragsparteien* festzusetzenden Frist nicht aufgehoben oder geändert, so können die *Vertragsparteien* die antragstellende *Vertragspartei* gegenüber der die Beschränkungen anwendenden *Vertragspartei* von Verpflichtungen aus diesem Abkommen entbinden, soweit dies nach ihrer Feststellung den Umständen angemessen ist.

e) Die *Vertragsparteien* werden bei Anwendung dieses Absatzes alle besonderen außenwirtschaftlichen Umstände gebührend berücksichtigen, welche die Ausfuhr der die Beschränkungen anwendenden *Vertragspartei* beeinträchtigen.

f) Feststellungen nach diesem Absatz müssen rasch, möglichst innerhalb von sechzig Tagen nach Einleitung der Konsultationen, getroffen werden.

5. Erweist sich die Anwendung von Einfuhrbeschränkungen nach diesem Artikel als nachhaltig und weitverbreitet und somit als Anzeichen eines Ungleichgewichts, das den internationalen Handel einschränkt, so leiten die *Vertragsparteien* Besprechungen ein, um zu prüfen, ob von den *Vertragsparteien,* deren Zahlungsbilanz stark angespannt ist, oder von den *Vertragsparteien,* deren Zahlungsbilanz sich außergewöhnlich günstig entwickelt, oder von einer hierzu berufenen zwischenstaatlichen Organisation sonstige Maßnahmen getroffen werden können, um die Ursachen dieses Ungleichgewichts zu beseitigen. Die von den

Vertragsparteien zu diesen Besprechungen eingeladenen *Vertragsparteien* sind verpflichtet, daran teilzunehmen.

Art. XIII Nichtdiskriminierende Anwendung mengenmäßiger Beschränkungen. 1. Eine *Vertragspartei* darf bei der Einfuhr einer Ware aus dem Gebiet einer anderen *Vertragspartei* oder bei der Ausfuhr einer für das Gebiet einer anderen *Vertragspartei* bestimmten Ware keine Verbote oder Beschränkungen anwenden, es sei denn, daß die Einfuhr einer gleichartigen Ware aus dritten Ländern oder die Ausfuhr einer gleichartigen Ware nach dritten Ländern entsprechend verboten oder beschränkt wird.

2. Bei der Anwendung von Einfuhrbeschränkungen auf eine Ware werden die *Vertragsparteien* eine Streuung des Handels mit dieser Ware anstreben, die soweit wie möglich den Anteilen entspricht, welche ohne solche Beschränkungen voraussichtlich auf die verschiedenen *Vertragsparteien* entfallen würden; zu diesem Zweck werden sie folgende Bestimmungen beachten:

a) Sofern dies durchführbar ist, sind Kontingente festzusetzen, welche die Gesamtmenge der zugelassenen Einfuhren umfassen (nach Lieferländern aufgeteilt oder nicht); ihre Höhe ist nach Absatz 3 Buchstabe b) dieses Artikels zu veröffentlichen;

b) Ist die Festsetzung von Kontingenten nicht durchführbar, so können die Beschränkungen durch die Erteilung von Einfuhrlizenzen oder Einfuhrbewilligungen ohne Kontingentierung gehandhabt werden;

c) Außer zur Anwendung der nach Buchstabe d) dieses Absatzes aufgeteilten Kontingente wird eine *Vertragspartei* nicht vorschreiben, daß Einfuhrlizenzen oder Einfuhrbewilligungen für die Einfuhr der betreffenden Ware aus einem bestimmten Land oder einer bestimmten Bezugsquelle verwendet werden müssen;

d) Teilt eine *Vertragspartei,* die Beschränkungen anwendet, ein Kontingent unter Lieferländern auf, so kann sie mit allen an der Lieferung der betreffenden Ware wesentlich interessierten *Vertragsparteien* eine Vereinbarung über die Aufteilung des Kontingents anstreben. Erweist sich dies als nicht durchführbar, so räumt die betreffende *Vertragspartei* den an der Lieferung der Ware wesentlich interessierten *Vertragsparteien* Anteile ein, die etwa ihrem Verhältnis an der mengen- oder wertmäßigen Gesamteinfuhr dieser Ware während einer früheren Vergleichsperiode entsprechen; dabei sind alle besonderen Umstände gebührend zu berücksichtigen, die den Handel mit dieser Ware beeinflußt haben oder noch beeinflussen. Es dürfen keine Bedingungen oder Förmlichkeiten auferlegt werden, die eine *Vertragspartei* an der vollen Ausnutzung des ihr eingeräumten Anteils der Gesamtmenge oder des Gesamtwerts hindern, sofern die Einfuhr innerhalb des Zeitraumes erfolgt, auf den sich das Kontingent bezieht.

3. a) Werden im Zusammenhang mit Einfuhrbeschränkungen Einfuhrbewilligungen ausgestellt, so erteilt die diese Beschränkungen

anwendende *Vertragspartei* auf Antrag einer an dem Handel mit der betreffenden Ware interessierten *Vertragspartei* alle einschlägigen Auskünfte über die Handhabung der Beschränkungen, über die innerhalb eines nicht weit zurückliegenden Zeitraumes erteilten Einfuhrbewilligungen und über deren Aufteilung auf die Lieferländer; hierbei besteht jedoch keine Verpflichtung zur Erteilung von Auskünften über die Namen der Einfuhr- oder Lieferfirmen.

b) Werden im Zusammenhang mit Einfuhrbeschränkungen Kontingente festgesetzt, so veröffentlicht die diese Beschränkungen anwendende *Vertragspartei* die Gesamtmenge oder den Gesamtwert der Waren, die innerhalb eines bestimmten künftigen Zeitraumes eingeführt werden dürfen, sowie jede Änderung dieser Menge oder dieses Wertes. Sind die betreffenden Waren im Zeitpunkt einer solchen Veröffentlichung bereits unterwegs, so darf ihnen der Eingang nicht verwehrt werden; es ist jedoch statthaft, sie, soweit durchführbar, auf die in der betreffenden Zeitspanne zur Einfuhr zugelassene Menge und, soweit notwendig, auf die in der darauffolgenden Zeitspanne oder den darauffolgenden Zeitspannen zur Einfuhr zugelassene Menge anzurechnen; diese Vorschrift gilt als erfüllt, wenn eine *Vertragspartei* von diesen Beschränkungen Waren zu befreien pflegt, die innerhalb von dreißig Tagen nach einer solchen Veröffentlichung zum freien Verkehr eingeführt oder aus einem Zolllager zum freien Verkehr abgefertigt werden.

c) Werden Kontingente unter Lieferländern aufgeteilt, so wird die diese Beschränkungen anwendende *Vertragspartei* alle anderen an der Lieferung der betreffenden Ware interessierten *Vertragsparteien* über die den verschiedenen Lieferländern jeweils eingeräumten Anteile an Mengen- oder Wertkontingenten unverzüglich unterrichten und diese veröffentlichen.

4. Bei den nach Absatz 1 Buchstabe d) dieses Artikels und nach Artikel XI Absatz 2 Buchstabe c) angewendeten Beschränkungen ist die Wahl der Vergleichsperiode für eine Ware und die Beurteilung der besonderen Umstände, die den Handel mit dieser Ware betreffen, zunächst der die Beschränkung anwendenden *Vertragspartei* vorbehalten; diese *Vertragspartei* wird jedoch auf Antrag einer an der Lieferung dieser Ware wesentlich interessierten anderen *Vertragspartei* oder auf Antrag der *Vertragsparteien* unverzüglich mit der anderen *Vertragspartei* oder den *Vertragsparteien* Konsultationen führen über eine etwa erforderliche Änderung des festgestellten Verhältnisses oder der gewählten Vergleichsperiode, über die Überprüfung der zu berücksichtigenden besonderen Umstände oder über die Beseitigung von Bedingungen, Förmlichkeiten und anderen Bestimmungen, die hinsichtlich der Einräumung eines angemessenen Kontingents oder dessen unbeschränkter Ausnützung einseitig festgesetzt wurden.

5. Dieser Artikel findet auf jedes Zollkontingent Anwendung, das von einer *Vertragspartei* festgesetzt oder beibehalten wird; soweit an-

wendbar, erstrecken sich die Grundsätze dieses Artikels auch auf Ausfuhrbeschränkungen.

Art. XIV Ausnahmen von der Regel der Nicht-Diskriminierung. 1. Eine *Vertragspartei,* die Beschränkungen nach Artikel XII oder Artikel XVIII Abschnitt B anwendet, kann hierbei von Artikel XIII abweichen, soweit dies die gleiche Wirkung hat wie Zahlungs- und Transferbeschränkungen bei laufenden internationalen Geschäften, die sie gleichzeitig nach den Artikeln VIII oder XIV des Abkommens über den Internationalen Währungsfonds oder ähnlichen Bestimmungen eines nach Artikel XV Absatz 6 abgeschlossenen Sonderabkommens über den Zahlungsverkehr anwenden darf.

2. Eine *Vertragspartei,* die Einfuhrbeschränkungen nach Artikel XII oder Artikel XVII Abschnitt B anwendet, kann mit Einwilligung der *Vertragsparteien* bei einem kleinen Teil ihres Außenhandels vorübergehend von Artikel XIII abweichen, wenn die Vorteile für sie selbst oder die beteiligten *Vertragsparteien* den Schaden erheblich überwiegen, der dadurch für den Handel anderer *Vertragsparteien* entsteht.

3. Artikel XIII schließt nicht aus, daß eine Gruppe von Gebieten mit einem gemeinsamen Quotenanteil beim Internationalen Währungsfonds Beschränkungen, die mit Artikel XII oder Artikel XVIII Abschnitt B im Einklang stehen, auf die Einfuhr aus anderen Ländern, nicht jedoch auf ihren Handel miteinander anwendet, sofern diese Beschränkungen im übrigen mit Artikel XIII vereinbar sind.

4. Die Artikel XI bis XV und Artikel XVIII Abschnitt B schließen nicht aus, daß eine *Vertragspartei,* die Einfuhrbeschränkungen nach Artikel XII oder nach Artikel XVIII Abschnitt B anwendet, Maßnahmen zur Lenkung ihrer Ausfuhren trifft, um ihre Einnahmen an Devisen zu erhöhen, die sie verwenden kann, ohne von Artikel XIII abzuweichen.

5. Die Artikel XI bis XV und Artikel XVIII Abschnitt B schließen nicht aus, daß eine *Vertragspartei*

a) mengenmäßige Beschränkungen anwendet, welche die gleiche Wirkung haben wie Zahlungsbeschränkungen, die nach Artikel VII Abschnitt 3 b) des Abkommens über den Internationalen Währungsfonds zulässig sind, oder

b) mengenmäßige Beschränkungen im Rahmen der Präferenzregelungen nach Anlage A anwendet, solange das Ergebnis der dort erwähnten Verhandlungen noch aussteht.

Art. XV Bestimmungen über den Zahlungsverkehr. 1. Die *Vertragsparteien* werden bestrebt sein, mit dem Internationalen Währungsfonds zusammenzuarbeiten, damit bei den in die Zuständigkeit des Fonds fallenden Fragen des Zahlungsverkehrs und bei den in die Zuständigkeit der *Vertragsparteien* fallenden Fragen der mengenmäßigen Beschränkungen und anderer handelspolitischer Maßnahmen eine einheitliche Politik verfolgt wird.

2. In allen Fällen, in denen sich die *Vertragsparteien* mit Fragen der Währungsreserven, der Zahlungsbilanz oder des Zahlungsverkehrs mit dem Ausland zu befassen haben, führen sie eingehende Konsultationen mit dem Fonds. Hierbei erkennen die *Vertragsparteien* alle Angaben statistischer oder anderer Art an, die ihnen vom Fonds hinsichtlich der Devisenbestände, der Währungsreserven und der Zahlungsbilanz übermittelt werden; sie erkennen ferner die Feststellungen des Fonds darüber an, ob die von einer *Vertragspartei* hinsichtlich des Zahlungsverkehrs getroffenen Maßnahmen mit dem Abkommen über den Internationalen Währungsfonds oder mit einem gegebenenfalls zwischen der betreffenden *Vertragspartei* und den *Vertragsparteien* abgeschlossenen Sonderabkommen über den Zahlungsverkehr im Einklang stehen. Bei der Beschlußfassung in Fällen, in denen die in den Artikeln XII Absatz 2 Buchstabe a) oder XVIII Absatz 9 genannten Merkmale zur Erörterung stehen, erkennen die *Vertragsparteien* die Feststellungen des Fonds darüber an, was im Einzelfall eine bedeutende Abnahme, einen sehr niedrigen Stand oder eine maßvolle Steigerung der Währungsreserven einer *Vertragspartei* darstellt; das gleiche gilt von den Feststellungen des Fonds über die finanzielle Seite anderer Angelegenheiten, die in den betreffenden Konsultationen behandelt werden.

3. Die *Vertragsparteien* werden bestrebt sein, mit dem Fonds Verfahrensregeln für die in Absatz 2 vorgesehenen Konsultationen zu vereinbaren.

4. Die *Vertragsparteien* werden davon Abstand nehmen, durch Maßnahmen im Zahlungsverkehr den Zweck dieses Abkommens oder durch handelspolitische Maßnahmen den Zweck des Abkommens über den Internationalen Währungsfonds zu vereiteln.

5. Gelangen die *Vertragsparteien* zu irgendeinem Zeitpunkt zu der Auffassung, daß eine *Vertragspartei* bei Einfuhr Zahlungs- und Transferbeschränkungen in einer Weise anwendet, die gegen die Ausnahmebestimmungen dieses Abkommens über mengenmäßige Beschränkungen verstößt, so werden sie dem Fonds hierüber Bericht erstatten.

6. *Vertragsparteien,* die nicht Mitglieder des Fonds sind, müssen innerhalb einer von den *Vertragsparteien* nach Konsultationen mit dem Fonds festzustellenden Frist Mitglieder des Fonds werden oder anderenfalls mit den *Vertragsparteien* ein Sonderabkommen über den Zahlungsverkehr abschließen. Hört eine *Vertragspartei* auf, Mitglied des Fonds zu sein, so schließt sie unverzüglich mit den *Vertragsparteien* ein Sonderabkommen über den Zahlungsverkehr. Jedes nach diesem Absatz abgeschlossene Sonderabkommen wird sodann Bestandteil der Verpflichtungen der betreffenden *Vertragspartei* aus dem Allgemeinen Abkommen.

7. a) Ein Sonderabkommen zwischen einer *Vertragspartei* und den *Vertragsparteien* über den Zahlungsverkehr nach Absatz 6 muß den *Vertragsparteien* die Gewähr dafür bieten, daß die Ziele des Allgemeinen Abkommens nicht durch Maßnahmen der betreffenden

Vertragspartei auf dem Gebiet des Zahlungsverkehrs vereitelt werden.

b) Ein solches Sonderabkommen darf der betreffenden *Vertragspartei* auf dem Gebiet des Zahlungsverkehrs keine Verpflichtungen auferlegen, die in ihrer Gesamtheit stärkere Einschränkungen enthalten, als im Abkommen über den Internationalen Währungsfonds für dessen Mitglieder vorgesehen sind.

8. *Vertragsparteien,* die nicht Mitglieder des Fonds sind, erteilen den *Vertragsparteien* alle im Rahmen des Artikels VIII Abschnitt 5 des Abkommens über den Internationalen Währungsfonds liegenden Auskünfte, deren die *Vertragsparteien* bedürfen, um die ihnen mit dem Allgemeinen Abkommen übertragenen Aufgaben zu erfüllen.

9. Dieses Abkommen schließt nicht aus, daß eine *Vertragspartei*

a) Kontrollen oder Beschränkungen des Zahlungsverkehrs anwendet, die mit dem Abkommen über den Internationalen Währungsfonds oder mit einem von ihr mit den *Vertragsparteien* abgeschlossenen Sonderabkommen über den Zahlungsverkehr im Einklang stehen;

b) Beschränkungen oder Kontrollen der Einfuhr oder Ausfuhr anwendet, die lediglich die Wirkung haben, über die nach den Artikeln XI, XII, XIII und XIV zulässigen Auswirkungen hinaus diesen Kontrollen und Beschränkungen des Zahlungsverkehrs Wirksamkeit zu verleihen.

Art. XVI Subventionen[1]

Abschnitt A – Subventionen im allgemeinen

1. Wenn eine *Vertragspartei* eine Subvention, einschließlich jeder Form von Einkommens- oder Preisstützung, gewährt oder beibehält, die mittelbar oder unmittelbar die Wirkung hat, die Ausfuhr einer Ware aus ihrem Gebiet zu steigern oder die Einfuhr einer Ware in ihr Gebiet zu vermindern, so notifiziert diese *Vertragspartei* den *Vertragsparteien* das Ausmaß und die Art dieser Subventionierung, ihre voraussichtlichen Auswirkungen auf die Menge der betreffenden eingeführten oder ausgeführten Waren sowie die Umstände, welche die Subventionierung notwendig machen. Wird festgestellt, daß in einem bestimmten Fall eine solche Subventionierung zu einer ernsthaften Schädigung der Interessen einer *Vertragspartei* führt oder zu führen droht, so erörtert die *Vertragspartei,* welche die Subvention gewährt, auf Antrag mit der betroffenen *Vertragspartei* oder den betroffenen *Vertragsparteien* oder mit den *Vertragsparteien* die Möglichkeit der Einschränkung dieser Subventionierung.

---

[1] S. hierzu das Übereinkommen über Subventionen und Ausgleichsmaßnahmen v. 15. 4. 1994 (ABl. 1994 Nr. L 336/156).

Abschnitt B – Zusätzliche Bestimmungen über Ausfuhrsubventionen

2. Die *Vertragsparteien* erkennen an, daß die Gewährung einer Subvention bei der Ausfuhr einer Ware durch eine *Vertragspartei* für andere einführende oder ausführende *Vertragsparteien* nachteilige Auswirkungen haben, unbillige Störungen ihrer normalen Handelsinteressen hervorrufen und die Erreichung der Ziele dieses Abkommens behindern kann.

3. Die *Vertragsparteien* sollen daher bestrebt sein, die Gewährung von Subventionen bei der Ausfuhr von Grundstoffen zu vermeiden. Gewährt eine *Vertragspartei* dennoch mittelbar oder unmittelbar eine Subvention, gleich welcher Art, die eine Steigerung der Ausfuhr eines Grundstoffes aus ihrem Gebiet bewirkt, so darf sie diese Situation nicht so handhaben, daß sie dadurch mehr als einen angemessenen Anteil an dem Welthandel mit diesem Erzeugnis erhält; dabei sind die Anteile der *Vertragsparteien* an dem Handel mit der betreffenden Ware während einer früheren Vergleichsperiode sowie alle etwaigen besonderen Umstände zu berücksichtigen, die diesen Handel beeinflußt haben oder noch beeinflussen.

4. Ferner werden die *Vertragsparteien* mit Wirkung vom 1. Januar 1958 oder einem anderen geeigneten, möglichst bald darauf folgenden Zeitpunkt bei der Ausfuhr von anderen Waren als Grundstoffen weder mittelbar noch unmittelbar Subventionen, gleich welcher Art, gewähren, die den Verkauf dieser Waren zwecks Ausfuhr zu einem Preis ermöglichen, der unter dem vergleichbaren Inlandspreis einer gleichartigen Ware liegt. Bis zum 31. Dezember 1957 wird keine *Vertragspartei* eine solche Subventionierung durch Einführung neuer oder Erhöhung bestehender Subventionen über den am 1. Januar 1955 bestehenden Umfang hinaus erweitern.

5. Die *Vertragsparteien* werden die Auswirkung dieses Artikels von Zeit zu Zeit überprüfen, um an Hand der Erfahrungen zu ermitteln, inwieweit er sich als geeignet erweist, die Ziele dieses Abkommens zu fördern und eine den Handel und die Interessen der *Vertragsparteien* stark schädigende Subventionierung zu vermeiden.

Art. XVII Staatliche Handelsunternehmen.[1] 1. a) Jede *Vertragspartei,* die an irgendeinem Ort ein staatliches Unternehmen errichtet oder betreibt oder einem Unternehmen rechtlich oder tatsächlich ausschließliche oder besondere Vorrechte gewährt, verpflichtet sich sicherzustellen, daß dieses Unternehmen bei seinen Käufen oder Verkäufen, die Einfuhren oder Ausfuhren zur Folge haben, die allgemeinen Grundsätze der Nicht-Diskriminierung beachtet, die nach

[1] Vgl. hierzu die Auslegungsvereinbarung v. 15. 4. 1994 (ABl. 1994 Nr. L 336/13).

diesem Abkommen für staatliche Maßnahmen in bezug auf die Ein- oder Ausfuhr durch Privatunternehmen vorgeschrieben sind.

b) Auf Grund des Buchstaben a) sind die staatlichen Unternehmen verpflichtet, unter gebührender Berücksichtigung der anderen Bestimmungen dieses Abkommens solche Käufe und Verkäufe ausschließlich auf Grund von kommerziellen Erwägungen, wie Preis, Qualität, verfügbare Menge, Marktgängigkeit, Beförderungsverhältnisse und andere den Kauf oder Verkauf betreffenden Umstände, vorzunehmen und den Unternehmen anderer *Vertragsparteien* eine ausreichende Möglichkeit zur Beteiligung an diesen Käufen oder Verkäufen unter Bedingungen des freien Wettbewerbs und auf der Grundlage der üblichen Geschäftspraxis zu geben.

c) Eine *Vertragspartei* wird ein ihrer Rechtshoheit unterstehendes Unternehmen (gleichviel, ob es sich um eines der in Buchstabe a) bezeichneten oder um ein anderes Unternehmen handelt) nicht daran hindern, nach den in den Buchstaben a) und b) enthaltenen Grundsätzen zu handeln.

2. Absatz 1 findet keine Anwendung auf die Einfuhr von Waren, die weder zum Wiederverkauf noch zur Erzeugung von zum Verkauf bestimmten Waren, sondern zum unmittelbaren oder Letztverbrauch für staatliche Zwecke bestimmt sind. Hinsichtlich solcher Einfuhren gewährt jede Vertragspartei dem Handel der anderen *Vertragsparteien* eine billige und angemessene Behandlung.

3. Die *Vertragsparteien* erkennen an, daß sich aus der Tätigkeit der in Absatz 1 Buchstabe a) bezeichneten Unternehmen starke Hindernisse für den Handel ergeben können; für die Ausweitung des internationalen Handels ist es daher wichtig, solche Hindernisse durch Verhandlungen auf der Grundlage der Gegenseitigkeit und zum gemeinsamen Nutzen zu begrenzen oder zu verringern.

4. a) Die *Vertragsparteien* werden den *Vertragsparteien* die Waren notifizieren, die von Unternehmen der in Absatz 1 Buchstabe a) bezeichneten Art in ihr Gebiet eingeführt oder aus ihrem Gebiet ausgeführt werden.

b) Eine *Vertragspartei,* die für die Einfuhr einer Ware, die nicht Gegenstand eines Zugeständnisses nach Artikel II ist, ein Monopol errichtet, beibehält oder genehmigt, teilt den *Vertragsparteien* auf Antrag einer anderen *Vertragspartei,* die einen bedeutenden Handel mit dieser Ware aufweist, den Aufschlag auf den Einfuhrpreis dieser Ware während einer nicht weit zurückliegenden Vergleichsperiode mit, oder, falls dies nicht möglich ist, den Preis, der bei dem Wiederverkauf der Ware gefordert wird.

c) Die *Vertragsparteien* können auf Antrag einer *Vertragspartei,* die der begründeten Ansicht ist, daß die Tätigkeit eines Unternehmens der *in Absatz 1 Buchstabe* a) bezeichneten Art ihre aus diesem Abkommen herrührenden Interessen schädigt, von der *Vertragspartei,* die ein solches Unternehmen errichtet, beibehält oder genehmigt,

Auskünfte über die Tätigkeit dieses Unternehmens im Hinblick auf die Durchführung dieses Abkommens verlangen.

d) Dieser Absatz verpflichtet eine *Vertragspartei* nicht zur Preisgabe vertraulicher Informationen, deren Veröffentlichung die Durchführung der Rechtsvorschriften behindern oder sonst dem öffentlichen Interesse zuwiderlaufen oder die berechtigten Wirtschaftsinteressen bestimmter Unternehmen schädigen würde.

Art. XVIII Staatliche Unterstützung der wirtschaftlichen Entwicklung. 1. Die *Vertragsparteien* erkennen an, daß sich die Ziele dieses Abkommens leichter durch eine fortschreitende Entwicklung ihrer Wirtschaft erreichen lassen und daß dies insbesondere für die Vertragsparteien gilt, deren Wirtschaft nur einen niedrigen Lebensstandard zuläßt und sich in den Anfangsstadien der Entwicklung befindet.

2. Die *Vertragsparteien* erkennen ferner an, daß diese *Vertragsparteien* im Interesse der Durchführung wirtschaftlicher Entwicklungsprogramme zur Hebung des allgemeinen Lebensstandards ihrer Bevölkerung unter Umständen Schutzmaßnahmen und andere die Einfuhr berührende Maßnahmen treffen müssen, und daß diese gerechtfertigt sind, soweit sie die Erreichung der Ziele dieses Abkommens erleichtern. Die *Vertragsparteien* sind sich daher darüber einig, daß diesen *Vertragsparteien* zusätzliche Erleichterungen gewährt werden sollen, um ihnen die Möglichkeit zu geben, a) ihre Zolltarife so elastisch zu gestalten, daß sie den für die Errichtung eines bestimmten Wirtschaftszweiges erforderlichen Zollschutz gewähren können, und b) mengenmäßige Beschränkungen aus Zahlungsbilanzgründen so anzuwenden, daß der anhaltend hohe Einfuhrbedarf voll berücksichtigt wird, der sich voraussichtlich aus ihren wirtschaftlichen Entwicklungsprogrammen ergibt.

3. Die *Vertragsparteien* erkennen schließlich an, daß zusammen mit den Erleichterungen der Abschnitte A und B dieses Artikels die Bestimmungen dieses Abkommens in der Regel ausreichen, um *Vertragsparteien* die Möglichkeit zu geben, den Erfordernissen ihrer wirtschaftlichen Entwicklung Rechnung zu tragen. Sie sind sich jedoch darüber einig, daß unter Umständen eine im Zustand der wirtschaftlichen Entwicklung befindliche *Vertragspartei* durch Maßnahmen, die mit diesen Bestimmungen vereinbar sind, die staatliche Unterstützung nicht gewähren kann, die notwendig ist, um die Errichtung bestimmter Wirtschaftszweige zur Hebung des allgemeinen Lebensstandards ihrer Bevölkerung zu fördern. Besondere Bestimmungen für solche Fälle sind in den Abschnitten C und D dieses Artikels enthalten.

4. a) *Vertragsparteien,* deren Wirtschaft nur einen niedrigen Lebensstandard zuläßt und sich in den Anfangsstadien der Entwicklung befindet, sind daher berechtigt, nach den Abschnitten A, B und C vorübergehend von den anderen Artikeln dieses Abkommens abzuweichen.

b) *Vertragsparteien,* deren Wirtschaft sich im Entwicklungszustand befindet, die jedoch nicht unter Buchstabe a) fallen, können nach Abschnitt D Anträge an die *Vertragsparteien* stellen.

5. Die *Vertragsparteien* erkennen an, daß sich die Ausfuhrerlöse von *Vertragsparteien,* deren Wirtschaft den in Absatz 4 Buchstaben a) und b) genannten Typen entspricht und die auf die Ausfuhr einer geringen Anzahl von Grundstoffen angewiesen sind, durch einen Rückgang des Absatzes dieser Erzeugnisse wesentlich verringern können. Infolgedessen kann eine *Vertragspartei,* deren Grundstoff-Ausfuhr durch Maßnahmen einer anderen *Vertragspartei* ernsthaft betroffen ist, die Bestimmungen des Artikels XXII über Konsultationen in Anspruch nehmen.

6. Die *Vertragsparteien* überprüfen jährlich alle nach den Abschnitten C und D angewandten Maßnahmen.

Abschnitt A

7. a) Hält es eine *Vertragspartei,* die unter Absatz 4 Buchstabe a) fällt, im Interesse der Errichtung eines bestimmten Wirtschaftszweiges zur Hebung des allgemeinen Lebensstandards ihrer Bevölkerung für wünschenswert, ein Zugeständnis, das in der entsprechenden Liste zu diesem Abkommen enthalten ist, zu ändern oder zurückzunehmen, so notifiziert sie dies den *Vertragsparteien* und tritt mit allen *Vertragsparteien,* mit denen das Zugeständnis ursprünglich vereinbart worden ist, oder die nach Feststellung der *Vertragsparteien* ein wesentliches Interesse an diesem Zugeständnis haben, in Verhandlungen ein. Erzielen die beteiligten *Vertragsparteien* eine Einigung, so können sie Zugeständnisse, die im Rahmen der entsprechenden Listen zu diesem Abkommen festgelegt sind, ändern oder zurücknehmen, um der erzielten Einigung und allen damit verbundenen ausgleichenden Regelungen Wirksamkeit zu verleihen.

b) Wird innerhalb von sechzig Tagen nach der Notifizierung gemäß Buchstabe a) eine Einigung nicht erzielt, so kann die *Vertragspartei,* die das Zugeständnis zu ändern oder zurückzunehmen beabsichtigt, die Angelegenheit den *Vertragsparteien* vorlegen; diese werden sie unverzüglich prüfen. Kommen die *Vertragsparteien* zu der Auffassung, daß die *Vertragspartei,* die das Zugeständnis zu ändern oder zurückzunehmen beabsichtigt, sich in jeder Weise bemüht hat, eine Einigung zu erzielen, und daß die von ihr angebotene ausgleichende Regelung angemessen ist, so kann diese *Vertragspartei* das Zugeständnis ändern oder zurücknehmen, wenn sie gleichzeitig die ausgleichende Regelung in Kraft setzt. Sind die *Vertragsparteien* der Auffassung, daß das Ausgleichsangebot einer *Vertragspartei,* die das Zugeständnis zu ändern oder zurückzunehmen beabsichtigt, nicht ausreicht, daß sich diese *Vertragspartei* jedoch in jeder zumutbaren Weise bemüht hat, einen angemessenen Ausgleich zu bieten, so kann die *Vertragspartei* das Zugeständnis ändern oder zurücknehmen. In diesem Fall kann jede andere unter Buchstabe a) bezeichnete *Ver-*

tragspartei im wesentlichen gleichwertige Zugeständnisse ändern oder zurücknehmen, die ursprünglich mit der auf diese Weise vorgehenden *Vertragspartei* vereinbart worden sind.

Abschnitt B[1)]

8. Die *Vertragsparteien* erkennen an, daß bei *Vertragsparteien,* die unter Absatz 4 Buchstabe a) fallen und sich in schneller wirtschaftlicher Entwicklung befinden, Zahlungsbilanzschwierigkeiten auftreten können, die sich in erster Linie aus ihren Bemühungen zur Ausweitung ihrer Inlandsmärkte sowie aus der mangelnden Stabilität ihrer Austauschverhältnisse im Außenhandel ergeben können.

9. Zum Schutz ihrer finanziellen Lage gegenüber dem Ausland und zur Sicherung angemessener Reserven für die Durchführung ihres wirtschaftlichen Entwicklungsprogramms kann eine *Vertragspartei,* die unter Absatz 4 Buchstabe a) fällt, vorbehaltlich der Absätze 10 bis 12 das allgemeine Niveau ihrer Einfuhren regeln, indem sie Menge oder Wert der zur Einfuhr zugelassenen Waren beschränkt; sie darf jedoch Einfuhrbeschränkungen nur einführen, beibehalten oder verschärfen, soweit dies erforderlich ist,

a) um der drohenden Gefahr einer bedeutenden Abnahme ihrer Währungsreserven vorzubeugen oder eine solche Abnahme aufzuhalten, oder

b) um ihre Währungsreserven, falls diese unzureichend sind, in maßvoller Weise zu steigern.

In beiden Fällen sind alle besonderen Umstände gebührend zu berücksichtigen, die den Bestand oder den Bedarf der *Vertragspartei* an Währungsreserven beeinflussen; verfügt sie über besondere Auslandskredite oder andere Hilfsquellen, so ist die Notwendigkeit einer geeigneten Verwendung derselben ebenfalls gebührend zu berücksichtigen.

10. Eine *Vertragspartei,* die solche Beschränkungen anwendet, kann bestimmen, wie stark sich diese auf die Einfuhr der verschiedenen Waren oder Warengruppen auswirken sollen, um so der Einfuhr von Waren den Vorrang zu geben, die für ihr wirtschaftliches Entwicklungsprogramm besonders wichtig sind; diese Beschränkungen müssen jedoch so angewandt werden, daß eine unnötige Schädigung der Handels- oder Wirtschaftsinteressen anderer *Vertragsparteien* vermieden und die Einfuhr von Waren in handelsüblichen Mindestmengen, deren Fortfall eine Beeinträchtigung der normalen Handelsverbindungen zur Folge hätte, nicht in unbilliger Weise verhindert wird; die Beschränkungen dürfen ferner nicht derart angewandt werden, daß sie die Einfuhr von Warenmustern oder die Einhaltung der Vorschriften über Patente, Warenzeichen, Urheberrechte und verwandte Gebiete verhindern.

[1)] Vgl. hierzu die Auslegungsvereinbarung v. 15. 4. 1994 (ABl. 1994 Nr. L 336/14).

11. Bei der Durchführung ihrer Wirtschaftspolitik wird die betreffende *Vertragspartei* gebührend berücksichtigen, daß es notwendig ist, das Gleichgewicht ihrer Zahlungsbilanz auf einer gesunden und dauerhaften Grundlage wiederherzustellen, und daß es erstrebenswert ist, eine wirtschaftliche Verwendung der Produktionsfaktoren sicherzustellen. Sie wird alle nach diesem Abschnitt angewandten Beschränkungen entsprechend der fortschreitenden Besserung der Lage schrittweise abbauen und sie nur beibehalten, soweit es nach Absatz 9 notwendig ist; sie wird die Beschränkungen aufheben, sobald die Lage ihre Beibehaltung nicht mehr rechtfertigt; eine *Vertragspartei* ist jedoch nicht verpflichtet, Beschränkungen deswegen aufzuheben oder zu ändern, weil eine Änderung ihres wirtschaftlichen Entwicklungsprogramms die nach diesem Abschnitt angewandten Beschränkungen unnötig machen würde.

12. a) Eine *Vertragspartei,* die neue Beschränkungen anwendet oder das allgemeine Niveau der bestehenden Beschränkungen durch eine wesentliche Verschärfung der im Rahmen dieses Abschnitts angewandten Maßnahmen erhöht, wird unverzüglich nach der Einführung oder Verschärfung dieser Beschränkungen (oder, soweit tunlich, vorher) mit den *Vertragsparteien* Konsultationen über die Art ihrer Zahlungsbilanzschwierigkeiten, über andere mögliche Abhilfemaßnahmen und über die etwaigen Auswirkungen dieser Beschränkungen auf die Wirtschaft anderer *Vertragsparteien* führen.

b) Die *Vertragsparteien* werden zu einem von ihnen zu bestimmenden Zeitpunkt alle dann nach diesem Abschnitt noch angewandten Beschränkungen überprüfen. *Vertragsparteien,* die Beschränkungen nach diesem Abschnitt anwenden, werden mit den *Vertragsparteien* in Konsultationen nach Buchstabe a) eintreten; diese werden erstmalig zwei Jahre nach dem obengenannten Zeitpunkt und danach in Zeitabständen von etwa – jedoch nicht weniger als – zwei Jahren auf Grund eines von den *Vertragsparteien* jährlich aufzustellenden Programms stattfinden; Konsultationen nach diesem Buchstaben dürfen jedoch nicht vor Ablauf von zwei Jahren nach Beendigung allgemeiner Konsultationen auf Grund anderer Bestimmungen dieses Absatzes geführt werden.

c) i) Gelangen die *Vertragsparteien* bei den nach Buchstabe a) oder b) mit einer *Vertragspartei* geführten Konsultationen zu der Auffassung, daß die Beschränkungen gegen diesen Abschnitt oder gegen den Artikel XIII (vorbehaltlich des Artikels XIV) verstoßen, so geben sie an, inwiefern ein Verstoß vorliegt; sie können den Rat erteilen, die Beschränkungen in geeigneter Weise zu ändern.

ii) Stellen die *Vertragsparteien* jedoch auf Grund der Konsultationen fest, daß die Anwendung der Beschränkungen einen schwerwiegenden Verstoß gegen diesen Abschnitt oder gegen den *Artikel XIII* (vorbehaltlich des Artikels XIV) darstellt und den Handel einer *Vertragspartei* schädigt oder zu schädigen droht, so bringen sie dies der diese Beschränkungen anwendenden *Ver-*

tragspartei zur Kenntnis und erteilen entsprechende Empfehlungen, um sicherzustellen, daß innerhalb einer festgesetzten Frist die Anwendung der Beschränkungen mit diesen Bestimmungen in Einklang gebracht wird. Leistet die *Vertragspartei* diesen Empfehlungen innerhalb der festgesetzten Frist nicht Folge, so können die *Vertragsparteien* eine *Vertragspartei,* deren Handel durch die Beschränkungen geschädigt wird, gegenüber der die Beschränkungen anwendenden *Vertragspartei* von Verpflichtungen aus diesem Abkommen entbinden, soweit dies nach ihrer Feststellung den Umständen angemessen ist.

d) Die *Vertragsparteien* werden eine *Vertragspartei,* die Beschränkungen nach diesem Abschnitt anwendet, auf Antrag einer anderen *Vertragspartei,* die glaubhaft machen kann, daß die Beschränkungen gegen diesen Abschnitt oder gegen den Artikel XIII (vorbehaltlich des Artikels XIV) verstoßen und daß ihr Handel dadurch geschädigt wird, einladen, in Konsultationen mit ihnen einzutreten. Eine solche Einladung darf jedoch nur ausgesprochen werden, wenn sich die *Vertragsparteien* vergewissert haben, daß unmittelbare Besprechungen zwischen den betreffenden *Vertragsparteien* erfolglos geblieben sind. Wird bei diesen Konsultationen eine Einigung nicht erzielt, und stellen die *Vertragsparteien* fest, daß die Beschränkungen in einer Weise angewendet werden, die gegen diese Bestimmungen verstößt und den Handel der antragstellenden *Vertragspartei* schädigt oder zu schädigen droht, so empfehlen die *Vertragsparteien* die Aufhebung oder Änderung der Beschränkungen. Werden die Beschränkungen innerhalb einer von den *Vertragsparteien* festzusetzenden Frist nicht aufgehoben oder geändert, so können die Vertragsparteien die antragstellende *Vertragspartei* gegenüber der die Beschränkungen anwendenden *Vertragspartei* von Verpflichtungen aus diesem Abkommen entbinden, soweit dies nach ihrer Feststellung den Umständen angemessen ist.

e) Beeinträchtigt nach Auffassung einer *Vertragspartei,* gegen die eine Maßnahme nach dem letzten Satz der Buchstaben a) ii) oder d) getroffen wurde, die von den *Vertragsparteien* genehmigte Entbindung von Verpflichtungen die Durchführung ihres wirtschaftlichen Entwicklungsprogramms, so kann diese *Vertragspartei* innerhalb von sechzig Tagen nach Einleitung dieser Maßnahme dem *Geschäftsführenden Sekretär*[1] der *Vertragsparteien* schriftlich ihre Absicht mitteilen, von diesem Abkommen zurückzutreten; der Rücktritt wird am sechzigsten Tag nach Eingang der Mitteilung beim *Geschäftsführenden Sekretär*[1] der *Vertragsparteien* wirksam.

f) Die *Vertragsparteien* werden bei Anwendung dieses Absatzes die in Absatz 2 genannten Umstände gebührend berücksichtigen. Feststellungen nach diesem Absatz müssen rasch, möglichst innerhalb von sechzig Tagen nach Einleitung der Konsultationen, getroffen werden.

---

1) = Exekutivsekretär.

Abschnitt C

13. Ist nach Auffassung einer Vertragspartei, die unter Absatz 4 Buchstabe a) fällt, eine staatliche Unterstützung notwendig, um die Errichtung eines bestimmten Wirtschaftszweigs zur Hebung des allgemeinen Lebensstandards der Bevölkerung zu fördern, ohne daß dieses Ziel durch Maßnahmen erreicht werden kann, die mit den anderen Bestimmungen dieses Abkommens vereinbar sind, so kann sie die Bestimmung und Verfahrensregeln dieses Abschnitts in Anspruch nehmen.

14. Die betreffende *Vertragspartei* notifiziert den *Vertragsparteien* die besonderen Schwierigkeiten, denen sie bei der Verwirklichung des in Absatz 13 genannten Ziels begegnet, und gibt an, welche die Einfuhr berührende Maßnahme sie zur Behebung dieser Schwierigkeiten einzuführen beabsichtigt. Sie darf diese Maßnahme erst treffen, nachdem die in Absatz 15 oder Absatz 17 festgesetzte Frist abgelaufen ist, oder, falls die Maßnahme die Einfuhr einer Ware betrifft, die Gegenstand eines in der entsprechenden Liste zu diesem Abkommen enthaltenen Zugeständnisses ist, nachdem sie gemäß Absatz 18 die Zustimmung der *Vertragsparteien* eingeholt hat; hat jedoch der Wirtschaftszweig, dem die Unterstützung gewährt wird, seine Produktion bereits aufgenommen, so kann die betreffende *Vertragspartei* nach Unterrichtung der *Vertragsparteien* durch entsprechende Maßnahmen verhindern, daß die Einfuhr der betreffenden Waren während dieser Zeit den normalen Umfang wesentlich übersteigt.

15. Fordern die *Vertragsparteien* die betreffende *Vertragspartei* nicht innerhalb von dreißig Tagen nach Notifizierung dieser Maßnahme auf, Konsultationen mit ihnen zu führen, so kann die *Vertragspartei* von den in Betracht kommenden anderen Artikeln dieses Abkommens abweichen, soweit dies für die Anwendung der beabsichtigten Maßnahme erforderlich ist.

16. Ergeht eine Aufforderung durch die *Vertragsparteien,* so führt die betreffende *Vertragspartei* mit ihnen Konsultationen über den Zweck der beabsichtigten Maßnahme, über andere mögliche und nach diesem Abkommen zulässige Maßnahmen sowie über die etwaige Auswirkung der beabsichtigten Maßnahme auf die Handels- und Wirtschaftsinteressen anderer *Vertragsparteien.* Gelangen die *Vertragsparteien* bei diesen Konsultationen ebenfalls zu der Auffassung, daß das in Absatz 13 genannte Ziel durch Maßnahmen, die mit den anderen Bestimmungen dieses Abkommens vereinbar sind, nicht erreicht werden kann, und stimmen sie der beabsichtigten Maßnahme zu, so wird die *Vertragspartei* von ihren Verpflichtungen aus den in Betracht kommenden anderen Artikeln dieses Abkommens entbunden, soweit dies für die Anwendung der Maßnahmen notwendig ist.

17. Haben die *Vertragsparteien* innerhalb von neunzig Tagen nach der *Notifizierung gemäß Absatz 14* der beabsichtigten Maßnahme nicht zugestimmt, so kann die betreffende *Vertragspartei* diese Maßnahme einleiten, nachdem sie die *Vertragsparteien* davon benachrichtigt hat.

18. Betrifft die beabsichtigte Maßnahme eine Ware, die Gegenstand eines in der entsprechenden Liste zu diesem Abkommen enthaltenen Zugeständnisses ist, so tritt die betreffende *Vertragspartei* mit allen *Vertragsparteien,* mit denen das Zugeständnis ursprünglich vereinbart worden ist, oder die nach Feststellung der *Vertragsparteien* ein wesentliches Interesse an diesem Zugeständnis haben, in Konsultationen ein. Die *Vertragsparteien* werden der Maßnahme zustimmen, wenn nach ihrer Auffassung das in Absatz 13 genannte Ziel durch Maßnahmen, die mit den anderen Bestimmungen dieses Abkommens vereinbar sind, nicht erreicht werden kann und wenn sie sich überzeugt haben,

a) daß mit diesen *Vertragsparteien* bei den obengenannten Konsultationen eine Einigung erzielt worden ist, oder

b) – falls innerhalb von sechzig Tagen nach Eingang der Notifikation gemäß Absatz 14 bei den *Vertragsparteien* eine Einigung nicht erzielt worden ist – daß die *Vertragspartei,* die diesen Abschnitt in Anspruch nimmt, sich in jeder zumutbaren Weise bemüht hat, eine Einigung herbeizuführen, und daß die Interessen anderer *Vertragsparteien* hinreichend gewahrt sind.

Die *Vertragspartei,* die diesen Abschnitt in Anspruch nimmt, wird sodann von ihren Verpflichtungen aus den in Betracht kommenden anderen Artikeln dieses Abkommens entbunden, soweit dies für die Anwendung der Maßnahme erforderlich ist.

19. Betrifft eine nach Absatz 13 beabsichtigte Maßnahme einen Wirtschaftszweig, dessen Errichtung ursprünglich durch den mittelbaren Schutz erleichtert wurde, der sich aus Beschränkungen ergeben hat, welche die betreffende *Vertragspartei* aus Zahlungsbilanzgründen im Rahmen der entsprechenden Bestimmungen dieses Abkommens eingeführt hatte, so kann die *Vertragspartei* diesen Abschnitt in Anspruch nehmen; sie darf jedoch die beabsichtigte Maßnahme nicht ohne Zustimmung der *Vertragsparteien* anwenden.

20. Aus den vorstehenden Absätzen dieses Abschnitts kann eine Berechtigung zum Abweichen von den Artikeln I, II und XIII dieses Abkommens nicht abgeleitet werden. Die einschränkenden Bestimmungen des Absatzes 10 gelten auch für die Beschränkungen nach diesem Abschnitt.

21. Wird eine Maßnahme nach Absatz 17 angewandt, so kann jede dadurch wesentlich betroffene *Vertragspartei* im Handel mit der diesen Abschnitt in Anspruch nehmenden *Vertragspartei* die Anwendung im wesentlichen gleichwertiger Zugeständnisse oder anderer Verpflichtungen aus diesem Abkommen jederzeit aussetzen, sofern die *Vertragsparteien* dies nicht mißbilligen, die *Vertragsparteien* sind jedoch hiervon innerhalb von sechs Monaten nach dem Tag, an dem die Maßnahme zum Schaden der betroffenen *Vertragspartei* eingeführt oder wesentlich geändert wurde, in Kenntnis zu setzen; dies hat sechzig Tage im voraus zu geschehen. Die betroffene *Vertragspartei* muß hinreichende Gelegenheit zu Konsultationen nach Artikel XXII gewähren.

Abschnitt D

22. Eine *Vertragspartei,* die unter Absatz 4 Buchstabe b) fällt und im Interesse der Entwicklung ihrer Wirtschaft eine Maßnahme nach Absatz 13 zur Errichtung eines bestimmten Wirtschaftszweiges einführen will, kann bei den *Vertragsparteien* die Genehmigung einer solchen Maßnahme beantragen. Die *Vertragsparteien* werden unverzüglich mit dieser *Vertragspartei* Konsultationen führen und sich bei ihrem Beschluß von den in Absatz 16 dargelegten Erwägungen leiten lassen. Geben die *Vertragsparteien* ihre Zustimmung zu der beabsichtigten Maßnahme, so wird die betreffende *Vertragspartei* von ihren Verpflichtungen aus den in Betracht kommenden anderen Artikeln dieses Abkommens entbunden, soweit dies für die Anwendung der Maßnahme erforderlich ist. Wird hiervon eine Ware betroffen, die Gegenstand eines in der entsprechenden Liste zu diesem Abkommen enthaltenen Zugeständnisses ist, so wird Absatz 18 angewandt.

23. Maßnahmen nach diesem Abschnitt müssen mit Absatz 20 im Einklang stehen.

Art. XIX Notstandsmaßnahmen bei der Einfuhr bestimmter Waren.[1] 1. a) Wird infolge unvorhergesehener Entwicklungen und der der Auswirkungen der von einer *Vertragspartei* auf Grund dieses Abkommens eingegangenen Verpflichtungen, einschließlich der Zollzugeständnisse, eine Ware in das Gebiet dieser *Vertragspartei* in derart erhöhten Mengen und unter derartigen Bedingungen eingeführt, daß dadurch den inländischen Erzeugern gleichartiger oder unmittelbar konkurrierender Waren in diesem Gebiet ein ernsthafter Schaden zugefügt wird oder zugefügt zu werden droht, so steht es dieser *Vertragspartei* frei, ihre hinsichtlich einer solchen Ware übernommene Verpflichtung ganz oder teilweise aufzuheben oder das betreffende Zugeständnis zurückzunehmen oder abzuändern, soweit und solange dies zur Verhütung oder Behebung des Schadens erforderlich ist.

b) Wird eine Ware, die Gegenstand eines Zugeständnisses hinsichtlich einer Präferenz ist, in das Gebiet einer *Vertragspartei* unter den in Buchstabe a) angeführten Umständen eingeführt, so daß dadurch den inländischen Erzeugern gleichartiger oder unmittelbar konkurrierender Waren in dem Gebiet einer *Vertragspartei,* die eine solche Präferenz erhält oder erhalten hat, ein ernsthafter Schaden zugefügt wird oder zugefügt zu werden droht, so steht es der einführenden *Vertragspartei* frei, auf Antrag dieser anderen *Vertragspartei* ihre diesbezügliche Verpflichtung ganz oder teilweise aufzuheben oder das Zugeständnis hinsichtlich dieser Ware zurückzunehmen oder abzu-

[1] Vgl. hierzu das Übereinkommen über Schutzmaßnahmen v. 15. 4. 1994 (ABl. 1994 Nr. L 336/184).

ändern, soweit und solange dies zur Verhütung oder Behebung des Schadens erforderlich ist.

2. Bevor eine *Vertragspartei* eine Maßnahme auf Grund des Absatzes 1 trifft, wird sie dies den *Vertragsparteien* solange wie möglich im voraus schriftlich mitteilen; sie wird den *Vertragsparteien* und den *Vertragsparteien,* die als Ausfuhrländer der betreffenden Ware ein wesentliches Interesse haben, Gelegenheit geben, mit ihr Konsultationen über die beabsichtigte Maßnahme zu führen. Bezieht sich eine solche Mitteilung auf ein Zugeständnis hinsichtlich einer Präferenz, so ist dabei die *Vertragspartei* anzugeben, die diese Maßnahme beantragt hat. In Fällen besonderer Dringlichkeit, in denen ein Aufschub eine schwer gutzumachende Schädigung verursachen würde, kann eine Maßnahme nach Absatz 1 vorläufig ohne vorhergehende Konsultationen getroffen werden, jedoch unter der Bedingung, daß diese unmittelbar nach Einleitung dieser Maßnahme stattfinden.

3. a) Gelangen die interessierten *Vertragsparteien* hinsichtlich dieser Maßnahme nicht zu einem Einvernehmen, so steht es der *Vertragspartei,* die diese Maßnahme zu treffen oder weiterhin anzuwenden beabsichtigt, frei, dies trotzdem zu tun; in diesem Fall steht es den hiervon betroffenen *Vertragsparteien* frei, spätestens neunzig Tage danach und frühestens dreißig Tage nach Eingang einer entsprechenden schriftlichen Mitteilung bei den *Vertragsparteien* die Anwendung im wesentlichen gleichwertiger Zugeständnisse oder sonstiger Verpflichtungen aus diesem Abkommen auf den Handel der eine solche Maßnahme anwendenden *Vertragspartei,* oder im Fall des Absatzes 1 Buchstabe b) auf den Handel der eine solche Maßnahme beantragenden *Vertragspartei* auszusetzen, sofern die *Vertragsparteien* dies nicht mißbilligen.

b) Wird ohne vorhergehende Konsultation eine Maßnahme nach Absatz 2 getroffen, die inländischen Erzeugern der dadurch betroffenen Ware im Gebiet einer Vertragspartei einen ernsthaften Schaden zufügt oder zuzufügen droht, so steht es einer *Vertragspartei* abweichend von den in Buchstabe a) enthaltenen Bestimmungen frei, gleichzeitig mit der Einleitung dieser Maßnahme und während der Dauer der Konsultationen Zugeständnisse oder sonstige Verpflichtungen auszusetzen, soweit dies zur Verhütung oder Behebung des Schadens erforderlich ist, falls ein Aufschub eine schwer gutzumachende Schädigung zur Folge hätte.

Art. XX Allgemeine Ausnahmen. Unter dem Vorbehalt, daß die folgenden Maßnahmen nicht so angewendet werden, daß sie zu einer *willkürlichen und ungerechtfertigten* Diskriminierung zwischen Ländern, in denen gleiche Verhältnisse bestehen, oder zu einer verschleierten Beschränkung des internationalen Handels führen, darf keine Bestimmung dieses Abkommens so ausgelegt werden, daß sie eine *Vertragspartei* daran hindert, folgende Maßnahmen[1] zu beschließen oder durchzuführen:

---

[1] Im authentischen englischen, französischen und spanischen Wortlaut heißt es bei Art. XX a), b) und d), dass es sich jeweils um Maßnahmen handeln müsse, die „necessary

(Fortsetzung der Fußnote nächste Seite)

a) Maßnahmen zum Schutze der öffentlichen Sittlichkeit;

b) Maßnahmen zum Schutze des Lebens und der Gesundheit von Menschen, Tieren und Pflanzen;*

c) Maßnahmen für die Ein- oder Ausfuhr von Gold oder Silber;

d) Maßnahmen, die zur Anwendung von Gesetzen oder sonstigen Vorschriften erforderlich sind, welche nicht gegen dieses Abkommen verstoßen, einschließlich der Bestimmungen über die Durchführung der Zollvorschriften, über die Ausübung der nach Artikel II Absatz 4 und Artikel XVII gehandhabten Monopole, über den Schutz von Patenten, Warenzeichen und Urheberrechten sowie über die Verhinderung irreführender Praktiken;

e) Maßnahmen hinsichtlich der in Strafvollzugsanstalten hergestellten Waren;

f) Maßnahmen zum Schutze nationalen Kulturgutes von künstlerischem, geschichtlichem oder archäologischem Wert;

g) Maßnahmen zur Erhaltung erschöpflicher Naturschätze, sofern solche Maßnahmen im Zusammenhang mit Beschränkungen der inländischen Produktion oder des inländischen Verbrauches angewendet werden;

h) Maßnahmen zur Durchführung von Verpflichtungen im Rahmen eines zwischenstaatlichen Grundstoffabkommens, das bestimmten, den *Vertragsparteien* vorgelegten und von ihnen nicht abgelehnten Merkmalen entspricht oder das selbst den *Vertragsparteien* vorgelegt und von ihnen nicht abgelehnt wird;

i) Maßnahmen, die Beschränkungen der Ausfuhr inländischer Rohstoffe zur Folge haben, welche benötigt werden, um für eine Zeit, in der ihr Inlandspreis im Rahmen eines staatlichen Stabilisierungsplanes unter dem Weltmarktpreis gehalten wird, einem Zweig der inländischen verarbeitenden Industrie die erforderlichen Mengen dieser Rohstoffe zu sichern; derartige Beschränkungen dürfen jedoch keine Steigerung der Ausfuhr dieses inländischen Industriezweiges und keine Erhöhung des ihr gewährten Schutzes bewirken und auch nicht von den Bestimmungen dieses Abkommens über die Nicht-Diskriminierung abweichen;

j) Maßnahmen, die für den Erwerb oder die Verteilung von Waren wesentlich sind, an denen ein allgemeiner oder örtlicher Mangel besteht; diese Maßnahmen müssen jedoch dem Grundsatz entsprechen, daß allen *Vertragsparteien* ein angemessener Anteil an der internationalen Versorgung mit solchen Waren zusteht; sind diese Maßnahmen mit den anderen Bestimmungen dieses Abkommens nicht vereinbar, so müssen sie aufgehoben werden, sobald die Gründe für ihre Einführung nicht mehr bestehen. Die *Vertragsparteien* werden spätestens am 30. Juni 1960 prüfen, ob es notwendig ist, diesen Buchstaben beizubehalten.

(Fortsetzung der Fußnote)

to/néssecaires à/necesarias para“ bzw. in Art. XX c) und e) „related to/se rapportant à/relativas a“ zu den genannten Zwecken sind (so im Übrigen auch noch die im BGBl. 1951 II Anlagenband 1 S. 37 f abgedruckte ursprüngliche deutsche Sprachfassung: „erforderlich sind“ bzw. „sich auf …. beziehen“).

Art. XXI Ausnahmen zur Wahrung der Sicherheit. Die Bestimmungen dieses Abkommens hindern eine *Vertragspartei* nicht daran,

a) Auskünfte zu verweigern, deren Preisgabe nach ihrer Auffassung ihren wesentlichen Sicherheitsinteressen zuwiderläuft;

b) Maßnahmen zu treffen, die nach ihrer Auffassung zum Schutz ihrer wesentlichen Sicherheitsinteressen notwendig sind

   i) in Bezug auf spaltbare Stoffe oder die Rohstoffe, aus denen sie erzeugt werden;

   ii) beim Handel mit Waffen, Munition und Kriegsmaterial sowie bei dem mittelbar oder unmittelbar zur Versorgung von Streitkräften dienenden Handel mit anderen Waren und Materialien;

   iii) in Kriegszeiten oder bei sonstigen ernsten Krisen in den internationalen Beziehungen;

c) Maßnahmen auf Grund ihrer Verpflichtungen aus der Satzung der Vereinten Nationen zur Erhaltung des internationalen Friedens und der internationalen Sicherheit zu treffen.

Art. XXII Konsultationen.[1] 1. Jede *Vertragspartei* wird Vorstellungen einer anderen *Vertragspartei,* welche die Anwendung dieses Abkommens betreffen, wohlwollend prüfen und ausreichende Gelegenheit zu Konsultationen geben.

2. Die *Vertragsparteien* können auf Antrag einer *Vertragspartei* mit einer oder mehreren *Vertragsparteien* Konsultationen über jede Angelegenheit führen, für die durch Konsultationen nach Absatz 1 keine zufriedenstellende Lösung erreicht werden konnte.

Art. XXIII Schutz der Zugeständnisse und sonstigen Vorteile.[1] 1. Ist eine *Vertragspartei* der Auffassung, daß Zugeständnisse oder sonstige Vorteile, die sich mittelbar oder unmittelbar auf Grund dieses Abkommens für sie ergeben, zunichte gemacht oder geschmälert werden, oder daß die Erreichung eines der Ziele dieses Abkommens dadurch behindert wird, a) daß eine andere *Vertragspartei* ihre Verpflichtungen aus diesem Abkommen nicht erfüllt, oder b) daß eine andere *Vertragspartei* eine bestimmte Maßnahme trifft, auch wenn diese nicht gegen dieses Abkommen verstößt, oder c) daß irgendeine andere Sachlage gegeben ist, so kann diese *Vertragspartei* zur Erzielung einer befriedigenden Regelung der Angelegenheit der anderen *Vertragspartei* und sonstigen *Vertragsparteien,* die sie als beteiligt ansieht, schriftliche Vorstellungen oder Vorschläge machen. Jede *Vertragspartei* wird solche Vorstellungen oder Vorschläge wohlwollend prüfen.

2. Kommt zwischen den beteiligten *Vertragsparteien* innerhalb einer angemessenen Zeitspanne keine befriedigende Regelung zustande oder handelt es sich um eine Schwierigkeit der in Absatz 1 Buchstabe c) ge-

---

[1] Vgl. hierzu nunmehr die Vereinbarung über Regeln und Verfahren zur Beilegung von Streitigkeiten v. 15. 4. 1994 (BGBl. 1994 II S. 1749), abgedruckt als Nr. **515** dieser Textsammlung.

nannten Art, so kann die Angelegenheit den *Vertragsparteien* vorgelegt werden. Die *Vertragsparteien* prüfen unverzüglich alle ihnen auf diese Weise vorgelegten Fragen und richten an die von ihnen als interessiert angesehenen *Vertragsparteien* nach ihrem Ermessen geeignete Empfehlungen oder Weisungen in dieser Frage. Die *Vertragsparteien* können, wenn sie es für erforderlich halten, *Vertragsparteien,* den Wirtschafts- und Sozialrat der Vereinten Nationen und jede andere zuständige zwischenstaatliche Organisation zu Rate ziehen. Sind die *Vertragsparteien* der Ansicht, daß die Umstände hinreichend schwer wiegen, um eine solche Maßnahme zu rechtfertigen, können sie eine oder mehrere *Vertragsparteien* ermächtigen, in bezug auf eine oder mehrere andere *Vertragsparteien* die Erfüllung der Zugeständnisse oder sonstiger Verpflichtungen aus diesem Abkommen, die sie unter den obwaltenden Verhältnissen für angemessen erachten, auszusetzen. Wird die Erfüllung eines Zugeständnisses oder einer sonstigen Verpflichtung gegenüber einer *Vertragspartei* tatsächlich ausgesetzt, so steht es dieser *Vertragspartei* frei, dem *Geschäftsführenden Sekretär*[1] der *Vertragsparteien* spätestens sechzig Tage nach Einleitung dieser Maßnahme ihre Absicht, von diesem Abkommen zurückzutreten, schriftlich mitzuteilen. Dieser Rücktritt wird nach Ablauf von sechzig Tagen nach dem Tage, an dem der *Geschäftsführende Sekretär*[1] diese Mitteilung erhält, wirksam.

Teil III

Art. XXIV Geltungsbereich – Grenzverkehr – Zollunionen und Freihandelszonen.[2] 1. Dieses Abkommen gilt für das Zollgebiet des Mutterlandes jeder *Vertragspartei* und für jedes andere Zollgebiet, für das es nach Artikel XXVI angenommen wurde oder nach Artikel XXXIII oder auf Grund des Protokolls über die Vorläufge Anwendung angewendet wird. Hinsichtlich des Geltungsbereichs dieses Abkommens gilt jedes dieser Zollgebiete als *Vertragspartei* mit der Maßgabe, daß aus diesem Absatz Rechte und Verpflichtungen zwischen zwei oder mehr Zollgebieten, für die dieses Abkommen von einer einzigen *Vertragspartei* gemäß Satz 1 angenommen wurde oder angewendet wird, nicht abgeleitet werden können.

2. Zollgebiet im Sinne dieses Abkommens ist jedes Gebiet, in dem für einen wesentlichen Teil seines Handels mit anderen Gebieten ein eigener Zolltarif oder sonstige eigene Handelsvorschriften bestehen.

3. Die Bestimmungen dieses Abkommens sind nicht so auszulegen, daß sie Vorteile ausschließen,

a) die eine *Vertragspartei* ihren Nachbarländern zur Erleichterung des Grenzverkehrs gewährt oder

b) die dem Handel mit dem Freistaat Triest von benachbarten Ländern gewährt werden, sofern diese Vorteile zu den Bestimmungen der

---

[1] = Exekutivsekretär.

[2] Vgl. hierzu die Auslegungsvereinbarung v. 15. 4. 1994 (ABl. 1994 Nr. L 336/16).

nach dem Zweiten Weltkrieg geschlossenen Friedensverträge nicht im Widerspruch stehen.

4. Die *Vertragsparteien* erkennen an, daß es wünschenswert ist, durch freiwillige Vereinbarungen zur Förderung der wirtschaftlichen Integration der teilnehmenden Länder eine größere Freiheit des Handels herbeizuführen. Sie erkennen ferner an, daß es der Zweck von Zollunionen und Freihandelszonen sein soll, den Handel zwischen den teilnehmenden Gebieten zu erleichtern, nicht aber dem Handel anderer *Vertragsparteien* mit diesen Gebieten Schranken zu setzen.

5. Demgemäß schließt dieses Abkommen nicht aus, daß Gebiete von Vertragsparteien zu Zollunionen oder Freihandelszonen zusammengeschlossen oder vorläufige Vereinbarungen zur Bildung solcher Unionen oder Zonen abgeschlossen werden; Voraussetzung hierfür ist

a) im Fall einer Zollunion oder einer mit dem Ziel der Bildung einer Zollunion getroffenen vorläufigen Vereinbarung, daß die bei der Bildung der Union oder beim Abschluß der vorläufigen Vereinbarung eingeführten Zölle und Handelsvorschriften für den Handel mit den an der Union oder Vereinbarung nicht teilnehmenden *Vertragsparteien* in ihrer Gesamtheit nicht höher oder einschränkender sind als die allgemeine Belastung durch Zölle und Handelsvorschriften, die in den teilnehmenden Gebieten vor der Bildung der Union oder dem Abschluß der vorläufigen Vereinbarung bestand;

b) im Fall einer Freihandelszone oder einer mit dem Ziel der Bildung einer Freihandelszone getroffenen vorläufigen Vereinbarung, daß die in den teilnehmenden Gebieten beibehaltenen und bei der Bildung der Zone oder dem Abschluß der vorläufigen Vereinbarung geltenden Zölle und Handelsvorschriften für den Handel mit den in die Zone nicht einbezogenen oder an der Vereinbarung nicht teilnehmenden Vertragsparteien nicht höher oder einschränkender sind als die entsprechenden Zölle und Handelsvorschriften, die in den teilnehmenden Gebieten vor der Bildung der Zone oder dem Abschluß der vorläufigen Vereinbarung bestanden;

c) daß jede vorläufige Vereinbarung im Sinne der Buchstaben a) oder b) einen Plan und ein Programm zur Bildung der betreffenden Zollunion oder Freihandelszone innerhalb einer angemessenen Zeitspanne enthält.

6. Beabsichtigt eine *Vertragspartei* bei Erfüllung der Voraussetzungen des Absatzes 5 Buchstabe a), entgegen den Bestimmungen des Artikels II einen Zollsatz zu erhöhen, so wird das Verfahren nach Artikel XXVIII angewendet. Bei der ausgleichenden Regelung ist der Ausgleich gebührend zu berücksichtigen, der sich bereits aus der Herabsetzung der entsprechenden Zollsätze der anderen, an der Zollunion teilnehmenden Gebiete ergeben hat.

7. a) Jede *Vertragspartei,* die beschließt, einer Zollunion, einer Freihandelszone oder einer vorläufigen Vereinbarung mit dem Ziel der Bildung einer solchen Union oder Zone beizutreten, notifiziert dies

unverzüglich den *Vertragsparteien* und übermittelt ihnen die Auskünfte über die geplante Union oder Zone, deren die *Vertragsparteien* bedürfen, um den *Vertragsparteien* die Berichte zu erstatten und die Empfehlungen zu erteilen, die sie für angezeigt erachten.

b) Gelangen die *Vertragsparteien,* nachdem sie Plan und Programm einer in Absatz 5 erwähnten vorläufigen Vereinbarung in Konsultationen mit den Parteien dieser Vereinbarung und unter gebührender Berücksichtigung der ihnen nach Buchstabe a) übermittelten Auskünfte geprüft haben, zu der Auffassung, daß diese Vereinbarung wahrscheinlich nicht innerhalb der von den teilnehmenden Parteien vorgesehenen Zeitspanne zur Bildung einer Zollunion oder einer Freihandelszone führen wird, oder daß die Zeitspanne nicht angemessen ist, so werden die *Vertragsparteien* den Parteien der Vereinbarung Empfehlungen erteilen. Die teilnehmenden Parteien werden die Vereinbarung weder beibehalten noch in Kraft setzen, wenn sie nicht bereit sind, sie gemäß den Empfehlungen abzuändern.

c) Jede wesentliche Änderung des in Absatz 5 Buchstabe c) erwähnten Planes oder Programms ist den *Vertragsparteien* mitzuteilen; diese können die beteiligten *Vertragsparteien* ersuchen, Konsultationen mit ihnen zu führen, wenn es wahrscheinlich ist, daß die Änderung die Bildung der Zollunion oder der Freihandelszone gefährdet oder übermäßig verzögert.

8. In diesem Abkommen bedeutet

a) „Zollunion" die Ersetzung von zwei oder mehr Zollgebieten durch ein einziges Zollgebiet,
   i) wobei zwischen diesen Gebieten die Zölle und beschränkenden Handelsvorschriften (ausgenommen die nach den Artikeln XI, XII, XIII, XIV, XV und XX erforderlichenfalls gestatteten) für annähernd den gesamten Handel oder wenigstens für annähernd den gesamten Handel mit den aus den teilnehmenden Gebieten der Union stammenden Waren beseitigt werden, und
   ii) wobei die Mitglieder der Zollunion, vorbehaltlich der Bestimmungen des Absatzes 9, im Handel mit nicht teilnehmenden Gebieten im wesentlichen dieselben Zölle und Handelsvorschriften anwenden;

b) „Freihandelszone" eine Gruppe von zwei oder mehr Zollgebieten, zwischen denen die Zölle und beschränkenden Handelsvorschriften (ausgenommen die nach den Artikeln XI, XII, XIII, XIV, XV und XX erforderlichenfalls gestatteten) für annähernd den gesamten Handel mit den aus den teilnehmenden Gebieten der Zone stammenden Waren beseitigt werden.

9. Die in Artikel I Absatz 2 angeführten Präferenzen werden durch die Bildung einer Zollunion oder einer Freihandelszone nicht berührt; sie können jedoch durch Verhandlungen mit den betroffenen *Vertragsparteien* beseitigt oder den neuen Verhältnissen angepaßt werden. Dieses Verfahren für Verhandlungen mit den betroffenen *Vertragsparteien*

findet insbesondere auf diejenigen Präferenzen Anwendung, deren Beseitigung gemäß Absatz 8 Buchstabe a) Ziffer (i) und Absatz 8 Buchstabe b) erforderlich ist.

10. Die *Vertragsparteien* können Vorschläge, die nicht vollständig mit den Erfordernissen der Absätze 5 bis 9 im Einklang stehen, mit einer Mehrheit von zwei Dritteln annehmen, sofern derartige Vorschläge zur Bildung einer Zollunion oder einer Freihandelszone im Sinne dieses Artikels führen.

11. Unter Berücksichtigung der außergewöhnlichen Umstände, die sich aus der Errichtung Indiens und Pakistans als unabhängige Staaten ergeben, und in Anerkennung der Tatsache, daß diese zwei Staaten lange eine wirtschaftliche Einheit gebildet haben, kommen die *Vertragsparteien* überein, daß die Bestimmungen dieses Abkommens beide Länder nicht daran hindern, besondere Abmachungen über ihren gegenseitigen Handel zu treffen, so lange die endgültige Regelung ihrer gegenseitigen Handelsbeziehungen noch aussteht.

12. Jede *Vertragspartei* wird alle in ihrer Macht stehenden geeigneten Maßnahmen treffen, um in ihrem Gebiet die Beachtung dieses Abkommens durch die regionalen und örtlichen Regierungs- und Verwaltungsstellen sicherzustellen.

Art. XXV Gemeinsames Vorgehen der Vertragsparteien.

1. Die Vertreter der *Vertragsparteien* treten periodisch zusammen, um die Durchführung derjenigen Bestimmungen dieses Abkommens sicherzustellen, die ein gemeinsames Vorgehen erfordern, und um allgemein die Durchführung dieses Abkommens und die Erreichung seiner Ziele zu erleichtern. Sooft in diesem Abkommen die gemeinsam handelnden Vertragsparteien erwähnt sind, werden sie als *Vertragsparteien* bezeichnet.

2. Der Generalsekretär der Vereinten Nationen wird ersucht, die erste Sitzung der *Vertragsparteien* einzuberufen; diese soll spätestens am 1. März 1948 stattfinden.

3. Jede Vertragspartei verfügt bei allen Sitzungen der *Vertragsparteien* über eine Stimme.

4. Sofern in diesem Abkommen nichts anderes bestimmt ist, werden Beschlüsse der *Vertragsparteien* mit Mehrheit der abgegebenen Stimmen gefaßt.

5.[1] Unter außergewöhnlichen, in diesem Abkommen nicht anderweitig vorgesehenen Umständen können die *Vertragsparteien* eine Vertragspartei von einer der ihr durch dieses Abkommen auferlegten Verpflichtung befreien, vorausgesetzt, daß ein solcher Beschluß mit Zweidrittelmehrheit der abgegebenen Stimmen gebilligt wird und daß diese Mehrheit mehr als die Hälfte der Vertragsparteien umfaßt. Durch eine solche Abstimmung können die *Vertragsparteien* gleichfalls

[1] Vgl. hierzu die Auslegungsvereinbarung v. 15. 4. 1994 (ABl. 1994 Nr. L 336/18) sowie Art. IX WTO-Übereinkommen (Nr. **500**).

i) bestimmte Arten von außergewöhnlichen Umständen bezeichnen, unter denen andere Abstimmungsbedingungen für die Befreiungen von Verpflichtungen gelten, und

ii) die für die Anwendung dieses Absatzes erforderlichen Vorbedingungen festlegen.

Art. XXVI Annahme, Inkrafttreten und Registrierung. *[Diese Vorschrift ist seit Inkrafttreten des WTO-Übereinkommens am 1. 1. 1995 obsolet, vgl. Art. XIV WTO-Übereinkommen]*

Art. XXVII Aussetzung oder Zurücknahme von Zugeständnissen. Jeder *Vertragspartei* steht es frei, jederzeit ein in der entsprechenden Liste zu diesem Abkommen vorgesehenes Zugeständnis ganz oder teilweise auszusetzen oder zurückzunehmen, wenn sie feststellt, daß es ursprünglich mit der Regierung eines Landes vereinbart wurde, das nicht *Vertragspartei* geworden ist oder aufgehört hat, es zu sein. Eine *Vertragspartei,* die eine solche Maßnahme trifft, notifiziert dies den *Vertragsparteien* und führt auf Antrag Konsultationen mit den *Vertragsparteien,* die an der betreffenden Ware wesentlich interessiert sind.

Art. XXVIII Änderung der Listen.[1), 2)] 1. In Zeitabschnitten von je drei Jahren, zum ersten Mal am 1. Januar 1958 (oder in anderen von den *Vertragsparteien* mit zwei Dritteln der abgegebenen Stimmen festgesetzten Zeitabschnitten, und zwar jeweils am ersten Tage), kann jede *Vertragspartei* (in diesem Artikel als „antragstellende *Vertragspartei*" bezeichnet) ein in der entsprechenden Liste zu diesem Abkommen enthaltenes Zugeständnis ändern oder zurücknehmen; Voraussetzung hierfür ist, daß sie mit allen *Vertragsparteien,* mit denen das Zugeständnis ursprünglich vereinbart worden ist oder die nach Feststellung der *Vertragsparteien* Hauptlieferant sind (beide Gruppen von *Vertragsparteien* werden zusammen mit der antragstellenden *Vertragspartei* in diesem Artikel als „hauptsächlich beteiligte *Vertragsparteien*" bezeichnet), darüber verhandelt und eine Einigung erzielt sowie daß sie mit allen weiteren *Vertragsparteien,* die nach Feststellung der *Vertragsparteien* ein wesentliches Interesse an diesem Zugeständnis haben, Konsultationen führt.

2. Bei diesen Verhandlungen und der Einigung, die auch ausgleichende Regelungen bei anderen Waren einschließen können, werden sich die beteiligten *Vertragsparteien* bemühen, auf der Grundlage der Gegenseitigkeit und zum gemeinsamen Nutzen die Zugeständnisse auf einem Stand zu halten, der insgesamt für den Handel nicht weniger günstig ist, als in diesem Abkommen vor den Verhandlungen vorgesehen war.

---

1) Vgl. hierzu die Auslegungsvereinbarung v. 15. 4. 1994 (ABl. 1994 Nr. L 336/18).

2) Vgl. hierzu nunmehr, im Vorgriff auf den Brexit, VO (EU) 2019/216 v. 30.01.2019 über die Aufteilung der Zollkontingente in der WTO-Liste der Union nach dem Austritt des Vereinigten Königreichs aus der Union (ABl. L 38/1 v. 8.2.2019, ber. ABl. Nr. L 85 I/69 v. 27.3.2019), wobei das Inkrafttreten der zentralen operativen Bestimmungen auf den Zeitpunkt des tatsächlichen Austritts des Vereinigten Königreichs hinausgeschoben wird.

3. a) Erzielen die hauptsächlich beteiligten *Vertragsparteien* vor dem 1. Januar 1958 oder vor Ablauf eines der in Absatz 1 vorgesehenen Zeitabschnitte keine Einigung, so kann die *Vertragspartei,* die das Zugeständnis ändern oder zurücknehmen will, dies dennoch tun; in diesem Fall kann jede *Vertragspartei,* mit der das Zugeständnis ursprünglich vereinbart worden ist oder die gemäß einer Feststellung nach Absatz 1 Hauptlieferant ist oder ein wesentliches Interesse hat, innerhalb von sechs Monaten nach Einleitung dieser Maßnahme im wesentlichen gleichwertige Zugeständnisse zurücknehmen, die ursprünglich mit der antragstellenden *Vertragspartei* vereinbart worden sind; die schriftliche Ankündigung der Zurücknahme muß dreißig Tage vorher bei den *Vertragsparteien* eingehen.

b) Erzielen die hauptsächlich beteiligten *Vertragsparteien* eine Einigung, die jedoch eine andere *Vertragspartei* nicht befriedigt, welche gemäß einer Feststellung nach Absatz 1 ein wesentliches Interesse hat, so kann diese innerhalb von sechs Monaten nach Einleitung der auf Grund der Einigung getroffenen Maßnahmen im wesentlichen gleichwertige Zugeständnisse zurücknehmen, die ursprünglich mit der antragstellenden *Vertragspartei* vereinbart worden sind; die schriftliche Ankündigung der Zurücknahme muß dreißig Tage vorher bei den *Vertragsparteien* eingehen.

4. Bei Vorliegen besonderer Umstände können die *Vertragsparteien* einer *Vertragspartei* jederzeit genehmigen, in Verhandlungen über die Änderung oder Zurücknahme eines in der entsprechenden Liste zu diesem Abkommen enthaltenen Zugeständnisses einzutreten; hierbei sind folgende Verfahrensregeln und Bedingungen einzuhalten:

a) Die Verhandlungen und alle damit zusammenhängenden Konsultationen sind nach den Bestimmungen der Absätze 1 und 2 zu führen.

b) Wird bei den Verhandlungen eine Einigung zwischen den hauptsächlich beteiligten *Vertragsparteien* erzielt, so findet Absatz 3 Buchstabe b) Anwendung.

c) Wird innerhalb von sechzig Tagen nach Genehmigung der Verhandlungen oder innerhalb einer von den *Vertragsparteien* festgesetzten längeren Zeitspanne zwischen den hauptsächlich beteiligten *Vertragsparteien* keine Einigung erzielt, so kann die antragstellende *Vertragspartei* die Angelegenheit den *Vertragsparteien* vorlegen.

d) Die *Vertragsparteien* werden daraufhin die Angelegenheit unverzüglich prüfen und den hauptsächlich beteiligten *Vertragsparteien* zur Herbeiführung einer Regelung ihre Stellungnahme bekanntgeben. Kommt eine Regelung zustande, so wird Absatz 3 Buchstabe b) so angewendet, als sei eine Einigung zwischen den hauptsächlich beteiligten *Vertragsparteien* erzielt worden. Kommt zwischen den hauptsächlich beteiligten *Vertragsparteien* eine Regelung nicht zustande, so kann die antragstellende *Vertragspartei* das Zugeständnis ändern oder zurücknehmen, es sei denn, die *Vertragsparteien* stellen fest, daß es die antragstellende *Vertragspartei* ohne stichhaltigen Grund unterlassen hat, einen angemessenen Ausgleich anzubieten. Leitet die antragstellende *Vertragspartei* eine derartige Maßnahme ein, so kann jede *Vertragspartei,* mit der das Zugeständnis ursprünglich vereinbart worden ist, oder die gemäß einer Feststellung nach Absatz 4 Buchstabe a) Hauptlieferant ist, oder ein wesentliches Interesse hat, innerhalb von sechs Monaten nach Einleitung dieser Maßnahme im wesentlichen gleichwertige Zugeständnisse ändern oder zurücknehmen, die ursprünglich mit der antragstellenden *Vertragspartei* vereinbart worden sind; die schriftliche Ankündigung der Zurücknahme muß dreißig Tage vorher bei den *Vertragsparteien* eingehen.

5. Vor dem 1. Januar 1958 und vor Ablauf jedes in Absatz 1 vorgesehenen Zeitabschnittes kann sich eine Vertragspartei durch entsprechende Notifizierung an die *Vertragsparteien* für den folgenden Zeitabschnitt das Recht vorbehalten, die betreffende Liste unter Einhaltung des in den Absätzen 1 bis 3 vorgesehenen Verfahrens zu ändern. In einem solchen Falle sind die anderen *Vertragsparteien* berechtigt, während desselben Zeitabschnitts unter Einhaltung desselben Verfahrens Zugeständnisse zu ändern oder zurückzunehmen, die mit dieser *Vertragspartei* ursprünglich vereinbart worden sind.

Art. XXVIII *bis* Zollverhandlungen. 1. Die *Vertragsparteien* erkennen an, daß Zölle den Handel oft erheblich behindern; von großer Bedeutung für die Ausweitung des internationalen Handels sind daher auf der Grundlage der Gegenseitigkeit und zum gemeinsamen Nutzen geführte Verhandlungen, die eine wesentliche Herabsetzung des allgemeinen Niveaus der Zölle und sonstiger Eingangs- und Ausgangsabgaben sowie insbesondere eine Herabsetzung der die Einfuhr selbst kleinster Mengen behindernden hohen Zollsätze bezwecken und dabei den Zielen dieses Abkommens sowie den verschiedenen Bedürfnissen der einzelnen *Vertragsparteien* gebührend Rechnung tragen. Die *Vertragsparteien* können daher von Zeit zu Zeit derartige Verhandlungen veranstalten.

2. a) Verhandlungen im Rahmen dieses Artikels können entweder über einzelne ausgewählte Waren oder nach einem für die beteiligten *Vertragsparteien* jeweils annehmbaren mehrseitigen Verfahren geführt werden. Diese Verhandlungen können gerichtet sein auf die Herabsetzung von Zöllen, auf die Bindung von Zöllen auf dem jeweils bestehenden Niveau oder auf die Übernahme der Verpflichtungen, einzelne Zölle oder die durchschnittlichen Zollsätze für bestimmte Warengruppen nicht über ein bestimmtes Niveau zu erhöhen. Die Bindung niedriger Zölle oder der Zollfreiheit gilt grundsätzlich als ein Zugeständnis, das der Herabsetzung hoher Zölle gleichwertig ist.

b) Die *Vertragsparteien* erkennen an, daß der Erfolg mehrseitiger Verhandlungen im allgemeinen davon abhängen wird, daß alle *Vertragsparteien,* deren gegenseitiger Warenaustausch einen wesentlichen

Teil ihres Gesamtaußenhandels darstellt, an diesen Verhandlungen teilnehmen.

3. Die Verhandlungen werden so geführt, daß folgende Punkte ausreichend berücksichtigt werden können:

a) die Bedürfnisse einzelner *Vertragsparteien* und einzelner Wirtschaftszweige;

b) die Tatsache, daß weniger entwickelte Länder zur Förderung ihrer wirtschaftlichen Entwicklung eine elastische Handhabung ihres Zollschutzes benötigen und daß für sie die Beibehaltung von Finanzzöllen besonders wichtig ist;

c) alle anderen diesbezüglichen Umstände einschließlich der Bedürfnisse der betreffenden *Vertragsparteien* in Bezug auf Steuern und ihre wirtschaftliche Entwicklung sowie in strategischer und sonstiger Hinsicht.

Art. XXIX Beziehung dieses Abkommens zur Havanna-Charta. *[Mit Inkrafttreten des WTO Übereinkommens am 1. 1. 1995 obsolet geworden]*

Art. XXX Änderungen. *[Durch Art. X des WTO-Übereinkommens derogiert]*

Art. XXXI Rücktritt. *[Durch Art. XV des WTO-Übereinkommens derogiert]*

Art. XXXII Vertragsparteien. 1. Als *Vertragsparteien* dieses Abkommens gelten die Regierungen, welche dieses Abkommen nach Artikel XXVI oder XXXIII oder nach dem Protokoll über die Vorläufige Anwendung anwenden.

2. Nach dem gemäß Artikel XXVI Absatz 6 erfolgten Inkrafttreten dieses Abkommens können die *Vertragsparteien,* die dieses Abkommen nach Artikel XXVI Absatz 4 angenommen haben, jederzeit beschließen, daß eine Vertragspartei, die es nicht nach dem letztgenannten Absatz angenommen hat, aufhört, *Vertragspartei* zu sein.

Art. XXXIII Beitritt. *[Durch Art. XII des WTO-Übereinkommens derogiert]*

Art. XXXIV Anlagen. Die Anlagen zu diesem Abkommen bilden einen Bestandteil desselben.

Art. XXXV Nichtanwendung des Abkommens zwischen bestimmten Vertragsparteien. 1. Dieses Abkommen oder wahlweise sein Artikel II findet zwischen zwei *Vertragsparteien* keine Anwendung,

a) wenn die beiden *Vertragsparteien* nicht miteinander in Zollverhandlungen eingetreten sind und

b) wenn eine der beiden *Vertragsparteien* zu dem Zeitpunkt, an dem eine von ihnen *Vertragspartei* wird, der Anwendung ihre Zustimmung versagt.

2. In Sonderfällen können die *Vertragsparteien* die Auswirkung dieses Artikels auf Antrag einer *Vertragspartei* überprüfen und geeignete Empfehlungen erteilen.

Teil IV. Handel und Entwicklung

Art. XXXVI Grundsätze und Ziele. 1. Die *Vertragsparteien* –

a) eingedenk der Tatsache, daß die Erhöhung des Lebensstandards und die fortschreitende Entwicklung der Volkswirtschaften aller *Vertragsparteien* zu den grundlegenden Zielen dieses Abkommens gehören, und in der Erwägung, daß die Verwirklichung dieser Ziele für die *weniger entwickelten Vertragsparteien* besonders dringend ist;

b) in der Erwägung, daß die Ausfuhrerlöse der *weniger entwickelten Vertragsparteien* einen lebenswichtigen Beitrag zu ihrer wirtschaftlichen Entwicklung leisten können und daß das Ausmaß dieses Beitrags von den Preisen, welche die *weniger entwickelten Vertragsparteien* für unbedingt erforderliche Einfuhren zahlen müssen, vom Volumen ihrer Ausfuhren und von den dafür erzielten Preisen abhängt;

c) unter Hinweis darauf, daß zwischen dem Lebensstandard der weniger entwickelten Staaten und dem der anderen Staaten ein erheblicher Abstand besteht;

d) in der Erkenntnis, daß individuelles und gemeinsames Handeln unerläßlich ist, um die wirtschaftliche Entwicklung der *weniger entwickelten Vertragsparteien* zu fördern und ein rasches Ansteigen des Lebensstandards in diesen Staaten zu bewirken;

e) in der Erkenntnis, daß Regeln und Verfahren sowie diesen entsprechende Maßnahmen, die mit den in diesem Artikel dargelegten Zielen vereinbar sind, maßgebend sein sollen für den Welthandel als Mittel zur Erzielung wirtschaftlichen und sozialen Fortschritts;

f) unter Hinweis darauf, daß die *Vertragsparteien* den *weniger entwickelten Vertragsparteien* die Möglichkeit geben können, Sondermaßnahmen zur Förderung ihres Handels und ihrer Entwicklung anzuwenden –

sind wie folgt übereingekommen:

2. Es ist notwendig, die Ausfuhrerlöse der *weniger entwickelten Vertragsparteien* rasch und anhaltend zu steigern.

3. Es ist notwendig, tatkräftige Anstrengungen zu unternehmen, damit die *weniger entwickelten Vertragsparteien* einen den Bedürfnissen ihrer wirtschaftlichen Entwicklung entsprechenden Anteil am Wachstum des Welthandels erreichen.

4. Angesichts der fortdauernden Abhängigkeit vieler *weniger entwickelter Vertragsparteien* von der Ausfuhr einer begrenzten Anzahl von

Grundstoffen ist es notwendig, diesen Erzeugnissen, soweit irgend möglich, günstigere und annehmbare Bedingungen für den Zugang zu den Weltmärkten zu verschaffen und gegebenenfalls Maßnahmen zur Stabilisierung und Verbesserung der Weltmarktbedingungen für diese Erzeugnisse zu erarbeiten, insbesondere Maßnahmen zur Erzielung stabiler, angemessener und lohnender Preise, damit eine Ausweitung des Welthandels und der Nachfrage sowie ein dynamisches und stetiges Wachstum der realen Ausfuhrerlöse dieser Staaten ermöglicht wird und ihnen dadurch immer mehr Mittel für ihre wirtschaftliche Entwicklung zufließen.

5. Ein rasches Wachstum der Volkswirtschaften der *weniger entwickelten Vertragsparteien* wird durch eine strukturelle Auffächerung ihrer Volkswirtschaften und die Vermeidung einer übermäßigen Abhängigkeit von der Grundstoffausfuhr erleichtert. Es ist deshalb notwendig, soweit irgend möglich, den Halb- und Fertigwaren, an deren Ausfuhr die weniger entwickelten Vertragsparteien gegenwärtig oder potentiell ein besonderes Interesse haben, zu günstigen Bedingungen einen besseren Zugang zu den Märkten zu verschaffen.

6. Infolge des chronischen Mangels der *weniger entwickelten Vertragsparteien* an Ausfuhrerlösen und sonstigen Deviseneinnahmen besteht eine bedeutsame Wechselwirkung zwischen dem Handel und der finanziellen Entwicklungshilfe. Es ist deshalb notwendig, daß die *Vertragsparteien* und die internationalen Kreditinstitutionen eng und stetig zusammenarbeiten, um auf diese Weise am wirksamsten zur Erleichterung der Lasten beizutragen, welche die *weniger entwickelten Vertragsparteien* im Interesse ihrer wirtschaftlichen Entwicklung auf sich nehmen.

7. Es ist notwendig, daß die *Vertragsparteien,* sonstige zwischenstaatliche Gremien sowie die Organe und Organisationen der Vereinten Nationen, die sich mit dem Handel und der wirtschaftlichen Entwicklung der weniger entwickelten Staaten befassen, in geeigneter Weise zusammenarbeiten.

8. Die *entwickelten Vertragsparteien* erwarten keine Gewährung der Gegenseitigkeit für die von ihnen in Handelsverhandlungen übernommenen Verpflichtungen zum Abbau oder zur Beseitigung von Zöllen und von sonstigen Beschränkungen des Handels der *weniger entwickelten Vertragsparteien*.

9. Die Annahme von Maßregeln zur Verwirklichung dieser Grundsätze und Ziele wird Gegenstand bewußter und zweckdienlicher Bemühungen der einzeln sowie gemeinsam handelnden *Vertragsparteien* sein.

Art. XXXVII Verpflichtungen. 1. Die *entwickelten Vertragsparteien* wenden, soweit irgend möglich, d. h. sofern nicht zwingende Gründe einschließlich rechtlicher Gründe dies unmöglich machen, die folgenden Bestimmungen an:

a) Sie räumen dem Abbau und der Beseitigung von Handelsschranken für Waren, an deren Ausfuhr die *weniger entwickelten Vertragsparteien* gegenwärtig oder potentiell ein besonderes Interesse haben, besonderen Vorrang ein; dies gilt auch für Zölle und sonstige Beschränkungen, die darin bestehen, daß zwischen der unbearbeiteten und der bearbeiteten Form einer Ware ein unangemessener Unterschied gemacht wird;

b) sie unterlassen es, für Waren, an deren Ausfuhr die *weniger entwickelten Vertragsparteien* gegenwärtig oder potentiell ein besonderes Interesse haben, Zölle oder nichttarifliche Einfuhrschranken neu einzuführen oder wirksamer zu gestalten;

c) i) sie unterlassen die Einführung neuer steuerlicher Maßnahmen und

ii) räumen bei allen Umstellungen der Steuerpolitik dem Abbau und der Beseitigung steuerlicher Maßnahmen besonderen Vorrang ein,

soweit diese Maßnahmen die Zunahme des Verbrauchs von rohen oder bearbeiteten Grundstoffen, die ganz oder überwiegend in den Hoheitsgebieten der *weniger entwickelten Vertragsparteien* erzeugt werden, wesentlich behindern würden oder behindern, und soweit sie eigens auf diese Waren angewendet werden.

2. a) Besteht die Auffassung, daß Absatz 1 Buchstabe a, b oder c nicht angewendet wird, so ist dies den *Vertragsparteien* entweder von der *Vertragspartei,* welche die entsprechende Bestimmung nicht anwendet, oder von einer anderen interessierten *Vertragspartei* zu berichten.

b) i) Auf Ersuchen einer interessierten *Vertragspartei* und unabhängig von etwa eingeleiteten zweiseitigen Konsultationen führen die *Vertragsparteien* mit der beteiligten *Vertragspartei* und allen interessierten *Vertragsparteien* Konsultationen über die Angelegenheit mit dem Ziel, zufriedenstellende Lösungen für alle beteiligten *Vertragsparteien* zu finden, um die Ziele des Artikels XXXVI zu fördern. Während dieser Konsultation sind die Begründungen für die Fälle zu prüfen, in denen Absatz 1 Buchstabe a, b oder c nicht angewendet wird.

ii) Da einzelne *Vertragsparteien* den Absatz 1 Buchstabe a, b oder c in manchen Fällen möglicherweise leichter durchführen können, wenn sie mit anderen *entwickelten Vertragsparteien* gemeinsam handeln, können die Konsultationen geeignetenfalls mit diesem Ziel geführt werden.

iii) Die Konsultationen der *Vertragsparteien* können ferner, wie dies in Artikel XXV Absatz 1 vorgesehen ist, in geeigneten Fällen darauf gerichtet sein, eine Einigung über ein gemeinsames Vorgehen zur Erreichung der Ziele dieses Abkommens herbeizuführen.

3. Die *entwickelten Vertragsparteien*

a) werden in allen Fällen, in denen eine Regierung unmittelbar oder mittelbar den Wiederverkaufspreis von Waren bestimmt, die ganz oder überwiegend in den Hoheitsgebieten *weniger entwickelter Vertragsparteien* erzeugt werden, in jeder Weise bemüht sein, die Handelsspannen auf einem angemessenen Niveau zu halten;

b) werden ernsthaft sonstige Maßnahmen erwägen, die darauf abzielen, eine Steigerung der Einfuhren aus *weniger entwickelten Vertragsparteien* zu ermöglichen und werden zu diesem Zweck an geeigneten internationalen Maßnahmen mitarbeiten;

c) werden die Handelsinteressen der *weniger entwickelten Vertragsparteien* besonders berücksichtigen, wenn sie die Anwendung sonstiger nach diesem Abkommen zulässiger Maßnahmen ins Auge fassen, um besondere Probleme zu lösen, und falls diese Maßnahmen wesentliche Interessen jener *Vertragsparteien* berühren würden, werden sie vor ihrer Anwendung alle Möglichkeiten konstruktiver Abhilfe untersuchen.

4. Die *weniger entwickelten Vertragsparteien* erklären sich bereit, bei der Durchführung des Teils IV geeignete Maßnahmen zugunsten des Handels anderer *weniger entwickelter Vertragsparteien* zu treffen, soweit diese Maßnahmen mit ihren eigenen gegenwärtigen und künftigen Entwicklungs-, Finanz- und Handelsbedürfnissen vereinbar sind, und dabei die Entwicklung des Handels in der Vergangenheit und die Handelsinteressen der *weniger entwickelten Vertragsparteien* insgesamt zu berücksichtigen.

5. Bei der Durchführung der Verpflichtungen aus den Absätzen 1 bis 4 gibt jede *Vertragspartei* jeglichen anderen interessierten *Vertragsparteien* volle und sofortige Gelegenheit zu Konsultationen nach den normalen Verfahrensregeln dieses Abkommens über jede etwa auftauchende Frage oder Schwierigkeit.

Art. XXXVIII Gemeinsames Vorgehen. 1. Die *Vertragsparteien* werden je nach Zweckmäßigkeit im Rahmen und außerhalb dieses Abkommens zusammenarbeiten, um die Ziele des Artikels XXXVI zu fördern.

2. Die *Vertragsparteien* werden insbesondere

a) in geeigneten Fällen handeln – unter anderem mittels völkerrechtlicher Übereinkünfte –, um den Grundstoffen, die für *weniger entwickelte Vertragsparteien* von besonderem Interesse sind, verbesserte und annehmbare Bedingungen für den Zugang zu den Weltmärkten zu verschaffen und um Maßnahmen zur Stabilisierung und Verbesserung der Weltmarktbedingungen für diese Erzeugnisse zu erarbeiten, einschließlich von Maßnahmen zur Erzielung stabiler, angemessener und lohnender Ausfuhrpreise für diese Erzeugnisse;

b) eine zweckdienliche Zusammenarbeit auf dem Gebiet der Handels- und Entwicklungspolitik mit den Vereinten Nationen, ihren Organen und Organisationen einschließlich derjenigen Institutionen anstreben, die gegebenenfalls auf Grund der Empfehlungen der Konferenz der Vereinten Nationen für Handel und Entwicklung geschaffen werden;

c) bei der Analyse der Entwicklungspläne und der Entwicklungspolitik einzelner *weniger entwickelter Vertragsparteien* sowie bei der Prüfung des Verhältnisses zwischen Handel und Hilfe mitwirken, um konkrete Maßnahmen zu erarbeiten, durch welche die Ausfuhrfähigkeit der auf diese Weise geschaffenen Industrien gefördert und ihren Waren der Zugang zu den Ausfuhrmärkten erleichtert wird; in diesem Zusammenhang werden die *Vertragsparteien* eine zweckdienliche Zusammenarbeit mit Regierungen sowie mit internationalen Organisationen, besonders mit solchen anstreben, die für die finanzielle Unterstützung der wirtschaftlichen Entwicklung zuständig sind, um das Verhältnis zwischen Handel und Hilfe bei einzelnen *weniger entwickelten Vertragsparteien* mit dem Ziel einer klaren Erkenntnis der Ausfuhrtätigkeit, der Marktaussichten und aller sonst etwa erforderlichen Maßnahmen planmäßig zu untersuchen;

d) die Entwicklung des Welthandels unter besonderer Berücksichtigung der Wachstumsrate des Handels der *weniger entwickelten Vertragsparteien* laufend prüfen und die unter den gegebenen Umständen geeignet erscheinenden Empfehlungen an die *Vertragsparteien* richten;

e) bei der Suche nach zweckmäßigen Methoden zur Ausweitung des Handels mit dem Ziel der wirtschaftlichen Entwicklung zusammenarbeiten, und zwar durch internationale Abstimmung und Angleichung innerstaatlicher Zielsetzungen und Vorschriften, durch die Einführung technischer und kommerzieller Normen für Erzeugung, Beförderung und Absatz, sowie durch Ausfuhrförderung im Wege der Schaffung von Einrichtungen für den verstärkten Austausch von Handelsinformationen und für die Entwicklung der Marktforschung; und

f) die etwa erforderlichen institutionellen Vorkehrungen treffen, um die in Artikel XXXVI genannten Ziele zu erreichen und um diesem Teil Wirksamkeit zu verleihen.

(Vom Abdruck der Anlagen A–H wurde abgesehen.)

Anlage I

Anmerkungen und ergänzende Bestimmungen

Zu Artikel I

Absatz 1

Die in Artikel I Absatz 1 unter Hinweis auf Artikel III Absätze 2 und 4 und die in Artikel II Absatz 2 Buchstabe b) unter Hinweis auf Artikel VI enthaltenen Verpflichtungen *gelten für das Protokoll* über die Vorläufige Anwendung als zu Teil II gehörig.

Die Hinweise auf Artikel III Absatz 2 und 4 im vorstehenden Absatz sowie in Artikel I Absatz 1 finden erst Anwendung, nachdem Artikel III durch das Inkrafttreten des Protokolls vom 14. September 1948[1)] zur Änderung des Teils II und des Artikels XXVI des Allgemeinen Zoll- und Handelsabkommens geändert worden ist.

Absatz 4

Der Begriff „Präferenzspanne" bedeutet die absolute Differenz zwischen dem Meistbegünstigungszollsatz und dem Präferenzzollsatz für dieselbe Ware, nicht aber das Verhältnis zwischen diesen Zollsätzen. Beispiele:

1. Beträgt der Meistbegünstigungszollsatz 36 vom Hundert des Wertes und der Präferenzzollsatz 24 vom Hundert des Wertes, so ergibt sich eine Präferenzspanne von 12 vom Hundert des Wertes, nicht aber von einem Drittel des Meistbegünstigungszollsatzes.
2. Beträgt der Meistbegünstigungszollsatz 35 vom Hundert des Wertes und der Präferenzzollsatz zwei Drittel des Meistbegünstigungszollsatzes, so ergibt sich eine Präferenzspanne von 12 vom Hundert des Wertes.
3. Beträgt der Meistbegünstigungszollsatz 2 Franken für ein Kilogramm und der Präferenzzollsatz 1,50 Franken für ein Kilogramm, so ergibt sich eine Präferenzspanne von 0,50 Franken für ein Kilogramm.

Folgende Arten von Zollmaßnahmen stehen nicht im Widerspruch zu der allgemeinen Bindung der Präferenzspannen, wenn sie nach einheitlich festgelegten Verfahren getroffen werden:

i) die Wiederanwendung der Tarifierung oder des Zollsatzes auf eine eingeführte Ware, soweit sie für diese Ware zutreffen, wenn die Anwendung dieser Tarifierung oder dieses Zollsatzes auf diese Ware am 10. April 1947 vorübergehend ausgesetzt war oder ruhte;

ii) die Einreihung einer bestimmten Ware unter eine andere als die Tarifposition, unter die sie am 10. April 1947 eingereiht war, wenn das Zolltarifrecht eindeutig vorsieht, daß diese Ware unter mehrere Tarifpositionen eingereiht werden kann.

Zu Artikel II

Absatz 2 Buchstabe a)

Der Hinweis auf Artikel III Absatz 2 in Artikel II Absatz 2 Buchstabe a) findet erst dann Anwendung, nachdem Artikel III durch das Inkrafttreten des Protokolls vom 14. September 1948[1)] zur Änderung des Teils II und des Artikels XXVI des Allgemeinen Zoll- und Handelsabkommens geändert worden ist.

Absatz 2 Buchstabe b)

Siehe Anmerkung zu Artikel I Absatz 1.

Absatz 4

Sofern nicht ausdrücklich zwischen den Vertragsparteien, die das Zugeständnis ursprünglich ausgehandelt haben, anderweitig vereinbart, finden die Bestimmungen dieses Absatzes unter Beachtung des Artikels 31 der Havanna-Charta Anwendung.

Zu Artikel III

Innere Abgaben oder sonstige Belastungen, Gesetze, Verordnungen oder sonstige Vorschriften der in Absatz 1 erwähnten Art, die sowohl auf eingeführte als auch auf gleichartige inländische Waren Anwendung finden und bei den eingeführten Waren im Zeitpunkt oder am Ort der Einfuhr erhoben oder angewendet werden, gelten dennoch als innere Abgaben oder sonstige innere Belastungen oder als Gesetze, Verordnungen oder sonstige Vorschriften im Sinne des Absatzes 1 und fallen demnach unter Artikel III.

Absatz 1

Die Anwendung des Absatzes 1 auf innere Abgaben, die von regionalen oder örtlichen Regierungs- oder Verwaltungsstellen innerhalb des Gebietes einer Vertragspartei erhoben werden, unterliegt dem Artikel XXIV Absatz 12. Der Ausdruck „geeignete Maßnahmen" in dem genannten Absatz bedeutet nicht, daß beispielsweise geltende Rechtsvorschriften aufgehoben werden müssen, die diese Stellen zur Erhebung innerer Abgaben ermächtigen, welche zwar nicht mit dem Wortlaut, wohl aber mit dem Sinn des Artikels III vereinbar sind, wenn die Aufhebung für diese Stellen große finanzielle Härten zur Folge hätte. Handelt es sich um eine durch regionale oder örtliche Regierungs- oder Verwaltungsstellen

---

1) **Anm. d. Hrsg.:** Das Protokoll trat am 14. 12. 1948 in Kraft.

erhobene Abgabe, die sowohl mit dem Wortlaut als auch mit dem Sinn des Artikels III unvereinbar ist, so bedeutet der Ausdruck „geeignete Maßnahmen“, daß eine Vertragspartei die unzulässige Abgabe während einer Übergangszeit schrittweise beseitigen kann, wenn die sofortige Aufhebung ernste verwaltungstechnische und finanzielle Schwierigkeiten hervorrufen würde.

Absatz 2

Eine Abgabe, die dem Absatz 2 Satz 1 entspricht, gilt nur dann als mit Satz 2 unvereinbar, wenn die belastete Ware mit einer anderen unmittelbar konkurrierenden oder zum gleichen Zweck geeigneten, aber nicht mit einer ähnlichen Abgabe belasteten Ware im Wettbewerb steht.

Absatz 5

Vorschriften, die mit Absatz 5 Satz 1 in Einklang stehen, gelten nicht als mit Satz 2 unvereinbar, wenn alle diesen Vorschriften unterliegenden Waren im Inland in bedeutenden Mengen erzeugt werden. Eine Vorschrift kann nicht mit der Begründung als nach Satz 2 zulässig gerechtfertigt werden, daß die Kontingentierung für die der Vorschrift unterliegenden Waren ein angemessenes Verhältnis zwischen eingeführten und inländischen Waren herbeiführt.

Zu Artikel V

Absatz 5

Für die Beförderungskosten gilt der in Absatz 5 aufgestellte Grundsatz, wenn es sich um gleichartige Waren handelt, die unter gleichartigen Bedingungen auf derselben Strecke befördert werden.

Zu Artikel VI

Absatz 1

1. Das von geschäftlich verbundenen Unternehmen geübte verschleierte Dumping (d. h. der Verkauf durch einen Importeur zu einem Preis, der sowohl unter dem von einem mit ihm geschäftlich verbundenen Exporteur in Rechnung gestellten als auch unter dem im Ausfuhrland üblichen Preis liegt) stellt eine Form von Preisdumping dar, bei dem die Dumpingspanne auf Grund des Preises berechnet werden kann, zu dem die Waren durch den Importeur weiterverkauft werden.

2. Es wird anerkannt, daß sich bei Einfuhren aus einem Land, dessen Handel ganz oder nahezu ganz einem staatlichen Monopol unterliegt und in dem alle Inlandspreise vom Staat festgesetzt werden, besondere Schwierigkeiten bei der Feststellung der Vergleichbarkeit der Preise im Sinne des Absatzes 1 ergeben können; die einführenden Vertragsparteien werden in solchen Fällen unter Umständen der Tatsache Rechnung tragen müssen, daß ein genauer Vergleich mit den Inlandspreisen dieses Landes nicht in jedem Fall angebracht ist.

Absätze 2 und 3

Anmerkung 1. – Wie auch sonst oft in der Zollpraxis üblich, kann eine Vertragspartei eine angemessene Sicherheit (Bargeld oder sonstige Sicherheitsleistung) für die Entrichtung eines Antidumping- oder Ausgleichszolls bis zur endgültigen Feststellung des Sachverhalts in allen Fällen verlangen, in denen ein Verdacht auf Dumping oder Subventionierung besteht.

Anmerkung 2. – Die Anwendung multipler Wechselkurse kann unter gewissen Umständen eine Exportsubvention darstellen, der durch Ausgleichszölle nach Absatz 3 begegnet werden kann; sie kann aber auch durch eine teilweise Abwertung einer Landeswährung ein Dumping darstellen, dem durch Maßnahmen nach Absatz 2 begegnet werden kann. Unter „Anwendung multipler Wechselkurse“ sind Praktiken zu verstehen, die von Regierungen ausgeübt oder gebilligt werden.

Absatz 6 Buchstabe b)

Eine Ausnahmegenehmigung nach diesem Buchstaben wird nur auf Antrag der Vertragspartei erteilt, die einen Antidumping- oder Ausgleichszoll zu erheben beabsichtigt.

Zu Artikel VII

Absatz 1

Unter „sonstigen Belastungen“ sind nicht innere Abgaben oder das Äquivalent innerer Abgaben zu verstehen, die anläßlich oder im Zusammenhang mit der Einfuhr erhoben werden.

Absatz 2

1. Artikel VII läßt die Annahme zu, daß der „wirkliche Wert" dargestellt wird durch den Rechnungspreis zuzüglich aller im Rechnungspreis etwa nicht enthaltenen rechtlich zulässigen Kosten, die zu den echten Elementen des „wirklichen Wertes" gehören, sowie zuzüglich jedes außergewöhnlichen Preisnachlasses oder jeder sonstigen Ermäßigung des üblichen Wettbewerbspreises.

2. Artikel VII Absatz 2 Buchstabe b) gestattet es einer Vertragspartei, die Worte „im normalen Handelsverkehr unter Bedingungen des freien Wettbewerbs" dahin auszulegen, daß hierdurch jedes Geschäft ausgeschlossen ist, bei dem Käufer und Verkäufer nicht voneinander unabhängig sind und bei dem die Zahlung des Preises nicht die einzige Leistung ist.

3. Der Begriff „Bedingungen des freien Wettbewerbs" gestattet es einer Vertragspartei, Preise nicht zu berücksichtigen, auf die besondere Preisnachlässe gewährt worden sind, welche nur Alleinvertretern zugestanden werden.

4. Der Wortlaut der Buchstaben a) und b) gestattet den Vertragsparteien eine einheitliche Feststellung des Zollwertes entweder 1. auf der Grundlage des von einem bestimmten Exporteur für die eingeführte Ware berechneten Preises oder 2. auf der Grundlage des allgemeinen Preisniveaus gleichartiger Waren.

Zu Artikel VIII

1. Obwohl Artikel VIII nicht ausdrücklich die Anwendung multipler Wechselkurse behandelt, wird in den Absätzen 1 und 4 die Erhebung von Abgaben und Gebühren bei Devisengeschäften verurteilt, weil diese auf die Anwendung multipler Kurse hinausläuft; erhebt jedoch eine Vertragspartei aus Gründen der Zahlungsbilanz mit Genehmigung des Internationalen Währungsfonds derartige Gebühren, so bietet Artikel XV Absatz 9 Buchstabe a) hierfür eine ausreichende Grundlage.

2. Es ist mit Absatz 1 vereinbar, wenn bei der Einfuhr von Waren aus dem Gebiet einer Vertragspartei in das Gebiet einer anderen Vertragspartei die Vorlage von Ursprungszeugnissen in dem unbedingt notwendigen Ausmaß verlangt wird.

Zu den Artikeln XI, XII, XIII, XIV und XVIII

Die Begriffe „Einfuhrbeschränkungen" und „Ausfuhrbeschränkungen" in den Artikeln XI, XII, XIII, XIV und XVIII umfassen auch Beschränkungen, die sich aus der Abwicklung von Handelsgeschäften durch den Staat ergeben.

Zu Artikel XI

Absatz 2 Buchstabe c)

Der Ausdruck „in jeglicher Form" bezieht sich auch auf wenig veredelte und noch verderbliche gleiche Erzeugnisse, die in unmittelbarem Wettbewerb mit dem frischen Erzeugnis stehen und bei unbehinderter Einfuhr die dem frischen Erzeugnis auferlegten Beschränkungen unwirksam machen könnten.

Absatz 2 letzter Satz

Der Ausdruck „besondere Umstände" umfaßt auch die Schwankungen in der relativen Produktivität der in- und ausländischen Erzeuger oder der verschiedenen ausländischen Erzeuger untereinander, jedoch nicht die Schwankungen, die künstlich durch Mittel hervorgerufen werden, die nach diesem Abkommen unzulässig sind.

Zu Artikel XII

Die VERTRAGSPARTEIEN tragen dafür Sorge, daß bei Konsultationen nach diesem Artikel strengste Geheimhaltung gewahrt wird.

Absatz 3 Buchstabe c) Ziffer (i)

Vertragsparteien, die Beschränkungen anwenden, werden bemüht sein, eine schwerwiegende Schädigung der Ausfuhr einer Ware zu vermeiden, von der die Wirtschaft einer Vertragspartei weitgehend abhängig ist.

Absatz 4 Buchstabe b)

Es besteht Einverständnis, daß dieser Zeitpunkt innerhalb einer Frist von neunzig Tagen nach dem Inkrafttreten der Änderungen dieses Artikels gemäß dem Protokoll zur Änderung der Präambel und der Teile II und III dieses Abkommens liegen muß. Gelangen die VERTRAGSPARTEIEN jedoch zu der Auffassung, daß die Umstände zu dem vorgesehenen Zeitpunkt für die Anwendung des Absatzes 4 Buchstabe b nicht günstig sind, so können sie einen späteren Zeitpunkt festsetzen; dieser muß jedoch innerhalb einer Frist von dreißig Tagen nach dem Zeitpunkt liegen, an dem die Verpflichtungen aus Artikel VIII Abschnitte 2, 3 und 4 des Abkommens über den Internationalen Währungsfonds für diejenigen Vertragsparteien wirksam werden, die Mitglieder des Fonds sind und deren gemeinsamer Außenhandel mindestens 50 vom Hundert des Gesamtaußenhandels aller Vertragsparteien darstellt.

Absatz 4 Buchstabe e)

Es besteht Einverständnis, daß Absatz 4 Buchstabe e) keine neuen Merkmale für die Einführung oder Beibehaltung mengenmäßiger Beschränkungen aus Zahlungsbilanzgründen enthält. Es soll hierdurch lediglich sichergestellt werden, daß alle außenwirtschaftlichen Umstände, wie Änderungen der Austauschverhältnisse im Außenhandel, mengenmäßige Beschränkungen, übermäßige Zölle und Subventionen voll berücksichtigt werden, die zu den Zahlungsbilanzschwierigkeiten der Vertragspartei, welche die Beschränkungen anwendet, beitragen.

Zu Artikel XIII

Absatz 2 Buchstabe d)

„Kommerzielle Erwägungen" sind nicht als ein Maßstab für die Aufteilung der Kontingente erwähnt worden, weil die Auffassung bestand, daß die Anwendung dieses Maßstabes durch staatliche Behörden nicht immer durchführbar sein dürfte. Überdies könnte eine Vertragspartei, soweit dies durchführbar ist, diese Erwägungen vorbringen, wenn sie bestrebt ist, eine Vereinbarung im Sinne der in Absatz 2 einleitend aufgestellten allgemeinen Regel zu erzielen.

Absatz 4

Siehe die Anmerkung über „besondere Umstände" zu Artikel XI Absatz 2 letzter Satz.

Zu Artikel XIV

Absatz 1

Dieser Absatz schließt nicht aus, daß die VERTRAGSPARTEIEN bei den Konsultationen nach Artikel XII Abs. 4 u. Artikel XVIII Abs. 12 Art, Auswirkungen und Gründe von Diskriminierungen auf dem Gebiet der Einfuhrbeschränkungen eingehend prüfen.

Absatz 2

Ein Fall nach Absatz 2 liegt vor, wenn eine Vertragspartei, die aus laufenden Geschäften stammende Guthaben besitzt, keine Möglichkeit findet, diese ohne eine gewisse Diskriminierung zu verwenden.

Zu Artikel XV

Absatz 4

Das Wort „vereiteln" soll unter anderem bedeuten, daß im Widerspruch zum Wortlaut eines Artikels dieses Abkommens stehende Maßnahmen im Zahlungsverkehr nicht als eine Verletzung dieses Artikels angesehen werden, wenn ihre praktische Handhabung keine wesentliche Abweichung von ihrem Sinn ergibt. So wäre es nicht als eine Verletzung der Artikel XI und XIII anzusehen, wenn eine Vertragspartei im Rahmen einer in Übereinstimmung mit dem Abkommen über den Internationalen Währungsfonds angewandten Kontrolle des Zahlungsverkehrs fordern würde, daß die Bezahlung ihrer Ausfuhren in ihrer eigenen Währung oder in der Währung eines oder mehrerer Mitglieder des Internationalen Währungsfonds zu erfolgen hat. Ein weiteres Beispiel wäre, daß eine Vertragspartei auf einer Einfuhrbewilligung das Land bezeichnet, aus dem die Einfuhr genehmigt wird, und zwar nicht, um ein zusätzliches Element der Diskriminierung in ihr Einfuhrbewilligungsverfahren einzuführen, sondern um die Durchführung zulässiger Maßnahmen zur Kontrolle des Zahlungsverkehrs sicherzustellen.

Zu Artikel XVI

Es gilt nicht als Subvention, wenn eine ausgeführte Ware von Zöllen oder sonstigen Abgaben befreit wird, die von einer gleichartigen, zum freien Verkehr im Inland bestimmten

Ware erhoben werden, oder wenn solche Zölle und sonstigen Abgaben bis zu einer Höhe erstattet oder vergütet werden, die nicht über die angefallenen Beträge hinausgeht.

Abschnitt B

1. Abschnitt B schließt nicht aus, daß eine Vertragspartei in Übereinstimmung mit dem Abkommen über den Internationalen Währungsfonds multiple Wechselkurse anwendet.

2. Grundstoffe im Sinne des Abschnitts B sind alle Erzeugnisse der Landwirtschaft, Forstwirtschaft und Fischerei und alle mineralischen Erzeugnisse, und zwar in ihrer natürlichen Form oder in der üblichen, für ihren Absatz in größeren Mengen auf dem Weltmarkt erforderlichen Veredelung.

Absatz 3

1. Die Tatsache, daß eine Vertragspartei eine bestimmte Ware während der vorhergehenden Vergleichsperiode nicht ausgeführt hat, schließt an sich nicht aus, daß sie ihr Recht auf einen Anteil am Handel mit dieser Ware geltend macht.

2. Ein System, das dazu bestimmt ist, unabhängig von den Bewegungen der Ausfuhrpreise den Inlandspreis eines Grundstoffs oder die Einnahmen inländischer Erzeuger aus einem solchen Grundstoff zu stabilisieren, und das zeitweise dazu führt, daß dieser Grundstoff für die Ausfuhr unter dem vergleichbaren, für eine gleichartige Ware auf dem Inlandsmarkt geforderten Preis verkauft wird, gilt nicht als Exportsubventionierung im Sinne des Absatzes 3, wenn die VERTRAGSPARTEIEN feststellen, daß dieses System

a) beim Verkauf des Grundstoffs für die Ausfuhr auch schon zu einem höheren Preis als dem vergleichbaren für eine gleichartige Ware auf dem Inlandsmarkt geforderten Preis geführt hat oder dazu führen soll, und

b) sich infolge einer wirksamen Produktionslenkung oder aus sonstigen Gründen so auswirkt oder auswirken soll, daß es die Ausfuhr nicht übermäßig fördert und auch sonst die Interessen anderer Vertragsparteien nicht ernstlich schädigt.

Ungeachtet einer solchen Feststellung durch die VERTRAGSPARTEIEN unterliegen Maßnahmen im Rahmen eines derartigen Systems dem Absatz 3, wenn sie nicht nur mit den von den Erzeugern für die betreffende Ware etwa bereitgestellten Mitteln, sondern ganz oder teilweise mit staatlichen Mitteln finanziert werden.

Absatz 4

Absatz 4 zielt darauf hin, daß die Vertragsparteien vor Ablauf des Jahres 1957 versuchen sollen, eine Vereinbarung über die Beseitigung aller noch bestehenden Subventionen mit Wirkung vom 1. Januar 1958 zu treffen oder, falls dies nicht gelingt, sich über die Verlängerung der Geltungsdauer der Stillhaltebestimmung bis zu dem Zeitpunkt zu verständigen, zu dem sie frühestens eine solche Vereinbarung erzielen zu können glauben.

Zu Artikel XVII

Absatz 1

Die Tätigkeit der von Vertragsparteien geschaffenen Handelsorganisationen, die sich mit Ankauf oder Verkauf beschäftigen, unterliegt den Bestimmungen der Buchstaben a) und b).

Die Tätigkeit der von Vertragsparteien geschaffenen Handelsorganisationen, die sich nicht mit Ankäufen oder Verkäufen beschäftigen, sondern Regelungen für den Privathandel treffen, wird durch die in Betracht kommenden Artikel dieses Abkommens geregelt.

Dieser Artikel schließt nicht aus, daß ein staatliches Unternehmen eine Ware auf verschiedenen Märkten zu verschiedenen Preisen verkauft, sofern dies aus kommerziellen Gründen geschieht, um dem Angebot und der Nachfrage auf den Ausfuhrmärkten Rechnung zu tragen.

Absatz 1 *Buchstabe a)*

Staatliche Maßnahmen, die zur Durchsetzung bestimmter Normen hinsichtlich Qualität und Leistung im Außenhandel durchgeführt werden, oder Vorrechte, die für die Ausbeutung einheimischer Naturschätze gewährt werden, die aber die Regierung nicht ermächtigen, die Handelstätigkeit des betreffenden Unternehmens zu regeln, stellen keine „ausschließlichen oder besonderen Vorrechte" dar.

Absatz 1 Buchstabe b)

Ein Land, das eine zweckgebundene Anleihe erhält, kann diese Anleihe als eine „kommerzielle Erwägung" ansehen, wenn es Waren, die es benötigt, im Ausland erwirbt.

Absatz 2

Das Wort „Waren“ bezieht sich nur auf Waren im handelsüblichen Sinne, nicht aber auf die entgeltliche Inanspruchnahme oder Leistung von Diensten.

Absatz 3

Die von den Vertragsparteien nach diesem Absatz vereinbarten Verhandlungen können die Senkung von Zöllen und sonstigen Einfuhr- und Ausfuhrbelastungen oder den Abschluß einer anderen, alle Teile zufriedenstellenden Abmachung zum Gegenstand haben, die mit diesem Abkommen im Einklang steht. (Siehe Artikel II Absatz 4 und die Anmerkung dazu.)

Absatz 4 Buchstabe b)

In Absatz 4 Buchstabe b) bedeutet der Begriff „Aufschlag auf den Einfuhrpreis“ die Spanne, um die der vom Einfuhrmonopol für die eingeführte Ware geforderte Preis (ohne die inneren Abgaben im Sinne von Artikel III, die Kosten für Beförderung und Verteilung, die sonstigen mit dem Ankauf, dem Verkauf oder einer späteren Veredelung verbundenen Kosten sowie eine angemessene Gewinnspanne) den Preis bei der Anlieferung (landed cost) übersteigt.

Zu Artikel XVIII

Die VERTRAGSPARTEIEN und die beteiligten Vertragsparteien werden strengste Geheimhaltung bei der Behandlung aller Fragen wahren, die sich aus diesem Artikel ergeben.

Absätze 1 und 4

1. Bei der Prüfung der Frage, ob die Wirtschaft einer Vertragspartei „nur einen niedrigen Lebensstandard zuläßt“, werden die VERTRAGSPARTEIEN die normale Lage dieser Wirtschaft berücksichtigen und ihre Feststellung nicht auf außergewöhnliche Umstände stützen, wie sie sich daraus ergeben können, daß für die Ausfuhr von Stapelwaren dieser Vertragspartei vorübergehend besonders günstige Bedingungen bestehen.

2. Der Ausdruck „in den Anfangsstadien der Entwicklung“ bezieht sich nicht nur auf Vertragsparteien, die ihre wirtschaftliche Entwicklung gerade erst begonnen haben, sondern auch auf Vertragsparteien, die ihre Wirtschaft industrialisieren, um eine übermäßige Abhängigkeit von der Grundstoffproduktion zu beseitigen.

Absätze 2, 3, 7, 13 und 22

Der Ausdruck „Errichtung eines bestimmten Wirtschaftszweiges“ bezieht sich auf die Errichtung nicht nur eines neuen Wirtschaftszweiges, sondern auch eines neuen Produktionszweiges innerhalb eines bestehenden Wirtschaftszweiges oder auf die wesentliche Umgestaltung eines bestehenden Wirtschaftszweiges sowie auf die wesentliche Ausweitung eines bestehenden Wirtschaftszweiges, der nur einen verhältnismäßig geringen Teil des Inlandsbedarfs deckt. Er bezieht sich ferner auf den Wiederaufbau eines Wirtschaftszweiges, der durch Kriegshandlungen oder Naturkatastrophen zerstört oder wesentlich geschädigt ist.

Absatz 7 Buchstabe b)

Will eine in Absatz 7 Buchstabe a) bezeichnete Vertragspartei, die nicht antragstellende Vertragspartei ist, ein Zugeständnis nach Absatz 7 Buchstabe b) ändern oder zurücknehmen, so muß sie dies innerhalb von sechs Monaten nach Einleitung der Maßnahme durch die antragstellende Vertragspartei tun; diese Änderung oder Zurücknahme wird am dreißigsten Tage nach entsprechender Notifizierung an die VERTRAGSPARTEIEN wirksam.

Absatz 11

Absatz 11 Satz 2 bedeutet nicht, daß eine Vertragspartei Beschränkungen abbauen oder beseitigen muß, wenn dadurch eine Lage entstände, welche die Verschärfung oder Einführung von Beschränkungen nach Artikel XVIII Absatz 9 rechtfertigen würde.

Absatz 12 Buchstabe b)

Unter dem in Absatz 12 Buchstabe b) genannten Zeitpunkt ist der Zeitpunkt zu verstehen, den die VERTRAGSPARTEIEN nach Artikel XII Absatz 4 Buchstabe b) bestimmen.

Absätze 13 und 14

Es wird anerkannt, daß eine Vertragspartei unter Umständen für die Beurteilung der Wettbewerbslage des betreffenden Wirtschaftszweiges eine angemessene Zeitspanne benötigt, bevor sie gemäß Absatz 14 die Einführung einer Maßnahme beschließen und den VERTRAGSPARTEIEN notifizieren kann.

Absätze 15 und 16

Es besteht Einverständnis, daß die VERTRAGSPARTEIEN eine Vertragspartei, die eine Maßnahme nach Abschnitt C anzuwenden beabsichtigt, zu Konsultationen nach Absatz 16 einzuladen haben, wenn eine Vertragspartei, deren Handel durch die beabsichtigte Maßnahme erheblich betroffen würde, sie dazu auffordert.

Absätze 16, 18, 19 und 22

1. Es besteht Einverständnis, daß die VERTRAGSPARTEIEN ihre Zustimmung zu einer beabsichtigten Maßnahme an bestimmte Bedingungen oder Einschränkungen knüpfen können. Entspricht die Anwendung der Maßnahme diesen Voraussetzungen nicht, so gilt sie insoweit als eine Maßnahme, der die VERTRAGSPARTEIEN nicht zugestimmt haben. Haben die VERTRAGSPARTEIEN einer Maßnahme nur für eine bestimmte Zeit zugestimmt, so kann die betreffende Vertragspartei bei den VERTRAGSPARTEIEN eine Verlängerung dieser Frist nach den Abschnitten C oder D beantragen, wenn sie der Auffassung ist, daß die Beibehaltung dieser Maßnahme für eine weitere Zeitspanne notwendig ist, um das damit ursprünglich angestrebte Ziel zu erreichen.

2. Es wird erwartet, daß die VERTRAGSPARTEIEN in der Regel einer Maßnahme nicht zustimmen, die voraussichtlich eine ernsthafte Schädigung der Ausfuhr einer Ware zur Folge hätte, von der die Wirtschaft einer Vertragspartei weitgehend abhängig ist.

Absätze 18 und 22

Die Worte „daß die Interessen anderer Vertragsparteien hinreichend gewahrt sind", bedeuten, daß jeweils ausreichend Gelegenheit gegeben werden soll, die für die Wahrung dieser Interessen am besten geeignete Methode zu ermitteln. Eine geeignete Methode kann darin bestehen, daß die Vertragspartei, welche die Abschnitte C und D in Anspruch nimmt, während der Zeit, in der die Abweichung von den anderen Artikeln des Abkommens in Kraft bleibt, ein zusätzliches Zugeständnis einräumt oder daß eine in Absatz 18 bezeichnete andere Vertragspartei ein Zugeständnis vorübergehend aussetzt, dessen Wert im wesentlichen dem durch die betreffende Maßnahme verursachten Schaden entspricht. Diese Vertragspartei hat das Recht, ihre Interessen durch diese vorübergehende Aussetzung eines Zugeständnisses zu wahren; sie kann dieses Recht jedoch nicht ausüben, wenn die VERTRAGSPARTEIEN bei einer Maßnahme einer unter Absatz 4 Buchstabe a) fallenden Vertragspartei festgestellt haben, daß das angebotene Ausgleichszugeständnis ausreichend ist.

Absatz 19

Absatz 19 bezieht sich auf Wirtschaftszweige, die über die in der Anmerkung zu den Absätzen 13 und 14 erwähnte „angemessene Zeitspanne" hinaus bestehen; er bedeutet nicht, daß eine unter Artikel XVIII Absatz 4 Buchstabe a) fallende Vertragspartei ihr Recht verliert, für einen neu errichteten Wirtschaftszweig die anderen Bestimmungen des Abschnitts C einschließlich des Absatzes 17 selbst dann in Anspruch zu nehmen, wenn dieser Wirtschaftszweig ursprünglich durch Einfuhrbeschränkungen aus Zahlungsbilanzgründen mittelbar geschützt war.

Absatz 21

Wird eine nach Absatz 17 eingeleitete Maßnahme rückgängig gemacht oder geben die VERTRAGSPARTEIEN ihre Zustimmung zu der beabsichtigten Maßnahme nach Ablauf der in Absatz 17 genannten Frist von neunzig Tagen, so ist die entsprechende nach Absatz 21 eingeleitete Maßnahme ebenfalls unverzüglich rückgängig zu machen.

Zu Artikel XX

Buchstabe h)

Die in diesem Buchstaben vorgesehene Ausnahme gilt für alle Grundstoffabkommen, die den vom Wirtschafts- und Sozialrat in seiner Entschließung Nr. 30 (IV) vom 28. März 1947 gebilligten Grundsätzen entsprechen.

(vom Abdruck der Anmerkungen zu den Art. XXIV bis XXXVII wurde abgesehen)

bevor sie gemäß Absatz 14 über die Einführung einer Maßnahme beschließen und den VERTRAGSPARTEIEN notifizieren kann.

Absätze 15 und 16

Es besteht Einverständnis, daß die VERTRAGSPARTEIEN eine Vertragspartei, die eine Maßnahme nach Abschnitt C anzuwenden beabsichtigt, zu Konsultationen nach Absatz 16 einzuladen haben, wenn eine Vertragspartei, deren Handel durch die beabsichtigte Maßnahme erheblich betroffen würde, sie darum ersucht.

Absätze 16, 18, 19 und 22

1. Es besteht Einverständnis, daß die VERTRAGSPARTEIEN ihre Zustimmung zu einer beabsichtigten Maßnahme an bestimmte Bedingungen oder Einschränkungen knüpfen können. Entspricht die Anwendung der Maßnahme diesen Voraussetzungen nicht, so gilt sie insoweit als eine Maßnahme, der die VERTRAGSPARTEIEN nicht zugestimmt haben. Haben die VERTRAGSPARTEIEN einer Maßnahme nur für eine bestimmte Zeit zugestimmt, so kann die betreffende Vertragspartei bei den VERTRAGSPARTEIEN eine Verlängerung dieser Frist nach den Abschnitten C oder D beantragen, wenn sie der Auffassung ist, daß die Beibehaltung dieser Maßnahme für eine weitere Zeitspanne notwendig ist, um das damit ursprünglich angestrebte Ziel zu erreichen.

2. Es wird erwartet, daß die VERTRAGSPARTEIEN in der Regel einer Maßnahme nicht zustimmen, die voraussichtlich eine ernsthafte Schädigung der Ausfuhr einer Ware zur Folge hätte, von der die Wirtschaft einer Vertragspartei weitgehend abhängig ist.

Absätze 18 und 22

Die Worte „daß die Interessen anderer Vertragsparteien hinreichend gewahrt sind" bedeuten, daß jeweils ausreichend Gelegenheit gegeben werden soll, die für die Wahrung dieser Interessen am besten geeignete Methode zu ermitteln. Eine geeignete Methode kann darin bestehen, daß die Vertragspartei, welche die Abschnitte C und D in Anspruch nimmt, während der Zeit, in der die Abweichung von den anderen Artikeln des Abkommens in Kraft bleibt, ein zusätzliches Zugeständnis einräumt oder daß eine in Absatz 18 bezeichnete andere Vertragspartei ein Zugeständnis von ungefähr gleichem Wert aussetzt, dessen Wert im wesentlichen dem durch die betreffende Maßnahme verursachten Schaden entspricht. Diese Vertragspartei hat das Recht, ihre Interessen durch diese vorübergehende Aussetzung eines Zugeständnisses zu wahren; sie kann dieses Recht jedoch nicht ausüben, wenn die VERTRAGSPARTEIEN bei einer Maßnahme einer unter Absatz 4 Buchstabe a fallenden Vertragspartei festgestellt haben, daß das angebotene Ausgleichszugeständnis ausreichend ist.

Absatz 19

Absatz 19 bezieht sich auf Wirtschaftszweige, die über die in der Anmerkung zu den Absätzen 13 und 14 erwähnte „unternehmerische Zeitspanne" hinaus bestehen; er bedeutet nicht, daß eine unter Artikel XVIII Absatz 4 Buchstabe a fallende Vertragspartei nicht berechtigt ist, für einen neu errichteten Wirtschaftszweig die anderen Bestimmungen des Abschnitts C einschließlich des Absatzes 17 selbst dann in Anspruch zu nehmen, wenn dieser Wirtschaftszweig vorübergehend durch Einfuhrbeschränkungen aus Zahlungsbilanzgründen mittelbar geschützt war.

Absatz 21

Wird eine nach Absatz 17 eingeführte Maßnahme rückgängig gemacht oder erteilen die VERTRAGSPARTEIEN ihre Zustimmung zu der beabsichtigten Maßnahme nach Ablauf der in Absatz 17 genannten Frist von neunzig Tagen, so ist die entsprechende nach Absatz 21 ergriffene Maßnahme ebenfalls unverzüglich rückgängig zu machen.

Zu Artikel XX

Buchstabe h)

Die in diesem Buchstaben vorgesehene Ausnahme gilt für alle Grundstoffabkommen, die den vom Wirtschafts- und Sozialrat in seiner Entschließung Nr. 30 (IV) vom 28. März 1947 gebilligten Grundsätzen entsprechen.

(vom Abdruck der Anmerkungen zu den Art. XXI bis XXXIII wurde abgesehen)

512. Allgemeines Übereinkommen über den Handel mit Dienstleistungen (GATS)

Vom 15. April 1994

(BGBl. 1994 II S. 1643, ABl. EG 1994 L 336/191)

Inhaltsübersicht

Die Mitglieder –

in Anerkennung der zunehmenden Bedeutung des Handels mit Dienstleistungen für das Wachstum und die Entwicklung der Weltwirtschaft;

in dem Wunsch, einen multilateralen Rahmen von Grundsätzen und Regeln für den Handel mit Dienstleistungen im Hinblick auf die Ausweitung dieses Handels unter Bedingungen der Transparenz und der fortschreitenden Liberalisierung und zur Förderung des Wirtschaftswachstums aller Handelspartner sowie der Weiterentwicklung der Entwicklungsländer zu schaffen;

in dem Wunsch, so bald wie möglich einen stetig zunehmenden Grad der Liberalisierung des Handels mit Dienstleistungen durch aufeinanderfolgende Runden multilateraler Verhandlungen zu erreichen mit dem Ziel, die Interessen aller Beteiligten auf der Grundlage des gemeinsamen Nutzens zu fördern und ein insgesamt ausgeglichenes Verhältnis von Rechten und Pflichten unter angemessener Berücksichtigung der nationalen politischen Zielsetzungen zu gewährleisten;

in Anerkennung des Rechts der Mitglieder, die Erbringung von Dienstleistungen in ihrem Hoheitsgebiet zu regeln und neue Vorschriften hierfür einzuführen, um ihre nationalen politischen Ziele zu erreichen, sowie – angesichts der in einzelnen Ländern bestehenden Unausgewogenheit des Entwicklungsstands ihrer Vorschriften im Dienstleistungsbereich – des besonderen Bedürfnisses der Entwicklungsländer, dieses Recht auszuüben;

in dem Wunsch, die zunehmende Beteiligung der Entwicklungsländer am Handel mit Dienstleistungen und die Auswertung ihrer Dienstleistungsausfuhren unter anderem durch die Stärkung der Kapazität, Leistungsfähigkeit und Wettbewerbsfähigkeit ihrer inländischen Dienstleistungen zu erleichtern;

unter besonderer Berücksichtigung der schwerwiegenden Probleme der am wenigsten entwickelten Länder angesichts ihrer besonderen wirtschaftlichen Lage und ihrer Bedürfnisse im Entwicklungs-, Handels- und Finanzbereich –

kommen hiermit wie folgt überein:

Teil I. Geltungsbereich und Begriffsbestimmung

Art. I Geltungsbereich und Begriffsbestimmung. (1) Dieses Übereinkommen findet Anwendung auf die Maßnahmen der Mitglieder, die den Handel mit Dienstleistungen beeinträchtigen.

(2) Für die Zwecke dieses Übereinkommens bedeutet der Handel mit Dienstleistungen die Erbringung einer Dienstleistung

a) aus dem Hoheitsgebiet eines Mitglieds in das Hoheitsgebiet eines anderen Mitglieds;

b) im Hoheitsgebiet eines Mitglieds an den Dienstleistungsnutzer eines anderen Mitglieds;

c) durch einen Dienstleistungserbringer eines Mitglieds mittels kommerzieller Präsenz im Hoheitsgebiet eines anderen Mitglieds;
d) durch einen Dienstleistungserbringer eines Mitglieds mittels Präsenz natürlicher Personen eines Mitglieds im Hoheitsgebiet eines anderen Mitglieds.

(3) Für die Zwecke dieses Übereinkommens

a) bedeutet der Begriff „Maßnahmen der Mitglieder" Maßnahmen
   i) zentraler, regionaler oder örtlicher Regierungen und Behörden sowie
   ii) nichtstaatlicher Stellen in Ausübung der ihnen von zentralen, regionalen oder örtlichen Regierungen oder Behörden übertragenen Befugnisse.

   Bei der Erfüllung seiner Pflichten und Verpflichtungen im Rahmen des Übereinkommens trifft jedes Mitglied die ihm zur Verfügung stehenden angemessenen Maßnahmen, um die Einhaltung dieser Pflichten und Verpflichtungen durch die regionalen und örtlichen Regierungen und Behörden sowie nichtstaatliche Stellen in seinem Hoheitsgebiet zu gewährleisten;
b) schließt der Begriff „Dienstleistungen" jede Art von Dienstleistung in jedem Sektor mit Ausnahme solcher Dienstleistungen ein, die in Ausübung hoheitlicher Gewalt erbracht werden;
c) bedeutet der Begriff „in Ausübung hoheitlicher Gewalt erbrachte Dienstleistung" jede Art von Dienstleistung, die weder zu kommerziellen Zwecken noch im Wettbewerb mit einem oder mehreren Dienstleistungserbringem erbracht wird.

Teil II. Allgemeine Pflichten und Disziplinen

Art. II Meistbegünstigung. (1) Jedes Mitglied gewährt hinsichtlich aller Maßnahmen, die unter dieses Übereinkommen fallen, den Dienstleistungen und Dienstleistungserbringern eines anderen Mitglieds sofort und bedingungslos eine Behandlung, die nicht weniger günstig ist als diejenige, die es den gleichen Dienstleistungen oder Dienstleistungserbringem eines anderen Landes gewährt.

(2) Ein Mitglied kann eine Maßnahme, die mit Absatz 1 nicht vereinbar ist, unter der Voraussetzung aufrechterhalten, daß diese Maßnahme in der Anlage zu Ausnahmen von Artikel II aufgeführt ist und die Bedingungen jener Anlage erfüllt.

(3) Dieses Übereinkommen ist nicht dahingehend auszulegen, daß einem Mitglied das Recht verwehrt wird, angrenzenden Ländern Vorteile zu gewähren oder einzuräumen, um, beschränkt auf unmittelbare Grenzgebiete, den Austausch von örtlich erbrachten und genutzten Dienstleistungen zu erleichtern.

Art. III Transparenz. (1) Jedes Mitglied veröffentlicht umgehend und, von Notstandssituationen abgesehen, spätestens zum Zeitpunkt ihres Inkrafttretens alle einschlägigen allgemeingültigen Maßnahmen, die sich auf die Anwendung dieses Übereinkommens beziehen oder sie beeinträchtigen. Internationale Übereinkünfte, die für den Handel mit Dienstleistungen gelten oder ihn beeinträchtigen und die ein Mitglied unterzeichnet hat, sind ebenfalls zu veröffentlichen.

(2) Ist eine Veröffentlichung nach Absatz 1 nicht durchführbar, so ist die Information auf andere Weise öffentlich zugänglich zu machen.

(3) Jedes Mitglied unterrichtet den Rat für den Handel mit Dienstleistungen umgehend und mindestens einmal jährlich über die Einführung neuer oder die Änderung bestehender Gesetze, sonstiger Vorschriften oder Verwaltungsrichtlinien, die den Handel mit Dienstleistungen, soweit er den spezifischen Verpflichtungen dieses Mitglieds im Rahmen dieses Übereinkommens unterliegt, wesentlich betreffen.

(4) Jedes Mitglied beantwortet umgehend alle Ersuchen eines anderen Mitglieds um bestimmte Auskünfte über jede seiner allgemein geltenden Maßnahmen oder internationalen Übereinkünfte im Sinne des Absatzes 1. Ferner richtet jedes Mitglied eine oder mehrere Auskunftsstellen ein, die andere Mitglieder auf Ersuchen über alle derartigen Angelegenheiten sowie die der Notifikationspflicht nach Absatz 3 unterliegenden Angelegenheiten im einzelnen unterrichten. Diese Auskunftsstellen sind innerhalb von zwei Jahren nach Inkrafttreten des Übereinkommens zur Errichtung der WTO (im folgenden als „WTO-Übereinkommen" bezeichnet) einzurichten. Für einzelne Entwicklungsländer, die Mitglieder sind, können hinsichtlich des zeitlichen Rahmens, innerhalb dessen die Auskunftsstellen einzurichten sind, entsprechend flexible Lösungen vereinbart werden. Die Auskunftsstellen brauchen keine Hinterlegungsstellen für Gesetze und sonstige Vorschriften zu sein.

(5) Jedes Mitglied kann dem Rat für den Handel mit Dienstleistungen jede Maßnahme eines anderen Mitglieds notifizieren, die nach seiner Auffassung die Wirkungsweise dieses Übereinkommens berührt.

Art. IIIbis Offenlegung vertraulicher Informationen. Dieses Übereinkommen verpflichtet die Mitglieder nicht, vertrauliche Informationen, deren Offenlegung die Durchsetzung von Gesetzen behindern oder sonst dem öffentlichen Interesse widersprechen würde oder die berechtigten kommerziellen Interessen bestimmter öffentlicher oder privater Unternehmen schädigen würde, zur Verfügung zu stellen.

Art. IV Zunehmende Beteiligung der Entwicklungsländer. (1) Die zunehmende Beteiligung von Entwicklungsländern, die Mitglieder sind, am Welthandel wird durch ausgehandelte spezifische Verpflichtungen der verschiedenen Mitglieder nach den Teilen III und IV erleichtert, die sich beziehen auf

a) die Stärkung der Kapazität, Leistungsfähigkeit und Wettbewerbsfähigkeit ihrer inländischen Dienstleistungen, unter anderem durch Zugang zu Technologie auf kommerzieller Grundlage;

b) die Verbesserung ihres Zugangs zu Vertriebswegen und Informationsnetzen und

c) die Liberalisierung des Marktzugangs in Sektoren und Erbringungsformen, die von Ausfuhrinteresse für diese Länder sind.

(2) Die entwickelten Länder, die Mitglieder sind, und soweit wie möglich auch andere Mitglieder errichten innerhalb von zwei Jahren nach Inkrafttreten des WTO-Übereinkommens Kontaktstellen, um den Dienstleistungserbringern aus Entwicklungsländern, die Mitglieder sind, den Zugang zu die jeweiligen Märkte betreffenden Informationen über

a) kommerzielle und technische Aspekte der Erbringung von Dienstleistungen;

b) Registrierung, Anerkennung und Erwerb beruflicher Qualifikationen und

c) Verfügbarkeit von Dienstleistungstechnologie

zu erleichtern.

(3) Bei der Durchführung der Absätze 1 und 2 wird den am wenigsten entwickelten Ländern, die Mitglieder sind, besonderer Vorrang eingeräumt. Die schwerwiegenden Probleme der am wenigsten entwickelten Länder in bezug auf die Annahme ausgehandelter spezifischer Verpflichtungen ist angesichts ihrer besonderen wirtschaftlichen Lage und ihrer Bedürfnisse im Entwicklungs-, Handels- und Finanzbereich besonders zu berücksichtigen.

Art. V Wirtschaftliche Integration. (1) Dieses Übereinkommen hindert die Mitglieder nicht daran, Vertragspartei einer Übereinkunft zu sein oder eine Übereinkunft zu schließen, die den Handel mit Dienstleistungen zwischen oder unter den Vertragsparteien der Übereinkunft liberalisiert; jedoch muß eine solche Übereinkunft

a) einen beträchtlichen sektoralen Geltungsbereich[1] haben und

b) vorsehen, daß praktisch jede Diskriminierung im Sinne des Artikels XVII zwischen oder unter den Vertragsparteien in den Sektoren, für die Buchstabe a gilt, ausgeschlossen ist oder beseitigt wird durch

   i) Abschaffung bestehender diskriminierender Maßnahmen und/oder

   ii) Verbot der Einführung neuer oder stärker diskriminierender Maßnahmen

   entweder bei Inkrafttreten der Übereinkunft oder auf der Grundlage eines angemessenen Zeitplans; ausgenommen sind Maßnahmen, die nach den Artikeln XI, XII, XIV und XIVbis zulässig sind.

(2) Bei der Feststellung, ob die unter Absatz 1 Buchstabe b aufgeführten Bedingungen erfüllt sind, kann das Verhältnis berücksichtigt

---

[1] Diese Bedingung betrifft die Zahl der Sektoren, das betroffene Handelsvolumen und die Erbringungsformen. Um diese Bedingung zu erfüllen, sollte in den Übereinkünften keine Erbringungsform von vornherein ausgeschlossen werden.

werden, in dem die Übereinkunft zu dem umfassenderen Prozeß der wirtschaftlichen Integration oder der Handelsliberalisierung unter den betroffenen Ländern steht.

(3)

a) Sofern Entwicklungsländer Vertragsparteien einer Übereinkunft der in Absatz 1 genannten Art sind, sind die in Absatz 1, insbesondere unter Buchstabe b, genannten Bedingungen im Einklang mit dem Entwicklungsstand der betroffenen Länder im allgemeinen sowie in einzelnen Sektoren und Teilsektoren flexibel zu handhaben.

b) Ungeachtet des Absatzes 6 kann bei Übereinkünften der in Absatz 1 genannten Art, sofern nur Entwicklungsländer beteiligt sind, juristischen Personen, die sich im Eigentum oder unter der Kontrolle natürlicher Personen der Vertragsparteien einer solchen Übereinkunft befinden, eine günstigere Behandlung gewährt werden.

(4) Eine Übereinkunft nach Absatz 1 ist so zu gestalten, daß der Handel zwischen den Vertragsparteien erleichtert wird, und darf für Mitglieder, die der Übereinkunft nicht angehören, das allgemeine Niveau der Hemmnisse für den Dienstleistungshandel in den jeweiligen Sektoren oder Teilsektoren gegenüber dem vor Abschluß der Übereinkunft geltenden Niveau nicht erhöhen.

(5) Beabsichtigt ein Mitglied bei Abschluß, Erweiterung oder wesentlicher Änderung einer in Absatz 1 genannten Übereinkunft, eine spezifische Verpflichtung im Widerspruch zu den in seiner Liste festgelegten Bedingungen zurückzunehmen oder zu ändern, so ist diese Rücknahme oder Änderung mindestens 90 Tage im voraus bekanntzugeben; es gilt das in Artikel XXII Absätze 2, 3 und 4 festgelegte Verfahren.

(6) Ein Dienstleistungserbringer eines anderen Mitglieds, der eine nach dem Recht einer Vertragspartei einer in Absatz 1 genannten Übereinkunft gegründete juristische Person ist, hat Anspruch auf die in der Übereinkunft vorgesehene Behandlung, sofern er im Hoheitsgebiet der Vertragsparteien der Übereinkunft in erheblichem Umfang Geschäfte tätigt.

(7)

a) Mitglieder, die Vertragsparteien einer in Absatz 1 genannten Übereinkunft sind, notifizieren dem Rat für den Handel mit Dienstleistungen umgehend jede derartige Übereinkunft sowie jede Erweiterung oder wesentliche Änderung der Übereinkunft. Sie stellen dem Rat ferner alle von ihm angeforderten einschlägigen Informationen zur Verfügung. Der Rat kann eine Arbeitsgruppe einsetzen, die eine solche Übereinkunft oder die Erweiterung oder Änderung einer solchen Übereinkunft prüft und dem Rat berichtet, ob sie mit diesem Artikel vereinbar ist.

b) Mitglieder, die Vertragsparteien einer in Absatz 1 genannten Übereinkunft sind, die auf der Grundlage eines Zeitplans durchgeführt wird, berichten dem Rat für den Handel mit Dienstleistungen regelmäßig über die Durchführung. Der Rat kann zur Prüfung dieser Berichte eine Arbeitsgruppe einsetzen, wenn er eine solche Gruppe für notwendig erachtet.

c) Auf der Grundlage der Berichte der unter den Buchstaben a und b genannten Arbeitsgruppen kann der Rat gegebenenfalls Empfehlungen an die Vertragsparteien richten.

(8) Ein Mitglied, das Vertragspartei einer Übereinkunft nach Absatz 1 ist, hat keinen Anspruch auf Ausgleich von Handelsvorteilen, die einem anderen Mitglied aus einer solchen Übereinkunft erwachsen.

Art. V^bis Übereinkünfte über integrierte Arbeitsmärkte. Dieses Übereinkommen hindert seine Mitglieder nicht daran, Vertragspartei einer Übereinkunft zu sein, welche die volle Integration[1] der Arbeitsmärkte zwischen oder unter den Vertragsparteien der Übereinkunft herbeiführt, unter der Voraussetzung, daß die Übereinkunft

a) Staatsangehörige der Vertragsparteien von der Pflicht zur Beschaffung von Aufenthalts- und Arbeitserlaubnissen freistellt;

b) dem Rat für den Handel mit Dienstleistungen notifiziert wird.

Art. VI Innerstaatliche Regelung. (1) In Sektoren, in denen spezifische Verpflichtungen übernommen werden, stellen die Mitglieder sicher, daß alle allgemein geltenden Maßnahmen, die den Handel mit Dienstleistungen betreffen, angemessen, objektiv und unparteiisch angewendet werden.

(2)

a) Jedes Mitglied unterhält oder richtet, sobald dies praktisch durchführbar ist, gerichtliche, schiedsrichterliche oder administrative Instanzen oder Verfahren ein, die auf Antrag eines betroffenen Dienstleistungserbringers die umgehende Überprüfung von Verwaltungsentscheidungen mit Auswirkungen auf den Dienstleistungshandel oder in begründeten Fällen geeignete Abhilfemaßnahmen gewährleisten. Können solche Verfahren nicht unabhängig von der Behörde durchgeführt werden, die für die Verwaltungsentscheidung zuständig ist, so trägt das Mitglied Sorge dafür, daß die Verfahren tatsächlich eine objektive und unparteiische Überprüfung gewährleisten.

b) Buchstabe a ist nicht dahingehend auszulegen, daß ein Mitglied solche Instanzen oder Verfahren auch dann einzurichten hat, wenn dies mit seiner verfassungsmäßigen Struktur oder seiner Rechtsordnung *unvereinbar ist.*

(3) Bedarf die Erbringung einer Dienstleistung, für die eine spezifische Verpflichtung übernommen wurde, der Genehmigung, so unter-

---

[1] Im Regelfall gewährt eine derartige Integration den Staatsangehörigen der betreffenden Vertragsparteien das Recht auf freien Zugang zu den Beschäftigungsmärkten der Vertragsparteien und umfaßt Maßnahmen hinsichtlich der Verdienstbedingungen, anderer Beschaftigurtgsbedingungen und Sozialleistungen.

richten die zuständigen Behörden eines Mitglieds innerhalb einer angemessenen Frist nach der Vorlage eines nach den innerstaatlichen Gesetzen und sonstigen Vorschriften als vollständig erachteten Antrags den Antragsteller über die Entscheidung über den Antrag. Auf Antrag des Antragstellers unterrichten die zuständigen Behörden des Mitglieds diesen unverzüglich über den Stand der Bearbeitung des Antrags.

(4) Um zu gewährleisten, daß Maßnahmen, die Qualifikationserfordernisse und -verfahren, technische Normen und Zulassungserfordernisse betreffen, keine unnötigen Hemmnisse für den Handel mit Dienstleistungen darstellen, erarbeitet der Rat für den Handel mit Dienstleistungen mit Hilfe der von ihm gegebenenfalls eingesetzten geeigneten Gremien alle notwendigen Disziplinen. Diese Disziplinen sollen sicherstellen, daß solche Erfordernisse unter anderem

a) auf objektiven und transparenten Kriterien wie Kompetenz und Fähigkeit zur Erbringung der Dienstleistung beruhen;

b) nteht belastender sind als nötig, um die Qualität der Dienstleistung zu gewährleisten;

c) im Fall von Zulassungsverfahren nicht an sich die Erbringung der Dienstleistung beschränken.

(5)

a) In Sektoren, in denen ein Mitglied spezifische Verpflichtungen eingegangen ist, wendet das Mitglied bis zum Inkrafttreten der für diese Sektoren nach Absatz 4 erarbeiteten Disziplinen keine Zulassungs- und Qualifikationserfordernisse oder technischen Normen an, welche die spezifischen Verpflichtungen in einer Weise nichtig machen oder beeinträchtigen,

   i) die mit den in Absatz 4 Buchstabe a, b oder c beschriebenen Kriterien nicht vereinbar ist und

   ii) die zu dem Zeitpunkt, zu dem die spezifischen Verpflichtungen in diesen Sektoren übernommen wurden, von dem Mitglied vernünftigerweise nicht erwartet werden konnte.

b) Bei der Beurteilung, ob ein Mitglied die Pflicht nach Absatz 5 Buchstabe a erfüllt, sind die von dem Mitglied angewendeten internationalen Normen entsprechender internationaler Organisationen[1] zu berücksichtigen.

(6) In Sektoren, in denen spezifische Verpflichtungen für Dienstleistungen freier Berufe übernommen werden, sieht jedes Mitglied angemessene Verfahren vor, um sich hinsichtlich der Kompetenz der Berufsangehörigen der anderen Mitglieder zu vergewissern.

Art. VII Anerkennung. (1) Zum Zweck der vollständigen oder teilweisen Erfüllung der Normen oder Kriterien für die Ermächtigung,

---

[1] Der Begriff „entsprechende internationale Organisationen" bedeutet internationale Gremien, denen die entsprechenden Organe zumindest aller Mitglieder der WTO angehören können.

Zulassung oder Beglaubigung von Dienstleistungserbringern und vorbehaltlich der Voraussetzungen in Absatz 3 kann ein Mitglied die Ausbildung oder Berufserfahrung, die Anforderungen oder die Zulassungen oder Beglaubigungen, die in einem bestimmten Land erworben, erfüllt beziehungsweise erteilt worden sind, anerkennen. Diese Anerkennung, die im Weg der Harmonisierung oder auf andere Weise erreicht werden kann, kann auf einer Vereinbarung oder Absprache mit dem betreffenden Land beruhen oder autonom gewährt werden.

(2) Ein Mitglied, das Vertragspartei einer bestehenden oder künftigen Vereinbarung oder Absprache nach Absatz 1 ist, gibt anderen interessierten Mitgliedern ausreichende Gelegenheit, über den Beitritt zu einer solchen Vereinbarung oder Absprache zu verhandeln oder ähnliche mit ihm auszuhandeln. Sofern ein Mitglied eine Anerkennung autonom gewährt, gibt es jedem anderen Mitglied ausreichende Gelegenheit, nachzuweisen, daß die Ausbildung, Berufserfahrung, Zulassungen, Beglaubigungen oder Anforderungen, die im Hoheitsgebiet des anderen Mitglieds erworben beziehungsweise erfüllt worden sind, anzuerkennen sind.

(3) Ein Mitglied darf die Anerkennung nicht in einer Weise gewähren, die bei der Anwendung seiner Normen oder Kriterien für die Ermächtigung, Zulassung oder Beglaubigung von Dienstleistungserbringern ein Mittel zur Diskriminierung zwischen verschiedenen Ländern oder eine verdeckte Beschränkung des Handels mit Dienstleistungen darstellen würde.

(4) Jedes Mitglied

a) unterrichtet den Rat für den Handel mit Dienstleistungen innerhalb von 12 Monaten nach Inkrafttreten des WTO-Übereinkommens für das Mitglied über seine bestehenden Anerkennungsmaßnahmen und erklärt, ob diese Maßnahmen auf der Grundlage von Vereinbarungen oder Absprachen nach Absatz 1 getroffen wurden;

b) unterrichtet den Rat für den Handel mit Dienstleistungen umgehend und möglichst weit im voraus über die Aufnahme von Verhandlungen über eine Vereinbarung oder Absprache nach Absatz 1, um anderen Mitgliedern ausreichende Gelegenheit zu geben, ihr Interesse an der Teilnahme an solchen Verhandlungen zu bekunden, bevor diese in eine entscheidende Phase eintreten;

c) unterrichtet den Rat für den Handel mit Dienstleistungen umgehend, wenn es neue Anerkennungsmaßnahmen beschließt oder bestehende erheblich ändert, und erklärt, ob diese Maßnahmen auf der Grundlage von Vereinbarungen oder Absprachen nach Absatz 1 getroffen wurden.

(5) Die Anerkennung soll soweit wie möglich auf multilateral vereinbarten Kriterien beruhen. Die Mitglieder arbeiten in geeigneten Fällen mit entsprechenden zwischenstaatlichen und nichtstaatlichen Organisationen zusammen, um gemeinsame internationale Normen und Kriterien für die Anerkennung sowie gemeinsame internationale

Normen für die Ausübung der entsprechenden gewerblichen Tätigkeiten und Berufe im Dienstleistungsbereich zu erarbeiten und anzunehmen.

Art. VIII Monopole und Dienstleistungserbringer mit ausschließlichern Rechten. (1) Jedes Mitglied gewährleistet, daß ein Dienstleistungserbringer mit Monopolstellung im Hoheitsgebiet des Mitglieds bei der Erbringung dieser Dienstleistung auf dem entsprechenden Markt nicht in einer Weise handelt, die mit den Pflichten des Mitglieds nach Artikel II sowie mit seinen spezifischen Verpflichtungen unvereinbar ist.

(2) Tritt ein Dienstleistungserbringer eines Mitglieds mit Monopolstellung entweder direkt oder über ein verbundenes Unternehmen bei der Erbringung einer Dienstleistung außerhalb seines Monopolbereichs im Wettbewerb auf und unterliegt diese Dienstleistung spezifischen Verpflichtungen dieses Mitglieds, so gewährleistet das Mitglied, daß der Erbringer seine Monopolstellung nicht mißbraucht, indem er in seinem Hoheitsgebiet in einer Weise handelt, die mit diesen Verpflichtungen unvereinbar ist.

(3) Auf Antrag eines Mitglieds, das Grund zu der Annahme hat, daß der Dienstleistungserbringer eines anderen Mitglieds mit Monopolstellung im Widerspruch zu Absatz 1 oder 2 handelt, kann der Rat für den Handel mit Dienstleistungen das für die Einsetzung, Unterhaltung oder Ermächtigung dieses Erbringers verantwortliche Mitglied ersuchen, spezifische Informationen über die entsprechenden Tätigkeiten zu liefern.

(4) Gewährt ein Mitglied nach Inkrafttreten des WTO-Übereinkommens Monopolrechte hinsichtlich der Erbringung einer Dienstleistung, die seinen spezifischen Verpflichtungen unterliegt, so unterrichtet dieses Mitglied den Rat für den Handel mit Dienstleistungen spätestens drei Monate vor der beabsichtigten Gewährung der Monopolrechte; es gilt Artikel XXI Absätze 2, 3 und 4.

(5) Dieser Artikel gilt auch für Fälle von Dienstleistungserbringern mit ausschließlichen Rechten, sofern ein Mitglied formal oder tatsächlich a) eine kleine Zahl von Dienstleistungserbringem ermächtigt oder einsetzt und b) den Wettbewerb unter diesen Erbringern in seinem Hoheitsgebiet in erheblichem Maß unterbindet.

Art. IX Geschäftspraktiken. (1) Die Mitglieder erkennen an, daß gewisse Geschäftspraktiken von Dienstleistungserbringem, soweit sie nicht unter Artikel VIII fallen, den Wettbewerb behindern und damit den Handel mit Dienstleistungen beschränken können.

(2) Jedes Mitglied nimmt auf Antrag eines anderen Mitglieds Konsultationen mit dem Ziel auf, die in Absatz 1 genannten Praktiken zu beseitigen. Das angesprochene Mitglied prüft diesen Antrag gründlich und wohlwollend und wirkt dadurch mit, daß es öffentlich zugängliche, nicht vertrauliche Informationen von Belang für die betreffende

Angelegenheit zur Verfügung stellt. Das angesprochene Mitglied liefert dem antragstellenden Mitglied ferner weitere verfügbare Informationen im Rahmen seines innerstaatlichen Rechts und vorbehaltlich des Abschlusses einer befriedigenden Vereinbarung über die Wahrung der Vertraulichkeit seitens des antragstellenden Mitglieds.

Art. X Notstandsmaßnahmen. (1) Entsprechend dem Grundsatz der Nichtdiskriminierung werden multilaterale Verhandlungen über die Frage von Notstandsmaßnahmen geführt. Die Ergebnisse dieser Verhandlungen treten spätestens drei Jahre nach Inkrafttreten des WTO-Übereinkommens in Kraft.

(2) Bevor die in Absatz 1 genannten Verhandlungsergebnisse in Kraft treten, kann jedes Mitglied ungeachtet des Artikels XXI Absatz 1 dem Rat für den Handel mit Dienstleistungen seine Absicht notifizieren, eine spezifische Verpflichtung nach Ablauf eines Jahres nach dem Inkrafttreten der Verpflichtung unter der Voraussetzung zu ändern oder zurückzunehmen, daß das Mitglied gegenüber dem Rat begründet, daß die Änderung oder Rücknahme nicht bis zum Ende der in Artikel XXI Absatz 1 festgelegten Dreijahresfrist aufgeschoben werden kann.

(3) Die Anwendung des Absatzes 2 endet drei Jahre nach Inkrafttreten des WTO-Übereinkommens.

Art. XI Zahlungen und Übertragungen. (1) Außer unter den in Artikel XII vorgesehenen Umständen verzichten die Mitglieder auf eine Beschränkung internationaler Übertragungen und Zahlungen im Rahmen laufender Geschäfte, die mit ihren spezifischen Verpflichtungen zusammenhängen.

(2) Dieses Übereinkommen läßt die Rechte und Pflichten der Mitglieder des Internationalen Währungsfonds nach dem Übereinkommen über den Internationalen Währungsfonds einschließlich des Einsatzes von Devisenmaßnahmen, die mit dem Übereinkommen in Einklang stehen, unter der Voraussetzung unberührt, daß ein Mitglied keine Beschränkungen für Kapitaltransaktionen erläßt, die mit seinen spezifischen Verpflichtungen hinsichtlich solcher Transaktionen unvereinbar sind, es sei denn, daß Artikel XII Anwendung findet oder der Fonds ein entsprechendes Ersuchen stellt.

Art. XII Beschränkungen zum Schutz der Zahlungsbilanz.

(1) Bei bestehenden oder drohenden schwerwiegenden Zahlungsbilanzstörungen oder externen Zahlungsschwierigkeiten kann ein Mitglied Beschränkungen für den Handel mit Dienstleistungen einführen oder beibehalten, für die es spezifische Verpflichtungen übernommen hat; dies umfaßt auch Zahlungen oder Übertragungen für Transaktionen im Zusammenhang mit diesen Verpflichtungen. Es wird anerkannt, daß eine besondere Zahlungsbilanzstörung eines Mitglieds, das sich im Prozeß wirtschaftlicher Entwicklung oder wirtschaftlichen

Übergangs befindet, den Einsatz von Beschränkungen erforderlich machen kann, um unter anderem die Ausstattung mit angemessenen Reserven zur Durchführung des wirtschaftlichen Entwicklungs- oder Übergangsprogramms zu gewährleisten.

(2) Die in Absatz 1 aufgeführten Beschränkungen

a) dürfen nicht zwischen Mitgliedern diskriminieren;
b) müssen mit dem Übereinkommen über den Internationalen Währungsfonds vereinbar sein;
c) müssen unnötige Schädigungen der Handelsinteressen sowie der wirtschaftlichen und finanziellen Interessen anderer Mitglieder vermeiden;
d) dürfen nicht über die hinausgehen, die zur Behebung der in Absatz 1 beschriebenen Umstände notwendig sind;
e) gelten nur für einen begrenzten Zeitraum und werden schrittweise im Zug der Verbesserung der in Absatz 1 beschriebenen Lage abgebaut.

(3) Bei der Beurteilung der Auswirkungen solcher Beschränkungen können die Mitglieder der Erbringung solcher Dienstleistungen Vorrang geben, die für ihre Wirtschafts- oder Entwicklungsprogramme von größerer Bedeutung sind. Sie dürfen jedoch nicht zum Schutz eines bestimmten Dienstleistungssektors eingeführt oder aufrechterhalten werden.

(4) Alle nach Absatz 1 eingeführten oder aufrechterhaltenen Beschränkungen oder Änderungen dieser Beschränkungen werden dem Allgemeinen Rat umgehend notifiziert.

(5)

a) Mitglieder, die diesen Artikel anwenden, konsultieren umgehend den Ausschuß für Zahlungsbilanzbeschränkungen über die nach diesem Artikel eingeführten Beschränkungen.
b) Die Ministerkonferenz erarbeitet Verfahren[1)] für regelmäßige Konsultationen mit dem Ziel, den betreffenden Mitgliedern die Empfehlungen zu geben, die sie für geeignet erachtet.
c) Im Rahmen dieser Konsultationen wird die Zahlungsbilanzsituation des betreffenden Mitglieds zusammen mit den nach diesem Artikel eingeführten oder aufrechterhaltenen Beschränkungen beurteilt, wobei unter anderem folgende Faktoren berücksichtigt werden:
   i) Art und Ausmaß der Zahlungsbilanzstörungen und der externen Zahlungsschwierigkeiten;
   ii) die Außenwirtschafts- und Handelssituation des Mitglieds, dem die Konsultationen gelten;
   iii) mögliche alternativ zur Verfügung stehende Abhilfemaßnahmen.

[1)] Es gilt als vereinbart, daß die in Absatz 5 genannten Verfahren die gleichen sind wie die Verfahren im Rahmen des GATT 1994.

d) In den Konsultationen wird geprüft, ob die Beschränkungen mit Absatz 2, insbesondere bezüglich des schrittweisen Abbaus von Beschränkungen nach Absatz 2 Buchstabe e, übereinstimmen.

e) Bei den Konsultationen werden alle statistischen und sonstigen Feststellungen des Internationalen Währungsfonds bezüglich Devisen, Währungsreserven und Zahlungsbilanzsituation berücksichtigt und die Schlußfolgerungen auf die Beurteilung der Zahlungsbilanz- und der externen Finanzsituation des Mitglieds, dem die Konsultationen gelten, durch den Internationalen Währungsfonds gegründet.

(6) Wünscht ein Mitglied, das nicht Mitglied des Internationalen Währungsfonds ist, diesen Artikel anzuwenden, so leitet die Ministerkonferenz ein Überprüfungsverfahren sowie alle weiteren notwendigen Verfahren ein.

Art. XIII Öffentliches Beschaffungswesen. (1) Die Artikel II, XVI und XVII finden keine Anwendung auf Gesetze, sonstige Vorschriften oder Erfordernisse in bezug auf öffentliche Beschaffungen von Dienstleistungen, die für staatliche Zwecke beschafft werden und nicht zum kommerziellen Wiederverkauf oder zur Nutzung bei der Erbringung von Dienstleistungen zum kommerziellen Verkauf bestimmt sind.

(2) Innerhalb von zwei Jahren nach Inkrafttreten des WTO-Übereinkommens finden multilaterale Verhandlungen über die öffentliche Beschaffung von Dienstleistungen im Rahmen dieses Übereinkommens statt.

Art. XIV Allgemeine Ausnahmen. Unter der Voraussetzung, daß Maßnahmen nicht in einer Weise angewendet werden, die ein Mittel zu willkürlicher oder unberechtigter Diskriminierung unter Ländern, in denen gleiche Bedingungen herrschen, oder eine verdeckte Beschränkung für den Handel mit Dienstleistungen darstellen würde, darf dieses Übereinkommen nicht dahingehend ausgelegt werden, daß es die Annahme oder Durchsetzung von Maßnahmen eines Mitglieds verhindert,

a) die erforderlich sind, um die öffentliche Moral oder die öffentliche Ordnung aufrechtzuerhalten;[1)]

b) die erforderlich sind, um das Leben oder die Gesundheit von Menschen, Tieren und Pflanzen zu schützen;

c) die erforderlich sind, um die Einhaltung von Gesetzen oder sonstigen Vorschriften zu gewährleisten, die nicht im Widerspruch zu diesem Übereinkommen stehen, einschließlich solcher

   i) zur Verhinderung irreführender und betrügerischer Geschäftspraktiken oder zur Behandlung der Folgen einer Nichterfüllung von Dienstleistungsverträgen,

---

1) Die Ausnahmeregelung in bezug auf die öffentliche Ordnung kann nur in Anspruch genommen werden, wenn eine wirkliche, ausreichend schwerwiegende Bedrohung der Grundwerte der Gesellschaft vorliegt.

ii) zum Schutz der Persönlichkeit bei der Verarbeitung und Weitergabe personenbezogener Daten und zum Schutz der Vertraulichkeit persönlicher Aufzeichnungen und Konten,
iii) zur Gewährleistung der Sicherheit;

d) die nicht mit Artikel XVII vereinbar sind, vorausgesetzt, das Ziel der unterschiedlichen Behandlung besteht darin, eine gerechte oder wirksame[1] Festsetzung oder Erhebung direkter Steuern in bezug auf Dienstleistungen oder Dienstleistungserbringer anderer Mitglieder zu gewährleisten;

e) die nicht mit Artikel II vereinbar sind, vorausgesetzt, die unterschiedliche Behandlung beruht auf einem Abkommen zur Vermeidung der Doppelbesteuerung oder auf Bestimmungen zur Vermeidung der Doppelbesteuerung in einer anderen internationalen Übereinkunft, durch die das Mitglied gebunden ist.

Art. XIVbis Ausnahmen zur Wahrung der Sicherheit. (1) Dieses Übereinkommen ist nicht dahingehend auszulegen,

a) daß ein Mitglied Informationen zur Verfügung stellen muß, deren Offenlegung nach seiner Auffassung seinen wesentlichen Sicherheitsinteressen zuwiderläuft, oder

b) daß ein Mitglied daran gehindert wird, Maßnahmen zu treffen, die es zum Schutz seiner wesentlichen Sicherheitsinteressen für notwendig hält
i) bezüglich der Erbringug von Dienstleistungen, die direkt oder indirekt der Versorgung einer militärischen Einrichtung dienen,
ii) bezüglich spaltbarer und fusionsfähiger Stoffe oder der Rohstoffe, aus denen sie erzeugt werden,

---

[1] Maßnahmen, die auf eine gerechte oder wirksame Festsetzung oder Erhebung direkter Steuern abzielen, umfassen Maßnahmen eines Mitglieds im Rahmen seines Steuersystems,
i) die für gebietsfremde Dienstteistungserbringer gelten, in Anerkennung der Tatsache, daß sich die Steuerpflicht Gebietsfremder nach den Besteuerungsgrundlagen richtet, die aus dem Hoheitsgebiet des Mitglieds stammen oder dort belegen sind,
ii) die für Gebietsfremde gelten, um die Festsetzung oder Erhebung von Steuern im Hoheitsgebiet des Mitglieds zu gewährleisten,
iii) die für Gebietsfremde oder Gebietsansassige gelten, um Steuerflucht oder -hinterziehung zu verhindern, einschließlich Vollzugsmaßnahmen,
iv) die für Nutzer von Dienstleistungen gelten, die im Hoheitsgebiet eines anderen Mitglieds oder von dort aus erbracht werden, um die Festsetzung oder Erhebung von Steuern aus Quellen im Hoheitsgebiet des Mitglieds zu gewährleisten,
v) die unterscheiden zwischen Dienstleistungserbringern, die hinsichtlich weltweiter Besteuerungsgrundlagen der Steuer unterliegen, und anderen Dienstleistungserbringern, in Anerkennung des Unterschieds in der Art der Steuerbemessungsgrundlage zwischen beiden, oder
vi) die dazu dienen, Einkommen, Gewinn, Wertzuwachs, Verlust, Abzüge oder anrechenbare Beträge in bezug auf gebietsansässige Personen oder Niederlassungen oder verbundene Personen oder Niederlassungen derselben Person zu ermitteln, zuzuordnen oder aufzuteilen, um die Steuerbemessungsgrundlage des Mitglieds zu bewahren.

Die steuerlichen Bestimmungen oder Begriffe in Artikel XIV Buchstabe d und in dieser Fußnote werden in Übereinstimmung mit den steuerlichen Definitionen und Begriffen oder gleichwertigen oder ähnlichen Definitionen und Begriffen des innerstaatlichen Rechts des Mitglieds, das die Maßnahme trifft, ausgelegt.

iii) in Kriegszeiten oder bei sonstigen Krisen in internationalen Beziehungen oder

c) daß ein Mitglied daran gehindert wird, Maßnahmen in Erfüllung seiner Pflichten im Rahmen der Charta der Vereinten Nationen zur Wahrung des Weltfriedens und der internationalen Sicherheit zu treffen.

(2) Der Rat für den Handel mit Dienstleistungen wird über Maßnahmen nach Absatz 1 Buchstaben b und c und deren Aufhebung so ausführlich wie möglich unterrichtet.

Art. XV Subventionen. (1) Die Mitglieder erkennen an, daß Subventionen unter bestimmten Umständen zu Verzerrungen im Handel mit Dienstleistungen führen können. Die Mitglieder nehmen zur Vermeidung derartiger handelsverzerrender Auswirkungen Verhandlungen zur Ausarbeitung der erforderlichen multilateralen Disziplinen auf.[1] Die Verhandlungen betreffen auch die Zweckmäßigkeit von Ausgleichsverfahren. Die Verhandlungen erkennen die Rolle von Subventionen für die Entwicklungsprogramme von Entwicklungsländern an und berücksichtigen das Bedürfnis der Mitglieder, insbesondere der Entwicklungsländer, die Mitglieder sind, nach Flexibilität in diesem Bereich. Für die Zwecke dieser Verhandlungen tauschen die Mitglieder Informationen über alle Subventionen im Zusammenhang mit dem Handel mit Dienstleistungen aus, die sie inländischen Dienstleistungserbringern gewähren.

(2) Ein Mitglied, das sich durch eine Subvention eines anderen Mitglieds beeinträchtigt sieht, kann dieses Mitglied um Konsultationen über diese Fragen ersuchen. Ein solches Ersuchen wird wohlwollend geprüft.

Teil III. Spezifische Verpflichtungen

Art. XVI Marktzugang. (1) Hinsichtlich des Marktzugangs durch die in Artikel I definierten Erbringungsarten gewährt jedes Mitglied den Dienstleistungen und Dienstleistungserbringern eines anderen Mitglieds eine Behandlung, die nicht weniger günstig ist als die, die nach den in seiner Liste[2] vereinbarten und festgelegten Bestimmungen, Beschränkungen und Bedingungen vorgesehen ist.

---

[1] *In einem künftigen Arbeitsprogramm* wird festgelegt, wie und innerhalb welchen Zeitrahmens Verhandlungen über derartige multilaterale Disziplinen geführt werden.

[2] Geht ein Mitglied eine Marktzugangsverpflichtung in bezug auf die Erbringung einer Dienstleistung durch die in Artikel I Absatz 2 Buchstabe a genannte Erbringungsart ein und stellt der grenzüberschreitende Kapitalverkehr einen wesentlichen Teil der Dienstleistung selbst dar, so ist das Mitglied dadurch verpflichtet, diesen Kapltarverfcehr zuzulassen. Geht ein Mitglied eine Marktzugangsverpflichtung in bezug auf die Erbringung einer Dienstleistung durch die in Artikel I Absatz 2 Buchstabe c genannte Erbringungsart ein, so ist das Mitglied dadurch verpflichtet, entsprechende Kapitaltransfers in sein Hoheitsgebiet zuzulassen.

(2) In Sektoren, in denen Marktzugangsverpflichtungen übernommen werden, werden die Maßnahmen, die ein Mitglied weder regional noch für sein gesamtes Hoheitsgebiet aufrechterhalten oder einführen darf, sofern in seiner Liste nichts anderes festgelegt ist, wie folgt definiert:

a) Beschränkungen der Anzahl der Dienstleistungserbringer in Form von zahlenmäßigen Quoten, Monopolen oder Dienstleistungserbringern mit ausschließlichen Rechten oder des Erfordernisses einer wirtschaftlichen Bedürfnisprüfung;

b) Beschränkungen des Gesamtwerts der Dienstleistungsgeschäfte oder des Betriebsvermögens in Form zahlenmäßiger Quoten oder des Erfordernisses einer wirtschaftlichen Bedürfnisprüfung;

c) Beschränkungen der Gesamtzahl der Dienstleistungen oder des Gesamtvolumens erbrachter Dienstleistungen durch Festsetzung bestimmter zahlenmäßiger Einheiten in Form von Quoten oder des Erfordernisses einer wirtschaftlichen Bedürfnisprüfung;[1]

d) Beschränkungen der Gesamtzahl natürlicher Personen, die in einem bestimmten Dienstleistungssektor beschäftigt werden dürfen oder die ein Dienstleistungserbringer beschäftigen darf und die zur Erbringung einer spezifischen Dienstleistung erforderlich sind und in direktem Zusammenhang damit stehen, in Form zahlenmäßiger Quoten oder des Erfordernisses einer wirtschaftlichen Bedürfnisprüfung;

e) Maßnahmen, die bestimmte Arten rechtlicher Unternehmensformen oder von Gemeinschaftsunternehmen beschränken oder vorschreiben, durch die ein Dienstleistungserbringer eine Dienstleistung erbringen darf, und

f) Beschränkungen der Beteiligung ausländischen Kapitals durch Festsetzung einer prozentualen Höchstgrenze für die ausländische Beteiligung oder für den Gesamtwert einzelner oder zusammengefaßter ausländischer Investitionen.

Art. XVII Inländerbehandlung. (1) In den in seiner Liste aufgeführten Sektoren gewährt jedes Mitglied unter den darin festgelegten Bedingungen und Vorbehalten den Dienstleistungen und Dienstleistungserbringern eines anderen Mitglieds hinsichtlich aller Maßnahmen, welche die Erbringung von Dienstleistungen beeinträchtigen, eine Behandlung, die nicht weniger günstig ist als die, die es seinen eigenen gleichen Dienstleistungen und Dienstleistungserbringern gewährt.[2]

(2) Ein Mitglied kann das Erfordernis des Absatzes 1 dadurch erfüllen, daß es Dienstleistungen und Dienstleistungserbringern eines ande-

---

[1] Buchstabe c gilt nicht für Maßnahmen eines Mitglieds, die Vorleistungen für die Erbringung von Dienstleistungen beschränken.

[2] Spezifische Verpflichtungen, die nach diesem Artikel übernommen worden sind, werden nicht so ausgelegt, daß ein Mitglied Ausgleich für etwaige naturgegebene Wettbewerbsnachteile gewähren muß, die sich daraus ergeben, daß die betreffenden Dienstleistungen oder Dienstleistungserbringer aus dem Ausland stammen.

ren Mitglieds eine Behandlung gewährt, die mit der, die es seinen eigenen gleichen Dienstleistungen oder Dienstleistungserbringern gewährt, entweder formal identisch ist oder sich formal von ihr unterscheidet.

(3) Eine formal identische oder formal unterschiedliche Behandlung gilt dann als weniger günstig, wenn sie die Wettbewerbsbedingungen zugunsten von Dienstleistungen oder Dienstleistungserbringern des Mitglieds gegenüber gleichen Dienstleistungen oder Dienstleistungserbringern eines anderen Mitglieds verändert.

Art. XVIII Zusätzliche Verpflichtungen. Die Mitglieder können in bezug auf Maßnahmen, die den Handel mit Dienstleistungen beeinträchtigen und nicht nach Artikel XVI oder XVII in Listen aufgeführt werden, Verpflichtungen aushandeln, einschließlich Maßnahmen in bezug auf Qualifikations-, Normen- oder Zulassungsfragen. Solche Verpflichtungen werden in der Liste des betreffenden Mitglieds aufgeführt.

Teil IV. Fortschreitende Liberalisierung

Art. XIX Aushandeln spezifischer Verpflichtungen. (1) Entsprechend den Zielen dieses Übereinkommens treten die Mitglieder in aufeinanderfolgende Verhandlungsrunden ein, die spätestens fünf Jahre nach Inkrafttreten des WTO-Übereinkommens beginnen und danach regelmäßig stattfinden, um schrittweise einen höheren Stand der Liberalisierung zu erreichen. Die Verhandlungen zielen darauf ab, die nachteiligen Auswirkungen von Maßnahmen auf den Handel mit Dienstleistungen zu vermindern oder zu beseitigen, um dadurch einen effektiven Marktzugang zu erreichen. Dieser Prozeß findet mit dem Ziel statt, die Interessen aller Beteiligten auf der Grundlage des gemeinsamen Nutzens zu fördern und ein insgesamt ausgeglichenes Verhältnis von Rechten und Pflichten zu gewährleisten.

(2) Der Liberalisierungsprozeß findet unter angemessener Berücksichtigung der nationalen politischen Zielsetzungen und des Entwicklungsstands der einzelnen Mitglieder sowohl allgemein als auch in einzelnen Sektoren statt. Einzelne Entwicklungsländer, die Mitglieder sind, erhalten hinreichende Flexibilität, indem ihnen die Möglichkeit eingeräumt wird, eine geringere Zahl von Sektoren zu öffnen, weniger Arten von Transaktionen zu liberalisieren, schrittweise und in Abhängigkeit von ihrem Entwicklungsstand den Marktzugang zu erweitern und, wenn sie ausländischen Dienstleistungserbringern Zugang zu ihren Märkten gewähren, hieran Bedingungen zu knüpfen, die darauf ausgerichtet sind, die in Artikel IV genannten Ziele zu erreichen.

(3) Für jede Runde werden Verhandlungsrichtlinien und -verfahren festgelegt. Zur Erarbeitung solcher Richtlinien nimmt der Rat für den Handel mit Dienstleistungen eine Bewertung des Handels mit Dienst-

leistungen allgemein und nach Sektoren im Hinblick auf die Ziele dieses Übereinkommens einschließlich der in Artikel IV Absatz 1 genannten Ziele vor. Die Verhandlungsrichtlinien legen fest, wie die von Mitgliedern seit den vorhergehenden Verhandlungen autonom getroffenen Liberalisierungsmaßnahmen behandelt werden und wie die besondere Behandlung der am wenigsten entwickelten Länder, die Mitglieder sind, gemäß Artikel IV Absatz 3 erfolgt.

(4) Der Prozeß der schrittweisen Liberalisierung ist in jeder derartigen Runde durch bilaterale, plurilaterale oder multilaterale Verhandlungen voranzubringen mit dem Ziel, den allgemeinen Umfang der spezifischen Verpflichtungen, welche die Mitglieder nach diesem Übereinkommen übernommen haben, zu vergrößern.

Art. XX Listen spezifischer Verpflichtungen. (1) Jedes Mitglied legt in einer Liste die spezifischen Verpflichtungen fest, die es nach Teil III übernimmt. Jede Liste enthält für die Sektoren, für die derartige Verpflichtungen übernommen werden, folgende Angaben:

a) Bestimmungen, Beschränkungen und Bedingungen für den Marktzugang;
b) Bedingungen und Qualifikationen für die Inländerbehandlung;
c) Zusagen hinsichtlich zusätzlicher Verpflichtungen;
d) gegebenenfalls den Zeitrahmen für die Durchführung derartiger Verpflichtungen und
e) den Zeitpunkt des Inkrafttretens derartiger Verpflichtungen.

(2) Maßnahmen, die sowohl mit Artikel XVI als auch mit Artikel XVII nicht vereinbar sind, werden in die für Artikel XVI vorgesehene Spalte eingetragen. In diesem Fall gilt der Eintrag als Bedingung oder Qualifikation auch zu Artikel XVII.

(3) Die Listen spezifischer Verpflichtungen werden diesem Übereinkommen als Anlagen beigefügt und bilden einen wesentlichen Bestandteil des Übereinkommens.

Art. XXI Änderung der Listen. (1)

a) Ein Mitglied (im folgenden als „änderndes Mitglied" bezeichnet) kann eine Verpflichtung in seiner Liste in Übereinstimmung mit diesem Artikel nach Ablauf von drei Jahren nach Inkrafttreten der Verpflichtung jederzeit ändern oder zurücknehmen.
b) Ein änderndes Mitglied notifiziert dem Rat für den Handel mit Dienstleistungen seine Absicht, eine Verpflichtung nach diesem Artikel zu ändern oder zurückzunehmen, spätestens drei Monate vor dem beabsichtigten Zeitpunkt der Durchführung der Änderung oder Rücknahme.

(2)

a) Auf Antrag eines Mitglieds, dessen Handelsvorteile aufgrund dieses Übereinkommens durch eine nach Absatz 1 Buchstabe b notifizierte geplante Änderung oder Rücknahme betroffen sein können (im folgenden als „betroffenes Mitglied" bezeichnet), nimmt das ändernde Mitglied Verhandlungen auf, um eine Einigung über notwendige Ausgleichsmaßnahmen zu erreichen. In den Verhandlungen und der Einigung bemühen sich die beteiligten Mitglieder, ein allgemeines Maß gegenseitig vorteilhafter Verpflichtungen aufrechtzuerhalten, das nicht weniger günstig für den Handel ist als das in den Listen spezifischer Verpflichtungen vor Aufnahme dieser Verhandlungen vorgesehene Maß.

b) Ausgleichsmaßnahmen werden auf der Grundlage der Meistbegünstigung getroffen.

(3)

a) Erzielen das ändernde Mitglied und ein betroffenes Mitglied vor Ablauf der vorgesehenen Verhandlungsfrist keine Einigung, so kann das betroffene Mitglied die Angelegenheit einem Schiedsverfahren unterwerfen. Jedes betroffene Mitglied, das einen möglicherweise bestehenden Anspruch auf Ausgleich durchsetzen will, muß an dem Schiedsverfahren teilnehmen.

b) Verlangt keines der betroffenen Mitglieder ein Schiedsverfahren, so kann das ändernde Mitglied die vorgesehene Änderung oder Rücknahme durchführen.

(4)

a) Das ändernde Mitglied kann seine Verpflichtung nicht ändern oder zurücknehmen, bevor es Ausgleichsmaßnahmen entsprechend dem Ergebnis des Schiedsverfahrens getroffen hat.

b) Führt das ändernde Mitglied die geplante Änderung oder Rücknahme unter Mißachtung des Ergebnisses des Schiedsverfahrens durch, so kann ein betroffenes Mitglied, das an dem Schiedsverfahren beteiligt war, im wesentlichen gleichwertige Vergünstigungen in Übereinstimmung mit dem Ergebnis ändern oder zurücknehmen. Ungeachtet des Artikels II kann eine derartige Änderung oder Rücknahme nur in bezug auf das ändernde Mitglied durchgeführt werden.

(5) Der Rat für den Handel mit Dienstleistungen legt Verfahren zur Berichtigung oder Änderung von Listen fest. Ein Mitglied, das in seiner Liste aufgeführte Verpflichtungen nach diesem Artikel geändert oder zurückgenommen hat, hat seine Liste nach diesen Verfahren zu ändern.

Teil V. Institutionelle Bestimmungen

Art. XXII Konsultationen. (1) Jedes Mitglied wird die Möglichkeit von Konsultationen über Vorstellungen eines anderen Mitglieds zu irgendeiner Angelegenheit, welche die Anwendung dieses Übereinkommens betrifft, wohlwollend prüfen und angemessene Gelegenheit dazu geben. Für solche Konsultationen gilt die Vereinbarung über Streitbeilegung.

(2) Auf Antrag eines Mitglieds kann der Rat für den Handel mit Dienstleistungen oder das Streitbeilegungsgremium Konsultationen mit einem oder mehreren Mitgliedern über jede Angelegenheit führen, für die durch Konsultationen nach Absatz 1 keine zufriedenstellende Lösung gefunden werden konnte.

(3) Ein Mitglied kann sich weder nach diesem Artikel noch nach Artikel XXIII auf Artikel XVII bezüglich einer Maßnahme eines anderen Mitglieds berufen, die in den Geltungsbereich eines zwischen ihnen geschlossenen Abkommens zur Vermeidung der Doppelbesteuerung fällt. Bei Meinungsverschiedenheiten zwischen Mitgliedern darüber, ob eine Maßnahme in den Geltungsbereich eines derartigen zwischen ihnen geschlossenen Abkommens fällt, steht es jedem der Mitglieder frei, die Angelegenheit vor den Rat für den Handel mit Dienstleistungen zu bringen.[1] Der Rat unterbreitet die Angelegenheit einem Schiedsgericht. Die Entscheidung des Schiedsrichters ist endgültig und für die Mitglieder bindend.

Art. XXIII Streitbeilegung und Durchsetzung. (1) Sollte ein Mitglied der Auffassung sein, daß ein anderes Mitglied seine Pflichten oder seine spezifischen Verpflichtungen nach diesem Übereinkommen nicht erfüllt, so kann es sich mit dem Ziel, eine für beide Seiten befriedigende Lösung der Angelegenheft zu erreichen, auf die Vereinbarung über Streitbeilegung berufen.

(2) Ist das Streitbeilegungsgremium der Auffassung, daß die Umstände ernst genug sind, um einen solchen Schritt zu rechtfertigen, so kann es ein oder mehrere Mitglieder ermächtigen, die Anwendung dieser Pflichten und spezifischen Verpflichtungen gegenüber einem oder mehreren anderen Mitgliedern nach Artikel 22 der Vereinbarung über Streitbeilegung auszusetzen.

(3) Ist ein Mitglied der Auffassung, daß ihm ein Handelsvorteil, den es vernünftigerweise aufgrund einer spezifischen Verpflichtung eines anderen Mitglieds nach Teil III hätte erwarten können, als Ergebnis der Anwendung einer Maßnahme, die zu diesem Übereinkommen nicht in Widerspruch steht, zunichte gemacht oder geschmälert wird, so kann es sich auf die Vereinbarung über Streitbeilegung berufen. Stellt das Streitbeilegungsgremium fest, daß die Maßnahme einen solchen Handelsvorteil zunichte gemacht oder geschmälert hat, so hat das betroffene Mitglied Anspruch auf einen für beide Seiten befriedigenden Ausgleich auf der Grundlage des Artikels XXI Absatz 2, der die Änderung oder Rücknahme der Maßnahme einschließen kann. Falls die betref-

---

[1] *Im Fall von Abkommen zur* Vermeidung der Doppelbesteuerung, die bei Inkrafttreten des WTO-Übereinkommens bestehen, kann eine solche Angelegenheit nur mit Zustimmung der beiden Vertragsparteien eines solchen Abkommens vor den Rat für den Handel mit Dienstleistungen gebracht werden.

fenden Mitglieder kein Einvernehmen erzielen können, findet Artikel 22 der Vereinbarung über Streitbeilegung Anwendung.

Art. XXIV Rat für den Handel mit Dienstleistungen.

(1) Der Rat für den Handel mit Dienstleistungen nimmt die Aufgaben wahr, die ihm übertragen werden, um die Anwendung dieses Übereinkommens zu erleichtern und die Erreichung seiner Ziele zu fördern. Der Rat kann diejenigen nachgeordneten Gremien einsetzen, die er zur wirksamen Wahrnehmung seiner Aufgaben für geeignet erachtet.

(2) Die Teilnahme am Rat und, sofern der Rat nichts anderes beschließt, seinen nachgeordneten Gremien steht den Vertretern aller Mitglieder offen.

(3) Der Vorsitzende des Rates wird von den Mitgliedern gewählt.

Art. XXV Technische Zusammenarbeit. (1) Dienstleistungserbringer von Mitgliedern, die einer solchen Hilfe bedürfen, haben Zugang zu den Dienstleistungen der in Artikel IV Absatz 2 genannten Kontaktstellen.

(2) Technische Hilfe für Entwicklungsländer wird auf multilateraler Ebene vom Sekretariat geleistet und wird vom Rat für den Handel mit Dienstleistungen beschlossen.

Art. XXVI Beziehungen zu anderen internationalen Organisationen. Der Allgemeine Rat trifft geeignete Vorkehrungen für Konsultationen und Zusammenarbeit mit den Vereinten Nationen und ihren Sonderorganisationen sowie mit sonstigen mit Dienstleistungen befaßten zwischenstaatlichen Organisationen.

Teil VI. Schlußbestimmungen

Art. XXVII Entzug von Handelsvorteilen. Ein Mitglied kann die in diesem Übereinkommen vorgesehenen Handelsvorteile entziehen

a) in bezug auf die Erbringung einer Dienstleistung, wenn es nachweist, daß die betreffende Dienstleistung aus dem oder im Hoheitsgebiet eines Nichtmitglieds oder eines Mitglieds erbracht wird, auf welches das die Handelsvorteile entziehende Mitglied das WTO-Übereinkommen nicht anwendet;

b) im Fall der Erbringung einer Seeverkehrsdienstleistung, wenn es nachweist, daß die Dienstleistung erbracht wird von

i) einem Schiff, das nach den Gesetzen eines Nichtmitglieds oder eines Mitglieds, auf welches das die Handelsvorteile entziehende Mitglied das WTO-Übereinkommen nicht anwendet, registriert ist, und

ii) einer Person, die das Schiff ganz oder teilweise betreibt und/oder nutzt, die aber zu einem Nichtmitglied oder einem Mitglied gehört, auf welches das die Handelsvorteile entziehende Mitglied das WTO-Übereinkommens nicht anwendet;

c) gegenüber einem Dienstleistungserbringer in der Rechtsform einer juristischen Person, wenn es nachweist, daß dieser kein Dienstleistungserbringer eines anderen Mitglieds ist oder daß er ein Dienstleistungserbringer eines Mitglieds ist, auf welches das die Handelsvorteile entziehende Mitglied das WTO-Übereinkommen nicht anwendet.

Art. XXVIII Begriffsbestimmungen. Für die Zwecke dieses Übereinkommens

a) bedeutet der Begriff „Maßnahme" jede von einem Mitglied getroffene Maßnahme, unabhängig davon, ob sie in Form eines Gesetzes, einer sonstigen Vorschrift, einer Regel, eines Verfahrens, eines Beschlusses, eines Verwaltungshandelns oder in sonstiger Form getroffen wird;

b) umfaßt der Begriff „Erbringung einer Dienstleistung" die Produktion, den Vertrieb, die Vermarktung, den Verkauf und die Bereitstellung der Dienstleistung;

c) umfaßt der Begriff „den Handel mit Dienstleistungen betreffende Maßnahmen von Mitgliedern" Maßnahmen in bezug auf
   i) den Kauf, die Bezahlung oder die Nutzung einer Dienstleistung;
   ii) im Zusammenhang mit der Erbringung einer Dienstleistung den Zugang zu und die Nutzung von Dienstleistungen, die diese Mitglieder der Öffentlichkeit allgemein anbieten müssen;
   iii) die Präsenz – einschließlich der kommerziellen Präsenz – von Personen eines Mitglieds zur Erbringung einer Dienstleistung im Hoheitsgebiet eines anderen Mitglieds;

d) bedeutet der Begriff „kommerzielle Präsenz" jede Art geschäftlicher oder beruflicher Niederlassung durch – unter anderem –
   i) die Errichtung, den Erwerb oder die Fortführung einer juristischen Person oder
   ii) die Errichtung oder Fortführung einer Zweigstelle oder einer Repräsentanz

   im Hoheitsgebiet eines Mitglieds zum Zweck der Erbringung einer Dienstleistung;

e) bedeutet der Begriff „Sektor" einer Dienstleistung
   i) in bezug auf eine spezifische Verpflichtung einen oder mehrere oder alle Teilsektoren der betreffenden Dienstleistung gemäß der Aufstellung in der Liste eines Mitglieds;
   ii) in sonstiger Hinsicht die Gesamtheit des betreffenden Dienstleistungssektors einschließlich aller seiner Teilsektoren;

f) bedeutet der Begriff „Dienstleistung eines anderen Mitglieds" eine Dienstleistung, die erbracht wird

i) aus dem oder im Hoheitsgebiet des betreffenden anderen Mitglieds oder im Fall des Seeverkehrs von einem nach den Gesetzen des betreffenden anderen Mitglieds registrierten Schiff oder von einer Person des betreffenden anderen Mitglieds, welche die Dienstleistung durch den Betrieb oder durch vollständige oder teilweise Nutzung des Schiffes erbringt, oder

ii) im Fall der Erbringung einer Dienstleistung – durch kommerzielle Präsenz oder durch die Präsenz natürlicher Personen – durch einen Dienstleistungserbringer des betreffenden anderen Mitglieds;

g) bedeutet der Begriff „Erbringer einer Dienstleistung" eine Person, die eine Dienstleistung erbringt;[1)]

h) bedeutet der Begriff „Erbringer einer Dienstleistung mit Monopolstellung" eine öffentliche oder private Person, die auf dem betreffenden Markt des Hoheitsgebiets eines Mitglieds durch das betreffende Mitglied förmlich oder tatsächlich als alleiniger Erbringer der betreffenden Dienstleistung ermächtigt oder errichtet ist;

i) bedeutet der Begriff „Nutzer einer Dienstleistung" eine Person, die eine Dienstleistung in Anspruch nimmt oder nutzt;

j) bedeutet der Begriff „Person" entweder eine natürliche oder eine juristische Person;

k) bedeutet der Begriff „natürliche Person eines anderen Mitglieds" eine natürliche Person, die im Hoheitsgebiet des betreffenden anderen Mitglieds oder eines beliebigen anderen Mitglieds ansässig ist und die nach dem Recht des betreffenden anderen Mitglieds

i) Staatsangehöriger des betreffenden anderen Mitglieds ist oder

ii) ein Recht auf dauernden Aufenthalt in dem betreffenden anderen Mitglied genießt, sofern ein Mitglied

1. keine Staatsangehörigen hat oder
2. seinen dauerhaft Gebietsansässigen in bezug auf Maßnahmen, die den Handel mit Dienstleistungen betreffen und die in seiner Urkunde über die Annahme des WTO-Übereinkommens oder über seinen Beitritt dazu notifiziert sind, im wesentlichen dieselbe Behandlung wie seinen eigenen Staatsangehörigen gewährt, wobei jedoch kein Mitglied verpflichtet ist, solchen dauerhaft Gebietsansässigen eine günstigere Behandlung zu gewähren als die, die das betreffende andere Mitglied solchen dauerhaft Gebietsansässigen gewähren würde. Eine solche Notifikation enthält die Zusicherung, in bezug auf solche dauer-

---

[1)] Wird eine Dienstleistung nicht unmittelbar von einer juristischen Person, sondern durch andere Formen kommerzieller Präsenz wie zum Beispiel eine Zweigstelle oder eine Repräsentanz erbracht, so erhält der Dienstleistungserbringer (d. h. die juristische Person) durch eine solche Präsenz dennoch die Behandlung, die den Dienstleistungserbringern im Rahmen des Übereinkommens gewährt wird. Eine solche Behandlung wird der Präsenz zuteit, durch welche die Dienstleistung erbracht wird; sie braucht sonstigen Betriebsteilen des Erbringers, die außerhalb des Hoheitsgebiets ansässig sind, in dem die Dienstleistung erbracht wird, nicht gewährt zu werden.

haft Gebietsansässigen im Einklang mit den geltenden Gesetzen und sonstigen Vorschriften dieselbe Verantwortung zu übernehmen, die das betreffende andere Mitglied für seine Staatsangehörigen übernimmt;

l) bedeutet der Begriff juristische Person" eine nach geltendem Recht ordnungsgemäß gegründete oder anderweitig errichtete rechtsfähige Organisationseinheit unabhängig davon, ob sie der Gewinnerzielung dient oder nicht und ob sie sich in privatem oder staatlichem Eigentum befindet, einschließlich Kapitalgesellschaften, treuhänderisch tätige Einrichtungen, Personengesellschaften, Gemeinschaftsunternehmen, Einzeleigentümer oder Verbände;

m) bedeutet der Begriff juristische Person eines anderen Mitglieds" eine juristische Person, die entweder

i) nach dem Recht des betreffenden anderen Mitglieds gegründet oder anderweitig errichtet ist und die im Hoheitsgebiet des betreffenden Mitglieds oder eines anderen Mitglieds eine Geschäftstätigkeit von erheblichem Umfang ausübt oder

ii) im Fall der Erbringung einer Dienstleistung durch kommerzielle Präsenz

1. im Eigentum natürlicher Personen des betreffenden Mitglieds steht oder von ihnen beherrscht wird oder
2. im Eigentum juristischer Personen des betreffenden anderen Mitglieds im Sinne der Ziffer i steht oder von ihnen beherrscht wird;

n) eine juristische Person

i) steht „im Eigentum" von Personen eines Mitglieds, wenn sich mehr als 50 v. H. ihres Eigenkapitals im wirtschaftlichen Eigentum von Personen des betreffenden Mitglieds befinden;

ii) wird von Personen eines Mitglieds „beherrscht", wenn solche Personen befugt sind, die Mehrheit ihrer Direktoren zu benennen oder ihre Tätigkeit auf andere Weise rechtlich zu bestimmen;

iii) ist mit einer anderen Person „verbunden", wenn sie die betreffende andere Person beherrscht oder von ihr beherrscht wird oder wenn sie und die betreffende andere Person beide von derselben Person beherrscht werden;

o) umfaßt der Begriff „direkte Steuern" alle Steuern auf das Gesamteinkommen, auf das Gesamtkapital oder auf Teile des Einkommens oder des Kapitals einschließlich Steuern auf Gewinne aus der Veräußerung von Vermögen, Steuern auf Immobilienvermögen, Erbschaften und Schenkungen, Steuern auf die von Unternehmen gezahlte Gesamtlohn- oder -gehaltssumme sowie Steuern auf Wertsteigerungen des Kapitals.

Art. XXIX Anlagen. Die Anlagen dieses Übereinkommens sind ein wesentlicher Bestandteil des Übereinkommens.

Anlagen

(hier nicht abgedruckt, vgl. BGBl. 1994 II S. 1657 ff)

Anlage zu	Ausnahmen von Artikel II
Anlage zum	grenzüberschreitenden Verkehr natürlicher Personen, die im Rahmen des Übereinkommens Dienstleistungen erbringen
Anlage zu	Luftverkehrsdienstleistungen
Anlage zu	Finanzdienstleistungen
Zweite Anlage zu	Finanzdienstleistungen
Anlage zu	Verhandlungen über Seeverkehrsdienstleistungen
Anlage zur	Telekommunikation
Anlage zu	Verhandlungen über Basistelekommunikation

c) die Bereitstellung wirksamer und angemessener Mittel für die Durchsetzung handelsbezogener Rechte des geistigen Eigentums unter Berücksichtigung der Unterschiede in den Rechtssystemen der einzelnen Länder,

d) die Bereitstellung wirksamer und zügiger Verfahren für die multilaterale Vermeidung und Beilegung von Streitigkeiten zwischen Regierungen und

e) Übergangsregelungen, die auf eine möglichst umfassende Beteiligung an den Ergebnissen der Verhandlungen abzielen,

in Erkenntnis der Notwendigkeit eines multilateralen Rahmens von Grundsätzen, Regeln und Disziplinen betreffend den internationalen Handel mit gefälschten Waren,

in der Erkenntnis, daß Rechte an geistigem Eigentum private Rechte sind,

in Erkenntnis der dem öffentlichen Interesse dienenden grundsätzlichen Ziele der Systeme der einzelnen Länder für den Schutz des geistigen Eigentums, einschließlich der entwicklungs- und technologiepolitischen Ziele,

sowie in Erkenntnis der besonderen Bedürfnisse der am wenigsten entwickelten Länder, die Mitglieder sind, in bezug auf größtmögliche Flexibilität bei der Umsetzung von Gesetzen und sonstigen Vorschriften im Inland, um es ihnen zu ermöglichen, eine gesunde und tragfähige technologische Grundlage zu schaffen,

unter Betonung der Bedeutung des Abbaus von Spannungen durch die verstärkte Verpflichtung, Streitigkeiten betreffend handelsbezogene Fragen des geistigen Eigentums durch multilaterale Verfahren zu lösen,

in dem Wunsch, eine der gegenseitigen Unterstützung dienende Beziehung zwischen der Welthandelsorganisation und der Weltorganisation für geistiges Eigentum (in diesem Übereinkommen als „WIPO" bezeichnet) sowie anderen einschlägigen internationalen Organisationen aufzubauen –

kommen hiermit wie folgt überein:

Teil I. Allgemeine Bestimmungen und Grundprinzipien

Art. 1 Wesen und Umfang der Pflichten. (1) Die Mitglieder wenden die Bestimmungen dieses Übereinkommens an. Die Mitglieder dürfen in ihr Recht einen umfassenderen Schutz als den durch dieses Übereinkommen geforderten aufnehmen, vorausgesetzt, dieser Schutz läuft diesem Übereinkommen nicht zuwider, sie sind dazu aber nicht verpflichtet. Es steht den Mitgliedern frei, die für die Umsetzung dieses Übereinkommens in ihrem eigenen Rechtssystem und in ihrer Rechtspraxis geeignete Methode festzulegen.

(2) Der Begriff „geistiges Eigentum" im Sinne dieses Übereinkommens umfaßt alle Arten des geistigen Eigentums, die Gegenstand der Abschnitte 1 bis 7 des Teils II sind.

514. Übereinkommen über handelsbezogene Aspekte der Rechte des geistigen Eigentums (TRIPS)

Vom 15. April 1994

(BGBl. 1994 II S. 1730, ABl. EG 1994 L 336/214)

Inhaltsübersicht

Die Mitglieder –

von dem Wunsch geleitet, Verzerrungen und Behinderungen des internationalen Handels zu verringern, und unter Berücksichtigung der Notwendigkeit, einen wirksamen und angemessenen Schutz der Rechte des geistigen Eigentums zu fördern sowie sicherzustellen, daß die Maßnahmen und Verfahren zur Durchsetzung der Rechte des geistigen Eigentums nicht selbst zu Schranken für den rechtmäßigen Handel werden,

in der Erkenntnis, daß es zu diesem Zweck neuer Regeln und Disziplinen bedarf im Hinblick auf

a) die Anwendbarkeit der Grundprinzipien des GATT 1994 und der einschlägigen internationalen Übereinkünfte über geistiges Eigentum,

b) die Aufstellung angemessener Normen und Grundsätze betreffend die Verfügbarkeit, den Umfang und die Ausübung handelsbezogener Rechte des geistigen Eigentums,

(3) Die Mitglieder gewähren die in diesem Übereinkommen festgelegte Behandlung den Angehörigen der anderen Mitglieder.[1] In bezug auf das einschlägige Recht des geistigen Eigentums sind unter den Angehörigen anderer Mitglieder diejenigen natürlichen oder juristischen Personen zu verstehen, die den Kriterien für den Zugang zum Schutz nach der Pariser Verbandsübereinkunft (1967), der Berner Übereinkunft (1971), dem Rom-Abkommen und dem Vertrag über den Schutz des geistigen Eigentums im Hinblick auf integrierte Schaltkreise entsprächen, wenn alle Mitglieder der Welthandelsorganisation Vertragsparteien dieser Übereinkünfte wären.[2] Ein Mitglied, das von den in Artikel 5 Absatz 3 oder Artikel 6 Absatz 2 des Rom-Abkommens vorgesehenen Möglichkeiten Gebrauch macht, hat eine Notifikation gemäß den genannten Bestimmungen an den Rat für handelsbezogene Aspekte der Rechte des geistigen Eigentums (den „Rat für TRIPS") vorzunehmen.

Art. 2 Übereinkünfte über geistiges Eigentum. (1) In bezug auf die Teile II, III und IV dieses Übereinkommens befolgen die Mitglieder die Artikel 1 bis 12 sowie Artikel 19 der Pariser Verbandsübereinkunft (1967).

(2) Die in den Teilen I bis IV dieses Übereinkommens enthaltenen Bestimmungen setzen die nach der Pariser Verbandsübereinkunft, der Berner Übereinkunft, dem Rom-Abkommen und dem Vertrag über den Schutz des geistigen Eigentums im Hinblick auf integrierte Schaltkreise bestehenden Verpflichtungen der Mitglieder untereinander nicht außer Kraft.

Art. 3 Inländerbehandlung. (1) Die Mitglieder gewähren den Angehörigen der anderen Mitglieder eine Behandlung, die nicht weniger günstig ist als die, die sie ihren eigenen Angehörigen in bezug auf den Schutz[3] des geistigen Eigentums gewähren, vorbehaltlich der jeweils

---

[1] Soweit in diesem Übereinkommen der Begriff .Angehörige" verwendet wird, bedeutet dieser Begriff im Fall eines gesonderten Zollgebiets, das Mitglied der WTO ist, natürliche oder juristische Personen mit Wohnsitz oder einer wirklichen und tatsachlichen gewerblichen oder Handelsniederlassung in diesem Zollgebiet.

[2] In diesem Übereinkommen bedeutet „Pariser Verbandsübereinkunft" die Pariser Verbandsübereinkunft zum Schutz des gewerblichen Eigentums, „Pariser Verbandsübereinkunft (1967)" die Stockholmer Fassung dieser Übereinkunft vom 14. Juli 1967, „Berner Übereinkunft" die Berner Übereinkunft zum Schutz von Werken der Literatur und Kunst, „Berner Übereinkunft (1971)" die Pariser Fassung dieser Übereinkunft vom 24. Juli 1971, „Rom-Abkommen" das Internationale Abkommen über den Schutz der ausübenden Künstler, der *Hersteller von Tonträgern und der* Sendeuntemehmen, angenommen in Rom am 26. Oktober 1961, „Vertrag über den Schutz des geistigen Eigentums im Hinblick auf integrierte Schaltkreise" (IPIC-Vertrag) den am 26. Mai 1989 In Washington angenommenen Vertrag über den Schutz des geistigen Eigentums im Hinblick auf integrierte Schaltkreise, „WTO-Übereinkommen" das Übereinkommen zur Errichtung der Welthandelsorganisation.

[3] Im Sinne der Artikel 3 und 4 schließt „Schutz" Angelegenheiten ein, welche die Verfügbarkeit, den Erwerb, den Umfang, die Aufrechterhaltung und die Durchsetzung von Rechten des geistigen Eigentums betreffen, sowie diejenigen Angelegenheiten, welche die Ausübung von Rechten des geistigen Eigentums betreffen, die In diesem Übereinkommen ausdrücklich behandelt werden.

bereits in der Pariser Verbandsübereinkunft (1967), der Berner Übereinkunft (1971), dem Rom-Abkommen oder dem Vertrag über den Schutz des geistigen Eigentums im Hinblick auf integrierte Schaltkreise vorgesehenen Ausnahmen. In bezug auf ausübende Künstler, Hersteller von Tonträgern und Sendeunternehmen gilt diese Verpflichtung nur in bezug auf die durch dieses Übereinkommen vorgesehenen Rechte. Ein Mitglied, das von den in Artikel 6 der Berner Übereinkunft (1971) oder in Artikel 16 Absatz 1 Buchstabe b des Rom-Abkommens vorgesehenen Möglichkeiten Gebrauch macht, hat eine Notifikation gemäß den genannten Bestimmungen an den Rat für TRIPS vorzunehmen.

(2) Die Mitglieder dürfen in bezug auf Gerichts- und Verwaltungsverfahren, einschließlich der Bestimmung einer Anschrift für die Zustellung oder der Ernennung eines Vertreters innerhalb des Hoheitsgebiets eines Mitglieds, von den in Absatz 1 vorgesehenen Ausnahmen nur Gebrauch machen, wenn diese Ausnahmen notwendig sind, um die Einhaltung von Gesetzen und sonstigen Vorschriften sicherzustellen, die mit den Bestimmungen dieses Übereinkommens nicht unvereinbar sind, und wenn diese Praktiken nicht in einer Weise angewendet werden, die eine verschleierte Handelsbeschränkung bilden würde.

Art. 4 Meistbegünstigung. In bezug auf den Schutz des geistigen Eigentums werden Vorteile, Vergünstigungen, Sonderrechte und Befreiungen, die von einem Mitglied den Angehörigen eines anderen Landes gewährt werden, sofort und bedingungslos den Angehörigen aller anderen Mitglieder gewährt. Von dieser Verpflichtung ausgenommen sind von einem Mitglied gewährte Vorteile, Vergünstigungen, Sonderrechte und Befreiungen,

a) die sich aus internationalen Übereinkünften über Rechtshilfe oder Vollstreckung ableiten, die allgemeiner Art sind und sich nicht speziell auf den Schutz des geistigen Eigentums beschränken;

b) die gemäß den Bestimmungen der Berner Übereinkunft (1971) oder des Rom-Abkommens gewährt werden, in denen gestattet wird, daß die gewährte Behandlung nicht von der Inländerbehandlung, sondern von der in einem anderen Land gewährten Behandlung abhängig gemacht wird;

c) die sich auf die in diesem Übereinkommen nicht geregelten Rechte von ausübenden Künstlern, Herstellern von Tonträgern und Sendeunternehmen beziehen;

d) die sich aus internationalen Übereinkünften betreffend den Schutz des geistigen Eigentums ableiten, die vor dem Inkrafttreten des WTO-Übereinkommens in Kraft getreten sind, vorausgesetzt, daß diese Übereinkünfte dem Rat für TRIPS notifiziert werden und keine willkürliche oder ungerechtfertigte Diskriminierung von Angehörigen anderer Mitglieder darstellen.

Art. 5 Mehrseitige Übereinkünfte über den Erwerb oder die Aufrechterhaltung des Schutzes. Die in den Artikeln 3 und 4 aufgeführten Verpflichtungen finden keine Anwendung auf Verfahren, die in im Rahmen der Weltorganisation für geistiges Eigentum geschlossenen mehrseitigen Übereinkünften betreffend den Erwerb oder die Aufrechterhaltung von Rechten des geistigen Eigentums enthalten sind.

Art. 6 Erschöpfung. Für die Zwecke der Streitbeilegung im Rahmen dieses Übereinkommens darf vorbehaltlich der Artikel 3 und 4 dieses Übereinkommen nicht dazu verwendet werden, die Frage der Erschöpfung von Rechten des geistigen Eigentums zu behandeln.

Art. 7 Ziele. Der Schutz und die Durchsetzung von Rechten des geistigen Eigentums sollen zur Förderung der technischen Innovation sowie zur Weitergabe und Verbreitung von Technologie beitragen, dem beiderseitigen Vorteil der Erzeuger und Nutzer technischen Wissens dienen, in einer dem gesellschaftlichen und wirtschaftlichen Wohl zuträglichen Weise erfolgen und einen Ausgleich zwischen Rechten und Pflichten herstellen.

Art. 8 Grundsätze. (1) Die Mitglieder dürfen bei der Abfassung oder Änderung ihrer Gesetze und sonstigen Vorschriften die Maßnahmen ergreifen, die zum Schutz der öffentlichen Gesundheit und Ernährung sowie zur Förderung des öffentlichen Interesses in den für ihre sozio-ökonomische und technische Entwicklung lebenswichtigen Sektoren notwendig sind; jedoch müssen diese Maßnahmen mit diesem Übereinkommen vereinbar sein.

(2) Geeignete Maßnahmen, die jedoch mit diesem Übereinkommen vereinbar sein müssen, können erforderlich sein, um den Mißbrauch von Rechten des geistigen Eigentums durch die Rechtsinhaber oder den Rückgriff auf Praktiken, die den Handel unangemessen beschränken oder den internationalen Technologietransfer nachteilig beeinflussen, zu verhindern.

Teil II. Normen betreffend die Verfügbarkeit, den Umfang und die Ausübung von Rechten des geistigen Eigentums

Abschnitt 1. Urheberrecht und verwandte Schutzrechte

Art. 9 Verhältnis zur Berner Übereinkunft. (1) Die Mitglieder befolgen die Artikel 1 bis 21 der Berner Übereinkunft (1971) und den Anhang dazu. Die Mitglieder haben jedoch aufgrund dieses Übereinkommens keine Rechte oder Pflichten in bezug auf die in Artikel 6bis der Übereinkunft gewährten oder die daraus abgeleiteten Rechte.

(2) Der urheberrechtliche Schutz erstreckt sich auf Ausdrucksformen und nicht auf Ideen, Verfahren, Arbeitsweisen oder mathematische Konzepte als solche.

Art. 10 Computerprogramme und Zusammenstellungen von Daten. (1) Computerprogramme, gleichviel, ob sie in Quellcode oder in Maschinenprogrammcode ausgedrückt sind, werden als Werke der Literatur nach der Berner Übereinkunft (1971) geschützt.

(2) Zusammenstellungen von Daten oder sonstigem Material, gleichviel, ob in maschinenlesbarer oder anderer Form, die aufgrund der Auswahl oder Anordnung ihres Inhalts geistige Schöpfungen bilden, werden als solche geschützt. Dieser Schutz, der sich nicht auf die Daten oder das Material selbst erstreckt, gilt unbeschadet eines an den Daten oder dem Material selbst bestehenden Urheberrechts.

Art. 11 Vermietrechte. Zumindest in bezug auf Computerprogramme und Filmwerke gewähren die Mitglieder den Urhebern und ihren Rechtsnachfolgern das Recht, die gewerbliche Vermietung von Originalen oder Vervielfältigungsstücken ihrer urheberrechtlich geschützten Werke an die Öffentlichkeit zu gestatten oder zu verbieten. Ein Mitglied ist in bezug auf Filmwerke von dieser Pflicht befreit, es sei denn, diese Vermietung hat zu weit verbreiteter Vervielfältigung dieser Werke geführt, die das den Urhebern und ihren Rechtsnachfolgern in diesem Mitglied gewährte ausschließliche Vervielfältigungsrecht erheblich beeinträchtigt. In bezug auf Computerprogramme findet diese Verpflichtung keine Anwendung auf Vermietungen, bei denen das Programm selbst nicht der wesentliche Gegenstand der Vermietung ist.

Art. 12 Schutzdauer. Wird die Dauer des Schutzes eines Werkes, das kein photographisches Werk und kein Werk der angewandten Kunst ist, auf einer anderen Grundlage als der Lebensdauer einer natürlichen Person berechnet, so darf die Schutzdauer nicht weniger als 50 Jahre ab dem Ende des Kalenderjahrs der gestatteten Veröffentlichung und, wenn es innerhalb von 50 Jahren ab der Herstellung des Werkes zu keiner gestatteten Veröffentlichung kommt, nicht weniger als 50 Jahre ab dem Ende des Kalenderjahrs der Herstellung betragen.

Art. 13 Beschränkungen und Ausnahmen. Die Mitglieder begrenzen Beschränkungen und Ausnahmen von ausschließlichen Rechten auf bestimmte Sonderfälle, die weder die normale Auswertung des Werkes beeinträchtigen noch die berechtigten Interessen des Rechtsinhabers unzumutbar verletzen.

Art. 14 Schutz von ausübenden Künstlern, Herstellern von Tonträgern (Tonaufnahmen) und Sendeunternehmen. (1) In bezug auf die Festlegung ihrer Darbietung auf einem Tonträger haben ausübende Künstler die Möglichkeit, folgende Handlungen zu verhindern, wenn diese ohne ihre Erlaubnis vorgenommen werden: die Festlegung ihrer nicht festgelegten Darbietung und die Vervielfältigung einer solchen Festlegung. Ausübende Künstler haben auch die Möglichkeit, folgende Handlungen zu verhindern, wenn diese ohne ihre

Erlaubnis vorgenommen werden: die Funksendung auf drahtlosem Weg und die öffentliche Wiedergabe ihrer lebenden Darbietung.

(2) Die Hersteller von Tonträgern haben das Recht, die unmittelbare oder mittelbare Vervielfältigung ihrer Tonträger zu gestatten oder zu verbieten.

(3) Sendeunternehmen haben das Recht, folgende Handlungen zu verbieten, wenn diese ohne ihre Erlaubnis vorgenommen werden: die Festlegung, die Vervielfältigung von Festlegungen und die drahtlose Weitersendung von Funksendungen sowie die öffentliche Wiedergabe von Fernsehsendungen solcher Funksendungen. Mitglieder, die den Sendeunternehmen solche Rechte nicht gewähren, müssen den Inhabern des Urheberrechts an dem Gegenstand von Funksendungen die Möglichkeit gewähren, die genannten Handlungen vorbehaltlich der Berner Übereinkunft (1971) zu verhindern.

(4) Die Bestimmungen des Artikels 11 betreffend Computerprogramme gelten, wie im innerstaatlichen Recht des Mitglieds bestimmt, sinngemäß auch für Hersteller von Tonträgern und sonstige Inhaber der Rechte an Tonträgern. Ist am 15. April 1994 in einem Mitglied ein System der angemessenen Vergütung für die Inhaber von Rechten in bezug auf die Vermietung von Tonträgern in Kraft, so kann das Mitglied dieses System beibehalten, sofern die gewerbliche Vermietung von Tonträgern die ausschließlichen Vervielfältigungsrechte der Rechtsinhaber nicht erheblich beeinträchtigt.

(5) Die nach diesem Übereinkommen ausübenden Künstlern und Herstellern von Tonträgern gewährte Schutzdauer läuft mindestens bis zum Ende eines Zeitraums von 50 Jahren, gerechnet ab dem Ende des Kalenderjahrs, in dem die Festlegung vorgenommen wurde oder die Darbietung stattgefunden hat. Die Dauer des nach Absatz 3 gewährten Schutzes beträgt mindestens 20 Jahre ab dem Ende des Kalenderjahrs, in dem die Funksendung stattgefunden hat.

(6) Die Mitglieder können in bezug auf die nach den Absätzen 1, 2 und 3 gewährten Rechte in dem durch das Rom-Abkommen gestatteten Umfang Bedingungen, Beschränkungen, Ausnahmen und Vorbehalte vorsehen. Jedoch findet Artikel 18 der Berner Übereinkunft (1971) sinngemäß auch auf die Rechte der ausübenden Künstler und der Hersteller von Tonträgern an Tonträgern Anwendung.

Abschnitt 2. Marken

Art. 15 Gegenstand des Schutzes. (1) Alle Zeichen und alle Zeichenkombinationen, die geeignet sind, die Waren oder Dienstleistungen eines Unternehmens von denen anderer Unternehmen zu unterscheiden, können eine Marke darstellen. Solche Zeichen, insbesondere Wörter einschließlich Personennamen, Buchstaben, Zahlen, Abbildungen und Farbverbindungen, sowie alle Verbindungen solcher Zeichen sind als Marken eintragungsfähig. Sind Zeichen nicht ihrer Natur nach geeignet, die betreffenden Waren oder Dienstleistungen zu unterscheiden, so können die Mitglieder ihre Eintragungsfähigkeit von ihrer durch Benutzung erworbenen Unterscheidungskraft abhängig machen. Die Mitglieder können die visuelle Wahrnehmbarkeit von Zeichen als Eintragungsvoraussetzung festlegen.

(2) Absatz 1 ist nicht so zu verstehen, daß er ein Mitglied daran hindert, die Eintragung einer Marke aus anderen Gründen zu verweigern, wenn diese nicht im Widerspruch zu der Pariser Verbandsübereinkunft (1967) stehen.

(3) Die Mitglieder können die Eintragungsfähigkeit von der Benutzung abhängig machen. Die tatsächliche Benutzung einer Marke darf jedoch keine Voraussetzung für die Einreichung eines Antrags auf Eintragung sein. Ein Antrag darf nicht allein aus dem Grund abgelehnt werden, daß die beabsichtigte Benutzung nicht vor Ablauf einer Frist von drei Jahren, gerechnet ab dem Tag der Antragstellung, stattgefunden hat.

(4) Die Art der Waren oder Dienstleistungen, für die eine Marke verwendet werden soll, darf keinesfalls ein Hindernis für die Eintragung der Marke bilden.

(5) Die Mitglieder veröffentlichen alle Marken entweder vor ihrer Eintragung oder sofort nach ihrer Eintragung und sehen eine angemessene Gelegenheit für Anträge auf Löschung der Eintragung vor. Darüber hinaus können die Mitglieder die Gelegenheit vorsehen, gegen die Eintragung einer Marke Widerspruch einzulegen.

Art. 16 Rechte aus der Marke. (1) Dem Inhaber einer eingetragenen Marke steht das ausschließliche Recht zu, Dritten zu verbieten, ohne seine Zustimmung im geschäftlichen Verkehr identische oder ähnliche Zeichen für Waren oder Dienstleistungen, die identisch oder ähnlich denen sind, für welche die Marke eingetragen ist, zu benutzen, wenn diese Benutzung die Gefahr von Verwechslungen nach sich ziehen würde. Bei der Benutzung identischer Zeichen für identische Waren oder Dienstleistungen wird die Verwechslungsgefahr vermutet. Die vorstehend beschriebenen Rechte beeinträchtigen bestehende ältere Rechte nicht; sie beeinträchtigen auch nicht die Möglichkeit, daß die Mitglieder Rechte aufgrund von Benutzung vorsehen.

(2) Artikel 6bis der Pariser Verbandsübereinkunft (1967) findet sinngemäß auf Dienstleistungen Anwendung. Bei der Bestimmung, ob eine Marke notorisch bekannt ist, berücksichtigen die Mitglieder die Bekanntheit der Marke im maßgeblichen Teil der Öffentlichkeit, einschließlich der Bekanntheit der Marke im betreffenden Mitglied, die aufgrund der Werbung für die Marke erreicht wurde.

(3) Artikel 6bis der Pariser Verbandsübereinkunft (1967) findet sinngemäß auf Waren oder Dienstleistungen Anwendung, die denen nicht *ähnlich sind,* für die eine Marke eingetragen ist, wenn die Benutzung der betreffenden Marke im Zusammenhang mit diesen Waren oder Dienstleistungen auf eine Verbindung zwischen diesen Waren oder

Dienstleistungen und dem Inhaber der eingetragenen Marke hinweisen würde und wenn den Interessen des Inhabers der eingetragenen Marke durch eine solche Benutzung wahrscheinlich Schaden zugefügt würde.

Art. 17 Ausnahmen. Die Mitglieder können begrenzte Ausnahmen von den Rechten aus einer Marke vorsehen, wie etwa eine lautere Benutzung beschreibender Angaben, wenn diese Ausnahmen die berechtigten Interessen des Inhabers der Marke und Dritter berücksichtigen.

Art. 18 Schutzdauer. Die Laufzeit der ursprünglichen Eintragung und jeder Verlängerung der Eintragung einer Marke beträgt mindestens sieben Jahre. Die Eintragung einer Marke kann unbegrenzt verlängert werden.

Art. 19 Erfordernis der Benutzung. (1) Wenn die Benutzung für die Aufrechterhaltung einer Eintragung vorausgesetzt wird, darf die Eintragung erst nach einem ununterbrochenen Zeitraum der Nichtbenutzung von mindestens drei Jahren gelöscht werden, sofern der Inhaber der Marke nicht auf das Vorhandensein von Hindernissen für eine solche Benutzung gestützte triftige Gründe nachweist. Umstände, die unabhängig vom Willen des Inhabers der Marke eintreten und die ein Hindernis für die Benutzung der Marke bilden, wie zum Beispiel Einfuhrbeschränkungen oder sonstige staatliche Auflagen für durch die Marke geschützte Waren oder Dienstleistungen, werden als triftige Gründe für die Nichtbenutzung anerkannt.

(2) Die Benutzung einer Marke durch einen Dritten wird als Benutzung der Marke zum Zweck der Erhaltung der Eintragung anerkannt, wenn sie der Kontrolle durch ihren Inhaber unterliegt.

Art. 20 Sonstige Erfordernisse. Die Benutzung einer Marke im geschäftlichen Verkehr darf nicht ungerechtfertigt durch besondere Erfordernisse erschwert werden, wie die Benutzung zusammen mit einer anderen Marke, die Benutzung in einer besonderen Form oder die Benutzung in einer Weise, die ihre Fähigkeit beeinträchtigt, die Waren oder Dienstleistungen eines Unternehmens von denen anderer Unternehmen zu unterscheiden. Dies schließt die Verpflichtung nicht aus, die Marke, welche das die Waren oder Dienstleistungen herstellende Unternehmen kennzeichnet, zusammen, aber ohne Verknüpfung, mit der Marke zu benutzen, welche die konkret betroffenen Waren oder Dienstleistungen dieses Unternehmens unterscheidet.

Art. 21 Lizenzen und Übertragungen. Die Mitglieder können die Bedingungen für die Vergabe von Lizenzen und für die Übertragung von Marken festlegen, wobei davon ausgegangen wird, daß die Zwangslizenzierung von Marken nicht zulässig ist und daß der Inhaber einer eingetragenen Marke berechtigt ist, seine Marke mit oder ohne den Geschäftsbetrieb, zu dem die Marke gehört, zu übertragen.

Abschnitt 3. Geographische Angaben

Art. 22 Schutz geographischer Angaben. (1) Geographische Angaben im Sinne dieses Übereinkommens sind Angaben, die eine Ware als aus dem Hoheitsgebiet eines Mitglieds oder aus einer Gegend oder aus einem Ort in diesem Gebiet stammend kennzeichnen, wenn eine bestimmte Qualität, der Ruf oder eine sonstige Eigenschaft der Ware im wesentlichen auf ihrer geographischen Herkunft beruht.

(2) In bezug auf geographische Angaben bieten die Mitglieder den beteiligten Parteien die rechtlichen Mittel für ein Verbot

a) der Benutzung irgendeines Mittels in der Bezeichnung oder Aufmachung einer Ware, das auf eine das Publikum hinsichtlich der geographischen Herkunft der Ware irreführende Weise angibt oder nahelegt, daß die fragliche Ware ihren Ursprung in einem anderen geographischen Gebiet als dem wahren Ursprungsort hat;

b) jeder Benutzung, die eine unlautere Wettbewerbshandlung im Sinne des Artikels 10bis der Pariser Verbandsübereinkunft (1967) darstellt.

(3) Die Mitglieder weisen von Amts wegen, sofern ihr Recht dies erlaubt, oder auf Antrag einer beteiligten Partei die Eintragung einer Marke, die eine geographische Angabe enthält oder aus ihr besteht, für Waren, die ihren Ursprung nicht in dem angegebenen Hoheitsgebiet haben, zurück oder erklären sie für ungültig, wenn die Benutzung der Angabe in der Marke für solche Waren in diesem Mitglied derart ist, daß das Publikum hinsichtlich des wahren Ursprungsorts irregeführt wird.

(4) Der Schutz nach den Absätzen 1, 2 und 3 ist auch gegen eine geographische Angabe anwendbar, die zwar in bezug auf das Hoheitsgebiet, die Gegend oder den Ort, aus dem die Waren stammen, tatsächlich zutreffend ist, aber dem Publikum gegenüber fälschlich die Herkunft der Waren aus einem anderen Hoheitsgebiet darstellt.

Art. 23 Zusätzlicher Schutz für geographische Angaben für Weine und Spirituosen. (1) Die Mitglieder bieten beteiligten Parteien die rechtlichen Mittel für ein Verbot der Verwendung geographischer Angaben zur Kennzeichnung von Weinen für Weine, die ihren Ursprung nicht an dem durch die fragliche geographische Angabe bezeichneten Ort haben, oder zur Kennzeichnung von Spirituosen für Spirituosen, die ihren Ursprung nicht an dem durch die fragliche geographische Angabe bezeichneten Ort haben, selbst wenn der wahre Ursprung der Waren angegeben oder die geographische Angabe in Übersetzung oder zusammen mit Ausdrücken wie „Art", „Typ", „Stil", „Imitation" oder dergleichen benutzt wird.[1]

(2) Die Eintragung einer Marke, die eine geographische Angabe enthält oder aus ihr besteht, durch die Weine gekennzeichnet werden, für

[1] Ungeachtet des Artikels 42 Satz 1 sind die Mitglieder befugt, in bezug auf diese Verpflichtungen statt dessen die Durchsetzung durch Verwaltungsmaßnahmen vorzusehen.

Weine oder die Eintragung einer Marke, die eine geographische Angabe enthält oder aus ihr besteht, durch die Spirituosen gekennzeichnet werden, für Spirituosen, wird in bezug auf solche Weine oder Spirituosen, die diesen Ursprung nicht haben, von Amts wegen, wenn das Recht eines Mitglieds dies erlaubt, oder auf Antrag einer beteiligten Partei zurückgewiesen oder für ungültig erklärt.

(3) Im Fall homonymer geographischer Angaben für Weine wird vorbehaltlich des Artikels 22 Absatz 4 jeder Angabe Schutz gewährt. Jedes Mitglied legt die praktischen Bedingungen fest, unter denen die fraglichen homonymen Angaben voneinander unterschieden werden, wobei die Notwendigkeit berücksichtigt wird, sicherzustellen, daß die betroffenen Erzeuger angemessen behandelt und die Verbraucher nicht irregeführt werden.

(4) Um den Schutz geographischer Angaben für Weine zu erleichtern, werden im Rat für TRIPS Verhandlungen über die Errichtung eines mehrseitigen Systems der Notifikation und Eintragung geographischer Angaben für Weine, die in den an dem System beteiligten Mitgliedern schutzfähig sind, geführt.

Art. 24 Internationale Verhandlungen; Ausnahmen. (1) Die Mitglieder vereinbaren, in Verhandlungen einzutreten, die darauf abzielen, den Schutz einzelner geographischer Angaben nach Artikel 23 zu stärken. Die Absätze 4 bis 8 dürfen von einem Mitglied nicht dazu verwendet werden, die Führung von Verhandlungen oder den Abschluß zweiseitiger oder mehrseitiger Übereinkünfte zu verweigern. Im Rahmen solcher Verhandlungen sind die Mitglieder bereit, die weitere Anwendbarkeit dieser Bestimmungen auf einzelne geographische Angaben, deren Benutzung Gegenstand solcher Verhandlungen war, in Betracht zu ziehen.

(2) Der Rat für TRIPS überprüft laufend die Anwendung dieses Abschnitts; die erste Überprüfung findet innerhalb von zwei Jahren nach Inkrafttreten des WTO-Übereinkommens statt. Alle Angelegenheiten, welche die Erfüllung der sich aus diesen Bestimmungen ergebenden Pflichten betreffen, können dem Rat zur Kenntnis gebracht werden, der sich auf Ersuchen eines Mitglieds mit einem oder mehreren Mitgliedern in bezug auf eine solche Angelegenheit berät, hinsichtlich deren es nicht möglich war, durch zweiseitige oder mehrseitige Konsultationen zwischen den betroffenen Mitgliedern eine befriedigende Lösung zu finden. Der Rat ergreift die vereinbarten Maßnahmen, um die Anwendung dieses Abschnitts zu erleichtern und seine Ziele zu fördern.

(3) Bei der Umsetzung dieses Abschnitts vermindern die Mitglieder nicht den Schutz geographischer Angaben, der in dem jeweiligen Mitglied unmittelbar vor dem Zeitpunkt des Inkrafttretens des WTO-Übereinkommens gegeben war.

(4) Dieser Abschnitt verpflichtet die Mitglieder nicht, die fortgesetzte und gleichartige Benutzung einer bestimmten geographischen An-

gabe eines anderen Mitglieds zu verbieten, durch die Weine oder Spirituosen im Zusammenhang mit Waren oder Dienstleistungen durch seine Angehörigen oder Personen, die in dem Land ihren Wohnsitz haben, gekennzeichnet werden, wenn sie diese geographische Angabe laufend für dieselben oder verwandte Waren oder Dienstleistungen im Hoheitsgebiet dieses Mitglieds entweder a) mindestens zehn Jahre lang vor dem 15. April 1994 oder b) gutgläubig vor diesem Tag benutzt haben.

(5) Wenn entweder

a) vor dem Zeitpunkt der Anwendung dieser Bestimmungen in einem Mitglied gemäß Teil VI oder

b) bevor die geographische Angabe in ihrem Ursprungsland geschützt wird,

eine Marke gutgläubig angemeldet oder eingetragen wurde oder Rechte an einer Marke durch gutgläubige Benutzung erworben wurden, beeinträchtigen zur Umsetzung dieses Abschnitts ergriffene Maßnahmen nicht die Eintragungsfähigkeit oder die Gültigkeit der Eintragung einer Marke oder das Recht zur Benutzung einer Marke aufgrund der Tatsache, daß eine solche Marke mit einer geographischen Angabe identisch oder ihr ähnlich ist.

(6) Dieser Abschnitt verpflichtet die Mitglieder nicht, ihre Bestimmungen in bezug auf eine geographische Angabe eines anderen Mitglieds in bezug auf Waren oder Dienstleistungen anzuwenden, für die diese Angabe identisch mit dem Begriff ist, der in der allgemeinen Sprache der übliche Name solcher Waren oder Dienstleistungen im Hoheitsgebiet dieses Mitglieds ist. Dieser Abschnitt verpflichtet die Mitglieder nicht, ihre Bestimmungen in bezug auf eine geographische Angabe eines anderen Mitglieds in bezug auf Erzeugnisse des Weinbaus anzuwenden, für die diese Angabe identisch mit dem üblichen Namen einer Rebsorte ist, die im Hoheitsgebiet dieses Mitglieds zum Zeitpunkt des Inkrafttretens des WTO-Übereinkommens vorhanden ist.

(7) Jedes Mitglied kann vorsehen, daß ein nach diesem Abschnitt im Zusammenhang mit der Benutzung oder Eintragung einer Marke gestellter Antrag innerhalb von fünf Jahren, nachdem die entgegenstehende Benutzung der geschützten Angabe in diesem Mitglied allgemein bekannt geworden ist oder nach dem Tag der Eintragung der Marke in diesem Mitglied, sofern die Marke zu diesem Zeitpunkt veröffentlicht ist, wenn dieser Zeitpunkt vor dem Tag liegt, an dem die entgegenstehende Benutzung in diesem Mitglied allgemein bekannt geworden ist, eingereicht werden muß, sofern die geographische Angabe nicht bösgläubig benutzt oder eingetragen wird.

(8) Dieser Abschnitt beeinträchtigt nicht das Recht einer Person, im geschäftlichen Verkehr ihren Namen oder den Namen ihres Geschäftsvorgängers zu benutzen, sofern dieser Name nicht in einer das Publikum irreführenden Weise benutzt wird.

(9) Dieses Übereinkommen begründet keine Verpflichtung, geographische Angaben zu schützen, die in ihrem Ursprungsland nicht oder

nicht mehr geschützt sind oder die in diesem Land außer Gebrauch gekommen sind.

Abschnitt 4. Gewerbliche Muster und Modelle

Art. 25 Schutzvoraussetzungen. (1) Die Mitglieder sehen den Schutz unabhängig geschaffener gewerblicher Muster und Modelle vor, die neu sind oder Eigenart haben. Die Mitglieder können bestimmen, daß Muster oder Modelle nicht neu sind oder keine Eigenart haben, wenn sie sich von bekannten Mustern oder Modellen oder Kombinationen bekannter Merkmale von Mustern oder Modellen nicht wesentlich unterscheiden. Die Mitglieder können bestimmen, daß sich dieser Schutz nicht auf Muster oder Modelle erstreckt, die im wesentlichen aufgrund technischer oder funktionaler Überlegungen vorgegeben sind.

(2) Jedes Mitglied stellt sicher, daß die Voraussetzungen für die Gewährung des Schutzes von Textilmustern, insbesondere hinsichtlich Kosten, Prüfung oder Bekanntmachung, die Möglichkeit, diesen Schutz zu begehren und zu erlangen, nicht unangemessen beeinträchtigen. Es steht den Mitgliedern frei, dieser Verpflichtung durch musterrechtliche oder urheberrechtliche Bestimmungen nachzukommen.

Art. 26 Schutz. (1) Der Inhaber eines geschützten gewerblichen Musters oder Modells ist berechtigt, Dritten zu verbieten, ohne seine Zustimmung Gegenstände herzustellen, zu verkaufen oder einzuführen, die ein Muster oder Modell tragen oder in die ein Muster oder Modell aufgenommen wurde, das eine Nachahmung oder im wesentlichen eine Nachahmung des geschützten Musters oder Modells ist, wenn diese Handlungen zu gewerblichen Zwecken vorgenommen werden.

(2) Die Mitglieder können begrenzte Ausnahmen vom Schutz gewerblicher Muster und Modelle vorsehen, sofern solche Ausnahmen nicht unangemessen im Widerspruch zur normalen Verwertung geschützter gewerblicher Muster oder Modelle stehen und die berechtigten Interessen des Inhabers des geschützten Musters oder Modells nicht unangemessen beeinträchtigen, wobei auch die berechtigten Interessen Dritter zu berücksichtigen sind.

(3) Die erhältliche Schutzdauer beträgt mindestens zehn Jahre.

Abschnitt 5. Patente

Art. 27 Patentfähige Gegenstände. (1) Vorbehaltlich der Absätze 2 und 3 ist vorzusehen, daß Patente für Erfindungen auf allen Gebieten der Technik erhältlich sind, sowohl für Erzeugnisse als auch für Verfahren, vorausgesetzt, daß sie neu sind, auf einer erfinderischen Tätigkeit beruhen und gewerblich anwendbar sind.[1] Vorbehaltlich des Arti-

[1] Im Sinn dieses Artikels kann ein Mitglied die Begriffe „erfinderische Tätigkeit“ und „gewerblich anwendbar“ als Synonyme der Begriffe „nicht naheliegend“ beziehungsweise „nützlich“ auffassen.

kels 65 Absatz 4, des Artikels 70 Absatz 8 und des Absatzes 3 dieses Artikels sind Patente erhältlich und können Patentrechte ausgeübt werden, ohne daß hinsichtlich des Ortes der Erfindung, des Gebiets der Technik oder danach, ob die Erzeugnisse eingeführt oder im Land hergestellt werden, diskriminiert werden darf.

(2) Die Mitglieder können Erfindungen von der Patentierbarkeit ausschließen, wenn die Verhinderung ihrer gewerblichen Verwertung innerhalb ihres Hoheitsgebiets zum Schutz der öffentlichen Ordnung oder der guten Sitten einschließlich des Schutzes des Lebens oder der Gesundheit von Menschen, Tieren oder Pflanzen oder zur Vermeidung einer ernsten Schädigung der Umwelt notwendig ist, vorausgesetzt, daß ein solcher Ausschluß nicht nur deshalb vorgenommen wird, weil die Verwertung durch ihr Recht verboten ist.

(3) Die Mitglieder können von der Patentierbarkeit auch ausschließen

a) diagnostische, therapeutische und chirurgische Verfahren für die Behandlung von Menschen oder Tieren;

b) Pflanzen und Tiere, mit Ausnahme von Mikroorganismen, und im wesentlichen biologische Verfahren für die Züchtung von Pflanzen oder Tieren mit Ausnahme von nicht-biologischen und mikrobiologischen Verfahren. Die Mitglieder sehen jedoch den Schutz von Pflanzensorten entweder durch Patente oder durch ein wirksames System sui generis oder durch eine Kombination beider vor. Die Bestimmungen dieses Buchstabens werden vier Jahre nach dem Inkrafttreten des WTO-Übereinkommens überprüft.

Art. 28 Rechte aus dem Patent. (1) Ein Patent gewährt seinem Inhaber die folgenden ausschließlichen Rechte:

a) wenn der Gegenstand des Patents ein Erzeugnis ist, es Dritten zu verbieten, ohne die Zustimmung des Inhabers folgende Handlungen vorzunehmen: Herstellung, Gebrauch, Anbieten zum Verkauf, Verkauf oder diesen Zwecken dienende Einfuhr[1] dieses Erzeugnisses;

b) wenn der Gegenstand des Patents ein Verfahren ist, es Dritten zu verbieten, ohne die Zustimmung des Inhabers das Verfahren anzuwenden und folgende Handlungen vorzunehmen: Gebrauch, Anbieten zum Verkauf, Verkauf oder Einfuhr zu diesen Zwecken zumindest in bezug auf das unmittelbar durch dieses Verfahren gewonnene Erzeugnis.

(2) Der Patentinhaber hat auch das Recht, das Patent rechtsgeschäftlich oder im Weg der Rechtsnachfolge zu übertragen und Lizenzverträge abzuschließen.

Art. 29 Bedingungen für Patentanmelder. (1) Die Mitglieder sehen vor, daß der Anmelder eines Patents die Erfindung so deutlich

[1] Dieses Recht unterliegt ebenso wie alle sonstigen nach diesem Übereinkommen gewährten Rechte in bezug auf Gebrauch, Verkauf, Einfuhr oder sonstigen Vertrieb von Waren Artikel 6.

und vollständig zu offenbaren hat, daß ein Fachmann sie ausführen kann, und können vom Anmelder verlangen, die dem Erfinder am Anmeldetag oder, wenn eine Priorität in Anspruch genommen wird, am Prioritätstag bekannte beste Art der Ausführung der Erfindung anzugeben.

(2) Die Mitglieder können vom Anmelder eines Patents verlangen, Angaben über seine entsprechenden ausländischen Anmeldungen und Erteilungen vorzulegen.

Art. 30 Ausnahmen von den Rechten aus dem Patent. Die Mitglieder können begrenzte Ausnahmen von den ausschließlichen Rechten aus einem Patent vorsehen, sofern solche Ausnahmen nicht unangemessen im Widerspruch zur normalen Verwertung des Patents stehen und die berechtigten Interessen des Inhabers des Patents nicht unangemessen beeinträchtigen, wobei auch die berechtigten Interessen Dritter zu berücksichtigen sind.

Art. 31 Sonstige Benutzung ohne Zustimmung des Rechtsinhabers. Läßt das Recht eines Mitglieds die sonstige Benutzung[1)] des Gegenstands eines Patents ohne die Zustimmung des Rechtsinhabers zu, einschließlich der Benutzung durch die Regierung oder von der Regierung ermächtigte Dritte, so sind folgende Bestimmungen zu beachten:

a) die Erlaubnis zu einer solchen Benutzung wird aufgrund der Umstände des Einzelfalls geprüft;

b) eine solche Benutzung darf nur gestattet werden, wenn vor der Benutzung derjenige, der die Benutzung plant, sich bemüht hat, die Zustimmung des Rechtsinhabers zu angemessenen geschäftsüblichen Bedingungen zu erhalten, und wenn diese Bemühungen innerhalb einer angemessenen Frist erfolglos geblieben sind. Auf dieses Erfordernis kann ein Mitglied verzichten, wenn ein nationaler Notstand oder sonstige Umstände von äußerster Dringlichkeit vorliegen oder wenn es sich um eine öffentliche, nicht gewerbliche Benutzung handelt. Bei Vorliegen eines nationalen Notstands oder sonstiger Umstände von äußerster Dringlichkeit ist der Rechtsinhaber gleichwohl so bald wie zumutbar und durchführbar zu verständigen. Wenn im Fall öffentlicher, nicht gewerblicher Benutzung die Regierung oder der Unternehmer, ohne eine Patentrecherche vorzunehmen, weiß oder nachweisbaren Grund hat zu wissen, daß ein gültiges Patent von der oder für die Regierung benutzt wird oder werden wird, ist der Rechtsinhaber umgehend zu unterrichten;

c) Umfang und Dauer einer solchen Benutzung sind auf den Zweck zu begrenzen, für den sie gestattet wurde, und im Fall der Halbleitertechnik kann sie nur für den öffentlichen, nicht gewerblichen

1) Mit „sonstiger Benutzung“ ist eine andere als die nach Artikel 30 erlaubte Benutzung gemeint.

Gebrauch oder zur Beseitigung einer in einem Gerichts- oder Verwaltungsverfahren festgestellten wettbewerbswidrigen Praktik vorgenommen werden;

d) eine solche Benutzung muß nicht ausschließlich sein;

e) eine solche Benutzung kann nur zusammen mit dem Teil des Unternehmens oder des Goodwill, dem diese Benutzung zusteht, übertragen werden;

f) eine solche Benutzung ist vorwiegend für die Versorgung des Binnenmarkts des Mitglieds zu gestatten, das diese Benutzung gestattet;

g) die Gestattung einer solchen Benutzung ist vorbehaltlich eines angemessenen Schutzes der berechtigten Interessen der zu ihr ermächtigten Personen zu beenden, sofern und sobald die Umstände, die zu ihr geführt haben, nicht mehr vorliegen und wahrscheinlich nicht wieder eintreten werden. Die zuständige Stelle muß die Befugnis haben, auf begründeten Antrag hin die Fortdauer dieser Umstände zu überprüfen;

h) dem Rechtsinhaber ist eine nach den Umständen des Falles angemessene Vergütung zu leisten, wobei der wirtschaftliche Wert der Erlaubnis in Betracht zu ziehen ist;

i) die Rechtsgültigkeit einer Entscheidung im Zusammenhang mit der Erlaubnis zu einer solchen Benutzung unterliegt der Nachprüfung durch ein Gericht oder einer sonstigen unabhängigen Nachprüfung durch eine gesonderte übergeordnete Behörde in dem betreffenden Mitglied;

j) jede Entscheidung betreffend die in bezug auf eine solche Benutzung vorgesehene Vergütung unterliegt der Nachprüfung durch ein Gericht oder einer sonstigen unabhängigen Nachprüfung durch eine gesonderte übergeordnete Behörde in dem betreffenden Mitglied;

k) die Mitglieder sind nicht verpflichtet, die unter den Buchstaben b und f festgelegten Bedingungen anzuwenden, wenn eine solche Benutzung gestattet ist, um eine in einem Gerichts- oder Verwaltungsverfahren festgestellte wettbewerbswidrige Praktik abzustellen. Die Notwendigkeit, eine wettbewerbswidrige Praktik abzustellen, kann in solchen Fällen bei der Festsetzung des Betrags der Vergütung berücksichtigt werden. Die zuständigen Stellen sind befugt, eine Beendigung der Erlaubnis abzulehnen, sofern und sobald die Umstände, die zur Gewährung der Erlaubnis geführt haben, wahrscheinlich wieder eintreten werden;

l) wenn eine solche Benutzung gestattet ist, um die Verwertung eines Patents („zweites Patent") zu ermöglichen, das nicht verwertet werden kann, ohne ein anderes Patent („erstes Patent") zu verletzen, kommen die folgenden zusätzlichen Bedingungen zur Anwendung:

  i) die im zweiten Patent beanspruchte Erfindung muß gegenüber *der im ersten Patent beanspruchten* Erfindung einen wichtigen technischen Fortschritt von erheblicher wirtschaftlicher Bedeutung aufweisen;

ii) der Inhaber des ersten Patents muß das Recht auf eine Gegenlizenz zu angemessenen Bedingungen für die Benutzung der im zweiten Patent beanspruchten Erfindung haben, und
iii) die Benutzungserlaubnis in bezug auf das erste Patent kann nur zusammen mit dem zweiten Patent übertragen werden.

Art. 32 Widerruf/Verfall. Es ist eine Möglichkeit zur gerichtlichen Überprüfung von Entscheidungen, mit denen Patente widerrufen oder für verfallen erklärt werden, vorzusehen.

Art. 33 Schutzdauer. Die erhältliche Schutzdauer endet nicht vor dem Ablauf einer Frist von 20 Jahren, gerechnet ab dem Anmeldetag.[1)]

Art. 34 Verfahrenspatente: Beweislast. (1) Ist Gegenstand des Patentes ein Verfahren zur Herstellung eines Erzeugnisses, so sind in zivilrechtlichen Verfahren wegen einer Verletzung der in Artikel 28 Absatz 1 Buchstabe b genannten Rechte des Inhabers die Gerichte befugt, dem Beklagten den Nachweis aufzuerlegen, daß sich das Verfahren zur Herstellung eines identischen Erzeugnisses von dem patentierten Verfahren unterscheidet. Daher sehen die Mitglieder, wenn zumindest einer der nachstehend aufgeführten Umstände gegeben ist, vor, daß ein identisches Erzeugnis, das ohne die Zustimmung des Patentinhabers hergestellt wurde, mangels Beweises des Gegenteils als nach dem patentierten Verfahren hergestellt gilt,
a) wenn das nach dem patentierten Verfahren hergestellte Erzeugnis neu ist;
b) wenn mit erheblicher Wahrscheinlichkeit das identische Erzeugnis nach dem Verfahren hergestellt wurde und es dem Inhaber des Patents bei Aufwendung angemessener Bemühungen nicht gelungen ist, das tatsächlich angewendete Verfahren festzustellen.

(2) Den Mitgliedern steht es frei, vorzusehen, daß die in Absatz 1 angegebene Beweislast dem angeblichen Verletzer auferlegt wird, wenn nur die unter Buchstabe a genannte Bedingung oder wenn nur die unter Buchstabe b genannte Bedingung erfüllt ist.

(3) Bei der Führung des Beweises des Gegenteils sind die berechtigten Interessen des Beklagten am Schutz seiner Herstellungs- und Geschäftsgeheimnisse zu berücksichtigen.

Abschnitt 6. Layout-Designs (Topographien) integrierter Schaltkreise

Art. 35 Verhältnis zum IPIC-Vertrag. Die Mitglieder vereinbaren, nach den Artikeln 2 bis 7 (mit Ausnahme des Artikels 6 Absatz 3), Artikel 12 und Artikel 16 Absatz 3 des Vertrags über den Schutz des

---

1) Es besteht Einigkeit darüber, daß Mitglieder, die kein System der eigenständigen Erteilung kennen, festlegen können, daß die Schutzdauer ab dem Anmeldetag im System der ursprünglichen Erteilung gerechnet wird.

geistigen Eigentums im Hinblick auf integrierte Schaltkreise den Layout-Designs (Topographien) integrierter Schaltkreise (in diesem Übereinkommen als „Layout-Designs" bezeichnet) Schutz zu gewähren und darüber hinaus die nachstehenden Bestimmungen zu befolgen.

Art. 36 Schutzumfang. Vorbehaltlich des Artikels 37 Absatz 1 erachten die Mitglieder folgende Handlungen, wenn sie ohne Erlaubnis des Rechtsinhabers[1)] vorgenommen werden, für rechtswidrig: Einfuhr, Verkauf oder sonstiger Vertrieb zu kommerziellen Zwecken in bezug auf ein geschütztes Layout-Design oder einen integrierten Schaltkreis, in den ein geschütztes Layout-Design aufgenommen ist, oder einen Gegenstand, in den ein derartiger integrierter Schaltkreis aufgenommen ist, nur insoweit, als er weiterhin ein rechtswidrig nachgebildetes Layout-Design enthält.

Art. 37 Handlungen, die keiner Erlaubnis durch den Rechtsinhaber bedürfen. (1) Ungeachtet des Artikels 36 betrachtet kein Mitglied die Vornahme einer der in jenem Artikel genannten Handlungen in bezug auf einen integrierten Schaltkreis, in den ein rechtswidrig nachgebildetes Layout-Design aufgenommen ist, oder einen Gegenstand, in den ein derartiger integrierter Schaltkreis aufgenommen ist, als rechtswidrig, wenn die Person, die diese Handlungen vorgenommen oder veranlaßt hat, beim Erwerb des integrierten Schaltkreises oder des Gegenstands, in den ein derartiger integrierter Schaltkreis aufgenommen ist, nicht wußte und keinen hinreichenden Grund zu der Annahme hatte, daß darin ein rechtswidrig nachgebildetes Layout-Design aufgenommen war. Die Mitglieder sehen vor, daß diese Person nach dem Zeitpunkt, zu dem sie ausreichende Kenntnis davon erlangt hat, daß das Layout-Design rechtswidrig nachgebildet wurde, zwar alle genannten Handlungen in bezug auf die vorhandenen oder vor diesem Zeitpunkt bestellten Bestände vornehmen darf, aber an den Rechtsinhaber einen Betrag zu entrichten hat, der einer angemessenen Lizenzgebühr, wie sie aufgrund eines frei ausgehandelten Lizenzvertrags über ein solches Layout-Design zu zahlen wäre, entspricht.

(2) Die in Artikel 31 Buchstaben a bis k aufgeführten Bedingungen sind auf Zwangslizenzen an einem Layout-Design oder seiner Benutzung durch oder für die Regierung ohne Erlaubnis des Rechtsinhabers sinngemäß anzuwenden.

Art. 38 Schutzdauer. (1) In Mitgliedern, welche die Eintragung als Voraussetzung des Schutzes verlangen, endet die Schutzdauer für Layout-Designs nicht vor Ablauf eines Zeitraums von zehn Jahren, gerechnet ab dem Anmeldetag oder ab der ersten geschäftlichen Verwertung, gleichviel, an welchem Ort der Welt sie stattfindet.

---

1) Der Begriff „Rechtsinhaber" ist als bedeutungsgleich mit dem im IPIC-Vertrag verwendeten Begriff „Inhaber des Rechts" zu verstehen.

(2) In Mitgliedern, welche die Eintragung als Voraussetzung des Schutzes nicht verlangen, werden Layout-Designs während eines Zeitraums von nicht weniger als zehn Jahren geschützt, gerechnet ab dem Tag der ersten geschäftlichen Verwertung, gleichviel, an welchem Ort der Welt sie stattfindet.

(3) Ungeachtet der Absätze 1 und 2 können die Mitglieder vorsehen, daß der Schutz fünfzehn Jahre nach der Schaffung des Layout-Designs erlischt.

Abschnitt 7. Schutz nicht offenbarter Informationen

Art. 39. (1) Bei der Sicherung eines wirksamen Schutzes gegen unlauteren Wettbewerb, wie er in Artikel 10bis der Pariser Verbandsübereinkunft (1967) vorgesehen ist, schützen die Mitglieder nicht offenbarte Informationen nach Maßgabe des Absatzes 2 und Regierungen oder Regierungsstellen vorgelegte Daten nach Maßgabe des Absatzes 3.

(2) Natürliche und juristische Personen haben die Möglichkeit, zu verhindern, daß Informationen, die rechtmäßig unter ihrer Kontrolle stehen, ohne ihre Zustimmung auf eine Weise, die den anständigen Gepflogenheiten in Gewerbe und Handel zuwiderläuft,[1] Dritten offenbart, von diesen erworben oder benutzt werden, solange diese Informationen

a) in dem Sinne geheim sind, daß sie entweder in ihrer Gesamtheit oder in der genauen Anordnung und Zusammenstellung ihrer Bestandteile Personen in den Kreisen, die üblicherweise mit den fraglichen Informationen zu tun haben, nicht allgemein bekannt oder leicht zugänglich sind,
b) wirtschaftlichen Wert haben, weil sie geheim sind, und
c) Gegenstand von den Umständen nach angemessenen Geheimhaltungsmaßnahmen seitens der Person waren, unter deren Kontrolle sie rechtmäßig stehen.

(3) Mitglieder, in denen die Vorlage nicht offenbarter Test- oder sonstiger Daten, deren Erstellung beträchtlichen Aufwand verursacht, Voraussetzung für die Marktzulassung pharmazeutischer oder agrochemischer Erzeugnisse ist, in denen neue chemische Stoffe verwendet werden, schützen diese Daten vor unlauterem gewerblichen Gebrauch. Darüber hinaus schützen die Mitglieder solche Daten vor Offenbarung, es sei denn, daß diese zum Schutz der Öffentlichkeit notwendig ist oder daß Maßnahmen ergriffen werden, um sicherzustellen, daß die Daten vor unlauterem gewerblichen Gebrauch geschützt werden.

---

[1] Im Sinne dieser Bestimmung bedeutet „eine Weise, die den anständigen Gepflogenheiten in Gewerbe und Handel zuwiderläuft" zumindest Handlungen wie Vertragsbruch, Vertrauensbruch und Verleitung dazu und schließt den Erwerb nicht offenbarter Informationen durch Dritte ein, die wußten oder grob fahrlässig nicht wußten, daß solche Handlungen beim Erwerb eine Rolle spielten.

Abschnitt 8. Kontrolle wettbewerbswidriger Praktiken in vertraglichen Lizenzen

Art. 40. (1) Die Mitglieder sind sich darin einig, daß gewisse Praktiken oder Bestimmungen bei der Vergabe von Lizenzen an Rechten des geistigen Eigentums, die den Wettbewerb beschränken, nachteilige Auswirkungen auf den Handel haben können und die Weitergabe und Verbreitung von Technologie behindern können.

(2) Dieses Übereinkommen hindert die Mitglieder nicht daran, in ihren Rechtsvorschriften Lizenzierungspraktiken und Lizenzbedingungen aufzuführen, die in bestimmten Fällen einen Mißbrauch von Rechten des geistigen Eigentums mit nachteiligen Auswirkungen auf den Wettbewerb auf dem entsprechenden Markt bilden können. Wie vorstehend vorgesehen, kann ein Mitglied im Einklang mit den sonstigen Bestimmungen dieses Übereinkommens geeignete Maßnahmen ergreifen, um solche Praktiken, zu denen zum Beispiel Bestimmungen über exklusive Rücklizenzen, über die Verhinderung von Angriffen auf die Gültigkeit sowie erzwungene Paketlizenzen gehören können, unter Berücksichtigung seiner einschlägigen Gesetze und sonstigen Vorschriften zu verhindern oder zu kontrollieren.

(3) Auf Ersuchen tritt ein Mitglied mit einem anderen Mitglied, das Grund zur Annahme hat, daß der Inhaber eines Rechts des geistigen Eigentums, der Angehöriger des Mitglieds ist, an welches das Ersuchen um Konsultationen gerichtet wurde, oder der dort seinen Wohnsitz hat, Praktiken betreibt, mit denen die den Gegenstand dieses Abschnitts betreffenden Gesetze und sonstigen Vorschriften des ersuchenden Mitglieds verletzt werden, und das die Einhaltung dieser Rechtsvorschriften wünscht, in Konsultationen ein unbeschadet jeder Maßnahme nach dem Recht des jeweiligen Mitglieds und der völligen Freiheit einer abschließenden Entscheidung des jeweiligen Mitglieds. Das Mitglied, an welches das Ersuchen gerichtet wurde, prüft die Frage von Konsultationen mit dem ersuchenden Mitglied umfassend und wohlwollend, bietet angemessene Gelegenheit für solche Konsultationen und wirkt dadurch mit, daß es öffentlich verfügbare nicht vertrauliche Informationen, die für die fragliche Angelegenheit von Bedeutung sind, sowie andere ihm zugängliche Informationen zur Verfügung stellt, vorbehaltlich innerstaatlicher Rechtsvorschriften und des Abschlusses beide Seiten zufriedenstellender Vereinbarungen über die Wahrung ihrer Vertraulichkeit durch das ersuchende Mitglied.

(4) Einem Mitglied, dessen Angehörige oder Gebietsansässige in Verfahren in einem anderen Mitglied wegen einer angeblichen Verletzung der Gesetze und sonstigen Vorschriften dieses anderen Mitglieds *in bezug auf den Gegenstand dieses* Abschnitts verwickelt sind, ist auf Ersuchen durch das andere Mitglied Gelegenheit zu Konsultationen unter den in Absatz 3 aufgeführten Bedingungen zu geben.

Teil III. Durchsetzung der Rechte des geistigen Eigentums

Abschnitt 1. Allgemeine Pflichten

Art. 41. (1) Die Mitglieder stellen sicher, daß die in diesem Teil aufgeführten Durchsetzungsverfahren in ihrem Recht vorgesehen werden, um ein wirksames Vorgehen gegen jede Verletzung von unter dieses Übereinkommen fallenden Rechten des geistigen Eigentums einschließlich Eilverfahren zur Verhinderung von Verletzungshandlungen und Rechtsbehelfe zur Abschreckung von weiteren Verletzungshandlungen zu ermöglichen. Diese Verfahren sind so anzuwenden, daß die Errichtung von Schranken für den rechtmäßigen Handel vermieden wird und die Gewähr gegen ihren Mißbrauch gegeben ist.

(2) Die Verfahren zur Durchsetzung von Rechten des geistigen Eigentums müssen fair und gerecht sein. Sie dürfen nicht unnötig kompliziert oder kostspielig sein und keine unangemessenen Fristen oder ungerechtfertigten Verzögerungen mit sich bringen.

(3) Sachentscheidungen sind vorzugsweise schriftlich abzufassen und mit Gründen zu versehen. Sie müssen zumindest den Verfahrensparteien ohne ungebührliche Verzögerung zur Verfügung gestellt werden. Sachentscheidungen dürfen sich nur auf Beweise stützen, zu denen die Parteien Gelegenheit zur Stellungnahme hatten.

(4) Die Parteien eines Verfahrens erhalten Gelegenheit zur Nachprüfung von Endentscheidungen der Verwaltungsbehörden durch ein Gericht und, vorbehaltlich der Bestimmungen über die gerichtliche Zuständigkeit im innerstaatlichen Recht des Mitglieds in bezug auf die Bedeutung einer Rechtssache, zumindest auch der Rechtsfragen erstinstanzlicher Sachentscheidungen der Gerichte. Es besteht jedoch keine Verpflichtung, eine Gelegenheit zur Nachprüfung von Freisprüchen in Strafverfahren vorzusehen.

(5) Es besteht Einvernehmen darüber, daß dieser Teil weder eine Verpflichtung begründet, ein gerichtliches System für die Durchsetzung von Rechten des geistigen Eigentums getrennt von dem für die Durchsetzung des Rechts im allgemeinen zu errichten, noch die Fähigkeit der Mitglieder berührt, ihr Recht allgemein durchzusetzen. Dieser Teil schafft keine Verpflichtung hinsichtlich der Aufteilung von Mitteln für Zwecke der Durchsetzung von Rechten des geistigen Eigentums und für Zwecke der Durchsetzung des Rechts im allgemeinen.

Abschnitt 2. Zivil- und Verwaltungsverfahren und Rechtsbehelfe

Art. 42 Faire und gerechte Verfahren. Die Mitglieder stellen den Rechtsinhabern[1] zivilprozessuale Verfahren für die Durchsetzung aller

[1] Im Sinne dieses Teils schließt der Begriff „Rechtsinhaber" auch Verbände und Vereinigungen ein, die gesetzlich zur Geltendmachung solcher Rechte befugt sind.

unter dieses Übereinkommen fallenden Rechte des geistigen Eigentums zur Verfügung. Die beklagte Partei hat Anspruch auf rechtzeitige schriftliche Benachrichtigung, die genügend Einzelheiten einschließlich der Grundlage für den Anspruch enthält. Den Parteien ist zu gestatten, sich durch einen unabhängigen Rechtsanwalt vertreten zu lassen, und im Verfahren dürfen keine übermäßig erschwerten Anforderungen hinsichtlich der Notwendigkeit des persönlichen Erscheinens gestellt werden. Alle Parteien solcher Verfahren sind berechtigt, ihre Ansprüche zu begründen und alle sachdienlichen Beweismittel vorzulegen. Das Verfahren muß Möglichkeiten vorsehen, vertrauliche Informationen festzustellen und zu schützen, sofern dies nicht bestehenden verfassungsrechtlichen Erfordernissen zuwiderlaufen würde.

Art. 43 Beweise. (1) Hat eine Partei alle vernünftigerweise verfügbaren Beweismittel zur hinreichenden Begründung ihrer Ansprüche vorgelegt und rechtserhebliche Beweismittel zur Begründung ihrer Ansprüche, die sich in der Verfügungsgewalt der gegnerischen Partei befinden, bezeichnet, so sind die Gerichte befugt anzuordnen, daß diese Beweismittel von der gegnerischen Partei vorgelegt werden, gegebenenfalls unter Bedingungen, die den Schutz vertraulicher Informationen gewährleisten.

(2) In Fällen, in denen eine Prozeßpartei aus eigenem Willen und ohne stichhaltigen Grund den Zugang zu notwendigen Informationen verweigert oder diese nicht innerhalb einer angemessenen Frist vorlegt oder ein Verfahren zur Durchsetzung eines Rechts wesentlich behindert, kann ein Mitglied die Gerichte ermächtigen, auf der Grundlage der ihnen vorgelegten Informationen, einschließlich der Klageschrift oder des Vorbringens der durch die Verweigerung des Zugangs zu den Informationen beschwerten Partei, bestätigende oder abweisende Entscheidungen vorläufiger und endgültiger Art zu treffen, sofern die Parteien die Gelegenheit hatten, zu dem Vorbringen und den Beweisen Stellung zu nehmen.

Art. 44 Unterlassungsanordnungen. (1) Die Gerichte sind befugt, gegenüber einer Partei anzuordnen, daß eine Rechtsverletzung zu unterlassen ist, unter anderem um zu verhindern, daß eingeführte Waren, die eine Verletzung eines Rechts des geistigen Eigentums mit sich bringen, unmittelbar nach der Zollfreigabe in die in ihrem Zuständigkeitsbereich liegenden Vertriebswege gelangen. Die Mitglieder sind nicht verpflichtet, diese Befugnisse auch in bezug auf einen geschützten Gegenstand zu gewähren, der von einer Person erworben oder bestellt wurde, bevor sie wußte oder vernünftigerweise hätte wissen müssen, daß der Handel mit diesem Gegenstand die Verletzung eines Rechts des geistigen Eigentums nach sich ziehen würde.

(2) Ungeachtet der anderen Bestimmungen dieses Teils und unter der Voraussetzung, daß die Bestimmungen des Teils II, in denen es speziell um die Benutzung durch Regierungen oder durch von einer Regierung ermächtigte Dritte ohne Zustimmung des Rechtsinhabers geht,

eingehalten werden, können die Mitglieder die gegen eine solche Benutzung zur Verfügung stehenden Ansprüche auf die Zahlung einer Vergütung nach Artikel 31 Buchstabe h beschränken. In anderen Fällen finden die in diesem Teil festgelegten Rechtsbehelfe Anwendung oder sind, wenn diese Rechtsbehelfe nicht im Einklang mit dem Recht eines Mitglieds stehen, Feststellungsurteile und angemessene Entschädigung vorzusehen.

Art. 45 Schadensersatz. (1) Die Gerichte sind befugt anzuordnen, daß der Verletzer dem Rechtsinhaber zum Ausgleich des von diesem wegen einer Verletzung seines Rechts des geistigen Eigentums durch einen Verletzer, der wußte oder vernünftigerweise hätte wissen müssen, daß er eine Verletzungshandlung vornahm, erlittenen Schadens angemessenen Schadensersatz zu leisten hat.

(2) Die Gerichte sind ferner befugt anzuordnen, daß der Verletzer dem Rechtsinhaber die Kosten zu erstatten hat, zu denen auch angemessene Anwaltshonorare gehören können. In geeigneten Fällen können die Mitglieder die Gerichte ermächtigen, die Herausgabe der Gewinne und/oder die Zahlung eines festgelegten Schadensersatzbetrags selbst dann anzuordnen, wenn der Verletzer nicht wußte oder nicht vernünftigerweise hätte wissen müssen, daß er eine Verletzungshandlung vornahm.

Art. 46 Sonstige Rechtsbehelfe. Um wirksam von Verletzungen abzuschrecken, sind die Gerichte befugt anzuordnen, daß über Waren, die nach ihren Feststellungen ein Recht verletzen, ohne Entschädigung irgendwelcher Art außerhalb der Vertriebswege so verfügt wird, daß dem Rechtsinhaber kein Schaden entstehen kann, oder daß sie vernichtet werden, sofern dies nicht bestehenden verfassungsrechtlichen Erfordernissen zuwiderlaufen würde. Die Gerichte sind ferner befugt anzuordnen, daß über Material und Werkzeuge, die vorwiegend zur Herstellung der rechtsverletzenden Waren verwendet wurden, ohne Entschädigung irgendwelcher Art außerhalb der Vertriebswege so verfügt wird, daß die Gefahr weiterer Rechtsverletzungen möglichst gering gehalten wird. Bei der Prüfung derartiger Anträge sind die Notwendigkeit eines angemessenen Verhältnisses zwischen der Schwere der Rechtsverletzung und den angeordneten Maßnahmen sowie die Interessen Dritter zu berücksichtigen. Bei nachgeahmten Markenwaren reicht das einfache Entfernen der rechtswidrig angebrachten Marke außer in Ausnahmefällen nicht aus, um eine Freigabe der Waren in die Vertriebswege zu gestatten.

Art. 47 Recht auf Auskunft. Die Mitglieder können vorsehen, daß die Gerichte befugt sind anzuordnen, daß der Verletzer dem Rechtsinhaber Auskunft über die Identität Dritter, die an der Herstellung und am Vertrieb der rechtsverletzenden Waren oder Dienstleistungen beteiligt waren, und über ihre Vertriebswege erteilen muß, sofern dies nicht außer Verhältnis zur Schwere der Verletzung steht.

Art. 48 Entschädigung des Beklagten. (1) Die Gerichte sind befugt anzuordnen, daß eine Partei, auf deren Antrag hin Maßnahmen ergriffen wurden und die Durchsetzungsverfahren mißbräuchlich benutzt hat, einer zu Unrecht mit einem Verbot oder einer Beschränkung belegten Partei angemessene Entschädigung für den durch einen solchen Mißbrauch erlittenen Schaden zu leisten hat. Die Gerichte sind ferner befugt anzuordnen, daß der Antragsteller dem Antragsgegner die Kosten zu erstatten hat, zu denen auch angemessene Anwaltshonorare gehören können.

(2) In bezug auf die Anwendung von Rechtsvorschriften über den Schutz oder die Durchsetzung von Rechten des geistigen Eigentums dürfen die Mitglieder sowohl Behörden als auch Beamte von der Haftung auf angemessene Wiedergutmachung nur freistellen, wenn ihre Handlungen in gutem Glauben bei der Anwendung dieser Rechtsvorschriften vorgenommen oder unternommen werden.

Art. 49 Verwaltungsverfahren. Soweit zivilrechtliche Ansprüche als Ergebnis von Sachentscheidungen im Verwaltungsverfahren zuerkannt werden können, müssen diese Verfahren Grundsätzen entsprechen, die im wesentlichen den in diesem Abschnitt dargelegten gleichwertig sind.

Abschnitt 3. Einstweilige Maßnahmen

Art. 50. (1) Die Gerichte sind befugt, schnelle und wirksame einstweilige Maßnahmen anzuordnen,

a) um die Verletzung eines Rechts des geistigen Eigentums zu verhindern, und insbesondere, um zu verhindern, daß Waren, einschließlich eingeführter Waren unmittelbar nach der Zollfreigabe, in die innerhalb ihres Zuständigkeitsbereichs liegenden Vertriebswege gelangen;

b) um einschlägige Beweise hinsichtlich der behaupteten Rechtsverletzung zu sichern.

(2) Die Gerichte sind befugt, gegebenenfalls einstweilige Maßnahmen ohne Anhörung der anderen Partei zu treffen, insbesondere dann, wenn durch eine Verzögerung dem Rechtsinhaber wahrscheinlich ein nicht wiedergutzumachender Schaden entstünde oder wenn nachweislich die Gefahr besteht, daß Beweise vernichtet werden.

(3) Die Gerichte sind befugt, dem Antragsteller aufzuerlegen, alle vernünftigerweise verfügbaren Beweise vorzulegen, um sich mit ausreichender Sicherheit davon überzeugen zu können, daß der Antragsteller der Rechtsinhaber ist und daß das Recht des Antragstellers verletzt wird oder daß eine solche Verletzung droht, und anzuordnen, daß der Antragsteller eine Kaution zu stellen oder eine entsprechende Sicherheit zu leisten hat, die ausreicht, um den Antragsgegner zu schützen und einem Mißbrauch vorzubeugen.

(4) Wenn einstweilige Maßnahmen ohne Anhörung der anderen Partei getroffen wurden, sind die betroffenen Parteien spätestens unverzüglich nach der Vollziehung der Maßnahmen davon in Kenntnis zu setzen. Auf Antrag des Antragsgegners findet eine Prüfung, die das Recht zur Stellungnahme einschließt, mit dem Ziel statt, innerhalb einer angemessenen Frist nach der Mitteilung der Maßnahmen zu entscheiden, ob diese abgeändert, aufgehoben oder bestätigt werden sollen.

(5) Der Antragsteller kann aufgefordert werden, weitere Informationen vorzulegen, die für die Identifizierung der betreffenden Waren durch die Behörde, welche die einstweiligen Maßnahmen vollzieht, notwendig sind.

(6) Unbeschadet des Absatzes 4 werden aufgrund der Absätze 1 und 2 ergriffene einstweilige Maßnahmen auf Antrag des Antragsgegners aufgehoben oder auf andere Weise außer Kraft gesetzt, wenn das Verfahren, das zu einer Sachentscheidung führt, nicht innerhalb einer angemessenen Frist eingeleitet wird, die entweder von dem die Maßnahmen anordnenden Gericht festgelegt wird, sofern dies nach dem Recht des Mitglieds zulässig ist, oder, wenn es nicht zu einer solchen Festlegung kommt, 20 Arbeitstage oder 31 Kalendertage, wobei der längere der beiden Zeiträume gilt, nicht überschreitet.

(7) Werden einstweilige Maßnahmen aufgehoben oder werden sie aufgrund einer Handlung oder Unterlassung des Antragstellers hinfällig oder wird in der Folge festgestellt, daß keine Verletzung oder drohende Verletzung eines Rechts des geistigen Eigentums vorlag, so sind die Gerichte befugt, auf Antrag des Antragsgegners anzuordnen, daß der Antragsteller dem Antragsgegner angemessenen Ersatz für durch diese Maßnahmen entstandenen Schaden zu leisten hat.

(8) Soweit einstweilige Maßnahmen aufgrund von Verwaltungsverfahren angeordnet werden können, müssen diese Verfahren Grundsätzen entsprechen, die im wesentlichen den in diesem Abschnitt dargelegten gleichwertig sind.

Abschnitt 4. Besondere Erfordernisse bei Grenzmaßnahmen[1)]

Art. 51 Aussetzung der Freigabe durch die Zollbehörden. Die Mitglieder sehen gemäß den nachstehenden Bestimmungen Verfahren[2)] vor, die es dem Rechtsinhaber, der den begründeten Verdacht hat, daß es zur Einfuhr von nachgeahmten Markenwaren oder unerlaubt herge-

---

1) Hat ein Mitglied im wesentlichen alle Kontrollen über den Verkehr von Waren über seine Grenze mit einem anderen Mitglied, mit dem es Teil einer Zollunion bildet, abgebaut, so braucht es die Bestimmungen dieses Abschnitts an der betreffenden Grenze nicht anzuwenden.

2) Es besteht Einvernehmen, daß keine Verpflichtung besteht, solche Verfahren auf die Einfuhr von Waren, die in einem anderen Land vom Rechtsinhaber oder mit seiner Zustimmung in den Verkehr gebracht wurden, oder auf Waren im Transit anzuwenden.

stellten urheberrechtlich geschützten Waren[1] kommen kann, ermöglichen, bei den zuständigen Gerichten oder Verwaltungsbehörden schriftlich zu beantragen, daß die Zollbehörden die Freigabe dieser Waren in den freien Verkehr aussetzen. Die Mitglieder können vorsehen, daß ein solcher Antrag auch in bezug auf Waren gestellt werden kann, bei denen es um andere Verletzungen von Rechten des geistigen Eigentums geht, sofern die Erfordernisse dieses Abschnitts beachtet werden. Die Mitglieder können femer entsprechende Verfahren betreffend die Aussetzung der Freigabe rechtsverletzender Waren, die für die Ausfuhr aus ihren Hoheitsgebieten bestimmt sind, vorsehen.

Art. 52 Antrag. Ein Rechtsinhaber, der die in Artikel 51 aufgeführten Verfahren in Gang bringt, muß ausreichende Beweise vorlegen, um die zuständigen Behörden davon zu überzeugen, daß nach Maßgabe des Rechts des Einfuhrlands prima facie eine Verletzung des Rechts des geistigen Eigentums des Rechtsinhabers vorliegt, sowie eine hinreichend genaue Beschreibung der Waren, um sie für die Zollbehörden leicht erkennbar zu machen. Die zuständigen Stellen setzen innerhalb einer angemessenen Frist den Antragsteller davon in Kenntnis, ob sie den Antrag angenommen haben, und davon, innerhalb welchen Zeitraums die Zollbehörden Maßnahmen ergreifen werden, sofern ein solcher von den zuständigen Stellen festgelegt worden ist.

Art. 53 Kaution oder gleichwertige Sicherheitsleistung. (1) Die zuständigen Stellen sind befugt, vom Antragsteller eine Kaution oder eine gleichwertige Sicherheitsleistung zu verlangen, die ausreicht, um den Antragsgegner und die zuständigen Stellen zu schützen und einem Mißbrauch vorzubeugen. Eine solche Kaution oder gleichwertige Sicherheitsleistung darf nicht unangemessen von der Inanspruchnahme dieser Verfahren abschrecken.

(2) Wenn aufgrund eines Antrags nach diesem Abschnitt von den Zollbehörden auf der Grundlage einer nicht von einem Gericht oder einer sonstigen unabhängigen Stelle getroffenen Entscheidung die Freigabe von Waren, welche die Rechte an gewerblichen Mustern und Modellen, Patenten, Layout-Designs oder nicht offenbarten Informationen betreffen, in den freien Verkehr ausgesetzt wurde und wenn die in Artikel 55 festgelegte Frist verstrichen ist, ohne daß die hierzu be-

---

[1] Im Sinne dieses Übereinkommens sind

a) „nachgeahmte Markenwaren" Waren einschließlich Verpackungen, auf denen unbefugt eine Marke angebracht ist, die mit einer rechtsgültig für solche Waren eingetragenen Marke identisch ist oder die sich in ihren wesentlichen Merkmalen nicht von einer solchen Marke unterscheiden läßt und die dadurch nach Maßgabe des Rechts des Einfuhrlands die Rechte des Inhabers der betreffenden Marke verletzt;

b) „unerlaubt hergestellte urheberrechtlich geschützte Waren" Waren, die ohne Zustimmung des Rechtsinhabers oder der vom Rechtsinhaber im Land der Herstellung ordnungsgemäß ermächtigten Person hergestellte Vervielfältigungsstücke sind und die unmittelbar oder mittelbar von einem Gegenstand gemacht wurden, dessen Vervielfältigung die Verletzung eines Urheberrechts oder eines verwandten Schutzrechts nach Maßgabe des Rechts des Einfuhrlands dargestellt hätte.

fugte Stelle eine einstweilige Maßnahme getroffen hat, und sofern alle anderen Einfuhrvoraussetzungen erfüllt sind, hat der Eigentümer, der Einführer oder der Empfänger solcher Waren das Recht auf deren Freigabe nach Leistung einer Sicherheit in Höhe eines Betrags, der zum Schutz des Rechtsinhabers vor einer Verletzung ausreicht. Die Leistung einer solchen Sicherheit darf nicht den Rückgriff des Rechtsinhabers auf andere Rechtsbehelfe beeinträchtigen, wobei davon ausgegangen wird, daß die Sicherheit freigegeben wird, wenn der Rechtsinhaber nicht innerhalb einer angemessenen Frist seinen Anspruch geltend macht.

Art. 54 Mitteilung der Aussetzung. Der Einführer und der Antragsteller werden umgehend von der Aussetzung der Freigabe von Waren nach Artikel 51 in Kenntnis gesetzt.

Art. 55 Dauer der Aussetzung. Sind die Zollbehörden nicht innerhalb einer Frist von zehn Arbeitstagen nach der Mitteilung der Aussetzung an den Antragsteller davon in Kenntnis gesetzt worden, daß ein zu einer Sachentscheidung führendes Verfahren von einer anderen Partei als dem Antragsgegner in Gang gesetzt worden ist oder daß die hierzu befugte Stelle einstweilige Maßnahmen getroffen hat, um die Aussetzung der Freigabe der Waren zu verlängern, so sind die Waren freizugeben, sofern alle anderen Voraussetzungen für die Einfuhr oder Ausfuhr erfüllt sind; in geeigneten Fällen kann diese Frist um weitere zehn Arbeitstage verlängert werden. Ist ein zu einer Sachentscheidung führendes Verfahren eingeleitet worden, so findet auf Antrag des Antragsgegners eine Prüfung, die das Recht zur Stellungnahme einschließt, mit dem Ziel statt, innerhalb einer angemessenen Frist zu entscheiden, ob diese Maßnahmen abgeändert, aufgehoben oder bestätigt werden sollen. Ungeachtet der vorstehenden Bestimmungen findet Artikel 50 Absatz 6 Anwendung, wenn die Aussetzung der Freigabe von Waren nach Maßgabe einer einstweiligen gerichtlichen Maßnahme durchgeführt oder fortgeführt wird.

Art. 56 Entschädigung des Einführers und des Eigentümers der Waren. Die zuständigen Stellen sind befugt anzuordnen, daß der Antragsteller dem Einführer, dem Empfänger und dem Eigentümer der Waren angemessenen Ersatz für alle Schäden zu leisten hat, die sie aufgrund der unrechtmäßigen Zurückhaltung von Waren oder aufgrund der Zurückhaltung von nach Artikel 55 freigegebenen Waren erlitten haben.

Art. 57 Recht auf Untersuchung und Auskunft. Unbeschadet des Schutzes vertraulicher Informationen ermächtigen die Mitglieder die zuständigen Stellen, dem Rechtsinhaber ausreichend Gelegenheit zu geben, die von den Zollbehörden zurückgehaltenen Waren untersuchen zu lassen, um seine Ansprüche begründen zu können. Die zuständigen Stellen haben ferner die Befugnis, dem Einführer eine gleichwertige Gelegenheit zu bieten, solche Waren untersuchen zu lassen. Ist eine Sachentscheidung zugunsten des Rechtsinhabers ergangen, so können die Mitglieder die zuständigen Stellen ermächtigen, dem Rechtsinhaber die Namen und Anschriften des Absenders, des Einführers und des Empfängers und die Menge der fraglichen Waren mitzuteilen.

Art. 58 Vorgehen von Amts wegen. Sofern Mitglieder verlangen, daß die zuständigen Stellen von sich aus tätig werden und die Freigabe der Waren aussetzen, hinsichtlich deren ihnen ein Prima-facie-Beweis für eine Verletzung eines Rechts des geistigen Eigentums vorliegt,

a) können die zuständigen Stellen jederzeit vom Rechtsinhaber Auskünfte einholen, die ihnen bei der Ausübung dieser Befugnisse helfen können,
b) werden Einführer und Rechtsinhaber umgehend von der Aussetzung in Kenntnis gesetzt. Hat der Einführer bei den zuständigen Stellen ein Rechtsmittel gegen die Aussetzung eingelegt, so unterliegt die Aussetzung sinngemäß den in Artikel 55 festgelegten Bedingungen,
c) stellen die Mitglieder sowohl Behörden als auch Beamte von der Haftung auf angemessene Wiedergutmachung nur frei, wenn Handlungen in gutem Glauben vorgenommen oder unternommen werden.

Art. 59 Rechtsbehelfe. Unbeschadet anderer Rechte des Rechtsinhabers und vorbehaltlich des Rechts des Antragsgegners, die Überprüfung durch ein Gericht zu beantragen, sind die zuständigen Stellen befugt, die Vernichtung oder Beseitigung der rechtsverletzenden Waren im Einklang mit den in Artikel 46 aufgeführten Grundsätzen anzuordnen. In bezug auf nachgeahmte Markenwaren gestatten die zuständigen Stellen nur ausnahmsweise die Wiederausfuhr der rechtsverletzenden Waren in unverändertem Zustand und unterwerfen sie nur in Ausnahmefällen einem anderen Zollverfahren.

Art. 60 Einfuhren in Kleinstmengen. Die Mitglieder können kleine Mengen von Waren ohne gewerblichen Charakter, die sich im persönlichen Gepäck von Reisenden oder in kleinen Sendungen befinden, von der Anwendung der vorstehenden Bestimmungen ausnehmen.

Abschnitt 5. Strafverfahren

Art. 61. Die Mitglieder sehen Strafverfahren und Strafen vor, die zumindest bei vorsätzlicher Nachahmung von Markenwaren oder vorsätzlicher unerlaubter Herstellung urheberrechtlich geschützter Waren in gewerbsmäßigem Umfang Anwendung finden. Die vorgesehenen *Sanktionen umfassen* zur Abschreckung ausreichende Haft- und/oder Geldstrafen entsprechend dem Strafmaß, das auf entsprechend schwere Straftaten anwendbar ist. In geeigneten Fällen umfassen die vorzusehenden Sanktionen auch die Beschlagnahme, die Einziehung und die Vernichtung der rechtsverletzenden Waren und allen Materials und aller Werkzeuge, die überwiegend dazu verwendet wurden, die Straftat zu begehen. Die Mitglieder können Strafverfahren und Strafen für andere Fälle der Verletzung von Rechten des geistigen Eigentums vorsehen, insbesondere wenn die Handlungen vorsätzlich und in gewerbsmäßigem Umfang begangen werden.

Teil IV. Erwerb und Aufrechterhaltung von Rechten des geistigen Eigentums und damit im Zusammenhang stehende Inter-partes-Verfahren

Art. 62. (1) Die Mitglieder sind befugt, ais Voraussetzung für den Erwerb oder die Aufrechterhaltung der in den Abschnitten 2 bis 6 des Teils II vorgesehenen Rechte des geistigen Eigentums die Beachtung angemessener Verfahren und Förmlichkeiten vorzuschreiben. Solche Verfahren und Förmlichkeiten müssen mit den Bestimmungen dieses Übereinkommens im Einklang stehen.

(2) Wenn der Erwerb eines Rechts des geistigen Eigentums die Erteilung oder Eintragung des Rechts voraussetzt, stellen die Mitglieder sicher, daß die Verfahren für die Erteilung oder Eintragung, vorbehaltlich der Erfüllung der materiellrechtlichen Bedingungen für den Erwerb des Rechts, die Erteilung oder Eintragung innerhalb einer angemessenen Frist möglich machen, um eine ungerechtfertigte Verkürzung der Schutzdauer zu vermeiden.

(3) Artikel 4 der Pariser Verbandsübereinkunft (1967) findet sinngemäß auf Dienstleistungsmarken Anwendung.

(4) Die Verfahren betreffend den Erwerb oder die Aufrechterhaltung von Rechten des geistigen Eigentums und, sofern das Recht eines Mitglieds solche Verfahren vorsieht, der Widerruf im Verwaltungsweg und Inter-partes-Verfahren wie zum Beispiel Einspruch, Widerruf und Löschung, unterliegen den in Artikel 41 Absätze 2 und 3 dargelegten allgemeinen Grundsätzen.

(5) Verwaltungsrechtliche Endentscheidungen in einem der in Absatz 4 genannten Verfahren unterliegen der Nachprüfung durch ein Gericht oder eine gerichtsähnliche Einrichtung. Es besteht jedoch keine Verpflichtung, die Gelegenheit zu einer solchen Überprüfung von Entscheidungen in Fällen eines erfolglosen Einspruchs oder Widerrufs im Verwaltungsweg vorzusehen, sofern die Gründe für solche Verfahren Gegenstand von Nichtigkeitsverfahren sein können.

Teil V. Streitvermeidung und -beilegung

Art. 63 Transparenz. (1) Gesetze und sonstige Vorschriften sowie allgemein anwendbare rechtskräftige gerichtliche Entscheidungen und

Verwaltungsverfügungen in bezug auf den Gegenstand dieses Übereinkommens (die Verfügbarkeit, den Umfang, den Erwerb und die Durchsetzung von Rechten des geistigen Eigentums sowie die Verhütung ihres Mißbrauchs), die in einem Mitglied rechtswirksam geworden sind, sind in einer Amtssprache zu veröffentlichen oder, wenn eine solche Veröffentlichung nicht durchführbar ist, in einer Weise öffentlich zugänglich zu machen, die es Regierungen und Rechtsinhabern ermöglicht, sich damit vertraut zu machen. Zwischen der Regierung oder einer Regierungsbehörde eines Mitglieds und der Regierung oder einer Regierungsbehörde eines anderen Mitglieds in Kraft befindliche Übereinkünfte über den Gegenstand dieses Übereinkommens sind gleichfalls zu veröffentlichen.

(2) Die Mitglieder notifizieren dem Rat für TRIPS die in Absatz 1 genannten Gesetze und sonstigen Vorschriften, um den Rat bei der Überprüfung der Wirkungsweise dieses Übereinkommens zu unterstützen. Der Rat versucht, die im Zusammenhang mit der Erfüllung dieser Pflicht entstehende Belastung der Mitglieder möglichst gering zu halten, und kann beschließen, auf die Pflicht zur Notifikation dieser Gesetze und sonstigen Vorschriften unmittelbar an den Rat zu verzichten, wenn Konsultationen mit der WIPO über die Einrichtung eines gemeinsamen Registers dieser Gesetze und sonstigen Vorschriften erfolgreich sind. In diesem Zusammenhang berücksichtigt der Rat auch die im Hinblick auf die Notifikation erforderlichen Maßnahmen, die sich in Erfüllung der aus diesem Übereinkommen erwachsenden Verpflichtungen aus Artikel 6ter der Pariser Verbandsübereinkunft (1967) ergeben.

(3) Die Mitglieder sind bereit, in Beantwortung eines schriftlichen Ersuchens eines anderen Mitglieds Informationen der in Absatz 1 angeführten Art zur Verfügung zu stellen. Ein Mitglied, das Grund zu der Annahme hat, daß eine bestimmte gerichtliche Entscheidung oder Verwaltungsverfügung oder zweiseitige Übereinkunft auf dem Gebiet der Rechte des geistigen Eigentums seine Rechte nach diesem Übereinkommen berührt, kann auch schriftlich darum ersuchen, Zugang zu solchen bestimmten Entscheidungen oder Verwaltungsverfügungen oder zweiseitigen Übereinkünften zu erhalten oder davon ausreichend genau in Kenntnis gesetzt zu werden.

(4) Die Absätze 1, 2 und 3 verpflichten die Mitglieder nicht, vertrauliche Informationen zu offenbaren, wenn dies die Durchsetzung der Gesetze behindern oder sonst dem öffentlichen Interesse zuwiderlaufen oder den berechtigten kommerziellen Interessen bestimmter öffentlicher oder privater Unternehmen schaden würde.

Art. 64 Streitbeilegung. (1) Die Artikel XXII und XXIII des GATT 1994, wie sie durch die Vereinbarung über Streitbeilegung im *einzelnen ausgeführt und* angewendet werden, finden auf Konsultationen und die Streitbeilegung nach diesem Übereinkommen Anwendung, sofern hierin nicht ausdrücklich etwas anderes vorgesehen ist.

(2) Artikel XXIII Absatz 1 Buchstaben b und c des GATT 1994 findet während eines Zeitraums von fünf Jahren, gerechnet ab dem Zeitpunkt des Inkrafttretens des WTO-Übereinkommens, keine Anwendung auf die Streitbeilegung im Rahmen dieses Übereinkommens.

(3) Während des in Absatz 2 genannten Zeitraums untersucht der Rat für TRIPS den Anwendungsbereich und die Modalitäten für Beschwerden der in Artikel XXIII Absatz 1 Buchstaben b und c des GATT 1994 vorgesehenen Art, die nach diesem Übereinkommen erhoben werden, und legt seine Empfehlungen der Ministerkonferenz zur Billigung vor. Entscheidungen der Ministerkonferenz, diese Empfehlungen zu billigen oder den in Absatz 2 genannten Zeitraum zu verlängern, können nur durch Konsens getroffen werden, und die gebilligten Empfehlungen werden für alle Mitglieder ohne einen weiteren förmlichen Annahmevorgang rechtswirksam.

Teil VI. Übergangsregelungen

Art. 65 Übergangsregelungen. (1) Vorbehaltlich der Absätze 2, 3 und 4 ist kein Mitglied verpflichtet, dieses Übereinkommen vor Ablauf einer allgemeinen Frist von einem Jahr nach dem Zeitpunkt des Inkrafttretens des WTO-Übereinkommens anzuwenden.

(2) Ein Entwicklungsland, das Mitglied ist, ist berechtigt, den in Absatz 1 festgelegten Zeitpunkt der Anwendung der Bestimmungen dieses Übereinkommens mit Ausnahme der Artikel 3, 4 und 5 um eine weitere Frist von vier Jahren zu verschieben.

(3) Andere Mitglieder, die sich im Prozeß des Übergangs von der Planwirtschaft zur freien Marktwirtschaft befinden und die eine Strukturreform ihres Systems des geistigen Eigentums unternehmen und bei der Erarbeitung und Umsetzung von Gesetzen und sonstigen Vorschriften über das geistige Eigentum auf besondere Probleme stoßen, können ebenfalls die in Absatz 2 vorgesehene Aufschubfrist in Anspruch nehmen.

(4) Soweit ein Entwicklungsland, das Mitglied ist, durch dieses Übereinkommen verpflichtet wird, den Schutz von Stoffpatenten auf Gebiete der Technik auszudehnen, die in seinem Hoheitsgebiet zum Zeitpunkt der allgemeinen Anwendung dieses Übereinkommens auf dieses Mitglied nach Absatz 2 nicht schutzfähig waren, kann es die Anwendung der Bestimmungen über Stoffpatente im Teil II Abschnitt 5 auf solche Gebiete der Technik um eine weitere Frist von fünf Jahren verschieben.

(5) Ein Mitglied, das eine Übergangsfrist nach Absatz 1, 2, 3 oder 4 in Anspruch nimmt, stellt sicher, daß während dieser Frist vorgenommene Änderungen seiner Gesetze, seiner sonstigen Vorschriften und seiner Praxis nicht zu einem geringeren Grad der Vereinbarkeit mit diesem Übereinkommen führen.

Art. 66 Am wenigsten entwickelte Länder, die Mitglieder sind. (1) In Anbetracht der besonderen Bedürfnisse und Erfordernisse der am wenigsten entwickelten Länder, die Mitglieder sind, ihrer wirtschaftlichen, finanziellen und administrativen Engpässe und ihres Bedarfs an Flexibilität bei der Schaffung einer tragfähigen technologischen Grundlage sind solche Mitglieder während einer Frist von zehn Jahren ab dem Zeitpunkt der Anwendung nach Artikel 65 Absatz 1 nicht verpflichtet, die Bestimmungen dieses Übereinkommens mit Ausnahme der Artikel 3, 4 und 5 anzuwenden. Der Rat für TRIPS gewährt auf ordnungsgemäß begründeten Antrag eines der am wenigsten entwickelten Länder, das Mitglied ist, Verlängerungen dieser Frist.[1)]

(2) Entwickelte Länder, die Mitglieder sind, sehen für Unternehmen und Institutionen in ihrem Hoheitsgebiet Anreize vor, um den Technologietransfer in die am wenigsten entwickelten Länder, die Mitglieder sind, zu fördern und zu unterstützen, damit diese in die Lage versetzt werden, eine gesunde und tragfähige technologische Grundlage zu schaffen.

Art. 67 Technische Zusammenarbeit. Um die Umsetzung dieses Übereinkommens zu erleichtern, sehen die entwickelten Länder, die Mitglieder sind, auf Antrag und zu gegenseitig vereinbarten Bedingungen technische und finanzielle Zusammenarbeit zugunsten der Entwicklungsländer und der am wenigsten entwickelten Länder vor, die Mitglieder sind. Diese Zusammenarbeit schließt die Unterstützung bei der Erarbeitung von Gesetzen und sonstigen Vorschriften zum Schutz und zur Durchsetzung von Rechten des geistigen Eigentums sowie zur Verhütung ihres Mißbrauchs ein und umfaßt auch die Unterstützung bei der Errichtung und Stärkung der für diese Angelegenheiten zuständigen nationalen Ämter und Dienststellen, einschließlich der Ausbildung der Mitarbeiter.

Teil VII. Institutionelle Regelungen; Schlußbemerkungen

Art. 68 Rat für handelsbezogene Aspekte der Rechte des geistigen Eigentums. Der Rat für TRIPS überwacht die Wirkungsweise dieses Übereinkommens und insbesondere die Erfüllung der hieraus erwachsenden Verpflichtungen durch die Mitglieder und bietet den Mitgliedern Gelegenheit zu Konsultationen über Angelegenheiten im Zusammenhang mit den handelsbezogenen Aspekten der Rechte des geistigen Eigentums. Er nimmt die sonstigen Obliegenheiten wahr, die ihm von den Mitgliedern übertragen werden, und bietet insbesondere jede von ihnen angeforderte Unterstützung im Rahmen der Streitbeilegung. Der Rat für TRIPS ist befugt, bei der Ausübung seiner Aufgaben jede Stelle, die er für geeignet hält, zu konsultieren und von dort Informationen einzuholen. In Konsultationen mit der WIPO ist der Rat bestrebt, innerhalb eines Jahres nach seinem ersten Zusammentre-

[1)] Der Rat hat mit *Entscheidung v. 11. 6. 2013* (IP/C/64) die Übergangsfrist für alle diese *Staaten* erneut, diesmal bis 1. 7. 2021, verlängert (Text: http://www.wto.org/english/news_e/news13_e/trip_11jun13_e.htm#decision). Zur Haltung der EU: Beschluss des Rates v. 10. 6. 2013 (ABl. Nr. L 162/1).

ten geeignete Vereinbarungen für eine Zusammenarbeit mit Gremien der genannten Organisation zu treffen.

Art. 69 Internationale Zusammenarbeit. Die Mitglieder sind sich darin einig, mit dem Ziel zusammenzuarbeiten, den internationalen Handel mit Waren, die Rechte des geistigen Eigentums verletzen, zu beseitigen. Zu diesem Zweck errichten sie Kontaktstellen in ihren Verwaltungen, die sie einander notifizieren, und sind zum Austausch von Informationen über den Handel mit rechtsverletzenden Waren bereit. Insbesondere fördern sie den Informationsaustausch und die Zusammenarbeit zwischen den Zollbehörden in bezug auf den Handel mit nachgeahmten Markenwaren und unerlaubt hergestellten urheberrechtlich geschützten Waren.

Art. 70 Schutz bestehender Gegenstände des Schutzes. (1) Aus diesem Übereinkommen ergeben sich keine Verpflichtungen in bezug auf Handlungen, die vor dem Zeitpunkt der Anwendung dieses Übereinkommens auf das betreffende Mitglied stattfanden.

(2) Sofern in diesem Übereinkommen nichts anderes vorgesehen ist, ergeben sich daraus Verpflichtungen in bezug auf sämtliche Gegenstände des Schutzes, die zum Zeitpunkt der Anwendung dieses Übereinkommens auf das betreffende Mitglied vorhanden und zu diesem Zeitpunkt in diesem Mitglied geschützt sind oder die Schutzvoraussetzungen nach Maßgabe dieses Übereinkommens erfüllen oder in der Folge erfüllen werden. Hinsichtlich dieses Absatzes und der Absätze 3 und 4 bestimmen sich urheberrechtliche Verpflichtungen in bezug auf vorhandene Werke ausschließlich nach Artikel 18 der Berner Übereinkunft (1971) und Verpflichtungen in bezug auf die Rechte der Hersteller von Tonträgern und der ausübenden Künstler an vorhandenen Tonträgern ausschließlich nach Artikel 18 der Bemer Übereinkunft (1971), wie er durch Artikel 14 Absatz 6 dieses Übereinkommens für anwendbar erklärt wurde.

(3) Es besteht keine Verpflichtung, den Schutz eines Gegenstands wiederherzustellen, der zum Zeitpunkt der Anwendung dieses Übereinkommens auf das betreffende Mitglied Gemeingut geworden ist.

(4) In bezug auf Handlungen betreffend bestimmte, einen geschützten Gegenstand enthaltende Gegenstände, die nach Maßgabe der diesem Übereinkommen entsprechenden Rechtsvorschriften rechtsverletzend werden und die vor dem Zeitpunkt der Annahme des WTO-*Übereinkommens* durch dieses Mitglied begonnen waren oder in bezug auf die eine bedeutende Investition vorgenommen worden war, kann jedes Mitglied eine Begrenzung der dem Rechtsinhaber zustehenden Rechtsbehelfe hinsichtlich der weiteren Vornahme solcher Handlungen nach dem Zeitpunkt der Anwendung dieses Übereinkommens auf das betreffende Mitglied vorsehen. In solchen Fällen sehen die Mitglieder jedoch zumindest die Zahlung einer angemessenen Vergütung vor.

(5) Ein Mitglied ist nicht verpflichtet, Artikel 11 und Artikel 14 Absatz 4 in bezug auf Originale oder Kopien anzuwenden, die vor dem Zeitpunkt der Anwendung dieses Übereinkommens auf das betreffende Mitglied gekauft wurden.

(6) Die Mitglieder sind nicht verpflichtet, Artikel 31 oder das Erfordernis in Artikel 27 Absatz 1, wonach Patentrechte ohne Diskriminierung aufgrund des Gebiets der Technik ausgeübt werden können, auf eine Benutzung ohne die Zustimmung des Rechtsinhabers anzuwenden, wenn die Ermächtigung zu einer solchen Benutzung von der Regierung vor dem Zeitpunkt, zu dem dieses Übereinkommen bekannt wurde, erteilt wurde.

(7) Bei Rechten des geistigen Eigentums, deren Schutz von der Eintragung abhängig ist, dürfen Anträge auf Schutz, die zum Zeitpunkt der Anwendung dieses Übereinkommens auf das betreffende Mitglied anhängig sind, so geändert werden, daß ein nach Maßgabe dieses Übereinkommens vorgesehener erweiterter Schutz beansprucht wird. Solche Änderungen dürfen keine neuen Gegenstände einschließen.

(8) Sieht ein Mitglied zum Zeitpunkt des Inkrafttretens des WTO-Übereinkommens keinen seinen Verpflichtungen nach Artikel 27 entsprechenden Patentschutz für pharmazeutische und agrochemische Erzeugnisse vor, so muß dieses Mitglied

a) ungeachtet des Teils VI ab dem Zeitpunkt des Inkrafttretens des WTO-Übereinkommens eine Möglichkeit für das Einreichen von Anmeldungen von Patenten für solche Erfindungen vorsehen,

b) auf diese Anmeldungen vom Zeitpunkt der Anwendung dieses Übereinkommens an die in diesem festgelegten Voraussetzungen für die Patentfähigkeit so anwenden, als würden sie am Tag der Anmeldung in diesem Mitglied oder, sofern Priorität zur Verfügung steht und in Anspruch genommen wird, am Prioritätstag der Anmeldung angewendet, und

c) Patentschutz nach Maßgabe dieses Übereinkommens ab der Erteilung des Patents und für die verbleibende Schutzdauer des Patents, gerechnet ab dem Anmeldetag im Sinne des Artikels 33, für diejenigen Anmeldungen vorsehen, die den unter Buchstabe b genannten Schutzvoraussetzungen entsprechen.

(9) Ist ein Erzeugnis Gegenstand einer Patentanmeldung in einem Mitglied nach Absatz 8 Buchstabe a, so werden ungeachtet des Teils VI ausschließliche Vermarktungsrechte für eine Frist von fünf Jahren nach der Erlangung der Marktzulassung in diesem Mitglied oder bis zur Erteilung oder Zurückweisung eines Stoffpatents in diesem Mitglied gewährt, wobei die jeweils kürzere Frist gilt, vorausgesetzt, daß nach dem Inkrafttreten des WTO-Übereinkommens in einem anderen Mitglied für das betreffende Erzeugnis eine Patentanmeldung eingereicht und ein Patent erteilt und die Marktzulassung in diesem anderen Mitglied erlangt wurde.

Art. 71 Überprüfung und Änderung. (1) Der Rat für TRIPS überprüft die Umsetzung dieses Übereinkommens nach Ablauf der in Artikel 65 Absatz 2 genannten Übergangsfrist. Der Rat überprüft es unter Berücksichtigung der bei seiner Umsetzung gesammelten Erfahrungen zwei Jahre nach diesem Zeitpunkt und danach in gleichen zeitlichen Abständen. Der Rat kann Überprüfungen auch in Anbetracht einschlägiger neuer Entwicklungen vornehmen, die eine Ergänzung oder Änderung dieses Übereinkommens rechtfertigen könnten.

(2) Änderungen, die lediglich einer Anpassung an ein höheres Niveau des Schutzes von Rechten des geistigen Eigentums dienen, das in anderen mehrseitigen Übereinkünften erreicht wurde und in Kraft ist und das nach Maßgabe jener Übereinkünfte von allen Mitgliedern der WTO angenommen wurde, können auf der Grundlage eines im Weg des Konsenses vom Rat für TRIPS vorgelegten Vorschlags an die Ministerkonferenz für ein Tätigwerden nach Artikel X Absatz 6 des WTO-Übereinkommens überwiesen werden.

Art. 72 Vorbehalte. Vorbehalte zu irgendeiner Bestimmung dieses Übereinkommens können nicht ohne die Zustimmung der anderen Mitglieder angebracht werden.

Art. 73 Ausnahmen zur Wahrung der Sicherheit. Dieses Übereinkommen ist nicht dahingehend auszulegen,

a) daß ein Mitglied Informationen zur Verfügung stellen muß, deren Offenbarung nach seiner Auffassung seinen wesentlichen Sicherheitsinteressen zuwiderläuft, oder

b) daß ein Mitglied daran gehindert wird, Maßnahmen zu treffen, die es zum Schutz seiner wesentlichen Sicherheitsinteressen für notwendig hält
   i) in bezug auf spaltbares Material oder das Material, aus dem dieses gewonnen wird,
   ii) in bezug auf den Handel mit Waffen, Munition und Kriegsgerät und auf den Handel mit anderen Waren oder anderem Material, der unmittelbar oder mittelbar der Versorgung einer militärischen Einrichtung dient,
   iii) in Kriegszeiten oder bei sonstigen Krisen in internationalen Beziehungen,

   oder

c) daß ein Mitglied daran gehindert wird, Maßnahmen in Erfüllung seiner Pflichten im Rahmen der Charta der Vereinten Nationen zur Wahrung des Weltfriedens und der internationalen Sicherheit zu treffen.

515. Vereinbarung über Regeln und Verfahren zur Beilegung von Streitigkeiten[1)]

Vom 15. April 1994

(BGBl. 1994 II S. 1749; ABl. 1994 L 336/234)

DIE MITGLIEDER KOMMEN WIE FOLGT ÜBEREIN:

Art. 1 Geltungsbereich und Anwendung. (1) Die Regeln und Verfahren dieser Vereinbarung gelten für Streitigkeiten, die aufgrund der Bestimmungen über Konsultationen und Streitbeilegung der in Anhang 1 dieser Vereinbarung genannten Übereinkommen (im folgenden als „unter die Vereinbarung fallende Übereinkommen" bezeichnet) vorgebracht werden. Die Regeln und Verfahren dieser Vereinbarung gelten auch für Konsultationen und die Beilegung von Streitigkeiten zwischen Mitgliedern hinsichtlich ihrer Rechte und Pflichten nach den Bestimmungen des Übereinkommens zur Errichtung der Welthandelsorganisation (im folgenden als „WTO-Übereinkommen" bezeichnet) und der vorliegenden Vereinbarung entweder allein oder in Verbindung mit einem anderen unter die Vereinbarung fallenden Übereinkommen.

(2) Die Regeln und Verfahren dieser Vereinbarung gelten vorbehaltlich besonderer oder zusätzlicher Regeln und Verfahren über Streitbeilegung, die in den unter die Vereinbarung fallenden Übereinkommen laut Anhang 2 dieser Vereinbarung enthalten sind. Soweit ein Unterschied zwischen den Regeln und Verfahren dieser Vereinbarung und den besonderen oder zusätzlichen der in Anhang 2 dargelegten Regeln und Verfahren besteht, sind die besonderen oder zusätzlichen Regeln und Verfahren in Anhang 2 maßgebend. Bei Streitigkeiten, die Regeln und Verfahren aus mehr als einem unter die Vereinbarung fallenden Übereinkommen betreffen, wenn ein Konflikt zwischen besonderen und zusätzlichen Regeln und Verfahren der Überprüfung unterliegenden Übereinkommen besteht und wenn die Streitparteien sich nicht innerhalb von zwanzig Tagen nach Einsetzung des Panels auf Regeln und Verfahren einigen können, legt der Vorsitzende des in Art. 2 Absatz 1 vorgesehenen Streitbeilegungsgremiums (im folgenden in dieser Vereinbarung als „DSB" bezeichnet) nach Rücksprache mit den Streitparteien die zu beachtenden Regeln und Verfahren innerhalb von zehn Tagen nach Antrag durch ein Mitglied fest. Der Vorsitzende des DSB läßt sich von dem Grundsatz leiten, daß nach Möglichkeit die besonderen und zusätzlichen Regeln und Verfahren angewendet werden sollen und daß die in dieser Vereinbarung enthaltenen Regeln und

[1)] Zum Inkrafttreten und zum Stand der Vertragsparteien s. Fn. 1 auf S. 1 des unter Nr. **500** abgedruckten Übereinkommens.

Verfahren nur angewendet werden sollen, soweit dies zur Vermeidung von Konflikten notwendig ist.

Art. 2 Verwaltung. (1) Das DSB wird hiermit gebildet, um diese Regeln und Verfahren und, soweit in einem unter die Vereinbarung fallenden Übereinkommen nichts anderes vereinbart ist, die Bestimmungen über Konsultationen und Streitbeilegung der unter die Vereinbarung fallenden Übereinkommen anzuwenden. Demgemäß hat das DSB die Befugnis, Panels einzusetzen, Berichte der Panels und des Berufungsgremiums anzunehmen, die Überwachung der Umsetzung von Entscheidungen und Empfehlungen durchzuführen und die Aussetzung von Zugeständnissen oder sonstigen Verpflichtungen aus den unter die Vereinbarung fallenden Übereinkommen zu genehmigen. Hinsichtlich der Streitigkeiten, die aufgrund eines unter die Vereinbarung fallenden Übereinkommens entstehen, das ein plurilaterales Handelsübereinkommen ist, bezeichnet der dort verwendete Begriff „Mitglied" nur solche Mitglieder, die Vertragsparteien des betreffenden Plurilateralen Handelsübereinkommens sind. Wendet das DSB die Streitbeilegungsbestimmungen eines Plurilateralen Handelsübereinkommens an, so dürfen sich nur solche Mitglieder an den vom DSB hinsichtlich dieser Streitigkeit getroffenen Entscheidungen oder ergriffenen Maßnahmen beteiligen, die Vertragsparteien des betreffenden Übereinkommens sind.

(2) Das DSB unterrichtet die entsprechenden WTO-Räte und -Ausschüsse über alle Entwicklungen bei Streitigkeiten, die mit Bestimmungen der entsprechenden unter die Vereinbarung fallenden Übereinkommen zusammenhängen.

(3) Das DSB tritt so oft wie nötig zusammen, um seine Aufgaben innerhalb der in dieser Vereinbarung festgelegten Zeiträume zu erfüllen.

(4) Sofern die Regen und Verfahren dieser Vereinbarung vorsehen, daß das DSB eine Entscheidung zu treffen hat, erfolgt diese durch Konsens.

Art. 3 Allgemeine Bestimmungen. (1) Die Mitglieder bekräftigen die Einhaltung der Grundsätze über die Streitbeilegung, die bisher aufgrund der Art. XXII und XXIII des GATT 1947 angewendet und hierin weiterentwickelt und abgeändert wurden.

(2) Das Streitbeilegungssystem der WTO ist ein zentrales Element zur Schaffung von Sicherheit und Vorhersehbarkeit im multilateralen Handelssystem. Die Mitglieder erkennen an, daß es dazu dient, die Rechte und Pflichten der Mitglieder aus den unter die Vereinbarung fallenden Übereinkommen zu bewahren und die geltenden Bestimmungen dieser Übereinkommen im Einklang mit den herkömmlichen Regeln der Auslegung des Völkerrechts zu klären. Die Empfehlungen *und Entscheidungen* des DSB können die in den unter die Vereinbarung fallenden Übereinkommen enthaltenen Rechte und Pflichten weder ergänzen noch einschränken.

(3) Die sofortige Klärung von Situationen, in denen ein Mitglied der Auffassung ist, daß Vorteile, die sich für das Mitglied mittelbar oder unmittelbar aufgrund der unter die Vereinbarung fallenden Übereinkommen ergeben, durch Maßnahmen eines anderen Mitglieds geschmälert werden, trägt wesentlich zum wirksamen Funktionieren der WTO und zur Erhaltung eines ausgewogenen Verhältnisses zwischen den Rechten und Pflichten der Mitglieder bei.

(4) Die Empfehlungen oder Entscheidungen des DSB haben zum Ziel, eine zufriedenstellende Regelung der Angelegenheit in Übereinstimmung mit den Rechten und Pflichten aus dieser Vereinbarung und den unter die Vereinbarung fallenden Übereinkommen zu erreichen.

(5) Alle Lösungen von Angelegenheiten, die aufgrund der Bestimmungen über Konsultationen und Streitbeilegung der unter die Vereinbarung fallenden Übereinkommen förmlich vorgebracht werden, einschließlich Schiedssprüche, müssen mit diesen Übereinkommen vereinbar sein und dürfen Vorteile, die sich für ein Mitglied aus diesen Übereinkommen ergeben, weder zunichte machen oder schmälern noch die Erreichung eines der Ziele dieser Übereinkommen behindern.

(6) Gemeinsam vereinbarte Lösungen von Angelegenheiten, die aufgrund der Bestimmungen über Konsultationen und Streitbeilegung der unter die Vereinbarung fallenden Übereinkommen förmlich vorgebracht werden, werden dem DSB und den entsprechenden Räten und Ausschüssen mitgeteilt, in denen jedes Mitglied jeden damit im Zusammenhang stehenden Punkt zur Sprache bringen kann.

(7) Bevor ein Mitglied einen Fall vorbringt, soll es prüfen, ob Maßnahmen nach diesen Verfahren erfolgreich wären. Das Ziel des Streitbeilegungsmechanismus ist die positive Lösung einer Streitigkeit. Eine für die Streitparteien beiderseits akzeptable und mit den unter die Vereinbarung fallenden Übereinkommen übereinstimmende Lösung ist eindeutig vorzuziehen. Kommt eine einvernehmlich vereinbarte Lösung nicht zustande, so besteht das erste Ziel des Streitbeilegungsmechanismus gewöhnlich in der Rücknahme der betreffenden Maßnahmen, wenn diese als mit den Bestimmungen eines der unter die Vereinbarung fallenden Übereinkommen unvereinbar befunden werden. Auf Schadenersatzleistungen soll nur dann zurückgegriffen werden, wenn die sofortige Rücknahme der Maßnahme praktisch nicht möglich ist, und als vorübergehende Maßnahme bis zur Rücknahme der Maßnahme, die mit einem unter die Vereinbarung fallenden Übereinkommen unvereinbar ist. Das letzte Mittel, das dem Mitglied, welches die Streitbeilegungsverfahren in Anspruch nimmt, aufgrund dieser Vereinbarung zur Verfügung steht, ist die Möglichkeit, die Anwendung von Zugeständnissen oder sonstigen Verpflichtungen aus den unter die Vereinbarung fallenden Übereinkommen zum Nachteil des anderen Mitglieds auszusetzen, wobei solche Maßnahmen der Genehmigung durch den DSB bedürfen.

(8) In Fällen, in denen Pflichten aus einem unter die Vereinbarung fallenden Übereinkommen verletzt werden, wird die Maßnahme prima facie als Fall der Zunichtemachung oder Schmälerung von Vorteilen betrachtet. Das heißt, es wird gewöhnlich angenommen, daß ein Verstoß gegen die Regeln eine nachteilige Auswirkung auf andere Mitglieder hat, die Vertragsparteien des betreffenden unter die Vereinbarung fallenden Übereinkommens sind, und daß es in solchen Fällen dem Mitglied, gegen das die Beschwerde vorgebracht wird, obliegt, die Anschuldigung zu widerlegen.

(9) Diese Vereinbarung läßt die Rechte der Mitglieder unberührt, eine verbindliche Auslegung von Bestimmungen eines unter die Vereinbarung fallenden Übereinkommens durch Beschlußfassung im Rahmen des WTO-Übereinkommens oder eines unter die Vereinbarung fallenden Plurilateralen Handelsübereinkommens zu erwirken.

(10) Es wird davon ausgegangen, daß Anträge auf einen Vergleich und die Inanspruchnahme der Streitbeilegungsverfahren nicht als streitige Handlungen beabsichtigt oder zu betrachten sind und daß sich beim Entstehen einer Streitigkeit alle Mitglieder nach Treu und Glauben an diesen Verfahren beteiligen in dem Bemühen, die Streitigkeit beizulegen. Es wird außerdem davon ausgegangen, daß Beschwerden und Gegenbeschwerden in bezug auf unterschiedliche Angelegenheiten nicht miteinander verknüpft werden sollen.

(11) Diese Vereinbarung wird nur auf neue Anträge auf Konsultationen aufgrund der Konsultationsbestimmungen der unter die Vereinbarung fallenden Übereinkommen angewendet, die an oder nach dem Tag des Inkrafttretens des WTO-Übereinkommens gestellt werden. Auf Streitigkeiten, für die der Antrag auf Konsultationen nach dem GATT 1947 oder nach einer anderen Vorläuferübereinkunft der unter die Vereinbarung fallenden Übereinkommen vor dem Inkrafttreten des WTO-Übereinkommens gestellt wurde, finden weiterhin die einschlägigen Streitbeilegungsregeln und -verfahren Anwendung, die unmittelbar vor Inkrafttreten des WTO-Übereinkommens wirksam waren.

(12) Ungeachtet des Absatzes 11 hat die beschwerdeführende Partei, wenn eine Beschwerde auf der Grundlage eines unter die Vereinbarung fallenden Übereinkommens von einem Mitglied, das Entwicklungsstaat ist, gegen ein Mitglied, das Industriestaat ist, vorgebracht wird, das Recht, sich alternativ zu den Bestimmungen der Art. 4, 5, 6 und 12 dieser Vereinbarung auf die entsprechenden Bestimmungen der Entscheidung vom 5. April 1966 (BISD 14S/18) zu berufen; ist das Panel jedoch der Auffassung, daß der in Abs. 7 jener Entscheidung vorgesehene Zeitrahmen für die Vorlage seines Berichts nicht ausreicht, so kann mit Einverständnis der beschwerdeführenden Partei dieser Zeitrahmen verlängert werden. Soweit Unterschiede zwischen den Regeln und *Verfahren* der Art. 4, 5, 6 und 12 und den entsprechenden Regeln und Verfahren der Entscheidung vorhanden sind, sind letztere maßgebend.

Art. 4 Konsultationen. (1) Die Mitglieder bekräftigen ihre Entschlossenheit, die Wirksamkeit der von den Mitgliedern angewendeten Konsultationsverfahren zu stärken und zu verbessern.

(2) Jedes Mitglied verpflichtet sich, die Vorstellungen eines anderen Mitglieds in bezug auf Maßnahmen wohlwollend zu prüfen, die im Hoheitsgebiet des erstgenannten Mitglieds getroffen worden sind und die Wirksamkeit eines der unter die Vereinbarung fallenden Übereinkommens beeinflussen, und es räumt ausreichend Gelegenheit zu Konsultationen ein.

(3) Wird ein Antrag auf Konsultationen nach einem unter die Vereinbarung fallenden Übereinkommen gestellt, so nimmt das Mitglied, an das der Antrag gerichtet ist, soweit nichts anderes einvernehmlich vereinbart wird, zu dem Antrag innerhalb von zehn Tagen nach dessen Eingang Stellung und eröffnet nach Treu und Glauben die Konsultationen innerhalb einer Frist von nicht mehr als dreißig Tagen nach Eingang des Antrags mit dem Ziel, eine für alle Seiten zufriedenstellende Lösung herbeizuführen. Nimmt das Mitglied nicht innerhalb von zehn Tagen nach Eingang des Antrags Stellung oder eröffnet es die Konsultationen nicht innerhalb von nicht mehr als dreißig Tagen oder einer anderen einvernehmlich vereinbarten Frist nach Eingang des Antrags, so kann das Mitglied, das die Konsultationen beantragt hat, unmittelbar die Einsetzung eines Panels beantragen.

(4) Alle derartigen Anträge auf Konsultationen werden dem DSB und den entsprechenden Räten und Ausschüssen von dem Mitglied, das die Konsultationen beantragt, angezeigt. Jeder Antrag auf Konsultationen wird schriftlich gestellt mit einer Begründung des Antrags einschließlich Angaben über die strittigen Maßnahmen und eines Hinweises auf die Rechtsgrundlage der Beschwerde.

(5) Im Verlauf von Konsultationen aufgrund der Bestimmungen eines unter die Vereinbarung fallenden Übereinkommens und vor Inanspruchnahme weiterer Maßnahmen aufgrund dieser Vereinbarung sollen Mitglieder versuchen, einen zufriedenstellenden Ausgleich in der Angelegenheit zu finden.

(6) Die Konsultationen sind vertraulich und lassen die Rechte jedes Mitglieds in weiteren Verfahren unberührt.

(7) Kann eine Streitigkeit durch die Konsultationen nicht innerhalb von sechzig Tagen nach Eingang des Antrags auf Konsultationen beigelegt werden, so kann die beschwerdeführende Partei die Einsetzung eines Panels beantragen. Die beschwerdeführende Partei kann die Einsetzung eines Panels innerhalb der Frist von sechzig Tagen beantragen, wenn die in Konsultationen stehenden Parteien gemeinsam der Auffassung sind, daß es in den Konsultationen nicht gelungen ist, die Streitigkeit beizulegen.

(8) In dringenden Fällen, darunter solche, die verderbliche Güter betreffen, nehmen die Mitglieder die Konsultationen innerhalb von nicht mehr als zehn Tagen nach Eingang des Antrags auf. Gelingt es in

den Konsultationen nicht, die Streitigkeit innerhalb von zwanzig Tagen nach Eingang des Antrags beizulegen, so kann die beschwerdeführende Partei die Einsetzung eines Panels beantragen.

(9) In dringenden Fällen, darunter solche, die verderbliche Güter betreffen, bemühen sich die Streitparteien, die Panels und das Berufungsgremium nach besten Kräften, das Verfahren soweit wie möglich zu beschleunigen.

(10) Während der Konsultationen sollen die Mitglieder den speziellen Problemen und Interessen der Mitglieder, die Entwicklungsstaaten sind, besonders Rechnung tragen.

(11) Sobald ein Mitglied, das nicht zu den in Konsultationen stehenden Mitgliedern gehört, der Auffassung ist, daß es ein wesentliches Handelsinteresse an den Konsultationen hat, die nach Art. XXII Absatz 1 des GATT 1994 und Art. XXII Absatz 1 des GATS oder nach den entsprechenden Bestimmungen anderer unter die Vereinbarung fallender Übereinkommen gehalten werden, so kann dieses Mitglied innerhalb von zehn Tagen, nachdem der Antrag auf Konsultationen entsprechend den oben genannten Artikeln in Umlauf gebracht wurde, den in Konsultationen stehenden Mitgliedern und dem DSB seinen Wunsch mitteilen, an den Konsultationen teilzunehmen. Dieses Mitglied nimmt an den Konsultationen teil, sofern das Mitglied, an das der Antrag auf Konsultationen gerichtet war, zustimmt, daß die Behauptung eines wesentlichen Interesses begründet ist. In diesem Fall unterrichten sie den DSB davon. Wird der Antrag auf Teilnahme an den Konsultationen abgelehnt, so steht es dem antragstellenden Mitglied frei, Konsultationen nach Artikel XXII Absatz 1 oder Artikel XXIII Absatz 1 des GATT 1994, nach Artikel XXII Absatz 1 oder Artikel XXIII Absatz 1 des GATS oder nach den entsprechenden Bestimmungen in anderen unter die Vereinbarung fallenden Übereinkommen zu beantragen.

Art. 5 Gute Dienste, Vergleich und Vermittlung. (1) Gute Dienste, Vergleich und Vermittlung sind Verfahren, die freiwillig angewendet werden, wenn die Streitparteien sich darauf einigen.

(2) Verfahren, in denen gute Dienste Vergleich und Vermittlung zum Tragen kommen, und insbesondere Standpunkte, die von den Streitparteien während dieser Verfahren eingenommen werden, sind vertraulich und lassen die Rechte jeder Partei in allen weiteren Verhandlungen im Rahmen dieser Verfahren unberührt.

(3) Gute Dienste, Vergleich oder Vermittlung können von jeder Streitpartei jederzeit beantragt werden. Sie können jederzeit beginnen und jederzeit beendet werden. Sobald die Verfahren der guten Dienste, des Vergleichs oder der Vermittlung beendet sind, kann die beschwerdeführende Partei die Einsetzung eines Panels beantragen.

(4) Werden die guten Dienste, der Vergleich oder die Vermittlung innerhalb von sechzig Tagen nach Eingang eines Antrags auf Konsul-

tationen aufgenommen, so muß die beschwerdeführende Partei eine Frist von sechzig Tagen nach Eingang des Konsultationsantrags verstreichen lassen, bevor sie die Einsetzung eines Panels beantragt. Die beschwerdeführende Partei kann während der Frist der sechzig Tage die Einsetzung eines Panels beantragen, wenn die Streitparteien gemeinsam der Auffassung sind, daß durch die guten Dienste, den Vergleich oder die Vermittlung die Streitigkeit nicht beigelegt werden konnte.

(5) Falls die Streitparteien Einvernehmen erzielen, können die Verfahren der guten Dienste, des Vergleichs oder der Vermittlung während des Panelverfahrens fortgeführt werden.

(6) Der Generaldirektor kann Kraft seines Amtes gute Dienste, Vergleich oder Vermittlung in der Absicht anbieten, Mitglieder bei der Streitbeilegung zu unterstützen.

Art. 6 Einsetzung der Panels. (1) Falls die beschwerdeführende Partei dies beantragt, wird ein Panel spätestens auf der nächsten DSB-Sitzung nach derjenigen eingesetzt, auf der der Antrag zum ersten Mal als DSB-Tagesordnungspunkt erscheint, sofern das DSB auf dieser Sitzung nicht durch Konsens beschließt, kein Panel einzusetzen.

(2) Der Antrag auf Einsetzung eines Panels muß schriftlich erfolgen. Er muß Angaben enthalten, ob Konsultationen stattgefunden haben, die einzelnen strittigen Maßnahmen nennen und eine kurze Zusammenfassung der Rechtsgrundlage der Beschwerde geben, die zur Verdeutlichung des Problems ausreicht. Beantragt der Antragsteller die Einsetzung eines Panels, das nicht das übliche Mandat hat, so muß der schriftliche Antrag den vorgeschlagenen Wortlaut des besonderen Mandats enthalten.

Art. 7 Mandat des Panels. (1) Die Panels haben folgendes Mandat, sofern die Streitparteien nicht innerhalb von zwanzig Tagen nach Einsetzung eines Panels etwas anderes vereinbaren:

„Sie prüfen im Licht der einschlägigen Bestimmungen in (Bezeichnung des/der unter die Vereinbarung fallenden Übereinkommen/s, auf das/die sich die Streitparteien beziehen) die von (Name der Partei) in Dokument ... dem DSB unterbreitete Angelegenheit und treffen Feststellungen, die den DSB bei seinen in diesem/diesen Übereinkommen vorgesehenen Empfehlungen oder Entscheidungen unterstützen."

(2) Die Panels stützen sich auf die einschlägigen Bestimmungen aller unter die Vereinbarung fallenden Übereinkommen, auf die sich die Streitparteien beziehen.

(3) Bei der Einsetzung eines Panels kann das DSB seinen Vorsitzenden ermächtigen, das Mandat des Panels nach Konsultation mit den Streitparteien vorbehaltlich des Absatzes 1 festzulegen. Das so festgelegte Mandat wird an alle Mitglieder verteilt. Wird ein anderes als das

übliche Mandat vereinbart, so kann jedes Mitglied jeden damit zusammenhängenden Punkt im DSB zur Debatte stellen.

Art. 8 Zusammensetzung der Panels. (1) Die Panels bestehen aus hochqualifizierten Einzelpersonen, die dem öffentlichen Dienst angehören können, aber nicht müssen, darunter Personen, die in einem Panel tätig waren oder einem Panel einen Fall unterbreitet haben, als Vertreter eines Mitglieds oder einer Vertragspartei des GATT 1947 oder als Vertreter in einem Rat oder Ausschuß eines unter die Vereinbarung fallenden Übereinkommens oder eines Vorläuferübereinkommens beziehungsweise im Sekretariat tätig waren und die auf dem Gebiet des internationalen Handelsrechts oder der internationalen Handelspolitik gelehrt oder veröffentlicht haben oder als hochrangige Bedienstete eines Mitglieds im Bereich der Handelspolitik tätig waren.

(2) Bei der Auswahl der Mitglieder des Panels sollen die Unabhängigkeit der Mitglieder, ein ausreichend weitgefächerter Hintergrund und ein breites Spektrum an Erfahrungen gewährleistet sein.

(3) Staatsangehörige von Mitgliedern, deren Regierungen Streitparteien oder Dritte im Sinne des Art. 10 Absatz 2 sind, dürfen nicht in einem mit dieser Angelegenheit befaßten Panel tätig sein, sofern die Streitparteien nichts anderes vereinbaren.

(4) Zur Erleichterung der Auswahl der Mitglieder des Panels führt das Sekretariat eine Liste von Einzelpersonen, die dem öffentlichen Dienst angehören können, aber nicht müssen, und die über die in Absatz 1 genannten Qualifikationen verfügen, aus der gegebenenfalls die Panel-Mitglieder ausgewählt werden können. Diese Liste umfaßt das am 30. November 1984 (BISD 31S/9) erstellte Verzeichnis der nicht dem öffentlichen Dienst angehörenden Panel-Mitglieder, sowie andere aufgrund eines unter die Vereinbarung fallenden Übereinkommens erstellten Verzeichnisse und Listen; sie übernimmt die Namen der Einzelpersonen, die bei Inkrafttreten des WTO-Übereinkommens in diesen Verzeichnissen und Listen aufgeführt sind. Die Mitglieder können in regelmäßigen Abständen Namen von Einzelpersonen, die dem öffentlichen Dienst angehören können, aber nicht müssen, zur Aufnahme in die Liste vorschlagen, wobei sie einschlägige Informationen über deren Sachkenntnisse auf dem Gebiet des internationalen Handels und der Sektoren oder Fachgebiete der unter die Vereinbarung fallenden Übereinkommen angeben; diese Namen werden nach Genehmigung durch den DSB in die Liste aufgenommen. Die Liste enthält für jede Einzelperson Angaben über besondere Erfahrungs- und Sachkenntnisgebiete in den Sektoren oder Fachbereichen der unter die Vereinbarung fallenden Übereinkommen.

(5) Panels bestehen aus drei Panel-Mitgliedern, sofern die Streitparteien sich nicht innerhalb von zehn Tagen nach Einsetzung des Panels auf ein fünfköpfiges Panel einigen. Die Mitglieder werden umgehend über die Zusammensetzung des Panels in Kenntnis gesetzt.

(6) Das Sekretariat schlägt den Streitparteien Nominierungen für das Panel vor. Die Streitparteien dürfen Nominierungen nur aus zwingenden Gründen ablehnen.

(7) Wird innerhalb von zwanzig Tagen nach Einsetzung eines Panels keine Einigung über die Panel-Mitglieder erzielt, so bestimmt der Generaldirektor auf Ersuchen einer Partei nach Rücksprache mit dem Vorsitzenden des DSB und dem Vorsitzenden des entsprechenden Ausschusses oder Rates die Zusammensetzung des Panels, indem er die Panel-Mitglieder ernennt, die er in Übereinstimmung mit den einschlägigen besonderen oder zusätzlichen Regeln oder Verfahren der unter die Vereinbarung fallenden Übereinkommen, die streitig sind, als am geeignetsten erachtet, nachdem er sich mit den Streitparteien beraten hat. Der Vorsitzende des DSB unterrichtet die Mitglieder über die Zusammensetzung des auf diese Weise gebildeten Panels spätestens zehn Tage, nachdem er einen entsprechenden Antrag erhalten hat.

(8) Die Mitglieder verpflichten sich, ihren Bediensteten in der Regel die Tätigkeit als Panel-Mitglieder zu gestatten.

(9) Die Panel-Mitglieder gehören dem Panel in persönlicher Eigenschaft und nicht als Vertreter einer Regierung oder einer Organisation an. Die Mitglieder dürfen ihnen daher keine Weisungen erteilen oder versuchen, sie als Einzelpersonen hinsichtlich der Angelegenheiten vor einem Panel zu beeinflussen.

(10) Liegt eine Streitigkeit zwischen einem Mitglied, das Entwicklungsstaat ist, und einem Mitglied, das Industriestaat ist, vor, so wird auf Ersuchen des Mitglieds, das Entwicklungsstaat ist, mindestens ein Panel-Mitglied aus einem Mitglied, das Entwicklungsstaat ist, gewählt.

(11) Die Kosten für die Panel-Mitglieder, einschließlich Reisekosten und Tagegelder, werden aus dem WTO-Haushalt entsprechend den Kriterien getragen, die der Allgemeine Rat, gestützt auf Empfehlungen des Ausschusses für Haushalt, Finanzen und Verwaltung, verabschiedet.

Art. 9 Verfahren für mehrere Beschwerdeführer. (1) Wenn mehr als ein Mitglied die Einsetzung eines Panels wegen derselben Angelegenheit beantragt, kann ein einziges Panel zur Prüfung dieser Beschwerden eingesetzt werden, wobei die Rechte aller betroffenen Mitglieder berücksichtigt werden. Nach Möglichkeit soll immer ein einziges Panel zur Prüfung solcher Beschwerden eingesetzt werden.

(2) Das einzige Panel führt seine Prüfung so durch und unterbreitet seine Ergebnisse dem DSB derart, daß die Rechte, welche die Streitparteien gehabt hätten, wenn mehrere Panels die Beschwerden geprüft hätten, nicht beeinträchtigt werden. Auf Antrag einer Streitpartei legt das Panel getrennte Berichte über die betreffende Streitigkeit vor. Die schriftlichen Vorlagen jedes einzelnen Beschwerdeführers werden den anderen Beschwerdeführern zur Verfügung gestellt, und jeder Beschwerdeführer hat das Recht, anwesend zu sein, wenn einer der anderen Beschwerdeführer vor dem Panel seine Stellungnahme abgibt.

(3) Wird mehr als ein Panel zur Prüfung der Beschwerden über dieselbe Angelegenheit eingesetzt, so sind soweit möglich dieselben Einzelpersonen in den getrennten Panels tätig, und der Zeitplan für das Panelverfahren über diese Streitigkeiten wird abgestimmt.

Art. 10 Dritte. (1) Während des Panelverfahrens wird den Interessen der Streitparteien und denen anderer Mitglieder eines unter die Vereinbarung fallenden Übereinkommens, das in der Streitigkeit zur Entscheidung steht, voll Rechnung getragen.

(2) Jedes Mitglied, das ein wesentliches Interesse an einer Angelegenheit hat, mit der ein Panel befaßt ist, und das dem DSB sein Interesse angezeigt hat (im folgenden als „Dritter" bezeichnet), hat die Möglichkeit, vom Panel gehört zu werden und dem Panel schriftliche Vorlagen zu unterbreiten. Diese Vorlagen werden auch an die Streitparteien verteilt und finden Eingang in den Panelbericht.

(3) Dritte erhalten die Vorlagen der Streitparteien für die erste Sitzung des Panels.

(4) Ist ein Dritter der Auffassung, daß eine Maßnahme, die bereits Gegenstand eines Panelverfahrens ist, Vorteile zunichte macht oder schmälert, die sich für ihn aus einem unter die Vereinbarung fallenden Übereinkommen ergeben, so kann dieses Mitglied die aufgrund dieser Vereinbarung üblichen Streitbeilegungsverfahren in Anspruch nehmen. Eine derartige Streitigkeit wird nach Möglichkeit an das ursprüngliche Panel verwiesen.

Art. 11 Aufgabe der Panels. Die Aufgabe der Panels besteht darin, das DSB bei der Wahrnehmung seiner Aufgaben aufgrund dieser Vereinbarung und der unter die Vereinbarung fallenden Übereinkommen zu unterstützen. Demgemäß nimmt das Panel eine objektive Beurteilung der vor ihm liegenden Angelegenheit vor, einschließlich einer objektiven Beurteilung des Sachverhalts und der Anwendbarkeit sowie der Vereinbarkeit mit den einschlägigen unter die Vereinbarung fallenden Übereinkommen, und trifft andere Feststellungen, die dem DSB helfen, die in den unter die Vereinbarung fallenden Übereinkommen vorgesehenen Empfehlungen abzugeben oder Entscheidungen zu treffen. Die Panels sollen sich regelmäßig mit den Streitparteien beraten und ihnen ausreichend Gelegenheit geben, eine für alle Seiten zufriedenstellende Lösung zu finden.

Art. 12 Panelverfahren. (1) Die Panels sollen die Arbeitsverfahren in Anhang 3 befolgen, sofern das Panel nicht nach Rücksprache mit den Streitparteien etwas anderes beschließt.

*(2) Die Panel*verfahren sollen ausreichend flexibel sein, damit hochwertige Panelberichte sichergestellt sind, ohne die Panelverhandlung ungebührlich zu verzögern.

(3) Nach Rücksprache mit den Streitparteien legen die Panel-Mitglieder sobald wie möglich und nach Möglichkeit innerhalb einer Woche, nachdem die Zusammensetzung und das Mandat des Panels vereinbart wurden, den Zeitplan für die Panelverhandlung fest, wobei gegebenenfalls Art. 4 Absatz 9 Berücksichtigung findet.

(4) Bei der Festlegung des Zeitplans für die Panelverhandlung räumt das Panel den Streitparteien genügend Zeit ein, damit sie ihre Vorlagen vorbereiten können.

(5) Die Panels sollen für die schriftlichen Vorlagen der Parteien genaue Stichtage festlegen, und die Parteien sollen diese Stichtage einhalten.

(6) Jede Streitpartei hinterlegt ihre schriftlichen Vorlagen beim Sekretariat zur sofortigen Übermittlung an das Panel und die andere Streitpartei oder die anderen Streitparteien. Die beschwerdeführende Partei unterbreitet ihre erste Vorlage vor der ersten Vorlage der erwidernden Partei, sofern das Panel nicht bei der Festlegung des in Absatz 3 bezeichneten Zeitplans und nach Rücksprache mit den Streitparteien entscheidet, daß die Parteien ihre ersten Vorlagen gleichzeitig unterbreiten. Wird für die Hinterlegung der ersten Vorlagen eine zeitliche Abfolge entschieden, so legt das Panel einen festen Zeitplan für den Eingang der Vorlage der erwidernden Partei fest. Alle weiteren schriftlichen Vorlagen werden gleichzeitig unterbreitet.

(7) Gelingt es den Streitparteien nicht, eine für alle Beteiligten zufriedenstellende Lösung zu finden, so legt das Panel dem DSB seine Feststellungen in Form eines schriftlichen Berichts vor. In solchen Fällen legt das Panel die Sachverhaltsfeststellungen, die Anwendbarkeit der einschlägigen Bestimmungen und die wesentliche Begründung ihrer Feststellungen und Empfehlungen dar. Konnte die zwischen den Parteien streitige Angelegenheit bereinigt werden, so beschränkt sich der Bericht des Panels auf eine kurze Beschreibung des Falles und auf die Feststellung, daß eine Lösung gefunden wurde.

(8) Um die Wirksamkeit des Verfahrens zu erhöhen, darf der Zeitraum, in dem das Panel seine Prüfung durchführt, von dem Zeitpunkt an, zu dem die Zusammensetzung und das Mandat des Panels vereinbart wurden, bis zu dem Zeitpunkt, zu dem den Streitparteien der Schlußbericht zugestellt wird, in der Regel sechs Monate nicht überschreiten. In dringenden Fällen, darunter solche, die verderbliche Güter betreffen, setzt das Panel sich das Ziel, seinen Bericht den Streitparteien *innerhalb von* drei Monaten zuzustellen.

(9) Ist das Panel der Auffassung, daß es seinen Bericht nicht innerhalb von sechs Monaten oder in dringenden Fällen nicht innerhalb von drei Monaten zustellen kann, so teilt es dem DSB schriftlich die Gründe für die Verzögerung und den Zeitraum mit, innerhalb dessen es seinen Bericht voraussichtlich zustellen wird. Der Zeitraum zwischen der Einsetzung des Panels und der Verteilung des Berichts an die Mitglieder soll neun Monate keinesfalls überschreiten.

(10) Im Zusammenhang mit Konsultationen über eine Maßnahme, die von einem Mitglied, das Entwicklungsstaat ist, ergriffen wurde, können die Parteien eine Verlängerung der in Art. 4 Absätze 7 und 8 festgelegten Zeiträume vereinbaren. Können sich die Streitparteien nach Ablauf des festgelegten Zeitraums nicht darauf einigen, daß die Konsultationen abgeschlossen sind, so entscheidet der Vorsitzende des DSB nach Rücksprache mit den Parteien, ob der festgelegte Zeitraum verlängert wird und gegebenenfalls wie lange. Darüber hinaus räumt das Panel bei Prüfung der Beschwerde gegen ein Mitglied, das Entwicklungsstaat ist, diesem Mitglied genügend Zeit für die Vorbereitung und Darlegung seiner Beweisführung ein. Art. 20 Absatz 1 und Art. 21 Absatz 4 bleiben von Maßnahmen aufgrund des vorliegenden Absatzes unberührt.

(11) Sofern eine oder mehrere Parteien Mitglieder sind, die Entwicklungsstaaten sind, gibt der Panelbericht ausdrücklich an, in welcher Form den einschlägigen Bestimmungen der unter die Vereinbarung fallenden Übereinkommen über unterschiedliche Behandlung und Meistbegünstigung von Mitgliedern, die Entwicklungsstaaten sind, Rechnung getragen wurde, welche im Laufe des Streitbeilegungsverfahrens von dem Mitglied, das Entwicklungsstaat ist, geltend gemacht worden sind.

(12) Das Panel kann seine Arbeit jederzeit auf Antrag der beschwerdeführenden Partei für einen Zeitraum von höchstens zwölf Monaten aussetzen. Im Fall einer solchen Aussetzung werden die in den Absätzen 8 und 9 dieses Artikels, in Art. 20 Absatz 1 und in Art. 21 Absatz 4 festgelegten Fristen um den Zeitraum verlängert, für den die Arbeit ausgesetzt wurde. Wird die Arbeit des Panels für mehr als zwölf Monate ausgesetzt, so erlischt die Genehmigung für die Einsetzung des Panels.

Art. 13 Recht auf Information. (1) Jedes Panel hat das Recht, von jeder Einzelperson oder jedem Gremium, die es für geeignet hält, Informationen oder fachlichen Rat einzuholen. Bevor ein Panel jedoch Informationen oder fachlichen Rat von einer Einzelperson oder einem Gremium unter der Hoheitsgewalt eines Mitglieds einholt, unterrichtet es die Behörden des betreffenden Mitglieds. Ein Mitglied soll umgehend und umfassend auf einen Antrag eines Panels auf Erteilung von Informationen reagieren, die das Panel für notwendig und angebracht hält. Vertrauliche Informationen, die erteilt werden, dürfen nicht ohne die förmliche Genehmigung durch die Einzelperson, das Gremium oder die Behörden des Mitglieds offengelegt werden, welche die Informationen erteilen.

(2) Die Panels können von jeder einschlägigen Stelle Informationen erbitten und Sachverständige befragen, um deren Gutachten zu bestimmten Aspekten der Angelegenheit einzuholen. Bei einer von einer Streitpartei aufgeworfenen Sachfrage, die eine wissenschaftliche oder technische Angelegenheit betrifft, kann ein Panel einen schriftlichen

Gutachterbericht von einer Sachverständigengutachtergruppe einholen. Die Regeln über die Einsetzung einer solchen Gruppe und deren Verfahrensordnung sind in Anhang 4 dargelegt.

Art. 14 Vertraulichkeit. (1) Die Beratungen des Panels sind vertraulich.

(2) Die Berichte der Panels werden in Abwesenheit der Streitparteien unter Berücksichtigung der unterbreiteten Informationen und der abgegebenen Stellungnahmen erstellt.

(3) Die von einzelnen Panel-Mitgliedern im Panelbericht geäußerten Auffassungen sind anonym.

Art. 15 Zwischenprüfung. (1) Nach Erörterung der unterbreiteten Erwiderungen und mündlichen Ausführungen legt das Panel den Streitparteien die beschreibenden Teile (Sachlage und Beweisführung) seines Berichtsentwurfs vor. Innerhalb einer vom Panel festgelegten Frist legen die Parteien schriftlich ihre Stellungnahmen vor.

(2) Nach Ablauf der Frist für den Eingang der Stellungnahmen der Streitparteien händigt das Panel den Parteien einen Zwischenbericht aus, der sowohl die beschreibenden Teile als auch die Feststellungen und Schlußfolgerungen des Panels enthält. Innerhalb eines vom Panel festgesetzten Zeitraums kann eine Partei schriftlich beantragen, daß das Panel bestimmte Aspekte des Zwischenberichts vor der Verteilung des Abschlußberichts an die Mitglieder überprüft. Auf Antrag einer Partei beraumt das Panel eine weitere Sitzung mit den Parteien über die in der schriftlichen Stellungnahme genannten Punkte an. Erhält das Panel von keiner Partei einer Stellungnahme innerhalb des dafür vorgesehenen Zeitraums, so wird der Zwischenbericht als der Abschlußbericht des Panels betrachtet und umgehend an die Mitglieder verteilt.

(3) Die Feststellungen in dem Abschlußbericht enthalten eine Erörterung der in der Zwischenprüfung vorgelegten Beweisführung. Die Zwischenprüfung erfolgt innerhalb des in Art. 12 Absatz 8 festgelegten Zeitraums.

Art. 16 Annahme der Panelberichte. (1) Um den Mitgliedern ausreichend Zeit für die Prüfung der Panelberichte zu geben, werden die Berichte nicht vor Ablauf von 20 Tagen nach ihrer Verteilung an die Mitglieder zur Annahme durch den DSB vorgesehen.

(2) Mitglieder, die Einwände gegen einen Panelbericht haben, reichen eine schriftliche Begründung für ihre Einwände so rechtzeitig ein, daß sie mindestens 10 Tage vor der Sitzung des DSB, auf welcher der Panelbericht erörtert wird, verteilt werden kann.

(3) Die Streitparteien haben das Recht, an der Erörterung des Panelberichts durch den DSB voll teilzunehmen, und ihre Ansichten werden vollständig zu Protokoll genommen.

(4) Innerhalb von 60 Tagen nach der Verteilung eines Panelberichts an die Mitglieder wird der Bericht auf einer DSB-Sitzung angenommen, es sei denn, daß eine Streitpartei dem DSB förmlich ihre Entscheidung anzeigt, Rechtsmittel einzulegen, oder das DSB durch Konsens entscheidet, den Bericht nicht anzunehmen. Zeigt eine Partei ihre Entscheidung an, Rechtsmittel einzulegen, so wird die Annahme des Panelberichts durch den DSB nicht erörtert, bevor das Rechtsmittelverfahren abgeschlossen ist. Dieses Annahmeverfahren läßt das Recht der Mitglieder auf Äußerung ihrer Auffassungen über einen Panelbericht unberührt.

Art. 17 Rechtsmittelprüfung. Ständiges Berufungsgremium.

(1) Das DSB setzt ein Ständiges Berufungsgremium ein. Das Berufungsgremium befaßt sich mit Berufungen von Panelentscheidungen. Es setzt sich aus sieben Personen zusammen, von denen drei sich mit jeweils einem Fall befassen. Dem Berufungsgremium angehörende Personen wechseln turnusmäßig. Dieser Wechsel wird in den Arbeitsverfahren des Berufungsgremiums festgelegt.

(2) Das DSB ernennt Personen, die im Berufungsgremium tätig sind, für eine Amtszeit von vier Jahren; jede Person kann einmal wiederernannt werden. Die Amtszeit von drei der sieben Personen, die unmittelbar nach Inkrafttreten des WTO-Übereinkommens ernannt werden, endet jedoch nach Ablauf von zwei Jahren, wobei das Los entscheidet. Frei werdende Sitze werden wieder besetzt, sobald sie frei werden. Eine Person, die ernannt wird, um eine Person zu ersetzen, deren Amtszeit noch nicht abgelaufen ist, nimmt die Aufgabe für den Rest der Amtszeit des Vorgängers wahr.

(3) Das Berufungsgremium umfaßt anerkannte und angesehene Fachleute mit ausgewiesenen Sachkenntnissen auf den Gebieten Recht, internationaler Handel und allgemein den Gegenständen der unter die Vereinbarung fallenden Übereinkommen. Diese müssen von einer Regierung unabhängig sein. Die Mitgliedschaft im Berufungsgremium soll weitgehend die Mitgliedschaft in der WTO widerspiegeln. Alle im Berufungsgremium tätigen Personen müssen jederzeit und kurzfristig verfügbar und in bezug auf Tätigkeiten im Bereich der Streitbeilegung und andere entsprechende Tätigkeiten der WTO auf dem laufenden sein. Sie dürfen sich nicht an der Erörterung von Streitigkeiten beteiligen, die zu einem mittelbaren oder unmittelbaren Interessenkonflikt führen würden.

(4) Nur Streitparteien, keine Dritten, dürfen gegen eine Panelentscheidung Rechtsmittel einlegen. Dritte, die dem DSB nach Art. 10 Absatz 2 ein wesentliches Interesse an der Angelegenheit angezeigt haben, können dem Berufungsgremium schriftliche Vorlagen unterbreiten und erhalten die Gelegenheit, vor dem Berufungsgremium gehört zu werden.

(5) In der Regel sollen die Verfahren von dem Zeitpunkt an, zu dem eine Streitpartei förmlich ihre Entscheidung anzeigt, Rechtsmittel

einzulegen, bis zu dem Zeitpunkt, zu dem das Berufungsgremium seinen Bericht verteilt, 60 Tage nicht überschreiten. Bei der Festlegung seines Zeitplans soll das Berufungsgremium gegebenenfalls dem Art. 4 Absatz 9 Rechnung tragen. Ist das Berufungsgremium der Auffassung, daß es seinen Bericht nicht innerhalb von 60 Tagen vorlegen kann, so teilt es dem DSB schriftlich die Gründe für die Verzögerung und den Zeitraum mit, innerhalb dessen es seinen Bericht voraussichtlich unterbreiten wird. Das Verfahren darf keinesfalls länger dauern als 90 Tage.

(6) Ein Rechtsmittel beschränkt sich auf die in dem Panelbericht behandelten Rechtsfragen und auf die Rechtsauslegung durch das Panel.

(7) Das Berufungsgremium erhält entsprechend seinen Anforderungen Unterstützung in Verwaltungs- und Rechtsfragen.

(8) Die Kosten für die im Berufungsgremium tätigen Personen, einschließlich Reisekosten und Tagegelder, werden aus dem WTO-Haushalt entsprechend den Kriterien getragen, die der Allgemeine Rat, gestützt auf Empfehlungen des Ausschusses für Haushalt, Finanzen und Verwaltung, verabschiedet.

Verfahren für die Rechtsmittelprüfung

(9) Die Arbeitsverfahren werden vom Berufungsgremium nach Rücksprache mit dem Vorsitzenden des DSB und dem Generaldirektor festgelegt und den Mitgliedern zur Kenntnisnahme übermittelt.

(10) Die Verfahren vor dem Berufungsgremium sind vertraulich. Die Berichte des Berufungsgremiums werden in Abwesenheit der Streitparteien unter Berücksichtigung der unterbreiteten Informationen und der abgegebenen Stellungnahmen erstellt.

(11) Die von einzelnen im Berufungsgremium tätigen Personen im Bericht des Berufungsgremiums geäußerten Auffassungen sind anonym.

(12) Das Berufungsgremium befaßt sich mit jeder nach Absatz 6 während des Berufungsverfahrens aufgeworfenen Frage.

(13) Das Berufungsgremium kann die rechtlichen Feststellungen und die Schlußfolgerungen des Panels bestätigen, abändern oder aufheben.

Annahme von Berichten des Berufungsgremiums

(14) Ein Bericht des Berufungsgremiums wird vom DSB angenommen und von den Streitparteien bedingungslos übernommen, sofern *das DSB nicht* innerhalb von dreißig Tagen nach Verteilung des Berichts an die Mitglieder durch Konsens beschließt, den Bericht des Berufungsgremiums nicht anzunehmen. Dieses Annahmeverfahren läßt das Recht der Mitglieder auf Äußerung ihrer Auffassungen über einen Bericht des Berufungsgremiums unberührt.

Art. 18 Mitteilungen an das Panel oder das Berufungsgremium. (1) Es darf keine einseitigen Mitteilungen an das Panel oder das

Berufungsgremium über Angelegenheiten geben, die dem Panel oder Berufungsgremium vorliegen.

(2) Schriftliche Vorlagen an das Panel oder das Berufungsgremium werden vertraulich behandelt; sie werden den Streitparteien jedoch zugänglich gemacht. Diese Vereinbarung hindert eine Streitpartei nicht daran, Stellungnahmen zu ihrer eigenen Position der Öffentlichkeit bekanntzugeben. Die Mitglieder behandeln Informationen vertraulich, die ein anderes Mitglied, das diese als vertraulich bezeichnet, dem Panel oder dem Berufungsgremium vorgelegt hat. Eine Streitpartei stellt auch auf Antrag eines Mitglieds eine nichtvertrauliche Zusammenfassung der in seinen Vorlagen enthaltenen Informationen zur Verfügung, die der Öffentlichkeit bekanntgegeben werden könnte.

Art. 19 Empfehlungen des Panels und des Berufungsgremiums. (1) Kommt ein Panel oder das Berufungsgremium zu dem Schluß, daß eine Maßnahme mit einem unter die Vereinbarung fallenden Übereinkommen unvereinbar ist, so empfiehlt es, daß das betreffende Mitglied die Maßnahme mit dem Übereinkommen in Einklang bringt. Zusätzlich zu seinen Empfehlungen kann das Panel oder das Berufungsgremium Möglichkeiten vorschlagen, wie das betreffende Mitglied die Empfehlungen umsetzen könnte.

(2) Nach Art. 3 Absatz 2 können das Panel und das Berufungsgremium mit ihren Feststellungen und Empfehlungen die in den unter die Vereinbarung fallenden Übereinkommen enthaltenen Rechte und Pflichten weder ergänzen noch schmälern.

Art. 20 Zeitrahmen für Entscheidungen des DSB. Sofern die Streitparteien nichts anderes vereinbart haben, darf der Zeitraum von der Einsetzung des Panels durch das DSB bis zu dem Zeitpunkt, zu dem das DSB den Bericht des Panels oder des Berufungsgremiums zur Annahme prüft, in der Regel neun Monate nicht übersteigen, wenn gegen den Bericht keine Berufung, oder zwölf Monate, wenn gegen den Bericht Berufung eingelegt wurde. Hat entweder das Panel oder das Berufungsgremium Maßnahmen nach Art. 12 Absatz 9 oder Art. 17 Absatz 5 ergriffen, um den Zeitraum bis zur Vorlage seines Berichts zu verlängern, so werden den oben genannten Zeiträumen die zusätzlich benötigten Zeiten hinzugefügt.

Art. 21 Überwachung der Umsetzung der Empfehlungen und Entscheidungen. (1) Die umgehende Beachtung der Empfehlungen und Entscheidungen des DSB ist für die wirksame Beilegung von Streitigkeiten zum Wohl aller Mitglieder wesentlich.

(2) Besondere Aufmerksamkeit ist den Angelegenheiten zu widmen, *welche die Interessen* von Mitgliedern, die Entwicklungsstaaten sind, berühren und sich auf Maßnahmen beziehen, die Gegenstand der Streitbeilegung gewesen sind.

(3) Auf eine Sitzung des DSB, die innerhalb von 30 Tagen nach der Annahme des Berichts des Panels oder des Berufungsgremiums abgehalten wird, unterrichtet das betreffende Mitglied das DSB über seine Absichten hinsichtlich der Umsetzung der Empfehlungen und Entscheidungen des DSB. Ist es unmöglich, die Empfehlungen und Entscheidungen sofort umzusetzen, so wird dem betreffenden Mitglied ein angemessener Zeitraum dafür eingeräumt. Als angemessener Zeitraum gilt folgendes:

a) Der von dem betreffenden Mitglied vorgeschlagene Zeitraum, sofern das DSB diesem zugestimmt hat; oder, falls diese Zustimmung fehlt,

b) ein von den Streitparteien innerhalb von 45 Tagen nach Annahme der Empfehlungen und Entscheidungen gemeinsam vereinbarter Zeitraum; oder, falls diese Vereinbarung fehlt,

c) ein durch bindendes Schiedsverfahren innerhalb von 90 Tagen nach Annahme der Empfehlungen und Entscheidungen festgelegter Zeitraum. In einem solchen Schiedsverfahren sollte Richtschnur für einen Schiedsrichter sein, daß der angemessene Zeitraum zur Umsetzung von Empfehlungen des Panels oder des Berufungsgremiums 15 Monate ab Annahme des Berichts des Panels oder des Berufungsgremiums nicht überschreiten sollte. Jedoch kann dieser Zeitraum je nach den besonderen Umständen kürzer oder länger sein.

(4) Außer wenn das Panel oder das Berufungsgremium den Zeitraum für die Vorlage seines Berichts nach Art. 12 Absatz 9 oder Art. 17 Absatz 5 verlängert hat, darf der Zeitraum zwischen der Einsetzung des Panels durch das DSB und der Entscheidung über den angemessenen Zeitraum 15 Monate nicht überschreiten, sofern die Streitparteien nicht etwas anderes vereinbaren. Hat entweder das Panel oder das Berufungsgremium den Zeitraum bis zur Vorlage seines Berichts verlängert, so wird die zusätzlich erforderliche Zeit dem Zeitraum von 15 Monaten hinzugefügt; der Gesamtzeitraum darf jedoch 18 Monate nicht überschreiten, es sei denn, die Streitparteien kommen überein, daß außergewöhnliche Umstände vorliegen.

(5) Bei einer Meinungsverschiedenheit über die Frage, ob Maßnahmen zur Umsetzung der Empfehlungen und Entscheidungen ergriffen wurden oder ob sie mit den unter die Vereinbarung fallenden Übereinkommen vereinbar sind, wird eine solche Streitigkeit unter Inanspruchnahme dieser Streitbeilegungsverfahren entschieden, wobei nach Möglichkeit auch auf das ursprüngliche Panel zurückgegriffen wird. Das Panel verteilt seinen Bericht innerhalb von 90 Tagen, nachdem die Angelegenheit an es verwiesen wurde. Ist das Panel der Auffassung, daß es seinen Bericht nicht innerhalb dieses Zeitrahmens vorlegen kann, so teilt es dem DSB schriftlich die Gründe für die Verzögerung und den Zeitraum mit, innerhalb dessen es voraussichtlich seinen Bericht vorlegen wird.

(6) Das DSB überwacht die Umsetzung der angenommenen Empfehlungen oder Entscheidungen. Die Frage der Umsetzung der Empfehlungen oder Entscheidungen kann im DSB von jedem Mitglied jederzeit nach deren Annahme aufgeworfen werden. Sofern das DSB nichts anderes beschließt, wird die Frage der Umsetzung der Empfehlungen oder Entscheidungen auf die Tagesordnung der Sitzung des DSB sechs Monate nach der Entscheidung über den angemessenen Zeitraum gemäß Absatz 3 gesetzt und so lange auf der Tagesordnung des DSB bleiben, bis die Frage geklärt ist. Spätestens 10 Tage vor jeder derartigen Sitzung des DSB legt das betreffende Mitglied dem DSB einen schriftlichen Sachstandsbericht über seine Fortschritte hinsichtlich der Umsetzung der Empfehlungen oder Entscheidungen vor.

(7) Handelt es sich um eine Angelegenheit, die von einem Mitglied, das Entwicklungsstaat ist, unterbreitet wurde, so prüft das DSB, welche weiteren Maßnahmen es ergreifen könnte, die unter den gegebenen Umständen angebracht wären.

(8) Handelt es ich um einen von einem Mitglied, das Entwicklungsstaat ist, vorgebrachten Fall, so berücksichtigt das DSB bei der Erörterung möglicher angemessener Maßnahmen nicht nur das Handelsvolumen, das von den beanstandeten Maßnahmen betroffen ist, sondern auch deren Folgen für die Volkswirtschaft der betreffenden Mitglieder, die Entwicklungsstaaten sind.

Art. 22 Entschädigung und Aussetzung von Zugeständnissen.
(1) Eine Entschädigung und die Aussetzung von Zugeständnissen oder sonstigen Pflichten sind vorübergehende Maßnahmen, die zur Verfügung stehen, wenn die Empfehlungen und Entscheidungen nicht innerhalb eines angemessenen Zeitraums umgesetzt werden. Jedoch erhält weder eine Entschädigung noch die Aussetzung von Zugeständnissen oder sonstigen Pflichten Vorrang vor der vollen Umsetzung einer Empfehlung, eine Maßnahme mit den unter die Vereinbarung fallenden Übereinkommen in Einklang zu bringen. Eine Entschädigung erfolgt freiwillig und muß, falls sie gewährt wird, mit den unter die Vereinbarung fallenden Übereinkommen vereinbar sein.

(2) Gelingt es dem betreffenden Mitglied nicht, eine mit den unter die Vereinbarung fallenden Übereinkommen als unvereinbar erachtete Maßnahme mit der Vereinbarung in Einklang zu bringen oder sonst die Empfehlungen und Entscheidungen innerhalb des nach Art. 21 Absatz 3 festgelegten angemessenen Zeitraums zu beachten, so nimmt dieses Mitglied, falls es darum ersucht wird, vor Ablauf dieses Zeitraums Verhandlungen mit jeder Partei auf, die das Streitbeilegungsverfahren angestrengt hat, mit dem Ziel, einvernehmlich eine Entschädigung festzulegen. Wird innerhalb von 20 Tagen nach Ablauf des angemessenen Zeitraums eine zufriedenstellende Einigung hinsichtlich der Entschädigung nicht erzielt, so kann jede Partei, die das Streitbeile-

gungsverfahren angestrengt hat, das DSB um die Genehmigung bitten, die Anwendung von Zugeständnissen oder sonstigen Pflichten aus den unter die Vereinbarung fallenden Übereinkommen gegenüber dem betreffenden Mitglied auszusetzen.

(3) In ihren Erwägungen, welche Zugeständnisse oder sonstigen Pflichten auszusetzen sind, wendet die beschwerdeführende Partei folgende Grundsätze und Verfahren an:

a) Der allgemeine Grundsatz lautet, daß die beschwerdeführende Partei zunächst versuchen soll, Zugeständnisse oder sonstige Pflichten hinsichtlich desselben Sektors/derselben Sektoren wie des-/derjenigen auszusetzen, in dem/denen das Panel oder das Berufungsgremium einen Verstoß oder eine sonstige Zunichtemachung oder Schmälerung festgestellt hat;

b) ist diese Partei der Auffassung, daß es nicht möglich oder wirksam ist, Zugeständnisse oder sonstige Pflichten hinsichtlich desselben Sektors/derselben Sektoren auszusetzen, so kann sie versuchen, Zugeständnisse oder sonstige Pflichten in anderen Sektoren unter demselben Übereinkommen auszusetzen;

c) ist diese Partei der Auffassung, daß es nicht möglich oder wirksam ist, Zugeständnisse oder sonstige Pflichten in bezug auf andere Sektoren unter demselben Übereinkommen auszusetzen, und daß die Umstände ernst genug sind, so kann sie versuchen, Zugeständnisse oder sonstige Pflichten aus einem anderen unter die Vereinbarung fallenden Übereinkommen auszusetzen;

d) bei der Anwendung der oben genannten Grundsätze berücksichtigt diese Partei
   i) den Handel in dem Sektor oder aufgrund des Übereinkommens, zu dem das Panel oder das Berufungsgremium einen Verstoß oder eine Zunichtemachung oder Schmälerung festgestellt hat, sowie die Bedeutung dieses Handels für die betreffende Partei;
   ii) die weitergehenden wirtschaftlichen Aspekte, die mit der Zunichtemachung oder der Schmälerung zusammenhängen, sowie die weiteren wirtschaftlichen Folgen der Aussetzung von Zugeständnissen oder sonstigen Pflichten;

e) beschließt die betreffende Partei, eine Genehmigung zur Aussetzung von Zugeständnissen oder sonstigen Pflichten nach Buchstabe b oder c zu beantragen, so gibt sie in ihrem Antrag die Gründe dafür an. Der Antrag an das DSB wird gleichzeitig auch den entsprechenden Räten und im Fall eines Antrags nach Buchstabe b auch den entsprechenden Gremien zugeleitet, die für die betreffenden Sektoren zuständig sind;

f) für die Zwecke dieses Absatzes hat der Begriff „Sektor" folgende Bedeutung:
   i) in bezug auf Waren alle Waren;
   ii) in bezug auf Dienstleistungen einen Hauptsektor der gültigen

„Liste zur Klassifizierung der Dienstleistungssektoren“[1], die diese Hauptsektoren ausweist;

iii) in bezug auf handelsbezogene Rechte des geistigen Eigentums alle Kategorien von Rechten des geistigen Eigentums, die unter Teil II Abschnitte 1 bis 7 fallen, oder die Pflichten aus Teil III oder Teil IV des TRIPS-Übereinkommens;

g) für die Zwecke dieses Absatzes hat der Begriff „Übereinkommen“ folgende Bedeutung:

i) in bezug auf Waren die in Anlage 1 A des WTO-Übereinkommens genannten Übereinkommen in ihrer Gesamtheit sowie die Pluri-lateralen Handelsübereinkommen, soweit die betreffenden Streitparteien Vertragsparteien dieser Übereinkommen sind;

ii) in bezug auf Dienstleistungen des GATS;

iii) in bezug auf die Rechte des geistigen Eigentums das TRIPS-Übereinkommen.

(4) Der von dem DSB genehmigte Umfang einer Aussetzung von Zugeständnissen oder sonstigen Pflichten muß dem Umfang der zunichte gemachten oder geschmälerten Vorteile entsprechen.

(5) Das DSB darf die Aussetzung von Zugeständnissen oder sonstigen Pflichten nicht genehmigen, wenn ein unter die Vereinbarung fallendes Übereinkommen eine solche Aussetzung verbietet.

(6) Tritt die in Absatz 2 beschriebene Situation ein, so erteilt das DSB auf Antrag innerhalb von 30 Tagen nach Ablauf des angemessenen Zeitraums die Genehmigung, Zugeständnisse oder sonstige Pflichten auszusetzen, sofern es nicht durch Konsens beschließt, den Antrag abzulehnen. Erhebt das betreffende Mitglied jedoch Einspruch gegen die Aussetzung in dem vorgeschlagenen Umfang oder behauptet es, daß die in Absatz 3 festgelegten Grundsätze und Verfahren nicht beachtet wurden, als eine beschwerdeführende Partei die Genehmigung beantragte, Zugeständnisse oder sonstige Pflichten nach Absatz 3 Buchstabe b oder c auszusetzen, so wird die Angelegenheit einem Schiedsverfahren unterbreitet. Dieses Schiedsverfahren wird vom ursprünglichen Panel durchgeführt, falls Mitglieder zur Verfügung stehen, oder von einem vom Generaldirektor ernannten Schiedsrichter; es muß innerhalb von 60 Tagen nach Ablauf des angemessenen Zeitraums abgeschlossen sein. Während des Schiedsverfahrens werden Zugeständnisse oder sonstige Pflichten nicht ausgesetzt.

(7) Der nach Absatz 6 tätige Schiedsrichter prüft nicht die Art der auszusetzenden Zugeständnisse oder sonstigen Pflichten, sondern stellt fest, ob der Umfang einer solchen Aussetzung dem Umfang der zunichte gemachten oder geschmälerten Vorteile entspricht. Der Schiedsrichter kann auch feststellen, ob die vorgeschlagene Aussetzung von Zugeständnissen oder sonstigen Pflichten nach dem unter die Ver-

[1] Dokument MTN.GNS/W/120 (www.wto.org/english/tratop_e/serv_e/mtn_gns_w_120_e.doc).

einbarung fallenden Übereinkommen gestattet ist. Enthält die einem Schiedsgerichtsverfahren unterbreitete Angelegenheit jedoch die Behauptung, daß die in Absatz 3 festgelegten Grundsätze und Verfahren nicht beachtet wurden, so prüft der Schiedsrichter diese Behauptung. Stellt der Schiedsrichter fest, daß diese Grundsätze und Verfahren nicht beachtet wurden, so wendet die beschwerdeführende Partei diese in Übereinstimmung mit Absatz 3 an. Die Parteien nehmen die Entscheidung des Schiedsrichters als endgültig an, und die betreffenden Parteien dürfen kein zweites Schiedsverfahren anstrengen. Das DSB wird umgehend von der Entscheidung des Schiedsrichters in Kenntnis gesetzt; es erteilt auf Antrag die Genehmigung für die Aussetzung von Zugeständnissen oder sonstigen Pflichten, wenn der Antrag mit der Entscheidung des Schiedsrichters vereinbar ist, sofern das DSB nicht durch Konsens beschließt, den Antrag abzulehnen.

(8) Die Aussetzung von Zugeständnissen oder sonstigen Pflichten ist vorübergehend und wird nur so lange angewendet, bis die Maßnahme, die mit dem unter die Vereinbarung fallenden Übereinkommen als unvereinbar betrachtet wird, eingestellt worden ist oder bis das Mitglied, das Empfehlungen oder Entscheidungen umsetzen muß, eine Lösung für die Zunichtemachung oder Schmälerung der Vorteile vorlegt, oder bis eine für alle Seiten zufriedenstellende Lösung gefunden wird. Nach Art. 21 Absatz 6 überwacht das DSB weiterhin die Umsetzung der angenommenen Empfehlungen oder Entscheidungen, einschließlich der Fälle, in denen eine Entschädigung geleistet oder andere Zugeständnisse oder sonstige Pflichten ausgesetzt wurden, die Empfehlungen, eine Maßnahme mit den unter die Vereinbarung fallenden Übereinkommen in Einklang zu bringen, jedoch nicht umgesetzt wurden.

(9) Eine Berufung auf die Streitbeilegungsbestimmungen der unter die Vereinbarung fallenden Übereinkommen ist hinsichtlich der Maßnahmen möglich, die deren Einhaltung betreffen und die von regionalen oder kommunalen Verwaltungen oder Behörden innerhalb des Hoheitsgebiets eines Mitglieds ergriffen werden. Hat das DSB entschieden, daß eine Bestimmung eines unter die Vereinbarung fallenden Übereinkommens nicht beachtet wurde, so ergreift das verantwortliche Mitglied die ihm zur Verfügung stehenden angemessenen Maßnahmen, um deren Einhaltung sicherzustellen. Die Bestimmungen der unter die Vereinbarung fallenden Übereinkommen und der vorliegenden Vereinbarung, die sich auf Entschädigung und die Aussetzung von Zugeständnissen und sonstigen Pflichten beziehen, finden auf die Fälle Anwendung, in denen es nicht möglich war, diese Einhaltung zu gewährleisten.

Art. 23 Stärkung des multilateralen Systems. (1) Bemühen sich Mitglieder um die Beseitigung einer Verletzung von Pflichten oder einer sonstigen Zunichtemachung oder Schmälerung von Vorteilen aus den unter die Vereinbarung fallenden Übereinkommen oder einer

Behinderung bei der Erreichung eines der Ziele der unter die Vereinbarung fallenden Übereinkommen, so halten sie sich an die Regeln und Verfahren dieser Vereinbarung und befolgen sie.

(2) In solchen Fällen werden die Mitglieder

a) nicht die Feststellung treffen, daß eine Verletzung vorliegt, daß Vorteile zunichte gemacht oder geschmälert wurden oder daß die Erreichung eines der Ziele der unter die Vereinbarung fallenden Übereinkommen behindert wurde, es sei denn durch Inanspruchnahme der Streitbeilegung in Übereinstimmung mit den Regeln und Verfahren der vorliegenden Vereinbarung; sie werden jede derartige Feststellung mit dem vom DSB angenommenen Bericht des Panels oder des Berufungsgremiums oder einem aufgrund dieser Vereinbarung gefaßten Schiedsspruch in Einklang bringen;

b) die in Art. 21 festgelegten Verfahren zur Festsetzung des angemessenen Zeitraums, in dem das betreffende Mitglied Empfehlungen und Entscheidungen umzusetzen hat, befolgen und

c) die in Art. 22 festgelegten Verfahren zur Festsetzung des Umfangs, in dem Zugeständnisse oder sonstige Pflichten ausgesetzt werden dürfen, befolgen und die Genehmigung des DSB in Übereinstimmung mit diesem Verfahren einholen, bevor sie Zugeständnisse oder sonstige Pflichten nach den unter die Vereinbarung fallenden Übereinkommen als Reaktion auf die Unterlassung des betreffenden Mitglieds aussetzen, die Empfehlungen und Entscheidungen innerhalb dieses angemessenen Zeitraums umzusetzen.

Art. 24 Besondere Verfahren im Zusammenhang mit Mitgliedern, die am wenigsten entwickelte Staaten sind. (1) In allen Phasen der Ermittlung der Gründe für eine Streitigkeit und ein Streitbeilegungsverfahren, an denen ein Mitglied, das ein am wenigsten entwickelter Staat ist, beteiligt ist, wird der speziellen Lage der Mitglieder, die am wenigsten entwickelte Staaten sind, besonders Rechnung getragen. In diesem Zusammenhang halten sich die Mitglieder gebührend davor zurück, im Rahmen dieser Verfahren Angelegenheiten aufzuwerfen, an denen ein Mitglied, das ein am wenigsten entwickelter Staat ist, beteiligt ist. Wird festgestellt, daß ein Zunichtemachen oder eine Schmälerung auf eine Maßnahme zurückgeht, die von einem Mitglied, das ein am wenigsten entwickelter Staat ist, ergriffen wurde, so halten sich die beschwerdeführenden Parteien bei einem Antrag auf Entschädigung oder auf Genehmigung der Aussetzung von Zugeständnissen oder anderen Pflichten aufgrund dieser Verfahren gebührend zurück.

(2) In Fällen der Streitbeilegung, an denen ein Mitglied, das ein am wenigsten entwickelter Staat ist, beteiligt ist und in denen eine zufriedenstellende Lösung im Verlauf der Konsultationen nicht gefunden wird, bietet der Generaldirektor oder der Vorsitzende des DSB auf Antrag des Mitglieds, das ein am wenigsten entwickelter Staat ist, seine

guten Dienste, einen Vergleich und seine Vermittlung an mit dem Ziel, den Parteien bei der Beilegung der Streitigkeit zu helfen, bevor die Einsetzung eines Panels beantragt wird. Der Generaldirektor oder der Vorsitzende des DSB kann sich im Rahmen der oben genannten Hilfe jedes Rates bedienen, den er für zweckdienlich hält.

Art. 25 Schiedsverfahren. (1) Ein beschleunigtes Schiedsverfahren innerhalb der WTO als alternatives Mittel der Streitbeilegung kann die Lösung bestimmter Streitigkeiten erleichtern, die von beiden Parteien klar definierte Streitfragen betreffen.

(2) Sofern in dieser Vereinbarung nichts anders vorgesehen ist, bedarf ein Schiedsverfahren der einvernehmlichen Zustimmung der Parteien, die sich auf die zu befolgenden Verfahren einigen müssen. Das Einvernehmen über die Inanspruchnahme eines Schiedsverfahrens wird allen Mitgliedern rechtzeitig vor dem eigentlichen Beginn der Schiedsgerichtsverhandlung angezeigt.

(3) Andere Mitglieder können nur mit Zustimmung der Parteien, die sich auf die Inanspruchnahme eines Schiedsverfahrens geeinigt haben, Parteien in einem Schiedsverfahren werden. Die an dem Verfahren beteiligten Parteien stimmen zu, den Schiedsspruch zu befolgen. Die Schiedssprüche werden dem DSB und dem Rat oder dem Ausschuß jedes betroffenen Übereinkommens angezeigt, in dem jedes Mitglied jede damit zusammenhängende Frage aufwerfen kann.

(4) Die Art. 21 und 22 dieser Vereinbarung gelten sinngemäß für Schiedssprüche.

Art. 26. [Beschwerden] (1) *Nichtverletzungsbeschwerden der in Art. XXIII Absatz 1 Buchstabe b des GATT 1994 beschriebenen Art*

Soweit Art. XXIII Absatz 1 Buchstabe b des GATT 1994 auf ein unter die Vereinbarung fallendes Übereinkommen Anwendung findet, kann ein Panel oder das Berufungsgremium nur dann Entscheidungen fällen oder Empfehlungen aussprechen, wenn eine Streitpartei der Auffassung ist, daß Vorteile, die sich unmittelbar oder mittelbar aufgrund des entsprechenden unter die Vereinbarung fallenden Übereinkommens für sie ergeben, durch Maßnahmen eines Mitglieds zunichte gemacht oder geschmälert werden, oder daß die Erreichung eines der Ziele jenes Übereinkommens behindert wird, gleichviel ob diese Maßnahme zu den Bestimmungen jenes Übereinkommens im Widerspruch steht. Sofern und soweit die betreffende Partei der Auffassung ist und ein Panel oder ein Berufungsgremium feststellt, daß ein Fall eine Maßnahme betrifft, die nicht zu den Bestimmungen eines unter die Vereinbarung fallenden Übereinkommens im Widerspruch steht, auf das Art. XXIII Absatz 1 Buchstabe b des GATT 1994 anzuwenden sind, finden die Verfahren in dieser Vereinbarung Anwendung mit folgender Maßgabe:

a) Die beschwerdeführende Partei legt eine ausführliche Begründung für ihre Beschwerde vor, die eine Maßnahme betrifft, welche nicht zu dem entsprechenden unter die Vereinbarung fallenden Übereinkommen im Widerspruch steht;

b) wird festgestellt, daß eine Maßnahme Vorteile aus dem entsprechenden unter die Vereinbarung fallenden Übereinkommen zunichte macht oder schmälert oder die Erreichung von Zielen eines solchen Übereinkommens behindert, ohne dieses zu verletzten, besteht keine Verpflichtung zur Einstellung der Maßnahme. In solchen Fällen empfiehlt das Panel oder das Berufungsgremium jedoch dem betreffenden Mitglied, einen für alle Seiten zufriedenstellenden Ausgleich herbeizuführen;

c) ungeachtet des Art. 21 kann das in Art. 21 Absatz 3 vorgesehene Schiedsverfahren auf Antrag einer der Parteien eine Entscheidung über den Umfang der zunichte gemachten oder geschmälerten Vorteile umfassen und Wege und Mittel zur Erzielung eines für alle Seiten zufriedenstellenden Ausgleichs vorschlagen; diese Vorschläge sind für die Streitparteien nicht bindend;

d) ungeachtet des Art. 22 Absatz 1 kann eine Entschädigung Teil eines für alle Seiten zufriedenstellenden Ausgleichs als endgültige Streitbeilegung sein;

(2) *Beschwerden der in Art. XXIII Absatz 1 Buchstabe c des GATT 1994 beschriebenen Art*

Sofern Art. XXIII Absatz 1 Buchstabe c des GATT 1994 auf ein unter die Vereinbarung fallendes Übereinkommen Anwendung findet, kann ein Panel oder ein Berufungsgremium nur dann Entscheidungen fällen oder Empfehlungen aussprechen, wenn eine Streitpartei der Auffassung ist, daß Vorteile, die sich unmittelbar oder mittelbar aus dem unter die Vereinbarung fallenden Übereinkommen für sie ergeben, zunichte gemacht oder geschmälert werden oder daß die Erreichung eines der Ziele jenes Übereinkommens aufgrund einer Situation behindert wird, die sich von den Situationen unterscheidet, auf die Art. XXIII Absatz 1 Buchstabe a und b des GATT 1994 Anwendung findet. Sofern und soweit diese Partei der Auffassung ist und ein Panel oder ein Berufungsgremium feststellt, daß die Angelegenheit unter diesen Absatz fällt, werden die Verfahren dieser Vereinbarung nur bis zu dem Zeitpunkt angewendet, zu dem der Panelbericht an die Mitglieder verteilt worden ist. Die Streitbeilegungsregeln und -verfahren des Beschlusses vom 12. April 1989 (BISD 36S/61-67) gelten für die Prüfung der Annahme und für die Überwachung und Umsetzung der Empfehlungen und Entscheidungen. Außerdem gilt folgendes:

a) Die beschwerdeführende Partei bringt eine ausführliche Begründung aller Argumente bei, die hinsichtlich der unter diesen Absatz fallenden Streitfragen vorgebracht werden;

b) stellt ein Panel in Fällen, die unter diesen Absatz fallende Angelegenheiten betreffen, fest, daß Fälle auch Angelegenheiten der Streitbeilegung betreffen, die nicht unter diesen Absatz fallen, so übermittelt das Panel einen Bericht an das DSB, in dem solche Angelegenheiten angesprochen werden, und einen gesonderten Bericht über Angelegenheiten, die unter diesen Absatz fallen.

Art. 27 Verantwortlichkeit des Sekretariats. (1) Das Sekretariat ist dafür verantwortlich, die Panels zu unterstützen, insbesondere in bezug auf die rechtlichen Hintergründe, die Vorgeschichte und Verfahrensfragen der behandelten Angelegenheiten; es leistet Sekretariatsarbeit und technische Unterstützung.

(2) Das Sekretariat hilft zwar den Mitgliedern auf deren Antrag bei einer Streitbeilegung, doch kann außerdem die Notwendigkeit bestehen, Mitgliedern, die Entwicklungsstaaten sind, bei einer Streitbeilegung zusätzlich juristischen Rat und rechtliche Hilfe zukommen zu lassen. Zu diesem Zweck stellt das Sekretariat jedem Mitglied, das Entwicklungsstaat ist und das einen entsprechenden Antrag stellt, einen befähigten Rechtsgelehrten der WTO-Dienste für technische Zusammenarbeit zur Verfügung. Dieser Fachmann hilft dem Mitglied, das Entwicklungsstaat ist, in einer Weise, welche die Unparteilichkeit des Sekretariats weiterhin gewährleistet.

(3) Das Sekretariat führt für interessierte Mitglieder spezielle Fortbildungskurse über diese Streitbeilegungsverfahren und -praktiken durch, damit die Fachleute der Mitglieder in dieser Hinsicht besser informiert sind.

Anhang 1

Unter die Vereinbarung fallende Übereinkommen

A) Übereinkommen zur Errichtung der Welthandelsorganisation

B) Multilaterale Handelsübereinkommen
- Anlage 1A: Multilaterale Übereinkommen über den Handel mit Waren
- Anlage 1B: Allgemeines Übereinkommen über den Handel mit Dienstleistungen
- Anlage 1C: Übereinkommen über handelsbezogene Aspekte der Rechte des geistigen Eigentums
- Anlage 2: Vereinbarung über Regeln und Verfahren zur Beilegung von Streitigkeiten

C) Plurilaterale Handelsübereinkommen
- Anlage 4: Übereinkommen über den Handel mit Zivilluftfahrzeugen
  Übereinkommen über öffentliches Beschaffungswesen
  Internationales Übereinkommen über Milcherzeugnisse
  Internationales Übereinkommen über Rindfleisch

Die Anwendbarkeit dieser Vereinbarung auf Plurilaterale Handelsübereinkommen bedarf der Annahme einer Entscheidung der Vertragsparteien des einzelnen Übereinkommens, in der die Bedingungen für die

Anwendbarkeit der Vereinbarung auf das jeweilige Übereinkommen dargelegt werden, einschließlich besonderer oder zusätzlicher Regeln oder Verfahren, die in den Anhang 2 einbezogen werden sollen und dem DSB angezeigt werden.

Anhang 2

Besondere oder zusätzliche Regeln und Verfahren in den unter die Vereinbarung fallenden Übereinkommen

Übereinkommen	*Regeln und Verfahren*
Übereinkommen über die Anwendung gesundheitspolizeilicher und pflanzenschutzrechtlicher Maßnahmen	11.2
Übereinkommen über Textilwaren und Bekleidung	2.14, 2.21, 4.4, 5.2, 5.4, 5.6, 6.9, 6.10, 6.11, 8.1 bis 8.12
Übereinkommen über technische Handelshemmnisse	14.2 bis 14.4, Anlage 2
Übereinkommen zur Durchführung des Artikels VI des GATT 1994	17.4 bis 17.7
Übereinkommen	Regeln und Verfahren
Übereinkommen zur Durchführung des Artikels VII des GATT 1994	19.3 bis 19.5, Anlage II.2(f), 3, 9, 21
Übereinkommen über Subventionen und Ausgleichsmaßnahmen	4.2 bis 4.12, 6.6, 7.2 bis 7.10, 8, 5 Fußnote 35, 24.4, 27.7, Anlage V
Allgemeines Übereinkommen über den Handel mit Dienstleistungen	XXII:3, XXIII:3
Anlage zu Finanzdienstleistungen	4
Anlage zu Luftverkehrsdienstleistungen	4
Beschluß über bestimmte Streitbeilegungsverfahren für das GATS	1 bis 5

Die Liste der Regeln und Verfahren in diesem Anhang enthält Bestimmungen, von denen nur ein Teil in diesem Zusammenhang von Bedeutung sein kann.

Alle besonderen oder zusätzlichen Regeln oder Verfahren in Plurilateralen Handelsübereinkommen, wie sie von den für das jeweilige Übereinkommen zuständigen Gremien beschlossen und dem DSB angezeigt *sind.*

Anhang 3
Arbeitsverfahren

(1) In seinen Verfahren beachtet das Panel die einschlägigen Bestimmungen dieser Vereinbarung. Darüber hinaus finden folgende Arbeitsverfahren Anwendung.

(2) Die Panelsitzungen sind nicht öffentlich. Die Streitparteien und andere interessierte Parteien nehmen an den Sitzungen des Panels nur teil, wenn sie vom Panel dazu aufgefordert werden.

(3) Die Beratungen des Panels und die ihm vorgelegten Unterlagen werden vertraulich behandelt. Diese Vereinbarung hindert eine Streitpartei nicht daran, Erklärungen über ihren eigenen Standpunkt in der Öffentlichkeit bekannt zu machen. Von einem anderen Mitglied dem Panel zugeleitete und von diesem Mitglied als vertraulich gekennzeichnete Informationen werden von den Mitgliedern vertraulich behandelt. Legt eine Streitpartei dem Panel eine vertrauliche Fassung ihrer schriftlichen Vorlagen vor, so stellt sie auch auf Antrag eines Mitglieds eine nichtvertrauliche Kurzfassung der in ihren Unterlagen enthaltenen Informationen zur Verfügung, die der Öffentlichkeit bekanntgegeben werden könnte.

(4) Vor der ersten Sitzung des Panels mit den Parteien in der Sache leiten die Streitparteien dem Panel schriftliche Vorlagen zu, in denen sie den Sachverhalt und ihre Argumente darlegen.

(5) In der ersten Sitzung in der Sache mit den Parteien fordert das Panel die beschwerdeführende Partei auf, ihren Fall darzulegen. Anschließend und noch während derselben Sitzung wird die beklagte Partei aufgefordert, ihren Standpunkt darzulegen.

(6) Alle Dritten, die dem DSB ihr Interesse an der Streitigkeit angezeigt haben, werden schriftlich gebeten, ihre Auffassungen auf einer hierzu bestimmten Sitzung während der ersten Sitzung des Panels in der Sache darzulegen. Diese Dritten dürfen während dieser gesamten Sitzung anwesend sein.

(7) Förmliche Darstellungen werden in einer zweiten Sitzung in der Sache vorgebracht. Die beklagte Partei hat zuerst das Recht, gehört zu werden; ihr folgt die beschwerdeführende Partei. Vor der Sitzung legen die Parteien dem Panel schriftliche Darstellungen vor.

(8) *Das Panel kann* jederzeit entweder im Verlauf einer Sitzung oder schriftlich Fragen an die Parteien richten und sie um Erklärungen bitten.

(9) Die Streitparteien und Dritte, die nach Art. 10 aufgefordert wurden, ihre Auffassungen darzulegen, stellen dem Panel eine schriftliche Fassung ihrer mündlichen Erklärungen zur Verfügung.

(10) Im Interesse einer vollständigen Transparenz erfolgen die in den Absätzen 5 bis 9 bezeichneten Darlegungen, Darstellungen und Er-

klärungen in Anwesenheit der Parteien. Darüber hinaus werden die schriftlichen Vorlagen jeder Partei einschließlich etwaiger Bemerkungen zu dem beschreibenden Teil des Berichts sowie Antworten auf Fragen des Panels der anderen Partei oder den anderen Parteien zur Verfügung gestellt.

(11) Zusätzliche panelspezifische Verfahren.

(12) Für die Arbeit des Panels wird folgender Zeitplan vorgeschlagen:

a) Eingang der ersten schriftlichen Vorlagen der Parteien:	
1. beschwerdeführende Partei:	3–6 Wochen
2. beklagte Partei:	2–3 Wochen
b) Datum, Uhrzeit und Ort der ersten Sitzung in der Sache mit den Parteien; Sitzung mit Dritten:	1–2 Wochen
c) Eingang der schriftlichen Darlegungen der Parteien:	2–3 Wochen
d) Datum, Uhrzeit und Ort der zweiten Sitzung in der Sache mit den Parteien:	1–2 Wochen
e) Übermittlung des beschreibenden Teils des Berichts an die Parteien:	2–4 Wochen
f) Eingang der Bemerkungen der Parteien zu dem beschreibenden Teil des Berichts:	2 Wochen
g) Übermittlung des Zwischenberichts einschließlich der Sachverhaltsfeststellungen und Schlußfolgerungen an die Parteien:	2–4 Wochen
h) Frist für Anträge einer Partei, einen Teil/Teile des Berichts zu überprüfen:	1 Woche
i) Zeitraum für die Überprüfung durch das Panel, gegebenenfalls einschließlich einer zusätzlichen Sitzung mit den Parteien:	2 Wochen
j) Übermittlung des Abschlußberichts an die Streitparteien:	2 Wochen
k) Verteilung des Abschlußberichts an die Mitglieder:	3 Wochen

Der angegebene Zeitplan kann wegen unvorhergesehener Entwicklungen geändert werden. Falls erforderlich, werden zusätzliche Sitzungen mit den Parteien einberufen.

Anhang 4
Sachverständigengutachtergruppen

Die folgenden Regeln und Verfahren finden auf Sachverständigengutachtergruppen Anwendung, die nach Art. 13 Absatz 2 eingesetzt werden.

(1) Sachverständigengutachtergruppen unterstehen dem Panel. Ihr Mandat und die Einzelheiten ihrer Arbeitsverfahren werden vom Panel bestimmt; sie erstatten dem Panel Bericht.

(2) Die Teilnahme an den Sachverständigengutachtergruppen ist auf Personen mit beruflichem Ansehen und Erfahrung auf dem betreffenden Gebiet beschränkt.

(3) Staatsangehörige der Streitparteien dürfen nur mit dem gemeinsamen Einverständnis der Streitparteien in einer Sachverständigengutachtergruppe tätig sein, es sei denn, es liegen außergewöhnliche Umstände vor, unter denen das Panel der Auffassung ist, daß das erforderliche spezielle wissenschaftliche Fachwissen sonst nicht zur Verfügung steht. Angehörige des öffentlichen Dienstes der Streitparteien dürfen nicht in einer Sachverständigengutachtergruppe tätig sein. Die Mitglieder der Sachverständigengutachtergruppen sind in ihrer persönlichen Eigenschaft und nicht als Vertreter einer Regierung oder einer Organisation tätig. Die Regierungen oder Organisationen dürfen ihnen deshalb keine Weisungen zu Fragen erteilen, mit denen eine Sachverständigengutachtergruppe befaßt ist.

(4) Die Sachverständigengutachtergruppen dürfen von jeder Stelle, die sie für geeignet halten, Informationen und fachlichen Rat einholen. Bevor eine Sachverständigengutachtergruppe jedoch Informationen oder fachlichen Rat von einer Stelle unter der Hoheitsgewalt eines Mitglieds einholt, unterrichtet sie die Regierung des betreffenden Mitglieds. Jedes Mitglied reagiert umgehend und vollständig auf jedes Ersuchen einer Sachverständigengutachtergruppe um Informationen, welche die Gruppe für notwendig und geeignet hält.

(5) Die Streitparteien haben Zugang zu allen einer Sachverständigengutachtergruppe zur Verfügung gestellten sachdienlichen Informationen, sofern sie nicht vertraulich sind. Der Sachverständigengutachtergruppe zur Verfügung gestellte vertrauliche Informationen dürfen nicht ohne förmliche Genehmigung der Regierung, der Organisation oder der Person, welche die Informationen zur Verfügung gestellt hat, freigegeben werden. Wird die Sachverständigengutachtergruppe um solche Informationen gebeten, wird die Freigabe der Informationen durch die Sachverständigengutachtergruppe jedoch nicht genehmigt, so wird von der Regierung, der Organisation oder der Person, welche die Informationen zur Verfügung gestellt hat, eine nicht vertrauliche Zusammenfassung der Informationen beigebracht.

(6) Die Sachverständigengutachtergruppe legt den Streitparteien den Entwurf eines Berichts mit der Bitte um Stellungnahme vor, um deren Stellungnahme zu erwirken und diese gegebenenfalls im Abschlußbericht zu berücksichtigen, der auch den Streitparteien übermittelt wird, wenn er dem Panel unterbreitet wird. Der Schlußbericht der Sachverständigengutachtergruppe dient nur der Beratung.

605. Vertrag zwischen der Bundesrepublik Deutschland und der Deutschen Demokratischen Republik über die Herstellung der Einheit Deutschlands[1) – Einigungsvertrag –[2)

Vom 31. August 1990

(BGBl. II S. 889)

(Auszug)

DIE BUNDESREPUBLIK DEUTSCHLAND UND DIE DEUTSCHE DEMOKRATISCHE REPUBLIK –

ENTSCHLOSSEN, die Einheit Deutschlands in Frieden und Freiheit als gleichberechtigtes Glied der Völkergemeinschaft in freier Selbstbestimmung zu vollenden,

AUSGEHEND von dem Wunsch der Menschen in beiden Teilen Deutschlands, gemeinsam in Frieden und Freiheit in einem rechtsstaatlich geordneten, demokratischen und sozialen Bundesstaat zu leben,

IN DANKBAREM RESPEKT vor denen, die auf friedliche Weise der Freiheit zum Durchbruch verholfen haben, die an der Aufgabe der Herstellung der Einheit Deutschlands unbeirrt festgehalten haben und sie vollenden,

IM BEWUSSTSEIN der Kontinuität deutscher Geschichte und eingedenk der sich aus unserer Vergangenheit ergebenden besonderen Verantwortung für eine demokratische Entwicklung in Deutschland, die der Achtung der Menschenrechte und dem Frieden verpflichtet bleibt,

IN DEM BESTREBEN, durch die deutsche Einheit einen Beitrag zur Einigung Europas und zum Aufbau einer europäischen Friedensordnung zu leisten, in der Grenzen nicht mehr trennen und die allen europäischen Völkern ein vertrauensvolles Zusammenleben gewährleistet,

IN DEM BEWUSSTSEIN, daß die Unverletzlichkeit der Grenzen und der territorialen Integrität und Souveränität aller Staaten in Europa in ihren Grenzen eine grundlegende Bedingung für den Frieden ist, –

---

1) Die Zustimmung zu dem Einigungsvertrag ist mit Vertragsgesetz vom 23. 9. 1990 (BGBl. II S. 885) erfolgt. Der Einigungsvertrag ist am 29. 9. 1990 in Kraft getreten (BGBl. II S. 1360). Er ist in 9 Kapitel aufgeteilt und besteht aus 45 Artikeln, einem Protokoll mit einzelnen Klarstellungen sowie 3 Anlagen. Protokoll und Anlagen sind in diesem Auszug nicht wiedergegeben.

2) Soweit Artikel dieses Vertrags für unanwendbar erklärt wurden, wird dies beim entsprechenden Artikel gekennzeichnet. Das gleiche gilt für Erklärungen, die vom Vertrag abweichen.

SIND ÜBEREINGEKOMMEN, einen Vertrag über die Herstellung der Einheit Deutschlands mit den nachfolgenden Bestimmungen zu schließen:

Kapitel I. Wirkung des Beitritts

Art. 1 Länder. (1) Mit dem Wirksamwerden des Beitritts der Deutschen Demokratischen Republik zur Bundesrepublik Deutschland gemäß Artikel 23 des Grundgesetzes am 3. Oktober 1990 werden die Länder Brandenburg, Mecklenburg-Vorpommern, Sachsen, Sachsen-Anhalt und Thüringen Länder der Bundesrepublik Deutschland. Für die Bildung und die Grenzen dieser Länder untereinander sind die Bestimmungen des Verfassungsgesetzes zur Bildung von Ländern in der Deutschen Demokratischen Republik vom 22. Juli 1990 – Ländereinführungsgesetz – (GBl. I Nr. 51 S. 955) gemäß Anlage II maßgebend.

(2) Die 23 Bezirke von Berlin bilden das Land Berlin.

Art. 2 Hauptstadt, Tag der Deutschen Einheit. (1) Hauptstadt Deutschlands ist Berlin. Die Frage des Sitzes von Parlament und Regierung wird nach der Herstellung der Einheit Deutschlands entschieden.

(2) Der 3. Oktober ist als Tag der Deutschen Einheit gesetzlicher Feiertag.

Kapitel II. Grundgesetz

Art. 3 Inkrafttreten des Grundgesetzes. Mit dem Wirksamwerden des Beitritts tritt das Grundgesetz für die Bundesrepublik Deutschland in der im Bundesgesetzblatt Teil III, Gliederungsnummer 100-1, veröffentlichten bereinigten Fassung, zuletzt geändert durch Gesetz vom 21. Dezember 1983 (BGBl. I S. 1481), in den Ländern Brandenburg, Mecklenburg-Vorpommern, Sachsen, Sachsen-Anhalt und Thüringen sowie in dem Teil des Landes Berlin, in dem es bisher nicht galt, mit den sich aus Artikel 4 ergebenden Änderungen in Kraft, soweit in diesem Vertrag nichts anderes bestimmt ist.

Art. 4 Beitrittsbedingte Änderungen des Grundgesetzes. Das Grundgesetz für die Bundesrepublik Deutschland wird wie folgt geändert:

1. Die Präambel wird wie folgt gefaßt:

„Im Bewußtsein seiner Verantwortung vor Gott und den Menschen, von dem Willen beseelt, als gleichberechtigtes Glied in einem vereinten Europa dem Frieden der Welt zu dienen, hat sich das Deutsche Volk kraft seiner verfassungsgebenden Gewalt dieses Grundgesetz gegeben.

Die Deutschen in den Ländern Baden-Württemberg, Bayern, Berlin, Brandenburg, Bremen, Hamburg, Hessen, Mecklenburg-Vorpommern, Niedersachsen, Nordrhein-Westfalen, Rheinland-Pfalz,

Saarland, Sachsen, Sachsen-Anhalt, Schleswig-Holstein und Thüringen haben in freier Selbstbestimmung die Einheit und Freiheit Deutschlands vollendet. Damit gilt dieses Grundgesetz für das gesamte Deutsche Volk."

2. Artikel 23 wird aufgehoben.
3. Artikel 51 Abs. 2 des Grundgesetzes wird wie folgt gefaßt:
   „(2) Jedes Land hat mindestens drei Stimmen, Länder mit mehr als zwei Millionen Einwohnern haben vier, Länder mit mehr als sechs Millionen Einwohnern fünf, Länder mit mehr als sieben Millionen Einwohnern sechs Stimmen."
4. Der bisherige Wortlaut des Artikels 135a wird Absatz 1. Nach Absatz 1 wird folgender Absatz angefügt:
   „(2) Absatz 1 findet entsprechende Anwendung auf Verbindlichkeiten der Deutschen Demokratischen Republik oder ihrer Rechtsträger sowie auf Verbindlichkeiten des Bundes oder anderer Körperschaften und Anstalten des öffentlichen Rechts, die mit dem Übergang von Vermögenswerten der Deutschen Demokratischen Republik auf Bund, Länder und Gemeinden im Zusammenhang stehen, und auf Verbindlichkeiten, die auf Maßnahmen der Deutschen Demokratischen Republik oder ihrer Rechtsträger beruhen."
5. In das Grundgesetz wird folgender neuer Artikel 143 eingefügt:
   „Artikel 143
   (1) Recht in dem in Artikel 3 des Einigungsvertrags genannten Gebiet kann längstens bis zum 31. Dezember 1992 von Bestimmungen dieses Grundgesetzes abweichen, soweit und solange infolge der unterschiedlichen Verhältnisse die völlige Anpassung an die grundgesetzliche Ordnung noch nicht erreicht werden kann. Abweichungen dürfen nicht gegen Artikel 19 Abs. 2 verstoßen und müssen mit den in Artikel 79 Abs. 3 genannten Grundsätzen vereinbar sein.
   (2) Abweichungen von den Abschnitten II, VIII, VIII a, IX, X und XI sind längstens bis zum 31. Dezember 1995 zulässig.
   (3) Unabhängig von Absatz 1 und 2 haben Artikel 41 des Einigungsvertrags und Regelungen zu seiner Durchführung auch insoweit Bestand, als sie vorsehen, daß Eingriffe in das Eigentum auf dem in Artikel 3 dieses Vertrags genannten Gebiet nicht mehr rückgängig gemacht werden."
6. Artikel 146 wird wie folgt gefaßt:
   „Artikel 146
   Dieses Grundgesetz, das nach Vollendung der Einheit und Freiheit Deutschlands für das gesamte deutsche Volk gilt, verliert seine Gültigkeit an dem Tage, an dem eine Verfassung in Kraft tritt, die von dem deutschen Volke in freier Entscheidung beschlossen worden ist."

Art. 5 Künftige Verfassungsänderungen. Die Regierungen der beiden Vertragsparteien empfehlen den gesetzgebenden Körperschaften des vereinten Deutschlands, sich innerhalb von zwei Jahren mit den im Zusammenhang mit der deutschen Einigung aufgeworfenen Fragen zur Änderung oder Ergänzung des Grundgesetzes zu befassen, insbesondere

– in bezug auf das Verhältnis zwischen Bund und Ländern entsprechend dem Gemeinsamen Beschluß der Ministerpräsidenten vom 5. Juli 1990,
– in bezug auf die Möglichkeit einer Neugliederung für den Raum Berlin/Brandenburg abweichend von den Vorschriften des Artikels 29 des Grundgesetzes durch Vereinbarung der beteiligten Länder,
– mit den Überlegungen zur Aufnahme von Staatszielbestimmungen in das Grundgesetz sowie
– mit der Frage der Anwendung des Artikels 146 des Grundgesetzes und in deren Rahmen einer Volksabstimmung.

Art. 6 Ausnahmebestimmung. Artikel 131 des Grundgesetzes wird in dem in Artikel 3 genannten Gebiet vorerst nicht in Kraft gesetzt.

...

Kapitel III. Rechtsangleichung

Art. 8 Überleitung von Bundesrecht. Mit dem Wirksamwerden des Beitritts tritt in dem in Artikel 3 genannten Gebiet Bundesrecht in Kraft, soweit es nicht in seinem Geltungsbereich auf bestimmte Länder oder Landesteile der Bundesrepublik Deutschland beschränkt ist und soweit durch diesen Vertrag, insbesondere dessen Anlage I, nichts anderes bestimmt wird.

Art. 9 Fortgeltendes Recht der Deutschen Demokratischen Republik. (1) Das im Zeitpunkt der Unterzeichnung dieses Vertrags geltende Recht der Deutschen Demokratischen Republik, das nach der Kompetenzordnung des Grundgesetzes Landesrecht ist, bleibt in Kraft, soweit es mit dem Grundgesetz ohne Berücksichtigung des Artikels 143, mit in dem in Artikel 3 genannten Gebiet in Kraft gesetztem Bundesrecht sowie mit dem unmittelbar geltenden Recht der Europäischen Gemeinschaften vereinbar ist und soweit in diesem Vertrag nichts anderes bestimmt wird. Recht der Deutschen Demokratischen Republik, das nach der Kompetenzordnung des Grundgesetzes Bundesrecht ist und das nicht bundeseinheitlich geregelte Gegenstände betrifft, gilt unter den Voraussetzungen des Satzes 1 bis zu einer Regelung durch den Bundesgesetzgeber als Landesrecht fort.

(2) Das in Anlage II aufgeführte Recht der Deutschen Demokratischen Republik bleibt mit den dort genannten Maßgaben in Kraft, *soweit es mit dem Grundgesetz* unter Berücksichtigung dieses Vertrags sowie mit dem unmittelbar geltenden Recht der Europäischen Gemeinschaften vereinbar ist.

(3) Nach Unterzeichnung dieses Vertrags erlassenes Recht der Deutschen Demokratischen Republik bleibt in Kraft, sofern es zwischen den Vertragsparteien vereinbart wird. Absatz 2 bleibt unberührt.

(4) Soweit nach den Absätzen 2 und 3 fortgeltendes Recht Gegenstände der ausschließlichen Gesetzgebung des Bundes betrifft, gilt es als Bundesrecht fort. Soweit es Gegenstände der konkurrierenden Gesetzgebung oder der Rahmengesetzgebung betrifft, gilt es als Bundesrecht fort, wenn und soweit es sich auf Sachgebiete bezieht, die im übrigen Geltungsbereich des Grundgesetzes bundesrechtlich geregelt sind.

(5) Das gemäß Anlage II von der Deutschen Demokratischen Republik erlassene Kirchensteuerrecht gilt in den in Artikel 1 Abs. 1 genannten Ländern als Landesrecht fort.

Art. 10 Recht der Europäischen Gemeinschaften. (1) Mit dem Wirksamwerden des Beitritts gelten in dem in Artikel 3 genannten Gebiet die Verträge über die Europäischen Gemeinschaften nebst Änderungen und Ergänzungen sowie die internationalen Vereinbarungen, Verträge und Beschlüsse, die in Verbindung mit diesen Verträgen in Kraft getreten sind.

(2) Die auf der Grundlage der Verträge über die Europäischen Gemeinschaften ergangenen Rechtsakte gelten mit dem Wirksamwerden des Beitritts in dem in Artikel 3 genannten Gebiet, soweit nicht die zuständigen Organe der Europäischen Gemeinschaften Ausnahmeregelungen erlassen. Diese Ausnahmeregelungen sollen den verwaltungsmäßigen Bedürfnissen Rechnung tragen und der Vermeidung wirtschaftlicher Schwierigkeiten dienen.

(3) Rechtsakte der Europäischen Gemeinschaften, deren Umsetzung oder Ausführung in die Zuständigkeit der Länder fällt, sind von diesen durch landesrechtliche Vorschriften umzusetzen oder auszuführen.

Kapitel IV. Völkerrechtliche Verträge und Vereinbarungen

Art. 11 Verträge der Bundesrepublik Deutschland. Die Vertragsparteien gehen davon aus, daß völkerrechtliche Verträge und Vereinbarungen, denen die Bundesrepublik Deutschland als Vertragspartei angehört, einschließlich solcher Verträge, die Mitgliedschaften in internationalen Organisationen oder Institutionen begründen, ihre Gültigkeit behalten und die daraus folgenden Rechte und Verpflichtungen sich mit Ausnahme der in Anlage I genannten Verträge auch auf das in Artikel 3 genannte Gebiet beziehen. Soweit im Einzelfall Anpassungen erforderlich werden, wird sich die gesamtdeutsche Regierung mit den jeweiligen Vertragspartnern ins Benehmen setzen.

Art. 12 Verträge der Deutschen Demokratischen Republik. (1) Die Vertragsparteien sind sich einig, daß die völkerrechtlichen Verträge der Deutschen Demokratischen Republik im Zuge der Herstellung der Einheit Deutschlands unter den Gesichtspunkten des Vertrauensschutzes, der Interessenlage der beteiligten Staaten und der vertraglichen Verpflichtungen der Bundesrepublik Deutschland sowie nach den Prinzipien einer freiheitlichen, demokratischen und rechtsstaatlichen Grundordnung und unter Beachtung der Zuständigkeiten der Europäischen Gemeinschaften mit den Vertragspartnern der Deutschen Demokratischen Republik zu erörtern sind, um ihre Fortgeltung, Anpassung oder ihr Erlöschen zu regeln beziehungsweise festzustellen.

(2) Das vereinte Deutschland legt seine Haltung zum Übergang völkerrechtlicher Verträge der Deutschen Demokratischen Republik nach Konsultationen mit den jeweiligen Vertragspartnern und mit den Europäischen Gemeinschaften, soweit deren Zuständigkeiten berührt sind, fest.

(3) Beabsichtigt das vereinte Deutschland, in internationale Organisationen oder in sonstige mehrseitige Verträge einzutreten, denen die Deutsche Demokratische Republik, nicht aber die Bundesrepublik Deutschland angehört, so wird Einvernehmen mit den jeweiligen Vertragspartnern und mit den Europäischen Gemeinschaften, soweit deren Zuständigkeiten berührt sind, hergestellt.

. . .

Kapitel VI.
Öffentliches Vermögen und Schulden

. . .

Art. 24 Abwicklung der Forderungen und Verbindlichkeiten gegenüber dem Ausland und der Bundesrepublik Deutschland. (1) Die Abwicklung der beim Wirksamwerden des Beitritts noch bestehenden Forderungen und Verbindlichkeiten, soweit sie im Rahmen des Außenhandels- und Valutamonopols oder in Wahrnehmung anderer staatlicher Aufgaben der Deutschen Demokratischen Republik bis zum 1. Juli 1990 gegenüber dem Ausland und der Bundesrepublik Deutschland begründet worden sind, erfolgt auf Weisung und unter Aufsicht des Bundesministers der Finanzen. In Umschuldungsvereinbarungen der Regierung der Bundesrepublik Deutschland, die nach Wirksamwerden des Beitritts getroffen werden, sind auch die in Satz 1 genannten Forderungen einzubeziehen. Die betroffenen Forderungen werden durch den Bundesminister der Finanzen treuhänderisch verwaltet oder auf den Bund übertragen, soweit die Forderungen wertberichtigt werden.

(2)[1] Das Sondervermögen gemäß Artikel 23 Abs. 1 übernimmt bis zum 30. November 1993 gegenüber den mit der Abwicklung beauftragten Instituten die notwendigen Verwaltungsaufwendungen, die Zinskosten, die durch eine Differenz der Zinsaufwendungen und Zinserlöse entstehen, sowie die sonstigen Verluste, die den Instituten während der Abwicklungszeit entstehen, soweit sie durch eigene Mittel nicht ausgeglichen werden können. Nach dem 30. November 1993 übernehmen der Bund und die Treuhandanstalt die in Satz 1 genannten Aufwendungen, Kosten und den Verlustausgleich je zur Hälfte. Das Nähere wird durch Bundesgesetz geregelt.

(3) Forderungen und Verbindlichkeiten, die auf die Mitgliedschaft der Deutschen Demokratischen Republik oder ihrer Einrichtungen im Rat für Gegenseitige Wirtschaftshilfe zurückgehen, können Gegenstand gesonderter Regelungen der Bundesrepublik Deutschland sein. Diese Regelungen können auch Forderungen und Verbindlichkeiten betreffen, die nach dem 30. Juni 1990 entstehen oder entstanden sind.

. . .

Art. 29 Außenwirtschaftsbeziehungen. (1) Die gewachsenen außenwirtschaftlichen Beziehungen der Deutschen Demokratischen Republik, insbesondere die bestehenden vertraglichen Verpflichtungen gegenüber den Ländern des Rates für Gegenseitige Wirtschaftshilfe, genießen Vertrauensschutz. Sie werden unter Berücksichtigung der Interessen aller Beteiligten und unter Beachtung marktwirtschaftlicher Grundsätze sowie der Zuständigkeiten der Europäischen Gemeinschaften fortentwickelt und ausgebaut. Die gesamtdeutsche Regierung wird dafür Sorge tragen, daß diese Beziehungen im Rahmen der fachlichen Zuständigkeit organisatorisch angemessen geregelt werden.

(2) Die Bundesregierung beziehungsweise die gesamtdeutsche Regierung wird sich mit den zuständigen Organen der Europäischen Gemeinschaften darüber abstimmen, welche Ausnahmeregelungen für eine Übergangszeit auf dem Gebiet des Außenhandels im Hinblick auf Absatz 1 erforderlich sind.

. . .

Kapitel IX. Übergangs- und Schlußbestimmungen

. . .

Art. 45 Inkrafttreten des Vertrags. (1) Dieser Vertrag einschließlich des anliegenden Protokolls und der Anlagen I bis III tritt an dem

[1] Aufgrund § 12 Abs. 1 u. 3 des ErblastentilgungsfondsG v. 23. 6. 1993 (BGBl. I S. 944) wird abweichend von der in Art. 24 Abs. 2 EVertr. genannten Frist der Kreditabwicklungsfonds bis zum 31. 12. 1994 verlängert, mit Ablauf des 31. 12. 1994 aufgelöst und mit seinen Verbindlichkeiten und Forderungen in den Erblastentilgungsfonds nach § 1 ErblastentilgungsfondsG überführt und die in Art. 24 Abs. 2 bezeichneten Verbindlichkeiten von diesem übernommen.

Tag in Kraft, an dem die Regierungen der Bundesrepublik Deutschland und der Deutschen Demokratischen Republik einander mitgeteilt haben, daß die erforderlichen innerstaatlichen Voraussetzungen für das Inkrafttreten erfüllt sind.

(2) Der Vertrag bleibt nach Wirksamwerden des Beitritts als Bundesrecht geltendes Recht.

GESCHEHEN ZU Berlin am 31. August 1990 in zwei Urschriften in deutscher Sprache.

Für die Bundesrepublik Deutschland Wolfgang Schäuble	Für die Deutsche Demokratische Republik Günther Krause

(Die Anlagen I–III sind nicht abgedruckt.)

610. Vertrag über die abschließende Regelung in bezug auf Deutschland[1]

Vom 12. 9. 1990

(BGBl. II S. 1318)

Die Bundesrepublik Deutschland, die Deutsche Demokratische Republik, die Französische Republik, die Union der Sozialistischen Sowjetrepubliken, das Vereinigte Königreich Großbritannien und Nordirland und die Vereinigten Staaten von Amerika –

in dem Bewußtsein, daß ihre Völker seit 1945 miteinander in Frieden leben,

eingedenk der jüngsten historischen Veränderungen in Europa, die es ermöglichen, die Spaltung des Kontinents zu überwinden,

unter Berücksichtigung der Rechte und Verantwortlichkeiten der Vier Mächte in bezug auf Berlin und Deutschland als Ganzes und der entsprechenden Vereinbarungen und Beschlüsse der Vier Mächte aus der Kriegs- und Nachkriegszeit,

entschlossen, in Übereinstimmung mit ihren Verpflichtungen aus der Charta der Vereinten Nationen freundschaftliche, auf der Achtung vor dem Grundsatz der Gleichberechtigung und Selbstbestimmung der Völker beruhende Beziehungen zwischen den Nationen zu entwickeln und andere geeignete Maßnahmen zur Festigung des Weltfriedens zu treffen,

eingedenk der Prinzipien der in Helsinki unterzeichneten Schlußakte der Konferenz über Sicherheit und Zusammenarbeit in Europa,

in Anerkennung, daß diese Prinzipien feste Grundlagen für den Aufbau einer gerechten und dauerhaften Friedensordnung in Europa geschaffen haben,

entschlossen, die Sicherheitsinteressen eines jeden zu berücksichtigen,

überzeugt von der Notwendigkeit, Gegensätze endgültig zu überwinden und die Zusammenarbeit in Europa fortzuentwickeln,

in Bekräftigung ihrer Bereitschaft, die Sicherheit zu stärken, insbesondere durch wirksame Maßnahmen zur Rüstungskontrolle, Abrüstung und Vertrauensbildung; ihrer Bereitschaft, sich gegenseitig nicht als Gegner zu betrachten, sondern auf ein Verhältnis des Vertrauens und der Zusammenarbeit hinzuarbeiten, sowie dementsprechend ihrer Bereitschaft, die Schaffung geeigneter institutioneller Vorkehrungen im Rahmen der Konferenz über Sicherheit und Zusammenarbeit in Europa positiv in Betracht zu ziehen,

[1] Die Zustimmung zu dem sog. Zwei-plus-Vier-Vertrag ist mit Vertragsgesetz vom 11. 10. 1990 (BGBl. II S. 1317) erfolgt. Er ist für alle Parteien am 15. 3. 1991 in Kraft getreten (Bek. v. 15. 3. 1991, BGBl. II S. 587).

in Würdigung dessen, daß das deutsche Volk in freier Ausübung des Selbstbestimmungsrechts seinen Willen beurkundet hat, die staatliche Einheit Deutschlands herzustellen, um als gleichberechtigtes und souveränes Glied in einem vereinten Europa dem Frieden der Welt zu dienen,

in der Überzeugung, daß die Vereinigung Deutschlands als Staat mit endgültigen Grenzen ein bedeutsamer Beitrag zu Frieden und Stabilität in Europa ist,

mit dem Ziel, die abschließende Regelung in bezug auf Deutschland zu vereinbaren,

in Anerkennung dessen, daß dadurch und mit der Vereinigung Deutschlands als einem demokratischen und friedlichen Staat die Rechte und Verantwortlichkeiten der Vier Mächte in bezug auf Berlin und Deutschland als Ganzes ihre Bedeutung verlieren,

vertreten durch ihre Außenminister, die entsprechend der Erklärung von Ottawa vom 13. Februar 1990 am 5. Mai 1990 in Bonn, am 22. Juni 1990 in Berlin, am 17. Juli 1990 in Paris unter Beteiligung des Außenministers der Republik Polen und am 12. September 1990 in Moskau zusammengetroffen sind –

sind wie folgt übereingekommen:

Art. 1 (1) Das vereinte Deutschland wird die Gebiete der Bundesrepublik Deutschland, der Deutschen Demokratischen Republik und ganz Berlins umfassen. Seine Außengrenzen werden die Grenzen der Bundesrepublik Deutschland und der Deutschen Demokratischen Republik sein und werden am Tage des Inkrafttretens dieses Vertrags endgültig sein. Die Bestätigung des endgültigen Charakters der Grenzen des vereinten Deutschland ist ein wesentlicher Bestandteil der Friedensordnung in Europa.

(2) Das vereinte Deutschland und die Republik Polen bestätigen die zwischen ihnen bestehende Grenze in einem völkerrechtlich verbindlichen Vertrag.

(3) Das vereinte Deutschland hat keinerlei Gebietsansprüche gegen andere Staaten und wird solche auch nicht in Zukunft erheben.

(4) Die Regierungen der Bundesrepublik Deutschland und der Deutschen Demokratischen Republik werden sicherstellen, daß die Verfassung des vereinten Deutschlands keinerlei Bestimmungen enthalten wird, die mit diesen Prinzipien unvereinbar sind. Dies gilt dementsprechend für die Bestimmungen, die in der Präambel und in den Artikeln 23 Satz 2 und 146 des Grundgesetzes für die Bundesrepublik Deutschland niedergelegt sind.

(5) Die Regierungen der Französischen Republik, der Union der Sozialistischen Sowjetrepubliken, des Vereinigten Königreichs Großbritannien und Nordirland und der Vereinigten Staaten von Amerika nehmen die entsprechenden Verpflichtungen und Erklärungen der Regierungen der Bundesrepublik Deutschland und der Deutschen Demokratischen Republik förm-

lich entgegen und erklären, daß mit deren Verwirklichung der endgültige Charakter der Grenzen des vereinten Deutschland bestätigt wird.

Art. 2 Die Regierungen der Bundesrepublik Deutschland und der Deutschen Demokratischen Republik bekräftigen ihre Erklärungen, daß von deutschem Boden nur Frieden ausgehen wird. Nach der Verfassung des vereinten Deutschland sind Handlungen, die geeignet sind und in der Absicht vorgenommen werden, das friedliche Zusammenleben der Völker zu stören, insbesondere die Führung eines Angriffskrieges vorzubereiten, verfassungswidrig und strafbar. Die Regierungen der Bundesrepublik Deutschland und der Deutschen Demokratischen Republik erklären, daß das vereinte Deutschland keine seiner Waffen jemals einsetzen wird, es sei denn in Übereinstimmung mit seiner Verfassung und der Charta der Vereinten Nationen.

Art. 3 (1) Die Regierungen der Bundesrepublik Deutschland und der Deutschen Demokratischen Republik bekräftigen ihren Verzicht auf Herstellung und Besitz von und auf Verfügungsgewalt über atomare, biologische und chemische Waffen. Sie erklären, daß auch das vereinte Deutschland sich an diese Verpflichtungen halten wird. Insbesondere gelten die Rechte und Verpflichtungen aus dem Vertrag über die Nichtverbreitung von Kernwaffen vom 1. Juli 1968 für das vereinte Deutschland fort.

(2) Die Regierung der Bundesrepublik Deutschland hat in vollem Einvernehmen mit der Regierung der Deutschen Demokratischen Republik am 30. August 1990 in Wien bei den Verhandlungen über konventionelle Streitkräfte in Europa folgende Erklärung abgegeben.

„Die Regierung der Bundesrepublik Deutschland verpflichtet sich, die Streitkräfte des vereinten Deutschland innerhalb von drei bis vier Jahren auf eine Personalstärke von 370000 Mann (Land-, Luft- und Seestreitkräfte) zu reduzieren. Diese Reduzierung soll mit dem Inkrafttreten des ersten KSE-Vertrags beginnen. Im Rahmen dieser Gesamtobergrenze werden nicht mehr als 345000 Mann den Land- und Luftstreitkräften angehören, die gemäß vereinbartem Mandat allein Gegenstand der Verhandlungen über konventionelle Streitkräfte in Europa sind. Die Bundesregierung sieht in ihrer Verpflichtung zur Reduzierung von Land- und Luftstreitkräften einen bedeutsamen deutschen Beitrag zur Reduzierung der konventionellen Streitkräfte in Europa. Sie geht davon aus, daß in Folgeverhandlungen auch die anderen Verhandlungsteilnehmer ihren Beitrag zur Festigung von Sicherheit und Stabilität in Europa, einschließlich Maßnahmen zur Begrenzung der Personalstärken, leisten werden."

Die Regierung der Deutschen Demokratischen Republik hat sich dieser Erklärung ausdrücklich angeschlossen.

(3) Die Regierungen der Französischen Republik, der Union der Sozialistischen Sowjetrepubliken, des Vereinigten Königreichs Großbritannien und Nordirland und der Vereinigten Staaten von Amerika nehmen diese Erklärungen der Regierungen der Bundesrepublik Deutschland und der Deutschen Demokratischen Republik zur Kenntnis.

Art. 4 (1) Die Regierungen der Bundesrepublik Deutschland, der Deutschen Demokratischen Republik und der Union der Sozialistischen Sowjetrepubliken erklären, daß das vereinte Deutschland und die Union der Sozialistischen Sowjetrepubliken in vertraglicher Form die Bedingungen und die Dauer des Aufenthalts der sowjetischen Streitkräfte auf dem Gebiet der heutigen Deutschen Demokratischen Republik und Berlins sowie die Abwicklung des Abzugs dieser Streitkräfte regeln werden, der bis zum Ende des Jahres 1994 im Zusammenhang mit der Verwirklichung der Verpflichtungen der Regierungen der Bundesrepublik Deutschland und der Deutschen Demokratischen Republik, auf die sich Absatz 2 des Artikels 3 dieses Vertrags bezieht, vollzogen sein wird.

(2) Die Regierungen der Französischen Republik, des Vereinigten Königreichs Großbritannien und Nordirland und der Vereinigten Staaten von Amerika nehmen diese Erklärung zur Kenntnis.

Art. 5 (1) Bis zum Abschluß des Abzugs der sowjetischen Streitkräfte vom Gebiet der heutigen Deutschen Demokratischen Republik und Berlins in Übereinstimmung mit Artikel 4 dieses Vertrags werden auf diesem Gebiet als Streitkräfte des vereinten Deutschland ausschließlich deutsche Verbände der Territorialverteidigung stationiert sein, die nicht in die Bündnisstrukturen integriert sind, denen deutsche Streitkräfte auf dem übrigen deutschen Hoheitsgebiet zugeordnet sind. Unbeschadet der Regelung in Absatz 2 dieses Artikels werden während dieses Zeitraums Streitkräfte anderer Staaten auf diesem Gebiet nicht stationiert oder irgendwelche andere militärische Tätigkeiten dort ausüben.

(2) Für die Dauer des Aufenthalts sowjetischer Streitkräfte auf dem Gebiet der heutigen Deutschen Demokratischen Republik und Berlins werden auf deutschen Wunsch Streitkräfte der Französischen Republik, des Vereinigten Königreichs Großbritannien und Nordirland und der Vereinigten Staaten von Amerika auf der Grundlage entsprechender vertraglicher Vereinbarung zwischen der Regierung des vereinten Deutschland und den Regierungen der betreffenden Staaten in Berlin stationiert bleiben. Die Zahl aller nichtdeutschen in Berlin stationierten Streitkräfte und deren Ausrüstungsumfang werden nicht stärker sein als zum Zeitpunkt der Unterzeichnung dieses Vertrags. Neue Waffenkategorien werden von nichtdeutschen Streitkräften dort nicht eingeführt. Die Regierung des vereinten Deutschland wird mit den Regierungen der Staaten, die Streitkräfte in Berlin stationiert haben, Verträge zu gerechten Bedingungen unter Be-

rücksichtigung der zu den betreffenden Staaten bestehenden Beziehungen abschließen.

(3) Nach dem Abschluß des Abzugs der sowjetischen Streitkräfte vom Gebiet der heutigen Deutschen Demokratischen Republik und Berlins können in diesem Teil Deutschlands auch deutsche Streitkräfteverbände stationiert werden, die in gleicher Weise militärischen Bündnisstrukturen zugeordnet sind wie diejenigen auf dem übrigen deutschen Hoheitsgebiet, allerdings ohne Kernwaffenträger. Darunter fallen nicht konventionelle Waffensysteme, die neben konventioneller andere Einsatzfähigkeiten haben können, die jedoch in diesem Teil Deutschlands für eine konventionelle Rolle ausgerüstet und nur dafür vorgesehen sind. Ausländische Streitkräfte und Atomwaffen oder deren Träger werden in diesem Teil Deutschlands weder stationiert noch dorthin verlegt.[1]

Art. 6 Das Recht des vereinten Deutschland, Bündnissen mit allen sich daraus ergebenden Rechten und Pflichten anzugehören, wird von diesem Vertrag nicht berührt.

Art. 7 (1) Die Französische Republik, die Union der Sozialistischen Sowjetrepubliken, das Vereinigte Königreich Großbritannien und Nordirland und die Vereinigten Staaten von Amerika beenden hiermit ihre Rechte und Verantwortlichkeiten in bezug auf Berlin und Deutschland als Ganzes. Als Ergebnis werden die entsprechenden, damit zusammenhängenden vierseitigen Vereinbarungen, Beschlüsse und Praktiken beendet und alle entsprechenden Einrichtungen der vier Mächte aufgelöst.

(2) Das vereinte Deutschland hat demgemäß volle Souveränität über seine inneren und äußeren Angelegenheiten.

Art. 8 (1) Dieser Vertrag bedarf der Ratifikation oder Annahme, die so bald wie möglich herbeigeführt werden soll. Die Ratifikation erfolgt auf deutscher Seite durch das vereinte Deutschland. Dieser Vertrag gilt daher für das vereinte Deutschland.

(2) Die Ratifikations- oder Annahmeurkunden werden bei der Regierung des vereinten Deutschland hinterlegt. Diese unterrichtet die Regierungen der anderen Vertragschließenden Seiten von der Hinterlegung jeder Ratifikations- oder Annahmeurkunde.

---

[1] Hierzu heißt es in einer dem Vertrag beigefügten **Vereinbarten Protokollnotiz zu dem Vertrag über die abschließende Regelung in bezug auf Deutschland vom 12. September 1990:** Alle Fragen in bezug auf die Anwendung des Wortes „verlegt“, wie es im letzten Satz von Artikel 5 Absatz gebraucht wird, werden von der Regierung des vereinten Deutschland in einer vernünftigen und verantwortungsbewußten Weise entschieden, wobei sie die Sicherheitsinteressen jeder Vertragspartei, wie dies in der Präambel niedergelegt ist, berücksichtigen wird.

Art. 9 Dieser Vertrag tritt für das vereinte Deutschland, die Union der Sozialistischen Sowjetrepubliken, die Französische Republik, das Vereinigte Königreich Großbritannien und Nordirland und die Vereinigten Staaten von Amerika am Tag der Hinterlegung der letzten Ratifikations- oder Annahmeurkunde durch diese Staaten in Kraft.

Art. 10 Die Urschrift dieses Vertrags, dessen deutscher, englischer, französischer und russischer Wortlaut gleichermaßen verbindlich ist, wird bei der Regierung der Bundesrepublik Deutschland hinterlegt, die den Regierungen der anderen Vertragschließenden Seiten beglaubigte Ausfertigungen übermittelt.

Zu Urkund dessen haben die unterzeichneten, hierzu gehörig Bevollmächtigten diesen Vertrag unterschrieben.

Geschehen zu Moskau am 12. September 1990

Für die Bundesrepublik Deutschland
Hans-Dietrich Genscher

Für die Deutsche Demokratische Republik
Lothar de Maizière

Für die Französische Republik
Roland Dumas

Für die Union der Sozialistischen Sowjetrepubliken
E. Schewardnadse

Für das Vereinigte Königreich Großbritannien und Nordirland
Douglas Hurd

Für die Vereinigten Staaten von Amerika
James Baker

611. Erklärung zur Aussetzung der Wirksamkeit der Vier-Mächte-Rechte und -Verantwortlichkeiten[1]

Vom 1. Oktober 1990

Im Zusammenhang mit dem in Moskau am 12. September 1990 unterzeichneten Vertrag über die abschließende Regelung in bezug auf Deutschland haben die Außenminister der Französischen Republik, der Union der Sozialistischen Sowjetrepubliken, des Vereinigten Königreichs Großbritannien und Nordirland und der Vereinigten Staaten von Amerika am 1. Oktober 1990 in New York eine gemeinsame Erklärung unterzeichnet, die von den Regierungen der Bundesrepublik Deutschland und der Deutschen Demokratischen Republik durch Unterzeichnung zur Kenntnis genommen wurde. Der deutsche Wortlaut wird nachstehend wiedergegeben:

„Die Regierungen der Französischen Republik, der Union der Sozialistischen Sowjetrepubliken, des Vereinigten Königreichs Großbritannien und Nordirland und der Vereinigten Staaten von Amerika,

vertreten durch ihre Außenminister, die am 1. Oktober 1990 in New York zusammengetroffen sind,

unter Berücksichtigung des am 12. September 1990 in Moskau unterzeichneten Vertrags über die abschließende Regelung in bezug auf Deutschland, der die Beendigung ihrer Rechte und Verantwortlichkeiten in bezug auf Berlin und Deutschland als Ganzes festlegt,

erklären, daß die Wirksamkeit ihrer Rechte und Verantwortlichkeiten in bezug auf Berlin und Deutschland als Ganzes mit Wirkung vom Zeitpunkt der Vereinigung Deutschlands bis zum Inkrafttreten des Vertrags über die abschließende Regelung in bezug auf Deutschland ausgesetzt wird. Als Ergebnis werden die Wirksamkeit der entsprechenden, damit zusammenhängenden vierseitigen Vereinbarungen, Beschlüsse und Praktiken und die Tätigkeit aller entsprechenden Einrichtungen der Vier Mächte ab dem Zeitpunkt der Vereinigung Deutschlands ebenfalls ausgesetzt.

Die Regierung der Bundesrepublik Deutschland, vertreten durch ihren Außenminister, und die Regierung der Deutschen Demokratischen Republik, vertreten durch ihren Minister für Bildung und Wissenschaft, nehmen diese Erklärung zur Kenntnis.

Für die Regierung der Französischen Republik
Roland Dumas

[1] Die Veröffentlichung des deutschen Wortlauts dieser sog. Suspendierungs-Erklärung beruht auf der **Bekanntmachung vom 2. 10. 1990** (BGBl. II S. 1331).

Für die Regierung der Union der Sozialistischen Sowjetrepubliken
E. Schewardnadse

Für die Regierung des Vereinigten Königreichs Großbritannien
und Nordirland
Douglas Hurd

Für die Regierung der Vereinigten Staaten von Amerika
James Baker

Für die Regierung der Bundesrepublik Deutschland
Hans-Dietrich Genscher

Für die Regierung der Deutschen Demokratischen Republik
Hans-Joachim Meyer“

612. Übereinkommen zur Regelung bestimmter Fragen in bezug auf Berlin[1), 2)]

Vom 25. September 1990

(BGBl. 1994 II S. 26/40)

Die Regierung der Bundesrepublik Deutschland und die Regierungen der Französischen Republik, der Vereinigten Staaten von Amerika und des Vereinigten Königreichs Großbritannien und Nordirland („die drei Staaten") –

handelnd auf der Grundlage ihrer langjährigen freundschaftlichen Verbundenheit,

in Würdigung ihres gemeinsamen Eintretens für die Freiheit und Einheit Berlins,

in Anbetracht des Umstands, daß mit Vollendung der Einheit Deutschlands in Frieden und Freiheit auch die Teilung Berlins endgültig beendet wird,

in Anerkennung der Tatsache, daß mit Abschluß des Vertrags über die abschließende Regelung in bezug auf Deutschland und mit Herstellung der deutschen Einheit die Rechte und Verantwortlichkeiten der Vier Mächte in bezug auf Berlin ihre Bedeutung verlieren und daß das vereinte Deutschland volle Souveränität über seine inneren und äußeren Angelegenheiten haben wird,

in der Erwägung, daß es notwendig ist, hierfür in bestimmten Bereichen einschlägige Regelungen zu vereinbaren, welche die deutsche Souveränität in bezug auf Berlin nicht berühren,

im Hinblick auf die zwischen den vier Regierungen geschlossene Vereinbarung über den befristeten Verbleib von Streitkräften der drei Staaten in Berlin –

sind wir folgt übereingekommen:

Art. 1. (1) Der Ausdruck „alliierte Behörden", wie er in diesem Übereinkommen verwendet wird, umfaßt

a) den Kontrollrat, die Alliierte Hohe Kommission, die Hohen Kommissare der drei Staaten, die Militärgouverneure der drei Staaten, die Streitkräfte der drei Staaten in Deutschland sowie Organisationen und Personen, die in deren Namen Befugnisse ausgeübt oder – im Fall internationaler Organisationen und andere Staaten vertretender Organisationen (und der Mitglieder solcher Organisationen) – mit deren Ermächtigung gehandelt haben, sowie die Hilfsverbände anderer Staaten, die bei den Streitkräften der drei Staaten gedient haben;

---

1) Das Übk. ist für Deutschland gem. Bek. v. 21. 10. 1994 am 13. 9. 1994 in Kraft getreten (BGBl. II 1994 S. 3703).

2) S. auch das G. v. 3. 1. 1994 (BGBl. II S. 26), geänd. durch G v. 28. 9. 1994 (BGBl. II S. 2594), G v. 23. 11. 2004 (BGBl. II S. 3714) und G v. 19. 2. 2002 (BGBl. II S. 2482).

b) die Alliierte Kommandantur Berlin, die Kommandanten des amerikanischen, britischen und französischen Sektors von Berlin sowie Einrichtungen und Personen, die in deren Namen Befugnisse ausgeübt haben.

(2) Der Ausdruck „alliierte Streitkräfte", wie er in diesem Übereinkommen verwendet wird, umfaßt

a) die in Absatz 1 bezeichneten alliierten Behörden, soweit sie in oder in bezug auf Berlin tätig waren;
b) Angehörige der amerikanischen, britischen und französischen Streitkräfte in Berlin;
c) nicht-deutsche Staatsangehörige, die in militärischer oder ziviler Eigenschaft bei den alliierten Behörden Dienst getan haben;
d) Familienangehörige der unter den Buchstaben b und c aufgeführten Personen und nicht-deutsche Staatsangehörige, die im Dienst dieser Personen standen.

(3) Die amtlichen Texte der in diesem Übereinkommen erwähnten Rechtsvorschriften sind diejenigen Texte, die zur Zeit des Erlasses maßgebend waren.

(4) Soweit in diesem Übereinkommen auf das Unwirksamwerden der Rechte und Verantwortlichkeiten der Vier Mächte Bezug genommen wird, ist dies als Bezugnahme auf die Suspendierung der Rechte und Verantwortlichkeiten der Vier Mächte oder, wenn keine Suspendierung erfolgt, das Inkrafttreten des Vertrags über die abschließende Regelung in bezug auf Deutschland zu verstehen.

Art. 2. Alle Rechte und Verpflichtungen, die durch gesetzgeberische, gerichtliche oder Verwaltungsmaßnahmen der alliierten Behörden in oder in bezug auf Berlin oder aufgrund solcher Maßnahmen begründet oder festgestellt worden sind, sind und bleiben in jeder Hinsicht nach deutschem Recht in Kraft, ohne Rücksicht darauf, ob sie in Übereinstimmung mit anderen Rechtsvorschriften begründet oder festgestellt worden sind. Diese Rechte und Verpflichtungen unterliegen ohne Diskriminierung denselben künftigen gesetzgeberischen, gerichtlichen und Verwaltungsmaßnahmen wie gleichartige nach deutschem Recht begründete oder festgestellte Rechte und Verpflichtungen.

Art. 3. (1) Deutsche Gerichte und Behörden können im Rahmen der Zuständigkeiten, die sie nach deutschem Recht haben, in allen Verfahren tätig werden, die eine vor Unwirksamwerden der Rechte und Verantwortlichkeiten der Vier Mächte in oder in bezug auf Berlin begangene Handlung oder Unterlassung zum Gegenstand haben, soweit in diesem Artikel nicht etwas anderes bestimmt wird.

(2) Eine Zuständigkeit deutscher Gerichte oder Behörden nach Absatz 1 besteht nicht für die folgenden Institutionen und Personen, auch wenn ihre dienstliche Tätigkeit beendet ist, und nicht in den nachstehend genannten Verfahren:

a) die alliierten Behörden;

b) Angehörige der alliierten Streitkräfte in nicht-strafrechtlichen Verfahren, die eine Handlung oder Unterlassung in Ausübung ihrer dienstlichen Tätigkeit zum Gegenstand haben;

c) Angehörige der alliierten Streitkräfte in strafrechtlichen Verfahren, es sei denn, der betreffende Staat stimmt der Einleitung des Verfahrens zu;

d) Richter an den von den alliierten Behörden eingesetzten Gerichten in Berlin und andere Gerichtspersonen, die ihnen bisher in der Freistellung von der deutschen Gerichtsbarkeit gleichgestellt waren, soweit sie in Ausübung ihres Amtes gehandelt haben;

e) Mitglieder der beim Kontrollrat zugelassenen Militärmissionen und Delegationen in Verfahren, die eine Handlung oder Unterlassung in Ausübung ihrer dienstlichen Tätigkeit zum Gegenstand haben;

f) Verfahren, für welche die Genehmigung abgelehnt wurde, die nach Gesetz Nr. 7 der Alliierten Kommandantur Berlin vom 17. März 1950 zur Ausübung der deutschen Gerichtsbarkeit erforderlich war;

g) andere Verfahren, die eine in Ausübung dienstlicher Tätigkeit für die alliierten Streitkräfte begangene Handlung oder Unterlassung zum Gegenstand haben.

(3) Wenn sich in einem Verfahren, auf das Absatz 2 Anwendung findet, die Frage erhebt, ob eine Person in Ausübung ihres Amtes oder ihrer dienstlichen Tätigkeit gehandelt hat, so sind Verfahren nur auf der Grundlage einer Bescheinigung des betreffenden Staates zulässig, daß die fragliche Handlung oder Unterlassung nicht in Ausübung des Amtes oder der dienstlichen Tätigkeit begangen wurde.

(4) Die deutschen Gerichte sind nach Maßgabe des deutschen Rechts für Streitigkeiten zuständig, die sich aus Arbeitsverträgen (einschließlich der damit zusammenhängenden Sozialversicherungsstreitigkeiten) oder Verträgen über Lieferungen und Leistungen ergeben, die vor Unwirksamwerden der Rechte und Verantwortlichkeiten der Vier Mächte geschlossen worden sind. Klagen gegen die Behörden der drei Staaten sind gegen die Bundesrepublik Deutschland zu richten. Klagen dieser Behörden werden von der Bundesrepublik Deutschland erhoben.

Art. 4. Alle Urteile und Entscheidungen, die von einem durch die alliierten Behörden oder durch eine derselben eingesetzten Gericht oder gerichtlichen Gremium vor Unwirksamwerden der Rechte und Verantwortlichkeiten der Vier Mächte in oder in bezug auf Berlin erlassen worden sind, bleiben in jeder Hinsicht nach deutschem Recht rechtskräftig und rechtswirksam und werden von den deutschen Gerichten und Behörden wie Urteile und Entscheidungen deutscher Gerichte und Behörden behandelt.

Art. 5. (1) Die Bundesrepublik Deutschland wird keinerlei Ansprüche gegen die drei Staaten oder einen vor ihnen oder gegen Institutionen oder Personen, soweit diese im Namen oder im Auftrag der drei Staaten oder eines von ihnen tätig waren, geltend machen wegen Handlungen oder Unterlassungen, welche die drei Staaten oder einer von ihnen oder diese Institutionen oder Personen vor Unwirksamwerden der Rechte und Verantwortlichkeiten der Vier Mächte in oder in bezug auf Berlin begangen haben.

(2) Die Bundesrepublik Deutschland erkennt an, daß vorbehaltlich des Artikels 3 die in Absatz 1 bezeichneten Ansprüche von ihrer Herrschaftsgewalt unterliegenden Personen nicht geltend gemacht werden.

(3) Die Bundesrepublik Deutschland übernimmt die Verantwortlichkeit für die Entscheidung über Entschädigungsansprüche für Besatzungsschäden, die vor Unwirksamwerden der Rechte und Verantwortlichkeiten der Vier Mächte in oder in bezug auf Berlin entstanden sind und für die nach den Bestimmungen der Verordnung Nr. 508 der Kommandanten des amerikanischen, britischen und französischen Sektors vom 21. Mai 1951 in ihrer durch spätere Verordnungen und Ausführungsbestimmungen geänderten Fassung Entschädigung zu leisten wäre, und für die Befriedigung dieser Ansprüche, soweit sie nicht bereits geregelt sind. Die Bundesrepublik Deutschland wird bestimmen, welche weiteren der in Absatz 2 genannten und in oder in bezug auf Berlin entstandenen Ansprüche zu befriedigen angemessen ist, und wird die zur Bestimmung und Befriedigung dieser Ansprüche erforderlichen Maßnahmen treffen.

Art. 6. (1) Vorbehaltlich der Absätze 2 und 3 werden Fragen des beweglichen und unbeweglichen Vermögens, die sich aus der Suspendierung oder Beendigung der Rechte und Verantwortlichkeiten der Vier Mächte in Berlin ergeben, im Rahmen der Vereinbarung über den befristeten Verbleib von Streitkräften der drei Staaten in Berlin, einschließlich ihrer Anlagen, behandelt.

(2) Am Ende der in Anlage 2 der genannten Vereinbarung vorgesehenen Abwicklungszeiträume haben die drei Staaten die Gelegenheit, das Vermögen weiterhin zu nutzen, soweit es von ihren diplomatischen und konsularischen Vertretungen benötigt wird, falls angemessene Regelungen (Miete, Tausch oder Kauf) vereinbart werden können.

(3) Im Einklang mit geltenden Verfahren wird bewegliches Vermögen, das nicht mehr für die in der genannten Vereinbarung, einschließlich ihrer Anlagen, bezeichneten Zwecke benötigt wird und das der betreffende Staat nicht kaufen, tauschen oder mieten möchte, an die zuständige deutsche Behörde zurückgegeben.

Art. 7. (1) Soweit es für den Abschluß von Verfahren, die bei Unwirksamwerden der Rechte und Verantwortlichkeiten der Vier Mächte bei dem „Tribunal français de simple police de Berlin" anhängig sind, notwendig ist, übt es seine Gerichtsbarkeit nach den bisher geltenden Rechtsvorschriften aus. Das „Tribunal français de Berlin" übt seine Gerichtsbarkeit in Rechtsmittelverfahren gegen Entscheidungen des „Tribunal français de simple police de Berlin" aus.

(2) Die in Absatz 1 genannte Gerichtsbarkeit endet im Fall des „Tribunal français de simple police de Berlin" sechs Monate und im Fall des „Tribunal français de Berlin" zehn Monate nach Unwirksamwerden der Rechte und Verantwortlichkeiten der Vier Mächte.

(3) Artikel 3 Absatz 2 Buchstabe d und Artikel 4 dieses Übereinkommens finden sinngemäß Anwendung.

Art. 8. Jede Vertragspartei kann jederzeit um Konsultationen zwischen den Vertragsparteien über die Auslegung oder Anwendung dieses Übereinkommens ersuchen. Die Konsultationen beginnen innerhalb von 30 Tagen, nachdem den anderen Vertragsparteien das Ersuchen notifiziert worden ist.

Art. 9. Jede Vertragspartei kann um eine Überprüfung dieses Übereinkommens ersuchen. Die Gespräche beginnen innerhalb von drei Monaten, nachdem den anderen Vertragsparteien das Ersuchen notifiziert worden ist.

Art. 10. Ungeachtet des Artikels 11 kommen die Unterzeichnerregierungen überein, dieses Übereinkommen vom Zeitpunkt des Unwirksamwerdens der Rechte und Verantwortlichkeiten der Vier Mächte bis zu seinem Inkrafttreten vorläufig anzuwenden.

Art. 11. (1) Dieses Übereinkommen bedarf der Ratifikation, Annahme oder Genehmigung. Die Ratifikations-, Annahme- oder Genehmigungsurkunden werden bei der Regierung der Bundesrepublik Deutschland hinterlegt. Diese Regierung teilt den anderen Unterzeichnerregierungen die Hinterlegung jeder Ratifikations-, Annahme- oder Genehmigungsurkunde mit.

(2) Dieses Übereinkommen tritt am Tag der Hinterlegung der letzten Ratifikations-, Annahme- oder Genehmigungsurkunde in Kraft.

(3) Die Urschrift dieses Übereinkommens, dessen deutscher, englischer und französischer Wortlaut gleichermaßen verbindlich ist, wird bei der Regierung der Bundesrepublik Deutschland hinterlegt; diese übermittelt den anderen Unterzeichnerregierungen beglaubigte Abschriften.

Zu Urkund dessen haben die unterzeichneten, hierzu gehörig Bevollmächtigten dieses Übereinkommen unterschrieben.

Geschehen zu Bonn am 25. September 1990

Für die Regierung der Bundesrepublik Deutschland

Für die Regierung der Französischen Republik

Für die Regierung der Vereinigten Staaten von Amerika

Für die Regierung des Vereinigten Königreichs Großbritannien und Nordirland

(2) Die in Absatz 1 genannte Gerichtsbarkeit endet im Fall des „Tribunal français de simple police de Berlin" sechs Monate und im Fall des „Tribunal français de Berlin" zehn Monate nach Unwirksamwerden der Rechte und Verantwortlichkeiten der Vier Mächte.

(3) Artikel 3 Absatz 2 Buchstabe d und Artikel 4 dieses Übereinkommens finden sinngemäß Anwendung.

Art. 8. Jede Vertragspartei kann jederzeit um Konsultationen zwischen den Vertragsparteien über die Auslegung oder Anwendung dieses Übereinkommens ersuchen. Die Konsultationen beginnen innerhalb von 30 Tagen, nachdem den anderen Vertragsparteien das Ersuchen notifiziert worden ist.

Art. 9. Jede Vertragspartei kann um eine Überprüfung dieses Übereinkommens ersuchen. Die Gespräche beginnen innerhalb von drei Monaten, nachdem den anderen Vertragsparteien das Ersuchen notifiziert worden ist.

Art. 10. Ungeachtet des Artikels 11 kommen die Unterzeichnerregierungen überein, dieses Übereinkommen vom Zeitpunkt des Unwirksamwerdens der Rechte und Verantwortlichkeiten der Vier Mächte bis zu seinem Inkrafttreten vorläufig anzuwenden.

Art. 11. (1) Dieses Übereinkommen bedarf der Ratifikation, Annahme oder Genehmigung. Die Ratifikations-, Annahme- oder Genehmigungsurkunden werden bei der Regierung der Bundesrepublik Deutschland hinterlegt. Diese Regierung teilt den anderen Unterzeichnerregierungen die Hinterlegung jeder Ratifikations-, Annahme- oder Genehmigungsurkunde mit.

(2) Dieses Übereinkommen tritt am Tag der Hinterlegung der letzten Ratifikations-, Annahme- oder Genehmigungsurkunde in Kraft.

(3) Die Urschrift dieses Übereinkommens, dessen deutscher, englischer und französischer Wortlaut gleichermaßen verbindlich ist, wird bei der Regierung der Bundesrepublik Deutschland hinterlegt; diese übermittelt den anderen Unterzeichnerregierungen beglaubigte Abschriften.

Zu Urkund dessen haben die unterzeichneten, hierzu gehörig bevollmächtigten dieses Übereinkommen unterschrieben.

Geschehen zu Bonn am 25. September 1990.

Für die Regierung der Bundesrepublik Deutschland

Für die Regierung der Französischen Republik

Für die Regierung der Vereinigten Staaten von Amerika

Für die Regierung des Vereinigten Königreichs Großbritannien und Nordirland

650. Vertrag zwischen der Bundesrepublik Deutschland und der Französischen Republik über die deutsch-französische Zusammenarbeit[1), 2)] (Elysée-Vertrag)

Vom 22. Januar 1963

(BGBl. II S. 707)

Im Anschluß an die Gemeinsame Erklärung des Bundeskanzlers der Bundesrepublik Deutschland und des Präsidenten der Französischen Republik vom 22. Januar 1963 über die Organisation und die Grundsätze der Zusammenarbeit zwischen den beiden Staaten[3)] wurden die folgenden Bestimmungen vereinbart:

I. Organisation

1. Die Staats- und Regierungschefs geben nach Bedarf die erforderlichen Weisungen und verfolgen laufend die Ausführung des im folgenden festgelegten Programms. Sie treten zu diesem Zweck zusammen, sooft es erforderlich ist und grundsätzlich mindestens zweimal jährlich.

2. Die Außenminister tragen für die Ausführung des Programms in seiner Gesamtheit Sorge. Sie treten mindestens alle drei Monate zusammen. Unbeschadet der normalen Kontakte über die Botschaften treten diejenigen leitenden Beamten der beiden Außenministerien, denen die politischen, wirtschaftlichen und kulturellen Angelegenheiten obliegen, allmonatlich abwechselnd in Bonn und Paris zusammen, um den Stand der vorliegenden Fragen festzustellen und die Zusammenkunft der Minister vorzubereiten. Ferner nehmen die diplomatischen Vertretungen und die Konsulate der beiden Staaten sowie ihre ständigen Vertretungen bei den internationalen Organisationen die notwendige Verbindung in den Fragen gemeinsamen Interesses auf.

---

1) Der Vertrag ist gemäß Bek. v. 31.7.1963 (BGBl. II S. 1153) am 2.7.1963 in Kraft getreten; internationale Quelle: UNTS Bd. 821 S. 323. Er wird ergänzt durch zwei Protokolle v. 22.1.1988 (BGBl. II S. 1152, 1155), die am 19.4.1989 in Kraft getreten sind (Bek. v. 3.5.1989, BGBl. II S. 471). Durch Prot. Nr. 1 wurde ein deutsch-französischer Verteidigungs- und Sicherheitsrat (Grundlage auch der dt.-franz. Brigade), durch Prot. Nr. 2 ein deutsch-französischer Finanz- und Wirtschaftsrat geschaffen. Vgl. nun auch den (Aachener) Vertrag v. 22.1.2019 (Nr. **651**).

2) Siehe auch die Vereinbarung vom 6.2.1969 zwischen der Bundesregierung und den Regierungen der Länder zur Durchführung des Vertrages über die deutsch-französische Zusammenarbeit (BAnz. 1969 Nr. 110) und die Vereinbarung vom 13.6.1986 über wissenschaftlich-technische Zusammenarbeit im Bereich der Agrarforschung (BGBl. 1986 II S. 846).

3) Siehe BGBl. 1963 II S. 706.

3. Zwischen den zuständigen Behörden beider Staaten finden regelmäßige Zusammenkünfte auf den Gebieten der Verteidigung, der Erziehung und der Jugendfragen statt. Sie beeinträchtigen in keiner Weise die Tätigkeit der bereits bestehenden Organe – Deutsch-Französische Kulturkommission, Ständige Gruppe der Generalstäbe –, deren Tätigkeit vielmehr erweitert wird. Die Außenminister sind bei diesen Zusammenkünften vertreten, um die Gesamtkoordinierung der Zusammenarbeit zu gewährleisten.

a) Der Verteidigungs- und der Armeeminister treten wenigstens einmal alle drei Monate zusammen. Ferner trifft sich der französische Erziehungsminister in den gleichen Zeitabständen mit derjenigen Persönlichkeit, die auf deutscher Seite benannt wird, um die Ausführung des Programms der Zusammenarbeit auf kulturellem Gebiet zu verfolgen.

b) Die Generalstabschefs beider Staaten treten wenigstens einmal alle zwei Monate zusammen; im Verhinderungsfalle werden sie durch ihre verantwortlichen Vertreter ersetzt.

c) Der Bundesminister für Familien- und Jugendfragen oder sein Vertreter trifft sich wenigstens einmal alle zwei Monate mit dem französischen Hohen Kommissar für Jugend und Sport.

4. In jedem der beiden Staaten wird eine interministerielle Kommission beauftragt, die Fragen der Zusammenarbeit zu verfolgen. In dieser Kommission, der Vertreter aller beteiligten Ministerien angehören, führt ein hoher Beamter des Außenministeriums den Vorsitz. Ihre Aufgabe besteht darin, das Vorgehen der beteiligten Ministerien zu koordinieren und in regelmäßigen Abständen ihrer Regierung einen Bericht über den Stand der deutsch-französischen Zusammenarbeit zu erstatten. Die Kommission hat ferner die Aufgabe, zweckmäßige Anregungen für die Ausführung des Programms der Zusammenarbeit und dessen etwaige Ausdehnung auf neue Gebiete zu geben.

II. Programm

A. Auswärtige Angelegenheiten

1. Die beiden Regierungen konsultieren sich vor jeder Entscheidung in allen wichtigen Fragen der Außenpolitik und in erster Linie in den Fragen von gemeinsamem Interesse, um so weit wie möglich zu einer gleichgerichteten Haltung zu gelangen. Diese Konsultation betrifft unter anderem folgende Gegenstände:

– Fragen der Europäischen Gemeinschaften und der europäischen politischen Zusammenarbeit;
– Ost-West-Beziehungen sowohl im politischen als auch im wirtschaftlichen Bereich;

– Angelegenheiten, die in der Nordatlantikvertragsorganisation und in den verschiedenen internationalen Organisationen behandelt werden und an denen die beiden Regierungen interessiert sind, insbesondere im Europarat, in der Westeuropäischen Union, in der Organisation für Wirtschaftliche Zusammenarbeit und Entwicklung, in den Vereinten Nationen und ihren Sonderorganisationen.

2. Die auf dem Gebiet des Informationswesens bereits bestehende Zusammenarbeit wird zwischen den beteiligten Dienststellen in Bonn und Paris und zwischen den Vertretungen in Drittstaaten fortgeführt und ausgebaut.

3. Hinsichtlich der Entwicklungshilfe stellen die beiden Regierungen ihre Programme einander systematisch gegenüber, um dauernd eine enge Koordinierung durchzuführen. Sie prüfen die Möglichkeit, Vorhaben gemeinsam in Angriff zu nehmen. Da sowohl auf deutscher als auch auf französischer Seite mehrere Ministerien für diese Angelegenheit zuständig sind, wird es Sache der beiden Außenministerien sein, die praktischen Grundlagen dieser Zusammenarbeit gemeinsam festzulegen.

4. Die beiden Regierungen prüfen gemeinsam die Mittel und Wege dazu, ihre Zusammenarbeit im Rahmen des Gemeinsamen Marktes in anderen wichtigen Bereichen der Wirtschaftspolitik, zum Beispiel der Land- und Forstwirtschaftspolitik, der Energiepolitik, der Verkehrs- und Transportfragen, der industriellen Entwicklung ebenso wie der Ausfuhrkreditpolitik, zu verstärken.

B. Verteidigung

I. Auf diesem Gebiet werden nachstehende Ziele verfolgt:

1. Auf dem Gebiet der Strategie und der Taktik bemühen sich die zuständigen Stellen beider Länder, ihre Auffassungen einander anzunähern, um zu gemeinsamen Konzeptionen zu gelangen. Es werden deutsch-französische Institute für operative Forschung errichtet.
2. Der Personalaustausch zwischen den Streitkräften wird verstärkt; er betrifft insbesondere die Lehrkräfte und Schüler der Generalstabsschulen; der Austausch kann sich auf die zeitweilige Abordnung ganzer Einheiten erstrecken. Zur Erleichterung dieses Austausches werden beide Seiten um den praktischen Sprachunterricht für das in Betracht kommende Personal bemüht sein.
3. Auf dem Gebiet der Rüstung bemühen sich die beiden Regierungen, eine Gemeinschaftsarbeit vom Stadium der Ausarbeitung geeigneter Rüstungsvorhaben und der Vorbereitung der Finanzierungspläne an zu organisieren.
   Zu diesem Zweck untersuchen gemischte Kommissionen die in beiden Ländern hierfür betriebenen Forschungsvorhaben und nehmen

eine vergleichende Prüfung vor. Sie unterbreiten den Ministern Vorschläge, die diese bei ihren dreimonatlichen Zusammenkünften prüfen und zu deren Ausführung sie die notwendigen Richtlinien geben.

II. Die Regierungen prüfen die Voraussetzungen, unter denen eine deutsch-französische Zusammenarbeit auf dem Gebiet des zivilen Bevölkerungsschutzes hergestellt werden kann.

C. Erziehungs- und Jugendfragen

Auf dem Gebiet des Erziehungswesens und der Jugendfragen werden die Vorschläge, die in den französischen und deutschen Memoranden vom 19. September und 8. November 1962 enthalten sind, nach dem oben erwähnten Verfahren einer Prüfung unterzogen.

1. Auf dem Gebiet des Erziehungswesens richten sich die Bemühungen hauptsächlich auf folgende Punkte:

a) Sprachunterricht

Die beiden Regierungen erkennen die wesentliche Bedeutung an, die der Kenntnis der Sprache des anderen in jedem der beiden Länder für die deutsch-französische Zusammenarbeit zukommt. Zu diesem Zweck werden sie sich bemühen, konkrete Maßnahmen zu ergreifen, um die Zahl der deutschen Schüler, die Französisch lernen, und die der französischen Schüler, die Deutsch lernen, zu erhöhen.

Die Bundesregierung wird in Verbindung mit den Länderregierungen, die hierfür zuständig sind, prüfen, wie es möglich ist, eine Regelung einzuführen, die es gestattet, dieses Ziel zu erreichen.

Es erscheint angebracht, an allen Hochschulen in Deutschland einen für alle Studierenden zugänglichen praktischen Unterricht in der französischen Sprache und in Frankreich einen solchen in der deutschen Sprache einzurichten.

b) Frage der Gleichwertigkeit der Diplome

Die zuständigen Behörden beider Staaten sollen gebeten werden, beschleunigt Bestimmungen über die Gleichwertigkeit der Schulzeiten, der Prüfungen, der Hochschultitel und -diplome zu erlassen.

c) Zusammenarbeit auf dem Gebiet der wissenschaftlichen Forschung

Die Forschungsstellen und die wissenschaftlichen Institute bauen ihre Verbindungen untereinander aus, wobei sie mit einer gründlicheren gegenseitigen Unterrichtung beginnen; vereinbarte Forschungsprogramme werden in den Disziplinen aufgestellt, in denen sich dies als möglich erweist.

2. *Der deutschen und* französischen Jugend sollen alle Möglichkeiten geboten werden, um die Bande, die zwischen ihnen bestehen, enger zu

gestalten und ihr Verständnis füreinander zu vertiefen. Insbesondere wird der Gruppenaustausch weiter ausgebaut.

Es wird ein Austausch- und Förderungswerk der beiden Länder errichtet, an dessen Spitze ein unabhängiges Kuratorium steht. Diesem Werk wird ein deutsch-französischer Gemeinschaftsfonds zur Verfügung gestellt, der der Begegnung und dem Austausch von Schülern, Studenten, jungen Handwerkern und jungen Arbeitern zwischen beiden Ländern dient.

III. Schlußbestimmungen

1. In beiden Ländern werden die erforderlichen Anordnungen zur unverzüglichen Verwirklichung des Vorstehenden getroffen. Die Außenminister stellen bei jeder ihrer Zusammenkünfte fest, welche Fortschritte erzielt worden sind.

2. Die beiden Regierungen werden die Regierungen der übrigen Mitgliedstaaten der Europäischen Gemeinschaften über die Entwicklung der deutsch-französischen Zusammenarbeit laufend unterrichtet halten.

3. Dieser Vertrag gilt mit Ausnahme der die Verteidigung betreffenden Bestimmungen auch für das Land Berlin, sofern nicht die Regierung der Bundesrepublik Deutschland gegenüber der Regierung der Französischen Republik innerhalb von drei Monaten nach Inkrafttreten des Vertrages eine gegenteilige Erklärung abgibt.

4. Die beiden Regierungen können die Anpassungen vornehmen, die sich zur Ausführung dieses Vertrages als wünschenswert erweisen.

5. Dieser Vertrag tritt in Kraft, sobald jeder der beiden Vertragschließenden dem anderen mitgeteilt hat, daß die dazu erforderlichen innerstaatlichen Voraussetzungen erfüllt sind.[1]

---

[1] In Kraft getreten am 2. 7. 1963 (Bek. v. 31. 7. 1963, BGBl. II S. 1153).

651. Vertrag zwischen der Bundesrepublik Deutschland und der Französischen Republik über die deutsch-französische Zusammenarbeit und Integration[1] (Aachener Vertrag)

Vom 22. Januar 2019

(BGBl. 2019 II S. 899)

Die Bundesrepublik Deutschland und
die Französische Republik –

in Anerkennung der historischen Errungenschaft der Aussöhnung zwischen dem deutschen und dem französischen Volk, zu welcher der Vertrag vom 22. Januar 1963 zwischen der Bundesrepublik Deutschland und der Französischen Republik über die deutsch-französische Zusammenarbeit einen außerordentlichen Beitrag geleistet hat und aus der ein beispielloses Geflecht bilateraler Beziehungen zwischen ihren Zivilgesellschaften und staatlichen Stellen auf allen Ebenen entstanden ist,

in der Überzeugung, dass es an der Zeit ist, ihre bilateralen Beziehungen auf eine neue Stufe zu heben und sich auf die Herausforderungen vorzubereiten, vor denen beide Staaten und Europa im 21. Jahrhundert stehen, und mit dem Ziel, die Konvergenz ihrer Volkswirtschaften und ihrer Sozialmodelle zu erhöhen, die kulturelle Vielfalt zu fördern und ihre Gesellschaften und ihre Bürgerinnen und Bürger enger zusammenzubringen,

in der Überzeugung, dass die enge Freundschaft zwischen Deutschland und Frankreich für eine geeinte, leistungsfähige, souveräne und starke Europäische Union entscheidend gewesen ist und ein unverzichtbares Element bleibt,

in dem Bestreben, ihre Zusammenarbeit in der Europapolitik mit dem Ziel zu verstärken, die Einheit, die Leistungsfähigkeit und den Zusammenhalt Europas zu fördern und diese Zusammenarbeit zugleich allen Mitgliedstaaten der Europäischen Union offen zu halten,

in dem Bekenntnis zu den Gründungsprinzipien, Rechten, Freiheiten und Werten der Europäischen Union, durch welche die Rechtsstaatlichkeit in der gesamten Europäischen Union gewahrt und über sie hinaus gefördert wird,

in dem Bestreben, auf eine soziale und wirtschaftliche Aufwärtskonvergenz in der Europäischen Union hinzuarbeiten, die gegenseitige

---

[1] Der Vertrag ist gem. seinem Art. 28 am … in Kraft getreten (Bek v. …). Er dient dem Ausbau und der Vertiefung der bilateralen Beziehungen, deren Fundament im „Elysée-Vertrag" von 1963 (Nr. **650**) gelegt worden ist.

Solidarität zu stärken und im Einklang mit den Grundsätzen der europäischen Säule sozialer Rechte auf eine fortwährende Verbesserung der Lebens- und Arbeitsbedingungen hinzuwirken, wobei ein besonderes Augenmerk auf die Stärkung und Selbstbestimmung von Frauen sowie die Gleichstellung der Geschlechter gerichtet wird,

in Bekräftigung des Engagements der Europäischen Union für einen offenen, fairen und regelbasierten Weltmarkt, dessen Zugang auf Gegenseitigkeit und Nichtdiskriminierung beruht und für den hohe Umwelt- und Sozialstandards gelten,

eingedenk ihrer Rechte und Pflichten aufgrund der Charta der Vereinten Nationen,

in dem festen Bekenntnis zu einer internationalen, regelbasierten und auf Multilateralismus gründenden Ordnung, in deren Zentrum die Vereinten Nationen stehen,

in der Überzeugung, dass Wohlstand und Sicherheit nur gewährleistet werden können, wenn umgehend Maßnahmen zum Schutz des Klimas und zum Erhalt der biologischen Vielfalt und der Ökosysteme ergriffen werden,

im Einklang mit ihren jeweiligen innerstaatlichen verfassungsmäßigen und rechtlichen Erfordernissen sowie dem Rechtsrahmen der Europäischen Union handelnd,

in Würdigung der wichtigen Rolle, welche die dezentralisierte Zusammenarbeit der Gemeinden, der französischen Departements, der französischen Regionen, der Länder, des Bundesrats und des französischen Senats sowie die Zusammenarbeit zwischen dem Bevollmächtigten der Bundesrepublik Deutschland für kulturelle Angelegenheiten im Rahmen des Vertrags über die deutsch-französische Zusammenarbeit und den zuständigen Ministerinnen und Ministern der Französischen Republik spielen,

in Anerkennung der zentralen Rolle, welche der Zusammenarbeit zwischen dem Deutschen Bundestag und der französischen Nationalversammlung, insbesondere durch ein Parlamentsabkommen, als einer wichtigen Dimension der engen Beziehungen zwischen ihren Staaten zukommt –

sind wie folgt übereingekommen:

Kapitel 1. Europäische Angelegenheiten

Art. 1. Beide Staaten vertiefen ihre Zusammenarbeit in der Europapolitik. Sie setzen sich für eine wirksame und starke Gemeinsame Außen- und Sicherheitspolitik ein und stärken und vertiefen die Wirtschafts- und Währungsunion. Sie bemühen sich um die Vollendung des Binnenmarkts, wirken auf eine wettbewerbsfähige, sich auf eine starke industrielle Basis stützende Union als Grundlage für Wohlstand hin und fördern so die wirtschaftliche, steuerliche und soziale Konvergenz sowie die Nachhaltigkeit in allen ihren Dimensionen.

Art. 2. Beide Staaten halten vor großen europäischen Treffen regelmäßig Konsultationen auf allen Ebenen ab und bemühen sich so, gemeinsame Standpunkte herzustellen und gemeinsame Äußerungen der Ministerinnen und Minister herbeizuführen. Sie stimmen sich bei der Umsetzung von europäischem Recht in ihr nationales Recht ab.

Kapitel 2. Frieden, Sicherheit und Entwicklung

Art. 3. Beide Staaten vertiefen ihre Zusammenarbeit in Angelegenheiten der Außenpolitik, der Verteidigung, der äußeren und inneren Sicherheit und der Entwicklung und wirken zugleich auf eine Stärkung der Fähigkeit Europas hin, eigenständig zu handeln. Sie konsultieren einander mit dem Ziel, gemeinsame Standpunkte bei allen wichtigen Entscheidungen festzulegen, die ihre gemeinsamen Interessen berühren, und, wann immer möglich, gemeinsam zu handeln.

Art. 4. (1) In Anbetracht ihrer Verpflichtungen nach Artikel 5 des Nordatlantikvertrags vom 4. April 1949 und nach Artikel 42 Absatz 7 des Vertrags vom 7. Februar 1992 über die Europäische Union, geändert durch den Vertrag von Lissabon vom 13. Dezember 2007 zur Änderung des Vertrags über die Europäische Union und des Vertrags zur Gründung der Europäischen Gemeinschaft, nähern die beiden Staaten, überzeugt davon, dass ihre Sicherheitsinteressen untrennbar miteinander verbunden sind, ihre sicherheits- und verteidigungspolitischen Zielsetzungen und Strategien einander zunehmend an und stärken so auch die Systeme kollektiver Sicherheit, denen sie angehören. Sie leisten einander im Falle eines bewaffneten Angriffs auf ihre Hoheitsgebiete jede in ihrer Macht stehende Hilfe und Unterstützung; dies schließt militärische Mittel ein. Die territoriale Reichweite nach Satz 2 entspricht derjenigen nach Artikel 42 Absatz 7 des Vertrags über die Europäische Union.

(2) Im Einklang mit ihren jeweiligen innerstaatlichen Vorschriften handeln beide Staaten, wann immer möglich, gemeinsam, um Frieden und Sicherheit zu wahren. Sie entwickeln Europas Leistungsfähigkeit, Kohärenz und Glaubwürdigkeit im militärischen Bereich weiter. Hierdurch verpflichten sie sich, die Handlungsfähigkeit Europas zu stärken und gemeinsam zu investieren, um Lücken bei europäischen Fähigkeiten zu schließen und damit die Europäische Union und die Nordatlantische Allianz zu stärken.

(3) Beide Staaten verpflichten sich, die Zusammenarbeit zwischen ihren Streitkräften mit Blick auf eine gemeinsame Kultur und gemeinsame Einsätze weiter zu verstärken. Sie intensivieren die Erarbeitung gemeinsamer Verteidigungsprogramme und deren Ausweitung auf Partner. Hierdurch beabsichtigen sie, die Wettbewerbsfähigkeit und Konsolidierung der europäischen verteidigungstechnologischen und -industriellen Basis zu fördern. Sie unterstützen die engstmögliche Zu-

sammenarbeit zwischen ihren Verteidigungsindustrien auf der Grundlage gegenseitigen Vertrauens. Beide Staaten werden bei gemeinsamen Projekten einen gemeinsamen Ansatz für Rüstungsexporte entwickeln.

(4) Beide Staaten richten den Deutsch-Französischen Verteidigungs- und Sicherheitsrat als politisches Steuerungsorgan für diese beiderseitigen Verpflichtungen ein. Dieser Rat wird regelmäßig auf höchster Ebene zusammentreten.

Art. 5. Beide Staaten weiten die Zusammenarbeit zwischen ihren Außenministerien, einschließlich ihrer diplomatischen Missionen und konsularischen Vertretungen, aus. Sie werden Austausche zwischen ihrem Führungspersonal durchführen. Sie werden Austauschprogramme zwischen ihren Ständigen Vertretungen bei den Vereinten Nationen in New York, insbesondere zwischen den Sicherheitsratsstäben, den Ständigen Vertretungen bei der Nordatlantikvertrags-Organisation und den Ständigen Vertretungen bei der Europäischen Union sowie zwischen den für die Koordinierung der europapolitischen Maßnahmen zuständigen Stellen beider Staaten einrichten.

Art. 6. Im Bereich der inneren Sicherheit verstärken die Regierungen beider Staaten weiter ihre bilaterale Zusammenarbeit bei der Bekämpfung des Terrorismus und der organisierten Kriminalität sowie im Bereich der Justiz, der Nachrichtendienste und der Polizei. Sie führen gemeinsame Maßnahmen im Hinblick auf Aus- und Fortbildung und Einsätze durch und richten eine gemeinsame Einheit für Stabilisierungsoperationen in Drittstaaten ein.

Art. 7. Beide Staaten setzen sich dafür ein, eine immer engere Partnerschaft zwischen Europa und Afrika zu errichten, indem sie ihre Zusammenarbeit in den Bereichen der Entwicklung des privaten Sektors, der regionalen Integration, der Bildung und Berufsbildung sowie der Gleichstellung der Geschlechter und der Stärkung und Selbstbestimmung von Frauen mit dem Ziel stärken, soziale und wirtschaftliche Perspektiven, Nachhaltigkeit, gute Regierungsführung sowie Krisenprävention, Konfliktbewältigung, auch durch friedenserhaltende Maßnahmen, und Konfliktnachsorge zu verbessern. Beide Staaten richten einen jährlichen Dialog auf politischer Ebene im Bereich der internationalen Entwicklungspolitik ein, um die Koordinierung von Politikplanung und -umsetzung zu intensivieren.

Art. 8. (1) Im Rahmen der Charta der Vereinten Nationen werden beide Staaten in allen Organen der Vereinten Nationen eng zusammenarbeiten. Sie werden ihre Positionen eng abstimmen, auch als Teil breiter angelegter Bemühungen einer Abstimmung der dem Sicherheitsrat der Vereinten Nationen angehörenden Mitgliedstaaten der Europäischen Union sowie im Einklang mit den Positionen und Interessen der Europäischen Union. Sie werden zusammenarbeiten, um innerhalb der Vereinten Nationen die Positionen und Zusagen der Europäischen Union in Bezug auf globale Herausforderungen und Bedrohungen voranzubringen. Sie werden alles daran setzen, eine einheitliche Position der Europäischen Union in den einschlägigen Organen der Vereinten Nationen herbeizuführen.

(2) Beide Staaten verpflichten sich zur Fortsetzung ihrer Anstrengungen, zwischenstaatliche Verhandlungen über die Reform des Sicherheitsrats der Vereinten Nationen abzuschließen. Die Aufnahme der Bundesrepublik Deutschland als ständiges Mitglied des Sicherheitsrats der Vereinten Nationen ist eine Priorität der deutsch-französischen Diplomatie.

Kapitel 3. Kultur, Bildung, Forschung und Mobilität

Art. 9. Beide Staaten erkennen die entscheidende Rolle an, die die Kultur und die Medien für die Stärkung der deutsch-französischen Freundschaft spielen. Daher sind sie entschlossen, für ihre Völker einen gemeinsamen Raum der Freiheit und der Chancen sowie einen gemeinsamen Kultur- und Medienraum zu schaffen. Sie bauen Mobilität und Austauschprogramme zwischen ihren Staaten aus, vor allem für junge Menschen im Rahmen des Deutsch-Französischen Jugendwerks, und geben messbare Ziele in diesen Bereichen vor. Um immer engere Beziehungen in allen Bereichen des kulturellen Wirkens, auch durch integrierte Kulturinstitute, zu fördern, richten sie spezielle Programme und eine digitale Plattform ein, die sich insbesondere an junge Menschen richten.

Art. 10. Beide Staaten führen ihre Bildungssysteme durch die Förderung des Erwerbs der Partnersprache, durch die Entwicklung von mit ihrer verfassungsmäßigen Ordnung in Einklang stehenden Strategien zur Erhöhung der Zahl der Schülerinnen, Schüler und Studierenden, die die Partnersprache erlernen, durch die Förderung der gegenseitigen Anerkennung von Schulabschlüssen sowie durch die Schaffung deutsch-französischer Exzellenzinstrumente für Forschung, Ausbildung und Berufsbildung sowie integrierter deutsch-französischer dualer Studiengänge enger zusammen.

Art. 11. Beide Staaten setzen sich dafür ein, dass ihre Bildungs- und Forschungssysteme sowie deren Finanzierungsstrukturen miteinander vernetzt werden. Sie entwickeln die Deutsch-Französische Hochschule weiter und regen deutsche und französische Hochschulen an, sich an Netzwerken Europäischer Hochschulen zu beteiligen.

Art. 12. Beide Staaten richten einen gemeinsamen Bürgerfonds ein, der Bürgerinitiativen und Städtepartnerschaften fördern und unterstützen soll, um ihre beiden Völker einander noch näher zu bringen.

Kapitel 4. Regionale und grenzüberschreitende Zusammenarbeit

Art. 13. (1) Beide Staaten erkennen an, wie bedeutend die grenzüberschreitende Zusammenarbeit zwischen der Bundesrepublik Deutschland und der Französischen Republik zur Förderung engerer Beziehungen zwischen den Bürgerinnen und Bürgern sowie zwischen Unternehmen auf beiden Seiten der Grenze ist, einschließlich der in dieser Hinsicht wesentlichen Rolle der Gebietskörperschaften und anderer lokaler Akteure. Sie beabsichtigen, in Grenzregionen die Beseitigung von Hindernissen zu erleichtern, um grenzüberschreitende Vorhaben umzusetzen und den Alltag der Menschen, die in Grenzregionen leben, zu erleichtern.

(2) Zu diesem Zweck statten beide Staaten unter Achtung der jeweiligen verfassungsrechtlichen Regeln der beiden Staaten sowie im Rahmen des Rechts der Europäischen Union die Gebietskörperschaften der Grenzregionen sowie grenzüberschreitende Einheiten wie Eurodistrikte mit angemessenen Kompetenzen, zweckgerichteten Mitteln und beschleunigten Verfahren aus, um Hindernisse bei der Umsetzung grenzüberschreitender Vorhaben, insbesondere in den Bereichen Wirtschaft, Soziales, Umwelt, Gesundheit, Energie und Transport zu überwinden. Sofern kein anderes Instrument es ihnen ermöglicht, Hindernisse dieser Art zu überwinden, können auch angepasste Rechts- und Verwaltungsvorschriften einschließlich Ausnahmeregelungen vorgesehen werden. In diesem Fall kommt es beiden Staaten zu, einschlägige Rechtsvorschriften einzubringen.

(3) Beide Staaten bleiben dem Erhalt hoher Standards in den Bereichen des Arbeitsrechts, der sozialen Sicherung, der Gesundheit und der Sicherheit sowie des Umweltschutzes verpflichtet.

Art. 14. Beide Staaten richten einen Ausschuss für grenzüberschreitende Zusammenarbeit ein, der Interessenträger wie nationale, regionale und lokale Gebietskörperschaften, Parlamente und grenzüberschreitende Einheiten wie Eurodistrikte und, falls erforderlich, die betroffenen Euroregionen umfasst. Dieser Ausschuss koordiniert alle die Bundesrepublik Deutschland und die Französische Republik betreffenden Aspekte der grenzüberschreitenden Raumbeobachtung, entwirft eine gemeinsame Strategie zur Ermittlung von Schwerpunktvorhaben, stellt fortlaufend die in Grenzregionen bestehenden Schwierigkeiten fest und erarbeitet Vorschläge für den Umgang mit ihnen; darüber hinaus analysiert er die Auswirkungen neuer Rechtsvorschriften auf die Grenzregionen.

Art. 15. Beide Staaten sind dem Ziel der Zweisprachigkeit in den Grenzregionen verpflichtet und unterstützen die dortigen Stellen dabei, geeignete Strategien zu entwickeln und umzusetzen.

Art. 16. Beide Staaten werden die grenzüberschreitende Mobilität erleichtern, indem sie die zwischen ihnen bestehenden digitalen und physischen Netze, unter anderem die Eisenbahn- und Straßenverbindungen, besser miteinander verknüpfen. Sie werden im Bereich der innovativen, nachhaltigen und allen zugänglichen Mobilität eng zusammenarbeiten, um gemeinsame Ansätze oder Standards zwischen beiden Staaten zu entwickeln.

Art. 17. Beide Staaten regen zur dezentralisierten Zusammenarbeit zwischen Gebietskörperschaften an, die nicht an der Grenze liegen. Sie setzen sich dafür ein, Initiativen dieser Gebietskörperschaften, die in diesen Regionen umgesetzt werden, zu unterstützen.

Kapitel 5. Nachhaltige Entwicklung, Klima, Umwelt und wirtschaftliche Angelegenheiten

Art. 18. Beide Staaten arbeiten darauf hin, den Prozess der Durchführung mehrseitiger Übereinkünfte in den Bereichen der nachhaltigen Entwicklung, der globalen Gesundheit sowie des Umwelt- und Klimaschutzes, insbesondere das Übereinkommen von Paris vom 12. Dezember 2015 und die Agenda 2030 für nachhaltige Entwicklung der Vereinten Nationen, zu stärken. Zu diesem Zweck arbeiten sie eng zusammen, um gemeinsame Ansätze und politische Strategien zu erarbeiten, wozu auch die Schaffung von Anreizen für den Umbau ihrer Volkswirtschaften und die Förderung ehrgeiziger Maßnahmen zum Kampf gegen den Klimawandel zählen. Sie stellen die Berücksichtigung des Klimaschutzes in allen Politikbereichen sicher, unter anderem durch regelmäßigen, sektorübergreifenden Austausch zwischen den Regierungen in Schlüsselbereichen.

Art. 19. Beide Staaten werden die Energiewende in allen einschlägigen Bereichen weiter vorantreiben; zu diesem Zweck bauen sie ihre Zusammenarbeit aus und stärken den institutionellen Rahmen zur Finanzierung, Vorbereitung und Umsetzung gemeinsamer Vorhaben, insbesondere in den Bereichen Infrastruktur, erneuerbare Energien und Energieeffizienz.

Art. 20. (1) Beide Staaten vertiefen die Integration ihrer Volkswirtschaften hin zu einem deutsch-französischen Wirtschaftsraum mit gemeinsamen Regeln. Der Deutsch-Französische Finanz- und Wirtschaftsrat fördert die bilaterale Rechtsharmonisierung, unter anderem im Bereich des Wirtschaftsrechts, und stimmt die wirtschaftspolitischen Maßnahmen zwischen der Bundesrepublik Deutschland und der Französischen Republik regelmäßig ab, um so die Konvergenz zwischen beiden Staaten zu befördern und die Wettbewerbsfähigkeit ihrer Volkswirtschaften zu verbessern.

(2) Beide Staaten richten einen deutsch-französischen „Rat der Wirtschaftsexperten“ ein, der sich aus zehn unabhängigen Fachleuten zusammensetzt und das Ziel verfolgt, ihren Regierungen wirtschaftspolitische Empfehlungen zu unterbreiten.

Art. 21. Beide Staaten verstärken ihre Zusammenarbeit im Bereich der Forschung und des digitalen Wandels, einschließlich der Themen Künstliche Intelligenz und Sprunginnovationen. Sie werden sich für ethische Leitlinien für neue Technologien auf internationaler Ebene einsetzen. Sie rufen deutsch-französische Initiativen zur Förderung von Innovationen ins Leben, die offen für eine Zusammenarbeit auf europäischer Ebene sind. Beide Staaten werden einen Koordinationsprozess und eine gemeinsame Finanzierung einrichten, um gemeinsame Forschungs- und Innovationsprogramme zu fördern.

Art. 22. Interessenträger und einschlägige Akteure aus beiden Staaten werden in einem deutsch-französischen Zukunftswerk zusammengebracht, um sich mit Transformationsprozessen in ihren Gesellschaften auseinanderzusetzen.

Kapitel 6. Organisation

Art. 23. Treffen zwischen den Regierungen beider Staaten finden mindestens einmal jährlich, abwechselnd in der Bundesrepublik Deutschland und in der Französischen Republik, statt. Nach Inkrafttreten dieses Vertrags verabschiedet der Deutsch-Französische Ministerrat eine mehrjährige Vorhabenplanung für die deutsch-französische Zusammenarbeit. Die mit der Vorbereitung dieser Treffen betrauten Beauftragten für die deutsch-französische Zusammenarbeit überwachen die Umsetzung dieser Agenda und erstatten dem Ministerrat darüber Bericht.

Art. 24. Mindestens einmal im Quartal nimmt ein jeweils wechselndes Mitglied der Regierung eines der beiden Staaten an einer Kabinettssitzung des anderen Staates teil.

Art. 25. Die Räte, Strukturen und Instrumente der deutsch-französischen Zusammenarbeit werden regelmäßig überprüft und gegebenenfalls unverzüglich an die gemeinsam vereinbarten Ziele angepasst. Die erste Überprüfung soll innerhalb der ersten sechs Monate nach Inkrafttreten dieses Vertrags stattfinden; dabei werden notwendige Anpassungen vorgeschlagen. Die Beauftragten für die deutsch-französische Zusammenarbeit bewerten regelmäßig die erzielten Fortschritte. Sie unterrichten die Parlamente und den Deutsch-Französischen Ministerrat über den Gesamtfortschritt der deutsch-französischen Zusammenarbeit.

Art. 26. Vertreter der Länder und der französischen Regionen sowie des Ausschusses für grenzüberschreitende Zusammenarbeit können eingeladen werden, am Deutsch-Französischen Ministerrat teilzunehmen.

Kapitel 7. Schlussbestimmungen

Art. 27. Dieser Vertrag ergänzt den Vertrag vom 22. Januar 1963 zwischen der Bundesrepublik Deutschland und der Französischen Republik über die deutsch-französische Zusammenarbeit im Sinne des Absatzes 4 der Schlussbestimmungen jenes Vertrags.

Art. 28. Die beiden Staaten unterrichten einander auf diplomatischem Weg von der Erfüllung der erforderlichen innerstaatlichen Voraussetzungen für das Inkrafttreten dieses Vertrags. Der Vertrag tritt an dem Tag des Eingangs der letzten Notifikation in Kraft.

Geschehen zu Aachen am 22. Januar 2019 in zwei Urschriften, jede in deutscher und französischer Sprache, wobei jeder Wortlaut gleichermaßen verbindlich ist.

660. Freundschafts-, Handels- und Schiffahrtsvertrag zwischen der Bundesrepublik Deutschland und den Vereinigten Staaten von Amerika[1), 2)]

Vom 29. Oktober 1954

(BGBl. 1956 II S. 487)

Nichtamtliches Inhaltsverzeichnis

Art. I [Gegenseitige Behandlung] 1. Jeder Vertragsteil gewährt den Staatsangehörigen und Gesellschaften des anderen Vertragsteils, ihrem Vermögen, ihren Unternehmen und sonstigen Belangen jederzeit gerechte und billige Behandlung.

2. Zwischen den Gebieten der beiden Vertragsteile besteht gemäß den Bestimmungen dieses Vertrags Freiheit des Handels und der Schiffahrt.

---

1) Der Vertrag ist gemäß Bek. v. 28. 6. 1956 (BGBl. II S. 763) am 14. 7. 1956 in Kraft getreten.

2) S. dazu die Entsch. 2001/855/EG v. 15. 11. 2001 (ABl. EG L 320 S. 13) zur Genehmigung der stillschweigenden Verlängerung oder der Aufrechterhaltung derjenigen Bestimmungen von Freundschafts-, Handels- und Schiffahrtsverträgen sowie Handelsabkommen zwischen den Mitgliedstaaten und Drittländern, deren Gegenstand unter die gemeinsame Handelspolitik fällt.

Art. II [Aufenthaltsfreizügigkeit] 1. Die Staatsangehörigen eines Vertragsteils dürfen nach Maßgabe der Gesetze über die Einreise und den Aufenthalt von Ausländern das Gebiet des anderen Vertragsteils betreten, darin frei reisen und an Orten ihrer Wahl wohnen. Insbesondere dürfen Staatsangehörige des einen Vertragsteils das Gebiet des anderen Vertragsteils betreten und dort verbleiben,

a) um Handel zwischen den Gebieten der beiden Vertragsteile zu treiben oder im Zusammenhang damit einer kaufmännischen Betätigung nachzugehen,

b) um ein Unternehmen aufzubauen und zu betreiben, in dem sie beträchtliches Kapital angelegt haben oder tatsächlich anzulegen im Begriff stehen.

2. Beide Vertragsteile gewähren jede nur mögliche Erleichterung für den Reiseverkehr von Touristen und anderen Besuchern hinsichtlich der Einreise, des Aufenthalts und der Ausreise sowie für die Verteilung von Auskunftsmaterial für den Fremdenverkehr.

3. Die Staatsangehörigen eines Vertragsteils genießen im Gebiet des anderen Vertragsteils Gewissensfreiheit; es steht ihnen frei, an geeigneten Plätzen ihrer Wahl öffentlich oder nicht öffentlich Gottesdienst abzuhalten.

4. Die Staatsangehörigen eines Vertragsteils dürfen im Gebiet des anderen Vertragsteils Informationen zur öffentlichen Verbreitung sammeln, und es steht ihnen frei, solches Material, das im Ausland zur Veröffentlichung durch Presse, Rundfunk, Fernsehen, Film oder andere Mittel der Verbreitung bestimmt ist, unbehindert zu übermitteln. Sie dürfen ferner mit anderen Personen innerhalb und außerhalb dieses Gebiets durch die Post, den Telegrafen und andere der öffentlichen Benutzung dienende Einrichtungen unbehindert verkehren.

5. Die Bestimmungen dieses Artikels berühren nicht das Recht beider Vertragsteile, Maßnahmen zu treffen, die zur Erhaltung der öffentlichen Sicherheit und Ordnung und zum Schutz der guten Sitten und der öffentlichen Gesundheit notwendig sind.

Art. III [Diskriminierungsverbot] 1. Die Staatsangehörigen eines Vertragsteils sollen in dem Gebiet des anderen Vertragsteils frei von Belästigungen jeglicher Art bleiben; sie genießen ständigen Schutz und Sicherheit. Für ihre Person und ihre Rechte dürfen sie nicht geringeren Schutz und Sicherheit erhalten als unter gleichen Voraussetzungen die Staatsangehörigen des anderen Vertragsteils. Keinesfalls darf ihre Behandlung weniger günstig sein, als es Staatsangehörigen irgendeines dritten Landes zusteht oder vom Völkerrecht vorgeschrieben ist.

2. Wird in dem Gebiet des einen Vertragsteils ein Staatsangehöriger des anderen Vertragsteils festgenommen, so ist auf sein Verlangen der *nächste konsularische* Vertreter seines Landes sofort zu benachrichtigen. Dieser hat das Recht, ihn zu besuchen und mit ihm Verbindung zu halten. Der festgenommene Staatsangehörige ist

a) angemessen und menschlich zu behandeln,
b) sofort und in gehöriger Form von den gegen ihn erhobenen Beschuldigungen in Kenntnis zu setzen,
c) vor Gericht zu stellen, sobald es die ordnungsgemäße Vorbereitung seiner Verteidigung zuläßt, und
d) berechtigt, alle für seine Verteidigung notwendigen und angemessenen Hilfsmittel, insbesondere die Dienste eines Anwalts seiner Wahl, in Anspruch zu nehmen.

Art. IV [Soziale Sicherheit] 1. Den Staatsangehörigen eines Vertragsteils wird hinsichtlich der Anwendung der im Gebiet des anderen Vertragsteils geltenden Gesetze und sonstigen Vorschriften, die bei Krankheit, Unfall oder Tod infolge oder während der Beschäftigung oder auf Grund der Beschäftigung eine Geldentschädigung oder eine andere Leistung oder einen anderen Vorteil vorsehen (Unfallversicherung), Inländerbehandlung gewährt.

2. Den Staatsangehörigen eines Vertragsteils wird ferner Inländerbehandlung hinsichtlich der Anwendung der im Gebiet des anderen Vertragsteils geltenden Gesetze und sonstigen Vorschriften über Soziale Sicherheit gewährt, die ohne Nachprüfung der Bedürftigkeit Leistungen vorsehen bei
a) Krankheit (einschließlich zeitweiliger Arbeitsunfähigkeit) und Mutterschaft,
b) Alter, Invalidität oder Berufsunfähigkeit,
c) Tod des Vaters, des Ehegatten oder einer anderen unterhaltspflichtigen Person,
d) Arbeitslosigkeit.

Art. V [Eigentumsschutz] 1. Das Eigentum der Staatsangehörigen und Gesellschaften des einen Vertragsteils genießt in dem Gebiet des anderen Vertragsteils weitestgehenden Schutz und Sicherheit.

2. Die Wohnungen, Geschäftsräume, Lagerhäuser, Fabriken und sonstige Räumlichkeiten sowie das dazugehörige Gelände der Staatsangehörigen und Gesellschaften des einen Vertragsteils, die in dem Gebiet des anderen Vertragsteils liegen, dürfen weder unzulässigen Eingriffen unterworfen noch ohne gehörigen Rechtsgrund betreten werden. Wenn eine amtliche Durchsuchung oder Überprüfung solcher Plätze oder der darin befindlichen Sachen erforderlich ist, darf sie nur entsprechend den gesetzlichen Vorschriften und unter sorgfältiger Rücksichtnahme auf die dort wohnenden oder beschäftigten Personen und den Geschäftsbetrieb erfolgen.

3. Keiner der beiden Vertragsteile darf unbillige oder diskriminierende Maßnahmen ergreifen, durch welche die in seinem Gebiet von den Staatsangehörigen und Gesellschaften des anderen Vertragsteils rechtmäßig erworbenen Ansprüche oder Interessen an den von ihnen

errichteten Unternehmen oder an dem von ihnen durch Kapital oder durch ihr technisches Können, Wissen oder Geschick hierzu geleisteten Beitrag beeinträchtigt würden.

4. Eigentum von Staatsangehörigen oder Gesellschaften des einen Vertragsteils darf in dem Gebiet des anderen Vertragsteils nur zum allgemeinen Wohl unter Gewährung einer gerechten Entschädigung und der Möglichkeit, den Rechtsweg zu beschreiten, enteignet werden. Die Entschädigung muß dem Wert des entzogenen Eigentums entsprechen; sie muß tatsächlich verwertbar sein und ohne unnötige Verzögerung geleistet werden. Spätestens im Zeitpunkt der Enteignung muß in angemessener Weise für die Festsetzung und Leistung der Entschädigung Vorsorge getroffen sein.

5. Den Staatsangehörigen und Gesellschaften des einen Vertragsteils wird in dem Gebiet des anderen Vertragsteils hinsichtlich der in Absatz 2 und 4 dieses Artikels behandelten Angelegenheiten Inländerbehandlung und Meistbegünstigung gewährt. Außerdem wird Unternehmen, an denen Staatsangehörige oder Gesellschaften des einen Vertragsteils in erheblichem Maße beteiligt sind, in dem Gebiet des anderen Vertragsteils Inländerbehandlung und Meistbegünstigung in allen Angelegenheiten gewährt, die mit der Überführung eines Privatunternehmens in öffentliches Eigentum oder seine Unterstellung unter öffentliche Aufsicht im Zusammenhang stehen.

Art. VI [Zugang zu den Gerichten] 1. Den Staatsangehörigen und Gesellschaften des einen Vertragsteils wird im Gebiet des anderen Vertragsteils hinsichtlich des Zutritts zu den Gerichten und Verwaltungsgerichten sowie Amtsstellen aller Instanzen für die Verfolgung wie auch für die Verteidigung ihrer Rechte Inländerbehandlung gewährt. Es besteht Einvernehmen darüber, daß Gesellschaften des einen Vertragsteils, die sich nicht in dem Gebiet des anderen Vertragsteils betätigen, dort diesen Zutritt haben, ohne daß eine Registrierung oder Niederlassung erforderlich ist.

2. Verträgen zwischen Staatsangehörigen oder Gesellschaften des einen Vertragsteils und Staatsangehörigen oder Gesellschaften des anderen Vertragsteils, welche die Entscheidung von Streitigkeiten durch Schiedsrichter vorsehen, darf die Anerkennung in dem Gebiet eines jeden der Vertragsteile nicht lediglich deshalb versagt werden, weil sich der für die Durchführung des Schiedsgerichtsverfahrens bestimmte Ort außerhalb seines Gebiets befindet oder weil ein Schiedsrichter oder mehrere Schiedsrichter nicht seine Staatsangehörigen sind. In einem Verfahren zur Vollstreckbarerklärung, das vor den zuständigen Gerichten eines Vertragsteils anhängig gemacht wird, soll ein ordnungsmäßig auf Grund solcher Verträge ergangener und nach den Gesetzen des Orts, an dem er gefällt wurde, endgültiger und vollstreckbarer Schiedsspruch als bindend angesehen werden. Das Gericht muß ihn für vollstreckbar erklären, außer wenn die Anerkennung des Schiedsspruchs gegen die guten Sitten oder die öffentliche Ordnung verstoßen

würde. Ist der Schiedsspruch für vollstreckbar erklärt, so steht er hinsichtlich der Wirkungen und der Vollstreckung einem inländischen Schiedsspruch gleich. Es besteht jedoch Einverständnis, daß ein außerhalb der Vereinigten Staaten von Amerika ergangener Schiedsspruch vor den Gerichten eines Staates der Vereinigten Staaten von Amerika nur im gleichen Maße Anerkennung genießt wie Schiedssprüche, die in einem anderen Staat der Vereinigten Staaten von Amerika erlassen worden sind.

Art. VII [Geschäftliche Freizügigkeit] 1. Den Staatsangehörigen und Gesellschaften jedes Vertragsteils wird in dem Gebiet des anderen Vertragsteils Inländerbehandlung hinsichtlich der Ausübung jeder Art von geschäftlicher, industrieller, finanzieller oder sonstiger gegen Entgelt vorgenommener Tätigkeit gewährt. Dabei ist es unerheblich, ob sie diese selbständig oder unselbständig und ob sie sie unmittelbar oder durch einen Vertreter oder durch juristische Personen jeder Art ausüben. Dementsprechend dürfen diese Staatsangehörigen und Gesellschaften innerhalb des genannten Gebiets

a) Zweigstellen, Vertretungen, Büros, Fabriken und andere zur Führung ihrer Geschäfte geeignete Betriebe errichten und unterhalten,
b) nach dem Gesellschaftsrecht des anderen Vertragsteils Gesellschaften gründen und Mehrheitsbeteiligungen an Gesellschaften des anderen Vertragsteils erwerben,
c) von ihnen errichtete oder erworbene Unternehmen kontrollieren und leiten.

Auch wird den von ihnen kontrollierten Unternehmen, seien es solche von Einzelkaufleuten oder Gesellschaften oder sonstige Unternehmen, in allen mit ihrer Betätigung zusammenhängenden Angelegenheiten keine ungünstigere Behandlung gewährt als gleichartigen Unternehmen, die von Staatsangehörigen oder Gesellschaften des anderen Vertragsteils kontrolliert werden.

2. Jeder Vertragsteil behält sich das Recht vor, die Errichtung oder den Betrieb von Unternehmen durch Ausländer oder die Beteiligung von Ausländern an Unternehmen zu beschränken, sofern diese Unternehmen sich auf den folgenden Gebieten betätigen: Nachrichtenübermittlung, Verkehr zu Wasser und in der Luft, Nutzung von Land, Ausbeutung von Boden- und Naturschätzen, Übernahme und Ausübung von treuhänderischen Funktionen, auch soweit sie bankmäßiger Art sind, und Bankgeschäfte, die mit der Annahme von Depositen verbunden sind. Erläßt jedoch ein Vertragsteil neue Bestimmungen, die in seinem Gebiet die Inländerbehandlung von Ausländern hinsichtlich derartiger Betätigungen einschränken, so finden diese Beschränkungen keine Anwendung auf die im Eigentum oder unter Kontrolle von Staatsangehörigen und Gesellschaften des anderen Vertragsteils stehenden Unternehmen, die sich dort im Zeitpunkt der Vornahme dieser Beschränkungen betätigt haben. Außerdem darf ein Vertragsteil einem

Unternehmen des Verkehrsgewerbes, der Nachrichtenübermittlung oder des Bankgewerbes des anderen Vertragsteils das Recht nicht versagen, in Übereinstimmung mit den gesetzlichen Vorschriften und Bestimmungen Zweigstellen oder Vertretungen für die Tätigkeiten zu unterhalten, welche erforderlich sind, um ihre vorwiegend internationalen Aufgaben durchzuführen.

3. Die Bestimmungen des Absatzes 1 sollen einen Vertragsteil nicht daran hindern, besondere Formalitäten für die Errichtung eines von Ausländern kontrollierten Unternehmens in seinem Gebiet vorzuschreiben. Diese Formalitäten dürfen aber nicht den Wesensgehalt der in Absatz 1 aufgeführten Rechte beeinträchtigen.

4. Den Staatsangehörigen und Gesellschaften jedes Vertragsteils sowie den von ihnen kontrollierten Unternehmen wird für die in diesem Artikel behandelten Angelegenheiten mindestens Meistbegünstigung gewährt.

Art. VIII [Betriebsinterne Freizügigkeit] 1. Die Staatsangehörigen und Gesellschaften eines Vertragsteils dürfen in dem Gebiet des anderen Vertragsteils betriebswirtschaftliche und technische Sachverständige sowie leitende Angestellte, Anwälte, Vertreter oder sonstige Fachleute nach ihrer freien Wahl beschäftigen. Sie dürfen außerdem betriebswirtschaftliche und technische Sachverständige ohne Rücksicht darauf beschäftigen, wieweit diese den in dem Gebiet des anderen Vertragsteils für die Ausübung dieser Berufe vorgeschriebenen Anforderungen genügen, sofern dies für interne Zwecke dieser Staatsangehörigen und Gesellschaften geschieht, und zwar um im Zusammenhang mit der Planung oder dem Betrieb eines ihnen gehörenden Unternehmens oder eines Unternehmens, an dem sie beteiligt sind, Untersuchungen, Buchprüfungen und technische Ermittlungen durchzuführen und ihnen darüber Bericht zu erstatten.

2. Den Staatsangehörigen und Gesellschaften eines Vertragsteils wird in dem Gebiet des anderen Vertragsteils Inländerbehandlung und Meistbegünstigung für die Betätigung auf den Gebieten der Wissenschaft, des Bildungswesens, der Religion und der Wohlfahrt gewährt. Sie haben das Recht, zu diesem Zweck Vereinigungen nach den Gesetzen des anderen Vertragsteils zu bilden. Jedoch darf kein Teil dieses Vertrags dahin ausgelegt werden, daß er ein Recht zu politischer Betätigung gewährt oder stillschweigend zugesteht.

Art. IX [Besitz- und Eigentumserwerb] 1. Den Staatsangehörigen und Gesellschaften eines Vertragsteils werden im Gebiet des anderen Vertragsteils gewährt

a) Inländerbehandlung hinsichtlich der Miete und Pacht von Grundstücken, Gebäuden und sonstigen unbeweglichen Vermögenswerten für eine der ihnen gemäß Artikel VII und VIII erlaubten Betätigungen und für Wohnzwecke, sowie hinsichtlich des Besitzes und der Benutzung solcher unbeweglicher Vermögenswerte,

b) sonstige Rechte an unbeweglichen Vermögenswerten gemäß den Gesetzen des anderen Vertragsteils.

2. Den Staatsangehörigen und Gesellschaften jedes Vertragsteils wird im Gebiet des anderen Vertragsteils Inländerbehandlung und Meistbegünstigung hinsichtlich des Rechts gewährt, an beweglichem Vermögen jeder Art, einschließlich der Immaterialgüterrechte, durch Kauf, Miete, Pacht oder auf sonstige Weise Eigentum oder Besitz zu erwerben. Jedoch kann jeder Vertragsteil das Eigentum von Ausländern an Sachen, welche die öffentliche Sicherheit gefährden können, sowie das Eigentum und die Beteiligung von Ausländern an Unternehmen der in Artikel VII Absatz 2 Satz 1 genannten Art beschränken, aber nur soweit dadurch die in Artikel VII oder sonstigen Bestimmungen dieses Vertrags zugesicherten Rechte und Vergünstigungen nicht beeinträchtigt werden.

3. Den Staatsangehörigen und Gesellschaften eines Vertragsteils wird in dem Gebiet des anderen Vertragsteils Inländerbehandlung hinsichtlich des Erwerbs von Vermögen jeder Art durch testamentarische oder gesetzliche Erbfolge oder in einem Rechtsverfahren zur Befriedigung von Forderungen gewährt. Können sie wegen ihrer Ausländereigenschaft nicht Eigentümer dieses Vermögens bleiben, so steht ihnen eine Frist von mindestens fünf Jahren zu, um sich dessen zu entäußern.

4. Den Staatsangehörigen und Gesellschaften eines Vertragsteils wird in dem Gebiet des anderen Vertragsteils Inländerbehandlung und Meistbegünstigung hinsichtlich des Rechts gewährt, Vermögen jeder Art zu veräußern und anderweitig darüber zu verfügen.

Art. X [Patent- und urheberrechtliche Freizügigkeit] 1. Den Staatsangehörigen und Gesellschaften eines Vertragsteils wird in dem Gebiet des anderen Vertragsteils für die Erlangung und Aufrechterhaltung von Erfindungspatenten, Warenzeichen, Handelsnamen, Handelsetiketten und sonstigen gewerblichen Schutzrechten jeder Art Inländerbehandlung gewährt.

2. Die Vertragsteile verpflichten sich, zur Förderung des Austausches und der Anwendung wissenschaftlicher und technischer Kenntnisse zusammenzuarbeiten, insbesondere um in ihren Gebieten die Produktivität zu steigern und die Lebenshaltung zu verbessern.

Art. XI [Steuern und Abgaben] 1. Die Staatsangehörigen eines Vertragsteils, die in dem Gebiet des anderen Vertragsteils wohnhaft sind, und die Staatsangehörigen und Gesellschaften eines Vertragsteils, die in dem Gebiet des anderen Vertragsteils Handel treiben oder sich dort anderweitig geschäftlich oder in dem Bereich der Wissenschaft, des Bildungswesens, der Religion und der Wohlfahrt betätigen, unterliegen dort hinsichtlich der Zahlung von Steuern, Gebühren oder Abgaben, die auf Einkommen, Kapital, Umsatz, Betätigungen oder andere Steuergegenstände erhoben werden, oder hinsichtlich ihrer Erhebung und Einziehung innerhalb des Gebiets des anderen Vertragsteils keiner stärkeren Belastung als unter gleichartigen Voraussetzungen die Staatsangehörigen und Gesellschaften des anderen Vertragsteils.

2. Jeder Vertragsteil wird anstreben, im allgemeinen auf die Staatsangehörigen des anderen Vertragsteils, die in seinem Gebiet weder wohnhaft sind noch dort Handel treiben oder sich dort anderweitig geschäftlich betätigen, und auf die Gesellschaften des anderen Vertragsteils, die in seinem Gebiet weder Handel treiben noch sich dort anderweitig geschäftlich betätigen, den in Absatz 1 dieses Artikels niedergelegten Grundsatz anzuwenden.

3. Keinesfalls unterliegen die Staatsangehörigen und Gesellschaften eines Vertragsteils in dem Gebiet des anderen Vertragsteils hinsichtlich der Zahlung von Steuern, Gebühren oder Abgaben, die auf Einkommen, Kapital, Umsatz, Betätigungen oder andere Steuergegenstände erhoben werden, oder hinsichtlich ihrer Erhebung und Einziehung einer stärkeren Belastung als unter gleichartigen Voraussetzungen die Staatsangehörigen, Einwohner (residents) und Gesellschaften irgendeines dritten Landes.

4. Ein Vertragsteil darf, wenn in seinem Gebiet Gesellschaften oder darin nicht wohnhafte Staatsangehörige des anderen Vertragsteils Handel treiben oder sich dort anderweitig geschäftlich betätigen, keine Steuer, Gebühr oder Abgabe auf Einkommen, Kapital oder eine andere Berechnungsgrundlage erheben, die über das hinausgeht, was billigerweise seinem Gebiet zurechenbar oder zumeßbar ist; er darf für diese Staatsangehörigen und Gesellschaften keine geringeren Abzüge und Befreiungen gewähren, als seinem Gebiet billigerweise zurechenbar oder zumeßbar sind. Entsprechendes gilt auch für Gesellschaften, die sich ausschließlich auf den Gebieten der Wissenschaft, des Bildungswesens, der Religion und der Wohlfahrt betätigen.

5. Jeder Vertragsteil behält sich das Recht vor,

a) bestimmte Steuervorteile auf der Grundlage der Gegenseitigkeit einzuräumen,

b) besondere Steuervorteile auf Grund von Vereinbarungen zur Vermeidung der Doppelbesteuerung oder zum beiderseitigen Schutz des Steueraufkommens zu gewähren und

c) auf Personen, die nicht im Inland wohnhaft sind, besondere Vorschriften über persönliche Befreiungen auf dem Gebiet der Einkommen- und Erbschaftsteuern anzuwenden.

Art. XII [Zahlungsverkehr] 1. Den Staatsangehörigen und Gesellschaften des einen Vertragsteils werden vom anderen Vertragsteil bei Übernahme von Verpflichtungen zur oder bei Durchführung von Zahlungen, Überweisungen und Übertragungen von Geld- und Wertpapieren Inländerbehandlung und Meistbegünstigung gewährt.

2. Es besteht Einverständnis, keine Bestimmung dieses Vertrags so anzuwenden, daß sie Regelungen beeinträchtigt, die sich für den einen oder anderen Vertragsteil aus der Mitgliedschaft beim Internationalen Währungsfonds ergeben.

3. Kein Vertragsteil darf in irgendeiner Weise gegenüber dem anderen Vertragsteil Devisenbeschränkungen verhängen, die für die Forderungen, die Investitionen, für die Transport-, Handels- und die sonstigen Interessen der Staatsangehörigen und Gesellschaften des anderen Vertragsteils oder für deren Stellung im Wettbewerb unnötig schädigend oder willkürlich diskriminierend sind. Werden von einem Vertragsteil Devisenbeschränkungen gegenüber dem anderen Vertragsteil verhängt, so wird er sie aufheben, sobald er unter Berücksichtigung seiner wirtschaftlichen Lage hierzu imstande ist.

4. In der Erkenntnis, daß die internationale Bewegungsfreiheit des Investitionskapitals und seiner Erträgnisse der vollen Verwirklichung der Ziele dieses Vertrags dienlich sein würde, stimmen beide Vertragsteile darin überein, daß solche Bewegungen nicht unnötig gehemmt werden sollen. In Übereinstimmung mit diesem beiderseits anerkannten Grundsatz verpflichtet sich jeder Vertragsteil, den Staatsangehörigen und Gesellschaften des anderen Vertragsteils angemessene Möglichkeiten für den Abzug solcher von ihnen verdienter Beträge einzuräumen, die aus der Vornahme oder Aufrechterhaltung von Kapitalinvestitionen herrühren, sowie für den Rücktransfer von Kapitalinvestitionen. Derselbe Grundsatz findet Anwendung auf die in Artikel V Absatz 4 genannte Entschädigung.

5. Der Ausdruck „Devisenbeschränkungen" im Sinne dieses Artikels umfaßt alle von einem Vertragsteil verfügten Beschränkungen, Vorschriften, Kosten, Abgaben, Gebühren und sonstigen Anforderungen, welche die Übernahme von Verpflichtungen zu Zahlungen, Überweisungen und Übertragungen von Geld- und Wertpapieren oder deren Durchführung belasten oder behindern.

6. Alle Fragen, die sich aus diesem Vertrag in Bezug auf Devisenbeschränkungen ergeben, werden ausschließlich durch die Bestimmungen dieses Artikels geregelt.

Art. XIII [Geschäftsreisende] Staatsangehörige eines Vertragsteils, die innerhalb seines Gebiets einer geschäftlichen Tätigkeit nachgehen, sind berechtigt, sich in dem Gebiet des anderen Vertragsteils unter Beobachtung der maßgebenden Gesetze und Vorschriften entweder persönlich oder durch Vertreter oder Angestellte als Geschäftsreisende zu betätigen; dies gilt sinngemäß auch für Gesellschaften. Solche Geschäftsreisende genießen bei Einreise und Ausreise sowie während ihres Aufenthalts in dem Gebiet des anderen Vertragsteils Meistbegünstigung *in Zoll- und* anderen Angelegenheiten; hierzu gehören, unbeschadet der in Artikel XI Absatz 5 vorgesehenen Vorbehalte, auch die auf sie selbst, ihre Warenmuster, ihr Werbematerial und die Annahme von Aufträgen anwendbaren Steuern und Abgaben sowie die Vorschriften, welche die Ausübung ihrer Tätigkeit regeln.

Art. XIV [Ein- und Ausfuhr] 1. Jeder Vertragsteil gewährt Meistbegünstigung für Erzeugnisse des anderen Vertragsteils, gleich von welchem Ort aus und mit welcher Art von Beförderungsmitteln diese eintreffen; das gleiche gilt für Erzeugnisse, die zur Ausfuhr in das Gebiet des anderen Vertragsteils bestimmt sind, unabhängig von dem Weg und der Art des Beförderungsmittels. Diese Bestimmung bezieht sich auf Zölle und andere Abgaben jeder Art, die die Einfuhr oder Ausfuhr belasten oder anläßlich der Einfuhr oder Ausfuhr erhoben werden, sowie auf diejenigen, die die zwischenstaatliche Überweisung von Geldmitteln zur Bezahlung der Einfuhr oder Ausfuhr belasten, auf die Art der Erhebung dieser Zölle und anderer Abgaben sowie die Gesamtheit der Vorschriften und Förmlichkeiten für die Einfuhr oder Ausfuhr.

2. Kein Vertragsteil wird die Einfuhr eines Erzeugnisses des anderen Vertragsteils oder die Ausfuhr eines Erzeugnisses nach dem Gebiet des anderen Vertragsteils beschränken oder verbieten, es sei denn, daß die Einfuhr des gleichen Erzeugnisses aus allen dritten Ländern oder die Ausfuhr des gleichen Erzeugnisses nach diesen Ländern entsprechend beschränkt oder verboten ist.

3. Jeder der beiden Vertragsteile kann aus hygienischen oder anderen üblichen Gründen nicht rein handelsmäßiger Natur oder zur Verhinderung irreführender oder unlauterer Praktiken Verbote oder Beschränkungen auferlegen, sofern diese Verbote oder Beschränkungen keine willkürliche Diskriminierung des Handels des anderen Vertragsteils darstellen.

4. Den Angehörigen und Gesellschaften des einen Vertragsteils wird durch den anderen Vertragsteil hinsichtlich aller die Einfuhr und Ausfuhr betreffenden Angelegenheiten Inländerbehandlung und Meistbegünstigung gewährt.

5. Falls in irgendeinem Zeitpunkt eine Frage hinsichtlich der Anwendung des Absatzes 2 auftreten sollte, werden die beiden Vertragsteile in eine Konsultation über die Anwendung dieses Absatzes eintreten. Führt diese Konsultation oder eine Konsultation gemäß Artikel XXIV Absatz 5 nicht zu einer beide Seiten befriedigenden Lösung, so kann jeder Vertragsteil den Artikel XIV schriftlich kündigen. In diesem Fall tritt dieser Artikel abweichend von den Bestimmungen des Artikels XXIX drei Monate nach Erhalt der Kündigung durch den anderen Vertragsteil außer Kraft.

6. Die Bestimmungen dieses Artikels gelten nicht für Vergünstigungen, die von einem der beiden Vertragsteile auf Grund einer Zollunion oder einer Freihandelszone gewährt werden, denen er sich etwa anschließt, sofern er den anderen Vertragsteil von seinen Absichten unterrichtet und ihm hinreichende Gelegenheit zur Konsultation gibt.

Art. XV [Veröffentlichung von Rechtsvorschriften] 1. Jeder Vertragsteil wird solche Gesetze, Verwaltungsvorschriften und Verwaltungsentscheidungen unverzüglich veröffentlichen, die von allgemeiner Bedeutung sind und sich auf die Sätze von Zöllen, Steuern und anderen Abgaben, auf die Zolltarifierung von Waren und auf Vorschriften oder Beschränkungen für die ein- und ausgeführten Erzeugnisse oder auf die entsprechenden Überweisungen beziehen oder die sich auf den Verkauf, die Verteilung oder Verwendung dieser Erzeugnisse erstrecken. Diese Gesetze, Verwaltungsvorschriften und Verwaltungsentscheidungen werden einheitlich, unparteiisch und gerecht angewendet. Neue oder erschwerende Verwaltungsvorschriften für die Einfuhr dürfen grundsätzlich nicht vor ihrer amtlichen Bekanntmachung in Kraft gesetzt werden.

2. Jeder Vertragsteil ermöglicht den Staatsangehörigen und Gesellschaften des anderen Vertragsteils sowie den Einführern von Erzeugnissen des anderen Vertragsteils durch ein Rechtsmittelverfahren eine unverzügliche und unparteiische Überprüfung und gegebenenfalls Benachrichtigung von den auf dem Gebiet des Zollwesens getroffenen Verwaltungsmaßnahmen. Insbesondere gilt dies für die von Verwaltungsbehörden verhängten Bußen, Strafen und Beschlagnahmen sowie für ihre Entscheidungen hinsichtlich der Zolltarifierung und der Bestimmung des Zollwerts. Verletzungen der die Vorlage von Zoll- und Schiffspapieren regelnden Gesetze und Verwaltungsvorschriften sollen nur gering bestraft werden, wenn sie auf Schreibfehlern beruhen oder der gute Glaube nachgewiesen werden kann.

3. Jeder Vertragsteil wird grundsätzlich bei Vorschriften über die Kennzeichnung eingeführter Erzeugnisse

a) erlauben, daß erforderliche Ursprungsbezeichnungen nach der Einfuhr angebracht werden können,
b) keine Kennzeichnungen zulassen, die eine Irreführung über den wirklichen Ursprung der Erzeugnisse zur Folge haben und
c) keine Anforderungen stellen, die wirtschaftlich untragbare Ausgaben verursachen oder eine ernstliche Schädigung des Erzeugnisses zur Folge haben.

Art. XVI [Inländerbehandlung und Meistbegünstigung bei Erzeugnissen] 1. Für die Erzeugnisse eines Vertragsteils wird in dem Gebiet des anderen Vertragsteils hinsichtlich der inneren Besteuerung, des Verkaufs, der Verteilung, der Lagerung und der Verwendung Inländerbehandlung und Meistbegünstigung gewährt.

2. Erzeugnisse, die von Staatsangehörigen oder Gesellschaften eines Vertragsteils oder von Gesellschaften des anderen Vertragsteils, die von *diesen kontrolliert* werden, in dem Gebiet dieses anderen Vertragsteils hergestellt sind, werden dort *hinsichtlich* der Ausfuhr, der Besteuerung, des Verkaufs, der Verteilung, der Lagerung und der Verwendung nicht ungünstiger behandelt als gleichartige einheimische Erzeugnisse sonstiger Personen oder Gesellschaften.

Art. XVII [Staatsunternehmen; Regierungsaufträge] 1. Jeder Vertragsteil übernimmt die Verpflichtung,

a) daß Unternehmen, die im Eigentum seiner Regierung stehen oder von ihr kontrolliert werden, sowie Monopole oder sonstige Träger von ausschließlichen oder besonderen Vorrechten in seinem Gebiet bei ihren Käufen oder Verkäufen, die in Form von Einfuhren oder Ausfuhren stattfinden und den Handel des anderen Vertragsteils berühren, sich ausschließlich von Erwägungen handelsmäßiger Art wie Preis, Qualität, verfügbare Mengen, Marktgängigkeit, Beförderungsverhältnisse und andere Kaufs- und Verkaufsbedingungen leiten lassen und

b) daß den Staatsangehörigen, den Gesellschaften und dem Handel des anderen Vertragsteils angemessene Gelegenheit geboten wird, an diesen Käufen oder Verkäufen unter Bedingungen des freien Wettbewerbs und auf der Grundlage der gewöhnlichen Handelsgepflogenheiten teilzunehmen.

2. Jeder Vertragsteil gewährt den Staatsangehörigen, den Gesellschaften und dem Handel des anderen Vertragsteils billige und gerechte Behandlung im Verhältnis zu den Staatsangehörigen, den Gesellschaften und dem Handel irgendeines dritten Landes bei

a) Beschaffungskäufen der Regierung,

b) Vergebung von Konzessionen und Regierungsaufträgen und

c) entgeltlicher Abgabe von Dienstleistungen durch die Regierung, durch ein Monopol oder einen sonstigen Träger ausschließlicher oder besonderer Vorrechte.

3. Beide Vertragsteile werden diskriminierende Maßnahmen unterlassen, die es dem Einführer oder Ausführer von Erzeugnissen eines der beiden Länder erschweren oder unmöglich machen, für diese Erzeugnisse Seetransportversicherungen bei Gesellschaften des einen oder des anderen Vertragsteils abzuschließen.

Art. XVIII [Verbot von Wettbewerbsverzerrung] 1. Beide Vertragsteile stimmen in der Auffassung überein, daß Geschäftspraktiken, die den Wettbewerb beschränken, den Zugang zu den Märkten begrenzen oder eine monopolistische Kontrolle fördern und die von einem oder mehreren privaten oder öffentlichen wirtschaftlichen Unternehmen oder durch Zusammenschluß, Vereinbarung oder andere Regelungen zwischen diesen Unternehmen geübt oder verwirklicht werden, auf den Handel zwischen den Gebieten der beiden Vertragsteile schädliche Wirkungen haben können. Dementsprechend wird jede der beiden Regierungen auf Wunsch der Regierung eines Vertragsteils in eine Konsultation über solche Praktiken eintreten und, soweit keine gesetzliche Regelung dem entgegensteht, Maßnahmen ergreifen, die ihr zur Beseitigung solcher schädlicher Wirkungen geeignet erscheinen.

2. Soweit sich in öffentlichem Eigentum stehende oder öffentlich kontrollierte Unternehmen des einen Vertragsteils einschließlich Körperschaften, Vereinigungen, Regierungsstellen und -einrichtungen im

Gebiet des anderen Vertragsteils im Handel, in der Industrie, im Transportwesen oder in einem anderen Wirtschaftszweig betätigen, dürfen sie im Gebiet des anderen Vertragsteils für sich oder ihr Vermögen weder Befreiung von der Besteuerung, der gerichtlichen Verfolgung von Ansprüchen, der Vollstreckung oder anderweitigen Pflichten, denen private Unternehmen im Gebiet des anderen Vertragsteils unterliegen, beanspruchen noch genießen sie eine solche Befreiung.

Art. XIX [Schiffsdefinition und -vermessung] 1. Schiffe unter der Flagge des einen Vertragsteils, welche die Papiere mit sich führen, die nach dessen Recht zum Nachweis der Nationalität vorgeschrieben sind, gelten als Schiffe dieses Vertragsteils.

2. Solange beide Vertragsteile Systeme der Schiffsvermessung anwenden, die ihrem Wesen nach ähnlich sind, werden die Schiffsmeßbriefe des einen Vertragsteils von dem anderen Vertragsteil anerkannt; die Schiffe unterliegen in den Häfen dieses anderen Vertragsteils nicht der Neuvermessung.

3. Die Bezeichnung „Schiff" im Sinne dieses Vertrags umfaßt Schiffe aller Art ohne Rücksicht darauf, ob sie in privatem oder öffentlichem Eigentum stehen oder privat oder öffentlich betrieben werden; ausgeschlossen sind Kriegsschiffe.

Art. XX [Schiffe und ihre Ladung; Binnenschiffahrt] 1. Den Schiffen des einen Vertragsteils steht es unter den gleichen Voraussetzungen wie den Schiffen des anderen Vertragsteils und unter den gleichen Voraussetzungen wie den Schiffen irgendeines dritten Landes frei, sich mit ihrer Ladung in alle für ausländische Schiffahrt und ausländischen Handel geöffneten Häfen, Plätze und Gewässer des anderen Vertragsteils zu begeben. Diesen Schiffen und ihrer Ladung werden innerhalb der Häfen, Plätze und Gewässer des anderen Vertragsteils in jeder Hinsicht Inländerbehandlung und Meistbegünstigung gewährt.

2. Den Schiffen des einen Vertragsteils werden hinsichtlich des Rechts, Ladung jeder Art zu befördern, die nach oder von dem Gebiet des anderen Vertragsteils verschifft werden darf, Inländerbehandlung und Meistbegünstigung gewährt.

3. Güter, die unter der Flagge des einen Vertragsteils nach oder von dem Gebiet des anderen Vertragsteils verschifft werden, genießen die gleichen Vergünstigungen wie bei der Verschiffung unter der Flagge des anderen Vertragsteils. Dies gilt insbesondere hinsichtlich der Zölle und aller sonstigen Gebühren und Abgaben, der Prämien, Rückvergütungen und anderer Vergünstigungen dieser Art sowie der Handhabung der Zollangelegenheiten und der An- und Abfuhr mit der Eisenbahn oder mit anderen Verkehrsmitteln.

4. Die Küstenschiffahrt und die Binnenschiffahrt sind von den Bestimmungen dieses Artikels ausgenommen. Jedoch wird den Schiffen der beiden Vertragsteile auf dem Gebiet der Küstenschiffahrt und der

Binnenschiffahrt Meistbegünstigung gewährt. Es besteht ferner Einvernehmen darüber, daß es den Schiffen des einen Vertragsteils freisteht, Teile ihrer Ladung in allen für ausländische Schiffahrt und ausländischen Handel geöffneten Häfen, Plätzen und Gewässern des anderen Vertragsteils zu löschen und sich mit dem Rest ihrer Ladung nach jedem anderen geöffneten Hafen, Platz und Gewässer zu begeben; in gleicher Weise steht es ihnen frei, auf derselben Ausreise in den verschiedenen für ausländische Schiffahrt und ausländischen Handel geöffneten Häfen, Plätzen und Gewässern zu laden; ein Recht auf Ausübung der Küstenschiffahrt oder der Binnenschiffahrt wird hierdurch nicht begründet.

5. Die Bestimmungen dieses Artikels finden auf Fischereifahrzeuge keine Anwendung.

Art. XXI [Schiffbruch] Wenn ein Schiff eines Vertragsteils an den Küsten des anderen Vertragsteils strandet oder Schiffbruch erleidet, oder wenn es in Not gerät und einen Hafen des anderen Vertragsteils anlaufen muß, wird dieser Vertragsteil dem Schiff sowie der Besatzung, den Fahrgästen, der persönlichen Habe der Besatzung und Fahrgäste und der Ladung des Schiffes den gleichen Schutz und Beistand gewähren, der in der gleichen Lage einem Schiff unter eigener Flagge gewährt würde. Er wird dem Schiff nach dessen Instandsetzung gemäß den für Schiffe der eigenen Flagge geltenden Rechtsvorschriften die Fortsetzung der Reise erlauben. Die von dem Schiff geborgenen Gegenstände sind von jedem Zoll befreit, sofern sie nicht dem inländischen Verbrauch zugeführt werden; jedoch können die nicht zum Verbrauch eingeführten Gegenstände bis zu ihrer Verbringung aus diesem Land Zollsicherungsmaßnahmen unterworfen werden.

Art. XXII [Anheuern von Seeleuten] 1. Die Kapitäne der Schiffe unter der Flagge des einen Vertragsteils, deren Besatzung infolge von Krankheit oder aus einem anderen Grunde nicht mehr vollzählig ist, dürfen in allen Häfen des anderen Vertragsteils die Seeleute anheuern, die zur Fortsetzung der Reise notwendig sind.

2. Seeleute, die Staatsangehörige eines der beiden Vertragsteile sind und ein an Stelle eines Reisepasses ausgestelltes Seefahrtspapier mit sich führen, dürfen einzeln oder in Gruppen in die Häfen des anderen Vertragsteils beordert werden, um unter der Obhut von Konsularbeamten zu den Schiffen ihrer Nationalität zu gelangen. In gleicher Weise können Seeleute, die Staatsangehörige eines der beiden Vertragsteile sind und ein an Stelle eines Reisepasses ausgestelltes Seefahrtspapier mit sich führen, durch das Gebiet des anderen Vertragsteils reisen, um zu ihren Schiffen zu gelangen oder sich in ihre Heimat zurückzubegeben.

Art. XXIII [Freier Transit] 1. Es besteht Freiheit der Durchfuhr durch das Gebiet jedes Vertragsteils auf den für den internationalen Transit geeignetsten Wegen für

a) Staatsangehörige des anderen Vertragsteils mit ihrem Gepäck,
b) andere Personen mit ihrem Gepäck, die nach oder von dem Gebiet des anderen Vertragsteils unterwegs sind, und
c) Erzeugnisse jeglichen Ursprungs, die nach oder von dem Gebiet des anderen Vertragsteils unterwegs sind, unabhängig davon, ob die Beförderung mit oder ohne Umladung, Einlagerung, Teilung der Ladung oder Wechsel der Beförderungsart erfolgt.

2. Die in Absatz 1 dieses Artikels aufgeführten Personen und Sachen sind keinen Zöllen, Durchfuhrabgaben und unangemessenen Abgaben und Anforderungen sowie unnötigen Verzögerungen und Beschränkungen unterworfen.

3. Unbeschadet der Bestimmungen dieses Artikels hat jeder Vertragsteil das Recht, gemäß Artikel II Absatz 5 Maßnahmen zu ergreifen sowie nicht-diskriminierende Vorschriften anzuwenden, die zur Vermeidung eines Mißbrauchs der Durchfuhrfreiheit erforderlich sind.

Art. XXIV [Einschränkungen] 1. Durch diesen Vertrag bleibt das Recht jedes Vertragsteils unberührt, Maßnahmen anzuwenden,
a) welche die Einfuhr und Ausfuhr von Gold, Silber, Platin und deren Legierungen regeln,
b) welche sich auf spaltbare Stoffe, die aus ihrer Verwendung oder Verarbeitung anfallenden radioaktiven Nebenprodukte oder auf solche Materialien beziehen, aus denen spaltbare Stoffe erzeugt werden,
c) welche die Erzeugung und den Handel mit Waffen, Munition und Kriegsmaterial betreffen sowie den Handel mit anderen Waren regeln, der unmittelbar oder mittelbar zur Versorgung von bewaffneten Streitkräften bestimmt ist,
d) welche notwendig sind, um seine Verpflichtungen zur Aufrechterhaltung oder Wiederherstellung des internationalen Friedens und der internationalen Sicherheit zu erfüllen oder die zum Schutz seiner eigenen wesentlichen Sicherheitsinteressen notwendig sind,
e) welche solche Gesellschaften, die im Eigentum oder unter der Leitung oder der unmittelbaren oder mittelbaren Kontrolle von Staatsangehörigen eines dritten Landes oder mehrerer dritter Länder stehen, von den Vergünstigungen dieses Vertrages ausschließen; jedoch darf die Anerkennung ihres rechtlichen Status und der Zugang zu den Gerichten nicht eingeschränkt werden,
f) welche Rechte und Vergünstigungen vorbehalten für seine eigene Fischerei und die Jagd seiner Fischer sowie dafür, daß in seinen Häfen Fische und Fischprodukte sowie Ergebnisse und Erzeugnisse der Jagd seiner Fischer angelandet werden können mit Schiffen, die die vorgenannten Waren auf dem Meer an Bord genommen haben.

2. Die Bestimmungen dieses Vertrags über die Meistbegünstigung hinsichtlich der Behandlung von Waren finden keine Anwendung auf

Vergünstigungen, welche die Vereinigten Staaten von Amerika oder deren Territorien und Besitzungen sich gegenseitig sowie der Republik Kuba, der Republik der Philippinen, dem Mandatsgebiet der Pazifischen Inseln oder der Panamakanalzone gewähren.

3. Die Meistbegünstigungsbestimmungen dieses Vertrags gelten nicht für Vergünstigungen, die von einem der beiden Vertragsteile benachbarten Ländern zur Erleichterung des Grenzverkehrs gewährt werden.

4. Die Bestimmungen dieses Vertrags über die Behandlung von Waren schließen keine Handlung eines der Vertragsteile aus, die das Allgemeine Zoll- und Handelsabkommen[1] vorschreibt oder zuläßt, solange dieser Vertragsteil Vertragspartner des Abkommens ist. Dementsprechend finden die Bestimmungen dieses Vertrags über die Meistbegünstigung keine Anwendung auf Sondervergünstigungen, die auf Grund des vorgenannten Abkommens eingeräumt werden.

5. Sollte zu irgendeinem Zeitpunkt die in Absatz 4 Satz 1 dieses Artikels vorgesehene Regelung nicht mehr Anwendung finden, so werden die in Artikel XIV Absatz 2 enthaltenen Bestimmungen während eines Zeitraums von zwölf Monaten auf die zu diesem Zeitpunkt geltenden Beschränkungen nicht angewandt. Innerhalb dieser Frist werden auf Verlangen eines Vertragsteils die beiden Vertragsteile in eine Konsultation eintreten, um festzustellen, ob unter den dann obwaltenden Verhältnissen eine anderweitige Regelung sich als notwendig erweist.

6. Die gesetzlichen Bestimmungen, nach denen Ausländern die Einreise in das Gebiet eines Vertragsteils unter ausdrücklichen Bedingungen hinsichtlich ihrer gegen Entgelt ausgeübten Tätigkeit in diesem Gebiet gestattet wird, bleiben von diesem Vertrag unberührt.

Art. XXV [Definitionen] 1. Der Ausdruck „Inländerbehandlung" bedeutet die innerhalb des Gebiets eines Vertragsteils gewährte Behandlung, die nicht weniger günstig ist als diejenige, die dort unter gleichartigen Voraussetzungen den Staatsangehörigen, Gesellschaften, Erzeugnissen, Schiffen und sonstigen Objekten jeglicher Art dieses Vertragsteils gewährt wird.

2. Die Inländerbehandlung im Rahmen dieses Vertrags wird von der Bundesrepublik Deutschland auf Grund der Tatsache eingeräumt, daß den Staatsangehörigen, Gesellschaften, Erzeugnissen, Schiffen oder sonstigen Objekten der Bundesrepublik Deutschland in den gleichen Angelegenheiten von den Vereinigten Staaten von Amerika die Inländerbehandlung gewährt wird.

3. Als Inländerbehandlung, wie sie gemäß den Bestimmungen dieses Vertrags den Gesellschaften der Bundesrepublik Deutschland in einem *Staat, einem Territorium* oder einer Besitzung der Vereinigten Staaten

[1] Nr. **510**.

von Amerika gewährt wird, gilt die Behandlung, die dort den in anderen Staaten, Territorien und Besitzungen der Vereinigten Staaten von Amerika errichteten Gesellschaften gewährt wird.

4. Der Ausdruck „Meistbegünstigung" bedeutet die innerhalb des Gebiets eines Vertragsteils gewährte Behandlung, die nicht weniger günstig ist als diejenige, die dort unter gleichartigen Voraussetzungen den Staatsangehörigen, Gesellschaften, Erzeugnissen, Schiffen und sonstigen Objekten jeglicher Art irgendeines dritten Landes gewährt wird.

5. Der Ausdruck „Gesellschaften" in diesem Vertrag bedeutet Handelsgesellschaften, Teilhaberschaften sowie sonstige Gesellschaften, Vereinigungen und juristische Personen; dabei ist es unerheblich, ob ihre Haftung beschränkt oder nicht beschränkt und ob ihre Tätigkeit auf Gewinn oder nicht auf Gewinn gerichtet ist. Gesellschaften, die gemäß den Gesetzen und sonstigen Vorschriften des einen Vertragsteils in dessen Gebiet errichtet sind, gelten als Gesellschaften dieses Vertragsteils; ihr rechtlicher Status wird in dem Gebiet des anderen Vertragsteils anerkannt.

6. Unbeschadet anderer Methoden zur Feststellung der Staatsangehörigkeit gilt eine Person im Besitz eines von den zuständigen Behörden eines Vertragsteils ausgestellten Reisepasses oder eines im Protokoll genannten gültigen Ausweispapiers als Staatsangehöriger des betreffenden Vertragsteils.

Art. XXVI [Territoriale Geltung] 1. Die Gebiete, auf die sich dieser Vertrag erstreckt, umfassen alle Land- und Wassergebiete, über die einer der beiden Vertragsteile Hoheitsgewalt oder hoheitliche Befugnisse ausübt, mit Ausnahme der Panamakanalzone und des Mandatsgebiets der Pazifischen Inseln.

2. Dieser Vertrag gilt auch von dem in Artikel XXIX Absatz 2 bezeichneten Zeitpunkt ab für das Land Berlin, welches für die Zwecke dieses Vertrags nur die Gebiete umfaßt, über welche der Senat von Berlin hoheitliche Befugnisse ausübt.

3. Die Gültigkeit dieses Vertrags für das Land Berlin im Sinne des vorstehenden Absatzes hängt davon ab, daß die Regierung der Bundesrepublik Deutschland vorher der Regierung der Vereinigten Staaten von Amerika eine schriftliche Erklärung abgibt, daß alle für die Anwendung dieses Vertrags in Berlin erforderlichen rechtlichen Voraussetzungen erfüllt sind.

Art. XXVII Beilegung von Streitigkeiten] 1. Jeder Vertragsteil wird etwaige Vorstellungen des anderen Vertragsteils über irgendeine die Wirkung dieses Vertrags berührende Angelegenheit wohlwollend in Betracht ziehen und dem anderen Vertragsteil hinreichend Gelegenheit zur Konsultation hierüber gewähren.

2. Streitigkeiten zwischen den Vertragsteilen über die Auslegung oder Anwendung dieses Vertrags, für die auf dem diplomatischen Wege

oder auf einem anderen vereinbarten Wege keine befriedigende Lösung gefunden wird, sind einem Schiedsgericht oder nach Vereinbarung beider Vertragsteile dem Internationalen Gerichtshof zu unterbreiten.

Art. XXVIII [Aufhebungen] Dieser Vertrag beendet und ersetzt die Bestimmungen der Artikel I bis V, VII bis XVI und XXIX bis XXXII des am 8. Dezember 1923 in Washington unterzeichneten Freundschafts-, Handels- und Konsularvertrags zwischen Deutschland und den Vereinigten Staaten von Amerika in seiner durch einen Notenwechsel vom 19. März und 2. Mai 1925 und durch das in Washington am 3. Juni 1935 unterzeichnete Abkommen abgeänderten Form, wie er durch das Abkommen vom 3. Juni 1953 angewendet wird; Artikel VI ist am 2. Juni 1954 außer Kraft getreten. Die Artikel XVII bis XXVIII des genannten Vertrags bleiben in ihrer durch Artikel II des Abkommens vom 3. Juni 1953 abgeänderten Form zwischen der Bundesrepublik Deutschland und den Vereinigten Staaten von Amerika in den in Artikel XXVI dieses Vertrags bestimmten Gebieten so lange in Kraft, bis sie durch einen Konsularvertrag zwischen den beiden Vertragsteilen ersetzt werden, oder bis zum Ablauf von sechs Monaten, nachdem ein Vertragsteil die genannten Artikel dem anderen Vertragsteil gegenüber schriftlich gekündigt hat.

Art. XXIX [Ratifizierung; Inkrafttreten][1] 1. Dieser Vertrag soll ratifiziert und die Ratifikationsurkunden sollen so bald wie möglich in Bonn ausgetauscht werden.

2. Dieser Vertrag tritt einen Monat nach Austausch der Ratifikationsurkunden in Kraft. Er gilt für zehn Jahre und bleibt danach in Kraft, bis er gemäß den Bestimmungen dieses Artikels beendet wird.

3. Jeder der beiden Vertragsteile kann diesen Vertrag unter Einhaltung einer einjährigen Kündigungsfrist schriftlich zum Schluß der vorerst zehnjährigen Laufzeit und danach zu jedem Zeitpunkt kündigen.

ZU URKUND DESSEN haben die beiderseitigen Bevollmächtigten diesen Vertrag unterzeichnet und mit ihren Siegeln versehen.

GESCHEHEN zu Washington am neunundzwanzigsten Oktober neunzehnhundertvierundfünfzig in doppelter Urschrift in deutscher und englischer Sprache, wobei der Wortlaut beider Sprachen verbindlich ist.

Protokoll

Bei der Unterzeichnung des Freundschafts-, Handels- und Schiffahrtsvertrags zwischen der Bundesrepublik Deutschland und den Vereinigten Staaten von Amerika haben die unterzeichneten, mit ordnungsgemäßen Vollmachten ausgestatteten Bevollmächtigten außerdem die folgenden Bestimmungen vereinbart, die als integrierender Bestandteil *des vorgenannten* Vertrags betrachtet werden sollen:

[1] S. Fn. 1) auf S. 1.

1. Ehegatten und unverheiratete minderjährige Kinder von solchen Personen, denen die Einreise nach den Bestimmungen des Artikels II Absatz 1 Satz 2 gestattet ist, haben ebenfalls das Recht der Einreise, wenn sie diese begleiten oder ihnen nachfolgen.
2. Die Bestimmungen des Artikels II Absatz 1 b erstrecken sich auch auf Staatsangehörige eines der beiden Vertragsteile, die das Gebiet des anderen Vertragsteils nur dazu betreten wollen, um dort ein Unternehmen aufzubauen und zu betreiben, in dem ihr Arbeitgeber beträchtliches Kapital angelegt hat oder tatsächlich anzulegen im Begriff ist. Voraussetzung ist, daß dieser Arbeitgeber ein Staatsangehöriger oder eine Gesellschaft des gleichen Vertragsteils ist wie der Antragsteller und daß der Antragsteller eine verantwortliche Stellung bei diesem Arbeitgeber hat.
3. Der Ausdruck „öffentliche Gesundheit" in Artikel II Absatz 5 und der Ausdruck „hygienische Gründe" in Artikel XIV Absatz 3 umfassen den Schutz des Lebens und der Gesundheit von Menschen, Tieren und Pflanzen.
4. Die Bestimmungen des Artikels IV Absatz 2 beziehen sich nur auf Rechts- und Verwaltungsvorschriften des Bundes sowie auf Rechts- und Verwaltungsvorschriften, die ganz oder zum Teil auf der Bundesgesetzgebung beruhen.
5. Die Bestimmungen des Artikels V Absatz 4 gelten auch für das im Gebiet eines Vertragsteils enteignete Eigentum, an dem Staatsangehörige oder Gesellschaften des anderen Vertragsteils unmittelbar oder mittelbar beteiligt sind.
6. Mit Bezug auf Artikel VI Absatz 1 darf Staatsangehörigen und Gesellschaften des einen Vertragsteils in der Eigenschaft als Kläger oder Intervenienten vor den Gerichten des anderen Vertragsteils eine Sicherheitsleistung für die Prozeßkosten in denjenigen Fällen nicht auferlegt werden, in denen ein Staatsangehöriger oder eine Gesellschaft des anderen Vertragsteils davon befreit ist; die Befreiung tritt jedoch nur ein,
   a) wenn der Staatsangehörige oder die Gesellschaft den ständigen Aufenthalt bzw. die Niederlassung (Haupt- oder Zweigniederlassung) im Bezirk des Gerichts hat, vor dem das Verfahren anhängig ist, oder
   b) wenn der Staatsangehörige oder die Gesellschaft in diesem Bezirk ausreichendes Immobiliarvermögen zur Deckung der Kosten besitzt.
7. Mit Bezug auf Artikel VI Absatz 1 genießen die Staatsangehörigen eines Vertragsteils in dem Gebiet des anderen Vertragsteils Inländerbehandlung
   a) bezüglich der Durchführung von Klagesachen in forma pauperis vor den Bundesgerichten der Vereinigten Staaten von Amerika und

b) bezüglich des Armenrechts bei der Durchführung von Klagesachen vor den Gerichten der Bundesrepublik Deutschland, sofern es sich um Rechtsgegenstände handelt, die in den Vereinigten Staaten von Amerika unter die Bundesgerichtsbarkeit fallen oder vor Bundesgerichten verhandelt werden würden.

8. Die Bestimmungen des Artikels VII Absatz 1 lassen das Recht jedes Vertragsteils unberührt, für ausländische Arbeitnehmer innerhalb seines Gebiets das Erfordernis von Arbeitsgenehmigungen vorzusehen. Dabei sind die entsprechenden Vorschriften den Staatsangehörigen des anderen Vertragsteils gegenüber in Übereinstimmung mit dem Grundsatz des Absatzes 1 in liberaler Weise anzuwenden. Ferner bestehen Einvernehmen darüber, daß Rechtsvorschriften, durch welche die Ausübung von staatlich lizensierten Berufen Staatsangehörigen des jeweiligen Gebiets vorbehalten oder von der Ablegung eines Staatsexamens, einer Zulassung oder vom Wohnsitz abhängig gemacht werden, durch die Bestimmungen des genannten Absatzes nicht ausgeschlossen sind.

9. Die Bestimmungen des Artikels VII verpflichten die Vertragsteile nicht, Staatsangehörige und Gesellschaften des anderen Vertragsteils zur Ausübung eines Gewerbebetriebes im Inland zuzulassen, wenn diese nicht die nach den gesetzlichen Vorschriften allgemein anwendbaren Anforderungen erfüllen.

10. Die Bestimmungen des Artikels VII Absatz 1 lassen das Recht jedes Vertragsteils unberührt, in Übereinstimmung mit den Vereinbarungen und dem Ziel dieses Vertrags besondere Vorschriften für ausländische Versicherungsgesellschaften anzuwenden, um sicherzustellen, daß diese Gesellschaften das Maß von Verantwortlichkeit und Solvenz aufrechterhalten, das von gleichartigen einheimischen Gesellschaften verlangt wird; diese Vorschriften dürfen aber in ihrer Wirkung nicht zu einer Benachteiligung der ausländischen Gesellschaften führen.

11. Der Ausdruck „Nachrichtenübermittlung" in Artikel VII Absatz 2 umfaßt auch Rundfunk und Fernsehen neben anderen Nachrichtenmitteln.

12. Mit Bezug auf Artikel VII Absatz 4 kann jeder Vertragsteil zur Bedingung machen, daß die Gewährung des Rechts, auf Staatsländereien Bergbau zu betreiben, von der Gewährung der Gegenseitigkeit abhängig ist.

13. Die Bestimmungen der Artikel VII Absatz 1 und XIII finden auf Wandergewerbetreibende und auf ambulante Gewerbetreibende, die ihr Gewerbe am Wohnort ausüben, keine Anwendung bei der Ausübung ihrer Berufstätigkeit.

14. Artikel XII Absatz 1 betrifft nicht Vorschriften, die sich auf die *Währungen als solche* beziehen, und schließt daher eine unterschiedliche Behandlung verschiedener Währungen nicht aus. Er bezieht sich lediglich auf die Rechte von Staatsangehörigen und

Gesellschaften ohne Rücksicht auf die jeweils geltenden Devisenbestimmungen und hat ausschließlich den Zweck, bei der Anwendung der Devisenbestimmungen eine diskriminierende Behandlung von Staatsangehörigen und Gesellschaften auf der Basis der Staatsangehörigkeit auszuschließen.

15. Der Ausdruck „angemessen“ in Artikel XII Absatz 4 gestattet es jedem der beiden Vertragsteile, diejenigen Maßnahmen zu ergreifen, die erforderlich sind, um die Einhaltung seiner gesetzlichen Verpflichtungen zu ermöglichen, um die für die Gesundheit und das Wohlergehen seiner Bevölkerung notwendigen Warenlieferungen und Dienstleistungen sicherzustellen und um den besonderen Bedürfnissen im Hinblick auf andere Devisentransaktionen Rechnung tragen.

16. Jeder Vertragsteil ist berechtigt, zum Schutz seiner Währung und im Interesse der Bedienung von Investitionen sowie der Sicherstellung ihres Rücktransfers die Kapitaleinfuhr von einer Genehmigung anhängig zu machen.

17. Ist mehr als ein Wechselkurs in Geltung, so wird für den Kapitaltransfer gemäß Artikel XII Absatz 4 derjenige Kurs angewendet, der vom Internationalen Währungsfonds ausdrücklich für solche Transaktionen gebilligt ist, oder in Ermangelung eines in dieser Weise gebilligten Kurses ein Effektivkurs, der unter Einrechnung von etwaigen Gebühren oder Transferzuschlägen gerecht und angemessen ist.

18. Die in Artikel XVI Absatz 1 vorgesehene Inländerbehandlung findet in dem Gebiet jedes Vertragsteils hinsichtlich der inneren Besteuerung keine Anwendung auf eine steuerliche Sonderbehandlung von Erzeugnissen, die ganz oder zum Teil aus Stoffen hergestellt sind, die im Gebiet des jeweilige Vertragsteils gewonnen oder erzeugt sind. Dies gilt jedoch nur für Sachgebiete, für die eine solche Sonderbehandlung bereits bei Inkrafttreten dieses Vertrags bestanden hat. Spätere gesetzliche Neuregelungen oder Änderungen dürfen die Sonderbehandlung nicht zum Nachteil des anderen Vertragsteils verschieben.

19. Die Bestimmungen des Artikels XVII Absatz 2 b und c und des Artikels XX Absatz 2 gelten nicht für die Postverwaltungen beider Vertragsteile.

20. *Zu Artikel XX:* Der Ausdruck „Ladung“ in diesem Vertrag umfaßt sowohl Güter als auch Fahrgäste.

21. Die Bestimmungen des Artikels XXIV Absatz 2 finden auf Puerto Rico auch dann Anwendung, wenn sich dessen politischer Status verändern sollte.

22. Ausweispapiere im Sinne von Artikel XXV Absatz 6 sind unter anderem

a) für die Bundesrepublik Deutschland:
der Heimatschein sowie das von Behörden der Bundesrepublik Deutschland ausgestellte Seefahrtsbuch, wenn darin die deutsche Staatsangehörigkeit des Inhabers eingetragen ist,

b) für die Vereinigten Staaten von Amerika:
ein Personalausweis, Registrierungsschein sowie das von Behörden der Vereinigten Staaten von Amerika ausgestellte Seefahrtsbuch (United States Merchant Mariner´s Document), wenn darin die amerikanische Staatsangehörigkeit des Inhabers eingetragen ist.

23. Gebiete, die einem Vertragsteil lediglich als Militärbasis oder auf Grund vorübergehender militärischer Besetzung unterstehen, gelten nicht als Gebiete dieses Vertragsteils im Sinne von Artikel XXVI Absatz 1.

24. Es besteht Einvernehmen darüber, daß nach dem Beitritt der Bundesrepublik Deutschland zu den Vereinten Nationen oder zum Statut des Internationalen Gerichtshofs die in Artikel XXVII Absatz 2 genannten Streitigkeiten dem Internationalen Gerichtshof zu unterbreiten sind, sofern sie nicht auf diplomatischem oder auf anderem vereinbarten Wege beigelegt werden.

ZU URKUND DESSEN haben die beiderseitigen Bevollmächtigten dieses Protokoll unterzeichnet und mit ihren Siegeln versehen.

GESCHEHEN zu Washington am neunundzwanzigsten Oktober neunzehnhundertvierundfünfzig in doppelter Urschrift in deutscher und englischer Sprache, wobei der Wortlaut beider Sprachen verbindlich ist.

[Noten]

Der Bundeskanzler
und Bundesminister des Auswärtigen
Washington, den 29. Oktober 1954

Seiner Exzellenz
dem Staatssekretär
der Vereinigten Staaten von Amerika
Herrn John Foster D u l l e s

Herr Staatssekretär!
Ich beehre mich, auf den am heutigen Tag unterzeichneten Freundschafts-, Handels- und Schiffahrtsvertrag zwischen der Bundesrepublik Deutschland und den Vereinigten Staaten von Amerika Bezug zu nehmen und folgende weitere Vereinbarung festzustellen:
Der genannte Vertrag berührt nicht die gegenwärtig noch bestehende besondere Stellung der Vereinigten Staaten von Amerika und ihres Personals in Deutschland.

Der genannte Vertrag bewirkt keine Änderung oder Abweichung von den Bestimmungen der am 26. Mai 1952[1] in Bonn unterzeichneten Verträge oder etwaiger Vereinbarungen zu ihrer Änderung oder Aufhebung.

Genehmigen Sie, Herr Staatssekretär, die erneute Versicherung meiner ausgezeichnetsten Hochachtung.

gez. Adenauer

Der Bundeskanzler
und Bundesminister des Auswärtigen
Washington, den 29. Oktober 1954

Seiner Exzellenz
dem Staatssekretär
der Vereinigten Staaten von Amerika
Herrn John Foster Dulles

Herr Staatssekretär!

Bei den Verhandlungen über Artikel XV Absatz 1 des Freundschafts-, Handels- und Schiffahrtsvertrags zwischen der Bundesrepublik Deutschland und den Vereinigten Staaten von Amerika haben die Beauftragten der beiden Regierungen ihre Auffassungen darüber ausgetauscht, wie den Geschäftskreisen ein Schutz davor gewährt werden könnte, daß die plötzliche Anwendung von neuen Verwaltungsvorschriften es ihnen erschwert, ihre Auslandsgeschäfte mit der erforderlichen Stetigkeit planen und durchführen zu können.

Die Beauftragten der Vereinigten Staaten von Amerika haben darauf hingewiesen, daß nach amerikanischem Verfahren neue Verwaltungsmaßnahmen, welche die Einfuhr betreffen, im allgemeinen erst mit dem Ablauf einer Übergangszeit von mindestens 30 Tagen nach ihrer Veröffentlichung wirksam würden. Zu den Verwaltungsmaßnahmen, auf welche dieses Verfahren Anwendung findet, gehöre z. B. die Einführung oder Herabsetzung von Kontingenten, die Erhöhung von Zöllen auf Grund einer „Ausweichklausel" oder durch Änderung einer bestehenden einheitlichen Tarifierung, ferner die Zurücknahme von Zugeständnissen in Handelsabkommen. Sie haben außerdem erklärt, daß Section 16.10 (a) der Customs Regulations ein Verfahren vorsehe, nach welchem Einführer und ausländische Ausführer bei dem Commissioner of Customs Entscheidungen bindenden Charakters über die Tarifierung von solchen Waren beantragen könnten, deren Einfuhr beabsichtigt sei.

Die Beauftragten der Bundesrepublik Deutschland haben erklärt, daß nach deutschem Recht und dem in der Bundesrepublik angewandten

---

[1] **Amtl. Anm.:** in der Fassung des Protokolls über die Beendigung des Besatzungsregimes in der Bundesrepublik Deutschland, unterzeichnet in Paris am 23. Oktober 1954 (Bundesgesetzbl. 1955 II S. 213, 301).

Verfahren die Einführer und die ausländischen Ausführer vor der Versendung einer Ware über die Zolltarifsätze und über die Tarifierung bestimmt bezeichneter Waren verbindliche Zollauskünfte einholen könnten, die auch nach ihrer Änderung oder Aufhebung unter den Voraussetzungen des Paragraphen 86 Absatz 3 der Allgemeinen Zollordnung noch drei Monate lang anwendbar sind.
Darüber hinaus biete Paragraph 131 der Reichsabgabenordnung den Einführern die Möglichkeit, Anträge auf Erlaß oder Ermäßigung des von ihnen zu zahlenden Zolls zu stellen, wenn sich die Zollsatzänderung in einzelnen Fällen unbillig auswirkt. Sie haben weiterhin erklärt, daß die zuständigen deutschen Regierungsstellen bei Bekanntgabe neuer oder bei der Verschärfung bestehender Einfuhrbeschränkungen in ihrer Verwaltungspraxis so weit wie möglich den von den Vertragspartnern des Allgemeinen Zoll- und Handelsabkommens angenommene Empfehlungen über die „Grundsätze für die Handhabung der Ein- und Ausfuhrbeschränkungen und der Devisenkontrollen" Rechnung tragen würden.
Zwischen den beiden Regierungen besteht Einvernehmen, daß keine von ihnen beabsichtigt, die gegenwärtig von ihren Verwaltungen angewandten Verfahren in einer Weise zu ändern, die weniger günstige Vorbedingungen und eine weniger günstige Behandlung herbeiführen würden, und daß außerdem auf breiter internationaler Grundlage weitere Schritte zur Entwicklung von Maßnahmen anzustreben sind, die den Geschäftskreisen für die Planung ihrer Auslandsgeschäfte eine größere Sicherheit vor solchen Verwaltungsakten geben, die sich auf den zwischenstaatlichen Warenaustausch erstrecken.
Genehmigen Sie, Herr Staatssekretär, die erneute Versicherung meiner ausgezeichnetsten Hochachtung.
gez. Adenauer

661. Vertrag über gute Nachbarschaft, Partnerschaft und Zusammenarbeit zwischen der Bundesrepublik Deutschland und der Union der Sozialistischen Sowjetrepubliken[1), 2)]

Vom 9. November 1990

(BGBl. 1991 II S. 702)

DIE BUNDESREPUBLIK DEUTSCHLAND UND DIE UNION DER SOZIALISTISCHEN SOWJETREPUBLIKEN –

IM BEWUSSTSEIN ihrer Verantwortung für die Erhaltung des Friedens in Europa und in der Welt,

IN DEM WUNSCH, mit der Vergangenheit endgültig abzuschließen und durch Verständigung und Versöhnung einen gewichtigen Beitrag zur Überwindung der Trennung Europas zu leisten,

ÜBERZEUGT von der Notwendigkeit, ein neues, durch gemeinsame Werte vereintes Europa aufzubauen und eine dauerhafte und gerechte europäische Friedensordnung einschließlich stabiler Strukturen der Sicherheit zu schaffen,

IN DER ÜBERZEUGUNG, daß den Menschenrechten und Grundfreiheiten als Teil des gesamteuropäischen Erbes hohe Bedeutung zukommt und daß ihre Achtung wesentliche Voraussetzung für einen Fortschritt beim Aufbau dieser Friedensordnung ist,

IN BEKRÄFTIGUNG ihres Bekenntnisses zu den Zielen und Grundsätzen der Charta der Vereinten Nationen und zu den Bestimmungen der Schlußakte von Helsinki vom 1. August 1975 sowie der nachfolgenden Dokumente der Konferenz über Sicherheit und Zusammenarbeit in Europa,

ENTSCHLOSSEN, an die guten Traditionen ihrer jahrhundertelangen Geschichte anzuknüpfen, gute Nachbarschaft, Partnerschaft und Zusammenarbeit zur Grundlage ihrer Beziehungen zu machen und den historischen Herausforderungen an der Schwelle zum dritten Jahrtausend gerecht zu werden.

GESTÜTZT AUF DIE GRUNDLAGEN, die in den vergangenen Jahren durch die Entwicklung der Zusammenarbeit zwischen der Bundesrepublik Deutschland sowie der Deutschen Demokratischen Republik und der Union der Sozialistischen Sowjetrepubliken geschaffen wurden,

---

1) In Kraft getreten am 5. 7. 1991 gem. Bek. v. 31. 7. 1991 (BGBl. II S. 921).

2) Erklärungen über die Fortgeltung der völkerrechtlichen Verträge im Verhältnis zur BRD haben abgegeben: die **Republik Kirgistan** gem. Bek. v. 14. 8. 1992 (BGBl. II S. 1015), die **Russische Föderation** gem. Bek. v. 14. 8. 1992 (BGBl. II S. 1016), die **Republik Kasachstan** gem. Bek. v. 19. 10. 1992 (BGBl. II S. 1120), die **Republik Georgien** gem. Bek. v. 21. 10. 1992 (BGBl. II S. 1128), die **Republik Armenien** gem. Bek. v. 18. 1. 1993 (BGBl. II S. 169), die **Ukraine** gem. Bek. v. 30. 6. 1993 (BGBl. II S. 1189), die **Republik Usbekistan** gem. Bek. v. 28. 10. 1993 (BGBl. II S. 2038), **Belarus** gem. Bek. v. 5. 9. 1994 (BGBl. II S. 2533), die **Republik Tadschikistan** gem. Bek. v. 3. 3. 1995 (BGBl. II S. 255).

ERFÜLLT VON DEM WUNSCH, die fruchtbare und gegenseitig vorteilhafte Zusammenarbeit zwischen den beiden Staaten auf allen Gebieten weiter zu entwickeln und zu vertiefen und ihrem Verständnis zueinander im Interesse ihrer Völker und des Friedens in Europa eine neue Qualität zu verleihen,

UNTER BERÜCKSICHTIGUNG der Unterzeichnung des Vertrages über die abschließende Regelung in bezug auf Deutschland vom 12. September 1990, mit dem die äußeren Aspekte der Herstellung der deutschen Einheit geregelt wurden –

SIND wie folgt ÜBEREINGEKOMMEN:

Art. 1. Die Bundesrepublik Deutschland und die Union der Sozialistischen Sowjetrepubliken lassen sich bei der Gestaltung ihrer Beziehungen von folgenden Grundsätzen leiten:

Sich achten gegenseitig ihre souveräne Gleichheit und ihre territoriale Integrität und politische Unabhängigkeit.

Sie stellen den Menschen mit seiner Würde und mit seinen Rechten, die Sorge für das überleben der Menschheit und die Erhaltung der natürlichen Umwelt in den Mittelpunkt ihrer Politik.

Sie bekräftigen das Recht aller Völker und Staaten, ihr Schicksal frei und ohne äußere Einmischung zu bestimmen und ihre politische, wirtschaftliche, soziale und kulturelle Entwicklung nach eigenen Wünschen zu gestalten.

Sie bekennen sich zu dem Grundsatz, daß jeder Krieg, ob nuklear oder konventionell, zuverlässig verhindert und der Frieden erhalten und gestaltet werden muß.

Sie gewährleisten den Vorrang der allgemeinen Regeln des Völkerrechts in der innen- und internationalen Politik und bekräftigen ihre Entschlossenheit, ihre vertragliche Verpflichtungen gewissenhaft zu erfüllen.

Sie bekennen sich dazu, das schöpferische Potential des Menschen und der modernen Gesellschaft für die Sicherung des Friedens und für die Mehrung des Wohlstands aller Völker zu nutzen.

Art. 2. Die Bundesrepublik Deutschland und die Union der Sozialistischen Sowjetrepubliken verpflichten sich, die territoriale Integrität aller Staaten in Europa in ihren heutigen Grenzen uneingeschränkt zu achten.

Sie erklären, daß sie keine Gebietsansprüche gegen irgend jemand haben und solche auch in Zukunft nicht erheben werden.

Sie betrachten heute und künftig die Grenzen aller Staaten in Europa als unverletzlich, wie sie am Tage der Unterzeichnung dieses Vertrages verlaufen.

Art. 3. Die Bundesrepublik Deutschland und die Union der Sozialistischen Sowjetrepubliken bekräftigen, daß sie sich der Androhung oder Anwendung von Gewalt enthalten werden, die gegen die territoriale Integrität oder politische Unabhängigkeit der anderen Seite gerichtet oder auf irgendeine andere Art und Weise mit den Zielen und Grundsätzen der Charta der Vereinten Nationen oder mit der KSZE-Schlußakte unvereinbar ist.

Sie werden ihre Streitigkeiten ausschließlich mit friedlichen Mitteln lösen und keine ihrer Waffen jemals anwenden, es sei denn zur individuellen oder kollektiven Selbstverteidigung. Sie werden niemals und unter keinen Umständen als erste Streitkräfte gegeneinander oder gegen dritte Staaten einsetzen. Sie fordern alle anderen Staaten auf, sich dieser Verpflichtung zum Nichtangriff anzuschließen.

Sollte eine der beiden Seiten zum Gegenstand eines Angriffs werden, so wird die andere Seite dem Angreifer keine militärische Hilfe oder sonstigen Beistand leisten und alle Maßnahmen ergreifen, um den Konflikt unter Anwendung der Grundsätze und Verfahren der Vereinten Nationen und anderer Strukturen kollektiver Sicherheit beizulegen.

Art. 4 Die Bundesrepublik Deutschland und die Union der Sozialistischen Sowjetrepubliken werden darauf hinwirken, daß durch verbindliche, wirksam nachprüfbare Vereinbarungen Streitkräfte und Rüstungen wesentlich reduziert werden, so daß, zusammen mit einseitigen Maßnahmen, ein stabiles Gleichgewicht auf niedrigerem Niveau insbesondere in Europa hergestellt wird, das zur Verteidigung, aber nicht zum Angriff ausreicht.

Das gleiche gilt für einen multilateralen wie bilateralen Ausbau vertrauensbildender und stabilisierender Maßnahmen.

Art. 5 Beide Seiten werden den Prozeß der Sicherheit und Zusammenarbeit in Europa auf der Grundlage der Schlußakte von Helsinki vom 1. August 1975 nach Kräften unterstützen und unter Mitwirkung aller Teilnehmerstaaten weiter stärken und entwickeln, namentlich durch Schaffung ständiger Einrichtungen und Organe. Ziel dieser Bemühungen ist die Festigung von Frieden, Stabilität und Sicherheit und das Zusammenwachsen Europas zu einem einheitlichen Raum des Rechts, der Demokratie und der Zusammenarbeit im Bereich der Wirtschaft, der Kultur und der Information.

Art. 6 Die Bundesrepublik Deutschland und die Union der Sozialistischen Sowjetrepubliken sind übereingekommen, regelmäßige Konsultationen abzuhalten, um eine Weiterentwicklung und Vertiefung der bilateralen Beziehungen sicherzustellen und ihre Haltung zu internationalen Fragen abzustimmen.

Konsultationen auf höchster politischer Ebene finden so oft wie erforderlich, mindestens jedoch einmal jährlich statt.

Die Außenminister treffen mindestens zweimal im Jahr zusammen.

Die Verteidigungsminister werden zu regelmäßigen Treffen zusammenkommen.

Zwischen den zuständigen Fachministern beider Staaten finden nach bedarf Zusammenkünfte zu beiderseitig interessierenden Themen statt.

Die bereits existierenden gemeinsamen Kommissionen werden Möglichkeiten der Intensivierung ihrer Arbeit prüfen. Neue gemischte Kommissionen werden bei Bedarf nach gegenseitiger Absprache gegründet.

Art. 7 Falls eine Situation entsteht, die nach Meinung einer Seite eine Bedrohung für den Frieden oder eine Verletzung des Friedens darstellt oder gefährliche internationale Verwicklungen hervorrufen kann, so werden beide Seiten unverzüglich miteinander Verbindung aufnehmen und bemüht sein, ihre Positionen abzustimmen und Einverständnis über Maßnahmen zu erzielen, die geeignet sind, die Lage zu verbessern oder zu bewältigen.

Art. 8 Die Bundesrepublik Deutschland und die Union der Sozialistischen Sowjetrepubliken sind sich darüber einig, ihre zweiseitige Zusammenarbeit, insbesondere auf wirtschaftlichem, industriellem und wissenschaftlich-technischem Gebiet und auf dem Gebiet des Umweltschutzes wesentlich auszubauen und zu vertiefen, um die beiderseitigen Beziehungen auf einer stabilen und langfristigen Grundlage zu entwickeln und das Vertrauen zwischen beiden Staaten und Völkern zu stärken. Sie werden zu diesem Zweck einen umfassenden Vertrag über die Entwicklung der Zusammenarbeit auf dem Gebiet der Wirtschaft, Industrie, Wissenschaft und Technik und, soweit erforderlich, besondere Vereinbarungen für einzelne Sachgebiete schließen.

Beide Seiten messen der Zusammenarbeit in der Aus- und Weiterbildung von Fach- und Führungskräften der Wirtschaft eine wichtige Bedeutung für die Ausgestaltung der bilateralen Beziehungen bei und sind bereit, sie wesentlich auszubauen und zu vertiefen.

Art. 9 Die Bundesrepublik Deutschland und die Union der Sozialistischen Sowjetrepubliken werden die wirtschaftliche Zusammenarbeit zum gegenseitigen Nutzen weiter ausbauen und vertiefen. Sie werden für Bürger, Unternehmen und staatliche sowie nichtstaatliche Einrichtungen der jeweils anderen Seite die günstigsten Rahmenbedingungen für unternehmerische und sonstige wirtschaftliche Tätigkeit schaffen, die nach ihrer innerstaatlichen Gesetzgebung und ihren Verpflichtungen aus internationalen Verträgen möglich sind. Das gilt insbesondere für die Behandlung von Kapitalanlagen und Investoren.

Beide Seiten werden die für die wirtschaftliche Zusammenarbeit notwendigen Initiativen der unmittelbar Interessierten fördern, insbesondere *mit dem Ziel, die Möglich*keiten der geschlossenen Verträge und vereinbarten Programme voll auszuschöpfen.

Art. 10 Beide Seiten werden auf der Grundlage des Abkommens vom 22. Juli 1986 über wissenschaftlich-technische Zusammenarbeit den Austausch auf diesem Gebiet weiter entwickeln und gemeinsame Vorhaben durchführen. Sie wollen die Leistungen moderner Wissenschaft und Technik im Interesse der Menschen, ihrer Gesundheit und ihres Wohlstands nutzen. Sie fördern und unterstützen gleichgerichtete Initiativen der Forscher und Forschungseinrichtungen in diesem Bereich.

Art. 11 In der Überzeugung, daß die Erhaltung der natürlichen Lebensgrundlagen für eine gedeihliche wirtschaftliche und gesellschaftliche Entwicklung unverzichtbar ist, bekräftigen beide Seiten ihre Entschlossenheit, die Zusammenarbeit auf dem Gebiet des Umweltschutzes auf der Grundlage des Abkommens vom 25. Oktober 1988 fortzuführen und zu intensivieren.

Sie wollen wichtige Probleme des Umweltschutzes gemeinsam lösen, schädliche Einwirkungen auf die Umwelt untersuchen und Maßnahmen zu ihrer Verhütung entwickeln. Sie beteiligen sich an der Entwicklung abgestimmter Strategien und Konzepte einer Staatsgrenzen überschreitenden Umweltpolitik im internationalen, insbesondere europäischen Rahmen.

Art. 12 Beide Seiten streben eine Erweiterung der Transportverbindungen (Luft-, Eisenbahn-, See-, Binnenschiffahrts- und Straßenverkehr) zwischen der Bundesrepublik Deutschland und der Union der Sozialistischen Sowjetrepubliken unter Nutzung modernster Technologien an.

Art. 13 Beide Seiten werden sich bemühen, das Visumverfahren für Reisen von Bürgern beider Länder, in erster Linie zu geschäftlichen, wirtschaftlichen und kulturellen Zwecken und zu Zwecken der wissenschaftlich-technischen Zusammenarbeit, auf der Grundlage der Gegenseitigkeit erheblich zu vereinfachen.

Art. 14 Beide Seiten unterstützen die umfassende Begegnung der Menschen aus beiden Ländern und den Ausbau der Zusammenarbeit von Parteien, Gewerkschaften, Stiftungen, Schulen, Hochschulen, Sportorganisationen, Kirchen und sozialen Einrichtungen, Frauen-, Umweltschutz- und sonstigen gesellschaftlichen Organisationen und Verbänden.

Besondere Aufmerksamkeit wird der Vertiefung der Kontakte zwischen den Parlamenten beider Staaten gewidmet.

Sie begrüßen die partnerschaftliche Zusammenarbeit zwischen Gemeinden, Regionen, Bundesländern und Unionsrepubliken.

Eine bedeutende Rolle kommt dem deutsch-sowjetischen Gesprächsforum sowie der Zusammenarbeit der Medien zu.

Beide Seiten werden es allen Jugendlichen und ihren Organisationen erleichtern, an Austausch, Begegnungen und gemeinsamen Vorhaben teilzunehmen.

Art. 15 Die Bundesrepublik Deutschland und die Union der Sozialistischen Sowjetrepubliken werden im Bewußtsein der jahrhundertelangen gegenseitigen Bereicherung der Kulturen ihrer Völker und deren unverwechselbaren Beitrags zum gemeinsamen kulturellen Erbe Europas sowie der Bedeutung des kulturellen Austausches für die gegenseitige Verständigung der Völker ihre kulturelle Zusammenarbeit wesentlich ausbauen.

Beide Seiten werden das Abkommen über die Errichtung und die Tätigkeit von Kulturzentren mit Leben erfüllen und voll ausschöpfen.

Beide Seiten bekräftigen ihre Bereitschaft, allen interessierten Personen umfassenden Zugang zu Sprachen und Kultur der anderen Seite zu ermöglichen und fördern staatliche und private Initiativen.

Beide Seiten setzen sich nachdrücklich dafür ein, die Möglichkeiten auszubauen, in Schulen, Hochschulen und anderen Bildungseinrichtungen die Sprache des anderen Landes zu erlernen und dazu der jeweils anderen Seite bei der Aus- und Fortbildung von Lehrkräften zu helfen sowie Lehrmittel, einschließlich des Einsatzes von Fernsehen, Hörfunk, Audio-, Video- und Computertechnik zur Verfügung zu stellen. Sie werden Initiativen zur Errichtung zweisprachiger Schulen unterstützen.

Sowjetischen Bürgern deutscher Nationalität sowie aus der Union der Sozialistischen Sowjetrepubliken stammenden und ständig in der Bundesrepublik Deutschland wohnenden Bürgern, die ihre Sprache, Kultur oder Tradition bewahren wollen, wird es ermöglicht, ihre nationale, sprachliche und kulturelle Identität zu entfalten. Dementsprechend ermöglichen und erleichtern sie im Rahmen der geltenden Gesetze der anderen Seite Förderungsmaßnahmen zugunsten dieser Personen oder ihrer Organisationen.

Art. 16 Die Bundesrepublik Deutschland und die Union der Sozialistischen Sowjetrepubliken werden sich für die Erhaltung der in ihrem Gebiet befindlichen Kulturgüter der anderen Seite einsetzen.

Sie stimmen darin überein, daß verschollene oder unrechtmäßig verbrachte Kunstschätze, die sich auf ihrem Territorium befinden, an den Eigentümer oder seinen Rechtsnachfolger zurückgegeben werden.

Art. 17 Beide Seiten unterstreichen die besondere Bedeutung der humanitären Zusammenarbeit in ihren bilateralen Beziehungen. Sie werden diese Zusammenarbeit auch unter Einbeziehung der karitativen Organisationen beider Seiten verstärken.

Art. 18 Die Regierung der Bundesrepublik Deutschland erklärt, daß die auf deutschem Boden errichteten Denkmäler, die den sowjetischen Opfern des Krieges und der Gewaltherrschaft gewidmet sind, geachtet werden und unter dem Schutz deutscher Gesetze stehen. Das Gleiche gilt für die sowjetischen Kriegsgräber, sie werden erhalten und gepflegt.

Die Regierung der Union der Sozialistischen Sowjetrepubliken gewährleistet den Zugang zu Gräbern von Deutschen auf sowjetischem Gebiet, ihre Erhaltung und Pflege.

Die zuständigen Organisationen beider Seiten werden ihre Zusammenarbeit in diesen Bereichen verstärken.

Art. 19 Die Bundesrepublik Deutschland und die Union der Sozialistischen Sowjetrepubliken werden den Rechtshilfeverkehr in Zivilrechts- und Familienrechtssachen auf der Grundlage des zwischen ihnen geltenden Haager Übereinkommens über den Zivilprozeß intensivieren. Beide Seiten werden unter Berücksichtigung ihrer Rechtsordnungen und im Einklang mit dem Völkerrecht den Rechtshilfeverkehr in Strafsachen zwischen beiden Staaten weiterentwickeln.

Die zuständigen Behörden der Bundesrepublik Deutschland und der Union der Sozialistischen Sowjetrepubliken werden zusammenwirken bei der Bekämpfung des organisierten Verbrechens, des Terrorismus, der Rauschgiftkriminalität, der rechtswidrigen Eingriffe in die Zivilluftfahrt und in die Seeschiffahrt, der Herstellung oder Verbreitung von Falschgeld, des Schmuggels, einschließlich der illegalen Verschiebung von Kunstgegenständen über die Grenzen. Verfahren und Bedingungen für das Zusammenwirken beider Seiten werden gesondert vereinbart.

Art. 20 Die beiden Regierungen werden unter Berücksichtigung der beiderseitigen Interessen und der beiderseits bestehenden Zusammenarbeit mit anderen Ländern ihre Zusammenarbeit im Rahmen der internationalen Organisationen verstärken. Sie werden einander behilflich sein, die Zusammenarbeit mit internationalen, insbesondere europäischen Organisationen und Institutionen zu entwickeln, denen eine Seite als Mitglied angehört, falls die andere Seite ein entsprechendes Interesse bekundet.

Art. 21 Dieser Vertrag berührt nicht die Rechte und Verpflichtungen aus geltenden zweiseitigen und mehrseitigen Übereinkünften, die von beiden Seiten mit anderen Staaten geschlossen wurden. Dieser Vertrag richtet sich gegen niemanden, beide Seiten betrachten ihre Zusammenarbeit als einen Bestandteil und ein dynamisches Element der Weiterentwicklung des KSZE-Prozesses.

Art. 22 Dieser Vertrag bedarf der Ratifikation; die Ratifikationsurkunden werden so bald wie möglich in Moskau ausgetauscht.

Dieser Vertrag tritt am Tage des Austausches der Ratifikationsurkunden in Kraft.

Dieser Vertrag gilt für die Dauer von zwanzig Jahren. Danach verlängert er sich stillschweigend um jeweils weitere fünf Jahre, sofern nicht einer der Vertragsstaaten den Vertrag unter Einhaltung einer Frist von einem Jahr vor Ablauf der jeweiligen Geltungsdauer schriftlich kündigt.

GESCHEHEN zu Bonn am 9. November 1990

in zwei Urschriften, jede in deutscher und russischer Sprache, wobei jeder Wortlaut gleichermaßen verbindlich ist.

Für die Bundesrepublik Deutschland
Dr. Helmut Kohl

Für die Union der Sozialistischen Sowjetrepubliken
Michail S. Gorbatschow

672. Vertrag zwischen der Bundesrepublik Deutschland und der Tschechischen und Slowakischen Föderativen Republik über gute Nachbarschaft und freundschaftliche Zusammenarbeit[1) · 2) · 3)]

Vom 27. Februar 1992

(BGBl. II S. 463)

DIE BUNDESREPUBLIK DEUTSCHLAND UND DIE TSCHECHISCHE UND SLOWAKISCHE FÖDERATIVE REPUBLIK –

ENTSCHLOSSEN, an die jahrhundertelangen fruchtbaren Traditionen gemeinsamer Geschichte und an die Ergebnisse der bisherigen Zusammenarbeit anzuknüpfen sowie ihre gegenseitigen Beziehungen im Geiste guter Nachbarschaft und freundschaftlicher Zusammenarbeit auf eine zukunftsweisende Grundlage zu stellen,

EINGEDENK der zahlreichen Opfer, die Gewaltherrschaft, Krieg und Vertreibung gefordert haben, und des schweren Leids, das vielen unschuldigen Menschen zugefügt wurde,

IN DEM FESTEN WILLEN, ein für allemal der Anwendung von Gewalt, dem Unrecht und der Vergeltung von Unrecht mit neuer Ungerechtigkeit ein Ende zu machen und durch gemeinsame Bemühungen die Folgen der leidvollen Kapitel der gemeinsamen Geschichte in diesem Jahrhundert zu bewältigen,

IN DER ÜBERZEUGUNG, daß die Erfüllung der Sehnsucht ihrer Völker nach Verständigung und Versöhnung wesentlich zur Festigung des Friedens in Europa beiträgt,

ZUTIEFST ÜBERZEUGT von der Notwendigkeit, die Trennung Europas endgültig zu überwinden und eine gerechte und dauerhafte europäische Friedensordnung einschließlich kooperativer Strukturen der Sicherheit zu schaffen,

IM BEWUSSTSEIN ihrer gemeinsamen Verantwortung als Nachbarn in der Mitte Europas für den Aufbau dieses neuen, durch ein gemeinsames Erbe und gemeinsame Werte vereinten Europa,

IN ANERKENNUNG der Tatsache, daß der tschechoslowakische Staat seit 1918 nie zu bestehen aufgehört hat,

---

1) In Kraft getreten am 14. 9. 1992 (Bek. v. 30. 9. 1992, BGBl. II S. 1099). S. auch das G v. 9. 7. 1992 (BGBl. II S. 462).

2) Im Anschluß an den Wortlaut des Vertrages ist der **Briefwechsel** v. 27. 2. 1992 abgedruckt.

3) Die Tschechische und die Slowakische Republik haben gem. Bek. v. 24. 3. 1993 (BGBl. II S. 762) erklärt, daß sie diesen Vertrag weiter anwenden werden.

IN BESTÄTIGUNG des Vertrags vom 11. Dezember 1973 über die gegenseitigen Beziehungen zwischen der Bundesrepublik Deutschland und der Tschechoslowakischen Sozialistischen Republik[1] auch hinsichtlich einer Nichtigkeit des Münchener Abkommens vom 29. September 1938,

EINGEDENK des bedeutsamen Beitrags der Vollendung der Einheit Deutschlands und der demokratischen Veränderungen in der Tschechischen und Slowakischen Föderativen Republik für ein geeintes demokratisches Europa,

IN WÜRDIGUNG des Vertrags vom 12. September 1990 über die abschließende Regelung in bezug auf Deutschland.[2]

IM BEWUSSTSEIN der Bedeutung, welche die Mitgliedschaft der Bundesrepublik Deutschland in der Europäischen Gemeinschaft und die Intensivierung der Zusammenarbeit zwischen den Europäischen Gemeinschaften und der Tschechischen und Slowakischen Föderativen Republik für ihre künftigen Beziehungen haben, sowie in Würdigung der Mitgliedschaft beider Staaten im Europarat,

EINGEDENK des schöpferischen Beitrags ihrer Völker zum gemeinsamen kulturellen Erbe Europas und der tiefen gegenseitigen Bereicherung ihrer Kulturen sowie der Bedeutung des Kulturaustauschs für das gegenseitige Verständnis,

IN DER ÜBERZEUGUNG, daß der jungen Generation bei der Neugestaltung der Beziehungen und der Zusammenarbeit zwischen ihren Völkern eine besondere Rolle zukommt –

SIND WIE FOLGT ÜBEREINGEKOMMEN:

Art. 1 [Absichtserklärung] (1) Die Vertragsparteien werden ihre Beziehungen im Geiste guter Nachbarschaft und Freundschaft gestalten. Sie streben eine umfassende friedliche und partnerschaftliche Zusammenarbeit auf allen Gebieten an. Sie werden ihren Dialog in einer Atmosphäre gegenseitigen Vertrauens erweitern und vertiefen.

(2) Sie streben die Schaffung eines Europa an, in dem die Menschenrechte und Grundfreiheiten sowie die Grundsätze der Demokratie und der Rechtsstaatlichkeit geachtet werden und in dem die Grenzen ihren trennenden Charakter durch gegenseitiges Verständnis verlieren und auch durch den Abbau wirtschaftlicher und sozialer Unterschiede überwunden werden.

Art. 2 [Grundsätze] Die Vertragsparteien lassen sich bei der Gestaltung ihrer Beziehungen und in Fragen des Friedens, der Sicherheit und Zusammenarbeit in Europa und in der Welt insbesondere von folgenden Grundsätzen leiten:

Obersters Ziel ihrer Politik ist es, den Frieden zu waren und zu festigen sowie bewaffnete Konflikte und jede Art von Krieg wirksam zu verhindern.

---

[1] BGBl. 1974 II S. 990.
[2] Nr. **610** dieser Textsammlung.

Sie stellen den Menschen, seine Würde und seine Rechte, die Sorge für das Überleben der Menschheit und die Erhaltung der natürlichen Umwelt in den Mittelpunkt ihrer Politik.

Sie handeln in Übereinstimmung mit dem Völkerrecht, insbesondere der Charta der Vereinten Nationen, und erfüllen ihre völkerrechtlichen Verpflichtungen nach Treu und Glauben. Sie lassen sich leiten von der Schlußakte von Helsinki vom 1. August 1975 und den in der Folgezeit angenommenen KSZE-Dokumenten, insbesondere der Charta von Paris für ein neues Europa vom 21. November 1990.

Sie achten gegenseitig ihre souveräne Gleichheit, ihre territoriale Integrität, die Unverletzlichkeit ihrer Grenzen, ihre politische Unabhängigkeit sowie den Grundsatz der Nichteinmischung in innere Angelegenheiten und den Grundsatz des Verbots der Drohung mit oder Anwendung von Gewalt.

Sie bekräftigen das Recht aller Völker, ihr Schicksal frei und ohne äußere Einmischung zu bestimmen und ihre politische, wirtschaftliche, soziale und kulturelle Entwicklung nach eigenen Wünschen zu gestalten.

Art. 3 [Staatsgrenze] (1) Die Vertragsparteien bestätigen die zwischen ihnen bestehende Grenze. Sie bekräftigen, daß sie gegeneinander keinerlei Gebietsansprüche haben und solche auch in Zukunft nicht erheben werden.

(2) Sie verpflichten sich, die Souveränität und territoriale Integrität der anderen Vertragsparteien uneingeschränkt zu achten.

(3) Sie werden einen Vertrag über die Feststellung, Berichtigung, Vermessung, Vermarktung und Erhaltung der gemeinsamen Grenze auf der Grundlage einer gemeinsamen kartographischen Dokumentation sowie über die Einrichtung einer ständigen gemischten Grenzkommission abschließen.[1)]

Art. 4 [Gewaltverzicht] (1) Die Vertragsparteien bekräftigen, daß sie sich der Drohung mit oder Anwendung von Gewalt enthalten werden, die gegen die territoriale Integrität oder die politische Unabhängigkeit der jeweils anderen Vertragspartei gerichtet oder auf irgendeine andere Art und Weise mit den Zielen und Prinzipien der Charta der Vereinten Nationen oder mit der Schlußakte von Helsinki unvereinbar ist.

(2) Alle ihre Streitigkeiten werden sie ausschließlich mit friedlichen Mitteln lösen und keine ihrer Waffen jemals anwenden, es sei denn zur individuellen oder kollektiven Selbstverteidigung. Sie werden niemals und unter keinen Umständen als erste Streitkräfte gegeneinander einsetzen.

Art. 5 [KSZE-Prozeß] (1) Die Vertragsparteien werden den Prozeß der Sicherheit und Zusammenarbeit in Europa auf der Grundlage

---

1) Vgl. hierzu nunmehr den Vertrag zwischen der Bundesrepublik Deutschland und der Tschechischen Republik über die gemeinsame Staatsgrenze vom 3. 11. 1994 (BGBl. 1997 II S. 567), der am 1. 9. 1997 in Kraft getreten ist (Bek. v. 22. 7. 1997, BGBl. II S. 1542) sowie den Vertrag vom 3. 6. 1999 über das Grenzurkundenwerk der gemeinsamen Staatsgrenze (BGBl. 2001 II S. 558), der am 1. 11. 2001 in Kraft getreten ist (Bek. v. 21. 8. 2001, BGBl. II S. 937).

der Schlußakte von Helsinki und der nachfolgenden KSZE-Dokumente, insbesondere der Charta von Paris für ein neues Europa, unterstützen und unter Mitwirkung aller Teilnehmerstaaten weiter stärken und entwickeln, namentlich durch die Nutzung und den geeigneten Ausbau der neu geschaffenen Einrichtungen.

(2) Ziel dieser Bemühungen ist die Festigung von Frieden, Stabilität und Sicherheit und das Zusammenwachsen Europas zu einem einheitlichen Raum der Menschenrechte, der Demokratie und der Rechtsstaatlichkeit.

Art. 6 [Sicherheitspolitik] Die Vertragsparteien fördern umfassend die Festigung der Sicherheit und den Aufbau kooperativer Strukturen der Sicherheit für ganz Europa. Mit diesem Ziel werden sie die Einrichtung und Tätigkeit ständiger Institutionen und Organe unterstützen. Sie werden insbesondere zusammenarbeiten, um die neuen Möglichkeiten gemeinsamer Anstrengungen im Bereich der Sicherheit zu nutzen.

Art. 7 [Krisenbewältigung] Falls eine Situation entsteht, die nach Meinung einer Vertragspartei eine Bedrohung für den Frieden oder eine Verletzung des Friedens darstellt oder gefährliche internationale Verwicklungen hervorrufen kann, so werden beide Vertragsparteien im Rahmen der Verfahren der KSZE wie auch der Vereinten Nationen zusammenarbeiten. Sie werden unverzüglich miteinander Verbindung aufnehmen und bemüht sein, ihre Positionen abzustimmen und Einverständnis über Maßnahmen zu erzielen, die geeignet sind, die Lage zu verbessern oder zu bewältigen.

Art. 8 [Rüstungskontrolle] Die Vertragsparteien treten dafür ein, daß Streitkräfte und Rüstungen durch verbindliche und wirksam überprüfbare Vereinbarungen auf ein möglichst niedriges Niveau reduziert werden, das zur Verteidigung ausreicht, aber nicht zum Angriff befähigt. Sie werden sich, auch gemeinsam, für den multilateralen und bilateralen Ausbau vertrauensbildender und stabilisierender sowie anderer rüstungskontrollpolitischer Maßnahmen einsetzen, die Stabilität und Vertrauen stärken und zu größerer Offenheit führen.

Art. 9 [Wirtschaftliche Entwicklung der CSFR] Die Vertragsparteien sind sich darüber einig, daß der in der Tschechischen und Slowakischen Föderativen Republik eingeleitete wirtschaftliche Umgestaltungsprozeß durch internationale Zusammenarbeit gefördert werden soll. Die Bundesrepublik Deutschland ist bereit, sowohl bilateral wie auch multilateral auf die Unterstützung der wirtschaftlichen Entwicklung der Tschechischen und Slowakischen Föderativen Republik im Rahmen einer vollentwickelten sozialen Marktwirtschaft hinzuwirken. Damit sollen auch die Bedingungen für eine wesentliche Verringerung der Unterschiede in der wirtschaftlichen und sozialen Entwicklung in Europa geschaffen werden.

Art. 10 [EG-Assoziierung der CSFR] (1) Mit dem Abschluß eines Assoziierungsabkommens zwischen den Europäischen Gemeinschaften und der Tschechischen und Slowakischen Föderativen Republik legen die Europäischen Gemeinschaften, ihre Mitgliedstaaten und die Tschechische und Slowakische Föderative Republik die Grundlage für eine politische und wirtschaftliche Heranführung der Tschechischen und Slowakischen Föderativen Republik an die Europäischen Gemeinschaften.

(2) Die Bundesrepublik Deutschland wird die Bemühungen der Tschechischen und Slowakischen Föderativen Republik um die Herbeiführung von Bedingungen für ihre volle Eingliederung in die Europäischen Gemeinschaften unterstützen.

Art. 11 [Konsultationen]. (1) Die Vertragsparteien werden regelmäßige Konsultationen auf verschiedenen Ebenen abhalten, um eine Weiterentwicklung und Vertiefung ihrer bilateralen Beziehungen sicherzustellen und ihre Haltung zu internationalen Fragen abzustimmen.

(2) Konsultationen auf der Ebene der Regierungschefs finden so oft wie erforderlich, mindestens einmal jährlich, statt.

(3) Die Außenminister tragen für die Durchführung dieses Vertrags in seiner Gesamtheit Sorge. Sie werden mindestens einmal jährlich zu Konsultationen zusammentreffen. Leitende Beamte der beiden Außenministerien, denen politische, wirtschaftliche und kulturelle Angelegenheiten obliegen, treffen regelmäßig, mindestens einmal jährlich, zu Konsultationen zusammen.

(4) Andere Minister, darunter die Verteidigungsminister, werden sich regelmäßig miteinander konsultieren. Das gleiche gilt für die leitenden Beamten dieser Ministerien.

(5) Die bereits bestehenden gemeinsamen Kommissionen werden ihre Arbeit nach Möglichkeit intensivieren. Neue gemischte Kommissionen werden bei Bedarf nach gegenseitiger Absprache gebildet.

Art. 12 [Parlamentarische Zusammenarbeit]. Die Vertragsparteien unterstützen die Kontakte und den Erfahrungsaustausch zwischen den Parlamenten zur Entwicklung der bilateralen Beziehungen und Stärkung der Zusammenarbeit in Europa.

Art. 13 [Regionale Zusammenarbeit; Städtepartnerschaften]. (1) Die Vertragsparteien unterstützen und erleichtern die Zusammenarbeit zwischen den Ländern der Bundesrepublik Deutschland einerseits und der Tschechischen Republik und der Slowakischen Republik andererseits sowie die bilaterale und multilaterale Zusammenarbeit zwischen Regionen und anderen Gebietskörperschaften, insbesondere im Grenzbereich.

(2) Zu diesem Zweck wird eine Gemischte Kommission gebildet, an der insbesondere Vertreter der grenznahen regionalen und kommunalen Körperschaften sowie der nichtstaatlichen Organisationen beteiligt sind.

(3) Einzelheiten dieser Zusammenarbeit, insbesondere Zusammensetzung und Aufgabenstellung der Gemischten Kommission, werden in einer gesonderten Vereinbarung geregelt, die von internationalen Erfahrungen, insbesondere der Praxis des Europarats, ausgeht.

(4) Die Vertragsparteien fördern die partnerschaftliche Zusammenarbeit und die direkten Kontakte zwischen Städten und Gemeinden.

Art. 14 [Internationale Zusammenarbeit]. Die Vertragsparteien werden ihre Zusammenarbeit im Rahmen internationaler Organisationen, insbesondere europäischer Organisationen, vertiefen. Sie werden einander behilflich sein, die Zusammenarbeit mit internationalen, insbesondere europäischen Organisationen und Institutionen zu entwickeln, denen eine Vertragspartei als Mitglied angehört, falls die andere Vertragspartei Interesse bekundet.

Art. 15 [Wirtschaftliche und finanzielle Zusammenarbeit; Investitionen]. (1) Die Vertragsparteien werden ihre wirtschaftliche und finanzielle Zusammenarbeit auf allen Gebieten weiterentwickeln. Sie werden im Rahmen ihrer Gesetzgebung und ihrer Verpflichtungen aus internationalen Verträgen, darunter den Verpflichtungen der Bundesrepublik Deutschland aus der Mitgliedschaft in der Europäischen Gemeinschaft, die günstigsten Rahmenbedingungen, insbesondere auf wirtschaftlichem, finanziellem, rechtlichem und organisatorischem Gebiet für natürliche und juristische Personen für unternehmerische und wirtschaftliche Tätigkeiten schaffen.

(2) Die Vertragsparteien bestätigen ihre Bereitschaft, unter Berücksichtigung ihrer beiderseitigen Interessen und der Zusammenarbeit mit anderen Ländern im Rahmen der multilateralen Finanzinstitutionen, insbesondere des Internationalen Währungsfonds, der Weltbank und der Europäischen Bank für Wiederaufbau und Entwicklung, zusammenzuarbeiten.

(3) Die Vertragsparteien werden insbesondere die Entwicklung der Zusammenarbeit zur Förderung und zum gegenseitigen Schutz von Investitionen sowie der industriellen Kooperation von Unternehmen unter voller Ausnutzung aller verfügbaren Instrumente fördern. Besondere Aufmerksamkeit wird der Zusammenarbeit zwischen kleineren und mittleren Firmen und Betrieben gelten.

(4) Sie werden darüber hinaus die Zusammenarbeit bei der Aus- und Weiterbildung von Fach- und Führungskräften der Wirtschaft unterstützen und wesentlich ausbauen.

Art. 16 [Wissenschaftliche und technologische Zusammenarbeit]. (1) Die Vertragsparteien werden auf der Grundlage bestehender Übereinkünfte die Zusammenarbeit bei der Nutzung der Möglichkeiten moderner Wissenschaft und Technologie zum Wohl der Menschen und zur Sicherung des Friedens ausbauen.

(2) Sie werden an diesen Zielen orientierte Initiativen von Wissenschaftlern und Forschungseinrichtungen unterstützen.

(3) Sie werden den Zugang zu Archiven, Bibliotheken, Forschungsinstituten und ähnlichen Einrichtungen erleichtern.

Art. 17 [Umweltschutz; Katastrophenhilfe]. (1) Die Vertragsparteien stimmen darin überein, daß die vorausschauende Abwehr drohender Gefahren für die Umwelt und die dauerhafte Erhaltung der natürlichen Lebensgrundlagen unverzichtbare Voraussetzungen für eine gedeihliche wirtschaftliche und gesellschaftliche Entwicklung sind. Sie bekräftigen ihre Entschlossenheit, die Zusammenarbeit auf dem Gebiet des Umweltschutzes auf der Grundlage bestehender Übereinkünfte fortzusetzen und auch vertraglich weiter auszubauen.

(2) Besondere Aufmerksamkeit werden sie dem Umweltschutz in den Grenzregionen sowie dem grenzüberschreitenden Umweltschutz widmen.

(3) Sie werden sich darüber hinaus für die Entwicklung abgestimmter Strategien für eine internationale und regionale Umweltpolitik einsetzen, die eine dauerhafte und umweltverträgliche Entwicklung in ganz Europa zum Ziel hat.

(4) Sie werden sich bei Katastrophen und schweren Unglücksfällen gegenseitig Hilfe leisten.

Art. 18 [Infrastruktur; Reiseerleichterungen]. (1) Die Vertragsparteien streben eine Erweiterung der gegenseitigen Transportverbindungen im Luft-, Eisenbahn-, See-, Binnenschiffahrts- und Straßenverkehr sowie der Rohrleitungsverbindungen unter Nutzung modernster Technologien an.

(2) Sie werden sich in Übereinstimmung mit den Grundsätzen guter Nachbarschaft um die Einrichtung und den Ausbau einer größtmöglichen Zahl von Grenzübergängen an der gemeinsamen Grenze für den Eisenbahn- und Straßenverkehr sowie für Fußgänger bemühen. Sie werden dabei auch die Gesichtspunkte des Umweltschutzes und der örtlichen Verkehrsplanung berücksichtigen.

(3) Sie bemühen sich, die Zoll- und Grenzabfertigung zu verbessern und zu beschleunigen sowie die Zusammenarbeit der Zoll- und Grenzverwaltungen weiterzuentwickeln.

(4) Sie werden geeignete Maßnahmen zur Unterstützung und Erleichterung des Reise- und Fremdenverkehrs treffen.

(5) Sie streben auch die Erweiterung, Verbesserung und Harmonisierung der Kommunikationsverbindungen zwischen beiden Ländern unter Berücksichtigung der internationalen und insbesondere der europäischen Entwicklung in Normung und Technologie an. Dies gilt insbesondere für Telefon- und Telexverbindungen sowie für Verbindungen zur elektronischen Datenübertragung.

Art. 19 [Raumordnung]. Die Vertragsparteien stimmen darin überein, daß in einem zusammenwachsenden Europa die Abstimmung der Raumordnungspolitik, insbesondere zwischen unmittelbaren Nachbarstaaten, notwendig ist. Sie werden deshalb bei der Raumordnung und der räumlichen Planung auf allen Ebenen, insbesondere in Fragen grenzüberschreitenden Charakters, zusammenarbeiten.

Art. 20 [Rechte der Minderheiten]. (1) Die Vertragsparteien erfüllen mindestens die in den KSZE-Dokumenten, insbesondere dem Dokument des Kopenhagener Treffens über die menschliche Dimension der KSZE vom 29. Juni 1990, verankerten politischen Verpflichtungen als rechtlich verbindliche Verpflichtungen.

(2) Die Angehörigen der deutschen Minderheit in der Tschechischen und Slowakischen Föderativen Republik, das heißt Personen tschechoslowakischer Staatsangehörigkeit, die deutscher Abstammung sind oder die sich zur deutschen Sprache, Kultur oder Tradition bekennen, haben demzufolge insbesondere das Recht, einzeln oder in Gemeinschaft mit anderen Mitgliedern ihrer Gruppe ihre ethnische, kulturelle, sprachliche und religiöse Identität frei zum Ausdruck zu bringen, zu bewahren und weiterzuentwickeln, frei von jeglichen Versuchen, gegen ihren Willen assimiliert zu werden. Sie haben das Recht, ihre Menschenrechte und Grundfreiheiten ohne jegliche Diskriminierung und in voller Gleichheit vor dem Gesetz voll und wirksam auszuüben.

(3) Die Zugehörigkeit zur deutschen Minderheit in der Tschechischen und Slowakischen Föderativen Republik ist persönliche Entscheidung jedes einzelnen, die für ihn keinen Nachteil mit sich bringen darf.

(4) Jeder Angehörige der deutschen Minderheit in der Tschechischen und Slowakischen Föderativen Republik ist nach Maßgabe vorstehender Bestimmungen gehalten, sich wie jeder Staatsbürger der Tschechischen und Slowakischen Föderativen Republik zu verhalten, indem er sich nach den Verpflichtungen richtet, die sich auf Grund der Gesetze dieses Staates ergeben.

(5) Die Tschechische und Slowakische Föderative Republik ermöglicht und erleichtert im Rahmen ihrer geltenden Gesetze der Bundesrepublik Deutschland Förderungsmaßnahmen zugunsten der deutschen Minderheit oder ihrer Organisationen.

Art. 21 [Schutz der Minderheiten]. (1) Personen tschechischer oder slowakischer Abstammung in der Bundesrepublik Deutschland haben das Recht, einzeln oder in Gemeinschaft mit anderen Mitgliedern ihrer Gruppe ihre ethnische, kulturelle, sprachliche und religiöse Identität zu pflegen und frei zu entfalten. Sie haben das Recht, ihre Menschenrechte und Grundfreiheiten ohne jegliche Diskriminierung und in voller Gleichheit vor dem Gesetz voll und wirksam auszuüben.

(2) Die Inanspruchnahme der in Absatz 1 genannten Rechte ist persönliche Entscheidung jedes einzelnen, die für ihn keinen Nachteil mit sich bringen darf.

(3) Die Bundesrepublik Deutschland ermöglicht und erleichtert im Rahmen ihrer geltenden Gesetze der Tschechischen und Slowakischen Föderativen Republik Förderungsmaßnahmen zugunsten der in Absatz 1 genannten Personen oder ihrer Organisationen.

Art. 22 [Kulturaustausch]. (1) Die Vertragsparteien werden insbesondere auf der Grundlage der zwischen ihnen bestehenden Abkommen und Programme den Kulturaustausch in allen Bereichen und auf allen Ebenen intensivieren und ausbauen und damit gleichzeitig zur europäischen kulturellen Identität beitragen.

(2) Die bestehende Gemischte Kommission wird künftig mindestens einmal jährlich zusammentreten, um den Stand des Kulturaustauschs in allen Bereichen zu prüfen und Vereinbarungen über die nächsten Vorhaben zu treffen.

(3) Die Vertragsparteien werden die Zusammenarbeit zwischen kulturellen Institutionen und Organisationen, Vereinigungen von Künstlern sowie direkte Kontakte zwischen Künstlern beider Länder unterstützen.

Art. 23 [Kultur- und Informationszentren]. Die Vertragsparteien werden das Abkommen über die gegenseitige Errichtung und Tätigkeit von Kultur- und Informationszentren für eine umfassende Tätigkeit dieser Institutionen voll ausschöpfen.

Art. 24 [Schutz von Kulturgütern]. (1) Die Vertragsparteien werden bei der Erhaltung und Pflege des europäischen kulturellen Erbes zusammenarbeiten. Besondere Aufmerksamkeit widmen sie der Denkmalpflege.

(2) Im Geiste der Verständigung und der Versöhnung werden sie gemeinsame Initiativen in diesem Bereich verwirklichen.

(3) Sie werden sich insbesondere der auf ihrem Gebiet befindlichen Orte und Kulturgüter, die von geschichtlichen Ereignissen sowie kulturellen und wissenschaftlichen Leistungen und Traditionen der anderen Seite zeugen, besonders annehmen und zu ihnen freien und ungehinderten Zugang ermöglichen. Die genannten Orte und Kulturgüter stehen unter dem Schutz der Gesetze.

Art. 25 [Sprache und Literatur; Lehrmaterial]. (1) Die Vertragsparteien bekräftigen ihre Bereitschaft, allen interessierten Personen breiten Zugang zu Sprache und Kultur des anderen Landes zu ermöglichen, und sie unterstützen entsprechende staatliche und private Institutionen und Initiativen.

(2) Sie setzen sich mit Nachdruck dafür ein, den Unterricht der Sprache

des anderen Landes an Schulen und anderen Bildungseinrichtungen zu erweitern. Sie werden auch Initiativen zur Gründung von Schulen mit Unterricht in beiden Sprachen unterstützen. Sie werden sich bemühen, an ihren Hochschulen die Möglichkeiten des Studiums der Kultur, Literatur und Sprachen des anderen Landes, das heißt der Germanistik beziehungsweise der Bohemistik und Slowakistik, auszuüben.

(3) Sie werden bei der Entsendung von Hochschullektoren, der Aus- und Fortbildung von Lehrkräften sowie bei der Entwicklung und Bereitstellung von Lehrmaterial, einschließlich der Nutzung von Fernsehen, Hörfunk, Audio-, Video- und Computertechnik, zusammenarbeiten.

Art. 26 [Austauschprogramme; Schul- und Hochschulpartnerschaften]. (1) Die Vertragsparteien werden die Zusammenarbeit im schulischen Bereich vertiefen. Sie werden die Entsendung von Lehrern sowie den Austausch von Schülern und Lehrern ausbauen und die Anknüpfung von Schulpartnerschaften unterstützen.

(2) Sie streben eine erhebliche Erweiterung der wissenschaftlichen Zusammenarbeit auf allen Ebenen und zwischen entsprechenden Institutionen beider Seiten an. Sie werden die unmittelbare Zusammenarbeit zwischen Hochschulen und wissenschaftlichen Forschungsinstitutionen fördern und weiter ausbauen, und zwar sowohl durch den Austausch von Studenten und wissenschaftlichen Lehrkräften als auch durch gemeinsame Vorhaben.

(3) Sie messen der Zusammenarbeit in der beruflichen Bildung große Bedeutung bei und werden sie wesentlich ausbauen und vertiefen.

Art. 27 [Geschichte in Forschung und Lehre]. Die Vertragsparteien werden alle Aktivitäten unterstützen, die zu einem gemeinsamen Verständnis der deutsch-tschechoslowakischen Geschichte, vor allem dieses Jahrhunderts, beitragen. Dazu gehört auch die Arbeit der gemeinsamen Historikerkommission und der unabhängigen deutsch-tschechoslowakischen Schulbuchkonferenzen.

Art. 28 [Begegnungen]. (1) Die Vertragsparteien werden umfassende Kontakte, insbesondere persönliche Begegnungen zwischen ihren Bürgern fördern, die sie als unerläßliche Voraussetzung für das gegenseitige Kennenlernen und die Vertiefung des Verständnisses zwischen ihren Völkern betrachten.

(2) Sie unterstützen die enge Zusammenarbeit zwischen den politischen Parteien, Gewerkschaften, Kirchen und Glaubensgemeinschaften, Stiftungen, Sportorganisationen, sozialen Einrichtungen, Frauen-, Umweltschutz- und anderen gesellschaftlichen Organisationen und Verbänden.

Art. 29 *[Jugendaustausch]*. Die Vertragsparteien sind davon überzeugt, daß die künftige Gestaltung der beiderseitigen Beziehungen wesentlich von dem gegenseitigen Verständnis und der aktiven Beteiligung der jungen Generation abhängt. Sie treten deshalb für umfassende und enge Kontakte der deutschen mit der tschechischen und slowakischen Jugend ein. Sie werden daher die Begegnung, den Austausch und die Zusammenarbeit von Jugendlichen unterstützen und fördern.

Art. 30 [Kriegsgräber]. (1) Die Vertragsparteien erklären, daß deutsche und tschechoslowakische Gräber auf ihrem Gebiet in gleicher Weise geachtet und geschützt werden; ihre Pflege wird ermöglicht.

(2) Die Gräber deutscher beziehungsweise tschechoslowakischer Opfer der Kriege und der Gewaltherrschaft, die sich auf ihrem Gebiet befinden, stehen unter dem Schutz der Gesetze und werden erhalten; ihre Erfassung und Pflege wird ermöglicht.

(3) Die Vertragsparteien werden die Zusammenarbeit zwischen den Organisationen, die für die Pflege dieser Gräber zuständig sind, unterstützen.

Art. 31 [Rechtshilfe; Verbrechensbekämpfung]. (1) Die Vertragsparteien werden im Einklang mit ihren Rechtsordnungen und unter Berücksichtigung der entsprechenden mehrseitigen Übereinkünfte den Rechtshilfeverkehr in Zivil- und Strafsachen sowie in Verwaltungsangelegenheiten weiter entwickeln. Zum Nutzen ihrer Bürger werden sie ihn vereinfachen und intensivieren.

(2) Sie werden bei der Bekämpfung der Kriminalität, insbesondere des organisierten Verbrechens, des internationalen Terrorismus, der unerlaubten Ein- oder Durchreise von Personen, der Rauschgiftkriminalität und des strafbaren Handels mit Kunstwerken zusammenwirken.

Art. 32 [Arbeits- und Sozialpolitik; Gesundheitswesen]. (1) Die Vertragsparteien werden im Bereich der sozialen Sicherung und der arbeits- und sozialpolitischen Zusammenarbeit ihre Beziehungen ausbauen und vertiefen.

(2) Sie werden sich um eine möglichst umfassende Zusammenarbeit auf dem Gebiet des Gesundheitswesens bemühen. Besondere Aufmerksamkeit werden sie der Bekämpfung von Infektionskrankheiten und anderen Krankheiten widmen.

Art. 33 [Verhältnis zu anderen Übereinkünften]. Dieser Vertrag richtet sich gegen niemanden. Er berührt nicht die Rechte und Verpflichtungen aus geltenden zweiseitigen und mehrseitigen Übereinkünften, die von den Vertragsparteien mit anderen Staaten geschlossen wurden.

Art. 34 [Streitbeilegung]. Bei Meinungsverschiedenheiten über die Auslegung und Verwirklichung dieses Vertrags werden die Vertragsparteien, unbeschadet der Bestimmungen des Artikels 11, das im Bericht über das KSZE-Expertentreffen über die Friedliche Regelung von Streitfällen in La Valletta vom 8. Februar 1991 beschriebene Verfahren anwenden.

Art. 35 [Ratifikation; Inkrafttreten]. (1) Dieser Vertrag bedarf der Ratifikation; die Ratifikationsurkunden werden so bald wie möglich in Bonn ausgetauscht.

(2) Dieser Vertrag tritt am Tag des Austauschs der Ratifikationsurkunden in Kraft.

(3) Dieser Vertrag gilt für die Dauer von zehn Jahren. Danach verlängert er sich um jeweils weitere fünf Jahre, sofern nicht eine der Vertragsparteien den Vertrag unter Einhaltung einer Frist von einem Jahr vor Ablauf der jeweiligen Geltungsdauer schriftlich kündigt.

Zu Urkund dessen haben die Bevollmächtigten beider Vertragsparteien diesen Vertrag unterzeichnet und mit Siegeln versehen.

Geschehen zu Prag am 27. Februar 1992 in zwei Urschriften, jede in deutscher und tschechischer Sprache, wobei jeder Wortlaut gleichermaßen verbindlich ist.

Für die Bundesrepublik Deutschland
Dr. Helmut Kohl
Hans-Dietrich Genscher

Für die Tschechische und Slowakische Föderative Republik
Václav Havel
Jiří Dienstbier

Briefwechsel

Im Zusammenhang mit der Unterzeichnung des Vertrags zwischen der Bundesrepublik Deutschland und der Tschechischen und Slowakischen Föderativen Republik über gute Nachbarschaft und freundschaftliche Zusammenarbeit am 27. Februar 1992 in Prag haben der Bundesminister des Auswärtigen der Bundesrepublik Deutschland und der Stellvertreter des Vorsitzenden der Regierung der CSFR und Minister für Auswärtige Angelegenheiten der Tschechischen und Slowakischen Föderativen Republik gleichlautende Briefe ausgetauscht.

Der deutsche Brief hat folgenden Wortlaut:

Der Bundes*minister*
des Auswärtigen

Prag, den 27. Februar 1992

Sehr geehrter Herr Minister,

im Zusammenhang mit der heutigen Unterzeichnung des Vertrags zwischen der Bundesrepublik Deutschland und der Tschechischen und Slowakischen Föderativen Republik über gute Nachbarschaft und freundschaftliche Zusammenarbeit möchte ich in Erinnerung rufen, daß während der Verhandlungen folgende Erklärungen abgegeben wurden:

1. Die Regierung der Tschechischen und Slowakischen Föderativen Republik erklärt, daß die in Artikel 10 erwähnte Perspektive der vollen Eingliederung der Tschechischen und Slowakischen Föderativen Republik in die Europäischen Gemeinschaften in wachsendem Maße die Möglichkeit schaffen wird, daß sich auch Bürger der Bundesrepublik Deutschland in der Tschechischen und Slowakischen Föderativen Republik niederlassen können.
2. Beide Seiten erklären übereinstimmend: Dieser Vertrag befaßt sich nicht mit Vermögensfragen.

Genehmigen Sie, Herr Minister, die Versicherung meiner ausgezeichneten Hochachtung.

Hans-Dietrich Genscher

Seiner Exzellenz
dem Stellvertreter des
Vorsitzenden der Regierung der CSFR
und Minister für Auswärtige
Angelegenheiten
Herrn Jiří Dienstbier
Prag

673. Deutsch-Tschechische Erklärung über die gegenseitigen Beziehungen und deren künftige Entwicklung[1),2)]

Vom 21. Januar 1997

Die Regierungen der Bundesrepublik Deutschland und der Tschechischen Republik –

eingedenk des Vertrags vom 27. Februar 1992 zwischen der Bundesrepublik Deutschland und der Tschechischen und Slowakischen Föderativen Republik über gute Nachbarschaft und freundschaftliche Zusammenarbeit, mit dem Deutsche und Tschechen einander die Hand gereicht haben,

in Würdigung der langen Geschichte fruchtbaren und friedlichen Zusammenlebens von Deutschen und Tschechen, in deren Verlauf ein reiches kulturelles Erbe geschaffen wurde, das bis heute fortwirkt,

in der Überzeugung, daß zugefügtes Unrecht nicht ungeschehen gemacht, sondern allenfalls gemildert werden kann, und daß dabei kein neues Unrecht entstehen darf,

im Bewußtsein, daß die Bundesrepublik Deutschland die Aufnahme der Tschechischen Republik in die Europäische Union und die Nordatlantische Allianz nachdrücklich und aus der Überzeugung heraus unterstützt, daß dies im gemeinsamen Interesse liegt,

im Bekenntnis zu Vertrauen und Offenheit in den beiderseitigen Beziehungen als Voraussetzung für dauerhafte und zukunftsgerichtete Versöhnung –

erklären gemeinsam:

I

Beide Seiten sind sich ihrer Verpflichtung und Verantwortung bewußt, die deutsch-tschechischen Beziehungen im Geiste guter Nachbarschaft und Partnerschaft weiter zu entwickeln und damit zur Gestaltung des zusammenwachsenden Europas beizutragen.

Die Bundesrepublik Deutschland und die Tschechische Republik teilen heute gemeinsame demokratische Werte, achten die Menschen-

---

1) Text aus: Presse und Informationsamt der Bundesregierung (Hrsg.), Bulletin 1997 Nr. 7 S. 61.

2) Der Deutsche Bundestag stimmte der Erklärung am 30. 1. 1997 mit überwältigender Mehrheit (578 Ja-Stimmen; 20 Nein-Stimmen; 23 Enthaltungen) zu. Die Billigung durch die tschechische Abgeordnetenkammer (131 Ja-Stimmen; 59 Nein-Stimmen) erfolgte am 14. 2. 1997 unter Beifügung einer Eingangsresolution, wonach die „Abgeordnetenkammer . . . auf der Grundlage der vom Ministerpräsidenten und dem Außenminister vorgetragenen Standpunkte der Erklärung zustimmt, in der beide Seiten ihren Willen zum Ausdruck bringen, zu verhindern, daß die Vergangenheit zur Belastung der gemeinsamen Zukunft wird." (Vgl. AdG 67 [1997], 41809 ff.).

rechte, die Grundfreiheiten und die Normen des Völkerrechts und sind den Grundsätzen der Rechtsstaatlichkeit und einer Politik des Friedens verpflichtet. Auf dieser Grundlage sind sie entschlossen, auf allen für die beiderseitigen Beziehungen wichtigen Gebieten freundschaftlich und eng zusammenzuarbeiten.

Beide Seiten sind sich zugleich bewußt, daß der gemeinsame Weg in die Zukunft ein klares Wort zur Vergangenheit erfordert, wobei Ursache und Wirkung in der Abfolge der Geschehnisse nicht verkannt werden dürfen.

II

Die deutsche Seite bekennt sich zur Verantwortung Deutschlands für seine Rolle in einer historischen Entwicklung, die zum Münchner Abkommen von 1938, der Flucht und Vertreibung von Menschen aus dem tschechoslowakischen Grenzgebiet sowie zur Zerschlagung und Besetzung der Tschechoslowakischen Republik geführt hat.

Sie bedauert das Leid und das Unrecht, das dem tschechischen Volk durch die nationalsozialistischen Verbrechen von Deutschen angetan worden ist. Die deutsche Seite würdigt die Opfer nationalsozialistischer Gewaltherrschaft und diejenigen, die dieser Gewaltherrschaft Widerstand geleistet haben.

Die deutsche Seite ist sich auch bewußt, daß die nationalsozialistische Gewaltpolitik gegenüber dem tschechischen Volk dazu beigetragen hat, den Boden für Flucht, Vertreibung und zwangsweise Aussiedlung nach Kriegsende zu bereiten.

III

Die tschechische Seite bedauert, daß durch die nach dem Kriegsende erfolgte Vertreibung sowie zwangsweise Aussiedlung der Sudetendeutschen aus der damaligen Tschechoslowakei, die Enteignung und Ausbürgerung unschuldigen Menschen viel Leid und Unrecht zugefügt wurde, und dies auch angesichts des kollektiven Charakters der Schuldzuweisung. Sie bedauert insbesondere die Exzesse, die im Widerspruch zu elementaren humanitären Grundsätzen und auch den damals geltenden rechtlichen Normen gestanden haben, und bedauert darüber hinaus, daß es aufgrund des Gesetzes Nr. 115 vom 8. Mai 1946 ermöglicht wurde, diese Exzesse als nicht widerrechtlich anzusehen, und daß infolge dessen diese Taten nicht bestraft wurden.

IV

Beide Seiten stimmen darin überein, daß das begangene Unrecht der Vergangenheit angehört und werden daher ihre Beziehungen auf die Zukunft ausrichten. Gerade deshalb, weil sie sich der tragischen Kapitel ihrer Geschichte bewußt bleiben, sind sie entschlossen, in der Gestaltung ihrer Beziehungen weiterhin der Verständigung und dem gegenseitigen Einvernehmen Vorrang einzuräumen, wobei jede Seite ihrer

Rechtsordnung verpflichtet bleibt und respektiert, daß die andere Seite eine andere Rechtsauffassung hat. Beide Seiten erklären deshalb, daß sie ihre Beziehungen nicht mit aus der Vergangenheit herrührenden politischen und rechtlichen Fragen belasten werden.

V

Beide Seiten bekräftigen ihre Verpflichtungen aus den Artikeln 20 und 21 des Vertrags über gute Nachbarschaft und freundschaftliche Zusammenarbeit vom 27. Februar 1992, in denen die Rechte der Angehörigen der deutschen Minderheit in der Tschechischen Republik und von Personen tschechischer Abstammung in der Bundesrepublik Deutschland im einzelnen niedergelegt sind.

Beide Seiten sind sich bewußt, daß diese Minderheit und diese Personen in den beiderseitigen Beziehungen eine wichtige Rolle spielen und stellen fest, daß deren Förderung auch weiterhin im beiderseitigen Interesse liegt.

VI

Beide Seiten sind überzeugt, daß der Beitritt der Tschechischen Republik zur Europäischen Union und die Freizügigkeit in diesem Raum das Zusammenleben von Deutschen und Tschechen weiter erleichtern wird.

In diesem Zusammenhang geben sie ihrer Genugtuung Ausdruck, daß aufgrund des Europaabkommens über die Assoziation zwischen der Tschechischen Republik und den Europäischen Gemeinschaften und ihren Mitgliedstaaten wesentliche Fortschritte auf dem Gebiet der wirtschaftlichen Zusammenarbeit einschließlich der Möglichkeiten selbständiger Erwerbstätigkeit und unternehmerischer Tätigkeit gemäß Artikel 45 dieses Abkommens erreicht worden sind.

Beide Seiten sind bereit, im Rahmen ihrer geltenden Rechtsvorschriften bei der Prüfung von Anträgen auf Aufenthalt und Zugang zum Arbeitsmarkt humanitäre und andere Belange, insbesondere verwandtschaftliche Beziehungen und familiäre und weitere Bindungen, besonders zu berücksichtigen.

VII

Beide Seiten werden einen deutsch-tschechischen Zukunftsfonds *errichten.*[1] Die deutsche Seite erklärt sich bereit, für diesen Fonds den Betrag von *140 Millionen* D-Mark zur Verfügung zu stellen. Die tschechische Seite erklärt sich bereit, *ihrerseits* für diesen Fonds den Betrag von 440 Millionen Kc zur Verfügung zu stellen. Über die gemeinsame

[1] Eine entsprechende Vereinbarung ist durch einen am selben Tag in Kraft getretenen Notenwechsel v. 29. 12. 1997 geschlossen worden (Bek. v. 15. 1. 1998, BGBl. 1998 II S. 117). Dieser Notenwechsel ist samt seinen beiden Anlagen (Stiftungsurkunde und Satzung des Fonds) veröffentlicht in BGBl. 1998 II S. 118.

Verwaltung dieses Fonds werden beide Seiten eine gesonderte Vereinbarung treffen.

Dieser gemeinsame Fonds wird der Finanzierung von Projekten gemeinsamen Interesses dienen (wie Jugendbegegnung, Altenfürsorge, Sanatorienbau und -betrieb, Pflege und Renovierung von Baudenkmälern und Grabstätten, Minderheitenförderung, Partnerschaftsprojekte, deutsch-tschechische Gesprächsforen, gemeinsame wissenschaftliche und ökologische Projekte, Sprachunterricht, grenzüberschreitende Zusammenarbeit).

Die deutsche Seite bekennt sich zu ihrer Verpflichtung und Verantwortung gegenüber all jenen, die Opfer nationalsozialistischer Gewalt geworden sind. Daher sollen die hierfür in Frage kommenden Projekte insbesondere Opfern nationalsozialistischer Gewalt zugute kommen.

VIII

Beide Seiten stimmen darin überein, daß die historische Entwicklung der Beziehungen zwischen Deutschen und Tschechen insbesondere in der ersten Hälfte des 20. Jahrhunderts der gemeinsamen Erforschung bedarf und treten daher für die Fortführung der bisherigen erfolgreichen Arbeit der deutsch-tschechischen Historikerkommission ein.

Beide Seiten sehen zugleich in der Erhaltung und Pflege des kulturellen Erbes, das Deutsche und Tschechen verbindet, einen wichtigen Beitrag zum Brückenschlag in die Zukunft.

Beide Seiten vereinbaren die Einrichtung eines deutsch-tschechischen Gesprächsforums, das insbesondere aus den Mitteln das deutsch-tschechischen Zukunftsfonds gefördert wird und in dem unter der Schirmherrschaft beider Regierungen und Beteiligung aller an einer engen und guten deutsch-tschechischen Partnerschaft interessierten Kreise der deutsch-tschechische Dialog gepflegt werden soll.[1)]

Prag, den 21. Januar 1997

Für die Regierung der Bundesrepublik Deutschland	Für die Regierung der Tschechischen Republik
Dr. Helmut K o h l	Prof. Václav K l a u s
Dr. Klaus K i n k e l	Josef Z i e l e n i e c

1) Vgl. das Aide-mémoire über die Errichtung des Deutsch-Tschechischen Gesprächsforums v. 29. 12. 1997 (BGBl. 1998 II S. 126).

681. Vertrag zwischen der Bundesrepublik Deutschland und der Republik Polen über die Bestätigung der zwischen ihnen bestehenden Grenze[1)]

Vom 14. November 1990

(BGBl. 1991 II S. 1329)

DIE BUNDESREPUBLIK DEUTSCHLAND UND DIE REPUBLIK POLEN –

IN DEM BESTREBEN, ihre gegenseitigen Beziehungen in Übereinstimmung mit dem Völkerrecht, insbesondere der Charta der Vereinten Nationen, und mit der in Helsinki unterzeichneten Schlußakte der Konferenz über Sicherheit und Zusammenarbeit in Europa sowie den Dokumenten der Folgekonferenzen zukunftsgewandt zu gestalten,

ENTSCHLOSSEN, gemeinsam einen Beitrag zum Aufbau einer europäischen Friedensordnung zu leisten, in der Grenzen nicht mehr trennen und die allen europäischen Völkern ein vertrauensvolles Zusammenleben und umfassende Zusammenarbeit zum Wohle aller sowie dauerhaften Frieden, Freiheit und Stabilität gewährleistet,

IN DER TIEFEN ÜBERZEUGUNG, daß die Vereinigung Deutschlands als Staat mit endgültigen Grenzen ein bedeutsamer Beitrag zu der Friedensordnung in Europa ist,

UNTER BERÜCKSICHTIGUNG des am 12. September 1990 unterzeichneten Vertrags über die abschließende Regelung in bezug auf Deutschland,

EINGEDENK DESSEN, daß seit Ende des Zweiten Weltkriegs 45 Jahre vergangen sind, und im Bewußtsein, daß das schwere Leid, das dieser Krieg mit sich gebracht hat, insbesondere auch der von zahlreichen Deutschen und Polen erlittene Verlust ihrer Heimat durch Vertreibung oder Aussiedlung, eine Mahnung und Herausforderung zur Gestaltung friedlicher Beziehungen zwischen den beiden Völkern und Staaten darstellt,

IN DEM WUNSCH, durch die Entwicklung ihrer Beziehungen feste Grundlagen für ein freundschaftliches Zusammenleben zu schaffen und die Politik der dauerhaften Verständigung und Versöhnung zwischen Deutschen und Polen fortzusetzen –

SIND WIE FOLGT ÜBEREINGEKOMMEN:

Art. 1. Die Vertragsparteien bestätigen die zwischen ihnen bestehende Grenze, deren Verlauf sich nach dem Abkommen vom 6. Juli

---

1) In Kraft getreten am 16. 1. 1992 (Bek. v. 24. 1. 1992, BGBl. II S. 118). S. hierzu das G v. 16. 12. 1991 (BGBl. II S. 1328) und den unter Nr. **682** abgedruckten Nachbarschaftsvertrag v. 17. 6. 1991.

1950 zwischen der Deutschen Demokratischen Republik und der Republik Polen über die Markierung der festgelegten und bestehenden deutsch-polnischen Staatsgrenze und den zu seiner Durchführung und Ergänzung geschlossenen Vereinbarungen (Akt vom 27. Januar 1951 über die Ausführung der Markierung der Staatsgrenze zwischen Deutschland und Polen; Vertrag vom 22. Mai 1989 zwischen der Deutschen Demokratischen Republik und der Volksrepublik Polen über die Abgrenzung der Seegebiete in der Oderbucht) sowie dem Vertrag vom 7. Dezember 1970 zwischen der Bundesrepublik Deutschland und der Volksrepublik Polen über die Grundlagen der Normalisierung ihrer gegenseitigen Beziehungen[1)] bestimmt.

Art. 2. Die Vertragsparteien erklären, daß die zwischen ihnen bestehende Grenze jetzt und in Zukunft unverletzlich ist und verpflichten sich gegenseitig zur uneingeschränkten Achtung ihrer Souveränität und territorialen Integrität.

Art. 3. Die Vertragsparteien erklären, daß sie gegeneinander keinerlei Gebietsansprüche haben und solche auch in Zukunft nicht erheben werden.

Art. 4. (1) Dieser Vertrag bedarf der Ratifikation; die Ratifikationsurkunden werden so bald wie möglich in Bonn ausgetauscht.

(2) Dieser Vertrag tritt am Tage des Austausches der Ratifikationsurkunden in Kraft.

ZU URKUND DESSEN haben die Vertreter der Vertragsparteien diesen Vertrag unterzeichnet und mit Siegeln versehen.

GESCHEHEN ZU Warschau am 14. November 1990 in zwei Urschriften, jede in deutscher und polnischer Sprache, wobei jeder Wortlaut gleichermaßen verbindlich ist.

---

1) BGBl. 1972 II S. 362.

682. Vertrag zwischen der Bundesrepublik Deutschland und der Republik Polen über gute Nachbarschaft und freundschaftliche Zusammenarbeit[1,2]

Vom 17. Juni 1991

(BGBl. II S. 1315)

Die Bundesrepublik Deutschland und die Republik Polen –

in dem Bestreben, die leidvollen Kapitel der Vergangenheit abzuschließen und entschlossen, an die guten Traditionen und das freundschaftliche Zusammenleben in der jahrhundertelangen Geschichte Deutschlands und Polens anzuknüpfen,

angesichts der historischen Veränderungen in Europa, insbesondere der Herstellung der Einheit Deutschlands und des tiefgreifenden politischen, wirtschaftlichen und sozialen Wandels in Polen,

überzeugt von der Notwendigkeit, die Trennung Europas endgültig zu überwinden und eine gerechte und dauerhafte europäische Friedensordnung zu schaffen,

im Bewußtsein ihrer gemeinsamen Interessen und ihrer gemeinsamen Verantwortung für den Aufbau eines neuen, durch Menschenrechte, Demokratie und Rechtsstaatlichkeit vereinten und freien Europa,

in der festen Überzeugung, daß sie durch die Verwirklichung des lang gehegten Wunsches ihrer beiden Völker nach Verständigung und Versöhnung einen gewichtigen Beitrag für die Erhaltung des Friedens in Europa leisten,

in der Erkenntnis, daß die wirtschaftliche Zusammenarbeit ein notwendiges Element der Entwicklung umfassender beiderseitiger Beziehungen auf einer stabilen und festen Grundlage sowie beim Abbau des Entwicklungsgefälles und bei der Stärkung des Vertrauens zwischen beiden Ländern und ihren Völkern ist, sowie in dem Wunsch, diese Zusammenarbeit in der Zukunft wesentlich auszubauen und zu vertiefen,

im Bewußtsein der Bedeutung, welche die Mitgliedschaft der Bundesrepublik Deutschland in der Europäischen Gemeinschaft und die politische und wirtschaftliche Heranführung der Republik Polen an die Europäische Gemeinschaft für die künftigen Beziehungen der beiden Staaten haben,

---

[1] In Kraft getreten am 16. 1. 1992 (Bek. v. 24. 1. 1992, BGBl. II S. 118). Siehe hierzu das Gesetz vom 16. 12. 1991 (BGBl. II S. 1314) und den unter Nr. **681** abgedruckten Grenzvertrag.

[2] Im Anschluß an den Wortlaut des Vertrages ist der **Briefwechsel** vom 17. 6. 1991 abgedruckt.

eingedenk des unverwechselbaren Beitrags der deutschen und des polnischen Volkes zum gemeinsamen kulturellen Erbe Europas und der jahrhundertelangen gegenseitigen Bereicherung der Kulturen beider Völker sowie der Bedeutung des Kulturaustausches für das gegenseitige Verständnis und für die Aussöhnung der Völker,

überzeugt, daß der jungen Generation bei der Neugestaltung des Verhältnisses beider Länder und Völker und der Vertrauensbildung zwischen ihnen eine besondere Rolle zukommt,

in Würdigung des Vertrags vom 14. November 1990 zwischen der Bundesrepublik Deutschland und der Republik Polen über die Bestätigung der zwischen ihnen bestehenden Grenze –

sind wie folgt übereingekommen:

Art. 1 [Absichtserklärung]. (1) Die Vertragsparteien werden ihre Beziehungen im Geiste guter Nachbarschaft und Freundschaft gestalten. Sie streben eine enge friedliche und partnerschaftliche Zusammenarbeit auf allen Gebieten an. In europäischer Verantwortung werden sie ihre Kräfte dafür einsetzen, den Wunsch ihrer beiden Völker nach dauerhafter Verständigung und Versöhnung in die Tat umzusetzen.

(2) Die Vertragsparteien streben die Schaffung eines Europa an, in dem die Menschenrechte und Grundfreiheiten geachtet werden und die Grenzen ihren trennenden Charakter auch dadurch verlieren, daß wirtschaftliche und soziale Unterschiede überwunden werden.

Art. 2 [Grundsätze]. Die Vertragsparteien bekennen sich bei der Gestaltung ihrer Beziehungen und in Fragen des Friedens, der Sicherheit und Zusammenarbeit in Europa und in der Welt insbesondere zu folgenden Grundsätzen:

Oberstes Ziel ihrer Politik ist es, den Frieden zu wahren und zu festigen und jede Art von Krieg zuverlässig zu verhindern.

Sie handeln in Übereinstimmung mit dem Völkerrecht, insbesondere der Charta der Vereinten Nationen, sowie mit der Schlußakte von Helsinki vom 1. August 1975, der Charta von Paris für ein neues Europa vom 21. November 1990 sowie der Dokumente der KSZE-Folgetreffen.

Sie achten gegenseitig ihre souveräne Gleichheit, ihre territoriale Integrität, die Unantastbarkeit ihrer Grenzen, ihre politische Unabhängigkeit sowie den Grundsatz des Verbots der Drohung mit oder Anwendung von Gewalt.

Sie bekräftigen das Recht aller Völker und Staaten, ihr Schicksal frei und ohne äußere Einmischung zu bestimmen und ihre politische, wirtschaftliche, soziale und kulturelle Entwicklung nach eigenen Wünschen zu gestalten.

Sie stellen den Menschen mit seiner Würde und mit seinen Rechten, die

Sorge für das Überleben der Menschheit und die Erhaltung der natürlichen Umwelt in den Mittelpunkt ihrer Politik.

Sie verurteilen klar und unmißverständlich Totalitarismus, Rassenhaß und Haß zwischen Volksgruppen, Antisemitismus, Fremdenhaß und Diskriminierung irgendeines Menschen sowie die Verfolgung aus religiösen und ideologischen Gründen.

Sie betrachten Minderheiten und gleichgestellte Gruppen als natürliche Brücken zwischen dem deutschen und dem polnischen Volk und sind zuversichtlich, daß diese Minderheiten und Gruppen einen wertvollen Beitrag zum Leben ihrer Gesellschaften leisten.

Sie bekräftigen die unmittelbare Geltung der allgemeinen Regeln des Völkerrechts im innerstaatlichen Recht und in den internationalen Beziehungen und sind entschlossen, ihre vertraglichen Verpflichtungen gewissenhaft zu erfüllen. Sie werden die Schlußakte von Helsinki, die Charta von Paris für ein neues Europa und die anderen KSZE-Dokumente in allen Bereichen verwirklichen.

Art. 3 [Konsultationen]. (1) Die Vertragsparteien werden regelmäßige Konsultationen abhalten, um eine Weiterentwicklung und Vertiefung der bilateralen Beziehungen sicherzustellen und ihre Haltung zu internationalen Fragen abzustimmen.

(2) Konsultationen auf der Ebene der Regierungschefs finden so oft wie erforderlich, mindestens einmal jährlich statt.

(3) Die Außenminister tragen für die Durchführung dieses Vertrags in seiner Gesamtheit Sorge. Sie werden mindestens einmal jährlich zu Konsultationen zusammentreffen. Leitende Beamte der beiden Außenministerien, denen politische, wirtschaftliche und kulturelle Angelegenheiten obliegen, treffen regelmäßig, mindestens einmal jährlich, zu Konsultationen zusammen.

(4) Die Minister anderer Ressorts, darunter die Verteidigungsminister, werden regelmäßig miteinander in Kontakt treten. Das gleiche gilt für die leitenden Beamten dieser Ressorts.

(5) Die bereits bestehenden gemeinsamen Kommissionen werden ihre Arbeit nach Möglichkeit intensivieren. Neue gemischte Kommissionen werden bei Bedarf nach gegenseitiger Absprache gebildet.

Art. 4 [Parlamentarische Zusammenarbeit]. Die Vertragsparteien unterstützen die Kontakte und den Erfahrungsaustausch zwischen den Parlamenten zur Förderung der bilateralen Beziehung und im Hinblick auf die internatioanle parlamentarische Zusammenarbeit.

Art. 5 [Gewaltverzicht]. (1) Die Vertragsparteien bekräftigen, daß sie sich der Drohung mit oder Anwendung von Gewalt enthalten werden, die gegen die territoriale Integrität oder die politsche Unabhängigkeit der jeweils anderen Vertragspartei gerichtet oder auf irgendeine andere Art und Weise mit den Zielen und Prinzipien der Charta der Vereinten Nationen oder mit der Schlußakte von Helsinki unvereinbar ist.

(2) Die Vertragsparteien werden ihre Streitigkeiten ausschließlich mit friedlichen Mitteln lösen und keine ihrer Waffen jemals anwenden, es sei denn zur individuellen oder kollektiven Selbstverteidigung. Sie werden niemals und unter keinen Umständen als erste Streitkräfte gegeneinander einsetzen.

(3) Die Vertragsparteien werden den Frieden durch den Aufbau kooperativer Strukturen der Sicherheit für ganz Europa festigen. Sie werden dementsprechend in voller Verwirklichung der Schlußakte von Helsinki, der Charta von Paris für ein neues Europa sowie der anderen KSZE-Dokumente den Prozeß der Sicherheit und Zusammenarbeit in Europa nach Kräften unterstützen und unter Mitwirkung aller Teilnehmerstaaten der KSZE weiter stärken und entwickeln.

Art. 6 [Sicherheitspolitik]. (1) Die Vertragsparteien haben in einem sich wandelnden politischen und militärischen Umfeld in Europa das gemeinsame Ziel, auf eine Stärkung der Stabilität und Erhöhung der Sicherheit hinzuwirken. Sie werden insbesondere zusammenarbeiten, um die sich ergebenden neuen Möglichkeiten gemeinsamer Anstrengungen im Bereich der Sicherheit zu nutzen.

(2) Die Vertragsparteien treten dafür ein, daß Streitkräfte und Rüstungen durch verbindliche und wirksam überprüfbare Vereinbarungen auf ein möglichst niedriges Niveau reduziert werden, das zur Verteidigung ausreicht, aber nicht zum Angriff befähigt.

(3) Die Vertragsparteien werden sich, auch gemeinsam , für den multilateralen und bilateralen Ausbau vertrauensbildender und stabilisierender sowie anderer rüstungskontrollpolitischer Maßnahmen einsetzen, die Stabilität und Vertrauen stärken und zu größerer Offenheit führen.

Art. 7 [Krisenberatung]. Falls eine Situation entsteht, die nach Meinung einer Vertragspartei eine Bedrohung für den Frieden oder eine Verletzung des Friedens darstellt oder gefährliche internationale Verwicklungen hervorrufen kann, so werden beide Vertragsparteien unverzüglich miteinander Verbindung aufnehmen und bemüht sein, ihre Positionen abzustimmen und Einverständnis über Maßnahmen zu erzielen, die geeignet sind, die Lage zu verbessern oder zu bewältigen.

Art. 8 [Europäische Einheit]. (1) Die Vertragsparteien messen dem Ziel der Europäischen Einheit auf der Grundlage der Menschenrechte, Demokratie und Rechtsstaatlichkeit höchste Bedeutung bei und werden sich für die Erreichung dieser Einheit einsetzen.

(2) Mit dem Abschluß eines Assoziierungsabkommens zwischen den Europäischen Gemeinschaften und der Republik Polen legen die Europäischen Gemeinschaften, ihre Mitgliedstaaten und die Republik Polen die Grundlage für eine politische und wirtschaftliche Heranführung der Republik Polen an die Europäische Gemeinschaft. Die Heranführung wird von der Bundesrepublik Deutschland im Rahmen ihrer Möglichkeiten nach Kräften gefördert.

(3) Die Bundesrepublik Deutschland steht positiv zur Perspektive eines Beitritts der Republik Polen zur Europäischen Gemeinschaft, sobald die Voraussetzungen dafür gegeben sind.

Art. 9 [Wirtschaftsbeziehungen]. (1) Die Vertragsparteien werden sich für die Ausweitung und Diversifizierung ihrer wirtschaftlichen Beziehungen in allen Bereichen einsetzen. Sie werden im Rahmen ihrer innerstaatlichen Gesetzgebung und ihrer Verpflichtungen aus internationalen Verträgen, darunter den Verpflichtungen der Bundesrepublik Deutschland aus der Mitgliedschaft in der Europäischen Gemeinschaft, die günstigsten Rahmenbedingungen, insbesondere auf wirtschaftlichem, rechtlichem und organisatorischem Gebiet, für natürliche und juristische Personen für wirtschaftliche, darunter unternehmerische Tätigkeiten schaffen.

(2) Die Vertragsparteien sind sich einig darüber, daß der in der Republik Polen eingeleitete wirtschaftliche Umgestaltungsprozeß durch internationale Zusammenarbeit gefördert werden soll. Die Bundesrepublik Deutschland ist bereit, sowohl bilateral wie auch multilateral auf die Unterstützung der wirtschaftlichen Entwicklung Polens im Rahmen einer voll entwickelten sozialen Marktwirtschaft hinzuwirken. Damit sollen auch die Bedingungen für eine wesentliche Verringerung der Entwicklungsunterschiede geschaffen werden.

(3) Die Vertragsparteien werden insbesondere die Entwicklung der Zusammenarbeit in den Bereichen Investitionen und Kapitalanlagen sowie industrieller Kooperationen zwischen deutschen und polnischen Unternehmen unter voller Ausnutzung aller verfügbaren Förderungsinstrumente unterstützen. Dabei wird der Zusammenarbeit zwischen kleinen und mittleren Firmen und Betrieben besondere Aufmerksamkeit gelten.

(4) Die Vertragsparteien messen der Zusammenarbeit in der Aus- und Weiterbildung von Fach- und Führungskräften der Wirtschaft eine wichtige Bedeutung für die Ausgestaltung der bilateralen Beziehungen bei und sind bereit, sie wesentlich auszubauen und zu vertiefen.

Art. 10 [Finanzielle Zusammenarbeit]. (1) Die Vertragsparteien erkennen die Bedeutung normaler Finanz- und Kreditbeziehungen als einen Faktor für den Prozeß der wirtschaftlichen Umgestaltung in der Republik Polen sowie für die Festigung und Belebung ihrer Gesamtbeziehungen an.

Sie werden im Rahmen ihrer Verpflichtungen aus internationalen Übereinkünften und im Rahmen ihrer innerstaatlichen Regeln ihre Anstrengungen fortsetzen, um günstige Voraussetzungen für die weitere Entwicklung ihrer finanziellen Zusammenarbeit zu schaffen. In diesem Zusammenhang sind sie sich der Bedeutung bewußt, die den Exportkreditgewährleistungen für die Stärkung ihrer Wirtschaftsbeziehungen zukommt.

(2) Die Vertragsparteien bestätigen ihre Bereitschaft, unter Berücksichtigung der beiderseitigen Interessen und der beiderseits bestehenden Zusammenarbeit mit anderen Ländern, im Rahmen der Europäischen Bank für Wiederaufbau und Entwicklung sowie anderer multilateraler Finanzinstitutionen, insbesondere der Internationalen Währungsfonds und der Weltbank, zusammenzuarbeiten.

(3) Die Vertragsparteien sind der Auffassung, daß die Lösung des Problems der polnischen Verschuldung eine wichtige Voraussetzung für den Erfolg der in der Republik Polen eingeleiteten Wirtschaftsreformen ist. Dementsprechend werden sie in diesem Bereich weiter zusammenarbeiten.

Art. 11 [Landwirtschaft]. Die Vertragsparteien sind sich einig über die besondere Bedeutung ihrer Zusammenarbeit bei der Produktion landwirtschaftlicher Erzeugnisse, bei deren Verarbeitung, Transport und Lagerung sowie der Schaffung und Förderung moderner, hochleistungsfähiger landwirtschaftlicher Betriebe, die Kooperationsbeziehungen mit der Nahrungsmittel- und Verarbeitungsindustrie sowie dem Handel unterhalten.

Art. 12 [Städtepartnerschaften; regionale Zusammenarbeit].

(1) Die Vertragsparteien messen der partnerschaftlichen Zusammenarbeit zwischen Regionen, Städten, Gemeinden und anderen Gebietskörperschaften, insbesondere im grenznahen Bereich, hohe Bedeutung bei.

(2) Die Vertragsparteien werden diese Zusammenarbeit, insbesondere die Tätigkeit der Regierungskommission für regionale und grenznahe Zusammenarbeit, auf allen Gebieten erleichtern und fördern.

(3) Die Vertragsparteien lassen sich in der regionalen und grenznahen Zusammenarbeit insbesondere von den entsprechenden Konventionen des Europarats leiten. Sie streben die Einbeziehung dieser Zusammenarbeit in die Tätigkeit der entsprechenden europäischen Gremien an.

Art. 13 [Raumordnung]. Die Vertragsparteien stimmen darin überein, daß in einem zusammenwachsenden Europa die Abstimmung der Raumordnungspolitik der einzelnen Staaten, insbesondere zwischen unmittelbaren Nachbarstaaten, notwendig ist. Sie werden deshalb in der Raumordnung und der räumlichen Planung auf allen Ebenen grenzüberschreitend zusammenarbeiten.

Art. 14 [Sozialpolitik]. (1) Die Vertragsparteien werden auf der Grundlage ihrer Übereinkünfte im Bereich der sozialen Sicherung und der arbeits- und sozialpolitischen Zusammenarbeit ihre Beziehungen ausbauen und vertiefen.

(2) Die Bundesrepublik Deutschland wird der Republik Polen bei der Umgestaltung der Systeme der sozialen Sicherung, der Arbeitsförderung und der Arbeitsbeziehungen beratende Hilfestellung leisten.

Art. 15 [Wissenschaftliche und technische Zusammenarbeit].

(1) Die Vertragsparteien werden die wissenschaftliche und technische Zusammenarbeit zwischen beiden Staaten nach den Prinzipien der Gleichberechtigung und des gegenseitigen Nutzens unter Berücksichtigung der Möglichkeiten moderner Wissenschaft und Technologie zum Wohl der Menschen, zu friedlichen Zwecken und zur Mehrung des Wohlstands entwickeln und erleichtern.

(2) Die Vertragsparteien werden auf der Grundlage bestehender Übereinkünfte die Zusammenarbeit auf diesen Gebieten erweitern und ihre Ergebnisse in gemeinsamen Vorhaben umsetzen.

(3) Die Vertragsparteien werden Initiativen von Wissenschaftlern und Forschungseinrichtungen unterstützen, die auf eine dynamische, harmonische und umfassende Entwicklung dieser Zusammenarbeit gerichtet sind.

(4) Die Vertragsparteien werden den intensiven Austausch von Informationen und wissenschaftlich-technischer Dokumentation unterstützen und den Zugang zu wissenschaftlichen Forschungsinstituten, Archiven, Bibliotheken und ähnlichen Einrichtungen erleichtern.

Art. 16 [Umweltschutz]. (1) Die Vertragsparteien messen der Abwehr drohender Gefahren für die Umwelt und der Erhaltung der natürlichen Lebensgrundlagen auch im Interesse künftiger Generationen große Bedeutung bei. Sie bekräftigen ihre Entschlossenheit, die Zusammenarbeit auf dem Gebiet des Umweltschutzes auf der Grundlage bestehender Übereinkünfte fortzusetzen und auch vertraglich weiter auszubauen.

(2) Im Vordergrund der Zusammenarbeit soll die Erfassung und Beseitigung von Umweltbelastungen in der Grenzregion, insbesondere im Einzugsgebiet der Oder, stehen.

(3) Die Vertragsparteien werden sich darüber hinaus für die Entwicklung abgestimmter Strategien für eine regionale und internationale Umweltpolitik einsetzen, mit dem Ziel einer dauerhaften und umweltverträglichen Entwicklung in Europa.

Art. 17 [Katastrophenhilfe]. Die Vertragsparteien werden zusammenwirken, um sich gegenseitig bei Katastrophen und schweren Unglücksfällen Hilfe zu leisten.

Art. 18 [Infrastruktur]. (1) Die Vertragsparteien streben eine Erweiterung der Transportverbindungen im Luft-, Eisenbahn- und Straßenverkehr sowie in der See- und Binnenschiffahrt unter Nutzung modernster Technologien an.

(2) Die Vertragsparteien bemühen sich, günstige Rahmenbedingungen für die Nutzung ihrer Verkehrswege bei Beförderungen zwischen ihren Hoheitsgebieten und im Durchgangsverkehr zu schaffen.

(3) Die Vertragsparteien streben eine Erweiterung, Verbesserung und Harmonisierung der Kommunikationsverbindungen unter Berücksichtigung der europäischen und internationalen Entwicklung in Normung und Technologie an. Das gilt insbesondere für Telefon-, Telex- und Datenverbindungen.

Art. 19 [Reiseerleichterungen, Fremdenverkehr]. (1) Die Vertragsparteien werden alle geeigneten Maßnahmen treffen, um den Reise- und Fremdenverkehr zu fördern und zu erleichtern.

(2) Die Vertragsparteien werden sich bemühen, die Zoll- und Grenzabfertigung auf der Grundlage der Gegenseitigkeit zu verbessern und zu beschleunigen sowie die Zusammenarbeit der jeweiligen Verwaltungen weiter zu entwickeln.

(3) Die Vertragsparteien beabsichtigen, bestehende Grenzübergänge entsprechend dem Verkehrsaufkommen auszubauen und zu modernisieren sowie neue erforderliche Grenzübergänge einzurichten.

Art. 20 [Rechte der Minderheiten]. (1) Die Angehörigen der deutschen Minderheit in der Republik Polen, das heißt Personen polnischer Staatsangehörigkeit, die deutscher Abstammung sind oder die sich zur deutschen Sprache, Kultur oder Tradition bekennen, sowie Personen deutscher Staatsangehörigkeit in der Bundesrepublik Deutschland, die polnischer Abstammung sind oder die sich zur polnischen Sprache, Kultur oder Tradition bekennen, haben das Recht, einzeln oder in Gemeinschaft mit anderen Mitgliedern ihrer Gruppe ihre ethnische, kulturelle, sprachliche und religiöse Identität frei zum Ausdruck zu bringen, zu bewahren und weiterzuentwickeln; frei von jeglichen Versuchen, gegen ihren Willen assimiliert zu werden. Sie haben das Recht, ihre Menschenrechte und Grundfreiheiten ohne jegliche Diskriminierung und in voller Gleichheit vor dem Gesetz voll und wirksam auszuüben.

(2) Die Vertragsparteien verwirklichen die Rechte und Verpflichtungen des internationalen Standards für Minderheiten, insbesondere gemäß der allgemeinen Erklärung der Menschenrechte der Vereinten Nationen vom 10. Dezember 1948, der Europäischen Konvention vom 4. November 1950 zum Schutz der Menschenrechte und Grundfreiheiten, des Internationalen Übereinkommens vom 7. März 1966 zur Beseitigung jeder Form von Ras-

sendiskriminierung, des Internationalen Pakts vom 16. Dezember 1966 über bürgerliche und politische Rechte, der Schlußakte von Helsinki vom 1. August 1975, des Dokuments des Kopenhagener Treffens über die menschliche Dimension der KSZE vom 29. Juni 1990 sowie der Charta von Paris für ein neues Europa vom 21. November 1990.

(3) Die Vertragsparteien erklären, daß die in Absatz 1 genannten Personen insbesondere das Recht haben, einzeln oder in Gemeinschaft mit anderen Mitgliedern ihrer Gruppe

- sich privat und in der Öffentlichkeit ihrer Muttersprache frei zu bedienen, in ihr Informationen zu verbreiten und auszutauschen und dazu Zugang zu haben,
- ihre eigenen Bildungs-, Kultur- und Religionseinrichtungen, -organisationen oder -vereinigungen zu gründen und zu unterhalten, die um freiwillige Beiträge finanzieller oder anderer Art sowie öffentliche Unterstützung im Einklang mit den nationalen Rechtsvorschriften ersuchen können und gleichberechtigten Zugang zu den Medien ihrer Region haben,
- sich zu ihrer Religion zu bekennen und diese auszuüben, einschließlich des Erwerbs und Besitzes sowie der Verwendung religiösen Materials, und den Religionsunterricht in ihrer Muttersprache abzuhalten,
- untereinander ungehinderte Kontakte innerhalb des Landes sowie Kontakte über Grenzen hinweg mit Bürgern anderer Staaten herzustellen und zu pflegen, mit denen sie eine gemeinsame ethnische oder nationale Herkunft, ein gemeinsames kulturelles Erbe oder religiöses Bekenntnis teilen,
- ihre Vor- und Familiennamen in der Form der Muttersprache zu führen,
- Organisationen oder Vereinigungen in ihrem Land einzurichten und zu unterhalten und in internationalen nichtstaatlichen Organisationen mitzuarbeiten,
- sich wie jedermann wirksamer Rechtsmittel zur Verwirklichung ihrer Rechte im Einklang mit den nationalen Rechtsvorschriften zu bedienen.

(4) Die Vertragsparteien bekräftigen, daß die Zugehörigkeit zu den in Absatz 1 genannten Gruppen Angelegenheit der persönlichen Entscheidung eines Menschen ist, die für ihn keinen Nachteil mit sich bringen darf.

Art. 21 [Schutz der Minderheiten]. (1) Die Vertragsparteien werden die ethnische, kulturelle, sprachliche und religiöse Identität der in Artikel 20 Absatz 1 genannten Gruppen auf ihrem Hoheitsgebiet schützen und Bedingungen für die Förderung dieser Identität schaffen. Sie erkennen die besondere Bedeutung einer verstärkten konstruktiven Zusammenarbeit in diesem Bereich an. Diese soll das friedliche Zusammenleben und die gute Nachbarschaft des deutschen und des polnischen Volkes verstärken und zur Verständigung und Versöhnung zwischen ihnen beitragen.

(2) Die Vertragsparteien werden insbesondere

– im Rahmen der geltenden Gesetze einander Förderungsmaßnahmen zugunsten der Angehörigen der in Artikel 20 Absatz 1 genannten Gruppen oder ihrer Organisationen ermöglichen und erleichtern,
– sich bemühen, den Angehörigen der in Artikel 20 Absatz 1 genannten Gruppen, ungeachtet der Notwendigkeit, die offizielle Sprache des betreffenden Staates zu erlernen, in Einklang mit den anwendbaren nationalen Rechtsvorschriften entsprechende Möglichkeiten für den Unterricht ihrer Muttersprache oder in ihrer Muttersprache in öffentlichen Bildungseinrichtungen sowie, wo immer dies möglich und notwendig ist, für deren Gebrauch bei Behörden zu gewährleisten,
– im Zusammenhang mit dem Unterricht von Geschichte und Kultur in Bildungseinrichtungen die Geschichte und Kultur der in Artikel 20 Absatz 1 genannten Gruppen berücksichtigen,
– das Recht der Angehörigen der in Artikel 20 Absatz 1 genannten Gruppen achten, wirksam an öffentlichen Angelegenheiten teilzunehmen, einschließlich der Mitwirkung in Angelegenheiten betreffend den Schutz und die Förderung ihrer Identität,
– diesbezüglich die notwendigen Maßnahmen ergreifen, und zwar nach entsprechenden Konsultationen im Einklang mit den Entscheidungsverfahren des jeweiligen Staates, wobei diese Konsultationen Kontakte mit Organisationen oder Vereinigungen der in Artikel 20 Absatz 1 genannten Gruppen einschließen.

(3) Die Vertragsparteien werden im Hinblick auf die in diesem Artikel und in den Artikeln 20 und 22 angesprochenen Fragen die Bestimmungen von Artikel 3 anwenden.

Art. 22 [Rahmenbedingungen]. (1) Keine der Verpflichtungen aus den Artikeln 20 und 21 darf so ausgelegt werden, daß sie das Recht begründet, eine Tätigkeit auszuüben oder eine Handlung zu begehen, die in Widerspruch zu den Zielen und Prinzipien der Charta der Vereinten Nationen, anderen völkerrechtlichen Verpflichtungen oder den Bestimmungen der Schlußakte von Helsinki einschließlich des Prinzips der territorialen Integrität der Staaten steht.

(2) Jeder Angehörige der in Artikel 20 Absatz 1 genannten Gruppen in der Republik Polen beziehungsweise in der Bundesrepublik Deutschland ist nach Maßgabe vorstehender Bestimmungen gehalten, sich wie jeder Staatsbürger loyal gegenüber dem jeweiligen Staat zu verhalten, indem er sich nach den Verpflichtungen richtet, die sich auf Grund der Gesetze dieses Staates ergeben.

Art. 23 [Kulturaustausch]. (1) Die Vertragsparteien werden auf der Grundlage der zwischen ihnen bestehenden Abkommen und Programme den Kulturaustausch in allen Bereichen und auf allen Ebenen intensivieren und ausbauen und damit zur europäischen kulturellen Identität beitragen. Sie werden insbesondere die Zusammenarbeit zwischen Vereinigungen von Künstlern, kulturellen Institutionen und Organisationen unterstützen sowie die direkten Kontakte zwischen deutschen und polnischen Künstlern fördern.

(2) Die bestehende Gemischte Kommission wird mindestens einmal jährlich zusammentreten, um den Stand des Kulturaustauschs in allen Bereichen zu prüfen und Vereinbarungen über die nächsten Vorhaben zu treffen.

Art. 24 [Kulturinstitute]. Die Vertragsparteien werden das Abkommen über die Errichtung und die Tätigkeit von Kulturinstituten mit Leben erfüllen und voll ausschöpfen.

Art. 25 [Sprachen und Literatur]. (1) Die Vertragsparteien bekräftigen ihre Bereitschaft, allen interessierten Personen umfassenden Zugang zur Sprache und Kultur des anderen Landes zu ermöglichen, und sie unterstützen entsprechende staatliche und private Initiativen und Institutionen.

(2) Die Vertragsparteien werden die Verbreitung von klassischer und zeitgenössischer Literatur des anderen Landes in Originalsprache und Übersetzung verstärkt fördern.

(3) Die Vertragsparteien setzen sich nachdrücklich dafür ein, die Möglichkeiten auszubauen, in Schulen, Hochschulen und anderen Bildungseinrichtungen die Sprache des anderen Landes zu erlernen. Dabei wird auch die Gründung von Schulen angestrebt, in denen in beiden Sprachen unterrichtet wird. Weiterhin werden sie sich bemühen, die Möglichkeiten des Studiums der Germanistik und Polonistik an den Hochschulen des anderen Landes auszuweiten.

(4) Die Vertragsparteien werden bei der Entsendung von Lehrern, der Aus- und Fortbildung von Lehrkräften sowie der Entwicklung und Bereitstellung von Lehrmaterial, einschließlich des Einsatzes von Fernsehen, Hörfunk, Audio-, Video- und Computertechnik zusammenarbeiten.

(5) Die Arbeit der unabhängigen deutsch-polnischen Schulbuchkommission wird weiterhin gefördert.

Art. 26 [Wissenschaftlicher Austausch]. (1) Die Vertragsparteien unterstreichen die Notwendigkeit einer erheblichen Erweiterung der wissenschaftlichen und schulischen Zusammenarbeit. Sie werden insbesondere die direkte Zusammenarbeit und den Austausch zwischen Schulen, Hochschulen und wissenschaftlichen Forschungseinrichtungen fördern und weiter ausbauen, und zwar sowohl durch den Austausch von Schülern, Studenten, Lehrern und wissenschaftlichen Lehrkräften als auch durch gemeinsame Vorhaben.

(2) Die Vertragsparteien bekräftigen ihre Absicht, die Möglichkeiten gegenseitiger Anerkennung von Studienzeiten und Hochschulabschlüssen zu prüfen.

Art. 27 [Berufsbildung]. Die Vertragsparteien messen der Zusammenarbeit in der beruflichen Bildung große Bedeutung bei und werden sie durch entsprechende Vereinbarungen wesentlich ausbauen und vertiefen.

Art. 28 [Schutz von Kulturgütern]. (1) Die Vertragsparteien werden bei der Erhaltung und Pflege des europäischen kulturellen Erbes zusammenarbeiten. Sie werden sich für die Denkmalpflege einsetzen.

(2) Die Vertragsparteien werden sich der auf ihrem Gebiet befindlichen Orte und Kulturgüter, die von geschichtlichen Ereignissen sowie kulturellen und wissenschaftlichen Leistungen und Traditionen der anderen Seite zeugen, besonders annehmen und zu ihnen freien und ungehinderten Zugang gewährleisten beziehungsweise sich für einen solchen Zugang einsetzen, soweit dieser nicht in staatlicher Zuständigkeit geregelt werden kann. Die genannten Orte und Kulturgüter stehen unter dem Schutz der Gesetze der jeweiligen Vertragspartei. Die Vertragsparteien werden gemeinsame Initiativen in diesem Bereich im Geiste der Verständigung und der Versöhnung verwirklichen.

(3) Im gleichen Geiste sind die Vertragsparteien bestrebt, die Probleme im Zusammenhang mit Kulturgütern und Archivalien, beginnend mit Einzelfällen, zu lösen.

Art. 29 [Zwischenmenschliche Kontakte]. (1) Die Vertragsparteien werden in der Überzeugung, daß die Entwicklung zwischenmenschlicher Kontakte eine unerläßliche Voraussetzung für die Verständigung und Versöhnung beider Völker ist, umfassende persönliche Begegnungen zwischen ihren Bürgern fördern.

(2) Die Vertragsparteien unterstützen eine engere Zusammenarbeit zwischen den Parteien, Gewerkschaften, Kirchen und Glaubensgemeinschaften, Sportorganisationen, Stiftungen sowie anderen gesellschaftlichen Organisationen und Verbänden.

(3) Die Vertragsparteien unterstützen die Tätigkeit des Deutsch-Polnischen Forums. Sie begrüßen seine Bemühungen, unter Einbeziehung aller repräsentativen politischen und gesellschaftlichen Kräfte in der Bundesrepublik Deutschland und der Republik Polen, Konzeptionen für die Weiterentwicklung der deutsch-polnischen Beziehungen zu entwerfen und entsprechende Initiativen zu ergreifen.

Art. 30 [Jugendaustausch]. (1) Die Vertragsparteien sind davon überzeugt, *daß das gegenseitige* Kennenlernen und das gegenseitige Verstehen der jungen Generation von grundlegender Bedeutung ist, um der Verständigung und der Versöhnung zwischen dem deutschen und polnischen Volk einen dauerhaften Charakter zu verleihen. Sie legen deshalb besonders großes Gewicht auf möglichst umfassende Kontakte und ein enges Zusammenwirken der deutschen und der polnischen Jugend. Die Vertragsparteien werden deshalb im Rahmen ihrer finanziellen Möglichkeiten die Begegnung und den Austausch von Jugendlichen in jeder Weise fördern. Allen Jugendlichen und Jugendorganisationen in beiden Ländern steht die Teilnahme an Begegnungen und gemeinsamen Vorhaben offen.

(2) Die Vertragsparteien errichten ein Deutsch-Polnisches Jugendwerk. Über seine Rechtsform, Aufgaben und Finanzierung schließen sie ein gesondertes Abkommen.

Art. 31 [Medien]. (1) Die Vertragsparteien setzen sich für die Zusammenarbeit der Medien, insbesondere von Fernsehen, Hörfunk und gedruckten Medien, ein. Diese Zusammenarbeit soll vor allem der Verständigung und der Versöhnung zwischen Deutschen und Polen dienen.

(2) Die Vertragsparteien kommen überein, daß Publikationen sowie Beilagen zu Tages- und Wochenzeitungen in der Sprache des anderen Landes frei hergestellt, vertrieben und gelesen werden können. Publikationen des anderen Landes können in Übereinstimmung mit den Artikeln 19 und 20 des Internationalen Paktes über bürgerliche und politische Rechte ungehindert eingeführt und vertrieben werden. Dies gilt auch für Geschenkabonnements und für Veröffentlichungen, die über ihre Auslandsvertretungen verteilt werden.

Art. 32 [Kriegsgräber]. (1) Die Bundesrepublik Deutschland erklärt, daß polnische Gräber in der Bundesrepublik Deutschland geachtet werden und ihre Pflege ermöglicht wird. Die Gräber polnischer Opfer der Kriege und der Gewaltherrschaft, die sich in der Bundesrepublik Deutschland befinden, stehen unter dem Schutz der deutschen Gesetze und werden erhalten und gepflegt.

(2) Die Republik Polen erklärt, daß deutsche Gräber in der Republik Polen geachtet werden und ihre Pflege ermöglicht wird. Die Gräber deutscher Opfer der Kriege und der Gewaltherrschaft, die sich in der Republik Polen befinden, stehen unter dem Schutz der polnischen Gesetze und werden erhalten und gepflegt.

(3) Die Vertragsparteien unterstützen die Zusammenarbeit der Organisationen und Institutionen, die auf beiden Seiten für die Gräber von Opfern der Kriege und der Gewaltherrschaft zuständig sind. Sie ermöglichen insbesondere diesen Organisationen und Institutionen die Erfassung, Instandsetzung und Pflege solcher Gräber.

Art. 33 [Rechtsbeziehungen; Verbrechensbekämpfung]. (1) Die Vertragsparteien werden die konsularischen und Rechtsbeziehungen, darunter den Rechtshilfeverkehr in Zivilsachen, Strafsachen sowie in Sozial- und Verwaltungsangelegenheiten unter Berücksichtigung ihrer Rechtsordnungen sowie bestehender multilateraler und bilateraler Übereinkünfte, insbesondere der Konventionen des Europarats, weiterentwickeln, intensivieren und zum Nutzen ihrer Bürger vereinfachen.

(2) Die Vertragsparteien werden zusammenwirken bei der Bekämpfung des organisierten Verbrechens, des Terrorismus, der Wirtschaftskriminalität, der Rauschgiftkriminalität, des strafbaren Handels mit Kunstwerken, der rechtswidrigen Eingriffe in die Zivilluftfahrt und in die Seeschiffahrt sowie der Herstellung und Verbreitung von Falschgeld. Verfahren und Bedingungen für diese Zusammenarbeit werden gesondert vereinbart.

Art. 34 [Gesundheitswesen]. (1) Die Vertragsparteien fördern eine umfassende Zusammenarbeit auf bestimmten Gebieten der Gesundheitsvorsorge und bei der gemeinsamen Bekämpfung von Seuchen sowie Krankheiten, wie zum Beispiel Herz-, Kreislauf- und Krebserkrankungen und Aids.

(2) Die Bundesrepublik Deutschland wird der Republik Polen Hilfestellung bei der Umstellung des staatlichen Gesundheitssystems auf ein Kranenversicherungssystem leisten.

Art. 35 [Stiftung eines Preises]. Die Vertragsparteien stiften einen gemeinsamen Preis für besondere Verdienste um die Entwicklung der deutsch-polnischen Beziehungen. Der Preis wird alljährlich von einem Komitee verliehen, über dessen Statut eine gesonderte Vereinbarung geschlossen wird.

Art. 36 [Internationale Organisationen]. Die Vertragsparteien werden ihre Zusammenarbeit im Rahmen internationaler Organisationen, insbesondere europäischer Organisationen, verstärken. Sie werden einander behilflich sein, die Zusammenarbeit mit internationalen, insbesondere europäischen Organisationen und Institutionen, denen eine Vertragspartei als Mitglied angehört, zu entwickeln, falls die andere Vertragspartei ein entsprechendes Interesse bekundet.

Art. 37 [Verhältnis zu anderen Übereinkünften]. Dieser Vertrag richtet sich gegen niemanden. Er berührt nicht die Rechte und Verpflichtungen aus geltenden zweiseitigen und mehrseitigen Übereinkünften, die von den Vertragsparteien mit anderen Staaten geschlossen wurden.

Art. 38 [Ratifikation; Inkrafttreten]. (1) Dieser Vertrag bedarf der Ratifikation; die Ratifikationsurkunden werden so bald wie möglich in Warschau ausgetauscht.

(2) Dieser Vertrag tritt am Tage des Austauschs der Ratifikationsurkunden in Kraft.

(3) Dieser Vertrag gilt für die Dauer von zehn Jahren. Danach verlängert er sich stillschweigend um jeweils weitere fünf Jahre, sofern nicht eine der Vertragsparteien den Vertrag unter Einhaltung einer Frist von einem Jahr vor Ablauf der jeweiligen Geltungsdauer schriftlich kündigt.

Zu Urkund dessen haben die Vertreter der Vertragsparteien diesen Vertrag unterzeichnet und mit Siegeln versehen.

Geschehen zu Bonn am 17. Juni 1991 in zwei Urschriften, jede in deutscher und polnischer Sprache, wobei jeder Wortlaut gleichermaßen verbindlich ist.

Briefwechsel

Im Zusammenhang mit der Unterzeichnung des Vertrags zwischen der Bundesrepublik Deutschland und der Republik Polen über gute Nachbarschaft und freundschaftliche Zusammenarbeit am 17. Juni 1991 in Bonn haben der Bundesminister des Auswärtigen der Bundesrepublik Deutschland und der Minister für Auswärtige Angelegenheiten der Republik Polen gleichlautende Briefe ausgetauscht.

Der deutsche Brief hat folgenden Wortlaut:

Bonn, den 17. Juni 1991

Seiner Exzellenz dem Minister für
Auswärtige Angelegenheiten der Republik Polen
Herrn Prof. Dr. Krzysztof Skubiszewski

Sehr geehrter Herr Minister,
im Zusammenhang mit der heutigen Unterzeichnung des Vertrags zwischen der Bundesrepublik Deutschland und der Republik Polen über gute Nachbarschaft und freundschaftliche Zusammenarbeit möchte ich in Erinnerung rufen, daß während der Verhandlungen nachfolgende Erklärungen abgegeben wurden:

1. Die Regierung der Bundesrepublik Deutschland erklärt, daß sie sich bemüht, die Möglichkeit zu schaffen, damit auch die in der Bundesrepublik Deutschland lebenden Personen, die polnischer Abstammung sind oder die sich zur polnischen Sprache, Kultur oder Tradition bekennen und die durch die Bestimmungen des Artikels 20 Absatz 1 nicht erfaßt werden, weitgehend in den Genuß der in Artikel 20 genannten Rechte und der in Artikel 21 genannten Möglichkeiten kommen können.
2. Die Regierung der Republik Polen erklärt, daß die in Artikel 8 Absatz 3 erwähnte Perspektive eines Beitritts der Republik Polen zur Europäischen Gemeinschaft zunehmend Möglichkeiten schaffen wird, auch deutschen Bürgern eine Niederlassung in der Republik Polen zu erleichtern.
3. Der Leiter der polnischen Delegation erklärt:

Der Ministerrat der Republik Polen hat im Hinblick auf die Verwirklichung der Rechte der polnischen Bürger, die Angehörige nationaler Minderheiten sind, darunter auch der deutschen Minderheit, durch Beschluß Nr. 142 vom 7. September 1990 eine Kommission für nationale Minderheiten eingesetzt. Die Kommission beruft einen aus Vertretern der nationalen Minderheiten bestehenden Beirat.

Zu den Hauptaufgaben der Kommission gehören

- die Erarbeitung von Stellungnahmen und Vorschlägen zur Verwirklichung der Rechte und zur Befriedigung der Bedürfnisse der Angehörigen der Minderheiten,
- Maßnahmen zum Schutz vor Verletzungen dieser Rechte,
- Unterrichtung der polnischen Öffentlichkeit über die Probleme der nationalen Minderheiten,
- Erarbeitung eines Regierungsprogramms für Maßnahmen in diesem Bereich.

In den Woiwodschaften mit nationalen Minderheiten wurde die Stelle eines Minderheitenbeauftragten eingerichtet.

Minderheitenfragen sind auch Gegenstand des ständigen Interesses der Sejm-Kommission für Fragen der nationalen und ethnischen Minderheiten.

4. Die Regierung der Republik Polen erklärt, daß sie derzeit keine Möglichkeit der Zulassung offizieller topographischer Bezeichnungen in traditionellen Siedlungsgebieten der deutschen Minderheit in der Republik Polen auch in deutscher Sprache sieht.

   Unter Berücksichtigung des Interesses der Regierung der Bundesrepublik Deutschland an der Frage dieser topographischen Bezeichnungen ist die Regierung der Republik Polen bereit, diese Frage zu gegebener Zeit zu prüfen.

5. Beide Seiten erklären übereinstimmend:

   Dieser Vertrag befaßt sich nicht mit Fragen der Staatsangehörigkeit und nicht mit Vermögensfragen.

Genehmigen Sie, Herr Minister, die Versicherung meiner ausgezeichneten Hochachtung.

Hans-Dietrich Genscher

Ratifikationstabelle I (Texte 18–64)

zu völkerrechtlichen Verträgen; Stand: 1.5.2019

(Zahlen = Gliederungsnummern der Verträge im Sartorius II)

	18	20	20a	20b	21	22	22a	23	23a	27	28	28a	29	29a	29b	29c	30	30a	35	46	46a	53/54	54a	54b	54c	56	56a	56b	58	59	60	62	63	64
Ägypten	+	+			+	+		+		+	+	+	+	+	+		+				+	+	+	+		+	+	+		+	+			
Äquatorial-guinea		+	+		+	+		+	+	+	+	+	+		+						+	+	+	+		+		+	+	+	+		+	+
Äthiopien	+	+			+	+		+		+	+	+	+	+	+		+			+	+	+	+	+		+	+		+		+	+	+	+
Afghanistan	+	+			+	+	+	+		+	+	+	+	+	+		+	+	+		+	+	+	+		+	+	+	+	+	+	+	+	+
Albanien	+	+	+	+	+	+	+	+	+	+	+	+	+	+	+	+	+		+		+	+	+	+	+	+	+		+	+	+		+	+
Algerien	+	+	+		+	+		+		+	+	+	+	+	+		+				+	+	+	+					+	+	+	+	+	+
Andorra	+	+	+	+		+		+	+	+			+	+	+	+	+	+	+			+							+		+		+	
Angola		+	+		+			+	+		+	+	+	+	+		+	+			+	+	+			+			+		+		+	+
Antigua und Barbuda	+					+		+	+	+	+	+	+		+		+		+		+	+	+	+					+		+	+	+	+
Argentinien	+	+	+	+	+	+	+	+	+	+	+	+	+	+	+	+	+	+	+		+	+	+	+	+	+	+	+	+	+	+	+	+	+
Armenien	+	+	+		+	+	+	+	+	+	+	+	+	+	+		+					+	+	+	+	+	+	+		+	+		+	+
Aserbaidschan	+	+	+	+	+	+	+	+	+	+	+	+	+	+	+		+	+				+				+	+	+			+		+	+
Australien	+	+	+	+	+	+	+	+	+	+	+	+	+	+	+		+	+	+		+	+	+	+	+	+			+	+	+	+	+	+
Bahamas	+	+			+	+		+		+	+	+	+	+	+		+					+	+	+					+	+	+	+	+	+
Bahrain	+	+			+	+		+		+			+	+	+		+				+	+	+	+		+	+	+			+		+	+
Bangladesch	+	+			+	+		+	+	+			+	+	+		+	+	+		+	+	+	+		+	+		+	+	+		+	+
Barbados	+	+	+		+			+		+			+				+		+		+	+	+	+		+	+	+	+		+		+	+
Belarus	+	+	+		+	+		+	+	+	+	+	+	+	+		+			+		+	+	+	+	+	+	+	+	+	+	+	+	+
Belgien	+	+	+	+	+	+		+	+	+	+	+	+	+	+	+	+	+	+	+	+	+	+	+	+	+	+	+	+	+	+	+	+	+
Belize	+	+			+	+	+	+	+	+	+	+	+	+	+		+		+			+	+	+	+				+		+		+	+
Benin		+	+	+	+	+	+	+		+	+	+	+	+	+		+	+	+		+	+	+	+		+	+	+	+	+	+	+	+	+
Bhutan								+					+		+						+	+							+		+		+	+
Bolivien	+	+	+	+	+	+	+	+	+	+	+	+	+	+	+	+	+	+	+	+	+	+	+	+		+			+	+	+		+	+

Ratifikationstabelle I

	18	20	20a	20b	21	22	22a	23	23a	27	28	28a	29	29a	29b	29c	30	30a	35	46	46a	53/54	54a	54b	54c	56	56a	56b	58	59	60	62	63	64
Bosnien und Herzegowina	+	+	+	+	+	+	+	+	+	+	+	+	+	+	+	+	+	+	+			+	+	+				+	+	+	+		+	+
Botsuana		+				+		+	+	+	+	+	+	+	+				+			+	+	+		+			+	+	+	+	+	+
Brasilien	+	+	+	+	+	+	+	+	+	+	+	+	+	+	+	+	+	+	+	+	+	+	+	+	+	+	+	+	+	+	+	+	+	+
Brunei Darussalam								+					+	+	+		+					+	+	+					+		+		+	+
Bulgarien	+	+	+	+	+	+	+	+	+	+	+	+	+	+	+		+		+		+	+	+	+	+	+	+	+	+	+	+	+	+	+
Burkina Faso	+	+	+		+	+	+	+	+	+	+	+	+	+	+		+	+	+		+	+	+	+	+	+	+	+	+	+	+		+	+
Burundi	+	+			+	+	+	+		+	+	+	+	+	+		+	+	+1)			+	+	+					+		+		+	+
Chile	+	+	+	+	+	+	+	+		+	+	+	+	+	+	+	+	+	+		+	+	+	+	+	+	+	+	+	+	+		+	+
China2)	+				+	+		+		+	+	+	+	+	+		+			+	+	+	+	+		+	+				+	+	+	+
China (Taiwan)	+																													+				
Cook Islands3)								+	+				+				+	+	+			+	+	+	+				+				+	+
Costa Rica	+	+	+	+	+	+	+	+	+	+	+	+	+	+	+	+	+	+	+	+	+	+	+	+	+	+	+	+	+	+	+		+	+
Côte d'Ivoire	+	+	+		+	+		+	+	+	+	+	+	+	+				+		+	+	+	+		+			+	+	+	+	+	
Dänemark	+	+	+	+	+	+	+	+	+	+	+	+	+	+	+	+	+	+	+	+	+	+	+	+	+	+	+		+	+	+	+	+	+
Deutschland	+	+	+	+	+	+	+	+	+	+	+	+	+	+	+	+	+	+	+	+	+	+	+	+	+	+	+	+	+	+	+	+	+	+
Dominica		+			+			+			+	+	+	+	+		+	+	+			+	+	+					+		+		+	+
Dominikanische Republik		+	+	+	+	+		+	+	+	+	+	+		+		+	+	+	+	+	+	+	+	+	+	+	+	+	+	+	+	+	+
Dschibuti		+	+	+	+	+		+		+	+	+	+	+	+		+	+	+			+	+	+		+	+	+	+		+		+	
Ecuador	+	+	+	+	+	+	+	+	+	+	+	+	+	+	+	+	+	+	+		+	+	+	+		+	+	+	+	+	+		+	+
El Salvador	+	+	+	+	+	+		+		+	+	+	+	+	+	+	+	+	+	+	+	+	+	+	+	+	+	+	+	+	+		+	+
Eritrea		+			+	+		+		+			+	+	+							+				+			+	+	+		+	
Estland	+	+	+	+	+	+	+	+		+	+	+	+	+	+		+	+	+		+	+	+	+	+	+	+	+	+	+	+		+	+
Europäische Union4)																	+																	

1) Burundi hat mit Wirkung v. 27.10.2017 seine Mitgliedschaft im IStGH-Statut gekündigt.
2) IPBPR (Nr. **20**) findet nur auf die Landesverwaltungsgebiete Hongkong und Macau Anwendung.
3) Die Cook Islands verfügen über einen völkerrechtlichen Status sui generis: Sie sind ein unabhängiger Staat in „freier Assoziierung mit Neuseeland".
4) Die Union kann im Rahmen ihrer ausschließlichen oder konkurrierenden Zuständigkeit selbst Vertragspartei sein, vgl. Artikel 216 AEUV.

Ratifikationstabelle I

	18	20	20a	20b	21	22	22a	23	23a	27	28	28a	29	29a	29b	29c	30	30a	35	46	46a	53/54	54a	54b	54c	56	56a	56b	58	59	60	62	63	64
Fidschi	+	+			+	+		+		+	+	+	+				+		+	+	+	+	+	+	+				+	+	+		+	+
Finnland	+	+	+	+	+	+	+	+	+	+	+	+	+	+	+	+	+	+	+	+	+	+	+	+	+	+	+	+	+	+	+	+	+	+
Frankreich	+	+	+	+	+	+	+	+	+	+	+	+	+	+	+	+	+	+	+	+	+	+	+	+	+	+	+	+	+	+	+		+	+
Gabun	+	+		+	+	+	+	+	+	+	+	+	+		+	+	+	+	+			+	+	+		+	+	+	+	+	+		+	+
Gambia	+	+	+	+	+	+	+	+		+	+	+	+		+		+	+	+		+	+	+	+					+	+	+		+	+
Georgien	+	+	+	+	+	+	+	+	+	+	+	+	+	+	+	+	+		+			+	+	+	+	+	+	+		+	+		+	+
Ghana	+	+	+		+	+	+	+		+	+	+	+				+	+	+		+	+	+	+		+	+		+	+	+	+	+	+
Grenada		+			+			+		+			+	+	+		+		+		+	+	+	+					+	+	+		+	+
Griechenland	+	+	+	+	+	+	+	+	+	+	+	+	+	+	+		+	+	+		+	+	+	+	+	+	+	+	+	+	+	+	+	+
Guatemala	+	+	+		+	+	+	+	+	+	+	+	+	+	+		+	+	+	+	+	+	+	+	+	+	+	+	+	+	+		+	+
Guinea	+	+	+		+	+		+		+	+	+	+	+			+	+	+			+	+	+		+	+		+		+		+	+
Guinea-Bissau	+	+	+	+	+	+		+	+	+	+	+	+	+	+		+	+			+	+	+	+					+	+	+	+	+	+
Guyana		+	+		+	+		+		+			+	+	+		+		+			+	+	+	+					+	+		+	+
Haiti	+	+			+			+		+	+	+	+				+	+		+		+	+	+					+		+		+	
Heiliger Stuhl						+				+	+	+	+	+	+							+	+	+		+	+		+	+	+		+	+
Honduras	+	+	+	+	+	+	+	+		+	+	+	+	+	+		+	+	+			+	+	+	+	+	+	+	+	+	+		+	+
Indien	+	+			+			+		+			+	+	+		+				+	+				+	+			+		+	+	+
Indonesien		+			+	+		+		+			+	+			+				+	+				+	+		+	+	+		+	+
Irak	+	+			+	+		+		+			+	+	+		+				+	+	+			+	+		+	+	+	+	+	+
Iran	+	+			+					+	+	+	+		+		+				+	+				+	+	+		+	+	+	+	+
Irland	+	+	+	+	+	+		+	+	+	+	+	+	+		+	+		+		+	+	+	+		+		+	+	+	+	+	+	+
Island	+	+	+	+	+	+	+	+	+	+	+	+	+	+	+		+		+		+	+	+	+	+				+	+	+	+	+	+
Israel	+	+			+	+		+		+	+	+	+	+	+		+				+	+			+	+	+			+				
Italien	+	+	+	+	+	+	+	+	+	+	+	+	+	+	+	+	+	+	+		+	+	+	+	+	+	+	+	+	+	+	+	+	+
Jamaika	+	+			+			+		+	+	+	+	+	+		+	+			+	+	+	+					+	+	+	+	+	+
Japan		+			+	+		+		+	+	+	+	+	+		+		+	+	+	+	+	+		+	+	+	+	+	+	+	+	+
Jemen	+	+			+	+		+		+	+	+	+	+	+		+	+			+	+	+	+		+	+		+	+	+	+	+	+
Jordanien	+	+			+	+		+		+			+	+	+		+		+		+	+	+	+		+	+	+	+	+	+	+	+	+

Ratifikationstabelle I

	18	20	20a	20b	21	22	22a	23	23a	27	28	28a	29	29a	29b	29c	30	30a	35	46	46a	53/54	54a	54b	54c	56	56a	56b	58	59	60	62	63	64
Kambodscha	+	+			+	+	+	+	+	+	+	+	+	+	+		+	+	+		+	+	+	+		+	+	+	+		+		+	+
Kamerun	+	+	+		+	+	+	+	+	+	+	+	+	+			+				+	+	+	+		+	+		+		+		+	+
Kanada	+	+	+	+	+	+		+	+	+	+	+	+	+	+		+		+		+	+	+	+	+	+	+	+	+	+	+	+	+	+
Kap Verde	+	+	+	+	+	+	+	+	+	+		+	+	+	+		+		+		+	+	+	+					+	+	+	+	+	+
Kasachstan	+	+	+		+	+	+	+	+	+	+	+	+	+	+			+				+	+	+	+	+	+			+	+		+	+
Katar					+	+		+		+			+	+	+		+				+	+	+	+	+	+		+	+	+	+	+	+	+
Kenia		+			+	+		+		+	+	+	+	+			+		+		+	+	+	+	+					+	+		+	+
Kirgisistan	+	+	+		+	+	+	+	+	+	+	+	+	+	+							+	+	+	+	+				+	+		+	+
Kiribati								+					+	+	+		+					+							+		+		+	
Kolumbien	+	+	+	+	+	+		+	+	+	+	+	+	+	+		+		+		+	+	+	+		+	+	+	+	+	+		+	+
Komoren	+					+		+		+			+		+		+		+			+	+	+					+		+		+	
Kongo, Demokratische Republik	+	+	+		+	+	+	+		+	+	+	+	+			+	+	+			+	+	+		+	+		+	+	+		+	+
Kongo, Republik		+	+		+	+		+		+	+	+	+	+	+		+	+	+			+	+	+					+		+	+	+	+
Korea, Demokrat. Volksrepubl.	+	+			+			+					+		+		+				+	+	+								+			+
Korea, Republik	+	+	+		+	+		+		+	+	+	+	+	+		+		+		+	+	+	+						+	+	+	+	+
Kroatien	+	+	+	+	+	+	+	+	+	+	+	+	+	+	+	+	+	+	+		+	+	+	+	+	+	+	+	+	+	+	+	+	+
Kuba	+					+		+		+			+	+	+		+			+	+	+	+	+		+	+				+	+	+	+
Kuwait	+	+			+	+		+		+			+	+	+		+				+	+	+	+		+	+		+	+	+		+	+
Laos	+				+	+		+		+			+	+	+		+				+	+	+	+						+	+	+	+	+
Lesotho	+	+	+		+	+		+	+	+	+	+	+	+	+		+		+		+	+	+	+						+	+	+	+	+
Lettland	+	+	+	+	+	+		+		+	+	+	+	+	+		+	+	+		+	+	+	+	+	+	+		+	+	+	+	+	+
Libanon	+	+			+	+	+	+		+			+		+						+	+	+	+		+	+			+	+		+	+
Liberia	+	+		+	+	+	+	+		+	+	+	+				+		+	+	+	+	+	+					+	+	+		+	
Libyen	+	+	+		+	+		+	+				+	+	+			+			+	+	+	+		+	+	+		+	+	+	+	+
Liechtenstein	+	+	+	+	+	+	+	+	+	+	+	+	+	+	+	+			+		+	+	+	+	+	+	+	+	+		+	+	+	+
Litauen	+	+	+	+	+	+	+	+	+	+	+	+	+	+	+		+	+	+		+	+	+	+	+	+	+	+	+	+	+		+	+
Luxemburg	+	+	+	+	+	+	+	+	+	+	+	+	+	+	+	+	+	+	+	+	+	+	+	+	+	+	+	+	+	+	+	+	+	+

Ratifikationstabelle I

	18	20	20a	20b	21	22	22a	23	23a	27	28	28a	29	29a	29b	29c	30	30a	35	46	46a	53/54	54a	54b	54c	56	56a	56b	58	59	60	62	63	64
Madagaskar		+	+	+	+	+	+	+		+	+		+	+	+		+		+		+	+	+	+	+	+	+	+	+	+	+		+	+
Malawi	+	+	+		+	+		+		+	+	+	+	+	+		+		+		+	+	+	+					+	+	+		+	+
Malaysia	+							+					+	+	+		+		+		+	+				+	+		+	+	+	+	+	+
Malediven	+	+	+		+	+	+	+	+	+			+	+	+		+		+		+	+	+	+					+	+	+		+	+
Mali	+	+	+	+	+	+	+	+	+	+	+	+	+	+	+		+	+	+			+	+	+		+	+	+	+	+	+		+	+
Malta	+	+	+	+	+	+	+	+	+	+	+	+	+	+	+		+	+	+		+	+	+	+					+	+	+	+	+	+
Marokko	+	+			+	+	+	+		+	+	+	+	+	+		+	+			+	+	+	+		+	+	+		+	+	+	+	+
Marshallinseln					+	+		+	+	+			+		+	+	+		+			+									+		+	+
Mauretanien		+			+	+	+	+		+	+	+	+		+		+	+				+	+	+					+	+	+		+	+
Mauritius		+	+		+	+	+	+	+	+			+	+	+		+		+		+	+	+	+		+			+	+	+	+	+	+
Mazedonien	+	+	+	+	+	+	+	+		+	+	+	+	+	+		+	+	+		+	+	+	+	+	+	+	+	+		+		+	+
Mexiko	+	+	+	+	+	+	+	+	+	+	+	+	+	+	+		+	+	+	+	+	+	+		+	+	+	+	+	+	+	+	+	+
Mikronesien								+					+	+	+		+					+	+	+							+		+	
Moldau, Republik	+	+	+	+	+	+	+	+	+	+	+	+	+	+	+		+		+		+	+	+	+	+	+	+		+		+		+	+
Monaco	+	+		+	+	+		+	+	+	+	+	+	+	+	+	+				+	+	+	+	+	+	+		+		+		+	+
Mongolei	+	+	+	+	+	+	+	+	+	+			+	+	+	+	+	+	+		+	+	+	+		+				+	+	+	+	+
Montenegro	+	+	+	+	+	+	+	+	+	+	+	+	+	+		+	+	+	+			+	+	+		+	+	+	+		+	+	+	+
Mosambik	+	+		+		+	+	+	+	+	+	+	+	+	+		+	+				+	+	+					+		+		+	+
Myanmar	+				+			+					+		+		+					+				+	+			+	+		+	+
Namibia	+	+	+	+	+	+		+	+	+	+	+	+	+	+		+	+	+			+	+	+					+	+	+		+	
Nauru						+	+	+					+				+		+			+	+	+	+				+	+	+		+	+
Nepal	+	+	+	+	+	+		+	+	+			+	+	+		+	+			+	+								+	+	+	+	+
Neuseeland	+	+	+	+	+	+	+	+	+	+	+	+	+	+	+		+	+	+		+	+	+	+	+	+	+	+	+	+	+	+	+	+
Nicaragua	+	+	+	+	+	+	+	+		+	+	+	+	+	+		+	+		+	+	+	+	+	+	+	+	+	+	+	+	+	+	+
Niederlande	+	+	+	+	+	+	+	+	+	+	+	+	+		+		+		+	+	+	+	+	+	+	+	+	+	+	+	+	+	+	+
Niger	+	+	+		+	+	+	+	+	+	+	+	+	+	+		+	+	+		+	+	+	+		+	+	+	+	+	+	+	+	+
Nigeria	+	+			+	+	+	+	+	+	+	+	+	+	+		+	+	+		+	+	+	+		+	+	+	+	+	+		+	+

Ratifikationstabelle I

	18	20	20a	20b	21	22	22a	23	23a	27	28	28a	29	29a	29b	29c	30	30a	35	46	46a	53/54	54a	54b	54c	56	56a	56b	58	59	60	62	63	64
Niue[1]													+																				+	+
Norwegen	+	+	+	+	+	+	+	+	+	+	+	+	+	+	+		+		+	+	+	+	+	+	+	+	+	+	+	+	+	+	+	+
Oman								+		+			+	+	+		+					+	+	+		+		+		+	+		+	+
Österreich	+	+	+	+	+	+	+	+	+	+	+	+	+	+	+		+	+	+	+	+	+	+	+	+	+	+	+	+	+	+	+	+	+
Pakistan	+	+			+	+		+		+			+		+		+				+	+				+	+			+			+	+
Palästina	+	+		+	+	+	+	+	+	+			+	+	+	+	+	+	+			+	+	+	+	+	+	+	+		+		+	+
Palau													+				+	+				+	+	+					+		+		+	+
Panama	+	+	+	+	+	+	+	+	+	+	+	+	+	+	+	+	+	+	+	+	+	+	+	+	+	+	+	+	+	+	+	+	+	+
Papua-Neuguinea	+	+			+			+		+	+	+	+				+				+	+							+	+	+		+	+
Paraguay	+	+	+	+	+	+	+	+	+	+	+	+	+	+	+	+	+	+	+		+	+	+	+	+	+	+	+	+	+	+		+	+
Peru	+	+	+		+	+	+	+	+	+	+	+	+	+	+	+	+	+	+		+	+	+	+	+	+	+	+	+	+	+		+	+
Philippinen	+	+	+	+	+	+	+	+	+	+	+	+	+	+	+		+		+[2]		+	+		+	+				+	+	+	+	+	+
Polen	+	+	+	+	+	+	+	+	+	+	+	+	+	+	+		+		+	+	+	+	+	+	+	+	+	+	+	+	+	+	+	+
Portugal	+	+	+	+	+	+	+	+	+	+	+	+	+	+	+	+	+	+	+	+	+	+	+	+	+	+	+	+	+	+	+	+	+	+
Ruanda	+	+		+	+	+	+	+	+	+	+	+	+	+	+		+				+	+	+	+		+			+	+	+	+	+	+
Rumänien	+	+	+	+	+	+	+	+	+	+	+	+	+	+	+		+		+	+	+	+	+	+	+	+	+	+	+	+	+	+	+	+
Russische Föderation	+	+	+		+	+		+	+	+	+	+	+	+	+		+			+	+	+	+	+		+	+			+	+	+	+	+
Salomonen					+			+	+	+	+	+	+								+	+	+	+					+		+	+	+	+
Sambia		+	+		+	+		+		+	+	+	+				+		+			+	+	+					+	+	+	+	+	+
Samoa		+						+			+	+	+	+	+	+	+		+			+	+	+					+	+	+		+	+
San Marino	+	+	+	+	+			+	+	+			+		+	+	+	+	+			+	+	+	+	+	+		+	+	+		+	+
São Tomé und Principe	+		+	+				+	+		+	+	+				+					+	+	+							+	+	+	+
Saudi-Arabien	+					+		+		+			+	+	+		+	+			+	+	+	+		+	+	+			+	+	+	+
Schweden	+	+	+	+	+	+	+	+	+	+	+	+	+	+	+		+	+	+	+	+	+	+	+	+	+	+	+	+	+	+	+	+	+
Schweiz	+	+		+	+	+	+	+	+	+	+	+	+	+	+	+	+		+	+	+	+	+	+	+	+	+	+	+	+	+	+	+	+
Senegal	+	+	+		+	+	+	+	+	+	+	+	+	+	+		+		+		+	+	+	+		+	+		+	+	+		+	+

[1] Niue verfügt über einen völkerrechtlichen Status sui generis: Es ist ein unabhängiger Staat in „freier Assoziierung mit Neuseeland".
[2] Die Philippinen haben mit Wirkung v. 17.3.2019 ihre Mitgliedschaft im IStGH-Statut gekündigt.

Ratifikationstabelle I

	18	20	20a	20b	21	22	22a	23	23a	27	28	28a	29	29a	29b	29c	30	30a	35	46	46a	53/54	54a	54b	54c	56	56a	56b	58	59	60	62	63	64
Serbien	+	+	+	+	+	+	+	+	+	+	+	+	+	+			+	+	+		+	+	+	+	+	+	+	+	+		+		+	+
Seychellen	+	+	+	+	+	+		+	+	+	+	+	+	+	+		+		+			+	+	+					+	+	+	+	+	+
Sierra Leone		+	+		+	+		+		+	+	+	+	+	+		+		+		+	+	+	+					+	+	+		+	+
Simbabwe	+	+			+			+		+	+	+	+	+	+		+	+	+			+	+	+		+			+		+		+	+
Singapur	+							+					+	+			+					+			+					+	+	+	+	+
Slowakei	+	+	+	+	+	+		+	+	+	+	+	+	+	+	+	+	+	+		+	+	+	+	+	+	+	+	+	+	+	+	+	+
Slowenien	+	+	+	+	+	+	+	+	+	+	+	+	+	+	+	+	+	+	+			+	+	+	+	+	+	+	+	+	+	+	+	+
Somalia		+	+		+	+				+	+	+										+							+		+		+	
Spanien	+	+	+	+	+	+	+	+	+	+	+	+	+	+	+	+	+	+	+		+	+	+	+	+	+	+	+	+	+	+	+	+	+
Sri Lanka	+	+	+		+	+	+	+	+	+			+	+	+		+		+		+	+				+			+	+	+		+	+
St. Kitts und Nevis								+	+		+		+						+		+	+	+	+							+		+	+
St. Lucia								+		+			+		+				+		+	+	+	+					+	+	+		+	+
St. Vincent und die Grenadinen	+	+	+		+	+		+		+	+	+	+	+			+	+	+			+	+	+					+		+	+	+	+
Südafrika	+	+	+	+	+	+		+	+	+	+	+	+	+	+		+	+	+	+	+	+	+	+		+		+	+	+	+	+	+	+
Südsudan						+	+	+	+					+	+							+	+	+	+				+					
Sudan	+	+			+					+	+	+	+	+	+		+	+			+	+	+	+		+			+	+	+		+	+
Suriname		+	+		+			+		+	+	+	+		+		+		+			+	+	+	+				+	+	+		+	+
Eswatini		+			+	+		+		+	+	+	+	+	+		+	+			+	+	+	+					+	+	+	+	+	+
Syrien	+	+			+	+		+		+			+	+	+		+	+			+	+	+			+	+			+	+		+	
Tadschikistan		+	+		+	+		+	+	+	+	+	+	+	+				+			+	+	+		+	+	+	+	+	+		+	+
Tansania	+	+			+			+	+	+	+	+	+	+	+			+	+		+	+	+	+		+			+	+	+		+	
Thailand		+			+	+		+	+	+			+	+	+	+	+	+		+	+	+				+	+		+	+	+		+	+
Timor-Leste		+		+	+	+		+	+	+	+	+	+	+	+				+			+	+	+	+				+		+		+	+
Togo	+	+	+		+	+	+	+		+	+	+	+	+	+		+	+			+	+	+	+		+	+	+	+	+	+	+	+	+
Tonga	+									+			+								+	+	+	+						+	+		+	+
Trinidad und Tobago	+	+	+		+			+		+	+	+	+				+		+		+	+	+	+					+	+	+		+	+
Tschad		+	+		+	+		+		+	+	+	+	+	+				+			+	+	+		+			+	+	+		+	

Ratifikationstabelle I

	18	20	20a	20b	21	22	22a	23	23a	27	28	28a	29	29a	29b	29c	30	30a	35	46	46a	53/54	54a	54b	54c	56	56a	56b	58	59	60	62	63	64
Tschechische Republik	+	+	+	+	+	+	+	+	+	+	+	+	+	+	+	+	+		+		+	+	+	+	+	+	+	+	+	+	+	+	+	+
Tunesien	+	+	+		+	+	+	+	+	+	+	+	+	+	+	+	+	+	+		+	+	+	+		+	+		+	+	+	+	+	+
Türkei	+	+	+	+	+	+	+	+	+	+	+	+	+	+	+	+	+	+			+	+				+	+		+	+	+	+	+	+
Turkmenistan	+	+	+	+	+	+		+		+	+	+	+	+	+		+	+				+	+	+		+	+	+	+	+	+		+	+
Tuvalu								+			+	+	+				+					+							+		+		+	
Uganda	+	+	+		+	+		+		+	+	+	+	+	+		+	+	+		+	+	+	+	+				+	+	+		+	+
Ukraine	+	+	+	+	+	+	+	+	+	+	+	+	+	+	+	+	+	+			+	+	+	+	+	+	+		+	+	+	+	+	+
Ungarn	+	+	+	+	+	+	+	+	+	+	+	+	+	+	+		+	+	+	+	+	+	+	+	+	+	+	+	+	+	+	+	+	+
Uruguay	+	+	+	+	+	+	+	+	+	+	+	+	+	+	+	+	+	+	+		+	+	+	+	+	+	+	+	+	+	+		+	+
Usbekistan	+	+	+	+	+	+		+		+			+	+	+							+	+	+		+				+	+		+	+
Vanuatu		+				+		+	+				+	+	+		+		+			+	+	+					+		+		+	+
Venezuela	+	+	+	+	+	+		+	+	+		+	+	+	+		+	+	+		+	+	+	+		+			+	+	+		+	+
Vereinigtes Königreich	+	+		+	+	+	+[1]	+	+	+	+	+	+	+	+		+	+	+	+	+	+	+	+	+	+	+	+	+	+	+	+	+	+
Vereinigte Arabische Emirate	+					+		+		+			+		+		+					+	+	+						+	+		+	+
Vereinigte Staaten von Amerika	+	+				+				+		+		+	+					+	+	+			+	+				+	+	+	+	+
Vietnam	+	+			+	+		+		+			+	+	+		+				+	+	+								+	+	+	+
Zentralafrikanische Republik		+	+		+	+	+	+	+	+	+	+	+	+	+		+	+	+		+	+	+	+					+	+	+	+	+	+
Zypern	+	+	+	+	+	+	+	+	+	+	+	+	+	+	+	+	+	+	+		+	+	+	+	+	+	+	+	+	+	+	+	+	+

[1] Seit 29.5.2014 auch für die Insel Man (BGBl. 2014 II S. 420).

Ratifikationstabelle II (Texte 320–500)

zu völkerrechtlichen Verträgen; Stand: 1. 3. 2016

(Zahlen = Gliederungsnummern der Verträge im Sartorius II)

	320	325	326	330	340	343	350	350a	390	395	396	399	400	410	420	430	440	441	450	454	455	460	462	475	480	481	500
Ägypten	+	+	+	+			+			+		+	+	+			+	+		+	+	+	+	+	+		+
Äquatorialguinea		+	+	+			+			+		+		+			+	+		+	+	+	+				
Äthiopien		+		+								+	+	+			+	+		+	+	+	+				
Afghanistan		+		+						+		+	+	+			+	+		+	+		+	+			
Albanien	+	+	+	+			+	+				+	+	+			+	+	+	+	+	+	+	+	+	+	+
Algerien	+	+	+	+			+	+		+		+	+	+			+	+		+	+	+	+	+			
Andorra	+	+	+	+								+		+			+			+	+	+					
Angola		+	+				+					+		+			+	+		+	+		+				+
Antigua und Barbuda			+	+			+			+	+	+	+	+			+	+		+	+	+	+		+		+
Argentinien	+	+	+	+			+	+	+	+	+	+	+	+			+	+		+	+	+	+	+	+	+	+
Armenien	+	+	+	+			+	+				+	+	+			+	+	+	+	+	+	+	+	+	+	+
Aserbaidschan		+	+	+						+		+	+	+			+	+	+	+	+	+	+	+			
Australien	+	+	+	+			+	+	+	+	+	+	+	+			+	+		+	+	+	+	+	+	+	+
Bahamas		+	+	+			+	+		+		+	+	+			+	+		+	+	+	+		+		
Bahrain		+	+	+			+					+	+	+			+	+		+	+	+	+				+
Bangladesch		+	+	+			+	+		+		+	+	+			+	+		+	+	+	+	+			+
Barbados	+	+	+	+			+	+		+		+	+	+			+	+		+	+	+	+	+	+	+	+
Belarus	+	+	+	+			+	+	+	+	+	+		+			+	+	+	+	+	+	+	+	+	+	
Belgien	+	+	+	+	+		+	+	+	+	+	+	+	+	+		+	+	+	+	+	+	+	+	+		+
Belize		+	+	+			+	+				+		+			+	+		+	+	+	+				+
Benin		+	+	+			+	+		+	+	+	+	+			+	+		+	+	+	+	+			+
Bhutan		+	+	+								+		+			+	+		+	+	+	+				

Ratifikationstabelle II

	320	325	326	330	340	343	350	350a	390	395	396	399	400	410	420	430	440	441	450	454	455	460	462	475	480	481	500
Bolivien		+	+	+			+	+				+	+	+			+	+		+	+	+	+	(+)[1]			+
Bosnien-Herzegowina	+	+	+	+			+				+	+		+			+	+	+	+	+	+	+	+	+	+	
Botsuana		+	+	+			+	+			+	+		+			+	+		+	+	+	+	+	+		+
Brasilien	+	+	+	+			+	+		+	+	+		+			+	+		+	+	+	+			+	+
Brunei Darussalam		+	+	+			+	+				+	+	+			+	+		+	+	+		+			+
Bulgarien	+	+	+	+			+	+		+	+	+	+	+			+	+	+	+	+	+	+	+	+	+	+
Burkina Faso	+	+	+	+			+	+		+		+	+	+			+	+		+	+	+	+	+			+
Burundi		+		+								+	+	+			+	+		+	+	+	+	+			+
Chile	+	+	+	+			+	+	+	+	+	+	+	+			+	+		+	+	+	+	+			+
China	+	+	+	+			+	+	+	+	+	+	2)	+			+	+		+	+	+	+	+	+	+	+
China (Taiwan)	+[3]									+	+	+												+			+[4]
Cook Islands							+	+				+	+	+			+	+		+	+	+	+				
Costa Rica	+	+	+	+			+	+				+	+	+			+	+		+	+	+	+	+			+
Côte d'Ivoire		+	+	+			+	+				+	+	+			+	+		+	+	+	+	+			+
Dänemark	+	+	+	+			+	+	+	+	+	+	+	+	+	+	+	+	+	+	+	+	+	+	+	+	+
Deutschland	+	+	+	+	+	+	+	+	+	+	+	+	+	+	+	+	+	+	+	+	+	+	+	+	+	+	+
Dominica		+	+	+			+							+			+	+		+	+	+	+				+
Dominikanische Republik	+	+	+	+			+	+	+	+	+	+		+			+	+		+	+	+	+				+
Dschibuti		+	+	+			+					+		+			+	+		+	+	+	+				+
Ecuador	+	+	+	+			+	+	+	+	+	+	+	+			+	+		+	+	+	+	(+)[5]			+
El Salvador		+	+	+						+		+	+	+			+	+		+	+	+	+				+
Eritrea		+	+									+		+			+	+		+	+	+	+				+
Estland	+	+	+	+			+	+	+	+		+	+	+		+	+	+	+	+	+	+	+	+	+	+	+

1) Bolivien hat mWv. 3. 11. 2007 die Kündigung des ICSID-Übereinkommens erklärt.
2) Anwendung auf die Sonderverwaltungsregion Hongkong m. W. v. 1. 7. 1997, BGBl. 2003 II S. 583.
3) Taiwan hat die Konvention am 27. 4. 1970 unterschrieben – die VR China hat die Unterzeichnung in einer Erklärung als „null und nichtig" bezeichnet.
4) Mitgliedschaft unter der Bezeichnung: „Seperate Customs Territory of Taiwan, Penghu, Kinmen and Matsu (Chinese Taipen)".
5) Ecuador hat mWv 7. 1. 2010 die Kündigung des ICSID-Übereinkommens erklärt.

Ratifikationstabelle II

	320	325	326	330	340	343	350	350a	390	395	396	399	400	410	420	430	440	441	450	454	455	460	462	475	480	481	500
Europäische Union[1)]						+	+	+							+	+	+	+	+	+	+	+					+
Fidschi		+	+				+	+		+	+	+	+	+			+	+		+	+		+	+			+
Finnland	+	+	+	+			+	+	+	+	+	+	+	+	+	+	+	+	+	+	+	+	+	+	+	+	+
Frankreich		+	+	+	+	+	+	+	+	+	+	+	+	+	+		+	+	+	+	+	+	+	+	+	+	+
Gabun	+	+	+	+			+	+			+	+	+	+			+	+		+	+	+	+	+			+
Gambia		+	+				+					+		+			+	+		+	+	+	+	+			+
Georgien	+	+	+	+			+	+				+	+	+			+	+	+	+	+	+	+	+			+
Ghana		+	+	+			+					+		+			+	+		+	+	+	+	+			+
Grenada		+	+	+			+	+				+		+			+	+		+	+		+	+			+
Griechenland	+	+	+	+			+	+	+	+	+	+	+	+			+	+	+	+	+	+	+	+	+	+	+
Guatemala	+	+	+	+			+	+	+			+	+	+			+	+		+	+	+	+	+			+
Guinea	+	+	+	+			+	+				+	+	+			+	+		+	+	+	+	+			+
Guinea-Bissau		+		+			+			+		+		+			+	+		+	+	+	+				+
Guyana	+	+	+	+			+	+				+	+	+			+	+		+	+	+	+	+			+
Haiti	+	+	+	+			+	+				+		+			+	+		+	+	+	+	+			+
Heiliger Stuhl	+	+	+	+										+						+	+						
Honduras		+	+	+			+	+				+	+	+			+	+		+	+	+	+	+			+
Indien		+	+	+			+	+	+	+	+	+	+	+			+	+		+	+	+	+		+	+	+
Indonesien		+	+				+	+		+	+	+		+			+	+		+	+	+	+	+			+
Irak		+	+	+			+			+	+	+	+	+			+	+		+	+		+	+			
Iran	+	+	+	+							+	+	+	+			+	+		+	+	+	+				
Irland	+	+	+	+			+	+		+	+	+	+	+	+		+	+	+	+	+	+	+	+	+		+
Island		+	+	+			+	+	+	+		+	+	+	+		+	+	+	+	+	+	+	+	+	+	+
Israel		+	+	+						+	+	+	+	+			+	+		+	+	+	+	+		+	+
Italien	+	+	+	+			+	+	+	+	+	+	+	+			+	+	+	+	+	+	+	+	+	+	+
Jamaika	+	+	+	+			+	+		+		+	+	+			+	+		+	+	+	+	+			+

1) Die Union kann im Rahmen ihrer ausschließlichen oder konkurrierenden Zuständigkeit selbst Vertragspartei sein, vgl. Artikel 218 Abs. 1 AEUV.

Ratifikationstabelle II

	320	325	326	330	340	343	350	350a	390	395	396	399	400	410	420	430	440	441	450	454	455	460	462	475	480	481	500
Japan	+	+	+	+			+	+	+	+	+	+	+	+			+	+		+	+	+	+	+	+		+
Jemen		+	+	+			+	+		+		+		+			+	+		+	+	+	+	+			+
Jordanien		+	+	+			+	+				+	+	+			+	+		+	+	+	+	+			+
Kambodscha		+	+	+								+		+			+	+		+	+	+	+	+			+
Kamerun		+	+	+			+	+				+	+	+			+	+		+	+	+	+	+			+
Kanada		+	+	+			+	+	+	+	+	+		+			+	(+)[1]	+	+	+	+	+	+	+		+
Kap Verde		+	+	+			+	+				+		+			+	+		+	+	+	+	+			+
Kasachstan	+	+	+	+					+	+	+	+	+	+			+	+	+	+	+	+	+	+			+
Katar		+	+	+			+	+		+	+	+	+	+			+	+		+	+	+	+	+			+
Kenia		+	+	+			+	+		+	+	+		+			+	+		+	+	+	+	+			+
Kirgisistan	+	+	+	+								+		+			+	+	+	+	+	+	+				+
Kiribati	+	+	+	+			+	+				+		+			+	+		+	+	+					
Kolumbien	+	+	+	+					+			+		+			+	+		+	+	+	+		+	+	+
Komoren		+		+			+					+		+			+	+		+	+	+	+	+			
Kongo, Demokrat. Republik	+	+	+	+			+					+		+			+	+		+	+	+	+	+			+
Kongo, Republik	+	+	+				+	+				+		+			+	+		+	+	+	+	+		+	+
Korea, Demokrat. Volksrepubl.		+	+	+					+	+		+		+			+	+		+	+	+					
Korea, Republik	+	+	+	+			+	+	+	+	+	+	+	+			+	+		+	+	+	+	+	+	+	+
Kosovo, Republik																							+	+			
Kroatien	+	+	+	+			+	+				+	+	+			+	+	+	+	+	+	+	+		+	+
Kuba	+	+	+	+			+	+	+	+	+	+	+	+			+	+		+	+	+					+
Kuwait	+	+	+	+			+	+		+	+	+	+	+			+	+		+	+	+	+	+		+	+
Laos	+	+	+	+			+	+		+	+	+	+	+			+	+		+	+		+				+
Lesotho	+	+	+	+			+					+	+	+			+	+		+	+	+	+	+			+
Lettland	+	+	+	+			+	+				+	+	+		+	+	+	+	+	+	+	+	+	+	+	+
Libanon		+	+	+			+	+		+	+	+	+	+			+	+		+	+	+	+	+			

1) Kanada hat seinen Rücktritt vom Kyoto. Protokoll erklärt. Dieser ist gem. Art. 27 Abs. 2 des Protokolls am 15. 12. 2012 wirksam geworden.

Ratifikationstabelle II

	320	325	326	330	340	343	350	350a	390	395	396	399	400	410	420	430	440	441	450	454	455	460	462	475	480	481	500
Liberia	+	+	+	+			+	+				+	+	+			+	+		+	+	+	+	+			
Libyen	+	+	+	+						+	+	+		+			+	+		+	+	+	+				
Liechtenstein	+	+	+	+							+						+	+	+	+	+	+				+	+
Litauen	+	+	+	+			+	+		+	+	+		+		+	+	+	+	+	+	+	+	+	+	+	+
Luxemburg	+	+	+	+		+	+	+		+	+	+	+	+	+		+	+	+	+	+	+	+	+	+	+	+
Madagaskar		+	+				+	+		+		+	+	+			+	+		+	+	+	+	+			+
Malawi	+	+	+	+			+	+				+	+	+			+	+		+	+	+	+	+	+		+
Malaysia	+	+	+				+	+	+			+	+	+			+	+		+	+	+	+	+			+
Malediven	+	+	+	+			+	+				+	+	+			+	+		+	+	+	+				+
Mali	+	+	+	+			+			+	+	+	+	+			+	+		+	+	+	+	+			+
Malta	+	+	+	+			+	+			+	+	+	+			+	+	+	+	+	+	+	+	+	+	+
Marokko	+	+	+	+			+	+		+	+	+	+	+			+	+		+	+	+	+	+	+	+	+
Marshallinseln		+	+				+					+		+			+	+		+	+	+					
Mauretanien		+	+	+			+	+				+	+	+			+	+		+	+	+	+	+			+
Mauritius	+	+	+				+	+		+		+	+	+		+	+	+		+	+	+	+	+			+
Mazedonien	+	+	+	+			+	+				+	+	+			+	+	+	+	+	+	+	+	+	+	+
Mexiko	+	+	+	+			+	+		+	+	+	+	+			+	+		+	+	+	+		+	+	+
Mikronesien		+	+	+			+	+				+					+	+		+	+	+	+	+			
Moldau, Republik	+	+	+	+			+	+				+	+				+	+	+	+	+	+	+	+	+		+
Monaco		+	+				+	+	+			+	+	+			+	+	+	+	+	+			+	+	
Mongolei	+	+	+	+			+	+	+	+	+	+	+	+			+	+		+	+	+	+	+			+
Montenegro	+	+	+	+			+	+				+	+	+			+	+	+	+	+	+	+	+	+	+	+
Mosambik	+	+	+				+	+				+		+			+	+		+	+	+	+	+			+
Myanmar		+	+	+			+	+		+		+		+			+	+		+	+		+				+
Namibia		+	+				+	+				+		+			+	+		+	+	+	+				+
Nauru		+	+				+	+				+	+				+	+		+	+	+					
Nepal	+	+	+	+			+	+		+		+	+	+			+	+		+	+	+	+	+			+
Neuseeland	+	+	+	+			+	+	+	+	+	+	+	+			+	+		+	+	+	+	+			+

Ratifikationstabelle II

	320	325	326	330	340	343	350	350a	390	395	396	399	400	410	420	430	440	441	450	454	455	460	462	475	480	481	500
Nicaragua		+	+	+			+	+				+	+	+			+	+		+	+	+	+	+			+
Niederlande	+	+	+	+	+	+	+	+	+	+	+	+	+	+	+		+	+	+	+	+	+	+	+	+	+	+
Niger	+	+	+	+			+	+		+	+	+	+	+			+	+		+	+	+	+	+			+
Nigeria	+	+	+	+			+	+		+	+	+	+	+			+	+		+	+	+	+	+			+
Niue							+	+						+			+	+		+	+		+				
Norwegen		+	+	+			+	+	+	+	+	+	+	+	+		+	+	+	+	+	+	+	+	+	+	+
Oman	+	+	+	+			+	+				+	+	+			+	+		+	+	+	+	+			+
Österreich	+	+	+	+			+	+	+	+	+	+	+	+			+	+	+	+	+	+	+	+			+
Pakistan	+	+	+	+			+	+	+	+	+	+	+	+			+	+		+	+	+	+	+	+		+
Palästina		+	+	+			+	+									+										
Palau				+			+	+				+	+	+			+	+		+	+		+				
Panama	+	+	+	+			+	+			+	+	+	+			+	+		+	+	+	+	+			+
Papua-Neuguinea		+	+	+			+	+	+	+	+	+		+			+	+		+	+	+	+	+			+
Paraguay	+	+	+	+			+	+				+	+	+			+	+		+	+	+	+	+			+
Peru	+	+	+	+					+	+		+		+			+	+		+	+	+	+	+			+
Philippinen	+	+	+	+			+	+				+	+	+			+	+		+	+	+	+	+			+
Polen	+	+	+	+			+	+	+	+	+	+	+	+		+	+	+	+	+	+	+	+		+	+	+
Portugal	+	+	+	+			+	+	+	+		+	+	+	+		+	+	+	+	+	+	+	+	+	+	+
Ruanda	+	+	+	+								+	+	+			+	+		+	+	+	+	+			+
Rumänien		+	+	+			+	+	+	+	+	+		+			+	+	+	+	+	+	+	+	+	+	+
Russische Föderation	+	+	+	+			+	+	+	+	+	+		+		+	+	+	+	+	+	+	+		+		+
Salomonen	+						+	+				+		+			+	+		+	+		+	+			+
Sambia							+				+	+	+	+			+	+		+	+	+	+	+			+
Samoa		+	+				+	+				+		+			+	+		+	+	+	+	+			+
San Marino		+		+						+		+	+	+			+	+	+	+	+			+			
São Tomé und Principe		+	+	+			+					+		+			+	+		+	+		+	+			
Saudi-Arabien	+	+	+	+			+	+		+	+	+		+			+	+		+	+	+	+	+			+
Schweden	+	+	+	+			+	+	+	+	+	+		+	+	+	+	+	+	+	+	+	+	+	+	+	+

Ratifikationstabelle II

	320	325	326	330	340	343	350	350a	390	395	396	399	400	410	420	430	440	441	450	454	455	460	462	475	480	481	500
Schweiz	+	+	+	+	+	+			+	+	+	+	+	+	+		+	+	+	+	+	+	+	+	+	+	+
Senegal	+	+	+	+			+	+			+	+	+	+			+	+		+	+	+	+	+			+
Serbien	+	+	+	+			+	+			+	+	+	+			+	+	+	+	+	+	+	+	+	+	
Seychellen		+	+	+			+	+		+	+	+	+	+			+	+		+	+	+	+	+	+	+	+
Sierra Leone		+		+			+	+		+		+		+			+	+		+	+		+	+			+
Simbabwe		+	+				+	+				+	+	+			+	+		+	+		+	+			+
Singapur		+	+	+			+	+		+	+	+	+	+			+	+		+	+	+	+	+		+	+
Slowakei	+	+	+	+			+	+	+	+		+	+	+			+	+	+	+	+	+	+	+	+	+	+
Slowenien	+	+	+	+			+	+			+	+		+			+	+	+	+	+	+	+	+	+	+	+
Somalia		+	+				+					+	+				+	+		+	+	+		+			
Spanien	+	+	+	+			+	+	+	+	+	+	+	+	+		+	+	+	+	+	+	+	+	+	+	+
Sri Lanka		+	+	+			+	+		+	+	+	+	+			+	+		+	+	+	+	+	+	+	+
St. Kitts und Nevis		+	+	+			+					+		+			+	+		+	+	+	+	+			+
St. Lucia		+	+	+			+					+		+			+	+		+	+	+	+	+			+
St. Vincent und die Grenadinen	+	+	+	+			+			+	+	+		+			+	+		+	+	+	+	+			+
Südafrika		+	+	+			+	+	+	+	+	+	+	+			+	+		+	+	+	+			+	+
Südsudan												+					+			+	+		+	+			
Sudan	+	+	+	+			+	+				+		+			+	+		+	+	+	+	+			
Suriname	+	+	+				+	+				+	+	+			+	+		+	+		+				+
Swasiland		+		+			+	+				+	+	+			+	+		+	+	+	+	+			+
Syrien	+	+	+	+						+	+	+	+	+			+	+		+	+	+	+	+			
Tadschikistan	+	+	+	+								+		+			+	+		+	+		+				+
Tansania	+	+	+				+	+				+		+			+	+		+	+	+	+	+			+
Thailand		+	+	+			+	+		+		+	+	+			+	+		+	+	+	+				+
Timor-Leste	+	+	+				+	+				+					+	+		+	+		+	+			
Togo	+	+	+	+			+	+		+	+	+	+	+			+	+		+	+	+	+	+			+
Tonga		+	+	+			+	+		+		+		+			+	+		+	+	+		+			+

Ratifikationstabelle II

	320	325	326	330	340	343	350	350a	390	395	396	399	400	410	420	430	440	441	450	454	455	460	462	475	480	481	500
Trinidad und Tobago		+	+	+			+	+			+	+	+	+			+	+		+	+	+	+	+			+
Tschad							+	+				+		+			+	+		+	+	+	+	+			+
Tschechische Republik	+	+	+	+			+	+	+	+	+	+	+	+			+	+	+	+	+	+	+	+	+	+	+
Tunesien	+	+	+	+			+	+		+	+	+	+	+			+	+		+	+	+	+	+			+
Türkei		+	+	+					+	+	+	+	+	+			+	+	+	+	+	+	+		+	+	+
Turkmenistan	+	+	+	+								+		+			+	+		+	+	+	+	+			
Tuvalu		+	+				+	+									+	+		+	+						
Uganda		+		+			+	+		+		+		+			+	+		+	+	+	+	+			+
Ukraine	+	+	+	+			+	+	+	+	+	+	+	+			+	+	+	+	+	+	+	+	+	+	+
Ungarn		+	+	+			+	+	+	+	+	+	+	+			+	+	+	+	+	+	+	+	+	+	+
Uruguay	+	+	+	+			+	+	+	+	+	+		+			+	+		+	+	+	+	+			+
Usbekistan	+	+	+	+								+	+	+			+	+		+	+	+	+	+			
Vanuatu			+				+	+				+	+	+			+	+		+	+		+				+
Venezuela		+	+	+						+	+	+	+	+			+	+		+	+	+	+	(+)[1]	+	+	+
Vereinigte Arabische Emirate		+	+	+						+		+	+	+			+	+		+	+	+	+	+			+
Vereinigtes Königreich	+	+	+	+	+		+	+	+	+	+	+	+	+	+		+	+	+	+	+	+	+	+	+	+	+
Vereinigte Staaten von Amerika		+	+	+					+	+	+	+	+	+			+		+	+	+			+	+	+	+
Vietnam	+	+	+	+			+	+		+		+		+			+	+		+	+	+	+				+
Zentralafrikanische Republik	+	+		+			+	+				+		+			+	+		+	+	+	+	+			+
Zypern	+	+	+	+			+	+		+	+	+	+	+			+	+	+	+	+	+	+	+	+	+	+

1) Venezuela hat mWv 25. 7. 2012 die Kündigung des ICSID-Übereinkommens erklärt.

Für handschriftliche Notizen

Für handschriftliche Notizen

Für handschriftliche Notizen

Für handschriftliche Notizen

Für handschriftliche Notizen

Für handschriftliche Notizen

Für handschriftliche Notizen

Für handschriftliche Notizen

Für handschriftliche Notizen

Für handschriftliche Notizen

Für handschriftliche Notizen

Für handschriftliche Notizen